目 錄

8822

HSK (汉语水平考试) 어휘 甲★ 乙☆ 丙** 丁＊

中韓辭典

韓國中國言語學會 編
文學博士 朴德俊 監修

송산출판사

머 리 말

우리는 수 천년 중국과 이웃하여 살면서 그들의 문화는 수용하면서도 우리 고유언어체계에는 변함이 없었다. 따라서 같은 한자문화권(漢字文化圈)속에서 그들의 문자, 즉 한자(漢字)에 대해서 형태와 뜻은 그나마 큰 차이 없이 차용하되, 음은 이미 상당한 각도로 멀어져 있다.

우리는 한어사용권(漢語使用圈)이 아니기 때문에 한자를 안다고 해서 곧 언어소통이 가능한 것도 아니다. 따라서 고대 이후 우리는 한문이라는 시각적 문자를 매개로 한 문화수용은 매우 활발하였고, 이는 곧 지식인, 사대부의 업무요, 학습대상이기도 하였다. 그러나 청각언어, 나아가 발화능력이 요구되는 이 漢語[中國語]에 대해서는 결국 따로이 익히지 않고는 불가능한 것이었다. 역사적으로 보면 소수의 역관(譯官)이나 혹은 이에 관심을 가진 학자들에 의해 이에 대한 연구와 학습이 이루어져 왔음을 알 수 있다.

그 뒤 근세 이후 국가간의 교류가 빈번해지고, 나아가 오늘날처럼 사람과 물건의 대량이동, 그리고 정보의 홍수 속에 그것이 곧 부를 창출하는 상황에 이르게 되자, 접촉과 정보 채택의 기본 요소인 언어 소통이란, 일상생활에서 더 이상 외면할 수 없는 기능으로 자리잡고 말았다. 특히 중국은 우리가 그 문화에 대해서는 몸에 밴 요소들로 인해 인지도가 어느 정도는 있는 반면, 그 언어에 대해서는 바로 이웃이면서도 전혀 생경한 느낌을 자아내고, 심지어 현지어휘가 외래어로써 우리에게 쓰이는 경우는 극소수에 불과하다. 이는 한자라는 표기문자를 우리의 음으로도 읽을 수 있는 관행과 편리함 때문일 것이다.

그러나 한자는 한어를 적기 위한 도구로써의 문자일 뿐, 한자가 곧 한어를 구사할 수 있도록 하는 것은 아니다. 게다가 현재 臺灣에서는 번체자(繁體字)를 그대로 쓰고 있고, 中華人民共和國에서는 1950년대에 簡體字를 제정, 현재 이를 일상화하여 사용하고 있다. 반면 우리가 사용하는 한자, 즉 번체자는 문화기록과 문자생활의 일부로 시각적 학술, 내지는 서면표기의 전통을 그대로 인정하고 있고, 간체자는 중국어를 학습하고 이의 활용을 위한 문자로 자리를 잡는 등 이원화된 느낌을 자아내고 있다.

80년대 이후 국내 대학의 급격한 팽창과 중국관련학과의 대량 설립으로 인해 이에 대한 관심과 수요가 날로 증가하고 있다. 그 중에 외국어로서의 중국어를 학습하기 위해서는 당연히 그 공구서인 사전이야말로 제 일차적인 도구이며, 동시에 가장 중요한 길잡이이기도 하다. 이에 따라 그간 국내에서는 아주 훌륭한 사전류들이 출간되어 그 가치를 인정받고 있다. 이들이 투자한 물심양면의 노력과 시간, 그리고 심혈을 기울인 정신과 공헌은 높이 평가받아야 할 것이다.

한편 본 한국중국언어학회에서는 중국어 학습에 입문하는 이들을 위해 쉽게 접할 수 있는 사전이 하나 있었으면 하는 바람을 가져온 지 오래되었다. 그리하여 장기간에 걸쳐 관련 학자의 의견과 현지조사를 통하여 이 작업을 추진하면서, 우선 현대 중국어에 가장 근접할 수 있는 최신의 언어자료를 기본으로 하고 이를 근거로 초학자가 가장 쉽게 활용하며, 나아가 자전(字典)과 사전(詞典)의 역할을 동시에 수행할 수 있는 사전을 만드는 것으로 작업방향을 설정하였다. 자전은 문자, 즉 한자를 익히기 위한 시각적 지식요소요, 사전은 언어, 즉 한어[중국어]를 정확히 구사하기 위한 청각, 발화의 기능요소이다. 이 두 가지를 접목할 수 있도록 매 글자마다 한국한자로서의 음과 뜻을 병기하여 학습자가 함께 활용토록 시도한 것이다.

공구서인 사전을 편찬하는 일이란 그 올림말의 선정, 이에 대한 정확한 풀이, 그리고 예문의 적절성, 활용도의 정확성, 어휘분류의 타당성 등 헤아릴 수 없는 많은 요소가 표준적인 잣대가 되어야 하는, 완벽을 요구하는 작업이다. 이러한 요구나 조건을 부합시키기 못하면 사전으로서의 기능은 반감되고 말 것이다. 그러나 이는 이상일 수 있다. 인간은 완벽을 추구하는 것이지 완벽할 수는 없다는 말로 두려움을 덜고 싶다. 따라서 이 사전의 오류, 누소(漏疏)함, 부정확성, 나아가 오자, 탈자는 물론 그 이외의 어떠한 문제라도 발견 즉시 의견을 제시하여 주기 바란다. 이에 대해서는 앞으로 끊임없이 수정, 보완해 나갈 것임을 약속한다.

끝으로 이 사전의 편찬 작업에 장기간 매달려 실질적인 작업을 도맡아 처리한 박덕준 교수와 오문의 교수, 편집과 교정에 고통을 당한 학회 임원진 여러분, 그리고 기획과 실무작업에서 출판에 이르도록 온 정성을 다 쏟은 출판사 임직원 여러분께 감사의 뜻을 적는다.

1999년 9월
韓國中國言語學會 會長
建國大學校 教授 文學博士 林東錫 씀

감수자의 말

오늘날 우리는 멀티미디어와 디지털 시대에 살고 있다. 사회가 급변하고 그러한 변모된 현상들이 필연적으로 언어에도 반영하기 마련이다. 사전도 그러한 변모된 사회와 언어를 흡수, 소화, 배출하는 과정을 거쳐 독자들의 새로운 욕구를 꾸준히 채워나가야 한다. 한국중국언어학회에서 편찬한 이 사전은 바로 시대의 요구에 부응하여 제작된 것이다. 출판사의 사전 감수의 요청을 받고, 나는 이 사전이 독자에게 간편하면서도 유용한 사전으로 만들어야겠다는 생각을 하였다.

보통 그 나라의 전반적인 문화수준을 알려면 그 나라의 사전을 보라는 얘기가 있다. 우리 나라의 중한사전은 그 동안에 두 단계의 발전과정을 밟아온 것으로 생각된다. 첫 단계는 70년대를 상정할 수 있고, 두 번째 단계는 한중수교인 92년 전후로 볼 수 있을 것이다. 첫 단계에서 출간된 사전은 민중서관의 중한 소사전 등을 들 수 있는데 주로 개인이 편찬한 것이 주류를 이루고 있다. 두 번째 단계에 접어들면서 고려대 민족문화연구소가 전국 중문과 등 많은 인원을 동원하여 장장 10여년을 거쳐 중한 중사전과 대사전을 편찬 출간하게 되었다. 사전 어휘수로 볼 때 세계 최대라고 할 수 있어 첫 단계의 사전보다 훨씬 발전된 사전으로 만들어져 독자들의 욕구를 충족시켰다.

지금은 그 바탕 위에서 한국독자들의 간지러운 데를 긁어주고 정확한 뜻풀이를 해주며 질을 추구하는 중한사전이 나와야 할 단계라고 생각한다. 이 사전은 그러한 시도의 일환으로 볼 수 있을 것이다. 변화된 시대의 모습을 사전에 반영했기 때문이다.

이 사전의 특징은 다음처럼 요약될 수가 있다.

첫째, 사전 어휘에 중국 HSK 기준에 해당되는 갑, 을, 병, 정 네 등급을 표시하여 독자들이 효과적으로 중국어 학습을 할 수 있게 하였다.

둘째, 표제자에 부수와 획수를 수록하였고 모든 어휘에 한글 독음을 달아 놓았기 때문에 컴퓨터 시대의 독자들이 중국어 입력할 때의 독음의 어려움을 덜어주었다.

셋째, 기존 사전에 없는 유의어와 반의어를 수록하였고 특히 HSK의 종합문제에서 자주 출제되는 유의어를 추출하여 그 용법상의 미세한 차이를 비교 설명해 놓고 있어 독자들이 해당 어휘의 용법을 정확하게 이해할 수 있게 하였다.

넷째, 기존 사전은 문어체 예문이 많은 것에 비해 이 사전은 모두 구어체 예문을 채택했다.

다섯째, 기존 사전에 없는 구어와 관용어 500가지를 추가하였다.

여섯째, HSK의 문법문제에서 자주 출제되는 전치사, 조사, 부사 등에 대해 상세한 어법 설명이 되어 있다.

일곱째, 우리말로 설명하기 힘든 중국 전통적인 것을 삽화로 처리하여 알기 쉽게 하였다.

나는 근 2년 동안 이 사전의 원고를 감수하면서 내용을 검토하고 잘못된 부분을 수정을 해 왔다. 나는 나름대로 사전을 보다 충실하게 만드는 데에 최선을 다했다고 하지만, 아직 부족한 부분이 분명히 있을 것이라고 생각한다. 독자들이 이 사전을 사용하면서 문제점과 개선되어야 할 부분을 계속 알려주시면 보다 좋은 사전을 만드는 데에 밑거름이 될 것이라 생각한다.

이 사전이 중국어를 공부하는 독자들에게 조금이라도 보탬이 된다면 나에게 그보다 더 큰 보람은 없을 것이다. 이 사전을 감수하는 과정에서 가톨릭대의 박종환 교수, 성신여대의 김종호 교수, 동신대의 임명화 교수, 이화여대의 이영희 교수, 서울대에 교환교수로 오신 연변대 안영희 교수 등 여러 선생님의 조언과 도움을 받았는데 이에 진심으로 감사를 드린다. 또한 이 사전이 출판될 때까지 적극 지원해 주신 송산출판사의 윤우상 사장님과 수고해주신 편집부장 김영조씨를 비롯한 직원들에게 감사를 드린다.

1999년 9월 12일
원미산 자락의 연구실에서 박덕준

I. 어휘의 수록

현대중국어의 상용어휘를 중심으로 일상용어, 학술어, 전문어, 외래어, 구어관용어, 고사성어, 속담, 방언 등 6만여 어휘를 수록하였다.

II. 표제자·표제어

1 표제자와 표제어는 '【　】'로 표시하였다.

2 표제자와 표제어의 배열

(1) 표제자는 한어병음방안(漢語拼音方案)의 자모순(字母順)·성조순(聲調順)으로 배열하였으며, 같은 성조 안에서는 한자의 획수순(劃數順)으로 하되 같은 부수의 경우에는 찾아보기 쉽도록 부수순(部首順)으로 배열하였다.

(2) 표제어는 두 번째 음절의 字母·聲調·획수순으로 배열하였다.

(3) 경성자(輕聲字)는 원래의 성조 바로 다음에 배열하였으며, 원래 경성으로 발음되는 '了'·le나 '着'·zhe 등은 제 4성 뒤에 배열하였다.

3 같은 글자인 표제자의 배열 순서

(1) 표제자 중 漢字는 같지만 발음과 성조 및 뜻이 다른 동형이음자(同形異音字)는 항목을 따로 두었다.

　　보기 [好]hǎo, [好]hào

　　　　[长]cháng, [长]zhǎng

(2) 표제자 중 漢字와 뜻이 같지만 발음이 다른 것 또한 항목을 따로 두었다.

　　보기 [剥]bāo, [剥]bō

　　　　[薄]báo, [薄]bó

(3) 표제어 중 한자는 같지만 발음과 뜻이 다른 어휘는 항목을 따로 두었다.

　　보기 [公差]gōngchā, [公差]gōngchāi

III. 字形과 語形

1 . 본 사전의 표제자는 현재 중국에서 쓰고 있는 현대중국어글자〔簡体字〕를 기준으로 하였으며, 번체자와 이체자도 표제자 옆에 밝혀두었다. 번체자는 '간체자·' 옆에 두었고, 이체자는 '(　)' 안에 두었다.

　　보기 [长·長]cháng : '長'이 번체자임.

　　　　[灾(災)]zāi : '災'가 이체자임.

2. 서면상에서 '儿化'되기도 하고 안되기도 하지만, 구어에서 반드시 '儿化'되는 어휘는 '儿化'를 해 주었다.

[보기] [今儿]jīnr, [小孩儿]xiǎoháir

서면상에서 일반적으로 '儿化'하지는 않지만 구어에서 '儿化'되는 어휘는 석의 앞에 '(～儿)'을 두었다.

[보기] [侄媳妇]zhíxí·fu (～儿)[명]조카며느리

3 구어에서 항상 '的'나 '儿的'가 붙는 중첩형은 어휘에 '的'나 '儿的'를 붙이지 않고 주석 앞에 '(～ 的)'나 '(～ 儿的)'를 두었다.

[보기] [热乎乎]rèhūhū(～的), [乖乖] guāiguāi(～儿的)

Ⅳ. 발음

1. 표제자와 표제어의 발음은 한어병음자모(漢語拼音字母)로 표기하였다.

2 이음(異音)은 釋義 끝에 '⇒'로 표시하였다.

3 경성은 성조표시가 없고 발음 앞에 '·'을 두었다.

[보기] [便宜]piān·yi, [孩子]hái·zi

4 일반적으로 경성으로 발음하지만 때로 중음(重音)하는 글자는 원래 성조와 '·'를 두었다.

[보기] [愿意]yuàn·yì, [因为]yīn·wèi

5 기타성분이 삽입될 때 어음상 경중(輕重)의 변화가 있는 어휘는 그 사이에 '·'을 두었으며 그 사이에 '//'표시를 하였다.

[보기] [看见]kàn//·jiàn, [起来]qǐ//·lái

'看见'과 '起来'의 '见'과 '来'는 경성으로 발음하며, '看得见', '看不见'이나 '起得来', '起不来'의 '见'과 '来'는 강하게 읽는다. 또한 '起来'는 동사나 형용사 뒤에 쓰여 보어가 될 때('拿起来', '好起来') '起来'는 경성으로 발음되지만, '得'나 '不'가 삽입될 때 ('拿得起来', '拿不起来')는 '起来'를 강하게 읽는다. '起来' 사이에 목적어가 있을 때 ('拿得起枪来', '拿不起枪来')는 '起'를 강하게 읽고 '来'는 경성으로 읽는다. '上来', '上去', '下来', '下去', '出来', '出去' 등도 '起来'와 동일하게 변화된다.

6 본 사전은 성조변화를 표기하지 않았다. 표준중국어 어음은 아래와 같이 성조가 변화된다.

(1)제 3성은 제 1성, 제 2성, 제 4성 앞에서 반 3성으로 발음한다.

(2)제 3성은 제 3성 앞에서 일반적으로 제 2성으로 발음한다.

단, 일부 중첩형 어휘는 실제로 발음되는 대로 두었다.

[보기] [沉甸甸]chéndiāndiān

7 본 사전은 '儿化音'에 대해서 단지 기본형식 뒤에 'r'만 붙이기만 했고 어음상의 실제 변화는 표기하지 않았다.

[보기] [今儿]jīnr

※현대중국어의 '儿化'의 음의 변화는 아래와 같다.

ar	a	ai	an	er		e	or		o	ər	i	ei	en		
	马	盖	盘			歌			婆		字	辈	根		
iar	ia	ian		ier		ie				iər	i	in			
	匣	点				碟					皮	心			
uar	ua	uai	uan				uor		uo	uər	uei	uen		ur	u
	花	块	玩						窝		味	纹			肚
üar		üan		üer		üe	ãr		ang	üər	ü	ün			
		远				月			缸		鱼	裙			
aor		ao		our		ou	iãr		iang	ə̃r		eng		õr	ong
		包				头			秧			灯			工
iaor		iao		iour		iou	uãr		uang	iə̃r		ing		iõr	iong
		条				球			黄			影			態
										uə̃r		ueng			
												瓮			

8 다음절 표제어의 발음표기는 붙여쓰는 것을 원칙으로 하되 결합관계가 긴밀하지 않는 곳에는 중간에 '-'로 표시를 하였으며, 詞組나 成語는 띄어주었다. 특히 동사나 목적어 사이에 기타 성분이 들어갈 수 있는 離合動詞는 사이에 '∥'로 표시하였다.

　　보기 [连鬓胡子]liánbìn-hú·zi

　　　　[穷年累月]qióng nián lèi yuè

　　　　[搬家]bān∥jiā

9 다음절 표제어의 발음 중 음절 구분이 혼동될 수 있는 곳에는 격음부호 ' ' '로 표기하였다.

(1) 서로 연결된 두 모음이 한 음절에 속하지 않은 것은 중간에 격음부호를 두었다.

　　보기 [骄傲]jiāo'ào

(2) 앞 음절 끝이 -n이나 -ng이고 뒷 음절의 앞이 모음이면 중간에 격음부호를 두었다.

　　보기 [偏爱]piān'ài　[情爱]qíng'ài

10 고유명사와 성씨의 발음은 첫자를 대문자로 표기하였다.

　　보기 [毛泽东] Máo Zédōng　[北京]Běijīng

V. 釋義

1 어휘풀이는 품사별로 분류하고 어휘설명은 **1**···**2**···**3**···으로 나누었으며, 다시 세분될 경우에는 a)···b)···c)···으로 나누었다.

2 용례는 앞에 '◇'표시를 넣었고 용례 속의 해당 표제자나 표제어는 '～'로 표시하였다. 용례와 우리말 사이는 '/'로 구분하였다.

❸ HSK의 종합괄호넣기〔綜合塡空〕에 자주 나오는 유의어〔近義詞〕는 [비교]부분에서 간략
히 설명하였다.

❹ HSK의 어휘등급표시는 표제자나 표제어 앞에 두었다. 甲은 '★', 乙은 '☆', 丙은 '＊',
丁은 '＊'로 표시하였다.

◆약 호◆

명	명사	〈套〉	인사말	〈商〉	상업
동	동사	〈諷〉	풍자어	〈書〉	책명
조동	조동사	〈罵〉	욕말	〈數〉	수학
형	형용사	〈轉〉	전용	〈植〉	식물
수	수사	〈婉〉	완곡한 말	〈藥〉	약물
양	양사	〈略〉	약칭	〈漁〉	어업
수량	수량사	〈貶〉	부정적 의미	〈魚〉	어류
대	대명사	〈褒〉	긍정적 의미	〈言〉	언어학
부	부사	〈音譯〉	음역어	〈演〉	연극
개	전치사	〈建〉	건축	〈音〉	음악
접	접속사	〈經〉	경제	〈醫〉	의학
조	조사	〈工〉	공업	〈人〉	인명, 神名
접투	접두사	〈礦〉	광물	〈印〉	인쇄
접미	접미사	〈敎〉	교육	〈電〉	전기
감	감탄사	〈交〉	교통	〈政〉	정치
의	의성어	〈軍〉	군사	〈鳥〉	조류
	의태어	〈機〉	기계	〈宗〉	종교
(同)	동의어	〈農〉	농업	〈中醫〉	중국의학
(反)	반대말	〈度〉	도량형	〈地〉	지리
〈方〉	방언	〈動〉	동물	〈紙〉	제지
〈口〉	구어	〈牧〉	목축	〈天〉	천문기상
〈文〉	문언문	〈貿〉	무역	〈哲〉	철학
〈早白〉	조기백화	〈物〉	물리	〈體〉	체육
〈成〉	성어	〈美〉	미술	〈撮〉	촬영
〈喩〉	비유	〈民〉	민족	〈虫〉	곤충
〈諺〉	속담	〈紡〉	방직	〈土〉	토목
〈牘〉	공문·서신	〈法〉	법률	〈化〉	화학
〈敬〉	경칭·경어	〈佛〉	불교		
〈謙〉	겸칭·겸손어	〈史〉	역사		

◆기 호◆

【 】 표제자와 표제어
〔 〕 ①동의어, 반대말
　　　②보충설명, 용법설명
( ) ①우리말의 생략가능

②우리말에 해당하는 漢字

③표제자의 이체자

〈 〉 전문어 약호

《 》 출전 및 책명

◇ 용례

~ 용례 중 표제자나 표제어의 생략

│ │ 표제자의 부수와 획수

/ 용례 중 원어 예문과 우리말 풀이의 구분

(×…) 용법상 잘못 쓰인 어휘

주의 주의사항

비교 HSK의 종합괄호넣기에 자주 출제되는 필수 近義詞의 비교설명

〔 - 〕 표제어의 앞자의 우리말독음 생략

// 離合動詞표시

⇒ 異音

→ 참조어

★ HSK의 甲級어휘 (1,033개)

☆ HSK의 乙級어휘 (2,018개)   총 8,822개

⁑ HSK의 丙級어휘 (2,202개)

＊ HSK의 丁級어휘 (3.569개)

漢字 찾아보기 〔索引〕

본 사전은 중국어글자〔簡體字〕를 찾는 데 필요한 세 가지 색인이 수록되어 있다. 첫째, 부수(部首)로 찾는 부수검자표(部首檢字表). 둘째, 획수로 찾는 한자총획색인(漢字總劃索引). 셋째, 漢字의 독음으로 찾는 한자음색인(漢字音索引)이다.

I 부수목록(部首目錄)

1. 이 목록은 187개의 부수(部首)를 설정하여 획수順에 따라 배열하였다.
2. 간체자(簡體字)와 번체자(繁體字)의 부수모양이 다른 경우는 간체자 부수 옆의 ( )안에 번체자 부수를 넣었다.

II 부수검자표(部首檢字表)

1. 이 검자표에는 번체자(繁體字)와 이체자(異體字)는 넣지 않고 간체자(簡體字)만을 수록하였으며, 간체자 옆에 발음〔한어병음〕과 쪽수를 표기하였다.
2. 한 글자가 두 가지 이상으로 발음되는 字는 한어병음順과 聲調順으로 배열하였다.

III 한자 총획색인(漢字總劃索引)

1. 이 총획색인은 번체자(繁體字)와 이체자(異體字)의 총획이 아니고 간체자(簡體字)의 총획만 수록하였으며, 본 사전의 6만여 표제자를 총획수順에 따라 배열하였다.
2. 간체자(簡體字) 옆에는 우리말 한자음(漢字音)과 쪽수를 표기하였다.

IV 한자음색인(漢字音索引)

1. 이 한자음색인은 번체자(繁體字)와 이체자(異體字)를 넣지 않고 간체자(簡體字)만 수록하였으며, 본 사전의 6만여 표제자를 우리말 漢字音(가나다順)에 따라 배열하였다.
2. 간체자(簡體字) 왼쪽 윗쪽에 총획획수를 넣고 획수順으로 배열하였다.
3. 두 가지 이상되는 音이 있는 글자는 音에 따라 따로 분류하였다.

部 首 目 錄

部首檢字表

(1) 、		
义	yì	1172
丫	yā	1123
丸	wán	1006
之	zhī	1280
为	wéi	1016
	wèi	1022
头	tóu	984
主	zhǔ	1306
半	bàn	24
州	zhōu	1302
农	nóng	709
良	liáng	582
举	jǔ	492
叛	pàn	722

(2) 一		
一	yī	1153

⇦ 1획~2획 ⇨

七	qī	756
与	yú	1212
	yǔ	1215
	yù	1217
丁	dīng	207
	zhēng	1272
三	sān	835
干	gān	289
	gàn	293
于	yú	1212
下	xià	1055
上	shàng	850
丈	zhàng	1258
兀	wū	1032
	wù	1041
万	wàn	1009
	mò	674

⇦ 3획 ⇨

丰	fēng	269

天	tiān	961
夫	fū	275
开	kāi	505
井	jǐng	480
无	mó	672
无	wú	1034
专	zhuān	1312
廿	niàn	703
不	bù	70
五	wǔ	1039
不	bù	70
丑	chǒu	132
屯	tún	996
	tún	1320
互	hù	372
牙	yá	1125
长	cháng	104
	zhǎng	1257

⇦ 4획 ⇨

平	píng	744
击	jī	409
未	wèi	1022
末	mò	674
丕	pī	731
正	zhēng	1272
	zhèng	1275
甘	gān	290
世	shì	885
且	jū	490
	qiě	783
可	kě	520
可	kè	522
册	cè	94
丙	bǐng	63
东	dōng	212
丝	sī	920

⇦ 5획 ⇨

夹	gā	286
	jiā	426

	jiá	428
亚	yà	1126
再	zài	1238
吏	lì	575
百	bǎi	18
而	ér	237
尧	yáo	1144
丞	chéng	117

⇦ 6획 ⇨

来	lái	548
严	yán	1129
巫	wū	1033
丽	lí	568
	lì	575
更	gēng	304
	gèng	305
束	shù	906
两	liǎng	583
求	qiú	797

⇦ 7획 ⇨

表	biǎo	57
事	shì	887
枣	zǎo	1244

⇦ 8획 ⇨

奏	zòu	1333
韭	jiǔ	486
甚	shèn	867
巷	hàng	344
	xiàng	1074
柬	jiǎn	435
歪	wāi	1002
面	miàn	659
昼	zhòu	1304

⇦ 9획~13획 ⇨

艳	yàn	1136
哥	gē	299
孬	nāo	692
焉	yān	1128
棘	jí	417

⇦ 14획이상 ⇨

噩	è	235
橐	tuó	1000
整	zhěng	1274
囊	nāng	691
	náng	691
奭	shì	892
黇	tiān	965

(3) ｜		

⇦ 3획~6획 ⇨

丰	fēng	269
中	zhōng	1294
	zhòng	1300
内	nèi	695
北	běi	37
凸	tū	987
旧	jiù	487
甲	jiǎ	429
申	shēn	861
电	diàn	201
由	yóu	1199
且	jū	490
	qiě	783
冉	rǎn	810
史	shǐ	883
央	yāng	1137
凹	āo	8
	wā	1001
出	chū	133
师	shī	876
曳	yè	1152
曲	qū	799
	qǔ	801
肉	ròu	826
串	chuàn	143

⇦ 7획이상 ⇨

非	fēi	260
畅	chàng	108

临 lín	592	
(4) 丿		
⇦1획~2획⇨		
九 jiǔ	485	
乃 nǎi	687	
匕 bǐ	44	
千 qiān	769	
川 chuān	140	
幺 yāo	1143	
久 jiǔ	486	
及 jí	413	
⇦3획⇨		
爻 yáo	1144	
乏 fá	245	
午 wǔ	1039	
壬 rén	819	
升 shēng	867	
长 cháng	104	
zhǎng	1257	
币 bì	47	
反 fǎn	250	
丹 dān	176	
氏 shì	885	
乌 wū	1032	
wù	1042	
夭 yāo	1143	
⇦4획⇨		
乎 hū	368	
生 shēng	868	
失 shī	874	
乍 zhà	1250	
丘 qiū	796	
甩 shuǎi	910	
乐 yuè	1230	
lè	562	
乓 gǎ	286	
⇦5획⇨		
兆 zhào	1263	
年 nián	701	
朱 zhū	1304	

丢 diū	212	
乔 qiáo	780	
乒 pāng	723	
乓 pīng	744	
向 xiàng	1073	
囟 xìn	1094	
后 hòu	365	
甪 lù	611	
⇦6획~8획⇨		
我 wǒ	1031	
每 měi	646	
卵 luǎn	617	
龟 guī	328	
jūn	503	
qiū	796	
系 xì	422	
jì	1052	
垂 chuí	145	
乖 guāi	320	
秉 bǐng	63	
周 zhōu	1302	
拜 bài	20	
重 chóng	129	
zhòng	1301	
复 fù	283	
禹 yǔ	1217	
质 zhì	1293	
⇦9획이상⇨		
乘 chéng	121	
shèng	873	
弑 shì	887	
粤 yuè	1231	
舞 wǔ	1014	
睾 gāo	297	
孵 fū	275	
疑 yí	1168	
靠 kào	518	
(5) 乙		
乙 yǐ	1169	
⇦1획~3획⇨		

刁 diāo	204	
了 le	563	
liǎo	587	
乜 miē	663	
niè	705	
习 xí	1049	
也 yě	1150	
飞 fēi	259	
乞 qǐ	762	
孑 jié	460	
乡 xiāng	1068	
以 yǐ	1169	
予 yú	1212	
yǔ	1216	
尹 yǐn	1182	
尺 chǐ	126	
丑 chǒu	132	
巴 bā	11	
孔 kǒng	528	
书 shū	900	
⇦4획이상⇨		
司 sī	920	
民 mín	663	
电 diàn	201	
发 fā	241	
买 mǎi	630	
尽 jìn	471	
乱 luàn	617	
肃 sù	929	
乳 rǔ	829	
承 chéng	117	
丞 jí	415	
昼 zhòu	1304	
咫 zhǐ	1288	
胤 yìn	1185	
豫 yù	1220	
乾 qián	774	
(6) 亠		
⇦1획~5획⇨		
亡 wáng	1011	
六 liù	604	

亢 kàng	516	
市 shì	886	
玄 xuán	1114	
产 chǎn	102	
交 jiāo	447	
亦 yì	1174	
充 chōng	127	
亩 mǔ	678	
弃 qì	767	
⇦6획~7획⇨		
变 biàn	52	
京 jīng	477	
享 xiǎng	1072	
卒 zú	1334	
夜 yè	1152	
氓 máng	637	
méng	650	
帝 dì	199	
亭 tíng	974	
亮 liáng	585	
哀 āi	2	
⇦8획⇨		
旁 páng	723	
衰 shuāi	909	
衷 zhōng	1299	
高 gāo	295	
离 lí	568	
⇦9획⇨		
商 shāng	849	
高 gāo	295	
毫 háo	345	
烹 pēng	730	
孰 shú	904	
率 lù	616	
shuài	910	
⇦10획~11획⇨		
亵 xiè	1088	
脔 luán	617	
就 jiù	488	
裒 póu	752	
禀 bǐng	63	

雍　yōng　1194
⇦12획~14획⇨
豪　háo　345
膏　gāo　297
裹　guǒ　333
褒　bāo　29
嬴　yíng　1189
⇦15획이상⇨
襄　xiāng　1071
赢　yíng　1190
羸　léi　564
裸　luǒ　622
齐　qí　758
亹　mén　649

(7) 冫

⇦1획~5획⇨
习　xí　1049
江　jiāng　443
冯　píng　748
冲　chōng　128
　　chòng　130
次　cì　149
决　jué　498
冰　bīng　61
冻　dòng　215
况　kuàng　539
冷　lěng　566
冶　yě　1150
⇦6획~8획⇨
列　liè　590
净　jìng　482
凉　liáng　582
　　liàng　582
凌　líng　597
凄　qī　756
准　zhǔn　1320
凋　diāo　204
⇦9획이상⇨
凑　còu　153
减　jiǎn　436

寒　hán　340
凛　lǐn　593
凝　níng　706

(8) 冖

冗　rǒng　825
写　xiě　1087
写　xiè　1087
军　jūn　502
农　nóng　709
罕　hǎn　341
冠　guān　324
　　guàn　325
冢　zhǒng　1300
冥　míng　670
冤　yuān　1222
幂　mì　656

(9) 讠(言)

⇦2획⇨
计　jì　419
订　dìng　209
讣　fù　281
认　rèn　820
讥　jī　408
⇦3획⇨
讨　tǎo　953
让　ràng　811
讯　xùn　1122
讪　shàn　847
议　yì　1172
讫　qì　767
训　xùn　1121
记　jì　420
⇦4획⇨
访　fǎng　257
讲　jiǎng　445
讳　huì　395
讴　ōu　715
讶　yà　1127
讷　nè　694

论　lùn　619
讼　sòng　926
讻　xiōng　1104
许　xǔ　1110
讽　fěng　273
设　shè　859
诀　jué　499
讹　é　233
⇦5획⇨
评　píng　747
证　zhèng　1278
诃　hē　350
诅　zǔ　1335
识　shí　879
　　zhì　1291
诎　qū　800
诊　zhěn　1270
诈　zhà　1250
诉　sù　929
诋　dǐ　196
诌　zhōu　1302
译　yì　1173
词　cí　148
诏　zhào　1262
⇦6획⇨
诧　chà　100
该　gāi　286
详　xiáng　1071
诨　hùn　399
诓　kuāng　538
试　shì　886
诗　shī　876
诘　jí　415
诚　chéng　120
诠　quán　805
诛　zhū　1304
话　huà　381
诞　dàn　179
诟　gòu　313
诡　guǐ　329
询　xún　1120

诣　yì　1175
诤　zhèng　1279
⇦7획⇨
说　shuì　915
　　shuō　917
诫　jiè　466
诬　wū　1033
语　yǔ　1217
诮　qiào　782
误　wù　1043
罚　fá　245
诰　gào　298
诱　yòu　1211
诲　huì　397
诳　kuáng　539
诵　sòng　927
⇦8획⇨
谊　yì　1176
谅　liàng　585
谆　zhūn　1320
谈　tán　944
请　qǐng　794
诸　zhū　1305
诺　nuò　714
读　dú　220
诽　fěi　262
课　kè　524
诿　wěi　1020
谁　shéi　861
　　shuí　912
谀　yú　1213
调　diào　205
　　tiáo　968
⇦9획⇨
谛　dì　199
谚　yàn　1136
谜　mèi　647
谜　mí　654
谎　huǎng　390
谋　móu　677
谍　dié　207

谏 jiàn 443
谐 xié 1086
谑 xuè 1120
谒 yè 1153
谓 wèi 1024
谕 yù 1219
谗 chán 102
⇦ 10획 ⇨
谤 bàng 27
谥 shì 891
谦 qiān 771
谣 yáo 1144
谢 xiè 1088
⇦ 11획 ⇨
谪 zhé 1265
谨 jǐn 471
谩 mán 633
　　 màn 635
谬 miù 671
⇦ 12획 ⇨
谰 lán 551
谱 pǔ 755
谭 tán 945
谯 qiáo 781
谲 jué 501
⇦ 13획~14획 ⇨
谴 qiǎn 775
谵 zhān 1252

(10) 二

二 èr 239
干 gān 289
　 gàn 293
于 yú 1212
亏 kuī 540
五 wǔ 1039
开 kāi 505
井 jǐng 480
元 yuán 1222
无 wú 1034
云 yún 1231

些 xiē 1084
亓 qí 758

(11) 十

十 shí 877
⇦ 2획~6획 ⇨
支 zhī 1281
卉 huì 395
古 gǔ 315
考 kǎo 516
毕 bì 48
华 huá 377
协 xié 1085
克 kè 522
卒 zú 1334
丧 sāng 838
　 sàng 838
卓 zhuó 1321
直 zhí 1284
卑 bēi 35
卖 mài 631
⇦ 7획~10획 ⇨
南 nán 689
真 zhēn 1269
啬 sè 840
乾 qián 774
博 bó 67
⇦ 11획이상 ⇨
斡 wò 1032
兢 jīng 480
翰 hàn 343
矗 chù 140

(12) 厂

厂 chǎng 107
⇦ 2획~6획 ⇨
厅 tīng 972
历 lì 573
厄 è 234
厉 lì 573
压 yā 1123

厌 yàn 1136
励 lì 573
厕 cè 94
⇦ 7획~10획 ⇨
厘 lí 568
厚 hòu 367
原 yuán 1224
厢 xiāng 1070
厣 yǎn 1133
厩 jiù 488
厠 cè 94
厥 jué 501
厦 xià 843
雁 yàn 1137
⇦ 11획이상 ⇨
厮 sī 922
餍 yàn 1136
魇 yǎn 1134
赝 yàn 1137
赝 yàn 1137
靥 yǎn 1133

(13) 匚

⇦ 2획~5획 ⇨
区 ōu 715
　 qū 799
匹 pǐ 736
巨 jù 493
叵 pǒ 749
匝 zā 1236
匡 kuāng 538
匠 jiàng 446
匣 xiá 1054
医 yī 1165
⇦ 6획이상 ⇨
匿 nì 700
匪 fěi 262
匾 biǎn 52
匮 kuì 541
　 kuì 541

(14) 卜

卜 bǔ 69
⇦ 2획~4획 ⇨
卡 kǎ 505
　 qiǎ 768
占 zhān 1252
　 zhàn 1254
外 wài 1003
卢 lú 610
贞 zhēn 1267
⇦ 5획이상 ⇨
卧 wò 1031
卓 zhuó 1321
桌 zhuō 1321
芈 mǐ 655

(15) 刂

⇦ 2획~4획 ⇨
刈 yì 1172
刘 liú 600
刑 xíng 1098
列 liè 589
划 huá 377
　 huà 381
刚 gāng 293
则 zé 1245
创 chuāng 143
　 chuàng 144
刎 wěn 1028
⇦ 5획 ⇨
判 pàn 722
别 bié 59
　 bié 60
删 shān 845
利 lì 575
删 shān 845
刨 páo 724
⇦ 6획 ⇨
剂 jì 421
刻 kè 523

刺 cī	148	
	cì	150
到 dào	185	
剀 guì	330	
刹 shā	841	
制 zhì	1291	
刮 guā	319	
剁 duò	231	
刷 shuā	908	
	shuà	909

⇦ 7획 ⇨

前 qián	772	
剃 tì	960	
荆 jīng	478	
剌 là	547	
削 xiāo	1075	
	xuē	1116
剐 guǎ	319	
剑 jiàn	442	

⇦ 8획 ⇨

剜 wān	1006	
剖 pōu	752	
划 huá	377	
	huà	381
剞 jī	410	
剔 tī	957	
剥 bāo	29	
	bō	66
剧 jù	495	

⇦ 9획 ~ 12획 ⇨

副 fù	284	
割 gē	300	
剩 shèng	873	
剭 kuǎi	535	
剽 piāo	739	
剿 chāo	110	
剿 jiǎo	454	
劁 qiāo	780	

⇦ 13획 이상 ⇨

劐 huō	400	
劓 yì	1178	

(16) 冂

内 nèi	695	
冉 rǎn	810	
同 tóng	978	
	tòng	982
网 wǎng	1011	
肉 ròu	826	
罔 wǎng	1012	
周 zhōu	1302	

(17) 八

八 bā	11	

⇦ 2획 ~ 5획 ⇨

兮 xī	1044	
公 gōng	308	
分 fēn	264	
	fēn	267
兰 lán	550	
半 bàn	24	
只 zhī	1282	
	zhǐ	1287
兴 xīng	1096	
	xìng	1101
关 guān	321	
并 bìng	63	
共 gòng	311	
兑 duī	227	
兵 bīng	62	
弟 dì	199	

⇦ 6획 ~ 8획 ⇨

卷 juǎn	497	
	juàn	497
并 bìng	63	
具 jù	494	
单 dān	101	
	dān	176
典 diǎn	200	
养 yǎng	1141	
前 qián	772	
酋 qiú	798	

首 shǒu	897	
兹 zī	1323	
真 zhēn	1269	
益 yì	1176	
兼 jiān	434	

⇦ 9획 ~ 14획 ⇨

黄 huáng	388	
兽 shòu	900	
普 pǔ	754	
奠 diàn	204	
曾 céng	96	
	zēng	1247
巽 xùn	1122	
舆 yú	1215	
冀 jì	424	

⇦ 15획 이상 ⇨

蠲 juān	497	

(18) 人（入）

人 rén	815	
入 rù	829	

⇦ 1획 ~ 3획 ⇨

个 gè	301	
今 jīn	467	
从 cóng	151	
介 jiè	465	
以 yǐ	1169	
仓 cāng	91	
令 lǐng	594	
	lìng	597
	líng	599
全 tóng	978	
从 cóng	152	

⇦ 4획 ~ 5획 ⇨

伞 sǎn	837	
全 quán	804	
会 huì	395	
	kuài	535
合 hé	350	
企 qǐ	764	
众 zhòng	1301	

氽 cuān	155	
	tǔn	997
含 hán	339	
余 yú	1212	
巫 wū	1033	

⇦ 6획 ~ 9획 ⇨

舍 shě	858	
	shè	860
命 mìng	670	
俞 yú	1214	
俎 zǔ	1336	
衾 qīn	785	
拿 ná	683	
龛 kān	512	
盒 hé	355	

⇦ 10획 이상 ⇨

禽 qín	786	
舒 shū	901	
翕 xī	1048	

(19) 亻

⇦ 1획 ~ 2획 ⇨

亿 yì	1173	
仁 rén	819	
什 shén	864	
	shí	878
仆 pū	752	
	pú	753
仇 chóu	131	
	qiú	797
仍 réng	822	
化 huā	374	
	huà	379
仅 jǐn	469	

⇦ 3획 ⇨

们 men	650	
仨 sā	834	
仕 shì	885	
仗 zhàng	1258	
付 fù	281	
代 dài	173	

仙	xiān	1059	体	tī	957	侣	lǚ	614	借	jiè	466
仟	qiān	770		tǐ	959	個	tǒng	981	值	zhí	1285
仫	mù	680	何	hé	352	侃	kǎn	513	倚	yǐ	1171
他	tā	938	佐	zuǒ	1340	侧	cè	94	俺	ǎn	6
仞	rèn	820	佑	yòu	1211	侩	kuài	535	倒	dǎo	186
仔	zǐ	1325	佧	kǎ	505	佻	tiāo	967		dào	184
仪	yí	1165	但	dàn	178	侨	qiáo	780	倾	qīng	792
⇦ 4획 ⇨			伸	shēn	862	侈	chǐ	126	倘	tǎng	950
仁	zhù	1308	佃	diàn	203	佩	pèi	728	俳	pái	718
仿	fǎng	256	伶	líng	594	**⇦ 7획 ⇨**			倏	shū	902
伉	kàng	516	作	zuō	1339	信	xìn	1095	俱	jū	491
伙	huǒ	405		zuò	1340	俨	yǎn	1133		jù	495
伪	wěi	1019	伯	bǎi	19	俪	lì	575	倮	luǒ	622
传	chuán	141		bó	66	便	biàn	54	倡	chàng	108
伟	wěi	1019	佟	tóng	981		pián	738	候	hóu	365
休	xiū	1105	佣	yōng	1193	俩	liǎ	577		hòu	368
伎	jì	421	低	dī	194		liǎng	585	倭	wō	1030
伍	wǔ	1040	你	nǐ	699	俅	qiú	798	倪	ní	698
伏	fú	276	伺	cì	150	俏	qiào	782	倜	tì	961
伛	yǔ	1216	伲	nì	700	修	xiū	1106	健	jiàn	442
优	yōu	1197	佛	fó	274	俚	lǐ	571	倨	jù	495
伐	fá	245	伽	gā	286	保	bǎo	31	倔	juē	501
价	jià	430		qié	783	促	cù	154		juè	502
伦	lún	618	**⇦ 6획 ⇨**			俘	fú	277	倻	yē	1149
份	fèn	268	佼	qiáo	452	俭	jiǎn	435	偌	nǎi	688
件	jiàn	440	依	yī	1164	俗	sú	928	俣	mǐn	665
任	rèn	819	佯	yáng	1140	俐	lì	576	倮	luó	621
	rèn	821	侬	nóng	710	俄	é	233	**⇦ 9획 ⇨**		
伤	shāng	848	侠	xiá	1054	侮	wǔ	1041	停	tíng	974
仰	yǎng	1141	侍	shì	888	俑	yǒng	1195	偻	lóu	608
似	shì	887	佬	lǎo	561	俊	jùn	503		lǚ	615
	sì	924	供	gōng	310	侵	qīn	785	偏	piān	737
伊	yī	1164	供	gòng	311	侯	hóu	365	做	zuò	1343
仲	zhòng	1300	使	shǐ	883	**⇦ 8획 ⇨**			偃	yǎn	1134
⇦ 5획 ⇨			侉	kuǎ	534	倥	kǒng	528	偕	xié	1086
位	wèi	1023	佰	bǎi	19	倍	bèi	39	偿	cháng	106
住	zhù	1309	例	lì	576	俯	fǔ	280	偶	ǒu	716
伴	bàn	25	侄	zhí	1286	倦	juàn	498	偎	wēi	1015
伝	nìng	707	侥	jiǎo	1144	俸	fèng	274	偷	tōu	983
估	gū	314		yáo	453	倩	qiàn	776	假	jiǎ	429
	gù	317	侦	zhēn	1268	债	zhài	1251		jià	431

汛	xùn	1122	泔	gān	291	洼	wā	1001	涤	dí	195
汲	jí	414	泄	xiè	1087	洁	jié	461	涣	huàn	386
池	chí	124	河	hé	354	洪	hóng	364	浼	měi	647
汝	rǔ	829	泷	lóng	606	洒	sǎ	834	涌	yǒng	1195
汤	tāng	947	沾	zhān	1252	浇	jiāo	449	浚	jùn	504
⇦4획⇨			泸	lú	610	浊	zhuó	1321	浸	jìn	474
沆	hàng	344	泪	lèi	565	洞	dòng	215	涨	zhǎng	1257
沁	qìn	787	沮	jǔ	492	测	cè	95		zhàng	1259
沪	hù	374	沮	jù	495	洽	qià	768	涩	sè	840
沉	chén	113	油	yóu	1200	洗	xǐ	1050	浬	lǐ	571
汪	wāng	1011	泱	yāng	1138	活	huó	401	⇦8획⇨		
沐	mù	680	泅	qiú	797	涎	xián	1063	淙	cóng	153
沛	pèi	728	泠	líng	594	派	pā	717	淀	diàn	204
汰	tài	942	汇	huì	395		pài	720	淳	chún	147
沤	ōu	715	泊	bó	67	洛	luò	622	淬	cuì	156
	òu	716	沿	yán	1131	洳	rù	830	液	yè	1153
沥	lì	573	泡	pāo	724	洴	píng	748	淤	yū	1212
沌	zhuàn	1316		pào	726	⇦7획⇨			淡	dàn	179
泐	qū	756	泺	luò	622	浣	huàn	386	深	shēn	863
沙	shā	841	泽	zé	1245	流	liú	600	清	qīng	788
汩	mì	655		jīng	475	润	rùn	832	渍	zì	1329
泛	fàn	253	治	zhì	1292	涧	jiàn	441	添	tiān	965
汹	xiōng	1104	泥	ní	698	涕	tì	961	鸿	hóng	364
汾	fēn	267		nì	700	浪	làng	554	淋	lín	592
沦	lún	618	泯	mǐn	665	涛	tāo	951		lìn	594
沧	cāng	91	沸	fèi	263	涝	lào	562	淅	xī	1047
汽	qì	766	泓	hóng	362	浦	pǔ	754	淹	yān	1127
沃	wò	1031	波	bō	65	酒	jiǔ	486	涯	yá	1125
沟	gōu	312	沼	zhǎo	1262	涟	lián	579	涿	zhuō	1321
没	méi	642	泼	pō	749	浙	zhè	1267	渐	jiān	435
	mò	675	沵	mǐ	655	消	xiāo	1076		jiàn	443
⇦5획⇨			⇦6획⇨			涉	shè	860	渠	qú	801
泣	qì	767	浏	liú	600	涅	niè	705	淌	tǎng	950
注	zhù	1309	济	jǐ	419	浞	zhuó	1322	淑	shū	902
沛	pèi	728		jì	421	涓	juān	496	淖	nào	694
泌	mì	655	洲	zhōu	1302	涡	wō	1030	混	hún	399
泻	xiè	1087	洋	yáng	1140	浮	fú	277		hùn	400
泳	yǒng	1195	浑	hún	399	涂	tú	988	涸	hé	355
沫	mò	674	浒	hǔ	372	浴	yù	1218	淫	yín	1182
浅	qiǎn	775		xǔ	1111	浩	hào	349	渊	yuān	1078
法	fǎ	245	浓	nóng	710	海	hǎi	337	淮	huái	382

渔	yú	1214
淘	táo	951
渗	shèn	867
涮	shuàn	911
涵	hán	340

⇦9획⇨

渲	xuàn	1116
湾	wān	1006
渡	dù	221
游	yóu	1202
滋	zī	1323
湛	zhàn	1255
港	gǎng	295
滞	zhì	1293
湖	hú	371
湘	xiāng	1070
渣	zhā	1249
湮	yān	1128
湎	miǎn	659
渺	miǎo	662
湿	shī	877
温	wēn	1025
渴	kě	522
溃	kuì	541
湍	tuān	991
溅	jiàn	441
滑	huá	378
渝	yú	1214
溢	pén	729

⇦10획⇨

滓	zǐ	1325
溶	róng	825
滂	pāng	723
滚	gǔn	330
漓	lí	569
溏	táng	948
溢	yì	1176
溯	sù	930
溟	míng	670
满	mǎn	633
漠	mò	676

溥	pǔ	755
溽	rù	830
源	yuán	1226
滤	lù	616
滥	làn	553
塌	tā	938
溷	hùn	400
滔	tāo	951
溪	xī	1048
溜	liū	600
	liù	605
滩	tān	943
溺	nì	701

⇦11획⇨

演	yǎn	1135
滴	dī	195
漉	lù	612
漩	xuán	1115
漾	yàng	1143
潆	yíng	1189
潇	xiāo	1078
漤	lǎn	552
漂	piāo	739
	piǎo	740
	piào	741
漫	màn	635
漯	luò	624
	tà	624
潋	liàn	581
漏	lòu	609

⇦12획⇨

澜	lán	551
潜	qián	774
澎	péng	730
潮	cháo	110
潸	shān	846
潭	tán	15
潦	liǎo	587
潘	pān	720
澳	ào	9
澄	chéng	112

	dèng	194
潺	chán	102
潽	pū	753
潾	lín	593

⇦13획⇨

濒	bīn	61
澡	zǎo	1244
激	jī	412
濛	méng	651
澥	xiè	1088

⇦14획⇨

濠	háo	346
濡	rú	828
濮	pú	754
濯	zhuó	1322

⇦15획⇨

滤	lù	616
瀑	pù	755

⇦16획⇨

瀯	yíng	1190
瀣	xiè	1089

⇦17획⇨

灌	guàn	325
瀰	mí	654

(33) 忄 (心)

⇦1획～3획⇨

忆	yì	1173
忙	máng	636
忖	cùn	157
忏	chàn	103

⇦4획⇨

忤	wǔ	1040
怄	òu	716
怀	huái	382
忧	yōu	1197
怅	chàng	108
忤	wǔ	1039
忻	xīn	1092
快	kuài	535
忸	niǔ	708

⇦5획⇨

怦	pēng	729
征	zhēng	1272
	zhèng	1278
怯	qiè	783
怙	hù	374
怏	yàng	1142
怜	lián	579
悦	yuè	1230
性	xìng	1102
怕	pà	717
怪	guài	321
怡	yí	1167
怩	ní	698
恍	huǎng	390

⇦6획⇨

恼	nǎo	692
恃	shì	888
恭	gōng	310
恒	héng	359
恢	huī	391
恍	huǎng	390
恰	qià	768
恬	tián	965
恤	xù	1111
恪	kè	524
恨	hèn	359
恓	xī	1045
恹	yān	1127

⇦7획⇨

悯	mǐn	665
悦	yuè	1230
悖	bèi	39
悚	sǒng	926
悟	wù	1043
悄	qiāo	779
悄	qiǎo	781
悭	qiān	771
悍	hàn	342
悔	huǐ	394

⇦8획⇨

惊	jīng	477

惦	diàn	203
惬	qiè	784
情	qíng	793
悻	xìng	1103
惜	xī	1047
惭	cán	90
惝	tǎng	950
悱	fěi	262
悼	dào	187
惘	wǎng	1012
惧	jù	495
惕	tì	961
惟	wéi	1018
惆	chóu	132
惨	cǎn	91
惯	guàn	325

◁ 9획 ▷

愤	fèn	268
慌	huāng	387
惰	duò	232
愠	yùn	1235
惺	xīng	1097
愕	è	235
惴	zhuì	1320
愣	lèng	567
愉	yú	1214
愀	qiǎo	782
惶	huáng	389
愧	kuì	12
慨	kǎi	511
愐	miǎn	659

◁ 10획 ▷

慑	shè	860
慕	mù	681
慎	shèn	867

◁ 11획 ▷

慷	kāng	515
慢	màn	635

◁ 12획 ▷

憧	chōng	129
憎	zēng	1247

懂	dǒng	213
憔	qiáo	781
懊	ào	9

◁ 13획 ▷

懔	lǐn	594
懒	lǎn	552
憾	hàn	343
懈	xiè	1088

◁ 14획이상 ▷

懦	nuò	714
懵	měng	652

(34) 宀

◁ 1획~4획 ▷

宁	níng	706
	nìng	707
穴	xué	1117
它	tā	938
宇	yǔ	1216
守	shǒu	896
宅	zhái	1251
安	ān	4
字	zì	1325
灾	zāi	1237
完	wán	1007
宋	sòng	926
宏	hóng	363
牢	láo	555

◁ 5획 ▷

实	shí	881
宝	bǎo	30
宗	zōng	1329
定	dìng	210
宠	chǒng	130
宜	yí	1167
审	shěn	866
官	guān	323
宛	wǎn	1008

◁ 6획 ▷

宣	xuān	1112
宦	huàn	386

室	shì	889
宫	gōng	310
宪	xiàn	1067
客	kè	524

◁ 7획 ▷

宰	zǎi	1238
害	hài	339
宽	kuān	536
家	jiā	427
宵	xiāo	1077
宴	yàn	1136
宾	bīn	60

◁ 8획 ▷

密	mì	655
寇	kòu	531
寅	yín	1182
寄	jì	423
寂	jì	423

◁ 9획 ▷

寒	hán	340
富	fù	284
寓	yù	1221
寐	mèi	647

◁ 10획 ▷

寝	qǐn	786
塞	sāi	835
	sài	835
	sè	840
寞	mò	676

◁ 11획 ▷

蜜	mì	656
寨	zhài	1252
赛	sài	835
寡	guǎ	319
察	chá	99
寥	liáo	587
寤	wù	1043

◁ 12획 ▷

寮	liáo	587

◁ 13획 ▷

寰	huán	385

蹇	jiǎn	438

(35) 爿 (丬)

爿	pán	721
壮	zhuàng	1317
状	zhuàng	1318
戕	qiāng	777
将	jiāng	444
	jiàng	447
牂	zāng	1242

(36) 广

广	guǎng	327

◁ 3획~4획 ▷

庄	zhuāng	1316
庆	qìng	795
应	yīng	1186
	yìng	1191
庐	lú	660
庑	wǔ	1040
床	chuáng	143
库	kù	533
庇	bì	48
序	xù	1111

◁ 5획 ▷

庞	páng	723
店	diàn	203
庙	miào	662
府	fǔ	279
底	dǐ	196
庚	gēng	304
废	fèi	263

◁ 6획 ▷

度	dù	221
	duó	231
庭	tíng	974

◁ 7획 ▷

席	xí	1049
座	zuò	1343
唐	táng	948

◁ 8획 ▷

廊　láng　553
庶　shù　907
廡　tuǒ　1000
庚　gēng　304
庸　yōng　1194
康　kāng　515
⇦10획⇨
廓　kuò　544
廉　lián　580
⇦11획⇨
腐　fǔ　280
廖　liào　589
⇦13획이상⇨
廩　lǐn　594
膺　yīng　1187
鹰　yīng　1188

(37) 门(門)

门　mén　648
⇦1획～3획⇨
闩　shuān　910
闪　shǎn　846
闭　bì　48
问　wèn　1029
闯　chuǎng　144
⇦4획～5획⇨
闵　mǐn　665
闷　mēn　648
　　mèn　649
闰　rùn　832
闲　xián　1062
闳　hóng　363
闹　nào　693
闸　zhá　1249
⇦6획⇨
阂　hé　355
闺　guī　328
闻　wén　1028
闽　mǐn　665
闾　lú　614
阀　fá　245

阁　gé　300
⇦7획⇨
阅　yuè　1230
阄　jiū　485
⇦8획⇨
阉　yān　1128
阐　chǎn　103
阍　yān　1127
阎　yán　1132
⇦9획⇨
阔　kuò　543
阑　lán　551
阒　qù　803
⇦10획⇨
阙　quē　807
　　què　808
阖　hé　356

(38) 辶

⇦2획～3획⇨
边　biān　50
辽　liáo　586
迂　yū　1211
达　dá　161
迈　mài　631
过　guò　333
迅　xùn　1122
迄　qì　767
巡　xún　1120
迁　qiān　770
⇦4획⇨
这　zhè　1265
进　jìn　472
远　yuǎn　1226
运　yùn　233
违　wéi　1017
还　hái　336
　　huán　384
连　lián　577
迓　yà　1127
近　jìn　473

返　fǎn　252
迎　yíng　1188
迟　chí　125
迍　zhūn　1320
⇦5획⇨
述　shù　906
迪　dí　195
迥　jiǒng　484
迭　dié　207
迤　yǐ　1171
迫　pǎi　720
　　pò　750
迦　jiā　425
迢　tiáo　968
⇦6획⇨
迹　jì　422
送　sòng　927
迸　bèng　43
迷　mí　653
逆　nì　700
逃　táo　952
选　xuǎn　1115
适　shì　889
追　zhuī　1319
退　tuì　995
逊　xùn　1122
洒　nǎi　688
⇦7획⇨
递　dì　199
逗　dòu　218
逋　bū　69
速　sù　929
逐　zhú　1306
逝　shì　891
逍　xiāo　1077
逞　chěng　122
途　tú　989
造　zào　1244
透　tòu　986
逢　féng　273
逛　guàng　327

通　tōng　976
　　tòng　982
⇦8획⇨
逻　luó　621
逶　wēi　1015
逸　yì　1176
逮　dǎi　173
　　dài　175
⇦9획⇨
遒　qiú　798
道　dào　187
遂　suì　934
逼　bī　44
遇　yù　1221
遏　è　235
遗　yí　1167
逾　yú　1215
遁　dùn　228
遐　xiá　1054
⇦10획⇨
遢　tā　938
遣　qiǎn　775
遥　yáo　1144
遛　liú　604
　　liù　605
⇦11획～12획⇨
遮　zhē　1264
遭　zāo　1242
遴　lín　593
遵　zūn　1338
⇦13획이상⇨
邃　jù　496
邀　yāo　1144
邂　xiè　1089
避　bì　49
邈　miǎo　662
邋　lā　546

(39) 工

工　gōng　305

左	zuǒ	1339	坎	kǎn	512	埝	niàn	704	**⇦ 15획이상 ⇨**	
巧	qiǎo	781	坞	wù	1042	堆	duī	224	疆	jiāng 445
功	gōng	307	块	kuài	536	埠	bù	83	壤	rǎng 811
式	shì	886	坠	zhuì	1319	堍	tù	991		

⇦ 5획 ⇨

巩	gǒng	310	坨	tuó	999	堕	duò	232	**(41) 士**	

⇦ 9획 ⇨

贡	gòng	311	垃	lā	545	堪	kān	512	士	shì 884

⇦ 3획~4획 ⇨

巫	wū	1033	幸	xìng	1102	塔	dā	160	壮	zhuàng 1317
攻	gōng	307	坪	píng	747	堰	yàn	1137	吉	jí 415
巠	gǒng	310	坷	kě	518	堤	dī	195	志	zhì 1291
差	chā	96	坯	pī	732	塄	léng	566	壳	ké 520
	chà	100	垄	lǒng	607	堡	bǎo	32		qiào 782

⇦ 7획~9획 ⇨

	chāi	101	垆	lú	610		pù	755	壶	hú 370

⇦ 10획 ⇨

项	xiàng	1074	坦	tǎn	946	塞	sāi	835	壹	yī 1165
巯	qiú	798	坤	kūn	542		sài	835	喜	xǐ 1051

(40) 土　　　　坡 pō 748　　　　塞 sè 840

⇦ 10획~14획 ⇨

土	tǔ	989	坶	mǔ	678	塘	táng	948	鼓	gǔ 317

⇦ 2획~3획 ⇨　　　**⇦ 6획 ⇨**　　　塑 sù 930　　　臺 tái 941

去	qù	802	垴	nǎo	692	墓	mù	681	嘉	jiā 426

⇦ 15획이상 ⇨

圣	shèng	872	型	xíng	1099	填	tián	966	懿	yì 1178
圩	xū	1017	垩	è	234	塌	tā	938		

(42) ++

⇦ 11획 ⇨

在	zài	1239	垣	yuán	1224	境	jìng	483	**⇦ 1획~2획 ⇨**	
寺	sì	925	垮	kuǎ	534	墒	shāng	849	艺	yì 1173
至	zhì	1290	城	chéng	120	塾	shú	904	艾	ài 3
尘	chén	113	垫	diàn	203	墙	qiáng	778		yì 1172
地	de	190	垛	duǒ	231	墟	xū	1110	节	jiē 457
	dì	197	垛	duò	231	墅	shù	908		jié 460
场	chǎng	107	垒	lěi	564	墁	màn	636	**⇦ 3획 ⇨**	

⇦ 12획 ⇨

圬	wū	1033	垦	kěn	525	墩	dūn	228	芒	máng 637

⇦ 4획 ⇨　　　**⇦ 7획 ⇨**　　　增 zēng 1247　　　芝 zhī 1281

坟	fén	267	埔	pǔ	754	墨	mò	676	芋	yù 1218

⇦ 13획~14획 ⇨

坊	fāng	255	埂	gěng	305	壅	yōng	1194	芊	qiān 770
坑	kēng	526	埋	mái	630	墙	qiáng	778	芍	sháo 856
坛	tán	944	埋	mán	633	壁	bì	49	**⇦ 4획 ⇨**	

⇦ 8획 ⇨

坏	huài	382	培	péi	727	壕	háo	346	苎	zhù 1308
址	zhǐ	1087	堵	dǔ	220	壑	hè	356		níng 706
坚	jiān	432	基	jī	411				芳	fāng 255
坝	bà	14	域	yù	1220				芯	xīn 1092
坐	zuò	1342	堑	qiàn	776					
坍	tān	943	堂	táng	949					
均	jūn	503								

	xìn	1094	薴	níng	706	荇	xìng	1103	萘	nài	688

蒿	hāo	344
蒺	jí	417
蓄	xù	1112
蒴	shuò	919
蒙	mēng	650
	méng	651
	měng	652
蒜	suàn	931
蓝	lán	551
墓	mù	681
幕	mù	681
蓦	mò	676
蓖	bì	49
蓬	péng	730
蒯	kuǎi	535
蒸	zhēng	1274
蓏	luǒ	622
⇦ 11획 ⇨
蔻	kòu	531
蔗	zhè	1267
蔺	lìn	594
蔷	qiáng	778
蔫	niān	701
暮	mù	681
摹	mó	672
慕	mù	681
蔓	mán	633
	màn	636
	wàn	1011
蕾	méng	651
蔑	miè	663
蔸	dōu	216
蓼	liǎo	588
	lù	612
蔚	wèi	1024
⇦ 12획 ⇨
蕲	qí	759
蕊	ruǐ	831
蕙	huì	12
蕈	xùn	1122
蕨	jué	501

薔	méng	651
藜	lí	569
蕉	jiāo	451
	qiáo	781
蔬	shū	903
蕴	yùn	1235
⇦ 13획 ⇨
薄	báo	29
	bó	68
	bò	69
薪	xīn	1094
薏	yì	1177
荐	jiàn	442
蕾	lěi	565
蔷	qiáng	778
薤	xiè	1089
薨	hōng	362
薯	shǔ	905
薛	xuē	1117
薹	tái	941
薲	pín	743
⇦ 14획 ⇨
薷	rú	828
藏	cáng	92
	zàng	1242
藐	miǎo	662
薰	xūn	1120
薿	nǐ	700
⇦ 15획 ⇨
藕	ǒu	716
藜	lí	569
藤	téng	956
蘦	lěi	565
⇦ 16획 ⇨
藻	zǎo	1244
蘑	mó	673
蘧	qú	801
⇦ 17획 ⇨
蘖	niè	706
⇦ 18획이상 ⇨
蘸	zhàn	1255

(43) 大
大	dà	167
	dài	173
⇦ 1획 ~ 4획 ⇨
天	tiān	961
太	tài	941
央	yāng	1137
夯	hāng	343
夹	gā	286
	jiā	426
	jiá	428
夸	kuā	534
夺	duó	231
尖	jiān	431
夷	yí	1165
夿	lián	579
⇦ 5획 ⇨
奉	fèng	274
奈	nài	688
奔	bēn	40
	bèn	42
奇	jī	410
	qí	759
奄	yǎn	1133
奋	fèn	268
⇦ 6획 ⇨
奖	jiǎng	446
奕	yì	1174
美	měi	646
牵	qiān	771
契	qì	767
奎	kuí	541
奋	dā	160
⇦ 7획 ~ 10획 ⇨
套	tào	953
奚	xī	1048
奘	zàng	1242
匏	páo	725
奢	shē	858
爽	shuǎng	912
奠	diàn	204

奥	ào	9
⇦ 11획이상 ⇨
樊	fán	249
奭	shì	892
(44) 廾
卉	huì	395
异	yì	1174
弃	qì	767
弄	lòng	607
弄	nòng	710
弈	yì	1174
弊	bì	49
(45) 尢
尤	yóu	1199
尥	liào	588
尬	gà	286
尴	gān	291
(46) 寸
寸	cùn	153
⇦ 2획 ~ 6획 ⇨
对	duì	225
寺	sì	925
寻	xún	1121
导	dǎo	183
寿	shòu	898
将	jiāng	444
	jiàng	447
封	fēng	272
耐	nài	688
⇦ 7획이상 ⇨
辱	rǔ	829
尉	wèi	1024
	yù	1221
尊	zūn	1338
射	shè	860
(47) 弋
弋	yì	1173

式	sān	837
式	shì	886
忒	tēi	956
	tuī	992
鸢	yuān	1222
贰	èr	240
弑	shì	887

(48) 扌

⇦1획～2획⇨

扎	zā	1236
	zhā	1249
	zhá	1249
打	dá	161
	dǎ	161
扑	pū	752
扒	bā	12
	pá	717
扔	rēng	822

⇦3획⇨

扩	kuò	543
扪	mén	649
扛	káng	515
扣	kòu	531
托	qiān	770
托	tuō	997
执	zhí	1284
扫	sǎo	839
	sào	839
扬	yáng	1138

⇦4획⇨

抖	dǒu	216
抗	kàng	516
护	hù	373
扶	fú	276
抚	fǔ	279
抟	tuán	992
技	jì	421
抠	kōu	529
扰	rǎo	812
扼	è	234

拒	jù	494
找	zhǎo	1261
批	pī	732
扯	chě	112
抄	chāo	109
抡	lūn	618
扮	bàn	25
折	shé	858
	zhē	1264
	zhé	1264
抓	zhuā	1311
扳	pān	720
抵	dǐ	197
投	tóu	985
抢	qiāng	776
	qiǎng	778
抑	yì	1174
抛	pāo	724
拟	nǐ	699
抒	shū	901
抉	jué	499
扭	niǔ	708
把	bǎ	13
	bà	14
报	bào	32
抔	póu	752

⇦5획⇨

拧	níng	706
	nǐng	707
	nìng	707
拉	lā	545
	lá	546
	là	547
拄	zhǔ	1308
拦	lán	551
拌	bàn	25
抨	pēng	729
抹	mā	626
	mǒ	674
	mò	675
拓	tuò	1000

	tà	939
拔	bá	12
拢	lǒng	607
拣	jiǎn	435
拈	niān	701
担	dān	177
	dàn	178
押	yā	1124
抽	chōu	130
拐	guǎi	321
拙	zhuō	1320
拎	līn	591
拖	tuō	998
拍	pāi	718
拆	cā	85
拥	yōng	1193
抵	dǐ	197
拘	jū	490
抱	bào	34
择	zhái	1251
	zé	1245
拚	pàn	722
抿	mǐn	665
拂	fú	276
披	pī	732
招	zhāo	1259
拨	bō	65
拗	ǎo	9
	niù	709
拇	mǔ	678
拐	kuǎi	535
拤	qiá	768
拃	zhǎ	1250

⇦6획⇨

挖	wā	1001
按	àn	6
拼	pīn	742
挥	huī	391
挟	xié	1086
拭	shì	887
挂	guà	319

挤	jǐ	419
持	chí	125
拮	jié	461
拷	kǎo	517
拱	gǒng	310
挎	kuà	535
挝	zhuā	1312
挠	náo	692
挡	dǎng	181
搜	zhuāi	1312
	zhuài	1312
拴	shuān	910
拾	shí	882
挑	tiāo	967
	tiǎo	969
挺	tǐng	975
括	kuò	543
指	zhǐ	1289
挣	zhèng	1279
挪	nuó	714
拯	zhěng	1275
拶	zǎn	1240
挦	xián	1063
挜	yà	1126

⇦7획⇨

捞	lāo	554
捕	bǔ	70
捂	wǔ	1040
振	zhèn	1271
捎	shāo	885
捍	hàn	342
捏	niē	705
捉	zhuō	1321
捆	kǔn	542
捐	juān	496
损	sǔn	935
挹	yì	1175
捌	bā	12
捋	lǚ	614
	luō	620
捡	jiǎn	435
挫	cuò	158

搗 dǎo	184	揲 qiā	768	携 xié	1086	撰 zhuàn	1316
换 huàn	386	掇 duō	230	搐 chù	140	⇦ 13획 ⇨	
挽 wǎn	1008	据 jù	495	搛 jiān	434	擅 shàn	848
捅 tǒng	982	掘 jué	501	摄 shè	860	擞 sòu	928
挨 āi	2	掼 guàn	325	摸 mō	671	擂 léi	564
ái	2	⇦ 9획 ⇨		搏 bó	68	lèi	565
⇦ 8획 ⇨		搅 jiǎo	454	摁 èn	236	擀 gǎn	292
控 kòng	529	揎 xuān	1113	摆 bǎi	19	撼 hàn	343
掊 pōu	752	搁 gē	299	搬 bān	22	操 cāo	92
pǒu	752	搓 cuō	158	摊 tān	944	擗 pǐ	736
接 jiē	457	楼 lōu	608	搦 nuò	714	⇦ 14획 ⇨	
掠 lüě	618	lǒu	608	摇 yáo	1145	擦 cā	85
lüè	618	揍 zòu	1334	⇦ 11획 ⇨		擤 xǐng	1101
掂 diān	200	搭 dā	160	摘 zhāi	1251	擢 zhuó	1322
掖 yē	1149	揸 zhā	1249	摭 zhí	1287	擿 zhài	1252
yè	1153	揠 yà	1127	捽 shuāi	910	擩 rǔ	829
掷 zhì	1293	揩 kāi	511	撇 piē	741	⇦ 15획 ~17획 ⇨	
掸 dǎn	178	揽 lǎn	522	piě	741	攉 huò	401
捩 liè	591	提 dī	195	搂 lōu	608	攒 cuán	155
掮 qián	774	揖 yī	1166	撂 liào	589	zǎn	1240
探 tàn	947	揭 jiē	459	摞 luò	624	攘 rǎng	811
捧 pěng	731	揣 chuāi	140	摧 cuī	156	⇦ 18획이상 ⇨	
掭 tiàn	967	chuǎi	140	摽 biào	58	攫 jué	502
揶 yé	1150	援 yuán	1224	⇦ 12획 ⇨		攥 zuàn	1336
措 cuò	158	揄 yú	1214	撺 cuān	155	攮 nǎng	692
描 miáo	661	揪 jiū	485	撞 zhuàng	1318		
捺 nà	687	插 chā	97	撤 chè	113	(49) 小	
㩳 jǐ	419	搜 sōu	927	撙 zūn	1339	小 xiǎo	1078
掩 yǎn	1133	㨭 chān	101	niān	703	⇦ 1획 ~4획 ⇨	
捷 jié	461	搔 sāo	839	撕 sī	922	少 shǎo	856
排 pái	718	揆 kuí	541	撒 sā	834	shào	857
pǎi	720	揉 róu	826	sǎ	834	尔 ěr	237
掉 diào	206	握 wò	1032	撅 juē	498	尬 gā	286
掳 lǔ	611	搕 kē	520	撩 liāo	586	尘 chén	113
授 shòu	899	揳 xiē	1084	liáo	587	尖 jiān	431
捻 niǎn	703	揦 lá	546	撑 chēng	117	光 guāng	326
捶 chuí	145	搋 wǎi	1002	撮 cuō	158	劣 liè	590
推 tuī	993	⇦ 10획 ⇨		zuǒ	1340	当 dāng	179
掀 xiān	1061	摈 bìn	61	擒 qín	786	dàng	182
掬 jú	491	搞 gǎo	298	播 bō	66	肖 xiāo	1075
掏 tāo	951	搪 táng	948	撬 qiào	782	xiào	1082
				𪵢 lú	610		

⇦ **5획~8획** ⇨			
尚 shàng 855	台 tāi 939	呈 chéng 121	咛 níng 706
尝 cháng 106	tái 940	吴 wú 1038	咏 yǒng 1195
叕 gá 286	司 sī 920	吞 tūn 996	味 wèi 1023
省 shěng 871	叼 diāo 204	呒 ḿ 626	哎 āi 2
xǐng 1101	叫 jiào 454	呓 yì 1173	呫 gū 314
党 dǎng 181	叩 kòu 531	呆 dāi 173	呵 hē 350
堂 táng 949	叨 dāo 183	吱 zhī 1282	kē 519
常 cháng 106	dáo 183	zī 1323	咂 zā 1236
雀 qiāo 780	tāo 950	吾 wú 1038	呸 pēi 726
qiǎo 782	召 zhào 1263	呔 tǎi 941	咔 kā 505
què 808	叻 lè 562	吠 fèi 262	kǎ 505
⇦ **9획~10획** ⇨	另 lìng 599	呕 ōu 715	咀 jǔ 492
掌 zhǎng 1257	加 jiā 424	ōu 715	zuǐ 1337
辉 huī 391	⇦ **3획** ⇨	否 pǐ 736	呻 shēn 862
⇦ **11획이상** ⇨	问 wèn 1029	呃 è 234	咒 zhòu 1304
耀 yào 1149	吁 yū 1211	吨 dūn 227	咄 duō 230
	yù 1218	呀 yā 1124	呼 hū 368
(50) 口	吓 hè 356	ya 1127	知 zhī 1283
口 kǒu 529	xià 1059	吵 chāo 109	咋 zǎ 1237
⇦ **2획** ⇨	吐 tǔ 991	chǎo 111	zé 1245
叶 xié 1085	tù 991	呗 bei 40	zhā 1249
yè 1151	吉 jí 415	员 yuán 1223	和 hé 353
古 gǔ 315	吕 lǚ 614	呐 nà 687	hè 356
右 yòu 1210	吊 diào 205	nè 694	huó 401
叮 dīng 208	合 hé 350	吟 yín 1181	huò 405
可 kě 520	吃 chī 123	吩 fēn 266	舍 shě 858
kè 522	向 xiàng 1073	呛 qiāng 776	shè 860
号 háo 345	后 hòu 365	qiàng 779	命 mìng 670
hào 348	名 míng 665	告 gào 298	呱 guā 319
占 zhān 1252	各 gè 302	听 tīng 972	咎 jiù 487
zhàn 1254	吸 xī 1044	吹 chuī 144	周 zhōu 1302
只 zhī 1282	吆 yāo 1143	吻 wěn 1028	鸣 míng 667
zhǐ 1287	吗 mā 626	呜 wū 1033	咆 páo 725
叭 bā 12	mǎ 629	吮 shǔn 915	呢 ne 694
史 shǐ 883	ma 629	君 jūn 503	ní 698
兄 xiōng 1104	⇦ **4획** ⇨	呀 yǐn 1183	呶 náo 692
叱 chì 126	吝 lìn 594	吧 bā 12	咖 gā 286
句 jù 494	吭 háng 344	ba 15	kā 505
叽 jī 408	kēng 526	邑 yì 1175	呦 yōu 1198
叹 tàn 946	吣 qìn 787	吼 hǒu 365	咝 jí 415
	启 qǐ 764	⇦ **5획** ⇨	咝 sī 921

嗼	m̄	626
	m̀	626

⇦ 6획 ⇨

咬	yǎo	1146
咨	zī	1323
咳	hāi	336
	ké	520
咩	miē	663
咪	mī	653
哝	nóng	710
哐	kuāng	538
哇	wā	1001
	wa	1002
咭	jī	411
哑	yā	1124
	yǎ	1126
哄	hōng	361
	hǒng	364
	hòng	365
咴	huī	391
咸	xián	1063
咧	liē	589
	liě	589
	lie	591
咦	yí	1166
哓	xiāo	1077
呲	cī	148
虽	suī	932
品	pǐn	743
咽	yān	1127
	yàn	1136
	yè	1153
哕	huì	1229
哈	hā	336
	hǎ	336
	hà	336
咻	xiū	1106
哗	huā	377
	huá	378
咱	zá	1237
	zán	1240

咿	yī	1164
响	xiǎng	1072
哌	pài	720
咯	kǎ	505
	lo	605
	luò	622
哆	duō	230
哪	na	687
	nǎi	688
	né	694
	něi	695
哟	yō	1193
	yo	1193
哉	zāi	1238
咷	táo	952

⇦ 7획 ⇨

唁	yàn	1137
哼	hēng	359
	hng	361
唐	táng	948
哥	gē	299
哧	chī	124
唠	láo	556
	lào	562
哺	bǔ	70
哽	gěng	305
唔	wú	1038
唇	chún	147
哲	zhé	1265
哨	shào	858
唢	suǒ	936
哩	lī	568
	lǐ	571
	li	577
	yīng	1188
哭	kū	532
唏	xī	1046
哦	ó	715
	ò	715
唤	huàn	386
唆	suō	935

唉	āi	2
	ài	3
唧	jī	412
啊	ā	1
	á	1
	ǎ	1
	à	1
	a	1
俩	liǎng	585

⇦ 8획 ⇨

商	shāng	849
啐	cuì	159
唷	yō	1193
啷	lāng	553
啧	zé	1246
营	yíng	1189
喏	nuò	714
喵	miāo	661
啄	zhuó	1322
啦	lā	546
	la	548
啪	pā	717
啃	kěn	525
啮	niè	706
唬	hǔ	372
	xià	1059
唱	chàng	108
啥	shá	843
唾	tuò	1000
唯	wéi	1018
售	shòu	900
啤	pí	735
啕	táo	952
唿	hū	369
啜	chuò	148
啸	xiào	1084
嗖	sōu	927
喎	wāi	1002
啰	luō	620
	luó	621
	luo	625

⇦ 9획 ⇨

喾	kù	534
喧	xuān	1113
喀	kā	505
啼	tí	957
喑	yīn	1181
善	shàn	847
嗟	jiē	459
喽	lóu	608
	lou	609
喷	pēn	729
	pèn	729
喜	xǐ	1051
喋	dié	207
嗒	tà	939
喃	nán	689
喳	chā	97
	zhā	1249
喇	lǎ	546
喹	kuí	541
喊	hǎn	341
喁	yú	1215
喝	hē	350
	hè	356
喂	wèi	1024
	kuì	542
喘	chuǎn	142
喻	yù	1219
啾	jiū	485
嗖	sōu	927
喉	hóu	365
喙	huì	397
	zì	1323
喡	wāi	1002
喌	zhōu	1302
喌	kū	532

⇦ 10획 ⇨

嗨	hāi	336
嗍	suō	935
嗉	sù	930
嘟	dū	218

嗜	shì	891
嗑	kē	519
	kè	525
嗫	niè	705
嗬	hē	350
嗔	chēn	113
嗝	gé	301
辔	pèi	729
嗣	sì	925
嗯	ń	683
	ň	683
	ǹ	683
	ńg	697
	ňg	697
	ǹg	697
嗤	chī	124
嗳	ǎi	3
嗡	wēng	1030
嗅	xiù	1108
嗥	háo	345
嗵	tōng	978
嗓	sǎng	838
嗐	hài	339
嗙	pǎng	724
嗨	mǔ	679
嗛	qiǎn	776

⇦ 11획 ⇨

嘧	mì	656
嘀	dí	196
嘛	ma	630
嗾	sǒu	928
嘉	jiā	426
嘞	lei	565
嘈	cáo	93
嗽	sòu	928
嘌	piào	741
嘁	qī	757
嘎	gā	286
	gá	286
	gǎ	286
嘘	xū	1110

⇦ 12획 ⇨

噎	yē	1149
嘭	pēng	730
嘻	xī	1048
嘶	sī	922
嘲	cháo	111
	zhāo	1261
嘹	liáo	587
噘	juē	498
噗	pū	753
嘿	hēi	358
	mò	676
嘬	zuō	1339
噙	qín	786
噢	ō	715
噂	zǎn	1240

⇦ 13획 ⇨

噫	yī	1166
嚆	hāo	345
噩	è	235
嘴	zuǐ	1337
噱	jué	501
	xué	1118
器	qì	767
噪	zào	1245
噬	shì	892
噼	pī	733
噷	hm	361
嚄	huō	400
	huò	407

⇦ 14획 ⇨

嚎	háo	346
嚅	rú	828
嚏	tì	961

⇦ 15획~16획 ⇨

嚜	me	642
	mò	676
嚯	huò	407

⇦ 17획이상 ⇨

嚷	rāng	810
	ráng	811

嚼	jiáo	451
	jiào	456
	jué	502
囔	nāng	691

(51) 口

○	líng	594

⇦ 2획~4획 ⇨

囚	qiú	797
四	sì	923
团	tuán	992
因	yīn	1179
回	huí	392
囟	xìn	1094
囡	nān	688
园	yuán	1223
围	wéi	1017
困	kùn	542
囤	dùn	228
	tún	997
囵	lún	619
囫	hú	369

⇦ 5획~7획 ⇨

国	guó	331
固	gù	317
圃	pǔ	754
囹	líng	594
图	tú	988
囿	yòu	1211
圆	yuán	1223

⇦ 8획~10획 ⇨

啬	sè	840
圈	juān	497
	juàn	498
	quān	803
圝	luán	617

⇦ 11획이상 ⇨

圜	huán	1226

(52) 巾

巾	jīn	467

⇦ 1획~4획 ⇨

币	bì	47
市	shì	886
布	bù	82
帅	shuài	910
师	shī	876
帆	fān	247
希	xī	1046
帐	zhàng	1258

⇦ 5획~7획 ⇨

帘	lián	579
帖	tiē	970
	tiē	971
	tiē	972
帜	zhì	1291
帕	pà	718
帛	bó	67
帚	zhǒu	1304
帝	dì	199
帮	bāng	25
带	dài	174
帧	zhēn	1628

⇦ 8획~10획 ⇨

常	cháng	106
帷	wéi	1018
帲	píng	748
幄	wò	1032
幅	fú	279
帽	mào	641
幕	mù	81
幌	huǎng	390

⇦ 11획이상 ⇨

幛	zhàng	1259
幔	màn	636
幢	zhuàng	1318
幡	fān	247
幪	méng	651

(53) 山

山	shān	844

⇦ 2획~4획 ⇨

屿	yǔ	1216

屹	yì	1173
岁	suì	933
岌	jí	414
岂	qǐ	762
岐	qí	759
岗	gǎng	294
岔	chà	99
岛	dǎo	184
岚	lán	551

⇦ 5획 ⇨

岸	àn	6
岩	yán	1132
岿	kuī	540
岬	jiǎ	429
岭	lǐng	598
岳	yuè	1230
岇	mǎo	640
岧	tiáo	968

⇦ 6획 ⇨

峦	luán	616
峡	xiá	1054
峙	zhì	1293
炭	tàn	946
峒	tóng	980
峤	qiáo	780
峥	zhēng	1274
幽	yōu	1198

⇦ 7획 ⇨

峭	qiào	782
峨	é	233
峰	fēng	273
峻	jùn	504

⇦ 8획 ⇨

崇	chóng	130
崆	kōng	528
崎	qí	760
崖	yá	1125
崭	zhǎn	1253
崔	cuī	155
崩	bēng	42
崛	jué	501

⇦ 9획 ⇨

嵌	qiàn	776
崴	wǎi	1002
	wēi	1015
崽	zǎi	1238
嵬	wéi	1018
嵋	méi	645

⇦ 10획～12획 ⇨

嵩	sōng	926
嶙	lín	593

(54) 彳

⇦ 3획～5획 ⇨

行	háng	343
	hàng	344
	héng	359
	xíng	1099
彷	páng	723
彻	chè	112
役	yì	1175
往	wǎng	1012
征	zhēng	1272
径	jìng	482
彼	bǐ	46

⇦ 6획 ⇨

衍	yǎn	1133
徉	yáng	1141
待	dāi	173
	dài	175
徊	huái	382
徇	xùn	1122
律	lǜ	615
很	hěn	358

⇦ 7획 ⇨

徒	tú	989
徐	xú	1110
衔	háng	344

⇦ 8획 ⇨

徘	pái	719
徙	xǐ	1050
得	dé	189
	de	191
	děi	191
衔	xián	1063

⇦ 9획 ⇨

街	jiē	459
御	yù	1221
徨	huáng	389
循	xún	1121
徜	tóng	982

⇦ 10획～12획 ⇨

衙	yá	1125
微	wēi	1015
徭	yáo	1145
德	dé	190

⇦ 13획이상 ⇨

衡	héng	361
徽	huī	392

(55) 彡

形	xíng	1098
彤	tóng	981
衫	shān	846
参	cān	88
	cēn	96
	shēn	863
须	xū	1108
彬	bīn	61
彪	biāo	56
彩	cǎi	87
彭	péng	730
彰	zhāng	1257
影	yǐng	1190
尨	méng	650

(56) 夕

夕	xī	1044
名	míng	665
岁	suì	933
多	duō	229
罗	luó	620
梦	mèng	652

夤	yín	1182
夥	huǒ	405

(57) 夂

冬	dōng	213
处	chǔ	138
	chù	139
务	wù	1042
各	gè	302
条	tiáo	967
备	bèi	37
复	fù	283
夏	xià	1059
惫	bèi	40

(58) 犭

⇦ 2획～4획 ⇨

犯	fàn	252
犷	guǎng	327
犸	mǎ	629
狂	kuáng	538
犹	yóu	1199
狃	niǔ	709

⇦ 5획 ⇨

狞	níng	706
狙	jū	490
狎	xiá	1054
狐	hú	370
狗	gǒu	312
狍	páo	725
狉	pī	732

⇦ 6획 ⇨

狩	shòu	900
狡	jiǎo	452
狱	yù	1219
狭	xiá	1054
狮	shī	876
独	dú	218
狰	zhēng	1274
狠	hěn	358
狲	lǜ	616

纸	zhǐ	1290	妖	yāo	1143	姬	jī	412	嫦	cháng	107
弪	jìng	482	姊	zǐ	1325	娱	yú	1215	嫚	mān	632
弩	nǔ	711	妞	niū	708	娉	pīng	744		màn	636
⇦ 6획~9획 ⇨			**⇦ 5획 ⇨**			娟	juān	497	**⇦ 12획~13획 ⇨**		
弯	wān	1005	妾	qiè	784	娥	é	233	嬉	xī	1048
弭	mǐ	655	妹	mèi	647	娩	miǎn	659	嬗	shàn	848
弱	ruò	832	姑	gū	314	婀	ē	233	嬴	yíng	1189
弹	tán	945	妻	qī	756	**⇦ 8획 ⇨**			**⇦ 14획이상 ⇨**		
粥	zhōu	1303	姐	jiě	463	婆	pó	749	嬲	niǎo	704
强	jiàng	447	妯	zhóu	1303	婶	shěn	867	孀	shuāng	912
	qiáng	777	姓	xìng	1102	婉	wǎn	1020			
	qiǎng	779	委	wēi	1015	婵	chán	101	**(65) 幺**		
⇦ 11획이상 ⇨				wěi	1020	婊	biǎo	58	幺	yāo	1143
疆	jiāng	445	姗	shān	845	娶	qǔ	802	乡	xiāng	1068
鬻	yù	1221	始	shǐ	884	婪	lán	551	幻	huàn	385
			妮	nī	698	娼	chāng	104	幼	yòu	1210
(64) 女			姆	mǔ	678	婴	yīng	1187	兹	zī	1323
女	nǚ	712	**⇦ 6획 ⇨**			婚	hūn	398	幽	yōu	1198
⇦ 2획~3획 ⇨			姣	jiāo	450	娜	láng	553	畿	jī	412
奶	nǎi	687	姿	zī	1323	妮	ní	698			
奴	nú	711	姜	jiāng	444	嫠	nǚ	711	**(66) 子(孑)**		
妆	zhuāng	1316	姘	pīn	742	**⇦ 9획 ⇨**			子	zǐ	1324
妄	wàng	1013	娄	lóu	608	婷	tíng	975	孓	jué	498
奸	jiān	432	娃	wá	1001	媒	méi	645	孑	jié	460
如	rú	827	姥	lǎo	556	娼	chāng	104	**⇦ 1획~4획 ⇨**		
妇	fù	282	娅	yà	1127	嫂	sǎo	839	孔	kǒng	528
妃	fēi	260	要	yāo	1143	婺	wù	1043	孕	yùn	1233
她	tā	938		yào	1147	婿	xù	1112	存	cún	157
妈	mā	626	威	wēi	1015	媚	mèi	647	孙	sūn	934
好	hǎo	346	耍	shuǎ	909	**⇦ 10획 ⇨**			孝	xiào	1082
	hào	349	姨	yí	1166	嫁	jià	431	孜	zī	1323
⇦ 4획 ⇨			娆	ráo	812	嫔	pín	743	**⇦ 5획~8획 ⇨**		
妨	fáng	256	姻	yīn	1180	嫉	jí	417	学	xué	1117
妒	dù	221	姚	yáo	1144	嫌	xián	1064	享	xiǎng	1072
妍	yán	1130	娇	jiāo	450	媾	gòu	313	孟	mèng	652
妩	wǔ	1040	娜	nuó	686	媳	xí	1050	孤	gū	314
妓	jì	421	姮	héng	359	**⇦ 11획 ⇨**			孢	bāo	29
妙	miào	662	**⇦ 7획 ⇨**			嫡	dí	196	孥	nú	711
妥	tuǒ	1000	娑	suō	935	嫣	yān	1128	孪	luán	616
姈	jìn	474	娴	xián	1063	嫩	nèn	696	孩	hái	337
妊	rèn	822	娘	niáng	704	嫖	piáo	740	孰	shú	904

煜	yù	1220	
煨	wēi	1015	
煌	huáng	389	
煺	tuì	996	

⇦ 10획 ⇨

熔	róng	825	
煽	shān	846	
熄	xī	1048	
熘	liū	600	
熥	tēng	956	

⇦ 11획 ⇨

熳	màn	636	
熨	yù	1221	
	yùn	1235	

⇦ 12획 ⇨

燧	suì	934	
燎	liáo	587	
	liǎo	588	
燃	rán	810	
燀	tán	945	

⇦ 13획~14획 ⇨

燥	zào	1245	
燿	yào	1149	

⇦ 15획이상 ⇨

爆	bào	35	

(75) 心

心	xīn	1089	

⇦ 1획~3획 ⇨

必	bì	47	
忘	wàng	1014	
闷	mēn	648	
	mèn	649	
忑	tè	954	
志	zhì	1291	
忒	tēi	956	
	tuī	992	
忐	tǎn	946	
吣	qìn	787	
忌	jì	421	
忍	rěn	819	

⇦ 4획 ⇨

态	tài	942	
忠	zhōng	1298	
怂	sǒng	926	
念	niàn	703	
忿	fèn	268	
忽	hū	369	

⇦ 5획 ⇨

总	zǒng	1330	
思	sī	921	
怎	zěn	1246	
怨	yuàn	1227	
急	jí	416	
怠	dài	174	
怒	nù	711	
怹	tān	943	

⇦ 6획 ⇨

恋	liàn	581	
恣	zì	1329	
恙	yàng	1142	
恝	jiá	428	
恐	kǒng	528	
恶	ě	234	
	è	234	
	wū	1033	
恶	wù	1043	
虑	lǜ	616	
恩	ēn	236	
恁	nèn	696	
恁	nín	706	
息	xī	1047	
恳	kěn	525	
恕	shù	907	

⇦ 7획 ⇨

悬	xuán	1114	
患	huàn	386	
悉	xī	1048	
悠	yōu	1198	
您	nín	706	
恿	yǒng	1195	

⇦ 8획 ⇨

惹	rě	812	
惠	huì	398	
惑	huò	406	
悲	bēi	36	
崽	zǎi	1238	
惩	chéng	122	
惫	bèi	40	

⇦ 9획 ⇨

意	yì	1176	
慈	cí	149	
想	xiǎng	1072	
感	gǎn	292	
愚	yú	1215	
愈	yù	1219	
愁	chóu	132	
愆	qiān	772	

⇦ 10획 ⇨

愿	yuàn	1228	
慇	yīn	1181	

⇦ 11획 ⇨

憋	biē	58	
慧	huì	397	
憨	hān	339	
慰	wèi	1024	

⇦ 12획~13획 ⇨

憩	qì	768	
懋	mào	642	

⇦ 14획이상 ⇨

懿	yì	1178	
戆	zhuàng	1318	

(76) 户

户	hù	373	

⇦ 1획~5획 ⇨

启	qǐ	764	
戽	hù	374	
房	fáng	256	
肩	jiān	434	
扁	biǎn	52	
	piān	737	

⇦ 6획이상 ⇨

扇	shān	846	
	shàn	847	
扈	hù	374	
扉	fēi	261	
雇	gù	318	

(77) 衤

⇦ 1획~3획 ⇨

礼	lǐ	569	
祁	qí	759	
社	shè	859	
祀	sì	923	

⇦ 4획 ⇨

视	shì	889	
祈	qí	759	
祇	qí	759	

⇦ 5획 ⇨

祛	qū	800	
祖	zǔ	1336	
神	shén	865	
祝	zhù	1310	
祢	mí	653	
祠	cí	148	

⇦ 6획~8획 ⇨

祥	xiáng	1071	
祯	zhēn	1268	
祷	dǎo	185	
祸	huò	406	
禅	chán	102	
禅	shàn	847	
禄	lù	612	

⇦ 9획~11획 ⇨

福	fú	279	

⇦ 12획이상 ⇨

禧	xǐ	1052	
禳	ráng	811	

(78) 王

王	wáng	1011	

⇦ 1획~3획 ⇨

主	zhǔ	1306	

玉	yù	1218
全	quán	804
弄	lòng	607
	nòng	710
玖	jiǔ	486
玛	mǎ	629

⇦ 4획 ⇨

玩	wán	1006
环	huán	384
现	xiàn	1065
玫	méi	644

⇦ 5획 ⇨

珂	kē	519
珑	lóng	606
玷	diàn	203
玲	líng	594
珍	zhēn	1268
珀	pò	750
皇	huáng	388
珊	shān	845
玻	bō	66

⇦ 6획 ⇨

班	bān	21
珧	yáo	1144
珠	zhū	1305
玺	xǐ	1050
珞	luò	623

⇦ 7획 ⇨

琉	liú	602
望	wàng	1013
瑯	láng	554
球	qiú	798
琐	suǒ	936
理	lǐ	571

⇦ 8획 ⇨

琬	wǎn	1008
琼	qióng	796
斑	bān	22
琵	pí	735
琴	qín	785
琶	pá	717

瑛	yīng	1187
琳	lín	592
琦	qí	760
琢	zhuó	1322
	zhuó	1339
琥	hǔ	372

⇦ 9획 ⇨

瑟	sè	840
瑞	ruì	831
瑜	yú	1215
瑰	guī	329
瑕	xiá	1054
瑙	nǎo	693

⇦ 10획 ⇨

瑶	yáo	1145

⇦ 11획 ⇨

璀	cuǐ	156

⇦ 12획 ~ 13획 ⇨

璞	pú	754
疆	è	235

⇦ 14획 이상 ⇨

璧	bì	49

(79) 韦(韋)

韧	rèn	820
韩	hán	340
韬	tāo	951

(80) 木

木	mù	679

⇦ 1획 ~ 2획 ⇨

术	shù	906
本	běn	40
未	wèi	1022
末	mò	674
札	zhá	1249
朽	xiǔ	1107
朴	piáo	748
	pǔ	754
杀	shā	840
朱	zhū	1304

机	jī	408
朵	duǒ	231
杂	zá	1236
权	quán	805

⇦ 3획 ⇨

床	chuáng	143
杧	máng	637
杆	gān	290
	gǎn	291
杠	gàng	295
杜	dù	221
杖	zhàng	1258
杌	wù	1041
村	cūn	156
材	cái	86
杏	xìng	1102
束	shù	906
杉	shā	842
	shān	846
条	tiáo	967
极	jí	414
杈	chà	99
杞	qǐ	762
杨	yáng	1139
李	lǐ	570
杩	mà	629

⇦ 4획 ⇨

杰	jié	462
杭	háng	344
枕	zhěn	1270
枉	wǎng	1012
林	lín	591
枝	zhī	1282
枢	shū	902
杯	bēi	35
柜	guì	330
枇	pí	735
杪	miǎo	662
枣	zǎo	1244
杳	yǎo	1146
果	guǒ	333

枧	jiǎn	435
采	cǎi	87
	cài	88
松	sōng	925
枪	qiāng	776
杵	chǔ	139
枚	méi	644
析	xī	1047
板	bǎn	23
枭	xiāo	1077
枫	fēng	272
构	gòu	313
杼	zhù	1310
杷	pá	717

⇦ 5획 ⇨

柒	qī	756
染	rǎn	810
柠	níng	706
柁	tuó	1000
亲	qīn	784
	qìng	795
柱	zhù	1310
柿	shì	886
栏	lán	551
枰	píng	747
栈	zhàn	1255
标	biāo	55
柰	nài	688
荣	róng	824
柑	gān	291
某	mǒu	677
枯	kū	532
栉	zhì	1293
柯	kē	519
柄	bǐng	63
枢	jiù	488
栋	dòng	215
柬	jiǎn	435
查	chá	99
	zhá	1249
相	xiāng	1068

橹	lǔ	611
橙	chéng	122

⇦ 13획 ⇨

檩	lǐn	594
檀	tán	945
檑	léi	564
檬	méng	651
檄	xí	1050
檐	yán	1133

(81) 犬

犬	quǎn	806
状	zhuàng	1318
哭	kū	532
臭	chòu	133
	xiù	1108
献	xiàn	1067

(82) 歹

歹	dǎi	173

⇦ 2획～5획 ⇨

列	liè	589
死	sǐ	922
夙	sù	929
歼	jiān	433
殁	mò	675
残	cán	89
殃	yāng	1138

⇦ 6획～8획 ⇨

毙	bì	49
殊	shū	902
殉	xùn	1122
殒	yǔn	1233
殓	liàn	581
殖	shi	892
	zhí	1286

⇦ 9획이상 ⇨

殡	bìn	61
殪	yì	1178
殨	huì	397

(83) 车(車)

车	chē	111
	jū	490

⇦ 1획～3획 ⇨

轧	gá	286
	yà	1126
	zhá	1249
军	jūn	502
轨	guǐ	329
轩	xuān	1112

⇦ 4획 ⇨

转	zhuǎn	1314
	zhuàn	1315
	zhuǎi	1312
轮	lún	619
斩	zhǎn	1253
软	ruǎn	831
轰	hōng	361

⇦ 5획 ⇨

轱	gū	314
轲	kē	519
	kě	522
轳	lú	610
轴	zhóu	1303
	zhòu	1304
轻	qīng	790

⇦ 6획 ⇨

较	jiào	455
载	zǎi	1238
	zài	1240
轿	jiào	455

⇦ 7획 ⇨

辅	fǔ	280
辆	liàng	586

⇦ 8획 ⇨

辇	niǎn	703
辈	bèi	39
辉	huī	391
辊	gǔn	331
辍	chuò	148

辋	wǎng	1012

⇦ 9획 ⇨

辐	fú	279
辑	jí	418
输	shū	902

⇦ 10획～11획 ⇨

辖	xiá	1055
辕	yuán	1226
舆	yú	1215
辗	zhǎn	1254
辘	lù	612

⇦ 12획이상 ⇨

辙	zhé	1265
辚	lín	593

(84) 戈

戈	gē	299

⇦ 1획～3획 ⇨

戊	wù	1043
划	huá	377
	huà	381
戏	xì	1052
戎	róng	824
戍	shù	906
戌	xū	1108
成	chéng	118
戒	jiè	465
我	wǒ	1031

⇦ 4획～5획 ⇨

或	huò	405
戕	qiāng	777
戗	qiāng	777
	qiàng	779
哉	zāi	1238
战	zhàn	1254
咸	xián	1063
威	wēi	1015

⇦ 6획～8획 ⇨

栽	zāi	1238
载	zǎi	1238
	zài	1240

戛	jiá	428
戚	qī	757
裁	cái	86
戟	jǐ	419

⇦ 9획이상 ⇨

戡	kān	512
戥	děng	194
截	jié	463
戮	lù	612
畿	jī	412
戴	dài	175
戳	chuō	147

(85) 比

比	bǐ	44
毕	bì	48
毙	bì	49

(86) 瓦

瓦	wǎ	1001
	wà	1002

⇦ 3획～9획 ⇨

瓮	wèng	1030
瓷	cí	149
瓶	píng	748
甄	zhēn	1270
瓯	ōu	715

⇦ 10획이상 ⇨

甑	zèng	1248
甍	méng	651

(87) 止

止	zhǐ	1287
正	zhēng	1272
	zhèng	1275
此	cǐ	149
步	bù	83
武	wǔ	1040
歧	qí	759
肯	kěn	525
歪	wāi	1002

耻	chǐ	126

(88) 支

敲	qiāo	780

(89) 日

日	rì	822

⇦ **1획～3획** ⇨

旦	dàn	178
旧	jiù	487
早	zǎo	1243
旬	xún	1120
旯	lá	546
旮	gā	286
旭	xù	1111
旷	kuàng	539
旱	hàn	342
时	shí	879

⇦ **4획** ⇨

旺	wàng	1012
昙	tán	944
昔	xī	1047
杳	yǎo	1146
昃	zé	1246
昆	kūn	542
昌	chāng	704
明	míng	667
昏	hūn	398
易	yì	1175
昂	áng	8
旻	mín	665

⇦ **5획** ⇨

昱	yù	1220
春	chūn	146
昧	mèi	647
是	shì	890
映	yìng	1192
星	xīng	1097
昨	zuó	1339
昝	zǎn	1240
昴	mǎo	640

昵	nì	700
昭	zhāo	1260
显	xiǎn	1064
昽	lóng	606

⇦ **6획** ⇨

晏	yàn	1137
晕	yūn	1231
	yùn	1234
晖	huī	391
晋	jìn	474
晒	shài	843
晋	jìn	474
晃	huǎng	390
	huàng	390
晔	yè	1153
晌	shǎng	849

⇦ **7획** ⇨

匙	chí	125
	shi	892
晤	wù	1043
晨	chén	115
晦	huì	397
晚	wǎn	1008

⇦ **8획** ⇨

晾	liàng	585
普	pǔ	754
景	jǐng	481
晴	qíng	794
暑	shǔ	905
晰	xī	1047
量	liáng	583
	liàng	586
暂	zàn	1241
晶	jīng	480
智	zhì	1293

⇦ **9획** ⇨

暄	xuān	1114
暗	àn	7
暖	nuǎn	713
暇	xiá	1054

⇦ **10획～11획** ⇨

暝	míng	670
暮	mù	681
暂	zàn	1241
暴	bào	34

⇦ **12획～13획** ⇨

曙	shǔ	905
曚	méng	651
曈	tóng	981

⇦ **14획이상** ⇨

曜	yào	1149
曝	pù	755
曦	qī	758

(90) 曰

曰	yuē	1228

⇦ **2획～7획** ⇨

曲	qū	799
曲	qǔ	801
旨	zhǐ	1288
曳	yè	1152
者	zhě	1265
沓	dá	161
冒	mào	641
耆	qí	761
曼	màn	635
冕	miǎn	659

⇦ **8획이상** ⇨

曾	céng	96
	zēng	1247
替	tì	961
最	zuì	1337

(91) 贝(貝)

贝	bèi	37

⇦ **2획～4획** ⇨

贞	zhēn	1267
则	zé	1245
负	fù	281
贡	gòng	311
财	cái	86
员	yuán	1223

贮	zhù	1309
责	zé	1245
贤	xián	1063
贪	tān	943
贬	biǎn	52
贫	pín	742
败	bài	20
货	huò	405
质	zhì	1293
贩	fàn	253
购	gòu	313
贯	guàn	325

⇦ **5획** ⇨

贰	èr	240
贱	jiàn	440
贳	shì	885
贴	tiē	970
贵	guì	330
贷	dài	174
贸	mào	641
贻	yí	1167
费	fèi	263
贺	hè	356

⇦ **6획～7획** ⇨

赃	zāng	1241
资	zī	1323
赅	gāi	287
贼	zéi	1246
贾	jiǎ	429
贿	huì	397
赁	lìn	594
赈	zhèn	1271
赊	shē	858

⇦ **8획** ⇨

赔	péi	727
赋	fù	284
赌	dǔ	220
赍	jī	412
赎	shú	904
赏	shǎng	850
赐	cì	150

赌 qíng 794	牛 niú 708	掌 zhǎng 1257	氰 qíng 794
⇦ 9획이상 ⇨	**⇦ 2획～4획 ⇨**	掰 bāi 16	氯 lù 616
赖 lài 550	牝 pìn 744	拏 ná 684	
赛 sài 835	牟 móu 677	挐 pá 717	**(98) 攵**
赚 zhuàn 1316	牢 láo 555	**⇦ 9획이상 ⇨**	**⇦ 2획～5획 ⇨**
zuàn 1336	牡 mǔ 679	摹 mó 672	收 shōu 892
赘 zhuì 1320	告 gào 298	摩 mā 626	攻 gōng 307
赠 zèng 1248	牦 máo 639	mó 672	改 gǎi 287
赞 zàn 1241	牧 mù 681	擎 qíng 794	孜 zī 1323
赡 shàn 848	物 wù 1042	攀 pān 720	放 fàng 257
(92) 见(見)	牤 māng 636	**(96) 毛**	败 bài 20
见 jiàn 438	**⇦ 5획～6획 ⇨**	毛 máo 638	政 zhèng 1278
⇦ 2획～7획 ⇨	荦 luò 624	**⇦ 3획～9획 ⇨**	故 gù 317
观 guān 322	牯 gǔ 316	尾 wěi 1019	**⇦ 6획～7획 ⇨**
视 shì 889	牵 qiān 771	yǐ 1171	效 xiào 1083
现 xiàn 1065	牲 shēng 871	毡 zhān 1252	敖 áo 9
规 guī 329	特 tè 954	耄 mào 640	致 zhì 1291
觅 mì 656	牺 xī 1046	毪 mú 678	敌 dí 196
觉 jiào 455	牸 zì 1326	毫 háo 345	敝 bì 49
jué 501	**⇦ 7획～8획 ⇨**	毯 tǎn 946	赦 shè 860
览 lǎn 552	犁 lí 569	毸 rǒng 826	教 jiāo 451
同 tóng 978	犄 jī 410	**⇦ 11획이상 ⇨**	jiào 455
tòng 982	犋 jù 495	麾 huī 392	敕 chì 127
舰 jiàn 440	犍 jiān 435	毷 pǔ 755	救 jiù 488
觎 luó 621	犀 xī 1048	氍 qú 801	敛 liǎn 580
⇦ 8획이상 ⇨	**⇦ 9획이상 ⇨**	**(97) 气**	敏 mǐn 665
靓 jìng 483	犏 piān 738	气 qì 765	敢 gǎn 292
liàng 586	犒 kào 518	**⇦ 1획～5획 ⇨**	**⇦ 8획～9획 ⇨**
觑 qū 801	犟 kào 518	氕 piē 741	敦 dūn 228
qù 803	犨 jiàng 447	氖 nǎi 687	散 sǎn 837
(93) 父	**(95) 手**	氙 xiān 1059	sàn 837
父 fù 281	手 shǒu 894	氛 fēn 266	敬 jìng 483
爷 yé 1149	**⇦ 4획～8획 ⇨**	氢 qīng 792	敞 chǎng 108
斧 fǔ 279	承 chéng 117	**⇦ 6획이상 ⇨**	数 shǔ 905
爸 bà 14	拜 bài 20	氨 ān 6	shù 908
釜 fǔ 280	挛 luán 616	氧 rǎng 1142	shuò 919
爹 diē 207	拳 quán 805	氩 yà 1127	**⇦ 11획이상 ⇨**
(94) 牛	挈 qiè 784	氤 yīn 1180	敷 fū 275
	挚 zhì 1293	氮 dàn 179	整 zhěng 1274
	拿 ná 683	**(99) 片**	

片	piān	737
	piàn	739
版	bǎn	23
牌	pái	719

(100) 斤

斤	jīn	467
斥	chì	126
斩	zhǎn	1253
斧	fǔ	279
所	suǒ	936
欣	xīn	1092
颀	qí	759
断	duàn	224
斯	sī	921
新	xīn	1093
斲	zhuó	1322

(101) 爪(爫)

爪	zhǎo	1261
	zhuǎ	1312
妥	tuǒ	1000
受	shòu	898
采	cǎi	87
	cài	88
觅	mì	656
爬	pá	717
乳	rǔ	829
爱	ài	3
舀	yǎo	1146
奚	xī	1048
舜	shùn	917
孵	fū	275
爵	jué	501

(102) 月

| 月 | yuè | 1229 |

◁ 1획～3획 ▷

有	yǒu	1204
肌	jī	409
肋	lè	562

---

	lèi	565
肓	huāng	387
肝	gān	290
肟	wò	1031
肛	gāng	294
肚	dǔ	220
肘	zhǒu	1303
肖	xiāo	1075
	xiào	1082
肠	cháng	106

◁ 4획 ▷

肮	āng	8
育	yù	1219
肩	jiān	434
肤	fū	275
肢	zhī	1282
肺	fèi	262
肽	tài	942
肯	kěn	525
肾	shèn	867
肿	zhǒng	1299
肴	yáo	1144
胀	zhàng	1259
朋	péng	730
肷	qiǎn	775
股	gǔ	316
肥	féi	261
服	fú	277
胁	xié	1085

◁ 5획 ▷

胖	pàng	724
脉	mài	632
	mò	675
胡	hú	370
胚	pēi	726
胧	lóng	606
胩	kǎ	505
背	bēi	36
胪	lú	610
胆	dǎn	178
胛	jiǎ	429

胃	wèi	1024
胗	zhēn	1269
胜	shèng	872
胞	bāo	29
胫	jìng	482
胎	tāi	940
胥	xū	1109
胠	qū	800

◁ 6획 ▷

脐	qí	759
胶	jiāo	449
脊	jǐ	419
脑	nǎo	692
脏	zāng	1241
	zàng	1242
朕	zhèn	1272
胼	pián	738
脒	mǐ	655
朔	shuò	919
朗	lǎng	554
脓	nóng	710
胯	kuà	535
胰	yí	1167
胭	yān	1128
脍	kuài	535
胳	gē	299
脆	cuì	156
胸	xiōng	1104
脂	zhī	1283
能	néng	696

◁ 7획 ▷

脘	wǎn	1008
望	wàng	1013
脱	tuō	998
脖	bó	67
脚	jiǎo	453
脯	pú	753
豚	tún	997
脶	luó	621
脸	liǎn	580
脲	niào	705

| 脢 | méi | 645 |

◁ 8획 ▷

腙	zōng	1330
腔	qiāng	777
腕	wàn	1010
腋	yè	1153
腈	jīng	478
期	qī	757
腊	là	547
朝	cháo	110
	zhāo	1260
腌	ā	1
	yān	1127
腆	tiǎn	967
腴	yú	1213
脾	pí	735
腱	jiàn	442

◁ 9획 ▷

腾	téng	956
腻	nì	701
腰	yāo	1143
腽	wà	1002
腥	xīng	1098
腮	sāi	835
腧	shù	908
腹	fù	285
腺	xiàn	1068
鹏	péng	730
腿	tuǐ	994

◁ 10획～12획 ▷

膀	bǎng	27
	páng	724
	pāng	723
膏	gāo	297
膂	lǚ	615
膜	mó	672
膝	xī	1049
螳	táng	949
膳	shàn	848
膦	lìn	594
膨	péng	730

膙 jiǎng 446

臆 yì 1177
膻 shān 846
臁 lián 580
膺 yīng 1187
臃 yōng 1194
臌 lìn 594
朦 méng 651
臊 sāo 639
臀 tún 997
臂 bì 50

臘 là 547
臑 nào 694

(103) 欠

欠 qiàn 776

欸 ē 235
　　 ê, ě, è 236
欢 huān 383
欤 yú 1212
欧 ōu 715
软 ruǎn 831
欣 xīn 1092
欷 xī 1046
欲 yù 1218
款 kuǎn 538
欺 qī 758

歆 xīn 1094
歇 xiē 1084
歃 shà 843
歉 qiàn 776
歌 gē 299

(104) 风(風)

风 fēng 269
飒 sà 834
飕 sōu 927

飘 piāo 740

(105) 殳

殴 ōu 715
殁 mò 675
段 duàn 223
般 bān 22
殷 yān 1128
　　 yīn 1181

骰 tóu 986
毁 huǐ 395
殿 diàn 204
毅 yì 1175

(106) 聿(聿)

隶 lì 576
肃 sù 929
肆 sì 925
肄 yì 1178
肇 zhào 1263

(107) 毋(母)

毋 wú 1038
母 mǔ 678
每 měi 646
毒 dú 219
贯 guàn 325

(108) 水

水 shuǐ 912

永 yǒng 1194
求 qiú 797
汆 tǔn 997
汞 gǒng 310
录 lù 612
隶 lì 576
尿 niào 705
　　 suī 932

沓 dá 161
泰 tài 942
泵 bèng 43
泉 quán 805

浆 jiāng 444
淼 miǎo 662
黎 lí 569

(109) 穴

穴 xué 1117

穷 qióng 795
究 jiū 484
空 kōng 526
　　 kòng 528
帘 lián 579
穹 qióng 795
突 tū 987
窀 zhūn 1320
窃 qiè 783
穿 chuān 140
窍 qiào 782
容 róng 824
窄 zhǎi 1251
窈 yǎo 1146

窒 zhì 1291
窑 yáo 1144
窜 cuàn 155
窝 wō 1030
窖 jiào 456
窗 chuāng 143
窘 jiǒng 484

窥 kuī 540
窠 kē 519
窟 kū 532

窳 yǔ 1217
窿 lóng 607

(110) 立

立 lì 574

产 chǎn 102
妾 qiè 784
亲 qīn 784
　　 qìng 795
竖 shù 907
飒 sà 834
站 zhàn 1255
竞 jìng 483
章 zhāng 1256
竟 jìng 483
翊 yì 1175
翌 yì 1175

童 tóng 981
竣 jùn 504
靖 jìng 483
意 yì 1176
竭 jié 462
端 duān 222

(111) 疒

疖 jiē 457
疗 liáo 586
疠 lì 573
疟 nüè 713
　　 yào 1146
疙 gē 299
疚 jiù 488
疡 yáng 1139

疣 yóu 1199
疮 chuāng 143
疯 fēng 272
疥 jiè 465
疫 yì 1175
疤 bā 12

⇦ 5획 ⇨

症	zhēng	1273
	zhèng	1279
疳	gān	291
病	bìng	64
疽	jū	490
疹	zhěn	1270
疾	jí	417
疼	téng	956
疱	pào	726
痉	jìng	482
疲	pí	734
痂	jiā	426
痈	yōng	1194
疰	zhù	1310

⇦ 6획 ⇨

痒	yǎng	1142
痔	zhì	1293
痖	yǎ	1126
疵	cī	148
痊	quán	805
痕	hén	358

⇦ 7획 ⇨

痧	shā	842
痣	zhì	1291
痘	dòu	218
痦	wù	1043
痨	láo	556
痞	pǐ	736
痢	lì	576
痛	tòng	982

⇦ 8획 ⇨

痰	tán	945
痱	fèi	264
痼	gù	318
痴	chī	124
痿	wěi	1020
瘐	yǔ	1217
痳	má	627

⇦ 9획 ⇨

瘘	lòu	609
瘌	là	547
瘟	wēn	1026
瘦	shòu	900
瘊	hóu	365

⇦ 10획 ⇨

瘠	jí	418
瘪	biě	60
瘢	bān	23
瘤	liú	604
瘫	tān	944

⇦ 11획 ⇨

瘴	zhàng	1259
癀	huáng	390
瘰	luǒ	622
瘿	yǐng	1190
癃	lóng	607
癮	yǐn	1185
瘸	qué	807

⇦ 12획 ～ 13획 ⇨

癌	ái	3
癔	yì	1177
癫	lài	550
癖	pǐ	736

⇦ 14획 이상 ⇨

癣	xuǎn	1116
癫	diān	200

(112) 衤

⇦ 2획 ～ 4획 ⇨

补	bǔ	69
初	chū	137
衬	chèn	115
衫	shān	846
衲	nà	687
衿	jīn	467
衽	rèn	822
袄	ǎo	9
袂	mèi	647

⇦ 5획 ⇨

袜	wà	1002
袒	tǎn	946
袖	xiù	1108
袍	páo	725
被	bèi	39

⇦ 6획 ⇨

袷	qiā	768
裉	kèn	526
裤	kù	534

⇦ 7획 ⇨

裤	kù	533
裢	lián	579
裕	yù	1219
裙	qún	808
裥	liǎng	585

⇦ 8획 ⇨

裱	biǎo	58
褂	guà	320
裸	luǒ	622
裨	bì	736

⇦ 9획 ⇨

褙	bèi	40
溃	kuì	542
褛	lǚ	615
褡	dā	161
褐	hè	356
褪	tuì	996
	tùn	997

⇦ 10획 ～ 11획 ⇨

褴	jiè	467
褟	tā	939
褥	rù	830
褴	lán	552
褶	xí	1265

⇦ 12획 ⇨

襁	qiǎng	779

⇦ 13획 이상 ⇨

襻	pàn	722

(113) 示

示	shì	886

奈	nài	688
奈	nài	688
祟	suì	934
票	piào	741
祭	jì	424
	zhài	1252
禀	bǐng	63
禁	jīn	469
	jìn	474

(114) 石

石	dàn	178
	shí	878

⇦ 2획 ～ 3획 ⇨

矿	kuàng	539
矽	xī	1044
矾	fán	249
码	mǎ	629

⇦ 4획 ⇨

研	yán	1130
	yàn	1136
砖	zhuān	1313
砒	pī	732
砌	qì	767
砑	yà	1127
砂	shā	842
砚	yàn	1136
斫	zhuó	1322
砍	kǎn	513
泵	bèng	43
耄	huā	377

⇦ 5획 ⇨

砣	tuó	1000
砬	lá	546
砰	pēng	730
砝	fǎ	246
砸	zá	1237
砻	lóng	606
砧	zhēn	1270
砷	shēn	862
砼	tóng	978

砟	zhǎ	1250	磅	bàng	27	相	xiāng	1068	⇦ 9획 ⇨	
砥	dǐ	197		pāng	723		xiàng	1074	睿	ruì	832
砺	lì	576	磙	gǔn	331	眄	miǎn	658	瞅	chǒu	133
破	pò	750	磕	kē	519		miàn	661	睽	kuí	541
砢	kē	519	磊	lěi	565	眍	kōu	529	瞀	mào	641
硁	kēng	526	磐	pán	722	眇	miǎo	662	瞍	lōu	608
⇦ 6획 ⇨			碾	niǎn	703	省	shěng	871	⇦ 10획 ⇨	
硅	guī	328	⇦ 11획 ⇨				xǐng	1101	瞎	xiā	1053
硭	máng	637	磨	mó	673	眨	zhǎ	1250	瞑	míng	670
硕	shuò	919	磨	mò	677	盼	pàn	722	瞌	kē	520
硗	qiāo	780	磺	huǎng	389	看	kān	512	瞒	mán	633
砦	zhài	1252	磟	liù	605		kàn	513	瞢	méng	651
硇	náo	692	⇦ 12획 ⇨			盾	dùn	228	⇦ 11획 ⇨	
硌	luò	623	磷	lín	593	眉	méi	644	瞥	piē	741
⇦ 7획 ⇨			礁	jiāo	451	⇦ 5획 ⇨			瞟	piǎo	740
硫	liú	602	⇦ 13획～14획 ⇨			眩	xuàn	1116	瞠	chēng	117
硬	yìng	1192	礞	méng	651	眠	mián	656	瞰	kàn	515
硝	xiāo	1077	礌	léi	564	⇦ 6획 ⇨			⇦ 12획 ⇨	
硪	wò	1032				眷	juàn	498	瞳	tóng	981
确	què	807	**(115) 龙(龍)**			眯	mī	653	瞬	shùn	917
⇦ 8획 ⇨			龙	lóng	605		mí	654	瞧	qiáo	781
碗	wǎn	1008	⇦ 2획～4획 ⇨			眶	kuàng	540	瞪	dèng	194
碎	suì	934	垄	lǒng	607	眦	zì	1329	瞩	zhǔ	1308
碰	pèng	731	龙	méng	650	眺	tiào	969	瞭	liào	589
碛	qì	767	⇦ 5획～6획 ⇨			眵	zhēng	1274	⇦ 13획이상 ⇨	
碍	ài	4	砻	lóng	606	眼	yǎn	1134	瞿	qú	801
碘	diǎn	201	袭	xí	1050	⇦ 7획 ⇨			瞻	zhān	1252
碑	bēi	36	聋	lóng	606	睑	jiǎn	436			
硼	péng	730	龛	kān	512	睃	suō	935	**(118) 田**		
碌	liù	605				鼎	dǐng	209	田	tián	965
	lù	612	**(116) 业**			眮	shǎn	847	甲	jiǎ	429
⇦ 9획 ⇨			业	yè	1151	⇦ 8획 ⇨			申	shēn	861
碹	xuàn	1116	邺	yè	1152	睛	jīng	478	由	yóu	1199
磋	cuō	158	凿	záo	1243	睦	mù	681	电	diàn	201
磁	cí	149	黹	zhǐ	1290	瞄	miáo	662	⇦ 2획～3획 ⇨	
碧	bì	49				睚	yá	1125	亩	mǔ	678
碟	dié	207	**(117) 目**			睫	jié	461	男	nán	688
碱	jiǎn	437	目	mù	680	督	dū	218	备	bèi	37
碣	jié	463	⇦ 2획～4획 ⇨			睬	cǎi	88	甾	zāi	1237
碳	tàn	946	盯	dīng	208	睡	shuì	915	畓	lā	545
⇦ 10획 ⇨			盲	máng	637	睨	nì	700	⇦ 4획 ⇨	

思	sī	921
畏	wèi	1024
毗	pí	735
胃	wèi	1024
界	jiè	465

⇦ 5획 ~ 6획 ⇨

畜	chù	139
	xù	1111
畔	pàn	722
留	liú	603
畚	běn	42
畦	qí	761
累	léi	564
	lěi	565
	lèi	565
略	lüè	618

⇦ 7획 ~ 10획 ⇨

富	fù	284
番	fān	247
畸	jī	410
畿	jī	412

⇦ 11획이상 ⇨

疃	tuǎn	992
嬲	niǎo	704

(119) 罒

四	sì	923

⇦ 3획 ~ 5획 ⇨

罗	luó	620
罚	fá	245
罢	bà	14

⇦ 6획 ~ 8획 ⇨

署	shǔ	905
置	zhì	1294
罨	yǎn	1133
罪	zuì	1338
罩	zhào	1263
蜀	shǔ	960

⇦ 9획 ~ 11획 ⇨

罴	pí	735
罱	lǎn	552
罹	lí	569

⇦ 12획이상 ⇨

羁	jī	413
蠲	juān	497

(120) 皿

皿	mǐn	655

⇦ 3획 ~ 4획 ⇨

盂	yú	1212
孟	mèng	652
盅	zhōng	1298
盆	pén	729
盈	yíng	1189

⇦ 5획 ⇨

益	yì	1176
盏	zhǎn	1253
盐	yán	1132
盍	hé	355
监	jiān	434
	jiàn	443
盎	àng	8

⇦ 6획 ⇨

盗	dào	187
盖	gài	288
盔	kuī	540
盛	chéng	121
	shèng	873
蛊	gǔ	317
盒	hé	355
盘	pán	721

⇦ 7획이상 ⇨

盟	méng	650
蠲	juān	497
盥	guàn	325

(121) 钅 (金)

⇦ 1획 ~ 3획 ⇨

钇	yǐ	1169
针	zhēn	1268
钉	dīng	208
	dìng	210
钌	liǎo	588

	liào	588
钔	mén	649
钍	tǔ	991
钎	qiān	770
钐	shān	847
钓	diào	205
钕	nǚ	713

⇦ 4획 ⇨

鈜	hóng	364
钬	huǒ	405
钙	gài	288
钛	tài	942
钝	dùn	228
钞	chāo	109
钢	gāng	294
铃	qián	774
钧	jūn	503
钥	yào	1149
钦	qīn	785
钩	gōu	312
钨	wū	1033
钮	niǔ	709

⇦ 5획 ⇨

钱	qián	774
钳	qián	774
钹	bó	67
钵	bō	66
钺	yuè	1230
钻	zuān	1336
	zuàn	1336
钽	tǎn	946
钾	jiǎ	429
铀	yóu	1202
铃	líng	595
铁	tiě	971
铅	qiān	771
铆	mǎo	640
铄	shuò	919
铌	ní	698
铍	pí	735
钹	pō	749

钹	bó	67
铒	mǔ	678
钼	mù	681
钺	yuè	1230

⇦ 6획 ⇨

铴	tāng	948
铲	chǎn	103
铰	jiǎo	425
铱	yī	1165
铑	lǎo	561
铐	kào	518
铕	yǒu	1209
铝	lǚ	614
铜	tóng	981
铟	yīn	1180
铠	kǎi	511
铢	zhū	1305
铣	xǐ	1050
	xiǎn	1064
铤	tǐng	975
铧	huá	378
铭	míng	667
铬	gè	302
铮	zhēng	1274
银	yín	1181
铷	rú	828
铓	máng	637
铡	zhá	1250

⇦ 7획 ⇨

锌	xīn	1093
锎	kāi	511
锏	jiàn	441
锐	ruì	831
锑	tī	957
锒	láng	554
铼	lái	550
铽	tè	954
铸	zhù	1311
铹	láo	556
铺	pū	753
	pù	755

链	liàn	581			知	zhī	1283

链	liàn	581
销	xiāo	1077
锁	suǒ	936
铿	kēng	526
锃	zèng	1248
锂	lǐ	572
锄	chú	138
锅	guō	331
锉	cuò	159
锈	xiù	1108
锋	fēng	273
锔	jū	491
	jú	492

⇦ 8획 ⇨

锫	péi	728
锩	juǎn	497
锖	qiāng	777
错	cuò	159
锘	nuò	714
锚	máo	640
锛	bēn	40
锞	kè	525
锡	xī	1048
锣	luó	621
锒	láng	553
锤	chuí	145
锥	zhuī	1318
锦	jǐn	471
锨	xiān	1061
键	jiàn	442
锯	jù	496
锰	měng	652

⇦ 9획 ⇨

锵	qiāng	777
镀	dù	222
镁	měi	647
镂	lòu	609
锲	qiè	784
锹	qiāo	780
锻	duàn	224
锴	méi	645

⇦ 10획 ⇨

镓	jiā	428
镑	bàng	27
镐	gǎo	298
	hào	350
镒	yì	1176
镊	niè	705
镇	zhèn	1272
镎	ná	684
镌	juān	497
镍	niè	705
镏	liú	604
	liu	605
镘	lù	616

⇦ 11획 ⇨

镜	jìng	483
镖	piāo	56
镗	tāng	948
	táng	949
镢	piě	742
锗	zhuō	1321

⇦ 12획 ⇨

镧	lán	551
镣	liào	589
镤	pú	754
镥	lǔ	611
镪	qiāng	777

⇦ 13획 ~ 15획 ⇨

镱	yì	1177
镰	lián	580
镭	léi	564
镬	huò	407
镵	là	547
镯	zhuó	1322

⇦ 16획이상 ⇨

镶	xiāng	1071
镢	jué	502

(122) 矢

矢	shǐ	884
矣	yǐ	1171

知	zhī	1283
矩	jǔ	492
矫	jiáo	451
	jiǎo	453
短	duǎn	222
矮	ǎi	3
雉	zhì	1294
疑	yí	1168

(123) 禾

禾	hé	350

⇦ 2획 ~ 3획 ⇨

利	lì	575
秃	tū	987
秀	xiù	1107
私	sī	919
秆	gǎn	291
和	hé	353
	hè	356
	hú	370
	huó	401
	huò	405
秉	bǐng	63
委	wēi	1015
	wěi	1020
季	jì	422

⇦ 4획 ⇨

科	kē	519
秋	qiū	796
秒	miǎo	662
香	xiāng	1070
种	zhǒng	1300
	zhòng	1301
耗	hào	349

⇦ 5획 ⇨

秘	mì	655
秤	chèng	122
秦	qín	786
秣	mò	675
秫	shú	904
乘	chéng	121

	shèng	873
租	zū	1334
秧	yāng	1138
积	jī	411
秩	zhì	1293
称	chèn	115
	chēng	116

⇦ 6획 ⇨

秸	jiē	457
稆	lǚ	614
秽	huì	397
移	yí	1167
秾	nóng	710

⇦ 7획 ⇨

税	shuì	915
稍	shāo	855
	shào	858
程	chéng	121
稀	xī	1046
黍	shǔ	905

⇦ 8획 ⇨

稞	kē	519
稳	rěn	820
稚	zhì	1294
稗	bài	21
稠	chóu	132
颓	tuí	994
颖	yǐng	1190
稣	sū	928

⇦ 9획 ⇨

稳	wěn	1028

⇦ 10획 ~ 11획 ⇨

稼	jià	431
稿	gǎo	298
穀	gǔ	316
稽	jī	412
	qǐ	765
稷	jì	424
稻	dào	189
黎	lí	569
颓	tuí	994

羟	qiāng	779
羡	xiàn	1067
善	shàn	847
翔	xiáng	1071

⇦ 7획 이상 ⇨

羧	suō	935
群	qún	808
羯	jié	463
羰	tāng	948
羲	xī	1049
羹	gēng	305
羸	léi	564
羱	yuán	1226

(133) 米

米	mǐ	654

⇦ 2획～4획 ⇨

类	lèi	565
籼	xiān	1059
娄	lóu	608
屎	shǐ	884
籽	zǐ	1325
料	liào	588
粉	fěn	267
粆	mǐ	655
粑	bā	12
籹	nǚ	713

⇦ 5획 ⇨

粒	lì	575
粘	zhān	1252
粕	pò	750

⇦ 6획～8획 ⇨

粪	fèn	268
粟	sù	930
粤	yuè	1231
粥	yù	1303
粱	liáng	583
粮	liáng	582
粳	jīng	480
粽	zòng	1332
精	jīng	478

⇦ 9획 ⇨

糊	hū	369
	hú	371
	hù	374
糅	róu	826

⇦ 10획 ⇨

糖	táng	948
糕	gāo	297
糙	cāo	93
糗	qiǔ	799

⇦ 11획 이상 ⇨

糜	mí	654
糠	kāng	515
糟	zāo	1242
糨	jiàng	447
糯	nuò	714

(134) 耒

耒	lěi	564

⇦ 3획～5획 ⇨

耕	gēng	304
耘	yún	1232
耗	hào	349
耙	pá	717

⇦ 6획～10획 ⇨

耢	lào	562
耧	lóu	608
耦	ǒu	716
耪	pǎng	724
耩	jiǎng	446
耨	nòu	711

⇦ 11획 이상 ⇨

耱	mò	677
耰	huái	382

(135) 老

老	lǎo	556
考	kǎo	516
耆	qí	761
耄	mào	640

(136) 耳

耳	ěr	237

⇦ 2획～4획 ⇨

耿	gěng	305
耵	dīng	208
取	qǔ	802
耶	yē	1149
	yé	1150
闻	wén	1028
耷	dā	160
耿	gěng	305
耽	dān	177
耻	chǐ	126
耸	sǒng	926
聂	niè	705

⇦ 5획～7획 ⇨

聍	níng	706
聋	lóng	606
职	zhí	1286
聆	líng	595
聊	liáo	586
联	lián	579
聘	pìn	744

⇦ 8획～12획 ⇨

聚	jù	496
聪	cōng	150

(137) 臣

臣	chén	113
卧	wò	1031
臧	zāng	1242

(138) 西

西	xī	1044
要	yāo	1143
栗	lì	576
票	piào	741
粟	sù	930
覃	tán	945
覆	fù	285

(139) 页(頁)

页	yè	1152

⇦ 2획～3획 ⇨

顶	dǐng	208
顷	qǐng	794
项	xiàng	1074
顺	shùn	916
须	xū	1108

⇦ 4획～5획 ⇨

颃	háng	344
烦	fán	249
顽	wán	1007
顾	gù	318
顿	dùn	228
颂	sòng	926
颁	bān	22
颀	qí	759
预	yù	1220
硕	shuò	919
颅	lú	610
领	lǐng	598
颈	jǐng	481
颇	pō	749

⇦ 6획 ⇨

颏	kē	519
	ké	520
颊	jiá	428
颉	xié	1086
颌	hé	356
颖	yǐng	1190

⇦ 7획～8획 ⇨

颐	yí	1167
频	pín	743
颔	hàn	343
颓	tuí	994
颖	yǐng	1190
颗	kē	519

⇦ 9획～10획 ⇨

额	é	233
颜	yán	1132

43   虍虫缶舌

题	tí	959
顓	zhuān	1313
颞	niè	705
颟	mān	632
颠	diān	200

⇦ 11획이상 ⇨

颡	lèi	645
嚣	xiāo	1078
颤	chàn	103
	zhàn	1255
颦	pín	743
颧	guān	806

(140) 虍

虎	hǔ	372
虏	lǔ	611
虐	nüè	713
虔	qián	774
虑	lǜ	616
虚	xū	1109
彪	biāo	56
虞	yú	1215

(141) 虫

| 虫 | chóng | 129 |

⇦ 1획~3획 ⇨

虬	qiú	798
虮	jǐ	418
虱	shī	876
虻	méng	650
闽	mǐn	665
虾	há	336
	xià	1053
虹	hóng	364
	jiàng	447
虽	suī	932
虼	gè	302
蚁	yǐ	1171
蚤	zǎo	1244
蚂	mā	626
	mǎ	629

| | mà | 629 |

⇦ 4획 ⇨

蚊	wén	1028
蚌	bàng	27
蚕	cán	90
蚍	pí	735
蚜	yá	1125
蚋	ruì	831
蚝	háo	345
蚓	yǐn	1184

⇦ 5획 ⇨

蛇	shé	858
蛀	zhù	1310
萤	yíng	1188
蛎	lì	574
蛆	qū	800
蚰	yóu	1202
蚺	rán	810
蛊	gǔ	317
蚱	zhà	1250
蚯	qiū	796
蛋	dàn	179
蚴	yòu	1210

⇦ 6획 ⇨

蛮	mán	633
蛟	jiāo	449
蛴	qí	759
蛘	yáng	1141
蛙	wā	1001
蛭	zhì	1241
蛰	zhé	1265
蛐	qū	800
蛔	huí	394
蛤	gé	301
	há	336
蛛	zhū	1305
蜓	tíng	974
蜒	yán	1129
蛇	zhà	1250

⇦ 7획 ⇨

| 蜣 | qiāng | 777 |

蜕	tuì	995
蜇	zhē	1264
	zhé	1265
蜗	wō	1031
蛾	é	233
蜂	fēng	273
蛹	yǒng	1195

⇦ 8획 ⇨

蜜	mì	656
蜺	ní	698
蜿	wān	1006
蜷	quán	805
蝉	chán	102
蜋	láng	553
蜻	qīng	790
蜡	là	547
蜥	xī	1047
蝈	guō	331
蜴	yì	1175
蝇	yíng	1189
蜘	zhī	1283
蜱	pí	736
蜢	měng	652

⇦ 9획 ⇨

蝣	yóu	1203
蝼	lóu	608
蝤	qiú	798
蝾	róng	824
蝶	dié	207
蝲	là	547
蝻	nǎn	691
蝴	hú	371
蝰	kuí	541
蝎	xiē	1085
蝌	kē	519
蝗	huáng	389

⇦ 10획 ⇨

螃	páng	723
螗	táng	949
螟	míng	670
蟒	mǎn	635

蟒	mǎng	638
蟆	má	627
蠹	nì	700
融	róng	825
螠	yì	1176

⇦ 11획 ⇨

蟑	zhāng	1257
蟀	shuài	910
蟥	huáng	390
螵	piāo	740
螳	táng	949
螺	luó	621
蟋	xī	1048
蟊	máo	640

⇦ 12획 ⇨

蟪	huì	398
蟛	péng	730
蟠	pán	722

⇦ 13획 ⇨

蠃	luǒ	622
蠓	měng	652
蟾	chán	102
蟹	xiè	1089
蠋	zhú	1306

⇦ 14획이상 ⇨

蠹	dù	222
蠕	rú	829
蠛	miè	663
蠢	chǔn	147
蠡	lǐ	572
蠼	qú	801

(142) 缶

缸	gāng	294
缺	quē	806
罂	yīng	1187
磬	qìng	795
罅	xià	1059
䍃	zhǎi	1251

(143) 舌

翻　fān　247

(150) 艮

良　liáng　582
艰　jiān　433
即　jí　415
垦　kěn　525
很　hěn　358
恳　kěn　525
既　jì　422

(151) 糸

⇦1획～5획⇨
系　jì　422
　　xì　1052
素　sù　929
索　suǒ　937
紧　jǐn　470
累　léi　564
　　lěi　565
　　lèi　565
萦　yíng　1189
⇦6획～9획⇨
綦　qí　761
紫　zǐ　1325
⇦10획이상⇨
縢　téng　956
縻　mí　654
繁　fán　249
　　pó　749
纂　zuǎn　1336

(152) 辛

辛　xīn　1092
辜　gū　314
辞　cí　149
辟　pī　733
　　pì　736
辣　là　547
辨　biàn　55
辩　biàn　55

辫　biàn　55
瓣　bàn　25

(153) 言

言　yán　1130
訇　hōng　361
誉　yù　2221
誊　téng　956
詹　zhān　1252
誓　shì　891
警　jǐng　481
譬　pì　737

(154) 麦

麦　mài　631
麸　fū　275
麹　qū　801

(155) 走

走　zǒu　1332
⇦2획～5획⇨
赴　fù　282
赵　zhào　1236
赳　jiū　485
赶　gǎn　291
起　qǐ　762
越　yuè　1230
趁　chèn　116
趋　qū　801
超　chāo　109
⇦6획이상⇨
趔　liè　590
趣　qù　803
趟　tāng　948
　　tàng　950
趱　zǎn　1240

(156) 赤

赦　shè　860
赧　nǎn　691
赫　hè　356

赭　zhě　1265

(157) 豆

豆　dòu　217
壹　yī　1166
逗　dòu　218
短　duǎn　222
登　dēng　192
豌　wān　1006

(158) 酉

酉　yǒu　1209
⇦2획⇨
酋　qiú　798
⇦3획～4획⇨
酒　jiǔ　486
酌　zhuó　1321
配　pèi　728
酏　yǐ　1171
酝　yùn　1234
⇦5획⇨
酣　hān　339
酢　zuò　1342
酥　sū　928
⇦6획⇨
酱　jiàng　447
酬　chóu　132
酮　tóng　981
酩　mǐng　670
醲　nóng　710
酯　zhǐ　1290
⇦7획⇨
酿　niàng　704
酽　yàn　1137
酲　chéng　121
酴　tú　989
酷　kù　534
酶　méi　645
酸　suān　930
⇦8획⇨
醇　chún　147

醉　zuì　1337
醋　cù　155
醌　kūn　542
⇦9획～11획⇨
醚　mí　654
醛　quán　805
醒　xǐng　1101
⇦14획이상⇨
釀　mí　654
醺　xūn　1120

(159) 辰

辰　chén　115
辱　rǔ　829
唇　chún　147
晨　chén　115

(160) 豕

豕　shǐ　884
家　jiā　427
象　xiàng　1075
豪　háo　345
豫　yù　1220

(161) 卤(鹵)

卤　lǔ　611

(162) 里

里　lǐ　570
重　chóng　129
　　zhòng　1301
理　lǐ　571
野　yě　1151
量　liáng　583
　　liàng　586

(163) 足

足　zú　1334
⇦2획～4획⇨
趴　pā　717
趸　dǔn　228

霪 yín 1182

⇦ 12획 이상 ⇨

霰 xiàn 1068
霸 bà 15
露 lòu 609
　 lù 613
霹 pī 733
霾 mái 630

(172) 齿(齒)

齿 chǐ 126

⇦ 2획~5획 ⇨

啮 niè 706
龃 jǔ 492
龄 líng 595

⇦ 6획 이상 ⇨

龇 zī 1324
龈 yín 1182
龅 ní 699
龋 qǔ 802
龉 yǐ 1172

(173) 黾(黽)

黾 mǐn 665
鼋 yuán 1223

(174) 金

金 jīn 467
鉴 jiàn 443
銮 luán 617
鋈 wù 1043
錾 zàn 1241
鍪 móu 677
鳌 áo 10
鏖 áo 9
鑫 xīn 1094

(175) 隹

⇦ 2획~4획 ⇨

隼 sǔn 935
隽 juàn 498

难 nán 690
　 nàn 691
雀 qiāo 780
　 qiǎo 782
　 què 808
售 shòu 900
焦 jiāo 451
雇 gù 318
集 jí 417
雁 yàn 1137
雄 xióng 1104
雅 yā 1124
　 yǎ 1126

⇦ 5획~10획 ⇨

雍 yōng 1194
雉 zhì 1294
雏 chú 138
雌 cí 149
雒 luò 623
翟 zhái 1251
雕 diāo 205
矍 qú 801

(176) 鱼(魚)

鱼 yú 1213

⇦ 2획~4획 ⇨

舡 hóng 364
鱿 yóu 1199
鲁 lǔ 611
鲀 tún 997

⇦ 5획 ⇨

鲎 hòu 368
鲆 píng 748
鲇 nián 703
鲈 lú 610
酥 sū 928
鲍 bào 34
鲐 tái 941
鲊 zhǎ 1250

⇦ 6획 ⇨

鲛 jiāo 449

鲙 kuài 535
鲜 xiān 1061
　 xiǎn 1065
鲞 xiǎng 1073
鲔 wěi 1021
鲟 xún 1121
鲒 yì 1175
鲗 zéi 1246

⇦ 7획 ⇨

鲨 shā 842
鲢 lián 579
鲤 lǐ 572
鲥 shí 881
鲦 tiáo 968
鲧 miǎn 659

⇦ 8획 ⇨

鲭 qīng 790
鲮 líng 597
鲲 kūn 542
鲵 ní 699
鲻 zī 1324
鲹 lù 612
鲯 qí 761

⇦ 9획 ⇨

鳃 sāi 835
鳄 è 235
鳅 qiū 797
鳇 huáng 390
鳉 jiāng 444
鳀 tí 959

⇦ 10획 ⇨

鳍 qí 761
鳏 guān 324
鳑 páng 723
鳐 yáo 1145

⇦ 11획 ⇨

鳖 biē 58
鳕 xuě 1119
鳓 lè 562
鳔 biào 58
鳗 mán 633

鳘 mǐn 665

⇦ 12획 이상 ⇨

鳟 zūn 1339
鳢 lǐ 572
鳢 liè 591

(177) 音

音 yīn 1180
章 zhāng 1256
竟 jìng 483
韵 yùn 1234
歆 xīn 1096
韶 sháo 856

(178) 革

革 gé 300

⇦ 2획~4획 ⇨

勒 lè 562
　 lēi 563
靴 xuē 1116
靶 bǎ 14
靺 sǎ 834

⇦ 5획~6획 ⇨

鞍 ān 6
鞋 xié 1086
鞒 qiáo 780
靺 mò 675
鞑 yào 1149

⇦ 7획~8획 ⇨

鞘 qiào 782
鞔 mán 633
鞠 jū 491
鞡 la 548

⇦ 9획 이상 ⇨

鞭 biān 51
鞫 jū 491
鞣 róu 826
鞧 qiū 797
鞦 qiū 797
鞯 qiān 772
鞲 wēng 1030

(179) 骨

骨	gū	315
	gǔ	316

⇦ 2획～8획 ⇨

骰	tóu	986
骷	kū	532
鶻	hú	371
骸	hái	337
骼	gē	299
髁	kē	519

⇦ 9획이상 ⇨

髂	qià	769
髏	lóu	608
髖	kuān	537
髓	suǐ	933
髈	pǎng	724

(180) 食

食	shí	882
餐	cān	89
饕	tāo	951

(181) 鬼

鬼	guǐ	329
魁	kuí	541
魅	mèi	647
魂	hún	399
魄	pò	750
魘	yàn	1134
魎	liǎng	585
魍	wǎng	1012
魏	wèi	1025
魑	chī	124
魔	mó	673

(182) 髟

⇦ 2획～5획 ⇨

髯	rán	810
鬊	níng	706

⇦ 6획～8획 ⇨

髻	jì	424
髭	zī	1324
鬃	zōng	1330
鬈	quán	805

⇦ 9획이상 ⇨

鬏	jiū	485
鬢	bīn	61
鬟	huán	385
鬣	liè	591
鬎	là	547

(183) 麻

麻	mā	626
	má	626
麿	mó	672
麾	huī	392
摩	mā	626
	mó	672
磨	mò	673
	mò	677
糜	mí	654
靡	mí	654
	mǐ	655
魔	mó	673
蘼	nún	714

(184) 鹿

鹿	lù	612
麂	jǐ	418
麈	zhǔ	1308
麇	mí	654
麒	qí	761
麓	lù	612
麈	áo	9
麝	shè	860
麟	lín	593

(185) 黑

黑	hēi	357
黜	chù	139
墨	mò	676
默	mò	676
黔	qián	774
黛	dài	174
黝	yǒu	1209
黢	qū	800
黧	lí	569
黯	àn	8
黵	zhǎn	1254

(186) 鼠

鼠	shǔ	906
鼬	yòu	1211
鼯	wú	1038
鼹	yǎn	1136
鼷	xī	1048
鼩	qú	801

(187) 鼻

鼻	bí	44
劓	yì	1178
鼾	hān	339
齉	nàng	692
齁	hōu	365
齆	wèng	1030

漢字總劃索引

1획

〇	영	594
乙	을	1169
一	일	1153

2획

九	구	485
几	궤	408
几	궤	418
几	기	408
乃	내	687
刀	도	183
力	력	572
了	료	563
了	료	587
乜	먀	663
乜	먀	705
ム	모	919
卜	복	69
匕	비	44
厶	사	919
十	십	877
几	아	236
力	역	572
儿	예	236
了	요	563
了	요	587
又	우	1209
二	이	239
人	인	815
入	입	829
丁	정	1272
丁	정	207
刁	조	204
厂	창	107
七	칠	756
八	팔	11

3획

干	간	289
干	간	293
个	개	301
巾	건	467
乞	걸	762
工	공	305
广	광	327
久	구	486
口	구	529
弓	궁	308
彐	궐	498
及	급	413
己	기	419
女	녀	712
大	대	167
大	대	173
马	마	627
万	만	1009
万	만	674
亡	망	1011
亡	무	1011
门	문	648
凡	범	248
飞	비	259
巳	사	884
巳	사	923
山	산	844
三	삼	835
上	상	850
夕	석	1044
小	소	1078
习	습	1049
尸	시	873
丫	아	1123
也	야	1150
亿	억	1173
与	여	1212
与	여	1215
与	여	1217
女	여	712
兀	올	1032
兀	올	1041
幺	요	1143
于	우	1212
卫	위	1021
义	의	1172
已	이	1169
弋	익	1173
刃	인	820
子	자	1324
勺	작	856
丈	장	1258
才	재	85
之	지	1280
叉	차	96
叉	차	99
川	천	140
千	천	769
寸	촌	158
大	대	167
大	대	173
土	토	989
下	하	1055
乡	향	1068
孑	혈	460
丸	환	1006
亏	휴	540

4획

介	개	465
开	개	505
开	개	506
车	거	490
车	거	490
巨	거	493
见	견	438
犬	견	806
计	계	419
公	공	308
孔	공	528
戈	과	299
仇	구	131
勾	구	311
勾	구	313
区	구	715
仇	구	797
区	구	799
劝	권	806
匀	균	1232
斤	근	467
仅	근	469
今	금	467
讥	기	408
元	기	758
气	기	765
内	납	695
内	내	695
丹	단	176
歹	대	173
队	대	225
斗	두	217
斗	두	217
屯	둔	1320
屯	둔	996
历	력	573
六	륙	604
六	륙	611
毛	모	638
木	목	679
无	무	1034
毋	무	1038
无	무	672
文	문	1026
勿	물	1042
反	반	250
㕡	반	721
方	방	254
父	보	281
仆	복	752
仆	복	753
凤	봉	274
夫	부	275
讣	부	281
父	부	281
不	부	70
分	분	264
分	분	267
不	불	70
比	비	44
凵	산	910
书	서	900
少	소	856
少	소	857
手	수	894
水	수	912
升	승	867
心	심	1089
什	십	864
什	십	878
双	쌍	911
氏	씨	885
牙	아	1125
歹	알	173
厄	액	234
忆	억	1173
予	여	1212
予	여	1216
历	역	573
刈	예	1172
艺	예	1173
无	오	1032
五	오	1039
午	오	1039
乌	오	1042
夭	요	1143
瓦	와	1002
瓦	와	1011
曰	왈	1228
王	왕	1011
夭	요	1143
冗	용	825
尤	우	1199
友	우	1203
牛	우	708
区	우	799
云	운	1231
元	원	1222
月	월	1229
为	위	1016
为	위	1022
六	육	604
六	육	611
尹	윤	1182
允	윤	1233
勻	은	1232
以	이	1169
引	인	1182
仁	인	819
认	인	820
日	일	822
壬	임	819
廿	입	703
仍	잉	822
长	장	104
长	장	1257
爿	장	721
专	전	1312
切	절	782
切	절	783
订	정	209
井	정	480
爪	조	1261
爪	조	1312
从	종	150
屯	준	996
中	중	1294
中	중	1300
支	지	1281
止	지	1287
氏	지	885
什	집	878
车	차	111
扎	찰	1236
扎	찰	1249
扎	찰	1249
仓	창	91
尺	척	126
天	천	961
厅	청	972
切	체	783
队	추	225
丑	축	132
仄	측	1246
太	태	941
巴	파	11
办	판	23
贝	패	37
片	편	737
片	편	739
币	폐	47
丰	풍	269
风	풍	269
匹	필	736
乏	핍	245
亢	항	516
见	현	438
兮	혜	1044
互	호	372
户	호	374
化	화	374
化	화	379
火	화	402
幻	환	385
爻	효	1144
凶	흉	1103
欠	흠	776

5획

加	가	424
卡	가	505
可	가	520
可	가	522
卡	가	768
刊	간	511
甘	감	290
甲	갑	429
去	거	802

字	讀	番	字	讀	番	字	讀	番	字	讀	番	字	讀	番	字	讀	番
击	격	409	立	립	574	石	석	178	鸟	조	704	叶	협	1085	白	구	487
古	고	315	末	말	674	石	석	878	左	좌	1339	兄	형	1104	扣	구	531
叩	고	531	邝	망	636	仙	선	1059	主	주	1306	号	호	345	讴	구	715
功	공	307	灭	멸	663	闪	섬	846	汁	즙	1283	号	호	348	军	군	502
瓜	과	319	皿	명	665	叶	섭	1085	只	지	1287	乎	호	368	权	권	805
巧	교	781	矛	모	639	叶	섭	1151	叱	질	126	弘	홍	362	轨	궤	329
旧	구	487	母	모	678	圣	성	872	且	차	490	禾	화	350	级	급	414
句	구	494	目	목	681	世	세	885	且	차	783	汇	회	395	汲	급	414
丘	구	796	卯	묘	640	召	소	1263	札	찰	1249	训	훈	1121	岌	급	414
归	귀	328	仫	무	680	尕	소	286	册	책	94	卉	훼	395	机	기	408
叫	규	454	务	무	1042	帅	솔	910	处	처	138	讫	흘	767	肌	기	409
纠	규	485	戊	무	1043	甩	솔	910	处	처	139				纪	기	420
饥	기	408	们	문	650	囚	수	797	斥	척	126	**6획**			伎	기	421
叽	기	408	未	미	1022	帅	수	910	只	척	1282	旮	가	286	祁	기	759
记	기	420	民	민	663	术	술	906	钎	천	770	价	가	430	屺	기	762
乐	낙	562	扑	박	752	矢	시	884	扦	천	770	各	각	302	企	기	764
兰	난	551	半	반	24	示	시	886	阡	천	770	奸	간	432	吉	길	415
奶	내	687	发	발	241	市	시	886	仟	천	770	刚	강	293	奵	나	546
卢	노	610	发	발	246	讯	신	1122	凸	철	987	江	강	443	那	나	683
奴	노	711	扒	배	12	申	신	861	匆	총	150	讲	강	445	那	나	685
助	능	562	北	배	37	失	실	874	丛	총	152	扛	강	515	那	나	694
旦	단	178	扒	배	717	乐	악	1230	出	출	133	岜	건	762	那	나	696
代	대	173	白	백	16	乐	악	562	打	타	161	件	건	440	囡	난	688
对	대	225	犯	범	252	乐	악	562	打	타	161	决	결	498	年	년	701
叨	도	183	边	변	50	轧	알	1126	它	타	938	诀	결	499	老	노	556
叨	도	183	气	별	741	轧	알	1249	他	타	938	庆	경	795	论	논	619
叨	도	950	丙	병	63	轧	알	286	叹	탄	946	阶	계	457	农	농	709
东	동	212	本	본	40	央	앙	1137	台	태	939	考	고	516	耒	뇌	564
冬	동	213	付	부	281	艾	애	1172	台	태	940	曲	곡	799	讷	눌	694
仝	동	978	丕	비	731	艾	애	3	讨	토	953	曲	곡	801	肋	늑	562
头	두	984	冯	빙	748	让	양	811	叵	파	749	巩	공	310	肋	늑	565
乐	락	562	册	사	1052	驭	어	1218	叭	팔	12	共	공	311	用	능	611
兰	란	551	写	사	1087	业	업	1151	叭	팔	12	红	공	362	多	다	229
厉	려	573	写	사	1087	厉	여	573	平	평	744	过	과	333	团	단	992
令	령	594	乍	사	1250	冉	염	810	包	포	27	夸	과	534	达	달	161
令	령	597	史	사	883	叶	엽	1151	布	포	82	关	관	321	饧	당	1101
令	령	599	仕	사	885	永	영	1194	冯	풍	748	观	관	322	当	당	179
另	령	599	丝	사	920	令	영	594	皮	피	733	光	광	326	当	당	182
礼	례	569	司	사	920	令	영	597	必	필	47	犷	광	327	宅	댁	1251
卢	로	610	四	사	923	宁	영	706	汉	한	341	匡	광	538	导	도	183
辽	료	586	讪	산	847	宁	영	707	夯	항	343	圹	광	539	动	동	213
龙	룡	605	仁	삼	834				玄	현	1114	交	교	447	同	동	978
叻	륵	562	生	생	868				穴	혈	1117	乔	교	780	同	동	982
												佝	구	1216			

灯 등 192	帆 범 247	巡 순 1120	圩 우 1017	匠 장 446	迁 천 770	许 허 1110
㼱 라 546	并 병 63	旬 순 1120	优 우 1197	再 재 1238	尖 첨 431	吓 혁 1059
吕 려 614	兵 병 723	驯 순 1122	吁 우 1211	在 재 1239	时 촌 1188	吓 혁 356
列 렬 589	乒 병 744	戌 술 1108	迂 우 1211	争 쟁 1273	忖 촌 157	血 혈 1087
劣 렬 590	伏 복 276	丞 승 117	纡 우 1212	仾 저 1308	朽 추 1107	血 혈 1119
老 로 556	负 부 281	式 식 886	宇 우 1216	吊 적 205	充 충 127	页 혈 1152
论 론 619	妇 부 282	凶 신 1094	羽 우 1216	传 전 1315	冲 충 128	协 협 1085
耒 뢰 564	份 분 268	汛 신 1122	芋 우 1218	传 전 141	虫 충 129	夹 협 286
炓 료 588	妃 비 260	迅 신 1122	旭 욱 1111	全 전 804	冲 충 130	夹 협 426
刘 류 600	份 빈 268	臣 신 113	危 위 1014	贞 정 1267	驰 치 125	夹 협 428
伦 륜 618	牝 빈 744	寻 심 1121	伟 위 1019	阱 정 481	则 칙 1245	刑 형 1098
肋 륵 562	冰 빙 61	亚 아 1126	伪 위 1019	廷 정 974	余 친 155	邢 형 1098
肋 륵 565	邪 사 1085	讶 아 1127	有 유 1204	齐 제 758	驮 타 231	许 호 1110
甪 록 611	邪 사 1150	安 안 4	吁 유 1218	早 조 1243	朵 타 231	好 호 346
吏 리 575	师 사 876	压 압 1123	刘 유 600	兆 조 1263	她 타 938	好 호 349
吗 마 626	似 사 887	仰 앙 1144	肉 육 826	存 존 157	驮 타 999	红 홍 362
妈 마 626	似 사 924	邪 야 1085	伦 윤 618	舟 주 1302	托 탁 997	划 화 377
吗 마 629	寺 사 925	爷 야 1149	戎 융 824	州 주 1302	忕 탁 998	华 화 377
吗 마 629	产 산 102	邪 야 1150	钇 을 1169	纣 주 1304	忳 탄 997	伙 화 380
犸 마 629	伞 산 837	约 약 1143	阴 음 1178	朱 주 1304	夺 탈 231	划 화 381
网 망 1011	杀 살 840	约 약 1228	衣 의 1164	丢 주 212	汤 탕 947	伙 화 405
妄 망 1013	弎 삼 837	扬 양 1138	伊 이 1164	竹 죽 1305	驮 태 231	扩 확 543
忙 망 636	向 상 1073	阳 양 1139	夷 이 1166	仲 중 1300	驮 태 999	欢 환 383
芒 망 637	伤 상 848	羊 양 1139	钇 이 1169	众 중 1301	吐 토 991	灰 회 390
买 매 630	色 색 839	吕 여 614	异 이 1174	则 즉 1245	吐 토 991	回 회 392
迈 매 631	色 색 843	如 여 827	驰 이 125	池 지 124	囵 틈 144	会 회 395
名 명 665	西 서 1044	汝 여 829	耳 이 237	芝 지 1281	闭 폐 48	会 회 535
牟 모 677	屿 서 1216	亦 역 1174	而 이 237	旨 지 1288	讽 풍 273	朽 후 1107
刎 문 1028	先 선 1059	延 연 1129	吏 이 575	至 지 1290	毕 필 48	后 후 365
问 문 1029	舌 설 858	列 열 589	因 인 1179	地 지 190	吓 하 1059	讳 휘 395
扪 문 649	设 설 859	劣 열 590	孕 인 820	地 지 197	吓 하 356	休 휴 1105
米 미 654	纤 섬 1061	厌 염 1136	任 임 819	尘 진 113	汗 한 342	讻 흉 1104
朴 박 748	纤 섬 776	曳 예 1152	任 임 821	阵 진 1270	合 합 350	匈 흉 1104
朴 박 749	成 성 118	污 오 1033	字 자 1325	尽 진 470	行 항 1099	屹 흘 1173
朴 박 754	岁 세 933	圬 오 1033	自 자 1326	尽 진 471	行 항 343	吃 흘 123
邦 방 25	扫 소 839	污 오 1033	孖 자 626	执 집 1284	行 항 344	迄 흘 767
防 방 255	扫 소 839	伍 오 1040	芍 작 856	此 차 149	行 항 359	吸 흡 1044
仿 방 256	孙 손 934	讹 와 233	杂 잡 1236	次 차 150	亢 항 516	兴 흥 1096
访 방 257	讼 송 926	刓 완 1006	场 장 106	余 찬 155	行 행 1099	兴 흥 1101
乒 방 723	收 수 892	阮 완 831	场 장 107	忏 참 103	行 행 343	戏 희 1052
妃 배 260	守 수 896	吆 요 1143	庄 장 1316	创 창 143	行 행 344	**7획**
百 백 18	成 수 906	尧 요 1144	妆 장 1316	创 창 144	行 행 359	
伐 벌 245	夙 숙 929	炮 요 588	壮 장 1317	芊 천 770	向 향 1073	伽 가 286

诃 가	350	告 고	298	极 극	414	坍 담	943	疗 료	586	尾 미	1171	纰 비	732
伽 가	425	估 고	314	克 극	522	岛 도	184	钌 료	588	芈 미	655	屁 비	736
伽 가	783	估 고	317	近 근	473	秃 독	987	钌 료	588	闵 민	648	诈 사	1250
伟 가	505	库 고	533	芹 근	785	沌 둔	1316	陆 륙	605	闷 민	649	词 사	148
角 각	451	谷 곡	316	妗 금	474	吨 돈	227	陆 륙	611	闵 민	665	伺 사	150
角 각	499	困 곤	542	技 기	421	囤 돈	228	纶 륜	323	驳 박	67	沙 사	841
壳 각	520	杠 공	295	妓 기	421	囤 돈	997	沦 륜	618	扳 반	21	纱 사	842
壳 각	782	攻 공	307	忌 기	421	饨 돈	997	抡 륜	618	扮 반	25	社 사	859
却 각	807	汞 공	310	芪 기	759	冻 동	215	囵 륜	619	返 반	252	私 사	919
杆 간	290	贡 공	311	岐 기	759	佟 동	981	纶 륜	619	饭 반	253	祀 사	923
肝 간	290	狂 광	538	杞 기	762	彤 동	981	李 리	570	扳 반	720	伺 사	925
杆 간	291	旷 광	539	汽 기	766	抖 두	217	里 리	570	坊 방	255	删 산	845
间 간	432	坏 괴	382	弃 기	767	豆 두	217	利 리	575	芳 방	255	杉 삼	842
间 간	441	块 괴	536	岜 나	545	肚 두	220	邻 린	591	妨 방	256	芟 삼	846
坎 감	512	宏 굉	363	卵 난	617	肚 두	221	吝 린	594	纺 방	257	状 상	1318
芡 감	776	闳 굉	363	乱 난	617	杜 두	221	杩 마	629	尨 방	650	床 상	143
匣 갑	1054	紘 굉	364	岚 남	551	迪 둔	1320	玛 마	629	彷 방	723	序 서	1111
纲 강	294	沟 구	312	男 남	688	峀 라	545	忘 망	1014	伯 백	19	抒 서	901
岗 강	294	龟 구	328	吶 납	687	乱 란	617	牤 망	636	伯 백	66	氙 선	1059
羌 강	777	究 구	484	纳 납	687	卵 란	617	杗 망	637	泛 범	253	歼 섬	433
尬 개	286	鸠 구	485	来 내	548	岚 람	551	呆 매	173	别 별	59	苏 소	928
改 개	287	玖 구	486	氖 내	688	来 래	548	每 매	646	别 별	60	诉 소	929
芥 개	465	灸 구	486	冷 냉	566	冷 랭	566	麦 맥	631	兵 병	62	束 속	906
更 갱	304	拒 구	494	佞 녕	707	良 량	582	汩 멱	655	宝 보	30	宋 송	926
更 갱	305	抠 구	529	劳 노	555	两 량	583	免 면	658	报 보	32	秀 수	1107
坑 갱	526	呕 구	715	芦 노	610	丽 려	568	牡 모	679	补 보	69	寿 수	898
拒 거	494	沤 구	715	芦 노	611	励 려	573	沐 목	680	步 보	83	纯 순	146
拒 거	494	沤 구	716	卤 노	611	丽 려	575	没 몰	642	否 부	275	时 시	879
苣 거	802	邱 구	796	努 노	711	庐 려	610	没 몰	675	芣 부	276	豕 시	884
芡 검	776	龟 구	796	抡 논	618	驴 려	614	吵 묘	109	扶 부	276	识 식	1291
劫 겁	461	求 구	797	弄 농	607	沥 력	573	妙 묘	662	抔 부	752	识 식	879
坚 견	432	驱 구	799	陇 농	607	连 련	577	亩 묘	678	附 부	282	辛 신	1092
身 견	862	劬 구	801	弄 농	710	殓 렴	579	巫 무	1033	否 부	736	辰 신	115
抉 결	499	局 국	491	牢 뇌	555	伶 령	594	芜 무	1038	抔 부	752	伸 신	862
更 경	304	君 군	503	尿 뇨	932	灵 령	596	庑 무	1040	扮 분	25	身 신	862
劲 경	472	诎 굴	800	吶 눌	687	劳 로	555	妩 무	1040	芬 분	266	芯 심	1092
劲 경	481	穷 궁	795	吶 눌	694	芦 로	610	忸 무	1040	吩 분	266	芯 심	1094
刭 경	481	龟 귀	328	扭 뉴	708	卤 로	611	抚 무	279	纷 분	266	沁 심	787
系 계	1052	虬 규	798	你 니	699	芦 로	611	呒 무	626	坟 분	267	阿 아	1
鸡 계	410	龟 규	328	你 니	700	抡 론	618	吻 문	1028	汾 분	267	我 아	1031
系 계	422	龟 균	503	但 단	178	陇 롱	607	纹 문	1028	佛 불	274	芽 아	1125
戒 계	465	均 균	503	坛 단	944	弄 롱	607	苈 물	1042	否 비	275	迓 아	1127
启 계	764	均 균	503	抟 단	992	牢 뢰	555	尾 미	1019	庇 비	48	阿 아	233

呃 애 234	疗 요 586	饮 음 1185	呈 정 121	抢 창 776	把 파 13	况 황 539
呃 애 235	钌 요 588	邑 읍 1175	钉 정 208	抢 창 778	把 파 14	怀 회 382
挜 액 234	钌 요 588	应 응 1186	盯 정 208	呛 창 779	坝 파 14	孝 효 1082
冶 야 1150	尿 요 705	应 응 1191	钉 정 210	沧 창 91	吧 파 15	吼 후 365
杨 양 1139	扰 요 812	医 의 1165	弟 제 199	豸 채 1291	判 판 722	呕 후 715
飏 양 1139	尿 요 932	矣 의 1171	际 제 422	呎 척 1188	狈 패 37	洶 흉 1104
良 양 582	谷 욕 316	拟 의 699	灶 조 1244	串 천 143	呗 패 40	忻 흔 1092
两 양 583	佣 용 1193	苡 이 1171	皂 조 1244	彻 철 112	沛 패 728	希 희 1046
抑 억 1174	佣 용 1196	李 이 570	找 조 1261	听 청 972	评 평 747	
言 언 1130	忧 우 1197	里 이 570	诏 조 1262	体 체 957	吠 폐 262	**8획**
严 엄 1129	邮 우 1200	利 이 575	助 조 1310	体 체 959	刨 포 33	咖 가 286
邺 업 1152	佑 우 1211	呗 인 1183	抓 조 1311	肖 초 1075	抛 포 724	呵 가 350
欤 여 1212	怄 우 716	邻 인 591	诅 조 1335	肖 초 1082	刨 포 724	迦 가 425
余 여 1212	员 운 1223	吝 인 594	阻 조 1335	抄 초 109	披 피 732	茄 가 425
丽 여 568	纭 운 1232	忍 인 819	条 조 967	吵 초 109	陂 피 748	佳 가 426
励 여 573	芸 운 1232	韧 인 820	足 족 1334	吵 초 111	呀 하 1124	驾 가 430
丽 여 575	运 운 1233	妊 임 822	屦 종 926	迢 초 1302	呀 하 1127	咖 가 505
庐 여 610	均 운 503	饪 임 822	纵 종 1331	初 초 137	何 하 352	苛 가 518
驴 여 614	芫 원 1130	孜 자 1323	佐 좌 1340	村 촌 156	闲 한 1062	坷 가 519
译 역 1173	员 원 1223	姊 자 1325	坐 좌 1342	坠 추 1319	邯 한 339	呵 가 519
役 역 1175	园 원 1223	灼 작 1321	肘 주 1303	邹 추 1332	罕 한 341	茄 가 783
沥 역 573	芫 원 1223	作 작 1339	住 주 1309	诎 출 800	旱 한 342	刻 각 523
姸 연 1130	远 원 1226	作 작 1340	走 주 1332	吹 취 144	含 함 339	秆 간 291
均 연 503	围 위 1017	肠 장 106	纯 준 146	层 층 96	邯 함 339	艰 간 433
连 연 577	违 위 1017	张 장 1256	即 즉 415	豸 치 1291	肛 항 294	拣 간 435
吮 연 915	纬 위 1019	帐 장 1258	证 증 1278	沉 침 113	沆 항 344	侃 간 513
奁 염 579	苇 위 1019	杖 장 1258	迟 지 125	针 침 1268	吭 항 344	泔 감 291
迎 영 1188	位 위 1023	灾 재 1237	吱 지 1282	吣 침 787	抗 항 516	闸 갑 1249
伶 영 594	犹 유 1199	财 재 86	址 지 1287	快 쾌 535	吭 항 526	岬 갑 429
灵 영 596	酉 유 1209	材 재 86	抵 지 1290	妥 타 1000	杏 행 1102	降 강 1071
呓 예 1173	忸 유 708	这 저 1265	纸 지 1290	陀 타 999	轩 헌 1112	降 강 446
芮 예 831	姐 유 708	这 저 1267	识 지 1291	志 탄 946	岘 현 1065	凯 개 511
肟 오 1031	纽 유 709	苎 저 1308	志 지 1291	吞 탄 996	县 현 1066	居 거 491
呜 오 1033	狃 유 709	低 저 194	吱 지 1323	兑 태 227	形 형 1098	炬 거 494
吾 오 1038	陆 육 605	邸 저 196	识 지 879	呔 태 941	亨 형 359	建 건 441
吴 오 1038	陆 육 611	诋 저 196	陈 진 115	汰 태 942	护 호 373	杰 걸 462
忤 오 1039	沦 윤 618	赤 적 126	诊 진 1270	妒 투 221	沪 호 374	怯 겁 783
坞 오 1042	抡 윤 618	佃 전 203	进 진 472	投 투 985	囫 홀 369	肩 견 434
沃 옥 1031	囵 윤 619	折 절 1264	扯 차 112	忑 특 954	花 화 374	枧 견 435
机 올 1041	纶 윤 619	折 절 1264	权 차 99	忒 특 956	还 환 336	炔 결 806
完 완 1007	囷 윤 832	疖 절 457	灿 찬 91	忒 특 992	还 환 384	肷 겸 775
汪 왕 1011	吟 음 1181	湒 절 756	怅 창 108	吧 파 12	奂 환 385	郏 겹 428
妖 요 1143	饮 음 1184	折 절 858	呛 창 776	芭 파 12	肓 황 387	郏 겹 428

字 讀 頁	字 讀 頁	字 讀 頁	字 讀 頁	字 讀 頁	字 讀 頁	字 讀 頁
表 표 57	货 화 405	疥 개 465	鉱 굉 364	挪 나 714	带 대 174	李 련 616
枫 풍 272	环 환 384	客 객 524	訇 굉 361	络 나 561	待 대 175	咧 렬 589
彼 피 46	剑 회 330	举 거 492	咬 교 1146	铭 나 563	度 도 221	咧 렬 591
泌 필 655	抷 회 535	胠 거 800	姣 교 450	馅 나 563	度 도 231	玲 령 594
河 하 354	枭 효 1077	袪 거 800	骄 교 450	咯 나 605	度 도 231	栌 로 610
学 학 1117	肴 효 1144	疙 걸 302	狡 교 452	络 나 622	晄 도 952	轳 로 610
疟 학 713	诟 후 313	俭 검 435	饺 교 452	洛 나 622	逃 도 952	晓 롱 606
疟 학 1146	欣 흔 1092	剑 검 442	绞 교 452	骆 나 622	挑 도 967	珑 롱 606
限 한 1066	疙 흘 299	铃 검 774	觉 교 455	荦 나 624	挑 도 969	晓 롱 606
函 함 340	诘 힐 415	茧 견 435	荞 교 780	栏 난 551	独 독 218	垒 루 564
部 합 354	【9획】	牵 견 771	峤 교 780	烂 난 552	毒 독 219	娄 루 608
降 항 1071	杂 가 286	结 결 457	钩 구 312	剌 날 547	笃 독 220	类 류 565
杭 항 344	乇 가 286	结 결 461	韭 구 486	览 남 552	突 돌 987	浏 류 600
降 항 446	枷 가 425	洁 결 461	枢 구 488	南 남 683	栋 동 215	柳 류 604
炕 항 516	架 가 430	契 결 767	矩 구 492	南 남 689	洞 동 215	律 률 615
航 항 8	胕 가 505	胫 경 482	枸 구 492	衲 납 687	茼 동 980	聿 률 616
该 해 286	柯 가 519	轻 경 790	眍 구 529	奈 내 688	峒 동 980	厘 리 568
劾 핵 354	轲 가 519	氢 경 792	鸥 구 715	耐 내 688	陡 두 217	俚 리 571
幸 행 1102	珂 가 519	挂 계 319	俅 구 798	酒 내 688	窀 둔 1320	俐 리 576
享 향 1072	轲 가 522	界 계 465	郡 군 504	籹 녀 713	钝 둔 228	临 림 592
竖 현 1063	阁 각 300	诚 계 466	宫 궁 310	炉 노 610	觍 라 621	蚂 마 626
弦 현 1063	觉 각 455	契 계 767	鬼 귀 329	轳 노 610	咯 락 505	蚂 마 629
现 현 1065	觉 각 501	诰 고 298	贵 귀 330	怒 노 711	络 락 561	蚂 마 629
侠 협 1054	咯 각 505	蛄 고 314	闺 규 328	胧 농 606	铬 락 563	弯 만 1005
胁 협 1085	咯 각 505	牯 고 316	赳 규 485	晓 농 606	馅 락 563	峦 만 616
迥 형 484	恪 각 524	拷 고 517	奎 규 541	珑 농 606	咯 락 605	茫 망 637
呼 호 368	咯 각 605	枯 고 532	钧 균 503	哝 농 710	洛 락 622	骂 매 629
狐 호 370	咯 각 622	挎 고 535	革 극 300	垴 뇌 692	骆 락 622	荬 매 631
弧 호 370	竿 간 290	骨 골 315	剋 극 525	浓 농 710	络 락 622	昧 매 647
虎 호 372	東 간 435	骨 골 316	矜 근 467	垴 뇌 692	荦 락 624	脉 맥 632
庐 호 374	看 간 512	拱 공 310	契 글 767	恼 뇌 692	栏 란 551	脉 맥 675
怙 호 374	看 간 513	挝 과 1312	衿 금 467	娆 뇨 812	烂 란 552	虹 맹 650
或 혹 405	垦 간 525	剐 과 319	给 급 303	垒 누 564	剌 랄 547	眄 면 658
昏 혼 398	柑 감 291	科 과 519	急 급 416	娄 누 608	览 람 552	勉 면 658
忽 홀 369	砍 감 513	垮 과 534	给 급 419	耐 능 688	俩 량 577	面 면 659
泓 홍 362	弇 감 1133	垮 과 534	矜 긍 467	昵 닐 700	亮 량 585	眄 면 661
和 화 353	柙 갑 1054	冠 관 324	既 기 422	哆 다 230	俩 량 585	茗 명 667
和 화 356	胛 갑 429	冠 관 325	咭 길 411	茶 다 98	俪 려 575	袂 메 647
和 화 370	钢 강 294	矜 관 467	觇 나 621	段 단 223	荔 려 576	侮 모 1041
画 화 380	姜 강 444	括 괄 543	娜 나 686	胆 담 178	闾 려 614	姥 모 561
话 화 381	绛 강 447	哐 광 538	哪 나 687	挡 당 181	栎 력 576	冒 모 641
和 화 401	钙 개 288	诳 광 539	哪 나 688	待 대 173	砾 력 576	某 모 677
和 화 405		挂 괘 319	哪 나 694	贷 대 174	炼 련 581	昂 묘 640
			哪 나 695			

贿	회	397	趼	견	437	堀	굴	501	舻	노	610	得	득	191	绿	록	612	冕	면	659
烩	회	397	狷	견	774	掘	굴	501	㧘	노	611	啦	라	548	鹿	록	612	価	면	659
脍	회	535	掐	겹	768	圈	권	497	臑	노	711	啰	라	620	绿	록	616	铭	명	667
获	획	406	袷	겹	768	眷	권	498	绿	녹	612	啰	라	621	笼	롱	606	谋	모	677
哮	효	1078	梗	경	305	圈	권	498	鹿	녹	612	啰	라	625	聋	롱	606	眸	모	677
哮	효	1082	惊	경	477	圈	권	803	绿	녹	616	萝	라	621	笼	롱	607	梦	몽	652
晓	효	1082	颈	경	481	匮	궤	541	笼	농	606	逻	라	621	聊	묘	586	猫	묘	638
效	효	1083	竟	경	483	硅	규	328	聋	농	606	脶	라	621	累	루	564	猫	묘	640
候	후	368	械	계	1088	菌	균	503	笼	농	607	猡	라	621	累	루	565	描	묘	661
晕	훈	1231	蛊	고	317	菌	균	504	秾	농	710	硌	락	302	累	루	565	喵	묘	661
烜	훤	1115	锈	고	518	堇	근	471	硇	뇨	692	铬	락	302	偻	루	608	谜	미	647
烜	훼	1115	绔	고	534	掯	긍	526	累	누	564	硌	락	623	偻	루	615	眯	미	653
晖	휘	391	袴	고	534	基	기	411	累	누	565	鸾	란	616	琉	류	602	弥	미	653
胸	흉	1104	斛	곡	371	掎	기	419	累	누	565	婪	람	551	绺	류	604	眯	미	654
牺	희	1046	崑	곤	542	寄	기	423	偻	누	608	啦	랍	546	率	률	616	谜	미	654
唏	희	1046	崆	공	528	跂	기	759	偻	누	615	廊	랑	553	率	률	910	焖	민	650
姬	희	412	控	공	529	崎	기	760	勒	늑	562	娜	랑	553	隆	륭	605	笢	민	665
11획			骒	과	525	骑	기	760	勒	늑	563	啷	랑	553	隆	륭	607	敏	민	665
			馆	관	1009	骐	기	761	菱	능	597	瑯	랑	554	勒	륵	562	密	밀	655
笕	가	426	馆	관	324	绮	기	764	绫	능	597	梾	래	550	勒	륵	563	薄	박	68
袈	가	426	掼	관	325	啦	나	548	您	니	706	掠	략	618	绫	릉	597	啪	박	717
假	가	429	惯	관	325	脶	나	621	蛋	단	179	略	략	618	菱	릉	597	粕	박	750
假	가	431	眶	광	540	啰	나	620	断	단	224	掠	략	618	犁	리	569	盘	반	721
硌	각	302	傀	괴	541	啰	나	621	淡	담	179	梁	량	583	梨	리	569	脖	발	67
脚	각	453	教	교	451	啰	나	625	堂	당	949	辆	량	586	理	리	571	排	배	718
硌	각	623	矫	교	451	猡	나	621	袋	대	174	砺	려	574	淋	림	592	徘	배	719
谏	간	443	铰	교	452	萝	나	621	袴	도	185	稆	려	614	淋	림	594	排	배	720
裉	간	526	矫	교	452	逻	나	621	盗	도	187	铝	려	614	粒	립	575	培	배	727
秸	갈	457	铰	교	452	硌	낙	623	悼	도	187	梿	련	579	笠	립	575	梵	범	254
敢	감	292	教	교	455	鸾	난	616	掉	도	206	鹣	렬	590	麻	마	626	匾	변	52
减	감	436	硗	교	780	椴	난	691	堵	도	220	掞	렬	591	麻	마	626	辅	보	280
龛	감	512	够	구	313	捺	날	687	掏	도	951	敛	렴	580	晚	만	1008	菩	보	754
康	강	515	救	구	488	婪	남	551	淘	도	951	睑	렴	581	曼	만	635	茯	복	277
羟	강	779	厩	구	488	啦	납	546	焘	도	951	猎	렵	591	惘	망	1012	副	복	284
盖	개	288	俱	구	495	娜	낭	553	萄	도	952	聆	령	595	望	망	1013	烽	봉	273
铠	개	511	寇	구	531	啷	낭	553	啕	도	952	翎	령	595	铓	망	637	捧	봉	730
距	거	494	蚯	구	796	廊	낭	553	梼	도	953	羚	령	595	硭	망	637	麸	부	275
据	거	495	球	구	798	琅	낭	554	屠	도	989	棂	령	597	脢	매	645	符	부	278
渠	거	801	躯	구	799	梾	내	550	豚	돈	997	领	령	598	梅	매	645	副	부	284
乾	건	774	掬	국	491	萘	내	688	铜	동	981	铑	로	561	脉	맥	676	培	부	727
检	검	436	菊	국	492	淰	넘	704	兜	두	216	舻	로	610	萌	맹	650	掊	부	752
脸	검	580	鞡	군	503	铑	노	561	得	득	189	颅	로	610	猛	맹	651	掊	부	752
袷	겹	768	崛	굴	501	颅	노	610	得	득	191	掳	로	611	绵	면	656	埠	부	83

蚱 차 1250	椭 타 1000	颊 협 428	概 개 289	窥 규 540	誊 등 956	锰 맹 652
齒 착 1243	惰 타 232	惠 혜 398	粳 갱 480	跬 규 541	腾 등 956	腼 면 659
竄 찬 155	琢 탁 1322	扉 호 261	锯 거 491	跟 근 303	锣 라 621	酩 명 670
搀 참 101	琢 탁 1339	皓 호 350	榉 거 493	谨 근 471	蓏 라 622	溟 명 670
饞 참 102	塔 탑 939	湖 호 371	锯 거 496	勤 근 786	裸 라 622	摸 모 671
敝 창 108	嗒 탑 939	猢 호 371	键 건 442	禁 금 469	酪 락 562	馍 모 672
窗 창 143	溚 탑 939	葫 호 371	愆 건 772	锦 금 471	阑 란 617	睦 목 681
策 책 95	简 통 981	犒 호 371	隔 격 301	禁 금 474	蓝 람 551	蒙 몽 650
跖 척 1287	痛 통 982	琥 호 372	甄 견 1270	畸 기 410	榄 람 552	蒙 몽 651
喘 천 142	铽 특 954	惑 혹 406	遣 견 775	嗜 기 891	滥 람 553	蒙 몽 652
踐 천 441	跛 파 68	确 확 807	槏 겸 434	锣 나 621	锒 랑 553	锚 묘 640
濺 천 441	琶 파 717	皖 환 1008	嗛 겸 776	裸 나 622	粮 량 582	鹋 묘 662
輟 철 148	棻 파 717	猾 활 378	嗛 겸 768	蓏 나 622	楝 려 614	瞄 묘 663
喋 첩 207	蔜 파 720	阔 활 543	溪 계 1048	酪 낙 562	滤 려 616	墓 묘 681
氰 청 794	牌 패 719	慌 황 387	搞 고 298	锗 낙 714	楝 련 582	噈 묘 1188
晴 청 794	彭 팽 730	惶 황 389	鼓 고 317	阑 난 617	趔 렬 590	噈 묘 679
滯 체 1293	编 편 51	惶 황 389	痼 고 318	暖 난 713	廉 렴 580	鹉 무 1041
締 체 200	遍 편 55	徨 황 389	跨 고 535	蓝 남 551	零 령 595	雾 무 1043
替 체 961	骗 편 739	揳 혈 1084	滚 곤 330	榄 남 552	龄 령 596	微 미 1015
硝 초 1077	跑 포 725	蛔 회 394	窠 과 519	滥 남 553	耢 로 562	艒 미 1020
超 초 109	跑 포 725	猴 후 365	稞 과 519	楠 남 690	鲈 로 610	楣 미 645
酢 초 1342	葡 포 753	喉 후 365	锞 과 525	锎 낭 553	路 로 613	缚 박 285
焦 초 451	铺 포 753	萱 훤 1113	跨 과 535	耢 노 562	碌 록 612	雹 박 29
椒 초 451	铺 포 755	喧 훤 1113	跨 과 535	鲈 노 610	赖 뢰 550	搏 박 68
愀 초 782	幅 폭 279	喙 훼 397	廓 곽 544	路 노 613	雷 뢰 564	搬 반 22
稍 초 855	跛 피 68	辉 휘 391	褂 괘 320	瑙 노 693	楼 루 608	滂 방 723
稍 초 858	幅 핍 279	黑 흑 357	瑰 괴 329	碌 녹 612	溜 류 600	滂 방 724
趢 촉 801	逼 핍 44	焮 흔 1096	槐 괴 382	酿 농 710	馏 류 604	辟 벽 733
属 촉 905	退 하 1054	翕 흡 1048	剿 괴 535	赖 뇌 550	遛 류 604	辟 벽 736
葱 총 150	廈 하 1059	稀 희 1046	魁 괴 541	雷 뇌 564	遛 류 605	辐 복 279
最 최 1337	廈 하 843	喜 희 1051	蹻 교 779	楼 누 608	馏 류 605	福 복 279
椎 추 1318	寒 한 340	頡 힐 1086	跷 교 780	碌 뉴 612	溜 류 605	腹 복 285
缒 추 1320	韩 한 340	**13획**	媾 구 313	痰 담 945	碌 류 605	缝 봉 273
啾 추 485	割 할 300	暇 가 1054	舅 구 487	搪 당 948	碌 류 612	蜂 봉 273
揪 추 485	喊 함 341	嫁 가 431	裘 구 798	溏 당 948		缝 봉 274
趋 추 801	缄 함 435	跏 가 768	群 군 808	馕 당 948		蓬 봉 730
筑 축 1311	蛤 합 301	简 간 437	窟 굴 532	塘 당 948		锫 부 728
惴 췌 1320	蛤 합 336	尴 감 291	锩 권 497	嘟 도 218		溥 부 755
揣 췌 140	颔 함 356	感 감 292	阙 궐 807	滔 도 951		锛 분 40
揣 취 140	袷 합 400	鉴 감 443	阙 궐 808	跳 도 970		鹏 붕 730
就 취 488	港 항 295	戡 감 512	跪 궤 330	督 독 218		硼 붕 730
潗 치 1290	颏 해 519	蜣 강 777	殨 궤 397	酮 동 981		剕 비 264
跎 타 1000	颏 해 520		麂 궤 418	戡 등 194		碑 비 36

縹	표	740	稽	계	412	德	덕	190	瞑	명	670	鰤	시	881	尉	위	1235	遵	준	1338

霈	패	728	憩	게	768	螗	당	949	醚	미	654
澎	팽	730	激	격	412	餹	당	949	薄	박	29
嗙	팽	730	繳	격	454	蹈	도	231	薄	박	69
篇	편	738	縑	견	776	瞳	동	981	璞	박	754
翩	편	738	鯨	경	478	橙	등	122	螃	방	723
襃	포	29	鏡	경	483	懶	라	552	螃	방	724
暴	포	34	擎	경	794	癩	라	622	鞳	방	755
飄	표	740	髻	계	424	爛	란	551	癖	벽	733
鶴	학	356	糕	고	297	籃	람	552	擗	벽	736
瞎	할	1053	篙	고	297	魎	량	585	辨	변	55
骸	해	337	翱	고	9	膦	련	594	辯	변	55
鞋	혜	1086	鯤	곤	542	櫓	로	611	瞥	별	741
慧	혜	397	霍	곽	406	綠	록	612	蟞	별	742
蕙	혜	398	磺	광	389	擂	뢰	564	篷	봉	761
鎬	호	298	篝	구	312	蕾	뢰	565	篦	비	49
鎬	호	350	踽	구	493	擂	뢰	565	瀕	빈	61
糊	호	369	糗	구	799	燎	료	587	蘋	빈	743
糊	호	371	橛	궐	501	燎	료	588	雯	삽	843
蝴	호	371	橘	귤	492	磟	류	605	噬	서	892
衚	호	371	冀	기	424	癃	륭	607	薯	서	905
糊	호	374	鯕	기	761	窿	륭	607	嬗	선	847
劃	획	400	器	기	767	碌	륵	605	膳	선	848
蝗	황	389	懶	나	552	廩	름	594	薛	설	1117
橫	횡	360	癩	나	622	懍	름	594	顠	섭	705
橫	횡	361	瀾	난	551	嶙	릉	566	醒	성	1101
撓	효	782	籃	남	552	鯪	릉	597	擻	수	928
麾	휘	392	櫓	노	611	篱	리	569	燧	수	934
嘻	희	1048	鮱	녹	612	罹	리	569	闟	습	1050
嬉	희	1048	擂	뇌	564	轔	린	593	褶	습	1265
16획			擂	뇌	565	霖	림	592	薪	신	1094
癪	가	807	蕾	뇌	565	蟆	마	627	窸	실	1048
撼	감	343	耨	누	711	磨	마	673	噩	악	235
憾	감	343	碌	늑	605	磨	마	677	赝	안	1137
瞰	감	515	懍	늠	594	顢	만	632	鸎	앵	1187
繈	강	445	廩	늠	594	鞔	만	633	麶	양	585
糠	강	446	嶙	능	566	蟎	만	635	甑	얼	705
膙	강	446	鯪	능	597	蟒	망	638	殪	에	1178
羓	강	447	蠥	닉	700	螟	명	670	燕	연	1129
噱	갹	1118	踹	단	140	穆	목	682	燕	연	1137
噱	갹	501	獺	달	939	濛	몽	651	縢	연	594
遽	거	496	燂	담	945	懞	몽	651	燃	연	810
黔	검	774	瞠	당	117	獴	몽	652	嬴	영	1189
			糖	당	948	默	묵	676	癭	영	1190

霓	예	698	塵	주	1308	薨	흥	362
鯢	예	699	樹	주	138	噷	흠	361
觬	예	699	樽	준	1339	熹	희	1048
罋	옹	1194	甄	진	1248	羲	희	1049
顥	완	1226	贈	증	1248	禧	희	1052
邀	요	1144	赞	찬	1241	**17획**		
燎	요	587	篡	찬	155	糠	강	515
燎	요	588	餐	찬	89	鏹	강	777
踽	우	493	鏨	참	1241	襁	강	779
踩	유	826	鋹	창	948	蹇	건	438
儒	유	828	擅	천	848	檄	격	1050
磠	유	605	轍	철	1265	磬	경	795
癰	옹	607	醛	철	805	谿	계	1048
窿	옹	607	黇	첨	965	髁	과	519
融	융	825	褶	첩	1265	鞠	국	491
癮	은	1185	鯖	청	790	羈	기	413
檃	은	1185	樵	초	781	螺	나	621
凝	응	706	鞘	초	782	儒	나	714
噫	의	1166	嘴	취	1337	鐗	난	551
齮	의	1172	檇	취	780	鞡	날	548
蟊	의	1176	鰦	치	1324	簏	녹	612
薏	의	1177	橐	탁	1000	檑	뇌	564
劓	의	1178	膨	팽	730	儡	뇌	565
罹	이	569	蹁	편	738	檁	늠	594
篱	이	569	蘋	평	743	檀	단	945
魆	악	700	瓢	표	740	蹋	답	939
鏻	인	593	瞟	표	740	螳	당	949
霖	임	592	避	피	49	糖	당	949
髭	자	1324	翰	한	343	黛	대	174
瘴	장	1259	擀	한	292	戴	대	175
鍺	저	1321	懈	해	1088	臺	대	941
顛	전	200	澥	해	1088	蹈	도	185
靛	전	204	獬	해	1089	曈	동	981
褶	접	1265	薤	해	1089	篼	두	216
整	정	1274	邂	해	1089	臀	둔	997
蹄	제	957	衡	형	361	螺	라	621
澡	조	1244	薅	호	345	鍋	란	551
噪	조	1245	圜	환	1226	濡	란	828
雕	조	205	寰	환	385	鞡	랄	548
繰	조	780	磺	황	389	膁	렴	580
操	조	92	嚄	획	400	簏	록	612
糙	조	93	嚄	획	407	櫑	뢰	564
踵	종	1300	嚄	획	715			

漢字音索引

¹⁶嚎 1118	慂 772	阒 803	¹⁰缺 806	⁹胫 482	⁸季 422	拷 517
嚎 501	¹⁵蹇 442	¹³嗝 301		轻 790	届 466	枯 532
	蹇 438	¹⁶激 412	**겸**	氢 792	⁹挂 319	挎 535
ㄱ(거)		¹⁷橛 1050	⁸胅 775	耕 304	界 465	¹⁰高 295
⁴车 490	**걸**		¹⁰兼 434	哽 305	诚 466	羔 297
巨 493	³乞 762	**견**	钳 774	耿 305	契 767	顾 318
⁵去 802	⁸杰 462	⁴见 438	¹²谦 771	痉 482	¹⁰桂 330	烤 517
⁷拒 494	⁹圪 302	犬 806	¹³槏 434	竞 483	继 422	¹¹蛊 317
苣 802	¹⁰桀 462	坚 432	嗛 776	卿 792	挈 784	锆 518
⁸居 491		身 862	¹⁴歉 776	倾 792	¹¹械 1088	袴 534
炬 494	**검**	⁸肩 434	¹⁵鹣 434	¹¹梗 305	¹³溪 1048	¹²辜 314
⁹举 492	⁹俭 435	枧 435	¹⁸镰 580	惊 477	¹⁴锲 784	雇 318
肢 800	剑 442	⁹茧 436		颈 481	¹⁵稽 412	嗋 532
祛 800	铃 774	牵 771	**겹**	竟 483	稽 765	裤 533
¹⁰倨 495	¹⁰捡 435	¹⁰筧 435	⁸郏 428	¹²硬 1192	¹⁶髻 424	¹³搞 298
¹¹距 494	¹¹检 436	狷 498	¹¹袷 768	景 481	¹⁷谿 1048	鼓 317
据 495	脸 580	绢 498	挹 768	敬 483		痼 318
渠 801	¹²睑 436	¹¹跰 437	¹³鮙 768	琼 796	**고**	跨 535
¹²锯 492	¹⁶黔 774	捐 774		¹³粳 480	⁵古 315	¹⁴膏 297
¹³榉 493		¹²鹃 497	**경**	¹⁴儆 481	叩 531	睾 297
锯 496	**겁**	¹³甄 1270	⁶庆 795	境 483	⁶考 516	槁 298
¹⁵踞 496	⁷劫 461	遣 775	更 304	¹⁶鲸 478	⁷告 298	篙 315
¹⁶遽 496	⁸怯 783	¹⁵鲣 433	劲 472	镜 483	估 314	犒 518
¹⁹蘧 801	¹⁰砝 246	谴 775	劲 481	擎 794	估 317	骷 532
	¹¹袷 768	缱 776	到 481	¹⁷磬 795	库 533	敲 780
건		²³蠲 497	⁹庚 304	¹⁹警 481	⁸咕 314	¹⁵稿 298
³巾 467	**게**		茎 475	²⁰鲸 793	孤 314	靠 518
⁶件 440	¹²揭 459	**결**	泾 475		姑 314	¹⁶糕 297
建 441	¹⁵撅 498	⁴决 498	经 475	**계**	股 316	篙 297
¹⁰健 442	¹⁶憩 768	诀 499	京 477	⁴计 419	故 317	翱 9
虔 774		⁷抉 499	经 482	⁶阶 457	固 317	
¹¹乾 774	**격**	⁸炔 806	径 482	⁷系 1052	呱 319	**곡**
¹²犍 435	⁵击 409	结 457	弳 482	鸡 410	苦 532	⁶曲 799
腱 442	¹⁰格 299	结 461	顷 794	系 410	⁹诰 298	曲 801
踺 442	格 300	洁 461	苘 794	戒 465	轱 314	⁷谷 316
¹³键 442	¹²隔 301	契 767	茔 796	启 764	牯 316	¹⁰哭 532

¹⁶篷 761	富 284	粪 268	肥 261	鼻 44	⁵写 1087	事 887
부	赋 284	喷 729	沸 263	罴 735	写 1087	唑 921
⁴夫 275	衰 752	喷 729	卑 35	蜱 736	乍 1250	饲 925
父 281	¹³锫 728	溢 729	备 37	¹⁶篦 49	史 883	⁹卸 1087
讣 281	溥 755	¹³锛 40	泌 655	¹⁷貔 735	仕 885	查 1249
不 70	¹⁴孵 275	**붙**	呸 726	²⁰羆 737	丝 920	祠 148
⁵付 281	腐 280	⁴不 70	批 732	**빈**	司 920	砂 842
⁶负 281	¹⁵敷 275	⁷佛 274	狋 732	²傧 61	四 923	狮 876
妇 282	¹⁸覆 285	⁸沸 263	枇 735	⁶份 268	册 1052	食 882
⁷否 275	¹⁹簿 84	拂 277	⁹费 263	牝 744	⁶邪 1085	要 909
芙 276	**북**	**붕**	砒 732	⁸贫 742	邪 1150	思 921
扶 276	⁵北 37	⁸朋 730	毗 735	苹 747	师 876	查 99
附 282	**분**	⁹泵 43	¹⁰诽 262	¹⁰宾 60	似 887	¹⁰牺 1046
否 736	⁴分 264	甭 43	匪 262	¹¹彬 61	似 924	筰 1250
芙 752	分 267	¹¹崩 42	秘 655	¹³摈 61	寺 925	射 860
⁸肤 275	⁶份 268	绷 43	蚍 735	缤 743	死 922	衰 909
府 279	⁷扮 25	绷 43	¹¹绯 261	频 743	⁷诈 1250	莎 935
斧 279	吩 266	¹²棚 730	菲 261	¹⁴嫔 61	词 148	唆 935
驸 282	纷 266	¹³硼 730	悱 262	濒 61	伺 151	娑 935
⁹俘 277	芬 266	鹏 730	菲 262	蘋 743	沙 841	¹¹徙 1050
赴 282	汾 267	¹⁸鬅 730	啤 735	²⁰鬓 61	纱 842	斜 1086
复 283	坟 267	**비**	¹²扉 261	²¹颦 743	社 859	啥 843
¹⁰浮 277	⁸氛 266	²匕 44	斐 262	**빙**	私 919	奢 858
俯 280	忿 268	³飞 259	悲 36	⁵冯 748	祀 923	蛇 858
釜 280	奋 268	⁴比 44	惫 40	³冰 61	伺 925	赊 858
剖 752	奔 40	⁵不 731	脾 735	⁸凭 748	⁸些 1084	赦 860
部 83	苯 42	妃 260	琵 735	¹⁰骋 122	泻 1087	桫 935
¹¹麸 275	奔 42	⁷否 275	痞 736	娉 744	耶 1149	梭 935
符 278	⁹盆 729	庇 48	¹³痱 264	¹³聘 744	耶 1150	¹²谢 1088
副 284	¹⁰粉 267	臂 50	碑 36	**사**	咋 1237	揸 1249
培 727	畚 42	纰 732	鄙 47	²厶 919	咋 1245	渣 1249
掊 752	¹¹笨 42	屁 736	蓖 49	³士 884	咋 1249	喳 1249
掊 752	¹²焚 267	⁸非 260	蝥 729	巳 923	舍 858	睃 935
埠 83	愤 268		裨 736		舍 860	赐 151
¹²跗 275			媲 736		使 883	鲨 842
			¹⁴翡 262		驶 884	筛 843

⁵叶 1085
叶 1151
拾 882
¹⁰聂 705
涉 860
¹³喅 705
慑 860
摄 860
¹⁵镊 705
¹⁶颞 705
¹⁷囐 1089
躞 705

성

⁵圣 872
⁶成 118
⁷声 871
⁸姓 1102
性 1102
诚 120
⁹星 1097
省 1101
城 120
省 871
¹¹盛 121
盛 873
¹²惺 1097
猩 1098
¹³腥 1098
醒 1101

세

⁵世 885
⁶岁 933
⁸细 1052
势 888

⁹洗 1050
洒 834
贳 885
说 915
¹²税 915
¹³蜕 995

소

³小 1078
⁴少 856
⁵少 857
召 1263
杂 286
⁶扫 839

扫 839
苏 928
诉 929
⁸沼 1262
绍 857
所 936
⁹昭 1260
¹⁰消 1076
宵 1077
逍 1077
笑 1083
捎 855
烧 855
素 929
¹¹萧 1078
啸 1084
巢 110
梢 855
梳 903
笤 968
¹²销 1077
骚 839

搔 839
疏 903
酥 928
¹³稣 928
塑 930
溯 930
嗍 930
¹⁴潇 1078
箫 1078
¹⁵霄 1077
蔬 903
艘 927
¹⁶缫 780
¹⁷臊 839

속

⁷束 906
⁹俗 928
¹⁰速 929
¹¹续 1112
¹²属 1308
赎 904
属 905
粟 930
¹⁷簌 930

손

⁶孙 934
⁹逊 1122
¹⁰损 935
¹²巽 1122

솔

⁵帅 910
甩 910

¹¹率 910
¹⁴摔 910
¹⁷蟀 910

송

⁶讼 926
宋 926
⁸松 925
⁹送 927
诵 927
¹⁰悚 926
颂 926

쇄

刷 908
刷 909
洒 834
¹⁰晒 843
唰 936
¹¹涮 911
琐 936
¹²锁 936
¹³煞 842
煞 843
碎 934

쇠

¹⁰衰 909

수

⁴手 894
水 912
⁵囚 797
帅 910
收 892
守 896

戍 906
⁷秀 1107
寿 898
⁸垂 145
泅 797
受 898
⁹修 1106
须 1108
茱 1304
首 897
狩 900
树 907
竖 907
叟 928
虽 932
¹⁰羞 1107
袖 1108
绣 1108
谁 861
殊 902
谁 912
绥 932
崇 934
¹¹宿 1107
铢 1305
授 899
绶 900
售 900
兽 900
宿 930
隋 932
随 932
¹²锈 1108
嫂 839
嗖 927
馊 927

搜 927
遂 934
¹³愁 132
酬 132
输 902
数 905
腧 908
数 908
睡 915
飕 927
¹⁴需 1110
瘦 900
漱 908
嗽 928
喉 928
隧 934
¹⁶擞 928
燧 934
¹⁷邃 934
穗 934
²¹鐩 933

숙

⁶夙 929
⁸叔 902
肃 929
¹⁰倏 902
¹¹宿 1107
宿 1108
淑 902
菽 902
孰 904
宿 930
¹⁴塾 904
¹⁵熟 894
熟 904

순

⁶巡 1120
旬 1120
驯 1122
纯 146
⁷询 1120
荀 1120
⁸谆 1320
徇 1122
盾 228
顺 916
¹⁰殉 1122
谆 1320
唇 147
笋 935
¹¹淳 147
¹²循 1121
舜 917
¹⁴楯 935
¹⁵醇 147
¹⁷瞬 917

술

⁵术 906
⁶戌 1108
⁸述 906

숭

¹¹崇 130
¹³嵩 926

쇄

¹¹淬 156

슬

올

3 兀 1032
兀 1041
7 杌 1041
13 膃 1002

옹

8 瓮 1030
拥 1193
10 翁 1030
痈 1194
邕 1194
12 喁 1215
13 嗡 1030
雍 1194
16 壅 1194
17 臃 1194
19 鞥 1030
24 齆 1030

와

4 瓦 1001
瓦 1002
6 讹 233
8 卧 1031
9 洼 1001
哇 1001
娃 1001
哇 1002
10 㖞 1002
涡 1030
莴 1030
12 蛙 1001
窝 1030
13 蜗 1031

완

6 刓 1006
阮 831
7 完 1007
8 玩 1006
宛 1008
10 剜 1006
顽 1007
莞 1008
浣 386
11 烷 1008
惋 1008
婉 1008
脘 1008
12 琬 1008
腕 1010
缓 385
13 碗 1008
14 蜿 1006
15 豌 1006
16 豲 1226

왈

4 曰 1228

왕

4 王 1011
7 汪 1011
8 往 1012
旺 1012
枉 1012

왜

9 哇 1001
娃 1001
歪 1002
哇 1002
10 倭 1030
12 蛙 1001
喎 1002
搲 1002
13 矮 3
15 踒 1030

외

5 外 1003
9 畏 1024
10 桅 1018
11 偎 1015
12 崴 1002
崴 1015
嵬 1018
猥 1021
13 煨 1015
20 巍 1015

요

2 了 563
了 587
3 幺 1143
4 夭 1143
5 凹 1001
乐 562
辽 586
凹 8
6 吆 1143
尧 1144
尥 588
7 妖 1143
疗 586
钌 588
钌 588
尿 705
扰 812
尿 932
8 侥 1144
侥 453
佬 561
闹 693
拗 709
拗 9
佻 967
9 要 1143
姚 1144
要 1147
浇 449
挠 692
饶 811
绕 812
娆 812
10 珧 1144
窈 1146
舀 1146
料 588
孬 692
袅 704
桡 812
陶 951
11 窑 1144
聊 586
淖 694
脲 705
12 谣 1144
13 腰 1143
遥 1144
徭 1145
摇 1145
14 瑶 1145
靿 1149
鹩 587
寥 587
僚 587
蓼 588
廖 589
蓼 612
15 鹞 1149
撩 586
撩 587
缭 587
潦 587
獠 587
嘹 587
寮 587
16 邀 1144
燎 587
燎 588
17 瞭 589
镣 589
鹨 704
18 鳐 1145
燿 1149
曜 1149
19 蹽 586
21 耀 1149

욕

7 谷 316
10 浴 1218
辱 829
11 欲 1218
13 溽 830
缛 830
15 褥 830

용

4 冗 825
5 用 1195
龙 605
7 佣 1193
佣 1196
9 俑 1195
勇 1195
茸 824
10 涌 1195
涌 1195
容 824
耸 926
颂 926
11 庸 1194
恿 1195
桶 982
氄 826
13 蛹 1195
溶 825
蓉 825
14 踊 1195
熔 825
榕 825

우

2 又 1209
3 于 1212
4 尤 1199
友 1203
牛 708
区 799
5 右 1210
6 圩 1017
优 1197
吁 1211
迂 1211
纡 1212
羽 1216
宇 1216
芋 1218
7 忧 1197
邮 1200
佑 1211
8 盂 1212
雨 1216
9 疣 1199
竽 1212
禹 1217
11 隅 1215
偶 716
12 鱿 1199
喁 1215
遇 1221
寓 1221
13 愚 1215
虞 1215
15 噢 715
耦 716
16 踽 493
17 龋 802
18 藕 716

욱

6 旭 1111
9 昱 1220
11 勖 1112
12 奥 9
13 煜 1220
15 噢 715
澳 9

운

[4]云 1231
[7]员 1223
纭 1232
芸 1232
运 1233
[9]陨 1233
[10]耘 1232
[11]殒 1233
[13]韵 1234

울

[8]郁 1219
苑 1227
[11]尉 1024
尉 1221
[14]蔚 1024
[15]熨 1235

웅

[12]雄 1104
[14]熊 1105

원

[4]元 1222
芫 1130
园 1223
芫 1223
员 1223
远 1226
[8]宛 1008
苑 1227
浑 399
[10]垣 1224
怨 1227

院 1228
[10]鸳 1221
冤 1222
圆 1223
原 1224
[12]鼋 1223
援 1224
[13]楦 1116
猿 1226
源 1226
[14]蜿 1006
箢 1222
辕 1226
愿 1228

월

[4]月 1229
[10]钺 1230
[12]越 1230
粤 1231

위

[3]卫 1021
[4]为 1016
为 1022
[6]危 1014
伪 1019
伟 1019
[7]围 1017
违 1017
苇 1019
纬 1019
位 1023
[8]委 1015
委 1020
[9]威 1015

胃 1024
[10]诱 1020
[11]透 1015
萎 1020
尉 1024
谓 1024
尉 1221
[12]猬 1024
喂 1024
喟 542
[13]痿 1020
[14]蔚 1024
[15]慰 1024
熨 1221
熨 1235
[17]魏 1025

유

[5]由 1199
幼 1210
[6]有 1204
吇 1218
刘 600
[7]犹 1199
酉 1209
姐 708
狙 709
纽 709
[8]呦 1198
油 1200
乳 829
[9]幽 1198
柚 1202
囿 1211
诱 1211
柚 1211

俞 1214
类 565
浏 600
柳 604
钮 709
柔 826
虽 932
[10]莸 1199
铀 1202
莠 1209
谀 1213
流 600
留 603
[11]唯 1018
惟 1018
维 1018
帷 1018
悠 1198
蚰 1202
铕 1209
蚴 1210
谕 1219
琉 602
绺 604
[12]遗 1167
游 1202
釉 1211
腴 1213
愉 1214
渝 1214
揄 1215
逾 1215
裕 1219
喻 1219
硫 602
揉 826

[13]瑜 1215
榆 1215
瘐 1217
愈 1219
溜 600
馏 604
碌 605
馏 605
溜 605
遛 605
谬 671
[14]鲔 1021
缧 564
熘 600
榴 604
[15]蝤 1203
蝣 1203
瘤 1217
馏 604
鹬 604
瘤 604
馏 605
蝤 798
糅 826
[16]磙 605
蹂 826
儒 828
[17]勰 1209
蕎 828
濡 828
嚅 828
孺 828
擩 829
[18]鼬 1211
蠹 565

鞣 826

육

[4]六 604
六 611
[6]肉 826
陆 605
陆 611
[8]育 1219
[9]衄 713
胹 713
[11]唷 1193
[14]蓼 588
蓼 612
[15]戮 612
[22]鬻 1221

윤

[4]尹 1182
允 1233
[6]伦 618
抡 618
沦 618
纶 619
囵 619
闰 832
[8]轮 619
[9]胤 1185
润 832

율

[9]律 615
聿 616
[10]栗 576
率 616
率 910

[12]蓳 616

융

[5]戎 824
绒 824
[11]隆 605
隆 607
[16]癃 607
窿 607
融 825

은

[10]殷 1128
殷 1181
恩 236
[11]银 1181
隐 1184
[12]龈 1182
[13]摁 236
[14]愍 1181
[16]嚚 1185
癮 1185

을

[1]乙 1169
[1]钇 1169

음

[6]阴 1178
[7]吟 1181
饮 1184
饮 1185
[9]音 1180
荫 1186
[11]淫 1182
[12]愔 1181

¹⁰浙 1267	阰 481	腈 478	堤 195	赵 1263	糙 93	¹⁴棕 1332	¹⁵踪 1330	
¹⁴截 463	廷 974	晶 480	蛴 759	祖 1336	¹⁷糟 1242	¹⁵踪 1330		
점	⁷呈 121	靓 483	啼 957	俎 1336	燥 1245	¹⁶踵 1300		
⁵占 1252	钉 208	靓 586	锑 957	挑 967	¹⁹藻 1244	¹⁷螽 1299		
占 1254	盯 208	赗 794	提 957	挑 969	²⁰躁 1245	¹⁸鬃 1330		
⁸沾 1252	钉 210	葶 975	¹³跻 410	¹⁰莜 1202	**족**	**좌**		
店 203	⁸侦 1268	婷 975	¹⁴霁 422	造 1244	⁷足 1334	⁵左 1339		
拈 701	顶 208	艇 975	¹⁵齑 412	笊 1263	¹¹族 1334	⁷佐 1340		
苫 847	怔 1272	¹³睛 478	题 959	租 1334	¹⁷簇 155	坐 1342		
⁹点 201	征 1272	靖 483	¹⁶蹄 957	凋 204	**존**	¹⁰座 1343		
玷 203	怔 1278	¹⁴精 478	¹⁷鳀 959	调 205	⁶存 157	挫 158		
垫 203	郑 1279	静 482	**조**	绦 951	¹²尊 1338	¹²锉 159		
¹¹粘 1252	定 210	霆 974	²刁 204	调 968	**졸**	¹⁷髽 1312		
掂 200	净 482	¹⁶整 1274	⁴爪 1261	¹¹粗 153	⁸拙 1320	**죄**		
惦 203	⁹帧 1268	**제**	爪 1312	措 158	卒 1334	¹³罪 1338		
渐 435	政 1278	⁶齐 758	⁵叼 204	眺 969	¹¹捽 1339	**주**		
渐 443	莛 974	⁷弟 199	鸟 704	枭 970	猝 154	⁵主 1306		
¹³鲇 703	庭 974	际 422	⁶早 1243	¹²朝 110	**종**	⁶州 1302		
¹⁵踮 201	烃 974	⁸制 1291	兆 1263	凿 1243	⁴从 151	舟 1302		
¹⁷黏 703	亭 974	剂 421	吊 205	朝 1260	⁷屦 926	纣 1304		
접	挺 975	除 137	⁷灶 1244	¹³照 1262	纵 1331	朱 1304		
¹¹接 457	¹⁰逞 122	帝 199	皂 1244	罩 1263	⁸肿 1299	丢 212		
¹⁵蝶 207	桢 1268	济 419	找 1261	稠 132	终 1299	⁷肘 1303		
¹⁶褶 1265	祯 1268	济 421	诏 1262	碉 204	宗 1329	住 1309		
정	梃 975	荠 421	助 1310	¹⁴遭 1242	怂 926	走 1332		
²丁 1272	梃 975	挤 419	抓 1311	肇 1263	⁹钟 1298	⁸周 1302		
丁 207	¹¹静 1274	¹⁰诸 1305	诅 1335	嘈 93	种 1300	咒 1304		
⁴订 209	菁 478	脐 759	阻 1335	¹⁵潮 110	种 1301	诛 1304		
井 480	旌 480	绨 961	条 967	嘲 111	¹¹综 1330	拄 1308		
⁵正 1272	情 793	¹¹祭 1252	⁸枣 1244	嘲 1261	淙 153	注 1309		
正 1275	停 974	眦 1329	组 1335	槽 93	¹²棕 1330	驻 1310		
叮 208	程 974	第 199	钓 205	鲦 968	腙 1330	⁹洲 1302		
⁶贞 1267	铤 975	祭 424	苕 704	¹⁶澡 1244		昼 1304		
	¹²程 121	梯 957	佻 967	噪 1245				
	锃 1248	¹²提 195	⁹蚤 1244	雕 205				
	鼎 209			操 92				

柱 1310
炷 1310
奏 1333
¹⁰株 1305
珠 1305
疰 1310
酒 486
¹¹蛀 1310
绸 132
做 1343
湊 153
¹²羿 1302
蛛 1305
铸 1311
揍 1334
厨 138
逎 798
¹³籌 131
¹⁴踌 132
嗾 928
¹⁶塵 1308
橱 138

죽
⁶竹 1305
¹²粥 1302
²²鬻 1221

준
⁴屯 996
⁷纯 146
⁹俊 503
¹⁰准 1320
隽 498
浚 504
骏 504

峻 504
隼 935
¹¹焌 800
¹²尊 1338
竣 504
¹⁵遵 1338
撙 1339
樽 1339
¹⁹蹲 228
駿 800
²⁰鳟 1339
²¹蠢 147

줄
¹¹崒 156

중
⁴中 1294
中 1300
⁶仲 1300
众 1301
⁹重 129
重 1301

즉
⁶则 1245
⁷即 415
¹⁰唧 412
¹⁴喞 1246
¹⁵鲫 424

즐
⁹枻 1293

즘
⁹怎 1246

즙
⁵汁 1283
¹²缉 757
¹⁵戢 418

증
⁷证 1278
⁹拯 1275
症 1279
¹²曾 1247
曾 96
¹³蒸 1274
¹⁵增 1247
嚕 96
憎 1247
缯 1248
¹⁶甑 1248
甑 1248
赠 1248
¹⁷瞪 194

지
³之 1280
⁴支 1281
止 1287
氏 885
⁵只 1287
⁶池 124
芝 1281
旨 1288
至 1290
地 190
地 197
⁷迟 125
吱 1282

址 1287
抵 1290
纸 1290
识 1291
志 1291
吱 1323
识 879
⁸枝 1282
肢 1282
知 1283
持 125
咫 1288
枳 1288
指 1288
¹⁰脂 1283
挚 1293
砥 197
¹¹铘 1251
趾 1287
渍 1329
¹²痣 1291
智 1293
酯 1290
¹⁴蜘 1283
鮨 1175
¹⁵踯 126

직
织 1282
直 1284
¹¹职 1286
植 1283
¹⁵稷 424

진
⁴津 469

尘 113
阵 1270
尽 470
尽 471
⁷陈 115
辰 115
诊 1270
进 472
珍 1268
朕 1269
殄 966
⁸真 1269
疹 1270
振 1271
唇 147
晋 474
秦 786
⁹赈 1271
¹²趁 116
¹³嗔 113
甄 1270
缜 1270
¹⁴榛 1270
震 1271
镇 1272

질
⁵叱 126
⁸侄 1286
质 1293
迭 207
¹⁰袟 1293
疾 417
¹¹窒 1291
¹²蛭 1291
跌 207

蒺 417
嫉 417

짐
鸩 1271
¹⁰朕 1272
斟 1270

집
⁴什 878
执 1284
缉 412
集 417
戢 418
¹³辑 418

징
¹⁰症 1273
¹²惩 122
¹⁵澄 122
澄 194

차
³叉 96
叉 99
⁴车 111
⁵且 490
且 783
⁶此 149
次 150
⁷扯 112
权 99
岔 99
⁹差 100
差 101
呲 148

参 1250
差 96
¹⁰借 466
¹¹搓 158
嗟 459
蛇 1250
嗏 97
¹⁴遮 1264
磋 158

착
⁸咋 1250
¹⁰窄 1251
捉 1321
泜 1322
¹¹着 1261
着 1267
著 1311
着 1322
¹²齚 1243
¹³错 159
¹⁴斲 1322

찬
⁶余 155
⁷灿 91
¹⁰钻 1336
钻 1336
¹²窜 155
¹⁵撰 1316
撰 155
¹⁶赞 1241
篡 155
餐 89
¹⁹攒 1240
蹿 155

攒 155
20纂 1336
23趱 1241
躜 1336
攥 1336

찰

扎 1236
扎 1249
扎 1249
5札 1249
8刹 100
刹 841
9咱 1237
咱 1240
拶 1240
14察 99
17擦 85

참

6忏 103
8斩 1253
参 863
参 88
参 96
10站 1255
11谗 102
崭 1253
渐 435
堑 776
惭 90
惨 91
12搀 101
馋 102
15曕 1240
16鑱 1241

창

2厂 107
4仓 91
6创 143
创 144
7怅 108
呛 776
抢 776
抢 778
呛 779
沧 91
8昌 104
畅 108
胀 1259
枪 776
饧 777
炝 779
饧 779
9疮 143
10倡 108
涨 1257
涨 1259
舱 92
11娼 104
猖 104
唱 108
跄 779
惝 950
淌 950
12敞 108
窗 143
13锖 777
14彰 1257
趟 948
趟 950

17苍 91

채

豸 1291
采 87
采 88
10柴 101
债 1251
11砦 1252
彩 87
菜 88
13睬 88
14寨 1252
15踩 88
17攃 1252

책

5册 94
8责 1245
9栅 1250
11啧 1246
蚱 1250
12策 95

처

5处 138
处 139
8妻 756
10凄 756
11萋 757
15觑 803

척

4尺 126
5斥 126
只 1282

7呎 1188
8拓 1000
拓 939
10涤 195
脊 419
剔 957
倜 961
11掷 1293
戚 757
惕 961
12跖 1287
14蜴 1175
摭 1287
嘁 757
15踯 1287
鹡 418
瘠 418
踢 957
槭 767

천

3川 140
千 769
4天 961
5仟 770
扦 770
阡 770
钎 770
6芊 770
迁 770
7串 143
8浅 775
穿 140
贱 440
垫 440
荐 442

茜 776
泉 805
10倩 776
11阐 103
12喘 142
溅 441
践 441
16擅 848
13韂 772

철

5凸 987
7彻 112
10哲 1265
铁 971
11缀 1319
啜 148
掇 230
12辍 148
蜇 1264
15撤 113
16辙 1265
醑 805

첨

6尖 431
8沾 1252
10谄 103
11添 965
甜 966
掭 967
13詹 1252
签 770
14舔 966
16黏 965
襜 1133

18瞻 1252

첩

3妾 784
帖 970
帖 971
帖 972
9恬 965
贴 970
11谍 207
捷 461
萜 971
12喋 207
叠 207
睫 461
16褶 1265

청

厅 972
7听 972
青 787
10倩 776
请 794
11菁 478
清 788
12晴 794
氰 794
14蜻 790
16鲭 790

체

4切 783
7体 957
体 959
8屉 961
砌 767

剃 960
10递 199
剔 957
涕 961
11逮 173
逮 175
谛 199
12滞 1293
缔 200
替 961
17嚏 961

초

7肖 1075
肖 1082
抄 109
吵 109
吵 111
诏 1302
初 137
炒 111
招 1259
杪 662
超 968
岧 968
9钞 109
秒 662
诮 782
俏 782
草 93
10悄 779
悄 781
峭 782
哨 858
12硝 1077
超 109

字	쪽
[8]诧	100
刐	231
拖	998
坨	999
驼	999
柁	1000
垛	231
[10]毈	938
砣	1000
鼧	1000
[11]唾	1000
舵	231
堕	232
[12]跎	1000
楕	1000
惰	232
[13]躱	231
跺	232

탁

字	쪽
[6]托	997
饦	998
[8]拆	100
拓	1000
卓	1321
拆	85
拓	939
[9]浊	1321
度	221
[10]桌	1321
[11]庹	1000
涿	1321
啄	1322
[12]琢	1322
琢	1339

字	쪽
[16]橐	1000
[17]擢	1322
濯	1322
[18]镯	1322
戳	147

탄

字	쪽
[5]叹	946
[6]佘	997
[7]志	946
吞	996
[8]诞	179
坦	946
[9]惢	943
炭	946
[10]钽	946
[11]绽	1255
掸	178
弹	179
弹	945
[13]滩	943
摊	944
[14]碳	946
[15]瘫	944
羰	948
[17]睡	992

탈

字	쪽
夺	231
[11]脱	998

탐

字	쪽
[8]贪	943
[10]眈	177
[11]探	947

탑

字	쪽
[12]嗒	939
塔	939
溚	939
[13]遢	938
塌	938
溻	938
[14]漯	624
榻	939
[15]褟	939

탕

字	쪽
[6]汤	947
[9]荡	182
[10]烫	950
[11]铴	948

태

字	쪽
[3]大	167
大	173
[4]太	941
[5]台	939
台	940
[6]驮	231
驮	999
[7]兑	227
呔	941
汰	942
[8]苔	940
苔	941
态	942
[9]怠	174
胎	940
炱	941
钛	942

字	쪽
肽	942
[10]泰	942
[11]逮	175
[13]鲐	941
蜕	995

택

字	쪽
[6]宅	1251
[8]择	1245
泽	1245
择	1251

탱

字	쪽
[15]撑	117

토

字	쪽
[3]土	989
[5]讨	953
[6]吐	991
吐	991
[7]牡	991
兔	991
[11]菟	991
堍	991

통

字	쪽
[8]侗	981
洞	215
恫	976
统	982
[10]通	976
捅	982
通	982
[11]桶	982
[12]筒	981
痛	982

字	쪽
[13]樋	978
[14]熥	956

퇴

字	쪽
[7]妒	221
[9]退	995
[11]堆	224
推	993
[13]颓	994
腿	994
煺	996
[14]蓷	994
褪	996
褪	997

투

字	쪽
[7]投	985
套	953
透	986
[11]偷	983
[13]骰	986

특

字	쪽
忑	954
忒	956
忒	992
[10]特	954
铽	954

틈

字	쪽
[6]闯	144

파

字	쪽
巴	11
叵	749
[7]吧	12

字	쪽
芭	12
把	13
坝	14
把	14
吧	15
陂	748
[8]爸	14
波	65
怕	717
爬	717
杷	717
帕	718
坡	748
[9]疤	12
玻	66
趴	717
派	717
派	720
哌	720
[10]笆	12
粑	12
罢	14
耙	717
破	750
[11]菠	66
啪	717
颇	749
筢	749
婆	749
[12]跛	68
琶	717
鼗	717
蔴	720

字	쪽
[14]鄱	749
[15]播	66
[17]鄱	749
[19]簸	69
簸	69

판

字	쪽
[4]办	23
判	722
[8]版	23
板	23
贩	253
[19]瓣	25

팔

字	쪽
[2]八	11
叭	12
[10]捌	12

패

字	쪽
[4]贝	37
[7]狈	37
呗	40
沛	728
[8]败	20
佩	728
[10]悖	39
牌	719
[13]稗	21
[15]霈	728
[21]霸	15

팽

字	쪽
[10]砰	730
烹	730
[12]彭	730

15嘭 730	**폐**	埔 754	漂 740	**필**	8学 1117	14辖 1055
澎 730	4币 47	圃 754	嫖 740	4匹 736	疟 713	15瞎 1053
16膨 730	6闭 48	浦 754	漂 741	5必 47	疟 1146	
	吠 262	11脯 753	骠 741	6毕 48	9虐 713	**함**
편	8肺 262	12跑 725	嘌 741	8泌 655	11谑 1120	7邯 339
4片 737	废 263	跑 725	15飘 740	10笔 46	涸 355	含 339
片 739	陛 48	葡 753	16瞟 740		13貉 345	8函 340
9扁 52	10毙 49	铺 753	瓢 740	**핍**	貉 356	9咸 1063
便 54	敝 49	铺 755	17螵 740	4乏 245	15鹤 356	10陷 1067
扁 737	14弊 49	13鲍 34	鳔 58	12幅 279	17壑 356	舰 440
11偏 737		蒲 753		逼 44	19嚯 407	11衔 1063
谝 739	**포**	蒲 754	**품**			馅 1067
12编 51	5包 27	15褒 29	9品 743	**하**	**한**	涵 340
遍 55	布 82	暴 34	13稟 63	3下 1055	汉 341	12喊 341
骗 739	7刨 33	18瀑 755	椺 744	6吓 1059	汗 342	缄 435
13翩 738	刨 724			吓 356	8闲 1062	13颔 343
翩 738	抛 724	**폭**	**풍**	呀 1124	邯 339	滥 553
篇 738	8孢 29	12幅 279	风 269	呀 1127	罕 341	鹹 772
16蹁 738	饱 30	18瀑 755	丰 269	何 352	旱 342	14碱 437
18鞭 51	抱 34	19爆 35	冯 748	8河 354	限 1066	槛 443
	泡 724	曝 755	讽 273	虾 1053	狠 358	槛 513
폄	庖 724		枫 272	贺 356	恨 359	
贬 52	狍 725	**표**	9疯 272	10夏 1059	10娴 1063	**합**
	咆 725	8表 57		荷 355	捍 342	6合 350
평	泡 726	标 55	**피**	荷 356	悍 342	郃 354
5平 744	胞 29	10豹 34	皮 733	11唬 372	11焊 343	9柙 1054
7评 747	炮 29	镖 56	7披 732	12遐 1054	韩 340	哈 336
8怦 729	炮 725	11彪 58	陂 748	厦 1059	寒 340	哈 336
抨 729	炮 726	嫖 58	8彼 46	厦 843	16翰 343	哈 336
苹 747	匍 753	票 741	被 39	瑕 1054	撖 292	恰 355
坪 747	10逋 69	13裱 58	疲 734	暇 350	鼾 339	盍 355
9枰 747	哺 70	剽 739	铍 735	霞 1054		11鸽 300
11萍 747	捕 70	14摽 58	12跛 68	罅 1059	**할**	盒 355
13鲆 748	袍 725	缥 740	16避 49		12割 300	12蛤 301
硼 730	疱 726	漂 739	噼 733	**학**	13嗐 339	蛤 336
蘋 743		缥 740			搳 379	颌 356

袷 400
¹³閤 356
嗑 519
嗑 525
¹⁴榼 519

항
¹亢 516
⁵夯 343
⁶行 1099
行 343
行 344
行 359
亢 516
肛 294
吭 344
沆 344
抗 516
吭 526
⁸降 1071
杭 344
降 446
炕 516
肮 8
⁹項 1074
巷 1074
缸 294
巷 344
姮 359
恒 359
¹⁰衡 344
航 344
頏 344
¹²港 295
嫦 107

해
³楷 511
⁸該 286
咳 336
孩 337
骇 339
閡 355
咳 520
¹⁰奚 1048
賅 287
海 337
害 339
¹¹谐 1086
偕 1086
¹²颏 519
颏 520
¹³解 1088
嗨 336
嘻 339
解 463
解 467
¹⁵骸 337
¹⁶懈 1088
薤 1089
澥 1088
邂 1089
獬 1089
¹⁹蟹 1089

핵
⁸劾 354
¹⁰核 355
核 371

행

⁶行 1099
行 343
行 344
行 359
⁷杏 1102
⁸幸 1102
荇 1103
絎 344
¹¹悻 1103

향
³乡 1068
⁶向 1073
⁹享 1072
⁹香 1070
饷 1072
响 1072

허
⁶许 1110
¹⁰栩 1111
¹¹虚 1109
¹⁴嘘 1110
墟 1110
嘘 877

헌
⁷轩 1112
⁹宪 1067
¹³献 1067

혈
³孑 460
⁵穴 1117
⁶血 1087
血 1119
頁 1152
¹²揳 1084
¹⁴趌 1118
碟 207

¹⁰验 1137

혁
⁶吓 1059
吓 356
⁹奕 1174
弈 1174
革 300
¹²缂 525
¹⁴赫 356
¹⁵奭 892

현
⁴见 438
⁵玄 1114
⁷岘 1065
县 1066
⁸贤 1063
弦 1063
现 1065
⁹显 1064
绚 1116
炫 1116
¹⁰眩 1116
¹¹舷 1063
悬 1114

혐
¹³嫌 1054

협
⁵叶 1085
协 1085
夹 286
夹 426
夹 428
⁸侠 1054
胁 1085
峡 1054
狭 1054
挟 1086
荚 428
¹¹悏 784
¹²颊 428

형
⁵兄 1104
⁶邢 1098
刑 1098
⁷形 1098
亨 359
⁸迥 484
⁹型 1099
荧 1188
荆 478
炯 484
¹⁰莹 1188
哼 359
哼 361
¹¹萤 1188
¹⁴濙 1189
¹⁶衡 361

¹⁷擤 1101

혜
⁴兮 1044
¹¹彗 397
¹²惠 398
鞋 1086
慧 397
蕙 398
¹⁷蹊 1048
蹊 758
¹⁸蟪 398
²³蠵 1048

호
⁴互 372
户 374
⁵号 345
号 348
乎 368
⁶许 1110
好 346
好 349
⁷护 373
沪 374
⁸呼 368
狐 370
弧 370
虎 372
戽 374
怙 374
⁹浒 1111
胡 370
浒 372
¹⁰蚝 345
浩 349

壶 371
¹¹唬 1059
毫 345
豪 345
瓠 374
扈 374
匏 725
¹²扈 261
皓 350
湖 371
葫 371
猢 371
餬 371
琥 372
¹³蒿 344
嗥 345
煳 371
¹⁵镐 298
镐 350
糊 369
糊 371
衚 371
蝴 371
糊 374
¹⁶薅 345
¹⁷壕 346
嚎 346
濠 346

혹
⁸或 405
¹²惑 406
¹⁴酷 534

혼
⁸昏 398

A

ā

☆【阿】 阝部 | 5画 | 아첨할 **아**

接頭 1항렬(行列)이나 아명(兒名), 혹은 성(姓)이나 이름의 끝자 앞에 붙여 호칭어로 쓰임. ◇~李/이씨. ◇~成/아성. 〔여기서 ‘成’은 이름의 끝자〕 2친족 관계의 칭호 앞에 쓰임. ◇~爸/아빠. ◇~哥/형. ⇒ē

【阿爸—파】 ābà 몡〈方〉아빠. 아버지. (同)〔爸爸〕

【阿斗—두】 Ā Dǒu 몡 1〈人〉삼국 시대 촉(蜀)의 후주(後主) 유선(劉禪)의 아명(兒名). 2〈喩〉무능한 사람.

【阿尔法射线—이법사선】 ā'ěrfǎ shèxiàn 몡〈物〉알파선.

【阿二—이】 ā'èr 몡둘째(아들).

【阿飞—비】 āfēi 몡〈俗〉불량청소년. 건달.

【阿訇—굉】 āhōng 몡〈宗〉이슬람교의 승려. 포교자.

【阿拉伯—랍백】 Ālābó 몡〈地〉아라비아.

【阿拉伯数字—랍백수자】 Ālābó shùzì 몡〈數〉아라비아 숫자.

【阿门—문】 āmén 감〈宗〉아멘(amen).

【阿木林—목림】 āmùlín 몡〈方〉바보.

【阿片—편】 āpiàn 몡〈藥〉아편.

【阿Q】 Ā Qiū(又讀 Ā Kiū) 몡〈人〉아큐. 〔노신(魯迅)의 소설 ‘阿Q正傳’의 주인공〕

【阿Q正传—정전】 Ā Qiū Zhèngzhuàn 몡〈書〉아큐정전. 〔1921년, 노신(魯迅)의 소설〕

【阿嚏—체】 ātì 의엣취.〔재채기하는 소리〕 ◇~地打噴嚏 tì·pen/엣취하고 재채기하다.

☆【阿姨—이】 āyí 몡 1〈方〉이모. (同)〔姨母 mǔ〕 2아주머니.

【啊（呵）】 口部 | 7画 | 어조사 **아**

감놀람이나 감탄을 나타냄. ⇒hē, kē

【腌（醃）】 月部 | 8画 | 절일 **엄**

⇒yān

【腌臜—장】 ā·zā 형〈方〉1더럽다. 불결하다. 2(마음이) 언짢다. 찜찜하다.

á

★【啊（呵）】 口部 | 7画 | 어조사 **아**

감캐묻거나 추궁 또는 되물음을 나타냄. ◇~? 你说什么?/네, 뭐라구요? ⇒hē, kē

ǎ

★【啊（呵）】 口部 | 7画 | 어조사 **아**

감허어. 저런. 아니.〔놀라며 의아해함을 나타냄〕 ◇~, 这是怎么回事啊?/아니, 이게 어쩐 일입니까? ◇~, 会有这种事?/저런, 그런 일이 있을 수 있단 말이오? ⇒hē, kē

à

★【啊（呵）】 口部 | 7画 | 어조사 **아**

감 1(짧게 발음하여) 승낙의 뜻을 나타냄. ◇~, 好吧/그래, 좋아. 2(길게 발음하여) 깨달음을 나타냄. ◇~, 原来是你打的电话呀/아, 알고보니 네가 건 전화로구나! 3(길게 발음하여) 놀람이나 감탄의 느낌을 나타냄.〔주로 낭송에 쓰임〕 ◇~, 伟 wěi 大的祖国!/아! 위대한 조국! ⇒hē, kē

·a

★【啊（阿,呵）】 口部 | 7画 | 어조사 **아**

조 1문장의 끝에 쓰여 감탄·찬탄 말투를 나타냄. ◇这次参观收获不少~!/이번 견습은 수확이 적지 않다! 2문장 끝에 쓰여 긍정, 변명, 재촉, 당부 따위의 말투를 나타냄. ◇我也没说你全错了~/난 당신이 전부 틀렸다고는 말하지 않았어요! ◇我没有去是因为我病了~/내가 가지 못한 것은 내가 아팠기 때문이에요! ◇你可要小心~!/너 정말 조심해야 한다! 3문장 끝에 쓰여 의문의 말투를 나타냄. ◇是谁~?/누구세요? ◇你说的是真的~?/네가 한 말이 사실이야? 4대개 주어 뒤에 쓰여 상대방이 유념하라고 주의를 환기시킴. ◇你~, 老这样下去可不行!/너 말이야, 계속 이런식으로 하면 안돼! 5몇 개의 사항을 열거하는 데에 쓰임. ◇茄子~、黄瓜~、洋白菜~、蕃茄~, 各种蔬 shū 菜摆满了货架/가지, 오이, 양배추, 토마토 등의 각종 야채가 진열대에 꽉 찼

A

다. 주의 '啊'는 문의 끝이나 중간에 쓰여 앞 글자의 운모(韻母)나 운미(韻尾)의 영향을 받아 음이 변하며, 다른 글자를 사용해도 됨. ⇒ā, e, hē, kē

āi

☆【哎(嗳)】口部 āi 5画 애통할 애
(괌)1아이. 어.〔놀라거나 불만을 나타냄〕◇~! 真是想不到的事/아이! 정말 생각도 못했던 일이다. ◇~! 你怎么来啦?/어! 너 왜 왔어? ◇~, 你又来晚了, 这已经是第三次了/아이, 너 또 늦게 왔구나, 이번이 벌써 세번째야. 2참! 야! 이봐!〔상대방을 불러서 주의를 일깨워줌을 나타냄〕◇~, 别说话了, 注意听!/야, 말하지 말고 주의해서 들어! ◇~, 请让一下!/이봐요, 좀 양보하세요. ◇李老师! 李老师! ~~! 我在这儿呢!/이 선생님! 이 선생님! 이봐요! 나 여기 있어요! ⇒嗳 ǎi

☆【哎呀一하】āiyā (괌)야! 아이쿠!
1놀람을 나타냄. ◇~, 这条鱼多大呀!/야! 이 물고기 참 크구나! 2원망이나 귀찮다는 것을 나타냄. ◇~, 你又迟到了/야, 너 또 지각했어. (同)〔唉 āi 呀〕〔哎唷 yō〕

＊＊【哎哟一약】āiyō (괌)아이야! 어머나! 아이고!〔놀람·고통·애석 등을 나타냄, 여성이 많이 사용함〕◇~, 一年不见就长这么高啦/어머나, 1년 사이에 이렇게 컸구나.
【哎唷一육】āiyō (同)〔哎呀 yā〕

【哀】亠部 口部 āi 7画 6画 슬플 애
1(형)슬프다. 애달프다. 2(동)애도하다. 3(동)가엾게 여기다.
【哀愁一수】āichóu (형)슬픔과 근심.
【哀辞一사】āicí (명)〈文〉조사(弔辭). (同)〔哀词 cí〕
＊【哀悼一도】āidào (동)(고인을) 애도하다.
【哀的美敦书一적미돈서】āidìměidūnshū (명)최후 통첩.〔'哀的美敦'은 'ultimatum'의 음역어〕(同)〔最后通牒 zuìhòu tōngdié〕
【哀号一호】āiháo (동)슬피 통곡하다. (同)〔哀嚎 háo〕
【哀嚎一호】āiháo (동)1슬피 울부짖다. 2 (同)〔哀号 háo〕
【哀鸿遍野一홍편야】āi hóng biàn yě〈成〉도처에 집없고 불쌍한 이재민이 가득하다.
【哀怜一련】āilián (동)가엾게 여기다. 동정하다.
【哀鸣一명】āimíng (동)슬피 울다.
【哀启一계】āiqǐ (명)부고(訃告) 뒤에 붙이는 글로, 유족이 죽은 사람의 경력이나 임종 때의 정황 등을 적은 것.
＊【哀泣一읍】āiqì (동)슬피 흐느끼다. 슬피

울다.
【哀求一구】āiqiú (동)애원하다. 사정하다. ◇~饶命/목숨을 살려달라고 애원하다.
【哀伤一상】āishāng (동)애통해 하다. (同)〔哀戚 qī〕, (反)〔高兴 gāoxìng〕
【哀思一사】āisī (명)슬픈 기분. 애도의 뜻.
【哀叹一탄】āitàn (동)슬프게 탄식하다.
【哀痛一통】āitòng (동)애통해 하다. 비통해 하다. (同)〔哀伤 shāng〕
【哀怨一원】āiyuàn (명)억울한 원한.
【哀乐一악】āiyuè (명)(장송곡·추도곡 따위의) 애조를 띤 음악.
【哀子一자】āizǐ (명)애자. 어머니를 여읜 아들의 자칭. (同)〔孤 gū 哀子〕

☆【挨】扌部 āi 7画 밀 애
(동)1순서를 따르다. 차례대로 하다. ◇别挤了! 一个~一个进去/밀지 말고, 한 명씩 차례로 들어가세요. 2붙어 있다. ◇他家~着工厂/그의 집은 공장과 근접해 있다.
【挨边一변】āi//biān (동)1가장자리에 가까이 있다. 2근접하다. 3사실에 가깝다. ◇你说的一点也不~儿!/네가 말한 것이 사실과 너무 동떨어져 있다.
【挨次一차】āicì (부)순서대로. 차례로.
【挨个儿一개아】āi//gèr (부)〈口〉차례차례로.
【挨户一호】āihù (同)〔挨门 mén〕
【挨家一가】āijiā (~儿)(同)〔挨门 mén〕
【挨近一근】āi//jìn (동)다가가다. 접근하다. (同)〔靠 kào 近〕, (反)〔远离 yuǎnlí〕
【挨门一문】āimén (~儿)집집마다. ◇~打听/집집마다 수소문하다.

＊＊【唉】口部 āi 7画 탄식할 애
1(괌)예. 네.〔대답하는 소리〕◇~, 我知道了/예, 알겠습니다. 2(괌)탄식 소리. ◇他双手抱着头, ~~地直叹气/그는 양손으로 머리를 감싸고 계속 아이구! 아이구! 하며 탄식했다. ⇒ài
【唉声叹气一성탄기】āi shēng tàn qì〈成〉(슬픔·고통·번민 때문에) 탄식하다.

ái

＊＊【挨】扌部 ái 7画 밀 애
(동)1…을 당하다. ◇~了一记耳光/따귀를 한 대 맞았다. 2(세월을) 고생스럽게 보내다. ◇咱们总 zǒng 算~过来了/우리는 드디어 견디어냈어요. 3늦추다. ◇快走吧! 别~时间了/빨리가요! 시간 끌지 말고요.
비교挨:受到 어떤 목적어로 긍정적인 뜻을 나타내면 "挨"를 쓰지 않는다. ◇班上不少人都(×挨)受到了表扬/반에서 많은 사람들이 모두 칭찬을 받았다.
【挨打－타】ái∥dǎ 통두들겨 맞다. 구타 당하다.
【挨饿－아】ái∥è 통굶주리다.
【挨骂－마】ái∥mà 야단맞다. 꾸중을 듣다.

【皑·皚】 白部 ái
6画 눈서리흴 애
형〈文〉새하얗다.
【皑皑－애】ái'ái 형(서리나 눈이) 새하얗다. ◇～白雪/희디흰 백설.

＊＊【癌】 疒部 ái (舊讀 yán)
12画 암 암
명〈醫〉암. ◇肝 gān～/간암. ◇肺 fèi～/폐암. (同)〔癌瘤 liú〕
【癌症－증】áizhèng 명〈醫〉암. (同)〔癌〕

ǎi

【嗳·噯】 口部 ǎi
10画 기운 애
갑에이. 아니. 〔동의하지 않거나 부정함을 나타냄〕 ◇～, 没有这回事, 你别信他/에이, 그런 일 없으니 그의 말을 믿지 마세요. ⇒ài '哎'

★【矮】 矢部 ǎi
8画 난장이 왜
형1키가 작다. ◇我个子～/난 키가 작다. 2낮다. ◇～墙/낮은 담벼락. 3(학급이나 지위가) 낮다. ◇他在学校里比我～一级/그는 학교에서 나보다 한 학급이 낮다. 비교矮:低 정도나 수준만을 나타낼 때는 "低"를 쓴다. ◇汉语水平他比我(×矮)低多了/그는 나보다 중국어 수준이 훨씬 낮다.
【矮个－개】ǎigè 명키가 작은 사람.
【矮墩墩－돈돈】ǎidūndūn (～的)형땅딸막하다.
【矮小－소】ǎixiǎo 형왜소하다. 땅딸하다. (反)〔高大 gāodà〕
【矮子－자】ǎi·zi 명키가 작은 사람. 난장이. (同)〔侏儒 zhūrú〕, (反)〔巨人 jùrén〕

ài

【艾】 艹部 ài
2画 쑥 애
1명〈植〉쑥. (同)〔艾蒿 hāo〕2명〈文〉이든 사람. 노인. 3명〈文〉정지하다. 그치다. ◇方兴未～/크게 번창하여 그칠 줄 모르다. 4형아름답다. 예쁘다. ◇少～/젊고 예쁜 여자. 5(Ài)명성(姓).
【艾窝窝－와와】àiwō·wo 명찹쌀을 쪄서 속에 팥소나 설탕을 넣은 경단. (同)〔爱 ài 窝窝〕
＊【艾滋病－자병】àizībìng 명〈醫〉후천성면역

결핍증. 에이즈(AIDS). (同)〔获得性免疫缺陷症 huòdéxìng miǎnyì quēxiànzhèng〕

【唉】 口部 ài
7画 탄식할 애
갑에이. 아이 참. 〔슬프거나 애석함을 나타냄〕 ◇～, 我真不到这里来/에이, 난 정말 여기에 와서는 안돼. ⇒āi

★【爱·愛】 爫部 ài
6画 사랑 애
1통사랑하다. ◇他～上她了/그는 그녀를 사랑하게 되었다. 2통…하기를 좋아하다. ◇只～听恭维话, 不～听批评话/아첨하는 말만 좋아하고, 비판하는 말은 들으려 하지 않는다. 3통아끼다. 소중히 여기다. ◇～厂如家/공장을 자기 집처럼 아끼다. 4조통곧잘〔걸핏하면〕…하다. 자칫 …하기 쉽다. ◇她老～发脾 pí 气/그녀는 늘 걸핏하면 화를 낸다.
【爱…不…－불…】ài…bù… 〈口〉…이든 말든, …이든 …이지 않든. 1…이든 …가 아니든. 어떤 사람 또는 일과 상관이 없어 상대에게 불만을 나타냄. 〔…는 동사, 형용사 다 가능하다〕 ◇姐姐, 我这衣服太脏 zāng 了－爱脏不脏, 别烦我/언니, 내 이 옷이 너무 더러워.－더럽든 말든 날 귀찮게 하지마. 2남이 …이든 …이지 않든 신경쓰지 않는 듯하나 실제로는 다른 사람이 …인 것을 찬성하지 않음을 나타냄. 〔…는 주로 동사이다〕 ◇我今天晚上要去看电影, 你爱信不信!/난 오늘 영화보러 갈거야. 네가 믿든 말든! (同)〔要是 yàoshi 爱…就 jiù…要是不爱…就别 bié…〕
【爱不释手－불석수】ài bù shì shǒu 〈成〉매우 좋아하여 잠시도 손에서 떼지 않다. (同)〔不屑一顾 bù xiè yī gù〕
【爱称－칭】àichēng 명애칭(하다).
【爱答不理－답불리】ài dā bù lǐ (～的)〈成〉아랑곳하지 않다. (同)〔爱理不理〕
＊【爱戴－대】àidài 통받들어 모시다. 우러러 섬기다. ◇～自己的领袖/자신의 지도자를 받들어 모시다.
【爱抚－무】àifǔ 통애무하다.
【爱国－국】ài∥guó 통애국하다.
【爱国主义－국주의】àiguó zhǔyì 명애국주의.
【爱好－호】ài∥hǎo 〈方〉(～儿)명멋을 내다.
☆【爱好－호】àihào 1통흥미를 느끼다. ◇京剧/경극에 흥미를 느끼다. (同)〔喜 xǐ 爱〕, (反)〔讨厌 tǎo/厌 yàn〕2명취미. 기호. ◇他的～是钓鱼/그의 취미는 낚시이다. (同)〔喜 xǐ 好〕비교爱好:喜欢 "爱好"는 절 목적어를 가질 수 없지만 "喜欢"은 가질 수 있다. ◇他(×爱好)喜欢她

A

老实/그는 그녀가 성실한 것을 좋아한다.

☆【爱护－호】àihù 동아끼고 보살피다. ◇～祖国的一草一木/조국의 풀 한 포기, 나무 한 그루도 아끼고 보호하다. (反)〔摧残 cuīcán〕

【爱怜－련】àilián 동몹시 귀여워하다.

【爱恋－련】àiliàn 명동사랑(하다). 연모(하다).

【爱美的－미적】àiměi·de 명아마추어.

＊【爱面子－면자】ài miàn·zi 체면을 중히 여기다. 체면차리다. (反)〔不要脸 bù yào liǎn〕

【爱莫能助－막능조】ài mò néng zhù 〈成〉도와 주고 싶으나 힘이 모자라다.

【爱慕－모】àimù 동사모하다. (同)〔倾 qīng 慕〕, (反)〔讨厌 tǎoyàn〕

☆【爱情－정】àiqíng 명애정. ◇他们之间已经有了很深的～/그들 사이엔 이미 매우 깊이 사랑하고 있었다.

★【爱人－인】ài·ren 명1남편 또는 아내. 2애인.

【爱上－상】ài·shang 동사랑하게 되다. 좋아하게 되다. 반하다. ◇小伙子并不是～这姑娘漂亮的容貌，而是～了她那美好的心灵/청년은 결코 그 처녀의 아름다운 용모에 반한 것이 아니고, 그녀의 그 아름다운 마음을 좋아하게 된 것이다. ◇他最近～了打网球/그는 최근 테니스를 치는 것을 좋아하게 되었다.

【爱屋及乌－옥급오】ài wū jí wū 〈成〉사람을 사랑하면 그 집 지붕의 까마귀까지 좋아한다. 아내가 귀여우면 처가집 말뚝 보고도 절한다.

＊【爱惜－석】àixī 동아끼다. 소중하게 여기다. ◇不知道～东西/물건을 아낄 줄 모른다. (同)〔珍 zhēn 惜〕, (反)〔浪费 làngfèi〕

【爱滋病－자병】àizībìng 명〈醫〉에이즈(AIDS). (同)〔艾 ài 滋病〕

【碍·礙】 石部 | ài
8画 | 맷돌 애

동방해하다. 장애가 되다. ◇在这儿呆着吧，你～不着 zháo 我/여기서 기다려요. 당신은 방해가 되지 않아요. ◇阻～/방해하다. ◇障～/장애.

【碍口－구】ài//kǒu 형말하기 거북하다.

【碍面子－면자】ài miàn·zi …의 체면을 상하게 할까봐.

【碍…什么事－…십마사】ài…shén·me shì 〈口〉…와 무슨 상관이냐. …에게 무슨 방해가 되느냐. ◇我交什么朋友，碍你什么事?/내가 어떤 친구를 사귀든 너와 무슨 상관이냐? (同)〔碍…的事吗 ài…de shì·ma〕

＊【碍事－사】ài//shì 1동거치적거리다. 지장을 주다. ◇这桌子放在门口太～了/이 책상을 문간에 놓아 두니 거치적거린다. 2

(àishì) 형심각하다. 〔주로 부정문에 쓰임〕 ◇擦 cā 破点儿皮, 不～/살갗이 좀 벗겨졌을 뿐 괜찮다.

【碍手碍脚－수애각】ài shǒu ài jiǎo 〈成〉주로 남이 일하는데) 방해가 되다. ◇咱们走吧，别在这儿～的/여기에서 방해하지 말고 우리 갑시다.

【碍眼－안】ài//yǎn 1형눈에 거슬리다. (同)〔刺 cì 眼〕, (反)〔顺 shùn 眼〕 2동(사람이 옆에 있어서) 불편하다.

安 4　氨 6　鹌 6　鞍 6　俺 6　岸 6　按 6
案 7　暗 7　黯 8

ān

＊＊【安】 宀部 | ān
3画 | 편안할 안

1형안정하다. ◇坐不～, 立不稳 wěn/앉으나 서나 안절부절 못하다. 2동(마음을) 안정시키다. 진정시키다. ◇～心/마음 편안히 하다. 3동(생활·일 따위를) 만족하다. ◇～于现状/현상에 만족하다. 4형안전. (反)〔危 wēi〕 ◇治～/치안. 5동알맞은 위치에 자리잡게 하다. 6동설치하다. 장치하다. ◇～电话/전화를 놓다. 7동붙이다. ◇给他～了个什么罪名?/그에게 어떤 죄명을 붙였는가? 8동(좋지 않은 생각을) 품다. ◇你～的什么心?/너는 어떤 속셈을 품고 있는 거니? 9대〈文〉어디. 어느 곳. ◇沛公～在?/패공은 어디에 있는가? (同)〔哪里 nǎ·li〕 10부어떻게. 어찌. 〔반문(反問)을 나타내며 "怎么", "哪里"의 뜻임〕 ◇燕雀～知鸿鹄之志哉?/제비와 참새가 백조의 포부를 어찌 알리오? 11(同)〈略〉〔安培 pēi〕 12(Ān)명성(姓).

【安安稳稳－안온온】ān·an wěnwěn 형부매우 평온하다. 매우 편안하게.

【安步当车－보당차】ān bù dàng chē 〈成〉차를 타지 않고 느긋하게 걸어가다.

【安插－삽】ānchā 동(직위나 고사(故事)·문장의 구절 등을) 적절히 배치하다. 배속하다.

＊＊【安定－정】āndìng 1형(생활이나 형세 따위가) 안정되다. ◇时局～/시국이 안정되다. (同)〔安宁 níng〕, (反)〔烦乱 fánluàn〕 2동진정시키다. ◇考试前我的心情怎么也～不下来/시험을 앞두면 나의 마음을 어떻게 해도 진정시킬 수 없다.(同)〔平 píng 定〕, (反)〔扰乱 rǎoluàn〕

【安顿－둔】āndùn 1동(사람 또는 일을) 적절하게 배치하다. 안착시키다. 2형편안

하다. 평온하다.

【安放－방】ānfàng 통(일정한 장소에) 두다. 놓다.

【安分－분】ānfèn 통본분을 지키다. 제분수에 만족하다. (同)〔本 běn 分〕, (反)〔非 fēi 分〕

【安分守己－분수기】ān fèn shǒu jǐ 〈成〉분수에 만족하고 본분을 지키다. (同)〔循規蹈矩 xún guī dǎo jǔ〕, (反)〔惹事生非 rě shì shēng fēi〕

【安抚－무】ānfǔ 통〈文〉적절히 배치하고 위문하다.

【安好－호】ānhǎo 형평안하다. (同)〔平 píng 安〕, (反)〔危险 wēixiǎn〕

【安徽－휘】Ānhuī 명〈地〉안휘성(省).

【安家－가】ān//jiā 통1정착하다. 자리를 잡다. (同)〔定居 dìng//jū〕, (反)〔漂泊 piāobó〕2가정을 이루다. 결혼하다. (同)〔成 chéng 家〕

【安家落户－가락호】ān jiā luò hù 〈成〉(타향에 가정을 꾸며) 정착하다[영주하다].

★【安静－정】ānjìng 형1조용하다. 고요하다. ◇这个地方很～/이곳은 참 조용하다. (同)〔宁 níng 静〕, (反)〔吵闹 chǎonào〕2평온하다. 편안하다. ◇孩子们都已经～地入睡了/아이들은 이미 평온하게 잠이 들었다. (同)〔平 píng 静〕, (反)〔动荡 dòngdàng〕

【安居乐业－거락업】ān jū lè yè 〈成〉평안히 살면서 즐겁게 일하다. (同)〔国泰民安 guó tài mín ān〕, (反)〔动荡不安 dòngdàng bù ān〕

【安康－강】ānkāng 명평안과 건강. (同)〔安泰 tài〕, (反)〔危重 wēizhòng〕

【安乐－락】ānlè 형안락하다. 〔안정되고 즐겁다〕(同)〔康 kāng 乐〕, (反)〔困苦 kùnkǔ〕

【安乐死－락사】ānlèsǐ 명〈醫〉안락사.

【安乐窝－락와】ānlèwō 명유토피아. 이상향. (同)〔安乐乡 xiāng〕

【安眠－면】ānmián 통편안하게 잠들다.

【安眠药－면약】ānmiányào 명〈藥〉수면제.

【安民告示－민고시】ānmín gàoshì 명1옛날, 민심(民心)을 안정시키기 위한 포고. 2(예정된 의제나 명령 따위의) 사전 통지.

＊【安宁－녕】ānníng 형1평온하다. ◇两口子成天吵架, 闹 nào 得左邻右舍不得～/부부가 하루종일 싸움을 하여 이웃 모두를 편하지 못하게 했다. (同)〔安定 dìng〕, (反)〔混乱 hùnluàn〕2(마음이) 안정되다. 편안하다. ◇心里很不～/마음이 편안하지 않다.

★【安排－배】ānpái 통배치하다. 배정하다. ◇给新来的人员～工作/새로운 인원의 업무를 배정해 준다.

【安培－배】ānpéi 명〈物〉암페어(ampere).

〔줄여서 '安'이라고도 일컬음〕

☆【安全－전】ānquán 형안전하다. ◇转移 zhuǎnyí 到一个比较～的地方/비교적 안전한 곳으로 옮겼다. (同)〔平 píng 安〕, (反)〔危险 wēixiǎn〕비교安全:平安 노정의 순탄함을 나타낼 때는 "安全"을 쓰지 않고 "平安"을 쓴다. ◇祝你一路(×安全)平安/편안히 가십시오.

【安全带－전대】ānquándài 명(비행기나 자동차의) 안전벨트.

【安全岛－전도】ānquándǎo 명〈文〉(도로 위의) 안전섬. 안전 지대.

【安全阀－전벌】ānquánfá 명세이프티 밸브(safety valve).

【安全理事会－전이사회】Ānquán Lǐshìhuì 명〈政〉U.N.의 안전보장 이사회. 줄여서 '安理会'라고도 일컬음.

【安全帽－전모】ānquánmào 명안전모.

【安全门－전문】ānquánmén 명비상구. (同)〔太平 tàipíng 门〕

【安然－연】ānrán 형1무사하다. (同)〔安定 dìng〕, (反)〔不 bù 安〕2태연하다. 마음 놓다.

【安设－설】ānshè 통설치하다. 장치하다.

【安身－신】ān//shēn 통거처하다. 몸을 의탁하다. 〔어려운 처지에 많이 쓰임〕

【安生－생】ānshēng 형1생활이 안정되다. ◇过～日子/안정된 생활을 하다. 2얌전하다. 〔주로 어린아이에게 쓰임〕◇这孩子一会儿也不～/이 아이는 잠시도 가만있지 않는다. (同)〔安分 fèn〕

【安适－적】ānshì 형안락하다. (同)〔舒 shū 适〕, (反)〔辛苦 xīnkǔ〕

【安土重迁－토중천】ān tǔ zhòng qiān 〈成〉오랫동안 살아온 곳은 떠나기 어렵다. 살다 보면 정이 든다.

☆【安慰－위】ānwèi 1명위로. 위안. ◇我听了这些话心里得到点儿～/나는 이런 말을 들으니 마음의 위로가 되었다. (同)〔宽 kuān 慰〕, (反)〔烦心 fánxīn〕2통위로하다. ◇他没考上大学, 你多～～他/그가 대학시험에서 떨어졌으니 당신이 위로를 좀 해주세요. (同)〔劝 quàn 慰〕, (反)〔伤害 shānghài〕

＊【安稳－온】ānwěn 형1안정되어 있다. 평온하다. ◇这个船大, 即使刮点风, 也很～/이 배는 커서 바람이 좀 분다 해도 안전하다. (同)〔平 píng 稳〕, (反)〔摇摆 yáobǎi〕2(方)(행동거지가) 차분하다. 침착하다. (同)〔安定 dìng〕, (反)〔烦乱 fánluàn〕

【安息－식】ānxī 통1편히 쉬다. 2편히 잠들다. 〔죽은 사람을 애도하는 말〕

【安闲－한】ānxián 형편안하고 한가롭다.

A

(同)〔清 qīng 闲〕, (反)〔繁忙 fánmáng〕
*【安详—상】ānxiáng 廖침착하다. (말이나 행동이) 점잖다. ◇在那危急的时刻, 他还保持着/그렇게 위급한 상황에서도, 그는 침착함을 유지하고 있다. (同)〔从容 cóngróng〕, (反)〔慌乱 huāngluàn〕
【安歇—헐】ānxiē 통1잠자리에 들다. (同)〔睡觉 shuì// jiào〕, 〔起身 qǐ// shēn〕2쉬다. 휴식하다. (同)〔歇息 xī〕
☆【安心—심】ān// xīn 통나쁜 마음을 먹다. 꿍꿍이 셈을 하다. ◇安的什么心?/무슨 속셈이냐?
【安心—심】ānxīn 통안심하다. 마음놓다. (同)〔安定 dìng〕, (反)〔不 bù 安〕
【安逸—일】ānyì 廖안일하다. 편안하고 한가롭다. (同)〔安适 shì〕, (反)〔辛苦 xīnkǔ〕
【安营扎寨—영찰채】ān yíng zhā zhài 〈成〉1군대가 막사를 치고 주둔하다. 2〈翰〉임시 숙박소를 세우다.
【安于—우】ānyú 〈文〉…에 만족하다.
【安葬—장】ānzàng 통안장하다.
【安之如素—지여소】ān zhī rú sù 〈成〉(불리한 상황 속에서도) 평상시처럼 태연하게 대하다.
【安之若素—지약소】ān zhī ruò sù (同)〔安之如 rú 素〕
*【安置—치】ānzhì 통(사람이나 사물을) 적당한 위치에 놓다. ◇~行李/짐을 제자리에 놓다.
**【安装—장】ānzhuāng 통설치하다. 장치하다. ◇~电话/전화를 가설하다. (同)〔安上 shàng〕, (反)〔拆卸 chāixiè〕

【氨】 气部 / 6画 ān
廖〈化〉암모니아 안
廖〈化〉암모니아(ammonia). ◇合成~/합성 암모니아.
【氨基酸—기산】ānjīsuān 廖〈化〉아미노산.

【鹌·鵪】 鸟部 / 8画 ān
메추리 암
【鹌鹑—순】ān·chún 廖〈鳥〉메추라기.

【鞍】 革部 / 6画 ān
안장 안
廖안장. ◇马~/말 안장.
【鞍马—마】ānmǎ 廖1〈體〉안마. 2안장과 말. 〈轉〉말을 타거나 전쟁하는 생활.
【鞍马劳顿—마로돈】ān mǎ láodùn 여행이나 전쟁에 지치다.
【鞍前马后—전마후】ān qián mǎ hòu 〈成〉시중들다.
【鞍子—자】ān·zi 廖안장.

ǎn

【俺】 亻部 / 8画 ǎn
나 엄
代〈方〉1우리. 〔듣는 사람은 포함되지 않음〕◇你先去, 几个随后就到/너 먼저 가렴. 우리 몇명은 곧 쫓아 갈테니. 2나. ◇~爹 diē/나의 아버지.

àn

☆【岸】 山部 / 5画 àn
언덕 안
1廖언덕. (강)기슭. ◇江~/강기슭. ◇上~/상륙하다. 2廖〈文〉높고 크다. 위엄이 있다. 3廖거만하다. 오만하다. ◇傲~/오만 불손하다.
【岸标—표】ànbiāo 廖〈交〉(해안에 설치된) 항로 표지(航路標識).
【岸然—연】ànrán 廖〈文〉엄숙한 모양. ◇道貌~〈成〉도덕군자인 양 점잔을 빼다.

☆【按】 扌部 / 6画 àn
누를 안
1통(손이나 손가락으로) 누르다. ◇~电钮/버튼을 누르다. 2통제쳐 놓다. ◇~下此事不提/이 일을 제쳐두고 거론하지 않다. 3통억제하다. ◇~~火气, 再去找他评理吧/화를 억누르고 나서 그에게 시비를 따지러 갑시다. 4통지긋이 누르다. ◇~住操纵 zòng 杆/조종간을 지긋이 누르다. 5仄…에 따라서. …에 의거하여. …대로. ◇~计划执行任务/계획에 따라 임무를 수행하다. 비교按:按照 "按照"는 1음절 명사목적어를 가질 수 없지만 "按"은 가질 수 있다. ◇我病了, 不能(×按照)按时交作业了/나는 병이 나서 제시간에 숙제를 낼 수 없다. 6통〈文〉조사하다. 대조하다. ◇有原文可~/대조할 만한 원문이 있다. 7〈文〉주(注). 〔편집자·작자 등이 또는 평어(評語)를 덧붙일 때 씀〕◇编者~/편집자 주.
【按兵不动—병불동】àn bīng bù dòng 〈成〉군대가 움직이지 않다. 기회를 기다리다. 임무를 받고도 실행하지 않다.
【按步就班—보취반】àn bù jiù bān (同)〔按部 bù 就班〕
【按部就班—부취반】àn bù jiù bān 〈成〉순서를 밟아 일을 진행시키다. (同)〔循序渐进 xúnxù jiànjìn〕, (反)〔杂乱无章 zá luàn wú zhāng〕
*【按劳分配—로분배】àn láo fēnpèi 노동에 따라 분배하다.
【按理—리】àn// lǐ 〈口〉이치대로라면. 논리상으로는.
【按理说—리설】àn lǐ shuō 〈口〉이치로 말하자면. 도리대로라면. ◇又赶上调资晋

级，～你也该升工程师了/또 임금인상과 진급 시즌을 맞았으니 이치대로라면 당신도 엔지니어로 진급을 했어야 마땅한 것인데요. (同)〔照 zhào 理说〕 주의 '理' 또는 '说'를 생략하고 '按理', '按说'로도 씀.

【按脉一맥】àn//mài 통진맥하다. (同)〔诊 zhěn 脉〕

【按摩一마】ànmó 명통안마(하다).

【按捺一날】ànnà 통(감정 따위를) 참다. 억누르다. 억제하다.

【按钮一뉴】ànniǔ (~儿)명(초인종 따위의) 누름버튼. ◇～开关/전원 버튼.

**【按期一기】ànqī 기일대로. ◇这项工作我们必须～完成/이 일은 우리가 꼭 기한내에 끝내야 한다. (同)〔如 rú 期〕, (反)〔逾 yú 期〕

☆【按时一시】ànshí 정한 시간대로. 제시간에. ◇我们一定～开会，不要迟到/우리는 제 시간에 회의를 시작해야 하니 늦지 않도록 하세요. (同)〔准 zhǔn 时〕, (反)〔误 wù 时〕

【按说一설】ànshuō 이치대로라면.

【按图索骥一도색기】àn tú suǒ jì 〈成〉그림대로 그림과 같은 준마를 찾다. 단서에 의하여 찾다. 일처리를 기계적으로 하다.

【按语一어】ànyǔ 명평어(評語).

☆【按照一조】ànzhào 개…에 따라. …대로. …에 근거하여. ◇～贡献大小，分别给以奖励/기여하는 바에 따라 상을 내리다.

*【案】木部 àn 6画 책상 안
명1장방형의 탁자. ◇～书/장방형의 책상. 2〈文〉소반(小盤). 3(법률상의) 사건. ◇破～/사건을 해결하다. 4공문서나 기록. ◇备～/문서 등을 비치하다. 5계획·방법 또는 건의를 제출한 문서. ◇提～/제안. 6〔按àn 6, 7〕

【案板一판】ànbǎn 명도마.

【案秤一칭】ànchèng 명(가게 따위에서 쓰는) 탁상용 저울. (同)〔台 tái 秤〕

【案犯一범】ànfàn 명범인.

*【案件一건】ànjiàn 명재판 사건. 소송 사건.

【案卷一권】ànjuàn 명기관이나 기업 등에서 분류·보존하고 있는 공문서.

*【案情一정】ànqíng 명〈法〉사건의 내용이나 경위. ◇～相当复杂/사건 경위가 아주 복잡하다.

【案头一두】àntóu 명책상이나 탁자의 위.

【案子一자】àn·zi 명1긴 탁자, 또는 탁자 대신에 사용하는 긴 나무판. 2명〈口〉소송(형사) 사건.

☆【暗(¹,³闇)】日部 àn 9画 어두울 암
1명어둡다. 캄캄하다. ◇灯光很～/불빛이

어둡다. (反)〔明 míng〕 2형비밀스러운. 정당하지 않은. 암암리. ◇明人不做～事/공명 정대한 사람은 정당하지 않은 일은 하지 않는다. 3형〈文〉사리에 밝지 못하다. 어리석다. ◇～昧/애매하다.

**【暗暗一암】àn'àn 부슬며시. 살짝. 남몰래.

【暗坝一파】ànbà 명물 위에 노출되지 않은 제방.

【暗堡一보】ànbǎo 명〈軍〉엄폐호.

【暗藏一장】àncáng 통은폐하다. 숨기다. (同)〔隐 yǐn 藏〕

【暗娼一창】ànchāng 명사창(私娼).

【暗场一장】ànchǎng 명〈演〉연극을 공연할 때, 무대에서 실제로 연기하지 않고 대사만으로 관객으로 하여금 내용을 짐작하게 하는 부분.

*【暗淡一담】àndàn 형(빛·색 등이) 어둡다. 흐릿하다. ◇光线～/빛이 어둡다. (同)〔黯 àn 淡〕, (反)〔明亮 míngliàng〕

【暗地里一지리】àndì·li 부암암리에. 은밀히.

【暗度陈仓一도진창】àn dù Chéncāng 〈成〉암암리에 어떤 일을 진행시킨다는 뜻. 〔남녀가 남몰래 정을 통한다는 의미로 쓰임〕(同)〔明修栈道 míng xiū zhàndào〕

【暗房一방】ànfáng 명암실.

【暗沟一구】àngōu 명암거(暗渠). 지하에 매설된 배수로. (同)〔阴 yīn 沟〕, (反)〔明 míng 沟〕

【暗害一해】ànhài 통암살하다. 모함하다.

【暗含一함】ànhán 통(일 또는 말을 할 때) 넌지시 암시하다.

【暗号一호】ànhào (~儿)명암호.

【暗合一합】ànhé 통우연히 일치하다.

【暗花儿一화아】ànhuār 명〈美〉드러나지 않은 꽃무늬. 〔도자기 위에 요철(凹凸)로 또는 직물 위에 명암으로 나타내는 무늬〕

【暗间儿一간아】ànjiānr 명골방. 뒷방.

【暗箭一전】ànjiàn 명남몰래 남을 해치는 행위나 중상모략. (同)〔冷 lěng 箭〕, (反)〔明枪 míngqiāng〕

【暗箭伤人一전상인】àn jiàn shāng rén 〈成〉남 몰래 사람을 중상하다.

【暗礁一초】ànjiāo 명1암초. 2〈喩〉(일의 진행중에 부딪치는) 잠재적인 걸림돌.

【暗里一리】àn·lǐ (同)〔暗地 dì 里〕

【暗码一마】ànmǎ (~儿)명옛날 상점에서 상품 가격을 자기들만 알게 상품에 표시해 놓는 비밀 기호.

【暗昧一매】ànmèi 형애매하다. 우매하다.

【暗门子一매】ànmén·zi 명〈方〉명사창(私娼).

【暗盘一반】ànpán 명암거래가격.

【暗器一】ànqì 명암기(표창, 활 등).

【暗弱一약】ànruò 형(빛이) 밝지 않다. 우매하고 나약하다.

A

*【暗杀一살】ànshā 图围암살(하다). ◇~事件/암살사건.
【暗射一사】ànshè (同)〔影 yǐng 射〕
*【暗示一시】ànshì 图围암시(하다). 눈짓이나 손짓으로 넌지시 알리다. ◇他~我快走开/그는 내게 빨리 가라고 넌지시 알렸다. ◇他在谈话中~对方要注意双方的关系/그는 담화 중 상대방에게 쌍방관계를 주의해야 한다고 암시하였다. (反)〔点明 diǎnmíng〕
【暗事一사】ànshì 图뒤가 켕기는 일.
【暗室一실】ànshì 图암실.
【暗送秋波一송추파】àn sòng qiūbō〈成〉은밀히 추파를 보내다. 아첨하며 몰래 내통하다.
【暗算一산】ànsuàn 1图음모. 흉계. 2围몰래 음모〔흉계〕를 꾸미다.
【暗锁一쇄】ànsuǒ 图(문·트렁크·서랍에 고정시켜 놓은) 자물쇠.
【暗探一탐】àntàn 1图탐정. 2围몰래 정탐하다.
【暗无天日一무천일】àn wú tiān rì〈成〉사회가 몹시 암담하다. (同)〔不见天日 bù jiàn tiān rì〕, (反)〔朗朗乾坤 lǎnglǎng qiánkūn〕
【暗笑一소】ànxiào 围1회심의 미소를 짓다. 2몰래 비웃다.
【暗影一영】ànyǐng 图어두운 그림자.
【暗语一어】ànyǔ 图암호. 은어.
*【暗中一중】ànzhōng 1图암중. 어둠속. ◇我在~什么也看不见/나는 암흑속에서 아무 것도 보이지 않는다. 2围암암리에. 비공개적인. ◇~操纵/암암리에 조종하다. (同)〔秘密 mìmì〕, (反)〔公开 gōngkāi〕
【暗转一전】ànzhuǎn 图围〈演〉암전(하다).〔연극에서 막을 내리지 않고 어둡게해서 다음 장면으로 바꾸는 일〕
【暗自一자】ànzì 围〈文〉남몰래. 비밀리에. 은밀히.
【黯】黑部 àn 9画 아득할 암
围어두컴컴하다. 어둡다.
【黯淡一담】àndàn 图선명하지 않다. 어스레하다. (同)〔暗 àn 淡〕, (反)〔明亮 míngliàng〕
【黯然一연】ànrán 图1어두운 모양. (同)〔暗淡 àndàn〕, (反)〔灿烂 cànlàn〕2우울하다. 마음이 무겁다. 침울하다. (同)〔黯淡 dàn〕, (反)〔昂 áng 然〕

āng

【肮(骯)】月部 āng 4画 꼿꼿할 항

【肮脏一장】āng·zāng 图1더럽다. 지저분하다. (同)〔龌龊 wòchuò〕, (反)〔干净 gānjìng〕2〈喩〉추악하다. 비겁하다. (同)〔丑恶 chǒu'è〕, (反)〔高尚 gāoshàng〕

áng

【昂】日部 áng 4画 밝을 앙
围1(머리를) 처들다. 우러러 보다. ◇~起头, 挺起胸 xiōng/고개를 들고, 가슴을 펴라. 2(물가·사기가) 오르다. ◇情绪高~/의욕이 높다.
【昂昂一앙】áng'áng 图(기세가) 드높다.
【昂奋一분】ángfèn 围분발하다. 고조되다.
*【昂贵一귀】ángguì 围(물건값이) 매우 비싸다. 물가가 높다. ◇价格~/가격이 비싸다. (同)〔高áng 昂〕, (反)〔便宜 pián·yi〕
【昂然一연】ángrán 围떳떳하다. 의젓하다.
【昂首一수】ángshǒu 围고개를 처들다. (同)〔抬头 tái// tóu〕, (反)〔低头 dī// tóu〕
【昂首阔步一수활보】áng shǒu kuò bù〈成〉고개를 처들고 활보하다. 기세좋게 나아가다.
*【昂扬一양】ángyáng 围(정신·기세·소리 등이) 오르다. 드높아지다. 격앙되다. (同)〔昂然 rán〕, (反)〔低沉 dīchén〕

àng

【盎】皿部 àng 5画 동이 앙
1图〈文〉(물) 동이. 2图가득 넘치는 모양.
【盎然一연】àngrán 图(기운이나 흥취가) 넘치는 모양.
【盎司一사】àngsī 图〈度〉온스(ounce).

āo

*【凹】丨部 āo 4画 오목할 요
图오목하다. 가운데가 우묵하게 들어간 모양. ◇这张床中间~下去了/이 침대는 가운데가 푹 커졌다. (反)〔凸 tū〕⇒wā
【凹版一판】āobǎn 图〈印〉요판. 오목판.
【凹镜一경】āojìng 1图〔凹面 miàn 镜〕2(同)〔凹透 tòu 镜〕
【凹面一면】āomiàn 图요면. 오목면.
【凹面镜一면경】āomiànjìng 图〈物〉오목 렌즈.
【凹透镜一투경】āotòujìng 图〈物〉오목 렌즈.
**【熬】灬部 āo 10画 볶을 오
围(야채 따위를) 삶다. 끓이다. 조리다.

◇豆腐 fu～好了没有?/두부 다 조려졌어요? ⇒áo

【熬心—심】āoxin 〖동〗〈方〉속태우다. 마음을 졸이다.

áo

【敖】〖攵部〗〖6画〗áo 1〖동〗돌아다니며 놀다. 노닐다. 2(Áo)〖명〗성(姓).

【敖包—포】áobāo 〖명〗몽고인이 돌이나 흙·풀 등을 원추형이나 원통형으로 쌓아 올려 길이나 도로 표식이나 경계 표시로 삼은 것. 〔옛날, 여기에 신령이 머문다고 생각하여 제사를 지냈음〕

【熬】〖灬部〗〖10画〗áo 〖동〗1오랫동안 끓이다. (죽을) 쑤다. 2(약제 등을) 달이다. 조리다. 3(고통·곤경 등을) 참고 견디다. ◇～过苦难的岁月/고달픈 세월을 견디어내다. ⇒āo

【熬煎—전】áojiān 1〖동〗오래 삶다. 졸이다. 2〖동〗고생하다. 시달리다. 3〖명〗혹독한 고통. 고난. 호된 시련.

【熬头儿—두아】áo·tour 〖명〗고생한 보람.

【熬刑—형】áo// xíng 〖동〗고문을 견디어 내다.

【熬夜—야】áo// yè 〖동〗밤샘하다. 철야하다.

【翱(翶)】〖羽部〗〖10画〗áo 노닐 고 〖동〗〈文〉(새가 공중을) 유유히 날다. 선회하다.

【翱翔—상】áoxiáng 〖동〗비상하다. 하늘을 높이 빙빙 날다.

【鏖】〖鹿部〗〖金部〗〖8画〗〖11画〗áo 무찌를 오 〖동〗〈文〉격렬하게 하다. 격파다. ◇赤壁～兵/(삼국지의)적벽 대전.

【鏖战—전】áozhàn 〖동〗격전을 벌이다. 고군분투하다.

ǎo

【拗】〖扌部〗〖5画〗ǎo 꺾을 요 〖동〗〈方〉구부리게 하다. 꺾다. ◇把甘蔗～断/사탕수수를 꺾다. ⇒ào, niù

*【袄·襖】〖衤部〗〖4画〗ǎo 도포 오 〖명〗안을 댄 중국식 저고리. ◇皮～/가죽 저고리.

ào

【傲】〖亻部〗〖10画〗ào 거만할 오 〖형〗1거만하다. 교만하다. 오만하다. ◇这个人～得很, 可不好接近了/이 사람은 교만하기 그지 없어 정말 접근하기 힘들다. 2〈文〉굽히지 않다. 견디내다. ◇红梅～雪凌霜开/빨간 매화가 눈과 서리를 이기고 꽃을 피웠다.

【傲岸—안】ào'àn 〖형〗〈文〉오만하다. 잘난 체하다.

【傲骨—골】àogǔ 〖명〗자부심이 강하고 굽히지 않는 성격. (同)〔正气 zhèngqì〕, (反)〔媚 mèi 骨〕

【傲慢—만】àomàn 〖형〗거만하다. (同)〔骄 jiāo 傲〕, (反)〔谦逊 qiānxùn〕

【傲气—기】àoqì 〖명〗우쭐대는 태도·자세. ◇～十足/우쭐대는 기색이 역력하다..

【傲然—연】àorán 〖형〗굳세며 굴하지 않는 모양.

【傲视—시】àoshì 〖동〗깔보다. 경멸하다.

【奥(奧)】〖大部〗〖9画〗ào 속 오 1〖형〗(뜻이) 심오하다. 오묘하다. 2〖명〗옛날, 실내의 서남쪽 귀퉁이를 가리킴. 또한 집의 깊숙한 곳을 가리킴. ◇堂～/안방의 깊숙한 곳. 3(Ào)〖명〗성(姓).

【奥林匹克运动会—림필극운동회】Àolínpǐkè Yùndònghuì 〖명〗〈體〉올림픽 대회.

＊＊【奥秘—미】àomì 〖명〗오묘하고 신비한 것. 신비. ◇科学家们发现了植物生长的～/과학자들은 식물성장의 신비를 발견하였다.

【奥妙—묘】àomiào 〖형〗심오함.

【奥运会—운회】Àoyùnhuì (同)〔奥林匹克运动会〕

【澳(澳)】〖氵部〗〖12画〗ào 깊을 오 〖명〗1후미진 곳. 나루터. 〔주로 지명(地名)에 쓰임〕◇三都～/복건성(福建省)에 있는 지명. 2(Ào)〈略〉〈地〉'澳门'(마카오)의 준말. ◇港～同胞/홍콩과 마카오의 동포. 3(Ào)〈略〉〈地〉'澳洲'(오스트레일리아, Australia)의 준말.

【澳大利亚—대리아】Àodàlìyà 〖명〗〈地〉오스트레일리아(Australia).

【澳门—문】Àomén 〖명〗〈地〉마카오(Macao).

【澳洲—주】Àozhōu 〖명〗〈略〉'澳大利亚'(오스트레일리아)의 준말.

【懊(懊)】〖忄部〗〖12画〗ào 한할 오 〖동〗후회하다. 번민하다. ◇～恨/원망하다.

【懊恨—한】àohèn 〖동〗〈文〉괴로워하며 원망하다. 번민하다.

【懊悔—회】àohuǐ 〖동〗후회하다. 뉘우치다.

【懊恼—뇌】àonǎo 〖형〗고민하다. 괴로워하다.

A

【懊丧-상】àosàng 图(실의하여) 풀이 죽다. 낙담하다. 울적해지다. (同)〔沮 jǔ 丧〕, (反)〔振奋 zhènfèn〕

【懊糟-조】ào·zao 图〈方〉풀이 죽다.

【拗】 扌部 | ào
5画 | 꺾을 **요**

图따르지 않다. 위배하다. ◇违~/거스르다. ⇒ǎo, niù

【拗口-구】àokǒu 图까다롭다.

【拗口令-구령】àokǒulìng (同)〔绕 rào 口令〕

【鏊】 金部 | ào
10画 | 번철 **오**

【鏊子-자】ào·zi 图번철(燔鐵). 전철(煎鐵). 떡을 굽기는 기구.

B

八 11	巴 11	扒 12	叭 12	芭 12	吧 12
疤 12	捌 12	笆 12	粑 12	拔 12	跋 12
把 13	靶 14	坝 14	把 14	爸 14	罢 14
霸 15	吧 15				

bā

★【八】 八部 / 0画 / bā / 여덟 **팔**

㊜8. 여덟. ㊟뒷음절이 4성 또는 경성(輕聲)일 경우에는 '八岁 bā suì', '八次 bā cì'와 같이 제2성(第二聲)으로 발음함. 본 사전에서는 편의상 모두 제1성(第一聲)으로 표시하였음.

【八拜之交－배지교】bā bài zhī jiāo〈成〉의형제. 의자매.

【八宝－보】bābǎo 図중국 요리에 여러가지 재료를 쓴 것.

【八宝菜－보채】bābǎocài 図호두·상추·살구씨·오이·땅콩을 함께 간장에 절인 장아찌.

【八宝饭－보반】bābǎofàn 図팔보반. (중국후식의 하나로 연밥·대추·건포도 등 여덟 가지 과일에 얼음 사탕으로 만든 갈분 앙금을 얹어 쪄낸) 팔보 찹쌀밥.

【八成－성】bāchéng **1**図8할. **2**図(~儿)십중 팔구. 대체로. 대개.

【八方－방】bāfāng 図(동·서·남·북·동북·동남·서북·서남의) 팔방.

【八股文－고문】bāgǔwén 図**1**팔고문. 〔명(明)·청(清) 양대에서 과거의 답안용으로 채택된 특별한 형식의 문체. 내용이 없고 형식적이며 사람을 구속하는 글〕 **2**〈轉〉(내용이 없는) 틀에 박힌 무미건조한 문장이나 태도.

【八卦－괘】bāguà 図팔괘.

【八角－각】bājiǎo 図**1**〈植〉팔각. 붓순 나무. **2**〈植〉붓순 나무의 열매. **3**팔각(형). ◇~形/팔각형.

【八九不离十－구불리십】bā jiǔ bù lí shí〈口〉거의. 십중 팔구.

【八路军－로군】Bā Lù Jūn 図〈史〉팔로군. 〔중일전쟁 때에 화북(華北)에서 활약하던 중국 공산당의 군대〕

【八面玲珑－면령롱】bāmiàn línglóng〈成〉누구도 적을 만들지 않는 방식으로 처세하다. 또는 그런 사람. 팔방미인.

【八仙－선】bāxiān 図**1**팔선. 곧, 한종리(漢鍾離)·장과로(張果老)·한상자(韓湘子)·이철괴(李鐵拐)·조국구(曹國舅)·여동빈(呂洞賓)·남채화(藍采和)·하선고(何仙姑).〔옛날 회화의 제재(題材)나 미술 장식의 주제가 되었음〕 **2**〈方〉팔선상(八仙床)·팔선교자(八仙交子).

【八仙过海－선과해】bāxiān guòhǎi〈諺〉여덟 명의 신선이 바다를 건널 때 제각기 도술을 부려 건너감. 제각기 자기 솜씨를 발휘하며 겨루다. 제각기 나름대로의 방법을 가지고 있다.

【八仙过海, 各显其能－선과해, 각현기능】bā xiān guò hǎi, gè xiǎn qí néng (同)〔八仙过海〕

【八仙桌－선탁】bāxiānzhuō (~儿)図팔선상(八仙床). 팔선 교자(八仙交子).〔크고 네모난 상으로 한 면에 2명씩 모두 8명이 앉을 수 있다〕

【八月节－월절】Bāyuè Jié 図중추절.

【八字－자】bāzì (~儿)図팔자. ◇~好/팔자가 좋다. ◇~没一撇 piě/일이 아직 윤곽조차 잡히지 않다.

【巴】 乙部 / 己部 / bā / 3画 / 1画 / 땅이름 **파**

1동바라다. 기다리다. ◇~不得天快点亮/날이 좀 빨리 밝기를 바란다. **2**동(바싹) 달라붙다. ◇壁上－在墙上/도마뱀붙이가 담에 착 달라 붙어 있다. **3**동단단히 붙다. ◇粥 zhōu 饭－了锅了/죽이 솥에 눌어 붙었다. **4**図다른 것에 달라 붙은 것. ◇锅～/누룽지. **5**〈方〉접근하다. ◇前不～村, 后不～店/〈諺〉외진 곳이다. **6**동〈文〉벌리다. ◇天气干燥, 桌子都～缝儿啦/날씨가 건조해서 책상이 다 틈이 갈라졌다. **7**(Bā)図〈地〉춘추 시대(春秋時代)의 나라 이름.〔지금의 사천성(四川省) 동부〕 **8**図〈地〉사천성 동부. **9**図〈物〉바(bar). 압력의 세기의 절대 단위. ◇微～/마이크로바(microbar). **10**(Bā)図성(姓).

【巴巴结结－파결결】bā·bajiējiē 〈方〉**1**團겨우. 가까스로. 그럭저럭. **2**團근면하다. **3**동말을 더듬거리다.

【巴巴儿地－파아지】bābārde 團〈文〉**1**간절하게. 절박하게. **2**일부러. 모처럼. (同)〔特地 tèdì〕

【巴不得－부득】bā·bu·de 團〈口〉갈망하다. 간절히 바라다. ◇他～立刻回到家里/그는 당장 집으로 돌아가고 싶은 마음이 간절했다. ◇我知道你～我快走/내가 빨리 사

B

라지기를 간절히 바란다는 걸 알지. [비교]
巴不得:恨不得 ①"巴不得"는 할 수 있는
일을 바라는 것이며, "恨不得"는 실현 가
능성이 없다. ◇他恨不得马上就回到她身
边/그는 곧바로 그녀 곁에 가지 못한 것
을 원망했다. ②"巴不得"의 목적어는 부정
형식도 가능하고 수량구〔数量短语〕도 가
질 수 없다. "恨不得"는 그런 목적어를 가질
수 없다. ◇他(×恨不得)巴不得吃了这一
碗面/그는 이 그릇의 국수를 먹어 버리는
것을 간절히 바랐다. ③"巴不得"는 한정어
로 쓸 수 있으나, "恨不得"는 쓸 수 없다.

【巴豆―두】bādòu 〈植〉파두. 또는 그 씨.
◇～霜/〈中醫〉파두상.
【巴基斯坦―기사탄】Bājīsītǎn 〈地〉파키
스탄.
*【巴结―결】bā·jie 图1빌붙다. 비위를 맞추
다. (同)〔奉承 fèng·cheng〕 2〈方〉근면하
다. ◇他工作很～/그는 일을 열심히 한다.
【巴黎公社―려공사】Bālí Gōngshè 图〈史〉
파리 코뮌.
【巴儿狗―아구】bārgǒu 图〈動〉발바리. (同)
〔哈 hǎ 巴狗〕
【巴士―사】bāshì 图버스.
【巴望―망】bāwàng 图图〈方〉열망(하다). 갈
망(하다).
【巴掌―장】bā·zhang 图1손바닥. 2뺨따귀.
◇打他一～/그의 뺨을 한 대 치다.
**【扒】 扌部 bā
2画 뽑을 배
图1(붙)잡다. 매달리다. ◇孩子们～着窗
台看游行队伍/아이들은 창가에 매달려
시위대를 보고 있다. 2후벼 파다. 긁어내
다. 헐다. ◇～了旧房盖新房/헌 집을 헐
고 새 집을 지었다. ◇往下再～～, 一定
能找到/아래로 더 파면 틀림없이 찾을
수 있을 거야. 3헤치다. ◇～开杂草/잡초
를 헤치다. ◇～开草丛, 找蟋蟀/수풀을
헤치고 귀뚜라미를 찾다. 4(옷·가죽 따
위를) 벗기다. 벗어버리다. ◇他把外衣一
～就干起活来了/그는 외투를 단숨에 벗
더니, 일을 하기 시작했다. ⇒pá
【扒拉―랍】bā·la 图1(손으로) 옆으로 살
짝 밀다. 밀어 제치다. ◇把钟摆～一下/
시계 추를 밀어 움직이다. ◇他把围着看
热闹的人～开, 自己挤 jǐ 了进去/그는 구
경꾼들을 밀어 제치고 자기가 밀고 들어
갔다. 2없애다. 파면하다. ◇他的厂长职
务叫上头给～了/그의 공장장 직책은 윗
사람들로부터 박탈당했다. ⇒pá·la
【叭】 口部 bā
2画 일벌릴 팔
(同)〔吧 bā〕
【叭儿狗―아구】bārgǒu (同)〔巴 bā 儿狗〕

【芭】 艹部 bā
4画 파초 파
图〈文〉향초(香草)의 이름.
【芭蕉―초】bājiāo 图〈植〉파초. 또는 그 열매.
【芭蕉扇―초선】bājiāoshàn 图파초로 만든
부채.
*【芭蕾舞―뢰무】bālěiwǔ 图〈舞〉발레.
【吧】 口部 bā
4画 아이다툴 파
1图뚝. 탁. 탕. ◇～的一声, 木棍断成了两
截/막대기가 뚝하며 두 동강이로 부러졌
다. 2图〈方〉(담배를) 피우다. ⇒·ba
【吧嗒―탑】bādā 图툭. 탁. 철커덕. 철컥.
【吧嗒―탑】bā·da 图1쩝쩝. 오물오물. 냠
냠. 〔입을 열고 다무는 소리〕2〈方〉(잎
담배 따위를) 뻑뻑 빨다.
【吧唧―즉】bājī 图(비 내린 땅을 걸을 때
나는 소리) 질척질척.
*【疤】 疒部 bā
4画 흉터 파
图1흉터. 헌데. ◇刀伤在他的膝 xī 盖上留
下了一个～/칼에 베인 상처는 그의 무릎
에 흉터를 하나 남겼다. 2(그릇 따위의)
흠. ◇香烟在桌面上烧了个～/담뱃불이 상
표면에 흠을 하나 냈다.
【疤痕―흔】bāhén 图흥(터). 헌데.
【疤瘌―랄】bā·la 图흉터. 헌데.
【疤瘌眼儿―랄안아】bā·layǎnr 图〈口〉1눈
꺼풀에 흉터가 있는 눈. 2눈꺼풀에 흉터
가 있는 사람.
*【捌】 扌部 bā
7画 깨뜨릴 팔
㊀'八'의 갖은자.〔수표 따위에 금액을 기
재하는 데 쓰임〕
【笆】 竹部 bā
4画 가시대 파
图대나무 또는 나뭇가지로 엮어 만든 기물.
【笆斗―두】bādǒu 图버들 가지로 엮은 밑
이 둥근 (곡물을 담는) 바구니.
【笆篓―루】bālǒu 图나뭇가지나 대나무로
엮은 채롱.〔주로 등에 짐〕
【粑】 米部 bā
4画 구운음식 파
图〈方〉과자류의 음식, 곡물을 재료로 만
든 중단.
【粑粑―파】bābā 〈方〉图과자류 음식.

bá

☆【拔】 扌部 bá
5画 뽑을 발
1图뽑다. 빼다. ◇～刀/칼을 뽑다. ◇～
牙/이를 뽑다. 2图(독기 따위를) 빨아내
다. 3图(인재 따위를) 선발하다. ◇选～/

선발하다. **4**图(소리를) 높이다. ◇～嗓子 /목청을 높이다. **5**图떠어나다. ◇出类～ 萃 cuì/출중하다. **6**图(군사상의 거점을) 탈취하다. 빼앗다. ◇连～三座县城/연달 아 현 정부 소재지 세 곳을 탈취하다. **7** 图〈方〉(물건을 찬 물에 담가서) 차게 하 다〔채우다〕. ◇用凉水～西瓜/찬물에 수 박을 채우다.

【拔不出腿－불출퇴】bá·buchū tuǐ lái 빠져 나올 수 없다.

【拔除－추】báchú 图뽑아 버리다. 제거하 다. (同)〔除去 qù〕, (反)〔安上 ān·shang〕

【拔萃－췌】bácuì 图(재능이) 출중하다. 특 별히 뛰어나다.

【拔顶－정】bá/dǐng 图이마가 벗겨지다.

【拔高－고】bá/gāo **1**(소리를) 높이다. **2** (어떤 인물이나 작품 등에 대해) 의도적 으로 치켜 세우다.

【拔罐子－관자】bá guàn·zi 〈中醫〉부항(附 缸)을 붙이다. (同)〔拔火罐儿 bá huǒguànr〕

【拔河－하】bá/hé 图〈體〉줄다리기.

【拔尖－첨】bá/jiān (～儿)**1**출중하다. 걸 출하다. **2**자기를 내세우다. 뽐내다.

【拔脚－각】bá/jiǎo (同)〔拔腿 tuǐ〕

【拔节－절】bá/jié 图〈農〉줄기 마디가 길게 자라다.

【拔苗助长－묘조장】bá miáo zhù zhǎng (同)〔揠 yà 苗助长〕

【拔取－취】báqǔ 图발탁하다. 선발하다. ◇ ～人才/인재를 발탁하다.

【拔丝－사】básī **1**图〈機〉금속 재료를 늘려 서 실처럼 만들다. **2**图요리법의 일종. 〔과일이나 참마 등을 기름에 튀긴 뒤 뜨 겁게 졸인 엿물이나 꿀물을 묻혀 만든 요 리. 먹을 때 젓가락으로 집으면 설탕이나 엿 등이 실처럼 늘어짐〕

【拔腿－퇴】bá/tuǐ **1**걸음을 재빠르게 내 딛다. **2**발을 빼다.

【拔牙－아】bá/yá 图이를 뽑다.

【拔营－영】bá/yíng 图군대가 주둔지에서 이동하다.

【跋】足部 | bá
　　　5画 | 밟을 **발**
1图산을 넘다. ◇～山涉水/산을 넘고 물 을 건너다. **2**图발문(跋文). 발사(跋辞). ◇题～/발문을 쓰다.

【跋扈－호】báhù 图발호하다. 제멋대로 날 뛰다.

【跋前疐后－전치후】bá qián zhì hòu 〈成〉진 퇴양난(進退兩難). 〔霙'은 '踬 zhì'로도 씀〕

【跋山涉水－산섭수】bá shān shè shuǐ 〈成〉 산을 넘고 물을 건너다. 고생스럽게 먼길 을 여행하다.

【跋涉→섭】báshè 图산을 넘고 물을 건너다.

【跋文－문】báwén (同)〔跋 2〕

bǎ

★【把】扌部 | bǎ
　　　4画 | 잡을 **파**
1图(손으로) 쥐다. 잡다. ◇双手紧紧～住 方向盘/두손으로 핸들을 꽉 잡다. **2**图(어 린애를 안고) 대·소변을 누이다. ◇～尿/ 오줌을 누이다. **3**图장악하다. 틀어 쥐다. ◇要充分发挥群众的积极性, 不要什么都～ 着不放手/대중의 적극성을 충분히 발휘해 야지, 모든 일을 혼자서 장악하고 있어서 는 안된다. **4**图지키다. 파수 보다. ◇～门 /문을 지키다. **5**图〈口〉근접하다. 바짝 붙 다. ◇～墙角儿站着/담 모퉁이에 바짝 붙 어 서 있다. **6**图(벌어지지 않도록) 죄다. ◇用铁叶子～住裂缝 lièfèng/쇠경첩으로 틈새를 죄다. **7**图〈方〉주다. (同)〔给 gěi 1, 2〕 **8**명끌채. 수레채. 손잡이. 운전대. **9** (～儿)명(가늘고 긴 물건을 한데 엮은) 묶음. ◇一～草/짚단. **10**명 a)손잡이가 있는 기구에 쓰임. ◇一～刀/칼 한 자루. **11**양(～儿)한 줌. 한 움큼. 〔한 주먹으로 줄만한 분량〕 ◇一～米/쌀 한 줌. **12**양 (나이·힘·기능 따위의) 추상적인 사물에 쓰임. ◇有一～年纪/나이가 지긋하다. **13** 양손 동작에 쓰임. ◇拉他一～/그를 한 번 끌어 당기다. **14**개목적어를 취하고 동 사 앞에 쓰여 처치를 나타냄. ◇～头一扭 /고개를 홱 돌리다. **15**개'忙', '累', '累', '气' 등이 결과 보어(結果補語)와 결합되 어 사역(使役)의 의미를 나타냄. ◇这几 天～他忙坏了/요며칠 그를 너무 바쁘게 했다. **16**개여의치 않음을 나타냄('把'의 목적어는 뒷 동사의 주체가 됨). ◇关键 时刻, 单单～小李病了/가장 중요한 때에 오직 이군만 병이 나다니. 주의a) **14**, **15**의 '把'의 목적어는 특정한 것이어야 함. b) '把'를 쓰는 문장은 동사 뒤에 부가 성분 (附加成分)이나 보어, 또는 '一' 같 은 부사어가 놓여야 함. ◇哎呀, 我一手表 忘在教室里了/아이구, 내가 열쇠를 교실 에다 놓고 왔어. ◇不要把书乱放/책을 마 구 놓지 마시오. ◇扭 niǔ 转身来～话徝/ 몸을 돌려서 말을 하다. c)'把'를 쓰는 문 장은 동사가 대개 목적어를 가지지 않 지만, 때로는 가지기도 함. ◇～衣服撕了个 口子/옷이 찢어졌다. d)'把'를 쓰는 문장 은 때로는 뒤에 구체적인 동작을 나타내 지 않을 때가 있음. 〔대개 남을 욕하는 경우 에 쓰임〕 ◇我一你个糊涂虫啊!/이 멍청 이 같으니라구! e)조기 백화(早期白話) 에서 '把'는 '拿'의 뜻을 가지며, 지금 방

B

언에 이런 용법이 남아 있음. ◇那个人不住地～眼睛看我/저 사람은 자꾸 나를 쳐다 본다. **17**접미쯤. 정도. 가량. 〔'百', '千', '万' 등의 수사(數詞)와 '里', '丈', '顷', '斤', '个' 등의 양사(量詞) 뒤에 붙여서 수량이 이 단위수에 근사함을 나타냄. 수사(數詞)는 그 앞에 올 수 없음〕◇个～月/1개월 정도. **18**图의형제. ◇～兄/의형제⇒bà

*【把柄─병】bǎbǐng **图1**손잡이. 자루. **2**〈喩〉약점. 꼬투리. ◇他抓住了你什么～/그는 당신의 어떤 약점을 잡았습니까?

【把持─지】bǎchí **图1**〈貶〉독차지하다. 좌지우지하다. 전횡하다. **2**(감정 따위를) 억제하다〔억누르다〕.

*【把关─관】bǎ//guān **图1**관문을 지키다. **2**〈喩〉엄격하게 점검하다.

【把家─가】bǎ//jiā **图**〈方〉살림을 잘 꾸려 나가다.

☆【把牢─뢰】bǎláo **图**〈方〉확실하다.

【把门─문】bǎ//mén **图1**문을 지키다. 문을 경비하다. **2**골문을 지키다.

【把儿─아】bǎr **양1**단. 묶음. 〔짚이나 끈으로 묶은 것을 셀 때 씀〕

【把势─세】bǎ·shi **图1**무술(武術). **2**전문가. 숙련자. 〔장인(匠人)에 대한 경칭(敬稱)〕**3**〈方〉기술. 요령. (同)〔把式 shì〕

【把守─수】bǎshǒu **图**지키다. 수비하다.

*【把手─수】bǎ·shou **1**图손을 잡다. (同)〔拉手 lā·shou〕**2**图손잡이. 핸들. (同)〔把儿 bàr〕

【把头─두】bǎ·tou **图**어떤 업종을 독점하고 돈을 갈취하는 거물. 우두머리.

【把稳─온】bǎwěn 〈方〉**图**확실하다. 틀림없다.

*【把握─악】bǎwò **1**图(꽉 움켜) 쥐다. 잡다. ◇司机～着方向盘/기사가 핸들을 움켜쥐고 있다. **2**图(추상적인 것을) 파악하다. 잡다. 포착하다. ◇踢足球, ～时机很重要/축구할 때는 기회포착이 중요하다. ᆅ교把握:掌握 "掌握"은 이론, 정책, 기술, 방법 등을 목적어로 취할 수 있지만 "把握"은 취할 수 없다. ◇～正确的操作方法/정확한 조작 방법을 파악한다. **3**图(자신, 가망, 성공의) 가능성. 확률. 〔동사 '有'와 '没' 뒤에 쓰임〕◇他有～通过考试/그는 시험에 통과할 자신이 있다.

*【把戏─희】bǎxì **图1**곡예. 잡기(雜技). ◇耍～/곡예를 부리다. **2**속임수. 계략. 수작. ◇他玩的～我都看穿了/그가 부린 수작을 내가 다 눈치챘다.

【把兄弟─형제】bǎxiōngdì **图**의형제. 〔손윗사람은 '把兄'이라 하고, 손아랫사람은 '把弟'라 함〕(同)〔盟 méng 兄弟〕

【把斋─재】bǎ//zhāi (同)〔封 fēng 斋〕

【把盏─잔】bǎzhǎn **图**〈文〉술잔을 손에 들다.

【把捉─착】bǎzhuō **图**(대부분 추상적인 것을) 붙잡다.

【把子─자】bǎ·zi **1**图다발. 뭉치. **2**양〈貶〉무리. **3**양的 다발. 한 줌. 한 움큼. 〔대개 긴 것에 쓰임〕**4**양(힘·기능 따위의) 추상적인 사물에 쓰임. **5**图〈演〉중국 전통극에서 쓰이는 무기의 총칭이나 격투 동작을 가리킴. **6**图〔拜 bài 把子〕

【靶】革部 bǎ | 4画 | 고삐 파

图(사격의) 표적. 과녁. ◇打中了～/과녁에 명중되다.

【靶场─장】bǎchǎng **图**사격장.

【靶台─대】bǎtái **图**사격 위치.

【靶心─심】bǎxīn **图**과녁이나 표적 중앙의 검은 점.

【靶子─자】bǎ·zi **图**과녁. 목표.

bà

**【坝·壩】土部 bà | 4画 | 방죽 파

图1댐(dam). **2**제방(堤防)을 보강하기 위한 구조물. (同)〔丁 dīng 坝〕**3**〈方〉모래사장. **4**평원. 〔사천·섬서 등 지명에 쓰임〕

【坝基─기】bàjī **图**제방의 기초.

【把(欛)】扌部 bà | 4画 | 칼자루 파

(～儿)**图1**(기물의) 손잡이. 자루. ◇缸子～儿/항아리〔독〕의 손잡이. **2**(꽃·잎·과일 따위의) 줄기. 꼭지. ◇花～儿/꽃줄기. ⇒bǎ

【爸】父部 bà | 4画 | 아비 파

图아빠. 아버지.

★【爸爸─파】bà·ba **图**아빠.

**【罢·罷】四部 bà | 5画 | 파할 파

1图그만 두다. 중지하다. ◇善～甘休/일을 잘 수습하다. **2**图파면하다. 면직하다. **3**조끝남·완료를 나타냄. ‖〈古〉(同)〔疲 pí〕⇒ba '把'

【罢工─공】bà//gōng **1图(동맹) 파업하다. ◇工人已经罢了三天工了/노동자들은 파업한 지 벌써 3일이 됐다. ㅈ의"罢工"은 동빈구조(동사+목적어)이므로 뒤에 보어를 가질 수 없다. ◇那年, 煤矿工人(×罢工了好几个月)的罢工持续了好几个月/그 해 광부의 파업으로 해 여러 달 지속되었다. **2**(b·àgōng)图(동맹) 파업. ‖(反)〔复 fù 工〕

【罢官─관】bà//guān **1**图관직을 파면하다. **2**(bàguān)图관직 파면.

【罢考一고】bà//kǎo 1동시험 거부를 하다. 2(bàkǎo)명시험 거부.

【罢课一과】bà//kè 1동수업을 거부하다. 2(bàkè)명수업 거부. ‖ (反)〔复 fù 课〕

【罢了一료】bà·le …일 뿐이다. 〔서술문 끝에 '不过, 无非, 只是' 등과 호응하여 쓰인다〕◇他只是说说～/그는 단지 말만 했을 뿐이다. ◇没有什么可表扬的, 我无非做了我应该做的事/뭐 칭찬할 것 없어요. 그저 내가 해야할 일을 했을 뿐이다.

【罢了一료】bàliǎo 됐다. 〔참으면서 억지로 잠시 그냥 놔둠을 뜻함〕◇他不愿来也就～/그가 오고싶지 않다면 됐어요.

【罢论一론】bàlùn 동중단. 취소. ◇此事已作～/이 일은 이미 취소됐다.

【罢免一면】bàmiǎn 동파면하다. 해임하다. (同)〔罢黜 chù〕, (反)〔任命 rènmìng〕

【罢免权一면권】bàmiǎnquán 명파면권.

【罢市一시】bà//shì 1상인들이 동맹 파업하다. 2(bàshì)명(상인들의) 동맹 파업. 철시.

【罢手一수】bàshǒu 동(하던 일을) 중지하다. 손을 떼다.

【罢讼一송】bà//sòng (同)〔罢诉 sù〕

【罢诉一소】bà//sù 1동소송을 철회하다. 2(bàsù)명소송철회.

【罢休一휴】bàxiū 동중도에 그만 두다. 포기하다. 〔대개 부정문에 쓰임〕◇不成功, 绝不～/성공하지 않는다면 결코 그만두지 않겠다. (同)〔停止 tíngzhǐ〕, (反)〔进行 jìnxíng〕

【罢演一연】bà//yǎn 1배우들이 파업하다. 2(bàyǎn)명배우들의 파업.

【罢职一직】bà//zhí 동해임(解任)하다. 면직(免職)하다. (同)〔撤 chè 职〕, (反)〔任用 rènyòng〕

霸(覇) 雨部 | bà
13画 | 패왕 패

1명고대 제후의 맹주(盟主). ◇春秋五～/춘추 오패. 춘추 시대에 패업(霸業)을 이룩한 다섯 제왕. 2명포악하게 남을 박해하는 사람. 두목. ◇恶～/악당. ◇他是地方一～/그는 그 지역의 한 두목이다. 3명(政)패권주의(霸權主義)국가. ◇反帝反～/반제국주의. 반패권주의. 4명강점하다. 군림하다. ◇独～一方/한 지역을 독점하다. 5명(Bà)성(姓).

【霸持一지】bàchí 동강압으로 차지하다.

*【霸道一도】bàdào 1명패도. 〔인정(仁政)으로써 백성에게 군림하는 것을 王道라 하고, 힘으로써 백성에게 군림하는 것을 霸道라 함〕(反)〔王 wáng 道〕2명(横暴)하다. ◇他这个人很～, 你没法儿跟他说/그 사람은 너무 포악해, 당신은 그에게 말

을 붙일 수가 없어요. (反)〔谦和 qiānhé〕

*【霸权一권】bàquán 명패권.

【霸王一왕】bàwáng 명1(敬)패자(霸者). 패왕. 2(喩)대단히 횡포한 사람.

【霸王鞭一왕편】bàwángbiān 명1중국 민간 무용에 쓰이는 아름답게 채색된 짧은 곤봉(棍棒). 양 끝의 구멍에 구리 고리를 붙여 흔들면 소리가 나는 것. 2중국의 민간 무용의 하나. 〔곤봉을 휘두르며 춤을 추고 노래를 함〕3(植)상록 식물에 속하는 관목(灌木)으로 줄기는 5각형 모양인데 유두(乳頭) 모양의 딱딱한 가시가 줄지어 나있으며 녹색 꽃이 핌. 〔남양 군도가 원산지로, 열대 지역에서 길러 산울타리로 삼음〕

【霸业一업】bàyè 명패업.

*【霸占一점】bàzhàn 동(무력으로) 점령하다. 강제로 차지하다. ◇～土地/토지를 점령하다.

【霸主一주】bàzhǔ 명1맹주(盟主). 〔춘추 시대(春秋時代) 제후 중 중심적 인물〕2어떤 영역이나 지역의 패자(霸者). ◇海上～/해상 무역왕.

ba

★【吧(罢·罷)】 口部 | ·ba
4画 | 아이다툴 파

죄1문장의 끝에 쓰여 상의·제의·권유·명령의 어기(語氣)를 나타냄. ◇这个电影没意思, 咱们回去～/이 영화는 재미없으오, 우리 돌아 갑시다. ◇你去休息～, 有事再叫你/일이 있으면 내가 다시 부를 테니 가서 쉬어라. 2문장끝에 쓰여 동의 또는 승낙의 어기를 나타냄. ◇好～, 就这么办～!/그래, 그렇게 하자! 3문장 끝에 쓰여 확언을 피하고 추측의 말투를 나타냄. ◇他会来～?/그는 오겠죠? ◇你是中国人～?/당신은 중국인이죠? ◇你来过这里～?/여기 오셨겠죠? 4문장의 중간에 쓰여 불확실한 느낌을 나타냄. ◇他是这么说的～/그가 그렇게 말한 것 같은데. 5문장 가운데 쓰여 가정을 나타냄. 〔흔히 두 가지 사항을 열거하여 이러지도 저러지도 못하여 확정할 수 없음을 나타냄〕◇告诉她～, 怕她不高兴;不告诉她～, 她又一个劲儿地问, 真不好办/그녀에게 말하자니 언짢아해 할 것이고, 그녀에게 안 말하자니 그녀가 또 계속 물을 것이라 정말 난처하다. ⇒bā, '罢' bà

B

bāi

＊【掰(擘)】 手部 bāi
8画 나눌 **벽**

動1(손으로) 물건을 쪼개다. 까다. ◇把馒头～成两半儿/찐빵을 반으로 쪼개다. **2**절교하다. 말하다. ◇他胡～了半天, 也没说出个所以然/그는 제멋대로 한참동안 분석했는데도 이렇다 할 이유를 설명하지 못했다.

【掰腕子－완자】bāi wàn·zi 图 팔씨름.

bái

＊【白】 白部 bái
0画 흰 **백**

1形흰색. 백색. **2**形희다. ◇～纸/백지. ◇～衬衣/하얀 샤쓰. **3**形환하다. 밝다. ◇东方发～/동쪽이 밝아오다. **4**形動밝히(게 하)다. 분명하(게 하)다. ◇真相大～/진상이 완전히 밝혀졌다. ◇他蒙受了不～之冤/그는 억울한 죄를 썼다. **5**形아무것도 (없는) 백…. 맹…. ◇交～卷/백지답안을 내다. ◇～开水/끓인 맹물. **6**動헛되다. 쓸데없다. 보람없다. 〔주로 부사어로 쓰임〕 ◇我们的活儿全～干了/우리가 한 일 전부가 다 헛수고였어요. ◇买了不少药吃了, 却不见一点效果, 真是～花钱了/약을 많이 사서 먹었는데도 조금도 효과를 못봐서 정말 돈을 헛썼다. ◇～忙了一天/하루를 헛수고 했다. **7**副거저. 무료로. 공짜로. ◇～给我也不要/공짜로 준다고 해도 싫어요. ◇没～吃他的/그의 것을 공짜로 먹지 않았다. **8**形반동(反动)의. **9**形장례(葬礼)에 관계되는 것에 쓰임. **10**動도끼눈하다. 흘겨보다. 노려보다. ◇我～了他一眼/나는 그를 힐끗 노려 보았다. **11**形자음(字音)이나 자형(字形)이 틀린. ◇念～字/글자를 틀리게 읽었다. **12**動설명하다. 진술하다. ◇表～/표명하다. **13**명(演)대사(臺詞). ◇独～/독백. **14**명구어(口語)에 ◇～夹杂/문어와 구어가 섞이다. (反)〔文言 wényán〕 **15**명방언. **16**(Bái)명성(姓).

【白皑皑－애애】bái'ái'ái (～的)形(눈 따위가) 새하얗다.

【白矮星－왜성】bái'ǎixīng 명〈天〉백색 왜성. 〔발광량이 적고 크기도 작은 별〕

【白案－안】bái'àn (～儿)명주방일의 구분에서 밥·떡·찐빵 등을 만드는 일. (同)〔红 hóng 案〕

＊＊【白白－백백】báibái (～儿)**1**形(～的)새하얌. **2**副(～地)헛되이. 공연히. 쓸데없이. ◇不要让时光～过去/세월을 헛되이 보내지

않도록 해야 한다.

【白班－반】báibān (～儿)명낮 교대. 주간 근무반. 〔보통 오전 8시부터 오후 5시까지〕

【白报纸－보지】báibàozhǐ 명신문 용지. 잡지 용지.

【白璧微瑕－벽미하】bái bì wēi xiá 〈成〉옥에 티. 훌륭한 인물이나 물건에 사소한 흠. (同)〔美中不足 měi zhōng bù zú〕, (反)〔白璧无瑕 wú xiá〕

【白璧无瑕－벽무하】bái bì wú xiá 〈成〉백옥(白玉)에 전혀 흠이 없다. 완전무결하다. 순진무구하다. (同)〔十全十美 shí quán shí měi〕, (反)〔白璧微 wēi 瑕〕

【白不呲咧－부자렬】bái·bucīliē (～的)形〈方〉(의복 등이) 색이 바래 희끗희끗하다. 음식 맛이 싱겁다.

☆【白菜－채】báicài 명〈植〉배추. ◇～帮子/배추 겉잎 줄거리. 〔大 dà 白菜〕

【白吃－흘】báichī 動**1**공짜로 먹다. 거저 먹다. **2**놀고 먹다. 무위도식하다.

【白痴－치】báichī 명백치. 바보.

【白搭－탑】báidā 헛물켜다. 헛수고하다. 헛일하다.

【白带－대】báidài 명〈中醫〉냉대하. 만성질염(慢性膣炎).

【白党－당】báidǎng 명러시아 10월 혁명 이후의 반혁명파. 반동파.

【白地－지】báidì **1**명농작물을 심지 않은 땅. **2**공지(空地). 황야(荒野). **3**(～儿)흰 바탕.

【白癜风－전풍】báidiànfēng 명〈醫〉백반증(白斑症).

【白丁－정】báidīng 명재산도 지위도 없는 사람.

【白垩纪－악기】Bái'èjì 명〈地質〉백악기.

【白矾－반】báifán (同)〔明 míng 矾〕

【白饭－반】báifàn **1**맨 밥. **2**(음식점에서 주문하는) 공기밥.

【白费－비】báifèi 動헛되이 쓰다. 허비하다.

【白粉－분】báifěn 명**1**(화장하는) 분. **2**〈方〉(벽을 칠하는) 흰 석회. **3**〈方〉밀가루.

【白干儿－간아】báigānr 명60도짜리 고량주.

【白宫－궁】Bái Gōng 명백악관(白堊館).

【白骨－골】báigǔ 명백골.

【白果－과】báiguǒ 명〈植〉은행〔銀杏〕.

【白喉－후】báihóu 명〈醫〉디프테리아(diphtheria). ◇～菌/디프테리아균.

【白狐－호】báihú 명〈動〉백여우. 북극여우.

【白虎星－호성】báihǔxīng 명집안에 불행을 가져오는 여자.

【白花－화】báihuā 명**1**흰 꽃. **2**〈紡〉낙면(落綿).

【白花花－화화】báihuāhuā (～的)形하얗게 은빛으로 빛나다. (同)〔白晃 huāng 晃〕,

B

(反)〔黑糊糊 hēihūhū〕

【白话-화】báihuà **1**빈말. 허튼소리. (反)〔空 kōng 话〕**2**백화. 구어(口語). 〔현대 중국어를 가리킴〕(反)〔文言 wényán〕

【白话诗-화시】báihuàshī 옝현대시.

【白话文-화문】báihuàwén 옝구어체 문장.

【白桦-화】báihuà 옝〈植〉자작나무.

【白晃晃-황황】báihuānghuāng (~的)옝반짝반짝〔밝게〕빛나는. (同)〔白花 huā 花〕

【白灰-회】báihuī 옝석회(石灰).

【白金-금】báijīn 옝**1**〈化〉백금. (同)〔铂 bó〕**2**은(銀)의 다른 이름.

【白净-정】bái·jing 옝(살결이) 희고 깨끗하다.

*【白酒-주】báijiǔ 옝증류주의 총칭. (同)〔烧 shāo 酒〕

【白卷-권】báijuàn (~儿)옝백지 답안. ◇交~/백지 답안을 내다.

【白开水-개수】báikāishuǐ 옝끓인 맹물.

【白口-구】báikǒu 옝**1**목판 서적의 중앙의 접힌 곳의 위 아래가 공백인 것. (反)〔黑 hēi 口〕**2**(~儿)경극(京劇)과 같은 중국 전통극 따위의 대사(臺詞).

【白蜡-랍】báilà 옝**1**백랍. 백랍 벌레의 분비액. **2**수랍(水蠟). 〔밀랍을 햇볕에 쬐어 만든 순백색의 물질초를 만들 때 쓰임〕

【白兰地-란지】báilándì 옝브랜디(brandy).

【白痢-리】báilì 옝〈中醫〉〈牧〉백리.

【白莲教-련교】Báiliánjiào 옝〈宗〉백련교. 〔원(元)·명(明)·청(清)대에 유행한 비밀 결사조직〕

【白亮-량】báiliàng 옝희게 빛나다.

【白磷-린】báilín 옝〈化〉황린. 인(磷).

【白领-령】báilǐng 옝사무직. 화이트칼라 (white collar).

【白鹭-로】báilù 옝〈鳥〉백로.

【白露-로】báilù 옝백로. 〔24절기(節氣)의 하나〕

【白茫茫-망망】báimángmáng (~的)옝온통 끝없이 하얗다. (同)〔白蒙 mēng 蒙〕(反)〔黑糊糊 hēihūhū〕

【白煤-매】báiméi 옝**1**〈方〉〈礦〉무연탄(無烟炭). (同)〔无 wú 烟煤〕**2**동력용(動力用) 수력(水力).

【白蒙蒙-몽몽】báiméngmēng (~的)옝(연기·안개·증기 따위가) 자욱이 끼어 있는 모양.

【白米-미】báimǐ 옝백미. 흰쌀.

【白米饭-미반】báimǐfàn 옝흰 쌀밥.

【白面-면】báimiàn 옝밀가루.

【白面儿-면아】báimiànr 옝〈藥〉헤로인(heroin).

【白面书生-면서생】báimiàn shūshēng 〈成〉백면 서생. 샌님. 글만 읽고 세상 일에는 어두운 사람.

【白描-묘】báimiáo **1**옝〈美〉백묘. 소묘(素描). **2**옝문학 창작에서 미문(美文)으로 꾸미기보다는 사실의 객관적 서술에 치중하여 묘사하기.

【白木耳-목이】báimù'ěr 옝〈植〉흰참나무 버섯.

【白内障-내장】báinèizhàng 옝〈醫〉백내장.

【白皮书-피서】báipíshū 옝〈政〉백서(白書). 화이트 페이퍼(white paper).

【白皮松-피송】báipísōng 옝〈植〉백송. (同)〔白果 guǒ 松〕

【白旗-기】báiqí 옝**1**(항복을 표시하는) 백기. **2**옝(전쟁 때 적·아군에 서로 연락할 때 쓰이는) 백기.

【白契-계】báiqì 옝〈法〉공식 등기가 끝나지 않은 부동산 매매 계약서. 〔공식 등기를 마쳐 관인(官印)이 찍힌 것을 '红 hóng 契'라고 함〕

【白区-구】báiqū 옝백구. 〔1927~1937년 사이의 국민당 세력이 지배했던 지역〕(同)〔红 hóng 区〕

【白饶-요】báiráo **1**옝덤으로 주다. **2**옝〈方〉헛되이 고생하다. (同)〔白搭 dā〕

【白热-열】báirè 옝〈物〉백열.

【白热化-열화】báirèhuà 옝옝백 열화〔하다〕. (사태·감정 따위가) 절정에 달하다.

【白人-인】báirén 옝백인종.

【白刃-인】báirèn 옝시퍼런 칼날.

【白刃战-인전】báirènzhàn 옝백병전.

【白日-일】báirì 옝**1**태양. **2**백주(白晝). 주간. 대낮. ◇~梦/백일몽.

【白日见鬼-일견귀】báirì jiàn guǐ 〈成〉대낮에 도깨비를 보다. 황당 무계한 일을 당하다.

【白日做梦-일주몽】báirì zuò mèng 〈成〉백일몽을 꾸다.

【白肉-육】báiròu 옝돼지수육.

【白色-색】báisè 옝**1**〈色〉백색. 흰빛. **2**〈史〉반동세력. 반혁명세력. (反)〔赤 chì 色〕

【白色恐怖-색공포】báisè kǒngbù 옝〈史〉백색 테러(terror). 백색 공포.

【白鳝-선】báishàn 옝〈魚〉뱀장어.

【白芍-작】báisháo 옝〈植〉백작약(白芍藥)의 뿌리. 〔두통·현기증·귀울림에 들음〕

【白食-식】báishí **1**옝공짜밥. **2**옝공짜로 먹다.

【白事-사】báishì 옝장사(葬事). (反)〔红事〕

【白手-수】báishǒu 옝빈손. 맨손.

【白手起家-수기가】bái shǒu qǐ jiā 〈成〉자수 성가. 무일푼으로 재산을 모으다.

【白薯-서】báishǔ (同)〔甘 gān 薯〕

【白水-수】báishuǐ 옝**1**맹물. 끓인 맹물. **2**

B

〈文〉맑고 깨끗한 물.

【白汤―탕】báitāng 몡백비탕(白沸湯). 돼지수육을 끓인 국물 또는 간장을 쓰지 않고 소금으로만 간을 한 국물.

【白糖―당】báitáng 몡백설탕.

☆【白天―천】bái·tiān 몡낮. 대낮. ◇冬季时间较短/겨울에는 낮 시간이 짧다. (同)〔白日 rì〕, (反)〔晚上 wǎn·shang〕

【白条―조】báitiáo 몡비공식 영수증. 간이 영수증.

【白条猪―조저】báitiáozhū 몡도살 후 털을 뽑은 돼지.

【白铁―철】báitiě (同)〔镀锌 dùxīn 铁〕

【白厅―청】Bái Tīng 몡〈地〉화이트홀(White hall). 1영국 런던의 중심에 있는 옛 궁전. 영국의 주요 정부 기관이 있는 거리 이름. 2영국 정부에 대한 대명사.

【白铜―동】báitóng 몡양은.〔구리·아연·니켈의 합금(合金)〕

【白头翁―두옹】báitóuwēng 몡1〈鳥〉알락할미새. 2〈植〉할미꽃.

【白头偕老―두해로】báitóu xié lǎo 〈成〉부부가 사이좋게 함께 늙다. 백년 해로하다.〔신혼 때의 축사〕

【白文―문】báiwén 몡1(주석이 있는 책의) 본문(本文). 2음각. (同)〔阴 yīn 文〕, (反)〔朱 zhū 文〕

【白相―상】báixiàng 통〈方〉(빈둥빈둥) 놀다. 즐기다.

【白血病―혈병】báixuèbìng 몡〈醫〉백혈병. 속칭(俗稱) '血癌 ái'이라고도 함.

【白眼―안】báiyǎn 몡쌀쌀맞은 눈빛. 도끼눈. 깔보는 눈빛. (反)〔青 qīng 眼〕

【白眼儿狼―안아랑】báiyǎnrláng 몡〈喩〉배은망덕한 놈.

【白眼珠―안주】báiyǎnzhū (~儿)몡〈안알의〕흰자위.

【白杨―양】báiyáng (同)〔毛 máo 白杨〕

【白药―약】báiyào 몡〈藥〉지혈제 등으로 쓰이는 흰가루약.〔운남성(雲南省)특산임. '云南白药'라고도 함〕

【白夜―야】báiyè 몡〈天〉백야.

【白衣天使―의천사】báiyī tiānshǐ 몡백의천사. 간호원의 미칭(美稱).

【白衣战士―의전사】báiyī zhànshì 몡의사. 간호사.

【白蚁―의】báiyǐ 몡〈虫〉흰개미.

【白银―은】báiyín 몡은(銀). (同)〔银 1〕

【白云苍狗―운창구】bái yún cāng gǒu 〈成〉하늘의 흰 구름이 순식간에 회백색 개 모양으로 변한다.〔세상일의 변화무상함을 비유〕(同)〔白衣 yī 苍狗〕

【白芷―지】báizhǐ 몡〈植〉백지. 구리때뿌리.

【白纸―지】báizhǐ 몡백지.

【白种―종】Báizhǒng 몡〈民〉백인종.

【白昼―주】báizhòu 몡대낮. 백주. (同)〔白天·tiān〕, (反)〔黑夜 hēiyè〕

【白术―출】báizhú 몡〈植〉백출. 삽주의 덩어리진 뿌리.〔건위제로 쓰임〕

【白煮―자】báizhǔ 통물에 삶다.

【白字―자】báizì 몡틀리게 쓴 글자. 오자(誤字). 음을 틀리게 읽은 글자. (同)〔别 bié 字〕

bǎi

★【百】 白部 bǎi
1画 일백 **백**

㈜1백. 2〈喩〉많은 수. 온갖. ◇~忙之中/분주하신 가운데.

【百般―반】bǎibān 1갖가지 방법으로. 모든 수단을 다 동원하여. 2여러가지로. 갖가지.

【百步穿杨―보천양】bǎi bù chuān yáng 〈成〉백보 거리에서 화살로 버들잎을 맞추다. 백발 백중하다.

【百尺竿头, 更进一步―척간두, 경진일보】bǎi chǐ gān tóu, gèng jìn yī bù 〈成〉백척간두 진일보.〔학문이나 기량이 높은 경지에 이르렀으나 더욱 노력하여 더 높은 경지에 이르려고 함〕

【百川归海―천귀해】bǎi chuān guī hǎi 〈成〉모든 강은 바다로 흘러 든다. 분산된 사물이 한 곳으로 모이다.

【百儿八十―아말십】bǎi·er bāshí 100 안팎의 어림수.

【百发百中―발백중】bǎi fā bǎi zhòng 〈成〉백발 백중.

＊【百分比―분비】bǎifēnbǐ 몡백분비. 퍼센트(percent).

【百分号―분호】bǎifēnhào 몡〈數〉백분부(百分符). 퍼센트 부호(%).

【百分率―분율】bǎifēnlǜ 몡〈數〉백분율. 퍼센테지(percentage).

【百分数―분수】bǎifēnshù 몡퍼센트. 백분율.

【百分之百―분지백】bǎi fēn zhī bǎi 전부. 100%의. 완전히. 완전한.

【百分制―분제】bǎifēnzhì 몡백점 만점제.〔학생 성적 평가 방법의 하나〕

【百感交集―감교집】bǎi gǎn jiāo jí 〈成〉만감이 교차하다.

【百合―합】bǎihé 몡〈植〉백합.

＊【百花齐放―화제방】bǎi huā qí fàng 〈成〉백화 제방. 1서로 다른 형식의 학문·예술이 자유롭게 발전하다. 2예술계의 발전의 모습을 형용. (同)〔万紫千红 wàn zǐ qiān hóng〕, (反)〔一花独放 yī huā dú fàng〕

【百花齐放, 百家争鸣―화제방, 백가쟁명】b

ǎi huā qí fàng, bǎi jiā zhēng míng 몡〈政〉1956년 중국 공산당이 제시한 문화·예술과 사상·학문의 발전을 촉진시키는 방침.

【百花齐放, 推陈出新－화제방, 퇴진출신】b-ǎi huā qí fàng, tuī chén chū xīn 몡〈政〉중국 공산당이 1956년에 예술·과학·문화의 발전을 위해 내놓은 정책.

✻✻【百货－화】bǎihuò명여러가지 상품의 총칭. ◇日用~/일용·백화.

【百货公司－화공사】bǎihuògōngsī 몡백화점. (同)〔百货大 dà 楼〕

【百货商场－화상장】bǎihuòshāngchǎng 몡〔잡화〕시장.

✻【百家争鸣－가쟁명】bǎi jiā zhēng míng 〈成〉백가 쟁명. 중국 춘추 전국 시대 때 각종 사상을 대표하는 학파들이 자유롭게 논쟁하는 것을 가리킴.

【百科全书－과전서】bǎikē quánshū 몡〈書〉백과 사전.

【百孔千疮－공천창】bǎi kǒng qiān chuāng 〈成〉온몸이 상처 투성이임. 만신 창이. (同)〔疮痍满目 chuāngyí mǎn mù〕, (反)〔完好无缺 wán hǎo wú quē〕

【百里挑一－리도일】bǎi lǐ tiāo yī 〈成〉백에서 하나를 고르다. 매우 출중하다.

【百炼成钢－련성강】bǎi liàn chéng gāng 〈成〉단련을 반복하면 강해진다.

【百灵－령】bǎilíng명〈鳥〉1몽고종다리. 2'云雀'의 다른 이름.

【百衲本－납본】bǎinàběn 몡여러 판본(版本)이나 각인(刻印)에서 취사선택하여 편찬한 책. 예를 들면, '百衲本《二十四史》'등.

【百衲衣－납의】bǎinàyī 몡1승의(僧衣). 가사(袈裟). 2누더기.

【百年－년】bǎinián 몡1백 년. 대단히 긴 시간. 2(사람의) 평생.

【百年大计－년대계】bǎi nián dàjì 〈成〉백년 대계.

【百十－십】bǎishí ㈜100정도. 100남짓.

【百事通－사통】bǎishìtōng 몡박식한 사람. 척척박사. (同)〔万 wàn 事通〕

【百思不解－사불해】bǎi sī bù jiě 〈成〉아무리 생각하여도 이해가 되지 않다. 불가사의하다. (反)〔恍然大悟 huǎngrán dà wù〕

【百万－만】bǎiwàn ㈜1백만. 2(轉)다수. 거액.

【百闻不如一见－문불여일견】bǎi wén bù rú yī jiàn 〈諺〉백문이 불여 일견. 백 번 듣는 것이 한 번 보는 것만 못하다.

【百无禁忌－무금기】bǎi wú jìnjì 〈成〉아무 것도 조심하지 않다. 조금도 꺼리낄 것 없다.

【百无聊赖－무료뢰】bǎi wú liáolài 〈成〉마

음을 의탁할 만한 일이 아무 것도 없다. 따분하기 이를 데 없다.

【百无一失－무일실】bǎi wú yī shī 〈成〉백 번에 한 번의 실수도 없다. 절대로 틀림이 없다.

【百无一是－무일시】bǎi wú yī shì 〈成〉백에 하나도 옳은 것이 없다. 오류 투성이다.

【百姓－성】bǎixìng 몡백성. 국민. (同)〔庶民 shùmín〕, (反)〔官吏 guānlì〕

【百业－업】bǎiyè 몡온갖 직업.

【百叶窗－엽창】bǎiyèchuāng 몡1(창문 따위에 다는) 브라인드. 2브라인드와 같은 장치나 설비.

【百战不殆－전불태】bǎi zhàn bù dài 〈成〉백 번 싸워도 위험하지 않다.

【百折不挠－절부뇨】bǎi zhé bù náo 〈成〉불요불굴. 어떤 어려움에도 의지를 꺾이지 않음. (同)〔不屈不挠 bù qū bù náo〕, (反)〔一蹶不振 yī jué bù zhèn〕

【百足之虫, 死而不僵－족지충, 사이불강】bǎi zú zhī chóng, sǐ ér bù jiāng 〈諺〉지네는 죽어도 굳어지지 않는다. 세도가가 망해도 여전히 세력이 남아 있다.

【伯】亻部 bǎi
5画 맏 백
〔大伯子 dàbǎi·zi〕⇒bó

【佰】亻部 bǎi
6画 백사람의 백, 어른 백
㉡백. '百' 자(字)의 갖은字. 〔증서 따위의 금액을 기재할 때 사용함〕

【柏(栢)】木部 bǎi
5画 잣나무 백
몡1〈植〉측백나무. ◇侧 cè ~/측백나무. 2(Bǎi)성(姓). ⇒bó, bò

✻✻【柏树－수】bǎishù 몡〈植〉측백나무.

【柏油－유】bǎiyóu 몡〈俗〉(同)〔沥青 lìqīng〕

★【摆·擺(⁶襬)】扌部 bǎi
10画 열 파
1통놓다. 늘어놓다. 진열하다. ◇书架上~着各种工具书/책장에 각종 참고서가 놓여 있다. (同)〔放 fàng〕2통드러내다. 뽐내다. 과시하다. ◇喜怒哀乐都~在脸上/희로애락이 전부 얼굴에 드러나다. (同)〔显 xiǎn〕, (反)〔隐 yǐn〕3통흔들다. 젓다. ◇他向我直~手/그는 나를 향해 계속해서 손을 흔들었다. (同)〔摇 yáo〕4통진자. 시계의 추. 5통말하다. 진술하다. ◇有什么不顺心的事, 跟我一~/무슨 여의치 않은 일이 있으면 나에게 말해 보시오. ◇我们来~事实, 好吗?/우리 사실을 말하는 것이 어때? 6몡윗옷의 옷자락. (同)〔下 xià 摆〕

【摆布－포】bǎi·bu 통1진열하다. 장식하다. 꾸미다. 2(남의 행동을) 조종하다. 지배

B

하다.
【摆荡－탕】bǎidàng [동]흔들거리다. 동요하다.
*【摆动－동】bǎidòng 1[동]흔들거리다. 흔들다. ◇树枝儿迎风～/나뭇가지가 바람에 흔들리다. (同)〔摇 yáo 摆〕, (反)〔平稳 píngwěn〕 2[명]〈機〉진동(振動). 동요(動搖). ◇起伏～/기복 진동.
【摆渡－도】bǎi//dù [동]1나룻배로 강을 건너다. 나룻배로 운반하다. 2(bǎi·dù)[명]배.
【摆划－획】bǎi·hua [동]〈方〉1자꾸 만지작거리다. 2처리하다. 3정리하다. 수리하다.
【摆架子－가자】bǎijià·zi 거드름 피우다. 몸에 힘주다.
【摆列－렬】bǎiliè [동]진열하다. 전시하다.
【摆门面－문면】bǎi mén·miàn [동]겉치레를 하다. 허세부리다. (同)〔摆谱儿 bǎi//pǔr〕
【摆弄－롱】bǎinòng [동]1만지작 거리다. 2놀리다. 3〈方〉어떤 일을 하다. …을 다루다.
【摆平－평】bǎi//píng [동]1균형되게 놓다. 공정하게 처리하다. 2〈方〉처벌하다. (귀찮은 일을) 처치하다.
【摆谱儿－보아】bǎi//pǔr [동]〈方〉1겉치레를 하다. (同)〔摆门面 bǎi mén·miàn〕 2거드름 피우다. 뽐내다. (同)〔摆架子 bǎi//jià·zi〕
【摆设－설】bǎishè [동]꾸미다. 장식하다.
【摆设－설】bǎi·she [명]1(～儿)장식품. 〔대개 예술품을 가리킴〕 2전시용 장식물.
【摆手－수】bǎi//shǒu [동]손을 내젓다. 손을 흔들다.
【摆摊子－탄자】bǎi tān·zi (～儿)1노점(露店)을 벌이다. 2(전시하기 위해) 물건을 늘어놓다. 3〈喩〉〈貶〉겉치레를 하다.
⁑【摆脱－탈】bǎituō [동](속박·어려운 상황 따위에서) 벗어나다. ◇～贫穷落后的状态/가난하고 낙후한 상황에서 벗어나다. (同)〔脱身 tuō shēn〕, (反)〔控制 kòngzhì〕 [비교]摆脱:脱离 주관적으로 떠나고 싶지 않을 때는 "摆脱"를 쓰지 않고 "脱离"를 쓴다. ◇这些质朴的农民一生从未(×摆脱)脱离过劳动/그 순박한 농민들은 평생동안 농사에서 손 뗀 적이 없었다.
【摆桌－탁】bǎi//zhuō [동]술자리를 마련하다. 연회를 마련하다.

bài

☆【败·敗】 贝部 4画 | 攵部 4画 | bài 무너질 **패**

[동]1지다. 패하다. (同)〔输 shū〕, (反)〔胜 shèng〕 ◇这次比赛他～了/이번 시합은 그가 졌다. 2패배시키다. 이기다. ◇大～侵略军/침략군을 대파했다. (同)〔破 pò〕, (反)〔胜 shèng〕 3(일이) 실패하다. 이루지 못하다. ◇不计成～/성공과 실패를 따지지 않다. (反)〔成 chéng〕 4(일을) 망치다. 그르치다. ◇这份家业全让他儿子给～光了/그 가업은 전부 그의 아들이 싹 망쳐 버렸다. 5제거하다. 발산시키다. 6쇠퇴하다. 부패하다. 시들다. ◇枯枝～叶/가지가 마르고 잎이 시들다. (同)〔凋 diāo〕, (反)〔荣 róng〕 7몰락하다. 망하다. ◇～家/집안이 몰락하다.
【败北－북】bàiběi [명][동]패배(하다). (同)〔失 shī 败〕, (反)〔胜利 shènglì〕
【败笔－필】bàibǐ [명]1몽당붓. 못 쓰게 된 붓. 독필(禿筆). 2그림·시문·글씨 등의 결점〔흠〕. (反)〔佳句 jiājù〕
【败兵－병】bàibīng [명]패잔병(敗殘兵).
*【败坏－괴】bàihuài [명]1(명예·풍속 따위를) 손상시키다. 해치다. (同)〔损害 sǔnhài〕 2[형](도덕·기율 따위가) 극도로 나빠지다. 타락하다. ◇道德～/도덕이 타락되다. (同)〔恶劣 èliè〕, (反)〔高尚 gāoshàng〕
【败家－가】bài//jiā [동]집안을 망치다.
【败家子－가자】bàijiāzǐ (～儿)[명]집안을 망치는 자식. 방탕아.
【败将－장】bàijiàng [명]〈文〉패장. 〔싸움에서 패한 장수〕
【败局－국】bàijú [명]실패한 국면. (反)〔胜券 shèngquàn〕
【败军－군】bàijūn [명]싸움에서 패한 군대.
【败类－류】bàilèi [명]배반하거나 변절한 자.
【败露－로】bàilù [동](나쁜 일이나 음모 등이) 폭로되다. 발각되다. 들통나다. (同)〔暴露 bàolù〕, (反)〔隐瞒 yǐnmán〕
【败诉－소】bàisù [명][동]패소(하다). (反)〔胜 shèng 诉〕
【败退－퇴】bàituì [동]패퇴하다. 〔싸움에서 패하여 후퇴하다〕
【败兴－흥】bài//xìng [동]1흥을 깨뜨리다. 분위기가 깨지다. (同)〔扫兴 sǎo xìng〕, (反)〔尽兴 jìnxìng〕 2재수가 없다. 운이 사납다.
【败叶－엽】bàiyè [명]시든 나뭇잎.
【败仗－장】bàizhàng [명]패전. (反)〔胜 shèng 仗〕

*【拜】 手部 5画 | bài 절 **배**

1[명]경의를 표시하는 예절. ◇回～/답례로 방문하다. 2[동]절하다. 섬기다. ◇～佛/부처님을 섬기다. 3[동]상대방에게 인사하며 축하나 경의의 뜻을 표하다. ◇～年/새해 인사를 드리다. 4[동]방문하다. 찾아뵙다. ◇～公婆/시부모님을 찾아뵙다. 5[동]관직에 임명되다. ◇～将/장수에 임명되다. 6[동]공경스럽게 상대방과 어떤 관계를 맺다. ◇我～他为师学钢琴/나는 그를 스승

B

으로 모시며 피아노를 배운다. **7**(동사의 앞에 쓰여) 삼가의 뜻으로 쓰임. ◇~读 大作/대작을 삼가 읽다. **8**(Bài)몡성(姓).

【拜把子─파자】bài bǎ·zi 의형제를 맺다.

【拜拜─배】bài·bai 몡**1**옛날 부녀자들이 하는 절. **2**〈方〉대만·민남 지역에서 명절날 행하는 제례의식. **3**〈音譯〉빠이빠이(bye ─bye). 안녕.

【拜倒─도】bàidǎo 통엎드려 절하다. 〔부정적으로 쓰임〕

【拜读─독】bàidú 통삼가 읽다.

＊＊【拜访─방】bàifǎng 몡통〈敬〉예방(하다). 방문하다. ◇有时间─定到你家去~~/시간 있으면 꼭 당신 집을 예방하겠습니다.

〔비교拜访:旅游:探望 ①여행이나 관광일 경우에는 "拜访"을 쓸 수 없고 "旅游"를 쓴다. ◇去年我来中国(×拜访)旅游了一个星期/작년에 나는 중국에 와서 1주간 관광했다. ②친지방문에는 "拜访"을 쓰지 못하고 "探望"을 쓴다. ◇每年夏天我都要去(×拜访)探望我的姥姥/매년 여름마다 나는 내 할머니를 찾아뵈러 간다.

【拜佛─불】bài//fó 불불상 앞에서 절하다.

【拜服─복】bàifú 통탄복하다. 경복하다. (同)〔佩 pèi 服〕

＊＊【拜会─회】bàihuì 통예방하다. 〔대개 외교상의 정식 방문에 쓰임〕

【拜见─견】bàijiàn 통알현하다. 찾아 뵙다.

【拜节─절】bài//jié 통명절을 축하하다. 명절인사 드리다.

【拜金─금】bàijīn 몡돈을 숭배하다.

【拜金主义─금주의】bàijīn zhǔyì 몡배금주의〔금전만능주의〕

【拜客─객】bài//kè 통손님으로 방문하다. 인사드리러 가다.

【拜盟─맹】bài//méng (同)〔拜把子 bài bǎ·zi〕

＊【拜年─년】bài//nián 통세배하다. 새해 인사를 하다. ◇大妈, 我们您来啦!/아주머니, 저희가 새해인사 드리러 왔어요!

【拜师─사】bài//shī 통스승으로 모시다. 제자가 되다. 사사(師事)하다.

【拜堂─당】bài//táng 통**1**(옛날 결혼식에서) 신랑 신부가 천지 신령과 웃어른에게 절하고, 이어 맞절을 하다. (同)〔拜天地 tiāndì〕**2**결혼하다.

【拜天地─천지】bài tiāndì (同)〔拜堂 táng〕

【拜托─탁】bàituō 통〈敬〉삼가 부탁합니다. 부탁드리다.

【拜望─망】bàiwàng 통〈敬〉방문하다. 인사를 여쭙다. 찾아뵙다.

【拜物教─물교】bàiwùjiào 몡**1**배물교(fetishism). **2**〈喩〉물신 숭배(物神崇拜). 우상 숭배.

【拜谢─사】bàixiè 통감사의 말을 드리다.

【拜谒─알】bàiyè 통배알하다. 참배하다. (同)〔拜见 jiàn〕

【稗】禾部 bài / 8画 돌피 **패**

1몡〈植〉피. **2**몡〈文〉사소한. 하찮은. ◇~史/(일상의 사소한 일을 기록한) 야사(野史) 또는 소설.

【稗官野史─관야사】bàiguān yěshǐ 몡패관야사. 〔'稗官'은 고대의 낮은 관직의 하나로 왕에게 세간의 소문이나 풍속이야기를 들려주는 일을 맡아 하였다. 후에 소설을 '稗官'이라고 하며 자질구레하고 사소한 일을 기록한 글을 '稗官野史'라고 함〕

【稗子─자】bài·zi 몡〈植〉돌피. (同)〔稗草 cǎo〕

扳 21	班 21	般 22	颁 22	斑 22	搬 22
瓣 23	板 23	版 23	办 23	半 24	扮 25
伴 25	拌 25	绊 25	瓣 25		

bān

＊【扳】扌部 bān / 4画 당길 **반**

통**1**잡아 당기다. (손가락 따위를) 꼽다. 틀다. 젖히다. **2**다 진 것을 이기게 하다. ◇客队经过苦战, ~回了一球, 踢成平局/ 원정팀은 고전 속에서 한 골을 만회해 비겼다. ⇒pān

【扳本─본】bān//běn (~儿)통〈方〉(同)〔翻 fān 本〕

【扳不倒儿─부도아】bānbùdǎor 명오뚝이. (同)〔不倒翁 wēng〕

【扳道─도】bān//dào 통(전철기(轉轍機)를 조작하여 열차 차량을) 다른 선로로 옮기다.

【扳机─기】bānjī 명방아쇠.

【扳手─수】bān·shou 명**1**〈機〉스패너(spanner). **2**손잡이. 자루. 쥐는 곳.

【扳子─자】bān·zi (同)〔扳手 shou **1**〕

★【班】王部 bān / 6画 벌려설 **반**

1명반. 조(組). 그룹(group). ◇~上有十五个学生/반에는 15명의 학생이 있다. **2**(~儿)명근무. 근무시간. ◇上~/출근하다. ◇下~/퇴근하다. **3**명〈軍〉분대. ◇~长/분대장. **4**(~儿)명옛날 극단(劇團)을 일컫던 말. **5**양무리. …들. ◇这~年轻人真了不起/이 젊은이들은 정말 대단하다. **6**양시간제로 운행되는 교통수단. ◇搭下一~火车/다음 기차를 타다. **7**명정시(定時)에 혹은 정기적으로 발차하거나 운항

B

하는. ◇~机/정기노선. 여객기. 8동(군대를) 귀환·이동시키다. 9(Bān)명성(姓).

【班辈－배】bānbèi (~儿)명〈方〉항렬(行列).

【班车－차】bānchē 명정기운행 차량.

【班次－차】bāncì 명1학년. 2정기적으로 운행하는 교통수단의 운행 횟수.

＊【班机－기】bānjī 명정기 여객기. ◇两国首都之间有~来往/양국의 수도 사이에 정기 여객기가 운행되고 있다.

【班级－급】bānjí 명학급. 학년.

＊＊【班轮－륜】bānlún 명정기선(定期船).

【班门弄斧－문롱부】bān mén nòng fǔ〈成〉노(鲁)나라 명공(名工) 노반(鲁班)의 문 앞에서 도끼질한다. 공자 앞에서 문자 쓴다.

【班配－배】bānpèi (同)〔般 bān 配〕

【班期－기】bānqī 명(선박·차·항공기 등의) 운행 일정.

【班师－사】bānshī 동〈文〉군대를 철수시키다. 개선하다.

【班长－장】bānzhǎng 명반장. 급장. 분대장.

【班主－주】bānzhǔ 명옛 극단의 흥행주.

【班主任－주임】bānzhǔrèn 명학급 담임.

＊【班子－자】bān·zi 명1극단의 구칭(舊稱). 2부(部). 팀. 대(隊). ◇生产~/생산부.

【班组－조】bānzǔ 명(기업에서 생산의 최소 단위인) 조(组).

＊＊ 【般】舟部 bān
4画 │ 일반 **반**

1명종류. 방법. 가지. ◇这~/이러한 종류. 2동…같은. …와[과] 같은 모양[종류]. ◇珍珠~的露水/진주같은 이슬. (同)〔一样 yàng〕3(同)〔搬 bān 移〕⇒pán

【般配－배】bānpèi 형〈方〉1(혼인에서) 남녀가 잘 어울리다. 걸맞다. 2(옷차림·사는 곳 따위가 신분에) 어울리다.

【颂·頌】頁部 bān
4画 │ 반포할 **반**

동공포하다. 반포하다. ◇~布命令/명령을 공포하다. (同)〔发 fā〕, (反)〔收 shōu〕

【颁白－백】bānbái (同)〔斑 bān 白〕

【颁布－포】bānbù 동반포하다. 공포하다. (同)〔颁发 fā〕, (反)〔收回 shōuhuí〕◇~法令/법령을 반포하다.

＊【颁发－발】bānfā 동1(법령·정책 등을) 하달하다. 공포하다. 발포하다. ◇条例自~之日起执行/조항은 공포일로부터 실행된다. 2(훈장·상장·증서·증명서 등을) 수여하다. ◇~奖章/메달을 수여하다.

【颁奖－장】bān// jiǎng 동상을 주다. (同)〔发 fā 奖〕, (反)〔领 lǐng 奖〕

＊ 【斑】王部 │ 文部 bān
8画 │ 8画 │ 얼룩질 **반**

1명얼룩. 반점. ◇油~/기름 얼룩. 2형반

점이나 얼룩 무늬가 있는. 얼룩얼룩하다. ◇~马/얼룩말.

【斑白－백】bānbái 명형〈文〉반백(이다). 희끗희끗하다.

【斑斑－반】bānbān 형얼룩얼룩하다. 반점이 많은 모양.

【斑驳－박】bānbó 형〈文〉여러가지 빛깔이 뒤섞여 얼룩덜룩하다〔알록달록하다〕. (同)〔斑驳 bó〕, (反)〔纯 chún〕

【斑驳陆离－박륙리】bānbó lùlí〈成〉아롱다롱하다. 알록달록하다.

【斑点－점】bāndiǎn 명반점. 얼룩점.

【斑鸠－구】bānjiū 명〈鸟〉산비둘기.

【斑斓－란】bānlán 형〈文〉색깔이 알록달록하고 찬란하다. (同)〔多彩 duōcǎi〕, (反)〔素净 sù·jing〕

【斑马－마】bānmǎ 명〈动〉얼룩말.

【斑秃－독】bāntū 명〈医〉원형 탈모증. (同)〔鬼剃头 guǐtìtóu〕

【斑纹－문】bānwén 명얼룩무늬.

【斑竹－죽】bānzhú 명〈植〉반죽. (同)〔湘 xiāng 妃 jì 竹〕

★ 【搬(般)】扌部 bān
10画 │ 옮길 **반**

동1운반하다. 옮기다. ◇把桌子~走/책상을 옮겼다. 2이사하다. ◇他家~到上海去了/그의 집은 상해로 이사했다. 비교搬: 调 사람의 이동, 교체, 경질, 변경을 나타낼 때에는 "搬"을 쓰지 않고 "调"를 쓴다. ◇从这个学期开始我(×搬)调到他们班来了/나는 이번 학기부터 그들 반으로 옮겼다.

【搬兵－병】bān//bīng 동원군을 지원받다〔요청하다〕. 〈喩〉지원을 요청하다.

【搬家－가】bān//jiā 동1이사하다. 이전하다. 2장소나 위치를 옮기다.

【搬弄－롱】bānnòng 동1손으로 움직이다. 만지작거리다. 2뽐내다. 과시하다. 3이간시키다.

【搬弄是非－롱시비】bānnòng shìfēi〈成〉말을 옮겨 이간질 시키다.

【搬起石头打自己的脚－기석두타자기적각】bān qǐ shí·tou dǎ zìjǐ·de jiǎo〈成〉돌을 들어올려 제 발등을 찍다. 자기가 판 함정에 자기가 빠지다. 누워서 침뱉기. (同)〔自食恶果 zì shí è guǒ〕

【搬迁－천】bānqiān 동옮기다.

【搬舌头－설두】bān shé·tou (同)〔搬弄 nòng 是非〕

【搬演－연】bānyǎn 동(지난 일 또는 다른 곳에서 일어난 일을) 재연하다.

【搬移－이】bānyí 동1(물건·물체를) 옮기다. 움직이다. 2이사가다. 옮기다.

【搬用－용】bānyòng 동(규정, 방법 따위

를) 남의 것을 그대로 쓰다. 답습하다.
*【搬运－운】bānyùn 명동운반(하다). 수송
(하다). 옮기다. ◇～货物/화물을 운반하다.

【瘢】 扩部 | bān
10画 | 헌데자리 **반**
　명허물. 흉터. ◇刀～/칼에 배인 흉터.
【瘢痕－흔】bānhén 명허물. 흉터.

bǎn

☆【板(⁹闆)】 木部 | bǎn
　　　　　4画 | 널조각 **판**
　1(～儿)명널. 판. 판자. (反)〔和 hé〕2
(～儿)명널빤지. 〔점포에 한 짝씩 끼웠
다 떼었다 할 수 있는 문〕◇铺子都上了
～儿了/상점은 모두 빈지를 닫았다. 3명
〈音〉박판(拍板). 〔박자를 맞추는 악기〕
◇檀～/박달나무로 만든 박판. 4(～儿)
명〈音〉곡조. 박자. ◇快～/빠른 곡조. →
〔板眼 yǎn〕5명홀판. 6명융통성이 없다.
무뚝뚝하다. (同)〔死 sǐ〕, (反)〔活 huó〕7
형단단하다. 뺏뻣하다. ◇地～了, 锄不下
去/땅이 단단해서 김맬 수가 없다. 8명정
색(正色)하다. ◇～着脸/얼굴을 정색하
고 있다. 9(同)〔老 lǎo 板〕
【板板六十四－판육십사】bǎnbǎn liùshísì 획
일적이다. 융통성이 없다.
【板报－보】bǎnbào 명흑판 신문. 벽 신문.
【板壁－벽】bǎnbì 명판벽. 판자 벽.
【板擦儿－찰아】bǎncār 명칠판 지우개.
【板锉－좌】bǎncuò 명〈機〉평형줄. (同)〔扁
biǎn 锉〕
【板凳－등】bǎndèng (～儿)명(등받이가 없
는) 긴 나무 걸상.
【板斧－부】bǎnfú 명날이 넓은 손도끼.
【板胡－호】bǎnhú 명2胡〉호금(胡弓)의 일
종. 〔二胡'보다도 높은 음역을 갖음〕
【板结－결】bǎnjié 동토양이 굳어지다. (同)
〔结实 jiē·shí〕, (反)〔疏松 shūsōng〕
【板栗－률】bǎnlì 명밤.
【板上钉钉－상정정】bǎn shàng dìng dīng
〈成〉(일이) 이미 결정되어 변경할 수 없
다. 못박다.
【板式－식】bǎnshì 명중국 전통희곡 노래
곡조의 박자 형식.
【板书－서】bǎnshū 1동칠판에 글자를 쓰
다. 판서하다. 2명칠판에 쓴 글자.
【板刷－쇄】bǎnshuā 명털이 억세고 자루가
없는 세탁용 솔.
【板瓦－와】bǎnwǎ 명평(平)기와.
【板鸭－압】bǎnyā 명오리를 소금에 절였
다가 납작하게 눌러서 건조시킨 것.
【板牙－아】bǎnyá 명1〈方〉문치(門齒). 앞
니. 2〈方〉구치(臼齒). 어금니. 3〈機〉다이
스(dies).

【板烟－연】bǎnyān 명압축하여 납작하게
만든 담배.
【板眼－안】bǎnyǎn 명1〈音〉중국 전통극이
나 음악의 박자. 2〈喩〉(일의) 조리. 질
서. 3〈方〉〈喩〉요령. 꾀. 방법.
【板油－유】bǎnyóu 명(돼지의) 기름.
【板正－정】bǎnzhèng 형1단정하다. 가지런
하다. 2(태도·표정 따위가) 엄숙하고 진
지하다.
【板滞－체】bǎnzhì 형(문장이) 딱딱하다.
(그림이) 생동감이 없다. (표정이) 무뚝
뚝하다. (同)〔呆 dāi 滞〕, (反)〔灵活 líng
huó〕
【板子－자】bǎn·zi 명1널빤지. 판자. 2곤장.

*【版】 片部 | bǎn
　　　　4画 | 조각 **판**
　명1판. 인쇄판. ◇铜～/동판. 2인쇄물의
인쇄 출판 횟수. ◇第二～/제 2판. 3신문
의 지면(紙面). ◇头～新闻/(신문의) 제
1면 뉴스. 4담틀. 축판(筑版).
【版本－본】bǎnběn 명판본.
【版次－차】bǎncì 명서적의 출판 횟수. 판수.
【版画－화】bǎnhuà 명〈美〉판화.
【版籍－적】bǎnjí 명1호적부(戶籍簿). 토지
대장. 2(국가의) 영토. 영역. 3〈文〉서적.
【版刻－각】bǎnkè 명판각.
【版口－구】bǎnkǒu 명판구. 판심(版心).
【版面－면】bǎnmiàn 명1(신문·잡지·서적
의) 지면(紙面). 2편집 배정. 레이아우트
(layout).
【版权－권】bǎnquán 명저작권.
【版权页－권혈】bǎnquányè 명판권장(版權
張). 〔저작자·출판사·판수·인쇄일 등이
기재됨〕
【版式－식】bǎnshì 명판식. 행관(行款).
【版税－세】bǎnshuì 명인세(印稅).
【版图－도】bǎntú 명호적과 지도. 〈轉〉국
가의 영역. 영토.
【版心－심】bǎnxīn 명〈印〉1판면(版面, pr-
inted area). 2(同)〔版口 kǒu〕

bàn

★【办·辦】 力部 | bàn
　　　　　2画 | 힘들일 **판**
　동1(일 따위를) 처리하다. (수속을) 밟
다. ◇你看着～吧/네가 알아서 처리해라.
2창설하다. 경영하다. 운영하다. ◇～工
厂/공장을 경영하다. 3구입하다. 구매하
다. ◇新年快到了, 工会为职工～了很多年
货/새해가 다가오자 노동조합은 직원들
을 위해 설맞이 식품을 많이 샀다. 4처벌
하다. ◇法～/법에 의해 처벌하다.

【办案－안】bàn//àn [동]사건을 조사하여 처리하다.
★【办法－법】bànfǎ [명]방법. 수단. ◇说什么他都不听，真没～/그는 아무 말도 듣지 않으니 정말 어쩔 수 없다.

B

【办稿－고】bàn//gǎo [동]공문서를 기안(起案)하다.
☆【办公－공】bàn//gōng [동]집무하다. 공무를 보다. ◇你在什么地方～?/당신은 어디서 근무하세요?
★【办公室－공실】bàngōngshì [명]사무실.
⁑【办理－리】bànlǐ [동]처리하다. 취급하다. ◇～进出口业务/수출입 업무를 취급하다.
☆【办事－사】bàn//shì [동]일을 하다. 사무를 보다. ◇按原则～/원칙대로 일을 하다.
【办事员－사원】bànshìyuán [명]사무원.
*【办学－학】bàn//xué [동]1학교를 설립하다. 2학교를 운영하다.

★【半·半】丶部 4画 | 十部 3画 | bàn 절반 **반**

1[수]2분의 1. 반. 절반. 〔정수가 없을 때는 양사의 앞에, 정수가 있을 때는 양사의 뒤에 쓰임〕◇一个～月/한 달 반. 2[형]중간의. 반쯤의. ◇～路上/도중(途中). 3[수]매우 적은 양을 나타냄. 4[부]반쯤. 불완전하게. ◇～躺着/반쯤 누워있다. ◇～张着嘴/입을 반쯤 열었다.
【半百－백】bànbǎi [명]50. 오십. 〔주로 나이에 쓰임〕
【半…半…－…반…】bàn… bàn… 서로 상반되는 의미를 지닌 단음절의 형용사·동사·명사를 써서 대립하는 두 가지의 성질 또는 상태가 동시에 존재하는 것을 나타냄. ◇半信半疑/반신 반의.
【半半拉拉－반랍랍】bàn·banlālā [형]〈口〉불완전하다.
【半辈子－배자】bànbèi·zi [명]반평생. 〔중년 이전이나 그 이후〕
【半壁－벽】bànbì [명]〈文〉강산의 절반.
【半边－변】bànbiān [명]1(～儿)한쪽. 반쪽. 2〈方〉옆.
【半边人－변인】bànbiānrén [명]과부. 미망인.
*【半边天－변천】bànbiāntiān [명]1하늘의 반쪽. ◇夕阳映红了～/석양이 하늘의 절반을 붉게 물들였다. 2〈喩〉(신사회의) 여성.
【半成品－성품】bànchéngpǐn [명]반제품.
【半大－대】bàndà [형]중간치의.
⁑【半岛－도】bàndǎo [명]반도.
☆【半导体－도체】bàndǎotǐ [명]〈物〉반도체.
【半道儿－도아】bàndàor [명]도중. 중도. (同)〔半路 lù〕
【半吊子－조자】bàndiào·zi [명]1무분별하고 경솔한 사람. 2반거들충이. 반거충이. 얼치기. 3불성실한 사람.
【半封建－봉건】bànfēngjiàn [명]반봉건.
【半工半读－공반독】bàn gōng bàn dú 〈成〉일하면서 배우다.
【半价－가】bànjià [명]반 값.
*【半截－절】bànjié (～儿)[명]절반. ◇话只说了～儿/말을 절반만 했다.
【半斤八两－근팔량】bàn jīn bā liǎng 〈成〉〈貶〉어슷비슷하다. 대동소이하다. (同)〔不相上下 bù xiāng shàng xià〕, (反)〔高下悬殊 gāo xià xuán shū〕
*【半径－경】bànjìng [명]〈數〉반경.
【半决赛－결새】bànjuésài [명]〈體〉준결승.
【半空－공】bànkōng 1[명]공중. 2[형]속이 덜 차다. (同)〔半空中 zhōng〕
☆【半拉－랍】bànlǎ [명]〈方〉반쪽. 절반. 반 조각. ◇～馒头/찐빵 반 조각. (同)〔半个 ge〕
【半劳动力－노동력】bànláodònglì [명](노약자·병자·신체 장애자처럼) 반 사람 몫밖에 일을 못하는 사람.
【半老徐娘－로서랑】bànlǎo xúniáng [명]여전히 성적 매력이 있는 중년 부인.
*【半路－로】bànlù (～儿)[명]1도중. 길을 가는 중. ◇走到～，天就黑了/절반까지 갔는데 날이 어두워졌다. 2(일의) 도중. 일의 중간.
【半路出家－로출가】bànlù chūjiā (본래하던 일을 그만두고) 새 직업에 손대다. 전업(轉業)하다. (反)〔科班出身 kēbān chūshēn〕
【半票－표】bànpiào [명]반표. 반액권.
【半瓶醋－병초】bànpíngcù [명]〈口〉(지식·기술 등에 대해) 반거충이.
【半晌－상】bànshǎng [명]〈方〉1반나절. 2한참 동안.
【半生－생】bànshēng [명]반평생.
【半生不熟－생부숙】bàn shēng bù shú 〈成〉반숙. 덜 익다. 어설프다.
【半世－세】bànshì (同)〔半辈子 bànbèi·zi〕
*【半数－수】bànshù [명]반. ◇～以上/반 이상.
【半死－사】bànsǐ [형]반죽음당하다. 고생을 몹시 하다.
【半死不活－사불활】bàn sǐ bù huó 〈成〉반죽음이 되다. 반생 반사. 숨이 다 끊어져 가다.
★【半天－천】bàntiān [명]1반나절. ◇这点儿活儿，～就干完了/요만한 일은 반나절이면 다 한다. 2한참 동안. ◇他十分激动，～说不出话来/그는 아주 흥분해서 한참동안 말을 못했다.
【半途－도】bàntú (同)〔半路 lù〕
*【半途而废－도이폐】bàn tú ér fèi 〈成〉(일을 완성하지 않고) 중도에서 그만두다. (同)〔有始无终 yǒu shǐ wú zhōng〕, (反)

〔全始全终 quán shǐ quán zhōng〕
【半信半疑－신반의】bàn xìn bàn yí〈成〉반
신 반의. (同)〔将信将疑 jiāngxìn jiāng y-
í〕, (反)〔坚信不疑 jiān xìn bù xí〕
☆【半夜－야】bànyè 图**1**반소 (半宵). 〔하룻밤
의 절반〕 ◇前 qián~/초저녁부터 자정까
지 사이. 이른밤. **2**한밤중. 심야. ◇他常
常一干就干到~/그는 늘 일하면 한밤중
까지 일한다.
【半夜三更－야삼경】bàn yè sān gēng〈成〉
한밤중.
【半圆－원】bànyuán 图〈數〉반원.
【半元音－원음】bànyuányīn 图〈言〉반모음.
＊【半真半假－진반가】bàn zhēn bàn jiǎ〈成〉
참인 것도 같고, 거짓인 것도 같다.
【半月－월】bànyuè 图**1**반달. 1개월의 반. **2**
반달. 반월. 반달꼴.
【半月刊－월간】bànyuèkān 图격월간지. 〔15
일마다 출간되는 정기 간행물〕
【半自动－자동】bànzìdòng 图반자동.

＊【扮】扌部 bàn
   섞을 **분**, 꾸밀 **반**
图**1**(…로) 분장하다. 꾸미다. ◇男~女装
/남자가 여장하다. **2**얼굴에 어떤 표정을
짓다.
【扮鬼脸－귀검】bàn guǐliǎn 아래 눈꺼풀을
내려 혓바닥 속을 보이며 놀리다.
【扮戏－희】bàn/xì 图**1**(연극 배우가) 분장
하다. **2**〈文〉연극·연기하다.
【扮相－상】bànxiàng 图**1**(연극에서) 분장
한 모습. **2**꾸민 모양.
【扮演－연】bànyǎn 图…의 역을 맡다. ◇
她在《白毛女》里~喜儿/그녀는 백모녀에
서 희아의 역을 맡았다.
【扮装－장】bànzhuāng 图(연극 배우가) 분
장하다.

＊【伴】亻部 bàn
   5画 짝 **반**
1(~儿)图동행자. 반려(伴侣). 짝. ◇我
得 děi 找个~儿一块儿去/나는 같이 갈
사람을 찾아 같이 가야겠다. **2**图동반하
다. 모시다.
【伴唱－창】bànchàng 图반주에 맞추어 노
래하다.
【伴当－당】bàndāng 图(옛날의) 종자. 수
행인.
【伴酒－주】bànjiǔ 图(술집에서) 다른 손님
과 함께 술을 마시다.
【伴郎－랑】bànláng 图신랑 들러리.
＊【伴侣－려】bànlǚ 图반려. 동반자.
【伴娘－랑】bànniáng 图신부 들러리.
【伴儿－아】bànr 图반려.. 짝.
＊【伴随－수】bànsuí 图따라가다. 동행하다.
◇肖邦的夜曲~我度过了这个晚上/쇼팽의

야상곡과 더불어 나는 이 밤을 보냈다.
【伴同－동】bàntóng 图동반하다. 수반하다.
【伴舞－무】bànwǔ 图**1**춤의 파트너(가
되다). **2**반주〔노래〕에 맞춰 춤을 추다.
【伴游－유】bànyóu 图图함께 놀러 다니다.
또는 그런 사람.
＊【伴奏－주】bànzòu 图图반주(하다).

＊【拌】扌部 bàn
   5画 버릴 **반**
图**1**뒤섞다. 버무리다. ◇~饲料/사료를
뒤섞다. **2**말다툼하다.
【拌和－화】bàn·huò 图뒤섞다. 혼합하다.
【拌蒜－산】bàn//suàn 图다리가 비비 꼬이
다. 후들거리며 걷다.
【拌嘴－취】bàn//zuǐ 图말다툼하다.

【绊·絆】纟部 bàn
   5画 옭아맬 **반**
图(발에) 걸리다〔채다〕. (덫 따위에) 걸
리다. ◇他被树根~了一下/그는 나무 뿌
리에 잠시 걸렸다.
【绊脚石－각석】bànjiǎoshí 图〈喩〉장애물.
【绊手绊脚－수반각】bàn shǒu bàn jiǎo〈成〉
거치적거리다. 거추장스럽다.
【绊子－자】bàn·zi 图올가미. 고삐. 다리후
리기. 발결기.

＊＊【瓣】辛部 瓜部 bàn
   12画 14画 꽃잎 **판**
1(~儿)图꽃잎. ◇这朵花儿掉了个~/이 꽃
은 꽃잎이 하나 떨어졌다. **2**(~儿)图쪽.
짜개. ◇豆~/콩 짜개. **3**(~儿)图(부서
진) 조각. 파편. **4**图〈略〉〈生理〉판막(瓣
膜). **5**(~儿)양쪽. 짜개. ◇把西瓜切成四
~儿/수박을 4쪽으로 짤라라.
【瓣膜－막】bànmó 图〈生理〉판막.

bāng

【邦】阝部 bāng
   4画 나라 **방**
图나라. 국가. ◇邻~/인방. 이웃 나라.
【邦交－교】bāngjiāo 图국교(国交).
【邦联－련】bānglián 图동맹.

☆【帮·幫】巾部 bāng
   6画 도울 **방**
1图돕다. 거들어 주다. ◇你能~我弄两张
票吗?/나를 도와 표 두 장을 구해줄 수
있겠어요? **2**图삯일을 하다. ◇~短工/날
품팔이를 하다. **3**(~儿)图물체의 측면
또는 가장자리. ◇鞋~儿/신발의 좌우 양
측 부분. **4**(~儿)图(야채의) 겉대. ◇菜
~儿/배추 겉대. **5**图(정치적 또는 경제
적 목적으로 결성된) 무리떼. 집단. ◇匪
~/비적 집단. **6**图무리. 패거리. ◇一~
强盗/강도떼. **7**图옛날, 민간에 있었던 비

B

밀 결사 조직의 총칭.
【帮补—보】bāngbǔ [동](경제적으로) 원조하다. 부조하다.
【帮衬—친】bāngchèn [동]〈方〉1(일을) 도와주다. 거들다. 2원조하다. 부조하다. 3〔비위를 맞추어〕 즐겁게 하다. 아첨하다. 〔조기 구어체에서 쓰임〕
【帮厨—주】bāng//chú [동]음식 만드는 것을 거들다.
【帮凑—주】bāngcòu [동]〔돈을 추렴하여〕 도와주다.
【帮倒忙—도망】bāng dàománg 돕는다는 것이 오히려 방해가 되다.
【帮冬—동】bāng//dōng [동]〈方〉겨울철 일손을 돕다.
【帮工—공】bāng//gōng [동]일손을 돕다. (고용되어) 남의 일을 하다.
【帮工—공】bānggōng [명]품팔이꾼.
【帮会—회】bānghuì [명](구사회의) 민간의 비밀 결사 조직('青帮·洪帮·哥老会' 등)의 총칭.
☆【帮忙—망】bāng//máng (～儿)[동]일(손)을 돕다. 일을 거들어주다. ◇～把这封信寄一下好吗?/나를 도와〔대신해〕 이 편지를 좀 붙여 주겠어요? ◇他帮过我们的忙/우리를 도와 준 적이 있다.
【帮派—파】bāngpài [명]파벌. 〔공동의 이익을 위해 결성된 소규모의 집단〕
【帮腔—강】bāngqiāng [동]1(중국 전통희곡에서) 무대에서 배우가 부르는 노래에 여러 사람이 무대 뒤에서 창화(唱和)하다. 2다른 사람의 발언을 거들어 주다.
【帮手—수】bāng//shǒu [동](일손을) 거들다.
【帮手—수】bāng·shou [명]조수. 보조원.
【帮套—투】bāngtào [명]1수레의 끌채 바깥쪽에 있는 끄는 줄. 2부마(副馬). 〔수레의 끌채 바깥쪽에서 끄는 가축〕 (同)〔边 biān 套〕
【帮贴—첩】bāngtiē [동]〈方〉(경제적인) 도움을 주다.
【帮同—동】bāngtóng [동]같이 도와 일하다.
【帮闲—한】bāngxián 1[동](문인 등이) 권세에 빌붙어 그들을 위해 일하다. 2[명]어용문인. 3[명]끄나불. 아첨꾼. 4[명]식객(食客).
【帮凶—흉】bāngxiōng 1[동]살인이나 범죄를 방조하다. 2[명]공범자. (反)〔元 yuán 凶〕
【帮佣—용】bāngyōng 1[동]고용되어 일하다. 2[명]고용인.
【帮主—주】bāngzhǔ [명]두목. 〔비밀 결사대의 두목〕
★【帮助—조】bāngzhù 1[동]돕다. 보좌하다. ◇我每个月～他十块钱/나는 매월 10원씩 그를 돕고 있다. ◇～别人是我喜欢做的事/남을 돕는 것은 내가 좋아하는 일이다. 2[명]도움. 원조. ◇我们需要你的～/우리는 너의 도움이 필요하다.
【帮子—자】bāng·zi 1[명](야채의) 겉대. 2[명](신발의) 좌우 양측 부분. 3[양]무리. 패거리. 떼.

【梆】 木部 6画 bāng 목탁 방

1[명](옛날, 야경을 돌 때 치던) 딱다기. 2[동]〈方〉(막대기 따위로) 치다. 두드리다. ◇爸爸手握木棍要～他/아빠는 나무 몽둥이를 잡고 그를 때리려고 한다. 3[의]광. 딱딱. 〔나무를 두드리는 소리〕 ◇他把桌子敲得～～响/그는 탁자를 쾅쾅 울리게 쳤다.
【梆子—자】bāng·zi [명]1(야경용) 딱다기. 2길이가 다른 두 개의 대추나무 막대기로 두손으로 쳐서 소리를 내는 타악기의 일종. '梆子腔'의 반주용 악기.
【梆子腔—자강】bāng·ziqiāng [명]〈演〉1중국 전통희곡의 곡조(曲調)의 하나. 〔'梆子'를 쳐서 박자를 맞추므로 이렇게 일컬음〕 2'梆子'로 반주를 하며 노래하는 중국 전통극의 총칭. 〔'秦腔〔陕西梆子〕·山西梆子·河北梆子·山东梆子' 등이 있음〕

bǎng

⁑【绑·綁】 纟部 6画 bǎng 묶을 방

[동](끈·줄 따위로) 감다. 묶다. ◇把行李～紧一点儿/짐을 좀 꽉 묶어라.
【绑匪—비】bǎngfěi [명]납치범.
*【绑架—가】bǎng//jià [동]납치하다. ◇～乘客/승객을 납치하다.
【绑票—표】bǎng//piào (～儿)[동]납치하다. 인질로 삼고 금품을 요구하다.
【绑腿—퇴】bǎngtuǐ 1[명]각반. 2[동]대님을 매다.
【绑扎—찰】bǎngzā [동]감다. 동여 매다. ◇～伤口/상처를 동여 매다. ◇～行李/짐을 붙들어 매다.

【榜】 木部 10画 bǎng 게시판 방

1[명](벽 등에) 붙인 명단. 게시한 명단. ◇发～/합격자 발표(를 하다). 2(고대의) 방. 방문(榜文). 3(同)〔匾额 biǎn'é〕
【榜额—액】bǎng'é (同)〔匾额 biǎn'é〕
【榜首—수】bǎngshǒu [명]수석 합격자.
【榜书—서】bǎngshū [명]1궁(宫) 문앞에 붙여 놓은 큰 글자. 2(간판 따위에 붙이는) 대형 글자.
【榜尾—미】bǎngwěi [명](합격자 명단 중의) 최하 득점자. 꼴찌.
【榜文—문】bǎngwén [명]방문(榜文). 고시(告示).
【榜眼—안】bǎngyǎn [명]명청(明淸)시대에 과

거시험에서 2등으로 진사에 급제한 사람.

☆【榜样—양】bǎngyàng 圐본보기. 모범. 귀감. ◇你先做个~/당신이 먼저 모범을 보이세요.

【膀】 月部 bǎng 10画 오줌통 **방**

圐1어깨. 2(~儿)날갯죽지. ⇒pāng, páng

【膀臂—비】bǎngbì 圐1〈轉〉심복(心腹). 유력한 조력자. 2〈方〉(同)〔膀子—zi 1〕

【膀大腰圆—대요원】bǎng dà yāo yuán 〈成〉어깨가 넓고 허리가 굵다. 몸이 건장하다.

【膀子—자】bǎng·zi 圐1상박(上膊). (팔꿈치에서 어깨사이) 팔. 2날갯죽지.

bàng

【蚌】 虫部 bàng 4画 조개 **방**

圐〈魚介〉마합(馬蛤). 말씹조개.

＊＊【棒】 木部 bàng 8画 몽둥이 **봉**

圐1막대기. 몽둥이. 방망이. ◇木~/나무 몽둥이. 2圐(수준이) 높다. (능력이) 뛰어나다. 훌륭하다. (체력이) 강하다. ◇辽宁杂技团表演得真~/요녕곡예단의 연기는 정말 훌륭하다.

【棒冰—빙】bàngbīng 圐〈方〉아이스 케이크(ice cake). 아이스 바.

【棒槌—추】bàng·chui 圐1빨래방망이. 2(연극 따위의) 문외한.

【棒喝—갈】bànghè 圐〈喩〉(깨닫게 하는) 경고. 충고.

＊【棒球—구】bàngqiú 圐〈體〉1야구. ◇~场/야구장. 2야구공.

【棒子—자】bàng·zi 圐1몽둥이. 막대기. 2〈方〉옥수수. 강냉이.

【棒子面—자면】bàng·zimiàn 圐〈方〉옥수수 가루. (同)〔玉米面 yùmǐmiàn〕

【傍】 亻部 bàng 10画 가까이할 **방**

圐1접근하다. 다가가다. 기대다. ◇你~这边坐吧/이쪽으로 와서 앉아라. 2(시간이) 다가오다. 3쫓아가다. 달라붙다. ◇~上他, 别让他跑了/그를 쫓아가라, 그를 놓치지 말고.

【傍边儿—변아】bàng//biānr 圐〈方〉접근하다. 달라붙다.

【傍黑儿—흑아】bànghēir 圐〈方〉저녁 무렵. 해질녘.

【傍角儿—각아】bàngjuér 1圐〈方〉조연으로 출연하다. 2圐조연.

【傍亮儿—량아】bàngliàngr 圐〈方〉동틀녘. 해뜰 무렵.

【傍明—명】bàngmíng (同)〔傍亮儿 liàngr〕

【傍人门户—인문호】bàng rén ménhù 〈成〉남에게 기대다. 의존하다. (同)〔仰人鼻息 yǎng rén bíxí〕, (反)〔独立自主 dúlì zìzhǔ〕

【傍响—향】bàngshǎng (~儿)圐〈方〉정오 무렵.

☆【傍晚—만】bàngwǎn (~儿)圐저녁무렵. 해질녘.

【傍午—오】bàngwǔ 圐정오 무렵.

【傍依—의】bàngyī 圐인접하다. 기대다. 의지하다.

【谤·謗】 讠部 bàng 10画 나무랄 **방**

圐〈文〉비방하다. 헐뜯다. (同)〔毁 huǐ〕, (反)〔誉 yù〕

【谤毁—훼】bànghuǐ 〈文〉(同)〔毁谤〕

【谤书—서】bàngshū 圐〈文〉남을 비방하는 편지.

【谤议—의】bàngyì 圐〈文〉비방하다.

＊＊【磅】 石部 bàng 10画 돌떨어지는소리 **방**

1圐〈度〉파운드(pound). 2圐앉은 저울. 3圐(저울로) 무게를 달다. ◇~体重/체중을 달다. 4圐〈印〉'点'(포인트, point)의 옛 명칭. →〔点 diǎn 4〕 ⇒pāng, páng

【磅秤—칭】bàngchèng (同)〔台 tái 秤 1〕

【镑·鎊】 钅部 bàng 10画 깎을 **방**

圐파운드(pound). 〔영국의 화폐 단위〕

包 27	孢 29	胞 29	炮 29	剥 29	褒 29
雹 29	薄 29	饱 30	宝 30	保 31	堡 32
报 32	刨 33	抱 34	豹 34	鲍 34	暴 34
爆 35					

bāo

☆【包】 勹部 bāo 3画 꾸릴 **포**

1圐싸다. 포장하다. (만두를) 빚다. ◇来中国两年了, 我还从没～过饺子/중국에 온 지 2년 되었는데 나는 아직 만두를 빚어 본 적이 없다. 2圐보따리. 꾸러미. ◇这些东西打成一个~/儿太大了, 得 děi 再两个/이 물건들을 한 꾸러미로 싸면 너무 크니 두 개로 싸야 한다. 3圐포대. 가방. ◇无论走到哪儿, 她总是拿着那个大红～/그녀는 어디를 가든지 언제나 그 큰 빨간 가방을 갖고 있다. 4圐포대. 꾸러미. 봉지. 갑. ◇五～药/약 다섯 봉지. 5圐봉지. 6圐파오(몽고 텐트). 7圐포위하다. 에워싸다. ◇洪水～住了整个村庄/마을을 전체가 홍수에 잠겼다. 8圐포함하다. ◇~

B

含/포함하다. 9[동](일을) 도맡다. ◇这事~在我身上/이 일은 내게 맡기시오. 10[동]보장하다. ◇~你满意/너의 마음에 들 것을 보장한다. 11[동]빌리다. 전세내다. ◇上个月我们~过一辆小面包车/우리는 지난 달에 봉고차 한 대를 대절한 적이 있다. 12(Bāo)[명]성(姓).

*【包办－판】bāobàn [동]1혼자 도맡아 하다. ◇~所有杂务/모든 잡무를 혼자 도맡아 하려무나. 2독단하다. ◇~婚姻/부모 마음대로 정한 혼인.

【包庇－비】bāobì [동]〈貶〉(나쁜 사람이나 나쁜 일을) 감싸주다. 두둔하다. (同)〔庇护 hù〕, (反)〔揭发 jiēfā〕

【包藏－장】bāocáng [동]내포하다. 속에 품다.

【包藏祸心－장화심】bāo cáng huòxīn 〈成〉 나쁜 마음〔못된 생각〕을 품다.

【包产－산】bāo//chǎn [동]도급 생산을 하다.

【包场－장】bāo//chǎng [동](영화관이나 강당 따위를) 전부 혹은 대부분을 예약하다. 빌리다.

【包抄－초】bāochāo [동]〈軍〉포위 공격하다.

【包车－차】bāo//chē [동]차를 대절하다. 차를 세놓다.

【包车－차】bāochē [명]1전세차. 전용차. 2몇 명의 승무원이 공동으로 책임을 지고 기관차·버스 등의 사용 및 관리를 책임지는 일.

【包乘－승】bāochéng [동](비행기·자동차 등을) 전세로 타다.

【包乘制－승제】bāochéngzhì [명]열차의 책임 승무제.

【包打天下－타천하】bāo dǎ tiānxià 〈成〉(제 능력만 믿고) 일을 혼자서 하려 하다.

【包打听－타청】bāodǎtīng [명]1(同)〔包探 tàn〕 2소식통.

【包饭－반】bāo//fàn [동](일정한 보수를 받고) 밥〔음식〕을 해주다.

【包饭－반】bāofàn [명]매달 일정액의 식대를 주고 먹는 식사. 급식.

【包房－방】bāofáng [명](객차의) 칸막이 객실.

包房

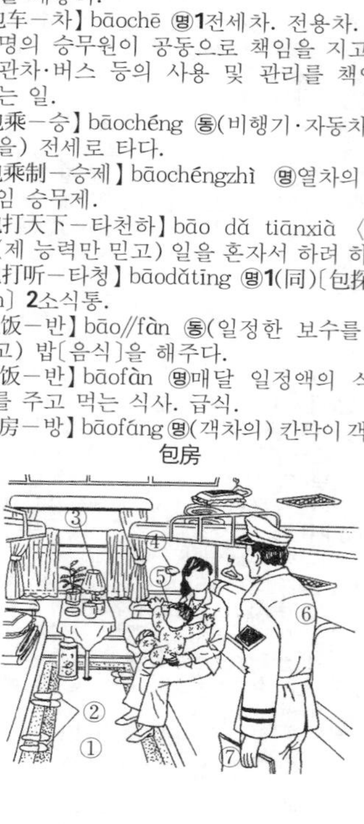

①地毯 dìtǎn
②拖鞋 tuōxié
③台灯 táidēng
④阅读灯 yuèdúdēng
⑤扶手 fúshou
⑥列车长 lièchēzhǎng
⑦票夹 piàojiā

⁑【包袱－보】bāo·fu [명]1보자기. 2보따리. 꾸러미. ◇~丢失了/보따리를 잃어버렸다. 3〈喻〉부담. 무거운 짐. ◇不要把成绩当~/성적을 부담으로 생각하지 말라. 4'相声' '快书' 따위의 웃음거리.

【包袱底儿－보저아】bāo·fudǐr [명]1가정에서 오랫동안 쓰지 않거나 소중하게 보존하는 귀중품. 2비밀. 숨겨 둔 일. 3비장의 무기나 기예. ◇抖搂 dǒu·lou~/비장의 무기를 꺼내다.

【包袱皮儿－보피아】bāo·fupír [명]보자기.

*【包干儿－간아】bāogānr [동]일 전부를 떠맡아 하다. 청부 맡다. ◇分段~/나누어서 맡다.

【包工－공】bāo//gōng [동]공사를 청부 맡다.

【包工－공】bāogōng [명]청부업자.

【包管－관】bāoguǎn [동]보증하다. 책임지다.

*【包裹－과】bāoguǒ 1[동]싸다. 포장하다. 2[명]소포. 보따리. 꾸러미.

⁑【包含－함】bāohán [동]포함하다. ◇没有什么事物不~矛盾 máodùn 的/어떤 일이라도 모순이 내포되어있지 않는 건 없다.

【包涵－함】bāo·han [동]〈套〉(너그러이) 봐주다. 양해하다.

【包伙－화】bāo//huǒ (同)〔包饭 bāo//fàn〕

【包伙－화】bāohuǒ (同)〔包饭 bāofàn〕

【包机－기】bāojī 1[동]비행기를 전세내다. 2[명]전세기.

【包剿－초】bāojiǎo (同)〔围 wéi 剿〕

【包饺子－교자】bāo jiǎozi 만두를 빚다.

包饺子

①案板 ànbǎn
②擀面杖 gǎnmiànzhàng
③馅儿 xiànr
④剂子 jìzi
⑤面粉 miànfěn
⑥面团儿 miàntuánr
⑦饺子皮儿 jiǎozi pír
⑧合子 hézi
⑨盖帘儿 gàiliánr

【包金－금】bāojīn 1[동]금도금을 하다. 2(同)〔包银 yín〕

【包举一거】bāojǔ 동총괄하다. 포괄하다.

☆【包括一괄】bāokuò 동포괄하다. 포함하다. ◇我们的设计已经～了你们的意见/우리의 계획에는 이미 당신들의 의견도 포함되어 있어요.

【包揽一람】bāolǎn 동혼자서 떠맡아 하다.

【包罗一라】bāoluó 동(큰 범위를) 포괄하다. 망라하다.

【包罗万象一라만상】bāoluó wànxiàng〈成〉내용이 풍부하여 모든 것을 망라하다.

【包赔一배】bāopéi 동배상 책임을 지다.

【包皮一피】bāopí 명1포장지. 포장용품. 커버(cover). 2〈醫〉포경.

【包票一표】bāopiào 명보증서.(同)〔保 bǎo票〕

【包容一용】bāoróng 동1포용하다. 2수용하다.

【包探一탐】bāotàn 명전에 경찰청의 정탐꾼. 밀정.

【包头一두】bāo·tóu 명1머릿수건. 두건. 2(～儿)명신발 앞에 붙여 보호 작용을 하는 고무·가죽 따위.

＊＊【包围一위】bāowéi 동1포위하다. 둘러 싸다. ◇运动员被记者～住了，谁也出不去/운동선수들이 기자에게 둘러싸여 있어 아무도 못 나갔다.(反)〔解 jiě 围〕2여러 사람이 한 사람을 계속해서 압박하며 요구하다. 3〈軍〉포위하다.

【包围圈一위권】bāowéiquān 명〈軍〉포위권. 포위된 지역. ◇冲出～/포위권을 뚫다.

【包厢一상】bāoxiāng 명(극장 따위의) 특별석.

【包销一소】bāoxiāo 동총판하다. 전매하다.

【包心菜一심채】bāoxīncài 명양배추.

【包银一은】bāoyín 명옛날에 극장주가 극단이나 배우에게 준 출연료.

【包圆儿一원아】bāoyuánr 동1남은 것을 통째로 사다. 2책임지고 전부를 떠맡다.

【包月一월】bāo//yuè 동달을 기준으로 지불하다.

【包孕一잉】bāoyùn 동내포하다. 포함하다.

【包扎一찰】bāozā 동싸서 묶다. 포장하다.

＊【包装一장】bāozhuāng 명동포장(하다). ◇～商品要注意美观/상품을 포장할 때는 미관에 신경써야 한다.

＊【包子一자】bāo·zi 명1(소가 든) 찐빵. 2〈工〉레이들(ladle).

【包租一조】bāozū 동1(집이나 밭 따위를) 세를 놓기 위해 세를 얻다. 2(수확량에 관계 없이) 소작인이 정액 소작료를 내다. 3전세 놓다. 세를 놓다.

【孢】子部 / 5画 | 아이 밸 포
bāo

【孢子一자】bāozǐ 명〈植〉포자.

【孢子植物一자식물】bāozǐ zhíwù 명〈植〉포자 식물.

【胞】月部 / 5画 | 태보 포
bāo

명1〈生理〉(同)〔胞子 ·zi〕2친형제 자매. ⇒兄/친형.

【胞衣一의】bāoyī 명〈生理〉포의. 태막.

【胞子一자】bāozǐ 명〈生理〉포의. 태아를 싸고 있는 막. 태막.

【炮】火部 / 5画 | 그슬릴 포
bāo

동1(센 불로 재빨리 휘저어서) 볶다. ◇～羊肉/양고기 볶음. 2쬐어 말리다. ⇒pá·o, pào

＊＊【剥(剝)】刂部 / 8画 | 벗길 박
bāo

동(가죽·껍질 따위를) 벗기다. 까다. ◇～葱/파를 까다. ⇒bō

【褒(襃)】亠部 / 13画　衣部 / 9画 | 도포 포
bāo

1동칭찬하다. 찬양하다.(同)〔誉 yù〕,(反)〔贬 biǎn〕2형〈文〉(옷이) 크다.

【褒贬一폄】bāobiǎn 동좋고 나쁨을 평(가)하다.

【褒贬一폄】bāo·bian 동비난하다. 잘못을 지적하다.

【褒奖一장】bāojiǎng 명동표창(하다). 장려(하다).(同)〔嘉 jiā 奖〕,(反)〔惩处 chéngchǔ〕

【褒扬一양】bāoyáng 동칭찬하다.(同)〔表 biǎo 扬〕,(反)〔批评 pīpíng〕

【褒义一의】bāoyì 명(어휘나 문장의) 긍정적인 의미.(反)〔贬义 biǎnyì〕

báo

＊【雹】雨部 / 5画 | 우박 박
báo

명우박. ◇下～/우박이 내리다.

【雹灾一재】báozāi 명우박으로 인한 재해.

【雹子一자】báo·zi 명우박.

☆【薄】艹部 / 13画 | 얇을 박
báo

형1얇다. ◇这种纸很～/이런 종이는 매우 얇다.(反)〔厚 hòu〕2(인정이) 메마르다. 야박하다. ◇我待他不～，他为什么对我这样?/내가 그를 박하게 대하지 않았는데 그는 왜 내게 이렇게 대하지? 3진하지 않다. 싱겁다. 묽다. ◇酒味很～/술이 매우 멀겋다.(同)〔淡 dàn〕,(反)〔浓 nóng〕4(땅이) 비옥하지 않다. 척박하다. ◇这

B

儿土～产量不高/이 토지는 척박해 생산량이 적다. (同)〔瘠 jí〕, (反)〔肥 féi〕**5** (날씨가 추울 때 옷을) 얇게 입다. ◇这么冷的天穿这么～, 不冷吗?/이렇게 추운 날씨에 이렇게 얇게 입고 춥지 않니? ⇒ bó, bò

【薄饼－饼】báobǐng 图껍질이 얇은 밀떡. 〔더운 물로 갠 밀가루 반죽을 얇고 둥글게 번철에 구운 것. 입춘 때에 야채·고기 등을 싸서 먹음〕

【薄田－전】báotián 'bótián'의 우독(又讀). 图메마른 논·밭. 척박한 논·밭.

bǎo

★【饱·飽】亻部│bǎo
5画│배부를 포

1图배부르다. ◇我们在北京一家有名的烤鸭店～餐了一顿/우리는 북경의 유명 오리구이집에서 한끼 포식했다. (反)〔饿 é〕**2**图속이 꽉 차다. 옹골차다. ◇谷粒儿很～/낟알이 매우 옹골차다. **3**图충분히. 족히. 가득히. ◇从那布满皱纹的脸上可以看出他是一个～经风霜的人/주름살로 가득한 얼굴에서 그가 온갖 고초를 다 겪은 사람인 것을 알 수 있다. **4**图만족시키다. ◇宴会很丰盛, 大～口福/연회가 풍성하여 실컷 먹었다. **5**图(부당한 방법으로) 중간에서 착취하다.

【饱餐－찬】bǎocān 图배부르게 먹다.

【饱尝－상】bǎocháng 图**1**물리도록 먹다. **2**오래도록 경험하다.

【饱嗝儿－격아】bǎogér 图트림. ◇打～/트림을 하다.

【饱含－함】bǎohán 图충만하다. 속에 가득하다.

*【饱和－화】bǎohé **1**图〈化〉포화하다. **2**图(사물이) 최대 한도에 이르다. 잔뜩 함유하다. ◇目前市场上洗衣机的销售 xiāoshòu 已接近～/현재 시장에서 세탁기의 판매는 이미 포화 상태에 이르렀다.

【饱经沧桑－경창상】bǎojīng cāngsāng〈成〉산전수전 다 겪다.

【饱经风霜－경풍상】bǎo jīng fēngshuāng〈成〉온갖 고초를 다 겪다. (同)〔历尽艰辛 lìjìn jiānxīn〕, (反)〔养尊处优 yǎng zūn chǔ yōu〕

*【饱满－만】bǎomǎn 图**1**풍만하다. 옹골지다. (同)〔充实 chōngshí〕, (反)〔空心 kōng xīn〕**2**충만하다. 왕성하다. ◇精神～/원기가 왕성하다. (同)〔充沛 chōngpèi〕, (反)〔懒散 lǎnsǎn〕

【饱食－식】bǎoshí 图포식하다. 배불리 먹다.

【饱食终日－식종일】bǎo shí zhōngrì〈成〉

하루 종일 무위 도식하다. 〔'无所用心 wú suǒ yòng xīn'과 연용(連用)됨〕

【饱学－학】bǎoxué 图배운 것이 많다. 박식(博識)하다. ◇～之士/박식한 인사. (同)〔博学 bóxué〕, (反)〔浅学 qiǎnxué〕

【饱以老拳－이노권】bǎo yǐ lǎo quán〈成〉주먹으로 사정없이 치다. 실컷 때려주다.

【饱雨－우】bǎoyǔ (同)〔透 tòu 雨〕

【宝(寶)】宀部│bǎo
5画│보배 보

1图진귀한 것. 보물. 보배. ◇文房四～/문방사우(四友). **2**图진귀한. 귀중한. ◇～剑/보검. **3**图옛날의 도박기구. 〔쇠뿔로 사각형으로 만들었으며, 위에 방향을 표시하는 기호가 있음〕(同)〔压 yā 宝〕**4**접두〈敬〉왕에 관계되는 것. ◇～座/왕의 옥좌. 〈轉〉상대방의 가족이나 상점 등의 호칭에 쓰임.

【宝宝－보】bǎo·bǎo 图착한〔예쁜〕아기. 귀염둥이.

*【宝贝－패】bǎobèi **1**图보배. 보물. (同)〔宝物 bǎowù〕, (反)〔废物 fèiwù〕**2**图(～儿) 귀여운 아이. 귀염둥이. 〔어린 아이에 대한 애칭〕**3**图〈方〉귀여워하다. ◇老人可～这个孙子了/노인은 이 손자를 끔찍히도 귀여워한다. **4**图〈貶〉괴짜. 별난 사람. ◇这个人真是个～!/이 사람은 정말로 별난 사람이다.

【宝刹－찰】bǎochà 图**1**사탑(寺塔). **2**〈敬〉스님의 절. 귀사(貴寺). 〔절의 높임말〕

【宝刀－도】bǎodāo 图보도. 진귀한 칼.

【宝刀不老－도불노】bǎodāo bù lǎo〈成〉〈喩〉비록 나이가 들었으나 솜씨는 여전히 대단하다.

【宝地－지】bǎodì 图**1**(생활하기에) 좋은 곳. **2**〈敬〉상대방이 사는 곳. 귀지(貴地).

☆【宝贵－귀】bǎoguì **1**图귀중하다. ◇～的生命/소중한 생명. (同)〔珍贵 zhēnguì〕, (反)〔漠视 mòshì〕**2**图소중히 하다. 중시하다. ◇你不希罕, 他可是～得很/당신은 희한해 하지 않지만 그는 아주 소중해요. (同)〔可贵 kěguì〕, (反)〔无用 wúyòng〕

【宝号－호】bǎohào 图〈敬〉**1**귀점(貴店). 귀사(貴社). **2**존함.

【宝货－화】bǎohuò 图**1**돈. 보물. 귀중품. **2**〈罵〉웃기는 녀석. 사고뭉치.

*【宝剑－검】bǎojiàn 图보검. 희귀하고 진귀한 칼. **2**검(劍)의 통칭.

【宝眷－권】bǎojuàn 图〈敬〉댁내(宅內).

*【宝库－고】bǎokù 图보고.

【宝蓝－람】bǎolán 图〈色〉선명한 남색(藍色)의(의).

**【宝石－석】bǎoshí 图보석.

【宝塔－탑】bǎotǎ 图**1**보탑. 〔탑의 미칭〕**2

〈敬〉절에 있는 탑.

【宝物-물】bǎowù 图1보물. 2귀중품.

【宝玉-옥】bǎoyù 图보옥. 보석.

【宝藏-장】bǎozàng 图수장하고 있는 보물.

【宝重-중】bǎozhòng 图아끼고 중시하다.

【宝座-좌】bǎozuò 图보좌. 부처나 신을 모
신 자리.

☆【保】 亻部 bǎo
　　　 7画 도울 보
1图보호하다. 지키다. ◇～家卫国/집을
지키고 나라를 지키다. 2图유지하다. 보
존하다. ◇这次比赛, 冠军的宝座, 他们可
能～不住了/그들은 이번 시합의 우승자
리를 지킬 수 없을지 모른다. 3图보증하
다. 보장하다. 책임지다. ◇这个西瓜～甜
/이 수박이 달다고 보장한다. 4图〈法〉
(다시 죄를 짓거나 도망치지 않을 것을)
보증하다. ◇～释/보석하다. 5图〈法〉보증
인. ◇作～/보증 서다. 6图보갑(保甲).
옛날 중국 호적(戶籍)의 단위.(同)〔保甲
jiǎ〕7(Bǎo)图성(姓).

【保安-안】bǎo'ān 图1치안을 유지하다. 2
(작업장에서) 사고를 예방하다.

【保本-본】bǎo//běn (～儿)图자본 또는
자금이 손해보지 않도록 보장한다.

【保镖-표】bǎobiāo 图가축을 잘 먹여 살
이 빠지지 않게 하다.

【保镖-표】bǎobiāo 1图호위하다. 호송하
다. 2图경호원. 신변보호자.

【保不定-부정】bǎo ·bu dìng (同)〔保不住
zhù 1〕

【保不齐-불기】bǎo ·bu qí 〈方〉(同)〔保不
住 zhù 1〕

【保不住-부주】bǎo ·bu zhù 1…일 수도
있다. ◇这个天儿很难说, ～会下雨/날씨는
일정하지 않아 어쩌면 비가 올지 모른다. 2
보장할 수 없다. ◇这样的大旱, 这块地的
收成, 也许会～/이렇게 큰 가뭄이면 이 땅
의 수확은 보장할 수 없을지도 모른다.

【保藏-장】bǎocáng 图보존하다.

☆【保持-지】bǎochí 图지키다. 유지하다. ◇
～艰苦奋斗的作风/각고 분투하는 태도를
유지하다.

☆【保存-존】bǎocún 图보존하다. 유지하다.
◇这批文物～得很完好/이 문화재는 보존
이 잘 돼 있다.

【保单-단】bǎodān 图1보증서. 2보험증서.

【保底-저】bǎo//dǐ 图1(同)〔保本 běn〕2최
저 금액을 보장하다.

【保固-고】bǎogù 图(정부 공사의) 품질을
보증하다. 하자보수를 보증하다.

＊【保管-간】bǎoguǎn 1图보관하다. ◇负责
～农具/농기구의 보관을 책임지다. 2图관
리인. 보관자. 3图꼭. 틀림없이. ◇只要你

努力, ～能学好汉语/당신이 노력만 한다면
틀림없이 중국어를 배울 수 있을 거예요.

☆【保护-호】bǎohù 图보호(하다). ◇～人
民的利益/국민의 이익을 보호하다. (同)
〔卫 wèi 护〕, (反)〔破坏 pòhuài〕

【保护国-호국】bǎohùguó 图〈政〉보호국.
〔주권을 타국에 넘겨주고 보호를 받는
나라〕

【保护人-호인】bǎohùrén 图〈法〉보호자.
후견인.

【保护伞-호산】bǎohùsǎn 图〈喻〉〈貶〉보호
막. 후견인. 빽. ◇拉关系, 找～/인맥을
끌어당기고 후견인을 찾다.

【保护色-호색】bǎohùsè 图〈生〉보호색.

【保甲-갑】bǎojiǎ 图〈史〉보갑(법). 〔옛날
중국에서 통치자가 호적편성을 통해 백
성들을 통제하는 제도. 100가구가 '保'
을 이루고, 10'甲'이 다시 한 '保'를 이루
며 '甲'에는 '甲长', '保'에는 '保长'이 있
음. 이로써 백성들을 관리하는 제도〕

【保价-가】bǎojià 图가격표기 우편. 〔귀중
품, 유가증권, 소포 등이 운송도중 분실
될 경우 우체국에서 보증금액의 액수대
로 손해를 배상함〕

【保荐-천】bǎojiàn 图图보증(하여) 추천
(하다).

＊【保健-건】bǎojiàn 图图보건(하다). ◇～
室/보건실.

【保健站-건참】bǎojiànzhàn 图보건소.

【保洁-결】bǎojié 图깨끗이 유지하다.

【保结-결】bǎojié 图옛날의 신원보증서.

【保举-거】bǎojǔ 图〈文〉상급자(기관)에게
인재를 추천하다.

【保龄球-령구】bǎolíngqiú 图〈體〉1보울링
(bowling). 2보울링공.

☆【保留-류】bǎoliú 图보존하다. 유지하다.
◇这个地方还～着原来的面貌/이곳은 아직
도 원래의 모습을 보존하고 있다. 比較保
留:保存 보존·보관의 경우에는 "保留"를
쓰지 않고 "保存"을 쓴다. ◇这些文件放
你这儿, 请你(×保留)保存好/이 서류들은
너한테 맡겨 놓을테니 잘 보관하시오. 2보
류하다. 유보하다. 3반대하다. 이의있다.
◇他对这个决议持～态度/그는 이 결의에
대해 반대의 태도를 보였다. 4남겨 놓다.
(同)〔保存 bǎocún〕, (反)〔丢弃 diūqì〕

【保留剧目-류극목】bǎoliú jùmù 图〈演〉재
연 레퍼터리.

【保媒-매】bǎo//méi 图중매를 서다.

＊＊【保密-밀】bǎo//mì 图비밀을 지키다. ◇我
说的事儿你可要～/내가 얘기한 일은 네가
꼭 비밀을 지켜야 한다. (反)〔泄 xiè 密〕

【保命-명】bǎo//mìng 图생명을 유지하다.
목숨을 부지하다.

B

＊【保姆－모】bǎomǔ 图1가정부. 2보모. '保育员'의 구칭(舊稱).

【保票－표】bǎopiào 〔同〕〔包 bāo 票〕

【保全－전】bǎoquán 图1보전하다. 2기계설비를 보호, 보수하다. (反)〔毁坏 huǐhuài〕

【保人－인】bǎo·ren 图보증인.

【保墒－상】bǎoshāng 图〈農〉(건조한 지대에서) 농경지(農耕地)의 토양 중의 수분을 보지시키다.

【保释－석】bǎoshì 图〈法〉보석(하다).

＊＊【保守－수】bǎoshǒu 1图지키다. 고수하다. (反)〔泄漏 xièlòu〕 2형보수적이다. ◇~思想/보수적인 사고. ◇这计划定得有些~/이 계획은 좀 보수적으로 세워졌다. (同)〔守旧 shǒujiù〕, (反)〔开通 kāitōng〕

【保送－송】bǎosòng 图(국가·기관·학교·단체 등이) 책임지고 추천하여 보내〔입학시키〕다.

☆【保卫－위】bǎowèi 图보호하다. 지키다. ◇~国家主权和领土完整/완벽하게 국가의 주권과 영토를 지키다. 比較保卫:保护 "保卫"의 대상은 일반인이 될 수 없고 국가의 수호나 정부요인에 한한다. 不要怕, 有我(×保卫)保护你, 谁也不敢欺负 qīfu 你/겁내지마. 내가 너를 보호할테니 아무도 너를 괴롭히지 못해.

＊【保温－온】bǎowēn 图보온하다. ◇这个暖瓶不～/이 보온병은 보온이 되지 않는다.

【保温瓶－온병】bǎowēnpíng 图보온병.〔보온용은 통상 '暖水瓶', 보냉용은 (保冷用)은 '冰瓶'이라 함〕

【保鲜－선】bǎoxiān 图신선도를 유지하다.

＊＊【保险－험】bǎoxiǎn 1图보험. ◇你的汽车保了险没有?/당신의 승용차는 보험에 가입했어요? 2형안전하다. (사고가 날) 위험이 없다. ◇你还是带上雨衣吧. ～点儿/그래도 비옷을 가지고 가세요, 안전하게요. 3图보증하다.

【保险刀－험도】bǎoxiǎndāo (～儿)图안전면도날.

【保险灯－험등】bǎoxiǎndēng 图안전등.

【保险柜－험궤】bǎoxiǎnguì 图(대형) 금고. 안전금고.

【保险丝－험사】bǎoxiǎnsī 图퓨즈.

【保险箱－험상】bǎoxiǎnxiāng 图소형 금고.

＊【保养－양】bǎoyǎng 图1보양하다. 양생하다. ◇他很会～, 六十岁了, 还显得 xiǎnde 很年轻/그는 보양을 잘 해서 60세인데도 아직 젊어 보인다. 2정비하다. 손질하다.

【保有－유】bǎoyǒu 图보유하다. 소유하다. ◇～土地/토지를 보유하다.

【保佑－우】bǎoyòu 图지켜주다.

【保育－육】bǎoyù 图图보육(하다).

【保育员－육원】bǎoyùyuán 图(유치원·탁아소 따위의) 보모.

＊＊【保障－장】bǎozhàng 1图보장하다. 보호하다. (同)〔保卫 bǎowèi〕, (反)〔破坏 pòhuài〕 2图보장. 보증. ◇安全是生产的～/안전은 생산의 보장이다.

☆【保证－증】bǎozhèng 1图(～할 것을) 보증하다. 책임지다. ◇~完成任务/임무를 완성할 것을 보증하다. 2图(요구와 규정을 지킬 것을) 맹세하다. 약속하다. ◇我～说到做到/나는 말한 것을 지킬 것을 약속한다. 3图보증. 담보(물).

【保证金－증금】bǎozhèngjīn 图1보증금. 2〈法〉보석금(保釋金).

【保证人－증인】bǎozhèngrén 图1보증인. 2증인.

【保证书－증서】bǎozhèngshū 图보증서.

【保值－치】bǎozhí 图화폐의 구매력을 유지하다.

【保重－중】bǎozhòng 图건강에 유념하다. ◇多多～/건강에 유념하십시오.

【保准－준】bǎozhǔn (～儿)图1반드시 …이라고 보증하다. 2신뢰할 수 있다. 믿을 만하다.

【堡】 土部 bǎo
9画 방축 보
图보루(堡壘). ◇碉 diāo～/토치카(러 totschka). ⇒pù

＊【堡垒－루】bǎolěi 图1보루. 토치카. 2〈喩〉파괴하기 힘든 사물, 또는 진보적인 사상을 잘 받아들이지 않는 사람.

bào

★【报·報】 扌部 bào
4画 고할 보
1图알리다. 보고하다. ◇到派出所～户口/파출소에 가서 입적하다. 2图회답하다. 응답하다. ◇~友人书/벗의 편지에 회답을 하다. 3图보답〔사례〕하다. ◇你也该～一父母的恩情了/너는 부모의 은정에 보답해야 한다. 4图보복하다. 복수하다. (同)〔还 huán〕, (反)〔欠 qiàn〕 5图응보(應報). ◇因果～应/인과응보. 6图신문. ◇日～/일보. 7图정기 간행물. ◇画～/화보. 8图(문자로 쓰인) 소식지. 포스터(poster). ◇海～/포스터. 9图〈遞〉전보. ◇发～/전보를 발송하다.

【报案－안】bào//àn 图(경찰에) 사건을 보고하다.

【报表－표】bàobiǎo 图보고서.

＊【报仇－구】bào//chóu 图원수를 갚다. 복수하다. (同)〔复 fù 仇〕, (反)〔报恩 ēn〕

＊＊【报酬一수】bào·chou 명보수. 사례금. ◇工作很累，～不多/일은 힘들고 보수는 적다.

＊【报答一답】bàodá 동보답하다. ◇我怎么也～不了 liǎo 您的恩情/내가 어떻게 해도 당신의 은혜에 보답할 수 없습니다.

【报单一단】bàodān 1통관 신고서, 세금 신고서. 2옛날 과거시험 합격이나 승진, 임명 등의 통지서.

【报导一도】bàodǎo (同)〔报道 dào〕

☆【报到一도】bào//dào 동(기관, 조직에) 도착을 신고하다. 접수하다. ◇新生已开始～/신입생이 이미 도착 신고를 시작했다.

☆【报道一도】bàodào 1통(방송에서) 보도(하다). 2명(신문의) 보도. 기사. ◇一篇关于奥运会的～/어떤 올림픽에 관한 보도.

【报德一덕】bào/dé 동은덕에 보답하다.

【报端一단】bàoduān 명신문 지면(紙面).

【报恩一은】bào//ēn 동보은하다. 은혜에 보답하다. (同)〔报德 dé〕, (反)〔报仇 chóu〕

【报废一폐】bào//fèi 동폐기처분하다. 못쓰게 되다.

＊＊【报复一복】bào·fù 동보복하다. 앙갚음하다. ◇杀害人质作为～/인질을 살해해서 보복하다.

☆【报告一고】bàogào 1통보고하다. 알리다. ◇～大家一个好消息/여러분에게 좋은 소식을 하나 전하겠습니다. 2명보고. 알리는 말씀. ◇总结～/결산보고. 3명보고서. 리포트.

【报告文学一고문학】bàogào wénxué 명보고 문학. 르포르타주(프 reportage).

【报关一관】bào//guān 동통관신고를 하다.

【报馆一관】bàoguǎn 명〈俗〉신문사.

【报国一국】bào//guó 동보국하다. 국가의 은혜에 보답하다.

【报话一화】bàohuà 1무선 송수기로 통화하다. 2명무선 송수신기로 한 통화.

【报话机一화기】bàohuàjī 명휴대용 소형 무선 송수신기.

【报价一가】bào//jià 1〈經〉가격을 알리다. 오퍼(offer)를 내다. 2명〈經〉견적서. 오퍼.

【报捷一첩】bào//jié 동승전보를 알리다.

【报警一경】bào//jǐng 동경찰에 신고하다.

＊＊【报刊一간】bàokān 명간행물.〔신문이나 잡지의 총칭〕

＊【报考一고】bào//kǎo 동시험에 응시하다. 시험원서를 내다. ◇有一千多名学生前来～/천 명의 학생들이 와서 시험에 응시한다.

☆【报名一명】bào//míng 동신청하다. 지원하다. ◇参加比赛的共有五十人/시합에 참가 신청을 한 사람은 모두 50명이다.

【报幕一막】bào//mù 동(연극 따위에서) 프로그램의 진행순서를 알리다.

【报屁股一비고】bàopì·gu 명신문지면에서

가장 눈에 안 띄는 구석.

【报请一청】bàoqǐng 동서면으로 지시를 요청하다.

【报人一인】bàorén 명저널리스트.

＊【报丧一상】bào//sāng 동부고(訃告)하다. 죽음을 알리다. (反)〔报喜 xǐ〕

＊＊【报社一사】bàoshè 명신문사.

【报失一실】bàoshī 동분실 신고를 하다.

【报时一시】bào//shí 동시간을 알리다.

【报数一수】bào//shù 〈軍〉동(호명할 때) 번호를 말하다.

【报条一조】bàotiáo (同)〔报单 dān 2〕

【报帖一첩】bàotiě 명통고(通告). 통지서.

【报童一동】bàotóng 명신문팔이소년·소녀.

【报头一두】bàotóu 명신문·벽보 따위의 제1면에서 신문의 이름·호수(號數)·발행인 등을 기록한 부분.

【报务一무】bàowù 명전보 업무.

【报喜一희】bào//xǐ 동기쁜 소식을 알리다. (反)〔报丧 sāng〕

＊【报销一소】bàoxiāo 동1청산하다. 청구하여 환불받다. ◇向财务科～/회계과에 사용액을 청구하다. ◇旅费凭票～/여행비는 영수증을 제시하고 돌려받다. 2폐기처분하다. 3(사람이나 물건을) 없애다. ◇桌上的菜他一个人全给～了/상에 있는 요리를 그사람 혼자서 다 먹어치웠다.

【报晓一효】bàoxiǎo 동새벽을 알리다.

【报效一효】bàoxiào 동은혜에 보답하기 위해 있는 힘을 다하다.

【报信一신】bào//xìn (～儿)동소식을 알리다. 상황을 보고하다.

【报应一응】bào·yìng 명인과 응보.

【报怨一원】bào//yuàn 동원망하다. 불평하다.

【报章一장】bàozhāng 명신문.

【报帐一장】bào//zhàng 동결산 보고하다.

☆【报纸一지】bàozhǐ 명1신문. 2신문용지. 신문지.

【报子一자】bào·zi 명1소식을 전하는 사람. 2옛날, 승진이나 과거 급제의 소식을 전하는 것을 직업으로 한 사람. 3(同)〔报单 dān 2〕 4명광고. 포스터.

刨(鉋) 刂部 │ bào
5画 │ 깎을 포

1명〈機〉대패. 평삭반(平削盤). 2동(대패·평삭반 따위로) 깎다. ◇～木头/나무에서 대패질하다.

【刨冰一빙】bàobīng 명빙수기계로 깎은 얼음.

【刨床一상】bàochuáng 명〈機〉1평삭반(平削盤). 2대팻집.

【刨刀一도】bàodāo 명〈機〉1평삭 바이트(bite). 2대팻날.

【刨工一공】bàogōng 명1금속부품을 절삭하는 일. 2절삭 기술자.

B

【刨花一화】bàohuā 图대팻밥. 포설(鉋屑).
【刨子一자】bào·zi 图대패.

★【抱(⁹挭)】 扌部 bào
5画 │안을 포

1图안다. 포응하다. ◇把小孩子~起来/아이를 품에 안다. 2图(자식이나 손자를) 처음으로 얻다[보다]. ◇你真有福气, 才五十岁就~孙子了/당신 정말 복이 많군요, 이제 50세에 손자를 보셨군요. 3图(어린애를) 양자[양녀]로 삼다. ◇这孩子是~的, 不是她生的/이 애는 데려다 기른 것이지, 그녀가 낳은 애가 아니다. 4图〈方〉뭉치다. ◇大家~成团, 就会有力量/모두들 뭉치면 힘이 생길 것이다. 5〈方〉图(옷·신발 따위가) 딱 들어맞다. ◇这件衣服~身儿/이 옷은 몸에 딱 맞는다. 6图(생각·의견 따위를) 마음에 품다. ◇我们对前途始终~乐观态度/우리는 미래에 대해서 시종 낙관하고 있다. 7图아름. ◇一~柴/한 아름의 장작. 8图(알을) 까다. 부화하다. ◇~小鸡儿/병아리를 부화하다.
【抱病一병】bào//bìng 图지병이 있다. 병이 들다.
【抱不平一불평】bào bùpíng 불만을 품다.
【抱残守缺一잔수결】bào cán shǒu quē〈成〉케케묵은 옛 것을 애지중지하다. (同)〔因循守旧 yīn xún shǒu jiù〕, (反)〔除旧布新 chú jiù bù xīn〕
【抱粗腿一조퇴】bào cūtuǐ 굵은 다리를 꼭 붙잡다.〈喩〉권력자나 부자에게 빌붙다.
【抱佛脚一불각】bào fójiǎo 급하면 부처 다리를 붙든다. 1〈喩〉평소에 왕래없이 지내다 급하면 찾아와 도움을 청하다. 2〈喩〉평소에 준비 없이 지내다가 문제가 닥치면 어쩔줄 몰라하다.
＊【抱负一부】bàofù 图포부.
【抱憾一감】bàohàn 图유감으로 생각하다. 아깝게[분하게] 생각하다.
【抱恨一한】bào//hèn 图원한을 품다. 한스러워하다.
【抱脚儿一각아】bàojiǎor 图발에 꼭 들어맞다.
【抱愧一괴】bàokuì 图부끄럽게 여기다.
☆【抱歉一겸】bàoqiàn 图죄송하게 생각하다. ◇这书晚还了两天, 很~/이 책을 이틀 늦게 돌려드려 정말 죄송합니다.
【抱屈一굴】bàoqū 图억울해 하다.
【抱拳一권】bào//quán 图음(揖)하다.
【抱身儿一신아】bàoshēnr 图(옷이) 몸에 꼭 맞다.
【抱头鼠窜一두서찬】bào tóu shǔ cuàn〈成〉매우 낭패하여 급히 도망치다. (反)〔扬长而去 yáng cháng ér qù〕
【抱团儿一단아】bào//tuánr 图단결하다. 하나로 뭉치다.

【抱窝一와】bào//wō 图알을 품다.
【抱薪救火一신구화】bàoxīn jiùhuǒ〈成〉장작을 안고 불을 끄다. 방법이 옳지않아 재난을 없앴다는 것이 오히려 더 큰 재난을 초래하다.
【抱养一양】bàoyǎng 图입양하다.
【抱腰一요】bàoyāo 图〈方〉후원하다. 뒤에서 도와주다.
【抱冤一원】bàoyuān 图억울하게 하다.
＊【抱怨一원】bào·yuàn 图원망하다. 불평하다. ◇他~自己的工资低/그는 자신의 월급이 적다고 불평했다.

【豹】 豸部 bào
3画 │표범 표

图1〈動〉표범. 2(Bào)图성(姓).
【豹猫一묘】bàomāo 图〈動〉삵쾡이.
【豹头环眼一두환안】bào tóu huán yǎn〈成〉용모가 당당하고 씩씩하다.
【豹子一자】bào·zi 图표범.

【鲍·鮑】 鱼部 bào
5画 │절인 생선 포

图1〈魚介〉전복. 2(Bào)图성(姓).
【鲍鱼一어】bàoyú 图1〈文〉자반. 소금에 절여 말린 물고기. 2〈魚介〉전복.

【暴】 日部 bào
11画 │사나울 포, 드러날 폭

1图맹렬하다. 갑작스럽고 세차[세차게]. ◇山洪~发/산 물사태. (同)〔猝 cù〕 2图흉폭하다. 잔혹하다. ◇残~/폭악하다. (同)〔猛 měng〕, (反)〔和 hé〕 3图흉폭한 사람. 잔혹한 사람. 4图(성질이) 급하다. ◇脾气~/성질이 급하다. 5图불끈거리다. 돌기(突起)[돌출]하다. ◇急得头上的青筋都~出来了/급해서 이마에 핏대가 돋았다. (同)〔突 tū〕, (反)〔凹 āo〕 6图드러나다. 7图〈文〉망치다. ◇自~自弃/자포자기하다. 8(Bào)图성(姓). ⇒pù '曝'
【暴病一병】bàobìng 图급병. 급환(急患).
【暴跌一질】bàodiē 图폭락하다.
＊【暴动一동】bàodòng 图폭동.
【暴发一발】bàofā图1벼락부자가 되다. 벼락출세하다. 2돌발하다. 갑자기 일어나다.
【暴发户一발호】bàofāhù (~儿)图벼락부자.
【暴风一풍】bàofēng 图폭풍. (同)〔疾 jí 风〕, (反)〔和 hé 风〕
【暴风雪一풍설】bàofēngxuě 图폭풍설.
【暴风雨一풍우】bàofēngyǔ 图폭풍우.
＊【暴风骤雨一풍취우】bào fēng zhòu yǔ〈成〉사나운 바람과 모진 비. 〈喩〉규모가 크고 급속도로 퍼지는 대중운동에 비유함. (同)〔急风暴雨 jí fēng bào yǔ〕, (反)〔和风细雨 hé fēng xì yǔ〕
【暴光一광】bào//guāng (同)〔曝 bào 光〕
【暴洪一홍】bàohóng 图대홍수(大洪水).

【暴虎冯河－호풍하】bào hǔ píng hé〈成〉범에게 맨손으로 달려들고 강을 도보로 건너다. 무모하게 행동하다. (同)〔螳臂当车 táng bì dāng chē〕

【暴君－군】bàojūn〈文〉폭군.

＊【暴力－력】bàolì 图폭력. ◇电影里的～镜头/영화의 폭력적인 화면.

【暴利－리】bàolì 图폭리.

【暴戾－려】bàolì 图〈文〉난폭하다. 포악하다.

【暴戾恣睢－려자수】bàolì zìsuī〈成〉포악하게 날뛰다.

【暴烈－렬】bàoliè 图1(성미가) 조급하고 거칠다. 2흉악하고 사납다.

＊＊【暴露－로】bàolù 图폭로하다. 드러내다. ◇矛盾还没有充分～/모순이 아직 충분히 드러나지 않았다. (同)〔败 bài 露〕, (反)〔隐藏 yǐncáng〕

【暴露文学－로문학】bàolù wénxué 图폭로문학.

【暴乱－란】bàoluàn 图(무장) 폭동. ◇平定～/폭동을 평정하다.

【暴民－민】bàomín 图폭동 가담자.

【暴怒－노】bàonù 图격노(하다).

【暴虐－학】bàonüè 图1포악하게 대하다. 2〈文〉포악하게 대하다.

【暴殄天物－진천물】bào tiǎn tiān wù〈成〉자원 또는 물건을 마구 낭비하다.

【暴跳－도】bàotiào 图발을 동동 구르며 날뛰다.

【暴跳如雷－도여뢰】bào tiào rú léi〈成〉발을 동동 구르며 노발대발하다.

【暴突－돌】bàotū 图불거지다. 툭 튀어나오다.

【暴徒－도】bàotú 图폭도. 반역자.

【暴行－행】bàoxíng 图폭행.

＊【暴雨－우】bàoyǔ 图폭우(暴雨).

【暴躁－조】bàozào 图(성미가) 거칠고 급하다. (同)〔火性 huǒxìng〕, (反)〔温和 wēnhé〕

【暴涨－창】bàozhǎng 图1(강물 따위가) 급격히 불어나다. 2(물가 따위가) 폭등하다.

【暴政－정】bàozhèng 图폭정. (同)〔苛 kē 政〕, (反)〔仁 rén 政〕

＊【爆】火部 bào 15画 폭발할 **폭**
图1폭발하다. 터지다. 튀기다. ◇引～/폭발을 일으키다. 기폭. 2뜻밖에 나타나다. ◇～出特大新闻/뉴스특보가 갑자기 방송되다. 3끓는 물〔기름〕에 살짝 데치다.

【爆肚儿－두아】bàodǔr 图소·양의 위(胃)를 잘게 썰어 끓는 물에 살짝 데친 요리. 〔기름에 데친 것은 '油～'이라 함〕

＊＊【爆发－발】bàofā 图1폭발하다. ◇火山～/화산이 폭발하다. 2외부 충격으로 인해 중대한 변화가 발생하다. 3(힘이나 감정

이) 갑자기 발산되다. (사건이) 돌발하다. ◇战争～/전쟁이 발발하다. 旧国爆发:发生 "爆发"는 주로 대사건에 쓰이며 일반적인 일에는 쓰이지 않는다. ◇我们班最近(×爆发)发生了一件奇怪的事情/최근 우리반에서 이상한 일이 일어났다.

【爆发力－발력】bàofālì 图순발력.

【爆裂－렬】bàoliè 图터지다.

【爆满－만】bàomǎn 图꽉 차다. 초만원이 되다.

＊【爆破－파】bàopò 图폭파하다. 발파하다. ◇～组/폭발조.

【爆破筒－파통】bàopòtǒng 图폭파통.

＊【爆炸－작】bàozhà 图1폭발하다. ◇炸弹～了/폭탄이 폭발하다. 2(수량이) 급증하다. ◇人口～/인구 급증.

＊【爆竹－죽】bàozhú 图폭죽.

杯 35	卑 35	背 36	悲 36	碑 36	北 37
贝 37	狈 37	备 37	背 38	倍 39	悖 39
被 39	辈 39	惫 40	焙 40	褙 40	呗 40

bēi

★【杯(盃)】木部 bēi 4画 잔 **배**
图1잔. ◇一～茶/차 한 잔. 2트로피(trophy). ◇金～/금상 트로피.

【杯弓蛇影－궁사영】bēi gōng shé yǐng〈成〉공연한 의혹으로 쓸데없는 걱정을 하다. 〔진대(晉代) 악광(樂廣)이 손님을 청하여 주연을 베풀었는데, 그 중 한 사람이 술잔에 어른거린 활그림자를 뱀으로 잘못 알고 뱀을 삼켰다고 생각하여 병이 난 고사에서 온 말〕

【杯水车薪－수거신】bēi shuǐ chē xīn〈成〉한 잔의 물로 한 수레의 장작에 붙은 불을 끄려고 하다. 계란으로 바위 치기.

【杯中物－중물】bēizhōngwù 图〈喩〉술.

★【杯子－자】bēi·zi 图잔.

【卑】十部 bēi 6画 낮을 **비**
图1(위치가) 낮다. ◇地势～湿/지세가 낮고 습하다. 2(지위가) 낮다. ◇～贱/척박하다. (同)〔低 dī〕, (反)〔高 gāo〕 3(품행이나 물건의 질이) 낮다. 나쁘다. (同)〔劣 liè〕, (反)〔端 duān〕

＊【卑鄙－비】bēibǐ 图1(언행 따위가) 비열하다. 비겁하다. ◇他这个人很～, 欺负 qifu 人家孤儿/그는 아주 비열해 남의 고아를 괴롭힌다. (同)〔卑劣 liè〕, (反)〔高尚 gāoshàng〕 2신분이 비천하다.

【卑不足道－불족도】bēi bù zú dào〈成〉천

B

하여 말할 가치조차 없다.
【卑辞―사】bēicí 명〈文〉겸손의 말.
【卑躬屈节―궁굴절】bēi gōng qū jié (同)〔卑躬屈膝 xī〕
【卑躬屈膝―궁굴슬】bēi gōng qū xī 〈成〉허리를 굽히고 무릎을 꿇다. 비굴하게 아첨하다. (同)〔低声下气 dī shēng xià qì〕, (反)〔傲骨嶙峋 àogǔ línxún〕
【卑贱―천】bēijiàn 형비천하다. (同)〔卑鄙 bǐ〕, (反)〔高尚 gāoshàng〕
【卑劣―렬】bēiliè 형비열하다. (同)〔卑贱 jiàn〕
【卑怯―겁】bēiqiè 형비겁하다.
【卑微―미】bēiwēi 형미천하다.
【卑下―하】bēixià 형1(품격 또는 인격이)낮다. 천하다. 2(지위가) 낮다.
【卑职―직】bēizhí 명〈文〉1지위가 낮은 벼슬. 2옛날 하급관리가 상급관리에게 자신을 낮추어 일컫는 말.

☆【背(揹)】月部 bēi 5画 등 배
1동업다. (등에) 짊어지다. ◇把老人～进医院去了/노인을 업고 병원으로 들어갔다. 2동(책임을) 지다. 부담하다. ◇替别人～恶名/남대신 악명을 뒤집어 쓰다. 3양〈方〉짐. 〔한 사람이 등에 한번 짊어질 수 있는 양〕 ⇒bèi
【背榜―방】bēi//bǎng 동맨 꼴찌로 합격하다.
【背包袱―포복】bēi bāo·fu 정신적인 부담을 받다
【背带―대】bēidài 명(바지 따위의) 멜빵.
【背负―부】bēifù 동1짊어지다. 2책임지다. 부담하다.
【背黑锅―흑과】bēi hēiguō〈口〉누명을 쓰다.
【背头―두】bēitóu 동(머리의) 올백.
【背债―채】bēi//zhài 동채무(債務)를 지다. 빚을 지다.
【背子―자】bēi·zi 명짐바구니.

【悲】非部 心部 bēi 4画 8画 슬플 비
1형슬프다. ◇～剧/비극. (同)〔哀 āi〕, (反)〔喜 xǐ〕 2형연민(하다). 불쌍히 여기다. ◇慈 cí～/자비롭다. 불쌍히 여기다. (同)〔怜 lián〕
**【悲哀―애】bēi·āi 1형비애. 슬픔. ◇感到～/슬픔을 느끼다. 2형슬프다. ◇显出十分～的样子/굉장히 슬픈 모습을 보였다. ◇丈夫死后她很～/남편이 죽은 후 그녀는 슬펐다. (同)〔悲伤 shāng〕, (反)〔高兴 gāoxìng〕〔欢乐 huānlè〕 비교悲哀:灰心 실패하여 의기소침해짐을 나타낼 때는 "悲哀"를 쓰지 않는다. ◇试验虽然失败了,但我们没有(×悲哀)灰心/실험은 실패했지만 우리는 낙심하지 않았다.

*【悲惨―참】bēicǎn 형비참하다. ◇小姑娘又冷又饿, 样子很～/소녀는 춥고 배고프고, 모습이 아주 비참했다. (同)〔凄 qī 惨〕, (反)〔幸福 xìngfú〕
【悲愁―수】bēichóu 형슬프고 걱정스럽다.
【悲怆―창】bēichuàng 형〈文〉슬프고 마음 아프다.
【悲悼―도】bēidào 동애도하다.
*【悲愤―분】bēifèn 형슬프고 분하다.
【悲歌―가】bēigē 〈文〉1동애절하게 노래하다. (同)〔哀 āi 歌〕, (反)〔欢 huān 歌〕 2명〈音〉비가. 슬프고 애절한 노래.
**【悲观―관】bēiguān 1형비관적이다. ◇～失望/비관과 실망. 2명비관. (反)〔乐 lè 观〕
【悲号―호】bēiháo 동슬프게 통곡하다.
【悲欢离合―환리합】bēi huān lí hé〈成〉이별·만남에 따른 슬픔·기쁨. 세상 일이 변하기 쉬워 덧없는 일. 유의 전변(有爲轉變).
*【悲剧―극】bēijù 형1〈喩〉비극. 2〈喩〉비극. 비참한 일. ◇决不能让这种～重 chóng 演/이런 비참한 일이 다시는 발생하게 해서는 절대로 안 된다. (反)〔喜 xǐ 剧〕
【悲苦―고】bēikǔ 형비참하고 고달프다.
【悲凉―량】bēiliáng 형슬프고 처량하다. (同)〔凄 qī 凉〕, (反)〔幸福 xìngfú〕
【悲鸣―명】bēimíng 동비명(을 지르다). 슬프게 울다.
【悲凄―처】bēiqī 형슬프고 처량하다.
【悲泣―읍】bēiqì 동〈文〉슬피 울다.
【悲切―절】bēiqiè 형비통하다.
*【悲伤―상】bēishāng 형슬프고 마음이 아프다. 속이 상하다.
【悲酸―산】bēisuān 형슬프고 마음이 쓰리다.
【悲叹―탄】bēitàn 명동비탄(하다).
【悲天悯人―천민인】bēi tiān mǐn rén〈成〉세상의 혼란과 백성의 고통에 대해서 비분강개하다.
☆【悲痛―통】bēitòng 형동비통(하다).
【悲喜交集―희교집】bēi xǐ jiāo jí〈成〉희비가 교차하다.
【悲喜剧―희극】bēixǐjù 명〈演〉희비극.
【悲辛―신】bēixīn 형〈文〉슬프고 가슴이 쓰리다.
【悲咽―인】bēiyè 동슬퍼서 목이 메다.
【悲壮―장】bēizhuàng 형비장하다.

☆【碑】石部 bēi 8画 비석 비
명비석. 비. ◇立一块～纪念死者/비석을 하나 세워 죽은 자를 기념하다.
【碑额―액】bēi'é 명비(碑) 머리. (同)〔碑首 shǒu〕〔碑头 tóu〕
【碑记―기】bēijì 명비문(碑文). 비명(碑銘).
【碑碣―갈】bēijié 명〈文〉비석.
【碑刻―각】bēikè 명비석에 새긴 글자나 그림.

【碑林―림】bēilín 몡비림. 비석을 많이 모 아둔 곳. 그 예로 陕西西安의 碑林.
【碑铭―명】bēimíng 몡비문. (同)〔碑文 wén〕
【碑帖―첩】bēitiè 몡비문의 탑본(榻本).
【碑文―문】bēiwén 몡비문.
【碑阴―음】bēiyīn 몡비석의 뒷면(의 문장).
【碑志―지】bēizhì 몡비문(碑文).
【碑座―좌】bēizuò (~儿)몡비석의 밑둥.

běi

★【北】匕部 běi
3画 북녘 북, 패하여 달아날 배
1몡북. 북녘. 북쪽. ◇往～走/북쪽으로 가다. (反)〔南 nán〕 2동〈文〉패배하다. ◇ 三战三～/전쟁에서 매번 패하다.
【北半球―반구】běibànqiú 몡〈地〉북반구.
★【北边―변】běibian 몡1(~儿)북방. 북쪽. 2〈口〉황하(黄河)이북지역. (同)〔北方 fāng 2〕
【北朝―조】Běi Cháo 몡〈史〉북조. 〔남북조 (南北朝)시대의 북위(北魏)·북제(北齊)· 북주(北周)의 총칭〕
【北辰―진】běichén 몡〈文〉〈天〉북극성.
【北斗星―두성】běidǒuxīng 몡〈天〉북두칠성.
【北伐战争―벌전쟁】Běidài Zhànzhēng 몡 북벌 전쟁(1926~1927). 〔중국 국민 혁명 군(國民革命軍)이 북경(北京)의 군벌(軍 閥)정권 타도를 목표로 한 전쟁〕
☆【北方―방】běifāng 몡1북쪽. 2황하(黄河) 이북지역. (反)〔南方 nánfāng〕
【北方话―방화】běifānghuà 몡장강(長江) 이북지역의 중국어 방언. 중국 표준어의 바탕.
【北瓜―과】běi·guā 몡〈方〉호박.
【北国―국】běiguó 몡〈文〉중국의 북부지역. (反)〔南 nán 国〕
【北货―화】běihuò 몡중국 북방산의 식품. 호두·밤·곶감 따위.
【北极―극】běijí 몡1〈地〉북극. 2〈物〉북극. (反)〔南 nán 极〕
【北极星―극성】běijíxīng 몡〈天〉북극성.
【北京―경】Běijīng 몡〈地〉북경.
【北京人―경인】Běijīngrén 몡1북경사람. 2 〈考古〉북경 원인(Sinanthropus Pekinen- sis). (同)〔北京猿 yuán 人〕
【北京猿人―경원인】Běijīng yuánrén 몡〈考 古〉북경 원인. 〔1929년에 북경교외의 주 구점(周口店) 용골산(龍骨山)동굴에서 발 견된 화석인류(化石人類)〕(同)〔北京人〕
☆【北面―면】běimiàn 몡북쪽. (同)〔北方 fā- ng〕, (反)〔南面 nánmiàn〕
【北欧―구】Běi Ōu 몡북유럽.
【北齐―제】Běi Qí 몡〈史〉북조 중에 하나.

AD 550~577 고양(高洋)이 건립함.
【北曲―곡】běiqǔ 몡1송(宋)·원(元)대에 중 국 북방에서 유행했던 희곡명. 2원대(元 代)에 북방에서 유행한 희곡.
【北山羊―산양】běishānyáng 몡〈動〉(고산 지역에 사는) 야생 산양.
【北上―상】běishàng 동북쪽으로 가다.
【北魏―위】Běi Wèi 〈史〉북위. 〔남북조(南 北朝)시대에 선비족이 세운 나라〕
【北洋军阀―양군벌】Běi Yáng Jūnfá 몡북 양군벌.

bèi

【贝·貝】贝部 bèi
0画 조개 패
몡1〈魚介〉조개. 2고대의 조개돈. 패화(貝 貨). 3성(姓).
【贝雕―조】bèidiāo 몡조개껍질 조각공예품.
【贝多芬―다분】Bèiduōfēn 몡베토벤〔Ludwig van Beethoven〕.
*【贝壳―각】bèiké (~儿)몡패각. 조가비.
【贝勒―륵】bèi·lè 몡청(清)나라 때 귀족의 세습작위. (지위는 親王, 君王의 아래임)
【贝叶树―엽수】bèiyèshù 몡〈植〉다라수(多 羅樹).
【贝子―자】bèizǐ 몡청(清)나라 작위(爵位) 의 하나. 지위는 '贝勒 lè'의 밑.

【狈·狽】犭部 bèi
4画 이리 패
(同)〔狼 láng 狈〕

【备·備】夂部 bèi
5画 갖출 비
1동갖추어지다. 구비되다. ◇~有样品/샘 플을 갖추고 있다. ◇德才兼～/재능과 덕 을 다 갖추고 있다. 2동마련하다. 준비하 다. ◇~而不用/쓰기위해 마련해 두다. 3 동대비하다. 4몡(인적·물적 자원을 포함 한) 설비. ◇军 jūn～/군비. 5분한껏. 실 컷. ◇～受虐 nüè 待/갖은 학대를 다 겪 다. ◇～受优待/우대를 충분히 받다.
【备案―안】bèi//àn 동(담당관청에 보고하 여) 기록에 올리다. 비치하다.
【备办―판】bèibàn 동(필요한 것을) 조달 (調達)하다. 준비하다.
【备不住―부주】bèi·bu zhù 〈方〉…일지는 모른다. 아마. 혹시. ◇这件事他～是忘了 /그는 이 일을 잊었을지 모른다. (同) 〔说不定 shuō bu dìng〕〔或许 huòxǔ〕
【备查―사】bèichá 동〈文〉(공문서 등의 참 조를 위해) 비치하다.
【备份―분】bèifèn 1몡남겨두는 여분. 2동 (정원을) 남겨두다.
【备耕―경】bèigēng 동〈文〉농사준비를 하다.

B

【备荒－황】bèi//huāng 동(흉작에) 대비하다.

【备货－화】bèi//huò 동물건을 비축하다.

【备件－건】bèijiàn 명〈機〉비축부품. 예비품.

【备考－고】bèikǎo 명비고. 주석.

【备课－과】bèi//kè 동(교수가) 수업 준비하다.

【备料－료】bèi//liào 동(생산에 필요한) 재료를 준비하다.

【备品－품】bèipǐn 명〈機〉비축부품. 스페어 (spare).

【备取－취】bèiqǔ 동보결로 뽑다. (입학생들을) 예비로 받다. ◇~生/보결생.

【备忘录－망록】bèiwànglù 명〈外交〉각서. 비망록.

*【备用－용】bèiyòng 동쓸 때를 대비하여 준비하다. 비축하다.

【备战－전】bèi//zhàn 동전쟁에 대비하다.

【备至－지】bèizhì 동〈文〉주도 면밀하다. 지극하다.

【备注－주】bèizhù 1명비고란. 2동명비고(备考)(하다). 주석을 달다.

【背】 月部 bèi
    5画 등 **背**

1명〈生理〉등. ◇~痛/등이 아프다. 2명(물체의) 뒤[뒷면]. 등 부분. ◇手~/손등. (反)〔面 miàn〕3동등지다. ◇~着太阳坐/태양을 등지고 앉았다. (反)〔向 xiàng〕4동반대 방향으로 향하다. 떠나다. ◇~井离乡/고향을 떠나다. (同)〔离 lí〕, (反)〔回 huí〕5동피하다. 숨다. 속이다. ◇这孩子~着父母抽烟/이 아이는 부모님을 속이고 담배를 피우고 있다. 6동배반하다. 위반하다. ◇~着良心说话/양심을 속이고 말하다. 7동외다. 암기하다. ◇书~熟了/책을 능숙하게 외우다. (同)〔诵 sòng〕8동반대 방향으로 돌리다. 반대쪽을 향하다. ◇他把脸~过去/그는 얼굴을 반대쪽으로 돌렸다. 9동외치다. 외면지다. ◇那地方很~/그곳은 아주 외졌다. 10명〈口〉운이 나쁘다. 형편이 나쁘다. ◇~时/시기가 좋지 않다. 11명귀가 어둡다. ◇耳朵有点儿~/귀가 좀 어둡다. (同)〔聋 lóng〕, (反)〔聪 cōng〕⇒bēi

【背包－포】bèibāo 명배낭.

【背不住－불주】bèi·bu zhù (同)〔备 bèi 不住〕

【背城借一－성차일】bèichéng jièyī 〈成〉자기 성(城)을 등지고 적과 최후의 일전(一战)을 벌여 자웅을 가리다. (同)〔背城一战 zhàn〕, (反)〔殊途同归 shū tú tóng guī〕

【背道而驰－도이치】bèi dào ér chí 〈成〉서로 정반대의 방향으로 가다. 배치(背驰)되다.

【背地－지】bèidì 부암암리에. 남몰래. (同)〔背地里 li〕

【背风－풍】bèifēng 바람을 등지다. (反)〔向 xiàng 风〕

【背光－광】bèiguāng 그늘이 지다. 빛을 등지다.

☆【背后－후】bèihòu 1명배후. 뒤쪽. ◇房子~/집 뒷면. (同)〔后面 hòu·mian〕, (反)〔前面 qián·mian〕2명암암리에. 뒷전에서. ◇当面不说~乱说/면전에서 말 못하고, 뒷전에서 멋대로 지껄인다. (同)〔私下 sīxià〕, (反)〔当面 dāng//miàn〕

【背货－화】bèihuò 명수요가 없어 잘 팔리지 않는 상품.

【背集－집】bèijí 명〈方〉(농촌에) 장이 서지 않는 날.

【背脊－척】bèijǐ 명등.

【背井离乡－정리향】bèi jǐng lí xiāng 〈成〉부득이 고향을 등지다.

**【背景－경】bèijǐng 1명배경. ◇这幅画的~是一片森林/이 그림의 배경은 나무숲이다. 2명(역사적·현실적) 배경. 3명배후세력. ◇这事肯定有~/이 일은 틀림없이 배후세력이 있을 것이다.

【背静－정】bèi·jing 명외져서 조용하다. (同)〔冷僻 lěngpì〕, (反)〔热闹 rè·nao〕

【背靠背－고배】bèikàobèi 1서로 등을 맞대다. 2뒤에서 말하다.

【背离－리】bèilí 동1떠나다. 2위반하다.

【背理－리】bèi//lǐ 동이치에 어긋나다.

*【背面－면】bèimiàn 명1(~儿)후면. 뒷면. ◇在单据的~签 qiān 字/영수증의 뒷면에 싸인하세요. (同)〔反 fǎn 面〕, (反)〔正 zhèng 面〕2(동물의) 등.

【背谬－류】bèimiù (同)〔悖 bèi 谬〕

*【背叛－반】bèipàn 동배반하다. 모반하다. (反)〔忠诚 zhōngchéng〕

【背气－기】bèi//qì 동〈口〉기절하다.

【背弃－기】bèiqì 동저버리다. 파기하다. (同)〔破坏 pòhuài〕, (反)〔恪守 kèshòu〕

【背人－인】bèi//rén 1동남이 모르게 감추다. 2형사람 눈에 띄지 않는다.

【背时－시】bèishí 동〈方〉1시대에 뒤떨어지다. (同)〔过 guò 时〕, (反)〔应 yìng 时〕2운수가 사납다. (同)〔倒霉 dǎo méi〕〔背运 yùn〕, (反)〔走运 zǒuyùn〕

【背书－서】bèi//shū 동1이서(裏書)[배서(背書)](하다).

【背水一战－수일전】bèi shuǐ yī zhàn 〈成〉배수진을 치고 싸우다.

【背水阵－수진】bèishuǐzhèn 명배수진.

**【背诵－송】bèisòng 동암송하다. 외우다. ◇~课文/본문을 외우다.

*【背心－심】bèixīn 명(~儿)명조끼. 러닝셔츠.

【背信弃义－신기의】bèi xìn qì yì 〈成〉신의를 저버리다. (同)〔言而无信 yán ér wú

B

xìn], (反)〔言而有信 yán ér yǒu xìn〕

【背兴-흥】bèixìng 웹〈方〉운이 나쁘다. 운수(가) 사납다.

【背眼-안】bèiyǎn (~儿)1동눈에 띄지 않다. 구석지다. 2몡남의 눈에 띄지 않는 곳. 구석진 곳.

【背阴-음】bèiyīn (~儿)웹동그늘(지다). 응달(지다). (反)〔向阳 xiàngyáng〕

【背影-영】bèiyǐng (~儿)몡뒷모습. 비교背影:背面 "背影"은 사람의 형상에 쓰이며 물체의 반대쪽 면에 쓰이지 않는다. ◇你转过身去, 再让我看看(×背影)背面/내가 뒤를 다시 보도록 네 몸을 돌려봐.

【背约-약】bèi//yuē 동〈약속〉(계약)을 어기다. (同)〔违 wéi 约〕, (反)〔守 shǒu 约〕

【背运-운】bèiyùn 1웹운이 나쁘다. 재수가 없다. 2몡불운. (同)〔背时 shí〕, (反)〔运气 qì〕

【背字儿-자아】bèizìr 몡악운(惡運). 불운.

★【倍】亻部 bèi 8画 곱 배
　1양배. 곱절. 갑절. ◇增长了五~/5배나 증가했다. 2동갑절로 늘다. ◇勇气~增/용기가 배가 되다.

【倍加-가】bèijiā 튀〈文〉한층 더. 더욱.

【倍率-율】bèilǜ 몡〈物〉배율.

【倍儿-아】bèir 튀〈方〉대단히. 매우.

＊【倍数-수】bèishù 몡〈數〉배수.

【倍增-증】bèizēng 동〈文〉배증하다. 배로 늘다.

【悖】忄部 bèi 7画 어지러울 패
　동1상반되다. 상충(相衝)하다. 모순되다. ◇并行不~/〈成〉동시에 진행되어도 서로 방해되지 않는다. 2(이치에) 어긋나다. 3판단력을 잃다. 현혹되다.

【悖晦-회】bèi·hui 웹〈方〉(늙어서 정신이) 흐려지다. 노망기가 있다.

【悖理-리】bèilǐ (同)〔背 bèi 理〕

【悖谬-류】bèimiù 동〈文〉상식을 벗어나다. 황당하다. (同)〔背 bèi 谬〕

【悖逆-역】bèinì 동〈文〉정도를 거스르다.

★【被】衤部 bèi 5画 이불 피
　1몡이불. ◇两床~/이불 두 채. 2동〈文〉덮다. ◇~覆/씌워 가리다. 3동〈文〉당하다. ◇~屈含冤/모욕을 당하여 원한을 품다. 4관…당하다. …에게 …당하다. …으로 …되다.〔동사 앞에 쓰여서 피동을 나타냄〕◇那棵树~大风刮倒 dǎo 了/그 나무는 강풍에 넘어졌다. ◇他~选为主席/그는 주석으로 당선되었다.

【被搭子-탑자】bèidā·zi 몡여행할 때 이불·의복 따위를 담는 가방.

【被袋-대】bèidài 몡잡낭. 더플 백(duffel bag). 즈크 자루.

【被单-단】bèidān (~儿)몡1침대보. 2홑이불. 요. ‖ (同)〔被单子 zi〕

＊＊【被动-동】bèidòng 웹1수동적이다. 소극적이다. (反)〔主 zhǔ 动〕 2몡피동. 수동.

【被动式-동식】bèidòngshì 몡〈言〉피동문.〔중국어에서 피동문은 주어가 행위를 당하는 대상이다. 보통 '被', '叫', '让' 등 피동표지를 사용한다. 그러나 피동표지를 사용하지 않을 수도 있다. ◇麦子收割了/보리가 수확되었다〕

【被服-복】bèifú 몡피복.〔주로 군용 피복을 가리킴〕

【被覆-복】bèifù 동1덮다. 씌워 가리다. 2몡지면을 덮은 초목.

＊【被告-고】bèigào 몡〈法〉피고. 피고인. (同)〔被告人 rén〕, (同)〔原告 yuángào〕

【被害-해】bèihài 1동살해되다. 2동해를 입다. 3몡피해.

【被害人-해인】bèihàirén 몡〈法〉피해자.

【被里-리】bèilǐ (~儿)몡이불의 안감.

【被面-면】bèimiàn (~儿)몡이불보.

【被难-난】bèinàn 동1사고로 죽다. 2조난하다〔당하다〕. (同)〔遇 yù 难〕, (反)〔遇救 yù//jiù〕

＊＊【被迫-박】bèipò 동강요당하다. 강요에 못 견디다. 할 수 없이 …하다. ◇~接受/강요에 못이겨 받아들이다.

【被褥-욕】bèirù 몡이불과 요. 침구.

【被套-투】bèitào 몡1(여행할 때 이불을 넣는) 긴 자루. 2이불잇. 이불커버. 3이불솜.

【被头-두】bèitóu 몡1이불보에 꿰매 놓은 천. 2〈方〉(同)〔被子 zi〕

【被窝儿-와아】bèiwōr 몡긴 원통형으로 접은 이불.

【被卧-와】bèi·wo (~儿)(同)〔被子 zi〕

【被选举权-선거권】bèixuǎnjǔquán 몡피선거권.

【被罩-조】bèizhào 몡이불보.

☆【被子-자】bèi·zi 몡이불.

【被子植物-자식물】bèizǐ·zhíwù 몡〈植〉피자식물.

＊＊【辈・輩】非部 车部 bèi 4画 8画 무리 배
　1몡대. 서열. 항렬. ◇长 zhǎng~/선배. ◇晚~/후배. ◇同~/동년배. ◇他比我长 zhǎng 一~/그는 나보다 연배가 하나 위이다. 2〈文〉들. 무리. 또래. 부류. ◇无能之~/무능한 자들. ◇(~儿)한평생. 일생. 생애. ◇后半~/후반생.

【辈出-출】bèichū 동〈文〉배출하다〔되다〕.

【辈分-분】bèi·fen 몡항렬. 촌수. 선후배의

차례.
【辈行一항】bèiháng (同)〔辈分 fen〕
【辈子一자】bèi·zi 명한평생. 일생.

【惫·憊】 心部 | bèi
8画 | 고달플 **비**

형〈文〉아주 피곤〔피로〕하다. 몹시 지치다. ◇疲 pí~不堪 kān/견딜 수 없을 만큼 피곤하다.
【惫倦一권】bèijuàn 명〈文〉지치고 피곤하다.

【焙】 火部 | bèi
8画 | 불에 쬐어말릴 **배**

동(약재·음식·담배·찻잎 따위를) 약한 불에 말리다. 굽다. ◇~一点花椒 jiāo/약간의 산초나무를 말리다.

【褙】 衤部 | bèi
9画 | 배자 **배**

동배접(褙接)하다. (종이나 천을) 겹붙이다.
【褙子一자】bèi·zi 명〈方〉(천 종이 따위를) 겹붙인 신발의 바닥감. (同)〔袼褙 gē·bei〕

bei

【呗·唄】 口部 | bei
4画 | 염불소리 **패**

조〈方〉1사실이나 이치가 분명함을 나타냄. ◇有困难就克服~/어려움이 있으면 이겨나가면 돼. 2억지로 동의하거나 양보하는 어기를 나타냄. ◇你不同意, 那就算了~/네가 동의하지 않으면 할 수 없지 뭐.

bēn

【奔】 大部 | bēn
5画 | 달아날 **분**

동1(내)달리다. ◇狂~/미친듯이 달리다. 2급히 달려가다. 분주히 뛰다. ◇~赴前线/전선으로 급히 달려가다. 3달아나다. 내빼다. 도망치다. ◇东~西窜 cuàn/(패해서) 사방으로 도망치다. ⇒bèn
【奔波一파】bēnbō 동(생활을 위해) 바쁘게 뛰어 다니다.
【奔驰一치】bēnchí 동〈文〉(수레나 말 따위가) 내달리다. 질주하다. ◇列车在广野上~/열차가 광야에서 질주하다.
【奔窜一찬】bēncuàn 동이리저리 도망치다.
【奔放一방】bēnfàng 동(사상·감정·문장의 기세 따위가) 자유분방하다. (同)〔豪 háo 放〕, (反)〔含蓄 hánxù〕
【奔赴一부】bēnfù 동〈文〉달려가다. 서둘러 가다.
【奔流一류】bēnliú 1동세차게 흐르다. 기세 좋게 흘러가다. 2명급류. 세찬 흐름.
【奔忙一망】bēnmáng 동바쁘게 돌아다니다.

【奔命一명】bēnmìng 동(명령을 받고) 바쁘게 뛰며 임무를 수행하다. ⇒bèn//mìng
【奔跑一포】bēnpǎo 동달리다. 분주히 다니다. ◇一路~去请医生/빨리 뛰면서 의사를 모시러 갔다.
【奔丧一상】bēn//sāng 동친상(親喪)의 소식을 듣고 황급히 집으로 돌아가다.
【奔驶一사】bēnshǐ 동(차량 따위가) 질주하다.
【奔逝一서】bēnshì 동(시간·물 따위가) 매우 빨리 흘러가다.
【奔逃一도】bēntáo 동달아나다. 도주하다.
*【奔腾一등】bēnténg 동(많은 말들이) 질주하다. ◇那马~疾驰 jíchí 而去/그 말은 쏜살 같이 내달렸다.
【奔突一돌】bēntū 좌충우돌하면서 내닫다.
【奔袭一습】bēnxí 동먼곳으로 기습하다.
【奔泻一사】bēnxiè 동(물이) 세차게 흘러내리다. (同)〔奔流 liú〕, (反)〔潺湲 chányuán〕
【奔涌一용】bēnyǒng 동세차게 솟아오르다. 흘러 넘치다.
【奔逐一축】bēnzhú 동급히 추격하다.
【奔走一주】bēnzǒu 동1빨리 달리다. (同)〔疾 jí 走〕, (反)〔慢步 mànbù〕 2(어떤 목적이나 생활을 위해) 뛰어 다니다. 바쁘게 싸다니다.
【奔走呼号一주호호】bēnzǒu hūháo 〈成〉(성사되기 위해) 뛰어가며 호소하다.

【锛】 钅部 | bēn
8画 | 자귀 **분**

1명자귀. (同)〔锛子 zi〕 2동(나무 따위를) 자귀로 깎다. 자귀질하다. ◇~木头/나무를 자귀질하다. 3동(칼날 따위가) 이가 빠지다. ◇刀使~了/칼날에 이가 빠졌다.
【锛子一자】bēn·zi 명자귀.

běn

★【本】 本部 | běn
1画 | 뿌리 **본**

1명(초목의) 뿌리나 줄기. ◇水有源, 木有~/물에는 근원이 있고, 나무에는 뿌리가 있다. (同)〔根 gēn〕, (反)〔枝 zhī〕 2명(나무) 그루. (풀)포기. 3명(사물의) 근본. 기초. 근원. ◇翻身不忘~/처지가 바뀌어도 근본을 잊지 않다. (同)〔根 gēn〕, (反)〔末 mò〕 4(~儿)명본전. 밑천. 원금. ◇还~/원금을 돌려주다. 5형주요한. 근본이 되는. ◇~部/본부. 6분본래(의). 원래(의). ◇我~想六月回来/나는 원래 6월에 돌아오려 했었다. (同)〔原 yuán〕 7형(상대방에 대하여) 자기 쪽의. ◇~人/본인. 8형지금의. 현재의. ◇~世纪末/금세기말. 9동…에 의거하다. 근거하다.

◇每句话都有所~/말마다 모두 근거가 있다. **10**[명](~儿)책. 서적. ◇笔记~/노트. 필기장. (同)〔书 shū〕 **11**[명]판본(版本). 판(版). ◇抄~/필사본. **12**(~儿)[명]저본(底本). 각본(脚本). ◇剧~/극본. **13**[명]옛날의 상소문. ◇修~/상소문을 쓰다. **14**(~儿)[양]a)권. 〔책을 세는 단위〕 ◇两~书/책 2권. b)막. 〔희곡을 세는 단위〕 ◇头~西厢记/서상기 제1회. c)권. 〔영화 필름의 길이의 단위〕 ◇这部电影共六~/이 영화는 모두 6권 짜리다.

【本本—본】běn běn [명]책. 공책.

【本本主义—본주의】běnběn zhǔyì [명]교조주의(教條主義). 현실을 무시하고 책이나 상사 지시대로만 된다고 믿는 사고 방식.

【本币—폐】běnbì [명]〈略〉〈經〉본위 화폐.

【本部—부】běnbù [명]본부. (同)〔总 zǒng 部〕, (反)〔分 fēn 部〕

【本埠—부】běnbù [명]본지. 본 도시〔곳〕. 〔주로 큰 도시에 쓰임〕 (同)〔本地 dì〕, (反)〔外 wài 埠〕

【本岛—도】běndǎo [명]몇개의 섬들 중 가장 중심이 되는 큰 섬.

【本地—지】běndì [명]본지. 이 땅〔곳〕. (同)〔当 dāng 地〕, (反)〔外 wài 地〕

【本分—분】běnfèn **1**[동]본분에 만족하다. 분수를 지키다. (同)〔安 ān 分〕, (反)〔闹事 nàoshì〕 **2**[명]본분. 직책. (同)〔分内 nèi〕, (反)〔分外 wài〕

【本固枝荣—고지영】běn gù zhī róng 〈成〉줄기가 튼튼하면 가지가 무성하다.

【本行—행】běnháng [명]**1**본래의 직업. 본업. **2**현재의 직업.

【本家—가】běnjiā [명]일가. 종친.

【本家儿—가아】běnjiār [명]〈方〉당사자.

【本金—금】běnjīn [명]**1**원금. **2**자본금

【本科—과】běnkē [명]**1**(학교의) 본과. **2**주요 학과목.

☆【本来—래】běnlái **1**[명]본래. 원래. ◇~的意思/본래의 뜻. **2**[부]본래. 애초. ◇大会~定在星期五举行/대회는 본래 금요일에 거행하기로 정해져 있었다. **3**[부]당연히. ◇~就该这样办/당연히 이렇게 처리했어야지요. [비교]本来:原来 사람을 가리키는 명사는 "本来"의 수식을 받지 않는다. ◇他没有(×本来)原来的教师那么厉害/그는 본래 있던 선생님 만큼 대단하지 않다.

【本来嘛—래마】běnlái ·ma 〈口〉그럼 그렇지. 당연하지. **1**어떤 일에 대해 이상하지 않고 당연하게 여김을 나타냄. ◇头都疼了, 还是算不清, ~, 在学校我就不喜欢数学/머리가 아픈데도 여전히 계산해 내지 못했어. 당연하지, 학교다닐 때부터 난 수학을 좋아하지 않았어. **2**남에게 질책이나 질문을 받았을 때 자신의 의견을 고집하는 말로 이치가 분명하니 더 말할 필요 없다는 뜻을 나타냄. ◇爸, 你管人家的事干吗? —小妹, 你怎么跟你爸爸这么没礼貌? —~, 我也大了, 自己知道怎么做/아빠 왜 제 일에 참견이세요? —얘야, 너 아빠에게 왜 이렇게 버릇없이 구니? —당연하죠. 저도 컸으니 제 자신이 어떻게 할지 알고 있어요. (同)〔本来就是 jiùshì 嘛〕〔本来是〕

【本利—리】běnlì [명]원금과 이자.

☆【本领—령】běnlǐng [명]재주. 솜씨. 기량. ◇他的~很大/그는 재주가 대단하다. [주의] '本领'은 양사 '个'를 쓰지 않는다. ◇他掌握了五(×个)种本领/그는 5가지 재능을 숙달시켰다.

【本命年—명년】běnmìngnián [명]본띠해. 〔12띠 중 자신이 속한 띠의 해〕

【本末—말】běnmò [명]**1**일의 처음과 끝의 전 과정. **2**주요한 것과 부차적인 것. ◇~颠倒 diāndǎo/본말이 전도되다.

*【本能—능】běnnéng [명]본능.

*【本钱—전】běn·qián [명]**1**밑천. 원금. ◇做买卖得有~/장사를 하려면 밑천이 필요하다. **2**〈喻〉조건. 능력.

⁑【本人—인】běnrén [명]**1**본인. 당사자. ◇必须你~来/꼭 당신 본인이 와야 해요. **2**나. ◇~认为/내가 생각하기엔. (同)〔自己 zìjǐ〕, (反)〔别 bié 人〕

【本嗓—상】běnsǎng (~儿)[명]원래 목소리.

【本色—색】běnsè [명]본래의 모습. ◇英雄~/영웅의 진면목.

⁑【本身—신】běnshēn [명]그 자신. 그 자체. ◇生活~就是复杂多样的/생활 그 자체가 복잡하고 다양한 것이다.

【本市—시】běnshì [명]본시. 이 도시.

【本事—사】běnshì [명]문학작품의 출전.

☆【本事—사】běn·shi [명]재주. 솜씨. ◇谁也不知道他到底有哪种~/그가 도대체 어떤 재주가 있는지 아무도 모른다. (同)〔本领 lǐng〕 [비교]本事:本领 "本事"는 정중한 경우에 쓰이지 않는다. ◇掌握为人民服务的(×本事)本领/국민에게 봉사할 기량을 습득하다.

【本题—제】běntí [명]이야기의 주제. 주된 논점.

【本体—체】běntǐ [명]본체(本禮).

【本土—토】běntǔ [명]**1**고향. 태어난 고향. **2**국가 영토. **3**이땅의 흙·토양.

【本位—위】běnwèi [명]**1**(화폐의) 본위. **2**자신이 있는 부서. 자기가 일하는 직장.

【本位货币—위화폐】běnwèi huòbì [명]본위 화폐.

【本位主义—위주의】běnwèi zhǔyì [명]자기 부서의 본위주의.

B

B

【本文一문】bĕnwén 閔1본문. 2원문.〔'译文'이나 '注解'와 구별됨〕

【本息一식】bĕnxī 閔원금과 이자.

【本戏一희】bĕnxì 閔연극에서 공연물을 한 번에 처음부터 끝까지 전부 공연하는 일. 전편공연.

【本乡本土一향본토】bĕn xiāng bĕn tŭ 閔고향. (同)〔家 jiā 乡〕〔本地 dì〕

【本相一상】bĕnxiàng 閔본래의 면목. 원형.

【本心一심】bĕnxīn 閔본심.

＊【本性一성】bĕnxìng 閔본성. 천성.

【本业一업】bĕnyè 閔〈文〉1본업. 2〈文〉농업.

【本义一의】bĕnyì 閔〈글자의〉본래의 뜻.

【本意一의】bĕnyì 閔본의. 의도.

【本原一원】bĕnyuán 閔〈哲〉본질. 본체.

【本源一원】bĕnyuán 閔근원. 기원.

【本愿一원】bĕnyuàn 閔본심. 원래의 희망.

＊【本着一착】bĕn·zhe …에 입각하다. …에 근거하다. ◇～为人民服务的精神/국민에게 봉사하는 정신에 근거하다.

【本职一직】bĕnzhí 閔본분. 자기가 맡은 직무.

☆【本质一질】bĕnzhì 閔본질. ◇透过现象看～/일어날 현상에 비추어 본질을 파악하다.

【本主儿一주아】bĕnzhŭr 閔1본인. 2분실자의 주인.

【本字一자】bĕnzì 閔본자. 정자(正字).

★【本子一자】bĕn·zi 閔1공책. 노트. 2판본(版本). 3증명서.

【苯】艹部 bĕn
5画 풀더부룩하게날 분
閔〈化〉벤젠. 벤졸(C_6H_6).

【畚】厶部 田部 bĕn
8画 5画 가래 분
1閔삼태기. 키. (同)〔簸箕 bò·ji〕2閔〈方〉삼태기로 긁어 모으다. ◇～土/삼태기로 흙을 긁어 모으다.

【畚斗一두】bĕndŏu 閔키. 삼태기. 쓰레받기.

【畚箕一기】bĕnjī 閔키. 삼태기.

bèn

＊＊【奔】大部 bèn
5画 달아날 분
1통(목적지를 향하여) 곧장 나아가다. …을 향하여 가다. ◇咱们一心～现代化/우리는 한 마음으로 현대화를 향해 나아가다. 2개…을 향하여. …로. ◇汽车～广场驶 shĭ 去/자동차가 광장을 향해 달려가다. (同)〔朝向 cháoxiàng〕3통나이가 가까워지다. ◇他是～六十的人了/그는 60세에 가까워 가고 있다. 4통(어떤 일을 위해) 뛰어다니다. 힘쓰다. ◇给厂里～材料/공장에 재료를 가져다

주기 위해 뛰어다니다. ⇒bēn

【奔命一명】bèn//mìng 통필사적으로 서둘러 하다. ⇒bēnmìng

【奔头儿一두아】bèn·tour 閔전도. 희망. ◇有～/희망이 있다.

☆【笨】竹部 bèn
5画 못생길 분
閔1어리석다. 우둔하다. ◇脑子～/머리가 둔하다. (同)〔愚 yú〕, (反)〔聪明 cōngming〕2서투르다. 능숙하지 못하다. ◇我的手太～, 干不了 liǎo 这活/나는 손이 둔해서 (서툴러서) 이 일을 할 수 없다. (同)〔拙 zhuō〕, (反)〔灵 líng〕3힘이 들다. 무겁다. ◇这大柜子太～了/이 큰 장농은 너무 무겁다.

【笨伯一백】bènbó 閔미련한 사람. (同)〔蠢材 chŭncái〕, (反)〔智者 zhìzhě〕

＊【笨蛋一단】bèndàn 閔〈罵〉바보. 멍청이.

【笨活儿一활아】bènhuór 閔막노동. 중노동. (同)〔重 zhòng 活〕, (反)〔轻 qīng 活〕

【笨口拙舌一구졸설】bèn kŏu zhuō shé〈成〉말재주가 없다. (同)〔笨嘴 zuĭ 拙舌〕, (反)〔巧舌如簧 qiǎo shé rú huáng〕

【笨鸟先飞一조선비】bèn niǎo xiān fēi〈諺〉〈謙〉둔한 새가 먼저 날다. 능력이 모자란 사람이 남보다 먼저 행동을 하는 것을 비유함.

【笨手笨脚一수분각】bèn shŏu bèn jiǎo〈成〉1미련하고 더디다. 2손재주가 없다.

【笨头笨脑一두분뇌】bèn tóu bèn nǎo〈成〉1머리가 둔하다. 미련하다. 반음이 느리다. 2모양이 투박하다. (同)〔笨手 shŏu 笨脚 jiǎo〕, (反)〔心灵手巧 xīn líng shŏu qiǎo〕

＊【笨重一중】bènzhòng 閔1묵직하다. ◇～的家具/육중한 가구. (同)〔粗 cū 重〕, (反)〔轻巧 qīngqiǎo〕2힘이 들다. ◇机器代替～的体力劳动/기계가 힘든 육체 노동을 대신하다. (同)〔粗 cū 笨〕, (反)〔轻便 qīngbiàn〕

＊【笨拙一졸】bènzhuō 閔서툴다. 은둔하다. 굼뜨다. (同)〔愚 yú 笨〕, (反)〔聪明 cōngming〕

bēng

【崩】山部 bēng
8画 산무너질 붕
통1무너지다. 갈라지다. 2깨어지다. 터지다. ◇把气球吹～了/풍선을 불다가 터뜨렸다. 3터져서 명중(命中)하다. 4총살하다. 5군주가 죽다.

＊【崩溃一궤】bēngkuì 통붕괴하다. (국가의 정치·경제·군사 등이) 무너지다. ◇敌军

全线/敌军은 전부 무너졌다. (同)〔垮台 kuǎtái〕, (反)〔兴起 xīngqǐ〕

【崩裂-렬】bēngliè 통터져 갈라지다.

【崩塌-탑】bēngtā 통무너지다.

【崩坍-단】bēngtān 통(암석이나 돌·흙 따위가) 무너져 내리다. 붕괴되다.

【崩陷-함】bēngxiàn 통(암석이나 돌·흙 따위가) 무너져 내리다.

【绷·綳(綳)】 纟部 | bēng
8画 | 묶을 **붕**

1통팽팽하다. ◇弓弦一定要~紧/활시위는 꼭 팽팽하게 해야 한다. (同)〔张 zhāng〕, (反)〔松 sōng〕 **2**통(의복·천·명주 등이) 팽팽하게 되다. ◇小褂~紧在身上不舒服/적삼이 몸에 꼭 끼어 불편하다. **3**통갑자기 튀어 오르다. ◇盒子一打开, 弹簧就~出来了/상자를 열자 스프링이 갑자기 튀어나왔다. (同)〔弹 tán〕 **4**통드문드문 꿰매다. ◇袖子上~着臂章/소매에다 완장을 드문드문 꿰매 놓았다. **5**〈方〉간신히 버티다. **6**명등나무나 종려로 짠 침대매트. **7**명자수대. 자수틀. **8**통〈方〉속이다. (재물을) 속여 빼앗다. ◇他一了人家八百块钱/그는 남의 돈 800원을 속여 빼앗아 버렸다. ⇒běng, bèng

【绷场面-장면】bēng chǎngmiàn 체면을 유지하다. (同)〔撑 zhǎng 场面〕

*【绷带-대】bēngdài 붕대.

【绷簧-황】bēnghuáng 명용수철. 스프링. (同)〔弹 tán 簧〕

【绷弓子-궁자】bēnggōng·zi 명**1**문의 개폐(開閉)에 쓰이는 용수철. **2**〈方〉활.

【绷子-자】bēng·zi 명**1**자수대. 자수틀. **2** (同)〔绷 **6**〕

béng

【甭】 一部 | 用部 | béng
8画 | 4画 | 쓰지않을 **붕**

學〈方〉'不用 bùyòng'의 합음(合音). …할 필요가 없다. …하지 말아라. ◇你~管/당신은 상관하지 마세요!

【甭管怎么说-관즘마설】béngguǎn zěnme shuō (同)〔不 bù 管怎么说〕

【甭看-간】béngkàn (同)〔别 bié 看〕

【甭说-설】béngshuō (同)〔不用说 bùyòngshuō〕

【甭提了-제료】béngtí le (同)〔别 bié 提了〕

běng

【绷·綳(綳)】 纟部 | běng
8画 | 묶을 **붕**

통〈口〉**1**(안색이) 굳어지다. ◇~脸/얼굴

이 굳어지다. **2**간신히 지탱하다. 억지로 버티다. ◇咬住牙~住劲/이를 악물고 참다. ⇒bēng, bèng

【绷劲-경】běng//jìn (~儿)통(숨을 멈추고) 힘을 주다.

【绷脸-검】běng//liǎn 통부루퉁한 얼굴 표정을 짓다. 정색을 하다.

bèng

【泵】 石部 | 水部 | bèng
4画 | 5画 | 펌프 **붕**

1〈機〉펌프(pump). (同)〔唧 jī 筒〕〔帮 bāng 浦〕 **2**통펌프질하다.

【迸】 辶部 | bèng
6画 | 흩어져 달아날 **병**

통**1**내뿜다. 튀다. (말을) 불쑥 내뱉다. ◇火星乱~/불꽃이 마구 튀다. ◇他怎么才一一句话来?/그는 어째서 이제서야 불쑥 한 마디를 내뱉는 것이냐? **2**(갑자기) 쪼개지다. 터지다.

【迸发-발】bèngfā 통(갑자기) 뿜어대다. 터져 나오다.

【迸溅-천】bèngjiàn 통(사방으로) 튀다.

【迸裂-렬】bèngliè 통쪼개지다. 파열하다.

【绷·綳(綳)】 纟部 | bèng
8画 | 묶을 **붕**

1통금이 가다. 갈라지다. ◇西瓜~了一道缝儿/수박에 금이 한 줄 갔다. **2**學〈口〉대단히. 매우. 〔'硬' '直' '亮' 등의 형용사 앞에 쓰여 정도가 심함을 나타냄〕◇~硬/매우 단단하다. ◇~脆 cuì/매우 아삭아삭하다. ⇒bēng, běng

【绷瓷-자】bèngcí (~儿)명표면에 균열이 생긴 자기(瓷器).

*【蹦】 足部 | bèng
11画 | 뛸 **붕**

통뛰어오르다. 뛰다. ◇皮球一拍~得老高/고무공을 한번 튀기자 높이 튀어올랐다.

비교蹦:跳 놀람의 정도를 나타낼 때는 "蹦"을 쓰지 않는다. ◇吓 xià 了我一(×蹦)跳/깜짝 놀랐다.

【蹦达-달】bèng·da **1**통껑충〔팔짝〕 뛰다. **2**통〈喩〉분쟁.

【蹦高-고】bènggāo (~儿)통깡총깡총 높이 뛰다.

【蹦跳-도】bèngtiào 통깡총 뛰다. 팔짝 뛰다.

B

bī

☆【逼】辶部 9画 | bī 핍박할 핍

1[동]억지로 …하게 하다. 강제로 …을(를)시키다. ◇他拿枪 qiāng～着她交出钱来/그는 총을 들고 강제로 그녀에게 돈을 내놓으라고 위협한다. 2[동]호되게 독촉하다. ◇～债/빚을 독촉하다. 3[동]접근하다. 육박하다. ◇直～城下/성 밑까지 육박하다. 4[형]〈文〉좁다.

【逼宫－궁】bī//gōng [동](옛날 신하가 황제에게) 퇴위를 강요하다.

【逼供－공】bīgòng [동](고문과 협박으로) 자백을 강요하다.

【逼婚－혼】bīhūn [동](여자측에게) 결혼을 강요하다.

*【逼近－근】bījìn [동]바싹 접근하다. ◇我军已～运河/아군은 이미 운하까지 접근했다. (同)〔迫 pò 近〕, (反)〔远离 yuǎnlí〕

【逼命－명】bīmìng [동]1폭력으로 남을 위협하다. 2어쩔 수 없도록 몹시 독촉하다. ◇真～! 这么大的任务，三天内怎能完成! /정말 죽겠군! 이렇게 큰 임무를 어떻게 삼일내에 완성하란 말이예요!

*【逼迫－박】bīpò 1[동]핍박하다. 억지로 …하게 하다. ◇他们～他辞职/그들은 그에게 사직을 강요했다. 2[명]핍박. ◇在环境的～下/환경의 픽박하에.

【逼上梁山－상량산】bī shàng Liáng Shān 〈成〉핍박을 당하여 부득이 반항하다.

【逼视－시】bīshì [동]가까이 가서 보다.

【逼死－사】bī//sǐ [동]죽음으로 몰아가다.

【逼问－문】bīwèn [동]캐묻다. 따지어 묻다.

【逼肖－초】bīxiào [형]똑 닮다.

【逼真－진】bīzhēn [형]1마치 진짜와 같다. (同)〔神似 shénsì〕, (反)〔失 shī 真〕 2명확하다. (同)〔清楚 qīng·chu〕, (反)〔模糊 mó·hu〕

bí

【鼻】鼻部 0画 | bí 코 비

[명]1코. 2〈文〉(일의) 처음.

【鼻翅儿－시아】bíchìr [명]콧방울. (同)〔鼻翼 yì〕

【鼻窦－두】bídòu [명]〈生理〉콧구멍. 비강〔鼻旁 páng 窦〕의 총칭.

【鼻观－관】bíguàn [명]〈文〉콧구멍.

【鼻甲－갑】bíjiǎ [명]〈生理〉비갑개.

【鼻尖－첨】bíjiān (～儿)[명]코 끝.

【鼻孔－공】bíkǒng [명]〈生理〉콧구멍.

【鼻梁－량】bíliáng (～儿)[명]콧대.

【鼻牛儿－우아】bíniúr [명]〈文〉코딱지.

【鼻旁窦－방두】bípángdòu (同)〔鼻窦〕

【鼻腔－강】bíqiāng [명]〈生理〉비강.

【鼻青脸肿－청검종】bí qīng liǎn zhǒng 〈成〉코가 시퍼렇게 멍들고, 얼굴이 퉁퉁 부어 오른 모양. 〈喻〉심한 충격이나 타격을 받아 처참한 몰골.

【鼻儿－아】bír [명]1코. 〔물건을 꿸 수 있는 작은 구멍〕 2피리같은 소리를 내는 것.

【鼻饲－사】bísì [명]〈醫〉(고무관을 통해) 환자에게 콧구멍으로 음식을 먹이는 것.

【鼻酸－산】bísuān [동]코가 찡하다.

*【鼻涕－체】bítì [명]콧물.

【鼻头－두】bí·tou [명]〈方〉코.

【鼻洼子－와자】bíwā·zi [명]콧방울 옆에 움푹 들어간 곳.

【鼻息－식】bíxī [명]콧김. 호흡.

【鼻烟－연】bíyān (～儿)[명]코담배.

【鼻翼－익】bíyì [명]콧방울. (同)〔鼻翅儿 chìr〕

【鼻音－음】bíyīn [명]비음.

【鼻韵母－운모】bíyùnmǔ [명]〈言〉비모음(鼻母音).

【鼻中隔－중격】bízhōnggé [명]〈生理〉코청.

☆【鼻子－자】bí·zi [명]코.

【鼻子眼儿－자안아】bí·ziyǎnr [명]콧구멍.

【鼻祖－조】bízǔ [명]〈文〉시조. 창시자.

bǐ

【匕】匕部 0画 | bǐ 숟가락 비

[명]1국자. 숟가락. 2비수(匕首). 단검.

★【比】比部 0画 | bǐ 비교할 비

1[동]비교하다. ◇～得上/비교가 되다. ◇想想过去，～～现在/과거를 돌이키며 현재와 비교해 보다. 2[동]…에 비할 수 있다. ◇这家旅馆的服务品质谁也～不上/이 호텔의 서비스 태도는 누구와도 비교할 수 없다. 3[동]손짓하다. 4[동]대하다. 향하다. ◇警察用枪～着罪犯/경찰은 총으로 범인을 겨누고 있다. 5[동]본뜨다. 모방하다. 맞추다. ◇用铅笔～着画/연필로 본뜨면서 그리다. 6[동]비유하다. 예를 들다. ◇人们常把聪明的人～做诸葛亮/사람들은 총명한 사람을 제갈량에 비유한다. 7[명]비(比). 비율. ◇百分～/백분율. 퍼센트. 8[명]경기의 득점 비. ◇甲队以二～一胜了乙队/갑팀이 2대 1로 을팀을 이겼다. 9[개]…에 비하여. …보다(도). ◇他吃得～平常少/그는 평소보다 적게 먹었다. [주의] a)'一'와 양사(量詞)가 '比'의 앞뒤에 중복 사용되면 정도의 심화를 나타냄. ◇生

活一年~一年富裕了/생활이 해마다 부유해지고 있다. b)정도의 차이·우열을 비교할 때는 '比'를 사용하며, 이동(異同)을 나타낼 때는 '跟'이나 '同'을 사용함. **10**(舊讀 bì)[동]바짝 붙어 있다. 인접하다. ◇~肩/어깨를 나란히 하다. **11**(舊讀 bì) [동]결탁하다. ◇朋~为奸/한 패가 되어 나쁜 짓을 하다. **12**(舊讀 bì)최근. ◇~来/근래. **13**(舊讀 bì)[동]기다리다.

【比比－비】bǐbǐ 〈文〉[부]**1**빈번히. 자주. **2**곳곳에.

【比不上－불상】bǐ·bushàng 비교할 수 없다. 비교되지 않는다.

⁑【比方－방】bǐ·fang **1**[동]예를 들다. 비유하다. ◇坚贞不屈的品德, 可用松柏来~/대쪽같은 품성을 소나무에 비유하다. **2**[명]비유. 예. ◇这不过是个~/이것은 단지 예일 뿐이다. **3**[접]예컨대. ◇~我求他帮个忙, 他不会拒绝吧!/예컨대 내가 도움을 청하면, 그는 거절하지 않을 것이다!

*【比分－분】bǐfēn [명]〈體〉(경기의) 득점. 스코어. ◇场上~是三比二/경기장의 스코어는 3대 2이다.

【比附－부】bǐfù [동]〈文〉(비교할 수 없는 것을) 억지로 비교하다.

【比画－화】bǐ·hua [동]**1**손짓하다. (同)〔比划 hua〕 **2**(무술)연습하다. 겨루다.

【比基尼－기니】bǐjīní [명]비키니(bikini).

【比及－급】bǐjí [동]〈文〉…의 때에 이르다. …의 때가 되다. ◇~赶到, 船已离岸/서둘러 도착했을 무렵 배는 벌써 떠났다.

*【比价－가】bǐ//jià **1**[동]값을 비교하다. 입찰가격을 비교하다. **2**(bǐjià)[명]비교가격.

【比肩－견】bǐ//jiān [동]**1**어깨를 나란히 하다. **2**견줄 만하다.

【比肩继踵－견계종】bǐ jiān jì zhǒng 〈成〉사람으로 혼잡하다. (同)〔摩 mó 肩接 jiē 踵〕, (反)〔寂无一人 jì wú yī rén〕

★【比较－교】bǐjiào **1**[동]비교하다. ◇把译文和原文~一下/번역문을 원문과 비교해 보아라. **2**[개]…에 비해. …보다. ◇~去年有显著的增长/작년에 비해 뚜렷한 성장을 보였다. **3**[부]비교적. ◇这篇文章写得~好/이 문장이 비교적 잘 썼다. ◇今天~暖和, 我没有穿棉衣/오늘은 비교적 따뜻해 나는 솜옷을 입지 않았다. [비교]比较:有点儿:已经 ①"发烧"는 "比较"의 수식을 받지 않는다. ◇他觉得(×比较)有点儿发烧/그는 열이 좀 나는 것을 느꼈다. ② "好"가 질병의 완쾌를 나타낼 때는 比较의 수식을 받지 않는다. ◇他没去看病, 因为病(×比较)已经好了/그는 병이 이미 나았기 때문에 진찰받으러 가지 않았다.

【比较价格－교가격】bǐjiào jiàgé (同)〔不变 bùbiàn 价格〕

【比来－래】bǐlái [명]〈文〉근래. 요즘.

☆【比例－례】bǐlì [명]**1**비례. ◇按~发展/비례에 따라 발전시키다. **2**비율. ◇教师和学生的~已经达到要求/교사와 학생의 비율은 이미 규정에 도달했다. **3**비중. ◇所占~渐渐减少了/차지하는 비중은 점점 줄어 들었다.

【比例尺－례척】bǐlìchǐ [명]비례척. 축척(縮尺).

【比量－량】bǐ·liang [동]**1**(끈·막대기·손으로) 대충 재다. **2**(同)〔比试 shi **2**〕

【比邻－린】bǐlín **1**[명]이웃. **2**[형]위치가 가까운. 이웃한.

【比率－율】bǐlǜ [명]비율. (同)〔比值 zhí〕

【比美－미】bǐměi [동]장점을 겨루다. 막상막하다.

【比目鱼－목어】bǐmùyú [명]〈魚介〉넙치·가자미·서대기 따위의 통칭.

【比拟－의】bǐnǐ **1**[동]비교하다. 견주다. ◇难以~/비교하기가 어렵다. **2**[명]비유법.

【比年－년】bǐnián [명]〈文〉**1**근년(近年). **2**매년.

【比配－배】bǐpèi [동]균형을 이루다. 걸맞다.

☆【比如－여】bǐrú [접]예를 들면. 예컨대. ◇我非常喜欢运动, ~排球、篮球我都喜欢/나는 스포츠를 매우 좋아한다. 예를 들면, 배구, 농구를 모두 좋아한다.

★【比赛－새】bǐsài [명][동]구체적인 경기·기술 등을 시합(하다). ◇~规则/경기 규칙. ◇明天是我和他~的日子/내일은 그와 내가 시합하는 날이다. [비교]比赛:竞赛 ① "比赛"는 "体育"의 수식을 받지 않는다. ◇体育(×比赛)竞赛/체육경기. ②"比赛"는 대개 스포츠나 구체적인 활동에 쓰인다. ◇两个车间展开了劳动(×比赛)竞赛/두 작업장에서 열심히 일하기 경쟁을 펼쳤다.

【比试－시】bǐ·shi [동]**1**겨루어 보다. **2**어떤 동작의 자세를 취하다.

【比索－삭】bǐsuǒ [명]페소(peso). 〔중남미 제국과 필리핀 등의 통화 단위〕

【比武－무】bǐ//wǔ [동]무예를 겨루다.

【比翼－익】bǐyì [동]날개를 나란히 하고 날다.

【比翼鸟－익조】bǐ yì niǎo [명]〈鳥〉비익조. 〈喻〉금슬 좋은 부부.

【比翼齐飞－익제비】bǐ yì qí fēi 〈成〉〈喻〉부부의 사랑이 돈독하여 늘 함께 있다. 서로 도우며 발전하다.

*【比喻－유】bǐyù [명]비유.

【比照－조】bǐzhào [동]**1**(기존의 격식·표준·방법 따위에) 준하다. 따르다. **2**비교 대조하다.

*【比重－중】bǐzhòng [명]비중. ◇工业在整个国民经济中的~/공업이 전체 국민 경제에서 차지하는 비중.

B

*【彼】 亻部 5画 bǐ 저 피

(代)1그(것). 저 (것). (同)〔那 nà〕, (反)〔此 cǐ〕 ◇顾此失～/이것을 돌보다보니 저것을 놓치다. 2상대방. 그. 그들. (同)〔他 tā〕, (反)〔己 jǐ〕 ◇～竭我盈/상대는 힘이 다 빠지고, 우리 쪽은 힘이 충만하다.

【彼岸-안】bǐ'àn (명)1(강·호수·하천의) 맞은 편 강 언덕. 2〈佛〉피안. 3〈喩〉이르고자 하는 경지. 지향처. ◇走向幸福的～/행복의 경지를 향해 가다.

**【彼此-차】bǐcǐ (명)1피차. 서로. ◇～之间无话不谈/서로 말이 통해 못하는 말이 없다. 2〈套〉피차 일반입니다. 〔인사말. 중첩하여 대답에 쓰임〕◇您太辛苦啦! －～～!/너무 수고하셨습니다! －피차 일반입니다.

【彼一时, 此一时-일시, 차일시】bǐ yī shí, cǐ yī shí 그때는 그때고 지금은 지금이다. 〔시대가 달라 변화되었음을 나타냄〕

★【笔·筆】 竹部 4画 bǐ 붓 필

1(명)붓. 필기구. ◇一枝毛～/붓 한 자루. 2(명)(글을 쓰거나 그림 그릴 때의) 필법(筆法). 3(동)글자를 쓰다. 글을 짓다. ◇代～/대필하다. 4(명)획수. 필획. 가필(加笔). ◇这个汉字少了一～/이 중국 글자는 1획이 빠졌다. 5(양)a) 금액·금전과 관계있는 데에 쓰임. ◇我在银行存了一～钱/나는 은행에 돈을 어느정도 저금했다. b) 서화(書畵) 솜씨에 대해 쓴다. ◇写得一～好字/글씨를 잘 쓴다. 6(명)필적.

【笔触-촉】bǐchù (명)수법. 필치.

【笔答-답】bǐdá 1(동)글로 답하다. ◇～试题/시험문제의 답을 쓰다. 2(명)필답.

【笔底生花-저생화】bǐ dǐ shēng huā 〈成〉붓끝에 꽃이 피다. 문장이 아름답다.

【笔底下-저하】bǐdǐ·xià (명)글재주. 문장능력.

【笔调-조】bǐdiào (명)글의 풍격. 필치.

【笔端-단】bǐduān (명)〈文〉붓의 놀림새.

【笔伐-벌】bǐfá (동)글로 성토하다.

【笔法-법】bǐfǎ (명)필법.

【笔锋-봉】bǐfēng (명)1붓의 끝. 2필세(筆勢).

【笔杆儿-간아】bǐgǎnr (명)1붓대. 2글을 쓰는 능력.

【笔杆子-간자】bǐgǎn·zi (명)1붓대. 2글을 쓰는 능력. 3작가. 자유기고자.

【笔耕-경】bǐgēng (동)집필하다.

【笔供-공】bǐgòng (명)(서면의) 자백서.

【笔管条直-관조직】bǐ guǎn tiáo zhí 꼿꼿하다.

【笔画-화】bǐhuà 1필획. 한자의 획. 2필획수. (同)〔笔划 huà〕

【笔会-회】bǐhuì (명)1지상 토론. 2작가모임.

☆【笔记-기】bǐjì 1(동)필기하다. 기록하다. ◇

老人口述, 请人～下来/노인이 구술하고 사람을 시켜 기록하게 했다. 2(명)필기. ◇记～/필기하다. 3(명)수필.

【笔记本-기본】bǐjìběn (명)노트. 수첩.

【笔迹-적】bǐjì (명)필적. 글씨.

【笔架-가】bǐjià (～儿)(명)붓걸이. 〔도자기·대나무·나무·금속 등으로 만들어 붓을 걸도록 한 것〕

【笔尖-첨】bǐjiān (～儿)(명)1붓 끝. 2펜촉.

【笔力-력】bǐlì (명)필력. 〔붓을 놀리는 힘〕

【笔立-입】bǐlì (동)곧게 서다. 쭉 뻗다.

【笔录-록】bǐlù 1(동)기록하다. 2(명)기록한 글. 기록.

【笔路-로】bǐlù (명)1필법(筆法). 서법(書法). 2집필할 때의 사고흐름.

【笔帽-모】bǐmào (～儿)(명)붓 뚜껑.

【笔名-명】bǐmíng (명)필명. 펜네임 (pen name).

【笔墨-묵】bǐmò (명)1붓과 먹. 2〈喩〉글. 서화(書畵).

【笔墨官司-묵관사】bǐmò guān·si 〈成〉글 또는 서화 논쟁.

【笔铅-연】bǐqiān (명)연필심.

**【笔试-시】bǐshì (명)필기시험. (反)〔口 kǒu 试〕

【笔势-세】bǐshì (명)필세.

【笔受-수】bǐshòu (동)〈文〉다른 사람이 구술(口述)하는 것을 적다.

【笔顺-순】bǐshùn (명)획순(劃順). 필순(筆順).

【笔算-산】bǐsuàn (명)필산(하다).

【笔谈-담】bǐtán 1(명)(동)필담(하다). 2(동)담화 대신에 글로 발표하다. 3(명)책 이름. 수필류.

【笔套-투】bǐtào (～儿)(명)1(同)〔笔帽 mào〕2(천·비단·실로 만든) 필낭.

【笔体-체】bǐtǐ (명)필적.

【笔挺-정】bǐtǐng (형)1똑바른. 곧은. (同)〔笔直 zhí〕, (反)〔弯曲 wānqū〕2반듯하게 다림질한. 말쑥한. (同)〔挺括 kuò〕, (反)〔皱巴巴 zhòubābā〕

【笔筒-통】bǐtǒng (명)필통. 붓꽂이.

【笔头儿-두아】bǐtóur (명)1붓끝. 펜촉. 2글쓰는 재주.

【笔误-오】bǐwù 1(동)글자를 잘못 쓰다. 2(명)잘못 쓴 글자.

【笔洗-세】bǐxǐ (명)붓을 빠는 그릇.

【笔下-하】bǐxià (명)1(同)〔笔底 dǐ 下〕2(글을 쓸 때) 문장력의 구사.

【笔心-심】bǐxīn (명)연필심. 볼펜심. (同)〔笔芯 xīn〕

【笔削-삭】bǐxuē 〈文〉1(동)시문(詩文)을 첨삭하다. 2(동)편찬하다. 3(명)첨삭.

【笔译-역】bǐyì (명)서면 번역. (反)〔口 kǒu 译〕

【笔意-의】bǐyì (명)(서화나 글에서의) 취지.

【笔札-찰】bǐzhá (명)1붓과 종이. 2서신의 글.

【笔债-채】bǐzhài (명)약속을 했으나 제때

그려주거나 써주지 못한 그림이나 글.

【笔战-전】 bǐzhàn 명동필전(하다). 글로 논쟁하다.

【笔者-자】 bǐzhě 명필자. 〔자칭(自稱)으로 많이 쓰임〕

【笔政-정】 bǐzhèng 명〈文〉(신문 등에서) 논평을 쓰는 일.

*【笔直-직】 bǐzhí 똑바르다. 올곧다. ◇身子挺直~/몸을 똑바로 펴다. (同)〔挺 tǐng 直〕, (反)〔弯曲 wānqū〕

【笔致-치】 bǐzhì 명필치(笔致).

【笔资-자】 bǐzī 명그림이나 글을 써주고 받는 대가.

【笔走龙蛇-주용사】 bǐ zǒu lóng shé 〈成〉웅장하고 활달한 필법.

【鄙】 阝部｜bǐ
11画｜더러울 비
1명비열하고 천하다. 조야(粗野)하다. ◇粗~/조야하다. (反)〔高 gāo〕2대〈謙〉저. 〔옛날 자기를 낮추어 하던 말〕(同)〔敝 bì〕, (反)〔尊 zūn〕3동〈文〉업신여기다. 4명〈文〉멀리 동떨어진 곳. 边~/변경.

【鄙薄-박】 bǐbó 〈文〉1동천박하다. (同)〔浅浅 qiǎn 薄〕, (反)〔高超 gāochāo〕2동경멸하다. 경시하다.

【鄙称-칭】 bǐchēng 1동얕잡아부르다. 2명멸시하여〔경멸하여〕부르는 호칭. (反)〔美 měi 称〕

【鄙俚-리】 bǐlǐ 〈文〉형상스럽다. 저속하다.

【鄙吝-린】 bǐlìn 〈文〉형1속되고 천하다. 2매우 인색하다.

【鄙陋-루】 bǐlòu 형식견이 좁다. (同)〔浅薄 qiǎnbó〕, (反)〔博识 bóshí〕

【鄙弃-기】 bǐqì 동경멸하다. 싫어하다.

【鄙人-인】 bǐrén 1대〈謙〉저. 소생. 〔자기를 낮추는 말〕2명지식이 얕은 사람.

【鄙视-시】 bǐshì 동경멸하다. 얕보다. (同)〔轻 qīng 视〕, (反)〔重 zhòng 视〕

【鄙俗-속】 bǐsú 〈文〉1형비속(卑俗)한. 천한. 2명비속한 풍속. (同)〔粗 cū 鄙〕, (反)〔高雅 gāoyǎ〕

【鄙夷-이】 bǐyí 동〈文〉얕보다. 경멸하다. [鄙视 shì]

【鄙意-의】 bǐyì 명〈文〉〈謙〉소생(小生)의 생각. 저의 생각. 우견(愚见).

bì

*【币・幣】 巾部｜bì
1画｜돈 폐
명화폐(货币). ◇外~/외화.

【币值-치】 bìzhí 명화폐가치.

【币制-제】 bìzhì 명〈經〉화폐제도. ◇~改革/화폐제도 개혁.

**【必】 丶部 心部｜bì
4画 1画｜반드시 필
1부반드시. 꼭. 틀림없이. ◇我明天下午三点~到/나는 내일 오후 3시에 꼭 도착할 것입니다. ◇你放心, 他说来~来/안심하시오, 그가 온다고 했으니 꼭 올 것이오. 2조동반드시 …해야 한다. ('一定要'의 뜻임) ◇每天~学一个小时英语/매일 1시간씩 영어를 반드시 배워야 한다.

【必得-득】 bìděi 반드시 …해야 한다.

**【必定-정】 bìdìng 부1틀림없이. 반드시. 〔판단·또는 추론〕◇他~知道/그는 분명히 알고 있다. (同)〔必然 rán〕, (反)〔未 wèi 必〕2꼭. 반드시. 기필코. 〔화자의 단호한 의지를 나타냄〕◇明天我们~把书送到/내일 우리가 책을 꼭 배달해 드리겠습니다. (同)〔一 yī 定〕

【必恭必敬-공필경】 bì gōng bì jìng 〈成〉몹시 공손하다.

*【必将-장】 bìjiāng 부〈文〉반드시 …할 것이다. ◇~获得好成绩/반드시 좋은 성적을 거둘 것이다.

☆【必然-연】 bìrán 1형필연적이다. ◇~的结论/필연적인 결론. ◇~的趋势/필연적인 추세. 2부반드시. 꼭. ◇他~失败/그는 분명히 실패할 것이다. (同)〔肯定 kěndìng〕, (反)〔未 wèi 必〕비교必然:肯定 이치로 따질 때 필연성이 없고 화자의 추측만 나타낼 때는 "必然"을 쓰지 않는다. ◇如果明天下雨, 他(×必然)肯定不来/내일 만일 비가 오면 그는 틀림없이 오지 않는다. 3명〈哲〉필연.

【必然王国-연왕국】 bìrán wángguó 명〈哲〉필연의 왕국. (同)〔自由 zìyóu 王国〕

【必然性-연성】 bìránxìng 명〈哲〉필연성. (反)〔偶 ǒu 然性〕

**【必修-수】 bìxiū 명필수의. ◇~课/필수과목. (反)〔选 xuǎn 修〕

★【必须-수】 bìxū 부반드시. 꼭. ◇~指出/반드시 지적하다. (同)〔务 wù 必〕, (反)〔不 bù 必〕주의'必须'의 부정은 '无须', '不须', '不必'임.

**【必需-수】 bìxū 꼭 필요하다. ◇把国家建设资金用在最~的地方/국가 건설 자금을 가장 필요한 부분에 사용하다. (同)〔必要 yào〕, (反)〔多余 duōyú〕비교必需:必须 ①"必需"는 동사 앞에 오지 않는다. ◇对老人(×必需)必须尊敬/노인을 존경해야 한다. ②없어서는 안됨을 나타낼 때는 "必需"를 쓴다. ◇把(×必须)必需的东西都准备好了/꼭 필요한 물건을 모두 챙겨놓았다.

【必需品-수품】 bìxūpǐn 명필수품. ◇日用~/일용 필수품.

B

☆【必要－요】bìyào 형동필요(로 하다). ◇~性/필요성. ◇国家为这个国营农场提供了~的资金/국가는 이 국영 농장에게 필요한 자금을 제공해 주었다.

【必要产品－요산품】bìyào chǎnpǐn 명〈經〉필수 생산물. (反)〔剩余 shèngyú 产品〕

【必要劳动－요노동】bìyào láodòng 명〈經〉필요 노동. (反)〔剩余 shèngyú 劳动〕

【毕·畢】比部 bì 2画 마칠 **필**

1동마치다. 끝나다. ◇默哀~/묵념이 끝나다. (同)〔完 wán〕, (反)〔始 shǐ〕 **2**동온. 모든. 전. ◇~力/모든 힘. **3**부〈文〉완전히. 전부. 모두. ◇群贤~至/현인들이 다 모이다. **4**명〈天〉필성. 28수(宿)의 열두째 별. **5**(Bì)명성(姓).

〔毕恭毕敬－공필경〕bì gōng bì jìng (同)〔必 bì 恭必敬〕

∗∗【毕竟－경】bìjìng 부마침내. 결국. 필경. ◇虽然还有点儿冷, 但一已经是春天了, 天气越来越暖和了/아직 좀 춥기는 하지만 이제 마침내 봄이 됐으니 날씨가 점점 따뜻해진다. 비교毕竟:究竟:到底:终于 ①"毕竟"은 의문문이나 의문대명사가 있는 진술문에 쓰이지 않는다. ◇不知(×毕竟)究竟是怎么回事/도대체 어떻게 된 일인지 모르겠다. ◇你(×毕竟)到底去不去?/너 도대체 갈거니 안 갈거니? ②변화를 거친 후의 상황을 나타낼 때는 "毕竟"을 쓰지 않는다. ◇我劝了他俩一天, 他们(×毕竟)终于和好了/나는 그들 두 사람을 하루종일 설득해서 마침내 그들은 화해했다.

【毕露－로】bìlù 동전부 드러나다. 완전히 폭로되다.

【毕命－명】bìmìng 동〈文〉죽다. 〔흔히 비명의 죽음을 나타냄〕

【毕生－생】bìshēng 명일생. 필생. (同)〔一辈子 yībèi·zi〕

【毕肖－초】bìxiào 형〈文〉빼닮다.

☆【毕业－업】bì//yè **1**동졸업하다. ◇还有一年, 他就大学~了/일 년만 있으면 그가 대학을 졸업한다. 주의'毕业'는 타동사로 쓰이지 않는다. ◇(×)他~大学 ⇒他~于大学 **2**(bìyè)명졸업.

【闭·閉】门部 bì 3画 닫을 **폐**

1동닫다. 다물다. ◇他笑得~不上嘴/그는 입을 다물지 못할 정도로 웃었다. (同)〔合 hé〕, (反)〔张 zhāng〕 **2**동막히다. 막혀 통하지 않다. (同)〔塞 sāi〕, (反)〔通 tōng〕 **3**동끝나다. 중지하다. (同)〔毕 bì〕, (反)〔开 kāi〕 **4**(Bì)명성(姓).

【闭关－관】bìguān 동(관문을) 닫다. 봉쇄하다.

【闭关锁国－관쇄국】bì guān suǒ guó〈成〉관문을 닫고 쇄국하여 외부와 왕래하지 않다.

【闭关自守－관자수】bì guān zì shǒu〈成〉외부와 왕래를 끊다.

【闭会－회】bìhuì 명동폐회(하다). 〔회의가 끝나다〕

【闭架式－가식】bìjiàshì 명(도서관의) 폐가식. 〔열람을 원하는 책을 사서인이 찾아 대출해주는 방식〕

【闭经－경】bìjīng 명〈生理〉폐경.

【闭卷－권】bìjuàn (~儿)동책을 덮고 시험을 치르다.

【闭口－구】bìkǒu 동입을 다물다. 함구하다. (同)〔钳 qián 口〕, (反)〔开 kāi 口〕

【闭口韵－구운】bìkǒuyùn 명쌍순음(m 또는 b)으로 끝나는 운모(韵母). 〔현대 중국어에는 이런 음이 없음〕

【闭门羹－문갱】bìméngēng 명문전 박대.

【闭门造车－문조거】bì mén zào chē〈成〉문을 닫아 걸고 수레를 만들다. 현실을 고려하지 않고 제 주관대로 하다. (反)〔看菜吃饭 kàn cài chī fàn〕

【闭目塞听－목색청】bì mù sè tīng〈成〉눈을 감고 귀를 막다. 현실을 외면하다. (同)〔孤陋寡闻 gū lòu guǎ wén〕, (反)〔见多识广 jiàn duō shí guǎng〕

∗∗【闭幕－막】bì//mù **1**폐막하다. ◇~词/폐회사. **2**(bìmù)명폐막. (同)〔闭会 huì〕, (反)〔开 kāi 幕〕

【闭气－기】bì//qì **1**숨이 약하여 기절하다. **2**숨을 죽이다.

∗【闭塞－새】bìsè 동**1**막다. 막히다. ◇鼻孔~/콧구멍이 막히다. (同)〔堵 dǔ 塞〕, (反)〔畅通 chàngtōng〕 **2**(교통·통풍 따위가) 소통되지 않다. 불편하다. ◇以前这一带交通~/옛날에 이 지역은 교통이 불편했다. **3**(소식에) 어둡다.

【闭市－시】bì//shì 동장이 파하다. 상점이 문닫다.

【庇】广部 bì 4画 덮을 **비**

동비호하다. 감싸다. ◇包~/감싸다.

【庇护－호】bìhù 동비호하다. 감싸주다. 두둔하다. (同)〔包 bāo 庇〕, (反)〔揭发 jiēfā〕

【庇荫－음】bìyìn 동**1**어른이나 조상의 보살핌. **2**(수목이 햇빛을) 가리우다.

【庇佑－우】bìyòu 명동〈文〉비호(하다). 가호(加護).

【陛】阝部 bì 7画 대궐섬돌 **폐**

명〈文〉궁전의 계단.

【陛下－하】bìxià 대폐하.

【毙·斃】 比部 / 6画 / 죽을 폐
동1〈貶〉죽다. ◇倒～/쓰러져 죽었다. 2(총으로) 죽이다. ◇愤怒的群众要求～了这个杀人犯/분노한 군중들이 이 살인범을 사살할 것을 요구했다. 3쓰러지다.
【毙命－명】bìmìng 동〈貶〉죽다. 목숨을 잃다.

【敝】 攵部 / 7画 / 무너질 폐
1동〈文〉(옷이) 해지다. 낡다. 헐다. (同)〔破 pò〕, (反)〔新 xīn〕 2〈謙〉저의. 〔자기를 낮추어 하는 말〕 ◇～姓金/저의 성은 김가입니다. ◇～校/저의 학교. (同)〔鄙 bì〕, (反)〔贵 guì〕
【敝人－인】bìrén 명〈謙〉저. 소생. 〔자신을 낮추어 부르는 말〕
【敝屣－사】bìxǐ 명〈文〉헌신짝. 한푼의 가치가 없는 물건.
【敝帚自珍－추자진】bì zhǒu zì zhēn〈成〉좋지 않은 것이지만 진귀하게 여기다. (同)〔敝帚千金 qiānjīn〕

【蓖】 艹部 / 10画 / 피마주 비
【蓖麻－마】bìmá 명〈植〉아주까리. 피마자.

【碧】 石部 / 9画 / 푸를 벽
1명〈文〉청옥(青玉). 2청록색의. 푸른. ◇～色/옥색.
【碧波－파】bìbō 명푸른 파도.
【碧空－공】bìkōng 명〈文〉푸른 하늘.
【碧蓝－람】bìlán 형〈형〉짙은 남색(의).
*【碧绿－록】bìlǜ 형청록색(의). ◇～的荷叶/청록색의 연잎.
【碧螺春－라춘】bìluóchūn 명고급 녹차의 일종. 〔태호(太湖), 동정산(洞庭山)이 원산임〕
【碧油油－유유】bìyōuyōu (～的)형푸르고 윤기있다.

【弊】 廾部 / 11画 / 해질 폐
1명부정 행위. ◇舞～/부정 행위를 하다. 2명폐해. 해(害). (同)〔害 hài〕, (反)〔利 lì〕 ◇～多利少/해가 많고 이익은 적다.
*【弊病－병】bìbìng 명1폐단. 악폐(恶弊). ◇管理混乱, 恐有～/관리가 혼란하면 폐단이 발생할까 두렵다. 2(일 따위의) 폐해.
*【弊端－단】bìduān 명폐단. 폐해의 근원. (同)〔弊病 bìbìng〕, (反)〔益处 yì ·chu〕
【弊害－해】bìhài 명폐해.
【弊绝风清－절풍청】bì jué fēng qīng〈成〉폐단이 사라져 사회 기풍이 건전해지다. (同)〔风清弊绝〕, (反)〔世风日下 shìfēng rì xià〕
【弊政－정】bìzhèng 명폐정. 악정.

【篦】 竹部 / 10画 / 참빗 비
동(참빗으로) 머리를 빗다. ◇～头/머리를 빗다.
【篦子－자】bì·zi 명참빗.

**【壁】 土部 / 13画 / 바람벽 벽
명1벽. 담. 2벽과 비슷한 것. ◇细胞～/세포막. 3절벽. ◇峭 qiào～/절벽. 4요새. 성채. 5〈天〉28수(宿)의 하나.
【壁报－보】bìbào 명벽보. 벽신문.
【壁橱－주】bìchú 명벽장.
【壁灯－등】bìdēng 명벽에 걸게 된 초롱이나 전등.
【壁挂－괘】bìguà 명장식용 벽걸이.
【壁虎－호】bìhǔ 명〈動〉도마뱀. 수궁.
【壁画－화】bìhuà 명〈美〉벽화.
【壁垒－루】bìlěi 명〈文〉진영(阵营). 보루. 성채.
【壁垒森严－루삼엄】bìlěi sēnyán〈成〉1경계가 삼엄하다. 2경계를 뚜렷이 긋다.
【壁立－립】bìlì 동〈文〉(깎은 듯한 낭떠러지가) 우뚝 서 있다. (同)〔陡峻 dǒujùn〕, (反)〔平缓 pínghuǎn〕
【壁炉－로】bìlú 명벽난로.
【壁上观－상관】bìshàngguān 명수수방관. (反)〔作壁上观 zuò bì shàng guān〕
【壁虱－슬】bìshī 명1(同)〔蜱 pí〕 2〈虫〉〈方〉빈대. (同)〔臭虫 chòuchóng〕
【壁毯－담】bìtǎn 명태피스트리(tapestry). 수놓은 벽걸이.
【壁障－장】bìzhàng 명벽과 같은 장애. 〔주로 비유에 쓰임〕
【壁纸－지】bìzhǐ 명벽지.
【壁钟－종】bìzhōng 명벽시계. (同)〔挂 guà 钟〕

☆【避】 辶部 / 13画 / 피할 피
동1피하다. 비키다. ◇在屋檐 yán 下～一会儿雨再走/처마 아래서 잠시 비를 피하고 나서 갑시다. 2예방하다.
【避风－풍】bì//fēng 동1바람을 피하다. 2불리한 상황으로부터 피하다. (同)〔避风头 tou〕
【避风港－풍항】bìfēnggǎng 명1피난항. 2피신처.
【避风头－풍두】bìfēng·tou (同)〔避风〕
【避讳－휘】bì//huì 동1(봉건시대에 군주나 어른의 이름을 말하거나 글에 쓰는 것을) 꺼려 피하다. 터부시하다. 2삼가다. 조심하다. ◇都是自己人, 用不着 zháo～/모두 우리편이니 피할 필요없어.
【避忌－기】bìjì (同)〔避讳 huì〕
【避开－개】bìkāi 동비키다. 피하다.
【避坑落井－갱락정】bì kēng luò jǐng〈成〉

B

엉덩이를 겨우 피하니 또 우물에 빠지다. 설상가상.

【避雷器－뢰기】bìléiqì 명〈電〉피뢰기.

【避雷針－뢰침】bìléizhēn 명피뢰침.

☆【避免－면】bìmiǎn 통피하다. 모면하다. ◇~轻率行动/경고망동한 행동을 피하다. 비교避免:躲避 회피한다는 의미를 나타낼 때는 "避免"을 쓰지 않는다. ◇为了(×避免)躲避国内发生的动乱, 他们离开了祖国/그들은 국내에 발생한 동란을 피하기 위해서 조국을 떠났다.

【避难－난】bì//nàn 통피난하다. 재난·박해를 피하다.

【避让－양】bìràng 통〈文〉(길·좌석·지위 따위를) 양보하다.

【避暑－서】bì//shǔ 1통피서하다. 더위를 피하다. 2더위먹는 것을 막다.

【避嫌－혐】bìxián 통의심을 받지 않도록 조심하다.

【避邪－사】bìxié 명통액땜·액막이(를 하다).

【避孕－잉】bì//yùn 통피임(하다). ◇~套/콘돔. ◇~药/피임약.

【避重就轻－중취경】bì zhòng jiù qīng 〈成〉중요한 것을 피하고 가벼운 것을 고르다. 근본적인 것은 피하고 지엽말단을 언급하다. (同)〔和盘托出 hé pán tuō chū〕

【臂】 月部 | bì
13画 | 팔뚝 비
명1팔. ◇左~/왼쪽 팔. 2상박(上膊). 상완(上腕).

【臂膀－방】bìbǎng 명팔. 〈喩〉조수(助手).

【臂膊－박】bìbó 명〈文〉팔. 〔어깨부터 손목까지〕(同)〔胳膊 gē·bo〕

【臂力－력】bìlì 명팔힘.

【臂章－장】bìzhāng 명1완장(腕章). 2〈軍〉수장(袖章).

【臂助－조】bìzhù 〈文〉1통거들다. 돕다. 2명조수(助手).

【璧】 玉部 | bì
13画 | 도리옥 벽
명고대의 옥기(玉器). 〔둥글넓적한 도너츠 모양임〕

【璧还－환】bìhuán 통〈文〉〈敬〉사의를 표하고 선물을 그대로 되돌려 보내다.

【璧谢－사】bìxiè 통〈文〉〈敬〉사의를 표하고 (선물을) 되돌려 주다.

| 边 50 | 编 51 | 鞭 51 | 贬 52 | 扁 52 | 匾 52 |
| 变 52 | 便 54 | 遍 55 | 辩 55 | 辨 55 | 辫 55 |

biān

★【边·邊】 辶部 | biān
2画 | 가 변

1명〈數〉변. ◇三角形的一~/3각형의 한 변. (同)〔线 xiàn〕 2(~儿)명가장자리. ◇街道两~/길 양쪽 가장자리. (同)〔旁 páng〕, (反)〔内 nèi〕 3(~儿)명옷 또는 인쇄물의 가장자리에 꾸며 놓은 장식 또는 무늬. ◇花~儿/(의복의) 레이스. 4명경계(境界). 국경. 5명한계. 끝. ◇一望无~/끝없이 넓다. (同)〔际 jì〕 6명(물체의) 주위. 근방. ◇旁~/옆. 곁. ◇身~/신변. 7명방면(方面). ◇这~那~都说好了/이쪽 저쪽 모두 이야기해 두었다. 8통(시간 또는 숫자에) 근접하다. 가까이 가다. ◇活到六十~上还没有见过这种事/60세 가까이 살았지만 아직 이런 일을 보지 못했다. 9통…하면서 …하다. 〔동작이 동시에 진행됨을 나타냄〕◇~吃饭~谈工作/식사하면서 업무를 얘기하다. 10(Biān)명성(姓). 11(~儿)접미…쪽. …측. ◇前~/앞쪽. ◇东~/동쪽. ◇左~/왼쪽.

【边岸－안】biān'àn 명물가.

【边鄙－비】biānbǐ 명〈文〉궁벽한 곳.

【边城－성】biānchéng 명국경 도시.

【边陲－수】biānchuí 명국경.

【边地－지】biāndì 명국경 지대.

*【边防－방】biānfáng 명국경 수비. ◇~部队/국경 수비대.

【边幅－폭】biānfú 명1(천의) 가장자리. 2외관. 겉모양. 옷차림새. ◇不修~/외관을 꾸미지 않다.

【边关－관】biānguān 명국경 관문.

【边患－환】biānhuàn 명〈文〉국경지역의 변고.

【边际－제】biānjì 명(지역과 공간의) 끝. 한계.

**【边疆－강】biānjiāng 명국경에 인접한 영토. (同)〔边境 jìng〕, (反)〔内地 nèidì〕

【边角料－각료】biānjiǎoliào 명(물건을 만들 때, 원료를 깎거나 잘라낸) 자투리.

*【边界－계】biānjiè 명경계. 국경.

*【边境－경】biānjìng 명국경. (同)〔边疆 jiāng〕, (反)〔内地 nèidì〕

【边框－광】biānkuàng (~儿)명틀. 액자.

【边门－문】biānmén (同)〔旁 páng门〕, (反)〔正 zhèng门〕

【边民－민】biānmín 명국경지역의 주민.

【边卡－잡】biānqiǎ 명국경의 경비 초소. 국경의 검문소.

【边区－구】biānqū 명1국경지역. 2접경지역. 〔중국의 국공내전·항일전쟁 시기에 중국 공산당이 몇 개의 성(省) 인접지역에 세웠던 혁명근거지. 예를 들면, '陕甘宁边区', '晋察冀边区' 등〕

【边塞－새】biānsài 명국경의 요새.

【边式－식】biān·shì 명1〈文〉(몸치장 또는

행색)이 예쁘고 말쑥하다. 스마트하다. **2**
(배우들의) 연기가 세련되다.

【边事―사】biānshì 몡〈文〉국경 업무.

【边务―무】biānwù 몡국경관련 업무.

【边线―선】biānxiàn 몡경기장의 사이드라인.

【边沿―연】biānyán 몡가장자리. 언저리. (同)〔边缘 yuán〕, (反)〔中心 zhōngxīn〕

【边音―음】biānyīn 몡〈言〉설측음.〔중국어에서는 'l'이 설측음임〕(同)〔边声 shēng〕〔侧 cè 音〕〔分 fēn 声〕

＊＊【边缘―연】biānyuán 몡가장자리. 언저리. 변두리. ◇处于破产的~/파산의 위기에 처해 있다.

【边远―원】biānyuǎn 휑먼 국경지대. (反)〔中心 zhōngxīn〕

☆【编・編】糹部 biān
9画 엮을 **편**

1몡엮다. 짜다. 땋다. ◇~辫 biàn 子/머리를 땋다. **2**몡편성하다. 배열하다. ◇已经~过班了, 二年级共十个班/이미 반편성을 했는데 2학년은 모두 10개 반 이다. **3**몡편집하다. 만들다. ◇~杂志/잡지를 편집하다. **4**몡(가사(歌词)・극본 등을) 창작하다. 짓다. ◇~儿童歌曲/동요를 창작하다. **5**몡꾸미다. 날조하다. ◇这事儿是他~出来的/이 일은 그가 꾸민 것이다. **6**몡한권의 책. ◇前~/전편. ◇续~/속편. ◇人手一~/사람마다 각기 책 한 권을 가지다. **7**몡책을 내용에 따라 나누는 단위.〔'章'보다 큰 부분〕◇上~/상편. ◇下~/하편.

【编词―사】biān//cí 몡가사를 짓다.

【编导―도】biāndǎo **1**몡(연극・영화 따위를) 각색 연출하다. **2**몡각색 연출자. 디렉터.

【编订―정】biāndìng 몡몡편찬과 개정(을 하다).

【编队―대】biānduì **1**몡대오를 만들다. **2**몡편대.

＊【编号―호】biān//hào **1**몡번호를 매기다. ◇给书~/책에 번호를 매기다. **2**(biānhào) 몡일련번호.

＊＊【编辑―집】biānjí **1**몡편집하다. **2**몡편집자. ◇总~/편집장.

【编校―교】biānjiào 몡편집과 교정.

【编结―결】biānjié 몡(실 따위로) 짜다. 뜨다.

【编列―열】biānliè 몡**1**편집 배열하다. **2**(계획 따위를) 짜다.

【编录―록】biānlù 몡채록하여 편집하다.

【编码―마】biān//mǎ 몡(컴퓨터 따위의 정보를) 부호화하다. 코딩(coding)하다.

【编目―목】biān//mù 몡도서 목록을 작성하다.

【编目―목】biānmù 몡도서 목록.

【编年体―년체】biānniántǐ 몡편년체.〔연대 순으로 편찬하는 역사 편찬 방식〕

【编排―배】biānpái 몡**1**(순서에 따라) 배열하다. 편성하다. **2**연극을 만들어 무대연습을 하다.

【编派―파】biān·pai 몡남의 잘못을 과장하여 중상하다.

【编遣―견】biānqiǎn 몡몡(조직을) 개편・축소하다.

【编磬―경】biānqìng 몡〈音〉편경.〔16개의 '磬'(경쇠)을 틀에 걸어 나무망치로 때려 소리내는 타악기〕

【编审―심】biānshěn **1**몡(책을) 편집하고 심사하다. **2**몡편집 심사자.

【编外―외】biānwài 휑편제 밖의. 정원 외의.

【编写―사】biānxiě 몡**1**편찬하다. **2**창작하다.

【编演―연】biānyǎn 몡각본을 써서 연출하다.

【编译―역】biānyì **1**몡편역. 편집과 번역. **2**몡편집 번역인. **3**몡편역하다.

【编印―인】biānyìn 몡편집・인쇄하다.

【编余―여】biānyú 몡(군대・기관 등의) 정리 개편 후에 남은 인원.

【编造―조】biānzào 몡**1**편성하다. **2**창조하다. **3**날조하다.

【编者―자】biānzhě 몡편자. 엮은이.

＊【编者按―자안】biānzhě'àn 편집자의 말.〔글 또는 뉴스의 앞에 있는 편집자의 코멘트〕(同)〔编者案 àn〕

【编织―직】biānzhī 몡엮다. 짜다.

【编织品―직품】biānzhīpǐn 몡편직물.

＊＊【编制―제】biānzhì 몡**1**엮다. 겯다. ◇用柳条~筐子/버들가지로 광주리를 겯다. **2**몡(방안・계획 따위를) 편성하다. 입안하다. ◇~生产计划/생산계획을 편성하다. **3**몡편제.

【编钟―종】biānzhōng 몡〈音〉편종.〔음률이 다른 16개의 작은 종을 매단 타악기〕

【编著―저】biānzhù 몡몡편저(하다).

【编撰―찬】biānzhuàn 몡〈文〉편찬하다.

【编缀―철】biānzhuì 몡**1**엮어 만들다. **2**(자료를 수집하여 책으로) 편찬하다.

【编组―조】biān//zǔ 몡편성하다.

【编纂―찬】biānzuǎn 몡편찬하다. (同)〔编辑 jí〕

【鞭】革部 biān
9画 채찍 **편**

1몡채찍. 회초리. 매. **2**몡(고대 병기) 쇠도리깨. ◇钢 gāng~/철제의 채찍. 쇠채찍. **3**몡채찍과 같은 모양의 가늘고 긴 물건. ◇教~/교편. **4**몡한 줄로 꿰어놓은 폭죽. 줄 폭죽.〔끊이지 않고 잇달아 터지도록 만든 것〕◇放~/줄 폭죽을 터뜨리다. **5**몡〈文〉채찍으로 때리다. ◇~马/말을 채찍으로 때리다. **6**몡동물 수컷의 생식기.

B

*【鞭策－책】biāncè 愚채찍질하다. 독려하다.

【鞭长莫及－장막급】biān cháng mò jí 〈成〉 뜻대로 되지 않다. 채찍이 길더라도 말의 배를 때려서는 안 된다는 것이 원뜻. (同)〔力不胜任 lì bù shèng rèn〕, (反)〔游刃有余 yóu rèn yǒu yú〕

【鞭笞－태】biānchī 愚〈文〉채찍 또는 곤장으로 때리다.

【鞭打－타】biāndǎ 愚채찍질하다. 편달하다.

【鞭毛－모】biānmáo 愚1〈動〉편모. 2〈植〉편모조류(鞭毛藻類).

*【鞭炮－포】biānpào 愚1폭죽의 총칭. 2연발식 폭죽.

【鞭挞－달】biāntà 愚1채찍질하다. 2〈轉〉(말이나 글로) 비난하다. 규탄하다.

*【鞭子－자】biān·zi 愚채찍. 회초리.

biǎn

【贬·貶】贝部 biǎn / 4画 | 떨어질 **폄**
愚1(지위나 가치를) 낮추다. 떨어뜨리다. ◇～为庶 shù 民/평민으로 좌천되다. ◇～价出售/가격을 낮춰 판매하다. (同)〔降 jiàng〕, (反)〔升 shēng〕2남의 잘못을 비난하다. 헐뜯다. ◇我从没～过别人一次/나는 여지껏 남을 한번도 헐뜯은 적이 없다. (反)〔褒 bāo〕

【贬斥－척】biǎnchì 1愚〈文〉좌천시키다. 강등시키다. (同)〔贬谪 zhé〕, (反)〔晋升 jìnshēng〕2愚비난(하다). 배척(하다).

【贬黜－출】biǎnchù 1(同)〔贬斥 chì 1〕2愚파면하다.

【贬词－사】biǎncí 愚〈文〉부정적인 의미가 있는 어휘. 〔예를 들면 '阴谋'(음모) '叫嚣 xiāo'(떠벌리다) 등〕(反)〔褒 bāo 词〕

*【贬低－저】biǎndī 愚낮게 평가하다. 깎아내리다. ◇不要任意～或拔高这部电影/영화에 대해 마음대로 헐뜯거나 추켜세우지 말아요. (同)〔贬损 sǔn〕, (反)〔抬高 táigāo〕

【贬损－손】biǎnsǔn 愚낮게 평가하다. 헐뜯다.

*【贬义－의】biǎnyì 愚(문구 또는 문장에서) 깎아내리는 의미. ◇～词/부정적인 뜻을 가진 단어. (反)〔褒 bāo 义〕

【贬抑－억】biǎnyì 愚깎아내리고 억압하다.

【贬意－의】biǎnyì 愚헐뜯는 의미. 부정적인 의미.

【贬责－책】biǎnzé 愚잘못을 지적하며 꾸짖다.

【贬谪－적】biǎnzhé 愚강등되어 지방으로 보내다. (同)〔贬斥 chì〕, (反)〔升官 shēngguān〕

*【贬值－치】biǎnzhí 〈經〉1愚값이 떨어지다. 2愚평가절하를 하다. ◇1967年英国政府

宣布英镑～/1967년 영국정부는 파운드가 평가절하 한다고 선포했다. 3愚값이 떨어짐. 4愚평가절하. (反)〔升 shēng 值〕

【贬职－직】biǎnzhí (同)〔降 jiàng 职〕, (反)〔晋级 jìn//jí〕

☆【扁】户部 biǎn / 5画 | 작을 **편**
愚납작하다. 넓고 얇다. ◇一只～盒子/납작한 곽 하나. ◇纸箱子压～了/종이 상자가 눌려서 납작하게 됐다. 迅교扁:薄 책의 두께를 나타낼 때는 "扁"을 쓰지 않는다. ◇这本书很(×扁)薄 báo/이 책은 매우 얇다.

【扁柏－백】biǎnbǎi 愚〈植〉노송나무.

【扁锉－좌】biǎncuò 愚평(平)줄칼. (同)〔板锉 bǎncuò〕

【扁担－단】biǎn·dan 愚멜대.

【扁豆－두】biǎndòu 愚1〈植〉편두. 〔자색의 꽃이 피는 품종을 '鹊 què 豆'라고 함〕2불콩씨. 편두씨. 3(同)〔菜 cài 豆〕

【扁骨－골】biǎngǔ 愚〈生理〉편골.

【扁平足－평족】biǎnpíngzú 愚편발. 마당발. (同)〔平足〕

【扁食－식】biǎn·shi 愚〈方〉만두.

【扁形动物－형동물】biǎnxíng dòngwù 愚〈動〉편형동물.

【匾】匚部 biǎn / 9画 | 엷은 그릇 **변**
愚1편액(匾額). 편제(匾題). 현판(懸板). 2대나무로 엮어 짠 바구니. 〔원형으로 바닥이 평평하며, 가장자리가 얕다. 양잠(養蚕)이나 양식을 담을 때 사용함〕

【匾额－액】biǎn'é (同)〔匾 1〕

【匾文－문】biǎnwén 愚편액 위에 쓴 글.

biàn

★【变·變】又部 biàn / 6画 | 변할 **변**
1愚달라지다. 변화하다. 바뀌다. ◇这地方～了样子/이 곳은 모습이 변했다. (同)〔改 gǎi〕2愚(성질·상태가) …로 변하다. ◇天气～暖和了/날씨가 따뜻하게 변했다. ◇沙漠～良田/사막이 농경지로 변했다. 3愚변화시키다. ◇～害为利/해로운 것을 이로운 것으로 변화시키다. 4愚변할 수 있는. 변화된. 5愚팔아서 현금으로 바꾸다. 6愚변통하다. 7愚중대한 영향이 있는 갑작스런 변화. ◇事～/사변. 변란(變乱).

【变本加厉－본가려】biàn běn jiā lì 〈成〉전보다 더 심해지다.

【变产－산】biàn//chǎn 愚재산을 팔아서 돈으로 바꾸다.

B

★【变成一성】biànchéng 动변하여 …이 되다. …로 변화하다. ◇在一定的条件下，坏事能够~好事/어떤 조건하에서는 나쁜 일도 좋은 일로 변화될 수 있다. 비교变成: 变 "变成"은 동사보구조이므로 다시 뒤에 보어를 취하지 않는다. ◇他对姑娘的态度(×变成)变得很不好/처녀에 대한 그의 태도는 아주 나쁘게 달라졌다.

【变蛋一단】biàndàn (同)[松花 sōnghuā]

【变电站一전참】biàndiànzhàn 1명〈電〉변전소. 〔규모에 따라 '变电所'·'配电室' 등으로 구분됨〕

【变调一조】biàndiào 1명(중국어의) 성조(聲調)의 변화. 2(同)[转 zhuǎn 调]

＊＊【变动一동】biàndòng 1명(사회 현상의) 변동. 변화. ◇国际局势发生了很大的~/국제 정세에 큰 변화가 생겼다. 2동고치다. 손보다. ◇你安排得不错，不用~/당신의 배치가 잘 됐으니 고칠 필요가 없습니다. (反)[稳定 wěndìng] 비교变动: 变化 자연현상의 변화에는 "变动"을 쓰지않는다. ◇刚出去一会儿，天气就发生了(×变动)变化/나가자마자 잠시 있다가 날씨가 달라졌다.

【变法一법】biàn//fǎ 동제도·법제를 고치다. 개헌하다.

【变法儿一법아】biàn//fǎr 동다른 방법을 써보다. 수단을 동원하다.

＊＊【变革一혁】biàngé 명동(사회제도가) 바뀌다. 변혁(하다).

＊【变更一경】biàngēng 명동변경(하다). 고치다. ◇我们的计划稍有~/우리의 계획은 약간 변경했다.

【变工一공】biàngōng 명품앗이.

【变故一고】biàngù 명변고. 사고. ◇发生了~/변고가 발생했다.

【变卦一괘】biàn//guà 동〈貶〉마음이 바뀌다. 생각이 달라지다.

★【变化一화】biànhuà 동명변화(하다). ◇气温的~/기온의 변화. 비교变化:改变:变 ①"变化"는 자동사로서 목적어를 취할 수 없다. ◇有一件事(×变化)改变了我的想法/어떤 일이 나의 생각을 바꿔놓았다. ②계획, 견해 등의 변화에는 "变化"를 쓰지 않는다. ◇我们的想法也(×变化)变了/우리의 견해도 달라졌다.

＊【变幻一환】biànhuàn 동예측할 수 없게 변하다. ◇股市行情在急剧地~着/주식시장의 시세가 예측할 수 없도록 급격히 달라지고 있다.

【变幻莫测一환막측】biàn huàn mò cè 〈成〉변화 무쌍하다.

＊【变换一환】biànhuàn 동바뀌다. 바꾸다. ◇~位置/위치를 바꾸다. 비교变换:改正 잘

못을 시정할 때는 "变换"을 쓰지 않는다. ◇教师用红笔(×变换)改正了几个错别字/선생님은 몇몇 오자를 빨간펜으로 고쳤다.

【变价一가】biànjià 동물건을 시가로 팔아 버리다.

【变节一절】biàn//jié 동변절하다. (同)[屈qū 节], (反)[守 shǒu 节]

【变局一국】biànjú 명비상사태. 비상시국.

【变脸一검】biàn//liǎn 동안색이 변하다. 안색을 바꾸다. 갑자기 성을 내다. (同)[翻fān 脸], (反)[要好 yàohǎo]

【变量一량】biànliàng 명〈數〉변수.

【变乱一란】biànluàn 1명전란. 소란. 2동〈文〉바꾸어 문란케 하다.

【变卖一매】biànmài 동(재산이나 물건 따위를) 팔아 현금으로 만들다. →[折 zhé 变]

＊【变迁一천】biànqiān 명(사물이) 변천(하다). ◇社会~/사회가 변천하다.

【变色一색】biànsè 동1색깔이 변하다. 2안색을 바꾸다. (同)[作 zuò 色]

【变色龙一색룡】biànsèlóng 명1〈動〉카멜레온. 2〈喩〉기회주의자.

【变声一성】biànshēng 명변성.

【变速器一속기】biànsùqì 명〈機〉변속기. 트랜스미션.

【变速运动一속운동】biànsù yùndòng 명〈物〉변속운동. 부등속운동.

【变态一태】biàntài 명〈生〉1(동물의) 변태. 2(식물의) 변태. 3변태. 정상이 아닌 상태. (反)[常 cháng 态]

【变天一천】biàn//tiān 동1날씨가 변하다. 2세상이 뒤바뀌다〔반대 세력이 일어서다〕.

【变天账一천장】biàntiānzhàng 명타도된 착취계급이 옛제도로 돌아가게 될 때를 대비하여 몰래 보존한 토지대장과 재산목록.

【变通一통】biàn·tōng 동변통하다. (反)[拘泥 jū·nì]

【变为一위】biànwéi 동…으로 변하다. ◇把荒漠~绿色的原野/황막한 사막을 녹색벌판으로 변하게 했다.

【变温动物一온동물】biànwēn dòngwù 명〈動〉냉혈동물. 변온동물.

【变文一문】biànwén 명〈佛〉변문. 〔당대(唐代)중기부터 성했던 속문학의 일종으로, 운문과 산물을 섞어 불교 이야기를 강창했던 것. 후에는 민간의 전설 등이 소재로 쓰였음〕

【变戏法一희법】biàn xìfǎ (~儿)1동요술을 부리다. 2명요술.

【变相一상】biànxiàng 1동(내용은 그대로이고) 모양만 바꾸다. 2명변한 모양.

【变心一심】biàn//xīn 동(사랑 또는 충성하는) 마음이 변하다. (同)[负 fù 心], (反)[一 yī 心]

B

*【变形－형】biàn//xíng 1[동]모양이 변하다. 변형하다. ◇这箱子压得～了/이 상자는 눌려서 변형됐다. 2(biànxíng)[명]변형.

【变型－형】biànxíng [동]유형이 변하다.

【变性－성】biànxìng 1[동]물체의 성질이 변하다. 2[명]〈化〉〈醫〉변성.

【变压器－압기】biànyāqì [명]〈電〉변압기.

【变样－양】biàn//yàng (～儿)[동]모양이 달라지다.

【变易－역】biànyì [명][동]변경(하다). 변화(하다). ◇～服饰/복식이 변하다.

【变着法儿－착법아】biànzhe fǎr 〈口〉갖은 방법을 다 동원하다. ◇他～叫人买他的东西/그는 갖은 방법을 다 동원해 남에게 그의 물건을 사라고 한다.

*【变质－질】biàn//zhì 1[동]변질하다. 2(biànzhì)[명]변질.

【变种－종】biànzhǒng [명]〈生〉〈礦〉변종. ◇机会主义的～/기회주의의 변종.

【变子－자】biànzǐ [명]〈物〉불안정입자(不安定粒子).

【变阻器－조기】biànzǔqì [명]〈電〉가변저항기(可变抵抗器).

☆【便】亻部 7画 biàn 편리할 **편**, 똥오줌 **변**

1[형]편리하다. 간편하다. ◇火车上服务周到, 旅客称～/기차 내의 서비스가 좋아 여객들이 편리하다고 생각하다. 2[명]편리한 때. 기회. 편리. 편의. ("就"의 목적어로 주로 쓰임) ◇去年出差到上海, 就～访问了一位作家/작년 상해로 출장가는 계제에 어느 한 작가를 방문하였다. 3[형]정식(正式)이 아닌. 간단한. 평상시의. ◇～饭/(특별히 준비한 것이 아닌) 보통식사. 4[동][명]대소변(을 보다). ◇粪 fèn～/똥 오줌. ◇大 dà～/대변(을 보다). ◇小 xiǎo～/소변(을 보다). 5[부]곧. 즉시. 바로. ◇车开不久, 天～亮了/차를 얼마 몰지 않아 날이 곧 밝았다. (同)〔就 jiù〕 6[접]비록 …일지라도. 설령 …하더라도. ◇只要依靠群众, ～是再大的困难, 也能克服/군중을 의지하기만 하면 비록 제아무리 큰 고난이라도 극복할 수 있다. [주의]'便'은 문어로써 남아 있는 근세의 중국어로, 그 뜻과 용법은 '就'와 같음. ⇒pián

【便步－보】biànbù [명]보통걸음.

【便餐－찬】biàncān (同)〔便饭 fàn〕

【便当－당】biàn·dang 1[형]편리하다. 쉽다. (同)〔方便 biàn〕, (反)〔不 bù 便〕 2[명]〈方〉도시락.

*【便道－도】biàndào [명]1지름길. 2인도. ◇行人走～/행인은 인도로 간다. (同)〔人 rén 行道〕 3임시도로.

【便饭－반】biànfàn [명]늘 먹는 식사. 간단한 식사.

【便服－복】biànfú [명]1평상복. (反)〔礼 lǐ 服〕 2중국식 옷.

【便函－함】biànhán [명](기관·사회단체에서 내는) 비공식 서한. (反)〔公 gōng 函〕

【便壶－호】biànhú [명]요강. 〔남성용〕

【便笺－전】biànjiān [명]1편지지. 2메모용지.

【便捷－첩】biànjié [형]1편리하다. 간편하다. 2(동작이) 민첩하다. (同)〔敏 mǐn 捷〕, (反)〔迟缓 chíhuǎn〕

【便览－람】biànlǎn [명]편람.

⁑【便利－리】biànlì 1[형]편리하다. ◇附近就有百货公司, 买东西很～/부근에 백화점이 있어 물건을 구입하기가 편리하다. 2[동]편리하게 하다. ◇为～居民, 新盖了一个商场/주민의 편의를 위해 상가건물을 새로 건축했다. (同)〔方 fāng 便〕

【便了－료】biànliǎo [조] …면 된다. …그만이다. (同)〔就是了 jiù shì·le〕

【便帽－모】biànmào [명]평상 시 쓰는 모자.

【便门－문】biànmén [명]정문 이외의 작은 문. 곁문.

【便秘－비】biànmì [명]〈生理〉변비증.

【便民－민】biànmín [동]사람들의 편리를 도모하다.

【便溺－닉】biànniào 1[명]대·소변. 2[동]대·소변을 보다.

【便盆－분】biànpén (～儿)[명]요강. 변기.

【便桥－교】biànqiáo [명]임시로 놓은 다리. 가교.

【便人－인】biànrén [명]인편.

【便士－사】biànshì [명]펜스. 〔'先 xiān 令'(실링)의 12분의 1에 상당함〕

【便所－소】biànsuǒ [명]변소.

☆【便条－조】biàntiáo (～儿)[명]쪽지. 메모.

【便桶－통】biàntǒng [명]변기통. 똥통.

【便鞋－혜】biànxié [명]1늘 신는 신. 2중국식의 헝겊신.

【便血－혈】biàn//xiě [동]대변이나 소변에 피가 섞이어 나오다.

【便宴－연】biànyàn [명]간단한 연회.

【便衣－의】biànyī [명]1평상복. (同)〔便服 fú〕, (反)〔制服 zhìfú〕 2(～儿)사복경찰. 사복군인.

【便宜－의】biànyí 1[명]편의. 편리. 2[형]편리하다. ⇒pián·yi

【便宜行事－의행사】biànyí xíng shì 〈成〉재량권을 가지고 적절히 처리하다. ◇(同)〔见机行事 jiàn jī xíng shì〕, (反)〔胶柱鼓瑟 jiāo zhù gǔ sè〕

⁑【便于－어】biànyú [동](…하기에) 편리하다. ◇～携 xié 带/휴대하기 편리하다.

【便中－중】biànzhōng [부]〈牘〉편할 때. 계제가 좋을 때. (同)〔有 yǒu 便〕, (反)〔特意

tèyì)

【便装一장】biànzhuāng（同）〔便服 fú 1〕

★【遍(徧)】辶部 9画 biàn 두루 **편**

1튀두루. 전면적으로. ◇我找～了也没找着 zháo/내가 두루 찾아보았지만 찾지 못했다. ◇起～全国/전국을 두루 돌아다니다. (同)〔全 quán〕, (反)〔片 piàn〕 **2**튀번. 회.〔동작이 시작되어 끝날 때까지의 전 과정을 말함〕◇文章写完以后, 他总是一～一～地认真修改/그는 글을 다 쓴 후 늘 한번씩 쭉 진지하게 수정한다. ◇他看了一～又一～/그는 한번씩 쭉 보고 또 보았다. (同)〔次 cì〕

【遍布一포】biànbù 튀모든 곳에 분포하다.

＊【遍地一지】biàndì 튀도처.◇牧场上～是牛羊/목장에는 도처에 소와 양들이 있다.

【遍地开花一지개화】biàn dì kāi huā〈成〉좋은 일이 가는 곳마다 생기다.

【遍及一급】biànjí 튀두루 미치다.◇影响～海外/해외에까지 영향을 미치다.

【遍体鳞伤一체린상】biàn tǐ lín shāng〈成〉온 몸이 상처 투성이다.

【遍野一야】biànyě 튀온 들. 들 전체.

【辩·辯】辛部 辶部 9画 14画 biàn 말잘할 **변**

튀변론하다. ◇真理愈～愈明/진리는 따지면 따질수록 분명해진다.

【辩白一백】biànbái 튀변명하다. (同)〔辨 biàn 白〕

【辩驳一박】biànbó 튀논박하다. 반론하다.

【辩才一재】biàncái 튀〈文〉말재주. 변론의 재능.

【辩辞一사】biàncí 튀변명의 말. (同)〔辨 biàn 词〕

＊【辩护一호】biànhù 튀변호(하다).

【辩护权一호권】biànhùquán 튀변호권.

【辩护人一호인】biànhùrén 튀변호인.

＊【辩解一해】biànjiě 튀변명하다. ◇错了就错了, 不要～/틀렸으면 틀렸지, 변명하지 마세요.

＊【辩论一론】biànlùn 튀튀변론(하다). 논쟁(하다). ◇～个水落石出/진상이 밝혀지도록 토론하다.

【辩明一명】biànmíng 튀**1**사리를 밝히다. **2**해명하다.

【辩难一난】biànnàn 튀〈文〉논란(論難)하다. 반론하다.

【辩士一사】biànshì 튀변사. 변론에 능한 사람.

【辩诉一소】biànsù 튀재판중 피고인이 자신을 변호하다.

【辩诬一무】biànwū 튀(비난에 대해) 반박하다.

【辩正一정】biànzhèng 튀시비를 따져 바로잡다. (同)〔辨 biàn 正〕

＊【辩证一증】biànzhèng **1**튀논증하다. 변증하다. **2**튀변증법적이다. ◇～的统一/변증법적 통일.

＊【辩证法一증법】biànzhèngfǎ 튀〈論〉변증법. 〈哲〉유물 변증법.

【辩证逻辑一증라집】biànzhèng luójí 튀〈哲〉변증법적 논리.

【辩证唯物主义一증유물주의】biànzhèng wéiwù zhǔyì 튀〈哲〉변증법적 유물론.

【辨】辛部 9画 biàn 판단할 **변**

튀판별하다. 분간하다. 식별하다. ◇不～真伪/진위를 가리지 않다.

【辨白一백】biànbái (同)〔辩 biàn 白〕

＊【辨别一별】biànbié 튀변별하다. (同)〔分 fēn 辨〕, (反)〔混淆 hùnxiáo〕

【辨明一명】biànmíng 튀분명하게 가리다〔밝히다〕. ◇～是非/시비를 분명히 가리다.

＊【辨认一인】biànrèn 튀분별하다. 분간하다. ◇相片已经模糊, 不能～/사진이 이미 흐릿해져 식별할 수가 없다.

【辨识一식】biànshí 튀분별하여 알다. 식별하다.

【辨析一석】biànxī 튀〈文〉판별하여 분석하다.

【辨正一정】biànzhèng 튀시비를 가려 잘못을 수정하다. (同)〔辩 biàn 正〕

【辨证一증】biànzhèng **1**(同)〔辩 biàn 正〕**2**튀(한방에서) 증후·증상을 분별〔식별〕하다. ◇～论治/병의 원인과 증상을 한방 의학 이론에 의거하여 진단하여 치료하다. (同)〔辨正 zhèng〕

【辫·辮】辛部 纟部 10画 14画 biàn 땋을 **변**

1(～儿)튀땋은 머리. ◇发 fà～/변발. ◇梳小～/머리를 땋다. **2**(～儿)튀머리 모양으로 생긴 것. **3**(～儿)튀줄. 타래.〔길게 땋은 것을 세는 데 쓰임〕**4**튀〈方〉땋다. 엮다.

＊【辫子一자】biàn·zi 튀**1**땋은 머리. 변발. ◇打～/머리를 땋아 기르다. **2**좁고 길게 땋은 물건. ◇蒜～/마늘 타래. **3**〈喩〉약점. 결점. ◇抓～/약점을 잡다. [비교辫子:缺点 "辫子"는 동사 "抓" 외에 다른 동사와 함께 쓰지 않는다. ◇既然你有(×辫子)缺点, 大家就应该批评你/네가 잘못이 있는 이상 모두들 너를 비판해야 마땅하다.

biāo

＊【标·標】木部 5画 biāo 표할 **표**

1명〈文〉(나무의) 우듬지. (同)〔梢 shāo〕, (反)〔根 gēn〕 **2**명(사물의) 말단. 겉. 표면. 지엽. 부차적인 것. ◇不能只治~不治本/지엽적인 것만 해결하고 근본적인 것을 해결하지 않아서는 안 된다. (同)〔末 mò〕, (反)〔本 běn〕 **3**명표지. 기호. ◇路~/도로 표지. **4**명표준. 기준. ◇超~/기준을 넘다. **5**동(문자나 사물로) 나타내다. 표시하다. ◇商品都~了价格/상품에 모두 가격을 표시했다. **6**명(경기의) 우승상. ◇锦~/우승기(旗). ◇得~/우승하다. **7**명입찰 가격. ◇招~/입찰에 붙이다. ◇投~/입찰하다. **8**명청말(清末)의 육군(陸軍), 편제(編制)의 하나. 지금의 '团 tuán'(연대)에 해당함. **9**양한 무리한 떼. 한 패거리. 〔수사(數詞)는 '一'만을 사용할 수 있다〕 ◇一~人群/한 무리의 군중. (同)〔支 zhī〕

【标榜─방】biāobǎng 통**1**표방하다. ◇~自由平等/자유 평등을 표방하다. **2**치켜세우다. 互相~/서로 치켜세우다.
*【标本─본】biāoběn 명**1**지엽말단과 근본. **2**표본. **3**〈醫〉표본. **4**모범.
【标兵─병】biāobīng 명**1**(열병식이나) 데모 행진 때 진행로를 표시하기 위하여 세워 두는 사람. **2**〈喩〉모범. 본보기.
【标尺─척】biāochǐ 명**1**〈測〉표척. **2**〈軍〉가늠자.
【标灯─등】biāodēng 명표지등.
【标底─저】biāodǐ 명입찰의 최저기준가격.
【标的─적】biāodì **1**(同)〔靶 bǎ 子〕 **2**명목적. **3**명(동업 당사자들이 공동으로 지향하는) 목표.
☆【标点─점】biāodiǎn **1**(同)〔标点符号 fúhào〕 **2**명문장부호를 찍다.
【标点符号─점부호】biāodiǎn fúhào 명문장부호. →부록 참조.
【标定─정】biāodìng 통**1**(수치나 규격 따위를) 표준으로 정하다. **2**통(일정한 표준에 따라) 측정하다. **3**형표준에 부합되는.
【标杆─간】biāogān 명**1**(나무로 만든) 측량대. **2**본보기. 규범.
【村高─고】biāogāo 명〈測〉표고.
【标格─격】biāogé 명〈文〉풍격. 기품.
【标号─호】biāohào 명(제품의 규격·기능을 표시하는) 번호. **2**명등급을 표시하는 (제품의 규격·기능을 표시하는) 번호.
【标记─기】biāojì 명기호. 표지.
【标价─가】biāojià 명**1**표시되는 가격. **2**(biāo//jià)통가격을 표시하다.
【标金─금】biāojīn 명**1**입찰보증금. **2**(막대기처럼 생긴) 금괴(金塊).
【标卖─매】biāomài 통**1**정찰가로 팔다. **2**경매하다.
【标明─명】biāomíng 통명시하다. 명기하다.

【标签─첨】biāoqiān (~儿)명(제품 등에 단) 꼬리표. 라벨(label).
【标枪─창】biāoqiāng 명**1**〈體〉투창 경기. **2**투창 경기에 사용하는 투창. **3**투창.
【标示─시】biāoshì 통표명하다. 나타내다.
【标书─서】biāoshū 명입찰의 기준·조건·가격 등을 제시한 문서.
*【标题─제】biāotí **1**명표제·제목. **2**(biāo//tí)통표제를 달다. 제목을 달다.
【标新立异─신립이】biāo xīn lì yì〈成〉특이한 생각을 제시하다(보통과 다름을 나타냄). (同)〔独辟蹊径 dú pì xī jìng〕, (反)〔步人后尘 bù rén hòu chén〕
**【标语─어】biāoyǔ 명표어.
*【标志─지】biāozhì 명**1**표지(標識). 표시. ◇勤奋努力的~/근면노력의 지표. **2**동나타내다. 〔비교〕标志:代表 "标志"는 "心愿" 등을 목적어로 취하지 않는다. ◇教师的话(×标志)代表着全班同学的心愿/선생님의 말은 반 전체 학우들의 염원을 대신하고 있다.
☆【标准─준】biāozhǔn 명**1**표준. ◇用高~要求自己/높은 기준으로 자신에게 요구하다. (同)〔准则 zé〕 ◇你的口音还不~/너의 말투는 아직 표준이라 할 수 없다. (同)〔正确 què〕, (反)〔错误 cuòwù〕 〔비교〕标准:榜样 학습의 모범은 "标准"을 쓰지 않는다. ◇他是我们学习的(×标准)榜样/그는 우리들이 배워야 하는 모범이다.
【标准时─준시】biāozhǔnshí 명〈天〉표준시.
【标准时区─준시구】biāozhǔn shíqū 명〈天〉표준 시각대(標準時刻帶).
【标准语─준어】biāozhǔnyǔ 명〈言〉표준어.

【彪】虎部 彡部 biāo
　　 3画 8画 작은범 표
1명〈文〉작은 호랑이. ◇~形大汉/체격이 건장한 늠름한 사나이. **2**명호랑이 몸 위의 반점(斑点). **3**양무리떼. ◇一~人马/한 무리의 사람과 말들. (同)〔标 biāo 9〕 **4**(biāo)명성(姓).
【彪炳─병】biāobǐng 통〈文〉찬란하다.
【彪炳千古─병천고】biāobǐng qiāngǔ〈成〉천고에 빛나다.
【彪形─형】biāoxíng 명우람한 체격.

【镖·鏢】钅部 biāo
　　 11画 비수 표
명수리검(手裏劍). 표창(鏢槍). ◇一支~/표창 한자루.
【镖局─국】biāojú 명표국. 옛날 여객 또는 화물 운송의 보호를 업무로 했던 업소.
【镖客─객】biāokè 명옛날 여객이나 화물을 보호하며 운송을 책임졌던 사람. 경호원.

B

biǎo

★【表·錶】 一部 biǎo
10획 7획 겉 표

1图겉. 표면. (反)[里 lǐ] **2**图내외종 사촌. 〔조부·부친의 자매나 조모·모친의 형제 자매들의 자녀와의 친족관계를 가리킴〕 **3**图(생각이나 감정을) 표시하다. 나타내다. ◇深~同情/동정심을 깊이 표시하다. **4**图〈中醫〉약물을 사용하여 몸 안의 풍한(風寒)을 밖으로 발산시키다. ◇吃服药~一~, 出身汗/약을 복용한 후 (풍한을) 발산시키고 땀을 흘리다. **5**图 본보기. 모범. ◇为 wéi 人师~/다른 사람의 사표[모범]가 되다. **6**图표. 임금에게 올리는 서장(書狀)의 하나. ◇诸葛亮《出师~》/제갈량의 《출사표》. **7**图표. ◇列车时刻~/열차 시간표. **8**图해의 그림자를 재는 기구. 해시계. **9**图계기(計器). 계량기. 미터(meter). ◇电~/전기계량기. ◇气压~/기압계. (同)〔计 jì〕 **10**图시계. ◇电子~/전자시계. ◇~停了/시계가 멎었다.

【表白－백】biǎobái 图(자신의 태도·생각 따위를) 표명하다.
【表笔－필】biǎobǐ 图(측정계기의) 측정봉.
【表册－책】biǎocè 图철하여 보관하는 서식.
【表层－층】biǎocéng 图표층.
【表尺－척】biǎochǐ 图〈軍〉(총의) 조척(照尺).
☆【表达－달】biǎodá 图(생각·감정을) 표현하다. ◇~人民的坚强意志/국민의 강인한 의지를 표현하다. 回교表达:表现:表示 ①"表达"의 목적어는 생각·감정과 관련된 어휘이어야 한다. ◇他的作品(×表达)表现了他高度的创造性/그의 작품은 그의 뛰어난 창의성을 나타냈다. ②"表达"는 목적절을 가지지 못한다. ◇他(×表达)表示她对社会的贡献大/그는 그녀가 사회에 대한 공헌이 지대하다고 말했다.
【表弟－제】biǎodì 图내외종 사촌 동생.
【表哥－가】biǎogē 图내외종 사촌형.
【表格－격】biǎogé 图**1**표(表). 양식. 서식. **2**패(罫). 패선.
【表功－공】biǎo//gōng 图**1**공적을 표창하다. **2**공훈담을 늘어놓다.
【表姑－고】biǎogū 图아버지의 종자매.
【表记－기】biǎojì 图기념품.
【表姐(姐)－저(저)】biǎojiě(·jie) 图내외종 사촌누이.
【表姐妹－저매】biǎojiěmèi 图내외종 사촌자매. (同)〔表姊 zǐ 妹〕
【表决－결】biǎojué 图图표결(하다).
【表决权－결권】biǎojuéquán 图표결권.

【表里－리】biǎolǐ 图**1**겉과 속. 표리. **2**관계가 밀접하여 분리될 수 없는 것.
【表里如一－리여일】biǎo lǐ rú yī〈成〉겉과 속이 같다. 생각과 언행이 일치하다. (同)〔表里一致 biǎo lǐ yīzhì〕, (反)〔表里不一 biǎo lǐ bù yī〕
【表链－련】biǎoliàn (～儿)图(회중시계의) 시계줄.
【表露－로】biǎolù 图〈文〉밖으로 드러내다. (同)〔流露 liúlù〕, (反)〔隐瞒 yǐnmán〕
【表妹(妹)－매(매)】biǎomèi(·mei) 图내외종 사촌누이동생.
【表蒙子－몽자】biǎoméng·zi 图시계의 유리뚜껑.
☆【表面－면】biǎomiàn **1**图표면. 겉. ◇地球~/지구 표면. ◇他~上很镇静, 内心却十分紧张/그는 겉으로 침착해 보이지만 마음속으로는 몹시 긴장하고 있다. (同)〔外 wài 表〕, (反)〔内里 nèilǐ〕 **2**(同)〔表盘 pán〕 **3**(同)〔表蒙子 méng ·zi〕
【表面化－면화】biǎomiànhuà 图표면화하다.
【表面张力－면장력】biǎomiàn zhānglì 图〈物〉표면 장력.
☆【表明－명】biǎomíng 图분명하게 하다. 보여주다. ◇~态度/태도를 분명히 하다. ◇他刚说的话一再跟他说也没用/그가 방금 한 말은 더이상 그에게 말해봐도 소용이 없음을 보여준다. 回교表明:解释 분명하게 설명함을 나타낼 때는 "表明"을 쓰지 않는다. ◇我向中国同学(×表明)解释了半天, 他也不相信/내가 중국 학우에게 한참 설명했지만 그는 믿지 않는다.
【表盘－반】biǎopán 图(시계·계기 등의) 글자판. 〔일부 지역에서는 '表面'이라고도 함〕
【表皮－피】biǎopí 图〈生理〉표피.
【表亲－친】biǎoqīn 图아버지의 자매 및 어머니 형제자매 쪽 친척.
＊＊【表情－정】biǎoqíng **1**图기분이나 감정을 나타내다. ◇她演戏善于~/그녀는 연극할 때 감정을 나타내는 데 뛰어나다. **2**图표정. ◇她唱歌很有~/그녀는 노래할 때 표정이 풍부하다.
【表嫂－수】biǎosǎo 图내외종 사촌형의 처.
★【表示－시】biǎoshì **1**图(말이나 행위로써 생각·감정·태도 따위를) 나타내다. 말하다. ◇我们谨向你们~衷心的祝贺/우리는 당신들에게 삼가 진심으로 축하를 드립니다. **2**图의미하다. 가리키다. ◇发高烧~有病/열이 많이 나면 병이 있음을 의미하다. **3**图(감정이나 기분을 나타내는) 언동. 표시. ◇友好的~/우호적인 표시. 回교表示:表达:表现 ①"表示"는 "感情"을 목적어로 취하지 않는다. ◇小李向她(×表示)表达了自己的感情/이 군은 그녀

B

에게 자신의 감정을 표현했다. ②사물의 본질이나 특징을 드러낼 경우 "表示"를 쓰지 않는다. ◇长城(×表示)表现了中国人民的聪明才干/만리장성은 중국국민이 총명하고 유능한 것을 나타낸다.

【表叔―숙】biǎoshū 图아버지의 내외종 사촌 동생.

【表述―술】biǎoshù 图진술하다.

【表率―솔】biǎoshuài 图귀감. 모범.

【表态―태】biǎo/tài 图태도를 표명하다.

【表土―토】biǎotǔ 图〈農〉표토.

★【表现―현】biǎoxiàn 1图드러내다. 나타나다. ◇他心里很不高兴, 可是没有~出来/그는 마음속으로 불쾌했으나 드러내지 않았다. 2图태도. 품행. 언동. 행동. ◇王兰的~很好, 电子公司决定雇用她/왕란의 품행이 좋아 전자회사에서 그녀를 채용하기로 하였다. 3图〈貶〉일부러 자신을 과시하다.

【表象―상】biǎoxiàng 图표상. 상징. (反)〔真 zhēn 象〕

【表兄―형】biǎoxiōng 图내 외종 사촌형. (同)〔表哥 gē〕

【表兄弟―형제】biǎoxiōng·di 图내외종 사촌형제.

★【表演―연】biǎoyǎn 1图图공연(하다). 연기(하다). ◇化装~/분장하고 연기하다. 2图시범을 보이다. ◇~新操作方法/새로운 조작법을 시범 보이다.

【表演唱―연창】biǎoyǎnchàng 图춤이나 연극동작을 하면서 노래부르다.

【表演赛―연새】biǎoyǎnsài 图〈體〉시범경기.

★【表扬―양】biǎoyáng 图표창(하다). ◇~优秀学生/우수한 학생을 표창하다. (同)〔表彰 zhāng〕, (反)〔批评 pī píng〕 비교表扬:赞扬 탄복하거나 칭찬할 때는 "表扬"을 쓰지 않는다. ◇群众(×表扬)赞 zàn 扬市长为人民做了一件大好事/시장이 국민들을 위해서 좋은 일을 한 것을 군중들이 칭찬했다.

【表姨―이】biǎoyí 图이종 사촌 누이.

【表语―어】biǎoyǔ 图〈言〉'是'자문에서 '是'이하의 부분을 가리킴. 넓게는 명사나 형용사로 이루어진 술어를 포함하기도 함.

*【表彰―창】biǎozhāng 图(선행(善行)·공적 따위를) 표창하다.

【表针―침】biǎozhēn 图1계기(計器)의 지침(指針). 2시계 바늘.

【表侄―질】biǎozhí 图내외종 오촌 조카.

【表侄女―질녀】biǎozhínǚ (~儿)图내외종 오촌 조카딸.

【婊】 女部 biǎo
8画 화랑이 표
【婊子―자】biǎo·zi 图1옛날의 창부. 창녀. 2옛날, 부녀자를 욕하는 말.

【裱】 衤部 biǎo
8画 목수건 표
图1(서화 따위를) 표구(表具)하다. ◇这幅画~―~会更有神韵/이 그림을 표구하면 더욱 기품이 있을 것이다. 2벽이나 천장에 벽지를 바르다. 도배하다.

【裱褙―배】biǎobèi 图(서화 따위를) 표구하다.

【裱糊匠―배】biǎohújiàng 图표구사(裱具師). 도배장이.

【裱画―화】biǎo//huà 图그림을 표구하다.

【裱墙纸―장지】biǎoqiángzhǐ 图벽지. 도배지.

biào

【摽】 扌部 biào
11画 칠 표
图1묶다. 졸라매다. ◇把行李~在车架子上/짐을 선반에다 묶어라. 2두팔로 꼭 껴안다. ◇两个人~着胳膊 gēbo 散步/두 사람이 팔을 끼고 산책한다. 3〈貶〉친하다. (친하여) 서로 붙다. ◇他小妹妹老~在他身边/그의 여동생은 늘 그의 곁에 붙어 다닌다. 4비교하다. 경쟁하다. 5〈文〉떨어지다. 6치다. 때리다.

【摽劲儿―경아】biào//jìnr 图기를 쓰고 겨루다.

【鳔·鰾】 鱼部 biào
11画 부레 표
1图〈動〉(물고기의) 부레. 2图부레풀. 3图〈方〉부레풀로 붙이다. 들러붙다.

【鳔胶―교】biàojiāo 图부레풀.

biē

*【憋】 心部 biē
11画 조급할 별
1图억누르다. 참다. 견디다. 억제하다. ◇~着一肚子的话想跟你说/하고싶은 말이 터질 것 같은데 네게 말하고 싶다. ◇我们都~着不笑/우리 모두 참고 웃지 않았다. (同)〔压 yā〕, (反)〔露 lù〕2숨막히게 답답하다. ◇心里~得慌/마음이 무척 답답하다. ◇屋里太闷, ~得人透不过气来/집안이 너무 답답해서 사람이 숨도 못쉬게 한다.

【憋闷―민】biē·men 图답답하다. (同)〔憋气 qì〕, (反)〔舒畅 shūchàng〕

【憋气―기】biēqì 图1숨이 막히다. 답답하다. 2(억울함이나 고민을 품고 있지만 드러내지 못해) 답답하다.

【鳖·鱉】 鱼部 biē
11画 자라 별
图〈動〉자라. (同)〔(俗)王八 wángbā〕

【鳖裙－군】biēqún 图자라등딱지 가장자리
의 말랑말랑한 부분. 〔진미임〕(同)〔鳖边
biān〕

bié

★【别】⼑部 bié
         5画 다를 별
1图이별하다. 헤어지다. ◇告～/이별하
다. (同)〔离 lí〕, (反)〔逢 féng〕2图별개
의. 다른. 딴. 별도의. ◇～处/다른 곳.
(同)〔另 lìng〕3图〔方〕돌리다. ◇她把头
～了过去/그 여자는 머리를 돌렸다. 4图
구별하다. 구분하다. ◇～其真伪/진위를
구별하다. 5图차별. 차이. ◇男女有～/남
녀가 유별하다. 6图종류. 유별(類別).◇
性～/성별. 7图(핀으로) 꽂다. 달다. 고
정시키다 ◇上衣口袋里～着一枝钢笔/상
의 주머니에 만년필 하나가 꽂혀 있다. 8
图꽂다. ◇把旱烟袋～在腰带上/담뱃대를
허리띠에 꽂다. 9图(씨름에서 발을 걸어)
넘어 뜨리다. 10图(차 따위도) 가로 막
다. 11图(명령문에서) …하지 말라. ◇～
忘了/잊지 말아요. ◇你～走了, 在这儿住
两天吧/가지 말고 여기서 며칠 묵으시오.
(同)〔勿 wù〕〔不要 bùyào〕12图…아닌
가. 〔흔히 '是'와 함께 사용되며, 추측하
는 사실·사태가 자기가 원하지 않는 경
우에 주로 쓰임〕◇明天可～下雨/내일
비가 오는 게 아닌가. ⇒biè
【别称－칭】biéchēng 图별칭.
【别出心裁－출심재】bié chū xīncái〈成〉기
발한 생각을 해내다. (同)〔独 dú 出心裁〕
**【别处－처】biéchù 图다른 곳. ◇这里没有
到～看看吧/여기 없으니 다른 곳에 가보자.
★【别的－적】bié·de 图다른 것. ◇小姐, 还要
不要吃点儿～?/아가씨, 다른 것 좀 더 드
시겠어요?
【别动队－동대】biédòngduì 图〈軍〉별동대.
【别逗了－두료】bié dòu ·le 图농담 말아
요. 웃기지 마세요. 〔상대방의 사실이 아
닌 농담조의 말에 믿지 못하거나 동의하지
않을 때 씀. 친한 사이에 씀〕◇我的毛笔
字不好, 拿不出手～～, 谁不知道您是有名
的书法家呀!/저는 붓글씨를 잘 쓰지 못해
챙피합니다. 농담마세요. 당신이 유명한
서예가인지 그 누가 모른단 말입니까?
【别管－관】biéguǎn 图…이더라도. …막론
하고. (同)〔无论 wúlùn〕
【别号－호】biéhào (~儿)图별명. 애칭.
【别集－집】biéjí 图개인의 시집 또는 문집.
【别家－가】biéjiā 图다른 집. 다른 기업.
가게.
【别具一格－구일격】bié jù yī gé〈成〉독특

한 풍격을 지니다. 일가를 이루다.
【别具只眼－구지안】bié jù zhī yǎn〈成〉남
달리 독특한 견해를 갖고 있다.
【别开生面－개생면】bié kāi shēng miàn〈成〉
새지평을 열다. 새로운 형식을 창조하다.
【别看－간】biékàn〈口〉…하지만 그래봬도.
〔상대방에게 한 면만 보고 결론을 내지
말라는 것을 나타냄〕◇你～我这小个子!
打架也有方便的地方, 灵活/내가 이렇게
키가 작다고 하지만, 그래봬도 싸움할 때
편한 점이 있지, 재빠르잖아. 图에'别看'
의 '看'은 '瞧 qiáo' 또는 '瞅 chǒu'로 바
꾸어 쓸 수 있다. (同)〔甭 béng 看〕
【别离－리】biélí 1图〈文〉헤어지다. 이별하
다. 2图이별. 별리. (同)〔离开 kāi〕, (反)
〔会合 huìhé〕
【别名－명】biémíng (~儿)图별명.
【别情－정】biéqíng 图〈文〉이별의 정.
★【别人－인】biérén 图(그 밖의) 다른 사람.
◇他从不关心～的事/그는 여지껏 남의 일
에 관심을 갖지 않았다.
【别人－인】bié·ren 图남. 타인. (同)〔旁 pá-
ng 人〕, (反)〔自己 zìjǐ〕
【别史－사】biéshǐ 图별사. 편년체나 기전체
이외의 사서. 역대 또는 1대의 역사 등을
기록한다.
【别是－시】biéshì 图…아닌가. 어쩌면. (同)
〔莫非是 mòfēishì〕
【别墅－서】biéshù 图별장.
【别说－설】biéshuō 말할 필요도 없이. …
은 말할 것도 없고. ◇这种动物我连听也
没听说过, ～见过了/이런 동물은 내가 들
어 보지 못했다. 보지 못한 것은 말할 필
요도 없고.
【别提了－제료】biétí ·le 말도 꺼내지 마라.
【别提多～了－제다～료】bié tí duō …le
〈口〉어찌나 …한지 말도 마라. 〔말의 효
과를 극대화하기 위한 과장을 내포하고
있다〕◇他收到家里的来信, 别提多高兴
了/그는 집에서 온 편지를 받고나서 어
찌나 기뻐하는지 말도 마라.
【别无长物－무장물】bié wú chángwù〈成〉
사용하지 않는 여분의 것이 없다. 〔가난
하거나 검소한 것을 형용함〕
【别无二致－무이치】bié wú èr zhì〈成〉다
른 데가 없다. 똑 같다. (同)〔没有两样
méiyǒu liǎng yàng〕
【别忘了－망료】bié wàng ·le〈口〉잊지 말
라. 망각하지 말라. 〔상대방에게 경고하
며 일깨워주는 강경한 어투의 말〕◇你
～, 现在我们在谈生意, 我是大地集团的副
总经理/잊지 마시오. 우리는 지금 사업을
상담 중이오. 난 대지 그룹의 부사장이
오. (同)〔不要忘了 bùyào wàng ·le〕

B

【别想一上】bié xiǎng 〈口〉…할 생각도 마라. …할 엄두도 내지 마라. 〔상대방에게 자신의 요구에 따르도록 훈계하는 말〕 ◇你要是不把那一千万调回来, ˈ你就~活着离开香港!/네가 만일 천만 원을 가져 오지 못하면 살아서 홍콩을 떠날 생각도 마라. (同)〔甭 béng 想〕

【别绪一서】biéxù 명이별의 정서.

【别有洞天一유동천】bié yǒu dòng tiān 〈成〉별천지. 딴세상.

【别有风味一유풍미】bié yǒu fēngwèi 〈成〉1 속세를 떠난 특이한 경지에 있다. 2남과는 다른 심정을 갖다. 3별천지 같이 아름다운 풍경이다. 4달리 활동하는 바가 있다.

【别有天地一유천지】bié yǒu tiān dì 〈成〉1 속세를 떠난 특이한 경지가 있다. 2남과는 다른 심정을 지니다. 3별천지 같이 아름다운 풍경이다. 4달리 활동하는 바가 있다.

【别有用心一유용심】bié yǒu yòngxīn 〈成〉달리 나쁜 생각을 품고 있다. 다른 꿍꿍이가 있다.

【别这么说一저마설】bié zhè·me shuō 〈口〉그렇게 말하면 안 된다. 그렇게 말하지 마라. 그런 말씀 마세요. 1◇你别吃太多一你~, 我也不是很胖/너 너무 많이 먹지 마.-그렇게 말하면 안되지, 난 그렇게 뚱뚱한 것도 아닌데. 2상대방을 알아주어 심리적 부담과 고민을 풀어 주려 하는 말. ◇~, 这些年你的遭遇 zāoyù 我们都知道/그런 말씀 마세요. 요 몇년 동안 당신의 처지는 우리 모두 알고 있어요. 3상대방의 사과와 감사에 대한 사절, 겸손의 말. ◇对不起, 请原谅!一~/죄송해요. 용서해주세요!-그런 말씀마세요.→〔不能这么说 bù néng zhè ·me shuō〕 比교别这么说:不能这么说:话 huà 不能这么说的 비교는 '话不能这么说'参조.

【别针一침】biézhēn (~儿)명1시침 바늘. 옷핀. 안전핀. 2브로치(brooch).

【别致一치】bié·zhì 형색다르다. (反)〔一般 yībān〕

【别传一전】biézhuàn 명어떤 사람의 에피소드를 기록한 전기(傳記).

*【别字一자】biézì 명1오자. 틀리게 쓰거나 잘못 읽는 글자. 2(同)〔别号 hào〕

【蹩】足部
11画 절름발이 별
동(손목이나 발목을) 삐다. ◇走路不小心, ~痛了脚/길을 걷다가 조심하지 않아서, 발목을 삐었다.

【蹩脚一각】biéjiǎo 형질이 떨어지는. 능력이 없는. ◇~货/불량품. (同)〔低劣 dīliè〕, (反)〔精良 jīngliáng〕

biě

【瘪·癟】扩部
10画 날지못할 별
1동오그라들다. 움푹 들어가다. 찌그러들다. ◇车胎~了/차바퀴가 쭈그러들었다. 차바퀴가 바람이 빠졌다. 2형우묵하다. 움푹하다. (同)〔凹 āo〕, (反)〔凸 tū〕 3동난처해 하다.

【瘪子一자】biě·zi 명1〈方〉곤경. 좌절. 2쭉정이. 실속이 없는 것.

biè

【别·彆】刂部
5画 활뒤틀릴 별
동〈方〉고집을 꺾다. 생각을 바꾸게 하다. 〔보통 '别不过'의 형식으로 쓰임〕 ◇我想不依他, 可是又~不过他/나는 그의 생각에 찬성하고 싶지는 않았지만 그렇다고 그의 고집을 꺾지는 못했다. ⇒bié

*【别扭一뉴】biè·niu 형1비뚤어지다. 뒤틀리다. ◇这两天我心里很~/요 몇일 내 마음이 계속 뒤틀리다. 2의견이 서로 맞지 않다. 사이가 좋지 않다. ◇为了一点小事, 俩人闹得挺~/두 사람은 사소한 일로 사이가 틀어졌다. 3(말이나 글이) 매끄럽지 않다. 거북하다. ◇这句话放在这里有点儿~/이 말을 이곳에 넣으면 좀 매끄럽지 않다.

【别嘴一취】biézuǐ 동(발음하기가 어려워) 혀가 꼬부라지다.

bīn

【宾·賓】宀部
7画 손님 빈
1명손님. ◇贵~/귀빈. ◇外~/외빈. ◇嘉~/내빈. (同)〔客 kè〕, (反)〔主 zhǔ〕 2 (Bīn)명성(姓).

【宾白一백】bīnbái 명희곡의 대사. 〔구극(舊劇)에서는, 노래가 주(主)가 되므로 대사를 '宾'이라 부름〕

【宾词一사】bīncí 명〈論〉빈사(賓辭).

【宾东一동】bīndōng 명손님과 주인. 〔옛날에는 손님은 서쪽, 주인은 동쪽 자리에 앉았던 데서 나온 말〕

【宾服一복】bīnfú 동〈文〉따르다.

【宾服一복】bīn·fú 동탄복하다.

☆【宾馆一관】bīnguǎn 명호텔. (同)〔饭店 fàndiàn〕

【宾客一객】bīnkè 명빈객. (同)〔客人 rén〕, (反)〔主人 zhǔ·rén〕

【宾朋―붕】bīnpéng 图손님과 친구.
【宾语―어】bīnyǔ 图〈言〉목적어.
【宾至如归―지여귀】bīn zhì rú guī 〈成〉손님이 제 집에 있는 것처럼 편하다.
【宾主―주】bīnzhǔ 图〈文〉손님과 주인. 주객(主客).

【彬】彡部 bīn
8画 빛날 빈
【彬彬―빈】bīnbīn 图〈文〉우아하다. 점잖다.

【傧・儐】亻部 bīn
10画 인도할 빈
【傧相―상】bīnxiàng 图1옛날, 손님을 맞이하던 사람. 2들러리. ◇男~/신랑 들러리. ◇女~/신부 들러리.

【濒・瀕】氵部 bīn
13画 물가 빈
1(통)(물가에) 인접하다[근접하다]. ◇东~大海/동쪽으로 바다와 인접해 있다. 2임박하다. 직면하다.
【濒临―림】bīnlín 图…에 인접하다. ◇河北省~渤海/하북성은 발해(渤海)에 인접해 있다.
【濒危―위】bīnwēi 图위험이 임박하다.
【濒于―어】bīnyú 〈文〉…에 접근하다. ◇~绝境/막다른 처지에 처하다.

bìn

【摈・擯】扌部 bìn
10画 물리칠 빈
(통)〈文〉버리다. 배척하다. ◇~诸门外/문밖으로 내쫓다.
【摈斥―척】bìnchì 图쫓아내다. 내치다.
【摈除―제】bìnchú 图배제하다. 제거하다. (同)〔排 pái 除〕
【摈弃―기】bìnqì 图내버리다. 파기하다. (同)〔屏 píng 弃〕,〔保留 bǎo liú〕

【殡・殯】歹部 bìn
10画 염할 빈
(통)매장하다. 장지(葬地)로 발인(發靷)하다. 운구(運柩)하다.
【殡车―차】bìnchē 图영구차.
【殡殓―렴】bìnliàn 图납관과 출관.
【殡仪馆―의관】bìnyíguǎn 图장례식을 치르는 곳.
【殡葬―장】bìnzàng 1图출관과 매장. 2(통)장사를 지내다.

【鬓・鬢】髟部 bìn
10画 구레나룻 빈
图살쩍.〔귀밑에 난 털〕빈모(鬢毛). ◇双~斑白/살쩍이 희끗희끗하다.
【鬓发―발】bìnfà 图살쩍.
【鬓角―각】bìnjiǎo 图1귀 밑 부분. 2살쩍. 귀밑털. (同)〔鬓脚 jiǎo〕

bīng

☆【冰(氷)】冫部 bīng
4画 얼음 빙
1图얼음. ◇河里结了~/호수가 얼었다. 2图차다. 시리다. 차갑다. ◇这水~手/손이 얼 만큼이 물은 차다. (同)〔冻 dòng〕, (反)〔热 rè〕 3图차게 하다. ◇把那瓶啤酒~上/그 맥주를 차게 하라. (同)〔冷 lěng〕, (反)〔热 rè〕 4图얼음같은 결정체.
【冰棒―봉】bīngbàng 图〈方〉아이스 케이크. 아이스 바(bar).
【冰雹―박】bīngbáo 图우박.
【冰场―장】bīngchǎng 图스케이트장.
【冰碴儿―사아】bīngchár 图〈方〉1얼음 부스러기. 2살얼음.
【冰川―천】bīngchuān 图빙하.
【冰川期―천기】bīngchuānqī 图〈地質〉빙하기. (同)〔冰河 hé〕〔冰时代 shídài〕
【冰床―상】bīngchuáng 图빙상(冰上)썰매.
【冰镩―찬】bīngcuān 图얼음 깨는 끌.
【冰袋―대】bīngdài 图〈醫〉얼음주머니.
【冰刀―도】bīngdāo 图스케이트 날.
【冰点―점】bīngdiǎn 图〈物〉빙점.
【冰雕―조】bīngdiāo 图얼음 조각품.
【冰冻―동】bīngdòng 1(통)(물이) 얼다. ◇~的汽水/얼린 사이다. (同)〔冻结 dòngjié〕, (反)〔融化 rónghuà〕 2图〈方〉얼음.
【冰封―봉】bīngfēng 图얼음으로 뒤덮이다. 얼어붙다. ◇这湖~了, 可以在上面走/이 호수는 얼어붙었기 때문에 위로 지나가도 된다.
【冰峰―봉】bīngfēng 图〈地質〉설산(雪山).
【冰糕―고】bīnggāo 图〈方〉1아이스크림. (同)〔冰激凌 jilíng〕2아이스케이크. 아이스바.
【冰镐―고】bīnggǎo 图피켈(pikel).
【冰挂―괘】bīngguà 图고드름.〔주로 빗방울이 얼어붙은 것을 말함〕
【冰柜―궤】bīngguì 图냉장고. (同)〔电 diàn 冰柜〕
**【冰棍儿―곤아】bīnggùnr 图아이스케이크. 아이스바.
【冰激凌―격릉】bīng·jilíng 图케이크아이스크림.
【冰窖―교】bīngjiào 图얼음을 저장하는 움집. 빙고(氷庫).
【冰冷―랭】bīnglěng 图1얼음같이 차다. 매우 차다. 2냉담하다.
【冰凉―량】bīngliáng 图얼음처럼 차다.
【冰凌―릉】bīnglíng 图〈方〉얼음.
【冰排―배】bīngpái 图커다란 유빙(流冰).
【冰瓶―병】bīngpíng 图아이스 케이크 등을 담는 보온병.

B

*【冰淇淋－기림】bīngqílín (同)〔冰激凌 bīng·jīlíng〕

【冰橇－취】bīngqiāo 图빙상(冰上) 썰매. (同)〔雪 xuě 橇〕〔冰床 chuáng〕

【冰球－구】bīngqiú 图〔體〕1아이스하키 (icehockey). 2(아이스하키에 사용하는) 퍽(puck).

【冰人－인】bīngrén 图〈文〉중매쟁이.

【冰山－산】bīngshān 图1얼음으로 뒤덮인 산. 2〔地質〕(바다에 떠 있는) 빙산. 얼음산. 3〈喩〉믿기 어려운 후견인.

【冰释－석】bīng shì 통〈文〉(의혹·혐의·오해 등이) 얼음 녹듯이 풀리다.

【冰霜－상】bīngshuāng 图〈文〉1얼음과 서리. 2〈喩〉굳게 절조(節操). 3〈喩〉엄숙한 표정. 웃지않는 표정.

【冰炭－탄】bīngtàn 图얼음과 숯. 〈喩〉조화되지 못하는 정반대의 사물. 물과 불.

【冰糖－당】bīngtáng 图얼음사탕.

【冰糖葫芦－당호로】bīngtáng hú·lu (～儿) (同)〔糖葫芦〕

【冰天雪地－천설지】bīng tiān xuě dì〈成〉얼어붙은 하늘과 눈덮인 대지. 몹시 추움.

【冰箱－상】bīngxiāng 图1아이스 박스. 2냉장고. ◇电 diàn～/냉장고.

【冰消瓦解－소와해】bīng xiāo wǎ jiě〈成〉완전히 사라지다. 와해되다. 붕괴되다.

【冰鞋－혜】bīngxié 图스케이트.

【冰镇－진】bīngzhèn 통얼음으로 얼리다.

【冰砖－전】bīngzhuān 图종이갑 속에 넣은 사각 케이크아이스크림. 얼음과자.

【冰锥－추】bīngzhuī (～儿)图고드름. (同)〔冰锥子 ·zi〕〔冰柱 zhù〕〔冰溜 liū〕

☆【兵】 儿部 bīng
5画 军事 병

图1병기. 무기. ◇短～相接/〈成〉백병전을 하다. 2图병사. 군인. ◇富国强～/〈成〉나라를 부강하게 하고 군대를 강화하다. ◇当～/군인이 되다. 입대하다. 3사병. ◇上等～/상사. 4군사·용병(用兵)에 관한 것. ◇～法/병법. 5전쟁. 전란.

【兵变－변】bīngbiàn 图군대반란. 군부쿠데타.

【兵不血刃－불혈인】bīng bù xuè rèn〈成〉칼날에 피를 묻히지 않고 이기다. 싸우지 않고 이기다.

【兵不厌诈－불염사】bīng bù yàn zhà〈成〉싸움에서는 적을 기만해도 무방하다.〔不厌'은 '배격하지 않다'는 뜻임〕

【兵车－차】bīngchē 图〈軍〉1옛날의 전차(戰車). 2군용 열차.

【兵船－선】bīngchuán 图(同)〔兵舰 jiàn〕

【兵丁－정】bīngdīng 图병사.

【兵法－법】bīngfǎ 图병법.

【兵符－부】bīngfú 图1옛날 군대를 동원하는 데 쓰였던 발병부(發兵符). 2병서(兵書).

【兵戈－과】bīnggē 图〈文〉병기. 〈轉〉전쟁.

【兵工厂－공창】bīnggōngchǎng 图병기창.

【兵贵神速－귀신속】bīng guì shén sù〈成〉실전에는 기동력이 첫째다.

【兵荒马乱－황마란】bīng huāng mǎ luàn〈成〉전시(戰時)에 세상이 어지럽다. (同)〔动荡不安 dòngdàng bù ān〕, (反)〔国泰民安 guó tài mín ān〕

【兵火－화】bīnghuǒ 图전화(戰火). 〈轉〉전쟁.

【兵家－가】bīngjiā 图1병가.〔춘추시대 제자 백가(諸子百家)의 하나로 병술을 논하던 학파〕2전술가. 병법가.

【兵舰－간】bīngjiàn 图군함(軍艦).

【兵谏－간】bīngjiàn 통무력으로 군주를 위협하며 간하다.

【兵来将挡, 水来土掩－래장당, 수래토엄】bīng lái jiàng dǎng, shuǐ lái tǔ yǎn〈成〉적이 공격해 오면 장군이 막고, 물이 밀려 오면 흙으로 막다. 모든 경우에 대처하는 방법을 가지고 있다.

【兵力－력】bīnglì 图병력.

【兵临城下－림성하】bīng lín chéng xià〈成〉군대가 성밑까지 쳐들어 오다. 사태가 위급하다.

【兵乱－란】bīngluàn 图1병란. 전란(戰亂). 2전쟁 피해.

【兵马俑－마용】bīngmǎyǒng 图옛날 점토로 구운 순장용의 병사와 말 모양의 인형.

【兵痞－비】bīngpǐ 图〈文〉악질 고참병. (同)〔兵油子 bīngyóu·zi〕

【兵棋－기】bīngqí 图〈軍〉축소된 군사모형 지도에 쓰이는 모형 군인, 탱크 등. 작전이나 훈련상황 표시에 쓰임.

【兵器－기】bīngqì 图무기. 병기.

【兵强马壮－강마장】bīng qiáng mǎ zhuàng〈成〉군사는 강하고 말은 튼튼하다. 군대가 매우 강하다. (反)〔老弱残兵 lǎo ruò cán bīng〕

【兵权－권】bīngquán 图병권. 군대의 지휘권. ◇掌握～/병권을 장악하다.

【兵戎－융】bīngróng〈文〉1군대. 2무기.

【兵士－사】bīngshì 图병사.

【兵书－서】bīngshū 图병서(兵書).

【兵团－단】bīngtuán 图〈軍〉1군단. 2연대급(聯隊級) 이상의 부대.

【兵燹－선】bīngxiǎn 图〈文〉전화(戰禍).

【兵饷－향】bīngxiǎng 图군량(軍糧). 군비(軍費).

【兵役－역】bīngyì 图병역.

【兵营－영】bīngyíng 图병영. 군대 주둔지.

【兵勇－용】bīngyǒng 图옛날의 병사.

【兵员－원】bīngyuán 图〈軍〉병사. 군사.

【兵源－원】bīngyuán 몡〈軍〉병력의 공급원
(供給源).
【兵灾－재】bīngzāi 몡전쟁 피해. 전화(戰禍).
【兵站－참】bīngzhàn 몡〈軍〉병참.
【兵种－종】bīngzhǒng 몡〈軍〉병종. 병과.
〔군대 내부의 분류. 이를테면 보병·포
병·전차병 등으로 분류〕

bīng

【丙】 一部 | bīng
4画 | 천간 **병**
1몡병. 십간(十干)의 셋째. →〔干支 gān
zhī〕 2사물의 등급을 매길 때나 차례에
있어서 제3위. ◇~等/3등. 3몡불. ◇付
～/불에 태우다.
【丙部－부】bīngbù 몡자부(子部). 〔經·史·
子·集의 분류 중의 하나〕(同)〔子 zǐ 部〕
【丙丁－정】bīngdīng 몡〈文〉불.
【丙纶－륜】bīnglún 몡〈紡〉폴리프로필렌
섬유.
【丙种射线－종사선】bīngzhǒng shèxiàn 몡
〈物〉감마선. (同)〔伽马 gāmǎ 线〕

【秉】 ノ部 | bīng
7画 | 3画 | 잡을 **병**
1동〈文〉잡다. 쥐다. 들다. ◇~笔/펜을
쥐다. 2동〈文〉장악하다. 주관하다. ◇~
政/정권을 장악하다. 3몡(옛날의 용량
단위로) 열여섯 휘(十六斛). 4(Bīng)몡
성(姓).
【秉承－승】bīngchéng 동(지시나 뜻을) 받
들다.
【秉持－지】bīngchí 동〈文〉주관하다. 장악
하다.
【秉公－공】bīnggōng 동〈文〉공평하게 하다.
(同)〔公正 zhèng〕, (反)〔徇私 xùnsī〕
*【秉性－성】bīngxìng 몡〈文〉천성. 기질. ◇~各
异/천성은 제각기 다르다.
【秉烛－촉】bīngzhú 동손에 촛불을 들다.
◇~夜游/촛불을 들고 밤에 노닐다. (때
를 놓치지 않고 향락함을 가리킴)

【柄】 木部 | bīng
5画 | 자루 **병**
1몡(기밀의) 자루. 손잡이. ◇刀~/칼자
루. ◇镰~/낫자루. 2몡(식물의) 자루.
◇花~/꽃자루. 3몡〈喩〉(언행에서 남에
게 꼬투리를 잡히는) 거리. ◇被他抓住
话~/그에게 말의 코투리를 잡혔다. ◇
笑~/웃음거리. 4동〈文〉(권력을) 잡다.
장악하다. ◇~国/나라의 권력을 잡다.
◇~政/정권을 쥐다. 5몡〈文〉권력. ◇国
～/정권. 6몡〈方〉자루. ◇一~斧头/도끼
한 자루.
【柄子－자】bīng·zi 몡〈方〉(기물의) 자루.

손잡이.

【饼·餅】 饣部 | bīng
6画 | 밀가루떡 **병**
몡1밀가루로 만든 둥글납작한 음식. ◇~
干/과자. ◇月~/월병. 〔추석때 먹는 것〕
2(～儿)떡처럼 둥글넓적한 식품 또는 물
건. ◇柿~/곶감.
【饼铛－당】bīngchēng 몡낮은 남비.
【饼饵－이】bīng'ěr 몡떡 종류 식품의 총칭.
【饼肥－비】bīngféi 몡콩깻묵·땅콩깻묵 등
을 둥글고 납작하게 하여 비료로 쓰는 것.
☆【饼干－간】bīnggān 몡과자.
【饼子－자】bīng·zi 몡조나 옥수수 가루를
반죽하여 납작하게 구운 것.

【屏(²摒)】 尸部 | bīng
6画 | 병풍 **병**
동1(숨을) 죽이다. (호흡을) 억제하다.
◇~着呼吸/호흡을 멈추다. 숨을 죽이
다. (同)〔憋 biē〕, (反)〔吐 tǔ〕 2물리치
다. 배제하다. (同)〔除 chú〕, (反)〔存
cún〕 ⇒píng
【屏除－제】bīngchú 동〈文〉배제하다. 제거
하다. (同)〔除掉 diào〕, (反)〔存留 cúnliú〕
【屏迹－적】bīngjì 동〈文〉1자취를 감추다. 2
은거하다.
【屏气－기】bīng//qì 동숨을 죽이다.
【屏弃－기】bīngqì 동내버리다. 포기하
다. (同)〔抛 pāo 弃〕, (反)〔保留 bǎoliú〕
【屏退－퇴】bīngtuì 동1떨어지게 하다. 물
러가게 하다. 2〈文〉퇴직하여 은거하다.
【屏息－식】bīngxī 숨을 죽이다.

【禀(稟)】 一部 | 示部 | bīng
11画 | 8画 | 줄 **품**
1동(관청이나 윗사람에게) 보고하다. 말
씀드리다. 청원하다. ◇待我～过家父, 再
来回话/제가 제 아버님께 말씀드린 후
다시 대답해 드리겠습니다. 2몡청원서.
상신서. ◇具~详报/청원서를 기준으로
상세히 보고하다. 3동받아들이다. (뜻
을) 받들다.
【禀报－보】bīngbào 동(관청이나 윗사람에
게) 보고하다. 상신하다.
【禀承－승】bīngchéng 동(지시나 뜻을) 받
들다. 받잡다. (同)〔秉 bīng 承〕
【禀赋－부】bīngfù 몡천성. 천품(天禀).
【禀告－고】bīnggào 동(同)〔禀报 bào〕
【禀帖－첩】bīngtiě 몡상신서(上申書). 청
원서. 보고서.
【禀性－성】bīngxìng 몡천성. 타고난 성품.

bìng

☆**【并(並)】** 八部 | bìng
4画 | 합할 **병**

1(통)(하나로) 합치다. 통합하다. ◇经过大家的努力，两个部门终于～起来了/모두들의 노력으로 두 부서가 마침내 통합되었다. (同)〔合 hé〕, (反)〔分 fēn〕**2**(통)나란히 하다. 가지런히 하다. ◇把那张桌子往前～一～/그 탁자를 앞으로 나란히 놓으시오. **3**(부)함께. 똑같이. ◇相提一论/똑같이 언급하다. **4**(부)결코. 조금도. 전혀. ◇～不是我有意来晚，是车坏了/차가 고장난 것이지 결코 내가 일부러 늦게 온 것이 아니다. ◇翻译～不比创作容易/번역은 창작보다 결코 쉽지 않다. **5**(접)그리고. 또. ◇我完全同意～拥护 yōnghù 这个报告/나는 전적으로 이 보고서를 동의하며 지지한다. (同)〔并且 qiě〕**6**(文)…마저도. …조차도. 〔'而', '亦'와 함께 쓰임〕◇～此而不知/이것마저도 모른다. (同)〔连 lián〕

*【并存一존】bìngcún (통)공존하다. ◇不同的见解可以～/서로 다른 견해는 동시에 존재할 수 있다.

【并蒂莲一체련】bìngdìlián (명)한 줄기에 가지런히 핀 한 쌍의 연꽃. (喩)금슬이 좋은 부부.

【并发一발】bìngfā (통)합병증을 일으키다.

*【并非一비】bìngfēi (부)결코 …하지 않다. 결코 …가(이) 아니다. ◇～如此/결코 이렇지는 않았다. (同)〔并不 bù〕

【并骨一골】bìnggǔ (통)(文)부부를 합장하다.

【并驾齐驱一가제구】bìng jià qí qū (成)말머리를 나란히 하고 가다. (喩)우열을 가릴 수 없다. (同)〔不分高下 bù fēn gāo xià〕, (反)〔高下悬殊 gāoxià xuánshū〕

【并肩一견】bìng//jiān (통)**1**어깨를 나란히 하다. (同)〔比 bǐ 肩〕**2**함께 행동하다. 같이 노력하다. (同)〔比 bǐ 肩〕, (反)〔各自 gèzì〕

【并进一진】bìngjìn (통)나란히 나아가다.

【并举一거】bìngjǔ (통)병행하다. 동시에 행하다.

【并力一력】bìnglì (통)(文)협력하다.

【并立一립】bìnglì (통)양립하다.

【并联一련】bìnglián (명)(통)병렬(并列)(하다). **2**(電氣)병렬연결〔접속〕

*【并列一렬】bìngliè **1**(통)병렬하다. ◇～第二名/공동 2위가 되다. **2**(言)병렬. (反)〔先后 xiānhòu〕

【并拢一용·】bìnglǒng (통)한데 합치다. (同)〔合 hé 拢〕

【并茂一무】bìngmào (喩)양쪽이 다 훌륭하다.

*【并排一배】bìngpái (통)나란히 늘어놓다. ◇不要～骑车/자전거를 나란히 타고 가지 마세요. (反)〔先后 xiānhòu〕

☆【并且一차】bìngqiě (접)1또한. 그리고. 〔동일 목적어를 가지는 2개의 동사 사이에 쓰임. 두 가지 동작이 동시에 또는 전후

에 뒤따라 발생함을 뜻함〕◇她来我家～吃了午饭/그녀는 우리 집에 와서 그리고 점심식사를 했다. **2**게다가. ◇这种书他不但有，～数量不少/이런 책이 그가 갖고 있을 뿐만 아니라 게다가 권수도 꽤 많다.

【并吞一탄】bìngtūn (통)삼키다. 합병하다.

【并行一행】bìngxíng (통)**1**나란히 가다. **2**(일을) 병행하다.

【并行不悖一행부패】bìngxíng bù bèi (成)두 가지 일을 동시에 실행해도 서로 모순이 없다.

【并重一종】bìngzhòng (통)양쪽을 모두 중시하다. (反)〔偏废 piānfèi〕

★【病】 疒部 | bìng
　　　　 5画 | 병들 **병**

1(명)병. ◇他生～了/그는 병이 났다. ◇他的～已经好了/그는 병이 이미 나았다. (同)〔疾 jí〕**2**(통)병나다. 앓다. ◇他～了/그는 아프다. ◇他～得很厉 lì 害/그는 몹시 앓고 있다. ◇最近我们公司～死了一个工人/최근 우리 회사에서 한 노동자가 병들어 죽었다. (同)〔患 huàn〕, (反)〔愈 yù〕**3**(명)결함. 과실. 흠. ◇毛～/결함. 결점. ◇不足为～/결점이라 할 수 없다. (同)〔错 cuò〕**4**(명)마음의 병. 꿍꿍이. 수작. **5**(통)(文)해치다. 피해를 끼치다. ◇祸国～民/(成)나라에 화를 미치고 백성에게 해를 주다. **6**(통)(文)비난하다. 질책하다. 불평하다. ◇为世所～/세상 사람들의 비난을 받다.

【病案一안】bìng'àn (同)〔病历 lì〕

【病包儿一포아】bìngbāor (명)(口)툭하면 아픈 사람.

【病变一변】bìngbiàn (명)(醫)병리(病理)의 변화.

【病病歪歪一병왜왜】bìng·bingwāiwāi (～的)(형)(앓거나 앓고 나서) 비실비실한 모양. (反)〔身强体壮 shēn qiáng tǐ zhuàng〕

【病程一정】bìngchéng (명)병에 걸리는 경위.

*【病虫害一충해】bìngchónghài (명)병충해.

**【病床一상】bìngchuáng (명)병상.

*【病毒一독】bìngdú (명)(俗)바이러스.

【病笃一독】bìngdǔ (형)(文)병이 위독하다.

☆【病房一방】bìngfáng (명)병실. 병동.

【病夫一부】bìngfū (명)툭하면 병이 나는 사람. 〔비웃는 뜻을 담고 있음〕

【病根一근】bìnggēn (명)**1**(～子, ～儿)지병. 고질병. **2**(喩)병〔실패〕의 근원. 화근.

【病故一고】bìnggù (명)(통)병사(病死)(하다).

*【病号一호】bìnghào (～儿)(명)(중국의 군대·학교·기관 등의) 환자. ◇老～/장기 환자.

【病假一가】bìngjià (명)병가. 〔몸이 아파서 낸 휴가〕

【病句一구】bìngjù (명)문법이나 논리에 오류가 있는 문장.

B

☆【病菌―균】bìngjūn 图〈醫〉병원균.
【病況―황】bìngkuàng 图병세. 병태(病态).
【病理―리】bìnglǐ 图〈醫〉병리.
【病历―력】bìnglì 图〈醫〉진료 기록. 진료 카드. (同)〔病案 àn〕
【病魔―마】bìngmó 图병마.
＊＊【病情―정】bìngqíng 图병세. ◇～好转/병세가 호전되었다.
☆【病人―인】bìngrén 图환자.
【病容―용】bìngróng 图병색.
【病人膏肓―인고황】bìng rù gāo huāng 〈成〉병이 중태에 빠져 치료의 가망이 없다. 구제불능이다. (反)〔药到病除 yào dào bìng chú〕
【病势―세】bìngshì 图병세.
【病逝―서】bìng shì 图병으로 죽다. 병사하다.
【病榻―탑】bìngtà 图병상(病床).
【病态―태】bìngtài 图병적(病的)인 상태. 병폐. ◇～心理/병적인 심리. ◇社会～/사회적 병폐.
【病痛―통】bìngtòng 图1잔병. 2병고(病苦). 병으로 인한 고통.
【病退―퇴】bìngtuì 图병으로 인해 퇴직하다.
【病危―위】bìngwēi 圈위독하다.
【病象―상】bìngxiàng 图병세. 증상.
【病疫―역】bìngyì 图역병(疫病).
【病因―인】bìngyīn 图병의 원인.
【病友―우】bìngyǒu 图입원 중에 알게 된 동료환자.
【病员―원】bìngyuán 图(군대·기관 등 단체에서의) 환자.
【病原体―원체】bìngyuántǐ 图〈醫〉병원체.
【病源―원】bìngyuán 图병의 근원.
【病院―원】bìngyuàn 图전문병원.
【病征―징】bìngzhēng 图병의 증상.
【病症―증】bìngzhèng 图질병.

【摒】 扌部 bìng
9画 요량할 병
图〈文〉배제하다. 제거하다. 버리다. ◇～之于外/제외 시키다.
【摒除―제】bìngchú 图제거하다. 없애다.
【摒挡―당】bìngdàng 图〈文〉정리하다. 꾸리다.
【摒绝―절】bìngjué 图배제하다. 거절하다.
【摒弃―기】bìngqì 图〈文〉버리다. 포기하다.

拨 65	波 65	玻 66	钵 66	饽 66	剥 66
菠 66	播 66	伯 66	驳 67	帛 67	泊 67
勃 67	铂 67	脖 67	博 67	搏 68	薄 68
破 68	簸 69	薄 69	簸 69

bō

＊＊【拨·撥】 扌部 bō
5画 다스릴 발
1图(손·발·막대기 따위로 옆으로) 밀어 움직이다. ◇把钟～到九点/시계를 9시로 맞추다. 2图(일부분을) 떼어내다. 파견하다. 배치하다. ◇～了五名工人到我们车间/5명의 노동자를 우리 작업장으로 파견했다. ◇政府～出大批资金, 发展农工业/정부에서 대량의 자금을 지출하여 농공업을 발전시키다. 3图(방향이나 의견 따위를) 바꾸다〔돌리다〕. ◇～头便往回走/고개를 돌려 되돌아 가다. 4(~儿) 图(사람의) 무리. 조(组). ◇分成两～儿挖 wā 渠 qú 道/2개조로 나누어 관계수로를 판다.
【拨发―발】bōfā 图(일부를) 떼어주다. 배분하다.
【拨付―부】bōfù 图지불하다.
【拨号―호】bō//hào 图(전화의) 다이얼을 돌리다.
＊【拨款―관】bō//kuǎn 图(정보·상급 조직이) 자금을 배분하다. ◇市政府～新建了一所中学/시정부에서 돈을 지급하여 새로 중·고등학교를 세웠다.
【拨款―관】bōkuǎn 图(정부·상급조직의) 지출금.
【拨拉―랍】bō·la 图(손끝으로) 튀기다. ◇～算盘子儿/주판알을 튀기다.
【拨浪鼓儿―랑고아】bō·langgǔr 图땡땡이.
【拨乱反正―란반정】bō luàn fǎn zhèng 〈成〉잘못된 것을 바로잡아 질서를 회복하다.
【拨弄―롱】bō·nong 图1손으로 만지작거리다. 가지고 놀다. (악기를) 타다〔켜다〕. 2가지고 놀다. 좌우하다. 3불러 일으키다. 이간질하다.

【波】 氵部 bō
5画 물결 파
1图물결. ◇水～/물결. 2图〈物〉파. ◇电～/전파. (同)〔波动 dòng〕3图〈喩〉파란곡절. 의외적인 일의 변화. ◇风～/풍파.
【波长―장】bōcháng 图〈物〉파장.
【波荡―탕】bōdàng 图물결치다. 넘실거리다. ◇歌声在空中～/노래소리가 공중에서 울려퍼지다.
＊【波动―동】bōdòng 1图〈物〉파동. (同)〔起伏 qǐfú〕, (反)〔平稳 píngwěn〕2图동요하다. 3图기복이 있다. 오르내리다. 불안정하다. ◇物价～/물가가 불안정하다. (同)〔动荡 dàng〕, (反)〔安定 āndìng〕
【波段―단】bōduàn 图〈物〉주파수대(周波數帶). 밴드(band).
【波尔卡―이가】bō'ěrkǎ 图〈舞〉〈音〉폴카(polka).

B

【波峰—봉】bōfēng 圐1〈物〉물마루. 파두(波頭)·파구(波丘). 2〈物〉파(波)의 마루.
【波幅—폭】bōfú 圐〈物〉진폭(振幅).
【波谷—곡】bōgǔ 圐〈物〉파곡.〔물결의 가장 낮은 부분〕
【波及—급】bōjí 동〈文〉파급하다. 영향을 끼치다. (同)〔涉shè及〕, (反)〔无关 wúguān〕
【波澜—란】bōlán 圐물결. 파도.〈喩〉파란.
【波澜壮阔—란장활】bōlán zhuàngkuò〈成〉(글·정치·운동 따위가) 기세가 웅장하고 규모가 크다.
＊【波浪—랑】bōlàng 圐파도. 물결. ◇~起伏 不停/파도가 세차게 물결치다.
【波稜盖—릉개】bō·lénggài (~儿)圐〈方〉무릎. (同)〔膝 xī 盖〕
【波谱—보】bōpǔ 圐〈物〉스펙트럼.
＊【波涛—도】bōtāo 圐파도. ◇~汹涌/파도가 세차게 일다.
【波纹—문】bōwén 圐1파문. 2물결 무늬. 파상문(波狀紋).
【波源—원】bōyuán 圐〈物〉파원.
【波折—절】bōzhé 圐우여 곡절.
☆【玻】王部 bō | 5画 | 유리옥 파
→〔玻璃 ·lí〕
【玻璃—리】bō·lí 圐1유리. 2〈口〉유리처럼 투명한 물건.
【玻璃钢—리강】bō·ligāng 圐강화플라스틱.
【玻璃丝—리사】bō·lisī 圐1유리섬유. 2〈俗〉나일론. (同)〔尼龙 nílóng〕
【玻璃纤维—리섬유】bō·li xiānwéi 圐1유리섬유. 글라스 파이버(glass fiber). 2유리솜. 유리면(綿).
【玻璃纸—리지】bō·lizhǐ 圐1셀로판지. 2글라신 지(glassine 紙). 3유리종이. 글라스페이퍼.
【玻璃砖—리전】bō·lizhuān 圐1두꺼운(판) 유리. 2〈建〉글라스블록(glass block). 글라스 타일.
【钵·鉢】钅部 bō | 5画 | 바릿대 발
圐1사발. ◇饭~/밥사발. 2〈佛〉바리때.
【钵头—두】bōtóu 圐〈方〉사발.
【钵盂—우】bōyú 圐〈佛〉바리때.〔옛날, 중들이 쓰던 밥그릇. 밑이 평편하고 아가리가 약간 좁으며 모양이 납작하다〕
【钵子—자】bō·zi 圐〈方〉(同)〔钵 1〕
【饽·餑】饣部 bō | 7画 | 보리떡 불
【饽饽—불】bō·bo 圐〈方〉1과자의 일종. 2빵. 밀가루 음식.
【剥·剝】刂部 bō | 8画 | 찢을 박

동(가죽이나 껍질을) 벗기다.〔복합어나 성어(成語)에 쓰임〕◇生吞活~/〈成〉통채로 삼키다. 그대로 받아 들이다. ⇒bāo
【剥夺—탈】bōduó 동1(강제로) 박탈하다. (反)〔给予 jǐyǔ〕2(법에 따라) 박탈하다.
【剥离—리】bōlí 동1(조직·피부·덮개 따위가) 벗겨지다. 2박리.〈醫〉태반 조기 박리.
【剥落—락】bōluò 동벗겨져 떨어지다.
【剥蚀—식】bōshí 1동(풍화작용으로) 깎이고 부식되다. 2동(침식(侵蝕)(하다).
＊＊【剥削—삭】bōxuē 圐동착취(하다).
【剥削阶级—삭계급】bōxuē jiējí 圐착취계급.
【菠】艹部 bō | 8画 | 시금치 파
＊＊【菠菜—채】bōcài 圐〈植〉시금치.
【菠萝—라】bōluó 圐파인애플. (同)〔凤梨 fènglí〕
【菠萝蜜—라밀】bōluómì 圐1〈植〉보리수. (同)〔木 mù 菠萝〕2〈俗〉파인애플.
＊＊【播】扌部 bō | 12画 | 심을 파
동1퍼뜨리다. 전파하다. ◇广~/방송하다. ◇广~电台/라디오 방송국. 2파종하다. 씨를 뿌리다. ◇夏~/여름 파종. ◇~下革命的种子/혁명의 씨앗을 뿌리다. 3〈文〉옮기다. 떠돌아 다니다.
【播发—발】bōfā 동(라디오·TV를 통해) 방송하다.
＊【播放—방】bōfàng 동1(라디오) 방송하다. 2방영하다. ◇~影片/영화를 방영하다. ◇电视台~比赛实况/TV 방송국에서 경기 실황을 방송하다.
【播幅—폭】bōfú 圐〈農〉파폭.
【播讲—강】bōjiǎng 동강연·강의를 방송하다.
【播弄—롱】bō·nong 동1손으로 가지고 놀다. 장난하다. 2부려일으키다. 이간질하다.
【播撒—살】bōsǎ 동퍼뜨리다. 흩뿌리다.
＊＊【播送—송】bōsòng 동방송하다.
＊【播音—음】bō//yīn 동(라디오) 방송하다. ◇~员/아나운서.
【播映—영】bōyìng 동TV방송국이 프로그램을 방영하다.
【播种—종】bō//zhǒng 동파종하다. 씨를 뿌리다. (反)〔收获 shōuhuò〕
＊【播种—종】bōzhòng 동〈農〉파종.

bó

【伯】亻部 bó | 5画 | 맏 백
圐1아버지의 형. 백부(伯父). 큰아버지. ◇大~/큰 백부님. 2맏.〔형제의 항렬에서 첫째〕◇~兄/맏형님. 3아저씨. 4옛

봉건제도의 5등작위 가운데 세 번째. ◇
~爵/백작. ⇒bǎi

【伯伯－박】bó·bo〈方〉bāi·bai 명1〈口〉백부.
2아저씨.

☆【伯父－부】bófù 명1백부. 큰아버지. 2아저씨.

【伯公－공】bógōng 명〈方〉1큰아버지. 2
남편의 백부(伯父).

☆【伯母－모】bómǔ 명1큰어머니. 백모. 2아
주머니.

【伯婆－파】bópó 명〈文〉1큰할머니. 2남편
의 큰어머니.

【伯仲－중】bózhòng〈文〉1명맏이와 둘째.
2형막상막하이다.

【伯仲叔季－중숙계】bó zhòng shū jì 형제
장유(兄弟長幼)의 차례. [백(伯)은 맏이,
중(仲)은 둘째, 숙(叔)은 셋째, 계(季)
는 막내임]

【伯祖－조】bózǔ 명큰할아버지. 〔아버지의
백부〕

【伯祖母－조모】bózǔmǔ 명큰할머니. 〔아
버지의 백모〕

【驳·駁(¹,²駁)】马部│bó 4画│논박할 박
1동논박하다. 반박하다. ◇他老～我/그는
줄곧 나에게 반박했다. ◇他的建议被～回
来了/그의 건의는 거절 당했다. 2명얼룩
덜룩하다. 잡색의. ◇～斑/얼룩덜룩하다.
(同)〔杂 zá〕, (反)〔纯 chún〕3동화물을
작은 배에 나누어 실어 운반하다. 4명(부
두와 본선 사이를 왕복하며 화물을 나르
는) 거룻배. 작은 배. 5명〈方〉강언덕 또
는 제방을 바깥 쪽으로 넓히다.

【驳岸－안】bó'àn 명호안제(護岸堤). 〔둑이
나 해안을 보호하기 위한 제방〕

＊【驳斥－척】bóchì 동반박하여 물리치다. 논
박하다.

【驳船－선】bóchuán 명(화물이나 여객을
실어 나르는) 거룻배. 전마선(傳馬船).
〔보통 동력이 없고 예인선으로 끈다〕

【驳倒－도】bó//dǎo 동반박하여 굴복시키다.

【驳回－회】bóhuí 동(요구를) 허락하지 않
다. (건의를) 거절하다. ◇从没～过正当
要求/여지껏 정당한 요구를 거절한 적이
없다. 주의 "驳回"는 "礼物"와 같이 쓰이
지 않는다. ◇他(×驳回了)没有接受客人
的礼物/그는 손님이 주신 선물을 거절하
였다.

【驳价－가】bó//jià (～儿)동값을 깎다. 에
누리하다.

【驳壳枪－각창】bókéqiāng 명〈音〉모제르총
(독 Mauser pistol).

【驳面子－면자】bó miàn·zi 동면박을 주다.

【驳难－난】bónàn 동〈文〉반박하며 꾸짖다.

【驳运－운】bóyùn 동거룻배로 실어 나르다.

【驳杂－잡】bózá 형산만하여 통일성이 없
다. (同)〔混 hún 杂〕, (反)〔单纯 dān
chún〕

【帛】白部│巾部│bó 3画│5画│비단 백
명비단. 견직물의 총칭. ◇布～/베와 비
단. 직물(織物)의 총칭.

【帛画－화】bóhuà 명고대의 비단에 그린
그림.

【帛书－서】bóshū 명백서. 비단에 쓴 글.

【泊】氵部│bó 5画│배머무를 박
동1(배가) 정박하다. (배를) 물가에 대
다. ◇停～/정박하다. ◇～岸/기슭에 배
를 대다. 2머무르다. 멈추게 하다. ◇飘
～/방랑하다. 3형〈方〉(차를) 주차하다.
◇～车/주차하다. ⇒pō

【泊位－위】bówèi 명(배의) 정박위치.

【勃(㪍)】力部│bó 7画│활발할 발
〈文〉왕성하다. 우쩍 일어나는 모양. ◇
蓬～/왕성하다.

【勃勃－발】bóbó 형원기가 왕성하거나 욕망
이 강렬한 모양. ◇生气～/생기 발랄하다.

【勃发－발】bófā〈文〉1동왕성하다. 발랄하
다. 2동갑자기 일어나다. (同)
〔勃勃〕, (反)〔衰落 shuāiluò〕

【勃郎宁－랑녕】bólángníng 명〈音〉브라우
닝식 자동 소총.

【勃然－연】bórán 형1기세좋게 일어나는
모양. 2갑자기 노하거나 흥분하여 안색이
변하는 모양.

【勃兴－흥】bóxīng 동〈文〉크게 발전하다.

【钹·鈸】钅部│bó 5画│방울 발
명〈音〉심벌즈.

【脖】月部│bó 7画│목 발
(～儿)명1목. 목덜미. 2(기물의) 목처럼
생긴 부분. ◇长～儿的瓶子/목이 긴 병.

【脖颈儿－경아】bógěngr 명〈生〉목덜미.

【脖领儿－령아】bólǐngr 명옷깃.

☆【脖子－자】bó·zi 명목.

【博(簙)】十部│bó 10画│넓을 박
1형많다. 풍부하다. 넓다. ◇～而不精/많
이 알지만 정밀하지 못함. (同)〔多 duō〕,
(反)〔少 shǎo〕2형정통하다. 식견이 넓
다. ◇～古通今/고금의 일에 정통하다.
(同)〔广 guǎng〕, (反)〔浅 qiǎn〕3형〈文〉
크다. ◇宽衣～带/너른 옷과 큰 띠. 4동
얻다. ◇以～欢心/환심을 얻다. (同)〔获
huò〕, (反)〔失 shī〕5명〈文〉고대의 바둑
놀이의 일종. 후에 도박을 가리킴. ◇赌

~/도막.

【博爱—애】bó'ài 명박애.

【博大—대】bódà 형〈文〉(추상적인 사물이) 넓고 크다. 풍부하다. (同)〔广 guǎng 博〕, (反)〔浅 qiǎn 博〕

【博得—득】bódé 동(호감·동정 따위를) 얻다.

【博古—고】bógǔ 1동고사(故事)에 정통하다. 2명골동품. 고기물(古器物)을 제재 (題材)로 한 중국화. 3형고풍스러운.

【博古通今—고통금】bó gǔ tōng jīn〈成〉고금(古今)의 일에 정통하다. (同)〔学贯古今 xué guàn gǔ jīn〕, (反)〔孤陋寡闻 gū lòu guǎ wén〕

【博览—람】bólǎn 동폭넓게 책을 읽다. ◇~群书/많은 책을 읽다.

*【博览会—람회】bólǎnhuì 명박람회.

【博洽—흡】bóqià 형〈文〉박식하다.

【博取—취】bóqǔ 동(언어나 행동으로) 신뢰를 얻다.

【博识—식】bóshí 1명넓은 지식. 박식 2형박식하다.

*【博士—사】bóshì 명1박사(학위). ◇念~/박사 과정에 있다. 2(기예 등의) 명인. 3經學을 전수하는 고대 관리.

【博闻强识—문강식】bó wén qiáng zhì〈成〉견문이 넓고 기억력이 뛰어나다. (同)〔博闻强记 jì〕

【博物—물】bówù 명박물학(博物學). 〔동물·식물·광물·생리 등에 관한 과학의 총칭〕

**【博物馆—물관】bówùguǎn 명박물관.

【博物院—물원】bówùyuàn 명박물관.

【博学—학】bóxué 형박학하다.

【博雅—아】bóyǎ 형학문이 넓고 고상하다.

【博引—인】bóyǐn 동광범위하여 인용하다.

【搏】扌部 bó
10画 두드릴 **박**
동1(손으로) 치다. 때리다. 싸우다. ◇拼 pīn~/격투하다. 치열하게 쟁취하다. 2덮쳐잡다. ◇狮子~兔/작은 일에도 소홀히 하지 않고 최선을 다하다. 3박동하다. 고동치다. 뛰다. ◇脉~/맥박.

【搏动—동】bódòng 명동(심장 등이) 박동 (하다).

*【搏斗—투】bódòu 1동격투하다. ◇他同歹徒进行了~/그는 악당과 격투를 벌였다. 2명(격렬한) 격투. 격전. ◇这是一场新旧思想的大~/이것은 신(新)구(舊)사상의 대 격전이다.

【搏击—격】bójī 동맞붙어 싸우다. 달라붙어 싸우다.

【搏杀—살】bóshā 동(손으로) 때려 죽이다.

【薄】艹部 bó
13画 얇을 **박**

1형경미하다. 적다. 변변치 못하다. ◇这份礼太~/이 예물은 너무 변변치 못하다. (同)〔微 wēi〕, (反)〔厚 hòu〕 2형건장하지 않은. 빈약한. ◇~弱/빈약하다. 3형인정미 없다. 야박하다. ◇刻~/야박하다. 4동경시하다. 깔보다. ◇鄙 bǐ~/경멸하다. 5동〈文〉접근하다. 가까워지다. ◇日~西山/해가 서산에 기울다. 6(Bó)명성(姓). ⇒báo, bò

【薄产—산】bóchǎn 명〈文〉얼마 안 되는 재산.

【薄地—지】bódì 명척박한 땅.

【薄海—해】bóhǎi 1동해변에 당도하다. 2명광범위한 지역. 온 누리.

【薄厚—후】bóhòu 명〈文〉두께. (同)〔厚薄〕

【薄技—기】bójì 명하찮은 기술(재주). 〔자신의 재주를 겸손하게 일컫는 말〕

【薄酒—주】bójiǔ 명1맛이 없는 술. 2자신이 내는 술의 겸칭.

【薄礼—례】bólǐ 명변변치 못한 선물. 〔자신이 주는 선물에 대한 겸칭〕

【薄利—리】bólì 명박리. 얼마 안 되는 이익.

【薄面—면】bómiàn 명〈謙〉저의 얼굴. 〔남에게 부탁할 때 주로 쓴다〕

【薄命—명】bómìng 1형박명하다. 명이 짧다. 운명이 기구하다. 2명불운(不運). 박명. 기구한 운명. (同)〔苦 kǔ 命〕, (反)〔幸运 xìngyùn〕

*【薄膜—막】bómó 명〈生理〉박막. 얇은 막(膜).

【薄暮—모】bómù 형땅거미가 질 무렵. 황혼. 해질녘.

【薄情—정】bóqíng 형무정하다. 야속하다. 〔남녀의 사랑에 쓰임〕 (同)〔寡 guǎ 情〕, (反)〔多 duō 情〕

**【薄弱—약】bóruò 형박약하다. 허술하다. 빈약하다. ◇意志~/의지가 약하다. (同)〔微 wēi 弱〕, (反)〔雄厚 xiónghòu〕

【薄田—전】bótián 명메마른 밭. (同)〔瘦shòu 田〕, (反)〔肥 féi 田〕

【薄物细故—물세고】bó wù xì gù〈成〉사소한 일. 하찮은 일.

【薄幸—행】bóxìng (同)〔薄情 qíng〕

【薄葬—장】bózàng 동장례를 검소하게 치르다.

bǒ

【跛】足部 bǒ
5画 절뚝발이 **파**, 기울어지게설 **피**
동다리를 절다. 절뚝거리다. ◇~了一只脚/절름발이가 되다.

【跛鳖千里—별천리】bǒ biē qiān lǐ〈成〉절름발이가 자라도 천리를 간다. 〈喩〉나쁜 환경에 처한 사람도 노력하면 성공한다.

【跛脚—각】bǒjiǎo 명절름거리는 발.

【跛子一자】bǒ·zi 图절름발이. 절뚝발이.

【簸】竹部 | bǒ
13画 | 까부를 **파**
图**1**까부르다. 키질하다. **2**아래위로 혼들다. 요동하다. ⇒bò

【簸荡一탕】bǒdàng 图위아래로 혼들리다. 요동하다.

【簸动一동】bǒdòng 图혼들다.

【簸箩一라】bǒluo 图광주리. (同)〔笸 pǒ 箩〕

【簸弄一롱】bǒ·nong 图**1**만지작 거리다. 가지고 놀다. (同)〔摆 bǎi 弄〕**2**불러일으키다. 사단(事端)을 부리다. (同)〔挑拨 tiǎobō〕

bò

【薄】卄部 | bò
13画 | 얇을 **박**
⇒báo bó

【薄荷一하】bò·he 图〈植〉박하.

【簸】竹部 | bò
13画 | 까부를 **파**
뜻은 '簸 bǒ'와 같고, 단지 '簸箕'에만 쓰임. ⇒bǒ

【簸箕一기】bò·ji 图**1**키. **2**활이나 말굽 모양의 지문(指紋).

逋 69	卜 69	补 69	捕 70	哺 70	不 70
布 82	步 83	部 83	埠 83	簿 84	

bū

【逋】辶部 | bū
7画 | 도망갈 **포**
图〈文〉**1**도망치다. **2**(조세나 세금을) 체납하다.

【逋客一객】būkè 图〈文〉**1**도망자. 도피자. **2**은거자(隱居者). 은사(隱士).

【逋留一류】būliú 图〈文〉체류하다. 머물다.

【逋欠一흠】būqiàn 图〈文〉(세금을) 체납하다. 연체하다. (빚을) 제 기한내 갚지 못하다.

【逋峭一초】būqiào 图〈文〉(모습이나 글 따위가) 우아하다.

【逋逃一도】būtáo 图〈文〉도망치다. 도주하다. 图도망치는 죄수. 떠돌이.

【逋逃薮一도수】būtáosǒu 图〈文〉은신처. 도피처.

bǔ

＊【卜】卜部 | bǔ
0画 | 점 **복**
1图图점(치다). ◇占 zhān～/점치다. **2**

图〈文〉예상하다. 예측하다. ◇生死未～/생사는 예측하기 어렵다. **3**图〈文〉(살 곳 따위를) 선택하다. 고르다. ◇～宅 zhái/살 곳을 고르다. ◇～邻/좋은 이웃을 고르다. 환경이 좋은 곳을 골라 거주하다. **4**(Bǔ)图성(姓).

【卜辞一사】bǔcí 图갑골문자. 복사.→〔甲骨文 jiǎgǔwén〕

【卜居一거】bǔjū 图〈文〉(살 곳을 정하여) 거주하다.

【卜课一과】bǔ//kè 图점치다. (同)〔起 qǐ 课〕

☆【补・補】衤部 | bǔ
2画 | 기울 **보**
1图보수하다. 수선하다. 깁다. ◇奶奶给我～过裤子/할머니가 내 바지를 기워준 적이 있다. **2**图보충하다. 채우다. ◇他想找个老师～～英语/그는 영어를 보충할 선생님을 구하려 한다. ◇缺多少, 我们给你～多少/우리는 네가 부족한 만큼 채워주겠다. **3**图보양(補養)하다. 자양(滋養)하다. ◇～身体/몸을 보양하다. **4**图〈文〉이익. 소용. 도움. ◇空言无～/빈말은 소용이 없다.

【补白一백】bǔbái **1**图(신문・잡지 따위의) 여백을 메우는 단편 기사. **2**图보충 설명.

【补办一판】bǔbàn 图사후(事後)에 처리하다. 추가등록〔수속〕하다.

【补报一보】bǔbào 图**1**사후(事後)에 보고하다. 보충 보고하다. **2**(은혜를) 갚다.

【补差一차】bǔchā 图차액을 보충하다. 〔퇴직자가 계속 근무할 경우 원래 임금과 퇴직금 사이에 차액을 보충하다〕

＊【补偿一상】bǔcháng 图图(차액을) 보상(하다). ◇～所受的损失/입은 손실을 보상하다. ◇～差额/차액을 보상하다.

☆【补充一충】bǔchōng **1**图보충하다. ◇～兵员/병력을 보충하다. **2**图보충. ◇～规定/추가규정.

【补丁一정】bǔ·ding 图(떨어진 의복 위에 대어 깁는) 기움 조각. (同)〔补钉 dīng〕

【补过一과】bǔ//guò 图공을 세워 죄를 갚다.

【补给一급】bǔjǐ 图图〈軍〉보급(하다). ◇～品/보급품.

【补假一가】bǔ//jià **1**图보충 휴가. **2**图사후(事後)에 결근계를 내다.

＊【补救一구】bǔjiù 图보완책을 강구하다. 구제하다. ◇～办法/구제 방법. ◇无可～/구제할 수 없다.

【补苴一저】bǔjū 图〈文〉**1**재봉하다. 깁다. **2**결함을 보충하다.

【补考一고】bǔ//kǎo **1**图추가〔재〕시험을 보다. **2**(bǔkǎo)图추가〔재〕 시험.

☆【补课一과】bǔ//kè **1**图보충 수업을 하다. ◇

教사가 학생들에게 보충수업을 해주다. **2**〈喩〉일의 결과가 만족스럽지 않아 다시 하다.

【补漏－루】bǔlòu 動**1**(물체의) 구멍을 막다. **2**누락을 보충하다.

【补苗－묘】bǔ//miáo 動〈農〉파종 후 싹이 트고 성긴 자리에 다시 파종하거나 이종한다.

【补偏救弊－편구폐】bǔ piān jiù bì〈成〉빠진 것을 보충하고 잘못을 바로잡다.

【补票－표】bǔ//piào 動탄 후에 표를 끊다. 〔표를 잃어버렸거나 더 가야 할 경우〕

【补品－품】bǔpǐn 名자양 식품.

【补情－정】bǔqíng (~儿) 動신세를 갚다.

【补缺－결】bǔ//quē 動**1**부족을 메우다. **2**결원(缺員)을 보충하다. **3**옛날, 관리 후보가 정식으로 임명되다.

*【补贴－첩】bǔtiē 動**1**(재정적으로) 보조하다. **2**名보조금.

☆【补习－습】bǔxí 動보습(補習)하다.

【补选－선】bǔxuǎn 動보궐선거 (하다).

【补血－혈】bǔ//xuè 動名보혈 (하다).

【补牙－아】bǔyá 動〈醫〉이를 해넣다. (충치 먹은) 이를 때우다.

【补养－양】bǔyǎng 動보양하다.

【补药－약】bǔyào 名보약. (同)〔补剂 jì〕

【补液－액】bǔyè 動**1**〈醫〉생리식염수 등을 환자의 정맥에 투여해 부족한 체액을 보충하다. **2**名영양 보충성분이 있는 음료.

【补遗－유】bǔyí 動보유(補遺).

【补益－익】bǔyì〈文〉**1**名유익. **2**動유익하다.

【补语－어】bǔyǔ 名〈言〉보어.

【补正－정】bǔzhèng 動누락한 데를 보충하고 틀린 데를 고치다.

*【补助－조】bǔzhù 動보조하다.

【补缀－철】bǔzhuì 動(주로 의복을) 깁다.

【补足－족】bǔ//zú 動부족한 데를 메우다.

☆【捕】扌部│bǔ (又讀 bù)
　　　7画│사로잡을 **포**
動붙잡다. 체포하다. ◇~鱼/물고기를 잡다. ◇被~/체포되다. (同)〔捉 zhuō〕, (反)〔放 fàng〕

【捕风捉影－풍착영】bǔ fēng zhuō yǐng〈成〉허망한 일. 바람을 붙들고 그림자를 잡다. (同)〔系 xì 风捕影〕, (反)〔有凭有据 yǒu píng yǒu jù〕

【捕获－획】bǔhuò 動포획하다. 사로잡다.

*【捕捞－로】bǔlāo 動고기를 잡거나 해초를 따다.

【捕猎－렵】bǔliè 動(야생 동물을) 사냥하다. 포획하다.

【捕杀－살】bǔshā 動잡아 죽이다.

【捕食－식】bǔ//shí 動(동물이 먹이를) 잡아 먹다.

【捕食－식】bǔshí 動(동물이 다른 동물을)

잡아서 먹다.

*【捕捉－착】bǔzhuō 動불잡다. 포착하다.

【哺】口部│bǔ
　　　7画│씹어먹을 **포**
1動(어린애에게) 음식을 먹이다. **2**名〈文〉입 속에 머금고 있는 음식물.

【哺乳－유】bǔrǔ 動젖을 먹이다.

【哺乳动物－유동물】bǔrǔ dòngwù 名〈動〉포유 동물.

【哺养－양】bǔyǎng 動양육하다.

【哺育－육】bǔyù 動**1**양육하다. (동물이 새끼를) 먹여기르다. **2**〈喩〉배양(培養)하다.

bù

★【不】一部│bù
　　　3画│뜻 정하지않을 부, 아니 **불**
副**1**〔동사·형용사와 다른 부사의 앞에 쓰여 현재·미래·일상적인 일·사건에 대한 부정을 표시함〕…않다. …않겠다. …아니다. …못하다. ◇他的病～严重/그의 병은 심각하지 않다. ◇他～是学生/그는 학생이 아니다. ◇我～去/난 가지 않겠다. ◇我～会/난 못한다. ◇他昨天～来，可是今天来了/그는 어제 오지 않고 오늘 왔다. **2**명사의 앞에 붙여 형용사를 만듦. ◇～名誉/불명예. ◇～道德/부도덕. **3**단독으로 쓰여, 부정적인 대답을 나타냄. ◇他来吗?－～，他不来/그는 오나요?－아니, 오지 않아. ◇他是上海人～～吧/그는 상해사람이예요. －아닐걸요. **4**〈方〉문장 끝에 쓰여 의문을 표시. ◇好不?/좋은가 나쁜가? ◇冷不?/추운가 안 추운가? **5**동보 구조(動補構造)의 중간에 쓰여 불가능을 표시함. ◇进～去/들어갈 수 없다. ◇装～下/다 넣을 수 없다. **6**앞뒤에 형용사 명사를 중첩하여 상관하지 않음을 나타냄. 〔보통 앞에 '什么'가 같이 쓰임〕◇什么累～累的, 有工作就得 děi 做/힘드나마나, 일이 있으면 해야지. ◇什么学历～学历, 要真才实学才行/학력이 있든 없든 실력이 있어야만 된다. **7**'不…就…'의 형식으로 쓰여 선택을 나타냄. ◇晚上他～是看书, 就是写文章/저녁에 그는 책을 보지 않으면, 글을 쓴다. ◇他不在家, ～是去打网球, 就是去看女朋友了/그는 집에 없는데, 테니스 치러 가지 않았으면 여자친구 만나러 갔겠지. **8**〈方〉…할 필요가 없다. …하지 않겠다. 〔일부 인사말에만 제한되어 쓰임〕◇～谢/괜찮습니다. ◇～送/멀리 안 나갑니다. ‖**주의** a)제4성(聲) 자(字) 앞에서는 '不' 자(字)는 2성(聲)으로 읽음. 예를 들면, '不会 búhuì' '不是 búshì' 따위. b)동사 '有'

의 부정은 '不有'가 아니라, '没有'임.

✳✳【不安―안】bù'ān 圐1불안하다. (同)〔不定 dìng〕, (反)〔安心 ānxīn〕 2(인사말로) 미안하다.

【不…白不…―…백불…】bù…bái bù… 〈口〉…하지 않으면 자기 손해다. ◇副厂长请客不吃白不吃/부공장장이 한턱 내는데 먹지 않으면 자기 손해다. 主意…는 1음절 동사사이이다.

【不白之冤―백지원】bù bái zhī yuān 〈成〉 벗어나지 못할 누명.

✳【不卑不亢―비부항】bù bēi bù kàng 〈成〉 비굴하지도 교만하지도 않다. 절도있게 말(행동) 하다. (同)〔不亢不卑〕

【不备―비】bùbèi 1(牘)편지 끝에 쓰는 말. (윗사람에 대해 사용하여 글이 제대로 정리되어 있지 않다는 뜻) 2圐방비하지 않다. 3동제대로 갖추지 못하다.

☆【不比―비】bùbǐ 동…와 비할 바가 아니다. …보다 못하다.

【不比…多少―비…다소】bù bǐ…duō·shao 〈口〉엇비슷하다. …보다 별로 …하지 않다. ◇这件红毛衣也不比那件白的贵多少/이 빨간 스웨터는 그 하얀 스웨터보다 별로 비싸지 않다.

☆【不必―필】bùbì 閉…할 필요가 없다. ◇~担心/걱정할 필요없다. ◇你~做了/넌 할 필요없다. (同)〔不须 xū〕, (反)〔必须 bìxū〕 比교不必:何必 반어문에는 "不必"를 쓰지 않는다. ◇我要是能听懂, (×不必)何必请你翻译呢?/내가 만일 알아들을 수가 있다면 네게 통역 부탁을 할 필요가 있겠는가?

【不变价格―변가격】bùbiàn jiàgé 圐〈經〉 불변 가격.

【不便―편】bùbiàn 1圐불편하다. 계제가 나쁘다. (同)〔麻烦 má·fan〕, (反)〔方 fāng 便〕 2圐현금이 모자라다. ◇现在手头~/지금 갖고 있는 돈이 모자라다.

【不…不…―…】bù…bù… 1뜻이 같거나 비슷한 말이나 단어 앞에 쓰여 부정을 나타냄. 〔약간 강한 부정〕 ◇~清~楚/명백하지 못하다. ◇~理~睬 cǎi/거들떠보지 않다. 2뜻이 서로 반대되는 단음절 형용사·방위사(方位词) 앞에 쓰여 정도가 적당함을 나타냄. ◇~大~小/크지도 작지도 않고 알맞다. 3뜻이 서로 반대되는 단음절동사·형용사·명사·방위사 앞에 쓰여 애매한 중간상태를 나타냄. ◇~明~暗/밝지도 어둡지도 않다. ◇~旧~新/낡은 것도 새 것도 아니다. 4뜻이 서로 반대되거나 관계 있는 동사·구(短語)앞에 쓰여 '如果不…就不'(…않으면 …않는다)를 나타냄. ◇~见~散/만날 때까지 기다린다.

【不才―재】bùcái 〈文〉1圐재능이 적다. 2圐(謙)재능이 적은 사람. 소생. 〔'我'(자기)를 낮추어서 일컫는 말〕

【不测―측】bùcè 1圐뜻밖의. 예측할 수 없는. 2圐불행. 재난.

✳✳【不曾―증】bùcéng 閉1여태까지 …하지 않았다. 2…한 적이 없다. ('曾经 jīng'의 부정. 과거의 경험·행위·사실 따위를 부정) (同)〔没有 méiyǒu〕

【不成―성】bùchéng 1(同)〔不行 xíng 1, 2〕 2조문말에 놓여 추측이나 반문의 어기(語氣)를 나타내며, 앞에 항상 '难道', '莫非 mòfēi' 등과 호응함. ◇难道就这样算了~?/이렇게 그만 두어야 되겠어요?

【不成比例―성비례】bù chéng bǐlì 수량이나 크기가 너무 차이나 비교가 안 된다.

【不成材―성재】bùchéngcái 장래성이 없다.

【不成话―성화】bùchénghuà 말이 안 되다. 어불성설이다. (同)〔不像 xiàng 话〕〔不像样儿 yàngr〕

【不成器―성기】bùchéngqì 〈喩〉쓸모가 없다.

【不成文―성문】bùchéngwén (문자로 기록되지 않는 문화 전통·관습의) 불문율.

【不成文法―성문법】bùchéngwénfǎ 圐〈法〉 불문법(不文法). 〔입법된 것은 아니지만 국가에서 그 효력이 인정되는 법. 그 예로, 법원의 판례 관습법 등〕

【不逞―정】bùchéng 1뜻을 이루지 못하다. 2불온하다.

【不逞之徒―정지도】bù chéng zhī tú 〈成〉 1불법 같이 멋대로 행동하는 무리. 2못된 놈. 불량배.

【不齿―치】bùchǐ 동〈文〉거들떠 보지도 않다. 상대하지 않다.

【不耻下问―치하문】bù chǐ xià wèn 〈成〉 아랫사람에게 물어보는 것을 부끄럽게 여기지 않다. (同)〔虚怀若谷 xū huái ruò gǔ〕, (反)〔好为人师 hào wéi rén shī〕

【不揣―췌】bùchuǎi 동〈謙〉외람되다. 〔자신의 견해나 요구를 제시할 때 쓰임〕

【不辞―사】bùcí 동1사양하지 않다. 마다하지 않다. 2하직인사를 하지 않다.

★【不错―착】bù cuò 맞다. 틀림없다. ◇这个答案一点儿~/이 해답은 조금도 틀리지 않다(틀림없다).

【不错―착】bùcuò 圐좋다. 훌륭하다. ◇这个主意~/이 발상은 좋다.

☆【不大―대】bùdà 1圐크지 않다. 2閉그다지 …하지 않다. ◇我~吃鱼/나는 생선을 그다지 잘 먹지 않다.

【不大离―대리】bùdàlí 圐1비슷하다. 큰 차이는 없다. 2괜찮다.

【不带音―대음】bù dàiyīn 圐〈言〉무성음. →〔带音〕

【不待一대】bùdài (…할) 필요가 없다.

★【不单一단】bùdān **1**〈早〉비단 …만이 아니다. **2**〈접〉…뿐이나라. (同)〔不但 dàn〕

【不但一단】bùdàn 〈접〉…뿐만 아니라. 〔'并且 bìngqiě', '而 ér 且'나 '也 yě' '还 hái' 등과 호응함〕◇我们的产品~要求数量多而且要求质量好/우리의 제품은 생산량뿐만 아니라, 품질 역시 중요시 한다. ◇他~会讲英语, 还会讲法语/그는 영어 뿐만 아니라 불어도 할 줄 안다.

【不惮一탄】bùdàn 〈동〉마다하지 않다. 꺼리지 않다.

*【不当一당】bùdàng 〈형〉부당하다. 온당하지 않다. (同)〔失 shī 当〕, (反)〔妥 tuǒ 当〕◇处理~/처리가 부당하다.

【不倒翁一도옹】bùdǎowēng 〈명〉오뚝이.

【不道德一도덕】bùdàodé 〈형〉부도덕하다.

*【…不得一득】…bu·de (…해서는) 안 된다. …할 수 없다.

☆【不得不…一득불…】bù débù… …하지 않으면 안 된다. 하는 수 없이 …해야 한다. ◇我~去/나는 가지 않으면 안 된다.

【不得劲一득경】bù déjìn (~儿)**1**사용이 불편하다. **2**(몸이) 불편하다. **3**〈方〉쑥스럽다. 겸연쩍다.

☆【不得了一득료】bù déliǎo **1**큰일났다. 야단났다. ◇要是这样做, 那可~/만일 이렇게 하면 정말 큰일이다. **2**대단하다. 매우 심하다. ◇坏得~/아주 나쁘다. [비교]不得了: 好极了: 好极了'가 보여가 될 때는 일반적으로 정신, 심리, 생리상태를 나타내는 동사나 형용사 뒤에만 쓰인다. ◇我很喜欢那位老师的课, 因为他讲得(×不得了)好极了/그 선생님이 강의를 아주 잘 해서 나는 그 선생님의 수업을 퍽 좋아한다.

【不得已一득이】bùdéyǐ 부득이하게. 마지못해. 하는 수 없이. ◇实在~, 她只好请了几天假/정말로 부득이하여 그녀는 어쩔수 없이 휴가를 며칠 냈다.

*【不等一등】bùděng 〈형〉같지 않다. 고르지 않다. (反)〔等同 tóng〕

【不等式一등식】bùděngshì 〈명〉〈數〉부등식.

【不等于一등어】bùděngyú 〈口〉…와 다르다. ◇我对奥运会有很大希望, 但这并~自己不拼 pīn 命去练/난 올림픽 대회에 큰 기대를 걸지 않는다. 그러나 이것이 나 자신이 있는 힘을 다해 훈련하지 않겠다는 건 아니다. (反)〔等于〕

【不迭一질】bùdié 〈方〉(동사 뒤에 쓰여) 미처 …할 새가 없다. **2**부계속해서.

*【不定一정】bùdìng 〈早〉확실하지 않다. ◇事情还~怎么样呢/일이 어떻게 됐는지 아직 확실하지 않아요. ◇我下星期还~走不走/나는 다음 주에 갈 것인지 아직 확실

하지 않았다.

【不动产一동산】bùdòngchǎn 〈명〉〈法〉부동산.

【不动声色一동성색】bù dòng shēngsè 〈成〉달도 쓰다 말이 없다. 내색하지 않다.

【不冻港一동항】bùdònggǎng 〈명〉〈地〉부동항.

【不独一독】bùdú …뿐 아니라.

【不端一단】bùduān 〈형〉불량하다.

☆【不断一단】bùduàn **1**〈형〉끊임없다. 부단히. ◇人类社会总是~在变化的/인류의 사회는 끊임없이 변화한다. [비교]不断:一连 동작이 연속되고 결과가 있음을 나타낼 때는 "不断"을 쓰지 않는다. ◇他饿极了, (×不断地)一连吃了五个馒头/그는 몹시 배가 고파 연달아 찐빵 5개를 먹었다.

【不对一대】bù duì 정확하지 않다. 틀리다. ◇他没什么~的地方/그는 별로 틀린 곳이 없다. ◇这样做~/이렇게 하는 것이 아니다.

【不对一대】bùduì 〈형〉1**심상치 않다. 수상하다. ◇她今天神色有点儿~/그녀는 오늘 안색이 좀 심상치 않다. **2**사이가 나쁘다. ◇他们俩素来~/그들 두 사람은 늘 사이가 안 좋다.

【不对茬儿一대치아】bù duìchár 엇갈려 맞지 않다.

【不对劲一대경】bù duìjìn (~儿)**1**마음에 들지 않다. 맞지 않다. ◇新换的工具, 使起来~/새로 바꾼 공구가 써 보니 마음에 안 든다. **2**배짱이 안 맞다. ◇两人有点儿~, 爱闹 nào 意见/두 사람은 사이가 좀 좋지 않아 의견충돌이 자주 일어난다. **3**비정상적이다. (몸이) 불편하다. ◇他觉得这事~, 其中必有原因/그는 이 일이 잘 풀리지 않는 것은 꼭 원인이 있을 것이라고 느꼈다. ◇他觉得身上有点儿~, 就上床睡觉/그는 몸이 좀 불편한 것 같아 잠자리에 들어 잠을 청했다.

【不对味儿一대미아】bù duì wèir →〔不对劲儿 jìnr〕

【不…而…一…이…】bù…ér… …하지 않고 …하다. 〔조건 또는 원인이 없이 어떤 결과에 도달하다〕◇~劳~获/일하지 않고 이익을 얻다. 불노소득하다. ◇~期~遇/약속없이 우연히 만나다.

【不二法门一이법문】bù'èr fǎmén 〈成〉유일한 방법. 더 없이 좋은 방법.

【不二乎一이호】bù'èr·hu 〈형〉주저하지 않다. 맺고 끊는 것이 분명하다.

【不二价一이가】bù èr jià 〈명〉정찰가격.

【不贰过一이과】bù èr guò 〈동〉〈文〉같은 잘못을 두 번 반복하지 않다.

【不乏一핍】bùfá 〈형〉적지 않다. 많다.

*【不法一법】bùfǎ 〈형〉불법의. (反)〔合 hé 法〕

B

【不凡—범】bùfán 웹비범하다. (同)〔非 fēi 凡〕, (反)〔平 píng 凡〕

【不犯—범】bùfàn 〈方〉필요가 없다. 할 만한 가치가 없다.

∗【不妨—방】bùfáng 무방하다. 괜찮다.

【不忿—분】bùfèn (～儿)웹의분을 느끼다. 부아가 치밀다.

【不服—복】bùfú 통1복종하지 않다. 2익숙해 있지 않다. 적응 못하고 있다.

【不服气—복기】bùfúqì (～儿)불만이 가라앉지 않다. 승복하지 않다. (同)〔不服〕

【不符—부】bùfú 통일치하지 않다.

【不甘—감】bùgān 통…을 달갑게 여기지 않다. 원하지 않다. (反)〔甘心 xīn〕

【不尴不尬—감불개】bù gān bù gà 〈成〉난감하다.

☆【不敢当—감당】bù gǎndāng 〈謙〉(대접이나 칭찬 등에 대해서) 천만의 말씀입니다. 황송합니다. 과찬이십니다. ◇您中国话说得真好—～～/중국어를 정말 잘 하시네요.—천만의 말씀입니다.

【不敢说—감설】bù gǎn shuō …라고 단정할 수 없다. 장담 못하다. ◇您疼 téng 孙女半点儿不假, 孙女知不知道疼您～/당신이 손녀를 귀여워하는 것은 조금도 거짓이 아니지만 손녀가 당신을 사랑하는지는 장담할 수 없다.

∗【不公—공】bùgōng 웹공정하지 않다. 공평하지 않다. (同)〔不平 píng〕, (反)〔公正 gōngzhèng〕

【不攻自破—공자파】bù gōng zì pò 〈成〉공격을 하지 않아도 스스로 멸망하다. (反)〔颠扑不破 diān pū bù pò〕

【不共戴天—공대천】bù gòng dài tiān 〈成〉같은 하늘 아래서 살 수 없다. 불구대천. 원한이 아주 깊음을 형용함. (同)〔势不两立 shì bù liǎng lì〕, (反)〔亲密无间 qīn mì wú jiān〕

【不苟—구】bùgǒu 통함부로 …하지 않다. (同)〔认真 rènzhēn〕, (反)〔随便 suíbiàn〕

∗∗【不够—구】bùgòu 웹부족하다. 모자라다. ◇我做得很～/제가 한 일은 부족함이 많습니다.

∗∗【不顾—고】bùgù 1돌보지 않다. ◇只顾自己—别人/자신만 생각하면 남을 돌보지 않다. 2고려하지 않다. 무시하다. ◇～后果/결과를 고려하지 않다. ◇～事实/사실을 무시하다.

【不关/干你的事—관/간l적사】bù guān/gān nǐ·de shì 〈口〉당신과 상관 없는 일이다. 상관 말라. ◇多你不用管/아버지와 상관없는 일이예요. 상관하지 마세요. (同)〔关/干你什么 shén·me 事〕

☆【不管—관】bùguǎn 1상관 않다. 돌보지 않다. ◇你再这样下去, 就～你了/네가 계속 이렇게 한다면 더이상 상관하지 않겠다. 2젭…에 관계 없이. …을 막론하고. ◇～他来不来, 我们得 děi 走了/그가 오든 말든 상관없이 우리는 이제 가야 한다. ◇～怎样我不想去/어찌됐든 난 가고 싶지 않다. 비교不管:尽管 앞절에 의문대명사나 긍정부정꼴, 선택관계(～还是～)가 아니면 "不管"을 쓰지 않는다. ◇(×不管)尽管天气不好, 我还是去了长城/날씨가 비록 나빴지만 나는 그래도 만리장성에 갔다.

【不管不顾—관불고】bù guǎn bù gù 1〈口〉아무런 신경도 쓰지 않다. 2제멋대로. ◇那小伙子干活～, 把加工好的产品随便往地上一丢 diū/이 젊은이는 일하는 것이 제멋대로라서 가공한 제품도 아무렇게나 바닥에 던진다.

【不管三七二十一—관삼칠이십일】bùguǎn sān qī èrshí yī 〈成〉앞뒤를 가리지 않고 무턱대고. 다짜고짜로. 물불 안가리고.

【不管怎么说—관즘마설】bù guǎn zěn·me shuō /뭐라 하든. ◇～, 他那儿子比你那儿子强 qiáng/어떻게 말하든지 간에 그의 아들이 당신 아들보다 낫다. (同)〔甭 béng 管怎么说〕,〔怎么说〕

【不光—광】bùguāng 〈口〉1…만 아니다. ◇报名参加的～是他们这些人/참가 등록을 한 사람이 그들만이 아니다. 2젭…뿐 아니라. ◇～数量多, 质量也不错/수량만 많을 뿐아니라 품질도 훌륭하다.

【不轨—궤】bùguǐ 1웹법도를 지키지 않다. 2명반역. (同)〔不法 fǎ〕, (反)〔合法 héfǎ〕

☆【不过—과】bùguò 1〔형용사성 문구나 단음절 형용사 뒤에 쓰여 최고 수준을 나타냄〕최고로. 더없이. ◇最快～/가장 빠르다. ◇那就再好～了/그러면 더 없이 좋겠다. 2…에 지나지 않다. …에 불과하다. ◇当年他参军的时候～十七岁/그해 그가 입대할 때 17살에 지나지 않았다. 3젭다만. 그러나. 〔'但是' 보다 어기가 약함. '只是'와 동일하다〕◇病人精神还不错, ～胃口不大好/환자가 원기는 괜찮은 듯하나 입맛이 별로 없다.

【…不过来—…불과래】…bù guò lái 〈口〉…을 해낼 수 없다. …할 수 없다. 1장애가 있을 때 정상으로 돌아오지 못함을 나타냄. ◇不再怎么叫, 他也是醒 xǐng～的/아무리 불러도 그는 깨어나지 못할 것이다. 2(충분한 시간·영역·능력이 없어) 다 해낼 수 없다. ◇这些事我都干～了/이 일은 내가 다 해낼 수 없다. (反)〔…得…de 过来〕

【不过意—과의】bù guòyì 민망하다. 미안하게 생각하다.

B

【不含糊－함호】 bù hán·hu **1**분명하게 하다. 진지하다. **2**훌륭하다. **3**당당하다. 두려워하지 않다. 떳떳하다.

【不寒而栗－한이률】 bù hán ér lì 〈成〉춥지 않은데도 떨다. 몹시 두려워하다.

【不好过－호과】 bùhǎoguò **1**(마음이) 괴롭다. **2**(육체적으로) 고통스럽다[괴롭다]. (同)〔不好受 shòu〕 **3**(생활이) 곤란하다. 어렵다.

☆【不好意思－호의사】 bù hǎoyì·si **1**부끄럽다. 쑥스럽다. ◇她被夸 kuā 得～了/그녀는 칭찬 받는 통에 쑥스러워졌다. **2**미안하다. 죄송하다. ◇让你久等了, 真～了/오래 기다리게 해서 죄송합니다. **3**(체면 때문에) …하기가 곤란하다[난처하다]. ◇～再问/다시 묻기가 난처하다. ◇～拒绝 jùjué/거절하기 미안하다.

【不合－합】 bùhé **1**맞지 않다. 부당하다. **2**〔조동〕〈文〉…해서는 안 된다. **3**서로 맞지 않다. 화목하지 않다.

【不合时宜－합시의】 bù hé shí yí 〈成〉시대에 맞지 않다. 시기에 적합하지 않다.

【不和－화】 bùhé 〔형〕화목(和睦)하지 않다. (同)〔不睦 mù〕, (反)〔和睦 mù〕

【不哼不哈－형불합】 bù hēng bù hā 〈成〉(말해야 할 때도) 아무 말도 없다.

【不遑－황】 bùhuáng 〔형〕〈文〉겨를이 없다.

【不会－회】 bùhuì **1**(방법을 터득하지 못해서, 기능상) 할 줄 모르다. ◇我～游泳/나는 수영을 할 줄 모른다. ◇谢谢你, 我～抽烟/고맙습니다만 전 담배를 필 줄 모릅니다. **2**왜 …하지 않느냐.[주로 의문문에 쓰이며 …하지 않은 것을 나무람] ◇你就～打个电话问一问/넌 전화를 해서 왜 물어보지 않는 거야! ◇你不能来, 早点儿告诉我吗?/올 수 없으면 왜 내게 좀 일찍 일러주지 않은 거야? **3**…일 리가 없다. ◇她～不知道/그녀는 모를 리가 없다.

【不及－급】 bùjí **1**〔동〕미치지 못하다[않다]. …보다 …못하다. ◇这台录音机～那台好/이 녹음기는 저것보다 못하다. **2**미처 …하지 못하다. ◇后悔也～/후회해도 소용없다.

【不及物动词－급물동사】 bùjíwù dòngcí 〈言〉자동사. (反)〔及物动词〕

【不计－계】 bùjì 〔동〕따지지 않다.

【不济－제】 bùjì 〔형〕〈口〉좋지 않다. ◇眼力～/시력이 좋지 않다.

【不假思索－가사색】 bù jiǎ sīsuǒ 생각을 하지 않고. 생각없이 즉석에서. 즉시.

【不简单－간단】 bùjiǎndān 〔형〕굉장하다. 대단하다. 간단치 않다. ◇他有这么大的进步真～/그가 이렇게 큰 발전을 이루다니 정말 대단하다. (同)〔了不起 liǎo·bùqǐ〕

〔了不得·dé〕

∗∗【不见－견】 bùjiàn 〔동〕**1**만나지 않다. 보지 않다. **2**(물건)이 없어지다. 〔뒤에 꼭 '了'를 동반한다〕 ◇我的钢笔怎么突然～了/내 만년필이 어째서 갑자기 안 보이지?

【不见不散－견불산】 bùjiàn bùsàn 〈成〉만나지 않으면 헤어지지 않다. 만날 때까지 기다리다.

∗∗【不见得－견득】 bù jiàn·dé 〔동〕반드시 …할 수는 없다. ◇他今晚～会来/그는 오늘 밤 올 것 같지 않다.

∗【不解－해】 bùjiě 〔동〕**1**이해하지 못하다. (反)〔理 lǐ 解〕 **2**분리시킬 수 없다.

∗∗【不禁－금】 bùjīn 참지 못하다. 〈轉〉자기도 모르게.

☆【不仅－근】 bùjǐn **1**…만은 아니다. ◇这是我一个人的看法/이것은 나 한 사람의 견해만은 아니다. (同)〔不止 zhǐ〕 **2**〔접〕…일 뿐만 아니라. (同)〔不但 dàn〕

【不尽然－진연】 bùjìnrán 〔형〕다 그렇지는 않다.

【不近人情－근인정】 bù jìn rénqíng 〈成〉인지 상정(人之常情)에 어긋나다. (同)〔不近情理 lǐ〕, (反)〔通情达理 tōng qíng dá lǐ〕

【不经一事, 不长一智－경일사, 불장일지】 bù jīng yī shì, bù zhǎng yī zhì 일을 겪어봐야 그 속을 안다. 경험은 지혜를 낳는다.

【不经意－경의】 bù jīngyì 〔동〕주의하지 않다. 조심하지 않다.

【不经之谈－경지담】 bù jīng zhī tán 〈成〉황당하고 근거가 없는 말.

【不景气－경기】 bùjǐngqì **1**〔형〕〈經〉불경기. **2**〔형〕경기가 나쁘다.

【不胫而走－경이주】 bù jìng ér zǒu 〈成〉신속하게 알려지거나 퍼지다.

★【不久－구】 bùjiǔ 〔형〕머지 않아. 곧.

【不就得了－취득료】 bù jiùdé·le →〔就得了〕

【不就是－취시】 bù jiùshì 〈口〉…가 아니냐. …한 것 아니냐. 〔반문의 말투로 나무라는 뜻을 내포함〕 ◇～为了照顾她的女儿吗/그녀의 딸을 돌보려는 게 아니냐? (同)〔只不过是 zhǐbùguòshì〕

【不就行了－취행료】 bù jiùxíng·le 〈口〉→〔就行了〕

【不拘－구】 bùjū **1**구애되지 〔받지〕 않다. **2**〔접〕(…)임에도〕 불구하고. …를 막론하고.

【不拘小节－구소절】 bùjū xiǎojié 〈成〉(생활의) 사소한 것에 구애받지 않다.

【不拘一格－구일격】 bùjū yī gé 〈成〉한 가지 방식에 구애받지 않다.

【不觉－각】 bùjué 〔동〕모르다. 느끼지 못하다. 어느덧.

∗【不堪－감】 bùkān 〈文〉**1**〔동〕견딜 수 없다.

2[동]…할 수 없다.〔대개 좋지 않은 것에 쓰임〕 ◇～设想/생각하기 조차 민망하다. 3[형]심하다.〔부정적 의미의 낱말 뒤에 쓰임〕

【不堪回首－감회수】bùkān huíshǒu 〈成〉차마 되돌아 볼 수 없다. 옛일을 생각하면 가슴이 찢어진다.

【不堪设想－감설상】bùkān shèxiǎng 〈成〉생각하는 것조차 할 수 없다. ◇困难到了～的地步/어려움이 상상조차 할 수 없는 지경까지 왔다.

【不科学－과학】bùkēxué [형]비과학적이다.

⁑【不可－가】bùkě 1[조동]…해서는 안 된다. …할 수가 없다. ◇你～随便说话/너는 마음대로 말해서는 안 된다. ◇～剥夺 bōduó 的权利/박탈할 수 없는 권리. 2[형](…하지 않으면) 안 된다.〔'非…不可'의 형으로 쓰이며, "必须", "一定"의 의미임〕 ◇今天我请客, 你非去不可/오늘 내가 한턱내니 너는 꼭 가야 한다.

【不可告人－가고인】bù kě gào rén 〈成〉(온당하지 못한 일을) 남에게 말할 수 없다.

【不可救药－가구약】bù kě jiù yào 구제불능이다. 만회할 도리가 없다.

【不可开交－가개교】bù kě kāi jiāo 〈成〉어찌해 볼 수가 없다. 벗어날 길이 없다.〔'得' 뒤의 보어(補語)로만 쓰임〕 ◇忙得～/정신없이 바쁘다.

【不可抗力－가항력】bùkěkànglì [명]〈法〉불가항력.

【不可理喻－가리유】bù kě lǐ yù 〈成〉말〔이치〕로는 납득시킬 수 없다. (同)〔蛮横无理 mánhèng wú lǐ〕, (反)〔通情达理 tōng qíng dá lǐ〕

【不可名状－가명상】bù kě míng zhuàng 〈成〉형언할 수 없다.

【不可胜数－가승수】bù kě shèng shǔ 〈成〉많아서 일일이 다 셀 수 없다. 부지기수(不知其數)다. (同)〔不可胜计 jì〕, (反)〔屈指可数 qū zhǐ kě shǔ〕

【不可收拾－가수습】bù kě shōu·shi 〈成〉(일이 악화되어) 수습할 방도가 없다.

【不可思议－가사의】bù kě sīyì 〈成〉불가사의하다.

【不可同日而语－가동일이어】bù kě tóng rì ér yǔ 〈成〉같은 날〔시간〕에 함께 놓고 말할 수 없다. 비교할 수 있는 것이 아니다.

【不可向迩－가향이】bù kě xiàng ěr 〈成〉접근할 수 없다.

【不可一世－가일세】bù kě yī shì 〈成〉당대에 자신과 견줄 사람이 없다고 자부하다. (同)〔目中无人 mù zhōng wú rén〕, (反)〔谦虚谨慎 qiānxū jǐnshèn〕

【不可知论－가지론】bùkězhīlùn [명]〈哲〉불가지론.

【不可终日－가종일】bù kě zhōng rì 〈成〉하루도 지탱하기 힘들다. 그 날을 넘기기 어렵다.

【不克－극】bùkè 〈文〉(능력이 없어) …할 수 없다.

【不克自拔－극자발】bùkè zìbá 발을 뺄 수 없다. (나쁜 환경에서) 벗어날 수 없다.

【不客气－객기】bùkè·qi 1무례하다. 버릇없다. 2〈套〉천만에요. 별말씀을요.

【不肯－긍】bùkěn (기꺼이)…하려고 하지 않다.

【不快－쾌】bùkuài [형]1불쾌하다. (同)〔不乐 lè〕, (反)〔快乐〕 2몸이 편치 않다.

*【不愧－괴】bùkuì [동]…에 부끄럽지 않다. …답다.〔대개 '为' 또는 '是' 앞에 쓰임〕 ◇～是律师的女儿/변호사의 딸답다.

【不赖－뢰】bùlài [형]〈方〉괜찮다.

【不郎不秀－랑불수】bù láng bù xiù 〈成〉변변치 못하다. 거론할 가치가 없다.

【不劳而获－로이획】bù láo ér huò 〈成〉일하지 않고 얻다. 불로 소득하다. (同)〔坐享其成 zuò hēng qí chéng〕, (反)〔自食其力 zì shí qí lì〕

【不冷不热－냉불열】bù lěng bù rè 〈口〉담담하다. 뜨뜨미지근하다. ◇"您可以打个电话, 我们派人去取"他～地说/"전화를 주시죠. 우리가 사람을 시켜 가지러 가겠습니다" 그는 담담하게 말했다.

【不离儿－리아】bùlír [형]〈方〉그런대로 괜찮다.

【不力－력】bùlì [동]노력이 부족하다. (同)〔无 wú 力〕, (反)〔努 nǔ 力〕

⁑【不利－리】bùlì [형]1불리하다. 2순조롭지 못하다. [비교]不利:不顺利 "不利"는 앞에 전치사구조(对…)와 호응한다. ◇我没想到事情的发展这么(×不利)不顺利/나는 일의 발전이 이렇게 순조롭지 못할 줄 몰랐다.

*【不良－량】bùliáng [형]좋지 않다. 불량하다. ◇消化～/소화 불량.

⁑【不了－료】bùliǎo [동]끝나지 않다.〔주로 '个'가 뒤에 붙는 동사와 함께 쓰임〕 ◇忙个～/계속 바쁘다.

【不了了之－료료지】bù liǎo liǎo zhī 〈成〉유야무야로 끝내다. 흐지부지 끝나다.

⁑【不料－료】bùliào [부]뜻밖에. 의외에. ◇多年不见的老朋友, ～却在北京遇到了/여러해 못만난 옛 친구를 뜻밖에 북경에서 만났다.

【不吝－린】bùlìn [동]〈套〉(의견을 구할 때) 아끼지 않다. ◇希～赐教 cìjiào/가르침이 있으시면 아끼지 마십시오.

B

【不伦不类-륜불류】bù lún bù lèi〈成〉전혀 딴판이다. 이도저도 아니다.

☆【不论-론】bùlùn **1**图…을 막론하고. …든지. ◇~他来不来, 我们都得děi 做/그가 오든 말든 우리모두 (일을) 해야 한다. ◇~学习还是工作, 他总那么努力/그는 일을 하거나 공부를 하건 간에 열심히 한다. [비교]不论:尽管 앞절에 의문대명사나 긍정부정형, 선택관계(…还是…)가 아니면 "不论"을 쓰지 않는다. ◇(×不论)尽管这次考试得了满分, 但是他仍rěng 不满足/그는 이번 시험에 만점을 받았음에도 불구하고 여전히 만족하지 않는다. **2**图논하지 않다. ◇存而~/잠시 보류하고 논하지 않다.

【不落窠臼-락과구】bù luò kējiù〈成〉(글 등이) 새로운 스타일을 창조해 내다. (同)〔独辟蹊径 dú pì xī jìng〕, (反)〔墨守成规 mò shǒu chéngguī〕

【不瞒—说-만…설】bùmán—shuō〈口〉…에게 숨김없이 털어놓고 말하다. ◇不瞒你说, 我们的董事长就是你大学时代的恋人/솔직히 말하면, 우리 이사장이 바로 네 대학다닐 때의 애인이야. [주의]…는 주로 '你', '您', '你们'과 같은 2인칭 대명사이다.

✲✲【不满-만】bùmǎn 图불만스럽다. ◇他对这件事, 非常~/그는 이 일에 대해 몹시 불만이다. (反)〔满足 zú〕

【不蔓不枝-만부지】bù màn bù zhī〈成〉덩굴도 가지도 없다. 글이 간결하다.

【不毛之地-모지지】bù máo zhī dì〈成〉불모지. 척박한 땅.

✲【不免-면】bùmiǎn 图면할 수 없다. …하기 마련이다. ◇谁碰到这种事~也要发牢骚 láosāo/누구든 이런 일이 닥치면 불평하기 마련이다. ◇这段路太窄 zhǎi, 交通有时~堵塞 dǔsè/이 길은 좁아서 길이 막히는 건 피할 수 없는 일이다.

【不妙-묘】bù miào 图(상황이) 좋지 않다. 심상치 않다.

【不敏-민】bùmǐn〈文〉총명하지 않다. 둔하다.

【不名一文-명일문】bù míng yī wén〈成〉한푼도 없다. (同)〔一文不名 yī wén bù míng〕, (反)〔腰缠万贯 yāo chán wàn guàn〕

【不名誉-명예】bùmíngyù 图图불명예(스럽다).

【不摸头-모두】bù mōtóu〈口〉상황을 모르다.

【不谋而合-모이합】bù móu ér hé〈成〉약속이나 한 듯이 의견이 일치하다.

【不能自已-능자이】bù néng zì yǐ 자신을 억제할 수 없다.

【不怕-파】bùpà〔설사〔비록〕…일〔할〕지라도. (同)〔哪 nǎ 怕〕

【不配-배】bùpèi **1**어울리지〔걸맞지〕 않다. ◇上衣和裤 kù 子的颜色~/윗옷과 바지의 색깔이 어울리지 않다. **2**…할 자격이 없다. ◇我~作你的教师/나는 너의 선생이 될 자격이 없다.

【不偏不倚-편불의】bù piān bù yǐ〈成〉어느 한 쪽으로 치우치지 않다. (同)〔无偏无党 wú piān wú dǎng〕, (反)〔偏听偏信 piān tīng piān xìn〕

☆【不平-평】bùpíng **1**图…할 일의 일, 他都想管/불공평한 일만 보면 그는 참견하려고 한다. **2**图불공평한 일. **3**图(공평치 못한 일로 인하여) 분하다. 불쾌하다. ◇愤愤 fèn~/매우 분하다. **4**图(공평치 못한 일 때문에 생긴) 분노나 불만. ◇消除心中的~/마음에 품었던 불만을 해소하다.

【不平等条约-평등조약】bùpíngděng tiáoyuē 图〈法〉불평등 조약.

【不平则鸣-평즉명】bù píng zé míng〈成〉사람이란 불공평한 일을 당하면 누구나 분개한다.

【不期而遇-기이우】bù qī ér yù〈成〉우연히 만나다.

【…不起-기】…bùqǐ **1**…할 수 있다. 〔능력이나 조건을 갖추지 못해 어떤 일을 해낼 수 없다〕◇排队实在排~/줄을 도저히 설 수가 없다. **2**…를 견디지 못하다. …를 참지 못하다. 〔어떤 변화나 압력을 견디어내지 못하다〕◇有一次我真冻~啦, 把报纸披 pī 在身上/한번은 난 정말 추위를 견디지 못하고 신문을 몸에 덮었다.

【不起眼儿-기안아】bù qǐyǎnr 눈에 띄지 않다. …만한 가치가 없다.

【不巧-교】bùqiǎo 图공교롭다. ◇我到那儿, ~他刚走/내가 거기에 도착했지만 공교롭게도 그는 막 떠났다.

【不求甚解-구심해】bù qiú shèn jiě〈成〉대강만 알고 깊이 이해하려고 하지 않다. (同)〔安于现状 ān yú xiàn zhuàng〕, (反)〔壮志凌云 zhuàng zhì líng yún〕

【不屈-굴】bùqū 굴복하지 않다. (反)〔屈服 qūfú〕

【不屈不挠-굴불뇨】bù qū bù náo〈成〉불요 불굴하다. ◇~再接再厉 lì 地斗争/결코 굽히지 않고 한층 더 분발하여 싸우다. (同)〔百折不挠 bǎi zhé bù náo〕, (反)〔一蹶不振 yī juě bù zhèn〕

☆【不然-연】bùrán **1**图그렇지 않다. ◇其实~/사실은 그렇지 않다. **2**图아니오. 그렇지 않다. ◇~, 事情不像你说的那么简单/

아니야, 일이 네가 말한 것처럼 간단치 않다. **3**접 그렇지 않으면. ◇快走吧, ~, 就要迟 chí 到了/빨리 가자, 그렇지 않으면 지각해.

【不人道-인도】bùréndào 명형 비인도적(이다). 잔인(하다).

【不仁-인】bùrén 형 1어질지 않다. 모질다. **2**감각이 없다.

【不忍-인】bùrěn 통 차마…하지 못하다. ◇我一看到老年人生活穷困无人照料/나는 차마 노인이 생활이 궁핍하고 아무도 돌봐줄 사람없는 것을 차마 볼 수 없다.

*【不容-용】bùróng 통 용납[허용]하지 않다. ◇~外国干涉 gānshè/외국의 간섭을 용납하지 않다.

【不容置喙-용치훼】bù róng zhì huì 〈成〉말 참견을 허용치 않다.

【不容置疑-용치의】bù róng zhì yí 〈成〉의심의 여지가 없다.

★【不如-여】bùrú 통 …만큼 …하지 않다. …하느니만 못하다. ◇今天~昨天暖和 nuǎnhuo/오늘은 어제만큼 따뜻하지 않다. ◇我看~派老李去/내가 보기엔 이씨를 보내는 것이 좋겠다.

【不入虎穴, 焉得虎子-입호혈, 언득호자】bù rù hǔ xué, yān dé hǔ zǐ 〈諺〉범의 굴에 들어가지 않으면 범새끼를 잡을 수 없다. 〔위험을 감수하지 않으면 성공할 수 없다〕

【不三不四-삼불사】bù sān bù sì 〈成〉1행실이 나쁘다. **2**형편이 없다.

【不善-선】bùshàn 형 1잘 못하다. 나쁘다. **2**서투르다. 〈方〉상당하다.

☆【不少-소】bùshǎo 형 적지 않다. 많다. ◇有~人来回/적지 않은 사람이 오고 간다.

【不甚了了-심료료】bù shèn liǎo liǎo 〈成〉똑똑히〔깊이 있게〕이해하지 못하다.

【不声不响-성불향】bù shēng bù xiǎng 〈成〉말 한 마디도 없이. 묵묵히. 소리없이.

【不胜-승】bùshèng 1통 견디지 못하다. 참을 수 없다. ◇体力~/체력이 못 견디다. **2**통(동사가 앞뒤로 중복시켜)아무리 …해도 …할 수 없다. ◇防~防/아무리 방비해도 방비할 수 없다. **3**부아주. 대단히. ◇~感激/대단히 감사합니다.

【不失为-실위】bùshīwéi …이라 할 수 있다. ◇这样处 chǔ 理, 还~一个办法/이렇게 처리하는 것도 하나의 방법이라 할 수 있다.

【不识抬举-식대거】bù shí tái·ju 〈成〉호의를 무시하다.

*【不时-시】bùshí 1부 때때로. 종종. ◇他~来看我/그는 종종 나를 보러온다. (同)〔时时〕, (反)〔偶尔 ǒu'ěr〕**2**형불시의. 의

외의.

【不时之需-시지수】bù shí zhī xū 〈成〉불시의 필요〔수요〕.

*❋【不是-시】bù·shi 명잘못. 과실. ◇你先出口伤人, 这就是你的~了/네가 먼저 말로 상처를 준 것이 바로 너의 잘못이다.

【不是办法-시판법】bù·shi bànfǎ 〈口〉방법이 아니다. ◇咱们得自己去租个房子, 老住在姑妈家里也不是个办法啊/우리가 빨리 집을 빌려야지 계속 고모집에 있는 것도 방법이 아니야.

【不是吹(牛)-시취(우)】bù·shi chuī(niú) 〈口〉큰소리치는 것이 아니다. 허풍떠는 것이 아니다. ◇不是我吹, 我要没有一点本事, 这个厂, 哪会有今天?/내가 허풍떠는 게 아니라, 내가 재간이 없었다면 공장이 어떻게 오늘날처럼 됐겠소?

【不是…的材料-시…적재료】bù shì…de cáiliào …가 될 재목이 아니다. ◇我不是做教师的材料/난 선생을 할 재목이 아니다. (反)〔是…的材料〕주의 '材料'를 '料' 또는 '料子' 라고도 할 수 있다.

【不是地方-시지방】bù shì dìfang 〈口〉…해야 하는 곳이 아니다. ◇我不是说这篇文章不能修改, 我是说修改的~/내가 말하는 것은 이 글을 고치지 말라는 것이 아니라, 내 말은 수정한 곳이 틀렸다는 것이다.

*❋【不是…而是…-시…이시】bùshì…érshì …이 아니고 …이다. ◇昨天来买汽水的不是她, 而是她妹妹/어제 사이다를 사러 온 사람은 그녀가 아니고 그녀의 여동생이다.

【不是(好)东西-시(호)동서】bù·shi(hǎo) dōng·xi 좋은 놈이 아니다. ◇他心里觉得这人~/그는 마음 속으로 이 사람은 좋은 놈이 아니라고 생각했다. (同)〔什么东西 shì shén·me dōng·xi〕비교 不是东西:是什么东西 둘다 욕하는 말이다. "是什么东西"는 상대방의 품행이 불량함을 질책하는 것이고, "不是东西"는 상대방의 "인격이 저질이다". "인간도 아니다"의 뜻.

【不是话-시화】bù shì huà 말도 안 된다.

*❋【不是…就是…-시…취시】bùshì…jiùshì …이 아니면 …이든가. ◇不是下雨就是阴天/비가 오지 않으면 날씨가 흐리다. ◇不是吃饭就是吃面/밥을 먹거나 국수를 먹는다.

☆【不是(吗)-시(마)】bù shì(·ma) 그렇지 않느냐? 안 그래요? 〔반어문의 어기로 어떤 사실을 강력히 긍정함〕◇咱们自由了, 这是大好事呀, ~?/우리는 자유다. 이건 굉장히 좋은 일이야. 그렇지 않니?

【不是…吗?-시…마?】bù shì…·ma? …하

않습니까? 〔'不是…吗?'는 반어문의 구조로 '…'부분을 강조함을 나타낸다〕 ◇你不是要去旅行吗?/당신은 여행 가려고 하지 않으셨어요?

【不是闹着玩儿的一시뇨착완아적】bú shì nào·zhe wánr·de 〈口〉우습게 볼 일이 아니다. 〔어려운 일에 대해 상대방에게 신중할 것을 경고할 때 씀〕 ◇这~, 要问教师/이건 우습게 볼 일이 아니니 선생님께 여쭤봐야 한다. (同)〔闹着玩儿的事 shì〕

【不是时候一시시후】bú shì shí·hou 〈口〉1 한물가다. 때가 지나다. ◇你还搞 gǎo 那一套, ~了!/당신은 아직도 그런 방법을 쓰십니까, 이미 한물 갔어요! 2적당한 때가 아니다. ◇我来得真~, 惊扰了你们俩约会/내가 온 것이 정말 적당한 때가 아니군요. 당신들 데이트하는 걸 방해했으니 말이오.

【不是说一시셜】bú shì shuō 〈口〉말하지 않았냐? 말했잖아요. 〔반어문구에 쓰여 이미 말했다는 것을 강조함〕 1상대방이 자신이 했었던 말을 잊어버린 것에 불만을 나타냄 ◇你将来打算做什么一我~过啦, 上大学/장래에 뭘 할 생각이에요?—제가 말했잖아요. 대학에 간다고. 2상대방이 어떻게 행동해야 하는지 일깨워 줌을 나타냄. ◇你刚才一她今晚不回来了吗? 多好的机会今/오늘밤 그녀가 들어오지 않는다고 네가 말하지 않았어? 얼마나 좋은 기회냐. 3사실과 말한 것이 부합하지 않아 의문과 불만을 나타냄. ◇你~我母亲出去了吗?/어머니가 나갔다고 말하지 않았어요? 4반어문에서 자신의 행위의 근거를 찾을 때 씀. ◇现在跟从前不一样, ~按劳分酬 chóu, 多劳多得嘛/지금은 예전과 달라 일하는 대로 돈을 받아 일을 많이 하면 돈을 더 받는다고 하지 않았어요.

【不是说好一시셜호】bú shì shuō hǎo 〈口〉이미 이야기된 것 아니냐. 말하지 않았었냐. ◇~到这儿吃饭的吗?/여기서 식사하기로 이야기된 것 아니예요?

【不是味儿一시미아】bú shì wèir 1맛이 없다. 제 맛이 나지 않다. ◇这个菜炒 chǎo 得~/이 요리는 맛없게 요리했다. 2이상하다. 신통치 않다. 3(마음이) 편치 않다. 괴롭다. ◇看到孩子们上不了学, 心里很~/아이들이 등교하지 못하는 것을 보니 마음이 편치 않다. (同)〔不是滋 zī 味儿〕

【不是一回事一시일회사】bú shì yī huí shì 〈口〉같은 일이 아니다. (同)〔两 liǎng 回事〕

【不是这个意思一시저개의사】bú shì zhè·ge yì·si 〈口〉그런 뜻이 아니다. 〔상대방의 오해를 부정하여 자신이 그렇치 않음

을 해명할 때 쓰는 말〕 ◇你以为有钱就可以蔑 miè 视交通法则吗?——/돈만 있으면 교통법규를 무시해도 된다고 생각하세요?—그런 뜻이 아니에요.

【不是滋味儿一시자미아】bú shì zīwèir 〈口〉1본래의 맛이 아니다. 제맛이 아니다. ◇今天的咖啡, 苦得~/오늘 커피가 쓴 것이 제맛이 아니다. 2마음이 괴롭다. 〔부끄러움으로 마음이 견디기 어려움을 나타냄〕 ◇这事都怨我没办好, 我心里也不是个滋味儿/이 일은 다 내가 잘 처리하지 못한 탓이다. 내 마음도 괴롭다. 3견딜 수 없다. 참을 수 없다. ◇他在众人面前教训我, 我心里真~/그가 많은 사람들 앞에서 나를 훈계하자 난 마음속으로 견딜 수가 없었다. (同)〔不是味儿〕

【不说一셜】bù shuō …하는 건 둘째치고. …하는 건 제쳐놓고. ◇叫来的人太多, 惹 rě 事儿~, 就这屋子也坐不下了呀/많은 사람을 부르면 일을 벌이는 건 둘째치고 이 집에 다 앉을 수 없다.

【不适一적】búshì 圈〈文〉(몸이) 불편하다. ◇胃部~/위가 거북하다. (同)〔不爽 shuǎng〕, (反)〔健康 jiànkāng〕

【不爽一상】bùshuǎng 圈1몸이 불편하다. 기분이 언짢다. 2차이가〔틀림이〕 없다.

【不送气一송기】bù sòngqì 圈〈言〉무기음(無氣音). (同)〔不吐 tǔ 气〕, (反)〔送气〕

【不速之客一속지객】bù sù zhī kè 〈成〉불청객(不请客).

【不算什么一산삽마】bù suàn shén·me 〈口〉→〔算什么〕

【不遂一수】búsuì 圈뜻대로 되지 않다. ◇谋事~/일이 생각대로 되지 않다.

【不特一특】bùtè (同)〔不但 dàn〕

*【不同一동】bùtóng 圈다르다.

【不同凡响一동범향】bù tóng fánxiǎng 〈成〉(문예작품 따위가) 평범하지 않다. 뛰어나다. 〔'凡响'은 평범한 음악〕(同)〔非 fēi 同凡响〕, (反)〔平淡无奇 píng dàn wú qí〕

【不图一도】bùtú 1圈바라지〔추구하지〕 않다. 2旱〈文〉뜻밖에. (同)〔不料 liào〕

【不外一외】bùwài 圈(…의 범위를) 벗어나지 않다. …밖에 없다.

【不惟一유】bùwéi 接〈文〉…뿐만 아니라. (同)〔不但 dàn〕

【不韪一유】bùwěi 圈〈文〉옳지 않은 일. 나쁜 짓.

【不谓一위】bùwèi 1…하다고 말할 수 없다. 〔부정적인 단어 앞에 쓰인다〕(同)〔不能说 bù néng shuō〕 2旱〈文〉뜻밖에. (同)〔不料 liào〕

【不闻不问一문불문】bù wén bù wèn 〈成〉듣지도 묻지도 않다. 관심이 없다.

【不稳-온】bùwěn 働불안정하다. ◇站~/똑바로 서 있지 못하다.

【不稳平衡-온평형】bùwěn－pínghéng 働〈物〉불안정균형(unstable equilibrium).

【不无-무】bùwú 〈文〉없지 않다.

*【不惜-석】bùxī 働아끼지 않다. 기꺼이 …하다. ◇一切代价/모든 대가를 아끼지 않다. ◇为成功~牺牲 xīshēng 自己的一切/성공을 위해 기꺼이 자신의 모든 것을 희생하다. (同)〔无 wú 暇〕, (反)〔空闲 kōngxián〕

【不暇-가】bùxiá 働(…할) 시간이 없다. 겨를이 없다.

【不下-하】bùxià 1(同)〔不下于 yú 2〕 2(동사 뒤에 쓰여서) …할 수 없다. ◇放心~/마음을 놓을 수 없다.

【不下于-하어】bùxiàyú 1…(보다) 못하지 않다. (보다) 뒤지지 않다. ◇这个小厂的产品, ~国营大厂的品质/이 소규모 공장의 제품은 큰 국영공장에 품질이 뒤지지 않는다. 2(숫자·수량이) 적지 않다. …이상이다. ◇展出的新产品~二百种/전시된 새 제품은 200종 이상이다.

*【不相上下-상상하】bù xiāng shàng xià 〈成〉막상막하(莫上莫下). (同)〔不分伯仲 bù fēn bó zhòng〕, (反)〔高下悬殊 gāo xià xuánshū〕

【不详-상】bùxiáng 働1분명치 않다. 2〈牘〉상세히 말씀드리지 않습니다.

【不祥-상】bùxiáng 働불길하다. (同)〔不吉 jí〕, (反)〔吉利 jílì〕

【不想-상】bùxiǎng 働뜻밖에. 의외로. (同)〔不料 liào〕〔没想到 méi xiǎng dào〕

**【不像话-상화】bù xiànghuà 働1말도 안 된다. 말 같지도 않다. 〔像什么话'의 어조가 약간 가볍다. 강한 어조를 나타낼 때는 '真, 太, 简直'등과 함께 쓴다〕 ◇妈你不早点叫我, 都快迟到了－自己起晚了, 还埋怨 mányuàn 别人, 真~/엄마가 일찍 깨워주지 않아서 지각하겠어요.-자기가 늦게 일어나면서 남을 원망하다니, 정말 말도 안 된다. 2말로 형용할 수 없을 정도로 나쁘다. 꼴불견이다. ◇屋子乱得~/집이 어지러진 게 말할 수 없이 꼴불견이다.

【不像(个)样子-상(개)양자】bù xiàng (·ge) yàng·zi 〈口〉→〔不像样儿〕

【不像样儿-상양아】bù xiàng yàngr 꼴 같지 않다. 〔정상수준 이하이다〕 ◇我看到过一些~的警察, 所以想做个像样儿的警察/난 꼴같지 않은 경찰들을 봤었기 때문에 제대로 된 경찰이 되고 싶다. (反)〔像样儿〕

【不消-소】bùxiāo …할 필요가 없다. ◇

~一会儿工夫, 这个消息就传开了/얼마 안 되어 이 소식은 퍼져버렸다.

【不肖-초】bùxiào 働불초하다. 어른에 대한 품행이 나쁘다.

【不孝-효】bùxiào 1働働불효(하다). 2친상(親喪) 중의 자칭(自稱).

【不谢-사】bùxiè 〈套〉천만에 말씀입니다. 〔상대방이 '谢谢(감사합니다)'라고 말했을 때 응답하는 인사말〕

【不屑-설】bùxiè 働…할 가치가 없다. (同)〔不值 zhí〕, (反)〔值得 zhí//·dé〕

【不懈-해】bùxiè 働게으르지 않다.

【不兴-흥】bùxīng 働1유행되지 않다. 시대에 맞지 않다. ◇现在~中山装了/지금 중산복은 시대에 맞지 않는다. (同)〔过时 guòshí〕, (反)〔时 shí 兴〕2허용되지 않다. ◇~欺负人/사람을 괴롭히면 안 된다. 3…할 수 없다. 〔반문에 쓰임〕

☆【不行-행】bùxíng 働1(허락할 수 없다는 뜻으로) 안 된다. ◇我们没你~/우리는 네가 없으면 안 돼. ◇这本书今天不还~/이 책은 오늘 반드시 않으면 안 된다. 2쓸모없다. 적절하지 않다. ◇这个方法~/이런 방법은 적절하지 않다. ◇我的脑子~, 还是不懂/난 머리가 좋지 않아, 아직 잘 이해가 안 된다. 3임종이 가깝다. 〔了'와 함께 쓰임〕 ◇老太太病重, 眼看~了/노부인은 이미 병세가 심각해. 보아하니 틀렸어요. 4좋지 않다. 나쁘다. ◇料子不错, 手工~/원단은 나쁘지 않지만 만드는 솜씨는 엉망이다. 5(정도가) 심하다. 〔형'의 뒤에 보어(補語)로 쓰임〕 ◇我可困得 de~了/나는 졸려 죽겠다. ◇累得 de~/피곤해 죽겠다.

【不省人事-성인사】bù xǐng rénshì 〈成〉1인사불성이 되다. 2세상물정에 어둡다.

☆【不幸-행】bùxìng 1働불행하다. ◇~的消息/불행한 소식. 2県〈轉〉불행히도. ◇他~以身殉职 xùn zhí/그는 불행히도 순직했다. 3働재난. 불행. (同)〔灾祸 zāihuò〕, (反)〔幸福 fú〕

【不休-휴】bùxiū 働멈추지 않다. 〔보어(補語)로 쓰임〕 ◇争论~/쉴새 없이 논쟁하다.

【不修边幅-수변폭】bù xiū biānfú 〈成〉1옷차림(겉차림)에 개의치 않다. 2예의범절과 형식에 구애되지 않다.

*【不朽-후】bùxiǔ 働불멸하다. ◇~的著作/불멸의 명작. (同)〔不败 bài〕, (反)〔朽坏 huài〕

【不锈钢-수강】bùxiùgāng 働스테인레스 강(鋼).

☆【不许-허】bùxǔ 働1허용하지 않다. ◇举起手来, ~动!/손들어, 움직이지마! 2〈口〉

…할 수 없다. 〔반문(反問)할 때 쓰임〕 (同)〔不准 zhǔn〕, (反)〔准许 zhǔnxù〕

【不恤—흘】bùxù 動돌보지 않다. 개의치 않다.

【不学无术—학무술】bù xué wú shù〈成〉배운 것도 재주도 없다. (反)〔满腹经纶 mǎn fù jīnglún〕

【不逊—손】bùxùn 形거만하다. 무례하다.

＊【不言而喻—언이유】bù yán ér yù〈成〉말하지 않아도 안다.

【不厌—염】bùyàn 動1귀찮아 하지 않다. 2배척하지 않다. 꺼리지 않다.

【不扬—양】bùyáng 形(용모가) 볼품이 없다.

★【不要—요】bùyào …하지 말라. ◇~总是以为自己对/항상 자기가 옳다고 생각하지 말라. 〔명령문에서 '别'보다 어감이 부드럽다〕

☆【不要紧—요긴】bù yàojǐn 動1괜찮다. 문제 없다. ◇路远也~, 我们可以开车去/길이 멀어도 괜찮다. 우리는 차를 몰고가면 된다. 2괜찮다. 〔다음에 반전(反轉)이 있음〕◇你这么一叫, 可把大家都吵醒 chǎoxǐng 了/네가 이렇게 교차 지르는 것은 괜찮은데, 그 바람에 시끄러워서 모두를 깨웠다.

【不要脸—요검】bùyàoliǎn〔骂〕뻔뻔스럽다. 파렴치하다. ◇只有~的人才能做出这样~的事/오직 파렴치한 사람만이 이런 뻔뻔스런 일을 할 수 있다. (反)〔爱面子 ài miàn·zi〕

【不要命—요명】bù yào mìng〈口〉1죽고 싶으냐. ◇~了! 你没看见车开了?/죽고 싶으냐! 차가 출발한 걸 못봤어냐? 2죽을 각오를 하다. 목숨을 걸다. ◇你一天做三个工作, 真是~了/하루에 3가지 일을 하다니, 당신 목숨을 내거셨군요.

【不一—일】bùyī 動1다르다. 〔술어로만 쓰임〕◇质量~/품질이 똑같지 않다. 2(서신 용어로) 일일이 설명하지 않다.

☆【不一定—일정】bùyídìng 꼭 …하는 것은 아니다. ◇他~来/그가 꼭 오는 것은 아니다.

【不一而足—일이족】bù yī ér zú〈成〉하나 (한 번)뿐이 아니다.

【不依—의】bùyī 動1따르지 않다. 말을 듣지 않다. 2그냥 두지 않다.

【不依不饶—의불요】bù yī bù ráo〈成〉1용서하지 않다. 2끈질기게 트집을 잡다.

＊【不宜—의】bùyí …하기에 적절하지 않다. …해서는 안 된다. ◇这一点~过分强调/이 점을 너무 지나치게 강조하는 것은 좋지 않다. (反)〔适 shì yí〕

【不遗余力—유여력】bù yí yú lì〈成〉온 힘을 다하다. (同)〔竭尽全力 jiéjìn quán lì〕,

(反)〔敷衍了事 fū yǎn liǎo shì〕

【不已—이】bùyǐ (…해) 마지 않다.

【不以为然—이위연】bù yǐ wéi rán〈成〉옳다고는 생각하지 않다. 〔경시하는 뜻을 내포함〕

【不以为意—이위의】bù yǐ wéi yì〈成〉개의하지 않다. 대수롭게 생각하지 않다.

【不义之财—의지재】bù yì zhī cái〈成〉부정하게 얻은 재물.

【不亦乐乎—역락호】bù yì lè hū〈成〉1어찌 기쁘지 않겠는가. 2아주. ◇他今天忙得~/그는 오늘 아주 바빴다.

【不易—이】bùyì 形1쉽지 않다. 어렵다. 2〈文〉변하지 않다. 불변이다.

【不意—이】bùyì 副뜻밖에.

【不翼而飞—익이비】bù yì ér fēi〈成〉1날개도 없는데 날아가다. (물건이) 온데 간데 없다. 2소문이 빨리 퍼지다.

★【不用—용】bùyòng 助動…할 필요가 없다. ◇~介绍了, 我们认识/소개할 필요 없어요. 우리는 구면이에요. →〔甭 béng〕

【不用说—용설】bùyòng shuō〈口〉1말할 필요도 없다. ◇~, 那里边一定是一堆 duī 黄金/두말할 것도 없이, 그안에는 분명히 황금 더미가 있을 것이다. 2…를 고사하고. ◇我不会喝酒, ~白酒, 啤 pí 酒我都没沾 zhān 过嘴/난 술을 마실 줄 몰라요. 배갈은 고사하고 맥주도 입에 대본 적이 없어요. ‖(同)〔甭 béng 说〕, 〔别 bié 说〕注意1, 2의 뒷문장에는 '连…也', '就是…也' 등을 써서 앞에 '不用说'의 문장과 호응한다.

＊＊【不由得—유득】bùyóu·de 1…하지 않을 수 없다. ◇看了这动人的事迹, ~你不感动/너는 감동적인 그 사연을 보았으니 감동하지 않을 수 없다. 2자기도 모르게. 저절로. ◇看见了照片, ~又想起我的母亲/사진을 보니 또 저절로 나의 어머니가 생각났다.

【不由自主—유자주】bù yóu zì zhǔ〈成〉제 마음대로 되지 않다. 자기도 모르게.

【不约而同—약이동】bù yuē ér tóng〈成〉약속이나 한 듯이 행동이나 의견이 일치하다. ◇三个人~地大笑起来/세 사람은 약속이나 한 듯이 웃음을 터뜨렸다.

【不在—재】bùzài 1(…에) 없다. ◇你找王教师吗? 他~/왕선생님을 찾으세요? 그는 (집에) 없는데요. 2〈婉〉죽다. 〔뒤에 '了'가 붙음〕◇我奶奶 nǎinai 去年就~了/나의 할머니는 작년에 벌써 돌아가셨다.

＊＊【不在乎—재호】bùzài·hu 動대수롭지 않게 여기다. ◇自有主张, ~别人怎么说/자기 주장이 있어서 남의 말이 어떻든 개의치 않는다.

B

르다.

【不在话下—재화하】bù zài huà xià 〈成〉더 말할 나위가 없다. 당연하다.

【不择手段—택수단】bù zé shǒuduàn (목적달성을 위해) 수단을 가리지 않다.

【不怎么—즘마】bù zěn·me 별로. 그다지. ◇我～想去/나는 그다지 가고 싶지 않다. ◇他～爱说话/그는 그다지 말이 많지 않다.

**【不怎么样—즘마양】bù zěn·meyàng 대단치 않다. 별로 좋지 않다. 그저그렇다. ◇这个人～/이 사람은 별볼일 없다. ◇他的英语怎么样？－～/그의 영어는 어때?－그저 그래.

【不振—진】bùzhèn 働처지다. 왕성하지 않다.

【不支—지】bùzhī 働지탱할 수 없다. 견딜 수 없다.

*【不知不觉—지불각】bù zhī bù jué 〈成〉자기도 모르는 사이에. 부지불식간에.

【不知(道)—지(도)】bù zhī(dào) 〈口〉모르다. 1자신이 어떤 일을 몰랐음을 설명하고 미안함을 나타냄. ◇我以为是随便聚 jù 一聚，～你今天过生日/난 그냥 모이는 줄 알았지, 네가 오늘 생일인 것은 몰랐어. 2그런 일을 한 줄 모르는 것에 대해 나무람을 나타냄. ◇吃了这么大的苦头，还～改一改过去的怪脾 pí 气/이렇게 고생을 하고도 아직도 과거의 괴상한 성격을 고칠 줄 모르다니. 3체념의 어기로 상황을 정확히 알 수 없을 정도로 심각함을 나타냄. ◇你～我现在有多么苦闷 mèn/당신은 네가 지금 얼마나 고민스러운지 모를 거에요. 4어떤 사람, 사물에 대해 불만을 갖거나 이해하지 못하겠음을 나타냄. ◇～他打什么鬼主意/그가 무슨 꿍꿍이를 꾸미는지 모르겠다. 5어떤 일이 발생하여 결과가 예측하기 어려움을 나타냄. ◇如果告诉你，又～把你急成什么样子/만일 네게 알려줬으면 또 네가 조급해서 어떻게 해올지 모른다. 6당사자가 분별력을 잃고 문제핵심을 파악하지 못함을 말함. ◇你这样做，～是不明白我的意见，还是说我的要求办不到/그가 이렇게 하는 것은 내 뜻을 이해하지 못해서인지 아니면 내 요구를 들어줄 수 없다는 건지 모르겠다. 7당사자가 입은 영향이 커 결정을 내리지 못함을 나타냄. ◇我～怎样感谢你们/난 어떻게 감사를 해야 할지 모르겠다.

【不知凡几—지범기】bù zhī fán jǐ 〈成〉그 수(數)를 헤아릴 수 없다. 부지기수다.

【不知好歹—지호대】bù zhī hǎo dǎi 〈成〉1선악을 분별하지 못하다. 2남의 호의를 알아주지 못하다.

【不知进退—지진퇴】bù zhī jìn tuì 〈成〉나설 때와 물러설 때를 모르다. 분수를 모

【不知如何是好—지여하시호】bù zhī rúhé shì hǎo 〈口〉어쩌면 좋을지 모르다. ◇这小孩子一直哭个不停，～/이 아이가 계속 울기만 하니 어쩌면 좋을지 모르겠다.

【不知是怎么了—지시즘마료】bù zhī shì zěn·me·le 〈口〉→〔不知怎么的 de〕

【不知说什么好—지설심마호】bù zhī shuō shén·me hǎo 〈口〉뭐라고 말해야 좋을지 모르다. 어떻게 해야 좋을지 모르다. 1극도로 흥분되어 감정을 전달할 수 있는 적당한 말을 찾을 수 없음을 말함. ◇我们见了面，高兴得～/우리가 만났으니 기뻐서 뭐라고 말해야 될지 모르겠다. 2심정이 복잡하여 무슨 말을 해야 좋을지 모름을 말함. ◇他心烦意乱，～/그는 마음이 혼란스러워 뭐라고 말해야 좋을지 모르겠다. 3상대방의 행위에 불만을 느껴 어쩔 수 없다는 뜻이 담겨 있다. ◇你说过再也不抽烟了，可又抽开了，我真～/당신이 다시는 담배를 피우지 않겠다고 해놓고 또 피우기 시작하다니 내가 정말 뭐라고 말해야 할지 모르겠어요.

【不知死活—지사활】bù zhī sǐ huó 〈成〉1생사를 모르다. 2무모하게 행동하다. 물불을 가리지 않다.

【不知所措—지소조】bù zhī suǒ cuò 〈成〉어찌할 바를 모르다. 당황하다. (同)〔手足无措 shǒu zú wú cuò〕, (反)〔泰然处之 tài rán chǔ zhī〕

【不知所云—지소운】bù zhī suǒ yún 〈成〉무슨 말인지 모르다.

【不知所终—지소종】bù zhī suǒ zhōng 〈成〉1결말을 모르다. 2행방을 모르다.

【不知天高地厚—지천고지후】bù zhī tiān gāo dì hòu 〈成〉하늘 높은 줄 모르고 날뛰다.

【不知怎么的—지즘마적】bù zhī zěn·me de 〈口〉웬일인지. 어쩐 일인지. 〔문두나 문중에 삽입구로 쓰임〕 ◇一放了学，～，我就老想你/웬일인지 학교가 끝나자 난 계속 네가 그리워져. (同)〔不知是怎么了 le〕〔不知怎么回事〕〔不知为什么，wèishén·me〕〔不知怎么搞 gǎo 的〕

【不知怎么搞的—지즘마고적】bù zhī zěn·me gǎo·de 〈口〉→〔不知怎么的 de〕

【不知怎么回事—지즘마회사】bù zhī zěn·me huí shì 〈口〉→〔不知怎么的 de〕

**【不止—지】bùzhǐ 1그치지〔멈추지〕 않다. 〔동사의 뒤에 붙음〕 ◇大笑～/(그칠 줄 모르고) 계속 크게 웃어대다. 2…게 아니다. 〔어떤 숫자나 범위를 벗어남을 뜻함〕 ◇～一次/한번 뿐만이 아니다. ◇这水库带来的好处～是农业方面/이 댐이

B

가져다 줄 이익은 농업에 그치지 않는다.

‡【不只一지】bùzhǐ 접···뿐만 아니라. ◇~生产发展了, 生活也改善了/생산과 발전을 이룬 것 뿐만 아니라 생활도 개선되었다.

＊【不至于一지어】bùzhìyú ···에 이르지 못하다. ···까지는 하지 않을 것이다. ◇两人有矛盾 máodùn, 但一吵架/두 사람이 모순이 있었지만 그렇다고 싸우기까지 하지 않을 것이다.

【不致一치】bùzhì 동어떤 결과에 이르지 않다.

【不置可否一치가부】bù zhì kě fǒu 〈成〉가타부타 말하지 않다.

【不中一중】bùzhōng 형맞지 않다. 안 되다. [中的 dì]

【不周一주】bùzhōu 형용의주도하지 못하다.

☆【不住一주】bùzhù 부계속해서.

【不准一준】bùzhǔn ···하면 안 되다. ◇此处~吸烟/여기서는 흡연해서는 안 된다. ◇~停车/주차금지.

【不着边际一착변제】bù zhuó biānjì 〈成〉말이 공허하여 실제와 동떨어지다. 주제와 동떨어지다. ◇他越讲越~/그는 말하면 할수록 화제에서 멀어져 간다. (同)〔言不及义 yán bù jí yì〕, (反)〔言之有物 yán zhī yǒu wù〕

【不自量(力)一자량(력)】bù zìliàng (lì) 통제딴에는 대단하다고 우쭐대다. ◇真是~/제딴에는 대단하다고 우쭐댄다.

‡【不足一족】bùzú 1형부족하다. ◇资源~/자원이 부족하다. ◇信心~/자신감이 부족하다. ◇~之处/부족한 점. (反)〔充足 chōngzú〕2···하기에 부족하다. ···할 가치가 없다. ◇~为奇/신기해할 것이 못 되다. 3···할 수 없다. ◇非团结一图存/단결하지 않으면 생존을 도모할 수 없다. 6

【不足道一족도】bùzúdào 말할 가치가 없다.

【不足挂齿一족괘치】bù zú guàchǐ 〈成〉거론할 가치가 없다.

【不足为奇一족위기】bù zú wéi qí 〈成〉신기해할 만한 것이 못되다. (同)〔平淡无奇 píng dàn wú qí〕, (反)〔空前绝后 kōng qián jué hòu〕

【不足为训一족위훈】bù zú wéi xùn 〈成〉교훈으로 삼을 만한 것이 못되다.

＊【布(3,4,5 佈)】巾部│bù
2画│베 포

1명(무명실·삼실 등으로 짠) 천. ◇把车用块干净的~擦一擦/자동차를 깨끗한 천으로 닦아라. 2명고대 화폐의 일종. 3통선포하다. 선언하다. ◇宣 xuān~/선포하다. ◇홀뿌리다. 퍼뜨리다. ◇铁路公路遍一全国/철도와 간선도로가 전국에 퍼져 있다. 5통배치하다. (적당한 곳에) 늘어놓다. 안배하다. ◇~下天罗地网/새나갈 수[물샐 틈] 없는 그물을 치다. 6

(Bù) 명성(姓).

【布帛一백】bùbó 명직물의 총칭. 〔'布'는 면직물, '帛'은 견직물(絹織物)임〕

【布菜一채】bù∥cài 통주인이 손님에게 요리를 각각 나누어 권하다.

【布袋一대】bùdài 명베로 만든 자루.

【布道一도】bù∥dào 통〈宗〉전도하다.

【布丁一정】bùdīng 명〈音〉푸딩(pudding).

【布尔乔亚一이교아】bù'ěrqiáoyà 명〈音〉부르즈와(프 bourgeois).

【布尔什维克一이십유극】bù'ěrshíwéikè 명〈音〉볼셰비키 (러 Bolsheviki).

【布防一방】bù∥fáng 통〈軍〉방어 병력(兵力)을 배치하다.

＊＊【布告一고】bùgào 1명포고. 게시. 2통(기관·단체에서) 포고하다. 게시하다.

【布谷(鸟)一곡(조)】bùgǔ(niǎo) 명〈鳥〉뻐꾸기. 뻐꾹새.

【布景一경】bùjǐng 1명〈演〉무대의 세트(set). (무대 또는 영화의) 배경. 2명〈美〉(중국화에서 화폭에) 풍경을 배치하다.

＊【布局一국】bùjú 1통(작문·그림 따위를) 구성하다. 2명분포상태. 구조. ◇新市区的~/신도시의 분포상태. ◇合理调整城乡经济~/도시와 농촌의 경제구조를 합리적으로 조정하다. 3명바둑의 포석.

【布控一공】bùkòng 통(범인 따위의 행적을) 감시하다.

【布拉吉一랍길】bù·lāji 명〈音〉원피스. [노어의 음역]

【布雷一뢰】bù∥léi 통〈軍〉지뢰를 매설하다. 수뢰를 부설하다.

【布匹一필】bùpǐ 명포목의 총칭.

【布设一설】bùshè 통분산하여 설치하다.

【布施一시】bùshī 1통〈文〉(재물 따위를) 남에게 베풀어주다. 희사하다. 2명통〈佛〉보시(하다).

【布头一두】bùtóu (~儿)명1(5～6자 이내의) 천. 2(재단하고 남은) 천 조각. 천자투리.

【布纹纸一문지】bùwénzhǐ 명천 무늬가 든 고급 종이.

【布鞋一혜】bùxié 명헝겊 신.

【布衣一의】bùyī 명1무명 옷. 2평민. 서민. [옛날 평민이 무명옷을 입는 것에서 비롯됨] (同)〔平民 píngmín〕, (反)〔贵族 guìzú〕

☆【布置一치】bùzhì 동통1(적절히) 배치(하다). 꾸미다. 장식(하다). ◇礼堂~得很漂亮/강당이 예쁘게 꾸며졌다. ◇~展品/전시품을 배치하다. 巴교布置:打扮 "布置"는 옷차장에는 쓰이지 않음. ◇新娘(×布置)打扮得很漂亮/신부를 예쁘게 단장해 놓았다. 2준비(하다). 채비(하다).

计획(하다). 마련(하다). ◇~学习/학습을 준비하다. ◇今天~的算术作业是十道题/오늘 할당된 산수 숙제는 모두 10문제이다.

☆【步】止部 3画 | bù 걸을 보

1(~子)图걸음. 보폭. ◇晚饭后, 我在公园里散了一会儿~/저녁식사 후 나는 공원에서 잠시 산책하였다. **2**图(일이 진행되는) 단계. 순서. ◇迈入社会的第一~很艰难/사회에 첫발을 내딛는 것은 어렵다. ◇只好一~一~地去做/한 단계씩 해나가는 수 밖에 없다. **3**图상태. 지경. ◇事情怎么发展到这一~?/일이 어떻게 이 지경까지 이르게 되었는가? ◇不幸落到这一~/불행히도 이 지경까지 전락했다. **4**엥옛날 길이의 단위. 1보는 5尺(尺)이되며, 360보는 1리(里)라 했음. **5**통걷다. ◇~入会场/회의장(대회장)에 걸어 들어가다. **6**통〈文〉밟다. 좇다. ◇~人后尘 chén/다른 사람의 발자취를 좇다. **7**통〈方〉보폭으로 토지를 측량하다. 보측(步測)하다. **8**图물가. '埠 bù'와 같으며, 지명에 주로 쓰임. 예컨대 '禄步', '炭步'. 〔모두 광동(廣東)지방에 있는 지명〕 **9**(Bù)图성(姓).

∗【步兵—병】bùbīng 图〈軍〉보병.
【步步为营—보위영】bù bù wéi yíng〈成〉한 걸음 전진할 때마다 진을 치다. 방비를 엄중히 하다. (행동을) 신중히 하다.
【步调—조】bùdiào 图보조. 걸음걸이.
∗【步伐—벌】bùfá 图(단체로 연습할 때의) 보조(步調). 걸음걸이. ◇加快~/걸음걸이를 빨리하다. ◇跟上时代的~/시대의 보조를 맞추다.
【步弓—궁】bùgōng 图토지를 측량하는 활 모양의 나무자. (同)〔弓〕
【步话机—화기】bùhuàjī 图워키토키(walkie talkie). 군용 무선기.
【步履—리】bùlǚ 图〈文〉보행.
【步枪—창】bùqiāng 图〈軍〉보병총(步兵銃). 소총.
【步人后尘—인후진】bù rén hòu chén〈成〉남의 걸음을 따라 걷다. 남이 하는 대로 따라하다. (同)〔亦步亦趋 yì bù yì qù〕, (反)〔独辟蹊径 dú pì xī jìng〕
【步哨—초】bùshào 图〈軍〉보초.
【步谈机—담기】bùtánjī (同)〔步话 huà 机〕
∗【步行—행】bùxíng 통〈文〉걸어서 가다.
【步行街—행가】bùxíngjiē 图차량통제구역. 〔주로 번화가에 해당된다〕
【步韵—운】bù∥yùn 통(시를 지을 때) 남의 시에 화합하여 모든 연(聯)에서 원운(原韻)을 그대로 사용하다.

∗【步骤—취】bùzhòu 图(일 진행의) 순서. 절차. 단계. ◇有计划有~地进行工作/계획성 있게 절차있게 일을 진행하다. ◇采取适当的~/적당한 절차를 채택하다.
∗【步子—자】bù·zi 图보조. 걸음걸이. ◇队伍的~走得很整齐 qí/대오의 걸음걸이가 매우 정연하다.

☆【部】阝部 8画 | bù 나눌 부

1图부분. 부위. ◇上~/상부. ◇面~/얼굴. ◇北~/북부. **2**图부. 〔국가 기관 또는 기업 부서의 명칭〕 ◇外交~/외교부. ◇业务~/업무부. **3**图군대 따위의 통솔기관 또는 그 소재지. ◇司令~/사령부. ◇指挥~/지휘부. **4**图부대(部隊). **5**통〈文〉통솔하다. **6**엥서적·영화 따위에 쓰임. ◇两~字典/사전 2부. ◇一~电影/영화 1편. **7**엥대. 기계 또는 차량에 쓰임. ◇一~机器/기계 한 대. ◇两~汽车/자동차 2대. **8**(Bù)图성(姓).

☆【部队—대】bùduì 图〈軍〉부대. ◇野战~/야전 부대. ◇通讯兵~/통신병 부대. **2**군대.
★【部分—분】bù·fen 图부분. ◇检验机器各~的功能/기계의 각 부분의 기능을 검사하다. ◇他完成自己的那~工作以后, 又去帮助别人/그는 자신의 해당되는 부분의 업무를 끝마친 후 다른 사람을 도와 주러 갔다. (同)〔局 jú 部〕, (反)〔全 quán 部〕
∗【部件—건】bùjiàn 图〈機〉부품. 〔몇 개의 '零件'(부품)으로 이루어진 독립 부품. 자동차 변속기 따위〕
【部类—류】bùlèi 图부류.
【部落—락】bùluò 图**1**부락. **2**부족(部族).
☆【部门—문】bùmén 图부문. 부서. ◇政府各~/정부 각 부서. ◇工业和农业是国民经济的两大~/공업과 농업은 국민경제의 2대 부문이다.
【部首—수】bùshǒu 图〈言〉부수. 〔'们'의 부수는 '人'이다〕
【部属—속】bùshǔ 图〈文〉부하. (同)〔部下 xià〕
∗【部署—서】bùshǔ 图통배치(하다). (인력·임무 등을) 배정(하다). ◇~兵力/병력을 배치하다.
∗【部位—위】bùwèi 图(주로 인체의) 부위. ◇发炎~/염증이 난 부분. ◇发音时舌的~/발음할 때 혀의 위치.
【部下—하】bùxià 图부하.
☆【部长—장】bùzhǎng 图중앙 정부의 각부(各部) 장관. 대신(大臣). ◇外交~/외무부 장관.

【埠】土部 8画 | bù 부두 부

1图부두. 〈轉〉부두가 있는 큰 도시. ◇本

~/본 도시. ◇外~/타 도시. **2**무역항. 개항장(開港場). ◇开~/개항하다.

【埠头一头】bùtóu 몡〈方〉부두. 선창. (同)〔码mǎ头〕

【簿】竹部 bù
13画 문서 **부**

몡장부(帳簿). 책. ◇帐~/장부. ◇练习~/연습장. ◇笔记~/필기장.

【簿册一책】bùcè 몡장부(帳簿).

【簿籍一적】bùjí 몡장부(帳簿). 명부(名簿).

【簿记一기】bùjì 몡**1**부기. **2**(회계 기록에 맞는) 장부.

【簿子一자】bù·zi 몡**1**장부. **2**노트.

C

cā

【拆】扌部 5画 cā 터질 **탁**

[동]〈方〉(대소변을) 배설하다.

【拆烂污－란오】cā lànwū [동]〈方〉무책임하게 일하여 일을 망치다.

★【擦】扌部 14画 cā 문지를 **찰**

[동]**1**마찰하다. 비비다. ◇手～破了皮/손이 어디에 스쳐서 피부가 까졌다. **2**(천이나 수건 따위로) 닦다. 문지르다. ◇～皮鞋/구두를 닦다. ◇～眼泪/눈물을 닦다. **3**문질러 바르다. ◇头发～了点儿油/머리에 기름을 좀 발랐다. **4**스치다. ◇微风～着海面吹 chuī 来/미풍은 해면을 스치며 불어왔다. **5**채치다. ◇把土豆～成丝儿/감자를 채치다.

【擦背－배】cā// bèi [동]〈方〉등을 밀다.

【擦黑儿－흑아】cāhēir [동]〈方〉저녁 때. (同)〔傍晚 bàngwǎn〕

【擦屁股－비고】cā pì·gu [동]남의 뒤치닥꺼리를 하다.

【擦拭－식】cāshì [동]닦다.

【擦洗－세】cāxǐ [동](젖은 천이나 알콜 등으로) 깨끗이 닦다.

【擦音－음】cāyīn [명]〈言〉마찰음. 〔s, h, f, sh 따위〕

【擦澡－조】cā// zǎo [동]젖은 수건으로 몸을 닦다〔때를 밀다〕.

cāi

☆【猜】犭部 8画 cāi 의심낼 **시**

[동]**1**추측하다. 알아맞히다. ◇～看, 这饭桌菜得多少钱?/이 밥상이 값이 얼마인가를 알아 맞춰봐라. **2**의심하다.

*【猜测－측】cāicè [명][동]추측(하다). 추량(하다). ◇～一下这事的结果/이번 일의 결과를 추측해보시오.

【猜度－도】cāiduó [동]추측하다.

【猜忌－기】cāijì [동]억측하여 시기하다. (同)〔猜疑 yí〕, (反)〔信任 xìnrèn〕

【猜枚－매】cāiméi [명]술자리에서 하는 게임의 일종.〔씨나 연밥 등을 손에 쥐고 홀수인지 짝수인지 맞히는 놀이〕

【猜谜儿－미아】cāi// mèir [동]**1**수수께끼를 풀다〔맞히다〕. 수수께기 놀이를 하다. **2**〈喻〉(말의 참뜻이나 일의 진상을) 추측하다.

【猜谜－미】cāi// mí (同)〔猜谜儿 **1**〕

【猜拳－권】cāi// quán (同)〔划 huá 拳 **1**〕

【猜嫌－혐】cāixián (同)〔猜忌 jì〕

⁑【猜想－상】cāixiǎng [동]추량하다. 추측하다. ◇这事的结局谁也～不到/이 일의 결말은 누구도 추측할 수 없다.

【猜疑－의】cāiyí [명][동]의심(하다). (同)〔怀 huái 疑〕, (反)〔相信 xiāngxìn〕

cái

★【才(纔)】一部 2画 cái 재주 **재**, 겨우 **재**

1[명]재능. 능력. ◇多～多艺/재능과 재간이 뛰어나다. **2**[명]재능이 있는 사람. ◇奇～/뛰어난 재능이 있는 사람. 귀재. **3**[명](Cái)성(姓). **4**[부]…에야. 〔사건 발생이 늦음을 표시함〕 ◇他说星期三动身, 到星期五～走/그는 수요일에 떠난다 해놓고는 금요일에야 떠났다. **5**[부]비로소. 〔어떤 조건하에 어떻게 해야 결과를 얻을 수 있는 것을 표시함. 흔히 '只有, 必须'들과 함께 쓰임〕 ◇只有依靠群众～能把工作做好/오직 대중에 의존해야만 비로소 사업을 잘 할 수 있다. [비교]才:再:就 ①"再"는 동작이 아직 실현되지 않았지만 언젠가는 된다는 것이고, "才"는 동작이 이미 실현됐음을 나타낸다. ◇现在负责人不在, 十二点十分(×才)再来一次吧/지금 책임자가 없으니 12시 10분에 다시 오시오. ②"只要…就"어떤 조건을 갖추기만 하면 된다는 뜻이지만 그것이 유일한 조건은 아니다. "只有…才"는 이것이 유일한 조건이라는 뜻이 된다. ◇只要坚持锻炼, 身体(×才)就会好起来/꾸준히 운동하기만 하면 건강은 좋아질 것이다. **6**[부]방금. 이제. 막. 〔일 동작이 방금 발생함을 표시함〕 ◇156次列车～到站/156번 열차가 이제 역에 들어섰다. **7**[부]…서야. 야. 〔새로운 상황·사건이 일어남을 나타낸다. 원래는 그렇지 않았음을 전제로 함〕 ◇经他解释之后, 我～明白是怎么回事/그의 해석을 듣고서야 나는 어떻게 된 일이였는가를 알았다. **8**[부]겨우. 근근히. 그럭저럭. ◇现在～一点半, 还早呢/이제 겨우 한 시 반이니 아직 이르다. **9**[부]…야말로. 〔강조를 나타냄. 끝부분에 흔히 '呢'가 옴〕 ◇

C

我说的都是真的，你~说谎呢/내가 한 말은 다 진짜야, 너야말로 거짓말을 했다.

【才分一분】cáifèn 圐타고난 재능.

*【才干一간】cáigàn 圐재간. 수완. ◇他既年轻，又有~/그는 나이도 젊고 재간도 있다.

【才怪(呢)一괴(니)】cáiguài(ne) 〈口〉…하면 이상한 것이지. 〔앞에 조건절을 제시하여 그 조건을 충족시키지 못하면 실현될 수 없음을 강조함〕◇你要不好好改脾气，人家姑娘要理你~呢/네가 성질머리 고치지 않는 이상 그 아가씨가 널 상대하면 이상한 것이지.

【才华一화】cáihuá 圐〈文〉(글을 쓰거나 연기 등의) 재주. 뛰어난 재능. ◇~出众/재능이 뛰어나다.

【才貌一모】cáimào 圐재능과 용모.

**【才能一능】cáinéng 圐재능. 능력. ◇施展~/재능을 발휘하다.

【才识一식】cáishí 圐〈文〉재능과 식견.

【才疏学浅一소학천】cái shū xué qiǎn 〈成〉〈謙〉식견이 좁고 학문이 얕다. 〔주로 자신을 낮출 때 쓰임〕(同)〔末学肤受 mò xué fū shòu〕, (反)〔才高八斗 cái gāo bā dǒu〕

【才思一사】cáisī 圐〈文〉문재(文才). (문학, 예술 따위의) 창작력.

【才学一학】cáixué 圐재능과 학문.

*【才智一지】cáizhì 圐재능과 지혜.

【才子一자】cáizǐ 圐문재가 있는 사람. 재기가 뛰어난 사람.

【才子佳人一자가인】cái zǐ jiā rén 〈成〉재능 있는 남자와 아름다운 여자.

【材】木部 cái 3画 재목 재
圐1목재. 재목. ◇木~/목재. 2관(棺). 3자료. ◇素~/소재. 4재능이 있는 사람. ◇人~/인재.

【材干一간】cáigàn 圐1재능. 재간. 2〈文〉재목.

☆【材料一료】cáiliào 圐1재료. 원료. ◇建宿舍不缺~了/기숙사를 짓는 데 재료가 부족하지 않게 됐다. 2제재(題材). (저작의) 자료. ◇纪念馆收集的~十分丰富/기념관에서 수집한 자료들이 매우 많다. 3(참고되는) 사실. 자료. 데이터(data). 4〈喩〉소질. 그릇. 감. ◇他不是搞 gǎo 音乐的~/그는 음악을 할 재목이 아니다.

*【财】贝部 cái 3画 재물 재
圐재화. 소유하는 금전과 물질의 총칭. ◇~产/재산. ◇~物/재물.

【财宝一보】cáibǎo 圐재산과 귀중품. (同)〔财富 fù〕, (反)〔粪土 fèntǔ〕

【财帛一백】cáibó 圐금전.

**【财产一산】cáichǎn 圐재산. ◇国家~/국가재산.

【财东一동】cáidōng 圐1예전에 상점·기업 등의 자본가·투자자. 2예전에 농민이 지주에 대하여 부르던 이름.

【财阀一벌】cáifá 圐재벌.

**【财富一부】cáifù 圐부(富). 재산.

**【财经一경】cáijīng 圐재정과 경제. ◇~学院/금융대학.

【财礼一례】cáilǐ (同)〔彩 cǎi 礼〕

*【财力一력】cáilì 圐재력.

【财贸一무】cáimào 圐금융과 무역.

【财迷一미】cáimí 圐수전노. 구두쇠.

【财权一권】cáiquán 圐〈法〉1재산의 소유권. 2경제권.

【财神一신】cáishén 圐행운의 신. 재신. 금전이나 재물을 주관하는 신.

【财团一단】cáituán 圐재단. 재벌.

【财务一무】cáiwù 圐경리. ◇~科/경리과.

【财物一물】cáiwù 圐재물. 금전과 물자.

【财源一원】cáiyuán 圐(주로 공공사업과 기업의)재원.

【财运一운】cáiyùn 圐재운. 돈복. 횡재할 운수. (同)〔财气 ·qì〕

**【财政一정】cáizhèng 圐재정. 금융. ◇~收入/재정수입.

【财主一주】cái·zhu 圐1부자. 2자본가. 옛날 농민이 지주에 대해 부르던 칭호.

*【裁】戈部 衣部 cái 8画 6画 마름질할 재
1圐자르다. 재단하다. ◇~布料/옷감을 베다. 2圐줄이다. 감하다. ◇~军预算/군대 예산을 감축하다. 3圐취사를 결정하다. 〔문학·예술에 많이 쓰임〕4圐판단하다. 결단하다. 5圐통제하다. 억제하다. 6圐체제. 품격.

【裁兵一병】cái//bīng 1圐군사의 수를 줄이다. 2(cáibīng)圐군축. 군대의 감축.

【裁并一병】cáibìng 圐(기구를) 축소하고 합병하다. 정리 통합하다.

【裁处一처】cáichǔ 圐판단하여 처리하다.

【裁定一정】cáidìng 圐〈法〉(법원이 사건 심의 과정 중) 판결하다.

【裁断一단】cáiduàn 圐판단하여 결정하다. 재결을 내리다.

【裁夺一탈】cáiduó (同)〔定 dìng 夺〕

【裁缝一봉】cáiféng 圐재봉하다. 의복을 만들다.

**【裁缝一봉】cái·feng 圐재봉사.

【裁减一감】cáijiǎn 圐(기구·인원·장비 따위를) 감축하다. 줄이다. (同)〔削减 xuējiǎn〕, (反)〔增加 zēngjiā〕

【裁剪一전】cáijiǎn 圐(옷을) 재단하다.

*【裁决一결】cáijué 圐(공무를) 결재하다. 판

단해 결정하다. ◇如双方发生争执，由当地主管部门~/만약 쌍방에서 쟁의가 있을 때에는 현지 관계부처에서 판결한다.
*【裁军—군】cáijūn [명][동]군비축소. 군축(하다). (反)〔扩 kuò 军〕
⁑【裁判—판】cáipàn [명][동]1〈法〉재판(하다). 2〈體〉(운동경기의) 심판(하다). 레퍼리(referee). ◇主~/주심. 3심판원. 엄파이어(umpire). (同)〔裁判员 yuán〕
【裁判员—판원】cáipànyuán [명]〈體〉심판. 레퍼리.
【裁员—원】cáiyuán [동]인원을 삭감하다.

cǎi

☆【采¹⁻⁴(採)】扌部 4画 木部 4画 cǎi 딸 **채**
1[동]따다. 뜯다. ◇你到山里~过蘑菇 mógu 吗?/너는 산에 가서 버섯을 따 봤니? **2**[동]캐내다. 파다. ◇再~就把矿石~完了/이제 좀 더 캐면 광석을 다 캐낼 수 있다. **3**[동]채취하다. 채집하다. ◇~集/수집하다. **4**[동]선택하다. 취(取)하다. ◇博~众长/여러가지 장점을 널리 받아들이다. **5**[명]풍채. 표정. **6**(同)〔彩 cǎi〕 ⇒cǎi
【采办—판】cǎibàn (同)〔采购 gòu〕
【采伐—벌】cǎifá [동]벌채하다. 벌목하다.
*【采访—방】cǎifǎng [동](뉴스 등을) 취재하다. 탐방하다. ◇~记者/탐방 기자.
☆【采购—구】cǎigòu **1**[동]사들이다. 구입하다. ◇~粮食/식량을 구입한다. **2**[명]구매 담당자. ◇他在食堂当~/그는 식당에서 구입담당을 맡았다. ‖ (同)〔采办 bàn〕
【采购员—구원】cǎigòuyuán [명]구매 담당 직원.
【采光—광】cǎiguāng [명][동]〈建〉채광(하다).
*【采集—집】cǎijí (同)〔收 shōu 集〕
【采掘—굴】cǎijué [동]채굴하다. 캐다. (同)〔采开 kāi〕
【采矿—광】cǎi// kuàng [동]광석을 채굴하다.
【采录—록】cǎilù [동]수집하여 기록하다. 녹화하다.
【采煤—매】cǎiméi [명][동]석탄(을) 채굴(하다).
*【采纳—납】cǎinà [동](의견·제안·요구 등을) 받아들이다. 수용하다. ◇~听众的意见/청취자들의 건의를 받아들이다.
☆【采取—취】cǎiqǔ [동](방침·정책·조치·수단·태도 등을) 취하다. ◇为扑灭 pūmiè 森林火灾 zāi，得~紧急措施/산불을 끄기 위해 긴급조치를 취해야 한다.
【采写—사】cǎixiě [동]탐방하여 기사를 쓰다. 취재하여 집필하다.
☆【采用—용】cǎiyòng [동]사용하다. 받아들여 쓰다. ◇许多地方办公~了电脑技术/여러 곳에서 컴퓨터 기술을 사용하여 사무를 본다. ◇他的建议很有价值，但领导没有~/그의 건의는 가치가 있지만 오너가 받아들이지 않았다. [비교]采用:采取 "采用"은 사용한다는 뜻에 비중을 두고 있고, "采取"는 선택해서 취하다는 뜻에 비중을 둔다. ◇对于别人的批评，他经常(×采用)采取不理睬 cǎi 的态度/다른 사람의 비판에 대해 그는 늘 무관심한 태도를 취한다.
【采择—택】cǎizé [동]고르다. 채택하다.
【采摘—적】cǎizhāi [동](과일, 잎 등을) 따다.
【采种—종】cǎi// zhǒng [동]채종하다. 씨를 (골라서) 받다.

【彩(²,³綵)】彡部 8画 cǎi 채색 **채**
1[명]색. 색채. ◇云~/꽃구름. **2**[명]색채있는 비단. **3**[명]갈채의 소리. ◇喝~/갈채하다. **4**[명]여러가지 종류〔모양〕. ◇丰富多~/풍부하고 다채롭다. **5**[명]경품. 상품. 복권. ◇中~/당첨되다. **6**[명]중국 전통극에서 특수한 상황을 나타낼 때 쓰는 기술·마술. ◇火~/도깨비불 따위를 나타내는 기술. **7**[동](전쟁에서) 부상하여 피를 흘리다. ◇挂~/부상하여 피를 흘리다.
【彩绸—주】cǎichóu [명]무늬 있는 비단.
【彩带—대】cǎidài [명]오색 비단 테이프.
【彩旦—단】cǎidàn [명]〈演〉(중국 전통극에서) 익살맞은 여자나 악독한 여자로 분장한 어릿광대. 〔'丑旦'이라고도 하며 나이가 좀 많은 경우는 '丑婆子'라고 한다〕
【彩电—전】cǎidiàn [명]칼라 TV.
【彩号—호】cǎihào (~儿)[명]부상병.
【彩虹—홍】cǎihóng [명]무지개.
【彩绘—회】cǎihuì **1**[동]채색하여 그림을 그리다. **2**[명]기물(器物)이나 건축물의 채색〔도화〕.
【彩活—활】cǎihuó [명]오색 천으로 회의장이나 천막 따위에 장식을 하는 일.
【彩轿—교】cǎijiào [명]꽃가마. (同)〔花 huā 轿〕
【彩礼—례】cǎilǐ [명](결혼시 남자쪽이 여자쪽에게 보내는) 사주단자 예물.
【彩练—련】cǎiliàn (同)〔彩带 dài〕
【彩排—배】cǎipái [명][동](연극·무용·프로그램 등을) 시연(試演). 예행 연습. 리허설(rehearsal)(하다).
【彩棚—붕】cǎipéng [명](색종이·무늬 있는 비단·소나무 가지 따위로) 장식한 임시 천막.
【彩票—표】cǎipiào [명]복권.
【彩旗—기】cǎiqí [명]채색 깃발.
☆【彩色—색】cǎisè [명]여러가지 색. 다색. 칼

C

라. ◇~照片/칼라 사진.

【彩色电视－색전시】cǎisè diànshì 명칼라 TV.

【彩色片儿－색편아】cǎisèpiānr 명1테크니 칼라 필름(Technicolor film). 2천연색 영화.

【彩陶－도】cǎitáo 명〈美〉중국 신석기 시대 의 채문 도기.

【彩陶文化－도문화】cǎitáo wénhuà (同) 〔仰 yǎng 韶文化〕

【彩霞－하】cǎixiá 명아름다운 놀.〔아침·저 녁 놀 등〕

【彩纸－지】cǎizhǐ 명색지. 색종이.

【睬】目部 cǎi
8画 아는체할 채
통상대하다. 주의를 돌리다. ◇不要~他/ 그를 상대하지 말아라.

☆【踩(跴)】足部 cǎi
8画 밟을 채
통1밟다. 짓밟다. ◇小心, 别~人/사람을 밟지 않도록 조심해라. 2〈喩〉깔보다. 모 욕하다. 짓밟다. ◇这种人既会捧 pěng 人, 又会~人/이런 사람은 남을 치켜세울 줄 도 알고 남을 짓밟을 줄도 안다. 3도적을 추적하여 체포하다. 사건을 조사하다. ◇ ~捕 bǔ/체포하다.

cài

【采(埰)】瓜部 木部 cài
4画 4画 딸 채
⇒cǎi

【采邑－읍】cǎiyì 명고대 봉건 제후의 봉토 (封土). 영지(領地). (同)〔采地 dì〕

★【菜】艹部 cài
8画 나물 채
명1채소. ◇野~/산나물. 2부식(副食). 반 찬. 3요리. ◇四川~的种类比较多/사천요 리는 비교적 종류가 많다. 4유채(油菜).

【菜帮－방】càibāng (~儿)명겉대.〔푸성귀 의 겉쪽에 붙은 줄기나 잎〕

【菜场－장】càichǎng (同)〔菜市 shì〕

*【菜单－단】càidān (~儿)명식단. 메뉴. (同) 〔单子 zi〕〔菜谱 pǔ〕

【菜刀－도】càidāo 명부엌칼. 식칼.

【菜地－지】càidì 명채소밭. (同)〔菜圃 pǔ〕

【菜豆－두】càidòu 명〈植〉강낭콩.

【菜瓜－과】càiguā 명〈植〉월과(越瓜).〔'越 瓜'라고도 하며 지방에 따라서는 '老黄瓜' 라고 한다〕

【菜花－화】càihuā (~儿)명〈植〉1꽃양배추 (Culi flower).〔'花椰菜 huāyěcài'의 통 칭〕2유채의 꽃.

【菜窖－교】càijiào 명야채를 넣어 두는 움

막. 남새움.

【菜篮子－람자】càilán·zi 명시장 바구니. 장 바구니.

【菜码儿－마아】càimǎr 명고명. 국수꾸미. (同)〔面 miàn 码儿〕

【菜牛－우】càiniú 명식용우(食用牛).

【菜农－농】càinóng 명야채 농사를 전문으 로 하는 농민. 야채농가.

【菜票－표】càipiào 명반찬을 사는 식권.

【菜圃－포】càipǔ 명채소밭. 채마전. (同) 〔菜园 yuán〕

【菜谱－보】càipǔ 명1식단. 메뉴. 2요리책.

【菜畦－휴】càiqí 명남새밭. 채마전.

【菜青－청】càiqīng 명〈色〉감람나무의 잎과 같이 누른빛을 띤 녹색. 감람 녹색. 올리 브 색.

【菜色－색】càisè 명사람이 계속 야채만 먹 고 밥을 못 먹는 영양실조의 얼굴.

【菜市－시】càishì 명야채시장. 식료품 시장.

【菜蔬－소】càishū 명1채소. 2반찬. 요리.

【菜薹－대】càitái 명야채의 꽃 줄기. 장다리.

【菜摊－탄】càitān (~儿)명야채를 파는 노점.

【菜汤－탕】càitāng 명야채국. 야채 수프.

【菜心－심】càixīn 명1채심.〔중국 야채의 일종. '油菜' '油菜心'이라고도 한다〕2 (~儿)야채의 고갱이. 속.

【菜肴－효】càiyáo 명요리. 반찬.

【菜油－유】càiyóu 명유채기름.

【菜园－원】càiyuán 명채소밭. (同)〔菜园 子 zi〕

【菜栈－잔】càizhàn 명야채판매〔도매〕시장.

【菜子－자】càizǐ 명1(~儿)야채의 씨앗. 2 평지〔유채〕의 씨.

【菜子油－자유】càizǐyóu (同)〔菜油〕

cān

【参·參】厶部 cān
6画 참여할 참
통1가입하다. 참가하다. 참여하다. ◇~ 赛/경기〔시합〕에 참가하다. (同)〔入 rù〕, (反)〔退 tuì〕2참고하다. ◇~看/참조해 본다. 3뵙다. 알현하다. 배알하다. 4〈文〉 탄핵하다. ⇒cēn, shēn

【参拜－배】cānbài 통참배하다. 배알하다.

【参半－반】cānbàn 통통서로 반반이다. 반 수(半數)(를 차지하다).

★【参观－관】cānguān 명통구경(하다). 견학 (하다). ◇我们只~了住宅, 没有~养鸡场 /우리들은 주택을 견학했을 뿐 양계장은 견학하지 못했다. 비교参观:看望 "参观" 은 사람을 목적어로 취하지 않는다. ◇他 决定去巴黎 Bālí (×参观)看望刚刚出生的

孙子/그는 금방 태어난 손자를 보러 파리에 가기로 결정했다.

【参合—합】cānhé 통(자료 등을) 참고해서 종합하다.

★【参加—가】cānjiā 통1(어떤 모임이나 일에) 참석하다. 참여하다. (조직에) 가입하다. ◇我们～了昨天的舞会/우리는 어제 무도회에 참석했다. (同)〔加入 jiārù〕, (反)〔退出 tuìchū〕2(의견을) 내다. 제시하다. 〔复员 fùyuán〕

【参见—견】cānjiàn 통1참조하다. 〔서적이나 문장의 주석용어〕(同)〔参看 kàn〕2 알현하다. 배알하다. (同)〔谒 yè 见〕〔参谒〕

＊【参军—군】cān// jūn 통입대하다. 군복무하다. ◇村里的年轻人除了他都～了/시골의 젊은이들은 그를 빼고 모두 입대했다. (反)〔复员 fùyuán〕

【参看—간】cānkàn 통1(사전·서적 등을) 참고로 보다. 2참조하다. 〔문장 주석용어〕

＊＊【参考—고】cānkǎo 통1참고하다. ◇编制这部电视片,～了不少历史文献/이 TV 드라마를 제작하기 위해 적지 않은 역사문헌들을 참고하였다. 2명참고. ◇～资料/참고자료. 3(同)〔参看 kàn 2〕

＊＊【参谋—모】cānmóu 1명〔軍〕참모. ◇师长细心听取了许人的意见/사단장은 허참모의 의견을 세심히 들었다. 2명상담역. 카운셀러(counselor). 조언하다. 권고하다. ◇好多人为他～过/많은 사람들이 그를 위해 조언했다. 비교参谋:考虑 자기가 생각해서 결정하는 것에는 "参谋"를 쓰지 않는다. ◇工作适不适合,全靠你自己(×参谋)考虑了/일이 적합한지 아닌지는 전적으로 네 자신이 생각해 봐라.

【参事—사】cānshì 명참사(관).

【参数—수】cānshù 명〔數〕패러메이터(parameter). 보조변수.

【参天—천】cāntiān 통(수목 등이) 하늘 높이 치솟다. (同)〔摩 mó 天〕, (反)〔低矮 dī'ǎi〕

【参验—험】cānyàn 통비교하여 검증하다.

【参议—의】cānyì 1명〔文〕의론에 참여하다. ◇～国事/국사 논의에 참여하다. 2명참의.〔명(明)·청(清)시대의 관명으로 참사관에 해당함〕

＊【参议院—의원】cānyìyuàn 명〔政〕참의원.〔양원제(兩院制) 국회에 있어서의 상원〔上院〕〕

＊【参与—여】cānyù 통관여하다. 관계하다. ◇我不～你们的事/나는 너희들 일에 관여하지 않겠다. (同)〔参预 yù〕비교参与:参加 어떤 조직·집단에 가담하는 것에는 "参与"를 쓰지 않는다. ◇我小时候,母亲(×参与)参加了一个政治团体/내가

어렸을 적에 어머니는 한 정치조직에 참가하셨었다.

【参预—예】cānyù (同)〔参与 yù〕

＊【参阅—열】cānyuè 통참조하다. ◇写这篇论文,～了大量的图书资料/이 논문을 쓰는데 많은 도서자료들을 참조하였다.

【参赞—찬】cānzàn 1명참사관. 2명〔文〕참여하여 돕다. 협찬하다.

【参战—전】cānzhàn 통참전하다. 전쟁에 참가하다.

＊【参照—조】cānzhào 통(타인의 경험이나 방법 등을) 참조하다. 참고하다. ◇～执行/참조하여 집행하다.

【参政—정】cān// zhèng 통정치에 참여하다.

【参酌—작】cānzhuó 통참작하다. ◇～具体情况/구체적인 상황을 참작하다.

【餐(湌,飡)】 食部 cān 7画 반찬 **찬**

1통(음식을)먹다. ◇用～/식사하다. 2명요리. 식사. ◇早～吃什么好?/아침식사는 무엇을 먹으면 좋을까? 3명끼니. 끼.〔식사의 횟수를 셀 때 쓰는 말〕◇三～都吃肉/세 끼 다 고기를 먹다.

【餐布—포】cānbù 명냅킨(napkin).

＊【餐车—차】cānchē 명식당차.

【餐风宿露—풍숙로】cān fēng sù lù 〈成〉바람을 음식삼고, 이슬을 요삼다. 여행길의 고달품을 말할 때 쓰는 비유. (同)〔餐风饮 yǐn 露〕

【餐风饮露—풍음로】cān fēng yǐn lù 〈成〉풍찬노숙하다.

【餐巾—건】cānjīn 명(식탁용) 냅킨(napkin).

【餐具—구】cānjù 명식기(食器). 테이블 웨어(table ware).

【餐室—실】cānshì 명식당.

☆【餐厅—청】cāntīng 명식당. 레스토랑. ◇去～吃饭吧/식당에 가서 밥을 먹자.

【餐桌—탁】cānzhuō (～儿)명식탁. 디너 테이블(dinner table).

cán

＊【残·殘】 歹部 cán 5画 쇠잔할 **잔**

1형불완전하다. 결함이 있다.◇～品/하자 있는 제품. (反)〔全 quán〕2명형나머지(의). 여분(의). ◇～敌/나머지 적. (同)〔暮 mù〕, (反)〔初 chū〕3형해치다. 망가뜨리다. 손상시키다. ◇～害/해치다. 4형잔인하다. 잔혹하다. ◇～忍/잔인하다. (同)〔狠 hěn〕, (反)〔仁 rén〕

【残败—패】cánbài 통끔찍한 모양이 되다. 무참하게 되다. 패하다. ◇一片～的景象/

C

온통 처참한 광경이다. (同)〔衰 shuāi 败〕, (反)〔兴盛 xīngshèng〕

*【残暴—포】cánbào 웹잔인하고 포악하다. ◇～的侵略者/잔학한 침략자.

【残杯冷炙—배냉자】cán bēi lěng zhì 웹마시고 남은 술과 다 식은 구운 고기. 먹다 남은 찌꺼기.

【残兵败将—병패장】cán bīng bài jiàng 〈成〉패잔군. (反)〔强兵劲旅 qiáng bīng jìn lǚ〕

【残存—존】cáncún 图미미하게 남아있다. 잔존하다.

【残敌—적】cándí 图(전쟁에서 잡히지 않은) 살아남은 적.

【残匪—비】cánfěi 图잔적. 비적의 잔당.

【残废—폐】cánfèi 1图불구가 되다. 2图신체 장애자. (同)〔残疾 jí〕

【残羹冷炙—갱랭자】cán gēng lěng zhì (同)〔残杯 bēi 冷炙〕

【残羹剩饭—갱잉반】cán gēng shèng fàn 〈成〉먹다 남은 국과 밥. 먹다 남은 찌꺼기. (同)〔残杯冷炙 cán bēi lěng zhì〕〔残羹冷炙〕

【残骸—해】cánhái 图잔해.

【残害—해】cánhài 图1다치게 하다. 살해하다. (同)〔伤 shāng 害〕, (反)〔保护 bǎohù〕2살해하다.

【残货—화】cánhuò 图불량품. 하자가 있는 상품. (同)〔残品 pǐn〕

【残迹—적】cánjì 图남아있는 흔적. 자취.

*【残疾—질】cán·jí 웹신체 장애. (同)〔残废 fèi〕

【残局—국】cánjú 图1(바둑이나 장기 따위의) 종반전. 막판. 2(일이 실패한 후나 사회 변란 이후의) 국면.

*【残酷—혹】cánkù 图잔혹하다. ◇日帝的～的统治/일제의 잔혹한 통치. (同)〔凶 xiōng 残〕, (反)〔仁慈 réncí〕 비교残酷: 残忍 "残酷"은 사람의 마음씨·수단의 악랄함에 사용하지 않는다. ◇挑动群众斗群众的手段是很(×残酷)残忍的/군중이 군중과 싸우도록 선동하는 것은 잔인한 수법이다.

【残留—류】cánliú 图잔류하다.

【残年—년】cánnián 图1여생. 만년. (同)〔暮 mù 年〕, (反)〔妙 miào 年〕2연말. 세모. (同)〔年末 mò〕, (反)〔年初 chū〕

【残虐—학】cánnüè 图1잔학하다. 2잔인하게 학대하다.

【残篇断简—편단간】cán piān duàn jiǎn (同)〔断编 biān 残简〕

【残品—품】cánpǐn (同)〔残货 huò〕

【残破—파】cánpò 图파손되다. 망가지다. 상처나다. (同)〔破损 sǔn〕, (反)〔完整 w-

ánzhěng〕

【残缺—결】cánquē 图빠져있다. 불완전하다. (同)〔残损 sǔn〕, (反)〔完整 wánzhěng〕

*【残忍—인】cánrěn 图잔인하다. ◇手段凶狠/수단이 흉악하고 잔인하다.

【残杀—살】cánshā 图잔인하게 죽이다. 학살하다.

【残生—생】cánshēng 图1여생. 만년. 2간신히 살아 남은 목숨.

【残损—손】cánsǔn 图(물품이) 파손되다.

*【残余—여】cányú 图잔여. 나머지. 찌꺼기. 유물. 잔재물. ◇～部队/잔여부대. ◇封建～/봉건사상의 찌꺼기.

【残渣—사】cánzhā 图잔재. 찌꺼기.

【残渣余孽—사여얼】cán zhā yú niè 남아있는 악당.

【残照—조】cánzhào 图석양. 저녁노을. 몰락하는 세력의 비유. (同)〔夕 xī 照〕, (反)〔曙光 shǔguāng〕

**【蚕·蠶】虫部 cán 4画 누에 잠
图누에의 총칭. 〔일반적으로는 '家蚕'을 가리킨다〕◇桑～/뽕누에.

【蚕宝宝—보보】cánbǎobǎo 图〈方〉누에님. 〔애칭〕

【蚕箔—박】cánbó 图잠박. 누에 채반. 누에를 키우는 용기. 나무·대나무·짚 등을 장방형 또는 원형으로 짠 것.

【蚕豆—두】cándòu 图〈植〉잠두. 누에콩. (同)〔胡 hú 豆〕

【蚕蛾—아】cán'é 图〈虫〉누에나방.

【蚕茧—견】cánjiǎn 图누에고치.

【蚕眠—면】cánmián 图누에잠. 누에의 껍질을 벗기 전의 수면 상태.

【蚕食—식】cánshí 图1누에가 뽕잎을 갉아먹다. 2잠식하다. ◇～经济/경제를 잠식하다.

【蚕食鲸吞—식경탄】cán shí jīng tūn 〈成〉차츰차츰 침략하여 드디어는 삼켜버리다.

【蚕丝—사】cánsī 图잠사. 누에고치에서 켜낸 실. 생사(生絲).

【蚕蚁—의】cányǐ 图〈虫〉개미 누에. 갓 부화한 누에의 유충.

【蚕蛹—용】cányǒng 图〈虫〉누에의 번데기.

【蚕纸—지】cánzhǐ 图잠란지(蠶卵紙). 누에알을 붙인 종이.

【蚕子—자】cánzǐ (～儿)图누에알.

**【惭·慚(慙)】忄部 cán 8画 부끄러울 참
图부끄러워하다.

**【惭愧—괴】cánkuì 图부끄럽게 생각하다. ◇深感～/매우 부끄럽게 생각한다. (同)〔羞 xiū 愧〕, (反)〔无 wú 愧〕

【惭怍—작】cánzuò (同)〔惭愧 kuì〕

căn

∗∗【惨·慘】 忄部｜căn｜8画｜슬플 **참**

形 **1**비참하다. 가엾다. 처참하다. ◇她死得太~了/그녀는 너무 비참하게 죽었다. **2**(정도나 상태가) 끔찍하다. 지독하다. ◇在这次围棋赛中，七个人输 shū 在一个人手里, 太~了/이번 바둑시합에서 일곱 사람이 전부 한 사람한테 패했으니 져도 너무 끔찍하게 졌다. **3**잔인하다. 잔혹하다. ◇~无人道/흉악무도하다.

【惨案—안】 căn'àn 名학살 사건. 살인 사건.
【惨白—백】 cănbái 形 **1**(경치가) 어스레하다. **2**(안색이) 창백하다. (同)〔苍 cāng 白〕, (反)〔红润 hóngrùn〕
【惨败—패】 cănbài 名动참패(하다). 비참하게 지다. (同)〔大 dà 败〕, (反)〔全胜 quánshèng〕
【惨变—변】 cănbiàn 名변. 비참한 사건.
【惨不忍睹—불인도】 căn bù rěn dǔ〈成〉참혹하여 차마 볼 수가 없다.
【惨淡—담】 căndàn 形 **1**어슴푸레하다. **2**(경기·정세가) 암담하다. **3**여러가지로 고심하는 모양. (同)〔惨澹 dàn〕
【惨毒—독】 căndú 形매우 잔혹하다. 아주 잔인하다.
【惨祸—화】 cănhuò 名참화. 참혹한 재앙.
【惨叫—규】 cănjiào **1**名비명. **2**动울부짖다. 비명을 지르다.
【惨境—경】 cănjìng 名비참한 광경이나 상황. (反)〔天堂 tiāntáng〕
【惨剧—극】 cánjù (同)〔惨变 biàn〕
【惨绝人寰—절인환】 căn jué rén huán〈成〉이 세상에 다시없는 비참한 일.
【惨苦—고】 cănkǔ 形참혹하고 고통스럽다. 지독하게 괴롭다. (同)〔惨痛 tòng〕, (反)〔欢喜 huānxǐ〕
【惨然—연】 cănrán 形(同)〔惨痛 tòng〕, (反)〔欣 xīn 然〕
【惨杀—살】 cănshā 动학살하다. 참혹하게 죽이다.
【惨死—사】 cănsǐ 动참사하다. 참혹하게 죽이다.
【惨痛—통】 căntòng 形비통하다. (同)〔惨然 rán〕, (反)〔欢喜 huānxǐ〕
【惨无人道—무인도】 căn wú rén dào〈成〉잔인 무도하다. (同)〔伤天害理 shāng tiān hài lǐ〕, (反)〔大慈大悲 dà cí dà bēi〕
【惨笑—소】 cănxiào 动애처롭게 웃다.
【惨重—중】 cănzhòng 形(손실이) 아주 크다. (同)〔深重 shēnzhòng〕, (反)〔轻微 qīngwēi〕

【惨状—상】 cănzhuàng 名참상. 비참한 광경.

càn

【灿·燦】 火部｜càn｜3画｜찬란할 **찬**

∗【灿烂—란】 cànlàn 形눈부시게 빛나다. 번쩍이다. ◇汽车迎着~的朝霞 zhāoxiá 一直向东开去/자동차는 찬란한 아침놀을 향해 줄곧 동쪽으로 질주하고 있다. (反)〔暗淡 àndàn〕
【灿然—연】 cànrán 形찬연하게·눈부시게 빛나는 모양.

【孱】 尸部｜càn｜9画｜잔약할 **잔**

뜻은 'chán'과 같고, 단지 '孱头'의 경우에만 'càn'으로 발음한다.
【孱头—두】 càn·tou 名〈罵〉〈方〉패기없고 무능한 사람. 〔타인을 욕하는 말〕

cāng

【仓·倉】 人部｜cāng｜2画｜곳집 **창**

名 **1**창고. 곳간. ◇粮食满~/양식이 창고에 그득 차다. **2**(Cāng)성(姓).
【仓储—저】 cāngchǔ 动창고에 저장하다.
∗【仓促—촉】 cāngcù 形황급하다. 바쁘다. ◇时间~来不及细说了/시간이 없어 자세한 말씀을 드릴 수가 없군요.
【仓猝—졸】 cāngcù (同)〔仓促 cù〕, (反)〔从容 cóngróng〕
【仓房—방】 cāngfáng 名창고. 곡물 창고.
【仓皇—황】 cānghuáng 形허둥지둥하다. (同)〔张 zhāng 皇〕, (反)〔镇静 zhènjìng〕
∗【仓库—고】 cāngkù 名창고. 저장고. ◇粮食~/양식 창고.
【仓廪—름】 cānglǐn 名〈文〉곡물 창고.

【沧·滄】 氵部｜cāng｜4画｜서늘할 **창**

形 **1**검푸른 색(의 물). **2**춥다. ◇~海/검푸른 바다.
【沧海—해】 cānghǎi 名검푸른 바다.
【沧海桑田—해상전】 cāng hǎi sāng tián〈成〉창해가 변하여 뽕나무밭이 되다. 세상의 변천이 몹시 크다. (同)〔天翻地覆 tiān fān dì fù〕, (反)〔静止不变 jìng zhǐ bù biàn〕
【沧海一粟—해일속】 cāng hǎi yī sù〈成〉큰 바다에 던져진 한 알의 좁쌀. 극히 미미한 것.
【沧桑—상】 cāngsāng (同)〔沧海 hǎi 桑田 tián〕

【苍·蒼】 ⁺⁺部｜cāng｜4画｜푸를 **창**

C

[명]1청색. 2흰색을 띤 회색. 3〈文〉하늘 또는 공중. 4(Cāng)성(姓).

⁑【苍白－백】cāngbái [형]1회백색의. 2창백하다. ◇她～的脸上挂着泪珠/그녀의 창백한 얼굴에 눈물이 어려있다. (同)〔惨 cǎn 白〕, (反)〔红润 hóngrùn〕 3생명력이 없다. 힘이 없다.

C

【苍苍－창】cāngcāng [형]1회백색의. 2짙푸른. 3넓고 넓어 가이없다.

【苍翠－취】cāngcuì [형]검푸르다. 푸르고 싱싱하다. (反)〔枯黄 kūhuáng〕

【苍黄－황】cānghuáng 1[형]푸르무레하고 누르스름하다. 2[명]청색과 황색. 〈喻〉사물의 변화.

【苍劲－경】cāngjìng [형]1(글씨, 그림 등이) 원숙하면서 힘이 있다. (同)〔雄健 xióngjiàn〕,(反)〔稚嫩 zhìnèn〕 2(수목이) 굳세고 빼어난 모양.

【苍老－노】cānglǎo [형]1(용모·목소리 따위가) 늙다. 나이가 들어보이다. 2고담하고 힘차다. 원숙하다.

【苍凉－량】cāngliáng [형]처량하다. ◇月色～/달빛이 처량하다. (同)〔凄 qī 凉〕, (反)〔热闹 rè·nao〕

【苍龙－룡】cānglóng [명]1〈天〉창룡. (同)〔青 qīng 龙〕 2전설 중의 흉신 악신(兇神惡神). 〔지금은 때로 매우 흉악한 사람을 비유하는 말〕

【苍茫－망】cāngmáng [형]〈文〉넓고 멀어서 아득하다. 망망하다. (同)〔苍莽 mǎng〕, (反)〔狭窄 xiázhǎi〕

【苍穹－궁】cāngqióng [명]〈文〉푸른 하늘. (同)〔穹苍〕

【苍生－생】cāngshēng [명]〈文〉백성.

【苍天－천】cāngtiān [명]〈文〉하늘. (同)〔上 shàng 苍〕

【苍鹰－응】cāngyīng [명]〈鳥〉매. 참매.

⁑【苍蝇－승】cāng·ying [명]〈虫〉파리.

【苍蝇拍子－승박자】cāng·ying pāi·zi [명]파리채.

【苍郁－울】cāngyù [형]〈文〉(초목 따위가) 매우 푸르고 무성한 모양. 울창하다. (同)〔葱 cōng 郁〕, (反)〔黄枯 huángkù〕

【苍术－출】cāngzhú [명]〈植〉삽주.

⁑【舱·艙】舟部 4画 | cāng 갑판밑 **창**

[명](비행기의) 객실. (배의) 선실. 선창. (화물)창. ◇头等～/일등실.

【舱口－구】cāngkǒu [명]배 갑판의 승강구. 해치(hatch).

【舱位－위】cāngwèi [명](배·비행기의) 좌석.

cáng

☆【藏】艹部 14画 | cáng 광 **장**

[동]1숨다. 숨기다. 간직하다. 감추다. ◇他行李里～了毒品, 被海关搜 sōu 出来了/그는 짐 속에 마약을 숨겼다가 세관에 의해 발각되었다. 2저장하다. 소장하다. ◇这个图书馆～了五十万册书/이 도서관에는 서적 50만권을 소장하고 있다. ⇒zàng

【藏躲－타】cángduǒ [동]도피하다. 몸을 숨기다. ◇无处～/숨을 곳이 없다.

【藏垢纳污－구납오】cáng gòu nà wū 〈成〉 악인이나 악행을 숨겨주거나 덮어주다. (同)〔藏污纳垢〕

【藏奸－간】cángjiān [동]1악의(惡意)를 품다. 2〈方〉남을 도우려 하지 않다. 농땡이 부리다.

【藏龙卧虎－룡와호】cáng lóng wò hǔ 〈成〉 숨어있는 용과 엎드려있는 호랑이. 아직 세상에 드러나지 않은 유능한 인물.

【藏猫儿－묘아】cángmāor [명][동]숨바꼭질(하다).

【藏身－신】cángshēn [동]몸을 숨기다. 몸을 맡기다.

【藏书－서】cáng// shū 1[동]서적을 소장하다. 2(cángshū)[명]소장한 책.

【藏头露尾－두로미】cáng tóu lù wěi 〈成〉 머리는 숨기고 꼬리만 보이다. 발뺌하여 진상을 분명히 밝히지 않다〔않는 태도를 취하다〕. (反)〔直截了当 zhíjié liǎodàng〕

【藏掖－액】cángyē 1[동]숨기다. 일부러 숨기다. 2[명]숨긴 오점이나 폐단.

【藏拙－졸】cángzhuō [동](자신의 미숙함이나 결점을 내보이지 않으려고) 의견이나 작품을 공표하지 않다.

【藏踪－종】cángzōng [동]모습을 감추다. 행방불명이 되다.

cāo

*【操】扌部 13画 | cāo 잡을 **조**

1[동]쥐다. 잡다. ◇～起扁担 biǎndan 就往外走/멜대를 쥐고 밖으로 나가다. 2[동]조종하다. ◇～纵/조종하다. 3[동]종사하다. (일을) 하다. ◇～劳/애써 일하다. 4[동]말을 하다〔쓰다〕. ◇作为老师你不应该～方言/선생님으로서 방언을 써서는 안된다. 5[명][동]교련(하다). 체조(하다). ◇做早～/아침체조를 하다. 6[명]품행. 행위. 절개. ◇情～/절개. 7(cāo)[명]성(姓).

【操办－판】cāobàn [동]처리하다. 치르다.

★【操场－장】cāochǎng [명]1운동장. 2연병장.

【操持－지】cāochí [동]1책임을 가지고 처리하다. 꾸려나가다. 2조처하다. 준비하다.

*【操劳－로】cāoláo [동]애써 일하다. 고생하다. 신경쓰다. ◇父亲为我们～了一生/아버지께서는 저희들을 위해 일생을 열심히 일해왔다. ◇他一直为我们的健康～/그는 줄곧 우리들의 건강을 위해 신경을 써왔다.
*【操练－련】cāoliàn [명][동]훈련(하다). ◇战士们正在～/사병들은 지금 훈련을 하고 있다.
【操神－신】cāo// shén [동]신경을 쓰다. 걱정하다.
【操守－수】cāoshǒu [명]몸가짐. 품성.
⁑【操心－심】cāo// xīn [동]마음을 쓰다. 신경을 쓰다. ◇他这半年也一直为孩子考大学～/그는 이 반년간에도 아이의 대학입시에 대해 신경을 썼다. (同)〔费 fèi 心〕, (反)〔省 shěng 心〕
【操行－행】cāoxíng [명]품행.
【操演－연】cāoyǎn [명][동](스포츠나 군사연습 등의) 훈련(하다). 연습(하다).
【操之过急－지과급】cāo zhī guò jí 〈成〉행동이 너무 조급하다. 지나치게 안달하다. (同)〔急于求成 jí yú qiú chéng〕, (反)〔不慌不忙 bù huāng bù máng〕
⁑【操纵－종】cāozòng [동]**1**(기계를) 조종하다. ◇他在替我～机床/그는 나를 대신하여 선반을 조종하고 있다. **2**〈贬〉(부당한 방법으로 사람이나 사물을) 조종〔지배〕하다. ◇他在幕后～那个组织 zǔzhī/그는 막후에서 그 조직을 조종하고 있다. (同)〔控制 kòngzhì〕, (反)〔摆脱 bǎituō〕
⁑【操作－작】cāozuò [명][동](기계 등을) 조작(하다). ◇先看说明, 然后再～/먼저 설명을 본 다음 조작한다.
【操作规程－작규정】cāozuò guīchéng [명] 조작 규정〔규칙〕.

【糙】米部 10画 cāo 쌀 **조**
[형]조잡하다. 거칠다. 엉성하다. ◇～粮/잡곡. (同)〔毛 máo〕〔粗 cū〕, (反)〔光 guāng〕〔精 jīng〕
【糙粮－량】cāoliáng [명]잡곡. 잡곡물. (同)〔粗 cū 粮〕
【糙米－미】cāomǐ [명]현미(玄米).

cáo

【嘈】口部 11画 cáo 지껄일 **조**
[형]떠들썩하다. 시끄럽다.
【嘈杂－잡】cáozá [형]떠들썩하다. 시끄럽다. (同)〔喧嚣 xuānxiāo〕, (反)〔安静 ānjìng〕

*【槽】木部 11画 cáo 말구유통 **조**
1[명](가축의) 구유. ◇牛～/소 구유. ◇把马拴到～上去/말을 먹이그릇 있는 곳에 매어두다. **2**[명](액체를 넣은) 사각 또는 장방형의 통. ◇油～/기름탱크. **3**(～儿) [명]홈. 도랑. ◇河～/수로. **4**[양]〈方〉창문이나 방안의 칸막이의 단위. ◇一～窗户/창문 하나.
【槽坊－방】cáo·fang [명]양조장.
【槽糕－고】cáogāo [명]〈方〉(갖가지 모양의 나무틀에 넣어 만든) 중국식 카스텔라. (同)〔槽子 zi 糕〕
【槽头－두】cáotóu [명]가축의 구유.
【槽牙－아】cáoyá [명]어금니. (同)〔臼齿 jiùchǐ〕
【槽子－자】cáo·zi (同)〔槽〕**1, 2, 3**

cǎo

★【草(艸,⁸騲)】艹部 6画 cǎo 풀 **초**
1[명]초본 식물의 총칭. 풀. ◇路边长满了～/길섶에 풀들이 우거졌다. **2**[명]연료나 사료로 쓰이는 벼·보리 등의 줄기. ◇一大垛～都烧完了/짚더미가 다 타버렸다. **3**[명]옛날 산이나 민간을 가리키던 말. ◇～泽医生/민간의원. **4**[형]갈겨 쓰다. ◇这么～的字谁认得/이렇게 갈겨 쓴 글자를 누가 알아본담. **5**[명]자체(字體)의 명칭. a)초서. 〔한자서체의 일종〕 ◇王老师最擅长 shàncháng 写大～/왕선생은 초서를 가장 잘 쓴다. b)알파벳 등 표음문자의 필기체. **6**[명]초보적인 글 원고 등. ◇～稿/초고. **7**[동]〈文〉글의 초안을 잡다. ◇～拟 nǐ/초고를 쓰다. **8**[명](가축의) 암컷.
⁑【草案－안】cǎo'àn [명](법령이나 조례 등의) 초안.
【草把－파】cǎobǎ [명]풀을 묶은 단.
【草包－포】cǎobāo [명]**1**섬. 가마니. **2**〈喻〉밥통. 얼간이. (同)〔饭桶 fàntǒng〕, (反)〔能人 néngrén〕
【草本－본】cǎoběn [명]**1**〈植〉초본. **2**초고(草稿).
【草标儿－표아】cǎobiāor [명]시장에서 팔 물건이라는 것을 표시하기 위해서 꽂았던 마른 풀의 줄기.
【草草－초】cǎocǎo [부]대강대강. 황급히.
【草测－측】cǎocè [명](지형·지질의) 예비측량.
【草虫－충】cǎochóng [명]**1**〈虫〉풀벌레. **2**풀과 곤충을 제재로 한 중국화.
【草刺儿－자아】cǎocìr [명]아주 작은〔보잘것 없는〕 물건〔일〕.
【草丛－총】cǎocóng [명]풀숲.
【草底儿－저아】cǎodǐr [명]〈口〉초고. (同)〔草稿 gǎo〕

☆【草地ー지】cǎodì 圈1잔디. 2초지. 초원.

【草垫子ー점자】cǎodiàn·zi 圈짚이나 부들로 짠 깔개.

【草垛ー타】cǎoduò 圈짚가리. 풀더미.

【草稿ー고】cǎogǎo (～儿)圈초고. (同)〔草底儿 dǐr〕

【草菇ー고】cǎogū 圈〈植〉중국요리에 많이 쓰이는 식용 버섯의 일종.

【草灰ー회】cǎohuī 圈1풀〔짚〕을 태운 재. 2회색을 띤 황색.

【草鸡ー계】cǎojī 圈〈方〉1암탉. (同)〔母 mǔ 鸡〕2 겁쟁이.

【草菅人命ー간인명】cǎo jiān rénmìng 〈成〉목숨을 초개같이 여기다. 〈轉〉사람을 함부로 죽이다.

【草荐ー천】cǎojiàn 圈침대에 까는 짚자리.

【草芥ー개】cǎojiè 圈〈喩〉가치없는 것. 쓸모없는 것. 지푸라기. (同)〔土 tǔ 芥〕, (反)〔珍宝 zhēnbǎo〕

【草寇ー구】cǎokòu 圈산적.

【草兰ー란】cǎolán 圈〈植〉춘란(春蘭).

【草笠ー립】cǎolì 圈사내들이 쓰는 가는 풀로 만든 갓. 초립.

【草料ー료】cǎoliào 圈꼴. 여물.

【草驴ー려】cǎolǘ 圈〈動〉암당나귀.

【草绿ー록】cǎolǜ 圈〈色〉황록색. 연두색.

【草莽ー망】cǎomǎng 圈1풀숲. 2〈文〉민간. 재야.

【草帽ー모】cǎomào (～儿)圈밀짚 모자.

【草莓ー매】cǎoméi 圈〈植〉1딸기. 2딸기의 꽃턱과 씨.

【草煤ー매】cǎoméi 圈〈礦〉초탄(草炭). 이탄(泥炭).

【草木灰ー목회】cǎomùhuī 圈초목회. 풀과 나무를 태운 재.

【草木皆兵ー목개병】cǎo mù jiē bīng 〈成〉초목개병. 초목까지도 (적의) 군대로 보이다. 매우 겁내는 모양.

【草拟ー의】cǎonǐ 圈초고(草稿)를 쓰다.

【草棚ー붕】cǎopéng 圈초가집. 초막. (同)〔草篷 péng〕

【草皮ー피】cǎopí 圈잔디. 뗏장.

【草坪ー평】cǎopíng 圈잔디밭.

【草签ー첨】cǎoqiān 圈가조인하다.

【草书ー서】cǎoshū 圈초서.

*【草率ー솔】cǎoshuài 圈(행동이) 경솔하다. ◇没经过认真讨论，就做了决定，太～了/진지하게 토론을 하지 않고, 결정을 내리다니 너무 경솔하군. (同)〔草草〕, (反)〔认真 rènzhēn〕

【草体ー체】cǎotǐ 圈1초서체. (同)〔草书 shū〕2표음문자의 필기체.

【草头王ー두왕】cǎotóuwáng 圈도적의 우두머리.

【草图ー도】cǎotú 圈(설계도 등의) 초안. 약도.

【草屋ー우】cǎowū 圈초가집.

【草席ー석】cǎoxí 圈거적. 멍석.

【草鞋ー혜】cǎoxié 圈짚신.

【草写ー사】cǎoxiě 圈1초서(草書)체. 2필기체.

【草药ー약】cǎoyào 圈〈中醫〉약초. 〔야생식물 또는 재배하여 만든 생약. 서양 약재와 구별된다〕

【草野ー야】cǎoyě 1圈민간. 재야. (同)〔草莽 mǎng〕, (反)〔朝廷 cháotíng〕2圈누추하다.

【草鱼ー어】cǎoyú 圈〈魚介〉산천어(山川魚).

☆【草原ー원】cǎoyuán 圈1초원. 2프레리 (prairie).

【草约ー약】cǎoyuē 圈가계약. 가조약.

【草泽ー택】cǎozé 圈1소택지대. 못지대. 진펄. 2민간. 재야.

【草纸ー지】cǎozhǐ 圈휴지. 짚으로 만든 반지(半紙).

【草子ー자】cǎozǐ (～儿)圈풀의 씨.

【草字ー자】cǎozì 圈1초서로 쓰인 문자. (同)〔草书 shū〕2자기의 자(字)를 겸칭하는 말.

cè

☆【册(冊)】 丿部 4画 ｜ 冂部 3画 ｜ cè 책 책

1圈책. 책자. ◇画～/그림책. 2圈책. 〔책을 세는 단위〕◇第二～/제2책. ◇一套书共三～/한 질의 책이 모두 3권으로 되어있다. 3圈〈文〉책봉하다. 봉(封)하다. ◇～封/봉작하다.

【册封ー봉】cèfēng 圈책봉하다.

【册立ー립】cèlì 圈책립하다.

【册页ー혈】cèyè 圈서화첩.

【册子ー자】cè·zi 圈책. 철한 책.

【厕·廁(廁)】 厂部 6画 ｜ cè 뒷간 측

1圈변소. ◇男～/남자 변소. 2圈〈文〉참여하다. 섞이다.

【厕身ー신】cèshēn 圈〈文〉〈謙〉몸을 담다. 참여하다. ◇～文艺界/연예계에 몸을 담다.

☆【厕所ー소】cèsuǒ 圈변소.

**【侧·側】 亻部 6画 ｜ cè 곁 측

1圈옆. 곁. ◇在我国，车辆靠右～行驶/우리나라에서는 차량들이 우측으로 통행한다. (同)〔旁 páng〕, (反)〔正 zhèng〕2圈(옆으로 비스듬히) 기울이다. 돌리다. ◇只能这么躺 tǎng 着，～不了身儿/오직 이렇게 누울 수만 있지 몸을 옆으로 돌릴

수 없다. (同)〔斜 xié〕⇒zhāi
【侧柏—백】cèbǎi 图〈植〉측백나무.
【侧耳—이】cè'ěr 图귀를 기울이다. 귀를
기울여 듣다.
【侧击—격】cèjī 图측면 공격(하다).
【侧记—기】cèjì 图방청기(旁聽記). 이모저
모.〔주로 신문보도 제목으로 쓰임〕
【侧脸—검】cèliǎn 图옆 얼굴.
【侧门—문】cèmén 图쪽문. 옆문. (同)〔旁
páng 门〕, (反)〔正 zhèng 门〕
*【侧面—면】cèmiàn 图측면. ◇小门在房子
的～/작은 문은 집 측면에 나왔다. (同)
〔进攻 jìngōng〕, (反)〔正 zhèng 面〕
【侧面图—면도】cèmiàntú 图측면도. 측시도.
【侧目—목】cèmù 图곁눈(으로 보다). (同)
〔斜眼 xiéyǎn〕, (反)〔正眼 zhèngyǎn〕
【侧身—신】cèshēn 图1몸을 옆으로 돌리다
〔기울이다〕. 2몸을 담다. (同)〔厠 cè 身〕
【侧室—실】cèshì 图1곁방. 2첩. (同)〔別 bi-
é 室〕, (反)〔正 zhèng 室〕
【侧线—선】cèxiàn 图〈魚介〉(어류·양서류
의) 측선.〔수류·수압 등을 아는 감각기관〕
【侧压力—압력】cèyālì 图〈物〉측압(력).
【侧芽—아】cèyá 图〈植〉측아. 곁눈.
【侧翼—익】cèyì 图〈軍〉(군 작전시) 부대의
측면. (좌우의) 양 익(翼).
【侧影—영】cèyǐng 图(사진의) 옆 얼굴. 측
면상(側面像). 프로필. 실루엣.
【侧泳—영】cèyǒng 图〈體〉횡영(橫泳). 사
이드 스트로크.
【侧枝—지】cèzhī 图〈植〉곁가지.
【侧重—중】cèzhòng 图편중하다. …에 중
점을 두다. (同)〔偏 piān 重〕, (反)〔并 bì-
ng 重〕

**【测·測】 氵部 cè
6画 맑을 측
图1측량하다. ◇船长正在～水深/선장은
지금 물 깊이를 측정하고 있다. 2미루어
짐작하다. 추량하다. ◇变化莫～/변화를
예측할 수 없다.
*【测定—정】cèdìng 图图측정(하다). ◇这
件文物的年代专家们已～了/이 문물의 연
대를 전문가들은 이미 측정하였다.
【测度—도】cèduó 图추측하다.
【测绘—회】cèhuì 图图측량(하여) 제도(하
다). 측량과 제도의 총칭.
**【测量—량】cèliáng 图图측량(하다). ◇他
把水温～出来了/그는 물의 온도를 측량
해 냈다.
【测时—시】cèshí 图시간을 재다.
**【测试—식】cèshì 图1(사람의 지식·기능
을) 점검(하다). 시험(試驗)(하다). 테스
트(하다). 검사(하다). ◇严格～学生的知
识水平/학생들의 지식 수준을 엄격히 점

검하다. 2图图(기계·전기 등을) 테스트
(하다). ◇每台电视机出厂前都要进行严
格～/모든 텔레비전은 공장에서 나오기
전 엄격한 측정을 거친다.
*【测算—산】cèsuàn 图측량하여 계산하다.
◇经过反复～，这项工程年内可以完成/반
복적인 계산에 의하면 이 공사는
연말까지 끝날 수 있다.
☆【测验—험】cèyàn 图1(기계나 일정한 방
법으로) 측정(하다). 2시험(보다). 테스트
(하다). ◇算术～/산술 쪽시험. ◇智力
～/지력 테스트. 비교测验:了解 "测验"은
측량기구 등으로 검사할 수 있는 사물 명
사 또는 학습성적과 관계된 명사를 목적어
로 취한다. ◇他们那样对她是为了(×测验)
了解她的性格/그들이 그렇게 그녀를 대한
것은 그녀의 성격을 파악하기 위해서다.
【测字—자】cè// zì 图파자점(文字占)을 치
다.〔한자는 편방 등으로 분해해서 그 의
미로 운세를 점치는 것〕

【策】 竹部 cè
6画 꾀 책
1图옛날 글자를 쓸 때 사용하던 대나무
나 나무의 조각. ◇简～/서적. 2图책.
〔옛날 과거(科擧)문제의 하나. 주로 정
치나 경제문제를 답문하였음〕 3图옛날의
계산도구. 4图채찍. 방책. ◇出谋划～/획
책하다. ◇束手无～/속수무책이다. 5图
기도하다. 꾀하다. 6图채찍의 일종. 7图
(말을) 채찍질하다. ◇～马前进/말을 채
찍질하여 나가다. 8图〈文〉지팡이(를
짚다). 9图(Cè)성(姓).
【策动—동】cèdòng 图图책동(하다). 획책
(하다).
【策反—반】cèfǎn 图〈軍〉(적의 내부에 몰
래 들어가서) 봉기나 귀순을 선동하다.
*【策划—획】cèhuà 图图〈貶〉획책(하다). 계략
을 꾸미다. ◇这个阴谋家两次～谋杀事件/
이 음모자는 두 번이나 암살사건을 꾸몄다.
【策励—려】cèlì 图격려하다.
*【策略—략】cèlüè 1图图책략. ◇政策和～/정
책과 책략. 2图전술적이다. ◇这样做不够
～/이렇게 하면 전술적이 못 된다.
【策论—론】cèlùn 图책론.〔정치문제에 관한
논문으로 과거에 출제되는 과제의 일종〕
【策士—사】cèshì 图책사. 책략가.
【策应—응】cèyìng 图〈軍〉협동 작전하다.
【策源地—원지】cèyuándì 图(전쟁이나 사
회운동 등의) 진원지. 발상지.

cēn

【参·參】 厶部 cēn
6画 참여할 참

⇒cān, shēn

【参差一齐】cēncī **1**◉(장단·고저·대소가) 가지런하지 못하다. 들쑥날쑥하다. (反) 〔整齐 zhěngqí〕 **2**명대략. **3**명착오.

【参错一错】cēncuò **1**◉〈文〉뒤섞이어 가지런하지 못하다. **2**명오류와 누락.

cēng

【噌】 口部 | cēng
12画 | 떠들 쯩

1의획. 쓱.〔동작 따위가 굉장히 재빠르게 행해질 때의 소리. 또는 그 모양〕 **2**명동 〈方〉욕하다. 잔소리하다.

céng

★【层·層】 尸部 | céng
4画 | 층층대 층

1◉겹친. 층층의. 겹겹의. 중첩한. **2**양a) 층. 겹.〔겹쳐있는 것을 셀 때〕 ◇~~包围/겹겹이 포위하다. b)항목이나 단계로 나뉘어지는 상황을 나타낸다. ◇他们专门研究上~人物/그들은 전문적으로 고위층 인물을 연구한다. c)겹. 꺼풀.〔물체의 표면으로부터 떼어내거나, 지울 수 있는 것에 쓰임〕 ◇冻了一~冰/얼음이 한 겹 얼었다.

【层报一보】céngbào 동(하부에서 상부로) 차례대로 위로 보고하다.

【层层一층】céngcéng **1**◉여러 층으로 거듭 포개어진 모양. **2**주량각층. 여러 층.

【层层叠叠一층첩첩】céng·ceng diédié 〈喩〉여러 겹으로 겹쳐 있는 상태.

*【层出不穷一출불궁】céng chū bù qióng 〈成〉계속 나타나서 끝이 없다. 계속되다. (同)〔层见叠出 céng jiàn dié chū〕, (反) 〔千载难逢 qiān zǎi nán féng〕

*【层次一차】céngcì 명**1**(말·글 따위에서) 내용의 순서. 단계. ◇写文章要注意~的安排/문장을 쓸 때 순서 배열을 잘하는 데 유념해야 한다. **2**소속 각급 기구나 구조. ◇~太多,办事效率低/기구가 많으면 일처리 효율이 낮다. **3**(사진의) 농담. 그레데이션(gradation). **4**층. 급. 층위. ◇年龄~不同，爱好也不同/연령층이 다르면 취미도 다르다.

【层见叠出一견첩출】céng jiàn dié chū 〈成〉거듭 발생하다. 자주 나타나다.

【层峦叠嶂一만첩장】céng luán dié zhāng 〈成〉산이 첩첩이 겹쳐있는 모양.

☆【曾】 八部 | 日部 | céng
10画 | 8画 | 일찍 증

부일찍이. 이전에. ◇他是北京人，~就读

于外地的一所音乐学院/그는 북경사람인데 일찍이 외지에 있는 한 음악대학에서 공부를 했었다.

【曾几何时一기하시】céng jǐ hé shí 〈成〉(시간이) 얼마 안가서. 이윽고.

☆【曾经一경】céngjīng 부일찍이. 이전에. ◇他~说过这件事/그는 전에 이 일에 대해 말한 적이 있다. ◇我~和她一起表演过这个节目/나는 전에 그녀와 함께 그 프로를 공연한 적이 있다. 주의"曾经"이 부정문에 쓰이려면 반드시 "曾经" 뒤에 시간사가 있어야 한다. (×我曾经没去过长城/나는 전에 만리장성에 간 적이 없다.) (○我和他曾经半年没见面/나와 그는 전에 반년 정도 못 만났다.) (反)〔未曾 wèi céng〕

【曾经沧海一경창해】céng jīng cāng hǎi 〈成〉세상의 큰 변화를 경험해서 시야가 넓다. 〔평범한 일에는 흥미를 갖지 않는 것〕

cèng

*【蹭】 足部 | cèng
12画 | 어정거릴 층

동**1**문지르다. ◇他把脚上的泥~掉了/그는 발에 묻은 흙을 문질러 떨어 뜨렸다. **2**(부주의하여 기름·흙탕물 따위를) 묻히다. 스쳐 묻다. ◇他~了一身灰/그는 온몸에 먼지가 묻었다. **3**〈方〉공짜로 득을 보다. ◇~吃~喝/공짜로 먹고 마시다. **4**꾸물거리다. ◇傍晚他才~回家/저녁때가 되어서야 그는 꾸물거리며 집으로 돌아왔다.

【蹭蹬一등】cèngdèng ◉〈文〉좌절하다.

chā

*【叉】 又部 | chā
1画 | 깍지낄 차

1명포크. 갈퀴종류. ◇吃西餐用刀~/양식을 하려면 칼과 포크를 사용한다. ◇鱼~/작살. **2**(~儿)명×표. ◇打一/×표를하다. **3**(포크·갈퀴 따위로) 찌르다. ◇~了一块肉/고기 한 덩어리를 찍었다. ⇒chǎ

【叉车一차】chāchē 명지게차. (同)〔铲运 chǎnyùn 车〕

【叉腰一요】chā // yāo 동손을 허리에 대다.

☆【叉子一자】chā·zi 명양식용 포크.

【差】 羊部 | 工部 | chā
3画 | 6画 | 다를 차

1명차이. 차. ◇这两个地区在经济实力上~着十万八千里/이 두 지역은 경제력 면에서 아주 큰 차이가 난다. **2**명(수의)차.

◇6与4之～是2/6과 4의 차이는 2이다. **3**[명]〈文〉착오. 잘못. ◇～错/착오. **4**[부]〈文〉다소. 조금. ◇天气～暖/날짜가 조금 따뜻하다. ⇒chá, chāi

⁑【差别—별】chābié [명]차. 차이. 격차. 구별. ◇即使是双胞胎，仔细看起来也是有～的/비록 쌍동이지만 자세히 보면 차이가 난다. ◇目前还存在着工农～、城乡～/현재 아직도 노동자와 농민, 도시와 농촌의 격차가 존재한다. [비교]差别:区别 "区别"는 "有所"(다소…하다) 뒤에 동사로 쓰일 수 있으나 "差别"는 동사용법이 없다. ◇对待这些不同年龄的孩子在态度上应该有所(×差别)区别/각기 연령이 다른 이 아이들을 대할 때는 태도에서 다소 차이를 두어야 한다.

【差池—지】chāchí [명]**1**생각지 않은 사건. 만일의 일. **2**잘못. 과실.

*【差错—착】chācuò [명]**1**잘못. ◇不注意就会出～/조심하지 않으면 잘못할 수 있다. (同)〔错误 wù〕**2**뜻하지 않은 재난. 의외의 사건. ◇万一有什么～那可不得了 bù dēliǎo/만일에 무슨 뜻밖의 일이 생긴다면 그건 큰일이지요. (同)〔错误 wù〕, (反)〔正确 zhèngquè〕

【差额—액】chā'é [명]차액.

【差价—가】chājià [명]가격 차. ◇地区～/지역간의 가격 차.

*【差距—거】chājù [명]차. 격차. ◇他俩在看法上有很大～/그들 두 사람은 매우 큰 의견 차이가 있다.

【差强人意—강인의】chā qiáng rényì〈成〉대체로 마음에 들다. 그런대로 괜찮다.

【差数—수】chāshù [명]〈數〉차.

*【差异—이】chāyì [명]차이. ◇南北气候～很大/남과 북의 기후 차이가 매우 크다. ◇～越来越大/차이가 점점 나다.

【差之毫厘，谬以千里—지호리, 류이천리】chā zhī háo lí, miù yǐ qiān lǐ〈成〉작은 실수로 막대한 손실을 보다. (同)〔差以毫厘, 失 shī 之千里〕

☆【插】扌部 9画 | chā 꽂을 **삽**

[동]**1**꽂다. ◇运动场周围～着彩旗/운동장 주변에 채색 기발이 꽂혀 있다. (反)〔拔 bá〕**2**중간에 끼어 들다. 끼워넣다. ◇这件事，他从来没～过手/이일에 그는 한번도 끼어든 적이 없다.

【插班—반】chābān [명][동]편입(하다).

【插翅难飞—시난비】chā chì nán fēi〈成〉몸에 날개를 달고도 날지 못하다. 도망가려고 해도 도망칠 수가 없다.(同)〔插翅难逃 táo〕, (反)〔逃之夭夭 táo zhī yāo yāo〕

【插队—대】chā∥duì [동]**1**(대열에) 끼어들다. **2**생산대에 입대하다.〔문화혁명 때 중고등학교 졸업생들이 농촌으로 내려가 인민공사(人民公社)의 생산대(生産隊)에 정착해서 농사짓고 사는 것을 말함〕

*【插花—화】chāhuā **1**[명]꽃꽂이. **2**[동]꽃을 꽂다. **3**(chā∥huā)[동]섞다. 사이사이에 끼우다.

【插话—화】chā∥huà **1**[동]말참견하다. (同)〔插嘴 zuǐ〕**2**(chāhuà)[명]삽화. 일화. 에피소드. **3**(chāhuà)[명]말참견.

【插画—화】chāhuà [명]삽화. (同)〔插图 tú〕

【插脚—각】chā∥jiǎo [동]**1**발을 들여 놓다. (방 등의) 속으로 들어가다. 〔대부분 부정형에 쓰임〕**2**〈喻〉어떤 일에 개입하다. **3**(同)〔插身 shēn〕〔插足 zú〕

【插科打诨—과타원】chā kē dǎ hùn〈成〉익살.〔연극에서 우스운 연기나 대사를 넣어 관객을 웃기는 것〕

【插口—구】chā∥kǒu **1**(同)〔插嘴 zuǐ〕**2**(chākǒu)[명](전기의) 소켓.

【插屏—병】chāpíng (～儿)[명](가리개)병풍.〔그림이나 대리석, 조각품을 끼워넣음〕

【插曲—곡】chāqǔ [명]**1**간주곡(間奏曲). **2**(연극이나 연회 등의) 주제가. **3**에피소드.

【插身—신】chāshēn [동]**1**(몸으로) 끼어들다. **2**〈喻〉개입하다. (同)〔插脚 jiǎo〕〔插足 zú〕

【插手—수】chā∥shǒu [동]**1**일을 돕다. (남을 도와) 손을 대다. **2**개입하다.

【插条—조】chātiáo [명]〈植〉꺾꽂이. 삽목(揷木).

【插头—두】chātóu [명]〈電〉플러그(plug). (同)〔插销 xiāo〕

【插图—도】chātú [명]삽화. (同)〔插画 huà〕

【插销—소】chāxiāo [명]**1**(문·창문 따위의) 빗장. 빗장쇠. **2**〈電〉플러그(plug). (同)〔插头 tóu〕〔插座 zuò〕

⁑【插秧—앙】chā∥yāng [명][동]모내기(를 하다). ◇～机/모심는 기계.

【插枝—지】chāzhī [명]〈植〉꺾꽂이.

【插足—족】chāzú [동]〈喻〉(어떤 일에) 개입하다. (同)〔插身 shēn〕〔插脚 jiǎo〕

*【插嘴—취】chā∥zuǐ [동]말참견하다. 주제넘은 말을 하다. ◇这孩子在客人面前总是～/이 애는 손님들 앞에서 언제나 말참견을 한다.

【插座—좌】chāzuò [명]〈電〉콘센트. (同)〔插头 tóu〕

【喳】口部 9画 | chā 속삭일 **사**, 짹소리 **차**

⇒zhā

【喳喳—사】chāchā [의]속삭이는 소리. 소곤소곤. 조잘조잘.

【喳喳—사】chā·cha [명][동]속삭임. 속삭이다. 소곤대다.

chá

★【茶】 ++部 | cá
6画 | 차 **다**

图1〈植〉차나무. **2**(마시는) 차. ◇喝~/차를 마시다. **3**차 빛깔. ◇~色/담갈색. **4** 일부 음료에 붙은 명칭. ◇果~/과일차. **5**〈植〉기름 동백나무.

【茶杯—배】chábēi 图찻잔.

【茶场—장】cháchǎng 图〈農〉차 재배지. 차 농원(茶農園). 차 농장(茶農場).

【茶匙—시】cháchí (~儿)**1**图찻숟갈. **2**양 차스푼 한 개의 양.

【茶底—저】chádǐ (~儿)图(차를 마신 뒤, 찻잔 바닥에 남은) 차 찌꺼기. (同)〔茶底子 zi〕

【茶点—점】chádiǎn 图다과. 차와 간식.

【茶房—방】chá·fáng 图옛날 호텔·요리집·여객선·기차 등에서 차 접대 따위의 잡무를 하는 심부름꾼. 급사.

【茶缸子—항자】chágāng·zi 图비교적 깊고 손잡이가 있는 원통형 찻잔.

**【茶馆—관】cháguǎn (~儿)图찻집. 다방.

【茶壶—호】cháhú 图차주전자. 찻병.

茶壶

①茶壶嘴儿 cháhú zuǐr
②茶壶盖儿 cháhú gàir
③茶壶把儿 cháhú bǎr
④茶盅 cházhōng
⑤茶托 chátuō
(同)小茶盘 xiǎochápán

【茶花—화】cháhuā (~儿)图〈植〉**1**삼다화. 동백꽃. **2**차의 꽃.

**【茶话会—회회】cháhuàhuì 图다화회.

【茶会—회】cháhuì (同)〔茶话 huà 会〕

【茶几—궤】chájī (~儿)图찻그릇을 올려 놓는 작은 탁자.

【茶鸡蛋—계단】chájīdàn 图찻잎·오향(五香) 등을 넣고 삶은 달걀. '茶叶蛋' '茶蛋'이라고도 한다.

【茶晶—정】chájīng 图〈礦〉짙은 갈색 수정.

〔주로 안경알을 만드는 데 쓰임〕

【茶镜—경】chájìng 图짙은 다갈색 수정이나 유리로 만든 안경.

【茶具—구】chájù 图다기(茶器). 차 마시는 도구.

【茶楼—루】chálóu (同)〔茶馆 guǎn〕

【茶卤儿—로아】chálǔr 图진하게 끓인 차.

【茶农—농】chánóng 图차를 재배하는 농민.

【茶盘—반】chápán (~儿)图차반. 다반. (同)〔茶盘子 zi〕

【茶钱—전】chá·qián 图**1**찻값. **2**팁.

【茶青—청】cháqīng 图짙은 녹색과 옅은 황색이 혼합된 색. 황색을 띤 짙은 녹색.

【茶色—색】chásè 图〈色〉다갈색.

【茶社—사】cháshè 图찻집.

【茶食—식】chá·shi 图과자와 과일말랭이.

【茶水—수】chá·shuǐ 图(행인이나 여객용으로 공급하는) 차 또는 끓인 물.

【茶汤—탕】chátāng 图**1**기장이나 수수가루에 뜨거운 물을 부어 설탕을 탄 것. **2**찻물.

【茶汤壶—탕호】chátānghú (同)〔茶炊 chuī〕

【茶亭—정】chátíng 图(공원 등의) 작은 찻집.

【茶托—탁】chátuō (~儿)图찻잔을 받치는 접시.

【茶碗—완】cháwǎn 图찻잔.

【茶锈—수】cháxiù 图차제구(茶諸具) 안에 붙어 있는 황갈색의 차의 앙금.

**【茶叶—엽】cháyè 图찻잎. 차.

【茶叶末—엽말】cháyèmò (~儿)图가루차. 찻잎의 가루. (同)〔茶叶末子 zi〕

【茶油—유】cháyóu 图차씨기름. 〔유독성이 있지만 가열하면 독이 분해되어 식용 또는 공업용으로 쓰인다〕

【茶余饭后—여반후】chá yú fàn hòu 〈成〉(차를 마시거나 식사 후의) 한가로운 휴식 시간. (同)〔茶余酒 jiǔ 后〕

【茶园—원】cháyuán 图**1**옛날 민담·재담 등을 하는 곳. **2**차를 재배하는 밭.

【茶盅—중】cházhōng (~儿)图원통형의 찻잔.

【茶砖—전】cházhuān 图벽돌 모양으로 만든 차.

【茶资—자】cházī 图찻값.

【茶座—좌】cházuò (~儿)图**1**차 파는 곳. 옥외 찻집. **2**찻집의 좌석.

【茬】 ++部 | chá
6画 | 풀모양 **치**

(~儿)**1**图(농작물의) 그루터기. ◇玉米~儿/옥수수 그루터기. **2**图그루. 한 해에 같은 땅에 농사짓는 횟수. ◇在南方一块菜地可种三~/남방에서는 한 뙈기 채소밭에 세 번이나 심을 수 있다. **3**(同)〔槎儿 chár〕

【茬口—구】chá·kou 图**1**윤작하는 작물의

종류와 윤작의 순서. **2**앞그루를 심었던 땅. 전작지. **3**〈方〉(～儿)시기. 기회.

★【查】| 木部 5画 | chá 조사할 **사**
[동]**1**검사하다. ◇一个月～了三次考勤情况/한 달에 세 번 출근상황을 검사했다. **2**조사하다. ◇他们～了飞机失事的原因/그들은 비행기가 추락한 원인을 조사했다. **3**찾아보다. 들추어보다. ◇～电话号码/전화번호를 찾아보다. ⇒zhā
【查办—판】chábàn [동]죄상을 조사하여 처벌하다.
【查抄—초】cháchāo [동](죄를 범한 관리의) 재산을 조사하여 몰수〔압수〕하다.
*【查处—처】cháchǔ [동]진상을 밝혀내 조치하다. ◇对违 wéi 章车辆, 管理部门已予～/관리부서에서 위법 차량에 대해서 이미 진상을 밝혀서 조치하였다.
【查点—점】chádiǎn [동]수를 세다. 점검하다.
【查对—대】cháduì [동]대조하다. 맞대놓고 조사하다.
【查访—방】cháfǎng [동]탐사하다. 탐문 조사하다. 실지(实地)조사하다.
【查封—봉】cháfēng [동]차압하여 봉인하다. 폐쇄하다. (同)〔封闭 bì〕, (反)〔启 qǐ 封〕
【查号—호】cháhào [동]번호를 찾다.
【查户口—호구】cháhùkǒu [동]호구 조사를 하다.
*【查获—확】cháhuò [동]**1**압수하다. ◇～毒品/마약을 압수하다. **2**수색해내다. 추적〔조사〕해서 찾아내다.
【查禁—금】chájìn [동]조사하여 금지하다. 단속하다. ◇～黄色书刊/음란 서적을 단속하다.
【查究—구】chájiū [명][동]추궁(하다). (죄과를) 조사하여 처벌하다.
【查勘—감】chákān [동]답사하다. 현장에 가서 조사하다. (지질 따위를) 탐사하다.
【查看—간】chákàn [동]꼼꼼이 조사하다. 점검하다.
【查考—고】chákǎo [동]조사하여 확실하게 밝히다.
*【查明—명】chámíng [동]조사하여 밝히다. ◇上级机关～了这件事的真相/상급 기관에서 이번 사건의 진상을 조사해 밝혔다.
【查票—표】chá∥piào [동]검찰(檢札)하다. 검표(檢票)하다.
【查哨—초】chá∥shào [동]〈軍〉초병을 순시하다. 보초병의 임무 집행 상태를 점검하다. (同)〔查岗 gǎng〕
【查收—수】cháshōu [동]확인 후 받다. 〔주로 편지에 사용함〕 ◇寄去三张照片, 望查收/사진 세 장을 동봉했으니 확인하세요.
【查问—문】cháwèn [동]**1**알아보다. **2**검문(하다).
【查询—순】cháxún [명][동]조회(하다). 문의(하다). 알아보다.
【查验—험】cháyàn [동]검사하다. ◇～证件/증명서를 검사하다.
【查夜—야】chá∥yè [동]야간순찰을 하다. (同)〔巡 xún 夜〕〔行 xíng 夜〕
*【查阅—열】cháyuè [동](책·서류에서) 찾아 내 보다. ◇人们现在可以用计算机～资料/사람들은 지금은 컴퓨터로 자료들을 열람할 수 있다.
【查账—장】chá∥zhàng [동]회계검사를 하다. 장부를 검사하다. (同)〔审计 shěnjì〕
【查找—조】cházhǎo [동]조사하다. 찾다.
【楂证—증】cházhèng [동]조사하여 증명하다.

【察】| 宀部 11画 | chá 살필 **찰**
[동]자세히 살피다. ◇观～/관찰하다.
【察访—방】cháfǎng [동]탐방하다. 현지 조사하다.
【察觉—각】chájué [동]발견하다. 느끼다. 발각하다.
【察看—간】chákàn [동]관찰하다. 살펴보다.
【察言观色—언관색】chá yán guān sè 〈成〉의중을 헤아리다. 눈치를 보다.
【察验—험】cháyàn [동]검사하다.

chǎ

【叉】| 又部 1画 | chǎ 깍지낄 **차**
[동]벌리다. 버티고 서다. ◇～腿/다리를 벌리(고 버티)다. ⇒chā

chà

【杈】| 木部 3画 | chà 작살 **차**
[명](나무의) 가지. ◇打棉花～/면화 가지를 치다.
【杈子—자】chà·zi [명]가장귀. ◇树～/나무 가장귀.

*【岔】| 山部 4画 | chà 산길 **차**
1[명](길이나 산의) 갈림길. 분기점. ◇～路/갈림길. **2**[동](옆길로) 들어서다. 방향을 전환하다. ◇汽车～上别的路了/자동차가 다른 길로 방향을 바꿨다. **3**[동](화제를) 돌리다. (참견하여 남의) 말을 끊다. 얼버무리다. **4**[동](시간을) 엇갈리게 하다. ◇把两节课的时间～开/두 수업시간을 엇갈리게 해라. **5**(～儿)[명]말썽. 실수. 뜻밖의 사고. ◇出～儿/사고가 나다.

C

6동〈方〉(목소리가) 갈라지다〔쉬다〕. ◇
她越说越伤心, 嗓 săng 音都~了/그는 말
을 하면 할수록 속이 상하여 목소리마저
쉬었다. ◇他用别的话~开了/그는 다른
말로 화제를 돌렸다.

【岔道儿-도아】chàdàor 명갈림길. 길이
갈라진 곳. ◇三~/세 갈랫길. (同)〔岔路
lù〕, (反)〔大路 dàlù〕

【岔换-환】chàhuàn 동〈方〉1서로 바꾸다.
2(기분·구미 따위를) 돌리다. 기분전환
하다.

【岔开-개】chàkāi 동1갈라지다. 화제를
돌리다. 2(휴가 따위를) 엇갈리게 하다.

【岔口-구】chàkǒu 명(강하류의) 분기점.

【岔流-류】chàliú 명(강하류의) 지류(支流).

【岔路-로】chàlù (同)〔岔道儿 dàor〕

【岔气-기】chà//qì 동옆구리가 결리다.

【岔子-자】chà·zi 명1갈림길. (同)〔岔道儿
dàor〕2사고. 착오.

【诧·詫】讠部│chà
　　　　　 6画│자랄할 타
동이상히 여기다. 놀라다. ◇~然/놀라다.

*【诧异-이】chàyì 동이상하게 여기다. 이상
하게 생각하다. ◇我听到这突然的消息后,
很~/나는 이 갑작스러운 소식을 들은
후 의아해 했다.

【刹】刂部│chà
　　 　 8画│절 찰
명1절. ◇名~/유명한 절. 2순간. 짧은
시간. ◇一~那变成了白发老人/일순간에
백발이 성성한 노인으로 변했다. ⇒shā

*【刹那-나】chànà 명찰나(범 ksana). 순간.

★【差】羊部│工部│chà
　　　 3画│6画│다를 차
1형다르다. 차이가 나다. ◇我的英文水平
跟你~远了/나의 영문 실력은 너에게 비
하면 차이가 크다. 2형틀리다. 맞지 않
다. ◇小辛从没～过帐/신씨는 장부를 한
번도 틀리게 한 적이 없다. (同)〔错 cu-
ò〕, (反)〔正 zhèng〕3형부족하다. 모자
라다. ◇现在不能开车, 还~好几个人呢/
지금은 차를 출발시킬 수 없어. 아직도
여러 명이 안 왔으니까. (同)〔少 shǎo〕,
(反)〔余 yú〕4형나쁘다. 표준에 못미치
다. ◇这里产的大米质量太~/이곳에서 나
는 쌀의 질이 너무 나쁘다. (同)〔坏 huà-
i〕, (反)〔好 hǎo〕⇒chā, chāi

☆【差不多-부다】chà·bu duō 형1(정도·시
간·거리 따위에서) 비슷하다. 대강 같다.
◇这次考试他们俩的成绩~/이번 시험에
서 그들 둘은 성적이 비슷했다. 2일반적
인. 웬만한. 〔뒤에 ‘的’를 붙여
명사를 수식한다〕◇500元, 这~是老师
的一个月工资/500원이면 교사의 보통 한

달 월급이다.

【差不离-불리】chà ·bu lí (~儿)(同)〔差
不多 duō〕

【差错-착】chàcuò 명실수. 잘못.

【差点儿-점아】chà//diǎnr(同)〔差一点儿〕

【差劲-경】chàjìn 형(품성·품질·능력 등
이) 형편없다. 좋지 않다. 뒤떨어지다.
(同)〔蹩脚 biéjiǎo〕, (反)〔优良 yōuliáng〕

【差劲儿-경아】chàjìnr 명뒤떨어진 점. 서
투른 점. 졸렬한 정도.

☆【差一点儿-일점아】chà·yìdiǎnr 1형조금
뒤떨어지다. 조금 차이가 나다. ◇你的汉
语水平差~, 留下来再学一年吧/너의 중
국어 수준은 아직 좀 뒤떨어져서 남아서
한 해를 더 공부해라. 2부하마터면. 자칫
하면. 〔화자가 실현되기를 원치 않을 경
우, ‘差一点儿’·‘差一点儿没’ 모두 실현될
뻔하다가 실현되지 않았다는 안도의 뜻
을 나타냄〕◇今天~迟到/오늘 하마터면
지각할 뻔했다. ◇真危险, 他～被汽车撞
倒/정말 위험했어, 그는 하마터면 차에
치일 뻔 했어. 3부거의. 가까스로. 하마
터면. 〔화자가 실현되기를 원할 경우,
‘差一点儿’은 실현되지 않아 애석하다는
뜻. ‘差一点儿没’은 가까스로 실현하였다
는 뜻을 나타냄〕◇昨晚我～没赶上末班
车/어젯밤 나는 하마터면 막차를 놓칠
뻔했다. (同)〔差点儿〕

chāi

☆【拆】扌部│chāi
　　 　 5画│터질 탁
동1(붙어 있는 것을) 뜯다. 떼다. ◇他正
～着朋友送给他的那包礼物呢/그는 지금
친구로부터 받은 선물을 뜯고 있다. 2헐
다. 해체하다. ◇为了修高速公路, ~了一
些民房/고속도로를 건설하기 위해 일부
민가들을 헐었다.

【拆白-백】chāibái 동〈方〉남을 속여 재물
을 빼앗다.

【拆除-제】chāichú 동(건축물 따위를) 철
거하다. (同)〔拆卸 xiè〕, (反)〔设置 shè-
zhì〕

【拆穿-천】chāichuān 동폭로하다. 파헤쳐
속속들이 들어내다. ◇我～了他的骗局 pi-
ànjú/나는 그의 속임수를 폭로했다.
(同)〔揭露 jiēlù〕, (反)〔遮掩 zhēyǎn〕

【拆掉-탁】chāidiào 동헐어버리다. 뜯어
버리다.

【拆封-봉】chāi//fēng 동(편지를) 개봉하다.
봉인한 것을 뜯다.

【拆毁-훼】chāihuǐ 동헐다. 해체하다.

【拆伙-화】chāi//huǒ 동단체·조직이 해산

하다. (同)〔散 sàn 伙〕, (反)〔合 hé 伙〕
【拆开—개】chāikāi 통찢어 열다. 뜯다. 분해하다.
【拆卖—매】chāi∥mài 통(세트로 된 것을) 따로따로 팔다. 헐어서 팔다.
【拆墙脚—장각】chāi qiángjiǎo 비열한 방법으로 남의 일을 망치다.
【拆散—산】chāi∥sǎn 통(한 벌의 물건·책 따위를) 헐다. 해체하다. 분해하다.
【拆散—산】chāi∥sàn 통(가정·단체 따위를) 흩어지게 하다. 깨뜨리다.
【拆台—대】chāi∥tái 통(남의 일이 진행하지 못하게) 훼방놓다. 실각시키다. ◇她刚担任处长, 你要支持她, 不要～/그녀는 처장으로 막 발탁됐으니 지지해야지 실각시켜서는 안 된다.
【拆洗—세】chāixǐ 통(의류 따위를) 뜯어 빨다.
【拆卸—사】chāixiè 통(기계 등을) 분해하다. 해체하다.
【拆用—용】chāiyòng 통1해체하여 활용하다. 2〈方〉단기간의 차금(借金)을 융통해 받다.
【拆字—자】chāi∥zì (同)〔測 cè 字〕
【差】羊部 工部 chāi　3画 6画 다를 차
1통파견하다. 보내다. ◇立即～人去取/곧 사람을 보내어 찾아오게 하겠다. 2명공무. 직무. 파견되어 하는 일. ◇出～/출장가다. 3명파견된 사람. 심부름꾼. 사자(使者). ◇邮～/우편배달부. ⇒chā, chà
【差遣—견】chāiqiǎn 통파견하다.
【差使—사】chāishǐ 통(공무로 사람을) 파견하다.
【差使—사】chāi·shi 명옛날의 임시직. 후에는 직무 혹은 관직을 가리킴.
【差使—사】chāi·shi 1명파견되어 수행하는 일. 공무. 2(同)〔差使 chāi·shi〕
【差役—역】chāiyì 1통옛날, 통치자가 백성을 강제노동시키다. 2명노역. 부역. 3명관청의 하급관리. 관청의 심부름꾼.

chái

【柴(²榁)】木部 chái　6画 나무 시
1명장작. 땔감. ◇上山打～/산에 가 나무를 하다. 2명〈方〉시들다. (무우 당근 따위에) 바람이 들다. ◇这白菜显得～/이 배추는 좀 시든 것 같다. 3명(품질이나 기능이) 차이 나다. 나쁘다. ◇这支笔刚用就坏, 太～了/이 만년필은 쓰자마자 고장나는 걸 보니 너무 질이 나쁘다. 4(Chái)명성(姓).

【柴草—초】cháicǎo 명땔감.〔풀이나 나무〕
【柴火—화】chái·huo 명장작. 땔나무. 땔감.
【柴鸡—계】cháijī 명중국 재래종 닭.
【柴门—문】cháimén 명사립 문. 가난한 집으로 비유함.
【柴米—미】cháimǐ 명장작과 쌀. 생활 필수품.
＊【柴油—유】cháiyóu 명중유. 디젤유.
【柴油机—유기】cháiyóujī 명〈機〉디젤 기관.

【豺】豸部 chái　3画 승냥이 시
명〈動〉승냥이. 늑대. (同)〔豺狗 gǒu〕
【豺狼—랑】cháiláng 명1승냥이와 이리. 2〈喩〉무자비한 사람. 잔혹한 악질.
【豺狼成性—랑성성】cháiláng chéng xìng 〈成〉승냥이처럼 잔인하다.
【豺狼当道—랑당도】cháiláng dāngdào 〈成〉악인이 정권을 잡다.

chān

＊【搀·攙】扌部 chān　9画 찌를 참
통1부축하다. ◇一个陌 mò 生的小伙子看我们走路困难, ～了我又去～我朋友/어떤 낯선 사람이 우리가 잘 걷지 못하는 것을 보고 나와 나의 친구를 부축해 주었다. 2섞다. 타다. ◇这香油里～了花生油/이 참기름 속에 땅콩 기름을 탔다. (同)〔掺 chān〕
【搀兑—태】chānduì 통혼합하다. 타다.
【搀扶—부】chānfú 통부축하다. 붙잡아 주다. ◇～老人爬山/노인을 부축하여 산에 오르다.
【搀合—합】chānhé 통1섞다. 혼합하다. 2관계하다. 끼어들다. (同)〔搀和 huo〕
【搀和—화】chān·huo 통1섞다. 혼합하다. 2관계하다.
【搀假—가】chān∥jiǎ 통가짜나 품질이 나쁜 것을 섞다.
【搀杂—잡】chānzá 통섞다. 혼합물을 집어넣다. ◇别把不同的种子～在一起/다른 씨앗을 한 곳에 같이 섞지마라.

chán

【单·單】八部 chán　6画 홀로 단
⇒dān, shàn
【单于—우】chányú 명1흉노군주의 칭호. 2(Chányú)성(姓).

【婵·嬋】女部 chán　8画 고을 선
【婵娟—연】chánjuān 〈文〉1명(자태가) 곱고 아름답다. (同)〔婵媛 yuán〕2명달을 지칭하는 말.

C

【婵媛－원】chányuán 働1아리땁다. 곱고 아름답다. (同)〔婵娟 juān〕2마음이 끌리는 모양.

【禅·禪】 礻部 | chán | 8画 | 중 **선**

働〈佛〉1선. 선종. 2불교에 관한 일을 가리킴. ◇~杖/선장. 〔경책·좌선을 할 때 졸음을 쫓거나 훈계하는 지팡이〕⇒shàn

【禅房－방】chánfáng 働〈佛〉선방. 사원.

【禅机－기】chánjī 働〈佛〉선종화상이 설법을 할 때 (암시나 비유로) 교의를 전하는 비결.

【禅林－림】chánlín 働〈佛〉선종의 절. 사원. 절간.

【禅师－사】chánshī 働〈佛〉덕망이 높은 선승의 존칭.

【禅堂－당】chántáng 働〈佛〉중이 좌선하며 거처하는 집.

【禅宗－종】chánzōng 働〈佛〉선종.

*【蝉·蟬】 虫部 | chán | 8画 | 매미 **선**

〈虫〉매미.

【蝉联－련】chánlián 働(매미의 울음 소리같이) 계속 이어지다. (타이틀을) 유지하다. (원래의 지위에) 계속 남아 있다. 계속하다.

【蝉蜕－태】chántuì 1働매미의 허물. 〔약용으로 쓰임〕2働벗어나다. 몸을 빼다. 해탈하다.

【谗·讒】 讠部 | chán | 9画 | 간악할 **참**

働험담하다. 헐뜯다. 중상모략하다.

【谗害－해】chánhài 働참언하여 모함하다.

*【谗言－언】chányán 働참언. 중상 모략하는 말. ◇听信~/참언을 곧이듣다. (反)〔忠 zhōng 言〕

*【馋·饞】 饣部 | chán | 9画 | 탐할 **참**

働1게걸스럽다. 걸신들리다. ◇鸡肉好了没有? ~死人啦/닭고기가 아직 요리가 안 됐나? 먹고 싶어 죽겠구먼. 2탐내다. 갖고 싶다. ◇眼~/눈독을 들이다.

【馋猫－묘】chánmāo 働입이 걸은 놈.

【馋涎欲滴－연욕적】chánxián yù dī〈成〉군침을 흘리다. 〈喩〉탐욕스럽다.

【馋嘴－취】chánzuǐ 働働게걸들다〔스럽다〕.

【潺】 氵部 | chán | 12画 | 잔잔히 흐를 **잔**

働물소리. 빗소리.

【潺潺－잔】chánchán 働졸졸. (시냇물·샘물 따위가) 흐르는 모양.

*【缠·纏】 纟部 | chán | 10画 | 얽을 **전**

働1둘둘 감다. 휘감다. ◇她这把线都还没 ~好/그녀는 이 실을 아직 다 못 감았다.

2얽매다. 달라붙다. 귀찮게 굴다. ◇他为了房子~了孙科长几个月儿/그는 집을 얻기 위해 몇 달간이나 손과장에게 달라붙었다. 3〈方〉다루다. 응대하다. ◇这种人很难~/이런 사람은 다루기 어렵다.

【缠绑－방】chánbǎng 働둘둘 감다.

【缠绵－면】chánmián 1働(병이나 감정 등에) 사로잡히다. 2働(노래 가락 등이) 구성지다. 멋드러지다.

【缠磨－마】chán·mo〈口〉휘감겨붙다. 보채다.

【缠扰－요】chánrǎo 働성가시게 하다. 귀찮게 굴다.

【缠绕－요】chánrào 働1둘둘 감다. (휘)감다. 얽히다. 2달라붙다. 달라 붙어 거치적거리다.

【缠手－수】chán// shǒu 働1손떼기가 어렵다. 2(일을) 처리하기 어렵다. (일이 잘 안되어) 애 먹이다.

【缠足－족】chán// zú 働전족하다. (同)〔小 xiǎo 脚〕

【蟾】 虫部 | chán | 13画 | 두꺼비 **섬**

働1〈動〉두꺼비. (同)〔蟾蜍 chú〕2달. (同)〔月亮 yuè·liang〕

【蟾蜍－서】chánchú 働두꺼비. (同)〔癩蛤蟆 làihá·ma〕〔疥 jiè 蛤蟆〕

【蟾宫－궁】chángōng 働〈文〉달의 명칭. 〔달속에 두꺼비가 있다는 전설에서 유래〕

【蟾宫折桂－궁절규】chángōng zhé guì 과거급제하다.

【蟾酥－소】chánsū 働〈中醫〉섬소.

chǎn

*【产（產）】 立部 亠部 | chǎn | 1画 4画 | 낳을 **산**

1働낳다. 출산하다. 산란(産卵)하다. ◇~了多少蛋?/알을 몇 개 낳았니? 2働생산하다. ◇这一带是重要的~粮区/이 일대는 중요한 양곡 생산 지역이다. 3働산출하다. 나다. ◇我们这儿从没~过煤/우리 이 곳에서는 석탄이 나 본 적이 없다. 4働생산품. 생산물. ◇农~品/농산물. 土~/토산. 5働재산. ◇房地~/부동산.

*【产地－지】chǎndì 働산지. ◇龙井茶的~是浙江杭州/용정차의 원산지는 절강성 항주이다.

【产额－액】chǎné 働생산액.

【产儿－아】chǎnér 働태어난 아이. (비유적으로) 산물. 성과.

【产房－방】chǎnfáng 働산실(産室).

【产妇－부】chǎnfù 働산모.

【产假－가】chǎnjià 働출산 휴가.

【产科—과】chǎnkē 몡〈醫〉산부인과.
☆【产量—량】chǎnliàng 몡생산량.
【产卵—란】chǎnluǎn 통산란하다. 알을 낳다.
☆【产品—품】chǎnpǐn 몡제품. ◇～出厂都要经过检验/제품이 공장에서 나가려면 모두 검사를 마쳐야 한다.
【产婆—파】chǎnpó 몡산파.
【产前—전】chǎnqián 몡출산 전.
【产钳—겸】chǎnqián 몡〈醫〉(산과) 겸자(鉗子).〔난산 때 태아를 끄집어 내는 도구〕
【产权—권】chǎnquán 몡재산권.
【产褥期—욕기】chǎnrùqī 몡〈醫〉산욕기.
☆【产生—생】chǎnshēng 통발생(하다). 생기다. ◇认识是由实践中～的/인식은 실천에서 생긴 것이다. (同)〔发 fā 生〕, (反)〔消失 xiāoshī〕 l비교l产生:生:生产 ①씨앗이 싹이 난 경우, "生", "发"을 쓰며 "产生"은 쓰지 않는다. ◇种子开始(×产生)生芽了/종자는 새싹이 나기 시작했다. ②도구를 사용해 제품으로 만들어 내는 것은 "产生"을 쓰지 않는다. ◇那个工厂(×产生)生产的商品经过批发部때]转到我们手里/그 공장에서 생산한 상품은 도매를 거쳐 우리 손에 전해진다.
✷✷【产物—물】chǎnwù 몡결과. 소산.〔추상적인 것에 많이 쓰임〕◇迷信是愚昧 yúmèi 落后的～/미신은 우매함과 낙후함의 산물이다.
【产销—소】chǎnxiāo 몡생산과 판매.
✷【产业—업】chǎnyè 몡1토지·가옥 따위의 부동산. 2산업.〔특히 기계를 사용하는 제조업을 가리킨다〕◇～革命/산업혁명.
【产业工人—업공인】chǎnyè gōngrén 몡제조업 노동자.
【产业资本—업자본】chǎnyè zīběn 몡산업자본.
✷✷【产院—원】chǎnyuàn 몡산부인과 의원.
【产值—치】chǎnzhí 몡〈經〉생산고. 산산액. ◇工业总～/총생산액.

✷✷【铲·鏟(剷)】 钅部
6画 깎을 산
chǎn
1통(삽이나 괭이로) 깎다. 치다. 파다. ◇把地～平/밭을 평평하게 고르다. 2몡(흙 따위를 고르거나 파내는) 삽. 부삽. 주걱. ◇锅 guō～/(지짐질에 쓰이는) 뒤집개.
【铲除—제】chǎnchú 통제거하다. 없애버리다. (同)〔消灭 xiāomiè〕, (反)〔扶植 fúzhí〕
【铲蹚—당】chǎntāng 통〈農〉김을 매고 북주다.
【铲土—토】chǎntǔ 통(삽 따위로) 땅을 깎다. 파다.
【铲土机—토기】chǎntǔjī 몡불도저.

【铲子—자】chǎn·zi 몡삽. 부삽. 지짐질 뒤집개.

【谄·諂】 讠部
8画 아첨할 첨
chǎn
통아첨하다. 알랑거리다. (反)〔净 zhèng〕
【谄媚—미】chǎnmèi 통아첨하다. 알랑거리다. 빌붙다. (同)〔谄谀 yú〕, (反)〔净谏 zhèngjiàn〕
【谄笑—소】chǎnxiào 통간사하게 웃다.
【谄谀—유】chǎnyú 통아첨하다. 아부하다

✷【阐·闡】 门部
8画 열 천
chǎn
통상세히 설명하다. 밝히다.
【阐发—발】chǎnfā 통(사실·의도를) 밝히다. 설명하다. ◇文章详细 xiángxì～了技术革命的历史意义/문장은 기술혁명의 역사적 의의를 상세히 밝혔다.
【阐明—명】chǎnmíng 통천명하다. 드러내어 밝히다. ◇～经济改革方针/경제 개혁 방침을 천명하다.
✷【阐述—술】chǎnshù 통(비교적 심오한 문제를) 논하여 밝히다. ◇～自己的见解/자기의 견해를 분명히 밝혔다.
【阐扬—양】chǎnyáng 통설명하여 선전하다.

chàn

【忏·懺】 忄部
3画 뉘우칠 참
chàn
1통후회하다. 잘못을 뉘우치다. 2몡〈宗〉참회. ◇拜～/승려가 경문을 외우며 참회하다.
【忏悔—회】chànhuǐ 몡통참회(하다).

✷【颤·顫】 页部
13画 사지떨릴 전
chàn
통흔들리다. 떨다. ◇声音发～/목소리가 떨리다.
✷✷【颤动—동】chàndòng 통부르르 떨리다. ◇他激动得说不出话来, 嘴唇微微～/그는 흥분되어 말이 나오지 않았다. 입술만 약간 떨 뿐이었다.
✷✷【颤抖—두】chàndǒu 통부들부들 떨다. ◇她怕得浑身～着/그녀는 무서워 온 몸을 부들부들 떨고 있다.
【颤巍巍—외외】chànwēiwēi 혭한들한들하는. 비틀거리는.〔주로 노인이 걷는 모양을 형용〕
【颤巍—외】chàn·wēi 통흔들거리다.
【颤音—음】chànyīn 몡〈言〉전동음.

| 厂 107 | 场 107 | 敞 108 | 怅 108 | 畅 108 |
| 倡 108 | 唱 108 | | | |

chāng

【昌】 日部 | chāng
4画 | 창성할 **창**

1〈동〉〈형〉번영하다. 흥성하다. ◇繁荣～盛/번영하여 흥성하다. 2〈형〉〈文〉옳다. ◇～言/옳은 말. 3(Chāng)〈명〉성(姓).

【昌明一명】chāngmíng 1〈동〉〈형〉(정치나 문화가) 융성하다. 발달하다. 2〈동〉번영시키다.

*【昌盛一성】chāngshèng 〈형〉번창한. 융성한. ◇经济～发达的国家/경제가 번영 발달한 국가. (同)〔兴 xīng 盛〕, (反)〔凋敝 diāobì〕

【猖】 犭部 | chāng
8画 | 미쳐 뛸 **창**

〈동〉〈文〉미쳐 날뛰다.

【猖獗一궐】chāngjué 1〈동〉창궐하다. 2〈文〉넘어지다.

*【猖狂一광】chāngkuáng 〈동〉〈형〉미친 듯이 날뛰다. ◇～的活动/난폭한 행동.

【娼】 女部 | chāng
8画 | 창녀 **창**

〈명〉기생. 매춘부. ◇暗～/밀매춘한 여자.

【娼妇一부】chāngfù 〈명〉1매춘부. 2여자를 욕하는 말. 화냥년. 갈보.

【娼妓一기】chāngjì 〈명〉기생. 매춘부.

cháng

*【长·長】 长部 | 一部 | cháng
0画 | 3画 | 긴 **장**

1〈형〉길다. a)공간적 거리. ◇兔子尾巴画得太～了/토끼 꼬리를 너무 길게 그렸다. (同)〔修 xiū〕, (反)〔短 duǎn〕 비교长: 高 키의 크고 작음은 "长", "短"으로 형용하지 않는다. ◇他有一米七(×长)高/그의 키는 1미터 70센티이다. b)시간적 거리. ◇夜～梦多/밤이 길면 꿈이 많다. 시간이 길면 변하기 마련이다. (同)〔久 jiǔ〕, (反)〔短 duǎn〕 2〈명〉길이. ◇这次马拉松赛程全长为～四十二公里/이번 마라톤 경기의 전구간 길이는 42km이다. 3〈명〉장기. 특기. ◇扬～避短/장점을 발전시키고 단점을 극복하다. 4〈형〉뛰어나다. 잘하다. ◇她～于西洋音乐, 翻译了不少著名歌剧/그녀는 서양음악에 대해 잘 알아 이미 적지 않은 저명한 가극들을 번역하였다. 5〈명〉장기간. 장시간. 6〈부〉항상. 영원히. ◇与世～辞/세상과 영원히 고별하다. 7(Cháng)〈명〉성(姓). ⇒zhǎng

【长臂猿一비원】chángbìyuán 〈명〉〈動〉긴팔

원숭이.

【长编一편】chángbiān 〈명〉저작을 완료하기 전에, 관련자료를 수집하며 정리편집한 초고.

【长波一파】chángbō 〈명〉장파.〔파장이 3,000미터에서 30,000미터까지의 무선전파〕

【长城一성】Chángchéng 〈명〉만리장성. 든든한 세력 또는 난공불락의 요새.

【长虫一충】cháng·chong 〈명〉뱀의 별칭.(同)〔蛇 shé〕

*【长处一처】cháng·chu 〈명〉장점. 훌륭한 점. ◇外来干部和本地干部各有～/외지에서 온 간부와 본지 간부는 각기 장점이 있다. (同)〔优点 yōudiǎn〕, (反)〔短处 duǎn chù〕

【长此以往一차이왕】cháng cǐ yǐ wǎng (보통 나쁜 방향으로) 이대로 나가다가는.

【长凳一등】chángdèng (～儿)(同)〔板 bǎn 凳〕

【长笛一적】chángdí 〈명〉1〈音〉플루트(flute). 2옛날 피리의 일종.

**【长度一도】chángdù 〈명〉길이. ◇全市地铁～共达50公里/시내 지하철 총 길이는 50킬로에 달한다.

*【长短一단】chángduǎn 1〈명〉(～儿)길이. ◇这条裤子的～正合适/이 바지의 길이는 알맞다. 2〈명〉〈轉〉뜻밖의 불상사. ◇他独自出门, 家人提心吊胆 diàodǎn, 唯恐有个～/그가 홀로 바다에 나가서 가족들은 혹시 불상사라도 날까봐 걱정이 태산같다. 3〈명〉시비(是非). 좋고 나쁨. ◇有话要当面讲, 背地说人家的～, 必定影响团结/할 말이 있으면 면전에서 하라지 뒤에서 이러쿵 저러쿵하면 단합에 악영향을 미친다. 4〈부〉어쨌든. 하여튼. ◇今晚的联欢会上, 你～要表演文艺节目/오늘 저녁 축제공연에 너는 어쨌든 출연해야 한다.

【长短句一단구】chángduǎnjù 〈명〉사(词)의 별칭.

【长吨一돈】chángdūn (同)〔英 yīng 吨〕

【长法一법】chángfǎ (～儿)〈명〉근본적인 방법. ◇头疼医头, 脚疼医脚不是个～/머리가 아프면 머리를 치료하고 발이 아프면 발을 치료하니 근본적인 방법은 아니다.

【长方一방】chángfāng (～儿)〈명〉직사각형. 장방형.

【长方形一형】chángfāngxíng 〈명〉〈數〉직사각형. 장방형.

【长庚一경】chánggēng 〈명〉〈天〉중국 고대의 저녁에 서쪽 하늘에 보이는 금성(金星).

【长工一공】chánggōng 〈명〉머슴(살이). ◇给人家做～/남의 집에 머슴살이를 하다.

【长骨一골】chánggǔ 〈명〉〈生理〉(팔뼈나 다리뼈 따위의) 긴 뼈.

【长号一호】chánghào 〈명〉〈音〉트롬본.

【长河－하】chánghé 명1긴 강. 2긴 과정.

【长话－화】chánghuà 명긴 이야기.

【长活－활】chánghuó 명1머슴살이. 머슴일. 2〈方〉머슴.

【长假－가】chángjià 명1장기휴가. 2〈喻〉사직.

【长江－강】Chángjiāng 명〈地〉장강(양자강).〔중국 청해성(青海省)을 발원지로, 상해시(上海市)를 바다 출구로 하여 4천여 킬로의 길이로 중국 제일 긴 강〕

＊＊【长久－구】chángjiǔ 형오래 가다. ◇这样的爱情是～不了 liǎo 的/이러한 사랑은 오래가지 못할 것이다. ◇～地住下去/오래도록 계속 살아나가다. (同)〔好 hǎo 久〕, (反)〔短暂 duǎnzàn〕 비교长久:好久 "长久"는 오래 지속된 상태를 묘사한다. "很(好)久"는 과거 완성된 동작을 수식한다. ◇大家(×长久)好久没看见他了, 大概出国了/모두들 그를 한참을 보지 못했다. 아마도 출국했을 것이다.

【长局－국】chángjú 형오래 끌 수 있는 상황.〔주로 '不是' 뒤에 쓰임〕

【长眠－면】chángmián 동〈喻〉영면하다. 고이 잠들다.

【长明灯－명등】chángmíngdēng 명상야등(常夜燈).〔불상이나 신상 앞에 밤낮으로 켜두는 등불〕

【长命锁－명쇄】chángmìngsuǒ 명어린 아이의 장수를 비는 자물쇠 모양의 목걸이.

【长年－년】chángnián 명1일년내내.→〔整 zhěng 年〕 2〈方〉머슴. (同)〔长工 gōng〕 3〈方〉장수(長壽). ⇒zhǎngnián

【长年累月－년누월】cháng nián lěi yuè〈成〉긴 세월. (同)〔经 jīng 年累月〕, (反)〔一朝一夕 yī zhāo yī xī〕

【长袍儿－포아】chángpáor 명두루마기 모양의 중국 고유의 남자옷.

长袍儿

开衩儿
kāichàr

【长跑－포】chángpǎo 명〈體〉장거리 경주.

【长篇－편】chángpiān 명장편.

【长篇大论－편대론】cháng piān dà lùn〈成〉일장 연설. 장황한 이야기. (反)〔片言只语 piàn yán zhī yǔ〕

★【长期－기】chángqī 명장기. 긴 기간. ◇和平共处, ～共存/평화공존하고 오래 공존하다.

【长枪－창】chángqiāng 명1창. 2장총. 소총.

【长驱直入－구직입】cháng qū zhí rù〈成〉파죽지세로 쳐들어 가다.

【长衫－삼】chángshān 명(남자가 입는) 중국 전통 상의.

【长舌－설】chángshé 명수다스러움. 수다쟁이.

【长生－생】chángshēng 동오래 살다. 불로 장생하다.

【长生不老－생불로】cháng shēng bù lǎo 불로 장생하다.

【长生果－생과】chángshēngguǒ 명〈方〉〈植〉낙화생. 땅콩.

【长逝－서】chángshì 동죽다. 영면하다.

＊【长寿－수】chángshòu 동형장수(하다). 오래 살다. ◇他虽历尽苦难饱尝坎坷 kǎnkě, 但依然～健在/그는 비록 파란만장한 인생곡절을 겪어왔지만 여전히 장수하고 건재한다. (同)〔长命 mìng〕, (反)〔短命 duǎnmìng〕

【长寿面－수면】chángshòumiàn 명결혼식이나 생일 때 먹는 밀국수.

【长叹－탄】chángtàn 1명장탄식. 2동길게 탄식하다.

【长条儿－조아】chángtiáor 명가늘고 긴 모양의 것.

【长统靴－통화】chángtǒngxuē 명장화.

☆【长途－도】chángtú 명장거리. 먼 길. ◇她乘～汽车去姥姥 lǎolao 家/그녀는 시외버스를 타고 외할머니집으로 갔다. (同)〔远 yuǎn 途〕, (反)〔短 duǎn 途〕

【长物－물】chángwù 명제대로 되어 있는 것.〔예전에는 'zhàngwù'로 읽어 쓸모 없는 물건을 의미했다〕

【长线－선】chángxiàn〈喻〉(제품·전공의) 공급이 수요를 초과한다. ◇～产品/수요에 비해 공급이 넘치는 제품.(反)〔短 duǎn 线〕

【长吁短叹－우단탄】cháng xū duǎn tàn 연달아 한숨만 쉬다.

【长夜－야】chángyè〈文〉1기나긴 밤. 2밤을 지새다.

【长于－어】chángyú 동(어떤 일에) 능하다. ◇他～体育/그는 스포츠를 잘 한다.

【长圆－원】chángyuán 명타원.

＊＊【长远－원】chángyuǎn 형1(미래의 시간

이) 원대하다. 장구하다. ◇～打算/원대한 계획. 2〈文〉(과거의 시간이) 오랫동안. 오래되다. ◇～未见/오랫동안 못 뵙다. (同)〔长久 jiǔ〕,(反)〔短暂 duǎnzàn〕

*【长征—정】chángzhēng 1[동]원정하다. 2[명]중국 공농홍군(工農紅軍)이 1934—1935년에 江西에서 陕北까지 이동한 2만 5천리 장정. '万里～'이라고도 한다.

C

【场·場(塲)】土部 3画 cháng 마당 **장**

1[명]평탄한 공터. 마당. 〔곡식을 말리는 곳〕◇～上晒shài着刚收割的庄稼 zhuāngjia/마당에다 갓 걷어들인 곡식을 말리고 있다. 2[명]〈方〉장터. ◇赶～/장터에 가다. 3[양]일의 경과·자연 현상 따위의 횟수를 세는 말. ◇发生了一～风波/한 차례 풍파가 생겼다. ⇒chǎng

【场院—원】chángyuàn [명](타작)마당. 뜰. 탈곡장.

⁑【肠·腸】月部 3画 cháng 창자 **장**

[명]1장. 〔보통 '肠子' '肠管'이라고 한다〕◇大〔小〕～/대〔소〕장. 2(～儿)창자속에 고기·전분 따위를 넣고 만든 식품. ◇米～/순대. 〔쌀과 피를 넣어 만든 소시지〕

【肠穿孔—천공】chángchuānkǒng [명]〈醫〉장천공.

【肠断—단】chángduàn [형]창자가 끊어질 듯 가슴이 아프다. 애끊다.

【肠梗阻—경조】chánggěngzǔ [명]〈醫〉장폐색증. (同)〔肠阻塞 sè〕

【肠骨—골】chánggǔ [명]〈生理〉장골. (同)〔髂 qià 骨〕

【肠管—관】chángguǎn [명]창자. 장(腸).

【肠结核—결핵】chángjiéhé [명]〈醫〉장결핵.

【肠儿—아】chángr [명]동물의 창자로 만든 식품. 소시지.

【肠胃—위】chángwèi [명]〈生理〉장과 위.

【肠炎—염】chángyán [명]〈醫〉장염.

【肠衣—의】chángyī [명]소시지 옷 또는 장선(腸線)이 원료가 되는 동물의 창자.

【肠子—자】cháng·zi [명]장. 창자의 통칭.

☆【尝·嘗(1,2嚐)】小部 6画 cháng 맛볼 **상**

1[동]맛보다. ◇先～后买/먼저 맛을 본 후에 사다. ◇我～过几次了，我不喜欢这种菜/나는 몇 번 맛보았는데 그런 요리는 싫어. 2[동]겪다. 경험하다. ◇我没～过挨ái 饿的滋味儿/나는 아직 배고픔이 무엇인지 경험해보지 못했다. 3[부]일찍이. 이전에. 과거에. ◇未～/일찌기 …한 적이 없다.

【尝鼎一脔—정일란】cháng dǐng yī luán 〈成〉부분적인 것을 통해 전체를 미루어 알다. 한 가지를 보면 열 가지를 알 수 있다.

*【尝试—식】chángshì [명][동]시험(해보다). 시도(해보다). ◇～别的办法/다른 방법을 시험해보다.

【尝受—수】chángshòu [동](고통 따위를) 겪다. 맛보다.

【尝鲜—선】cháng// xiān [동]1맛보다. 2(～儿)만물을 맛보다〔먹다〕.

【尝新—신】cháng// xīn [동]만물을 맛보다〔먹다〕.

*【偿·償】亻部 9画 cháng 갚을 **상**

[동]1갚다. 배상하다. 보상하다. ◇公司破产，所欠 qiàn 债务无以为～/회사가 부도가 나서 진 빚을 갚을 수가 없다. (同)〔还 huán〕, (反)〔借 jiè〕 2만족시키다. 실현하다. ◇如愿以～/소원대로 성취하다.

【偿付—부】chángfù [동](부채 따위를) 갚다.

*【偿还—환】chánghuán [명][동]상환(하다). ◇无力～/갚을 능력이 없다. (同)〔归 guī 还〕,(反)〔借贷 jièdài〕

【偿命—명】cháng// mìng [동](살인한 죄로) 목숨을 대가로 치르다.

★【常】小部 8画 巾部 8画 cháng 항상 **상**

1[형]일반적인. 보통의. 평상의. ◇～人/일반인. (反)〔异 yì〕 2[형]불변의. 일상적으로. ◇～胜将军/싸움마다 이기는 장군. (同)〔恒 héng〕, (反)〔变 biàn〕 3[부]자주. 때때로. ◇晚饭后我～去散步/저녁을 먹은 후면 나는 자주 산책을 간다. (同)〔通 tōng〕 4[명]〈文〉법칙. 윤리. ◇五～/오상. 5(Chāng)[명]성(姓).

【常备—비】chángbèi 1[명]상비. 2[동]항상 준비하다〔갖추다〕.

【常备不懈—비불해】cháng bèi bù xiè 〈成〉(전쟁 따위에 대비해서) 언제나 준비를 하고 있다.

【常备军—비군】chángbèijūn [명]〈軍〉정규군. 상비군.

★【常常—상】chángcháng [부]자주. 종종. 항상. ◇他～去酒吧喝酒/그는 항상 술집에 가서 술을 마신다. ◇～工作到六点/항상 6시까지 일한다. ◇在一个单位工作，我们～见面/우리는 한 직장에서 근무하다보니 자주 만난다. (同)〔时 shí 常〕, (反)〔偶尔 ǒu'ěr〕

【常川—천】chángchuān [부]끊임없이. 계속. 〔'长川'으로도 쓴다〕◇～营业/계속 영업하다.

*【常规—규】chángguī [명]1상규. 관습. ◇～制度/일반적인 제도. 2〈藥〉흔히 사용하는 처방.

【常规武器－규무기】chángguī wǔqì 명〈軍〉재래식 무기. 〔핵(核)무기와 구별됨〕

【常规战争－규전쟁】chángguī zhànzhēng 명〈軍〉재래식 전쟁. 〔핵(核)전쟁과 대비됨〕

【常轨－궤】chángguǐ 명일상적인 방법. 정상적인 경로. ◇改变了生活~/생활의 정상적 질서를 바꿨다.

【常衡－형】chánghéng 명영·미(英·美)의 상용 중량 단위법. 〔금은이나 약품 이외의 일반적인 물건에 사용된다〕(同)〔金 jīn 衡〕〔药 yào 衡〕

【常会－회】chánghuì 명정기 모임. 정기 회의. 정례회.

*【常见－견】chángjiàn 통자주 보다. ◇我们俩~, 你倒是位稀 xī 客哟/우리 둘은 자주 만나지만 너야말로 반가운 손님이야. (同)〔多 duō 见〕,(反)〔少 shào 见〕

【常例－례】chánglì 명일반적인 규정. 관례. (同)〔常规 guī〕,(反)〔特例 tèlì〕

【常量－량】chángliàng 명〈數〉불변하는 양. (同)〔恒 héng 量〕

*【常年－년】chángnián 명1오랜 기간. 장기간. ◇他~居住国外/그는 장기간 해외에 거주한다. 2일 년 내내. ◇炼钢工人~工作在高炉旁/제강공들은 일 년 내내 뜨거운 용광로 옆에서 일한다. 3평년(平年). ◇这棵苹果树~结五百斤/이 사과 나무는 평년에 사과가 5백 근씩 열린다.

【常青－청】chángqīng 명1늘 푸르다. 2〈喻〉오랫동안 쇠락하지 않다.

【常情－정】chángqíng 명인지상정.

【常人－인】chángrén 명보통 사람.

【常任－임】chángrèn 명상임.

*【常识－식】chángshí 명상식. ◇历史~/역사상식.

【常数－수】chángshù 명〈數〉상수.

【常态－태】chángtài 명정상 상태. (反)〔变 biàn 态〕

【常委－위】chángwěi 명〈略〉상무위원. ◇市~/시 상임위원회. 〔常务委员의 준말〕

【常温－온】chángwēn 명상온. 항온. 〔보통 15℃에서 25℃까지의 온도를 말함〕

*【常务－무】chángwù 명상무. 일상적인 사무.

【常言－언】chángyán 명속담. 격언.

*【常用－용】chángyòng 통늘 쓰다. ◇~词典/상용사전.

【嫦】 女部 11画 항아 **상**

【嫦娥－아】Cháng'é 명1항아. 〔달에 산다고 하는 전설상의 선녀〕2달의 별칭. (同)〔姮 Héng 娥〕

chǎng

【厂·廠】 厂部 0画 헛간 **창**

명1공장. ◇半导体~/반도체 공장. ◇出~价/출고가격. 2(~子)(넓은 부지에 물품보관과 가공을 겸함) 상점. ◇煤~/석탄상. ◇木~/목재상.

*【厂房－방】chǎngfáng 명공장 건물. ◇~面积/공장건물 면적.

【厂家－가】chǎngjiā 명공장. ◇这次展销会有几百个~参加/이번 전시회에는 몇백 개의 공장들이 참가하였다.

【厂矿－광】chǎngkuàng 명공장과 광산.

【厂礼拜－예배】chǎnglǐbài 명공장의 정기 휴무일.

*【厂商－상】chǎngshāng 명제조원과 판매원. ◇承包~/청부 메이커.

【厂史－사】chǎngshǐ 명공장의 역사.

*【厂长－장】chǎngzhǎng 명공장장.

【厂址－지】chǎngzhǐ 명공장 소재지.

【厂主－주】chǎngzhǔ 명공장주.

★【场·場(塲)】 土部 3画 마당 **장**

1(~儿)명장소. ◇运动~/운동장. 2명무대. ◇下~/퇴장하다. 3계. …의 장. 〔추상적인 범위〕官~/관계계. 4명사건이 발생한 장소. 장. ◇现~/현장. 5명(문예·오락·체육 활동에서) 회(回). 번. 차례. ◇全~赛九十分/전 경기는 90분이다. 6명(연극의) 장면. 장 〔양사로도 쓰임〕◇第一~/제1장. 7명〈物〉장(場). ◇电~/전장. ◇磁~/자장. ⇒cháng

【场次－차】chǎngcì 양(극의) 공연 횟수. (영화의) 상영 횟수.

*【场地－지】chǎngdì 명장소. 공터. 부지. 〔공사현장을 가리킨다〕◇~很宽/장소가 넓다.

*【场合－합】chǎnghé 명경우. 때. 장소. ◇这种~我不应该来/이런 경우에는 내가 오지 말았어야 했다.

【场景－경】chǎngjǐng 명1(演)(연극이나 영화의) 장면. 신(scene). 2정경. 상황.

*【场面－면】chǎngmiàn 명1(영화·연극·소설 등의) 장면. 신(scene). ◇有些~写得很生动/어떤 장면은 매우 생동감 있게 썼다. 2정경. ◇欢迎的~很热烈/환영하는 장면이 매우 열광적이다. 3(演)중국 전통극에서의 반주 인원과 반주 악기. 4겉치레. 체면. ◇摆~/겉치레하다.

*【场所－소】chǎngsuǒ 명장소. 곳. ◇教室是我们学习的~/교실은 우리가 공부하는 장소이다.

【场长－장】chǎngzhǎng 명국영 농장장.

【场子－자】chǎng·zi 명너른 마당. 넓은 터.

C

【敞】 攵部 8画 열 **창** chǎng

1형(방안·뜰 따위가) 넓다. 널찍하다. ◇这屋子太~/이 방은 너무 넓다. 2동(문·창 따위를) 활짝 열다. 열어 젖히다. (입·옷자락 따위를) 벌리다. ◇~开大门/대문을 열어젖히다.

【敞车―차】chǎngchē 명1무개차(無蓋車). 2무개화물차.

*【敞开―개】chǎngkāi 동1(문·창문 따위를) 활짝 열다. (가슴·입 따위를) 벌리다. ◇门卫把大门~了/경비원은 대문을 활짝 열어놓았다. (反)〔关闭 guānbì〕2(생각 따위를) 훌훌 털어놓다. ◇你有什么话就~说吧/네가 할말이 있으면 속 시원히 털어놓아라. (同)〔胸怀 xiōnghuái〕, (反)〔隐藏 yǐncáng〕

【敞开儿―개아】chǎngkāir 부〈方〉실컷. 마음껏.

【敞口儿―구아】chǎng//kǒur 동〈方〉1아가리가 벌어져 있다. 2표면에 드러나다. 그대로이다. 미해결 상태로 있다.

【敞亮―량】chǎngliàng 형1(방 따위가) 탁 트이고 환하다. (同)〔豁 huò 亮〕, (反)〔阴暗 yīn'àn〕2(마음·생각 따위가) 탁 트이다. (同)〔明 míng 亮〕, (反)〔糊涂 hú·tu〕

【敞篷车―봉차】chǎngpéngchē 명무개차(無蓋車). 지붕이 없는 차.

chàng

【怅·悵】 忄部 4画 섭섭할 **창** chàng

형섭섭하다. 아쉽다. 서운하다.

【怅恨―한】chànghèn 동〈文〉뜻대로 되지 않아 아쉽다.

【怅然―연】chàngrán 형〈文〉실망〔실의〕한 모양. (同)〔怅怅〕

【怅惘―망】chàngwǎng 형실의에 빠진 나머지 멍하다.

【畅·暢】 丨部 田部 7画 3画 길 **창** chàng

1형막힘〔거침〕이 없다. (同)〔通 tōng〕, (反)〔滞 zhì〕2동통쾌하다. 후련하다. 3부실컷. 시원하게. ◇~谈/실컷 이야기하다. 4동펴다. 진술하다. ◇~所欲言/하고 싶은 말을 시원히 다하다. 5(Chàng)명성(姓).

【畅达―달】chàngdá 형1(언어나 문장 따위가) 유창하다. 매끄럽다. (同)〔通 tōng 畅〕, (反)〔艰涩 jiānsè〕2(교통 따위가) 원활하다.

【畅快―쾌】chàngkuài 형후련하다. 상쾌하

다. (同)〔舒 shū 畅〕, (反)〔烦闷 fánmèn〕

【畅所欲言―소욕언】chàng suǒ yù yán 〈成〉하고 싶은 말을 속시원하게 다 말하다. (同)〔直抒己见 zhí shū jǐ jiàn〕, (反)〔含糊其辞 hán·hú qí cí〕

*【畅谈―담】chàngtán 동흉금을 털어놓고 이야기하다. 기탄없이 이야기하다. ◇年轻人在一起~未来/젊은이들은 한데 모여 장래에 대해 흉금을 터놓고 이야기한다.

*【畅通―통】chàngtōng 동(교통·우편·통신 따위가) 원활하다. ◇为保证抢险 qiǎngxiǎn 工作，一定要确保通讯线路~/구조작업을 보장하기 위해서는 반드시 통신이 원활해야 한다. (同)〔通 tōng 畅〕, (反)〔阻塞 zǔsè〕

【畅想―상】chàngxiǎng 동마음껏 상상(想像)하다.

*【畅销―소】chàngxiāo 동잘 팔리다. ◇~全国/전국에 잘 팔리다. (同)〔抢手 qiāngshǒu〕, (反)〔滞 zhì 销〕

【畅行―행】chàngxíng 동(일이) 순조롭게 진행되다. 순조롭게 통행하다.

【畅饮―음】chàngyǐn 동술을 마음껏 마시다. 통음(痛飲)하다.

【畅游―유】chàngyóu 동〈文〉1마음껏 관광하다. 2마음껏 수영하다.

【倡】 亻部 8画 가무 **창** chàng

동1창도하다. 제창(提唱)하다. ◇~导/창도하다. 2(同)〔唱 chàng〕

【倡导―도】chàngdǎo 명동제창(하다). 창도(하다).

【倡首―수】chàngshǒu 동앞장 서서 이끌다.

【倡言―언】chàngyán 동제창하다. 제안하다.

*【倡议―의】chàngyì 1동(계획 따위를) 제안하다. 제의하다. ◇이론·견해 따위를 발의하다. ◇~召开利平会议/평화회의의 소집을 제의하다. 2명제안. 제의. 발기. 창의. ◇响应 xiǎngyìng 他们的~/그들의 제의에 호응하다.

【倡议书―의서】chàngyìshū 명제안서. 발의서.

★【唱】 口部 8画 노래할 **창** chàng

1동노래하다. ◇~歌/노래 부르다. ◇~国歌/국가를 부르다. 2동크게 외치다. ◇雄鸡一~天下白/수탉이 한번 울면 천하가 밝는다. 3(~儿)명노래. 4(Chàng)명성(姓).

【唱本―본】chàngběn (~儿)명1노래 책. 2(희곡 따위의) 대본.

【唱词―사】chàngcí 명(희곡 대본의) 가사.

【唱独角戏―독각희】chàng dújiǎoxì (어떤 일을) 혼자서 처리하다.

【唱段－단】chàngduàn 團희곡중의 한 대목.
【唱对台戏－대대희】chàng duìtáixì〈喩〉상대에게 대항하는 언동을 하다.
【唱反调－반조】chàng fǎndiào 일부러 상반된 주장이나 행동을 하다.
【唱高调－고조】chàng gāodiào （~儿)이 상론만을 늘어놓다. 큰소리를 치다.
【唱工－공】chànggōng （~儿)團〈演〉(희곡 따위에서) 노래의 기교.
【唱和－화】chànghè 團1화창(和昌)하다. 남의 시에 운(韵)을 맞추어 화답하다. 2호응하다. 맞장구를 치다.
【唱机－기】chàngjī 1(同)〔留 liú 声机〕2團축음기.
【唱片－편】chàngpiàn 團음반.
【唱票－표】chàng// piào 團(선거 개표 때) 표를 큰 소리로 읽다.
【唱腔－강】chàngqiāng 團〈演〉(중국 전통극에서의) 노래 곡조.
【唱头－두】chàngtóu 團(전축의) 픽업(pick up).
【唱戏－희】chàng//xì 團(중국 전통극이나 지방극 따위를) 공연하다.
【唱针－침】chàngzhēn 團전축 바늘.

chāo

☆【抄(¹钞)】扌部 4画 | 가릴 초
團1베끼다. 베껴 쓰다. ◇一上午才~了十多页/오전 내내 겨우 십여 페이지를 베꼈다. 2표절하다. ◇别人的诗作他~了好几家/그는 남의 시를 여러 수 표절했다. 3수사하여 몰수〔검거〕하다. ◇赃 zāng 物款被警察~出来了/장물을 경찰이 수사하여 몰수하였다. 4질러가다. ◇为了赶时间~了一条近路/시간이 급하여 가까운 길로 가로질러 갔다. 5팔짱을 끼다. ◇老李双手~起来了/이씨는 팔장을 꼈다. 6움켜쥐다. 그러잡다. 채다. ◇~起一把铁锨 tiěxiān就走/삽 한 자루 움켜쥐고 갔다.
【抄本－본】chāoběn 團필사본. 초본(抄本). 사본.
【抄道－도】chāo//dào （~儿)1團질러 가다. 지름길로 가다. 2(chāodào)團지름길.
【抄获－획】chāohuò 團수사하여 압수하다.
【抄家－가】chāo//jiā 團가산을 몰수하다.
【抄件－건】chāojiàn 團(문서의) 사본. 카피(copy).
【抄近儿－근아】chāo//jìnr 團지름길로 가다. 샛길로 질러가다.
【抄录－록】chāolù 團베껴 쓰다. ◇~名言/명언을 베껴 쓰다.
【抄身－신】chāo//shēn 團소지품 검사를 하다.

【抄手－수】chāo//shǒu 團팔짱을 끼다.
【抄袭－습】chāoxí 團1표절하다. 2(남의 경험이나 방법을) 답습하다. 3〈軍〉우회해서 적을 급습하다.
☆【抄写－사】chāoxiě 團베끼다.
【抄造－조】chāozào 團펄프를 종이로 만들다.

【吵】口部 4画 | 떠들 초
⇒chǎo
【吵吵－초】chāo·chao 團〈方〉와자지껄 떠들다. ◇别瞎 xiā 了，听他把话说完/마구 떠들지 말고 먼저 그의 말부터 들어보자.

【钞·鈔】钅部 4画 | 지폐 초
1團지폐. 돈. ◇美~/미국돈 (달러). 2(同)〔抄 chāo 1〕
＊＊【钞票－표】chāopiào 團지폐.

☆【超】走部 5画 | 뛰어넘을 초
1團넘다. 초과하다. ◇路太窄~不了车/길이 너무 좁아서 차를 추월할 수 없다. ◇一路上~了十几次车/달리는 길에서 열몇 번이나 다른 차를 추월했다. 2接頭초.〔보통을 훨씬 뛰어넘는 등의 뜻〕◇~级大国/초대국. 3團(어떤 범위·한계를) 넘다. 벗어나다. ◇~自然/초자연. ◇~现实主义/초현실주의. 4團〈文〉뛰어 넘다.
【超拔－발】chāobá 團1빼어나다. 뛰어나다. 2발탁하다. 3(나쁜 환경이나 습관을) 극복하다.
＊【超产－산】chāochǎn 1團초과 생산하다. ◇粮食丰收，~25%/곡물이 풍작이라서 25%를 초과 생산했다. (同)〔超 额〕, (反)〔减产 jiǎnchǎn〕2團초과 생산.
【超车－차】chāo//chē 團(차를) 추월하다.
＊【超出－출】chāochū 團(수량·정도·한도를) 초과하다. ◇这件事已经~你的工作范围/이 일은 이미 너의 작업 범위를 넘었다.
【超导体－도체】chāodǎotǐ 團〈物〉초전도체.
【超度－도】chāodù 團〈佛〉제도(濟度)하다. ◇~亡魂/죽은 자의 넋을 제도하다.
【超短波－단파】chāoduǎnbō 團〈電〉초단파. (同)〔米 mǐ 波〕
＊＊【超额－액】chāo'é 團정액을 초과하다. ◇~完成任务/임무를 초과달성했다. (同)〔超产 chǎn〕, (反)〔减产 jiǎnchǎn〕
【超高频－고빈】chāogāopín 團〈電〉극초단파.
☆【超过－과】chāoguò 團1앞지르다. ◇他一接棒就连续~两个人/그는 바통을 받자마자 연속 두 사람을 추월했다. 2뛰어넘다.

상회하다. ◇这项新的科研成果，～了国际水平/이 과학 연구 성과는 국제수준을 뛰어넘었다.

*【超级一급】chāojí 閔초(超). (보통 등급에서) 뛰어난. ◇～豪华卧车/초호화 침대열차.

【超级大国一급대국】chāojí dàguó 閔초강대국.

【超级市场一급시장】chāojí shìchǎng 閔수퍼마켓. (同)〔自选商场 zìxuǎn shāngchǎng〕

【超绝一절】chāojué 閔월등히 뛰어나다.

【超龄一령】chāolíng 屠법정 나이를 넘다. 연령이 초과되다.

【超群一군】chāo//qún 屠뛰어나다. 출중하다. (同)〔出众 chūzhòng〕, (反)〔一般 yìbān〕

【超然一연】chāorán 閔초연하다.

【超人一인】chāorén 閔1초인. 수퍼맨. 2〈哲〉초인. 초인간.

【超升一승】chāoshēng 屠1등급을 뛰어넘어 승진하다. 2〈佛〉극락 왕생하다.

【超生一생】chāoshēng 屠1살려주다. 관대히 봐주다. 2〈佛〉(영혼이 다른 사람으로) 환생하다.

【超声波一성파】chāoshēngbō 閔〈物〉초음파. (同)〔超音 yīn 波〕

【超脱一탈】chāotuō 1閔(관습·인습·형식 따위에) 얽매이지 않다. 자유분방하다. 2屠초탈하다.

【超逸一일】chāoyì 閔(풍모나 뜻 따위가) 초탈해 있다. (同)〔超脱 tuō〕, (反)〔庸俗 yōngsú〕

【超音速一음속】chāoyīnsù 閔〈物〉초음속.

【超员一원】chāo//yuán 屠정원을 초과하다.

*【超越一월】chāoyuè 屠초월하다. 넘다. 극복하다. ◇～时空/시공을 초월하다. ◇能够～障碍/장애를 극복할 수 있다.

【超载一재】chāozài 屠규정 적재량을 초과하다.

【超支一지】chāo//zhī 屠1지출이 초과되다. 2(Chāozhī)閔초과지출. 적자.

【超重一중】chāozhòng 屠1적재량을 초과하다. 2閔중량을 초과한다. 3(閔)〈物〉초중. 4閔〈物〉초중 현상.

【剿(勦)】 刂部 / 11画 / 끊을 초 chāo

屠(남의 글 등을) 표절하다. 베끼다. ⇒jiǎo

【剿袭一습】chāoxí 屠표절하다. (同)〔抄 chāo 袭〕

cháo

【巢】 巛部 / 8画 / 새집 소 cháo

閔1(새·벌 등의) 둥우리. 보금자리. ◇蜂～/벌집. ◇鹊～/까치집. 2(도둑 따위의) 소굴. ◇匪～/비적의 소굴. ◇倾～出动/병력을 총 동원해 출동하다. 3(Cháo)성(姓).

【巢穴一혈】cháoxué 閔1(새나 짐승의) 집. 2소굴. (同)〔巢窟 kū〕

★【朝】 月部 / 8画 / 아침 조 cháo

1閔조정(朝廷). ◇在～党/집권당. (反)〔野 yě〕 2閔왕조(王朝). (임금의) 재위기간. ◇改～换代/왕조가 바뀌다. ◇这是哪一的故事?/이것은 어느 왕조의 고사인가? 3屠참배(參拜)하다. ◇～圣地/성지를 참배하다. 4閔(정면으로) …으로 향하다. ◇这个人背～着我，没看清是谁/이 사람은 등을 나한테 향했기에 누구인지 자세히 볼 수 없었다. 5쥐(정면으로) …으로 향하여. ◇他～我笑了笑/그는 나를 보고 좀 웃었다. ◇～学校走去/학교를 향해 가다. 比較朝:向 "朝"로 구성된 개사 구는 "수여"를 나타내는 추상적 이동동사와 함께 쓰이지 않는다. ◇他(×朝)向我们介绍了学校的情况/그는 우리에게 학교의 상황을 소개했다. 6(Cháo)성(姓). ⇒zhāo

【朝拜一배】cháobài 屠1(황제를) 알현하다. 배알하다. 2〈宗〉(사원·성지 등에) 참배하다. 比較朝拜:观看 목적어가 숭배 대상이 아니면 동사 "朝拜"를 쓰지 않는다. ◇清晨，我们一起去(×朝拜)观看了日出/이른 아침에 우리는 같이 일출을 보러 갔다.

*【朝代一대】cháodài 閔조(朝).…왕조시대.

【朝贡一공】cháogòng 閔조공(하다).

【朝见一견】cháojiàn 屠신하가 참배하여 임금을 알현하다.

【朝觐一근】cháojìn 1(同)〔朝见 jiàn〕 2屠〈宗〉참배하다.

【朝山一산】cháoshān 屠〈佛〉불교 신자가 사묘(寺廟)에 참배하다.

【朝圣一성】cháoshèng 〈宗〉屠1성지(聖地)를 순례하다. 2공자의 탄생지를 순례하다.

【朝廷一정】cháotíng 閔조정. (同)〔廊庙 lángmiào〕, (反)〔民间 mínjiān〕

【朝阳一양】cháo//yáng 屠태양을 향하다. 해가 들다. (同)〔向 xiàng 阳〕, (反)〔背阴 bèiyīn〕⇒zhāoyáng

【朝野一야】cháoyě 閔1조정과 재야. 정부와 민간. 2여당과 야당.

【朝衣一의】cháoyī 閔1조복. 조하(朝賀) 때 입는 예복. 2대례복(大禮服). (同)〔朝服 fú〕

【朝政一정】cháozhèng 閔조정의 정치. 정권.

**【潮】 氵部 / 12画 / 조수 조 cháo

1閔조수. 조류. 조수의 간만. ◇～海/조

수. (反)〔汐 xī〕2몡큰 규모의 사회적 변동이나 운동의 발전 추세. ◇运动的高~/운동의 고조. 3몡습기. 누기. ◇阴雨季节东西最易受~/우기에 물건이 쉽게 누기든다. (同)〔湿 shī〕, (反)〔干 gān〕4몡〈方〉기술이 낮다. 5동성분도가 낮다.◇~银/순도가 낮은 은.

【潮白－백】cháobái 몡광둥성 조주산(潮州产)의 백설탕.

【潮红－홍】cháohóng 1몡(얼굴의) 홍조. 2동홍조를 띠다.

【潮呼呼－호호】cháohūhū (~的)형약간 눅눅하다. 축축하다. (反)〔干巴巴 gānbā-bā〕

【潮解－해】cháojiě 몡〈化〉흡습 용해.

**【潮流－류】cháoliú 몡1조류. 2시대의 추세. ◇争取和平民主是当前世界不可逆转的~/평화와 민주를 쟁취하려는 것은 오늘날의 뒤바꿀 수 없는 시대적 추세이다.

【潮脑－뇌】cháonǎo 몡〈化〉장뇌(樟脑). (同)〔樟 zhāng 脑〕

몡【潮气－기】cháoqì 몡습기.

【潮润－윤】cháorùn 몡1(땅이나 공기 등이) 축축하다. 눅눅하다. 2눈물이 글썽이다.

【潮湿－습】cháoshī 몡축축하다. 질척하다. ◇沿海地区气候~/연해안지역의 기후는 습하다. (反)〔干燥 gānzào〕

【潮水－수】cháoshuǐ 몡조수.

【潮位－위】cháowèi 몡조위.

【潮汐－석】cháoxī 몡조수와 석수(汐水). 조석.

【潮汛－신】cháoxùn 몡(초승·보름께에 일어나는) 큰 사리. 밀물.

【嘲】 口部 | cháo(舊讀 zhāo) 12画 | 희롱할 조
동1비웃다. 조롱하다. 놀리다. 2〈文〉졸다. 유혹하다. ⇒zhāo

【嘲讽－풍】cháofěng 동비웃고 풍자하다.

【嘲骂－마】cháomà 동비웃고 욕하다.

【嘲弄－롱】cháonòng 동조롱하다. 놀려먹다.

*【嘲笑－소】cháoxiào 동조소하다. 비웃다.

cháo

☆【吵】 口部 | chǎo 4画 | 떠들 초
1몡시끄럽다. 떠들썩하다. ◇教室太~, 看不了书/교실이 떠들썩하여 책을 볼 수가 없다. (同)〔闹 nào〕, (反)〔静 jìng〕2동떠들어대다. ◇大家别~了, 老师来了/다들 떠들지들 말어, 선생님이 오셨다. 3동말다툼하다. 입씨름하다.◇不要~, 有话好好说/말다툼하지 말고 할말이 있으면 좋게

말해야지. (同)〔顶 dǐng〕⇒chāo

*【吵架－가】chǎo//jià 동말다툼하다. ◇他们两口子从不红着脸~/그들 부부는 여태껏 얼굴 붉히며 말다툼하는 일이 없다. (同)〔争 zhēng 吵〕, (反)〔和解 héjiě〕

*【吵闹－뇨】chǎonào 동1(큰소리로) 말다툼하다. ◇跑到单位来~, 太不像话了/직장에까지 와서 시끄럽게 싸우다니 참 기가막히는군. 2소란을 피우다. ◇他在休息, 不要~/그가 쉬고 있는데 소란을 피우지말아라. (同)〔嘈杂 cáozá〕, (反)〔安静 ān-jìng〕

【吵嚷－양】chǎorǎng 동큰소리로 떠들다. (同)〔吵吵闹闹 chǎo·chao nàonào〕, (反)〔安安静静 ān·an jìng jìng〕

【吵人－인】chǎo//rén 1동(성가시게) 떠들어대다. 시끄럽게 굴다. 2형시끄럽다.

【吵嘴－취】chǎo//zuǐ 동말다툼하다. 언쟁하다.◇俩人又~了/둘이 또 말다툼했다.

** 【炒】 火部 | chǎo 4画 | 볶을 초
동1(기름 따위로) 볶다. ◇~肉/고기를 볶다. 2되넘겨 팔다. ◇~地皮/땅을 되넘겨 팔다. 〔땅투기〕3〈方〉해고하다.

【炒菜－채】chǎo cài 1동야채를 기름에 볶다. 2(chǎocài)몡볶음 요리.

【炒肝－간】chǎogān (~儿)몡돼지간과 창자에 마늘을 넣고 걸쭉한 소스를 얹어 만든 요리.

【炒货－화】chǎohuò 몡볶은 호박씨·콩·밤 등의 총칭.

【炒鸡蛋－계단】chǎojīdàn 몡달걀 볶음.

【炒冷饭－냉반】chǎo lěngfàn 찬 밥을 데우다. 〈喩〉재탕하다. 한 이야기를 또 하다.

【炒米－미】chǎomǐ 몡1찰밥을 말려서 볶은 것. 2기장을 쇠기름으로 볶은 몽고인의 일상 식품.

【炒面－면】chǎomiàn 몡1양념을 넣고 기름에 볶은 국수. 2미싯 가루.

【炒勺－작】chǎosháo 몡1프라이 팬. 2볶음용 주걱.

chē

★【车·車】 车部 | chē 0画 | 수레 거
1몡차. 수레. ◇汽~/자동차. ◇马~/마차. 2몡바퀴가 달린 기구. ◇风~/풍차. 3몡기계. 기기(機器). 4동선반으로 깎다. ◇~圆/선반으로 둥글게 깎다. 5동수차로 물을 퍼 올리다. ◇~水/수차를 사용하여 논·밭에 물을 대다. 6동재봉틀로 옷을 깁다. 짓다. ◇~衣/옷을 짓다. 7동차로 끌다. ◇~垃圾 lājī/쓰레기를 나르다.

8(Chē)영성(性). ⇒jū
【车把―파】chēbǎ 영1(수레·인력거 따위의) 끌채. 2(자전거·자동차·기계 따위의) 운전대. 핸들.
【车把式―파식】chēbǎ·shi 마부.
＊【车床―상】chēchuáng 영〈機〉선반. ◇～工人/선반공. (同)〔旋 xuàn 床〕
【车次―차】chēcì 영열차나 장거리 버스의 운행 횟수나 순서. 열차 번호.
【车刀―도】chēdāo 영〈機〉(선반용) 바이트.
【车道―도】chēdào 영차도. 〔'人行道'와 대비됨〕
【车垫―점】chēdiàn 영(수레나 차에 까는) 방석. 깔개.
【车费―비】chēfèi 영차삯. 차비.
【车份儿―분아】chēfènr 영옛날에 인력거꾼이 차주에게 하나 인력거를 세낸 대가로 지불하는 삯. 상납금.
【车夫―부】chēfū 영마부. 인력거꾼.
【车工―공】chēgōng 영〈機〉1선반 작업(lathe work). 2선반공. (同)〔车床工人 chēchuáng gōng·rén〕
【车钩―구】chēgōu 영〈機〉차량 연결기.
【车行―행】chēháng 영차를 판매·대여 또는 수리하는 상점.
【车祸―화】chēhuò 영차 사고.
【车技―기】chējì 영자전거 곡예.
☆【车间―간】chējiān 영(회사·공장 등의) 작업장. 생산 현장.
【车库―고】chēkù 영차고.
＊【车辆―량】chēliàng 영차량. 〔집합명사〕비교车辆:车 "车辆"은 집합명사이고 구체적인 차는 "车辆"을 쓰지 않는다. ◇去明洞乘什么(×车辆)车?/명동에 가려면 무슨 차를 타야 하나요?
【车铃―령】chēlíng (～儿)영자전거나 인력거의 벨.
【车轮―륜】chēlún 영수레바퀴. 차바퀴.
【车轮战―륜전】chēlúnzhàn 영여러 사람이 갈마들어 〔번갈아〕 한 사람을 공격하여 지치게 만드는 전법.
【车马费―마비】chēmǎfèi 영교통비.
【车门―문】chēmén 영1대문 옆의 거마(車馬)가 드나드는 문. 2차의 문.
【车皮―피】chēpí 영객차나 화물차의 차체(車體). 〔운송량을 계산하는 단위로서 사용함〕
【车票―표】chēpiào 영승차권. 차표.
【车钱―전】chēqián 영차비. 차삯.
【车水马龙―수마룡】chē shuǐ mǎ lóng 〈成〉차나 말의 왕래가 잦다. (反)〔人迹罕至 rénjì hǎn zhì〕
【车胎―태】chētāi 영차의 타이어.
【车头―두】chētóu 영차의 앞 부분. 기관차.

＊【车厢―상】chēxiāng 영1(기차·자동차 따위의) 객실 또는 화물칸. 차체. ◇卧铺～/침대차. 2차량. ◇三号～/3호차.
【车载斗量―재두량】chē zài dǒu liàng 〈成〉차로 싣고 말로 될 정도다. 매우 흔하다.
【车闸―갑】chēzhá 영제동기. 브레이크.
★【车站―참】chēzhàn 영정거장. 역. ◇学校离～不远/학교는 역에서 멀지 않다.
【车照―조】chēzhào 영1자동차 운전 면허증. 2차량 운행증.
【车轴―축】chēzhóu 영〈機〉차축. 굴대. ◇～眼儿/차축 구멍.
【车主―주】chēzhǔ 영차주. 차의 주인.
【车子―자】chē·zi 영1차(소형차). 2자전거.

chě

＊＊【扯(撦)】 扌部 chě 4画 찢어버릴 차
영1당기다. 끌다. 끌어당기다. ◇他～着小王就走/그는 왕군을 끌고 갔다. 2찢다. 뜯다. ◇别～了那张纸/그 종이를 찢지 마라. 3쓸데없는 말을 하다. ◇东拉 lā 西～/〈成〉실없는 소리를 하다.
【扯白―백】chě//bái 영〈方〉거짓말을 하다.
【扯淡―담】chě//dàn 영〈方〉허튼 소리를 지껄이다.
【扯后腿―후퇴】chěhòutuǐ 영〈貶〉뒷다리를 잡아 당기다. 방해하다. (同)〔拉后腿 lā hòu tuǐ〕〔扯腿〕
【扯谎―황】chě//huǎng 영거짓말을 하다. (同)〔撒 sā 谎〕〔说 shuō 谎〕〔扯泡 pào〕
【扯皮―피】chě//pí 영옥신각신하다. 입씨름하다.
【扯臊―소】chě//sào 영〈方〉허튼소리를 하다.
【扯手―수】chě·shou 영〈方〉고삐.
【扯谈―담】chětán 영한담하다.
【扯闲篇―한편】chě xiánpiān (～儿)영한담하다.

chè

【彻·徹】 彳部 chè 4画 관철할 철
영꿰뚫다. 관통하다. ◇贯～/관철하다.
☆【彻底―저】chèdǐ 형철저하다(히). ◇我决心～改正说谎话的毛病/나는 거짓말을 하는 나쁜 버릇을 철저히 고치려고 결심했다. (同)〔全盘 quánpán〕, (反)〔半拉 bànlā〕 비교彻底:全部 "彻底"는 각 부분의 총괄 범위를 나타내지 않는다. ◇那些强盗(×彻底)全部落网 luòwǎng/그 강도들은 일망타진됐다.
【彻骨―골】chègǔ 영〈文〉뼈에 사무치다.

【彻头彻尾-두철미】 chè tóu chè wěi〈成〉철두철미.

【彻悟-오】 chèwù 동완전히 깨닫다.

【彻夜-야】 chèyè 동밤샘·철야(하다).

**【撤】 扌部 | chè
12画 | 걷을 철

동1없애다. 치우다.(직위를) 면하다. ◇天气暖和了，～了炉子吧/날씨가 따뜻해졌으니 난로를 치우자.(同)〔罢 bà〕,(反)〔设 shè〕 2철수하다. 물러나다. 철회하다. ◇部队还在往后～呢/부대가 계속 뒤로 물러나고 있다네.(同)〔退 tuì〕,(反)〔进 jìn〕 3〔方〕(맛·분량 따위를) 줄이다. 덜다. 경감하다. ◇她用火钳 qián 把木炭～出来了/그녀는 부집게로 숯을 덜어냈다.

【撤差-차】 chè// chāi 동면직하다.

【撤除-제】 chèchú 동1파면하다. 2제거하다. 철거하다.

【撤防-방】 chè// fáng 동방어 진지로부터 군대를 철수시키고 방어 시설을 철거하다.(反)〔设 shè 防〕

【撤换-환】 chèhuàn 동교체하다. 바꾸다. ◇～人选/입후보자를 교체하다.

【撤回-회】 chèhuí 동1소환하다. 2(문서 등을) 회수하다.

【撤军-군】 chèjūn 동군대를 철수하다.

【撤离-리】 chèlí 동철수하다.(反)〔开赴 kāifù〕

*【撤退-퇴】 chètuì 동〈軍〉철수하다. ◇我们在其他部队的掩护 yǎnhù 下安全～/우리는 다른 부대의 엄호를 받아 안전하게 철수했다.(反)〔进攻 jìngōng〕

*【撤销-소】 chèxiāo 동취소하다. 철회하다. ◇因这次特大事故，交通部长被～了职务/이번 대형사고로 인해 교통부장관이 해임당했다.

【撤职-직】 chè// zhí 동면직하다.(同)〔革职 gézhí〕,(反)〔任用 rènyòng〕

chēn

【嗔】 口部 | chēn
10画 | 성낼 진

동1성내다. 화내다. ◇生～/화내다. 2불평하다. 짜증을 내다. 비난하다.

chén

【尘·塵】 小部 | 土部 | chén
3画 | 3画 | 티끌 진

명1먼지. 티끌. ◇吸～器/청소기. 2속세(俗世). 인간세상. 3〈文〉흔적. 자취. 자국.

【尘埃-애】 chén'āi 명먼지.

【尘垢-구】 chéngòu 명먼지와 때.

【尘寰-환】 chénhuán(同)〔尘世 shì〕

【尘芥-개】 chénjiè 명먼지와 작은 풀. 쓰레기.

【尘世-세】 chénshì 명티끌 세상. 하찮은 것.

【尘事-사】 chénshì 명속세[세속]의 일. 일상생활의 번잡한 일.

【尘俗-속】 chénsú(同)〔尘世 shì〕

**【尘土-토】 chéntǔ 명먼지.

【尘嚣-효】 chénxiāo 1명소란하고 복잡한 인간세상. 2명소란하다. 떠들썩하다.

【臣】 臣部 | chén
0画 | 신하 신

명1신하.〔백성(百姓)의 뜻으로도 쓰임〕◇君～/군신.(反)〔君 jūn〕 2신.〔군주에 대한 관리의 자칭(自稱)〕

【臣服-복】 chénfú 동〈文〉1굴복해서 신하라 칭하다. 2신하의 예절로 섬기다〔복종하다〕.

**【沉(沈)】 氵部 | chén
4画 | 잠길 침

1동(물속에) 가라앉다. ◇他不会游泳，一到水里就往下～/그는 수영을 못 해서 물에 들어가면 곧 가라 앉았다.(同)〔没 mò〕,(反)〔浮 fú〕 2동(푹) 꺼지다. 함몰하다. ◇地基下～了/지반이 꺼졌다. 3동(주로 추상적인 것을) 억제하다. 진정하다. 마음을 가라앉히다. ◇这次～住了气/이번에는 화를 참았다 4형(정도가) 심하다. ◇睡得很～/깊은 잠에 빠지다. 5형무겁다. ◇箱子里装满了书，很～/상자에 책을 가득 담아서 매우 무겁다.

【沉不住气-불주기】 chén·bu zhù qì 참지 못하다. 침착하지 못하다. ◇等了一个钟头，我实在～，问他为什么不吃饭/한 시간을 기다린 후에 난 결국 참지 못하고 그에게 왜 밥을 먹지 않느냐고 물었다.(反)〔沉得 住气〕

【沉沉-침】 chénchén 형1무거운 모양.(同)〔沉重 zhòng〕 2잠겨있는 모양.(反)〔淡淡 dàndàn〕

【沉得住气-득주기】 chén de zhù qì 참을성이 있다. 침착하다. ◇他挺～，到现在还不说话/지금까지 말하지 않다니 그가 꽤 참을성이 있군.(反)〔沉不 bu 住气〕

【沉甸甸-전전】 chéndiāndiān(～的)형아주 무겁다. 묵직하다.(反)〔轻飘飘 qīngpiāopiāo〕

*【沉淀-전】 chéndiàn 1명동〈化〉침전(하다). 2명침전물. 3동쌓이다.

【沉浮-부】 chénfú 명부침(浮沉).〈喩〉영고성쇠.

【沉痼-고】 chéngù 명〈文〉1고질병. 숙병.(同)〔沉疴 kē〕,(反)〔微恙 wēiyàng〕 2〈喩〉(고질적인) 폐단. 숙폐(宿弊).(同)〔痼习 xí〕

【沉积－적】 chénjī 〈地〉**1**통가라앉아 쌓이다. 퇴적하다. **2**명침적 현상. **3**(추상적 사물의) 축적. ◇文化~/문화적인 축적.

【沉寂－적】 chénjì 형**1**고요하다. **2**소식이 없다.

【沉浸－침】 chénjìn 통〈喩〉(생각 따위에) 어떤 경지에 잠기다. 빠지다.

＊**【沉静－정】** chénjìng 형**1**고요하다. ◇放学了，同学们陆续离开学校，校园里也渐渐~下来/수업이 끝나 학생들이 속속 학교를 떠나자 교정은 차츰 고요해졌다. (同)〔沉寂 jì〕, (反)〔喧闹 xuānnào〕 **2**(성격·태도가) 차분하다. ◇性格~寡 guǎ 言/성격이 차분하고 과묵하다.

【沉疴－아】 chénkē 명〈文〉지병. 숙환. (同)〔沉疴 gù〕

【沉沦－륜】 chénlún 통타락하다. (죄악의 늪에) 빠져들다. (同)〔自拔 zìbá〕

＊**【沉闷－민】** chénmèn 형**1**(날씨 분위기 따위가) 잔뜩 찌푸리다. 답답하다. ◇会场上气氛~几乎 jīhū 没人发言/회의 분위기가 무거워 거의 아무도 발언하지 않았다. (同)〔闷心 mēnxīn〕, (反)〔爽朗 shuǎnglǎng〕 **2**(기분이) 울적하다. ◇有点儿~，不和谁开玩笑/그녀는 좀 울적해서 누구와도 농담을 하지 않는다. (同)〔憋闷 biēmèn〕, (反)〔舒畅 shūchàng〕

【沉迷－미】 chénmí 통깊이 빠지다.

【沉湎－면】 chénmiǎn 통〈文〉(주색 따위에) 빠지다. 탐닉하다. (同)〔沉溺 nì〕, (反)〔自拔 zìbá〕

【沉没－몰】 chénmò 통물에 가라앉다. 침몰하다. (同)〔没入 mòrù〕, (反)〔浮出 fúchū〕

☆**【沉默－묵】** chénmò **1**형통침묵(하다). ◇眼看这种事情发生了，我怎能~?/이제 곧 이런 일이 닥칠 것인데 내가 어찌 침묵할 수 있단 말인가? 비교沉默:寂静:安静 ①"沉默"는 사람에게만 쓸 수 있고 사물에는 쓸 수 없다. ◇下过雪以后的村子里一片(×沉默)寂静/눈이 온 후에 마을에는 고요함이 가득하다. ②조용한 환경일 때는 "沉默"는 쓰지 않는다. ◇夜深了，街上也(×沉默)安静下来了/밤이 깊어지자 거리도 조용해졌다. **2**형말수가 적다. (反)〔饶舌 ráoshé〕

【沉默寡言－묵과언】 chén mò guǎ yán 〈成〉입이 무겁고 말이 적다. (同)〔寡言少语 guǎ yán shǎo yǔ〕, (反)〔夸夸其谈 kuā kuā qí tán〕

【沉溺－닉】 chénnì 통(술·계집·노름 따위에) 빠지다. 탐닉하다. (同)〔沉没 mò〕, (反)〔浮出 fúchū〕

【沉睡－수】 chénshuì 통숙면하다. 푹 자다. (同)〔熟 shú 睡〕, (反)〔失眠 shīmián〕

＊**【沉思－사】** chénsī **1**통깊이 생각하다. ◇他~了一会儿说:"好，就这么办!"/그는 한참 깊이 생각하다가 "좋아. 그렇게 해보지!"라고 말했다. **2**명깊은 생각. ◇敲 qiāo 门声打断了我的~/문두드리는 소리가 나의 깊은 생각을 끊어놓았다. (同)〔沉虑 lǜ〕

＊**【沉痛－통】** chéntòng **1**명형침통(하다). 비통(하다). ◇怀着~的心情悼念鲁迅先生/침통한 심정으로 노신선생을 추도했다. (同)〔悲 bēi 痛〕, (反)〔高兴 gāoxìng〕 **2**형심각하다. ◇~的历史教训/쓰라린 역사적 교훈. (同)〔严重 yánzhòng〕, (反)〔轻微 qīngwēi〕

【沉稳－온】 chénwěn 형**1**듬직하다. (同)〔稳重 wěnzhòng〕 **2**평온하다. (同)〔安稳 ānwěn〕

【沉陷－함】 chénxiàn 통**1**〈地〉(건물의 토대·지면 따위의) 함몰하다. 내려앉다. **2**(사색에) 깊이 빠지다.

【沉香－향】 chénxiāng 명〈植〉침향. 〔광동성(廣東省) 등지에서 나는 향목(香木)〕 **2**〈中藥〉침향. 해열제. 건위제로 쓰임.

【沉箱－상】 chénxiāng 명〈建〉(수중 공사의) 잠함(潛函). 케송(caisson).

【沉毅－의】 chényì 통침착하고 굳세다.

【沉吟－음】 chényín 통**1**망설이다. 주저하다. **2**(시문 따위를) 읊조리다.

【沉郁－욱】 chényù 형침울하다. 우울하다. (同)〔郁闷 yùmèn〕, (反)〔畅快 chàngkuài〕

【沉冤－원】 chényuān 명오랫동안 씻지 못한 억울한 죄.

【沉渣－사】 chénzhā 명(가라앉은) 앙금. 찌끼.

【沉滞－체】 chénzhì 통〈文〉침체하다.

＊＊**【沉重－중】** chénzhòng 형**1**(무게·기분·부담 따위가) 무겁다. ◇那位老奶奶提着~的箱子向前走/저 나이 많은 할머니는 무거운 트렁크를 들고 앞으로 걸어가고 있다. **2**(병·죄 따위가) 심각하다. 무겁다. ◇人们的心情异 yì 常~/사람들의 마음은 유달리 무거워 보인다. (同)〔沉沉〕, (反)〔轻松 qīngsōng〕

【沉住气－주기】 chén zhù qì (격한 감정 따위를) 억제하다.

＊**【沉着－착】** chénzhuó 형침착하다. ◇~应战/침착하게 맞서 싸우다. (同)〔镇定 zhèndìng〕, (反)〔慌张 huāng·zhāng〕 비교沉着:镇定 "沉着"는 "神色"(안색)과 결합하지 않는다. ◇虽已被包围没退路了，但他神色(×沉着)镇 zhèn 定，临危不惧/비록 이미 포위되어 퇴로가 차단되었지만 그의 표정에는 침착하여 위험에 처해도 두려움이 없었다.

C

【沉醉—취】chénzuì 動1술에 크게 취하다. 2도취하다. 심취하다. (同)〔大 dà 醉〕, (反)〔苏醒 sūxǐng〕

【陈·陳】阝部 | chén
5画 | 벌릴 진
1動늘어놓다. 진열하다. ◇~列/진열하다. 2動진술하다. 3形오래되다. 묵다. ◇这个店卖的全是~米/이 가게에서 판 것이 모두 묵은 쌀이다. (反)〔新 xīn〕4(Chén)動〔地〕진. 주대(周代)의 제후의 나라. 〔하남성(河南省) 회양(淮陽)일대에 위치했음〕5(Chén)動〔地〕남조(南朝)의 하나. 6(Chén)動성(姓).

【陈兵—병】chénbīng 動병력을 배치하다.

【陈陈相因—진진상인】chén chén xiāng yīn〈成〉진부하여 전혀 새로운 맛이 없다. (同)〔因袭旧套 yīn xí jiù tào〕, (反)〔破旧立新 pò jiù lì xīn〕

【陈词滥调—사람조】chén cí làn diào〈成〉진부하고 상투적인 논조.

【陈醋—초】chéncù 오래 묵은 식초.

【陈腐—부】chénfǔ 形진부하다. 낡아 빠지다. (同)〔过时 guòshí〕, (反)〔开通 kāitōng〕

【陈谷子烂芝麻—곡자란지마】chén gǔ·zi làn zhī·ma 묵은 곡식과 썩은 참깨.〈喩〉케케묵은 것.

【陈规—규】chénguī 名(현실에 맞지 않는) 낡은 규칙. 比較陈观:传统 예부터 전해 내려온 풍속은 "陈观"을 쓰지 않는다. ◇我们按巴基斯坦的(×陈观)传统,坐在地上用手抓 zhuā 饭/우리는 파키스탄의 전통을 따라 바닥에 앉아 손으로 밥을 집는다.

【陈货—화】chénhuò 名오래 묵은 물건.

【陈迹—적】chénjì 名옛자취. 지나간 일.

【陈酒—주】chénjiǔ 名오래 묵은 술.

*【陈旧—구】chénjiù 形오래된. 케케묵은. ◇墙上挂着一张~的照片/벽에 오래된 사진이 걸려 있다. (反)〔崭新 zhǎnxīn〕

**【陈列—열】chénliè 動진열하다. 전시하다. ◇博物馆里~着最近出土的文物/박물관에는 최근에 발굴된 문화재가 전시되어 있다.

【陈年—년】chénnián 形여러 해 묵은.

【陈皮—피】chénpí 名〔中醫〕말린 귤 껍질.

【陈设—설】chénshè 1動진열하다. (가구 따위를) 배치하다. 2名진열품. 장식품.

*【陈述—술】chénshù 動설명하다. 자세하게 말하다. 진술하다. ◇爸爸向领导详细地~了调动工作的理由/아버지는 상급자에게 자리를 바꿔야하는 이유를 상세하게 설명했다.

【陈述句—술구】chénshùjù 名평서문.

【辰】辰部 | chén
0画 | 다섯째지지 진

名1진. 십이지(十二支)의 다섯째. →〔干支 gānzhī〕2진시(辰時).〔오전 7시~9시 사이〕3해·달·별의 총칭. ◇星~/성신. 4시간.〔고대에는 주야를 12진으로 나누었음〕◇时~/시각. 5때. 날. ◇良~美景/좋은 날의 멋있는 경치.

【辰光—광】chénguāng 名〈方〉때. 무렵.

【晨】日部 | chén
7画 | 샛별 신

名새벽. 아침. (同)〔旦 dàn〕, (反)〔昏 hūn〕

【晨光—광】chénguāng 名아침 햇살. ◇~熹微/동녘하늘이 훤하다. (同)〔晨曦 xī〕, (反)〔夕照 xīzhào〕

【晨曦—희】chénxī 아침 햇살. (同)〔晨光 guāng〕

【晨星—성】chénxīng 名1새벽 하늘에 드문드문 보이는 별.〈喩〉매우 적고 드문 것. 2〈天〉새벽별. 신성.

chèn

【衬·襯】衤部 | chèn
3画 | 속옷 친

1動안에 대다(하나 더) 대다(받치다). ◇她把一层薄膜 bómó~上了/그녀는 한 겹의 박막을 안에 대 되었다. 2動안에 대는 것. ◇~布/안감. ◇~衫/셔츠. 3(~儿)名(옷·신발·모자 등의 안에 대는) 안감. 심. ◇帽~儿/모자의 심. 4動(다른 사물에 의하여) 돋보이게 하다. ◇红花被绿叶~得更明艳 yàn 了/붉은 꽃은 푸른 잎에 더욱 아름답게 돋보였다.

【衬布—포】chènbù 名(옷 따위의) 심(心). 안감.

【衬裤—고】chènkù 名속바지.

【衬里—리】chènlǐ 名안감(을 대다).

【衬裙—군】chènqún 名속치마. 페티 코트(petticoat). 슬립(slip).

☆【衬衫—삼】chènshān 名셔츠(shirt). 와이셔츠.

【衬托—탁】chèntuō 動(다른 것으로) 두드러지게 하다.

☆【衬衣—의】chènyī 名속옷. 셔츠.

【衬字—자】chènzì 名(희곡 등의 노래 가사에서) 음조나 곡조에 맞추기 위해 더한 글자. 예를 들면,《白毛女》의 '北风(那个)吹, 雪花(那个)飘'에서 '那个'가 바로 '衬字'임.

【称·稱】禾部 | chèn
5画 | 저울질할 칭

動1적합하다. 어울리다. ◇匀~/고르다. 2(돈·재산 따위를) 소유하다. ◇他家很~/그의 집은 돈이 많다. ⇒chēng, '秤' chèng

【称身一신】chèn// shēn 통(의복 따위가)
몸에 맞다[어울리다].

【称体裁衣一체재의】chèn tǐ cái yī (同)
〔量 liàng 体裁衣〕

*【称心一심】chèn// xīn 통마음에 들다. 만
족하다. ◇调到这个新单位, 我感到非常~
/이 새 직장에 전근해 와보니 매우 만족
스럽다. (同)〔满意 mǎnyì〕, (反)〔失望
shīwàng〕

【称心如意一심여의】chèn xīn rú yì〈成〉마
음먹은 대로 되다. 흡족하다. (同)〔心满
意足 xīn mǎn yì zú〕, (反)〔大失所望 dà
shī suǒ wàng〕

【称愿一원】chèn// yuàn 통원하는 대로 되
다. 뜻대로 되다. 〔주로 미워하는 사람이
잘못 되었을 때 통쾌하다는 의미로 쓰
임〕(同)〔趁 chèn 愿〕

【称职一직】chènzhí 통(능력 따위가) 직무
를 감당할 만하다.

☆【趁(趂)】走部 chèn
　　　　　5画 쫓을 진
통1(때·기회를) 타다[이용하다]. ◇~着
休息时候出去走走/쉬는 시간을 이용해
밖에 나가 거닐자. 2〈方〉소유하다. 많이
가지고 있다. ◇~钱/돈을 가지고 있다.
3〈文〉쫓아가다.

【趁便一변】chèn// biàn 훈…하는 김에. 계
제에. ◇请你~给我带封信/당신이 가는
김에 이 편지를 전달해 주시오. (同)〔乘
chéng 便〕, (反)〔特地 tèdì〕

【趁火打劫一화타겁】chèn huǒ dǎ jié〈成〉
남의 집이 불난 틈을 타서 도둑질하다.
남이 위급한 때를 틈타 남의 권익을 침해
하다. (同)〔乘人之危 chéng rén zhī wēi〕,
(反)〔救死救难 jiù kǔ jiù nàn〕

【趁机一기】chènjī 틈타다. 〔주로 부사적
으로 쓰임〕

【趁机会一기회】chèn// jī·huì 통기회를 이
용하다.

【趁空一공】chèn// kòng (~儿)통한가한 틈
을 이용하다.

【趁钱一전】chèn// qián〈方〉1통돈을 가지
고 있다. 2형돈이 많다. (同)〔称 chèn 钱〕

【趁热打铁一열타철】chèn rè dǎ tiě〈成〉쇠
뿔도 단 김에 빼랬다. 시기를 잘 잡아 신
속히 진행하다.

【趁墒一상】chènshāng 통〈農〉토양에 수분
이 충분할 때 씨를 뿌리다.

【趁势一세】chènshì 통유리한 때를 이용하
다. 비교趁势:趁便 "趁势"는 유리한 형
세를 이용하는 것에 쓰이며 편리한 조건
에는 쓰이지 않는다. ◇昨天老师来看我,
我(×趁势)趁便问了他几个问题/어제 선
생님이 나를 보러 왔을 때, 난 그 틈을

이용해 몇개의 문제를 여쭈어봤다.

【趁手一수】chènshǒu 튜〈方〉손이 가는 대
로. (同)〔随 suí 手〕

【趁心一심】chèn// xīn 통마음에 들다.

【趁早一조】chènzǎo (~儿)튜1찍감치. 얼
른. 제때에. ◇打雷了, 不要再歇了, 我们
~走吧!/천둥이 치니 더 쉬지말고 우리
일찌감치 갑시다. ◇~罢手/제때에 손을
떼다. 2제일 좋기는. 깨끗하게. 차라리.
◇那儿不能游泳, 你~别去/거기는 수영할
수 없으니 가지 않는 것이 좋다. 비교趁
早:早日 "趁早"는 동사만 수식할 수 있고
형용사는 수식하지 않는다. ◇我只能希望
她的病(×趁早)早日好/나는 그녀의 병이
빨리 낫기를 바라는 수밖에 없다.

称 116	撑 117	瞠 117	承 117	承 117
成 118	诚 120	城 120	盛 121	呈 121
程 121	乘 121	惩 122	澄 122	橙 122
逞 122	骋 122	秤 122		

chēng

☆【称·稱】禾部 chēng
　　　　　5画 저울질할 칭
1통부르다. 일컫다. 불리우다. ◇我们把
她~大姐/우리는 그녀를 큰언니라고 부
른다. 2명명칭. 칭호. ◇简~/약칭. 3통
말하다. 진술하다. ◇~快/쾌재를 부르
다. 4통〈文〉찬양하다. 칭찬하다. ◇~赏/
찬양하다. 5통무게를 달다. ◇先~苹果,
后~梨/먼저 사과의 무게를 달고 나중에
배를 달다. 6통〈文〉들다. ◇~觞 shāng
祝寿/잔을 들어 생신을 축하드리다. ⇒ch-
èn, '称' chèng

【称霸一패】chēngbà 통패권을 장악하다.
제패하다.

【称便一변】chēngbiàn 통편리하다고 여기다.

【称道一도】chēngdào 통칭찬하다. 찬양하
다. (同)〔称赞 zàn〕, (反)〔批评 pīpíng〕

【称孤道寡一고도과】chēng gū dào guǎ
〈成〉1스스로 왕이라고 일컫다. 2잘났다
고 뽐내다

*【称号一호】chēnghào 명칭호.

**【称呼一호】chēng·hu 1통부르다. 일컫다.
◇您怎么~/성함이 어떻게 되십니까?
비교称呼:叫 손짓으로나 큰 소리로 부를
때는 "称呼"를 쓰지 않는다. ◇他读书的
时候, 连有人(×称呼)叫他也听不见/그는
책을 읽을 때 사람이 불러도 들리지 않았
다. 2명호칭. 〔예를 들면 '아버지'·'선생
님'·'동지' 따위〕

【称快一쾌】chēngkuài 통쾌재를 부르다.

【称述一술】chēngshù 통진술하다. 말하다.

【称颂—송】chēngsòng 통칭송하다. (同)〔称誉 yù〕, (反)〔诋毁 dǐhuǐ〕

【称叹—탄】chēngtàn 통찬탄하다.

【称王—왕】chēng// wáng 통왕을 칭하다. ◇～大王/대왕이라 일컫다. …으로 불리우다.

【称谓—위】chēngwèi 명(사람이나 사물에 대한) 호칭. 명칭.

【称羡—선】chēngxiàn 통칭찬하며 부러워하다.

【称谢—사】chēngxiè 통고맙다고 말하다. (同)〔道 dào 谢〕, (反)〔埋怨 mányuàn〕

【称兄道弟—형도제】chēng xiōng dào dì 〈成〉호형 호제하다. '형님'·'아우'하다.

【称雄—웅】chēngxióng 통(무력·세력으로) 지방에서 힘겨루다.

【称许—허】chēngxǔ 통칭찬하다. 찬양하다.

【称誉—예】chēngyù 통칭찬하다. 찬양하다.

☆【称赞—찬】chēngzàn 명통칭찬(하다). ◇她各方面都好，老师～她是好学生/그녀는 여러 면에서 모두 잘 해서 선생님께서는 그녀를 훌륭한 학생이라고 칭찬하였다. (同)〔称许 xǔ〕, (反)〔批评 pīpíng〕

＊＊【撑(撐)】 扌部 12画 chēng 버틸 탱

통1(떠)받치다. 버티다. 괴다. ◇大墙倾斜 qīngxié 了，只好用木头～着/담장이 기울어져서 나무로 떠받칠 수 밖에 없다. (同)〔顶 dǐng〕2상앗대로 배질을 하다. ◇他一边～着船，一边唱着山歌/상앗대로 배질을 하며 민요를 부른다. 3지탱하다. 버티다. ◇有病就要休息，硬～是不行的/병이 났으면 쉬어야지 억지로 버텨서는 안 된다. 4벌리다. (팽팽히) 당기다. ◇我装米，你～着口袋/내가 쌀을 담을테니 너는 자루를 벌려라. 5꽉 채우다. 켕기다. 팽팽해지다. ◇少吃点，别～着/조금만 먹어, 배가 터질라.

【撑场面—장면】chēng chǎngmiàn 〈喩〉겉치레하다. (同)〔撑门 mén 面〕, (反)〔丢面子 diū miàn·zi〕

【撑持—지】chēngchí 통버티다. 지탱하다. 가까스로 유지하다.

【撑竿跳高—간도고】chēng gān tiào gāo 명장대높이뛰기.

【撑门面—문면】chēng mén·mian (同)〔撑场 chǎng 面〕

【撑腰—요】chēng// yāo 통지지하다. 후원하다. 比较撑腰:支持 '撑腰'는 동빈(V+O)구조로서 목적어로 쓰이지 않는다. ◇他得到了我们的(×撑腰)支持/그는 우리의 지지를 받았다.

【瞠】 目部 11画 chēng 똑바로볼 당

〈文〉통눈을 휘둥그레 뜨고 보다. (同)〔瞪着眼看 dèng zhe yǎn kàn〕

【瞠乎其后—호기후】chēng hū qí hòu 〈成〉뒤에서 바라만 볼 뿐 따라가지 못하다. (同)〔望尘莫及 wàng chén mò jí〕, (反)〔遥遥领先 yáo yáo lǐng xiān〕

【瞠目—목】chēngmù 통〈文〉(당혹스럽거나 놀라서) 눈을 크게 뜨다. 눈을 부릅뜨다.

【瞠目结舌—목결설】chēng mù jié shé 〈成〉어안이 벙벙하다. 놀라서 멍청히 있다.

chéng

【丞】 一部 5画 chéng 도울 승

1통보좌하다. 2명보좌관. 보좌역.

【丞相—상】chéngxiàng 명승상.

【承】 乙部 7画 chéng 받들 승

1통(무게 따위를) 받다. 받치다. ◇～重/무게를 받다. 2통맡다. 담당하다. ◇～印刷/～制中西服装/중국옷과 양장을 지어준다. 3통…을 받다〔입다〕. ◇～教/가르침을 받다. 4통계속하다. 잇다. ◇写文章要注意～上启下，自然过渡/글을 쓸 때 위 아래를 잘 이어서 자연스레 넘어가야 한다. 5통(명령이나 분부를) 받다. 받들다. ◇敢不～命/어찌 감히 명령을 안 받들겠습니까. 6(Chéng)명성(姓).

＊【承办—판】chéngbàn 통청부 맡다. ◇这个国家一次也没～过奥运会/이 나라는 올림픽을 한 번도 유치하지 못했다.

＊＊【承包—포】chéngbāo 통청부맡다. ◇这个厂子你来～吧/이 공장을 네가 청부 받아라.

【承保—보】chéngbǎo 통(공사·주문 등을) 책임지고 완수하다.

＊＊【承担—담】chéngdān 통책임지다. 부담하다. 담당하다. ◇你们作为儿女应该～赡养 shànyǎng 父母的义务/너희들은 자식으로서 부모를 모실 의무를 책임져야 한다. (同)〔负责 fùzé〕, (反)〔推卸 tuīxiè〕

【承当—당】chéngdāng 통1(同)〔承担 dān〕2〈方〉승낙하다.

【承兑—태】chéngduì 통〈商〉(어음 따위의) 지급을 보증하다.

【承继—계】chéngjì 통1(백부나 숙부의) 양자가 되다. 2형제의 아들을 양자로 삼다. 3상속하다.

【承接—접】chéngjiē 통1(용기로) 액체를 받다. 2맡받다. 3접속하다.

【承揽—람】chénglǎn 통(위탁한 업무를) 받다. 접수하다. (同)〔承包 bāo〕

【承蒙—몽】chéngméng 통〈套〉(은혜 등을) …을 입다〔받다〕. ◇～指点/가르침을 받다.

【承诺－낙】chéngnuò 동승낙하다.

【承平－평】chéngpíng 명〈文〉태평. (同)〔升 shēng 平〕, (反)〔动荡 dòngdàng〕

【承前启后－전계후】chéng qián qǐ hòu〈成〉지나간 것을 이어 받아 미래의 것을 개척해 나가다.

【承情－정】chéng//qíng 동〈套〉충정을 받아들이다. 호의를 받아들이다.

☆【承认－인】chéngrèn 통1시인하다. 동의하다. ◇~错误/잘못을 시인하다. 比교承认:允许 "承认"에는 허락의 뜻이 없다. ◇法院不(×承认)允许公民不遵守 zūnshǒu 法律/법원은 시민이 법을 지키지 않는 것을 허락하지 않는다. (同)〔确 què 认〕, (反)〔否 fǒu 认〕 2(국가·정부 따위를) 승인하다. ◇~一个岛国的独立/한 개 섬나라의 독립을 승인하다.

【承上启下－상계하】chéng shàng qǐ xià〈成〉1앞의 문장을 받아 뒷문장으로 잇다. 2위의 명령을 받아 아래에 미치게 하다.

*【承受－수】chéngshòu 동1(시련이나 고난을) 받다. 감당하다. ◇这巨大的压力她还是~了下来/이 크나 큰 압력에도 그녀는 감당해왔다. 2(재산이나 권리 따위를) 이어받다. ◇他们可以~这个遗产/그들은 이 유산을 이어받을 수 있다.

【承望－망】chéngwàng 동예상하다. 〔대부분 부정형으로 쓰여서 의외라는 느낌을 나타냄〕

【承袭－습】chéngxí 동1답습하다. 2(봉건시대 때 관직을) 물려받다. (同)〔沿 yán 袭〕, (反)〔创新 chuàngxīn〕

【承先启后－선계후】chéng xiān qǐ hòu〈成〉선대를 계승 발전시키다. 〔대부분 학문이나 사업 따위에 쓰임〕

【承运－운】chéngyùn 동1운송을 맡다. 2〈文〉천명을 받다.

【承载－재】chéngzài 동하중을 견디다.

【承转－전】chéngzhuǎn 동공문을 받아 상급이나 하급에 전해주다.

【承租－조】chéngzū 동임대를 받다. 임대하다. ◇~公寓/아파트를 임대하다.

★【成】戈部│chéng
2画│이룰 성

1동이루다. 완성하다. 성공하다. ◇事情已经~了/일이 성사되었다. (同)〔完 wán〕, (反)〔败 bài〕 2동이루게 하다. ◇玉~其事/그 일을 이루게 하다. 3동(…으로) 되다. (…으로) 변하다. (…이) 되다. ◇两人吵了之后, 倒 dào～了好朋友/둘은 다툰 후부터 되레 친구가 되었다. 4명성취. 성과. 5동성숙하다. ◇～人/성인. 6명기정(既定)의. 기존의. 기성(既成)의. ◇～见/선입견. 7동대량. 온.〔수량이 많

거나 시간이 긴 것을 강조함〕 ◇他～天不在家/그는 온종일 집에 없다. ◇～批生产/대량으로 생산한다. 8형좋다.〔동의·허락을 나타냄〕 ◇你的钢笔借我用一天,～不～?/네 만년필을 내가 하루만 빌려 쓰면 안될까? 9형훌륭하다. 대단하다. 능력이 있다. 10(Chéng)명성(姓).

【成败－패】chéngbài 명성패. 성공과 실패.

**【成本－본】chéngběn 명〈經〉원가. 생산비. ◇降低～是产品生存, 发展的唯一途径/원가를 낮추는 것이 제품이 생존하고 발전하는 유일한 방법이다.

【成材－재】chéng//cái 동1재목이 되다. 2〈喩〉쓸모있는 사람이 된다.

【成材林－재림】chéngcáilín 명나무들이 목재로 쓸 수 있을 만큼 자란 숲. 용재림.

【成堆－퇴】chéng//duī 1동산적하다. 2(chéngduī)무더기.

【成法－법】chéngfǎ 명1성법. 실정법(實定法). 2관습법. 기존의 방법.

【成方－방】chéngfāng (~儿)명〈醫〉기존의 처방.〔의사가 진찰한 후에 쓴 처방과 구별됨〕

☆【成分－분】chéngfèn 명1성분. 요소. ◇空气里含有氧 yǎng 气和氮 dàn 气两种～/공기에는 산소와 질소가 함유되어 있다. 2(출신) 성분. 계급 구분. (同)〔成份·fèn〕

【成风－풍】chéngfēng 동기풍을 이루다. 풍조가 되다.

【成服－복】chéngfú 1동상복을 입다. 2명기성복.

【成个儿－개아】chénggèr 동1자랄 만큼 자라다. 2(일정한) 틀이 잡히다.

☆【成功－공】chénggōng 명동이루다. 성공(하다). ◇经过多次试飞, 终于～了/몇번의 시험비행을 거쳐 마침내 성공하였다. (同)〔得나 déjì〕, (反)〔失败 shībài〕 比교成功:实现:完成 ①"成功"은 "希望"의 목적으로 취하지 않는다. ◇他想当一个大夫, 可是谁知道他的希望会不会(×成功)实现/그는 의사가 되고 싶어하지만 그의 꿈이 실현될지 누가 알겠는가. ②"成功"은 목적어를 취하지 않는다. ◇他一定会(×成功)完成这个任务/그는 분명히 이 임무를 완성할 것이다.

【成规－규】chéngguī 명기존의 규칙이나 방식.

☆【成果－과】chéngguǒ 명성과. (일의) 수확. ◇他们的研究～已经在生产中得到广泛guǎngfàn 应用/그들의 연구성과는 생산에 광범위하게 활용되고 있다. 比교成果:后果:目的 ①"成果"는 부정적인 결과에 쓰지 않는다. ◇要充分估计到这件事所产生的(×成果)后果/이 일이 낳을 좋지 못

한 결과를 충분히 예측해야 한다. ②"成果"는 동사 "达到"(도달하다)의 목적어로 쓰지 않는다. ◇这次运动会开得很好, 达到了豫期的(×成果)目的/이번 운동회는 잘 운영돼 예상했던 목표에 도달했다.

【成婚－혼】chénghūn [동]결혼하다. (同)〔成亲 qīn〕, (反)〔离婚 líhūn〕

【成活－활】chénghuó 〈生〉[동]활착(活着)하다.

★【成绩－적】chéngjì [명]성적. 성과. ◇她以优异 yōuyì 的～考上了北京大学/그녀는 우수한 성적으로 북경대학에 합격했다.

【成家－가】chéng//jiā [동]1(남자가) 가정을 이루다. 장가들다. 2(학문 따위에서) 일가를 이루다.

【成家立业－가입업】chéng jiā lì yè 〈成〉1 결혼하여 자립하다. 2가업을 일으키다.

【成见－견】chéngjiàn [명](부정적인) 선입관. 선입견. [비교]成见:意识 "意识"은 사람 두뇌가 객관적인 물질세계에 대한 인식이다. ◇那时候人们的封建(×成见)意识很强/그 때는 사람들의 봉건의식이 강했다.

*【成交－교】chéng//jiāo [동]거래가 성사되다. 계약이 이루어지다. ◇展销 zhǎnxiāo 会上～了上万宗生意/전시회에서 만여 건의 거매가 성사되었다.

☆【成就－취】chéngjiù 1[명]성취. 성과. 업적. ◇几位科学家取得了突出～/몇몇 과학가들이 빛나는 성과를 이룩했다. [비교]成就:成绩 학습·운동의 경우는 "成绩"를 써야 한다. ◇在运动会上取得的(×成就)成绩不大/운동회에서 얻은 성과가 그다지 좋지 않다. 2[동]완성하다. 이루다. ◇～祖国的统一大业/조국의 통일 대업을 이루다. [비교]成就:实现 "成就" 뒤의 목적어는 대개 사업과 관계된 명사로, "理想" 등을 목적어로 쓰이지 않는다. ◇她一定能(×成就)实现自己的理想/그녀는 반드시 자신의 이상을 실현할 수 있을 것이다.

☆【成立－립】chénglì [동]1(조직·기구 따위를) 창립하다. 결성하다. ◇那个城市～了动画片厂/그 도시에는 만화영화공장을 창립했다. 2(이론·의견 따위가) 성립하다. ◇这种观点不～/이런 관점은 성립될 수 없다. [비교]成立:建立 "关系"(관계)는 "成立"의 목적어로 쓰이지 않는다. ◇两个国家已正式(×成立)建立关系/두 나라는 이미 공식적인 관계를 수립했다.

【成例－례】chénglì [명]관례.

【成龙配套－용배투】chéng lóng pèi tào (설비나 기계 따위를) 조합(組合)하여 완벽한 시스템을 이루게 하다. (同)〔配套成龙〕

【成名－명】chéng//míng [동]이름을 날리다. 유명해지다.

【成名成家－명성가】chéng míng chéng jiā 〈成〉이름을 드날려 일가를 이루다.

【成命－명】chéngmìng [명]이미 발포한 명령.

【成年－년】chéngnián [명]1성년. 2〈口〉일년 내내.

【成批－비】chéngpī 1[형]대량의. 2[부]대량으로. ◇～生产/대량으로 생산하다.

*【成品－품】chéngpǐn [명]완제품.

【成气候－기후】chéng qìhòu 〈喻〉장래성이 있다. 〔주로 부정문에 쓰임〕

【成器－기】chéngqì [동]〈喻〉쓸만한 인재가 되다.

⁑【成千上万－천상만】chéng qiān shàng wàn 〈成〉수천수만. 〔대단히, 수많은〕

【成亲－친】chéng//qīn [동]〈俗〉결혼하다.

【成全－전】chéngquán [동](남을) 도와서 일을 성사시키다. (同)〔作 zuò 成〕, (反)〔破坏 pòhuài〕

【成群结队－군결대】chéng qún jié duì 〈成〉무리를 이루다. 떼를 짓다. (反)〔孑然一身 jié rán yī shēn〕

⁑【成人－인】chéng//rén 1[동]어른이 되다. ◇长大～/성장하여 어른이 되다. 2[명]성인. 어른. ◇孩子怎能同～比?/아이를 어찌 어른과 비교할 수 있겠는가?

【成人之美－인지미】chéng rén zhī měi 〈成〉남을 도와 좋은 일을 이루게 하다. 남을 도와서 성공시키다.

【成色－색】chéngsè [명]1순도(純度). 품위. (금화나 은화 등의) 금·은의 함량. 2(상품 따위의) 품질.

【成事－사】chéng//shì [동]성사시키다. 성공하다.

☆【成熟－숙】chéngshú [동]1성숙하다. (과일·곡식 따위가) 익다. 여물다. ◇庄稼都～了/곡식들이 다 여물었다. 2성숙하다. 설익다. 완벽하지 않다. ◇提个很不～的意见/미숙한 제의 하나를 하겠다. [비교]成熟:熟练 "成熟"는 부사어로 쓰지 않는다. ◇他已(×成熟)熟练地掌握了计算机的操作方法/그는 이미 능숙하게 컴퓨터 작동 방법을 익혔다.

【成数－수】chéngshù [명]1성수. '五十'·'二百'·'三千' 따위와 같이 우수리가 없는 정수. ◇～钱/목돈. (同)〔整 zhěng 数〕 2(～儿)백분율. 비율.

【成说－설】chéngshuō [명]통설. 정설.

【成算－산】chéngsuàn [명]마음속에 이미 세운 타산.

*【成套－투】chéng//tào 1[동]한 벌이 되다. 2[명]한 벌. 한 세트. ◇～设备/한 세트의 설비.

【成套设备－투설비】chéngtào shèbèi [명]플

랜트(plant). (同)〔整 zhěng 套设备〕

＊＊【成天－천】chéngtiān 粵〈口〉종일. 온종일. (同)〔整 zhěng 天〕

☆【成为－위】chéngwéi 動…이 되다. ◇～先进工作者/모범 일꾼이 되다.

【成文－문】chéngwén 粵1기존의 글. 〈喻〉틀에 박힌 글. 2글로 표현된 것. 서면으로 만든 것.

【成文法－법】chéngwénfǎ 粵〈法〉성문법. (反)〔不 bù 成文法〕

【成问题－문제】chéng wèntí 문제가 되다. 곤란하다.

＊【成效－효】chéngxiào 粵효과. 효력. ◇用这种药治头痛～显著 xiǎnzhù/이런 약으로 두통을 치료하면 효과가 매우 좋다. |비교|成效:成绩 일·학업 등 성과를 나타낼 때는 "成效"를 쓰지 않는다. ◇有的考生紧张, 难以考出平时的(×成效)成绩/어떤 수험생은 긴장해서 평소의 시험 성적을 받을 수 없다.

＊【成心－심】chéngxīn 粵고의. 〔주로 부사적으로 쓰임〕◇对不起, 我不是～和你过不去/미안하지만 내가 고의로 너와 맞서는 것은 아니다. (同)〔存 cún 心〕, (反)〔无 wú 心〕

【成形－형】chéngxíng 1粵성형. 2動형체를 이루다.

【成性－성】chéng//xìng 動습관이 되다. 버릇이 되다. 〔부정적으로 쓰임〕

【成药－약】chéngyào 粵조제해 놓은 약.

【成衣－의】chéngyī 粵1재봉. 2(略)'成衣匠'의 준말. 3기성복.

【成议－의】chéngyì 1動협의가 이루어지다. 2粵이루어진 협의.

＊＊【成语－어】chéngyǔ 粵성어. 숙어.

＊＊【成员－원】chéngyuán 粵성원. 구성원. ◇家庭～/가정 구성원(식구).

【成约－약】chéngyuē 1粵이미 맺은 조약. 이미 정한 약속. 2(chéng//yuē)動계약이 성립되다.

【成灾－재】chéngzāi 1粵재해. 2(chéng//zāi)動재해가 되다.

☆【成长－장】chéngzhǎng 動성장하다. 자라다. ◇小树苗已经～起来了/묘목이 이미 자라났다. ◇祖国的一代新人在～/조국의 새 세대가 자라고 있다. |비교|成长:发展 "成长"은 "形势(정세)"에는 쓰이지 않는다. ◇中国改革开放的形势越来越(×成长)发展/중국의 개혁·개방의 정세가 더욱 더 발전되고 있다.

【成总儿－총아】chéngzǒngr 〈口〉粵1한(꺼)번에. 단번에. 2한목에. 일괄적으로.

【诚·誠】讠部 chéng 6画 정성 성

1粵働진실(의). 진실(하다). 성실(하다). ◇～心～意/성심성의. (同)〔真 zhēn〕, (反)〔虚 xū〕 2粵〈文〉실로. 확실히. (同)〔实 shí〕 3粵〈文〉만약.

【诚惶诚恐－황성공공】chéng huáng chéng kǒng 황공하오나. 〔신하가 군주에게 장계를 올릴 때 쓰는 상투어〕2대단히 두렵고 불안하다.

☆【诚恳－간】chéngkěn 粵간절하고 진실하다. 간곡하다. ◇他态度那样～, 你不能不答应他的请求/그 사람의 태도가 그렇게 간곡한데 네가 그의 요구를 들어줘야 한다. (同)〔真 zhēn 诚〕, (反)〔虚伪 xūwěi〕

【诚然－연】chéngrán 粵1참으로. 실로. 2물론.

☆【诚实－실】chéng·shí 粵성실하다. ◇～的孩子/성실한 어린이. (同)〔老实 lǎo·shí〕, (反)〔虚伪 xūwěi〕

【诚心－심】chéngxīn 1粵성심. 진심. ◇～诚意/성심성의. 2粵진실하다. 간곡하다. (同)〔诚意 yì〕, (反)〔假 jiǎ 心〕

＊【诚意－의】chéngyì 粵성의. 진심. ◇只要双方都有～, 同学之间产生一点摩擦 mócā 并不难解决/양쪽에서 성의만 있다면 학생들간에 나타난 마찰같은 것은 해결하기 어려운 것이 아니다.

＊【诚挚－지】chéngzhì 粵진실하다. 진지하다. ◇你那～的心意已给我留下深刻的印象/너의 진실한 마음은 나에게 깊은 인상을 남겨주었다. |비교|诚挚:热心 "诚挚"는 "态度"(태도) 등과 함께 쓰이지만, "工作"(일)와 함께 쓰이지 않는다. ◇他对工作很认真, 很(×诚挚)热心/그는 일에 대해 매우 진지하고 열성적이다.

★【城】土部 chéng 6画 재 성

粵1성(벽). ◇万里长～/만리장성. 2성(城)안. ◇东～/동쪽 성안. 3도시. ◇满～风雨/시내 전체에 소문이 자자하다. (同)〔市 shì〕, (反)〔乡 xiāng〕

【城池－지】chéngchí 粵1성지. 성과 해자(垓子). 2성(城). 도시.

【城垛－타】chéngduǒ 粵1성벽의 앞쪽으로 돌출한 부분. 2성첩. 성가퀴.

【城防－방】chéngfáng 粵도시의 방위.

【城府－부】chéngfǔ 粵〈文〉〈喻〉타인에 대한 경계심. 속셈.

【城根－근】chénggēn (～儿)粵성벽의 밑동. 성벽 부근.

【城关－관】chéngguān 粵성문 바깥쪽 일대. 성문 부근.

【城壕－호】chéngháo (同)〔护城河 hùchénghé〕

【城隍－황】chénghuáng 粵1〈文〉성호(城壕).

(同)〔城河 hé〕 2성황신.

【城郊－교】chéngjiāo 몡(도시·읍 따위의) 교외.

【城楼－루】chénglóu 몡성루.

【城门－문】chéngmén 몡성문.

【城墙－장】chéngqiáng 몡성벽.

【城区－구】chéngqū 몡시내지역. (同)〔城里 lǐ〕, (反)〔郊 jiāo 区〕

【城阙－궐】chéngquè 몡〈文〉1성문 양쪽의 망루. 2궁궐. 3도성.

★【城市－시】chéngshì 몡도시. ◇大~/대도시. (同)〔都 dū 市〕

【城厢－상】chéngxiāng 몡성 안과 성문 밖의 인접 지역 부근.

【城垣－원】chéngyuán 몡〈文〉성벽.

＊【城镇－진】chéngzhèn 몡도시와 읍.

＊＊【盛】皿部 | chéng
6画 | 담을 **성**

동1(밥·요리·액체 등을) 용기에 담다. ◇姐姐～了一碗粥/언니는 죽 한 그릇을 담았다. 2수용하다. ◇东大厅能～那些东西/동쪽 대청에는 그 물건을 수용할 수 있다. ⇒shèng

【盛器－기】chéngqì 몡용기.

＊【呈】口部 | chéng
4画 | 드러낼 **정**

1동(어떤 형태를) 갖추다. (빛깔을) 띠다. 나타내다. ◇毛皮～暗褐 hè 色/모피가 암갈색을 띠다. 2동〈敬〉드리다. 올리다. ◇～上名片/명함을 드리다. 3(～儿) 몡옛날, 관리가 상급 기관에 내는 보고서나 백성이 관청에 내는 청원서.

【呈报－보】chéngbào 동〈牍〉윗사람에게 서면으로 보고하다. 상신하다.

【呈递－체】chéngdì 동삼가 제출하다. 봉정하다.

【呈请－청】chéngqǐng 동(민간이 관청에 또는 하급 기관이 상급 기관에) 신청하다. 출원하다.

【呈文－문】chéngwén 몡〈牍〉옛날, 백성이 관청에, 또는 하급 기관에서 상급 기관에 제출하던 상신서.

＊【呈现－현】chéngxiàn 동나타나다. 양상을 띠다. ◇运动场上，～出一派生气勃勃 bó 的景象/운동장에는 생기발랄한 광경이 나타났다.

【呈献－헌】chéngxiàn 동바치다. 헌정하다.

【程】禾部 | chéng
7画 | 법 **정**

1몡법칙. 규칙. 규정. ◇章～/장정. 2순서. (진행) 과정. 3몡여정. 여행의 경로. 4동거리. 5동〈文〉가늠하다. 헤아리다. ◇～其器能/기능을 가늠하다. 6(Chéng) 몡성(姓).

☆【程度－도】chéngdù 1몡(문화·교육·지식·능력 따위의) 수준. 정도. ◇文化～不高/학력이 높지 않다. 田교程度:境界 "思想"(사상)이 도달하는 정도에는 "程度"를 쓰지 않는다. ◇他的社会地位低，但思想(×程度)境界高/그의 사회적 위치는 낮지만 사상의 경지는 높다. 2(사물변화가 이르는) 수준. 정도. ◇城乡农业机械化 jīxiè 化～还不够/고향의 농업 기계화의 수준은 아직 멀었다.

【程式－식】chéngshì 몡일정한 격식. 서식. 규격. 2(同)〔程序 xù〕

＊【程序－서】chéngxù 몡순서. 절차. ◇选举的～已经确定/선거 절차는 이미 확정되었다.

【程子－자】chéng·zi 몡〈方〉때. 쯤.

☆【乘】禾部 | ノ部 | chéng
5画 | 9画 | 탈 **승**

1동타다. ◇他～船回国/그는 배를 타고 귀국한다. 2동(기회 따위를) 이용하다. ◇～胜直追/승승장구하다. 주의구어(口语)에서는 주로 '趁' chèn 을 사용한다. 3몡불교의 교의(教义). ◇大～/대승. 小～/소승. 4동곱하다. ◇用十～八得八十/10 곱하기 8은 80이다. 5(Chéng)몡성(姓). ⇒shèng

【乘便－편】chéngbiàn 里…하는 김에. (어떤) 계제에. (同)〔趁 chèn 便〕, (反)〔特意 tèyì〕 ◇你去时～告诉他一声/당신 가는 김에 그에게 알려주세요.

【乘除－제】chéngchú 몡1곱셈과 나눗셈. 2〈文〉세상일의 흥망성쇠.

【乘法－법】chéngfǎ 몡〈数〉승법. 곱셈.

【乘方－방】chéngfāng 몡〈数〉멱(幂). 승멱(乘幂). 거듭 제곱. (同)〔乘幂 mì〕

【乘风破浪－풍파랑】chéng fēng pò làng 〈成〉어려움을 무릅쓰고 용감하게 나아가다. 사업이 빨리 발전하다. (同)〔趁风起帆 chèn fēng qǐ fān〕, (反)〔逆水行舟 nì shuǐ xíng zhōu〕

【乘号－호】chénghào 몡〈数〉곱셈 부호 '×'.

＊【乘机－기】chéngjī 동기회를 타다. 〔주로 부사적으로 쓰임〕 ◇坏人想～捣乱 dǎolu-àn 破坏/악당들은 기회를 타서 소란을 피우고 파괴하려 한다. (反)〔失 shī 机〕

【乘积－적】chéngjī 몡〈数〉승적. (同)〔略积〕

＊＊【乘客－객】chéngkè 몡승객.

【乘凉－량】chéng//liáng 동서늘한 바람을 쐬다.

【乘人之危－인지위】chéng rén zhī wēi 〈成〉남이 위급할 때를 틈타 해치다. (同)〔趁火打劫 chèn huǒ dǎ jié〕, (反)〔缓急相助 huǎn jí xiāng zhù〕

【乘势一세】chéngshì 動1유리한 기세를 타다. (同)〔趁 chèn 势〕2권세를 등에 업다.

【乘数一수】chéngshù 名〈數〉곱수. 승수.

＊【乘务员一무원】chéngwùyuán 名승무원.

【乘隙一극】chéngxì 動빈틈을 노리다.〔주로 부사적으로 쓰임〕(同)〔乘间 jiān〕

【乘兴一흥】chéngxìng 動신이 나다. 흥에 겨웁다.

【乘虚一허】chéngxū 動〈文〉허점을 노리다. 허를 타다.

【乘坐一좌】chéngzuò 動(탈것에) 타다.

＊【惩·懲】心部 8画 징계할 징
動1징벌하다. 처벌하다. ◇~一警 jǐng 百/일벌백계하다. (同)〔罚 fá〕, (反)〔奖 jiǎng〕2경계하다. ◇~警/경계하다.

＊【惩办一판】chéngbàn 動處벌(하다). 징벌(하다). ◇法院严厉了那几个罪犯/법원에서는 그 범죄자 몇 명을 엄하게 처벌하였다.

【惩处一처】chéngchǔ 動처벌하다.

＊【惩罚一벌】chéngfá 名動징벌(하다). ◇无论是谁, 犯了罪都受~/누구를 막론하고 죄를 범하면 모두 벌을 받는다. (同)〔惩处 chǔ〕, (反)〔奖励 jiǎnglì〕

【惩戒一계】chéngjiè 動징계하다.

【惩前毖后一전비후】chéng qián bì hòu 〈成〉지난 날의 과오를 후일의 경계로 삼다.

【惩一儆百一일경백】chéng yī jǐng bǎi (同)〔惩一警 jǐng 百〕

【惩一警百一일경백】chéng yī jǐng bǎi 〈成〉일벌 백계하다. (同)〔惩一戒 jiè 百〕

【惩治一치】chéngzhì 動징벌하다. 처벌하다. (同)〔惩办 bàn〕

【澄(澂)】氵部 12画 맑을 징
1形(물이) 맑다. (同)〔清 qīng〕, (反)〔浑 hún〕2動맑게 하다. 분명하게 하다. ⇒dèng

【澄碧一벽】chéngbì 形맑고 깨끗하다.

【澄彻一철】chéngchè 形맑다.

【澄澈一철】chéngchè (同)〔澄彻 chè〕(同)〔清 qīng 澄〕, (反)〔浑浊 húnzhuó〕

＊【澄清一청】chéngqīng 1形맑다. 2動평정하다. ◇~天下/천하를 평정하다. 3動(인식·문제 등을) 해명하다. 분명하게 밝히다. (反)〔混淆 hùnxiáo〕

【澄莹一영】chéngyíng 形맑다.

【橙】木部 12画 귤 등
名1〈植〉등자나무. 2등자. 3등황색.

【橙黄一황】chénghuáng 名등황색.

【橙汁一즙】chéngzhī 名1오렌지에이드(orangeade). 2오렌지 주스.

【橙子一자】chéng·zi 名등자.

chěng

【逞】辶部 7画 통할 정
動1(재능이나 기량을) 뽐내다. 자랑하다. 우쭐대다. (同)〔显 xiǎn〕〔夸耀 kuāyào〕2(나쁜 목적을) 마음 먹은 대로 이루다. ◇得~/(나쁜 목적을) 이루다. 3내버려 두다. 방임하다. (同)〔任 rèn〕〔放任 fàngrèn〕

【逞能一능】chěng//néng 動(솜씨를) 과시하다. 자랑하다.

【逞强一강】chěng//qiáng 動젠 체하다. 잘난 체하다. 위세를 피우다. (同)〔逞能 néng〕

【逞性子一성자】chěng xìng·zi 제멋대로 하다. 자기 좋은 대로 하다.

【逞凶一흉】chěngxiōng 動멋대로 흉폭한 짓을 하다.

【骋·騁】马部 7画 달릴 빙
動〈文〉1(말 따위가) 내달리다. 2펼치다. 펴다. 풀어 놓다.

【骋怀一회】chěnghuái 動〈文〉실컷 …하다.

【骋目一목】chěngmù 動〈文〉먼 곳을 바라보다.

chèng

＊【秤(称)】禾部 5画 저울 칭
名저울.〔특히 큰 저울을 가리킴〕⇒'称' chēn, chēng

【秤锤一추】chèngchuí 名저울추. (同)〔秤砣 tuó〕

【秤杆一간】chènggǎn (~儿)名저울대.

【秤钩一구】chènggōu 名저울고리.

【秤毫一호】chèngháo (同)〔秤纽 niǔ〕

【秤纽一뉴】chèngniǔ 名저울끈. (同)〔秤毫 háo〕

【秤盘子一반자】chèngpán·zi 名저울판.

【秤砣一타】chèngtuó 名〈口〉저울추. (同)〔秤锤 chuí〕

【秤星一성】chèngxīng (~儿)名저울의 눈금. (同)〔杆 gǎn 秤〕

吃 123	哧 124	鸱 124	嗤 124	魑 124
痴 124	池 124	弛 125	驰 125	迟 125
持 125	匙 125	蜘 126	尺 126	侈 126
齿 126	耻 126	叱 126	斥 126	饬 126
赤 126	炽 127	翅 127	敕 127	

chī

★【吃(¹⁻¹⁰喫)】 口部 chī　3画 먹을 흘

1동먹다. 마시다. 빨다. ◇~饭/밥을 먹다. **2**동(식당 따위에서) 식사하다. 외식하다. ◇在馆子/음식점에서 식사하다. **3**동(…에 의지하여〔…으로〕) 생활하다. ◇~老本/밑천으로 살다. 경력으로 먹고살다. **4**동(액체를) 흡수하다〔빨다〕. ◇纸~水/종이가 물을 흡수하다. **5**동들어가다. ◇~刀/(절삭도구가 금속에) 들어가다. **6**동전멸시키다. (바둑알·장기쪽을) 따먹다〔잡아 먹다〕. ◇拿马~车/말로 차를 잡다. **7**동터득하다. 알다. ◇~不准他的心思/그의 마음을 정확히 모르겠다. **8**동당하다. 받다. 입다. ◇~亏/손해를 입다. 밑지다. **9**동감당하다. 견디다. ◇~不消/감당할 수 없다. **10**동(…에게) 당하다. ◇~他的亏/그한테 손해를 보게 하다. **11**동소모하다. (힘이) 들다. ◇~劲/힘 들다. **12**(同)〔口 kǒu 吃〕

【吃白饭-백반】 chī báifàn **1**주식(主食)만 먹고 요리는 먹지 않다. **2**밥 먹고 돈을 내지 않다. **3**무위도식하다.

【吃白食-백식】 chī báishí 〈方〉공짜로 얻어 먹다.

【吃饱-포】 chī//bǎo 동배불리 먹다.

【吃瘪-별】 chībiě 동**1**곤경에 처하다. 좌절하다. **2**할 수 없이 승복하다.

【吃不服-불복】 chī·bu fú (어떤 음식을 먹는 데) 습관이 안 되다.

【吃不开-불개】 chī·bu kāi 통하지 않다. 환영을 받지 못하다. 상대해 주지 않다.

【吃不来-불래】 chī·bu lái (먹는데) 습관되지 않다.

【吃不了, 兜着走-불요, 두착주】 chī·bu liǎo, dōu·zhe zǒu 다 먹을 수 없어서 싸 가지고 가다. 문제가 생기면 끝까지 책임을 겨야 한다.

【吃不上-불래】 chīī·bu shàng (가난하거나 시간상) 먹을 수 없다. 못 먹다.

【吃不消-불소】 chī·bu xiāo 견딜 수 없다. ◇病还没好, 你不能上学, 不然你要~的/병이 아직 낫지 않았으니 학교에 가지 말아야 한다. 그렇지 않으면 견딜 수 없을 것이다. (反)〔吃得 de 消〕

【吃不住-불주】 chī·bu zhù 지탱할 수 없다.

【吃不准-불준】 chī bù zhǔn 확실할 수 없다. ◇我~这个字是什么意思/이 글자가 무슨 뜻인지를 나는 확실히 모르겠다.

【吃吃喝喝-흘갈갈】 chī·chīhēhē 먹고 마시다. 〔주로 교제관계를 맺는 경우를 가리킴〕

【吃醋-초】 chī//cù 동질투하다.

【吃刀-도】 chīdāo 명〈機〉(금속을 자를 때,

절삭도구가 그 속으로) 들어가다.

【吃得开-득개】 chī·de kāi 인기좋다.

【吃得来-득래】 chī·de lái (꼭 좋아하는 것은 아니지만) 먹는데 습관이 되다.

【吃得消-득소】 chī·de xiāo 견딜 수 있다.

【吃得住-득주】 chī·de zhù 견뎌낼 수 있다.

【吃豆腐-두부】 chī dòu·fu 〈方〉**1**여자를 희롱하다. **2**사람을 놀리다. 골려주다. **3**상가집에 가서 조문하며 음식을 먹는 것을 이름. 〔음식 중에 늘 두부가 있는 데서 유래함〕

【吃独食-독식】 chī dúshí (~儿)독식하다.

【吃饭-반】 chī//fàn **1**밥을 먹다. 식사를 하다. **2**생계를 유지하다. ◇靠打渔~/고기잡이로 살아간다.

【吃粉笔灰-분필회】 chī fěnbǐhuī 명교사. 〔해학적인 표현〕

【吃干醋-간초】 chī gāncù 동질투하다.

【吃功夫-공부】 chī gōng·fu 동정력을 소모하다.

【吃官司-관사】 chī guān·si 소송 당하다. 재판에 걸려 처벌당하거나 투옥되다.

【吃馆子-관자】 chī guǎn·zi 외식을 하다.

【吃喝儿-갈아】 chīhēr **1**명먹고 마시는 것. **2**동먹고 마시다.

【吃后悔药-후회약】 chī hòuhuǐyào 사후에 후회하다.

【吃货-화】 chīhuò 명〈罵〉놀고 먹는 자.

【吃紧-긴】 chījǐn 형**1**(군사·정치 상황·금융 시장 등이) 긴박하다. **2**중요하다.

【吃劲-경】 chījìn (~儿)명**1**힘들다. 힘겹다. **2**(chī//jìn)동견디다. 버티다. 힘을 쓰다. ◇吃不住劲/견딜 수 없다.

☆【吃惊-경】 chī//jīng 동(깜짝) 놀라다. ◇七岁的孩子就写出了这样好的诗, 真令人~/일곱 살 아이가 이렇게 훌륭한 시를 써내다니, 정말 사람을 놀라게 한다. (同)〔受 shòu 惊〕

【吃口-구】 chīkǒu 명**1**식구. **2**먹는 느낌. **3**가축이 먹이를 먹는 능력.

∗∗【吃苦-고】 chī//kǔ 동고생을 견디어 내다. ◇~耐劳/괴로움을 참고 힘든 일을 견디어 내다.

【吃苦头-고두】 chī kǔ·tou 괴로움을 당하다. 애를 먹다. 쓴 맛을 보다.

∗∗【吃亏-휴】 chī//kuī 동**1**손해를 보다. ◇自己~事小, 国家损失事大/자신이 손해를 보면 작은 일이지만 국가가 손해를 입는 것은 큰 일이다. **2**(어떤 점에 있어서 조건이) 불리하게 되다. 밑지다. ◇这个人~就在于不老实/이 사람은 성실하지 않은 데서 밑지게 된 것이다. (反)〔上算 shàngsuàn〕

【吃劳保-로보】 chī láobǎo (직원이 공상

등으로) 노동보험급여로 산다.

【吃老本-로본】chī lǎoběn (~儿)**1**갖고 있는 경륜이나 재주로 살다. 〔발전하려고 하지 않다〕**2**밑천을 까먹다.

【吃里爬外-리파외】chī lǐ pá wài 〈成〉이쪽의 돈을 받으며 저 쪽을 위해 일하다.

【吃力-력】chīlì **1혱힘들다. 힘겹다. ◇~的活他都留给自己/그는 힘든 일은 자기가 맡아 한다. 〔费 fèi 力〕, (反)〔省 shěng 力〕**2**통피곤하다. 비교吃力:困难 "吃力"는 일처리가 힘든 것을 말하며 생활의 어려움을 나타내지 않는다. ◇他家的生活很(×吃力)困难/그 집의 살림은 무척 어렵다.

【吃零嘴-령취】chī língzuǐ 군것질하다. 간식을 먹다. (同)〔吃零食 shí〕

【吃请-청】chīqǐng 통(부탁하는 쪽의) 초대받아 식사하다.

【吃儿-아】chīr 몡음식.

【吃偏饭-편반】chī piānfàn 특별한 대우를 받다.

【吃食-식】chī·shi **1**몡〈口〉먹이. **2**몡음식물. **3**통먹이를 먹다.

【吃水-수】chīshuǐ **1**몡〈方〉식수. **2**몡수분을 흡수하다. **3**통생활 용수를 얻다.

【吃素-소】chīsù 통〈佛〉채식하다.

【吃透-투】chī//tòu 통철저히 이해하다.

【吃瓦片儿-와편아】chī wǎpiànr 집을 세주고 집세로 생활하다.

【吃闲饭-한반】chī xiánfàn 빈둥빈둥 놀고 먹다.

【吃现成饭-현성반】chī xiànchéngfàn 일하지 않고 놀고 먹다. 불로 소득하다.

【吃香-향】chīxiāng 혱〈口〉환영 받다. 인기가 좋다.

【吃心-심】chī//xīn 통의심하다. 의심품다.

【吃鸭蛋-압단】chī yādàn (시험·경기에서) 빵점을 맞다.

【吃哑吧亏-아파휴】chī'yā·bakuī 손해를 봤어도 말을 못하다. 벙어리 냉가슴 앓다.

【吃一堑, 长一智-일참, 장일지】chī yī qiàn, zhǎng yī zhì 〈諺〉한 번 좌절을 당하면, 그만큼 더 지혜가 생긴다.

【吃斋-제】chī//zhāi **1**정진 결재(精進潔齊)하다. 소식(素食)하다. (同)〔吃素 sù〕**2**중이 밥을 먹다.

【吃重-중】chīzhòng **1**혱책임이 무겁다. **2**혱힘겹다. 어렵다. **3**혱적재량.

【吃嘴-취】chī//zuǐ 〈方〉**1**간식을 먹다. **2**통게걸스럽다.

【吃罪-죄】chīzuì 통벌을 받다.

【哧】 口部 chī
7画 웃음소리 **적**

의찍. 〔찢는 소리〕 ◇~的一声撕 sī 下一

块布来/찍하고 천 한 조각을 찢어냈다.

【鸱·鴟】 鸟部 chī
5画 솔개 **치**

몡〈文〉**1**〈鳥〉소리개. 솔개. 새매. **2**술그릇. 망새.

【鸱尾-미】chīwěi 몡〈建〉치미. 치문(鸱吻). 망새.

【鸱吻-문】chīwěn (同)〔鸱尾〕

【嗤】 口部 chī
비웃을 **치**

통〈文〉비웃다. 조소하다.

【嗤笑-소】chīxiào 통비웃다. 조소하다.

【嗤之以鼻-지이비】chī zhī yǐ bí 코웃음 치다. 깔보다.

【魑】 鬼部 chī
10画 도깨비 **리**

【魑魅-매】chīmèi 몡(전설 속에 나오는) 사람을 해치는 산 속에 사는 괴물〔도깨비〕.

【痴(癡)】 扩部 chī
8画 어리석을 **치**

1혱멍청하다. 둔하다. ◇~人说梦/어리석은 놈이 꿈같은 이야기를 하다. 〔되지도 않은 허황된 말을 하다〕(同)〔笨 bèn〕, (反)〔智 zhì〕**2**통(어떤 사람이나 물건 따위에 집착하여) 미치다. …에 빠지다. ◇书~/책벌레.

【痴呆-매】chīdāi **1**혱멍청하다. **2**혱〈醫〉치매. (同)〔呆痴〕, (反)〔聪明 cōngmíng〕

【痴肥-비】chīféi 혱미련하게 살만 찌다.

【痴迷-미】chīmí 혱얼빠져서 정신을 못차리다.

【痴情-정】chīqíng 몡치정. (同)〔多 duō 情〕, (反)〔无 wú 情〕

【痴心-심】chīxīn **1**몡(사람·사물에) 푹 빠지는 마음. **2**통(사람·사물에) 미치다.

【痴心妄想-심망상】chī xīn wàng xiǎng 〈成〉허황된 망상을 하다.

【痴长-장】chīzhǎng 통〈謙〉쓸데 없이 나이만 먹다. 〔연장자가 쓰는 겸사〕

【痴子-자】chī·zi 몡**1**바보. 멍청이. **2**미치광이.

chí

**【池】 氵部 chí
3画 못 **지**

몡**1**(인공적으로 판) 못. 늪. **2**주위보다 낮게 패어 들어간 곳. ◇花~/화단. **3**〈文〉(성 밖으로 둘러판) 해자(垓字). 성호(城壕). (同)〔护城河 hùchénghé〕**4**극장의 1층 정면 일등석. (同)〔池座 zuò〕**5**(Chí)성(姓).

【池汤-탕】chítāng 몡대중 목욕탕. (同)〔池塘 táng〕〔池堂 táng〕

【池堂-당】chítáng (同)〔池汤 tāng〕

【池塘－당】chítáng 〔명〕못. 2(同)〔池 tāng〕
【池沼－소】chízhǎo 〔명〕못. 늪.
【池子－자】chí·zi 〔명〕1못. 2목욕탕의 목욕통. (同)〔池汤 tāng〕3(옛날의) 무대 스테이지(stage). (同)〔舞 wǔ 池〕4(옛날의) 극장의 1층 정면 일등석.
【池座－좌】chízuò (同)〔池子·zi 4〕

【弛】弓部 │ chí
　　 3画 │ 늦출 이
〔동〕〈文〉느슨해지다. 풀어지다. (同)〔松 sōng〕, (反)〔紧 jǐn〕
【弛缓－완】chíhuǎn 〔동〕이완되다. 느슨해지다. (同)〔和 hé 缓〕, (反)〔紧张 jǐnzhāng〕
【弛禁－금】chíjìn 〔동〕〈文〉금령(禁令)을 해제하다.

【驰・馳】马部 │ chí
　　　　 3画 │ 달릴 치
〔동〕1(수레와 말 따위를) 빨리 달리다(몰다). 질주하다. ◇疾 jí～/질주하다. 2전해지다. 널리 퍼지다. ◇四远～名/사방 멀리에까지 이름이 알려지다. 3〈文〉마음이 쏠리다. (멀리 떠난 사람을) 몹시 그리워하다. 마음이 달리다.
【驰骋－빙】chíchěng 〔동〕1(말을 타고) 빨리 달리다. 2활달하다.
【驰名－명】chímíng 〔동〕명성을 떨치다. (同)〔驰誉 yù〕, (反)〔出丑 chūchǒu〕
【驰突－돌】chítū 〔동〕〈文〉돌진하다.
【驰援－원】chíyuán 〔동〕구원하러 급히 달려가다.
【驰骤－취】chízhòu 〔동〕〈文〉빨리 달리다. (同)〔驰骋 chěng〕

【迟・遲】辶部 │ chí
　　　　　 4画 │ 더딜 지
1〔형〕느리다. 더디다. 굼뜨다. (同)〔慢 màn〕, (反)〔快 kuài〕◇～～不决/우물쭈물하며 결정을 내리지 못하다. 2〔형〕늦다. ◇昨天睡得太～了/어제 너무 늦게 잤다. (同)〔晚 wǎn〕, (反)〔早 zǎo〕3(Chí)〔명〕성(姓).
★【迟到－도】chídào 〔동〕지각하다. ◇不论刮风下雨, 我从来不～/바람이 부나 비가 오나 나는 여지껏 지각하지 않았다. 〔비교〕迟到: 晚点 "迟到"는 사람에게만 쓰이고 교통수단에는 쓰이지 않는다. ◇班机(×迟到)晚点了/정기 비행기가 연착했다.
【迟钝－둔】chídùn 〔형〕둔하다. 굼뜨다. ◇他有点儿～/그는 좀 둔하다. (同)〔鲁 lǔ 钝〕, (反)〔机灵 jíling〕〔비교〕迟钝: 迟疑 의사를 결정하지 못하는 경우에는 "迟疑" 또는 "犹豫 yóuyù"를 쓴다. "迟钝"는 이런 데에 쓸 수 없고 수량보어도 갖지 않는다. ◇她(×迟钝)迟疑了一下儿/그녀는 잠시 망설였다.

＊【迟缓－완】chíhuǎn 〔형〕느리다. ◇他动作～, 人家都站了队, 他还没收拾完书包呢/그는 동작이 느려서 남들은 줄을 다 섰는데도 책가방조차 챙기지 못했다. (同)〔缓慢 màn〕, (反)〔迅速 xùnsù〕
【迟暮－모】chímù 〔명〕〈文〉1만년. 늘그막. 2황혼.
【迟误－오】chíwù 〔동〕늦어서 일을 그르치다.
【迟延－연】chíyán 〔동〕지연하다(시키다).
＊【迟疑－의】chíyí 〔동〕망설이다. 주저하다. ◇东西虽好, 价钱太高, 买还是不买, 爸爸一时～不决/물건은 비록 좋지만 값이 너무 비싸서 아버지는 살 것인가 안살 것인가를 두고 한동안 망설이며 결정하지 못하였다. (同)〔犹 yóu 疑〕, (反)〔决断 juéduàn〕
【迟早－조】chízǎo 〔부〕조만간. (同)〔早晚 wǎn〕
【迟滞－체】chízhì 1〔동〕느리다. 완만하다. 2〔동〕지체하다.

【持】扌部 │ chí
　　 6画 │ 잡을 지
〔동〕1손에 꽉 잡다. 쥐다. ◇～刀抢劫 qiāngjié/칼을 가지고 강도질하다. 2지탱하다. 유지하다. ◇坚～/견지하다. 3주관하다. 관리하다. ◇主～/주최하다. 4대항하다. 대치하다. ◇相～不下/서로 대치하며 양보하지 않다.
【持家－가】chí//jiā 〔동〕살림을 꾸려나가다.
＊＊【持久－구】chíjiǔ 〔형〕오래 견디다(유지하다). (同)〔经 jīng 久〕, (反)〔短暂 duǎnzàn〕
【持久战－구전】chíjiǔzhàn 〔명〕〈军〉지구전.
【持论－론】chílùn 〔명〕주장(하다). 입론(立論)(을 세우다).
【持平－평】chípíng 〔형〕공평하다. 공정하다. (同)〔公 gōng 平〕, (反)〔偏颇 piānpō〕
【持枪－창】chíqiāng 〔동〕총을 잡다.
【持身－신】chíshēn 〔동〕자신을 대하다. 몸가짐을 하다. ◇～清廉/청렴한 몸가짐을 합니다.
＊【持续－속】chíxù 〔동〕지속하다. 계속 유지하다. ◇这场大雨～了三天三夜, 下得沟 gōu 满壕 háo 平/이번 큰 비는 3일째 계속 내려서 구덩이와 도랑이 다 차버렸다.
【持有－유】chíyǒu 〔동〕소지하다. 가지고 있다.
【持之以恒－지이항】chí zhī yǐ héng 〈成〉늘 끈기있게 계속하다. 늘 태만하지 않다. (同)〔坚持不渝 jiān chí bù yú〕, (反)〔有始无终 yǒu shǐ wú zhōng〕
【持之有故－지유고】chí zhī yǒu gù 〈成〉근거를 가지고 주장하다.
【持重－중】chízhòng 1〔형〕자중하다. 2〔형〕신중하다. 경솔하지 않다. (同)〔稳 wěn 重〕, (反)〔轻浮 qīngfú〕

【匙】匕部 │ chí
　　 9画 │ 숟가락 시

[명]숟가락. 스푼. ◇茶～/차 스푼. ⇒·shi
【匙子－자】chí·zi [명]숟가락. 스푼.

【踟】足部 8画 chí 머뭇거릴 지
【踟蹰－주】chíchú [동]망설이다. 주저하다.

chǐ

C

☆【尺】尸部 1画 chǐ 자 척
1[양]척. 길이의 단위. 〔'(市)寸'의 10배, '(市)丈'의 1/10, 미터(m)의 1/3에 해당함〕 ◇公～/미터(m). 2[명](길이를 재는) 자. ◇三角～/삼각자. 3[명]자처럼 생긴 물건. ◇镇～/문진(文鎭). 4[명]〈略〉〈中醫〉 '尺中'(척부, 尺部)의 준말.
⁑【尺寸－촌】chǐ·cun [명]1(옷 따위의) 치수. ◇这件衣服～不合适/이 옷의 치수가 몸에 안 맞는다. 2절도. 법도. ◇说话要有～/말을 할 때는 절도가 있어야 한다.
【尺度－도】chǐdù [명]척도. 표준. 기준.
【尺短寸长－단촌장】chǐ duǎn cùn cháng 〈成〉사람 또는 사물은 저마다 장단점이 있다.
【尺幅千里－폭천리】chǐ fú qiān lǐ 〈成〉한 자 길이의 화면에 천 리나 되는 경치를 그려 넣다. 외형은 비록 작으나, 내포된 내용은 아주 풍부하다.
【尺码－마】chǐmǎ (～儿)[명]1(신발이나 모자의) 치수. 사이즈(size). 2기준. 표준. 수준.
【尺头儿－두아】chǐtóur [명]〈方〉1치수. 사이즈. (同)〔尺码 mǎ〕 2자투리. 천.
⁑【尺子－자】chǐ·zi [명]1자. 2척도. 기준.

【侈】亻部 6画 chǐ 사치할 치
[형]〈文〉1낭비가 심하다. 사치스럽다. 2과장되다.
【侈谈－담】chǐtán [명][동]〈文〉과장해서 말하다. 큰소리(치다). (同)〔大言 dàyán〕

【齿·齒】齿部 0画 chǐ 이 치
1[명]이. ◇门～/문치. 앞니. (同)〔牙 yá〕 2(～儿)[명]물체의 이같이 생긴 부분. ◇～轮/기어. 3[동]병렬하다. 동류로 삼다. 4[명]〈文〉연령. ◇年～/나이. ◇序～/연령순. 5[동]〈文〉언급하다. ◇不足挂～/언급할 만한 것이 못되다.
【齿唇音－순음】chǐchúnyīn [명]〈言〉순치음.
【齿冷－랭】chǐlěng [동]〈文〉비웃다. 조소하다.
*【齿轮－륜】chǐlún [명]〈機〉기어(gear). ◇正～/스퍼 기어(spur gear).
【齿腔－강】chǐqiāng [명]〈生理〉치강.
【齿髓－수】chǐsuǐ 〈生理〉치수.
【齿龈－은】chǐyín [명]〈生理〉치은. 잇몸. (同)〔牙 yá 龈〕

【耻(恥)】耳部 4画 chǐ 욕될 치
1[명]부끄러움. 수치. 2[형]부끄럽다. 수치스럽다. ◇可～/부끄럽다. (同)〔辱 rǔ〕, (反)〔荣 róng〕 3[동]부끄러워하다. 수치스럽다. 4[명]수치.
【耻骨－골】chǐgǔ [명]〈生理〉치골.
【耻辱－욕】chǐrǔ [명]치욕. (同)〔羞 xiū 耻〕, (反)〔光荣 guāngróng〕
【耻笑－소】chǐxiào [명][동]멸시와 조소(를 하다). (同)〔讥 jī 笑〕, (反)〔赞扬 zànyáng〕

chì

【叱】口部 2画 chì 꾸짖을 질
[동]〈文〉큰 소리로 꾸짖다. ◇～问/꾸짖어 묻다.
【叱呵－가】chìhē [동]호통치다. (同)〔叱喝 hè〕
【叱骂－마】chìmà [동]큰 소리로 꾸짖다. (同)〔责 zé 骂〕
【叱问－문】chìwèn [동]문책하다.
【叱责－책】chìzé [동]질책하다.
【叱咤－타】chìzhà [동]〈文〉질타하다.
【叱咤风云－타풍운】chì zhà fēng yún 〈成〉위세당당하다.

【斥】斤部 1画 chì 가리킬 척
1[동]꾸짖다. 비난하다. ◇痛～/통렬히 책망하다. 2[동]배척하다. 내쫓다. ◇排～/배척하다. 3[동]내놓다. ◇～资/자금을 내놓다. 4〈文〉[동]확장하다. 넓히다. 5[동]〈文〉탐색하다. 정찰하다. 6[형]가득차다. 7[명]〈文〉염분이 많은 해변가의 땅.
【斥革－혁】chìgé [동]파면하다. 취소하다.
【斥骂－마】chìmà [동]꾸짖어 욕하다. ◇高声～/큰소리로 호통치다.
【斥退－퇴】chìtuì [동]1(관리를) 파면하다. (학생을) 퇴학시키다. 2주위에 있는 사람을 물리치다〔물러 나가도록 호령하다〕.
【斥责－책】chìzé [동]질책하다. 꾸짖다.
【斥资－자】chìzī [동]〈文〉자금을 내다.

【饬·飭】饣部 4画 chì 갖출 칙
〈文〉1[동]정돈하다. 정리하다. 2[명]옛날 상급 기관에서 하급 기관에 내리는 명령, 또는 공문서. 3[동]삼가다.
【饬令－령】chìlìng [동]〈牘〉(상급 기관에서 하급 기관에) 명령하다.

【赤】赤部 0画 chì 붉을 적
1[명]적색(赤色). (同)〔红 hóng〕 2[형]붉다.

3[명]혁명을 상징하는 색. 〔피로써 자유를 쟁취한다는 의미에서 나옴〕 ◇~卫队/적위대. (同)〔红 hóng〕, (反)〔白 bái〕 4[형]충성스러운. (同)〔诚 chéng〕, (反)〔虚 xū〕 5[동]벌거벗다. 알몸이 되다. 6[형]드러낸. 알몸의. 7[형]아무것도 없는. 텅 빈. ◇~手空拳/적수공권. (同)〔空 kōng〕

【赤背－배】chì//bèi [동]웃통을 벗다〔드러내다〕.

【赤膊－박】chì//bó 1[동]웃통을 벗다. 2(chìbó)[명]반라(半裸).

【赤膊上阵－박상진】chì bó shàng zhèn 〈成〉책략을 따지지 않거나 조금도 속이지 않고 어떤 일을 하다. 적나라하게 …하다.

【赤诚－성】chìchéng 1[명]진심. 2[부]진심으로. 진솔하게.

【赤胆忠心－담충심】chì dǎn zhōng xīn 〈成〉일편 단심. (同)〔披肝沥胆 pī gān lì dǎn〕, (反)〔虚情假意 xū qíng jiǎ yì〕

⁑【赤道－도】chìdào [명]〈天〉적도. ◇~线/적도선.

【赤地千里－지천리】chì dì qiān lǐ 〈成〉황폐한 땅이 끝이 없다.

【赤光光－광광】chìguāngguāng [형]〈方〉벌거벗은 모양.

【赤脚－각】chì//jiǎo 1[동]신발을 벗다. 맨발이 되다. 2[명]맨발.

【赤脚医生－각의생】chìjiǎo yīshēng [명]맨발의 의사. 농촌 인민 공사의 보건소 소속으로 농업에 종사하는 인턴급 의료·위생 업무 담당자.

【赤金－금】chìjīn [명]순금.

【赤露－로】chìlù 1[동](몸을) 드러내다. (同)〔袒 tǎn 露〕, (反)〔遮蔽 zhēbì〕 2[형]불모의. ◇~的原野/불모의 들판.

【赤裸裸－라라】chìluōluō(又讀 chìluǒluǒ) [형]적나라하다. (同)〔兜圈子 dōuquān·zi〕

【赤贫－빈】chìpín [형]빈털털이다. (反)〔豪富 háofù〕

【赤身－신】chì//shēn 1[동]알몸이 되다. 발가벗다. 2(chìshēn)[명]알몸. 3[명](친척·가족이 없는) 단신.

【赤身露体－신로체】chì shēn lù tǐ 〈成〉완전 벌거숭이다. 알몸이다.

【赤手空拳－수공권】chì shǒu kōng quán 〈成〉(손에) 아무것도 가진 것이 없음. (同)〔手无寸铁 shǒu wú cùn tiě〕, (反)〔全副武装 quán fù wǔ zhuāng〕

【赤松－송】chìsōng [명]〈植〉적송.

【赤条条－조조】chìtiāotiāo(又讀chìtiáotiáo) [형]적나라하다. 실오라기조차 걸치지 않다.

【赤小豆－소두】chìxiǎodòu [명]붉은 팥.

【赤心－심】chìxīn [명]진심. (同)〔赤忱 chén〕, (反)〔虚情 xūqíng〕

【赤子－자】chìzǐ [명]1갓난아기. 2〈文〉〈喻〉고국·고향에 대한 순수한 마음을 가진 사람.

【赤子之心－자지심】chì zǐ zhī xīn 〈成〉순수한 마음.

*【赤字－자】chìzì [명]적자. (同)〔亏空 kuī·kong〕, (反)〔盈余 yíngyú〕

【赤足－족】chìzú [명]맨발.

【炽·熾】 火部 5画 | chì 불활활붙을 **치**

[형]불길이 세다. 왕성하다.

【炽烈－열】chìliè [형]불길이 세다. 활활 타오르다. (同)〔火 huǒ 炽〕, (反)〔温和 wēnhé〕

【炽热－열】chìrè [형]몹시 뜨겁다. 이글이글하다. (同)〔火 huǒ 热〕, (反)〔酷寒 kùhán〕

【炽盛－성】chìshèng [형]〈文〉번성하다.

【翅】 支部 6画 | 羽部 4画 | chì 날개 **시**

[명]1(새나 곤충의) 날개. 2〈植〉시과(翅果)가 날개 모양으로 뻗은 과피(果皮). 3 지느러미. 4(~儿)물체의 날개같이 생긴 부분.

☆【翅膀－방】chìbǎng [명]1(새나 곤충의) 날개. 2물체의 모양이나 기능이 날개와 비슷한 것. ◇飞机~/비행기 날개.

【翅子－자】chì·zi [명]1상어 지느러미. 2〈方〉날개.

【敕(勅)】 攵部 7画 | chì 칙령 **칙**

[명]칙명(敕命). 칙령(敕令). 임금의 명령.

【敕封－봉】chìfēng [동]칙명으로 (제후 등을) 봉하다.

【敕令－령】chìlìng [명][동]칙령(을 내리다).

chōng

【充】 亠部 4画 | 儿部 4画 | chōng 가득할 **충**

1[형]가득하다. 충분하다. 2[동]가득 채우다. (채워서) 막다. ◇~电/충전하다. 3[동]담임하다. 맡다. 4[동]충당하다. 5[동]가장하다. …인 체하다. ◇~行 háng 家/전문가인 체하다. ◇~好汉/사내 대장부인 척하다. 6(Chōng)[명]성(姓).

【充斥－척】chōngchì [동]〈贬〉충만하다. 가득하다. 〔혐오감을 내포함〕 ◇次品~市场/불량품이 시장을 가득 채웠다.

*【充当－당】chōngdāng [동]충당하다. (직무를) 담당하다.

【充电－전】chōng//diàn [동]충전하다.

【充耳不闻－이불문】chōng ěr bù wén 〈成〉귀를 막고 듣지 않다. 남의 의견을 못 들은 체하다. (同)〔听而不闻 tīng ěr bù wēn)，(反)〔洗耳恭听 xǐ ěr gōng tīng〕

☆【充分－분】chōngfèn 1형충분하다.〔추상적인 사물에 쓰임〕◇他的理由不~/그의 이유는 불충분하다. 2부충분히. 십분. ◇~利用有利条件/유리한 조건을 충분히 활용하다. 比교充分:充足 "充分"은 주로 추상적인 사물에 쓰인다. ◇同学们都在阳光(×充分)充足的教室里上课/학생들은 햇빛이 가득한 교실에서 수업을 한다.

【充公－공】chōng//gōng 통〈法〉몰수하여 국고에 넣다.

【充饥－기】chōng//jī 통주린 배를 채우다.

【充军－군】chōng//jūn 통옛날 유배형의 일종으로 사형을 면한 범죄자를 변경지역으로 보내 군역이나 노역에 종사케 하다.

☆【充满－만】chōngmǎn 형가득차다. 충만하다. ◇眼里~了泪水/눈에 눈물이 가득 찼다.

＊【充沛－패】chōngpèi 형넘쳐 흐르다. 왕성하다. ◇精力~/정력이 왕성하다. (同)〔丰 fēng 沛〕，(反)〔枯竭 kūjié〕

【充其量－기량】chōngqíliàng 부기껏해야.

【充任－임】chōngrèn 통담임하다. (임무나 직무를) 담당하다.

【充塞－색】chōngsè 통가득 채우다.

＊【充实－실】chōngshí 통1충분하다. 풍족하다. ◇库存~/재고가 충분하다. (反)〔空虚 kōngxū〕2보강하다. 강화하다. ◇选拔优秀干部~基层/우수한 간부를 선발하여 하부 조직을 강화시키다. (同)〔丰富 fēngfù〕，(反)〔减少 jiǎnshǎo〕

【充数－수】chōng//shù 통숫자나 머릿수를 채우다.

【充血－혈】chōngxuè 명통〈醫〉충혈(되다).

【充溢－일】chōngyì 통충만하다. 넘쳐 흐르다. ◇她脸上~着幸福的笑容/그녀의 얼굴에는 행복한 웃음이 넘쳐 흘렀다.

【充盈－영】chōngyíng 형1충만하다. 가득차다. 2〈文〉(몸이) 풍만하다.

【充裕－유】chōngyù 형풍족하다. 넉넉하다. (同)〔丰 fēng 裕〕，(反)〔贫乏 pínfá〕

☆【充足－족】chōngzú 형충분하다. (同)〔充裕 yù〕，(反)〔贫乏 pínfá〕

【冲(沖¹⁻¹⁰衝)】冫部 chōng 4画 화할 충

1명요충(要衝). 중요한 길목. 요지(要地). ◇要~/요충. 2통돌진하다. 돌파하다. ◇从敌人的包围中~出来了/적의 포위에서 돌파해 나왔다. 3통충돌하다. 부딪치다. ◇~突/충돌하다. 4액막이를 하다. 액땜하다. 5형〈天〉(태양계에서 지구가 어떤 행성이 태양 사이에 있어 일직선을 이룰 때) 충(衝). 6통(끓는 물 따위를) 붓다. 물에 풀다. ◇~咖啡/커피에 끓는 물을 붓다. 7통물을 부어서 씻다.

◇身上的泥My水~干净了/몸에 묻은 진흙은 물로 깨끗이 씻었다. 8통〈撮〉사진을 현상하다. ◇~胶卷/필름을 현상하다. 9통(홍수 따위가) 휩쓸다. ◇大水~坏了河堤 dī/홍수가 제방을 휩쓸어 망가뜨렸다. 10통상쇄 계산하다. ◇~帐/청산 계산을 하다. 11통〈文〉나이가 어리다. ◇~幼/어리다. 12통〈方〉산간지대의 평지. ◇~田/산전. ⇒chòng

【冲程－정】chōngchéng 명〈機〉(내연기관의) 행정(行程).

【冲刺－자】chōngcì 1명〈體〉스퍼트(spurt) (하다). 2명〈喩〉전력 투구. 막바지 노력.

【冲淡－담】chōngdàn 통1희석시키다. 묽게 하다. 2(분위기·효과·감정 따위를) 부드럽게 하다. 약화시키다. (同)〔减弱 jiǎnruò〕，(反)〔加强 jiāqiáng〕

【冲动－동】chōngdòng 1명충동. 2통격해지다. 흥분하다. (同)〔激 jī 动〕，(反)〔冷静 lěngjìng〕

【冲犯－범】chōngfàn 통(남의 비위를) 거슬리다.

＊【冲锋－봉】chōngfēng 통〈軍〉적진으로 돌격하다. ◇打退敌人的~/적의 진격을 격퇴시키다. (同)〔冲击 jī〕，(反)〔退却 tuìquè〕

【冲锋枪－봉창】chōngfēngqiāng 명〈軍〉근접 전투나 돌격 때 사용하는 자동 소총.

【冲锋陷阵－봉함진】chōng fēng xiàn zhèn〈成〉1돌격하여 적진 깊숙이 들어가 함락시키다. 2정의로운 일을 위하여 용감히 싸우다. (同)〔赴汤蹈火 fù tāng dǎo huǒ〕，(反)〔畏首畏尾 wèi shǒu wèi wěi〕

【冲服－복】chōngfú 통물이나 술에 타서 약을 마시다.

＊＊【冲击－격】chōngjī 1통(흐르는 물 따위가) 세차게 부딪치다. 2명충격. 쇼크. 3(同)〔冲锋 fēng〕

【冲积－적】chōngjī 명통〈地質〉충적(하다).

【冲剂－제】chōngjì 명〈藥〉침제(浸劑).

【冲决－결】chōngjué 통1물이 제방 따위를 무너뜨리다. 2벗어나다.

【冲力－력】chōnglì 명〈物〉1관성력(惯性力). 2충격력(衝擊力).

【冲凉－량】chōng//liáng 통〈方〉물을 끼얹다. 샤워하다.

＊【冲破－파】chōngpò 통돌파하다. 타파하다. ◇~僵 jiāng 化的经济体制/경직된 경제 체제를 타파하다.

【冲杀－살】chōngshā 통돌격하다.

【冲刷－쇄】chōngshuā 통1물을 끼얹어 씻어내리다. 2(물결이 바위 따위를) 씻어내리다. 침식하다.

【冲天－천】chōngtiān 통충천하다. 하늘을 찌르다.

【冲突—돌】 chōngtū **1**명동충돌(하다). **2**동 모순되다. 겹치다. ◇因时间～会开不成了/시간이 겹치기 때문에 회의를 열 수 없다.

【冲洗—세】 chōngxǐ **1**물로 씻어 내다. **2** 사진을 현상하다.

【冲喜—희】 chōng//xǐ 동(옛날의 풍속으로, 집안에 중환자가 있을 때 결혼식 등의) 길사를 치뤄 액운을 몰아내다.

【冲要—요】 chōngyào 명형요해(의). 요충지(의).

【冲账—장】 chōng//zhàng 동〈商〉청산 계정을 하다.

【冲撞—당】 chōngzhuàng 동**1**부딪치다. **2**기분을 상하게 하다. 비위를 거슬리다. (同)〔冒犯 màofàn〕, (反)〔迎合 yínghé〕

【憧】 忄部 chōng
12画 뜻정치못할 **동**

【憧憧—동】 chōngchōng 형어른거리다. 흔들거리다.

【憧憬—경】 chōngjǐng 명동동경(하다).

chóng

【虫·蟲】 虫部 chóng
0画 벌레 **충**
명(～儿)곤충. 벌레.

【虫草—초】 chóngcǎo 명〈略〉〈植〉'冬虫夏草'(동충 하초)의 준말.

【虫害—해】 chónghài 명충해.

【虫情—정】 chóngqíng 명충해 상황.

【虫牙—아】 chóngyá 명〈俗〉충치.

【虫灾—재】 chóngzāi 명해충에 의한 피해.

【虫豸—치】 chóngzhì 명〈文〉벌레.

☆**【虫子—자】** chóng·zi 명벌레. 곤충.

☆**【重】** 丿部 里部 chóng
8画 2画 거듭 **중**
1동중복하다. 겹치다. ◇书买～了/사 놓은 책이 중복되었다. **2**부재차. 다시. 거듭. ◇把生词～抄一遍/낱말을 다시 한번 베껴 쓰다. 비교重:另 "重"에 의해 수식되는 동사의 목적어는 동일한 것이어야 한다. ◇《红楼梦》看不懂, (×重)另看一本 浅一点的小说吧/《홍루몽》을 이해하지 못하면 다른 좀 쉬운 소설을 봐라. **3**양층(层). 겹. 〔겹쳐진 것을 세는 단위〕◇一～又一～的障碍/거듭되는 장애. ⇒zhòng

【重版—판】 chóngbǎn 명동재판(하다).

【重播—파】 chóngbō 동**1**(파종한 곳에) 또 파종하다. **2**재방송하다.

【重茬—치】 chóngchá 명동〈農〉연작(하다).

【重唱—창】 chóngchàng 동〈音〉중창(하다).

【重重—중】 chóngchóng 형거듭하다. 매우 많다. ◇顾虑～/걱정이 태산이다.

【重重叠叠—중첩첩】 chóng·chongdiédié 가

로 겹쳐진 모양.

【重出—출】 chóngchū 동(글자나 문구가) 반복해서 나오다.

【重蹈覆辙—도복철】 chóng dǎo fù zhé 〈成〉 전철(前轍)을 밟다. 잘못이나 실패를 반복하다. (反)〔改弦易辙 gǎi xián yì zhé〕

☆**【重叠—첩】** chóngdié 동중첩[중복]되다.

【重读—독】 chóngdú 동유급하다.

【重逢—봉】 chóngféng 동재회하다. (反)〔分开 fēnkāi〕

☆**【重复—복】** chóngfù 명동**1**중복(하다). ◇避免不必要的～/불필요한 중복을 피하다. **2**반복(하다). ◇他把说过的话又～了一遍/그는 한 말을 또 한번 반복했다. 비교重复:反复 여러번 거듭하는 경우에는 "重复"를 쓰지 않는다. ◇我们每天都(×重复)反复地复习功课/우리는 매일 반복적으로 배운 것을 복습한다.

【重合—합】 chónghé 명〈數〉합동.

【重婚—혼】 chónghūn 명동〈法〉이중 결혼하다. 중혼(하다).

【重茧—견】 chóngjiǎn 명**1**〈文〉두툼한 솜옷. **2**〈文〉(손과 발의) 굳은 살. 못. (同)〔重跰 jiǎn〕

【重见天日—견천일】 chóng jiàn tiān rì 〈成〉어두운 세상에서 벗어나 다시 햇빛을 보다.

【重九—구】 Chóngjiǔ 명중양절(重陽節).

【重落—락】 chóng·luo 동〈方〉병이 도지다.

*****【重申—신】** chóngshēn 동거듭 말하다. 거듭 천명[표명]하다. ◇～我国的对外政策/우리나라의 대외정책을 거듭 천명하다.

【重生—생】 chóngshēng 동**1**죽어가다가 되살아나다. **2**거듭나다. 재생하다.

【重生父母—생부모】 chóngshēng fùmǔ 〈成〉생명의 은인. (同)〔再在 zài 生父母〕

【重孙—손】 chóngsūn 명〈口〉증손자. (同)〔曾孙子 zi〕

【重孙女—손녀】 chóngsūn·nü (～儿)명증손녀.

【重围—위】 chóngwéi 명겹겹의 포위망.

【重温—온】 chóngwēn 동복습하다. 돌이켜보다.

【重温旧梦—온구몽】 chóng wēn jiù mèng 〈成〉지나간 옛날을 회상하다.

【重午—오】 Chóngwǔ 명〈文〉단오절. (同)〔端 duān 午〕〔重五 wǔ〕

【重现—현】 chóngxiàn 동다시 나타나다.

【重霄—소】 chóngxiāo 명〈文〉높은 하늘. (同)〔重霄〕

☆**【重新—신】** chóngxīn 부(처음부터) 다시. 재차. ◇他～来到战斗过的地方/그는 다시 전투했던 곳에 왔다.

【重修—수】 chóngxiū 동**1**재차 수선하다. 개

C

수(改修)하다. **2**다시 쓰다.

【重演―연】chóngyǎn **1**명동(연극 따위에서) 재연(再演)(하다). **2**동(행했던 일을) 되풀이하다.

【重洋―양】chóngyáng 명먼 바다.

【重阳―양】Chóngyáng 명중양절. 음력 9월 9일.〔중국 전통 명절로서 국화 꽃을 띄운 술을 마시거나 산에 오르는 풍속이 있다〕

【重译―역】chóngyì **1**동한 책이 여러 사람에게 번역되다. **2**번역한 것을 번역하다. 중역하다. ◇他―了那本“英译本语言学”/그는 그 영어판 “언어학”을 중역했다. **3**처음부터 다시 번역하다.

【重印―인】chóngyìn 명동재판(하다). 다시 인쇄(하다).

【重整旗鼓―정기고】chóng zhěng qí gǔ〈成〉실패한 후에 다시 진용(陣容)을 재편성하다.(同)〔东山再起 Dōng Shān zài qǐ〕,(反)〔一蹶不振 yī jué bù zhèn〕

【重奏―주】chóngzòu 명〈音〉중주.

【重足而立―족이립】chóng zú ér lì 동(아주 두려워서) 발을 포개어 서다.

【崇】 山部 | chóng
8画 | 높을 **숭**

1형높다.(同)〔高 gāo〕,(反)〔低 dī〕 **2**동〈文〉숭상하다.(同)〔尊 zūn〕,(反)〔渎 dú〕 **3**(Chóng)명성(姓).

*【崇拜―배】chóngbài 명동숭배(하다).

【崇奉―봉】chóngfèng 동숭상하다.

☆【崇高―고】chónggāo 형숭고하다. 고상하다. ◇～的理想/숭고한 이상.(同)〔高尚 shàng〕,(反)〔卑下 bēixià〕

*【崇敬―경】chóngjìng 명동숭배하고 존경(하다).(同)〔崇拜 bài〕,(反)〔鄙视 bǐshì〕

【崇山峻岭―산준령】chóng shān jùn lǐng〈成〉높고 험준한 산.

【崇尚―상】chóngshàng 동숭상하다. 높이 사다. ◇～俭朴 jiǎnpǔ/검소함을 높이 사다.

【崇洋―양】chóngyáng 동〈貶〉외국의 사물〔사상〕을 숭배하다.

chǒng

【宠·寵】 宀部 | chǒng
5画 | 사랑할 **총**

명동총애(하다).(同)〔爱 ài〕,(反)〔恨 hèn〕

【宠爱―애】chǒng'ài 명동총애(하다).(同)〔宠幸 xìng〕,(反)〔嫌恶 xiánwù〕

【宠儿―아】chǒng'ér 명〈喩〉〈貶〉총아. ◇电脑是时代的～/컴퓨터는 시대의 총아이다.

【宠坏―괴】chǒnghuài 동지나치게 귀여워해서 버릇없게 만들다.

【宠辱不惊―욕불경】chǒng rǔ bù jīng 〈成〉칭찬이나 모욕에 초연하여 살다.(反)

〔受宠若惊 shòu chǒng ruò jīng〕

【宠物―물】chǒngwù 명애완동물.

【宠信―신】chǒngxìn 동〈貶〉총애하고 신임하다.

【宠幸―행】chǒngxìng 동총애하다.

chòng

＊＊【冲(衝)】 冫部 | chòng
4画 | 화할 **충**

1형〈口〉힘차다. 힘이 세다. ◇这小伙子干活儿真～/이 젊은 친구는 정말 힘차게 일한다. **2**형(냄새가) 독〔강〕하다. (냄새가) 코를 찌르다. ◇酒味儿很～/술 냄새가 독하다. **3**동향하다. 대(對)하다. **4**젠향해서. 대해서. ◇你这话是～谁说的?/너의 이 말은 누구에게 한 거야? **5**동의지하다. 근거〔의거〕하다. ◇他们这股 gǔ 子干劲 gànjìn 儿, 一定可以提前完成任务/그의 이 열성만 가지고도 임무를 틀림없이 앞당겨 완수할 수 있다. ⇒chōng

【冲床―상】chòngchuáng 명〈機〉펀치프레스(punch press). 프레스. 천공기.

【冲盹儿―돈아】chòngdǔnr 명〈方〉(꾸벅꾸벅) 졸다. 말뚝잠을 자다.(同)〔打盹 dǔn儿〕

【冲劲儿―경아】chòngjìnr 명**1**패기. **2**강한 자극.

【冲压―압】chòngyā 명〈機〉스탬핑(stamping).

【冲子―자】chòng·zi 명펀치(punch).

chōu

★【抽】 扌部 | chōu
5画 | 뺄 **추**

동**1**꺼내다. 빼내다. ◇从文件夹 jiā 里～出一份申请书/서류첩에서 신청서 한 부를 꺼냈다. **2**(일부를) 빼내다〔뽑아내다〕. ◇请～空儿到我家来一趟/짬을 내어 우리 집에 한번 왔다 가세요. **3**(새싹 따위가) 돋다.(이삭 따위가) 패다. **4**빨다. 뽑다. ◇～血/피를 뽑다. **5**줄다. 수축하다. ◇这种布～得真厉害/이 천은 정말 심하게 줄었다. **6**(채찍 따위로) 치다〔때리다〕. ◇这头驴不～不走/이 나귀는 채찍질하지 않으면 안 간다.

【抽查―사】chōuchá 명동추출 검사(하다).

【抽搐―축】chōuchù **1**동(근육이) 실룩거리다. 경련을 일으키다. **2**명경련이나 쥐.

【抽打―타】chōudǎ 동매질하다. 후려치다.

【抽打―타】chōu·da 동(먼지떨이 따위로) 가볍게 털다. 털다.

【抽搭―탑】chōu·da 동〈口〉흐느끼다.

【抽调―조】chōudiào 동(인력이나 물자의

일부를) 빼서 딴 데로 돌리다. 전환배치
하다.

【抽丁―정】chōu//dīng 동〈文〉장정〔남자〕
을 징발하다.

【抽斗―두】chōudǒu 명〈方〉서랍. (同)〔抽
屉 ti〕

【抽肥补瘦―비보수】chōu féi bǔ shòu 〈成〉
많은 데서 빼어내 부족한 데를 보충하다.
균형을 잡히게 하다.

【抽风―풍】chōu//fēng 1동〈醫〉경련(을
일으키다). 2동안하던 짓을 하다. 3명동
공기 흡입(하다).

【抽工夫―공부】chōu gōng·fu (～儿)짬을
내다. (同)〔抽空 kòng〕

【抽筋―근】chōu//jīn (～儿)동1힘줄을 뽑
아 버리다. 2〈口〉경련을 일으키다. 쥐가
나다. (同)〔痉挛 jìngluán〕

*【抽空―공】chōu//kòng (～儿)동틈〔시간〕
을 내다. ◇工作再忙, 也要～学习/일이
아무리 바빠도 시간을 내어 공부해야 한
다. (同)〔抽工夫 gōng·fu〕

【抽冷子―랭자】chōu lěng·zi 부갑자기.

【抽气机―기기】chōuqìjī 명〈機〉공기 펌프.
에어 펌프(air pump).

【抽泣―읍】chōuqì 동흐느끼다.

【抽签―첨】chōu//qiān (～儿)동추첨하다.
제비를 뽑다.

【抽取―취】chōuqǔ 동뽑아 내다. 추출하다.

【抽身―신】chōu//shēn 동몸을 빼다. (일
에서) 빠져 나가다. (同)〔脱 tuō 身〕, (反)
〔投 tóu 身〕

【抽水―수】chōu//shuǐ 동1펌프로 물을 길
어 올리다. 2(천 따위가) 물에 줄어들다
〔오그라들다〕.

【抽水机―수기】chōushuǐjī 명양수기. 물
펌프.

【抽税―세】chōu//shuì 동세금을 징수하다.

【抽穗―수】chōu//suì 동이삭이 패다.

【抽缩―축】chōusuō 동(천 따위가) 오그라
들다. 수축하다.

*【抽屉―체】chōu·ti 명서랍.

【抽头―두】chōu//tóu (～儿)동1(도박에서)
자릿세를 떼다. 2유통과정에서 돈의 일부
를 잘라먹다.

☆【抽象―상】chōuxiàng 1명추상. (反)〔具体
jùtǐ〕 2형추상적이다.

【抽芽―아】chōu//yá 동싹이 돋아 나다.

【抽烟―연】chōu//yān 동담배를 피우다.
(同)〔吸 xī 烟〕

【抽样―양】chōuyàng 동(검사를 위해) 견
본을 뽑아 내다.

【抽样调查―양조사】chōu yàng diàochá 명
표본조사.

【抽噎―열】chōuyē 동흑흑 흐느끼다. (同)

〔抽搭 da〕

【抽咽―연】chōuyè 동(낮은 소리로) 흐느
껴 울다. 목메어 울다.

【抽印―인】chōuyìn 동발췌하여 인쇄하다.

chóu

**【仇(讎, 讐)】 イ部 2画 | chóu 원수 수

명1원수(怨讐). 적(敵). ◇恩将～报/은혜
를 원수로 갚다. 2원한. 앙심. ◇这个～
早晚要报/이 원한은 조만간에 갚아야 한
다. (同)〔恨 hèn〕, (反)〔恩 ēn〕⇒qiú

【仇敌―적】chóudí 명원수. 적. (同)〔仇人
rén〕, (反)〔恩人 ēnrén〕

**【仇恨―한】chóuhèn 명동원한. 증오(하다).
◇打死他们也解不了我心头的～/그들을
때려죽여도 내 마음 속의 원한을 풀 수
없다. (同)〔仇怨 yuàn〕, (反)〔恩惠 ēnhuì〕

【仇家―가】chóujiā 명원수.

【仇人―인】chóurén 명원수. 적.

【仇杀―살】chóushā 1동원한 때문에 사람
을 죽이다. 2원한에 의한 살해.

【仇视―시】chóushì 동적대시 하다. (同)
〔敌 dí 视〕, (反)〔友好 yǒuhǎo〕

【仇隙―극】chóuxì 동〈文〉원한. 반목.

【仇怨―원】chóuyuàn (同)〔仇恨 hèn〕

【筹·籌】 竹部 7画 | chóu 셈놓을 주

1명(대·나무·상아 등으로 만든) 산(算)
가지. 〔수를 세거나 물품의 영수 증거로
썼음〕 ◇竹～/대 산가지. 2동계획하다.
마련하다. 조달하다. ◇自～资金/스스로
자금을 조달하다. 3명계책. 방법. ◇运～
帷幄 wéiwò/전술전략을 세우다.

【筹办―판】chóubàn 동준비하다.

*【筹备―비】chóubèi 동사전에 준비하다.

【筹措―조】chóucuò 동마련하다. 조달하다.

【筹划―획】chóuhuà 동1계획하다. 기획하다.
2조달하다.

【筹集―집】chóují 동(돈을) 마련하다.

*【筹建―건】chóujiàn 동건설〔설립〕을 계획
하다.

【筹借―차】chóujiè 동(돈 따위를) 빌릴 계
획을 하다.

【筹码―마】chóumǎ 명1득점을 계산하는
데 쓰는 산가지. 〔옛날에 도박이나 놀이
때에 쓰였음〕 2옛날에, 화폐로 대체가능
한 유가증권.

【筹谋―모】chóumóu 동대책을 마련하다.
방법을 강구하다.

【筹商―상】chóushāng 동상의하여 방법을
강구하다.

【筹算―산】chóusuàn 동1(산가지로) 계산

C

하다. **2**계획하다. 꾀하다.
【筹委－위】chóuwěi 圏〈略〉**1**준비위원회. '筹备委员会'의 약칭. **2**준비위원.

【踌·躇】足部 7画 머뭇거릴 **주**

*【踌躇－저】chóuchú **1**주저하다. 망설이다. ◇~不决/주저하며 결정못하다. **2**圏득의양양한 모양. (同)〔踌蹰 chú〕

【踌躇满志－저만지】chóu chú mǎn zhì〈成〉자신의 현상태 또는 얻은 성과에 대해 혼자서 만족해하다.

【惆】忄部 8画 실심할 **추**

【惆怅－창】chóuchàng 圏〈文〉낙담하는 모양. 슬퍼하는 모양.

【绸·綢】纟部 8画 얽을 **주**

圏〈紡〉견직물의 총칭. 비단.
【绸缎－단】chóuduàn 圏**1**비단 옷감. **2**견직물.
【绸缪－무】chóumóu〈文〉**1**圏(감정이) 맺혀 풀리지 않다. **2**圏사전에 준비하다. (同)〔未雨 wèiyǔ 绸缪〕

*【绸子－자】chóu·zi 圏얇고 부드러운 견직물.

【稠】禾部 8画 빽빽할 **주**

圏**1**걸쭉하다. 걸다. (농도가) 짙다. ◇粥很~/죽이 매우 되다. (同)〔浓 nóng〕, (反)〔稀 xī〕 **2**촘촘하다. (同)〔密 mì〕, (反)〔稀 xī〕

*【稠密－밀】chóumì 圏많고 빽빽하다. 밀도가 높다. (同)〔浓 nóng 密〕, (反)〔稀疏 xī-shū〕

【稠人广众－인광중】chóu rén guǎng zhòng〈成〉많은 사람이 모이는 곳. (同)〔稠人广座 zuò〕

☆【愁】心部 9画 근심할 **수**

1圏圐근심(하다). 걱정(하다). ◇这件事可把我~死了/이 일때문에 나는 정말 많이 걱정했다. 回교愁:愁 "愁"는 정도부사의 수식을 받은 후 뒤에 "了"를 가질 수 없다. ◇我的第四声总是不正确,我很(×愁了)犯愁/내 4성이 늘 정확하지 않아 난 참 걱정이다. **2**圏근심스럽다. 슬프다. ◇离~/이별의 슬픔.

【愁肠－장】chóucháng 圏걱정하는 마음.
【愁肠百结－장백결】chóucháng bǎijié〈喩〉근심·걱정이 태산같다.
【愁苦－고】chóukǔ 圏근심하고 고뇌하다.
【愁眉－미】chóuméi 圏근심으로 찡그려진 눈썹. 근심스러운 표정〔颜色〕.
【愁眉不展－미부전】chóu méi bù zhǎn〈成〉찡그린 눈썹을 펴지 않다. 근심 걱정에

잠기다.
【愁眉苦脸－미고검】chóu méi kǔ liǎn〈成〉찡그린 눈썹과 고통스러운 얼굴. 수심에 찬 얼굴.
【愁眉锁眼－미쇄안】chóu méi suǒ yǎn〈成〉찡그린 눈썹과 수심에 찬 눈.
【愁闷－민】chóumèn 圏圐고민(하다). 우울(해지다).
【愁容－용】chóuróng 圏근심스러운 얼굴. 수심어린 얼굴.
【愁绪－서】chóuxù 圏근심하는 마음.

【酬(酧)】酉部 6画 술권할 **수**

1圐〈文〉술을 권하다. **2**圐보답하다. **3**圏임금. ◇按劳付~/노동에 따라 임금을 지불하다. **4**圐교제하다. **5**圐실현하다.
【酬报－보】chóubào 圐보답하다. 사례하다.
【酬唱－창】chóuchàng 圐시문으로 응답하다.
【酬答－답】chóudá **1**(同)〔酬报 bào〕 **2**圐말이나 시문(诗文)으로 응답하다.
【酬对－대】chóuduì 圐응답하다. 응대하다.
【酬和－화】chóuhè 圐시문으로 화답하다.
【酬金－금】chóujīn 圏보수. 사례금.
【酬劳－로】chóuláo **1**圐노고에 보답하다. 수고를 위로하다. **2**圏사례금. 수고비.
【酬谢－사】chóuxiè 圐(돈이나 예물로) 사례하다.
【酬应－응】chóuyìng 圐**1**교제하다. **2**대답하다.
【酬酢－작】chóuzuò 圐주객이 서로 술잔을 주고 받다.

chǒu

【丑·²醜】乙部 3画 추할 **추**

1圏축. 십이지(十二支)의 둘째.⇒〔干支 gānzhī〕 **2**圏용모가 추하다. 못생기다. (反)〔美 měi〕 **3**圏경극(京剧)의 어릿광대역. (同)〔小花脸 xiǎohuāliǎn〕〔三花脸 sānhuāliǎn〕 **4**(Chóu)圏성(姓).
【丑八怪－팔괴】chǒubāguài 圏못생긴 사람.
【丑表功－표공】chǒubiǎogōng 圐뻔뻔스럽게 자기 공을 떠벌리다.
*【丑恶－악】chǒu'è 圏추악하다. (同)〔丑陋 lòu〕(美 měihǎo〕
【丑化－화】chǒuhuà 圐나쁘게 표현하다. (同)〔抹黑 mǒhēi〕, (反)〔美 měi 化〕
【丑话－화】chǒuhuà 圏비위에 거슬리는 말. 너절한 말. 추잡한 소리.
【丑剧－극】chǒujù 圏추악한 연극. 추태.
【丑角－각】chǒujué (~儿)圏**1**〈演〉희곡배우 중의 어릿광대. **2**어떤 일에서 악역을 맡은 사람.

【丑类一류】chǒulèi 몧악인. 악당. (同) 〔败 bài 类〕, (反) 〔好人 hǎorén〕

【丑陋一루】chǒulòu 혭(용모(容貌)나 모양이) 추하다. (同) 〔难看 nánkàn〕, (反) 〔美丽 měilì〕

【丑时一시】chǒushí 몧축시. 〔새벽 1시부터 3시까지〕

【丑事一사】chǒushì 몧추악한 일. 스캔들.

【丑态一태】chǒutài 몧추잡한 행위. 추태.

【丑态百出一태백출】chǒu tài bǎi chū 〈成〉온갖 추태를 다 부리다.

【丑闻一문】chǒuwén 몧추문. 스캔들. (反) 〔美谈 měitán〕

【瞅(䁖)】 目部 chǒu / 9画 볼 추

㖞〈方〉보다. ◇我往屋里～了一眼, 没～见他/나는 방 안을 힐끗 보았는데 그를 못 봤다.

【瞅见一견】chǒu//jiàn 㖞보이다. 눈에 띄다. ◇啥也瞅不见/아무것도 보이지 않는다.

chòu

☆**【臭】** 自部 chòu / 4画 냄새 취

1혭구리다. ◇臭豆腐 dòufu 闻着～, 吃着香/썩인 두부는 냄새를 맡으면 구리지만 먹어보면 향기롭다. (反) 〔香 xiāng〕 2혭혐오스러운. ◇～名远扬/악명이 널리 퍼지다. 3혭형편없다. ◇这人名声太～/그 사람의 평판은 너무 형편없다. 4(튀심하게. 지독하게. 몹시. ◇挨 ái 了一顿～打/호된 매를 한바탕 맞았다. (同) 〔狠 hèn〕, (反) 〔婉 wǎn〕 5㖞〈方〉(탄알 따위가) 불발이다. ⇒xiù

【臭虫一충】chòuchóng 몧〈虫〉빈대.

【臭椿一춘】chòuchūn 몧〈植〉가죽나무.

【臭豆腐一두부】chòudòu·fu 몧두부를 소금에 절여 발효시켜 다시 석회 속에 넣어 보존한 식품. 썩인 두부.

【臭乎乎一호호】chòuhūhū (～的)혭쾨쾨하다. (同) 〔臭烘 hōng 烘〕, (反) 〔香喷喷 xiāngpēnpēn〕

【臭骂一마】chòumà 㖞호되게 꾸짖다.

【臭名昭著一명조저】chòu míng zhāo zhù 〈成〉악명이 높다.

【臭皮囊一피낭】chòupínáng 몧〈佛〉사람의 몸. 몸뚱이.

【臭味儿一미아】chòuwèir 몧나쁜 냄새. 악취.

【臭味相投一미상투】chòu wèi xiāng tóu (악당들 사이에서) 배짱이 맞다.

【臭氧一양】chòuyǎng 몧오존 (O_3).

【臭氧层一양층】chòuyǎngcéng 몧오존층.

出 133	初 137	雏 137	除 137	锄 138
厨 138	橱 138	处 138	杵 139	储 139
楚 139	处 139	黜 139	矗 139	搐 140
触 140	蠢 140			

chū

★**【出】** 凵部 chū / 3画 날 출

1얭 희곡을 세는 단위. ◇上星期我们看了好几～戏/지난 주에 우리는 희곡을 여러 회 봤다. 2㖞나가다. 나오다. ◇明天他就～国/그는 내일이면 출국한다. (反) 〔进 jìn〕 3㖞이르다. 도착하다. ◇～场/배우가 무대에 나오다. 4㖞넘다. 벗어나다. ◇考试题～不了这个范围/시험문제는 이 범위에서 벗어나지 않는다. 5㖞(의견이나 돈을) 내놓다. (시험문제나 힘을) 내다. ◇～钱/돈을 내놓다. ◇帮他～了半天主意/그를 위하여 한참동안 아이디어를 생각했다. 6㖞생기다. 나다. ◇他的自行车～了毛病, 骑不回来了/그는 자전거가 고장이 나서 타고 돌아올 수 없다. ◇～煤的地方/석탄이 나는 고장. 7㖞출산한다. ◇这家出版社～了不少好书/이 출판사는 양서를 많이 출판했다. 8㖞(소리나 화를) 내다. 땀이 (나다). 숨을 (내쉬다). ◇病人正休息, 大家上楼时不要～声/환자가 쉬고 있으니 모두들 위층으로 올라갈 때 소리내지 마시오. 9㖞인용문이나 전고 등의 출처를 나타냄. 10㖞드러내다. (이름이) 나다. 나서다. (추태를) 보이다. ◇他不管在什么地方, 都特别喜欢～风头/그는 어디서나 나서길 유난히 좋아한다. 11㖞분다. ◇机米做饭～饭/멥쌀로 밥을 지으면 밥이 분는다. 12㖞지출하다. 13㖞〈方〉'往'뒤에 쓰여 밖으로 향함을 나타냄. ◇往～走/밖으로 나가다. 14㖞동사나 형용사 뒤에 쓰여 방향을 나타냄. a) 동사 뒤에 쓰여 사람이나 사물이 동작에 따라 안에서 밖으로 나감을 나타냄. ◇走～饭店/호텔 밖으로 걸어나가다〔나오다〕. b) 동사 뒤에 쓰여 무에서 유로, 감춰진 상태에서 드러남을 나타냄. ◇他每周都要抽～时间陪爱人去医院/그는 매주마다 시간을 내서 아내를 데리고 병원에 가곤 한다. c) 동사나 형용사 뒤에 쓰여 초과됨을 나타냄. ◇这条裤 kù 子比原来那条长～五公分/이 바지는 원래 그 바지보다 5cm나 길다.

☆【出版一판】chūbǎn 몧㖞출판 (하다).

【出榜一방】chū/bǎng 㖞1합격자의 명단을 게시하다. 2공고를 내붙이다.

【出奔一분】chūbēn 㖞도망하다. 가출하다.

(同)〔出走 zǒu〕

【出殡－빈】chū//bìn 통出棺(出棺)하다.

【出兵－병】chū//bīng 통出兵하다.

【出操－조】chū//cāo 통(연병장 등에) 훈련을 나가다. (同)〔上 shàng 操〕, (反)〔下 xià 操〕

【出岔子－차자】chū chà·zi 착오나 사고가 생기다.

*【出差－차】chū//chāi 1통(공무로) 출장가다. 2(chūchāi)명출장. 3통임시로 나가 운수·건축 등 일을 하다.

*【出产－산】chūchǎn 1통나다. 산출하다. 2명산출물. 산물.

【出场－장】chū//chǎng 통1〈演〉배우가 무대에 나오다. 2(운동 선수가) 출전하다. (同)〔上 shàng 场〕, (反)〔退 tuì 场〕

【出厂－창】chū//chǎng 통제품이 공장에서 출고하다. 제품이 출하되다.

【出超－초】chūchāo 명〈貿〉수출액 흑자. (反)〔入 rù 超〕

【出车－차】chū//chē 통(사람이나 화물을 싣고) 차량을 발차하다.

【出乘－승】chū//chéng 통승무원이 배나 비행기에 탑승하다.

【出丑－축】chū//chǒu 통추태를 보이다. 망신하다. (同)〔丢 diū 丑〕, (反)〔驰誉 chíyù〕

【出处－처】chūchǔ 명〈文〉벼슬자리에 나가는 일과 물러남.

【出处－처】chūchù 명(인용문의) 출처.

【出倒－도】chūdǎo 통(가게를) 양도하다.

【出典－전】chūdiǎn 1통출전. 2통집에나 땅을 저당잡히고 돈을 무이자로 빌려쓰다.

*【出动－동】chūdòng 통1출동하다. 2(군대를) 파견하다. 3(많은 사람들이 어떤 일을 위하여) 행동하다. 동원되다.

【出尔反尔－이반이】chū ěr fǎn ěr 〈成〉변덕이 심하다. 언행이 일치하지 않다. (同)〔反覆无常 fǎn fù wú cháng〕, (反)〔一言为定 yī yán wéi dìng〕

★【出发－발】chūfā 1통출발(하다). 〔출발하는 장소 앞에는 "从"이나 "由"를 쓴다〕◇代表团从北京～了/대표단이 북경을 출발했다. (同)〔启程 qǐchéng〕, (反)〔归来 guīlái〕2…에 착안점을 두다. ◇做什么事情都要从实际～/어떤 일을 하든지 간에 현실에 착안점을 두어야 한다.

*【出发点－발점】chūfādiǎn 명〈口〉출발점. 기점. 동기.

【出饭－반】chūfàn 명〈口〉밥이 붇다.

*【出访－방】chūfǎng 통외국을 방문하다.

【出风头－풍두】chū fēng·tou 자기과시를 하다. 뽐내다. 나서다.

【出伏－복】chū//fú 통말복이 지나다. (反)

〔入 rù 伏〕

【出阁－각】chū//gé 통출가하다. (同)〔出嫁 jià〕

【出格－격】chū//gé 통1(언어나 행동이) 뛰어나다. 출중하다. 2〈喩〉(언행이) 상식을 벗어나다.

【出工－공】chū//gōng 통일하러 가다. 출근하다. (同)〔上班 shàng//bān〕

【出恭－공】chū//gōng 통대변을 보다.

【出轨－궤】chū//guǐ 통1레도를 벗어나다. 탈선하다. 2(말이나 행동 등이) 정도를 벗어나다.

【出国－국】chū//guó 통외국에 가다. 출국하다.

【出海－해】chū//hǎi 통바다로 나가다. ◇～捕鱼/바다에 나가 고기잡다.

【出航－항】chū//háng 통(배나 비행기가) 출발하다.

【出号－호】chū//hào 통1점원이 상점에서 일하는 것을 그만두다. (～儿)2(chūhào)제일 큰 호수이다. 대짜이다.

【出乎意料－호의료】chū hū yì liào 〈成〉뜻밖이다.

【出击－격】chūjī 통명〈軍〉출격(하다). (同)〔攻 gōng 击〕, (反)〔防守 fángshǒu〕

【出继－계】chūjì 통양자가 되다.

【出家－가】chū//jiā 통〈佛〉출가하다. (同)〔削发 xiāofā〕, (反)〔还俗 huánsú〕

【出家人－가인】chūjiārén 명승려나 도사.

【出价－가】chū//jià 통(사는 쪽이) 가격을 제시하다. (同)〔卖买 mài//jià〕, (反)〔进 jìn 价〕

【出嫁－가】chū//jià 통시집가다.

【出界－계】chū//jiè 명〈體〉아웃 사이드.

【出借－차】chūjiè 통(물건을) 빌려주다.

*【出境－경】chū//jìng 통1국경 밖으로 나가다. ◇～签证 qiānzhèng/출국비자. 2어떤 지역을 떠나다. (反)〔入 rù 境〕

【出具－구】chūjù 통(증거서류 등을) 작성·발행하다.

【出科－과】chū//kē 통〈演〉(옛극의 배우가) 배우 양성소를 졸업하다.

☆【出口－구】chū//kǒu 통1말을 꺼내다. ◇这话我很难～/이 말을 꺼내기가 어렵다. (同)〔开 kāi 口〕, (反)〔闭 bì 口〕2(배가) 항구를 떠나다. 3수출하다.

【出口－구】chūkǒu 명출구.

【出口货－구화】chūkǒuhuò 명수출품.

★【出来－래】chū//·lái 통1(안에서 밖으로) 나오다. ◇对不起, 我今天有事出不来/미안합니다. 제가 오늘 일이 있어서 나올 수 없습니다. (反)〔进去 jìnqù〕2출현하다. 나오다. ◇这次讨论～两种相反的意见/이번 토론에서 전혀 상반된 견해가 나왔다.

★【出来－래】//·chū·lái 1동사 뒤에 쓰여, 동작이 안에서 바깥으로 행해지는 것을 나타냄. ◇他刚从监狱 jiānyù 里放～了/그는 막 출옥했다. 2동사 뒤에 쓰여, 동작이 완성되거나 실현된 것을 나타냄. ◇开出很多荒地来/황무지를 많이 개간해냈다. 3동사 뒤에 쓰여 감추인 것이 드러나는 것을 나타냄. ◇天黑了, 字都看不～了/날이 어두워져서 글자도 알아볼 수 없다.

【出类拔萃－류발췌】chū lèi bá cuì〈成〉뛰어나다. 출중하다.

【出力－력】chū//lì 통힘을 내다. 애쓰다.

【出列－열】chūliè 통〈軍〉병사가 대열 밖으로 나와 서다. 앞으로! 〔구령〕(反)〔入 rù 列〕

【出猎－렵】chūliè 통사냥 나가다.

【出溜－류】chū·liu 통미끄러지다. 미끄러져 나가다.

【出笼－롱】chū//lóng 통1(만두·빵 따위를 찐 후에) 시루에서 꺼내다. 2(지폐나 투기상품 등을) 일시에 발행하거나 내놓다.

∗∗【出路－로】chūlù 명1출구. ◇河道淤塞 yūsè, 水无～/수로가 진흙으로 막혀 물이 나갈 출구가 없다. 2활로. 살길. ◇另谋～/달리 활로를 찾다. 3(상품의) 판로.

【出乱子－란자】chū luàn·zi 뜻밖의 사고가 일어나다. 말썽이 나다.

【出落－락】chū·luo 통(처녀가 자라) 여자 티가 나다.

【出马－마】chū//mǎ 통1장사(將士)가 출진하여 싸우다. 2나아가서 일을 맡다〔하다〕. 3(俗)왕진하다.

∗∗【出卖－매】chūmài 통1팔다. ◇～房屋/집을 팔다. (同)〔出售 shòu〕, (反)〔购买 gòushí〕 비교出卖:卖 상품의 가격은 "出卖"의 목적어로 쓰지 않는다. ◇车子骑了一年, (×出卖)卖了八十元/자전거를 1년 탔는데 80원에 팔았다. 2(친구·국가 등을) 팔아먹다. ◇他向敌人～了自己的同志/그는 적에게 자기 동지를 팔아먹었다.

∗【出门－문】chū//mén 통1외출하다. 2집을 떠나 멀리 가다. 여행을 떠나다. ◇我年纪大了, 不能出远门了/내 나이가 많아 집을 멀리 떠날 수 없다. 3〈方〉출가하다.

【出门子－문자】chū mén·zi (同)〔出门〕

【出面－면】chū//miàn 통나서다.

【出苗－묘】chū//miáo 통싹이 나오다. 싹이 돋다.

∗【出名－명】chū//míng 통1이름이 나다. 유명해지다. ◇四川菜, 在国内外都很～/사천요리가 국내외에 모두 유명하다. (同)〔闻 wén 名〕, (反)〔无名 wúmíng〕 2(同)〔出面 miàn〕

【出没－몰】chūmò 통출몰하다.

【出谋划策－모획책】chū móu huà cè〈成〉책략을 내고 결정하다.

【出纳－납】chūnà 1명(돈 또는 수표 등을) 출납(하다). 2명(책 등을) 받고 빌려줌〔주다〕. 3명출납계. 출납담당자.

∗【出品－품】chū//pǐn 1명생산품을 제조해내다〔생산하다〕. 2(chūpǐn)명제품.

【出其不意－기불의】chū qí bù yì〈成〉(상대의 방심함을 틈 타) 의표를 찌르다.

【出奇－기】chū//qí 1명유별나다. 별스럽다. 2부그토록. ◇今年春天暖得～/올 봄은 그토록 따뜻했다. (同)〔少见 shǎojiàn〕, (反)〔多见 duōjiàn〕

【出奇制胜－기제승】chū qí zhì shèng〈成〉의표를 찔러 승리하다.

【出气－기】chū//qì 통화풀이를 하다.

【出气筒－기통】chūqìtǒng 명〈喩〉화풀이 상대.

【出勤－근】chū//qín 통1출근하다. 2외출해서 공무를 처리하다. (反)〔缺 quē 勤〕

★【出去－거】chū//·qù 통(안에서 밖으로) 나가다. ◇～走走, 呼吸点儿新鲜空气/나가서 좀 걸으면서 신선한 공기 좀 마십시다. (同)〔出外 wài〕, (反)〔进来 jìnlái〕

★【出去－거】//·chū·qù 동사 뒤에 쓰여, 동작이 안쪽에서 바깥쪽으로 말하는 사람으로부터 멀어져 가는 것을 나타냄. ◇把客人送出大门去/손님을 대문 밖으로 전송하다.

【出圈儿－권아】chū//quānr〈喩〉정도를 벗어나다.

【出缺－결】chūquē 통(고위직이) 공석이 되다. 결원이 생기다.

【出让－양】chūràng 통자신의 소유물을 양도하다.

【出人头地－인두지】chū rén tóu dì〈成〉남보다 뛰어나다. 출중하다. (同)〔高人一等 gāo rén yī děng〕, (反)〔低人一头 dī rén yī tóu〕

【出人意表－인의표】chū rén yì biǎo (同)〔出人意料 liào〕

【出人意料－인의료】chū rén yì liào 뜻밖이다. (同)〔出乎 hū 意料〕, (反)〔不出预料 bù chū yù liào〕

【出任－임】chūrèn 통(나와서) 임무·관직을 담당하다〔맡다〕. (反)〔缺 quē 任〕

∗【出入－입】chūrù 1명통드나듦. 드나들다. ◇这扇门窄 zhǎi, ～不方便/이 문이 좁아서 드나드는 게 불편하다. 2명(숫자·어구 등의) 불일치. 오차. ◇他说的和你说的有～/그의 말과 네 말이 일치하지 않는다.

∗【出色－색】chū sè 형훌륭하다. (同)〔优异 yōuyì〕, (反)〔逊 xùn 色〕

＊【出身－신】 chūshēn 圕(경력이나 가정의 경제 상황을 나타내는) 신분. 출신. 旧교 出身：出生 태아가 모체에서 나오는 것은 "出生"이라고 한다. ◇这就是我(×出身)出生的那个小村子/여기가 바로 내가 태어난 그 작은 마을이다.

＊【出神－신】 chū//shén 圄넋이 빠지다. 얼빠지다.

【出神入化－신입화】 chū shén rù huà 〈成〉(기술이) 입신(入神)의 경지에 이르다.

☆【出生－생】 chūshēng 圕圄출생(하다). 旧교 出生：生 "出生"은 목적어를 취하지 못한다. "了" "着" "过"는 취할 수 없다. ◇母马(×出生)生了一匹小马/어미말이 망아지를 출산했다.

【出生率－생률】 chūshēnglǜ 圕출생률.

【出生入死－생입사】 chū shēng rù sǐ 〈成〉1 생명의 위험을 무릅쓰다. (同)〔舍生忘死 shě shēng wàng sǐ〕, (反)〔贪生怕死 tān shēng pà sǐ〕

【出师－사】 chū//shī 圄1도제·제자가 수업 연한을 마치고 직장이 되다. 2〈文〉군대가 나가서 적과 싸우다.

【出使－사】 chū//shǐ 圄외교 사절로서 외국으로 가다.

【出世－세】 chūshì 圄1(세상에) 태어나다. ◇他一才三天，他妈妈就去世了/그가 태어난 지 3일만에 어머니가 돌아가셨다. (同)〔降生 jiàngshēng〕, (反)〔死亡 sǐwáng〕2세상에 나오다. 탄생하다. ◇新制度～了/새 제도가 탄생되었다. 3속세를 떠나다.

【出示－시】 chūshì 圄제시하다. 내보이다.

＊【出事－사】 chū//shì 圄사고가 나다. ◇那里围了很多人，好像出了什么事/그곳에 사람들이 많이 둘러싸여 있는데 무슨 사고가 난 것 같다.

【出手－수】 chū//shǒu 圄1물건을 매도하다. 〔주로 시세차액을 노리거나 물건을 싸게 팔아 치울 경우에 쓰임〕꺼내다. ◇一～就给他两千块/꺼냈더니 그에게 2천원을 주었다.

【出手－수】 chūshǒu 1圕소매의 길이. 2圕솜씨. 역량. 3→【打 dǎ 出手】

【出首－수】 chūshǒu 圄1(다른 사람의 범죄를) 고발하다. 2〈早白〉자수하다.

＊【出售－수】 chūshòu 圄팔다. 매각하다.

【出数儿－수아】 chū//shùr 圄〈口〉생산된 수량이 크다.

【出台－대】 chū//tái 圄1배우가 무대에 오르다. 2〈喩〉공개적으로 활동하다. 3(정책·조치 등이) 공표되다. 실시하다.

【出挑－도】 chū·tiāo 圄(체격·용모·지능 등이 좋은 쪽으로) 발달하다. 자라다. ◇这

姑娘～得更标致了/이 아가씨는 더욱 예뻐졌다.

【出庭－정】 chū//tíng 圄법정에 나가다. 출정하다.

【出头－두】 chū//tóu 圄1곤경을 벗어나다. 2얼굴을 내밀다. 앞에 나서다. 3(～儿)남짓하다. ◇他已是三十～了/그는 벌써 30 남짓이 되었다.

【出头露脸－두로검】 chū tóu lòu liǎn 〈成〉남 앞에서 얼굴을 내밀다.

【出头露面－두로면】 chūtóu lòumiàn 〈成〉1 공공장소에 나타나다. 2나서다.

【出土－토】 chū//tǔ 圄(옛 기물 등이) 출토되다.

【出外－외】 chūwài 圄바깥으로 (나)가다. 지방으로 가다. (同)〔外 wài 出〕, (反)〔返回 fǎnhuí〕

＊＊【出息－식】 chū·xi 1圕장래성. 싹수. 2圄향상되다. ◇这孩子比去年～多了/이 아이는 작년보다 많이 향상되었다. 3圕수익.

☆【出席－석】 chū//xí 圄참석하다. 출석하다. (同)〔与会 yúhuì〕, (反)〔缺 quē 席〕旧교出席：参加 "出席"의 목적어는 주로 회의 또는 혼례 등 명사이다. ◇(×出席)参加考试/시험에 참가하다.

【出险－험】 chū//xiǎn 圄1위험한 곳을 벗어나다. 2위험이 발생하다. (同)〔脱 tuō 险〕, (反)〔遇 yù 险〕

★【出现－현】 chūxiàn 圄나타나다. ◇天上～一片乌云/하늘에 검은 구름이 나타났다. (同)〔显 xiǎn 现〕, (反)〔消失 xiāoshī〕

【出项－항】 chūxiàng 圕지출금.

【出血－혈】 chū//xiě〈方〉자기 돈을 쓰거나 물건을 내놓다.

【出行－행】 chūxíng 圄타지에 가다. 외출하여 멀리가다.

【出巡－순】 chūxún 圄1바깥으로 나가 순시하다. 2(임금이) 순행하다.

【出芽－아】 chū//yá 圄1(식물이) 싹이 나다. 싹이 트다. 2(하등 동물이나 식물이) 출아하다.

【出言－언】 chūyán 圄말을 하다.

【出洋－양】 chū//yáng 圄외국으로 가다.

＊＊【出洋相－양상】 chū yángxiàng 〈俗〉웃음거리가 되다. (同)〔闹笑话 nào xiàohua〕〔出丑 chǒu〕

【出游－유】 chūyóu 圄외유(外遊)하다.

【出于－어】 chūyú …에서 나오다.

☆【出院－원】 chū//yuàn 圄퇴원하다.

【出月－월】 chūyuè 圕다음달. (同)〔下 xià 月〕

【出蛰－칩】 chūzhé 圄동물이 동면을 마치고, 밖으로 나와 활동하다.

【出诊－진】 chū//zhěn 圄왕진하다.

【出征－정】 chū//zhēng 동나가서 싸우다. 출정하다.

【出众－중】 chūzhòng 동남보다 뛰어나다. 출중하다. (同)〔突出 tū出〕, (反)〔一般 yībān〕

【出资－자】 chūzī 동출자하다.

【出自－자】 chūzì 동〔…로부터〕 나오다. ◇这个典故～何处?/이 전고는 어느 곳에서 나왔는가?

【出走－주】 chūzǒu 동박해를 피해 사는 곳을 떠나다.

＊＊【出租－조】 chūzū 동(주인이) 세주다. 세를 놓다. ◇一天～了五十辆汽车/하루에 50대의 차를 세주었다. 비교出租:租 (고객이) 값을 치르고 무엇인가 빌리는 것은 "租"를 써야 한다. ◇他(×出租)租船在湖里游览/그는 배를 빌려 호수에서 유람하고 있다.

★【出租汽车－조기차】 chūzū qìchē 명택시. '出租车'라고도 함. 〔홍콩에서는 '的士'라 하고 대만은 '计程车'라 한다〕

☆【初】 衤部 chū
          2画 처음 초

1명형처음(의). 최초(의). ◇～春/초봄. (同)〔始 shǐ〕, (反)〔末 mò〕 비교初:早 시간적으로 이른 것은 "早"를 쓴다. ◇她是这里最(×初)早的医生/그녀는 이곳의 최초의 의사이다. 2명형첫번째의. ◇～旬/초순. 3부처음으로. 막. 방금. ◇我～学汉语的时候, 不敢开口, 老怕说错/나는 처음 중국어를 배울 때 자꾸 틀리게 말할까봐 입을 열지 못했다. 비교初:刚 2음절 동사 앞에는 "初"를 쓰지 않는다. ◇我(×初)刚来到中国的时候/내가 금방 중국에 왔을 때. 4형초급의. 초등의. 5형명원래의 (상황·상태). ◇～志/초지. 6(Chū)명성(姓).

【初版－판】 chūbǎn 명(서적의) 초판.

☆【初步－보】 chūbù 형초보적이다. ◇～体会/첫 체험.

【初出茅庐－출모로】 chū chū máolú 〈成〉사회에 막 나와 미숙하다. 신출나기. (同)〔涉世不深 shè shì bù shēn〕, (反)〔饱经风霜 bǎo jīng fēng shuāng〕

【初创－창】 chūchuàng 동막 창립하다.

【初次－차】 chūcì 명첫번. 처음.

【初等－등】 chūděng 형초등의. 초급의. (同)〔低 dī 等〕, (反)〔高 gāo 等〕

【初犯－범】 chūfàn 명〈法〉초범(자).

【初伏－복】 chūfú 명초복.

【初稿－고】 chūgǎo 명초고.

【初婚－혼】 chūhūn 명1초혼. 첫 결혼. 2신혼.

☆【初级－급】 chūjí 명초급.

【初级小学－급소학】 chūjí xiǎoxué 명(중국이 건국 초기에 만든) 초급 소학교. 〔초

등학교 1~4학년에 해당함〕 (同)〔初小〕

【初级中学－급중학】 chūjí zhōngxué 명중학교. (同)〔初中〕

【初交－교】 chūjiāo 명처음 사귄 사람. (同)〔新 xīn 交〕, (反)〔旧 jiù 交〕

【初恋－련】 chūliàn 명1첫사랑. 2이제 사랑하기 시작하다.

【初露锋芒－로봉망】 chū lù fēng mǎng 〈成〉처음으로 자신의 두각(힘)을 나타내다.

【初年－년】 chūnián 명초년. 초기. (反)〔末 mò 年〕

＊＊【初期－기】 chūqī 명첫시기. 초기. (同)〔前 qián 期〕, (反)〔后 hòu 期〕

【初赛－새】 chūsài 명〈體〉(경기에서) 제1회전.

【初试－식】 chūshì 명1제1차 시험. 2두 번 보는 시험에서의 제1차 시험. (同)〔复试 shì〕

【初头－두】 chūtóu 명〈方〉연초. 월초. (同)〔开 kāi 头〕, (反)〔尽 jìn 头〕

【初夏－하】 chūxià 명초여름.

【初小－소】 chūxiǎo (同)〔初级 jí 小学〕

【初学－학】 chūxué 동초학자. 처음배우기 시작하다.

【初雪－설】 chūxuě 명첫눈.

【初旬－순】 chūxún 명초순.

【初叶－엽】 chūyè 명초기.

【初夜－야】 chūyè 명1초저녁. 2결혼 첫날밤.

【初愿－원】 chūyuàn (同)〔初衷 zhōng〕

【初战－전】 chūzhàn 명〈軍〉첫 전투. 서전.

【初诊－진】 chūzhěn 명〈醫〉초진.

【初志－지】 chūzhì (同)〔初衷 zhōng〕

＊＊【初中－중】 chūzhōng 명중학교. (同)〔初级 jí 中学 xué〕

【初衷－충】 chūzhōng 명초지(初志). 맨처음에 먹은 마음.

chú

【雏·雛】 隹部 chú
          5画 새새끼 추

형어린. 갓난. 〔주로 조류에 쓰임〕 ◇～燕/제비 새끼.

【雏鸡－계】 chújī 명〈鳥〉병아리.

【雏儿－아】 chúr 명1어린 새. 새 새끼. 2〈喩〉경험이 없는 젊은이.

【雏形－형】 chúxíng 명1원형(原形). 2축소 모형.

☆【除】 阝部 chú
          7画 버릴 제

1동없애다. 제거하다. ◇～虫/벌레를 없애다. (同)〔去 qù〕, (反)〔安 ān〕2동제외하다. ◇～了九楼, 全都住满了/9층만 빼고 전부 꽉 찼다. 비교除:没 어떤 사람이 없으면 안 된다고 말할 때 "除"를 쓰지

않는다. ◇这场比赛不能(×除)没我/이번 경기에 내가 빠질 수 없다. **3**동(数)제(除)하다. 나누다. ◇用五÷十得二/10÷5 =2. **4**명〈文〉제수하다. 임관하다. **5**명〈文〉섬돌. 궁전의 계단. 층계.

【除尘器-진기】chúchénqì 명진공 청소기.

*【除此以外-차이외】chúcǐ yǐwài 이것 이외에. 이밖에.

【除掉-도】chúdiào 통제거하다. 제외하다. ◇~祸根/화근을 없애다.

【除恶务尽-악무진】chú è wù jìn 〈成〉악을 제거하는 데는 철저하여야 한다. (同)〔斩草除根 zhǎn cǎo chú gēn〕, (反)〔放虎归山 fàng hǔ guī shān〕

【除法-법】chúfǎ 명(数)나눗셈.

*【除非-비】chúfēi 접**1**…이 아니고서는. 〔유일한 조건을 표시함. '只有'(단지)'에 해당됨. '才'·'否则'·'不然' 등과 호응해서 사용됨〕◇若 ruò 要人不知，～己莫为 wéi/남이 모르게 하려면 자기가 하지 않아야 한다. …이 아니고서는. …(지) 않고서는. **2**…이 아니고서는. …(지) 않으면. 〔'就是'와 같이 사용되어 양자택일을 나타냄〕◇李先生的家，～他没人认识/이 선생의 집은 그가 아니고는 아는 사람이 없다.

【除服-복】chú//fú 통탈상(脱丧)하다.

【除根-근】chú//gēn (~儿)통뿌리를 뽑다. 근절하다.

【除旧布新-구포신】chú jiù bù xīn 〈成〉낡은 것을 제거하고 새로운 것을 세우다. (同)〔破 pò 旧立 lì 新〕, (反)〔墨守成规 mò shǒu chéng guī〕

【除开-개】chúkāi 접…을 제외하고. (同)〔除了 le〕

【除了-료】chú·le 접**1**…을[를] 제외하고(는). …를 빼고. ◇～下雨，我每天都坚持长跑/비올 때만 빼고 나는 매일마다 꾸준히 달리기를 한다. **2**…외에 또. …외에…도. 〔'还·也·只' 등과 호응해서 사용됨〕◇懂汉语的，～我还有两个人/중국어를 아는 사람은 나말고도 두 사람이 더 있다. **3**…(지) 않으면 …(을) 하다. 〔'就是'와 같이 사용되어 양자택일을 나타냄〕◇这几天一刮风，就是下雨/요며칠 바람이 불지 않으면 비가 내린다. 요며칠은 바람 아니면 비다.

★【除(了)…以外-(료)…이외】chú(·le)…yǐwài …을 제외하고는〔도〕. …이외에는〔도〕. 〔'以外'는 '之外''而外'로도 쓰기도 함〕◇除了这一间以外，所有的房间全住满了/이 방만 빼고 모든 방들은 모두 꽉 찼다.

【除名-명】chú//míng 통제명하다. 제적하다.

【除去-거】chúqù **1**통제거하다. **2**…이외에. (同)〔除掉 diào〕, (反)〔加上 jiāshàng〕

【除却-각】chúquè 통제거하다. 없애버리다.

【除丧-상】chúsāng (同)〔除服 fú〕

*【除外-외】chúwài 통계산에 넣지 않다. 제외하다.

*【除夕-석】chúxī 명섣달 그믐날 밤. (同)〔岁 suì 除〕, (反)〔元旦 yuándàn〕

【除夜-야】chúyè 명섣달 그믐날 밤. 제야.

【锄・鋤(耡)】⊦部 chú / 7画 호미 **서**

1명호미. 괭이. **2**통(호미나 괭이로) 김매다. **3**통없애다. 제거하다.

【锄奸-간】chú//jiān 통적과 내통한 자를 없애다.

【锄强扶弱-강부약】chú qiáng fú ruò 〈成〉강한 자를 누르고 약한 자를 돕다.

【锄头-두】chú·tou 명**1**(중국 남방 지방에서 사용하는) 괭이형 호미. **2**(方)호미.

【锄头雨-두우】chútouyǔ 명〈方〉밭을 가는 데 안성맞춤인 비.

【厨(廚)】厂部 chú / 10画 부엌 **주**

명**1**주방. 부엌. ◇下~/부엌에 가서 일하다. **2**요리사.

☆【厨房-방】chúfáng 명**1**부엌. 주방. **2**요리사.

*【厨师-사】chúshī 명요리사. 주방장.

【厨子-자】chú·zi 명요리사.

【橱(櫥)】木部 chú / 12画 궤짝 **주**

(~儿)명장농. 궤짝.

【橱窗-창】chúchuāng 명진열창. 쇼 윈도.

【橱柜-궤】chúguì (~儿)명**1**찬장. **2**작은 장.

chǔ

☆【处・處】夂部 chǔ / 2画 살 **처**

통**1**〈文〉살다. 거주하다. **2**사귀다. ◇他还没~过女朋友呢/그는 아직 애인을 사귄 적이 없다. **3**(어떤 상황에) 처하다. (생각을) 품다. ◇我们正~在一个改革、开放的时期/우리는 지금 개혁과 개방의 시기에 처해 있다. **4**처리하다. 처치하다. **5**처벌하다. ◇～极刑/극형에 처하다. 비교处：处治 "处"는 사람을 나타내는 목적어를 갖지 않는다. ◇强调教育不等于(×处)处治犯人/교육을 강조하는 것이 범죄자를 처벌하라는 것은 아니다. ⇒chù

*【处罚-벌】chǔfá 통(법에 의해) 처벌하다. (同)〔处分 fèn〕, (反)〔奖赏 jiǎngshǎng〕

*【处方-방】chǔfāng 명처방전(전)(을 내다).

☆【处分-분】chǔfèn 통**1**(범죄인 등을) 처벌하다. ◇他有后台，～不了他/그는 막후 후원자가 있어서 처벌할 수 없다. **2**〈文〉처리하다. 비교处分：处理 "处分"은 세일하

C

거나 값을 내려 팔아버린다는 뜻은 없다.
◇等我回国时，要把很多东西(×处分)处理
掉/내가 귀국할 때가 되면 많은 물건들을
을 처치해버려야 한다.

*【处境一경】 chǔjìng 阌(처해 있는 불리한)
상태·처지. ◇～尴尬 gāngà/처지가 난처
하다. 比교处境:环境 "处境"은 주로 불
리한 상황에 쓰인다. ◇什么人都往这里倒
垃圾 dào lājī, ◇处境很不卫生/누
구나 다 여기다 쓰레기를 버려서 환경이
무척 비위생적이다.

*【处决一결】 chǔjué 동1사형을 집행하다. 처
단하다. 2결정하여 처리하다.

☆【处理一리】 chǔlǐ 동1처리하다. (서류를)
결제하다. ◇～文件/서류를 결제하다. ◇
～日常工作/일상업무를 처리하다. 2(문
제를) 해결하다. ◇他～了那个问题/그는
그 문제를 해결했다. 3내린 가격으로 팔
다. ◇～品/싸게 파는 불량품. 4가공하
다. ◇热～/열처리. 5처벌하다. ◇依法～
/법에 따라 처벌하다.

【处女一녀】 chǔnǚ 阌1처녀. 미혼여성. 2
〈喩〉맨처음. ◇～航/처녀 항해.

【处女地一녀지】 chǔnǚdì 阌처녀지.

【处世一세】 chǔshì 동처세하다.

【处事一사】 chǔshì 동일을 처리하다.

【处暑一서】 chǔshǔ 阌처서. [節气의 하나]

【处死一사】 chǔsǐ 사형에 처하다.

【处心积虑一심적려】 chǔ xīn jī lǜ〈成〉〈貶〉
별의별 궁리를 다하다.

【处刑一형】 chǔxíng 동〈法〉처형하다.

*【处于一어】 chǔyú 阌(어떤 입장이나 상태
에) 처하다.

【处之泰然一지태연】 chǔ zhī tàirán〈成〉
(긴박한 상황 또는 어려움에) 침착하게
대처하다. (同)〔泰然处之〕, (反)〔惊慌失
措 jīng huāng shī cuò〕

【处治一치】 chǔzhì 阌동처벌(하다). 처분(하
다).

*【处置一치】 chǔzhì 阌1처리하다. 처분하다.
◇～失当/처리가 타당하지 않다. 2처벌
하다.

【杵】 木部 chǔ
4画 공이 저
1阌절굿공이. 공이. 2阌빨래 방망이. 다
듬는 방망이. 3阌(가늘고 긴 것으로) 찌
르다. 뚫다. ◇用手指头～了他一下/손가
락으로 그를 찔렀다.

【杵臼一구】 chǔjiù 阌절굿공이와 절구통.
저구.

【杵臼交一구교】 chǔjiùjiāo〈文〉〈喩〉귀천의
구별이 없이 하는 교제.

【储·儲】 亻部 chǔ
10画 쌓을 저

1동저장하다. 저축하다. (同)〔存 cún〕,
(反)〔取 qǔ〕 2阌〈文〉태자(太子). 3(Chǔ)
阌성(姓).

*【储备一비】 chǔbèi 1동(물자를) 비축하다.
(同)〔储存 cún〕, (反)〔取出 qǔchū〕 2阌
비축 물품.

*【储藏一장】 chǔcáng 1阌동저장(하다). (同)
〔蕴 yùn 藏〕, (反)〔开采 kāicǎi〕 2阌동매장
하다. 매장되(어 있다).

*【储存一존】 chǔcún 동1저장하여 두다. 저축
하여 두다. 2입력시키다. (同)〔储备 bèi〕,
(反)〔支取 zhīqǔ〕

【储君一군】 chǔjūn 阌〈文〉황태자. 왕세자.

【储量一량】 chǔliàng 阌저장량. 매장량.

*【储蓄一축】 chǔxù 阌동저축(하다).

【楚】 疋部 chǔ
8画 쓰라릴 초, 초나라 초
1阌〈文〉고통. ◇苦～/고초. 2阌분명하다.
(同)〔清楚 qīngchu〕 3(Chǔ)阌초나라. 4
(Chǔ)阌호남(湖南)·호북(湖北) 두 성(省)
의 통칭(通稱). 특히 호북(湖北)을 지칭
함. 5(Chǔ)阌성(姓).

【楚楚一초】 chǔchǔ 阌1깔끔하다. 산뜻하다.
2가련하고 예쁜 모습.

chù

☆【处·處】 夂部 chù
2画 곳 처
阌1곳. 장소. ◇心灵深～受到触动/내심의
깊은 곳에 감동을 받다. 2처. 〔기관 내의
부처〕 ◇总务～/총무처. ⇒chǔ

*【处处一처】 chùchù 도처에. 比교处处:各处
"处处"는 주어로 쓸 수 있고 목적어로 쓰
지 않는다. ◇到了西藏 zàng, 我一定去
(×处处)参观一下/티벳에 도착하면
난 꼭 각처를 돌아볼 것이다.

【处所一소】 chùsuǒ 阌장소. 곳. (同)〔地方
dì·fang〕

【黜】 黑部 chù
5画 내칠 출
동〈文〉1파면하다. (同)〔罢 bà〕, (反)〔任
rèn〕

【黜免一면】 chùmiǎn 동파면시키다. (同)
〔罢 bà 黜〕, (反)〔任命 rènmìng〕

【畜】 田部 chù
5画 가축 축
阌1짐승. 2가축.

【畜肥一비】 chùféi 阌가축의 똥거름.

【畜类一류】 chù·lei 阌가축. (同)〔畜生〕

【畜力一력】 chùlì 阌가축의 힘.

【畜生一생】 chù·sheng 阌1짐승. 2〈罵〉짐승
같은 놈. (同)〔畜牲 shēng〕

【畜疫一역】 chùyì 阌〈医〉가축의 전염병.

【搐】 扌部 | chù
10画 | 땅길 **축**
(동)근육이 땅기다. 쥐가 나다.
【搐动―동】chùdòng (동)경련이 일어나다.
【搐搦―닉】chùnuò (同)〔抽 chōu 搐〕
【搐缩―축】chùsuō (同)〔抽 chōu 缩〕

*【触·觸】 角部 | chù
6画 | 찌를 **촉**
(동)1닿다. 부딪치다. ◇船在这一带海域~
过礁 jiāo/배가 이 일대 해역에서 암초에
부딪친 적이 있다. (비교)触:击 번개가 치
는 경우에 "触"를 쓰지 않는다. ◇雷(×
触)击了一个发动机/발전기가 번개에 맞
았다. 2감동하다. 느끼다. ◇~起前情/옛
정을 불러일으키다.
【触电―전】chù//diàn (명)(동)감전(感電)(되
다).
【触动―동】chùdòng (동)1부딪치다. 건드리
다. ◇他不小心~了花瓶/그는 부주의하
여 꽃병을 건드렸다. 2저촉되다. ◇~现
行体制/현행체제에 저촉되다. 3(심정·추
억 따위를) 불러 일으키다.
【触发―발】chùfā (동)촉발하다. 반향을 일으
키다.
*【触犯―범】chùfàn (동)위반하다. ◇~法律/
법률을 위반하다. (同)〔违背 wéibèi〕, (反)
〔遵守 zūnshǒu〕
【触机―기】chùjī (동)〈文〉영감을 불러일으
키다.
【触及―급】chùjí (동)건드리다. 언급하다.
【触礁―초】chù//jiāo (동)1암초에 부딪치다.
좌초하다. 2(喩)일이 난관에 봉착하다.
【触角―각】chùjiǎo (명)〈動〉촉각.
【触景生情―경생정】chù jǐng shēng qíng
〈成〉눈앞의 정경을 접하여 어떤 감정이
일어나다. (同)〔比比皆是 bǐ bǐ jiē shì〕,
(反)〔无动于衷 wú dòng yú zhōng〕
【触觉―각】chùjué (명)〈生理〉촉각.
【触霉头―미두】chù méitóu 〈方〉불쾌한 일
을 당하다. 재수없다. (同)〔倒 dǎo 霉〕
【触目皆是―목개시】chù mù jiē shì 〈成〉눈
에 보이는 것이 다 그것이다. 온통 …이
다. (同)〔比比皆是 bǐ bǐ jiē shì〕, (反)
〔寥寥无几 liáo liáo wú jǐ〕
【触目惊心―목경심】chù mù jīng xīn 〈成〉
보기만 해도 몸서리치다.
【触怒―노】chùnù (동)노여움을 사다.
【触杀―살】chùshā (명)살충.
【触手―수】chùshǒu (명)촉수.

【矗】 十部 | chù
22画 | 우뚝솟을 **촉**
〈文〉(동)높이 솟다. 우뚝 서다.
【矗立―립】chùlì (동)우뚝 솟다. (同)〔直 zhí
立〕, (反)〔坍塌 tāntā〕

chuāi

【揣】 扌部 | chuāi
9画 | 잴 **취**
(동)1옷 안에 감추다. ◇这张照片儿~在我
口袋里很久了/이 사진은 내 주머니 속에
들어 있은 지 오래 되었다. 2〈方〉짐승이
임신하다. ⇒chuǎi

chuǎi

【揣】 扌部 | chuǎi
9画 | 요량할 **취**
1(동)〈文〉미루어 헤아리다. 짐작하다. ◇不
~冒昧/무례를 무릅쓰고. 2(Chuǎi)(명)성
(姓). ⇒chuāi
【揣测―측】chuǎicè (동)추측하다. 짐작하다.
【揣度―도】chuǎiduó (동)어림하다. 대중잡다.
【揣摩―마】chuǎimó (동)(의도 따위를) 통찰
하다. 헤아리다.
【揣想―상】chuǎixiǎng (동)추측하다.

chuài

【踹】 足部 | chuài
9画 | 발구를 **단**
(동)1걷어차다. ◇~门进来/문을 걷어차고
들어오다. 2밟다.

chuān

【川】 丿部 | chuān
2画 | 내 **천**
(명)1내. 하천. ◇山~秀丽/산천이 수려하
다. 2벌. 평지. 평원. ◇米粮~/곡창 지
대. 3(Chuān)〈略〉〈地〉사천성(四川省).
【川剧―극】chuānjù (명)사천지방의 전통극.
*【川流不息―류불식】chuān liú bù xī 〈成〉
(사람과 차의 흐름이) 물흐르듯 끊임이
없다.
【川马―마】chuānmǎ (명)사천성(四川省)에
서 나는 말.
【川资―자】chuānzī (명)여비.

★【穿】 穴部 | chuān
4画 | 뚫을 **천**
1(동)(구멍을) 뚫다. ◇腰粗 cū 了, 皮带上
又~了一个眼儿/허리가 굵어져서 혁대에
또 구멍 하나를 뚫었다. 2(동)(구멍이) 뚫
어지다. 꿰지다. ◇鞋底磨~了/신발 밑바
닥이 닳아서 뚫어졌다. 3(동사 뒤에 붙
어) 꿰뚫다. 까밝히다. ◇看~了他的心思
/그의 마음을 간파했다. 4(동)(공간 따위
를) 뚫고 지나가다. 통과하다. 관통하다.

◇～过森林/수풀을 뚫고 지나가다. (同)〔过 guò〕 5[동](실 따위로) 꿰다. 꿰어 연결하다. ◇～一挂珠子/구슬 한 줄을 꿰다. 6[동](옷을) 입다. (신발을) 신다. ◇～衣服/옷을 입다. ◇～袜 wà 子/양말을 신다. ◇袖子太瘦, ～不进去/소매가 너무 꼭 끼어 안들어 간다. (同)〔着 zhuó〕, (反)〔脱 tuō〕 [비교]穿:戴 "穿"은 모자의 술어로 쓰이지 않는다. ◇海南岛人都(×穿)戴草帽/해남도 사람들은 모두 밀짚 모자를 쓴다.

【穿插－삽】chuānchā 1[동]교차되다. 끼워넣다. ◇人流、车辆相互～/인파와 차량들이 서로 교차되었다. 2[명](소설·극 따위 속의) 삽화. 에피소드.

【穿戴－대】chuāndài [명]1옷차림. 치장. 2복장과 장신구.

【穿孔－공】chuānkǒng 1[동]구멍을 뚫다. 2(chuānkǒng)[명]천공. 펀치(punch). 3[명]〈醫〉(chuānkǒng)천공.

【穿廊－랑】chuānláng [명]'厢 xiāng 房'의 앞을 통해 '正房'의 양 바깥쪽을 따라 뒤 건물 쪽으로 통과하는 복도. (同)〔穿山 shān 游 yóu 廊〕

【穿山甲－산갑】chuānshānjiǎ [명]〈動〉천산갑.

【穿梭－사】chuānsuō [동]배틀 북이 드나들듯이 빈번하게 왕래하다.

【穿堂儿－당아】chuāntángr [명]중국 가옥에서 마당에서 마당으로 통하는 통로가 되는 방.

【穿堂风－당풍】chuāntángfēng (同)〔过 guò 堂风〕

【穿小鞋－소혜】chuān xiǎoxié [동](권력자가 하급자를) 난감하게 만들다. 괴롭히다.

【穿孝－효】chuān//xiào [동]상복을 입다.

【穿衣镜－의경】chuānyījìng [명]커다란 체경(體鏡).

【穿窬－유】chuānyú [동]〈文〉도둑질하다.

【穿越－월】chuānyuè [동](산 따위를) 넘다. 지나가다.

【穿凿－착】chuānzáo [동]억지로 끌어다 붙이다. 견강 부회(牽强附會)하다.

【穿针－침】chuān//zhēn [동]바늘에 실을 꿰다.

【穿针引线－침인선】chuān zhēn yǐn xiàn 〈成〉중개 역할을 하다.

【穿着－착】chuānzhuó [명]〈文〉옷차림. 치장.

chuán

☆【传·傳】亻部 4画 chuán 전할 **전**

[동]1전하다. ◇～纸条/메모를 전하다. 2전수하다. ◇～秘方/비방을 전수하다. 3전파하다. 퍼뜨리다. 퍼지다. ◇～佳音/기쁜 소식을 전하다. 4전도(傳導)하다. 통하다. ◇～热/열을 전도하다. [비교]传:飞 "传"의 동작 대상주어는 대개 추상적인 사물이다. ◇喜报像雪片一样(×传)飞来/기쁜 소식이 눈꽃 날리듯 많이 밀려 왔다. 5(의견·감정 등을) 나타내다. 표현하다. ◇俩人用眼睛～起情来了/두 사람은 눈빛으로 사랑을 표현하기 시작했다. 6(사람을) 불러 내다. 호출하다. 소환하다. ◇把他～来/그를 불러 오다. 7전염되다. ◇这儿～过那种病/여기에 그 병이 전염됐었다. ⇒zhuàn

【传遍－편】chuánbiàn [동]두루 퍼지다.

☆【传播－파】chuánbō [동](씨를) 흩뿌리다. 널리 퍼뜨리다. ◇～种子/씨를 흩뿌리다. [비교]传播:传授 다른 사람에게 기술을 전수해주는 것은 "传授"를 써야 한다. ◇他向许多人(×传播)传授了新技术/그는 사람들에게 새 기술을 전수해 주었다.

【传布－포】chuánbù (同)〔传播 bō〕

【传出神经－출신경】chuánchū- shénjīng [명]〈生理〉구심(求心)신경.

⁑【传达－달】chuándá 1[동]전하다. 전달하다. ◇～文件/서류를 전달하다. [비교]传达:传 "传达"는 전수의 뜻은 없다. ◇他把传真(×传达)传给了公司/그는 회사에 팩스를 전해 주었다. 2[명](관청이나 공공기관의) 접수. 3[명](관청이나 공공기관의) 접수원. 수원.

【传代－대】chuán//dài [동]대대로 전하다.

*【传单－단】chuándān [명]전단. 삐라. ◇撒 sā～/전단을 뿌리다.

【传导－도】chuándǎo [명]1〈物〉(열·전기의) 전도. 2〈生理〉(지각의) 전달. 전도.

【传道－도】chuándào [동]1전도하다. 2성현의 도(道)를 전하다.

*【传递－체】chuándì [동]넘겨주다. 전하다. (축구·럭비 따위에서 공을) 패스하다. ◇～消息/소식을 전하다.

【传动－동】chuándòng [명][동]〈機〉전동(傳動)(하다).

【传粉－분】chuánfěn [명][동]〈植〉(꽃)가루받이(하다). 수분(하다).

【传呼－호】chuánhū [명][동]호출하다. 불러내다.

【传呼电话－호전화】chuánhū diànhuà [명]호출 공중전화. 〔중국 도시의 동네마다 사람이 전화가 오면 가서 불러와 전화를 받게 함〕

【传话－화】chuán//huà [동]말을 전하다.

【传话筒－화통】chuánhuàtǒng [명]메가폰.

【传唤－환】chuánhuàn [동]〈法〉소환〔호출〕하다.

【传家－가】chuánjiā [동]집안에 대대로 전해지다.

C

C

【传家宝—가보】chuánjiābǎo 명대대로 전
해 오는 가보.

【传教士—교사】chuánjiàoshì 명〈宗〉선교사.

【传令—령】chuán//lìng 동명령을 전달하다.

【传流—류】chuánliú 동(사상 따위가) 세상
에 널리 퍼지다.

【传票—표】chuánpiào 명1〈法〉영장. 소환
장. 2〈商〉전표.

【传奇—기】chuánqí 명1당대(唐代)의 단편
소설. 2명·청 시대의 장편 희곡. 3전기.
기담.

【传情—정】chuán//qíng 동(남녀 사이에)
사랑의 감정을 전하다. 추파를 던지다.

【传染—염】chuánrǎn 동1〈生〉전염하다. 감
염하다. 2(감정·악습 따위가) 전염하다.

【传染病—염병】chuánrǎnbìng 명전염병.

【传人—인】chuánrén 1명(학문·기술 따위
의) 계승자. 2동(기술·의술 등을) 전수
하다. 3동(남에게) 전염하다.

【传神—신】chuánshén 동(문학·예술 작품
에서 묘사되는 대상이) 생생하다.

【传声器—성기】chuánshēngqì 명〈音〉마이
크로폰(microphone). (同)〔微音器 wēiyīn
qì〕

【传声筒—성통】chuánshēngtǒng 명1메가폰
(megaphone). (同)〔话 huà 筒〕2〈喩〉남
의 말을 그대로 할 뿐 자신의 주견은 없
는 사람.

【传世—세】chuánshì 동(고대의 진귀한 보
물·저작 따위가) 후세에 전해지다.

*【传授—수】chuánshòu 동전수하다. 가르치다.

**【传说—설】chuánshuō 1명말이 전해지다.
◇~美人鱼的故事就发生在这里/인어의
이야기가 바로 여기에서 생겼다고들 전
해진다. 2명소문. 풍설. 3명전설. 설화.
比較传说:据说“传说”는 한 사건이 여러
사람의 입에서 입으로 전해지는 것이고,
“据说”는 남의 말에 근거를 둔 것이다.
◇(×传说)据 jù 说北京最好的季节是秋天
/듣자니 북경의 가장 좋은 계절은 가을
이라고 한다.

【传诵—송】chuánsòng 동사람의 입에서 입
으로 전하여 칭찬하다. 구전(口傳)하다.

*【传送—송】chuánsòng 동전달하다.

【传送带—송대】chuánsòngdài 명〈機〉전송
대. 콘베이어(conveyer).

【传颂—송】chuánsòng 동입에서 입으로 전
하여 칭송하다.

☆【传统—통】chuántǒng 명전통.

【传闻—문】chuánwén 1동전하여 듣다. 2명
뜬소문. 루머(rumour). 풍설.

【传讯—신】chuánxùn 동〈法〉소환하여 심문
하다.

【传言—언】chuányán 1명떠도는 말. 풍문.

2동(남의) 말을 전하다.

【传扬—양】chuányáng 동(일·명성 따위
가) 전파되다. 널리 퍼지다.

【传阅—열】chuányuè 동회람하다. 돌려가
며 보다.

*【传真—진】chuánzhēn 명동1초상(화)(를
그리다). 2팩시밀리〔Fax〕(로 보내다). 전
송하다. ◇等一会儿我把那封信～过去/잠
시 후에 제가 그 편지를 전송하겠다.

【传种—종】chuán//zhǒng 동종자를 남기다.
(우량종을 얻기 위해) 교미시키다.

【传宗接代—종접대】chuán zōng jiē dài〈成〉
대를 잇다.

★【船】舟部 │ chuán
         5画 │ 배 선
명배. 선박. ◇一只小～/작은 배 한 척.

【船帮—방】chuánbāng 명1뱃전. 2선단(船
团).

*【船舶—박】chuánbó 명선박.〔집합명사〕

【船埠—부】chuánbù 명부두. 선창.(同)〔码
头 mǎ·tou〕

【船舱—창】chuáncāng 명선실.

【船夫—부】chuánfū 명(뱃)사공.

【船户—호】chuánhù 명1뱃사공. 2수상(水
上) 생활자.

【船家—가】chuánjiā 명도사공.

【船篷—봉】chuánpéng 명1배의 덮개. 뜸. 2
배의 돛.

【船钱—전】chuán·qián 명뱃삯.

【船上交货—상교화】chuánshàng jiāohuò 명
〈商〉본선 인도(本船引渡). F.O.B(Free
on Board).

【船艄—소】chuánshāo 명고물. 선미(船尾).

【船台—대】chuántái 명조선대(造船臺).

【船位—위】chuánwèi 명(항해 중의) 배의
위치.

【船坞—오】chuánwù 명도크(dock).

【船舷—현】chuánxián 명뱃전.

*【船只—지】chuánzhī 명선박.〔집합명사〕

【椽】木部 │ chuán
         9画 │ 서까래 연
명〈建〉서까래.

【椽子—자】chuán·zi 명서까래.

chuǎn

**【喘】口部 │ chuǎn
         9画 │ 숨찰 천
1동헐떡거리다. 헐떡이다. 숨차다. 2명
〈醫〉천식. (同)◇哮 xiào～/천식.

【喘气—기】chuǎn//qì 동1헐떡거리다. 숨차
다. 2한숨 돌리다.

【喘息—식】chuǎnxī 동1(숨을) 헐떡거리다.
2한숨 돌리다.

【喘息未定-식미정】chuǎnxī wèidìng 숨도 못돌리다.

【喘吁吁-우우】chuǎnxūxū (~的)(형)(숨이 차서) 헐떡이는 모양.

chuàn

**【串】 丨部 6画 | 습관 관, 꿰미 천, 꿸 천 | chuàn

1(동)끈으로[실로] 꿰다. ◇把鱼一起来/생선을 꿰놓다. **2**(동)한 패〔무리〕가 되다. 결탁하다. ◇~骗 piàn/결탁하여 속이다. **3**(동)뒤섞이다. 헷갈리다. ◇电话老~线/전화가 자주 혼선된다. **4**(동)오가다. 돌아다니다. ◇~商店/상점을 돌아다니다. **5**(동)배역을 맡다. 출연하다. [비교]串:穿 사람이 통과하는 경우에는 "串"을 쓰지 않는다. ◇(×串)穿过前门就是天安门广场/자금성의 전문(正阳门)을 통과하면 천안문 광장이다. **6**(양)꿰미. (한 줄로 쭉 꿴 듯한) 줄. ◇一~珍珠/진주 한 꿰미.

【串供-공】chuàn//gòng (동)(범인이) 입을 맞추어 허위 진술을 하다.

【串花-화】chuànhuā (동)〈生〉천연교배.

【串换-환】chuànhuàn (명)(동)서로 교환(하다).

【串讲-강】chuànjiǎng (동)**1**축어적으로 해석하다. **2**(장·절 별로 강의를 한 후) 전체내용을 개괄하다.

【串联-련】chuànlián **1**(동)차례로 잇다〔연결하다〕. **2**(명)(동)〈電〉직렬 연결(하다).

【串铃-령】chuànlíng (명)**1**세상을 돌아다니는 점쟁이·행상인 따위가 손님을 끌기 위해 흔드는 방울. **2**노새·말 따위의 목에 거는 방울.

【串门-문】chuàn//mén (~儿)(동)(이웃 집에) 마실가다. (同)〔串门子 zi〕

【串气-기】chuànqì (동)결탁하다. 내통하다.

【串亲-친】chuànqīn (동)친척집을 돌아다니다.

【串亲戚-친척】chuànqīn·qi (同)〔串亲〕

【串通-통】chuàntōng (동)**1**결탁하다. ◇~一气/한통속으로 결탁하다. **2**연락하다. ◇这事已由他~妥当 tuǒdang/이 일은 그가 다 연락했다.

【串戏-희】chuàn//xì (동)**1**연극에 출연하다. **2**아마추어극을 하다.

【串秧儿-앙아】chuànyāngr (명)〈口〉**1**동식물의) 교잡. **2**혼혈아다.

【串珠-주】chuànzhū (명)구슬꿰미.

chuāng

【创·創】 刂部 4画 | 날에 다칠 창 | chuāng

(명)상처. ⇒chuàng

【创痕-흔】chuānghén (명)상처 자국. 흉터.

【创口-구】chuāngkǒu (同)〔疮 chuāng口〕

【创面-면】chuāngmiàn (명)상처의 표면.

【创伤-상】chuāngshāng (명)외상(外傷). 상처.

*【疮·瘡】 疒部 4画 | 부스럼 창 | chuāng

(명)**1**피부 궤양. 부스럼. 헌데. 종기. ◇冻~/동상. **2**외상. 상처. ◇刀~/칼에 베인 상처.

【疮疤-파】chuāngbā (명)**1**상처 딱지. **2**〈喩〉허물. 단점. 아픈 곳.

【疮痂-가】chuāngjiā (명)상처의 딱지. 헌데의 딱지.

【疮口-구】chuāngkǒu (명)부스럼·종기·상처 따위의 터진 자리.

★【窗(窓, 窻)】 穴部 7画 | 창 창 | chuāng

(명)창. 창문. ◇纱~/모기장 문.

【窗洞-동】chuāngdòng (~儿)〈方〉(빛·공기가 통할 수 있게) 벽에 낸 구멍.

【窗格-격】chuānggé (명)창의 격자(格子).

★【窗户-호】chuāng·hu (명)창.

【窗花-화】chuānghuā (~儿)(명)색종이를 접어 여러 모양으로 오린 것. 〔주로 창문 장식에 쓰임〕

*【窗口-구】chuāngkǒu (명)**1**(~儿)창가. 창문 옆. **2**창구(窗口). ◇在对外开放中发挥~作用/대외 개방에서 창구역할을 한다. [비교]窗口:窗户 벽에 난 창문은 "窗口"라고 하지 않는다. ◇墙上开一个(×窗口)窗户/벽에 창문 하나를 내다.

**【窗帘-렴】chuānglián (~儿)(명)창의 커튼.

【窗棂-령】chuānglíng (명)창의 격자(格子).

【窗明几净-명궤정】chuāng míng jī jìng 〈成〉창은 밝고 책상은 깨끗하다. 깔끔하고 쾌적한 실내.

【窗纱-사】chuāngshā (명)여름에 창에 다는 엷은 망사나 가는 철사망 따위.

【窗扇-선】chuāngshàn (명)여닫이 창문짝.

**【窗台-대】chuāngtái (~儿)(명)창턱. 창문턱.

【窗沿-연】chuāngyán (명)창턱. 창문턱.

【窗友-우】chuāngyǒu (명)동창생. 학교 친구.

【窗子-자】chuāng·zi (명)창(窗).

chuáng

★【床(牀)】 广部 4画 | 평상 상 | chuáng

1(명)침대. ◇躺 tǎng 在~上/침대에 눕다. **2**(양)자리. 채. 〔침구의 수를 셀 때 쓰임〕 ◇一~被子/이불 한 채. **3**(명)침대모양의

기구. ◇机～/선반. 4[명]침대형태의 바닥. ◇河～/강바닥.
⁑【床单－단】chuángdān (～儿)[명]침대보.
*【床铺－포】chuángpù [명]침상. 〔집합명사〕
*【床位－위】chuángwèi [명]호텔·기차·기선·병원의 침대.
【床子－자】chuáng·zi [명]1선반. 2〈方〉노점의 상품을 올려 놓는 좌판.

chuǎng

☆【闯·闖】门部 3画 | chuǎng 왈칵거릴 츰
[동]1갑자기 뛰어 들다. ◇～进去/느닷없이 뛰어 들어가다. 2연마하여 개척하다. ◇他是自己～出来的/그는 혼자힘으로 개척한 사람이다. 3돌아다니다. ◇走南～北/전국으로 돌아다니다. 4저지르다. ◇～祸/일을 저지르다.
【闯荡－탕】chuǎngdàng (同)〔闯江湖 jiāng·hú〕
【闯关－관】chuǎng//guān [동]관문〔난관〕을 돌파하다.
【闯红灯－홍등】chuǎng hóngdēng 빨간 정지신호를 무시하고 지나가다.
【闯祸－화】chuǎng//huò [동](무모하게) 일을 저지르다.
【闯江湖－강호】chuǎng jiāng·hú [동]1(점쟁이·공예사·약장수 등이) 세상을 떠돌다. 2방랑 생활을 하다. (同)〔闯荡 dàng〕
【闯将－장】chuǎngjiàng [명]용장. 맹장. 〔비유로 많이 사용됨〕
【闯劲－경】chuǎngjìn [명]개척정신. 돌파력. 추진력. ◇他的～很大/그의 개척정신이 대단하다.
【闯练－련】chuǎng·liàn [동](집을 나와) 고된 생활 속에서 단련되다.
【闯牌子－패자】chuǎng pái·zi [동](제품이나 기업의 지명도가) 높아지다. 향상되다. (명성을) 남기다.
【闯世界－세계】chuǎng shìjiè [동]세상을 떠돌다.

chuàng

☆【创·創】刂部 4画 | chuàng 비로소 창
[동]시작하다. 처음으로 만들다. 창조하다. 발명하다. ◇～新记录/신기록을 처음으로 세우다. ⇒chuāng
*【创办－판】chuàngbàn [동]창립〔창설〕하다. ◇～学校/학교를 창립하다.
【创编－편】chuàngbiān [동]창작하다.
【创汇－휘】chuànghuì (수출을 통해) 외화를 벌다.
【创获－획】chuànghuò [명](노력을 통해 얻은) 첫 수확.
【创见－견】chuàngjiàn [명]독창적 견해.
*【创建－건】chuàngjiàn [동]창건하다. 창립하다.
【创举－거】chuàngjǔ [명]최초의 일·사업. 처음하는 시도·기획.
【创刊－간】chuàngkān [동]창간하다.
⁑【创立－립】chuànglì [동]창립하다. 세우다. ◇～了新的学说/새로운 학설을 세웠다. [비교]创立:建立 생산 또는 형성되기 시작하는 것에는 "创立"를 쓰지 않는다. ◇我们(×创立)建立了很深的友谊/우리는 깊은 우정을 맺었다.
【创设－설】chuàngshè [동]창설하다. 창립하다.
【创始－시】chuàngshǐ [동]창시하다. ◇～人/창시자.
⁑【创新－신】chuàng//xīn [동]새로운 것을 창조하다. ◇产品总是滞销 zhìxiāo, 也得 děi 想法～了/제품의 판매가 늘 부진하니 좀 새로운 방법을 강구해내야겠다.(同)〔创造 zào〕, (反)〔守旧 shǒujiù〕
*【创业－업】chuàngyè [동]창업하다.
☆【创造－조】chuàngzào [동]창조하다. ◇～新世界/신세계를 창조하다.
【创制－제】chuàngzhì [동](법률·문자 등을) 창제하다. 처음으로 제정하다.
☆【创作－작】chuàngzuò 1[동](문예 작품을) 창작하다. [비교]创作:创造 "创作"는 문예작품이 아닌 목적어를 취하지 않는다. ◇他(×创作)创造了一项新记录/그는 새 기록을 창출했다. 2[명](문학 또는 예술) 작품. ◇没有痛苦就没有～/고통이 없으면 창작품도 없다.

chuī

★【吹】口部 4画 | chuī 불 취
[동]1(바람이) 불다. ◇大风～了三天三夜/폭풍이 3일 밤낮을 불었다. 2입으로 힘껏 불다. ◇他～灭 miè 过六支蜡 là/그는 촛불 6개를 불어서 끈 적이 있다. 3악기 따위를 불다. ◇～笛 dí 子/피리를 불다. 4큰소리 치다. 허풍을 떨다. ◇他实实在在, 从来没～过牛/그는 정말 점잖아 여지껏 허풍을 떤 적이 없다. 5치켜 세우다. ◇他就是喜欢别人～他/그는 남들이 자신을 치켜 세워주는 것을 즐긴다. 6(약속이나 일이) 깨지다. 틀어지다. 허사가 되다. ◇这个月的计划又～了/이번달 계획이 또 허사가 됐다. (反)〔成 chéng〕
【吹吹拍拍－취박박】chuī·chui pāipāi 치켜세우다. 알장거리다.

【吹打—타】chuīdǎ 图1관악기를 불거나 타악기를 치다. 2(바람·비가) 몰아치다.

【吹灯—등】chuī//dēng 图1등불을 불어서 끄다. 2죽다. 3실패하다. 와해되다.

【吹风—풍】chuī//fēng 图1바람을 쐬다. 2헤어 드라이어로 머리를 말리다. 3(~儿)넌지시 비추다. 미리 알리다.

【吹风机—풍기】chuīfēngjī 图헤어 드라이기.

【吹拂—불】chuīfú 图(미풍이) 스치다.

【吹鼓手—고수】chuīgǔshǒu 图1구식 혼례나 장례식 때 불리워 오는 악사(樂師). 2(어떤 일이나 사람을 위해) 기세를 올리는 자. 선동자.

【吹胡子瞪眼—호자짱안】chuī hú·zi dèng yǎn 눈을 부릅뜨고 성을 내다.

【吹灰之力—회지력】chuī huī zhī lì 〈喩〉매우 적은 힘. 미력(微力). (反)〔回天huítiān 之力〕

【吹擂—뢰】chuīléi (同)〔吹牛 niú〕

【吹冷风—랭풍】chuī lěngfēng 图〈喩〉(풍자의 뜻을 담은) 비꼬아 말하다. 찬물을 끼얹다.

【吹毛求疵—모구자】chuī máo qiú cī 〈成〉털을 불어 흠터를 찾다. 생트집 잡다.

＊【吹牛—우】chuī//niú 图허풍치다.

＊【吹捧—봉】chuīpěng 图치켜 세우다. 추어올리다.

【吹求—구】chuīqiú 图(결점을) 꼬치꼬치 들추어 내다.

【吹台—대】chuītái 图허사가 되다. 끝장나다.

【吹嘘—허】chuīxū 图(자신이나 다른 사람을) 선전하다. 과장해서 말하다. (同)〔吹牛 niú〕

【吹奏—주】chuīzòu 图(불어서) 연주하다.

【炊】 火部 chuī
4画 불땔 취
图밥을 짓다.

【炊具—구】chuījù 图취사 도구.

＊【炊事—사】chuīshì 图취사.

【炊烟—연】chuīyān 图밥짓는 연기.

【炊帚—추】chuī·zhou 图(설거지용) 볏짚단.

chuí

＊＊【垂】 丿部 chuí
7画 드리울 수
1图늘어뜨리다. 드리우다. ◇~柳/수양버들. ◇~泪/눈물을 흘리다. (同)〔坠 zhuì〕, (反)〔翘 qiáo〕 2图〈文〉〈敬〉(위에서 아래에) 베풀어 주다. ◇~念/배려해주다. 3图〈文〉후세에 전하다. ◇功~竹帛/공적이 역사에 길이 남다. 4图〈文〉가까워지다. 거의 …려다 하다. ◇功败~成/성공하려다 실패하다. (同)〔将 jiāng〕

【垂钓—조】chuídiào 图낚시를 물에 드리워 낚시하다.

【垂花门—화문】chuí·huāmén 图구식 저택의 ‘二门’ 위를 아치형으로 만들어 조각이나 단청을 한 문.

【垂帘听政—렴청정】chuí lián tīng zhèng 〈成〉수렴 청정하다.

【垂柳—류】chuíliǔ 图〈植〉수양버들.

【垂暮—모】chuímù 图〈文〉1저녁 무렵. 날이 저물 무렵. 2〈喩〉늘그막. ◇~之年/만년(晚年). (同)〔垂老 lǎo〕, (反)〔青春 qīngchūn〕

【垂青—청】chuíqīng 图〈文〉특별히 눈에 들다. 총애를 받다. (同)〔青眼 yǎn〕, (反)〔白眼 báiyǎn〕

【垂手—수】chuíshǒu 图1두 손을 드리우(고 공손히 서)다. 2매우 쉽다. ◇~可得/매우 쉽게 얻을 수 있다. 〔손쉬움을 형용〕 (同)〔容易 róngyì〕, (反)〔困难 kùnnan〕

【垂手而得—수이득】chuí shǒu ér dé 〈成〉아주 손쉽게 얻다. (同)〔垂手可得 kě dé〕

【垂死—사】chuísǐ 图죽어가다. 죽음에 직면하다. (同)〔垂危 wēi〕, (反)〔萌芽 méngyá〕

【垂死挣扎—사쟁찰】chuí sǐ zhēng zhá 〈成〉최후의 발악을 하다. (同)〔困兽犹斗 kùn shòu yóu dòu〕, (反)〔束手待毙 shù shǒu dài bì〕

【垂头丧气—두상기】chuí tóu sàng qì 〈成〉의기 소침하다. (同)〔灰心丧气 huī xīn sàng qì〕, (反)〔兴致勃勃 xìng zhì bó bó〕

【垂危—위】chuíwēi 图〈文〉1위기에 빠지다. 2병이 위독하다. 사경(死境)에 이르다.

【垂涎—연】chuíxián 图1(먹고 싶어) 군침을 삼키다. 2〈喩〉(갖고 싶어) 탐내다.

【垂涎三尺—연삼척】chuíxián sān chǐ 〈成〉(탐내서) 군침을 삼키며 몹시 탐내다.

【垂涎欲滴—연욕적】chuíxián yù dī 〈成〉(먹고 싶거나 탐나서) 군침이 흐르다. 탐내다.

＊＊【垂直—직】chuízhí 图〈数〉수직.

＊＊【捶(搥)】 扌部 chuí
8画 북칠 추
图(방망이·망치·주먹 따위로) 두드리다. 치다. 다듬질하다. ◇~背/등을 두드리다.

【捶打—타】chuídǎ 图(주먹이나 기구로) 치다.

【捶胸顿足—흉돈족】chuí xiōng dùn zú 〈成〉가슴을 치고 발을 구르다. 매우 초조하다. 아주 슬프다. (反)〔捧腹大笑 pěng fù dà xiào〕

＊【锤·錘(鎚)】 钅部 chuí
8画 쇠망치 추
1图추. 2图〈秤·저울추. 2图옛날 무기의 하나. 〔나무 자루 끝에 금속의 원구(圓球)가 있음〕 3(~儿)图망치. 장도리. ◇

铁～/쇠망치. 4통(쇠망치로) 치다. 두드리다. ◇千～百炼/단련에 단련을 거듭하다.
【锤炼－련】chuíliàn 통1단련하다. 연마하다. 2갈고 닦다.
【锤子－자】chuí·zi 명쇠망치. 장도리.

chūn

★【春】 日部 5画 chūn 봄 春
명1봄. 봄철. ◇温暖如～/봄처럼 따뜻하다. 2정욕. 색정. ◇怀～/연정을 품다. 3생기(生氣). 생명(력). 활기. ◇枯木逢～/죽은 나무가 생기가 되살아나다. 4(Chūn)성(姓).
【春饼－병】chūnbǐng 명밀가루로 얇게 병을 구워 야채·고기 등을 싸서 먹는 음식. [주로 입춘 때 먹음] (同)〔薄 báo 饼〕
【春播－파】chūnbō 1명춘계 파종. 2통봄파종을 하다.
【春绸－주】chūnchóu (同)〔线 xiàn 春〕
【春大麦－대맥】chūndàmài 명〈植〉봄 보리.
【春凳－등】chūndèng 명등받이가 없는 긴 걸상의 일종.
【春分－분】chūnfēn 명춘분.
【春风－풍】chūnfēng 명1봄바람. 2〈喩〉희색. 기쁜 표정. 3〈喩〉은혜.
【春风化雨－풍화우】chūnfēng huàyǔ〈成〉식물에게 적절한 비바람.〈喩〉훌륭한 교육.
【春风满面－풍만면】chūnfēng mǎn miàn〈成〉희색이 만면하다. (同)〔满面春风〕, (反)〔愁眉苦脸 chóu méi kǔ liǎn〕
*【春耕－경】chūngēng 명〈農〉춘경. 봄갈이.
【春宫－궁】chūngōng 명1(황태자가 사는) 동궁. 2춘화(春畵). 포르노. (同)〔春画 huà〕
【春灌－관】chūnguàn 명〈農〉봄철에 논밭에 물을 대는 것.
【春光－광】chūnguāng 명〈文〉봄경치.
【春寒－한】chūnhán 명이른 봄 추위. 꽃샘추위.
【春花－화】chūnhuā 명봄의 꽃.
【春花秋月－화추월】chūn huā qiū yuè〈成〉봄철의 꽃과 가을밤의 달.
【春华秋实－화추실】chūn huá qiū shí〈成〉봄의 꽃과 가을의 열매.
【春荒－황】chūnhuāng 명보릿고개. 춘궁.
**【春季－계】chūnjì 명봄철.
【春假－가】chūnjià 명(학교의) 봄 방학. 봄휴가.
☆【春节－절】Chūn Jié 명구정. 음력설.
【春卷－권】chūnjuǎn (～儿)명밀가루 반죽을 얇게 민 다음 돼지고기나 닭고기·표고버섯·냉이·부추·숙주나물 등으로 소를 만들어 넣고 뚤뚤 말아서 기름에 튀긴 음

식.〔입춘 전후로 먹음〕
【春雷－뢰】chūnléi 명봄에 울리는 우뢰.
【春联－련】chūnlián (～儿)명춘련.〔구정 무렵에 문 입구에 바르는 길한 문구〕
【春令－령】chūnlìng 명1봄. 2봄 날씨.
【春麦－맥】chūnmài 명〈植〉봄밀. (同)〔春小 xiǎo 麦〕
【春梦－몽】chūnmèng 명춘몽. 덧없는 꿈. 순간.
【春秋－추】chūnqiū 명1봄과 가을. 2나이. 연령. 3(Chūnqiū)〈書〉춘추(春秋).〈歷〉춘추시대.
【春色－색】chūnsè 명1봄경치. 2술 기운이 올라 벌거진 얼굴.
【春笋－순】chūnsǔn 명봄 죽순.
★【春天－천】chūntiān 명봄. 봄철.
【春条－조】chūntiáo (～儿)명구정 때 써 붙이는 길한 글귀.
【春小麦－소맥】chūnxiǎomài 명봄밀. (同)〔春麦〕
【春心－심】chūnxīn 명이성을 그리워하는 마음.
【春汛－심】chūnxùn 명봄에 하천이 범람하는 것. (同)〔桃花 táohuā 汛〕
【春意－의】chūnyì 명1봄 기운. 봄기. 2이성을 사모하는 마음.
【春游－유】chūnyóu 명봄나들이.
【春装－장】chūnzhuāng 명봄 단장.

【椿】 木部 9画 chūn 참죽나무 椿
명1〈植〉참죽나무. (同)〔臭 chòu 椿〕2(Chūn)명성(姓).
【椿树－촌】chūnshù 명〈植〉참죽나무.

chún

**【纯・純】 纟部 4画 chún 순수할 純
명1(티없이) 순수하다. ◇～金/순금. (反)〔杂 zá〕비교純:新鲜 공기가 깨끗하다는 것에는 "純"을 쓰지 않는다. ◇空气非常(×純)新鲜/공기가 무척 깨끗하다. 2숙련되다. 정통하다. ◇工夫不～, 还得 děi 练/기술이 숙련되어 있지 않으니 아직은 더 연마하여야 한다. (同)〔熟 shú〕, (反)〔生 shēng〕
*【纯粹－수】chúncuì 1형순수하다. ◇这不是～的茅台酒/이것은 순수한 마오타이주가 아니다. (同)〔纯正 zhèng〕, (反)〔混浊 hùnzhuó〕2부순전히. 완전히. ◇他说的～是骗 piàn 人的鬼话/그의 말은 완전히 남을 속이는 거짓말이다.
【纯度－도】chúndù 명순도.
*【纯洁－결】chúnjié 1형순결하다. 티없이

깨끗하다. ◇他心地~善良/그는 마음이 맑고 착하다. (同)〔高 gāo 洁〕, (反)〔肮脏 āngzāng〕 **2**동깨끗하게 하다. 정화시키다. ◇他们几个人不下台, 这个队伍~不了/그들 몇 사람이 물러나지 않아 그 부대는 깨끗해질 수 없다.

【纯净─정】 chúnjìng **1**형(성분이) 순수하다. 깨끗하다. (同)〔纯粹 cuì〕, (反)〔混杂 húnzá〕 **2**동깨끗하게 하다.

【纯利─리】 chúnlì 명순이윤. (同)〔净 jìng 利〕, (反)〔毛 máo 利〕

【纯朴─박】 chúnpǔ 형순박하다. 소박하고 꾸밈이 없다. (同)〔淳 chún 朴〕, (反)〔虚伪 xūwěi〕

【纯熟─숙】 chúnshú 형〈文〉능숙하다. 숙달하다. (同)〔娴 xián 熟〕, (反)〔生疏 shēngshū〕

【纯一─일】 chúnyī 명형단순(하다). ◇想法~/생각이 단순하다. (同)〔单 dān 纯〕, (反)〔驳杂 bózá〕

【纯真─진】 chúnzhēn 형순진하다. (同)〔真挚 zhēnzhì〕, (反)〔狡猾 jiǎohuá〕

【纯正─정】 chúnzhèng 형**1**순수하다. (同)〔纯粹 cuì〕 (反)〔混杂 hùnzá〕 **2**순수하고 올바르다. ◇动机~/동기가 순수하다. (同)〔方 fāng 正〕, (反)〔卑鄙 bēibǐ〕

【唇(脣)】 口部
7画 입술 순
명입술. ◇下~/아랫입술.

【唇齿─치】 chúnchǐ 명**1**입술과 이. **2**〈喩〉밀접한 이해 관계가 있는 사이.

【唇齿相依─치상의】 chún chǐ xiāng yī 〈喩〉서로 의지하여 이해관계가 밀접하다. (同)〔唇亡 wáng 齿寒 hán〕, (反)〔漠不相关 mò bù xiāng guān〕

【唇齿音─치음】 chúnchǐyīn 명순치음.

【唇膏─고】 chúngāo 명립스틱. (同)〔口红 kǒuhóng〕

【唇红齿白─홍치백】 chún hóng chǐ bái 〈成〉용모가 뛰어나 이목구비가 또렷하다. 〔주로 어린이나 청소년에게 쓰임〕

【唇裂─렬】 chúnliè 명언청이.

【唇舌─설】 chúnshé 명**1**입술과 혀. **2**〈喩〉말. 언사.

【唇亡齿寒─망치한】 chún wáng chǐ hán 〈成〉순망치한. 입술이 없으면 이가 시리다. 이해관계가 밀접하다.

【唇音─음】 chúnyīn 명〈言〉순음.

【淳】 氵部
8画 순박할 순
〈文〉형순박하다. (同)〔醇 chún〕, (反)〔薄 bó〕

【淳厚─후】 chúnhòu 형〈文〉순박하고 인정이 두텁다. (同)〔醇 chún 厚〕, (反)〔刻薄

【淳朴─박】 chúnpǔ 형성실하고 소박하다. (同)〔纯 chún 朴〕

【醇】 西部
8画 전국술 순
1형〈文〉주정(酒精)이 많이 함유된 술. (同)〔浓 nóng〕, (反)〔薄 báo〕 **2**형〈文〉순수하다. 순박하다. **3**명〈化〉알콜류의 총칭.

【醇和─화】 chúnhé 형(성질·맛이) 순하고 순수하다. (同)〔清 qīng 醇〕, (反)〔浓烈 nóngliè〕

【醇厚─후】 chúnhòu **1**(냄새나 맛이) 순수하고 진하다. **2**신중하고 온후하다. (同)〔淳 chún 厚〕, (反)〔刻薄 kè·bó〕

【醇化─화】 chúnhuà 동순화하다.

【醇美─미】 chúnměi 형순수하고 아름답다.

chǔn

【蠢(²惷)】 虫部
15画 꿈실거릴 준
1형〈文〉벌레가 꿈틀거리다. **2**형어리석다. 우둔하다. (同)〔笨 bèn〕, (反)〔智 zhì〕

【蠢笨─분】 chǔnbèn 형우둔하다. 둔하다. ◇~的狗熊 gǒuxióng/둔한 곰. (同)〔笨拙 zhuō〕, (反)〔灵巧 língqiǎo〕

【蠢材─재】 chǔncái 명〈罵〉미련한 놈. 얼간이. (同)〔蠢货 huò〕, (反)〔英才 yīngcái〕

【蠢蠢─준준】 chǔnchǔn 형**1**벌레가 꿈틀거리는 모양. **2**〈文〉뒤숭숭하다.

【蠢蠢欲动─준욕동】 chǔnchǔn yù dòng 〈成〉벌레가 꿈틀꿈틀 기어 나가려 하다. 악인이〔적 또는 불순분자가〕나쁜 일을 하려고 하다.

【蠢动─동】 chǔndòng 동**1**(벌레가) 꿈틀거리다. **2**(불순분자 등이) 꿈지럭거리다.

【蠢货─화】 chǔnhuò 명바보. 얼간이.

【蠢人─인】 chǔnrén 명바보. 멍청이.

【蠢事─사】 chǔnshì 명어리석은 일.

【蠢头蠢脑─두준뇌】 chǔn tóu chǔn nǎo 〈成〉어리석고 멍청한 모양.

chuō

【戳】 戈部
14画 창으로 찌를 착
1동(끝이 뾰족한 것으로) 찌르다. 질러서 구멍을 뚫다. ◇在纸上~了一个洞/종이에 구멍을 뚫었다. **2**동〈方〉(단단한 물건에 부딪쳐) 접질리다. 삐다. 다치다. ◇打球~了手/구기 운동을 하다가 손을 삐었다. **3**동〈方〉똑바로 세우다. ◇他一个人还~在那儿/그는 혼자서 아직 거기에 서 있다. **4**(~儿)명〈口〉도장. 스탬프. ◇盖

C

gài ～/도장을 찍다.

【戳穿－천】chuōchuān 동1(뾰족한 것으로) 꿰뚫다. 2폭로하다. 들추어내다. (同)〔拆 chāi 穿〕, (反)〔遮掩 zhēyǎn〕

【戳脊梁骨－척량골】chuō jǐ·liánggǔ〈成〉 뒷손가락질을 하다. 뒤에서 헐뜯다.

【戳记－기】chuōjì 명도장. 스탬프.

【戳儿－아】chuōr 명〈口〉도장. 스탬프.

chuò

【啜】 口部 chuò
8画 훌쩍거릴 철
동〈文〉1마시다. 2훌쩍거리며 울다. 흐느껴 울다.

【啜泣－읍】chuòqì 동흐느껴 울다.

【辍·輟】 车部 chuò
8画 그칠 철
동중지하다. 그만두다. 그치다. ◇时作时 ～/하다가 말다가 하다.

【辍笔－필】chuòbǐ 동(글을 쓰거나 그림을 그리다가) 중도에서 그만두다.

【辍学－학】chuòxué 동학업을 중단하다. 중퇴하다. (反)〔上 shàng 学〕

【绰·綽】 纟部 chuò
8画 너그러울 작
명〈文〉1넉넉하다. 여유있다. ◇～有余裕/여유가 많다. 매우 넉넉하다. 2부드럽고 아름답다.

【绰有余－작유여】chuò chuò yǒu yú〈成〉 여유가 충분하다. 아주 넉넉하다. (同) 〔绰有余裕 chuò chuò yǒu yú yù〕, (反)〔一无所 有 yī wú suǒ yǒu〕

【绰号－호】chuòhào 명별명. (同)〔外 wài 号〕

cī

【刺】 刂部 cī
6画 찌를 자
의칙칙. 탁탁. 후다닥. 〔미끄러져 넘어지는 모양〕 ◇～的一声, 滑 huá 了一个跟头 /착 하고 미끄러져 굴렀다. ⇒cì

【刺棱－릉】cīlēng 의획. 〔재빠른 동작을 나타내는 소리〕

【刺溜－류】cīliū 의1쭈루룩. 훌렁. 찍. 슬쩍. 〔미끄러지는 소리〕 2피융. 씽씽. 〔신속히 지나가는 소리〕

【呲】 口部 cī
6画 꾸짖을 차
동(～儿)꾸짖다. 나무라다. ◇我～了她两句她就哭了/내가 그녀를 몇 마디 나무라자 그녀는 울었다.

【疵】 疒部 cī
6画 흠집 자
명흠. 결점. 결함. 잘못. ◇吹毛求～/흠집을 찾다. (同)〔瑕 xiá〕, (反)〔瑜 yú〕

【疵点－점】cīdiǎn 명결점. 흠.

【疵品－품】cīpǐn 명하자가 있는 제품.

【疵瑕－하】cīxiá 명하자. 흠.

cí

★【词·詞】 讠部 cí
5画 말 사
명1(～儿)말. 말의 구절. 문구. 가사. ◇ 这个～略带贬义 biǎnyì/이 말은 부정적인 의미가 약간 있다. 2사. 〔중국 고전 문학 중의 운문의 일종〕 3단어.

★【词典－전】cídiǎn 명사전. (同)〔辞 cí 典〕

【词调－조】cídiào 명사(词)의 격조.

【词法－법】cífǎ 명〈言〉형태론.

【词根－근】cígēn 명어근.

【词话－화】cíhuà 명사화. 1사(词)에 대한 일화(逸話)나 평론. 2산문 가운데 운문을 섞어 넣은 설창문학(說唱文學) 형식. 〔장회(章回)소설의 전신임〕

**【词汇－회】cíhuì 명어휘.

*【词汇学－회학】cíhuìxué 명〈音〉어휘학.

【词句－구】cíjù 명어구. 자구.

【词类－류】cílèi 명〈言〉품사.

【词牌－패】cípái 명사패. 사나 곡조의 각종 명칭. 〔서강월(西江月)·접련화(蝶戀花) 등〕

【词曲－곡】cíqǔ 명사와 곡.

【词人－인】círén 명사인. 문사(文士).

【词素－소】císù 명〈言〉형태소(morpheme) 의미를 가진 최소의 문법단위이다.

【词头－두】cítóu 명접두사.

【词尾－미】cíwěi 명접미사.

【词形－형】cíxíng 명〈言〉단어형태.

【词性－성】cíxìng 명〈言〉문법상, 각각의 단어가 가지고 있는 성질. 〔품사 분류의 근거가 됨〕

【词序－서】cíxù 명〈言〉어순.

【词义－의】cíyì 명〈言〉단어의 의미.

【词语－어】cíyǔ 명〈言〉단어와 구(word와 phrase). 어구.

【词藻－조】cízǎo 명1시문의 문체. 문장의 멋진 수식. 2시문의 재주. (同)〔辞 cí 藻〕

【词章－장】cízhāng 명1시·사·부·변문·잡문 등 문장의 통칭. 2문장 기교. 수사. (同)〔辞 cí 章〕

【词缀－철】cízhuì 명〈言〉접사(接辭).

【词组－조】cízǔ 명〈言〉구(phrase). (同) 〔短语〕

【祠】 礻部 cí
5画 사당 사
명사당.

【祠堂－당】cítáng 명사당.

C

＊＊【瓷】瓦部 | cí
6画 | 사기그릇 자
(명)자기.
【瓷公鸡一公계】cígōngjī (명)수전노. 구두쇠.
【瓷瓶一병】cípíng (명)자기로 만든 병. (同)〔绝缘子 juéyuánzi〕
【瓷漆一칠】cíqī (명)에나멜 페인트.
【瓷器一기】cíqì (명)자기.
【瓷实一실】cí·shi (형)〈方〉튼튼하다. 견고하다.
【瓷土一토】cítǔ (명)고령토. 도토.
【瓷砖一전】cízhuān (명)타일.

＊【雌】隹部 | cí
6画 | 암컷 자
(형)암컷의. ◇~鸡/암탉. (同)〔母 mǔ〕, (反)〔雄 xióng〕
【雌蜂一봉】cífēng (명)〈虫〉암벌.
【雌花一화】cíhuā (명)〈植〉암꽃. (反)〔雄花 xiónghuā〕
【雌黄一황】cíhuáng 1(명)〈礦〉석웅황(石雄黄). 2(동)〈文〉첨가·삭제하다. 시문의 글귀를 고치다.
【雌性一성】cíxìng (명)자성(雌性).
【雌雄一웅】cíxióng (명)1암컷과 수컷. 2〈喩〉승패. 우열. ◇决一~/〈成〉자웅을 가리다. 싸워서 승패를 겨루다.

【慈】心部 | cí
9画 | 사랑 자
1(형)인자하다. 애정이 깊다. ◇~母/자상한 어머니. (同)〔仁 rén〕, (反)〔狠 hěn〕 2(동)〈文〉(윗사람이 아랫사람을) 사랑하다. ◇敬老~幼/노인을 존경하고 어린이를 사랑하다. (同)〔爱 ài〕, (反)〔恨 hèn〕 3(형)어머니. ◇家~/우리 어머니. 4(Cí)(명)성(姓).
＊【慈爱一애】cí'ài (형)자애(롭다). (同)〔仁 rén 爱〕, (反)〔狠毒 hěndú〕
【慈悲一비】cíbēi (동)자비(를 베풀다). ◇大发~/자비를 크게 베풀다. (同)〔慈善 shàn〕, (反)〔狠毒 hěndú〕
【慈姑一고】cí·gu (명)〈植〉자고. 쇠귀나물.
【慈和一화】cíhé (형)자상하고 온화하다.
【慈善一선】císhàn (형)동정심이 깊다(있다). (同)〔慈悲 bēi〕, (反)〔恶毒 èdú〕
＊【慈祥一상】cíxiáng (형)자상하다. 인자하다. (同)〔仁 rén 慈〕, (反)〔凶悍 xiōnghàn〕

【磁】石部 | cí
9画 | 자석 자
(명)1〈物〉자성(磁性). 2자기(磁器). (同)〔瓷 cí〕
【磁场一장】cíchǎng (명)〈物〉자기장.
★【磁带一대】cídài (명)〈電〉녹음 테이프.
【磁感应一감응】cígǎnyìng (명)〈物〉자기 감응(磁氣感應). 자기 유도(磁氣誘導).
【磁化一화】cíhuà (명)〈物〉자화.
【磁极一극】cíjí (명)〈物〉자극. ◇~强度/자극

강도.
【磁力一력】cílì (명)〈物〉자력. 자기력(磁氣力).
【磁能一능】cínéng (명)〈物〉마그네틱 에너지.
【磁石一석】císhí (명)1(同)〔磁铁 tiě〕 2〈礦〉자철광.
【磁体一체】cítǐ (명)〈物〉자성체(磁性體).
＊【磁铁一철】cítiě (명)자석(磁石).
【磁性一성】cíxìng (명)자성.
【磁针一침】cízhēn (명)〈物〉자침.

＊【辞·辭】舌部 辛部 | cí
7画 6画 | 말씀 사
1(명)말. 언사(言辭). ◇修~/수사. 2(명)문체의 하나. ◇楚~/초사. 3(명)고체시(古體詩)의 하나. ◇归 guī 来~/귀거래사. 4(동)고별하다. 이별하다. ◇告~/작별 인사를 하다. 5(동)사직(辭職)하다. 거절〔사절〕하다. ◇他~了科长的职务/그는 과장의 직무를 거절했다. 6(동)해고하다. ◇他被经理~了/그는 사장에게 해고되었다. 7(동)피하다. 마다하다. 싫어하다. ◇不~辛苦 xīnkǔ/고생을 마다하지 않다.
【辞别一별】cíbié (동)작별을 고하다.
【辞呈一정】cíchéng (명)사표.
【辞典一전】cídiǎn (同)〔词 cí 典〕
【辞费一비】cífèi (동)군더더기 말을 많이 늘어놓다. 〔주로 작품 비평에 쓰임〕
【辞赋一부】cífù (명)사부. 한대(漢代)의 문체의 하나.
【辞令一령】cílìng (명)응대하는 말. (同)〔词 cí 令〕
【辞让一양】círàng (동)사양하다.
【辞色一색】císè (명)〈文〉말투와 안색.
【辞书一서】císhū (명)사전류. 〔집합명사〕
【辞退一퇴】cítuì (동)1해고하다. ◇进厂不到三个月他就被~了/그는 공장에 들어간지 3개월도 안되서 해고 당했다. (同)〔解雇 jiěgù〕, (反)〔雇用 gùyòng〕 2사절하다. ◇~礼物/선물을 사절하다.
【辞谢一사】cíxiè (동)사절하다.
【辞行一행】cí//xíng (동)작별 인사를 하다.
【辞藻一조】cízǎo (명)사조. 문장의 멋진 수식. (同)〔词 cí 藻〕
【辞章一장】cízhāng (명)1운문과 산문의 총칭. 2문장쓰는 기교. 수사. (同)〔词 cí 章〕
＊【辞职一직】cí//zhí (동)사직하다. ◇工厂破产之前, 许多职工要求~/공장이 파산하기전 많은 직원들이 사직을 자청했다. (同)〔退 tuì 职〕, (反)〔就 jiù 职〕

cǐ

☆【此】止部 | cǐ
2画 | 이 차
(대)1이. 이것. ◇~人/이 사람. (同)〔这 zh

è〕〔这个 zhè·ge〕, (反)〔彼 bǐ〕 **2**이 때. ◇从～/이때부터. (同)〔这时 zhèshí〕 **3**이 곳. ◇到～为止/여기까지. 여기서 끝나다.

【此地一지】 cǐdì 이 곳. 당지(當地).

【此地无银三百两一지무은삼백량】 cǐ dì wú yín sān bǎi liǎng〈成〉여기에 300냥을 안 묻었음. 빤한 거짓말을 하다. 눈가리고 아웅하다.

*【此后一후】 cǐhòu 몡(말하는 시점부터) 이후. (同)〔以 yǐ 后〕, (反)〔以前 yǐqián〕

【此间一간】 cǐjiān 몡여기.

**【此刻一각】 cǐkè 몡이 때. 지금. (同)〔现在 xiànzài〕, (反)〔那时 nàshí〕

【此起彼伏一기피복】 cǐ qǐ bǐ fú〈成〉한쪽이 올라가면 다른 쪽이 내려간다. (同)〔此伏彼起〕

*【此时一시】 cǐshí 몡이 때.

☆【此外一외】 cǐwài 이 외에. ◇他一生就写过两部书，～没有别的著作了/그는 일생동안 이 두 책을 썼는데 그 밖에 다른 저서는 없다.

【此致一치】 cǐzhì 통〈牍〉이에 …에 보냅니다.〔서신의 끝에 쓰이는 상투어〕

【此一时，彼一时一일시，피일시】 cǐ yī shí, bǐ yī shí 그 때는 그 때이고, 지금은 지금이다. 상황이 과거와 다르다.

cì

★【次】 冫部 cì
4画 차례 **차**
1몡순서. 차례. 등급. ◇名～/석차. 서열. **2**㊱제2의. 다음의. 두 번째의. ◇～日/다음날. **3**몡(품질이) 떨어지다. 좋지 않다. ◇你的能力不于他/너의 능력은 그만 못지 않다. (同)〔差 chà〕, (反)〔好 hǎo〕 **4**〈化〉차아(次亞). 산근(酸根) 또는 화합물(化合物) 가운데 산소 원자 2개를 적게 포함하고 있는 것을 말할 때 쓰는 말. ◇～氯酸 lǜsuān/차아 염소산. **5**몡번. 횟수.〔횟수를 세는 말〕◇我一周之内看了三～电影/나는 일주일 안에 영화를 세 번 보았다. ◇我找了你三四～/나는 너를 서너 번 찾았었다. (同)〔回 huí〕 비교次: 个 시간명사 앞에는 "次"를 쓰지 않는다. ◇这是我们在北京度过的第二(×次)个冬天/이것은 우리가 북경에서 보내는 두 번째 겨울이다. **6**몡〈文〉여행 중의 숙소. ◇旅～/여행 중의 숙소. 잠시 머무는 곳. **7**몡〈文〉속. 가운데. ◇胸～/가슴 속. **8**(Cì) 몡성(姓).

【次大陆一대륙】 cìdàlù 몡〈地〉아대륙(亞大陸).

【次等一등】 cìděng 몡톙2등(의).

【次第一제】 cìdì **1**몡순서. (同)〔序 xù〕 **2**囝순서대로. 순서에 따라.

【次货一화】 cìhuò 몡불량품. (同)〔次品 pǐn〕, (反)〔正品 zhèngpǐn〕

*【次品一품】 cìpǐn 몡불량품.

【次日一일】 cìrì 몡다음날. 이튿날.

*【次数一수】 cìshù 몡횟수. ◇～不多/횟수가 적다.

*【次序一서】 cìxù 몡순서. ◇按～入场/차례로 입장하다.

**【次要一요】 cìyào 톙이차적인. 부차적인. ◇把这个问题推到～地位/이 문제를 부차적인 위치에 제쳐놓다. (同)〔从属 cóngshǔ〕, (反)〔主要 zhǔyào〕

【次于一어】 cìyú 통 …의 다음가다. ◇那个大厂的产品～这个小厂的/그 큰 공장의 생산품은 이 작은 공장의 것만 못하다.

【次韵一운】 cìyùn 통몡(화답하는 시에서) 남의 시운(詩韻)을 써서 시를 짓다.

【次子一자】 cìzǐ 몡둘째 아들.

☆【刺】 刂部 cì
6画 찌를 **자**
1통(끝이 뾰족한 것으로) 찌르다. ◇针～/침으로 찌르다. **2**통(감정 따위를) 자극하다. ◇～耳/귀에 거슬린다. **3**통암살하다. ◇～遇/암살당하다. **4**통정탐하다. 몰래 살피다. **5**통풍자하다. ◇讥 jī～/비꼬다. **6**(～儿)몡가시. 바늘. 또는 그러한 것. ◇鱼～/생선가시. **7**몡〈文〉명함. ⇒cī

【刺刀一도】 cìdāo 몡총검.

【刺耳一이】 cì'ěr 톙(소리나 말이) 듣기 거북하다. 귀에 거슬리다. (同)〔扎 zhā 耳〕, (反)〔悦 yuè 耳〕

【刺骨一골】 cìgǔ 통〈文〉(추위가) 뼈에 스미다. (同)〔凛冽 lǐnliè〕, (反)〔炽热 chìrè〕

【刺槐一괴】 cìhuái 몡〈植〉아카시아. (同)〔洋 yáng 槐〕

**【刺激一격】 cìjī 몡통자극(하다). ◇咖啡 kāfēi 能～神经/커피는 신경을 자극할 수 있다.

【刺客一객】 cìkè 몡자객.

【刺目一목】 cìmù (同)〔刺眼 yǎn〕

【刺挠一뇨】 cì·nao 톙가렵다. 근질거리다.

【刺配一배】 cìpèi 통옛날, 죄인의 얼굴에 글자를 새겨 문신하여 먼 곳에 유배시키다.〔송대의 형벌의 하나〕

【刺儿头一아두】 cìrtóu 몡까탈을 잘 부리는 심술쟁이.

【刺杀一살】 cìshā **1**통(무기로) 암살하다. **2**몡총검술.

【刺伤一상】 cìshāng 통찔러서 상처를 입히다.

【刺死一사】 cìsǐ 통(칼 따위로) 찔러 죽이다.

【刺探一탐】 cìtàn 통살피다. 탐지하다.

【刺绣一수】 cìxiù 통수를 놓다.

【刺眼－안】cìyǎn [동]1(빛이 강해서) 눈부시다. 눈을 자극하다. 2눈에 거슬리다. 눈꼴 시다. (同)〔刺目 cìmù〕, (反)〔悦目 yuèmù〕
【刺痒－양】cì·yang [형]가렵다.

【伺】 亻部 5画 | cì 엿볼 **사**
⇒sì
⁑【伺候－후】cì·hou [동]시중을 들다. 돌보다.

【赐·賜】 贝部 8画 | cì 줄 **사**
1[동]하사하다. ◇～予/하사하다. 2[동]삼가 보내다. 베풀다. ◇请即～复/곧 회답해주시기 바랍니다. 3[명]〈敬〉(상으로) 준 것. 하사품. ◇厚～受之有愧 kuì/후한 선물을 받기 송구스럽다.
【赐复－부】cìfù [동]〈牘〉회답해 주시다.
【赐教－교】cìjiào [동]〈敬〉가르침을 내려주시다.
【赐予－여】cìyǔ [동]〈文〉하사하다.

cōng

***【匆(怱, 悤)】** 勹部 3画 | cōng 바쁠 **총**
[형]바쁘다. 급하다.
*【匆匆－총】cōngcōng [형]허둥허둥. 황급히. ◇～吃了一顿饭/바삐 밥 한 끼 먹었다. (同)〔急 jí 急〕, (反)〔徐 xú 徐〕
【匆促－촉】cōngcù [형]바쁘다. 겨를이 없다. 다급하다. (同)〔匆猝 cù〕, (反)〔舒缓 shūhuǎn〕
【匆猝－졸】cōngcù (同)〔匆促 cù〕
⁑【匆忙－망】cōngmáng [형]서둘다. 매우 바쁘다. ◇～作出决定/서둘러 결정을 내리다. (同)〔匆匆〕, (反)〔缓慢 màn〕

【葱】 艹部 9画 | cōng 파 **총**
1[명]〈植〉파. ◇洋～/양파. 2[형]푸르다. 파랗다. ◇～翠/짙푸르다.
【葱白－백】cōngbái [명]아주 연한 남빛.
【葱白儿－백아】cōngbáir [명]파의 밑동.
【葱葱－총】cōngcōng [형]초목이 짙푸르고 무성하다.
【葱翠－취】cōngcuì [형]초목이 짙푸르다. (同)〔青 qīng 翠〕, (反)〔枯黄 kūhuáng〕
【葱花－화】cōnghuā (～儿)[명]1잘게 썬 파. 2파의 둥근 꽃.
【葱黄－황】cōnghuáng [명]황록색.
【葱茏－롱】cōnglóng [형]초목이 짙푸르고 무성한 모양.
【葱绿－록】cōnglǜ 1[명]담록색. 연두빛. 황록색. (同)〔葱心儿 xīnr 绿〕 2[형](초목이) 짙푸르다.
【葱头－두】cōngtóu [명]양파. (同)〔洋 yáng 葱〕
【葱郁－울】cōngyù (同)〔葱茏 lóng〕, (反)〔枯黄〕

【聪·聰】 耳部 9画 | cōng 귀밝을 **총**
1[명]〈文〉청력(聽力). 청각. ◇左耳失～/왼쪽 귀가 안들리다. 2[형]귀가 밝다. ◇耳～目明/귀와 눈이 밝다. 분명하게 보고 들을 수 있다. (反)〔聋 lóng〕 3[형]총명하다. 영리하다.
☆【聪明－명】cōngmíng [형]총명하다. 똑똑하다. ◇学习不能只靠小～而应该勤奋 qínfèn 刻苦/공부는 잔머리를 부려서는 안되고 꾸준하게 열심히 해야 한다. (同)〔聪慧 huì〕, (反)〔愚笨 yúbèn〕 [비교]聪明:巧妙 "聪明"은 부사어로 쓰이지 않는다. ◇他(×聪明)巧妙地回答问题/그는 재치있게 그 문제를 답했다.
【聪颖－영】cōngyǐng (同)〔聪明 míng〕

cóng

★【从·從】 人部 2画 | cóng 따를 **종**
1[동]좇다. …을 따르다. (同)〔跟 gēn〕 2[동]말을 듣다. ◇力不～心/생각뿐 힘이 미치지 못하다. (同)〔听 tīng〕, (反)〔违 wéi〕 3[동]종사하다. ◇～艺/예술에 종사하다. (同)〔参 cān〕 4[동]어떤 방침이나 태도를 취하다. …하도록 하다. ◇～缓 huǎn 办理/천천히 처리하다. 5[명]따르는 사람. 수행원. ◇随～/수행원. 6[명]종속적인 것. 부차적인 것. ◇主～/주종. (同)〔次 cì〕, (反)〔住 zhù〕 7[명]사촌간. 종형제. ◇～兄弟/사촌형제. 종형제. (同)〔堂 táng〕 8[개]…부터. 〔장소·시간의 출발점을 나타냄〕 ◇～巴黎 Bālí 到北京/파리에서 북경까지. (同)〔自 zì〕 ◇～今以后, 谁也不能迟到/오늘부터 누구도 지각해서는 안 된다. [비교]从:自 "从"이 들어간 개사 구조는 보어로 쓰지 않는다. ◇他们设宴欢迎来(×从)自欧洲的朋友/그들은 연회를 마련해 유럽에서 온 친구를 환영했다. 9[개]…를[을]. ◇你～桥上过/당신은 다리를 지나가시오. 〔장소를 나타내는 말 앞에 쓰여서, 경과(經過)를 나타냄〕 10[부]지금까지. 여태껏. 〔부정사 앞에 쓰임〕 ◇～没有听说过/여태껏 들어 본 적이 없다. 11(Cóng)[명]성(姓).
☆【从不－불】cóngbù [부]지금까지 …아니하다. ◇～向困难低 dī 头/지금까지 어려움에 굴복하지 않았다.
【从长计议－장계의】cóng cháng jì yì 〈成〉충분히 의논하다.

C

☆【从此－차】cóngcǐ 〔文〕이제부터. 그로부터. ◇环 huán 城地铁通车了，北京的交通～方便多了/도시순환 지하철이 개통된 후부터 북경의 교통은 훨씬 편리해졌다.

【从打－타】cóngdǎ 〔方〕…부터. …에서. (同)〔自从 zìcóng〕

★【从…到…－도】cóng…dào… …에서 …까지. ◇～左～右/왼쪽에서 오른쪽까지. ◇～头～尾 wěi/처음부터 끝까지.

☆【从而－이】cóng'ér 〔接〕〔文〕따라서. 그리하여. 그 때문에. ◇由于交通事业的迅速发展，～为城乡物资交流提供了更为有利的条件/교통사업이 신속하게 발전함에 따라서 도시와 농촌에 더욱 유리한 여건이 제공되었다.

【从犯－범】cóngfàn 〔法〕종범. (反)〔主 zhǔ 犯〕

【从简－간】cóngjiǎn 〔动〕〔文〕간략하게(하다).

【从今－금】cóngjīn 〔부〕이제부터.

【从井救人－정구인】cóng jǐng jiù rén 〈成〉우물에 뛰어들어 빠진 사람을 구하다. 목숨을 걸고 남을 돕는 것을 비유. (反)〔见死不 jiàn sǐ bù 救〕

【从句－구】cóngjù 〔言〕종속절.

【从军－군】cóngjūn 〔动〕군에 입대하다.

＊【从…看来－간래】cóng…kànlái 입장에서 볼 때. …로 볼 때. ◇从测试的成绩看来，这个班的汉语水平不算低/시험성적으로 볼 때 이 반의 중국어 수준은 낮은 편이 아니다.

☆【从来－래】cónglái 〔부〕여태껏. 이제까지. ◇我～没有见过他/나는 여지껏 그를 만난 적이 없다. 🔍从来：一直 "从来"는 주로 "不, 没"와 결합하지만 동사 앞에 쓰이지 않는다. ◇我(×从来)一直想学那个专业/난 쭉 그 전공을 배우고 싶었다.

【从略－략】cónglüè 〔动〕〔文〕생략하다. 간략히 하다.

★【从…起…－기】cóng…qǐ… …부터 시작해서. ◇从这天起，他决定一天画一张画儿/그는 그날부터 시작해서 매일 그림 한 장씩 그리기로 했다.

★【从前－전】cóngqián 〔명〕이전. ◇～的事儿，不必再提了/이전의 일은 더이상 언급하지 말자. (同)〔以 yǐ 前〕，(反)〔将来 jiānglái〕

【从权－권】cóngquán 〔动〕〔文〕임시방편으로 하다. ◇～处理/임시방편으로 처리하다.

【从戎－융】cóngróng 〔动〕입대하다.

＊＊【从容－용】cóngróng 〔형〕1(태도가) 차분하다. 침착하다. ◇他回答得很～/그는 침착하게 대답했다. (同)〔镇静 zhènjìng〕，(反)〔慌张 huāng·zhāng〕2(시간이나 경제적으로) 여유가 있다. 넉넉하다. ◇手头～/수중에 여유가 있다. (同)〔宽裕 kuānyù〕，(反)〔紧迫 jǐnpò〕

＊【从容不迫－용불박】cóng róng bù pò 〈成〉태연하고 침착한 모양. ◇他～，面带笑容/그는 얼굴에 미소를 지으며 태연자약하다. (同)〔不慌不忙 bù huāng bù máng〕，(反)〔手足无措 shǒu zú wú cuò〕

【从实－실】cóngshí 사실대로. (同)〔依 yī 实〕

☆【从事－사】cóngshì 〔动〕1종사하다. 일을 하다. ◇～文艺创作/문예 창작에 종사하다. 🔍从事:当:打 ①직업·직책 등 명사는 "从事"의 목적어로 쓰이지 않는다. ◇他(×从事)当作家的时间不长/그는 작가가 된 지 얼마 안 된다. ②구체적인 운동은 "从事"의 목적어로 쓰이지 않는다. ◇每天早晨都有不少同学(×从事)打太极拳/매일 아침 적지 않은 학교 학우들이 태극권을 한다. 2(규정대로) 처리하다. ◇慎 shèn 重～/신중히 처리하다.

【从属－속】cóngshǔ 〔动〕종속하다. …에 종속된다는 의미는 '从属于…'의 형태를 취한다. (同)〔附 fù 属〕，(反)〔主要 zhǔyào〕

【从俗－속】cóngsú 〔动〕1풍속 습관에 따르다. 2유행을 따르다.

【从速－속】cóngsù 〔부〕〔文〕신속히.

＊【从头－두】cóngtóu (～儿) 〔부〕1처음부터. ◇～做起/처음부터 시작하다. 2다시. 새로이. ◇～再做/다시 새로이 시작하다.

【从头至尾－두지미】cóng tóu zhì wěi 〈成〉처음부터 끝까지. 시종. (同)〔自始至终 zì shǐ zhì zhōng〕

＊【从未－미】cóngwèi 〔부〕〔文〕지금까지 …하지 않았다. ◇工作认真负责 fùzé，～出过差错/업무를 착실하게 하고 책임이 강해 여지껏 실수한 적이 없다.

＊【从小－소】cóngxiǎo (～儿)〔부〕어릴 때부터. 〔자주 '就'와 호응함〕 ◇他～就爱唱歌/그는 어릴 때부터 노래부르기 좋아했다.

【从心所欲－심소욕】cóng xīn suǒ yù 〈成〉마음대로 하다. (同)〔随 suí 心所欲〕

【从新－신】cóngxīn 〔부〕다시. 새로.

【从政－정】cóngzhèng 〔动〕〔文〕1정치에 참여하다. 2관리가 되다.

＊【从中－중】cóngzhōng 〔부〕〔文〕중간에서. …거기에서. ◇～吸取有利的教训/거기에서 유익한 교훈을 얻다.

＊＊【从·叢】一部 cóng / 4画 모을 총
1〔动〕군집하다. 떼지어 모이다. 2〔명〕숲. 덤불. ◇草～/풀 덤불. 3〔명〕(사람이나 물건의) 무리. 떼. ◇人～/사람의 숲. 4(Cóng)〔명〕성(姓).

【从集－집】cóngjí 〈文〉1〔动〕(많은 사물이)

일시에 모이다. **2**명총서. 시리즈.
【丛刊―간】cóngkān (同)〔丛书 shū〕
【丛刻―각】cóngkè (同)〔丛书 shū〕
【丛林―림】cónglín 명**1**밀림. 정글. **2**〈佛〉승림(僧林). 큰 절.
【丛生―생】cóngshēng 동〈文〉**1**(초목이) 엉켜서 자라다. **2**동시에 발생하다. 속출하다.
【丛书―서】cóngshū 명총서. 시리즈.
【丛杂―잡】cóngzá 형〈文〉번잡하다.
【丛葬―장】cóngzàng 명〈文〉합장묘.
【丛冢―총】cóngzhǒng 명〈文〉무연(無緣)묘지.

【淙】 氵部│cóng
8画│물소리 종
【淙淙―종】cóngcóng 의물이 흐르는 소리.

còu

【凑(湊)】 氵部│còu
9画│물 모일 주
동**1**(흩어진 것을 한 곳에) 모으다. 모이다. ◇儿女们一钱给父母买了一台彩电/자녀들이 돈을 모아 부모님께 칼라TV를 사드렸다. (同)〔聚 jù〕, (反)〔分 fēn〕**2**부닥치다. 마주치다. ◇我一着出差的机会, 买了点当地的土特产/나는 출장가는 기회에 현지의 토산물을 좀 샀다. **3**접근하다. 다가가다. ◇你往前~~/자네가 앞으로 좀 다가가봐. (同)〔附 fù〕
【凑胆子―단자】còu dǎn·zi 〈方〉많은 사람을 모아 기세를 올리다〔증대 시키다〕.
【凑分子―분자】còu fèn·zi **1**(선물을 하기 위해) 갹출하다. 추렴하다. **2**〈方〉귀어 부스럼을 만들다.
*【凑合―합】còu·he **1**동한 곳에 모으다〔모이다〕. ◇下班以后大伙儿都~在一起练习唱歌/퇴근 후 모두 한 곳에 모여 노래 연습을 하다.(同)〔凑集 jí〕, (反)〔分散 sàn〕**2**동끼워맞추다. ◇请大家会前作好发言准备, 不要临时~/여러분 모두 회의 전에 발언할 것을 미리 준비하셔서 임시로 발언을 끼워 맞추지 말아주세요. **3**동아쉬운 대로 때우다. ◇没有什么好菜, ~着吃点吧/뭐 차린 것이 없으니 아쉬운 대로 좀 드십시오. **4**동적당히 하다. 얼버무리다. **5**형그저 그렇다.
【凑集―집】còují 동모으다. 모이다.
【凑近―근】còujìn 동접근하다. 다가가다.
【凑拢―롱】còulǒng 동〈方〉한 곳으로 가까이 모이다. (同)〔集合 jí〕, (反)〔分散〕
*【凑巧―교】còuqiǎo **1**형공교롭다. **2**부때마침. 공교롭게도. ◇真不~他出去了/정말 공교롭게도 그는 외출했어요. 비교凑巧: 幸亏 어렵거나 힘든 상황을 타개하는 것

에는 "凑巧"를 쓰지 않는다. ◇我丢了一本书, (×凑巧)幸亏 kuī 找到了/난 책 한권을 잃어버렸는데 다행히 찾았다.
【凑趣儿―취아】còuqùr 동**1**맞장구를 치며 기분을 맞추다. **2**농담을 하다. 놀리다. (同)〔讨喜 tǎoxǐ〕, (反)〔讨嫌 xián〕
【凑热闹―열뇨】còu rè·nao **1**놀이에 끼어들어 떠들썩하게 즐기다. **2**방해하다.
【凑手―수】còu//shǒu 동**1**(주변의 돈·물건·사람이 필요할 때 쓸 수 있도록) 수중에 있다. **2**쓰기 좋다.
【凑数―수】còu//shù (~儿)동**1**수를 충분히 채우다. **2**숫자만 채우다. 머릿수만 채우다.

cū

☆【粗】 米部│cū
5画│간략할 조, 거칠을 추
1형(실·끈·기둥·나무줄기 따위가) 굵다. 폭이 넓다. (反)〔细 xì〕 ◇一条~绳 shéng/굵은 밧줄 한 가닥. ◇这棵树很~/이 나무는 굵직하다. **2**형(알맹이가) 크다. 굵다. ◇~沙 shā/굵은 모래. **3**형(목소리가) 굵고 낮다. ◇~声~气/굵고 낮은 목소리. **4**형조잡하다. 엉성하다. 거칠다. (反)〔精 jīng〕**5**형소홀하다. 세심하지 않다. **6**형경솔하다. 상스럽다. 거칠다. **7**부대충. 대략. ◇~知一二/대충 한두 가지 정도 알다.
*【粗暴―포】cūbào 형거칠다. 난폭하다. ◇性情~/성질이 거칠다. (同)〔暴躁 zào〕, (反)〔温和 wēn·hé〕
【粗笨―분】cūbèn 형**1**(몸집이나 행동이) 둔하다. 우둔하다. (同)〔笨重 zhòng〕, (反)〔轻巧 qīngqiǎo〕**2**(물건이) 육중하다. 묵직하다. (同)〔粗重〕, (反)〔轻巧〕
【粗鄙―비】cūbǐ 형상스럽다. 저속하다. (同)〔粗俗 sú〕, (反)〔文雅 wényǎ〕
【粗布―포】cūbù 명**1**평직으로 짠 질이 거친 천. 〔텐트로 사용된다〕**2**무명. 광목. (同)〔毛麻 máo 布〕, (反)〔细 xì 布〕
【粗糙―조】cūcāo **1**결이 거칠다. (同)〔毛麻 máo 糙〕, (反)〔光滑 guānghuá〕**2**조잡하다. 조악하다.
【粗茶淡饭―차담반】cū chá dàn fàn 명〈謙〉변변치 않은 음식.〔검소한 생활을 형용함〕◇~的生活/검소한 생활. (同)〔清 qīng 茶淡饭〕, (反)〔山珍海味 shān zhēn hǎi wèi〕
【粗大―대】cūdà 형**1**(체격·물체가) 굵직하다. 투박하다. (反)〔细小 xiǎo〕**2**(소리가) 크다. (同)〔粗壮 zhuàng〕, (反)〔细微 wēi〕
【粗纺―방】cūfǎng 명조방. 방직(紡織) 과정에서 가는 섬유에서 굵은 실을 꼬아내

는 일. (反) 〔细 xì 纺〕

【粗放－방】cūfàng 휑1성기다. 세밀하지 않다. 2조방하다. 어떤 토지 등에 투입되는 자본이나 노동력이 적다. (反) 〔集约 jíyuē〕3곰상스럽지 않다. 호방하다.

【粗犷'－광】cūguǎng 휑〈文〉1거칠고 상스럽다. 거칠고 난폭하다. 우악스럽다. (反) 〔文明 wénmíng〕2호방하다.

【粗豪－호】cūháo 휑1호쾌하다. 호방하다. 2우렁차다.

【粗话－화】cūhuà 휑상스런 말. 저속한 말. (同) 〔粗言 yán〕, (反) 〔雅言 yǎyán〕

【粗活－활】cūhuó 휑힘든 일. 막일.

【粗拉－랍】cū·la 휑겉날리다.

*【粗粮－량】cūliáng 휑잡곡. 〔쌀·보리를 제외한 옥수수·수수·좁쌀 등을 말함〕(同) 〔杂 zá 粮〕, (反) 〔细 xì 粮〕

【粗劣－렬】cūliè 휑조잡하다. (同) 〔粗糙 jīng〕, 〔精 jīng 细〕

【粗陋－루】cūlòu 휑1조잡하다. 허술하다. 2볼품이 없다. ◇~面貌/초라한 용모.

*【粗鲁－로】cū·lǔ 휑〈성격이나 행동 등이〉투박스럽다. 거칠다. ◇他说话~, 你别介意/그의 말이 거치니, 너는 개의치 말라. (同) 〔粗野 yě〕, (反) 〔文雅 wényǎ〕

【粗略－략】cūlüè 휑대략적인. 대충. 대강의. 〔주로 부사적으로 쓰임〕(同) 〔粗粗〕, (反) 〔精确 què〕

【粗浅－천】cūqiǎn 휑(내용이) 얕다. (이해가) 천박하다. (同) 〔浅显 xiǎn〕, (反) 〔深奥 shēn'ào〕

【粗纱－사】cūshā 휑굵은 방사(紡絲).

【粗实－실】cū·shi 휑탄탄하다. 옹골차다. (同) 〔粗奘 zhuǎng〕, (反) 〔细微 xìwēi〕

【粗手笨脚－수분각】cū shǒu bèn jiǎo 〈成〉솜씨가 서툴다. (동작이) 굼뜨다.

【粗疏－소】cūshū 휑꼼꼼하지 않다. 데면데면하다. (同) 〔粗心 xīn〕, (反) 〔细 xì 心〕

【粗率－솔】cūshuài 휑거칠고 경솔하다. 덜렁대다. (同) 〔草 cǎo 率〕, (反) 〔认真 rènzhēn〕

【粗俗－속】cūsú 휑(어투·행동 등이) 거칠고 속되다. 촌스럽다. (同) 〔俗气 qì〕, (反) 〔文雅 wényǎ〕

【粗通－통】cūtōng 휑조금 알다.

*【粗细－세】cūxì 휑1굵기. ◇这样~的沙子最合适/이 정도 굵기의 모래가 가장 알맞다. 2(일에 있어) 꼼꼼한) 정도. 주의 깊고 신중함.

【粗线条－선조】cūxiàntiáo 휑1(붓의) 터치가 굵다. 2〈喩〉성격·태도·방법이 거칠다. 선이 굵다. 3문장의 구성이나 서술이 허술하다.

**【粗心－심】cūxīn 휑세심하지 못하다. 부주

의하다. (同) 〔大意 dàyì〕, (反) 〔细 xì 心〕

**【粗心大意－심대의】cū xīn dà yì 〈成〉꼼꼼하지 않다. 데면데면하다.(同) 〔粗枝 zhī 大叶 yè〕, (反) 〔认真细致 rèn zhēn xì zhì〕

【粗野－야】cūyě 휑(행동이) 거칠다. 무례하다. (同) 〔粗俗〕, (反) 〔文明 wénmíng〕

【粗枝大叶－지대엽】cū zhī dà yè 〈成〉(일 처리를) 대충대충하다. 날림이다. (同) 〔粗心 xīn 大意 yì〕, (反) 〔精雕细刻 jīng diāo xì kè〕

【粗制滥造－제람조】cū zhì làn zào 〈成〉잡하게 만들다. 무책임하게 일하다.

【粗制品－제품】cūzhìpǐn 휑초급제품.

【粗重－중】cūzhòng 휑1(소리가) 굵다. 묵직하다. 2(손이나 발이) 투박하다. (물체가) 육중하다. 3(물체가) 육중하다. 무겁다. 4굵직하고 진하다. (同) 〔浓 nóng 重〕, (反) 〔纤细 xiānxì〕5(일이) 힘들다. 어렵다. 고되다. ◇~的活儿/막일.

【粗壮－장】cūzhuàng 휑1(몸이) 실하고 튼튼하다. 2(물체가) 크고 튼튼하다. (同) 〔粗实 shí〕, (反) 〔细弱 ruò〕3〈方〉(소리가) 우렁차다. (同) 〔粗大 dà〕, (反) 〔细微 wēi〕

cù

*【促】 亻部 cù
7画 촉박할 촉
1휑(시간이) 짧다. 촉박(절박)하다. ◇短~/촉박하다. (同) 〔短 duǎn〕, (反) 〔长 cháng〕2통재촉하다〔독촉〕. 다그치다. ◇~进/촉진하다. 3휑〈文〉가까이 하다.

【促成－성】cùchéng 통애써 성사시키다. ◇这件事是他~的/이 일은 그가 애써 성사시킨 것이다.

☆【促进－진】cùjìn 통촉진하다. 박차를 가하다. ◇~工作/업무를 촉진하다. (同) 〔推 tuī 进〕, (反) 〔促退 cùtuì〕

**【促使－사】cùshǐ 통…하도록 재촉하다. …하게 하다. ◇~发生变化/변화하게 하다.

【促退－퇴】cùtuì 통퇴보를 재촉하다. 후퇴시키다. (反) 〔促进 jìn〕

【促膝－슬】cùxī 통〈文〉무릎을 맞대다. 서로 마주보고 앉다.

【促膝谈心－슬담심】cù xī tán xīn 〈成〉무릎을 맞대고 흉금을 털어놓다.

【促狭－협】cùxiá 휑〈方〉교활하다. 약다.

【促织－직】cùzhī 휑〈虫〉귀뚜라미.

【猝】 犭部 cù
8画 갑자기 졸
(튄)〈文〉갑자기 졸.

【猝不及防－불급방】cù bù jí fáng 〈成〉허를 찔려 대응할 수 없다.

【猝发－발】cùfā 통갑자기 발작하다. 돌발

하다.

【猝然-연】 cùrán 🔒갑자기. 느닷없이.

☆【醋】 西部 ｜ cù
8画 ｜ 초 **초**
🔒1(식)초. 2〈喩〉질투. 시샘. 새암.

【醋大-대】 cùdà 🔒〈文〉가난뱅이 서생. (同)〔措 cuò 大〕

【醋劲-경】 cùjìn (~儿)🔒질투심.

【醋坛子-경자】 cùtánzi 샘이 많은 남녀.

【醋心-심】 cù·xin 🔒1위산이 나오다. 속이 쓰리다. 2위산과다.

【醋意-의】 cùyì 🔒질투심.

【簇】 竹部 ｜ cù
11画 ｜ 모을 **족**
1〈文〉무리를 이루다. (떼지어) 모이다. 2🔒무더기. 떨기.

【簇新-신】 cùxīn 🔒(옷 따위가) 최신식의. 참신한. (同)〔崭 zhǎn 新〕,(反)〔陈旧 chénjiù〕

【簇拥-옹】 cùyōng 🔒(많은 사람이) 떼지어 둘러싸다.

cuān

【汆】 入部 ｜ 水部 ｜ cuān
4画 ｜ 2画 ｜ 삶을 **찬**, 끓을 **찬**
🔒1데치다. 끓는 물에 살짝 익히다. ◇~丸子/완자탕. 2〈方〉(샘子)물을 끓이다.

【汆儿-아】 cuānr (同)〔氽子·zi〕

【汆子-자】 cuān·zi 🔒물 끓이는 양철통. 〔가늘고 긴 원통형으로 난롯불 위에 얹어 물을 빨리 끓이는 데 쓰임〕

∗∗【撺·攛】 扌部 ｜ cuān
12画 ｜ 던질 **찬**
🔒〈方〉1내던지다. 동댕이 치다. 2뛰어들다. ◇~入水中/물속으로 뛰어들다. 3급히 서둘러서 하다. ◇临时急~/임박해서야 급히 서둘러 하다. 4벌컥 화를 내다. ◇他~儿了/그는 불끈 성냈다.

【撺掇-철】 cuān·duo 🔒〈口〉부추기다. 종용하다. 권하다. 꼬드기다.

【撺弄-롱】 cuān·nong (同)〔撺掇〕

【蹿·躥】 足部 ｜ cuān
12画 ｜ 솟을 **찬**
🔒1(훌쩍) 뛰어오르다. 앞으로 뛰어나가다. 덮치다. ◇猫~到树上去了/고양이가 나무 위로 훌쩍 뛰어 올랐다. 2〈方〉내뿜다. 쏟다. ◇鼻 bí 子~血/코피를 쏟다.

cuán

【攒·攢(欑)】 扌部 ｜ cuán
16画 ｜ 모일 **찬**
🔒모으다. (기계 따위를) 조립하다. ◇~

钱/돈을 (걷어) 모으다. (同)〔聚 jù〕,(反)〔分 fēn〕

【攒动-동】 cuándòng 🔒떼를 지어 움직이다.

【攒集-집】 cuánjí (同)〔攒聚 jù〕

【攒聚-취】 cuánjù 🔒한 곳에 모이다.

【攒三聚五-삼취오】 cuán sān jù wǔ 〈成〉삼삼오오 떼를 지어 모이다.

cuàn

∗∗【窜·竄】 穴部 ｜ cuàn
7画 ｜ 도망할 **찬**
🔒1달아나다. 도망하다. 〔주로 악인·적군·짐승 등에 대해 씀〕 ◇抱头鼠 shǔ~/머리를 싸쥐고 쥐새끼처럼 달아나다. 2〈文〉유배 보내다. 추방하다. 3글자를 고치다. 수정하다. ◇点~/첨삭하다.

【窜犯-범】 cuànfàn 🔒(도적 무리나 소수의 적군이) 끊임없이 출몰해서 주민이나 진지를 괴롭히다. 침입하다.

【窜改-개】 cuàngǎi 🔒(문서나 고전 등의 글자를) 제멋대로 바꾸어 쓰다. 개찬하다.

【窜扰-요】 cuànrǎo 🔒(도적의 무리나 소수의 적군이) 침입하여 교란하다.

【窜逃-도】 cuàntáo 🔒달아나다. 도망치다.

【篡】 竹部 ｜ cuàn
10画 ｜ 빼앗을 **찬**
🔒신하가 임금의 자리를 찬탈하다.

【篡夺-탈】 cuànduó 🔒찬탈하다. 탈취하다.

【篡改-개】 cuàngǎi 🔒(이론·정책·고전 등을) 제멋대로 고치거나 왜곡하다.

【篡权-권】 cuàn//quán 🔒정권을 빼앗다.

【篡位-위】 cuàn//wèi 🔒신하가 임금자리를 찬탈하다.

cuī

【崔】 山部 ｜ cuī
8画 ｜ 산우뚝할 **최**
1(同)〔崔嵬〕〔崔巍〕 2(Cuī)🔒성(姓).

【崔巍-외】 cuīwēi 🔒〈文〉(산·건축물이) 높고 웅장한 모양. (同)〔巍峨 wēi'é〕,(反)〔低矮 dīǎi〕

【崔嵬-외】 cuīwéi 〈文〉1🔒돌산. 2높고 크다.

☆【催】 亻部 ｜ cuī
11画 ｜ 재촉할 **최**
🔒1(행동이나 일을) 독촉하다. 재촉하다. 다그치다. ◇他老~着我给他父母写信/그는 나에게 자기 부모에게 편지쓰라고 자꾸 재촉한다. 2(사물의 생산이나 변화를) 촉진시키다. 빠르게 하다.

【催逼-핍】 cuībī 🔒〈文〉(빌린 돈의 상환 등을) 재촉하고 다그치다.

【催产-산】 cuī//chǎn 🔒분만을 촉진하다.

(同)〔催生 shēng〕
【催促一촉】cuīcù 屬재촉하다. 독촉하다.
【催肥一비】cuīféi (同)〔肥育 yù〕
【催赶一간】cuīgǎn 屬재촉하여 서둘게 하다.
【催化一화】cuīhuà 屬촉매(觸媒).
【催化剂一화제】cuīhuàjì 圏〈化〉촉매제.
【催泪弹一루탄】cuīlèidàn 圏최루탄.
【催眠一면】cuīmián 1圏최면. 2屬최면하다.
【催眠曲一면곡】cuīmiánqǔ 圏자장가.
【催眠术一면술】cuīmiánshù 圏최면술.
【催眠药一면약】cuīmiányào 圏수면제. 최면제.
【催命一명】cuī∥mìng 屬1죽음을 재촉하다. 2성화를 대다.
【催奶一내】cuī∥nǎi 屬(약이나 음식으로) 산모의 젖을 빨리 또는 잘 나오게 하다.
【催生一생】cuī∥shēng (同)〔催产 chǎn〕

【摧】 扌部　cuī
　　 11画　꺾을 **최**
屬꺾다. 부러뜨리다. 쳐부수다. ◇无坚不～/〈成〉아무리 단단한 것이라도 다 쳐부수다. 어떠한 곤란도 다 이겨내다.
*【摧残一잔】cuīcán 屬(정치·경제·문화·신체·정신 등에) 심한 손상을 입히다. 짓밟다. 유린하다. (同)〔残害 hài〕, (反)〔护卫 hùwèi〕
**【摧毁一훼】cuīhuǐ 屬(강한 힘으로) 때려부수다. 파괴하다. ◇不到半个小时, 炮兵部队就把敌人的阵地～了/반시간도 못 돼 포병부대는 적의 진지를 파괴했다. (同)〔破坏 pòhuài〕, (反)〔建立 jiànlì〕
【摧枯拉朽一고랍후】cuī kū lā xiǔ〈成〉〈喩〉마른 풀을 깎고 썩은 나무를 쓰러뜨리듯이 쉽다. 부패한 세력은 쉽게 타도된다. (同)〔战无不胜 zhàn wú bù shèng〕, (反)〔一触即溃 yī chù jí kuì〕
【摧折一절】cuīzhé 1屬꺾다. 부러뜨리다. 2圏屬좌절(하다).

cuǐ

【璀】 王部　cuǐ
　　 11画　옥빛찬란할 **최**
【璀璨一찬】cuǐcàn 圏〈文〉구슬·옥의 광채가 찬란한 모양.

cuì

*【脆】 月部　cuì
　　 6画　연할 **취**
圏1부스러지기 쉽다. 약하다. 무르다. ◇这种纸不算薄 báo, 就是太～/이 종이는 얇은 편도 아닌데 너무 약하다〔잘 찢어진다〕. (反)〔韧 rèn〕2(비교적 단단한 음식물이) 바삭바삭하다. 사각사각하다. ◇

这甜瓜又～又甜 tián/이 참외는 아삭아삭하면서도 달다. 3(목소리 등이) 맑다. 낭랑하다. ◇她的嗓音挺～/그녀의 목소리는 아주 맑다. 4〈方〉(일을 처리하는 것이) 시원시원하다. ◇这件事办得很～/이 일은 참으로 시원스럽게 처리되었다.
【脆骨一골】cuìgǔ 圏(식품으로서의 소·양·돼지 등의) 연골.
【脆快一쾌】cuìkuài 圏〈方〉(말이나 하는 일이) 시원시원하다. 흔쾌하다.
【脆亮一량】cuìliàng 圏(목소리가) 맑고 낭랑하다.
*【脆弱一약】cuìruò 圏취약하다. 연약하다. ◇～的心灵/연약한 마음. (同)〔软 ruǎn 弱〕, (反)〔坚强 jiānqiáng〕
【脆生一생】cuì·sheng 圏〈口〉1바삭하다. 사각하다. 2(소리가) 맑고 깨끗하다. 낭랑하다. (同)〔清 qīng 脆〕, (反)〔沙哑 shāyǎ〕
【脆响一향】cuìxiǎng 屬(소리가) 쟁쟁하다.

【萃】 艹部　cuì
　　 8画　모을 **췌**
〈文〉1屬모이다. 모으다. 2圏(사람이나 물의) 무리. ◇出类拔～/무리에서 빼어나게 뛰어나다. 출중하다. 3(Cuì)圏성(姓).
【萃集一집】cuìjí 屬끌어 모으다. 한 곳에 모으다.

【啐】 口部　cuì
　　 8画　지껄일 **췌**
1屬내뱉다. ◇～了一口唾沫 tuò·mò/툭하고 침을 뱉다. 2젭툇! 쳇! 〔침을 뱉으면서 경멸을 나타냄〕

【淬】 氵部　cuì
　　 8画　칼담글 **쉬**
【淬火一화】cuì∥huǒ 屬〈工〉(쇠를) 담금질하다.

【翠】 羽部　cuì
　　 8画　비취 **취**
圏1〈色〉비취색. 청록색. 2〈鸟〉물총새. 3〈礦〉비취. 〔옥(玉)에 속하는 일종의 보석〕
*【翠绿一록】cuìlǜ 圏圏청록색(의).
【翠鸟一조】cuìniǎo 圏〈鸟〉물총새. 물총새과의 딸린 물새.
【翠玉一옥】cuìyù 圏〈礦〉비취. (同)〔翡 fěi 翠〕
【翠竹一죽】cuìzhú 圏푸른 참대. 청죽(青竹).

cūn

【村(¹邨)】 木部　cūn
　　 3画　마을 **촌**
1(～儿)圏마을. 동네. 촌락. 시골. 2圏촌스럽다. 상스럽다. 속되다.
【村姑一고】cūngū 圏시골 처녀. 시골 여자.
【村话一화】cūnhuà 圏상스러운 말.
【村落一락】cūnluò 圏촌락.

【村史一사】cūnshǐ 몡마을 역사.

【村塾一숙】cūnshú 몡시골 서당. (同)〔村学 xué〕

【村长一장】cūnzhǎng 몡〈文〉마을 이장.

【村镇一진】cūnzhèn 몡시골과 소도시.

【村正一정】cūnzhèng (同)〔村长 zhǎng〕

**【村庄一장】cūnzhuāng 몡마을. 촌락.

**【村子一자】cūn·zi 몡마을. 촌락.

【村野一야】cūnyě 1몡시골. 2몡상스럽다. 촌스럽다.

cún

☆【存】子部│cún
3画│있을 존

1통있다. 존재하다. 생존하다. ◇父母俱 ~/부모가 다 살아계시다. 2통저장하다. ◇新水库~了大量的水/새로운 댐에 많은 양의 물이 저장됐다. 3통모으다. 저축하다. ◇他在银行~着很多钱/그는 은행에 돈을 많이 저축해 놓고 있다. 4통맡겨두다. 보관하다. ◇我没在那儿~过车/나는 거기에 자전거를 맡겨둔 적이 없다. 5통보류하다. 남기다. ◇~而不论/남겨두고 논하지 않다. 6통(생각·요구·불만 따위를) 가지다. 품다. ◇他对你一直~着戒心 /그는 너에게 계속 경계심을 갖고 있다.

【存案一안】cún'àn 1통등록·보관하고 있는 문서. 2(cún//àn)통(해당 기관의) 기록에 남겨 두다.

【存查一사】cúnchá 통〈文〉조사·검열할 때 볼 수 있도록 보관해 두다. 〔주로 공문서를 결재할 때 쓰인〕

【存车处一차처】cúnchēchù 몡(상점·영화관 등의 앞에 설치한) 자전거보관소. 〔자동차 주차장은 '停车场'이라고 한다〕

【存储一축】cúnchǔ 통저장하다.

【存储器一축기】cúnchǔqì 몡〈電〉기억장치.

【存单一단】cúndān 몡예금증서.

【存档一당】cún//dàng 통(처리가 끝난) 공문서를 보존하다. 파일에 넣다.

【存底一저】cúndǐ 1몡재고품. 2몡초고〔초안〕를 보존하다. 3몡사본.

【存而不论一이불론】cún ér bù lùn 〈成〉(문제를) 남겨두고 논하지 않다.

*【存放一방】cúnfàng 통(돈이나 귀중품을) 맡겨서 보관하다. ◇我把箱子~在朋友那里了/나는 상자를 친구한테 맡겨 놓았어요. ◇他把那笔钱~在银行里/그는 그 돈을 은행에 맡겼어요. (同)〔储 chǔ 存〕, (反)〔支取 zhīqǔ〕

【存抚一무】cúnfǔ 통〈文〉위무(慰撫)하다. 위로해 안심시키다.

【存根一근】cúngēn 몡부본(副本). 〔어음이

나 영수증 기타의 증서 등을 떼어 주고 남겨 두는 쪽지〕

【存户一호】cúnhù 몡예금주.

【存货一화】cúnhuò 1몡〈商〉재고품. 2(cún// huò) 통물건을 저장하다. 상품을 구입해 놓다.

*【存款一관】cún//kuǎn 1통저축〔예금〕하다. ◇到银行去~/은행에 예금하러 가다. 2 (cúnkuǎn)몡예금. 저금.

【存栏一란】cúnlán 몡(가축이) 우리에서 사육되고 있는 것.〔통계에 쓰이며 주로 관형어로 사용함〕

【存身一신】cúnshēn 통1몸을 의탁하다. 2몸을 보존하다.

【存食一식】cúnshí 통얹히다. 체하다.

【存亡一망】cúnwáng 몡존망. 생존과 죽음. 존립과 멸망.

【存项一항】cúnxiàng 몡1(예금의) 잔고. 2예입한 액수.

【存心一심】cúnxīn 1몡마음씨. 근성. ◇~不良/흑심을 품다. 2(cún/xīn)통어떤 마음〔생각〕을 먹다〔품다〕. 속셈을 가지다. 3뿌고의로. 일부러. ◇他~跟我过不去/그는 일부러 나를 못살게 굴다. (同)〔成 chéng 心〕, (反)〔无 wú 心〕

【存疑一의】cúnyí 통〈文〉해결하기 어려운 일을 숙제로 남겨두다. 판단을 보류하다. (反)〔释 shì 疑〕2(마음속 품고 있는) 의혹.

☆【存在一재】cúnzài 1몡통존재〔하다〕. 실재〔하다〕. ◇那个问题已经不~了/그 문제는 이미 해결되었다. (同)〔保留 liú〕, (反)〔消失 xiāoshī〕비교存在:保留:有 ①인위적으로 남겨놓으면 "保留"를 써야 한다. ◇他故意把妹妹喜爱的东西都(×存在)保留着/그는 일부러 여동생이 좋아하는 물건을 모두 남겨놓았다. ②"存在"의 목적어는 보통 추상적인 의미를 지닌다. ◇那儿(×存在)有一个很大的公园/저곳에는 큰 공원이 하나 있다. 2몡〈哲〉존재. 의식으로부터 독립하여 외계에 객관적으로 실재하는 것.

【存照一조】cúnzhào 〈文〉1통(계약서나 공문 등을) 보존하여 증거로 삼다. 2몡보존하고 있는 계약서.

【存折一절】cúnzhé 몡예금 통장.

【存执一집】cúnzhí (同)〔存根 gēn〕

cǔn

【忖】忄部│cǔn
3画│헤아릴 촌

통미루어 짐작하다. 가늠하다. ◇自~/스스로 곰곰이 생각해 보다.

【忖度一도】cǔnduó 통헤아리다. 짐작하다.

C

【忖量－량】cǔnliàng 图1짐작하다. 2생각하다. 숙고하다. 궁리하다.

cùn

☆【寸】寸部 | cùn
0画 | 마디 촌

1양촌. 치. 마디. 〔길이를 재는 단위〕 2형〈轉〉극히 짧거나 하찮은 것의 형용. ◇~进/약간의 진보. 3형〈부〉〈俗〉공교롭다. 때마침. 공교롭게. 4명촌맥(寸脈). (同)〔寸口 kǒu〕5(Cùn)명성(姓).

【寸步－보】cùnbù 명〈文〉아주 가까운 거리만큼의 발디딤. 조금. ◇~不让/조금도 양보하지 않다.

【寸步难行－보난행】cùn bù nán xíng 걷거나 행동하는 것이 힘들다. 〈喩〉일을 진전시키기가 어렵다. 진척이 별로 없다.

【寸步不离－보불리】cùn bù bù lí 〈成〉촌보(寸步)도 떨어지지 않다. 조금도 곁을 떠나지 않다.

【寸草不留－초불류】cùn cǎo bù liú 〈成〉풀한 포기조차 안 남다. 재난을 당해 초토화되다.

【寸断－단】cùnduàn 图토막토막 끊다. ◇肝肠~/애간장 끊다.

【寸楷－해】cùnkǎi 명한 치 크기의 해서체(楷書體)글자. 큰 해서체.

【寸口－구】cùnkǒu 명〈中醫〉1손목의 맥 짚는 곳. 〔세 개가 있어 각기 '寸口·关上·尺中'이라고 한다〕2손목에서 가장 가까운 맥 짚는 곳.

【寸土－토】cùntǔ 명아주 작은 땅. 손바닥만한 땅.

【寸心－심】cùnxīn 명1마음. 마음속. 2촌지. 조그마한 성의.

【寸阴－음】cùnyīn 명〈文〉촌음. 아주 짧은 시간.

cuō

**【搓】扌部 | cuō
9画 | 손비빌 차

图(두손으로) 비비다. 문지르다. (끈 따위를 손바닥으로) 꼬다. 꼬아 합치다.

【搓板－판】cuōbǎn (~儿)명빨래판. (同)〔洗衣 xǐyī 板〕

【搓洗－세】cuōxǐ 图옷을 비벼 빨다. 옷을 문질러 빨다.

【搓澡－조】cuō//zǎo 图목욕시 다른 사람에게 몸의 때를 밀게 하다. 등의 때를 밀다.

【磋】石部 | cuō
9画 | 갈 차

图1상아를 가공하여 기물로 만들다. 2서

로 의논하다.

【磋磨－마】cuōmó 图여러가지로 교섭하다. 협의하다.

*【磋商－상】cuōshāng 명图〈文〉의견을 교환하다. 협의(하다). 교섭(하다). 절충(하다). ◇经过多次~, 双方总算达成协议/여러 차례 협상을 통해서 쌍방은 마침내 합의를 보았다.

【撮】扌部 | cuō
12画 | 당길 촬

1图〈文〉긁어 모으다. 2图(쓰레받기 따위로 흙 등을) 퍼담다. 쓸어 담다. 3图손으로 집다. 손으로 집어 내다. 4图요점을 간추리다. 추려내다. 5图〈方〉먹다. 6양밀리리터. 7图a)줌. 움큼. ◇一~盐/소금 한 줌. b)극소수의 나쁜 무리나 사물에 쓰임. ◇一小~坏人/일부 극소수의 나쁜 사람.

【撮合－합】cuō·he 图중재〔알선·중매〕하다. 관계를 맺어 주다. 〔결혼 중매에 대하여 말하는 경우가 많다〕(反)〔说合 shuōhe〕

【撮弄－롱】cuōnòng 图1가지고 놀다. 놀려서 곤욕스럽게 하다. 2부추기다. 교사(教唆)하다. 선동하다.

【撮要－요】cuōyào 1图〈文〉요점을 간추리다. 요약하다. 2명적요. 요약.

cuò

【挫】扌部 | cuò
7画 | 꺾을 좌

图1좌절하다. 실패하다. 2꺾다. 누르다. ◇抑扬顿 yì yáng dùn~/소리의 높낮이가 조화되고 리드미컬하다.

【挫败－패】cuòbài 1명좌절과 실패. 2图좌절시키다. 꺾다. 깨뜨리다.

【挫伤－상】cuòshāng 1명〈醫〉(손발 등을) 삐다. 2图(의욕이나 기를) 꺾다. 손상시키다.

**【挫折－절】cuòzhé 1图좌절시키다. 패배시키다. ◇不要~我的意志力/나의 의지력을 꺾지 말아요. 2명图좌절(하다). 패배(하다). 실패(하다).

【措】扌部 | cuò
8画 | 정돈할 조

图1배치하다. 조처하다. ◇惊惶 jīnghuáng 失~/당황하여 어찌할 바를 모르다. 2마련하다. 계획하다. ◇筹 chóu~款项 kuǎnxiàng/돈을 마련하다.

【措办－판】cuòbàn 图조치하다. 마련하다. 준비하다.

【措辞－사】cuò//cí 图어휘를 배치하다. 문맥에 맞게 구사하다. 어휘를 취사선택하다. 말의 사용법.

☆【措施－시】cuòshī 명图조치(하다). ◇在社

会经济方面，也实行了一系列改革～/사회
경제분야에서도 일련의 개혁조치를 시행
했다.

【措手－수】cuòshǒu 동손을 쓰다. 조처하다.

【措手不及－수불급】cuò shǒu bù jí 〈成〉미
처 손을 쓸새가 없다. 어찌할 바를 몰라
당황하다.

【措意－의】cuòyì 동〈文〉유의하다. 주의하
다. 염두에 두다.

【措置－치】cuòzhì 명동처리(하다). 조치(를
취하다).

【锉·銼】钅部 cuò
　　7画 | 술고리 좌
1명줄. 칼. 2동줄로 쓸다.

【锉刀－도】cuòdāo 명줄. 줄칼.

★【错·錯】钅部 cuò
　　8画 | 그르칠 착
1형들쑥날쑥하다. 뒤섞여 복잡하다. ◇交
～/교착하다. 서로 엇갈려 뒤섞이다. 2동
갈다. 비비다. ◇上下牙～得很响/위 아래
이빨을 북북 갈다. 3동비껴 지나가다. 엇
갈리다. ◇～过机会/기회를 놓치다. ◇两
辆车在那儿～过去了/차 두 대가 저쪽에서
엇갈려 지나갔다. 4동(시간을) 겹치지 않
도록 비키다. ◇这两门课时间～着呢/이
두 과목은 시간이 겹쳐있지 않다. 5형틀
리다. ◇你这话对一半，～一半/너의 이
말은 반은 맞고 반은 틀리다. 6(～儿)명
틀림. 착오. 잘못. ◇没～儿/틀림이 없다.
7형나쁘다. 좋지 않다. 〔주로 부정사(否
定词)와 같이 쓰임〕◇准备这么长时间了，
这次演出能～得了 liǎo 吗?/이렇게 오랫동
안 준비했는데 이번 공연이 잘못될 수 있
겠는가? ◇四川饭店的菜味道不～/사천식
당의 요리맛은 괜찮다. 8접〈方〉…이외에
는 …가 아니면. ◇～了你，换个人我也不
说这话/네가 아니고 딴 사람이라면 나도
이런 말은 하지 않는다. 9동〈文〉(조각한
글자나 무늬에 금·은을) 박아 넣다. 도금
하다. 10명〈文〉숫돌. 옥을 가는 돌. 11동옥
이나 돌을 갈고 닦다. ◇攻～/연마하다.

【错爱－애】cuò'ài 1명〈謙〉과분한 사랑.〔남
의 호의에 대해서 감사함을 나타낼 때 쓰
는 겸양어〕2동(상대가) 과분하게 아껴
주신다.

【错案－안】cuò'àn 명〈法〉오심(誤審).

【错别字－별자】cuòbiézì 명잘못 쓴 글자.
틀린 글자. 오자(误字).

【错车－차】cuò//chē 동(차량이) 마주 지나
가다. 스쳐 지나가다.

【错处－처】cuò·chu 명과실. 잘못.

【错待－대】cuòdài 동대접을 소홀히 하다.
푸대접하다.

【错讹－와】cuò'é 명(문자, 기재 등의) 착오.

【错愕－악】cuò'è 동대경실색하다.

【错非－비】cuòfēi 접〈方〉…이외에는 …가
아니면.

【错怪－괴】cuòguài 동오해하여 탓하다.

【错过－과】cuòguò 동(기회 등을) 놓치다.
(同)〔抓紧 zhuājǐn〕

【错会－회】cuòhuì 동잘못 이해하다.

【错金－금】cuòjīn 명상감(象嵌).

【错觉－각】cuòjué 명착각.

【错开－개】cuò//kāi 동(시간 등을) 서로 엇
갈리게 하다.

【错漏－루】cuòlòu 명착오. 잘못. 누락.

【错乱－란】cuòluàn 형동무질서(하다). 뒤
죽박죽이다. (同)〔紊乱 línguàn〕, (反)
〔整齐 zhěngqí〕

【错落－락】cuòluò 형가지런하지 않다. 들
쑥날쑥하다.

【错谬－류】cuòmiù 명착오. 오류. 잘못.

【错时－시】cuòshí 동시간을 서로 엇갈리게
하다.

【错位－위】cuòwèi 동위치가 바뀌다. (관
절이) 삐다.

★【错误－오】cuòwù 1명잘못된. 틀린. ◇人家
给你道歉 qiàn，你不理人家，那是你～的
想法/남이 네게 사과했는데 네가 상대하
지 않으면 네가 잘못된 생각이야. 2명과
실. 잘못. ◇他的～是严重的/그는 크게
잘못했다. (同)〔谬误 miùwù〕, (反)〔正确
zhèngquè〕

【错疑－의】cuòyí 동〈文〉오해하여 의심하
다. 잘못 의심하다.

【错杂－잡】cuòzá 동형뒤섞이다. 번잡하다.

**【错字－자】cuòzì 명오자(误字).

【错综－종】cuòzōng 동(종횡으로) 뒤섞다.
(同)〔错落 cuòluò〕, (反)〔划一 huáyī〕

【错综复杂－종복잡】cuòzōng fùzá 뒤섞여
복잡하다.

D

dā

【耷】 大部 | 耷部 | dā
6画 | 3画 | 큰귀 **답**
厖〈文〉귀가 크다.

【耷拉－답】 dā·la 홍늘어뜨리다. 푹 숙이다.

☆**【搭】** 扌部 | dā
9画 | 칠 **탑**

1홍(막 따위를) 치다. 세우다. (다리 따위를) 놓다. ◇春节期间, 到处都～着卖鞭炮 biānpào 的棚子/음력 설 기간 동안은 가는 곳마다 폭죽을 파는 천막이 쳐져 있다. ◇～桥/다리를 놓다. 2홍걸치다. 널다. ◇肩膀 jiānbǎng 上～着一条毛巾/어깨에 수건 하나를 걸쳤다. ◇这么多衣服一条绳子～不下/이렇게 많은 옷을 한 줄에 널 수 없다. 3홍연결되다. ◇两根电线～上了/전선 두 개가 연결되었다. 4홍보태다. (조나 짝 등이) 되다. ◇把这些钱～上就够了/이 돈을 보태면 충분하다. ◇他俩～伙～了两年了/그 둘은 짝이 된 지 2년 되었다. 5홍끼워넣다. ◇售货员把次品都～给顾客了/점원은 고객에게 불량품을 끼워 팔았다. 6홍(둘이서) 맞들다. ◇四个人～着轿 jiào 子, 走得很快/네 사람이 가마를 맞들고 빨리 갔다. 7홍(차·배·비행기 따위를) 타다. ◇时间再晚点, 就～不上船了/시간이 더 늦어지면 배를 탈 수 없게 된다. 8(Dā)몡성(姓).

【搭班－반】 dā//bān (～儿)홍1〈演〉배우가 임시로 어떤 극단에 출연하다. 2임시로 한 조가 되다. ◇他总是找小李～/그는 항상 李군과 한 조가 되었다.

【搭伴－반】 dā//bàn (～儿)홍〈方〉길동무가 되다. 동행하다.

【搭帮－방】 dā//bāng 홍〈方〉동반하다.

【搭帮－방】 dābāng 홍〈方〉덕분이다. 의지하다.

【搭帮－방】 dā·bang 홍〈方〉돕다.

【搭背－배】 dābèi (同)〔搭腰 yāo〕

【搭便－편】 dābiàn (同)〔顺 shùn 便〕

【搭补－보】 dābǔ 홍보태다.

【搭茬儿－차아】 dā//chár 홍〈方〉대꾸하다.

【搭挡－당】 dādàng 〈方〉1홍협력하다. (同)〔协作 xiézuò〕〔搭当 dāng〕2몡협력자. 짝.

【搭话－화】 dā//huà 홍말대꾸하다. 말을 걸다.

【搭伙－화】 dā//huǒ 홍1한 패가 되다. 2공동으로 취사하다.

【搭架子－가자】 dājià·zi 홍1틀을 잡다. 2〈方〉뻣뻣하게 굴다. 뽐내다. (同)〔摆 bǎi 架子〕

【搭救－구】 dājiù 홍(위험·재난에서) 구조하다. (同)〔救助 zhù〕, (反)〔陷害 xiànhài〕

【搭客－객】 dā//kè 홍〈方〉(가는 김에) 승객을 태우다.

∗**【搭配－배】** dāpèi 홍1(목적·비율대로) 배합하다. ◇按新旧～새 것과 헌 것의 비율대로 배합하다. 2매치시키다. ◇师徒两人～得十分合拍/스승과 제자 두 사람은 아주 손발이 잘 맞는다. 3잘 어울리다. ◇两人一高一矮 ǎi, 站在一起不～/두 사람 중 한 사람은 키가 크고 한 사람은 키가 작아 같이 서 있으면 잘 어울리지 않는다.

【搭腔－강】 dā//qiāng 홍〈方〉1대꾸하다. 2이야기를 주고 받다.

【搭桥－교】 dā//qiáo 홍1다리를 놓다. 2(轉)주선하다.

【搭讪－산】 dā·shàn 홍(난처한 국면을) 얼버무리며 말을 걸다. (同)〔搭赸 dā·shàn〕〔答 dā 讪〕

【搭手－수】 dā//shǒu 홍돕다. 거들다.

【搭头－두】 dā·tou (～儿)몡부속물. 덤.

【搭腰－요】 dā·yao 몡마차의 말 등에 얹는 마구. (同)〔搭背 bèi〕

☆**【答(荅)】** 竹部 | dā
6画 | 대답 **답**
뜻은 '答 dá'와 같고 특히 '答应, 答理' 등 어휘에 쓰인다. ⇒dá

【答碴儿－차아】 dā//chár 〈方〉말대꾸하다. (同)〔搭 dā 碴儿〕〔搭茬儿 chár〕〔答茬儿〕

【答理－리】 dā·li 홍상대해 주다. 말대꾸하다. (주로 부정문에 쓰임)

【答腔－강】 dā//qiāng (同)〔搭 dā 腔〕

【答讪－산】 dā·shàn (同)〔搭 dā 讪〕

☆**【答应－응】** dā·ying 홍1대답하다. ◇他叫了你半天, 你怎么不～他?/그는 너를 한참 불렀는데 왜 대답하지 않니? 2승낙하다. ◇母亲一次都没～过这件事/어머니는 한번도 그 일을 허락해 준 적이 없다.

(同)〔允许 yǔnxǔ〕〔容许 róngxǔ〕〔准许 zhǔnxǔ〕〔承诺 chéngnuò〕〔允诺 yǔnnuò〕, (反)〔回绝 huíjué〕〔拒绝 jùjué〕〔推辞 tuīcí〕 主의 '答应'은 구어에 쓰이고, '允许', '准许'는 구어·문어에 모두 쓰이고, '承诺', '允诺'는 문어에 쓰인다.

【褡】 衤部 9画 옷해질 답 | dā
【褡包─포】dā·bāo (천이나 견직물로 만든, 폭이 넓고 길이가 긴) 허리띠.
【褡裢─련】dā·lián (～儿)통1전대(纏帶). 견대(肩帶). 2씨름선수의 여러 겹의 천으로 만든 상의(上衣).

dá

*【打】 扌部 2画 칠 타 | dá
양다스(dozen). 타. 〔물품 12개를 한묶음으로 하여 셀 때의 단위〕◇一～铅笔/연필 한 다스. ⇒dǎ

**【达·達】 辶部 3画 이를 달 | dá
1통통하다. 가 닿다. ◇我们订的是直～香港的机票/우리가 예약한 것은 홍콩 직행 비행기표이다. (同)〔通 tōng〕, (反)〔堵 dǔ〕 2통보어로 쓰여 강조를 나타낸다〕 ◇这条公路长～五百多公里/이 도로는 길이가 500여 km에 달한다. (同)〔到 dào〕, (反)〔发 fā〕 3통통달하다. ◇～通～事理/사물의 이치에 통달하다. 4통표현하다. 나타내다.〔소수의 고정된 격식에만 쓰인다〕◇抒 shū 情～意/감정을 토로하여 뜻을 나타내다. 5통이루다. 실현시키다.〔'目的'와만 호응한다〕◇～不到目的, 誓 shì 不罢休/목적을 이루지 못하면 맹세코 그만 두지 않겠다. 6통저명한. 뛰어난. 지위가 높은. 7(Dá)통성(姓).
【达标─표】dábiāo 통기준에 도달하다.
**【达成─성】dáchéng 통달성하다.
【达旦─단】dádàn 통새벽녘이 되다.
☆【达到─도】dá//dào 통이르다.〔추상명사 목적어를 취한다〕◇经过大家努力, 终于～了目的/모두들 열심히 하여 마침내 목적을 달성했다. 비교达到:到达 "达到"는 처소명사를 목적어로 취할 수 없고 추상명사를 목적어로 취한다. ◇他们已(×达到)达到领导的要求/그들은 이미 지도자의 요구에 도달했다. ◇坐飞机(×达到)到达了北京/비행기로 북경에 도착했다.
【达观─관】dáguān 통달관하다. (同)〔乐 lè 观〕, (反)〔悲 bēi 观〕
【达官─관】dáguān 명고관(高官). (同)

〔大 dà 官〕, (反)〔小 xiǎo 官〕
【达奚─계】Dáxī 명복성(複姓).
【达意─의】dáyì 통(말이나 글로) 생각·뜻을 나타내다.
【达因─인】dáyīn 명〈物〉다인(dyne).〔힘의 단위〕

【沓】 水部 4画 거듭 답 | dá
양뭉치. 묶음.〔포개어 놓은 종이 또는 얇은 것을 세는 단위〕◇一～信纸/편지지 한 묶음.

☆【答(荅)】 竹部 6画 대답 답 | dá
통1대답하다. ◇根据课文的内容, 我问, 你们～/본문의 내용에 따라서 내가 물으면 너희들이 대답해라. (同)〔回 huí〕, (反)〔问 wèn〕 2보답하다. 답례하다. (同)〔还 huán〕, (反)〔赠 zèng〕⇒dā
☆【答案─안】dá'àn 명답안. 해답.
【答拜─배】dábài 통답례의 방문을 하다.
*【答辩─변】dábiàn 명통답변(하다).
【答词─사】dácí 명답사.
【答对─대】dáduì 통대답하다. (同)〔答复 fù〕, (反)〔提问 tíwèn〕
【答非所问─비소문】dá fēi suǒ wèn 〈成〉동문 서답하다.
**【答复─복】dá·fù 명통회답(하다). ◇老师用书信的方式～了学生/선생님은 편지로 학생에게 회답했다. (同)〔答对 duì〕 비교答复:回答 학교수업 중 질문의 대답에는 "答复"를 쓰지 않는다. "答复"는 문어에 쓰인다. ◇我最害怕上课(×答复)回答老师的问题/나는 수업할 때 선생님의 질문에 대답하는 것이 가장 두렵다.
【答话─화】dáhuà 통대답하다.〔주로 부정문에 쓰임〕
☆【答卷─권】dájuàn 명1답안. 2(dá//juàn) 통답안을 쓰다. 시험문제를 풀다.
【答礼─례】dá//lǐ 명답례(하다).
【答谢─사】dáxiè 통사례하다. 사의를 표하다.

dǎ

★【打】 扌部 2画 칠 타 | dǎ
1통치다. 두드리다. ◇我来～一会儿鼓/내가 잠시 북을 두드리겠습니다. 2통깨뜨리다. 부수다. ◇你把鸡蛋～～/계란을 좀 깨라. 3통싸우다. 때리다. ◇一天俩人～了三次架/하루에 두 사람이 3번 싸웠다. 4통(소송을)걸다. (교제를)하다. (도박을)하다. ◇～了半年官司也没～赢 yíng/반년 동안 소송을 걸었지만 승소하지 못했다. ◇他善于和人～交道/그는 남과 잘

사귄다. **5**동건조하다. 쌓다. ◇他们正在 ~着墙呢/그들은 담을 쌓고 있다. **6**동제 조하다. 만들다. ◇他新~了一把刀/그는 칼 하나를 만들었다. **7**동휘젓다. ◇奶粉 已经~完了/분유를 벌써 다 저었다. **8**동 묶다. 싸다. ◇行李太大, 我一个人~不了 /짐이 너무 커서 나 혼자서는 묶을 수 없 다. **9**동짜다. ◇这双草鞋~得真漂亮/이 짚신을 정말 예쁘게 짰다. **10**동바르다. 치다. ◇~蜡/양초를 바른다. ◇线不直, 再~一次/선이 곧지 않으니 다시 한번 치시오. **11**동열다. 파다. ◇瓶盖太紧, 孩 子~不开/병마개가 너무 조여 있어서 어 린이는 열 수 없다. ◇一个眼~了两天, 才~完/구멍 하나를 이틀 파서야 다 팠 다. **12**동들다. ◇这么重的旗子我~不了/ 이렇게 무거운 깃발을 나는 들 수 없다. **13**동쏘다. 걸다. 보내다. ◇上午给 学校~过两次电话/오전에 학교에 두 번 전화했다. ◇子弹~完了/총알을 다 쐈다. **14**동발급하다. 받다. ◇会计 kuàijì~给 我一张收据/경리가 나에게 영수증 한 장 을 발급해 주었다. **15**동제거하다. 벗기 다. ◇苹果皮她~干净了/그녀가 사과껍 질을 깨끗하게 깎았다. **16**동긷다. 푸다. ◇你等着, 我去食堂~饭/너 기다리고 있 어, 식당에 가서 밥을 퍼 올게니까. ◇井 这么深, 你~得上水来吗?/우물이 이렇게 깊은데 물을 길러올 수 있겠니? **17**동사 다. ◇~车票/차표를 사다. ◇~油/기름 을 사다. **18**동잡다. ◇船太小, 一天~不 了多少鱼/배가 너무 작아서 하루에 고기 를 얼마 잡을 수 없다. **19**동(베거나 패 서) 모으다. ◇草~满了一筐, 该回家了/ 풀을 한 광주리 베었으니 집에 가야겠다. **20**동짜다. 계산하다. ◇~了一上午草稿/ 오전 내내 초고를 �|썼다. ◇~好了底子/ 초안을 다 썼다. **21**동하다. 종사하다. ◇ 她去年在城里~过半年工, 挣 zhèng 了点 儿钱/그녀는 작년에 시내에서 반년간 일 을 해서, 돈을 좀 벌었다. **22**동(스포츠· 놀이를) 하다. ◇我从来没~过台球/나는 여지껏 당구를 쳐본 적이 없다. ◇我们一 块~~扑克吧/우리 같이 포커를 합시다. **23**동(어떤 동작을) 취하다. 하다. ◇他 跟我~了一个手势/그는 나에게 손짓을 한번 했다. **24**동(어떤 방식을) 쓰다. 들 다. ◇为了说服他, 我给他~了一个比喻/ 나는 그를 설득시키려고 예 하나를 들었 다. **25**동(어떤 죄명을) 씌우다. ◇他曾 被~成右派/그는 전에 우익으로 몰렸었 다. **26**개⟨方⟩…로부터, …에서. ◇他刚 ~城里回来/그는 막 읍내에서 돌아왔다. **27**개⟨方⟩지나가는 노선·장소를 나타냄.

→'从''cóng' 참조. ⇒dá

【打把势-파세】dǎ bǎ·shi **1**무술을 연마하 다. (同)〔练 liàn 把式〕 **2**너무 기뻐서 덩 실덩실 춤을 추다. (同)〔打把式 shi〕

【打靶-파】dǎ//bǎ 동⟨軍⟩(정곡을 향해) 사격연습(을 하다).

【打白条-백조】dǎ báitiáo (~儿) **1**비정식 영수증 등을 끊다. **2**구입시 현금 대신 증 표를 써주고 후에 돈을 지불하다.

【打摆子-파자】dǎ bǎi·zi ⟨方⟩학질에 걸리다.

【打败-패】dǎ//bài 동1**싸워 이기다. ◇这 支球队多次~实力较强的队/이 구기팀은 여러 차례 실력이 대단한 팀을 패배시켰 다. (同)〔战胜 zhànshèng〕, (反)〔输给 shūgěi〕 **2**(전쟁이나 경기에서) 지다. ◇ 那支球队也~了/그 구기팀도 졌다.

☆【打扮-반】dǎ·ban **1**동치장하다. ◇阿姨把 孩子们~得很漂亮/아주머니가 아이들을 예쁘게 잘 입혀 놨다. ◇~了两个钟头, 还 没有~好?/두 시간째 치장을 하는데 아 직 다 못했니? **2**(~儿)명치장. 단장. ◇ 你这身~让人看起来很舒服/네 차림이 편 하게 보인다.

【打包-포】dǎ//bāo 동**1**포장하다. **2**포장 을 풀다.

【打苞-포】dǎbāo (~儿)동(밀·수수 따위 의)이삭이 패다.

【打抱不平-포불평】dǎ bào bù píng⟨成⟩ 약한 자를 돕고 포악한 자를 혼내주다. (反)〔欺软怕硬 qī ruǎn pà yìng〕

【打比-비】dǎbǐ 동**1**비유하다. **2**⟨方⟩비교 하다.

【打边鼓-변고】dǎ biāngǔ (同)〔敲 qiāo 边鼓〕

【打不定主意-불정주의】dǎ bù dìng zhǔ·yi ⟨口⟩어떻게 해야 할지 모르다. ◇他一 下子~/그는 순간 어떻게 해야 할지 몰 랐다.

【打不过-불과】dǎ ·bu guò 이길 수 없다. ◇~他/그에게는 이길 수 없다.

【打草稿-초고】dǎ cǎogǎo (~儿) **1**초고를 쓰다. **2**(사전)준비를 하다.

【打草惊蛇-초경사】dǎ cǎo jīng shé⟨諺⟩ 풀을 베어 뱀을 놀라게 하다. 비밀리 행 동해야 할 때 부주의로 들켜버리다. (反) 〔出其不意 chū qí bù yì〕

【打岔-차】dǎ//chà (남의 말을) 가로 채다〔끊다〕. (일을) 방해하다.

【打柴-시】dǎ//chái 동멜나무를 하다. ◇ ~的/나무꾼.

【打场-장】dǎ//cháng 동(농작물을 거둬 들인 뒤) 마당질하다〔탈곡하다〕.

【打成一片-성일편】dǎ chéng yī piàn⟨成⟩ 모두가 한 덩어리로 뭉치다. (同)〔融为

一体 róng wéi yītǐ], (反)〔水火不容 shuǐ huǒ bù róng〕

【打冲锋－충봉】dǎ chōngfēng 1돌격하다. 2앞장 서다.

【打抽丰－추풍】dǎ chōufēng 이런저런 명목으로 돈을 갈취하다. (同)〔打秋 qiū 风〕

【打出手－출수】dǎ chūshǒu 1(~儿)〔演〕연극의 난투장면에서 서로 무기를 던지며 쳐 싸우다. (同)〔过家伙 guòjiā·huo〕2〈方〉서로 치고 받으며 싸우다.

【打春－춘】dǎ/chūn 粵1〔口〕입춘. 2옛날, 호남(湖南) 일대에서 유민들이 음력설을 전후하여 '小锣''竹板' 따위를 치면서 노래를 부르며 집집마다 돌면서 돈을 구걸하는 것.

【打从－종】dǎcóng 쥐1…로부터. 2…을 (를). 〔지나는 장소를 나타냄〕◇~公园门口经过/공원 입구를 지나다.

【打错－착】dǎ/cuò 粵1잘못 치다. 2타자를 틀리게 치다. ◇打字~了/타자를 잘못 쳤다.

【打弹子－탄자】dǎdàn·zi 1구슬(당구)을 치다. (同)〔打台 tái 球〕2粵働슬로트 머신(slotmachine)(을 하다).

☆【打倒－도】dǎ/dǎo 働때려 눕히다. 타도하다. ◇一拳把他~/한 주먹에 그를 때려 눕혔다. (同)〔推翻 tuī//fān〕, (反)〔扶植 fúzhí〕

【打道－도】dǎdào 働벽제(辟除)하다. (옛날, 지위가 높은 사람이 행차할 때에) 잡인의 통행을 금하여 길을 치우다.

【打的－적】dǎ/dí〈方〉택시를 타다. 〔'的士'는 Taxi의 음역, 홍콩에서 주로 쓰임〕

【打…的主意－…적주의】dǎ… de zhǔ·yi〈口〉…에게 수작을 부리다. ◇你想打这女孩子的主意, 搞不成/네가 이 여자에게 수작을 부리려고, 안 될걸.

【打底子－저자】dǎ dǐ·zi 1초안을[초고를] 작성하다. 밑그림을 그리다. 2밑에 깔다. 3기초를 다지다.

【打电报－전보】dǎ diànbào 전보를 치다.

【打电话－전화】dǎ diànhuà 전화를 걸다.

【打点－점】dǎ·dian 働1(선물·여장 등을) 정리하다. 처리하다. 준비하다[꾸리다]. 2(잘 봐달라고) 뇌물을 주다.

【打叠－첩】dǎdié 働정리하다. 준비하다.

【打定－정】dǎdìng 働(마음을) 정하다. ◇~主意/마음을 정하다.

【打动－동】dǎdòng 働감동시키다.

【打斗－투】dǎdòu 働싸우다. 격투하다.

【打嘟噜－도로】dǎ dū·lu 혀를 굴리다.

【打赌－도】dǎ/dǔ 働내기를 하다[걸다].

【打断－단】dǎduàn 働끊어 자르다. 잘라 버리다.

【打盹儿－돈아】dǎ//dǔnr 働〈口〉(앉아서 또는 기대어) 졸다.

【打逗儿－돈아】dǎdǔnr 働1대량으로 (사거나 팔다). 2합하다. (同)〔成总儿 chéngzǒngr〕

【打哆嗦－다색】dǎ duō·suo 몸을 덜덜 떨다.

＊【打发－발】dǎ·fa 働1보내다. ◇我已经~人去找他了/나는 이미 그를 찾으러 사람을 보냈다. 2내쫓다. 해고하다. ◇你怎么能随便就把顾客~了?/너는 왜 마음대로 손님을 내쫓냐? 3〔早白〕마련해주다. 보살피다. ◇~众人住下/모두를 묵도록 마련해주다. 4(시간·날을) 보내다[허비하다]. ◇四个人用扑克~着时间/네 사람이 포커를 치며 시간을 보내고 있다.

【打榧子－비자】dǎ fěi·zi〈方〉엄지손가락과 가운뎃손가락으로 딱 소리를 내다.

【打嗝儿－격아】dǎ//gér 働1〔口〕딸꾹질하다. (同)〔呃逆 ènì〕2트림하다. (同)〔嗳气 ǎiqì〕

【打工－공】dǎ//gōng 粵임시직 (일을 하다). 아르바이트(하다).

【打躬作揖－궁작읍】dǎ gōng zuò yī〈成〉굽신거리다. 〔주로 공손하게 간청하는 것을 형용하는 데 쓰임〕

【打钩－구】dǎ//gōu 働공문이나 시험지 등에 '√'표시를 하여 인가를 하거나 맞음을 나타낸다.

【打谷场－곡장】dǎgǔcháng 粵타작마당.

【打鼓－고】dǎ//gǔ 働(자신이 없어) 안절부절하다.

【打瓜－과】dǎguā 1粵〔植〕수박의 일종. 〔살은 적고 씨는 크고 많아서 씨를 식용으로 하기 위해 재배된〕2(dǎ//guā)働수박을 쪼개다.

【打光棍儿－광곤아】dǎ guānggùnr〈喩〉홀아비로 살다.

【打鬼－귀】dǎ//guǐ 働1요괴를 퇴치하다. 2(同)〔跳布札 tiàobùzhá〕

【打卦－괘】dǎ//guà 働점치다.

【打官腔－관강】dǎ guānqiāng 격식차린 딱딱한 말로 남을 대하다.

【打官司－관사】dǎ guān·si 働소송하다.

【打滚－곤】dǎ//gǔn (~儿)働1(데굴데굴) 구르다. 뒹굴다. 2어떤 환경 속에서 오랫동안 살다.

【打哈哈－하하】dǎ hā·ha 농담하다. 놀리다.

【打哈欠－하흠】dǎ hā·qian 하품을 하다.

【打鼾－한】dǎ//hān 働코를 골다.

【打夯－한】dǎ//hāng 働달구질하다.

【打横－횡】dǎ//héng (~儿)働네모 탁자를 둘러 앉을 때 의자의 가장자리에 앉다. 아랫자리에 앉다.

【打滑－활】dǎhuá 働1(바퀴나 피대 따위

D

가) 공전(空轉)하다[헛돌다]. **2**〈方〉미끄
러지다.

【打晃儿－황아】dǎ//huàngr 통비틀거리다.
휘청거리다.

【打诨－원】dǎhùn 통(연극에서 주로 어릿
광대가) 즉흥적으로 익살을 부리다.

【打火机－화기】dǎhuǒjī 명라이타.

【打伙儿－화아】dǎ//huǒr 통무리를 짓다.

﹡﹡【打击－격】dǎjī **1**통치다. (同)〔敲 qiāo
打〕**2**명통공격(하다). 타격(을 주다). 좌
절시키다. ◇她~过不少人的积极性/그
녀는 많은 사람들의 의욕을 좌절시킨 적이
있다. (同)〔攻 gōng 击〕

【打击乐器－격악기】dǎjī yuèqì 명〈音〉타
악기.

【打饥荒－기황】dǎ jī·huang 생활이 어렵
다. 빚을 지다.

【打家劫舍－가겁사】dǎ jiā jié shè〈成〉떼
강도가 재물을 약탈하다.

【打价－가】dǎ//jià (~儿)통값을 깎다.〔주
로 부정식에 쓰임〕

﹡﹡【打架－가】dǎ//jià 통싸움하다. 다투다.
◇这孩子很老实, 从来没有和谁打过架/이
아이는 얌전해서, 여지껏 누구하고도 싸
운 적이 없다.

【打尖－첨】dǎ//jiān 통**1**(여행 도중 숙소
나 식당에) 쉬면서 요기를 하다. **2**면화
등 작물의 순을 치다.

﹡﹡【打交道－교도】dǎ jiāo·dao 상대하다. 교
제하다. ◇父亲一次也没跟他们打过交道/아
버지는 한번도 그들과 상대한 적이 없다.

【打浆－장】dǎjiāng 통〈紙〉(제지 공정에서)
펄프를 반죽하다.

【打脚－각】dǎ//jiǎo 통〈方〉신발이 작아서
발이 아프거나, 물집이 생겨 터지다.

【打搅－교】dǎjiǎo 통**1**(남의 일을) 방해하
다. ◇爸爸工作或学习时, 我从不去~他/
아버지가 일하거나 공부할 때 여지껏 방
해하지 않았다. **2**〈婉〉대접을 받을 때 폐
를 끼치다. (同)〔打扰 rǎo〕

【打醮－초】dǎ//jiào 통도사가 재를 올리다.

【打劫－겁】dǎ//jié 통재물을 약탈하다.

【打紧－긴】dǎ//jǐn 형〈方〉중요하다.〔주
로 부정식에 쓰임〕

【打酒－주】dǎ jiǔ 술을 사다.

【打开－개】dǎ//kāi 통(라디오를) 켜다.
(서랍·상자·문을) 열다. (책을)
펼치다. 펴다. (보따리를) 풀다. (국면
을) 타개하다. ◇他~水龙头/그는 수도
꼭지를 틀었다. ◇他~了收音机/그는 라
디오를 켰다. ◇~抽屉 ti/서랍을 열다.
◇请~书, 看第十五页/책을 펴고 제15쪽
을 보세요. ◇你~盒子看看/곽을 열어서
좀 봐요. ◇~局面/국면을 타개하다.

(同)〔开启 qǐ〕, (反)〔关闭 guānbì〕

【打开天窗说亮话－개천창설량화】dǎ·kāi ti-
ānchuāng shuō liànghuà〈成〉툭 털어
놓고 말하다. (同)〔打开窗子 zi 说亮话〕

【打瞌睡－개수】dǎ kēshuì (同)〔打盹儿 d-
ǔnr〕

【打垮－과】dǎ//kuǎ 통공격하여 괴멸시키다.

【打捞－로】dǎlāo 통(물 속에 있는 것을)
건져 내다. 인양하다.

【打雷－뢰】dǎ//léi 통천둥치다.

【打擂台－뢰대】dǎ lèitái **1**(무술대회에서)
무술을 겨루다. **2**(기량·재주 따위를) 겨
루다. 경쟁하다.

【打冷枪－냉창】dǎ lěngqiāng (숨어서) 느
닷없이 총을 쏘다.

【打冷战－냉전】dǎ lěng·zhan (춥거나 무
서워서) 몸을 부들부들 떨다. 전율하다.
(同)〔打冷颤 zhan〕

【打冷颤－냉전】dǎ lěng·zhan (同)〔打冷
战 zhàn〕

【打愣－릉】dǎ//lèng (~儿)통〈方〉멍청해
있다. (同)〔发呆 fā//dāi〕〔发 fā 愣〕

﹡﹡【打量－량】dǎ·liang 통**1**(사람의 복장·외
모 따위를) 관찰하다[훑어보다]. ◇阿姨
yí~了他半天, 才让他进屋了/아줌마는 그
를 한참 훑어보고서야 방으로 들게 했다.
2(…라고) 생각하다. 예측하다. ◇你还
想瞒 mán 着我, ~我不知道?/너는 또 나
를 속이려고 그러지, 내가 모를 줄 알아?

﹡【打猎－렵】dǎ//liè 통사냥하다.

【打零－령】dǎlíng 통**1**임시로 고용되어 일
하다. 날품을 팔다. **2**〈方〉외롭다.

【打卤面－로면】dǎlǔmiàn 명(걸쭉한 소스
를 얹어먹는) 우동.

【打落水狗－낙수구】dǎ luòshuǐgǒu 궁지에
몰린 악인을 철저하게 해치우다. (同)
〔落井下石 luò jǐng xià shí〕, (反)〔从井
救人 cóng jǐng jiù rén〕

【打马虎眼－마호안】dǎ mǎ·huyǎn 어수룩
한 척하여 남을 속이다[눈속임 하다].

【打埋伏－매복】dǎ mái·fu 통**1**매복하다. **2**
〈喩〉(물자·재산·문제점 따위를) 숨기다.

【打鸣儿－명아】dǎ//míngr 통수탉이 울다.

【打磨－마】dǎ·mó 통갈다. 연마하다.

【打蔫儿－언아】dǎ//niānr 통〈方〉시들다.
마르다. (몸이) 나른하다.

【打闹－뇨】dǎnào 통떠들(어대)다. 장난치
며 떠들다.

【打牌－패】dǎpái 통카드·마작·트럼프 따
위를 하다.

【打泡－포】dǎ//pào 통(손발에) 물집이 생
기다. 부르트다.

【打炮－포】dǎpào 통**1**대포를 쏘다. **2**옛날,
유명배우가 새 무대에서 (며칠 동안) 장

기를 자랑하다.

【打喷嚏-분체】dǎ pēntì 재채기를 하다.

【打屁股-비고】dǎ pì·gu 볼기를 치다. 엄하게 질책을 하다. 〔주로 해학적으로 쓰임〕

【打平手-평수】dǎ píngshǒu 비기다.

＊＊【打破-포】dǎ//pò 깨다. 쳐부수다. ◇小心点儿, 别～了玻璃 bōli/유리를 깨뜨리지 않도록 좀 조심해라. ◇她的一句玩笑话, ～了屋内的沉默/그녀의 한마디 농담이 실내의 침묵을 깨뜨렸다. ◇他曾～过两次长跑记录/그는 전에 장거리 달리기 기록을 두 번 깬 적이 있다.

【打破沙锅问到底-파사과문도저】dǎpò shā-guō wèn dào dǐ〔喻〕끝까지 캐다.

【打扑克-박극】dǎ pūkè 1포커(poker)를 하다. 2트럼프 놀이를 하다.

【打谱-보】dǎ·pǔ 통1기보(棋譜)대로 바둑돌을 놓아가면서 바둑을 익히다. 2(～儿)계획하다.

【打气-기】dǎ//qì 통1(공이나 타이어에) 공기를 넣다. (同)〔充 chōng 气〕, (反)〔放 fàng 气〕2〔喻〕격려하다. (同)〔鼓鼓气〕, (反)〔泄 xiè 气〕

【打前失-전실】dǎ qián·shi (노새나 말이) 앞발이 헛 디디어서 앞으로 넘어지다.

【打前站-전참】dǎ qiánzhàn 선발대로 미리 가(서 숙식 따위의 일을 준비하)다.

【打千-천】dǎ qiān (～儿)통〈方〉오른 손을 아래로 드리우고 왼쪽 다리를 앞으로 구부리고 오른쪽 무릎을 약간 굽혀서 인사를 하다. 〔윗사람에게 하는 청(淸)대 인사법의 하나〕

【打钎-천】dǎqiān 통(발파 때 폭약을 장전하기 위해) 드릴로 구멍을 뚫다.

【打钱-전】dǎ qián 통옛날, 재주를 파는 사람이 구경꾼으로부터 돈을 거두다.

【打枪-창】dǎ//qiāng 통1총을 쏘다. 2(同)〔枪替 tì〕

【打秋风-추풍】dǎ qiūfēng 이런 저런 명목으로 남을 졸라 돈을 갈취하다.

【打秋千-추천】dǎ qiūqiān (～儿)그네를 타다.

【打球-구】dǎ qiú 공을 치다. 구기놀이나 경기를 하다.

【打趣-취】dǎqù 통놀리다. 빈정거리다.

【打圈子-권자】dǎ quān·zi 뱅뱅 맴돌다.

【打拳-권】dǎ//quán 통권법을 연마하다.

【打群架-군가】dǎ qúnjià 패싸움을 하다.

☆【打扰-요】dǎrǎo (同)〔打搅 jiǎo〕

＊＊【打扫-소】dǎsǎo 통1청소하다. ◇仓库这么脏, ～起来很费事/창고가 이렇게 더러운데 청소하려면 힘이 든다. ◇明天上午只～室内卫生, 环境卫生不～/내일 오전에 실내만 청소하고, 주변청소는 안한다.

【打闪-섬】dǎ//shǎn 통번개가 번쩍이다. 번개치다.

【打扇-선】dǎ//shàn 통부채질해주다.

【打胜-승】dǎshèng 통이기다.

【打食-식】dǎ//shí 통(새나 짐승이) 먹이를 찾다.

【打手势-수세】dǎ shǒushì 손짓하다.

【打手-수】dǎ·shou 명(두목의 명령에 따라 사람을 때리는) 행동대원.

【打水-수】dǎ//shuǐ 물을 긷다.

★【打算-산】dǎ·suan 1조통…하려고 하다. …할 작정이다. ◇我～和他谈谈/나는 그와 얘기를 좀 하려고 한다. 2명계획하다. 꾀하다. ◇暑假怎么过, 他早～好了/그는 여름휴가를 어떻게 보낼지 이미 계획해 놓았다. 3명(행동의 방향·방법 등에 관한) 생각. 계획. ◇快说说你的～/네 생각을 어서 말해 봐라. 비교打算:考虑 사고를 나타날 때는 "打算"을 쓰지 않는다. ◇我(×打算)考虑了半天/나는 한참 생각했다.

【打算盘-산반】dǎ suàn·pan 1주판을 놓다. 2(轉)(손익을) 계산하다. 이해 득실을 따지다.

【打胎-태】dǎ//tāi 명동유산(하다).

【打探-탄】dǎtàn (同)〔探听 tīng〕

【打嚏(喷)-체(분)】dǎ tì(·pen) 재채기하다. (同)〔打喷 pēn 嚏〕

【打铁-철】dǎ//tiě 통쇠를 벼리다.

☆【打听-청】dǎ·ting 통물어보다. 알아보다. ◇银行开不开门, 让他去～打听/은행문을 여는지 그더러 알아보게 하시오. ◇问了好几个人, 还是～不到他住在哪儿/여러 사람에 물어보았지만 그가 어디에 사는지 알아내지 못했다. (同)〔问 wèn〕주의 '打听'은 '问'처럼 알아보려는 대상〔사람〕뒤에 쓸 수 없다. '给, 向, 跟'을 써서 대상을 이끌어낸다. ◇我问(×打听)几个中国人在哪儿能买到机票 ◇我向几个中国人(×问)在哪儿能买到机票/나는 몇몇 중국인에 어디에서 비행기표를 살 수 있는지 물어보았다. 비교打听:问 "打听"은 추상명사 "道理"를 목적어로 취할 수 없다. ◇这个道理(×打听)问不得/그 이치는 물어볼 수 없다.

【打挺儿-정아】dǎtǐngr 통〈方〉몸을 꼿꼿이 펴다.

【打通-통】dǎ//tōng 통통하게 하다. 납득시키다.

【打头-두】dǎ//tóu (～儿)통1(도박 따위에서) 개평을 떼다. 2앞장 서다. 선두에 서다.

【打头-두】dǎtóu (～儿)부〈方〉처음부터.

【打头风-두풍】dǎtóufēng 명역풍.

D

【打头阵-두진】dǎ tóu zhèn 선두에 서다. 선봉을 맡다.

【打退堂鼓-퇴당고】dǎ tuìtánggǔ〈成〉퇴청의 북을 울리다. 하던 일을 중도에 그만두다. (反)〔勇往直前 yǒng wǎng zhí qián〕

【打通关-통관】dǎ tōngguān (술좌석에서) 한 사람이 같은 테이블에 앉은 사람과 차례로 '划拳'하며 술을 마시다. (同)〔划拳 huá∥quán〕

【打围-위】dǎ∥wéi 통1몰이하다. 2사냥하다. (同)〔打猎 liè〕

【打问-문】dǎwèn 통1〈方〉물어보다. 알아보다. 2〈文〉고문하다.

【打问号-문호】dǎ wènhào 의문이 생기다.

【打问讯-문신】dǎ wènxùn 통(중이) 합장하고 인사하다. (同)〔问讯 3〕

【打下-하】dǎ∥xià 통1함락시키다. 2기초를 닦다. ◇~基础/기초를 닦다.

【打下手-하수】dǎ xiàshǒu (~儿)조수(助手)노릇을 하다.

【打先锋-선봉】dǎ xiānfēng (전쟁이나 행군할 때) 선봉을 맡다. 2앞장 서다.

【打响-향】dǎxiǎng 통1전투가 시작되다. 2〈喩〉처음부터 일이 잘 풀려 나가다.

【打消-소】dǎxiāo 통(생각 따위를) 없애버리다. 단념하다. (同)〔去除 qùchú〕, (反)〔产生 chǎnshēng〕

【打斜-사】dǎxié 통(손윗 사람이나 손님과) 비스듬히 마주하며 서거나 앉다.

【打雪仗-설장】dǎ xuězhàng 눈싸움하다.

【打鸭子上架-압자상가】dǎ yā·zi shàng jià〈喩〉오리를 억지로 홰에 오르게 하다. 불가능한 일을 무리하게 하다〔시키다〕. (同)〔赶 gǎn 鸭子上架〕

【打牙祭-아제】dǎ yájì〈方〉1매달 초(初)나 중순(中旬)경에 고기 요리를 먹다. 2〈轉〉가끔 맛있는 음식을 먹다.

【打哑谜-아미】dǎ yǎmí 빙 돌려서 말하다.

【打掩护-엄호】dǎ yǎnhù 1〈軍〉엄호(사격)하다. 2〈喩〉(나쁜 일·악인을) 두둔하다. 비호하다.

【打眼-안】dǎ∥yǎn 통1(~儿)구멍을 뚫다. 2〈方〉흠있는 물건을 모르고 사다. 3〈方〉주의를 끌다.

【打眼儿-양아】dǎ∥yángr 통〈方〉모르는 척하다.

【打烊-양】dǎ∥yàng 통〈方〉(영업이 끝나) 가게문을 닫다. (反)〔开门 kāi∥mén〕

【打样-양】dǎ∥yàng 통1설계도를 그리다. 2〈印〉교정쇄를 만들다.

【打野外-야외】dǎ yěwài〈軍〉야외 훈련을 하다.

【打夜作-야작】dǎ yèzuò 야간 작업을 하다.

【打印-인】dǎ∥yìn 통도장을 찍다.

【打印-인】dǎyìn 통타자(쳐서) 인쇄하다.

【打印台-인대】dǎyìntái 명스탬프대.

【打油-유】dǎ∥yóu 통1기름을(국자로) 푸다. 2기름을 사다. 3기름치다. 4〈方〉기름을 짜다.

【打游击-유격】dǎ yóujī 1〈軍〉유격전을 벌이다. 2〈口〉떠돌아 다니면서 이일 저일을〔활동을〕하다.

【打鱼-어】dǎ yú (그물로) 물고기를 잡다. ◇~的/어부.

【打圆场-원장】dǎ yuánchǎng 화해시키다.

【打援-원】dǎ∥yuán 통적의 원군(援軍)을 공격하다.

【打杂儿-잡아】dǎ∥zár〈口〉잡일을 하다.

【打造-조】dǎzào 통(주로 금속제품을) 만들다. 제조하다.

【打战-전】dǎzhàn 통(추위·공포 따위로) 떨다. ◇冻得直~/추워서 떨다.

【打颤-전】dǎzhàn 통(추위·공포 따위로) 떨다.

** 【打仗-장】dǎ∥zhàng 통1전쟁하다. 싸우다. ◇两国在过去的十九年里打过好几次仗/양국은 과거 10여년 동안 여러 번 전쟁을 했다.

** 【打招呼-초호】dǎ zhāo·hu 1(가볍게) 인사하다. ◇每次见了面，总是她先～/그녀는 매번 만나면 언제나 먼저 인사를 한다. 2(사전이나 사후에 일이나 문제를 관련자에게) 알리거나 잘 봐달라고 부탁하다. ◇你有事，怎么也不跟张局长打个招呼?/네가 일이 있는데 왜 장국장에게 부탁하지 않았느냐?

【打照面儿-조면아】dǎ zhàomiànr 1마주치다. 2얼굴을 내밀다.

【打折扣-절구】dǎ zhékòu 1할인하다. →〔折扣〕2〈喩〉(계약이나 약속따위를) 다 이행하지 못하다.

☆【打针-침】dǎ∥zhēn 통주사를 놓다.

【打整-정】dǎ·zheng 통〈方〉1치우다. 정리하다. 2준비하다.

【打中-중】dǎzhòng 통명중시키다. 명중하다.

【打皱-추】dǎzhòu (~儿)통〈方〉1주름을 잡다. 2주름(살)이 잡히다.

【打主意-주의】dǎ zhǔ·yi (방법을) 찾다. 강구하다. ◇这事还得 děi 另～/이 일은 따로 방법을 찾아봐야 한다.

【打住-주】dǎ∥zhù 통1멈추다. 2〈方〉(다른 집이나 타향에서) 잠시 묵다.

【打转-전】dǎzhuàn (~儿)통맴돌다. 왔다갔다 하다.

【打桩-장】dǎ∥zhuāng 통말뚝을 박다.

【打字-자】dǎ∥zì 통타자를 치다. ◇～机/타자기. ◇～员/타자수.

【打总儿-총아】dǎzǒngr〈口〉(여러 번

에 나누어서 할 일)한 데 합쳐서 하다.

【打嘴－취】dǎ∥zuǐ 통1입술을 치다. 2칭
찬하자마자 곧 창피를 당하다.

【打嘴仗－취장】dǎ zuǐzhàng 입씨름을 하다.

【打坐－좌】dǎ∥zuò 통〈佛〉좌선하다.

dà

★【大】 大部 dà
     0画 큰 대

1형(체적·면적·키가) 크다. (나이·수량
이) 많다. (힘·강도가) 세다. ◇个子~/
키가 크다. ◇声音~/목소리가 높다.
◇力气~/힘이 세다. ◇名声~/명성이 높
다. ◇雨下得真~/비가 정말 많이 내린
다. (反)〔小 xiǎo〕 2명크기의 정도. 〔앞
에 '多(么)'를 써서 의문문·감탄문을 만
든다〕◇语言学院的操场有多~?/언어대
학의 운동장은 얼마나 크냐? ◇多么~的
风啊!/얼마나 센 바람인가! 3형(정도가)
깊다. a)~+有+2음절명사. ◇~有作为
/촉망받다. ◇~有潜力/잠재력이 상당히
크다. b)동사·형용사와 연용한다. ◇~
好河山/아름다운 강산. c)不~/정도가
얕음을 나타냄. ◇情况不~好/상황이 그
리 좋지 않다. d)보어로 쓰인다. ◇你批
评我半天, 我还是想不~通/네가 나를 한
참동안 나무랬지만 그래도 납득이 잘 가
지 않는다. 4영첫번째(항렬). ◇~老/맏
이. 5명어른. 나이든 사람. 6敬상대방
이나 상대방과 관련된 사물 앞에 붙여 경
의를 나타냄. ◇尊大~名/존함. 7절기·명
절 앞에 쓰여 강조를 나타냄. ◇~清早,
出门儿真不容易/이른 새벽에 외출은 정
말 힘들다. ◇~年初一的, 要 shuǎ 什么
脾气!/정월 초하루인데 왜 짜증을 내느
냐! 8명아버지. 9명〈方〉백부 또는 숙부.
10(Dà)명성(姓). ⇒dài

【大白－백】dàbái 1명〈方〉백악(白堊). 2통
진상이 명백히 밝혀지다. (反)〔隐约 yǐn-
yuē〕

【大白菜－백채】dàbáicài (同)〔白菜〕

【大伯子－백자】dàbǎi·zi 명시아주버니.

【大班－반】dàbān 명1〈方〉옛날, 외국 상
사의 지배인. 2(옛날의) 가마꾼. 3유치원
에서 6~7세 아이들로 편성된 상급반.

【大办－판】dàbàn 통대규모로 하다〔운영
하다〕.

**【大半－반】dàbàn 1영태반. 과반수. 대부
분. ◇书架上放着外头书一是外文书/책꽂
이에 책이 많이 있는데 대부분이 외국서
적이다. (同)〔一 yī 大半儿〕 2부십중 팔
구. ◇天阴沉沉的, ~要下雨了/날이 어두
침침한데 십중 팔구 비가 올 것 같다.

*【大包大揽－포대람】dà bāo dà lǎn 〈成〉
〈贬〉1모든 일을 도맡아 하다. 2모든 책
임을 떠맡다.

【大本营－본영】dàběnyíng 명1전시의 최
고 사령부. 2〈喩〉(활동의) 근거지.

**【大便－변】dàbiàn 명통대변(을 보다).

【大兵－병】dàbīng 명1〈贬〉병사. 사병. 2
강병.

【大伯－백】dàbó 명1큰아버지. 백부. 2아
저씨.

【大步流星－보류성】dà bù liú xīng 〈成〉큰
걸음으로 서둘러 걷다. (同)〔快 kuài 步
流星〕, (反)〔步履蹒跚 bùlǚ pánshān〕

【大部分－부분】dàbù·fen 명1대부분. 2거
의 다.

【大不了－불료】dà ·bu liǎo 1고작. 기껏해
야. ◇~也是个大学毕业生, 凭 píng 什么
资格指导我们?/고작 대학졸업생인데 무
슨 자격으로 우리를 지도해? (同)〔至多
也不过 zhìduō yě bùguò〕 2대단하다.
중대하다. 〔주로 부정문을 나타내거나 부
정의 의미를 내포한 문장에 쓰임〕◇女人
间有什么~的事?/여자들끼리 뭐 대단한
일이 있겠어? (同)〔了不得 liǎo bu dé〕

【大材小用－재소용】dà cái xiǎo yòng
〈成〉큰 인재가 부당하게 작은 일에 쓰이
다. (反)〔得其所哉 dé qí suǒ zāi〕

【大肠－장】dàcháng 명〈生理〉대장(大肠).

【大氅－창】dàchǎng 명외투.

【大钞－초】dàchāo 명액면가격이 큰 지폐.
(同)〔大票 piào〕, (反)〔小票 xiǎopiào〕

【大潮－조】dàcháo 명1한사리. 2사회조류.

【大吵大闹－초대뇨】dà chǎo dà nào 〈成〉
큰 소리로 말다툼하여 소란을 피우다.

【大车－차】dàchē 명1(소나 말이 끄는) 대형
짐차. 2敬기관장이나 기관사의 존칭.

*【大臣－신】dàchén 명대신.

【大吃一惊－흘일경】dà chī yī jīng 깜짝
놀라다.

【大虫－충】dàchóng 명〈方〉〈動〉호랑이.

【大处落墨－처락묵】dà chù luò mò 〈成〉
중요한 부분에서 공들이다.

【大吹大擂－취대뢰】dà chuī dà léi 〈喻〉과
대선전하다. (同)〔大肆宣扬 dàsì xuān-
áng〕

【大醇小疵－순소자】dà chún xiǎo cī 〈成〉
다소 흠이 있기는 하지만 대체로 완벽하
다. 옥에 티. (同)〔美中不足 měi zhōng
bù zú〕, (反)〔十全十美 shí quán shí měi〕

【大葱－총】dàcōng 명〈植〉대파.

**【大大－대】dàdà 부크게. 대대적으로. 〔수
량·정도·범위·규모 등이 보통을 넘음을
나타냄〕◇家庭电气化, ~减轻了主妇的
负担 fùdān/가정의 전기화는 주부의 부

담을 크게 덜어주었다.

【大…大…—대】 dà…dà… 명사나 동사·형용사의 앞에 쓰여, 규모가 크거나 정도가 심함을 나타낸다. ◇~雨~雪/폭우와 폭설. ◇~哭~闹/울며불며 소란을 피우다. ◇~慈~悲/대자대비.

【大大咧咧—대렬렬】 dà·dāliēliē (~的)형〔方〕멋대로 하며 전혀 개의치 않는 모양. (同)〔随随便便 suísuí biànbiàn〕〔认认真真 rènrèn zhēnzhēn〕

【大袋鼠—대서】 dàdàishǔ 명〔動〕캥거루.

☆【大胆—담】 dàdǎn 형대담하다. ◇他才学会骑车, 就~地骑车上街了/그는 이제 막 자전거를 배웠는데 대담하게 자전거를 타고 거리로 갔다. (同)〔胆大〕, (反)〔胆小 xiǎo〕

【大刀—도】 dàdāo 명큰 칼.

【大刀阔斧—도활부】 dà dāo kuò fǔ 〈成〉과감하게 처리하다. (同)〔干脆利落 gāncuì lì·luo〕, (反)〔畏首畏尾 wèi shǒu wèi wěi〕

【大抵—저】 dàdǐ 부대개. 대체로. (同)〔大概 gài〕〔大约 yuē〕

∗∗【大地—지】 dàdì 명1대지. 땅. 2지구(地球).

【大典—전】 dàdiǎn 명큰 제전. 대례(大禮).

【大殿—전】 dàdiàn 명1정전(正殿). 2(절의) 본당.

【大动干戈—동간과】 dà dòng gān gē 〈成〉전쟁을 일으키다. (喩)대적적으로 일을 벌리다.(反)〔轻而易举 qīng ér yì jǔ〕

【大动脉—동맥】 dàdòngmài 명1〈生理〉대동맥. 2〈喩〉주요 간선 도로. 또는 철도.

∗∗【大都—도】 dàdōu 부대부분. (同)〔大多 duō〕

【大豆—두】 dàdòu 명〔植〕1대두. 콩. 2대두의 종자.

【大度—도】 dàdù 형〈文〉도량이 넓다.

【大肚子—두자】 dàdù·zi 1임신. 임신부. 2대식가.

【大端—단】 dàduān 명(일의) 요점.

∗∗【大队—대】 dàduì 명〔軍〕대대.

∗【大多—다】 dàduō 부대부분.

☆【大多数—다수】 dàduōshù 명대다수.

【大而无当—이무당】 dà ér wú dàng 〈成〉크기만 하고 쓸모가 없다. (反)〔小巧玲珑 xiǎoqiǎo línglóng〕

【大发—발】 dà·fa 〈方〉(일이) 커지다. 〔흔히 '了'가 따른다〕

【大发雷霆—발뢰정】 dà fā léitíng 〈成〉노발대발하다. (同)〔火冒三丈 huǒ mào sān zhàng〕, (反)〔平心静气 píng xīn jìng qì〕

【大凡—범】 dàfán 부(문두에) 무릇. 대개.

【大方—방】 dàfāng 명1전문가. 2〔内行人 nèiháng rén〕2녹차의 일종. 〔절강성(浙江省)·안휘성(安徽省)에서 생산됨〕

∗∗【大方—방】 dà·fang 형1인색하지 않다. (同)〔慷慨 kāngkǎi〕, (反)〔小气 xiǎo·qi〕

2(언행이) 거리낌이 없다. 대범하다. 의젓하다.(同)〔雍容 yōngróng〕, (反)〔拘束 jūshù〕 3(모양·색깔 따위가) 고상하다. 점잖다. 야하지 않다. (反)〔俗气 sú·qi〕

【大放厥词—방궐사】 dà fàng jué cí 〈成〉〈貶〉황당한 논리를 마구 떠들어대다.

【大粪—분】 dàfèn 명인분. 대변. (同)〔大便 biàn〕

【大风—풍】 dàfēng 명거센 바람.

【大风大浪—풍대랑】 dà fēng dà làng 〈成〉큰 바람과 높은 파도. 사회의 큰 변화.(同)〔狂风巨浪 kuáng fēng jù làng〕, (反)〔风平浪静 fēng píng làng jìng〕

【大夫—부】 dàfū 명〈史〉대부. ⇒dài·fu (의사)

【大伏—복】 dàfú 명삼복 더위.

【大幅度—폭도】 dàfúdù 명대폭(적인).

【大副—부】 dàfù 명1등 항해사. 〔'二副'는 2등 항해사. '三副'는 3등 항해사임〕

【大腹贾—복고】 dàfùgǔ 명갑부.

【大腹便便—복편편】 dà fù piánpián 〈成〉〈貶〉배가 불룩 튀어나온 모양. (同)〔脑满肠肥 nǎo mǎn cháng féi〕

【大概—개】 dàgài 명1대강. 개요. ◇你介绍得这么详细, 即便不去看, 也能了解个~/당신이 이렇게 자세하게 설명하여, 보러가지 않더라도 대강은 알 수 있다. (同)〔大略 lüè〕, (反)〔详细 xiángxì〕 2형부대략(의). 개략적인. ◇故事讲了三遍了, ~的内容听懂了吗?/이야기를 세 번째 했는데 개략적인 내용을 알아들었습니까? (同)〔大略 lüè〕, (反)〔详细 xiángxì〕 3부아마. 〔짐작이나 추측을 나타낸다〕◇~他没有什么急事, 否则 fǒuzé 他不会不来的/아마 그가 어떤 급한 일이 있는 듯하다. 그렇지 않으면 안올 리 없다. (同)〔大抵 dǐ〕

【大纲—강】 dàgāng 명아마. 요강. (同)〔提纲 tí gāng〕, 〔纲要 yào〕

∗∗【大哥—가】 dàgē 명1맏형. 2〔口〕형(님). 〔동년배의 남자에 대한 존칭〕

【大哥大—가대】 dàgēdà 명휴대폰.

【大功告成—공고성】 dà gōng gào chéng 〈成〉큰 일을 이룩하다. (同)〔功德圆满 gōngdé yuánmǎn〕, (反)〔前功尽弃 qiángōng jìn qì〕

∗【大公无私—공무사】 dà gōng wú sī 〈成〉1사심이 없이 공평하다. (同)〔公而忘私 wàng sī〕, (反)〔自私自利 zìsī zì lì〕 2공평무사하다. (同)〔公正无私 gōngzhèng wú sī〕, (反)〔偏听偏信 piān tīng piān xìn〕

【大姑子—고자】 dàgū·zi 명손위 시누이.

【大故—고】 dàgù 명〈文〉1부모의 상사(丧事). 2중대한 사고〔전쟁·재난〕.

【大褂—괘】 dàguà (~儿)명남자용의 중국식 홑두루마기.

【大观一观】dàguān 图장관. 웅대한 경관.

【大官一观】dàguān 图고관대작. (同)〔高gāo 官〕, (反)〔小 xiǎo 官〕

【大规模一规模】dàguī·mo 图대규모의〔로〕.

＊【大锅饭一过饭】dàguōfàn 图개인의 노력과 관계없이 모두 똑같이 먹는 한솥밥.

【大海一海】dàhǎi 图큰 바다.

【大海捞针一海捞침】dà hǎi lāo zhēn 〈成〉바다에서 바늘 찾기다. 〔지극히 찾아내기 어려움을 비유함〕(同)〔海底 dǐ 捞针〕, (反)〔轻而易举 qīng ér yì jǔ〕

【大寒一한】dàhán 图대한. 〔24절기 중의 하나〕

【大汉一한】dàhàn 图건장한 남자.

【大旱望云霓一한망운예】dàhàn wàng yún ní〈成〉가뭄에 비를 기다리다. 곤경에서 도움을 갈망하다.

【大好一호】dàhǎo 图1매우 좋다. 2〈方〉(병이) 완전히 낫다. 완쾌하다.

【大号一호】dàhào 图1〈敬〉존함. 2(~儿) 큰 사이즈.

【大合唱一합창】dàhéchàng 图〈音〉대합창.

【大亨一형】dàhēng 图(어떤 업종의) 유력자. 거두.

【大轰大嗡一굉대옹】dà hōng dà wēng〈成〉실속 없이 겉만 번지르하다.

【大红一홍】dàhóng 图〈色〉진홍색.

【大后年一후년】dàhòunián 图내후년.

【大后天一후천】dàhòutiān 图글피.

【大户一호】dàhù 图1대부호. (同)〔望族 wàngzú〕, (反)〔小 xiǎo 户〕2대가족. 3어떤 방면에서 수량이 많은 사람이나 개인을 가리킨다. ◇冰箱生产~/냉장고 대형메이커.

【大话一화】dàhuà 图큰소리. 허풍. ◇说~/허풍치다.

☆【大会一회】dàhuì 图대회. 총회.

☆【大伙儿一화아】dàhuǒr 〈口〉1图모두. a) 말하는 이와 듣는 이를 모두 포함한다. ◇看了这部电视剧后，~在一起谈了一节课/그 TV드라마를 보고 나서 모두들 함께 한 교시 동안 얘기했다. b)말하는 이를 포함하지 않는다. ◇~写的作文，我都做了批改/모두가 쓴 작문을 내가 첨삭했다. c)듣는 이를 포함하지 않는다. ◇~都非常喜欢你/모두들 너를 아주 좋아한다. d)대화하는 양쪽을 포함하지 않는다. ◇~都去看录像了，咱俩也去吧/모두들 비디오를 보러 갔는데 우리 두 사람도 갑시다. 2'我们, 你们, 他们, 咱们' 뒤에 놓아 복지(复指)성분으로 쓰인다.

【大惑不解一혹불해】dà huò bù jiě〈成〉큰 의혹이 풀리지 않다. 도무지 납득이 가지 않다. (同)〔茫然 mángrán 不解〕, (反)〔茅塞顿开 máo sè dùn kāi〕

【大吉一길】dàjí 1图단히 상서롭다. 2상책. 〔동사나 동사구조 뒤에 쓰여 해학적으로 하는 말을 나타냄〕

【大几一기】dàjǐ 图정수 뒤에 쓰여 그 수를 상회함을 나타낸다. 〔주로 나이에 쓰임〕◇二十~的人了, 怎么还跟小孩子一样/20세가 넘었는데도 어찌 어린애와 같소.

【大计一계】dàjì 图대계. 큰 계획.

☆【大家一가】dàjiā 1图대가. 저명한 작가나 예술가. 2图명문(名門). 명가(名家). 3代모두. 〔일정한 범위내의 모든 사람을 가리킴〕◇~都到齐了, 开会吧/모두들 다 왔으니 회의를 합시다. 4代어떤 범위내의 모든 사람을 가리킴. ◇你去通知~, 出发的时间变了/출발시간이 바뀌었으니 모두에게 알리시오. 5'你们, 我们, 咱们' 뒤에 쓰여 복지(复指)성분이 된다. ◇我做的菜不好, 你们~都将就着吃吧!/내가 만든 요리가 형편없는데 여러분 모두들 아쉬운 대로 드십시오!

【大家庭一가정】dàjiātíng 图1대가족. (反)〔小 xiǎo 家庭〕2공동체.

【大建一건】dàjiàn 图(음력의) 30일이 있는 큰달.

【大将一장】dàjiàng 图1대장. 2집단의 중요 인물.

【大街一가】dàjiē 图큰길. 대로(大路).

【大节一절】dàjié 图1(국가와 민족의 존망에 관계되는) 대사(大事). 2절개. 3〈文〉요강. (同)〔小 xiǎo 节〕, (反)〔细 xì 节〕

【大捷一첩】dàjié 图대 첩. 대승.

【大姐一저】dàjiě 图1만누이. 큰언니. 2(일반적으로 나이가 위인 여자) 언니.

【大解一해】dàjiě 图대변을 보다.

【大襟一금】dàjīn 图중국 옷에서 단추로 채우게 되어 있는 오른쪽 앞섶.

大襟儿罩衣 dà jīnr zhàoyī

【大尽一진】dàjìn 图(음력의) 큰달. (同)〔大建 jiàn〕

【大惊小怪一경소괴】dà jīng xiǎo guài〈成〉호들갑을 떨다. (反)〔见怪不怪 jiàn guài bù guài〕

【大舅子一구자】dàjiù·zi 图손위 처남.

＊【大局一국】dàjú 图전체 국면. 전반적인 정세. (同)〔大势 shì〕

【大举一거】dàjǔ 1副(주로 군사행동을) 대

규모로. **2**명〈文〉중대한 일.

【大军一군】dàjūn 명**1**대군. **2**어떤 일에 종사하는 큰 무리.

【大考一고】dàkǎo 명기말고사.

【大快人心一쾌인심】dà kuài rén xīn〈成〉(악인이 몰락하여) 모두들 아주 통쾌하다. (同)〔拍手称快 pāi shǒu chēng kuài〕, (反)〔闷闷不乐 mèn mèn bù lè〕

【大老婆一노파】dàlǎo·po 명본처.

【大礼拜一예배】dàlǐbài 명**1**2주일이나 10일만에 쉬는 날. **2**2주에 3일을 쉬는 경우, 2일을 쉬는 그 주나 그 주의 일요일을 말함.

*【大理石一리석】dàlǐshí 명대리석.

【大力一력】dàlì **1명큰 힘. **2**부힘껏. 비교 大力:尽力 최대 한도에 도달함을 나타낼 때는 "大力"를 쓰지 않는다. ◇你能喝酒，就(×大力)尽力喝吧/네가 술마실 수 있으면 가능한 한 많이 마셔라.

【大殓一렴】dàliàn 명동납관(納棺)(하다).

【大梁一량】dàliáng (同)〔脊檩 jǐlǐn〕

☆【大量一량】dàliàng **1**명형대량(의, 으로). ◇~人材/수많은 인재. 〔大批 pī〕〔大宗 zōng〕, (反)〔小 xiǎo 量〕〔少 shǎo 量〕〔小批 xiǎopī〕〔小 xiǎo 宗〕**2**형도량이 넓다. ◇对人要宽宏 kuānhóng~, 不要斤斤计较/남에게 관대하게 대해야지 꼬치꼬치 따져서는 안 된다. (同)〔大度 dù〕

【大龄一령】dàlíng 명결혼 적령기를 지난 미혼 남·여성.

【大溜一류】dàliù 명강 중앙의 빠른〔센〕물살.

【大楼一루】dàlóu 명빌딩. 고층 건물.

☆【大陆一륙】dàlù 명대륙.

【大陆架一륙가】dàlùjià 명〈地質〉대륙붕.

【大路货一로화】dàlùhuò 명**1**잘 팔리는 대중 소비품.

【大略一략】dàlüè **1**명대략. **2**부대강. (同)〔大抵 dǐ〕**3**명원대한 책략.

【大妈一마】dàmā 명**1**백모(伯母). 큰어머니. **2**아주머님.〔나이 지긋한 부인을 정답게 부르는 말〕

【大麻一마】dàmá 명**1**〈植〉대마. 삼. **2**〈藥〉마리화나(marihuana). 대마초.

【大麻风一마풍】dàmáfēng (同)〔麻风〕

【大麻子一마자】dàmázǐ 명**1**〈植〉삼씨. **2**아주까리. **3**아주까리. 피마자(蓖麻子).

【大麦一맥】dàmài 명〈植〉보리.

【大猫熊一묘웅】dàmāoxióng 명팬더.

【大门一문】dàmén 명대문. 정문. (同)〔前 qián 门〕, (反)〔偏 piān 门〕

☆【大米一미】dàmǐ 명쌀.

【大面儿一면아】dàmianr 명〈方〉**1**겉. 표면. **2**체면.

【大名一명】dàmíng 명**1**본명. (同)〔学 xué 名〕, (反)〔小 xiǎo 名〕**2**존함. 명성.

【大名鼎鼎一명정정】dàmíng dǐngdǐng〈成〉명성이 높다. (同)〔鼎鼎大名〕, (反)〔默默无闻 mò mò wú wén〕

【大谬不然一류불연】dà miù bù rán〈成〉완전히 틀려서 사실과 전혀 다르다. (同)〔大错特错 dà cuò tè cuò〕, (反)〔天经地义 tiān jīng dì yì〕

【大漠一막】dàmò 명큰 사막.

*【大拇指一무지】dà·muzhǐ 명엄지손가락. (同)〔拇指〕

【大模大样一모대양】dà mú dà yàng〈成〉거만한 모양. (同)〔大摇大摆 dà yáo dà bǎi〕, (反)〔点头哈腰 diǎntóu—hāyāo〕

【大难临头一난림두】dà nàn lín tóu〈成〉큰 재난이 닥쳐오다.

**【大脑一뇌】dànǎo 명〈生理〉대뇌.

【大脑炎一뇌염】dànǎoyán 명〈醫〉유행성 B형 뇌염.

【大逆不道一역불도】dà nì bù dào〈成〉대역 무도.

【大年一년】dànián 명**1**풍년. **2**음력 12월이 30일이 해. **3**음력설.

【大娘一낭】dàniáng 명**1**큰어머니. 백모. **2**아주머니. 아주머님. **3**정실. 본처.

*【大炮一포】dàpào 명**1**〈軍〉대포. **2**〈喩〉허풍쟁이. **3**〈喩〉열변을 토하는 사람.

☆【大批一비】dàpī 형부대량의. 대량으로. 〔대량의 물자나 많은 사람·기타 사물에 쓰인다〕◇~出去旅游的学生都回来了/관광 갔던 학생들이 모두 돌아왔다. (同)〔大量 liàng〕

【大谱儿一보아】dàpǔr **1**명대체적인 복안. **2**부대략. 대체적으로.

【大气候一기후】dàqìhòu 명**1**〈天〉대기후. **2**대국(大局). 대체적 정세.

【大器晚成一기만성】dà qì wǎn chéng〈成〉대기 만성. (反)〔马齿徒增 mǎ chǐ tú zēng〕

【大千世界一천세계】dàqiān- shìjiè 명〈佛〉대천 세계.

【大前年一전년】dàqiánnián 명재재작년.

【大前提一전제】dàqiántí 명〈論〉대전제.

【大前天一전천】dàqiántiān 명그그저께.

【大钱一전】dàqián 명**1**옛날의 동전의 일종.〔보통 동전보다 비교적 크고 액면가가 높음〕**2**큰 돈.

【大清早一청조】dàqīngzǎo (~儿)명새벽. 이른 아침.

【大庆一경】dàqìng 명**1**대규모적인 경축〔행사〕. **2**〈敬〉노인의 탄신일.

【大秋一추】dàqiū 명**1**추수철. **2**가을 수확.

【大秋作物一추작물】dàqiū zuòwù 명가을 철 작물.

【大全一전】 dàquán 몡전서. 대전서.

【大权一권】 dàquán 몡대권.

【大人一인】 dàrén 몡〈敬〉어르신네. [부모나 손윗사람에 대한 존칭. 서신에 씀]

☆【大人一인】 dà·ren 몡1성인. 어른. 2대인. [옛날 높은 관직에 있는 벼슬아치에 대한 존칭]

【大人物一인물】 dàrénwù 몡큰 사람. 거물. 요인. (反)〔小 xiǎo 人物〕

【大扫除一소제】 dàsǎochú 몡대청소.

＊＊【大嫂一수】 dàsǎo 몡1큰형수. [맏형의 처에 대한 호칭] 2〈敬〉아주머니. 부인. [동년배의 기혼 여성에 대한 호칭]

＊【大厦一하】 dàshà 몡빌딩. (反)〔蜗居 wōjū〕

【大少爷一소야】 dàshào·ye 몡〈貶〉멋대로 자라 품행이 나쁜 부잣집 자제.

【大舌头一설두】 dàshé·tou 1몡혀가 잘 돌지 않다. 2몡말이 똑똑하지 않은 사람.

【大赦一사】 dàshè 몡통대사면 (하다).

【大姉儿一심아】 dàshěnr 몡아주머니.

★【大声一성】 dàshēng 1몡큰 소리. 2(dà// shēng)통소리를 크게 내다.

【大声疾呼一성질호】 dà shēng jí hū〈成〉(주의를 끌기 위해) 큰소리로 외치다. (同)〔大喊大叫 dà hǎn dà jiào〕, (反)〔缄口不言 jiān kǒu bù yán〕

【大失所望一실소망】 dà shī suǒ wàng〈成〉크게 실망하다. (同)〔冷水浇头 lěng shuǐ jiāo tóu〕, (反)〔大喜过望 dà xǐ guò wàng〕

【大师一사】 dàshī 몡1〈佛〉대사. 2거장. 대가.

【大师傅一사부】 dàshī·fu 몡〈敬〉스님. [승려에 대한 존칭]

【大师傅一사부】 dà·shi·fu 몡주방장. 요리사.

‡【大使一사】 dàshǐ 몡대사.

☆【大使馆一사관】 dàshǐguǎn 몡대사관.

【大事一사】 dàshì 1몡중대한 일. 대사. (同)〔要 yào 事〕, (反)〔细 xì 事〕 2몡힘껏 종사하다.

【大势一세】 dàshì 몡대세. [주로 정치의 형세를 가리킴]

【大是大非一시대비】 dà shì dà fēi〈成〉큰 원칙에 대한 시비.

【大手笔一수필】 dàshǒubǐ 몡1명작. 2이름난 작가.

【大手大脚一수대각】 dà shǒu dà jiǎo〈成〉돈을 물 쓰듯 쓰다. (同)〔一掷千金 yī zhì qiān jīn〕, (反)〔小手小脚 xiǎo shǒu xiǎo jiǎo〕

【大寿一수】 dàshòu 몡100살 되는 생일.

【大书特书一서특서】 dà shū tè shū〈成〉대서 특필하다.

【大叔一숙】 dàshū 몡아저씨. [아버지보다 나이가 더 적은 남자에 대한 존칭]

【大暑一서】 dàshǔ 몡1대서. [24절기의 하나] 2대단한 더위. 몹시 심한 더위.

【大水一수】 dàshuǐ 몡큰물. 홍수.

＊【大肆一사】 dàsì 🄫제멋대로. 함부로. [마구]◇~吹嘘 chuīxū/마구 추켜 세우다.

【大蒜一산】 dàsuàn 몡〈植〉마늘.

【大踏步一답보】 dàtàbù 통큰 걸음으로 나가다.

【大堂一당】 dàtáng 몡1옛날 관공서의 대청. 2법정.

【大…特…一특】 dà…tè… (매우, 한껏)…하다. [동일한 동사나 형용사 앞에 쓰여 정도가 심하거나 규모가 큼을 나타냄]◇大玩特玩/실컷 놀다. ◇大乱特乱/몹시 혼란스럽다.

＊【大体一체】 dàtǐ 1몡중요한 이치. 2🄫대체로. 대략.

【大天白日一천백일】 dà tiān bái rì〈成〉대낮. 백주.

【大田一전】 dàtián 몡넓은 경작지.

【大田作物一전작물】 dàtián zuòwù 몡경작면적이 큰 농작물. [밀·수수·옥수수·면화 따위]

【大厅一청】 dàtīng 몡대청. 홀.

【大庭广众一정광중】 dà tíng guǎng zhòng〈成〉공식석상 (에서).

【大同一동】 dàtóng 1몡대동. 2톙대체로 같다.

＊【大同小异一동소이】 dà tóng xiǎo yì〈成〉대동 소이하다.

【大头一두】 dàtóu 몡1호인(好人). 봉. 2중국의 민국(民國) 초에 발행한 원세개(袁世凱)의 옆 얼굴이 찍힌 1원짜리 은전. 3(머리에 쓰는) 가면. 4(~儿)주된 부분이나 요소.

【大头针一두침】 dàtóuzhēn 몡핀(pin).

【大团圆一단원】 dàtuányuán 1몡가족 전원이 단란하게 모이다. 2몡대단원. 해피엔딩(happy ending).

【大腿一퇴】 dàtuǐ 몡허벅다리.

【大腕一완】 dàwàn (~儿)몡(주로 문예계의) 유명인사. 실력자.

【大王一왕】 dàwáng 몡1대왕. 2거물. 거두.

【大尉一위】 dàwèi 1몡〈軍〉대위. 2(同)〔司马 sīmǎ〕

【大我一아】 dàwǒ 몡집단.

＊【大无畏一무외】 dàwúwèi 톙아무 것도 두려워하지 않다.

【大五金一오금】 dàwǔjīn 몡(철판·쇠파이프 따위의) 금속재료. (反)〔小 xiǎo 五金〕

【大喜一희】 dàxǐ 몡(결혼 등) 큰 경사.

【大喜过望一희과망】 dà xǐ gòu wàng〈成〉예상 밖의 성과로 매우 기뻐하다. (同)〔喜出 chū 望外 wài〕, (反)〔大失所望 dà shī suǒ wàng〕

【大戏一희】 dàxì 몡1중국 전통 가극. (同

D

D

〔戏剧 jù〕**2**〈方〉(중국의) 경극.

【大显身手－현신수】dà xiǎn shēnshǒu 〈成〉솜씨를 십분 발휘하다. (同)〔大显神通 shén tōng〕, (反)〔不露锋芒 bù lù fēng máng〕

【大限－한】dàxiàn 圈죽음. 임종.

【大相径庭－상경정】dà xiāng jìngtíng 〈成〉크게 다르다. (同)〔截然不同 jiérán bù tóng〕, (反)〔毫无二致 háo wú èr zhì〕

【大象－상】dàxiàng 圈〈動〉코끼리.

☆【大小－소】dàxiǎo 圈**1**(～儿) 크기. ◇帽子的～很合适, 只是颜色深了点儿/모자의 크기는 적당한데 단지 색깔이 좀 짙다. **2**위아래. ◇你别没大没小的/너 위 아래도 모르면 안 돼. **3**어른과 아이. ◇他家大大小小, 都爱京剧/그의 집은 어른 아이 할것 없이 경극을 좋아한다. **4**아무튼, 어쨌든 간에. ◇他～是个干部/그는 어쨌든간에 간부이다. **5**큰 것과 작은 것. ◇这条街商店有几十家/이 거리에 크고 작은 상점이 몇 십개 있다.

【大校－교】dàxiào 圈〈軍〉대령.

【大写－사】dàxiě 圈**1**대문자. **2**갖은자. '壹·贰·叁·肆·伍·陆·柒·捌·玖·拾·佰·仟' (일·이·삼·사·오·육·칠·팔·구·십·백·천) 따위. (反)〔小 xiǎo 写〕

【大猩猩－성성】dàxīng·xing 圈〈動〉고릴라.

☆【大刑－형】dàxíng 圈〈文〉**1**참혹한 형벌. **2**참혹한 형구.

【大行星－행성】dàxíngxīng 圈〈天〉태양계의 9개 큰 행성.

☆【大型－형】dàxíng 圈대형(의). (同)〔巨 jù 型〕, (反)〔小 xiǎo 型〕

【大熊猫－웅묘】dàxióngmāo 圈〈動〉팬더.

【大修－수】dàxiū 圈動〈機〉분해 수리 (하다).

【大选－선】dàxuǎn 圈**1**대통령 선거. **2**국회의원 선거.

★【大学－학】dàxué 圈종합대학.

【大学生－학생】dàxuéshēng 圈대학생.

【大学生－학생】dàxué·sheng 圈**1**나이가 많은 학생. **2**〈方〉나이가 많은 사내아이.

【大牙－아】dàyá 圈**1**어금니. **2**앞니. 문치.

【大雅－아】dàyǎ 圈〈文〉우아함.

【大烟－연】dàyān 圈아편. (同)〔鸦片 yāpiàn〕

【大言不惭－언불참】dà yán bù cán 〈成〉눈하나 깜짝 않고 큰소리치다. (同)〔自我标榜 zìwǒ biāobǎng〕, (反)〔谦虚谨慎 qiānxū jǐnshèn〕

【大盐－염】dàyán 圈굵은 소금.

*【大雁－안】dàyàn (同)〔鸿 hóng 雁〕

【大洋－양】dàyáng 圈**1**대양. 큰 바다. **2**옛날의 '银 yín 洋' 일원 (一元) 짜리 은화의 이름.

【大洋洲－양주】Dàyángzhōu 圈〈地〉대양주. 오세아니아.

【大样－양】dàyàng 圈**1**〈印〉(신문지 크기의) 교정쇄. **2**〈建〉세부 설계도.

【大摇大摆－요대파】dà yáo dà bǎi 〈成〉으시대며 걷다.

【大爷－야】dàyé 圈일하기 싫어하고 거만한 남자.

【大爷－야】dà·ye 圈**1**큰아버지. 백부. **2**아저씨.[연상의 남자에 대한 존칭]

【大业－업】dàyè 圈대업.

☆【大衣－의】dàyī 圈외투. 오버코트.

【大姨－이】dàyí (～儿)圈큰이모.

【大姨子－이자】dàyí·zi 圈처형.

【大义－의】dàyì 圈대의.

【大义凛然－의늠연】dà yì lǐnrán 〈成〉정의를 위해서 단호하고 늠름한 태도를 취하다.

【大义灭亲－의멸친】dà yì miè qīn 〈成〉대의를 위해서 국가이익을 저버리는 친인척을 제재하다. 대의 멸친하다. (反)〔认贼作父 rèn zéi zuò fù〕

【大意－의】dàyì 圈대의.

**【大意－의】dà·yi 圈부주의하다. 소홀하다. (同)〔粗心 cūxīn〕, (反)〔当心 dāngxīn〕

【大油－유】dàyóu 圈돼지 기름. 라드.

*【大有可为－유가위】dà yǒu kě wéi 〈成〉해볼 가치가 있다. 전망이 좋다.

【大有作为－유작위】dà yǒu zuòwéi 〈成〉장차 역할을 충분히 할 수 있다. 크게 이바지할 수 있다. (同)〔前途无量 qiántú wúliàng〕, (反)〔无所 wúsuǒ 作为〕

【大鱼吃小鱼－어홀소어】dàyú chī xiǎo yú 힘센 쪽이 약한 쪽을 압박하거나 삼키다.

【大雨－우】dàyǔ 圈큰 비. 호우. (反)〔小 xiǎo 雨〕

【大员－원】dàyuán 圈옛날의 고관.

☆【大约－약】dàyuē 圖**1**대략. 〔짐작한 숫자가 정확치 않음을 나타낸다〕◇从这村到那村～有三公里/이 마을에서 저 마을까지 대략 3km 된다. (同)〔大抵 dǐ〕**2**아마. 〔가능성이 큼을 나타낸다〕◇这么晚了, 他～不来了/이렇게 늦었는데 그는 아마 안올지 모른다. (同)〔也许 yěxǔ〕 [比교]大约:大概 "大约"는 명사 앞에서 관형어로 쓰이지 않는다. ◇明天几点去, 你说个(×大约)大概的时间/내일 몇시에 가는지 대략적인 시간을 말해라.

【大约摸－약모】dàyuē·mo 〈方〉(同)〔大约〕

【大月－월】dàyuè **1**圈큰달. 31일이 있는 달. **2**(同)〔大尽 jìn〕

【大杂烩－잡회】dàzáhuì 圈**1**(고기·야채 따위의) 잡탕찜. **2**〈喩〉여러가지 일 (물건)을 섞어놓은 상태. 잡탕.

【大杂院儿－잡원아】dàzáyuànr 圈여러 세대가 한 곳에 모여 삶.

【大灶－조】dàzào 图1벽돌로 만든 아궁이. 2공동취사에서 가장 낮은 등급(의 대중 요리).

【大战－전】dàzhàn 1명큰 전쟁. 대전. 2동 대규모 전쟁이나 격렬한 전투를 하다.

【大张旗鼓－장기고】dà zhāng qí gǔ〈成〉(同)〔轰轰烈烈 hōng hōng liè liè〕, (反)〔偃旗息鼓 yǎn qí xī gǔ〕

【大丈夫－장부】dàzhàng·fu 图대장부.

【大旨－지】dàzhì 图요지.

【大治－치】dàzhì 동잘 다스려지다. 나라가 안정되어 번영하다.

＊＊【大致－치】dàzhì 早1대체로. ◇下周的工作计划，～是这样安排的/다음주 업무계획은 대체로 이렇게 세웠다. 2대개. 대략. ◇他家的～情况，我们已经知道了/그집의 대략적인 상황을 우리는 이미 알았다.

【大智若愚－지약우】dà zhì ruò yú〈成〉지혜나 재주가 많은 사람은 자신을 과시하지 않고 겉으로 어리석게 보인다. (同)〔不露锋芒 bù lù fēngmáng〕, (反)〔自命不凡 zìmìng bù fán〕

＊【大众－중】dàzhòng 图대중.

【大众化－중화】dàzhònghuà 图图대중화(하다).

【大轴子－축자】dàzhòu·zi 图〈演〉중국 희극 공연에서 그 날의 마지막 공연.

【大专－전】dàzhuān 图1〈略〉종합대학교나 단과대학. 2전문대학.

【大篆－전】dàzhuàn 图대전.〔주(周)나라 때의 한자 서체〕

＊＊【大自然－자연】dàzìrán 图대자연.

【大宗－종】dàzōng 1图거액(의). 대량(의). 2图양이 가장 많은 제품이나 상품.

【大作－작】dàzuò 1图대작. 2동크게 일어나다.

dāi

☆【呆(獃)】口部│dāi
4画│어리석을 매, 애, 태
1图(머리가) 둔하다. 멍청하다. ◇听说王先生的儿子有点儿～/왕씨의 아들이 좀 멍청하다던데요. 2图무표정하다. 멍하다. ◇老太太抱着孙子，～坐在椅子上/할머니가 손자를 안고 멍하니 의자에 앉아 있다. 3图머무르다. ◇怎么让孩子～在那儿，怪冷的/날이 몹시 추운데 왜 아이를 거기 있게 하세요?

【呆板－판】dāibǎn 图딱딱하다. 융통성이 없다. (同)〔死 sǐ 板〕, (反)〔灵巧 língqiǎo〕(灵活 huó〕

【呆呆地－매지】dāidāi·de 早멍청히.

【呆若木鸡－약목계】dāi ruò mù jī〈成〉공

포나 놀람으로 멍하게 서 있다. 얼빠져 멍청히 있다. (反)〔眼明手快 yǎn míng shǒu kuài〕

【呆头呆脑－두매뇌】dāi tóu dāi nǎo〈成〉멍청하다. 우둔하다. (同)〔木 mù 头木脑〕, (反)〔耳聪目明 ěr cōng mù míng〕

【呆滞－체】dāizhì 图1활기〔생기〕가 없다. 흐리멍텅하다. (同)〔凝 níng 滞〕, (反)〔灵活 línghuó〕 2적체하다. 경색하다. (反)〔流通 liútōng〕

【呆子－자】dāi·zi 图바보. 멍청이.

【待】彳部│dāi
6画│기다릴 대
동머물다. 체류하다. 체재하다. ◇两口子在那儿一直～到现在/부부 두 사람은 거기에서 줄곧 지금까지 체류했다. ⇒dài

【待(一)会儿－(일)회아】dāi(yī)huìr 早따가. 잠시 후에.

dǎi

【歹】歹部│dǎi
0画│좋지않을 대
图악하다. 나쁘다. (同)〔坏 huài〕, (反)〔好 hǎo〕

【歹毒－독】dǎidú 图악랄하다. 음흉하다. (同)〔恶 è 毒〕, (反)〔善良 shànliáng〕

【歹人－인】dǎirén 图악당.〔주로 강도를 가리킴〕(同)〔坏 huài 人〕, (反)〔好 hǎo 人〕

＊【歹徒－도】dǎitú 图악당. 무뢰한.

【逮】辶部│dǎi
8画│잡아가둘 체
동잡다. 체포하다. ◇这只猫一个晚上～了好几只耗 hào 子/이 고양이가 하루 저녁에 쥐를 여러 마리 잡았다. ◇警察把逃犯～住了/경찰이 도주범을 잡았다. (同)〔捉 zhuō〕, (反)〔放 fàng〕 ⇒dài

dài

【大】大部│dài
0画│큰 대
뜻은 '大 dà'와 같고 '大城'·'大夫'·'大黄'·'大王'에 쓰인다. ⇒dà

【大城－성】Dàichéng 图〈地〉대성.〔중국 하북(河北)성에 있는 현(县)〕

★【大夫－부】dài·fu 图의사. (同)〔医生 yīshēng〕 ⇒dàfū

【大黄－황】dàihuáng 图〈植〉대황.

【大王－왕】dài·wang 图대왕.〔희곡에서 국왕이나 도둑의 우두머리에 대한 칭호〕

☆【代】彳部│dài
3画│대신할 대
1동대신하다. ◇工资由别人～领，行吗?/

봉급을 다른 사람이 대신 받아도 됩니까? 2[동]직무를 대신 맡다. ◇我~不了院长这个职务/나는 원장직을 맡을 수 없다. 3[명]대. 조대(朝代). ◇唐~/당대. ◇清~/청대. 4[명]세대. ◇我们应关心爱护下一~/우리는 다음 세대를 사랑하고 관심을 가져야 한다. 5[명](地質의 시대구분의) 대. 6[명](Dài)성(姓).

⁑【代办－판】dàibàn 1[동]대신 처리하다. 대행하다. ◇麻烦你帮我~一下儿海关手续/수고스럽지만 저대신 세관수속을 해주십시오. 2[명]〈外交〉대리 공사(公使). 대리대사. 3[명]〈外交〉대사나 공사가 부재시의 임시대리 대사. [비교]代办:办理 자신의 일을 처리할 때는 "代办"을 쓰지 않는다. ◇在这里什么事情都是自己(×代办)办理/이 곳에서는 어떤 일이나 자신이 처리한다.

【代笔－필】dàibǐ [동]대필하다.

★【代表－표】dàibiǎo 1[명]대표. 대표자. ◇人大~/전국 인민 대표 대회 대표. 2[동]대표하다. ◇副经理在业务方面可以~总经理/부사장은 업무상 사장을 대표할 수 있다. 3같은 류의 공통적인 (사람이나 사물의) 특징을 나타내는 것. ◇~作/대표작. 4[동](어떤 의미를) 나타내다. ◇红色~着危险/빨간색은 위험을 상징한다.

【代词－사】dàicí [명]〈言〉대명사. a)'我, 你' 등 인칭대명사. b)'谁, 什么' 등 지시대명사.' c)'这, 那里' 등 지시 대명사.

【代沟－구】dàigōu [명](두 세대가 가치관·심리·관습 등에서 나타나는) 세대차이.

*【代号－호】dàihào [명]부대·기관·공장·제품·도량 단위 등의 정식명칭을 간략화하거나 비밀을 지키기 위해서 대신 사용하는 약호나 일련번호 및 자모.

⁑【代价－가】dàijià [명]1대금. ◇~多少先不去管, 就看珍贵不珍贵/대금이 얼마인지 우선 따지지 말고 귀한 것인지를 보시오. 2대가(代價). ◇为办成这件事, 她付出的~太大了/이 일을 해내기 위해서 그녀가 치른 대가는 너무 크다.

【代课－과】dài∥kè [동]대신 강의하다.

【代劳－로】dàiláo [동]1남에게 대신 일을 처리해달라고 하다. 2다른 사람 대신 일을 처리하다.

⁑【代理－리】dàilǐ [동]1(직무를) 대리하다. ◇市长的职务, 我可~不了/나는 정말 시장의 직무를 맡을 수 없다. 2(업무나 일을) 대행하다.

【代理人－리인】dàilǐrén [명]1대리인. 에이전트(agent). 2(어떤 사람이나 집단의 비합법적인 이익을 위해 일하는) 대리인.

【代庖－포】dàipáo [동]〈文〉남대신 일하다.

【代乳粉－유분】dàirǔfěn [명]대용분유.

☆【代替－체】dàitì [동]대신하다. 대체하다. ◇节日放假, 科长~我们值班/명절휴가에 과장이 우리 대신 당직을 선다.

【代销－소】dàixiāo [명][동]대리 판매(하다).

【代谢－사】dàixiè [명][동]신진대사. 교체하다.

【代序－서】dàixù 1[명]머리말을 대신하는 글. 2[동]서문에 대신하다.

【代言人－언인】dàiyánrén [명]대변인.

【代议制－의제】dàiyìzhì [명]대의 제도.

【代用－용】dàiyòng [명][동]대용(하다).

*【贷·貸】贝部 5画 dài 빌릴 **대**

1[명]대부금(貸付金). 2[동]대부하다. 3[동](돈을) 차입(借入)하다. 4[동](책임을) 전가하다. 5[동]용서하다.

【贷方－방】dàifāng [명]〈商〉(부기의) 대변(貸邊). (同)〔付 fù 方〕, (反)〔收 shōu 方〕

*【贷款－관】dài∥kuǎn 1[동]대출하다. ◇银行给我们公司贷了款/은행에서 우리회사에게 대출해주었다. 2[명]대부금.

☆【袋】衣部 5画 dài 주머니 **대**

1(~儿)[명]부대. 자루. 주머니. 2(~儿)[양]부대. 포대. 자루. 가마니.〔부대에 넣은 물건을 세는 단위〕◇一~洗衣粉/가루비누 한 포대. 3[양]대.〔수연(水煙)이나 잎담배에 쓰이는 양사〕

【袋鼠－서】dàishǔ [명]〈動〉캥거루.

【袋子－자】dài·zi [명]주머니. 자루. 포대.

【黛】黑部 5画 dài 눈썹그릴 **대**

[명]군청색 눈썹먹.〔옛날의 눈썹을 그리는 화장품의 일종〕

【黛绿－녹】dàilǜ [형]검푸르다.

【怠】心部 5画 dài 게으를 **태**

1[형]게으르다. 느슨하다. 2[동]태만하다. 공손하지 않다. (同)〔懒 lǎn〕, (反)〔勤 qín〕

【怠惰－타】dàiduò [명][형]나태(하다). (同)〔懒 lǎn 惰〕, (反)〔勤快 qín·kuai〕

*【怠工－공】dài∥gōng [동]태업하다. 사보타즈(프 sabotage)하다. (反)〔赶 gǎn 工〕

*【怠慢－만】dàimàn [동]1냉대하다. 푸대접하다. ◇作为一名售货员你不能随便~顾客/너는 점원으로서 손님을 마음대로 푸대접해서는 안 된다. (同)〔简 jiǎn 慢〕, (反)〔殷勤 yīnqín〕 2〈套〉대접을 소홀히 하다. ◇~之处, 请多包涵 bāo·han/대접이 소홀한 점을 양해하시기 바랍니다.

★【带·帶】巾部 6画 dài 띠 **대**

1[명](~儿)띠. 벨트. 밴드. 끈. 리본. 테이프. 2[명]타이어(tire). 3[명]지대(地帶). 지

역. **4**[명]〈醫〉백대(白帶). 백대하(白帶下). **5**[동](몸에) 지니다. 휴대하다. ◇他身上从来没～过这么多钱/그는 여지껏 이렇게 많은 돈을 갖고 있은 적이 없었다. **6**[동](…하는) 김에 …하다. ◇上星期托人给你～了封信, 收到了没有?/지난주에 인편에 당신에게 편지를 보냈는데 받았습니까? **7**[동]들어있다. 띠다. ◇上课时, 李老师总～着微笑/이선생은 수업할 때 언제나 미소를 짓는다. ◇小心! 这根铁棒儿～电/조심하시오! 이 철봉에 전기가 흐릅니다. **8**[동]붙어 있다. 곁들여 있다. ◇中间～着朵大花儿的枕套卖得很快/중간에 큰 꽃무늬가 있는 베갯잇이 금방 팔렸다. **9**[동]인솔하다. ◇下个月他～着我们去实习/다음달에 그가 우리를 인솔하고 실습하러 간다. **10**[동]솔선하여 이끌다. ◇班长以身作则, 把全班同学都～起来了/반장이 솔선수범하여 전체 급우들을 이끌어 나갔다. **11**[동]돌보다. 양육하다. ◇下班儿又得 děi～孩子, 又得做饭, 真够忙的/퇴근해서 애볼랴 밥할랴 정말 바쁘다.

【带刺儿－자아】dài// cìr 말 속에 비꼬는 뜻을 담고 있다.

【带电－전】dài// diàn〈物〉[동]전기가 있다.

⁑【带动－동】dàidòng [동]**1**(동력으로) 움직이게 하다. ◇电力不足, 马达～不起织布机来/전력이 부족하여 모터로 방직기를 돌릴 수 없다. **2**이끌어 나가다. ◇在校长的～下, 参加义务植树的人越来越多/교장의 선도 아래 자율적으로 식목에 참여하는 사람이 점점 많아졌다.

【带话－화】dài// huà [동]말을 전달하다. (同)〔捎 shāo 话〕

*【带劲－경】dàijìn [형]**1**(～儿)힘이 있다. 기운이 있다. ◇他的发言挺～/그의 발언은 아주 힘이 있다. **2**재미가 있다. ◇他故事讲得挺～儿的/그는 이야기를 아주 재미있게 한다. (同)〔有 yǒu 劲〕, (反)〔没 méi 劲〕

【带来－래】dài·lái [동]가져 오다. 초래하다.

【带累－루】dàilěi [동]연루되다.

⁑【带领－영】dàilǐng [동]**1**인솔하다. ◇我～着你们去/나는 당신들을 통솔하고 갑니다. **2**통솔하다. ◇那个小组, 我～不了/나는 그 팀을 인솔할 수 없다.

【带路－로】dài// lù [동]길 안내하다.

【带挈－설】dàiqiè [동]인솔하다. 거느리다.

【带球－구】dàiqiú [명]〈體〉드리블(dribble).

【带手儿－수아】dàishǒur [부]〈方〉…하는 김에.

⁑【带头－두】dài// tóu [동]앞장 서다. ◇这项活动请你们单位～/이 행사를 당신들 부서에서 앞장서서 해주세요.

【带孝－효】dài// xiào [동]상복을 입다.

【带有－유】dàiyǒu [동]지니고 있다. 띠고 있다.

【带鱼－어】dàiyú [명]〈魚介〉갈치.

【带子－자】dài·zi [명]띠·끈·밴드·벨트·리본 따위.

☆【待】 彳部 6画 | dài 기다릴 **대**

1[동](사람을) 대하다. ◇后母～我像亲生女儿一样/계모는 나를 친딸처럼 대해준다. **2**[동]접대하다. ◇～客/손님을 접대하다. **3**[동](기회·시간을) 기다리다. 〔주로 문어에 쓰임〕 ◇～事情弄清楚后再下结论/일을 확실하게 안 후에 결론을 내리다. **4**[동]필요로 하다. **5**[조동]〈方〉…하려고 하다. ◇他要～在家多休息几天, 又怕工厂里有事儿/그는 집에서 며칠 더 쉬려고 했지만 공장에 일이 있을까봐 걱정했다. ⇒dāi

【待承－승】dài·cheng [동]대접하다.

【待机－기】dàijī [동]기회를 기다리다.

【待考－고】dàikǎo [동]고려해보다. 조사를 요하다.

【待客－객】dài// kè [동]손님을 대접하다.

【待命－명】dàimìng [동]명령을 기다리다.

【待人接物－인접물】dài rén jiē wù〈成〉사람을 대하는 태도.

*【待业－업】dàiyè [동]취직을 기다리다.

⁑【待遇－우】dàiyù **1**[명](정치·사회 또는 물질적) 대우. **2**[동]대하다. 대우하다.

【待字－자】dàizì [동]〈文〉처녀가 혼처를 구하고 있다.

【逮】 辶部 8画 | dài 잡아가둘 **체**

[동]**1**〈文〉이르다. 미치다. **2**잡다. 구속하다. 〔뜻은 '逮 dǎi'와 같고 단지 '逮捕'의 경우에만 'dài'로 읽음〕⇒dǎi

⁑【逮捕－포】dàibǔ [명][동]구속(하다). (同)〔拘 jū 捕〕, (反)〔释放 shìfàng〕

★【戴】 戈部 13画 | dài 머리에 일 **대**

1[동](머리·얼굴·목·가슴·팔·손 따위에) 착용하다. 쓰다. 걸다. 끼다. 차다. 달다. ◇～手套/장갑을 끼다. ◇～手镯 zhuó/팔찌를 차다. ◇～校徽 huī/배지를 달다. ◇你～这顶帽子看合适不合适/이 모자가 어울리는지 안 어울리는지 좀 써봐라. **2**[동]떠받들다. 공경하여 모시다. **3**(Dài)[명]성(姓).

【戴高帽子－고모자】dài gāomào·zi 추켜세우다. 비행기를 태우다.

【戴帽子－모자】dàimào·zi [동]**1**모자를 쓰다. **2**딱지가 붙다.

【戴孝－효】dài// xiào [동](어버이를 여위어) 상복을 입다.

D

D

【戴绿帽儿－록모아】dài lǜmàor 아내가 바람을 피우는 것을 비유함.

【戴罪立功－죄립공】dài zuì lì gōng〈成〉공을 세워 속죄하다.

dān

*【丹】 ノ部 dān
3画 붉을 단
(형)1붉은 색.◇枫叶如～/단풍잎은 빨갛다. 2〈中藥〉처방대로 만든 과립형 모양이나 분말 형태의 한약. 3(Dān)성(姓).

【丹顶鹤－정학】dāndǐnghè (명)〈鳥〉두루미.

【丹毒－독】dāndú (명)〈中醫〉단독.

【丹方－방】dānfāng (명)〈醫〉1연단의 방술. 2민간 처방.

【丹青－청】dānqīng (명)〈文〉1빨갛고 파란 염료. 단청. 2역사책.

【丹砂－사】dānshā (同)〔朱 zhū 砂〕

【丹参－삼】dānshēn (명)〈植〉단삼.

【丹田－전】dāntián (명)〈生理〉단전.

【丹心－심】dānxīn (명)〈文〉진심. 정성스런 마음. (同)〔丹诚 chéng〕, (反)〔虚情 xūqíng〕

☆【单・單】 八部 dān
6画 홀로 단
1(형)홀의. 하나의. (反)〔双 shuāng〕 2(형)기수(奇數)의. 홀수의. (反)〔双〕 3(형)혼자의. 단독의. 4(명)오직. 오로지. ◇为什么～说我一个人?/왜 나 혼자만 야단칩니까? 5(형)간단하다. 단순하다. 6(형)약하다. 7(형)(의복 따위의) 한 겹의. 홀겹의. 8(～儿)(명)(침대 따위의) 시트(sheet). 9(～儿)(명)물품 목록이나 내역 등을 기재한 용지. ⇒chán, shàn

【单帮－방】dānbāng (명)도붓 장수. 행상.

【单薄－박】dānbó (형)1(날씨가 추운데 입은) 옷이 얇고 적다. 2(신체가) 약하다. (同)〔薄弱 ruò〕〔单弱 ruò〕, (反)〔强健 qiángjiàn〕3(힘, 논증 등이) 빈약하다. (同)〔薄弱〕〔微 wēi 薄〕, (反)〔强大 qiángdà〕

【单产－산】dānchǎn (명)(연간 또는 한 계절의) 단위면적당 생산량.

【单车－차】dānchē (명)1단독으로 운행하는 차량.〔주로 자동차나 트랙터를 가리킴〕2(方)자전거. (同)〔自行车 zìxíngchē〕

【单程－정】dānchéng (명)편도. (反)〔来回 láihuí〕〔往复 wǎngfù〕

【单传－전】dānchuán (동)1한 스승의 가르침을 정통적으로 계승하다. 2몇 대에 걸쳐 외아들로 이어지다.

**【单纯－순】dānchún 1(형)단순하다. ◇事情并不像你想得那样～/일은 결코 네가 생각한 것처럼 단순하지 않다. (同)〔单一

yī〕〔简 jiǎn 单〕, (反)〔复杂 fùzá〕2(부)오로지. 단순히.

【单纯词－순사】dānchúncí (명)〈言〉복합어와 대비되는 단순어. 단어를 구성하는 최소 의미 단위의 형태소.〔'马'처럼 한 자로 된 것도 있지만 '葡萄'처럼 두 자로 된 것도 있다〕

☆【单词－사】dāncí (명)〈言〉1단어. 2단어.

【单打－타】dāndǎ (명)〈體〉(테니스・탁구 등의) 단식(單式). (反)〔双 shuāng 打〕

【单一－단】dāndān (부)오직. 단지.

【单刀－도】dāndāo (명)1단도. 2〈體〉무술 종목의 하나. 한 자루의 '单刀'를 사용함.

【单刀直入－도직입】dāndāo zhí rù (동)〈喩〉단도직입적으로 말하다. (同)〔直截了当 zhíjié-liǎodàng〕〔开门见山 kāi mén jiàn shān〕, (反)〔拐弯抹角 guǎiwān mòjiǎo〕

☆【单调－조】dāndiào (형)단조롭다. (反)〔多变 duōbiàn〕

**【单独－독】dāndú (부)단독(으로). 혼자서. (同)〔独自 zì〕, (反)〔共同 gòngtóng〕〔一起 yīqǐ〕

【单方－방】dānfāng (명)민간 처방.

【单方面－방면】dānfāngmiàn (명)한쪽.

【单干－간】dāngàn (동)(조합에 가입하지 않고) 단독으로 일하다. (反)〔合作 hézuò〕

【单干户－간호】dāngànhù (명)(조합에 가입하지 않은)개인 농가나 개인 상공업자.

【单杠－강】dāngàng (명)〈體〉1(운동용) 철봉. 2철봉.〔체조경기 종목의 하나〕

【单个儿－개아】dāngèr 1(명)혼자. 2(양)한 짝. 또는 세트 중의 한 개.

【单褂－괘】dānguà (명)(중국식) 적삼. 홑저고리.

【单轨－궤】dānguǐ (명)단선 궤도. (反)〔双 shuāng 轨〕

【单过－과】dānguò (동)혼자서 살다.

【单寒－한】dānhán (명)1옷을 얇게 입어서 추위를 타다. 2옛날, 가세가 빈한하여 지위가 없음을 가리킴.

【单号－호】dānhào (명)(입장권・좌석권 따위의) 홀수 번호. (反)〔双 shuāng 号〕

【单季－계】dānjì (명)일모작(의). ◇～稻 dào/일모작(의) 벼.

【单价－가】dānjià (명)〈商〉단가.

【单间－간】dānjiān (～儿)(명)1단칸방. 2(호텔이나 여관의) 독방.

【单句－구】dānjù (명)〈言〉단문. (反)〔复 fù 句〕

【单据－거】dānjù (명)(영수증 등) 증표.

【单口－구】dānkǒu (同)〔单口相声 xiàng·sheng〕

【单口相声－구상성】dānkǒu xiàng·sheng (명)(혼자서 하는) 만담〔재담〕.

D

【单裤-고】dānkù 몡홑바지.

【单名-명】dānmíng 몡외자 이름.

【单枪匹马-창필마】dān qiāng pǐ mǎ〈成〉남의 도움없이 혼자서 행동하다. (同)[匹马单枪], (反)[人多势众 rén duō shì zhòng].

【单亲-친】dānqīn 몡양친 중 한쪽만 있는. ◇~家庭/결손가정.

【单人-인】dānrén 몡혼자.

【单人床-인상상】dānrénchuáng 몡일인용 침대.

【单日-일】dānrì 몡홀수 날(日).

【单弱-약】dānruò 휑1(신체가) 허약하다. 2(힘이) 약하다.

【单色-색】dānsè 몡단색(單色).

【单身-신】dānshēn 몡단신. 홀몸. (同)[独 dú 身], (反)[成 chéng 群]

【单身汉-신한】dānshēnhàn 몡독신자. 홀아비.

【单数-수】dānshù 몡1홀수. (同)[奇 jī 数], (反)[双 shuāng 数] 2〈語〉단수. (反)[复 fù 数]

【单瘫-탄】dāntān 몡〈中醫〉한쪽 팔 또는 다리가 마비.

☆【单位-위】dānwèi 몡1계량의 단위. 2(단체·기관 등의) 직장. 부서. ◇请你在哪个~工作?/실례하지만 어느 직장에서 일하십니까?

【单线-선】dānxiàn 몡1외줄. 2(선로의) 단선. (同)[单轨 guǐ], (反)[双轨 shuāngguǐ]

【单相思-상사】dānxiāngsī 몡통짝사랑(하다).

【单项-항】dānxiàng 몡단일 종목.

【单行本-행본】dānxíngběn 몡단행본.

【单行线-행선】dānxíngxiàn 몡일방 통행로. (同)[单行道 dào]

【单眼皮-안피】dānyǎnpí (~儿)몡홑으로 된 눈꺼풀. (反)[双 shuāng 眼皮]

【单一-일】dānyī 휑단일(하다).

【单衣-의】dānyi 몡홑겹옷.

【单音词-음사】dānyīncí 몡〈言〉단음절어.

＊【单元-원】dānyuán 몡단원.

【单子-자】dān·zi 몡1침대시트. 2명세서. 표. 목록. 메모. 쪽지.

【单字-자】dānzì 몡1〈言〉단자. 외자. 2단어.

【单作-작】dānzuò 몡〈農〉단일 농작물.

＊＊【担·擔】扌部 dān
            5画 짐 담

통1(멜대로) 메다. 지다. ◇你来~~, 看能不能一起来/네가 멜 수 있나 보게 한번 메봐. 2(책임이나 일을) 맡다. 담당하다. ◇~了 liǎo 这么大的责任, 睡都睡不好/이렇게 큰 책임을 맡아서 잠을 잘 수

가 없다. ⇒dǎn '掸', dàn

＊【担保-보】dānbǎo 통책임지고 하다. ◇出不了 liǎo 事, 我敢~/내가 보장컨대 사고가 날 수 없다.

【担不是-불시】dān bù·shi (잘못에 대해서) 책임을 지다.

【担待-대】dāndài 통관대히 보아주다.

【担当-당】dāndāng 통책임지다. 맡다.

＊＊【担负-부】dānfù 통(책임·일·비용 등을) 부담하다[맡다]. 지다. ◇妈妈的生活费, 三儿子一分钱也没~过/어머니의 생활비를 세 아들이 한푼도 부담한 적이 없다. 囲교担负:负担 "担负"는 주어나 목적어가 되지 않는다. ◇(×担负)负担重/부담이 아주 크다.

【担架-가】dānjià 몡〈醫〉(환자용) 들 것.

【担惊受怕-경수파】dān jīng shòu pà〈成〉불안에 떨다.

【担名-명】dān//míng (~儿)통(명분·이름을) 걸다.

☆【担任-임】dānrèn 통(직무나 일을) 맡다. ◇年岁大了, 什么工作也~不了 liǎo 了/나이가 많아서 아무 일도 맡을 수 없다.

☆【担心-심】dān//xīn 통염려하다. 걱정하다. ◇孩子第一次出远门, 她~了好几天/자식이 처음 먼길을 떠나 그녀는 여러날 걱정했다. (同)[挂 guà 心][提 tí 心][担忧 yōu], (反)[放 fàng 心][安 ān 心]

＊【担忧-요】dānyōu 통걱정하다. 근심하다. ◇儿行千里母~/자식이 먼길을 가면 어머니가 걱정하는 법이다. (同)[担心 xīn], (反)[放心 fàngxīn]

【耽】耳部 dān
        4画 흘겨볼 탐

통1지체하다. 2〈文〉탐닉하다. 빠지다.

【耽搁-각】dān·ge 통1머무르다. 체류하다. ◇因事情没办完, 在天津多~了两天/일을 끝내지 못해 천진에서 이틀 더 머물렀다. 2지연하다. 지체시키다. 질질 끌다. ◇病人危险, 别~时间, 马上送医院/환자가 위급하니 시간을 지체하지 말고 즉시 병원으로 보내시오. 囲교耽搁:耽误 "耽搁"는 시간을 나타내는 목적어를 취한다. ◇我担心他(×耽搁)耽误学习/나는 그가 공부를 그르칠까봐 걱정한다.

＊＊【耽误-오】dān·wu 통(지체하여) 일을 그르치다. (시간을) 뺏다. ◇实在对不起, ~你看电影了/영화를 놓치게 해서 정말 미안합니다. ◇会议一会儿就完, ~不了吃饭/회의는 조금있다가 끝나니 식사시간에 늦지 않을 것이다.

dǎn

⁑【胆·膽】月部 5画 | dǎn 쓸개 **담**

[명]**1**〈生理〉담낭의 통칭. 쓸개. **2**(~儿)담력. 담.

【胆大—대】dǎndà [형]대담하다. (同)〔大胆〕, (反)〔胆小 xiǎo〕

【胆大包天—대포천】dǎn dà bāo tiān〈贬〉간덩이가 크다. (同)〔胆大妄 wàng 为 wéi〕, (反)〔胆小如鼠 dǎn xiǎo rú shǔ〕

【胆大妄为—대망위】dǎn dà wàng wéi〈成〉겁없이 함부로 행동하다. (同)〔恣意 zìyì 妄为〕, (反)〔胆小如鼠 dǎn xiǎo rú shǔ〕

【胆敢—감】dǎngǎn [부]〈文〉대담하게도. 감히.

【胆固醇—고순】dǎngùchún [명]〈生化〉콜레스테롤.

【胆寒—한】dǎnhán [형]무서워하다.

【胆力—력】dǎnlì [명]담력. 용기. ◇~过人/담력이 남보다 뛰어나다.

*【胆量—량】dǎnliàng [명]용기.

【胆略—략】dǎnlüè [명]담력과 지혜.

【胆囊—낭】dǎnnáng [명]〈生理〉담낭. 쓸개.

【胆瓶—병】dǎnpíng [명]목이 가늘고 길며 몸이 둥근 꽃병.〔모양이 쓸개와 비슷한 데서 연유됨〕

【胆气—기】dǎnqì [명]담력과 용기.

*【胆怯—겁】dǎnqiè [형]겁이 많다. 겁먹다. ◇初上讲台, 还真有几分~/처음 강단에 서니 아무래도 겁을 먹었다.

【胆识—식】dǎnshí [명]담력과 식견.

【胆小—소】dǎnxiǎo [형]겁많다. (同)〔胆怯 qiè〕, (反)〔胆大 dà〕

【胆小鬼—소귀】dǎnxiǎoguǐ [명]겁쟁이.

【胆小如鼠—소여서】dǎn xiǎo rú shǔ〈成〉쥐처럼 겁이 많다. 담이 콩알만 하다. (同)〔胆小怕事 pà shì〕, (反)〔胆大包天 dǎn dà bāo tiān〕

【胆虚—허】dǎnxū [형]겁이 많다. 담약하다. (同)〔心 xīn 虚〕, (反)〔胆大 dà〕

【胆战心惊—전심경】dǎn zhàn xīn jīng〈成〉몹시 무서워하다. (同)〔心惊胆战〕, (反)〔泰然自若 tài rán zì ruò〕

【胆壮—장】dǎnzhuàng 담이 크다. (同)〔胆大 dà〕, (反)〔胆小 xiǎo〕

*【胆子—자】dǎn·zi [명]담력.

【掸·撣(撢)】扌部 8画 | dǎn 부딪칠 **탄**

[동](먼지떨이 또는 그런 모양의 것으로) 먼지 따위를 털다. ◇墙壁和天花板都~得很干净/벽과 천정 모두 먼지를 깨끗이 털어냈다. ⇒'担' dān, dàn

【掸子—자】dǎn·zi [명]먼지떨이. 총채.

dàn

【旦】日部 1画 | dàn 아침 **단**

1[명]〈文〉아침. ◇~暮/아침 저녁. (同)〔朝 zhāo〕, (反)〔夕 xī〕 **2**[명]날. (同)〔天 tiān〕 **3**[명]〈演〉중국 전통 '戏曲'의 여자 배역. **4**[명]〈度〉〈紡〉데니르(프 denier).

【旦角—각】dànjué (~儿)[명]〈演〉여자 역(役).

【旦夕—석】dànxī [명]〈文〉**1**아침과 저녁. **2**〈喻〉짧은 시간.

☆【但】亻部 5画 | dàn 다만 **단**

1[부]다만 …할 뿐이다. 오직.〔문어체에 쓰임〕◇不求有功, ~求无过/공로로 인정받기를 바라지 않고, 다만 과오가 없기를 바랄 뿐이다. ◇~愿我们经常保持联系/우리 자주 연락하길 바랄 뿐이다. **2**[접]그러나, 그렇지만. ◇屋子小, ~挺干净/방은 작지만 아주 깨끗하다. (同)〔但是 shì〕 [주의]'但'과 '但是' 양자의 의미와 용법은 같지만 '但'은 서면체에 쓰이고 '但是'는 문어체·구어체에 모두 쓰인다. **3**(Dàn)[명]성(姓).

【但凡—범】dànfán **1**[부]무릇. (同)〔凡是 shì〕 **2**[접]다만 …하기만 하면. (同)〔只要是 zhǐ yào shì〕

★【但是—시】dànshì [접]**1**그러나.〔흔히 '虽然' '尽管' 등과 호응한다〕◇他想睡一会儿, ~睡不着 zháo/그는 잠시 자고 싶었지만 잠들지 않았다. ◇我虽然对汉语很感兴趣, ~连一句也不会说/나는 비록 중국어에 흥미를 갖고 있지만 한 마디도 할 줄 모른다. (同)〔可 kě 是〕〔不过 búguò〕〔然而 rán'ér〕

【但愿—원】dànyuàn 그저 …이기만을 바라다. ◇~如此/오로지 그러기를 원하다.

*【担·擔】扌部 5画 | dàn 짐 **담**

1[명]광주리. ◇货郎~放在路旁没人管/황아 장수의 짐보따리를 길 옆에 놓았는데 신경쓰는 사람이 없었다. **2**[명]〈度〉중량단위(100근=1担). **3**[양]광주리. 〔(멜대로 매는) 광주리를 세는 데 쓰임〕◇一~菜卖了十多块钱/채소 한 짐을 10여원에 팔았다. ⇒dān, '掸' dǎn

*【担子—자】dàn·zi [명]**1**광주리. ◇这副~很重, 谁也挑 tiāo 不起来/이 광주리는 무거워 아무도 들어올릴 수 없다. **2**〈喻〉부담. 책임. ◇工作与家务两副~压 yā 得我喘 chuǎn 不过气来/일과 가사란 두 짐이 나를 숨가쁘게 압박한다.

【石】石部 0画 | dàn 돌 **석**

[양](용량 단위)섬. 석.〔10斗=1石〕⇒shí

【诞·誕】 讠部 6画 | dàn 날 **탄**

1[동]태어나다. **2**[명]생일. 생신. **3**[형]황당하다.

*【诞辰—신】dànchén [명]〈敬〉탄신. 〔존경받는 사람에 대해서 쓰임〕(同)〔生 shēng 辰〕, (反)〔忌 jì 辰〕

⁑【诞生—생】dànshēng [동]**1**탄생하다. 〔문어체에 쓰임〕 ◇那一年, 在湖南的一个村子里, ～了一个左右中国命运的伟人/그해, 호남의 어느 마을에서 중국운명을 좌우하는 위인이 탄생되었다. (同)〔出 chū 生〕, (反)〔死亡 sǐwáng〕 **2**생기다. 나오다. 〔정당, 국가나 기타 중대한 일에 쓰임〕 ◇十八世纪中叶, 在中国文坛上～了一部文学巨著《红楼梦》/18세기 중엽 중국문단에 문학 거작인《홍루몽》이 나왔다.

*【弹·彈】 弓部 8画 | dàn 탄환 **탄**

[명]**1**(～儿)작고 구슬 모양의 물체. **2**포탄. 총알. **3**(同)〔蛋 dàn〕

【弹道—도】dàndào [명]〈物〉탄도.

【弹弓—궁】dàngōng [명](고대의 무기로서) 탄알을 쏘는 활.

【弹痕—흔】dànhén [명]탄흔.

【弹壳—각】dànké [명]〈軍〉**1**약협. (同)〔药筒 yàotǒng〕 **2**탄피.

【弹坑—갱】dànkēng [명]포탄 구멍.

【弹片—편】dànpiàn [명]포탄의 파편.

【弹头—두】dàntóu [명]탄두.

*【弹药—약】dànyào [명]탄약.

【弹着点—착점】dànzhuódiǎn [명]탄착점.

【弹子—자】dàn·zǐ [명]**1**탄궁의 탄알. **2**〈方〉당구. ◇～房/당구장.

☆【淡】 氵部 8画 | dàn 물맑을 **담**

[형]**1**(액체나 기체 중에 포함된 어떤 성분이) 적다. 엷다. ◇墨汁太～了/먹물이 너무 엷다. (反)〔浓 nóng〕 **2**(맛이) 싱겁다. 진하지 않다. ◇菜太～, 再放点盐 yán/요리가 너무 싱거우니 소금을 좀 더 쳐라. **3**(색이) 엷다. ◇口红涂 tú～点儿也挺漂亮/립스틱을 좀 엷게 발라도 아주 예쁘다. **4**냉담하다. 성의가 없다. ◇我问了他几句, 他只～地哼 hēng 了一声/내가 그에게 몇마디 물었는데 그는 단지 냉담하게 응하고 말았다. **5**영업이 부진하다. **6**〈方〉무의미하다. ◇这些～话听不得/이 무의미한 말은 들을 필요 없다.

【淡泊—박】dànbó [형]〈文〉욕심이 없고 마음이 깨끗하다.

【淡薄—박】dànbó [형]**1**희박하다. 엷다. (同)〔稀 xī 薄〕, (反)〔浓厚 nónghòu〕 **2**(감정·흥미·관계 등이) 엷어지다. (同)〔淡然 rán〕, (反)〔深厚 shēhòu〕 **3**(인상·관념이) 희미하다. **4**(맛이) 싱겁다. (同)〔清 qīng 淡〕, (反)〔浓厚 nónghòu〕

【淡而无味—이무미】dàn ér wú wèi 음식이 싱거워 맛이 없다. 〔평범하여 흥미를 끌지 못하는 것을 비유함〕

【淡化—화】dànhuà [동]**1**(문제·정감 등이) 희미해지다. 옅어지다. **2**희석시키다.

【淡化—화】dànhuà [명][동]염분을 빼다〔기〕.

*【淡季—계】dànjì [명]〈商〉비수기. (同)〔淡月 yuè〕, (反)〔旺 wàng 季〕, (同)〔肤浅 fūqiǎn〕, (反)〔深刻 shēnkè〕

【淡漠—막】dànmò [형]**1**무관심하다. 냉담하다. (同)〔冷 lěng 漠〕, (反)〔热心 rèxīn〕 **2**(기억·인상이) 어렴풋하다. (同)〔淡薄 bó〕, (反)〔深刻 shēnkè〕

【淡青—청】dànqīng [명]〈色〉담청색.

【淡然—연】dànrán [형]〈文〉그냥 무심하게.

*【淡水—수】dànshuǐ [명]담수. 민물. (反)〔咸 xián 水〕

【淡水湖—수호】dànshuǐhú [명]담수호.

【淡忘—망】dànwàng [동]기억이 흐려져 잊혀지다. (同)〔忘记 jì〕, (反)〔牢记 láojì〕

【淡雅—아】dànyǎ [형]〈文〉수수하고 고상하다. (同)〔素 sù 雅〕, (反)〔艳丽 yànlì〕

【淡月—월】dànyuè [명]불경기인 달. (同)〔淡季 jì〕, (反)〔旺 wàng 月〕

【淡妆—장】dànzhuāng 옅은 화장. (同)〔素妆 zhuāng〕, (反)〔浓 nóng 妆〕

*【氮】 气部 8画 | dàn 질소 **담**

[명](化)질소.

【氮肥—비】dànféi [명]질소 비료.

【氮气—기】dànqì [명]〈化〉질소(가스).

☆【蛋】 疋部 6画 | 虫部 5画 | dàn 새알 **단**

[명]**1**(새·거북·뱀 등의) 알. **2**(～儿)공모양.

【蛋白—백】dànbái [명]**1**알의 흰자위. **2**단백질.

⁑【蛋白质—백질】dànbáizhì [명]〈生化〉단백질.

☆【蛋糕—고】dàngāo [명]카스텔라. 케이크.

【蛋羹—갱】dàngēng [명]달걀을 풀어 물은 적당히 넣고 양념을 하여 찐 요리.

【蛋黄—황】dànhuáng (～儿)[명]계란 노른자.

【蛋壳—각】dànké [명]계란 껍질.

【蛋品—품】dànpǐn [명]알로 만든 식품.

【蛋青—청】dànqīng [명]옥색.

【蛋清—청】dànqīng (～儿)[명]〈口〉(달걀·오리알 따위의) 흰자위.

【蛋子—자】dàn·zi [명]공모양의 물건.

dāng

★【当·當】 小部 3画 | dāng 마땅할 **당**

D

D

1〈动〉서로 걸맞다. 어울리다. ◇罚 fá 不~罪/처벌이 죄목에 맞지 않다. **2**〈助动〉당연히 …해야 한다. ◇理~如此/당연히 이와 같아야 한다. **3**〈动〉…을 마주 대하다. …을 향하다. 〔뒤에 흔히 '着'를 취하며 '当着' 뒤에는 사람이 온다〕◇你~着同学们发这么大的火, 到底为什么呢?/너는 급우들에게 그렇게 화를 내는데 도대체 무엇 때문이니? **4**〈介〉막(…할 때). 바로 (그 장소). 〔일이 발생한 시간이나 장소를 나타낸다. 뒤에 '的时候'와 '时'와 호응한다〕◇~听说我能来北京学习时, 我高兴得哭了/내가 북경으로 공부하러 올 수 있다는 말을 들었을 때 기뻐서 울었다. **5**〈动〉(직무 따위를) 담당하다. …이 되다. ◇他~了二十年司机, 从没出过事故/그는 20년간 운전사를 하면서 여지껏 사고가 난 적이 없다. **6**〈动〉감당하다. 〔주로 문어에 쓰이며 목적어·보어 등 취할 수 없다〕◇一人做事一人~/혼자 저지른 일은 혼자 책임진다. **7**〈动〉주관하다. ◇你也~一次家试试/너도 한번 집안 일을 맡아 꾸려 봐라. **8**〈动〉〈文〉(가로)막다. 저지하다. ◇螳臂 táng bì ~车/자기 분수를 모르고 무모하게 덤벼들다. **9**〈名〉〈文〉꼭대기. 끝. **10**〈의〉금속 기물의 부딪치는 소리. 땡그랑. ⇒dàng

【当班 —반】dāngbān 〈动〉당직을 서다. (同)〔值 zhí 班〕

【当兵 —병】dāng//bīng 〈动〉군인이 되다. 군대에 가다. (反)〔复员 fùyuán〕

【当不了 —불료】dāng·bu liǎo **1**…이 될 수 없다. (反)〔当得 de 了〕◇他这个人~领导/그 사람은 책임자가 될 수 없다. **2**(집안일을) 맡을 수 없다. ◇像你这样大手大脚, ~家/너같이 돈을 물쓰듯 하면 집안 일을 맡을 수 없다.

【当不起 —불기】dāng ·bu qǐ 감당할 수 없다.

【当差 —차】dāng//chāi **1**〈动〉옛날, 하급 관리로 일하다. 하인 노릇을 하다. **2**(dāngchāi) 〈名〉하인. 심부름꾼.

*【当场 —장】dāngchǎng 〈名〉현장. ◇~出丑/즉석에서 망신당하다. ◇~捕获 bǔhuò/현장에서 붙잡다.

【当场出彩 —장출채】dāngchǎng chūcǎi 〈成〉그 자리에서 비밀이 탄로나거나 정체가 드러나다. (同)〔当场出丑 chǒu〕, (反)〔马到成功 mǎ dào chéng gōng〕

*【当初 —초】dāngchū 〈名〉처음. 원래. 〔과거에 어떤 일이 발생한 때를 가리킴〕◇~的那股热情劲儿到哪儿去了?/그 때의 그 의욕은 어디로 갔니? (同)〔当时 shí〕, (反)〔现在 xiànzài〕

*【当代 —대】dāngdài 〈名〉당대. 그 시대.

【当道 —도】dāngdào **1**〈动〉〈贬〉정권을 잡다.

2(~儿)〈名〉길 가운데. **3**〈名〉옛날, 요직에 있는 권력자.

☆【当地 —지】dāngdì 〈名〉현지. ◇他下乡后, 在~找了一个爱人/그는 농촌에 간 후, 그 곳에서 아내를 얻었다. (同)〔本 běn 地〕, (反)〔异 yì 地〕

【当地人 —지인】dāngdìrén 〈名〉현지인.

【当归 —귀】dāngguī 〈名〉〈药〉당귀.

【当机立断 —기립단】dāng jī lì duàn 〈成〉기회를 포착하고 즉시 결단을 내리다. (同)〔毅然决然 yìrán jué rán〕, (反)〔犹豫不决 yóuyù bù jué〕

【当即 —즉】dāngjí 〈부〉〈文〉즉시.

*【当家 —가】dāng//jiā 〈动〉집안 일을 꾸려나가다. ◇她在二十五岁的时候就开始~了/그녀는 25세 때부터 집안을 꾸려나가기 시작했다.

【当家的 —가적】dāngjiā·de 〈名〉**1**〈口〉호주. 가장. **2**〈口〉(절의) 주지. **3**〈方〉남편.

【当家人 —가인】dāngjiārén 〈名〉세대주. 집주인.

【当家作主 —가작주】dāngjiā zuòzhǔ 〈动〉주인 노릇하다.

【当间儿 —간아】dāngjiànr 〈名〉〈方〉한가운데. 한복판.

【当街 —가】dāngjiē **1**〈动〉길에 접해 있다. **2**〈名〉〈方〉길거리.

【当今 —금】dāngjīn 〈名〉**1**오늘날. 지금. **2**(재위 중인) 황제.

【当紧 —긴】dāngjǐn 〈形〉〈方〉중요하다.

*【当局 —국】dāngjú 〈名〉당국. ◇政府~/정부 당국. ◇~者迷, 旁观者清/당사자보다 제삼자가 더 잘 안다.

【当空 —공】dāngkōng 하늘에. 상공에.

【当口儿 —구아】dāng·kour 〈名〉〈口〉(일이 발생하거나 진행 중인) 바로 그때.

【当啷 —랑】dānglāng 〈의〉금속물 따위가 딱딱한 물체에 부딪쳐 나는 소리. 땡그랑.

【当令 —금】dānglìng 〈动〉철에 맞다.

*【当面 —면】dāng//miàn (~儿)〈名〉면전에서. 〔부사적 용법으로 많이 쓰임〕◇~对质/면전에서 대질하다. (同)〔对 duì 面〕, (反)〔背 bèi 后〕

【当面锣对面鼓 —면라대면고】dāng miàn luó duì miàn gǔ 〈喻〉얼굴을 마주하고 상담하거나 논쟁을 하다.

☆【当年 —년】dāngnián 〈名〉**1**그 당시. 그 해. ◇~的放牛娃 wá, 如今当上了总经理/당시의 소 치는 목동이 지금 사장이 되었다. (反)〔现在 xiànzài〕**2**왕성한 나이. 한창 때. ◇他们正~, 多干gàn点儿没关系/그들은 이제 원기왕성한 때라서 일을 좀 더 해도 관계없다.

☆【当前 —전】dāngqián **1**〈名〉현 단계. 지금.

◇~正是春暖花开的季节/지금이 바로 꽃피고 화창한 계절이다. **2**冠직면하다.

【当权－权】dāng//quán 통권력을 장악하다.

【当口－儿】dāngr **1**(同)〔当口 kǒu〕**2**图〈口〉(시간·장소 등의) 간격. 틈.

★【当然－연】dāngrán **1**형당연하다. ◇理所~/이치상 당연하다. ◇你是我们~的班长/당신은 당연히 되어야 할 우리의 반장이다. **2**부물론. ◇今晚的舞会, 我~要参加/나는 오늘 저녁 댄스 파티에 물론 참석할 것이다.

【当仁不让－인불양】dāng rén bù ràng〈成〉마땅히 해야 할 일이라면 발벗고 나서서 하다. (同)〔责无旁贷 zé wú páng dài〕, (反)〔推三阻四 tuī sān zǔ sì〕

【当日－일】dāngrì 图〈文〉그 날. 그 당시.

☆【当时－시】dāngshí 图당시. 그 때. ◇事后才知道/그때는 몰랐지만 일이 발생한 후에야 알았다. (同)〔当日 rì〕, (反)〔现在 xiànzài〕 비교当时:等 아직 발생하지 않은 일에는 "当时"를 쓰지 않는다. ◇(当时)等照相的时候, 我再告诉你, 现在别问了/사진 찍을 때가 되거들랑 네게 알려줄테니 지금은 묻지마.

*【当事人－사인】dāngshìrén 图**1**당사자. **2**〈法〉소송 당사자.

【当天－천】dāngtiān (同)〔当日 rì〕⇒dàngtiān

【当头－두】dāngtóu **1**부머리를 향해. 정면에. ◇~一棒/〈諺〉〈喩〉깨닫게 해주는 경고. 돌발적인 타격을 주다. **2**통(일이) 눈앞에 닥치다. **3**통제일로 하다. 수위(首位)에 두다.

【当头棒喝－두봉갈】dāng tóu bàng hè〈成〉불교의 선종이 선승(禪僧)막대기로 학승(學僧)의 머리를 때리거나 소리질러 깨우침을 주다. 〈喩〉깨닫게 해주는 경고.

【当务之急－무지급】dāng wù zhī jí〈成〉급선무. (反)〔不 bù 急之务〕

【当下－하】dāngxià 부즉각. 바로.

【当先－선】dāngxiān **1**통앞장 서다. **2**〈方〉당초. (同)〔抢 qiǎng 先〕, (反)〔落后 luò//hòu〕

*【当心－심】dāngxīn **1**통조심하다. 주의하다. ◇跟这种人打交道, 你可千万~/그런 사람과 상대할 때 제발 조심해라. **2**图정중앙. 한복판. ◇拖拉机停在场院~/트랙터를 마당 한복판에 세워 놓았다. (同)〔小 xiǎo 心〕, (反)〔粗 cū 心〕

*【当选－선】dāngxuǎn 통당선되다. ◇他再次~为工会主席/그는 노조위원장으로 재선되었다.

【当着…的面－착…적면】dāng·zhe…de miàn〈口〉…의 앞에서. ◇让他~大家~儿谈清

楚/그에게 모두 앞에서 확실히 이야기하라고 해라.

【当政－정】dāngzhèng 통정권을 쥐다.

【当之无愧－지무괴】dāng zhī wú kuì〈成〉(그 이름에) 부끄럽지 않다. 직책에 앉아 손색이 없다. (同)〔受之无愧 shòu zhī wú kuì〕, (反)〔无功受禄 wú gōng shòu lù〕

【当中－중】dāngzhōng 图1**중간. 한복판. ◇鱼池建在花园~/연못을 화원 한복판에 만들었다. **2**…중에. …가운데. ◇我们~的许多人都到过长城/우리들 중에 많은 사람들이 만리장성에 가 봤다.

【当中间儿－중간아】dāngzhōngjiànr 图〈口〉한가운데.

【当众－중】dāngzhòng 부대중 앞에서. (反)〔私下 sīxià〕

【当子－자】dāng·zi 图〈方〉(일정한) 간격. 틈.

dǎng

☆【挡·擋(攩)】扌部 | dǎng
6画 | 막을 **당**

1통가로막다. ◇车放这儿~着门, 人走不去/차를 여기에 놓아 문을 막고 있어 사람이 지나갈 수 없다. **2**통가리다. ◇前边的高楼~了十几家的窗户/앞에 있는 고층 빌딩이 10여 집의 창문을 가리고 있다. **3**(~儿)图덮개. 가리개. 씌우개. **4**图〈略〉〈機〉'排 pái 挡'(기어, gear)의 준말. **5**계기나 측량장치로 나타내는 광량(光量)·전기량·열량 등의 등급.

【挡板－판】dǎngbǎn 图**1**덧문. 바람막이문. **2**방음판.

【挡车－차】dǎng//chē 통〈紡〉방적기계를 조작하다.

【挡车工－차공】dǎngchēgōng 图**1**〈紡〉방적기계 노동자. (同)〔当 dāng 车工〕**2**(동력 기계의) 정비공.

【挡风－풍】dǎng fēng 바람을 막다.

【挡驾－가】dǎng//jià 통〈婉〉방문(객)을 사절하다.

【挡箭牌－전패】dǎngjiànpái 图**1**(화살을 막는) 방패. **2**(책임 회피의) 구실. 핑계.

【挡住－주】dǎng·zhù 통막다.

☆【党·黨】小部 | 儿部 | dǎng
7画 | 8画 | 무리 **당**

1图정당. **2**图〈貶〉(개인의 이해 관계로 결성된) 집단. 파벌. 도당. **3**图〈文〉편을 들다. **4**图〈文〉친족. **5**图(Dǎng)성(姓).

【党报－보】dǎngbào 图당 기관지.

【党阀－벌】dǎngfá 图〈政〉당내에서 파벌을 조성하여 횡포를 부리는 보스. 당수.

【党费－비】dǎngfèi 图〈政〉**1**정당의 운영비. **2**당원의 납부금.

D

【党风－풍】dǎngfēng 圐당풍. 당의 기풍.

【党纲－강】dǎnggāng 圐당의 강령.

【党锢－고】dǎnggù 圐〈文〉고대 때 반대당 사람이 관직에 앉지 못하게 하거나 정치 활동을 제한하는 일.

【党棍－곤】dǎnggùn 圐정당에서 권세를 믿고 나쁜 짓을 하는 자.

【党籍－적】dǎngjí 圐당적. 당원의 적(籍).

【党纪－기】dǎngjì 圐당의 기율.

【党课－과】dǎngkè 圐당내의 교육과정.

【党魁－괴】dǎngkuí 圐〈文〉〈貶〉당수. 도 당의 괴수.

【党龄－령】dǎnglíng 圐(당원의) 재당년수. 정당 경력.

*【党派－파】dǎngpài 圐정당내 파벌.

【党旗－기】dǎngqí 圐당기. 정당의 상징기.

【党同伐异－동벌이】dǎng tóng fá yì〈成〉의견이 같은 자끼리 서로 두둔하고 의견이 다른 사람을 공격하다. (同)〔排除异己 pái chú yì jǐ〕, (反)〔一视同仁 yī shì tóng rén〕

【党徒－도】dǎngtú 圐〈貶〉도당. 같은 패.

【党团－단】dǎngtuán 圐1중국 공산당과 공산주의 청년단의 약칭. 2정당과 단체. 3동일 정당을 대표하는 국회의원 단체.

【党外人士－외인사】dǎngwài rénshì 圐당원 아닌 사람.

*【党委－위】dǎngwěi 圐당의 각급 위원회.

【党务－무】dǎngwù 圐당의 사무.

【党校－교】dǎngxiào 圐(중국 공산당의) 당 간부학교.

【党性－성】dǎngxìng 圐1당원의 의식수준을 평가하는 기준. 2공산당원의 의식수준.

【党羽－우】dǎngyǔ 圐〈貶〉한패. 도당.

☆【党员－원】dǎngyuán 圐당원.

*【党章－장】dǎngzhāng 圐당의 헌장. 당의 규약.

【党证－증】dǎngzhèng 圐당원증.

dàng

☆【当·當】 小部 dàng
3画 맡을 당
1圐적합하다. 알맞다. 2圐…에 상당하다. …에 해당하다. 3圐간주하다. (…로) 삼다. ◇大家别把我~成外人, 请多帮助/모두들 나를 남으로 여기지 마시고 많이 도와주시기 바랍니다. 4圐…라고 생각하다. ◇好久不见了, 我~你回国了呢/오래 못 만나서 네가 귀국한 줄 알았어. 5당 발생한 시간을 가리킨다. 6圐저당 잡히다. 7圐저당 잡힌 물건. ⇒dāng

【当成－성】dàngchéng 圐…로 여기다.

【当家子－가자】dàngjiā·zi 圐〈方〉동족. 친족.

【当年－년】dàngnián 圐〈文〉그 해. 같은 해. ◇这个工厂~兴建, ~投产/이 공장은 같은 해에 세워지고 조업이 시작되었다.

【当票－표】dàngpiào 圐전당표.

【当铺－포】dàng·pù 圐전당포.

【当日－일】dàngrì (同)〔当天 tiān〕

【当时－시】dàngshí 圐땁바로 그 때. 즉시. ◇他一听到这个消息, ~就跑来了/그는 그 소식을 듣자마자 즉시 달려왔다.

*【当天－천】dàngtiān 圐그 날. 같은 날. ◇坐火车去, 可以~去~回/기차로 가면 그 날 갔다가 그날 돌아올 수 있다. ⇒dāng tiān

【当头－두】dàng·tou 圐〈口〉저당물.

【当晚－만】dàngwǎn 圐그날 저녁.

【当夜－야】dàngyè 圐그날 밤.

【当月－월】dàngyuè 圐그달. 같은 달.

【当真－진】dàngzhēn 1圐진실로 받아들이다. ◇他爱和妻子开个玩笑, 妻子从来没~过/그는 아내와 농담을 잘해서 처는 여지껏 진짜로 받아들인 적이 없다. 2圐과연. 정말로. ◇气象站报告今天有雷阵雨, 傍晚~下起来了/기상대에서 오늘 천둥과 번개를 동반한 비가 내린다고 했는데 저녁 무렵 정말로 내리기 시작했다.

☆【当做－주】dàngzuò 圐…로 여기다. …로 삼다. ◇参军后我就把部队~自己的家/나는 입대한 후 부대를 내 집으로 생각했다.

【档·檔】 木部 dàng
6画 책상 당
1圐(격자로 짠) 선반이나 장. 〔대개 서류를 보관하는 데 쓰임〕 2圐(기관이나 기업 등이 분류·보존하는) 문서. 서류. 3(~儿)圐(물건에 대어서 지탱시키거나 고정시키도록 하는) 가로대. 가로장. 4圐(상품·제품의) 등급. ◇高~/고급. 5圐〈俗〉〈機〉기어(gear).

**【档案－안】dàng'àn 圐보존용 공문서나 개인 신상기록.

*【档次－차】dàngcì 圐(일정한 기준에 따라 분류한) 등급. ◇商品种类多, ~全/상품의 종류가 많고 등급이 고루 갖추어져 있다. (同)〔档儿〕

【档子－자】dàng·zi 圐〈方〉1사건이나 일을 세는 단위. 2조(組)를 이루는 곡예나 서커스 따위를 세는 단위.

*【荡·蕩(盪)】 ⺿部 dàng
6画 클 탕
1圐흔들(리)이다. 움직이다. (同)〔晃 huàng〕 2圐어슬렁거리다. 3圐씻다. 헹구다. 4圐완전히 제거하다. 일소하다. 5圐방탕하다. 6圐얕은 호수나 늪.

【荡产－산】dàngchǎn 圐재산을 탕진하다.

【荡除-제】dàngchú 働없애다. ◇~积习/
고질적인 습관을 버리다.
【荡涤-척】dàngdí 働〈文〉깨끗이 씻다.
【荡平-평】dàngpíng 働평정하다.
【荡气回肠-기회장】dàng qì huí cháng
(同)〔回肠荡气〕
【荡然-연】dàngrán 働〈文〉(원래 있던 것
이) 완전히 없어지다.
【荡漾-양】dàngyàng 働(물·파도가) 출
렁이다. (음성·감정 등이) 물결치다. 울
려퍼지다.

dāo

★【刀】 刀部 dāo
0画 칼 도
1⃝고대 병기로서의 칼. 2⃝칼 모양의 물
건. 3⃝종이를 세는 단위. 〔통상 100장
을 가리킴〕4(Dāo)⃝성(姓).
【刀疤-파】dāobā ⃝칼자국.
【刀把儿-파아】dāobàr (同)〔刀把子 zi〕
【刀把子-파자】dāobà·zi ⃝칼자루.
【刀背-배】dāobèi (~儿)⃝칼등.
【刀笔-필】dāobǐ ⃝〈文〉대나무 조각에 글
자를 새기는 칼. 〈轉〉〈貶〉(소송 관계의)
문서를 작성하는 일 또는 사람.
【刀兵-병】dāobīng ⃝무기. 〈轉〉전쟁.
【刀柄-병】dāobǐng ⃝칼자루.
【刀疮-창】dāochuāng ⃝칼에 베인 상처.
【刀豆-두】dāodòu ⃝〈植〉작두콩.
【刀锋-봉】dāofēng (同)〔刀尖 jiān〕
【刀耕火种-경화종】dāo gēng huǒ zhòng 화
전경작. (反)〔精耕细作 jīng gēng xì zuò〕
【刀光剑影-광검영】dāo guāng jiàn yǐng
〈成〉피비린내나는 혈전. 살기등등한 기세.
【刀尖-첨】dāojiān (~儿)⃝칼날. 칼끝.
【刀具-구】dāojù ⃝〈機〉절삭 공구의 총칭.
【刀口-구】dāokǒu ⃝칼날. 2〈喩〉가장 중
요한 곳. 결정적인 곳. 3벤 자리.
【刀马旦-마단】dāomǎdàn ⃝〈演〉중국 전
통극에서 무예에 뛰어난 여자역.
【刀片-편】dāopiàn ⃝1〈機〉절삭공구의 날.
2(~儿)안전 면도날.
【刀枪-창】dāoqiāng ⃝칼과 창. 무기.
【刀儿-아】dāor ⃝작은 칼.
*【刀刃-인】dāorèn (~儿)⃝칼날.
【刀山火海-산화해】dāo shān huǒ hǎi 〈成〉
칼의 숲과 불바다. 매우 험난한 곳.
☆【刀身-신】dāoshēn ⃝칼의 몸.
【刀子-자】dāo·zi ⃝〈口〉작은 칼.

【叨】 口部 dāo
2画 탐할 도
⇒dáo, tāo
【叨叨-도】dāo·dao 働〈貶〉종알대다. 계속
지껄이다.
【叨登-등】dāo·deng 働〈方〉〈口〉1뒤집다.
2(지난 일을) 다시 들추다.
*【叨唠-로】dāo·lao 働〈口〉이러쿵 저러쿵
말을 많이 하다. 잔소리하다. ◇为一点小
事就~个没完没了 liǎo/사소한 일로 끝도
없이 계속 지껄이다. (同)〔叨叨〕
【叨念-념】dāoniàn 働중얼거리다.

dáo

【叨】 口部 dáo
2画 탐할 도
⇒dāo, tāo
【叨咕-고】dáo·gu 働중얼거리다.

dǎo

【导·導】 寸部 dǎo
3画 인도할 도
1働인도하다. 이끌다. 2働전도하다. 3働
지도하다. 4⃝연출. 감독.
【导板-판】dǎobǎn ⃝〈演〉중국 전통극, 특
히 경극(京劇)의 박자의 일종. 〔노래는
시작하기 직전에 함〕
【导标-표】dǎobiāo ⃝항로 표지.
【导出单位-출단위】dǎochū- dānwèi ⃝국
제 도출 계량 단위.
**【导弹-탄】dǎodàn ⃝〈軍〉유도탄. 미사일.
【导电-전】dǎodiàn 〈物〉전기가 통하다.
【导发-발】dǎofā 일으키다. 야기시키다.
◇由于疏忽 shū·hū~了事故/부주의로 사
고를 일으키다.
【导购-구】dǎogòu 상품구매안내(를 하다).
【导管-관】dǎoguǎn ⃝1파이프. 2(動)맥
관. 3〈植〉도관.
*【导航-항】dǎoháng 働〈航〉비행기나 배를
유도하다.
【导火线-화선】dǎohuǒxiàn ⃝1〈軍〉도화
선. (同)〔导火索 suǒ〕2〈貶〉사건 발생의
직접 원인.
【导热-열】dǎorè ⃝열전도.
*【导师-사】dǎoshī ⃝1지도교수. ◇在大学
时, ~对我要求 yàoqiú 很严格/대학에
있을 때 지도교수가 나에게 엄격했다. 2
지도자.
【导体-체】dǎotǐ ⃝〈物〉도체(導體).
【导线-선】dǎoxiàn ⃝〈電〉도선.
【导向-향】dǎoxiàng 働1발전되어 나가다.
2방향으로 인도하다. 3행동이나 발전의

D

방향을 지도하다.

【导言-언】dǎoyán 몡머리말. 서론.

∗∗【导演-연】dǎoyǎn 〈演〉1동연출하다. 감독하다. 2몡연출자. 감독. ◇这位老~导演过很多片子/이 감독은 영화를 많이 감독했다.

【导扬-양】dǎoyáng 동〈文〉고취·선양하다.

∗【导游-유】dǎoyóu 1동(관광객을) 안내하다. ◇刚上班, 情况不熟悉 shúxī, 他~不了/그는 입사한 지 얼마 안 되어 상황을 몰라 안내할 수 없다. ◇~图/관광 안내지도. 2몡관광 가이드. ◇我来给你们做~/내가 당신들에게 관광 가이드가 되어 드리겠습니다.

【导源-원】dǎoyuán 동1(…에서) 발원하다. 시작하다. 〔뒤에 '于'와 결합함〕 2(…로 부터) 생기다. 나오다. 발전하다.

∗∗【导致-치】dǎozhì 동야기하다. (어떤 사태를) 초래하다. ◇一句玩笑话, 他~了一场争论/한마디 농담으로 한바탕 논쟁이 일어났다.

☆【岛·島】山部 dǎo 4画 섬 도
몡섬.

【岛国-국】dǎoguó 몡섬나라.

∗∗【岛屿-서】dǎoyǔ 몡〈文〉섬.

【捣·搗(擣)】扌部 dǎo 7画 찧을 도
동1(절굿공 따위로) 찧다. 빻다. 〈轉〉치다. 공격하다. ◇奶奶正~着蒜 suàn/할머니가 마늘을 찧고 있다. ◇他~了我一拳/그가 나를 한 주먹 쳤다. 2두들기다. ◇~衣/옷을 (빨래 방망이로) 두드리다. 3교란하다. 괴롭히다. 문제를 일으키다. ◇你别跟他们一起在这儿~乱!/너 여기서 그들과 함께 문제를 일으키지 말아라.

∗【捣蛋-단】dǎo//dàn 생떼를 부리다. 소란[말썽]을 피우다. ◇小调 tiáo 皮鬼次在班上~/개구쟁이가 반에서 여러 번 말썽을 부렸다.

【捣鼓-고】dǎo·gu 동〈方〉1만지작거리다. 2경영하다.

【捣鬼-귀】dǎo//guǐ 음모를 꾀하다.

【捣毁-훼】dǎohuǐ 동때려 부수다. (同)〔摧 cuī 毁〕〔砸坏 zǎhuài〕

∗【捣乱-난】dǎo//luàn 동소동을 일으키다. 소란을 피우다. ◇谁在会场~, 就把他赶出去/회의장에서 소란 피우는 자는 쫓아내겠다. (同)〔扰 rǎo 乱〕

【捣麻烦-마번】dǎo má·fan 의도적으로 말썽을 부리다.

【捣腾-등】dǎo·teng (同)〔倒 dǎo 腾〕

★【倒】亻部 dǎo 8画 엎드러질 도

동1(사람 또는 똑바로 서 있는 것이) 넘어지다. 쓰러지다. ◇夜里刮大风, ~了五棵树/밤에 강풍이 불어서 나무 다섯 그루가 쓰러졌다. ◇一路上老妈妈不知摔 shuāi~了多少次/하는 도중에 얼마나 자빠졌는지 모른다. (同)〔倾 qīng〕, (反)〔竖 shù〕2(사업이) 도산하다. 망하다. ◇那一年, 几十家商店全~了/그 해 상점이 수십 개나 도산했다. (同)〔垮 kuǎ〕, (反)〔成 chéng〕3(연극배우의 목소리가) 잠기거나 쉬다. ◇他的嗓子~了, 不再登台/그는 목이 잠겨서 더이상 무대에 오르지 않는다. 4(식욕이) 떨어지다. ◇~胃口/식욕이 떨어지다. 5바꾸다. ◇星期六有约会, 咱俩~~班可以吗?/토요일에 약속이 있는데 우리 교대 좀 합시다. (同)〔换 huàn〕6움직이다. 옮기다. ◇病人不停地~着身/환자가 계속 몸을 움직이고 있다. ◇屋里的东西真多, 一天才~完/방 안의 물건이 정말 많아 하루만에야 다 옮겼다. 7매점매석하다. 투기꾼. ⇒dào

【倒把-파】dǎobǎ 동〈方〉〈經〉매매차익을 노리다.

【倒班-반】dǎo//bān 동(작업을) 교대하다.

∗【倒闭-폐】dǎobì 동도산하다. 망하다. (同)〔关 guān 闭〕, (反)〔开张 kāi//zhāng〕

【倒毙-폐】dǎobì 동땅에 쓰러져 죽다.

【倒仓-창】dǎo//cāng 동1창고의 곡물을 밖에 내어 말리다. 2곡물을 이 창고에서 저 창고로 옮기다. 3배우의 목청이 사춘기에 변성하다.

【倒茬-치】dǎochá 동〈農〉윤작하다.

【倒车-차】dǎo//chē 동차를 갈아타다. ◇这是直达列车, 中间不用~/이 열차는 직행이여서 중간에 갈아탈 필요가 없다. (同)〔换 huàn 车〕

【倒伏-복】dǎofú 동〈農〉농작물이 쓰러지다.

【倒戈-과】dǎogē 동창을 거꾸로 돌리다. 〈轉〉배반하다.

【倒海翻江-해번강】dǎo hǎi fān jiāng〈成〉힘이나 세력이 매우 성한 모양. (同)〔翻江倒海〕

【倒换-환】dǎohuàn 동1번갈아서 바꾸다. (同)〔掉 diào 换〕2교체하다.

【倒汇-회】dǎohuì 몡환투기(하다).

【倒嚼-작】dǎojiào 동반추(하다). (同)〔倒嚼 jiào〕

【倒买倒卖-매도매】dǎo mǎi dǎo mài 낮은 가격에 사들여 고가로 파는 투기행위. 매점매석하다.

【倒卖-매】dǎomài 동매점매석하다.

∗∗【倒霉-미】dǎo//méi 혱재수없다. 운수사납다. ◇真~, 出门就摔 shuāi 了个大跟

头/정말 재수없다. 문을 나서자마자 곤두
박질했다. (同)〔倒运 yùn〕, (反)〔幸运 xì-
ngyùn〕

【倒牌子－패자】dǎo pái·zi 상품이나 서비
스의 (질이 떨어져서) 신용을 잃다.

【倒儿爷－아야】dǎoryé 图〈貶〉(낮은 가격
에 사들여 고가로 팔아 넘기는) 투기꾼.
(同)〔倒儿 dǎor〕

【倒嗓－상】dǎo// sǎng 图(중국 전통극 배
우의) 목소리가 쉬다.

【倒手－수】dǎo// shǒu 图1손을 바꾸어 가
지다. 2(주로 상품 거래에서) 되넘기다.

【倒塌－탑】dǎotā 图(건축물이) 무너지다.
(同)〔坍 tān 塌〕, (反)〔耸立 sǒnglì〕

【倒台－대】dǎo// tái 图실각하다. 쓰러지
다. (同)〔垮 kuǎ 台〕, (反)〔上 shàng 台〕

＊＊【倒腾－등】dǎo·teng 图1옮기다. 이동하
다. ◇秘书把文件～了一遍/비서가 서류
를 쭉 한번 뒤져보았다. 2바꾸다. 이동시
켜 배치하다. ◇人手少, 事情多, ～不开/
일손은 딸리고 일은 많아 인원배치를 할
수가 없다. 3사서 되팔다. (同)〔搗 dǎo 腾〕

【倒替－체】dǎotì 图교대로 바꾸다. 번갈다.

【倒头－두】dǎo// tóu 图1눕다. 2〈方〉죽다.
〔흔히 악담에 쓰임〕

【倒胃口－위구】dǎo wèi·kou 1느끼해서 물
리다. 2싫증나다.

【倒休－휴】dǎoxiū 图대체 휴일.

【倒牙－아】dǎoyá 〈方〉이가 시리다.

＊【倒爷－야】dǎoyé 〈貶〉투기상. (同)〔倒儿
dǎor 爷〕

【倒运－운】dǎo// yùn 1图〈方〉재수없다. (同)
〔倒霉 méi〕2(dǎoyùn)암거래로 물건
을 옮겨다 팔다.

【倒灶－조】dǎo// zào 图〈俗〉실패하다. 파
산하다. (同)〔倒霉 méi〕

【倒账－장】dǎozhàng 1图빚을 떼먹다. 2
图떼인 외상값.

【祷·禱】衤部 dǎo
7画 빌 도
图1기도하다. ◇祈～/기도하다. 2〈牘〉바
라다. 소망하다. 〔옛날, 서신용어〕 ◇盼
pàn～/간절히 바랍니다.

【祷告－고】dǎogào 图기도 드리다. 기원하
다. (同)〔祈 qí 祷〕, (反)〔诅咒 zǔzhòu〕

【祷念－념】dǎoniàn 图기도하다.

【祷祝－축】dǎozhù 图기도하다. 기원하다.

【蹈】足部 dǎo
10画 밟을 도
图1밟다. ◇重 chóng～覆辙 fù zhé
/전철을 밟다. 2뛰다. 춤추다.

【蹈常袭故－상습고】dǎo cháng xí gù 〈成〉
답습하다. (同)〔因 yīn 袭旧套〕, (反)〔不
主故常 bù zhǔ gù cháng〕

【蹈海－해】dǎohǎi 图〈文〉(자살하려고) 바
다에 투신하다.

【蹈袭－습】dǎoxí 图〈文〉답습하다. (同)
〔袭用 yòng〕, (反)〔创新 chuàngxīn〕

dào

★【到】至部 刂部 dào
2画 6画 이를 도

1图도착하다. 도달하다. …에 이르다〔미
치다〕. ◇～了楼门口了, 快下车吧/건물
입구에 도착했습니다. 어서 내리십시오.
(同)〔抵 dǐ〕, (反)〔发 fā〕2…에…
로. …까지. ◇～郊外去/교외로 가다. 3
(동사 뒤에 결과보어로 쓰여) …에 미치
다. …에 이르다. …을 해내다. 〔동작이
목적에 도달하거나 성취된 것을 나타냄〕
a)동작에 결과가 생김을 나타낸다. ◇买
～票以后告诉我/표를 사고 나서 나에게
알려줘. b)동작이 어느 시간까지 지속됨
을 나타낸다. ◇每个星期日孩子们都睡～
九点/애들은 매주 일요일마다 9시까지
잔다. c)사람이나 사물이 동작을 통해서
어느 곳에 도달했음을 나타낸다. ◇他回
～北京了/그는 북경에 돌아왔다. d)일이
나 상태가 어느 정도까지 발전 변화됨을
나타낸다. ◇那棵小树长 zhǎng～四米了/
그 작은 나무가 4미터까지 자랐다. 4图
소홀하지 않다. ◇有不～的地方, 请多提
意见/소홀한 곳이 있으면 의견을 많이
내주시기 바랍니다. 5(Dào)图성(姓).

【到岸价－안가】dào'ànjià 图〈經〉운임·보험
료 포함 가격(C.I.F.).

【到场－장】dào// chǎng 图1현장에 가다.
2(집회에) 참가하다.

☆【到处－처】dàochù 图도처. 가는 곳마다.
◇～找也没有找到/곳곳을 찾아 보았어도
못 찾았다. (同)〔抵达 dǐdá〕, (反)〔离去
líqù〕

☆【到达－달】dàodá 图도착하다. ◇下午三点
整, 列车～北京站/열차가 오후 3시 정각
에 북경역에 도착했다. 比較到达:达到
추상명사목적어에는 "到达"를 쓰지 않는
다. ◇你的汉语成绩已(×到达)达到了三年
级的水平了/너의 중국어 성적은 이미 3
학년 수준에 이르렀다.

【到得了－득료】dào ·de liǎo (어떤 처소나
상태 등에) 도달할 수 있다.

☆【到底－저】dàodǐ 图1도대체. 〔의문문에
쓰임〕 ◇火星上～有没有生命?/화성에 도
대체 생명체가 있습니까? 2마침내. 결국.
◇我想了好久, ～明白了/나는 한참 생각
했고 마침내 이해했다. 3아무래도. 역시.
◇北方比南方～冷一些/북방은 남방보다

D

역시 좀 춥다. **4**(dào∥dǐ)[동]끝까지 하다. ◇既然帮忙就要帮～/기왕 도울 바엔 끝까지 도와야 한다. [비교]到底:始终 처음부터 끝까지의 전체과정을 나타낼 때는 "到底"를 쓰지 않는다. ◇由于很兴奋, 所以睡觉时(×到底)始终睡不香/흥분해서 잠잘 때 결국 단잠을 잘 수 없었다.

【到顶－정】dào∥dǐng [동]절정에 이르다.

【到家－가】dào∥jiā [동]**1**집에 도착하다. **2** 높은 수준에 달하다. 완숙해지다. (同)〔高明 gāomíng〕, (反)〔差劲 chàjìn〕

*【到来－래】dàolái [동]도래하다. 〔주로 사물에 쓰인다〕 ◇圣诞节～了, 到处是一片节日气氛/크리스마스가 다가오자 가는 곳마다 온통 명절 분위기이다. (同)〔来临 lín〕, (反)〔离去 líqù〕

【到了儿－료아】dàoliǎor [부]〈方〉마침내. 결국.

*【到期－기】dào∥qī [동]만기가 되다. ◇签证 qiānzhèng 已～两天了/사증이 만기된지 이미 이틀이 되었다.

【到任－임】dàorèn [동]부임하다. (同)〔上 shàng 任〕, (反)〔卸 xiè 任〕

【到手－수】dào∥shǒu [동]손에 넣다.

【到头－두】dào∥tóu (～儿)[동]끝에 이르다.

【到头来－두래】dàotóulái [부]결국은. 급기야는. 〔주로 나쁜 방면에 쓰임〕

【到…头上来－…두상래】dào …tóu·shang lái 〈口〉…에게〔한테〕까지 …하려 들다. 〔제멋대로 구는 상대방의 행위에 분노를 나타내는 말〕 ◇欺负 qī·fu 到我头上来了, 他也太大胆了吧!/나까지 괴롭히려 하다니 그도 너무 간이 크군!

【到职－직】dào∥zhí [동]취임하다.

☆【倒】 亻部 8画 dào 엎드릴 **도**

1[동](상하·전후의 위치나 순서가) 거꾸로 되다〔하다〕. 반대로 되다. ◇～数第一行/밑에서 첫째 줄. ◇第一、二册的顺序～了, 第一册应放上边/제 1·2권의 순서가 거꾸로 되어 있어서 제1권을 위에 놓아야 한다. **2**[부]역으로. 거꾸로. ◇～找钱/거꾸로 돈을 거슬러 받다. **3**[동]후퇴하다〔시키다〕. 역으로 움직이다. ◇司机同志, 向后～～车好吗?/운전기사님, 차를 뒤로 좀 빼주시겠습니까? **4**[동]따르다. 붓다. 쏟다. ◇他正给客人们～着酒/그는 마침 손님들에게 술을 따라주고 있다. ◇我也往楼下～过垃圾 lājī/나도 아래층에다 쓰레기를 버린 적이 있다. **5**[동]마음 속의 말을 전부 말하다. ◇我把心里话都～给你了, 你还不相信吗?/내가 마음 속의 말을 네게 모두 했는데도 믿지 못하겠니? **6**[부]오히려. 의외로. 〔예상과 상반됨을 나타낸다〕 ◇你撞 zhuàng 了我的车, ～让我向你赔 péi 礼道歉 qiàn, 这是什么道理?/당신이 내 차를 부딪쳐 놓고서 오히려 나더러 당신에게 사과하라고 하니 이게 무슨 이치요? **7**(흔히 '说(想/看)＋得～'의 구조로 쓰여) 일이 말하는 것처럼 그렇지 않음을 나타내며 역설적인 어투를 갖는다. ◇太极拳几天就学会, 说得～容易/태극권을 며칠만에 마스터하는 것은 말하는 것처럼 그렇게 쉽지 않다. **8**…하기는 하지만. 〔양보를 나타낸다. 흔히 '但, 就是, 不过, 可惜, 可是' 등과 호응한다〕 ◇下午有～有时间, 不过想休息一下儿/오후에 시간이 있기는 있지만 좀 쉬고 싶다. **9**…말이야. 도대체. 〔재촉이나 추궁함을 나타내며 귀찮다는 어투를 내포한다〕 ◇你～快点吃呀, 时间不早了/시간이 늦었어. 좀 빨리 먹어. ⇒dǎo

【倒背如流－배여류】dào bèi rú liú 시문을 막힌 데 없이 암송하다.

【倒彩－채】dàocǎi (同)〔倒好儿 hǎor〕

【倒插门－삽문】dàochāménr (～儿)[명]데릴사위.

【倒产－산】dàochǎn [동]도산하다. (同)〔逆 nì 产〕

【倒车－차】dào∥chē [동]차를 후진시키다.

【倒春寒－춘한】dàochūnhán [명]꽃샘추위.

【倒打一耙－타일파】dào dǎ yī pá 〈成〉자기의 잘못은 인정치 않고 오히려 남을 비난하다. 적반하장.

【倒读数－독수】dàodúshù 인공위성·우주선 발사 때의 카운트다운.

【倒风－풍】dàofēng 바람이 굴뚝 출구로 들어가 연기가 나가지 못하다.

【倒挂－괘】dàoguà **1**거꾸로 걸려 있다. **2** 비싸야 할 것이 싸고, 싸야 할 것이 비싼 것을 비유함.

【倒灌－관】dàoguàn [동]역류하다.

【倒过儿－과아】dào∥guòr [동]뒤바뀌다.

【倒好儿－호아】dàohǎor 배우나 운동선수가 실수했을 때 일부러 '好(잘한다 잘해)'라고 하며 야유하기. (同)〔喊 hǎn 倒好儿〕

【倒剪－전】dàojiǎn [동]두 손을 몸뒤로 하다. ◇～双手/두손을 뒤로 돌려 묶다.

【倒立－립】dàolì **1**[동]거꾸로 서다. ◇水中映现出～的塔 tǎ 影/수면에 거꾸로 서있는 탑 그림자가 나타났다. **2**[명]〈體〉물구나무서기.

【倒流－류】dàoliú [동]역류하다. 거꾸로 흐르다. (同)〔逆 nì 流〕, (反)〔顺 shùn 流〕

【倒赔－배】dàopéi [동]벌기는커녕 본전조차 못 건지다.

☆【倒是－시】dào·shì [부]**1**오히려. 〔보통 도

리·경우에 맞지 않음을 나타낸다〕◇该
说的不说, 不该说的～说个没完没了 liǎo/
할 말은 안하고 해서는 안될 말은 오히
려 끝도 없이 한다. **2**일이 말하는 것처럼
그렇지 않음을 나타내며 책망의 의미를
내포한다. ◇说的～容易, 你来试试!/말하
는 것이야 쉽지, 네가 한번 해봐! **3**화자
의 뜻밖임을 나타냄. ◇还有什么理由, 我
～想听一听/도 무슨 이유가 있는지 한번
들어보고 싶다. **4**양보를 나타낸다. ◇东
西～好东西, 就是价钱太贵/물건은 좋지
만 가격이 너무 비싸다. **5**그런대로. 〔역
접을 나타낸다〕◇屋子不大, 布置得～挺
讲究/방은 크지 않지만 그런대로 아주
꼼꼼하게 꾸몄다. **6**어감을 부드럽게 함.
◇如果人手不够, 我～愿意帮忙/만약 일
손이 부족하면 내가 기꺼이 도와드리죠.
7재촉이나 추궁함을 나타낸다. ◇你～去
过没去过, 别吞吞 tūn 吐吐 tǔ 的/너 대체
간 적이 있는지 없는지 우물우물거리지
말고 말해.

【倒数一수】dàoshǔ 〔통〕거꾸로 세다. 밑줄부
터 세다. ◇第一名/꼴찌에서 일등하다.
【倒数一수】dàoshù 〔명〕〈數〕역수(逆數).
【倒贴一첩】dàotiē 〔통〕받아야 하는 쪽이 도
리어 주어야 하는 쪽에게 돈을 대다.
＊【倒退一퇴】dàotuì 〔통〕뒷걸음질치다. (시
간को) 거슬러 올라가다. ◇迎面一阵狂 k-
uāng 风把我刮得～了好几步/한바탕 광
풍이 정면으로 불어와서 나는 몇 발자국
뒷걸음 쳤다. (同)〔退后 hòu〕, (反)〔前进
qiánjìn〕
【倒行逆施一행역시】dào xíng nì shī 〈成〉
시대의 흐름 또는 사회정의에 역행하다.
【倒序一서】dàoxù 〔명〕역순.
【倒叙一서】dàoxù 〔명〕문학작품이나 영화대
본에서 결말·줄거리를 우선 제시한 후
발단이나 과정을 쓰는 작법. (反)〔顺 sh-
ùn 叙〕
【倒悬一현】dàoxuán 〔통〕〈文〉**1**거꾸로 매달
리다. **2**〈喩〉극도의 곤경에 처하다.
【倒烟一연】dàoyān 연기가 굴뚝 쪽으로
나가지 않고 부뚜막으로 되돌아 나오다.
【倒仰一앙】dàoyǎng (～儿)〔통〕〈文〉(뒤로
벌렁) 나자빠지다.
【倒也是一야시】dào yě shì 〈口〉그도 그렇
다. 그건 그래. 생각해보니 그렇다.〔처
음에는 상대방의 의견에 동의하지 않으
나 생각을 한 후 상대방의 견해에 동의함
을 나타내는 말〕◇你想学太极剑, 先学好
太极拳吧～, 那我就先学太极拳吧/네가
태극검을 배우고 싶다면 먼저 태극권을
터득해라. ─ 그도 그렇군요. 그럼 태극권
을 먼저 배우죠. (同)〔可 kě 也是〕

【倒影一영】dàoyǐng (～儿)〔명〕수면에 거꾸
로 박힌 그림자.
【倒栽葱一재총】dàozāicōng 〔통〕곤두박이다.
【倒置一치】dàozhì 〔통〕도치하다. 거꾸로 놓다.
【倒转一전】dàozhuǎn **1**〔통〕뒤집다. **2**〔早〕〈方〉
도리어. 반대로.
【倒转一전】dàozhuàn 〔통〕거꾸로 돌다.
【倒座儿一좌아】dàozuòr 〔명〕**1**口자형 집에
서 안방 맞은편 채. 사랑채. **2**(차나 배에
서 가는 방향과 반대로) 돌아 앉은 좌석.

【悼】忄部 dào 8画 슬퍼할 **도**
〔통〕애도하다.
【悼词一사】dàocí 〔명〕추도사. 애도사. (同)
〔悼辞 cí〕
＊【悼念一념】dàoniàn 〔통〕애도〔추모〕하다. ◇
～亡友/죽은 친구를 추모하다.
【悼亡一망】dàowáng 〔통〕〈文〉**1**죽은 아내를
애도하다. **2**〈喩〉아내가 죽다.
【悼唁一언】dàoyàn 〔통〕조상하다.

＊【盗(盜)】皿部 dào 6画 훔칠 **도**
1훔치다. **2**〔명〕도둑. 강도.
【盗版一판】dào// bǎn 〔통〕해적 출판하다.
【盗版一판】dàobǎn 〔명〕해적판.
【盗匪一비】dàofěi (同)〔盗贼 zéi〕
【盗汗一한】dàohàn 〔통〕식은 땀을 흘리다.
【盗劫一겁】dàojié 〔통〕절도·약탈하다.
【盗寇一구】dàokòu (同)〔盗贼 zéi〕
【盗卖一매】dàomài 〔통〕훔쳐 팔다.
【盗墓一묘】dào// mù 〔통〕묘를 도굴하다.
【盗骗一편】dàopiàn 〔통〕속여 횡령하다.
＊【盗窃一절】dàoqiè 〔통〕도둑질하다. 절도하다.
【盗用一용】dàoyòng 〔통〕국가 또는 (남의
명의나 물건을) 도용하다. 착복하다.
【盗贼一적】dàozéi 〔명〕〈略〉도적. 강도.

★【道】辶部 dào 9画 길 **도**
1(～儿)〔명〕길. 도로. ◇人行横 héng～/횡
단보도. ◇这条～直通北京站/이 길은 북
경역으로 직통한다. **2**〔명〕수로(水路). ◇渠
～/관개수로. **3**〔명〕방향. 방법. 이치. ◇你
虽然说得头头是～, 但是完全不符合事实/
네가 말하는 것은 비록 조리있게 말하지
만 전혀 사실에 맞지 않는다. **4**〔명〕도덕. **5**
〔명〕기예. 기술. ◇医～/의술. **6**〔명〕학술 또
는 종교의 사상 체계. **7**〔명〕도가(道家). 도
교(道教). 도교도(道教徒). **8**〔명〕일부의
미신적인 종교 조직을 가리킴. **9**(～儿)
〔명〕줄. 선. 가늘고 긴 자국. ◇玻璃 bō·li
上划了一～儿/유리에 선을 그었다. **10**〔양〕a)
강·하천같이 긴 것을 세는 데 쓰임. ◇一
～河/한 줄기의 강. ◇前边画着一～白线,
走到那儿为止/앞에 흰선 하나가 그어져

있는데 거기까지 가면 끝이다. b)문·담 따위에 쓰임. ◇过了三~门, 才到了后院/세 개의 문을 지나서야 뒤뜰에 도착했다. c)명령·제목 따위의 양사. ◇今天作练习八的四~题/오늘은 연습 8의 4개의 문제를 한다. d)횟수를 나타냄. ◇办护照要经过好几~手续/여권 수속은 여러 절차를 거쳐야 한다. **11**(~儿)[명]〈度〉'忽米'(10만분의 1미터)의 통칭(通稱). **12**[명]중국 역사상 행정 구역의 명칭. 〔지금의 '省'에 해당됨〕 국가 행정구역의 명칭. **13**[동]말하다. **14**[동]말로 감정을 표시하다. **15**[동]말하다. 〔문어(文語)의 '曰'에 해당하며 주로 조기백화에 나타남〕 **16**[동]…라고 생각하다.

【道白－백】dàobái [명]〈演〉(희곡의) 대사. (同)〔念 niàn 白〕

【道班－반】dàobān [명]도로 수리반. 선로 보선반.

【道别－별】dào// bié [동]**1**서로 인사하고 헤어지다. **2**작별 인사를 하다.

【道…不…－불】dào…bù… 〈方〉…하지도 않고 …하지도 않다. 〔의미가 상반된 2개의 단음절형용사를 써서 '既不…也不…'의 의미를 나타낸다〕 ◇道长 cháng 不短/길지도 않고 짧지도 않다.

【道不拾遗, 夜不闭户－불습유, 야불폐호】dào bù shí yí, yè bù bì hù 〈成〉길에 떨어진 것을 줍지 않고 밤에 문을 닫지 않다. 태평성대. (同)〔路 lù 不拾遗〕

【道岔－차】dàochà (~儿)[명]**1**샛길. **2**전철기(轉轍機).

【道场－장】dàochǎng [명]**1**도장. **2**도량. **3**법사(法事).

【道床－상】dàochuáng [명]〈土〉철도 침목을 받치는 자갈밭.

【道道儿－도아】dào·daor [명]**1**방법·수단. **2**비결. 요령.

☆【道德－덕】dàodé [명]도덕. 윤리.

【道地－지】dàodì [형]**1**정말로 유명한 산지에서 나온. **2**순수한. 진정의. (同)〔地道〕, (反)〔虚假 xūjiǎ〕

【道钉－정】dàodīng [명]레일을 침목에 고정시키는 대못.

【道乏－핍】dào// fá [동]남의 수고에 감사를 드리다.

【道高一尺, 魔高一丈－고일척, 마고일장】dào gāo yī chǐ, mó gāo yī zhàng 도가 한 자 높아지면 마는 한 길 높아진다. 〔성취한 후 부딪칠 어려움이 더 커지다. 또는 정의가 마침내 사도(邪道)를 이김을 비유한다〕

【道姑－고】dàogū [명]여도사.

【道观－관】dàoguàn [명]도교의 사원.

【道贺－하】dàohè [동]축하의 말을 하다. (同)〔道喜 xǐ〕

【道家－가】Dàojiā [명]〈哲〉**1**노자·장자를 대표로 하는 중국철학사상. **2**도교(道教).

【道教－교】Dàojiào [명]〈宗〉도교.

【道具－구】dàojù [명]〈演〉무대 도구.

【道口－구】dàokǒu (~儿)[명]길의 교차점.

【道劳－로】dào// láo (同)〔道乏 fá〕

★【道理－리】dào·li [명]**1**사물의 법칙. 규칙. ◇不改革, 中国就没有出路, 这个~你不会不懂/중국이 개혁하지 않으면 살길이 없다는 이치를 네가 모를 리 없다. **2**도리. 이치. 근거. ◇孩子有了缺 quē 点, 应该给他讲明~, 打骂是不解决问题的/아이에게 결점이 있으면 이치를 분명하게 설명해야지 때리고 욕한다고 문제가 해결되는 것이 아니다. **3**방법. 대책. ◇怎么办我自有~/어떻게 하는지 내게 방법이 있다.

【道林纸－림지】dàolínzhǐ [명]〈意義〉광택이 나고 질이 좋은 인쇄용지.

☆【道路－로】dàolù [명]**1**도로. 길. 〔추상적인 의미로도 쓰임〕 **2**진로.

【道貌岸然－모안연】dàomào ànrán 〈成〉도덕 군자인 양하다. (同)〔不苟言笑 bù gǒu yán xiào〕, (反)〔轻狂浮嚣 qīng kuáng fú xiāo〕

【道门－문】dàomén [명]**1**도가. 도교. **2**옛날의, 미신을 믿는 조직. 〔'一贯道'나 '先天道' 따위〕

【道木－목】dàomù [명]침목(枕木). (同)〔枕 zhěn 木〕

【道袍－포】dàopáo [명]도포.

【道破－파】dàopò [동]설파하다. 갈파하다.

☆【道歉－겸】dào// qiàn [동]사과하다. 사죄하다. ◇我替你道过歉了, 以后别再惹 rě 事了/내가 네 대신 사과했으니 앞으로 다시는 일을 저지르지 말아라. (同)〔致 zhì 歉〕, (反)〔得罪 dézuì〕

【道人－인】dào·ren [명]**1**〈敬〉도사. **2**불교도. 중. **3**〈方〉절에서 잡일을 하는 사람.

【道士－사】dào·shi [명]도사. 도교의 승려.

【道听途说－청도설】dào tīng tú shuō 〈成〉길에서 주워들은 말. 근거없는 소문. (同)〔耳食之谈 ěr shí zhī tán〕, (反)〔凿凿之言 záo záo zhī yán〕

【道喜－희】dào// xǐ [동]축하하다. 축복하다.

【道谢－사】dào// xiè [동]감사의 말을 하다. (同)〔称 chēng 谢〕, (反)〔埋怨 mányuàn〕

【道学－학】dàoxué **1**[명]〈哲〉성리학. **2**[동]고루하고 진부하다.

【道义－의】dàoyì [명]도덕과 정의.

【道院－원】dàoyuàn [명]**1**도교의 사원. 도관. **2**수도원. (同)〔道观 guàn〕

【道藏－장】Dàozàng [명]〈書〉도교의 경전.

【道砟－자】dàozhǎ 名철도의 침목밑에 까는 자갈.
【道子－자】dào·zi 名선(線).

【稻】禾部│dào
10画│벼 도

名〈植〉벼.

【稻草－초】dàocǎo 名볏짚.
【稻草人－초인】dàocǎorén 名허수아비. 〔또한 빗대어 실력없는 사람을 가리킨다〕
【稻谷－곡】dàogǔ 名볍씨.
【稻糠－강】dàokāng 名쌀겨. (同)〔砻 lóng 糠〕
*【稻子－자】dào·zi 名〈口〉〈植〉벼.

dē

【嘚】口部│dē
11画│지껄일 득

의성어. 말굽이 땅에 부딪치는 소리.
【嘚啵－파】dē·bo 動〈方〉수다스럽다. 잔소리하다.
【嘚嘚－득】dē·de 動〈方〉계속 지껄이다.

dé

★【得】彳部│dé
8画│얻을 득

1動얻다. 획득하다. ◇那届 jiè 奥运会上, 我国~了十六块金牌/우리나라는 그 올림픽에서 16개의 금메달을 획득했다. (同)〔获 huò〕, (反)〔失 shī〕 2계산한 값이 …이다. ◇三三~九/삼삼은 구. ◇4乘 chéng 4~16/4곱하기 4는 16. ◇7减 jiǎn 2~5/7빼기 2는 5. 3名알맞다. 4動〈文〉의기양양하다. 만족하다. ◇扬扬自~/의기양양하다. 5形〈口〉완성하다. 다 되다. ◇菜~了半天了, 都凉了, 再去热一下儿/요리가 다된 지 한참되어 모두 식었으니 다시 가서 좀 데워라. 6感〈口〉됐어. 좋아요. 〔대화를 끝맺을 때 쓰여 동의나 금지를 나타낸다〕 ◇~, 不用再说了, 我全明白了/됐어요. 난 모두 알았으니 더이상 말하지 말아요. 7感〈口〉아뿔사. 아이고. 큰일이네. 〔상황이 여의치 않거나 잘못 됐을 때 어쩔 수 없음을 나타낸다〕 ◇~, 又迟 chí 到了/큰일이네. 또 지각했네. 8助動동사 앞에 부정의와 함께 쓰여 금지를 나타냄. ◇公共汽车内不~吸烟!/버스안에서는 담배를 피워서는 안 된다. ⇒ de, děi

【得便－편】débiàn 動기회가 생기다. 형편이 …
**【得病－병】dé// bìng 動병에 걸리다.
*【得不偿失－불상실】dé bù cháng shī 〈成〉 얻는 것보다 잃는 것이 많다.

【得逞－정】déchěng 動〈貶〉(못된 생각이) 생각대로 이루어지다. (同)〔成功 chénggōng〕, (反)〔失败 shībài〕
【得宠－총】dé// chǒng 動〈貶〉총애받다. (同)〔受 shòu 宠〕, (反)〔失 shī 宠〕
【得寸进尺－촌진척】dé cùn jìn chǐ 〈成〉욕망은 한이 없다. (同)〔得陇望蜀 dé Lǒng wàng Shǔ〕, (反)〔知足常乐 zhī zú cháng lè〕
【得当－당】dédàng 形(말이나 일이 상황에) 합당하다. 알맞다. 적절하다. ◇处理~/처리가 적절했다. (同)〔恰 qià 当〕, (反)〔失 shī 当〕
★【得到－도】dé// dào 動1손에 넣다. 획득하다. ◇我～了一本书/나는 책 한 권을 얻었다. (同)〔获 huò 得〕, (反)〔失去 shīqù〕 2받다. 얻다. ◇在学生时代, 我~过多次奖励/나는 학창시절에 여러 번 표창을 받은 적이 있다.
【得道多助－도다조】dé dào duō zhù 〈成〉정의를 고수하면 많은 사람의 지지를 받을 수 있다.
【得, 得, 得－득, 득】dé, dé, dé 〈口〉그만. 그만. 됐어. 됐어. 〔참지 못하고 귀찮아 하며 남의 말을 끊을 때 쓰이며 '行了, 别再说了(됐어, 더 이상 말하지 말아라)'의 뜻〕 ◇~, 别再啰唆 luō·suō 了/됐어, 됐어, 더 이상 잔소리하지 마세요.
【得法－법】défǎ 形요령있다. 정확한 방법을 취하다.
【得分－분】dé// fēn 1動득점하다. 접수를 따다. 2(défēn)名(시험) 점수. (시합의) 득점.
【得过且过－과차과】dé guò qiě guò 〈成〉1그날그날 살아가다. (同)〔今朝有酒今朝醉 jīn zhāo yǒu jiǔ jīn zhāo zuì〕 2일을 대강대강 안일하게 처리한다.
【得计－계】déjì 動〈貶〉(계략이) 뜻대로 이루어지다. (同)〔成功 chénggōng〕, (反)〔失策 shīcè〕
【得济－제】dé// jì 動(특히 가족이나 후배들로부터) 도움을 받다.
【得劲－경】déjìn (～儿)動1기분이 좋다. 편안하다. 2마음에 들다. 쓰기 편리하다.
【得救－구】dé// jiù 動구제받다. (同)〔获 huò 救〕, (反)〔被难 bèinàn〕
【得空－공】dé// kòng (～儿)動짬이 나다.
【得了－료】dé·le 〈口〉1좋다. 됐다. ◇~, 就这么办吧!/좋아, 이대로 하자! ◇你走~, 不用挂念家里的事/너 가도 된다, 집안 일을 걱정할 것 없다. 2됐다. 그만두다. 〔허락이나 금지를 나타냄〕 ◇~, 别再说了/됐어, 더이상 말하지 마.

D

【得了吧―료파】dé·le ·ba〔口〕됐다. 어림도 없다.〔상대의 황당한 말에 부정하거나 반박하는 말투로 친한 사이에 쓴다〕◇我以后想当一名科学家―～，就你现在的成绩，什么家也当不成!/난 나중에 과학자가 되고 싶어.ー됐어, 네 성적으로는 아무것도 될 수 없어.

*【得力―력】dé//lì 1통효과가 있다. 효험이 있다. ◇我吃这个药很～/나는 이 약을 먹고 효과를 보았다. 2통도움을 받다. ◇我得他的力很不小/나는 그에게 도움을 많이 받았다. (同)〔干练 gànliàn〕, (反)〔差劲 chàjìn〕3(déli)혷유능하다. ◇～干部/유능한 간부. 4(déli)혷유력〔강력〕하다.

*【得了―료】déliǎo 혷큰일나다. 심각하다.〔반어문이나 부정식에 쓰인다〕◇你一天什么也不干 gàn，这还～?/너 하루동안 아무것도 하지 않았는데 이거 큰일 날 것 아니냐?

【得陇望蜀―롱망촉】dé Lǒng wàng Shǔ〈成〉사람의 욕심은 한이 없다. (同)〔得寸进尺 dé cún jìn chǐ〕, (反)〔所愿已足 suǒ yuàn yǐ zú〕

【得其所哉―기소재】dé qí suǒ zāi〈成〉자기가 앉을 자리에 앉다. 적소에 배치되다. (反)〔大材小用 dà cái xiǎo yòng〕

【得人―인】dérén 통〈文〉적당한 사람을 등용하다.

【得人儿―인아】dérénr 통〈方〉인심을 얻다.

【得人心―인심】dé rénxīn 통사람들의 호감이나 지지를 얻다. 인심을 얻다.

【得胜―승】dé//shèng 통승리하다. (同)〔获 huò胜〕, (反)〔失败 shībài〕

【得失―실】déshī 명1성공과 실패. 이해 득실. 2좋은 점과 나쁜 점.

【得时―시】dé//shí 통때를 만나다. 운이 트이다.

【得势―세】dé//shì 통〈貶〉득세하다. (反)〔失 shī 势〕

【得手―수】dé//shǒu 1통순조롭다. 목적을 달성하다. (同)〔成功 chénggōng〕, (反)〔失 shī 手〕2(déshǒu)혷쓰기 좋다. 편리하다.

【得数―수】déshù 명답. (同)〔答 dá 数〕

【得体―체】détǐ 혷(언어나 행동 등이) 적절하다. 신분에 맞다. (同)〔得当 dàng〕, (反)〔不 bù当〕

【得天独厚―천독후】dé tiān dú hòu〈成〉유달리 누리는 조건이 좋다.

【得闲―한】déxián (同)〔得空 kòng〕

【得心应手―심응수】dé xīn yìng shǒu〈成〉(일이) 뜻대로 되다. (同)〔如臂使指 rú bì shǐ zhǐ〕, (反)〔事与愿违 shì yǔ yuàn wéi〕

【得样儿―양아】déyàngr〈方〉(복장·차림이) 예쁘다. 맵시있다. (同)〔好看 hǎokàn〕

【得宜―의】déyí 혷적절하다.

*【得以―이】déyǐ 조동…할 수 있다.〔서면체에 쓰임〕(同)〔能够 nénggòu〕〔可 kě以〕

※【得意―의】dé//yì 통의기양양하다.〔주로 교만함을 가리킴〕◇～什么! 谁胜谁负还不一定呢/누가 이기고 누가 지는지 아직 모르는데 뭘 우쭐거려!

【得意忘形―의망형】dé yì wàng xíng〈成〉천박한 자가 일이 조금 잘 됐다고 신나서 자신을 억제하지 못하다. (同)〔得意洋 yáng 洋〕, (反)〔怅然若失 chàngrán ruò shī〕

【得意扬扬―의양양】dé yì yáng yáng〈成〉득의양양하다.

【得用―용】déyòng 혷쓸모 있다. 쓸 만하다.

【得鱼忘筌―어망전】dé yú wàng quán〈成〉성공하고 나면 도와준 사람도 잊고 만다.

【得志―지】dé//zhì 통바람이 실현되다.〔주로 명성과 욕망을 충족시키는 것을 가리킴〕(同)〔得意 yì〕, (反)〔失意 shīyì〕

*【得罪―죄】dé·zuì 통실례하다. 남의 기분을 상하게 하다. ◇说话不注意，容易～人/말을 조심하지 않으면 실례하기 쉽다. ◇一句玩笑话，～不了 liǎo 她/그녀는 농담 한마디로 기분 상하지 않는다. (同)〔冒犯 màofàn〕, (反)〔讨好 tǎo//hǎo〕

【德(惪)】 亻部 | dé
8画 | 덕 덕

명1도덕. 품행. ◇～才兼 jiān 备/덕과 재능을 겸비하다. 2마음. ◇一心一～/한 마음 한 뜻. 3은혜. 은덕. ◇以怨报～/은혜를 원한으로 갚다. (同)〔恩 ēn〕, (反)〔怨 yuàn〕4(Dé)성(姓).

【德高望重―고망중】dé gāo wàng zhòng〈成〉덕망이 높다.

【德行―행】déxíng 명도덕과 품행.

【德行―행】dé·xing 1품행. 2〈方〉꼴. 꼬락서니.〔비꼬는 말로 남의 풍채·동작·행동·태도 등이 눈에 거슬릴 때 쓰며, 젊은 여성이 주로 씀〕◇～! 对不起管什么用?/꼴값하시네! 미안하다면 다예요?

☆【德语―어】Déyǔ 명독일어.

【德育―육】déyù 명〈教〉덕육. 도덕 교육.

de

★【地】 土部 | ·de
3画 | 땅 지

조단어나 구 뒤에 부사어 어미로 쓰인다. 1명사 뒤에 '地'를 쓰면 부사어가 된다. ◇我们要历史～看问题/우리는 문제를 역사적으로 봐야 한다. 22음절 형용사나 '4字

句' 뒤에 '地'를 쓰면 부사어가 된다. ◇
他热情〜给我们介绍情况/그는 우리에게
상황을 성의있게 설명해 주었다. '地'를
생략하는 경우도 있다. ◇认真(〜)学习/
열심히 공부하다. **3**부사어로 된 형용사
앞에 또 부사어가 있으면 '地'를 써야 한
다. ◇老师问的问题他很清楚〜回答了/그
는 선생님이 물은 질문을 아주 분명하게
대답했다. **4**중첩된 형용사가 부사어가 될
때 '地'를 쓰지 않아도 된다. ◇他拿着奖品高
高兴兴(〜)走了/그는 상품을 가지고 아
주 즐거워하며 갔다. **5**1음절 형용사가 부
사어가 될 때 '地'는 쓰지 않는다. ◇快来,
有人找你/빨리 와, 누가 너를 찾아. **6**1음
절 의성어가 부사어가 될 때 '地'를 쓴다.
◇门嘭 pēng 一声关上了/문이 쾅하며 닫
혔다. **7**부사나 지시대명사가 부사어가 될
때 일반적으로 '地'를 쓰지 않는다. ⇒dì

★**【的】** 白部 de
　　　 3画 과녁 **적**

㊀**1**관형어와 명사 사이에 쓰인다. a)관형
어와 명사가 수식관계임을 나타낸다. ◇
她是个聪明〜姑娘/그녀는 총명한 아가씨
이다. 〔단, 관형어가 명사의 속성, 산지,
용도, 재질, 바탕을 나타낼 때는 '的'를
쓰지 않는다〕◇呢子大衣/나사외투(재
질). ◇菜篮子/장 바구니(용도). ◇女同
学/여급우. ◇杭州剪刀/항주산 가위(산
지). b)관형어와 명사가 소유관계임을 나
타낸다. ◇应该爱护国家〜财产/국가의 재
산을 아껴야 한다. 〔단, 인칭대명사가 관
형어이고, 친족 호칭이 명사일 경우 '的'
를 쓰지 않는다〕◇我爸/나의 아버지. ◇
我朋友/나의 아내[내 남편]. c)관형어가
인명이나 인칭대명사이고, 명사가 직책이
나 신분을 나타내는 명사인 경우. ◇今天
开会是你〜主席/오늘 회의는 당신 사회
죠. **2**명사·대명사·동사·형용사나 구조 뒤
에 쓰여 명사가 없는 '的'자 구조처럼
명사처럼 쓰이며 사람이나 사물을 가리킨
다. ◇他爱吃辣 là〜/그는 매운 것을 잘
먹는다. ◇往这儿来〜便是王校长/여기로
온 사람은 왕교장이다. **3**직업·신분과 일
상생활용품을 나타낸다. ◇种地〜/농부.
◇教书〜/교사. ◇吃〜/먹을 것. **4**진술문
의 문말에 쓰여 확정의 어기를 나타낸다.
◇他会来〜/그는 꼭 올 것이다. **5**동사 뒤
에 쓰여 동작의 주체나 시간·장소·방식
등을 강조하며 과거 사건에만 쓰인다. ◇
他是昨天进〜城/그는 어제 시내에 간 것
이다. **6**둘 이상 같은 종류의 어휘나 의문
대명사 '什么'에 쓰여 '등등'의 의미를
나타낸다. ◇书包里装着书、本子、铅笔盒
什么〜/책가방에 책, 노트, 필통 등이 들

어 있다. ◇这女孩在家里, 洗碗、扫地〜,
不用吩咐就主动干/이 여자애는 집에서
설거지, 청소 등 시키지 않아도 알아서
한다. ⇒dí

☆**【的话】**─dehuà ㊁**1**…하다면. …이면.
〔가정을 나타내는 단문 뒤에 쓰여 다음
문(文)을 이끌어 낸다〕◇身体不舒服〜,
就休息两天/몸이 불편하다면 며칠 쉬세
요. **2**접속사 '否则, 不然, 要不然' 뒤에
쓰여 가정절을 구성하며 다음 문(文)을
이끌어낸다. ◇早晨多穿些衣服, 不然〜,
又要感冒了/아침에 옷을 좀 더 입어, 그
렇지 않으면 또 감기에 걸린다.

★**【得】** 彳部 ·de
　　　 8画 얻을 **득**

㊂**1**동사나 형용사 뒤에 쓰여 정도보어를
연결시킨다. ◇她唱〜很好/그녀는 (노래
를) 잘 부른다. ◇我说汉语说〜还不太流
利/나는 중국어를 아직 그리 유창하게
하지 못한다. 참의'极, 坏, 死, 透' 등이
정도보어가 될 때는 '得'를 쓰지 않는다.
◇(×痛〜极了)痛极了/몹시 아프다. **2**동
사나 결과보어·방향보어 사이에 쓰여 가
능보어의 긍정형을 구성한다. ◇还有二十
分钟, 文章写〜完吗?/아직 20분 남았는
데 문장을 다 쓸 수 있니? **3**동사나 형용
사 뒤에 쓰여 가능·허가를 나타낸다. 주
로 구어에 쓰인다. ◇生瓜子不仅 jǐn 吃
〜, 而且比熟的有营养/생씨는 먹을 수 있
을 뿐만 아니라 익은 것보다 영양가가 있
다. ⇒dé, děi

【得过来】─guò lái 〈口〉…을
해낼 수 있다. …할 수 있다. a)장애를
극복하고 어떤 행위를 끝낼 수 있음을 나
타냄. ◇马路上积水这么深, 他走〜吗?/길
에 물이 깊게 고였는데 그가 걸어올 수
있겠어요? b)충분한 시간·인력·능력이
있어 해낼 수 있음을 나타냄. ◇我一个人
照顾〜, 别麻烦您了/저 혼자서도 보살필
수 있으니 당신께 폐 끼치지 않겠습니다.
‖(反)〔…不 bù 过来〕

【得起】─qǐ 〈口〉**1**(능력이나 조
건을 갖춰)…할 수 있다. ◇这个东西很
贵, 但是我们买〜/이 물건은 매우 비싸
지만 우리는 살 수 있다. **2**…을 견딜 수
있다. 〔어떤 변화나 압력을 견디어 냄을
나타냄〕◇你们别 fá〜, 我们的脸丢不得/
너희가 벌을 이겨낼 수 있겠지만 우리의
체면은 잃을 수 없다. ‖(反)〔不 bù 起〕

děi

★**【得】** 彳部 děi
　　　 8画 얻을 **득**

D

1동〈口〉(시간 등이) 걸리다. 필요하다. ◇大概～三十多个小时/대략 30여 시간 걸린다. (同)[需要 xūyào] 2조동〈口〉…해야 한다. 〔의지·사실상의 필요를 나타낸다〕◇我有事, ～快点儿去/나는 일이 있어서 좀 빨리 가야 한다. 주의부정형은 '无须 xū'无用''用不了 liǎo''要不了 liǎo'를 쓰며 '不得'라고는 말하지 않는다. 3동〈口〉(추측의 필연성을 나타내어) 틀림없이 …일 것이다. ◇外边雨还没停, 你要是现在走, 就一把衣服淋湿 línshī/밖에 비가 아직 그치지 않았는데 지금 간다면 틀림없이 옷을 적실 것이다. 주의부정형은 '不会'를 쓰며 '不得'라고는 하지 않는다. 4형동〈方〉편안하다. 만족스럽다. ◇这个沙发坐着真～/이 소파에 앉아 있으면 정말 편안하다. ⇒dé, de

【得亏－亏】dĕikuī 부〈方〉다행히. ◇～我来得早, 不然又赶不上了/다행히 일찍 왔으니 망정이지 그렇지 않았으면 또 놓칠 뻔했다. (同)〔幸 xìng 亏〕〔多 duō 亏〕

dēng

★【灯·燈】 火部 | dēng
2画 | 등 등

명1등. 등불. ◇台～/전기 스탠드. ◇电～/전등. 2액체 또는 기체를 사용하는 가열용 연소기. 버너(burner). ◇酒精～/알콜 버너. 알콜 램프. 3〈俗〉(라디오·텔레비전의) 전자관. 진공관.

【灯标－표】dēngbiāo 명(야간항해〔비행〕때 사용하는) 항로 표시 등.

【灯彩－채】dēngcǎi 명1꽃등공예.〔민간공예의 하나〕2(무대 도구인) 조명〔장식〕등. 일류미네이션.

【灯草－초】dēngcǎo 명심지.

【灯光－광】dēngguāng 명1불빛. 2조명시설〔무대·촬영소〕.

【灯红酒绿－홍주록】dēng hóng jiǔ lù〈成〉사치스럽고 향락적인 생활을 하다. 도시나 오락장의 번화한 야경. (同)〔花天酒地 huā tiān jiǔ dǐ〕, (反)〔饥寒交迫 jī hán jiāo pò〕

【灯虎－호】dēnghǔ (～儿)(同)〔灯谜 mí〕

**【灯花－화】dēnghuā (～儿)명불똥.

【灯会－회】dēnghuì 명정월대보름날의 관등집회.

【灯火－화】dēnghuǒ 명등불.

【灯节－절】Dēng Jié (同)〔元宵 Yuánxiāo 节〕

【灯具－구】dēngjù 명조명 기기.

【灯亮儿－양아】dēngliàngr 명불빛. 등불.

**【灯笼－롱】dēng·long 명초롱. 제등(提燈).

【灯笼裤－롱고】dēng·longkù 명윗부분은 헐렁하고 발목 부분은 딱 붙게 만든 바지.〔승마복·운동복 따위〕

【灯谜－미】dēngmí 명등에 붙이는 수수께끼.

【灯苗－묘】dēngmiáo (～儿)명램프의 불꽃.

【灯捻－념】dēngniǎn (～儿)명등심(燈心). 심지.

*【灯泡－포】dēngpào (～儿)명전구.

【灯伞－산】dēngsǎn 명전등갓.

【灯丝－사】dēngsī 명〈電〉(전구·진공관 등의) 필라멘트.

【灯塔－탑】dēngtǎ 명등대.

【灯台－대】dēngtái 명등잔 받침대. 촛대.

【灯头－두】dēngtóu 명〈電〉1전등의 소케트. 2전등 수(數). 3(석유 등잔의) 등잔통.

【灯心－심】dēngxīn 명심지.

【灯心草－심초】dēngxīncǎo 명〈植〉골풀. 등심초.

【灯心绒－심융】dēngxīnróng 명〈紡〉코르덴.

【灯芯－심】dēngxīn (同)〔灯心 xīn〕

【灯油－유】dēngyóu 명등유. 석유.

【灯语－어】dēngyǔ 명등불 신호.

【灯盏－잔】dēngzhǎn 명1갓이 없는 유등(油燈). 2등잔. (同)〔油 yóu 灯〕

【灯罩－조】dēngzhào (～儿)명1(전)등갓. 2램프나 가스 등의 등피.

☆【登】 癶部 | dēng
7画 | 오를 등

동1(사람이) 오르다. 올라가다. ◇～山/등산하다. (同)〔上 shàng〕, (反)〔下 xià〕 2게재하다. ◇～报/신문에 싣다. 3(곡물이) 여물다. ◇五谷丰～/오곡이 풍성하게 여물다. 4발로 밟다. 〔페달 따위를〕밟다. ◇再用力～一下/다시 힘껏 좀 밟아라. 5발을 디디다. ◇这位电工～坏了一把椅子/그 전기 기술자는 의자 하나를 밟아 망가뜨렸다. 6〈方〉(신발 따위를) 신다. (바지 따위를) 입다. ◇等等他, 他正在～着鞋/그가 지금 신을 신고 있으니 좀 기다려.

【登报－보】dēng//bào 동신문에 싣다.

【登场－장】dēng//cháng 동수확한 곡물을 타작 마당으로 운반하다.

【登场－장】dēng//chǎng 동(극중 인물이) 무대에 등장하다. (同)〔登台 tái〕, (反)〔下 xià 场〕

【登程－정】dēngchéng 동떠나다. 출발하다. (同)〔起 qǐ 程〕, (反)〔回来 huí//·lái〕

【登第－제】dēngdì 동급제하다. (同)〔登科 kē〕, (反)〔落 luò 第〕

【登峰造极－봉조극】dēng fēng zào jí〈成〉최고 수준에 이르다. (反)〔平淡无奇 píngdàn wú qí〕

【登高－고】dēnggāo 동1높은 곳에 오르다. ◇～远望/높은 곳에 올라 멀리 바라보다.

2음력 9월 9일 중양절(重陽節)에 높은 곳에 오르다.

【登机一기】dēng// jī 통(비행기에) 탑승하다. ◇~牌/탑승 카드. (同)〔登极 jí〕, (反)〔退立 tuìlì〕

【登基一기】dēng// jī 통즉위하다.

【登极一극】dēng// jí (同)〔登基 jī〕

☆【登记一기】dēngjì 명통등기(하다). 등록(하다).

【登记吨一기돈】dēngjìdūn 양등부 톤수.

【登科一과】dēngkē 옛날, 과거 시험에 급제하다.

【登临一림】dēnglín 통명승지를 유람하다.

*【登陆一륙】dēng// lù 통상륙하다.

【登录一녹】dēnglù (同)〔登记 jì〕

【登门一문】dēng// mén 통방문하다.

【登攀一반】dēngpān 통등반하다.

【登山一산】dēng// shān 통등산하다. 산에 오르다. (同)〔爬 pá 山〕

【登时一시】dēngshí 부즉시. 곧. 〔주로 과거의 사실을 서술하는 데 쓰임〕

【登市一시】dēngshì 통(상품이) 시장에 나오다〔내다〕.

【登台一대】dēng// tái 통**1**무대〔연단〕에 오르다. **2**정계에 나가다. (同)〔上 shàng 台〕, (反)〔下 xià 台〕

【登堂入室一당입실】dēng táng rù shì〈成〉학문이나 기능이 점점 조예가 깊어지다. (同)〔升 shēng 堂入室〕, (反)〔口耳之学 kǒu ěr zhī xué〕

【登载一재】dēngzǎi 통(신문 등에) 싣다. 게재하다.

【蹬】 足部 dēng / 12画 어정거릴 등

'登'의 **4, 5, 6**용법과 같음.

【蹬腿一퇴】dēng// tuǐ **1**통발을 뻗다. 발을 내밀다. **2**통〈俗〉(~儿)죽다. 〔해학적인 의미를 내포함〕

děng

★【等】 竹部 děng / 6画 무리 등

1명등급. ◇一~品/일등품. **2**통종류. ◇这~人/이런 사람. **3**형(정도나 수량이) 대등하다. 같다. ◇~于…/…와 같다. **4**(同)〔戥 děng〕 **5**통기다리다. ◇我们再~~他, 也许一会儿就能来/그는 조금 있다가 올 수 있을지 모르니 좀 더 기다립시다. **6**접…하고 나서. …하거들랑. ◇现在走太早, ~黑了再走/지금 가면 너무 이르니 어두워지고나서 가자. **7**접〈文〉들. 〔인칭대명사 또는 사람을 가리키는 명사 뒤에 쓰여 복수를 나타냄〕◇我~/우리

들. **8**접등. 등등. ◇我选了文选、口语、语法、翻译~四门课/나는 문선, 구어, 어법, 번역 등 4과목을 선택했다.

【等差一차】děngchā 명**1**(同)〔等次 cì〕**2**등급의 차이. 등차.

【等次一차】děngcì 명등급. 순위.

【等衰一쇠】děngcuī (同)〔等次 cì〕

☆【等待一대】děngdài 통기다리다. ◇耐心~/끈기있게 기다리다. 비교等待:等"等待"의 주어는 사물이 아니고 사람이다. ◇汽车在门口(×等待)等着/자동차가 문입구에서 기다리고 있다.

*【等到一도】děngdào 접…때에는. …때에 이르러. ◇~明年这时候, 我们再聚会一次/내년 이맘때가 되면 다시 한번 모입시다.

【等等一등】děngděng 조등등. 따위.

【等而下之一이하지】děng ér xià zhī〈成〉그보다는 못하다.

【等份一분】děngfèn (~儿)명등분.

【等号一호】děnghào 명〈數〉등호(=).

*【等候一후】děnghòu 통기다리다. 〔주로 구체적인 대상에 쓰임〕◇很多人站在路边~着汽车/여러 사람들이 길가에 서서 차를 기다리고 있다. (同)〔等待 dài〕비교等候:等待"等候"의 목적어는 추상적 의미가 아니고 일반적으로 구체적인 대상이다. ◇我(×等候)等待着录取的消息/나는 합격소식을 기다리고 있다.

*【等级一급】děngjí 명**1**등급. **2**계급.

【等价一가】děngjià 명〈經〉서로 다른 상품의 가치가 같음.

【等价物一가물】děngjiàwù 명〈經〉등가물.

【等量齐观一량제관】děng liàng qí guān〈成〉동일시하다. (反)〔厚此薄彼 hòu cǐ bó bǐ〕

【等日一일】děngrì〈方〉며칠 지나다.

【等身一신】děngshēn 명어떤 사람과 키가 같음.

【等式一식】děngshì 명〈數〉등식.

【等同一동】děngtóng 통같이 보다. 동일시하다. (同)〔同等〕, (反)〔不 bù 等〕

【等外一외】děngwài 명품질이 등급 밖임. (反)〔合格 hégé〕

【等闲一한】děngxián〈文〉**1**형예사롭다. 흔해빠지다. (同)〔平常 píngcháng〕, (反)〔特殊 tèshū〕**2**통되는 대로 하다. 가볍게 보다. **3**부까닭없이. 공연히.

☆【等于一어】děngyú **1**…와 같다. ◇7加8~15/7+8=15. **2**…이나 다름없다. ◇跟你说话~对牛弹琴 tánqín/너에게 말하는 것은 소귀에 경읽는 거나 다름없다.

【等于零一어령】děngyúlíng 통아무런 효과도 없다.

【等着吧一착파】děng·zhe ·ba〈口〉기다리

D

고 있어라. 두고봐라. 〔상대방에게 불리할 것이라고 경고·위협함을 나타냄〕◇ 我们要向你们挑战 tiǎo zhàn! 你~!/우리는 너희에게 도전을 할 것이니 기다리고 있어라! 比교等着吧:等着瞧 ⇒〔等着瞧 qiáo〕

【等着瞧－착초】děng·zhe qiáo 〈口〉두고보자. a)자신의 말이 실현될 것이니 상대방에게 결과를 지켜보라는 말. ◇他一定能做到, 不信您就~!/그가 틀림없이 해낼 것이다. 믿지 못하면 두고 보세요! b)자신이 이길 것을 확신하며 상대방에게 위협과 경고를 하는 말. ◇~吧! 我这次一定要教训他/두고 보라고! 내가 이번에 그에게 꼭 혼내주고 말겠다. 比교等着瞧:等着吧 둘 다 어떤 사람에게 위협·경고를 하는 것이나 후자가 더욱 강경하다.

【戥】 戈部 │9画 │děng 천칭 등
동천(평)칭으로 달다.
【戥子－자】děng·zi 명천평칭(天平秤). (同)〔等 děng 子〕

dèng

【凳(櫈)】 𤼒部 │9画 │几部 │12画 │dèng 걸상 등
(~儿)명걸상.
∗∗【凳子－자】dèng·zi 명걸상.
【澄】 氵部 │12画 │dèng 맑을 징
동불순물을 침전시키다〔가라앉히다〕. 맑게 하다. ⇒chéng
【澄浆泥－장니】dèngjiāngní 명도토(陶土). 찰흙.
【澄清－청】dèng//qīng 동침전시켜 맑게 하다. (反)〔搅浑 jiǎo//hún〕
【澄沙－사】dèngshā 명걸러서 곱게 한 팥소.
∗∗【瞪】 目部 │12画 │dèng 눈똑바로뜨고볼 증
동눈을 크게 뜨다. 눈을 부릅뜨고 노려보다. 〔노여움·놀램·불안을 나타낸다〕◇她把眼一~, 吓 xià 得谁也不敢说话了/그녀가 눈을 부릅뜨고 노려보자 놀라서 아무도 감히 말하지 못했다. (反)〔眯 mī〕
【瞪眼－안】dèng//yǎn 동1눈을 부릅 뜨다. (反)〔眯 mī 眼〕2남에게 화를 내다.

dī

★【低】 亻部 │5画 │dī 낮을 저
1형(높이가) 낮다. ◇墙很~, 可以跳过去/담이 낮아서 뛰어넘을 수 있다. 2형(기준·정도가) 낮다. ◇我的汉语水平很~/나의 중국어 수준은 낮다. 3형(등급이) 낮다. ◇他的工资是比别人一级/그의 월급은 남보다 언제나 한 급 낮다. 4동(머리를) 숙이다. 떨구다. ◇他走路总爱~着头/그는 길을 걸을 때 늘 고개를 숙인다.
【低产－산】dīchǎn 명생산량이 적다.
【低潮－조】dīcháo 1명썰물. (同)〔干 gān 潮〕2명저조(하다). 부진(하다). 침체 상태. (反)〔高潮 gāocháo〕
【低沉－침】dīchén 형1(날씨가) 흐리다. 우중충하다. 2(소리가) 낮다. (同)〔深 shēn 沉〕, (反)〔响亮 xiǎngliàng〕3(사기가) 떨어지다.
【低档－당】dīdàng 형질이 떨어지고 가격이 낮다. (反)〔高 gāo 档〕
【低等动物－등동물】dīděng dòngwù 명〈動〉하등 동물.
【低调－조】dīdiào (~儿)명낮은 음조. 〔느슨한 어투나 힘이 없는 논조의 비유로도 쓰임〕(同)〔高 gāo 调〕
【低估－고】dīgū 동과소 평가하다.
【低回－회】dīhuí 동〈文〉1배회하다. (同)〔低徊 huí〕2떠나기 서운해 하다.
【低缓－완】dīhuǎn 형1(목소리가) 낮고 느리다. 2(지세가) 낮고 경사가 완만하다.
∗【低级－급】dījí 형1초보적인. 2저속한.
【低贱－천】dījiàn 형1(신분 따위가) 낮다. 2(값이) 싸다.
【低空－공】dīkōng 명저공. (反)〔高 gāo 空〕
【低栏－란】dīlán 명〈體〉로허들(low hurdles).
【低廉－렴】dīlián 형저렴하다. (同)〔便宜 pián·yi〕, (反)〔昂贵 ánggui〕
∗【低劣－열】dīliè 형조잡하다. (同)〔粗 cū 劣〕, (反)〔优良 yōuliáng〕
【低落－락】dīluò 동하락하다. 내리다. (同)〔下 xià 落〕, (反)〔上涨 shàngzhǎng〕
【低能－능】dīnéng 형저능하다. ◇~儿 ér /저능아. (反)〔能干 gàn〕
【低频－빈】dīpín 명〈電〉저주파.
【低人一等－인일등】dī rén yī děng 〈成〉다른 사람보다 한 급 아래다. (同)〔低人一头 tóu〕, (反)〔高 gāo 人一等〕
【低三下四－삼하사】dī sān xià sì 〈成〉굽신거리다. 비굴하다. (同)〔低声 shēng 下气〕, (反)〔盛气凌人 shèng qì líng rén〕

【低烧—소】dīshāo 웡〈醫〉미열. (同)〔低热 rè〕

【低声—성】dīshēng 1웡낮은 소리. 2(dī// shēng)동소리를 낮추다.

【低声下气—성하기〕dī shēng xià qì 〈成〉 비굴하게 굴다.

【低首下心—수하심〕dī shǒu xià xīn 〈成〉 고개를 숙여 순종하다. (同)〔俯首听命 fǔ shǒu tīng mìng〕, (反)〔坚强不屈 jiānqiáng bù qū〕

【低头—두〕dī// tóu 동머리를 숙이다. (同) 〔垂 chuí 头〕, (反)〔抬 tái 头〕2〈喩〉굴 복하다. (同)〔屈服 qūfú〕, (反)〔不屈 bùqū〕

【低洼—와〕dīwā 웡움푹 패이는 곳. (同) 〔洼陷 wāxiàn〕, (反)〔凸起 tūqǐ〕

【低微—미〕dīwēi 웡1(소리가) 낮다. 2(수 입이나 대우가) 보잘 것 없다. (同)〔卑 bēi 微〕, (反)〔高贵 gāoguì〕

＊【低温—온〕dīwēn 웡저온. (反)〔高 gāo 温〕

＊【低下—하〕dīxià 웡1생산 또는 경제 수 준이) 낮다. (同)〔差劲 chàjìn〕, (反)〔优 秀 yōuxiù〕2(인품이) 저속하다.

【低压—압〕dīyā 웡1〈物〉저압. 2〈醫〉저혈 압. 3〈電〉저전압.

【低压槽—압조〕dīyācáo 웡〈氣〉기압골.

【低音提琴—음제금〕dīyīn tíqín 웡〈音〉콘 트라베이스. 더블 베이스.

【低语—어〕dīyǔ 웡소근거리다.

【低云—운〕dīyún 웡〈天〉낮은 구름.

＊＊【堤(隄)】土部 dī 9画 막을 제
웡둑. 제방.

【堤岸—안〕dī'àn (同)〔堤防 fáng〕

【堤坝—패〕dībà (同)〔堤防 fáng〕

【堤防—방〕dīfáng 웡제방.

【堤围—위〕dīwéi 웡제방.

【堤堰—언〕dīyàn 웡제방.

【提】扌部 dī 9画 들 제
뜻은 '提 tí'와 같고 아래와 같은 경우에 만 'dī'로 발음됨. ⇒tí

【提防—방〕dī·fang 동조심하다. 경계하다.

【提溜—류〕dī·liu 동〈方〉손으로 들다.

☆【滴】扌部 dī 11画 물방울 적
1동(액체가) 조금씩 떨어지다. (액체를) 조금씩 떨어뜨리다. ◇眼疼，～了一点儿 药水就好了/눈이 아파 눈약을 조금 넣어 서 나았다. 2웡방울. ◇汗～/땀방울. 3양 방울. [떨어지는 액체의 수량에 쓰임] ◇ 两～墨 mò 水/두 방울의 먹물.

【滴答—답〕dīdā 웡뚝뚝. [물방울이 떨어지 는 소리] 똑딱 똑딱. [시계추가 흔들거 리는 소리]

【滴答—답〕dī·da 동(물방울이) 똑똑 떨어 지다.

【滴滴涕—적체〕dīdītì 웡〈藥〉디디티(D.D.T.).

【滴里嘟噜—리도로〕dī·lidūlū 1크고 작은 것들이 한 줄로 거추장스럽게 달려 있는 모양. 2말을 빨리하여 알아 들을 수 없는 것.

【滴溜溜—류류〕dīliūliū (～的)웡빙글빙글· 대굴대굴·뱅뱅 도는 모양.

【滴溜儿—류아〕dīliūr 웡1빙글빙글 도는 모 양. 2동그란 모양.

【滴水—수〕dī·shui 웡1(처마끝의 기와) 암 막새. 2처마의 빗물이 잘 빠지도록 두 건 물 처마 사이에 남겨 놓은 공지(空地). 3 (떨어지는) 물방울. 낙숫물.

【滴水不漏—수불루〕dī shuǐ bù lòu 〈成〉한 방울 물도 없다. [주도면밀함을 비유〕 (同)〔无懈可击 wú xiè kě jī〕, (反) 〔漏洞百出 lòu dòng bǎi chū〕

【滴水成冰—수성빙〕dī shuǐ chéng bīng 〈成〉몹시 심한 추위를 비유하는 말. (同) 〔天寒地冻 tiān hán dì dòng〕, (反)〔铄石 流金 shuò shí liú jīn〕

【滴水穿石—수천석〕dī shuǐ chuān shí 〈成〉 꾸준히 노력하면 못할 일이 없다. (同) 〔水滴石穿〕, (反)〔半途而废 bàn tú ér fèi〕

dí

【迪(廸)】辶部 dí 5画 나아갈 적
동〈文〉인도하다. 이끌다.

【迪斯科—사과〕dí·sīkē 웡디스코(disco).

【笛】竹部 dí 5画 저 적
웡1(～儿)피리. 2기적. 고동. 사이렌.

【笛膜—막〕dímó (～儿)웡피리혀. 피리청.

＊【笛子—자〕dí·zi 웡피리.

【的】白部 dí 3画 과녁 적
웡진실의. 실재(實在)의. 확실한. ⇒·de

【的当—당〕dídàng 웡〈文〉적절하다. (同) 〔得 dé 当〕, (反)〔失 shī 当〕

【的款—관〕díkuǎn 웡〈文〉확실한 금액.

【的确—확〕díquè 위확실히. 분명히. ◇去 年他们～来过我家一次/작년에 그들은 우 리집에 분명히 한 번 온 적이 있다.

＊【的确良—확량〕díquèliáng 웡〈紡〉데이크런 (dacron).

【的士—사〕díshì 웡〈方〉택시.

【的证—증〕dízhèng 웡확증.

【涤·滌】氵部 dí 7画 씻을 척
동씻다. 빨다.

【涤除－제】díchú [동]씻어 버리다. 제거하다.
【涤荡－탕】dídàng [동](더러운 것을) 씻어 없애다. 세척하다.
【涤纶－륜】dílún [명]〈紡〉테릴렌(terylene).

*【敌·敵】 舌部 4画 | 攵部 6画 | dí 원수 **적**
1[명]적. ◇～军/적군. (反)〔我 wǒ〕 **2**[동]대항하다. ◇他劲儿 jìnr 很大, 我～不过他/그는 힘이 세서 대적할 수 없다. **3**(역량이) 서로 맞먹다. 견줄 만하다. (同)〔抗 kàng〕, (反)〔降 jiàng〕

D

【敌敌畏－적외】dídíwèi [명]〈藥〉디디비피(DDVP) 유기인산제(有機燐酸劑). 〔살충제의 일종〕
*【敌对－대】díduì [동]적대하다. 대치하다. (同)〔仇视 chóushì〕, (反)〔友好 yǒuhǎo〕
【敌国－국】díguó [명]적국. (反)〔友邦 yǒubāng〕
【敌后－후】díhòu [명]적진의 후방.
【敌忾－개】díkài [명]〈文〉적개심.
【敌情－정】díqíng [명]적군의 정황(情況).
【敌酋－추】díqiú [명]적의 우두머리.
☆【敌人－인】dírén [명]적(敵). (同)〔仇 chóu 人〕, (反)〔友 yǒu 人〕
*【敌视－시】díshì [동]적대시하다.
【敌手－수】díshǒu [명]적수. 맞수.
【敌台－대】dítái [명]적국의 방송국.
【敌探－탐】dítàn [명]적의 스파이〔간첩〕.
【敌特－특】dítè (同)〔敌探 tàn〕
【敌伪－위】díwěi [명](중국에서 항일 전쟁 시기의) 일본 침략군과 그와 결탁한 괴뢰 정권.
【敌我矛盾－아모순】dí- wǒ máodùn [명]적아간의 모순. 적대적 모순.
【敌焰－염】díyàn [명]적의 기세.
【敌意－의】díyì [명]적의(敵意). (同)〔仇恨 chóuhèn〕, (反)〔好感 hǎogǎn〕
【敌阵－진】dízhèn [명]적진.

【嘀】 口部 11画 | dí 적 중얼거릴 **적**
【嘀咕－고】dí·gu [동]**1**속닥거리다. 수군거리다. **2**의심하다. 머뭇거리다.

【嫡】 女部 11画 | dí 정실 **적**
[명]**1**본처. 정실(正室). ◇～出/본처 소생. (反)〔庶 shù〕 **2**가족 중 혈통이 가까운 사람. **3**정통.
【嫡传－전】díchuán [동]직계로 대가 이어지다.
【嫡母－모】dímǔ [명]〈文〉적모. 서자가 아버지의 정실을 일컫는 말.
【嫡派－파】dípài [명]〈文〉**1**적파(嫡派). (혈족의) 직계. **2**(기술·무예 따위의) 정통파. ‖ (同)〔直系 zhíxì〕, (反)〔旁 páng 系〕
【嫡亲－친】díqīn [명]한 핏줄을 이은 친혈육. 육친. ◇～姐姐/친누이.
【嫡系－계】díxì (同)〔嫡派 pài〕
【嫡裔－예】díyì [명]직계 자손.

dǐ

【诋·詆】 讠部 5画 | dǐ 꾸짖을 **저**
[동]〈文〉헐뜯다. 욕하다. (同)〔谤 bàng〕, (反)〔誉 yù〕
【诋毁－훼】dǐhuǐ [동]헐뜯다. 중상하다. (同)〔毁谤 bàng〕, (反)〔称誉 chēngyù〕

【邸】 阝部 5画 | dǐ 집 **저**
[명]**1**고관(高官)의 저택. **2**(Dǐ)성(姓).
【邸宅－택】dǐzhái [명]저택.

⁑【底】 广部 5画 | dǐ 밑 **저**
1(～儿)[명]밑. 바닥. ◇海～/해저. **2**(～儿)[명]속사정. 내막. ◇这次考试是为了摸 mō～/이번 시험은 상황 파악을 하기 위함이다. **3**(～儿)[명]원고. 초고. **4**[명](년·월의) 말(末). 끝. ◇一九九六年～/1996년 말. **5**[명](장식용 도안·무늬의) 바탕. ◇白～红花/흰 바탕의 빨간 무늬. **6**[명]나머지. **7**[명]〈文〉도달하다. **8**[대]〈文〉무엇. **9**[대]〈文〉이것. **10**〈文〉이와 같다. (同)〔如此 rúcǐ〕 **11**[명](Dǐ)성(姓).
【底版－판】dǐbǎn [명]원판. (同)〔底片 piàn〕
【底本－본】dǐběn [명]원본. 초고.
【底册－책】dǐcè [명]원장(元帳). 원부(原簿). (同)〔底帐 zhàng〕
【底层－층】dǐcéng [명]**1**〈建〉1층(層). **2**(사회·조직 등의) 밑바닥. 하층. (同)〔下 xià 层〕, (反)〔上 shàng 层〕
【底肥－비】dǐféi [명]〈農〉밑거름.
【底稿－고】dǐgǎo (～儿)[명]초고.
【底襟－금】dǐjīn (～儿)[명]중국옷의 섶.
【底里－리】dǐlǐ [명]속사정.
【底牌－패】dǐpái [명]**1**(카드놀이에서) 으뜸패. **2**속사정. 내부 상황. **3**비장의 카드.
【底盘－반】dǐpán [명]**1**〈經〉최저 가격. 바닥 시세. **2**〈機〉샤시(chassis). **3**〈電〉(전자기기의) 샤시. **4**(꽃병 따위의) 밑(바닥).
⁑【底片－편】dǐpiàn [명]**1**(사진의) 원판. **2**(찍지 않은) 필름.
【底数－수】dǐshù [명]**1**사건의 경위〔진상〕. **2**〈數〉저수.
【底土－토】dǐtǔ [명]밑바닥의 흙.
【底细－세】dǐ·xì [명]〈文〉(사람이나 사건 따위의) 속 사정. 내막. 경위. (同)〔底里 lǐ〕, (反)〔表象 biǎoxiàng〕
☆【底下－하】dǐ·xia **1**[명]밑. 아래. ◇打雷时不要站在树～/천둥칠 때 나무 아래에 서

있으면 안 된다. **2**图그 후. 그 다음. ◇我给你们讲个开头儿, ～的内容自己去看吧/내가 당신들에게 첫머리를 설명할테니 다음 내용은 각자 가서 보시오.

【底下人－하인】dǐ·xiaren 图옛날의 종. 아랫사람. 부하.

【底线－선】dǐxiàn 图**1**(축구·농구·테니스 등 운동장의) 한계선. **2**정탐꾼.

【底薪－신】dǐxīn 图기본급. 봉본. (同)〔工资 gōng zī〕

【底蕴－온】dǐyùn 图〈文〉자세한 내용〔경위〕. 내막.

【底子－자】dǐ·zi 图**1**밑. 바닥. ◇鞋～/신발 바닥. **2**속 사정. 내막. ◇把一摸 mō 清了/속 사정을 분명히 파악했다. **3**기초. ◇～薄 báo/기초가 약하다. **4**원고. 초고. ◇画画儿要打个～/그림을 그릴 때는 초안을 그려야 한다. **5**나머지. 우수리. ◇货～/재고품. **6**장식용 도안·무늬의 바탕.

【底座－좌】dǐzuò (～儿)图밑받침. 받침대.

✲✲【抵】 扌部 dǐ
　　5画 막을 저
图**1**지탱하다. 받치다. ◇～住门别让风刮开/문을 받쳐 놓아 바람에 열리지 않도록 해라. **2**저항하다. **3**보상(補償)하다. 배상하다. **4**저당(抵當)하다. 저당 잡히다. ◇用房屋做～/집을 저당잡히다. **5**균형이 맞다. ◇收支相～/수지가 맞아 떨어지다. **6**상당하다. 필적하다. ◇一个～两个/하나가 둘을 대신할 수 있다. **7**〈文〉도착하다. 이르다. ◇平安～京/무사히 북경에 도착하다.

【抵补－보】dǐbǔ 图(부족한 것을) 보충하다. 메우다.

【抵偿－상】dǐcháng 图갚다. 변상하다.

【抵触－촉】dǐchù 图지촉하(하다). 상호 모순되다. ◇～情绪/위화감. ◇相互～/서로 모순되다. (反)〔投合 tóuhé〕

✲【抵达－달】dǐdá 图통도착(하다). ◇～目的地/목적지에 도착하다. (同)〔到 dào 达〕, (反)〔离开 lí//kāi〕

【抵挡－당】dǐdǎng 图막다. 저지하다.

【抵换－환】dǐhuàn 图대체하다.

✲✲【抵抗－항】dǐkàng 图图저항(하다). 대항(하다). (同)〔抵御 yù〕, (反)〔投降 tóuxiáng〕

【抵赖－뢰】dǐlài 图(잘못 따위를) 잡아떼다. 부인하다. (同)〔狡 jiǎo 赖〕, (反)〔承认 chéngrèn〕

【抵命－명】dǐ//mìng 图(자기의) 목숨으로 보상하다.

【抵事－사】dǐ//shì 图〈方〉쓸모가 있다. 〔주로 부정형에 쓰임〕

【抵死－사】dǐsǐ 图죽어도. 한사코. 필사적으로.

【抵牾－오】dǐwǔ 图서로 모순되다.

【抵消－소】dǐxiāo 图상쇄되다.

【抵押－압】dǐyā 图저당(하다). 저당(잡히다).

【抵御－어】dǐyù 图막아내다. 방어하다.

【抵债－채】dǐ/zhài (同)〔抵帐 zhàng〕

【抵账－장】dǐ/zhàng 图채무를 노동력이나 물건으로 갚다.

✲【抵制－제】dǐzhì 图제지하다. ◇工人们用罢 bà 工的方式~董 dǒng 事会的决议/노동자들은 파업으로 이사회의 결정을 제지했다.

【抵罪－죄】dǐ/zuì 图죄를 지어 그에 상응하는 벌을 받다.

【砥】 石部 dǐ(舊讀 zhī)
　　5画 숫돌 지
〈文〉图결이 고운 숫돌.

【砥砺－려】dǐlì 图**1**숫돌. **2**图연마하다. 단련하다. (同)〔磨练 móliàn〕 **3**图격려하다. (同)〔鼓 gǔ 励〕, (反)〔打击 dǎjī〕

【砥柱中流－주중류】Dǐzhù zhōngliú 역경 가운데서 집단이나 나라를 떠받치는 믿음직한 사람. 대들보. (同)〔中流砥柱〕

dì

★【地】 土部 dì
　　3画 땅 지
图**1**지구(地球). 지각. **2**육지. **3**토지. 논밭. **4**바닥. **5**지방. 장소. 구역. 지역 **6**지점(地點). **7**지위. 처지. 형편. 위치. **8**(～儿)(무늬나 글 따위의) (밑)바탕. **9**노정. 길. ⇒·de

✲【地板－판】dìbǎn 图**1**마루. **2**바닥. **3**〈方〉논밭.

【地保－보】dìbǎo 图청조(清朝)와 중화민국 초기에 관리를 대신하여 부역을 부과하거나 세금을 징수하던 사람.

【地堡－보】dìbǎo 图〈军〉토치카.

【地表－표】dìbiǎo 图지구의 표면. 지표.

✲✲【地步－보】dìbù 图**1**(좋지 않은) 형편. 지경. ◇真没想到他会落 luò 到这个~/그가 이 지경까지 전락됐을 줄이야 정말 생각지도 못했다. **2**여지. ◇留~/여지를 남겨 두다. **3**도달한 정도. ◇他兴奋得到了睡不着 zháo 的~/그는 잠들 수 없을 정도로 흥분했다.

【地层－층】dìcéng 图〈地质〉지층.

【地产－산】dìchǎn 图토지 재산.

【地秤－칭】dìchèng 图앉은 저울.

【地磁－자】dìcí 图〈物〉지구 자기.

【地磁极－자극】dìcíjí 图〈物〉지구 자기극.

【地大物博－대물박】dì dà wù bó 〈成〉땅이 넓고 생산물이 풍부하다.

☆【地带-대】dìdài 图지대.

【地道-도】dìdào 图지하도. 지하 갱도.

**【地道-도】dì·dao 图1본고장의. 원산지의. (同)[道地 dàodì], (反)[虚假 xūjiǎ] 2순수하다. 진짜의. ◇她的普通话说得真~/그녀는 진짜 현대중국어를 잘한다. (同)[纯粹 chúncuì], (反)[混杂 hùnzá] 비교 地道:真的 "地道"는 부사로 쓰이지 않는다. ◇他(×地道)真正地爱小王/그는 진정 미스 왕을 사랑한다. 3(일이나 재료의 질이) 성실하다. 알차다. ◇这家伙 huo 一看就不~/그 녀석은 척 보면 불성실하게 보인다.

☆【地点-점】dìdiǎn 图지점. 장소. ◇开会的~选择好了没有?/회의 장소를 정했습니까?

【地动-동】dìdòng 图〈俗〉지진. (同)[地震 zhèn].

【地动仪-동의】dìdòngyí 图지진계.

【地洞-동】dìdòng 图땅굴.

【地段-단】dìduàn 图구역. 지역.

☆【地方-방】dìfāng 图1(중앙에 대하여) 지방. ◇这个年轻的县长很受~上群众的爱戴/그 젊은 군수는 현지인들의 사랑을 많이 받고 있다. 2그 지방. 현지.

★【地方-방】dì·fang 图1(~儿) 장소. 곳. ◇礼堂里挤 jǐ 得很, 都没有站的~/강당 안이 꽉차서 설 자리가 없다. 2부분. 점. ◇这孩子小, 不懂事, 有不对的~, 请多原谅/이 애가 어리고 철이 없으니 잘못한 점이 있으면 양해해주시기 바랍니다.

【地方病-방병】dìfāngbìng 图〈医〉지방병. 풍토병.

【地方时-방시】dìfāngshí 图현지시간(local time).

【地方戏-방희】dìfāngxì 图〈演〉지방극(劇).

【地方志-방지】dìfāngzhì 图지방지.

【地府-부】dìfǔ 图저승. 황천. (同)[阴间 yīnjiān], (反)[人间 rénjiān]

【地覆天翻-복천번】dì fù tiān fān 〈成〉1변화가 대단히 크다. 2매우 소란스럽다.

【地根儿-근아】dìgēnr 〈方〉图전혀. 여지껏. [주로 부정에 쓰인다]

【地埂-경】dìgěng (~儿)图두둑.

【地宫-궁】dìgōng 1왕릉의 지하 건축물. 2사찰에서 사리나 기물 등을 보관해 두는 지하 건축물.

【地沟-구】dìgōu 图지하수로(水路). [주로 관개용수·배수·하수 등에 이용]

【地瓜-과】dìguā 〈方〉1(同)[甘薯 gānshǔ] 2(同)[豆 dòu 薯]

【地积-적】dìjī 图토지 면적. 지적.

【地基-기】dìjī 图1택지(宅地). 2(건축물의) 기초. 토대.

【地极-극】dìjí 图〈地質〉지구의 양극. 북극

과 남극.

【地脚-각】dìjiǎo 图책장의 아래 쪽 여백.

【地脚-각】dì·jiǎo 图〈方〉기초. 지반.

【地脚螺栓-각라전】dìjiǎo luóshuān 图〈機〉기초 볼트.

【地窖-교】dìjiào 图움. (저장용) 땅광.

【地界-계】dìjiè 图1땅의 경계. 지계. 2지구. 관할 구역.

【地牢-뢰】dìláo 图지하 감옥.

【地老天荒-노천황】dì lǎo tiān huāng 〈成〉길고 오랜 세월이 흐르다.

【地雷-뢰】dìléi 图〈军〉지뢰.

**【地理-리】dìlǐ 图〈地〉1지리. 2지리학. 3풍수. (反)[天文 tiānwén]

【地理学-리학】dìlǐxué 图〈地〉지리학.

【地力-력】dìlì 图지력. 땅의 비옥한 정도.

【地利-리】dìlì 图1지리적 우세함. 2농작물을 심기에 유리한 토지 상태.

【地栗-율】dìlì (同)[荸荠 bí·qí]

【地邻-린】dìlín 图두 땅 뙈기가 인접해 있다.

【地脉-맥】dìmài 图지맥. 풍수에서 말한 지형의 좋고 나쁜 상태.

【地幔-만】dìmàn 图〈地質〉맨틀.

【地貌-모】dìmào 图〈地質〉지형.

☆【地面-면】dìmiàn 图1지면(地面). 지표. (同)[地上 shàng], (反)[天空 tiānkōng] 2(집이나 건물의 포장된) 바닥. 마루. 3(~儿)(행정상의) 구역. 4(~儿)현지. (同)[当 dāng 地]

【地亩-묘】dìmǔ 图논밭. 토지. (同)[田 tián 亩]

【地盘-반】dìpán 图1(~儿)지반. 세력 범위. 2(건물의) 토대. 지반.

【地皮-피】dìpí 图1(건축) 부지. 2지표.

【地痞-비】dìpǐ 图그 지방의 불량배.

【地平线-평선】dìpíngxiàn 图지평선.

【地铺-포】dìpù 图땅바닥에 임시로 깐 잠자리.

【地契-계】dìqì 图토지 매매 계약서.

【地壳-각】dìqiào 图〈地質〉지각.

【地勤-근】dìqín 图〈航〉(항공 업무 중) 지상 근무. (反)[空勤 kōngqín]

☆【地球-구】dìqiú 图지구.

【地球仪-구의】dìqiúyí 图지구의. 지구 모형.

☆【地区-구】dìqū 图1지역. 2식민지역이나 신탁통치의 지역.

【地权-권】dìquán 图토지 소유권.

【地热-열】dìrè 图〈地質〉지열.

【地上-상】dìshàng 图지상.

**【地势-세】dìshì 图땅의 형세.

【地摊-탄】dìtān (~儿)图노점(露店).

**【地毯-담】dìtǎn 图〈紡〉융단. 양탄자. 카펫.

**【地铁-철】dìtiě 图〈略〉지하철.

【地头-두】dìtóu 图1(~儿)논·밭의 양 가

장자리. 2〈方〉목적지. 3〈方〉(～儿)현지. 4(～儿)책장의 아래 쪽 여백.
【地头蛇－두사】dìtóushé (同)〔地痞 pǐ〕
☆【地图－도】dìtú ⑲지도.
☆【地位－위】dìwèi ⑲1(개인이나 단체의 사회적) 위치. 2(사람이나 물건이) 차지한 자리.
【地温－온】dìwēn ⑲지온.
【地物－물】dìwù ⑲〈軍〉엄폐물. 은폐물.
【地峡－협】dìxiá ⑲〈地質〉지협.
【地下－하】dìxià ⑲지하.
☆【地下－하】dì·xia ⑲지면. 땅바닥. (同)〔地上 shàng〕, (反)〔天上 tiānshàng〕
【地下室－하실】dìxiàshì ⑲지하실.
【地线－선】dìxiàn ⑲〈電〉1접지선(接地綫). 2지하선(地下綫). 지하 케이블(cable).
【地心－심】dìxīn ⑲〈地質〉지구의 중심.
⁑【地形－형】dìxíng ⑲지형.
【地形图－형도】dìxíngtú ⑲지형도.
【地窨子－음자】dìyìn·zi ⑲〈口〉1지하실. ⇒〔地下 xià〕 2 (同)〔地窖 jiào〕
【地狱－옥】dìyù ⑲1〈宗〉지옥. 2〈喩〉희망이 없고 비참한 생활 환경. (同)〔火坑 huǒkēng〕, (反)〔天堂 tiāntáng〕
【地域－역】dìyù ⑲1지역. 2본고장. 향토.
⁑【地震－진】dìzhèn ⑲〈地〉지진.
【地政－정】dìzhèng ⑲〈政〉토지 행정.
【地支－지】dìzhī ⑲지지. 십이지(十二支). (反)〔天干 tiāngān〕⇒〔干 gān 支〕
☆【地址－지】dìzhǐ ⑲소재지. 주소.
⁑【地质－질】dìzhì ⑲〈地〉지질.
【地轴－축】dìzhóu ⑲〈天〉지축.
*【地主－주】dìzhǔ ⑲1지주. 2(타향에서 온 사람에 대한) 그 지방 사람.
【地租－조】dìzū ⑲지세(地稅).

☆【递·遞】辶部 7画 | dì 갈마들일 **제**

1⑤넘겨주다. 전해주다. ◇请～给我一支笔/펜 한 자루를 나에게 건네주시오. ◇他给特务～过情报/그는 간첩에게 정보를 넘겨준 적이 있다. 2⑨차례대로. 순서대로.
【递补－보】dìbǔ ⑤차례로 보충하다.
【递给－급】dìgěi ⑤건네주다.
【递加－가】dìjiā ⑤점차 늘다.
【递减－감】dìjiǎn ⑤점차 줄다〔감소하다〕. 체감하다. (反)〔递加 jiā〕
【递降－강】dìjiàng ⑤점차로 내리다.
*【递交－교】dìjiāo ⑤직접 내주다. 건네다. ◇他向董dǒng事会～了意向书/그는 이사회에 의향서를 냈다.
【递解－해】dìjiè ⑤범인을 외지로 보낼 때 통과지역 관리가 순차적으로 호송하다.
【递进－진】dìjìn ⑤차례로 전진하다.
【递升－승】dìshēng ⑤차례대로 승진하다.
【递送－송】dìsòng ⑤(공문서 따위를) 발송하다.
*【递增－증】dìzēng ⑤점차 늘다.

★【弟】八部 5画 | dì 아우 **제**

1⑲동생. 아우. 2⑲친척 중에서 같은 항렬로 자기보다 나이 어린 남자를 부르는 말. 3⑭〈謙〉제. 저. 친구 상호간의 겸칭. 〔주로 서신에 쓰임〕 4(Dì)⑲성(姓).
☆【弟弟－제】dì·di ⑲아우. 남동생.
【弟妇－부】dìfù ⑲제수. 아우의 아내.
【弟妹－매】dìmèi ⑲1남동생과 여동생. 2〈口〉제수. 아우의 아내.
【弟媳－식】dìxí ⑲계수(季嫂). (同)〔弟媳妇 fu〕
⁑【弟兄－형】dì·xiong ⑲형제. a)본인를 포함하지 않음. ◇他没有～, 只有一个姐姐/그는 형제가 없고 단지 누나 하나만 있다. b)본인을 포함함. ◇他们是亲～/그들은 친형제이다.
【弟子－자】dìzǐ ⑲문인(門人). 제자. 학생.

【第】竹部 5画 | dì 차례 **제**

1접두정수의 앞에 쓰여 순서를 나타냄. ◇～一名/1등. ◇～十课/제10과. 2⑲과거급제. ◇及～/과거에 합격하다. ◇落～/낙제하다. 3⑲옛날, 관료의 저택. ◇府～/관저. 4⑨〈文〉그러나. 5⑨〈文〉단지.
【第二－이】dì'èr ㊉1제2. 2다음. ◇～天/이튿날. 다음날.
★【第一－일】dìyī ㊉1제1. 첫(번)째. 2〈轉〉제일이다.
【第一把手－일파수】dì yī bǎ shǒu 제1인자. 직장의 최고 책임자.
【第一产业－일산업】dì yī chǎnyè (농업 등) 1차 산업.
【第一流－일류】dìyīliú ⑲(제)일류. 최고급.
【第一名－일명】dìyīmíng ⑲일등. 챔피언.
【第一世界－일세계】dì yī shìjiè ⑲〈政〉초강대국.
【第一手－일수】dìyīshǒu ⑲직접 조사해서 얻은 것.

【帝】亠部 7画 | 巾部 6画 | dì 임금 **제**

⑲1〈宗〉하느님. ◇玉皇大～/옥황 상제. 2황제. 제왕. ◇三皇五～/삼황 오제. 3〈喩〉제국주의.
【帝俄－아】Dì'é ⑲제정 러시아.
*【帝国－국】dìguó ⑲제국.
【帝王－왕】dìwáng ⑲제왕. (同)〔君主 jūnzhǔ〕, (反)〔臣下 chénxià〕
【帝制－제】dìzhì ⑲〈政〉군주제.

【谛·諦】讠部 9画 | dì 살필 **체**

〈文〉**1**〈早〉찬찬히. 자세히. ◇～听/자세히 듣다. **2**명〈佛〉이치. ◇真～/〈佛〉참된 뜻.
【谛视―시】dìshì 통〈文〉찬찬히 보다.

【缔·締】 纟部 9画 맺을 체

통맺다. 체결하다. (同)〔订 dìng〕, (反)〔毁 huǐ〕
【缔交―교】dìjiāo 통**1**〈文〉(친구간에) 친교를 맺다. **2**(국가간에) 외교 관계를 맺다. (同)〔建 jiàn 交〕, (反)〔断 duàn 交〕
*【缔结―결】dìjié 명통(조약 등을) 체결(하다). (同)〔订立 dìnglì〕, (反)〔撕毁 sīhuǐ〕
【缔盟―맹】dìméng 통동맹을 맺다.
【缔约―약】dìyuē 통조약을 맺다. (同)〔订 dìng 约〕, (反)〔毁 huǐ 约〕
【缔造―조】dìzào 통〈文〉(위대한 사업을) 창립하다. 비교缔造:创造 새로운 환경이나 여건의 마련을 나타낼 때는 "缔造"를 쓰지 않는다. ◇(×缔造)创造有利于和平统一的条件/평화통일에 이로운 여건을 마련하다.

掂 200	颠 200	癫 200	典 200	碘 201
点 201	踮 201	电 201	佃 203	店 203
坫 203	惦 203	垫 203	淀 204	靛 204
奠 204	殿 204			

diān

*## 【掂(战)】 扌部 8画 손대중볼 점

통손대중하다. (무게를) 손으로 헤아리다.
【掂对―대】diān·dui 통〈方〉**1**고려하다. 헤아리다. (同)〔斟酌 zhēnzhuó〕 **2**교환하다. (同)〔掂配 pèi〕
【掂掇―철】diān·duo 통**1**고려하다. **2**짐작하다.
【掂斤播两―근파량】diān jīn bō liǎng 〈成〉사소한 일을 지나치게 따지다. (同)〔争多要少 zhēng duō yào shǎo〕, (反)〔豁达大度 huò dá dà dù〕
【掂量―량】diān·liáng 통〈方〉**1**손대중하다. **2**고려하다. 헤아리다.

【颠·顛】 页部 10画 이마 전

1명정수리. **2**명정상. 꼭대기. ◇山～/산꼭대기. (同)〔顶 dǐng〕, (反)〔底 dǐ〕 **3**통위 아래로 흔들리다. **4**통떨어지다. 넘어지다. **5**(～儿)통〈方〉껑충껑충 뛰(어다니)다. **6**(Diān)명성(姓).
*【颠簸―파】diānbǒ 통위 아래로 흔들리다. (同)〔波动 bōdòng〕, (反)〔平稳 píngwěn〕
*【颠倒―도】diāndǎo 통**1**(원래의 위치가) 뒤바뀌다. ◇这篇文章把历史～过来了/이

문장은 역사를 바꿔놓았다. **2**혼란스럽다.
【颠倒黑白―도흑백】diāndǎo hēibái 〈成〉흑백이 전도되다. 사실을 왜곡시키다.
【颠倒是非―도시비】diāndǎo shìfēi 〈成〉시비가 전도되다.
*【颠覆―복】diānfù 통전복하다.
【颠来倒去―래도거】diān lái dǎo qù 〈成〉**1**같은 것을 되풀이하다. **2**엎치락뒤치락하다. (同)〔翻 fān 来覆 fù 去〕, (反)〔要言不烦 yào yán bù fán〕
【颠沛―패】diānpèi 〈文〉좌절하다. 곤궁에 빠지다.
【颠沛流离―패류리】diān pèi liú lí 〈成〉생활이 어려워 사방을 떠돌다. (同)〔流离颠沛〕, (反)〔安居乐业 ān jū lè yè〕
【颠仆―복】diānpū 통걸려 넘어지다.
【颠扑不破―박불파】diān pū bù pò 〈成〉(이론·학설 따위가 객관적 사실에 부합하여) 절대로 뒤엎을 수 없다. (同)〔天经地义 tiān jīng dì yì〕, (反)〔不堪一击 bù kān yī jī〕
【颠三倒四―삼도사】diān sān dǎo sì 〈成〉조리가 없다. (同)〔七颠八倒 qī diān bā dǎo〕, (反)〔有条不紊 yǒu tiáo bù wěn〕

【癫·癲】 扩部 16画 미칠 전

명통정신 착란(을 일으키다).
【癫狂―광】diānkuáng **1**명정신병으로 언어나 행동이 이상하다. (反)〔正常 zhèngcháng〕 **2**(말·행동거지 따위가) 경솔하다. 경망하다. (同)〔轻佻 qīngtiāo〕, (反)〔庄重 zhuāngzhòng〕
【癫痫―간】diānxián 명〈醫〉전간. 지랄병.

diǎn

【典】 八部 6画 법 전

1명표준. 법칙. **2**명(표준이 되는) 서적. **3**명전고(典故). **4**명식전(式典). 의식. **5**통〈文〉주관하다. 맡다. **6**통저당잡다. 전당 잡히다. **7**(Diǎn)명성(姓).
【典当―당】diǎndàng **1**통저당잡히다. (同)〔典借 jiè〕, (反)〔赎 shú 当〕 **2**명전당포. (同)〔当铺 ·pù〕
【典范―범】diǎnfàn 명모범. 본보기.
【典故―고】diǎngù 명전고.
【典籍―적】diǎnjí 명전적.
【典借―차】diǎnjiè 통저당을 잡히다.
**【典礼―례】diǎnlǐ 명식전. 의식.
**【典型―형】diǎnxíng 명형전형(적이다).
**【典押―압】diǎnyā 통저당 잡히다.
【典雅―아】diǎnyǎ 형우아하다. (同)〔优 yōu 雅〕, (反)〔粗俗 cūsú〕

【典章一章】diǎnzhāng 图법령 제도.

【碘】石部 diǎn 8画 요오드 **전**
图〈化〉요오드(iodiue, I).

【碘酊一정】diǎndīng (同)〔碘酒 jiǔ〕

【碘酒一주】diǎnjiǔ 图〈药〉옥도 정기.

★【点·點】⺍部 diǎn 5画 점 **點**

1(～儿)图(액체의) 방울. ◇雨～儿/빗방울. 2(～儿)图작은 얼룩. 자국. ◇油～儿/기름 자국. 3(～儿)图점. 〔한자의 필획'、'〕 ◇这个字上边缺一～儿/이 한자 위에 점 하나가 빠졌다. 4图〈数〉점. ◇连成一条直线/두 점을 직선으로 연결한다. 5(～儿)图소수점. ◇十二～五/12.5. 6(～儿)图약간. 조금. ◇一～儿东西/약간의 물건. 7图가지. 〔사항에 쓰임〕 ◇儿～儿建议/몇가지 건의(사항). 8图시각(時). 〔시간 단위〕 ◇四～三刻/4시 45분. 9图점. 〔일정한 위치나 정도의 표시〕 ◇起～/기점. 10图점. 〔사물의 방면이나 부분〕 ◇重～/중점. 11图규정된 시간. ◇正～/정시. 정각. 12图점을 찍다. ◇～逗号/쉼표를 찍다. 13图스치다. 찍다. 집다. ◇这个穴 xué 位总～不着 zháo/이 혈도를 아무래도 집을 수 없다. 14图발끝으로 서다. ◇～着脚尖 jiān 跳舞/발끝으로 서서 춤을 추다. (同)〔踮 diǎn〕 15图(머리를) 끄떡이다. (손을) 아래 위로 움직이다. ◇大夫～了～头, 示意让病人坐下/의사는 고개를 끄덕여 환자를 앉게 했다. 16图(액체를) 한 방울씩) 떨어뜨리다. 넣다. ◇眼睛里～了药, 不能侧 cè 着躺/눈에다 약을 넣었으니 옆으로 누워서는 안 된다. 17图점파(點播)하다. (씨앗을) 뿌리다. ◇豆子～不完, 明天接着～/콩을 다 점파 못해서 내일 계속해서 한다. 18图세어보다. ◇钱～完了, 整整一万元/돈을 다 세었는데 딱 만원이다. 19图주문하다. ◇您来～～菜怎么样?/당신께서 요리를 주문하시겠습니까? 20图깨우쳐 주다. 귀띔하다. ◇老师一句/선생님이 그에게 몇 마디 귀띔해주었다. 21图불을 붙이다. 불을 켜다. ◇屋里～灯, 却没有一个人/방안에 불이 켜져 있는데 한 사람도 없다. 22图꾸미다.

【点播一파】diǎnbō 1图〈农〉점파. 점뿌림. 2图(방송에서) 리퀘스트하다.

【点补一보】diǎn·bu 图요기하다.

【点菜一채】diǎn//cài 图요리를 주문하다.

【点穿一천】diǎnchuān 1(同)〔点破 pò〕 2(同)〔揭发 jiēfā〕

【点窜一찬】diǎncuàn 图문장의 자구(字句)를 고치다. 첨삭하다.

【点滴一적】diǎndī 图1낱낱의 물방울. 2사소. 약간. ◇点点滴滴/아주 조금. (同)〔些许 xiēxǔ〕, (反)〔许多 xǔduō〕3〈医〉점적[정맥](주사). ◇打葡萄 pú·táo 糖～/포도당 점적 주사를 놓다.

【点化一화】diǎnhuà 图신선이 법술을 사용하여 사물을 변화시키다. 〈喩〉깨달음으로 인도하다.

＊【点火一화】diǎn//huǒ 图1점화하다. 2〈喩〉선동하여 일을 일으키다.

【点将一장】diǎn//jiàng 图〈诊〉지명하여 임무를 부여하다.

【点卯一묘】diǎn//mǎo 图옛날 관청에서 관리의 출근을 확인하다. 출근 도장을 찍다.

＊【点名一명】diǎn//míng 图1점호를 하다. 2지명하다.

【点破一파】diǎnpò 图지적하여 드러내게 하다.

【点燃一연】diǎnrán 图불을 붙이다. (同)〔燃点〕, (反)〔熄灭 xīmiè〕

＊【点染一염】diǎnrǎn 图1〈美〉그림 그릴 때 점경(點景)하거나 색칠을 하다. 2〈转〉문장을 수식하다.

【点题一제】diǎn//tí 图(이야기 혹은 문장에서) 요점을 뽑아내다.

【点头一두】diǎn//tóu (～儿)图(동의·승인·찬성·인사 따위의 표시로) 머리를 끄덕이다.

★【点心一심】diǎn·xin 图간식. 가벼운 식사.

【点穴一혈】diǎn//xué 图(권법에서 손가락에 힘을 모아) 급소를 찌르다.

★【点钟一종】diǎnzhōng 图1시(時). ◇三～/3시. 2시간. ◇一～的工夫/한 시간 동안.

【点种一종】diǎn//zhǒng 图〈农〉점파(點播)하다.

＊【点缀一철】diǎn·zhuì 1图꾸미다. 장식하다. ◇蔚蓝 wèilán 的天空～着朵朵 duǒ 白云/파란 하늘에 흰구름이 뭉게뭉게 피어 있다. 2图숫자〔머릿수〕를 채우다. 구색을 맞추다.

＊【点子一자】diǎn·zi 1图(액체의 작은) 방울. 2图반점. 자국. 3图타악기의 박자〔리듬〕. 4图〈方〉소량. 약간. 5图요점. 포인트. 6图생각. 방법.

【点字一자】diǎnzì 图점자.

【踮(跕)】足部 diǎn 8画 미끄러질 **접**
图발끝으로 서다. 발돋움하다.

diàn

★【电·電】乙部 田部 diàn 4画 0画 번개 **전**

1图전기. 2图감전하다[되다]. 3图〈略〉전보 또는 전화의 준말. 4图전보를 치다.

D

☆【电报－보】diànbào 圄전보. ◇打～/전보
를 치다.

【电报挂号－보패호】diànbào guàhào 圄
전신 약호. (同)〔电挂〕

【电表－표】diànbiǎo 圄〈电〉1테스터(test-er). 회로계. 2전기 미터(meter). 적산
전력계. 3전기 시계.

☆【电冰箱－빙상】diànbīngxiāng 圄냉장고.

【电波－파】diànbō 圄전파. (同)〔电磁 cí 波〕

【电铲－산】diànchǎn 圄굴삭기. (同)〔掘
土机 juétǔjī〕

【电场－장】diànchǎng 圄〈物〉전장(electric
field). 전계(電界).

【电唱机－창기】diànchàngjī 圄축음기.

【电唱头－창두】diànchàngtóu (同)〔拾音
器 shíyīnqì〕

★【电车－차】diànchē 圄1전차. 2무궤도 전
차. (同)〔无轨 wúguǐ 电车〕

﹡﹡【电池－지】diànchí 圄전지.

【电传－전】diànchuán 圄전송하다.

【电传打字机－전타자기】diànchuán dǎzìjī
圄텔레타이프라이터.

【电磁－자】diàncí 圄〈物〉전자.

【电磁波－자파】diàncíbō 圄〈物〉전자파.

【电磁场－자장】diàncíchǎng 圄〈物〉전자장.

【电磁感应－자감응】diàncí-gǎnyìng 圄〈物〉
전자 감응. 전자 유도.

★【电灯－등】diàndēng 圄전등.

【电灯泡－등포】diàndēngpào (～儿)圄전
구(電球).

【电动－동】diàndòng 圄〈电〉전동(電動).

﹡【电动机－동기】diàndòngjī 圄전동기. 모
터(motor).

【电镀－도】diàndù 圄圄전기 도금 (하다).

【电饭锅－반과】diànfànguō 圄전기(밥)솥.

☆【电风扇－풍선】diànfēngshàn 圄선풍기.

【电镐－호】diàngǎo 圄〈機〉1전기 착암기.
2전기 〔동력〕삽.

【电告－고】diàngào 圄전보로 알리다.

【电工－공】diàngōng 圄1전기 공학. 2전기
기술자.

【电工学－공학】diàngōngxué 圄전기공학.

【电光－광】diànguāng 圄전광.

【电焊－한】diànhàn 圄圄전기 용접 (하다).

【电贺－하】diànhè 圄전보로 축하하다.

【电荷－하】diànhè 圄〈电〉전하. 하전(荷電).

【电弧－호】diànhú 圄〈电〉전기 불꽃 아크
(arc).

【电化教育－화교육】diànhuà jiàoyù 圄시
청각 교육.

★【电话－화】diànhuà 圄전화. ◇打～/전화
를 걸다. ◇～号码/전화번호. ◇～亭/전
화박스. ◇～机/전화기.

【电话会议－화회의】diànhuà huìyì 圄전화

회의.

【电汇－휘】diànhuì 圄전신환.

【电机－기】diànjī 圄〈电〉전기 기계. 〔주로
전동기·발전기를 말함〕

【电极－극】diànjí 圄〈物〉전극.

【电解－해】diànjiě 圄〈化〉전해. 전기분해.

【电锯－거】diànjù 圄전기톱.

【电抗－항】diànkàng 圄〈物〉전기 저항.

【电缆－람】diànlǎn 圄케이블(cable).

【电离－리】diànlí 圄1〈电〉전리(電離). 2
〈化〉전해질(電解質)이 용액 가운데서 이
온을 형성하는 현상. 이온화.

﹡﹡【电力－력】diànlì 圄전력.

【电力网－력망】diànlìwǎng 圄전력 공급망.

【电量－량】diànliàng 圄〈电〉전량(電量).
전기량.

【电疗－료】diànliáo 圄〈醫〉(물리치료의 일
종인) 전기 치료. 전기 요법.

【电料－료】diànliào 圄전기 기자재.

﹡【电铃－령】diànlíng 圄벨. 초인종.

﹡【电流－류】diànliú 圄〈电〉전류.

【电流表－류표】diànliúbiǎo 圄전류계.

﹡﹡【电炉－로】diànlú 圄(가정용) 전기 난로.
전기 스토브(stove).

﹡【电路－로】diànlù 圄〈电〉전기회로.

【电路图－로도】diànlùtú 圄전기 회로도.

【电驴子－려자】diànlǘ·zi 圄〈方〉오토바이.
(同)〔摩托车 mótuōchē〕

【电门－문】diànmén 圄(전기)스위치(switch).

﹡﹡【电脑－뇌】diànnǎo 圄〈俗〉컴퓨터(com-puter). 전자 계산기.

【电脑病毒－뇌병독】diànnǎo bìngdú 圄컴
퓨터 바이러스.

【电能－능】diànnéng 圄〈电〉전기 에너지
(energy).

﹡【电钮－뉴】diànniǔ 圄전기 스위치(switch).

【电瓶－병】diànpíng 圄〈俗〉축전지.

﹡【电气－기】diànqì 圄전기. ◇～用品/전기
용품.

【电气化－기화】diànqìhuà 圄圄전화(電化)
(하다).

﹡﹡【电器－기】diànqì 圄전기 기기.

【电热－열】diànrè 圄전열.

【电容－용】diànróng 圄〈物〉〈電子〉전기용
량.

【电容器－용기】diànróngqì 圄〈物〉축전기.
콘덴서.

【电闪－섬】diànshǎn 圄전광. 번개.

【电扇－선】diànshàn 圄선풍기.

★【电视－시】diànshì 圄텔레비전.

【电视电话－시전화】diànshì diànhuà 圄화
상 전화.

【电视发射塔－시발사탑】diànshì fāshètǎ
圄텔레비전(television) 송신탑.

【电视机―시기】diànshìjī 圀텔레비전 수상기.
【电视接收机―시접수기】diànshì jiēshōujī
　(同)〔电视机〕
【电视剧―시극】diànshìjù 圀TV 드라마.
☆【电视台―시대】diànshìtái 圀텔레비전 방
　송국.
☆【电台―대】diàntái 圀1라디오 방송국. 2무
　선전신국.
【电烫―탕】diàntàng 圀통파마(를 하다).
☆【电梯―제】diàntī 圀1엘리베이터. (同)〔升降
　机shēngjiàngjī〕 2(同)〔电 diàn 动扶 fú 梯〕
【电筒―통】diàntǒng 圀손전등. 회중 전등.
【电头―두】diàntóu 圀(신문·전보 따위의)
　통신사·발신지·날짜를 기재한 것.
【电网―망】diànwǎng 圀전기 철조망.
【电文―문】diànwén 圀전문.
✱✱【电线―선】diànxiàn 圀전선.
【电线杆子―선간자】diànxiàngān·zi 圀전
　신주. 전봇대.
【电信―신】diànxìn 圀전신.
【电刑―형】diànxíng 1圀전기 고문. 2동전
　기 고문. 전기 의자로 사형시키다.
【电讯―신】diànxùn 圀1전기통신으로 전
　달되는 뉴스. 2무전 신호.
✱✱【电压―압】diànyā 圀〈電〉전압.
【电压表―압표】diànyābiǎo (同)〔电压计 jì〕
【电压计―압계】diànyā jì 圀〈電〉전압계. 볼
　트 미터(Volt meter)
【电眼―안】diànyǎn 圀〈電〉1사진 판정(photo
　finish). 2매직 아이(magic eye).
【电唁―언】diànyàn 동조전(吊電)을 치다.
【电椅―의】diànyǐ 圀(사형 집행에 사용되
　는) 전기 의자.
★【电影―영】diànyǐng (～儿)圀영화. ◇～
　迷/영화광. ◇～明星/영화 스타.
【电影插曲―영삽곡】diànyǐng chāqǔ 圀영
　화 주제가.
【电影放映机―영방영기】diànyǐng fàngyì
　-ngjī 圀영사기.
【电影节―영절】diànyǐngjié 圀영화제.
【电影剧本―영극본】diànyǐng jùběn 圀영
　화 대본.
【电影摄影机―영촬영기】diànyǐng shèyì
　-ngjī 圀영화 촬영기.
☆【电影院―영원】diànyǐngyuàn 圀영화관.
✱【电源―원】diànyuán 圀〈電〉전원.
【电灶―조】diànzào 圀전기 풍로.
【电闸―갑】diànzhá 圀〈方〉전기스위치.
【电钟―종】diànzhōng 圀전기 벽(탁상)시계.
【电珠―주】diànzhū 圀소형 전구.
✱✱【电子―자】diànzǐ 圀〈物〉전자.
【电子管―자관】diànzǐguǎn 圀〈物〉전자관.
　진공관.
【电子计算机―자계산기】diànzǐ jìsuànjī 圀

전자 계산기.
【电子琴―자금】diànzǐqín 圀전자 오르간.
【电子商务―자상무】diànzǐshāngwù 圀전
　자상거래.
【电阻―조】diànzǔ 圀〈電〉전류저항.
【电钻―찬】diànzuàn 圀〈電〉전기 드릴.

【佃】亻部｜diàn
　　　5画｜밭맬 전
　동소작(小作)하다. ⇒tián
【佃户―호】diànhù 圀소작농가.
【佃农―농】diànnóng 圀소작인. (同)〔佃戶 hù〕
【佃权―권】diànquán 圀소작권.
【佃租―조】diànzū 圀소작료.

☆【店】广部｜diàn
　　　5画｜상점 점
　圀1여관. 여인숙. 2상점. 가게.
【店东―동】diàndōng 圀(옛날의 상점이나
　여관의) 주인.
【店家―가】diànjiā 圀1(여관·술집·식당의)
　지배인이나 주인. 2〈方〉상점. 점포.
【店铺―포】diànpù 圀점포. 가게.
【店堂―당】diàntáng 圀1(상점의) 판매장.
　2(식당의) 홀.
【店小二―소이】diànxiǎo'èr 圀(조기백화)
　식당·여관 등의 급사.
✱【店员―원】diànyuán 圀점원.

【玷】王部｜diàn
　　　5画｜옥티 점
　1圀옥의 티. 2동더럽히다.
【玷辱―욕】diànrǔ 동치욕을 당하다. (同)
　〔玷污 wū〕, (反)〔增光 zēng∥guāng〕
【玷污―오】diànwū 1동더럽히다. 먹칠을
　하다. 2圀강간. 능욕.

【惦】忄部｜diàn
　　　8画｜염려할 점
　동걱정하다. 염려하다. ◇父母一直～着孩
　子/부모가 줄곧 자식을 걱정하고 있다.
✱✱【惦记―기】diàn·jì 동염려하다. 걱정하다.
　◇孩子的婚事父母～了几年了/부모가 자
　식의 혼사일을 몇년 째 걱정하고 있다.
　(同)〔惦念 niàn〕, (反)〔放心 fàngxīn〕
【惦念―념】diànniàn (同)〔惦记 ·jì〕

✱✱【垫·墊】土部｜diàn
　　　　　6画｜빠질 점
　1동밑에 받치다. 괴다. ◇桌子的一个腿儿
　～着一块小木片儿呢/책상의 한쪽 다리에
　나무 조각이 받쳐있다. ◇他睡觉的时候总
　把枕头 zhěntou～得很高/그는 잘 때
　늘상 베개를 높이 벤다. 2동공백을 메우
　다. 3동우선 돈을 대신 내다. ◇她给我～
　了两次钱/그녀는 나대신 두 번이나 돈을
　내주었다. 4(～儿)圀깔개. ◇鞋～儿/신
　발 깔개. ◇座～儿/방석.
【垫背―배】diàn∥bèi 동〈方〉남대신 희생을

당하다.

【垫补-보】diàn·bu 图〈方〉1돈이 부족할 때 잠시 남에게 빌리거나 다른 돈으로 충당하다. 2간식을 먹다.

【垫底儿-저아】diàn//dǐr 图1밑에 깔다. 2공복을 채우다. 요기하다. 3준비하다.

【垫付-부】diànfù 图잠시 대신 지불하다.

【垫话-화】diàn//huà 图만담에서 본제에 들어가기 전에 서두 말을 하다.

【垫肩-견】diànjiān 图1어깨 받이. 2패드 (pad).

【垫脚-각】diàn·jiao 图〈口〉깃. 가축의 우리에 깔아 주는 마른 흙이나 잘게 썬 풀 등.

【垫脚石-각석】diànjiǎoshí 图발판. 디딤돌.

【垫圈-권】diàn//juàn 图우리에 깃을 깔아 주다.

【垫圈-권】diànquān (～儿)图〈機〉(고무·쇳조각으로 된) 좌금(座金). 와셔(washer).

【垫上运动-상운동】diànshàng- yùndòng 图(체조의) 매트(mat)운동.

【垫支-지】diànzhī 图입체(立替)하여 지불하다. (同)〔垫付 fù〕

【垫子-자】diàn·zi 图깔개. 매트. 방석.

【淀·澱】氵部 diàn 8画 찌끼 전

1图침전(시키다). 2图얕은 호수. 〔대개 지명(地名)에 쓰임〕

*【淀粉-분】diànfěn 图전분. 녹말.

【靛】青部 diàn 8画 청대 전

图1〈染〉쪽의 잎으로 만든 파란색 염료. 2〈色〉남빛 쪽빛. 푸른빛과 자주빛이 혼합된 빛깔.

【靛颏儿-해아】diànkēr 图〈口〉〈鳥〉울새.

【靛蓝-람】diànlán 图〈染〉인디고(indigo). 쪽물감.

【靛青-청】diànqīng 图1〈色〉짙은 남색. 2(同)〔靛蓝 lán〕

【奠】八部 大部 diàn 10画 9画 정할 전

图1건립하다. 다지다. 2제물을 바치다.

*【奠定-정】diàndìng 图다지다. 닦다. ◇他已经～了自己的学术地位/그는 이미 자기의 학술적 지위를 닦아 놓았다.

【奠都-도】diàndū 图수도를 정하다.

【奠基-기】diànjī 图기초를 닦다.

【奠基石-기석】diànjīshí 图초석.

【奠酒-주】diànjiǔ 图제주(祭酒)를 올리다. (同)〔奠浆 jiāng〕

【奠仪-의】diànyí 图부조(금). (同)〔賻 fù 仪〕, (反)〔寿礼 shòulǐ〕

*【殿】殳部 diàn 9画 대궐 전

1图높고 큰 건물. 〔특히 궁전·신전 등을 가리킴〕 2图맨 뒤의.

【殿后-후】diànhòu 图행군할 때 부대의 맨 뒤에서 걷다. (反)〔領先 lǐngxiān〕

【殿军-군】diànjūn 图1행군할 때 맨 뒤에 있는 부대. 2图(시합에서) 최하위. 꼴찌.

【殿试-시】diànshì 图전시. 과거제도 중 최고의 시험으로, 궁전의 대전(大殿)에서 거행하며 황제가 친히 주제함.

【殿堂-당】diàntáng 图전당.

【殿下-하】diànxià 图태자(太子) 및 친왕(親王)에 대한 존칭. 〔현재는 외교에 쓰인다〕

diāo

*【刁】乙部 刀部 diāo 1画 0画 조두 조

1图교활하다. 2图지나치게 편식하다. 3(Diāo)图성(姓).

【刁悍-한】diāohàn 图교활하고 난폭하다. (同)〔刁顽 wán〕, (反)〔温順 wēnshùn〕

【刁滑-활】diāohuá 图교활하다. (同)〔狡猾 jiǎohuá〕, (反)〔诚实 chéngshí〕

【刁猾-활】diāohuá 图교활하다.

【刁难-난】diāonàn 图일부러 남을 곤란하게 하다. (同)〔为 wéi 难〕, (反)〔通融 tōng·róng〕

【刁顽-완】diāowán 图교활하고 완고하다.

【刁钻-찬】diāozuān 图교활하다. 간사하다.

*【叼】口部 diāo 2画 입에 물 조

图입에 물다. ◇猎狗 liègǒu 把野鸡～了回来/사냥개가 들닭을 물고 돌아왔다.

【凋(彫)】氵部 diāo 8画 시들 조

图시들다. 지다. (同)〔谢 xiè〕, (反)〔开 kāi〕

【凋敗-패】diāobài 图시들어 쇠락하다.

【凋敝-폐】diāobì 图1(생활이) 매우 고생스럽다. (反)〔丰足 fēngzú〕 2(사업이) 쇠퇴하다. (同)〔凋零 líng〕, (反)〔兴盛 xīngshèng〕

【凋残-잔】diāocán 图〈文〉쇠잔해지다.

【凋零-영】diāolíng 图1(초목이) 시들어 떨어지다. 2(체력·재능 따위가) 쇠잔해지다.

【凋落-낙】diāoluò (同)〔凋谢 xiè〕

【凋谢-사】diāoxiè 图1(초목·꽃잎이) 시들어 떨어지다. 2〈喩〉(노인이) 죽다.

【碉】石部 diāo 8画 돌집 조

图석실(石室).

【碉堡-보】diāobǎo 图토치카. 돌로 만든 보루.

【雕】 佳部 | diāo
8画 | 수리 **조**, 옥다듬을 **조**

1⟨동⟩새기다. 조각하다. 2⟨명⟩조각작품. 3⟨형⟩채색화(彩色畫)로 장식한. 색채를 입힌. ◇～梁画栋/⟨成⟩화려한 건물. 4⟨명⟩⟨鸟⟩수리. ◇～鸟/수리. (同)[鹫 jiù]

【雕版－판】 diāobǎn ⟨명⟩⟨印⟩판목에 글자를 새기다.

【雕虫小技－충소기】 diāo chóng xiǎo jì ⟨成⟩보잘것 없는 재주. [주로 글·문장의 기교를 가리킴]

【雕花－화】 diāohuā 1⟨동⟩공예의 일종으로, 목기나 방안의 칸막이 장지 또는 창에 그림이나 무늬를 조각하다. 2⟨명⟩조각한 그림이나 무늬.

【雕镌－전】 diāojuān (同)[雕刻 kè]

＊＊**【雕刻－각】** diāokè ⟨명⟩⟨동⟩1조각(하다). 2조각 작품.

【雕梁画栋－량화동】 diāo liáng huà dòng ⟨成⟩기둥과 대들보를 채화(彩畫)로 장식하다. 화려하게 장식한 집. (同)[画栋雕梁], (反)[蓬门荜户 péng mén bì hù]

＊**【雕塑－소】** diāosù ⟨명⟩⟨조형 예술의 한 분야인⟩ 조각과 소조.

【雕琢－탁】 diāozhuó ⟨동⟩⟨文⟩1(옥석을) 조각하다. 2문장을 지나치게 수식하다.

【貂】 豸部 | diāo
5画 | 돈피 **초**

⟨명⟩1⟨动⟩담비. (同)[貂鼠 shǔ] 2(Diāo) 성(姓).

【貂皮－피】 diāopí ⟨명⟩담비의 모피.

diào

☆**【吊(弔)】** 口部 | diào
3画 | 매달 **조**

1⟨동⟩걸다. 매달다. ◇把灯再往上～/등을 더 위로 거시오. 2⟨동⟩(끈 등으로 매서) 들어 올리다[내리다]. ◇哥哥～上去一只箱子/형이 상자 하나를 들어올렸다. 3⟨동⟩모피를 옷의 안이나 밖에 대다. 4⟨동⟩(증명서 따위를) 회수하다. 철회하다. 5⟨명⟩1000전. [옛날의 화폐단위로 북방에서는 100전] 6⟨동⟩조문하다.

【吊车－차】 diàochē ⟨명⟩기중기.

【吊窗－창】 diàochuāng ⟨명⟩들창. 들창문.

【吊床－상】 diàochuáng (同)[吊铺 pù]

【吊带－대】 diàodài ⟨명⟩1바지의 멜빵. 2양말 대님.

【吊灯－등】 diàodēng ⟨명⟩펜던트(pendant) 등.

【吊儿郎当－아낭당】 diào·erlángdāng ⟨형⟩⟨口⟩건들건들하다. 품행이 단정하지 못하다. (同)[松松垮垮 sōngsōng kuǎkuǎ], (反)[严肃认真 yánsù rènzhēn]

【吊环－환】 diàohuán ⟨명⟩⟨体⟩조환(吊環).

【吊民伐罪－민벌죄】 diào mín fá zuì ⟨成⟩고생하는 백성을 위로하고 죄짓은 통치자를 벌하다.

【吊铺－포】 diàopù ⟨명⟩해먹(hammock).

【吊桥－교】 diàoqiáo ⟨명⟩⟨土⟩1가동교(可動橋). [전부 혹은 일부분을 들어 올리고 내릴 수 있는 다리] 2적교(吊橋).

【吊丧－상】 diào//sāng ⟨동⟩조문하다.

【吊嗓子－상자】 diào sǎng·zi 연극 배우나 가수가 악기 반주에 맞추어 발성 연습을 하다.

【吊桶－통】 diàotǒng ⟨명⟩두레박.

【吊袜带－말대】 diàowàdài (同)[吊带]

【吊销－소】 diàoxiāo ⟨동⟩(발급해 준 증명을) 회수하여 취소하다.

【吊孝－효】 diào//xiào (同)[吊丧 sāng]

【吊唁－언】 diàoyàn ⟨동⟩애도하다. 조문하여 위로하다.

【吊装－장】 diàozhuāng ⟨동⟩⟨建⟩인력이나 기중기 따위로 건축물의 프리캐스트(pre-cast) 부재(部材)를 들어올려 조립하다.

☆**【钓·釣】** 钅部 | diào
3画 | 낚시 **조**

⟨동⟩1낚다. 낚시질하다. ◇老人把那条大鱼～上来了/노인이 그 큰 물고기를 낚아 올렸다. 2⟨喻⟩꾀를 써서[수단을 부려] 명리를 얻다. 3⟨방⟩낚시.

【钓饵－이】 diào'ěr ⟨명⟩1미끼. 낚싯밥. 2⟨喻⟩사람이나 동물을 꾀어내는 물건이나 수단.

【钓竿－간】 diàogān (～儿)⟨명⟩낚싯대.

【钓钩－구】 diàogōu ⟨명⟩1낚시 바늘. 2⟨喻⟩사람을 꾀어내는 수단[계략].

【钓具－구】 diào jù ⟨명⟩낚시 도구.

☆**【调·調】** 讠部 | diào
8画 | 고를 **조**

1⟨동⟩이동하다. 파견하다. 전근시키다. ◇我们被～到那里/우리는 그곳으로 파견되었다. 2⟨동⟩조사하다. 3(～儿)⟨명⟩악센트(accent). 억양. ◇你家住在北京, 为什么说话带广东～?/너는 북경에서 살았는데 말할 때 왜 광동말 억양이 나오니? 4⟨명⟩⟨音⟩조(调). 5(～儿)⟨音⟩가락. 멜로디(melody). 곡조. ◇这首歌的～特别好听/이 노래의 멜로디가 아주 듣기 좋다. 6⟨명⟩⟨言⟩성조(聲調). ⇒tiáo

【调包－포】 diào//bāo (同)[掉 diào 包]

【调兵－병】 diàobīng 군대를 이동시키다.

【调拨－발】 diàobō 1⟨동⟩(주로 물자를) 조달하여 이동시키다. 2⟨명⟩인원을 이동시키다. ⇒tiáobō

☆**【调查－사】** diàochá ⟨명⟩⟨동⟩조사(하다). 비교 调查:检查 "调查"의 목적어는 주로 추상 명사이다. ◇一个年轻工人在(×调查)检查电线的时候, 发现了她/한 청년 노동자

가 전선을 검사할 때 그녀를 발견했다.

【调调一조】diào·diao (~儿)图**1**가락. 멜로디. **2**논조(論調).

【调动一동】diàodòng **1图(위치·용도·인원을) 옮기다. 이동하다. ◇这次～了工作, 可要好好干呀/이번에 전근되었으니 잘해야 해. **2**图동원하다. ◇～着各界力量支援地震灾 zāi 区/각계의 힘을 동원하여 지진재해지역을 지원하다. 비교调动:调换 시간의 변경을 나타낼 때는 "调动"을 쓰지 않는다. ◇上午的口语课与下午写作课(×调动)调换一下儿时间/오전의 회화 수업과 오후의 작문 수업시간을 바꿔주세요.

*【调度一도】diàodù **1**图(일·인력·차량 등을) 알맞게 배치하다. ◇值班员正在～车辆/당직자가 차량을 배치하는 중이다. **2**图배치업무 담당자.

【调防一방】diàofáng 图(군대가) 수비임무를 교대하다.

【调号一호】diàohào (~儿)图**1**〈言〉성조 부호. **2**〈音〉조호.

【调虎离山一호리산】diào hǔ lí shān 〈成〉범을 산에서 꾀어내다. 상대를 꾀어내다. ◇上午的口语课与下午写

*【调换一환】diàohuàn 图바꿔치기 하다. ◇谁也不能～岗 gǎng 位/아무도 초소를 바꿔서는 안 된다. (同)〔掉 diào 换〕

【调集一집】diàojí 图이동 집결시키다.

【调类一류】diàolèi 图〈言〉성조(聲调)가 있는 언어의 성조 분류.

【调令一령】diàolìng 图**1**이동 명령. 소환령. **2**전근 명령.

【调门儿一문아】diàoménr 图〈口〉**1**음조(音调). 톤(tone). 음의 높낮이. (轉)말투. 태도. **2**논조(論調).

【调派一파】diàopài 图파견하다. 〔인사이동을 말함〕

【调配一배】diàopèi 图인원을 이동 배치하다. ⇒tiáopèi

【调遣一견】diàoqiǎn **1**图파견하다. 배정하다. **2**图图지시〔지휘〕(하다).

【调任一임】diàorèn 图인사이동(시키다).

【调头一두】diào//tóu 图(同)〔掉 diào 头 2〕

【调头一두】diàotóu 图논조(論調).

【调研一연】diàoyán 图조사 연구하다.

【调演一연】diàoyǎn 图각지의 극단을 한 곳에 모아 공연하다.

【调用一용】diàoyòng 图(인력·물자를) (轉)조달하여 쓰다.

【调运一운】diàoyùn 图조달하여 보내다.

【调值一치】diàozhí 图〈言〉말소리의 높낮이.

【调职一직】diào//zhí 图전보발령하다.

【调转一전】diàozhuǎn 图**1**전근하다. **2**(同)〔掉 diào 转〕

【调子一자】diào·zi 图**1**조(调). **2**〈音〉가락. 멜로디. **3**어조. **4**논조.

★【掉】扌部 | diào
　　　　8画 | 흔들 도

图**1**떨어지다. 떨어뜨리다. ◇～雪花/눈송이가 떨어지다. ◇老人七十多岁了, 只～了一个牙/노인은 70여 세나 됐는데 이하나만 빠졌다. **2**뒤에 처지다. 뒤떨어지다. ◇在学习上, 我没～过队/나는 공부를 뒤떨어진 적이 없다. **3**빠뜨리다. 잃다. ◇昨天进城, 把帽子～了/어제 시내에 들어가다가 모자를 잃어 버렸다. ◇这儿～了一个标点符号/이 곳에 문장부호 하나가 빠졌다. **4**(체중·값 따위가) 내리다. ◇这匹马最近生了病, 一膘 biāo～得很厉害/이 말이 최근 병에 걸려 살이 많이 빠졌다. **5**흔들(리)다. **6**돌리다. 방향을 바꾸다. ◇司机正在～车头/운전사가 차머리를 돌리고 있다. **7**맞바꾸다. ◇你个子高, 和她～～座位吧/네가 키가 크니 그녀와 자리를 바꿔라. **8**뿜내다. **9**…해 버리다. 〔동사 뒤에 쓰여 동작의 결과를 나타냄〕◇扔 rēng～/던져버리다.

【掉包一포】diào//bāo (~儿)(가짜를 진짜로, 나쁜 것을 좋은 것으로) 몰래 바꿔치기하다. ◇他的东西叫人～了包/남이 그의 물건을 살짝 바꿔놨다. (同)〔调 diào 包〕

【掉膘一표】diào//biāo 图(가축이) 마르다. 여위다. (同)〔落 luò 膘〕, (反)〔上 shàng 膘〕

【掉秤一칭】diào//chèng 图〈方〉무게가 축나다. (同)〔折 shé 秤〕

【掉点儿一점아】diào//diǎnr 图〈口〉빗방울이 간간이 떨어지다.

【掉队一대】diào//duì 图뒤떨어지다. 낙오하다. (同)〔落后 luòhòu〕, (反)〔超前 chāoqián〕

【掉过儿一과아】diào//guòr 图위치나 장소를 바꾸다.

【掉换一환】diàohuàn 图**1**교환하다. **2**경질하다. (同)〔调 diào 换〕

【掉价一가】diào//jià (~儿)图**1**값이 떨어지다. **2**〈轉〉신분·위신 등이 떨어지다.

【掉枪花一창화】diào qiānghuā 〈方〉수작을 피우다. (同)〔要花招 shuǎ huāzhāo〕

【掉色一색】diào//shǎi 图빛이 바래다. 퇴색하다.

【掉书袋一서대】diàoshūdài 고문(古文)을 자주 인용하여 학식을 자랑하는 것을 비꼬는 말.

【掉头一두】diào//tóu 图**1**고개를〔얼굴을〕돌리다. **2**(차·배 따위가) 반대방향으로 바꾸다. (同)〔调 diào 头〕

【掉以轻心一이경심】diào yǐ qīng xīn 〈成〉일에 대해 경솔한 태도를 취하다. (同)

〔满不在乎 mǎn bù zài·hu〕, (反)〔一丝
不苟 yī sī bù gǒu〕
【掉转－전】diàozhuǎn 통반대방향으로 돌
리다. (同)〔调 diào 转〕

diē

**【爹】父部 diē
6画 아비 다
명〈口〉아버지. 아빠.(同)〔爸 bà〕
【爹爹－다】diē·die 명〈方〉1아버지. 2조부.
할아버지.
【爹妈－마】diēmā 명부모. 양친.
【爹娘－낭】diēniáng (同)〔爹妈 mā〕

☆【跌】足部 diē
5画 어긋날 질
통1넘어지다. ◇下楼时～了个大跟头/아래
층으로 내려갈 때 곤두박질했다. 2(물체
가) 떨어지다. 3(물가가) 떨어지다. 내리
다. ◇价格再～～就可以买了/가격이 좀
더 내리면 살 수 있다. (同)〔降 jiàng〕,
(反)〔升 shēng〕 비교跌:下降 "跌"는
"水平"을 목적어로 취하지 않는다. ◇我
的汉语水平(×跌)下降了/나의 중국어 수
준이 떨어졌다.
【跌宕－탕】diēdàng 형〈文〉1자유 분방하
다. (同)〔倜傥 tìtǎng〕, (反)〔拘束 jūshù〕
2억양이 있고 변화가 풍부하다. (同)〔抑
扬 yìyáng〕, (反)〔平板 píngbǎn〕
【跌荡－탕】diēdàng (同)〔跌宕 dàng〕
【跌倒－도】diēdǎo 통걸려 넘어지다.
【跌跌撞撞－질당당】diē·diezhuàngzhuàng
형비틀거리며 걷다. (同)〔跌跌冲 chōng
冲〕, (反)〔健步如飞 jiànbù rú fēi〕
【跌份－분】diē/fèn (～儿)〈方〉체면이 서
지 않다. 체면을 잃다.
【跌价－가】diē/jià 통값이 내리다.
【跌跤－교】diē//jiāo 통1(발이 걸려) 넘어
지다. (同)〔摔跟头 shuāi gēn·tóu〕 2
〈喻〉좌절하다. 실패하다.
【跌落－락】diēluò 통1(물체가) 떨어지다.
2(물가·생산량 따위가) 떨어지다.
【跌水－수】diēshuǐ 명1갑자기 쏟아져 내
리는 물줄기. 2댐 수문 따위에서 낙차를
크게 떨어뜨리는 계단.
【跌眼镜－안경】diē yǎnjìng 〈方〉뜻밖의
일에 깜짝 놀라다.
【跌足－족】diē//zú 〈文〉통발을 동동 구르
다.

dié

【迭】辶部 dié
5画 갈마들일 질

1통번갈아 하다. 교대하다. ◇更～/경질
되다. 2부누차. 여러 차례. ◇～挫 cuò 强
敌/여러 번 강적을 꺾다. 3통미치다. 이르
다. ◇忙不～/바빠서 어쩔 수〔틈이〕 없다.
【迭出－출】diéchū 여러 번 나타나다.
【迭次－차】diécì 부누차. 몇번이고.
【迭起－기】diéqǐ 통자꾸 일어나다.

【谍·諜】讠部 dié
9画 이간할 첩
명1첩보 활동. 2간첩. 스파이.
【谍报－보】diébào 명〈军〉첩보.

【喋】口部 dié
9画 말잘할 첩
⇒zhá
【喋喋－첩】diédié 통재잘거리다.

【碟】石部 dié
9画 가죽다룰 혈
(～儿)
*【碟子－자】dié·zi 명접시.

【蝶(蜨)】虫部 dié
9画 들나비 접
명〈虫〉.
【蝶骨－골】diégǔ 명〈生理〉호접골.
【蝶泳－영】diéyǒng 명〈體〉(수영의) 접영.
버터플라이.

**【叠(疊)】又部 dié
11画 거듭 첩
통1포개다. 겹쳐 쌓다. 2(옷·종이 따위
를) 개다. 접다. ◇冬天的衣服不穿了,～
好后放在箱子里/겨울옷은 이제 안 입으
니 잘 개어서 트렁크 안에 넣으시오. 3양
찬합·옷 따위의 겹치거나 포갠 것을 세
는 단위. ◇抽屉 chōu·ti 里放着一～十元
一张的人民币/서랍 안에 접어놓은 10원
짜리 중국돈 한 뭉치가 놓여 있다. 비교
叠:摞 물건을 중첩해서 위로 높을 때는
"叠"를 쓰지 않는다. ◇碗洗好后, 一个个
地(×叠)摞 luò 起来/그릇을 다 씻은 후
하나하나씩 쌓아두었다.
【叠床架屋－상가옥】dié chuáng jià wū 〈成〉
침대 위에 또 침대를 놓고 지붕 위에 또
지붕을 얹다. 〈喻〉쓸데 없이 중복하다.
(反)〔简洁明了 jiǎn jié míng liǎo〕
【叠罗汉－나한】diéluóhàn 명〈體〉텀블링.
【叠印－인】diéyìn 명〈撮〉(영화의) 더블 프
린팅.

dīng

**【丁】一部 dīng
1画 고무래 정
1명성년남자. ◇壮～/장정. 2명인구. 식
구수. ◇添～/아들을 낳다. 3명(어떤 직
업에) 종사하는 사람. ◇园～/정원사. 4

[명]정. 천간(天干)의 네째. ⇒〔干支 gānzhī〕 **5**(~儿)[명](야채·고기 따위 등을 잘게 썬) 도막. 덩이. **6**[동]〈文〉만나다. 당하다. **7**(Dīng)[명]성(姓). ⇒zhēng

【丁当-당】dīngdāng [의]딸랑딸랑. 댕그랑. (同)〔叮 dīng 当〕

【丁点儿-점아】dīngdiǎnr [양]〈方〉극히 적은 양.

【丁东-동】dīngdōng [의]댕그랑 댕그랑.

【丁零-영】dīnglíng [의]댕그랑 댕그랑.

【丁零当郎-영당랑】dīng·lingdānglāng 땡그랑 땡그랑.〔금속·자기 등 부딪치는 소리〕

【丁宁-녕】dīngníng [동]재삼 부탁하다.

【丁是丁, 卯是卯-시정, 묘시묘】dīng shì dīng, mǎo shì mǎo (일에 대해서) 철저하게 하다.

【丁香-향】dīngxiāng [명]〈植〉정향나무.

【丁忧-우】dīngyōu [동]〈文〉부모의 상을 당하다.

【丁字尺-자척】dīngzìchǐ [명]티(T)자.

【丁字街-자가】dīngzìjiē [명]'T'자 거리.

【叮】 口部 2画 | dīng 부탁할 **정**

[동]**1**(모기 따위가) 물다. ◇他的脸被蚊子~了一口/그는 얼굴을 모기에게 한번 물렸다. **2**재삼 부탁하다. **3**캐묻다. 추궁하다.

【叮当-당】dīngdāng (同)〔丁 dīng 当〕

【叮咛-녕】dīngníng (同)〔丁宁 dīngníng〕

【叮问-문】dīngwèn (同)〔追 zhuī 问〕

【叮咬-교】dīngyǎo [동]물다.

*【叮嘱-촉】dīngzhǔ [동]신신 당부하다. ◇老师~他, 在新的环境里仍要继续努力/선생님은 그에게 새로운 환경에서도 계속 노력해야 한다고 신신 당부하였다.

⁑【盯】 目部 2画 | dīng 볼 **정**

[동]주시하다. 응시하다. ◇我去吃点东西, 你~他一下儿/뭣 좀 먹으러 갈테니 그를 좀 주시하고 있어.

【盯梢-초】dīng//shāo [동]미행하다. 뒤를 밟다. (同)〔钉 dīng 梢〕

⁑【钉·釘】 钅部 2画 | dīng 못 **정**

1(~儿)[명]못. ◇螺丝 luósī~儿/나사못. **2**[동]바짝 뒤쫓다. 마크(mark)하다. ◇这场比赛胜负的关键 jiàn 是能不能~住7号/이번 시합의 승패는 7번을 마크할 수 있느냐에 달려 있다. **3**[동]독촉하다. 재촉하다. ◇你还得 děi~办签证 qiānzhèng 的事儿/너는 비자발급을 또 독촉해야 한다. ⇒dìng

【钉齿耙-치파】dīngchǐbà [명]〈農〉스파이크 해로. 쇄토기.

【钉锤-추】dīngchuí [명]쇠망치.

【钉螺-라】dīngluó [명]〈魚介〉다슬기의 일종.

【钉帽-모】dīngmào [명]못대가리.

【钉耙-파】dīngpá [명]〈農〉갈퀴.

【钉梢-초】dīng//shāo [동]〈方〉미행하다. 뒤를 밟다.

【钉鞋-혜】dīngxié [명]**1**옛날, 밑바닥에 징을 박은 방수 신발. **2**〈體〉스파이크 슈즈.

⁑【钉子-자】dīng·zi [명]**1**못. **2**장애. **3**잠복조.

dǐng

☆【顶·頂】 页部 2画 | dǐng 이마 **정**

1(~儿)[명]꼭대기. 정상 ◇山~/산꼭대기. **2**[동]머리에 이다. 머리에 얹다. 머리로 받치다. ◇十几个姑娘每人~着一个罐子去打水/십여명의 처녀들이 항아리를 하나씩 이고 물을 길러 간다. **3**[동]아래에서 위로 밀치다. ◇锅 guō 开了, 蒸 zhēng 气~着锅盖儿/솥안이 끓자 수증기가 솥뚜껑을 밀치고 있다. **4**[동]머리로 받다. ◇小时候我曾被牛~过一次/나는 어릴 때 소한테 한번 받힌 적이 있다. **5**[동]지탱하다. 막다. 받치다. ◇她用身子~着门, 不让大家进去/그녀는 모두들 못 들어오게 몸으로 문을 막고 있다. **6**[동]무릅쓰다. ◇~着雨回来了/비를 무릅쓰고 돌아왔다. **7**[동]대들다. ◇作为一名学生, 你怎么能~老师?/너는 학생으로서 어떻게 선생님한테 대들 수 있니? **8**[동]담당하다. 맡다. ◇我替师傅~过一次夜班/나는 사부님 대신 야근을 맡은 적이 있다. **9**[동]상당하다. 맞먹다. ◇他一天干的活儿, ~别人三天干的/그가 하루에 한 일은 다른 사람이 3일 한 일과 맞먹는다. **10**[동]대체하다. ◇想不到你一直~着别人的名儿/네가 여지껏 남의 이름을 사칭하고 있는 줄은 생각지도 못했다. **11**[동]기업경영권이나 가옥임대권을 양도하거나 취득하다. **12**[동]〈方〉(어느 시간이) 되다. ◇~下午两点他才吃饭/그는 오후 2시가 되어서야 밥을 먹었다. **13**[양]꼭대기가 있는 물건에 씀. ◇一~帽子/모자 하나. **14**[부]아주. 몹시. ◇~好的办法是保持沉默 chénmò/가장 좋은 방법은 침묵을 지키는 것이다.

【顶班-반】dǐng//bān 대리근무를 하다.

【顶班-반】dǐngbān [동]한 사람 몫의 일을 하다.

【顶板-판】dǐngbǎn [명]**1**〈礦〉천판(天板).천반(天盤). **2**천장.

【顶不住-불주】dǐng·bu zhù **1**감당하지 못하다. 버틸 수 없다. **2**필적하지 못하다. ‖(反)〔顶得 dé 住〕

【顶承-승】dǐngchéng [동]**1**떠맡다. 책임지

다. **2**감수하다.

*【顶点-점】dǐngdiǎn 圐**1**정점. 꼭대기. **2**절정. 클라이맥스. ◇比赛的激烈程度达到了~/경기의 치열함이 최고조에 도달했다. (同)〔高潮 gāocháo〕, (反)〔低潮 dīcháo〕**3**〈數〉정점. 꼭짓점.

*【顶端-단】dǐngduān 圐**1**꼭대기. 정상 (同)〔顶部 bù〕, (反)〔底 dǐ 端〕

【顶多-다】dǐngduō **1**圐가장 많다. **2**튓기껏해야.

【顶风-풍】dǐng//fēng 바람에 거스르다.

【顶风-풍】dǐngfēng 圐맞바람. 역풍. (同)〔逆 nì 风〕, (反)〔顺 shùn 风〕

【顶峰-봉】dǐngfēng 圐**1**산의 정상. **2**〈喩〉(사물이 도달한) 최고봉.

【顶缸-항】dǐng//gāng 圐〈口〉〈喩〉대신 책임을 지다.

【顶杠-강】dǐng//gàng 圐논쟁하다. 다투다. (同)〔顶杠子 zi〕

【顶刮刮-괄괄】dǐngguāguā (~的)圐매우 좋다. (同)〔顶呱 guā 呱〕

【顶好-호】dǐnghǎo 圐〈口〉가장 좋다. a)상대방에게 충고할 때 쓰임. ◇我们讲话~要小心些/우리가 말할 때 조심하는 게 가장 좋다. b)비교를 통해 가장 합당한 방법을 선택함을 나타냄. ◇拿薪水时~是把所得税先交给他们/월급을 받을 때 그들에게 소득세를 먼저 내는 게 가장 좋다. (同)〔最 zuì 好〕

【顶尖-첨】dǐngjiān (~儿)**1**圐맨 끝부분. **2**圐최상부. **3**圐최고 수준의.

【顶礼-례】dǐnglǐ 圐정례(顶禮). 불교도의 최고 인사법으로서 사람이 땅에 엎드려 머리를 존경하는 사람의 발에 댄다.

【顶梁柱-량주】dǐngliángzhù 圐대들보를 받치는 기둥. 〈喩〉중심인물.

【顶门儿-문아】dǐngménr 圐정수리.

【顶名-명】dǐngmíng **1**圐남의 이름을 사칭하다. **2**圐명목〔이름〕뿐이다.

【顶命-명】dǐng//mìng 圐목숨으로 보상하다. (同)〔抵命〕

【顶牛儿-우아】dǐng//niúr **1**圐(소가 뿔로)서로 (떠)받다. 〈喩〉(의견이나 계획이)충돌하다. (同)〔冲突 chōngtū〕, (反)〔和解 héjiě〕**2**圐골패(骨牌)놀이의 하나. (同)〔接龙 jiē/lóng〕

【顶棚-붕】dǐngpéng 圐천장. (同)〔天 tiān 棚〕

【顶缺-결】dǐng//quē 圐결원을 메우다〔채우다〕.

【顶事-사】dǐng//shì (~儿)圐유능하다. (同)〔有用 yǒuyòng〕, (反)〔无用 wúyòng〕

【顶数-수】dǐng//shù (~儿)圐**1**수를 채우다. **2**쓸모가 있다. 효력이 있다.

【顶替-체】dǐngtì 圐대신하다.

【顶天立地-천립지】dǐng tiān lì dì 〈成〉사람이 기개가 있고 담력이 큼을 형용함.

【顶头-두】dǐngtóu 圐맞은편. 정면.

【顶头上司-두상사】dǐngtóu shàng·si 圐직속상관.

【顶心-심】dǐngxīn 圐(식물 등의) 맨 끝부분.

【顶用-용】dǐng//yòng 圐쓸모가 있다.

【顶真-진】dǐngzhēn 〈方〉착실하다. (同)〔认 rèn 真〕, (反)〔马虎 mǎ·hu〕

【顶珠-주】dǐngzhū (~儿)圐청조(清朝)때 제모(制帽) 위에 붙여 등급을 나타내는 구슬 장식.

【顶住-주】dǐng·zhù 圐버티어내다.

【顶撞-당】dǐngzhuàng 圐(주로 윗사람이나 상관에게) 대들다.

【顶子-자】dǐng·zi 圐**1**(정자·탑·가마 따위의) 꼭대기 장식 부분. **2**(同)〔顶珠 zhū〕**3**지붕.

【顶嘴-취】dǐng//zuǐ 圐〈口〉(주로 윗사람에게) 말대꾸하다.

【顶罪-죄】dǐng//zuì 圐**1**남의 죄를 대신하다. **2**죄를 지어 벌을 받다.

【鼎】 鼎部 | dǐng
0画 | 솥 **정**

1圐옛날에 발이 셋이고 귀가 둘 달린, 음식을 익히는 데 쓰는 솥. **2**圐〈文〉왕위. 왕의 업적. **3**圐〈文〉크다. **4**圐〈方〉남비. 솥. **5**튓〈文〉바야흐로. ~일 때.

【鼎鼎-정】dǐngdǐng 圐성대하다. ◇~大名/〈成〉높은 명성.

【鼎沸-비】dǐngfèi 圐〈文〉(솥의 물이 끓듯이) 소란스럽다. 분분하다. (同)〔喧腾 xuānténg〕, (反)〔宁静 níngjìng〕

【鼎力-력】dǐnglì 圐〈文〉큰 힘. 〔부탁 혹은 감사를 표시할 때 사용하는 말〕

【鼎立-립】dǐnglì 圐〈文〉세 세력이 병립하다.

【鼎盛-성】dǐngshèng 圐〈文〉한창 흥성하는 중이다. 한창이다. (同)〔兴 xīng 盛〕, (反)〔凋敝 diāobì〕

【鼎新-신】dǐngxīn 圐혁신하다. (同)〔革 gé 新〕, (反)〔守旧 shǒujiù〕

【鼎言-신】dǐngyán 圐〈文〉무게가 있는 말. (轉)당신의 말씀.

【鼎峙-치】dǐngzhì 圐세 세력이 대립하다.

【鼎足-족】dǐngzú 圐'鼎'의 세 다리. 〈喩〉대립한 세 세력.

dìng

☆【订·訂】 讠部 | dìng
2画 | 맺을 **정**

D

動1(조약·계약·계획·규칙 등을) 정하다. 맺다. ◇~条约/조약을 체결하다. ◇~日期/날짜를 정하다. (同)〔定 dìng〕 2예약하다. ◇预~/예약하다. 田교订:定 결정하거나 확정할 때는 "订"를 쓰지 않는다. ◇出发的时间(×订)定在明晨五点，可别误了/출발시간을 내일 아침 5시로 정했으니 늦지 마라. 3(문자상의 잘못을) 정정(訂正)하다. ◇修~/수정하다. ◇校~/교정하다. 4장정(裝幀)하다. 철하여(책으로 만들다). ◇他把两封信~在一起/그는 편지 두 통을 하나로 묶어 놓았다. ◇裝 zhuāng~/장정하다.

【订单─단】dìngdān 图주문서. (同)〔定 dìng 单〕

【订费─비】dìngfèi 图1계약금. 예약금. 2구독료.

*【订购─구】dìnggòu 動예약주문하다. ◇~一套家具/가구 한 세트를 예약주문하다. (同)〔定 dìng 购〕

【订户─호】dìnghù 图(신문·잡지 따위의) 정기 구독자. (우유 따위의) 정기 구매자. (同)〔定 dìng 户〕

*【订婚─혼】dìng//hūn 動약혼하다. (同)〔定 dìng 婚〕, (反)〔退 tuì 婚〕

【订活─활】dìng huó 1일을 주문하다. 2(dìnghuó)청부 작업.

*【订货─화】dìnghuò 1물품을 주문하다. ◇~合同/주문 계약. 2(dìnghuò)图주문품. ‖ (同)〔定 dìng 货〕

【订货单─화단】dìnghuòdān (同)〔订单〕

【订金─금】dìngjīn 图예탁금. 계약금. (同)〔定 dìng 金〕

【订立─립】dìnglì 動(계약·조약을) 체결하다. (同)〔缔结 dìjié〕, (反)〔撕毁 sīhuǐ〕

【订书机─서기】dìngshūjī 图〔印〕제본기.

【订约─약】dìng//yuē 1動협정·조약을 맺다. 2動(혼약·교제 따위를) 맺다. 3(dìngyuē)图결정한 약속. (同)〔缔 dì 约〕, (反)〔毁 huǐ 约〕

*【订阅─열】dìngyuè 動(신문·잡지 따위를) 예약 구독하다. (同)〔定 dìng 阅〕

【订正─정】dìngzhèng 動정정하다. 수정하다.

*【钉·釘】⎬钅部 dìng
2画 못 정

動1못을 박다. 못 등으로, 물건을 일정한 위치에 고정시키다. ◇~钉dīng子/못을 박다. 2(실과 바늘로) 단추 따위를 달다. ◇~扣 kòu 子/단추를 달다 ⇒dīng

【钉住─주】dìng·zhù 動못을 박아 고정시키다.

☆【定】⎬宀部 dìng
5画 정할 정

1動안정되다. 가라앉s다. ◇心神不~/심

신이 가라앉지 않다. ◇天下大~/천하가 평정되다. (同)〔宁 níng〕, (反)〔乱 luàn〕 2動고정시키다. 고정되다. ◇~睛观看/지켜보다. 3動확정하다. ◇~计划/계획을 확정짓다. ◇开会时间~在明天上午/회의 시간은 내일 오전으로 결정되었다. 4形이미 확정된. 변하지 않는. 5形규정된. ◇~时/정시. 6動주문하다. 예약하다. ◇~了一批货/많은〔한 무더기의〕상품을 주문했다. ◇~房间/방을 예약하다. 7副〈文〉반드시. 꼭. ◇~可取得胜利/반드시 승리를 얻을 수 있을 것이다. 8(Dìng)图성(姓).

【定案─안】dìng//àn 動안건에 최종 결정을 내리다.

【定案─안】dìng'àn 图결정된 안건.

【定本─본】dìngběn 图서적의 결정판.

【定编─편】dìngbiān 動편제를 확정하다.

【定产─산】dìng/chǎn 1動생산량을 규정하다. 2(dìngchǎn)图(논밭의) 기정 생산량.

【定单─단】dìngdān 图주문서. (同)〔订 dìng 单〕

【定当─당】dìngdàng 形마치다. 적절하다.

【定点─점】dìngdiǎn 1图〈物〉정점. 2動한곳을 선정하다. ◇~供应/정점을 정하여 공급하다. 3動(어떤 작업을 전문적으로 하도록) 지정된. ◇该厂是生产冰箱的~厂/이 공장은 냉장고를 생산하는 지정 공장이다. 4形시간이 규정된. ◇~作业/시간이 규정된 작업.

【定鼎─정】dìngdǐng 图〈文〉〈喩〉천하를 장악하다.

【定都─도】dìng//dū 動수도를 정하다. ◇~汉阳/한양에 수도를 정하다.

【定夺─탈】dìngduó 動가부(可否)를 결정하다〔결재하다〕.

*【定额─액】dìng'é 1動수량을 정하다. ◇~供应/정량대로 공급하다. 2图정액. 정량(定量). 정원. ◇生产~/작업 정량.

【定稿─고】dìnggǎo 1图마무리 지은 원고. 2動원고를 수정·확정하다.

【定购─구】dìnggòu (同)〔订 dìng 购〕

【定规─규】dìngguī 1图규정. 법규. 2副〈方〉기어코.

【定规─규】dìng·gui 動〈方〉결정하다. 정하다.

【定户─호】dìnghù (同)〔订 dìng 户〕

【定滑轮─활륜】dìnghuálún 图고정도르래.

【定婚─혼】dìng//hūn (同)〔订 dìng 婚〕

【定货─화】dìng huò (同)〔订 dìng 货〕

*【定价─가】dìngjià 1图정가. ◇这种衬衫 chènshān 每件~十元/이런 남방은 한 벌당 정가가 10원이다. 2(dìng//jià)動가

격을 정하다. ◇合理~/합리적으로 가격을 정하다.

【定见―견】dìngjiàn 몡정견. 확정된 견해나 주장.

【定睛―정】dìngjīng 동주시하다. 눈 여겨 보다.

*【定居―거】dìng//jū 동정착하다. ◇我决定在北京~/나는 북경에 정착하기로 결정했다. (同)〔安家 ān//jiā〕, (反)〔流浪 liúláng〕

【定居点―거점】dìngjūdiǎn 몡유목민이나 어민 등의 정착지.

【定局―국】dìngjú 1동(최종적인) 국면이 결정되다. 2몡결정된 국면.

【定礼―례】dìnglǐ 몡납폐(納幣). 납채(納採). 약혼시 신랑집에서 신부집으로 보내는 예물.

*【定理―리】dìnglǐ 1몡불변의 진리. 2〈數〉정리(定理).

【定例―례】dìnglì 몡상례. 상규. (同)〔常 cháng 例〕, (反)〔特 tè 例〕

*【定量―량】dìngliàng 1동〈化〉정량하다. 물질에 들어있는 각종 성분의 양을 측정하다. 2동몡수량을 규정하다. 3몡규정된 수량.

【定量分析―량분석】dìngliàng fēnxī 몡〈化〉정량 분석.

*【定律―률】dìnglǜ 몡〈과학의〉 법칙. ◇万有引力~/만유인력의 법칙.

【定论―론】dìnglùn 몡정론. 정설.

【定苗―묘】dìng//miáo 동〈農〉(일정한 포기 간격에 따라) 솎음질하다.

【定名―명】dìng//míng 동이름붙이다. 〔사람에게는 쓰이지 않음. 사람에게는 '起名字'를 씀〕

【定盘―반】dìngpán 1몡정해진 시세. 2(d-ìng//pán)동시세를 정하다.

【定盘星―반성】dìngpánxīng 몡1대저울에 첫번째 저울 눈금〔중량이 0(零)되는 곳〕을 표시한 눈금. 2〈喩〉일정한 주장〔주견〕.

✲✲【定期―기】dìngqī 1동기일·기한을 정하다. ◇~召开代表大会/정기적으로 대표대회를 개최하다. 2몡몡정기(定期)의. ◇~刊物/정기 간행물. ◇~检查/정기 검사. (反)〔活期 huóqī〕

【定期存款―기존관】dìngqī cúnkuǎn 몡정기 적금.

【定钱―전】dìng·qián 몡계약금. 착수금.

【定亲―친】dìng//qīn (同)〔定婚 hūn〕, (反)〔退婚 tuì//hūn〕

【定情―정】dìngqíng 동(남녀가 선물을 주고 받으며) 결혼을 약속하다.

【定然―연】dìngrán 븻반드시. 꼭. 틀림없이. (同)〔必 bì 定〕, (反)〔未必 wèibì〕

【定神―신】dìng//shén 동1주의력을 집중

하다. 2마음을 안정시키다.

【定时―시】dìngshí 1몡정해진 시간. 2동시간을 정하다.

【定时炸弹―시작탄】dìngshí zhàdàn 몡1시한 폭탄. 2〈喩〉잠재적인 위험.

【定位―위】dìngwèi 1몡위치를 정하다. 2몡측량 후 확정된 위치. 3동(사물을 적당한 위치에 놓고) 평가하다.

【定息―식】dìngxī 몡1일정한 이자. 2중화인민 공화국에서 업종별 국·민영 합영화(合營化) 후에 취해진 개인 출자의 자본에 대해 매년 지불되는 고정 이자.

【定弦―현】dìng//xián (~儿)1동조율하다. 2〈方〉〈喩〉마음을 정하다. 생각을 굳히다.

*【定向―향】dìngxiàng 1몡일정한 방향. ◇~武器/원격 조정 무기. 2동방향을 정하다.

【定心丸―심환】dìngxīnwán 1몡〈藥〉안정제. 2〈喩〉생각이나 정서를 안정시키는 말이나 행동.

【定型―형】dìng//xíng 동정형화되다.

【定刑―형】dìngxíng 동형을 확정하다.

*【定性―성】dìng//xìng 동1〈化〉물질이 포함한 성분 및 성질을 측정하다. 2(잘못을 저지르거나 죄가 있는 사람에 대해서) 문제의 성격을 확정짓다. ◇他的错误还没调查清楚, 暂 zàn 不能~/그의 잘못은 아직 조사가 끝나지 않았으니 그 과오의 성격은 당장 확정지을 수 없다.

【定洋―양】dìngyáng (同)〔定钱 ·qián〕

*【定义―의】dìngyì 몡정의.

【定音鼓―음고】dìngyīngǔ 몡〈音〉팀파니(timpani). 타악기의 한 가지.

【定银―은】dìngyín (同)〔定钱 ·qián〕

【定影―영】dìngyǐng 몡동〈化〉정착(시키다).

【定于―어】dìngyú 동〈文〉1(…에) 정하다. 2(…에 의하여) 정하다.

【定于一尊―어일존】dìng yú yī zūn〈成〉(사상·학습·도덕 등에서) 최고의 권위자를 유일한 목표나 기준으로 삼다.

【定语―어】dìngyǔ 몡〈言〉관형어. 수식어.

【定员―원】dìngyuán 1몡정원. 2동정원을 규정하다.

【定阅―독】dìngyuè (同)〔订 dìng 阅〕

【定址―지】dìngzhǐ 1동부지를 확정하다. 2몡일정한 주소.

【定制―제】dìngzhì 동주문하여 만들다.

【定准―준】dìngzhǔn (~儿)1몡확정된 표준. 2븻반드시. 꼭. 3동확정하다.

【定罪―죄】dìng//zuì 동죄를 언도하다.

【定做―주】dìngzuò 동맞추다. 주문제작시키다.

diū

★【丢】厶部 4画 | diū 잃어버릴 **주**

[동]**1**잃다. ◇钱包～了/지갑을 잃어버렸다. (同)〔失 shī〕, (反)〔得 dé〕 **2**(내)던지다. ◇不要随地～果皮/아무 데나 과일 껍질을 버리지 마라. (同)〔扔 rēng〕, (反)〔捡 jiǎn〕 **3**내버려 두다. 방치하다. ◇只有这件事～不开/이 일만은 방치해 둘 수 없다.

D

【丢丑－축】diū//chǒu [동]망신당하다. (同)〔丢脸 liǎn〕, (反)〔驰名 chímíng〕

【丢掉－도】diūdiào [동]**1**잃다. **2**내버리다.

【丢份－분】diū//fèn (～儿)[동]〈方〉체면을 잃다.

【丢光－광】diūguāng [동]깡그리 잃다.

【丢盔卸甲－회사갑】diū kuī xiè jiǎ 〈成〉투구와 갑옷을 벗어던지다. 패배하다. (同)〔丢盔弃 qì 甲〕, (反)〔旗开得胜 qí kāi dé shèng〕

【丢脸－검】diū//liǎn [동]체면이 깎이다.

【丢面子－면자】diū miàn·zi [동]체면을 잃다. 창피를 당하다. (同)〔下门面 xià mén miàn〕, (反)〔撑 chēng 面子〕

【丢弃－기】diūqì [동]버리다. (同)〔丢掉 diào〕, (反)〔保留 bǎoliú〕

*【丢人－인】diū//rén (同)〔丢脸 liǎn〕

【丢人现眼－인현안】diū rén xiàn yǎn 〈成〉체면이 깎이다. 창피를 당하다.

【丢三落四－삼락사】diū sān là sì 〈成〉건망증이 심하다. (反)〔一丝不苟 yī sī bù gǒu〕

*【丢失－실】diūshī [동]잃어버리다. ◇～行李/짐을 분실하다. (同)〔失掉 diào〕, (反)〔获得 huòdé〕

【丢手－수】diū//shǒu [동]손을 떼다.

【丢眼色－안색】diū yǎnsè [동]눈짓을 하다.

dōng

★【东·東】一部 4画 | dōng 동녘 **동**

[명]**1**동쪽. ◇～风/동풍. **2**주인. 〔옛날에 주인의 자리는 동쪽, 손님의 자리는 서쪽이었음〕 ◇～家/집주인. **3**(～儿)초대자. **4**(Dōng)성(姓).

☆【东北－북】dōngběi [명]**1**동북방향. **2**(Dōngběi) 중국의 동북 지구. 만주.

【东奔西跑－분서포】dōng bēn xī pǎo (同)〔东奔西走 zǒu〕

*【东奔西走－분서주】dōng bēn xī zǒu 〈成〉동분 서주하다.

★【东边－변】dōng·bian (～儿)[명]동쪽.

【东昌纸－창지】dōngchāngzhǐ [명]창호지.

【东窗事发－창사발】dōng chuāng shì fā 〈成〉몰래 꾸민 음모가 탄로나다. (同)〔东窗事犯 fàn〕

【东床－상】dōngchuáng [명]사위.

【东倒西歪－도서왜】dōng dǎo xī wāi 〈成〉**1**비틀거리다. **2**형체가 흐트러진 모양. (同)〔踉踉跄跄 liàngliàng qiàngqiàng〕, (反)〔健步如飞 jiàn bù rú fēi〕

【东道－도】dōngdào [명]주인. (객에 대한) 주인 노릇. ◇～国/주최국.

*【东道主－도주】dōngdàozhǔ (同)〔东道〕

☆【东方－방】dōngfāng [명]**1**동녘. (反)〔西方 xīfāng〕 **2**(Dōngfāng) 동양. 아시아. **3**(Dōngfāng)복성(複姓).

【东非－비】Dōng Fēi [명]〈地〉아프리카의 동부.

【东风－풍】dōngfēng [명]**1**동풍. 춘풍.

【东风吹马耳－풍취마이】dōngfēng chuī mǎ'ěr 〈成〉마이동풍. 소귀에 경읽기.

【东郭－곽】Dōngguō [명]복성(複姓).

【东家－가】dōng·jia [명]옛날, 점원이나 고용인이 주인을 이르는 말. (同)〔主人 zhǔrén〕, (反)〔仆人 púrén〕

【东经－경】dōngjīng [명]〈地〉동경. (反)〔西 xī 经〕

【东拉西扯－랍서차】dōng lā xī chě 〈成〉**1**되는대로 지껄이다. **2**여기저기서 끌어오다.

【东鳞西爪－린서조】dōng lín xī zhǎo 〈成〉완전하지 못한 것. 단편적인 것. (同)〔一 yī 鳞半 bàn 爪〕, (反)〔完好无缺 wánhǎo wú quē〕

☆【东面－면】dōngmiàn [명]동쪽. (同)〔东边 biān〕, (反)〔西 xī 面〕

☆【东南－남】dōngnán [명]**1**동남 방향. **2**(Dōngnán) 중국의 동남부 연해 지역.

【东南亚－남아】Dōngnán Yà [명]〈地〉동남아시아.

【东欧－구】Dōng Ōu [명]〈地〉동부 유럽.

【东三省－삼성】Dōng Sān Shěng [명]〈地〉중국 동북 3성(요령, 길림, 흑룡강성).

【东山再起－산재기】Dōng Shān zài qǐ 〈成〉재기하다. (同)〔卷土重来 juǎn tǔ chóng lái〕, (反)〔一蹶不振 yī jué bù zhèn〕

【东施效颦－시효빈】Dōngshī xiào pín 〈成〉효빈. 분수를 모르고 남의 흉내를 내다.

★【东西－서】dōngxī [명]**1**동쪽과 서쪽. **2**동쪽에서 서쪽까지(의 거리).

【东…西…－서】dōng…xī… 여기…저기…. ◇东奔西跑/동분서주하다.

【东西－서】dōng·xi [명]**1**물건. 음식 …것. 〔각종 구체적이거나 추상적인 사물을 두루 가리킨다〕 ◇这个～你拿走/이것은 네가 가져 가라. ◇语言这～, 不是随便可以学好的/언어라는 것은 아무렇게 마스터할 수 있는 것이 아니다. **2**놈. 자식. …것. 어린애나 동물을 가리킬 때는 좋아하

는 감정을 나타낸다〕 ◇他真不是~!/그는 사람도 아니야! ◇这个小～太可爱了, 我也想养一只/요놈은 너무 귀여워서 나도 한 마리 기르고 싶어.

【东洋—양】Dōngyáng 图1일본. 2동양. ◇～哲学/동양철학.

【东野—야】Dōngyě 图복성(複姓).

【东瀛—영】dōngyíng 图〈文〉1동해. 2일본.

【东游西逛—유서광】dōng yóu xī guàng〈成〉여기 저기를 어슬렁거리다.

★【冬(²蔘)】夂部｜冫部｜dōng
　　　　　2画｜3画｜겨울 동
　1图겨울. 2图똑똑. 동동. 〔북이나 문을 두드리는 소리〕3(Dōng)图성(姓).

【冬不拉—불람】dōngbùlā 图〈音〉카자흐족의 현악기. (同)〔东 dōng 不拉〕

【冬菜—채】dōngcài 图1배추나 갓의 잎에 맛을 들여 말린 것. 2배추·당근 등 겨울철에 저장하여 식용하는 채소.

【冬耕—경】dōnggēng 图겨울 경작.

【冬菇—고】dōnggū 图〈植〉입춘 전에 딴 표고버섯.

*【冬瓜—과】dōngguā 图〈植〉동과. 동아.

【冬灌—관】dōngguàn 图〈農〉겨울철 관개.

【冬烘—홍】dōnghōng 图사고 방식이 고루하다. (反)〔开通 kāitōng〕

【冬候鸟—후조】dōnghòuniǎo 图〈鸟〉겨울철새.

**【冬季—계】dōngjì 图동계. ◇～奥林匹克运动会/동계 올림픽경기.

【冬节—절】dōngjié (同)〔冬至 zhì〕

【冬令—령】dōnglìng 图1겨울. 2겨울의 날씨.

【冬眠—면】dōngmián 图겨울잠. 동면.

【冬笋—순】dōngsǔn 图〈植〉겨울 죽순.

★【冬天—천】dōngtiān 图겨울. (反)〔夏 xià 天〕

【冬瘟—온】dōngwēn 图〈中醫〉겨울에 유행하는 급성 전염병.

【冬闲—한】dōngxián 图겨울철 농한기.

【冬小麦—소맥】dōngxiǎomài 图〈農〉겨울밀. (同)〔冬麦〕

【冬学—학】dōngxué 图겨울철 야학.

【冬训—훈】dōngxùn 图동계훈련.

【冬衣—의】dōngyī 图겨울 옷. 동복.

【冬泳—영】dōng yǒng 图동계 수영.

【冬月—월】dōngyuè 图음력 11월. 동짓달.

【冬运—운】dōngyùn 图동계 운송업무.

【冬至—지】dōngzhì 图동지.

【冬装—장】dōngzhuāng 图겨울 복장.

dǒng

【董】卄部｜dǒng
　　　9画｜감독할 동
　1图〈文〉감독. 관리하다. 2图〈略〉이사(理事). 중역. 3(Dǒng)图성(姓).

*【董事—사】dǒngshì 图이사(理事). 중역.

【董事会—사회】dǒngshìhuì 图이사회.

★【懂】忄部｜dǒng
　　　12画｜알 동
　图알다. 이해하다. ◇～汉语/중국어를 알다. ◇文章不难, 我都看～了/문장이 어렵지 않아 난 다 이해했다.

☆【懂得—득】dǒng·de 图(뜻·방법 등을) 알다. 이해하다. 比교懂得: 了解 "懂得"는 보어를 가지지 않는다. ◇(×懂得)了解得最清楚/가장 확실하게 이해했다.

【懂个屁—개비】dǒng·gepì 〈罵〉알긴 뭘 알아! 쥐뿔도 모르다.

【懂行—행】dǒngháng 〈方〉图(어떤 업무에) 정통하다. (同)〔内 nèi 行〕, (反)〔外 wài 行〕

**【懂事—사】dǒng·shì 图세상 물정을 알다. 철들다. ◇他才十岁, 很～/그 애는 이제 열 살밖에 안됐는데 벌써 철이 들었다.

dòng

★【动·動】力部｜dòng
　　　4画｜움직일 동
　1图움직이다. ◇谁～我的书了?/누가 내 책에 손 댔어? (사람이) 움직이다. ◇病人～着嘴唇 zuǐchún, 好像要说什么/병자는 입술을 움직이며 무엇인가 말하려는 것 같다. 3图(사물의 원래의 위치나 모양을) 바꾸다. ◇搬～/옮기다. ◇改～/고치다. 수 없다. 4图쓰다. 역할하게 하다. ◇谁也没～过那笔钱/아무도 그 돈을 쓰지 않았다. 5图화내다. ◇我们俩人争论是争论, 但从来没～过感情/우리 둘은 논쟁은 했지만 여지껏 화낸 적이 없다. 6图감동시키다. ◇这本小说十分～人/이 소설은 매우 감동적이다. 7图〈方〉먹다. 마시다. 〔주로 부정문에 쓰임〕◇向来不～酒/그는 여지껏 술을 마시지 않았다. 8图걸핏하면. 종종. (同)〔动不 bu 动〕〔常 cháng 常〕

【动笔—필】dòng/bǐ 图1붓에 손을 대다. 2글을 쓰기 시작하다.

【动兵—병】dòng/bīng 图출병하다.

【动不得—부득】dòng·bu·de 손을 대서는 안 된다.

【动不动—부동】dòng·budòng 图걸핏하면. 툭하면. 늘. 〔뒤에 부정적인 내용이 오며 '就'와 호응한다〕

【动产—산】dòngchǎn 图동산. 〔금전·기물 등〕(同)〔浮财 fúcái〕, (反)〔恒 héng 产〕

【动词—사】dòngcí 图〈言〉동사.

*【动荡—탕】dòngdàng 图흔들리다. 동요하

다. ◇社会~不安/사회가 어지럽고 불안하다. (同)〔波 bō 动〕, (反)〔安定 ān dìng〕

【动肝火－간화】dòng gānhuǒ 화를 내다.

【动感－감】dònggǎn 图(회화·조각·문예 작품 중의 형상 등이) 생동감을 주다.

*【动工－공】dòng//gōng 图착공하다. ◇这个工程下月开始就~/이 공사는 내달부터 착공하게 된다 (同)〔破土 pòtǔ〕, (反)〔落成 luòchéng〕

【动滑轮－활륜】dònghuálún 图움직이는 도르래.

【动画片儿－화편아】dònghuàpiānr 图〈口〉만화영화. 에니메이션.

【动换－환】dòng·huan 图움직이다. (同)〔发火 fāhuǒ〕, (反)〔息怒 xīnù〕

【动火－화】dòng//huǒ (~儿)图〈口〉성내다. 화를 내다.

**【动机－기】dòngjī 图동기. ◇~好, 方法也要对头/동기도 좋아야겠지만 방법도 적절해야 한다.

【动劲儿－경아】dòngjìnr 图〈方〉힘을 쓰다.

【动静－정】dòng·jing 图1동정. 동태. ◇你到他家去看看他们有什么~/네가 그의 집에 가 무슨 동정이 있는지 살펴봐라. 2(물건 등이 내는) 소리. ◇白天楼内十分安静, 没有一点儿~/낮에는 건물안이 매우 조용하여 아무 소리도 나지 않는다. [비교]动静: 情况 "动静"는 주어로 쓰이지 않는다. ◇(×动静)情况了解后, 立刻来报告/상황이 파악됐으면 즉각 보고하러 오시오.

【动力－력】dònglì 图1〈物〉동력(动力). (反)〔阻 zǔ 力〕2원동력. ◇没有明确的学习目的, ~从何而来呢!/명확한 학습목적이 없으면 원동력은 어디서 오겠는가!

【动量－량】dòngliàng 图〈物〉운동량.

*【动乱－란】dòngluàn 图1동란. 난리. 2난리가 나다. (同)〔动荡 dàng〕, (反)〔安宁 ānníng〕

*【动脉－맥】dòngmài 图1〈生理〉동맥. 2〈轉〉간선도로.

【动脑筋－뇌근】dòng nǎojīn 머리를 쓰다.

【动能－능】dòngnéng 图〈物〉운동 에너지.

【动怒－노】dòng//nù 图성을 내다. (同)〔发 fā 怒〕

【动气－기】dòng//qì 图〈口〉화를 내다. (同)〔生 shēng 气〕, (反)〔消 xiāo 气〕

【动情－정】dòng//qíng 图1감정이 북받쳐 오르다. 2연정이 일다.

☆【动人－인】dòngrén 图감동적이다. ◇她表演得可~啦/그녀의 연기는 정말 감동적이다.

【动人心弦－인심현】dòng rén xīnxián 〈成〉심금을 울리다. (同)〔动心魄 pò〕

☆【动身－신】dòng//shēn 图출발하다. ◇时间不早了, 该~了/시간이 얼마 없어서 이제 출발해야 한다. (同)〔起 qǐ 身〕, (反)〔回来 huí//·lái〕

☆【动手－수】dòng//shǒu 图1시작하다. 착수하다. ◇~得晚了, 别的单位抢 qiǎng 了先/늦게 시작하여 다른 부서에서 기선을 잡았다.(同)〔上 shàng 手〕, (反)〔住 zhù 手〕2손을 대다. 만지다. ◇这个花瓶只许看不许~这 꽃병은 보기만 허락되고 손을 대어서는 아니된다. 3사람을 때리다. ◇他先动的手!/그가 먼저 때렸어요!

【动手动脚－수동각】dòng shǒu dòng jiǎo 〈成〉1손발로 사람을 치고 때리다. 2희롱하다. 집적거리다.

*【动态－태】dòngtài 图1동향. ◇在教育界出现了新的~/교육계에 새로운 움직임이 나타났다. 2활동모습. 3〈理〉동태(动態).

【动弹－탄】dòng·tan 图(몸을) 움직이다.

【动听－청】dòngtīng 图듣고 사람을 감동시키다. 듣기에 재미있다. (同)〔中 zhōng 听〕, (反)〔刺耳 cì'ěr〕

【动土－토】dòng//tǔ 图땅을 파다. 〔주로 건축·안장 등에 쓰임〕

【动问－문】dòngwèn 〈套〉삼가 여쭙겠습니다. (同)〔请 qǐng 问〕

【动武－무】dòng//wǔ 图무력을 행사하다. 주먹다짐하다.

★【动物－물】dòngwù 图동물.

☆【动物园－물원】dòngwùyuán 图동물원.

【动向－향】dòngxiàng 图동향.

【动心－심】dòng//xīn 图마음이 움직이다.

【动刑－형】dòng//xíng 图형벌을 가하다. 고문하다.

**【动摇－요】dòngyáo 1图흔들리다. ◇去不去, 他一直~着/그는 갈까 말까 계속 망설이고 있다. (同)〔摇动〕, (反)〔固定 gùdìng〕2图동요케 하다. ◇这次运动~了执政党的统治地位/이번 캠페인은 집권당의 통치 지위를 뒤흔들어 놓았다. [비교]动摇:摇动 "动摇"는 "구체명사"를 목적어로 취하지 않는다. ◇他(×动摇)摇动了那木果树/그는 그 나무를 움직이게 했다.

【动议－의】dòngyì 图동의(动議). 회의 중의 건의.

*【动用－용】dòngyòng 图유용하다. 손대어 쓰다. ◇~武力/무력을 사용하다.

☆【动员－원】dòngyuán 图1동원하다. ◇~群众/군중을 동원하다. 2설득하여 …하게 하다. ◇妈妈三番五次~哥哥报考研究生/어머니는 형더러 대학원에 응시하라고 재삼 설득하였다.

【动辄－첩】dòngzhé 〔文〕툭하면. 걸핏하면. (同)〔动不 bu 动就 jiù〕

【动辄得咎－첩득구】dòng zhé dé jiù 〔동〕번번이 욕을 먹다.

【动嘴－취】dòngzuǐ 〔동〕입을 놀리다.

☆【动作－작】dòngzuò 1〔명〕동작. 2〔동〕움직이다. 행동하다. ◇先不要惊动 jīngdòng 他们, 看他们怎么～/우선 그들을 놀라게 하지 말고 그들이 어떻게 행동하는지를 보자.

☆【冻·凍】冫部 dòng 5画 얼 동
1〔동〕(물 따위가) 얼다. ◇冷～/냉동. (反)〔化 huà〕2(~儿)〔명〕액체가 응결되어 반고체나 젤리(jelly) 모양으로 된 것. ◇肉～儿/고기를 졸인 국물이 엉겨 굳어진 것. 3〔형〕춥다. 시리다. ◇真～死人了/정말 추워 죽겠다. ◇我的脚～了/발이 얼었다. (同)〔冰 bīng〕, (反)〔热 rè〕

【冻疮－창】dòngchuāng 〔명〕동상(凍傷).
【冻豆腐－두부】dòngdòu·fu 〔명〕언 두부.
【冻害－해】dònghài 〔명〕〈農〉동해(凍害).
【冻僵－강】dòngjiāng 〔동〕(추워서 손발이) 굳다. (同)〔冻木 mù〕

*【冻结－결】dòngjié 〔동〕1(액체나 물체가) 얼다. (同)〔冰 bīng 冻〕, (反)〔解 jiě 冻〕◇昨夜里缸里的水都～了/어젯밤 항아리 물이 다 얼었었다. 2〈喩〉(자금·인원 등을) 동결하다.
【冻馁－뇌】dòngněi 〔동〕〈文〉추위나 굶주림.
【冻伤－상】dòngshāng 1〔명〕동상. 2〔동〕동상에 걸리다.
【冻死－사】dòngsǐ 〔동〕얼어 죽다.
【冻土－토】dòngtǔ 〔명〕언 땅.

*【栋·棟】木部 dòng 5画 들보 동
1〔명〕〈文〉대들보. 2〔양〕동(棟). 채. 〔집채를 세는 말〕
【栋梁－량】dòngliáng 〔명〕1대들보. 2〈喩〉(국가의 중임을 맡을) 기둥. 동량.

☆【洞】冫部 dòng 6画 골 동
1(~儿)〔명〕구멍. 동굴. ◇山～/동굴. 2〔명〕0.〔숫자를 셀 때 영(零)대신 쓰임〕3〔형〕분명하다. 4〔동〕〈文〉뚫다. ◇弹～其腹/총알이 배를 뚫고 들어가다.
【洞察－찰】dòngchá 〔동〕〈文〉통찰하다. (同)〔洞彻 chè〕, (反)〔茫然 mángrán〕
【洞彻－철】dòngchè 〔동〕속속들이 알다.
【洞达－달】dòngdá 〔동〕통달하다. (同)〔洞晓 xiǎo〕, (反)〔茫然 mángrán〕
【洞房－방】dòngfáng 〔명〕신방. ◇～花烛/〈成〉신혼 초야.
【洞府－부】dòngfǔ 〔명〕신선이 사는 깊은 산중.
【洞见－견】dòngjiàn 〔동〕간파하다. 통찰하다.

【洞开－개】dòngkāi 〔동〕활짝 열다.
【洞口－구】dòngkǒu 〔명〕동굴의 입구.
【洞若观火－약관화】dòng ruò guān huǒ 〈成〉불을 보는 것 같이 분명하다.
【洞天－천】dòngtiān 〔명〕신선이 사는 곳. 황홀한 경지.
【洞天福地－천복지】dòngtiān fúdì 〔명〕신선이 거주하는 곳. 명산. 명승지.
【洞悉－실】dòngxī 〔동〕자세히 알다.
【洞箫－소】dòngxiāo 〔명〕〈音〉통소.
【洞晓－효】dòngxiǎo 〔동〕확실히 알다.
【洞穴－혈】dòngxué 〔명〕(땅이나 산의) 동굴.
【洞烛其奸－촉기간】dòng zhú qí jiān 〈成〉간계를 꿰뚫어보다.
【洞子－자】dòng·zi 〔명〕1〈口〉구멍. 동굴. 2〈方〉온실.
【洞子货－자화】dòng·zihuò 〔명〕〈方〉겨울에 온실에서 재배한 화초나 야채.

dōu

★【都】阝部 dōu 8画 도읍 도
〔부〕1모두. 다. a)그 총괄된 대상에 예외가 없음을 나타낸다. ◇这几座楼～是新建的/이 몇 채의 건물은 모두 새로 지은 것이다. b)의문대사와 호응한다. ◇什么手续～要在今天办好/어떤 수속도 오늘 다 처리돼야 한다. c)'不论, 无论, 不管'과 호응해서 쓰인다. ◇不论学习哪种语言,～要从语音开始/어떤 언어를 배우든지 간에 어음부터 시작해야 한다. d)의문문에서 총괄대상(의문대사)은 '都' 뒤에 놓아야 한다. ◇这次旅行你～去哪儿了?/이번 여행에 어디어디 갔었니? 2'是'와 같이 써서 이유를 밝힘. ◇～是我错的/모두 내 잘못이야. 3(심지어) …까지도, 조차도. 〔'都'는 경성으로 발음한다〕孩子长得真快, 我～认不出来了/아이가 정말 빨리 커서 나 조차도 못 알아 보겠네. 4벌써. 〔문말에 '了'가 쓰이며 이때 '都'는 경성으로 읽는다〕◇～七点四十分了, 该去上课了/벌써 7시40분이 됐구나, 이제 수업하러 갈 때가 되었어. ⇒dū

【都什么年月了－십마년월료】dōu shén·me niányuè ·le〈口〉지금이 어느 시대라고. 〔상대방의 시대에 맞지 않는 생각을 고치도록 일깨워 주는 말〕◇～, 你还说这样的话/지금이 어느 시대라고 아직도 그런 말을 하세요.

【都什么时候了－십마시후료】dōu shén·me shíhou ·le〈口〉지금이 어느 때라고. ◇～, 还不快去/지금이 어느 때인데 아직도 빨리 안 가는 거야.

D

【都是你一시니】dōu shì nǐ〈口〉다 당신 탓이다. 모두 너 때문이다. ◇喂，我们怎么办呢？～，谁也买不成了/이봐, 우리 어떻게 해? 다 너 때문이야. 아무도 살 수 없게 됐잖아.

＊【兜】儿部 | dōu
9画 | 투구 두
1(～儿)몡호주머니. 주머니. 자루. ◇我～里没有钱/내 호주머니에는 돈이 없다. 2통(자루·주머니 형태로 물건을) 싸다. 품다. ◇用手帕～着几个糖块/손수건으로 사탕 몇 알을 싸 가지고 있다. 3통에워싸다. 한바퀴 빙돌다. 4통(고객을) 끌다. 관족하다. 5통책임을 지다. 6통비밀을 파헤치다. 7몡〈文〉투구. ◇把他的老底全给～出来/그의 내막을 다 폭로해 버리다.

【兜捕一포】dōubǔ통포위해서 잡다.
【兜抄一초】dōuchāo통포위 공격하다.
【兜底一저】dōu∥dǐ(～儿)통〈口〉숨긴 비밀을 폭로하다.
【兜兜裤儿一두고아】dōu·doukùr (어린아이가 여름에 입는) 배두렁이가 달린 바지. (同)〔兜肚 du 裤儿〕
【兜肚一두】dōu·du몡배두렁이. (同)〔兜兜〕

兜兜 dōudou

【兜翻一번】dōu·fan통〈方〉1(오래된 것을) 뒤져 내다. 2(지난 일을) 들추어내다. 3폭로하다.
【兜风一풍】dōu∥fēng통1(돛 등이) 바람을 받다. 2바람을 쐬다.
【兜揽一람】dōulǎn통1(손님을) 끌다. 2관계하다. 상관하다.
【兜圈子一권자】dōu quān·zi 1빙 돌다. 선회하다. 2에둘러 말하다. (同)〔绕 rào 圈子〕, (反)〔赤裸裸 chìluǒluǒ〕
【兜售一수】dōushòu통행상하다. (同)〔兜销 xiāo〕
【兜销一소】dōuxiāo (同)〔兜售 shòu〕
【兜子一자】dōu·zi 1몡주머니. 자루. 2몡배두렁이.
【兜嘴一취】dōuzuǐ〈方〉1(유아용) 턱받이. (同)〔围 wéi 嘴儿〕 2부리망. (同)〔笼 lóng 嘴〕

【蔸】艹部 | dōu
11画 | 그루터기 두
〈方〉1몡식물의 뿌리와 밑줄기. 2몡그루. 포기. ◇一～树/한 그루의 나무. (同)〔棵 kē〕

【篼】竹部 | dōu
11画 | 대남여 두
몡광주리.
【篼子一자】dōu·zi 몡(산길을 갈 때 타는) 대로 만든 가마. (同)〔兜 dōu 子〕

dǒu

【斗】斗部 | dǒu
0画 | 말 두
1양말. 두·(斗). ◇1斗는 10升(되)이고, 10斗는 1石(섬)임） 2몡말. ◇借～/말을 빌다. 3(～儿)몡말처럼 생긴 것. ◇漏 lòu ～/깔대기. 4몡둥근 지문(指紋). 5몡〈天〉두(斗). 28수(宿)의 하나. 6몡〈天〉〈喩〉북두칠성(北斗七星). 7몡〈文〉작다. 좁다. ◇～室/아주 작은 방. 8고대의 술잔. ⇒dòu
【斗笔一필】dǒubǐ몡큰 붓.
【斗车一차】dǒuchē몡〈建〉(탄광·공사장에 쓰이는) 광차(鑛車).
【斗胆一담】dǒudǎn〈謙〉대담하다. (同)〔大 dà 胆〕, (反)〔胆小 xiǎo〕
【斗方一방】dǒufāng 몡서화용의 네모진 종이.
【斗方名士一방명사】dǒufāng míngshì 몡풍류인을 자처하는 실없는 문인.
【斗拱一공】dǒugǒng몡〈建〉중국 건축물의 기둥 받침대.
【斗箕一기】dǒu·ji몡지문(指紋).
【斗笠一립】dǒulì몡삿갓.
【斗门一문】dǒumén몡수문.
【斗篷一봉】dǒu·peng몡1망토. 2〈方〉삿갓. (同)〔斗笠 lì〕
【斗渠一거】dǒuqú몡수로.
【斗筲一소】dǒushāo몡〈文〉좀생원.
【斗室一실】dǒushì몡〈文〉아주 작은 방. (同)〔蜗居 wōjū〕, (反)〔华居 huájū〕
【斗烟丝一연사】dǒuyānsī몡살담배. (同)〔烟斗丝〕
【斗转星移一전성이】dǒu zhuǎn xīng yí〈成〉북두칠성이 방향을 바꾸고 별들이 자리를 이동하다. 계절이 바뀌고 세월이 흐르다.
【斗子一자】dǒu·zi몡1석탄을 담는 쇠통. 2판자로 만든 물건 넣는 용기.

＊＊【抖】扌部 | dǒu
4画 | 떠주거릴 두
통1떨다. ◇腿～得厉害，无法走路/다리가 너무 떨려 걸을 수가 없다. 2떨다. 흔들다. ◇毛衣已～过了，没有土了/털옷은 이미 털어서 이젠 먼지가 없다. **3**폭로하다. 드러내다. ◇把他干的那些丑事都～出来/그가 저지른 추잡한 일을 모두 폭로했다. **4**기운을 내다. 정신을 차리다. ◇他突然～起精神来了/그는 갑자기 기운이 났다. **5**〈諷〉(돈을 벌거나 출세해서) 거들먹거리다. ◇你还想～一威风?/네가 또 거들먹거려 보려구?

【抖颤-전】dǒuchàn 통떨다.

【抖动-동】dǒudòng 휑**1**떨다. **2**털다.

【抖搂-루】dǒu·lou〈方〉**1**통(흔들어) 털다. **2**(돈을) 마구쓰다.

【抖落-락】dǒu·luo (同)〔抖搂 lou〕

【抖擞-수】dǒusǒu 통분발하다. 분발시키다. (反)〔黯淡 àndàn〕

＊＊【陡】阝部 | dǒu 7画 | 절벽 두

1(地)가파르다. ◇～峭 qiào 的山/가파른 산. **2**(貝)갑자기. 별안간. ◇形势～变/형세가 돌변하다.

【陡变-변】dǒubiàn 통급변하다. ◇霎 shà 时/～/눈 깜짝할 사이에 급변하다.

【陡壁-벽】dǒubì 명벼랑. 절벽.

【陡地-지】dǒudì (貝)〈方〉갑자기. 느닷없이.

【陡峻-준】dǒujùn 형험준하다.

【陡立-립】dǒulì 통(산이나 건물 따위가) 우뚝 솟다. ◇悬崖 xuányá～/절벽이 깎아지른 듯하다.

【陡坡-파】dǒupō 명가파른 언덕.

【陡峭-초】dǒuqiào 휑(지세가) 험준하다.

【陡然-연】dǒurán (貝)돌연.

【陡直-직】dǒuzhí 휑(지세가) 가파르다.

dòu

【斗·鬥】斗部 | dòu 0画 | 싸울 투

통**1**싸우다. ◇拳～/난투하다. (同)〔打 dǎ〕,(反)〔和 hé〕**2**투쟁하다. ◇～个人主义/개인주의와 투쟁하다. **3**(주로 돈내기로) 동물을 싸우게 하다. ◇～蛐蛐儿 qū·qūr/귀뚜라미 싸움. **4**승패를 겨루다. 경쟁하다. ◇很少人～得过他/그와 겨루어 이길 수 있는 사람은 드물다. **5**〈方〉한데 모으다. ◇大家一一情况/모두 상황을 모아 봅시다. ⇒dǒu

【斗法-법】dòu∥fǎ 통법술로 겨루다. 〈喩〉계책을 부려 암투(暗鬪)하다.

【斗鸡-계】dòu∥jī 통**1**닭싸움. **2**(사람이 하는) 닭싸움.

【斗口齿-구치】dòu kǒuchǐ (同)〔斗嘴 zuǐ〕

【斗欧-구】dòu·ōu 통주먹질하다.

【斗牌-패】dòu∥pái 통골패(骨牌)·트럼프 따위로 노름하다.

【斗气-기】dòu∥qì 고집부리며 싸우다. (同)〔怄 òu 气〕,(反)〔解 jiě 气〕

【斗拳-권】dòu∥quán 통주먹질하다.

【斗士-사】dòushì 명투사.

【斗心眼儿-심안아】dòu xīnyǎnr 마음속으로 으르렁거리다.

【斗眼-안】dòuyǎn (～儿)명〈俗〉내사시(内斜視). 사팔뜨기.

☆【斗争-쟁】dòuzhēng **1**명투쟁(하다). ◇阶级～/계급 투쟁. ◇思想～/사상 투쟁. **2**통분투하다. ◇为建设美好的未来而～/아름다운 미래의 건설을 위해 노력하다.

＊【斗志-지】dòuzhì 명투지. ◇鼓舞群众的～/군중의 투지를 고무하다.

【斗智-지】dòu∥zhì 통지혜를 겨루다.

【斗嘴-취】dòu∥zuǐ (～儿)**1**입씨름하다. **2**서로 농담하다. (同)〔耍 shuǎ 嘴皮子 pízi〕

【豆(¹荳)】豆部 | dòu 0画 | 콩 두

명**1**(～儿)콩. **2**(～儿)콩처럼 생긴 것. ◇花生～儿/땅콩. **3**옛날 제기(祭器)의 하나. **4**(Dòu)성(姓).

【豆瓣儿酱-판아장】dòubànrjiàng 명콩짜개 된장.

【豆包-포】dòubāo (～儿)명팥소를 넣은 찐빵.

【豆饼-병】dòubǐng 명콩깻묵.

【豆豉-시】dòuchǐ 명메주장.

☆【豆腐-부】dòu·fu 명두부.

【豆腐饭-부반】dòu·fufàn 명(초상집에서 손님에게 주는) 두부밥.

【豆腐干-부간】dòu·fugān (～儿)명반건조 두부.

【豆腐脑儿-부뇌아】dòu·funǎor 명순두부.

【豆腐乳-부유】dòu·furǔ 명두부를 발효시켜 소금에 절인 중국남부의 아침반찬.

【豆花儿-화아】dòuhuār 명〈方〉식품류로 콩국을 끓인 후 간수를 넣어 응고된 반고체형. 〔'豆腐脑儿 nǎor'보다 고체이다〕

【豆荚-협】dòujiá 명콩꼬투리.

＊＊【豆浆-장】dòujiāng 명콩국.

【豆角儿-각아】dòujiǎor 명〈口〉꼬투리째 먹는 콩. (同)〔豆菜 cài〕

【豆秸-갈】dòujiē 명콩대.

【豆蔻-구】dòukòu 명〈植〉육두구(肉豆蔻).

【豆绿-녹】dòulǜ 명녹두색.

【豆萁-기】dòuqí 명〈方〉콩깍지.

【豆蓉-용】dòuróng 명〈廣〉콩소.

【豆乳-유】dòurǔ **1**(同)〔豆浆 jiāng〕 **2**(同)〔豆腐乳 ·furǔ〕

【豆沙-사】dòushā 명콩소.

【豆薯-서】dòushǔ 명〈植〉고구마의 일종.

【豆芽儿-아아】dòuyár 명**1**콩나물. **2**숙주

나물.

【豆油一유】dòuyóu 圐콩기름.

【豆渣一사】dòuzhā 圐콩비지. (同)〔豆腐 fǔ 渣〕

【豆汁一즙】dòuzhī 圐1(~儿)녹두국수를 만들 때 나오는 국물을 발효시킨 음료. 2〈方〉콩국. (同)〔豆浆 jiāng〕

【豆制品一제품】dòuzhìpǐn 圐콩으로 만든 식품.

✻✻【豆子一자】dòu·zi 圐1〔植〕콩. 2콩의 씨. 3콩처럼 작은 물건.

【豆嘴儿一취아】dòuzuǐr 圐푸른 콩을 물에 불린 것, 또는 싹을 틔운 것.

☆【逗】辶部 | dòu
7画 | 머무를 두
1圐놀리다. ◇别和他～了，她最爱哭/그 애는 잘 우니까 놀리지 마. 2圐자아내다. 끌다. ◇小象会吹口琴，多～人爱!/아기 코끼리가 하모니카를 불줄 아는데 얼마나 귀여운가! 3圐〈方〉우습다. 재미있다. 4圐〈方〉(우스갯 소리로) 웃기다. ◇他们一家人爱说爱～/그 집 식구들은 말하기 좋아하고 우스갯소리로 웃기기 좋아한다. 5圐머무르다. 6圐구두(句讀). 〔문의(文意)의 끊어지는 곳을 ‘句’라 하고, 구(句)중에서 읽기 편리하도록 끊어읽는 곳을 ‘逗’라 함〕◇～号/쉼표.

【逗点一점】dòudiǎn (同)〔逗号 hào〕

【逗哏一근】dòu//gén 圐(만담가가 우스갯소리로) 웃기다.

【逗号一호】dòuhào 圐코머(comma)‘,’. (同)〔逗点 diǎn〕

【逗乐儿一락아】dòu//lèr 圐웃기다. (同)〔逗笑儿 xiàor〕

【逗留一유】dòuliú 圐체류하다. (同)〔逗遛 liú〕

【逗闷子一민자】dòu mèn·zi 圐〈方〉익살을 떨다. (同)〔开玩笑 kāi wánxiào〕

【逗弄一롱】dòu·nong 圐1놀리다. 2가지고 놀다.

【逗气儿一기아】dòuqìr 圐약올리다.

【逗趣儿一취아】dòu//qùr 圐〈方〉(우스갯소리 따위로) 웃기다. (同)〔斗 dòu 趣儿〕

【逗笑儿一소아】dòuxiàor (同)〔逗乐儿 lèr〕

【逗引一인】dòuyǐn 圐놀리다. ◇～小孩儿玩/어린애를 놀리며 놀다.

【痘】疒部 | dòu
7画 | 역질 두
圐〈醫〉1천연두. 2(천연두 예방 접종 후에 생기는) 수포.

【痘疮一창】dòuchuāng 圐천연두. 마마.

【痘苗一묘】dòumiáo 圐천연두의 왁친. (同)〔牛 niú 痘苗〕

dū

【都】阝部 | dū
8画 | 도읍 도
圐1수도. 서울. 2대도시. 3옛날, 일부 지역의 현과 향 간의 행정 기관. 4(Dū)圐성(姓). ⇒dōu

【都城一성】dūchéng 圐〈文〉서울. 수도.

【都督一독】dū·du 圐고대나 민국 초기의 제독.

【都会一회】dūhuì (同)〔都市 shì〕

【都市一시】dūshì 圐도시. (同)〔城 chéng 市〕, (反)〔农村 nóngcūn〕

【嘟】口部 | dū
10画 | 칭찬할 도
1圐뚜우뚜우. 삑익삑익. 〔기적·나팔·피리 따위의 소리〕◇汽车喇叭 lǎ·bā～～响 xiǎng/자동차 경적소리가 빵빵 울리다. 2圐〈方〉입을 삐쭉거리다. 뿌루퉁하다.

【嘟噜一로】dū·lu 1圐송이. 꾸러미. 2圐늘어뜨리다. 숙이다. 3圐혀를 굴리면서 내는 발음.

【嘟囔一낭】dū·nang 圐중얼거리다.

【嘟嘴一취】dū//zuǐ 圐입을 삐쭉 내밀다.

【督】目部 | dū
8画 | 거느릴 독
圐감독하다. 지휘하다.

【督办一판】dūbàn 〈文〉1圐감독하다. 관리하다. 2圐(총)감독.

【督察一찰】dūchá 圐〈文〉1감독하다. 감찰하다. 2圐감독관.

*【督促一촉】dūcù 圐圐독촉(하다). (反)〔放任 fàngrèn〕

【督导一도】dūdǎo 〈文〉감독 지도하다.

【督战一전】dūzhàn 圐독전하다.

dú

*【独·獨】犭部 | dú
6画 | 홀로 독
1圐단독. 혼자. 하나. 외. ◇总是～来～往/늘 혼자 다닌다. 2튀(자기)혼자. 홀로. 3圐늙어서 자식이 없는 사람. 홀몸. 4튀오직. 유독. ◇作文本都交了，～有你没交/답들은 작문 공책을 다 냈는데 너만 안냈다. 5圐〈文〉이기적이다. 比교独:自自 “独”는 조동사 앞에 오지 않는다. ◇母亲(×独)独自要把孩子养大, 也不容易/어머니가 아이를 혼자 키우는 것은 쉽지 않다.

【独霸一패】dúbà 圐독차지하다.

【独白一백】dúbái 圐〈演〉독백. 모놀로그.

【独步一보】dúbù 圐독보적.

D

*【独裁-재】dúcái 粵독재. ◇个人～/개인
독재. (同)〔专制 zhuānzhì〕, (反)〔民主
mínzhǔ〕

【独唱-창】dúchàng 粵動독창(하다).

【独出心裁-출심재】dú chū xīn cái〈成〉
독창적인 생각을 내놓다. (同)〔别 bié 出
心裁〕, (反)〔如法炮制 rú fǎ páozhì〕

【独处-처】dúchǔ 動혼자 살다.

【独创-창】dúchuàng 粵動독창. 粵독창적이
다. (同)〔开 kāi 创〕, (反)〔因袭 yīnxí〕

【独当一面-당일면】dú dāng yī miàn〈成〉
단독으로 어느 한 부분을 담당하다.

【独到-도】dúdào 粵독특. 특이.〔주로 긍
정적인 면을 가리킴〕

【独断-단】dúduàn 動독단하다.

【独断独行-단독행】dú duàn dú xíng〈成〉
독단적으로 행동하다. (同)〔独断专 zhuān
行〕, (反)〔群策群力 qún cè qún lì〕

【独夫-부】dúfū 粵폭군.

【独个儿-개아】dúgèr 1粵홀몸. 2副혼자서.

【独孤-고】Dúgū 粵성(姓).

【独家-가】dújiā 粵독점.

【独角戏-각희】dújiǎoxì 粵1모노드라마.
2(북방의 ‘相声’과 비슷한) 만담.

【独具匠心-구장심】dú jù jiàngxīn〈成〉
(기교·기술 등이) 독창성이 있다.

【独具只眼-구지안】dú jù zhī yǎn〈成〉탁
월한 식견을 지니다.

【独揽-람】dúlǎn 動독점하다.

【独力-력】dúlì 副혼자의 힘(으로). (同)
〔单 dān 独〕, (反)〔合伙 héhuǒ〕

☆【独立-립】dúlì 1粵動독립(하다). 2粵홀로
서다. 3動독자적으로 하다. (同)〔单 dān
独〕, (反)〔依赖 yīlài〕

【独轮车-륜차】dúlúnchē 粵일륜차.

【独门儿-문아】dúménr 粵1독립 가옥의
문. 2전가의 비법.

【独苗-묘】dúmiáo (～儿)粵독자. 외동이.

【独木不成林-목불성림】dú mù bù chéng lín
〈諺〉한 그루의 나무로는 숲을 이룰 수
없다. 독불장군.

【独木难支-목난지】dú mù nán zhī〈成〉
혼자 힘으로는 큰 일을 감당하기 어렵다.
(同)〔孤掌难鸣 gū zhǎng nán míng〕,
(反)〔众志成城 zhòng zhì chéng chéng〕

【独木桥-목교】dúmùqiáo 粵외나무 다리.
(反)〔阳关道 yáng guān dào〕

【独幕剧-막극】dúmùjù 粵〈演〉단막극.

【独辟蹊径-벽계경】dú pì xī jìng〈成〉혼
자서 새 길을 만들어내다. 새로운 방법이
나 스타일을 창조하다.

【独善其身-선기신】dú shàn qí shēn〈成〉
과거 난세 때 중국지식인들이 자신의 수
양을 쌓다. 자신만을 돌보다. (反)〔兼 jiān

善天下 tiānxià〕

【独擅胜场-천승장】dú shàn shèng chǎng
〈成〉시합에서 상을 독차지하다.

【独身-신】dúshēn 粵1단신. ◇～一人/홀
몸. 2독신. ◇～女人/독신 여자. (同)〔单
dān 身〕, (反)〔已婚 yīhūn〕

【独生子-생자】dúshēngzǐ 粵외아들. 독자.
(同)〔独子〕

【独生子女-생자녀】dúshēng zǐnǔ 粵외자식.

【独树一帜-수일치】dú shù yī zhì〈成〉독
자적으로 일가를 이루다. (同)〔别 bié 树
一帜〕, (反)〔步人后尘 bù rén hòu chén〕

**【独特-특】dútè 粵독특하다. ◇～的见解/
독특한 견해. (同)〔特别 bié〕, (反)〔普通
pǔtōng〕

【独吞-탄】dútūn 動독차지하다.

【独舞-무】dúwǔ 粵솔로 댄스. (同)〔单人
dānrén 舞〕

【独行-행】dúxíng 動1혼자서 길을 걷다.
◇踽踽 jǔ～/혼자서 쓸쓸히 걷다. 2자기
식대로 해나가다. 3〈文〉남다른 행위. 지조.

【独眼龙-안룡】dúyǎnlóng 粵애꾸눈이.〔해
학적인 의미를 내포함〕

【独一无二-일무이】dú yī wú èr〈成〉유
일 무이하다. (同)〔盖世无双 gài shì wú
shuāng〕, (反)〔无独有偶 wú dú yǒu ǒu〕

【独院-원】dúyuàn (～儿)粵독채. 외딴 집.

【独占-점】dúzhàn 粵動독점(하다).

【独占鳌头-점오두】dú zhàn áo tóu〈成〉
장원 급제하다. 1등을 차지하다.

【独资-자】dúzī 粵개인 자본. ◇～企业/독
자 기업.

【独子-자】dúzǐ 粵외아들. (同)〔独生 shē-
ng 子〕

**【独自-자】dúzì 副혼자서. 홀로. (同)〔单
dān 独〕, (反)〔一同 yītóng〕

【独奏-주】dúzòu 粵動〈音〉독주(하다).

**【毒】 母部 dú
        4画 독할 독
1粵독. 2粵해독. 폐해. ◇你中 zhòng 他
的～太深了/네가 그 사람의 나쁜 영향을
너무 많이 받았구나. 3粵마약. ◇一伙贩
分子被抓获 zhuāhuò 了/마약 밀매업자
일당들이 잡혔다. 4粵독이 있는. 5動독살
하다. ◇在咖啡里放~, ～死他们/커피에
독약을 넣어 그들을 독살하다. 6粵악랄
하다. 악독하다. ◇她是一个～女人/그녀
는 매우 잔인한 여자다.

【毒草-초】dúcǎo 粵1독초. 2〈喩〉사람이
나 사회에 해로운 말이나 글〔작품〕.

【毒虫-충】dúchóng 粵독충.

【毒疮-창】dúchuāng 粵〈方〉〈醫〉독창.

【毒打-타】dúdǎ 動지독하게 때리다.

【毒饵-이】dú'ěr 粵독이 있는 미끼.

D

【毒谷一곡】dúgǔ 图독을 묻힌 낟알. 〔땅속의 병해충을 없애기 위한 것〕

*【毒害一해】dúhài 图해독을 끼치다. 해치다. ◇～青少年/청소년을 해치다.

【毒化一화】dúhuà 图1(마약 등으로) 해독을 끼치다. 2악화시키다.

【毒计一계】dújì 图악랄한 계책.

【毒箭一전】dújiàn 图독화살.

【毒辣一랄】dúlà 혱악랄하다. (同)〔狠 hěn 毒〕, (反)〔仁慈 réncí〕

【毒瘤一류】dúliú 图〈醫〉악성 종양. (同)〔恶性肿瘤 èxìng zhǒngliú〕

【毒谋一모】dúmóu 图악랄한 계책.

*【毒品一품】dúpǐn 图아편. 모르핀. 헤로인 등 마약.

【毒气一기】dúqì 图1독기. 2〈化〉독가스.

【毒蛇一사】dúshé 图〈動〉독사.

【毒手一수】dúshǒu 图흉악한 행동.

【毒死一사】dúsǐ 图독살하다.

【毒素一소】dúsù 图1〈化〉독소. 2〈喩〉해로운 말이나 글.

【毒瓦斯一와사】dúwǎsī (同)〔毒气 qì〕

【毒物一물】dúwù 图독이 있는 물질.

【毒刑一형】dúxíng 图가혹한 형벌.

*【毒性一성】dúxìng 图독성.

【毒蕈一심】dúxùn 图〈植〉독버섯.

【毒药一약】dúyào 图독약.

★【读·讀】讠部 dú
　　　　　8画 읽을 독
1图낭독하다. ◇～课文/본문을 낭독하다. 2图읽다. 보다. ◇～报纸/신문을 보다. 3图공부하다. 학교에 다니다. ◇兄弟俩全～过大学/두 형제는 모두 대학을 나왔다. 4图독음.

【读本一본】dúběn 图독본.

【读经一경】dújīng 图경서를 읽다.

【读破一파】dúpò 하나의 한자가 두 가지 이상의 발음을 갖는 것.

【读破句一파구】dú pòjù 문장을 잘못 끊어 읽다.

☆【读书一서】dú∥shū 图1책을 읽다. ◇姐姐在屋子里～/누나는 집 안에서 책을 보고 있다. 2공부하다. ◇你要好好～/너는 공부를 잘해야 한다. 3학교에 다니다. ◇他在那个学校读过一年书/그는 그 학교를 1년 다녔었다.

【读书人一서인】dúshūrén 图독서인. 지식인. 〈方〉학생.

【读数一수】dúshù 图도수. 눈금.

**【读物一물】dúwù 图도서. 읽을 거리.

【读音一음】dúyīn 图(글자의) 발음.

☆【读者一자】dúzhě 图독자.

【犊·犢】牛部 dú
　　　　　8画 송아지 독
(～儿) 图송아지. ◇初生之～不畏虎/하룻강아지 범 무서운 줄 모른다.

【犊子一자】dú·zi 图송아지.

dǔ

【肚】月部 dǔ
　　　　3画 밥통 두
(～儿) 图〈生理〉위(胃). ⇒dù

【肚子一자】dǔ·zi 图위(胃).

【笃·篤】竹部 dǔ
　　　　3画 도타울 독
图1충실하다. 일편단심의. 일념의. 2(병세가) 심하다. ◇危～/위독하다.

【笃爱一애】dǔ'ài 图애착을 갖다.

【笃诚一성】dǔchéng 图충실하다.

【笃定一정】dǔdìng 혱〈方〉1자신있다. 2침착하다.

【笃厚一후】dǔhòu 혱성실하고 인정이 많다. (同)〔厚道 dào〕, (反)〔刻薄 kèbó〕

【笃实一실】dǔshí 图1독실하다. 2충실하다. (同)〔信 xìn 实〕, (反)〔狡猾 jiǎohuá〕

【笃守一수】dǔshǒu 图충실히 지키다.

【笃信一신】dǔxìn 图깊게 믿다.

【笃学一학】dǔxué 图학문에 충실하다.

【笃志一지】dǔzhì 图〈文〉한마음.

☆【堵】土部 dǔ
　　　　8画 담 도
1图막다. 틀어막다. 가로막다. ◇你在他家门口～着他，别让他跑了/그가 도망못하도록 네가 그 집 문 입구에서 막고 있어. 2图답답하다. ◇一连遇到了几件不顺心的事儿，心里～得真难受/계속 닥친 여의치 않은 일 때문에 마음이 답답해 죽을 지경이다. 3图〈文〉담. 벽. 4瀅담장을 세는 단위. 5(Dǔ) 图성(姓).

【堵车一차】dǔchē 图차가 막히다.

【堵截一절】dǔjié 图차단하다.

*【堵塞一색】dǔsè 图1가로막다. ◇那条路～了/그 길이 막혔다. (同)〔阻 zǔ 塞〕, (反)〔通畅 tōngchàng〕2메우다.

【堵死一사】dǔsǐ 图1(목이) 막혀서 죽다. 2꽉 막다. 3꼭꼭 채우다.

【堵心一심】dǔxīn 图기분이 울적하다.

【堵住一주】dǔ·zhù 图막다. 메우다.

【堵嘴一취】dǔ∥zuǐ 图말을 못하게 하다. 입을 막다.

*【赌·賭】贝部 dǔ
　　　　8画 내기 도
1图도박(을 하다). 2图내기를 걸다. 내기하다. ◇打～/내기를 걸다.

【赌本一본】dǔběn 图1도박〔노름〕 밑천. 2〈喩〉(모험적인 일을 할 때) 의지하는 힘.

*【赌博一박】dǔbó 图图노름(하다). 도박

（하다）.

【赌场－장】dǔchǎng 몡도박장.

【赌东道－동도】dǔ dōngdào 지는 쪽이 한 턱내는 내기를 하다. (同)〔赌东儿〕

【赌棍－곤】dǔgùn (同)〔赌徒 tú〕

【赌局－국】dǔjú 몡노름판.

【赌具－구】dǔjù 몡도박 기구.

【赌气－기】dǔ∥qì 통(불만족하거나 꾸중을 들어서) 성질을 부리다.

【赌钱－전】dǔ∥qián 통노름을 하다.

【赌徒－도】dǔtú 노름꾼. (同)〔赌棍 gùn〕

【赌咒－주】dǔ∥zhòu 통맹세하다.

【赌注－주】dǔzhù 몡도박에 건 것.

【赌资－자】dǔzī 몡도박 밑천.

dù

【杜(²殬)】木部 3画 막을 두

1몡〈植〉팥배나무. ◇～树/팥배나무. 2통근절하다. 두절되다. 3(Dù)몡성(姓).

【杜衡－형】dùhéng 몡〈植〉족두리풀. (同)〔杜蘅 héng〕

【杜鹃－견】dùjuān 1몡〈鸟〉두견새. (同)〔杜宇 yǔ〕〔布谷 bùgǔ〕〔子规 zǐguī〕 2몡〈植〉진달래꽃. (同)〔映山红 yìngshānhóng〕

*【杜绝－절】dùjué 1통두절하다. ◇～来往/내왕을 끊다. 2통뿌리뽑다. 근절하다. 3몡옛날, 부동산 매매 계약서에 되물리지 못한다고 명기한 말.

【杜康－강】dùkāng 몡전설에 의하면 최초로 술을 발명한 사람. 지금은 술을 가리킴.

【杜门－문】dùmén 통〈文〉문을 닫다.

【杜仲－중】dùzòng 몡〈植〉두충나무.

【杜撰－찬】dùzhuàn 통근거없이 날조·조작(하다). (同)〔虚构 xūgòu〕, (反)〔真实 zhēnshí〕

【肚】月部 3画 밥통 두

몡(～儿)배. 복부. ⇒dǔ

【肚带－대】dùdài 몡(말의) 뱃대(끈).

【肚兜－두】dùdōu 몡복대(腹帶).

【肚量－량】dùliàng 몡1식사량. 2도량.

【肚皮－피】dùpí 몡〈方〉복부. 배.

【肚脐－제】dùqí (～儿)몡배꼽. (同)〔肚脐眼儿 yǎnr〕

☆【肚子－자】dù·zi 몡배. ◇～疼得厉害/배가 몹시 아프다.

【妒(妬)】女部 4画 투기할 투

통질투하다.

【妒火－화】dùhuǒ 몡질투심.

【妒忌－기】dùjì 통새암하다. 질투하다. (同)〔忌妒〕

☆【度】广部 6画 법도 도

1몡(길이·칫수·넓이·폭·두께 등의) 크기. ◇长～/길이. 2몡온도·밀도·농도·경도 등의 도. ◇强～/강도. 3몡호·각의 계산 단위. ◇平角为一百八十～/평각은 180도이다. 4몡경도·위도의 단위. ◇北纬三十八～线/북위 38도선. 5몡킬로와트. 6몡정도. ◇知名～/지명도. 7몡한도. 〔문어에 쓰임〕 ◇他由于劳累过～, 晕过去了/그는 과로로 기절했다. 8몡규정. 행위 준칙. ◇制～/제도. 9몡도량. ◇量/도량. 10몡기ခ량. 자세. ◇态～/태도. 11몡일정한 범위내의 시간이나 공간. ◇年～/년도. 12몡번. 〔주로 문어에 쓰임〕 ◇一年一～的国际博览会/1년에 한 번 있는 국제박람회. 13몡생각. ◇置之～外/생각 밖에 두다. 14동(시간을) 보내다. ◇小两口正∥着蜜月呢/신혼부부가 밀월을 보내는 중이다. 15(Dù)몡성(姓). 비교度:过 생일 축하를 나타낼 때는 "度"를 쓰지 않는다. ◇留着给妈妈(×度)过一个愉快的生日/어머니께서 즐거운 생일을 지내도록 남겨 놓았다. ⇒duó

☆【度过－과】dùguò 통보내다. 지내다. ◇～节日/명절을 보내다. 비교度过:渡过 어려운 위기 등을 넘길 때는 "渡过"를 쓰지 않는다. ◇全村男女老小齐心协力(×度过)渡过难关/전 마을의 남녀노소는 일심 단결하여 난관을 넘겼다.

【度假－가】dùjià 통휴가를 보내다.

【度量－량】dùliàng 몡도량. (同)〔肚 dù 量〕

【度量衡－량형】dùliànghéng 몡도량형.

【度命－명】dùmìng 통(어려운 처지에서) 목숨을 부지하다. 가까스로 살아가다.

【度曲－곡】dùqǔ 통〈文〉1작곡하다. 2곡조에 맞추어 노래하다.

【度日－일】dùrì 통(곤경속에서) 살아가다. (同)〔过 guò 日子 zi〕

【度日如年－일여년】dù rì rú nián〈成〉하루가 일 년 같다. 어렵게 살아간다.

【度数－수】dù·shu 몡도수.

☆【渡】氵部 12画 건널 도

통1(강·바다를) 건너다. ◇横～大西洋/대서양을 횡단하다. 2극복하다. 이겨내다. ◇咬 yǎo 咬牙, ～过这段困难时期/이를 악물고 이 어려운 시기를 극복해 나가자. 3(사람이나 화물을 싣고) 물을 건너다. ◇请您把我们～过河去/우리들을 강을 건너가게 해 주세요.

【渡槽－조】dùcáo 몡수도교.

D

*【渡船一선】dùchuán 图나룻배.
【渡过一과】dùguò 图1건너다. 2물을 건너
다. 3극복하다.
*【渡口一구】dùkǒu 图나루터. (同)〔渡头 tóu〕
【渡轮一륜】dùlún 图나룻배. (同)〔渡船 ch-
uán〕
【渡头一두】dùtóu (同)〔渡口 kǒu〕

【镀·鍍】 钅部 9画 | dù 도금할 도
图도금하다.
【镀金一금】dù // jīn 图1도금하다. 2〈轉〉
〈諷〉간판을 따다.
【镀锌一신】dùxīn 图아연도금(을 하다).
【镀银一은】dùyín 图은도금(을 하다).

蠹(蠧)】 虫部 18画 | 좀 두
1图〈虫〉좀. 좀벌레. ◇木~/나무좀. 2图
벌레먹다. 좀먹다.
【蠹弊一폐】dùbì〈文〉图병폐. 폐단.
【蠹虫一충】dùchóng 图〈虫〉1좀벌레. 2해
를 끼치는 나쁜 사람.
【蠹鱼一어】dùyú 图〈虫〉좀. 좀벌레.

duān

☆**【端】** 立部 9画 | duān 끝 단
1图(물건의) 끝. ◇绳子的一~拴 shuān
在树上, 另一~拴在铁柱子上/밧줄의 한
쪽 끝은 나무에 매고, 다른 한쪽 끝은 쇠
기둥에 매였다. 2图(일의) 발단. 시작. 3
图까닭. 이유. ◇借~生事/트집을 잡아 말
썽을 일으키다. 4图항목. ◇变化多~/변
화가 다양하다. 5图단정하다. 바르다. ◇
作风~正/품행이 단정하다. 6图두 손으
로 받쳐 들다. ◇一只手~了三个盘子/한
손으로 세 접시를 받쳐들었다. 7图(일·
문제점·어려움 등을) 전부 들춰내다. ◇
那次他~出了他们组的不少问题/저번에
그는 자기네 팀의 문제점들을 많이 들춰
냈다. 8(Duān)图성(姓).
【端的一적】duāndì 1图정말로. 확
실히. 2图도대체. 3일의 경과. 경위.
【端方一방】duānfāng 图〈文〉단정하다. (同)
〔正派 zhèngpài〕, 〔端正 zhèng〕 (反)
〔下流 xiàliú〕〔下作 xiàzuo〕
【端架子一가자】duān jià·zi〈方〉图젠 체하다.
【端节一절】Duān Jié (同)〔端午 wǔ(节)〕
【端量一량】duān·liang 图자세히 보다.
【端倪一예】duānní 1图실마리. 단서. 2图
사물의 전말을 헤아리다.
【端午(节)一오(절)】Duānwǔ (Jié)图단오절.
【端线一선】duānxiàn 图〈體〉사이드 라인.
엔드 라인. 골 라인.

【端详一상】duānxiáng 1图일의 경위. 상세
한 사정. (同)〔详情 qíng〕, (反)〔大略 dà-
lüè〕 2图정중하고 조용하다. (同)〔端正
zhèng〕, (反)〔浮躁 fúzào〕
【端详一상】duān·xiang 图자세히 보다. (反)
〔浏览 liúlǎn〕
【端相一상】duān·xiang 图자세히 보다.
【端绪一서】duānxù 图(사건의) 단서. 실마리.
【端砚一연】duānyàn 图'端溪'지방에서 나
는 벼루.
【端阳一양】Duānyáng (同)〔端午 wǔ (节)〕
**【端正一정】duānzhèng 1图단정하다. ◇门
口站着的那个姑娘长得比较~/문 어귀에
서 있는 저 아가씨가 비교적 단정하게 생
겼다. 2图방정하다. ◇我想找一个品行~
的姑娘/나는 품행이 방정한 아가씨를 찾
으려 한다. 3图바로잡다. ◇我们~了学习
态度/우리들은 학습태도를 바로 잡았다.
【端庄一장】duānzhuāng 图단정하고 장중
하다. (同)〔庄重 zhòng〕, (反)〔猥琐 wěi-
isuǒ〕
【端坐一좌】duānzuò 图단정하게 앉다.

duǎn

★**【短】** 矢部 7画 | duǎn 짧을 단
1图짧다. ◇她把头发剪~了/그녀는 머리
를 짧게 잘랐다. 2图결핍되다. 부족하다.
◇我们家从没~过钱/우리 집은 여지껏
돈이 부족하지 않았다. 3图빚지다. ◇我
还~着你五块钱/나는 아직 너한테 5원을
빚지고 있다. 4(~儿)图결점. 단점. ◇父
母对自己的孩子千万不要护~/부모는 자
기 자식의 결점에 대해 절대로 감싸줘
서는 안 된다. 图교短:矮 사람의 키에는
"短"을 쓰지 않는다. ◇他长得太(×短)
矮 ǎi 了/그는 키가 너무 작게 생겼다.
【短袄一오】duǎn'ǎo (~儿)图짧은 솜저고
리.
【短兵相接一병상접】duǎn bīng xiāng jiē
〈成〉1백병전(을 하다). 2격렬한 투쟁을
하다.
【短波一파】duǎnbō 图단파.
【短不了一불료】duǎn ·bu liǎo 1없어서는
안 된다. 2부득이하다.
【短程一정】duǎnchéng 图짧은 거리.
【短秤一칭】duǎn // chèng 정량에 미달되다.
(同)〔亏秤 kuī // chèng〕
*【短处一처】duǎn·chu 图결점. (同)〔缺点
quēdiǎn〕, (反)〔优点 yōudiǎn〕
*【短促一촉】duǎncù 图〈시간이〉 촉박하다.
(同)〔急 jí 促〕, (反)〔宽舒 kuānshū〕
【短打一타】duǎndǎ 1图〈演〉(중국 희곡 중

의) 난투. 난투장면. 〔연기자가 기장이 짧은 옷을 입고 연기하는 데서 유래함〕 **2**명간편한 복장.
【短大衣－대의】duǎndàyī 명짧은 외투.

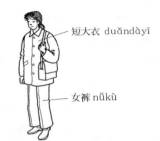

短大衣 duǎndàyī
女裤 nǔkù

【短笛－적】duǎndí 명〈音〉피콜로(piccolo).
【短工－공】duǎngōng 명임시 고용인.
【短褂儿－괘아】duǎnguàér 명짧은 윗옷.

短褂儿

对襟儿褂 duìjīnrguà　大襟儿褂 dàjīnrguà

【短见－견】duǎnjiàn 명**1**좁은 안목. 짧은 생각. (同)〔浅 qiǎn 见〕, (反)〔远 yuǎn 见〕 **2**자살.
【短裤－고】duǎnkù 명반바지.
【短路－로】duǎnlù **1**명동〈電〉쇼트(되다). **2**동〈方〉노상에서 강도질하다.
【短命－명】duǎnmìng 형단명하다. (反)〔长 cháng 命〕
【短跑－포】duǎnpǎo 명단거리 경주.
【短篇－편】duǎnpiān 명단편.
【短片－편】duǎnpiàn 명〈俗〉단편 영화.
【短评－평】duǎnpíng 명단평.
☆【短期－기】duǎnqī 명단기(일).
【短气－기】duǎnqì 형자신감을 잃다.
【短浅－천】duǎnqiǎn 형(생각이) 짧고 얕다. ◇～之见/짧은 견해. (同)〔肤 fū 浅〕, (反)〔深远 shēnyuǎn〕
【短欠－흠】duǎnqiàn 동모자라다. 부족하다. (同)〔缺少 quēshǎo〕, (反)〔多余 du-

ōyú〕
【短枪－창】duǎnqiāng 명권총.
【短缺－결】duǎnquē 명동결핍(하다). 부족(하다). (同)〔欠 qiàn 缺〕, (反)〔剩余 shèngyú〕
【短裙－군】duǎnqún 명짧은 치마. ◇超～/초 미니스커트.
【短儿－아】duǎnr 명약점. 단점.
【短少－소】duǎnshǎo 동부족하다.
【短视－시】duǎnshì **1**명근시. **2**형근시안적이다.
【短途－도】duǎntú 형단거리의. (同)〔短程 chéng〕(反)〔长 cháng 途〕
【短袜－말】duǎnwà 명짧은 양말.
【短小－소】duǎnxiǎo 형**1**짧고 적다. (내용이) 간단하다. (同)〔简 jiǎn 短〕, (反)〔冗长 rǒngcháng〕**2**(몸집이) 작다. (同)〔矮 ǎi 小〕, (反)〔高大 gāodà〕
【短线产品－선산품】duǎnxiàn chǎnpǐn 공급이 달리는 상품.
【短小精悍－소정 한】duǎnxiǎo jīnghàn 〈成〉**1**몸집이 작지만 유능하다. **2**(문장·연극 따위가) 짧지만 세련되다. (反)〔连篇累牍 lián piān lěi dú〕
【短袖－수】duǎnxiù 명짧은 소매. 반소매.
【短训班－훈반】duǎnxùnbān 명단기훈련반.
【短语－어】duǎnyǔ 명〈言〉구(句).
＊【短暂－잠】duǎnzàn 형(시간이) 짧다. ◇我跟他只有过～的接触/나는 그와 잠시 교재했을 뿐이다. [비교] 短暂:简短 언어를 형용할 때는 "短暂"을 쓰지 않는다. ◇这些格言很(×短暂)简短, 也很生动/이 격언들은 간결하고도 생동적이다.
【短重－중】duǎnzhòng 명중량 부족.
【短装－장】duǎnzhuāng 명간편한 차림새.

duàn

★【段】夂部 | duàn
5画 | 고를 **단**
1양사물이나 시간 따위의 한 구분을 나타냄. a)(가늘고 긴 물건의) 토막. ◇三～粉笔/분필 세 토막. b)일정한 거리나 구간. ◇这一～路程/이 구간의 길. c)사물의 한 부분. ◇一～话/말 몇마디. **2**명단.〔바둑의 등급〕**3**(Duàn) 명성(姓).
【段落－락】duànluò 명단락.
【段位－위】duànwèi 명바둑의 등급.
【段子－자】duàn·zi 명'大鼓'·'相声'·'评书' 등에서의 1회 상연분.

【缎·緞】纟部 | duàn
9画 | 비단 **단**
명단자(緞子). ◇绸～/주단. 견직물의 총칭.
＊【缎子－자】duàn·zi 명단자. 새틴(satin).

【锻·鍛】钅部 9画 duàn 쇠불릴 **단**
[동]단조하다.
【锻工－공】duàngōng [명]**1**단조. **2**단조공(鍛造工).
【锻件－건】duànjiàn [명]단조물.
★【锻炼－련】duànliàn [동]**1**단조하다. **2**단련하다. 연마하다. ◇体育~/운동 단련.
【锻压－압】duànyā [명]단조(鍛造)와 압연(壓延).
【锻造－조】duànzào [명][동]〈機〉단조(하다).

D

☆【断·斷】斤部 7画 duàn 끊을 **단**
[동]**1**자르다. 끊다. ◇这儿~了一根绳子/이곳에 밧줄이 끊어졌다. **2**단절하다. 끊다. ◇他们早就~了关系/그들은 관계를 끊은지가 오래된다. **3**가로막다. 차단하다. 마크하다. ◇把对方的球~了下来/상대방의 공을 마크했다. **4**(술·담배 따위를) 끊다. ◇烟~了一年多了/담배를 끊은 지 1년 넘었다. **5**단정하다. 결정하다. ◇清官难~家务事/청렴한 관리라 해도 집안일을 단정짓긴 어렵다. **6**[부]〈文〉절대로. 결코. 〔주로 부정문에 사용됨〕 ◇这种消息~不能相信/이런 소식은 절대로 믿을 수 없다.
【断案－안】duàn∥àn [동]안건을 판결하다.
【断编残简－편잔간】duàn biān cán jiǎn 〈成〉빠져 있거나 완전치 못한 책이나 문장.
【断层－층】duàncéng [명]〈地〉단층.
【断肠－장】duàncháng [동]〈喩〉애끓다. 몹시 슬프다.(同)〔肠断〕,(反)〔狂喜 kuángxǐ〕
【断炊－취】duàn∥chuī [동](가난하여) 끼니를 굶다.
【断代－대】duàn∥dài [동]**1**집안의 손이 끊어지다. **2**시대 구분을 하다. (反)〔通史 tōngshǐ〕
【断档－당】duàn∥dàng [동]품절되다.
*【断定－정】duàndìng [명][동]단정하다. 결론을 내리다. ◇我敢~这事是他干的/이 일은 그가 한 짓이라고 나는 단정할 수 있다.
【断断－단】duànduàn [부]절대로. 〔주로 부정문에 쓰임〕
*【断断续续－단속속】duànduànxùxù 끊어졌다 이어졌다 하다. ◇这本书~写了五年才写成/이 책은 쓰다가 말다가 하면서 5년만에야 겨우 다 썼다. (同)〔时 shí 断时续〕,(反)〔连 lián 续不 bù 断〕〔接二连三 jiē èr lián sān〕
【断顿－돈】duàn∥dùn (~儿)[동]끼니를 잇지 못하다.
【断根－근】duàn∥gēn (~儿)[동]**1**대가 끊기다. **2**병의 뿌리를 뽑다.
【断后－후】duàn∥hòu [동]**1**후손이 끊기다. **2**〈軍〉퇴군할 때 부대의 후방을 엄호하다.
【断乎－호】duànhū [부]절대로. 단연코. 〔부정문에 주로 쓰임〕
【断交－교】duàn∥jiāo [동]절교하다. 단교하다. (同)〔绝 jué 交〕,(反)〔建 jiàn 交〕
【断井颓垣－정퇴원】duàn jǐng tuí yuán 건축물이 파괴되어 황폐한 모양. (同)〔颓垣断壁 bì〕,(反)〔雕梁画栋 diāo liáng huà dòng〕
【断句－구】duàn∥jù [명]고서에 구두점을 찍다.
*【断绝－절】duànjué [동]단절하다. 끊다. (反)〔恢复 huīfù〕
【断开－개】duàn kāi [동]끊다. (同)〔割 gē 断〕,(反)〔沟通 gōutōng〕
【断粮－량】duàn∥liáng [동]식량이 떨어지다.
【断路－로】duànlù [동]**1**〈電〉전기가 끊어지다. **2**〈方〉길을 막고 약탈하다.
【断奶－내】duàn∥nǎi [동]젖을 떼다.
【断念－념】duàn∥niàn [동]단념하다.
【断片－편】duànpiàn [명]토막. 단편.
【断七－칠】duàn∥qī [명][동]49일재(를 지내다).
【断气－기】duàn∥qì [동]숨이 끊어지다. 죽다.
【断然－연】duànrán **1**[부]결단코. 절대로. **2**[형]단호한.
【断送－송】duànsòng [동]잃다. 말아먹다.
【断头－두】duàn∥tóu [동]목을 베다.
【断弦－현】duàn∥xián [동]아내를 잃다.
【断线风筝－선풍쟁】duàn xiàn fēng ·zheng 〈成〉실이 끊어진 연. 〈喩〉돌아오지 않거나 행방이 묘연한 사람이나 물건. 함흥차사.
【断续－속】duànxù [동]끊겼다 이어졌다 하다.
【断行－행】duànxíng [동]단행하다.
【断言－언】duànyán [명][동]단언(하다).
【断语－어】duànyǔ [명]단언. 결론.
【断狱－옥】duànyù [동]〈文〉소송 사건을 심리하다.
【断章取义－장취의】duàn zhāng qǔ yì 〈成〉단장취의(斷章取義). 전체 문장이나 말의 취지를 무시하고 자신에게 유리한 한 토막만 사용.
【断肢再植－기재식】duànzhī zàizhí [명]〈醫〉절단된 사지의 재이식 수술.
【断种－종】duàn∥zhǒng [동]대가 끊어지다. 멸종하다.
【断子绝孙－자절손】duànzǐ juésūn 〈罵〉자손이 끊어지다. 〔흔히 악담을 할 때 쓰임〕(同)〔绝子绝孙〕,(反)〔儿孙满堂 érsūn mǎntáng〕

duī

☆【堆】土部 8画 duī 흙무더기 **퇴**

1동쌓이다. ◇粮食~满仓, 果子~成山/양곡은 창고에 가득 쌓이고, 과일은 산처럼 쌓인다. **2**동(손이나 도구로) 쌓다. 쟁이다. ◇把书~在桌子上/책을 책상 위에다 쌓아라. **3**(~儿)명쌓아 놓은 물건. 무더기. 더미. **4**~柴火/장작더미. **4**(~儿)명흙·흙 더미. **4**(~儿)명작은 산. 〔주로 지명에 쓰임〕**5**양무더기. 더미. 무리. 떼. ◇一~人/한 무리의 사람들. ◇一~垃圾/쓰레기 한 더미.

【堆叠―첩】duīdié 통(겹겹이) 쌓아 올리다.

【堆垛―타】duīduò 통(산 모양으로) 쌓아 올리다. 겹쳐 쌓다.

【堆放―방】duīfàng 통쌓아 두다〔놓다〕.

【堆房―방】duī·fang 명헛간. 광.

【堆肥―비】duīféi 명〈農〉퇴비.

【堆积―적】duījī **1통쌓아 올리다. 쌓이다. **2**명〈地〉퇴적.

【堆砌―체】duīqì 통**1**(벽돌이나 돌을) 쌓다. **2**〈喩〉군더더기가 많은 글을 짓다. (同)〔雕 diāo 砌〕, (反)〔简洁 jiǎnjié〕

duì

☆【队·隊】 阝部 duì
2画 무리 **대**

1명열. 대열. 행렬. ◇~伍/대열. **2**명팀. 어떤 성질을 가진 집단. ◇排球~/배구팀. **3**명소년 선봉대를 가리킴. **4**명무리. 대오. ◇一~警察/한 무리의 경찰.

【队部―부】duìbù 명(略)**1**부대의 본부. **2**인민 공사 생산대 본부.

【队礼―례】duìlǐ 명중국의 소년 선봉대 대원의 인사. 오른손 손가락을 펴서, 손바닥을 앞을 향하게 하고, 머리 위로 올리는 경례. 국민의 이익이 모든 것에 우선한다는 뜻을 지님.

【队列―열】duìliè 명대열.

【队日―일】duìrì 명소년 선봉대의 활동일.

☆【队伍―오】duì·wu 명**1**대오. 대열. **2**군대.

【队形―형】duìxíng 명대형(隊形).

**【队员―원】duìyuán 명대원.

☆【队长―장】duìzhǎng 명**1**(體)주장. **2**대장.

★【对·對】 又部 寸部 duì
3画 2画 마주볼 **대**

1동대답하다. 응답하다. ◇~答/대답하다. **2**(상)대하다. 대응하다. 대처하다. ◇不要生气, 教师今天的批评, ~事不对人/선생님이 오늘 꾸짖한 것은 일에 대해서 한 것이지 사람을 두고 한 것은 아니니 화내지 말아라. **3**동향하다. 〔항상 '着'를 수반함〕◇她正~着镜子梳 shū 理头发/그녀는 마침 거울을 보고 머리를 빗고 있다. 비교对:向 동작행위의 목표와 방향을 나타낼 때는 "对"를 쓰지 않는다. ◇(×对)向法院抗议/법원에 항의하다. **4**동서로 맞서다. ◇~立/대립하다. **5**명형맞은편(의). 상대(의). 적대(敵對)(의). ◇~过儿/맞은편. **6**동두 개를 맞추다〔맞대다〕. ◇这扇门做高了点, ~不上/이 문은 좀 높게 짜서 맞지 않는다. **7**동(의기)투합하다. 적합하다. ◇这种菜~不上他的口味/이런 요리는 그의 입맛에 맞지 않는다. **8**동대조하다. 맞대보다. ◇到财务科~过帐单了, 没有差错/재무과에 가서 장부를 맞춰봤는데 잘못이 없었다. **9**동맞추다. 조절하다. ◇炮手正~着距离呢/포격수가 거리를 조절하고 있다. **10**형옳다. 정확하다. 정상이다. ◇试卷中的十道题他全~了/그는 시험문제 열 개를 다 정확하게 썼다. **11**동섞다. 혼합하다. 〔주로 액체를 가리킴〕◇啤酒里兑~着白酒, 实在没法喝/맥주에 소주를 타니 정말 못 마시겠다. **12**동절반으로 나누다. **13**(~儿)명대구(對句). 대련(對聯). **14**(~儿)양짝. 쌍. 〔성별·좌우 대칭이 되어 짝이 되는 사람·동물·사물을 셀 때 쓰임〕◇一~恋人/한 쌍의 연인. **15**꿰a)…에게. 〔동작의 대상을 가리키며 '朝 cháo'와 '向 xiàng'의 의미를 갖는다〕◇同学们都~老师表示感谢/학우들은 모두 선생님에게 감사를 드린다. b)…을(를). …에 (게). …에 대해서. 〔사람·행위 간의 대응관계를 나타낸다〕◇他们~我很信任/그들은 나를 아주 신임한다. 주의동의어인 '对于 duìyú'와의 차이. a)양자 모두 관련대상을 나타내므로 같이 쓸 수 있지만 사람 간의 관계를 나타낼 때는 '对于'를 쓸 수 없고 '对'를 써야 한다. ◇老师对(×对于)我们很和蔼(héǎi)/선생님은 우리를 부드럽게 대하신다. b)'对于'는 부사나 조동사 뒤에 쓸 수 없지만, '对'는 그런 제약을 받지 않는다. ◇你应该对(×对于)这个问题发表意见/너는 이 문제에 대해 의견을 내놓아야 한다.

*【对岸―안】duì'àn 명맞은편 강기슭.

【对白―백】duìbái 명(연극·영화의) 대화.

【对半―반】duìbàn (~儿)명통절반(으로 나누다).

【对半儿劈―반아벽】duìbànr pī 절반씩 나누다.

☆【对比―비】duìbǐ **1**명대비[대조](하다). **2**비비례. 비율. 비교对比:对照 참조를 나타낼 때는 "对比"를 쓰지 않는다. ◇对照(×对比)原文/원문을 대조하여 보다.

★【对不起―불기】duì ·bu qǐ **1**…에게 죄송하다. …에게 미안하다. 〔뒤에 대상을 취한다〕◇不好好学习, ~老师/열심히 공부

D

하지 않으면 선생님께 죄송하다. **2**〈套〉미안하다. ◇～, 让您久等了/오래 기다리시게 해서 미안합니다. (同)〔抱歉 bàoqiàn〕〔对不住 zhù〕〔过意不去 guò yì bù qù〕, (反)〔对得 de 起〕〔对得住 duì ·de zhù〕 比较 对不起：抱歉 "对不起"는 동사이므로 목적어를 취할 수 있지만, "抱歉"은 형용사라서 목적어를 취할 수 없다. ◇我一直觉得对不起她/나는 그녀에게 늘 미안하게 느낀다. ◇我一直觉得很抱歉她(×). 对她, 我一直觉得很抱歉(○)/그녀에게 나는 늘 미안하게 생각한다.

* 【对策―책】 duìcè 粵**1**옛날, 과거 수험생이 황제의 치국책략에 관한 질문에 대답하기. **2**대책.

【对茬儿―차아】 duì ∥ chár 粵〈方〉서로 부합되다. 일치되다. (同)〔对茬儿 chár〕

【对唱―창】 duìchàng 粵粵〈音〉대창(하다).

【对称―칭】 duìchèn 粵대칭.

【对答―답】 duìdá 粵응답하다. 대답을 하다.

【对答如流―답여류】 duì dá rú liú 막힘없이 대답하다. (同)〔口若悬河 kǒu ruò xuán hé〕, (反)〔笨口拙舌 bèn kǒu zhuō shé〕

☆【对待―대】 duìdài 粵**1**상대적이다. ◇工作和休息是互相～的/일과 휴식은 서로 상대적인 것이다. **2**대하다. ◇你好好～他/그를 잘 대해줘라. **3**대처하다. ◇正确地～客观事实/객관적인 사실을 바르게 대처해야 한다.

* 【对得起―득기】 duì ·de qǐ 면목이 서다. 떳떳하다. ◇只有学好功课, 才～老师/공부를 열심히 해야만 선생님을 볼 면목이 선다.

【对等―등】 duìděng 粵대등하다.

【对调―조】 duìdiào 粵맞바꾸다.

☆【对方―방】 duìfāng 粵상대방. 적(敵). ◇电话费是～付/전화요금은 수신자가 부담한다. 比较 对方：对面 "对方"은 사물을 나타내지 않는다. ◇我住在他(×对方)对面/나는 그의 맞은편에 산다.

☆【对付―부】 duì·fu 粵**1**대응하다. 맞서다. ◇这个人很难～/이 사람은 매우 상대하기 어렵다. **2**아쉬운 대로 해나간다. ◇学了几个月的文化, 看信也能～/몇 달간 글을 배워서 편지 같은 것은 그런대로 볼 수 있다. **3**(마음이) 맞다. ◇两口儿最近好像有些不～/부부가 요새 좀 마음이 맞지 않는 것 같다. 比较 对付：对待 남에 대한 긍정적인 태도를 나타낼 때는 "对付"를 쓰지 않는다. ◇他(×对付)对待学生像(×对付)对待自己的兄弟姐妹一样/그가 학생을 대하는 것이 자기의 형제자매를 대하는 것과 같다.

【对歌―가】 duìgē 粵粵양쪽이 일문일답식으로 노래하다.

【对光―광】 duì ∥ guāng 粵**1**(사진기의) 초점을 맞추다. **2**(현미경·망원경·안경 따위의) 도수를 맞추다.

【对过―과】 duìguò (～儿)粵건너편. 맞은편. (同)〔对面 miàn〕

【对号―호】 duì ∥ hào (～儿)粵**1**번호를 맞추다. **2**일치하다. 부합하다.

【对号―호】 duìhào (～儿)숙제나 답안지에 '○' '√'으로 표시하는 부호.

☆【对话―화】 duìhuà 粵**1**粵대화(하다). ◇进行～/대화를 하다. **2**粵(양측 혹은 여러 측간에) 대화하다. 담판하다. ◇双方开始就边界问题进行～/쌍방은 국경문제를 놓고 대화를 나누기 시작했다.

【对角―각】 duìjiǎo 粵〈數〉대각.

【对角线―각선】 duìjiǎoxiàn 粵〈數〉대각선.

【对襟儿―금아】 duìjīnr 粵가운데 단추로 채우는 중국식 웃옷.

对襟儿罩衣
duìjīnr zhàoyī

【对劲―경】 duìjìn (～儿)粵**1**마음에 들다. (同)〔称心 chèn/xīn〕**2**배짱이 맞다. 의기투합하다. ◇他们俩很～/그들 둘은 매우 의기투합한다. (同)〔谈得来 tán ·de lái〕〔投机 tóujī〕

【对局―국】 duì ∥ jú 粵바둑을 두다. 구기 경기를 하다.

【对开―개】 duìkāi 粵**1**(자동차 등이) 두 지점에서 마주보는 방향으로 출발하다. **2**粵〈印〉전지(全紙)의 2분의 1. 반절지. **3**粵반씩 차지하다.

* 【对抗―항】 duìkàng 粵**1**대항(하다). ◇～政治统治/반동통치에 대항하다. (同)〔抗拒 jù〕, (反)〔服从 fúcóng〕**2**저항(하다).

【对口―구】 duìkǒu **1**粵(만담이나 산간민요에서) 양쪽에서 엇바꾸어 노래하거나 말하다. **2**(～儿)粵쌍방이 작업 내용과 성질면에서 일치하다. **3**입맛에 맞다.

【对口相声―구상성】 duìkǒu xiàng·sheng 〈演〉두 사람이 출연하는 만담.

【对了―료】 duì·le **1**그렇습니다. 맞습니다. ◇你说～/네 말이 맞다. **2**아참. ◇～, 我想起来了/아참, 생각났어.

【对垒―루】 duìlěi 粵〈서로〉대치하다.

* * 【对立―립】 duìlì 粵粵대립(하다). ◇两个意见互相～/두 의견이 서로 대립하다.

* 【对联―련】 duìlián (～儿)粵대련. 주련.

【对流―류】 duìliú 粵〈物〉대류.

【对路―로】 duìlù 粵**1**요구에 맞다. **2**마음에

들다.
＊＊【对门－문】duìmén (～儿)1동대문이 서로
마주 보고 있다. ◇两家～/두 집이 문을
마주보고 있다. 2명맞은편 집.

☆【对面－면】duìmiàn 1(～儿)명맞은편. ◇
我家～有一家商店/우리집 맞은편에 상점
이 하나 있다. 2동바로 앞. 정면. 3(～
儿)동맞대면하다. ◇这事儿你跟他～儿讲
/이 일은 가서 그에게 직접 얘기하라.

【对牛弹琴－우탄금】duì niú tán qín〈成〉
쇠귀에 거문고 뜯기. 쇠귀에 경읽기.

【对偶－우】duì'ǒu 명대구(對句).

＊【对手－수】duìshǒu 명1(경쟁의) 상대. 2
호적수. ◇唱歌, 我不是他的～/노래를 부
르라고 하면 나는 그의 적수가 못된다.

【对数－수】duìshù 명(數)대수(對數).

【对台戏－대희】duìtáixì 명1두 극단이 서
로 똑같은 연극을 동시에 공연하여 경쟁
하기. 2〈轉〉쌍방이 같은 종류의 사업이
나 일로 경쟁하기.

＊【对头－두】duì // tóu 1동정확하다. 알맞
다. 적합하다. ◇方法～, 效率就高/방법
이 옳으면 효율이 높다. 2동정상적이다.
〔주로 부정문에 쓰임〕◇这孩子不吃饭,
有点不～/이 애가 밥을 먹지 않는데, 약
간 이상하다. 3동(마음·호흡이) 맞다.
어울리다.〔주로 부정문에 쓰임〕◇两个
人脾气不～, 处不好/두 사람의 성질이 맞
지 않아 사이가 나쁘다.

【对头－두】duì·tou 명원수. 적수. ◇这两
个死～又见面了/이 두 원수가 또 만났다.

【对外－외】duìwài 명대외. ◇～联系/외부
에 연락하다.

【对味儿－미아】duì // wèir 1동1입에 맞다.
2뜻이 맞다.

【对虾－하】duìxiā 명참새우. 대하.

☆【对象－상】duìxiàng 명1대상. 2애인. 결혼
상대. ◇他三十多岁了, 还没有～呢/그는
서른이 넘었는데도 아직 결혼상대가 없다.

【对眼－안】duìyǎn 동눈에 들다.

＊【对应－응】duìyìng 동대응하다(하다).

☆【对于－어】duìyú 개…에 대해서. a)부사
어로 쓰이는 경우. ◇他～写作很感兴趣/
그는 글쓰는 데 매우 흥미를 느낀다. b)
관형어로 쓰이는 경우. 뒤에 '的'를 써야
한다. ◇～这两种语言的区别, 他们作了一
些研究/이 두 개 언어의 차이점에 대해
그들은 연구를 좀 하였다. c)'对于…来说
(说来)'구조로 쓰여 어떤 관점에서 문제
를 대할을 나타낸다. ◇对我来说 这次
参观是非常必要的/이번 견학은 우리에게
있어서 매우 필요한 것이다. 비교对于:
对:向 ①대인관계를 나타낼 때는 "对于"
를 쓰지 않는다. ◇她(×对于)对人特别热

情/그녀는 사람을 대할 때 남달리 친절하
다. ②동작의 방향과 목표를 나타낼 때는
"对于"를 쓰지 않는다. ◇我们(×对于)向
服务员们说了 "谢谢"就上了车/우리는 종
업원에게 고맙다고 말하고 차를 탔다.

【对仗－장】duìzhàng (同)〔对偶 ǒu〕

＊【对照－조】duìzhào 동1대조하다. ◇英汉～
/영한 대조. 2대비(對比)하다.

【对折－절】duìzhé 명50% 할인.

【对证－증】duìzhèng 동(사실여부를 입증
하기 위해서) 맞춰보다. 대조하다.

【对症下药－증하약】duì zhèng xià yào〈成〉
병의 증세에 따라 처방하다. 구체적인 상
황에 맞게 문제를 해결하다.

【对质－질】duìzhì 동(法)대질하다.

【对峙－치】duìzhì 동대치하다. 서로 맞서
다. ◇～状况/대치 상황 (同)〔对垒 lěi〕

【对准－준】duìzhǔn 동1겨누다. 조준하다.
2(시계 따위를) 정확하게 맞추다.

【对酌－작】duìzhuó 동대작하다.

【对子－자】duì·zi 명1대구(對句). 2대련. 3
상대. 짝.

【兑】 八部 | duì
5画 | 바꿀 태
1형(낡은 금은 장식품을 금은방에 가서)
새 것으로 바꾸다. 2형수표·어음 따위로
지불하거나 현금으로 바꾸다. ◇～款/수
표 따위를 현금으로 바꾸다. 3명주역(周
易) 8괘의 하나.

【兑付－부】duìfù 동(수표·어음 따위로)
지불하다.

＊【兑换－환】duìhuàn 동1증권을 현금으로
바꾸다. 2환전하다. ◇用美元～人民币/달
러를 인민폐로 환전하다.

【兑换券－환권】duìhuànquàn 명〈經〉태환권.

【兑奖－장】duìjiǎng 동복권·상품권 따위를
상품으로 교환하다.

＊【兑现－현】duìxiàn 동1(환·어음 따위를)
현금으로 바꾸다 ◇这张支票不能～/이
수표는 현금으로 바꿀 수 없다. 2〈轉〉약
속을 이행하다. ◇答应孩子的事, 一定要
～/아이와 약속한 것은 꼭 지켜야 한다.

dūn

☆【吨·噸】 口部 | dūn
4画 | 톤 돈
1양〈音〉톤(ton). 1,000킬로그램. (同)〔公
gōng 吨〕2등부(登簿) 톤 수.

【吨公里－공리】dūngōnglǐ 양〈度〉톤 킬로
미터(ton kilometer).

【吨海里－해리】dūnhǎilǐ 양〈度〉해운 화물
의 수송량 계산단위. 1톤의 화물을 1해리
수송하는 것을 '一吨海里'라고 함.

D

D

【吨级一급】dūnjí 명〈度〉톤 수.
【吨位一위】dūnwèi 명제한 중량. 적재량.

【敦】 攵部 │ dūn
8画 │ 도타울 돈
1휑성실하다. 돈독(敦篤)하다. 2(Dūn)몡성(姓). ⇒duì
【敦促一촉】dūncù 통재촉하다.
【敦厚一후】dūnhòu 휑돈후하다. (同)〔忠zhōng 厚〕, (反)〔尖刻 jiānkè〕
【敦煌石窟一황석굴】Dūnhuáng Shíkū 몡돈황 석굴.
【敦睦一목】dūnmù 통〈文〉친밀하게 화목하게 하다.
【敦聘一빙】dūnpìn 통정중히 초빙하다.
【敦请一청】dūnqǐng 통〈文〉간절하게 요청하다. 정중히 초청하다.
【敦实一실】dūn·shi 휑키가 작으면서 다부지다. 듬직하다. (反)〔瘦弱 shòuruò〕

【墩】 土部 │ dūn
12画 │ 돈대 돈
1몡흙더미. 2(~儿)몡두툽고 큰 돌이나 나무. 받침돌. 3통대걸레로 닦다. 4휑떨기. 포기.
【墩布一포】dūnbù 몡대걸레.
【墩子一자】dūn·zi 몡크고 두터운 통돌 또는 나무통.

☆【蹲】 足部 │ dūn
12画 │ 걸터앉을 준
통1쪼그리고 앉다. 웅크려 앉다. ◇两人~下就聊起来了/두 사람은 쪼그리고 앉아서 이야기하기 시작했다. 2(일정한 장소에) 머무르다. 일하지 않고 놀고 있다. ◇他整天~在家里不出门/그는 온종일 집에 들어박혀 집밖에 나오지 않는다.
【蹲班一반】dūn∥bān 통유급하다.
【蹲膘一표】dūn∥biāo (~儿)통맛있는 것을 많이 먹고 운동을 적게 하여 비대해지다. 〔주로 동물에게 쓰인다〕

dǔn

【趸·躉】 足部 │ dǔn
3画 │ 종선 돈
1몡도매. ◇买~卖~/도매로 사서 도매로 팔다. 2휑(팔기 위해) 도매로 사들이다.
【趸船一선】dǔnchuán 몡부두에서 잔교로 쓰이는 배.
【趸批一비】dǔnpī 몡도매. 〔주로 상품매매에 쓰임〕

dùn

【囤】 口部 │ dùn
4画 │ 작은곳집 돈

몡통가리. ⇒tún

【炖(燉)】 火部 │ dùn
4画 │ 불이글글할 돈
통1고다. 폭 삶다. 2데우다. 덥히다.

【钝·鈍】 钅部 │ dùn
4画 │ 무딜 둔
휑1(칼날 등이) 무디다. (反)〔快 kuài〕〔利 lì〕〔锐 ruì〕 2(머리가) 우둔하다. 명청하다. ◇迟~/느리고 우둔하다. (同)〔笨 bèn〕, (反)〔智 zhì〕
【钝角一각】dùnjiǎo 몡〈數〉둔각. (反)〔锐 ruì 角〕

★【顿·頓】 页部 │ dùn
4画 │ 꾸벅거릴 돈
1통잠시 멈추다. ◇他说了一句话，~了三次/그는 한마디를 말하는데 세 번이나 멈췄다. 2통(서예에서) 잠시 움직이지 않고 붓을 힘주어 종이에 대다. 3통(머리를) 땅에 닿도록 조아리다. (발을) 구르다. 4통처리하다. 안치하다. 5휑즉시. 갑자기. ◇~生邪念/갑자기 못된 마음이 생기다. 6휑번. 차례. 끼니. 〔식사·질책·권고·비평·욕 등의 횟수에 쓰임〕 ◇饭花了七八十块/한 끼 식사에 칠팔십 원을 썼다. ◇挨了一~打/한번 매맞다. 7통피로[피곤]해지다. 8(Dùn)몡성(姓).
【顿挫一좌】dùncuò 통(어조·음률 등을) 멈추거나 억제하다.
【顿号一호】dùnhào 몡〈言〉모점. 〔、〕
【顿开茅塞一개모색】dùn kāi máo sè 〈成〉문득 도리를 깨닫다. (同)〔茅塞顿开〕, (反)〔茫然不解 mángrán bù jiě〕
**【顿时一시】dùnshí 휑갑자기. 문득. 〔과거의 사실을 서술하는 데 씀〕비교顿时:马上 아직 일어나지 않은 일에는 "顿时"를 쓰지 않는다. ◇你一接到信，(×顿时)马上给我回信/너 편지 받자마자 바로 내게 편지해.
【顿首一수】dùnshǒu 〈文〉통머리를 땅에 닿도록 절함. 〔편지에 쓰는 경어〕
【顿悟一오】dùnwù 통문득 깨닫다.
【顿足捶胸一족추흉】dùn zú chuí xiōng 〈成〉발을 동동 구르고 가슴을 치다. (同)〔捶胸顿足〕

【盾】 厂部│目部 │ dùn
7画│4画 │ 방패 순
1몡방패. 2몡방패 같은 물건. ◇金~/(기념품 등의) 금으로 만든 방패모양의 것. (反)〔矛 máo〕 3몡〈音〉굴덴(gulden). 〔화란·월남·인도네시아 등의 본위화폐〕
【盾牌一패】dùnpái 몡1방패. 2〈喩〉핑계.

【遁(遯)】 辶部 │ dùn
9画 │ 달아날 둔
통1도망치다. ◇~走/도주하다. 2숨다.

사라지다. ◇~起来/숨어버리다.

【遁词一사】dùncí 圐〈文〉발뺌하는 말.

【遁迹一적】dùnjì 圐〈文〉종적을 감추다. (同)〔隐居 yǐnjū〕, (反)〔入世 rùshì〕

【遁世一세】dùnshì 圐속세를 떠나 은거하다.

duō

★【多】 夕部｜duō
　　　 3画｜많을 **다**

1圐많다. 〔문장에서 관형어「많은」, 술어「많다」, 부사어「많이·더」, 보어「훨씬」가 될 수 있다. 관형어로 쓰일 때는 '多民族(다민족)', '多年(다년간)', '的'를 붙이지 않는다. 상황어로 쓰일 때는 '地'를 쓰지 않는다〕◇很~人都这样/많은 사람들이 모두 그렇다. ◇车上人不~/차에 사람이 많지 않다. ◇你应该~跟中国人说话/너는 중국인과 대화를 많이 나눠야 한다. ◇这儿比那儿冷~了/여기는 거기보다 훨씬 춥다. (反)〔少 shǎo〕 2圐과분한. 불필요한. ◇大人说话时，这孩子从没~过嘴/이 애는 어른이 말씀하실 때 여지껏 불필요하게 말참견을 한 적이 없다. 3圐많아지다. ◇今年小儿子结婚，家里又~了一口人/올해 작은 아들이 결혼해서 집안에 식구가 늘었다. 4수여…남짓. 〔수량사 뒤에 씀〕◇大概得三十~个小时/대략 30여시간 걸린다. 5圐얼마나. 〔의문문에 쓰여 정도나 수량을 물음. '多' 앞에 흔히 '有'를 쓰기도 한다〕◇这儿离火车站有~远?/여기서 기차역까지 얼마나 멉니까? 6圐얼마나. 〔감탄문에 쓰여 정도가 높음을 나타낸다〕◇考上大学~不容易呀!/대학에 들어가기 얼마나 힘든가! 7圐(제)아무리. ◇无论(不管)~…, '多…将…'등에 쓰여 어느 정도를 가리킴〕◇无论天~冷，他每天早上都要坚持长跑/그는 날씨가 아무리 추워도 매일 아침마다 꾸준히 달리기를 한다. 8(Duō)圐(姓).

＊＊【多半一반】duōbàn (～儿)圐대다수. 대부분. ◇我们班~是女生/우리 학급은 대다수가 여학생이다. 2圐대개. 아마. ◇他浑身无力，～是发烧了/그는 온몸에 힘이 없는 걸 보아 아마 열이 나는가 보다.

【多边一변】duōbiān 圐다각적. 다방면의.

【多才多艺一재다예】duō cái duō yì〈成〉다재다능하다. (反)〔一无所能 yī wú suǒ néng〕

【多愁善感一수선감】duō chóu shàn gǎn〈成〉감상적이어서 애수에 잘 잠기다.

【多此一举一차일거】duō cǐ yī jǔ〈成〉필요 이상의 행동을 하다.

【多大一대】duōdà 1(나이가) 얼마인가. (시

간이) 얼마나. ◇孩子~了?/자녀가 몇 살인가요? ◇你等了他~工夫?/그 사람을 얼마 동안 기다렸습니까? 2참으로 큰. ◇~的个头儿!/얼마나 키가 크니! 3(부정문에 쓰여) 그리. 별로. ◇没有~的学问/별로 큰 학식이 없다.

【多的是一적시】duō·deshì〈口〉얼마든지 있다. 〔'有多少', '多不多'의 질문에 답할 때 쓴다. '有的是'보다는 수량이 더 많다는 것을 나타낸다〕◇鸡肉有多少? 够卖的吗? - 刚上的货，~!/닭고기가 얼마나 있어요? 팔기엔 충분해요? - 물건이 금방 들어와서 얼마든지 있어요.

【多多益善一다익선】duō duō yì shàn〈成〉다다 익선. 많을 수록 좋다.

【多方一방】duōfāng 圐圐다방면(으로). 갖은 방법(으로). ◇~努力/다방면으로 노력하다.

【多寡一과】duōguǎ 圐많고 적음. 〔수량〕

【多管闲事一관한사】duō guǎn xiánshì〈口〉쓸데없이 참견하다 또는 ◇你又要~了，管了也不落好/네가 또 쓸데없이 참견하려고, 그래봤자 좋은 소리 듣지도 못하잖아.

【多会儿一회아】duō·huir 떼〈口〉1언제. 어느때. ◇他~走?/그는 언제 가나요? 2언젠가(는). ◇~我去一趟/내가 언제 한번 가보지.

【多口相声一구상성】duōkǒu- xiàng·sheng 圐몇 사람이 출연하는 만담. (同)〔相声〕

＊＊【多亏一휴】duōkuī 圐덕분에. 다행히. ◇～没去，去了就赶不回来了/다행히 안갔으니 망정이지 갔었으면 제때에 돌아오지 못했을 것이다. (同)〔幸 xìng 亏〕

＊＊【多劳多得一로다득】duō láo duō dé〈成〉많이 일하면 많이 얻는다.

【多礼一례】duōlǐ 圐(지나치게) 정중하다.

★【多么一마】duō·me 圐1얼마나. 〔의문문에 쓰여 정도를 물음〕◇你儿子长得~高了?/당신 아들은 얼마나 컸어요? 2얼마나. 정말. 〔감탄문에 쓰여 정도가 높음을 나타냄〕◇花开得~鲜艳啊!/꽃이 얼마나 곱게 피었는가! 3아무리. 〔정도가 심함을 나타내며 흔히 '无论(不管/不论)…都(也)…' 격식에 자주 쓰인다〕◇不管天~黑，路~远，我也要找到她/날이 아무리 어둡고 길이 아무리 멀다하더라도 나는 그녀를 찾아야 한다. 비교多么:这么 "多么"는 역접관계를 나타내는 문장에 쓰이지 않는다. ◇虽然工作(×多么)这么忙，但是她仍然坚持学习/업무가 이처럼 바빴지만 그녀는 그래도 꾸준히 공부했다.

【多面手一면수】duōmiànshǒu 圐만능인 사람. 팔방미인.

【多谋善断一모선단】duō móu shàn duàn

지모가 뛰어나고 결단력이 있다. (反)〔优柔寡断 yōuróu guǎ duàn〕

【多情一정】 duōqíng 혤1다정하다. 2감정이 풍부하다. ◇~的人/감정이 풍부한 사람. (同)〔痴 chī 情〕, (反)〔无 wú 情〕

【多日一일】 duōrì 몡〈文〉여러 날. ◇~没出面/며칠이나 나타나지 않다.

【多如牛毛一여우모】 duō rú niú máo 〈成〉아주 많다. (同)〔数不胜数 shǔ bù shèng shǔ〕, (反)〔寥寥可数 liáoliáo kě shǔ〕

【多少一소】 duōshǎo 1몡(수량의) 많고 적음. ◇不管~我都要/많건 적건 관계없이 나는 다 갖겠다. 2뷔다소간. 조금. 약간. 얼마쯤. ◇他的话~有点水分/그의 말에는 얼마쯤 과장이 있다.

★【多少一소】 duō·shao 떼1얼마. 몇. ◇你每月花~钱?/너는 매달 돈을 얼마나 쓰느냐? [비교]多少:几 "多少"는 "万", "亿" 앞에만 쓴다. ◇一台录像机(×多少)几千元?/비디오 1대는 몇천원입니까? 2얼마. 〔부정(不定)의 수량을 나타냄〕 ◇说过一次了, 怎么老记不住!/몇번이나 말했는데 어째서 늘 기억하지 못하고 있어!

【多神教一신교】 duōshénjiào 몡〈宗〉다신교.

【多时一시】 duōshí 몡오랫동안. ◇~没上班/오랫동안 출근하지 않은 셈이다.

【多事一사】 duō // shì 통1쓸데없는 일을 하다. 2해서는 안 될 일을 하다.

【多事一사】 duōshì 혤다사(多事)하다. 일이 많다.

☆【多数一수】 duōshù 몡다수. ◇少数服从~/소수는 다수를 따른다. (反)〔少 shǎo 数〕 [비교]多数:大部分 "多数"는 "钱"을 수식하는 데 쓰이지 않는다. ◇钱用掉了(×多数)大部分, 只剩二十元了/돈을 대부분 써버려 20원만 남았다.

【多头一두】 duōtóu 몡투기(꾼). 모리배. (反)〔空 kōng 头〕

【多谢一사】 duōxiè 套대단히 감사합니다.

【多心一심】 duō // xīn 통쓸데없는 억측을 하다. ◇你别~, 他不是冲你说的/공연한 걱정을 하지 말아. 그가 너를 빗대어 한 말은 아니니까.

【多样一양】 duōyàng 혤몡다양(하다).

【多样化一양화】 duōyànghuà 몡다양화하다.

【多疑一의】 duōyí (同)〔多心 xīn〕

【多义词一의사】 duōyìcí 몡〈言〉다의어(多義語).

∗∗【多于一어】 duōyú 혤〈文〉…보다 많다. ◇男孩儿~女孩儿/남자애들이 여자애들보다 많다.

【多余一여】 duōyú 혤1여분의. 나머지의. ◇~的人跟我来/나머지 사람들은 나를 따라 오시오. (同)〔剩 shèng 余〕, (反)

〔短少 duǎnshǎo〕 2필요없다. 군더더기의. ◇差等生在校园似乎觉得自己是~的人/学校에서 열등생들은 자신이 필요없는 사람이라고 여긴다. (反)〔必要 bìyào〕

【多云一운】 duōyún 몡〈天〉구름이 많다. 〔일기 예보 용어〕

【多咱一자】 duō·zan 떼〈方〉언제. ◇他~回来?/그가 언제 돌아오는가? (同)〔多会儿 huir〕〔什么时候 shén·me shíhou〕〔几时 jǐshí〕

【多早晚一조만】 duō·zǎowǎn (同)〔多咱 zan〕

【多种多样一종다양】 duōzhǒng duōyàng 여러 가지.

【多种经营一종경영】 duōzhǒng jīngyíng 몡〈經〉다각 경영(多角經營).

【多子多孙一자다손】 duō zǐ duō sūn 〈成〉자손이 많다. (同)〔儿孙满堂 érsūn mǎn táng〕, (反)〔断子绝孙 duàn zǐ jué sūn〕

【多嘴一취】 duō // zuǐ 통쓸데없이 말이 많다. ◇~多话/수다를 떨다. 말이 많다.

【哆】 口部 duō 6画 입딱벌일 치
통떨다. 부들부들 떨다.

∗∗【哆嗦一색】 duō·suō 통부들부들 떨다. ◇我因为感冒浑身~个不停/나는 감기에 걸려서 온몸이 계속 부들부들 떨린다. (同)〔发抖 fādǒu〕〔颤抖 chàndǒu〕〔颤栗 zhànlì〕 주의 '颤抖'와 '颤抖'와 문어에 쓰이고 '哆嗦'와 '发抖'는 구어에 쓰인다. '哆嗦'는 AABB꼴로 중첩할 수 있지만, '发抖'는 중첩꼴이 없다.

【咄】 口部 duō 5画 꾸짖을 돌
통〈文〉1큰소리로 꾸짖다. 2놀라다.

【咄咄逼人一돌핍인】 duōduō bī rén 〈成〉기세가 등등하다. (同)〔锋芒毕露 fēngmáng-bīlù〕, (反)〔温文尔雅 wēnwén ěr yǎ〕

【咄咄怪事一돌괴사】 duōduō guài shì 〈成〉허 참. 이상한 일이로군.

【咄嗟一차】 duōjiē 통〈文〉큰 소리로 외치다.

【咄嗟立办一차립판】 duōjiē lì bàn 통지시가 떨어지기가 무섭게 일을 처리하다.

【掇(敪)】 才部 duō 8画 드레질할 철
통1(물건을) 줍다. 따다. ◇~取/줍다. 2손으로 가져오다. (의자·걸상 따위를) 옮기다.

【掇弄一롱】 duōnòng 통〈方〉1수리하다. 정리하다. 2부추기다.

【掇拾一십】 duōshí 통〈文〉1정리하다. 수리하다. 2수집하다.

duó

☆【夺·奪】大部 3画 | duó 빼앗을 **탈**

[동]1강제로 빼앗다. ◇掠 lüè～/약탈하다. ◇从暴徒手上～下刀子/폭도의 손에서 칼을 빼앗다. 2쟁취하다. ◇～得冠军/우승을 쟁취하다. 3이기다. ◇巧～天工/기술을 부려 만든 것이 자연적인 것보다 낫다.〔기술이 훌륭하다〕4잃게 하다. ◇剥 bō～/박탈하다. 5〈文〉잃어 버리다. ◇勿～农时/농사의 시기를 잃어 버리지 말라. 6〈文〉결정을 내리다. ◇定～/결정짓다. 7〈文〉(문자·글자가) 빠지다. 누락되다. ◇此处～一'之'字/여기 이 자리에 '之'자가 빠졌다.

【夺杯－배】duó∥bēi [동]우승컵을 쟁취하다.

【夺标－표】duó∥biāo [동]1우승기를 쟁취하다. 2(입찰업체 또는 매입자가 입찰한 것이) 낙찰되다.

*【夺得－득】duódé [동]빼앗다. 이룩하다. ◇～胜利/승리를 쟁취하다.

【夺冠－관】duó∥guàn [동]우승을 쟁취하다.

【夺魁－괴】duó∥kuí [동]수석을 차지하다.

【夺目－목】duómù [형]눈부시다.

⁑【夺取－취】duóqǔ [동]1탈취하다. ◇～敌人的据点/적의 거점을 빼앗다. 2쟁취하다. ◇～新的胜利/새로운 승리를 쟁취하다. ‖(同)〔抢 qiǎng 夺〕, (反)〔给予 jǐyǔ〕 [비교]夺取:取得 "夺取"는 "独立"와 호응하지 않는다. ◇一九四七年, 中国(×夺取)取得了独立/1947년 중국은 독립했다.

【夺权－권】duó∥quán [동]정권을 빼앗다.

【度】广部 6画 | duó 헤아릴 **탁**

[동]〈文〉추측하다. 짐작하다. ⇒dù

【度德量力－덕량력】duó dé liàng lì 자신의 덕성과 능력을 헤아리다.

【踱】足部 9画 | duó 맨발로 걸을 **탁**

[동]거닐다. 천천히 걷다. ◇～方步/팔자걸음으로 걷다.

duǒ

☆【朵(朶)】木部 2画 | duǒ 떨기 **타**

1[양]송이. 점.〔꽃·구름 따위를 세는 말〕◇一～花/꽃 한 송이. ◇一～云/한 점의 구름. 2(Duǒ)[명]성(姓).

【朵儿－아】duǒr 1[명]꽃봉오리. ◇牡丹 mǔdan 花开的～多大呀!/모란꽃 봉오리가 얼마나 크게 피었니! 2(同)〔朵1〕

【垛(垜)】土部 6画 | duǒ 장벽 **타**

[명](성벽·문기둥·담 따위에) 밖이나 위로 톡 튀어나온 부분. ⇒duò

【垛堞－첩】duǒdié (同)〔垛口 kǒu〕

【垛口－구】duǒkǒu [명]성벽이나 요새의 성가퀴에서 '凹'형으로 되어 있는 총안(銃眼).

【垛子－자】duǒ·zi [명](성벽·담벽 따위에) 밖이나 위로 톡 튀어나온 부분. ⇒duò·zi.

☆【躲(躱)】身部 6画 | duǒ 피할 **타**

[동]숨다. 피하다. ◇我去～在门背后/난 가서 문 뒤에 숨을게. ◇车来了, 快～开!/차가 와요. 빨리 피하세요! ◇～雨/비를 피하다. [비교]躲:藏 "躲"는 '把'자문이나 피동문에 쓰이지 않는다. ◇钱被妻子(×躲)藏起来了/아내가 돈을 감춰버렸다.

*【躲避－피】duǒbì [동]1피하다. 숨다. ◇这几天他好像有意～我/그는 요며칠 일부러 나를 피하는 듯하다. 2물러서다. ◇不应该～困难/곤란 앞에서 물러서지 않아야 한다. (同)〔逃避 táobì〕

*【躲藏－장】duǒcáng [동]몸을 숨기다.

【躲躲闪闪－타섬섬】duǒ·duoshǎnshǎn [동]요리조리 피하다.

【躲开－개】duǒ·kāi [동]비키다. 피하다.

【躲懒－라】duǒ∥lǎn (～儿)[동]게으름피우다. (同)〔偷 tōu 懒〕, (反)〔勤劳 qínláo〕

【躲让－양】duǒràng [동]피하다. 비켜서다.

【躲闪－섬】duǒshǎn [동]몸을 살짝 비키다.

【躲债－채】duǒ∥zhài [동]빚쟁이를 피하다.

duò

【驮·馱】马部 3画 | duò 실을 **태**, 짐 **타**

⇒tuó

【驮子－자】duò·zi 1[명]짐바리. ◇把～卸下来/짐바리를 내려놓다. 2[양]바리.〔가축의 등에 싣는 짐을 세는 양사〕◇来了三～货/세 바리의 물건이 왔다.

【剁(刴)】刂部 6画 | duò 꺾을 **타**

[동]칼로 다지다. 자르다. ◇他把柳条～成了三段/그는 버드나무가지를 세 토막으로 잘랐다.

【垛(垜)】土部 6画 | duò 장벽 **타**

1[동]차곡차곡 쌓다. ◇把木头～起来/나무를 쌓아 올리다. 2[명]가리. 차곡차곡 쌓아올린 무더기. ◇柴火～/장작더미. ⇒duǒ

【垛子－자】duò·zi [명](가지런히 쌓아올린) 더미. 가리. ⇒duǒ·zi

*【舵(柁)】舟部 5画 | duò 키 **타**

[명]1(배나 비행기 따위의) 방향타. 키. ◇

方向~/방향타. ⇒'柁'tuó

【舵轮-륜】duòlún 圐1(선박의) 조타륜(操舵輪). 타륜. 방향타. 2(자동차의) 핸들.

【舵盘-반】duòpán (同)〔舵轮 lún〕

【舵手-수】duòshǒu 圐1키잡이. 조타수. (同)〔舵工 gōng〕 2〈喩〉지도자.

【堕·墮】 土部 | duò
8画 | 떨어질 **타**

圐빠지다. 떨어지다. ◇~地/땅에 떨어지다. ◇~入海中/바다 속에 빠지다. (同)〔掉 diào〕, (反)〔升 shēng〕⇒huī '隳'

*【堕落-락】duòluò 圐1(사상·행동이) 타락하고. 부패하다. ◇走上~, 犯罪的道路/타락하고 범죄의 길을 가다. ◇政治上~/정치적으로 부패하다. (同)〔腐化 fǔhuà〕, (反)〔上进 shàngjìn〕2떠돌다. 유랑

하다. 〔조기(早期) '白话文'에서 주로 쓰인다〕

【堕马-마】duòmǎ 圐〈文〉말에서 떨어지다.

【堕胎-태】duò∥tāi 圐낙태하다.

【惰】 忄部 | duò
9画 | 게으를 **타**

圐게으르다. 태만하다. ◇懒~/게으르다. (同)〔懒 lǎn〕, (反)〔勤 qín〕

【惰性-성】duòxìng 圐1타성. 오래되어 굳어진 버릇. 2〈物〉타성. 관성.

*【跺(跥)】 足部 | duò
6画 | 갈 **타**

圐발을 구르다. 힘주어 밟다. ◇~脚/화가 나서 계속 발을 동동 구르다.

【跺脚-각】duò∥jiǎo 圐(초조하거나 분해서) 발을 (동동) 구르다.

E

ē

【阿】 阝部 / 5画 / 아첨할 **아** / ē
1동아첨하다. 두둔하다. ◇刚直不~/강직하여 아첨하지 않는다. 2명〈文〉큰 언덕. 3명〈文〉모퉁이. 굴곡되는 곳. ◇山~/산모퉁이. 4(Ē)명〈地〉산동성(山東省) 동아현(東阿縣)을 가리킴. ⇒ā, ·a'啊'

【阿附─부】ēfù 동〈文〉아부하다.

【阿胶─교】ējiāo 명〈中醫〉나귀나 소가죽을 물에 끓여 만든 아교. (同)〔驴皮胶 lǘpíjiāo〕

【阿弥陀佛─미타불】Ēmítuófó〈佛〉명아미타불.

【阿谀─유】ēyú 동〈文〉아첨하다. 알랑대다. (同)〔谄媚 chǎnmèi〕, (反)〔净谏 zhèngjiàn〕

【阿谀逢迎─유봉영】ēyú féng yíng〈成〉아첨하다. (同)〔阿谀奉承 fèng·cheng〕, (反)〔刚正不阿 gāng zhèng bù ē〕

【婀】 女部 / 7画 / 예쁠 **아** / ē
【婀娜─나】ēnuó(舊讀 ěnuǒ)형(여자의 자태가) 부드럽고 아름다운 모양.

é

* 【讹·訛(¹譌)】 讠部 / 4画 / 거짓말 **와** / é
1명잘못. ◇~字/오자(誤字). (同)〔错 cuò〕, (反)〔对 duì〕 2동사취(詐取)하다. ◇~钱/돈을 사취하다.

【讹传─전】échuán 1명와전. 2동잘못 전하다.

【讹舛─천】échuǎn 명〈文〉(문자의) 착오. 잘못.

【讹赖─뢰】élài〈方〉(同)〔讹诈 zhà〕

【讹谬─류】émiù 명착오. 잘못. (同)〔错误 cuòwù〕, (反)〔正确 zhèngquè〕

【讹脱─탈】étuō 명(문장의) 오자나 탈자. (同)〔讹夺 duó〕

【讹误─오】éwù 명(문자·기록 등의) 착오.

【讹诈─사】ézhà 1명편취하다. 등치다. 2동위협해서 겁주다. 3명협박. 공갈.

【俄】 亻部 / 7画 / 아까 **아** / é
1부갑자기. 순식간에. 돌연. ◇~而大雨

倾盆/갑자기 폭우가 억수로 쏟아지다. 2(É)명〈略〉〈地〉러시아. 3명러시아 소비에트 연방 사회주의 공화국. 4명구(舊)소련.

【俄而─이】é'ér 부〈文〉곧. 머지않아. (同)〔一会儿 huìr〕

【俄尔─이】é'ěr (同)〔俄而 ér〕

【俄顷─경】éqǐng 명〈文〉삽시간. 일순간. (同)〔顷刻 qīngkè〕, (反)〔长久 chángjiǔ〕

【俄文─문】Éwén 명러시아어.

【俄延─연】éyán 동늦어지다. 지연되다.

** 【俄语─어】Éyǔ (同)〔俄文 wén〕

【峨(峩)】 山部 / 7画 / 산 **아**
형높다. ◇巍~/우뚝 솟은 모양.

【峨冠博带─관박대】éguān bódài〈成〉높은 관과 넓은 띠. 옛날 사대부(士大夫)의 복장.〈喩〉사대부.

【峨眉山─미산】Éméi Shān 명〈地〉중국 사천성(四川省)에 있는 명산.

【娥】 女部 / 7画 / 예쁠 **아**
1형예쁘다. 아름답다. 2명미녀.

【娥眉─미】éméi 명1아름다운 눈썹. 2미녀. (同)〔蛾 é 眉〕

☆【鹅(鵝·鵞)】 鸟部 / 7画 / 거위 **아** / é
명〈鳥〉거위. 아.

【鹅蛋─단】édàn 명거위알.

【鹅蛋脸─단검】édànliǎn 명계란형의 얼굴.

【鹅黄─황】éhuáng 명〈色〉담황색.

【鹅口疮─구창】ékǒu(chuāng) 명〈中醫〉아구창.

【鹅卵石─란석】éluǎnshí 명(건축 골재용) 자갈.

【鹅毛─모】émáo 명1거위의 깃털. 2〈喩〉하찮은 것. 변변치 못한 것.

【鹅绒─융】éróng 명우단. 빌로도.

【鹅行鸭步─행압보】é xíng yā bù〈成〉거위나 오리처럼 걷다. 느릿느릿 걷는 모양. (反)〔大步流星 dà bù liú xīng〕

【鹅掌─장】ézhǎng 명거위의 물갈퀴.

【蛾】 虫部 / 7画 / 나비 **아**
명〈虫〉나방.

【蛾眉─미】éméi (同)〔娥 é 眉〕

【蛾子─자】é·zi 명〈俗〉〈虫〉나방.

* 【额·額】 页部 / 9画 / 이마 **액**

E

图1이마. 〔구어(口語)로는 '额头' '额门子'라고 함〕 **2**图액자. **3**图규정된 수량〔분량〕. ◇定~/정액. ◇名~/정원(定員). ◇贸易~/교역액.

【额定-정】édìng 图규정 수량의. 정액의.

【额角-각】éjiǎo 图〈生理〉관자놀이.

【额手称庆-수칭경】é shǒu chēng qìng 〈成〉손을 이마에 대고 삼가 축하하다.

【额数-수】éshù 图규정된 숫자. 정액.

【额头-두】é·tóu 图이마의 통칭.

*【额外-외】éwài 图정액〔정원·정수〕 외의. 초과의. ◇~收入/초과수입. ◇~名额/정원 이외. (同)〔分 fēn 外〕, (反)〔分内 nèi〕

ě

【恶·惡(噁)】心部 6画 나쁠 악
⇒è, wū, wù

*【恶心-심】ě·xin **1**图통구역질(이 나다). ◇我一坐海船就感到~/난 바다배를 타기만 하면 속이 메스껍다. **2**图〈轉〉오싹하다. 혐오감을 일으키다. 역겹다. ◇看了这事真~/이 일을 보니 정말 역겹다.

è

【厄(戹·阨)】厂部 2画 재앙 액
1图〈文〉요충지. ◇险~/요충지. **2**图재난(災難). ◇遭 zāo~/재난을 당하다. **3**图재난을 당하다〔만나다〕. ◇渔船~于风浪/어선이 풍랑을 만났다.

【厄境-경】èjìng 图곤경. 난국.

【厄难-난】ènàn 图재난. 고난.

【厄运-운】èyùn 图〈文〉역경. 액운. 불운. 악운. (反)〔好 hǎo 运〕

【扼(搤)】扌部 4画 잡을 액
图**1**움켜쥐다. 틀어쥐다. ◇~住他的咽喉/그의 목을 조르다. **2**단단히 지키다.

【扼杀-살】èshā 图**1**목졸라 죽이다. **2**〈喩〉(새로운 세력을) 억눌러서 자라지 못하게 하다.

【扼守-수】èshǒu 图(요새를) 지키다.

【扼死-사】èsǐ 图목을 졸라 죽이다.

【扼腕-완】èwàn 图〈文〉(득의·분개하여) 한 손으로 다른 쪽 팔을 힘껏 잡다.

【扼要-요】èyào 图(글이나 말이) 요점을 찌르다. (同)〔简 jiǎn 要〕, (反)〔烦琐 fánsuǒ〕

【扼制-제】èzhì 图통억압(하다). 억제(하다).

【呃】口部 4画 재채기할 애
图아. 어. 참. 〔감탄 또는 일깨워 알 때 나는 소리〕 ◇~, 你还在这里啊!/어, 너 아직도 여기 있니! ⇒·e

【呃逆-역】ènì 图통딸꾹질(하다). (同)〔打嗝儿 dǎ// gér〕

【恶·惡】心部 6画 나쁠 악
1图악행(恶行). 범행(犯行). (反)〔善 shàn〕 ◇作~/악행을 저지르다. ◇惩 chéng-劝善/권선징악. **2**图흉악하다. 격렬하다. ◇~骂/지독한 욕설. **3**图악랄하다. 나쁘다. ◇穷山~水/불모지. ⇒ě, wū, wù

【恶霸-패】èbà 图악질 토호. 악랄한 토호.

【恶报-보】èbào 图악의 보답. (同)〔恶果 guǒ〕, (反)〔好 hǎo 报〕

【恶疮-창】èchuāng 图〈中醫〉악성종기.

【恶臭-취】èchòu **1**图악취. **2**图평판이 나쁘다. (同)〔奇 qí 臭〕, (反)〔喷香 pènxiāng〕

【恶斗-투】èdòu **1**图매섭고 격렬한 싸움. **2**图매섭고 격렬히 싸우다.

*【恶毒-독】èdú 图(심성, 수단, 언어가) 악독하다. ◇~的攻击/악랄한 공격. ◇用心极其~/마음씀씀이가 악랄하다. (同)〔狠 hěn 毒〕, (反)〔善良 shànliáng〕

【恶感-감】ègǎn 图나쁜 감정. (反)〔好 hǎo 感〕

【恶贯满盈-관만영】è guàn mǎn yíng 〈成〉나쁜 짓이 극에 달하여 벌받을 때가 되다.

【恶棍-곤】ègùn 图불량배. 무뢰한. 악당. 악한.

【恶果-과】èguǒ 图나쁜 결과.

【恶狠狠-한한】èhěnhěn (~的)图흉폭한. 표독한.

【恶化-화】èhuà 图통1**악화되다. (同)〔逆转 nìzhuǎn〕, (反)〔好转 hǎozhuǎn〕 **2**악화시키다. ◇军备竞赛~了国际局势/군비경쟁이 국제정세를 악화시켰다.

【恶疾-질】èjí 图악질.

【恶浪-랑】èlàng 图**1**거센 파도. **2**〈喩〉사악한 세력.

*【恶劣-열】èliè 图악랄하다. 아주 나쁘다. 악질이다. ◇~环境/열악한 환경. ◇天气~, 你们不能再上山了/날씨가 나빠 너희는 다시 산에 올라갈 수 없다.(同)〔败坏 bàihuài〕, (反)〔高尚 gāoshàng〕 比较恶劣:艰难:松弛 ①"恶劣"는 "生活"을 주어로 취하지 않는다. ◇家里的生活非常(×恶劣)艰难/집안 생활이 아주 어렵다. ②"恶劣"는 "纪律"를 주어로 취하지 않는다. ◇如果部队纪律(×恶劣)松弛 chí, 将会带来什么样的后果/부대의 기강이 해이해지면 어떤 나쁜 결과를 가져올 것인가.

【恶骂-매】èmà **1**图심한 욕. 모진 꾸지람. **2**图심하게 욕하다. 몹시 꾸짖다.

【恶名一명】èmíng 명악명. 나쁜 평판. (同)〔臭 chòu 名〕, (反)〔美 měi 名〕

【恶魔一마】èmó 명1악마. 2흉악한 사람.

【恶念一념】èniàn 명사악한 생각. 범죄를 저지르고 싶은 생각.

【恶气一기】èqì 명1악취. 2명동억압당하다. 모욕당하다. 3명노기.

【恶人一인】èrén 명악인. 나쁜 사람. (同)〔坏 huài 人〕, (反)〔好 hǎo 人〕

【恶少一소】èshào 명불량소년. 비행청소년.

【恶声一성】èshēng 명1〈文〉좋지 못한 평판. 2욕설. 3저속한 음악.

【恶声恶气一성악기】è shēng è qì〈成〉(말투와 태도가) 표독스럽다. 흉악하다. 〔凶 xiōng 声叫气〕, (反)〔好 hǎo 声好气〕

【恶俗一속】èsú 1명나쁜 풍속. 2형거칠다. 저속하다.

【恶徒一도】ètú 명악도. 악당.

【恶习一습】èxí 명악습. 나쁜 습관.

【恶心一심】èxīn 명〈文〉악한 마음.

*【恶性一성】èxìng 형악성의. 악질의. ◇~循环/악순환. (反)〔良 liáng 性〕

【恶性肿瘤一성종류】èxìng zhǒngliú 명〈醫〉악성종양.

【恶意一의】èyì 명악의. (同)〔恶心 xīn〕, (反)〔好 hǎo 意〕

【恶语一어】èyǔ 명1저속한 말. 거친 말. 2표독스런 말. 독살스런 말. 악담.

【恶战一전】èzhàn 명격렬한 전투. 치열한 싸움.

【恶仗一장】èzhàng (同)〔恶战 zhàn〕

【恶浊一탁】èzhuó 형더럽다. 탁하다. (同)〔污 wū 浊〕, (反)〔清洁 qīngjié〕

【恶作剧一작극】èzuòjù 명못된〔짓궂은〕장난.

★【饿·餓】亻部 è 7画 굶을 아

1형배고프다. ◇孩子~了/아이가 배가 고프다. ◇可把我~坏了/정말 나를 너무 배고프게 했다. (反)〔饱 bǎo〕2동굶(기)다. 굶주리다. ◇好好地~他一顿就好了/그를 한 끼만 제대로 굶기면 된다.

【饿肚子一두자】è dùzi 동배를 곯다. 배를 주리다.

【饿饭一반】è//fàn 동굶주리다.

【饿虎扑食一호박식】è hǔ pū shí〈成〉굶주린 호랑이가 먹이를 덮치다. 동작이 빠르고 맹렬하다.

【饿坏一괴】èhuài 명몹시 배가 고프다.

【饿狼一랑】èláng 명굶주린 이리.

【饿殍一표】èpiǎo 명〈文〉굶어죽은 사람.

【饿死一사】èsǐ 동1굶어죽다. 2배고파 죽겠다. (뒤에 '了'를 대동함)

【鄂】阝部 è 9画 땅이름 악

명1호북성(湖北省)의 별칭. 2성(姓).

【鄂博一박】èbó 명몽고어로, 유목지의 경계를 표시하기 위하여 돌을 쌓아 놓은 것.

【鄂伦春族一륜춘족】Èlúnchūnzú 명〈民〉오르촌(Oroqen)족.〔중국 내몽고에 사는 소수 민족〕

【鄂温克族一온극족】Èwēnkèzú 명〈民〉오원커(Ewenki)족.〔중국 내몽고에 사는 소수 민족〕

【遏】辶部 è 9画 막을 알

동막다. 저지하다. ◇怒不可~/화를 참지 못하다.

【遏抑一억】èyì 동억제하다.

【遏止一지】èzhǐ 동(힘껏) 저지하다. 억제하다.

【遏制一제】èzhì 동억제하다.

【愕】忄部 è 9画 놀랄 악

동놀라다.

【愕然一연】èrán 형깜짝 놀라는 모양.

【噩】壬部 口部 è 12画 13画 엄숙할 악

형불길한. ◇~运 yùn/악운.

【噩耗一모】èhào 명가까운 사람의 사망소식. (同)〔凶 xiōng 耗〕, (反)〔佳音 jiāyīn〕

【噩梦一몽】èmèng 명무서운 악몽. (同)〔恶 è 梦〕, (反)〔美 měi 梦〕

【噩运一운】èyùn 명불운.

【噩兆一조】èzhào 명불길한 조짐.

【鳄·鰐(鱷)】鱼部 è 9画 악어 악

【鳄鱼一어】èyú 명〈動〉악어.

【鳄鱼眼泪一어안루】èyú yǎnlèi 악인의 거짓 눈물.

·e

【呃】口部 ·e 4画 재채기할 애

조문말(文末)에 쓰여 감탄이나 놀람을 나타낸다. ◇他可真是个了不起的人~/그는 정말 대단한 사람이구나! ⇒è

ē

【欸(誒)】欠部 ē (又讀 ēi) 7画 탄식할 애

감어이. 에이.〔사람을 부르거나 주의를 환기시킨다〕◇~, 你快来!/어이, 빨리 와! ⇒é, ě, è

ě

E

【欸(誒)】欠部 ê (又讀 éi)
7画 탄실할 애
㉦의외라는 기분을 나타낸다. ◇~,他怎么走了!/어어, 그가 왜 갔지! ⇒ē, ē, ē

ě

【欸(誒)】欠部 ě (又讀 ěi)
7画 탄식할 애
㉦으응. 엉. 〔반대, 동의하지 않는 기분을 나타낸다〕◇~,你这话可对呀!/엉, 너 이 말 맞지 않을 걸. ⇒ē, ē, ē

ê

【欸(誒)】欠部 ê (又讀 èi)
7画 탄식할 애
㉦응. 예.〔승낙이나 동의의 기분을 나타낸다〕◇~,我这就来!/응, 곧 갈게! ⇒ē, ē, ē

ēn

*【恩】心部 ēn
6画 은혜 은
㉠1은혜. ◇施~/은혜를 베풀다. (同)〔惠 huì〕2(Ēn)성(姓).
*【恩爱―애】ēn'ài 1㉠아기자기한 애정. 부부간의 사랑. 2㉡(부부간이) 화목하다. ◇小两口十分~/젊은 부부가 매우 금실이 좋다. (反)〔不睦 bùmù〕
【恩赐―사】ēncì ㉤은혜를 베풀다.
【恩德―덕】ēndé ㉠은혜. (同)〔恩惠 huì〕
【恩典―전】ēndiǎn 1㉠은전. 2㉤은혜를 베풀다. 은전을 내리다.
【恩断义绝―단의절】ēn duàn yì jué〈成〉(부부의) 감정이 깨어지다. 의절하다.
【恩惠―혜】ēnhuì ㉠은혜. (同)〔恩德 dé〕, (反)〔仇恨 chóuhèn〕
【恩将仇报―장구보】ēn jiāng chóu bào〈成〉은혜를 원수로 갚다. (同)〔以怨报德 yǐ yuàn bào dé〕, (反)〔感恩戴德 gǎn ēn dài dé〕
*【恩情―정】ēnqíng ㉠정. 사랑. 은애(恩爱)의 정. ◇我一辈子也忘不了义母对我的~/나는 평생 양어머니의 나에 대한 은정을 잊을 수 없을 것이다.
*【恩人―인】ēnrén ㉠은인. ◇救命~/생명의 은인. (同)〔救星 jiùxīng〕, (反)〔仇chóu 人〕
【恩师―사】ēnshī ㉠은사.
【恩同再造―동재조】ēn tóng zài zào〈成〉입은 큰 은혜가 마치 나를 다시 살려놓은 것과 같다.

【恩怨―원】ēnyuàn ㉠은혜와 원한. ◇不计个人~/개인적인 은원을 따지지 않는다.
【恩泽―택】ēnzé ㉠(왕이나 관리가 백성에게 베푸는) 은혜.

èn

【摁】扌部 èn
10画 손가락으로 누를 은
㉤손가락끝으로 누르다. ◇~电钮/버튼을 누르다. (同)〔按 àn〕, (反)〔抬 tái〕
【摁钉儿―정아】èndīngr ㉠압정.
【摁扣儿―구아】ènkòur ㉠(의복 등의) 프레스 단추. (요철모양의) 후크〔깍지〕단추.

ér

【儿・兒】儿部 ér
0画 아이 아
1㉠어린이. 아동. ◇幼~/유아. 2㉠젊은이(청년). ◇男~/남아. 사나이. 3㉠아들. ◇~女/자녀. ◇~媳妇/며느리. 4㉠수컷의말. ◇~马/수컷말. 5㉤명사의 접미어. 儿化하는 경우의 병음 표기는 'r'만을 쓴다. 주로 다음과 같은 문법상의 기능을 갖는다. a)작고 귀여운 것을 나냄. ◇菜盆~/식기. ◇盆~/대야. b)동사・형용사 뒤에 붙어 명사화시킴. ◇吃~/먹을 것.〔주로 간식을 말함〕◇亮~/빛. ◇热闹~/법석. c)구체적인 사물을 추상화시킴. ◇有门~/가망이 있다. ◇心眼~/내심. 심견. d)사물이 다르다는 것을 나타냄.〔예를 들면 '白面'은 밀가루, '白面儿'은 헤로인(heroine)을, '老家'는 고향, '老家儿'은 부모 및 집안 어른을 의미함〕e)형용사・부사의 중첩형 뒤에 붙는다. 6㉤소수 동사의 접미어가 된다. ◇玩~/놀다. ◇小张火~了,你赶快把钥匙还他吧/미스터 장이 화났으니 얼른 그에게 열쇠를 돌려줘. →〔儿化 huà〕
【儿歌―가】érgē ㉠동요.
【儿化―화】érhuà ㉠〈言〉글자 뒤에 '儿'이 붙어, 발음할 때 앞 글자와 붙어 같이 소리나며, 앞 음절의 운모(韵母)를 권설(卷舌)운모가 되게 하는 것을 말함. 예를 들면 '花儿'의 발음은 'huār'이며 'huā'ér'이 아니다.
【儿皇帝―황제】érhuángdì ㉠꼭두각시 황제. 외국의 세력에 조종되는 통치자.
【儿科―과】érkē ㉠소아과.
【儿郎―랑】érláng ㉠1남자. 2아들. 3사졸(士卒).
【儿马―마】érmǎ ㉠수말.
【儿男―남】érnán ㉠1사나이. 2사내아이.

E

＊【儿女－녀】érnǚ 명**1**아들과 딸. 자식. 자녀. **2**남과 여.〔특히 젊은 남녀를 가리키다〕〔비교〕儿女:女儿 특정한 자녀를 가리킬 때는 "儿女"를 쓰지 않는다. ◇他的(×儿女)女儿小英在北京大学读书/그의 딸인 소영은 북경대학에 다닌다.

【儿时－시】érshí 명어렸을 때.

【儿孙－손】érsūn 명**1**아들과 손자. **2**후세. 자손.

☆【儿童－동】értóng 명어린이. 아동. 나이는 '少年'보다 아래다. (同)〔小孩儿 xiǎohái-ir〕, (反)〔老人 lǎo·rén〕

【儿童节－동절】Értóng Jié 명어린이날.〔6월 1일〕

【儿童文学－동문학】értóng wénxué 명아동문학.

【儿媳－식】érxí (同)〔儿媳妇儿〕

【儿媳妇儿－식부아】érxí·fur 명며느리.

【儿戏－희】érxì 명어린애장난.〔중대한 일에 대하여 진지하게 대처하지 않는 것에 대한 비유〕

★【儿子－자】ér·zi 명아들. (反)〔女儿 nǚ'ér〕

☆【而】 而部 一部 ér 0画 5画 말이을 **이**

1접같은 종류의 단어 또는 문을 접속함. a)…(하)고(도).〔순접(順接)을 나타냄〕◇这篇文章长~空/이 문장은 길지만 내용이 없다. ◇战~胜之/싸워서 이기다. b)긍정과 부정으로 서로 보충하는 성분을 접속시킴. ◇栀 zhī 子花的香, 浓~不烈, 清~不淡/치자나무 꽃의 향기는 짙되 강렬하지 않고, 맑되 연하지 않다. c)…지만. …나. …그러나.〔역접(逆接)을 나타냄〕◇有其名~无其实/명성은 있으나 그 실속이 없다. ◇中看~不中吃/보기에 좋지만 먹기에 맛없다. 빛 좋은 개살구. d)문장의 전후로 원인과 결과가 되는 부분을 접속시킴. ◇不要因失败~灰心, 也不要因成功~骄傲jiāo'ào/실패했다고 해서 낙심하지 말고, 성공했다고 해서 교만하지 말라. **2**접(…로부터) …까지.〔'到'의 의미와 같음〕◇由春~夏/봄에서 여름까지. ◇由东~西/동쪽에서 서쪽까지. **3**시간 또는 상태를 나타내는 말을 동사에 접속시킴. 이 경우 '而'은 접미사 기능을 함. ◇匆匆 cōng ~去/바쁘게 떠나다.〔시간〕◇顺流~下/순조롭게 내려가다.〔상태〕 **4**접만약. 가령.〔주어와 술어 사이에 놓임〕◇作家~不深入生活, 就写不出好作品/작가는 생활 속으로 깊이 들어가지 않으면 좋은 작품을 쓸 수 (同)〔如果 rúguǒ〕

＊【而后－후】érhòu 접그런다음. 그리고서. ◇确有把握~动手/확신이 선 다음에 손

을 대다. 주의'以后'는 단독으로 쓰여 '현재 이후'라는 뜻을 나타낼 수 있으나 '而后'는 단독으로 쓰일 수 없음.

【而今－금】érjīn 명오늘날. 지금. 오늘. 목하. (同)〔如 rú 今〕

【而况－황】érkuàng 접더구나. 하물며(…에 있어서랴). 주의'何况'은 '更, 又' 뒤에 쓸 수 있지만, '而况'은 그럴 수 없다.

【而立－립】érlì 명〈文〉30세.〔논어의 '三十~'에서 온 말〕◇~之年/30세.

★【而且－차】érqiě 접더군다나. 게다가.〔앞의 '不但'이나 '不仅' 등과 호응함〕◇这屋子不但很宽敞 kuāngchang, ~光线充足/이 집은 널찍할 뿐만 아니라, 게다가 햇빛도 잘 들어온다.〔비교〕而且:何况 "而且"는 의문문에 쓰이지 않는다. ◇她在熟人面前都很少说话, (×而且)何况在生人面前呢?/그녀는 잘 아는 사람 앞에서도 말이 없는데 더구나 낯선 사람 앞에서는 더 말할 나위도 없다.

＊【而已－이】éryǐ 조…에 불과하다. …에 지나지 않다. …뿐이다. ◇我不过是个学生~/나는 학생에 불과하다.

ěr

【尔·爾】 小部 ěr 2画 너 **이**

〈文〉**1**대너. ◇非~之过/너의 잘못이 아니다. **2**이와같다. 그같은. ◇果~/과연 이러하다. **3**대저. 그. 이. ◇~时/그때. **4**조…(일)〔따름〕이다. **5**접미형용사의 접미사로 쓰인다. 이런 종류의 형용사는 부사어로 쓰이는 경우가 많다. ◇率 shuài ~/경솔하게 …하다.

【尔曹－조】ěrcáo 대〈文〉그대들. 너희들.

【尔格－격】ěrgé 명〈音〉〈物〉에르그(erg).

【尔后－후】ěrhòu 접이후. 그후.

【尔日－일】ěrrì 명〈文〉그날.

【尔虞我诈－우아사】ěr yú wǒ zhà 〈成〉서로 속고 속이다. (同)〔尔诈我虞〕

【耳】 耳部 ěr 0画 귀 **이**

1명〈生理〉귀. 구어에서는 '耳朵'로 쓴다. **2**귀와 같은 모양을 한 것. ◇木~/목이버섯. **3**양쪽 끝에 있는 것. **4**조〈文〉뿐. 만. ◇想当然~/응당 그럴것이라고 생각할 뿐이다. (同)〔而已 éryǐ〕〔罢了 bà·le〕

【耳报神－보신】ěrbàoshén 명〈方〉〈貶〉〈喩〉일러바치는 사람. 밀고를 하는 사람.

【耳背－배】ěrbèi 형귀가 잘 들리지 않는다.

【耳鼻喉科－비후과】ěrbíhóukē 명〈醫〉이비인후과.

【耳边风－변풍】ěrbiānfēng (다른 사람의 의견 등을) 들어도 별로 신경쓰지 않다.

한 귀로 듣고 흘리다.

【耳鬢廝磨－빈시마】ěr bìn sī mó 〈成〉귀와 살쩍을 서로 부비다. (어린애들끼리) 언제나 친밀한 모양.

【耳喳－사】ěrchā 圐귓속말. 귀엣말.

【耳沉－침】ěrchén (同)〔耳背 bèi〕

【耳垂－수】ěrchuí 圐〈生理〉귓불.

【耳聰目明－총목명】ěr cōng mù míng 〈成〉귀와 눈이 밝다. 매우 총명하다. (反)〔笨头笨腦 bèn tóu bèn nǎo〕

☆【耳朵－타】ěr·duo 圐귀. ◇尖～/귀가 밝다. ◇穿～/귀를 뚫다.

【耳朵软－타연】ěr·duo ruǎn 귀가 얇다.

【耳朵眼儿－타안아】ěr·duoyǎnr 圐1귓구멍. 2귀걸이 구멍.

【耳房－방】ěrfáng 圐정방(正房)의 양쪽 옆에 있는 작은 방.

【耳风－풍】ěr·feng 圐뜬소문. 풍문.

【耳福－복】ěrfú 圐귀로 듣는 복.

【耳根－근】ěrgēn 圐1(～子)귀뿌리(부분). 귀밑. 2〈方〉귀.

【耳垢－구】ěrgòu 圐귀에지. 귀지. (同)〔耳屎 shǐ〕

【耳鼓－고】ěrgǔ 圐고막. 귀청. (同)〔鼓膜 mó〕

【耳光－광】ěrguāng 圐뺨. 따귀. ◇打～/뺨을 때리다. (同)〔耳光子 zi〕

【耳郭－곽】ěrguō 圐〈生理〉귓바퀴. (同)〔耳廓 kuò〕

【耳环－환】ěrhuán 圐귀걸이.

【耳机－기】ěrjī 圐1수화기. 2이어폰(earphone).

【耳尖－첨】ěrjiān 圐귀가 밝다.

【耳科－과】ěrkē 圐〈醫〉이과.

【耳孔－공】ěrkǒng 圐〈生理〉귓구멍. (同)〔外耳门 wài'ěrmén〕

【耳力－력】ěrlì 圐청력.

【耳聋－롱】ěrlóng 圐귀가 들리지 않다.

【耳轮－륜】ěrlún 圐〈生理〉귓바퀴.

【耳门－문】ěrmén 圐(대문 양측에 있는) 옆문.

【耳鳴－명】ěrmíng 圐〈醫〉이명. 귀울음.

【耳目－목】ěrmù 圐1귀와 눈. 2견문. 3내탐자.

【耳目一新－목일신】ěr mù yī xīn 〈成〉보고 듣는 것이 전혀 새롭다. (同)〔一新耳目〕, (反)〔老调重弹 lǎo diào chóng tán〕

【耳旁风－방풍】ěrpángfēng (同)〔耳边 biān 风〕

【耳屏－병】ěrpíng 圐〈生理〉이주(耳珠).

【耳热－열】ěrrè 圐(흥분 등으로) 귀가 달아오르다.

【耳濡目染－유목염】ěr rú mù rǎn 〈成〉귀에 익고 눈에 익다.

【耳软心活－연심활】ěr ruǎn xīn huó 〈成〉주견이 없이 남의 말을 쉽게 믿다.

【耳塞－새】ěrsāi 圐1이어폰. 보청기. 2(수영할 때 쓰는) 귀마개.

【耳塞－새】ěr·sai (同)〔耳垢 gòu〕

【耳生－생】ěrshēng 圐귀에 설다. 〔들어서 익숙치 않다)(反)〔耳熟 shú〕

【耳屎－시】ěrshǐ (同)〔耳垢 gòu〕

【耳熟－숙】ěrshú 圐귀에 익다. (反)〔耳生 shēng〕

【耳熟能详－숙능상】ěr shú néng xiáng 〈成〉자주 들어서 자세히 말할 수 있다.

【耳順－순】ěrshùn 1圐귀에 거슬리지 않다. 2圐〈文〉60세. 즉 나이가 60이 되어 남의 말을 듣고도 그 깊은 뜻을 꿰뚫을 줄 앎. 〔논어에서 나온 말〕

【耳套－투】ěrtào (～儿)圐귀마개.

【耳提面命－제면명】ěr tí miàn mìng 〈成〉간곡하게 타이르다.

【耳挖子－알자】ěrwā·zi 圐귀이개. (同)〔耳挖勺 sháo〕

【耳闻－문】ěrwén 圐귀로 듣다. (同)〔听说 tīng// shuō〕, (反)〔目见 mùjiàn〕

【耳闻目睹－문목도】ěr wén mù dǔ 〈成〉귀로 듣고 눈으로 보다. 직접 보고 듣다.

【耳蜗－와】ěrwō 圐〈生理〉와우각.

【耳下腺－하선】ěrxiàxiàn 圐〈生理〉이하선. 〔구강의 가장 큰 타선(唾腺)〕

【耳性－성】ěr·xìng 圐들은 것을 마음에 새기기. 〔(아이에게) 계속 주의를 줬지만 같은 실수를 계속 범할 때 '没有～'라고 함〕

【耳咽管－인관】ěryānguǎn 圐〈生理〉에우스타키관(Eustachi管). (同)〔咽鼓 gǔ 管〕

【耳音－음】ěryīn 圐청력.

【耳语－어】ěryǔ 圐圐귓속말(하다). (同)〔咬 yǎo 耳朵〕

【耳针－침】ěrzhēn 圐〈中醫〉침 치료법의 일종. 귓바퀴에 침을 놓아 질병을 치료함.

【耳坠－추】ěrzhuì (～儿)圐귀걸이.

【耳子－자】ěr·zi 圐(솥·냄비·병 따위의) 손잡이. 족자리.

【饵·餌】饣部 ěr
6画 미끼 이

1圐케이크. 과자. ◇果～/사탕과 과자. 2圐낚시의 미끼. ◇鱼～/낚시 미끼. 3圐〈文〉(물건으로) 유인하다. ◇～敵/적을 미끼로 유인하다.

【饵料－료】ěrliào 圐1물고기 먹이. 2(해충 또는 쥐 따위를 죽이기 위한) 미끼.

【饵药－약】ěryào 圐약을 먹다.

【饵子－자】ěr·zi 물고기먹이. 낚시미끼.

èr

★【二】 一部 │ 二部 │ èr
1画 │ 0画 │ 두 이

1◇2. 둘. ◇～公斤/2킬로. ◇～路公共汽车/2번 버스. 2웹다른. 두 가지의. ◇不～价/정찰가. 비교二:两 '二'은 일반 양사 앞에 쓰이지 않는다. ◇(×二)两点/2시. ◇(×二)两个小时/2시간. ◇(×二)两天/이틀. ◇(×二)两个月/2개월.

【二把刀－파도】èrbǎdāo〈方〉1명업무에 미숙한 사람. 2통수박 겉 핥기로 알다.

【二百五－백오】èrbǎi wǔ 명1멍청이. 바보. 2지식이 어설픈 사람.

【二部制－부제】èrbùzhì 명이부제.

【二重－중】èrchóng 웹이중(의). ◇～唱/이중창.

【二重性－중성】èrchóngxìng 명이중성.

【二重奏－중주】èrchóngzòu 명이중주.

【二次方－차방】èrcìfāng 명〈數〉자승(自乘). 제곱. 평방.

【二次能源－차능원】èr cì néngyuán 명이차에너지. 〔일차 에너지를 이용해 전환된 인공에너지. 예:수력으로 발전하여 얻은 전기〕

【二地主－지주】èrdìzhǔ 명토지 거간꾼.

【二房－방】èrfáng 명1가족 중 둘째 항렬의 계통. 2첩.

【二房东－방동】èrfángdōng 명(임대받은 집을 다시 남에게 전대하여 이득을 취하는) 전대인.

【二伏－복】èrfú 명중복(中伏).

【二副－부】èrfù 명이등 항해사.

【二锅头－과두】èrguōtóu 명중국 북방의 백주(白酒)의 일종.

【二胡－호】èrhú 명1〈音〉이호. 〔중국 전통 악기 호금(胡琴)의 일종〕(同)〔南 nán 胡〕

二胡

①弓子 gōngzi   ②弦轴 xiánzhóu
③琴杆 qín'gǎn   ④琴筒 qíntǒng

【二乎－호】èr·hu〈方〉1통꽁무니를 빼다. 2웹망설이다. 3웹가망이 없다.

【二话－화】èrhuà 명딴말. 〔주로 부정문에 쓰임〕

【二话不说－화불설】èrhuà bù shuō (同)

〔二话没 méi 说〕

【二话没说－화몰설】èrhuà méi shuō 군말 없이. 두말할 것 없이.

【二婚－혼】èrhūn 통1(주로 여성이) 재혼하다. 2명재혼한 여자.

【二级风－급풍】èrjífēng 명〈天〉남실바람. 경풍(輕風).

【二极管－극관】èrjíguǎn 명〈電〉이극관(diode).

【二姐－저】èrjiě 명둘째 누나〔언니〕.

【二进制－진제】èrjìnzhì 명〈數〉이진법.

【二郎腿－랑퇴】èrlángtuǐ 명〈方〉한 다리를 다른 다리 위에 얹어 앉은 자세.

【二老－로】èrlǎo 명부모.

【二愣子－릉자】èrlèng·zi 명덜렁대는 사람. 무모한 사람.

【二流子－류자】èrliú·zi (又讀 èrliū·zi) 명건달.

【二毛－모】èrmáo 명〈文〉1하얀 백발. 2머리가 센 노인.

【二门－문】èrmén 명(큰 저택의) 중문(中門). 중문(重門).

【二面角－면각】èrmiànjiǎo 명〈數〉이면각.

【二拇指－무지】èr·muzhǐ 명〈口〉식지. 집게손가락. (同)〔食 shí 指〕

【二十八宿－십팔수】èrshíbā xiù 명〈天〉(중국 고대 천문학자가 보이는 별들을 28조로 나누어진) 이십팔수.

【二十四节气－십사절기】èrshísì jiéqì 명(주로 기후변화와 농사의 계절을 나타내는) 이십사 절기.

【二十四史－십사사】èrshísì shǐ 명〈書〉이십사사. 〔기전체로 되어 있는 중국 정사의 총칭〕

【二手－수】èrshǒu (～儿)웹중고의. (물건 따위가) 2차적인. ◇～车/중고차. ◇～资料/2차적인 자료.

【二天－천】èrtiān 명〈方〉며칠 후. 나중에.

【二踢脚－척각】èrtījiǎo 명〈口〉〈方〉두 번 (터지는) 소리가 나는 폭죽.

【二五眼－오안】èr·wuyǎn〈方〉1웹(사람이) 능력이 없다. 2웹(물품의)질이 낮다. 3명무능자.

【二线－선】èrxiàn 명1〈軍〉(전장의) 제2 방어선. 2이선. 〔직접적인 지도 책임이 없는 지위〕

【二小子－소자】èrxiǎo·zi 명1잡일을 하는 사람. 2앞잡이.

【二心－심】èrxīn 명1딴마음. 2마음이 들뜸. 일손이 잡히지 않음. (同)〔二意 yì〕, (反)〔忠 zhōng 心〕

【二性子－성자】èrxìng·zi 명어지자지.

【二氧化硫－양화류】èryǎnghuàliú 명〈化〉이산화 유황(SO_2).

*【二氧化碳－양화탄】èryǎnghuàtàn　명〈化〉
이산화탄소(CO_2).

【二一添作五－일첨작오】èr yī tiān zuò wǔ
1주산의 나누기 계산. 1÷2＝0.5의 뜻. **2**
이등분하다.

【二意－의】èryì　명딴마음.

【二元方程式－원방정식】èr yuán fāngché-
ngshì　명〈數〉이차 방정식.

【二元论－원론】èryuánlùn　명〈哲〉이원론
(dualism).

【二者－자】èrzhě　명양자. 양쪽.

【二指－지】èrzhǐ　(同)〔二拇 mǔ 指〕

*【**貳·貳**】弋部　èr
6画　두 이
1명'二'의 갖은자. **2**동배반하다.

【貳臣－신】èrchén　명〈文〉두 임금을 섬기
는 신하. 절조가 없는 신하. (反)〔忠 zhō-
ng 臣〕

【貳心－심】èrxīn　(同)〔二 èr 心〕

E

F

| 发 241 | 乏 245 | 伐 245 | 罚 245 | 阀 245 |
| 法 245 | 砝 246 | 发 246 | | |

fā

★【发·發】 又部 | fā
3画 | 일어날 발

1⃞통보내다. 교부하다. (전보를) 치다. (노임을) 내주다. ◇~电报/전보를 치다. ◇~传单/전단을 뿌리다. ◇~工资/노임을 주다. 2⃞통발사하다. 쏘다. ◇~炮/포를 쏘다. ◇百~百中/백발백중. 3⃞통발생하다. 생산하다. ◇旧病复~/옛 병이 도지다. 4⃞통표현하다. 전달하다. ◇~言/발언하다. ◇~命令/명령을 내리다. 5⃞통확대하다. 전개하다. 6⃞통부가 크게 불어나다. ◇他这两年跑买卖可~了/그는 근 2년간 장사를 하더니 부자가 되었다. 7⃞통(음식물이) 발효하다. 물에 붇다. ◇面~了/밀가루가 발효되어 부풀었다. ◇~海参/해삼을 물에 불리다. 8⃞통발산하다. 흩어지다. ◇~蒸/증발(하다) 드러내다. 열어 젖히다. ◇~揭/드러나다. 10⃞통변하여 …한 상태로 되다. …이 되다. ◇树叶~黄了/나뭇잎이 노랗게 되었다. ◇肉~臭了/고기가 구린내가 난다. 11⃞통(감정을) 표출하다. 드러내다. ◇他为了钱而~愁/그는 돈 때문에 근심에 빠졌다. 12⃞통(주로 유쾌하지 않은 상황을) 느끼다. ◇嘴里~苦/입안이 쓰다. ◇浑身~痒 yǎng/온 몸이 가렵다. 13⃞통출발하다. 길을 떠나다. ◇出~/출발하다. ◇整装待~/짐을 다 갖추고 출발을 기다린다. 14⃞통행동을 취하다. ◇奋~/분발하다. ◇先~制人/선수를 쳐서 남을 제압하다. 15⃞통일으키다. 일깨우다. ◇~人深省/사람으로 하여금 반성을 불러 일으키다. 16⃞양발. 〔탄알이나 포탄의 수를 세는 데 쓰임〕 ◇一~炮弹/포탄 한 발. ◇两百~子弹/2백 발의 총알. ⇒fà

【发白─백】fābái ⃞통1⃞희게 바래다. 2⃞동이 트다. 3⃞창백해지다.

【发榜─방】fā//bǎng ⃞통합격자 명단을 발표하다.

【发包─포】fābāo ⃞통(건축공사나 상품가공을) 하청 주다.

【发报─보】fā//bào ⃞통(무선으로) 발신하다.

☆【发表─표】fābiǎo 1⃞명⃞통발표(하다). 공표(하다). 게재(하다). ◇~声明/성명을 발표하다. ◇~意见/의견을 밝히다. (同)〔发布 bù〕, (反)〔撤销 chèxiāo〕2⃞통간행물에 (노래·문장·회화 따위를) 싣다. 발표하다. ◇~论文/논문을 게재하다.

【发兵─병】fā//bīng ⃞통출병하다. (同)〔起qǐ兵〕, (反)〔息 xī 兵〕

*【发病─병】fā//bìng ⃞통병이 나다. ◇他昨晚又~了/그는 어제 저녁에 또 병이 도졌다.

*【发布─포】fābù ⃞통발표하다. 선포(宣布)하다. ◇~新闻/뉴스를 발표하다. ◇~命令/명령을 선포하다. (同)〔公 gōng 布〕, (反)〔撤销 chèxiāo〕

*【发财─재】fā//cái 1⃞통돈을 많이 벌다. 부자가 되다. ◇他做生意~了/그는 장사를 해 돈을 많이 벌었다. (反)〔破产 pò//chǎn〕2⃞套어디서 근무하냐는 질문에 '哪里~'라고 한다.

【发颤─전】fāchàn ⃞통떨(리)다.

【发潮─조】fācháo ⃞통습기 차다.

【发车─차】fā//chē ⃞통발차하다.

【发痴─치】fā//chī 〈方〉1⃞명해지다. 2⃞미치다.

*【发愁─수】fā//chóu ⃞통근심하다. 걱정하다. ◇你发什么愁啊?/무슨 걱정을 그리 하세요? (反)〔放心 fàngxīn〕

【发臭─취】fāchòu ⃞통구린내가 나다.

☆【发出─출】fāchū ⃞통1⃞(소리 등을) 내다. ◇~笑声/웃음소리를 내다. ◇~警报/경보를 내다. 2⃞(명령·지시 등을) 내리다. ◇~通告/통보를 보내다. ◇~指示/지시를 하다. 3⃞(편지 등을) 보내다. 부치다. ◇~函件/편지를 띄우다.

【发怵─초】fāchù ⃞통〈方〉겁을 내다. 두려워하다.

【发喘─천】fāchuǎn ⃞통헐떡이다.

☆【发达─달】fādá ⃞통1⃞발달하다. ◇交通~/교통이 발달하다. ◇工商业很~/공업과 상업이 발달하다. (反)〔落后 luò//hòu〕2⃞발전〔발달〕시키다. ◇贸易/무역을 발전시키다. 3⃞번성하다. ◇营业很~/장사가 아주 번창하다.

【发呆─매】fā//dāi ⃞통(초조, 두려움, 걱정 등 때문에) 멍하다. 어리둥절하다.

【发单─단】fādān (同)〔发票 piào〕

【发嗲─다】fādiǎ ⃞통〈方〉어리광부리다. 아양 떨다.

⁑【发电－전】fādiàn 1[동]전보를 치다. 2[명][동]발전(하다) ◇原子能～/원자력발전.
【发电报－전보】fādiànbào [동]전보를 치다.
【发电厂－전창】fādiànchǎng [명]발전소.
【发电机－전기】fādiànjī [명]발전기. 다이너모(dynamo).
☆【发动－동】fādòng 1[동]시작하다. ◇～战争/전쟁을 개시하다. 2[동]행동하게 하다. 3[동](기계를) 작동하다. ◇机器～了/기계가 돌아가기 시작했다. [비교]发动:调动 "发动"의 목적어는 사람을 나타내는 명사만 가능하다. 단지 '积极性' 등 추상명사를 목적어로 취할 수 없다. ◇多发奖金能(×发动)调动职工的积极性/보너스를 더 주면 직원들의 의욕을 돋굴 수 있다.
【发动机－동기】fādòngjī [명]〈機〉발동기. 엔진. 모터 (同)〔动力 lì 机〕
☆【发抖－두】fādǒu [동]덜덜 떨다. ◇冻得浑身～/얼어서 온몸이 덜덜 떨렸다.
【发端－단】fāduān [명]발단.
【发端词－단사】fāduāncí (同)〔发语 yǔ 词〕
【发凡－범】fāfán [명][동]요지나 대의(를 말하다). ◇～起例/요지를 설명하고 범례를 들다.
【发放－방】fāfàng [동]1(정부 등이) 돈이나 물자를 방출하다. 2내보내다. 내뿜다. ◇～信号弹/신호탄을 보내다. 3〈早白〉처리하다. 처치하다.
【发粉－분】fāfěn [명]베이킹 파우터(baking powder). (同)〔焙 bèi 粉〕
【发奋－분】fāfèn [동]분발하다. ◇～努力/분발하여 노력하다. (同)〔发愤 fèn〕〔奋发〕, (反)〔疲塌 pítā〕
【发愤－분】fāfèn [동]굳게 결심하다. (反)〔偷生 tōushēng〕
*【发愤图强－분도강】fā fèn tú qiáng〈成〉분발하여 강해지려 하다. (同)〔发奋 fèn 图强〕, (反)〔自暴自弃 zì bào zì qì〕
【发疯－풍】fā∥fēng [동]1발광하다. 정신이 돌다. 2제정신이 아닌 것처럼 행동하다.
【发福－복】fā∥fú [동]〈套〉신수가 훤해지셨습니다.〔주로 중년 이상의 사람에게 많이 씀〕(反)〔消瘦 xiāoshòu〕
【发付－부】fāfù [동]〈早白〉보내다. (同)〔打 dǎ 发〕
【发糕－고】fāgāo [명](쌀·밀가루 등을 발효하여 만든) 백설기나 과자.
【发稿－고】fā∥gǎo [동](신문사·출판사·인쇄소에) 원고를 보내다〔발송하다〕.
【发光－광】fā∥guāng [동]빛을 발하다. 발광하다.
【发汗－한】fā∥hàn [동](약물로) 땀내다. 발한하다.
【发行－행】fāháng [명][동]도매(하다). (同)〔批 pī 发〕⇒fāxíng
【发号施令－호시령】fā hào shī lìng〈成〉(곧잘) 명령을 내리거나 지휘하다.〔부정적으로 쓰임〕
【发狠－한】fā∥hěn [동]1결심하다. 마음을 독하게 먹다. 2화내다. 발끈하다.
【发横－횡】fā∥hèng [동]무례하게 굴다. 횡포를 부리다.
【发横财－횡재】fā hèngcái 횡재하다.
【发红－홍】fāhóng [동](얼굴 따위가) 상기되다.
【发花－화】fā∥huā [동]눈앞이 가물가물하다.
【发话－화】fā∥huà [동]1말로 지시하다. 2화가 나서 말하다.
【发话器－화기】fāhuàqì [명]송화기.
【发还－환】fāhuán [동]주로 윗사람이 아랫사람에게 도로 돌려 주다.
【发慌－황】fā∥huāng [동]허둥대다. 당황하다. (同)〔着 zháo 慌〕, (反)〔镇静 zhènjìng〕
☆【发挥－휘】fāhuī [동]1발휘하다. ◇我们没有充分～我们的才干/우리는 우리의 재능을 충분히 발휘하지 않았다. 2(의사나 도리를) 충분히 표현하다. 해명하다. ◇这一论点待进一步～/이 논점은 좀 더 해명할 것을 기다린다. [비교]发挥:发扬 '发挥'는 '优点'을 목적어로 취하지 않는다. ◇下学期我要(×发挥)发扬优点/나는 다음 학기에 장점을 살릴 것이다.
【发昏－혼】fā∥hūn [동]1눈앞이 캄캄해지다. 현기증이 나다. ◇头脑～/머리가 어지럽다. (同)〔昏迷 mí〕, (反)〔清醒 qīngxǐng〕 2멍청해지다.
*【发火－화】fā∥huǒ 1[동]발화하다. ◇～点/발화점. 2[동]탄알을 발사하다. 3[동]〈方〉불이 나다. 4(～儿)[동]발끈 화를 내다. ◇你别～，咱们慢慢谈/화내지 말고, 우리 천천히 이야기해봐요. 5(fāhuǒ)[형]〈方〉)(아궁이 따위의) 불이 잘붙다.
【发货－화】fāhuò [동]출하하다. 화물을 발송하다.
【发货人－화인】fāhuòrén [명]적송인(積送人).
【发(货)单－(화)단】fā(huò)dān [명]〈商〉인보이스(invoice). 하물 송장. 적하명세서.
【发急－급】fā∥jí [동]조급〔초조〕해하다.
【发迹－적】fā∥jì [동]출세하다.
【发家－가】fā∥jiā [동]집안을 부유케 하다.
【发奖－장】fā∥jiǎng [동]상품〔상장〕을 주다. ◇～仪式/표창식. (同)〔颁 bān 奖〕, (反)〔领 lǐng 奖〕
【发贱－천】fā∥jiàn [동]천하게 놀다. 무시당하게 굴다.
【发酵－효】fā∥jiào 1[동]발효시키다〔하다〕. 2(fājiào)[명]발효.

【发窘―군】fājiǒng 통난처해지다.

**【发觉―각】fājué 통(이전에 의식하지 못했던 일을) 알게 되다. 깨닫다. ◇错误一经~, 就应改正/잘못을 알게 되면 당연히 고쳐야 한다. ◇火扑灭了以后, 他才~自己受了伤/그는 불이 꺼진 후에야 자신이 다쳤음을 알았다. 비교发觉:发现 목적어가 새로운 사물이나 규칙의 경우에는 "发觉"를 쓰지 않는다. ◇我们(×发觉)发现了一个新的油田/우리는 새 유전 하나를 발견했다.

【发掘―굴】fājué 통발굴하다. ◇~人才/인재를 발굴하다. ◇~宝藏/보물을 발굴하다. (同)〔挖 wā 掘〕, (反)〔埋藏 máicáng〕

【发刊―간】fākān 통발간하다.

【发刊词―간사】fākāncí 명발간사.

【发狂―광】fā//kuáng 통미치다. 발광하다.

【发困―곤】fākùn 통〈口〉졸리다.

【发懒―라】fālǎn 통(건강이나 기분이 안 좋아서) 게으름을 피우다. 나른해지다.

【发牢骚―뢰소】fā láo·sao 불평하다. 투덜거리다.

【发冷―랭】fālěng 통오한이 나다.

【发愣―릉】fā//lèng 통〈口〉어리둥절하다.

【发利市―리시】fālìshì 〈方〉1이윤을 보다. 2상점에서 아침의 첫번째 장사.

【发亮―량】fāliàng 통반짝거리다. 빛나다.

【发令―령】fālìng 통명령을 내리다.

【发令枪―령창】fālìngqiāng 명(경주의 출발 신호용) 피스톨.

【发落―락】fāluò 통처리하다. 처벌하다.

【发毛―모】fā//máo 통1〈口〉소름이 끼치다. 섬뜩하다. 2〈方〉성질을 내다〔부리다〕.

【发霉―매】fā//méi 통곰팡이가 끼다〔피다〕.

【发闷―민】fāmēn 통후덥지근하다.

【发闷―민】fāmèn 통울적하다.

【发蒙―몽】fāmēng 통〈口〉멍청해지다. (의식이) 흐릿해지다.

【发蒙―몽】fāméng 통옛날에 어린이에게 글자를 가르치기 시작하다.

【发面―면】fā//miàn 1통밀가루를 발효시키다. 2(fāmiàn)명발효시켜 부풀게 한 밀가루 반죽.

☆【发明―명】fāmíng 1명통발명(하다). ◇最新~/최신 발명. ◇~指南针/나침반을 발명하다. 2통〈文〉독창적으로 설명하다. ◇~文义/문장의 뜻을 독창적으로 설명하다.

【发难―난】fā//nàn 통1반란을 일으키다. 2〈文〉계속 질문하다. 힐문하다.

【发蔫―언】fānniān 통1(초목이) 시들다. 2생기가 없다. 풀이 죽다.

【发怒―노】fā//nù 통노하다. 성내다. (同)〔发火 huǒ〕, (反)〔息 xī 怒〕

【发排―배】fāpái 통(원고를) 제판이나 레이아웃하다.

【发盘―반】fā//pán 통오퍼(offer)를 내다〔발송하다〕.

【发胖―반】fāpàng 통살찌다. 뚱뚱해지다.

【发配―배】fāpèi 통〈두白〉죄인을 귀양보내다. (同)〔充军 chōngjūn〕

*【发脾气―비기】fā pí·qi 화를 내다. 성깔을 부리다. ◇有理慢慢儿说, 何必~/따질 것이 있으면 천천히 따지면 되지 화낼 필요가 있나.

*【发票―표】fāpiào 명영수증. ◇开~/영수증을 쓰다.

*【发起―기】fāqǐ 통1발기하다. ◇他们~组织 zǔzhī一个读书会/그들은 도서회를 발기하여 조직했다. ◇~人/발기인. 2(전쟁·공격 등을) 시작하다. ◇~反攻/반격을 시작하다.

【发青―청】fāqīng 통1(가지에) 물이 오르다. 2(얼굴이) 창백해지다. 3(입술이) 새파래지다. 4멍이 들다.

【发情―정】fāqíng 통발정하다. ◇~期/발정기.

【发球―구】fā//qiú 통〈體〉서브를 넣다.

*【发热―열】fā//rè 통1열을 발하다〔내다〕. ◇恒星本身发光~/항성 자체가 빛을 내고 열을 발한다. ◇〈喩〉(냉정하지 못하고) 흥분하다. ◇头脑~/(머리에) 발끈 열이 오르다. 3열이 나다. ◇我好像有点儿~/난 좀 열이 나는 듯하다. (同)〔发烧 shāo〕, (反)〔退 tuì 热〕

【发人深省―인심성】fā rén shēn xǐng 〈成〉사람을 깊이 생각하게 만들다.

【发轫―인】fārèn 통〈文〉차바퀴의 굄목을 빼내어 차를 나아가게 하다. 〈喩〉새로운 사물이나 국면이 나타나기 시작하다..

【发软―연】fāruǎn 통1부드럽게 되다. 2힘이 빠지다. 나른해지다.

【发散―산】fāsàn 통1(빛 등이) 발산되다〔시키다〕. ◇~透镜/오목렌즈. 2(中醫)체내의 열을 발산시키다. ◇~药/해열제.

【发丧―상】fā//sāng 통1부고를 내다. 2장사를 지내다.

★【发烧―소】fā//shāo 통열이 나다. ◇孩子发了三天烧, 今天才退烧/애가 3일간 열이 났는데 오늘에야 열이 내렸다. (同)〔发热 rè〕

*【发射―사】fāshè 통1(포탄·인공위성 등을) 발사하다. (同)〔放 fàng 射〕, (反)〔收回 shōu/huí〕

【发身―신】fāshēn 사춘기가 되면 생식기 등이 성숙되어 신체 각 부위가 어른처럼 변한다.

【发神经―신경】fā shénjīng (同)〔发疯 fēng 2〕

★【发生－생】fāshēng 1동발생하다. 일어나다. ◇～了巨大的变化/아주 큰 변화가 일어났다. 比교发生:产生 남녀간에 애정이 생길 때는 "产生"을 쓴다. ◇我对他(×发生)产生了爱情/나는 그에게 애정이 생겼다. 〔그를 사랑하게 되었다〕 2난자(卵子)가 정자(精子)를 받은 후에 성장해 가는 과정.

【发声－성】fāshēng 1발성(發聲). 2발성하다. 소리를 내다.

【发市－시】fā//shì 동상점이 개시손님을 보다.

＊【发誓－서】fā//shì 동맹세하다. ◇指天～/하늘에 맹세하다. ◇～要为烈士报仇/열사를 위해 복수하기로 맹세하다. 比교发誓:保证 "发誓"가 미치는 일은 일반적으로 비교적 장중하거나 처리하기 어려운 일이다. ◇我一再向老师(×发誓)保证今后再也不迟到了/나는 선생님에게 앞으로 더이상 지각하지 않겠다고 거듭 다짐했다.

【发事－사】fā//shì 동사고가 발생하다.

【发售－수】fāshòu 동팔기 시작하다. (同)〔出 chū 售〕, (反)〔收买 shōumǎi〕

【发抒－서】fāshū 동(의견·감정 등을) 나타내다.

【发水－수】fā//shuǐ 동홍수가 나다.

【发送－송】fāsòng 동1발송하다. 2(무선전신 등을) 보내다. 송출하다.

【发送－송】fā·song 동장례를 치르다.

【发酸－산】fāsuān 동1(음식이) 시름해지다. 2콧날이 시큰해지다. 3(질병 또는 피로로) 몸이 시큰거리고 무력하다.

【发烫－탕】fātàng 동뜨겁게 되다.

【发条－조】fātiáo 명(機)태엽. 용수철.

【发威－위】fā//wēi 동거만하게 굴다. 위세를 부리다.

【发文－문】fā//wén 1동공문을 보내다〔발송하다〕. ◇～簿bù/공문 발송 대장. 2(fāwén)명발송한 공문서.

【发问－문】fāwèn 동질문하다. (同)〔提 tí 问〕, (反)〔答复 dá·fù〕

【发物－물】fā·wù 명먹으면 알레르기를 일으키거나 부스럼이 나기 쉬운 음식.〔양고기나 생선, 새우 따위〕

★【发现－현】fāxiàn 명동발견(하다). ◇1451年哥仑布～了美洲/1451년 콜럼버스가 아메리카대륙을 발견했다. ◇考古方面的重大的～(×发觉)/고고학 방면의 중대한 발견.

【发祥－상】fāxiáng 〈文〉1종은 징조가 나타나다. 2흥하다. 발생하다.

【发祥地－상지】fāxiángdì 명발상지.

【发饷－향】fā//xiǎng 동(봉급을) 지불하다.

【发笑－소】fāxiào 동웃다. 웃기다.

【发泄－설】fāxiè 동(불만·감정 따위를) 털어놓다. (同)〔宣 xuān 泄〕, (反)〔郁积 yùjī〕

【发信－신】fā//xìn 동편지를 내다. ◇～人/발신인.

＊＊【发行－행】fāxíng 동1(서적·화폐·공채 따위를) 발행하다. ◇～货币/화폐를 발행하다. ◇将在全国各地～/전국 각지에서 발행될 것이다. ◇由新华书店～/신화서점에서 발행하다. 2(영화를) 배급하다. ◇～影片/영화필름을 배급하다. ⇒fāháng

【发芽－아】fā//yá 동싹이 트다.

☆【发言－언】fā//yán 1동발언하다. ◇他在会上～了吗/그는 회의석상에서 발언을 했나요? 比교发言:说 "发言"은 V+O구조로 뒤에 목적어를 가지지 않는다. ◇他在会上(×发言)说应该多为留学生安排一些文艺演出/그는 회의에서 유학생을 위해 문예공연을 더 마련해야 한다고 말했다. 2(fāyán)명발언. ◇他的～很精彩/그의 발언은 무척 훌륭하다.

【发言人－언인】fāyánrén 명대변인.

＊【发炎－염】fāyán 명동〈醫〉염증〈炎症〉(을) 일으키다). ◇伤口～了/상처가 염증이 났다.

☆【发扬－양】fāyáng 동1(우수한 전통이나 기풍을) 떨쳐 일으키다. ◇～优良传统/우수한 전통을 떨쳐 일으키다. ◇～艰苦奋斗的作风/고난을 견디고 분투하는 기풍을 떨치다. 2발휘하다. ◇～火力, 消灭敌人/화력을 충분히 발휘하여 적을 소멸하다.

【发扬踔厉－양탁려】fāyáng chuōlì 생기발랄하고, 의기가 양양하다. (同)〔发扬蹈 dǎo 厉〕

＊【发扬光大－양광대】fāyáng guāngdà 〈成〉(사업·전통 등을) 원래의 기초 위에서 더욱 확대 발전시키다.

【发洋财－양재】fā yángcái 의외의 큰돈을 벌다.

【发痒－양】fā//yǎng 동근질근질하다.

【发疟子－학자】fā yào·zi 학질에 걸리다.

【发音－음】fā//yīn 1동발음하다. 2(fāyīn)명발음.

【发语词－어사】fāyǔcí 명〈言〉발어사. 고문에서 문장을 시작하거나 화제의 전환 때 쓰는 '夫, 盖' 같은 글자.

＊＊【发育－육】fāyù 명동발육(하다). ◇婴 yīng 儿～情况良好/영아의 발육 상태가 좋다.

【发源－원】fāyuán 명동발원(하다). 기원(하다).

【发源地－원지】fāyuándì 명1발원지. 발생

지. **2**수원지(水源地).

【发愿─원】fāyuàn 통소원을 빌다.

【发运─운】fāyùn 통(물건을) 실어서 보내다. 발송하다.

【发晕─훈】fāyùn 통현기증이 나다.

★【发展─전】fāzhǎn 명통발전(하다). ◇跟不上时代的~/시대의 발전에 따라가지 못한다. ◇~轻工业/경공업을 발전하다. (同)〔进 jìn 展〕, (反)〔停滞 tíngzhì〕

【发展中国家─전중국가】fāzhǎnzhōng guójiā 명개발도상국가.

【发怔─정】fāzhèng (同)〔发呆 dāi〕

【发纵指示─종지시】fā zòng zhǐ shì〈成〉들짐승의 발자국을 보고 사냥개를 풀어 놓다.〈喩〉지시하다.

【发作─작】fāzuò 통**1**(잠복해 있던 일·병 등이) 발작하다. **2**화를 내다.

fá

【乏】丿部 fá 3画 없을 **핍**

1형결핍되다. 부족하다. 모자라다. ◇贫~/궁핍하다. ◇缺~信心/자신감이 부족하다. **2**통피로하다. 지치다. ◇走~了/(오래) 걸어서 지치다. ◇疲~/피곤하다. **3**형〈方〉힘이 없다. 무력하다. ◇火~了, 该续煤了/불이 약해졌으니 탄을 더 넣어야겠다.

【乏货─화】fáhuò 명〈方〉〈罵〉쓸모없는 놈.

【乏力─력】fálì 형**1**몸이 피곤하여 힘이 없다. **2**능력이 없다.

【乏煤─매】fáméi 명다 타지 않은 석탄.

【乏汽─기】fáqì 명〈方〉배기가스.

【乏术─술】fáshù 명방법이 없다. 도리가 없다.

【乏味─미】fáwèi 형재미가 없다. (同)〔无味 wú wèi〕, (反)〔有趣 yǒuqù〕

＊【伐】亻部 fá 4画 칠 **벌**

통**1**베다. 벌목하다. ◇~了几棵树/몇 그루 나무를 베었다. (同)〔砍 kǎn〕, (反)〔种 zhòng〕 **2**공격하다. ◇征 zhēng~/정벌(하다). ◇讨 tǎo~/토벌(하다). (同)〔攻 gōng〕, (反)〔守 shǒu〕 **3**〈文〉스스로 자랑하다. 뽐내다. ◇不矜 jīn 不~/자만하거나 과장하지 않다.

【伐木─목】fámù 통〈文〉나무를 베다.

【伐善─선】fáshàn 통〈文〉자신의 장점을 자랑하다.

＊＊【罚·罰】罒部 fá 4画 벌줄 **벌**

명통처벌(하다). 벌(하다). ◇~他唱首歌/벌로 그에게 노래를 한 곡 시켰다.

(同)〔惩 chéng〕, (反)〔赏 shǎng〕

【罚不当罪─불당죄】fá bù dāng zuì〈成〉처벌이 죄보다 무겁다. (反)〔罪有应得 zuì yǒu yīng dé〕

【罚金─금】fájīn 명벌금. **2**통벌금을 내다.

＊【罚款─관】fá∥kuǎn **1**통벌금을 내다. **2**명계약위반금. 벌금. ◇交~/벌금을 내다. ◇~条款/벌금 조항. **3**(fákuǎn)명벌금. 과태료.

【罚没─몰】fámò 통(범법자의 재산을) 몰수하다.

【罚球─구】fá∥qiú 명〈體〉(축구 등의) 페널티 킥. (농구 등의) 프리드로.

【罚站─참】fá∥zhàn 통벌로 서 있게 하다.

【阀·閥】门部 fá 6画 가문 **벌**

명**1**특수한 권력이나 세력을 지닌 개인이나 집단. 파벌. ◇财~/재벌. **2**명〈音〉〈機〉(기계의) 밸브(valve). 개폐기. ◇气~/에어 밸브.

【阀门─문】fámén 명〈機〉밸브.

【阀阅─열】fáyuè 명〈文〉**1**공로와 경력. **2**나라에 공훈이 있는 집안.

fǎ

＊【法】氵部 fǎ 5画 법 **법**

1명법. ◇守~/법을 지키다. **2**명방법. 방식. ◇办~/방법. **3**명표준. 모범. ◇效~/본받다. **4**통모방하다. ◇~其遗志/그 유지를 본받다. **5**명불교의 도리. ◇佛~/불법. **6**명(도교 등의) 법술. ◇作~/법술을 부리다. ◇戏~/마술. **7**(F-)명성(姓).

【法案─안】fǎ'àn 명법안.

【法办─판】fǎbàn 통법에 의해 처벌하다.

【法宝─보】fǎbǎo 명**1**〈佛〉법보.〔삼보(三宝)의 하나인 불법(佛法)을 말함〕〈佛〉중이 사용하는 가사·바리·석장 따위. **2**신화에서 나오는, 요괴를 죽일 수 있는 신기한 보물. **3**〈喩〉특별한 효과가 있는 방법이나 도구.

【法币─폐】fǎbì 명1935년 이후 국민당 정부가 발행한 지폐.

【法场─장】fǎchǎng 명**1**옛날의 처형장. **2**불법(佛法)을 선양(宣揚)하는 장소.

【法典─전】fǎdiǎn 명법전.

＊【法定─정】fǎdìng 형법률로 규정된. ◇按照~手续办理/법률로 규정된 순서로 처리하다. (反)〔不 bù 法〕

【法定人数─정인수】fǎdìng rénshù 명의결에 필요한 정족수(定足數)〔최소인원〕.

【法度─도】fǎdù 명**1**법률. **2**행위의 준칙.

【法古－고】 fǎgǔ 옛사람·옛시대를 본받다.
*【法官－관】 fǎguān 图1법관. 2직책이 있는 도사.
*【法规－규】 fǎguī 图〈法〉법규.
【法纪－기】 fǎjì 图법률·법령·조례·규정 등의 총칭.
【法家－가】 fǎjiā 图법가. 〔전국시대 제자백가의 하나〕
【法警－경】 fǎjǐng 图〈略〉〈法〉사법 경찰.
☆【法郎－랑】 fǎláng 图〈音〉프랑. 〔프랑스·스위스 등 국가의 본위화폐;불 franc〕
【法老－노】 fǎlǎo 图파라오. 〔그리스어: pharao〕
【法理－리】 fǎlǐ 图1〈法〉법리. ◇～学/법리학. 2〈佛〉법리. 불교의 진리.
【法力－력】 fǎlì 图1불법〈佛法〉의 힘. 2〈轉〉신통력.
**【法令－령】 fǎlìng 图〈法〉법령.
☆【法律－률】 fǎlǜ 图〈法〉법률. ◇～规定/법률규정. ◇～面前人人平等/법 앞에선 누구나 평등하다.
【法螺－라】 fǎluó 图〈魚介〉소라고동. (同)〔号角 hàojiǎo〕
【法门－문】 fǎmén 图1〈佛〉법문. 2학문이나 수행(修行)의 방법.
【法名－명】 fǎmíng 图〈佛〉법명.
【法器－기】 fǎqì 图〈佛〉(인경·목어 따위의) 법기. 불구(佛具).
【法权－권】 fǎquán 图〈法〉권리. 특권.
*【法人－인】 fǎrén 图〈法〉법인.
【法师－사】 fǎshī 图1〈佛〉법사. 도사(道士).
【法式－식】 fǎshì 图표준 양식.
【法事－사】 fǎshì 图〈佛〉법사. 불사(佛事).
【法书－서】 fǎshū 图1법첩(法帖). 2〈敬〉상대의 글씨.
【法术－술】 fǎshù 图1법술. 2옛날, 법가(法家)의 학술. 3(도사나 마녀가 쓰는) 마술.
【法堂－당】 fǎtáng 图1옛날, 공무를 보던 곳. (同)〔公 gōng 堂〕 2〈佛〉법당.
*【法庭－정】 fǎtíng 图〈法〉법정. ◇～辩论/법정 변론.
【法统－통】 fǎtǒng 图헌법과 법률의 전통.
【法王－왕】 fǎwáng 图법왕. 〈佛〉불타. 석가 여래에 대한 존칭.
【法网－망】 fǎwǎng 图법망.
*【法西斯－서사】 fǎxīsī 图〈音〉1파쇼. ◇～主义/파시즘. 국수주의. ◇～党/파시스트당. 2파시즘적인. 파시즘을 신봉하는 (경향·운동·체제 등).
【法西斯蒂－시사체】 fǎxīsīdì 图파시즘을 신봉하는 조직, 파시스트 당원. 〔이탈리아어:fascisti(fascisfa(복수)〕
【法学－학】 fǎxué 图법학.

【法眼－안】 fǎyǎn 图〈佛〉법안. 보살의 눈.
【法衣－의】 fǎyī 图1〈佛〉법의 가사(袈裟). 2〈法〉법복.
【法医－의】 fǎyī 图법의.
【法医学－의학】 fǎyīxué 图법의학.
★【法语－어】 fǎyǔ 图1(Fǎyǔ)〈言〉프랑스어. 2〈佛〉법어. 법담(法談). 3〈文〉바른 말. 정면의 충고.
**【法院－원】 fǎyuàn 图〈法〉법원.
**【法则－칙】 fǎzé 图1법칙. 규칙. 2〈文〉법규. 3〈文〉모범. 규범.
【法政－정】 fǎzhèng 图전에 법률과 정치의 축약어.
【法旨－지】 fǎzhǐ 图신(神)의 취지.
**【法制－제】 fǎzhì 图〈法〉법제.
【法治－치】 fǎzhì 图1(중국 전국시대 법가의 사상으로) 법에 의한 통치. 2법치.
**【法子－자】 fǎ·zi 图방법. ◇我们得想个～解决这个问题/우리는 방법을 생각해내이 문제를 해결해야 한다.

【砝】 石部 fǎ 5画 단단할 겁
【砝码－마】 fǎmǎ 图저울추.

fà

【发·髮】 又部 fà 3画 머리카락 발
图두발. 머리카락. ◇毛～/모발. ◇白～/백발. ⇒fā
【发辫－변】 fàbiàn 图변발.
【发髻－계】 fàjì 图상투. 낭자.
【发夹－협】 fàjiā 图머리핀.
【发胶－교】 fàjiāo 图헤어무쓰.
【发蜡－랍】 fàlà 图머리 기름. 포마드.
【发廊－랑】 fàláng 图(규모가 작은) 미용실. 이발소.
【发妻－처】 fàqī 图〈文〉조강지처.
【发卡－잡】 fàqiǎ 图머리 핀(pin).
【发式－식】 fàshì 图헤어 스타일.
【发网－망】 fàwǎng 图헤어네트(hairnet).
【发型－형】 fàxíng 图헤어 스타일.
【发油－유】 fàyóu 图머리 기름. (同)〔头 tóu 油〕
【发指－지】 fàzhǐ 图머리털이 곤두서다. 몹시 화나다.

fān

*【帆】 巾部 ┃ fān
3画 ┃ 돛 **범**

圆1돛. ◇一~风顺/〈成〉순풍에 돛을 달다. 2〈文〉돛단배.

【帆布－포】fānbù 圆범포. 즈크(네:doek).

【帆布床－포상】fānbùchuáng 圆군용 침대. 간이 침대.

*【帆船－선】fānchuán 圆돛단배. 범선.

【帆篷－봉】fānpéng 圆배의 돛.

【帆樯－장】fānqiáng 圆돛대.

*【番】 釆部 ┃ 田部 ┃ fān
5画 ┃ 7画 ┃ 한번 **번**

1圆차례. ◇几~/몇 차례. 2圆종류. 가지. 종. ◇別有一~天地/별천지가 있다. 3圆번. 차례. 바탕. ◇下过一~功夫/한번 시도해 봤다. ◇她考虑了一~/그녀는 한차례 생각해 봤다.

【番邦－방】fānbāng 圆〈文〉외국. 이민족.

【番菜－채】fāncài 圆서양 요리의 옛 이름.

【番号－호】fānhào 圆중국 군부대의 일련 번호.

*【番茄－가】fānqié 圆〈植〉토마토.

【番薯－서】fānshǔ 圆〈方〉고구마. (同)〔甘 gān 薯〕

【幡(旛)】 巾部 ┃ fān
12画 ┃ 기 **번**

圆수직으로 거는 좁고 긴 깃발.

【幡儿－아】fānr 圆상가 앞에 내거는 깃발.

【幡然－연】fānrán (同)〔翻 fān 然〕

【幡子－자】fān·zi 圆〈方〉(同)〔幡儿〕

【藩】 艹部 ┃ fān
15画 ┃ 울타리 **번**

圆1울타리. 2〈文〉〈轉〉변방지역. ◇屏~/병풍과 울타리. 주위의 강토(疆土). 3(봉건 제후의) 속국. 속지. ◇外~/외번.

【藩国－국】fānguó 圆제후의 나라.

【藩篱－리】fānlí 圆울타리. 담. 〈喩〉문호. 장애물.

【藩属－속】fānshǔ 圆봉건 시대 식민지나 속국.

★【翻】 羽部 ┃ fān
12画 ┃ 번득일 **번**

圆1뒤집다. 뒤집히다. ◇船~了/배가 뒤집혔다. ◇我把茶杯碰~了/내가 찻잔을 부딪혀 넘어뜨렸다. 2(물건을 찾기 위해) 뒤지다. 헤집다. (책을) 펴다. ◇抽屉我都~遍了, 还是找不到/내가 서랍을 다 뒤졌지만 역시 찾지 못했다. ◇把书~到第 100页/책의 100페이지를 펼치세요. 3번복하다. ◇有罪判决~了/유죄 판결이 번복되었다. 4넘다. ◇墙而过/담을 넘어갔다. 5(수나 양이) 배로 증가하다. ◇~一番/두 배로 되다. 6번역하다. ◇把中文~成韩文/중국어를 한국어로 번

역하다. 7(~儿)(사이가) 틀어지다. 화를 내다. ◇谁把他惹~了/누군가 그를 화나게 했어요.

【翻案－안】fān//àn 圆1판결을 뒤집다. 2(평가나 결론 등을) 뒤집다.

【翻把－파】fān//bǎ 圆1패배한 쪽이 다시 우위를 차지하다. (同)〔反 fǎn 把〕2(약속이나 승낙한 말을) 뒤집다.

【翻白眼－백안】fān báiyǎn (~儿)1눈을 부릅뜨다. 눈을 회번덕거리다. 〔난처·실망·화나거나 불만스러울 때〕2(병이 위독하여) 흰자위를 까뒤집다.

【翻版－판】fānbǎn 圆1번각(하다). 복각(하다). 2(喩)재판(하다). 복제품.

【翻本－본】fānběn (~儿)1圆(도박 등에서) 이미 잃은 돈을 되따다. 2圆(fānběn)(도박에서) 잃은 돈.

【翻茬－치】fān//chá 圆(작물을 베어낸 뒤) 논이나 밭을 갈아 작물의 그루터기를 파서 뒤집다.

【翻场－장】fān//cháng 圆탈곡장에 널어놓은 곡식을 햇빛에 잘 마르도록 뒤집다.

【翻炒－초】fānchǎo 圆(요리에서) 뒤섞어 볶다.

【翻车－차】fān//chē 圆1차가 뒤집히다. 2일이 중도에 좌절되다. 3圆(fānchē)(논에 물을 대는) 급수차.

【翻船－선】fān//chuán 圆1배가 뒤집어지다. 2〈喩〉일이 도중에 좌절당하다. 실패하다.

【翻倒－도】fāndǎo 圆전복하다〔되다〕.

【翻地－지】fān//dì 圆(쟁기·삽 따위로) 땅을 갈아엎다.

【翻动－동】fāndòng 圆원래의 위치나 모양을 바꾸다.

【翻斗－두】fāndǒu 圆스킵버킷(skip bucket).

【翻斗车－두차】fāndǒuchē 圆광차(鑛車).

【翻番－번】fān//fān 圆갑절이 되다.

【翻覆－복】fānfù 1(同)〔翻 1〕2圆변전. 탈바꿈. 3圆몸을 뒤척이다. 4圆〈文〉번복하다. ◇이랬다 저랬다 하다.

【翻改－개】fāngǎi 圆헌옷을 뜯어 다시 옷을 짓다.

【翻盖－개】fāngài 圆(낡은 집을) 개축하다. 고쳐짓다.

【翻跟头－근두】fān gēn·tou 1공중 회전하다. 공중 제비하다. 2(fāngēn·tou)圆〈體〉공중회전. 3〈喩〉좌절당하다. 실패하다.

【翻工－공】fān//gōng (同)〔返 fǎn 工〕

【翻供－공】fān//gòng 圆〈法〉진술을 번복하다.

【翻滚－곤】fāngǔn 圆1데굴데굴 구르다. 나뒹굴다. 2소용돌이치다. 용솟음치다.

【翻悔－회】fānhuǐ 圆생각이 달라지다. 마

음이 바뀌다.

【翻检-검】fānjiǎn 동(책·책장 등을) 뒤적이며 조사하다.

【翻建-건】fānjiàn (同)〔翻盖 gài〕

【翻江倒海-강도해】fān jiāng dǎo hǎi 〈成〉힘이나 기세가 대단하다.

【翻浆-장】fān // jiāng 동초봄에, 얼었던 것이 녹아서 풀리면서 지면이나 도로의 틈새에서 물이나 진흙물이 나오다.

【翻卷-권】fānjuǎn 동소용돌이치다.

【翻开-개】fānkāi 동(책 따위를) 젖혀 열다〔펴다〕.

【翻刻-각】fānkè 동원본을 본따 조각하다〔인쇄하다〕.

【翻来复去-래복거】fān lái fù qù 〈成〉1되풀이하다. 2(자면서 몸을) 엎치락 뒤치락하다.

【翻脸-검】fān // liǎn 동불쾌한 얼굴을 하다. (同)〔变 biàn 脸〕, (反)〔要好 yàohǎo〕

【翻领-령】fānlǐng (~儿)명밖으로 꺾어 넘기도록 만든 옷깃.

【翻录-녹】fānlù 동테이프를 (불법으로) 복제하다.

【翻毛-모】fānmáo (~儿)명1모피의 털을 바깥으로 한 것. 2가죽의 안쪽을 바깥으로 한 것.

【翻弄-롱】fānnòng 동뒤적거리다. 만지작거리다.

【翻拍-박】fānpāi 동사진이나 원고를 복제하다.

【翻皮-피】fānpí 명가죽을 뒤집은 것. (同)〔翻毛 máo 2〕

【翻然-연】fānrán 부신속하고 철저하게 (바꾸다).

【翻砂-사】fānshā 동1주조하다. 2〈工〉주형을 만들다.

【翻山越岭-산월령】fān shān yuè lǐng 〈成〉산을 넘고 또 넘다. 일을 성취하기 위하여 부단히 애쓰다.

【翻晒-쇄】fānshài 동햇빛을 잘 받도록 물체를 뒤집다.

**【翻身-신】fān // shēn 1동누워서 몸을 뒤척이다. 엎치락 뒤치락하다. ◇他~了个身又睡觉了/그는 몸을 한번 뒤척이더니 다시 잠이 들었다. 2〈喩〉(압박에서) 해방되다. ◇~农奴/해방된 농노. 3〈喩〉낙후한 면모나 불리한 처지를 떨쳐버리다.

【翻绳儿-승아】fānshéngr 명실뜨기.〔놀이의 일종〕

【翻腾-등】fān·téng 동1소용돌이 치다. 2뒤집어어 어지럽히다.

【翻天覆地-천복지】fān tiān fù dì 〈成〉1하늘과 땅이 뒤집히다. 커다란 변화가 일어나다. 2대소동이 일어나다. ‖(同)〔天翻

地覆〕, (反)〔一成不变 yī chéng bù biàn〕

【翻胃-위】fān // wèi (同)〔反 fǎn 胃〕

【翻箱倒柜-상도궤】fān xiāng dǎo guì 〈成〉샅샅이 뒤지며 찾다.

【翻新-신】fānxīn 동1(헌 옷을) 고쳐 짓다. 2헌 것을 새롭게 하다. (反)〔守旧 shǒujiù〕

【翻修-수】fānxiū 동(건물이나 도로 따위를) 보수하다.

★【翻译-역】fānyì 1명번역(하다). 통역 (하다). ◇请你帮我~一下好吗?/제 대신 번역(통역)을 좀 해 주시겠어요? ◇这部书早就~成中文了/이 책은 벌써 중국어로 번역해 놓았어요. 2명통역(자). ◇当~/통역이 되다.

【翻印-인】fānyìn 명동해적판(을 찍다).

【翻涌-용】fānyǒng 동(물, 구름 따위가) 끓어 오르다. 용솟음치다.

【翻阅-열】fānyuè 동(책이나 문서 따위를) 읽다. 열람하다.

【翻越-월】fānyuè 동(산 등을) 넘다.

【翻云覆雨-운복우】fān yún fù yǔ 〈成〉1태도가 싹 바뀌다. 2농간을 부리다.

【翻造-조】fānzào 명동재생(하다).

fán

☆【凡】 凡部│fán
　　 1画│무릇 **범**

1형평범하다. 보통이다. ◇非~/비범하다. 2명속세. 인간 세상. ◇天仙下~/하늘의 신선이 인간 세상에 내려오다. 3부무릇. 모든. ◇~年满十八岁公民都有选举权与被选举权/모든 나이 만 18세가 된 공민은 선거권과 피선거권이 있다. 4부〈文〉모두. 도합. 통틀어. ◇全书~二十卷/전서는 도합 20권이다. 5명〈文〉대요. 요지. 대략. ◇发~起例/요지를 설명하고 체재를 세우다. 6명〈音〉중국 옛날 악보의 음부의 하나. 약보(略譜)의 '4'에 해당함.

【凡夫-부】fánfū 명범인.

【凡例-례】fánlì 명범례.

【凡人-인】fánrén 명1평범한 사람. (同)〔凡夫 fū〕, (反)〔圣 shèng 人〕2속인.

【凡士林-사림】fánshìlín 명〈音〉〈化〉와셀린.

【凡事-사】fánshì 명만사(万事). 어떤 일이든.

**【凡是-시】fánshì 1부모두. 무릇.〔한 범위내의 모든 것을 가리킴〕◇~认识他的人, 没有不称赞他的/그를 아는 사람은 모두 그를 칭찬하지 않는 사람이 없다.

【凡俗-속】fánsú 형평범하다. 보통이다.

【凡响一响】fánxiǎng 图평범한 음악.

【凡心一心】fánxīn 图(불교에서 말하는) 속념(俗念).

【凡庸一庸】fányōng 彭범용하다. (同)〔平 píng 庸〕, (反)〔高明 gāomíng〕

【矾·礬】 石部 | fán
3画 | 백반 **번**
图〈化〉반루(礬類). 금속의 유산염(硫酸 鹽). ◇白~/백반.

**【烦·煩】 火部 | fán
6画 | 번거로울 **번**
1彭답답하다. 괴롭다. ◇心里有点~/가슴 이 좀 답답하다. (同)〔乱 luàn〕, (反)〔静 jìng〕 2彭귀찮다. ◇这些话都听~了 /이런 말은 지겹도록 들었다. ◇孩子老 哭, 真~人/아이가 계속 울어대니 정말 성가시다. 3图번잡하다. 장황하다 ◇要 言不~/〈成〉말이 간결하고 장황하지 않 다. 4图〈敬〉수고[폐]를 끼치다. 수고 롭지만…. ◇~您给带个信儿/수고스럽지 만, 소식을 좀 전해 주십시오.

【烦劳一劳】fánláo 〈敬〉수고[폐]를 끼치 다. 수고스럽지만…. [부탁할 때 하는 말]

【烦乱一乱】fánluàn 1彭심란하다. 마음이 어지럽다. 2(同)〔繁 fán 乱〕

*【烦闷一闷】fánmèn 图번민(하다). 고민 (하다). ◇雨下个不停, 真叫人~/비가 계 속 그치지 않으니 정말 사람을 답답하게 만든다. (同)〔愁 chóu 闷〕, (反)〔舒畅 shūchàng〕

【烦难一难】fánnán (同)〔繁 fán 难〕

*【烦恼一恼】fánnǎo 1图번뇌하다. 걱정하 다. ◇何必为这些小事~?/이런 별것도 아닌 일 때문에 걱정할 필요가 뭐가 있어 요? (同)〔苦 kǔ 恼〕, (反)〔愉快 yúkuài〕 2图번뇌. 걱정. ◇似乎有什么~/무슨 걱 정이 있는 것 같다.

【烦扰一扰】fánrǎo 1图성가시게 〔귀찮게〕 굴다. (同)〔烦乱 luàn〕, (反)〔平静 píng-jìng〕2귀찮게 구는 것 때문에 심란하다.

【烦人一人】fánrén 1图사람을 귀찮게 하 다. 사람을 성가시게 굴다. (同)〔恼 nǎo 人〕, (反)〔喜 xǐ 人〕

【烦冗一冗】fánrǒng 图1(사무·일 따위가) 번잡하다. 2(문장이) 장황하다. ‖(同) 〔繁 fán 冗〕

【烦琐一琐】fánsuǒ 图(주로 문장·말 따위 가) 장황하다. 자질구레하다. (同)〔繁 fán 琐〕, (反)〔简洁 jiǎnjié〕

【烦嚣一嚣】fánxiāo 图〈文〉떠들썩하다. 시 끌벅적하다. (同)〔喧 xuān 嚣〕, (反)〔安 静 ānjìng〕

【烦心一心】fánxīn 1图심란하게 하다. 2图 〈方〉신경 쓰이다. 근심하다. (反)〔安慰

ānwèi〕

【烦忧一忧】fányōu 图번뇌하다. 우울하다.

【烦杂一杂】fánzá 图번잡하다. (同)〔繁 fán 杂〕, (反)〔简明 jiǎnmíng〕

*【烦躁一躁】fánzào 图초조하다. ◇~不安/ 초조하고 불안하다. (反)〔安稳 ānwěn〕

【樊】 大部 | fán
12画 | 11画 | 울타리 **번**
1图〈文〉(대나무나 잡목으로 만든) 울타 리. 2(Fán)图성(姓).

【樊篱一篱】fánlí 图〈文〉울. 울타리. 〈喩〉 장벽.

【樊笼一笼】fánlóng 1图새장. 2〈喩〉부자유 스런 처지.

【繁】 糸部 | fán
11画 | 성할 **번**
1图엄청나게 많다. ◇~星满天/많은 별 들이 하늘에 가득하다. 2图복잡하다. 3图 (가축 등이) 번식하다. ◇自~自养/저절 로 번식하고 저절로 자라다. ⇒Pó

【繁本一本】fánběn 图번본. 〔여러 종(種) 의 판본 중 내용이나 문자가 많아 축소 본을 만들 때 근거로 삼는 판본〕

*【繁多一多】fánduō 彭대단히 많다. ◇花色 ~/색깔의 많다. (反)〔稀少 xīshǎo〕

【繁复一复】fánfù 彭번잡하다. (同)〔纷繁 fēnfán〕, (反)〔单纯 duānchún〕

*【繁华一华】fánhuá 彭번화하다. ◇城里最 ~的地区/도시에서 가장 번화한 지역. (反)〔冷落 lěngluò〕

【繁丽一丽】fánlì 彭(문장의 수사가) 풍부 하고 아름답다.

【繁乱一乱】fánluàn 彭(일이 많아) 번잡하다.

*【繁忙一忙】fánmáng 彭매우 바쁘다. ◇工 作~/일이 매우 바쁘다. (同)〔忙碌 lù〕, (反)〔空闲 kòngxián〕

【繁茂一茂】fánmào 彭초목이 무성하다. (同)〔茂盛 shèng〕, (反)〔凋零 diāolíng〕

【繁密一密】fánmì 彭빽빽하다. (反)〔稀疏 xīshū〕

【繁难一难】fánnán 彭복잡하고 어렵다. (同)〔烦 fán 难〕, (反)〔简易 jiǎnyì〕

【繁闹一闹】fánnào 彭번화하다.

**【繁荣一荣】fánróng 1彭번창하다. ◇~的 文化事业/번창한 문화사업. 2图번창시키 다. ◇~文学创作/문학창작을 번창시키 다. (同)〔兴盛 xīngshèng〕, (反)〔萧条 xiāotiáo〕

【繁荣昌盛一荣昌盛】fán róng chāng shèng 〈成〉(국가가) 번영창성하다. (同)〔欣欣 向荣 xīn xīn xiàng róng〕, (反)〔每况愈 下 měi kuàng yù xià〕

【繁冗一冗】fánrǒng (同)〔烦 fán 冗〕

【繁缛一缛】fánrù 彭〈文〉많고 자질구레하

다. ◇～的礼节/번거로운 예절.
【繁盛―성】fánshèng 혱번성하다. 번창하다.
【繁琐―쇄】fánsuǒ (同)〔烦 fán 琐〕
*【繁体字―체자】fántǐzì 몡번체자. (反)〔简 jiǎn 体字〕
【繁文缛节―문욕절】fán wén rù jié〈成〉번거로운 예절이나 관행. 〈喩〉번잡하고 쓸모없는 일.
【繁芜―무】fánwú 혱문장이 장황하다.
【繁星―성】fánxīng 몡뭇별.
【繁衍―연】fányǎn 동〈文〉많이 퍼지다. 번영하다.
【繁育―육】fányù 동번식(육성)시키다.
【繁杂―잡】fánzá 혱번잡하다. (同)〔烦 fán 杂〕, (反)〔简明 jiǎnmíng〕
**【繁殖―식】fánzhí 동번식(하다).
**【繁重―중】fánzhòng 혱(일·임무 따위가) 많고 힘들다. ◇～的劳动/많고 힘든 노동. (反)〔简易 jiǎnyì〕

fǎn

**【反】厂部 又部 fǎn
　　　 2画 2画 돌이킬 반
**1동반대(방향)의. 거꾸로의. (反)〔正 zhèng〕◇这件上衣正~两面都可以穿/이 상의는 정반면 모두 입을 수 있다. 2동바꾸다. 뒤집다. ◇～败为胜/패배를 승리로 바꾸다. 3동되돌려 주다. 응수하다. ◇～问/반문하다. ◇～击/반격하다. 4동반항하다. 반대하다. ◇～朝廷/조정을 반대하다. 5동배반하다. ◇～叛/배반하다. 6몡반혁명파. 반대파. ◇镇～/반대파(세력)을 진압하다. 7동유추하다. ◇举一～三/〈成〉한 가지 일로부터 많은 것을 유추하다. 8동반대로. 도리어. 오히려. ◇他不但不支持我, ～把我批评了一顿/그는 지지해주지 않았을 뿐만 아니라 오히려 나에게 한바탕 나무랐다. 9중국 전통 발음표기법. 반절(反切) 뒤에 쓰여 앞의 두 글자가 음(音)을 표기하기 위한 반절임을 표시함. 예를 들면 '塑, 桑故反'의 경우, '塑'의 자음이 '桑'의 자음 's'와 같고, 塑'의 모음이 '故'의 모음 'u'와 같고 성조는 모두 4성이다.
【反霸―패】fǎnbà 1동패권주의를 반대하다. 2몡토지 개혁 운동 중에서 악덕 지주의 죄행에 대하여 상응하는 벌을 주다.
【反绑―방】fǎnbǎng 뒷짐 결박을 하다.
【反包围―포위】fǎnbāowéi 몡동〈軍〉역포위(하다).
【反比―비】fǎnbǐ 몡〈數〉1반비. 역비(逆比). (同)〔反比例 lì〕
【反比例―비례】fǎnbǐlì 몡〈數〉반비례.

*【反驳―박】fǎnbó 동반박(하다). ◇作出强有力的～/강력한 반박을 가하다. ◇～对方的指责/상대방의 질책에 반박하다.
【反哺―포】fǎnbǔ 동까마귀 새끼가 자란 뒤에 먹이를 입에서 뱉어내어 어미새에게 먹이다. 〈喩〉자식이 부모의 은혜에 보답하다.
【反侧―측】fǎncè 1(누워서 몸을) 뒤척거리다. 2순종하지 않다. 3변덕스럽다. (同)〔反复无常 fǎn fù wú cháng〕
【反差―차】fǎnchā 1몡〈撮〉콘트라스트〔사진에서 인화의 명암도〕2(사람이나 사물의 좋고 나쁨, 아름답고 밉게 생긴 것 등의) 차이.
*【反常―상】fǎncháng 혱평소와 다르다. 비정상적이다. ◇最近天气有点儿～/최근 날씨가 약간 비정상적이다. ◇他昨天的表现有点儿～/어제 그의 태도는 평소와는 좀 틀렸다. (反)〔正 zhèng 常〕
【反衬―친】fǎnchèn 동반대되는 것과 대조시켜 돋보이게 하다.
【反冲力―충력】fǎnchōnglì 몡〈物〉반동력.
【反刍―추】fǎnchú 1몡동반추(하다). 새김질(하다). ◇～动物/반추동물. (同)〔倒嚼 dǎojiào〕2동〈喩〉지난 일을 반복하여 추억하고 되새기다.
【反串―천】fǎnchuàn 동〈演〉대역을 하다.
【反唇相讥―진상기】fǎn chún xiāng jī〈成〉남의 충고를 받아들이지 않고 오히려 상대를 비꼬다.
【反倒―도】fǎndào 뭐오히려. 도리어. ◇叫他走慢点儿, 他～加快了脚步/그에게 천천히 가라고 했지만 그는 오히려 발걸음을 더욱 빨리했다.
【反帝―제】fǎndì 몡〈略〉반제국주의.
【反调―조】fǎndiào 몡반대되는 논조나 말.
☆【反动―동】fǎndòng 1몡〈物〉반동. 반발. ◇他弃家出走, 是对旧社会婚姻压迫的～/그가 집을 등지고 떠난 것은 구사회의 혼인억압에 대한 반작용 때문이다. 2몡혱반동(적이다). ◇～势力/(진보,혁신을 반대하는) 반동세력. (反)〔进步 jìnbù〕
【反动派―동파】fǎndòngpài 몡반동세력.
★【反对―대】fǎnduì 몡동반대(하다). ◇～种族歧视/인종차별을 반대하다. ◇有～意见吗?/반대의견이 있습니까? (反)〔赞成 zànchéng〕
【反对党―대당】fǎnduìdǎng 몡〈政〉반대당. 야당.
*【反而―이】fǎn'ér 뭐오히려. 역으로. ◇你太拘礼了, ～弄得大家不方便/네가 너무 예의를 차려서 오히려 모두를 불편하게 만들었다.
☆【反复―복】fǎnfù 1동반복하다. ◇～解释/

반복하여 설명하다. [비교]反复:重犯:多次 ①"反复"는 목적어를 취하지 않는다. ◇不要(×反复)重犯过去的错误/과거의 잘못을 또 저지르지 마라. ②"反复"는 심리 상태를 나타내는 동사를 수식하지 않는다. ◇教师(×反复)多次赞扬我发音清楚/선생님은 나의 발음이 분명하다고 여러 번 칭찬했다. 2[동]변덕스럽다. ◇他的态度~不定, 叫人难以捉摸 zhuōmō/그의 태도는 변덕스러워 짐작하기 어렵다. 3[명]반복되는 상황. ◇斗争往往会有~/투쟁은 반복되는 상황이 자주 있다.

【反复无常-복무상】fǎn fù wú cháng〈成〉변덕스럽다. (同)〔朝三暮四 zhāo sān mù sì〕, (反)〔始终如一 shǐ zhōng rú yī〕

*【反感-감】fǎngǎn [명][동]반감(을 가지다). (反)〔好 hǎo 感〕

【反戈-과】fǎngē [동]창을 돌려 잡다. (반대쪽을 향해) 반격하다.

【反戈-과】fǎngē〈喻〉병기의 칼끝을 돌려 반격하다.

【反戈一击-과일격】fǎn gē yī jī〈成〉창을 돌려 잡고 일격을 가하다.

*【反革命-혁명】fǎngémìng 1[명]반혁명(분자). ◇镇压~/반혁명을 진압하다. 2[형]혁명에 반대하는. 반혁명적인.

*【反攻-공】fǎngōng [명][동]역습(하다). 반격(하다).

【反躬自问-궁자문】fǎn gōng zì wèn〈成〉자신을 돌이켜 스스로 묻다.

【反光-광】fǎnguāng 1[동]빛을 반사하다. 2[명]반사광.

【反光镜-광경】fǎnguāngjìng [명]〈物〉반사경.

【反话-화】fǎnhuà [명]일부러 자기 생각과 반대되게 하는 말.

【反悔-회】fǎnhuǐ [동](그전에 했던 말·약속 따위를) 번복하다. (同)〔翻 fān 悔〕

⁑【反击-격】fǎnjī [명][동]반격(하다). 역습(하다).

【反剪-전】fǎnjiǎn [동]1뒷짐을 지워 묶다. 2뒷짐 지다.

【反间-간】fǎnjiàn [동]적의 간첩을 역이용하다.

【反骄破满-교파만】fǎn jiāo pò mǎn〈成〉교만과 반대하고 자기만족을 경계하다.

【反诘-힐】fǎnjié (同)〔反问 wèn〕

☆【反抗-항】fǎnkàng [명][동]반항(하다). ◇哪里有压迫, 哪里就有~/압박이 있는 곳에 반항이 있다. (同)〔对 duì 抗〕, (反)〔服从 fúcóng〕

【反客为主-객위주】fǎn kè wéi zhǔ〈成〉주객이 전도되다. (同)〔喧宾夺主 xuān bīn duó zhǔ〕, (反)〔客随 suí 主便〕

*【反馈-궤】fǎnkuì 1[명]〈電子〉귀환(歸還). 반결합. 피드백(feedback). 2[동](소식·반응 따위가) 돌아오다.

*【反面-면】fǎnmiàn (~儿)[명]1이면(裏面). 안. ◇料子的~/천의 안쪽. 2부정적인 면. ◇~的教训/부정적인 교훈. (同)〔背 bèi 面〕, (反)〔正 zhèng 面〕 3(일·문제 따위의) 다른 일면. 반면. ◇不但要看问题的正面, 还要看问题的~/문제의 정면 뿐만 아니라 문제의 다른 면도 보아야 한다.

【反面教员-면교원】fǎnmiàn jiàoyuán [명]반면 교사. 〔부정적인 것을 가르쳐 주는 사람〕

【反面人物-면인물】fǎnmiàn rénwù [명](문학 예술 작품에서) 반동적이고 부정적인 인물. (同)〔反派 pài 人物〕, (反)〔正 zhèng 面人物〕

F

【反目-목】fǎnmù [형](부부가) 반목하다. (同)〔和睦 hémù〕

【反派-파】fǎnpài [명](연극·영화·소설 따위의) 악역(惡役).

【反叛-반】fǎnpàn [동]모반을 일으키다. (同)〔背 bèi 叛〕, (反)〔忠诚 zhōngchéng〕

【反叛-반】fǎn·pan [명]〈口〉반역자.

【反批评-비평】fǎnpīpíng [명]비판에 대한 비판을 가하다. 〔학술논쟁의 경우〕

【反扑-복】fǎnpū [명][동]반격(하다).

【反其道而行之-기도이행지】fǎn qí dào ér xíng zhī〈成〉다른 사람과 반대의 방법으로 일을 하다.

【反切-절】fǎnqiè [명]〈言〉반절.

【反求诸己-구제기】fǎn qiú zhū jǐ〈成〉결점이나 잘못의 원인을 자신에게서 찾다.

*【反射-사】fǎnshè [명][동]〈物〉〈生〉반사(하다).

【反身-신】fǎnshēn [동]몸을 돌리다.

【反手-수】fǎn∥shǒu [동]1손바닥을 뒤집다. 손을 뒷짐지다. 2〈喻〉일이 쉽게 이루어지다. 여반장이다.

【反水-수】fǎn∥shuǐ 1〈方〉[동]배반하다. 2 마음이 달라지다.

【反坦克炮-탄극포】fǎntǎnkèpào [명]〈軍〉대전차포.

【反胃-위】fǎnwèi〈醫〉1[동]속이 매스껍다. 〔음식을 삼킨 후에 불편하여 매스껍고 심지어는 토하는 증세〕 2[명]번위. ‖ (同)〔翻 fān 胃〕

⁑【反问-문】fǎnwèn 1[명][동]반문(하다). 2[명]〈言〉반어법.

【反诬-무】fǎnwū [동]지적하는 상대방을 도리어 모함하다.

【反响-향】fǎnxiǎng [명][동]1반응(이 일어나다). ◇引起广泛的~/광범위한 반응을 일으키다. 2메아리(치다).

【反省-성】fǎnxǐng [명][동]반성(하다).

【反咬-교】fǎnyǎo [동]피고가 원고 고발인·

F

증인을 도리어 고발하다.

【反义词―의사】 fǎnyìcí 몡〈言〉반의어. (反)〔同 tóng 义词〕

☆【反应―응】 fǎnyìng 1몡〈物〉반응. ◇阳性(阴性)～/양성(음성) 반응. ◇病人打针以后的～/환자의 주사를 맞은 후의 반응. 2몡반응. ◇～不一/반응이 여러가지다. ◇作出～/반응하다. 3몡반응하다. ◇他对你的建议～怎么样?/당신의 건의에 대해 그가 어떻게 반응했어요?

【反应堆―응퇴】 fǎnyìngduī (同)〔原子 yuán·zi 反应堆〕

☆【反映―영】 fǎnyìng 1몡동반영(하다, 시키다). ◇这张报纸～知识分子的看法和意见/이 신문은 지식인의 견해와 의견을 반영한다. 2몡상급 기관 혹은 관련 기관에 보고하다. ◇向上级～/상급자에게 보고하다.

【反映论―영론】 fǎnyìnglùn 몡〈哲〉반영론.

【反语―어】 fǎnyǔ (同)〔反话 huà〕

【反战―전】 fǎnzhàn 1몡반전. 2동전쟁을 반대하다.

【反照―조】 fǎnzhào 1동빛을 반사하다. 2몡빛의 반사. ‖(同)〔返 fǎn 照〕

☆【反正―정】 fǎnzhèng 1동(적이) 귀순하다. 2동정도로 돌아오다.

【反正―정】 fǎn·zheng 튀어차피. 어쨌든. 아무튼. ◇无论你怎么说, ～我不答应/네가 어떻게 말하든 어쨌든 나는 허락하지 않는다. ◇～你不是外人, 我也就不客气了/아무튼 당신도 남이 아니니 저도 체면차리지 않겠어요.

【反证―증】 fǎnzhèng 몡동반증(하다).

【反证法―증법】 fǎnzhèngfǎ 몡귀류법(歸謬法).

＊【反之―지】 fǎnzhī 젭〈文〉바꾸어서 말하면. ◇亦然/바꿔 말해도 역시 그렇다.

【反殖―식】 fǎnzhí 1몡〈略〉반식민주의. 2동식민주의에 반대하다.

【反转―전】 fǎnzhuǎn 동역전하다.

【反坐―좌】 fǎnzuò 몡동〈法〉반좌(하다).

【反作用―작용】 fǎnzuòyòng 몡1〈物〉반작용. 2역효과.

＊＊【返】 辶部 fǎn
　　　　4画 돌아올 **반**
동돌아가다. 돌아오다. ◇往～/왕복하다. (同)〔回 huí〕, (反)〔去 qù〕

【返场―장】 fǎn // chǎng동앙코르(encore)에 답례하다.

【返潮―조】 fǎn // cháo 동습기가 차다.

【返程―정】 fǎnchéng 몡돌아오는 길. 귀로.

【返防―방】 fǎn // fáng 동〈軍〉기지(基地)로 돌아가다.

【返工―공】 fǎn // gōng 동(공사 혹은 제품

이 불합격되어) 다시 만들다.

【返归―귀】 fǎnguī 동돌아오다. 돌아가다.

【返航―항】 fǎn // háng 동(배·비행기 따위가) 회항하다.

＊【返回―회】 fǎnhuí 동(원래의 곳으로) 되돌아가다〔오다〕. ◇～港口/항구로 되돌아가다. (同)〔归来 guīlái〕, (反)〔出发 chūfā〕

【返悔―회】 fǎnhuǐ (同)〔翻 fān 悔〕

【返老还童―로환동】 fǎn lǎo huán tóng〈成〉회춘하다. (同)〔鹤发童颜 hè fà tóng yán〕, (反)〔未老先衰 wèi lǎo xiān shuāi〕

【返聘―빙】 fǎnpìn 동(퇴직·퇴사한 사람을) 재고용하다.

【返青―청】 fǎn // qīng 동옮겨 심은 후나 월동 후에 식물이 파란 싹을 내다.

【返身―신】 fǎn // shēn 동몸을 돌리다. 방향을 바꾸다.

【返俗―속】 fǎn // sú 동환속하다.

【返销―소】 fǎnxiāo 동1국가가 농촌에서 수매한 식량을 농촌에 다시 팔다. 2어떤 국가나 지역에서 원료나 부품을 수입하여 제품으로 제조하여 다시 그 국가 또는 지역에 판매하다.

【返校―교】 fǎnxiào 동1(방학이 끝나) 학교로 되돌아 가다. 2(방학 도중 숙제를 검사 받거나 학교 행사에 참가하기 위해) 학교에 가다.

【返修―수】 fǎnxiū 동1재차 수리하다. 2회수하여 수리하다.

【返照―조】 fǎnzhào 동빛이 반사하다. (同)〔反 fǎn 照〕

【返祖现象―조현상】 fǎnzǔ xiànxiàng 몡〈生〉격세 유전. 간헐 유전.

fàn

☆【犯】 犭部 fàn
　　　2画 범할 **범**
1동(법·규칙 등에) 저촉하다. 위반하다. ◇～纪律/규율을 어기다. 2동침범하다. 건드리다. ◇人若～我, 我必～人/만일 남이 나를 건드리면 나도 꼭 남을 응수한다. 3몡범죄자. 범인. ◇战～/전범. 4동(주로 잘못되거나 좋지 않은 일 등을) 저지르다. 범하다. 일어나다. ◇～错误/잘못을 저지르다.

【犯案―안】 fàn // àn 동(범죄가) 발각되다.

【犯病―병】 fàn // bìng 동지병이 재발하다.

【犯不上―불상】 fàn·bu shàng (同)〔犯不着 zháo〕

【犯不着―불착】 fàn·bu zháo …할 가치가 없다. …할 필요가 없다.

【犯愁－수】fàn∥chóu 통걱정하다.
【犯得上－득상】fàn ·de shàng (同)〔犯得着 zháo〕
【犯得着－득착】fàn ·de zháo …할 만한 가치가 있다. …할 만하다.
*【犯法－법】fàn∥fǎ 통법을 어기다. ◇~行为/범법 행위. (同)〔违 wéi 法〕, (反)〔守 shǒu 法〕
【犯规－규】fàn∥guī 1규칙을 어기다. 2통〈體〉반칙하다. 3(fànguī)명반칙. 4(fànguī)명〈體〉반칙. 파울(foul).
【犯讳－휘】fàn∥huì 1윗어른의 이름을 함부로 부르다. 2부정타는 소리[말].
【犯浑－혼】fàn∥hún 통언행이 상식을 벗어나다. 잠시 생각을 잘못하다.
【犯忌－기】fàn∥jì 통금기(禁忌)를 어기다[깨다].
【犯贱－천】fàn∥jiàn 통천박하게 행동하다.
【犯节气－절기】fàn jié·qi 지병이 계절이 바뀌면서 도지다.
【犯戒－계】fàn∥jiè 통〈佛〉계율을 범하다.
【犯禁－금】fàn∥jìn통금령(禁令)을 어기다.
【困困－곤】fàn∥kùn 통졸리다.
【犯难－난】fàn∥nán 통〈俗〉(입장 따위가) 난처하다. 난감하다.
**【犯人－인】fànrén 명범인.
【犯傻－사】fàn∥shǎ 통〈方〉1어리석은 체하다. 바보인 체하다. 2바보짓하다. 3넋을 놓다.
【犯上－상】fàn∥shàng통윗사람을 거역하다.
【犯事－사】fàn∥shì 통범죄를 저지르다. 규율을 어기다.
【犯疑－의】fàn∥yí 통의심하다. 의심이 가다[나다]. (同)〔起 qǐ 疑〕, (反)〔相信 xiāngxìn〕
【犯嘴－취】fàn∥zuǐ 통말다툼하다.
**【犯罪－죄】fàn∥zuì 1통죄를 범하다. ◇我犯了什么罪? 为什么要逮捕 dàibǔ 我?/내가 무슨 죄를 지었어요? 왜 나를 체포합니까? (反)〔立功 lì∥gōng〕2(fànzuì)명범죄. (反)〔立功 lìgōng〕

★【饭·飯】饣部 fàn 4画 밥 반
명1밥. ◇米~/쌀밥. 2식사. ◇早~/아침식사. ◇~前洗手/식사 전에 손 닦는다.
【饭菜－채】fàncài 명1밥과 반찬. ◇~可口/음식이 맛깔지다. 2찬. 반찬.
★【饭店－점】fàndiàn 명1호텔. 2〈方〉식당.
**【饭馆－관】fànguǎn (~儿)명식당.
【饭锅－과】fànguō 명밥솥. 솥.
【饭盒－합】fànhé (~儿)명도시락.
【饭后－후】fànhòu 명식후.
【饭局－국】fànjú 명잔치. 회식.
【饭口－구】fànkǒu (~儿)명식사 때.

【饭量－량】fàn·liàng 명식사량.
【饭囊－낭】fànnáng 명밥을 담는 주머니. 〈喩〉밥통. 쓸모 없는 사람.
【饭票－표】fànpiào 명식권.
【饭铺－포】fànpù (~儿)명(규모가 작은)식당.
【饭时－시】fànshí 명〈方〉끼니 때.
【饭食－식】fàn·shi (~儿)명식사. 밥.
【饭厅－청】fàntīng 명식당.
【饭桶－통】fàntǒng 명밥통. 〈喩〉대식가. 밥벌레. (同)〔草包 cǎobāo〕, (反)〔能人 néngrén〕
*【饭碗－완】fànwǎn 명1밥공기. 2〈轉〉직업. 생활의 근거. ◇丢~/직업을 잃다. ◇找~/직업을 찾다.
【饭庄－장】fànzhuāng 명(규모가 큰) 음식점. 레스토랑.
【饭桌－탁】fànzhuō (~儿)명식탁.

*【泛(汎，⁴氾)】氵部 fàn 4画 넘칠 범
1통〈文〉(물 위에) 뜨다. 띄우다. 2통(표면에) 나타나다. (얼굴에) 띠다. ◇脸上~了红/얼굴에 홍조를 띠다. ◇从厨房里~出阵阵香味/주방에서 좋은 냄새가 나다. 3통일반적이다. 광범위하다. 4통범람하다. 물이 지다. ◇黄~区/황하가 이전에 범람했던 지구. 5통대강대강. 대충.
【泛称－칭】fànchēng 명〈文〉총칭(總稱)(하다).
【泛泛－범】fànfàn 명1일반적이다. 2깊지 못하다. ◇~之交/(成)보통 사이. (同)〔肤浅 fūqiǎn〕, (反)〔深人 shēnrù〕
**【泛滥－람】fànlàn 통범람(하다). ◇河水~/강물이 범람하다. ◇不能让错误思想自由~/잘못된 사상이 범람하도록 방치해서는 안 된다.
【泛指－지】fànzhǐ 통일반적으로 …을 가리키다.

【范·範】艹部 fàn 5画 법 범
1명〈文〉모형. 주형. ◇钱~/동전의 주형. 2명본보기. 모범. ◇规~/규범. 3명범위. ◇就~/복종하다. 4통〈文〉제한하다. ◇防~/방지하다.
【范本－본】fànběn 명글씨본.
*【范畴－주】fànchóu 명1〈哲〉범주. 2범위.
【范例－례】fànlì 명범례.
☆【范围－위】fànwéi 1명범위. ◇我们谈话的~很广/우리들 대화의 범위는 아주 넓다. 2통〈文〉제한하다. 개괄하다.
【范文－문】fànwén 명모범적인 문장.
【范性－성】fànxìng 명〈物〉가소성(可塑性).

【贩·販】贝部 fàn 4画 장사 판

1동(상인이) 판매하다. **2**동(상인이 물건을) 사들이다[구입하다]. ◇～牲口/가축을 사들이다. **3**동도부 장수. 행상인. 商/판매상인.

【販毒―독】fàndú 동마약을 팔다.

＊＊【販卖―매】fànmài 동판매하다. ◇～皮货/가죽제품을 판매하다.

【販私―사】fànsī 동밀수품 등을 팔다.

【販运―운】fànyùn 동타지에서 상품을 옮겨 팔다.

【販子―자】fàn·zi 명장사꾼.

【梵】木部│fàn
7画│중의글 **범**

1형고대 인도(印度)에 관한. ◇～语/범어. **2**형불교에 관한 것. 〔梵語:brahmā 청정(淸淨)하다〕

【梵文―문】fànwén 명**1**범자(梵字). **2**〈言〉범어(梵語). 산스크리트.

| 方 254 | 坊 255 | 芳 255 | 防 255 | 妨 256 |
| 房 256 | 仿 256 | 访 257 | 纺 257 | 放 257 |

fāng

☆【方】方部│fāng
0画│모 **방**

1명사각형. 육각체. ◇正～/정방형. ◇长～/장방형. ◇这块板子是～的/이 판자는 네모나다. **2**명〈数〉제곱. 자승.멱(冪). ◇2的4次～是16/2의 4제곱은 16이다. **3**형바르다. 정직하다. ◇品行～正/품행이 단정하다. **4**형a)개. 장. 〔모난 물건을 세는 단위〕◇一～手帕/손수건 한 장. ◇三～图章/도장 세 개. b)〈略〉평방 또는 입방의 약칭. 주로 평방미터·입방미터를 가리킨다. **5**명방향. 쪽. 쪽. ◇东～/동쪽. 前～/앞쪽. **6**명(대립하는) 편. 측. ◇对～/상대편. ◇我～/우리측. **7**명곳. 지방. ◇远～/먼 곳. ◇～言/사투리. **8**명방법. 방식. ◇千～百计/갖은 방법. **9**명〈～儿〉약처방(전). ◇这～儿专治腰痛/이 처방은 요통을 전문 치료하는 것이다. **10**부〈文〉지금 한창. 바야흐로. ◇来日～长/바야흐로 앞날이 창창하다.(同)〔正当 zhèngdāng〕**11**부〈文〉이제 막. 갓. ◇年～二十/이제 갓 스무 살이다. **12**(Fāng)명성(姓).

☆【方案―안】fāng'àn 명**1**계획. 방안. **2**제정한 규칙.

★【方便―편】fāngbiàn **1**형편리하다. ◇这儿交通～/여긴 교통이 편리하다. ◇〔便利 lì〕, (反)〔不 bù 便〕**2**형편리하게 하다. ◇～群众/군중에게 편의를 제공하다. **3**형〈婉〉(돈이) 넉넉하다. 푼푼하다. ◇手头儿不～/주머니 사정이 넉넉하지 않다.

4형(형편에) 알맞다. 적합하다. ◇这儿说话不～/여기서 말하기는 곤란하다. **5**동(대소)변을 보다. ◇稍候一会儿，我去～一下/좀 기다려, 나 화장실 좀 갔다 올게.

【方便面―편면】fāngbiànmiàn 명즉석라면.

【方步―보】fāngbù 명고상하게 크고 천천히 떼는 발걸음.

【方才―재】fāngcái 부**1**방금. **2**겨우.

【方材―재】fāngcái 명장방형으로 자른 목재.

＊【方程―정】fāngchéng 명〈数〉방정식. ◇三次～/3차방정식.

【方程式―정식】fāngchéngshì (同)〔方程〕

【方尺―척】fāngchǐ 명**1**평방척. **2**1척평방.

【方寸―촌】fāngcùn 명**1**1촌(寸)평방. **2**형평방촌(平方寸). **3**명〈文〉〈喩〉마음.

★【方法―법】fāngfǎ 명방법. ◇看问题的～/문제를 보는 방법.

【方法论―법론】fāngfǎlùn 명〈論〉방법론.

【方方面面―방면면】fāng fāng miàn miàn 명각 방면.

【方钢―강】fānggāng 명네모진 철강재.

【方格―격】fānggé 명**1**〈文〉바른 기준. 표준. **2**격자. 체크. 바둑판 무늬.

【方格纸―격지】fānggézhǐ 명모눈종이. 방안지(方眼紙).

【方根―근】fānggēn 명〈数〉루트(root).

【方剂―제】fāngjì 명〈藥〉처방. (同)〔药 yào方〕

【方家―가】fāngjiā 명〈略〉전문가. 대가.

【方今―금】fāngjīn 명지금.

【方(块)糖―(괴)당】fāng(kuài)táng 명각설탕.

【方块字―괴자】fāngkuàizì 명네모난 글자. 〔한자(漢字)를 가리킴〕

【方框―광】fāngkuàng 명네모난 틀.

【方括号―괄호】fāngkuòhào 명〈印〉꺽쇠괄호(〔 〕).

【方里―리】fānglǐ 양평방리(平方裏).

【方略―략】fānglüè 명〈文〉(전반적인) 계획. 책략.

★【方面―면】fāngmiàn 명방면. 분야. ◇考虑各～的意见/각 방면의 의견을 고려해야 한다. ◇在工业、商业、财政～/공업, 상업, 재정분야에서.

【方枘圆凿―예원조】fāng ruì yuán záo (成)네모난 장부와 둥근 잔붓 구멍. 서로 용납하지 않음의 비유.

【方始―시】fāngshǐ (同)〔方才 cái **2**〕

【方士―사】fāngshì 명방사. 도사(道士).

☆【方式―식】fāngshì 명방식. ◇生活～/생활양식.

【方术―술】fāngshù 명방술. 〔의술·점성·점 연단 따위〕

【方糖―당】fāngtáng (同)〔方块 kuài 糖〕

【方外—외】fāngwài 圓〈文〉1중국 밖 지역. 2세상 밖.

【方位—위】fāngwèi 圓1방향. 2방향과 위치.

【方位词—위사】fāngwèicí 圓방위사.

★【方向—향】fāngxiàng 圓방향. ◇他朝学校的～走了/그는 학교 쪽을 향해서 갔다. ◇在生活中找到了新的～/생활 속에서 새로운 방향을 찾았다.

【方向—향】fāng·xiang 圓〈方〉정세(情勢).

【方向舵—향타】fāngxiàngduò 圓〈航〉방향타.

【方向盘—향반】fāngxiàngpán 圓(자동차·선박 따위의) 핸들(handle).

【方兴未艾—흥미애】fāng xīng wèi ài 〈成〉이제 막 일어나 힘차게 발전하다. (同)〔蒸蒸日上 zhēng zhēng rì shàng〕(反)〔强弩之末 qiáng nǔ zhī mò〕

【方形—형】fāngxíng 圓사각형. 정방형.

【方言—언】fāngyán 圓〈言〉방언. 사투리. ◇～学/방언학. (反)〔官话 guānhuà〕

【方圆—원】fāngyuán 圓1주위. 사방. 2사각과 원형. 3둘레의 거리.

【方丈—장】fāngzhàng 廖평방장. 〔사방 일 장이 되는 면적〕

【方丈—장】fāng·zhang 圓1주지의 거처. 2주지.

☆【方针—침】fāngzhēn 圓방침. ◇基本～/기본 방침.

【方正—정】fāngzhèng 廖1단정하다. (同)〔端 duān 正〕, (反)〔歪斜 wāixié〕2정직하다. (同)〔端 duān 正〕, (反)〔邪恶 xié'è〕

【方桌—탁】fāngzhuō 圓네모난 탁자.

【方子—자】fāngzi 圓1처방. 2화학제품이나 야금제품의 배합법. (同)〔配 pèi 方〕3(同)〔方材 cái〕

【坊】土部 fāng 4画 골이름 **방**

1圓골목. 거리. 2圓패방. 〔충효절의(忠孝節義)의 사람을 표창하기 위하여 세운 문짝없는 문〕(同)〔牌 pái 坊〕

【坊本—본】fāngběn 옛날, 민간 서점에서 찍어낸 책.

★【坊间—간】fāngjiān 圓거리. 시중. 〔옛날에는 주로 서점을 가리킴〕

【芳】艹部 fāng 4画 꽃다울 **방**

1廖향기로운. 향기가 좋은. ◇芬～/향기롭다. (同)〔香 xiāng〕, (反)〔臭 chòu〕2圓꽃과 풀. 화초(花草). 3圓(덕행·명성 등이) 훌륭한. 4상대방에 대한 경칭. 5(Fāng)圓성(姓).

【芳菲—비】fāngfēi 圓〈文〉1꽃의 향기. 2화초.

【芳龄—령】fānglíng 圓(젊은) 여자의 나이. 방년(芳年).

【芳名—명】fāngmíng 圓〈文〉1〈敬〉여자의 이름. 2높은 명성.

【芳香—향】fāngxiāng 圓(꽃)향기.

【芳泽—택】fāngzé 圓1옛날 부녀자들이 쓰던 머리기름. 2〈文〉여자의 기품. 용모.

fáng

☆【防】阝部 fáng 4画 방비할 **방**

1圓대비하다. 방지하다. ◇以～万一/만일에 대비하다. ◇～病/병을 방지하다. 2圓방위. 방어. ◇国～/국방. ◇海～/해안 경비. 3圓둑. 제방. 4(Fáng)성(姓).

【防暴—폭】fángbào 圓폭력이나 폭동을 방지하다.

【防备—비】fángbèi 圓방지(하다).

【防波堤—파제】fángbōdī 圓방파제.

【防不胜防—불승방】fáng bù shèng fáng 〈成〉미처 다 막아내지 못하다.

【防潮—조】fángcháo 圓1습기를 방지하다. 2조수(潮水)를 막다.

【防除—제】fángchú 圓圓(해충 등을) 방제(하다).

【防弹—탄】fángdàn 圓圓방탄(하다). ◇～背心/방탄조끼.

【防盗—도】fángdào 圓도난을 방지하다.

【防地—지】fángdì 圓〈軍〉수비지역.

【防毒—독】fángdú 圓방독(하다).

【防毒面具—독면구】fángdú miànjù 圓방독면.

【防范—범】fángfàn 圓〈文〉경계하다. 주의하다.

【防风—풍】fángfēng 1圓〈植〉방풍나물. 2圓바람을 막다. 3(Fángfēng)圓〈地〉방풍. 주대(周代)의 나라 이름.

【防风林—풍림】fángfēnglín 圓방호림.

【防腐—부】fángfǔ 圓방부(하다).

【防腐剂—부제】fángfǔjì 圓〈藥〉방부제.

【防寒—한】fánghán 圓圓방한(하다).

【防旱—조】fánghàn 圓가뭄에 대비하다.

【防洪—홍】fánghóng 圓홍수를 방지하다.

＊【防护—호】fánghù 圓방어하여 지키다.

【防护林—호림】fánghùlín 圓방호림.

【防患未然—환미연】fáng huàn wèi rán 〈成〉사고나 재해를 미연에 방지하다. (同)〔曲突徙薪 qū tū xǐ xīn〕, (反)〔临渴掘井 lín kě jué jǐng〕

【防荒—황】fánghuāng 圓기근에 대비하다.

【防火—화】fánghuǒ 1圓화재 예방. 2圓화재를 예방하다. ◇～设备/방화 시설.

【防火墙—화장】fánghuǒqiáng 圓방화벽.

【防空—공】fángkōng 圓〈軍〉방공.

【防空洞—공동】fángkōngdòng 圓1방공호. 2〈喩〉악한 사람이나 나쁜 사상을 숨겨

F

주는 장소[것].

【防空壕-공호】 fángkōngháo 圐방공호.

【防老-노】 fánglǎo 통노후에 대비하다.

【防凌-릉】 fánglíng 통해동(解凍)시, 유빙(流冰)이 수로(水路)를 막는 것을 방지하다.

【防区-구】 fángqū 圐방어 구역.

【防身-신】 fángshēn 통호신하다. ◇~武器/호신용 무기.

【防湿-습】 fángshī 방습.

∗【防守-수】 fángshǒu 통수비하다. (同)〔防御 yù〕,(反)〔进攻 jìngōng〕

【防暑-서】 fángshǔ 통더위를 막다.

【防水-수】 fángshuǐ 통1홍수를 막다. 2방수하다.

【防水表-수표】 fángshuǐbiǎo 圐방수시계.

【防特-특】 fángtè 圐간첩의 침투를 막다.

【防微杜渐-미두점】 fáng wēi dù jiàn(成) 잘못이나 나쁜 일이 커지지 않도록 제제를 가하다. (反)〔养虎遗患 yǎng hǔ yí huàn〕

【防卫-위】 fángwèi 圐통방어(하다).

【防务-무】 fángwù 圐〈文〉국방 사무.

∗【防线-선】 fángxiàn 圐방어선.

【防锈-수】 fángxiù 통녹스는 것을 방지하다.

∗【防汛-신】 fángxùn 통〈文〉장마철의 홍수를 대비하다.

【防疫-역】 fángyì 통방역하다. ◇~站/방역소.

【防雨-우】 fángyǔ 통비를 막다.

【防雨布-우포】 fángyǔbù 圐방수포.

∗【防御-어】 fángyù 圐통방어(하다). ◇加强~力量/방어능력을 강화하다.

【防震-진】 fángzhèn 1통방진(防振)(하다). 2통지진에 대비하다.

☆【防止-지】 fángzhǐ 통방지하다. ◇~交通事故/교통사고를 방지하다.

∗【防治-치】 fángzhì 圐통예방과 치료(하다). ◇~病虫害/병충해를 예방퇴치하다.

∗【妨】 女部 fáng
4画 방해할 방
통방해하다. 훼방놓다.

∗【妨碍-애】 fáng'ài 圐통지장(을 주다). 방해(하다). ◇~交通/교통을 방해하다. ◇这不~我们的事/이것은 우리의 일에 지장을 주지 않는다. (同)〔干 gān 碍〕,(反)〔有利 yǒulì〕

【妨害-해】 fánghài 통…에 해롭다. ◇吸烟~健康/흡연은 건강에 해롭다. (同)〔有害 yǒu hài〕,(反)〔有利 yǒulì〕

∗【房】 户部 fáng
4画 살집 방
1圐집. 주택. 가옥. ◇瓦 wǎ~/기와집. ◇平 píng~/단층집. 2圐방. ◇卧~/침실. ◇病~/병실. 3圐(구조와 기능이) 집이

나 방과 유사한 것. ◇蜂~/벌집. ◇心~/심방. 4圐분가한 가족. ◇长~/장남(의 가족). 5圐옛날 처첩(妻妾)을 가리킬 때 쓰였음. ◇娶一~小老婆/첩 하나를 들이다. 6圐이십팔수(二十八宿)의 하나. 7(Fáng)圐성(姓).

【房舱-창】 fángcāng 圐(배의) 객실.

【房产-산】 fángchǎn 圐부동산. 가옥.

【房顶-정】 fángdǐng (~儿)圐지붕. 옥상.

【房东-동】 fángdōng 圐집 주인. (反)〔房客 kè〕

【房改-개】 fánggǎi 圐주거제도의 개혁.

【房盖儿-개아】 fánggàir (同)〔房顶 dǐng〕

【房管-관】 fángguǎn 圐부동산 관리.

【房基-기】 fángjī 圐건물의 기초. 집터.

【房脊-척】 fángjǐ 圐지붕의 용마루. 〔단지 '脊'라고도 말함〕

★【房间-간】 fángjiān 圐방. ◇这房子有五个~/이 집은 방이 5개가 있다. 比교房间:房子 집채 전체의 건축물이나 주택에는 "房间"을 쓰지 않는다. ◇那个村的农民都盖起了新(×房间)房子/그 마을의 농민들은 모두 새 집을 지었다.

【房客-객】 fángkè 圐세든 사람. (反)〔房东 dōng〕

【房梁-량】 fángliáng 圐(집의) 대들보.

【房檩-름】 fánglǐn 圐〈建〉도리.

★【房门-문】 fángmén 圐1대문. 현관. 2방문.

【房契-계】 fángqì 圐집문서.

【房钱-전】 fáng·qián (同)〔房租 zū〕

【房山-산】 fángshān 圐1'人'자형 지붕 양쪽의 높은 벽. 2〈方〉집 사방의 벽.

【房事-사】 fángshì 圐성교(性交).

【房帖-첩】 fángtiě (~儿)圐셋방 광고.

【房柁-타】 fángtuó (同)〔房梁 liáng〕

∗∗【房屋-옥】 fángwū 圐(총칭) 가옥. 건물.

【房檐-첨】 fángyán (~儿)圐처마.

☆【房子-자】 fáng·zi 圐집. 건물.

∗【房租-조】 fángzū 圐1집세. 2숙박료.

fǎng

【仿(倣)】 亻部 fǎng
4画 본받을 방
1통모방하다. ◇~造/본떠 만들다. 2圐닮다. ◇相~/서로 닮다. 3圐글씨본 대로 쓴 글자. ◇写一张~/본떠서 한 장 쓰다.

【仿办-판】 fǎngbàn 통기존의 방식대로 처리하다.

☆【仿佛-불】 fǎngfú 1부마치…인 듯하다. ◇这事她~已经知道了/이 일은 그녀가 이미 알고 있는 듯하다. ◇读着这些故事, 我~进入了一个童话世界/이 이야기들을 읽고 있으면 난 동화세계로 빠져든 듯하다. 2圐

유사하다. 비슷하다. ◇这两个人的年纪相
~/이 두 사람은 나이가 서로 비슷하다.

【仿古－고】fǎnggǔ 통1옛 것을 본떠서 만
들다. 2옛 글씨체를 모방하여 쓰다.

【仿冒－모】fǎngmào 통위조하다.

【仿若－약】fǎngruò〔同〕〔仿佛 fú〕

【仿宋(体)－송(체)】fǎngsòng(tǐ) 團송조
체(宋朝體).

【仿效－효】fǎngxiào 통흉내내다. 모방하다.

【仿行－행】fǎngxíng 통본떠서 행동하다.

【仿造－조】fǎngzào 통통본따 만들다.

【仿照－조】fǎngzhào 통(기존의 방법·양식
에) 따르다. 본뜨다.

【仿纸－지】fǎngzhǐ 團습자지.

【仿制－제】fǎngzhì〔同〕〔仿造 zào〕

【访·訪】讠部 fǎng
4画 | 뵐을 **방**

1통방문하다. ◇~友/친구를 방문하다. 2
통조사하다. 찾다. ◇采~新闻/취재하다.
◇~查/수사하다.

【访古－고】fǎnggǔ 통고적(古績)을 유람
하다.

【访求－구】fǎngqiú 통돌아다니며 구하다.

【访谈－담】fǎngtán 통방문하여 담화를 나
누다.

【访问－문】fǎngwèn 통團방문(하다). ◇
记者~了那位知名人士/기자가 그 저명인
사를 방문했다. 正式(非正式)~/공식
(비공식) 방문. 比较访问:拜访 "访问"은
격식차린 공식 방문에 비하여 "拜访"은
정중한 사적인 방문이다. ◇亲戚朋友之间
互相(×访问)拜访/친척 친구들간에 서로
방문하다.

【访寻－심】fǎngxún 통물어서 찾다[구하다].

【访友－우】fǎngyǒu 통친구를 방문하다.

【访员－원】fǎngyuán 團외근 기자의 옛 명칭.

∗∗【纺·紡】纟部 fǎng
4画 | 길쌈할 **방**

1통(고치·목화·털 등에서) 실을 뽑다.
◇把棉花~成纱/목화로 실을 뽑다. 2團
견직물.

【纺车－차】fǎngchē 團물레.

【纺绸－주】fǎngchóu 團견직물.

【纺锤－추】fǎngchuí 團(방적 기계의) 방추.

【纺纱－사】fǎng∥shā 통방적하다. ◇~
工人/방적공. ◇~机/방적기.

【纺线－선】fǎngxiàn 1〔同〕〔纺纱 shā〕2
團방적사(紡績絲).

☆【纺织－직】fǎngzhī 통團방직(하다). ◇~
厂/방직공장. ◇~工业/섬유공업.

【纺织品－직품】fǎngzhīpǐn 團방직물.

fàng

★【放】方部 攵部 fàng
4画 | 4画 | 놓을 **방**

통1놓아 주다. 풀어 놓다. ◇他走/그를
놓아주어라. ◇把游泳池里的水~掉/수영
장의 물을 빼다. 2(학교나 직장이) 파하
다. 쉬다. ◇~学/학교가 파하다. ◇~假
/휴가로 쉬다. 방학하다. 3거리낌 없이
하다. 제멋대로 하다. ◇~声高歌/목놓아
크게 노래하다. 4방목(放牧)하다. ◇~牛
/소를 방목하다. 5(먼 곳으로) 내치다.
쫓아 내다. ◇~流/유배 보내다. 6(종 따
위를) 쏘다. (소리·빛 따위를) 발하다.
◇~出清香/맑은 향기를 풍긴다. ◇月亮
本身不~光/달 자체는 빛을 발하지 않는
다. ◇现在电台~什么音乐?/지금 방송국
에서는 무슨 음악을 방송하고 있습니까?
7불을 붙이다. 8돈을 빌려주다. ◇他的钱
全~出去了, 一时收不回来/그의 돈을 모
두 대출해줬다. 금방은 다 회수하지 못한
다. 9넓히다. 확대하다. ◇~宽眼界/시야
를 넓히다. ◇上衣的身长要~一寸/상의
길이를 한 치 늘여야 한다. ◇这张相片我
想~大/난 이 사진을 확대하고 싶다. 10
꽃이 피다. ◇百花齐~/많은 꽃이 일제히
피다. 갖가지 학문·예술이 함께 번성하
다. 11내버려 두다. 제쳐놓다. ◇这事不
急, 先~一~再说/이 일은 급하지 않으니
우선 제쳐 놓고 보자. ◇鲜牛奶不能~太
久/우유는 너무 오래 놔두면 안 된다. 12
쓰러뜨리다. 벌목하다. ◇上山~树/산에
올라가 벌목하다. ◇他把坏蛋~倒了/그
가 나쁜 놈을 쓰러뜨렸다. 13두다. 놓다.
◇把笔~在桌上/펜을 책상에 놓아라. ◇
你来~碗筷/네가 그릇과 수저를 놓아라.
14(집어)넣다. 타다. ◇把汤里~点胡椒粉
/국에다 후춧가루를 좀 넣어라. 15(자신
을) 억제하는 태도를 취하다. ◇~老实点
儿!/좀 얌전하게 있어라! ◇把速度~慢
点儿/속도를 좀 줄이세요.

【放榜－방】fàngbǎng〔同〕〔发 fā 榜〕

【放鞭炮－편포】fàng biānpào 폭죽을 터
뜨리다.

放鞭炮

F

【放步－보】fàng//bù 용활보하다. (同)
〔阔 kuò 步〕, (反)〔小 xiǎo 步〕

☆【放大－대】fàngdà 1용크게 하다. ◇胆子
～些吧/마음을 크게 먹어라. 2명용〈撮〉
확대(하다). ◇照片～/사진을 확대하다.
(同)〔扩 kuò 大〕, (反)〔缩小 suōxiǎo〕

【放大镜－대경】fàngdàjìng 명1확대경.
돋보기. 2볼록 렌즈. (同)〔凸透镜 tūtòujìng〕

【放大器－대기】fàngdàqì 명〈電〉증폭기.
앰프.

【放贷－대】fàngdài 용대출하다. 자금을
방출하다.

【放胆－단】fàngdǎn 용마음을 크게 먹다.
용기를 내다.

【放诞－탄】fàngdàn 용제멋대로 행동하다.
(同)〔肆 sì〕, (反)〔谨严 jǐnyán〕

【放荡－탕】fàngdàng 용방탕하다. (同)
〔浪 làng 荡〕, (反)〔规矩 guī·ju〕

【放…点儿－점아】fàng…diǎnr 〈口〉…하
게 행동하다. 〔상대방에게 행동을 절제하
도록 충고할 때 씀〕◇脚步～轻一点儿,
孩子刚睡着!/조용히 걸으세요, 아이가
금방 잠 들었어요! (同)〔放…些 xiē〕

【放电－전】fàng//diàn 명용〈電〉방전 (하다).

【放刁－조】fàng//diāo 용비열한 방법으
로 생트집을 잡다.

【放定－정】fàng//dìng 용옛날, 약혼할 때
남자측에서 여자측으로 보내는 약혼예물.

【放毒－독】fàng//dú 용1독극물을 넣다.
2해로운 사상을 퍼뜨리다.

【放飞－비】fàngfēi 용1비행기의 이륙을
허가하다. 2새를 풀어 날게 하다. 3연을
날리다.

【放风－풍】fàng//fēng 용1환기하다. 2죄
수들을 감방에서 나와 운동을 하게 하다.
(反)〔收 shōu 风〕3소문을 퍼뜨리다.

【放歌－가】fànggē 용큰소리로 노래하다.

【放工－공】fàng//gōng 용(노동자들이)
일을 마치다. 퇴근하다. (同)〔下 xià 工〕,
(反)〔上 shàng 工〕

【放虎归山－호귀산】fàng hǔ guī shān
〈成〉적을 놓아주어 후환을 남기다. (同)
〔纵 zòng 虎归山〕, (反)〔除恶务尽 chú è
wù jìn〕

【放怀－회】fànghuái 용1마음껏 …하다. 2
마음이 놓이다.

【放还－환】fànghuán 용1(구류하고 있는
사람·가축 등을) 돌려보내다. 2제자리에
갖다놓다.

【放荒－황】fàng//huāng 용들에 불을 놓
아 초목을 태우다.

【放火－화】fàng//huǒ 용1불을 지르다.
방화하다. (同)〔点 diǎn 火〕, (反)〔熄 xī

火〕2선동하다. 주동하다.

★【放假－가】fàng//jià 용휴가로 쉬다. 방
학하다. ◇你们什么时候～?/너희들 언제
방학하니? (同)〔休 xiū 假〕

【放课－과】fàngkè 용학교가 파하다.

【放空－공】fàng//kōng 용(택시·배 따위
가) 손님 없이 다니다.

【放空炮－공포】fàngkōngpào 용1공포를
쏘다. 2허풍을 치다. 빈말하다.

【放空气－공기】fàngkōngqì 〈貶〉분위기를
조성하다. 〔보통 부정적 의미로 쓰임〕

【放宽－관】fàngkuān 용1넓히다. 확장하
다. 2완화하다. 늦추다.

【放量－량】fàngliàng 부마음껏. 실컷.

【放疗－료】fàngliáo 방사선치료를 하다.

【放牧－목】fàngmù 용방목하다. ◇～牛羊
/소와 양을 방목하다.

【放牛－우】fàngniú 용소를 방목하다.

【放盘－반】fàng//pán (～儿)용할인 판
매를 하거나 비싼 값을 쳐서 사주다.

【放炮－포】fàng//pào 용1대포를 쏘다. 2
폭죽을 터뜨리다. 3펑크가 나다. 파열하
다. 4(광석이나 암석을) 발파하다. 〈喩〉
5(말로) 맹렬하게 상대를 공격하다.

【放屁－비】fàng//pì 용1방귀를 뀌다. 2
〈罵〉헛소리 하다.

☆【放弃－기】fàngqì 용(권리·주장·의견 따
위를) 포기하다. ◇～考试/시험을 포기
하다. (反)〔保留 bǎoliú〕

【放青－청】fàng//qīng 용가축을 초지에
풀어놓다.

【放情－정】fàngqíng 용마음껏 …하다.

【放晴－청】fàng//qíng 용(비 온 후에) 날
씨가 개다.

【放权－권】fàngquán 용권력을 하급기관
에 주다.

【放热－열】fàngrè 명용방열(하다).

【放任－임】fàngrèn 용방임하다.

【放哨－초】fàng//shào 용보초를 세우다
〔서다〕. 순찰하다.

＊【放射－사】fàngshè 명용방사(하다). (同)
〔发 fā 射〕, (反)〔收回 shōu//huí〕

【放射病－사병】fàngshèbìng 명〈醫〉방사
능증.

【放射线－사선】fàngshèxiàn 명〈物〉방사선.

【放射性－사성】fàngshèxìng 명〈物〉〈化〉
방사성.

【放生－생】fàng//shēng 용〈佛〉방생하다.
(反)〔杀 shā 生〕

＊【放手－수】fàng//shǒu 용1손을 놓다. ◇
他一～, 笔记本就掉了/그가 손을 놓자 필
기노트가 떨어졌다. 2걱정을 버리다. 마
음을 놓다. ◇我们信得过你, 你～干吧/우
리는 너를 믿으니 너는 마음 놓고 해라.

【放肆－사】fàngsì [동]방자하다.
⁑【放松－송】fàngsōng [동]늦추다. 느슨하게 하다. ◇~鞋带/신발끈을 느슨하게 하다. ◇~学习就会落后/학습을 늦추면 뒤떨어지게 된다. (反)〔抓紧 zhuā//jǐn〕
【放送－송】fàngsòng [동]방송하다.
【放下－하】fàngxià [동]내려놓다.
【放…些－…사】fàng…xiē (同)〔放…点儿 diǎnr〕
☆【放心－심】fàng//xīn [동]마음을 놓다. 안심하다. ◇你~，一切都会安排好的/마음 놓으세요. 모든 것을 마련해 놓겠습니다. ◇我对他不大~/나는 그에 대해 마음이 놓이지 않는다. (同)〔宽 kuān 心〕, (反)〔担 dān 心〕
【放行－행】fàngxíng [동](초소나 세관 등에서) 통행을 허가하다. (反)〔扣留 kòuliú〕
⁑【放学－학】fàng//xué [동]1학교가 파하다. ◇他们学校下午五点~/그들의 학교는 오후 5시에 파한다. (同)〔下 xià 学〕, (反)〔上 shàng 学〕 2방학하다.
【放眼－안】fàngyǎn [동]시야를 넓히다.
【放羊－양】fàng//yáng 1[동]양을 방목하다. 2〈喩〉방치하다. 내버려두다.
【放洋－양】fàngyáng [동]1외국에 사절로 나가거나 유학을 가다. 2〈文〉배가 출항하다.
【放养－양】fàngyǎng [동]양식.
【放样－양】fàng//yàng (~儿)[동](상품·제품의) 견본을 만들다. (건축물의) 모형을 만들다.
⁑【放映－영】fàngyìng [동]상영하다. ◇~电影/영화를 상영하다.
【放在心上－재심상】fàng zài xīn·shang 마음에 두다. ◇当作一回事，老~/중요한 일로 여겨 계속 마음에 두다. [비교]放在心上:往心里去 →〔往心里去 wàng xīnli qù〕
【放在眼里－재안리】fàng zài yǎn·li 안중에 두다. 중시하다. ◇凡事要讲个规矩，可他连文件都不~了/모든 일은 규칙을 중시해야지 그러나 그는 문서 조차도 안중에 두지 않는군.
【放债－채】fàng//zhài [동]이자놀이하다. (同)〔放帐 zhàng〕, (反)〔收 shōu 债〕
【放置－치】fàngzhì [동]방치하다.
【放逐－축】fàngzhú [동]쫓아내다. 추방하다.
【放纵－종】fàngzòng 1[동]내버려두다. 방치하다. 2[형]방종하다.

飞 259	妃 260	非 260	菲 261	绯 261
扉 261	肥 261	匪 262	诽 262	菲 262
悱 262	斐 262	翡 262	吠 262	肺 262
废 263	沸 263	费 263	痱 264	

fēi

★【飞·飛】飞部 0画 | fēi 날 비, 높을 비
1[동](새·곤충 따위가) 날다. ◇小鸟~了/새가 날아갔다. 2[동](비행기 따위가) 비행하다. 날다. ◇我明天~广州/난 내일 비행기로 광주로 간다. 3[동]휘날리다. 떠다니다. ◇~云/떠다니는 구름. 4[부](동작이) 매우 빨리. 나는 듯이. ◇~涨/몹시 빨리 불어나다. 5[동]〈口〉휘발하다. 날아가다. ◇樟脑放久了，会~净的/나프탈린을 오래 두면 모두 날아갈 것이다. 6[형]뜻밖의. 근거없는. ◇流言~语/유언비어. 근거 없는 소문. 7[부]매우. 대단히. ◇这把刀子~快/이 칼은 매우 잘 든다. 8 (同)〔飞论 lùn 2〕
【飞镖－표】fēibiāo [명]1표창던지기. 2표창.
【飞播－파】fēibō [동]비행기로 파종하다.
【飞车－차】fēichē 1[동]차를 매우 빨리 몰다. 2[명]매우 빨리 달리는 차.
【飞驰－치】fēichí [동]질주하다.
*【飞船－선】fēichuán [명]비행선. 우주선.
【飞弹－탄】fēidàn [명]1유도탄. 미사일. 2유탄.
【飞地－지】fēidì [명]남의 구역 안에 있는 자기 땅.
【飞碟－접】fēidié [명]1비행접시. 2(클레이 사격의) 클레이 피전(clay pigen).
【飞短流长－단류장】fēi duǎn liú cháng 〈成〉유언비어를 퍼트리다.
【飞蛾投火－아투화】fēi é tóu huǒ 〈喩〉나방이 불에 뛰어들다. 멸망을 자초하다.
【飞红－홍】fēihóng [동]낯을 붉히다.
【飞花－화】fēihuā [명]〈紡〉솜 부스러기.
【飞黄腾达－황등달】fēihuáng téngdá 〈成〉고속출세하다. (同)〔青云直上 qīng yún zhí shàng〕, (反)〔怀才不遇 huái cái bù yù〕
★【飞机－기】fēijī [명]비행기. 항공기.
【飞机场－기장】fēijīchǎng [명]비행장. 공항.
【飞机库－기고】fēijīkù [명]격납고.
【飞溅－천】fēijiàn [동]사방으로 흩날리다.
⁑【飞快－쾌】fēikuài [형]1나는 듯이 빠르다. ◇以~的速度前进/나는 듯 빠른 속도로 전진하다. (同)〔飞速 sù〕, (反)〔缓慢 huǎnmàn〕 2(칼 따위가) 굉장히 잘 들다. 대단히 예리하다. ◇把刀磨得~/칼을 예리하게 갈았다. (同)〔锋利 fēnglì〕, (反)〔不 bù 快〕
【飞轮－륜】fēilún [명]1〈機〉플라이휠. 2(~儿)자전거의 뒷바퀴에 장치된 체인(chain)이 걸리는 톱니바퀴.
【飞毛腿－모퇴】fēimáotuǐ [명]발이 빠른 사

F

람.

【飞盘-반】 fēipán (~儿)몡(서로 던지며 노는) 원반.

【飞跑-포】 fēipǎo 통나는 듯이 달리다.

【飞禽-금】 fēiqín 몡날짐승.

【飞禽走兽-금주수】 fēiqín zǒushòu 몡날짐승과 들짐승.

【飞泉-천】 fēiquán 몡1폭포. 2(同)〔喷 pēn 泉〕

【飞散-산】 fēisàn 통1(연기·안개가) 흩어지다. 걷히다. 2(새들이) 사방으로 흩어지다〔날아가다〕.

【飞沙走石-사주석】 fēi shā zǒu shí 〈成〉모래를 날리고 돌을 굴린다. 바람이 세차게 부는 모양.

【飞身-신】 fēishēn 몡가볍고 가뿐한 몸.

【飞升-승】 fēishēng 통1위로 (날아)오르다. 2도통하여 신선계로 날아가다.

【飞逝-서】 fēishì 통(시간 등이) 쏜살같이 흐르다.

【飞速-속】 fēisù 혱나는 듯이 빠르다. 급속하다.

【飞腾-등】 fēiténg 통급속히 날아 오르다. 공중으로 치솟다. ◇烟雾~/연기가 치솟아 오르다.

【飞艇-정】 fēitǐng 몡비행선.

【飞往-왕】 fēiwǎng 통비행기를 타고 …로 가다. ◇~首坞尔/비행기를 타고 서울로 가다.

【飞吻-문】 fēiwěn 몡통손가락을 입술에 대었다가 상대방에게 던지는 시늉을 하는 키스(를 하다).

＊【飞舞-무】 fēiwǔ 통공중에 흩날리다. ◇雪花~/눈송이가 춤추듯이 흩날리다.

＊【飞翔-상】 fēixiáng 통하늘을 선회하다. ◇鸽子在天空~/비둘기가 하늘을 날고 있다.

＊【飞行-행】 fēixíng 몡통비행(하다). ◇~速度/비행속도. ◇在高空~/고공에서 비행하다.

【飞行器-행기】 fēixíngqì 몡하늘을 나는 기계로 추진하는 물체의 총칭.

【飞行员-행원】 fēixíngyuán 몡비행사. 파일럿(pilot).

【飞旋-선】 fēixuán 통(공중에서) 선회하다.

【飞檐-첨】 fēiyán 몡〈建〉비첨. 비우(飛宇).

【飞眼-안】 fēi∥yǎn (~儿)몡눈짓하다.

【飞扬-양】 fēiyáng 통1높이 오르다. 2(기분·마음이) 날아갈 듯하다.

【飞扬跋扈-양발호】 fēi yáng bá hù 〈成〉거리낌없이 멋대로 못된 짓을 하다. (同)〔肆无忌惮 sì wú jì dàn〕, (反)〔循规蹈矩 xún guī dǎo jǔ〕

【飞鱼-어】 fēiyú 몡〈魚介〉날치.

＊＊【飞跃-약】 fēiyuè 몡통비약(하다). ◇我国的石油工业正~地发展/우리나라의 석유 공업은 비약적으로 발전하고 있다.

【飞越-월】 fēiyuè 1통날아 건너다. 2(同)〔飞扬 yáng 2〕

【飞灾-재】 fēizāi 몡뜻밖의 재난.

【飞贼-적】 fēizéi 몡1날쌔게 담장을 넘는 도적. 2공중으로 침범한 적.

【飞涨-창】 fēizhǎng 통(물가가) 폭등하다. (물이) 급속히 올라가다. (同)〔猛 měng 涨〕, (反)〔猛跌 měngdiē〕

【飞针走线-침주선】 fēi zhēn zǒu xiàn 〈成〉바느질이 빠른 모양.

【飞舟-주】 fēizhōu 몡몹시 빠른 속도로 항해하는 배.

【妃】 女部 | fēi
　　3画 | 왕비 비, 짝 배
몡1황제의 비. ◇太子·왕·제후의 아내. ◇贵~/귀비. ◇王~/왕비.

【妃嫔-빈】 fēipín 몡임금의 정실과 소실의 통칭.

【妃色-색】 fēisè 몡담홍색.

【妃子-자】 fēi·zi 몡비(妃). 임금의 비〔첩〕. 〔'皇后'의 바로 밑〕

＊＊【非】 非部 | fēi
　　0画 | 아닐 비
1몡과실. 잘못. 악행. ◇是~/시비. 옳고 그름. 2통…에 어긋나다. ◇~法行为/불법행위. ◇~礼/예의에 어긋나다. 3통옳지 않다고 여기다. 책망하다. ◇无可厚~/심하게 책망할 수가 없다. 4통…이 아니다. ◇当时的情景~言语所能形容/당시의 상황은 말로 형용할 수 있는 것이 아니다. 5부(뒤에 '不'를 붙여서) 하지 않으면 안 된다. 꼭. 반드시. ◇要想做出成绩, ~下苦功不可/성과를 올리려면 노력을 기울이지 않으면 안 된다. ◇干这种活儿~要有耐心不成/이런 일을 하려면 반드시 인내심이 있어야만 해낼 수 있다. 6부〈口〉(뒤에 '不'없이 단독으로) 반드시. ◇为什么~叫他来?/왜 꼭 그를 오라고 한 거예요? ◇不行, 我~去/안돼, 난 꼭 가야해. 7혱〈文〉나쁘다. 악화되다. ◇景况日~/상황이 나날이 악화되다. 8(Fēi)몡아프리카….

☆【非…不可-불가】 fēi…bùkě …하지 않으면 안 된다. ◇我非参加这次登山活动不可/나는 이번 등산에 참가하지 않으면 안 된다. ◇难道非你去处理这件事不可?/설마 꼭 네가 가서 이 일을 처리해야 한단 말은 아니겠지?

＊【非…才-재】 fēi…cái… …이 아니면…할 수 없다. ◇非组织来才能发挥力量/조직적으로 하지 않으면 힘을 발휘할 수 없다.

★【非常－상】fēicháng **1**⃝형비상한. 특별한.
◇ ~措施/비상대책. ◇ ~支出/특별한 지
출. (同)〔异 yì 常〕, (反)〔寻 xún 常〕 **2**
⃝부몹시. 매우. ◇ ~重要/매우 중요하다.
◇街上热闹~/길에는 몹시 떠들썩하다.
(同)〔十分 shífēn〕

【非但－단】fēidàn ⃝접…뿐만 아니라.

【非导体－도체】fēidǎotǐ (同)〔绝缘 juéyuán 体〕

【非得－득】fēiděi ⃝부…하지 않으면 안 된
다. 〔보통 뒤에 '不行'이 붙어 호응한다〕
◇干这活儿~胆子大(不行)/이 일을 하려
면 담력이 크지 않으면 안 된다.

【非独－독】fēidú 〈文〉(同)〔非但 dàn〕

【非对抗性－대항성】fēiduìkàngxìng ⃝명비
적대성(非敵對性). 〔외부적 충돌을 통
하지 않고도 해결할 수 있는 내부 모순
따위〕

*【非法－법】fēifǎ ⃝형불법적인. ◇ ~活动/불
법활동. ◇ ~入境/불법입국. (同)〔不 bù
法〕, (反)〔合 hé 法〕

【非凡－범】fēifán ⃝형보통이 아니다. 비범
하다. ◇他的成就/대단한 성과. (同)〔不
bù 凡〕, (反)〔一般 yìbān〕

【非…非…－…비】fēi…fēi… …도 …도 아니다.
◇ ~驴~马/나귀도 말도 아니다.

【非分－분】fēifèn **1**⃝형자기 분수를 지키지
않는. **2**⃝형자기 몫이 아닌.

【非军事区－군사구】fēijūnshìqū ⃝명〈軍〉비
무장 지대.

【非礼－례】fēilǐ ⃝형예의에 어긋나다. (同)
〔无 wú 礼〕〔有 yǒu 礼〕

【非卖品－매품】fēimàipǐn ⃝명비매품.

【非命－명】fēimìng ⃝명횡사.

【非难－난】fēinàn ⃝명동비난(하다).

【非人－인】fēirén ⃝형비인간적인.

【非生产性－생산성】fēishēngchǎn xìng ⃝형
비생산적인.

【非同小可－동소가】fēi tóng xiǎo kě 〈成〉
예사 일이 아니다.

【非徒－도】fēitú …일 뿐만 아니라 〔뒤에
'而且 érqiě'와 호응한다〕◇ ~无益, 而且
有害/이롭지 못할 뿐만 아니라, 오히려
해가 된다. (同)〔不仅 bùjǐn〕

【非笑－소】fēixiào ⃝동비웃다.

【非刑－형】fēixíng ⃝명부당한 형벌. 린치.

【非要－요】fēiyào (同)〔非得 děi〕

【非议－의】fēiyì **1**⃝동비난하다. **2**⃝명비난.
이의.

【非正式－정식】fēizhèngshì ⃝형비공식적인. 비
공식적인. ◇ ~访问/비공식 방문.

【非洲－주】Fēizhōu ⃝명〈地〉아프리카 주.

【菲】 ⁺⁺部｜fēi
8画｜나물이름 비

1⃝형꽃이 아름답고 향기가 짙다. ◇芳~/
꽃이 아름답고 향기롭다. **2**⃝명〈化〉페난트
렌. ⇒fěi

【菲菲－비】fēifēi ⃝형〈文〉**1**(화초가) 무성하
고 아름답다. **2**향기가 그윽하다.

【菲林－림】fēilín ⃝명필름(film). (同)〔胶卷
jiāojuǎn〕

【菲律宾－율빈】Fēilùbīn ⃝명〈地〉필리핀.

【绯·緋】 纟部｜fēi
8画｜붉은빛 비
⃝명빨강. 주홍색.

【绯红－홍】fēihóng ⃝형새빨갛다.

【绯闻－문】fēiwén ⃝명여자 스캔들.

【扉】 户部｜fēi
8画｜사립문 비
⃝명〈文〉문짝. ◇柴~/사립문.

【扉画－화】fēihuà ⃝명책의 본문 앞에 있는
삽화.

【扉页－혈】fēiyè ⃝명**1**속표지. **2**면지(面紙).

féi

☆【肥】 月部｜féi
4画｜살찔 비

1⃝형살지다. 지방분이 많다. 〔통상 사람에
게는 쓰이지 않음〕 (反)〔瘦 shòu〕◇这
肉太~了/이 고기는 너무 지방이 많다. **2**
⃝형(땅이) 기름지다. 비옥하다. ◇这里的
地~极了/이곳의 토지는 매우 비옥하다.
3⃝동(토지를) 비옥하게 하다. **4**⃝명비료.
거름. ◇上点儿~/거름을 좀 주다. **5**⃝형수
입이 많다. **6**⃝형부당한 수입으로 부유하
다. **7**⃝형(옷의 품·신발의 크기 등이) 크
다. 헐렁하다. ◇这条裤子太~了/이 바지
는 너무 헐렁하다. **8**⃝명이익. 벌이. ◇分
~/이익을 나누다. 비교肥:胖 "肥"는 사
람에게 쓰지 않는다. ◇你看小弟弟多(×
肥)胖啊!/막내동생이 얼마나 포동포동한
지 보세요!

【肥差－차】féichāi ⃝명(뇌물이 많은) 파견
업무.

【肥肠－장】féicháng (~儿)⃝명(식품으로
쓰이는) 돼지의 대장.

【肥嘟嘟－답답】féidādā ⃝형뒤룩뒤룩 살이
찐 모양.

【肥大－대】féidà **1**⃝형(의복 따위가) 헐렁
헐렁하다. **2**⃝형비대하다. 통통하다. (同)
〔肥壮 zhuàng〕, (反)〔瘦小 shòuxiǎo〕 **3**
⃝명〈醫〉이상 비대.

【肥分－분】féifèn ⃝명〈農〉비료의 영양성분.

【肥厚－후】féihòu **1**⃝형살이 쪄 두텁다. 두
툼하다. **2**⃝형〈醫〉이상 비대. **3**⃝형(토지층
이) 비옥하고 두껍다. **4**⃝형(대우나 물질
적 조건이) 후하다.

【肥力—력】féilì 〈農〉토양의 기름진 정도. 지력.

＊＊【肥料—료】féiliào 몡비료.

【肥美—미】féiměi 혱1(땅이) 기름지다. 2살지다. 3기름지고 맛이 좋다. (反)〔瘦小 shòuxiǎo〕

【肥胖—반】féipàng 혱포동포동하다. (同)〔肥实 shí〕, (反)〔瘦小 shòuxiǎo〕

【肥缺—결】féiquē 몡(불법적인) 수입이 많은 관직. (同)〔美差 měichāi〕, (反)〔苦差 kǔchāi〕

【肥肉—육】féiròu 몡기름진 고기.

【肥实—실】féi·shi 혱〈口〉1살지다. 2지방(기름)이 많다. 3부유하다.

【肥瘦儿—수아】féishòur 몡1(옷의) 품. 2〈方〉비계붙은 살코기.

【肥水—수】féishuǐ 몡〈方〉양분이 있는 물. 액체 비료.

【肥硕—석】féishuò 혱1(과실이) 크고 알차다. 2(지체가) 비대하다. (反)〔干瘪 gānbiě〕

【肥田—전】féi∥tián 1동(거름·비료를 주어) 땅을 기름지게 하다. (同)〔良 liáng 田〕, (反)〔薄 báo 田〕

＊【肥沃—옥】féiwò 혱비옥하다. ◇这里土地~/여기 토지는 비옥하다. (同)〔肥美 měi〕, (反)〔瘠薄 jíbó〕

【肥效—효】féixiào 몡〈農〉비료 효과.

【肥育—육】féiyù 동〈牧〉살지게 사육하다.

【肥源—원】féiyuán 몡〈農〉거름 재료.〔가축의 똥·음식 쓰레기 따위〕

＊【肥皂—조】féizào 몡비누. (同)〔胰子 yízi〕

【肥壮—장】féizhuàng 혱(가축 따위가) 살찌고 실하다. (열매 따위가) 알차다.

fěi

【匪】匚部 fěi 8画 악할 비
1몡강도. 도적. ◇土~/산적. ◇盗~/도적. 2부〈文〉…이 아니다. ◇获益~浅/이익을 보는 것이 적지 않다.

【匪帮—방】fěibāng 몡도적 집단.

【匪巢—소】fěicháo 몡도적의 소굴.

【匪盗—도】fěidào 몡도적. 강도.

【匪患—환】fěihuàn 몡도적에 의한 재난.

【匪祸—화】fěihuò (同)〔匪患 huàn〕

【匪军—군】fěijūn 몡〈喩〉적군. 적병.

【匪窟—굴】fěikū (同)〔匪巢 cháo〕

【匪首—수】fěishǒu 몡도적의 두목.

＊【匪徒—도】fěitú 몡1강도. 2악당. 무뢰한.

【匪穴—혈】fěixué 몡적군·도적의 소굴.

【匪夷所思—이소사】fěi yí suǒ sī〈成〉일반인의 상상을 뛰어넘다.

【诽·誹】讠部 fěi 8画 중얼거릴 비
동비방하다. 헐뜯다.

＊【诽谤—방】fěibàng 동비방하다. ◇我要以~罪控告你/내가 명예훼손 죄로 너를 고소하겠다. (同)〔诋毁 dǐhuǐ〕, (反)〔美言 měiyán〕

【菲】艹部 fěi 8画 나물이름 비
1몡〈植〉고서(古書)에서 무같은 야채를 가리킴. 2혱〈文〉보잘것 없다. 변변치 못하다. 〔겸양어〕⇒fēi

【菲薄—박】fěibó 1혱빈약하다. 2동깔보다. 경멸하다.

【菲敬—경】fěijìng 몡〈謙〉변변치 못한 선물.

【菲仪—의】fěiyí (同)〔菲敬 jìng〕

【菲酌—작】fěizhuó 몡〈謙〉변변치 못한 술자리.

【悱】忄部 fěi 8画 분낼 비
동〈文〉말하고 싶어도 어떻게 말해야 좋을지 모르다.

【悱恻—측】fěicè 동〈文〉마음 속으로 괴로워하다.

【斐】非部 文部 fěi 4画 8画 문채날 비
혱〈文〉문채가 아름답다.

【斐然—연】fěirán 혱〈文〉1문채가 아름다운 모양. 2현저하다.

【翡】非部 羽部 fěi 6画 8画 비취 비
몡〈鳥〉물총새.

【翡翠—취】fěicuì 몡1〈鳥〉물총새. 2〈礦〉비취.

fèi

【吠】口部 fèi 4画 짖을 폐
동(개가) 짖다. ◇狂~/미친 듯이 짖어대다. 〈喩〉터무니없는 말.

【吠形吠声—형폐성】fèi xíng fèi shēng〈成〉〈喩〉일의 진상을 모른 채 맹목적으로 따르다. (同)〔吠影 yǐng 吠声〕

☆【肺】月部 fèi 4画 허파 폐
몡폐.

【肺癌—암】fèi'ái 몡〈醫〉폐암.

【肺病—병】fèibìng (同)〔肺结核 jiéhé〕

【肺动脉—동맥】fèidòngmài 몡〈生理〉폐동맥.

【肺腑—부】fèifǔ 몡1〈生理〉폐장. 2〈轉〉내심(내심). ◇~之言/마음 속에서 우러나는 말.

【肺活量—활량】fèihuóliàng 몡폐활량.

【肺结核—결핵】fèijiéhé 몡〈醫〉폐결핵. (同)〔肺病 bìng〕

【肺痨—□】 fèiláo 図〈中醫〉폐결핵.

【肺泡—포】 fèipào 図〈生理〉폐포. 허파 꽈리.

【肺气肿—기종】 fèiqìzhǒng 図〈醫〉폐기종. (同)[肺胀 zhàng]

【肺吸虫—흡충】 fèixīchóng 図〈醫〉폐디스토마.

【肺循环—순환】 fèixúnhuán 図〈生理〉폐순환. (同)[小 xiǎo 循环]

【肺炎—염】 fèiyán 図〈醫〉폐렴.

【肺脏—장】 fèizàng 図〈生理〉폐장. 폐.

【废·廢】 广部 fèi
5画 폐할 **폐**

1図폐기[폐지]하다. ◇秦始皇~封建, 设郡县/진시황은 봉건제도를 폐지하고 군현을 설치하였다. 2囫황폐하다. ◇~墟/폐허. 3囫囵쓸모 없는(것). 쓰고 남은(것). ◇~话/쓸모없는 말. ◇~纸/폐지. 4囫불구의. ◇残~的人/불구자.

【废弛—이】 fèichí 図(규율·기풍 따위가) 해이해지다. 풀어지다.

【废除—제】 fèichú 囵(법령·제도·조약 따위를) 폐지하다. 폐기하다. ◇~烦琐的礼节/사사로운 예절을 폐기하다. (同)[废止 zhǐ], (反)[建立 jiànlì]

【废黜—출】 fèichù 囵1(관직에서) 파면시키다. 2(왕을) 폐위시키다. (특권적 지위에서) 쫓아내다. (同)[罢 bà 黜], (反)[任命 rènmìng]

*【废话—화】 fèihuà 1図허튼소리. ◇少说~/허튼소리 그만해라. 2囵쓸데없는 말을 하다. ◇别~, 快干你的事去/쓸데없는 말 말고 빨리 가서 네 일이나 해라.

【废料—료】 fèiliào 図(생산과정에서 나온) 짜투리 재료.

*【废品—품】 fèipǐn 図1폐품. ◇你可以把这东西当~卖/당신은 이 물건을 폐품으로 팔아도 됩니다. (反)[珍 zhēn 品] 2(공업 제품의) 불량품. ◇~率/불량률. (反)[正 zhèng 品]

*【废气—기】 fèiqì 図폐기.

【废弃—기】 fèiqì 囵폐기하다.

【废寝忘食—침망식】 fèi qǐn wàng shí〈成〉어떤 일에 전념하다.

【废人—인】 fèirén 図폐인. 병신.

【废水—수】 fèishuǐ 図폐수.

【废铁—철】 fèitiě 図고철.

【废铜—동】 fèitóng 図헌 구리.

*【废物—물】 fèiwù 図폐기물. ◇~利用/폐품 이용. (反)[珍宝 zhēnbǎo]

【废物—물】 fèi·wu 図〈罵〉쓸모없는 놈. 무능력자. ◇他什么事也不会干, 简直是个~!/그는 아무일도 할 줄 아는 것이 없다. 그야말로 쓸모 없는 놈이다. (同)[饭桶 fàntǒng], (反)[能人 néngrén]

【废墟—허】 fèixū 図폐허. ◇地震把那座城市变成一片~/지진이 이 도시를 폐허로 만들었다.

【废液—액】 fèiyè 図폐액(廢液).

【废油—유】 fèiyóu 図폐유.

【废渣—사】 fèizhā 図고형(固型) 폐기물.

【废止—지】 fèizhǐ 囵(법령·제도를) 폐지(하다).

【废纸—지】 fèizhǐ 図1종이 쓰레기. 2무효가 된 증권·서류.

【废置—치】 fèizhì 囵(필요없는 것을) 제쳐놓다. (同)[废弃 qì], (反)[起用 qǐyòng]

【沸】 氵部 fèi
5画 끓을 **비**, 물용솟음칠 **불**

1図끓이다. 2囵끓다.

【沸点—점】 fèidiǎn 図〈物〉〈化〉비등점.

【沸反盈天—반영천】 fèi fǎn yíng tiān〈成〉벌집을 쑤신 듯한 대소동. (反)[万籁俱寂 wàn lài jù jì]

【沸沸扬扬—비양양】 fèifèiyángyáng 와자지껄한 모양. 논의가 분분한 모양. (同)[吵吵嚷嚷 chǎochǎo rāngrāng], (反)[悄无声息 qiāo wú shēngxī]

【沸水—수】 fèishuǐ 1図끓는 물. 2囵물을 끓이다. (同)[滚 gǔn 水], (反)[冷 lěng 水]

【沸腾—등】 fèiténg 囵1〈物〉비등하다. 2들끓다. 3(피가) 끓다. ◇热血~/뜨거운 피가[정열이] 끓어 오르다. (同)[鼎 dǐng 沸], (反)[冷淡 lěngdàn]

☆**【费·費】** 贝部 fèi
5画 허비할 **비**

1図비용. 수수료. 요금. ◇生活~/생활비. 2囵쓰다. 소비하다. ◇~心/마음을 쓰다. ◇~了不少钱/적지 않은 돈을 쓰다. ◇买东西~时间/물건을 사려면 시간이 걸린다. 3囫과다하게 쓰다. ◇这部车~油/이 차는 기름이 많이 든다. (反)[省 shěng] 4(Fèi)図성(姓). [비교]费:用 정상적으로 쓸 때는 "费"를 쓰지 않는다. ◇我们在路上(×费)用了两个多小时就到长城了/우리는 길에서 2시간만에 만리장성에 도착했다.

【费工—공】 fèi∥gōng 囵품이 들다. 시간이 걸리다.

【费工夫—공부】 fèi gōng·fu 1시간이 걸리다. 2잔손이 많이 가다.

【费活—화】 fèi∥huà 囵불필요하게 말을 많이 하다.

【费解—해】 fèijiě 囫(문장 등이) 난해하다. (同)[难 nán 解], (反)[易 yì 解]

【费尽心机—진심기】 fèi jìn xīn jī〈成〉여러모로 지혜를 짜내다. (同)[绞 jiǎo 尽脑 nǎo 汁], (反)[无所用心 wú suǒ yòng xīn]

【费劲—경】 fèi∥jìn (~儿)1囵힘을 들이

F

다. 2(fèijìn)圈힘들다.

＊＊【费力－력】fèi∥lì 1圈애쓰다. ◇～不讨好/〈諺〉애쓴 보람이 없다. 2(fèilì)圈힘들다.

【费钱－전】fèi∥qián 1圈돈을 낭비하다. 2 (fèiqián)圈돈이 들다.

【费神－신】fèi∥shén 1圈신경을 쓰다. 2〈套〉귀찮겠지만. 〔부탁할 때 쓰는 인사말〕◇这篇稿子您～看看吧/귀찮겠지만, 이 원고를 좀 봐주십시오.

【费时－시】fèishí 圈시간을 소비하다.

【费事－사】fèi∥shì 圈품이 들다. (同)〔费劲 jìn〕, (反)〔省力 shěnglì〕

【费手脚－수각】fèi shǒujiǎo (同)〔费事 shì〕

【费心－심】fèi∥xīn 圈마음〔신경〕을 쓰다. (同)〔费神 shén〕, (反)〔省 shěng 心〕

☆【费用－용】fèi·yong 圈비용. ◇这笔～由我们负担/이 비용은 우리가 부담한다.

【痱(疿)】扩部 8画 땀띠 비

【痱子－자】fèi·zi 땀띠.

【痱子粉－자분】fèi·zifěn 땀띠약. 땀띠분.

分 264	芬 266	吩 266	纷 266	氛 266
坟 267	汾 267	焚 267	粉 267	分 267
份 268	奋 268	忿 268	粪 268	愤 268

---

fēn

★【分】八部 刀部 fēn 나눌 분
2画 2画

1圈나누다. 분류하다. ◇～两半/절반씩 가르다. ◇一年～四季/1년은 네 계절로 나뉜다. (反)〔合 hé〕2圈할당하다. 배당하다. ◇这个工作～给你/이 일을 너에게 배당한다. ◇音乐会票都已经～完了/음악회표는 이미 다 분배가 끝났다. 3圈분별하다. 식별하다. ◇还～不出个胜负来/아직도 승부를 가리지 못했다. 4圈분. 지(支). 파생된 것. ◇银行～行/은행 지점. ◇新华社上海～社/신화사 상해 지사. 5 圈〈數〉분수. ◇约～/약분(하다). ◇二之一/2분의 1. 6 10분의 1. 분. 할(割). ◇万～重要/대단히 중요하다. ◇有十～把握/100%의 자신이 있다. 7圈〈度〉중국 전통 도량형 단위. a)(길이·척도의)푼. 〔1자의 100분의 1〕◇十～是一寸 cùn/열 푼은 한 치이다. b)(지적·면적의)분 〔1묘(畝)의 10분의 1〕. ◇十～是一亩/10분은 한 묘이다. c)(중량의)푼. ◇十～是一钱/열 푼은 한 돈이다. d)(화폐의)푼. 전. 〔1'分'은 1'元 yuán'의 100분의 1〕◇六元三角五～/6원 35전. e)(시간의)분. ◇六十～是一小时/60분은

1시간이다. f)〈度〉(각도의)분. ◇一度等于六十～/1도는 60분이다. ◇东经129度15～/동경 129도 15분. g)(～儿)점. 〔성적 평가의 점수나 승부의 득점수〕◇考一百～/시험에서 100점을 받았다. ◇赛篮球赢 yíng 了三～/농구 시합에서 3점 이겼다. h)(이율의)푼. 할. 〔연리(年利)에서는 1할, 월리에서는 1푼을 말함〕◇月利一～/월리 1푼. ◇年利一～/연리 1할. i)〈文〉조금. ◇尽一～力/얼마 안되는 힘을 다하다. ⇒fèn

【分贝－패】fēnbèi 圈〈物〉데시벨(decibel).

【分崩离析－붕리석】fēn bēng lí xī〈成〉붕괴 와해되다. 〔四分五裂 sì fēn wǔ liè〕, (反)〔团结一致 tuán jié yī zhì〕

＊【分辨－변】fēnbiàn 1圈圈분별(하다). 구분(하다). ◇～真正的敌友/진정한 적과 친구를 분별하다.

【分辩－변】fēnbiàn 圈圈변명(하다). 해명(하다). ◇不容～/변명을 용납하지 않다.

☆【分别－별】fēnbié 1圈헤어지다. ◇我们～快两年了/우리는 헤어진 지 2년이 다 되어간다. (同)〔分离 lí〕, (反)〔相会 xiānghuì〕2圈圈구별(하다). ◇～是非/옳고 그름을 구별하다. 3圈다름. 차이. 圈달리. 다르게. ◇两者之间没有任何～/둘 사이에는 어떠한 차이도 없다. ◇～对待/다르게 대하다. (同)〔区 qū 别〕, (反)〔同样 tóngyàng〕4圈따로따로. 각각. 차례로. ◇你还是～跟他们谈谈的好/네가 그들과 따로따로 이야기해 보는 것이 좋겠다. ◇他们～去了南京、上海/그들은 남경, 상해에 차례대로 갔다. (同)〔各自 gèzì〕, (反)〔共同 gòngtóng〕

【分兵－병】fēnbīng 병력을 나누다.

＊＊【分布－포】fēnbù 圈분포하다. ◇中国的石油资源～范围很广/중국의 석유 자원은 광범위하게 분포되어 있다.

【分不开－불개】fēn·bu kāi 나눌〔떼어 놓을〕수 없다.

【分不清－불청】fēn·bu qīng 확실히 분간할 수 없다.

【分册－책】fēncè 圈분책.

【分权－차】fēnchà 1圈분지(分枝). 2(fēn∥chà)圈가지를 가르다.

【分成－성】fēn/chéng (～儿)圈나누다.

＊【分寸－촌】fēncùn 圈조금. 약간. ◇～也不差/조금도 틀리지 않다.

【分寸－촌】fēn·cun 圈(일이나 말의) 적당한 정도. 〈轉〉절도. 분수.

【分担－담】fēndān 圈분담하다. 나누어 맡다.

【分道扬镳－도양표】fēn dào yáng biāo〈成〉각자 제 갈 길을 가다. (同)〔分路 lù 扬镳〕, (反)〔同舟共济 tóng zhōu gòng jì〕

【分店-점】 fēndiàn 圐분점.

*【分队-대】 fēnduì 圐〈軍〉분대.

【分发-발】 fēnfā 屪1(하나씩) 나누어 주다. 2각각 개견하다.

【分肥-비】 fēn∥féi 屪(부당하게 얻은) 이익을 분배하다.

【分封制-봉제】 fēnfēngzhì 圐〈史〉분봉제.

【分付-부】 fēn·fù (同)〔吩咐 fēn·fù〕

*【分割-할】 fēngē 屪나누다. 가르다. ◇政治和权力是～不开/정치와 권력은 갈라 놓을 수 없다.

【分隔-격】 fēngé 屪갈라놓다.

【分给-급】 fēngěi 屪나누어 주다.

*【分工-공】 fēn∥gōng 1屪분업하다. ◇咱们怎么～/우리 어떻게 일을 분담할까? 2(fēngōng)圐분업. 분담. ◇～合作/분담 하며 협조하다.

【分行-행】 fēnháng 圐지점.

【分毫-호】 fēnháo 圐〈喩〉극히 적은 분량. 아주 미세한 양.

【分号-호】 fēnhào 圐1반구절점(;). 세미콜론. 2지점.

*【分红-홍】 fēn∥hóng 屪1모택동 시대에 인민 공사에서 사원들에게 정기적으로 이익을 배당하다. 2(기업 따위에서) 이익을 배당하다.

*【分化-화】 fēnhuà 1屪분화하다. 갈라지다. 2圐屪분열(하다, 시키다). ◇～敌人/ 적을 분열시키다. (反)〔统一 tǒngyī〕3圐〈生〉분화.

【分机-기】 fēnjī 圐구내 전화.

【分家-가】 fēn∥jiā 屪1분가하다. 2떨어져 나가다.

**【分解-해】 fēnjiě 屪1분해하다. 2〈化〉분해 하다. 3중재하다. ◇让我替你们～/내가 너희를 대신해 해결해 주겠다. 4분열시키다. ◇促使敌人内部～/적의 내부를 분열 시키다. 5설명하다. 〔장회소설(章回小说) 의 용어〕◇且听下回～/다음 회의 설명을 들으세요.

【分界-계】 fēn∥jiè 1屪경계를 긋다. 2(fēnjiè)圐경계. 분계.

【分界线-계선】 fēnjièxiàn 圐1국경선. 2분계선.

【分斤掰两-근배량】 fēn jīn bāi liǎng 〈成〉하찮은 일을 지나치게 따지다.

【分居-거】 fēn∥jū 屪별거하다.

【分局-국】 fēnjú 圐지국(支局).

【分句-구】 fēnjù 圐〈言〉복문을 구성하는 단문.

【分开-개】 fēn∥kāi 屪1갈라지다. 분리되다. ◇弟兄两人～已经三年了/두 형제가 헤어진 지 이미 3년이 되었다. (同)〔分别 bié〕, (反)〔相逢 xiāngféng〕2가르다.

(同)〔分离 lí〕, (反)〔合拢 lǒng〕3헤치다.

*【分类-류】 fēn∥lèi 1屪분류하다. ◇把这些资料加以～/이 자료들을 분류하다. 2(fēnlèi)圐분류. ◇～学/〈生〉분류학.

【分类帐-류장】 fēnlèizhàng 圐〈經〉(부기의) 분개장.

*【分离-리】 fēnlí 1圐屪분리(하다). ◇理论与实践是不可～的/이론과 실천은 분리할 수 없는 것이다. 2헤어지다. ◇～多年的好友又重逢了/헤어진 지 여러해 되던 친구를 또 다시 만났다.

【分力-력】 fēnlì 圐〈物〉분력.

*【分裂-렬】 fēnliè 1圐屪분열(하다). ◇细胞～/〈生〉세포 분열. (同)〔破 pò 裂〕, (反)〔合拢 hé/lǒng〕2屪분열시키다.

【分流-류】 fēnliú 屪1(강이) 갈려져 지류를 이루다. 2(인원·차량 따위가 각기 다른 방향으로) 이동하다. (反)〔合 hé 流〕

【分馏-류】 fēnliú 圐屪〈化〉분별 증류(하다).

【分门别类-문별류】 fēn mén bié lèi 〈成〉부문별로 나누다. (反)〔笼而统之 lóng ér tǒng zhī〕

**【分泌-비】 fēnmì 圐屪1〈生理〉분비(하다). ◇～胃液/위액을 분비하다. 2유동(流动)하는 광물의 용액이 암석의 갈라진 틈을 메우다.

【分娩-만】 fēnmiǎn 屪1만삭하다. 출산하다. 2(동물이) 새끼를 낳다.

【分秒-초】 fēnmiǎo 圐분초. 〈喩〉매우 짧은 시간.

【分秒必争-초필쟁】 fēn miǎo bì zhēng 〈成〉분초를 다투다. 촌음을 아껴 쓰다. (同)〔争分夺 duó 秒〕, (反)〔虚度光阴 xūdù guāng yīn〕

*【分明-명】 fēnmíng 1圐분명하다. 확실하다. ◇这件事情是非～, 无可争辩/이 일은 시비가 분명해서, 논의할 여지도 없다. (同)〔鲜 xiān 明〕, (反)〔含糊 hán·hu〕2圁분명히. 확실히. ◇～是你不对/명백히 네가 잘못한 거야.

*【分母-모】 fēnmǔ 圐〈數〉분모.

【分蘖-얼】 fēnniè 圐〈農〉분얼하다.

【分派-파】 fēnpài 屪1따로 파견하다. 2할당하다. 배당하다.

☆【分配-배】 fēnpèi 1圐屪배당(하다). 할당(하다). ◇～土地/땅을 분배하다. 2圐屪배속(하다). ◇～给我的房子/내게 배속해 준 집. 3圐〈經〉분배. ◇～制度/분배 제도.

*【分批-비】 fēn∥pī 屪몇개의 조(組)로 나누다. ◇～轮流参加训练班/여러 조로 나누어 돌아가며 훈련반에 참가하다.

*【分期-기】 fēn∥qī 屪기간을 나누다. ◇古代史的～问题/고대사의 시대 구분 문제.

F

【分期付款－기부관】fēnqī fùkuǎn 團動할부로 대금을 지불하다. (反)〔一致 yīzhì〕

*【分歧－기】fēnqí 圈(사상·의견 기록 따위의) 차이. 불일치. ◇这个问题上我们的意见有～/이 문제에 대해 우리는 서로 의견에 차이가 있다. ◇意见～/견해상 차이.

*【分清－청】fēn // qīng 動분명하게 가리다. ◇～是非/시비를 분명히 하다. (反)〔混淆 hùnxiáo〕

【分润－윤】fēnrùn 動이익을 나누다.

**【分散－산】fēnsàn 1圈動분산(하다). ◇兵力太～/병력이 너무 분산되어 있다. 2圈動분산시키다. ◇～注意力/주의력을 분산시키다. (同)〔散开 kāi〕, (反)〔集中 jízhōng〕 3動널리 배부[배포]하다. ◇～传单/전단을 널리 배포하다.

【分设－설】fēnshè 動나누어 설치하다.

【分身－신】fēn // shēn 動시간을 내다.

【分神－신】fēn // shén 動1한눈 팔다. 2〈套〉수고스러우시겠지만.

【分式－식】fēnshì 圈유리방정식.

【分手－수】fēn // shǒu 動헤어지다. 관계를 끊다.

**【分数－수】fēnshù 圈1점수. ◇三门功课的平均～是87分/세 과목의 평균 점수는 87점이다. 2분수. ◇～方程式/분수 방정식.

【分水岭－수령】fēnshuǐlǐng 圈분수령.

【分说－설】fēnshuō 動해명하다. 변명하다.

【分送－송】fēnsòng 動나누어 보내다.

【分摊－탄】fēntān 動(비용을) 균등하게 분담하다.

【分庭抗礼－정항례】fēn tíng kàng lǐ 〈成〉대등한 입장에서 행동(대립)하다.

【分头－두】fēntóu 1圖〈轉〉각각. 따로따로. (同)〔分别 bié〕, (反)〔共同 gòngtóng〕 2動가리마를 타다. 3圈가리마를 탄 머리.

【分文－문】fēnwén 圈약간의 돈. 푼돈.

☆【分析－석】fēnxī 圈動분석(하다). ◇这种～很有说服力/이런 분석은 설득력이 강하다.

【分线规－선규】fēnxiànguī 圈디바이더.

【分享－향】fēnxiǎng 動(행복·기쁨·이익 따위를) 함께 나누다〔누리다〕.

【分晓－효】fēnxiǎo 1圈일의 진상 또는 결과. 圈확실하다. 분명하다. 3圈도리. 이치. 〔부정때 쓰임〕

【分写－사】fēnxiě 1動떼어 쓰다. 2圈떼어쓰기.

【分心－심】fēn // xīn 圈1한눈을 팔다. 다른 일에 마음을 쓰다. (同)〔走神儿 zǒushénr〕, (反)〔专 zhuān 心〕 2신경쓰다.

【分秧－앙】fēnyāng 動모를 내다.

【分野－야】fēnyě 圈분야. 영역.

【分赃－장】fēn // zāng 動1장물을 나누다.

2〈喩〉부당한 권리나 이익을 나누다.

【分针－침】fēnzhēn 圈(시계의) 분침.

【分支－지】fēnzhī 圈1갈라져 나온 부분. 2분과(分科). 분파.

【分支机构－지기구】fēnzhī jīgòu 圈지점.

★【分钟－종】fēnzhōng 圈분. 1분.

【分驻所－주소】fēnzhùsuǒ 圈파출소 분소.

*【分子－자】fēnzǐ 圈1〈數〉(분수의) 분자. 2〈化〉분자. ◇～式/분자식. ◇～量/분자량. ◇～论/분자론. ⇒fènzǐ

【芬】 ++部 | fēn
4画 | 향기 분

圈향기. 좋은 냄새. ◇清～/맑고 깨끗한 향기.

*【芬芳－방】fēnfāng 圈圈향기(롭다). ◇～的花朵/향기로운 꽃송이.

【吩】 口部 | fēn
4画 | 분부할 분

☆【吩咐－부】fēn·fù 1動〈口〉분부하다. (말로) 시키다. ◇妈妈～我给客人煮zhǔ一杯咖啡/어머니는 나더러 손님에게 커피 한 잔 끓여 드리라고 하셨다. 2圈분부. 명령. ◇您有什么～?/무슨 분부 있으십니까? 〔比교〕吩咐:嘱咐 윗사람의 명령이 아니면 "吩咐"를 쓰지 않는다. ◇我没有忘记上飞机之前妈妈给我的(×吩咐)嘱zhǔ咐/나는 비행기를 타기 전에 어머니가 나에게 한 당부를 잊지 않았다.

【纷·紛】 纟部 | fēn
4画 | 어지러울 분

1圈많다. 왕성하다. ◇大雪～飞/큰 눈이 펑펑 쏟아지다. 2圈어수선하다. ◇～乱/어수선하다. 3圈다툼. 분쟁.

【纷繁－번】fēnfán 圈뒤얽혀 복잡하다. (反)〔单纯 dānchún〕

☆【纷纷－분】fēnfēn 1圈(의견이나 떨어지는 물건이) 분분하다. 어수선하게 많다. ◇落叶～/낙엽이 우수수 떨어지다. ◇议论～/의론이 분분하다. 2圖잇달아. ◇大家～地提出了意见/모두가 계속해서 의견을 제출하였다.

【纷纷扬扬－분 양양】fēnfēnyángyáng (눈·꽃·잎 등이) 어지럽게 흩날리는 모양.

【纷乱－란】fēnluàn 圈혼란스럽다. 어수선하다. (同)〔混 hùn 乱〕, (反)〔平静 píngjìng〕

【纷扰－요】fēnrǎo 圈혼란(스럽다).

【纷纭－운】fēnyún 圈(말이나 일 등이) 많고 어지럽다. 구구하다.

【纷争－쟁】fēnzhēng 圈분쟁.

【纷至沓来－지답래】fēn zhì tà lái 〈成〉속속 다가오다.

【氛】 气部 | fēn
4画 | 기운 분

圈1기분. 광경. ◇气 qì～/분위기. 2기

(氣). 공기. ◇夕 xī~/저녁 공기.
【氛围一위】fēnwéi 图주위의 분위기 또는 격조.

fén

**【坟・墳】 土部 fén
4画 봉분 분
图무덤. ◇上~去/성묘가다.
【坟地一지】féndì 图묘지.
*【坟墓一묘】fénmù 图무덤. 묘.
【坟头一두】féntóu (~儿)图봉분(封墳).
【坟茔一영】fényíng 图1묘. 2묘지.

【汾】 氵部 fén
4画 물이름 분
图산서성의 분양(山西省汾陽)일대.
【汾酒一주】fénjiǔ 图산서성(山西省) 분양현(汾陽縣)에서 나는 60도의 명주.

【焚】 火部 fén
8画 불사를 분
图불태우다. 불타다. ◇~香/향을 태우다. (同)〔烧 shāo〕, (反)〔灭 miè〕
【焚化一화】fénhuà 图1(지전(紙錢)・유상(遺像)따위를) 태우다. 2화장(火葬)하다.
【焚毁一훼】fénhuǐ 图불태워 없애다.
【焚烧一소】fénshāo 图불태우다.
【焚书坑儒一서갱유】fén shū kēng rú〈成〉분서 갱유.

fěn

**【粉】 米部 fěn
4画 가루 분
1图가루. ◇面~/밀가루. ◇奶~/분유. ◇磨成~/갈아서 가루로 만들다. 2图(화장용) 분. ◇脸上擦~/얼굴에 분을 바르다. 3图전분(澱粉)으로 만든 식품. ◇凉~/녹말분. 4图국수 모양으로 만든 식품. ◇米~/쌀. 국수. ◇绿豆~/녹두국수. 5图〈方〉가루가 되다. ◇石灰放得太久, 已经~了/석회를 너무 오래 두었더니 가루가 되었다. 6图(벽 따위를 석회로) 회칠하다. ◇墙刚~过/벽을 방금 회게 칠했다. 7图흰 가루의. 흰 색의. ◇~蝶/흰나비. ◇~墙/흰 벽. 8图분홍색. 핑크색. ◇这朵花是~的/이 꽃은 분홍색이다.
☆【粉笔一필】fěnbǐ 图백묵.
【粉尘一진】fěnchén 图분진.
【粉刺一자】fěncì 图여드름.
【粉坊一방】fěnfáng 图제분소.
【粉红一홍】fěnhóng 图〈色〉분홍색.
【粉剂一제】fěnjì 图〈藥〉가루약.
*【粉末一말】fěnmò (~儿)图가루. 분말.
【粉墨一묵】fěnmò 1图화장용 흰분과 청흑

색 염료. 2图〈演〉무대화장. 3图문사(文詞)를 수식하다.
【粉墨登场一묵등장】fěn mò dēng chǎng〈成〉분장을 하고 무대에 서다. 〈喩〉정치무대에 서다.
【粉拍一박】fěnpāi (同)〔粉扑儿 pūr〕
【粉牌一패】fěnpái 图분판(粉板).
【粉皮一피】fěnpí (~儿)图분피. 〔녹두나고구마 전분으로 만든 납작하고 얇은 모양의 식품〕
【粉扑儿一복아】fěnpūr 图퍼프(puff). 분첩.
【粉芡一검】fěnqiàn 图녹말가루를 물에 풀어 저어서 만든 걸죽한 액체.
【粉墙一장】fěnqiáng 图흰 횟가루로 바른 벽. 회벽.
【粉身碎骨一신쇄골】fěn shēn suì gǔ〈成〉분골쇄신하다.
【粉饰一식】fěnshì 图(오점이나 결점을 덮기 위해) 겉만 보기좋게 꾸미다.
【粉刷一쇄】fěnshuā 1图석회를 칠하다. 2图〈方〉(회칠・흙칠・미장 등을 한 후) 흰색칠을 하거나 꽃무늬를 새기다. 3图칠판지우개. 4图〈方〉건물의 겉면에 바르는 보호층.
【粉丝一사】fěnsī 图녹말로 만든 당면.
**【粉碎一쇄】fěnsuì 图1분쇄하다. 2철저히 쳐부수다. ◇~反对派的阴谋/철저히 반동세력의 음모를 쳐부수다.
【粉条一조】fěntiáo (~儿)图녹두나 고구마・감자의 전분으로 만든 당면.
【粉线一선】fěnxiàn 图초크가 있기 전에 재단사가 옷감에 선을 그을 때 쓰는 도구.
【粉蒸肉一증육】fěnzhēngròu 图잘게 썬 고기에 쌀가루와 양념을 묻혀 찐 요리. (同)〔米 mǐ 粉肉〕

fèn

【分】 八部 刀部 fèn
2画 3画 직분 분
1图성분. ◇水~/수분. ◇养~/영양가. 2图(직책과 권리의 한도) 본분. 직분. ◇本~/본분. ◇过~/과분(하다). 3图(사귄) 정(情). ◇看在老朋友的~上, 原谅他吧/오랜 친구의 정을 봐서 그를 용서해 줘라. 4(同)〔份 fèn〕 5图〈文〉예상하다. ⇒fēn
【分际一제】fènjì 图1절도. 2상태. 정도.
*【分量一량】fèn·liàng 图1무게. ◇家庭作业的~不少/숙제의 분량이 적지 않다. 2(말의) 무게. ◇说话很有~/말이 꽤 무게가 있다.
【分内一내】fènnèi 图본분. (同)〔本 běn 分〕, (反)〔分外 wài〕

*【分外－외】fènwài 1(부)유달리. 특별히. ◇~照顾你一点/특별히 너에게는 보살피고 있다. 2(명)본분 밖. ◇他从来不把帮助别人看做~的事/그는 이제까지 다른 사람을 돕는 일을 본분 밖의 일로 여기지 않았다. (同)〔额 é 外〕, (反)〔分内 nèi〕

**【分子－자】fènzǐ (명)(어떤 계층에 속하는) 사람. ◇知识~/지식인. ◇右派~/우파 분자. (同)〔份 fèn 子〕⇒fēnzǐ

【分子－자】fèn·zi (명)부조금. 축의금.

☆【份】亻部 fèn 4画 빛날 빈, 몫 분

1(명)전체 중의 일부분. 몫. ◇股 gǔ ~/(주식 회사의) 주(株). ◇分成二~/셋으로 나누다. 2(~儿)(양) a)배합해서 한벌이 되는 것. 한 벌. 세트(set). ◇一~儿饭/일 인분 식사. ◇一~儿礼/한 세트의 선물. b)신문·문서를 세는 단위. ◇《人民日报》/인민일보 1부. ◇这篇报告请复印三~/이 리포트는 3부 복사하세요. 3(명)성(省)·현(縣)·년(年)·월(月)의 뒤에 붙여 구분이나 구획을 나타내는 단위. ◇省~/성. 〔성의 범위·구역〕◇年~/연분. 4(명)고대에 '彬 bīn'과 통용됨.

【份额－액】fèn'é (명)몫.

【份儿－아】fènr 1(명)몫. 한 벌. 세트. 2(명)지위. 3(명)기세. 4(명)상태. 지경.

【份子－자】fèn·zi (명)1(단체로 선물할 때) 각자 분담하는 돈. 2(축의금.

【奋·奮】大部 fèn 5画 성낼 분

(동)1분발하다. ◇振 zhèn~/진작하다. 兴 xīng~. ◇勤 qín~/부지런하다. 2흔들다. 치켜들다. ◇~臂 bì 高呼/팔을 치켜들고 큰 소리로 부르다.

【奋不顾身－불고신】fèn bù gù shēn〈成〉자신의 목숨, 위험을 무릅쓰다. (同)〔赴汤蹈火 fù tāng dǎo huǒ〕, (反)〔贪生怕死 tān shēng pà sǐ〕

☆【奋斗－투】fèndòu (동)(목적에 도달하기 위해) 분투하다. 〔비교〕奋斗:斗争 "奋斗"의 목표와 대상은 사람이 아니다. ◇我们要跟一切敌人(×奋斗)斗争到底/우리는 모든 적과 끝까지 투쟁할 것이다.

【奋发－발】fènfā (동)분발하다. (同)〔奋起 qǐ〕, (反)〔疲瘫 pí·ta〕

【奋发图强－발도강】fèn fā tú qiáng〈成〉분발하여 강해지기 위해 노력하다. (同)〔发奋图强〕, (反)〔苟且偷安 gǒu qiě tōu ān〕

【奋进－진】fènjì (동)(감정이) 격앙되다.

【奋进－진】fènjìn (동)분발하여 앞으로 나가다.

【奋力－력】fènlì (동)힘을 내다. (反)〔不 bù 力〕

【奋勉－면】fènmiǎn (동)분발하여 노력하다.

【奋起－기】fènqǐ (동)1진작하다. 2힘차게 치켜들다.

*【奋勇－용】fènyǒng (동)용기를 내다. ◇~作战/용기를 내어 싸우다.

*【奋战－전】fènzhàn (동)분전하다.

【忿】心部 fèn 4画 분할 분

1(동)화를 내다. 분개하다. (同)〔愤 fèn〕 2⇒〔不 bù 忿〕〔气 qì 不忿儿〕

【忿忿－분】fènfèn (명)몹시 화가 난 모양. (同)〔愤 fèn 愤〕

**【粪·糞】米部 fèn 6画 똥 분

1(명)똥. 대변. 2(명)〈文〉똥거름(을 주다). ◇~田/논밭에 똥거름을 주다. 3(동)〈文〉없애다.

【粪便－변】fènbiàn (명)똥오줌.

【粪车－차】fènchē (명)분뇨차.

【粪池－지】fènchí (명)분뇨구덩이.

【粪除－제】fènchú (동)〈文〉없애다.

【粪肥－비】fènféi (명)(사람·가축 등의) 똥거름.

【粪箕子－기자】fènjī·zi (명)(거름을 담아 나르는) 삼태기.

【粪坑－갱】fènkēng (명)1똥 구덩이. 2(변소의) 똥통.

【粪筐－광】fènkuāng (명)1거름 광주리. 2(同)〔粪箕 jī 子〕

【粪桶－통】fèntǒng (명)1똥통. 거름통. 2(同)〔马 mǎ 桶〕

【粪土－토】fèntǔ (명)똥오줌과 진흙. 썩은 흙. (喩)값어치가 없는 것. (同)〔糟粕 zāopò〕, (反)〔精华 jīnghuá〕

【愤·憤】忄部 fèn 9画 분할 분

(명)(동)분개 (하다). 분노 (하다). ◇发 fā ~/성내다. ◇气~/분개하다. (同)〔怒 nù〕, (反)〔喜 xǐ〕

*【愤愤－분】fènfèn (형)몹시 화가 난 모양.

【愤恨－한】fènhèn 1(동)분개하다. 2(명)분개. (同)〔气 qì 愤〕, (反)〔高兴 gāoxìng〕

【愤激－격】fènjī (동)격분하다.

【愤慨－개】fènkǎi (동)분개하다.

【愤懑－만】fènmèn (동)〈文〉화가 나서 속이 부글부글 끓다.

☆【愤怒－노】fènnù (명)(동)분노 (하다).

【愤然－연】fènrán (형)화를 내는 모양.

fēng

【丰·豐】 一部 | 部 | fēng
3画 | 3画 | 풍년 **풍**

1형많다. 풍족하다. ◇产量甚~/생산량이 매우 많다. (同)〔饶 ráo〕, (反)〔匮 kuì〕 **2**형크다. **3**형아름다운 자태와 용모. **4**(Fēng)명성(姓).

*【丰产－산】 fēngchǎn 명풍작(豊作). ◇~ 经验/다수확의 경험. (同)〔丰收 shōu〕, (反)〔歉收 qiànshōu〕

【丰产田－산전】 fēngchǎntián 명수확이 많이 나는 논밭.

★【丰富－부】 fēngfù **1**형풍부하다. ◇他的教学经验很~/그의 교수 경험은 아주 풍부하다. (反)〔贫乏 pínfá〕 **2**동풍부하게 하다. ◇~自己的生活经验/자신의 생활 경험을 넓히다. **비교**丰富:富裕 삶이 행복하고 풍요로울 때는 "丰富"를 쓰지 않는다. ◇最近几年, 中国农民的生活很(×丰富)富裕/최근 몇 년 사이에 중국 농민의 생활은 풍요롭다.

【丰富多彩－부다채】 fēng fù duō cǎi〈成〉 풍부하고 다채롭다.

【丰功伟绩－공위적】 fēng gōng wěi jì〈成〉 위대한 공적.

【丰厚－후】 fēnghòu 형**1**두툼하다. **2**많다. (同)〔丰裕 yù〕, (反)〔微薄 wēibó〕

*【丰满－만】 fēngmǎn 형**1**풍족하다. 그득하다. ◇粮仓~/곡물 창고가 그득하다. (同)〔丰盈 yíng〕, (反)〔匮乏 kuìfá〕 **2**토실토실 살지다. ◇他去年生病的时候脸上~多了/그는 작년에 병에 걸렸을 때보다 얼굴에 살이 올랐다. (同)〔丰盈 yíng〕, (反)〔干瘪 gānbiě〕

【丰茂－무】 fēngmào 형(초목이) 무성하다. (同)〔繁 fán 茂〕, (反)〔零落 língluò〕

【丰美－미】 fēngměi 형많고 좋다. 푸짐하다.

【丰年－년】 fēngnián 명풍년. (同)〔有 yǒu 年〕, (反)〔荒 huāng 年〕

【丰沛－패】 fēngpèi 형(강수량이) 풍부하다. (同)〔充 chōng 沛〕, (反)〔枯竭 kūjié〕

【丰饶－요】 fēngráo 형풍요하다. (同)〔富 fù 饶〕, (反)〔贫乏 pínfá〕

【丰润－윤】 fēngrùn 형살이 찌고 (피부가) 윤기가 흐르다. (同)〔干枯 gānkū〕

【丰盛－성】 fēngshèng 형푸짐하다. (同)〔丰富 fù〕, (反)〔贫乏 pínfá〕

**【丰收－수】 fēngshōu 명풍작. ◇连年~/해마다 풍작. ◇今年的文艺创作获得~/올해의 문예창작은 풍작을 이루었다.

【丰硕－석】 fēngshuò 형(과일이) 많고도 크다.

【丰衣足食－의족식】 fēng yī zú shí〈成〉의식(衣食)이 넉넉하다. (反)〔缺衣少食 quē yī shǎo shí〕

【丰盈－영】 fēngyíng 형**1**(몸이) 풍만하다. **2**형재물이 넉넉하다. (同)〔丰满 mǎn〕, (反)〔匮乏 kuìfá〕

【丰腴－유】 fēngyú 형**1**(몸이) 풍만하다. **2**많고도 좋다.

【丰裕－유】 fēngyù 형부유하다. (同)〔充 chōng 裕〕, (反)〔窘迫 jiǒngpò〕

【丰韵－운】 fēngyùn (同)〔风 fēng 韵〕

【丰姿－자】 fēngzī 명풍채. (同)〔风 fēng 姿〕

【丰足－족】 fēngzú 형풍족하다.

*【风·風】 风部 | fēng
0画 | 바람 **풍**

1명바람. ◇一阵~/한차례 바람. ◇起~了/바람이 일다. **2**동바람의 힘으로 …하다. ◇~化作用/풍화작용. ◇~干/바람으로 말리다. **3**명바람에 말린 것. **4**형바람처럼 빠르다. **5**명풍속. 습관. ◇不正之~/좋지 못한 습관. **6**명풍경. 경치. **7**명태도. 자세. ◇作~/기풍. 학풍. **8**(~儿)명소식. 소문. ◇他刚听见一点~儿就来打听/그는 금방 소문을 듣고 알아보러 왔다. **9**명떠도는 소문. 풍문. **10**명민가. 〔诗经(詩經)〕의 국풍(國風). 고대 15개국의 민가임〕 ◇采 cǎi~/민가를 수집하다. **11**명〈中醫〉풍. 〔육음(六淫)의 하나임〕 ◇羊痫 xián~/전질(癲疾). 지랄병. ◇~湿 shī/류머티즘. **12**(Fēng)명성(姓). ‖〈古〉(同)〔讽 fěng〕

*【风暴－폭】 fēngbào **1**명폭풍. 폭풍우. ◇~海上/폭풍이 몰아치는 바다. **2**〈喩〉규모가 크고 기세가 맹렬한 사건이나 현상.

【风泵－붕】 fēngbèng 명**1**공기펌프. **2**공기압축기. (同)〔气 qì 泵〕

【风波－파】 fēngbō 명풍파. 〈喩〉세상의 분쟁이나 소란.

【风采－채】 fēngcǎi 명**1**풍모. 풍채. **2**(同)〔文 wěn 采〕

【风餐露宿－찬노숙】 fēng cān lù sù〈成〉객지생활의 고통을 맛보다. 여행의 괴로움을 겪다. (同)〔餐风宿露〕, (反)〔养尊处优 yǎng zūn chǔ yōu〕

【风潮－조】 fēngcháo 명민중이 지배자에게 요구사항을 내놓는 등 압박하는 집단 행동.

【风车－차】 fēngchē 명**1**〈農〉풍구. **2**풍차. **3**팔랑개비.

【风尘－진】 fēngchén **1**명여행중의 고생. **2**난세나 유랑하는 신세. **3**〈文〉병란. 난리.

【风尘仆仆－진복복】 fēngchén púpú 이리저리 떠돌아 다니며 객지에서 고생하다. (同)〔仆仆风尘〕, (反)〔养尊处优 yǎng zūn chǔ yōu〕

【风驰电掣―치전체】fēng chí diàn chè 〈成〉바람이나 번개처럼 빠르다. 전광석화. (同)〔追 zhuī 风逐 zhú 电〕, (反)〔老牛破车 lǎo niú pò chē〕

【风传―전】fēngchuán **1**동소문이 퍼지다. **2**명떠도는 소문.

【风吹草动―취초동】fēng chuī cǎo dòng 〈成〉바람이 풀잎에 스치기만해도 흔들거리다. 〈喩〉아주 작은 변화나 변고.

【风笛―적】fēngdí 명〈音〉(유럽의 민간 악기인) 풍적.

【风斗―두】fēngdǒu (~儿)명통풍구. 환기창. ◇窗上安~/창에 통풍구를 달다.

*【风度―도】fēngdù 명풍격. 훌륭한 태도. ◇他的举止动作完全是军人~/그의 행동거지는 완전히 군인의 태도이다.

【风发―발】fēngfā 형바람같이 빠르다. 〈喩〉분발하다.

【风帆―범】fēngfān 명돛단배.

【风范―범】fēngfàn 명〈文〉풍채. 태도.

【风火火水―풍화화】fēngfēnghuǒhuǒ (~的)1허겁지겁. **2**기세가 좋은 모양.

【风干―간】fēnggān 동바람에 말리다.

【风镐―호】fēnggǎo 명〈機〉공기 착암기.

*【风格―격】fēnggé 명**1**풍격. 품격. **2**(예술 작품의) 풍격. 스타일.

【风骨―골】fēnggǔ 명**1**사람의 기개·풍격·기질. **2**(시·문·그림 등의) 웅혼한 풍격. 필치.

*【风光―광】fēngguāng 명풍경·경치.

【风光―광】fēng·guang 형〈方〉체면이 서다. 영광스럽다. ◇儿子有出息, 母亲也觉得~/자식이 출세를 하자 어머니도 으쓱해짐을 느꼈다.

【风害―해】fēnghài 명풍해.

【风寒―한】fēnghán 명찬바람과 냉기. 〈轉〉감기.

【风和日暖―화일난】fēng hé rì nuǎn 〈成〉날씨가 화창하다. (同)〔和风丽 lì 日〕, (反)〔风雨交加 fēng yǔ jiāo jiā〕

【风花雪月―화설월】fēng huā xuě yuè 〈成〉**1**화조풍월(花鸟风月). 〔문학작품의 묘사 대상〕〈喩〉화려하기만 하고 내용이 빈약한 시문. **2**남녀간의 사랑.

【风化―화】fēnghuà **1**명풍속 교화. 감화. **2**명〈地〉〈化〉풍화. **3**동감화시키다. **4**동〈地〉〈化〉풍화하다.

【风机―기】fēngjī 명공기 펌프. (同)〔鼓 gǔ 风机〕

【风级―급】fēngjí 명〈氣〉풍력 등급.

【风纪―기】fēngjì 명규율.

【风纪扣―기구】fēngjìkòu 명제복이나 중산복(中山服) 등의 깃단추.

☆【风景―경】fēngjǐng 명풍경.

【风景画―경화】fēngjǐnghuà 명풍경화.

【风景区―경구】fēngjǐngqū 명경치 좋은 관광지.

【风镜―경】fēngjìng 명풍안(風眼).

【风卷残云―권잔운】fēng juǎn cán yún 〈成〉바람이 구름을 날려버리다. 단번에 치워 없애다.

【风口―구】fēngkǒu 명(산·거리 등 입구에 바람 많은) 통풍구.

*【风浪―랑】fēnglàng 명**1**풍랑. ◇~大, 船颠簸 diānbǒ 得厉害/풍랑이 심해서 배가 몹시 요동치다. **2**〈喩〉위험한 일. 풍파. ◇在任何~中也毫不动摇/어떠한 풍파에도 조금도 동요하지 않다.

【风雷―뢰】fēngléi 명광풍과 우뢰. 〈喩〉대단한 힘.

☆【风力―력】fēnglì 명**1**풍력. 〔바람의 힘〕 ◇~发电站/풍력 발전소. ◇以~为动力/풍력을 동력으로 하다. **2**바람의 강도. ◇测试~大小/바람의 강도를 측정하다.

【风凉―량】fēngliáng 형바람이 불어 서늘하다. (同)〔凉快 kuài〕, (反)〔闷热 mēnrè〕

【风凉话―량화】fēngliánghuà 명무책임한 말.

【风量―량】fēngliàng 명매 단위 시간의 공기 유통량.

【风铃―령】fēnglíng 명천장 등에 매달아 놓아 바람이 불면 흔들리는 종〔방울〕. 풍령. 풍경.

【风流―류】fēngliú **1**형공적이 있고 문장에 통달하다. 걸출하다. **2**형풍치있고 멋드러지다. **3**형풍류. **4**형남녀간의 사랑·애정에 관한.

【风马牛不相及―마우불상급】fēng mǎ niú bù xiāng jí 〈成〉〈喩〉서로 아무 상관이 없다.

【风帽―모】fēngmào 명**1**방한모. **2**(외투 따위의) 후드(hood).

【风貌―모】fēngmào 명**1**모습. **2**풍채. 생김새. **3**경치.

【风门―구】fēngmén (~儿)명방한용 덧문. (同)〔风门子〕

【风靡―미】fēngmí 동풍미하다. 유행하다.

【风靡一时―미일시】fēng mǐ yī shí 〈成〉일세를 풍미하다.

【风平浪静―평랑정】fēng píng làng jìng 〈成〉바람이 잔잔하여 파도가 일지 않다. 무사 평온하다. (同)〔海不扬波 hǎi bù yáng bō〕, (反)〔狂 kuáng 风巨 jù 浪〕

【风起云涌―기운용】fēng qǐ yún yǒng 〈成〉**1**바람과 구름이 일다. **2**〈喩〉일이 신속하게 발전하다.

∗∗【风气―기】fēngqì 명풍조. 기풍. ◇如今就

有这个~, 都想把女儿嫁给富人/지금은 이런 풍조가 있어 모두가 딸을 부자에게 시집 보내고 싶어한다.

【风琴－금】fēngqín 閏〈音〉풍금. 오르간.

【风情－정】fēngqíng 閏1바람 상태. 2〈文〉풍채와 행동거지. 3〈文〉의도. 뜻. 4〈貶〉남녀간의 사랑. 5해당 나라의 사정.

＊【风趣－취】fēngqù 閏(말·문장의) 재미. 해학. 유머. ◇他是一个很有~的人/그는 매우 재미있는 사람이다. (同)〔诙谐 huīxié〕, (反)〔枯燥 kūzào〕.

【风骚－소】fēngsāo 1閏〈文〉시경(詩經) 국풍(國風)과 굴원(屈原)의 이소(離騷). 2閏〈文〉〈轉〉문단의 거두나 어떤 방면의 선두주자. 3(여자의) 헤픈 태도. (同)〔轻佻 qīngtiāo〕, (反)〔正派 zhèngpài〕

【风色－색】fēngsè 閏1풍세. 바람세. 2〈喩〉상황. 정세.

＊【风沙－사】fēngshā 閏바람에 날리는 모래. 풍사(風砂). ◇这里春天~很大/이곳은 봄철에 풍사 현상이 매우 심하다.

【风扇－선】fēngshàn 閏1옛날, 여름에 대들보에 장치하여 바람을 일으키던 수동식 선풍기. 2선풍기.

＊【风尚－상】fēngshàng 閏기풍. ◇出现了新～/새로운 기풍이 나타났다.

【风声－성】fēngshēng 閏1바람 소리. 2풍설. 소문.

【风声鹤唳－성학려】fēng shēng hè lì 〈成〉자라 보고 놀란 가슴 소댕 보고 놀란다.

【风湿－습】fēngshī 閏〈醫〉류머티즘.

【风湿病－습병】fēngshībìng (同)〔风湿〕

【风蚀－식】fēngshí 閏〈地質〉풍식(하다).

【风势－세】fēngshì 閏1풍세. 바람의 강약. 2정세.

【风霜－상】fēngshuāng 閏1바람과 서리. 2(여행이나 생활의) 어려움. 힘듦.

【风水－수】fēng·shui 閏풍수. ◇～先生/지관(地官). 풍수장이.

☆【风俗－속】fēngsú 閏풍속. ◇当地～/이곳 풍속. ◇～习惯/풍속 습관.

【风俗画－속화】fēngsúhuà 閏풍속화.

【风速－속】fēngsù 閏풍속.

【风速计－속계】fēngsùjì 閏〈地〉풍속계.

【风瘫－탄】fēngtān 閏〈中醫〉중풍.

【风调雨顺－조우순】fēng tiáo yǔ shùn 〈成〉농사짓기 좋게 바람이 순하고 비가 잘 내리다. 일이 잘 풀리다.

【风头－두】fēng·tóu 閏1〈喩〉정세. 2〈貶〉자기를 내세우기.

【风土－토】fēngtǔ 閏해당 지역의 자연 환경과 풍속.

【风土人情－토인정】fēngtǔ rénqíng 閏사정.

＊【风味－미】fēngwèi 閏사물의 특색〔지방색〕. 멋. ◇家乡～/고향의 특색이다. ◇这首诗很有民歌～/이 시는 민요풍이다.

【风闻－문】fēngwén 閏떠도는 소문. 풍문.

【风物－물】fēngwù 閏풍물. 경치.

＊【风险－험】fēngxiǎn 閏〈喩〉위험. ◇冒～/위험을 무릅쓰다.

【风箱－상】fēngxiāng 閏풀무.

【风向－향】fēngxiàng 閏1〈天〉풍향. 바람 방향. 2동향. 동정.

【风向标－향표】fēngxiàngbiāo 閏풍신기(風信器). 풍향계.

【风行－행】fēngxíng 閏1널리 퍼지다. 유행하다. 2閏몹시 신속하다.

【风行一时－행일시】fēng xíng yī shí 〈成〉일시 크게 유행하다.

【风压－압】fēngyā 閏〈物〉풍압.

【风雅－아】fēngyǎ 1(Fēng Yǎ)閏풍아. 〔시경(詩經)의 국풍(國風)·대아(大雅)·소아(小雅)〕 2閏우아하다. ◇举止～/품행이 고상하다.

【风言风语－언풍어】fēng yán fēng yǔ 〈成〉1근거없는 말. 2뒷전에서 남을 중상하는 말. 몰래 낭설을 퍼뜨리다.

【风衣－의】fēngyī 閏1스프링 코트. 2윈드 자케트.

【风雨－우】fēngyǔ 閏1바람과 비. 2〈喩〉혹독한 시련.

【风雨飘摇－우표요】fēngyǔ piāoyáo 〈成〉비바람에 흔들리다. 시국이 매우 불안정하다. (同)〔动荡不安 dòng dàng bù ān〕, (反)〔稳如泰山 wěn rú tài shān〕

【风雨同舟－우동주】fēngyǔ tóngzhōu 〈成〉고난을 같이하다. (同)〔同舟共济 tóng zhōu gòng jì〕, (反)〔分道扬镳 fēn dào yáng biāo〕

【风雨无阻－우무조】fēng yǔ wú zǔ 〈成〉날씨와 관계없이 진행하다.

【风月－월】fēngyuè 閏1바람과 달. 경치. 2남녀간의 정사.

【风云－운】fēngyún 閏1바람과 구름. 2〈喩〉급변하는 정세.

【风云人物－운인물】fēngyún rénwù 〈成〉풍운아. (同)〔头面 tóumiàn 人物〕, (反)〔无名小卒 wú míng xiǎo zú〕

【风韵－운】fēngyùn 閏고운 자태. 〔주로 여자에 쓰임〕

【风灾－재】fēngzāi 閏큰 바람으로 인한 피해.

【风疹块－진괴】fēngzhěnkuài 閏〈醫〉두드러기.

＊【风筝－쟁】fēng·zheng 閏연. ◇放～/연을 날리다.

【风致－치】fēngzhì 閏1〈文〉아름다운 용모와 행동거지. 2재미. 풍취.

F

【风中之烛－중지촉】fēng zhōng zhī zhú 〈成〉풍전 등화.

【风烛残年－촉잔년】fēng zhú cán nián 〈成〉얼마 남지 않은 생애. (同)〔桑榆暮景 sāng yú mù jǐng〕, (反)〔豆蔻年华 dòu kòu nián huá〕

【风姿－자】fēngzī 圐고운 자태. 풍채. (同)〔丰 fēng 姿〕

【风钻－찬】fēngzuàn 圐〈機〉1착암기. 2(압축)공기 드릴.

【枫・楓】 木部 | fēng
4画 | 단풍나무 풍

圐〈植〉단풍나무.

【枫树－수】fēngshù 圐〈植〉단풍나무.

【枫叶－엽】fēngyè 圐단풍잎.

★【封】 寸部 | fēng
6画 | 봉할 봉

1圐봉하다. 왕이 작위(爵位)나 작품(爵品)을 내리어 주다. ◇分～诸侯/제후를 분봉하다. 2圐봉하다. 막다. ◇把信～上/편지를 봉해라. 3(～儿)圐봉지. 봉투. ◇信～/편지 봉투. 4圐통. 꾸러미. ◇一～信/편지 한 통. ◇一～银子/한 꾸러미의 은. 5(Fēng)圐성(姓).

＊【封闭－폐】fēngbì 圐1밀봉하다. ◇用蜡～瓶口/밀랍으로 병아가리를 밀봉하다. 2봉쇄하다. ◇～机场/공항을 봉쇄하다. (同)〔关 guān 闭〕, (反)〔开启 kāiqǐ〕3〈法〉차압하다. ◇～铺面/점포를 차압하다.

【封存－존】fēngcún 圐봉하여 보관하다.

【封底－저】fēngdǐ 圐(책의) 뒤표지. (同)〔封四 sì〕

【封地－지】fēngdì 圐책봉지.

【封冻－동】fēngdòng 圐1(수면이) 얼어붙다. (同)〔上 shàng 冻〕, (反)〔开化 kāihuā〕2땅이 얼다.

【封二－이】fēng'èr 圐(책의) 앞표지의 뒷면.

【封官许愿－관허원】fēng guān xǔ yuàn 〈成〉자기 편으로 끌어 들이기 위하여 관직을 주거나 요구 조건을 들어주다.

【封河－하】fēng∥hé 圐강이 얼어붙다.

【封火－화】fēng∥huǒ 圐(난로 등의) 불을 약하게 하다.

☆【封建－건】fēngjiàn 1圐봉건(제도). ◇～思想/봉건사상. ◇～制度/봉건제도. 2圐봉건적이다. ◇头脑／～/생각이 봉건적이다.

【封建社会－건사회】fēngjiàn shèhuì 圐봉건사회.

【封建主义－건주의】fēngjiàn zhǔyì 圐봉건주의.

【封禁－금】fēngjìn 1圐밀봉하다. 2〈法〉금지하여 차압하다.

【封镜－경】fēngjìng 圐(영화・드라마의) 촬영을 끝내다.

【封口－구】fēng∥kǒu (～儿)圐1벌어진 곳을 봉하다. 〔상처・병 아가리・봉투 등〕2입을 다물고 말하지 않다. 3(fēngkǒu)圐편지. 봉투의 입구. 아가리.

【封蜡－랍】fēnglà 圐봉랍.

【封里－리】fēnglǐ 圐1(책의) 앞표지의 뒷면. (同)〔封二 èr〕, (同)〔封三 sān〕

【封面－면】fēngmiàn 圐1(책의) 속표지. 안 겉장. 2책의 겉표지. 3(책의) 앞표지. (同)〔封一 yī〕

【封皮－피】fēngpí 圐〈方〉1봉인 종이〔봉지〕. (同)〔封条 tiáo〕2책의 겉표지. (同)〔封面 miàn〕3(소포의) 포장지. 4편지봉투. (同)〔信 xìn 封〕

【封山－산】fēngshān 圐입산을 금지하다.

【封山育林－산육림】fēng shān yù lín 〈成〉입산을 금지하여 육림하다.

【封四－사】fēngsì 圐(책의) 뒤표지. (同)〔封底 dǐ〕

＊＊【封锁－쇄】fēngsuǒ 圐圐봉쇄(하다). ◇～边境/변경을 봉쇄하다. ◇～港口/항구를 봉쇄하다. (反)〔开放 kāifàng〕

【封套－투】fēngtào 圐1봉투. 2서적 등의 케이스.

【封条－조】fēngtiáo 圐봉인 종이〔용지〕.

【封一－일】fēngyī 圐책의 앞표지. (同)〔封面 miàn〕

【封嘴－취】fēng∥zuǐ 圐1입을 다물고 말하지 않다. 2입을 막다. 말을 못하게 하다.

＊＊【疯・瘋】 疒部 | fēng
4画 | 미치광이 풍

1圐圐실성(하다). 정신(이) 이상(해지다). ◇发～/발광하다. ◇他～了/그가 미쳤다. 2圐신나게 놀다. ◇她跟孩子～了会儿/그녀는 아이들과 잠시 신나게 놀았다. 3圐(농작물의 열매가 열리지 않고) 웃자라다. 도장(徒長)하다. ◇这些棉花～了/이 목화는 가지가 열리지 않고 웃자랐다.

【疯病－병】fēngbìng 圐〈俗〉정신병.

【疯癫－전】fēngdiān 1圐정신 이상. 2圐미치다.

【疯疯癫癫－풍전전】fēng・fengdiāndiān (～儿)(언동이) 정신 나간 것 같다.

【疯狗－구】fēnggǒu 圐미친 개. 광견.

【疯话－화】fēnghuà 圐미친 소리. 정신 나간 소리.

＊＊【疯狂－광】fēngkuáng 圐미치다. 〈喩〉미친 듯이 날뛰다. ◇～咒骂/미친 듯이 욕설을 퍼붓다. (同)〔癫 diān 狂〕, (反)〔正常 zhèngcháng〕

【疯魔－마】fēngmó 1圐미친 사람. 정신병 자. 2圐(취미에) 빠지다. 미치다. 3圐열광시키다.

【疯犬病－견병】fēngquǎnbìng 圐광견병.

(同)〔狂 kuàng 犬病〕

【疯人院-인원】fēngrényuàn 명정신병원.

【疯瘫-탄】fēngtān 명〈醫〉반신 불수. 중풍.

【疯长-장】fēngzhǎng 통웃자라다.

【疯枝-지】fēngzhī 명열매를 맺지 않은 웃자란 가지. (同)〔疯杈 chà〕

*【疯子-자】fēng·zi 명정신병자. 미친 사람.

【峰(峯)】山部 | fēng 7画 | 봉우리 봉

1명산봉우리. ◇高~/고봉. 높이 솟은 산봉우리. **2**명산봉우리처럼 높이 솟아오른 사물. ◇浪~/파도의 물마루. **3**양낙타의 수를 세는 단위.

【峰顶-정】fēngdǐng 명산꼭대기. 산정상.

【峰峦-만】fēngluán 명높고 낮은 산봉우리.

【烽】火部 | fēng 7画 | 봉화 봉

【烽火-화】fēnghuǒ 명**1**봉화. ◇~台/화대. **2**〈喩〉전쟁. 전화(戰火).

【烽烟-연】fēngyān 명봉화.

【锋·鋒】钅部 | fēng 7画 | 칼날 봉

1명(창·검 등의) 날. ◇刀~/칼날. **2**명기물의 끝부분. ◇笔~/필봉. 붓끝. ◇词~/예리한 필치. **3**명〈軍〉(전쟁 또는 행군할 때의) 선두. 전위(前衛). ◇先~/선봉. ◇前~/전위. **4**명〈天〉전선(前線).

【锋镝-적】fēngdí 명**1**〈文〉창끝과 살촉. 병기. **2**〈喩〉전쟁.

*【锋利-리】fēnglì 명**1**(공구·무기 등의) 끝이 날카롭다. ◇~的匕首/날카로운 비수. **2**(언론·문장 등이) 예리하다. ◇~的论调/예리한 논조. (同)〔犀 xī 利〕, (反)〔温和 wēnhé〕

【锋芒-망】fēngmáng 명**1**칼끝. 서슬. 〈喩〉사물의 첨예한 부분. **2**〈喩〉겉으로 드러난 재능. (同)〔锋铓 máng〕

【锋芒毕露-망필로】fēng máng bì lù 〈成〉〈貶〉재능을 과시하다. (同)〔恃才傲物 shìcái ào wù〕, (反)〔不露锋芒〕

【锋面-면】fēngmiàn 명〈氣〉불연속면. 전선면.

*【蜂(蠭)】虫部 | fēng 7画 | 벌 봉

1명〈虫〉벌. ◇蜜 mì~/꿀벌. ◇土 tǔ~/땅벌. ◇胡 hú~/말벌. **2**명〈虫〉꿀벌. ◇~箱/꿀벌통. **3**부〈轉〉(벌떼처럼) 무리지어.

【蜂巢-소】fēngcháo 명(꿀)벌집.

【蜂房-방】fēngfáng 명벌집.

【蜂糕-고】fēnggāo 명발효한 밀가루에 설탕 등을 넣고 찐 떡. 〔갈라보면 그 단면에 벌집처럼 구멍이 많음〕

【蜂蜡-랍】fēnglà 명봉랍. 밀랍.

*【蜂蜜-밀】fēngmì 명〈虫〉벌꿀. ◇纯 chún 净~/정제한 벌꿀.

【蜂鸟-조】fēngniǎo 명〈鳥〉벌새.

【蜂王-왕】fēngwáng 명〈虫〉여왕벌.

【蜂王浆-왕장】fēngwángjiāng 명로얄제리.

【蜂窝-와】fēngwō 명**1**벌집. **2**(~儿)벌집처럼 구멍이 많이 뚫린 것.

【蜂窝煤-와매】fēngwōméi 명구멍탄. 구공탄.

【蜂箱-상】fēngxiāng 명벌통.

【蜂音器-음기】fēngyīnqì 명버저(buzzer).

【蜂拥-옹】fēngyōng 통벌떼처럼 붐비면서 (걷다).

féng

☆【逢】辶部 | féng 7画 | 만날 봉

1통만나다. 마주치다. ◇相~/만나다. (同)〔会 huì〕, (反)〔别 bié〕◇每~星期三开会/수요일마다 회의를 열다. **2**(Féng) 명성(姓).

【逢场作戏-장작희】féng chǎng zuò xì〈成〉기회가 생긴 김에 끼어들어 놀다. (同)〔虚应故事 xū yìng gù shì〕, (反)〔正经八百 zhèng jīng bā bǎi〕

【逢集-집】féngjí 통장이 서다.

【逢迎-영】féngyíng 통〈貶〉아첨하다. 비위를 맞추다.

**【缝·縫】糹部 | féng 10画 | 꿰맬 봉

통바느질하다. 꿰매다. ◇~被子/이불을 꿰매다. (同)〔缀 zhuì〕, (反)〔拆 chāi〕⇒féng

【缝补-보】féngbǔ 통바느질이나 수선을 하다.

【缝缝连连-봉연연】féngféngliánlián 명꿰매고 수선하는 일.

【缝合-합】fénghé 명통〈醫〉봉합(하다).

【缝穷-궁】féngqióng 명삯바느질.

【缝纫-인】féngrèn 명통재봉(하다).

【缝纫机-인기】féngrènjī 명재봉틀.

fěng

【讽·諷】讠部 | fěng 4画 | 외울 풍

통**1**풍자하다. 비꼬다. ◇讥~/비난하다. **2**〈文〉읊다. 외우다. ◇~诵/읊조리다. 암송하다.

*【讽刺-자】fěngcì 명풍자(하다). ◇这一部小说~了有钱人/이 소설은 부자들을 풍자했다.

【讽喻-유】fěngyù **1**명풍유. 〔수사법의 하

나] 2[동]풍유하다.

fèng

【凤·鳳】几部 2画 | fèng 봉황 **봉**

[명]1〈動〉봉황. 2(요리에 나오는) 닭. 3(Fèng)성(姓).

【凤蝶－접】fèngdié [명]〈虫〉호랑나비.

*【凤凰－황】fènghuáng [명]봉황.

【凤凰竹－황죽】fènghuángzhú [명]〈植〉봉황죽.

【凤梨－리】fènglí [명]〈植〉(대만에서) 파인애플. (同)〔菠萝 bōluó〕

F

【凤毛麟角－모린각】fèng máo lín jiǎo 〈成〉매우 드문 진귀한 인재나 사물. (反)〔芸芸众生 yúnyún zhòng shēng〕

【凤尾鱼－미어】fèngwěiyú [명]〈俗〉〈魚介〉웅어.

【凤尾竹－미죽】fèngwěizhú [명]〈植〉봉황죽.

【凤仙花－선화】fèngxiānhuā [명]〈植〉1봉선화. 2봉선화꽃.

【奉】一部 7画 大部 5画 | fèng 받들 **봉**

1[동](윗사람에게) 드리다. 바치다. ◇双手～上/두 손으로 바치다. 2[동](윗사람으로부터) 받다. ◇～上级指示, 暂 zàn 停开放/위의 지시를 받고 잠시 개방을 중단하다. 3[동]받들다. ◇～命而行/명령을 받들어 행하다. ◇～为典范/모범으로 받들다. 4[동](종교 따위를) 믿다. ◇信～伊斯兰教/이슬람교를 믿다. 5[동]모시다. 섬기다. ◇～养父母/부모를 봉양하다. 6[부]〈敬〉공손히. 삼가. ◇～托/삼가 부탁드립니다. 7(Fèng)[명]성(姓).

【奉承－승】fèng·cheng [동]아첨하다.

【奉告－고】fènggào [동]〈敬〉알려 드리다.

【奉公－공】fènggōng [동]공무를 수행하다.

【奉公守法－공수법】fèng gōng shǒu fǎ 〈成〉공무를 중히 여기고 법령을 준수하다. (反)〔违法乱纪 wéi fǎ luàn jì〕

【奉还－환】fènghuán [동]〈敬〉돌려드리다.

【奉令－령】fèng∥lìng (同)〔奉命 mìng〕

【奉命－명】fèng∥mìng [동]명령을 받들다.

【奉陪－배】fèngpéi [동]〈敬〉모시다.

【奉送－송】fèngsòng [동]〈敬〉1(윗사람에게) 선물을 올리다. 2배웅해 드립니다.

*【奉献－헌】fèngxiàn 1[동]삼가 바치다. 2[명]헌납한 물건.

*【奉行－행】fèngxíng [동]명령을 받들어 시행하다.

【奉养－양】fèngyǎng [동](부모나 웃어른을) 봉양하다.

【奉迎－영】fèngyíng [동]1비위를 맞추다. 2〈敬〉영접하다.

【奉赠－증】fèngzèng (同)〔奉送 sòng 1〕

【奉劝－권】fèngquàn [동]〈敬〉삼가 충고하다. 권하다.

【奉使－사】fèngshǐ [동]명을 받아 사신으로 파견되다.

【俸】亻部 8画 | fèng 녹 **봉**

[명]1(옛날, 관리에게 주는) 봉급. ◇薪～/봉급. 2(Fèng)성(姓).

【俸禄－록】fènglù [명]봉록.

*【缝·縫】纟部 10画 | fèng 꿰맬 **봉**

(～儿)[명]1(옷의) 솔기. 이은 부분. ◇无～钢管/이음새가 없는 강철관. 2틈. 갈라진 자리. ◇墙上裂了一道～/담벼락에 한 군데가 틈이 갈라졌다. ⇒féng

【缝隙－극】fèngxì [명]틈. 갈라진 곳.

【缝子－자】fèng·zi (同)〔缝隙 xì〕

fó

【佛】亻部 5画 | fó 부처 **불**

[명]1〈敬〉〈略〉부처. 불타(佛陀. Buddha). 2(불교도가 이르는) 불도를 터득한 사람. 3〈略〉불교. ◇信～/불교를 믿다. 4불상. ◇铜～/구리 불상.

【佛殿－전】fódiàn [명]불전. 불당.

【佛法－법】fófǎ [명]〈佛〉1불교의 교리. 불법. ◇传布～/불법을 전파하다. 2불력(佛力). 부처의 힘.

⁑【佛教－교】Fójiào [명]〈宗〉불교.

【佛教徒－교도】fójiàotú [명]불교도.

【佛经－경】fójīng [명]불경.

【佛龛－감】fókān [명]불상을 모시는 누각.

【佛口蛇心－구사심】fó kǒu shé xīn 〈成〉입으로는 자비를 말하지만 속은 악독하다. (同)〔口蜜腹剑 kǒu mì fù jiàn〕, (反)〔佛口佛心〕

【佛门－문】fómén [명]〈佛〉불문. 불가.

【佛事－사】fóshì [명]〈佛〉불사. 법사(法事).

【佛手－수】fóshǒu [명]〈植〉1불수감나무. 2불수감. 불수감나무의 열매.

【佛寺－사】fósì [명]절. 불사.

【佛堂－당】fótáng [명]불당. 불전.

【佛头着粪－두착분】fó tóu zhuó fèn 〈成〉불상 위에 새 똥이 떨어지다. 〈喩〉좋은 것이 나쁜 것 때문에 더럽혀지다.

【佛陀－타】Fótuó [명]〈佛〉불타.

【佛像－상】fóxiàng [명]불상.

【佛学－학】fóxué [명]불교학. 불학.

【佛牙－아】fóyá [명]석가모니의 시체를 화장한 후에 남았다는 치아.

【佛爷—야】fó·ye 명〈俗〉부처님.〔석가모니에 대한 존칭〕
【佛珠—주】fózhū (~儿)명(중이 지니는) 염주.
【佛祖—조】fózǔ 명1석가모니. 2불교 각 파의 창시자.

fǒu

*【否】口部│fǒu
　　　4画│아닐 부, 막할 비
1통부정(否定)하다. 2〈文〉(부정할 때) 아니다.〔구어(口語)의 '不'와 같음〕◇你这样说合适吗?~!/당신이 이렇게 말하는 것이 적절합니까? 아니오! 3조〈文〉의문문 맨 끝에 의문 조사로 쓰임.〔구어(口語)의 '么' '吗'와 같음〕◇知其事~?/그 일을 아느냐? 4단음절어인 '是' '能' '可' 따위의 뒤에 붙어서 '是不是' '能不能' '可不可'의 의미를 나타냄. ◇明天能~出发, 需视天气而定/내일 출발할 수 있을지 없을지는 날씨를 보고 결정해야 한다. ⇒pǐ
☆【否定—정】fǒudìng 1통부정(하다). ◇~大家的意见/모두의 의견을 부정하다. 2형부정의. 부정적인. ◇~判断/부정적 판단. ‖(同)〔否决 jué〕, (反)〔肯 kěn定〕
*【否决—결】fǒujué 통(의안 따위를) 부결하다. ◇提案被大会~了/제안은 대회에서 부결되었다.
　【否决权—결권】fǒujuéquán 명부결권. 비토(veto).
*【否认—인】fǒurèn 통부인하다. ◇~事实/사실을 부인하다. ◇他~做过任何违法的事/그는 어떠한 위법행위도 저지르지 않았다고 부인했다. (反)〔承 chéng认〕
☆【否则—즉】fǒuzé 접그렇지 않으면. ◇快点走, ~要迟到了/좀 빨리 걸어라. 그렇지 않으면 늦는다.

fū

【夫】一部│大部│fū
　　　3画│1画│지아비 부
명1남편. ◇新~妇/신혼 부부. ◇姐~/형부. 2성년 남자. ◇壮~/장정 남자. ◇老~/늙은 남자(가 자기를 일컫는 말). 3육체 노동에 종사하는 사람. ◇渔~/어부. ◇农~/농부. 4부역군. 인부. ◇拉~/부역군을 강제로 징발하다.
【夫唱妇随—창부수】fū chàng fù suí〈成〉부창 부수. 부부가 화목하다.
*【夫妇—부】fūfù 명부부.
**【夫妻—처】fūqī 명부부.
【夫妻店—처점】fūqīdiàn 명(점원 없이) 부부가 경영하는 작은 가게.
*【夫权—권】fūquán 명부권.
★【夫人—인】fū·rén 명1고대 제후(諸侯)의 아내. 2명청(明清)시대에 1, 2품관의 아내. 3부인.〔아내의 높임말〕
【夫役—역】fūyì 명1부역군. 2부역.
【夫子—자】fūzǐ 명1학자에 대한 존칭. 2제자의 스승에 대한 호칭.〔주로 편지에 쓰임〕3옛날 아내가 남편을 칭하던 말. 4〈諷〉고서에 얽매어 사고가 고루한 사람.
【夫子自道—자자도】fū zǐ zì dào〈成〉남을 비판하는 말이 자신에게 적용되다.

【肤·膚】月部│fū
　　　　4画│피부 부
명피부. 살갗. ◇皮~/피부.
【肤皮潦草—피료초】fūpí liǎocǎo (同)〔浮 fú 皮潦草〕
【肤浅—천】fūqiǎn 형(학식이) 미천하다. 얕다. (同)〔浮 fú 浅〕, (反)〔深刻 shēnkè〕
【肤色—색】fūsè 명피부색.

【麸】麦部│fū
　　　4画│밀기울 부
명밀기울.
【麸皮—피】fūpí (同)〔麸子 zi〕
【麸子—자】fū·zi 명밀기울.

【跗】足部│fū
　　　5画│발등 부
명발등.
【跗骨—골】fūgǔ 명〈生理〉부골.
【跗面—면】fūmiàn 명발등.

【孵】瓜部│子部│fū
　　　10画│11画│알깔 부
통알을 까다. ◇~小鸡/병아리를 까다.
【孵化—화】fūhuà 명통부화(하다). ◇人工~/인공 부화.
【孵卵—란】fūluǎn 명통부화(하다).
【孵卵器—란기】fūluǎnqì 명부화기.

【敷】攵部│fū
　　　11画│바를 부
1통바르다. ◇在创口上~药膏/상처에 연고를 바르다. 2통깔다. 부설하다. ◇~路轨/레일을 부설하다. 3형충분하다. 넉넉하다. ◇足~应用/필요한 만큼 충분히 있다.

【敷陈－진】fūchén 動〈文〉자세하게 서술하다.

【敷料－료】fūliào 名〈醫〉응급처치 용품. 〔가제나 탈지면 따위〕.

【敷设－설】fūshè 動(철로나 파이프 따위를) 부설하다.

*【敷衍－연】fūyǎn 動부연하다. ◇～经文要旨/경문의 요지를 부연하다.

【敷衍－연】fū·yǎn 動1(일을 하는 데) 대충대충하다. (사람을) 무성의하게 대하다. ◇他对人总是～/그는 언제나 남을 성의가 없이 대한다. (反)〔负责 fùzé〕2 그럭저럭 버티다. ◇手里钱还够～几天/수중의 돈으로 며칠은 충분히 버틸 수 있다.

【敷衍塞责－연색책】fū yǎn sè zé〈成〉적당히 얼버무려져 책임을 회피하다.

【敷药－약】fū//yào 動1약을 바르다. 2(f-ūyào)名바르는 약. 외용약.

【敷演－연】fūyǎn (同)〔敷衍 yǎn〕

fú

*【伏】亻部│fú
4画│엎드릴 복

1動엎드리다. ◇～在地上/땅에 엎드리다. 2動낮아지다. ◇起～/기복. 높아졌다 낮아졌다 하다. 3動숨다. 잠복하다. 動设～/복병(伏兵)을 두다. ◇潜～/잠복하다. 4動항복하다. (잘못을) 인정하다. 굴복하다. 5動굴복시키다. 항복시키다. ◇降龙～虎/용을 굴복시키고 호랑이를 항복시키다. 6名삼복(三伏)의 통칭. ◇初～/초복. ◇中～/중복. ◇末～/말복. 7名〈略〉〈電〉볼트(volt). (同)〔伏特 tè〕8(Fú)名성(姓).

【伏案－안】fú'àn 動책상 앞에 앉다〔책을 읽거나 글을 쓰다〕.

【伏笔－필】fúbǐ 名(소설이나 문장 따위의) 복선.

【伏辩－변】fúbiàn 名자인서. 반성문.

【伏兵－병】fúbīng 名복병.

【伏倒－도】fúdǎo 動땅에 엎드리다.

【伏地－지】fúdì 名〈方〉그 본고장에서 난 재래식 방법으로 제조한 것.

【伏法－법】fúfǎ 動사형 집행을 당하다.

【伏旱－한】fúhàn 名복중(伏中)가뭄.

【伏击－격】fújī 動매복 공격하다.

【伏输－수】fú//shū 動패배를 인정하다. (同)〔服 fú 输〕

【伏暑－서】fúshǔ 名무더운 복더위.

【伏(特)－(특)】fú(tè)名〈音〉〈電〉볼트(Volt).

【伏天－천】fútiān 名복날.

【伏线－선】fúxiàn 名복선. (同)〔伏笔〕

【伏汛－신】fúxùn 名〈文〉복중에 강물이 갑자기 불어나는 것.

【伏罪－죄】fú//zuì 動죄를 자인하다.

【芙】艹部│fú
4画│연꽃 부

【芙蕖－거】fúqú 名〈文〉〈植〉연꽃. (同)〔荷 hé 花〕

【芙蓉－용】fúróng 名1목부용(의 꽃). 2〈植〉연꽃.

☆【扶】扌部│fú
4画│도울 부

1動(손으로) 떠받치다. 부축하다. 짚다. ◇把他～起来/그를 부축해 일으켜 세우라. 2動(옆으로 누웠거나 넘어진 것을) 손으로 세우거나 똑바로 앉히다. ◇护士～起伤员, 给他换药/간호사가 부상자를 일으켜 앉히고 약을 갈아 주다. 3動돕다. ◇～贫/가난한 사람을 돕다. 4(Fú)名성(姓).

【扶持－지】fúchí 動1부축하다. 2돕다. 보살피다.

【扶乩－계】fú//jī (同)〔扶箕 jī〕

【扶箕－기】fú//jī 動길흉을 점치는 점술. 〔T자형의 막대를 양끝에서 두 명이 들고 있으면 그 막대가 움직여 밑에 있는 모래쟁반 위에 문자를 쓰는 데 그 문자로 점을 침〕

【扶老携幼－로휴유】fú lǎo xié yòu〈成〉늙은이를 부축하고 어린이를 이끌다.

【扶苗－묘】fú//miáo 動쓰러진 농작물을 다시 세우다.

【扶贫－빈】fúpín 動빈민이나 가난한 지역을 원조하다.

【扶弱抑强－약억강】fú ruò yì qiáng〈成〉약한 자를 도와주고 강한 자를 억누르다. (反)〔欺 qī 弱畏 wèi 强〕

【扶桑－상】fúsāng 名1부상. 〔중국 고대 신화에서 바다 밖에 있다는 커다란 나무로, 여기에서 해가 뜬다고 믿어졌음〕2(Fúsāng)옛날 일본의 다른 이름. 3(同)〔朱槿 zhūjǐn〕

【扶手－수】fú·shou 名1(난간·지팡이 따위의) 손잡이. (의자 따위의) 팔걸이. 2난간.

【扶疏－소】fúshū 名가지와 잎이 보기좋게 무성하다.

【扶梯－제】fútī 名1(난간이 있는) 계단. 2〈方〉사다리.

【扶危济困－위제곤】fú wēi jì kùn〈成〉위급한 사람을 도와주고, 빈곤한 사람을 구제하다.

【扶养－양】fúyǎng 動부양하다. 양육하다.

【扶摇－요】fúyáo 名〈文〉회오리 바람.

【扶摇直上－요직상】fú yáo zhí shàng〈成〉고속승진하다. 물가가 마구 뛰다. (同)

〔平步青云 píng bù qīng yún〕,(反)〔一落千丈 yī luò qiān zhàng〕

【扶植－식】fúzhí 동도와주며 육성하다. (同)〔扶持 chí〕,(反)〔摧残 cuīcán〕

【扶助－조】fúzhù 동도와주다.

【拂】 扌部 fú
5画 떨칠 **불**

1동털다. 털어 내다. ◇～去桌上的尘土/책상의 먼지를 털다. 2동스쳐 지나가다. ◇春风～面/봄바람이 얼굴을 스쳐 지나가다. 3동〈文〉거역하다. ◇不忍～其意/그 뜻을 차마 거역할 수 없다.

【拂尘－진】fúchén 명먼지털이. 총채.

【拂拂－불】fúfú 바람이 솔솔 불다.

【拂逆－역】fúnì 동어긋나다. 거역하다.

【拂拭－식】fúshì 동(먼지를) 털고 닦다.

【拂晓－효】fúxiǎo 명새벽녘. 여명.

【拂袖－수】fúxiù 동〈文〉(불쾌하거나 화가 나서) 옷소매를 뿌리치다.

【拂意－의】fúyì 동마음에 들지 않다. 못마땅하다.

＊＊ 【服】 月部 fú
4画 옷 **복**, 직분 **복**

1명의복. 의상. ◇制～/제복. ◇便～/평상복. 2명상복(喪服). ◇有～在身/상중(喪中)이다. 3동옷을 입다. ◇～丧/상복을 입다. 4동(약을) 먹다. ◇日～三次,每次两片/하루에 세 번, 매번 두 알 복용. ◇～药/약을 복용하다. 5동맡다. 담당하다. 복무하다. ◇～兵役/병역에 복무하다. 6동따르다. 승복하다. ◇你说得有道理, 我～了/네가 말한 것이 이치에 맞으니 내가 졌다. 7동승복시키다. 설득하다. ◇说～/설득하다. 8동익숙해지다. 적응하지 않다. ◇不～水土/새로운 기후 풍토에 익숙해지지 않다. 9동(Fú)명성(姓).

【服辩－변】fúbiàn (同)〔伏 fú 辩〕

☆【服从－종】fúcóng 명동복종(하다). ◇～命令/명령에 복종하다. (同)〔听 tīng 从〕,(反)〔违抗 wéikàng〕

【服毒－독】fú//dú 동음독하다.

【服服贴贴－복복첩첩】fú·fu tiētiē 형1고분고분하다. 2타당하다. 은당하다.

【服满－만】fúmǎn 동탈상(脫喪)하다.

＊【服气－기】fúqì 동진심으로 승복하다. ◇他批评得对, 你别不～/그가 비평한 것이 옳으니 네가 승복해야 한다.

【服丧－상】fú//sāng 동상복을 입다.

【服色－색】fúsè 명옷의 색깔이나 모양.

【服式－식】fúshì 옷의 모양.

【服饰－식】fúshì 명복식. 의복과 장신구.

【服侍－시】fú·shi 동섬기다. 시중들다.

【服输－수】fú//shū (同)〔伏 fú 输〕

【服帖－첩】fútiē 형온순하다. 고분고분하

다. (同)〔伏 fú 帖〕,(反)〔不妥 bùtuǒ〕

★【服务－무】fúwù 1명동봉사(하다). 서비스(하다). ◇为人民～/국민을 위해 봉사하다. ◇这个店的～非常好/이 가게의 서비스가 무척 좋다. 2동근무하다. ◇他在邮局～了三十年/그는 우체국에서 30년간 근무했다.

【服务行业－무행업】fúwù hángyè 명서비스업.

★【服务员－무원】fúwùyuán 명(서비스업의) 종업원.

【服务站－무참】fúwùzhàn 명서비스 센터.

【服刑－형】fú//xíng 동징역 살다. 복역하다.

【服役－역】fú//yì 동1병역에 복무하다. 2옛날, 부역을 하다. (反)〔退 tuì 役〕

【服膺－응】fúyīng 동〈文〉(도리·격언 등을) 마음에 깊이 새기다.

【服用－용】fúyòng 1명〈文〉의복과 일용품. 2동(약을) 복용하다. 3동〈文〉(의복·물건을) 사용하다.

【服众－중】fúzhòng 동〈文〉사람들에게 신망을 얻다.

＊【服装－장】fúzhuāng 명복장. ◇～商店/옷가게. ◇～整齐/옷차림이 단정하다.

【服罪－죄】fú//zuì 동죄를 시인하다. (同)〔伏 fú 罪〕

【茯】 艹部 fú
6画 복령 **복**

【茯苓－령】fúlíng 명〈植〉복령.

【俘】 亻部 fú
7画 사로잡을 **부**

1명포로. 2동포로로 잡다. ◇敌军长被～/적의 군단장이 포로로 잡혔다.

【俘获－획】fúhuò 1명포로와 전리품. 2동포로를 잡거나 전리품을 노획하다.

＊【俘虏－로】fúlǔ 1동포로로 잡다. ◇那一杖他们～敌军一千二百名/그 전쟁에서 그들은 적군 1,200명을 포로로 잡았다. 2명포로. ◇执行宽待～的政策/포로를 관대하는 정책을 실행하다.

【浮】 氵部 fú
7画 뜰 **부**

1동뜨다. 띄우다. ◇木头～在水上/나무가 물 위에 떠 있다. ◇潜水员～上来了/잠수부가 물위로 떠올랐다. ◇他脸上～着微笑/그는 얼굴에 미소를 띠고 있다. (反)〔沉 chén〕 2동〈方〉헤엄치다. ◇他一口气～到了对岸/그는 단숨에 건너편 기슭까지 헤엄쳐 갔다. 3형표면(상)의. 표면에 뜬. ◇～面儿上感情还不错/표면상의 감정은 나쁘지 않다. 4형유동적인. ◇～财/동산. 5형일시적인. 잠시의. ◇～支/일시 지출. 6형들뜨다. 경솔하다. ◇他这人太～,

办事不踏实 tāshi/저 사람은 너무 경솔해서 일하는 것이 착실치 않다. **7**〗공허하다. 현실과 부합하지 않다. ◇~名/허명. **8**〗초과하다. 남다. ◇~额/초과액.

【浮报一보】 fúbào **1**〗과장하여 보고하다. 허위 보고하다. **2**〗허위 보고.

【浮标一표】 fúbiāo 〗부표.

【浮财一재】 fúcái 〗동산. (同)〔动产 dòngchǎn〕, (反)〔恒产 héngchǎn〕

【浮尘一진】 fúchén 〗티끌. 먼지.

【浮沉一침】 fúchén 〗물로 떠올랐다 잠겼다 하다.

【浮船坞一선오】 fúchuánwù 〗부도크. 부선거(浮船渠).

【浮荡一탕】 fúdàng 〗흔들흔들하다. 흔들거리다. 울려퍼지다.

＊【浮雕一조】 fúdiāo 〗〈美〉부조. 양각. 돋을새김.

【浮吊一조】 fúdiào 〗〈機〉기중기선.

＊【浮动一동】 fúdòng 〗**1**떠서 움직이다. 유동하다. ◇树叶在水面上~/나뭇잎이 물 위에 떠서 흔들린다. **2**불안정하다. 동요하다. ◇物价飞涨 zhǎng, 人心~/물가가 폭등해서 민심이 동요하다. **3**흔들리다. 고정되지 않다. ◇~汇率/불안정한 환율.

【浮泛一범】 fúfàn 〗〈文〉물 위에 떠돌다. (同)〔飘浮 piāofú〕, (反)〔沉没 chénmò〕 **2**나타나다. 떠오르다. **3**얄팍하다. ◇~的研究/피상적인 연구. (同)〔肤 fū 泛〕, (反)〔切实 qièshí〕

【浮光掠影一광략영】 fú guāng lüè yǐng 〈成〉물 위에 어른거리는 불빛과 스쳐 지나가는 그림자. 덧없이 사라지기 쉬운 것의 비유.

【浮华一화】 fúhuá 〗겉만 화려하다. (反)〔质朴 zhìpǔ〕

【浮记一기】 fújì 〗(장부에 기록하지 않고 옻칠한 칠판에) 임시로 기록하다.

【浮家泛宅一가범택】 fú jiā fàn zhái 〈成〉수상생활을 하며 정처없이 떠돌다.

【浮夸一과】 fúkuā 〗과장하다. 허풍떨다. (同)〔虚 xū 夸〕, (反)〔切实 qièshí〕

【浮力一력】 fúlì 〗〈物〉부력.

【浮面一면】 fúmiàn (~儿)〗표면. 겉. (同)〔表 biǎo 面〕, (反)〔底层 dǐcéng〕

【浮名一명】 fúmíng 〗허명. 실제와 다른 명성. (同)〔虚 xū 名〕

【浮皮一피】 fúpí (~儿)〗**1**생명체의 표피. **2**물체의) 표면. 겉면.

【浮皮潦草一피료초】 fúpí liǎocǎo 건성건성하다. (同)〔潦草塞责 sāizé〕, (反)〔一丝不苟 yī sī bù gǒu〕

【浮漂一표】 fúpiāo 〗(일이나 공부가) 착실하지 않다.

【浮萍一평】 fúpíng 〗〈植〉개구리밥. 부평초.

【浮浅一천】 fúqiǎn 〗미천하다. 천박하다. (생각 등이) 얕다. (同)〔肤 fū 浅〕, (反)〔深刻 shēnkè〕

【浮桥一교】 fúqiáo 〗부교. 선교(船橋).

【浮尸一시】 fúshī 〗물위로 떠오른 익사체.

【浮石一석】 fúshí 〗**1**〈礦〉부석. 속돌. **2**(同)〔海花 hǎihuā 石〕 **3**(同)〔磬 qìng 2〕

【浮收一수】 fúshōu 〗부수입.

【浮水一수】 fúshuǐ 〗**1**물에 뜨다. **2**〈方〉헤엄치다.

【浮头儿一두아】 fútóur 〗〈方〉표면. 겉.

【浮图一도】 fútú (同)〔浮屠 tú〕

【浮屠一도】 fútú 〗**1**불타. **2**〈文〉중. **3**불탑.

【浮土一토】 fútǔ (~儿)〗**1**땅의 표면의 부드러운 흙. **2**(물체에 붙은) 먼지.

【浮现一현】 fúxiàn 〗**1**(지난 일이) 떠오르다. 2나타나다. (미소가 얼굴에) 떠오르다.

【浮想一상】 fúxiǎng **1**〗머리에 떠오르는 생각. **2**〗〗회상 (하다).

【浮想联翩一상련편】 fú xiǎng lián piān 〈成〉이런저런 생각이 머리에 연이어 떠오르다.

【浮艳一염】 fúyàn 〗**1**(겉모양이) 화려하고 눈부시다. **2**(글이) 내용없이 문구만 번지르르하다.

【浮游一유】 fúyóu **1**〗떠다니다. **2**〈文〉이리저리 돌아다니다.

【浮游生物一유생물】 fúyóu-shēngwù 〗〈生〉부유 생물. 플랑크톤.

【浮云一운】 fúyún 〗뜬구름. 〈喩〉덧없는 것.

【浮躁一조】 fúzào 〗경솔하다. 경박하다. (同)〔急 jí 躁〕, (反)〔沉着 chén·zhuó〕

【浮肿一종】 fúzhǒng 〈醫〉〗〈俗〉부종(浮腫). 수종(水腫). (同)〔水 shuǐ 肿〕

【符】 fú 竹部 5画 꼭맞을 **부**

1〗부절(符節). ◇兵~/병부. **2**〗부호. 기호. ◇音~/음부. **3**〗들어맞다. 부합하다. 일치하다. ◇言行相~/언행이 일치하다. ◇他所说的与事实不~/그가 말하는 바는 사실과 부합되지 않는다. **4**〗부적(符籍). ◇画了一张~/부적 한 장을 그렸다. **5**(Fú)〗성(姓).

＊【符号一호】 fúhào 〗**1**기호. 부호. ◇注音~/주음 부호. ◇标点~/문장 부호. **2**휘장(徽章).

☆【符合一합】 fúhé 〗부합하다. 일치하다. ◇~事实情况/실제상황에 부합하다. (同)〔吻 wěn 合〕, (反)〔相左 xiāngzuǒ〕 [비교] 符合:适合 어떤 사람이 어떤 일에 알맞을 때는 "符合"를 쓰지 않는다. ◇他比较(×符合)适合当翻译/그가 통역을 하는 게 비교적 적합하다.

【符节―절】fújié 図부절. 신표.
【符咒―주】fúzhòu 図주문. 주술.

☆【幅】巾部│fú
9画│폭 **폭**, 행전 **폅**
1(~儿)図(옷감이나 종이 따위의) 폭.
너비. ◇单~/단폭. ◇宽~的白布/넓은
폭의 흰 천. 2図넓이. ◇大~照片/대형
사진. 3(~儿)図포목·종이·그림 따위를
세는 단위. ◇一~画/한 폭의 그림.
*【幅度―도】fúdù 図정도. 폭. 〈喩〉사물의
변동폭. ◇病人血压变化的~不大/환자의
혈압 변동폭이 크지 않다. ◇大~增产/대
폭적인 증산.
【幅面―면】fúmiàn 図(옷감의) 폭. 너비.
【幅员―원】fúyuán 図영토의 면적.

【辐·輻】车部│fú
9画│바퀴살 **복**
図바퀴살.
【辐辏―주】fúcòu 図바퀴통에 바퀴살이 모
이다. 〈喩〉(사람이나 물체가) 한 곳으로
모여들다. 집중하다.
*【辐射―사】fúshè 图1한 점에서 부채살 모
양으로 사방으로 뻗어 나가다. 2図图
〈物〉방사(하다). 복사(하다).
【辐射能―사능】fúshènéng 図〈物〉방사능.
【辐条―조】fútiáo 図수레의 바퀴살.

*【福】礻部│fú
9画│복 **복**
図1복. 행복. ◇多~多寿/다복하고 장수
하다. ◇为人类造~/인류를 위하여 행복
을 가져오다. (反)〔祸 huò〕2옛날 부녀
자들이 가슴에 두 손을 모으고 하는 절.
◇她见客~了一~/그녀는 손님을 보자 절
을 하였다. 3(Fú)〈地〉복건성(福建省). 4
(Fú)성(姓).
【福地―지】fúdì 図1신선이 사는 곳. 2안락
한 곳. 보금자리. (同)〔天堂 tiāntáng〕,
(反)〔地狱 dìyù〕
【福尔马林―이르마림】fú'ěrmǎlín 図〈音〉〈化〉
포르말린.
【福分―분】fú·fen 図타고난 복. 행운.
*【福利―리】fúlì 1図복리. ◇为人民谋~/국
민 복지를 도모하다. 2图복리를 도모하
다. ◇大力发展工业, ~人民/공업을 대대
적으로 발전시켜 국민에게 복지 혜택을
주다.
*【福气―기】fú·qi 図복. 행운. ◇这位老太
太有~, 儿女都很孝顺/이 노 부인은 복이
많아 자식들이 모두 효도한다. (同)〔福
分 fen〕, (反)〔薄命 bómìng〕
【福特制―특제】fútèzhì 図포드시스템(Ford
system).
【福相―상】fúxiàng 図복상. 복있게 생긴
얼굴. (反)〔苦 kǔ 相〕

【福星―성】fúxīng 図행운을 가져다 주는
사람이나 사물의 상징. (反)〔灾 zāi 星〕
【福音―음】fúyīn 図1〈宗〉복음. ◇~书/복
음서. 2기쁜〔복된〕소식. (同)〔佳 jiā
音〕, (反)〔噩耗 èhào〕
【福至心灵―지심령】fú zhì xīn líng 〈成〉
형편이 피면 사람 생각도 트이는 법.

fǔ

【抚·撫】扌部│fǔ
4画│어루만질 **무**
图1위로하다. 위문하다. ◇~安/위로하
다. 2돌보다. 보호하다. ◇~之成人/그를
돌보아 사람답게 키우다. 3쓰다듬다. 어
루만지다. ◇以手~之/손으로 쓰다듬다.
4손으로 치다. 때리다.
【抚爱―애】fǔ'ài 图어루만지며 귀여워하다.
【抚躬自问―궁자문】fǔ gōng zì wèn 〈成〉
스스로 반성해보다. 자기 자신을 돌이켜
보다. (同)〔反 fǎn 躬自问〕
【抚摸―모】fǔmō 图쓰다듬다.
【抚摩―마】fǔmó (同)〔抚摸 mō〕
【抚琴―금】fǔqín 图〈文〉거문고를 타다.
【抚慰―위】fǔwèi 图위로하다. (同)〔安 ān
慰〕, (反)〔伤害 shānghài〕
【抚恤―휼】fǔxù 图국가 유공자나 그 가족
을 무휼(抚恤)하다.
*【抚养―양】fǔyǎng 图부양하다. 기르다. ◇
~子女/자녀를 기르다. 비교抚养:赡养
"抚养"은 손윗 사람이 손아랫 사람에게
부양할 때 쓰인다. ◇人人都有(×抚养)
赡养 shànyǎng 老人的义务/누구나 노인
을 부양할 의무가 있다.
*【抚育―육】fǔyù 图(어린이나 동식물을) 정
성껏 키우다. ◇~孤儿/고아를 부양하다.
*【抚掌―장】fǔzhǎng 图〈文〉손뼉을 치다.

【斧】父部│斤部│fǔ
4画│4画│도끼 **부**
図1도끼. ◇一把~子/도끼 한 자루. 2図
〈軍〉고대 병기(兵器)의 일종.
【斧柄―병】fǔbǐng 図도끼자루.
【斧头―두】fǔtóu 図도끼머리.
【斧头―두】fǔ·tóu 図도끼. (同)〔斧子 zi〕
【斧削―삭】fǔxuē (同)〔斧正 zhèng〕
【斧正―정】fǔzhèng 〈文〉图(시문 따위를)
고치다. 질정하다. (同)〔斧政 zhèng〕
【斧锧―질】fǔzhì 図사람의 목을 베는 고
대의 형구.
*【斧子―자】fǔ·zi 図도끼.

【府】广部│fǔ
5画│곳집 **부**
図1옛날 관청. 관공서. ◇市政~/시청. 2
옛날 (관청의) 문서·물품을 수장하는

곳. ◇书~/서고. **3**옛날 귀족·고관의 저
택. 국가원수 관저. ◇王~/왕궁. **4**〈敬〉
댁(宅). ◇贵~/귀댁. **5**부. 〔당(唐)대부
터 청(清)대까지의 현(縣)보다 큰 행정
구역〕◇开封~/개봉부. ◇知~/부의 지
사. **6**(Fǔ)명성(姓).

【府绸-주】fǔchóu 명〈紡〉**1**산동주(山東綢).
견주(繭綢). **2**포플린(poplin).

【府邸-저】fǔdǐ (同)〔府第 dì〕

【府第-제】fǔdì 명**1**관저. 관사. **2**저택.

【府上-상】fǔ·shàng 명댁(宅). (同)〔尊 z-
ūn府〕, (反)〔舍间 shèjiān〕

【俯】 イ部 | fǔ
　　　　8画 | 머리 숙일 **부**

1동머리를 숙이다. 구부리다. (反)〔仰 yǎ-
ng〕◇~视山下/산 아래를 굽어보다. **2**
〈敬〉〈牘〉부디 …해 주십시오. …주시기
를 바랍니다.

【俯察-찰】fǔchá 동**1**아래쪽을 보다〔살피
다〕. **2**〈牘〉굽어 살펴 주십시오.

【俯冲-충】fǔchōng 명동〈航〉급강하(하다).

【俯伏-복】fǔfú 동땅에 엎드리다. 〈轉〉굴
복하다. 숭배하다.

【俯角-각】fǔjiǎo 명〈數〉부각. 내려본각.
(反)〔仰 yǎng角〕

【俯就-취】fǔjiù 동〈謙〉**1**몸을 굽혀 천직
(賤職)에 종사하다. **2**남의 뜻에 따르다.
양보하다.

【俯瞰-감】fǔkàn (同)〔俯视 shì〕

【俯拾即是-습즉시】fǔ shí jí shì 〈成〉몸을
굽혀 주으려 하면 도처에 널려 있다.
(同)〔唾手可得 tuò shǒu kě dé〕, (反)
〔大海捞针 dà hǎi lāo zhēn〕

【俯视-시】fǔshì 동굽어보다. 내려다보다.
(同)〔俯瞰 kàn〕, (反)〔仰 yǎng视〕

【俯首-수】fǔshǒu 동**1**고개를 숙이다. **2**
〈喩〉순종하다. 복종하다.

【俯首帖耳-수첩이】fǔ shǒu tiē ěr 〈成〉
비굴하게 굽신거리다. (同)〔俯首听 tīng
命 mìng〕, (反)〔桀骜不驯 jié ào bù xùn〕

【俯卧-와】fǔwò 동엎드리다.

【俯卧撑-와탱】fǔwòchēng 명〈體〉엎드려
팔 굽혀펴기.

【俯仰-앙】fǔyǎng **1**동고개를 들었다 숙
였다 하다. **2**일거일동.

【俯仰由人-앙유인】fǔ yǎng yóu rén 〈成〉
남이 하라는 대로 하다. (同)〔仰人鼻息
yǎng rén bíxí〕, (反)〔独立自主 dúlì zì
zhǔ〕

【俯仰之间-앙지간】fǔ yǎng zhī jiān 〈成〉
순식간에. 잠간 사이에. (反)〔地久天长 dì
jiǔ tiān cháng〕

【釜】 父部 | fǔ
　　　　6画 | 가마 **부**

명가마. 솥.

【釜底抽薪-저추신】fǔ dǐ chōu xīn 〈成〉
솥아래서 불타는 장작을 꺼내다. 문제를
근본적으로 해결하다. (反)〔火上加油 huǒ
shàng jiā yóu〕

【釜底游鱼-저유어】fǔ dǐ yóu yú 〈成〉솥
안에서 헤엄치고 있는 물고기. 위급한 상
황에 처한 사람.

【辅·輔】 车部 | fǔ
　　　　　7画 | 도울 **보**

1동돕다. ◇相~而行/서로 도우면서 가
다. **2**명〈文〉옛날, 수도와 인접한 곳.

【辅币-폐】fǔbì 명보조 화폐.

★【辅导-도】fǔdǎo 동(학습·훈련 등을) 지
도하다. ◇~孩子们练武术/아이들의 무
술 훈련을 지도하다.

【辅音-음】fǔyīn 명〈言〉자음(子音). (同)
〔子 zǐ 音〕, (反)〔元 yuán 音〕

＊【辅助-조】fǔzhù **1**동돕다. ◇多加~/많이
도와주다. **2**형보조적인. ◇~劳动/보조
노동.

【辅助货币-조화폐】fǔzhù huòbì 명보조
화폐.

【辅佐-좌】fǔzuǒ 동보좌하다.

【腐】 广部 | 肉部 | fǔ
　　　　11画 | 8画 | 썩을 **부**

1동썩다. 부패하다. ◇流水不~/〈成〉흐
르는 물은 썩지 않는다. (同)〔腐烂 fǔlà-
n〕, (反)〔新鲜 xīn·xiān〕**2**형(사상·행
동이) 낡다. 진부하다. ◇陈 chén~/진
부하다. **3**명(略)두부.

＊【腐败-패】fǔbài **1**동썩다. 상하다. ◇不要
吃~的食物/상한 음식물을 먹지 마라. **2**
(생각이) 진부하다. (행동이) 타락하다. **3**
(제도·조직·기구 따위가) 썩다. 부패하다.

【腐臭-취】fǔchòu 동썩어서 고약한 냄새
가 나다.

【腐恶-악】fǔ·è **1**형썩고 흉악하다. **2**명썩
고 흉악한 세력.

＊【腐化-화】fǔhuà **1**형타락하다. ◇~分子
/타락자. ◇生活~/생활이 타락하다. **2**
동타락시키다. **3**(同)〔腐烂 làn〕

【腐旧-구】fǔjiù 형케케묵다.

＊【腐烂-란】fǔlàn **1**동썩어 문드러지다. 부
패하다. ◇植物~在泥土里, 变成肥料/식
물이 흙 속에서 썩어 문드러지면 비료로
변한다. **2**(同)〔腐败 bài 2〕**3**(同)〔腐败 b-
ài 3〕

【腐儒-유】fǔrú 명썩어 빠진 선비.

【腐乳-유】fǔrú (同)〔豆 dòu 腐乳〕

【腐生-생】fǔshēng 〈生〉부생하다. 썩은
유기체로부터 양분을 취하여 자라다.

＊＊【腐蚀-식】fǔshí **1**동부식하다. **2**동타락시
키다. 좀먹다. ◇~着人们的精神世界/사

람들의 정신 세계를 좀먹고 있다. 3몡부
식. ◇~机/부식(동판)기.
【腐蚀剂―식제】fǔshíjì 몡〈化〉부식제.
【腐熟―숙】fǔshú 몡〈農〉부식화하다.
**【腐朽―후】fǔxiǔ 통1썩다. ◇这些木材已
经~了/이 목재는 이미 썩었다. 2〈喩〉
(사상이) 진부하다. (생활이) 타락하다.
(정치제도가) 부패하다. ◇生活方式~透
顶/생활 양식이 썩을 대로 썩었다.
【腐竹―죽】fǔzhú 몡봉상(棒狀)으로 말아
자른 '豆 dòu 腐皮'.

fù

【父】 父部 | fù
0画 | 아비 부
몡1아버지. ◇家~/저의 아버지. 2(가족·
친척 중에서) 아버지 항렬 이상의 남자.
◇祖~/할아버지. ◇伯~/백부. ◇叔~/
숙부.
【父老―로】fùlǎo 몡한 나라 향촌의 어른.
【父母―모】fùmǔ 몡부모.
★【父亲―친】fù‧qīn 몡부친.
【父权―권】fùquán 몡부권.
【父权制―권제】fùquánzhì 몡부권제. (反)
〔母 mǔ 权制〕
【父系―계】fùxì 몡부계.
【父兄―형】fùxiōng 몡1아버지와 형. 2〈轉〉
가장.
【父子―자】fùzǐ 몡부자.

【讣·訃】 讠部 | fù
2画 | 통부 부
1통사망을 알리다. 2몡부고. 사망통지.
【讣告―고】fùgào 1몡부고. 사망 통지. 2
몡부고하다.
☆【讣闻―문】fùwén 몡사망통지.

☆【付】 亻部 | fù
3画 | 부칠 부
1통교부하다. 부치다. ◇交~/교부하다.
◇~表决/표결에 부치다. 2통지불하다.
지불하다. ◇支~/지불하다. ◇~房租/
집세를 내다. 3몡(同)〔副 fù 5, 6〕4(F-
ù)몡성(姓).
*【付出―출】fùchū 통지출하다. 지불하다.
◇~代价/대가를 지불하다.
【付方―방】fùfāng 몡〈經〉대변. (同)〔贷 d-
ài 方〕, (反)〔收 shōu 方〕
【付费―비】fù∥fèi 통비용을 지불하다.
【付给―급】fùgěi (又讀 fùjǐ)몡〈文〉주다.
넘겨주다. (同)〔付与 yǔ〕
*【付款―관】fù∥kuǎn 통돈을 지불하다. ◇
~办法/지급 방법.
【付款人―관인】fùkuǎnrén 몡(어음 따위
의) 지급인.

【付排―배】fùpái 통(원고 따위를) 조판에
넘기다.
【付讫―흘】fùqì (同)〔付清 qīng〕
【付清―청】fùqīng 몡청산(하다).
【付托―탁】fùtuō 통부탁하다.
【付现―현】fùxiàn 통현금으로 지불하다.
【付印―인】fùyìn 통1(원고 따위를) 출판
사에 넘기다. 2인쇄에 넘기다.
【付邮―우】fùyóu 통우편으로 부치다. 우
송하다.
【付账―장】fù∥zhàng 통돈을 지불하다.
계산서대로 돈을 치르다.
【付之一炬―지일거】fù zhī yī jù〈成〉불
태워 버리다.
【付之一笑―지일소】fù zhī yī xiào〈成〉웃
어 넘기다. 일소에 부치다.
【付诸―제】fùzhū〈文〉(…에) 부치다.
◇~表决/표결에 부치다.
【付诸东流―제동류】fù zhū dōng liú〈成〉
수포로 돌아가다. 허사가 되다.
【付梓―재】fùzǐ 몡출판하다. 발간하다.

**【负·負】 刀部 | 见部 | fù
4画 | 2画 | 짐질 부
1통(짐 따위를) 지다. 메다. ◇~机枪一
挺/기관총 한 자루를 메다. (同)〔背 bēi〕
2몡통임무(를 맡다). 책임(을 지다). ◇
~完全责任/모든 책임을 지다. 3통등지
다. ◇~山面海/산을 등지고 바다를 면
하다. 4통받다. 당하다. 5통누리다. ◇久
~盛名/〈成〉명성을 오랫동안 누리다. 6
통(빚을) 지다. ◇以前~了许多债/이전
에 많은 빚을 졌다. 7통저버리다. ◇忘恩
~义/〈成〉은혜를 잊고 의리를 저버리다.
8통패배(하다). ◇一比二~于对方/1대
2로 상대에게 패배하다. (反)〔胜 shèng〕
9통〈數〉(수의) 마이너스(minus). (反)
〔正 zhèng〕◇~二百米/해면 밑 200m.
◇~一点五/-1.5. 10통〈電〉음(陰). 마
이너스. (反)〔正 zhèng〕
**【负担―담】fùdān 몡통부담(하다).
【负电―전】fùdiàn 몡〈電〉음전기.
【负号―호】fùhào 몡〈數〉마이너스 부호.
(反)〔正 zhèng 号〕
【负荷―하】fùhè 1몡〈文〉부담. 2몡부하. 하
중. (同)〔负载 zài〕〔载荷〕
【负极―극】fùjí 몡〈電〉음극.
【负荆―형】fùjīng 통〈文〉스스로 태장을
짊어지고 사죄하다.
【负疚―구】fùjiù 통〈文〉양심의 가책을 받
다. (同)〔内 nèi 疚〕〔无愧 wúkuì〕
【负面―면】fùmiàn 몡부정적인 면의.
【负气―기】fùqì 통화를 버럭 내다.
*【负伤―상】fù∥shāng 통부상을 당하다.
◇负过一次伤/한 차례 부상을 당한 적이

있다.

【负数一수】fùshù 图〈數〉음수. (反)〔正 zhèng 数〕

【负心一심】fùxīn 图변심하다. 다른 이성에 마음을 두다. (同)〔变 biàn 心〕, (反)〔多情 duōqíng〕

【负有一유】fùyǒu 图(책임 따위를) 지고 있다.

【负嵎一우】fùyú 图〈文〉(적이나 도적들이) 험준한 지형에 의지하다.

【负约一약】fùyuē 图약속을 저버리다. (同)〔背 bèi 约〕, (反)〔守 shǒu 约〕

【负载一재】fùzài 图하중. 부하.

★【负责一책】fùzé 1图책임을 지다. ◇~人/책임자. ◇这件事由你~到底/이 일은 네가 끝까지 책임져라. (反)〔马虎 mǎ·hu〕 2图책임을 다하다. ◇他对工作很~/그는 업무에 대해 매우 책임감이 강하다.

【负债一채】fù∥zhài 图빚을 지다. 凹교负债:欠 "负债"는 목적어를 가지지 않는다. ◇我(×负债)欠 qiàn 他一千元/나는 그에게 천 원 빚졌다.

【负债一채】fùzhài 图1부채. 빚. 2〈經〉채무.

【负重一중】fù∥zhòng 图1무거운 짐을 지다. 2图〈喩〉중책을 맡다.

【妇·婦】女部 | fù
3画 | 지어미 부

图1여성. 여자. ◇~科医生/부인과 의사. 2결혼한 여자. ◇少 shào~/젊은 부인. 3처(妻). 아내. ◇夫~/부부. (同)〔妻 qī〕, (反)〔夫 fū〕

【妇产科一산과】fùchǎnkē 图〈醫〉산부인과.

【妇道一도】fù·dao 图옛날에 부인이 지켜야 할 도리.

【妇道一도】fù·dao 图〈俗〉부녀자.

【妇道人家一도인가】fùdào rénjiā 图부녀자의 신분. 여자의 몸.

【妇科一과】fùkē 图〈醫〉부인과.

【妇联一련】fùlián 图〈略〉'中国妇女联合会'(부녀연합회)의 약칭.

☆【妇女一녀】fùnǚ 图여성. ◇~运动/여성 운동.

【妇女病一녀병】fùnǚbìng 图〈醫〉여성질환.

【妇女节一녀절】fùnǚjié 图국제여성의 날 (3월 8일).

*【妇人一인】fùrén 图기혼녀. 여인.

【妇孺一유】fùrú 图(同)〔妇幼 yòu〕

【妇幼一유】fùyòu 图여성과 아동. ◇~卫生/여성과 아동의 위생.

【附(坿)】阝部 | fù
5画 | 덧붙일 부

图1덧붙이다. 동봉하다. ◇~寄照片一张/사진 한 장을 동봉하여 부치다. 2다가가다. 대다. ◇~在他的耳朵旁边低声说话/

그의 귓전에 대고 낮은 소리로 말하다. 3동의하다. 따르다.

【附笔一필】fùbǐ 图추신.

*【附带一대】fùdài 1图덧붙이다. ◇~地说明/덧붙여서 설명하다. 2图부대의. 부수적인. ◇~条件/부대적 조건. (反)〔主要 zhǔyào〕

【附耳一이】fù'ěr 图귓속말을 하다.

*【附和一화】fùhè 图〈貶〉부화뇌동하다. ◇~别人/남에게 부화뇌동하다.

【附会一회】fùhuì 图억지로 갖다 붙이다.

【附骥一기】fùjì 图〈喩〉말 꼬리에 파리가 천리간다. 유명 명사에 붙어 덩달아 이름.

*【附加一가】fùjiā 图부가(하다). 추가(하다). ◇条文后面~说明/조문 뒤에 설명을 덧붙이다.

【附加税一가세】fùjiāshuì 图부가세.

【附件一건】fùjiàn 图1별지. 첨부된 문서. 2관련 문서〔물품〕. 부록. 3기구·기계의 부품이나 부속.

★【附近一근】fùjìn 图부근. ◇~有没有邮局? /부근에 우체국이 있나요? (同)〔邻近 lín jìn〕, (反)〔远处 yuǎnchù〕 凹교附近:跟 前 사람이 면전에 있을 때에는 "附近"을 쓰지 않는다. ◇天黑了，我走到她(×附近)跟前才认出她来/날이 어두워서 나는 그녀 곁에 다가가서야 비로소 그녀를 알아봤다.

【附录一록】fùlù 图图부록(을 덧붙이다).

【附设一설】fùshè 图부설하다.

*【附属一속】fùshǔ 1图부속. ◇~品/부속품. ◇~工厂/부속 공장. 2图소속되다. (同)〔从 cóng 属〕

【附属国一속국】fùshǔguó 图부속 국가.

【附送一송】fùsòng 图덤으로 주다. 경품을 주다.

【附图一도】fùtú 图부도(附圖).

【附小一소】fùxiǎo 图〈略〉'附属小学'(부속 소학교)의 준말.

【附议一의】fùyì 图남의 제안에 찬동하여 공동 발의자가 되다.

【附庸一용】fùyōng 1图속국. 2图예속(되다).

【附则一칙】fùzé 图부칙.

【附中一중】fùzhōng 图〈略〉'附属中学'(부속 중학교)의 준말.

【附注一주】fùzhù 图图주(를 붙이다).

【附着一착】fùzhuó 图부착하다.

【驸·駙】马部 | fù
5画 | 결말 부

〈文〉图부마(副馬).

【驸马一마】fùmǎ 图부마. 왕의 사위.

*【赴】走部 | fù
2画 | 다달을 부

1[동](…로) 가다. 향하다. ◇离京～美/북경(北京)을 떠나 미국에 가다. **2**[동]헤엄치다. **3**(同)〔讣 fù〕
【赴敌－적】fùdí [동]〈文〉싸움터로 나가 적과 싸우다.
【赴告－고】fùgào (同)〔讣 fù 告〕
【赴任－임】fùrèn [명][동]부임(하다).
【赴汤蹈火－탕도화】fù tāng dǎo huǒ 〈成〉물불을 가리지 않다. (同)〔赴汤投 tóu 火〕
【赴约－약】fùyuē [동]약속한 사람을 만나러 나가다.

*【复·[1,2]複·[3-7]復】 夂部 6画 | fù 돌아올 **복**
1[동]거듭하다. 중복하다. ◇～制/복제하다. **2**[형]복잡한. 복수의. ◇～姓/복성. **3**[동]돌아오다〔가다〕. 반복하다. ◇往～/왕복(하다). ◇反～无常/변덕이 심하다. **4**[동]대답하다. ◇答～/대답하다. **5**[동]회복하다. ◇身体～原/몸이 회복되다. ◇光～祖国/조국을 광복하다. **6**[동]보복하다. ◇～仇/원수를 갚다. **7**[부]또. 다시. 도로. ◇旧病～发/이전 병이 다시 도지다.
【复本－본】fùběn [명]부본. 복사본.
【复本位制－본위제】fùběnwèizhì [명]〈經〉복본위제.
【复辟－벽】fùbì [동]**1**복벽하다. 폐위된 천자가 다시 제위에 오르다. **2**타도된 세력이 되살아나다.
【复查－사】fùchá [명][동]재검사(하다).
【复仇－구】fù// chóu [동]복수하다. (同)〔报 bào 仇〕, (反)〔报恩 bào// ēn〕
【复发－발】fùfā [동]재발하다.
【复返－반】fùfǎn [동](되)돌아오다.
【复方－방】fùfāng [명]〈藥〉복방. **1**두 가지 이상의 처방을 합한 처방. **2**양약(洋藥)에서 두 가지 이상의 약품을 조합한 약제.
【复辅音－보음】fùfǔyīn [명]〈言〉복자음. 중자음.
【复工－공】fù // gōng [동]파업을 풀고 작업 현장에 복귀하다. (反)〔停 tíng 工〕
【复古－고】fùgǔ [동]복고하다.
【复归－귀】fùguī [동](어떤 상태로) 복귀하다. 되돌아가다.
*【复合－합】fùhé [명][동]복합(하다).
【复合词－합사】fùhécí (同)〔合成 chéng 词〕
【复合量词－합양사】fùhé liàngcí [명]복합양사.
【复合元音－합원음】fùhé yuányīn [명]〈言〉복모음.
【复核－핵】fùhé [동]**1**대조하다. **2**〈法〉(사형 판결에 대하여 최고법원이) 재심하다.
【复会－회】fù // huì [동]회의를 재개하다.
【复婚－혼】fù // hūn [동]부부가 화해하고 다시 함께 살다.
*【复活－활】fùhuó [명][동]부활(하다). (同)〔复生 shēng〕, (反)〔归阴 guī// yīn〕
⁑【复活节－활절】Fùhuó Jié [명]〈宗〉부활절.
【复交－교】fùjiāo [동]외교관계를 회복하다.
【复旧－구】fù // jiù [동]**1**(옛날의 풍습, 관념, 제도 등을) 회복하다. **2**원래 모습으로 되돌아오다. (反)〔革新 géxīn〕
【复句－구】fùjù [명]〈言〉복문. (同)〔分 fēn 句〕
【复刊－간】fù // kān [동]복간하다. (反)〔停 tíng 刊〕
【复课－과】fù // kè [동]수업을 재개하다. (反)〔罢 bà 课〕
【复利－리】fùlì [명]〈經〉복리.
【复命－명】fùmìng [동]복명하다. 〔명령을 실행한 후 보고하다〕
【复赛－새】fùsài [명]〈體〉준결승. ◇半～/준준결승.
【复审－심】fùshěn **1**[명][동]재심의(하다). **2**[명]〈法〉재심.
【复生－생】fùshēng [명][동]재생(하다). 소생(하다).
【复试－시】fùshì [명]제2차 시험.
☆【复述－술】fùshù **1**[동]다시 말하다. 복창하다. ◇～命令/명령을 복창하다. **2**[명]배운 것 또는 읽은 내용을 자기 말로 바꿔 말하게 하는 어학 학습방법. ◇把故事～一遍/이야기를 다시 한번 네 말로 바꿔 말해보렴.
【复数－수】fùshù [명]**1**〈言〉복수. **2**〈數〉복소수. (反)〔单 dān 数〕
【复苏－소】fùsū [명][동]소생(하다). 회생(하다). (同)〔复兴 xīng〕, (反)〔衰落 shuāi luò〕
★【复习－습】fùxí [명][동]복습(하다). ◇～学过的地方/배운 곳을 복습하다.
【复线－선】fùxiàn [명]〈交〉복선. (同)〔双轨 shuāngguǐ〕, (反)〔单 dān 线〕
【复写－사】fùxiě [명][동]복사(하다). 먹지를 대고 쓴 것(쓰다).
【复写纸－사지】fùxiězhǐ [명]**1**먹지. **2**복사용지. 타자용지.
【复信－신】fù // xìn **1**[동]답장을 쓰다. **2**(fùxìn)[명]답장.
*【复兴－흥】fùxīng **1**[명]부흥. ◇民族～/민족 부흥. **2**[동]부흥하다. 부흥시키다. ◇～国家/나라를 부흥시키다. (同)〔复苏 sū〕, (反)〔衰落 shuāiluò〕
【复姓－성】fùxìng [명]복성(復姓).
【复学－학】fù // xué [명][동]복학(하다).
【复眼－안】fùyǎn [명]복안. 겹눈. (反)〔单 dān 眼〕
【复验－험】fùyàn [명][동]재검사(하다).
【复业－업】fùyè [동]**1**(상점이) 휴점했다가 다시 영업을 재개하다. **2**본업에 복귀하다.

【复议－의】fùyì [동]재토의하다.
【复音词－음사】fùyīncí [명]〈言〉다음절어.
☆【复印－인】fùyìn [명][동]복사(하다). ◇～纸/복사 용지.
【复印机－인기】fùyìnjī [명]복사기.
【复员－원】fù∥yuán [동]**1**전시체제를 풀고 평화체제로 되돌아 가다. **2**제대하다. (反)〔参军 cān∥jūn〕
【复原－원】fù∥yuán [동]**1**복원하다. **2**(건강 등을) 회복하다.
★【复杂－잡】fùzá [형]복잡하다. ◇情况～/상황이 복잡하다. (反)〔单一 dānyī〕[비교] 复杂:难 어떤 일을 하기에 힘이 듦을 나타낼 때는 "复杂"를 쓰지 않는다. ◇期末考试的题目很(×复杂)难, 我没有及格/기말시험의 문제가 어려워 나는 합격하지 못했다.

F

【复诊－진】fùzhěn [명][동]〈醫〉재검진(하다).
【复职－직】fù∥zhí [동]복직하다. (反)〔解 jiě 职〕
⁑【复制－제】fùzhì [명][동]복제(하다). ◇～模型/복제 모형.
【复制品－제품】fùzhìpǐn [명]복제품.
【复种－종】fùzhòng [명]〈農〉그루갈이. 이모작. 다모작.

☆【副】刂部 9画 fù 버금 **부**
1[형]부. 두 번째. ◇～班长/부반장. **2**[명]보조 직책을 담당하는 사람. ◇队～/부대장. **3**[형]부대적인. 부수적인. **4**[동]들어맞다. ◇名不～实/명실이 상부하지 않다. **5**[양]조. 벌. 쌍. 〔한 벌 또는 한 쌍으로 되어 있는 물건에 쓰임〕◇一～筷子/젓가락 한 벌. **6**[양]얼굴 표정을 나타낼 때 쓰임. ◇一～笑脸/웃는 얼굴.
【副本－본】fùběn [명]사본. (反)〔正 zhèng 本〕
【副标题－표제】fùbiāotí (同)〔副题〕
【副产品－산품】fùchǎnpǐn [명]부산물. (同)〔副产物 wù〕
【副词－사】fùcí [명]〈言〉부사.
【副官－관】fùguān [명]〈軍〉부관.
【副教授－교수】fùjiàoshòu [명]부교수.
【副刊－간】fùkān [명](신문의) 문예·학예란. 특집면.
☆【副食－식】fùshí [명]부식(물). ◇～费/부식비. (反)〔主 zhǔ 食〕
【副题－제】fùtí [명]부제. 소제목. (反)〔正 zhèng 题〕
【副修－수】fùxiū [동]부전공으로 배우다. ◇～课/부전공 과목.
*【副业－업】fùyè [명]부업. ◇家庭～/가정부업. (反)〔正 zhèng 业〕
【副油箱－유상】fùyóuxiāng [명]〈航〉(항공기의) 보조 연료 탱크.
【副职－직】fùzhí [명]'副'에 해당하는 직위. ◇～干部/부직(副職) 간부. (反)〔正 zhèng 职〕
*【副作用－작용】fùzuòyòng [명]부작용. ◇这种药没有～/이 약은 부작용이 없다.

【赋·賦】贝部 8画 fù 줄 **부**
1[동]주다. 부여하다. ◇～予/부여하다. ◇～给他权力/그에게 권한을 주다. **2**[명](옛날의) 농지세. 전답세. ◇田～/농지세. **3**[동]〈文〉세금을 거두다. 징수하다. **4**[명]부. 〔한(漢)·육조(六朝)시대에 성행했던 문체의 일종〕◇汉～/한부. **5**[동]시(詩)·사(詞)를 짓다. ◇～诗一首/시를 한 수 짓다.
【赋诗－시】fùshī [동]시를 짓다〔읊다〕.
【赋税－세】fùshuì [명]옛날, 농지세.
【赋闲－한】fùxián [동]〈文〉**1**관직을 그만두고 한거(閑居)하다. **2**〈喻〉실직하여 집에서 놀다.
【赋性－성】fùxìng [명]천성. 타고난 성품.
【赋役－역】fùyì [명]조세와 부역.
【赋有－유】fùyǒu [동](성격이나 기질을) 가지다.
*【赋予－여】fùyǔ [동]〈文〉(임무나 사명 따위를) 부여하다. 주다. ◇～权力/권력을 부여하다.

☆【富】宀部 9画 fù 넉넉할 **부**
1[형]재산이 많다. 부유하다. ◇～日子当穷日子过/부유하면서도 검소한 생활을 하다. (反)〔贫 pín〕 **2**[동]부유하게 하다. ◇～民政策/부민정책. **3**[명]재산. 자원. ◇财～/부. 재산. **4**[형]풍부하다. 많다. ◇～于创造性/창조성이 풍부하다. **5**(Fù)성(姓).
【富贵－귀】fùguì [명][형]부귀(하다). (反)〔贫贱 pínjiàn〕
【富国－국】fùguó **1**[동]나라를 부하게 하다. **2**[명]부유한 나라.
【富国强兵－국강병】fùguó qiángbīng〈成〉나라를 부유케 하고 군대를 강하게 기르다. 부국 강병.
【富豪－호】fùháo [명]부호. (同)〔大姓 dàxìng〕, (反)〔寒门 hánmén〕
【富户－호】fùhù (～儿)[명]부호. (同)〔富家 jiā〕, (反)〔寒门 hánmén〕
【富矿－광】fùkuàng [명]〈礦〉부광.
【富丽－려】fùlì [형]화려하다. 웅대하고 아름답다. (同)〔华 huá 丽〕, (反)〔简陋 jiǎnlòu〕
【富丽堂皇－려당황】fùlì tánghuáng [형]화려하고 웅장하다.
【富民－민】fùmín [동]백성을 풍요롭게 하다.
【富农－농】fùnóng [명]부농.
*【富强－강】fùqiáng [형](나라가) 부강하다. (同)〔强盛 qiángshèng〕, (反)〔衰弱 shuā-

iruò]

【富饶―요】fùráo 휑풍요롭다. (同)〔丰 fēng 饶〕, (反)〔贫乏 pínfá〕

【富商―상】fùshāng 圀거상(巨商). 거부.

【富实―실】fù·shí 휑(재산·자원이) 풍족하다.

【富庶―서】fùshù 휑산물이 풍부하고 인구가 많다.

【富态―태】fù·tai 휑〈婉〉복스럽다. (보기좋게) 살지다. (同)〔肥胖 féipàng〕, (反)〔瘦小 shòuxiǎo〕

【富翁―옹】fùwēng 圀부자.

✳✳【富有―유】fùyǒu 1휑부유하다. ◇他家非常~/그의 집은 대단한 부자다. 2图많이 가지다. ◇~生命力/생명력이 강하다. ◇~代表性/대표성을 지니다.

【富于―어】fùyú 〈文〉…이 풍부하다. ◇~想象力/상상력이 풍부하다.

✳✳【富裕―유】fùyù 1휑부유하다. ◇日子过得挺~/매우 풍족하게 살다. ◇~中农/부유 중농. (同)〔富有 yǒu〕, (反)〔贫穷 pínqióng〕 2图풍족하게 하다. ◇发展生产, ~人民/생산을 발전시켜 국민을 풍족하게 하다.

✳【富余―여】fù·yu 휑여유가 있다. 넉넉하다. ◇你有~的钱吗?/여유있는 돈이 있으세요?

【富源―원】fùyuán 圀부의 원천. 천연자원.

【富足―족】fùzú 휑풍족하다.

✳【腹】月部 fù 9画 배 복
圀1〈生理〉배. ◇小~/아랫배. 2〈轉〉가슴속. 마음. 3(산·솥·병 따위의) 중앙에 내민 부분. ◇山~/산허리.

【腹案―안】fù'àn 圀1복안. 마음속으로 생각해 둔 방안[대책]. 2미공개 방안.

【腹背受敌―배수적】fù bèi shòu dí 〈成〉앞뒤로 적의 공격을 당하다.

【腹部―부】fùbù 圀복부.

【腹地―지】fùdì 圀오지(奧地). 내륙. (同)〔内 nèi 地〕, (反)〔边境 biānjìng〕

【腹诽―비】fùfěi 图〈文〉(말로 표현하지 않고) 마음 속으로 부정하다.

【腹稿―고】fùgǎo 圀구상중인 원고.

【腹膜―막】fùmó 圀〈生理〉복막.

【腹腔―강】fùqiāng 圀〈生理〉복강.

【腹水―수】fùshuǐ 圀〈醫〉복수.

【腹痛―통】fùtòng 圀복통.

【腹泻―사】fùxiè 圀〈醫〉설사.

【腹心―심】fùxīn 圀〈喩〉1핵심. 중심 부분. (同)〔要害 yàohài〕 2심복. 3진심. (同)〔诚 chéng 心〕, (反)〔假 jiǎ 心〕

【缚·縛】纟部 fù 10画 묶을 박
图묶다. ◇束~/속박하다.

【覆】西部 fù 12画 엎칠 복, 덮을 부
1图덮다. 가리다. ◇以巾~面/헝겊으로 얼굴을 가리다. 2图〈文〉뒤집(히)다. 전복되다. ◇~舟/전복된 배. ◇颠~/전복하다. 3(同)〔复 fù 3〕 4(同)〔复 fù 4〕

【覆盖―개】fùgài 图가리다. 덮다. ◇积雪~着地面/눈이 쌓여 지면을 덮고 있다. (同)〔遮 zhē 盖〕, (反)〔显露 xiǎnlù〕

【覆灭―멸】fùmiè 图(군대가) 전멸하다. 괴멸하다. (同)〔覆没 mò〕, (反)〔告捷 gào // jié〕

【覆没―몰】fùmò 图1〈文〉배가 뒤집혀 가라앉다. 2(군대 따위가) 전멸하다. (同)〔沉 chén 没〕 3〈文〉함락되다.

【覆盆之冤―분지원】fù pén zhī yuān 〈成〉남에게 말 못할 억울함.

【覆水难收―수난수】fù shuǐ nán shōu 〈諺〉한번 엎지른 물은 다시 담지 못한다. 한번 크게 그르친 일을 돌이킬 수 없다.

【覆亡―망】fùwáng 图멸망하다.

【覆辙―철】fùzhé 圀전철(前轍). 실패의 전례.

【馥】香部 fù 9画 향내 복
〈文〉1圀향기. 2휑향기롭다. ◇~郁/향기가 짙다.

G

gā

【夹·夾】
一部｜大部｜gā
5画｜3画｜낄 **협**
⇒jiā, jiá
【夹肢窝―지와】gā·zhiwō 몡겨드랑이.

【旮】
日部｜gā
2画｜구석 **가**
【旮旯儿―라아】gālár 몡〈方〉1구석. 2후미진 곳. ◇山～/깊은 산속.

【伽】
亻部｜gā
5画｜절 **가**
⇒jiā, qié
【伽马射线―마사선】gāmǎ shèxiàn 몡〈物〉감마선.

【咖】
口部｜gā
5画｜커피차 **가**
⇒kā
【咖喱―리】gālí 몡〈音〉카레(curry).

【嘎】
口部｜gā
11画｜두루미소리 **알**
몡와르르. 끽. 깔깔. 짹짹.〔웃는 소리·새 소리 따위〕◇车～地一声刹住了/자동차가 끽하고 갑자기 멈추었다.⇒gá, gǎ
【嘎巴―파】gābā 몡뚝. 우지끈.〔나뭇가지 따위가 부러질 때 나는 소리〕
【嘎巴―파】gā·ba〈方〉1동(끈끈한 것이 그릇 따위에) 말라붙다.
【嘎巴儿―파아】gā·bar 몡〈方〉말라붙은〔엉겨붙은〕것. 더덕이.
【嘎嘎―알】gā·ga 몡꼬꼬. 꼬끼오. 꽥꽥.〔오리나 기러기가 우는 소리〕
【嘎渣儿―사아】gā·zhar 몡〈方〉1부스럼 딱지. 2누룽지.
【嘎吱―지】gāzhī 몡삐걱삐걱.〔물건이 압력을 받아 나는 소리〕

gá

【轧·軋】
车部｜gá
1画｜수레삐걱거릴 **알**
동〈方〉1밀치다. 2사귀다. ◇～朋友/친구를 사귀다. 3대조하다. ◇～账/장부를 대조하다. ⇒yà, zhá

【尜】
小部｜gá
6画｜팽이 **가**
【尜尜―가】gá·ga 몡1(～儿)어린이 장난감의 일종으로 양끝이 뾰족하고 가운데가

굵은 팽이. (同)〔尜儿〕2팽이처럼 생긴 물건. (同)〔嘎嘎 gá·ga〕

【嘎】
口部｜gá
11画｜두루미소리 **알**
⇒gā, gǎ
【嘎调―조】gádiào 몡경극에서 노래가 특별히 높아지는 곳.
【嘎嘎―알】gágā (同)〔尜尜 gá·ga〕

gǎ

【尕】
丿部｜gǎ
4画｜까불 **가**
몡〈方〉1괴팍스럽다. 성격이 나쁘다. ◇这人～得很, 不好说话/그 사람은 아주 괴팍스러워 말하기 힘들다. 2까불다. 장난을 좋아하다. ◇～小子/약삭빠른 녀석.
【尕古―고】gǎ·gu 몡〈方〉(사람의 성격, 물건의 질, 일의 결말 등이) 나쁘다.
【尕子―자】gǎ·zi 몡〈方〉개구장이.

【尜】
小部｜gǎ
2画｜귀여울 **가**
몡〈方〉귀여운. 조그마한.

【嘎】
口部｜gǎ
11画｜두루미소리 **알**
(同)〔尕 gǎ〕⇒gū, gá

gà

【尬】
尢部｜gà
4画｜비틀거릴 **개**
⇒〔尴尬 gāngà〕

gāi

★【该·該】
讠部｜gāi
6画｜그 **해**, 마땅할 **해**
1조동…해야 한다. ◇你累了, ～休息一下了/너 지쳤어, 좀 쉬어야겠다. (同)〔应 yīng〕2동…의 차례다. ◇这回～我了吧?/이번에 내 차례지? ◇下一个～谁做?/다음번에 누가 할 차례예요? 3동(상·벌·보상 따위가) 당연하다. 마땅하다. 싸다. ◇活～!/(고놈)싸다 싸! ◇活～! 谁叫他不守纪律/싸다! 누가 그보고 기율을 어기래! 4동아마…겠다. 필시…일 것이다. ◇你女儿今年～高中毕业了吧!/당신 따님은 올해에 고등학교를 졸업했겠죠! 5동얼마나. 정말(로).〔감탄구에서 어감

을 강하게 함) ◇再过十年，这里～有多大的变化啊!/10년이 지나면 여기에 얼마나 큰 변화가 있을 것인가! **6**動빚지다. ◇这钱是～你的/이 돈은 네게 빚진 것이다. ◇我～他五元钱/나는 그에게 5원을 빚졌다. (同)〔欠 qiàn〕, (反)〔还 huán〕**7**代이. 그. 저. 〔앞의 글에 나온 사람·사물을 가리킴〕◇～书/그 책. ◇～地方有几种特产/그 곳에는 몇 가지 특산물이 있다. **8**(同)〔genge gāi〕

【该当－당】gāidāng **1**動해당하다. ◇～当何罪?/무슨 죄에 해당하겠는가? **2**조動당연히 …해야 한다. (同)〔应 yīng 当〕
【该死－사】gāisǐ 形〔口〕빌어먹을. 우라질. 〔혐오·분노·원망 등을 나타내는 말〕
【该帐－장】gāi//zhàng **1**動외상하다. 빚지다. **2**(gāizhàng) 名외상거래. 외상판매.
【该着－착】gāizhāo 動아무래도 …할 운명이다.

【赅·賅】貝部 gāi 6画 갖출 해
〈文〉**1**形겸하다. 포괄하다. ◇举一～百/한 가지 실례를 들어 모든 것을 설명하다. **2**形포괄적이다. ◇言简意～/〈成〉말은 간결하나 뜻은 포괄적이다.
【赅博－박】gāibó 形〈文〉박학 다식하다.
【赅括－괄】gāikuò 形〈文〉개괄(하다).

gǎi

【改·改】己部 攵部 gǎi 4画 3画 고칠 개
1動변하다. 바뀌다. ◇他小的时候性格一点也没～/그는 어릴 때 성격이 하나도 변하지 않았다. ◇开会的时间～了/회의 시간이 바뀌었다. **2**動(틀린 것을) 바로잡다. 수정하다. ◇这篇文章只～过几个标点符号/이 문장은 몇개의 문장 부호만을 고쳤을 뿐이다. **3**動(잘못된 일이나 마음을) 바로잡다. ◇老毛病，～不了 liǎo 了/버릇된 지 오래서 바로 잡기 어렵다. **4**(Gǎi)名성(姓). 比교改：纠正 발음교정에는 "改"를 쓰지 않는다. ◇教师经常帮助我(×改)纠正发音/선생님은 나의 발음을 자주 고쳐주신다.
*【改编－편】gǎibiān 動**1**개편하다. ◇把原来的一个团～成两个团/원래 한 개 연대를 두 개 연대로 개편하다. **2**각색하다. ◇这部电视剧，是根据同名小说～的/이 TV 드라마는 같은 제목의 소설에 근거하여 각색한 것이다.
★【改变－변】gǎibiàn **1**動바뀌다. 변화하다. ◇山区面貌大有～/산악지역의 모습이 크게 변했다. (反)〔保留 bǎoliú〕**2**動

다. 변경하다. ◇～样式/모양을 바꾸다. 比교改变：改正：变 ①잘못된 것을 정확하게 고칠 때 "改变"을 쓰지 않는다. ◇他决心(×改变)改正自己的缺点和错误/그는 자신의 결점과 잘못을 고치기로 결심했다. ②새로운 상황이 나타날 때는 "改变"을 쓰지 않는다. ◇几年没见，你还是那个样子，一点儿也没(×改变)变/몇년 동안 못 만났는데 너는 예전 그대로 조금도 달라지지 않았다.
【改朝换代－조환대】gǎi cháo huàn dài 왕조가 바뀌다.
【改称－칭】gǎichēng 動개칭하다.
【改道－도】gǎi//dào 動**1**주행로를 바꾸다. **2**물길이 바뀌다.
【改掉－도】gǎidiào 動고쳐 버리다. 죄다 고치다.
【改订－정】gǎidìng 動(문장·규정·제도 따위를) 개정(하다).
【改动－동】gǎidòng 動(문자·항목·차례 등을) 바꾸다.
☆【改革－혁】gǎigé 名動개혁(하다). ◇这几年来，我们已经～了高等学校的招生考试制度/이 몇년간에 우리는 대학 입학 시험제도를 개혁하였다.
【改观－관】gǎiguān 動면모를 일신하다.
【改过－과】gǎi guò 動잘못을 고치다.
【改行－행】gǎi//háng 動직업을 바꾸다. (反)〔归队 guīduì〕
【改换－환】gǎihuàn 動(다른 것으로) 바꾸다.
【改悔－회】gǎihuǐ 動회개하다. (同)〔悔改〕(反)〔失足 shīzú〕
【改嫁－가】gǎi//jià 動다시 시집가다. 재가하다.
*【改建－건】gǎijiàn 動개축하다. 개수하다.
☆【改进－진】gǎijìn 名動개선(하다). 나아가다. ◇从上次考试以后，我～了学习方法/전번에 시험을 본 후부터 나는 학습방법을 개선하였다. 比교改进：改正：改善 ①"改进"은 "缺点"을 목적으로 취하지 않는다. ◇如果我们有缺点，就应该坚决(×改进)改正/우리가 결점이 있으면 단호히 고쳐야 한다. ②"改进"은 "生活"를 목적어로 취하지 않는다. ◇政府为(×改进)改善人民的生活作了最大的努力/정부는 국민생활을 개선시키기 위해서 최대의 노력을 했다.
【改口－구】gǎi//kǒu 動**1**잘못 말한 것을 고쳐 말하다. **2**호칭을 고쳐 말하다.
*【改良－량】gǎiliáng 名動개량(하다). 比교改良：改进 "改良"의 대상은 구체적인 사물이며 추상적인 것에는 쓰지 않는다. ◇王教师的教学方法再不(×改良)改进我就

不去听课了/왕선생의 교학방법이 더 나아지지 않으면 나는 수업을 들으러 가지 않겠다.

【改良主义－량주의】gǎiliáng zhǔyì 몡개량주의.

【改判－판】gǎipàn 동〈法〉판결을 번복하다.

【改期－기】gǎi// qī 동기일이나 예정일을 변경하다.

【改日－일】gǎirì 후일. 다음에.

☆【改善－선】gǎishàn 몡개선(하다). ◇山区人民的文化生活正在～着/산골 백성들의 문화생활이 개선되어 가고 있다. (同)〔好转 hǎozhuǎn〕, (反)〔恶化 èhuà〕 비교改善:提高:改进 ①〈학습성적의 향상에는 "改善"을 쓰지 않는다. ◇我要努力学习，不断(×改善)提高我的学习成绩/나는 열심히 공부하여 학습성적을 계속 향상시킬 것이다. ②진보하기 위해 예전의 방법을 바꿀 때는 "改善"을 쓰지 않는다. ◇(×改善)改进了学习方法以后，我的学习成绩提高了不少/학습방법을 고치고나서 학업성적이 많이 나아졌다. ③생활수준을 향상시킬 때는 "改善"을 쓰지 않는다. ◇人民的生活水平不断(×改善)提高/국민의 생활수준이 계속 향상되고 있다.

【改天－천】gǎitiān 몡후일. 다음에.

【改天换地－천환지】gǎi tiān huàn dì 〈成〉자연을 완전히 개조하다. 〈喻〉큰 개혁.

【改头换面－두환면】gǎi tóu huàn miàn 〈成〉단지 형식만 바꾸고 내용은 그대로이다.

【改弦更张－현경장】gǎi xián gēng zhāng 〈成〉1거문고의 줄을 갈아 다시 고쳐 매다. 2〈转〉(제도·방침·방법 등을) 바꾸다. (反)〔老调重弹 lǎo diào chóng tán〕

*【改邪归正－사귀정】gǎi xié guī zhèng 〈成〉잘못을 고치고 바른 길로 돌아오다.

【改写－사】gǎixiě 동1고쳐 쓰다. 다시 쓰다. 2(원작을) 각색하다.

【改选－선】gǎixuǎn 몡동재선거(하다).

☆【改造－조】gǎizào 동1몡동개조(하다). ◇到祖国的西北去～沙漠/조국의 서북지구로 가서 사막을 개조하다. 2몡동사상 개조(를 하다). ◇你头脑中的旧观念应该好好～～/네 머리속에 있는 낡은 관념을 잘 개조해야 한다.

【改辙－철】gǎi// zhé 동〈喻〉종래의 방법을 바꾸다.

☆【改正－정】gǎizhèng 몡동시정(하다). 정정(하다). ◇她～了过去的错误/그녀는 과거의 잘못을 시정했다.

【改制－제】gǎizhì 동(정치나 경제 제도를) 고치다.

【改装－장】gǎizhuāng 동1옷 맵시를 바꾸다. 2포장을 바꾸다. 3장치를 고쳐달다.

【改锥－추】gǎizhuī 몡드라이버.

*【改组－조】gǎizǔ 몡동조직 개편(하다). ◇～内阁/내각을 개편하다.

【改嘴－취】gǎi// zuǐ (同)〔改口 kǒu〕

gài

*【钙·鈣】 钅部｜gài
4画｜칼슘 개
몡〈化〉칼슘.

【钙化－화】gàihuà 동〈醫〉칼슘화하다. 굳어지다.

☆【盖·蓋】 羊部｜皿部｜gài
5画｜6画｜덮개 개
1(～儿)몡덮개. 뚜껑. ◇锅～/솥뚜껑. 2(～儿)몡동물의 등 껍질. ◇龟～子/거북 등 껍질. 3몡〈文〉고대의 우산. 4동덮다. 씌우다. 가리다. ◇～上胸口/가슴을 가리다. ◇井口上～了一块木板/우물 아구리에 널판지를 덮었다. 5동도장을 찍다. ◇毕业证书要～钢印/졸업장에는 철인을 찍어야 한다. 6동압도하다. ◇他的嗓门很大，把别人的声音都～下去了/그의 목청은 매우 높아서 남들의 목소리를 다 압도했다. 7동집을 짓다. ◇～了两幢楼/층집 두 채를 지었다. 8부〈文〉어쩌면. 아마도. 9〈文〉구(句)의 첫머리에 놓여 어기(語氣)를 표시한다. 〔위의 문장에서 말한 것을 이어 받아 이유나 원인을 나타냄〕 10(Gài)몡성(姓).

【盖饭－반】gàifàn 몡덮밥.

【盖棺论定－관론정】gài guān lùn dìng 〈成〉사람의 평가는 죽은 후에야 결정된다.

【盖儿－아】gàir 몡뚜껑.

【盖然性－연성】gàiránxìng 몡개연성.

【盖世－세】gàishì 동세상에서 으뜸가다.

【盖世太保－세태보】Gàishìtàibǎo 몡게슈타포.

【盖世无双－세무쌍】gài shì wú shuāng 〈成〉세상에 비할 바가 없다. 천하무쌍이다.

【盖头儿－두아】gài·tour 몡옛날 여자가 시집갈 때 머리에 써서 얼굴을 가렸던 붉은 비단 수건.

【盖碗－완】gàiwǎn (～儿)몡뚜껑이 있는 큰 찻잔.

【盖印－인】gài// yìn 동도장을 찍다. (同)〔盖图章 tú·zhang〕

【盖章－장】gài// zhāng (同)〔盖印 yìn〕

*【盖子－자】gài·zi 몡〈口〉1물건의 뚜껑. 마개. ◇衣箱～的表面上落了一层尘土/트렁크 뚜껑 위에 흙먼지가 한층 앉았다.

【概(槩)】 木部 9画 gài 대강 **개**

1[형][부]대체(적)(으로). 대략(적)(으로). **2**[부]일체. 일률적으로. 모두. **3**[명]절개. 기풍. **4**[명]풍치. 상황.

【概观－관】gàiguān [명]개관. 〔주로 서명에 쓰임〕

*【概况－황】gàikuàng [명]개황. (同)〔概略 lüè〕, (反)〔详情 xiángqíng〕

☆【概括－괄】gàikuò [동]**1**개괄하다. **2**간단하게 요약하다. ◇把整个内容～起来/전체 내용을 간단하게 요약하다.

【概率－률】gàilǜ [명]확률.

【概率论－률론】gàilǜlùn [명]확률론.

【概略－략】gàilüè **1**[명]개요. **2**[부]간단하게. 대략적으로. ◇～介绍/간단하게 소개하다.

【概论－론】gàilùn [명]개론.

☆【概念－념】gàiniàn [명]〈哲〉개념. ◇作为一个语文教师，语法～必须清楚/국어교사로서 문법개념을 확실하게 알아야 한다.

【概述－술】gàishù [명][동]개술(하다).

【概数－수】gàishù [명]대략적인 수.

【概说－설】gàishuō [명][동]개설(하다).

【概算－산】gàisuàn [동]어림잡아 계산하다.

【概要－요】gàiyào [명]개요.

干 289	杆 290	肝 290	竿 290	甘 290
泔 291	柑 291	疳 291	尴 291	杆 291
秆 291	赶 291	擀 292	敢 292	橄 292
感 292	干 293	赣 293		

gān

☆【干·乾】 干部 0画 gān 하늘 **건**, 마를 **건**

1[명]옛날의 방패. →〔干戈 gē〕 **2**[동]〈文〉범하다. ◇上～天怒/위로 하늘의 노여움을 사다. **3**[동]연루되다. 관련되다. ◇～涉/간섭하다. **4**[동]〈文〉추구하다. ◇～禄/녹을 추구하다. **5**[명]〈文〉물가. ◇江～/강가. **6**[명]천간. ◇～支/십간과 십이지. **7**[형]건조하다. 마르다. (反)〔湿 shī〕 ◇半年没下雨了，水库都快～了/반년 동안 비가 내리지 않아 댐이 다 말라버리려고 한다. **8**[형]물을 사용하지 않은. ◇～洗/드라이 크리닝. **9**(～儿)[명]말린 음식. ◇茄子～儿/말린 가지. **10**[형]텅비다. ◇外强中～/〈成〉겉보기는 강해도 속은 텅 비다. **11**[형]건성이다. ◇～笑/억지 웃음을 짓다. **12**[명]의리로써 맺은 친족 관계. ◇～爹/수양아버지. **13**[부]헛되이. 공연히. ◇大家别～着急，一起想想办法吧/여러분은 그저 속만 썩이지 말고 다같이 방법을 생각합시다. **14**[형]〈方〉말이 무뚝뚝하다. 퉁명스럽다. **15**[동](잔을) 비우다. ◇一杯酒我都～了/나는 술 한잔을 다 비웠다. **16**[동]〈方〉푸대접하다. 방치하다. **17**(Gān)[명]성(姓). ⇒gàn, '乾' qián

【干碍－애】gān'ài [명][동]관계(하다). 연류(되다). 방해(하다). (同)〔妨 fáng 碍〕, (反)〔有利 yǒulì〕

【干巴－파】gān·ba [형]〈口〉**1**말라서 딱딱해지다. 말라서 쪼글쪼글하다. **2**(피부가) 까칠하다. 건조하다.

【干巴巴－파파】gānbābā (～的)[형]**1**말라서 딱딱하다. 바싹 마르다. (反)〔潮乎乎 cháohūhū〕 **2**(말이나 글이) 무미건조하다.

☆【干杯－배】gān∥bēi [동]건배하다. 잔을 비우다. ◇请各位～/여러분 건배합시다.

【干贝－패】gānbèi [명]말린 조개관자.

【干瘪－별】gānbiě [형]**1**말라 쪼글쪼글하다. (同)〔干瘦 shòu〕, (反)〔丰满 fēngmǎn〕 **2**(말이나 문장의 내용이) 무미건조하다. (同)〔枯燥 kūzào〕, (反)〔生动 shēngdòng〕

【干冰－빙】gānbīng [명]드라이 아이스.

【干菜－채】gāncài [명]**1**야채를 말린 것. **2**(同)〔霉 méi 干菜〕

【干草－초】gāncǎo [명]건초. 마른 풀.

☆【干脆－취】gāncuì **1**[형]명쾌하다. 시원스럽다. ◇王教师真～，我们邀请他参加舞会，他立刻就答应了/왕선생은 시원시원한 분이셔서 우리가 무도회에 참가해 달라고 요청하니 그 자리에서 받아들였다. **2**[부]깨끗하게. 차라리. 시원스럽게. ◇听说他们不欢迎，我们～不去了/그들이 환영하지 않는다고 하니 우리들은 차라리 가지 않겠다. (同)〔爽快 shuǎngkuài〕, (反)〔拖拉 tuōlā〕

【干打雷不下雨－타뢰불하우】gān dǎ léi bù xià yǔ 〈成〉번개 치고 비가 내리지 않다. 큰소리만 치고 실천은 하지 않다.

【干瞪眼－등안】gāndèngyǎn 〈口〉안타깝게 보고만 있을 뿐 도와줄 수 없다.

【干电池－전지】gāndiànchí [명]건전지.

【干爹－다】gāndiē [명]수양 아버지. 의부.

【干儿子－아자】gān'ér·zi [명]수양 아들.

【干犯－범】gānfàn [동]범하다. 저지르다.

【干饭－반】gānfàn [명](국이 없는) 맨밥. (同)〔干粮 liáng〕

【干戈－과】gāngē [명]**1**방패와 창. 무기. **2**〈轉〉전쟁.

【干果－과】gānguǒ [명]**1**〈植〉밤, 호두와 같은 건조과(乾燥果). **2**과일 말린 것. 〔곶감 따위〕

⁑【干旱－한】gānhàn [명][동]가물(다).

【干涸－호】gānhé [동](호수·연못 따위의) 물이 마르다.

G

G

【干货－화】gānhuò 图말린 과일·야채 따위의 건물(乾物).

【干急－급】gānjí 图그저 애만 태우다.

【干结－결】gānjié 图되다. 굳다.

【干姐妹－저매】gānjiěmèi 图의자매.

★【干净－정】gānjìng 图1깨끗하다. ◇院子很～/뜨락이 매우 깨끗하다. (同)〔清洁 qīngjié〕, (反)〔肮脏 āngzāng〕2(언행이) 명쾌하다. 3하나도 남지 않다. ◇要把粮库里的老鼠 shǔ 消灭／양식 창고의 쥐들을 모두 죽여야 한다. (同)〔净尽 jìn〕

【干净利落－정리락】gānjìng lì·luo 매우 깨끗하다.

【干咳－해】gānké 图마른 기침(을 하다). (同)〔干咳嗽 sou〕

【干枯－고】gānkū 图1마르다. 시들다. (同)〔焦 jiāo 枯〕, (反)〔滋润 zīrùn〕2피부가 건조해지다. (同)〔枯瘦 shòu〕, (反)〔滋润 zīrùn〕3(河川)〔干涸 hé〕

【干冷－랭】gānlěng 图(날씨가) 춥고 건조하다. (反)〔湿热 shīrè〕

【干连－련】gānlián 图관련되다. 연루되다.

【干粮－량】gānliáng 图1휴대용 건조 식품. 2물기나 국물이 없는 음식.

【干裂－렬】gānliè 图1말라서 터지다. 2(목소리가) 쉬다.

【干馏－류】gānliú 图图〈化〉건류(하다).

【干妈－마】gānmā 图1수양 어머니. 2엄마. 〔기생이 기생 어미를 부르는 말〕

【干面－면】gānmiàn 图1밀가루. 2말린 국수가락. 3비빔 국수.

【干女－녀】gānnǚ (～儿)图수양딸.

【干呕－구】gān'ǒu 图헛구역질하다. (同)〔干哕 yue〕

【干亲－친】gānqīn 图(혈연 관계나 혼인 관계 없이) 의리로 맺은 친척 관계.

【干儿－아】gānr 图말린 과일이나 식품.

*【干扰－요】gānrǎo 图교란시키다. 방해하다. ◇我在家里弹钢琴, 自然会～邻居/내가 집에서 피아노를 치니 자연히 이웃집을 시끄럽게 할 것이다. 2图방해. 3图〈電〉전파방해. 수신장해. ◇广播有～听不清/방송방해가 있어서 잘 들리지 않는다.

*【干涉－섭】gānshè 1图图간섭(하다). ◇我们从没～过别国的内政/우리들은 다른 나라의 내정을 여태껏 간섭한 적이 없다. 2图图관계(하다).

*【干预－예】gānyù 图图관여(하다). 참견(하다).

☆【干燥－조】gānzào 图1건조하다. ◇这么～的气候我实在受不了 liǎo／이렇게 건조한 기후에 나는 정말 견디낼 수 없다. 2무미 건조하다. 따분하다. ◇这部小说读起来觉得～/이 소설은 읽기에 딱딱하고 재미없다. (反)〔潮湿 cháoshī〕

【杆(桿)】 木部 gān
3画 몽둥이 간
图막대. 장대. ⇒gǎn

【杆子－간자】gān·zi 图1막대기. 장대. 2도둑과 비적 집단의 속칭.

☆【肝】 月部 gān
3画 간 간
图〈生理〉간. 간장.

【肝癌－암】gān'ái 图〈醫〉간암.

【肝肠寸断－장촌단】gāncháng cùn duàn 〈成〉가슴이 찢어지듯 슬프다. 애끓다. (同)〔肝肠痛 tòng 断〕, (反)〔心花怒放 xīn huā nù fàng〕

【肝胆相照－담상조】gān dǎn xiāng zhào 〈成〉서로 마음을 터놓고 대하다. (同)〔披 pī 肝沥 lì 胆〕, (反)〔尔虞我诈 ěr yú wǒ zhà〕

【肝火－화】gānhuǒ 图짜증. 신경질.

【肝脑涂地－뇌도지】gān nǎo tú dì 〈成〉전쟁터에서 처참하게 죽다. (나라를 위하여) 목숨을 기꺼이 바치다.

【肝气－기】gānqì 图1〈中醫〉한방에서 말하는 늑골의 통증·구토·설사 등의 증상을 보이는 병. 2성을 잘내는 성질. 울뚝밸.

*【肝炎－염】gānyán 图〈醫〉간염.

【肝脏－장】gānzàng 图〈生理〉간장.

**【竿】 竹部 gān
3画 낚싯대 간
图(대나무) 막대〔장대〕. ◇钓 diào 鱼～/낚싯대.

**【甘】 甘部 gān
0画 달 감
1图(맛이) 달다. 달콤하다. (反)〔苦〕◇苦尽～来/고진감래. 2기꺼이 …하다. 자진하여 …하다. 〔종지 않은 일에 주로 쓰임〕3(Gān)图성(姓).

【甘拜下风－배하풍】gān bài xià fēng 〈成〉(상대에게) 진심으로 승복하다.

【甘草－초】gāncǎo 图〈植〉감초.

【甘结－결】gānjié 图(옛날 관청에 내는) 서약서. 각서.

【甘居中游－거중유】gān jū zhōng yóu 〈成〉낮은 자리에 만족하다. (反)〔急起直追 jí qǐ zhí zhuī〕

【甘苦－고】gānkǔ 图1단맛과 쓴맛. 고락. 2고충. 쓴맛. 힘든 점.

【甘蓝－람】gānlán 图〈植〉양배추.

【甘霖－림】gānlín 图(가뭄 끝에 내리는) 단비. (同)〔甘雨 yǔ〕, (反)〔苦雨 kǔyǔ〕

【甘露－로】gānlù 图1감로. 〈喩〉은택. 2(同)〔草石蚕 cǎoshícán〕

【甘美－미】gānměi 图(맛이) 감미롭다. (同)〔甘甜 tián〕, (反)〔辛辣 xīnlà〕

*【甘心－심】gānxīn 동1달가위하다. 기꺼이
원하다. ◇～情愿/진심으로 원하다. (同)
〔甘愿 yuàn〕, (反)〔不 bù 甘〕2만족해하
다. 흡족해하다. ◇不拿到金牌决不～/금
메달을 따내지 않고는 절대로 만족할 수
없다.

【甘休－휴】gānxiū 동기꺼이 그만 두다.

【甘雨－우】gānyǔ (同)〔甘霖 lín〕

【甘愿－원】gānyuàn 동기꺼이 하다.

*【甘蔗－자】gān·zhe 명사탕수수(줄기).

【泔】氵部 gān
　5画 쌀뜨물 **감**

【泔水－수】gānshuǐ 명쌀뜨물.

【柑】木部 gān
　5画 감귤 **감**

　명1〈植〉감자나무. 홍귤나무. 2감자(柑
子). 감자나무의 열매.

【柑橘－귤】gānjú 명〈植〉감귤.

【柑子－자】gān·zi 〈方〉⇒〔柑〕

【疳】疒部 gān
　5画 감질병 **감**

　명〈中醫〉감. 감병(疳病). ◇～积/감적.

【尷(尴)】尢部 gān
　10画 껄끄러울 **감**

【尷尬－개】gāngà 명1(입장 따위가) 난처
하다. 거북하다. (反)〔自然 zìrán〕2
〈方〉(표정·태도가) 부자연스럽다. 어색
하다.

gǎn

☆【杆(桿)】木部 gǎn
　3画 몽둥이 **간**

　1(～儿) 명(연장·기구 따위의) 대. 자루.
◇枪～子/총대. 2명〈機〉축(軸). 스핀들
(spindle). 로드(rod). ◇镗 táng～/보링
바(boring bar). 3양자루. 대. ⇒gāng

【杆秤－칭】gǎnchèng 명대저울.

【杆菌－균】gǎnjūn 명〈微〉간균(杆菌). 막
대박테리아.

【杆子－자】gǎn·zi 명1몽둥이. 막대. 2핸
들. 손잡이.

*【秆(稈)】禾部 gǎn
　3画 볏짚 **간**

　(～儿)명식물 줄기. 대.

☆【赶·趕】走部 gǎn
　3画 쫓을 **간**

　1동뒤쫓다. 따라가다. ◇猎犬 lièquǎn～
着兔子下山了/사냥개는 토끼를 뒤쫓아
산 아래로 내려왔다. 2동(열차·버스 따
위의 시간에) 대다. (시간에 대기 위해)
서둘다. ◇～不上早车/아침차를 탈 수
없다. ◇青年人告别了老人, 又忙着一路了
/청년은 노인과 작별하고 서둘러 길을

올랐다. 3동가다. ◇～集/장에 가다. 4동
(소·마차·소달구지 등을) 몰다. 부리다.
◇他正在～驴上磨/그는 지금 당나귀를
몰아 맷돌을 돌리고 있다. 5동(적 따위
를) 내쫓다. 내몰다. ◇谁敢～我?/누가
감히 나를 쫓아? 6동상황이나 때를 만나
다〔당하다〕. 마침 …하다. ◇正～上了集
日/때마침 장날을 만났다. 7동…에 이르
러. …때가 되어. ◇这花～春天才能开/이
꽃은 봄이 되어야 핀다.

【赶不及－불급】gǎn·bu jí 시간에 대지 못
하다.

【赶不上－불상】gǎn·bu shàng 1따라잡을
수 없다. ◇～进度/진도를 따라잡지 못
하다. (同)〔追 zhuī 不上〕〔跟 gēn 不上〕
2제시간에 댈 수 없다. ◇～晚车/저녁차
를 탈 수 없다. (同)〔来不及 lái bu jí〕3
만나지 못하다. ◇～好机会/좋은 기회를
놓쳤다. (反)〔赶得 de 上〕

【赶场－장】gǎn// cháng (同)〔赶集 jí〕

【赶场－장】gǎn// chǎng 동연예인이 연기
를 끝내고 다음 출연지로 급히 달려가다.

【赶超－초】gǎnchāo 동따라가서 앞지르다.
추월하다.

【赶车－차】gǎn// chē 동마차나 소달구지
를 몰다.

【赶得上－득상】gǎn·de·shàng 1따라잡을
수 있다. 2시간에 댈 수 있다. 3(때를)
만나다. ‖(反)〔赶不 bu 上〕

【赶汗－한】gǎn// hàn 동〈方〉땀을 내다. 발
한(發汗)하다.

【赶集－집】gǎn// jí 동물건을 사거나 팔러
장터에 가다.

【赶脚－각】gǎnjiǎo 동말이나 당나귀로 삯
을 받고 사람이나 짐을 실어주다.

☆【赶紧－긴】gǎnjǐn 부서둘러. 급히. ◇妈妈
一回家就～做饭/어머니는 집으로 돌아오
자마자 서둘러 밥을 한다. (同)〔抓 zhuā
紧〕, (反)〔拖延 tuōyán〕

【赶尽杀绝－진살절】gǎn jìn shā jué〈成〉1
모조리 없애버리다. ◇〔斩草除 zhǎn cǎo 杀
绝〕, (反)〔斩草留根 zhǎn cǎo liú gēn〕
2사람을 독살스럽게 대하다.

☆【赶快－쾌】gǎnkuài 부빨리. 얼른. ◇要下
雨了,～走吧/비가 올 것 같으니 어서 가
거라. 비교赶快:马上 "赶快"는 명령문에
만 쓰인다. ◇下了飞机, 我(×赶快)马上
去行李/나는 비행기에서 내리고나서
즉시 짐을 찾으러 가겠다.

【赶来－래】gǎnlái 동(늦지 않도록) 서둘
러 오다.

【赶浪头－랑두】gǎnlàng·tou 1시대의 조
류를 타다. 2임기 응변하다.

【赶路－로】gǎn// lù 동길을 재촉하다.

G

∗∗【赶忙―망】gǎnmáng 禹서둘러. 급히. 얼른. ◇听到有人敲门，他～去开门/문 두드리는 소리를 듣고 그는 얼른 가서 문을 열어준다. 比교赶忙:赶快 "赶忙"은 진술문에만 쓰이고 명령문에는 쓰지 않는다. ◇外边有人找你，你(×赶忙)赶快去看看吧/누가 밖에서 너를 찾는데 빨리 가서 나가봐.

【赶明儿―명아】gǎnmíngr 禹나중에. 장차.

【赶跑―포】gǎnpǎo 동쫓아버리다.

【赶巧―교】gǎnqiǎo 禹공교롭게. 때마침.

【赶任务―임무】gǎn rèn·wù 서둘러 임무를 수행하다.

【赶上―상】gǎnshàng 동1따라잡다. ◇～去/쫓아가다. 급히 가다. 2시간에 대다. ◇～公共汽车/버스시간에 대다. 3만나다. ◇那天正～星期日/그날 바로 일요일이었다.

【赶时髦―시모】gǎn shímáo 유행을 쫓다.

【赶制―제】gǎnzhì 동급히 만들다.

【擀(扞)】 扌部 gǎn 13画 막을 **한**

동1(가루 반죽을) 밀방망이로 얇게 밀어 펴다. ◇～饺子皮/만두 껍질을 얇게 밀다. ◇～面板子/가루반죽을 밀어서 얇게 펴는 데 쓰는 판. 2〈方〉문지르다. ◇先用水把玻璃擦净，然后再～一过儿/먼저 물로 유리를 깨끗이 닦아 낸 다음, 다시 한 번 문지르시오.

★【敢】 攵部 gǎn 7画 감히 **감**

1동용기가 있다. 과감하다. 2用감히. 대담하게. ◇～说敢干/대담하게 말하고 대담하게 행동하다. 3조동감히…하다. ◇我～说，这孩子将来有出息/나는 이 애가 장래에 꼭 출세하리라고 감히 말할 수 있다. 4用〈文〉〈謙〉외람되게도. 5用〈方〉혹은. 어쩌면.

【敢情―정】gǎn·qing 用〈方〉1알고보니. 그러고 보니. 2물론. 당연히.

∗∗【敢于―어】gǎnyú 과감하게 …하다. ◇我们学校～接受这项科研任务/우리 학교에서는 대담하게 이 연구 항목을 받아들였다.

【橄】 木部 gǎn 11画 감람나무 **감**

【橄榄―람】gǎnlǎn 명〈植〉1감람(수). 2올리브(나무).

【橄榄球―람구】gǎnlǎnqiú 명〈體〉럭비. 럭비공.

∗【感】 心部 gǎn 9画 감동할 **감**

1동느끼다. 생각하다. ◇我对象棋不～兴趣/나는 장기에 대해 흥미를 느껴보지 못했다. 2동감동시키다. 감동을 주다. ◇这篇小说写得很～人/이 소설은 사람을 매우 감동시킨다. 3동감사하다. ◇～激/진심으로 감사하다. 4동〈中醫〉감기에 걸리다. ◇～冒/감기. 5명감정. 느낌. 감. ◇亲切～/친근감. 6명〈撮〉감광(하다).

【感触―촉】gǎnchù 명느낌. 느끼는 바. (同)〔感受 shòu〕〔感想 xiǎng〕

【感戴―대】gǎndài 동〈文〉감격하여 존경하다.

★【感到―도】gǎndào 동느끼다. 생각하다. ◇我当上了中学教师，～很光荣/나는 중학교 교사가 된 것을 매우 영광으로 여긴다.

☆【感动―동】gǎndòng 동1감동하다〔되다〕. ◇孩子的父母～得流下了眼泪/아이의 부모는 감동되어 눈물을 흘렸다. 2감동시키다. ◇这个故事～了孩子们/이 이야기는 아이들을 감동시켰다.

【感恩―은】gǎn//ēn 동은혜에 감사하다.

【感恩节―은절】Gǎn'ēnjié 명추수감사절.

【感官―관】gǎnguān〈略〉(同)〔感觉器官 gǎnjué qìguān〕

【感光―광】gǎn//guāng 명동〈化〉감광(하다).

∗【感化―화】gǎnhuà 동감화하다.

【感怀―회】gǎnhuái 1명감회. 2동(어떤 추억에) 슬픈 감정으로 그리워하다.

☆【感激―격】gǎn·jī 1명동감격(하다). 2동진심으로 감사하다. ◇我非常～他/나는 진심으로 그를 매우 고맙게 여긴다. (同)〔感谢 xiè〕, (反)〔仇恨 chóuhèn〕

【感激涕零―격체령】gǎn·jī tì líng〈成〉감격한 나머지 눈물을 흘리다.

☆【感觉―각】gǎnjué 1명감각. 느낌. ◇新来的小赵给我的～是对人热情，真诚/새로 온 조군이 내게 준 느낌은 사람에게 친절하고 진실하다는 것이다. 2동느끼다. ◇讲完四节课以后，他～很累/네 시간 수업을 다 마치고 그는 매우 피곤한 감을 느꼈다. 比교感觉:看法 객관적인 견해에는 "感觉"를 쓰지 않는다. ◇对这件事情的(×感觉)看法我跟他一样/이 일의 견해에 대해서 나는 그와 같다. 3동여기다. ◇他～工作还顺利/그는 일이 그런대로 순조롭다고 여겼다.

【感觉器官―각기관】gǎnjué qìguān 명〈生理〉감각 기관.

【感觉神经―각신경】gǎnjué shénjīng 명〈生理〉감각 신경. 지각 신경.

∗【感慨―개】gǎnkǎi 명동감개(하다).

★【感冒―모】gǎnmào 명동감기(에 걸리다).

【感念―념】gǎnniàn 동감동〔감격〕하여 그리워하다.

☆【感情―정】gǎnqíng 명1감정. ◇动～/마음에 파문이 일다. 2애정. 애착. ◇他对农村产生了深厚的～/그는 농촌에 대해 깊은 애착이 생겼다.

G

【感情用事－정용사】gǎn qíng yòng shì 〈成〉감정적으로 일을 처리하다.
*【感染－염】gǎnrǎn 1[동]전염되다. 감염하다. ◇这种病容易～/이런 병은 감염되기 쉽다. 2[동](감정이) 퍼지다. ◇欢乐的气氛～了每一个人/즐거운 분위기가 모든 사람들에게 퍼졌다.
【感人－인】gǎnrén 1[동]감동시키다. 2[형]감동적이다.
【感伤－상】gǎnshāng 1[동]느낀 바가 있어 슬퍼하다. 2[명]감상.
⁑【感受－수】gǎnshòu 1[동]느끼다. 받다. ◇他从没～过家庭的温暖/그는 이제껏 가정의 포근함을 느껴보지 못했다. 2[명]느낌. 체험. ◇大家有了不同的～/모두 각기 다른 느낌을 받았다.
【感叹－탄】gǎntàn [동]감탄하다.
【感叹词－탄사】gǎntàncí [명]감탄사.
【感叹号－탄호】gǎntànhào [명]느낌표.
【感叹句－탄구】gǎntànjù [명]감탄문.
☆【感想－상】gǎnxiǎng [명]느낌. ◇你的～如何?/너의 느낌은 어떠하니?
★【感谢－사】gǎnxiè [명][동]감사(하다). ◇我应该～我的父母/나의 부모님에게 감사를 드려야 한다.
【感性－성】gǎnxìng [명]감성. (反)〔理 lǐ 性〕
【感应－응】gǎnyìng 1[명][동]감응(하다). 2[명]〈電〉감응.
【感召－소】gǎnzhào [명][동]감화(를 받다).
【感知－지】gǎnzhī [명][동]감지(하다).

gàn

★【干·幹】 干部 0画 | gàn 줄기 **간**

1[명]사물의 주체 또는 핵심. 줄기. ◇～线/간선. 2[명]〈略〉간부. 3[동](일을) 하다. ◇他～着活儿呢, 别去找他/그가 일을 하고 있으니 찾아가지 말자. (同)〔做 zuò〕 4[형]유능하다. ◇有才～/재간이 있다. 5[동]담당하다. 종사하다. 맡다. ◇他～过厂长/그는 공장장직을 해봤다. ⇒gān
★【干部－부】gànbù [명]1공직자. 2직책 있는 공직자. 간부. ◇老～/고참 간부.
【干掉－도】gàn//diào [명]〈口〉해치우다. 죽여버리다.
☆【干活－활】gàn//huó (～儿)[동]일을 하다. ◇我们两个人经常在一起～儿/우리 둘은 늘 함께 일한다.
【干将－장】gànjiàng [명]유능한 사람.
⁑【干劲－경】gànjìn (～儿)[명]열성. 정력. ◇这些人～儿不足/이 사람들은 열성이 적다.
【干练－련】gànliàn [형]유능하고 노련하다. (同)〔老 lǎo 练〕, (反)〔幼稚 yòuzhì〕
☆【干吗－마】gànmá [대]무엇 때문에. 어째서. ◇你～问这个?/무엇 때문에 이것을 묻지? (同)〔干嘛 má〕→〔干什么 shén·me〕
【干渠－거】gànqú [명]간선용 수로. (反)〔支 zhī 渠〕
【干什么－십마】gàn shén me 무엇 때문에. 어째서. ◇他老说这些～?/그가 무엇 때문에 계속 이런 말을 해? [비교]干什么:为什么 사물의 이치를 물을 때에는 “干什么”를 쓰지 않는다. ◇蜘蛛 zhīzhū 的丝 sī (×干什么)为什么不能织布 zhībù?/거미의 실은 왜 천을 짤 수 없을까?
【干事－사】gàn·shi [명]간사. 책임자.
*【干线－선】gànxiàn [명](철도 따위의) 간선. (수도·송유관 따위의) 본관(本管). ◇铁路～/철도 간선.

【赣·贛】 音部 12画 | 贝部 17画 | Gàn 줄 **공**

[명]〈地〉1감강(赣江). 〔강서성(江西省)에 있는 강 이름〕 2강서성(江西省)의 다른 이름.
【赣剧－극】gànjù [명]강서성의 지방극.

gāng

★【刚·剛】 刂部 4画 | gāng 굳셀 **강**

1[형]단단하다. 2[부]지금. 막. 금방. ◇小张的病～好, 先别让他上班/장씨의 병이 금방 나았으니 우선 그가 출근하지 않도록 해야 한다. ◇他～到/그가 막 도착했다. 3[부]마침. 꼭. ◇行李～二十公斤, 没有超过规定/짐이 꼭 20키로니까 제한량을 초과하지 않았다. 4[부]간신히. 겨우. 가까스로. ◇别人都作六道题了, 他～作了三道/남들은 여섯문제나 했는데 그는 겨우 세 문제를 했다. 5[부](복문에서 ‘就’와 호응하여) …하자(마자). ◇他～说完, 就响起了一阵热烈的掌声/그가 말을 마치자마자 우렁찬 박수소리가 터졌다.
★【刚才－재】gāngcái [명]조금 전. 방금. ◇～的事情是我不对/조금 전 일은 내가 잘못했어. [비교]刚才:刚 “刚才”는 시간명사로 동작행위가 발화시점 바로 직전에 발생했을 때는 쓰지 않는다. ◇电影(×刚才)刚开演/영화가 막 시작했다.
☆【刚刚－강】gāng·gang [부]1바로 직전. 막. ◇他～走/그는 막 떠났어요. (反)〔老早 lǎozǎo〕 2마침. 꼭.
【刚好－호】gānghǎo 1[형]꼭 알맞다. ◇这双鞋我穿～/이 신발은 내가 신으니까 꼭 맞다. 2[부]알맞게. 때마침. ◇～大叔要到北京去, 信就托他带去吧/때마침 큰 아저

G

씨가 북경에 가려고 하니 편지를 그한테 부탁해라.

【刚健－건】gāngjiàn 혱(성격·풍격 등이) 강건하다. (同)〔刚劲 jìng〕, (反)〔柔和 róuhé〕

【刚劲－경】gāngjìng 혱(자태·풍격 등이) 강하고 굳세다.

【刚烈－렬】gānglliè 혱〈文〉강직하고 기골이 대차다.

【刚毛－모】gāngmáo 혱〈生〉뻣뻣한 털.

【刚强－강】gāng·qiáng 혱(성격·의지가) 굳세다. 강직하다. (反)〔脆弱 cuìruò〕

【刚巧－교】gāngqiǎo 悤때마침. 마침.

【刚毅－의】gāngyì 혱〈文〉의지가 굳다.

【刚正－정】gāngzhèng 혱〈文〉강하고 곧다. (同)〔刚直 zhí〕, (反)〔奸邪 jiānxiě〕

【刚直－직】gāngzhí 혱강직하다.

* 【纲·綱】 纟部 gāng
4画 벼리 강

혱1벼리. 그물의 위쪽 코를 펜 굵은 줄. 2〈喩〉사물의 가장 중요한 부분. 대강. 요점. ◇教育大～/교육 대강. 3〈生〉강.〔生物 분류학상의 한 단위〕4당대(唐代)에 시작된 대량 화물 운송 조직.

【纲常－상】gāngcháng 혱〈略〉'三纲五常'의 준말.

【纲纪－기】gāngjì〈文〉혱법강(法綱)과 풍기.

【纲举目张－거목장】gāng jǔ mù zhāng〈成〉사물의 핵심을 파악하면 나머지는 이에 따라 해결된다. 문장에 조리가 있다.

** 【纲领－령】gānglǐng 혱강령.

【纲目－목】gāngmù 혱대강(大綱)과 세목. ◇本草～/본초강목.

* 【纲要－요】gāngyào 혱1강요. 요점. 발제. 2개요.

☆ 【钢·鋼】 钅部 gāng
4画 강쇠 강

혱〈化〉강철.

【钢板－판】gāngbǎn 혱1강판. 2등사용 간판. 3(자동차 등의) 판 스프링(spring).

【钢绷－붕】gāngbèng ⇒〔钢蹦 bèng〕

【钢蹦－붕】gāngbèng 혱니켈 경화.

★ 【钢笔－필】gāngbǐ 혱1펜. 2만년필.

【钢笔套－필투】gāngbǐtào 혱1만년필 집. 2〈方〉만년필 뚜껑.

* 【钢材－재】gāngcái 혱철강재.

【钢尺－척】gāngchǐ 혱스텐리스 자.

【钢刀－도】gāngdāo 혱스텐리스 칼.

【钢锭－정】gāngdìng 혱강괴. 잉곳(ingot).

【钢骨水泥－골수니】gānggǔshuǐní 혱철근 콘크리트.

【钢管－관】gāngguǎn 혱강관. 강철 파이프.

【钢轨－궤】gāngguǐ 혱철도의 레일.

【钢化玻璃－화파리】gānghuà bō·li 혱강화 유리.

【钢筋－근】gāngjīn 혱철근. (同)〔钢骨 gǔ〕

【钢筋混凝土－근혼응토】gāngjīn hùnníngtǔ 혱철근 콘크리트. (同)〔钢骨水泥 gāng gǔ shuǐní〕

* 【钢琴－금】gāngqín 혱피아노.

【钢盔－회】gāngkuī 혱철모. 헬멧(helmet).

【钢梁－량】gāngliáng 혱철제 대들보.

【钢坯－배】gāngpī 혱강철괴. 강철조각.

【钢钎－천】gāngqiān 혱〈機〉강철 끌. 드릴 로드.

【钢沙－사】gāngshā 혱1〈略〉'金剛砂'의 준말. 2연마제. (同)〔钢砂 shā〕

【钢水－수】gāngshuǐ 혱쇳물.

【钢丝－사】gāngsī 혱(강철의) 철사. 강선.

【钢丝锯－사거】gāngsījù 혱실톱.

【钢丝绳－사승】gāngsīshéng 혱와이어 로프(wire rope). 스틸 케이블(steel cable).

【钢铁－철】gāngtiě 1혱강과 철. 2혱강철. 3〈喩〉강철처럼 강인한.

【钢印－인】gāngyìn 혱드라이스탬프. 철인(鐵印).

【钢渣－사】gāngzhā 혱광재(鑛滓).

【钢种－종】gāngzhǒng (同)〔钢精 jīng〕

【钢珠－주】gāngzhū (～儿)혱스틸 볼(steel ball). (同)〔钢球 qiú〕

【肛】 月部 gāng
3画 항문 항

혱〈生理〉항문(肛門). ◇脱 tuō～/탈항.

【肛道－도】gāngdào 혱항문관. 직장 끝에서 항문으로 통하는 부분.

【肛门－문】gāngmén 혱항문.

** 【缸(甌)】 缶部 gāng
3画 항아리 항

혱1(～儿)항아리. 독. 단지. ◇米～/쌀독. ◇酒～/술독. ◇金鱼～/어항. 2(同)〔缸瓦 wǎ〕3항아리 모양의 기물(器物). ◇汽～/발동기.

【缸盖－개】gānggài 혱항아리 뚜껑.

【缸管－관】gāngguǎn 혱도관(陶管).

【缸盆－분】gāngpén 혱항아리로 만든 화분.

【缸瓦－와】gāngwǎ 혱오지 그릇. 질그릇.

【缸砖－전】gāngzhuān 혱오지 벽돌.

【缸子－자】gāng·zi 혱머그(mug). 항아리 모양의 토기 컵. ◇茶～/토기차. 컵.

gǎng

【岗·崗】 山部 gǎng
4画 산등성이 강

혱1(～儿)작은 언덕. 2(～儿)평면 위에 길게 붕긋 솟은 부분. 3파수 보는 곳.

G

초소. 〈轉〉일터. ◇站 zhàn~/보초 서
다.

【岗楼-루】gǎnglóu 圐망루. 망대.

【岗卡-가】gǎngqiǎ 圐(세금 징수하는) 통
관초소. 검문소.

【岗哨-초】gǎngshào 圐1초소. 2보초.

【岗亭-정】gǎngtíng 圐검문소. 초소.

*【岗位-위】gǎngwèi 圐1경관이나 초병이
보초서는 곳. 2직책. 일터. ◇~责任制/
업무책임제.

【岗子-자】gǎng·zi 圐1나즈막한 산이나
다소 높은 언덕. 2평면상의 가늘고 길게
솟은 부분.

☆【港】 氵部 | gǎng
        9画 | 항구 항

圐1항구. 항만. ◇不冻~/부동항. 2공항.
3큰 강의 지류(支流). 〔강 이름에 많이
쓰임〕◇江山~/강산항. 절강성(浙江省)
에 있는 강 이름. 3(Gǎng)〈略〉〈地〉홍
콩.

*【港币-폐】gǎngbì 圐홍콩 달러.

【港埠-부】gǎngbù 圐항구.

*【港口-구】gǎngkǒu 圐항구. ◇沿海~/연
안 항구.

【港湾-만】gǎngwān 圐항만.

【港务-무】gǎngwù 圐항만 관리사무.

【港口税-구세】gǎngkǒusuì 圐입항세.

gàng

【杠(槓)】 木部 | gàng
          3画 | 깃대 강

1圐약간 굵은 막대기. 몽둥이. 2圐〈體〉
(기계 체조의) 철봉. ◇双~/평행봉. 3
圐공작 기계의 막대기 모양의 부속품. 4
圐책을 읽거나 문장을 정정할 때 긋는
줄. 방선(傍線). 5(문자의 정정할 곳
에) 방선을 긋다. 6圐상여.

【杠夫-부】gàngfū 圐상여군.

*【杠杆-간】gànggǎn 圐1지레. 지렛대. 2
〈轉〉지렛대. 역할(기능).

【杠铃-령】gànglíng 圐〈體〉바벨(barbell).

【杠头-두】gàngtóu 圐〈方〉1상여군의 우
두머리. 2입씨름을 좋아하는 사람.

【杠子-자】gàng·zi 圐1굵은 막대기. 2
〈體〉철봉. 3(글자를 고치기 위해 치는)
밑줄.

gāo

★【高】 高部 | gāo
        0画 | 높을 고

1圐높다. 크다. ◇她的个子真~/그녀의
키는 정말 크다. ◇那堵墙挺~的/그 담은

꽤 높다. 2圐높이. ◇那棵树有两丈~/그
나무는 높이가 20척(尺)이나 된다. 3圐
(기준·수준·정도 등이) 높다. ◇这一届
毕业生的汉语水平比较~/이번 기의 졸업
생의 중국어 수준은 비교적 높다. 비교
高:好 학업성적의 정도를 나타낼 때는
"高"를 쓰지 않는다. ◇考试的成绩比去年
(×高)好/시험성적이 작년보다 좋다. 4
圐등급이 높다. ◇~级/고급. 5〈敬〉상대
를 존경하여 하는 말. ◇~见/(상대방
의) 고견. 6(Gāo)圐성(姓).

【高昂-앙】gāo'áng 圐1곧추 세우다. 2(목
소리나 정서가) 높아지다. (同)〔昂 áng〕,
(反)〔低沉 dīchén〕 3(물가가) 비싸다.
(同)〔昂贵 guì〕, (反)〔便宜 piányi〕

【高傲-오】gāo'ào 圐거만하다. 오만하다.
(同)〔高慢 màn〕, (反)〔谦虚 qiānxū〕

【高不可攀-불가반】gāo bù kě pān 〈成〉
너무 높아서 올라가지 못하다. (反)〔低
人一等 dī rén yī děng〕

*【高产-산】gāochǎn 圐생산량이 높은. ◇
~作物/수확이 많은 작물.

*【高超-초】gāochāo 圐뛰어나다. 출중하다.
(同)〔高明 míng〕, (反)〔低下 dīxià〕

*【高潮-조】gāocháo 圐1만조. 2〈喩〉고조.
3(소설·연극·영화의) 클라이맥스. 절정.
(同)〔顶点 dǐngdiǎn〕, (反)〔低潮 dīcháo〕

【高次方程-차방정】gāocìfāngchéng 圐
〈數〉고차 방정식.

☆【高大-대】gāodà 圐1높고 크다. (同)〔伟
岸 wěiàn〕, (反)〔低矮 dīǎi〕

*【高档-당】gāodàng 圐고급의. ◇~家具/
고급 가구. (反)〔低 dī 档〕

*【高登-등】gāodēng 圐〈文〉좋은 성적으로
합격하다. (同)〔高中 zhòng〕

*【高等-등】gāoděng 圐고등의. 고급의. ◇
~教育/고등교육. 대학교육. (同)〔高级 j
í〕, (反)〔低 dī 等〕

*【高低-저】gāodī 1圐고저. 높이. 2圐우열.
상하. 3圐(언행의) 적당한 정도. 절도. 4
圐여하튼. 5圐〈方〉마침내. 결국.

【高低杠-저강】gāodīgàng 圐12단 평행
봉. 22단 평행봉 경기.

【高地-지】gāodì 圐고지. (反)〔洼 wā 地〕

【高调-조】gāodiào (~儿)圐1매우 높은 곡
조. 2〈喩〉실제에서 벗어난 의론. 큰소리
만 치고 실천하지 않는 말. (反)〔低 dī 调〕

☆【高度-도】gāodù 1圐고도. 높이. 2圐높은.
◇~的劳动热情/일하는 높은 의욕.
3圐높이.

【高尔夫球-이부구】gāo'ěrfūqiú 圐〈體〉1
골프. 2골프공.

【高分子-분자】gāofēnzǐ 圐〈化〉고분자.

*【高峰-봉】gāofēng 圐1고봉. 2〈喩〉최고

봉. 절정. ◇三四十岁是他创作的~时期/
삼사십 세는 그의 창작에서 절정기이다.

【高高在上一고재상】gāo gāo zài shàng
〈成〉간부가 현실을 모르고 민중과 동떨
어져 있다.

【高歌猛进－가맹진】gāo gē měng jìn〈成〉
큰 소리로 노래 부르며 용감하게 앞으로
나아가다. 투지가 충천하다.

【高个儿－개아】gāogèr 명키다리. (同)〔高
个子 zi〕

【高跟儿鞋－근아혜】gāogēnrxié 명굽이 높
은 구두. 하이힐.

【高官厚禄－관후록】gāo guān hòu lù〈成〉
높은 벼슬과 많은 녹봉.〔부정적으로 쓰임〕

*【高贵－귀】gāoguì 형1고귀하다. 도덕성이
높다. (同)〔高尚 shàng〕, (反)〔卑劣 bē-
iliè〕2귀중하다. 3(신분이) 높다. 고귀하
다. (同)〔显 xiǎn 贵〕, (反)〔卑微 bēiwēi〕

【高呼－호】gāohū 통큰 소리로 외치다.

【高唤－환】gāohuàn 통큰 소리로 외치다.

*【高级－급】gāojí 형1고급이다. 상급(의).
(同)〔高等 děng〕, (反)〔初级 chūjí〕

【高级中学－급중학】gāojí zhōngxué 명고
등학교. (同)〔高中〕

【高价－가】gāojià 명비싼 값. 고가. (同)
〔重 zhòng 价〕, (反)〔低 dī 价〕

【高见－견】gāojiàn 명〈敬〉(상대방의) 고
견. (同)〔高论 lùn〕, (反)〔拙 zhuō 见〕

【高教－교】gāojiào 명고등 교육.

【高洁－결】gāojié 형고결하다. (同)〔圣 shè
ng 洁〕, (反)〔卑污 bēiwū〕

【高就－취】gāojiù 1〈敬〉더 높은 직위로
취임하다. 2〈敬〉직장을 다니다.

【高举－거】gāojǔ 통높이 들다. 추켜들다.

【高峻－준】gāojùn 형매우 높다. 험준하다.
(同)〔陡 dǒu 峻〕, (反)〔平坦 píngtǎn〕

【高亢－항】gāokàng 1형(노랫소리 등이)
우렁차다. 2형(지세가) 높다. (同)〔高傲
ào〕

*【高考－고】gāokǎo 명〈略〉대학입시.

*【高空－공】gāokōng 명1고공. 2높은 곳.
◇~作业/높은 곳에서의 작업. (反)〔低
dī 空〕

【高栏－란】gāolán 명〈體〉고장애물 (허들)
경주.

【高利－리】gāolì 명높은 이자나 이윤.

【高利贷－리대】gāolìdài 명고리 대금.

*【高梁－량】gāo·liang 명〈植〉고량. 수수.
◇~米/수수쌀.

【高龄－령】gāolíng 명〈敬〉고령.

【高龄土－령토】gāolíngtǔ 명고령토.

【高楼大厦－루대하】gāolóu dàshà 명고층
건물.

【高炉－로】gāolú 명〈工〉용광로.

【高论－론】gāolùn 명〈敬〉훌륭한 의론.
(同)〔高见 jiàn〕, (反)〔浅见 qiǎnjiàn〕

【高迈－매】gāomài 형1〈文〉(연세가) 많
다. (同)〔老 lǎomài〕, (反)〔幼小 yòuxi-
ǎo〕2훌륭하고 비범하다.

【高帽子－모자】gāo màozi 명아첨하는 말.
◇给他戴~/그에게 비행기를 태워준다.
(同)〔高帽儿〕

【高妙－묘】gāomiào 형매우 우수〔훌륭〕하다.

*【高明－명】gāomíng 1형(학문·견해·기술·
기능이) 뛰어나다. 훌륭하다. 2명훌륭한
사람. (同)〔高才 cái〕

【高年－년】gāonián 명1고령. 2고령자.

【高年级－년급】gāoniánjí 명고학년.

【高攀－반】gāopān 통〈套〉자기보다 사회
적 신분이 높은 사람과 교제하거나 인척
관계를 맺다.

【高频－빈】gāopín 명〈電〉고주파.

【高腔－강】gāoqiāng 명〈音〉(중국 전통
희곡의) 높은 곡조.

【高强－강】gāoqiáng 형(무예나 수단이)
뛰어나다. 훌륭하다. (同)〔高超 chāo〕,
(反)〔低下 dīxià〕

【高跷－교】gāoqiāo 명전설상의 인물이나
극중인물로 분장한 배우가 긴 나무막대
를 타고 춤추는 민간무용.

高跷

【高热－열】gāorè (同)〔高烧 shāo〕

【高人一等－인일등】gāo rén yī děng〈成〉
남보다 한 수 위다. (同)〔高人一头 tóu〕,
(反)〔低 dī 人一等〕

【高山－산】gāoshān 명높은 산.

【高山病－산병】gāoshānbìng 명고산병.

**【高尚－상】gāoshàng 형1고상하다. ◇他是
个~的人/그는 고상한 사람이다. (同)
〔高贵 guì〕, (反)〔卑劣 bēiliè〕

*【高烧－소】gāoshāo 명고열.

【高射炮－사포】gāoshèpào 명고사포.

【高深－심】gāoshēn 형(학문이나 기술이)
조예가 깊다. 수준이 높다. (同)〔渊 yuā-
n 深〕, (反)〔浅近 qiǎnjìn〕

【高升－승】gāoshēng 통승진하다.

【高声－성】gāoshēng 명고성. 높은 소리.

【高视阔步－시활보】gāo shì kuò bù 〈成〉눈을 높이 치켜 뜨고 활보하다. a)기개가 비범하다. b)오만하다. (同)〔趾高气扬 zhǐ gāo qì yáng〕, (反)〔低三下四 dī sān xià sì〕

【高手－수】gāoshǒu 图명고수. (同)〔能 néng 手〕, (反)〔生 shēng 手〕

【高寿－수】gāoshòu 图1장수(長壽). 2〈敬〉연세. 〔노인에게 나이를 묻는 말〕(同)〔长 cháng 寿〕, (反)〔短命 duǎnmìng〕

【高耸－용】gāosǒng 图〈文〉우뚝 솟다.

✱✱【高速－속】gāosù 图고속(도). ◇～公路/고속도로. (同)〔飞 fēi 速〕, (反)〔低 dī 速〕

【高抬贵手－대귀수】gāo tái guì shǒu 〈口〉관용을 베풀다. 너그럽게 봐주다. ◇求你～, 饶了这一次吧/관용을 베풀어 이번만은 용서해 주십시오. (同)〔抬抬手〕

【高谈阔论－담활론】gāo tán kuò lùn 〈成〉고담준론을 늘어놓다.

【高碳钢－탄강】gāotàngāng 고탄소강.

【高汤－탕】gāotāng 图〈돼지나 닭·오리의 뼈를 우려낸〉뼈국물.

【高堂－당】gāotáng 图1높은 집. 2〈轉〉부모.

【高挑(儿)－도(아)】gāotiǎor 图〈키가〉호리호리하다.

【高位－위】gāowèi 图높은 지위. 고위.

✱【高温－온】gāowēn 图고온. (反)〔低 dī 温〕

【高屋建瓴－옥건령】gāo wū jiàn líng 〈成〉옥상에서 병에 든 물을 아래로 쏟다. 유리한 위치를 차지하다.

【高下－하】gāoxià 图1위 아래. 상하. 2우열.

【高小－소】gāoxiǎo 图〈略〉고급 초등학교. 〔중국이 초기에 실시했던 초등학교 과정을 초급 4년과 고급 2년으로 나눔〕

【高薪－신】gāoxīn 图높은 봉급.

★【高兴－흥】gāoxìng 图1기뻐하다. 즐거워하다. ◇听说你要来, 我们全家都很～/네가 올거라는 말을 듣고 우리 집 온 식구는 매우 기뻐했다. (同)〔愉快 yúkuài〕, (反)〔气恼 qìnǎo〕 2…하기를 좋아하다. ◇他～下棋/그는 장기(바둑)두기를 좋아한다. (同)〔愿意 yuàn·yi〕, (反)〔不愿 bù yuàn〕

✱【高血压－혈압】gāoxuèyā 图〈醫〉고혈압.

✱✱【高压－압】gāoyā 图1〈物〉높은 압력. 2〈轉〉높은 전압. 3〈天〉고기압. 4고혈압. 5강압. 박해. 억압.

【高压电－압전】gāoyādiàn 图〈電〉고압 전기.

【高压线－압선】gāoyāxiàn 图〈電〉고압선.

【高雅－아】gāoyǎ 图고상하고 우아하다. (同)〔雅致 zhì〕, (反)〔粗俗 cūsú〕

【高音－음】gāoyīn 图〈音〉고음. (反)〔低 dī 音〕

☆【高原－원】gāoyuán 图고원. (反)〔平 píng 原〕

【高瞻远望－첨원망】gāo zhān yuǎn wàng 〈成〉식견이 높다. (同)〔目光远大 mù guāng yuǎn dà〕, (反)〔目光如豆 mù guāng rú dòu〕

【高瞻远瞩－첨원촉】gāo zhān yuǎn zhǔ (同)〔高瞻远望 wàng〕

✱【高涨－창】gāozhǎng 图(물가·수치 따위가) 뛰어오르다. 폭등하다. (同)〔上涨 shàng zhǎng〕, (反)〔低落 dīluò〕

【高招－초】gāozhāo (～儿)图묘책. 묘안. (同)〔上策 shàngcè〕, (反)〔下策 xiàcè〕

【高枕无忧－침무우】gāo zhěn wú yōu 〈成〉베개를 높이 베고 편히 자다. 아무 걱정이 없다.

✱【高中－중】gāozhōng 图〈略〉고등학교. (同)〔高级 jí 中学〕

【高足－족】gāozú 图〈敬〉남의 제자를 높여 부르는 말.

【高祖－조】gāozǔ 图1고조부. 2선조. 조상.

【高祖母－조모】gāozǔmǔ 图고조모.

【膏】 高部 月部 gāo
4画 10画 기름 고
1图기름. 지방. 2图고약. 연고. 즙. 3图비옥하다. 기름지다.

【膏火－화】gāohuǒ 图〈文〉등불.

【膏剂－제】gāojì 图〈中醫〉연약(煉藥). 개어서 만든 약.

【膏粱－량】gāoliáng 图1기름진 고기와 차진 곡식. 2〈轉〉기름진 음식.

【膏药－약】gāo·yao 图〈藥〉고약.

【篙】 竹部 gāo
10画 삿대 고
图상앗대. 삿대.

【篙子－자】gāo·zi 图〈方〉1상앗대. 삿대. 2빨래 말리는 장대.

【羔】 羊部 gāo
4画 새끼양 고
(～儿)图동물의 새끼.

【羔皮－피】gāopí 图새끼 양의 가죽.

【羔羊－양】gāoyáng 图1새끼 양. 2〈喩〉천진·순결·연약한 자.

【羔子－자】gāo·zi 图1새끼양. 2동물의 새끼. ◇兔～/토끼 새끼.

【糕】 米部 gāo
10画 떡 고
图쌀가루나 밀가루로 만든 식품. 떡.

【糕点－점】gāodiǎn 图떡·과자 따위의 총칭. (同)〔糕饼〕

【睾】 丿部 gāo
13画 불알 고

【睾丸－환】gāowán 图〈生理〉불알. 고환.

gǎo

★【搞】扌部 10画 gǎo 할 고
（動）1하다. 종사하다. ◇他从来没～过经济工作/그는 여태껏 경제업무를 해본 적이 없다. (同)〔做 zuò〕〔干 gàn〕2(…을) 구하다. 조달하다. ◇～点儿水来/물을 좀 구해와라. ◇～木材/목재를 조달하다. 3목적어 종류에 따라 "搞"는 여러가지 의미의 동사로 쓰인다. ◇他在～一本词典/그는 사전을 쓰고 있다. ◇跟他～好关系/그와 좋은 관계를 맺다. ◇他跟李小姐～上了对象/그는 이 양과 연애를 하게 되었다. ◇他们合起来～我/그들은 합세해서 나를 혼내킨다.

【搞掉－도】gǎodiào（動）해치우다.

【搞对象－대상】gǎo duìxiàng 결혼 상대를 찾다.

*【搞鬼－귀】gǎo// guǐ（動）꿍꿍이 수작을 부리다.

*【搞活－활】gǎohuó（動）활성화하다.

【搞垮－과】gǎokuǎ（動）망치다. 그르치게 하다.

【槁（槀）】木部 10画 gǎo 마른나무 고
（形）마르다. 시들다.

【槁木死灰－목사회】gǎo mù sǐ huī〈成〉마른 나무와 불기 없는 재. 환멸을 느껴 만사에 무관심한 모양. (同)〔万念俱灰 wàn niàn jù huī〕, (反)〔朝气蓬勃 zhāo qì féng bó〕

【镐・鎬】钅部 10画 gǎo 쟁가비 호
（名）〈農〉(곡)괭이. ◇一把～/곡괭이 한 자루. ⇒hào

【镐头－두】gǎo·tou（名）(곡)괭이.

**【稿（稾）】禾部 10画 gǎo 볏짚 고
（名）1〈文〉짚. 2(～儿)원고. 초고. ◇～纸/원고지. 3(～儿)〈轉〉(미리 생각해 둔) 계획. 구상.

【稿酬－수】gǎochóu（名）원고료.

【稿费－비】gǎofèi（名）원고료. (同)〔稿酬 chóu〕

*【稿件－건】gǎojiàn（名）(출판사에 내는 정리된) 원고. 작품.

【稿荐－천】gǎojiàn（名）(볏짚으로 만든) 돗자리.

【稿约－약】gǎoyuē（名）투고 규정.

*【稿纸－지】gǎozhǐ（名）원고 용지.

*【稿子－자】gǎo·zi（同）〔稿 2・3〕

gào

☆【告】口部 4画 gào 알릴 고
（動）1알리다. ◇～知/알리다. 2고발하다. 고소하다. ◇如果他打了你, 你可以去法院～他嘛/만약 그가 너를 때렸다면 법원에 가 고발하면 되잖아. 3청구하다. 신청하다. ◇～贷/융자를 신청하다. 4표명하다. 설명하다. 5(어떤 상황의 실현을) 공표하다.

【告白－백】gàobái（動）1（名）성명. 게시. 공시. 2（動）고백하다. 털어놓다.

【告别－별】gào//bié（動）1헤어지다. 작별 인사를 하다. ◇我明天就要回国了, 特地来向老师～/나는 내일이면 귀국하기 때문에 특별히 선생님에게 작별 인사하려고 왔다. 2죽은 자와 최후의 결별을 하면서 애도를 표시하다.

*【告辞－사】gào// cí（動）(주인에게) 작별을 고하다.

【告吹－취】gàochuī（動）(일·교분이) 허사가 되다. 깨지다.

【告急－급】gào// jí（動）(군사·재해 등의) 위급함을 알리다.

【告假－가】gào// jià（動）휴가를 청구하다. (同)〔请 qǐng假〕, (反)〔销 xiāo 假〕

【告捷－첩】gào// jié（動）1(전투·시합 등에서) 승리를 획득하다. 승리의 소식을 알리다. (同)〔奏 zòu 捷〕

*【告诫－계】gàojiè（動）훈계하다. 경고를 주다.

【告警－경】gàojǐng（動）위급한 상황을 알리다. 경찰 등에 경계강화나 구조를 요청하다.

【告竣－준】gàojùn（動）준공되다. 완공되다.

【告老－로】gào// lǎo（動）노령으로 퇴직하다.

【告密－밀】gào// mì（動）밀고하다.

【告罄－경】gàoqìng（動）돈을 다 써버리거나 물건이 매진되다.

【告饶－요】gào// ráo（動）용서를 빌다.

【告示－시】gào·shi（名）1포고. 게시. 2옛날 방.

★【告诉－소】gào·su（動）알리다. ◇大夫把病人的病情～了家属/의사는 병자의 병세를 가족에 알렸다. [비교]告诉:说明 중대한 일을 남에게 정중하게 말할 때는 "告诉"를 쓰지 않는다. ◇她向厂长(×告诉)说明了自己的改革方案/그녀는 자신의 개혁방안을 공장장에게 설명했다.

【告退－퇴】gàotuì（動）1모임에서 먼저 가겠다고 하다. 2사직을 청원하다. 3집단에서 물러나다.

【告慰－위】gàowèi（動）1위로하다. 2위로를 받다.

【告终－종】gàozhōng（動）끝을 알리다. 끝나다.

*【告状－장】gào// zhuàng（動）〈口〉1〈法〉고소하다. 기소하다. 2일러바치다.

【诰・誥】讠部 7画 gào 가르칠 고

1[동]〈文〉(윗사람이 아랫사람에게) 말하다. **2**[명]고.〔옛날, 경계하게 하는 글〕**3**[명]고.〔임금이 신하에게 내리는 명령〕

【诰命－명】gàomìng [동]**1**임금이 신하에게 내리는 명령. **2**〈早白〉봉건시대에 품계를 받은 여성.

戈 299	疙 299	格 299	胳 299	搁 299
哥 299	歌 299	鸽 300	割 300	阁 300
格 300	革 300	隔 301	嗝 301	葛 301
蛤 301	个 301	各 302	硌 302	铬 302
虼 302				

gē

【戈】戈部 0画 gē 창 **과**

[동]**1**창. **2**(Gē) [명]성(姓).

【戈比－비】gēbǐ [명]〈音〉코페이카.〔소련의 화폐 단위〕

【戈壁－벽】gēbì [명]〈音〉사막.〔몽고어의 음역임〕

【疙】疒部 3画 gē 머리종기 **흘**

*【疙瘩－답】gē·da **1**[명]종기. 부스럼. **2**[명]덩어리. 덩이. 매듭. ◇面～/수제비. **3**[명]마음 속의 응어리. ◇解开心上的～/마음속의 응어리를 풀다. **4**[양]〈方〉덩어리. 덩이. ◇一～石头/돌 한 덩이. **5**[형]〈方〉귀찮다. 성가시다.

【疙疙瘩瘩－흘답답】gē·gedādā [형]**1**울퉁불퉁하다. **2**까다롭다. ◇这事情～的, 办得很不顺手/이 일은 까다로워서 처리하기가 여간 힘든 게 아니었다.

【格】木部 6画 gē 이를 **격**, 그칠 **각**

⇒gé

【格格－격】gēgē [의]**1**껄껄.〔우렁차게 웃는 소리〕◇～地笑起来/껄껄 웃어대다. **2**따따다.〔기관총을 쏘는 소리〕**3**딱딱.〔이빨을 맞부딪치는 소리〕◇牙齿咬得～响/딱딱 맞 부딪칠 정도로 이를 갈았다. **4**재잘재잘. 짹짹.〔새들의 울음소리〕

【胳(肐)】月部 6画 gē 겨드랑이 **각**

【胳臂－비】gē·bei (同)〔胳膊 bo〕

☆【胳膊－박】gē·bo [명]팔. (同)〔胳臂〕

【胳膊拧不过大腿－박녕불과대퇴】gē·bo nǐng bù·guo dàtuǐ〈喻〉약자는 강자를 이길 수 없다. (同)〔胳膊扭 niǔ 不过大腿〕

【胳膊腕子－박완자】gé·bo wàn·zi [명]팔목. (同)〔胳膊腕儿〕

【胳膊肘朝外拐－박주조외괴】gē·bo zhǒu cháo wài guǎi〈喻〉남을 두둔하다. 남을 편들다.

【胳膊肘子－박주자】gē·bo zhǒu·zi [명]〈口〉팔꿈치. (同)〔胳膊肘儿〕

☆【搁·擱】扌部 9画 gē 버릴 **각**

[동]**1**놓다. 두다. ◇屋子里～了两张床, 没法再搁了/방에 침대 두 개를 놓고나니 더이상 놓을 수 없다. **2**(조미료 따위를) 넣다. ◇大浆里～点辣椒 làjiāo/된장에 고추를 조금 넣다. **3**내버려두다. 방치하다. ◇为什么～着这么多问题不解决?/무엇때문에 이렇게 많은 문제를 내버려두고 해결하지 않는가?

【搁笔－필】gēbǐ [동]**1**붓을 놓다. **2**글 쓰는 일을 중단하다. (反)〔下 xià 笔〕

【搁浅－천】gē//qiǎn [동]**1**(배가) 좌초하다. **2**〈喻〉일이 벽에 부딪치다.

【搁置－치】gēzhì [동]놓다. 내버려 두다.

【哥】口部 7画 gē 언니 **가**

1[명]형. 오빠. **2**[명]친척 중 같은 항렬에서 나이가 많은 남자. ◇表～/외사촌형. **3**[명](같은 또래의 남자에 대한 호칭) 형씨. ～형.〔친숙한 의미를 지님〕(同)〔兄 xiōng〕, (反)〔弟 dì〕

★【哥哥－가】gē·ge [명]**1**형. 오빠. **2**친척 중의 동년배로서 자기보다 나이가 많은 남자. 형. 오빠.

【哥们儿－문아】gē·menr (同)〔哥儿们〕

【哥儿－아】gēr [명]**1**형제. **2**도련님.

【哥儿俩－아량】gērliǎ [명]**1**두 형제. 두 오누이. **2**친한 친구의 합칭.

【哥儿们－아문】gēr·men [명]〈口〉**1**형제들. (同)〔哥们儿〕**2**친구 사이에 친근감을 내포한 호칭.

★【歌】欠部 10画 gē 노래 **가**

1(～儿) [명]노래. 가곡. ◇唱～/노래를 부르다. **2**[동]노래하다〔부르다〕. ◇高～一曲/큰 소리로 한 곡 부르다.

⁑【歌唱－창】gēchàng [동]**1**노래부르다. ◇～家/가수. **2**(노래나 낭송으로) 찬양하다. ◇～祖国/조국을 찬양하다.

【歌词－사】gēcí [명]가사.

【歌功颂德－공송덕】gē gōng sòng dé〈成〉〈貶〉(위정자의) 공적과 은덕을 찬양하다.〔부정적으로 쓰임〕

【歌喉－후】gēhóu [명](노래하는 사람의) 목청. 목소리.

⁑【歌剧－극】gējù [명]가극. 오페라. ◇～阮/가극단.

【歌诀－결】gējué [명](기억하기 쉽도록) 요점만을 간추려서 노래 형식으로 만든 운문 또는 정제된 글귀.

G

【歌女-녀】gēnǚ 圀(나이트클럽에서 노래 부르는) 가수.

【歌片儿-편아】gēpiānr 圀(노래 가사가 있는) 노래 카드.

【歌谱-보】gēpǔ 圀1악보. 2조그만 노래책.

**【歌曲-곡】gēqǔ 圀노래. 가곡.

*【歌声-성】gēshēng 圀노래 소리.

*【歌手-수】gēshǒu 圀1가수. 2노래를 잘 부르는 사람.

**【歌颂-송】gēsòng 圄찬양하다. 찬미하다. ◇一开始反对改革的人如今也~起改革的来了/처음에 개혁을 반대하던 사람들도 지금에 와서 개혁을 찬양하게 되었다.

【歌舞-무】gēwǔ 圀1가무. 노래와 춤. 2圄노래하고 춤추다.

【歌舞剧-무극】gēwǔjù 圀가무극.

*【歌星-성】gēxīng 圀유명 가수.

【歌谣-요】gēyáo 圀(악기 반주 없이) 부르는 노래. 〔민가·민요·동요 따위〕

*【歌咏-영】gēyǒng 圄노래하다.

【鸽·鴿】鸟部 | gē 6画 | 집비둘기 合
圀비둘기. ◇信~/전서구(傳書鳩).

**【鸽子-자】gē·zi 圀〈鳥〉비둘기.

☆【割】刂部 | gē 10画 | 벨 할
1圄(낫·칼 따위로) 자르다. 베다. ◇~开/베다. ◇~草/풀을 베다. 2圄분할하다. 포기하다. ◇交~/분할해서 넘기다. ◇~而为四/분할하여 넷으로 나누다. 3圄헤어지다. ◇俩人难~难舍/두 사람은 서로 헤어지기 아쉬워한다.

【割爱-애】gē'ài 圄아깝지만 버리다.

【割草机-초기】gēcǎojī 圀풀 베는 기계.

【割除-제】gēchú 圄베어 버리다. 잘라내다.

【割地-지】gē//dì 圄영토〔토지〕를 떼어주다. 할양하다.

【割断-단】gēduàn 圄끊다. 절단하다. (同)〔断开 kāi〕, (反)〔连接 liánjiē〕

【割胶-교】gē//jiāo 圄(고무를 얻기 위해) 고무 나무에 칼집을 내다.

【割据-거】gējù 圄할거하다.

【割礼-례】gēlǐ 圀圄〈宗〉(유대교, 이슬람교의 의식) 할례(하다).

【割裂-렬】gēliè 圄(주로 추상적인 것을) 갈라 떼어놓다.

【割蜜-밀】gē//mì 圄(벌집의 꿀이 들어 있는 부분을 칼로 도려내어) 꿀을 따다. 〔재래식 양봉에서의 꿀 채취법〕

【割弃-기】gēqì 圄잘라버리다.

【割去-거】gē//qù 圄잘라내다. 베어내다.

【割让-양】gēràng 圄(영토·토지를) 할양하다.

【割舍-사】gēshě 圄내버리다. 포기하다.

【割席-석】gēxí 圄〈文〉(친구와) 절교하다.

gé

【阁·閣】门部 | gé 6画 | 층집 각
圀1높다란 집. 누각. 2내각. ◇内~组织/내각조직. 3규방. ◇闺~/규방.

【阁楼-루】gélóu 圀다락방.

【阁下-하】géxià 圀〈敬〉각하. 귀하.

【阁子-자】gé·zi 1圀작은 판자집. 2(同)〔阁楼 lóu〕

*【格】木部 | gé 6画 | 이를 격, 씨름할 각
圀1(~儿) 격자. 방안. ◇方~纸/방안지. 2표준. 규격. ◇合~/합격하다. 3〈轉〉품성. 품격. 4〈文〉장애. 제한. 5圀〈言〉격(格). ◇主~/주격. 6圄방해하다. 저지하다. 막다. 7圄궁구하다. 추구하다. 8圄치다. 때리다. 9(Gé)圀성(姓). ⇒gé

【格调-조】gédiào 圀1격조. 품격. 2〈文〉인품.

【格斗-투】gédòu 圀圄격투(하다).

*【格格不入-격불입】gé gé bù rù〈成〉도무지 맞지 않다. 어울리지 않다. (同)〔捍 hàng格不入〕, (反)〔心心相印 xīn xīn xiāng yìn〕

【格局-국】géjú 圀짜임새와 격식.

【格林尼治时间-림니치시간】Gélínnízhì shíjiān 圀그리니치시(時). 세계표준시. (同)〔格林威 wēi 治时间〕

【格律-률】gélù 圀율격.

【格儿-아】gér 圀(格子 zi〕

【格杀勿论-살물론】gé shā wù lùn〈成〉흉악범이나 체포를 거부하는 자는 현장에서 죽여도 무방하다.

*【格式-식】gé·shi 圀격식. 양식. ◇公文~/공문 서식.

**【格外-외】géwài 圁1각별히. 유달리. ◇这么多人给徐老过生日, 徐老~高兴/이렇게 많은 사람들이 서노인의 생일을 축하해 줘서 서노인은 유달리 기뻐했다. 2때로. 별도로.

【格言-언】géyán 圀격언.

【格致-치】gézhì 圀청(清)말에 물리·화학 등 자연 과학을 총칭한 말.

【格子-자】gé·zi 圀격자. 바둑판 모양의 것.

【革】革部 | gé 0画 | 가죽 혁
1圀무두질한 가죽. 다룸 가죽. ◇皮~/피혁. 2圄고치다. 바꾸다. ◇变~/변혁(하다). 3圄제거하다. 면직시키다. ◇~职/해직하다. 면직시키다. ◇被 bèi~/면직되다. 4(Gé) 圀성(姓).

【革出-출】géchū 🗏제명(除名)하다. 해고하다.

【革除-제】géchú 🗏없애다. 제거하다. **2** 면직하다. 파면하다.

☆【革命-명】gé// mìng **1**🗏혁명하다. ◇～到底/끝까지 혁명하다. **2**(gémìng) 🗏혁명적이다. ◇工人阶级是最～的阶级/노동자 계급은 가장 혁명적인 계급이다.(反)〔反动 fǎndòng〕**3**(gémìng) 🗏혁명. 완전한 개혁. ◇技术～/기술혁명.

【革命化-명화】gémìnghuà 🗏혁명화하다.

【革命家-명가】gémìngjiā 🗏혁명가.

【革命性-명성】gémìngxìng 🗏혁명성.

【革囊-낭】génáng 🗏〈文〉가죽 주머니.

**【革新-신】géxīn 🗏혁신(하다). ◇技术～/기술 혁신. (同)〔鼎 dǐng 新〕, (反)〔守旧 shǒujiù〕

【革职-직】gé// zhí 🗏면직하다. 파면하다. (同)〔撤 chè 职〕, (反)〔任命 rènmìng〕

☆【隔·隔】阝部 gé
10画 막을 **격**

🗏**1**막다. 막히다. 사이에 두다. ◇只～了一道墙, 声音就听不清楚了/벽 하나를 사이에 뒀을 뿐인데 소리가 똑똑히 들리지 않는다. **2**사이를 두다. 떨어져 있다. 간격을 두다. ◇他家和公司相～四公里/그의 집은 회사와 4킬로 떨어져 있다.

【隔岸观火-안관화】gé àn guān huǒ〈成〉강 건너 불보듯하다. (同)〔坐视不救 zuò shì bùjiù〕, (反)〔见义勇为 jiàn yì yǒng wéi〕

☆【隔壁-벽】gébì 🗏이웃집. 옆방. ◇～邻居/벽을 사이에 둔 이웃집.

【隔断-단】géduàn 🗏가로막다. 단절시키다.

【隔断-단】gé·duan 🗏칸막이. 간막이 벽.

【隔行-행】géháng 🗏직업이 다르다.

**【隔阂-애】géhé 🗏(사상·감정의) 간격. 격조. ◇消除～/간격을 없애다. (同)〔隔膜 mó〕, (反)〔融洽 róngqià〕

*【隔绝-절】géjué 🗏끊어지다. ◇音信～/소식이 끊어지다.

*【隔离-리】gélí 🗏🗏**1**분리(하다). 차단(시키다). **2**격리(하다).

【隔膜-막】gémó 🗏**1**(감정이나 의견의 대립에 의한) 거리. 간격. 응어리. **2**🗏사정에 어둡다. 정통하지 못하다.

【隔墙有耳-장유이】gé qiáng yǒu ěr〈諺〉낮 말은 새가 듣고 밤 말은 쥐가 듣는다.

【隔热-열】gé// rè 🗏〈建〉단열(斷熱)하다.

【隔山-산】géshān 🗏배 다른 형제 자매.

【隔扇-선】gé·shan 🗏간막이. 장지.

【隔靴搔痒-화소양】gé xuē sāo yǎng〈成〉신 신고 발바닥 긁기. 문제해결의 핵심을 못잡다. (反)〔切中要害 qiè zhòng yào hài〕

【隔夜-야】gé// yè 🗏하룻밤이 지나다.

【隔音-음】gé// yīn **1**🗏방음하다. **2**(géyīn) 🗏방음. ◇～室/방음실.

【隔音板-음판】géyīnbǎn 🗏방음판.

【隔音符号-음부호】géyīn fúhào 🗏(Tiān'ān mén처럼 모음인 음절이 앞의 음절과의 연독(連讀)을 방지하기 위한) 격음 부호(').

【隔音纸-음지】géyīnzhǐ 🗏〈建〉방음용 판지.

【嗝】口部 gé
10画 딸꾹질할 **격**

(～儿)🗏**1**트림. **2**딸꾹질.

【葛】十部 gé
9画 칡 **갈**

1🗏〈植〉칡. **2**🗏(날실은 명주실, 씨실은 면실 또는 편실로 짠) 꽃무늬가 있는 견직물.

【葛布-포】gébù 🗏갈포.

【葛藤-등】géténg 🗏갈등.

【蛤】虫部 gé
6画 조개 **합**

🗏〈魚介〉조개. ⇒há

【蛤蚌-방】gébàng 🗏〈魚介〉조개.

gè

★【个·個(箇)】人部 gè
1画 낱 **개**

1🗏a)개. 명. 사람. 〔주로 전용(專用)양사가 없는 명사에 두루 쓰이며, 전용 양사가 있는 명사에도 쓰일 수 있음〕◇一～人/한 사람. b)개략적인 수 앞에 쓰인다. ◇走～五六十里路/오륙십 리 길을 걷다. c)목적어를 수반하는 동사 뒤에 쓰여 동량사와 비슷한 작용을 함. ◇见一面儿/한 번 만나보다. d)동사와 보어 사이에 쓰여서 보어가 목적어 역할을 하게 함. 〔때때로 '得'와 연용됨〕◇玩儿～痛快/유쾌하게 놀다. 주의'天, 年, 夜' 앞에는 '个'를 쓰지 않는다. (×)两个天. (×)两个年. (×)两个夜. **2**🗏단독의. ◇～体/개체. **3**🗏양사 '些'의 뒤에 붙음. ◇这些～东西/이러한 물건들. **4**🗏〈方〉'昨儿, 今儿, 明儿' 따위의 시간사 뒤에 붙어 '어느 날'이라는 뜻을 나타냄. ◇今儿～/오늘.

【个把-파】gèbǎ 🗏한두. 일이(一二).

☆【个别-별】gèbié 🗏**1**개개(의). 개별적(인). ◇～处理/개별적으로 처리하다. (同)〔单 dān 个〕, (反)〔一起 yīqǐ〕**2**극소수의. ◇～人不同意/극소수의 사람들이 동의하지 않았다. (反)〔多数 duōshù〕

【个个-개】gègè(～儿) …마다. 모두.

【…个够-구】…ge gòu〈口〉실컷…하다. ◇到了苹果园, 大家可以吃～/사과밭에 가면

모두들 실컷 먹을 수 있다. ◇过节时人人都喝～/명절을 쇨 때는 모두들 실컷 마신다.

**【个儿－아】gèr 图1키. 몸집. ◇他是个大～/그는 키가 크다. 2개수. 한 명씩. ◇挨～握手/한 명씩 악수를 하다. ◇买鸡蛋斤不论～/계란은 근으로 팔지 개수로 팔지 않는다. 3(俗)(조건에 맞는) 상대. 적수. ◇跟我摔跤 shuāijiāo，你还不是～/나와 씨름을 하면 너는 아직 상대가 안된다.

☆【个人－인】gèrén 图1개인. ◇～和集体/개인과 단체. (反)〔集体 jítǐ〕2나(자신). 저(자신). 〔공식적으로 의견을 발표할 때 씀〕 ◇～没有什么意见/저 자신은 별로 이견이 없습니다.

【个人主义－인주의】gèrén zhǔyì 图개인주의. (反)〔集体 jítǐ 主义〕

☆【个体－체】gètǐ 图1개체. 개인. 2(同)〔个体户 hù〕

**【个体户－체호】gètǐhù 图자영업자.

【个体经济－체경제】gètǐ jīngjì 图〈經〉개인 경제.

【个头儿－두아】gètóur 图〈方〉1(물건의) 크기. 2키. 몸집.

【个位－위】gèwèi 图〈數〉(십진법의) 한 자리. 1의 자릿수.

**【个性－성】gèxìng 图1개성. 2〈哲〉개별성. 사물의 특성. (反)〔共 gòng 性〕

【个中－중】gèzhōng 图〈文〉그 가운데〔속〕.

☆【个子－자】gè·zi 图1(사람의) 키. (동물의) 몸집. ◇高～/키다리. 2단. 묶음. ◇高粱～/수수단.

★【各】 夂部 | 口部 | gè
　　　　 3画 | 3画 | 각각 각

代1여러. ◇～车厢的列车员都很热情/여러 열차 각 객실의 승무원들은 모두 친절하다. 2갖가지. 각종. 〔수효가 여럿일 뿐만 아니라 서로 성질이 다름을 나타냄〕 ◇那时～种人都出来表演了一番/그때 각양각색 사람들이 나와 한번씩 자기를 뽐냈다. 3각기. ◇大门两旁～有一棵松树/대문 양 옆에는 각기 소나무 한 그루가 서 있다. 쯾교各:每 모든 개인〔개체〕를 가리킬 때는 "各"를 쓰지 않는다. ◇我们班(×各)每个人的汉语水平都差不多/우리 반 모든 사람들의 중국어 수준은 다 비슷하다.

*【各奔前程－분전정】gè bèn qián chéng 〈成〉각기 제 갈길을 가다.

*【各别－별】gèbié 图1개별적인. 각각(의). ◇～活动/개별적인 활동. 2〈貶〉〈方〉(주로 부정적인 의미로 쓰여) 유별나다. 별스럽다. ◇他家的房子结构很～/그의 집 구조는 매우 유별나다.

【各处－처】gèchù (～儿)图각처. 여러 곳.

【各得其所－득기소】gè dé qí suǒ 〈成〉각자에게 맞는 자리를 차지하다.

【各个－개】gègè 1图…마다. 모든. ◇～厂矿/모든 공장과 광산. 2하나하나(씩).

【各国－국】gèguó 图각국.

*【各行各业－행각업】gèháng gè yè 图각 업종.

*【各界－계】gèjiè 图각계. 각 분야.

【各尽所能－진소능】gè jìn suǒ néng 〈成〉각자가 능력에 따라 일하다.

【各就各位－취각위】gè jiù gè wèi 각자 위치로 가다.

【各取所需－취소수】gè qǔ suǒ xū 〈成〉각자 필요한 만큼 가지다.

【各人－인】gèrén 图각자.

【各色－색】gèsè 图여러 가지(의). 각종(의).

*【各式各样－식각양】gèshìgèyàng 각양 각색. 가지 각색. (同)〔各色 sè 各样〕

【各抒己见－서기견】gè shū jǐ jiàn 〈成〉각자 자기 의견을 말하다.

【各行其是－행기시】gè xíng qí shì 〈成〉각자 자기가 옳다는 대로 행하다. (同)〔各谋其政 gè móu qí zhèng〕, (反)〔同心同德 tóng xīn tóng dé〕

【各样－양】gèyàng (～儿)图각종(의). 여러 가지(모양)(의).

【各有千秋－유천추】gè yǒu qiān qiū 〈成〉각자 장기 또는 특색이 있다.

【各有所长－유소장】gè yǒu suǒ cháng (同)〔各有千秋 qiānqiū〕

【各有所好－유소호】gè yǒu suǒ hào 〈成〉각자 자기 취미가 있다.

【各执一词－집일사】gè zhí yī cí 〈成〉각기 자기의 주장을 고집하다. (同)〔各执一辞 cí〕〔各有一说 gè yǒu yī shuō〕

★【各种－종】gèzhǒng 图각종(의). 여러 가지. ◇～小菜/여러가지 반찬.

*【各自－자】gèzì 图각자. 제각기. ◇下车以后，人们都～回家去了/차에서 내린 후 사람들은 다 제각기 집으로 돌아갔다. (同)〔分别 fēnbié〕, (反)〔共同 gòngtóng〕

【各自为政－자위정】gè zì wéi zhèng 〈成〉자기 분야에만 관심하며 전체를 보지 않는다.

【硌】 石部 | gè
　　　 6画 | 큰바위 락

勯〈口〉뾰족한 물건이나 울퉁불퉁한 물체 따위에 받치어 몸에 불쾌감이나 손상을 입다. ◇～脚/발이 배기다. ⇒luò

【铬·鉻】 钅部 | gè
　　　　 6画 | 털깎을 락

图〈化〉크롬(Cr). (同)〔克罗米 kè luó mǐ〕

【虼】 虫部 | gè
　　　 3画 | 말똥구리 걸

【虼蚤－조】gè·zao 图〈口〉〈虫〉벼룩.

G

gěi

★【给·給】 纟部 6画 gěi 줄 급

1動주다. ◇那位先生把他的名片～我了/그 선생은 자기 명함을 나에게 주었다. (同)〔与 yǔ〕, (反)〔收 shōu〕 2動동사 뒤에 쓰여 '주다'·'바치다'의 뜻을 나타냄. ◇把礼物送～她/그녀에게 선물을 준다. 3介…을[를] 위하여. 대신하여. ◇医院～我动了两次手术/병원에서는 나를 위해 두 차례나 수술을 해주었다. ◇我～他说了一下/나는 그를 대신하여 말해 주었다. 4介…에게. ◇你应该～他赔礼道歉去/너는 마땅히 그에게 사과하러 가야 한다. 5介…토록 하다. …토록 허락하다. ◇我拿出护照～海关人员检查/나는 여권을 꺼내 세관원에게 검사하게 하였다. ◇那封信他拿着不～看/그 편지는 보지 못하도록 쥐고 있다. 6조피동(被動)·처치(處置)의 뜻을 나타내는 문장의 술어 동사 앞에 쓰임. ◇教室~打扫干净了/교실이 깨끗하게 청소되었다. ◇羊～狼吃了/양은 늑대에게 먹혔다. ⇒jǐ

【给…面子―면자】gěi…miàn·zi〈口〉…의 체면을 세우다. ◇今天给我点面子, 吃了饭再走吧/오늘은 내 체면을 좀 봐서 밥이나 먹고 가라.

∗∗【给以―이】gěi// yǐ 動주다. ◇在外交事务中, 贵国对我国曾~很大支持, 这是我们忘不了 liǎo 的/귀국은 외교면으로 우리나라를 적극 지지해 주었는데 우리로서는 잊지 못할 것이다.

gēn

★【根】 木部 6画 gēn 뿌리 근

1(~儿)名〈植〉뿌리. ◇扎~/뿌리를 내리다. (同)〔本 běn〕, (反)〔枝 zhī〕 2(~儿)名〈喩〉자손. 후대. 3(~儿)名외동아들이나 외동딸. 4(~儿)名(깊숙이 박힌 물건의) 밑동. 뿌리. ◇舌~/혓뿌리. 5(~儿)名내력. 근원. 근본. ◇祸~/화근. 6(~儿)名출신. 내력. 근원. 7(~儿)名근거. ◇据/근거(하다). 8(~儿)量가늘고 긴 것을 세는 데 쓰임. ◇一~头发/머리카락 한 가닥. 9名〈略〉〈數〉근(根). 루트(root). ◇平方~/제곱근. 10名〈數〉근. 대수 방정식의 해(解). 11(化)기(基). 12名뿌리[송두리]째. 철저하게. 모조리. 몽땅.

☆【根本―본】gēnběn 1名근본. 기초. ◇'水·土'是农业的~/물과 토지는 농사의 근본이다. 2형근본적이다. 중요하다. ◇最~的原因/가장 주요한 원인. (同)〔首要 shǒuyào〕, (反)〔次要 cìyào〕 3副본래. 원래. ◇我~就没学过英语/나는 원래 영어를 배운 적이 없다. 4副도무지. 전혀. 〔부정문에 주로 사용됨〕◇这个人我~认识/이 사람은 전혀 알지 못한다. 5副근본적으로. 철저히. ◇~改造这一地区的沙漠/이 일대의 사막을 철저히 변화시키다.

【根除―제】gēnchú 動뿌리(째) 뽑다. 근절하다.

【根底―저】gēndǐ 名1기초. 근본. 바탕. 2속사정. 자세한 내막. 경위.

【根柢―저】gēndǐ 名1〈植〉뿌리. 2기초. 근본.

【根号―호】gēnhào 名〈數〉근호. 루트(root).

【根基―기】gēnjī 名1기초. 토대. 2집안 재산. (同)〔家底 jiādǐ〕

【根脚―각】gēn·jiao 名1(건축물의) 토대. 기초. 2〈文〉출신. 내력.

【根茎―경】gēnjīng 名〈植〉근경(根莖).

【根究―구】gēnjiū 動철저히 추궁하다.

☆【根据―거】gēnjù 動1기초(하다). 의거하다. ◇我们给词语作注释是~简单·明白·准确的原则/우리들이 단어 주석을 다는 것은 '간결성, 명백성, 정확성'원칙에 근거한 것이다. 2名근거. ◇这种说法没~/이 말은 근거가 없다.

∗【根据地―거지】gēnjùdì 名근거지.

【根绝―절】gēnjué 動근절하다. 뿌리(째) 뽑다. ◇~虫害/병충해를 뿌리 뽑다.

【根瘤―류】gēnliú 名〈植〉근류. 뿌리혹.

【根瘤菌―류균】gēnliújūn 名〈植〉근류 박테리아.

【根苗―묘】gēnmiáo 名1〈植〉뿌리와 싹. 2근원. 유래. 3자손. 후계자.

∗【根深蒂固―심체고】gēn shēn dì gù 〈成〉뿌리 깊다. 고질이 되다. (同)〔根深柢 dǐ 固〕, (反)〔一触即溃 yī chù jí kuì〕

【根式―식】gēnshì 名〈數〉무리식.

【根由―유】gēnyóu 名〈文〉내력. 원인.

∗∗【根源―원】gēnyuán 1名근원. ◇寻找事故的~/사고의 근원을 찾다. 2動(…에서) 비롯되다. (…에) 근원하다.

【根指数―지수】gēnzhǐshù 名〈數〉근지수.

【根治―치】gēnzhì 動근절하다. 철저히 고치다.

【根子―자】gēn·zi 名〈口〉1(식물의) 뿌리. 2기원. 원인. 근원. 내력.

★【跟】 足部 6画 gēn 발꿈치 근

1(~儿)名〈足〉(발·구두·양말 따위의) 뒤꿈치. ◇脚后~/발 뒤꿈치. 2動따라가다. 좇아가다. ◇他在前面走, 一群孩子在后面~着他/그는 앞에서 걸어가고 그 뒤로는

한무리 애들이 쫓아갔다. **3**동시집가다. ◇他要是不好好工作, 我就不~他/만약 그가 열심히 일하지 않으면 나는 그에게 시집가지 않을테다. **4**깬동작의 대상을 이끌어 들일 때 쓰임. a)···와〔과〕. ◇回国后, 我写信~你联系/귀국한 다음 편지를 써서 너와 연락하겠다. b)···에게. ◇他~我讲了许多有趣的故事/그는 나에게 재미있는 많은 이야기를 들려주었다. **5**깬(비교의 대상) ···처럼. ◇今天~昨天一样凉快/오늘은 어제처럼 서늘하다. **6**젭···와. 〔병렬 관계를 나타냄〕◇我~他都在北京大学学习汉语/나와 그는 모두 북경대학에서 중국어를 배운다.

【跟班―반】gēn// bān 동(어떤 작업팀이나 학습팀에 들어가) 함께 일하다〔공부하다〕.

【跟包―포】gēnbāo 동〈演〉옛날, 배우의 복장을 관리하거나 옆에서 잡무 등을 돌보다〔돌보는 사람〕.

【跟···过不去―과불거】gēn···guò bu qù〈口〉···를 괴롭히다. ···에게 난처하게 하다. ◇老师批评你, 并不是跟你过不去, 而是为了帮助你/선생님이 네게 꾸지람하는 것은 결코 너를 미워해서가 아니고 너를 도와주기 위함이다. ◇你是存心跟爸爸过不去/너는 작정을 하고 아빠를 난처하게 하려는 것이다.

【跟你实话说―니실화설】gēn nǐ shíhuà shuō(同)〔实话跟你说〕

☆【跟前―전】gēnqián 명**1**곁. ◇他坐在窗户~的床上/그는 창문 곁의 침대에 앉다. **2**(시간이) 임박하다. ◇春节~/설이 임박하다.

【跟前―전】gēn·qian 명슬하. ◇他~有三个儿子/그의 슬하에는 세 아들이 있다.

【跟上―상】gēn·shang 동뒤따르다. 따라붙다.

【跟手―수】gēnshǒu (~儿)뿐**1**곧. 뒤따라서. **2**···하는 김에.

*【跟随―수】gēnsuí 동뒤따르다.

*【跟头―두】gēn·tou **1**명공중제비. 재주넘기. **2**명곤두박질. ◇从山上下来摔了个~/산에서 내려오다가 곤두박질을 쳤다.

【跟头虫―두충】gēn·touchóng (~儿)명〈虫〉장구벌레.

【跟着―착】gēn·zhe 뿐**1**뒤따라. 잇달아. **2**곧 이어서.

*【跟踪―종】gēnzōng 동추적하다.

gēng

【更】一部 | 日部 | gēng
6画 | 3画 | 고칠 **경**, 다시 **갱**
1동바꾸다. 고치다. ◇~名改姓/이름을 고치다. **2**동〈文〉경험하다. **3**명경. 〔일몰

부터 일출까지를 2시간씩 5등분하여 일컫는 시간의 이름〕◇三~半夜/한밤중. ⇒gèng

【更迭―질】gēngdié 명경질. 교체.

【更动―동】gēngdòng 동변화하다. 변경하다.

【更番―번】gēngfān 동번갈아 교체하다.

*【更改―개】gēnggǎi 동변경(하다). 변동(하다). ◇~名称/명칭을 바꾸다.

【更换―환】gēnghuàn 동교체하다. 바꾸다. ◇~衣裳/옷을 갈아 입다.

【更楼―루】gēnglóu 명옛날, 북을 쳐서 시각을 알리는 누각.

【更年期―년기】gēngniánqī 명갱년기.

【更仆难数―복난수】gēng pú nán shǔ 〈成〉너무 많아 헤아릴 수 없다.

【更深―심】gēngshēn 형밤이 깊다.

【更生―생】gēngshēng 명**1**부흥(하다). **2**재생(하다).

【更始―시】gēngshǐ 동〈文〉갱신하다. 혁신하다.

【更替―체】gēngtì 동교체하다.

*【更新―신】gēngxīn 동**1**갱신하다. 새롭게 바뀌다. ◇~设备/시설을 새롭게 바꾸다. (反)〔复旧 fùjiù〕**2**(산림이 채벌·화재·파괴된 후) 다시 자라다.

【更衣―의】gēngyī 동**1**옷을 갈아 입다. **2**〈婉〉변소에 가다.

【更衣室―의실】gēngyīshì 명**1**탈의실. **2**화장실.

【更张―장】gēngzhāng 동거문고의 줄을 조절하다. 〈轉〉변경하다. 개혁하다.

*【更正―정】gēngzhèng 명동정정(하다). ◇那篇讲话要~几个字/그 연설(문)은 몇글자를 고쳐야한다.

【庚】广部 | gēng
5画 | 일곱째천간 **경**
1명경. 천간(天干)의 일곱 번째. 〈轉〉일곱 번째. **2**명〈文〉연령. 나이. **3**(Gēng)명성(姓).

【庚帖―첩】gēngtiě 명사주단자.

*【耕】耒部 | gēng
4画 | 갈 **경**
동**1**밭을 갈다. **2**〈喩〉종사하다. ◇笔~/집필하다.

【耕畜―축】gēngchù 명농경에 쓰이는 가축.

**【耕地―지】gēng//dì 동토지를 갈다. 명경작지. (反)〔荒 huāng 地〕

【耕具―구】gēngjù 명경작용 농기구.

【耕牛―우】gēngniú 명밭가는 소.

【耕田―전】gēng//tián 동밭을 갈다.

【耕耘―운】gēngyún 동**1**땅을 갈고 김을 매다. **2**〈喩〉심혈을 기울이다.

【耕云播雨―운파우】gēng yún bō yǔ 〈喩〉강우를 조절하여 자연을 개조하다.

*【耕种-종】gēngzhòng 동땅을 갈고 파종
하다.

【耕作-작】gēngzuò 명동경작(하다).

【羹】羊部│gēng
      13画│국 갱
명고기나 야채 따위를 찌거나 삶아서 만
든 걸쭉한 수프(soup)의 일종. ◇鸡蛋~
/계란 수프.

gěng

【埂】土部│gěng
      7画│구덩이 경
명1(~儿)밭두둑. 2언덕. 3둑. 제방.

【埂子-자】gěng·zi 명(논·밭의) 두둑.

【哽】口部│gěng
      7画│목막힐 경
동1목이 메다. ◇慢点吃, 别~着/천천
히 먹어, 목 좀 막히지 않게. 2(흥분·감
격으로 인하여) 목이 메다.

【哽咽-인】gěngyè 동흐느껴 울다. 오열하다.

*【梗】木部│gěng
      7画│산느릅나무 경, 막힐 경
1(~儿)식물의 가지 또는 줄기. 2동똑
바로[꼿꼿이] 세우다. 3형(성격이) 시원
시원하다. 솔직하다. 4형⟨文⟩완고하다. 5
동방해하다. 막다.

【梗概-개】gěnggài 명(이야기의) 대강의
줄거리.

【梗塞-색】gěngsè 1동막다. 2동⟨醫⟩경색(되
다). (同)〔阻塞 zǔsè〕, (反)〔通畅 tōngch-
àng〕

【梗阻-조】gěngzǔ 1동막히다. 가로막다. 2
동저지하다. 방해하다.

【耿】耳部│gěng
      4画│깨끗할 경
1형⟨文⟩밝다. 2형강직하다. 3(Gěng)명
성(姓).

【耿耿-경】gěnggěng 형1밝다. 2충성스러
운. 3근심이 있다.

【耿介-개】gěngjiè 형⟨文⟩강직하다.

【耿直-직】gěngzhí 형곧고 솔직하다. (同)
〔刚 gāng 直〕, (反)〔奸诈 jiānzhà〕

gèng

★【更】一部│日部│gèng
      6画│3画│고칠 경, 다시 갱
부1더욱. ◇他比我~喜欢跳舞/그는 나보
다 춤추기를 더욱 즐긴다. 2⟨文⟩다시.
또. ◇~上一层楼/더 높은 곳으로 오르
다. ⇒gēng

☆【更加-가】gèngjiā 부더욱 더. 한층 더. ◇

国庆节晚上, 天安门~壮丽了/건국기념일
저녁, 천안문은 더욱 더 웅장하고 아름답
다. 田교更加:更 "更加"는 일반적으로 1
음절 동사나 형용사를 수식하지 않는다.
◇我要(×更加)更好地学习/나는 더 잘
공부할 것이다.

工 305	功 307	攻 307	弓 308	公 308
供 310	恭 310	宫 310	巩 310	汞 310
拱 310	共 311	供 311	贡 311	

gōng

*【工】工部│gōng
      0画│장인 공
1명일꾼. 노동자. 노동 계급. ◇招~/노
동자를 모집하다. 2명노동. 작업. 3명공
사. 4명공업. ◇化~/화학 공업. 5명엔지
니어. 〔중국에서 기술직공〕◇高~(高级
工程师)/고급 엔지니어. 6명품. 인력. 일
손. 7명기술과 기술솜씨. 8명 …에 능하
다. 9형정교하다. 세밀하다. 10⟨音⟩중국
전통 음악의 음계 부호의 하나.

【工本-본】gōngběn 명생산 원가.

【工笔-필】gōngbǐ 명⟨美⟩(동양화의) 밀
화(密畵)의 화법.

【工兵-병】gōngbīng 명⟨軍⟩공병.

★【工厂-장】gōngchǎng 명공장.

【工场-장】gōngchǎng 명수공업 작업장.

【工潮-조】gōngcháo 명노동 쟁의.

【工尺-척】gōngchě 명⟨音⟩중국 고유 음
악의 음계부호.

☆【工程-정】gōngchéng 명공사. 공정. ◇~
队/작업대.

☆【工程师-정사】gōngchéngshī 명기사. 엔
지니어.

【工党-당】gōngdǎng 명⟨政⟩노동당.

**【工地-지】gōngdì 명⟨작업·공사⟩현장.

【工读-독】gōngdú 1동일하면서 배우다.
고학하다. ◇~生/아르바이트 학생. 2명
직업 있는 학생교육.

【工段-단】gōngduàn 명1공사의 각 시공
팀. 2작업조. 공장의 작업 현장에서 생산
과정에 따라 구분된 생산 조직.

【工分-분】gōngfēn 명작업량과 임금을 계
산하는 단위.

【工蜂-봉】gōngfēng 명⟨動⟩일벌.

【工夫-부】gōngfū 명옛날, 임시고용 노동자.

☆【工夫-부】gōng·fu 명1(~儿)시간. ◇这
道题一会~就算完了/10문제가 잠깐동안
에 다 풀었다. 2틈. 여가. ◇今天忙, 实在
没~去看话剧/오늘은 너무 바빠서 정말
연극을 보러 갈 시간이 없다. 3⟨方⟩시.

때. ◇我年轻那~，婚姻全凭父母之命/내가 젊었을 때만 해도 혼인은 전적으로 부모의 뜻에 의해 좌우되었다.

☆【工会—회】gōnghuì [명]노동 조합. 노조.

【工价—가】gōngjià [명]임금. 품삯. 인건비.

【工架—가】gōngjià [명]연극 배우의 몸짓과 자세.

【工间操—간조】gōngjiāncāo [명]업간 체조.

【工件—건】gōngjiàn (同)〔作 zuò 件〕

【工匠—장】gōngjiàng [명]공예가. 장인(匠人).

【工农联盟—농연맹】gōng nóng liánméng [명]노동자와 농민의 동맹.

【工棚—붕】gōngpéng [명]광산이나 공사장의 가설 건물.

【工期—기】gōngqī [명]작업 기일. 공사 기일.

⁑【工钱—전】gōng·qian [명]**1**(잘잘한 일을 하고 받는) 품삯. 공전. **2**〈口〉노임. (同)〔工资 zī〕 [비교]工钱:工资 매월 받는 보수는 "工钱"을 쓰지 않는다. ◇老师的(×工钱)工资比过去高了/선생님의 월급은 옛날보다 올라갔다.

常用手工具

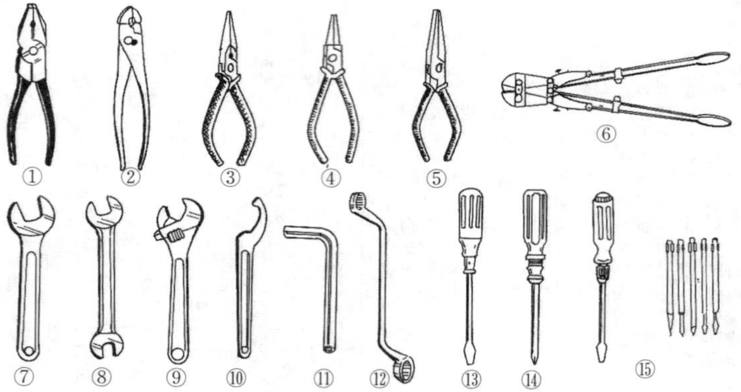

①~⑥钳子 qiánzi ①钢丝钳 gāngsīqián ②鲤鱼钳 lǐyúqián③ 尖嘴钳 jiānzuǐqián ④圆嘴钳 yuánzuǐqián ⑤扁嘴钳 biǎnzuǐqián ⑦~⑫扳手 bānshǒu ⑦单头扳手 dāntóu bānshou ⑧双头扳手 shuāngtóu bānshou ⑨活动扳手 huódòng bānshou ⑩钩形扳手gōuxíng bānshou ⑪内六角扳手n èiliùjiǎo bānshou ⑫梅花扳手 méihuā bānshou ⑬~⑮螺丝刀 luósīdāo ⑬一字形螺丝刀 yīzìxíng luósīdāo ⑭十字形螺丝刀 shízìxíng luósīdāo ⑮多用改锥 duōyòng gǎizhuī

【工缴费—교비】gōngjiǎofèi [명]〈經〉가공비.

☆【工具—구】gōngjù [명]**1**공구. 작업 도구. **2**〈轉〉수단. 도구.

【工具钢—구강】gōngjùgāng [명]〈工〉공구 용강.

*【工具书—구서】gōngjùshū [명](조사·연구 등의 참고가 되는) 사전·자전·색인·연표·연감·백과 전서 따위의 서적.

【工科—과】gōngkē [명]공과.

【工力—력】gōnglì [명]**1**기술과 힘. **2**노동력.

【工料—료】gōngliào [명]〈略〉노동력과 재료.

⁑【工龄—령】gōnglíng [명]근무 연한. 근속 연한. 재직 연수.

【工农—농】gōngnóng [명]〈略〉'工人农民'(노동자와 농민)의 준말.

【工巧—교】gōngqiǎo [형]섬세하다. 정교하다.〔공예품·시문·서화 등에 주로 쓰임〕(同)〔精巧 jīngqiǎo〕, (反)〔粗糙 cūcāo〕

【工区—구】gōngqū [명]공사구역. 작업구역.

★【工人—인】gōng·rén [명]노동자.

【工人贵族—인귀족】gōngrén guìzú [명]노동귀족.

*【工人阶级—인계급】gōngrén jiējí [명]노동(자) 계급.

【工人运动—인운동】gōngrén yùndòng [명]노동운동.

【工伤—상】gōngshāng [명]산업재해.

【工时—시】gōngshí [명]노동시간. 근무시간.

*【工事—사】gōngshì [명]바리케이드·참호·토

치카 따위의 군사 구축물의 총칭.

【工头-두】gōngtóu (～儿)명1작업반장. 2(작업)감독.

【工稳-온】gōngwěn 형(시문 따위가) 짜임새 있다.

【工细-세】gōngxì 형정교하다.

【工效-효】gōngxiào 명작업 능률.

【工薪-신】gōngxīn (同)〔工资 zī〕

**【工序-서】gōngxù 명제조공정.

★【工业-업】gōngyè 명공업.

【工业病-업병】gōngyèbìng 명산업병.

【工业革命-업혁명】gōngyè gémìng 명산업혁명.

【工业国-업국】gōngyèguó 명공화국.

【工业化-업화】gōngyèhuà 명공업화.

【工艺-예】gōngyì 명1수공예. 2가공기술.

【工艺美术-예미술】gōngyì měishù 명〈美〉전통 수공예미술.

☆【工艺品-예품】gōngyìpǐn 명전통 수공예품.

【工于-어】gōngyú 형〈文〉…에 능숙하다.

【工帐-장】gōngzhàng 명1임금 지불 장부. 2임금의 계정.

【工整-정】gōngzhěng 형(글씨 따위가) 깔끔하고 단정하다. (反)〔潦草 liáocǎo〕

【工值-치】gōngzhí 형작업성과 점수.

【工致-치】gōngzhì 형정교하고 섬세하다.

【工种-종】gōngzhǒng 명(공업·광업에서) 작업의 종류.

【工装-장】gōngzhuāng 명작업복.

☆【工资-자】gōngzī 명임금. 월급.

【工字钢-자강】gōngzìgāng 명I형 강철.

★【工作-작】gōngzuò 명1일. 작업. 업무. ◇～量/작업량. 2직업. ◇这种～我很喜欢/이 직업은 내 마음에 든다. 3통일하다. 노동하다. ◇她～了十八年了, 一天也没缺过勤/그녀는 18년이나 일했는데 하루도 결근한 적이 없다. 비교工作:干活 착취자에게 일해줄 때는 "工作"를 쓰지 않는다. ◇每天从早到晚给地主(×工作)干活, 但还是吃不饱、穿不暖/매일 아침부터 저녁까지 지주에게 일해줬지만 여전히 배불리 먹지도 못하고 따뜻하게 입지도 못했다.

【工作服-작복】gōngzuòfú 명작업복.

【工作面-작면】gōngzuòmiàn 명1〈礦〉막장. 채벽. 2〈機〉가공면.

【工作母机-작모기】gōngzuò mǔ jī 〈機〉(기계를 제작하는) 공작기계.

【工作人员-작인원】gōngzuò rényuán 명사무원. 요원. 공무원.

【工作日-작일】gōngzuòrì 명작업일(수).

【工作证-작증】gōngzuòzhèng 명(근무처에서 발행하는) 신분 증명서.

【功】 工部 力部 gōng
　　2画 3画 공 功, 일할 공

명1공로. 공적. (同)〔劳 láo〕, (反)〔过 guò〕2성과. 효과. 업적. 3(～儿)기술. 솜씨. 4〈物〉일.

【功败垂成-패수성】gōng bài chuí chéng 〈成〉막 성공하려는 순간 아깝게 실패하다.

【功臣-신】gōngchén 명공신.

【功德-덕】gōngdé 명1공적과 덕행. 2〈佛〉공덕.

【功底-저】gōngdǐ 명〈演〉(연기의) 기초. 기본기.

☆【功夫-부】gōng·fu 1명재능. 기량. 수완. 2(同)〔工夫 fu〕

【功过-과】gōngguò 명공적과 과실.

【功绩-적】gōngjì 명공적. 수훈.

**【功课-과】gōngkè 명1학과목. 2숙제.

【功亏一篑-휴일궤】gōng kuī yī kuì 〈成〉큰 일이 최후의 고비에서 힘이 부족하여 이루어지지 않다.

**【功劳-로】gōng·láo 명공로. (反)〔过失 guòshī〕

【功利-리】gōnglì 명1능률과 이익. 2명예와 이득. (부정적으로 쓰임)

【功利主义-리주의】gōnglì zhǔyì 명공리주의.

【功率-률】gōnglǜ 명〈物〉공률(工率).

【功名-명】gōngmíng 명옛날, 과거에 급제하여 얻은 자격이나 관직.

**【功能-능】gōngnéng 명기능. 효능. ◇这种药物～显著/이 약은 효능이 뚜렷하다.

【功效-효】gōngxiào 명효능. 효과.

【功勋-훈】gōngxūn 명공로. 공훈.

【功用-용】gōngyòng 명효용. 용도.

**【攻】 工部 攵部 gōng
　　4画 3画 칠 공

통1공격하다. ◇我军的战斗目标是～前边的山头/아군의 전투목표는 앞에 있는 산봉우리를 공격하는 것이다. (反)〔守 shǒu〕2(남의 잘못에 대해) 비난하다. 책망하다. 3연구하다. ◇这个难题他已经～了十年了/이 난제를 그는 이미 십년을 연구했다.

【攻错-착】gōngcuò 남의 장점을 받아들여 자신의 단점을 보완하다.

【攻打-타】gōngdǎ 통공격하다. (同)〔进攻 jìngōng〕, (反)〔守卫 shǒuwèi〕

*【攻读-독】gōngdú 통열심히 공부하다. 연마하다. ◇～中医经典/한의경전을 열심히 공부하다. ◇～博士学位/박사학위를 밟고 있다.

*【攻关-관】gōngguān 통난관을 돌파하다.

**【攻击-격】gōngjī 통1공격(하다). 2비난(하다). (同)〔诋毁 dǐhuǐ〕

【攻坚－견】gōngjiān [동]적의 견고한 방어물을 공격하다.
【攻坚战－견전】gōngjiānzhàn [명]진지 공격 전투.
【攻歼－섬】gōngjiān [동]공격하여 섬멸하다.
【攻讦－갈】gōngjié [동]〈文〉(주로 개인이나 파벌 간의 이해관계로) 남의 약점이나 비밀을 들춰내서 공격하다.
⁑【攻克－극】gōngkè [동]정복하다. 함락시키다. (同)〔攻占 zhàn〕, (反)〔丢失 diūshī〕
【攻破－파】gōngpò [동]쳐부수다.
【攻其不备－기불비】gōng qí bù bèi 적이 방비가 허술한 틈을 타 공격하다.
【攻取－취】gōngqǔ [동]공격하여 빼앗다.
【攻势－세】gōngshì [명]공세. (反)〔守 shǒu 势〕
【攻无不克－무불극】gōng wú bù kè 〈成〉 공격하면 반드시 이긴다. (同)〔战无不胜 zhàn wú bù shèng〕, (反)〔不堪一击 bù kān yī jī〕
【攻陷－함】gōngxiàn [동]공격하여 함락시키다. (同)〔攻下 xià〕
【攻心－심】gōngxīn [동]**1**심리전을 전개하다. **2**〈俗〉비통하거나 분노 때문에 정신이 혼미해지다.
【攻占－점】gōngzhàn [동]공격하여 점령하다.

G

⁑【弓】 弓部 0画 gōng 활 **궁**

1[명]활. **2**(～儿)[명]모양 또는 기능이 활과 같은 것. **3**[명]옛날. 지적(地積)을 측량하던 기구. 〔나무로 만들며, 모양은 활과 비슷하고, 양 끝의 길이는 5척(尺)임〕 **4**[양]옛날, 지적(地積)의 계산 단위. 1'弓'은 5'尺'에 해당함. **5**[동]구부리다. **6**(Gōng) [명]성(姓).
【弓箭－전】gōngjiàn [명]**1**화살. **2**활과 화살.
【弓箭步－전보】gōngjiànbù [명](무술이나 체조에서) 날렵한 발걸음.
【弓弦－현】gōngxián [명]**1**활시위. **2**(～儿) 똑바른 길.
【弓形－형】gōngxíng [명]**1**〈數〉활꼴. **2**궁형. 아치형.
【弓子－자】gōng·zi [명]모양이나 기능이 활과 비슷한 것.

⁑【公】 八部 2画 gōng 공변될 **공**

1[형]국유의. 공공의. ◇～事～办/공적인 일은 공적으로 처리하다. (同)〔官 guān〕, (反)〔私 sī〕 **2**[형]공동의. 공인의. ◇～约/공약. **3**[형](국제간의 계약에 기초한) 세계 공통의. ◇～海/공해. **4**[동]공개하다. **5**[형]공평〔하다〕한. 공정〔하다〕한. ◇办事不～/공평하게 일을 처리하지 않다. **6**[명]공무. **7**[명]공작. ◇～侯/공후. **8**남자에 대한 존칭. ◇诸～/신사 여러분. **9**[명]시아버지. **10**[명](동물의) 수컷. (同)〔雄 xióng〕, (反)〔母 mǔ〕 **11**(Gōng) [명]성(姓).
⁑【公安－안】gōng'ān [명]사회 치안. ◇～厅/공안청(경찰청).
【公安部队－안부대】gōng'ān bùduì [명]공안부대. 치안부대.
【公案－안】gōng'àn [명]**1**옛날, 재판관이 재판 안건을 심리할 때에 쓰던 큰 책상. **2**의혹이 많은 재판사건. 어려운 사건.
*【公报－보】gōngbào [명]**1**공보. ◇新闻～/뉴스공보. **2**관보(官報).
【公倍数－배수】gōngbèishù [명]〈數〉공배수.
⁑【公布－포】gōngbù [동]공표하다. (同)〔颁 bān 布〕, (反)〔撤销 chèxiāo〕
【公厕－측】gōngcè [명]공중 화장실.
【公差－차】gōngchā [명]〈機〉공차 오차의 한계나 범위.
【公产－산】gōngchǎn [명]공공재산. (同)〔官 guān 产〕, (反)〔私 sī 产〕
*【公尺－척】gōngchǐ 〈度〉미터.
【公出－출】gōngchū **1**[명]공무 출장. **2**[동]공무로 출장가다.
【公畜－축】gōngchù [명]**1**가축의 수컷. **2**〈牧〉종축(種畜).
*【公道－도】gōngdào [명]바른 도리. 정의. (同)〔公理 lǐ〕, (反)〔歪理 wāilǐ〕
【公道－도】gōng·dao [형]공평하다. 공정하다. 적당하다. ◇说～话/공정한 말을 하다.
【公德－덕】gōngdé [명]공중 도덕.
【公敌－적】gōngdí [명]사회의 적. 공적.
【公断－단】gōngduàn **1**[명][동]공평한 판단(을 하다). (당사자가 아닌 사람이) 중재(를 하다). **2**[명]관청의 중재 조정.
【公吨－돈】gōngdūn [양]〈度〉톤(ton).
【公法－법】gōngfǎ [명]〈法〉공법.
【公方－방】gōngfāng [명]정부측.
【公房－방】gōngfáng [명]관사. (反)〔私 sī 房〕
☆【公费－비】gōngfèi [명]국비. ◇～留学/국비유학. (反)〔自 zì 费〕
*【公分－분】gōngfēn [양]**1**〈度〉센티미터. **2**〈度〉그램(gram).
【公愤－분】gōngfèn [명]대중의 분노.
【公干－간】gōnggàn [명]**1**공무(를 보다). **2**〈敬〉용무. 용건.
*【公告－고】gōnggào **1**[명]공고. **2**(同)〔通 tōng 告〕
☆【公共－공】gōnggòng [형]공공의. 공용의. ◇～场所/공공장소. (反)〔私有 sīyǒu〕
【公共积累－공적루】gōnggòng jīlěi (同)〔公积〕
★【公共汽车－공기차】gōnggòng qìchē [명]버스. (同)〔巴士 bāshì〕
【公公－공】gōng·gong [명]**1**시아버지. **2**〈方〉외할아버지. **3**어르신. 노인장. **4**〈早

白〉환관의 호칭.

【公股－고】gōnggǔ 图'公私合营'의 경우 정부소유 주식.

【公馆－관】gōngguǎn 图관리나 부자의 사택.

【公海－해】gōnghǎi 图공해.

【公害－해】gōnghài 图공해.

【公函－함】gōnghán 图동급 기관 사이에 왕래되는 공문.

【公会－회】gōnghuì 图동업종의 조합.

【公鸡－계】gōngjī 图수탉.

【公积－적】gōngjī 1图동공 적립 (하다). 2图공동 적립한 금전과 물품.

【公祭－제】gōngjì 图공장(公葬) (하다).

【公家－가】gōng·jia 图〈口〉국가. 공공기관(국가·기관·기업·단체 등) (反) 〔私人 sīrén〕.

★【公斤－근】gōngjīn 〈度〉킬로그램 (kg).

【公爵－작】gōngjué 图공작.

☆【公开－개】gōngkāi 图图공개 (하다). (同) 〔公然 rán〕, (反) 〔秘密 mìmì〕

【公款－관】gōngkuǎn 图공금.

★【公厘－리】gōnglí 양〈度〉1'毫 háo 米'(밀리미터)의 구칭. 2'分 fēn 克'(데시그람)의 구칭.

★【公里－리】gōnglǐ 양〈度〉킬로미터 (km).

【公理－리】gōnglǐ 图1정당한 도리. 2〈論〉〈数〉공리. (同) 〔公道 dào〕, (反) 〔歪 wāi 理〕

【公历－력】gōnglì 图양력. (同) 〔阳 yáng 历〕, (反) 〔农 nóng 历〕

【公例－례】gōnglì 图일반적 규칙.

【公粮－량】gōngliáng 图(농민이 국가에게 내는) 농업 현물세.

☆【公路－로】gōnglù 图도로.

【公论－론】gōnglùn 图여론.

∗∗【公民－민】gōngmín 图〈法〉공민. 국민.

【公墓－묘】gōngmù 图공동 묘지.

【公判－판】gōngpàn 图1〈法〉공판. 2대중의 평가.

∗【公平－평】gōng·píng 图공평하다. ◇裁判～/판결이 공평하다.

【公婆－파】gōngpó 图1시부모. 2〈方〉부부.

【公仆－복】gōngpú 图공복.

∗∗【公顷－경】gōngqǐng 양〈度〉헥타르.

∗【公然－연】gōngrán 图〈贬〉공공연히. ◇～反对/공공연히 반대하다.

∗【公认－인】gōngrèn 图图공인 (하다). ◇他的刻苦精神是大家～的/그의 분발하는 정신은 여러 사람들이 공인한 것이다.

∗【公社－사】gōngshè 图1공동사회. 공동체. 2'人民公社'(인민공사)의 준말. 3'人民公社' (프 commune).

【公社化－사화】gōngshèhuà 图인민 공사(人民公社) 화하다.

【公审－심】gōngshěn 图〈法〉공개 재판 (하다).

【公升－승】gōngshēng 양〈度〉'升'(리터)의 구칭.

【公使－사】gōngshǐ 图공사.

∗∗【公式－식】gōngshì 图1일반 법칙. 2〈数〉공식.

【公式化－식화】gōngshìhuà 1图(예술·문학 창작에서의) 형식화하다. 2图공식화.

【公事－사】gōngshì 图1공무. (反) 〔私 sī 事〕 2〈口〉공문(서).

【公事公办－사공판】gōng shì gōng bàn 〈成〉공적인 일을 공적으로 처리하다.

【公署－서】gōngshǔ 图관공서.

☆【公司－사】gōngsī 图회사.

【公私－사】gōngsī 图공과 사.

【公私合营－사합영】gōngsī héyíng 图반관반민(半官半民)의 기업경영.

【公诉－소】gōngsù 图图〈法〉공소 (하다). ◇～人/소송인. 검찰.

【公摊－탄】gōngtān 图공동으로 출자하다.

【公文－문】gōngwén 图공문(서).

∗【公务－무】gōngwù 图공무. ◇～繁忙/공무가 바쁘다.

【公物－물】gōngwù 图공공물. (反) 〔私 sī 物〕

【公休－휴】gōngxiū 图공휴일.

【公演－연】gōngyǎn 图图공연 (하다). 상연 (하다).

【公羊－양】gōngyáng 图〈動〉숫양.

【公议－의】gōngyì 1图공론. 2图함께 논의하다.

【公益－익】gōngyì 图공익. ◇～金/공익금.

【公意－의】gōngyì 图〈文〉전체의 뜻. 총의.

【公营－영】gōngyíng 图국영. 또는 지방자치단체가 경영. (同) 〔国 guó 营〕, (反) 〔私 sī 营〕

∗∗【公用－용】gōngyòng 图공용(하다). ◇两家～一个厨房/두 집에서 주방 하나를 같이 쓴다.

☆【公用电话－용전화】gōngyòng diànhuà 图공중 전화.

【公用事业－용사업】gōngyòng shìyè 图공익 사업.

∗【公有－유】gōngyǒu 图图공유 (하다). ◇～制/공유제. (反) 〔私 sī 有〕

【公余－여】gōngyú 图공무의 여가.

【公寓－우】gōngyù 图1옛날, 삭월세 여관. 2아파트.

☆【公元－원】gōngyuán 图서기(西紀).

★【公园－원】gōngyuán 图공원.

∗【公约－약】gōngyuē 图1협정. 조약. 2(기관·단체 따위의) 규칙. 규정.

【公约数－약수】gōngyuēshù 图〈数〉공약수.

【公允－윤】gōngyǔn 图〈文〉공평 타당하다.

∗【公债－채】gōngzhài 图공채.

【公章-장】gōngzhāng 團공인(公印). (反)〔私 sī 章〕

【公正-정】gōngzhèng 圈공정하다.

*【公证-증】gōngzhèng 團동〈法〉공증(하다). ◇～处/공증인 사무소.

【公制-제】gōngzhì 團〈略〉미터법. 〔'国际公制'의 약칭〕

【公众-중】gōngzhòng 團图대중(의). (同)〔大 dà 众〕, (反)〔个人 gèrén〕

【公主-주】gōngzhǔ 團공주.

【公转-전】gōngzhuàn 團〈天〉공전.

【公子-자】gōngzǐ 團제후의 자제. 관료의 자제.

【公子哥儿-자가아】gōngzǐgēr 團지체 높은 집안의 세상 물정 모르는 도련님.

G

☆【供】亻部 gōng 6画 이바지할 **공**

1團동공급(하다). ◇由国家～粮食/나라에서 식량을 공급한다. (反)〔求 qiú〕 2 동제공하다. ◇父母去世后, 叔叔一着我读书/부모님이 돌아가신 후, 삼촌이 나를 공부시켰다. ⇒gòng

*【供不应求-불응구】gōng bù yìng qiú 〈成〉공급이 수요를 따르지 못하다.

【供方-방】gōngfāng 團공급자측. 메이커.

【供过于求-과어구】gōng guò yú qiú 〈成〉공급이 수요를 초과하다.

☆【供给-급】gōngjǐ 團동공급(하다). ◇生活用品由训练班免费～/생활필수품들을 훈련팀에서 무료로 공급한다. 田교给给: 提供 물자·금전·자료 등을 단 한번에 줄 때는 "供给"를 쓰지 않는다. ◇我来中国的机票是我国教育部(×供给)提供的/내가 중국에 온 비행기표는 우리나라 교육부에서 준 것이다.

【供给制-급제】gōngjǐzhì 團현물 공급제. 〔중화 인민 공화국 초기에 중국 공산당 간부와 군대에 대해 시행한 현물 임금제도〕

【供求-구】gōngqiú 團공급과 수요.

【供水-수】gōngshuǐ 團동급수(하다).

*【供销-소】gōngxiāo 1團공급과 판매. 2동공급과 판매를 하다.

【供销合作社-소합작사】gōngxiāo hézuò-shè 團(농촌의) 공급 판매 협동조합.

【供销社-소사】gōngxiāoshè (同)〔供销合作 hézuò 社〕

【供养-양】gōngyǎng 동(노인을) 부양하다. ◇～老人/노인을 부양하다.

**【供应-응】gōngyìng 團동제공(하다). 공급(의). ◇～/공급을 보장하다. 田교供应: 提供 물질 수요가 아닌 경우는 "供应"을 쓰지 않는다. ◇各位老师(×供应)提供了很好的资料/여러 선생님들이 많은 자료를 제공하였다.

【恭】心部 gōng 6画 공경할 **공**

圈공손하다.

【恭贺-하】gōnghè 동〈敬〉삼가 축하하다.

【恭候-후】gōnghòu 동〈敬〉삼가〔공손히〕 기다리다.

*【恭敬-경】gōngjìng 圈공손하다. 예의가 바르다. ◇～不如从命/말씀대로 따르겠습니다. (反)〔无礼 wúlǐ〕

【恭顺-순】gōngshùn 圈고분고분하다.

【恭桶-통】gōngtǒng 團나무 변기(便器).

【恭维-유】gōng·wei 동아첨하다.

【恭喜-희】gōngxǐ 〈套〉축하하다.

【宫(宫)】宀部 gōng 6画 궁궐 **궁

團1궁전. 2(신화 따위에서) 신이 사는 곳. ◇水晶～/수정궁. 3우주의 명칭. 4문화 활동이나 오락용의 회관. ◇少年～/소년궁. 5(여자의) 자궁. ◇子～/자궁. 6〈音〉궁. 〔고대 오음(五音)의 하나〕7(Gōng)성(姓).

【宫灯-등】gōngdēng 團궁중에서 사용하던 등롱. 〔6각 또는 6각의 것이 많고, 비단으로 겉을 씌우거나 유리를 끼워져 있음〕

**【宫殿-전】gōngdiàn 團궁전.

**【宫调-조】gōngdiào 團〈音〉고대 악곡의 음조.

【宫女-녀】gōngnǚ 團궁녀.

【宫廷-정】gōngtíng 團1궁전. 궁궐. 2봉건시대의 통치 집단.

【宫廷政变-정정변】gōngtíng zhèngbiàn 〈政〉궁전내에서 발생한 정변. 쿠데타.

【宫刑-형】gōngxíng 團궁형. 옛날, 생식기를 거세하는 형벌.

gǒng

【巩·鞏】工部 gǒng 3画 굳을 **공**

1圈견고하다. 튼튼하다. 2(Gǒng)團성(姓).

☆【巩固-고】gǒng gù 1圈견고하다. 튼튼하다. (同)〔坚 jiān 固〕, (反)〔动摇 dòngyáo〕 2동견고하게 하다. 굳게 다지다. ◇～政权/정권을 공고히 하다. (反)〔动摇 dòngyáo〕

*【汞】工部 水部 gǒng 4画 3画 수은 **홍**

團〈化〉수은.

*【拱】扌部 gǒng 6画 손길잡을 **공**

1동가슴 위치에서 손을 맞잡아 올려 예를 표하다. 2동에위〔둘러〕싸다. 3동어깨를 움츠리다〔웅크리다〕. ◇黑猫～了～腰/검은 고양이가 허리를 웅크렸다. 4동

(앞쪽이나 윗쪽으로) 떼밀다. 비집다. (흙 따위를) 파헤치다. **5**[동](싹 따위가) 트다. 돋아〔솟아〕나다. ◇苗儿～出土了/새싹이 돋아나오다. **6**[명]〈建〉아치형. 궁륭형.
【拱抱－포】gǒngbào [형]〈文〉빙 두르다.
【拱顶－정】gǒngdǐng [명]〈文〉둥근 지붕〔천장〕.
【拱门－문】gǒngmén [명]아치형으로 된 문.
【拱桥－교】gǒngqiáo [명]아치형 다리. 무지개 다리.
【拱手－수】gǒng∥shǒu [동]공수하다. (가슴께에서) 두 손을 맞잡고 인사하다.
【拱卫－위】gǒngwèi [동]둘러싸서 경호하다.
【拱券－권】gǒngxuàn [명]〈建〉반달모양. 아치형.

gòng

☆【共】 八部 4画 gòng 함께 **공**
1[동]함께〔같이〕하다. 공유하다. ◇～患难/환난을 함께 하다. **2**[형]공통의. 같은. ◇～职/공통적인 인식. **3**[부]함께. 같이. 공동으로. ◇～存/공존하다. **4**[부]전부. 모두. 도합. ◇全书～十卷/전 질은 모두 열 권이다. **5**[명]〈略〉공산당의 준말. ◇中～/중국 공산당.
☆【共产党－산당】gòngchǎndǎng [명]〈政〉공산당.
【共产国际－산국제】gòngchǎn guójì [명]〈史〉코민테른. 공산주의 인터내셔널.
*【共产主义－산주의】gòngchǎn zhǔyì [명]공산주의.
【共产主义青年团－산주의청년단】gòngchǎn zhǔyì qīngniántuán [명]공산주의 청년단. (同)〔共青团〕
【共处－처】gòngchǔ [동]〈文〉공존하다.
【共存－존】gòngcún [동]공존하다.
【共管－관】gòngguǎn [동]공동 관리하다.
⁑【共和－화】gònghé [명]공화. ◇～国/공화국.
*【共计－계】gòngjì **1**[명][동]합계(하다). 도합…이다. ◇～三千万元/도합 3천만 원이다. **2**함께 의논하다. ◇～大事/대사를 함께 의논하다.
*【共鸣－명】gòngmíng **1**[명]〈物〉공명. **2**[명][동]공감(하다).
⁑【共青团－청단】gòngqīngtuán [명]〈略〉'共产主义青年团'(공산주의 청년단)의 준말.
【共事－사】gòng∥shì [동]〈文〉함께 일하다.
【共通－통】gòngtōng **1**[명][동]공통(되다). 통용(되다). **2**[형]공통적인.
☆【共同－동】gòngtóng **1**[형]공동의. 공통적인. ◇我们的～爱好是钓鱼/우리들의 공통적인 취미는 낚시이다. (反)〔分头 fēntóu〕 **2**[부]함께. 다같이. ◇这个计划要大家～讨论讨论/이 계획은 여러분들이 다 같이 의논해야 한다.
【共同市场－동시장】gòngtóng shìchǎng [명]〈經〉공동 시장.
【共同体－동체】gòngtóngtǐ [명]**1**공동체. **2**국가 연합 형식의 하나.
*【共性－성】gòngxìng [명]공통성.
【共总－총】gòngzǒng [명][동]도합(하다).

【供】 亻部 6画 gòng 받들 **공**
1[동](제물을) 바치다. **2**[명]공물(供物). 제물. **3**[명][동]자백(하다). ⇒gōng
【供词－사】gòngcí [명]〈法〉공술. 자백 내용.
【供奉－봉】gòngfèng **1**[동](위패나 불상 등을) 모시다. 안치하다. **2**[명]옛날, 궁중의 예인(藝人).
【供品－품】gòngpǐn [명]공물. 제물.
【供认－인】gòngrèn [동]자백하다.
【供养－양】gòngyǎng [동]**1**공물을 바쳐 제사 지내다. **2**봉양하다.
【供职－직】gòng∥zhí [동]직무를 맡다.
【供桌－탁】gòngzhuō [명]젯상.

【贡·貢】 工部 4画 贝部 3画 gòng 바칠 **공**
1[명][동]조공(하다). 공물(을 바치다). **2**[동]옛날, 인재를 뽑아 조정에 천거하다. **3**(Gòng)[명]성(姓).
【贡缎－단】gòngduàn [명]〈轉〉단자(緞子)처럼 짠 면직물.
【贡奉－봉】gòngfèng [동](조정이나 상급에)물품을 바치다.
【贡品－품】gòngpǐn [명]공물. 헌상품.
☆【贡献－헌】gòngxiàn [명][동]공헌(하다). 기여(하다). ◇他们为国家做出了新的～/그들은 나라를 위해 새로운 기여를 했다.

gōu

*【勾(句)】 勹部 2画 gōu 거리낄 **구**
1[동](선을 그어) 지우다. 그어 버리다. 꺾자 치다. 삭제하다. ◇把这部分～掉/이 부분을 지워버리다. **2**[동]윤곽을 그리다. **3**[동](틈새를) 발라 메우다. **4**[동]천천히 뒤섞다. 휘젓다. **5**[동](생각·병 따위를) 불러 일으키다. 상기시키다. ◇～魂/혼을 부르다. **6**[동]결합하다. 결탁하다. **7**[명]옛날의 직각 삼각형의 짧은 변. **8**(Gōu)[명]성(姓). ⇒gòu
【勾搭－탑】gōu·da [동]결탁하다. 내통하다.
【勾画－화】gōuhuà [동]윤곽만을 간단히 묘사하다. ⇒gòu
⁑【勾结－결】gōujié [명][동]결탁(하다). 한통속

이 되다. ◇他们都在暗地相互~着呢/그들은 모두 암암리에 서로 결탁하고 있구나!

【勾栏 ー 란】gōulán 图1송원(宋元)시대의 대중 연예장(演藝場). 2〈轉〉기생집.

【勾勒 ー 륵】gōulè 图1윤곽을 그리다. 2간단하게 묘사하다.

【勾脸 ー 검】gōu // liǎn (~儿)图〈演〉(중국 전통극에서 배우가)얼굴 분장을 하다.

【勾留 ー 류】gōuliú 图묵다. 체류하다.

【勾芡 ー 감】gōu // qiàn 1图전분을 풀어 넣어 걸쭉하게 하다. 2(gōuqiànr)图전분으로 걸쭉하게 만든 소스.

【勾通 ー 통】gōutōng(同)〔勾结 jié〕

【勾销 ー 소】gōuxiāo 图(빚을) 탕감하다. 삭제하다.

【勾心斗角 ー 심투각】gōu xīn dòu jiǎo(同)〔钩 gōu 心斗角〕

【勾乙 ー 을】gōu // yǐ 1图인용부 '「」'표시를 하다. 2(gōuyǐ)图인용부 '「」'.

【勾引 ー 인】gōuyǐn 图1(나쁜 길로) 끌어들이다. 꾀다. 2불러 일으키다. (마음을) 끌다.

【沟・溝】氵部 gōu 4画 도랑 구
图1(~儿). 도랑. 하수도. ◇交通~/교통호. 2(~儿)오목하게 길게 패인 곳. 고랑. 골. 홈. ◇地面上轧了一道~/땅위에 길게 홈이 패였다. 3(~儿)협곡. 골짜기. ◇山~/계곡.

【沟灌 ー 관】gōuguàn 图〈農〉휴간 관개.

【沟壑 ー 학】gōuhè 图〈文〉계곡.

【沟渠 ー 거】gōuqú 图도랑. 하수도.

*【沟通 ー 통】gōutōng 图소통하다. ◇～思想/의사를 소통하다. (反)〔割断 gēduàn〕

【沟沿儿 ー 연 아】gōuyánr 图도랑의 양쪽 둑. 도랑가.

【钩(鈎)】钅部 gōu 4画 갈고리 구
1(~儿)图갈고리(모양의 것). ◇鱼~/낚시. 2图숫자에서 9를 대표함. 3(~儿)图갈고리 모양의 한자 필획. 4(~儿)图체크 표시 '√'. ◇划~/체크 표시하다. 5图갈고리로 걸다. 끌어 올리다. 낚시로 낚다. ◇～上来/끌어 올리다. 6图탐구하다. ◇～玄/심오한 이치를 탐구하다. 7图코바늘로 뜨개질하다. 8图감치다. ◇～贴边/헝겊을 대고 가장자리를 감치다. 9(Gōu)图성(姓).

【钩沉 ー 침】gōuchén 图심오한 이치나 실전된 내용을 탐색하다.

【钩秤 ー 칭】gōuchèng 图대저울.

【钩尺 ー 척】gōuchǐ 图곱자.

【钩虫 ー 충】gōuchóng 图〈虫〉십이지장충.

【钩稽 ー 계】gōujī 图1조사하여 계산하다. 2자세히 계산하다.

【钩心斗角 ー 심투각】gōu xīn dòu jiǎo 서로 배척하고 암투를 벌리다.

【钩针儿 ー 침아】gōuzhēnr 图(뜨개질에 쓰이는) 코바늘.

＊【钩子 ー 자】gōu・zi 图1갈고리(모양의 물건). 2〈動物의〉집게발.

【篝】竹部 gōu 10画 불덮개 구
图〈文〉모닥불을 피우는 쇠바구니.

【篝火 ー 화】gōuhuǒ 图모닥불. 횃불.

【篝火狐鸣 ー 화호명】gōu huǒ hú míng 봉기를 획책하다.

gǒu

【苟・苟】艹部 gǒu 5画 구차할 구
1图되는 대로〔소홀히〕하다. 2图〈文〉만약. 만일. ◇～无民, 何以有君/만약 백성이 없다면 임금도 어찌 있겠는가. 3(Gǒu)图성(姓).

【苟安 ー 안】gǒu'ān 图목전의 안일을 탐하다.

【苟合 ー 합】gǒuhé 图(남녀가) 간통하다.

【苟活 ー 활】gǒuhuó 图구차하게 삶을 도모하다.

【苟且 ー 차】gǒuqiě 图1구차하게 …하다. (反)〔不 bù 苟〕2대강 일하다. 3(同)〔苟合 hé〕

【苟全 ー 전】gǒuquán 图〈文〉구차하게 보존하다.

【苟同 ー 동】gǒutóng 图분별없이 남의 말에 찬동하다.

【苟延残喘 ー 연잔천】gǒu yán cán chuǎn〈成〉겨우 목숨을 부지해 나가다.

☆【狗】犭部 gǒu 5画 개 구
图〈動〉개.

【狗胆包天 ー 단포천】gǒu dǎn bāo tiān〈成〉제 분수를 모르고 뻔뻔스럽게 굴다.

【狗洞 ー 동】gǒudòng (~儿)图개구멍.

【狗獾 ー 환】gǒuhuān 图〈動〉오소리.

【狗急跳墙 ー 급도장】gǒu jí tiào qiáng〈成〉궁한 쥐가 고양이를 문다. (反)〔稳扎稳打 wěn zhā wěn dǎ〕

【狗皮膏药 ー 피고약】gǒupí gāo・yɑo 图〈藥〉개가죽에 발라 만든 고약. 사람을 속이는 술책(물건).

【狗屁 ー 비】gǒupì 图〈喩〉〈罵〉헛소리. ◇放～/헛소리를 지껄이다.

【狗屎堆 ー 미퇴】gǒushǐduī 图〈喩〉남에게 극히 혐오감을 주는 사람.

【狗头 ー 두】gǒutóu 图개머리. 〈轉〉〈罵〉멍청한 녀석.

【狗头军师 ー 두군사】gǒutóu jūnshī 图어설픈 도움말을 주는 녀석.

【狗腿子-퇴자】gǒutuǐ·zi　图〈口〉앞잡이. 주구.

【狗尾续貂-미속초】gǒu wěi xù diāo 〈成〉하찮은 것이 훌륭한 것의 뒤를 잇다. 〔주로 명작 뒤에 졸작을 덧붙이는 일〕〔反〕〔锦上添花 jǐn shàng tiān huā〕

【狗血喷头-혈분두】gǒu xuè pēn tóu 〈成〉매우 심하게 욕을 퍼붓다.

【狗咬狗-교구】gǒu yǎo gǒu 〈喩〉악당들 사이에 내분이 일어나다.

【狗蝇-승】gǒuyíng 图〈虫〉개이파리.

【狗仗人势-장인세】gǒu zhàng rén shì 〈成〉남의 힘을 의지하여 남을 괴롭히다.

gòu

【勾(句)】 勹部 2画 거리낄 구
1图(同)〔够 gòu〕图성(姓). ⇒gōu
【勾当-당】gòu·dàng 图짓. 수작.

【构·構】 木部 4画 이을 구
1图얽어짜다. 맺다. 2图구성하다. 맺다. 〔추상적인 사물에 대해서 씀〕 ◇虚~/허구. 꾸며냄. 3图문예 작품. 4(同)〔楷 chǔ 1〕
☆【构成-성】gòuchéng 图图구성(하다). ◇眼镜由镜片和镜架~/안경은 안경알과 안경테로 구성된다. 比较构成:组成 "构成"은 사물에만 쓰이고 조직단체에는 쓰지 않는다. ◇我们班是由八个国家的学生(×构成)组成的/우리반은 8개국의 학생으로 구성되었다.
【构词法-사법】gòucífǎ 图〈言〉조어법(造語法).
【构件-건】gòujiàn 图1〈建〉구재(構材). 부재(部材). 2부품.
＊【构思-사】gòusī 图图구상(하다). ◇~精巧/구상이 정교하다.
【构图-도】gòutú 图〈美〉구도.
【构陷-함】gòuxiàn 图图〈文〉모함(하다). (同)〔陷害 hài〕, (反)〔搭救 dājiù〕
＊【构想-상】gòuxiǎng 图图구상.
☆【构造-조】gòuzào 图구조. ◇这台机器的~很复杂/이 기계의 구조가 매우 복잡하다.
＊＊【构筑-축】gòuzhù 图구축하다.

【购·購】 贝部 4画 살 구
图사다. 사들이다. 구입하다. (同)〔买 mǎi〕, (反)〔销 xiāo〕
【购进-진】gòujìn 图구입하다.
＊＊【购买-매】gòumǎi 图图구매하다. ◇去年~了八辆卡车/작년에 트럭 8대를 구입하였다. (同)〔购置 zhì〕, (反)〔销售 xiāoshòu〕

＊【购买力-매력】gòumǎilì 图구매력.
【购销-소】gòuxiāo 图구입과 판매.
【购置-치】gòuzhì 图(오래 사용할 물건을) 사들이다.

【诟·詬】 讠部 6画 꾸짖을 구, 후
〈文〉1图치욕. 수치. 2图욕하다.
【诟病-병】gòubìng 图〈文〉꾸짖다.
【诟骂-매】gòumà 图〈文〉욕하다. 매도하다.

【媾】 女部 10画 거듭 혼인할 구
图〈文〉1결혼하다. ◇婚~/사돈을 맺다. 2화친하다. 강화(講和)하다. 3성교하다. 교배하다.
【媾和-화】gòuhé 图강화(講和)하다. (同)〔议 yì 和〕, (反)〔开战 kāizhàn〕

★【够(夠)】 夕部 8画 많을 구
1图충분하다. 넉넉하다. 족하다. ◇这次出差带三千元~了/이번 출장에 3천원을 갖고 가면 충분하다. 2图(일정한 정도·기준·수준에) 이르다. 도달하다. ◇不~格/자격이 미달되다. ◇这个电影看五遍也看不~/이 영화는 다섯 번 봐도 실증나지 않는다. 3图(손이) 닿다. 미치다. ◇我~不着/내가 손이 닿지 않다.
【够本-본】gòu∥běn (~儿)图1본전이 되다. 밑지지 않다. 2〈喩〉득실이 같다.
【够…的(了)—…적(료)】gòu…de(·le)〈口〉아주 …하다. ◇我~忙的了, 你就别再添麻烦了!/내가 아주 바쁘니 더이상 귀찮게 하지마!
【够格-격】gòu∥gé (~儿)图자격이 있다.
【够劲儿-경아】gòujìnr 图〈口〉충분하다.
【够朋友-붕우-】gòu péng·you 친구로 삼은 보람이 있다.
【够呛-창】gòuqiàng 图〈方〉지독하다. 견딜 수 없다.
【够瞧的-초적】gòuqiáo·de 图몹시 심하다. 지독하다. 〔남의 언행이 타당치 않을 때 불만을 나타내는 말〕 ◇你可真~! 我这么忙, 你就一点儿忙也不帮!/당신 정말 지독하군요! 난 이렇게 바쁜데 조금도 도와주지 않다니!
【够受的-수적】gòushòu·de 图견딜 수 없다.
【够味儿-미아】gòuwèir 图〈口〉(문장·노래 따위가) 제법이다. 의미 심장하다. ◇听他唱得很不错, 大家不由得说:"真~"/그가 노래를 잘 부르는 것을 듣고 모두 자기도 모르게 "제법이다"라고 말했다.
【够意思-의사】gòu yì·si 〈口〉1훌륭하다. 수준급이다. ◇他写的评论真~/그가 쓴 논평은 정말 수준급이다. 2의리가 있다. ◇

他一直守在朋友父亲床前护理, 这人～!/그는 계속 친구 아버님의 병상을 지키며 간호했다. 이 사람은 정말 의리가 있다.

gū

【估】 亻部 5画 | 값 **고**

働평가하다. 추measure하다. 짐작하다. ⇒gù

【估产－산】gū∥chǎn 생산량을 예측하다.

【估堆儿－퇴아】gū∥duīr 働한 무더기로 값을 매기다.

☆【估计－계】gūjì 働평가하다. 추정하다. ◇不要过高地～敌人的力量/적들의 위력을 과대 평가하지 마라.

【估价－가】gū∥jià 働(가격을) 매기다.

【估量－량】gū·liáng 働예측하다. 짐작하다.

【估摸－모】gū·mo 働〈口〉추측하다. 짐작하다.

【咕】 口部 5画 | 투덜거릴 **고**

❷꼬꼬. 구구. 〔닭·비둘기 등이 우는 소리〕

【咕咚－동】gūdōng ❷쿵. 첨벙. 〔물건이 떨어질 때 나는 소리〕

【咕嘟－도】gū·du 働1오랫동안 끓이다. 2〈方〉(화가 나서) 입술을 뾰로통하게 내밀다.

【咕唧－즉】gūjī ❷철썩철썩. 〔물이 튀는 소리〕

【咕隆－룽】gūlōng ❷우르르. 부릉부릉. 〔천둥이나 차의 소리〕

【咕噜－로】gūlū (同)〔咕哝 nong〕

【咕哝－농】gū·nong 働중얼거리다.

【咕容－용】gū·rong 働〈方〉(뱀 따위가) 꿈틀거리다.

【姑】 女部 5画 | 시어미 **고**

1명(～儿)고모. 2명시누이. 3명〈文〉시어머니. 4명(집을 떠난) 여승. 무당. 5부〈文〉잠시. 잠깐.

【姑表－표】gūbiǎo 명고종사촌.

【姑表兄弟－표형제】gūbiǎoxiōng·di 명고종형제.

【姑夫－부】gū·fu (同)〔姑父 fu〕

【姑父－부】gū·fu 명고모부.

☆【姑姑－고】gū·gu 명(同)〔姑母 mǔ〕

【姑舅－구】gūjiù (同)〔姑表 biǎo〕

【姑宽－관】gūkuān 働관대히 봐주다.

【姑老爷－노야】gūlǎo·ye 명1(처가집에서) 사위에 대한 존칭. 2어머니의 고모부.

【姑妈－마】gūmā 명〈口〉(기혼의) 고모.

【姑母－모】gūmǔ 명고모.

【姑奶奶－내내】gūnǎi·nai 명〈口〉1시집간 딸에 대하여 친정에서 부르는 호칭. 2 아버지의 고모.

★【姑娘－낭】gūniáng 명〈方〉1고모. 2시누이.

【姑娘－낭】gū·niang 명1처녀. 아가씨. 2딸.

【姑婆－파】gūpó 명1시고모. 2(同)〔祖 zǔ 姑〕

*【姑且－차】gūqiě 부잠시. 우선. ◇此事～搁起/이 일은 잠시 놔두자.

【姑嫂－수】gūsǎo 명올케와 시누이 사이.

【姑妄言之－망언지】gū wàng yán zhī 〈成〉(사실인지 알 수 없는 것을) 일단 말을 좀 해보자.

【姑息－식】gūxī 働지나치게 관용을 베풀다.

【姑息养奸－식양간】gūxī yǎng jiān 〈成〉지나치게 관용을 베풀어 나쁠일 또는 악인을 조장하다.

【姑爷－야】gū·ye 명〈口〉처가에서 사위를 부르는 말.

【姑丈－장】gūzhàng (同)〔姑父 fu〕

【姑子－자】gū·zi 명〈口〉여승. 비구니.

【轱·軲】 车部 5画 | 수레 **고**

【轱辘－록】gū·lu 1명〈口〉차 바퀴. 2働데굴데굴 구르다.

【辜】 辛部 5画 | 허물 **고**

1명죄. ◇无～/죄 없다. 2働배신하다. 배반하다. 3(Gū)명성(姓).

*【辜负－부】gūfù 働(호의·기대·도움 따위를) 헛되이 하다. 저버리다. ◇不～您的期望/당신의 기대를 저버리지 않겠다.

【孤】 子部 5画 | 외로울 **고**

1명고아. 2명단독의. 고독하다. 외롭다. ◇～雁/외로운 기러기. 3명〈謙〉옛날 왕후(王侯)의 겸칭.

【孤哀子－애자】gū'āizǐ 명고애자. 〔여원 상주(喪主)의 자칭〕

【孤傲－오】gū'ào 명괴팍하면서 오만하다. 도도하다. (同)〔孤高 gāo〕, (反)〔随和 suíhé〕

【孤本－본】gūběn 명유일본.

*【孤单－단】gūdān 1명외토리다. 2명(힘이) 미약하다.

*【孤独－독】gūdú 명고독하다.

【孤儿－아】gū'ér 명1아비 없는 자식. 2부모 잃은 아이.

【孤芳自赏－방자상】gū fāng zì shǎng 〈成〉혼자 잘났다고 여기다. (反)〔自惭形秽 zì cán xíng huì〕

【孤高—고】gūgāo〈형〉〈文〉1고고하다. 2거
만하다.

【孤寡—과】gūguǎ 1〈명〉고아와 과부. 2〈형〉고
독하다.

【孤拐—괴】gū·guai〈명〉〈方〉1광대뼈. 2발
바닥의 양쪽의 도드라진 부분.

【孤家寡人—가과인】gū jiā guǎ rén〈成〉1
과인. 〔옛날 군주가 자기를 겸손하게 이
르는 말〕2외토리. 고독한 사람.

【孤军—군】gūjūn〈명〉고립되어 후원이 없는
군대.

【孤苦—고】gūkǔ〈형〉외롭고 가난하다.

【孤苦伶仃—고령정】gū kǔ líng dīng〈成〉
의지할 데 없이 외롭고 가난하다.

【孤老—로】gūlǎo 1〈형〉늙고 외롭다. 2〈명〉늙
고 외로운 사람.

**【孤立—립】gūlì 1〈형〉고립되어 있다. ◇他
已完全处在了～的境地/그는 이미 완전
히 고립된 처지에 놓였다. 2〈동〉고립하다
〔시키다〕. ◇不要～他/그를 고립시켜
서는 안된다.

【孤零零—령령령】gūlínglíng〈형〉외롭다. 고
독하다. 적적하다. (同)〔孤丁 dīng 丁〕

【孤陋寡闻—루과문】gū lòu guǎ wén〈成〉
학식이 얕고 견문이 좁다. (同)〔寡见少
闻 guǎ jiàn shǎo wén〕, (反)〔见多识
广 jiàn duō shí guǎng〕

【孤僻—벽】gūpì〈文〉〈형〉고괴하다.

【孤身—신】gūshēn〈명〉홀몸.

【孤孀—상】gūshuāng 1고아와 과부. 2〈명〉
〈俗〉과부.

【孤行—행】gūxíng〈동〉〈文〉(남의 반대에도
불구하고) 혼자서 일을 밀고 나가다.

【孤掌难鸣—장난명】gū zhǎng nán míng
〈成〉혼자서는 일을 이루지 못한다. (同)
〔一意孤行 yī yì gū xíng〕, (反)〔集思
广益 jí sī guǎng yì〕

【孤注一掷—주일척】gū zhù yīzhì〈成〉위
급한 때 온 힘을 다 해 한차례 모험을 하
다. 건곤일척.

【孤子—자】gūzǐ 1고아. 2아버지를 여의
어 상중에 있는 사람의 자칭.

【骨(骨)】骨部 gū
⇒gǔ 0画 뼈 골

【骨朵儿—타아】gū·duor〈명〉〈口〉꽃봉오리.

【箍】竹部 gū
8画 대테멜 고
1(～儿)〈명〉(둥근 바퀴 모양의) 테. 띠. 2
〈동〉(대나무·금속 따위의) 테를 씌우다.
(테 모양으로) 둘둘 감다〔말다〕.

gǔ

☆【古】十部 口部 gǔ
3画 2画 옛일 고
1〈명〉옛날. 고대. (反)〔今 jī-
n〕2〈형〉낡다. 오래되다. 3고풍스럽다. 4
〈형〉(인심이) 질박하다. 순박하다. ◇人心
不～/사람들은 순박하다. 5〈형〉고체시. 6
(Gǔ)〈명〉성(姓).

【古奥—오】gǔ'ào〈형〉문장이 예스러워 이해
하기 어렵다. (同)〔深 shēn 奥〕, (反)
〔浅近 qiǎnjìn〕

【古板—판】gǔbǎn〈형〉(사상·작풍 등이) 고
루하고 딱딱하다. (反)〔开通 kāitōng〕

【古城—성】gǔchéng〈명〉고도(古都). 오래
된 도시.

☆【古代—대】gǔdài〈명〉1〈史〉고대. ◇～史/
고대사. (同)〔古昔 xī〕, (反)〔现代 xià-
ndài〕2〈史〉노예제 사회의 시대. 원시
공동체 사회의 시대.

【古道热肠—도열장】gǔ dào rè cháng〈형〉
남을 대하는 태도가 진지하고 다정하다.
(反)〔冷若冰霜 lěng ruò bīng shuāng〕

**【古典—전】gǔdiǎn〈명〉1전고(典故). 2고전.

【古典文学—전문학】gǔdiǎn wénxué〈명〉고
전문학.

【古董—동】gǔdǒng〈명〉1골동품. 2〈喩〉낡은
물건 또는 사고방식이 낡고 보수적인 사람.

【古都—도】gǔdū〈명〉고도.

【古方—방】gǔfāng〈中醫〉옛날부터 전
해 내려오는 처방.

【古风—풍】gǔfēng〈명〉1고풍. 2고체시(古
體詩).

*【古怪—괴】gǔguài〈형〉기괴하다. 괴이하다.
◇样子～/모양이 기괴하다. (同)〔怪诞
dàn〕, (反)〔正常 zhèngcháng〕

【古国—국】gǔguó〈명〉역사가 오랜 나라.

【古话—화】gǔhuà〈명〉옛말.

☆【古籍—적】gǔjí〈명〉고서(古書).

【古迹—적】gǔjì〈명〉역사고적.

【古旧—구】gǔjiù〈형〉오래되고 낡다. 구식이
다. (反)〔时新 shíxīn〕

【古兰经—란경】Gǔlánjīng〈명〉〈宗〉코란.

☆【古老—로】gǔlǎo〈형〉오래되다. ◇～的风
俗/오래된 풍속. (反)〔时新 shíxīn〕

【古朴—박】gǔpǔ〈형〉수수하고 고풍스럽다.

【古琴—금】gǔqín〈명〉〈音〉칠현금(七弦琴).

*【古人—인】gǔrén〈명〉옛사람. (反)〔今人 jīn rén〕

【古色古香—색고향】gǔ sè gǔ xiāng〈成〉
고색이 창연하다.

【古生物—생물】gǔshēngwù〈명〉고생물.

【古生物学—생물학】gǔshēngwùxué〈生〉
고생물학.

【古诗—시】gǔshī〈명〉1고체시(古體詩). 2
고대의 시가(詩歌).

【古时候—시후】gǔshí·hou〈명〉옛날. 옛적.

【古书一서】gǔshū 图고서. 옛날 책.
【古体诗一체시】gǔtǐshī 图고체시.
【古铜色一동색】gǔtóngsè 图〈色〉고동색.
【古玩一완】gǔwán 图골동품.
【古往今来一왕금래】gǔ wǎng jīn lái〈成〉예로부터 지금까지.
*【古文一문】gǔwén 图1고문. 2 5·4운동 이전의 문언문(文言文)의 통칭. 3선진시대의 문자. 특히 ‘许慎’의《说文解字》에 수록된 문자.
【古物一물】gǔwù 图옛 물건. 고물.
【古稀一희】gǔxī 图고희. 70세.
【古训一훈】gǔxùn 图옛사람의 교훈.
【古雅一아】gǔyǎ 图예스럽고 아담하다.
【古音一음】gǔyīn 图1고대의 어음. 2주(周)·진(秦)시기의 어음(語音).
【古筝一쟁】gǔzhēng 图〈音〉쟁.〔목제 현악기〕
【古装一장】gǔzhuāng 图고대의 복장. (反)〔时 shí 装〕
【古拙一졸】gǔzhuō 图예스럽고 질박하다.
【古字一자】gǔzì 图옛 글자.

【牯】牛部│gǔ
　　　5画│암소 고
【牯牛一우】gǔniú 图황소.

【谷·谷²~⁴穀】谷部│gǔ
　　　0画│골 곡, 곡식 곡
图1계곡. 골짜기. 2곡식. 곡물. 3조. 4〈方〉벼. 쌀. 5(Gǔ)图성(姓).
【谷仓一창】gǔcāng 图곡창.
【谷草一초】gǔcǎo 图1조짚. 2〈方〉볏짚.
【谷糠一강】gǔkāng 图쌀겨.
【谷壳一각】gǔké 图왕겨. (同)〔谷麸 fū〕
【谷物一물】gǔwù 图1곡식의 낟알. 2곡물.
【谷雨一우】gǔyǔ 图곡우.〔4월 19~21일〕
**【谷子一자】gǔ·zi 图1〈植〉조. 2좁쌀. 3〈方〉벼의 낟알.

**【股】月部│gǔ
　　　4画│다리 고
图1넓적다리. 2图〈轉〉기관·기업·단체의 하부 조직〕팀. 계. 3(~儿)图올. 4(~儿)图주식. 출자금. 5(~儿)图한 기를 이룬 물건을 세는 단위. ◇一~线/실 한 가닥. ◇一~泉水/샘터 하나. 6(~儿)图맛·기체·냄새·힘 따위를 세는 단위. ◇一~热气/(확 풍기는) 한 줄기의 열기. 7(~儿)图패거리. 집단을 세는 말. ◇两~敌军/두 무리의 적군. 8图직각삼각형 가운데서 긴 직각변.
【股本一본】gǔběn 图〈經〉주식 자본.
*【股东一동】gǔdōng 图〈經〉주주.
*【股份一분】gǔfèn 图〈經〉1주(株). 2주식. 출자본.
【股份(有限)公司一분(유한)공사】gǔfèn(y-ǒuxiàn)gōngsī 图〈經〉주식회사.
【股骨一골】gǔgǔ 图〈生理〉대퇴골.
【股金一금】gǔjīn 图〈經〉출자금.
【股利一리】gǔlì (同)〔股息 xī〕
*【股票一표】gǔpiào 图〈經〉증권.
【股权一권】gǔquán 图〈經〉주주(株主)의 권리.
【股息一식】gǔxī 图〈經〉주식 배당금.
【股子一자】gǔ·zi 图길쭉한 것·기체·맛·힘·무리 따위에 대한 양사.

*【骨(骨)】骨部│gǔ
　　　0画│뼈 골
图1뼈. 2〈喩〉(물체 내부의) 뼈대. 골격. 3기개. 품성. ⇒gū
【骨肥一비】gǔféi 图골분(骨粉) 비료.
【骨粉一분】gǔfěn (同)〔骨肥 féi〕
**【骨干一간】gǔgàn 图1〈生理〉골간. 2〈喩〉중견·핵심·기간. ◇~力量/핵심 세력.
【骨骼一격】gǔgé 图〈生理〉골격. (同)〔骨格 gé〕
【骨鲠一경】gǔgěng〈文〉1图생선의 뼈. 〈喩〉강직한 성격. 2图강직하다.
【骨鲠在喉一경재후】gǔ gěng zài hóu〈成〉생선 뼈가 목구멍에 걸리다. 해야 할 말을 못하다.
【骨灰一회】gǔhuī 图1유골. 2동물의 골회.
【骨架一가】gǔjià 图뼈대. 체격.
【骨胶一교】gǔjiāo 图〈化〉(동물의 뼈에서 뽑아낸) 아교.
【骨节一절】gǔjié 图〈生理〉골 관절. 뼈마디. (同)〔骨关 guān 节〕
【骨科一과】gǔkē 图〈醫〉정형 외과.
【骨力一력】gǔlì 图힘 있고 강대한 필세.
【骨膜一막】gǔmó 图〈生理〉골막.
【骨牌一패】gǔpái 图골패.
【骨盆一분】gǔpén 图〈生理〉골반. (同)〔骨盘 pán〕
【骨气一기】gǔqì 图1기골. 2(서예에서의) 힘찬 필세(筆勢).
*【骨肉一육】gǔròu 图1〈轉〉혈육. 육친. 2〈喩〉(떨어질 수 없는) 절친한 관계.
【骨殖一식】gǔ·shi 图유골.
【骨瘦如柴一수여시】gǔ shòu rú chái〈成〉피골이 상접하다. (同)〔瘦骨嶙峋 shòu gǔ lín xún〕, (反)〔大腹便便 dà fù biàn biàn〕
【骨髓一수】gǔsuǐ 图〈生理〉골수.
【骨炭一탄】gǔtàn 图〈化〉골탄.
【骨头一두】gǔ·tou(又讀 gú·tou) 图1뼈. 2〈喩〉사람의 품성. ◇硬~/강직한 품성. 3〈方〉(말 속에 숨어 있는) 뼈. 가시. 불만.
【骨血一혈】gǔxuè 图〈喩〉육친.〔주로 자녀를 가리킴〕

【骨折－절】gǔzhé [명][동]골절(되다).
【骨子－자】gǔ·zi [명](물건의) 뼈대.
【骨子里－자리】gǔ·zilǐ [명]1〈貶〉〈喩〉속마음. 내심. 2〈方〉〈喩〉개인끼리 임.

【蛊·蠱】虫部 5画 gǔ 회 고
[명]전설상의 독충.
【蛊惑－혹】gǔhuò [동]미혹하다. 꾀다. ◇～人心/인심을 미혹시키다.

☆【鼓】士部 10画 鼓部 0画 gǔ 북 고
1[명]북. 2[명]모양·소리·기능 따위가 북과 비슷한 것. 3[동](악기를) 타다. 치다. 두드리다. (종을) 울리다. 4[동](풀무 따위로) 부채질하다. (바람을) 일으키다. 5[동]고무하다. 북돋우다. 떨쳐 일으키다. 6[형](부풀어 올라) 팽팽하다. 땡땡하다. ◇肚子吃得太～了/많이 먹어서 배가 너무 땡땡해졌다.
【鼓板－판】gǔbǎn (同)〔拍 pāi 板〕
*【鼓吹－취】gǔchuī [동]1고취하다. 2허풍을 떨다.
【鼓槌－추】gǔchuí[명]북채.
【鼓捣－도】gǔ·dao 〈方〉[동]1만지작거리다. 2부추기다. 선동하다. 꼬드기다.
【鼓点子－점자】gǔdiǎn·zi [명]1북을 칠 때의 박자. 2희곡에서의 '鼓板'의 박자. 〔다른 악기를 지휘하는 데 사용함〕
⁑【鼓动－동】gǔdòng 1[동]날개짓하다. ◇～翅膀 chìbǎng/날개짓하다. 2[동]선동하다. 부추기다. ◇经他一～, 不少人都去学习气功了/그가 부추기자 많은 사람들이 모두들 기공을 배우러 갔다. (同)〔打气 dǎqì〕, (反)〔挫伤 cuòshāng〕
【鼓风机－풍기】gǔfēngjī (同)〔风泵 bèng〕
【鼓风炉－풍로】gǔfēnglú [명]〈冶〉용광로.
【鼓鼓囊囊－고낭낭】gǔ·gu nāngnāng (～的)[형](자루 등에 물건이 가득 차서) 불룩하다.
☆【鼓励－려】gǔlì [동]격려하다. 북돋우다. ◇学校采取的这种新措施, ～了不少青年教师/학교에서 채택한 이런 새로운 조치는 적지 않은 젊은 교사들을 격려하였다. (同)〔勉 miǎn 励〕, (反)〔挫伤 cuòshāng〕
【鼓楼－루】gǔlóu [명]고루. 〔옛날 시각을 알리는 북을 설치한 망루〕
【鼓膜－막】gǔmó [명]〈生理〉고막.
【鼓舌－설】gǔ∥shé [동]〈文〉감언이설하다.
【鼓手－수】gǔshǒu [명]북치는 사람.
【鼓书－서】gǔshū (同)〔大 dà 鼓(书)〕
☆【鼓舞－무】gǔwǔ 1[동]고무시키다. 격려하다. ◇他的事迹深深地～着我们/그의 모범 사례는 우리들을 많이 고무시켰다. 2[동]흥분시키다. 진작시키다. ◇令人～/사람들을 흥분시키다.
【鼓乐－악】gǔyuè [명]북의 반주가 섞인 악기의 연주 소리.
【鼓噪－조】gǔzào [동]옛날 출진할 때 북을 치고 함성을 질러서 기세를 올리다. 떠들썩하다.
☆【鼓掌－장】gǔ∥zhǎng [동]손뼉 치다. 박수하다.

gù

【估】亻部 5画 gù 값 고
⇒gū
【估衣－의】gù·yi [명](판매용)헌옷〔싸구려 옷〕.

【固】口部 5画 gù 굳을 고
1[형]튼튼하다. 탄탄하다. 견고하다. 2[형]굳다. 딱딱하다. 3[부]굳이. 단호히. 굳건히. 4[동]튼튼하게 하다. 강화하다. 5[부]〈文〉본디. 원래. 전부터. 6물론. 7(Gù)[명]성(姓).
【固步自封－보자봉】gùbùzìfēng⇒〔故 gù 步自封〕
⁑【固定－정】gùdìng 1[형]고정된. 일정(불변)한. ◇～工资/고정된 월급. (反)〔流动 liúdòng〕 2[동]고정하다〔시키다〕. 정착하다〔시키다〕. ◇～时间/시간을 고정하다.
【固定资产－정자산】gùdìng zīchǎn [명]〈經〉고정 자산.
【固陋－루】gùlòu [형]〈文〉고루하다.
⁑【固然－연】gùrán [부]1물론 …지만. ◇他～很聪明, 但是不努力学习也考不上大学/그는 물론 똑똑하기는 하나 열심히 공부하지 않으면 대학에 붙을 수 없다. 2물론 …거니와. ◇对于一个学生来说, 学习成绩～要好, 思想品德也不能忽视/학생에게는 학업성적도 물론 좋아야 하지만 사고와 도덕도 소홀히 해서는 안 된다.
【固沙林－사림】gùshālín [명]방사림(防沙林).
【固守－수】gùshǒu [동]1고수하다. 2고집하다.
【固态－태】gùtài [명]〈物〉고체상태.
⁑【固体－체】gùtǐ [명]〈物〉고체.
*【固有－유】gùyǒu [형]고유의. 전래의. (反)〔外来 wàilái〕
*【固执－집】gù·zhí 1[동]고집하다. (同)〔执拗 zhíniù〕, (反)〔随和 suí·he〕 ◇～己见/자기의 주장을 고집하다. 2[형]완고하다. 고집스럽다.

*【故】攵部 5画 gù 옛 고, 사건 고
1[명]사고. 사건. 2[명]원인. 까닭. 3[부]고의로. 일부러. ◇明知～犯/분명히 알면서도 잘못을 저지르다. 4[접]그러므로. (同)〔因

此 yīncǐ 5⃞원래의. 종래의. 오래된.
(同)[旧 jiù], (反)[新 xīn] 6⃞친구. 우
정. 옛정. 7⃞(사람이) 죽다. 죽은. (同)
[死 sǐ], (反)[活 huó]

【故步自封一보자봉】gù bù zì fēng〈成〉제
자리 걸음하다. 현상에 만족하여 발전하
려 하지 않다. (同)[固 gù 步自封],
(反)[不主故常 bù zhǔ gù cháng]

【故此一차】gùcǐ 접그러므로. 이때문에.

【故道一도】gùdào 몡옛길.〈轉〉옛날 방법.

【故都一도】gùdū 몡옛 수도.

【故宮一궁】gùgōng 몡고궁.

【故国一국】gùguó 몡1고국. 조국. 2오랜
역사가 있는 나라. 3고향.

【故技一기】gùjì 몡〈喩〉낡은 수법. 상투적
인 수단. ◇~重演/낡은 수법을 다시 사
용하다. (同)[故伎 jì], (反)[新招 xīn-
zhāo]

【故交一교】gùjiāo 몡오래 사귄 친구. 고
우. (同)[旧友 jiùyǒu], (反)[新 xī 交]

【故旧一구】gùjiù (同)[故交 jiāo]

【故居一거】gùjū 몡전에 살던 집. (同)[旧
jiù 居], (反)[新 xīn 居]

【故里一리】gùlǐ 몡고향. (同)[老家 lǎojiā]

【故弄玄虚一롱현허】gù nòng xuánxū〈成〉
짐짓 남을 현혹케 하는 짓을 하다.

【故去一거】gùqù 동〈文〉[去世 shì]

【故人一인】gùrén 몡1옛 친구. 2죽은 사람.

【故实一실】gùshí 몡1역사적 의미가 있는
사실. 2출처. 전고(典故).

【故世一세】gùshì 동세상을 떠나다. (同)
[去世], (反)[出 chū 世]

【故事一사】gùshì 몡〈文〉관습. 선례.

★【故事一사】gù·shi 몡1고사. 이야기. 2플
롯(plot). 줄거리.

【故态一태】gùtài 몡지난날의 상황이나 태
도. 묵은 버릇.

【故土一토】gùtǔ 몡고향.

☆【故乡一향】gùxiāng 몡고향. (同)[家 jiā 乡]

☆【故意一의】gùyì 휘고의로. 일부러. ◇别
责怪他了, 他不是~的/그를 나무라지
말아라. 그가 일부러 그런게도 아닌데.
(同)[有 yǒu 意], (反)[无 wú 意]

【故友一우】gùyǒu 몡1작고한 벗. 2옛 친구.

＊【故障一장】gùzhàng 몡(기계 따위의) 고
장. ◇发生~/고장이 나다.

【故知一지】gùzhī (同)[故交 jiāo]

【故纸堆一지퇴】gùzhǐduī 몡〈貶〉헌책이나
오래된 자료 더미.

【痼】 扩部 | gù
      8画 | 고질 고

【痼疾一질】gùjí 몡고질. (同)[沉痼 chén
gù], (反)[微恙 wēiyàng]

【痼习一습】gùxí 몡오랫동안 몸에 배어 쉽

게 고치기 어려운 습관.

☆【顾・顧】 頁部 | gù
         4画 | 돌아볼 고

1동뒤돌아보다. 바라보다. ◇四~无人/
사방을 둘러보아도 사람이 없다. (同)
[看 kàn] 2동주의하다. 돌보다. ◇他只
~自己, 不~别人/그는 자신만 돌볼 뿐
남은 돌보지 않는다. 3동방문하다. 4몡손
님. 5동〈文〉그러나. 다만. 6동〈文〉오히
려. 도리어. 7(Gù)몡성(姓).

＊【顾不得一불득】gù·bu·de 돌볼 겨를이 없
다. ◇我~这么多, 我一定要去/난 그렇
게 다 신경쓸 겨를이 없다. 난 꼭 가야
한다.

【顾不了一불료】gù·bu liǎo (同)[顾不上
shàng]

【顾不上一불상】gù·bu shàng 돌볼 틈이
없다. ◇他对别人挺照顾, 可自己家
倒~了/그는 남을 잘 돌봐주지만 자신의
집은 오히려 돌볼 겨를이 없다.

【顾此失彼一차실피】gù cǐ shī bǐ〈成〉이것
을 돌보다 보니 저것을 놓치다. 한쪽에
열중하다 보니 다른 쪽을 소홀히 하다.
(反)[面面俱到 miàn miàn jù dào]

【顾得上一득상】gù de shàng (돌볼) 겨를
이[여유가] 되다[있다]. ◇这几天忙得
要死, 也没~来看你/요며칠 너무 바
빠, 너를 보러올 시간도 없다. 주의 주
로 부정 형태인 '顾不上' 또는 반문
어기의 형식으로 쓰임.

【顾及一급】gùjí 동두루 보살피다.

【顾昆一기】gùjì

☆【顾客一객】gùkè 몡고객.

＊【顾虑一려】gùlǜ 동1꺼리다. 삼가다. (同)
[担心 dānxīn], (反)[放心 fàngxīn] 2
몡고려. 우려. 근심. 걱정. 심려.

【顾名思义一명사의】gù míng sī yì〈成〉이
름만 봐도 그 뜻을 알 수 있다. 이름 그
대로.

【顾念一념】gùniàn 동생각하다. 염려하다.

【顾盼一반】gùpàn 동두리번 거리다.

＊【顾全一전】gùquán 동만전을 기하다. ◇
~大局/대국을 고려하다.

＊【顾问一문】gùwèn 몡고문. ◇军事~/군사
고문.

【顾惜一석】gùxī 동아끼다. 가볍게 여기며
돌보다.

【顾绣一수】gùxiù 몡소주(蘇州)에서 생산
되는 자수 제품.

【顾主一주】gùzhǔ 몡고객. 단골.

＊＊【雇(僱)】 户部 | gù
           8画 | 품팔 고

동1고용하다. 2세내다. 빌리다.

【雇工一공】gù∥gōng 1동노동자를 고용하

다. (反)〔东家 dōngjiā〕2명고용된 노동
자 또는 농민.
【雇农一농】gùnóng 명고용살이하는 농사꾼.
*【雇佣一용】gùyōng (同)〔雇用 yòng〕
【雇佣劳动一용노동】gùyōng láodòng 명
고용 노동.
【雇用一용】gùyòng 명동고용(하다).
*【雇员一원】gùyuán 명고용된 직원. 임시직
직원.
【雇主一주】gùzhǔ 명고용주.

guā

**【瓜】 瓜部 | guā
0画 | 참외 과
명〈植〉박과 식물(의 과실).
【瓜代一대】guādài 동〈文〉임기가 차서 교
체하다.
*【瓜分一분】guāfēn 동오이를 쪼개듯이 가
르다. 분배하다.
【瓜葛一갈】guāgé 명오이와 칡.〈轉〉얽히
고 설킨 관계. 관련.
【瓜皮一피】guāpí 명오이 껍질.
【瓜皮帽一피모】guāpímào (～儿)명중국
전통 모자의 일종.

瓜皮帽

【瓜熟蒂落一숙체락】guā shú dì luò〈成〉
때가 무르익으면 일은 저절로 이루어진
다. (同)〔水到渠成 shuǐ dào qú ché-
ng〕, (反)〔欲速不达 yù sù bù dá〕
【瓜田李下一전리하】guā tián lǐ xià〈成〉
남의 의심을 받기 쉬운 곳.
•**【瓜子一자】guāzǐ (～儿)명수박씨·호박씨
등을 통틀어 일컫는 말.◇～脸/갸름한
(미인의) 얼굴.〔달걀형의 얼굴〕

【呱】 口部 | guā
5画 | 아이가 울 고
【呱嗒板儿一탑판아】guā·dabǎnr 명1나무
쪽이나 대나무 쪽으로 만들어진 타악기.
2〈方〉나막신.
【呱呱一고】guāguā 의1개구리나 오리의
울음 소리.
【呱呱叫一고규】guāguājiào 형〈口〉아주 훌
륭하다. 멋지다.

★【刮(颳)】 舌部 | 刂部 | guā
2画 | 6画 | 깎을 괄

명1(칼날로) 깎다. 밀다.◇屠夫不停地～
着猪毛/백정은 쉴새없이 돼지털을 밀고
있다. 2(표면에 풀 따위를) 바르다. 3(재
물을) 긁다. 축재하다. 4동바람이 불다.
◇～着风, 下着雨, 出门不方便/바람이 불
고 비가 내려 길떠나기 불편하다.
【刮地皮一지피】guādìpí (옛날에) 관리가
백성의 고혈을 짜내다.
【刮风一풍】guā∥fēng 동바람이 불다.
【刮宫一궁】guā∥gōng 동〈醫〉자궁 소파
수술을 하다. 낙태수술을 하다.
【刮剌一랄】guā·la (同)〔勾搭 gōu·da〕
【刮脸一검】guā∥liǎn 동면도하다.
【刮脸刀一검도】guāliǎndāo 면도칼.
【刮脸皮一검피】guā liǎnpí〈方〉집게 손가
락으로 얼굴을 긁어 상대방의 뻔뻔스러
운 행동을 질책하다.
【刮目相看一목상간】guā mù xiāng kàn
〈成〉새로운 안목으로 대하다. (同)〔刮目
相待 dài〕
【刮痧一사】guāshā 명〈中醫〉급성 질환의
치료에 쓰이는 민간 요법. 동전 등으로
물·기름을 찍어 환자의 가슴 등을 긁다.

guǎ

【剐·剮】 刂部 | guǎ
7画 | 살바를 과
1명동능지 처참(하다). 2동할퀴다. 찢다.

**【寡】 宀部 | guǎ
11画 | 적을 과
1형적다.◇失道～助/〈成〉도를 잃은 곳
에 도움이 적다. (同)〔少 shǎo〕, (反)
〔众 zhòng〕2형싱겁고 맛없다. (同)〔
淡 dàn〕, (反)〔浓 nóng〕3명과부.
**【寡不敌众一불적중】guǎ bù dí zhòng〈成〉
사람수가 적은 쪽이 사람수가 많은 상대
를 제압하지 못하다.
【寡妇一부】guǎ·fu 명과부.
【寡见少闻一견소문】guǎ jiàn shǎo wén
〈成〉견문이 좁다. (同)〔寡闻少见〕, (反)
〔见多识广 jiàn duō shí guǎng〕
【寡人一인】guǎrén 명〈謙〉과인.〔군주의 자칭〕
【寡头一두】guǎtóu 명과두.

guà

★【挂·掛】 扌部 | guà
6画 | 걸 괘
1동(고리·못 따위에) 걸다.◇他的脖子
上～了个大钥匙 yàoshi/그의 목에 큰 열
쇠를 걸었다. 2동전화를 끊다.◇对方已
经～上电话了/그 쪽에서 벌써 전화를 끊
었다. 3동전화를 걸다.◇给指挥部～个电

话/지휘부에 전화를 걸어주시오. **4**[동](갈고리로) 걸다. ◇～上来/걸어 올리다. **5**[동]〈方〉마음에 걸리다. ◇我总～着家里的事/나는 집안일이 늘 마음에 걸린다. **6**[동]〈方〉(페인트 따위를) 칠하다. (먼지 따위가) …의 표면을 덮다. ◇身上～了一层尘土/온몸에 흙먼지를 뒤집어 쓰다. **7**[동](표정 따위가) 어리다. 띠다. ◇她见我们来，～着满脸笑容迎了出来/그녀는 우리가 오는 것을 보자 온 얼굴에 환한 웃음을 띠며 맞이하였다. **8**[동]등록하다. 접수시키다. ◇～号/(병원에) 접수시키다. **9**[동](미해결 상태로) 남겨두다. 내버려두다. ◇这个案子还～着呢/이 안건은 아직도 (그대로) 남겨두고 있다. **10**[양](송이·줄·대 등의) 세트(set)를 세는 단위. ◇一～大车/사륜 달구지 한 대.

G

【挂碍－애】guà'ài [명]근심. 걱정.
【挂不住－불주】guà ·bu zhù 〈方〉몹시 부끄러워 견딜 수 없다.
【挂彩－채】guà∥cǎi **1**(축하하기 위해) 문밖에 오색비단을 걸다. **2**[동](전투 중에) 부상을 당해 피를 흘리다.
【挂车－차】guàchē [동]동력이 없는 차량.
【挂锄－서】guà∥chú [동]〈轉〉김매기가 끝나다.
*【挂钩－구】guà∥gōu [동]**1**열차를 연결하다. **2**손을 잡다. 제휴하다.
【挂钩－구】guàgōu [명](차 따위의) 연결기.
☆【挂号－호】guà∥hào **1**[동]등록하다. (병원에) 접수하다. **2**[동]〈遞〉등기로 하다. ◇～信/등기 우편.
【挂花－화】guà∥huā [동]**1**(수목이) 꽃을 피우다. **2**전투에서 부상을 당해 피를 흘리다.
【挂画－화】guà huà 그림을 걸다.
【挂怀－회】guàhuái (同)〔挂念 niàn〕
【挂幌子－황자】guà huǎng·zi 〈方〉**1**간판을 내걸다. **2**나타나다. 드러나다.
【挂火－화】guàhuǒ (～儿)[동]〈方〉화내다. 불끈 성내다.
【挂累－루】guàlěi (同)〔连 lián 累〕
【挂历－력】guàlì [명](벽 따위에) 거는 달력.
【挂镰－렴】guà∥lián [동]마지막 수확을 끝내 일년 농사를 마치다.
【挂零－영】guà líng [동]…좀 넘다. …남짓하다. ◇这个人顶多不过四十～/이 사람은 기껏해야 사십 남짓에 불과하다.
【挂炉－로】guàlú [명]훈제용 가마.
【挂虑－려】guàlǜ (同)〔挂念 niàn〕
【挂面－면】guàmiàn [명]마른 국수.
【挂名－명】guà∥míng (～儿)[동]이름만 걸어 놓다. 명의만 있고 실제 일에는 참여하지 않다.
*【挂念－념】guàniàn [동]근심하다. 염려하다. ◇母亲十分～在外地念书的儿子/어머니는 타지에서 공부하는 아들을 몹시 염려한다. (同)〔牵 qiān 挂〕, (反)〔放心 fàng xīn〕
【挂牌－패】guà∥pái [동]**1**(의사나 변호사가) 정식으로 개업하다. **2**(매장 직원·의사 등이) 명찰을 달다.
【挂屏－병】guàpíng (～儿)[명]실내에 거는 장식용 액자.
【挂牵－견】guàqiān(同)〔挂念 niàn〕
【挂欠－흠】guàqiàn [명][동]외상(으로 사다).
【挂失－실】guà∥shī [동](신분증·수표 등의) 분실 신고를 하다.
【挂帅－수】guà∥shuài [동]원수가 되다. 〈喻〉책임자 지위에 오르다.
【挂毯－담】guàtǎn [명]벽에 거는 장식용 융단.
【挂图－도】guàtú [명](벽에 걸어놓고 보는) 큰 지도. 큰 도표. 그림.
【挂心－심】guàxīn (同)〔挂念 niàn〕
【挂羊头卖狗肉－양두매구육】guà yángtóu mài gǒuròu 〈成〉겉과 속이 다르다. 표리 부동하다.(부정적으로 쓰임)
【挂一漏万－일루만】guà yī lòu wàn 〈成〉(열거나 인용에서) 빠뜨린 것이 매우 많다. (反)〔涓滴不漏 juān dī bù lòu〕
【挂衣钩－의구】guàyīgōu [명]옷고리.
【挂帐－장】guà∥zhàng [동]외상으로 사다.
【挂职－직】guàzhí **1**[동]임시로 직책을 맡다. **2**[동]원래 직책을 유보하다.
【挂钟－종】guàzhōng [명]괘종 시계.
【挂轴－축】guàzhóu (～儿)[명]족자.

【褂】 衤部 8画 | guà 마고자 **괘**
(～儿)[명]홑겹의 중국 적삼(웃도리).
【褂子－자】guà·zi [명]중국식의 홑저고리.

guāi

⁑【乖】 丿部 7画 | guāi 어그러질 **괴**
[형]**1**(어린이가) 얌전하다. 착하다. (反)〔吵 chǎo〕 **2**영리하다. 기민하다. (反)〔笨 bèn〕 **3**〈文〉사리에 어긋나다. ◇有～人情/인정에 어긋나다. **4**〈文〉(성격·행위가) 비정상이다. 비꼬이다.
【乖乖－괴】guāiguāi **1**(～儿的)[형]얌전하다. 순종하다. (反)〔倔倔 juéjué〕 **2**[명]귀염둥이. 복동이. 어린애에 대한 애칭.
【乖觉－각】guāijué [형]기민하다. 영리하다. (同)〔乖巧 qiǎo〕, (反)〔迟钝 chídùn〕
【乖戾－루】guāilì [동](성격·언어·행동이) 도리에 맞지 않다. 비뚤어지다.
【乖僻－벽】guāipì [형]성격이 괴팍하다.

G

【乖巧－교】guāiqiǎo 〔형〕1남의 마음에 들다. 깜찍하다. 2눈썰미가 있다.

【乖张－장】guāizhāng 〔형〕1성질이 괴팍하다. 2순탄하지 않다.

guǎi

☆【拐(柺)】 扌部 5画 guǎi 괴

1〔동〕방향을 바꾸다. ◇往右~/오른쪽으로 꺾어들다. 2〔명〕〈方〉모서리. 모퉁이. 3〔동〕다리를 절룩거리다. ◇他腿上的伤治好了, 走路不~了/그는 다리 상처가 다 나아서 걸을 때 절지 않는다. 4〔명〕숫자 '七'의 대칭(代稱). 5〔명〕목발. 협장(脅杖). 5〔동〕유괴하다. ◇他以前~过幼女/그는 예전에 부녀자를 유괴한 적이 있다.

【拐带－대】guǎidài 〔동〕꾀어내서 멀리 가다. 유괴하여 멀리 가다.

【拐棍－곤】guǎigùn (~儿)〔명〕지팡이.

【拐角－각】guǎijiǎo (~儿)〔명〕모퉁이. 구석.

【拐卖－매】guǎimài 〔동〕유괴하여 팔다.

【拐骗－편】guǎipiàn 〔동〕속여서 빼앗다.

∗∗【拐弯－만】guǎi∥wān (~儿)1〔동〕모퉁이를 돌다. 커브를 돌다. 2〔동〕(생각・말 따위의) 방향을 바꾸다. 3〔명〕모퉁이.

【拐弯抹角－만말각】guǎi wān mò jiǎo(~的)1S자로 굽어진 길을 가다. 2(말이나 문장을) 빙빙 돌려하다. (同)〔转 zhuǎn 弯抹角〕, (反)〔直截了当 zhíjié-liǎodàng〕

【拐杖－장】guǎizhàng 〔명〕지팡이.

【拐肘－주】guǎizhǒu 〔명〕〈方〉팔꿈치.

【拐子－자】guǎi·zi 〔명〕1〈口〉절름발이. 2얼레. 3목발. 지팡이. 4유괴범. 사기꾼.

guài

☆【怪(恠)】 忄部 5画 guài 기이할 괴

1〔형〕이상하다. 괴상하다. ◇气候非常~/기후가 매우 이상하다. 2〔동〕의심쩍다. 이상하게 느끼다. 3〔부〕〈口〉꽤. 아주. ◇这小猫长得~可爱的/이 새끼 고양이는 아주 귀엽게 생겼다. 4〔명〕괴물. 요괴. 5〔동〕탓하다. 원망하다. ◇没有饭吃你~谁, 都~你自己/먹을 것이 없는 것을 누구를 탓하겠는가. 모두 네 자신을 탓해야지.

∗∗【怪不得－불득】guài·bu·de 1〔부〕과연. 어쩐지. ◇~多一张票, 是她把自己的让出来了/어쩐지 표가 한 장 많더라니, 그녀가 자기 표를 양보했군. (2〔guài·bu·de〕 탓할 수 없다. ◇他来晚了, ~他, 因为开会时间通知错了/개회시간을 잘못 알렸으므로 그가 늦게 온 것을 탓할 수 없다.

【怪不得呢－불득니】guài ·bu ·de ·ne 어쩐지, 그러면 그렇지. ◇我告诉原因之后, 她就说~/내가 원인을 알려 준 후 그녀는 어쩐지라고 말했다.

【怪诞－탄】guàidàn 〔형〕황당무계하다. 터무니없다.

【怪道－도】guài·dào 〔부〕〈方〉과연. 어쩐지.

【怪话－화】guàihuà 〔명〕1얼토당토 않은 말. 2불평 불만.

【怪模怪样－막괴양】guài mú guài yàng (~儿)〔成〕(모습이나 옷차림이) 이상한 모양. 기묘한 모양.

【怪癖－벽】guàipǐ 〔명〕괴벽.

【怪僻－벽】guàipì 〔형〕괴팍하다.

【怪事－사】guàishì 〔명〕이상한 일. 묘한 일.

【怪物－물】guài·wu 〔명〕1괴물. 2아주 괴팍한 사람.

【怪罪－죄】guàizuì 〔동〕원망하다. 탓하다.

关 321	观 322	纶 323	官 323	棺 324
冠 324	鳏 324	馆 324	管 324	贯 325
惯 325	掼 325	冠 325	盥 325	灌 325
罐 326				

guān

★【关・關】 八部 4画 guān 통할 관

1〔동〕(문을) 닫다. ◇商店~了门/상점이 문을 닫았다. (反)〔开 kāi〕2〔동〕가두다. 감금하다. ◇他把这孩子~了半天了/그는 이 아이를 반나절 가두었다. (反)〔放 fàng〕3〔동〕(기업 따위가) 파산하다. 폐업하다. ◇工厂前年已经~门了/공장이 작년에 벌써 파산되었다. 4〔명〕관문. ◇把~/관문을 지키다. 5〔명〕성문 밖의 구역. ◇城~/성문 밖. 6〔명〕세관. 7〔명〕〈喩〉난관. 관문. ◇难~/난관. 8〔명〕전환 또는 연결 기능을 하는 부분. ◇机~/기관. 9〔동〕관계(가 있다). ◇有~问题/관계되는 문제. 10〔동〕(임금을) 주다(받다). 11〔문〕빗장. 12(Guān)〔명〕성(姓).

∗【关闭－폐】guānbì 〔동〕1닫다. ◇~机场/항을 폐쇄하다. (同)〔闭拢 lǒng〕, (反)〔打开 dǎkāi〕2(공장이나 상점이) 파산하다. (同)〔关门 mén〕, (反)〔开张 kāizhāng〕

【关东－동】Guāndōng 〔명〕〈地〉관동. 산해관(山海關) 동쪽 지방, 즉 '东北三省'지역.

【关东糖－동당】guāndōngtáng 〔명〕맥아와 쌀로 만드는 엿.

【关防－방】guānfáng 1〔명〕기밀의 누설을 막는 조치. 2〔명〕세관. 검역소. 3〔명〕요새. 4

[명]옛날, 관청이나 군대에서 사용하던 직사각형의 도장.

【关乎－호】guānhū [동]…에 관계되다. …에 관련되다.

⁑【关怀－회】guānhuái [동]신경을 쓰다. 관심을 가지다. ◇他是个孤儿，要多～～他/그는 고아이니 더 관심을 가져야 한다. (同)〔关心 xīn〕, (反)〔无视 wúshì〕 [비교] 关怀:关心 ①중시함을 나타낼 때는 "关怀"를 쓰지 않는다. ◇他们责怪学校领导不(×关怀)关心群众的业余文化生活/그들은 학교지도자가 개개인의 여가문화생활에 관심갖지 않는다고 원망한다. ②아랫사람이 윗사람에게 관심을 가질 때는 "关怀"를 쓰지 않는다. ◇我们也应该(×关怀)关心领导/우리도 지도자에게 관심을 가져야 한다.

G

☆【关键－건】guānjiàn 1[명]관건. 열쇠. 2[명]결정적인 요소. 관건. ◇在你的人生道路中，这是十分～的一步/너의 인생길에서 이것이 결정적인 첫걸음이다. 3[형]매우 중요한. 절대 절명의.

【关节－절】guānjié [명]1〈生理〉관절. 2〈轉〉중요한 부분. 중요한 고리. 3〈方〉관공서나 관리에게 뇌물주기. ◇打～/요로에 뇌물을 주다.

*【关节炎－절염】guānjiéyán [명]〈醫〉관절염.

【关口－구】guānkǒu [명]1(국경의) 관문. 2(同)〔关头 tóu〕

【关老爷－노야】Guānlǎo·ye [명]관우(關羽)에 대한 존칭. (同)〔关帝 dì〕

【关联－련】guānlián [명][동]관련(되다). 관계(되다).

【关门－문】guān∥mén 1[동]문을 닫다. (反)〔开 kāi 门〕 2[동]폐업하다. 3[동]극단적으로 표현하다. 4[동]폐쇄하다. ◇～主义/폐쇄주의. 5[명]마지막. ◇～之作/마지막 작품. 6[명]관문.

【关内－내】Guānnèi [명]〈地〉산해관(山海關) 서쪽 또는 가욕관(嘉峪關) 동쪽 일대의 지방. (反)〔关外 wài〕

*【关切－절】guānqiè 1[형]친절하다. 2[동]관심을 가지다. ◇政府在～着地震灾区人民/정부는 지진 재해구역의 난민들에 대해 관심을 가지고 있다.

【关上－상】guānshàng (同)〔寸口 cùnkǒu〕

【关涉－섭】guānshè [동]관계하다. 관련되다.

【关税－세】guānshuì [명]관세.

【关说－설】guānshuō [동]〈文〉남을 대신하여 말하다.

⁑【关头－두】guāntóu [명]막다른 판. 고빗사위. ◇危急～/위급한 시기.

【关外－외】Guānwài [명]〈地〉산해관(山海關) 동쪽 혹은 가욕관(嘉峪關) 서쪽일대의 지방. (反)〔关内 nèi〕

★【关系－계】guān·xì 1[명]관계. ◇要正确处理政治与业务的～/정치와 업무의 관계를 올바르게 처리해야 한다. 2[동]관계하다. 관련되다. 〔주로 '着' 혹은 '到'와 함께 사용됨〕 ◇天气的变化直接～着农作物的生长/날씨의 변화는 농작물의 성장에 직접적으로 관련된다. 3[명](사람 사이 또는 사물 사이의) 관계. ◇他俩既是师生～又是朋友～/그들 둘은 사제관계이면서도 친구관계이다. 4[명]중요성. 관련성. ◇没～，我的伤不重，休息几天就好了/괜찮아, 내 상처가 깊지 않으니 몇일 쉬면 나을거야. 5[명]원인·이유·조건 등을 나타냄. 〔주로 '由'·'因为' 등과 연용〕 ◇因为天气的～，今天不去长城了/날씨 때문에 오늘은 만리장성에 안 간다. 6[명]회원증. 증명서. ◇这是我的组织～/이것은 저의 조직소속의 서류입니다.

【关厢－상】guānxiāng [명]성밖의 큰 거리와 그 일대.

★【关心－심】guān∥xīn 1[동](사람 또는 사물에 대해) 관심을 갖다. 중시하다. ◇～教育事业/교육에 관심을 갖다. 2(guānxīn)[명]관심.

【关押－압】guānyā [동]〈法〉옥에 가두다. 구금하다. (同)〔拘 jū 押〕, (反)〔释放 shìfàng〕

☆【关于－어】guānyú [개]1…에 관해서〔관하여〕. ◇～开设书法课，校长已经同意了/서예 과목을 개설하는 데 관하여 교장은 이미 동의했다. 2…에 관한. ◇昨天放映了一部～末代皇帝的电影/어제 마지막 황제에 관한 영화 한 편을 상영하였다. [비교] 关于:对于 관련 사물을 나타낼 때는 "关于"를 쓰고, 대상을 가리킬 때는 "对于"를 쓴다. ◇学习方法(×关于)对于提高学习效果有很大作用/학습방법은 학습효과를 향상시키는 데 큰 역할을 한다.

【关张－장】guānzhāng [동](상점이나 식당이) 폐업하다. 도산하다.

☆【关照－조】guānzhào [동]1돌보다. 2말로 알리다. (同)〔告诉 gàosu〕 3서로 협조하다. 전면 배치하다.

【关注－주】guānzhù [명][동]관심(을 기울이다).

【关子－자】guān·zi [명](소설이나 연극 따위의) 절정. 클라이맥스. 가장 볼만하거나 흥미진지한 대목.

*【观·觀】 又部 4画 | 贝部 2画 | guān 볼 **관**

1[동]보다. 구경하다. ◇坐井～天/우물속에 앉아 하늘을 보다. 2[명]모습. 경치. 경관. ◇壮～/장관. 3[명]견해. (체계화된)관점. ◇宇宙～/우주관.

✦✦【观测—측】guāncè 통1(천문·지리·기상을) 관측하다. 2(상황을) 살피다.

☆【观察—찰】guānchá 1통관찰하다. 자세히 살피다. ◇去野外～了猫头鹰吃老鼠/들에 나가 부엉이가 쥐를 잡아먹는 것을 관찰했다. 2명관찰. ◇～力/관찰력. [비교]观察:考察 문제를 탐색하고 연구할 때는 "观察"를 쓰지 않는다. ◇两名教授去海南岛(×观察)考察热带森林栽培技术/교수 두 명이 열대림 재배기술을 고찰하러 해 남도에 갔다.

☆【观点—점】guāndiǎn 명1관점. ◇正确的劳动～/정확한 노동관. 2정치적 관점. ◇不同的政治～/다른 정치적 입장. [비교]观点:意见 시험문제의 해답에 대해서는 "观点"을 쓰지 않는다. ◇第三道题应该怎么解答, 我跟他的(×观点)意见不一样/3번 문제는 어떻게 답해야할지 나는 그의 의견과 다르다.

【观风—풍】guān // fēng 통동정을 살피다.

【观感—감】guāngǎn 명보고 느낀 점.

✦【观光—광】guānguāng 통관광하다. 견학하다.

✦✦【观看—간】guānkàn 통관람하다. 보다. ◇请你仔细～/자세히 좀 보시오. [비교]观看:考察 치밀하고 깊이 있게 관찰할 때는 "观看"을 쓰지 않는다. ◇技术人员去欧洲, (×观看)考察现代化养鸡设备, 收获很大/기술자가 유럽에 가서 현대화된 양계시설을 고찰했는데, 성과가 크다.

【观礼—례】guān // lǐ 통의식에 참가하다.

【观摩—마】guānmó 통(경험이나 장점을) 서로 보고 배우다.

✦✦【观念—념】guānniàn 명의식. 생각. ◇旧的传统～/낡은 전통 의식.

✦【观赏—상】guānshǎng 통보며 즐기다. 감상하다. ◇～名花异草/유명한 꽃과 기이한 풀을 감상하다.

【观望—망】guānwàng 통1(마음을 정하지 못하고) 관망하다. 형편을 살피다. 2둘러 보다.

【观象台—상대】guānxiàngtái 명〈天〉관상대.

【观音—음】guānyīn 명〈略〉〈佛〉관세음.

【观音土—음토】guānyīntǔ 명(옛날, 기근이 들었을 때 굶주림을 이겨 내기 위해 먹던) 백토.

【观瞻—첨】guānzhān 1명광경. 외관. 2통구경하다.

【观战—전】guānzhàn 통(경기를) 관전하다.

☆【观众—중】guānzhòng 명관중.

【纶·綸】纟部 guān
4画 푸른실끈 **륜**
⇒lún

【纶巾—건】guānjīn 명옛날 청색 띠를 두른 두건.

☆【官】宀部 guān
5画 벼슬 **관**

1(～儿)명관리. 벼슬아치. 공무원. ◇武～/무관. (反)[民 mín] 2명정부의. 국유의. 3형공동의. 공유의. (同)[公 gōng], (反)[私 sī] 4명〈生理〉생물체의 특정한 생리 기능을 갖는 것의 총칭. ◇五～/오관. 5(Guān)명성(姓).

【官办—판】guānbàn 통국가가 경영하다. (同)[公 gōng 办], (反)[民 mín 办]

【官兵—병】guānbīng 명1장교와 사병. 2정부군.

【官舱—창】guāncāng 명(옛날의) 일등 선실.

【官场—장】guānchǎng 명〈貶〉관리 사회. [주로 관리 사회의 허위·사기·아첨·알력 등의 특징을 부정적으로 사용]

【官到—도】guāndào 1명공무원의 매점매석. 2명매점매석하는 공무원.

【官地—지】guāndì 명(옛날) 국유지.

✦【官方—방】guānfāng 명정부측. ◇～消息/정부측 소식. (反)[民间 mínjiān]

【官府—부】guānfǔ 명1(옛날 지방의) 관아. 2(봉건사회의) 관리.

【官话—화】guānhuà 명1표준 중국어의 옛 명칭. 표준 중국어의 기초 방언인 北方话. (同)[国语 guóyǔ], (反)[方言 fāngyán] 2(同)[官腔 qiāng]

【官家—가】guānjiā 명1관아. 조정. 2옛날, 황제에 대한 호칭. 3옛날, 관리를 말함.

【官架子—가자】guānjià·zi 명관리티. 관료풍.

【官阶—계】guānjiē 명관직의 등급. (同)[官级 jí]

【官吏—리】guānlì 명〈文〉관리. (同)[官僚 liáo], (反)[百姓 bǎixìng]

✦【官僚—료】guānliáo 1명관료. ◇他祖父是清代的一个～/그의 할아버지는 청나라의 한 관료이다. 2형관료주의적이다. ◇～主义作风/관료주의적인 태도.

【官名—명】guānmíng 명1(옛날 아명(兒名)이외의) 정식 이름. 2관직명.

【官能—능】guānnéng 명〈生理〉관능. 기능.

【官气—기】guānqì 명관료티. 관료풍. 관료근성.

【官腔—강】guānqiāng 명관청에서 규칙이나 제도를 핑계로 민원을 건성으로 대하거나 거절하는 말[투].

【官儿—아】guānr 명〈貶〉벼슬아치.

【官商—상】guānshāng 명1국영이나 공영의 상업. 또는 그 종사자. 2(관료주의적인) 국영상점[직원].

【官署—서】guānshǔ 명관청.

【官司—사】guān·si 명〈口〉소송. ◇打～/소송을 걸다.

【官厅—청】guāntīng 명관청.

【官衔－함】guānxián 몡관직명.
【官样文章－양문장】guānyàng- wénzhāng 틀에 박힌 문장.
＊【官员－원】guānyuán 몡관리.
【官职－직】guānzhí 몡관직(의 등급).

＊【棺】木部｜guān
8画｜널 관
몡관. 널.
【棺材－재】guān·cai 몡관. 널.
【棺柩－구】guānjiù 몡〈文〉관. 널.
【棺木－목】guānmù (同)〔棺材 cái〕

【冠】冖部｜guān
7画｜갓 관
몡1관. 모자. 2볏. ◇鸡~/닭의 볏. 3모양이 관처럼 생긴 것. 가장 위에 있는 것. ⇒guàn

【冠冕－면】guānmiǎn 1몡〈文〉옛날 임금이나 관리가 쓰던 모자. 2휑(외관상) 장엄하고 당당하다.
【冠冕堂皇－면당황】guānmiǎn tánghuáng 겉모양이 엄숙하고 정직하다.
【冠心病－심병】guānxīnbìng 몡〈醫〉관상동맥 경화증.
【冠状动脉－상동맥】guānzhuàng dòngmài 몡〈生理〉관상(심장) 동맥.
【冠子－자】guān·zi 몡(닭 따위의) 볏.

【鳏·鰥】鱼部｜guān
10画｜홀아비 환
몡홀아비.
【鳏夫－부】guānfū 몡홀아비.
【鳏寡－과】guānguǎ 몡홀아비와 과부.
【鳏寡孤独－과고독】guān guǎ gū dú〈成〉노동력을 상실하고 의존할 곳이 없는 사람.

guǎn

★【馆·館(舘)】饣部｜guǎn
8画｜객사 관
몡1손님을 접대하고 묵게 하는 건물. ◇旅~/여관. 2외교 사절이 집무하는 건물. ◇使~/대사관. 3(~儿)식당. 호텔 등 서비스 업종의 점포. ◇理发 fà~/이발관. ◇照相~/사진관. 4문화재를 소장·진열하거나 문화 행사를 하는 곳. 5(옛날의) 서당. 글방.
【馆子－자】guǎn·zi 몡음식점. 요리집. ◇下~/음식점에 가다.

☆【管】竹部｜guǎn
8画｜주관할 관, 붓대 관
1몡(~儿)(원통형의) 관. 대롱. 2몡〈音〉관악기. 취주 악기. 3몡원통형의 전자부품. ◇电子~/진공관. 4양길고 원통형인 물건을 세는 단위. ◇两~牙膏/치약 두 개. 5동관장하다. 관리하다. ◇谁~仓库? /누가 창고를 관장하는가? 6동관할하다. 간섭하다. 관여하다. ◇~闲事/쓸데없는 일에 관여하다. 7동담당하다. ◇他~宣传/그는 홍보를 담당한다. 8동책임지고 제공하다. 보증하다. ◇~吃~住/식사와 숙소를 모두 제공하다. 9동단속하다. 지도하다. ◇~孩子/어린이를 지도하다. 10동〈方〉상관하다. 연루하다. ◇他不愿来, ~我什么事?/그가 오지 않으려는데 나와 무슨 상관이 있어요? 11개〈口〉…을 …라고 부르다. ◇人们都~他叫王师傅/사람들은 모두 그를 왕 선생님이라고 부른다. 12접〈方〉어쨌든. 물론〔막론〕하고. ◇这是国家财产, ~什么也不能让它受到损失/이것은 국가재산이니 어쨌든 손실을 보게 해서는 안 된다. 13(Guǎn)몡성(姓).
【管保－보】guǎnbǎo 동보장하다. 장담하다. ◇~成功/성공을 보장하다.
【管不着－불착】guǎn·bu zháo〈口〉관여할 수 없다. ◇谁也~/누구도 관여할 수 없다.
＊＊【管道－도】guǎndào 몡파이프. 도관.
【管得着－득착】guǎn ·de zháo〈口〉관여할 수 있다. ◇你~我吗?/네가 나를 관여할 수 있겠느냐?
【管风琴－풍금】guǎnfēngqín 몡〈音〉파이프 오르간.
【管家－가】guǎn·jiā 1몡(지주·관리 등의) 집사. 2(guǎnjiā)몡관리인.
【管见－견】guǎnjiàn 몡〈謙〉좁은 소견. (同)〔拙 zhuō 见〕, (反)〔高 gāo 见〕
【管…叫…－규…】guǎn…jiào…〈口〉…를 …라고 부르다. ◇以后你就管我叫妈/다음부터 너는 나를 엄마라고 불러라.
【管教－교】guǎnjiào 동보장하다.
【管教－교】guǎn·jiao 1몡동단속하고 (예의 범절을) 가르침〔가르치다〕. (同)〔管束 shù〕, (反)〔放纵 fàngzòng〕 2동단속하고 훈계하다.
【管井－정】guǎnjǐng 몡펌프식 우물.
【管窥－규】guǎnkuī 1동대롱 구멍을 통하여 내다 보다. 2휑〈喩〉편파적인 견해.
【管窥蠡测－규려측】guǎnkuī lícè〈成〉식견이 좁다. (同)〔管中窥豹 guǎn zhōng kuī bào〕, (反)〔见多识广 jiàn duō shí guǎng〕
☆【管理－리】guǎnlǐ 1몡동관리(하다). 관할(하다). 2동(사람을) 단속하다. ◇~罪犯/범인을 관리하다.
【管钳子－감자】guǎnqián·zi 몡〈機〉파이프 렌치(pipe wrench).
【管事－사】guǎn∥shì 1동관리업무를 책임지다. 2(~儿)휑〈口〉효과가 있다. 3몡총무.
【管束－속】guǎnshù 동통제하다. 단속하다.

*【管辖―할】 guǎnxiá 명동관할(하다). ◇
～范围/관할 범위.
【管闲事―한사】 guǎn xiánshì 남의 일에
쓸데없이 참견하다.
【管弦乐―현악】 guǎnxiányuè 명〈音〉관현악.
【管押―압】 guǎnyā 동임시로 구금하다.
【管用―용】 guǎn∥yòng 형효과가 있다. 쓸
모가 있다. (同)〔顶 dǐng 用〕, (反)〔无 wú 用〕
【管乐―악】 guǎnyuè 명〈音〉관악.
【管乐器―악기】 guǎnyuèqì 명〈音〉관악기.
【管制―제】 guǎnzhì 명동관제(하다). 통제
(하다).
【管中窥豹―중규표】 guǎn zhōng kuī bào
(同)〔管窥蠡测 lícè〕
**【管子―자】 guǎn·zi 명관. 파이프.

guàn

【贯・貫】 贝部 guàn
4画 꿸 관
1동꿰뚫다. 관통하다. 2동줄을 잇다. 연
잇다. 3양옛·청대 천 개 동전 꾸러미를
1관이라 함. 4명본관. 원적. 본적. 출생
지. 5(Guàn)명성(姓).
☆【贯彻―철】 guànchè 동(방침·정책 따위
를) 관철하다. ◇我们学校正确地～了政
府的教育方针/우리 학교에서는 정부의
교육방침을 정확하게 관철하였다.
【贯穿―천】 guànchuān 동1관통하다. 꿰뚫
다. 2(同)〔贯串 chuàn〕
【贯串―천】 guànchuàn 동꿰다.
【贯通―통】 guàntōng 동1(학술·사상 따위
에) 통달하다. 연결되다. 개
통하다. 2관통하다.
【贯注―주】 guànzhù 동1(정신·정력을) 집
중하다. 경주(傾注)하다. 2(말의 의미·말
투 따위가) 일관되다.

**【惯・慣】 忄部 guàn
8画 익숙할 관
동1습관이 되다. 익숙해지다. 2응석부리
다. 응석부리게 하다. ◇不能一看孩子/아
이를 응석받이로 키워서는 안 된다.
【惯犯―범】 guànfàn 명상습범.
【惯匪―비】 guànfěi 명상습적인 강도〔비적〕.
【惯技―기】 guànjì 명〈貶〉상투 수단.〔부정
적으로 쓰임〕
【惯家―가】 guàn·jia 명〈貶〉꾼. (어떤 일
에) 이골이 난 사람. 노련한 사람.
*【惯例―례】 guànlì 명1관례. (同)〔向 xià-
ng 例〕, (反)〔特 tè 例〕 2(법에는 없지만
사회의 통념·상식에 해당되는) 불문율.
【惯窃―절】 guànqiè 명상습 절도범. (同)
〔惯盗 dào〕
【惯性―성】 guànxìng 명〈物〉관성. 타성.

*【惯用―용】 guànyòng 형관용적이다. 상투
적이다.〔부정적으로 쓰임〕 ◇～语/관용
어. (反)〔偶 ǒu 用〕
【惯于―어】 guànyú 동…에 익숙하다.
【惯贼―적】 guànzéi 명상습 절도범. (同)
〔惯盗 dào〕

【摜・摜】 扌部 guàn
8画 띠띨 관
동〈方〉1내버리다. 집어던지다. 내팽개치
다. 2(사물의 한쪽 끝을 잡고 다른 한쪽
끝을) 털다. 3넘어지다. 넘어뜨리다.

【冠】 冖部 guàn
7画 갓 관
1동〈文〉모자를 쓰다. 2(명칭 또는 글
자들) 앞에 덧붙이다. 3동일등하다. 으뜸하
다. 우승하다. 4(Guàn)명성(姓). ⇒guān
【冠词―사】 guàncí 명관사.
☆【冠军―군】 guànjūn 명우승. 1등.
【冠军赛―군새】 guànjūnsài 명선수권 대회.

【盥】 皿部 guàn
11画 손씻을 관
〈文〉1동(손·얼굴을) 씻다. 2명대야.
【盥漱―수】 guànshù 동〈文〉세수를 하고
양치질을 하다.
【盥洗―세】 guànxǐ 동〈文〉손과 얼굴을 씻었다.

**【灌】 氵部 guàn
17画 물댈 관
1동물을 대다. 관개하다. 2동(액체를) 부
어넣다. (기체를) 불어넣다. (알맹이를)
쏟아붓다. ◇他正在往锅里～着水呢/그는
지금 솥에 물을 붓고 넣고 있다. 3(吸
xī)3동녹음하다. ◇这位歌唱家～过
许多唱片/이 가수는 많은 레코드를 취입
했었다.
【灌肠―장】 guàn∥cháng 동〈醫〉관장하다.
【灌肠―장】 guàn·chang 명1서양식 소시지
(sausage). 2돼지 창자에 전분을 넣고
찐 식품.
【灌唱片―창편】 guàn∥chàngpiàn (～儿)
동레코드를 취입하다.
**【灌溉―개】 guàngài 명관개(하다).
【灌溉渠―개거】 guàngàiqú 명관개 수로.
【灌浆―장】 guàn∥jiāng 동1〈建〉모르타르
를 흘려 붓다. 2〈農〉(농작물이 여물 때)
물알이 들다. 3〈醫〉(천연두 따위가) 곪
다. 고름으로 차다.
【灌米汤―미탕】 guàn mǐ·tang〈喩〉달콤한
말로 아부하다. 비행기를 태우다.
*【灌木―목】 guànmù 명〈植〉관목.
【灌输―수】 guànshū 동1관개하다. 2(사
상·지식 따위를) 주입하다.
【灌音―음】 guàn∥yīn 명동레코드 취입
(하다). 녹음(하다). (同)〔灌片 piàn〕
【灌园―원】 guànyuán 동〈文〉채소밭에 물

G

을 대다.

【灌注一주】guànzhù 〔動〕1(쇳물을) 붓다. 2(정성을) 쏟아붓다.

**【罐(鑵)】 缶部 17画 / guàn 물동이 관
〔名〕1(～儿)항아리. 단지. 깡통. 2〈礦〉탄차(炭車).

【罐车一차】guànchē 〔名〕탱크차. 탱크 로리.

☆【罐头一두】guàn·tou 1〔方〕깡통. (同)〔罐子 zi〕2통조림. ◇鸡肉～/닭고기 통조림.

【罐子一자】guàn·zi 〔名〕작은 독. 통. 원통형의 용기.

guāng

☆【光】小部 / 儿部 / guāng
3画 / 4画 / 빛 광
1〔名〕빛. 광선. 2〔名〕풍경. 경치. (同)〔景 jǐng〕3〔名〕명예. ◇用不正当手段就是得了第一, 脸上也无～/부정당한 수단으로 우승을 했다하더라도 떳떳하지는 못하다. 4〔名〕(비유) 이득. ◇沾 zhān～/(…의 덕분에) 이득을 얻다. 5〔名〕〈敬〉영광이다. ◇～临/왕림하다. 6〔動〕빛내다. 7〔形〕밝다. 8〔形〕매끄럽다. 번들번들하다. ◇礼堂的地面又～又亮/강당의 바닥은 매끄럽고 광택이 있다. 9〔形〕조금도 남지 않다. 전혀 없다. 〔동사 뒤에 보어로 쓰임〕◇卖～/하나도 남기지 않고 다 팔다. 10〔動〕벌거벗다. ◇他脱得～～的, 跳进河水中/그는 옷을 홀랑 다 벗고 강물 속에 뛰어들었다. 11〔副〕다만. 오직. …만. ◇汽车～漂亮不行, 质量也要好/자동차는 겉모양만 예뻐서는 안되고 질도 좋아야 한다. 12(Guāng)〔名〕성(姓).

【光斑一반】guāngbān 〔名〕〈天〉(태양의) 백반(白斑).

【光板儿一판아】guāngbǎnr 〔名〕1털이 제거된 모피. 2옛날, 도안이나 문자가 없는 동전.

【光波一파】guāngbō 〔名〕〈物〉광파.

**【光彩一채】guāngcǎi 1〔名〕광채. 2〔形〕영광스럽다. ◇我从来没做过这种不～的事情/나는 종래로 이런 영예롭지 못한 일을 한 적이 있다.

【光赤一적】guāngchì 〔形〕알몸을 하다. (同)〔赤露 lù〕, (反)〔遮蔽 zhēbì〕

【光大一대】guāngdà 〈文〉1〔形〕빛나고 성대하다. 2〔動〕성대하게 하다.

【光蛋一단】guāngdàn 〔名〕1〈方〉가난뱅이. 2〈方〉무일푼. 3〔體〕영패(零敗).

【光度一도】guāngdù 〔名〕1〈物〉빛의 강도를 나타내는 단위인 촉. 2〈天〉(항성 표면에서 초당 발하는 에너지) 광도.

【光风霁月一풍제월】guāng fēng jì yuè 〈成〉비가 내린 후 하늘이 맑아져 달이 뚜렷히 보이다. 심경이 맑고 상쾌함. 태평성세.

【光复一복】guāngfù 〔動〕광복하다. 나라를 다시 찾다. (同)〔收复 shōufù〕, (反)〔沦陷 lúnxiàn〕

【光杆儿一간아】guānggǎnr 〔名〕1꽃과 잎이 다 떨어진 초목. 꽃잎이 다 떨어진 꽃. 2〈喩〉대중의 지지를 잃은 지도자.

【光顾一고】guānggù 〔動〕〈文〉〈敬〉손님이 왕림해 주시다.

【光怪陆离一괴육리】guāng guài lù lí 〈成〉(색채가) 요란하다. (현상이) 기이하다.

【光棍一곤】guāng·gùn 〔名〕1건달. 불량배. 2〈方〉세상물정에 익숙한 사람.

*【光棍儿一곤아】guānggùnr 〔名〕홀아비.

【光合作用一합작용】guānghé- zuòyòng 〔名〕〈植〉광합성.

【光华一화】guānghuá 〔名〕광채. 광휘.

**【光滑一활】guāng·huá 〔形〕(물체의 표면이) 매끄럽다. 반들반들하다. ◇皮肤～/살결이 반들반들하다. (同)〔光溜 liu〕, (反)〔粗糙 cūcāo〕

【光环一환】guānghuán 〔名〕1〈天〉(행성 주위의) 밝은 빛의 고리. 2〈佛〉(불상 따위의) 원광. 후광.

*【光辉一휘】guānghuī 1〔名〕찬란한 빛. 2〔形〕빛나다. 훌륭하다. ◇～的形象/빛나는 모습.

【光火一화】guāng // huǒ 〔動〕〈方〉화를 내다. (同)〔发 fā 火〕, (反)〔息怒 xīnù〕

【光洁一결】guāngjié 〔形〕밝고 깨끗하다.

【光景一경】guāngjǐng 〔名〕1경치. 풍경. 2상황. 정경. 광경. 3추정을 나타냄. a)아마도. ◇今天太闷热, ～是要下雨/오늘 너무 후덥지근하니 아마도 비가 내릴 것이다. b)…경. …쯤.

【光亮一량】guāngliàng 〔形〕1밝다. (同)〔明 míng 亮〕, (反)〔黑暗 hēi'àn〕2광택이 있다. 윤기가 흐르다.

**【光临一림】guānglín 〔動〕〈敬〉왕림(하다).

*【光溜一류】guāng·liu 〔形〕〈口〉매끄럽다.

【光溜溜一류류】guāngliūliū (～的)〔形〕〈口〉미끄러운 모양. 매끈매끈한 모양. (反)〔毛糙 máocāocāo〕

*【光芒一망】guāngmáng 〔名〕빛발. ◇～万丈/빛이 멀리 비치다.

☆【光明一명】guāngmíng 1〔名〕광명. ◇山顶上的那点～很快消失了/산 위의 밝은 빛이 잠깐새에 없어졌다. 2〔形〕빛나다. 3〔形〕〈喩〉정의롭다. 전망이 밝다. ◇前途～, 道路曲折 qūzhé/앞날은 유망하고 길은 굴곡적이다. (反)〔黑暗 hēi'àn〕4〔形〕(성

격이) 사심이 없다. 공명정대하다. (反)
〔自私 zìsī〕

【光明磊落－명뢰락】guāngmíng lěiluò 공
명정대하다. (同)〔光明正大 zhèngdà〕,
(反)〔用心险恶 yòng xīn xiǎn è〕

【光明正大－명정대】guāngmíng zhèngdà
〈成〉광명 정대하다.

【光能－능】guāngnéng 囲〈物〉빛 에너지.

【光年－년】guāngnián 囲〈天〉광년.

【光谱－보】guāngpǔ 囲〈物〉스펙트럼. 분
광(分光).

【光圈－권】guāngquān 囲〈撮〉(사진기의)
조리개.

☆【光荣－영】guāngróng 1囲영광스럽다. ◇
～之家/영광스러운 가족(집). (反)〔耻辱
chǐrǔ〕2囲영광.

【光润－윤】guāngrùn 囲윤나다. (피부가)
매끈하다. 함치르르하다.

【光身－신】guāngshēn // shēn 1囲알몸이 되다.
〔보통 '光着 zhe 身(알몸으로)'으로 표현
함〕2(guāngshēn)囲알몸. 나체.

【光束－속】guāngshù 囲〈物〉빛줄기.

【光速－속】guāngsù 囲〈物〉광속도.

【光天化日－천화일】guāng tiān huà rì
〈成〉〈喩〉대낮. 백주.

【光头－두】guāng // tóu 통모자를 쓰지 않다.

【光头－두】guāngtóu 1囲빡빡 깎은 머리.
2대머리.

【光秃秃－독독】guāngtūtū (～的)囲1(머
리가 벗어져) 번들번들하다. 2(나무나
풀 따위가 없어) 민둥민둥하다.

☆【光线－선】guāngxiàn 囲광선. 빛.

【光学－학】guāngxué 囲〈物〉광학.

【光焰－염】guāngyàn 囲광염. 광채.

【光耀－요】guāngyào 1囲빛. 빛발. 2囲囲
영예(롭다). (同)〔荣 róng 耀〕, (反)〔辱
没 rǔmò〕3囲빛내다.

【光阴－음】guāngyīn 囲1시간. 2〈方〉생활.
생계. (同)〔日子 zi〕

【光源－원】guāngyuán 囲〈物〉광원.

【光泽－택】guāngzé 囲광택. 윤기.

【光照－조】guāngzhào 1囲일조(日照). 2
통비치다.

【光子－자】guāng·zi 囲에너지를 가진 빛
을 구성하는 기본 입자.

【光宗耀祖－종요조】guāng zōng yào zǔ
〈成〉조상을 빛내다.

guǎng

＊＊【广·廣】 广部 guǎng
　　　 0画 넓을 광
1囲넓다. ◇我国西北地区地～人稀/우리나
라 서부지역은 땅이 넓고 인구가 적다.

(同)〔大 dà〕, (反)〔狭 xiá〕2囲많다.
(同)〔多 duō〕, (反)〔少 shǎo〕3囲확대
하다. 넓히다. ◇这个神话故事流传是很～
/이 신화는 매우 널리 퍼졌다. 4囲〈略〉
광동성(廣東省)의 준말. 5(Guǎng)囲성
(姓).

★【广播－파】guǎngbō 1囲라디오, TV 프로
그램을 방송하다. 〔유선 방송도 포함〕◇
听, 学校广播站正～着你的文章/들어봐. 지
금 학교방송국에서 네가 쓴 글을 방송하
고 있다. 2囲(라디오·텔레비전·유선 방송
의) 프로그램. ◇听外语～/외국어 프로그
램을 듣는다.

【广博－박】guǎngbó 囲(학식 따위가) 해
박하다. (同)〔丰富 fēngfù〕, (反)〔狭窄
xiázhǎi〕

☆【广场－장】guǎngchǎng 囲광장.

☆【广大－대】guǎngdà 囲1(면적·공간이) 넓
다. ◇中国领土～, 人口众多/중국은 영토
가 넓고 인구도 많다. (反)〔狭小 xiáxiǎ
o〕2광범위하다. ◇今年春季, 掀 xiān 起
了一场～的爱国卫生运动/올 봄에 광범위
한 위생청결운동을 벌렸다. 3(사람·수
가) 많다. ◇～观众/많은 관중. 비교广
大:大 제한된 면적을 나타낼 때는 "广
大"를 쓰지 않는다. ◇中国的每个公园都
很(×广大)大/중국은 공원마다 크다.

【广度－도】guǎngdù 囲넓이. 폭. 〔추상적
인 사물에 쓰임〕

☆【广泛－범】guǎngfàn 囲광범(위)하다. 폭
넓다. ◇会谈的内容十分～/회담 내용이
매우 광범위하다.

☆【广告－고】guǎnggào 囲광고.

【广货－화】guǎnghuò 囲광동(제) 상품.

【广开言路－개언로】guǎng kāi yán lù 〈成〉
언로를 넓게 열어주다. (反)〔杜绝 dùjué
言路〕

☆【广阔－활】guǎngkuò 囲넓다. 광활하다.
◇～的大草原/넓은 대초원. (同)〔宽 kuān
广〕, (反)〔狭窄 xiázhǎi〕

【广袤－무】guǎngmào 1〈文〉(땅의) 길
이와 넓이. 2囲광활하다.

【广土众民－토중민】guǎng tǔ zhòng mín
〈成〉넓은 땅과 많은 인민.

【广义－의】guǎngyì 囲광의. (反)〔狭 xiá 义〕

【犷·獷】 犭部 guǎng
　　　　 3画 추악할 광
囲〈文〉거칠다. 조야하다.

guàng

☆【逛】 辶部 guàng
　　　 7画 놀 광
통한가롭게 거닐다. 산보하다. 놀러 다니다.

G

guī

【归·歸】 彐部 2画 | guī | 돌아갈 **귀

1동돌아가다〔오다〕. ◇无家可~/돌아갈 집이 없다. (同)〔回 huí〕 **2**동돌려〔갚아〕주다. (同)〔还 huán〕, (反)〔借 jiè〕 **3**동한 곳으로 모이다. 쏠리다. 몰려들다. ◇水流千里~大海/강물은 멀리 바다로 흘러간다. **4**…으로 귀착하다. …의 책임이 되다. ◇这所大学~国家教委直接管辖 xiá/이 대학교는 국가 교육부에서 직접 관할한다. **5**중첩동사 사이에 놓여 동작이 서로 관련되지 않거나, 결과가 없음을 표시함. ◇玩~玩, 上课要认真学习/노는 것은 그렇다 치고, 수업할 때는 열심히 배워야 한다. **6**명주산의 나눗셈. **7**(Guī)명성(姓).

【归案—안】guī // àn 동(범인이 붙잡혀서) 사건이 해결되다.

【归并—병】guībìng 동**1**합병하다. (同)〔合 hé 并〕, (反)〔分开 fēnkāi〕 **2**합치다.

【归程—정】guīchéng 명귀로.

【归除—제】guīchú 명〈數〉주산에 있어서 두 자리 이상의 나눗셈.

【归档—당】guī // dàng 동(공문이나 자료 등을) 분류하여 보존한다.

【归队—대】guī // duì 동**1**귀대하다. (同)〔回 huí 队〕, (反)〔离 lí 队〕 **2**〈喩〉원래의 전담 업무로 돌아가다.

【归附—부】guīfù 동(다른 분야·종류의 것이 특정 분야에) 귀속시키다.

*【归根结底—근결저】guī gēn jié dǐ 〈成〉결국. 필경. 종국에는.

【归公—공】guīgōng 동공유로 하다.

【归功—공】guīgōng 동공을 …에게 돌리다.

【归航—항】guīháng 동〈航〉귀항하다.

*【归还—환】guīhuán 동되돌려주다. 반환하다. ◇捡 jiǎn 到东西要~失主/주운 물건은 주인에게 되돌려주어야 한다. (同)〔还给 gěi〕, (反)〔借用 jièyòng〕

*【归结—결】guījié **1**명결과. 결말. **2**동총괄하다. 종합하다.

【归咎—구】guījiù 동〈文〉…의 탓으로 돌리다.

【归类—류】guīlèi 동분류하다.

【归拢—롱】guī·lǒng 동한 데 모으다.

【归路—로】guīlù 명귀로.

*【归纳—납】guīnà **1**명동〈論〉귀납(하다). ◇大家提的意见, ~起来主要就是这三点/여러분이 제시한 의견은 귀납하면 주로 이세 가지입니다. (反)〔演绎 yǎnyì〕 **2**명(일련의 구체적인 사실에서 원리를 귀납하는) 추리.

【归期—기】guīqī 명귀환일.

【归齐—제】guīqí 〈方〉**1**동합치다. 합계하다. **2**명결국.

【归侨—교】guīqiáo 명〈略〉귀국 교포.

【归属—속】guīshǔ **1**동(…에) 귀속하다. **2**명소유권. 관할권.

【归顺—순】guīshùn 동귀순(하다). (同)〔归附 fù〕, (反)〔反叛 fǎnpàn〕

【归宿—숙】guīsù 명귀착점. 낙착점.

【归天—천】guī // tiān 동〈婉〉서거하다.

【归途—도】guītú 명돌아가는 길. 귀로.

【归西—서】guī // xī 동〈口〉〔归天 tiān〕

【归向—향】guīxiàng 동좋은 쪽에 기울다. 〔정치적인 경향을 가리킴〕

【归心—심】guīxīn **1**명집〔고향〕에 돌아가고 싶은 생각. **2**동귀복(歸服)하다.

【归心似箭—심사전】guīxīn sì jiàn 〈成〉집에 가고 싶은 마음이 간절하다.

【归省—성】guīxǐng 동고향에 돌아가서 부모를 뵙다.

【归依—의】guīyī 동〈佛〉귀의하다.

【归于—어】guīyú 동**1**(…에) 속하다. (…에) 돌리다. 〔주로 추상적인 사물에 사용함〕 **2**(…으로) 기울다. (…에) 귀결하다.

【归着—착】guī·zhe (又讀 guī·zhì) 동〈口〉정리하다. 치우다.

【归置—치】guī·zhì 동〈口〉(흩어진 물건을) 정돈하다.

【归总—총】guīzǒng 동(한곳에) 모으다. 모두 합치다.

【归罪—죄】guīzuì 동 …에게 죄를 돌리다. ◇~于人/남에게 죄를 돌리다.

【闺·閨】 门部 6画 | guī | 협문 **규**

명**1**〈文〉위는 둥글고 아래는 각이 진 작은 문. **2**규방.

【闺房—방】guīfáng 명규방.

【闺阁—각】guīgé 명규방.

【闺门—문】guīmén 명〈文〉'闺房'의 문.

*【闺女—녀】guī·nǚ 명**1**처녀. **2**〈口〉딸.

【闺秀—수】guīxiù 명규수.

*【硅】 石部 6画 | guī | 유리 만드는 흙 **규**

명〈化〉실리콘. 규소.

【硅肺—폐】guīfèi 명〈醫〉규폐증(硅肺症).

【硅钢—강】guīgāng 명〈冶〉규소강.

【硅石—석】guīshí 명〈礦〉규석.

【硅酸—산】guīsuān 명〈化〉규산.

【硅酸盐—산염】guīsuānyán 명〈化〉규산염.

*【龟·龜】 刀部 5画 | guī | 거북 **귀**

명〈動〉거북. ⇒jūn, qiū

【龟板—판】guībǎn 명〈中醫〉귀갑(龜甲).〔거

북등의 껍데기로 약 재료에 쓰임]

【龟甲-갑】guījiǎ 圀귀갑. 거북의 등껍데기.

【龟缩-축】guīsuō 图〈喻〉움츠리다. 웅크리다.

【龟头-두】guītóu 圀〈生理〉귀두.

【规·規(槼)】 见部 规 4画 guī 법칙 规

1圀콤파스. 2圀규칙. 규정. ◇校~/학교 규정. 3圀〈文〉권고하다. 충고하다. 4통〈文〉꾀하다. 계획하다.

【规避-피】guībì 图회피하려 하다.

【规程-정】guīchéng 圀규정. 규칙.

☆【规定-정】guīdìng 1圀규정하다. ◇工会~/不许在礼堂吸烟/노조에서는 회관 안에서 담배를 못 피우도록 정하였다. 2圀규정. 규칙. ◇作出了新的~/새로운 규정을 내놓았다.

＊【规范-범】guīfàn 1圀규범. 표준. 2통규범에 맞도록 하다. 3圀규범에 맞다.

【规范化-범화】guīfànhuà 통규범화하다.

＊【规格-격】guīgé 圀1규격. 2정한 조건, 기준.

＊＊【规划-획】guīhuà 1圀(장기적) 계획. 2통계획하다. ◇统一~/일괄적으로 계획하다.

＊＊【规矩-구】guī·ju 1圀〈轉〉규칙. 기준. 관습. ◇哪儿有哪儿的~/어느 곳이든지 그곳의 규칙이 있기 마련이다. 2圀(행실이)단정하다. 성실하다. 분수를 지키다. ◇爷爷是个规规矩矩的老农民/할아버지는 매우 성실한 나이 많은 농민이다. (同)〔正派 zhèngpài〕, (反)〔狡猾 jiǎohuá〕

☆【规律-율】guīlǜ 圀법칙. 규칙. ◇事物发展的~/사물 발전의 법칙.

【规律性-율성】guīlǜxìng 圀법칙성.

☆【规模-모】guīmó 圀규모. ◇工程的~很大/공사의 규모가 매우 크다.

【规劝-권】guīquàn 图정중히 충고하다. 만류하다.

【规行矩步-행보】guī xíng jǔ bù 〈成〉1규범대로 행동하다. 2〈喻〉융통성이 없어 변통을 부릴 줄 모르다. 행동이 소심하고 보수적이다.

【规约-약】guīyuē 1圀규약. 조약. 2圀통제한(하다). 구속(하다).

＊＊【规则-칙】guīzé 圀1규칙. ◇比赛~/경기규칙. 2圀규칙적이다. 단정하다. ◇你画的图形不~/네가 그린 도형은 규칙적이지 않다. 3圀법칙.

＊【规章-장】guīzhāng 圀규칙. 규정. ◇~制度/규칙과 제도.

【瑰】 王部 瑰 9画 옥돌 瑰

1圀옥과 같은 돌. 2圀〈文〉진기하다. ◇~异/매우 기이하다.

【瑰宝-보】guībǎo 圀진귀한 보물.

【瑰丽-려】guīlì 圀매우 아름답다. 유달리 아름답다.

guǐ

【轨·軌】 车部 轨 2画 굴대 轨

圀1레일. 2궤도. 선로. ◇脱~/궤도를 벗어나다[탈선하다]. 3〈喻〉규칙. 상궤(常轨). 법도. ◇越~/정상에서 벗어나다. 4〈文〉图의거하다. 따르다. ◇~于法令/법에 의거하다.

＊＊【轨道-도】guǐdào 圀1궤도. 2〈宇航〉공전 궤도. 3〈物〉궤도. 4(행동이 따라야 하는) 규칙. 순서. 범위.

【轨迹-적】guǐjì 圀1〈數〉궤적. 2〈天〉궤도. (同)〔轨道 dào〕3〈喻〉인생행로.

【轨距-거】guǐjù 圀궤간(軌間).

【轨枕-침】guǐzhěn 圀(철도의) 침목.

【诡·詭】 讠部 诡 6画 괴이할 诡

1图속이다. 기만하다. 2圀교활하다. 능글맞다. 3圀〈文〉기이하다. 이상 야릇하다.

【诡辩-변】guǐbiàn 1圀〈論〉궤변. 2통궤변을 늘어놓다.

【诡计-계】guǐjì 圀교활한 계략. 못된 꾀. ◇阴谋~/음모계략.

【诡谲-휼】guǐjué 〈文〉圀1기이하며 종잡을 수 없다. 2괴상하다. 3간교하다.

【诡秘-비】guǐmì 圀(행동·태도 등이) 수수께끼처럼 종잡을 수 없다.

【诡诈-사】guǐzhà 圀교활하다. 간악하다.

☆【鬼】 鬼部 鬼 0画 귀신 鬼

1圀귀신. 도깨비. 유령. 망령. ◇他吓得大喊：“~来了！”/그는 놀라서 “귀신이다！”라고 소리질렀다. 2圀〈罵〉◇酒~/술군. 3圀음험하다. 속이 검다. 내흉스럽다. 4(~儿)圀속임수. 못된 짓. 음모. 흉계. ◇办事要正大光明，不要搞~/정정당당하게 일을 처리해야지 꿍꿍이 수작해서는 안된다. 5圀열악하다. 지독하다. ◇这个~地方下次再也不来啦/이 열악한 곳에 다시는 오지 않겠다. (同)〔坏 huài〕, (反)〔好 hǎo〕6圀〈口〉(어린이가) 똑똑하다. 영리하다. 약삭빠르다. ◇你家的小猫真~/너의 집 새끼고양이는 정말 영리하다. 7圀이십팔수(二十八宿)의 하나.

【鬼把戏-파희】guǐbǎxì 圀흉계. 모략.

【鬼点子-점자】guǐdiǎn·zi (同)〔诡计 gu-íjì〕

【鬼斧神工-부신공】guǐ fǔ shén gōng 〈成〉건축이나 조각 등이 기막힐 정도로

G

정교하다.

【鬼怪-괴】guǐguài 圐귀신과 요괴.

【鬼话-화】guǐhuà 圐허튼 소리. 거짓말. (同)〔假 jiǎ 话〕, (反)〔真 zhēn 话〕

【鬼魂-혼】guǐhún 圐망령.

【鬼混-혼】guǐhùn 圄1빈둥거리다. 빈둥빈둥 날을 보내다. 2정당치 못한 생활을 하다.

【鬼火-화】guǐhuǒ 圐〈俗〉도깨비불.

【鬼哭狼嚎-곡랑호】guǐ kū láng háo (同)〈成〉〈貶〉처절하게 통곡하다. 처참하게 아우성치다. (同)〔鬼哭神 shén 嚎〕, (反)〔欢声笑语 huān shēng xiào yǔ〕

【鬼脸-검】guǐliǎn (~儿)圐1가면. 2일부러 우습게 만든 표정.

【鬼门关-문관】guǐménguān 圐1위험한 곳 〔고비〕. 2생사의 갈림길.

【鬼迷心窍-미심규】guǐ mí xīn qiào 귀신에 씌우다.

【鬼儿-아】guǐr 圐〈俗〉부정. 속임.

【鬼神-신】guǐshén 圐귀신.

【鬼使神差-사신차】guǐ shǐ shén chāi〈成〉귀신이 한 노릇이다. 귀신에 홀리다.

【鬼祟-수】guǐsuì 圐뒤에서 살금살금 못된 짓을 하는 모양. (反)〔光明 guāngmíng〕

【鬼胎-태】guǐtāi 圐뒤가 켕기는 생각.

【鬼蜮-역】guǐyù 圐음험하게 남을 해치는 놈.

【鬼知道-지도】guǐ zhīdào〈口〉아무도 알 수 없다. 알 게 뭐야! ◇为什么他总爱发脾气一一/그는 왜 늘 화를 내는거야?－알 게 뭐야!

*【鬼子-자】guǐ·zi 중국을 침략하는 외국인을 멸시하는 욕말. ◇日本~/일본놈〔왜놈〕.

guì

【刽·劊】刂部 | guì (又讀kuài)
6画 | 끊을 회
圄〈文〉자르다. 절단하다. 끊다.

【刽子手-자수】guì·zishǒu 圐1망나니. 2〈喩〉인간 백정. (무고한 백성을 죽이는) 도살자.

【柜·櫃】木部 | guì
4画 | 궤 궤
圐1(~儿)(옷이나 서류를 넣는) 장. 찬장. 궤(짝). 2계산대. 카운터. 상점.

【柜橱-주】guìchú 圐아래쪽이 여닫게 된 테이블 모양의 궤.

**【柜台-태】guìtái 圐계산대. 카운터.

★【贵·貴】贝部 | guì
5画 | 귀할 귀
1圐(값이) 비싸다. ◇中国的纺织品不太~/중국의 섬유제품은 비싼 편이 아니다. 2圐귀(중)하다. 가치가 높다. ◇可~/귀하다. 3圄중히 여기다. 중시하다. ◇锻炼

身体, ~在坚持/운동을 함에 있어서 중요한 것은 의지력이다. 4圐지위가 높다. ◇~妇人/귀부인. (同)〔高 gāo〕, (反)〔贱 jiàn〕 5圐〈敬〉존경의 뜻을 나타내는 말. ◇~方/귀측. (同)〔尊 zūn〕, (反)〔敝 bì〕 6(Guì)圐성(姓).

【贵宾-빈】guìbīn 圐귀빈. 귀중한 손님.

**【贵庚-경】guìgēng 圐연세. 춘추. (反)〔贱年 jiànnián〕

【贵国-국】guìguó 圐귀국.

【贵客-객】guìkè 圐귀한 손님.

【贵人-인】guìrén 圐1귀인. 신분이 높은 사람. (同)〔显 xiǎn 贵〕, (反)〔贱人 jiànrén〕 2귀인. 〔황후 다음 비빈 중의 지위〕

★【贵姓-성】guìxìng 圐〈敬〉상대의 성(姓)의 높임말. ◇您~?/성이 어떻게 되십니까? (同)〔尊 zūn 姓〕, (反)〔敝 bì 姓〕

【贵恙-양】guìyàng 圐〈敬〉병환. (反)〔贱疾 jiànjí〕

*【贵重-중】guìzhòng 圐귀중하다. ◇~仪器/귀중한 계기. (同)〔名 míng 贵〕, (反)〔轻贱 qīngjiàn〕

*【贵族-족】guìzú 圐귀족. (反)〔平民 píngmín〕

【桂】木部 | guì
6画 | 계수나무 계
圐1〈植〉육계(肉桂). 2금계(金桂). 3〈植〉월계수. 4〈植〉계피나무. 5(Guì)〈地〉계강. 〔광서성(廣西省)에 있는 강 이름〕 6(Guì)〈地〉광서성의 다른 이름. 7(Guì)성(姓).

*【桂冠-관】guìguān 圐월계관.

【桂花-화】guìhuā 圐1〈植〉물푸레나무. 목서나무. 2(~儿)물푸레나무의 꽃.

【桂皮-피】guìpí 圐1〈植〉계피나무. 2계피나무의 껍질. 3〈藥〉육계(肉桂).

【桂圆-원】guìyuán (同)〔龙眼 lóngyǎn〕

☆【跪】足部 | guì
6画 | 꿇어앉을 궤
圄무릎을 꿇다.

【跪拜-배】guìbài 圄무릎을 꿇고 절하다.

【跪倒-도】guìdǎo 圄꿇어 엎드리다.

gǔn

☆【滚·滾】氵部 | gǔn
10画 | 물끓는거릴흐를 곤
1圄구르다. 뒹굴다. 굴리다. ◇在雪地上~雪球, 也很有意思/눈밭에서 눈덩이를 굴리는 것도 매우 재미있다. 2圄물러가다. 꺼지다. ◇跟这种人没道理可讲, 我让他~了/이런 사람과 시비를 따질 수 없어 그보고 썩 꺼지라고 했다. 3圄(물이) 세차게 흐르다. 소용돌이 치다. 물이 펄펄 끓었다. ◇锅里水~了/솥에 물이 펄

펄 끓다. **4**[동]바이어스를 대다. (옷단에) 선을 두르다. **5**(Gǔn)[명]성(姓).
【滚存－존】gǔncún [명][동]〈商〉이월(하다).
【滚蛋－단】gǔn∥dàn 〈罵〉썩 꺼져라.
*【滚动－동】gǔndòng [동](공·바퀴 따위가) 굴러가다. ◇车轮～/차바퀴가 굴러가다.
【滚翻－번】gǔnfān [명]〈體〉텀블링.
【滚杠－강】gǔngàng [명]〈機〉굴림대. 롤러.
【滚瓜烂熟－과란숙】gǔnguā- lànshú 〈成〉 책을 거침없이 읽거나 외운다.
【滚瓜溜圆－과류원】gǔnguā- liūyuán (가축 따위가) 통통하게 살찌다.
【滚滚－곤】gǔngǔn [형]**1**(물 따위가) 세차게 굽이쳐 흐르는 모양. **2**〈轉〉끊임없는 모양.
【滚开－개】gǔnkāi [동]물이 펄펄 끓다.
【滚轮－륜】gǔnlún [명]롤러(roller). (同)〔滚子 zi〕
【滚热－열】gǔnrè [형]몹시 뜨겁다. (同)〔火烫 huǒtàng〕, (反)〔冰冷 bīnglěng〕
【滚水－수】gǔnshuǐ **1**[동]물이 넘치다. **2**(gǔnshuǐ) [명]펄펄 끓는〔끓인〕 물. (同)〔开 kāi 水〕, (反)〔冷 lěng 水〕
【滚烫－탕】gǔntàng [형](물이나 음식이) 매우 뜨겁다.
【滚筒－통】gǔntǒng [명]〈機〉실린더. 로울러.
【滚圆－원】gǔnyuán [형]아주 동그랗다.
【滚珠－주】gǔnzhū (～儿)[명]〈機〉볼 베어링의 쇠구슬.
【滚珠轴承－주축승】gǔnzhū zhóuchéng [명]〈機〉볼 베어링.

【磙(磙)】 石部 10画 | gǔn 땅고르개 곤

1[명](돌이나 철로 만든) 롤러(roller). **2**[동]롤러를 써서 고르다〔평평하게 하다〕.
【磙子－자】gǔn·zi [명]**1**(롤러(roller). **2**농기구의 일종.〔중간은 굵고 양끝은 다소 가는 원통형의 돌로, 씨를 뿌린 후 덮은 흙을 누르는 데 씀〕

【辊·輥】 车部 8画 | gǔn 빠르게구를 곤

[명]롤러(roller).
【辊子－자】gǔn·zi [명]〈口〉〈機〉롤러.

gùn

【棍】 木部 8画 | gùn 곤장 곤

[명](～儿)**1**막대기. 몽둥이. **2**무뢰한. 건달. 악당.
【棍棒－봉】gùnbàng [명]**1**옛날 무기용 방망이. **2**〈體〉곤봉.
【棍茶－차】gùnchá [명]차 나무 줄기로 제조한 저급 차.
⁑【棍子－자】gùn·zi [명]막대기. 몽둥이.

guō

☆【锅·鍋】 钅部 7画 | guō 노구 과

[명]**1**남비. 솥. 가마. **2**가열용의 기구. **3**(～儿)보시기처럼 우묵한 부분.
【锅巴－파】guōbā [명]누룽지.
【锅饼－병】guō·bing [명]솥뚜껑같이 큼직하고 두껍게 구운 밀가루 전병.
【锅伙－화】guō·huo (～儿)[명]옛날, 상인이나 노동자들의 임시 공동 숙소.
⁑【锅炉－로】guōlú [명]〈機〉보일러.
【锅圈－권】guōquān (～儿)[명]**1**(솥이나 남비의) 받침. **2**머리 위를 깎고, 둘레만 남겨두는 어린애의 머리 모양.
【锅台－대】guōtái [명]부뚜막.
【锅贴儿－첩아】guōtiē [명]구운 만두.
【锅烟子－연자】guōyān·zi [명](솥밑의) 검댕.〔검정 안료로 쓰임〕

【蝈·蟈】 虫部 8画 | guō 청머구리 귁

【蝈蝈儿－괵아】guō·guor [명]〈虫〉철써기.

guó

★【国·國】 口部 5画 | guó 나라 국

[명]**1**국가. 나라. ◇～画/동양화. **2**국가를 대표하거나 상징하는 것. ◇～旗/국기. **3**한 나라에서 제일 좋은 것. ◇～色/국색〔경국지색〕. **4**자기 나라. 본국. 자국. **5**(Guó)성(姓).
【国宾－빈】guóbīn [명]국빈.
【国策－책】guócè [명]국책. 국가의 정책.
*【国产－산】guóchǎn [명][형]국산(의). ◇～品/국산품. (反)〔进口 jìnkǒu〕
【国耻－치】guóchǐ [명]국치. 나라의 치욕.
【国粹－수】guócuì [명]국수. 한 국가·민족에게 고유한 문화의 정화.
【国都－도】guódū [명]수도.
【国度－도】guódù [명]국가.〔국가의 영역을 가리킴〕
*【国法－법】guófǎ [명]〈法〉국법.
⁑【国防－방】guófáng [명]국방. ◇～建设/국방 건설.
【国歌－가】guógē [명]국가.
【国故－고】guógù [명]**1**그 나라 고유의 문화와 학술.〔주로 언어·문자·문학·역사 등을 가리킴〕 **2**(재난·전쟁·전염 등 비상시의) 국가 대사.
【国号－호】guóhào [명]국호.
【国花－화】guóhuā [명]국화.
【国画－화】guóhuà [명]〈美〉중국화. 동양화.

(反)〔西洋画 xīyánghuà〕

【国徽－회】guóhuī 图국장(國章).〔나라를 상징하는 휘장〕

＊【国会－회】guóhuì 图〈政〉국회.

【国货－화】guóhuò 图국산품. (反)〔洋 yáng huò 货〕

＊【国籍－적】guójí 图1국적. ◇外国～/외국 국적. 2(비행기·선박 따위의) 소속국. ◇一架～不明的飞机/국적 불명의 비행기인 대.

【国计－계】guójì 图국가 경제.

☆【国际－제】guójì 图국제. ◇～水平/국제적인 수준.

【国际歌－제가】Guójì Gē 图인터내셔널의 노래(The Internationale). 국제 무산계급 혁명가.

【国际公法－제공법】guójìgōngfǎ 图〈法〉국제 공법. 국제법.

【国际公制－제공제】guójì gōngzhì 图〈物〉2개국 이상의 공동 관리 미터법.

【国际公管－제공관】guójì gōngguǎn 图〈法〉2개국 이상의 공동 관리.

【国际劳动节－제노동절】Guójìláodòng Jié 图메이 데이(May－Day). 국제 노동 기념일.

【国际联盟－제연맹】Guójì Liánméng 图국제 연맹.

【国际象棋－제상기】guójì xiàngqí 图체스(chess). 서양장기.

【国际音标－제음표】guójì yīnbiāo 图〈言〉국제 음성 자모. (IPA)

＊【国际主义－제주의】guójì zhǔyì 图〈政〉국제주의.

★【国家－가】guójiā 图국가. 나라.

【国家资本主义－가자본주의】guójiā zīběn zhǔyì 图국가 자본주의.

【国交－교】guójiāo 图국교.

【国教－교】guójiào 图국교.

【国界－계】guójiè 图국경선.

【国境－경】guójìng 图국경.

【国库－고】guókù 图〈經〉국고.

＊【国力－력】guólì 图국력.

【国联－련】Guólián 图〈略〉국제 연맹.

＊【国民－민】guómín 图국민.

☆【国民党－민당】Guómíndǎng 图(중국) 국민당.

【国民经济－민경제】guómín jīngjì 图〈經〉국민 경제.

【国民生产总值－민생산총치】guómín shēngchǎn zǒngzhí 图〈經〉국민 총생산. (GNP)

【国民收入－민수입】guómín shōurù 图〈經〉국민 소득.

【国难－난】guónàn 图국난. 국가의 위난.

【国内－내】guónèi 图국내. (同)〔海 hǎi 内〕, (反)〔国外 wài〕

＊＊【国旗－기】guóqí 图국기.

＊【国情－정】guóqíng 图국정. 나라의 사정. ◇不同的国家有不同的～/나라에 따라 나라 사정도 다르다.

＊＊【国庆－경】guóqìng 图건국 기념일.

【国色－색】guósè 图〈文〉국색.〔그 나라에서 가장 용모가 뛰어난 여자〕

【国史－사】guóshǐ 图1국사. 2고대의 사관.

【国事－사】guóshì 图국가 대사.

【国手－수】guóshǒu 图(의술·장기 등의) 일인자.

【国书－서】guóshū 图(한 나라의 대사가 다른 나라에 부임할 때 자국 원수가 주재국 국가원수에게 전달하는) 신임장.

【国术－술】guóshù 图중국 고유의 무술.

【国泰民安－태민안】guó tài mín ān 〈成〉나라는 태평하고 민생은 안정되어 있다. (同)〔安居乐业 ān jū lè yè〕, (反)〔流离失所 liú lí shī suǒ〕

＊【国土－토】guótǔ 图국토. ◇收复～/국토를 수복하다〔되찾다〕.

【国外－외】guówài 图국외. (同)〔海 hǎi 外〕, (反)〔国内 nèi〕

☆【国王－왕】guówáng 图국왕. (同)〔君主 jūnzhǔ〕, (反)〔臣下 chénxià〕

【国文－문】guówén 图국문. 국어.

【国务－무】guówù 图국무. 국사.

【国务卿－무경】guówùqīng 图〈政〉1국무경.〔중화민국 초기, 대총통(大总统)의 보좌역〕2(미국의) 국무장관.

＊＊【国务院－무원】guówùyuàn 图〈政〉1(중국 행정부의 집행기관) 국무원. ◇～总理/국무총리. 2(미국의) 국무성.

【国学－학】guóxué 图국학. 중국 고대의 문헌을 연구하는 학문. (同)〔中 zhōng 学〕, (反)〔西 xī 学〕

【国宴－연】guóyàn 图〈文〉정부에서 국빈을 초대하여 개최하는 연회. ◇设～/연회를 베풀다.

【国音－음】guóyīn 图국가가 심사하여 결정한 중국어의 표준음.

＊【国营－영】guóyíng 图국영. ◇～农场/국영농장. (同)〔公 gōng 营〕, (反)〔私 sī 营〕

【国有－유】guóyǒu 图국유. ◇～财产/국유재산. (反)〔私 sī 有〕

【国有化－유화】guóyǒuhuà 图동국유화(하다).

【国语－어】guóyǔ 图1국어. 그 나라의 공통어. (同)〔官话 guānhuà〕, (反)〔方言 fāngyán〕2중국 초·중학교의 중국어 과목.

【国葬－장】guózàng 图국장.

【国贼－적】guózéi 图매국노.

【国债－채】guózhài 명국채.

guǒ

【果】木部 / 4画 | guǒ 열매 **과**

1(～儿) 명과실. 열매. (同)〔实 shí〕 2명결과. (反)〔因 yīn〕 3형단호하다. 결단성이 있다. ◇～敢/과감하다. 4형과연. 참으로. 5(Guǒ)명성(姓).

【果不其然－기연】guǒ·bu qí rán〈成〉과연. 아니나 다를까.

*【果断－단】guǒduàn 형단호하다. 과단성 있다. ◇采取～措施 cuòshī/단호한 조치를 취하다. (同)〔果决 jué〕, (反)〔犹豫 yóuyù〕

【果饵－이】guǒ'ěr 명(간식용의) 과자.

【果脯－포】guǒfǔ 명(복숭아·살구·배·대추 등의 과일을 설탕이나 꿀에 재어 만든 식품) 과일절임.

【果敢－감】guǒgǎn 형과감하다.

【果核－핵】guǒhé (～儿)명과일의 씨.

【果酱－장】guǒjiàng 명과일잼. (同)〔果子zi 酱〕

【果决－결】guǒjué 형결단력 있다.

【果木－목】guǒmù 명과수.

【果皮－피】guǒpí〈植〉과피. 열매 껍질.

【果品－품】guǒpǐn 명과일과 말린 과일.

【果儿－아】guǒr〈方〉계란.

☆【果然－연】guǒrán 1부과연. 생각한 대로. ◇这个电影我刚看完, ～挺好/이 영화를 내가 금방 봤는데 과연 좋더라. 2접만약…한다면. ◇哈尔滨～像你说的那么冷, 我就得 děi 带上皮大衣/하얼빈이 만약 네가 말한 것처럼 그렇게 춥다면 가죽 코트를 갖고 가야겠다.

【果肉－육】guǒròu 명과육. 과실의 살.

**【果实－실】guǒshí 1명과실. 열매. 2명결실. 성과. ◇胜利～/승리의 결실.

*【果树－수】guǒshù 명과수. 과일나무.

【果糖－당】guǒtáng 명〈化〉과당.

【果园－원】guǒyuán 명과수원. (同)〔果木 mù 园〕

【果真－진】guǒzhēn 1부과연. 역시. 2접만일 정말로.

【果汁－즙】guǒzhī 명과일즙. 과일 주스.

【果子－자】guǒ·zi 명과일. 과실. 2과자.

【果子酱－자장】guǒ·zijiàng 명잼.

【果子露－자로】guǒ·zilù 명과일주스.

【裹】亠部 / 衣部 / 12画 / 8画 | guǒ 쌀 **과

1동(종이·천 따위로) 휘감다. 묶어 싸다. 싸매다. ◇包～/소포. 2동(부당한 목적을 위해) 사람이나 물건을 다른 사람이

나 물건에 섞어 넣다. (혼잡을 틈타) 챙기고 가다. 3동〈方〉(우유·젖을) 빨다. 빨아들이다. 4명포장된 물건. 보따리.

【裹脚－각】guǒ // jiǎo 동전족(纏足)하다.

【裹腿－퇴】guǒ·tui 명각반.

【裹胁－협】guǒxié 동협박하여 못된 일에 가담시키다.

【裹足－족】guǒzú 동앞으로 나아가지 않다. ◇～不前/멈추어 나아가지 않다.

guò

★【过·過】辶部 / 3画 | guò 넘을 **과**, 허물 **과**

1동(한 장소에서 다른 장소로) 가다. 건너다. 〔개사(介詞)를 수반하지 않고 처소를 목적어로 취함〕◇～桥/다리를 건너간다. ◇～马路/길을 건너간다. ◇～来/건너오다. 2동넘기다. ◇～帐/다른 장부로 옮기다. 3동지나다. 경과하다. ◇～生日/생일을 쇠다. ◇～磅/저울로 달다. 4동보다. 회상하다. ◇～目/(눈으로) 훑어보다. 5동(수량이나 정도를) 넘다. 초과하다. ◇～分/과분하다. ◇～期/기한을 지나다. 6동방문하다. 찾아뵙다. ◇～访/찾아뵙다. 7동잘못. 과실. ◇～错/과실. ◇勇于改～/과감히 잘못을 뉘우치다. 8동〈方〉세상뜨다. ◇老太太～了好儿天了/할머님이 세상을 뜬 지도 여러 날 되었다. 9보어동사의 뒤에 달린 '得'나 '不'의 뒤에 붙어 '낫다'나 '못하다'는 뜻을 나타냄. ◇这种人我们信得～/이런 사람은 우리가 믿을 수 있다. 10〈方〉전염되다. ◇这个病～人/이 병은 전염된다.

★【过·過】·guo 1동사 뒤에 쓰여 동작의 완료를 나타냄. ◇吃～饭再走/식사를 하고 가세요. 2동사 뒤에 놓여 과거의 경험을 나타내지만 현재까지 지속되지 않음. ◇他十年前到～法国/그는 10년 전에 프랑스에 가봤다.

【过磅－방】guò // bàng 동저울로 무게를 달다.

【过不去－불거】guò·bu qù 1(장애물이 있어) 지나갈 수 없다. ◇前有一条大河～/앞에 큰 강이 있어 건너갈 수 없다. 2곤란하게 하다. 애를 먹이다. ◇他老跟我～/그는 계속 나를 애먹인다. 3미안하게 생각하다. ◇心里～/마음 속으로 미안하다.

【过场－장】guòchǎng 1동〈演〉경극(京劇)에서 등장 인물이 무대에 잠깐 지나가다. 2명〈演〉전후 줄거리를 소개하는 단막극. 3동대강대강 (건성으로) 일처리하다.

☆【过程－정】guòchéng 명과정. 경위. ◇事情的～大家都清楚, 就不必介绍了/사건의

경위는 여러분이 다 잘 알고 있으니 소개할 필요가 없다.
【过秤—칭】guò∥chèng ⓢ저울에 달다.
【过从—종】guòcóng ⓢ〈文〉왕래하다. 교제하다.
【过错—착】guòcuò ⓜ실수. 잘못. (同)〔错cuò 误〕, (反)〔功劳 gōngláo〕
【过道—도】guòdào ⓜ1(정문에서 각 방에 이르는) 통로나 복도. 2옛날 가옥에서 각 정원을 잇는 통로나 정문에 있는 좁은 방.
【过得去—득거】guò·de qù 1지나갈 수 있다. 2(그럭저럭) 살아갈 만하다. 3인지상정에 어긋나지 않다. ◇你这样待他, 也就~了/네가 그렇게 그녀를 대했으니 그 정도로는 됐다. 4(반문에 쓰여) 마음에 미안하지 않다. ◇这么招待客人, 我怎能~?/손님을 이렇게 대접해서 내가 어찌 미안하지 않겠는가?
*【过度—도】guòdù ⓗ(도를) 지나치다. (同)〔过分 fèn〕, (反)〔不足 bùzú〕
⁑【过渡—도】guòdù 1ⓜ과도. ◇~阶段/과도기. 2ⓢ넘다. 건너다. ◇已经~了一段时间/이미 한 시기를 넘겼다.
【过渡时期—도시기】guòdù shíqī ⓜ과도기.
【过多—다】guòduō ⓗ너무 많다.
【过房—방】guòfáng ⓢ형제나 친척의 아들을 양자로 삼다.
⁑【过分—분】guò∥fèn ⓢ(말이나 행동이) 지나치다. ◇聪明得~, 反倒吃了亏/총명이 지나쳐 되려 손해를 입었다.
【过关—관】guò∥guān ⓢ관문을 통과하다. 난관을 돌파하다. 〈喩〉제품의 질이 표준에 이르다.
【过河拆桥—하탁교】guò hé chāi qiáo 〈成〉배은망덕하다. (同)〔忘恩负义 wàng ēn fù yì〕, (反)〔知恩报德 zhī ēn bào dé〕
*【过后—후】guòhòu ⓜ1앞으로. 다음에. ◇~再谈/다음에 다시 얘기를 나누자. (同)〔往后 wǎng〕 2그 후(에). 그 뒤(에). ◇小林先来, ~你才来的/임양이 먼저 왔고, 그 뒤 네가 온 것이다. (同)〔后来 lái〕
【过户—호】guò∥hù ⓢ〈法〉(일정한 수속을 밟아 부동산·차량 등의) 소유권의 명의를 변경하다.
【过话—화】guò∥huà (~儿)ⓢ〈方〉1이야기를 주고 받다. 2말을 전하다.
【过活—활】guò∥huó ⓢ생활하다. 살아(나)가다.
【过火—화】guò∥huǒ ⓢ너무 지나치다. 도를 넘다. 과격하다.
【过激—격】guòjī ⓗ과격하다. (同)〔偏 piān 激〕, (反)〔冷静 lěngjìng〕
【过继—계】guòjì ⓢ양자 보내다. 양자 들이다.
【过奖—장】guòjiǎng ⓢ〈套〉〈謙〉과찬을 하다. ◇~~!/과찬이십니다! ◇你~了, 我远远谈不上什么名记者/과찬이십니다. 전 명기자하고는 거리가 멉니다.
【过街老鼠—가노서】guò jiē lǎoshǔ 〈喩〉여러 사람에게 미움받는 사람.
【过街楼—가루】guòjiēlóu ⓜ도로 또는 골목을 가로질러 지은 건물. 〔밑으로 통행이 가능함〕
【过节—절】guò∥jié ⓢ1(경축일·명절 따위에) 축하 행사를 하다. 2명절을 쇠다.
【过节儿—절아】guò·jiér ⓜ〈方〉1예의. 격식. 2알력. 응어리. 3사소한 일.
【过境—경】guò∥jìng ⓢ경계를 넘다.
【过客—객】guòkè ⓜ지나가는 손님. 여객.
★【过来—래】guò∥·lái ⓢ(다른 사람이 화자(話者) 쪽으로) 건너오다. ◇你~/너 여기 오너라. (反)〔过去 qù〕
【过来—래】guò∥·lái 보어 1동사 뒤에 쓰여 시간·능력·수량이 충분함을 나타냄. 〔가능접사 '得'나 '不'와 함께 쓰임〕 ◇这活儿我自己干不~/이 일은 나 혼자서는 다 해낼 수 없다. 2동사 뒤에 쓰여 자기가 있는 곳으로 옴을 나타냄. ◇幼儿园的孩子们跑~了/유치원 어린이들이 달려왔다. 3동사 뒤에 쓰여 똑바로 자기쪽을 향함을 나타냄. ◇他转~身子/그는 몸을 내 쪽으로 돌렸다. 4동사 뒤에 쓰여, 원래 또는 정상적인 상태로 돌아옴을 나타냄. ◇请大家把本子上的错字改~/여러분은 노트의 틀린 글자를 고쳐놓으세요.
【过来人—래인】guò·láirén ⓜ〈喩〉경험자.
【过礼—례】guò∥lǐ ⓢ(결혼할 때 남자쪽이 여자쪽에 보내는) 사주단자를 보내다.
【过量—량】guò∥liàng ⓢ분량을 초과하다.
【过淋—림】guòlìn ⓢ(한약을 데린 후) 거르다. 여과하다.
【过录—록】guòlù ⓢ베끼다.
【过路—로】guòlù ⓢ길을 지나다.
【过虑—려】guòlǜ ⓢ지나치게 염려하다.
*【过滤—려】guòlǜ ⓢ거르다. 여과하다. ◇~嘴/(담배의) 필터.
【过门—문】guò∥mén ⓢ시집 가다. 출가(出嫁)하다.
【过门儿—문아】guòménr ⓜ〈音〉(노래 사이에 삽입하는) 간주(間奏).
【过敏—민】guòmǐn 1ⓜ〈醫〉알레르기. 2ⓗ지나치게 예민하다.
【过目—목】guò∥mù ⓢ훑어보다. 일별하다.
【过目成诵—목성송】guò mù chéng sòng 〈成〉한번 보고 외우다. 기억력이 대단히 좋다.
☆【过年—년】guò∥nián 1ⓢ설을 쇠다. 새해를 맞다. 2설을 쇤 후.

【过年－년】guò·nián 图내년.

【过期－기】guò // qī 图기일이 지나다. 기한을 넘기다.

【过谦－겸】guòqiān 图너무 겸손하다.

★【过去－거】guòqù 图과거. ◇这都是~的事儿/이것은 다 지나간 일이다. (同)〔从前 cóngqián〕, (反)〔将来 jiānglái〕

★【过去－거】guò // ·qù 图1지나가다. ◇请躲 duǒ 开, 我要~/비켜주세요. 지나갑니다. (同)〔经过 jīngguò〕2㉲죽다. 〔뒤에 '了'가 따름〕

★【过去－거】guò // ·qù 보어1(동사 뒤에 쓰여) 자기가 있는 곳을 떠나거나 지나가는 것을 나타냄. ◇我对准了球门一脚把球踢~/나는 골을 향해 단발로 슛을 날렸다. 2(동사 뒤에 쓰여) 반대쪽이 자기를 향하는 것을 나타냄. ◇翻~看/뒤집어 보다. 3동사 뒤에 쓰여, 원래의 상태나 정상적인 상태를 잃는 것을 나타냄. ◇昏~/쓰러지다. 4동사 뒤에 쓰여 통과의 뜻을 나타냄. ◇装不~/위장하여 속여 넘길 수 있다. 5형용사 뒤에 붙어 초과의 뜻을 나타냄. 〔주로 '得'나 '不'와 함께 쓰임〕

【过热－열】guòrè 图과열되다.

【过人－인】guòrén 图(남보다) 뛰어나다.

【过日子－일자】guò rì·zi 살아가다. 생활하다.

【过筛子－사자】guò // shāi·zi 图1체로 치다. 〔우수한 것만을 가려낸다는 뜻으로 쓰임〕2선택하다.

【过晌－상】guòshǎng 图〈方〉오후.

【过剩－승】guòshèng 1图과잉(되다). (同)〔过多 duō〕, (反)〔不足 bùzú〕2图〈經〉공급이 수요 또는 시장의 구매력을 초과하다.

＊【过失－실】guòshī 图잘못. 실수.

【过时－시】guò // shí 图1정한 시간을 초과하다. 2시대에 뒤떨어지다. 유행이 지나다. (同)〔陈旧 chénjiù〕, (反)〔时新 xīn〕

【过世－세】guòshì 图〈敬〉서거하다. (同)〔逝 shì 世〕, (反)〔诞生 dànshēng〕

【过手－수】guò // shǒu 图금전이나 재물 따위를 취급하다.

【过数－수】guò // shù (~儿)图수를 확인하다.

【过堂－당】guò // táng 图법정에서 사건을 심리받다.

【过堂风－당풍】guòtángfēng (~儿)图(창문이나 열린 문을 통과하여) 스쳐 지나가는 시원한 바람.

【过头－두】guò // tóu (~儿)图지나치다.

【过往－왕】guòwǎng 图1왕래하다. 오고 가다. 2교제하다.

【过望－망】guòwàng 图기대 이상이다.

＊【过问－문】guòwèn 图관여하다. 관장하다. ◇你不必~/너는 관여하지 마라.

【过午－오】guòwǔ 图오후.

【过细－세】guòxì 图자세하다. (同)〔仔 zǐ 细〕, (反)〔粗心 cūxīn〕

【过眼－안】guò // yǎn 图쓱 훑어보다.

【过眼云烟－안운연】guò yǎn yúnyān 〈成〉(구름이나 연기처럼) 순식간에 사라져 버리다.

【过夜－야】guò // yè 图1하룻밤을 지내다. 2밤을 새우다.

【过意不去－의불거】guò yì bù qù 미안해하다. ◇这本书借了这么多日子才还你, 真有点~/이 책을 오랫동안 빌렸다가 이제야 돌려줘서 정말 좀 미안하다.

【过瘾－은】guò // yǐn 图몹시 만족하다. ◇电影看得~/영화를 만족스럽게 보았다.

【过硬－경】guò // yìng 图(혹독한 시련을 견디어낼 만큼) 훌륭하다. 투철하다. 완벽하다. (同)〔到家 dàojiā〕, (反)〔蹩脚 biéjiǎo〕◇思想~/의식이 투철하다. ◇技术~/기술이 완벽하다.

【过犹不及－유불급】guò yóu bù jí 〈成〉지나침은 미치지 못함과 같다.

【过于－어】guòyú 图지나치게. 너무. ◇你~谦虚了/너는 너무 겸손하구나.

【过誉－예】guòyù 图〈謙〉과분하게 칭찬한다. 과찬하다.

【过载－재】guòzài 图1과적재(하다). 2(화물을 다른 운송 수단으로) 옮겨 실음 또는 그러한 일.

【过帐－장】guò // zhàng 图〈商〉다른 장부로 옮겨 적다.

【过重－중】guò // zhòng 1图중량을 초과하다. 2(guòzhòng)图(짐·우편물 따위의) 초과 중량.

H

hā

【哈(⁴鰕)】 口部 6画 | hā 한모금 **합**
1[동]'후'하고 숨을 내뿜다. ◇眼镜上～点儿气再擦/안경에 입김을 '후' 불어 닦아라. **2**[의]웃음 소리. 〔중첩해서 쓰임〕◇～大笑/하하 하고 크게 웃다. **3**[감]아하. 〔만족을 나타내는 말로 중첩해서 쓰임〕◇～～, 小鬼, 这下子可跑不了 liǎo 啦/아하, 꼬마야 이번엔 도망갈 수 없겠지. **4**(同)〔哈腰 yāo〕⇒hǎ, hà

H

★【哈哈－합】hā·ha **1**[의]하하. 웃는 소리. ◇～地笑/하하 웃다. **2**[감]하하. 허허. 화나거나 기쁠 때의 감탄사.

【哈哈镜－합경】hāhājìng [명]요술거울. 매직미러. 〔거울 표면에 굴곡이 있어서 사람의 모습이 우습게 비침〕

【哈哈儿－합아】hā·har 〈方〉[명]우스운 일. ◇闹 nào 了个～/웃음거리가 되었다.

【哈喇－라】hā·la **1**[동]〈口〉(식용유나 기름기를 함유한 음식물이) 상하다. **2**[동]〈早白〉죽이다. 살해하다.

【哈密瓜－밀과】hāmìguā [명]〈植〉하미과. 신강성(新疆省) 하미 일대에서 나는 메론(melon).

【哈气－기】hā∥qì **1**[동]후 하고 숨을 내뿜다. **2**(hāqì)[명]입김. **3**(hāqì)[명](유리창 따위에 어린) 수증기. 김.

【哈欠－흠】hā·qian [명]하품. ◇打～/하품을 하다.

【哈腰－요】hā∥yāo [동]〈口〉**1**허리를 굽히다. **2**(허리를 약간 굽혀) 가볍게 인사하다.

há

【蛤】 虫部 6画 | há 조개 **합**
⇒gé

【蛤蟆－마】há·má [명]〈動〉개구리와 두꺼비의 통칭.

【蛤蟆骨朵儿－마골타아】há·ma gū·duor [명]〈動〉올챙이. (同)〔蝌蚪 kēdǒu〕

hǎ

【哈】 口部 6画 | hǎ 고기우물거릴 **합**
1[동]〈方〉큰소리로 고함치다. 호통치다. ◇我～了他一顿/나는 그를 큰소리로 꾸짖었다. **2**(Hǎ) [명]성(姓). ⇒hā, hà

【哈巴狗－파구】hǎ·bagǒu [명]**1**(～儿)발바리. 삽살개. **2**〈喻〉잘 길들여진 부하〔하인〕.

【哈达－달】hǎdá [명]〈音〉티베트족이나 일부 몽고족이 부처에게 공양하거나 존경의 표시로 사람에게 주는 흰색·황색·남색의 비단 수건.

hà

【哈】 口部 6画 | hà 고기우물거릴 **합**
⇒hā, hǎ

【哈巴－파】hà·ba [동]〈方〉안짱다리로 걷다.

hāi

⁑【咳】 口部 6画 | hāi 기침 **해**
[감]이런. 아이참. 어렵쇼. 〔상심·후회·놀람을 나타냄〕어. 자. 〔남을 부르거나 주의를 환기시킬 때 내는 소리〕◇～! 我怎么这么糊涂 hútu!/아이구! 내가 왜 이렇게 멍청하지! ⇒kài, ké

【嗨】 口部 10画 | hāi 웃음소리 **해**
⇒hēi '嘿'

【嗨哟－약】hāiyō [감]영차. 어기여차. 이영차.

hái

★【还·還】 辶部 4画 | hái 돌아올 **환**
[부]**1**아직. 아직도. 여전히. 〔동작이나 상태가 지속됨을 나타냄〕◇她～那么漂亮/그녀는 여전히 그렇게 예쁘다. ◇夜深了, 他～在学习/밤이 깊었는데 그는 아직도 공부를 하고 있다. **2**더. 더욱. ◇今年的收成比去年～要好/올해 농사는 작년보다도 풍작이다. **3**또. 더. 〔항목·수량이 증가하거나 범위가 확대되는 것을 나타냄〕◇那儿～有一个人/거기 또 한 사람이 있다. ◇～有一天就到期了/하루만 더 있으면 만기가 된다. **4**그만하면. 그런대로. 꽤. 비교적. 〔그런대로 만족스럽거나 괜찮은 정도를 나타냄〕◇屋子不大, 收拾得倒～干净/방은 크지 않지만, 그런대로 깨

끗하게 정리되어 있다. **5**조차. 까지도.
〔주로 반문(反問)의 어기를 띰〕◇你跑
那么快～赶不上他, 何况我呢?/네가 그렇
게 빨리 뛰어도 그를 따라잡을 수 없는
데, 하물며 나랴? **6**과연. 역시.〔생각하
지 못한 일이 현실로 나타남〕◇他～真
有办法/그는 과연 아이디어 내는 데에
제법이다. 그는 과연 명해결사이다. **7**일
찍이. 벌써. 이미. ◇在几年前, 我们就
研究过这个方案/이미 몇년 전에 우리는
이 방안을 검토한 적이 있다. ⇒huán

【还好―호】háihǎo **1**(그런대로) 괜찮다.
◇你最近很忙吧?－～／요즘 바쁘시지 않
으세요? ―그다대로 괜찮아요. (同)〔还
可以 háikěyǐ〕**2**다행히(도). ◇～, 电话
总算打通了/다행히도 전화가 연결되었다.

★【还是―시】hái·shi 〔旱〕아직도. 여전히. ◇
废物可以利用/폐기물이라도 재활용이
가능하다. **2**〔旱〕과연. 역시.〔의외라는 뜻을
강조함〕◇这事儿～真难办/이 일이 과연
처리하기가 힘들구나. (同)〔还〕**3**〔旱〕그래
도. ◇～坐飞机快/그래도 비행기를 타는
것이 빠르다. 아니면. **4**〔의문문에
쓰여 선택을 나타냄〕◇你去, ～他去?/네
가 가느냐? 아니면 그가 가느냐?

【还有―유】hái yǒu **1**아직 …이 있다.〔상
황이 지속되어 변하지 않음을 나타낸다〕
◇我一点事没办完, 你先走吧/나는 아직
처리하지 못한 일이 있으니 먼저 가세요.
2그리고 …가 있다. 또 …가 있다.〔범위
의 확대를 나타냄〕◇餐桌上除了摆有白
酒、葡萄酒、啤酒以外, ～汽水和果汁/식
탁에 백주·포도주·맥주 외에 또 사이다
와 과일주스가 있다. **3**이제 …밖에 안 남
았다.〔시간이나 사물이 적게 남았음을
나타낸다〕◇～十分钟, 飞机就要降落了/
이제 10분 후에 비행기가 착륙하게 된다.
4아직 …이나 남아있다.〔시간이나 사물
이 많음을 강조한다〕◇离开车～三个多
小时, 着什么急?/차가 떠날 때까지 아직 3
시간이나 남았는데, 뭐가 안달이니? **5**반
어문에 쓰여 확정적임을 나타낸다. ◇你
做错了事, ～话说吗?/자네가 일을 잘못
했는데도 더 할 말이 있는가?

【孩】 子部 hái
6画 어린아이 해
(～儿)〔명〕어린애. 어린이. 〈轉〉자녀. ◇小
～儿/어린이. ◇女～儿/여자 아이. 딸 아
이. (同)〔童 tóng〕, (反)〔叟 sǒu〕

【孩儿―아】hái'ér 〔명〕〔早白〕**1**아이. 애.〔부
모가 자식을 일컫는 말〕**2**자식.〔부모에
게 자녀가 자신을 일컫는 말〕

【孩童―동】háitóng 〔명〕어린이. 아동. (同)
〔小 xiǎo 孩〕, (反)〔老人 lǎorén〕

★【孩子―자】hái·zi 〔명〕**1**아이. ◇男～/사내아
이. ◇女～/계집아이. **2**자녀.

【孩子气―자기】hái·ziqì **1**〔동〕어린애 같이
순진하다. 치기(稚氣)가 있다. ◇那个姑
娘一脸的～/그 아가씨의 얼굴은 애티에
서 벗어나지 못했다. **2**〔명〕성격·표정이 어
린애 같다. 어린애 티가 나다. ◇他越来
越～了/그는 갈수록 애기같다.

【孩子头―자두】hái·zitóu (～儿)〔명〕**1**골목
대장. **2**어린애들과 놀기 좋아하는 어른.

【骸(骹)】 骨部 hái
6画 뼈 해
〔명〕**1**뼈. 해골. ◇四肢百～/(몸의) 사지와
뼈. 온몸. **2**몸. 신체. ◇形～/사람의 몸뚱
이. ◇遗～/유해.

【骸骨―골】háigǔ 〔명〕사람의 뼈. 해골.

hǎi

★【海】 氵部 hǎi
7画 바다 해, 많을 해
1〔명〕바다. 큰 호수. ◇出～/바다로 나가
다. ◇黄～/황해. ◇青～/청해성(青海
省) 북동부에 있는 큰 호수. **2**〈喩〉다수
의 사람이나 사물을 가리킴. ◇人山人～/
인산인해. 사람이 몹시 많은 모양. ◇火
～/불바다. **3**〔형〕(그릇이나 용량이) 큰.
◇～碗/큰 그릇. ◇夸下～口/큰 소리 치
다. **4**옛날에, 외국에서 온 물건을 뜻했음.
5〔형〕〈方〉대단히 많다.〔보통 뒤에 '了'·
'啦'따위를 붙임〕◇广场上的人可～啦!/
광장에 사람이 정말 많군! **6**〔旱〕무턱대고.
마구잡이로. 무작정. 한없이. ◇他有钱就
～吃～喝/그는 돈만 있으면 무작정 먹고
마셔댄다. **7**(Hǎi)〔명〕성(姓).

*【海岸―안】hǎi'àn 〔명〕해안.

*【海岸线―안선】hǎi'ànxiàn 〔명〕해안선.

**【海拔―발】hǎibá 〔명〕해발.

**【海报―보】hǎibào 〔명〕(영화·연극·운동경기
등의) 포스터.

【海豹―표】hǎibào 〔명〕〈動〉바다표범.

*【海边―변】hǎibiān (～儿)〔명〕해변. 바닷가.

*【海滨―빈】hǎibīn 〔명〕해변. 바닷가. ◇～浴
场/해수욕장.

【海菜―채】hǎicài 〔명〕(식용으로서의) 해초.

【海产―산】hǎichǎn **1**〔형〕바다에서 생산되
는. **2**〔명〕해산물.

【海潮―조】hǎicháo 〔명〕조수.

【海带―대】hǎidài 〔명〕다시마.

【海胆―담】hǎidǎn 〔명〕〈動〉섬게. 해담.

【海岛―도】hǎidǎo 〔명〕섬.

【海盗―도】hǎidào 〔명〕해적.

【海底―저】hǎidǐ 〔명〕**1**해저. 바다 밑바닥. **2**
〈生理〉회음(會陰).

【海底捞月－저로월】hǎi dǐ lāo yuè〈成〉바다에서 달 건지기. 헛수고만 할 뿐 전혀 가능성이 없다. (同)〔水中 shuǐzhōng 捞月〕, (反)〔立竿见影 lì gān jiàn yǐng〕

【海防－방】hǎifáng 圏해안 방어.

【海风－풍】hǎifēng 圏바닷바람.

*【海港－항】hǎigǎng 圏(연해안의) 항구.

【海沟－구】hǎigōu 圏〈地質〉해구.

【海狗－구】hǎigǒu 圏〈動〉물개. (同)〔海熊 xióng〕

☆【海关－관】hǎiguān 圏세관. ◇～检查/세관 검사.

【海涵－함】hǎihán 1圄〈敬〉너그럽게 용서하다. ◇招待不周, 还望～/대접이 변변치 못해서 너그럽게 용서하시오. 2圏도량이 크다.

【海禁－금】hǎijìn 圏해금.〔자국민의 출국 및 외국인의 입국을 금하는 것. 명청(明淸)시대에 실시한 바 있음〕

**【海军－군】hǎijūn 圏해군. ◇～基地/해군 기지.

【海口－구】hǎikǒu 圏1강어귀.〔강물이 바다로 흘러드는 곳〕2만(灣) 안에 있는 항구. 3허풍. 호언장담.

【海枯石烂－고석란】hǎi kū shí làn〈成〉백두산이 무너지고 동해물이 마를 때까지.〔맹세나 결연한 의지를 나타낼 때 쓰임〕(同)〔天长日久 tiān cháng rì jiǔ〕, (反)〔转瞬之间 zhuǎn shùn zhī jiān〕

【海阔天空－활천공】hǎi kuò tiān kōng〈成〉1광활한 천지이다. 2(대화의 주제가) 한없이 넓다. ◇他们～, 聊起来没个完/그들은 이것 저것 끝없이 이야기했다.

【海里－리】hǎilǐ 圏해리(海里).

【海量－량】hǎiliàng 圏1〈敬〉넓은 도량. ◇有不对之处, 望～包涵 hán/잘못된 곳이 있으면 넓은 아량으로 용서하세요. (同)〔大量 dàliàng〕, (反)〔小量 xiǎoliàng〕2주량(酒量)이 큼. ◇他是～, 可再喝点儿/그는 주량이 엄청나니 좀 더 마셔도 괜찮다.

【海流－류】hǎiliú 圏해류.

【海轮－륜】hǎilún 圏항해 선박.

【海螺－라】hǎiluó 圏〈魚介〉소라의 총칭.

【海洛因－락인】hǎiluòyīn 圏〈音〉〈藥〉헤로인(heroin).

【海马－마】hǎimǎ 圏〈魚介〉〈動〉해마.

【海鳗－만】hǎimán 圏〈魚介〉바닷장어.

【海米－미】hǎimǐ 圏말린 새우.

【海绵－면】hǎimián 圏1〈動〉해면. 2해면의 각질 골격. 3스폰지.

**【海面－면】hǎimiàn 圏해면. 바다 표면.

【海难－난】hǎinàn 圏해난. 배가 바다에서 당하는 재난 (화재·침몰 등).

【海内－내】hǎinèi 圏〈文〉국내. (同)〔国 guó 内〕, (反)〔海外 hǎiwài〕

【海派－파】hǎipài 圏1〈演〉상해파(上海派).〔경극(京劇)의 일파〕(反)〔京 jīng 派〕2상해풍. ◇～服装/상해풍 옷.

【海区－구】hǎiqū 圏〈軍〉해상의 일정구역.

【海参－삼】hǎishēn 圏〈魚介〉해삼.

【海市蜃楼－시신루】hǎi shì shèn lóu〈成〉1신기루. 2〈喩〉공중 누각. 허망한 것.

【海事－사】hǎishì 圏1선박 운항에 관한 일. 2해상 사고. 해난.

【海誓山盟－서산맹】hǎi shì shān méng〈成〉(영원한 사랑을) 굳게 맹세하다.

【海兽－수】hǎishòu 圏바다에 사는 포유동물.

【海水－수】hǎishuǐ 圏바닷물.

【海损－손】hǎisǔn 圏〈貿〉해손.

【海獭－달】hǎitǎ 圏〈動〉해달.

【海滩－탄】hǎitān (～儿)圏해변의 모래밭.

【海棠－당】hǎitáng 圏〈植〉1해당. 2해당의 열매.

【海塘－당】hǎitáng 圏방파제.

【海图－도】hǎitú 圏해도.

【海涂－도】hǎitú 圏(진흙모래가 하구나 해안 근처에 침적하여 생긴) 갯벌.

【海豚－돈】hǎitún 圏〈動〉돌고래.

*【海外－외】hǎiwài 圏해외. ◇～奇谈/해외의 진기한 이야기. (同)〔国 guó 外〕, (反)〔海内 nèi〕

【海湾－만】hǎiwān 圏〈地質〉만.

【海碗－완】hǎiwǎn 圏큰 사발.

【海王星－왕성】hǎiwángxīng 圏〈天〉해왕성.

【海味－미】hǎiwèi 圏(귀한) 해산물.

**【海峡－협】hǎixiá 圏〈地質〉해협.

【海鲜－선】hǎixiān 圏신선한 해산물.

【海象－상】hǎixiàng 圏〈動〉바닷코끼리.

【海啸－소】hǎixiào 圏해일.

【海蟹－해】hǎixiè 圏〈魚介〉바닷게.

【海盐－염】hǎiyán 圏해염.

☆【海洋－양】hǎiyáng 圏해양. ◇～生物/해양 생물. ◇～学/해양학. (反)〔陆地 lùdì〕

【海洋权－양권】hǎiyángquán 圏영해권.

【海洋性气候－양성기후】hǎiyáng xìngqìhòu 圏해양성 기후.

【海域－역】hǎiyù 圏해역.

【海员－원】hǎiyuán 圏선원.

【海运－운】hǎiyùn 圏해운. 해양수송.

【海葬－장】hǎizàng 圏圄수장 (하다).

【海藻－조】hǎizǎo 圏〈植〉해조류. 해초. 바닷말.

【海战－전】hǎizhàn 圏해전.

【海蜇－철】hǎizhé 圏〈動〉해 파리.

【海子－자】hǎi·zi 1圏〈方〉호수. 2(同)〔海洛因 hǎiluòyīn〕

hài

【骇·駭】 马部 6画 | hài 놀랄 **해**
[동]놀라다. 두려워하다. ◇惊涛~浪/거친 파도. 〈轉〉위험한 환경이나 처지.
【骇然-연】hàirán [형]깜짝 놀라는 모양.
【骇人听闻-인청문】hài rén tīng wén 〈成〉 듣는 사람으로 하여금 깜짝 놀라게 하다. 쇼킹하다. (反)〔喜闻乐见 xǐ wén lè jiàn〕
【骇异-이】hàiyì [동]놀라다. 경악하다.

☆【害】 宀部 7画 | hài 해할 **해**
1[명]해. 손해. 재해. (反)〔利〕〔益 yì〕 ◇灾~/재해. ◇吸烟对身体有~/흡연은 건강에 해롭다. **2**[형]해롭다. (反)〔益 yì〕 **3** [동]손해를 입히다. 해를 끼치다. 해치다. ◇你把地址 zhǐ 搞错了，~得我白跑了一趟/네가 주소를 잘못 일러주어서 나를 헛걸음치게 했다. **4**[동]죽이다. 살해하다. ◇遇~/살해되다. **5**[동]병에 걸리다. 앓다. ◇~了一场大病/큰 병을 한 차례 앓았다. **6**[동]불안한 마음이 생기다. 걱정되다. ◇ ~羞/부끄러움을 타다.
【害病-병】hài// bìng [동]병이 나다.
⁑【害虫-충】hàichóng [명]해충. (反)〔益yì 虫〕
☆【害处-처】hài·chu [명]나쁜 점. 해로운 점. ◇吸烟过多对身体有~/담배를 너무 많이 피우면 몸에 해롭다. (同)〔坏 huài 处〕, (反)〔好 hǎo 处〕
【害口-구】hài// kǒu (同)〔害喜 xǐ〕
【害鸟-조】hàiniǎo [명]해조. (反)〔益 yì 鸟〕
☆【害怕-파】hài// pà [동]두려워하다. 무서워하다. ◇没什么可~的/무서워할 것이 아무것도 없다. (同)〔畏惧 wèijù〕, (反)〔勇敢 yǒnggǎn〕
【害群之马-군지마】hài qún zhī mǎ 〈成〉 집단에 해를 끼치는 사람.
【害人虫-인충】hàirénchóng [명]〈喻〉남에게 해를 끼치는 사람.
【害臊-소】hài// sào [동]〈口〉부끄러워하다. (同)〔害羞 xiū〕
【害兽-수】hàishòu [명]해로운 짐승.
【害喜-희】hài// xǐ [동]입덧을 하다. (同)〔害口 kǒu〕
*【害羞-수】hài// xiū [동]〈口〉부끄러워하다. 수줍어하다. ◇她是第一次当众讲话，有些~/그 여자는 처음으로 여러 사람 앞에서 말하는 것이어서 약간 수줍어한다. (同)〔害臊 sào〕, (反)〔大方 dàfang〕
【害眼-안】hài// yǎn [동]눈병을 앓다.

【嗐】 口部 10画 | hài 하품할 **할, 해**
[감]아아. 허. 〔동정이나 애석함을 나타냄〕 ◇ ~！他怎么病成这个样子?/그가 얼마나 앓았기에 이 지경이 되었지?

酣 339	憨 339	鼾 339	邯 339	含 339
函 340	涵 340	韩 340	寒 340	罕 341
喊 341	汉 341	汗 342	旱 342	捍 342
悍 342	焊 343	颔 343	翰 343	撼 343
憾 343				

hān

【酣】 酉部 5画 | hān 술즐길 **감**
1[동]흥이 날 때까지 마시다. ◇酒~耳热/술을 흥이 날 정도로 마시고 귀까지 빨개졌다. **2**[부]마음껏. 실컷. 통쾌하게.
【酣梦-몽】hānmèng **1**[명]즐거운〔황홀한〕 꿈. **2**[동]깊은 잠을 자다. (同)〔酣睡 shuì〕, (反)〔失眠 shīmián〕
【酣睡-수】hānshuì [동]숙면하다. 잠이 깊이 들다.
【酣战-전】hānzhàn **1**[동]격전을 벌이다. **2** [명]격전.

【憨】 心部 11画 | hān 어리석을 **감**
1[형]어리석다. 멍청하다. **2**[형]소박하다. 순진하다. **3**[형]굵다. **4**(Hān)[명]성(姓).
【憨厚-후】hān·hòu [형]정직하고 후덕하다.
【憨笑-소】hānxiào [동]**1**실없이 웃다. **2**순진하게 웃다.
【憨直-직】hānzhí [형]소박하고 정직하다.

【鼾】 鼻部 3画 | hān 코골 **한**
[명]코고는 소리. ◇打~/코를 골다.
【鼾声-성】hānshēng [명]코고는 소리.
【鼾睡-수】hānshuì [동]코를 골며 자다.

hán

【邯】 阝部 5画 | hán 조나라서울 **한**
【邯郸-단】Hándān [명]한단. 〈地〉하북성(河北省)에 있는 시(市) 또는 현(縣) 이름.
【邯郸学步-단학보】Hándān xué bù 〈成〉 남을 흉내내지도 못하면서 자기의 본 모습을 잃어 버리다.

☆【含】 人部 5画 口部 4画 | hán 머금을 **함**
[동]**1**(입에) 물다〔머금다〕. ◇ ~着一口水/물 한 모금 입에 머금다. **2**포함하다. 함유하다. 머금다. ◇ ~着眼泪/눈물을 머금다. ◇包~/포함하다. ◇这种梨~的水分很多/이런 배는 수분을 많이 함유하고

H

있다. **3**(생각이나 느낌 따위를) 품다. 띠 다. 머금다. ◇~笑/웃음을 머금다.

【含苞—포】hánbāo 명(아직 피지 않은) 꽃봉오리.

【含悲—비】hánbēi 통비통함을 품다.

【含垢忍辱—구인욕】hán gòu rěn rǔ〈成〉 치욕을 참다. (反)〔扬眉吐气 yáng méi tǔ qì〕

【含恨—한】hán//hèn 통원한을 품다.

✲✲【含糊—호】hán·hu **1**형모호하다. 애매하 다. ◇他~地说了半天, 也没说清/그는 모 호하게 한참을 이야기했으나 정확히 표 현하지 못했다. (同)〔含混 hùn〕, 〔清晰 qīngxī〕 **2**형소홀히 하다. 대충대 충하다. ◇这事一点儿也不能~/이 일은 조금도 소홀히 할 수 없다. **3**통겁나다. 약하게 보이다. (주로 부정형으로 쓰임) ◇无论如何我也不~/어떻든 간에 나는 겁나지 않다. (同)〔含胡 hu〕

【含混—혼】hánhùn 형모호하다. 명확하지 않다.

✲✲【含量—량】hánliàng 명함량. ◇这种食品 的脂肪~很高/이런 식품은 지방 함량이 아주 높다.

【含怒—노】hán//nù 통노기를 품다.

【含沙射影—사사영】hán shā shè yǐng〈成〉 암암리에 남을 중상하다.

【含笑—소】hán//xiào 통웃음을 머금다. 미소짓다.

【含辛茹苦—신여고】hán xīn rú kǔ〈成〉괴 롭고 쓴 맛을 보다. (同)〔茹苦含辛〕, (反)〔养尊处优 yǎng zūn chǔ yōu〕

【含羞—수】hán//xiū 통부끄러워하다. 수 줍어하다.

【含羞草—수초】hánxiūcǎo 명〈植〉미모사. 감응초(感應草).

【含蓄—축】hánxù **1**형통포함하(하다). **2**통 (의미를) 함축하다. **3**통(생각이나 감정 을) 밖으로 드러내지 않다. (同)〔奔放 bēnfàng〕

【含血喷人—혈분인】hán xuè pēn rén〈成〉 근거도 없이 남을 모함하다.

✲【含义—의】hányì 명내포된 뜻·내용. ◇这 句话的~很深刻/이 말은 뜻이 매우 깊다.

【含意—의】hányì 명(시문·말 등의) 내포 된 뜻.

【含英咀华—영저화】hán yīng jǔ huá〈成〉 시문의 의미와 정신을 십분 이해하다.

✲【含有—유】hányǒu 통함유하다. 품다. ◇ ~恶·意/악의를 품고 있다.

【含冤—원】hán//yuān 통**1**무고한 죄를 뒤 집어 쓰다. **2**억울하게 당하다. (同)〔蒙 mēng 冤〕, (反)〔平反 píngfǎn〕

【含怨—원】hán//yuàn 통원한을 품다.

【函(凾)】凵部 hán 6画 함 **함**

1명〈文〉함. 상자. 봉투. (책의) 질(帙). ◇镜~/거울집. **2**명편지. 서한. ◇来~/ 보내 온 편지.

【函电—전】hándiàn 편지와 전보의 총칭.

【函告—고】hángào 통편지로 알리다.

【函购—구】hángòu 통우편으로 구입하다.

【函件—건】hánjiàn 명서신. 우편물. (同) 〔信 xìn 件〕

✲【函授—수】hánshòu 명통신 교육. ◇~学 校/방송 통신 학교.

【函数—수】hánshù 명〈數〉함수.

【函索—색】hánsuǒ 통(관계 부문에 자료 나 샘플 등을) 편지로 청구하다.

【涵】氵部 hán 8画 용납할 **함**

1통포함하다. **2**통용납하다. 용서하다. ◇ 海~/너그럽게 용서하다. 도량이 크다. **3** (同)〔涵洞 dòng〕

【涵洞—동】hándòng 명(철로나 도로 밑 의) 배수로.

【涵盖—개】hángài 통포괄하다. 망라하다. ◇这部书的内容~了社会各个领域/이 책 의 내용은 사회 각 영역을 망라하고 있다.

【涵管—관】hánguǎn 명**1**배수관. 하수도 관. **2**관상(管狀)의 배수로.

【涵容—용】hánróng 통〈文〉관용하다.

【涵蓄—축】hánxù (同)〔含 hán 蓄〕

【涵养—양】hányǎng **1**명수양. 자제력. **2** 통(수분을) 축적하여 보존하다.

【涵义—의】hányì (同)〔含 hán 义〕

【涵闸—갑】hánzhá 명배수로와 수문의 총칭.

【韩·韓】韦部 Hán 8画 한국 **한**

명**1**〈略〉〈地〉'韩国'(한국)의 준말. **2**〈史〉 한나라. 〔지금의 하남(河南) 중부와 산서 (山西) 동남부에 위치하였음〕 **3**성(姓).

★【寒】宀部 hán 9画 찰 **한**

1형춥다. 차다. (反)〔暑 shǔ〕◇受了一 点~/감기 기운이 좀 있다. **2**통오싹하다. 전율하다. ◇心~/마음이 오싹하다. **3**형 가난하다. ◇贫~/가난하다.

【寒蝉—선】hánchán 명**1**〈虫〉쓰르라미. **2** 한선. 늦가을 매미.

【寒潮—조】háncháo 명**1**한류(寒流). **2**한파.

【寒伧—창】hán·chen (同)〔寒碜 chen〕

【寒碜—참】hán·chen **1**형못생기다. 추하 다. **2**형망신스럽다. **3**통망신시키다.

【寒带—대】hándài 명한대. (反)〔热 rè 带〕

【寒窗—창】hánchuāng〈喩〉매우 고달픈 학창시절.

【寒冬—동】hándōng 명추운 겨울. ◇~腊

là 月〕〈成〉추운 섣달. 엄동설한. (同)〔严 yán 冬〕, (反)〔炎夏 yánxià〕

【寒风-풍】hánfēng 图찬 바람.

【寒光-광】hánguāng 图차갑고 으시시한 빛.

★【寒假-가】hánjià 图겨울방학. (反)〔暑 shǔ 假〕

【寒噤-금】hánjìn 图진저리. 몸서리.

【寒苦-고】hánkǔ 囹가난하다. 곤궁하다.

【寒来暑往-래서왕】hán lái shǔ wǎng 〈成〉여름이 가고 겨울이 오다. 세월이 흐르다.

☆【寒冷-랭】hánlěng 囹춥다. ◇~的季节/ 추운 계절. (同)〔冰 bīng 冷〕, (反)〔火热 huǒrè〕

【寒流-류】hánliú 图1한류. 2한파. (反) 〔暖 nuǎn 流〕

【寒露-로】hánlù 图10월 8일 또는 9일인 한로.

【寒毛-모】hán·máo 图솜털.

【寒门-문】hánmén 囹〈谦〉1가난한 집안. 저의 집. 2미천한 집안. (同)〔寒家 jiā〕, (反)〔朱门 zhūmén〕

【寒气-기】hánqì 图1한기. 찬 기운.

【寒峭-초】hánqiào 囹〈文〉추위가 오싹오싹 느껴지다.

【寒秋-추】hánqiū 图깊은 가을. 만추.

【寒热-열】hánrè 图〈中醫〉1한열. 2오한과 신열.

【寒色-색】hánsè 图〈美〉찬 느낌을 주는 색깔. (同)〔冷 lěng 色〕, (反)〔暖 nuǎn 色〕

【寒舍-사】hánshè (同)〔寒门 mén 1〕

【寒食-식】hánshí 图한식.

【寒士-사】hánshì 图가난한 선비.

【寒暑-서】hánshǔ 图1추위와 더위. 2여름과 겨울. 〈喻〉한 해.

【寒暑表-서표】hánshǔbiǎo 图온도계.

【寒素-소】hánsù 1图〈文〉청빈하다. 2图 청빈한 사람. 3图소박하다. 단출하다. ◇衣裝~/옷차림이 단출하다.

【寒酸-산】hánsuān 囹1좀생원 같다. (가난한 선비가) 곰상스럽다. 2가난하고 초라하다. 궁상맞다.

【寒腿-퇴】hántuǐ 图〈口〉다리의 류머티즘성(性) 관절염.

【寒微-미】hánwēi 囹(가문이나 출신이) 미천하다. (同)〔低 dī 寒〕, (反)〔高贵 gāoguì〕

【寒心-심】hán//xīn 图1낙망하다. 실망하다. ◇这孩子不争气, 真叫人~/이 아이가 이렇게도 노력을 안하니 정말 실망스럽군. (同)〔痛 tòng 心〕, (反)〔高兴 gāoxìng〕 2소름이 끼치다. 오싹하다.

*【寒暄-훤】hánxuān 图图(의례적인) 인사(를 나누다). ◇她同客人~了几句/그녀

는 손님과 인사말을 몇마디 주고 받았다.

【寒衣-의】hányī 图겨울 옷.

【寒意-의】hányì 图추운 느낌.

【寒战-전】hánzhàn (同)〔寒噤 jìn〕

hǎn

【罕】一部 hǎn
　　　5画 드물 한

1图드물다. 희소하다. ◇稀~/희한하다. (同)〔希罕 xī·han〕 2(Hǎn) 图성(姓).

【罕觏-구】hǎngòu 图〈文〉만나기 어렵다.

*【罕见-견】hǎnjiàn 图보기 드물다. 희한하다. ◇一场~的洪水/(지금까지) 보기 드문 홍수. (同)〔少 shǎo 见〕, (反)〔常 cháng 见〕

【罕有-유】hǎnyǒu 囹드물다. 희귀하다.

**【喊】口部 hǎn
　　　9画 고함지를 함

图1큰 소리를 지르다. ◇~口号/구호를 외치다. ◇把嗓 sǎng 子~哑了/너무 외쳐서 목이 쉬었다. 2외치다. ◇"站住!" 他大一声/"서라!" 그는 큰소리로 외쳤다. 3호칭하다. 부르다. ◇他要~我姨 yí 妈/ 그는 나를 이모라고 불러야 한다.

【喊话-화】hǎn//huà 图전선에서 적에게 항복하도록 선전하다.

**【喊叫-규】hǎnjiào 图아우성치다. 고함치다. ◇大声~/큰소리로 외치다.

【喊嗓子-상자】hǎn sǎng·zi 图(배우가) 발성연습을 하다.

【喊冤-원】hǎn//yuān 图억울함을 하소연하다.

hàn

【汉·漢】氵部 Hàn
　　　2画 한수 한, 놈 한

图1한. 유방(劉邦)이 세운 나라(B.C. 206 ~A.D.220).→[西 xī 汉], [东 dōng 汉] 2한. 유지원(劉知遠)이 세운 나라로, 오대(五代)의 하나(947~950). (同)〔后 hòu 汉〕 3원말(元末)에 농민 봉기로 진우량(陳友諒)이 세운 정권(1360~1363). 4한족(漢族). 5(hàn) 남자. ◇好~/호한. 6(hàn) 은하(銀河). ◇银~/은하.

【汉白玉-백옥】hànbáiyù 图한백옥. 〔대리석보다 결이 다소 거친 흰색의 돌. 건축재료나 조각에 쓰임〕

【汉堡包-보포】hànbǎobāo 图〈音〉햄버거.

【汉城-성】Hànchéng 图〈地〉서울.

*【汉奸-간】hànjiān 图매국노.

【汉剧-극】hànjù 图〈演〉한극. 호북성(湖北省)을 중심으로 한 중국 지방극의 하나.

H

H

【汉民－민】Hànmín 몡〈口〉한인(漢人).

【汉人－인】Hànrén 몡1한인. 한족. 2한대(漢代)〔서한(西漢)·동한(東漢)〕사람.

【汉文－문】Hànwén 몡1중국어. ◇～翻译/중국어 번역. 2한자(漢字). 중국글. ◇学写～/한자 쓰기를 배우다.

【汉姓－성】hànxìng 몡1한인이 아닌 사람이 자기에게 붙인 한족의 성. 2한족의 성.

*【汉学－학】Hànxué 몡1한학. 2(외국인이 중국의 문화, 역사, 정치, 사회, 언어 등을 연구하는) 중국학.

★【汉语－어】Hànyǔ 몡중국어.

【汉语拼音方案－어병음방안】Hànyǔ Pīnyīn Fāng'àn 몡한어병음방안.

★【汉子－자】hàn·zi 몡1사나이. ◇好～/대장부. 남자. 2〈方〉남편.

【汉字－자】Hànzì 몡한자. ◇～改革/한자개혁.

【汉族－족】Hànzú 몡〈民〉한족.

☆【汗】氵部 hàn 3画 땀 **한**
몡땀. ◇出～/땀이 나다. ◇流～/땀을 흘리다.

【汗斑－반】hànbān (同)〔汗碱 jiǎn〕

【汗涔涔－잠잠】hàncéncén (～的)휑땀이 줄줄 흘러 내리는 모양. (同)〔汗津 jīn 津〕, (反)〔冷丝丝 lěngsīsī〕

【汗褂儿－괘아】hànguàr (同)〔汗衫 shān〕

【汗碱－감】hànjiǎn 몡땀 얼룩.

【汗津津－진진】hànjīnjīn (～的)휑땀이 송글송글 솟인 모양.

【汗孔－공】hànkǒng 몡〈生理〉땀구멍.

【汗流浃背－류협배】hàn liú jiā bèi〈成〉땀이 등을 적시다.

【汗马－마】hànmǎ 몡〈文〉전공(戰功).

【汗马功劳－마공노】hàn mǎ gōngláo〈成〉1전공(戰功). 2큰 공로.

【汗漫－만】hànmàn 휑1〈文〉두서가 없다. 2물이 아득히 넓은 모양.

【汗毛－모】hànmáo 몡솜털. (同)〔寒 hán 毛〕

【汗牛充栋－우충동】hàn niú chōng dòng〈成〉장서가 매우 많음. (反)〔寥寥无几 liáo liáo wú jǐ〕

【汗青－청】hànqīng 1통저작을 마치다. 2몡사서. 청사(青史). (同)〔史册 shǐcè〕

【汗衫－삼】hànshān 1몡내의. 러닝 샤쓰. 2〈方〉와이샤쓰. 남방. (同)〔衬 chèn 衫〕

【汗水－수】hànshuǐ 몡땀.

【汗腺－선】hànxiàn 몡〈生理〉땀샘.

【汗颜－안】hànyán 통부끄러워 (얼굴에) 진땀이 나다. (同)〔惭愧 cánkuì〕, (反)〔无愧 wúkuì〕

【汗液－액】hànyè 몡땀.

【汗珠子－주자】hànzhū·zi 몡땀방울.

【旱】日部 hàn 3画 가물 **한**
1휑가물다. (反)〔涝 lào〕◇天～/날씨가 가물다. 2몡가뭄. 한발. ◇防～/가뭄을 막다. 3몡육로. ◇～路/육로. 4물이나 비와 관계가 없는 것을 나타냄. ◇～烟/잎담배. 5논이 아닌 것. 육지의 것. ◇～地/밭. ◇～稻/밭벼.

【旱魃－발】hànbá 몡한발. 〔가뭄을 일으킨다는 전설상의 괴물〕

【旱船－선】hànchuán 몡1〈方〉(공원이나 큰 정원의) 물가에 지은 배 모양의 누각. 2무용인 '跑旱船'에서 쓰는 배 모양의 도구.

【旱道－도】hàndào (～儿)(同)〈方〉〔旱路 lù〕, (反)〔水道 shuǐdào〕

【旱稻－도】hàndào 몡〈農〉밭벼. 육도(陸稻). (反)〔水稻 shuǐdào〕

【旱地－지】hàndì (同)〔旱田 tián〕

【旱季－계】hànjì 몡건(조)기. (反)〔雨 yǔ 季〕

【旱井－정】hànjǐng 몡1(물이 부족한 지역에서) 빗물을 담아 놓기 위해 판 아가리가 좁은 우물. 2겨울에 야채 저장용 움으로 쓰는 우물처럼 생긴 깊은 구멍.

【旱涝保收－로보수】hànlào bǎoshōu 가뭄이나 장마가 들어도 수확이 좋다. 어떤 경우에도 성과를 거둘 수 있다.

【旱柳－류】hànliǔ 몡〈植〉능수버들.

【旱路－로】hànlù 몡육로.

【旱桥－교】hànqiáo 몡육교. 구름 다리.

【旱情－정】hànqíng 몡(어떤 지역의) 가뭄 정도.

【旱伞－산】hànsǎn 몡〈方〉양산. 파라솔. (同)〔阳 yǎng 伞〕

【旱獭－달】hàntǎ 몡〈動〉마르모트. 마모트. 타르바칸.

【旱田－전】hàntián 몡1밭. ◇～作物/밭작물. (反)〔水田 shuǐtián〕2천수답.

【旱象－상】hànxiàng 몡가뭄 현상.

【旱鸭子－압자】hànyā·zi 몡〈俗〉헤엄을 못치는 사람. 맥주병.

【旱烟－연】hànyān 몡잎담배. 살담배. 〔손으로만 궐련으로 피거나 담뱃대로 핌〕

【旱烟袋－연대】hànyāndài 몡(살담배나 잎담배를 피우는) 담뱃대.

*【旱灾－재】hànzāi 몡한재. 한재(旱災). (反)〔水 shuǐ 灾〕

【捍】扌部 hàn 7画 막을 **한**
통막다. 지키다. 방어하다.

*【捍卫－위】hànwèi 통지키다. 수호하다. (同)〔保 bǎo 卫〕, (反)〔侵略 qīnlüè〕

【捍御－어】hànyù 통〈文〉막다. 방어하다.

【悍】忄部 hàn 7画 사나울 **한**

형1용맹하다. ◇~将/용맹한 장수. **2**사납다. 흉폭하다. ◇凶~/흉포하다.

【悍然―연】hànrán **부**서슴없이. 거리낌없이.

【悍勇―용】hànyǒng **형**강하고 용감하다.

＊＊【焊(銲,釬)】火部 hàn
7画 팔찌 **한**

동땜질하다. 납땜하다. 용접하다. ◇电~/전기 용접. ◇把断了的车轴~起来/차축이 끊어진 곳을 용접하다.

【焊工―공】hàngōng **명**1용접공. 2용접 작업.

【焊剂―제】hànjì **명**(용접시 사용하는 염산 따위의) 용제(溶劑, flux). (同)〔焊药 yào〕

【焊接―접】hànjiē **명동**용접(하다).

【焊镴―랍】hànlà **명**땜납.

【焊料―료】hànliào **명**땜납. 용접재료.

【焊钳―감】hànqián **명**전기 용접에 쓰이는 집게.

【焊枪―창】hànqiāng **명**용접 토치.

【焊条―조】hàntiáo **명**용접봉.

【焊锡―석】hànxī **명**땜납. 〔주석과 납의 합금〕백랍(白鑞).

【焊药―약】hànyào **명**1(同)〔焊剂 jì〕 2(同)〔焊料 liào〕

【颔・頷】頁部 hàn
7画 턱 **함**

〈文〉**1명**아래턱. **2동**고개를 끄덕이다.

【颔首―수】hànshǒu **동**〈文〉고개를 끄덕이다.

【翰】阜部 羽部 hàn
8画 10画 날개 **한**, 붓 **한**

명〈文〉**1**깃털. **2**〈轉〉붓. ◇挥~/휘호하다. **3**(轉)문자. 서신. ◇书~/서한.

【翰林―림】hànlín **명**한림. 〔당대(唐代)이후에 설치된 황제의 문학 보좌관〕

【翰墨―묵】hànmò **명**〈文〉**1**필묵. **2**문장·서화 등을 총칭하는 말.

【撼】扌部 hàn
13画 흔들 **감**

동뒤흔들다. 요동하다.

【撼动―동】hàndòng **동**요동하다. 진동하다.

【憾】忄部 hàn
13画 한할 **감**

명실망. 불만. 유감. ◇遗~/유감스럽다.

【憾事―사】hànshì **명**유감스러운 일. 한스러운 일. (同)〔恨 hèn 事〕, (反)〔快 kuài 事〕

hāng

【夯(硪)】大部 hāng
2画 다질 **항**

1명달구. ◇木~/나무달구. **2**달구질하다. 땅을 다지다. ◇打~/달구질하다. **3동**〈方〉세게 치다. 힘껏 때리다. ◇举起拳头向下~/주먹을 들어 아래로 힘껏 내리

치다. **4동**〈方〉어깨에 메다. 힘주어 들다.

【夯歌―가】hānggē **명**달구질 노래. 〔땅 다질 때 부르는 노동가〕

【夯砣―타】hāngtuó **명**(돌이나 금속으로 되어 있는) 망치의 지면에 접촉되는 부분.

háng

☆【行】彳部 háng
3画 갈 **행**, 항렬 **항**

1명줄. 열. ◇第三~/셋째줄. ◇杨柳成~/버드나무가 줄지어 늘어서다. ◇排成一~/한 줄로 배열하다〔늘어서다〕. **2명**형제 사이의 항렬. ◇您~几?/당신은 몇 째입니까? **3명**업종. 직업. ◇内~/전문가. **4명**상점. 상사. ◇银~/은행. ◇总~/본점. ◇分~/지점. **5명**행을 이룬 사물을 세는 단위. ◇一~字/글씨 한 줄. ⇒háng, héng, xíng.

【行帮―방】hángbāng **명**옛날의 동업자 조합.

【行辈―배】hángbèi **명**항렬.

【行车―차】hángchē (同)〔天 tiān 车〕

【行当―당】háng·dang (~儿)**명**1〈口〉직업. 생업. 2중국 희곡에 있어서 (배우들의) 배역의 종류.

【行道―도】háng·dao (同)〔行业 yè〕

【行东―동】hángdōng **명**가게 주인.

【行贩―판】hángfàn (~儿)**명**소상인. (同)〔小 xiǎo 贩〕

【行规―규】hángguī **명**동업 업종의 영업 규약.

【行话―화】hánghuà **명**동업자간의 은어.

【行会―회】hánghuì **명**1동업 조합. 2〈義〉길드(guild).

【行货―화】hánghuò **명**가공이 시원치 않은 상품. 불량품.

【行家―가】háng·jia **1명**전문가. (同)〔内 nèi 行〕, (反)〔外 wài 行〕**2**정통하다. 귀신같다.

【行间―간】hángjiān **명**1(문장의) 행간. **2**〈文〉군대.

【行距―거】hángjù **명**(농작물의) 그루 간격.

【行款―관】hángkuǎn **명**서예에서 글자 배치나 인쇄의 레이아웃.

＊＊【行列―렬】hángliè **명**행렬. 대열. ◇排成整齐的~/가지런히 정렬하다.

【行情―정】hángqíng **명**(시장의 상품가격의) 시세. (또는 이자율·환율·증권 등의) 시세.

【行市―시】háng·shi **명**〈經〉시세. 시가. ◇外汇~/외국환시세. ◇~看好/시세가 오를 것이다.

【行伍―오】hángwǔ **명**(군대의) 오열(伍列). 〈轉〉군대.

H

【行业—업】 hángyè 명직종. 업종. ◇饮食
～/요식업. ◇服务～/서비스업.

【行业语—업어】 hángyèyǔ (同)〔行话 huà〕

【行院—원】 hángyuàn 명금원(金元) 시대
에 기생이나 배우가 거처하던 곳.

【行栈—잔】 hángzhàn 명창고업을 겸한 중
매업.

【行长—장】 hángzhǎng 명은행장.

【行子—자】 háng·zi 명〈方〉〈罵〉놈. 녀석.

【吭】 口部 háng
4画 목구멍 항
명〈生理〉목구멍. 인후. ◇引～高歌/목청
을 돋구어 노래하다. ⇒kēng

【杭】 木部 Háng
4画 고을이름 항
명1〈地〉항주(杭州). 2성(姓).

【杭纺—방】 hángfǎng 명항주산의 견직물.

【杭育】 hángyō 의영차. 이영차.

【杭州—주】 Hángzhōu 명〈地〉절강성(浙江
省)의 성 소재지.

【绗・絎】 纟部 háng
6画 바느질할 행
통(이불・솜옷 따위를) 누비다. ◇～被子
/이불을 누비다.

【衐】 行部 háng
4画 악공 항

【衐衐—원】 hángyuàn (同)〔行院 hángyu-
àn〕

【航】 舟部 háng
4画 배 항
1명배. 2통(배나 비행기가) 운항하다. 항
행하다. ◇民～/민항.

*** 【航班—반】** hángbān 명(정기노선 비행기
나 배의) 정기 운행표. 취항 순서.

【航标—표】 hángbiāo 명항로 표지.

【航测—측】 hángcè 명〈略〉항공 측량.〔'航
空摄影测量'의 준말〕

【航程—정】 hángchéng 명(배・비행기의)
항해(비행) 노정.

【航船—선】 hángchuán 명1정기선. 2선박.

【航次—차】 hángcì 명1(배・비행기의) 취
항 순서. 2취항 횟수.

*** 【航道—도】** hángdào 명항로.

*** 【航海—해】** hánghǎi 명통항해(하다). ◇
～日志/항해 일지. ◇～用语/항해 용어.

☆**【航空—공】** hángkōng 명항공. ◇～公司/
항공사. ◇～货运/항공 화물 운송.

【航空兵—공병】 hángkōngbīng 명(주로 해
군이나 육군에서의 특수) 비행부대.

【航空母舰—공모함】 hángkōngmǔjiàn 명
항공모함.

【航空器—공기】 hángkōngqì 명비행물. (同)
〔飞行器 fēixíngqì〕

【航空小姐—공소저】 hángkōngxiǎojiě 명

여객기의 여 승무원(스튜어디스).

【航空信—공신】 hángkōngxìn 명항공우편.

【航路—로】 hánglù 명항로. 뱃길.

【航模—모】 hángmó 명항공기나 선박의 모형.

【航速—속】 hángsù 명항행[비행] 속도.

*** 【航天—천】** hángtiān 명우주 비행. ◇～通
信/우주 통신.

【航天飞机—천비기】 hángtiān fēijī 명우주
왕복선. 스페이스 셔틀(space shuttle).

【航务—무】 hángwù 명항해(비행) 업무.

*** 【航线—선】** hángxiàn 명항로와 항공로의
총칭. ◇定期～/정기 항로.

【航向—향】 hángxiàng 명1항해[비행]의
방향. 2〈喩〉(투쟁 따위의) 노선.

*** 【航行—행】** hángxíng 통항해[비행]하다.
◇一只船在河中～/배 한 척이 강에서 다
니고 있다. ◇空中～/하늘에서 비행하다.

*** 【航运—운】** hángyùn 명해상운송. 선박수
송. ◇远洋～/원양 수송.

【颃・頏】 页部 háng
4画 목 항
(同)〔颉 xié 颃〕

hàng

【行】 彳部 hàng
3画 갈 행, 항렬 항
(同)〔树 shù 行子〕⇒háng, héng, xíng

【沆】 氵部 hàng
4画 큰물 항
명〈文〉물이 넓고 크다.

【沆瀣—해】 hàngxiè 명〈文〉밤의 축축한 기운.

【沆瀣一气—해일기】 hàng xiè yī qì 〈成〉
(나쁜 짓에) 한통속이 되다. (同)〔气味
相投 qì wèi xiāng tóu〕, (反)〔格格不
入 gé gé bú rù〕

【巷】 已部 hàng
6画 거리 항
⇒xiàng

【巷道—도】 hàngdào 광산의 갱도.

蒿 344	薅 345	嚆 345	号 345	蚝 345
毫 345	嗥 345	貉 345	豪 345	壕 346
嚎 346	濠 346	好 346	号 348	好 349
耗 349	浩 349	皓 350	镐 350	

hāo

【蒿】 艹部 hāo
10画 다북쑥 호
(～子)명〈植〉쑥.

【蒿子—자】 hāo·zi 명〈植〉쑥.

【蒿子秆儿—자간아】 hāo·zigǎnr 명〈植〉쑥

갓. (同)〔茼 tóng 蒿(菜)〕

【薅】 艹部 13画 | hāo 김맬 호

[동]1(풀 따위를) 손으로 잡아뽑다. ◇～毛/털을 뽑다. 2〈方〉(손으로) 움켜 쥐다. 잡다. (同)〔揪 jiū〕

【薅锄—서】hāochú [명](풀을 뽑을 때 쓰는) 작은 삽.

【嚆】 口部 13画 | hāo 부르짖을 효

【嚆矢—시】hāoshǐ [명]소리나는 화살. 〈喻〉(사물이나 일의) 효시.

háo

【号·號】 口部 2画 | háo 부르짖을 호

[동]1소리지르다. ◇北风怒～/북풍이 세차게 불다. 2큰소리로 울다. ◇哀～/슬피 통곡하다. ⇒hào

【号叫—규】háojiào [동]큰소리로 외치다.

【号哭—곡】háokū [동]울부짖다. 엉엉 소리 내어 울다. (同)〔号啕 táo〕, (反)〔欢笑 huānxiào〕

【号丧—상】háo// sāng [동](상가집에서) 곡하다.

【号丧—상】háo·sang [동]〈方〉〈罵〉울다.

【号咷—도】háotáo (同)〔号啕 táo〕

【号啕—도】háotáo [형]큰소리로 우는 모양. ◇～痛哭/대성통곡하다. (反)〔欢笑 huānxiào〕

【蚝(蠔)】 虫部 4画 | háo 굴 호

[명]〈魚介〉굴. ◇～干/말린 굴.

【蚝油—유】háoyóu [명]굴 살로 만든 진액. 오이스터 소스.

【毫】 亠部 9画 | 毛部 7画 | háo 긴털끝 호

1[명]가늘고 끝이 뾰족한 털. ◇羊～笔/양털로 만든 붓. 2[명]붓. ◇挥～/휘호(하다). 3[명]저울의 손잡이 끈. ◇头～/저울 안끈. 4[부](부정에 쓰여) 전혀. 조금도. ◇～不足怪/조금도 이상하지 않다. 5[양]〈度〉밀리(milli). ◇～米/밀리미터. 6[양]〈度〉'市 shì 毫'의 통칭. 7[양]〈方〉화폐의 단위. '一元'의 1/10. (同)〔角 jiǎo〕

☆【毫不—불】háobù [부]조금도 …않다. 털끝만큼도 …않다. ◇～费力/털끝만큼도 힘을 들이지 않다. [비교]毫不:毫无 "毫不"는 명사 앞에 오지 않는다. ◇他知道小王(×毫不)毫无诚意/그는 왕군이 성의가 전혀 없음을 알았다.

【毫发—발】háofà [명]〈文〉〈喻〉솜털과 머리털. 지극히 적은 것. 〔주로 부정문에 쓰임〕 ◇～不差/조금도 오차가 없다.

【毫分—분】háofēn [명]아주 미세한 양.

【毫厘—리】háolí [양]〈度〉호와 리. 〈喻〉지극히 적은 것.

【毫毛—모】háomáo [명]솜털. 〈喻〉극히 작은 것.

【毫末—말】háomò [명]〈文〉털끝. 〈喻〉지극히 작은 것.

【毫升—승】háoshēng [양]〈度〉밀리리터(ml).

☆【毫无—무】háowú 조금도〔전혀〕…이 없다. ◇～希望/한 가닥의 희망조차 없다.

【毫无二致—무이치】háo wú èr zhì 〈成〉완전히 똑같다.

【毫洋—양】háoyáng [명]옛날 광동(廣東)·광서(廣西)에서 유통되었던 화폐.

【毫针—침】háozhēn [명]〈中醫〉호침(毫鍼).

【毫子—자】háo·zi 1[명]옛날, 광동(廣東)·광서(廣西)에서 사용하던 일각(一角)·이각·오각의 은화(銀貨). 2(同)〔毫 7〕

【嗥(嘷)】 口部 10画 | háo 고함지를 호

[동](야수가) 울부짖다.

【嗥叫—규】háojiào [동](야수가) 울부짖다.

【貉】 豸部 6画 | háo 담비 학

[명]〈動〉담비. ◇～皮/담비 가죽. ⇒hé

【貉绒—융】háoróng [명]담비의 모피(毛皮).

【貉子—자】háo·zi [명]담비.

【豪】 亠部 12画 | 豕部 7画 | háo 호걸 호

1[명]재능이나 능력이 뛰어난 사람. ◇英～/영웅 호걸. 2[형]호방하다. 호쾌하다. 3[형]돈 많고, 권세가 있는. 4[형]난폭하다.

【豪放—방】háofàng [형]호방하다. 활달하다. ◇性情～/성격이 호방하다. (同)〔豪爽 shuǎng〕, (反)〔拘谨 jūjǐn〕

【豪富—부】háofù 1[형]부유하고 권세가 있다. (同)〔鼎贵 dǐngguì〕, (反)〔赤贫 chìpín〕 2[명]부호. (同)〔豪门 mén〕, (反)〔寒门 hánmén〕

【豪横—횡】háohèng [동]권세를 믿고 횡포를 부리다.

【豪横—횡】háo·heng [형]〈方〉강직하다. 의지가 굳다.

*【豪华—화】háohuá [형]1(생활이) 사치스럽다. ◇～的生活/사치스러운 생활. (同)〔奢 shē 华〕, (反)〔朴素 pǔsù〕 2(건축·장식 등이) 호화롭다. ◇室内摆设非常～/실내의 장식이 몹시 화려하다.

【豪杰—걸】háojié [명]호걸. (同)〔英豪 háo〕, (反)〔庸才 yōngcái〕

【豪举—거】háojǔ [명]호기있는 행동.

【豪迈—매】háomài [형]늠름하게 매진하다. 늠름하다.

H

【豪门一门】háomén 图돈있고 권력 있는 집안.

【豪气一기】háoqì 图호탕한 기백. 호기.

【豪强一강】háoqiáng 1图횡포하다. 2图권세를 믿고 횡포부리는 사람.

【豪情一정】háoqíng 图씩씩한 기상. 기백.

【豪绅一신】háoshēn 图지방의 유력자. 토호.

【豪爽一상】háoshuǎng 图호쾌하고 시원시원하다. (同)〔痛快 tòngkuài〕, (反)〔拘束 jūshù〕

【豪侠一협】háoxiá 阁图용감하고 의협심이 있는 (사람).

【豪兴一흥】háoxìng 图1강한 흥미. 2왕성한 의욕.

【豪言壮语一언어】háo yán zhuàng yǔ〈方〉호언장담.

【豪饮一음】háoyǐn 图(술을) 통쾌하게 마시다.

【豪雨一우】háoyǔ 图호우. 폭우.

【豪语一어】háoyǔ 图호기있는 말. 당찬 말.

【豪猪一저】háozhū〈動〉호저.

【豪壮一장】háozhuàng 阁호기롭고 씩씩하다. 장엄하다. 웅장하다.

【豪族一족】háozú 图돈 있고 권세 있는 가족.

【壕】土部 háo 14画 해자 호
图1해자(垓字). 〔성밖으로 둘러 판 못〕◇～城/해자. 2장방형으로 판 구덩이. 참호. 도랑. ◇防空～/방공호.

【壕沟一구】háogōu 图1〈軍〉참호(塹壕). 2도랑. 수로.

【壕堑一참】háoqiàn 图〈軍〉참호.

【嚎】口部 háo 14画 소리높을 호
图1큰소리로 외치다. ◇一声长～/길게 울부짖는 소리. 2대성통곡하다. (同)〔号 háo〕

【嚎啕一도】háotáo (同)〔号啕 háotáo〕

【嚎咷一도】háotáo (同)〔号 háo 啕〕

【濠】氵部 háo 14画 호수 호
(同)〔壕 háo 1〕

hǎo

★【好】女部 hǎo 3画 좋을 호
1图좋다. 훌륭하다. 선량하다. ◇～人/호인. 좋은 사람. ◇天气真～/날씨가 참 좋다. (反)〔坏 huài〕比较好:喜欢 "好"는 기호를 나타낼 때 쓰이지 않는다. ◇他(×好)喜欢看电影/그는 영화구경을 좋아한다. 2图동사 앞에 쓰여 만족할 만큼 좋음을 나타냄. ◇～听/듣기 좋다. 3图사이

가 좋다. 우호적이다. ◇这两个孩子又～了/이 두 아이는 다시 사이가 좋아졌다. 4图(몸이) 건강하다.〈轉〉(병이) 좋아지다. ◇他的病～了/그의 병은 다 나았다. 5图〈套〉잘. 안녕히. ◇您～走/안녕히 가세요. 6(동사 뒤에 결과보어로 쓰여) 완성되었거나 잘 마무리 되었음을 나타냄. ◇计划已经订～了/계획은 이미 다 세웠다. 7图좋아. 그래.〔찬성·동의·종결 등의 어감을 나타냄〕◇～! 就这么办吧/좋다! 이렇게 하자. ◇～, 别再说了/됐다. 더이상 말하지 말자. 8图이런. 원. 아이고.〔불만을 나타냄〕◇～, 这一下可麻烦了/이런, 이번에 골치 아프게 됐군. 9图…하기가 쉽다. ◇这问题很～回答/이 문제는 대답하기 매우 쉽다. 10图…하기가 편하다. ◇告诉我他在哪儿, 我～找他去/그가 어디 있는지 제게 알려주시면 제가 그를 찾아가는 데 편하겠어요. 11助動〈方〉…해도 좋다. …할 수 있다. ◇我～进来吗?/들어가도 좋습니까? 12图(수량사 혹은 시간사 앞에 쓰여) 많거나 오래됐음을 나타냄. ◇有～几天没见到他了/그를 여러날 만나지 못하였다. 13图아주. 정말. 과연. ◇～香/정말 향기롭다. ◇天气～冷/날씨가 몹시 춥다. 14图얼마나.〔형용사의 앞에 쓰여 수량이나 정도를 묻는 말〕◇火车站离这儿～远?/기차역이 여기서 얼마나 먼가요? ⇒hào

【好办一판】hǎobàn 阁하기 쉽다. ◇你的那件事～/당신의 그 일은 처리하기 쉽다.

【好半天一반천】hǎobàntiān 图한참동안.

＊＊【好比一비】hǎobǐ 图마치 …과 같다. ◇人生～航海一般/인생은 흡사 항해하는 것과 같다.

【好不一불】hǎobù 图여간. 꽤.〔2음절 형용사 앞에 쓰여 정도가 매우 심함을 나타내며 감탄의 어기를 띰〕◇他这次考上研究所, 心理～痛快/그는 이번에 대학원에 합격했으니 마음이 여간 시원한 게 아니다.

【好不过一불과】hǎo·bu·guò 1…보다 못하다. …보다 나을 수 없다. 2(hǎo·buguò)图매우 좋다. 훌륭하다.

【好不容易一불용이】hǎo·bùróng·yi 图가스로. 간신히. ◇这本书我～才买到/이 책은 내가 간신히 구입했다. (同)〔好容易〕

★【好吃一흘】hǎochī 图맛있다. ◇～的东西/맛있는 것. (同)〔可口 kě kǒu〕, (反)〔难 nán 吃〕

★【好处一처】hǎo·chu 图1장점. 좋은 점. ◇你每天做点运动会有～/당신이 매일 운동을 조금 한다면 좋은 점이 많을 것이다. 2이익. 촌덕. ◇这里捞 lāo 不到任何～/여기에서 아무런 이익도 건지지 못한

다. ◇不给他~, 他是不会干的/그에게 촌
지를 주지 않고서는 하지 않을 것이다.
비교好处:优点 사람의 장단점에는 "好
处"를 쓰지 않는다. ◇别只看他的缺点,
还要看到他的(×好处)优点/그의 단점만
보지 말고 그의 장점도 봐야 한다.
【好歹-대】hǎodǎi 1형좋은 것과 나쁜 것.
◇这个人真不知~/이 사람은 정말 잘해
주는 지를 모르는다. 2(~儿)명(생명의)
위험. 3부되는 대로. 대충대충. ◇没时间
了, 你就~吃点儿吧/시간이 없으니 대충
좀 먹어라. 4부어쨌든. 하여튼. 어떻게해
서든.
【好端端-단단】hǎoduānduān (~的)형(사
람이) 건강하다. 멀쩡하다.
＊【好多-다】hǎoduō 1형대단히 많다. ◇她
上街买了~东西/그녀는 거리에 나가 많
은 물건을 샀다. 2대〈方〉몇. 얼마. ◇今
天到会的人有~?/오늘 회의에 참석한 사
람이 얼마나 되느냐?
＊【好感-감】hǎogǎn 명호감. ◇给人~/사
람들에게 호감을 주다. (反)〔反 fǎn 感〕
【好过-과】hǎoguò 1형(생활이) 편하다.
(생활이) 넉넉하다. (同)〔舒适 shūshì〕,
(反)〔不适 bùshì〕2동(건강·기분이) 좋
아지다. ◇他吃了药, 觉得一点儿了/그
는 약을 먹고 좀 좋아진 것을 느꼈다.
【好汉-한】hǎohàn 명사내 대장부. (同)
〔英雄 yīngxióng〕, (反)〔懦夫 nuòfū〕
☆【好好儿-호아】hǎohāor (~的)1형정상이
다. 괜찮다. 멀쩡하다. ◇电话刚才还是~
的, 怎么就坏了?/전화가 좀전까지만 해
도 괜찮더니 왜 고장난 거지? 2부잘. 충
분히. ◇把这房间~打扫一下/이 방을 잘
청소해라.
【好好先生-호선생】hǎohǎo·xiān·shēng
원칙이나 시비 기준 없이 사람을 대하는
사람. 무골 호인.
【好话-화】hǎohuà 명1좋은〔유익한〕 말.
(同)〔好言 yǎn〕, (反)〔坏 huài 话〕2칭
찬의 말. 감언. ◇~说尽, 坏事做绝/좋다
는 말 다 해놓고서 나쁜 짓을 골라서 다
한다. 3부탁이나 미안함을 나타내는 말.
＊【好坏-괴】hǎohuài 1형좋은 것과 나쁜
것. 잘잘못. ◇不管~/좋고 나쁨을 따지
지 않다. 2부어쨌든. 좌우간. 하여간.
【好几-기】hǎojī 1몇. 〔숫자 뒤에 쓰여서
그 수 뒤에 꽤 많은 자투리 수가 있음을
나타냄〕◇她有三十一~了/그녀는 삼십이
꽤 넘었어요. 2몇. 〔수사·시간사 앞에 쓰
여 많음을 나타냄〕꽤. ◇那天车祸死了~
个人呢/그날 교통사고에 꽤 많은 사람이
죽었거든.
【好家伙-가화】hǎojiā·huo 갑야. 이런.

〔감탄·놀람·칭찬 등을 나타내는 말〕
【好景-경】hǎojǐng 명좋은 상태〔경기〕.
【好景不长-경불장】hǎo jǐng bù cháng
〈成〉좋은 상태는 오래가지 않는다.
☆【好久-구】hǎojiǔ 부오랫동안. ◇~不见!
/오래간만이군요. ◇我站在这儿等他~了
/난 여기 서서 그를 한참 기다렸어요.
(同)〔许 xū 久〕, (反)〔短促 duǎncù〕
★【好看-간】hǎokàn 1형예쁘다. 보기좋다.
◇你戴那顶帽子很~!/네가 그 모자를 쓰
니까 매우 근사하구나! (同)〔漂亮 piàoli·
àng〕, (反)〔难看 nánkàn〕2형체면이
서다. ◇儿子立了功, 做娘的脸上也~/아
들이 공을 세우니 어머니로서도 체면이
선다. 3형흥미진진하다. 재미있다. ◇这
部电影很~/이 영화는 참 재미있다. 4(要
人的~의 형태로) 남에게 망신을 주다.
웃음거리가 되다. ◇让我上台表演, 这不
是要我的~吗?/나더러 무대에 올라가 연
기하라는 것은, 나를 웃음거리로 만들자
는 것이 아니냐?
【好赖-뢰】hǎolài (同)〔好歹 dǎi〕
【好力宝-력보】hǎolìbǎo 명몽고족의 민속
예능의 하나.
【好评-평】hǎopíng 명좋은 평판. 호평.
【好气儿-기아】hǎoqìr (~)명좋은 기색.
좋은 얼굴. 〔주로 부정형으로 쓰인다〕◇
他看见别人浪费, 就没~/그는 남이 낭비
하는 것을 보면 화난 얼굴을 한다.
【好儿-아】hǎor 명1은혜. 2좋은 점. 3문
안의 말. ◇见着 zháo 老张, 给我带个~/
장씨를 만나면 내 안부나 전해다오.
【好人-인】hǎorén 명1품행이 방정한 사
람. (同)〔善 shàn 人〕, (反)〔坏 huài 人〕
2건강한 사람. 3호인.
【好人家-인가】hǎorénjiā (~儿)명훌륭한
가정. 청렴한 집안.
【好日子-일자】hǎorì·zi 명1길일(吉日).
좋은 날. 2(결혼식·생일 등) 경사가 있
는 날. 3행복한 생활. ◇过~/행복한 생
활을 하다. (反)〔苦 kǔ 日子〕
☆【好容易-용이】hǎoróngyì 부겨우. 간신
히. ◇他整天不在家, 刚才我~才找到他/
그가 하루종일 집에 없어서, 방금 가까스
로 그를 찾아냈다. (同)〔好不 bù 容易〕
【好生-생】hǎoshēng 부1〈早白〉매우. 2
〈方〉잘. 주의를 기울여.
【好声好气-성호기】hǎo shēng hǎo qì (~
的)〈口〉말투가 부드럽고 태도가 온화하
다. (反)〔粗声大气 cū shēng dà qì〕
【好事-사】hǎoshì 명1좋은 일. 유익한 일.
(同)〔喜 xǐ 事〕, (反)〔丧 sāng 事〕2자선
사업. (同)〔善 shàn 事〕, (反)〔恶 è 事〕
3〈文〉경사. 4불교에서 죄인의 참회나 불

사 등을 일컫는 말.

【好事多磨－사다마】hǎoshì duō mó〈成〉좋은 일에는 방해가 많기 마련이다.

【好手－수】hǎoshǒu 몡(어떤 기예에) 정통한 사람. 명수. ◇论烹调 pēngtiáo, 他是一把～/요리기술로 따지면, 그는 일가견이 있는 사람이다. (同)〔能 néng 手〕, (反)〔生 shēng 手〕

*【好受－수】hǎoshòu 혱기분이 좋다. 시원하다.

*【好说－설】hǎoshuō 1〈套〉천만의 말씀입니다. 〔남이 자신을 칭찬할 때〕◇～, 您太夸奖 kuājiǎng 了/무슨 말씀을 너무 과찬이십니다. 2동말할거가 있다. 상담의 여지가 있다. ◇关于费用问题～/비용문제라면 서로 얘기해 볼 수 있지요.

【好说歹说－설태설】hǎo shuō dǎi shuō〈成〉반복해서 설득하다. 계속 간청하다. ◇我～, 他总算答应了/내가 계속 설득하자 그는 드디어 승낙했다.

【好说话儿－설화아】hǎo shuōhuàr (성격이 좋아) 말을 붙이기 쉽다. 서글서글하다.

【好似－사】hǎosì 동…과 비슷하다. 마치 …같다.

【好天儿－천아】hǎotiānr 몡좋은〔맑은〕날씨.

☆【好听－청】hǎotīng 혱(말 또는 소리가) 듣기 좋다. ◇这音乐很～/이 음악은 아주 듣기가 좋다. ◇话说得～, 但还要看行动/말은 그럴 듯하지만 역시 행동을 봐야지. (同)〔悦耳 yuè'ěr〕, (反)〔难 nán 听〕

☆【好玩儿－완아】hǎowánr 혱재미있다. 애교가 있다. 귀엽다. ◇这游戏挺～/이 놀이는 참 재미있다.

★【好像－상】hǎoxiàng 동마치 …과 같다. ◇这个人我～在哪儿见过/이 사람은 내가 어디served에서 본 듯하다. ◇他们俩处得～亲姐妹一样/그들 두 사람은 마치 친자매처럼 지낸다. 비교好像:像 예를 들 때는 "好像"을 쓰지 않는다. ◇北京有很多有名的地方, (×好像)像天安门, 人民大会堂, 故宫等/북경에는 천안문, 인민대회당, 고궁 등과 같은 유명한 곳이 많다.

【好笑－소】hǎoxiào 혱우습다. 가소롭다.

☆【好些－사】hǎoxiē 혱1많은. ◇他在这里工作～年了/그가 여기서 근무한 지 여러 해가 됐다. 2비교적 좋다〔낫다〕. ◇他的功课比他妹妹～/그의 학업 (성적)은 그의 여동생보다 좀 낫다. (同)〔许多 xǔduō〕, (反)〔些微 wēi〕

【好心－심】hǎoxīn 혱좋은 의도. 호의. (同)〔好意 yì〕, (反)〔坏 huài 心〕

【好性儿－성아】hǎoxìngr 1혱성질이 좋다. 2몡온화한 성질.

*【好样儿的－양아적】hǎoyàngr·de 몡〈口〉

대단한 사람. 유능한 사람.

【好意－의】hǎoyì 몡호의. 선의.

【好意思－의사】hǎoyì·si 1혱뻔뻔스럽다. 2혱부끄러운 줄 모르다. 뻔뻔스럽게. 〔혼히 반문 또는 '不～'의 형태로 쓰임〕◇说错话, 你这～笑呢!/말을 잘못하고도 뻔뻔스럽게 웃고 있어!

*【好在－재】hǎozài 뷔다행히도. 운 좋게. ◇～他伤势不重/다행히도 그의 상처가 깊지 않다.

【好找－조】hǎozhǎo 혱1찾기 쉽다. 2동한참 찾다. 오래 찾다.

*【好转－전】hǎozhuǎn 몡동호전(되다). ◇病势～了/병세가 호전되었다. (同)〔改善 gǎishàn〕, (反)〔逆转 nìzhuǎn〕

hào

★【号·號】 口部 | hào
2画 | 이름 호, 부를 호

1몡이름. 명칭. ◇国～/국호. ◇绰～/별명. 2몡(사람의) 호. ◇孔明是诸葛亮的～/공명은 제갈량의 호이다. 3몡(상점, 상점 따위를) 가리킴. ◇商～/상점. 4(~儿)몡표시. 신호. ◇记～/기호. ◇暗～/암호. 5(~儿)몡차례. 번호. 순서. ◇挂～/(병원에서) 접수시키다. ◇编～/일련 번호. 6(~儿)몡등급의 표시. 사이즈. ◇大～/대형 사이즈. 7몡종류. ◇这～生意不能做/이런 장사는 해서는 안 된다. 8(~儿)몡사람. ◇病～/환자. ◇伤～/부상자. 9(~儿)몡(숫자의 뒤에 쓰여) 배열의 순서를 표시함. a)일반적인 것. ◇门牌二～/번지가 2호이다. b)날짜를 가리킴. ◇今天几～?－十三～/오늘은 며칠이냐?－13일이다. 10몡a)사람 수를 나타냄. ◇今天有一百多～人出工/오늘은 백여 명이 일하러 나온다. b)(~儿)일이 성립된 횟수를 나타냄. ◇一会儿工夫就做了几～买卖/잠시 동안에 벌써 거래를 몇 번을 했다. 11몡번호를 매기다. 표시하다. ◇在药包外头～上药名/약봉지의 겉에 약 이름을 붙이다. 12동맥(脉)을 짚다. ◇～脉/맥을 짚다. 13몡명령. 호령. ◇发～施令/명령을 내리다. 14몡옛날, 군대에서 명령을 전달할 때 사용하던 신호용 나팔. (同)〔号筒 tǒng〕 15몡나팔에 의한 신호. ◇起床～/기상 나팔. ◇集合～/집합 나팔. 16몡군대나 악대에서 사용하는 서양식 나팔. ⇒háo

【号兵－병】hàobīng 몡(군대의) 나팔수.

*【号称－칭】hàochēng 동1…라고 불려지다. ◇四川～天府之国/사천은 천부의 땅

으로 불리운다. **2**…이름으로 일컬어지다. ◇敌人的这个师～一万二千人, 实际上只有七八千/적의 이 사단은 만이천 명이라고 알려졌으나, 실제로는 칠팔천 밖에 되지 않는다.

【号房-방】hàofáng 阁(옛날 관청 등의) 접수실 또는 접수원.

【号角-각】hàojiǎo 阁호각. 신호 나팔.

【号坎儿-감아】hàokǎnr 阁(옛날에 인력거꾼·가마꾼·청소부 등이 입던) 번호가 붙은 소매없는 웃옷.

【号令-령】hàolìng 阁호령(하다). 명령(하다).

☆【号码-마】hàomǎ (~儿)阁번호. ◇电话～/전화번호.

【号脉-맥】hào//mài 阁진맥하다.

【号炮-포】hàopào 阁신호(전달)용 포.

【号手-수】hàoshǒu 阁나팔수.

【号筒-통】hàotǒng 阁옛날 군대에서 명령을 전달할 때 쓰는 대나무통 모양의 메가폰.

【号头-두】hàotóu 阁**1**(~儿)번호. **2**(方)한달 중 특정한 하루.

【号外-외】hàowài 阁(신문의) 호외.

【号衣-의】hàoyī 阁(옛날 병사들이나 심부름꾼들이 입던) 기호가 찍힌 옷.

☆【号召-소】hàozhào 阁阁호소(하다). ◇响应了～/호소에 호응했다.

【号志灯-지등】hàozhìdēng 阁(철도원이 손에 들고 사용하는) 신호등.

【号子-자】hào·zi 阁**1**(方)기호. 표지(標志). **2**메김 소리. 〔여러 사람이 같이 일할 때 한 사람이 먼저 소리치고 나머지 사람이 따라 내는 소리〕**3**감방.

☆【好】女部 | hào
　　 3画 | 좋아할 **호**

1阁좋아하다. ◇嗜 shì～/취미. 기호. ～管闲事/참견하기를 좋아한다. (反)〔恶 wù〕**2**阁잘. 쉽게. 툭하면. ◇～晕船/배멀미를 잘 한다. ◇刚会骑车的人～摔跤 shuāi jiǎo/자전거를 처음 배운 사람은 툭하면 넘어진다. ⇒hǎo

【好吃-흘】hàochī 阁먹기 좋아하다.

【好大喜功-대희공】hào dà xǐ gōng〈成〉자신의 분수를 모르고 큰 일을 하여 공을 세우려 하다. 공명심에 사로잡히다.

【好高务远-고무원】hào gāo wù yuǎn〈成〉비현실적이고 높은 목표를 추구하다. (同)〔好高骛 wù 远〕

*【好客-객】hàokè 阁손님 접대를 좋아하다. ◇这个人热情～/그는 친절하고 벗사귀기를 좋아한다.

**【好奇-기】hàoqí 阁1신기한 것을 좋아하다. 2阁호기심이 많다. ◇～心/호기심.

【好强-강】hàoqiáng 阁승부욕이 강하다. ◇她是个～的姑娘, 不甘落后/그녀는 승부욕이 강한 아가씨라서 처지려고 하지 않을 것이다.

【好色-색】hàosè 阁여색을 좋아하다.

【好尚-상】hàoshàng **1**阁좋아하고 따르다. 애호하고 숭상하다. **2**阁애호. 취향.

【好胜-승】hàoshèng 阁승부욕이 강하다. 지려하지 않다.

【好事-사】hàoshì 阁남의 일에 끼어들기를 좋아하다.

【好为人师-위인사】hào wéi rén shī〈成〉남을 가르치기를 좋아하다. 겸허하지 않다. (反)〔不耻下问 bù chǐ xià wèn〕

【好恶-오】hàowù 阁좋아함과 싫어함.

【好逸恶劳-일오로】hào yì wù láo〈成〉편한 것만 좋아하고 일하기를 싫어하다. (反)〔吃苦耐劳 chī kǔ nài láo〕

【好整以暇-정이가】hào zhěng yǐ xiá〈成〉바쁜 가운데서도 여유가 있다.

**【耗】耒部 | hào
　　 4画 | 다할 **모**

1阁많이 소모하다. 낭비하다. ◇这汽车～油/이 자동차는 기름을 많이 소모한다. **2**阁〈方〉시간을 끌다. 꾸물거리다. ◇你别～着了, 快走吧/꾸물거리지 말고, 빨리 가라. **3**阁(불길한) 소식. 통지. ◇死～/부고.

*【耗费-비】hàofèi 阁낭비하다. 많이 소모하다. ◇～时间/시간을 낭비하다. (同)〔消 xiāo 耗〕, (反)〔积聚 jījù〕

【耗竭-갈】hàojié〈文〉다 써버리다.

【耗尽-진】hàojìn 阁다 소비하다. 다 써버리다. ◇～体力/체력을 다 소모하다.

【耗神-신】hàoshén 阁정력을 많이 소모하다.

【耗损-손】hàosǔn **1**阁소모하여 닳게 하다. **2**阁소모. 손실.

【耗子-자】hào·zi 阁〈方〉쥐.

【浩】氵部 | hào
　　 7画 | 넓고클 **호**

阁**1**크다. 성대하다. ◇工程～大/공사가 대단히 크다. **2**많다. ◇～博/굉장히 많다.

【浩大-대】hàodà 阁(기세나 규모가) 웅대하다.

*【浩荡-탕】hàodàng 阁**1**물이 넓은 모습. **2**대대적이다. 장대하다. ◇游行队伍浩浩荡荡地通过天安门/시가행진 대열은 대대적으로 천안문을 통과했다.

【浩繁-번】hàofán 阁크고 많다. 막대하다. ◇～的开支/막대한 비용.

【浩瀚-한】hàohàn 阁**1**물이 넓은 모습. **2**넓고 크다. ◇～的沙漠/광대한 사막.

【浩劫-겁】hàojié 阁큰 재해. (反)〔洪福 hōngfú〕

【浩茫－망】hàománg 혱〈文〉끝없이 넓다.
(同)〔浩渺 miǎo〕, (反)〔狭窄 xiázhǎi〕

【浩渺－묘】hàomiǎo (同)〔浩淼 miǎo〕

【浩淼－묘】hàomiǎo 혱수면이 아득히 넓다.

【浩气－기】hàoqì 몡호연지기. 호기. (同)
〔正 zhèng 气〕, (反)〔媚气 mèiqì〕

【浩然－연】hàorán 혱〈文〉1넓고 성대한
모양. 2정직하고 강직하다.

【浩然之气－연지기】hàorán zhī qì〈成〉호
연지기.

【浩如烟海－여연해】hào rú yān hǎi〈成〉
〈喩〉(문헌·자료 등이) 대단히 풍부하다.
(反)〔寥寥无几 liáo liáo wú jǐ〕

【浩叹－탄】hàotàn 툉크게 탄식하다.

【浩特－특】hàotè 혱〈音〉유목민의 촌락.
〔몽고어의 음역어〕

【皓(皜)】白部 hào
7画 | 밝을 호

혱1희다. 깨끗하다. ◇明眸 móu~齿/〈成〉
맑은 눈동자에 흰 이. (여자의) 아리따운
얼굴. (同)〔雪 xuě〕, (反)〔乌 niǎo〕 2빛
나다. 밝다. (同)〔朗 lǎng〕, (反)〔暗 àn〕

【皓首－수】hàoshǒu 혱〈文〉흰 머리. 〈轉〉
노인. (同)〔白发 báifà〕, (反)〔黑头 hēi-
itóu〕

【皓月－월】hàoyuè 혱〈文〉밝은 달.

【镐·鎬】钅部 Hào
10画 | 쟁가비 호

몡〈地〉주대(周代) 초기의 도읍. 지금의
섬서성(陝西省), 서안시(西安市)의 서남
쪽. ⇒gǎo

诃	350	呵	350	喝	350	嗬	350	禾	350
合	350	何	350	和	353	郃	354	劾	354
河	354	饸	355	阂	355	盍	355	荷	355
核	355	盒	355	涸	355	颌	356	貉	356
阖	356	吓	356	和	356	贺	356	荷	356
喝	356	赫	356	褐	356	鹤	356	壑	356

hē

【诃·訶】讠部 hē
5画 | 꾸지람 가

1툉(큰소리로) 꾸짖다〔질책하다〕. (同)
〔呵〕2(同)〔呵子 zi〕

【诃子－자】hēzǐ 혱〈植〉1가리륵. 2가리륵
의 열매. 가자.

【呵(²訶)】口部 hē
5画 | 꾸짖을 가

1툉입김을 불다. 2툉꾸짖다. 질책하다. 3
(同)〔嗬 hē〕4옙하하. 웃음소리. ⇒ā, á
ǎ, à, ·a, '啊', kē

【呵斥－척】hēchì 툉큰소리로 꾸짖다.

【呵呵－가】hēhē 옙1하하. 〔웃음소리〕◇
~地笑了起来/하하하고 웃어댔다.

【呵喝－갈】hēhè 툉〈文〉큰소리로 호통치다.

【呵护－호】hēhù 1몡튕〈文〉가호(加護)하
다. 2아끼다.

【呵欠－흠】hē·qiàn 몡툉하품(하다). ◇打
~/하품하다. (同)〔哈 hā 欠〕

★【喝(¹,²㰥)】口部 hē
9画 | 꾸짖을 갈

1툉마시다. ◇我还没~过可口可乐/나는
아직 코카콜라를 마셔보지 못했다. 2툉
술을 마시다. ◇遇上高兴的事总要~两口
/기쁜 일만 있으면 늘 몇잔을 한다. 3옙
허!〔놀람을 표시함〕◇~, 你真行, 哪搞来
这么多活鱼/허! 네 대단한데, 어디서 이
렇게 많이 산 물고기를 구해왔니? ⇒hè

【喝闷酒－민주】hē mènjiǔ (홧김에) 혼자
술을 마시다.

【喝墨水－묵수】hē mòshuǐ (~儿)몡학교
에 가 공부하다. 지식을 쌓다.

【喝西北风－서북풍】hē xīběifēng 툉목구
멍에 거미줄 치다. 먹을 것이 없다.

【喝醉－취】hēzuì 툉술이 취하다.

【嗬】口部 hē
10画 | 놀랄 하

옙허! 아!〔놀라움을 나타냄〕◇~, 真
不得了 liǎo!/아! 정말 큰일났다!

hé

【禾】禾部 hé
0画 | 벼 화

몡1곡식. 곡식의 모.〔특히 볏모를 가리
킴〕(同)〔禾苗 miáo〕2고서(古書)에서
는 조를 가리킴.

【禾场－장】héchǎng 몡〈方〉탈곡장.

【禾苗－묘】hémiáo 몡볏모.

☆【合】人部 口部 hé
4画 | 3画 | 합할 합

1툉감다. 다물다. 닫다. ◇笑得~不上嘴/
우스워 입을 다물지 못한다. ◇把书~上/
책을 덮다. 2툉합치다. 모으다. ◇同心~
力/한 마음으로 힘을 합치다. (反)〔分 fē
n〕3옙온. 전체. 전부. ◇~村/온 마을.
4툉맞다. 부합되다. ◇正~心意/마음〔뜻〕
에 꼭 맞다. ◇~胃口/입맛에 맞다. 구미
에 맞다. 5툉상당하다. 해당하다. 맞먹다.
◇一公顷~十五市亩/헥타르는 15묘에 해
당한다. 6툉합계하다. ◇这件衣服连工带
料~多少钱?/이 옷은 옷값부터 공전까지
포함하여 얼마입니까? 7퇴〈文〉마땅히 …
해야 한다. ◇理~声明/마땅히 성명해야
한다. 8옙합.〔옛날 소설에서 교전(交
戰)한 횟수〕◇大战三十余~/30여합 크

게 싸우다. **9**〈天〉합. 행성(行星)과 태양이 황경(黃經)을 같이 할 때. **10**명〈音〉합. 〔중국 고유 음악 음계(音階)의 하나〕 **11**(Hé)명성(姓). ⇒gē

【合办—판】 hébàn 동공동 경영하다.

【合抱—포】 hébào 동아름드리.

【合璧—벽】 hébì 동**1**서로 다른 것을 잘 배합하다. **2**두 가지를 대비 참고하다.

*【合并—병】 hébìng 동합병하다. ◇这家公司是由几家小公司～起来组成的/이 회사는 몇 개의 소규모 회사가 합병하여 만들어졌다. (同)〔合拢 lǒng〕, (反)〔分开 fēnkāi〕 **2**〈醫〉(병이) 병발(竝發)하다. ◇麻疹～肺炎/홍역에 폐렴이 겹치다.

【合不来—불래】 hé·bu lái 배짱이 맞지 않다. ◇小李跟他～/이 군은 그와 배짱이 맞지 않다. (反)〔合得 de 来〕

【合不着—불착】 hé·bu zháo 〈方〉채산이 맞지 않다. 보람이 없다.

*【合唱—창】 héchàng 동〈音〉합창(하다). ◇～队/합창단. (反)〔独 dú 唱〕

*【合成—성】 héchéng **1**동합성하다. 합쳐지다. ◇由两部分～/두 부분이 합쳐 이루어졌다. **2**명〈化〉합성. **3**명〈工〉합성.

【合成词—성사】 héchéngcí 명합성어.

【合成洗涤剂—성세척제】 héchéng xǐdíjì 명〈化〉합성세제.

【合成纤维—성섬유】 héchéng xiānwéi 명합성섬유. 인조섬유.

【合成橡胶—성상교】 héchéng xiàngjiāo 명합성고무. 인조고무.

【合得来—득래】 hé·de lái 배짱이 맞다. (反)〔合不 bu 来〕

【合得着—득착】 hé·de zháo 〈方〉수지가 맞다. 애쓴 보람이 있다. (反)〔合不 bu 着〕

【合度—도】 hédù 형도에 맞다. 적당하다. 알맞다.

*【合法—법】 héfǎ 형합법적이다. ◇唯一～政府/유일한 합법적인 정부. ◇～权利/합법적인 권리. (反)〔非 fēi 法〕

【合该—해】 hégāi 조동당연히 …해야 한다.

*【合格—격】 hégé **1**동규격에 들어맞다. ◇产品～/제품이 규격에 맞다. **2**형합격하다. ◇检查～/검사에 합격되다. **3**명합격.

【合共—공】 hégòng **1**명합계. 도합. **2**동한 데 합치다.

【合股—고】 hégǔ 동합자하다.

*【合乎—호】 héhū 동…에 맞다. …에 부합하다. ◇～人民的利益/국민의 이익에 부합하다. ◇～事实/사실에 부합되다.

【合欢—환】 héhuān **1**동(사랑하는 남녀가) 만나 즐기다. **2**명〈植〉자귀나무.

*【合伙—화】 héhuǒ (～儿)동동업하다. ◇两人～买下了这家公司/두 사람이 동업하여

이 회사를 사들였다. (反)〔独自 dúzì〕

【合击—격】 héjī 동(부대들이) 연합하여 공격하다. 협공하다.

【合计—계】 héjì 명동합계(하다).

【合计—계】 hé·ji 동**1**따져보다. 계산하다. ◇他心里老～这件事/그는 마음 속으로 이 일을 계속 따지고 있었다. **2**의논하다. ◇大家～～/여러분, 의논 좀 합시다.

【合家—가】 héjiā 명전〔온〕 가족.

【合家欢—가환】 héjiāhuān 명가족 사진.

【合脚—각】 hé//jiǎo 동발에 맞다.

*【合金—금】 héjīn 명〈化〉〈機〉합금.

【合金钢—금강】 héjīngāng 명합금강.

【合卺—근】 héjǐn 동〈文〉혼례식을 올리다.

【合口—구】 hé//kǒu 동**1**상처가 아물다. (同)〔闭 bì 口〕, (反)〔张 zhāng 口〕 **2**(hékǒu) 입에 맞다.

【合口呼—구호】 hékǒuhū 명〈言〉(同)〔四 sì 呼〕

【合饹—락】 hé·le (同)〔饸 hé 饹〕

☆【合理—리】 hélǐ 형합리적이다. ◇时间安排～/시간 배정이 합리적이다. ◇～利用资源/합리적으로 자원을 이용하다. (同)〔在 zài 理〕, (反)〔无 wú 理〕

【合理化—리화】 hélǐhuà 명동합리화(하다).

【合力—력】 hélì **1**동힘을 합치다. **2**명〈物〉합력.

【合流—류】 héliú **1**동(하천이) 합류하다. (反)〔分流 fēn〕 **2**〈喩〉〈貶〉(사상이나 행동이) 일치하다. **3**학술·예술 등의 서로 다른 유파(流派)가 하나가 되다.

【合龙—룡】 hé//lóng 동제방이나 다리 건설에서 양쪽 끝에서부터 시작하여 가운데서 합쳐져 완공되다.

【合拢—롱】 hé//lǒng 동한 데 합치다. 다물다. 닫다. ◇听了他的话, 她惊得合不拢嘴/그의 말을 듣고 그녀는 놀라 입을 다물지 못했다.

【合谋—모】 hémóu 동공모하다.

【合拍—박】 hé//pāi **1**동박자가 맞다. 일치하다. ◇两个人思路～/두 사람의 생각이 일치되었다. **2**(hépāi)동ⓐ공동 촬영하다. ⓑ(사진을) 같이 찍다.

*【合情合理—정리합리】 hé qíng hé lǐ 〈成〉합리적이다. ◇这个建议～/이 건의는 합리적이다. (同)〔入情入理 rù qíng rù lǐ〕, (反)〔岂有此理 qǐ yǒu cǐ lǐ〕

【合群—군】 héqún (～儿)**1**사귐성이 좋다. 사람과 잘 어울리다. **2**단체를 결성하다.

【合扇—선】 héshàn (同)〔合叶 yè〕

【合身—신】 hé//shēn (～儿)형(옷이) 몸에 맞다.

【合十—십】 héshí 동〈佛〉합장(合掌)하다.

【合时—시】 hé//shí 동시대에 맞다. 유행에 맞다.

【合式―식】héshì 圈**1**일정한 규격·양식에 맞다. **2**(同)〔合适 shì〕

★【合适―적】héshì 圈**1**적합하다. 알맞다. ◇这双鞋我穿着正~/이 신발은 내가 신으니 딱 맞다. ◇这样说不~/이렇게 말하는 것은 적합하지 않다. 回교合适:适合 "合适"는 자동사로만 쓰여 목적어를 취할 수 없으나 "适合"는 타동사로서 목적어를 취할 수 있음. ◇这是最(×合适)适合北京实际情况的措施/이것은 북경의 실정에 가장 알맞은 조치이다.

【合数―수】héshù 圈〈數〉합성수.

＊＊【合算―산】hésuàn 圈**1**(hé//suàn) 수지가 맞다. ◇这么办就不~/이렇게 하면 수지가 맞지 않는다. **2**따지다. 주판을 튕겨보다. ◇去还是不去得 děi 仔细~/가야 할지 말아야할지 잘 따져 봐야 한다. (同)〔上 shàng 算〕, (反)〔吃亏 chīkuī〕

【合体―체】hé//tǐ (同)〔合身 shēn〕

☆【合同―동】hé·tong 圈계약(서). ◇订~/계약을 맺다. ◇签订~/계약에 서명하다.

【合围―위】héwéi **1**(同)〔合抱 bào〕**2**圈적이나 사냥감을 포위하다.

【合心―심】hé//xīn (同)〔合意 yì〕

【合眼―안】hé//yǎn 圈**1**눈을 감다. 잠을 자다. **2**죽다. (同)〔闭 bì 眼〕, (反)〔瞪 dèng 眼〕

【合演―연】héyǎn 圈圈합동 공연(하다).

【合叶―엽】héyè 圈경첩.

【合宜―의】héyí 圈적당하다. 알맞다. (同)〔合适 shì〕, (反)〔失 shī 宜〕

【合议庭―의정】héyìtíng 圈〈法〉합의법정.

【合意―의】hé//yì 圈**1**마음에 들다. 마음에 맞다. (同)〔满 mǎn 意〕, (反)〔不满 bùmǎn〕〈法〉합의하다.

＊【合营―영】héyíng 圈圈공동 경영(하다). ◇公私~/국가와 개인의 공동 경영.

【合影―영】hé//yǐng 圈**1**(두 사람이나 여럿이) 함께 사진을 찍다. **2**(héyǐng)圈(여럿이 함께 찍는) 단체사진.

【合用―용】héyòng 圈**1**공동으로 사용하다. **2**圈쓰기에 알맞다.

【合于―어】héyú 圈(…에) 합치하다.

【合约―약】héyuē 圈(비교적 간단한) 계약.

【合葬―장】hézàng 圈합장하다.

【合辙―철】hé//zhé (~儿)圈**1**〈喩〉일치하다. **2**(희곡에서) 운(韻)이 맞다. (同)〔合辙押韵 yā//yùn〕

＊【合资―자】hézī 圈圈공동투자(하다). ◇~经营/합자경영.

【合子―자】hézǐ 圈〈生〉접합자.

【合子―자】hé·zi 圈**1**고기·야채 등의 소를 넣은 떡. **2**작은 상자. (同)〔盒 hé 子〕

【合奏―주】hézòu 圈圈〈音〉합주(하다).

☆【合作―작】hézuò **1**圈圈협력(하다). ◇经济~/경제 협력. ◇~生产/공동생산. ◇~医疗站/협동 의료소. ◇跟群众~得很好/대중과 잘 협력하다. (反)〔单干 dāngàn〕**2**圈〈體〉팀워크(teamwork). ◇不论在速度和~上, 这一队均比他们队胜一筹/속도면에서나 팀워크면에서나 이 팀은 그들 팀보다 한수 위다. 回교合作:协力 "合作"는 형용사 "齐心"과 호응하여 쓰이지 않음. ◇各行各业齐心(×合作)协力/여러 업종이 합심하여 협력하다.

【合作化―작화】hézuòhuà 圈圈(분산된 개별 노동력을 조직하여) 합동화(하다).

【合作社―작사】hézuòshè 圈협동조합.

＊【何】 亻部 hé
5画 어찌 하

1団의문을 나타냄. a)무엇. 무슨. 어떤. 어느. ◇~物/어떤 물건. ◇你有~见教?/무슨 가르침이 있습니까? (同)〔什么 shén·me〕 b)어디. ◇从~而来?/어디서 오느냐? (同)〔哪里 nǎ·li〕 c)왜. 어찌. 무엇 때문에. ◇~在乎这个虚名呢?/왜 이런 겉치레에 신경쓰느냐? (同)〔为什么 wèishén·me〕 **2**団반문(反問)을 나타냄. ◇谈~容易?/〈成〉말하기는 얼마나 쉬운가? **3**(Hé)圈성(姓).

＊＊【何必―필】hébì ……할 필요가 어디 있는가. ◇~去那么早/그렇게 일찍 갈 필요가 있어요? ◇开个玩笑嘛, ~当真呢?/농담한 걸 가지고 진담으로 받아들일 것 까지는 없잖아요? 回교何必:不必:未必 ①"何必"는 진술문에 쓰이지 않음. ◇自己能办得到的事, 就(×何必)不必麻烦人了/자기가 처리할 수 있는 일은 남을 번거롭게 할 필요가 없다. ②단정짓지 못한 사건에는 "何必"를 쓰이지 않음. ◇现在看来, 这个消息未必可靠/이제 보아하니, 이 소식이 꼭 믿을 만한 것도 아니네.

【何不―불】hébù 〔왜〕……하지 않느냐? ◇既然有事, ~早说?/기왕 일이 있으면 어찌 빨리 말하지 않느냐?

【何曾―증】hécéng (同)〔何尝 cháng〕

【何尝―상】hécháng 어찌 ……하지 않느냐? ◇我~不想去/내가 어찌 가고싶지 않겠는가?

【何啻―시】héchì 〈文〉어찌 ……뿐이랴.

【何处―처】héchù 団〈文〉어디. 어느 곳.

＊【何等―등】héděng 団**1**어떤. ◇你知道他是~人物吗?/그가 어떤 사람인지 알기나 하느냐? **2**얼마나. 어쩌면 그토록. ◇他们生活得~幸福/그들은 더할 나위없이 행복하게 생활하고 있다. (同)〔多么 duō·me〕

【何妨―방】héfáng (……해도) 괜찮지 않은가.

【何故―고】hégù 団왜. (同)〔为什么 wèi

shén·me]

【何苦一고】hékǔ 어찌 사서 고생하느냐. ◇你～在这些小事上伤脑筋?/자네 어찌 이런 사소한 일로 골치를 썩히고 하는가? 비교何苦:何必 필요가 없음을 강조할 때는 "何苦"를 쓰지 않음. ◇都是一家人, (×何苦)何必那么客气?/모두 한집안 식구인데 그렇게 예의차릴 필요가 있겠는가?

**【何况一황】hékuàng 접하물며. 더군다나. ◇这根木头年轻人都抬不动,～老人呢?/이 나무토막은 젊은 사람도 옮기기가 힘든데 하물며 노인은 어떻겠는가?

【何乐而不为一락이불위】hé lè ér bù wéi〈成〉어찌 즐거이 …하지 않겠는가?

【何其一기】héqí〈文〉얼마나. (同)〔多么 duō·me〕

【何去何从一거하종】hé qù hé cóng〈成〉무엇을 버리고 무엇을 취할 것인가?

【何如一여】hérú 1어떠냐. 어떠한가. (同)〔怎么样 zěn·meyàng〕2어떤. 어떠한. (同)〔怎样的 zěnyàngde〕3(…만) 못하다. 어찌 …만 하겠는가.

【何首乌一수오】héshǒuwū 영〈植〉새박뿌리. 하수오.

【何谓一위】héwèi 통〈文〉1무엇을 …라고 하는가. …이란 무엇인가. ◇～幸福?/행복이란 무엇인가? 2무엇을 말하는가. 무슨 뜻인가.

【何须一수】héxū …할 필요가 어디 있는가? ◇详情我都知道, ～再说?/자세한 것을 다 알고 있는데 또 말할 필요가 어디 있는가?

【何许一허】héxǔ 때〈文〉어디. (同)〔何处 chù〕

【何以一이】héyǐ〈文〉1무엇으로. 어떻게. ◇～教他?/무엇을 그에게 가르칠 겁니까? 2때왜. 어째서.

【何在一재】hézài〈文〉어디에 있는가.

【何止一지】hézhǐ 어찌…뿐이겠는가.

★【和】 禾部│口部│hé
3画│5画│화할 화
1형평화롭다. ◇风～日丽/날씨가 화창하다. 2형화목하다. ◇关系不～/사이가 화목하지 않다. 3형전쟁 또는 논쟁을 끝내다. 4통(바둑·구기시합에서) 비기다. ◇别再下了, ～棋了/더 두지마. 비겼어. 5깬(비교의 대상을 이끌어낸다) ◇我女儿～你年龄差不多/내 딸은 네 나이와 거의 비슷하다. 6형…와〔과〕. ◇金钱、美女一别的什么东西都不能使他动心/돈과 미녀와 다른 어떤 것으로도 그의 마음을 움직일 수 없다. 7깬…에게. 〔向·对·跟의 의미를 가짐〕◇关于这个问题, 系主任要～大家说明一下/이 문제에

관해서 학과장은 모두들에게 설명해야 한다. 8깬합성수. 합. ◇这三个数的～是五百/이 세 숫자의 합은 500이다. 9(Hé) 영성(姓).

*【和蔼一애】hé'ǎi 형(태도가) 상냥하다. ◇态度～/태도가 상냥하다. (同)〔和善 shàn〕, (反)〔凶狠 xiōnghěn〕비교和蔼:好 "和蔼"는 "脾气"의 술어로 쓰이지 않음. ◇我觉得他脾气很(×和蔼)好/나는 그의 성격이 좋다고 생각한다.

【和畅一창】héchàng 형화창하다.

【和风一풍】héfēng 영부드러운 바람. (反)〔疾 jí 风〕

【和风细雨一풍세우】hé fēng xì yǔ〈成〉부드러운 바람과 보슬비. 온건하고 부드러운 방식을 취하다. (同)〔雨丝风片 yǔ sī fēng piàn〕, (反)〔狂风暴雨 kuáng fēng bào yǔ〕

【和服一복】héfú 영일본 전통 복장.

【和光同尘一광동진】hé guāng tóng chén〈成〉자신의 재능을 감추고 세속에 묻혀 살다.

【和好一호】héhǎo 1형화목하다. ◇兄弟～/형제가 화목하다. 2통화해하다. 사이가 다시 좋아지다.

【和缓一완】héhuǎn 통1완화하다. 누그러지다. ◇口气～了/말투가 누그러졌다. 2완화시키다. 늦추다. (同)〔缓和〕, (反)〔激化 jīhuà〕

【和会一회】héhuì 영〈略〉'和平会议'(평화회의)의 준말.

*【和解一해】héjiě 1영〈法〉화해. 2통화해하다. (同)〔和好 hǎo〕, (反)〔争吵 zhēngchǎo〕

【和局一국】héjú 1영(시합·바둑 따위에서) 비기다. 2(hé)영무승부. 비김.

【和乐一락】hélè 형화목하고 즐겁다.

【和美一미】héměi 형사이가 좋다. 정답다. 의좋다. 화목하다.

*【和睦一목】hémù 형화목하다. ◇～相处/화목하게〔사이좋게〕지내다. (同)〔友好 yǒuhǎo〕, (反)〔不 bù 和〕

【和暖一난】hénuǎn 형(날씨가) 따뜻하다. (同)〔暖和〕, (反)〔寒冷 hánlěng〕

【和盘托出一반탁출】hé pán tuō chū〈成〉숨김 없이 몽땅 털어놓다. (反)〔支支吾吾 zhī zhī wú wú〕

☆【和平一평】hépíng 1영평화. ◇保卫世界～/세계 평화를 수호하다. 2형〈方〉순하다. ◇药性～/약이 순하다. (同)〔平和〕, (反)〔猛烈 měngliè〕3형편안하다. 조용하다. ◇听了这番话, 他心里～了一些/이 말을 듣자 그의 마음은 좀 편안해졌다.

【和平鸽一평합】hépínggē 영평화의 비둘기.

*【和平共处－평공처】hépíng gòng chǔ 평
화 공존.

【和平谈判－평담판】hépíng tánpàn 图평
화 협상.

【和棋－기】héqí (바둑·장기에서) 무승
부. 비김.

【和气－기】hé·qi 1图태도가 온화하다. 부
드럽다. ◇对人～/부드러운 태도로 사
람을 대하다. (同)〔和蔼 ǎi〕, (反)〔蛮横
mánhéng〕2图화목하다. ◇他们彼此很
～/그들은 서로가 매우 화목하다. 3图화
기. 화목한 감정. ◇咱们别为小事儿伤了
～/우리 조그만 일로 해서 화목한 감정
을 상하지 말자.

【和洽－흡】héqià 图사이가 좋다. (同)〔融
róng 洽〕, (反)〔不 bù 洽〕

【和亲－친】héqīn 1图화목하고 친하다. 2
图동화친(하다).

【和善－선】héshàn 图온화하고 상냥하다.
사근사근하다.

*【和尚－상】hé·shang 图승려. 중. ◇～庙/
절간.

【和尚头－상두】hé·shangtóu 图중의 머리.
까까머리. (同)〔光 guāng 头〕

【和声－성】héshēng 图1부드러운 말씨. 2
〈音〉화성. 화음. 하모니.

【和事－사】héshì 图화해하다. 중재하다.

【和事老－사노】héshìlǎo 图원칙이 없는
중재인.

【和顺－순】héshùn 图착하다. 온순하다.
(同)〔温 wēn 顺〕, (反)〔倔强 juéqiáng〕

【和谈－담】hétán 图동〈略〉평화 회담(교
섭)(하다).

【和婉－완】héwǎn 图(말씨가) 부드러우면
서도 완곡하다.

【和文－문】héwén 图일어.

*【和谐－해】héxié 图1(배합·가락 따위가)
잘 어울리다. 조화하다. ◇音调～/음의
높낮이가 조화롭다. ◇颜色搭配 dāpèi 得
很～/색깔이 잘 조화되었다. 2정답다. 화
목하다. ◇～的气氛/화목한 분위기.

【和煦－후】héxù 图(날씨 따위가) 온화하
다. 따사롭다. ◇春风～/봄바람이 따사롭다.

【和颜悦色－안열색】hé yán yuè sè〈成〉상
냥스러운 얼굴. (同)〔和蔼可亲 hé ǎi kě
qīn〕, 〔气势汹汹 qì shì xiōng xiōng〕

【和议－의】héyì 图동강화(講和)(하다). 정
전협상하다.

【和易－이】héyì 图(사람이) 사근사근하다.
부드럽다.

*【和约－약】héyuē 图강화 조약.

【和悦－열】héyuè 图화기 애애하다.

【和衷共济－충공제】hé zhōng gòng jì〈成〉
마음을 합쳐 어려움을 극복하다.

【邰】 阝部 hé
6画 땅이름 合

【邰阳－양】Héyáng 图섬서성(陝西省)의 지
명. 지금은 '合 hé 阳'으로 씀.

【劾】 力部 hé
6画 캐물을 핵

图탄핵하다. 죄상을 폭로하다. ◇弹～/탄
핵하다.

★【河】 氵部 hé
5画 물 하

图1강. 하천. ◇一道～/한 줄기의 강. ◇
运～/운하. 2은하계(銀河係). 3(Hé)〈地〉
황하(黄河). ◇～西/황하의 서쪽지방.

【河岸－안】hé'àn 图강기슭.

【河坝－파】hébà 图강둑.

【河浜－병】hébāng 图〈方〉시내.

【河北梆子－북방자】Héběi bāng·zi 图〈演〉
하북지방의 전통극의 일종.

【河槽－조】hécáo 图(同)〔河床 chuáng〕

【河汉子－차자】héchà·zi 图큰 강의 지류.

【河川－천】héchuān 图하천.

【河床－상】héchuáng 图하상. 〔하천의 바
닥〕(同)〔河槽 cáo〕〔河身 shēn〕

【河道－도】hédào 图배가 다닐 수 있는 강
줄기. 수로(水路).

【河堤－제】hédī 图하천 둑.

【河底－저】hédǐ 图하천의 바닥.

【河防－방】héfáng 图1(특히 황하의) 하
천의 수해예방. ◇～工程/치수(治水) 공
사. 2황하의 군사 방어.

【河肥－비】héféi 图개흙. 〔비료로 씀〕

【河工－공】hégōng 图1하천 공사. 2황하
치수 공사. 3하천 공사 인부.

【河沟－구】hégōu 图개울. 개천. 하천.

【河谷－곡】hégǔ 图(강의) 계곡.

【河汉－한】héhàn 〈文〉1图〈天〉은하수. 2
图허황된 말. 3图〈轉〉남의 말을 믿지 않
거나 무시하다.

【河口－구】hékǒu 图하구. 강어귀.

**【河流－류】héliú 图강의 흐름. 하류. ◇～
沉积/하류침적.

【河柳－류】héliǔ 图〈植〉능수버들. (同)〔旱
hān 柳〕

【河漏－루】hé·lou (同)〔饸饹 héle〕

【河马－마】hémǎ 图〈動〉하마.

【河漫滩－만탄】hémàntān 图홍수로 강 양
쪽에 기름진 토사가 쌓여 농경 가능한 땅.

【河南梆子－남방자】Hénán bāng·zi 图
〈演〉하남성(河南省)의 지방극. (同)〔豫
剧 yùjù〕

【河南坠子－남추자】Hénán zhuì·zi 图
〈演〉하남에서 발생한 민간 예술의 하나.

【河畔－반】hépàn 图강가.

【河清海晏－청해안】hé qīng hǎi yàn〈成〉

태평 성대다. (同)〔海晏河清〕, (反)〔沧海
横流 cāng hǎi hēng liú〕
【河曲－곡】héqū 圆강굽이.
【河渠－거】héqú 圆하천과 수로.
【河山－산】héshān 圆산하. 강산. 나라의
영토.
【河身－신】héshēn (同)〔河床 chuáng〕
【河滩－탄】hétān 圆(강의) 주(洲).
【河套－투】hétào 圆13면의 강으로 둘러싸
인 지역. 2(Hétào)〈地〉오르도스. 황하
가 영하(宁夏)에서 섬서(陕西)까지 굽이
돌아 흐르는 곳.
【河豚－돈】hétún 圆〈魚介〉복어. (同)〔鲀
tún〕
【河外星系－외성계】héwài- xīngxì 圆〈天〉
은하계외 행성. (同)〔河外星云 yún〕
【河网－망】héwǎng 圆수로망(水路網).
【河鲜－선】héxiān 圆강에서 나는 식품.
〔물고기나 민물새우 등〕
【河沿－연】héyán (～儿)圆강 언저리.
【河鱼－어】héyú 圆민물고기.
【河运－운】héyùn 圆하천 운수.

【饸·餄】hé
食部
6画 틀국수 합
【饸铬－락】hé·le 메밀·수수의 가루로 만
든 틀국수. (同)〔河漏 hé·lou〕,〔合 hé 饸〕

【阂·閡】hé
门部
6画 닫힐 애
圆막히다. 메다. 두절되다. ◇隔 gé～/
(감정적인) 간격〔거리〕. 틈.

【盍】hé
皿部
5画 어찌아니할 합
⑪〈文〉1어찌 …않는가. ◇～往视之?/어
찌 가서 보지 않는가? (同)〔何不 hébù〕

【荷】hé
艹部
7画 연꽃 하
1圆〈植〉연(蓮). ◇～花/연꽃. 2(Hé)圆
〈地〉‘하란’(네덜란드)의 준말. ⇒hè
【荷包－포】hé·bāo 圆1두루주머니. ◇烟袋
～/담배주머니. 2호주머니.
【荷包蛋－포단】hé·bāodàn 圆껍질을 깨
그대로 끓는 물에 또는 뜨거운 기름 속에
넣어 익힌 계란. 또는 계란후라이드.
【荷尔蒙－이몽】hé'ěrméng (同)〔激素 jīsù〕
＊【荷花－화】héhuā 圆〈植〉연(꽃).
＊【荷塘－당】hétáng 圆〈연꽃〉 연못.

＊＊【核(⁴,⁵覈)】hé
木部
6画 실과 핵
圆1과실의 씨. 핵. ◇桃～/복숭아 씨. ◇
杏～/살구씨. 2씨앗처럼 생긴 것. ◇细胞
～/세포핵. 3원자핵. ◇原子～/원자
핵. 4대조하다. 따져서 확인하다. ◇审
～/심사하다. 5圆〈文〉진실. 사실. ◇其事
～/이 일은 사실이다. ⇒hú

【核保护伞－보호산】hébǎohùsǎn 圆핵우산.
【核查－사】héchá 圆통대조 검사(하다). 조
사 검토(하다).
【核弹－탄】hédàn 圆〈軍〉핵폭탄.
【核弹头－탄두】hédàntóu 圆〈軍〉핵탄두.
【核电站－전참】hédiànzhàn 圆〈電〉원자력
발전소.
【核定－정】hédìng 통조사하여 결정하다.
【核对－대】héduì 圆통대조 검토(하다).
【核讹诈－와사】hé'ézhà 圆〈軍〉핵위협.
【核反应－반응】héfǎnyìng 圆〈原〉핵반응.
【核反应堆－반응퇴】héfǎnyìngduī 圆〈原〉
원자로.
【核辐射－복사】héfúshè 圆원자핵 복사(輻
射).
【核计－계】héjì 圆(채산성이 있는지) 계산
하다.
【核减－감】héjiǎn 통검토해서 (값을) 삭
감하다.
【核力－력】hélì 圆〈原〉핵에너지.
【核能－능】hénéng 圆원자력. 핵에너지.
【核潜艇－잠정】héqiántǐng 圆〈軍〉핵 잠수함.
【核燃料－연료】héránliào 圆〈原〉핵연료.
【核实－실】héshí 통사실여부를 확인하다.
【核酸－산】hésuān 圆〈化〉핵산.
【核算－산】hésuàn 통(자세히 따져) 계산
하다.
＊【核桃－도】hé·tao 圆1〈植〉호두나무. 2호
두. ◇～仁/호두의 속알맹이.
＊【核武器－무기】héwǔqì 핵무기.(同)〔核子
zǐ 武器〕
＊【核心－심】héxīn 圆핵심. ◇～成员/핵심
멤버. ◇了解问题의～/문제의 핵심을 파
악하다. (同)〔中 zhōng 心〕
【核战争－전쟁】hézhànzhēng 圆핵전쟁.
【核装置－장치】hézhuāngzhì 圆〈原〉〈軍〉
핵장치.
【核准－준】hézhǔn 통심사 허가하다.
【核子－자】hézǐ 圆〈物〉핵입자.

☆【盒】hé
人部 皿部
9画 6画 합 합
1圆통. 함. 갑. ◇粉～/분갑. ◇饭～儿/
도시락. 2圆갑.〔작은 상자를 셀 때 쓰
임〕◇一～香烟/담배 한 갑. 3(～儿)圆
꽃불〔폭죽〕의 일종.
【盒子－자】hé·zi 圆1작은 상자. 2상자 모
양의 폭죽. 3(同)〔盒子枪 qiāng〕
【盒子枪－자창】hé·ziqiāng 圆〈方〉모제르
권총.

【涸】hé
氵部
8画 마를 후, 학
圆〈文〉(물이나 액체가) 마르다.
【涸辙之鲋－철지부】hé zhé zhī fù 〈成〉물
마른 수레바퀴 자국 속의 붕어. 〈喩〉궁지

에 빠져 간절히 도움을 호소하는 사람.

【颏·頦】页部 6画 아랫볼 **합** hé

名〈生理〉턱. ◇上~/위 턱. ◇下~/아래 턱.

【颏下腺—하선】héxiàxiàn 名〈生理〉악하선(顎下腺).

【貉】豸部 6画 담비 **학** hé

名〈動〉담비. (同)〔狸 lí〕⇒háo

【貉子—자】hézǐ 名〈口〉〈動〉담비.

【阖·闔(阁)】门部 10画 문짝 **합** hé

1名전체. 모두. 온. ◇~家/온 가족. 2名(문을) 닫다. ◇~口/입을 다물다.

【阖第—제】hédì (同)〔阖府 fǔ〕

【阖府—부】héfǔ 名〈敬〉댁내. 온집안.

hè

【吓·嚇】口部 3画 으를 **하**, 노할 **혁** hè

1動으르다. 위협하다. 2感허. 쯧쯧. 〔불만을 나타냄〕◇~, 怎么能这样呢/흥, 어쩌면 이럴 수가 있어! ⇒xià

【和】禾部 口部 3画 5画 화할 **화** hè

動1(화음을 어울러) 노래를 따라하다. ◇一唱百~/〈成〉한 사람이 노래하니 뭇사람이 따라 부르다. 2화답하다. ◇~诗/(다른 사람이 지은 시에 그 운을 맞추어) 화답하다. ⇒hé, hú, huó, huò

【贺·賀】贝部 5画 하례할 **하** hè

1動축하하다. ◇祝~/축하하다. 比교贺: 祝 '贺'는 목적절을 가질 수 없다. ◇(×贺)祝您身体健康/당신이 건강하시길 빕니다. 2(Hè)名성(姓).

*【贺词—사】hècí 名축사. 축하문. ◇致~/축사를 하다.

【贺电—전】hèdiàn 名축전(祝電). (反)〔唁 yàn 电〕

【贺函—함】hèhán 名축하 서신. (同)〔贺信 xìn〕

【贺卡—가】hèkǎ 名축하카드.

【贺礼—례】hèlǐ 名축하 선물.

【贺年—년】hè//nián 動새해를 축하하다.

【贺喜—희】hè//xǐ 動축하의 말을 하다. 경사를 축하하다. (同)〔道 dào 喜〕

【荷】艹部 7画 멜 **하** hè

1動지다. (어깨에) 메다. ◇~锄/호미를 메다. 2名動부담(하다). 책임(지다). ◇~天下之重任/세상의 무거운 짐을 지다.

3動은혜를 입다. 〔주로 편지에 쓰이는 겸어(謙語)〕◇请早日示复为~/하루속히 답장을 주시면 감사하겠습니다. ⇒hé

【荷枪实弹—창실탄】hè qiāng shí dàn 〈成〉총을 메고 실탄을 장전하다. 군대나 경찰의 경계가 삼엄하다.

【荷载—재】hèzài 1動싣다. 적재하다. 2名하중(荷重).

【荷重—중】hèzhòng 名하중. 건축물이 지탱해 낼 수 있는 중량.

【喝】口部 9画 꾸짖을 **갈** hè

動크게 외치다〔소리하다〕. ⇒hē

【喝彩—채】hè// cǎi 動갈채하다. ◇齐声~/모두들 한결같이 큰 소리로 좋다고 외치다.

【喝倒彩—도채】hè dàocǎi 야유하다.

【喝道—도】hèdào 動벽제(辟除)하다. 관리의 행차때 행인의 통행을 금하다.

【喝令—령】hèlìng 動큰소리로 명령하다.

【赫】赤部 7画 빛날 **혁** hè

1動현저하다. 뚜렷하다. 2形왕성하다. 성대하다. ◇声势显~/위세가 대단하다. 3量〈略〉〈物〉헤르츠(Hz). ◇千~/킬로헤르츠(KHz). (同)〔赫兹 zī〕4(Hè)名성(姓).

【赫赫—혁】hèhè 형혁혁하다.

【赫然—연】hèrán 부1갑자기. 별안간. 2벌컥. 버럭. 〔몹시 화내는 모양〕

【赫哲族—철족】Hèzhézú 名〈民〉혁철족. 〔중국 소수 민족의 하나로 흑룡강성(黑龍江省)에 분포함〕

【赫兹—자】hèzī 名〈物〉헤르츠(Hz). 주파수를 나타내는 C.G.S. 단위.

【褐】衤部 9画 털배 **갈** hè

名1〈文〉거친 털옷. 2〈文〉거친 베(옷). 3〈色〉갈색. ◇~煤/갈탄.

【褐家鼠—가서】hèjiāshǔ 名〈動〉시궁쥐.

【褐煤—매】hèméi 名갈탄.

【褐色—색】hèsè 名〈色〉갈색.

【鹤·鶴】鸟部 10画 두루미 **학** hè

名〈鸟〉두루미. 학.

【鹤发童颜—발동안】hè fà tóng yán 〈成〉백발홍안. (同)〔童颜鹤发〕, (反)〔未老先衰 wèi lǎo xiān shuāi〕

【鹤立鸡群—립계군】hè lì jī qún 〈成〉군계일학.

【鹤嘴镐—취호】hèzuǐgǎo 名곡괭이.

【壑】土部 14画 골 **학** hè

名1골짜기. ◇千山万~/첩첩한 산과 골짜기. 〈喩〉산수(山水). 2산골짜기의 물

웅덩이.

hēi

★【黑】 黑部 0部 | hēi 검을 **흑**
1[명][형]〈色〉 검다. ◇乌~的头发/새까만 머리카락. (反)〔白 bái〕 **2**[형]어둡다. ◇天~了/날이 어두워졌다. **3**[형]불법의. 비밀의. ◇~市/암시장. ◇~交易/비밀 교역. **4**[형]나쁘다. 사악하다. ◇起了~心/흑심을 품게 되었다. **5**[형]반동적인. ◇修正主义~线/수정주의 반동노선. **6**(Hēi)[명]성(姓).

☆【黑暗-암】hēi'àn [형]**1**어둡다. 깜깜하다. ◇山洞里一片~/동굴 안은 온통 칠흑같다. (反)〔光亮 guāngliàng〕 **2**〈喻〉사회가 어둡고, 정치가 부패한. ◇~时代/암흑 시대.

*【黑白-백】hēibái [명]**1**검은 것과 흰 것. 흑백. ◇~软片/흑백 필름. **2**〈喻〉시비(是非)나 선악. ◇颠倒 diāndǎo~/시비선악이 전도되다.

【黑白片-백편】hēibáipiàn [명]흑백영화. (反)〔彩色片 cǎisèpiàn〕

★【黑板-판】hēibǎn [명]흑판. 칠판. ◇擦~/칠판을 닦다. ◇~擦/칠판 지우개.

【黑板报-판보】hēibǎnbào [명](공장·기관·단체·학교 등의) 칠판 신문.

【黑帮-방】hēibāng [명]반동 조직이나 그 구성원.

【黑不溜秋-불류추】hēi·buliūqiū [형]〈方〉(~的)거무칙칙하다. 〔검어서 보기에 예쁘지 않다〕

【黑沉沉-침침】hēichénchén (~的)[형]어둡다. 컴컴하다. 〔주로 하늘빛에 쓰임〕 (反)〔亮堂堂 liàngtángtáng〕

【黑道-도】hēidào (~儿)[명]**1**불빛없는 캄캄한 길. **2**〈喻〉불법. ◇~买卖/불법 매매. **3**깡패조직.

【黑灯瞎火-정할화】hēidēng xiāhuǒ 〈口〉칠흑같다. 컴컴하다. (反)〔灯火辉煌 huīhuáng〕

【黑地-지】hēidì [명]등기를 하지 않고 숨기고 있는 땅. 탈세지(脫稅地).

【黑店-점】hēidiàn [명]〈早白〉옛날, 손님을 해치고 돈을 빼앗을 목적으로 악당들이 하는 여인숙.

【黑貂-초】hēidiāo [명]〈動〉검은 담비.

【黑洞洞-동동】hēidōngdōng (~的)[형]깜깜하다. 새까맣다. (同)〔黑糊 hū 糊〕, (反)〔亮堂堂 liàngtángtáng〕

【黑洞-동】hēidòng [명]〈天〉블랙 홀.

【黑豆-두】hēidòu [명]〈植〉검은 콩.

【黑非洲-비주】Hēi Fēizhōu [명]검은 아프리카.

【黑钙土-개토】hēigàitǔ [명]〈地質〉흑(색)토.

【黑更半夜-경반야】hēigēng- bànyè (~的)[명]〈口〉심야. 한밤중.

【黑咕隆咚-고룡동】hēi·gulōngdōng (~的)[형]〈口〉아주 캄캄하다. ◇天还~的, 他就起来了/날이 아직 캄캄한데도 그는 벌써 일어났다. (同)〔漆黑一团 qī hēi yī tuán〕, (反)〔光芒万丈 guāng máng wàn zhàng〕

【黑管-관】hēiguǎn [명]〈音〉클라리넷. (同)〔单簧管 dānhuángguǎn〕

【黑光-광】hēiguāng [명]〈物〉자외선. (同)〔紫外线 zǐwàixiàn〕

【黑锅-과】hēiguō [명]**1**검은 솥. **2**〈喻〉억울한 죄. 원죄.

【黑糊糊-호호】hēihūhū (~的)[형]**1**(색깔이) 시커멓다. **2**(하늘빛이) 어둑어둑하다. (同)〔黑洞洞 hēidōngdōng〕, (反)〔亮堂堂 liàngtángtáng〕 **3**(사람이나 물건이 많아서 멀리서 보아) 새까맣다. (反)〔白花花 báihuāhuā〕

【黑户-호】hēihù [명]**1**호적이 없는 세대. **2**사업등록이 안된 상점.

【黑话-화】hēihuà [명]**1**(깡패·도적 따위가 쓰는) 은어. 변말. **2**반역적인 은어.

【黑货-화】hēihuò [명]탈세품 또는 밀수품.

【黑记-기】hēijì (同)〔黑痣 zhì〕

【黑胶绸-교주】hēijiāochóu [명]여름용의 엷은 비단. 〔'薯莨'즙을 칠한 평직물로 광동산(廣東産)임〕 (同)〔拷 kǎo 绸〕

【黑口-구】hēikǒu [명]흑구. 〔선제본 서적의 절단면 위 아래에 인쇄한 굵은 검은 선〕

【黑茫茫-망망】hēimángmáng (~的)[형]사방이 온통 캄캄한 모양.

【黑名单-명단】hēimíngdān [명](정치 탄압용의) 블랙 리스트. (세관 등의) 요주의 인물명단.

【黑幕-막】hēimù [명]흑막.

【黑漆漆-칠칠】hēiqīqī (同)〔黑洞 dōng 洞〕

【黑钱-전】hēiqián [명]검은 돈. 〔횡령, 수리 등 부정한 수단으로 얻은 돈〕

【黑枪-창】hēiqiāng [명]**1**불법 소지 총기류. **2**남이 방심하는 틈을 타서 몰래 쏘는 총탄.

【黑黢黢-출출】hēiqūqū (~的)[형]새까맣다. 캄캄하다.

【黑热病-열병】hēirèbìng [명]〈中醫〉흑열병.

【黑人-인】hēirén [명]**1**(Hēirén) 흑인. 흑색 인종. **2**〈貶〉(죄나 그밖의 이유로) 숨어 사는 사람. **3**무호적자. 불법 거주자.

【黑色-색】hēisè [명]검은 색. ◇~火药/흑색 화약. (反)〔白 bái 色〕

【黑色金属-색금속】hēisè jīnshǔ [명]철화합

물. 〔철·망간·크롬 또는 철이 들어있는 합금〕

【黑色素—색소】hēisèsù 명1〈染〉아닐린 블랙(anilin black). 2멜라닌.

【黑社会—사회】hēishèhuì 명(밀매·마약·절도 따위를 일삼는) 어둠의 세력. 범죄 조직.

【黑市—시】hēishì 명암시장.

【黑手—수】hēishǒu 명검은 마수 또는 검은 세력.

【黑糖—당】hēitáng 명〈方〉흑설탕.

【黑陶—도】hēitáo 명〈考古〉흑도.

【黑体—체】hēitǐ 명1〈印〉고딕 활자. 2〈物〉흑체.

【黑头—두】hēitóu 명〈演〉경극(京劇)에서 얼굴을 검게 칠한 사람. 포청천과 같은 호쾌한 인물의 얼굴 분장.

【黑土—토】hēitǔ 명〈地質〉흑(색)토.

【黑窝—와】hēiwō 명악당의 근거지. 소굴.

【黑瞎子—할자】hēixiā·zi (同)〔黑熊 xióng〕

【黑匣子—갑자】hēixiá·zi 명〈航〉(비행기의) 블랙 박스.

【黑下—하】hēi·xia 명〈方〉캄캄한 밤.

【黑心—심】hēixīn 1명흑심. 2형속이 검다. 마음이 음흉하다. (同)〔坏 huài 心〕, (反)〔好 hǎo 心〕

【黑信—신】hēixìn 명익명의 편지.

【黑猩猩—성성】hēixīng·xing 명〈動〉침팬지.

【黑熊—웅】hēixióng 명〈動〉반달곰. (同)〔狗 gǒu 熊〕

【黑魆魆—휼휼】hēixūxū (~的)형캄캄하다. 껌껌하다.

【黑压压—압압】hēiyāyā (~的)형(사람이나 물건 등이 밀집되어 있어) 새까맣다. 비교黑压压:黑黝黝 "眼睛(눈)"과 "人头(사람 머리)"는 "黑压压"로 형용하지 않는다. ◇广场上是黑压压的(×人头)人群/광장에 사람들이 새까맣게 많다. ◇两只(×黑压压)黑黝黝的大眼睛盯着我/두 개의 새까만 눈동자가 날 주시하고 있다.

【黑眼珠—안주】hēiyǎnzhū (~儿)명검은 눈동자.

＊【黑夜—야】hēiyè 명밤. ◇白天~不停地施工/밤낮우로 쉬지않고 시공하다. (反)〔白天 báitiān〕

【黑油油—유유】hēiyōuyōu (~的)형꺼머 번지르하다.

【黑黝黝—유유】hēiyōuyōu 명1(同)〔黑油 yōu 油〕2어두컴컴하다.

【黑鱼—어】hēiyú 명〈魚介〉가물치.

【黑枣—조】hēizǎo 명1〈植〉고욤나무(의 열매). 2〈方〉(유모) 총알. ◇他终于吃了~/그는 드디어 총살당했다.

【黑痣—지】hēizhì 명사마귀. 검은 점.

【黑种—종】Hēizhǒng 명흑인종.

【黑子—자】hēizǐ 명1〈方〉검은 점. 사마귀. 2태양 흑점. (同)〔太阳 tàiyáng 黑子〕

☆【嘿(嗨)】 口部 12画 잠잠할 묵 hēi

감1어이. 여보(시오). 〔남을 부르거나 주의를 환기시킬 때〕◇~, 老张, 快走吧/어이, 장씨, 어서 가자구. 2야. 〔자랑스럽구나 만족스러운 기분을 나타내는 소리〕◇~, 咱们生产的机器实在不错呀!/야, 우리가 생산한 기계가 정말 괜찮단 말이야! 3하. 허. 야. 〔놀라움이나 경탄을 나타내는 말〕◇~, 下雪了/야, 눈이 온다! ◇~真没想到!/하, 정말 생각지도 못했는데. ⇒mò, '嗨'hāi

【嘿嘿—묵】hēihēi 의헤헤. 〔웃는 소리〕

hén

【痕】 疒部 6画 흉터 흔 hén

명자국. 자취. 흔적. 자리. ◇伤~/상처자국. ◇刀~/칼자국.

＊【痕迹—적】hénjì 명흔적. ◇留下~/자취를 남기다.

hěn

★【很】 彳部 6画 말듣지않을 흔 hěn

부매우. 몹시. ◇我家离学校~近/우리집은 학교와 매우 가깝다. ◇这故事发生在~久~久以前/이 이야기는 아주 오래 전에 발생한 것이다. ◇这几天热得~/요 며칠 몹시 덥다. ◇我近来身体不~好/난 요며칠 몸이 그리 좋지 않다. ◇他觉得~不好受/그는 몹시 참기 힘들다고 느꼈다. 비교很:更 비교문에는 "很"을 쓰지 않음. ◇今年夏天比去年(×很)更热/올 여름은 작년보다 더욱 덥다.

＊＊【狠】 犭部 6画 사나울 한 hěn

1형모질다. 잔인하다. ◇凶~/흉악하다. ◇心~/마음이 모질다. 2동(마음을) 다지다. 모질게 마음먹다. ◇他~了~心, 跟她分手了/그는 마음을 모질게 먹고 그녀와 헤어졌다. 3형결연하다. 줄기차게 하다. ◇~抓业务/줄기차게 업무를 추진하다. 4형호되다. 준엄하다. 매섭다. ◇我把他~~打了一顿/나는 그를 매섭게 한 바탕 때렸다. ◇~批了他一顿/호되게 그를 한바탕 비판하다. 5(同)〔很 hěn〕

＊【狠毒—독】hěndú 형악독하다. 표독하다. ◇用心~/마음 씀씀이가 표독하다. (同)

〔阴 yīn 毒〕, (反)〔善良 shànliáng〕
【狠狠(儿)地—(아)지】hěnhěn(r)·de 🖣
호되게. 매섭게.
【狠命—명】hěnmìng 🗐〈方〉온 힘을 다하다.
*【狠心—심】hěn// xīn 1🗐마음을 모질게 먹
다. ◇我一~，打了他一顿/나는 모질게
마음을 먹게 되자 그를 한 바탕 때렸다.
(同)〔黑 hēi 心〕, (反)〔善 shàn 心〕2[hě-
nxīn] 🗐잔인하다. ◇你真~/너는 참 잔
인하구나. 3(hěnxīn) 🗐대단한 결심.
【狠抓—조】hěnzhuā 🗐1단단히 쥐다. 2있
는 힘을 다하다.

hèn

☆【恨】 忄部 | hèn
6画 | 한할 한
🗐🗐1원망(하다). 증오(하다). 적대시
(하다). ◇怨~/원한. ◇她~你就因为你
说了那句话/그녀가 당신을 원망하는 것
은 바로 당신이 그 말을 했기 때문이에
요. 2후회(하다). 회한(하다). ◇遗~/여
한.(余恨).
*【恨不得—부득】hèn·bu·de …할 수 없는
것이 한스럽다. …할 수 있으면 좋으련
만. ◇我~立刻就去找他/나는 지금 당장
그를 찾아 가지 못하는 것이 한스럽다.
🔲恨不得:怪不得:怨不得 ①어떤 상황
이 발생한 까닭을 깨달았을 때는 "恨不
得"를 쓰지 않는다. ◇没有人通知你,(×
恨不得)怪不得你没去,/어쩐지 당신이 가
지 않았더니 아무도 통보해 주지 않았군
②"恨不得"는 명사 목적어를 가질 수 없
다. ◇我(×恨不得)怨不得自己的命运/나
는 자신의 운명을 탓할 수 없다.
【恨入骨髓—입골수】hèn rù gǔsuǐ 〈成〉원
한이 사무치다.
【恨事—사】hènshì 🗐유감스러운 일. 안타까
운 일. (同)〔憾 hàn 事〕, (反)〔快 kuài 事〕
【恨死—사】hènsǐ (同)〔恨透 tòu〕
【恨铁不成钢—철불성강】hèn tiě bù chéng
gāng 〈諺〉철이 강철이 되지 못하는 것
을 유감으로 여기다. 더 훌륭한 사람이
되도록 분발을 촉구하다.
【恨透—투】hèntòu 🗐몹시 원망〔증오〕하다.

hēng

【亨】 亠部 | hēng
5画 | 형통할 형
(又讀 héng)1🗐순조롭다. 거침없다. 형
통하다. 2〈物〉'亨利'(헨리)의 약칭. 3(H-
ēng)🗐성(姓).
【亨利—리】hēnglì 🗐〈物〉헨리(henry).

【亨通—통】hēngtōng 🗐형통하다. 순조롭다.

☆【哼】 口部 | hēng
7画 | 겁낼 형
1🗐신음하다. 끙끙거리다. ◇痛得直~/아
파서 계속 끙끙거렸다. 2🗐콧노래 부르
다. 흥얼거리다. ◇他一边走一边~着小曲
儿/그는 걸어가면서 흥얼흥얼 콧노래를
부르고 있다. 3🗁응. 〔가볍게 대답하는
소리〕◇不敢~一声/감히 응하고 대답하
지 못하다. ⇒hng
【哼哧—적】hēngchī 🗐헐레벌떡.
【哼哈二将—합이장】Hēng- Hā èr jiàng 🗐
1〈佛〉절문을 지키는 두 인왕상. 인왕(仁
王). 2〈喩〉권세가(權勢家)의 앞잡이가
되어 그 세력을 업고 남을 업신여기는 두
사람. 오른팔과 왼팔. 3〈喩〉한 패거리 되어
나쁜 짓을 하는 두 사람.
【哼哼—형】hēng·heng 🗐〈方〉신음하다.
【哼唧—즉】hēng·ji 🗐흥얼거리다. 중얼거
리다. 읊조리다.
【哼儿哈儿—아합아】hēngrhār 🗁응응. 〔마
음에 내키지 않아 건성으로 대답하는 소리〕
【哼唷—육】hēngyō 🗁어기여차. 영차.

héng

【行】 彳部 | héng
3画 | 갈 행, 항렬 항
(同)〔道 dào 行〕⇒háng, hàng, xíng

【恒(恆)】 忄部 | héng
6画 | 항상 항
1🗐영원하다. ◇永~/영원하다. 2🗐끈기.
◇有~/끈기를 가지다. 3🗐🗐평상(의).
보통(의). 4(Héng) 🗐성(姓).
【恒产—산】héngchǎn 🗐부동산(不動産).
(反)〔动 dòng 产〕
【恒齿—치】héngchǐ 🗐〈生理〉영구치.
【恒等式—등식】héngděngshì 🗐〈數〉항등식.
【恒定—정】héngdìng 🗐항구불변하다.
【恒河沙数—하사수】Héng Hé shā shù 〈成〉
무한히 많은 수량. (反)〔寥若晨星 liáo
ruò chén xīng〕
【恒久—구】héngjiǔ 🗐🗐〈文〉영구적이다.
【恒量—량】héngliàng (同)〔常 cháng 量〕
【恒温—온】héngwēn 🗐항온. 상온(常温).
【恒心—심】héngxīn 🗐끈기. 참을성.
*【恒星—성】héngxīng 🗐〈天〉항성. ◇~天
文学/항성 천문학.
【恒星年—성년】héngxīngnián 🗐〈天〉항성년.
【恒星系—성계】héngxīngxì 🗐〈天〉항성계.

【姮】 女部 | héng
6画 | 항아 항
【姮娥—아】Héng'é 🗐〈文〉〈人〉상아(嫦娥).
〔달에 산다는 선녀〕

H

【横】 木部 héng
11画 가로 횡

1🔵가로의. a)지면과의 평행을 가리킴. ◇～额/가로 액자. ◇～梁/대들보. (反)〔竖 shù〕〔直 zhí〕b)지리상의 동서의 방향을 가리킴. ◇～渡太平洋/태평양을 가로 건너다. (反)〔纵 zòng〕c)왼쪽에서 오른쪽으로, 오른쪽에서 왼쪽으로의 방향을 가리킴. ◇中文也能~着写/중국어도 가로로 쓸 수 있다. ◇一棵倒了的树~在马路上/쓰러진 나무 한 그루가 길가에 가로 놓여 있다. (反)〔竖〕〔直〕〔纵〕d)물체의 긴 변(邊)과 수직이 되는 것을 가리킴. ◇人行~道/횡단 보도. (反)〔竖〕〔直〕〔纵〕**2**🔵종횡으로 난잡하다. (뒤엉켜) 너저분하다. ◇眼泪～流/눈물이 뒤범벅되어 흐르다. **3**🔵난폭하다. 무리하다. 부당하다. ◇～行霸道/마구 날뛰다. **주의** '横 hèng'과 뜻이 비슷하나 성어(成語)나 문어투에만 쓰임. **4**🔵가로로 하다. 가로 놓다. ◇把桌子～过来/탁자를 가로로 놓아라. **5**(~儿)🔵한자(漢字)의 가로획. ◇'王'字是三～一竖/'王'자는 가로획 셋과 세로획 하나로 되어 있다. **6**🔵〈方〉어쨌든. 하여간. ◇我～不那么办/어쨌든 나는 그렇게 하지 않겠다. **7**🔵〈方〉아마도. 다분히. ◇今天下雨, 他～不来了/오늘 비가 와서, 아마 그는 오지 않을 것이다. ⇒hèng

【横标－표】 héngbiāo 🟩가로로 쓴 표어.
【横波－파】 héngbō **1**🔵〈文〉여자의 눈. **2**🟩〈物〉횡파.
【横冲直撞－충직당】 héng chōng zhí zhuàng 〈成〉좌충우돌하다. 제 세상인 양 설치다.
【横笛－적】 héngdí 🟩〈音〉가로 부는 피리. 저.
【横渡－도】 héngdù 🔵(강 등을) 가로 건너다.
【横队－대】 héngduì 🟩횡대. (同)〔横排 pái〕, (反)〔纵 zòng 队〕
【横幅－폭】 héngfú 🟩가로 쓴 (프랭카드의) 그림·표어.
【横膈膜－격막】 hénggémó 🟩〈生物〉횡격막.
【横亘－궁】 hénggèn 🔵(다리·산맥 등이) 가로 걸쳐 있다. (同)〔横跨 kuà〕, (反)〔纵贯 zòngguàn〕
【横贯－관】 héngguàn 🔵(산맥·강·도로 등이) 가로 지르다.
【横加－가】 héngjiā 🔵마구 …하다. 〔뒤에 2음절의 동사가 옴〕◇～指责/마구 나무라다.
【横结肠－결장】 héngjiécháng 🟩〈生理〉횡행 결장.
【横流－류】 héngliú **1**🔵눈물이 뒤범벅되다. **2**물이 사방으로 흐르다.

【横眉－미】 héngméi 🟩화난 눈초리로 바라보는 모습.
【横眉怒目－미노목】 héng méi nù mù 〈成〉화가 나서 눈을 부라리다. 사나운 표정을 짓다. (同)〔横眉竖 shù 目〕, (反)〔慈 cí 眉善 shàn 目〕
【横排－배】 héngpái **1**🔵옆으로 배열하다. **2**🟩🔵〈印〉횡조(横組)(하다).
【横批－비】 héngpī 🟩대련과 한 쌍을 이루는 가로로 된 글귀나 그림.
【横披－피】 héngpī 🟩가로폭 서화.
【横剖面－부면】 héngpōumiàn 🟩횡단면. (同)〔横断 duàn 面〕, (反)〔纵 zòng 剖面〕
【横七竖八－칠수팔】 héng qī shù bā 〈成〉어수선하게 흩어져 있는 모양. (同)〔杂乱无章 záluàn wú zhāng〕, (反)〔整齐划一 zhěngqí huà yī〕
【横肉－육】 héngròu 🟩우락부락한 얼굴.
【横扫－소】 héngsǎo **1**🔵싹 쓸어버리다. 소탕하다. **2**좌우로 훑어보다.
【横生－생】 héngshēng **1**🔵뒤얽혀 무성하게 자라다. **2**🔵뜻밖에 생기다. ◇～是非/뜻밖의 말썽이 생기다. **3**🔵연이어 나타나다.
【横生枝节－생지절】 héng shēng zhījié 〈成〉◇～枝节/뜻밖의 문제가 생기다. (同)〔枝节生〕, (反)〔顺顺当当 shùnshùn dāngdāng〕
【横是－시】 héng·shi 🔵〈方〉아마. 어쩌면.
【横竖－수】 héng·shù 🔵〈口〉어쨌든. 좌우간. ◇他～要来的, 不必着急/그는 어쨌든 올 것이니 조급해하지 말자.
【横挑鼻子竖挑眼－도비자수도안】 héng tiāo bí·zi shù tiāo yǎn 〈諺〉남의 흠을 잡다.
【横纹肌－문기】 héngwénjī 🟩〈生理〉횡문근.
【横线－선】 héngxiàn 🟩밑줄. 언더 라인.
【横向－향】 héngxiàng **1**🟩평행하는. 수평적인. ◇～交流/수평적인 교류. **2**🟩동서 방향. 가로방향.
【横写－사】 héngxiě 🔵가로 쓰다.
【横心－심】 héng// xīn **1**🔵마음을 모질게 먹다. **2**🟩결심.
***【横行－행】** héngxíng 🔵제멋대로 행동하다. 횡포를 부리다. ◇～无忌/〈成〉아무 거리낌없이 횡포를 부리다.
【横行霸道－행패도】 héng xíng bàdào 〈成〉세력을 믿고 잔악 무도한 짓을 하다.
【横痃－현】 héngxuán 🟩〈醫〉가래톳.
【横溢－일】 héngyì 🔵1(강물이) 범람하다. **2**(재능이) 충분히 드러나다.
【横征暴敛－정포렴】 héng zhēng bào liǎn 〈成〉가렴주구하다. (反)〔轻徭薄赋 qīng yáo báo fù〕
【横直－직】 héngzhí 🔵〈方〉아무튼. 어쨌든.

【衡】 亻部 héng
13画 저울 형
1형저울. 2동무게를 달다〔재다〕. 3동가늠하다. 따져보다. 평가하다. 고려하다. ◇~情理/사정과 이치를 고려하다. 4형〈文〉평평하다. 동등하다. 5(Héng)명성(姓).
【衡量-량】héng·liáng 동1따져보다. 가늠하다. 2고려하다. 감안하다.
【衡器-기】héngqì 명물건의 무게를 다는 기구.

hèng

*【横】 木部 hèng
11画 사나울 횡
형1난폭하다. 방자하다. ◇蛮~/난폭하다. 2불길한.
【横暴-포】hèngbào 형횡포하다.
【横财-재】hèngcái 명횡물.
【横祸-화】hènghuò 명의외의 재난.
【横蛮-만】hèngmán 형난폭하다.
【横逆-역】hèngnì 명횡포한 행위.
【横事-사】hèngshì 명뜻밖의 재난. 나쁜 일.
【横死-사】hèngsǐ 명동횡사(하다). (反)〔善终 shànzhōng〕

hm

【噷】 口部 hm
13画 나무라는 소리 흠
감흥!〔질책하거나 불만을 나타냄〕◇~, 你骗得了 liǎo 我?/흥! 네가 나를 속일 수 있느냐?

hng

【哼】 口部 hng
11画 겁낼 형
감흥!〔불만이나 불신을 나타냄〕◇~, 你信他的!/흥, 네가 그를 믿다니! ⇒hēng

hōng

【轰·轟】 车部 hōng
4画 울릴 굉
1의꽝. 우르르 쿵쾅.〔폭음·우뢰 등의 소리〕2동천둥치다. 3동폭격하다. 폭파하다. ◇炮火还在猛烈地~着/폭격은 아직도 맹렬히 진행되고 있다. 4동몰아내다. ◇他~着鸭子向池塘走去/그는 오리들을 연못으로 내몰고 있다.
*【轰动-동】hōngdòng 동뒤흔들다. ◇~了

全世界/전세계를 뒤흔들다.
【轰赶-간】hōnggǎn 동(가축을) 내몰다.
*【轰轰烈烈-굉굉렬렬】hōng hōnglièliè〈成〉기백이나 기세가 드높다〔줄기차다〕. ◇~地做一番事业/사업을 거창하게 하다. (同)〔大张旗鼓 dà zhāng qí gǔ〕, (反)〔冷冷清清 lěnglěngqīngqīng〕
【轰击-격】hōngjī 1명동포격(하다). 폭격(하다). 2동〈物〉(입자 따위에) 충격을 주다.
【轰隆-륭】hōnglōng 의꽝. 꽈르릉.
【轰鸣-명】hōngmíng 동굉음을 울리다.
【轰然-연】hōngrán 의와.〔갑자기 요란한 소리가 울려 퍼지는 모양〕
【轰响-향】hōngxiǎng 동쿵쿵 울리다.
*【轰炸-작】hōngzhà 명폭격(하다).
【轰炸机-작기】hōngzhàjī 명폭격기.

【訇】 勹部 hōng
7画 言部 2画 우뢰소리 굉
1의쿵. 꽝.〔여러 가지 큰 소리〕2(Hōng) 명성(姓).

【哄】 口部 hōng
6画 여럿이지껄일 홍
1의와. 와자그르르.〔여럿이 한데 모여 시끄럽게 웃고 떠드는 소리〕2동와자지껄하다. 떠들썩거리다. ⇒hǒng, hòng
【哄传-전】hōngchuán 동(소문이) 쫙 퍼지다.
【哄动-동】hōngdòng (同)〔轰 hōng 动〕
【哄然-연】hōngrán 형여럿이 동시에 와하고 떠드는 모양.
【哄抬-대】hōngtái 동투기업자가 가격을 올리다.
【哄堂-당】hōngtáng 동(청중이) 와 하고 떠들썩하게 웃다.
【哄笑-소】hōngxiào 동떠들썩하게 웃어대다.

*【烘】 火部 hōng
6画 불에쬐어말릴 홍
동1(불에) 말리다. 굽다. ◇把湿衣服~一~/젖은 옷을 좀 말려라. ◇~面包/빵을 굽다. 2돋보이게〔드러나게〕 하다. 부각시키다.
【烘焙-배】hōngbèi 동(차잎·담배잎 등을 불에) 쬐어 말리다.
【烘衬-친】hōngchèn (同)〔烘托 tuō〕
【烘干-건】hōnggān 동불에 말리다.
【烘干机-건기】hōnggānjī 명건조기.
【烘烘-홍】hōnghōng 의활활.〔불이 힘차게 타오르는 소리〕
【烘烤-고】hōngkǎo 동불에 굽다.
【烘笼-롱】hōnglóng (~儿)명(옷을 말리기 위해 난로에 씌우는) 참대나 싸리 등으로 만든 바구니.

【烘染－염】hōngrǎn 통과장하여 부각시키다.

【烘托－탁】hōngtuō 통1묵(墨)이나 엷은 색으로 윤곽을 바림해서 형체를 두드러져 보이게 하다. 2(轉)돋보이게 하다. 부각시키다.

【烘箱－상】hōngxiāng 명1오븐(oven). 2건조기.

【烘云托月－운탁월】hōng yún tuō yuè〈成〉주위를 어두운 구름 모양으로 바림하여 달의 형태를 돋보이게 표현하다. 주체를 부각시키다.

【薨】 ++部 hōng
13画 죽을 훙
통옛날 제후나 대관(大官)이 세상을 뜨다.

hóng

【弘】 弓部 hóng
2画 클 홍
1형크다. 넓다. (同)〔宏 hóng〕 2통넓히다. 확대〔확장〕하다. 3(Hóng)명성(姓).

【弘论－론】hónglùn (同)〔宏 hóng 论〕

【弘图－도】hóngtú (同)〔宏 hóng 图〕

【弘扬－양】hóngyáng 통〈文〉널리 전파하여 빛내다. ◇～祖国文化/조국의 문화를 널리 전파하여 빛내다.

【弘愿－원】hóngyuàn (同)〔宏 hóng 愿〕

【弘旨－지】hóngzhǐ (同)〔宏 hóng 旨〕

【泓】 氵部 hóng
5画 물깊을 홍
〈文〉1명물이 깊다. 2명줄기. 〔맑은 바다나 강을 세는 말〕 ◇一～清泉/한 줄기 맑은 샘.

【红·紅】★ 纟部 hóng
3画 붉을 홍
1형〈色〉다홍. 주홍. 2형붉다. 빨갛다. ◇～枣/말린 붉은 대추. ◇脸上一阵～一阵白/얼굴이 붉었다 희었다 하다. 3명경사(慶事)에 쓰이는 붉은 천. ◇披～/붉은 천을 몸에 두르다. 4형(사업 따위가) 번창하다. 순조롭다. 성공적이다. ◇他第一个学期就是～/그는 첫학기에 학점이 모두 좋았다. 5명인기있다. 명성이 있다. ◇他是个很～的歌星/그는 매우 인기가 있다. 6명정치의식이 높다. 혁명적이다. ◇又～又专/사상면에서도 혁명적이며 기술면에도 뛰어나다. 7명이윤. 이익. 배당금. ◇分～/이윤을 배당하다

【红案－안】hóng'àn (~儿)명(주방일 가운데서) 주식(主食) 이외의 요리를 만들기. (反)〔白 bái 案〕

【红白事－백사】hóngbáishì 명경조사.

【红白喜事－백희사】hóng bái xǐshì 명혼인과 장례. 관혼상제.

【红榜－방】hóngbǎng 명사회주의 건설의 모범 인물을 표창하는 게시판. (同)〔光荣 guānróng 榜〕

【红包－포】hóngbāo (~儿)명붉은 종이에 싼 축하나 축의금. (격려금 또는 뇌물)

【红宝石－보석】hóngbǎoshí 명〈礦〉홍옥. 루비(ruby).

【红不棱登－불릉등】hóng·bulēngdēng (~的)형〈口〉불그스름하다. 〔혐오감을 나타냄〕

☆【红茶－차】hóngchá 명홍차. ◇一杯～/홍차 한 잔.

【红潮－조】hóngcháo 명1부끄러워 얼굴이 빨개지는 것. 홍조. 괴란. 2월경.

【红尘－진】hóngchén 명복잡한 인간세상. 〈轉〉고달픈 이승. 속세. (反)〔地府 dìfǔ〕

【红蛋－단】hóngdàn 명(아이를 낳은 집에서 친척이나 친구들에게 보내는) 빨갛게 물들인 계란.

【红灯－등】hóngdēng 명1붉은 등. 2빨간 신호등. (反)〔绿 lǜ 灯〕

【红灯区－등구】hóng dēng qū 명(나이트 클럽·술집 등이 있는) 홍등가. 환락가.

【红点颏－점해】hóngdiǎnkē 명〈鳥〉붉은턱 울타리새.

【红豆－두】hóngdòu 명1〈植〉팥. 2(고대 문학 작품에서) 남녀간의 사랑을 상징함.

【红骨髓－골수】hónggǔsuǐ 명〈生理〉붉은 빛이 나는 골수.

【红光满面－광만면】hóng guāng mǎn miàn 〈成〉얼굴의 혈색이 좋다.

【红果儿－과아】hóngguǒr 명〈方〉〈植〉아가위.

【红火－화】hóng·huo 형왕성하다. 번창하다. 시끌벅적하다. (同)〔兴旺 xīngwàng〕, (反)〔萧条 xiāotiáo〕

【红货－화】hónghuò 명옛날에 보석류를 일컫는 말.

【红净－쟁】hóngjìng 명〈演〉(경극에서) 붉은 얼굴 분장을 한 충신역의 남자배역.

【红角－각】hóngjué (~儿)명인기 배우. 명배우.

【红军－군】Hóngjūn 명1'中国工农红军'을 말함. 21946년 이전의 소련 육군.

【红利－리】hónglì 명1순익. 2상여금. 보너스.

【红脸－검】hóng/liǎn 통1(부끄러워) 얼굴을 붉히다. 2형(화가 나서) 얼굴을 붉히다. (同)〔生气 shēngqì〕

*【红领巾－령건】hónglǐngjīn 명1붉은 네커치프. 2〈轉〉소년 선봉대.

【红绿灯－록등】hónglǜdēng 명(교통) 신호등.

【红毛坭－모니】hóngmáoní 명〈方〉시멘트. (同)〔水泥 shuǐní〕

【红帽子-모자】hóngmào·zi 圆국민당 시대에 공산주의자의 혐의를 받는 것. 2(옛날) 역의 짐꾼. 포터.

【红模子-모자】hóngmú·zi 圆습자 용지.

【红木-목】hóngmù 圆〈植〉마호가니(mahogany).

【红男绿女-남록녀】hóng nán lǜ nǚ 〈成〉아름답게 차려 입은 젊은 남녀.

【红娘-낭】Hóngniáng 圆1홍낭. 〔서상기(西廂記)에 나오는 시녀 이름〕 2(轉)중매장이.

【红盘-반】hóngpán (~儿)圆〈商〉(옛날 장사에서) 음력 설을 쇠고 난 뒤의 첫 거래 가격.

【红皮书-피서】hóngpíshū 圆〈政〉붉은 색 표지의 문서. 〔미국의 외교 문서, 또는 오스트리아·스페인 정부의 조사 보고서의 이름〕

【红票-표】hóngpiào 圆1(옛날 희곡 등 연기자가 주는) 무료 입장료. 2강제로 할당[배당]된 가격이 좀 높은 입장권.

【红扑扑-박박】hóngpūpū (~的)圈얼굴에 홍조를 띤 모양.

☆【红旗-기】hóngqí 1圆붉은기. 〔공산주의의 상징〕◇~手/생산 경쟁에서 제일 뛰어난 성적을 거두어 붉은기를 받은 노동자. 2圈경기중 우승자를 앞세우는데 쓰이는 붉은 깃발. 3圈〈喩〉진보적이다.

【红契-계】hóngqì 圆부동산 매매에서 세금을 납부하여 관공서의 확인 날인을 받은 부동산 문서.

【红青-청】hóngqīng 圆〈色〉감청색. (同)〔绀 gàn 青〕

【红壤-양】hóngrǎng 圆홍토.

【红人-인】hóngrén 圆1(Hóngrén)아메리칸 인디언. 2(~儿)인기있는 사람. 총애받는 사람.

【红润-윤】hóngrùn 圈혈색이 좋다. (反)〔苍白 cāngbái〕

【红色-색】hóngsè 1圆붉은 빛깔. (同)〔赤 chì 色〕혁명적. (同)〔赤 chì 色〕, (反)〔白 bái 色〕

【红烧-소】hóngshāo 圈조리법의 하나로 고기·물고기 등에 기름을 넣어 살짝 볶고 간장·설탕을 넣어 익혀 붉은 빛이 나는 요리방법.

【红苕-소】hóngsháo 圈〈方〉고구마. (同)〔甘薯 gānshǔ〕

【红生-생】hóngshēng 圈중국 전통극에서, 붉은 빛으로 얼굴을 분장한 남자 배역.

【红十字会-십자회】Hóngshízìhuì 圆적십자사.

【红薯-서】hóngshǔ (同)〔甘 gān 薯〕

【红糖-당】hóngtáng 圆흑설탕.

【红彤彤-동동】hóngtōngtōng (~的)圈새빨갛다.

【红通通-통통】hóngtōngtōng (同)〔红彤 tōng 彤〕

【红土-토】hóngtǔ 1圆〈地質〉홍토(紅土). 2(同)〔红土子〕

【红土子-토자】hóngtǔ·zi 圆〈染〉철단(鐵丹).

【红外线-외선】hóngwàixiàn 圆〈物〉적외선.

【红细胞-세포】hóngxìbāo 圆〈醫〉적혈구. (同)〔红血球 hóng xuě qiú〕

【红心-심】hóngxīn 1圆(사회주의 사상에의) 충성심. 2圆(트럼프의) 하트(heart).

【红星-성】hóngxīng 圈1붉은 별. 2인기 스타.

【红学-학】Hóngxué 圆홍학. 홍루몽(紅樓夢)을 연구하는 학문.

【红血球-혈구】hóngxuèqiú 圆〈生理〉적혈구. (同)〔红细胞 hóng xì bāo〕

【红颜-안】hóngyán 圆〈喻〉미녀.

【红眼-안】hóng// yǎn 圈1노하다. 성을 내다. 2(同)〔眼 yǎn 红〕

【红眼病-안병】hóngyǎnbìng 圆1〈喻〉남의 성공을 시기하는 못된 마음. 2(결막염으로) 눈이 빨개지는 병.

【红艳艳-염염】hóngyànyàn (~的)圈대단히 붉고 아름답다.

【红样-양】hóngyàng 圆주필(朱筆)을 가한 교정쇄.

【红药水-약수】hóngyàoshuǐ (~儿)머큐러크롬(mercurochrome). (同)〔红汞 gǒng〕

【红叶-엽】hóngyè 圆단풍. 홍엽.

【红缨枪-영창】hóngyīngqiāng 圆붉은 술이 달린 옛날의 창.

【红运-운】hóngyùn 圆행운. (同)〔鸿 hóng 运〕, (反)〔厄 è 运〕

【红晕-훈】hóngyùn 圆홍조(紅潮).

【红枣-조】hóngzǎo (~儿)圆〈植〉1붉은 대추. 2말린 붉은 대추.

【红妆-장】hóngzhuāng 〈文〉圆1여성들의 아름다운 옷차림. 2(轉)젊은 여성.

【红装-장】hóngzhuāng (同)〔红妆 zhuāng〕

【闳·閎】门部 hóng
4画 클 굉
1圈〈文〉마을 작은 길에 세운 문. 마을 어귀의 문. 2圈〈文〉크다. 널찍하다. 광대하다. 3(Hóng)圈성(姓).

【闳中肆外-중사외】hóng zhōng sì wài 〈成〉내용이 풍부하며 문체가 호방하다.

【宏】宀部 hóng
4画 넓을 굉
1圈넓고 크다. 광대하다. 2(Hóng)圈성(姓).

*【宏大-대】hóngdà 圈웅대하다. ◇~的计划/웅대한 계획. (同)〔弘 hóng 大〕, (反)

〔渺小 miǎoxiǎo〕
【宏富－부】hóngfù 톙풍부하다.
【宏观－관】hóngguān 톙거시적인. (反)〔微观 wēiguān〕
【宏观世界－관세계】hóngguān shìjiè 톙거시적 세계. 대우주.
【宏论－론】hónglùn 톙식견이 넓은 언론. 박식한 말. (同)〔弘 hóng 论〕, (反)〔浅见 qiǎnjiàn〕
【宏图－도】hóngtú 톙원대한 계획.
☀☀【宏伟－위】hóngwěi 톙(사업·임무 따위가) 위대하다. (건축물 따위가) 장대하다. (기세 따위가) 등등하다.
【宏愿－원】hóngyuàn 톙큰 뜻. 대지(大志). 대망(大望).
【宏旨－지】hóngzhǐ 톙요지. 취지.

【紘】 纟部 hóng
4画 끈 굉
톙갓끈.

*【虹】 虫部 hóng
3画 무지개 홍
톙1무지개. 2⟨喩⟩긴 다리. ⇒jiàng
【虹彩－채】hóngcǎi 1무지개빛. 2(同)〔虹膜 mó〕
【虹膜－막】hóngmó 톙⟨生理⟩홍채.
【虹吸管－흡관】hóngxīguǎn 톙사이펀(siphon).
【虹吸现象－흡현상】hóngxī- xiànxiàng 톙사이펀 현상.

【鈜】 钅部 hóng
4画 쇠북소리 횡
톙땡땡. 땡그랑.

【洪】 氵部 hóng
6画 클 홍
톙1크다. ◇声音~亮/소리가 우렁차다. 2톙홍수. ◇防~/홍수를 예방하다. 3(Hóng)톙성(姓).
【洪帮－방】Hóng Bāng 톙홍방. 명말 청초(明末清初)의 비밀 결사 조직.
【洪大－대】hóngdà 톙(소리 따위가) 매우 크다.
【洪峰－봉】hóngfēng 톙1(하천의) 최고 수위. 2최고 수위에 달한 홍수. 물마루.
【洪福－복】hóngfú 톙큰 행복. (同)〔鸿 hóng 福〕, (反)〔浩劫 hàojié〕
【洪荒－황】hónghuāng 톙1혼돈 몽매한 상태. 2태고적.
【洪亮－량】hóngliàng 톙(목소리가) 크고 낭랑하다. (同)〔响 xiǎng 亮〕, (反)〔沙哑 shāyǎ〕
【洪量－량】hóngliàng 1톙도량이 넓다. 2톙주량(酒量)이 대단하다.
【洪流－류】hóngliú 톙거센 흐름. (同)〔巨 jù 流〕, (反)〔细 xì 流〕

【烘炉－로】hónglú 톙큰 용광로.
☀☀【洪水－수】hóngshuǐ 톙홍수.
【洪水猛兽－수맹수】hóngshuǐ měngshòu 홍수와 맹수. 심한 재해.
【洪灾－재】hóngzāi 톙홍수 피해.
【洪钟－종】hóngzhōng 톙커다란 종.

【魟・魟】 鱼部 hóng
3画 고기이름 홍
톙⟨魚介⟩가오리.

【鸿・鴻】 氵部 鸟部 hóng
8画 6画 기러기 홍
1톙⟨鳥⟩큰 기러기. 2⟨文⟩서신. ◇远方来~/멀리서 편지가 왔다. 3톙크다. 넓다. 4(Hóng)톙성(姓).
【鸿福－복】hóngfú (同)〔洪 hóng 福〕
【鸿沟－구】hónggōu 톙1(Hónggōu)홍구. 〔한(漢)의 고조(高祖)와 초(楚)의 항우(項羽)가 천하를 양분(兩分)할 때의 경계선이었던 하남성의 강〕 2⟨喩⟩분명한 경계선. 벽. ◇他们俩有着感情上的~/그들 둘 사이에는 감정적인 벽이 있다.
【鸿鹄－곡】hónghú 톙1큰 기러기와 고니. 2⟨喩⟩큰 뜻을 품은 인물.
【鸿毛－모】hóngmáo 톙기러기의 털. ⟨喩⟩하찮은 것. (反)〔泰山 tàishān〕
【鸿蒙－몽】hóngméng ⟨文⟩톙천지 개벽 이전의 혼돈 카오스.
【鸿篇巨制－편거제】hóng piān jù zhì ⟨成⟩거작. 대작.
【鸿儒－유】hóngrú 톙⟨文⟩대학자.
【鸿图－도】hóngtú 톙원대한 계획. (同)〔宏 hóng 图〕
【鸿雁－안】hóngyàn 톙1⟨鳥⟩기러기. 2⟨喩⟩서신. 편지.
【鸿运－운】hóngyùn (同)〔红 hóng 运〕
【鸿爪－조】hóngzhǎo 톙⟨文⟩1기러기의 발자국. 2⟨喩⟩지나간 흔적.

hǒng

*【哄】 口部 hǒng
6画 여럿이 지껄일 홍
톙1(말로) 속이다. 기만하다. ◇你这是~我, 我不信/너 이것 날 속이는 것이니 난 믿을 수 없다. 2(어린아이를) 구슬리다. 어르다. 달래다. ◇奶奶~着孙子/할머니가 손자를 달래고 있다. ⇒hōng, hòng
【哄逗－두】hǒngdòu 톙말이나 행동으로 남을 기쁘게 하다.
【哄弄－롱】hǒng·nòng ⟨方⟩톙속이다. 농락하다.
【哄骗－편】hǒngpiàn 톙(거짓말로) 기만하다.

hòng

【哄(鬨)】 口部 | hòng
6画 | 여럿이지껄일 홍

동1떠들다. 소동을 일으키다. ◇起~/왁자지껄 떠들다. 2우스갯 소리를 하다. 농담하다. ⇒hōng, hǒng

【哄闹-뇨】hòngnào 동(여러 사람이) 떠들어대다.

hōu

【齁】 鼻部 | hōu
5画 | 코골 후

1명코고는 소리. (同)〔齁声〕2동(음식이 너무 달거나 짜서) 목구멍이 아리다. ◇这个菜咸 xián 得~人/이 요리는 너무 짜서 목이 아리다. 3부〈方〉몹시. 지독하게. ◇天气~热/날씨가 몹시 무덥다.

【齁声-성】hōushēng 명코 고는 소리.

hóu

【侯】 亻部 | hóu
7画 | 벼슬이름 후

1명(옛날 5등급 작위의 두 번째인) 후작(侯爵). 2명고관대작. 3(Hóu)명성(姓).

【侯爵-작】hóujué 명후작.

【喉】 口部 | hóu
9画 | 목구멍 후

명〈生理〉인후. 목구멍.

【喉擦音-찰음】hóucāyīn 명〈言〉마찰후음.

【喉结-결】hóujié 명〈生理〉결후(結喉, Adam's apple).

**【喉咙-롱】hóu·lóng 명목구멍. ◇~痛/목이 아프다. ◇他~叫哑了/그는 소리를 질러 목이 쉬었다.

【喉塞音-색음】hóusèyīn 명〈言〉후색음. 성문 폐쇄음. 〔국제음표에서는 '?'로 표기함〕

【喉舌-설】hóushé 명1목구멍과 혀. 2대변자.

【喉头-두】hóutóu 명후두. 목.

【猴】 犭部 | hóu
9画 | 원숭이 후

1(~儿)명〈動〉원숭이. 2형〈方〉(어린 아이가) 영리하다. 깜찍하다. ◇这孩子多~啊/이 아이는 어쩌면 이렇게 깜찍할까. 3동〈方〉(원숭이같이) 쪼그리고 앉다. ◇他~在台阶上嗑瓜子儿/그는 계단에 쪼그리고 앉아 씨를 까먹고 있다.

【猴皮筋儿-피근아】hóupíjīnr 명〈俗〉고무밴드. (同)〔猴筋儿〕

【猴戏-희】hóuxì 명(서커스 따위에서의)

원숭이 놀이.

☆【猴子-자】hóu·zi 명원숭이의 통칭.

【瘊】 疒部 | hóu
9画 | 무사마귀 후

【瘊子-자】hóu·zi 명사마귀.

hǒu

**【吼】 口部 | hǒu
4画 | 사자우는소리 후

동1짐승이 울부짖다. ◇狮子~/사자가 울부짖다. 2사람이 화가 나거나 불평이 있어 고함치다. ◇示威群众喷怒的~声/시위하는 군중의 분노한 고함소리. 3(바람이) 노호(怒號)하다. (기적(汽笛)·대포 등이) 크게 울리다. ◇远方传来大炮的~声/멀리에서 대포소리가 전해오다.

【吼叫-규】hǒujiào 동1큰소리로 고함치다. 2으르렁거리다.

【吼声-성】hǒushēng 명울부짖는 소리.

hòu

★【后·¹~⁴後】 厂部 | 口部 | hòu
4画 | 3画 | 뒤 후

명1(공간상으로) 뒤. 후. ◇村前村~/마을 앞 뒤. (反)〔前 qián〕2(시간상으로) 뒤. 후. 다음. 나중. ◇暑假~/여름 방학 후. ◇先来~到/선착순. (反)〔前 qián〕〔先 xiān〕3순서의 뒤. ◇~十名/뒤의 10명. (反)〔前〕4자손. 자식. 후계자. ◇无~/자손이 없다. 5황후. 군주의 아내. 6군주. 제왕. 〔고대(古代)의 군주를 부르는 말〕◇~稷/후직. 주(周)나라 선조(先祖). 7(Hòu)성(姓).

【后半响-반향】hòubànshǎng (~儿)명〈方〉오후.

【后半天-반천】hòubàntiān (~儿)명오후.

【后半夜-반야】hòu bànyè (~儿)명(한 밤중부터 새벽녘까지. (同)〔下 xià 半夜〕

【后备-비】hòubèi 명보결.

【后备军-비군】hòubèijūn 명1〈軍〉예비군. 대기병. 2예비 인력. 대기인원.

【后辈-배】hòu·bèi 명1후대. 자손. (同)〔后人 rén〕, (反)〔长 zhǎng 辈〕2후배. 배후.

★【后边-변】hòu·bian (~儿)명뒤. 뒤쪽. 배후.

【后步-보】hòubù 명말이나 행동의 여지. ◇话不要说绝, 得给自己留个~/말을 극단적으로 하지마라. 자신에게 여지를 남겨라.

【后尘-진】hòuchén 명〈文〉걸을 때 뒤에서 나는 먼지. 〈喩〉남의 뒤. ◇步人~/남의 뒤를 따르다.

**【后代-대】hòudài 명1후대. 2자손. (反)〔前 qián 代〕

H

【后爹一다】hòudiē 몡〈口〉계부. 양아버지. (同)〔后父 fù〕, (反)〔亲父 qīnfù〕

【后盾一순】hòudùn 몡후원(자). 뒷받침.

【后发制人一발제인】hòu fā zhì rén〈成〉일단 양보했다가 유리할 때 손을 써서 적을 제압하다. (反)〔先 xiān 发制人〕

**【后方一방】hòufāng 몡1뒤. 뒤쪽. 2.('前 qián 线'에 대한) 후방. ◇~部队/후방 부대. (反)〔前 qián 方〕

【后福一복】hòufú 몡인생 말년의 복.

【后父一부】hòufù (同)〔后爹 diē〕

【后跟一근】hòugēn (~儿)몡발〔신발〕뒤꿈치. ◇鞋~/신 뒤축.

【后宫一궁】hòugōng 몡후궁.

【后顾一고】hòugù 1동뒷일을 염려하다. ◇无暇~/〈成〉뒷일을 걱정할 틈이 없다. (同)〔回 huí 顾〕2몡회고(하다). ◇~与前瞻/회고와 전망. (反)〔前瞻 qiánzhān〕

【后顾之忧一고지우】hòu gù zhī yōu〈成〉뒷걱정·뒷근심.〈喩〉후방의 걱정이나 가족에 대한 근심.

**【后果一과】hòuguǒ 몡(주로 나쁜) 결과. ◇不堪设想/뒤의 결과는 상상할 수 없다. (同)〔结 jié 果〕, (反)〔原因 yuányīn〕 回교后果:结局 "后果"는 좋지 않은 결과에 쓰임. ◇这(×后果)结局さ令人满意的/이 결과는 만족스럽다.

【后汉一한】Hòu Hàn 몡1동한(東漢). 2오대(五代)의 후한(后漢).

【后话一화】hòuhuà 몡1나중에 할 이야기. 2후기(后記).

【后患一환】hòuhuàn 몡후환.

☆【后悔一회】hòuhuǐ 몡용후회(하다). ◇我很~当初没有听他的话/나는 애초에 그의 말을 듣지 않은 것이 회후된다. 回교后悔:悔改 자신의 잘못을 뉘우치고 고칠 때는 "后悔"를 쓰지 않는다. ◇不怕犯错误, 就怕不(×后悔)悔改/실수를 하는 것은 두렵지 않으나 회개하지 않는 게 두려울 뿐이다.

【后会有期一회유기】hòu huì yǒu qī〈成〉또 만날 때가 있겠지요.

【后婚儿一혼아】hòuhūnr 몡재혼한 여자.

【后记一기】hòují 몡후기. 맺음말.

【后继一계】hòují 몡후계(자).

【后脚一각】hòujiǎo 몡1(걸음 걸을 때) 뒷발. 2.('前脚'과 같이 사용되어) 뒤따라서.

【后襟一금】hòujīn 몡(옷의) 뒷길.

【后劲一경】hòujìn 몡1후에 나타나는 기운. 뒤끝. 2뒷심 ◇他~足, 肯定能跑过小张/그가 뒷심이 만만치 않아서 틀림없이 장군을 추월할 것이다.

【后进一진】hòujìn 몡1후학. 후배. (同)〔后辈 bèi〕, (反)〔前辈 qiánbèi〕2수준이 낮은 사람이나 단체.

【后景一경】hòujǐng 몡배경.

☆【后来一래】hòulái 1부(과거 한 시간대 이후의 시간) 나중에. 이후의. ◇~怎么样?/나중에 어떻게 됐어? ◇~的情况好多了/이후의 상황은 많이 좋아졌다. (反)〔起先 qǐxiān〕 回교后来:以后 ①"后来"는 단독으로만 쓰이고 "以后"는 단독으로 쓰이며, 또는 후치할 수도 있다. ◇他是春节(×后来)以后来的/그는 구정 뒤에 온 것이다. ②"以后"는 과거뿐만 아니라 미래에도 쓰인다. "后来"는 과거에만 쓰인다. ◇(×后来)以后大家注意/앞으로 모두들 조심하세요.

【后来居上一래거상】hòu lái jū shàng〈成〉뒤졌던 사람이 앞 사람을 추월하다.

【后浪推前浪一랑퇴전랑】hòu làng tuī qián làng〈成〉뒷물결이 앞물결을 밀어내다. 끊임없이 전진하다.

【后脸儿一검아】hòuliǎnr 몡〈方〉1사람의 뒷모습. 2물건의 뒷면.

【后路一로】hòulù 몡1후방의 보급선이나 퇴로. 2(~儿)빠질 구멍. (同)〔后路 lù〕

【后妈一마】hòumā 몡〈口〉계모(繼母).

【后门一문】hòumén (~儿)몡1후문. 뒷문. 2.〈喩〉뒷구멍. 부정한 수단. ◇应抵制走~的风气/부정한 방법을 쓰는 풍토를 막아야 한다. (反)〔前 qián 门〕

☆【后面一면】hòu·miàn (~儿)몡1(공간적으로) 뒤. 뒤쪽. ◇前面坐满了, ~还有座位/앞쪽의 자리가 다 찼지만 뒤쪽은 아직 자리가 있다. (同)〔后方 fāng〕, (反)〔前面〕2(순차적으로) 뒤. 뒷부분. ◇关于这个问题, ~还要详细说/이 문제에 대해서는 뒤에 가서 상세하게 말할 것이다.

【后母一모】hòumǔ (同)〔后妈 mā〕

【后脑一뇌】hòunǎo 몡〈生理〉뒤뇌.

【后脑勺儿一뇌작아】hòunǎosháor 몡〈方〉머리 뒤통수.

☆【后年一년】hòunián 몡내후년.

【后娘一낭】hòuniáng (同)〔后妈 mā〕

【后怕一파】hòupà 동일이 지난 후 생각해 보니 무섭다.

*【后期一기】hòuqī 몡후기. ◇十九世纪~/19세기 후반. (同)〔晚 wǎn 期〕

【后起一기】hòuqǐ 몡후배. 신진.

【后起之秀一기지수】hòuqǐ zhī xiù 새로 나타난 훌륭한 인재. 유망주.

*【后勤一근】hòuqín 몡후방 근무. ◇~工作/후방 근무 활동. ◇~部/병참부.

【后鞧一추】hòuqiū 몡(말의) 껑거리 끈. 밀치끈.

【后儿一아】hòur 몡〈口〉모레.

【后人一인】hòurén 몡후세 사람.

【后任一임】hòurèn 몡후임. (反)〔前 qián 任〕

【后厦一하】hòushà 몡집 뒤쪽의 복도.

【后身一신】hòushēn 몡1(~儿)뒷모습. (同)〔背bèi后〕, (反)〔前qián身〕2(~儿)옷 뒷자락. 3뒤. 뒤곁. 4내세에 다시 태어난 몸. 5(기구·제도 따위의) 후신.

【后生一생】hòu·shēng 몡뒤에 난 사람. 후학. 젊은이. ◇~可畏/〈成〉후학(젊은이) 들이 (선배를 추월하는 것이) 두렵다.

【后生一생】hòu·shēng 〈方〉1몡젊은 남자. 2휑젊다. ◇她长得~, 看不出有三十岁/그녀 는 젊어 보여서 30이 되어 보이지 않는다.

【后世一세】hòushì 몡1후대. 후세. 2자손. 후손. 3〈佛〉내세.

【后事一사】hòushì 몡1앞으로의 일. 2사후 (死后)의 일. 사후의 뒷처리.

【后手一수】hòushǒu 몡1(옛날) 뒷일. 후 임. 2(옛날) 어음 인수인. 3(바둑·장기 에서의) 후수. 4(~儿)빠져나갈 구멍. 퇴 로. 여지.

【后首一수】hòushǒu 몡1〈方〉나중. 2(同) 〔后面miàn〕

【后嗣一사】hòusì 몡자손.

*【后台一대】hòutái 몡1무대 뒤. 분장실. (同)〔幕mù后〕, (反)〔前qián台〕2배 후. 배후 조종자. ◇他肯定有~/그에게 틀림없이 배후 조종자가 있을 것이다.

【后台老板一대노판】hòutái lǎobǎn 몡1극 단주. 2(轉)배후 조종자. 막후의 인물.

☆【后天一천】hòutiān 몡1모레. 2후천(적). (反)〔先xiān天〕

✳✳【后头一두】hòu·tou 몡1뒤. 뒤쪽. ◇他家 ~有家饭馆儿/그의 집 뒤쪽에는 음식점 이 있다. 2뒤. 이후. 장래.

✳✳【后退一퇴】hòutuì 몡동후퇴(하다). ◇怎 么成绩没提高, 反而~了?/어째 성적이 올라가지 않고 오히려 떨어졌지? (同) 〔倒dào退〕, (反)〔前进qián jìn〕

【后卫一위】hòuwèi 몡1〈軍〉후위. 2〈體〉후 위. 수비 선수. (反)〔前qián卫〕

【后效一효】hòuxiào 몡나중에 나타나는 효 과. 나중의 태도.

【后心一심】hòuxīn 몡1(사람의) 등복판. 2 (물건 따위의) 뒷등 가운데 부분.

【后行一행】hòuxíng 동앞으로 (행)하다.

【后续一속】hòuxù 1몡후속. 2동〈方〉재취 (再娶)하다.

【后学一학】hòuxué 몡후학.

【后遗症一유증】hòuyízhèng 몡후유증.

【后尾儿一미아】hòuyǐr 몡〈俗〉후미. 맨뒤.

【后裔一예】hòuyì 몡이미 죽은 자의 후손. (同)〔苗miáo裔〕, (反)〔祖先zǔxiān〕

【后影一영】hòuyǐng (~儿)몡뒷모습. 뒷 모양.

【后援一원】hòuyuán 1몡원군. 2몡동후원

(하다).

【后院一원】hòuyuàn (~儿)몡1뒤뜰. 뒷마 당. 후원. 2(喩)후방이나 내부. ◇~起火 /내부에서 싸움이 일어난다.

【后账一장】hòuzhàng 몡1비밀장부. 2나중 에 계산하는 셈. (대개 사후에 책임을 추 궁하는 일) ◇只要自己行得正, 不怕别人 算~/자신이 올바로 했으면 남이 추후의 책임추궁이 두렵지 않다.

【后罩房一조방】hòuzhàofáng 몡'正zhèng 房'(본채) 뒤에 나란히 지은 가옥.

【后者一자】hòuzhě 몡후자. 뒤의 것. (反) 〔前qián者〕

【后肢一지】hòuzhī 〈動〉(척추 동물·곤 충 따위의) 뒷다리. (反)〔前qián肢〕

【后缀一철】hòuzhuì 몡〈言〉접미사.

【后坐一좌】hòuzuò 몡〈軍〉후좌(后座). 발 포의 충격에 의한 반동(反動).

【后坐力一좌력】hòuzuòlì 몡(총포 등을 발 사했을 때의) 반동력.

【厚】 厂部 hòu
7画 두터울 후

1휑두껍다. 두텁다. ◇~木板/두꺼운 널 판지. ◇~棉衣/두터운 솜옷. ◇嘴唇很~ /입술이 두껍다. (反)〔薄báo〕2몡두께. ◇下了二寸~的雪/눈이 두 치나 내렸다. 3휑(감정이) 깊다. 돈독하다. ◇交情很 ~/교분이 매우 두텁다. 4휑너그럽다. 관 대하다. ◇宽~/너그럽다. 5휑(수량·이 윤·가치가) 크다. 많다. ◇~利/많은 이 익. ◇~礼/값진 선물. 6휑(맛이) 진하 다. (안개 따위가) 짙다. ◇酒味儿很~/ 술이 매우 독하다. 7휑재산이 많다. 부유 하다. ◇家底儿~/집이 부유하다. 8휑우 대하다. 중시하다. ◇~今薄古/현재의 것 을 중시하고 옛것을 경시하다. 9(Hòu) 몡성(姓).

【厚薄一박】hòubó 몡1두께. 2(친분의) 두 터움과 엷음.

【厚薄规一박규】hòubóguī 몡〈機〉틈새 게이 지(gauge).

【厚此薄彼一차박피】hòu cǐ bó bǐ〈成〉불공 평하게 대하다. 대우를 달리하다. ◇在人 事上, 不能~/인사에 있어서 불공평하게 처리하면 안된다. (反)〔一视同仁yī shì tóng rén〕

【厚待一대】hòudài 동후하게 대접하다. 우 대하다. ◇这样~我, 真叫我过意不去/이 렇게 저를 후하게 대접하니 정말 미안하 게 생각합니다. (同)〔优yōu待〕, (反) 〔冷遇lěngyù〕

【厚道一도】hòu·dao 휑너그럽고 따뜻하다. ◇他是个~人/그는 너그럽고 따뜻한 사 람이다. (同)〔忠zhōng厚〕, (反)〔刻薄kèbó] 〔比较〕厚道:善良 마음이 티없이 깨끗하고 악의가 없을 때는 "厚道"를 쓰지 않음. ◇他是个心地(×厚道)善良的人/그는 착한 사람이다.

*【厚度－도】hòudù 圐두께.

【厚墩墩－돈돈】hòudūndūn (～的)圐두툼하다.

【厚古薄今－고박금】hòu gǔ bó jīn〈成〉옛것을 중시하고 지금 것을 경시하다. (反)〔厚今薄古〕

【厚礼－례】hòulǐ 圐큰 선물.

【厚利－리】hòulì 圐1큰 이익. 2높은 이자.

【厚实－실】hòu·shi 圐1〈口〉두껍다. 2튼튼하다. 단단하다. 3견실하다. ◇学术基础～/학술적 바탕이 탄탄하다. 4〈方〉충실하다. 5부유하다. ◇家底～/집안이 부유하다.

【厚望－망】hòuwàng 圐커다란 기대.

【厚颜－안】hòuyán 圐낯가죽이 두껍다.

【厚颜无耻－안무치】hòu yán wú chǐ〈成〉뻔뻔스럽다. (同)〔恬不知耻 tián bù zhī chǐ〕, (反)〔面有愧色 miàn yǒu kuì sè〕

【厚谊－의】hòuyì 圐돈독한 우정.

【厚意－의】hòuyì 圐두터운 정. 친절. (同)〔深情 shēnqíng〕, (反)〔薄情 bóqíng〕

【厚葬－장】hòuzàng 1圐성대한 장례. 2통 장례를 성대하게 치루다.

【厚重－중】hòuzhòng 圐1두껍고 묵직하다. 2값지다. 3(사람됨이) 너그럽고 듬직하다.

【候】 亻部 hòu
8画 기다릴 후
1통기다리다. ◇你稍～一会儿, 他马上就来/잠깐만 기다려, 그는 금방 올 거야. 2 통안부를 묻다. ◇致～/안부를 묻다. 3圐계절. 기후. 철. 때. ◇时～/때. ◇气～/기후. 4圐5일. 닷새. 5圐(～儿)상황. 상태. 증상. 징후. ◇征～/징후. ◇症～/증상.

*【候补－보】hòubǔ 圐후보. ◇～委员/위원 후보.

【候场－장】hòuchǎng 통(배우가) 무대에 오르는 것을 기다리다.

【候车－차】hòuchē 통차를 기다리다.

【候车室－차실】hòuchēshì 圐(버스)대합실.

【候虫－충】hòuchóng 圐〈虫〉(나비·매미 등과 같은) 철벌레.

【候光－광】hòuguāng 통〈牍〉〈敬〉오시기를 기다리겠습니다.

【候机室－기실】hòujīshì 圐공항 대합실.

【候教－교】hòujiào 통〈牍〉〈敬〉가르침을 기다립니다. (편지에서) 회답을 기다립니다.

【候鸟－조】hòuniǎo 圐〈動〉철새.

【候审－심】hòushěn 통〈法〉(원고나 피고가 법정에 나가) 심문을 기다리다.

【候温－온】hòuwēn 圐매 '候'(5일)의 평균 기온.

【候选－선】hòuxuǎn 통입후보하다. ◇～名单/입후보자 명단.

*【候选人－선인】hòuxuǎnrén 圐입후보자.

【候诊－진】hòuzhěn 통진찰을 기다리다.

【候诊室－진실】hòuzhěnshì 圐진찰 대기실.

【鲎·鱟】 鱼部 hòu
5画 바닷게 후
圐1〈魚介〉투구게. 참게. (同)〔鲎鱼 hòu yú〕2〈魚介〉갑옷새우(Apus). 3〈方〉무지개.

乎 368	呼 368	忽 369	嘑 369	㪍 369
糊 369	囫 369	和 370	狐 370	弧 370
胡 370	壶 371	核 371	斛 371	葫 371
鹄 371	猢 371	餬 371	湖 371	煳 371
鹕 371	槲 371	蝴 371	蝴 371	糊 371
虎 372	浒 372	唬 372	琥 372	互 372
户 373	护 373	沪 374	怙 374	戽 374
瓠 374	扈 374	糊 374		

hū

【乎】 丿部 hū
4画 어조사 호
1圐〈文〉의문을 나타냄. 〔'吗'에 해당함〕◇王侯将相宁有种～?/왕후장상에 어찌 타고난 것입니까? 2圐〈文〉의문문에서 선택을 나타냄. 〔'呢'에 해당함〕◇然～? 否～?/그런가? 않은가? 3圐〈文〉추측의 어조를 나타냄. 〔'吧'에 해당함〕◇成败兴亡之机, 其在斯～?/성패 흥망의 기틀이 여기에 있는 것이 아닌가? 4圐동사 뒤에 붙어 '于'와 같은 뜻으로 쓰임. ◇出～意料/뜻밖이다. 5圐형용사 또는 부사 뒤에 붙음. ◇巍巍～/(산이) 높고 크도다. 6圐〈文〉'啊'에 해당함. ◇天～!/하늘이여!

☆【呼】 口部 hū
5画 숨내쉴 호
1통숨을 내쉬다. (反)〔吸 xī〕◇～出一口气/후우 하고 숨을 내쉬다. 2통큰소리로 외치다. ◇欢～/환호하다. 3통(사람을) 부르다. ◇直～其名/(무례하게) 그의 이름을 직접 부르다. 4圐획. 〔바람 따위의 소리〕◇北风～～地吹/북풍이 획획 분다. 5(Hū)圐성(姓).

【呼哧－적】hūchī 圐헐레벌떡. 헉헉. (同)〔呼蚩 chī〕

【呼蚩－치】hūchī (同)〔呼哧 chī〕

【呼风唤雨－풍환우】hū fēng huàn yǔ〈成〉1(도사가) 비바람을 부르다. 2자연을 지배하다. 3선동하다.

【呼喊－함】hūhǎn 통외치다. 부르다.

【呼号－호】hūháo 통1큰소리로 울부짖다. 통곡하다. 2(곤경에 처해) 도움을 간청

하다. ◇奔走~/사방으로 도움을 청하다.

【呼号－호】hūhào 图1(방송국의) 콜 사인
(call sign). 2(조직·기관의) 구호. 맹세.

【呼唤－환】hūhuàn 图1(큰소리로) 부르
다. 2(큰소리로) 외치다. ◇大声~/큰소
리로 외치다.

【呼叫－규】hūjiào 图1(递)(무선으로) 호
출하다. 2외치다.

【呼救－구】hūjiù 图긴급구조를 요청하다.

【呼啦－랍】hūlā 의펄럭펄럭. (同)〔呼喇 lā〕

【呼噜－로】hūlū 의가르랑. 그렁그렁. [기
관지염 따위로 나는 비정상적인 목구멍
소리]

【呼噜－로】hū·lu 图〈口〉코고는 소리.

【呼朋引类－붕인류】hū péng yǐn lèi 〈成〉
〈貶〉나쁜 친구를 끌어들여 작당하다.

【呼扇－선】hū·shān 图〈口〉1(판 모양의
것을 흔들어서) 바람을 일으키다. 2(판
모양의 것이) 흔들리다.

【呼哨－초】hūshào 图(손가락을 입안에 넣
고 부는) 휘파람. ◇打~/휘파람을 불다.

＊【呼声－성】hūshēng 图1고함소리. 외치는
소리. 2(喩)대중의 의견과 요구. ◇世界
輿論的强大~/세계여론의 강력한 호소.

【呼天抢地－천창지】hū tiān qiāng dì 〈成〉
하늘을 향해 울부짖고 땅이 이마를 짓
찧다. 극도로 비통해 하다.

☆【呼吸－흡】hūxī 1图통호흡(하다). 주의
‘呼吸’는 ABAB형으로 중첩한다. ◇我
(×呼呼吸吸)呼吸呼吸, 嗷了几口口水/난
호흡을 좀하고 침을 몇 모금 삼켰다. 2图
〈文〉〈喩〉눈 깜짝할 새.

【呼吸道－흡도】hūxīdào 图호흡 기관(器
管). 기도(氣道).

＊【呼啸－소】hūxiào 图씽 하는 소리를 내
다. ◇炮弹从头顶上~而过/포탄이 머리
위를 씽 하고 지나갔다.

【呼延－연】Hūyán 图복성(復姓).

【呼幺喝六－요갈육】hū yāo hè liù 〈成〉1
주사위를 던질 때 지르는 소리. 2〈方〉매
우 오만스럽다. (同)〔盛气凌人 shèng qì
líng rén〕, (反)〔低三下四 dī sān xià sì〕

【呼应－응】hūyìng 图통호응(하다). 호흡
이 맞다.

＊【呼吁－우】hūyù 图(원조·지지를) 요청하
다. 호소하다. ◇~各界人士捐 juān 款赈
zhèn 济灾区/각계 인사들에게 재해지역의
구조를 위해 성금을 보내줄 것을 호소하다.

【呼之欲出－지욕출】hū zhī yù chū 〈成〉문
학 작품에서 인물의 묘사가 매우 생생하다.

【忽】心部│hū
　　　4画│깜짝할 홀

1图소홀히 하다. 부주의하다. ◇疏~/소
홀하다. 2图갑자기. 느닷없이. ◇天气~

冷~热/날씨가 추웠다 더웠다 한다. ◇
~已三载/어느새 벌써 삼 년이다. 3
[수량]길이와 중량의 단위. ［‘一~丝’의 1/
10, ‘一毫’의 1/100］◇一~米/1미크론.
◇1~克/0.1감마. 4(Hū)图성(姓).

【忽地－지】hūdì 图별안간. 갑자기.

【忽而－이】hū'ér 图느닷없이. 갑자기. [주
로 의미가 반대이거나 비슷한 동사나 형
용사 앞에 쓰임]◇他~说、~笑/그녀는
느닷없이 말하다가 느닷없이 웃기도 했다.

【忽忽－홀】hūhū 1图금새. 어느덧. ◇~又
是一年/어느덧 벌써 1년이 되었다. 2图
〈文〉실의한 모양. 서운[허전]하다.

【忽…忽…】hū…hū… 때로는 … 또 때로
는….

【忽律－율】hūlù 〔同〕〔忽 hū 猹〕

＊【忽略－략】hūlüè 图소홀히 하다. 등한히
하다. ◇我们~了一个重要的部分/우리는
중요한 부분을 소홀히 했다. (同)〔疏 shū
忽〕, (反)〔注意 zhùyì〕

★【忽然－연】hūrán 图갑자기. 별안간. ◇他
正要出去、~下起大雨来了/그가 막 나가
려고 할 때 갑자기 큰 비가 내리기 시작
했다.

【忽闪－섬】hūshǎn 图(섬광 등이) 번뜩번뜩.

【忽闪－섬】hū·shan 图반짝거리다.

＊＊【忽视－시】hūshì 图무시하다. 경시하다.
주의하지 않다. ◇不可~的力量/소홀히
대할 수 없는 세력.

【忽悠－유】hū·you 〈方〉1图펄럭이다. 가
물거리다. 2图가슴이 철렁하다.

【唿】口部│hū
　　　8画│근심할 홀

【唿哨－초】hūshào (同)〔呼 hū 哨〕

【猤】犭部│hū
　　　9画│악어 홀

【猤猡－률】hūlū 图〈動〉악어. (同)〔忽律 h-
ūlù〕

【糊】米部│hū
　　　9画│풀 호

图(풀 모양의 것으로 틈새를) 바르다. 메
우다. ◇用灰把墙缝~上/회로 벽의 틈을
메우다. ⇒hú, hù

hú

【囫】口部│hú
　　　4画│덩어리 홀

【囫囵－륜】húlún 图통째로. 송두리째.

【囫囵觉－륜각】hú·lunjiào 图밤새 깨지
않고 자는 잠.

【囫囵吞枣－륜탄조】húlún tūn zǎo 〈成〉
대추를 통째 꿀꺽 삼키다. 비판 (분석) 없
이 받아들이다. (同)〔生吞活剥 shēng tūn

huó bō〕, (反)〔融会贯通 róng huì guàn tōng〕

【和】 禾部 3画 | 口部 5画 | hú 섞을 화

[동](마작이나 트럼프에서) 패가 오르다. ⇒hé, hè, huó, huò, huo

【狐】 犭部 5画 | hú 여우 호

[명]1〈動〉여우. ◇白～/백여우. 2(Hú)성(姓).

【狐臭－취】 húchòu [명]액취(腋臭). 암내. (同)〔胡 hú 臭〕

【狐假虎威－가호위】 hú jiǎ hǔ wēi 〈成〉남의 권세를 빌어 위세를 부리다.

*【狐狸－리】 hú·li [명]여우의 통칭.

【狐狸精－리정】 hú·lijīng [명]〈罵〉여우같은 년. 불여우.

【狐狸尾巴－리미파】 hú·li wěi·ba [명]여우 꼬리. 〈喩〉드러난 정체. 마각.

H

【狐媚－미】 húmèi [동]알랑거려서 남을 홀리다.

【狐朋狗友－붕구우】 hú péng gǒu yǒu 〈成〉품행이 불량한 친구.

【狐肷－겸】 húqiǎn [명]여우의 흉복부와 겨드랑이 밑의 모피.

【狐群狗党－군구당】 hú qún gǒu dǎng 〈成〉악당의 무리. (同)〔狐朋 péng 狗党〕

【狐死首丘－사수구】 hú sǐ shǒu qiū 〈成〉여우가 죽어도 머리는 굴을 향하다. 1〈喩〉본분을 잊지 않다. 2고향을 그리워하다.

【狐疑－의】 húyí [동]의심이 많다. ◇满腹～/의심을 가득품다. (同)〔怀 huái 疑〕, (反)〔相信 xiāngxìn〕

【弧】 弓部 5画 | hú 나무활 호

1[명]〈數〉호. 2[명]나무로 만든 활. ◇弦木为～/활 줄을 나무 가지에 묶어 활을 만들다. 3[형]궁형(弓形)의.

【弧度－도】 húdù [명]〈數〉라디안(radian). 각도의 단위.

【弧光－광】 húguāng [명]〈電〉아아크 방전광.

【弧光灯－광등】 húguāngdēng [명]아아크 등.

【弧菌－균】 hújūn [명]〈微〉비브리오(vibrio)균.

【弧形－형】 húxíng [명]호형. 활모양.

*【胡·⁵鬍】 月部 5画 | hú 오랑캐 호

1(Hú)[명]호족. 〔옛날, 북방과 서방 민족의 총칭〕 2[명]옛날, 외국(북방이나 서방)에서 들어온 물건을 가리키는 말. 3[부]마음대로. 엉터리로. 제멋대로. ◇～说/엉터리 소리를 하다. 4[대]〈文〉왜. 어째서. 무엇 때문에. ◇～不归/왜 돌아가지 않는가. 5[명]수염. ◇～子/수염. 6(Hú)[명]성(姓).

【胡扯－차】 húchě [동]잡담을 나누다. 허튼 소리를 하다.

【胡臭－취】 húchòu (同)〔狐 hú 臭〕

【胡蝶－접】 húdié (同)〔蝴 hú 蝶〕

【胡豆－두】 húdòu [명]〈植〉잠두콩의 별칭. (同)〔蚕 cán 豆〕

【胡匪－비】 húfěi [명]옛날의 마적.

【胡蜂－봉】 húfēng [명]〈虫〉말벌. (同)〔马 mǎ 蜂〕

【胡话－화】 húhuà [명]터무니 없는 말. 잠꼬대 같은 소리. ◇别说～了/잠꼬대 소리를 그만해라.

【胡笳－가】 hújiā [명]〈音〉호가. 〔호인(胡人)이 갈잎을 말아 만든 피리〕

【胡椒－초】 hújiāo [명]〈植〉1후추. 2후추씨.

【胡椒粉－초분】 hújiāofěn [명]후춧가루.

【胡搅－교】 hújiǎo [동]1마구 떠들다. 헤살을 놓다. ◇～蛮缠/〈成〉함부로 훼방을 놓다. 마구 생트집을 잡다. 2생떼를 쓰다.

*【胡来－래】 húlái [동]1멋대로 하다. 되는 대로 하다. ◇你要是不会修就别～/네가 만일 고칠 수 없다면 함부로 손대지 말아라. 2제멋대로 하다. 마구 덤비다. ◇车还没有停你就往下跳, 真是～/차가 다 멈추지 않았는데 뛰어내리다니, 정말 제멋대로다.

【胡噜－로】 hú·lu [동]〈方〉1만져주다. 쓰다듬다. 2쓸어 버리다. 쓸어 담다. ◇他把瓜子皮儿～到簸箕里/그는 씨껍질을 쓰레받기에 담았다. 3〈喩〉대처하다. 처리하다.

☆【胡乱－란】 húluàn [부]되는 대로. 아무렇게나. ◇～吃了点饭/되는 대로 밥을 몇 숟가락 떴다. (同)〔随便 suíbiàn〕, (反)〔认真 rènzhēn〕

【胡萝卜－라복】 húluó·bo [명]〈植〉당근. 홍당무.

【胡麻－마】 húmá [명]〈植〉1참깨. 2아마(亞麻)의 다른 이름.

【胡闹－뇨】 húnào [동]소란을 피우다. 법석을 떨다. ◇别～, 爸爸在睡觉/법석 떨지 마. 아버지께서 주무시고 계신다.

【胡琴－금】 hú·qin (～儿)[명]〈音〉호금.

⁑【胡说－설】 húshuō 1[동]터무니없는 말을 하다. ◇只是信口～/입에서 나오는 대로 터무니없이 지껄일 뿐이다. (同)〔胡言 yán〕, (反)〔谨言 jǐnyán〕 2[명]허튼 소리.

【胡说八道－설팔도】 hú shuō bā dào 〈成〉허튼 소리를 지껄이다.

【胡思乱想－사란상】 hú sī luàn xiǎng 〈成〉이것 저것 쓸데 없는 생각을 하다. (同)〔想入非非 xiǎng rù fēi fēi〕, (反)〔脚踏实地 jiǎo tà shí dì〕

【胡桃－도】 hútáo (同)〔核 hé 桃〕

⁑【胡同－동】 hú·tòng (～儿)[명]1골목. 2작은 거리.

【胡涂－도】 hú·tu (同)〔糊 hú 涂〕

【胡须—수】húxū 명수염.
【胡言—언】húyán 1명되는 대로 지껄여대다. 2명허튼 소리.
【胡诌—초】húzhōu 통함부로 조작해서 말하다. ◇一气/마구 조작해서 말하다.
☆【胡子—자】hú·zi 명1수염. 2마적. 비적.
【胡作非为—작비위】hú zuò fēi wéi〈成〉제멋대로 나쁜 짓을 하다. (同)[为非作歹dǎi], (安分守己 ān fēn shǒu jǐ]

☆【壶·壺】 土部 | hú
   7画 | 병 호
1명술병. 단지. 주전자. ◇酒~/술단지. ◇~里是开水/주전자 안에는 끓인 물이다. 2명주전자. 단지. ◇烫 tàng 一~酒/술 한 주전자를 데우다. 3(Hú)명성(姓).
【壶把儿—파아】húbàr 명주전자의 손잡이.
【壶盖儿—개아】húgàir 명주전자 뚜껑.

【核】 木部 | hú
   6画 | 실과 핵
【核儿—아】húr 명핵(核). 씨.〔'核 hé'와 뜻이 같으며 일부 구어 어휘에서 사용됨〕◇梨~/배 씨[속]. ⇒hé

【斛】 甬部 | 斗部 | hú
   4画 | 7画 | 휘 곡
명휘. 곡.〔곡식·액체·가루 따위를 되는 데 쓰는 그릇. 또는 용량(容量)의 단위. 본래 '十斗'였으나 '一斛'이었는데 후에 '五斗'가 됨〕

【葫】 艹部 | hú
   9画 | 물외 호
*【葫芦—로】hú·lu 명조롱박. 표주박. ◇拿~装酒/표주박에 술을 담다.

【鹄·鵠】 鸟部 | hú
   7画 | 고니 혹, 과녁 곡
명〈鸟〉백조. (同)[天 tiān 鹄]
【鹄立—립】húlì 통〈文〉똑바로 서다.
【鹄望—망】húwàng〈文〉〈牍〉목을 빼고 기다리다.

【猢】 犭部 | hú
   9画 | 원숭이 호
【猢狲—손】húsūn 명〈动〉원숭이의 일종.

【馉·餬】 饣部 | 食部 | hú
   9画 | 미음 호
명죽.
【馉口—구】húkǒu 통입에 풀칠하다. 근근히 먹고 살다. ◇赚 zhuàn 几个钱~/몇 푼을 벌어서 근근히 살아가다. (同)[糊hú 口]

★【湖】 氵部 | hú
   9画 | 큰못 호
명1호수. 2(Hú)호주(湖州). 절강성(浙江省)에 있음. 3(Hú)〈地〉호남성(湖南省)과 호북성(湖北省).
【湖光山色—광산색】hú guāng shān sè 호수와 산이 어울어진 아름다운 경치.
【湖广—광】Húguǎng 명〈略〉〈地〉호북성(湖北省)과 호남성(湖南省).
【湖绿—록】húlǜ 명〈色〉연두색.
【湖泊—박】húpō 명호수의 집합명사.
【湖色—색】húsè 명〈色〉연두색.
【湖田—전】hútián 명호수 지역에서 개척한 논(둘레가 흙둑으로 둘러싸임).
【湖泽—택】húzé 명호수와 늪.
【湖绉—추】húzhōu 명절강성 호주(湖州)에서 나는 견직물의 일종.

【煳】 火部 | hú
   9画 | 탈 호, 눌 호
통(음식이나 옷 따위가) 눋다. ◇衣服烤~了/옷이 불에 눌었다.

【鹘·鶻】 骨部 | 鸟部 | hú
   5画 | 9画 | 매 골
명〈鸟〉매. (同)[隼 sǔn]

【槲】 木部 | hú
   11画 | 떡갈나무 곡
명〈植〉갈참나무. 떡갈나무. (同)[槲栎lì]
【槲栎—력】húlì 명〈植〉떡갈나무.(同)[青冈 gāng]

【蝴】 虫部 | hú
   9画 | 들나비 호
**【蝴蝶—접】húdié 명〈虫〉나비.
【蝴蝶结—접결】húdiéjié 명나비 넥타이. 나비 리본.
【蝴蝶装—접장】húdiézhuāng 명호접장.〔옛날 제본법의 하나로 열었을 때 날개를 펼친 나비모양이 됨〕

【衚】 行部 | hú
   9画 | 서울거리 호
【衚衕—동】hú·tòng (同)[胡同 hú·tòng]

**【糊】 米部 | hú
   9画 | 풀칠할 호
1통(풀로) 붙이다. 바르다. ◇拿纸~窗户/창문을 종이로 바르다. 2(同)[煳 hú] 3(同)[餬 hú] ⇒hū, hù
【糊糊—호】hú·hu 명〈方〉옥수수나 밀가루 죽.
【糊口—구】húkǒu 통입에 풀칠하다. (同)[餬 hú 口]
【糊里糊涂—리호도】hú·li hú·tu 형혼란스럽다. 얼떨떨하다. 어리병병하다. (同)[稀 xī 里糊涂], (反)[耳聪目明 ěr cōng mù míng]
☆【糊涂—도】hú·tu 형1명청하다. 어리떨떨하다. 혼란스럽다. ◇他越想越~/그는 생각할수록 혼란스럽다. 정신이 없다. ◇我真~, 把信忘在家里了/난 정말 정신이 없어 편지를 집에 깜빡하고 놓고 왔다. (同)[迷惑 míhuò], (反)[清醒 qīngxǐng] 2명엉망이다. 어수선하다. ◇~帐/엉망이 된 계산. 3〈方〉애매모호하다. ◇印得很~

H

/인쇄가 분명치 않다. (同)〔胡 hú 涂〕

【糊涂虫－도충】hú·tuchōng 몡〈罵〉바보. 멍텅구리.

hǔ

【虎】 虎部 │ hǔ
6画 │ 범 호

1몡〈動〉범. 호랑이. (同)〔老 lǎo 虎〕 2휑〈喩〉사납다. 용맹하다. ◇～有生气/아주 용·맹하고 생기 발랄하다. 3동〈方〉흉악한 몰골을 드러내다. 험악한 얼굴을 하다. ◇他突然～起脸对我吼起来/그는 갑자기 험악한 얼굴을 하고 내게 고함쳤다. 4 (同)〔唬 hǔ〕5(Hǔ)몡〈姓〉성(姓).

【虎背熊腰－배웅요】hǔ bèi xióng yāo 〈成〉범의 등과 곰의 허리. 키 크고 튼튼한 체격.

【虎贲－분】hǔbēn 몡〈文〉용사. 무사.

【虎彪彪－표표】hǔbiāobiāo 휑듬직하고 늠름하다. ◇～的小伙子/늠름한 젊은이.

【虎步－보】hǔbù 몡1당당한 걸음걸이. 2 〈喩〉위엄 있는 거동.

【虎符－부】hǔfú 몡옛날 범 모양의 병부(兵符).

【虎骨酒－골주】hǔgǔjiǔ 몡호골주(호랑이의 정강이 뼈로 담근 약주).

【虎将－장】hǔjiàng 몡용맹한 장수.

【虎劲－경】hǔjìn (～儿)몡범같은 힘. 용맹한 기세.

【虎踞龙盘－거룡반】hǔ jù lóng pán 〈成〉지세(地勢)가 험준하다.

【虎口－구】hǔkǒu 몡1범의 아가리. 〈喩〉위험한 처지. ◇逃离～/위험한 곳에서 탈출하다. 2몡손아귀. 범아귀.〔엄지와 집게 손가락 사이〕

【虎口拔牙－구발아】hǔ kǒu bá yá 〈成〉범의 아가리에서 이를 뽑다. 지극히 위험한 일을 하다.

【虎口余生－구여생】hǔ kǒu yú shēng 호랑이 아가리에서 목숨을 건지다. 구사 일생으로 살아나다.

【虎狼－랑】hǔláng 몡1범과 이리. 2〈喩〉잔인 무도한 사람.

【虎列拉－렬랍】hǔlièlā 몡〈音〉〈醫〉콜레라.

【虎皮宣－피선】hǔpíxuān 몡연한 호랑이 가죽 무늬가 있는 화선지.

【虎魄－백】hǔpò (同)〔琥珀 hǔpò〕

【虎钳－겸】hǔqián 몡〈機〉바이스(vise).

【虎势－세】hǔ·shi 휑〈方〉튼튼하다. 옹골지다.

【虎视眈眈－시탐탐】hǔ shì dān dān 〈成〉호시 탐탐하다.

【虎头虎脑－두호뇌】hǔ tóu hǔ nǎo 〈成〉씩씩하고 튼튼하다.

【虎头蛇尾－두사미】hǔ tóu shé wěi 〈成〉용두사미. (反)〔善始善终 shàn shǐ shàn zhōng〕

【虎威－위】hǔwēi 1몡무장의 위풍. 2휑용맹스럽다.

【虎穴－혈】hǔxué 몡범의 굴. 〈喩〉위험한 곳. ◇不入～, 不得虎子/호랑이가 굴에 가야 호랑이 새끼를 잡는다.

【虎穴龙潭－혈용담】hǔ xué lóng tán 〈成〉아주 위험한 곳.

【虎牙－아】hǔyá 몡1〈俗〉덧니. 2송곳니.

【浒·滸】 氵部 │ hǔ
6画 │ 물가 호

몡물가. ⇒xǔ

【浒湾－만】Hǔwān 몡〈地〉호만. 하남성(河南省)에 있는 지명. ⇒xǔwān

【唬】 口部 │ hǔ
8画 │ 범의소리 호

동〈口〉(과장하여) 놀라게 하다. ◇差一点叫他～住了/하마터면 그의 으르는 말에 당할 뻔했다. ⇒xià

【琥】 王部 │ hǔ
8画 │ 호박 호

【琥珀－박】hǔpò 몡〈礦〉호박.

hù

【互】 一部 │ 二部 │ hù
3画 │ 2画 │ 서로 호

흥서로. ◇～不干涉/서로 간섭하지 않다. |비교|互:互相 ①"互"가 2음절 동사를 수식할 때는 부정문에만 쓰임. ◇我们俩学习上(×互)互相帮助/우리는 공부할 때 서로 돕는다.

【互补－보】hùbǔ 동서로 보완하다.

【互不侵犯－불침범】hù bù qīnfàn 서로 침범하지 않다.

【互感－감】hùgǎn 몡〈電〉상호 감응.

【互换－환】hùhuàn 동교환하다.

【互惠－혜】hùhuì 1몡호혜. 2동서로 편의와 이익을 주고 받다.

【互见－견】hùjiàn 동1(두 곳 또는 몇 곳의 글귀가) 상호 보충 설명하다. 2(두 사람 또는 양쪽) 모두 존재하다.

*【互利－리】hùlì 1몡호혜. ◇平等～/호혜 평등. 2동서로 이득을 보다. ◇～互助/서로 이득을 보고 서로 돕다.

【互让－양】hùràng 동서로 양보하다.

【互生－생】hùshēng 몡〈植〉호생. 어긋나다.

【互通－통】hùtōng 동서로 소통하거나 교환하다. ◇～消息/소식을 서로 전하다.

【互通有无－통유무】hù tōng yǒu wú 〈成〉유무 상통하다. 서로 상대에게 없는 것을

주다. (反)〔不相往来 bù xiāng wǎng lái〕
★【互相－상】hùxiāng (學)서로. 상호. ◇～排斥/서로 배척하다. ◇～利用/서로 이용하다. 比较互相:互:各自:都:一起 ①"互相"과 "互"는 뜻은 같으나 "互"는 1음절 동사만 수식함. ◇只有做到(×互)互相了解才能成为好朋友/서로 이해를 해야만 친한 친구가 될 수 있다. ②개인적인 행동에는 "互相"을 쓰지 않음. ◇他们(×互相)各自隐瞒了自己的身份/그들은 제 각기 자신의 신분을 숨겼다. ③쌍방이 의견의 일치를 볼 때는 "互相"을 쓰지 않는다. ◇对这个协定, 两国(×互相)都同意了/이 협정에 대해 두 나라는 모두 동의했다. ◇我和同学们(×互相)一起做菜吃/난 학교 친구들과 함께 요리를 해 먹었다.

【互质数－질수】hùzhìshù (명)〈數〉서로소.
＊＊【互助－조】hùzhù (동)서로 돕다. ◇彼此～/서로 돕다.

【互助组－조조】hùzhùzǔ (명)1〈農〉(중국이 50년대 초반에 노동력·농기구·가축의 상호 이용을 목적으로 했던) 상호지원반. 2(생산·업무·면학 따위에서) 서로 돕는 그룹.

☆【户】户部 hù
0画 백성의 집 호
1(명)문. 〔옛날 한 짝으로 된 것을 '户'라 하고 두 짝으로 된 것을 '门'이라 했음〕◇夜不闭～/사회가 안정되고 인심이 좋다. 2(명)(양)집. 가정. 세대. 가구. ◇全村共有三十～/마을 전체에 30세대가 살고 있다. 3(명)가문. 문벌. 집안. ◇门当～对/〈成〉(혼인 관계에서) 가문이 딱 어울린다. 4(명)(은행의) 구좌. ◇开个～/구좌를 개설하다. 5(Hù)(명)성(姓).

【户籍－적】hùjí (명)호적.
＊【户口－구】hùkǒu (명)1호구. 호수(戶數)와 인구. 2호적. ◇编入～/호적에 올리다.

【户口簿－구부】hùkǒubù (同)〔户口本儿 běnr〕

【户枢不蠹－추불두】hù shū bù dù 〈成〉문지도리는 좀이 먹지 않는다. 구르는 돌에는 이끼가 끼지 않는다.

【户头－두】hùtóu (명)1구좌. 2거래선.
【户限－한】hùxiàn (명)〈文〉문지방.
【户牖－유】hùyǒu (명)〈文〉문. 문과 창. (同)〔门 mén 户〕

【户长－장】hùzhǎng (同)〔户主 zhǔ〕
【户主－주】hùzhǔ (명)호주.

＊＊【护·護】扌部 hù
4画 호위할 호
1(동)지키다. 보호하다. ◇爱～/애호하다. ◇在敌机扫射时, 她用自己的身子～住伤员/적기가 사격할 때 그녀는 자신의 몸으로 부상자를 보호했다. 2(동)감

싸다. ◇孩子有错儿, 就不该～着他/애가 잘못했으면 감싸주어서는 안 된다. ◇官官相～/관리들끼리 서로 눈감아주다.

【护岸－안】hù'àn 1(명)제방. 2(동)해안이나 강둑을 보호하다.
【护岸林－안림】hù'ànlín (명)호안림.
【护壁－벽】hùbì (同)〔墙裙 qiángqún〕
【护兵－병】hùbīng (명)경호원.
【护城河－성하】hùchénghé (명)성벽 밖의 해자(垓字). 〔성을 보호하기 위해 성을 둘러 있는 못(강)〕
【护持－지】hùchí (동)1보호하고 유지하다. 2보살피다.
【护从－종】hùcóng 1(동)신변을 보호하다. 2(명)경호원.
【护犊子－독자】hùdú·zi (동)〈貶〉자기 자식을 지나치게 감싸다.
【护短－단】hù//duǎn (동)단점이나 과실을 감싸다. ◇孩子有了错, 家长不能～～/아이가 잘못이 있으면 어른은 잘못을 감싸면 안 된다.
【护耳－이】hù'ěr (명)(방한용·) 귀마개. 귀덮개.
【护法－법】hùfǎ 1(동)〈佛〉불법(佛法)을 수호하다. 2(명)〈佛〉불법을 수호하는 사람. 〈轉〉절에 재물을 시주하는 사람. 3(동)국법을 수호하다.
【护封－봉】hùfēng (명)책의(册衣). 책가위.
【护符－부】hùfú (명)(同)〔护身 shēn 符〕
【护航－항】hùháng (동)선박이나 비행기를 호위하다. ◇～舰/호위하는 군함.
【护栏－란】hùlán (명)가드레일(guardrail).
【护理－리】hùlǐ (동)1(환자를) 돌보다. 간호하다. ◇～病人/환자를 간호하다. 2보호 관리하다.
【护林－림】hùlín (동)산림을 보호하다.
【护坡－파】hùpō (명)돌이나 시멘트로 구축한 강 기슭 또는 도로 양쪽의 경사면.
【护身符－신부】hùshēnfú (명)1호신부. 부적. 2후견자. 뒤를 봐 주는 사람.
☆【护士－사】hù·shi (명)간호사. ◇～长/수간호사.
【护送－송】hùsòng (동)호송하다.
【护腿－퇴】hùtuǐ (명)〈體〉1(축구 따위의) 대발. 정강이 받이. 2(야구·아이스하키 따위의) 레그 가드(leg guard).
【护卫－위】hùwèi (동)1〈軍〉호위하다. 2(명)호위병. (同)〔保护 bǎohù〕, (反)〔损害 sǔnhài〕
【护膝－슬】hùxī (명)〈體〉무릎받이.
【护养－양】hùyǎng (동)1돌보아 기르다. 2보수 유지하다.
【护佑－우】hùyòu (同)〔保 bǎo 护〕
☆【护照－조】hùzhào (명)1여권. 2(옛날 출장·여행·화물 운송 따위의) 출장 증명서.

【沪·滬】 氵部 Hù
4画 강이름 호
❶〈地〉상해의 약칭.
【沪剧—극】hùjù 阁상해(上海)의 지방극.

【怙】 忄部 hù
5画 의지할 호
동〈文〉의지하다. ◇失～/〈喩〉아버님을
여의다.
【怙恶不悛—악불전】hù è bù quān 〈成〉잘
못을 뉘우칠 줄 모르다. (同)〔死不改悔
sǐ bù gǎi huǐ〕,(反)〔改邪归正 gǎixié-
guī zhèng〕
【怙恃—시】hùshì ❶동〈文〉믿고 의지하다.
❷阁〈喩〉부모.

【戽】 户部 hù
4画 손두레박 호
❶阁〈农〉용두레. 호두(戽斗). ❷동〈용두
레·무자위 따위로〉논밭에 물을 대다. ◇
～水抗旱/물을 퍼 넣어 가뭄에 대처하다.
【戽斗—두】hùdǒu 阁호두. 용두레.

【瓠】 瓜部 hù
6画 표주박 호
阁〈植〉조롱박.
【瓠果—과】hùguǒ 阁〈植〉호과.
【瓠子—자】hù·zi 阁〈植〉조롱박.

【扈】 户部 hù
7画 뒤따를 호
❶동〈文〉수행원. ❷동따라다니다. 모시고
다니다. ❸(Hù)阁성(姓).
【扈从—종】hùcóng 〈文〉❶阁옛날, 임금이
나 관리의 수행원. ❷동수행하다. 모시고
다니다.

【糊】 米部 hù
9画 풀 호
阁풀같은 음식. ◇面～/밀가루로 쑨 풀같
은 음식. ⇒hū, hú
【糊弄—롱】hù·nong 동〈方〉❶속이다. ❷아
쉬운 대로 …하다.
【糊弄局—롱국】hù·nongjú (～儿)阁〈方〉
속임수. 눈속임.

化 374	花 374	砉 377	哗 377	划 377
华 377	哗 378	骅 378	铧 378	猾 378
滑 378	搳 379	豁 379	化 379	华 380
桦 380	画 380	话 381	划 381

huā

【化】 亻部 huā
2画 화할 화
❶동〈시간이나 돈 따위를〉소비하다. ◇
～钱/돈을 쓰다. ◇～工夫/시간을 소비
하다. (同)〔花 huā〕⇒huà

【化子—자】huā·zi (同)〔花 huā 子〕

★【花】 艹部 huā
4画 꽃 화
❶(～儿)阁꽃. ❷阁관상용 식물. ◇～盆儿
/화분. ◇～木/화초. ◇一朵～儿/꽃 한
송이. ◇～园里种满了～/꽃밭에 꽃을 가
득 심었다. ❸(～儿)阁꽃 모양의 물건. ◇
雪～儿/눈송이. 눈꽃. ◇浪～儿/물보라.
❹阁불꽃. ◇礼～/축포. ◇放～/불꽃 놀
이를 하다. ❺(～儿)阁꽃무늬. ◇白地蓝
～儿/흰 바탕에 푸른 꽃무늬. ◇她织的～
儿真好看/그녀가 짠 꽃무늬는 정말 예쁘
다. ❻阁꽃이나 꽃 무늬로 장식한 것. ❼阁
얼룩얼룩하다. 알록달록하다. ◇～衣服/
알록달록한 옷. ◇小～狗/얼룩강아지. ❽
阁(눈이) 흐리다〔침침하다〕. ◇看书看得
眼睛都～了/책을 지나치게 많이 봐서 눈
이 침침해졌다. ❾阁겉만 번지르르하다.
(남을) 미혹하는. 실속〔진실이〕 없는. ◇
～言巧语/감언이설. ❿阁옷이 닳다. ◇
袖子都磨～了/옷 소매가 닳았다. ⓫阁
〈喩〉정수. 정화(精華). ◇文艺之～/문예
의 정수. ⓬阁〈喩〉젊고 예쁜 여자. ◇校
～/학교에서 가장 예쁜 여학생. ⓭阁옛
날) 기생. ◇寻～问柳/홍등가에 가서 놀
다. ⓮阁목화. ◇轧～/씨아질하다. ◇弹
～/솜을 타다. ⓯阁(～儿)작은 조각. 입
자. 방울 등. ◇泪～/눈물방울. ◇葱～/
채친 파. ⓰阁어리고 작은 동물. ◇鱼～/
새끼 물고기. ⓱(～儿)阁천연두. ◇天～
/천연두. ◇种～儿/우두를 맞다. ⓲阁
(전쟁에서 입은) 부상. ◇挂了两次～/전
쟁터에서 두 번 부상을 입었다. ⓳동소
비하다. 쓰다. ◇～了不少钱/적잖게 돈을
썼다. ◇很～时间/시간이 많이 소비된다.
⓴(Huā)阁성(姓).
【花白—백】huābái 阁(머리가) 희끗희끗
하다. 반백이다.
【花瓣—판】huābàn 阁〈植〉꽃잎.
【花苞—포】huābāo 阁〈植〉꽃봉오리. (同)〔苞〕
【花被—피】huābèi 阁〈植〉화피.
【花边—변】huābiān (～儿)阁❶테두리 장
식. ❷레이스(lace). ❸(印)화변.
【花布—포】huābù 阁꽃무늬 천. 화포.
【花不棱登—불릉등】huā·bulēngdēng (～
的)阁〈口〉얼룩덜룩하다. ◇这件衣服～的,
我不喜欢/이 옷이 얼룩덜룩해서 난 싫다.
【花草—초】huācǎo 阁화초.
【花插—삽】huāchā 阁❶(꽃꽂이용) 침봉
(针峰). ❷(꽃을 꽂는 데 쓰는) 꽃병.
【花插着—삽착】huā·chā·zhe 동교차하다.
엇갈리다.
【花茶—차】huāchá 阁(쟈스민 등 꽃잎을
훈제하여 만든) 녹차. 화차. (同)〔香片

xiāngpiàn〕

【花车―차】huāchē 圐(경사가 있을 때 자동차 등에 꽃으로 장식한) 꽃차.

【花池子―지자】huāchí·zi화단.

【花丛―총】huācóng 圐무리지어 핀 꽃. ◇蝴蝶在～中飞舞/나비가 꽃밭에서 춤을 추며 날다.

【花大姐―대저】huādàjiě 圐〈俗〉〈虫〉이십팔점박이 무당벌레.

【花搭着―탑착】huā·dā·zhe 섞어서.

【花旦―단】huādàn 圐중국. 전통극에서의 말괄량이 여자의 배역.

【花灯―등】huādēng 圐(중국 전통명절인 元宵节의 관상용) 꽃등.

【花灯戏―등희】huādēngxì 圐〈演〉꽃등놀이극. 〔운남(雲南)·사천(四川) 등지의 지방극〕

【花点子―점자】huādiǎn·zi 圐1속임수. 2허황된 생각.

【花雕―조】huādiāo 圐고급의 소흥 황주(紹興黃酒).〔꽃을 새긴 단지에 담는 데서 유래됨〕

**【花朵―타】huāduǒ 圐꽃송이. ◇盛开的～/활짝핀 꽃.

【花萼―악】huā'è 圐〈植〉꽃받침.

【花儿―아】huā'ér 圐감숙(甘肅)·청해(青海)·영하(寧夏) 일대에서 유행한 민간 가요.

【花房―방】huāfáng 圐화초를 기르는 온실.

【花费―비】huāfèi 圐소모하다. ◇～金钱/돈을 쓰다. ◇～时间/시간을 소비하다.

*【花费―비】huā·fei 圐비용. ◇这笔～我担负不了/이번 비용은 내가 부담하기 벅차다.

【花粉―분】huāfěn 圐1〈植〉화분. 꽃가루. 2〈中醫〉'天花粉'(천화분)의 준말.

【花岗岩―강암】huāgāngyán 1圐〈礦〉화강암. 2〈喩〉고집 불통. ◇那老人是个～脑袋/그 노인은 고집 불통한 사람이다.

【花梗―경】huāgěng 圐〈植〉꽃자루.

【花骨朵―골타】huāgū·duo 圐꽃봉오리. 꽃망울.

【花鼓―고】huāgǔ 圐민간 무용의 춤. 〔남녀가 한쌍이 되어 춤을 추는데, 한 사람은 징을, 다른 한 사람은 작은 북을 치면서 노래하고 춤을 춤〕

【花冠―관】huāguān 圐1〈植〉화관. 꽃부리. 2(머리에 쓰는) 화관.

【花棍舞―곤무】huāgùnwǔ 圐중국의 민간 무용의 하나로, 패왕편(霸王鞭)을 흔들면서 노래하는 춤. (同)〔霸王鞭 bàwángbiān〕

【花好月圆―호월원】huā hǎo yuè yuán 꽃도 예쁘고 달도 둥글다. 원만하고 화목하다.〔신혼 축하의 말〕(反)〔生离死别 shē-

ng lí sǐ bié〕

【花和尚―화상】huāhé·shang 圐〈佛〉파계승.

【花红―홍】huāhóng 圐1〈植〉능금나무. 2〈植〉능금. 3축하선물. 4배당금. 5보너스. 하사금.

【花红柳绿―홍류록】huā hóng liǔ lǜ〈成〉1꽃나무가 무성하다〔아름답다〕. 2빛깔이 선명하고 아름답다.

【花花搭搭―화탑탑】huā·huādādā (～的) 圐〈口〉1이것저것 뒤섞여 있다. 2울긋쭝긋하다.

【花花公子―화공자】huāhuā-gōngzǐ 圐부잣집의 방탕한 자식.

【花花绿绿―화록록】huāhuālǜlǜ (～的)圐울긋불긋하다.

【花花世界―화세계】huāhuā-shìjiè 圐1번화한 거리나 지역. 2〈貶〉속세. 3화류계.

【花环―환】huāhuán 圐화환.

【花卉―훼】huāhuì 圐1화초. 2〈美〉화초를 소재로 한 중국화(中國畵).

【花会―회】huāhuì 圐1중국 전통적인 민간체육·문예활동의 하나로 설기간에 진행되며 사자춤·죽말타기 재주·용등놀이 등이 펼쳐진다. 2사천(四川)·성도(成都) 일대에서 매년 봄철에 여는 장.

【花甲―갑】huājiǎ 圐환갑.

【花架―가】huājià 圐꽃을 놓는 선반.

【花架子―가자】huājià·zi 圐1겉모양만 번지르하고 실전에는 소용이 없는 무술동작. 2〈喩〉외모만 그럴 듯하고 실용가치가 없는 물건.

【花匠―장】huājiàng (同)〔花儿匠 huārjiàng〕

【花椒―초】huājiāo 圐1〈植〉산초나무. 2산초나무 열매.

【花轿―교】huājiào 圐꽃가마.

【花街柳巷―가류항】huā jiē liǔ xiàng 圐환락가.

【花镜―경】huājìng 圐돋보기 안경. 노안경.

【花卷―권】huājuǎn (～儿)圐밀가루를 반죽하여 둘둘 말아서 찐 꽃빵.

【花魁―괴】huākuí 圐1〈植〉매화. 2명기(名妓).

【花篮―람】huālán (～儿)圐1(경조사 때 사용하는) 꽃바구니. 2아름답게 장식한 바구니.

【花蕾―뢰】huālěi 圐〈植〉꽃봉오리. (同)〔花骨朵 huāgū·duo〕

【花里胡哨―리호초】huā·lihúshào (～的) 圐〈口〉1색깔이 지나치게 화려하고 야하다. 2실속이 없고 겉만 화려하다.

【花脸―검】huāliǎn 圐〈演〉중국 전통극의 배역의 하나로 성격이 괄괄한 남성 역할의 배역.

【花翎－령】 huālíng 圓화령. 〔청대(清代)에 관리들이 모자 위에 드리우던 공작(孔雀)의 꼬리〕

【花柳病－류병】 huāliǔbìng 圓〈醫〉성병(性病).

【花露水－로수】 huālùshuǐ 圓오드콜로뉴. 화장수.

【花面狸－면리】 huāmiànlí 圓〈動〉줄머리사향삵.

【花苗－묘】 huāmiáo 圓〈植〉**1**꽃의 싹. **2**묘화의 묘목.

【花名册－명책】 huāmíngcè 圓인명부.

【花木－목】 huāmù 圓(관상용) 꽃과 나무.

【花呢－니】 huāní 圓무늬있는 모직물.

【花鸟－조】 huāniǎo 圓**1**꽃과 새. **2**〈美〉화조화(花鳥畵).

【花衣－농】 huānóng 圓꽃재배를 직업으로 하는 농민.

【花盘－반】 huāpán 圓**1**〈植〉꽃받침. **2**〈機〉면판(面板).

【花炮－포】 huāpào 圓불꽃과 폭죽.

【花瓶－병】 huāpíng (～儿)圓꽃병.

【花圃－포】 huāpǔ 圓꽃밭.

【花期－기】 huāqī 圓꽃 피는 시기. 개화기.

【花旗－기】 huāqí 圓미국의 성조기.

【花扦儿－천아】 huāqiānr 圓**1**(가지까지 함께 꺾은) 생화. **2**조화(造花).

【花钱－전】 huā//qián 匽돈을 쓰다.

【花枪－창】 huāqiāng 圓**1**옛날 무기의 일종으로 술이 달린 짧은 창. **2**꾀. 술수.

【花腔－강】 huāqiāng 圓**1**콜로라투라. **2**〈喩〉감언이설. 달콤한 말. ◇耍 shuǎ～／달콤한 말을 하다.

【花墙－장】 huāqiáng 圓위의 절반이 구멍이 있고 무늬가 든 벽돌로 쌓인 담.

【花圈－권】 huāquān 圓화환.

【花儿洞子－아동자】 huārdòng·zi 圓꽃을 재배하는 반지하 온실.

【花儿匠－아장】 huārjiàng 圓**1**꽃장사. 꽃을 가꾸어 파는 사람. **2**조화를 만드는 사람.

【花儿样子－아양자】 huāryàng·zi 圓수본(繡本).

【花儿针－아침】 huārzhēn 圓수(繡)바늘.

【花容月貌－용월모】 huā róng yuè mào 〈成〉꽃과 달같은 용모. 여자의 아름다운 용모. (同)〔如花似玉 rú huā sì yù〕, (反)〔其貌不扬 qí mào bù yáng〕

【花蕊－예】 huāruǐ 圓〈植〉꽃술.

*__【花色－색】__ huāsè 圓**1**무늬와 색깔. ◇这布的～很好看／이 천의 무늬와 색깔이 참 아름답다. **2**같은 물건의 종류. ◇～繁多／가지수가 많다.

【花纱布－사포】 huāshābù 圓솜과 솜실 및 면직물의 총칭.

【花哨－초】 huā·shao 圈**1**(용모·복장·화장·빛깔 따위가) 화려하다. 요란하다. ◇她今天穿得特别～／그녀는 오늘 유난히 요란하게 입었다. (反)〔淡雅 dànyǎ〕 **2**다양하다. 변화가 많다. ◇电视上的广告越来越～／텔레비전의 광고가 날이 갈수록 더 다양해졌다.

***__【花生－생】__ huāshēng 圓〈植〉땅콩. ◇～饼／땅콩 기름을 짜낸 찌꺼기.

【花生豆儿－생두아】 huāshēngdòur 〈方〉(同)〔花生米 mǐ〕

【花生酱－생장】 huāshēngjiàng 圓땅콩버터.

【花生米－생미】 huāshēngmǐ 圓땅콩알.

【花生油－생유】 huāshēngyóu 圓땅콩기름.

【花市－시】 huāshì 圓꽃시장.

【花饰－식】 huāshì 圓장식 무늬.

【花束－속】 huāshù 圓꽃다발.

【花说柳说－설류설】 huā shuō liǔ shuō 〈成〉거짓되고 듣기 좋은 말을 하다.

【花丝－사】 huāsī 圓〈植〉꽃실. 화사.

【花坛－단】 huātán 圓화단.

【花天酒地－천주지】 huā tiān jiǔ dì 〈成〉주색에 빠진 방탕한 생활. ◇他过着～的生活／그는 방탕한 생활을 하고 있다. (同)〔灯红酒绿 dēng hóng jiǔ lǜ〕, (反)〔节衣缩食 jié yī suō shí〕

【花厅－청】 huātīng 圓구식 주택에서 대청이외의 응접실. 〔옆뜰이나 화원에 짓는 경우가 많음〕

【花头－두】 huā·tou 圓**1**무늬. **2**술수. 계책. 농간. ◇他就是爱出～／그는 농간을 곧잘부리다. **3**기상천외의 방법. **4**비결.

【花团锦簇－단금족】 huā tuán jǐn cù 〈成〉오색 찬란하다.

【花托－탁】 huātuō 圓〈植〉화탁. 꽃턱.

*__【花纹－문】__ huāwén (～儿)圓장식용의 도안이나 무늬. ◇这是一条绿色～的被子／이는 초록색 무늬의 이불이다.

【花线－선】 huāxiàn 圓**1**〈電〉(실내용의 부드러운) 피복선. **2**색실.

【花项－항】 huā·xiàng 圓〈方〉지출항목.

【花须－수】 huāxū 圓〈機〉복식수대로.

【花消－소】 huāxiāo 〔口〕**1**匽(돈을) 쓰다. ◇他赚 zhuàn 的钱只够自己～／그가 번 돈은 그가 쓰는 것에도 빠듯하다. (同)〔花费 fèi〕 **2**圓지출. ◇(옛날 상품이나 부동산 매매의) 중개수수료나 커미션.

【花心－심】 huāxīn (～儿)圓**1**화심. 꽃의 중심. **2**(同)〔子宫 zǐgōng〕 **3**생화를 꽂는 핀.

【花信－신】 huāxìn (同)〔花期 qī〕

【花须－수】 huāxū 圓〈植〉꽃술.

【花序－서】 huāxù 圓〈植〉꽃차례. 화서.

【花絮－서】 huāxù 圓〈喩〉(신문 등의) 토막 소식. 여담. ◇大会～／대회장의 이모

저모.

【花押一압】huāyā 图수결(手决). 서명. 〔옛날 공문에 초서(草書)로 쓴 서명〕

【花芽一아】huāyá 图〈植〉꽃눈.

【花言巧语一언교어】huā yán qiǎo yǔ〈成〉감언이설(을 하다). (同)〔甜言蜜语 tián yán mì yǔ〕, (反)〔真心实话 zhēn xīn shí huà〕

【花眼一안】huāyǎn 图노안(老眼). 원시.

*【花样一양】huāyàng (～儿)1图도안. 모양새. 종류. ◇～繁多/종류가 다양하다. 2图속임수. 수작. 술책. ◇玩～/술수를 부리다. ◇他又在闹什么～/그는 또 무슨 수작을 부리는 것이냐. 3图수본(繡本).

【花样刀一양도】huāyàngdāo 图피겨스케이트 날.

【花样游泳一양유영】huāyàng yóuyǒng 图수중발레. 싱크로나이즈드 스위밍(synchronized swimming).

【花药一약】huāyào 图〈植〉꽃가루주머니. 꽃밥.

【花椰菜一야채】huāyēcài 图〈植〉모란채. 화야채.

☆【花园一원】huāyuán (～儿)图화원.

【花账一장】huāzhàng 图장부의 허위 기재 항목.

【花障一장】huāzhàng (～儿)图1화초로 된 울타리. 2장식이 딸린 병풍.

【花招一초】huāzhāo (～儿)图1(무술단련에서) 변화가 교묘하고 보기 좋은 동작. 2〈轉〉속임수. 농간. 술수. ◇他又要耍shuǎ～了/그가 또 속임수를 쓰려한다.

【花着一착】huāzhāo (同)〔花招 zhāo〕

【花朝一조】huāzhāo 图꽃의 생일. 〔음력 2월 12일이나 15일로 꽃 신에게 제사지내는 날〕

【花枝一지】huāzhī 图꽃가지.

【花枝招展一지초전전】huāzhī zhāozhǎn〈成〉부녀자가 곱게 차린 모양. (反)〔淡扫蛾眉 dàn sǎo é méi〕

【花轴一축】huāzhóu 图〈植〉화축. 꽃줄기. 꽃대.

【花烛一촉】huāzhú 图1(크고 붉은 결혼식용) 화촉. 2〈轉〉신혼.

【花柱一주】huāzhù 图〈植〉화주. 암술대.

【花砖一전】huāzhuān 图무늬벽돌. 〔땅바닥에 까는 데 쓰임〕

【花子一자】huā·zi 图거지. (同)〔化 huā 子〕〔乞丐 qǐgài〕

【花子儿一자아】huāzǐr 图1꽃씨. 2〈方〉목화씨.

【耒】石部 4画 huā 가죽과 뼈가르는 소리 획 의획. 푸드득. 〔빠르게 움직일 때 나는

소리〕◇乌鸦～的一声从树上直飞起来/까마귀가 푸드득하고 나무 위에서 곧장 날아올랐다.

【哗・嘩】口部 6画 huā 지껄일 화 의철커덩. 쾅. 〔문 따위가 닫히는 소리〕◇铁门～的一声拉上了/철문이 철커덩 하며 닫혔다. ⇒huá

【哗啦一랍】huālā 의와르르. ◇～一声墙倒了/담이 와르르하고 무너졌다.

huá

☆【划・³,⁴劃】戈部 2画 刂部 4画 huá 그을 획 통1물을 헤치다. (노를) 젓다. ◇他～得快/그는 빨리 젓는다. 2손익을 계산하다. ◇～得来/수지가 맞다. 3(칼 따위의 뾰족한 것으로) 상처를 내다. 긋다. ◇她手～破了/그녀는 손이 찔려 상처가 났다. 4긋다. ◇～火柴/성냥을 긋다. ⇒huà

【划不来一불래】huá·bu lái 통수지가〔타산이〕맞지 않다. ◇这件衣服花那么多钱,～/이 옷에 그렇게 많은 돈을 쓰다니 수지가 안 맞다.

【划得来一득래】huá·de lái 통수지가〔타산이〕맞다. 할 만한 가치가 있다.

【划船一선】huá chuán 1(노 따위로) 배를 젓다. 2(huáchuán)图〈體〉카누. 보트.

【划拉一랍】huá·la 통〈方〉1(물기나 때를) 털어 버리다. 훔쳐내다. ◇把身上的泥土～掉/몸에 묻은 흙을 털어버리다. 2찾다. 3(손이나 도구로 물건을 자기 앞으로) 긁어 모으다. 4휘갈겨 쓰다.

【划拳一권】huá//quán 통연회석에서 하는 게임의 일종. 두 사람이 손가락을 내밀면서 한 숫자를 각기 말하는데, 그 수의 합을 맞춘 쪽이 이기는 놀이. 진 쪽은 벌주를 마심.

【划算一산】huásuàn 통1계산하여 따지다. 2채산이 서다.

【划子一자】huá·zi 图(노를 저어 가는) 작은 배.

【华・華】十部 4画 huá 빛날 화 1图광채. 광휘. ◇日光～/태양과 달이 밝게 빛나다. 2图〈天〉(달·해)무리. 3图번화하다. 번성하다. ◇繁～/번화하다. 4图정화(精華). 정수(精粹). ◇才～/뛰어난 재능. 5图사치하다. 겉치레만 하다. ◇浮～/겉만 번지르하고 실속이 없다. 6图시간·세월. ◇似水年～/물처럼 흐르는 세월. 7图머리가 희끗희끗하다. 8〈文〉상대방을 존대하는 말. 〔상대방의 일이나

사물에 쓰임〕 **9**图샘물의 광물질이 퇴적
되어 생긴 물질. ◇钙～/칼슘 퇴적물. **10**
(Huá)@a)중국. ◇驻～大使/주중 대사.
b)중국어. ◇～俄词典/중러사전. c)图
(姓).〔Huà라고 읽어야 하나 최근에는
Huá라고도 읽는다〕⇒huà

【华北－북】Huáběi 图〈地〉화북. 중국의 북
부 하북(河北)·산서(山西)·북경시(北京
市)·천진시(天津市) 일대.

【华表－표】huábiǎo 图화표.〔옛날 궁전이
나 능(陵)앞에 세운 장식용의 커다란 돌
기둥〕

【华达呢－달니】huádání 图〈紡〉개버딘(gab-
ardine).

【华诞－탄】huádàn 图〈文〉〈敬〉생신.

【华灯－등】huádēng 图**1**화려한 장식등. **2**
휘황찬란한 등불.

【华东－동】Huádōng 图〈地〉화동.〔중국의
동부지방. 산동(山東)·강소(江蘇)·안휘
(安徽)·절강(浙江)·강서(江西)·복건(福
建)·대만 등 7성(省)과 상해시(上海市)
를 포함한다〕

【华而不实－이불실】huá ér bù shí〈成〉꽃
만 피고 열매는 맺지 않는다. 겉만 번지
르르하고 내용이 없다. (同)〔虚有其表 xū
yǒu qí biǎo〕, (反)〔不尚虚声 bù shàng
xū shēng〕

【华尔街－이가】Huá'ěr Jiē 图〈地〉월가(W-
all Street).〔미국 뉴욕시의 한 구역으로
금융 시장의 중심지〕

【华尔兹－이자】huá'ěrzī 图〈舞〉왈츠(wa-
ltz).

【华发－발】huáfà 图반백의 머리털.

【华盖－개】huágài 图**1**옛날, 어가(御駕)위
에 씌우는 양산. **2**불운을 부른다는 별 이름.

【华工－공】huágōng 图옛날, 외국에 나가
노동에 종사했던 중국인 노동자.

【华贵－귀】huáguì 图**1**화려하고 귀하다.
(反)〔轻贱 qīngjiàn〕**2**호화롭고 부귀하다.

【华翰－한】huáhàn 图〈文〉〈敬〉화한. 화간
(華簡).〔상대방의 서신을 높여 부르는 말〕

【华里－리】huálǐ 옝〈度〉'市里'의 옛 명칭.
〔1'华里'는 500미터에 해당함〕

*【华丽－려】huálì 图화려하다. ◇～的宫殿
/화려한 궁전. (同)〔华美 měi〕, (反)〔简
陋 jiǎnlòu〕

【华美－미】huáměi 图화려하다.

【华南－남】Huánán 图화남.〔중국의 주강
(珠江)유역으로 광동(廣東)과 광서(廣
西)·해남(海南)을 포함한 지역〕

**【华侨－교】huáqiáo 图화교.〔해외 거주
중국인〕

【华人－인】huárén 图1**중국인. **2**거주국의
국적을 가지고 있는 중국계 주민. ◇美国

～/미국 국적을 가진 중국계.

【华氏温度计－씨온도계】Huáshì wēndùjì
图화씨 온도계.

【华文－문】Huáwén 图중국어.

【华西－서】Huáxī 图〈地〉화서.〔양자강 상
류 사천성(四川省) 일대 지역〕

【华夏－하】Huáxià 图화하. 중국의 옛 명칭.

【华裔－예】Huáyì 图**1**중국과 그 인접국. **2**
해외에 거주하는 외국 국적을 소유한 중
국인의 자녀.

【华语－어】Huáyǔ 图중국어.

【华章－장】huázhāng 图아름다운 시문.
〔주로 남의 글을 칭송할 때 쓰임〕

【华中－중】Huázhōng 图〈地〉화중.〔양자
강 중류, 즉 호북(湖北)·호남(湖南) 일대〕

【华胄－주】huázhòu 图〈文〉**1**귀족의 후예.
2화하(華夏)의 후예 즉 한족(漢族).

【哗·嘩（譁）】 口部 huá 6画 지껄일 화
1图떠들썩하다. 소란하다. 시끄럽다. ◇
寂静无～/매우 조용하다. **2**图떠들다. 소
란을 피우다. ◇众人闻之大～/많은 사람
들이 그것을 듣고서는 크게 떠들었다. ⇒
huā

【哗变－변】huábiàn 图군대가 갑자기 반란
을 일으키다.

【哗然－연】huárán 图(많은 사람들이) 떠
들썩하다. 와자지껄하다.

【哗众取宠－중취총】huá zhòng qǔ chǒng
〈成〉대중에 영합하여 환심을 사다.

【骅·驊】 马部 huá 6画 부절따말 화

【骅骝－류】huáliú 图〈文〉적색의 준마(駿馬).

【铧·鏵】 钅部 huá 6画 가래 화
图〈農〉보습. ◇双～犁/쌍날 보습.

【猾·猾】 犭部 huá 9画 교활할 활
图교활하다. ◇狡～/교활하다.

【猾吏－리】huálì 图교활한 관리.

☆【滑】 氵部 huá 9画 미끄러울 활, 어지러울 골
1图매끈매끈하다. 미끄럽다. ◇又圆又～
的小石子/둥글고 매끈매끈한 돌멩이. **2**
图미끄러지다. ◇～了一跤/쭉 미끄러졌
다. **3**图교활하다. ◇耍～/꾀를 부리다.
◇又奸又～/사람이 간사하고 교활하다.
4图얼버무리다. 얼렁뚱땅 넘어가다. ◇这
次查得很严, 想～是～不过去的/이번은 조
사가 엄격하여 얼렁뚱땅 넘어가려 해도
넘어갈 수 없다. **5**(Huá)图성(姓).

☆【滑冰－빙】huá//bīng 图**1**스케이트를 타
다. **2**(huábīng)图스케이팅. ◇花样～/
피겨 스케이팅. ◇～鞋/스케이트화. ◇

~场/스케이트장. **3**〖동〗얼음 위를 미끄러져 달리다〔지나가다〕.

【滑不唧溜―불즉류】huá·bujīliū 〖형〗〈文〉매우 미끄러운 모양. ◇地上~的不好走/땅이 미끄러워 걷기가 불편하다.

【滑车―차】huáchē 〖명〗**1**〈機〉활차. 도르래. **2**직기(機械)의 활차. **3**〈生理〉활차.

【滑动―동】huádòng **1**〖동〗〈物〉미끄럼. **2**〖동〗미끄러지다.

【滑竿―간】huágān (~儿)〖명〗사천성이나 호남성에서 산을 오르내릴 때 쓰는, 대나무를 엮은 의자를 대나무 막대에 묶어 사람을 태우는 가마.

【滑稽―계】huá·jī(舊讀 gǔjī) **1**〖형〗익살스럽다. **2**〖명〗상해(上海)·항주(杭州)·소주(蘇州) 등지에서 유행하는 북방의 '相声'과 비슷한 재담의 일종.

【滑稽戏―계희】huájīxì 〖명〗**1**〈演〉희극. **2**골계희. 〔상해(上海)·강소(江蘇)·절강(浙江) 일부 지역에서 유행하는 희극(어릿광대극)〕

【滑精―정】huá//jīng 〖동〗〈中醫〉유정(遺精)하다.

【滑溜―류】huáliū 〖명〗썬 고기나 생선에 녹말가루를 묻혀 기름에 볶은 후 파나 마늘을 더하여 전분가루로 만든 요리.

【滑溜―류】huá·liu 〖형〗반들반들하다. 매끈거리다. (同)〔光 guāng 滑〕, (反)〔粗糙 cūcāo〕

【滑轮―륜】huálún 〖명〗활차. 도르래.

【滑轮组―륜조】huálúnzǔ 〖명〗도르래 장치.

【滑腻―니】huánì 〖형〗(피부가) 곱고 매끄럽다. (同)〔细 xì 腻〕, (反)〔粗糙 cūcāo〕

【滑坡―파】huápō **1**〖명〗산사태. **2**〖동〗〈喩〉내리막길을 걷다. 하강 곡선을 그리다. ◇上半年出口出现了~/상반기 수출이 하강 곡선을 그렸다.

【滑润―윤】huárùn 〖형〗미끄럽다.

【滑石粉―석분】huáshífěn 〖명〗활석분. 탤컴파우더(talcum powder).

【滑梯―제】huátī 〖명〗미끄럼틀.

【滑头―두】huátóu **1**〖명〗교활한 사람. 약빠리게. 가살장이. **2**〖형〗교활하다. 불성실하다. ◇这个人~得很/이 사람은 정말 교활하다.

【滑头滑脑―두골뇌】huá tóu huá nǎo 뺀들거리다.

【滑翔―상】huáxiáng 〖동〗활공(滑空)하다.

【滑翔机―상기】huáxiángjī 〖명〗〈航〉활공기. 글라이더.

【滑行―행】huáxíng 〖동〗**1**미끄러져 달리다. 활주하다. **2**(차가 동력을 끊은 뒤에도 관성의 힘으로) 달리다.

＊＊【滑雪―설】huá//xuě 〈體〉**1**스키를 타다. **2**(huáxuě)〖명〗스키〔운동〕. ◇~场/스

키장.

【滑雪板―설판】huáxuěbǎn 〖명〗스키〔도구〕.

【滑音―음】huáyīn 〖명〗**1**〈言〉경과음(經過音). **2**(音)포르타멘토.

【搳】 扌部 huá
　　　10画 깎을 **활**
【搳拳―권】huá//quán (同)〔划 huá 拳〕

【豁】 谷部 huá
　　　10画 도랑넓을 **활**
⇒huō, huò
【豁拳―권】huá//quán (同)〔划 huá 拳〕

huà

☆【化】 亻部 huà
　　　2画 화할 **화**
1〖동〗변화되다. 변화시키다. ◇~害为利/손해를 이익으로 바꾸다. **2**〖동〗감화하다〔시키다〕. ◇教~/교화하다. **3**〖동〗녹다. 융화되다. ◇太阳一出来, 冰雪都~了/해가 뜨자마자 얼음과 눈이 다 녹았다. **4**〖동〗삭이다. 소화되다. ◇~食/먹은 것을 소화시키다. **5**〖동〗태우다. ◇火~/불에 태우다. **6**〖동〗〈佛〉죽다. ◇座~/좌화. **7**〖명〗〈略〉화학. ◇理~/물리와 화학. ◇~肥/화학 비료. **8**〖접미〗…화(하다). 〔일부 명사나 형용사 밑에 붙어 동사로 되어 어떤 성질이나 상태로 변함〕◇恶~/악화되다. ◇美~/미화되다. **9**〖동〗〈佛〉보시(布施)를 청하다. ◇募~/보시를 모금하다. ⇒huā

【化除―제】huàchú 〖동〗없애다. 없애다. 제거하다. ◇~成见/선입견을 없애다.

【化冻―동】huà//dòng 〖동〗(얼었던 강이나 대지가) 녹다. 풀리다.(同)〔解 jiě 冻〕, (反)〔上 shàng 冻〕

＊【化肥―비】huàféi 〖명〗〈略〉〈化〉화학 비료.

【化干戈为玉帛―간과위옥백】huà gān gē wéi yù bó 〖成〗전쟁을 평화로 바꾸다.

＊【化工―공】huàgōng 〖명〗〈略〉화학 공업. ◇~产品/화학 공업 제품.

＊＊【化合―합】huàhé 〖명〗〖동〗〈化〉화합(하다). 친화(하다).

【化合价―합가】huàhéjià 〖명〗〈化〉원자가(原子價).

【化合物―합물】huàhéwù 〖명〗〈化〉화합물.

【化解―해】huàjiě 〖동〗풀리다. 해소하다. ◇~矛盾/갈등을 해소하다.

【化境―경】huàjìng 〖명〗(예술 작품 따위의) 입신의 경지.

【化名―명】huà//míng **1**가명을 쓰다. **2**(huàmíng)〖명〗가명. (同)〔假 jiǎ 名〕, (反)〔真 zhēn 名〕

【化募―모】huàmù (同)〔募 mù 化〕

【化脓―농】huà//nóng 〖동〗곪다. (同)〔溃

烂 kuìlàn〕, (反)〔愈合 yùhé〕

【化身－신】huàshēn 圓1화신. ◇那部电影
把包公描写成正义的～/그 영화는 포청천
을 정의의 화신으로 그렸다. 2〈佛〉변화
신(變化身). 성육신(成肉身).

【化生－생】huàshēng 1圓통〈生〉화생(하
다). 변태(하다). 2圓〈佛〉무(無)에서 유
(有)로 화하다. 환생하다.

∗∗【化石－석】huàshí 圓화석.

【化外－외】huàwài 圓〈文〉옛날 정령이나
교화가 미치지 못하는 곳. 〈轉〉외지. 벽촌.

∗【化纤－섬】huàxiān (同)〔化学纤维 huà-
xué xiānwéi〕

【化险为夷－험위이】huà xiǎn wéi yí〈成〉
위험한 상황을 평온하게 하다.

【化形－형】huàxíng 통(요괴가) 둔갑하다.

★【化学－학】huàxué 圓1화학. ◇～变化/화
학 변화. 2셀룰로이드.

【化学反应－학반응】huàxué fǎnyìng 圓
〈化〉화학 반응.

【化学方程式－학방정식】huàxué fāngché-
ngshì 圓통〈化〉화학 방정식.

【化学肥料－학비료】huàxué féiliào 圓화
학 비료.

【化学工业－학공업】huàxué gōngyè 圓화
학 공업.

【化学平衡－학평형】huàxué pínghéng 圓
〈化〉화학 평형.

【化学式－학식】huàxuéshì 圓〈化〉화학식.

【化学武器－학무기】huàxué wǔqì 圓화학
무기.

【化学纤维－학섬유】huàxué xiānwéi 圓화
학 섬유.

【化学性质－학성질】huàxué xìngzhì 圓
〈化〉화학 반응때 나타나는 물질의 성질.

【化学元素－학원소】huàxué yuánsù 圓
〈化〉화학 원소.

∗∗【化验－험】huàyàn 통(물리나 화학의 방
법으로) 임상 검사하다. 화학분석하다.
◇～员/(병원의) 임상병리사. ◇～室/임
상검사실. ◇～药品/약품분석하다. ◇～
大便/대변검사를 하다.

【化验单－험단】huàyàndān 圓임상 검사
결과지.

【化雨春风－우춘풍】huàyǔ chūnfēng (同)
〔春风化雨〕

【化育－육】huàyù 통윤택하게 하다. ◇阳
光～万物/햇볕이 지상의 만물을 윤택하
게 하다.

【化缘－연】huà∥yuán 통(중이나 도사가)
시주받다.

【化斋－재】huàzhāi 휑(중이나 도사가) 탁
발하다.

∗【化妆－장】huà∥zhuāng 통화장하다. ◇

～包/여자용 손가방. 화장품 가방.

【化妆品－장품】huàzhāngpǐn 圓화장품.

【化装－장】huà∥zhuāng 통1분장하다. 2
가장하다. 변장하다.

【华·華】十部 Huà
4画 빛날 화
圓1〈地〉화산(華山). 〔섬서성(陝西省)에
있으며, 오악(五岳)의 하나임〕(同)〔華
山 shān〕2성(姓). 〔근래에는 'Huá'로
도 읽음〕⇒huá

【桦·樺】木部 huà
6画 벗나무 화
圓〈植〉벗나무. 자작나무.

★【画·畫(⁴⁻⁶劃)】凵部 huà
6画 그림 화
1통(그림을) 그리다. ◇～山水/산수화를
그리다. 2(～儿)圓그림. ◇壁～/벽화. ◇
油～/유화. ◇风景～/풍경화. 3휑그림으
로 장식된. 4휑기호를〔선을〕그리다〔긋
다〕. ◇～一道红线/빨간 선 하나를 긋다.
5圓(한자의) 획. ◇笔～/필획. ◇'天'字
四～/'天'는 4획이다. 6圓〈方〉(한자의)
가로획.

【画板－판】huàbǎn 圓화판.

☆【画报－보】huàbào 圓화보.

【画笔－필】huàbǐ 圓미술붓.

【画饼充饥－병충기】huà bǐng chōng jī〈成〉
공상으로 스스로를 위로하다.

【画布－포】huàbù 圓〈美〉(유화용) 캔버스.

【画册－책】huàcè 圓1화첩. 화집. 2그림책.

【画策－책】huà∥cè (同)〔划 huà 策〕

【画到－도】huà∥dào 통출근부에 서명하
다.〔'到'자를 씀〕

【画地为牢－지위뢰】huà dì wéi láo〈成〉
지정한 범위 안에서만 활동하도록 허락
하다.

【画舫－방】huàfǎng 圓화방. 아름답게 꾸
민 놀잇배.

【画符－부】huàfú 1圓부적. 2(huà∥fú)
통(도사가) 부적을 그리다.

【画幅－폭】huàfú 圓1그림. 2화폭. 그림의
크기.

【画稿－고】huà∥gǎo 통관계 공무원이 서
류에 도장을 찍어 인가하다.

【画稿－고】huàgǎo (～儿)圓밑그림.

【画供－공】huà∥gòng 통범인이 진술서에
서명하다.

【画虎类狗－호류구】huà hǔ lèi gǒu〈成〉
범을 그리려다 개를 그리다. 서투른 솜씨
로 흉내내려다가 죽도 밥도 안되다.

∗∗【画家－가】huàjiā 圓화가.

【画架－가】huàjià 圓이젤(easel).

【画匠－장】huàjiàng 圓1화공. 2범속한 화
공. 환장이.

【画境一경】huàjìng 명화경. 그림 같이 아름다운 곳.

【画具一구】huàjù 명화구.

【画卷一권】huàjuàn 명1두루마리 그림. 2〈喩〉아름다운 자연 경관이나 감동적인 장면.

【画廊一랑】huàláng 명1화랑. 2그림으로 장식된 복도.

【画龙点睛一룡점정】huà lóng diǎn jīng 〈成〉화룡 점정.

【画眉一미】huà∥méi 명〈鳥〉화미조.

＊【画面一면】huàmiàn 명화면.

【画皮一피】huàpí 명추악한 본질을 감추기 위한 아름다운 외관.

【画片一편】huàpiàn 명1인쇄된 소형의 그림. 그림 카드. 2그림 엽서.

【画片儿一편아】huàpiànr 〔同〕〔画片〕

【画屏一병】huàpíng 명그림을 그린 병풍.

【画谱一보】huàpǔ 명1화보. 2화법을 논한 책.

＊＊【画蛇添足一사첨족】huà shé tiān zú 〈成〉뱀을 그리는 데 다리를 그려넣다. 쓸데없는 짓을 하여 더하다.

【画师一사】huàshī 명화가. 화공.

【画十字一십자】huà shízì 1'十'(字)를 그리다.〔옛날 글자를 모르는 사람이 계약서나 문서에 '十'자를 그려서 사인을 대신한 것〕2〈宗〉성호를 긋다.

【画室一실】huàshì 명화실. 아뜰리에(ate-lier).

【画帖一첩】huàtiè 명화첩. 그림본.

【画图一도】huà∥tú 통1제도하다. 2지도를 그리다.

【画图一도】huàtú 명그림.〔비유적으로 쓰임〕

【画外音一외음】huàwàiyīn 명(영화에서) 화면에 나오는 인물이나 물체가 내는 음이외의 소리.

【画像一상】huà∥xiàng 1통초상화를 그리다. 2(huàxiàng)명화상. 초상화.

【画行一행】huàxíng 통옛날, 공문서의 끝에 관계 공무원이 '行'자(字)를 써서 인가하다.

【画押一압】huà∥yā 통사인을 하다.

【画页一혈】huàyè 명그림이나 사진이 실려있는 페이지.

【画院一원】huàyuàn 명궁중에 그림을 올리는 일을 하던 관청.

【画展一전】huàzhǎn 명〈略〉그림 전시회.

【画知一지】huà∥zhī 통회람하는 문서를 읽은 후 자기 이름 밑에 '知'자를 써서 읽어 보았음을 나타낸다.

【画轴一축】huàzhóu 명족자.

【画字一자】huà∥zì 통〈方〉서명하다. 사인하다.〔대부분 '十'자(字)를 그리는 것을 가리킴〕(同)〔画押 yā〕

★【话·話】⻈部 6画 이야기 화 huà

1(~儿)명말. 이야기. ◇讲~/말을 하다. ◇说了几句~/몇 마디 말을 했다. 2통말하다. ◇~别/이별을 말하다. 이별하다.

【话把儿一파아】huàbǎr 명(同)〔话柄 bǐng〕

【话白一백】huàbái 1〈演〉(연극에서의) 독백. 2명설화인이 단상에 올라 시를 읊고 막대기로 책상을 쳐 청중의 주의를 환기한 후 본 이야기에 들어가기 전에 하는 몇 마디의 말.

【话本一본】huàběn 명강담의 대본.〔송대(宋代)에 생긴 백화 소설(白話小説)로 구어로 쓰여져 주로 역사 이야기와 당시의 사회 생활을 제재로 하였음. 송(宋)·원(元)시대 민간 설화인(説話人)의 설창(説唱)의 저본(底本)이 되었음〕

【话别一별】huà∥bié 통이별의 말을 나누다. ◇临行~/떠나기 전에 작별인사를 하다.

【话柄一병】huàbǐng 명이야깃거리. 웃음거리. 화제.

【话茬儿一차아】huàchár 〈方〉(同)〔话头 tóu〕

【话碴儿一사아】huàchár (同)〔话头 tóu〕

【话锋一봉】huàfēng 명말머리.

【话旧一구】huàjiù 통(오래간만에 만난 친구와) 지난 일을 이야기하다.

＊＊【话剧一극】huàjù 명대화와 동작으로 연출하는 연극.

【话口儿一구아】huàkǒur 명〈方〉말투.

【话里有话一리유화】huà·li yǒu huà 말 속에 말이 있다. 언중유골(言中有骨).

【话儿一아】huàr 명말. 이야기.

【话说一설】huàshuō 1명(옛 소설의 모두에 이야기를 시작할 때에 쓰는 발어사(發語詞))자. 그런데. 2통말하다. 설명하다.

＊【话题一제】huàtí 명화제. ◇他见有人进来, 马上转了~/그는 사람이 들어오자 곧 화제를 바꿨다.

【话筒一통】huàtǒng 명1(전화기의) 수화기. 2마이크. 3메가폰.

【话头一두】huàtóu (~儿)명말머리. 말의 실마리. 화제.

【话务员一무원】huàwùyuán 명전화 교환원.

【话匣子一갑자】huàxiá·zi 명〈方〉1축음기. 유성기. 2〈喩〉수다쟁이. 소식통.

【话音一음】huàyīn (~儿)명1말소리. 2말뜻.

【话语一어】huàyǔ 명말. 문구(文句).

☆【划·劃】戈部 刂部 2画 4画 그을 획 huà

통1(금을) 긋다. 가르다. 나누다. 구분하다. 2(금전을) 지불하다. 지출하다. 넘겨

주다. 3계획하다. 설계하다. ◇计~/계획
하다. 4(同)〔画 4~6〕⇒huá
【划拨-발】huàbō 동1대체하다. 2나누어
주다. ◇~钢材/철강재를 배정하다.
【划策-책】huàcè 동획책하다. 방도를
생각해내다. (同)〔画 huà 策〕
【划定-정】huàdìng 동(경계나 지역을)
확정하다.
*【划分-분】huàfēn 동1나누다. 구분하다.
◇~行政区域/행정구역을 구분하다. 2구
별하다. ◇~阶级/계급을 구별하다.
【划归-귀】huàguī 동편입하다. 합병하다.
【划界-계】huà// jiè 동경계를 긋다.
【划清-청】huà// qīng 동명백히 구분하다.
◇~界限/명백히 경계를 긋다.
【划时代-시대】huàshídài 명형획기적(인).
【划一-일】huàyī 1형획일적이다. 일률적
이다. 2동일치시키다. 통일하다. ◇~体
例/체계를 통일시키다.
【划一不二-일불이】huà yī bù èr〈成〉1에
누리 없음. 정찰 판매. 〔상점에서 쓰이는
표어〕 2틀에 박히다. 획일적이다.

huái

**【怀·懷】忄部 | huái
4画 | 품을 회
1명품. 가슴. ◇小孩儿在妈妈的~里睡着
了/어린 아이가 엄마 품에서 잠들었다. 2
명마음. 가슴 속. ◇濃~坦白/마음이 진
솔하다. 3동생각하다. 그리워하다. ◇关
~/관심을 가지다. 4동임신하다. (아이
를) 배다. ◇~了孩子/아이를 뱄다. 5동
(가슴에) 품다. ◇胸~壮志/가슴에 큰
뜻을 품다. 6(Huái)명성(姓).
【怀抱-포】huáibào 1동품에 안다. ◇她~
着孩子/그녀는 아이를 품었다. 2명품. 가
슴. 3명(마음 속에 생각을) 품다. ◇~
恨/한을 품다. ⇒pī '丕'
【怀表-표】huáibiǎo 명회중 시계.
【怀才不遇-재불우】huái cái bù yù〈成〉
재능이 있으면서도 발휘할 기회를 만나
지 못하다. (反)〔飞黄腾达 fēi huáng té-
ng dá〕
【怀春-춘】huáichūn 동〈文〉소녀가 연정
을 품다.
【怀古-고】huáigǔ 동회고하다.
【怀鬼胎-귀태】huái guǐtāi 뒤가 켕기다.
흑심을 품다.
【怀恨-한】huái// hèn 동원한을 품다. 한
스럽게 생각하다. (同)〔记 jì 恨〕, (反)
〔友爱 yǒu'ài〕
【怀旧-구】huáijiù 동옛날을 회고하다.
【怀恋-련】huáiliàn 동 (同)

〔怀念 niàn〕
**【怀念-념】huáiniàn 동그리워하다.
【怀柔-유】huáiróu 동회유하다.
【怀胎-태】huái// tāi (同)〔怀孕 yùn〕
【怀想-상】huáixiǎng 동그리워하다.
**【怀疑-의】huáiyí 1동의심하다. ◇他这话
叫人~/그의 이 말은 의심이 간다. (同)
〔疑惑 huò〕, (反)〔信任 xìnrèn〕 2동추측
하다. ◇我~他今天来不了/추측컨대 그
는 오늘 못 올 것이다.
*【怀孕-잉】huái// yùn 동임신하다.

【徊】彳部 | huái
6画 | 배회할 회
(同)〔徘 pái 徊〕⇒huí

【淮】氵部 | Huái
8画 | 물이름 회
명〈地〉회하(淮河). 회수(淮水).〔하남성
(河南省)에서 발원하여 안휘성(安徽省)
을 거쳐 강소성(江蘇省)으로 유입하는 강〕
【淮北-북】Huáiběi 명〈地〉회수 이북 지
역. 특히 안휘(安徽)의 북부를 가리킴.
【淮海-해】Huái Hǎi 명〈地〉서주(徐州)를
중심으로 한 회수 이북과 해주(海州) 일대.
【淮剧-극】huáijù 명〈演〉강소(江蘇)지방
전통극의 하나. 원명은 '江淮戏'로 회음
(淮陰)·염성(鹽城) 등지에서 유행함.
【淮南-남】Huáinán 명〈地〉회수 이남. 양
자강 이북 지역으로 특히 안휘(安徽)중
부를 가리킴.

【槐】木部 | huái
9画 | 회화나무 괴
명1〈植〉회화나무. 홰나무. 2(Huái)성
(姓).
【槐蚕-잠】huáicán 명〈虫〉홰나무에 붙는
자벌레.
【槐黄-황】huáihuáng 명1〈染〉홰나무의
꽃과 열매에서 추출한 노랑색 염료. 2홰
나무꽃 색깔.
*【槐树-수】huáishù 명〈植〉홰나무.

【踝】足部 | huái
8画 | 복사뼈 과
명〈生理〉복사뼈.
【踝子骨-자골】huái·zigǔ 명〈方〉복사뼈.

【耰】耒部 | huái
16画 | 씨뿌릴 회
【耰耙-파】huái·bà 명〈農〉동북(東北)지
방에서 흙을 뒤집을 때 쓰는 농기구.

huài

★【坏·壞】土部 | huài
4画 | 무너뜨릴 괴
1형나쁘다. ◇~事/나쁜 일. 比교坏:苦
瞎 ①생활의 어려움은 "坏"를 쓰지 않는

다. ◇她的生活很(×坏)苦/그녀는 살기가 매우 어렵다. ②"坏"는 부사어로 쓰지 않는다. ◇这就是她(×坏)瞎想的结果/이것이 바로 그녀가 제멋대로 생각한 결과다. 2圈(성품이) 나쁘다. 악하다. ◇～蛋/나쁜 놈. 3圈상하다. 고장나다. 탈나다. 못쓰게 되다. 썩다. ◇这是菜～了/이 반찬은 상했다. ◇电梯～了/엘리베이터가 고장났다. 4圈나쁘게 하다. 망치다. ◇一定要把好质量关, 别～了咱厂的名声/제품의 질은 꼭 보장해야지, 공장의 명예를 망쳐서는 안 된다. 5旱…하여 죽겠다. 몹시. 매우. 완전히. ◇气～了/몹시 화가 났다. ◇累～了/완전히 녹초가 되었다. 6圈나쁜 생각. 비열한 술책. 못된 수작. ◇这家伙一脑子～/이 녀석은 머릿속이 온통 못된 생각으로 가득찼다.

☆【坏处―처】huài·chu 圈나쁜 점. 해로운 점. ◇这样做没有什么～/이렇게 하면 별로 해로운 것이 없다. (同)〔害 hài 处〕, (反)〔好 hǎo 处〕 匝坏处:缺点 결함의 경우에는 "坏处"를 쓰지 않는다. ◇我指出了他的(×坏处)缺点/난 그의 결점을 지적했다.

＊＊【坏蛋―단】huàidàn 圈〈口〉〈罵〉나쁜 자식. (同)〔坏人 rén〕, (反)〔好人 hǎorén〕

【坏东西―동서】huàidōng·xi 圈〈罵〉나쁜 놈. 못된 놈.

【坏分子―분자】huàifènzǐ 圈불량 분자.

【坏话―화】huàihuà 圈욕. 험담. ◇说～/험담을 하다. (反)〔好 hǎo 话〕

【坏疽―저】huàijū 圈〈醫〉회저. 탈저(脱疽).

【坏人―인】huàirén 1圈나쁜 사람. 2圈불순 분자.

【坏事―사】huàishì 1圈못된 짓. 나쁜 일. 2(huài//shì) 圈일을 그르치다. (同)〔恶 è 事〕, (反)〔好 hǎo 事〕

【坏死―사】huàisǐ 圈〈醫〉괴사.

【坏心眼―심안】huàixīnyǎn (～儿)圈나쁜 심보. 나쁜 생각.

【坏血病―혈병】huàixuèbìng 圈괴혈병.

【坏种―종】huàizhǒng 圈악종(恶種). 악인.

huān

【欢·歡】又部 欠部 huān
4画 2画 기뻐할 환
1圈즐겁다. 기쁘다. ◇～唱/즐겁게 노래하다. (同)〔喜 xǐ〕, (反)〔忧 yōu〕 2圈〈方〉활발하다. 힘차다. 성하다. ◇这孩子很～呢!/이 애는 매우 활발하다! ◇火着 zháo 得很～/불이 세차게 붙었다. 3圈애인. ◇另有所～/따로 애인이 있다. 4(Huān)圈성(姓).

【欢蹦乱跳―붕란도】huān bèng luàn tiào 〈成〉활기차다. 팔팔하다.

【欢畅―창】huānchàng 圈기쁘다. 시원하다. ◇心情～/마음이 시원하다.

【欢歌―가】huāngē 圈즐거운 노랫소리. (反)〔悲 bēi 歌〕

＊＊【欢呼―호】huānhū 圈圈환호(하다). ◇向归来的英雄们～/돌아온 영웅들에게 환호하다.

【欢聚―취】huānjù 圈즐거이 모이다. ◇今天他们一家～一堂/오늘 그 집은 식구들이 집에서 즐겁게 모인다.

【欢快―쾌】huānkuài 圈유쾌하다. 경쾌하다.

＊＊【欢乐―락】huānlè 圈기쁘다. 유쾌하다. 〔대개 단체에 쓰임〕 ◇给节日增添了～气氛/명절에 즐거운 분위기를 더해 주었다. (同)〔欢畅 chàng〕, (反)〔悲哀 bēiāi〕

【欢闹―뇨】huānnào 1圈(어린이가) 까불대며 놀다. 2圈떠들썩하다. 시끄럽다.

【欢洽―흡】huānqià 圈즐거이 어울리다〔융합하다〕.

【欢声―성】huānshēng 圈환호성.

【欢实―실】huān·shi 圈〈方〉힘차다. 생기발랄하다. ◇孩子们多～啊/아이들이 얼마나 생기발랄한가!

☆【欢送―송】huānsòng 圈환송하다. ◇～会/환송회. (反)〔欢迎 huānyíng〕

【欢腾―등】huānténg 圈기뻐 날뛰다. 매우 기뻐하다.

【欢天喜地―천희지】huān tiān xǐ dì 〈成〉매우 기뻐하다. 기뻐 날뛰다. (同)〔兴高采烈 xìng gāo cǎi liè〕, (反)〔呼天抢地 hū tiān qiǎng dì〕

＊＊【欢喜―희】huānxǐ 1圈기쁘다. 즐겁다. ◇看见他来心里～得很/그가 오는 것을 보고 마음이 매우 기뻤다. (同)〔高兴 gāoxìng〕, (反)〔悲哀 bēiāi〕 2圈좋아하다. 즐기다. ◇他很～这个孩子/그는 이 아이를 좋아한다. ◇他～打乒乓球/그는 탁구치기를 즐긴다. (同)〔喜欢 huan〕, (反)〔讨厌 tǎoyàn〕

＊【欢笑―소】huānxiào 圈즐겁게 웃다. (反)〔啼哭 tíkū〕

【欢心―심】huānxīn 圈환심. (反)〔愁绪 chóuxù〕

【欢欣―흔】huānxīn 圈기뻐하다. (同)〔高兴 gāoxìng〕, (反)〔愁苦 chóukǔ〕

【欢颜―안】huānyán 圈매우 기뻐하는 얼굴표정. 웃는 얼굴.

【欢迎－영】huānyíng 1❷❸환영(하다). 즐겁게 영접하다. ◇~会/환영회. ◇~词/환영사. 2❸기꺼이 받아들이다. ◇~你参加我们的工作/네가 우리 일에 참가하는 것을 기꺼이 받아준다. (反)〔欢送 sòng〕

【欢娱－오】huānyú ❶즐겁다.

【欢悦－열】huānyuè ❶기쁘다. 즐겁다.

【欢跃－약】huānyuè ❸기뻐 날뛰다.

【獾(貛)】犭部│huān
　　　　　　17画│수리미 환
❷〈動〉오소리.

huán

★【还·還】辶部│huán
　　　　　　4画│돌아올 환
1❸돌아가다. 돌아오다. ◇他~家去了/그는 집에 돌아갔다. 2❸돌려주다. 반납하다. 상환하다. ◇下个月~你钱/다음 달에 네 돈을 갚아 줄게. ◇这本书借一个星期就要~/이 책은 일주일 빌리고는 반납해야 한다. 3❸갚다. 보답하다. ◇以牙~牙, 以眼~眼/이에는 이, 눈에는 눈. ◇他打我, 不许我~手吗?/그가 나를 때렸는데, 내가 보복할 수 없단 말인가? 4(Huán)❷성(姓). ⇒hái

【还报－보】huánbào ❸1(은혜를) 갚다. 2보답하다.

【还本－본】huán//běn ❸원금을 갚다.

【还魂－혼】huán//hún 1❸죽었다가 다시 살아나다. 죽은 자의 넋이 살아 돌아오다. 2(huánhún)❷〈方〉환생(하다).

【还击－격】huánjī 1❸반격하다. 2❷〈體〉(펜싱에서의) 리포스트(riposte). 되찌르기.

【还价－가】huán//jià (~儿)❸값을 깎다. (同)〔还钱 qián〕, (反)〔讨价 tǎojià〕

【还口－구】huán//kǒu ❸말대꾸하다.

【还礼－례】huán//lǐ 1❸(남의 인사에) 답례하다. 2❸답례품을 보내다. (同)〔受礼 shòulǐ〕

【还情－정】huán//qíng (~儿)❸정성에 보답하다.

【还手－수】huán//shǒu ❸되받아치다. 반격하다.

【还俗－속】huán//sú ❸〈佛〉환속하다. (反)〔出家 chūjiā〕

【还席－석】huán//xí ❸초대한 사람을 되초대하여 대접하다. ◇下星期~我~, 请各位光临/다음주 월요일 제가 되초대하니 여러분 왕림해 주십시오.

【还阳－양】huán//yáng ❸양계(陽界)로 되돌아오다. 죽었다가 되살아나다. (同)〔复生 fùshēng〕, (反)〔归阴 guīyīn〕

*【还原－원】huán//yuán ❸1원래 상태로 되돌리다. 2〈化〉환원하다. ◇~剂/환원제.

【还愿－원】huán//yuàn ❸1신불(神佛)에게 발원한 일이 이루어져 감사의 예참(禮參)을 하다. 2약속을 이행하다.

【还债－채】huán//zhài ❸빚을 갚다. (同)〔还帐 zhàng〕, (反)〔借债 jièzhài〕

【还帐－장】huán//zhàng ❸외상을 갚다.

【还嘴－취】huán//zuǐ〈口〉말대꾸하다.

☆【环·環】王部│huán
　　　　　　4画│옥고리 환
1❷(~儿)고리. 고리 모양의 것. ◇耳~/귀걸이. ◇花~/화환. 2❷일환(一環). 고리. ◇从事科学研究, 搜集资料是最基本的一~/과학연구를 하는데, 자료 수집이 가장 기본적인 일환이다. 3❸둘러[에워]싸다. ◇四面~山/사면이 산으로 둘러싸이다. 4❷〈體〉(사격의) 점(点). 〔표적의 점수 단위〕◇命中九~/9점 짜리 표적을 맞추다. 5(Huán)❷성(姓).

【环靶－파】huánbǎ ❷〈體〉원틀 중심에 정곡이 표시된 과녁.

【环抱－포】huánbào ❶둘러[에워]싸다. 빙 두르다. 〔주로 자연 경치에 대해 씀〕

【环衬－친】huánchèn ❷(책의 면지와 속겉장 사이의) 헛장.

【环顾－고】huángù ❸〈文〉(사방을) 둘러보다. ◇~四周/사방을 둘러보다.

*【环节－절】huánjié 1❷〈動〉환절. ◇~动物/환절 동물. 2일환(一環). 부분. ◇主要~/중요한 일환. ◇不少~上存在着问题/많은 부분에 문제가 존재하고 있다.

☆【环境－경】huánjìng 1❷환경. ◇受~影响/환경의 영향을 받다. ◇~卫生/환경위생. 2주위 상황〔여건〕. ◇客观~/객관적 여건.

【环境保护－경보호】huánjìng bǎohù 환경보호.

【环境污染－경오염】huánjìng wūrǎn 환경오염.

【环流－류】huánliú ❸감돌아 흐르다.

【环球－구】huánqiú 1❸세계를 돌다. ◇他去年作了~旅行/그는 작년 세계 일주 여행을 했다. 2❷전세계. (同)〔寰 huán 球〕

【环绕－요】huánrào ❸둘레를 돌다.

【环生－생】huánshēng ❸연이어 일어나다.

【环视－시】huánshì ❸둘러 보다.

【环线－선】huánxiàn ❷환상선(環狀線).

【环行－행】huánxíng ❸주위를 (빙)돌다.

【环形－형】huánxíng ❶고리모양의. 동그란 모양의.

【环形山－형산】huánxíngshān ❷〈天〉(달 표면의) 크레이터(crater).

【环宇－우】huányǔ ❷전세계.

【环状软骨－상연골】huánzhuàng ruǎngǔ

阌〈生理〉환상연골.
【環子一자】huán·zi 阌고리.

【貆(狟)】 豸部 6画 huán
阌〈文〉〈動〉**1**담비 새끼. **2**(同)〔豪猪 háozhū〕

【寰】 宀部 13画 huán
阌광대한〔넓은〕지역. ◇人～/사람이 사는 이 세상.
【寰球一구】huánqiú 阌전세계.
【寰宇一우】huányǔ 阌〈文〉온세상. 전세계. (同)〔环 huán 宇〕

【鬟】 髟部 13画 huán
阌쪽진 머리. 트레머리.

huǎn

＊【缓·緩】 纟部 9画 huǎn
1느리다. 더디다. ◇～步而行/천천히 걷다. **2**阌늦추다. 미루다. 연기하다. ◇这事～几天再说/이 일은 몇일 늦춘 후에 다시 이야기하자. **3**阌완화하다. 풀다. ◇情势有～/정세가 완화되었다. **4**阌되살아나다. 회복하다. ◇病人昏过去又～过来/환자는 까무러쳤다가 깨어났다.
【缓兵之计一병지계】huǎn bīng zhī jì〈成〉시간을 벌기 위한 계책.
【缓不济急一불제급】huǎn bù jì jí〈成〉늦어져서 급한 데 도움이 안된다.
【缓冲一충】huǎnchōng 阌완충하다. 완화하다.
＊【缓和一화】huǎnhé 阌**1**(국면·분위기 등이) 완화되다. 풀어지다. ◇紧张的心情慢慢～起来了/긴장했던 마음이 점차 풀어졌다. (同)〔和缓〕, (反)〔激烈 jīliè〕 **2**완화시키다. 늦추다. ◇～国际紧张局势/국제 긴장 상태를 완화시키다.
＊【缓缓一완】huǎnhuǎn 阌느릿느릿.
【缓急一급】huǎnjí 阌**1**완급. 늦음과 빠름. **2**절박한 일.
【缓颊一협】huǎnjiá 阌〈文〉(남을) 대신해서 간청하다.
＊【缓慢一만】huǎnmàn 阌느리다. 느슨하다. ◇行动～/행동이 느리다. (同)〔迟 chí 缓〕, (反)〔迅速 xùnsù〕 비교缓慢:温和 "缓慢"은 "性格"와 "性子"에 쓰이지 않는다. ◇他性格(×缓慢)温和, 对人有礼貌/그의 성격은 부드럽고 예의가 바르다.
【缓坡一파】huǎnpō 阌완만한 비탈. (同)〔慢 màn 坡〕, (反)〔陡 dǒu 坡〕
【缓期一기】huǎnqī 阌연기하다. 기한을 늦추다. (同)〔延 yán 期〕, (反)〔提前 tíqián〕
【缓气一기】huǎn//qì 阌(몹시 피로한 후에) 숨을 돌리다.
【缓限一한】huǎn//xiàn 阌기한을 늦추다. ◇贷款的偿还已一三天/은행 대출금의 상환은 이미 3일기한을 늦췄다.
【缓泻一사】huǎnxiè 阌변통을 좋게 하다.
【缓刑一형】huǎnxíng 阌집행유예. **2**(huǎn//xíng)阌형의 집행을 유예하다.
【缓行一행】huǎnxíng 阌**1**천천히 가다. **2**실행을 잠시 늦추다.
【缓醒一성】huǎn·xing 阌〈方〉(까무러쳤다가) 제정신이 돌아오다.
【缓役一역】huǎnyì 阌〈軍〉입영을 연기하다.
【缓征一징】huǎnzhēng 阌(세금의) 징수를 유예하다. 징병을 유예하다.

huàn

【幻】 幺部 1画 huàn 변화할 환
1阌공허하다. 덧없다. ◇虚～/허망하다. ◇梦～/몽환. **2**阌변화하다. ◇变～莫测/변화 막측하다.
＊＊【幻灯一등】huàndēng **1**阌슬라이드(slide). ◇～片/슬라이드 필름. **2**(同)〔幻灯机 jī〕
【幻灯机一등기】huàndēngjī 阌슬라이드 영사기.
【幻化一화】huànhuà 阌(기이하게) 변화하다.
【幻景一경】huànjǐng 阌환상에 의한 형상.
【幻境一경】huànjìng 阌환상의 세계.
【幻觉一각】huànjué 阌환각.
【幻梦一몽】huànmèng 阌허황된 꿈.
【幻灭一멸】huànmiè 阌阌(희망 등이) 덧없이 사라지다.
【幻术一술】huànshù (同)〔魔 mó 术〕
＊【幻想一상】huànxiǎng 阌阌환상(하다). ◇～曲/환상곡. ◇自古以来，人们就～能在天空飞行/자고로 사람들은 하늘을 날게 되기를 꿈꿔왔다. ◇生活在～的世界里/환상의 세계에서 살고 있다. 비교幻想:理想:想 ①"幻想"은 현실적인 근거가 없는 상상으로 근거가 있고 합리적인 생각에는 쓰이지 않는다. ◇大学毕业后, 到边疆去工作, 这是我的(×幻想)理想/대학을 졸업하고 변방에 가서 일하는 게 내 이상이다. ②마음속으로 도달하고자 하는 목표 또는 상황에는 "幻想"을 쓰지 않는다. ◇我们(×幻想)想买一台彩电/우리는 컬러 텔레비전 한 대를 사고 싶다.
【幻影一영】huànyǐng 阌환영.

【奂·奐】 刀部 5画 huàn 빛날 환

1휑성하다. 많다. **2**휑(무늬·빛깔·광채 등이) 선명하고 아름답다.

【宦】 宀部 6画 huàn 벼슬 환

1명관리. 벼슬아치. **2**명관직. **3**명환관(宦官). 내시. **4**(Huàn)명성(姓).

【宦官－관】huànguān 명환관. 내시. (同)〔太监 tàijiān〕

【宦海－해】huànhǎi 명(공명과 부귀를 차지하려고 경쟁하는) 관리 사회. 관계(官界).

【宦途－도】huàntú 명〈文〉벼슬길.

【宦游－유】huànyóu 동〈文〉벼슬 자리를 얻어 보려고 돌아다니다. 엽관 운동을 벌이다.

★【换·換】 扌部 7画 바꿀 환

동**1**교환하다. 바꾸다. ◇交～/교환하다. ◇以兽皮～工业品/짐승 가죽으로 공업 제품과 바꾸다. **2**갈다. 바꾸다. 교체하다. ◇他～工作了吗?/그는 직업을 바꿨나요? **3**환전하다. 돈을 교환하다. ◇把美元～成人民币/미화를 인민폐로 교환하다.

【换班－반】huàn//bān 동(근무조가) 교대 근무하다.

【换茬－치】huàn//chá 동〈農〉윤작하다.

【换车－차】huàn//chē 동(차를) 갈아타다. ◇我在光化门～/나는 광화문에서 차를 갈아탄다.

【换代－대】huàndài 동**1**왕조·정권을 바꾸다. **2**제품의 세대를 바꾸다. ◇这是～的电子产品/이것은 세대가 바뀐 차세대 전자제품이다.

【换防－방】huàn//fáng 동〈軍〉수비 임무를 교대하다.

【换个儿－개아】huàn//gèr 동〈俗〉서로 위치를 바꾸다.

【换工－공】huàn//gōng 동(농가에서) 품앗이하다.

【换季－계】huàn//jì 동철에 따라 옷을 바꿔 입다.

【换肩－견】huàn//jiān 동(다른 쪽 어깨로 짐을) 바꾸어 메다.

【换马－마】huànmǎ 동〈喩〉〈貶〉어떤 일을 교환하여 책임지는 직무자.

【换脑筋－뇌근】huàn nǎojīn 사고 또는 의식을 바꾸다. ◇他应该换一下脑筋了/그는 사고를 좀 바꿔야겠다. (同)〔改造思想 gǎi zào sī xiǎng〕

【换气扇－기선】huànqìshàn 명환풍기. (同)〔排风扇 páifēngshàn〕

【换钱－전】huàn//qián 동**1**환전하다. (잔돈을 지폐로) 바꾸다. **2**물건을 팔아 돈을 만들다.

【换亲－친】huànqīn 동두 집안이 서로 상대방의 딸을 며느리로 맞다.

*【换取－취】huànqǔ 동바꾸어 가지다. ◇以较小代价～更大的利益/작은 대가로 더 큰 이익을 바꾸다〔얻다〕.

【换算－산】huànsuàn 동환산하다.

【换汤不换药－탕불환약】huàn tāng bù huàn yào 〈諺〉형식만 바꾸고 내용은 그대로이다. ◇他这种做法是～/그의 이런 수법은 겉만 바꾸고 내용이 달라진 게 없다.

【换帖－첩】huàn//tiě 동옛날에 의형제를 맺을 때 성명·연령·본적·가계(家系) 등을 적은 것을 교환하다.

【换文－문】huànwén **1**명(국가간의) 교환 공문. **2**(huàn// wén) 동(국가간에) 문서를 교환하다.

【换洗－세】huànxǐ 동(옷을) 갈아입고 빨다. ◇这次旅行, 我带了几件～的衣服/이번 여행으로 나는 갈아입을 옷 몇 벌을 가져갔다.

【换牙－아】huàn// yá 동이갈이 하다.

【换言之－언지】huàn yán zhī 〈文〉바꿔 말하면. 다시 말하면.

**【唤·喚】 口部 7画 부를 환

동부르다. 외쳐 일깨우다. ◇呼～/부르다.

【唤起－기】huànqǐ 동**1**분기시키다. **2**(주의나 기억 따위를) 환기시키다. ◇他的话～了大家的注意/그의 말은 모두의 경각심을 환기시켰다.

【唤头－두】huàn·tou 명(돌아다니며 칼을 가는 사람이나 이발사 등이) 손님을 끌기 위해 울리는 도구.

【唤醒－성】huànxǐng 동**1**깨우다. **2**일깨우다. 각성시키다. (同)〔唤起 qǐ〕, (反)〔麻醉 mázuì〕

【涣·渙】 氵部 7画 풀어질 환

동흩어지다. 풀리다.

【涣涣－환】huànhuàn 형〈文〉물살이 세찬 모양.

【涣然－연】huànrán 형깨끗이. 말끔히. ◇对他的疑心～冰释/그에 대한 불신이 말끔히 가셨다. 〔의심이나 오해 등이 풀리거나 없어지는 모양〕

【涣散－산】huànsàn 동**1**(조직·단결 따위가) 흩어지다. (정신 집중이) 해이해지다. ◇精神～/정신이 해이해지다. **2**(집중했던 것을) 흩어지게 하다.

【浣(澣)】 氵部 7画 씻을 완

1빨다. 세탁하다. ◇～衣/옷을 빨다. **2**명순(旬).

【浣衣－의】huànyī 동〈文〉옷을 빨다.

**【患】 心部 7画 근심 환

1[명]재해. 재난. ◇水～/수해. ◇有备无～/〈成〉유비무환(이다). (同)〔祸 hùo〕, (反)〔福 fú〕 2[명][동]걱정(하다). 염려(하다). ◇忧～/우환. 근심거리. 3[동](병에) 걸리다. ◇ ～肝炎/간염에 걸리다. (同)〔病 bìng〕, (反)〔痊 quán〕 [비교]患:犯 "愁"는 "患"의 목적어로 쓰지 않는다. ◇他对这件事很(×患)犯愁/그는 이 일을 걱정을 많이 했다.

【患病—병】huàn bìng 병을 앓다. (同)〔生 shēng 病〕, (反)〔健康 jiànkāng〕

【患处—처】huànchù [명]환부. 아픈 데. 〔주로 외상을 말함〕

【患得患失—득환실】huàn dé huàn shī 〈成〉개인의 이해득실만 따지다.

【患难—난】huànnàn [동]환란. 고난.

【患难与共—난여공】huànnàn yǔ gòng 〈成〉고난을 함께하다. (同)〔生死 shēngsǐ 与共〕, (反)〔分道扬镳 fēn dào yáng biāo〕

*【患者—자】huànzhě [명]환자.

【焕·煥】 火部 7画 | huàn 빛날 환

[형]밝다. 환하다.

【焕发—발】huànfā 1[동]환하게 빛나다. 빛을 발하다. 2[동](정신을) 발양하다. 차리다. (反)〔不振 bùzhèn〕

【焕然—연】huànrán [형]빛나는 모양.

【焕然一新—연일신】huàn rán yī xīn 〈成〉면모를 일신하다.

【豢】 豕部 6画 | huàn 기를 환

[동](가축을) 기르다. 사육하다.

【豢养—양】huànyǎng [동]1사육하다. 기르다. 치다. 2〈喻〉매수하여 부리다.

huāng

【肓】 月部 3画 | huāng 명치끝 황

[명]〈生理〉명치끝. ◇膏～/고황. 병이 그 속에 들어가면 낫기 어렵다는 부분. ◇病人膏～/〈成〉병이 고황에 들다. 병세가 악화되어 치료할 수 없는 지경에까지 이르다. 사태가 악화되어 구제할 수 없게 되다.

⁑【荒】 艹部 6画 | huāng 거칠 황

1[형]황폐하다. ◇地～了/땅이 황폐해졌다. 2[형]황량하다. 삭막하다. ◇ ～岛/황량한 섬. 3[명]흉작. 기근. ◇防～/기근에 대비하다. 4[명]황무지. 거친 땅. 불모지. ◇垦～/황무지를 개간하다. 5[동]게을리하다. 태만히 하다. ◇别把功课～了/학업을 게을리하지 말라. 6[명](물자의) 결핍. 부족. 기근. ◇煤～/석탄 부족. ◇房～/주택난. 7[형]터무니없다. 황당하다. ◇做事～唐/일하는 게 터무니 없다. 8[형]〈方〉불확실한. 불명확한. 부정확한. ◇这只是一个～信儿/이것은 확실치 않은 소식일 따름이다. 9[동]〈文〉방종하다. 제멋대로다.

【荒草—초】huāngcǎo [명]들풀.

【荒村—촌】huāngcūn [명]외진 마을.

【荒诞—탄】huāngdàn [동]황당하다. (同)〔虚妄 xūwàng〕, (反)〔真实 zhēnshí〕

*【荒地—지】huāngdì [명]거친 땅. 황무지. (反)〔耕 gēng 地〕

【荒废—폐】huāngfèi [동]1(논밭을) 버려두다. 묵히다. 2등한히 하다. 소홀히 하다. ◇ ～学业/학업을 등한히 하다. 3(시간을) 허비하다. ◇为了考技师, 他从不～一点工夫/기사시험을 대비하기 위해 그는 추호의 시간을 낭비하지 않다..

*【荒凉—량】huāngliáng [형]황량하다. 쓸쓸하다. ◇ ～的景色/황량한 경치. (反)〔热闹 rènao〕

【荒乱—란】huāngluàn [형]사회가 뒤숭숭하다.

*【荒谬—류】huāngmiù [형]터무니없다. 황당무계하다. (同)〔荒诞 dàn〕, (反)〔合理 hélǐ〕

【荒漠—막】huāngmò 1[형]황막하다. 끝없이 넓다. 2[명]황량한 사막이나 광야.

【荒年—년】huāngnián [명]흉년. (同)〔荒岁 suì〕, (反)〔丰年 fēngnián〕

【荒僻—벽】huāngpì [형]황량하고 외지다.

【荒歉—겸】huāngqiàn [명]흉작. (同)〔歉收 shōu〕, (反)〔丰稔 fēngrěn〕

【荒时暴月—시폭월】huāng shí bào yuè 〈成〉1흉년. 2보릿고개.

【荒疏—소】huāngshū [동](오랫동안 등한히 하여) 생소해지다. 소원해지다. (同)〔荒废 fèi〕, (反)〔熟练 shúliàn〕

【荒数—수】huāngshù (～儿)[명]〈方〉대략적인 숫자.

*【荒唐—당】huāng·táng [형]1황당하다. 터무니없다. ◇这话真～/이 말은 정말 터무니없다. 2방종하다. ◇他决～不了 liǎo/그는 결코 방종할 리가 없다.

【荒无人烟—무인연】huāng wú rén yān 〈成〉황량하여 인적이 없다.

【荒芜—무】huāngwú [형]논밭이 버려져 잡초가 우거지다.

【荒信—신】huāngxìn (～儿)[명]〈方〉믿을 수 없는 소식. 풍문.

【荒野—야】huāngyě [명]황야. 거친 들판.

【荒淫—음】huāngyín [동]주색에 빠지다.

【荒原—원】huāngyuán [명]황야. 황막한 들.

☆【慌】 忄部 9画 | huāng 어리둥절할 황

1[형]당황하다. 허둥대다. 갈팡질팡하다. ◇

惊~/놀라서 허둥대다. **2**동당황해하다. 어쩔 바를 몰라하다. 불안해하다. ◇发~/불안해하다. **3**里("得" 뒤에 보어로서 '견디기 어려워서') 아주. 몹시. ◇累得~/아주 피곤하다. ◇疼得~/아주 아프다.

【慌促-촉】huāngcù 형황급히 서두르다.

*【慌乱-란】huāngluàn 형당황하고 혼란하다. (同)〔慌张 zhāng〕, (反)〔镇静 zhèn jìng〕

**【慌忙-망】huāngmáng 윈황급히. ◇~赶到现场/황급히 현장으로 달려가다. (反)〔笃定 dǔdìng〕 비교慌忙:赶紧 기회를 잡아 곧바로 어떤 일을 할 때는 "慌忙"은 쓰지 않는다. ◇他让教师(×慌忙)赶紧回去/그는 선생님을 급히 돌아가시게 했다.

【慌神-신】huāng//shén (~儿)동(마음이 초조하여) 안절부절 못하다.

【慌手慌脚-수황각】huāng shǒu huāng jiǎo〈成〉당황하여 어쩔 줄을 모르다. 허둥대다. (同)〔手忙脚乱 shǒu máng jiǎo luàn〕, (反)〔不慌不忙 bù huāng bù máng〕

*【慌张-장】huāng·zhāng 형허둥대다. 당황하다. ◇神色~/당황한 기색이 어리다. 비교慌张:恐惧 놀라고 무서울 때는 "慌张"을 쓰지 않는다. ◇他表面上很镇静, 但心里很(×慌张)恐惧/그는 겉으로는 침착하지만 마음 속으로는 두려워하고 있다.

huáng

【皇】白部 | huáng
4画 | 임금 황
1명황제. 군주. 임금. **2**형〈文〉성대하다. **3**(Huáng)명성(姓).

【皇朝-조】huángcháo 명왕조.
【皇储-저】huángchǔ 명황태자. 세자.
☆【皇帝-제】huángdì 명황제. (同)〔国王 guówáng〕, (反)〔臣下 chénxià〕
【皇甫-보】Huángfǔ 명복성(复姓).
【皇宫-궁】huánggōng 명황궁.
【皇冠-관】huángguān 명왕관.
*【皇后-후】huánghòu 명황후.
【皇皇-황】huánghuáng 형〈文〉**1**당당하다. 대단하다. ◇~巨著/대단한 걸작. **2**(同)〔遑 huáng 遑〕 **3**(同)〔惶 huáng 惶〕
【皇家-가】huángjiā 명황실.
【皇历-력】huáng·li 명〈口〉옛날, 중국 책력. (同)〔黄 huáng 历〕
【皇权-권】huángquán 명황제의 권력.
【皇上-상】huáng·shang 명황상. 〔재위중인 황제〕
【皇室-실】huángshì 명황실.
【皇太后-태후】huángtàihòu 명〈文〉황태후.
【皇太子-태자】huángtàizǐ 명황태자.

【皇天-천】huángtiān 명하늘.
【皇族-족】huángzú 명황족.

★【黄】黄部 | huáng
0画 | 누를 황
1명황색. 노란색. **2**형노랗다. 누렇다. **3**명금. ◇~货/금품. **4**계란 노른자. ◇双~蛋/계란 노른자가 두 개인 달걀. **5**형선정적이다. 퇴폐적이다. ◇查禁~书/퇴폐적인 책을 조사하여 금지시키다. **6**(Huáng)명〈地〉황하(黄河). **7**(Huáng)명황제. **8**명〈口〉깨지다. 실패하다. 허사가 되다. ◇买卖~了/장사가 실패했다. **9**(Huáng)명성(姓).

【黄斑-반】huángbān 명〈生理〉황반.
【黄包车-포차】huángbāochē 명〈方〉인력거.
【黄骠马-포마】huángbiāomǎ 명누런 바탕에 흰 점이 있는 말.
【黄表纸-표지】huángbiǎozhǐ 명신에게 제사지낼 때 쓰는 황색 종이.
【黄柏-백】huángbò 명〈植〉(同)〔黄檗 bò〕
【黄檗-벽】huángbò 명〈植〉황벽나무.
【黄菜-채】huángcài 명〈方〉계란으로 만든 요리.
【黄灿灿-찬찬】huángcàncàn (~的)형금빛 찬란한 모양.
【黄巢起义-소기의】Huáng Cháo Qǐyì 명〈史〉황소의 봉기.
【黄疸-달】huángdǎn 명〈醫〉황달.
【黄道-도】huángdào 명〈天〉(지구가 1년 동안 태양을 한 바퀴 도는 것을 가리킴) 황도.
【黄道吉日-도길일】huángdào jírì 명(모든 일이 형통한다는) 길일(吉日).
【黄澄澄-징징】huángdēngdēng (~的)형금빛찬란한 모양.
【黄帝-제】huángdì 명(중국 고대 전설 속의 군주. 지금은 중국민족의 开祖를 가리킴) 황제.
【黄豆-두】huángdòu 명〈植〉누런 콩.
【黄骨髓-골수】huánggǔsuǐ 명〈生理〉황색 골수. (조혈 작용이 약함)
☆【黄瓜-과】huáng·guā 명〈植〉오이.
【黄河-하】Huánghé 명〈地〉황하.
【黄花-화】huánghuā 명**1**국화(菊花)의 다른 이름. **2**(同)〔金针菜 jīnzhēncài〕 **3**〈口〉숫처녀나 숫총각.
【黄花女儿-화녀아】huáng huānǚr 명〈俗〉처녀의 속칭.
**【黄昏-혼】huánghūn 명황혼. 해질 무렵.
【黄昏恋-혼련】huánghūn liàn 명연로한 남녀간의 사랑.
【黄酱-장】huángjiàng 명소맥분과 대두로 만든 누런 된장. 〔자장면의 소스를 만들 때 쓰임〕

【黄教一교】Huángjiào 명〈宗〉황교. 〔西藏(티벳트)의 라마교의 최대의 일파〕

【黄巾起义一건기의】Huángjīn Qǐyì 명〈史〉동한(東漢)말 장각(張角)이 지휘하는 황건의 봉기.

＊【黄金一금】huángjīn 1명황금. 2〈喩〉진귀하다. ◇～地段/금싸라기 구간(지역). ◇电视广播的～时间/텔레비전 방송의 황금시간.

【黄金分割一금분할】huángjīn fēngē 명〈數〉황금 분할.

【黄金时代一금시대】huángjīn shídài 명황금시대. 절정기.

【黄猄一경】huángjīng 명〈動〉애기사슴의 일종.

【黄酒一주】huángjiǔ 명차조·차수수·쌀 등으로 만든 빛이 누렇고 10여도되는 정종.

【黄口小儿一구소아】huáng kǒu xiǎo ér 명 갓난아기. 〈喩〉풋나기. 애송이.

【黄蜡一랍】huánglà 명황랍. 밀랍.

【黄鹂一리】huánglí 명〈鳥〉꾀꼬리.

【黄历一력】huáng·li (同)〔皇 huáng历〕

【黄连一련】huánglián 명〈植〉깽깽이 풀.

【黄连木一련목】huángliánmù 명〈植〉황련목.

【黄粱梦一량몽】huángliángmèng 〈成〉이룰 수 없는 헛된 꿈.

【黄栌一로】huánglú 명〈植〉거망옻나무.

【黄梅季一매계】huángméijì 명(양자강 중류와 하류의) 장마철.

【黄梅雨一매우】huángméiyǔ 명장마비.

【黄米一미】huángmǐ 명기장쌀.

【黄牛一우】huángniú 1명〈動〉황소. 2명〈方〉암표장사. 불법이민 브로커. 3명〈方〉거짓말쟁이. 신용이 없는 사람.

【黄袍加身一포가신】huáng páo jiā shēn 〈成〉황포를 몸에 걸치다. 쿠데타를 일으켜 권력을 장악하다.

【黄皮书一피서】huángpíshū 명황서(黃書). 프랑스정부의 중요 보고서. 〔표지가 노란색임〕

【黄芪一기】huángqí 명〈植〉황기. 단너삼.

【黄泉一천】huángquán 명〈俗〉황천. 저승. (同)〔九 jiǔ 泉〕, (反)〔人间 rénjiān〕

【黄壤一양】huángrǎng 명황토.

＊＊【黄色一색】huángsè 1명〈色〉노랑색. 2형〈轉〉외설적인. 선정적인. ◇～录像/포르노비디오.

【黄色炸药一색작약】huángsè zhàyào 명1황색 화약. 2〈俗〉티엔티(T.N.T).

【黄熟一숙】huángshú 형〈農〉누렇게 익다.

【黄鼠一서】huángshǔ 명〈動〉회황색 들다람쥐의 일종.

【黄鼠狼一서랑】huángshǔláng (同)〔黄鼬 yòu〕

【黄汤一탕】huángtāng 명술. 〔욕할 때 쓰는 말〕

【黄体一체】huángtǐ 명〈生理〉황체.

【黄土一토】huángtǔ 명황토. 누런 흙.

【黄癣一선】huángxuǎn 명〈醫〉황선.

【黄烟一연】huángyān 명(농촌 사람이 주로 피우는) 하급 담배.

【黄莺一앵】huángyīng (同)〔黄鹂 lí〕

☆【黄油一유】huángyóu 명1버터(butter). 2그리스. 〔윤활유의 일종〕

【黄鼬一유】huángyòu 명〈動〉족제비.

【黄鱼一어】huángyú 명1〈魚介〉조기. 2〈俗〉선원이나 운전수가 돈을 벌기 위해 몰래 태운 손님. 3〈俗〉금괴.

【黄账一장】huángzhàng 명수금이 안 되는 돈.

【黄纸板一지판】huángzhǐbǎn 명마분지.

【黄种一종】Huángzhǒng 명황인종.

【凰】 几部 9画 암봉황새 황
명봉황새의 암컷.

【隍】 阝部 9画 해자 황
명(물이 없는)해자(垓字). (同)〔城 chéng 隍〕

【徨】 彳部 9画 방황할 황
(同)〔彷 páng 徨〕

【餭・餭】 食部 9画 산자 황
(同)〔饧 zhāng 隍〕

【惶】 忄部 9画 두려울 황
동무서워하다. 불안해하다. 당황하다. ◇惊～/놀라 당황하다.

【惶惶一황】huánghuáng 형불안해서 떠는 모양.

【惶惑一혹】huánghuò 동두렵고 당혹해 하다.

【惶遽一거】huángjù 형〈文〉놀래 당황하다.

【惶恐一공】huángkǒng 형황공해하다.

【惶然一연】huángrán 형놀라는 모양. 질겁하는 모양.

【惶悚一송】huángsǒng 형〈文〉두렵고 무섭다.

【煌】 火部 9画 빛날 황
동반짝이다. 빛나다. ◇辉～/빛나다.

【煌煌一황】huánghuáng 형밝은 모양.

【蝗】 虫部 9画 황벌레 황
＊【蝗虫一충】huángchóng 명〈虫〉메뚜기. 누리.

【蝗蝻一남】huángnǎn 명메뚜기의 애벌레.

【蝗灾一재】huángzāi 명메뚜기로 인한 작물 피해.

【磺】 石部 11画 돌이름 황, 쇳돌 광
명〈化〉유황(硫磺). 〔합성어로 쓰임〕 ◇

硫~/유황.

【癀】扩部 | huáng
11画 | 황달병 황
【癀病一병】huángbìng 몡(가축의) 탄저병
(炭疽病).

【蟥】虫部 | huáng
11画 | 풍뎅이 황
(同)〔蚂 mǎ 蟥〕

【簧】竹部 | huáng
11画 | 생황 황
몡1〈音〉(악기의) 혀. 황엽(簧葉). 리드
(reed). 2용수철. 태엽. ◇弹~/용수철. ◇
闹钟的~断了/자명종의 태엽이 끊어졌다.
【簧乐器一악기】huángyuèqì 몡리드 악기.

【鳇·鰉】鱼部 | huáng
9画 | 전어 황
몡〈魚介〉1황어. 2줄철갑 상어.

huǎng

【恍】忄部 | huǎng
5画 | 황홀할 황
(同)〔惝 chǎng 恍〕

【恍】忄部 | huǎng
6画 | 황홀할 황
1문득.〔恍然 rán〕2마치 …인 것 같다.
〔'如'·'若' 등과 함께 쓰임〕
【恍忽一홀】huǎng·hū (同)〔恍惚 hū〕
【恍惚一홀】huǎng·hū 몡1(정신이) 얼떨
하다. 흐리멍덩하다. 2(기억·청각·시각
따위가) 희미하다. 어렴풋하다. ◇我~一听
见闻脚步声/나는 발자국소리를 어렴풋이
들은것 같다.
【恍然一연】huǎngrán 뙤문득.
【恍如隔世一여 격세】huǎng rú gé shì〈成〉
격세지감을 느끼다.
【恍悟一오】huǎngwù 동문득 깨닫다.

∗∗【晃】日部 | huǎng
6画 | 밝을 황
동1빛나다. 반짝거리다. 눈부시게 하다.
◇太阳~得眼睛睁不开/태양이 눈부셔서
눈을 뜰 수 없다. 2(번개같이) 스쳐 지나
가다. 번쩍하고 지나가다. ◇窗外有个人
影儿一~就不见了/창밖에 사람 그림자
가 획 스쳐 지나가더니 보이지 않았다
⇒huàng
【晃眼一안】huǎngyǎn 1동눈부시다. 2몡순
식간.

【谎·謊】讠部 | huǎng
9画 | 속일 황
1몡거짓말. 거짓. ◇说~/거짓말을 하다.
2동거짓말을 하다. 속이다.
【谎报一보】huǎngbào 동허위 보고하다.
【谎花一화】huǎnghuā (~儿)몡(열매를 맺

지 않는) 수꽃.
【谎话一화】huǎnghuà 몡거짓말. (同)〔谎
言 yán〕, (反)〔真 zhēn 话〕◇孩子不该
说~/아이는 거짓말을 해서는 안된다.
【谎价一가】huǎngjià (~儿)몡에누리. 실
제의 값보다 더 얹어 매긴 값.
【谎信一신】huǎngxìn (~儿)(同)〔荒 huǎ-
ng 信〕
【谎言一언】huǎngyán 몡거짓말.

【幌】巾部 | huǎng
10画 | 휘장 황
몡〈文〉장막. 휘장.
【幌子一자】huǎng·zi 몡1실물 간판.〔간판
의 모양이 실제 파는 상품과 비슷하거나
그것을 암시함〕2〈轉〉(어떤 일을 하기
위해 내거는) 명분. 구실. ◇打着开会的
~游山玩水/회의를 한다는 구실로 관광
하며 즐긴다.

huàng

∗【晃(提)】日部 | huàng
6画 | 밝을 황
1동흔들다. 흔들리다. ◇风刮得树枝直~/
바람에 나무가지가 계속 흔들린다. 2(Hu-
àng)몡〈地〉황현(晃縣).〔옛날의 현 이
름으로 호남(湖南)에 있음〕⇒huǎng
【晃荡一탕】huàng·dang 동1(양쪽으로) 흔
들리다. 휘청거리다. 2(하는 일 없이) 빈
둥거리다. ◇正经事儿不做, 一天到晚瞎
xiā~/제대로 일을 안하고 하루종일 빈
둥거리다.
【晃动一동】huàngdòng 동흔들거리다. (同)
〔晃荡 huàngdàng〕, (反)〔平稳 píngwěn〕
【晃晃悠悠一황황유유】huàng·huang yōuyōu
혱흔들거리는 모양.
【晃悠一유】huàng·you (同)〔晃荡 dang〕

灰 390	咴 391	恢 391	挥 391	晖 391
辉 391	麾 392	徽 392	回 392	苗 394
蛔 394	悔 394	毁 395	卉 395	汇 395
讳 395	会 395	绘 397	烩 397	诲 397
晦 397	秽 397	贿 397	彗 397	慧 397
殨 397	喙 397	惠 398	蕙 398	蟪 398

huī

☆【灰】火部 | huī
2画 | 재 회
1몡재. ◇烟~/담뱃재. ◇烧成~/태워서
재로 만들다. 타서 재가 되다. 2몡먼지.
◇积了厚厚的一层~/두껍게 먼지가 한
켜 쌓였다. 3몡석회(石灰). ◇抹~/석회
를 바르다. 4몡〈色〉회색. 잿빛. ◇银~/

은회색. ◇~马/회색 말. **5**형의기소침하다. 실망하다. ◇心~意懒/〈成〉맥이 탁 풀려 아무것도 할 생각이 없다.

【灰暗-암】huī'àn 형어둑하다. 어스레하다. ◇前途~/앞날이 어둡다.

【灰白-백】huībái 형회백색.

【灰不溜丢-불류주】huī·buliūdiū (~的) 형〈方〉희끄무레한 모양.

∗∗【灰尘-진】huīchén 명먼지.

【灰沉沉-침침】huīchénchén (~的)(하늘 빛이) 어둠침침하다.

【灰尘肺-진폐】huīchénfèi 명〈醫〉진폐.

【灰顶-정】huīdǐng 명석회만 바르고 기와를 잇지 않은 지붕.

【灰分-분】huīfèn 명〈生化〉회분.

【灰浆-장】huījiāng 명〈建〉**1**시멘트 모르타르. **2**(同)〔砂 shā 浆〕

【灰烬-신】huījìn 명재. 잿더미.

【灰溜溜-류류】huīliūliū (~的)형**1**〈貶〉거무틱틱하다. 거무스레하다. **2**풀이 죽다. ◇小明挨了爸爸一顿骂, ~地走出来/명이는 아버지의 한바탕 훈계를 듣고 풀이 다 죽고 나왔다. (反)〔雄赳赳 xióngjiūjiū〕

【灰蒙蒙-몽몽】huīmēngmēng (~的)형 (경치가) 어슴푸레하다. 희뿌옇다. ◇~的夜色/어슴푸레한 밤하늘.

【灰棚-붕】huīpéng 명〈方〉**1**잿간. **2**(~儿)지붕을 회로 칠한 작은 집.

【灰色-색】huīsè **1**명회색. **2**형〈喩〉의기소침한. 퇴폐적인. 음울한. ◇~的作品/퇴폐적인 작품. **3**형〈喩〉(태도·입장·주장따위가) 애매하다.

【灰头土脸儿-두토검아】huītóu tǔliǎnr (~的)형**1**머리와 얼굴이 온통 먼지투성이다. **2**실망·낙담한 모양. 망신스런 모양.

【灰土-토】huītǔ 명먼지.

∗∗【灰心-심】huī·xīn 형실망하다. 낙심하다. ◇不怕失败, 只怕~/실패하는 것이 겁나는 게 아니고 실망하는 것이 겁난다. (同)〔泄气 xièqì〕, (反)〔振作 zhènzuò〕

【灰心丧气-심상기】huī xīn sàng qì〈成〉실망하여 낙심하다. 의기소침하다. (同)〔垂头丧气 chuí tóu sàng qì〕, (反)〔意气风发 yì qì fēng fā〕

【灰质-질】huīzhì 명〈生理〉(뇌수·척수의) 회백질(灰白質).

【咴】口部 huī 6画 말우는소리 회

【咴儿咴儿-회아회아】huīrhuīr 의히힝.〔말이 울부짖는 소리〕

【恢】忄部 huī 6画 넓을 회

형크다. 넓다.

☆【恢复-복】huīfù 통원상태로 돌아가다. 회

복하다. ◇秩序~了/질서가 다시 잡혔다. ◇信心~了/자신을 되찾았다. ◇健康已完全~/건강이 이미 다 회복되었다. (同)〔回 huí 复], (反)〔失去 shīqù〕 비교恢复:发挥 ①"伤"·"病"은 "恢复"라고 말하지 않는다. ◇他的伤(×恢复)好了/그의 상처는 나았다. ②자체의 능력을 나타낼 때는 "恢复"를 쓰지 않는다. ◇领导要注意(×恢挥)发挥知识分子的积极性/간부는 지식인들의 적극성을 발휘하도록 유념해야 한다.

【恢弘-홍】huīhóng〈文〉**1**형(규모·계획 따위가) 넓다. 크다. **2**통발양하다. 진작시키다.

【恢宏-굉】huīhóng (同)〔恢弘 hóng〕

【恢恢-회】huīhuī 형〈文〉매우 넓고 크다. 매우 광대하다.

【恢廓-곽】huīkuò〈文〉**1**형매우 넓다. **2**통확장하다.

☆【挥·揮】扌部 huī 6画 휘두를 휘

통**1**휘두르다. 흔들다. ◇~拳/주먹을 휘두르다. **2**(눈물·땀 따위를) 닦다. 훔치다. ◇~泪/눈물을 훔치다. **3**(군대를) 지휘하다. 호령하다. ◇指~大军/대군을 지휘하다. **4**펴져나오다. 확산되어 나오다. ◇发~/발휘하다.

【挥斥-척】huīchì 통〈文〉**1**책망하다. **2**분방하다.

【挥动-동】huīdòng 통흔들다. 휘두르다.

【挥发-발】huīfā 명통〈化〉휘발(하다). ◇~油/가솔린. 휘발유. (同)〔汽 qì 油〕 **2**명발성 유류(油類).

【挥戈-과】huīgē 통무기를 휘두르다.

【挥毫-호】huīháo 통〈文〉휘호하다.

∗【挥霍-곽】huīhuò 통**1**돈을 헤프게 쓰다. 돈을 물쓰듯하다. **2**형〈文〉날렵하고 시원스럽다. (反)〔节省 jiéshěng〕

【挥金如土-금여토】huī jīn rú tǔ〈成〉돈을 물 쓰듯 하다.

【挥洒-쇄】huīsǎ 통〈文〉**1**(물 따위를) 뿌리다. **2**거침없이 글이나 그림을 그리다.

【挥师-사】huīshī 통군을 지휘하다.

【挥手-수】huī// shǒu 통손을 흔들다.

【挥舞-무】huīwǔ 통(손에 든 물건을) 흔들다.

【晖·暉】日部 huī 6画 햇빛 휘

명햇빛. ◇春~/봄볕.

【晖映-영】huīyìng (同)〔辉 huī 映〕

【辉·輝】小部 huī 9画 빛날 휘

1명광채. 광휘. 불빛. 아침햇빛. ◇光~/광채. **2**통빛나다.

**【辉煌－황】 huīhuáng 웹휘황 찬란하다. ◇
灯火～/불빛이 휘황 찬란하다. 비교辉
煌:优异 "辉煌"는 큰 업적 등에 주로 쓰
인다. ◇他升学考试取得(×辉煌)优异 yō-
uyì 的成绩/그는 입학시험에서 우수한
성적을 거뒀다.

【辉映－영】 huīyìng 통눈부시게 비치다. 빛
나다.

【麾】 麻部 | 毛部 | huī
　　　4画 | 11画 | 대장기 **휘**

1명대장기(大將旗). 옛날, 대장군이 지휘
할 때 쓰던 기(旗). 2통〈文〉(군대를) 지
휘하다. ◇～军前进/군대를 지휘하여 전
진시키다.

【麾下－하】 huīxià 명〈文〉1휘하. 장수의
수하. 2〈敬〉장수.

【徽】 彳部 | huī
　　　14画 | 표기 **휘**

1명단체의 표식. ◇国～/국장(國章). 2톙
아름다운. 훌륭한. 3(Huī)명〈地〉휘주(徽
州). 〔안휘성(安徽省)의 구부명(舊府名)〕

【徽调－조】 huīdiào 1(同)〔徽剧 jù〕 2명
'徽剧'에서 사용되는 곡조.

【徽号－호】 huīhào 명미칭(美稱). 애칭. 닉
네임.

【徽记－기】 huījì 명표시.

【徽墨－묵】 huīmò 명중국 안휘성(安徽省)
휘주(徽州)에서 나는 먹.

【徽章－장】 huīzhāng 명휘장. 배지(badge).

huí

★【回】 口部 | huí
　　　3画 | 돌아올 **회**

1통돌다. 회전하다. (강·길 등이) 꼬불꼬
불 구부러지다. 굽이치다. ◇巡～/순회하
다. 2통돌아오다. 돌아가다. ◇～到原地/
원래 지점으로 돌아오다. ◇送～原处/원
래 있던 곳으로 돌려 보내다. 3통돌리다.
방향을 바꾸다. ◇～过身来/몸을 돌리다.
4통대답하다. 회답하다. ◇～他一封信/
그에게 답장을 보내다. 5통말씀드리다.
여쭈다. 아뢰다. (同)〔回禀 bǐng〕 6통
(요청을) 거절하다. (예약한 연회 따위
를) 취소하다〔물리다〕. (직장 따위를)
그만두다. 7통번. 번. 차례. 〔일·동작 따
위의 횟수를 나타냄〕◇听过两～/두 번
들었다. ◇完全是两～事/완전히 별개의
〔다른 두 가지〕 일이다. 8명(장회소설
의) 회(回). ◇这部小说共一百五十～/이
소설은 모두 150회이다. 9(Huí)명〈民〉
회족(回族). 10(Huí)명〈宗〉회교(回教).
11(Huí)명성(姓).

【回拜－배】 huíbài 통답방하다. 답례로 방

문하다. (同)〔回访 fǎng〕

【回报－보】 huíbào 1통보고하다. 2명보답.
보수. ◇做好事不图～/좋은 일을 해도
보수를 바라지 않다. 3통보복하다.

*【回避－피】 huíbì 1통회피하다. 2명〈法〉회피.

【回禀－품】 huíbǐng 통(웃사람에게) 보고
하다. 여쭈다.

【回驳－박】 huíbó 명통반박(하다). ◇据理
～/이치에 따라 반박하다.

【回采－채】 huícǎi 명〈礦〉갱도를 만들고
나서 채굴하다.

【回茬－치】 huí chá 명〈農〉(농작물의) 후
작(後作).

【回肠－장】 huícháng 1명〈生理〉회장(回肠).
2통〈文〉(창자가 요동하듯) 애태우다. 마
음 졸이다.

【回肠荡气－장탕기】 huí cháng dàng qì
〈成〉(문장·음악 따위가) 사람을 몹시 감
동시키다. 심금을 울리다.

【回潮－조】 huí// cháo 1통(말랐던 것이)
다시 축축해지다. 2〈喩〉(이미 사라진 옛
사물·옛습관·옛사상이) 되살아나다.

【回嗔作喜－진작희】 huí chēn zuò xǐ 〈成〉
화를 내다가 기뻐하다.

【回程－정】 huíchéng 명돌아가는 길. 귀로.

【回春－춘】 huíchūn 1봄이 돌아오다. 2
〈喩〉의술이나 약이 훌륭해 중병을 낫게
하다. 3회춘하다. 도로 젊어지다.

★【回答－답】 huídá 1통대답하다. ◇请～我
的问题/제 문제에 대답해 주세요. 2명대
답. ◇他的～是"我不知道"/그의 대답은
"전 모르겠습니다"이다.

【回单－단】 huídān (同)〔回条 tiáo〕

【回荡－탕】 huídàng 통(소리 따위가) 울
리다. 메아리치다.

【回电－전】 huí// diàn 1통답전(答電)하다.
◇快给他回个电/얼른 그에게 답전을 해
야지. 2(huídiàn)명답전.

【回跌－질】 huídiē 1통〈상품 가격이〉올랐
던 시세가 하락하다. 떨어지다. 내리다.
◇农产品价格又～了/농산물 가격이 올랐
다가 다시 떨어졌다. 2명반락(反落).

【回返－반】 huífǎn 통되돌아 오다〔가다〕.
◇～家乡/고향으로 돌아가다.

【回访－방】 huífǎng 통답방하다. 명답방.

【回复－복】 huífù 1통(주로 편지에서)
답장(하다). 2통(원 상태를) 회복하다.

*【回顾－고】 huígù 통회고하다. 돌이켜 보
다. ◇～近年来两国的友好关系/요몇년의
양국의 우호 관계를 돌이켜 보다.

【回光返照－광반조】 huí guāng fǎn zhào
〈成〉태양이 지기 직전에 잠시 빛나다:임
종 직전에 잠깐 정신이 맑아지다. 소멸
직전에 잠시 왕성해지다.

【回归－귀】huíguī **1**동되돌아가다. ◇～祖国/조국으로 되돌아가다. **2**명회귀.

【回归带－귀대】huíguīdài （同）〔热 rè 带〕

【回归年－귀년】huíguīnián 〈天〉회귀년. 태양년.

【回归线－귀선】huíguīxiàn 명〈地〉회귀선.

【回锅－과】huí//guō 동(음식을) 다시 데우다. ◇把这碗菜回回锅再吃/이 반찬을 다시 데워서 먹자.

【回国－국】huí//guó 동귀국하다.

【回合－합】huíhé 명(경기·전투·논쟁·담판의) 횟수. 라운드.

【回纥－흘】Huíhé 명〈民〉위구르족.

【回鹘－골】Huíhú （同）〔回纥 hé〕

【回护－호】huíhù 동감싸다. 두둔하다.

【回话－화】huí//huà 동**1**(주로 인편을 통하여) 대답하다. **2**(윗사람에게) 여쭈다. 말씀드리다.

【回话－화】huíhuà （～儿）명(주로 인편을 통해서 보내는) 대답. 회답.

【回还－환】huíhuán 동되돌아가다.

【回环－환】huíhuán 동구불구불 감돌다. 에돌다. （同）〔回文 wén〕

【回回－회】Huí·hui 명회족(回族).

【回火－화】huí//huǒ **1**명동〈冶〉템퍼링(tempering)(하다). （同）〔配 pèi 火〕 **2**명〈機〉(내연 기관의) 역화(逆火) 현상.

＊【回击－격】huíjī 명동반격(하다). ◇给以有力的～/유력한 반격을 가하다.

【回家－가】huí//jiā 동집으로 돌아가다.

【回见－견】huíjiàn 〈套〉또 만납시다.

【回教－교】Huíjiào （同）〔伊斯兰教 Yīsīlánjiào〕

【回敬－경】huíjìng 동**1**(인사나 선물에) 답례하다. **2**술잔을 받고 답례술을 권하다. ◇我～你一杯/제가 한 잔을 드리겠습니다.

【回绝－절】huíjué 동거절하다. 사절하다. ◇一口～/한 마디로 거절했다.

【回空－공】huíkōng 동(차나 배가) 손님 없이 돌아가다.

【回扣－구】huíkòu 명리베이트(rebate). 〔받은 돈의 일부를 떼어서 되돌려 줌〕

【回来－래】huí//·lái 동돌아 오다. ◇他每天早晨出去, 晚上才～/그는 매일 아침에 나갔다가 밤이 되어서야 비로소 돌아 온다.

★【回来－래】//·huí//·lái 방향보어동사 뒤에 붙어서 본래 장소로 되돌아 오거나 되돌리는 뜻을 나타냄. ◇跑～/뛰어 되돌아 오다. 比較回来:回到 장소목적어는 "回"와 "来" 사이에 온다. ◇那天晚上八点〔×回来〕回到饭店/그날 밤 8시에 호텔로 돌아 왔다.

【回廊－랑】huíláng 명회랑.

【回礼－례】huí//lǐ **1**동(남의 선물 따위에) 답례하다. **2**(huílǐ) 명(선물에 대한) 답례.

【回历－력】Huílì 명회교력(回教曆).

【回流－류】huíliú 동(하다). 흘러간 물이 다시 돌아와 흐르다.

【回笼－롱】huí//lóng 동**1**찬 음식을 시루에 얹어 다시 찌다. **2**(발행한 화폐가 은행으로) 되돌아오다. 회수하다.

【回炉－로】huí//lú 동(금속을) 다시 녹이다.

【回禄－록】huílù 〈文〉화신(火神). 〈轉〉화재. ◇～之灾/화재.

【回路－로】huílù 명**1**귀로. **2**〈電〉회로.

【回落－락】huíluò 명(수위나 물가가) 올라갔다 다시 떨어지다. 반락하다.

【回马枪－마창】huímǎqiāng 명돌연 몸을 돌려 추격자를 창으로 찔러 죽이기.

【回门－문】huí//mén 동(결혼을 한 뒤 수일 내에) 처가집으로 인사하러 가다.

【回民－민】Huímín 명회족(回族).

【回眸－모】huímóu 동뒤돌아 보다. 〔주로 여자에 대해 씀〕

【回念－념】huíniàn 동회고하다.

【回暖－난】huínuǎn 동날씨가 풀리다.

【回棋－기】huí//qí 동(장기나 바둑 따위에서) 수를 무르다.

【回迁－천】huíqiān 동이사갔다가 원래 있던 곳으로 되돌아오다.

【回青－청】huíqīng （同）〔返 fǎn 青〕

【回请－청】huíqǐng 동답례로 초대하다.

【回去－거】huí//·qù 동돌아가다. ◇离家乡十年, 一次也没～过/고향을 떠난 지 10년이 되도록 한번도 돌아 가지 않았다.

★【回去－거】//·huí//·qù 방향보어(동사의 뒤에 붙어서) 원래의 위치〔자리〕로 돌아 감을 표시함. ◇请把这封信给他退～/이 편지를 그에게 되돌려 주세요. ◇昨天我是走～的/어제 나는 걸어서 돌아갔다.

【回煞－살】huíshà 명죽은 사람의 넋이 며칠후 자기 집에 한 번 돌아오는 일.

【回身－신】huí//shēn （～儿）동몸을 (뒤로) 돌리다.

【回升－승】huíshēng 동(시세·경기·기온·수위·생산량 등이) 내렸다가 다시 오르다. 반등하다. ◇GNP开始～/GNP는 다시 오르기 시작했다.

【回生－생】huíshēng **1**동회생하다. **2**동(한번 배운 기술이 얼마동안 쓰지 않아) 생소해지다. 서툴러지다.

【回声－성】huíshēng 명메아리. 산울림.

【回师－사】huíshī 동회군하다.

＊【回收－수】huíshōu **1**명동(폐품을) 회수(하다). ◇～废旧物资/폐품을 회수하다. **2**동(대금·위성 등을) 회수하다. ◇～贷款/융자를 회수하다. **3**명〈化〉회수.

【回手－수】huíshǒu 통1손을 몸 뒤로 돌리 거나, 몸을 돌려 손을 뻗히다. 2반격하다.

【回首－수】huíshǒu 통〈文〉1머리를 돌리 다. 2돌이켜보다. 회고하다.

【回书－서】huíshū 통〈文〉답장.

【回溯－소】huísù 통회고〔회상〕하다. 돌이 켜보다.

【回天－천】huítiān 통 (쇠퇴한 세력이나 형 세를) 되돌리다. 만회하다.

【回填－전】huítián 〈建〉통되메다.

【回条－조】huítiáo (～儿)명1(우편물을 받 은 뒤 써주는) 간단한 배달확인서. 2짧게 쓴 답장 쪽지.

【回帖－첩】huítiě (～儿)명옛날, 우편환금 의 수취서.

【回头－두】huí// tóu 통1(～儿)뒤돌아보 다. 2개심하다. 3되돌아오다. ◇一去不～ /한번 가면 돌아오지 않는다.

☆【回头－두】huítóu 부조금 있다가. ◇你先 吃饭，～再谈/너 밥부터 먹어라. 조금 있 다가 다시 얘기하자.

【回头客－두객】huítóukè 명(가게·호텔 등 을) 다시 찾은 손님.

【回头路－두로】huítóulù 명〈喩〉후퇴하는 길. ◇好马不走～/좋은 말은 뒤로 물러 서지 않는다.

【回头人－두인】huítóurén 명〈方〉재가한 과부.

【回头是岸－두시안】huí tóu shì àn 〈成〉깨 달으면 극락.

【回味－미】huíwèi 1명음식의 뒷맛. 2통지 난 일을 곰곰히 씹어보다.

【回文诗－문시】huíwénshī (同)명회문(回 文)의 시. 〔거꾸로 읽으면 또 한편의 시 가 되는 시〕

【回纹针－문침】huíwénzhēn (同)〔别 bié 针〕

【回席－석】huí// xí (同)〔还 huán 席〕

【回戏－희】huí// xì 통공연을 취소하다.

【回乡－향】huí// xiāng 통귀향하다.

【回翔－상】huíxiáng 통빙빙 돌며 날다. 공중을 선회하다.

【回响－향】huíxiǎng 명통메아리(치다). 반 향(하다).

＊＊【回想－상】huíxiǎng 명통회상(하다). ◇～ 起不少往事/적지 않은 옛일을 회상하다.

【回销－소】huíxiāo (同)〔返 fǎn 销〕

【回心－심】huíxīn 통1뉘우치다. 2행실을 고치다.

☆【回信－신】huí// xìn 1통답장하다. ◇希望 早日～/속히 답장해 주기를 바란다. 2 (huíxìn)명답장. ◇给哥哥写了一封～/형 에게 답장을 써 보냈다. 3(～儿)(huí xì-nr) 명회답. ◇事情办妥 tuǒ 了，我给你个 ～儿/일이 다 처리되면, 네게 회답하마.

【回形针－형침】huíxíngzhēn (同)〔曲别针 qǔbiézhēn〕

【回修－수】huíxiū 통재수리하다.

【回叙－서】huíxù 통과거를 회상하며 서술 〔이야기〕하다.

【回旋－선】huíxuán 통1선회하다. 2융통 성이나 조정의 여지가 있다. ◇留点儿～ 的余地别把话说死了/말을 극단적으로 하 지마. 신의 여지를 남겨두어라.

【回旋曲－선곡】huíxuánqǔ 명〈音〉회선곡.

☆【回忆－억】huíyì 명통회상(하다). ◇～过 去/과거를 회상하다. 주의"回忆"는 "惊醒" "展现" 등 동사의 목적어로 쓰지 않는다. ◇一阵笑声(×惊醒)打断了我的回忆/한바 탕 웃음소리가 내 회상을 중단시켰다.

【回音－음】huíyīn 명1메아리. 2답신.

【回佣－용】huíyòng (同)〔回扣 kòu〕

【回游－유】huíyóu 명통회유(하다). (同) 〔洄 huí 游〕

【回赠－증】huízèng 통(받은 선물에 대 한) 답례를 하다.

【回涨－창】huízhǎng 통(내렸던 값이) 다 시 오르다. 반등하다. ◇金价今天又～了/ 금값이 오늘 다시 반등했다.

【回执－집】huízhí (同)〔回条 tiáo〕

【回转－전】huízhuǎn 통1(몸을) 돌리다. 2되돌아가다.

【回族－족】Huízú 명회족.

【回嘴－취】huí// zuǐ 통말대꾸하다. 말대답 하다.

【茴】 艹部｜huí 6画｜약이름 회

【茴香－향】huíxiāng 명〈植〉1회향풀. 2붓 순 나무의 열매.

【蛔】 虫部｜huí 6画｜거위 회

명〈虫〉회충.

【蛔虫】huíchóng 명〈虫〉회충.

huǐ

＊【悔】 忄部｜huǐ 7画｜뉘우칠 회

통뉘우치다. 후회하다. ◇后～/후회하다.

【悔不当初－불당초】huǐ bù dāng chū 〈成〉 애당초 하지 말았어야 했다고 후회하다.

＊【悔改－개】huǐgǎi 통개과하다. ◇他已表 示愿意～/그는 기꺼이 회개하겠다고 말 했다.

【悔过－과】huǐguò 통잘못을 뉘우치다. 잘 못을 인정하다.

＊【悔恨－한】huǐhèn 통뉘우치다. 후회하다.

【悔婚－혼】huǐ// hūn 통약혼을 파기하다.

【悔棋－기】huǐ// qí 통(바둑·장기에서) 수

를 무르다.
【悔悟―오】huǐwù 동후회하고 뉘우치다.
【悔之无及―지무급】huǐ zhī wú jí 〈成〉후회해도 소용없다.
【悔罪―죄】huǐ∥zuì 동죄를 뉘우치다.

**【毁】殳部｜huǐ
9画｜헐 훼
1동부수다. 파괴하다. 망가뜨리다. ◇森林为大火所~/숲은 큰 불로 망가졌다. (同)〔坏 huài〕, (反)〔建 jiàn〕 2동태워버리다〔없애다〕. 소각하다. ◇烧~/태워 없애다. (同)〔焚 fén〕, (反)〔熄 xī〕 3동헐뜯다. 비방하다. 중상하다. ◇诋~/비방하다. (同)〔谤 bàng〕, (反)〔誉 yù〕 4동〈方〉(의복 따위를) 고쳐 만들다. ◇用一件大褂给孩子~两条裤子/두루마기 하나로 아이에게 바지 두 개를 만들어 주었다.
【毁谤―방】huǐbàng 동비방하다. (同)〔诋毁 dǐhuǐ〕, (反)〔称颂 chēngsòng〕
【毁害―해】huǐhài 동망치다. 못쓰게 하다.
*【毁坏―배】huǐhuài 동부수다. 파손하다. ◇洪水～了铁路/홍수가 철도를 파손시켰다. (同)〔损 sǔn 坏〕, (反)〔建立 jiànlì〕
【毁家纾难―가서난】huǐ jiā shū nàn 〈成〉가산을 모두 털어 국난 극복에 바치다.
*【毁灭―멸】huǐmiè 동괴멸하다〔시키다〕. 섬멸하다.
【毁弃―기】huǐqì 동파기하다.
【毁容―용】huǐróng 동얼굴에 상처를 내다.
【毁伤―상】huǐshāng 동손상시키다. 다치게 하다.
【毁损―손】huǐsǔn 동훼손하다.
【毁誉―예】huǐyù 명비난과 칭찬.
【毁约―약】huǐyuē 동협정을 파기하다. (同)〔破 pò 约〕, (反)〔守 shǒu 约〕

huì

【卉】十部｜huì
3画｜풀 훼
명풀의 총칭. 〔주로 관상용을 가리킴〕◇花～/화훼.

**【汇·滙(彙)】氵部｜huì
2画｜모을 휘
1동물이 한 곳으로 모이다. ◇～成巨流/(물이) 모여서 거대한 흐름을 이루다. 2동한데 모으다. 집대성하다. ◇～印成书/모아서 인쇄하여 책으로 만들다. (同)〔合 hé〕, (反)〔分 fēn〕 3명휘편. 집성. 〔자료 따위를 한데 모아놓은 것〕◇词～/어휘. 4〈经〉동환(换)으로 보내다. 송금하다. ◇给家里～点钱/집으로 돈을 송금하다. 5명외화(外货). 외국환(外国换).
**【汇报―보】huìbào 명동(자료나 정보를

종합하여) 보고하다. ◇我把生产情况一一向厂长作了～/나는 공장장님께 생산상황을 자세하게 공장장님께 보고했다.
【汇编―편】huìbiān 1명집성(集成). 총집(总集). 〔자료 따위를 종합 편찬한 서적의 명칭에 쓰임〕2동한데 모아 편집하다.
【汇兑―태】huìduì 명〈经〉환(换). 환어음으로 보내다.
【汇费―비】huìfèi 명환수수료. 송금수수료. (同)〔汇水 shuǐ〕
【汇合―합】huìhé 명(물길이) 한데 모이다. (同)〔汇聚 jù〕, (反)〔分开 fēnkāi〕
*【汇集―집】huìjí 1동모이다. ◇游行队伍～到天安门广场上/시위행렬이 천안문 광장으로 모였다. 2모으다. ◇～材料/자료를 모으다. ‖ (同)〔汇合 hé〕
【汇价―가】huìjià (同)〔汇率 lù〕
【汇聚―취】huìjù 동한데 모이다. 모여 들다. (同)〔会 huì 聚〕
**【汇款―관】huì∥kuǎn 동송금하다. ◇他到邮局～去了/그는 우체국으로 송금하러 갔다.
**【汇款―관】huìkuǎn 명송금한 돈. ◇收到一笔～/부쳐 온 돈을 받다.
【汇流―류】huìliú 동합류하다.
【汇率―율】huìlù 명환율. (同)〔汇价 jià〕
【汇票―표】huìpiào 명어음.
【汇水―수】huìshuǐ (同)〔汇费 fèi〕
【汇演―연】huìyǎn (同)〔会 huì 演〕
【汇总―총】huìzǒng 동(자료 따위를) 한데 모으다. (反)〔分散 fēnsàn〕

【讳·諱】讠部｜huì
4画｜꺼릴 휘
1동꺼리다. ◇直言不～/거리낌없이 직언하다. 2명금기의 일 또는 말. ◇犯了他的～了/그가 꺼려하는 말을 해버렸다. 3명휘. 〔옛날, 죽은 제왕 또는 윗사람의 이름〕
【讳疾忌医―질기의】huì jí jì yī 〈成〉자기의 결점을 감추고 고치려 하지 않다.
【讳忌―기】huìjì (同)〔忌讳〕
【讳莫如深―막여심】huì mò rú shēn 〈成〉기를 쓰고 감추려 들다. (反)〔直言不讳 zhí yán bù huì〕
【讳言―언】huìyán 동말하기를 꺼리다.

★【会·會】人部｜huì
4画｜모을 회
1동모이다. 모으다. ◇～齐/다 모이다. 2동만나다. ◇上班时间不～客/업무시간에는 손님을 만나지 않는다. 3명회. 모임. 집회. 회합. ◇晚～/저녁 공연. 축제. ◇舞～/무도회. 4명회. 단체. 조직. ◇工～/노동조합. 5명재회(斋会). ◇赶～/재회에 가다. 6명옛날, 민간에서 영지(灵地)를 참배하거나 풍작을 기원하기 위하여

H

조직된 집단 모임. 예를 들면, '香会'迎神会' 등. **7**圓계(契). **8**圓대도시. ◇都~/도시. **9**圓시기. 기회. ◇机~/기회. **10**圓때마침. 공교롭게도. ◇～有客来/때마침 손님이 왔다. **11**조통〔文〕…해야 한다. (同)〔应当 yīngdāng〕 **12**통이해하다. 깨닫다. ◇体～/체득하다. **13**통능숙하다. 잘 알다〔하다〕. **14**조통(배워서) 할 수 있다. …할 줄 안다. ◇我不～滑冰/나는 스케이트를 탈 줄 모른다. ◇他女儿只～拉提琴, 不～弹钢琴/그의 딸은 바이올린만 탈 줄 알고 피아노는 못친다. **15**조통…을 잘 하다. …에 뛰어나다〔능하다〕. ◇～写～画的人倒不太讲究纸的好坏/글씨를 잘 쓰고 그림을 잘 그리는 사람은 오히려 그다지 종이의 질을 따지지 않는다. ◇她以前最不～过日子, 一个月的钱几天就花光了/그녀는 전에 살림을 아주 못해 1개월 생활비를 며칠만에 몽땅 써버렸었다. **16**조통…할 가능성이 있다. …할 것이다. ◇树上的果子熟了, 自然～掉下来/나무의 열매가 익으면, 자연히 떨어질 것이다. ◇没想到今天～这么热/오늘 이렇게 더울 줄은 생각지도 못했다. 闭교会:能"能"은 어떤 능력을 갖춘 것이고, "会"는 어떤 재능을 배워서 수 있는 것이다. ◇他病好了, (×会)能下床了/그는 병이 나으면 침대에서 내려올 수 있다. ∥⇒〔能 néng〕 **17**통(식당 따위에서) 돈을 지불하다. ◇我～过了/내가 지불하였다. **18**圓잠시. 잠깐. (同)〔会儿 huìr〕⇒kuài

【会餐-찬】 huì// cān 통회식하다. (同)〔聚会 jù cān〕
【会操-조】 huì// cāo 圓합동 연습〔훈련〕을 하다.
☆【会场-장】 huìchǎng 圓회의장. 집회 장소.
【会钞-초】 huì// chāo (同)〔会帐 zhàng〕
【会车-차】 huìchē 통(차량이) 마주 지나가다.
【会道门-도문】 huìdàomén 圓민간 신앙단체.
【会费-비】 huìfèi 圓회비.
【会攻-공】 huìgōng 통연합하여 공격하다.
【会馆-관】 huìguǎn 圓회관. 각 현이나 성이 북경에 세운 동일 고향의 과거 응시자를 위한 체재용 건물, 또는 동업조합이 대도시에 세운 집회소.
【会合-합】 huìhé 통회합하다. 모이다. (同)〔凑 còu 合〕, (反)〔分别 fēnbié〕
★【会话-화】 huìhuà 圓회화.
【会徽-휘】 huìhuī 圓회의 휘장.
【会集-집】 huìjí 통모이다. 회합하다. (同)〔汇 huì 集〕

☆【会见-견】 huìjiàn 통만나다. ◇～亲友/친구를 만나다. 闭교会见:认识 "会见"은 외교상이나 정중한 장소에만 쓰이고 일반적인 만남에는 쓰지 않는다. ◇我上大学时(×会见)认识了一个女人/난 대학 다닐 때 한 여자를 알게 되었다.
【会聚-취】 huìjù 통모이다. 집합하다. (同)〔聚集 jí〕
【会考-고】 huìkǎo 圓합동 시험.
☆【会客-객】 huì// kè 통내방객을 만나다. ◇～室/응접실.
【会门-문】 huìmén (～儿)圓민간 신앙단체.
【会面-면】 huì// miàn 통만나다. 대면하다. (同)〔见 jiàn 面〕
【会期-기】 huìqī 圓**1**회의 일자. **2**회기.
【会齐-제】 huìqí 통다 모이다.
【会儿-아】 huìr 圓잠시. 잠깐. ◇你先别着急, 一～他就来/잠시 후에 그가 오니 조급해 하지마. ◇用不了多大～/많은 시간 필요없어요.
【会商-상】 huìshāng 함께 의논하다.
【会审-심】 huìshěn 圓통합동 심리(를 하다). 합동심사(를 하다). ◇～施工图纸/합동으로 시공도면을 심사하다.
【会师-사】 huì// shī 〈軍〉우군과 합류하다. 한 데 모이다.
【会首-수】 huìshǒu 圓옛날, 각종 조직〔회〕의 대표자.
【会水-수】 huì// shuǐ 통헤엄을 칠 줄 알다.
☆【会谈-담】 huìtán 圓통회담(하다). ◇进行～/회담을 하다.
【会堂-당】 huìtáng 圓회당. 의사당. 공회당.
【会通-통】 huìtōng 통완벽한 이해에 이르다.
＊【会同-동】 huìtóng 통회동하다. ◇这事由商业局~有关部门办理/이 일은 상업국에서 관계 부처와 회동하여 처리한다.
＊【会晤-오】 huìwù 통만나다. ◇两国外长定期~/양국 외무부 장관이 정기적으로 만나다.
【会衔-함】 huìxián 통공문서에 연명으로 서명하다.
【会心-심】 huìxīn 통표현하지 않은 남의 말 뜻을 알아 듣다. 의중을 파악하다.
【会演-연】 huìyǎn **1**圓통합동 공연(하다). **2**圓콩쿠르. ∥(同)〔汇 huì 演〕
【会厌-염】 huìyàn 圓〈生理〉회염. 후두개.
☆【会议-의】 huìyì 圓회의. ◇工作~/업무 회의.
【会意-의】 huìyì **1**圓회의. 〔6서(六書)의 하나. 예를 들면, "信"자는 "人"과 "言"으로 조합된 것으로 '사람이 한 말이 신용이 있음'을 나타낸다.〕 **2**통(同)〔回心〕
【会阴-음】 huìyīn 圓〈生理〉회음.
【会友-우】 huìyǒu **1**圓회원 친구. 〔회원

상호간의 호칭〕 2통벗으로 사귀다.

*【会员—원】huìyuán 명회원. ◇工会～/노
동조합원.

【会战—전】huìzhàn 통1교전. 전쟁에서 쌍
방의 주력 부대가 일정한 장소와 시간에
벌이는 결전. 2힘을 모아 집중적으로 임
무를 완성하는 일.

【会帐—장】huì//zhàng 통(음식점 등에서
식사비 따위를) 한 사람이 지불하다. ◇
今天我来～/오늘 내가 돈을 낼게.

【会诊—진】huì//zhěn 통회진하다. 〔여러
의사가 한 환자를 진찰하는 것〕

【会众—중】huìzhòng 명1회의 참석자. 모
임에 나온 사람. 2옛날 민간 종교단체에
참가한 사람.

【会子—자】huì·zi（又讀 huǐ·zi） 명잠깐.
잠시.

*【绘·繪】纟部 huì
6画 그림 회
통그리다. 색채하다. ◇描～/묘사(하다).

*【绘画—화】huì//huà 1통그림을 그리다. 2
(huìhuà)명회화. 그림.

【绘声绘色—성회색】huì shēng huì sè〈成〉
묘사나 서술이 생생하다.

【绘事—사】huìshì 명〈文〉회화에 관한 일.

【绘图—도】huì//tú 통도면을 그리다. 지도
를 그리다.

【绘影绘声—영회성】huì yǐng huì shēng
(同)〔绘声绘色〕

【绘制—제】huìzhì 통제도하다. (도면 따위
를) 그려서 만들다.

【烩·燴】火部 huì
6画 모아끓일 회
명1볶은 후에 소량의 물과 전분을 넣어
만드는 요리법. ◇～虾仁/위와 같은 방
법으로 만든 새우살 요리. 2쌀과 고명을
섞어 지은 밥. ◇～饭/덮밥.

【诲·誨】讠部 huì
7画 가르칠 회
통가르치다. 가르쳐 인도하다. ◇教～/가
르쳐 인도하다.

【诲人不倦—인불권】huì rén bù juàn〈成〉
싫증내지 않고 남을 교도하다.

【诲淫诲盗—음회도】huì yín huì dào〈成〉
사람을 꾀어 간음이나 도적질을 범하게
하다.

【晦】日部 huì
7画 그믐 회
1명(음력) 그믐. 2통어둡다. 캄캄하다. 3
형분명하지 않다. 명확하지 않다. ◇隐
～/(뜻이) 분명하지 않다. 4통밤. ◇风雨
如～/비바람으로 밤처럼 캄캄하다. 5통
〈文〉숨기다. 숨다. 감추다. ◇～迹/숨어
서 모습을 감추다.

【晦暗—암】huì'àn 형어둡다.

【晦明—명】huìmíng 1명〈文〉낮과 밤. 2명
암. 어둠과 밝음.

【晦气—기】huìqì 1형재수없다. 운수 사납
다. ◇真～, 出门就碰到他/정말 재수 없
어. 집을 나서자 바로 그를 만나다니.
(同)〔倒霉 dǎo//méi〕, (反)〔运 yùn 气〕
2명불운. 3명불행한 사람이나 병에 걸린
사람의 안색. 어두운 얼굴. (同)〔丧 sàng
气〕, (反)〔喜 xǐ 气〕

【晦涩—삽】huìsè 형(언어·문장 등이) 난
해하여 이해가 어렵다.

【晦朔—삭】huìshuò 명〈文〉1그믐부터 초
하루까지. 2밤부터 아침까지.

【秽·穢】禾部 huì
6画 더러울 예
1형더럽다. 불결하다. ◇污 wū～/불결하
다. (同)〔脏 zāng〕, (反)〔洁 jié〕 2형추
악하다.

【秽迹—적】huìjì 명〈文〉추악한 행적.

【秽气—기】huìqì 명악취.

【秽土—토】huìtǔ 명쓰레기. (同)〔垃圾 lājī〕

【秽闻—문】huìwén 명〈文〉도색문. 스캔들.
◇～四播/도색 스캔들이 쫙 퍼지다.

【秽行—행】huìxíng 명〈文〉추악한 행위.
〔주로 음란한 행동을 가리킴〕

【秽语—어】huìyǔ 명더러운 말.

【贿·賄】贝部 huì
6画 재물 회
1명통뇌물(을 주다). ◇行～/뇌물을 주
다. ◇受～/뇌물을 받다.

*【贿赂—뢰】huìlù 명통뇌물(을 쥐어주다).
◇接受～/뇌물을 받다. ◇～公行/뇌물이
공공연히 행해지다.

【贿选—선】huìxuǎn 통매표 행위를 하다.
투표자를 매수하다.

【彗（篲）】彐部 huì
8画 풀비 세, 풀이름 혜
명〈文〉1빗자루. 2〈天〉혜성(彗星). ◇～
星/혜성.

【慧】心部 huì
11画 총명할 혜
형총명하다. 현명하다. ◇智～/지혜(롭
다). ◇聪～/총명하다.

【慧黠—힐】huìxiá 형〈文〉약아빠지다.

【慧心—심】huìxīn 명1〈佛〉혜심. 2지혜.

【慧眼—안】huìyǎn 명1〈佛〉혜안. 2예리한
안목.

【殨·殥（溃）】歹部 huì
12画 무너뜨릴 궤
통(헌데가) 문드러 터지다. ◇～脓/화농
하다. ⇒'溃 kuì'

【喙】口部 huì
9画 부리 훼

[명]〈文〉1(새의) 부리. (짐승의) 주둥이. 2〈轉〉사람의 입. ◇百～莫辩/〈成〉입이 백 개라도 변명할 수 없다.

【惠】 心部 8画 | huì 은혜 **혜**

1[명][동]은혜(를 베풀다). ◇受～/은혜를 입다. (同)〔恩 ēn〕, (反)〔仇 chóu〕 2[동]남에게 이익을 주다. (反)〔害 hài〕 3〈敬〉상대방이 자기를 대하는 행위에 대해 존경을 표시하는 말. ◇～鉴/혜감(하다). 4(Huì)[명]성(姓).

【惠存－존】huìcún 〈牘〉받아 간직해 주십시오.

【惠风－풍】huìfēng [명]따뜻하고 부드러운 바람. 훈풍.

【惠顾－고】huìgù [명][동](상점 등에) 왕림하다.

【惠及－급】huìjí [동]은혜가 미치다.

【惠临－림】huìlín [명][동]〈敬〉왕림(하다).

H

【蕙】 艹部 12画 | huì 난초 **혜**

[명]〈植〉혜초(蕙草).

【蟪】 虫部 12画 | huì 쓰르라미 **혜**

【蟪蛄－고】huìgū [명]〈虫〉씽씽매미.

hūn

⁑【昏】 日部 4画 | hūn 날저물 **혼**

1[명]저녁 황혼(黄昏). ◇晨～/아침과 저녁. (同)〔夕 xī〕, (反)〔晨 chén〕 2[형]어둡다. 희미하다. ◇天～地暗/온 천지가 캄캄하다. (同)〔暗 àn〕, (反)〔明 míng〕 3[형]머리가 둔하다. 어리석다. (정신이) 흐리멍덩하다. 4[동]의식을 잃다. 기절하다. ◇～倒/기절하다. (反)〔醒 xǐng〕

【昏暗－암】hūn'àn [형]어둡다. ◇灯光～/불빛이 어둡다. (同)〔暗淡 àndàn〕, (反)〔光亮 guāngliàng〕

【昏沉－침】hūnchén [형]1어둑어둑하다. 2어지럽다. 흐리멍덩하다. 몽롱하다. ◇他喝醉了酒，头脑～/그는 술에 취해서 머리가 흐리멍텅한 상태이다. (同)〔昏乱 luàn〕, (反)〔清醒 qīngxǐng〕

【昏黑－흑】hūnhēi [형]1(날이) 어둑어둑하다. 2(빛깔·안색이) 어둡다.

【昏花－화】hūnhuā [형]눈이 침침하다. 〔주로 노인의 눈을 가리킴〕 (同)〔模糊 móhū〕, (反)〔清楚 qīngchu〕

【昏黄－황】hūnhuáng [형]흐릿하다. 〔주로 달빛이나 등빛 따위를 가리킴〕

【昏厥－궐】hūnjué [동]〈醫〉졸도하다. 기절하다. (同)〔晕 yūn 厥〕, (反)〔苏醒 sūxǐng〕

【昏君－군】hūnjūn [명]우매무능한 임금. (反)〔明 míng 君〕

【昏聩－외】hūnkuì [형]눈 멀고 귀 먹다. 〈喻〉우매하여 시비를 못 가리다. (同)〔昏昧 mèi〕, (反)〔清醒 qīngxǐng〕

【昏乱－란】hūnluàn [형]1(머리가) 혼란스럽다. (정신이) 혼미하다. ◇思路～/사고가 혼란스럽다. 2〈文〉(세상이) 어지럽다〔혼란하다〕. ◇社会～/사회가 어지럽다. (同)〔混 hùn 乱〕, (反)〔安定 āndìng〕

☆【昏迷－미】hūnmí [형]의식 불명이다. 인사불성이다. ◇～了两天两夜，终于苏醒过来了/이틀 밤낮을 의식불명으로 있다가 마침내 깨어났다. (同)〔昏厥 jué〕

【昏睡－수】hūnshuì [명][동]혼수(하다). ◇病人仍处在～状态/환자는 여전히 혼수상태에 빠져있다.

【昏天黑地－천흑지】hūn tiān hēi dì 〈成〉1사방이 캄캄하다. ◇晚上～的，那条路不好走/밤에 캄캄해서 그 길이 다니기에 불안하다. (同)〔天昏地暗 àn〕, (反)〔天朗气清 tiān lǎng qì qīng〕 2눈앞이 캄캄하다. 3(품행이) 난잡하다. 4싸우거나 말싸움을 몹시 심하게 하다. 5(세상이) 어지럽다〔암담하다〕.

【昏头昏脑－두혼뇌】hūn tóu hūn nǎo 〈成〉정신이 얼떨떨하다. 어리벙벙하다. ◇他今天忙得～的/그는 오늘 정신이 얼떨떨한 정도로 바빴다. (反)〔耳聪目明 ěr cōng mù míng〕

【昏星－성】hūnxīng [명]〈天〉(저녁에 서쪽 하늘에 뜨는) 금성(金星)이나 수성(水星).

【昏眩－현】hūnxuàn [형](정신이) 어질어질하다.

【昏庸－용】hūnyōng [형]우매하다. 우둔하다. (反)〔清明 qīngmíng〕

【婚】 女部 8画 | hūn 혼인한 **혼**

1[동]결혼하다. ◇未～/미혼. ◇新～/신혼. 2[명]혼인(婚姻). ◇结～/결혼(하다). ◇离～/이혼(하다).

【婚嫁－가】hūnjià [명]혼사. 시집 장가.

【婚礼－례】hūnlǐ [명]혼례. 결혼식.

【婚龄－령】hūnlíng [명]1〈法〉결혼 연령. 2혼기(婚期). 결혼 적령기. ◇他俩今年刚够～/그들 둘은 올해 막 결혼 적령기에 접어들었다.

【婚配－배】hūnpèi [동]결혼하다. 〔주로 기혼·미혼의 여부를 말할 때 씀〕

【婚纱－사】hūnsā [명]신부의 결혼드레스〔예복〕.

【婚事－사】hūnshì [명]혼사. 결혼에 관한 일. ◇李家下个月办～/이씨네는 다음 달에 혼사를 치룬다.

【婚书—서】hūnshū 옛날의 결혼 증명서.
【婚外恋—외연】hūnwàiliàn 외도(하다). (同)〔婚外情 qíng〕
☆【婚姻—인】hūnyīn 혼인. 결혼.
【婚姻法—인법】hūnyīnfǎ 〈法〉혼인법.

【荤·葷】 艹部 hūn 6画 마늘 훈

1생선이나 육류로 만든 요리. ◇饺子馅儿是~的还是素的?/만두소는 고기냐 아니면 야채냐? ◇她不吃~/그녀는 육식을 하지 않는다. (反)〔素 sù〕 2〈佛〉파·마늘 따위의 냄새 나는 채소. 3〈喩〉외설적인 말이나 문장.
【荤菜—채】hūncài 생선·육류 요리. (同)〔荤腥 xīng〕, (反)〔素 sù 菜〕
【荤话—화】hūnhuà 저속한 말. 욕.
【荤口—구】hūnkǒu 연극[전통극] 대사 중 저속하고 천박한 말.
【荤腥—성】hūnxīng (생선이나 고기 따위의) 비린내 나는 음식.
【荤油—유】hūnyóu 라드(lard). 돼지 기름. (同)〔猪 zhū 油〕, (反)〔素 sù 油〕

hún

【浑·渾】 氵部 hún 6画 흐릴 혼

1(물이) 흐리다. ◇水~得很/물이 몹시 혼탁하다. (同)〔混 hùn〕, (反)〔清 qīng〕 2명청하다. 미련하다. (同)〔混 hùn〕 3천연적이다. 자연 그대로이다. 4모두. 완전히. ◇~身是汗/온 몸이 땀투성이다. 5(Hún)성(姓).
【浑蛋—단】húndàn 〈罵〉명청한 녀석. (同)〔混 hún 蛋〕
【浑噩—악】hún'è 명청하다. 무지하다.
【浑厚—후】húnhòu 1순박하다. 성실하다. ◇他天性~/그는 원래 순박하다. (同)〔醇 chún 厚〕, (反)〔刻薄 kèbó〕 2(시문이나 서화의 풍격이) 중후하다. (同)〔雄 xióng 浑〕, (反)〔纤巧 xiānqiǎo〕 3(소리가) 낮고 힘이 있다. 우렁차다.
【浑浑噩噩—혼악악】hún hún' è' è 〈成〉무지 몽매하다. 명청하다.
【浑家—가】húnjiā 〈早白〉아내.
【浑金璞玉—금박옥】hún jīn pú yù 〈成〉질박하고 순진한 천성. (同)〔璞玉浑金〕
【浑朴—박】húnpǔ 질박하다. 소박하다. ◇那儿的风俗很~/그 곳의 풍습이 소박하다.
【浑球儿—구아】húnqiúr 〈方〉바보. (同)〔混 hún 球儿〕
【浑然—연】húnrán 1온통. 완전히. ◇~一体/혼연일체이다. 2전혀. 아주. ◇~不觉/전혀 느끼지 못하다.

【浑如—여】húnrú 매우 비슷하다. 똑같다.
＊【浑身—신】húnshēn 온 몸. 전신. ◇~是胆/〈成〉아주 대담하다. ◇吓得~发抖/놀라 온 몸이 덜덜 떨리다.
【浑水摸鱼—수모어】hún shuǐ mō yú 혼란한 틈을 타서 한 몫 보다. 불난 집에 도둑질하다. (同)〔混 hún 水摸鱼〕
【浑说—설】húnshuō 허튼소리 하다.
【浑似—사】húnsì 〈早白〉아주 흡사하다. (同)〔浑如 rú〕
【浑天仪—천의】húntiānyí 〈天〉혼천의. (同)〔浑仪〕 2(同)〔浑象 xiàng〕
【浑象—상】húnxiàng 〈天〉천구의. (同)〔天球仪 tiānqiúyí〕
【浑仪—의】húnyí (同)〔浑天 tiān 仪 1〕
【浑圆—원】húnyuán 동그랗다. ◇~的珍珠/동그란 진주.
【浑浊—탁】húnzhuó 혼탁하다. 흐리다. (同)〔混 hùn 浊〕, (反)〔清澈 qīngchè〕

【混】 氵部 hún 8画 흐릴 혼

(同)〔浑 hún 1, 2〕⇒hùn
【混蛋—단】húndàn (同)〔浑 hún 蛋〕
【混球儿—구아】húnqiúr (同)〔浑 hún 球儿〕
【混水摸鱼—수막어】hún shuǐ mō yú (同)〔浑 hún 水摸鱼〕

【馄·餛】 饣部 hún 8画 경단 혼

【馄饨—돈】hún·tún 중국 남부에서 먹는 물만두.

【魂】 鬼部 hún 4画 넋 혼

1(~儿)혼. 넋. 혼령. (同)〔灵 líng 魂〕 2정신. 정서. 기분. ◇神~颠倒/(무엇에 정신이 팔려) 제 정신이 아니다. 3국가·민족의 숭고한 정신. 넋. 얼. ◇国~/나라의 정신.
【魂不附体—불부체】hún bù fù tǐ 〈成〉겁에 질려 넋을 잃다. 혼비백산하다.
【魂不守舍—불수사】hún bù shǒu shè 〈成〉(죽음에 임박하여) 혼이 몸에서 나가다. 〈轉〉몹시 두려워 넋이 나가다. (同)〔心不在焉 xīn bù zài yān〕, (反)〔聚精会神 jù jīng huì shén〕
【魂飞魄散—비백산】hún fēi pò sàn 〈成〉혼비백산하다. (同)〔魂飞胆裂 dǎnliè〕
【魂灵—령】hún·líng (~儿)〈口〉영혼. 혼. 넋. (同)〔灵魂〕
【魂魄—백】húnpò 혼백. 영혼.

hùn

【诨·諢】 讠部 hùn 6画 농담 원

[명][동]농담(을 하다). 우스갯소리(를 하다). ◇打～/농담을 하다.
【诨号－호】hùnhào (同)〔诨名 míng〕
【诨名－명】hùnmíng [명]별명. (同)〔外号 wàihào〕
【溷】氵部 10画 | hùn 더러울 **혼**
〈文〉1[형]더럽다. 혼탁하다. 흐리다. 2[명]뒷간. 화장실.
【溷浊－탁】hùnzhuó (同)〔混 hùn 浊〕
☆【混】氵部 8画 | hùn 섞일 **혼**
1[동]섞다. 혼합하다. 뒤섞다. ◇这是两码事, 不要搞～了/이 일은 서로 다른 일이니 혼동하지 마세요. 2[동]남을 속이다. 가장하다. ◇鱼目～珠/〈成〉고기 눈알을 진주라고 속이다. 가짜를 진짜라고 속이다. 3[동]그럭저럭 살아가다. 되는 대로 살아가다. ◇我～了半辈子/난 반평생을 빈둥거리며 살았다. 4[부]함부로. 되는 대로. 분별 없이. ◇～出主意/되는 대로 의견을 내놓다. ⇒hún
【混充－충】hùnchōng [동]사칭하다. 가장하다.
【混沌－돈】hùndùn [형]1혼돈한 모양. 천지개벽초에 아직 만상이 나뉘어 구별되지 않은 모양. 2무지 몽매한 모양.
*【混纺－방】hùnfǎng [명]〈紡〉1혼방. 2혼방 직물.
⁑【混合－합】hùnhé 1[동]혼합하다. 함께 섞다. ◇男女～双打/남녀 혼합 복식. (反)〔单一 dānyī〕2[명]〈化〉혼합.
【混合面儿－합면아】hùnhémiànr [명]잡곡이 많이 섞인 밀가루.
*【混合物－합물】hùnhéwù [명]〈化〉혼합물.
【混混儿－혼아】hùn·hunr [명]백수건달.
【混迹－적】hùnjì [동]〈文〉몰래 섞여 들다. 잠입하다.
⁑【混乱－란】hùnluàn [명][형]혼란(하다). ◇交通～/교통이 혼란하다. (同)〔杂 zá 乱〕, (反)〔整齐 zhěngqí〕[비교]混乱:嘈杂 "声音"은 "混乱"으로 형용하지 않는다. ◇会场人声(×混乱)嘈 cáo 杂/회의장에는 사람들 소리가 시끄럽다.
⁑【混凝土－응토】hùnníngtǔ [명]콘크리트.
【混世魔王－세마왕】hùnshì mówáng 〈喩〉세상을 어지럽히는 폭군.
【混事－사】hùn//shì [동]〈貶〉일을 해 겨우 밥벌이 하다.
【混同－동】hùntóng [동]혼동하다.
【混为一谈－위일담】hùn wéi yī tán 〈成〉서로 다른 것을 같은 것으로 동일시하다
⁑【混淆－효】hùnxiáo [동]1뒤섞이다. 〔주로 추상적인 것에 쓰임〕 ◇真伪～/진위가 뒤섞이다. (同)〔模糊 mó·hu〕, (反)〔分明 fēnmíng〕2헛갈리게 하다. 혼동하게 하다. ◇～黑白/〈成〉흑백을 헛갈리게 하다. (同)〔模糊 mó·hu〕, (反)〔明辨 míngbiàn〕
【混血－혈】hùn// xuè (儿)1[동]혼혈하다. 2(hùnxuè)[명]혼혈.
【混一－일】hùnyī [동]하나로 섞다.
【混杂－잡】hùnzá [동](뒤)섞(이)다. (同)〔驳 bó 杂〕, (反)〔纯净 chúnjìng〕
【混战－전】hùnzhàn [명][동]혼전(하다). 난투(하다).
【混帐－장】hùnzhàng [형][명]〈罵〉얼간망둥이. 철면피. 〔남을 욕하는 말〕
*【混浊－탁】hùnzhuó [형](물·공기 따위가) 혼탁하다. (同)〔浑 hún 浊〕, (反)〔清澈 qīngchè〕

耠 400	劐 400	嚄 400	豁 400	攉 401
和 401	活 401	火 402	伙 405	钬 405
夥 405	或 405	和 405	货 405	获 406
祸 406	惑 406	霍 406	嚄 407	豁 407
镬 407	嚯 407			

huō

【耠】耒部 6画 | huō 극젱이 **합**
[동](극젱이 따위로) 땅을 일구다.
【耠子－자】huō·zi [명]〈農〉극젱이.
【劐】刂部 13画 | huō 끊을 **확**
[동]〈口〉1(칼로) 째다〔가르다〕. ◇把鱼肚子～开/생선 배를 가르다. 2(同)〔耠 huō〕
【嚄】口部 13画 | huō 깜짝놀랄 **획**
[감]와. 우와. 〔놀람을 나타냄〕 ◇～! 好大的鱼!/와! 굉장히 큰 고기구나! ⇒huò, ǒ
*【豁】谷部 10画 | huō 내뚫린골 **확**
1[동]째지다. 터지다. 갈라지다. 금가다. ◇～了一个口子/금이 하나 갔다. 2[동]희생하다. 대가를 치루다. ◇～出三天时间陪你/3일간 시간을 내서 당신을 모시겠습니다. ⇒huá, huò
【豁出去－출거】huō·chu·qu [동]〈俗〉필사적으로 한번 부딪치다. ◇我们～了, 决心跟他们干到底/우리는 죽기 아니면 까무러치기로 그들과 끝까지 한번 해 보기로 결심했다.
【豁口－구】huōkǒu (～儿)[명](성벽이나 기물 따위의) 갈라진 틈. 터진 곳.
【豁子－자】huō·zi [명]〈方〉1언청이. (同)〔唇裂 chúnliè〕2(同)〔豁口 kǒu〕
【豁嘴－취】huōzuǐ(～儿) [명]언청이. (同)

〔唇裂 chúnliè〕

【攉】扌部 16画 huō 손뒤집을 **확**
　(동)(쌓여 있는 석탄이나 토사 따위를) 퍼 옮기다. ◇～土/흙을 퍼 옮기다.
【攉煤机－매기】huōméijī (동)〈機〉채탄용 파워 셔블.

huó

【和】禾部 3画 口部 5画 huó 섞을 **화**
　(동)개다. 이기다. 반죽하다. ◇～泥/진흙을 이기다. ⇒hé, hè, hú, huò
【和面－면】huó//miàn (동)밀가루를 반죽하다.

★【活】氵部 6画 huó 살 **활**
　1(형)살다. 생존하다. (反)〔死 sǐ〕◇她～到八十岁/그녀는 80세까지 살았다. 2(부)산채로. 통채로. ◇～吃/산채로 먹다. 3(동)살리다. ◇～人一命/사람 목숨 하나를 살리다. 4(형)유동적이다. 이동식이다. 조립식이다. ◇～水/흐르는 강물. 5(형)생생하다. 생동적이다. ◇这一段描写得很～/이 대목은 묘사가 아주 생생하다. 6(형)활기찬. 살아 있는. 7(부)꼭. 마치. 흡사. ◇这孩子说话～像大人/이 아이는 말하는 것이 마치 어른과 같다. 8(~儿)(명)〔보통 육체 노동을 일컬음〕◇我的～儿干完了/내 일은 모두 끝마쳤다. 9(~儿)(명)제품. 상품. ◇这批～儿做得好/이 제품은 잘 만들어졌다.
【活瓣－판】huóbàn (명)〈生理〉판막(瓣膜).
【活宝－보】huóbǎo (명)〈貶〉웃기는 사람.꼴통. 〔폄의의 뜻 내포〕
【活报剧－보극】huóbàojù (명)길에서 시사 뉴스를 간단한 극의 형식으로 연기하는 단막극.
【活便－변】huó·bian (형)〈口〉1민첩하다. 기민하다. ◇手脚～/행동이 기민하다. 2편리하다.
【活茬－치】huóchá (~儿)(명)〈俗〉들일. 농사일.
【活地狱－지옥】huódìyù (명)생지옥.
★【活动－동】huó·dòng 1(동)움직이다. 몸을 풀다. (몸을) 움직이다. ◇站起来～一下/일어서서 몸을 좀 움직이다. 2(동)(어떤 목적을 위해) 뛰어다니다. ◇这一带常有游击队～/이곳은 유격대가 자주 활동한다. 3(동)흔들리다. 건들거리다. ◇这把椅子直～/이 의자는 계속 흔들린다. (同)〔动摇 yáo〕, (反)〔稳固 wěngù〕4(명)활동. 행사. ◇野外～/야외 활동. ◇体育～/체육활동. 5(형)고정되지 않다. 유동적이

다. ◇～模型/움직이는 모형. ◇他听了我的话, 心里有点儿～了/그는 내 말을 듣고 마음이 좀 움직였다. 6(동)부정적인 일이나 부탁을 하러 다니다. 청탁(매수)하러 다니다. ◇他为逃避纳税四处～/그는 탈세를 위해 사방으로 청탁하러 다닌다.
【活动家－동가】huódòngjiā (명)활동가.
【活泛－범】huó·fan 1(형)〈口〉〈俗〉재치가 있다. 임기응변에 능하다. 2(형)경제적인 여유(가 생기다). (同)〔灵 líng 活〕(反)〔呆板 dāibǎn〕
【活佛－불】huófó (명)1라마교의 고승의 속칭. 2신통력이 있어 사람을 구해주는 승.
**【活该－해】huógāi 〈口〉(…한 것은) 당연하다. 그래 싸다. 고소하다. 쌤통이다. ◇～, 谁叫你不听我的话/고소하다. 누가 너더러 내 말을 듣지 말래!
【活化－화】huóhuà (명)(동)〈物〉활성화(하다). ◇～剂/활성제.
【活化石－화석】huóhuàshí (명)〈生〉활화석.
【活话－화】huóhuà (~儿)(명)불확실한 약속. 애매한 언질. ◇他临走留不个~, 说也许今晚回来/그는 떠나기 전에 오늘 돌아올지도 모르겠다는 애매한 언질을 했다.
【活活－활】huóhuó (~儿的)(부)1산채로. 생떼같이. ◇把人～打死/생사람을 때려 죽였다. 2꼭. 마치. 완전히.
【活火－화】huóhuǒ (명)타오르는 불꽃. 이글거리는 불.
【活火山－화산】huóhuǒshān (명)〈地質〉활화산.
【活计－계】huó·ji (명)1(바느질·자수·수예 따위의) 일. 〈轉〉육체 노동. 2(완성 또는 미완성의) 수공제품.
【活见鬼－견귀】huójiànguǐ 〈喩〉귀신 곡할 노릇이다. ◇那孩子刚才还在, 怎么一下就不见了, 真是~!/그 아이가 방금도 있었는데 어찌 갑자기 안 보이지. 정말 귀신 곡할 노릇이다!
【活结－결】huójié (명)풀매듭. (同)〔活扣 kòu〕, (反)〔死 sǐ 结〕
【活局子－국자】huójú·zi (명)〈方〉(사람을 해치기 위하여 꾸며낸) 모략. 함정.
【活口－구】huókǒu (명)1(살인 사건의 현장에서 살아남아 단서를 제공할 수 있는) 산 증인. 2(정보를 제공할 수 있는) 포로나 범인.
【活扣儿－구아】huókòur (同)〔活结 jié〕
【活劳动－노동】huóláodòng (명)〈經〉무형적 노동(無形的勞動).
*【活力－력】huólì (명)활력. 생기. ◇充满着青春的～/청춘의 활기가 가득하다.
【活灵活现－령활현】huó líng huó xiàn 〈成〉(묘사·서술이) 생생하다.

【活路—로】huólù 圐**1**밖으로 통할 수 있는 길. (同)〔生 shēng 路〕, (反)〔死 sǐ 路〕**2**해결책. 타개책. **3**살아갈 길(방법). ◇得找条~, 不能等着挨饿/살 길을 찾아야지. 앉아서 굶을 수는 없다.

【活路—로】huó·lu 圐육체 노동.

【活络—락】huóluò 徐〈方〉**1**(꼭 맞지 않아) 건들거리다. 헐겁다. (同)〔活泛 fan〕, (反)〔呆板 dāibǎn〕**2**(머리가) 잘 돌아가다. 불확실하다. ◇他头脑~/그는 머리가 잘 돌아간다. ◇小李说得很~, 看样子她也没把握/이 양이 유동적으로 말하는 것을 보니 그녀도 자신 없는 모양이다.

【活卖—매】huómài 부동산을 처분할 때 파는 쪽이 다시 살 수 있는 권리를 보유하는 것을 말함.

【活门—문】huómén 圐밸브(valve). (同)〔阀 fá〕

【活命—명】huó//mìng 㘄**1**목숨을 부지하다. **2**〈文〉목숨을 구해주다.

【活命—명】huómìng 圐목숨. 생명.

☆【活泼—발】huó·po 徐**1**활발하다. 활기차다. 생기가 있다. ◇天真~的孩子/천진스럽고 활발한 아이. (反)〔呆板 dāibǎn〕

비교活泼:活跃:有生气:愉快 ①"活泼"는 쓰이지 않는다. ◇这样安排可以(×活泼)活跃文娱生活/이렇게 배정하면 문화 오락활동을 활기띠게 할 수 있다. ②생명력이 왕성함을 나타낼 때는 "活泼"로 형용하지 않는다. ◇这个城市很(×活泼)有生气/이 도시는 생기가 차 있다. ③"生活"은 "活泼"로 형용하지 않는다. ◇我们的学习生活很(×活泼)愉快/우리의 학습생활은 즐겁다. **2**〈化〉반응도가 높다.

【活菩萨—보살】huópú·sa 圐산 보살. 〈喩〉구세주.

【活期—기】huóqī 圐〈經〉당좌. (反)〔定 dìng 期〕

【活期存款—기존관】huóqī cúnkuǎn 圐〈經〉당좌 예금. 보통 예금.

【活气—기】huóqì 圐활력. 생기.

【活契—계】huóqì 圐옛날 부동산 매매 계약 때 되살 수 있는 권리를 규정한 계약. (反)〔死 sǐ 契〕

【活钱—전】huóqián **1**현금. 圐**2**정식 수입 외에 생기는 돈. 부수입. ◇他每月除工资外, 还有些~/그는 매달 월급외에 부수입이 좀 들어온다.

【活塞—새】huósāi 圐〈機〉피스톤(piston). 밸브(valve). ◇~环/피스톤 링. (同)〔鞴韝 gōubèi〕

【活生生—생생】huóshēngshēng **1**㘄생생하다. 살아 있는 듯하다. ◇~的例子/생생한 예. **2**㘃생으로. 뻔히 보면서도.

【活食—식】huóshí 圐산 먹이.

【活受罪—수죄】huóshòuzuì 㘄〈俗〉생고생을 하다. ◇叫他说英语, 简真是~/그더러 영어를 하라는 것이 정말 그에게 생고생이지. 〔대부분 과장된 표현임〕

【活水—수】huóshuǐ 圐흐르는 물. (同)〔流 liú 水〕, (反)〔死 sǐ 水〕

【活脱儿—탈아】huótuōr 㘄〈口〉빼닮다.

【活现—현】huóxiàn 㘄완연하게〔생동하게〕나타나다. 살아 움직이다.

【活像—상】huóxiàng 㘄꼭 닮았다. ◇她长得~她妈好/그녀는 엄마를 꼭 닮았다.

【活血—혈】huóxuè 㘄〈中醫〉혈맥을 통하게 하다.

【活阎王—염왕】huóyán·wang 圐**1**악마의 화신. **2**폭군.

【活页—혈】huóyè 㘄(종이를 빼었다 끼웠다 할 수 있는) 루스 리프(loose leaf)식(의).

☆【活跃—약】huóyuè 圐**1**활기를 띠다. 활발히 하다. ◇听到这消息, 大家一时一起来/이 소식을 듣자 모두가 잠시나마 활기를 띠었다. **2**활기를 띠게 하다. ◇~会场气氛/대회장의 분위기를 활기차게 하다. ◇~经济/경제를 활성화하다.

【活质—질】huózhì 圐〈生理〉활성(活性) 물질.

【活捉—착】huózhuō 㘄생포하다.

【活字—자】huózì 圐〈印〉활자. ◇~号/활자 호수.

【活字版—자판】huózìbǎn 圐활자판.

【活字典—자전】huózìdiǎn 圐〈喩〉산 사전. 만물박사.

【活字印刷—자인쇄】huózì yìnshuā 圐활자 인쇄.

【活罪—죄】huózuì 圐생고생.

huǒ

☆【火】 火部 | huǒ
0画 | 불 화

1圐불. ◇点~/점화하다. **2**圐무기. 탄약. **3**圐〈醫〉열. ◇上~/열이 나다. **4**㘄붉다. **5**㘄〈轉〉긴급하다. 절박하다. ◇情况~急/상황이 절박하다. **6**(~儿)㘃화내다〔성을〕내다. ◇他~儿了/그는 성이 났다. **7**㘃번창하다. 흥하다. ◇买卖很~/장사가 번창하다. **8**(同)〔伙 huǒ〕**9**(Huǒ)圐성(姓).

【火把—파】huǒbǎ 圐횃불.

【火伴—반】huǒbàn (同)〔伙 huǒ 伴〕

【火棒—봉】huǒbàng 圐(체조 따위에 쓰이는) 횃불 방망이.

【火暴—폭】huǒbào〈方〉**1**㘄성급하다. 불같다. (同)〔暴躁 zào〕, (反)〔温和 wēnhé〕**2**㘄흥청거리다. 한창이다. ◇菊花开得真

～/국화는 한창 피고 있다.

【火爆－폭】huǒbào (同)〔爆bào〕

【火并－병】huǒbìng 통무리가 분열되어 서로 싸우다.

☆【火柴－시】huǒchái 몡성냥.

【火场－장】huǒchǎng 몡불난 곳. 화재 현장.

★【火车－차】huǒchē 몡기차. ◇～票/기차표.

【火车头－차두】huǒchētóu 몡1기관차. 2〈喩〉선도적 역할을 담당하는 것[인물].

【火炽－치】huǒchì 휑왕성하다. 치열하다. ◇排球赛到了最～的阶段/배구시합은 가장 치열한 단계에 이르렀다.

【火刀－도】huǒdāo 몡〈方〉부시. (同)〔火镰lián〕

【火电－전】huǒdiàn 몡화력 발전.

【火夫－부】huǒfū 몡1보일러공. 2(옛날, 군대·기관·학교 등의) 취사원.

【火罐儿－관아】huǒguànr 몡〈中醫〉흡각(吸角). 흡종(吸鍾). 〔고름을 빨아내는 기구〕

【火光－광】huǒguāng (～儿)몡불빛. 화광.

【火锅－과】huǒguō (～儿)몡1신선로. 2신선로 요리.

火锅

【火海－해】huǒhǎi 몡불 바다.

【火海刀山－해도산】huǒ hǎi dāo shān (同)〔刀山火海〕

【火红－홍】huǒhóng 휑1불처럼 붉다. 2정열에 불타다.

【火候－후】huǒ·hou (～儿)몡1불땀. 불이 타는 상태. ◇她炒的菜, 作料和～都提到家/그녀가 한 요리는 재료와 불땀이 모두 제법이다. 2〈喩〉수양의 정도. 3〈喩〉긴요한 때. ◇这儿正缺人, 你来得正是～/여기 사람을 필요하는데 당신은 마침 잘 왔군요.

【火花－화】huǒhuā 몡1불꽃. 불똥. 스파크. 2폭죽.

【火花塞－화색】huǒhuāsāi 몡〈機〉점화전. 점화 플러그.

【火化－화】huǒhuà 몡통화장(火葬)(하다). (同)〔火葬zàng〕

【火浣布－완포】huǒhuànbù 몡석면포(石綿布).

【火急－급】huǒjí 휑화급하다. 매우 긴급하다.

【火剪－전】huǒjiǎn 몡1부집게. (同)〔火钳qián〕 2고데(집게).

＊＊【火箭－전】huǒjiàn 몡로케트.

【火箭弹－전탄】huǒjiàndàn 몡로케트탄.

【火箭炮－전포】huǒjiànpào 몡로케트포.

【火箭筒－전통】huǒjiàntǒng 몡로케트 발사기.

【火井－정】huǒjǐng 몡〈方〉천연 가스가 분출되는 곳.

【火警－경】huǒjǐng 몡(피해의 유무와 관계 없이) 화재 사건. ◇～电话/화재 신고 전화.

【火镜－경】huǒjìng (同)〔凸透镜 tūtòujìng〕

【火酒－주】huǒjiǔ 몡〈方〉알콜.

【火居道士－거도사】huǒjū dào·shi 몡출가하지 않고 아내를 데리고 사는 도사.

【火具－구】huǒjù 몡화구. 점화나 기폭(起爆)기구의 집합명사.

【火炬－거】huǒjù 몡횃불.

【火炕－항】huǒkàng 몡온돌.

【火坑－갱】huǒkēng 몡지극히 비참한 생활 환경. ◇跳出～/생지옥에서 탈출하다. (同)〔地狱 dìyù〕, (反)〔天堂 tiāntáng〕

【火筷子－쾌자】huǒkuài·zi 몡부젓가락.

【火辣辣－랄랄】huǒlālā (～的)(又讀 huǒ lālā)휑1타는 듯이 뜨겁다. ◇太阳～的/햇볕이 작열하다. (反)〔冷冰冰 lěngbīngbīng〕 2화상 따위로 화끈거리는 모양. 3속이 타다. (얼굴이) 화끈 화끈 달다. ◇脸上～的, 着得不敢抬头/얼굴이 화끈거려서 머리를 들 수 없을 정도로 쑥스러웠다. 4(성격·행위·말하는 것이) 신랄하다. ◇～的批评/신랄한 비판.

【火老鸦－로아】huǒlǎoyā 몡〈方〉치솟는 불길.

【火犁－리】huǒlí 몡〈方〉트랙터.

＊＊【火力－력】huǒlì 몡1화력. 2〈軍〉화력. 무기의 살상력이나 파괴력. 3(인체의) 방한능력. 추위를 견디는 힘. ◇年轻人～旺/젊은 사람은 추위를 잘 견딘다.

【火力点－력점】huǒlìdiǎn 몡(사격에서의) 발사지점. 화점.

【火力发电－력발전】huǒlìfādiàn 몡화력발전.

【火力圈－력권】huǒlìquān 몡총포의 사정거리권.

【火镰－겸】huǒlián 몡부시. 화도구(火刀).

【火亮－량】huǒliàng (～儿)몡〈方〉조그마한 불빛.

【火龙－룡】huǒlóng 1몡〈喩〉(죽 이어진) 등불 행렬. 2〈方〉방고래.

【火笼－룡】huǒlóng (同)〔烘蓝 hōnglán〕

【火炉－로】huǒlú 몡풍로. 난로. 부뚜막.

【火轮船－륜선】huǒlúnchuán 몡〈俗〉기선(汽船). (同)〔火轮〕

【火冒三丈－모삼장】huǒ mào sān zhàng 〈成〉노발대발하다. (同)〔大发雷霆 dàfā léi tíng〕, (反)〔平心静气 píng xīn jìng qì〕

【火煤－매】huǒméi (～儿)명(불)쏘시개.

【火苗－묘】huǒmiáo (～儿)명화염. 불꽃.

【火磨－마】huǒmò 명동력 제분기.

【火捻－념】huǒniǎn (～儿)명1(불)쏘시개. (同)〔火煤(儿) méi(r)〕2도화선.

【火炮－포】huǒpào 명〈軍〉화포. (同)〔炮〕

【火盆－분】huǒpén 명화로.

【火漆－칠】huǒqī 명봉랍. (同)〔封蜡 fēnglà〕

【火气－기】huǒqì 1명노기. 성. 화. 2명〈中醫〉열. ◇年轻人～大，不怕冷/젊은이는 열이 많아서 추위를 타지 않는다. 3인체의 열.

【火器－기】huǒqì 명〈軍〉화기. 〔창·포탄·미사일 등〕

【火钳－감】huǒqián 명불집게. 부집게.

【火枪－창】huǒqiāng 명구식 총. 화승총.

【火墙－장】huǒqiáng 명1난방을 위해 벽 속에 화도(火道)를 설치한 벽. 벽난로. 2(同)〔火网 wǎng〕

【火情－정】huǒqíng 명화재 상황.

【火热－열】huǒrè 형1불같이 뜨겁다. ◇～的太阳/불타는 태양. 2(감정이) 불처럼 뜨겁다. 열렬하다. 3다정하다. 친밀하다. ◇两个人打得～/두 사람 매우 다정하게 지낸다. 4치열하다.

【火绒－융】huǒróng 명부싯깃.

【火肉－육】huǒròu 명〈方〉중국식 절인 고기(火腿肉). (同)〔火腿 tuǐ〕

【火色－색】huǒsè〈方〉(同)〔火候 hou〕

*【火山－산】huǒshān 명〈地質〉화산.

【火伤－상】huǒshāng 명화상.

【火上加油－상가유】huǒ shàng jiā yóu〈成〉불난 집에 부채질하다.

【火烧－소】huǒshāo 동(불로) 태우다. 굽다.

【火烧－소】huǒ·shao 명참깨를 묻히지 않은 '烧饼'.

【火烧火燎－소화료】huǒ shāo huǒ liǎo〈成〉1신열이 심하게 나다. 2몹시 초조하다.

【火烧眉毛－소미모】huǒ shāo méi ·mao〈成〉발등에 불이 떨어지다. ◇这是～的事儿/이는 아주 절박한 일이다.

【火烧云－소운】huǒshāoyún 명(아침·저녁) 놀.

【火舌－설】huǒshé 명불길.

【火绳－승】huǒshéng 명화승. 〔약쑥·풀을 꼰 노끈. 불을 붙여 모기를 쫓거나 불을 붙이는 데 씀〕

【火石－석】huǒshí 명1부싯돌. 수석(燧石). 2라이터 돌.

【火势－세】huǒshì 명불기운. 불타는 기세.

【火树银花－수은화】huǒ shù yín huā〈成〉등불·불꽃놀이 등이 휘황 찬란하다.

【火速－속】huǒsù 부가장 빠른 속도로. 화급하게. (同)〔飞 fēi 速〕, (反)〔缓慢 huǎn-

nmàn〕

【火炭－탄】huǒtàn 명불타고 있는 숯이나 장작.

【火塘－당】huǒtáng 명〈方〉방바닥을 파서 실내에 만든 화로.

【火烫－탕】huǒtàng 1명화끈화끈하다. 뜨끈뜨끈하다. (同)〔滚 gǔn 烫〕, (反)〔冰冷 bīnglěng〕2동(머리를) 지져서 다듬다.

【火头－두】huǒtóu 명1(～儿)불꽃. 불길. 2(～儿)불땀. (同)〔火候 hou〕3불을 낸 집. 발화한 곳. (同)〔火主 zhǔ〕4(～儿)화. 노기.

【火头军－두군】huǒtóujūn 명옛날, 군대의 취사병. 〔지금은 놀리는 말로 쓰임〕

【火头上－두상】huǒtóu·shang 성이 난 때.

【火腿－퇴】huǒtuǐ 명돼지다리를 소금에 절인 것.

【火网－망】huǒwǎng 명〈軍〉화망. (同)〔火力 lì 网〕

【火险－험】huǒxiǎn 명1화재보험. 2화재위험.

【火线－선】huǒxiàn 명1〈軍〉최전선. 2〈電〉(회로에서 전기를 보내는) 전원선.

【火星－성】huǒxīng 명1〈天〉화성. 2(～儿) 불티. 불똥.

【火性－성】huǒxìng〈俗〉명불끈하는 성미. 격하기 쉬운 성질. (同)〔火性子 zi〕

【火眼－안】huǒyǎn 명〈中醫〉급성 결막염.

【火眼金睛－안금정】huǒyǎn jīnjīng 사악한 마음을 꿰뚫어 보는 통찰력.

**【火焰－염】huǒyàn 명화염.

【火焰喷射器－염분사기】huǒyàn pēnshèqì 명〈軍〉화염방사기.

**【火药－약】huǒyào 명화약.

【火药味－약미】huǒyàowèi (～儿)명화약 냄새. 〈喩〉몹시 적대적인 분위기. ◇讨论会上～很浓/토론회에서 분위기가 매우 살벌하다.

【火印－인】huǒyìn 명소인(烧印). 낙인(烙印).

【火油－유】huǒyóu 명〈方〉석유. (同)〔煤 méi 油〕

*【火灾－재】huǒzāi 명화재.

【火葬－장】huǒzàng 명동화장(하다).

【火针－침】huǒzhēn 명(침구 요법의 하나) 불침.

【火纸－지】huǒzhǐ 명1초산을 발라 불이 잘 붙는 종이. 2죽은 사람을 위해 태우는 종이.

【火中取栗－중취률】huǒ zhōng qǔ lì〈成〉아무런 이익도 보지 못하고 남에게 이용만 당하다. 죽쑤어 개 좋은 일하다. (反)〔坐享其成 zuò xiǎng qí chéng〕

【火种－종】huǒzhǒng 명불씨.

【火烛－촉】huǒzhú 명인화물. 인화성 물질.

【火主-주】huǒzhǔ 圐불을 낸 집.

【火柱-주】huǒzhù 圐불기둥.

【火箸-저】huǒzhù 圐〈方〉부젓가락.

【火砖-전】huǒzhuān 圐〈建〉내화 벽돌. (同)〔耐 nài 火砖〕

** 【伙(火²~⁴夥)】 亻部 huǒ | 4画 | 동무 과

1圐(학교·군대 등에서의) 식사. ◇包～/식사를 정하다. 2圐동료. 친구. 동아리. 3옐무리. 패. ◇一～人/한 무리의 사람. 4圐공동으로 하다. 협력〔제휴〕하다. 연합하다. ◇几个人～着干/몇사람이 공동으로 하다.

* 【伙伴-반】huǒbàn 圐1옛날, 병제(兵制)에서 열 명으로 이루어진 조(組). 2동료. 친구. ◇他是从小跟我一起长大的最要好的～/그는 어렸을 때 나와 같이 자란 가장 친한 친구이다. 回遷伙伴은 긍정적 뜻을 가진 단어로 부정적인 문에는 쓰지 않는다. ◇主犯已抓 zhuā 到了, 他的(×伙伴)同伙也跑不了/주범은 이미 잡혔으니 그의 일당도 도망칠 수 없다.

【伙房-방】huǒfáng 圐(집단 배식을 위한) 주방.

【伙夫-부】huǒfū 圐취사부. 취사원.

【伙耕-경】huǒgēng 圐공동 경작하다.

* 【伙计-계】huǒ·ji 圐1동료. 동업자. 친구. ◇他是我的老～/그는 나의 옛 친구이다. ◇～, 上哪儿去?/이보게(친구), 어디 가나? 2옛날의 점원. 하인. ◇当年我在这个店当～/그해 나는 이 상점에서 점원으로 일했다.

☆【伙食-식】huǒ·shí 圐(학교·군대 따위의) 공동식사. 단체식사. ◇～费/식비.

【伙同-동】huǒtóng 圐한 패가 되다. 연합하다. ◇老王～几个退休工人办起了农机修理厂/왕씨는 퇴직한 노동자들과 같이 농기계 수리 공장을 세웠다.

【伙种-종】huǒzhòng (同)〔伙耕 gēng〕

【伙子-자】huǒ·zi 옐무리. 패. (同)〔伙〕

【钬·鈥】 钅部 huǒ | 4画 | 홀뮴 화

圐〈化〉홀뮴(Ho).

【夥】 夕部 huǒ | 11画 | 많을 과

1옐〈文〉많다. 2(同)〔伙 huǒ 2, 3, 4〕

huò

☆【或】 戈部 huò | 4画 | 아마 혹

1圐혹시. 아마. 어쩌면. ◇这样的花瓶不多了, 现在去～能买到/이런 꽃병은 이젠 많지 않은데 지금 가면 혹시 살 수 있을지 모른다. 2圙혹은. 또는. 그렇지 않으면. ◇～多～少/많거나 적거나. 다소. 3때〈文〉어떤 사람. 아무개. 혹자. ◇～告之曰/어떤 사람이 일러 말하기를. 4圁〈文〉조금. 약간. ◇不可～缓/조금이라도 늦추면 안된다.

【或然-연】huòrán 圁아마. 혹시.

【或然率-연률】huòránlǜ 圐〈數〉확률. (同)〔概 gài 率〕

* 【或是-시】huò·shi 圙…이거나 (혹은) …이다. …아니면 …이다. ◇去颐和园～去北海大伙都没意见/이화원에 가든 북해에 가든 모두들 불만이 없다. 回遷或是:还是 ①"或是"은 의문문에서 선택을 나타내지 않는다. ◇你是喜欢打乒乓球(×或是)还是喜欢踢足球?/당신은 탁구치는 것을 좋아합니까, 아니면 축구하는 것을 좋아합니까? ②"或是"은 선택관계를 나타내는 "要么"와 같이 쓰지 않는다. ◇要么你去, (×或是)要么他去/네가 가든지 그가 가든지 해라.

* 【或许-허】huòxǔ (同)〔也 yě 许〕◇今天他～不会来了/오늘 그가 안 올지도 모른다.

【或则-즉】huòzé (同)〔或者 zhě〕

★【或者-자】huòzhě 1圁아마. 어쩌면. ◇你打个电话问问吧, ～还能买到卧铺票/전화해서 물어보라, 어쩌면 침대표를 살 수 있을지 모른다. 2圙…이 아니면 …이다. ◇毕业以后当翻译～教书, 我都乐意/졸업 후 통역을 하든 교편을 잡든 다 하고 싶다. 回遷或者:还是 의문문에서는 "或者"를 쓰지 않는다. ◇你快说说孩子活着(×或是)还是死了?/아이가 죽었는지 살았는지 빨리 말해보세요.

【和】 禾部 口部 huò | 3画 5画 | 섞을 화

1圐섞다. 배합하다. 혼합하다. ◇藕粉里～点儿糖/연뿌리 전분에 설탕을 조금 섞다. 2옐번. 차례. 〔약을 달이거나 세탁할 때 물을 간 횟수를 나타냄〕◇衣裳已经洗了三～/옷은 이미 세 번이나 헹구었다. ⇒hé, hè, hú, huó

【和弄-롱】huò·nong 圐〈方〉1(휘저어서) 뒤섞다. 2부추기다.

【和稀泥-희니】huò xīní 〈方〉〈喩〉(사태·불화 따위를) 원칙 없이 타협하다.

【货·貨】 贝部 huò | 4画 | 재화 화

1옐돈. 화폐. ◇通～/통화. 2옐물품. 상품. 화물. ◇订～/상품을 주문하다. 3옐〈罵〉놈. 자식. 〔남을 욕하는 말〕◇笨～/바보녀석. 4圐팔다. ◇～卖/팔다.

** 【货币-폐】huòbì 옐〈經〉화폐.

【货舱-창】huòcāng 圐(배·비행기의) 화

물칸.

【货场一장】huòchǎng 图(역 따위의) 화물 하치장.

【货车一차】huòchē 图화물 수송 차량.

【货船一선】huòchuán 图화물선.

【货柜一궤】huòguì 1图상품 진열장. 2콘테이너. (同)〔集装箱 jízhuāngxiāng〕

【货机一기】huòjī 图〈航〉화물 수송기.

【货价一가】huòjià 图상품 가격.

【货架子一가자】huòjià·zi 图1상품 진열대. 2자전거의 짐받이.

【货款一관】huòkuǎn 图상품 대금.

【货郎一랑】huòláng 图황아장수. 방물장수.

【货郎鼓一랑고】huòlánggǔ 图황아 장수가 치고 다니는 북.

【货轮一륜】huòlún 图화물선.

【货票一표】huòpiào 图선하증권. 화물전표.

【货品一품】huòpǐn (同)〔货物 wù〕

【货色一색】huòsè 图1상품의 종류나 질. 2〈貶〉물건짝. 자식. 놈. 졸작. 〔사람이나 사상·말·작품 등을 비난할 때 씀〕

【货声一성】huòshēng 图행상인이 물건을 파는 소리. 수선하는 사람이 수리하라고 외치는 소리.

【货损一손】huòsǔn 图운송도중에 발생한 손해.

【货摊一탄】huòtān (～儿)图노점.

【货梯一제】huòtī 图화물전용 엘리베이터.

【货位一위】huòwèi 1图화차(货车) 1량에 가득 실을 수 있는 화물의 양. 2图역·상점·창고 등의 임시 화물 유치장.

**【货物一물】huòwù 图물품. 화물.

【货样一양】huòyàng 图상품 견본.

【货源一원】huòyuán 图상품의 공급원.

【货运一운】huòyùn 图화물 운송.

【货栈一잔】huòzhàn 图창고업자의 창고.

【货真价实一진가실】huò zhēn jià shí 〈成〉1물건도 진짜고 값도 속이지 않는다. 〔상인이 손님을 끄는 말〕 2〈貶〉조금도 거짓이 없다. 진짜다. ◇他说的都是～的/그가 말한 것은 모두 사실이다.

【货殖一식】huòzhí 图옛날에 상업을 경영하다.

【货主一주】huòzhǔ 图운송 화물의 주인.

**【获·[1,2]獲[3]穫】 艹部 | huò　7画 | 얻을 획

1图잡다. 붙잡다. ◇捕～/포획하다. 2图얻다. 획득하다. ◇不劳而～/일하지 않고 얻다. 3图베어 들이다. 거두어 들이다. 수확하다. ◇收～/수확하다.

☆【获得一득】huòdé 图(추상적인 것을) 획득하다. ◇～第一名/일등을 하다. ◇～好评/호평을 얻다. (同)〔取 qǔ 得〕, (反)〔失去 shīqù〕

【获救一구】huòjiù 图구조되다. (同)〔得 dé 救〕, (反)〔遇难 yù//nàn〕

*【获取一취】huòqǔ 图얻다. 획득하다. ◇～情报/정보를 얻다.

【获悉一실】huòxī 图정보를 얻다. 소식을 듣고 알게 되다. ◇日前～, 他已出国/일전에 그가 이미 출국했다는 소식을 알았다.

【获知一지】huòzhī (同)〔获悉 xī〕

【获致一치】huòzhì 图획득하다. 손에 넣다. 이루다.

【获准一준】huòzhǔn 图허가를 얻다.

*【祸·禍】 礻部 | huò　7画 | 재앙 화

1图화. 재앙. 재난. 사고. (反)〔福 fú〕 ◇～根/화근. ◇车～/교통사고. 2图화를 입히다. 해치다. ◇～国殃民/국가와 백성에게 재앙을 가져 오다.

【祸不单行一불단행】huò bù dān xíng 〈成〉엎친 데 덮친다. 설상가상. (同)〔多灾多难 duō zāi duō nàn〕, (反)〔洪福齐天 hóng fú qí tiān〕

【祸端一단】huòduān 〈文〉(同)〔祸根 gēn〕

【祸根一근】huògēn 图화근.

*【祸害一해】huòhài 1图화. 재난. (同)〔祸事 shì〕, (反)〔幸事 xìngshì〕 2图화근. 문제를 일으키는 사람. 3图해치다. ◇野猪～了一大片庄稼 zhuāngjia/멧돼지가 농작물을 온통 망쳐 놓았다.

【祸患一환】huòhuàn 图재난. 재해. 재앙.

【祸乱一란】huòluàn 图재난과 변란.

【祸起萧墙一기소장】huò qǐ xiāoqiáng 〈成〉내부에서 분란이 일어나다.

【祸事一사】huòshì 图재난. 재앙.

【祸首一수】huòshǒu 图(재난 따위를 일으킨) 장본인. 원흉. (反)〔帮凶 bāngxiōng〕

【祸水一수】huòshuǐ 图재난을 일으키는 사람.

【祸祟一수】huòsuì 图귀신이 사람에게 끼치는 재난.

【祸胎一태】huòtāi (同)〔祸根 gēn〕

【祸心一심】huòxīn 图앙심. 악심.

【祸殃一앙】huòyāng 图재앙. 재난. 불행.

【惑】 心部 | huò　8画 | 미혹할 혹

图1의심하다. 미혹하다. ◇智者不～/지혜로운 사람은 미혹되지 않는다. 2미혹시키다. ◇谣言～众/유언비어로 대중을 현혹시키다.

【惑乱一란】huòluàn 图미혹시키다. 혼란시키다.

【惑众一중】huòzhòng 图대중을 미혹하다.

【霍】 雨部 | huò　8画 | 빠를 곽

1图부빠르게. 갑자기. 불시에. 돌연히. 2(Huò)图성(姓).

H

【霍地—지】huòdì 图갑자기. 벌떡. 획.

【霍霍—곽】huòhuò 1의썩썩.(칼을 가는 소리 따위) 2휑번쩍번쩍하다. 번뜩이다.

【霍乱—란】huòluàn 图1〈醫〉콜레라. 2〈中醫〉심한 구토 증세나 복통을 수반하는 위장 질환.

【霍然—연】huòrán 1뷔〈文〉갑자기. 갑작스레. 2휑병이 빨리 낫는 모양.

【嚯】 口部 | huò
　　　　13画 | 외칠 획, 깜짝놀랄 획
〈文〉1튕큰소리로 외치다〔부르다〕. 크게 웃다. 2갑아이쿠. 아야. 앗.〔놀람을 나타냄〕⇒huō, ŏ.

【豁】 谷部 | huò
　　　　10画 | 소통할 활
1휑활짝 열리다. 확 트이다. 2통면제하다. 풀어 놓다. ⇒huá, huō.

【豁达—달】huòdá 휑(성격이) 활달하다. 도량이 크다.

【豁朗—랑】huòlǎng 휑명랑하다. 탁 트이다.

【豁亮—량】huò·liàng(又讀 hè·liang) 휑1넓고 밝다. ◇这间房子又干净又～/이 방은 깔끔하고 넓고 환하다. (同)〔敞 chǎng 亮〕, (反)〔阴暗 yīn'àn〕2(소리가) 낭랑하다.

【豁免—면】huòmiǎn 통(세금이나 부역 따위를) 면제하다.

【豁然—연】huòrán 휑넓거나 확 뚫리는 모양.

【镬·鑊】 钅部 | huò
　　　　　　　13画 | 가마 확
1图〈方〉솥. 냄비. 2(옛날의 다리가 없는) 큰 가마. ◇斧锯鼎～/(옛날) 몸을 갈가리 칼로 베거나 솥에 삶아 죽이는 참혹한 형벌.

【镬子—자】huò·zi 图〈方〉냄비. 솥.

【嚯】 口部 | huò
　　　　16画 | 놀라는소리 학
1〈文〉갑야. 어.〔놀람을 나타냄〕2의허허. ◇～～大笑/허허하며 웃다.

H

J

jī

【几·²幾】 几部 jī 0画 얼마 기, 책상 궤
1(~儿)图작은 탁자. 작은 상. 2早〈文〉거의. 하마터면. ⇒jǐ

☆**【几乎-호】**jīhū 早1거의. ◇他讲话声音太小, 我们~听不见/그의 말소리가 너무 작아 우리들은 거의 들을 수가 없었다. 2하마터면. ◇路很滑huá, 我~摔倒shuāidǎo 了/길이 너무 미끄러워 나는 하마터면 넘어질 뻔했다. 比교几乎:差不多 ① "几乎"는 형용사 또는 관형사로 쓰이지 않는다. ◇我们班(×几乎)差不多的人他都认识/우리 반에서는 거의 다 그를 안다. ◇他们俩差不多高/그들 둘은 키가 비슷하다. ②말하는 사람이 일어나기를 바라는 일에는 "差不多"를 쓰지 않는다. ◇他托我办的事(×差不多)几乎办不成/그가 내게 부탁한 일이 성사되지 못할 뻔했다.
【几率-률】jīlǜ 图〈數〉확률.

【讥·譏】 讠部 jī 2画 나무랄 기
통비웃다. 비꼬다.
【讥嘲-조】jīcháo 통(헐뜯고) 비웃다.
【讥刺-자】jīcì 同〔讥讽 fěng〕
【讥讽-풍】jīfěng 图조소하다. 비꼬다.
【讥消-초】jīqiào 통비꼬다.
***【讥笑-소】**jīxiào 통비웃다. 조소하다.

***【叽·嘰】** 口部 jī 2画 입오물어질 기
의(새나 벌레 따위의) 우는 소리. 짹짹.
【叽咕-고】jī·gu 통소곤거리다.
【叽叽嘎嘎-기알알】jī·jigāgā 의웃고 떠드는 소리.
【叽叽喳喳-기사사】jī·jizhāzhā 의재잘재잘.
【叽哩旮旯儿-리가라알】jī·ligálár 图〈方〉구석 구석. 여기 저기.
【叽哩咕噜-리고로】jī·ligūlū 图1알아들을 수 없게 하는 말. 웅얼웅얼. 2물체가 굴러가는 소리. 떼굴떼굴.
【叽里呱啦-리가랍】jī·liguālā 의와자지껄.

【饥·饑】 饣部 jī 2画 굶주릴 기
1图배가 고프다. (同)〔饿 è〕, (反)〔饱 bǎo〕 2图흉작. ◇连年大~/몇년 연속 대흉작. (同)〔荒 huāng〕, (反)〔丰 fēng〕
【饥不择食-불택식】jī bù zé shí〈成〉찬밥 더운밥 가릴 여유가 없다. 다급할 때는 이것저것 가릴 여유가 없다. (反)〔挑肥拣瘦 tiāo féi jiǎn shòu〕
【饥肠-장】jīcháng 图〈文〉굶주린 배.
***【饥饿-아】**jī'è 1图배가 고프다. 2图굶주림. 기아. ◇~难忍/굶주림을 견디지 못하다. (反)〔餍 yàn 饱〕
【饥寒-한】jīhán 图배고프고 추움. (同)〔冻馁 dòngněi〕, (反)〔饱暖 nuǎn〕
【饥荒-황】jīhuang 图1기근. 흉작. 2〈口〉생활고. ◇他家里闹~/그의 집은 생활고가 이만저만 아니다. 3〈口〉빚. 채무.
【饥馑-근】jījǐn 图〈文〉기근.
【饥民-민】jīmín 图굶주린 백성.
【饥色-색】jīsè 图굶주린 기색.

***【机·機】** 木部 jī 2画 기계 기
1图기계. 기구. ◇电动~/전동기(모터). 2图비행기. ◇~票/항공권. 3图(일의) 전기. 계기. ◇转~/전기. 전환점. 4图기회. 시기. ◇~不可失/기회를 놓칠 수 없다. 5图(생물체 기관의) 기능. 작용. ◇有~物/유기물. 6图중요한 사무. 7图생각. ◇动~/동기. 8图기민한. 민첩한.
【机变-변】jībiàn 통임기 응변하다. ◇善于~/임기응변에 능하다. (同)〔灵活 línghuó〕, (反)〔呆板 dāibǎn〕
【机舱-창】jīcāng 图1비행기의 객실과 화물칸. 2배의 기관실.
★**【机场-장】**jīchǎng 图비행장. 공항.

*【机车一차】 jīchē 명1기관차. 2〈方〉오토바이.

☆【机床一상】 jīchuáng 명〈機〉선반. 공작기계.

【机电一전】 jīdiàn 명기계설비와 전력설비의 총칭.

**【机动一동】 jīdòng 1형기계로 움직이는. ◇~车/자동차. 2형융통성 있다. ◇这笔经费你们可以~使用/이 경비는 당신들이 융통성있게 쓸 수 있습니다. 3형예비되는. 比较机动:灵活:敏捷 민첩함, 활발함을 나타낼 때는 "机动"을 쓰지 않는다. ◇他在操作机器时, 双手特别(×机动)灵活/그는 기계를 만질 때 두 손이 무척 빠르다. ◇他在军事演习中动作很(×机动)敏捷 mǐnjié/그는 군사훈련에서 동작이 매우 민첩하다.

【机帆船一범선】 jīfānchuán 명동력 장치가 있는 범선.

【机房一방】 jīfáng 명1직기실(織機室). 2기계실. (배의) 기관실.

【机耕一경】 jīgēng 동〈農〉기계로 경작하다.

【机工一공】 jīgōng 명기계공.

**【机构一구】 jīgòu 명1字宇. 〈工〉기계의 내부구조나 장치. 2기관·단체 등의 사업 단위. ◇外交~/외교기관. 3기관·단체 등의 산하조직.

☆【机关一관】 jīguān 명1기관. 공공 사무를 처리하는 조직이나 단체. ◇~人员/기관 요원. 2〈機〉기관부. 3기계 장치. ◇~枪/기관총. 4교묘한 책략.

【机灌一관】 jīguàn 동기계로 관개하다.

★【机会一회】 jī·huì 명기회. ◇这件事找~再说吧/이 일은 기회를 봐서 다시 얘기하자.

【机件一건】 jījiàn 명〈機〉기계 부품.

【机井一정】 jījǐng 명펌프 우물.

【机警一경】 jījǐng 형눈치빠르다. 날쌔고 재치있다. (同)〔机敏 mǐn〕, (反)〔痴 chī 呆〕

【机具一구】 jījù 명기계와 공구의 집합명사.

【机理一리】 jīlǐ (同)〔机制 2, 3, 4〕

*【机灵一령】 jī·ling 1형영리하다. 기지가 있다. ◇这孩子怪~的/이 애는 참 영리하다. (同)〔机智 zhì〕, (反)〔鲁钝 lǔdùn〕 2동깜짝 놀라서 흠칫하다.

【机米一미】 jīmǐ 명1옛날, 정미기로 찧은 쌀. 2멥쌀.

*【机密一밀】 jīmì 명형기밀(의). 극비(의).

【机敏一민】 jīmǐn 형기민하다.

【机谋一모】 jīmóu 명〈文〉임기응변의 계략.

【机能一능】 jīnéng 명〈生理〉기능.

【机票一표】 jīpiào 명비행기표. 항공권.

★【机器一기】 jī·qì 명기기. ◇~翻译/기계번역.

*【机枪一창】 jīqiāng 명〈略〉'机关枪'(기관총)의 준말.

【机巧一교】 jīqiǎo 형정교하다. (反)〔呆板 dāibǎn〕

【机群一군】 jīqún 명비행 편대.

*【机体一체】 jītǐ 명〈生理〉유기체(有機體).

【机务一무】 jīwù 명기계에 관한 일.

☆【机械一계】 jīxiè 1명기계. 2형기계적이다. ◇他工作方法太~/그의 작업방법이 너무 기계적이다.

【机械唯物主义一계유물주의】 jīxiè wéiwù zhǔyì 명〈哲〉기계적 유물론. (同)〔机械论 lùn〕

【机修一수】 jīxiū 명기계 수리.

【机要一요】 jīyào 1형기밀의. 2명극비사항.

【机宜一의】 jīyí 명〈文〉(객관적인 사무를 처리하는) 방침. 방법.

【机油一유】 jīyóu 명윤활유.

*【机遇一우】 jīyù 명좋은 기회. 찬스.

【机缘一연】 jīyuán 명기회와 인연.

【机制一제】 jīzhì 1형기계로 제조한. 2명(기계의) 메카니즘. 3명유기체의 구조나 기능. 4명자연 현상의 물리 화학적 변화의 메카니즘. 5명하나의 사업 체계에서 조직이나 부서 사이에 상호 작용하는 과정이나 방식.

*【机智一지】 jīzhì 명기지(가 넘치다). (同)〔机灵 líng〕, (反)〔痴呆 chīdāi〕

【机杼一저】 jīzhù 명1〈文〉베틀. 베틀의 북. 2문장의 구상과 구성.

【机子一자】 jī·zi 명1베틀. 2전화기. 3(총의) 방아쇠.

【机组一조】 jīzǔ 명1〈機〉유니트(unit). 〔몇개의 기계를 조합한 것〕 2(비행기 한 대의) 승무원팀.

【肌】 月部 jī 2画 살 기

명근육.

【肌肤一부】 jīfū 명〈文〉근육과 피부.

【肌腱一건】 jījiàn 명〈生理〉건(腱). (同)〔腱 jiàn〕

【肌理一리】 jīlǐ 명〈文〉살결.

**【肌肉一육】 jīròu 명〈生理〉근육.

【肌体一체】 jītǐ 명〈文〉몸. 〈喩〉유기체.

【肌纤维一섬유】 jīxiānwéi 명〈生理〉근섬유.

【击·擊】 凵部 一部 jī 3画 4画 칠 격

동1치다. 두드리다. ◇我们约好, 他在窗外一~掌我就出去/그가 창밖에서 손뼉을 치기만 하면 내가 나가기로 우리가 약속했다. 2공격하다. ◇他一枪就~中 zhòng了目标/그는 총 한 방에 목표를 맞췄다. 3부딪치다. 마주치다. ◇撞~/부딪치다.

【击败一패】 jībài 동쳐부수다. 격파하다.

【击毙一폐】 jībì 동쏴 죽이다. 쳐죽이다.

【击发一발】 jīfā 동격발하다. 방아쇠를 당기다.

【击毁一훼】 jīhuǐ 동격파하다.

【击剑一검】 jījiàn 명〈體〉펜싱.

【击节一절】 jījié 동박자를 맞추다.

J

【击溃―궤】jīkuì 동섬멸하다. 격멸하다.

【击落―락】jīluò 동격추하다.

【击破―파】jīpò 동격파하다.

【击赏―상】jīshǎng 동〈文〉(시나 음악을) 격찬하다.

【击水―수】jīshuǐ 1동(새가 날기 전에) 수면을 치다. 2명동수영(하다).

【击掌―장】jīzhǎng 동〈文〉손뼉치다. 박수치다.

★【鸡·鷄(雞)】 鸟部 jī
2画 닭 계
동(動)닭.

★【鸡蛋―단】jīdàn 명계란. 달걀.

【鸡蛋糕―단고】jīdàngāo 명카스테라.

【鸡蛋里挑骨头―단리도골두】jīdàn·li tiāo gǔ·tou 없는 남의 흠을 들추어내다.

【鸡飞蛋打―비단타】jī fēi dàn dǎ 닭은 도망하고 알은 깨지다. 게도 구럭도 다 잃다.

【鸡公车―공차】jīgōngchē 명〈文〉(운반용의) 외바퀴 손수레.

【鸡冠―관】jīguān 명닭의 볏.

【鸡黄―황】jīhuáng 명〈方〉〈鳥〉갓 깨어난 병아리.

【鸡奸―간】jījiān 명계간. 비역.

【鸡肋―륵】jīlèi 명〈文〉닭갈비. 〈喩〉별로 가치는 없으나 버리기는 아까운 것. 별로 가치가 없는 일.

【鸡零狗碎―령구쇄】jīlíng gǒusuì 〈喩〉뿔뿔이 흩어진 것. (同)〔七 qī 零八 bā 碎〕

【鸡毛掸子―모탄자】jīmáo dǎn·zi 명닭털로 만든 털이개.

【鸡毛店―모점】jīmáodiàn 명옛날, 싸구려 여인숙. 〔이불 따위가 없이 닭털을 깔고, 자게 했던 데서 유래됨〕

【鸡毛蒜皮―모산피】jīmáo suànpí 명닭털과 마늘 껍질. 〈喩〉사소하고 보잘 것 없는 일. (反)〔至关紧要 zhì guān jǐn yào〕

【鸡毛信―모신】jīmáoxìn 명옛날, 긴급공문. 〔겉봉에 붙인 닭깃털의 숫자로 긴급한 정도를 표시했던 데서 유래됨〕

【鸡毛帚―모추】jīmáozhǒu 〈方〉(同)〔鸡毛掸子 dǎnzi〕

【鸡鸣狗盗―명구도】jī míng gǒu dào 〈成〉계명 구도. 보잘 것 없는 재능이나 특기를 가진 사람.

【鸡皮疙瘩―피골답】jīpí gē·da 명소름. ◇一听他的话就起～/그의 말만 들으면 닭살이 돋는다.

【鸡犬不宁―견불녕】jī quǎn bù níng 〈成〉개나 닭까지 불안하다. 몹시 어수선하다.

【鸡犬升天―견승천】jī quǎn shēng tiān 〈成〉한 사람이 높은 벼슬에 오르면 옆에 있던 이들도 권세를 누린다. (反)〔满门抄斩 mǎn mén chāo zhǎn〕

【鸡尸牛从―시우종】jī shī niú cóng (同)〔鸡口 kǒu 牛后 hòu〕

【鸡尾酒―미주】jīwěijiǔ 명칵테일(cocktail).

【鸡瘟―온】jīwēn 명닭의 급성 전염병.

【鸡心―심】jīxīn 1명닭의 염통. 2하트(heart)모양. 3하트형의 장식품.

【鸡胸―흉】jīxiōng 명〈醫〉(구루병으로 인한) 새가슴.

【鸡眼―안】jīyǎn 명〈醫〉티눈.

【鸡杂―잡】jīzá (～儿)명(음식 재료로 쓰이는) 닭내장.

【鸡子―자】jī·zi 명〈方〉닭.

【鸡子儿―자아】jīzǐr 명달걀.

【跻·躋】 足部 jī
6画 오를 제
동〈文〉오르다.

【跻身―신】jīshēn 동올라가다. ◇韩国队夺得四枚 méi 金牌，～世界四强之列/한국팀은 4개의 금메달을 따서 세계 4강의 대열에 올랐다.

【奇】 大部 jī
5画 이상할 기
1영명홀수(의). (同)〔单 dān〕, (反)〔偶 ǒu〕 2명〈文〉우수리. 나머지. ⇒qí

【奇零―령】jīlíng 명〈文〉우수리.

【奇偶―우】jīǒu 명홀수와 짝수.

【奇数―수】jīshù 명〈數〉홀수. 기수. (同)〔单 dān 数〕, (反)〔偶 ǒu 数〕

【剞】 刂部 jī
8画 새김칼 기

【剞劂―궐】jījué 〈文〉1명구부러진 조각용 칼. 2동서적(書籍)을 판각하다.

【犄】 牛部 jī
8画 뿔 기

【犄角―각】jī·jiao 명〈方〉(짐승의) 뿔. ◇牛～/쇠뿔.

【犄角儿―각아】jījiǎo (～儿)명〈方〉1모서리. ◇桌子～/책상 모서리. 2구석. ◇屋子～/방 구석.

【畸】 田部 jī
8画 뙈기밭 기
1형기울다. 치우치다. 2형기형적이다. 불규칙적이다. ◇～形发育/비정상적인 발육. 3명〈文〉〈數〉나머지. 우수리.

【畸变―변】jībiàn 1명기형적인 변화. 뒤틀림. 2(同)〔失真 shī// zhēn 2〕

【畸零―령】jīlíng 1명〈文〉우수리. 2형외로운. ◇～人/외로운 사람.

【畸轻畸重―경기중】jī qīng jī zhòng 〈成〉한쪽으로 치우치다.

【畸形―형】jīxíng 1명기형. 2형기형적인.

비정상적인.

【基】 土部 8画 | jī 터 **기**

1[명]기초. 토대. **2**[형]기초적인. 기본적인. 근본적인. **3**[명]〈化〉기.

★【基本—본】jīběn **1**[명]기본. 근본. ◇～问题解决了，事情就好办了/근본적인 문제가 해결되었으니 일처리가 쉽다. **2**[형]기본적인. ◇～权力/기본적인 권리. **3**[형]주요한. 주된. ◇那个单位～条件不错/그 직장은 주된 여건이 괜찮다. **4**[부]대체로. ◇招生工作已～完成/학생모집 업무를 거의 완성했다.

【基本词汇—본사휘】jīběn cíhuì [명]기본 어휘.

【基本功—본공】jīběngōng [명]기초적 지식이나 기술.

【基本建设—본건설】jīběn jiànshè [명](경제활동의 기반을 형성하는 기초 시설인) 사회적 생산기반의 건설. 인프라스트럭처.

【基本粒子—본입자】jīběn lìzǐ [명]〈物〉소립자.

【基本矛盾—본모순】jīběn máodùn [명]근본적인 모순.

【基本上—본상】jīběn·shang [부]**1**주로. ◇这项任务～要靠他们来完成/이 임무는 주로 그들에 의해 완수되어야 한다. **2**대체로. ◇他作业～做好了/그는 숙제를 거의 끝냈다.

⁑【基层—층】jīcéng [명]하층. (조직의) 하부. ◇～干部最了解群众的疾 jí 苦/말단간부가 대중의 고통을 가장 잘 알고 있다. (同)〔下 xià 层〕, (反)〔上 shàng 层〕

★【基础—초】jīchǔ [명]**1**(건축물의) 기초. **2**기반. 토대. ◇～科学/기초과학. **3**〈哲〉하부구조.

【基础代谢—초대사】jīchǔ dàixiè [명]〈生〉기초 대사.

【基础教育—초교육】jīchǔ jiàoyù [명]기초교육. 국민교육.

【基础课—초과】jīchǔkè [명]기초 과목.

⁑【基地—지】jīdì [명]기지. ◇军事～/군사기지.

【基点—점】jīdiǎn [명]**1**출발점. 기점. **2**바탕. ◇作调查研究是解决问题的～/조사·연구는 문제를 해결하는 바탕이다.

【基调—조】jīdiào [명]**1**〈音〉주조(主調). **2**기조.

*【基督—독】Jīdū [명]〈宗〉그리스도. ◇～教/기독교.

【基肥—비】jīféi [명]〈農〉밑거름.

【基干—간】jīgàn [명]기간. 골간.

【基价—가】jījià [명]기준가격.

【基建—건】jījiàn [명]〈略〉'基本建设'의 준말.

*【基金—금】jījīn [명]기금.

【基期—기】jīqī [명](통계에서의) 기준시.

【基色—색】jīsè [명]원색.

【基石—석】jīshí [명]초석. 주춧돌. 〔주로 비유적으로 쓰임〕

【基数—수】jīshù [명]**1**〈數〉기수. **2**(통계의) 기준수.

【基态—태】jītài [명]〈物〉기저 상태.

【基线—선】jīxiàn [명]〈數〉〈測〉기선〔측량의 기준선〕.

【基业—업】jīyè [명]사업의 기반.

【基因—인】jīyīn [명]〈生〉유전자. 진(gene).

【基音—음】jīyīn [명]〈音〉기음. 기본음.

【基于—어】jīyú …에 기초하여. …에 근거하여. ◇～这些理由，我不同意他的意见/이런 이유에 근거하여 나는 그의 견해에 반대한다.

【基质—질】jīzhì [명]〈生〉기질.

【基准—준】jīzhǔn [명]기준. 표준.

【箕】 竹部 8画 | jī 키 **기**

1[명]키. 쓰레받기. **2**[명]제상지문(蹄狀指紋). **3**[명]〈天〉기수(箕宿). 〔이십팔수(二十八宿)의 하나〕 **4**(Jī)[명]성(姓).

【箕斗—두】jīdǒu **1**[명]〈天〉기수(箕宿)와 두수(斗宿). **2**〈喩〉유명무실하다. 빛 좋은 개살구. **3**[명](사람의) 지문.

【箕踞—거】jījù [동]〈文〉다리를 뻗고 앉다.

【咭】 口部 6画 | jī 웃을 **길**

(同)〔叽 jī〕

*【积·積】 禾部 5画 | jī 모을 **적**

1[동]쌓다. 축적하다. ◇～几十年的经验/몇십 년의 경험을 쌓다. **2**[동]쌓다. ◇～土/흙을 쌓다. **3**[형]오랜 기간 누적된. 오래된. **4**[명]〈中醫〉(어린 아이의) 체증(滯症). ◇食～/어린애의 소화불량. **5**[명]〈略〉〈數〉적(積). '乘 chéng 积'(승적)의 준말. ◇面～/면적.

【积案—안】jī'àn [명]〈文〉미해결 사건.

【积弊—폐】jībì [명]〈文〉적폐. 오랜 폐단.

【积不相能—불상능】jī bù xiāng néng 〈文〉〈成〉평소부터 사이가 나쁘다.

【积储—저】jīchǔ (同)〔积存 cún〕

【积存—존】jīcún [동]쌓아두다. 저장하다.

【积德—덕】jī//dé [동]덕을 쌓다. (同)〔积善 shàn〕, (反)〔造孽 zàoniè〕

【积肥—비】jī//féi **1**[동]비료를 쌓다. 퇴비를 만들다. **2**(jīféi) [명]두엄. 퇴비.

【积分—분】jīfēn [명]**1**(시합 따위에서의) 누계 점수. **2**〈數〉적분.

【积愤—분】jīfèn [명]울분. 마음속에 쌓인 분노.

☆【积极—극】jījí [형]**1**적극적이다. 진취적이다.

J

〔주로 추상적인 사물에 쓰임〕◇提出~的建议/적극적인 건의를 하다. ◇~措施/적극적인 조치. 2긍정적이다. ◇起~作用/긍정적인 역할을 하다. (反)〔消 xiāo 极〕

【积极分子-극분자】jījí fènzǐ 圐1열성분자〔정치적 성향이 진보적이거나, 활동적으로 일하는 사람〕2체육·문예활동에 적극적인 사람.

☆【积极性-극성】jījíxìng 圐적극성.

【积聚-취】jījù 툉(쌓아) 모으다. (同)〔积累 lěi〕, (反)〔消耗 hào〕

【积劳-로】jīláo 툉〈文〉피로가 겹치다.

☆【积累-루】jīlěi 1툉(조금씩) 쌓다. 축적하다. ◇他在工作中~了丰富的经验/그는 일을 하며 풍부한 경험을 쌓았다. 田교积累:集中;聚集 ①"积累"는 "力量"과 결합해서 쓰지 않는다. ◇我们得(×积累)集中技术力量/우리는 기술력을 모아야 한다. ②사람 또는 동물이 모였을 때는 "积累"를 쓰지 않는다. ◇出车祸的那个地方(×积累)聚集了很多人/교통사고가 난 그 곳에는 많은 사람들이 모여 있다. 2圐〈经〉(자본의) 축적.〔국민 소득 중에서 확대 재생산에 쓰이는 부분〕(反)〔消费 fèi〕

【积木-목】jīmù 圐집짓기 놀이 장난감.

【积年-년】jīnián 圐〈文〉오랜 세월. 다년간.

【积欠-흠】jīqiàn 1圐밀린 빚. 2圐체납하다.

【积善-선】jī//shàn 圐툉적선(하다).

【积少成多-소성다】jī shǎo chéng duō〈成〉티끌모아 태산.

【积食-식】jī//shí 〈方〉1툉소화가 안 되다. 2(jīshí)圐소화 불량.〔주로 어린이의 경우를 말함〕‖ (同)〔停 tíng 食〕

【积习-습】jīxí 圐(고질적인)오래 습관.

【积蓄-축】jīxù 1툉저축하다. 2圐저축. 저금액.

*【积压-압】jīyā 툉1쌓이다. 방치해 두다. 묵히다. ◇~在心中的疑问/가슴속에 쌓인 의심. 2(재산·물자 등을) 묵혀두다. 사장(死藏)하다. ◇不要~国家资金/국가의 자금을 묵히면 안 되오.

【积羽沉舟-우침주】jī yǔ chén zhōu〈成〉작은 힘도 합하면 큰 힘이 된다.

【积郁-울】jīyù 圐쌓인 우울증.

【积攒-찬】jīzǎn 툉조금씩 모으다.

【积重难返-중난반】jī zhòng nán fǎn〈成〉오래된 불량한 풍습은 바꾸기 어렵다.

【积铢累寸-수루촌】jī zhū lěi cùn〈成〉조금씩 모으다.

【唧(喞)】口部 jī 7画 찍찍거릴 **직**
툉(액체를) 뿜다. 뿌리다. ◇~他一身水/그의 온몸에 물을 끼얹다.

【唧咕-고】jī·gu (同)〔叽 jī 咕〕

【唧唧-직】jījī 剨찌르르.〔벌레 우는 소리〕

【唧唧喳喳-직사사】jī·jizhāzhā 剨재잘재잘. ◇小鸟儿~地叫/새들이 재잘거린다.

【唧哝-농】jī·nong 圐소곤거리다.

【唧筒-통】jītǒng 圐펌프. (同)〔泵 bèng〕

【屐】尸部 jī 7画 나막신 **극**
圐1나막신. 2신발. ◇履 lǚ/신발.

【姬(姬)】女部 jī 7画 아씨 **희**
圐1옛날, 여자에 대한 미칭. 2〈文〉첩. ◇侍~/시첩. 3〈文〉옛날 노래와 춤을 업으로 삼던 여자. ◇歌~/가희. 4(Jī)성(姓).

【缉·緝】纟部 jī 9画 이을 **집**
툉1체포하다. ◇通~/지명 수배하다. ⇒qī

【缉捕-포】jībǔ (同)〔缉拿 ná〕

【缉获-획】jīhuò 툉체포하다.

【缉拿-나】jīná 툉잡다. 체포하다.

【缉私-사】jīsī 툉밀매·밀수업자를 수사하여 체포하다.

【赍·賫(齎)】贝部 jī 8画 가질 **재**
툉〈文〉1(마음 속에) 품다. 2(물건을) 공짜로 주다.

【赍恨-한】jīhèn 툉〈文〉원한을 품다.

【赍赏-상】jīshǎng 툉상을 내리다.

【稽】禾部 jī 10画 상고할 **계**
1툉조사하다. 고증하다. 2툉따지다. 3툉〈文〉머무르다. 지연하다. 4(Jī)圐성(姓). ⇒qǐ

【稽查-사】jīchá 1툉(밀수·탈세·법령 위반 등을) 조사하다. 2圐조사원.

【稽核-핵】jīhé 툉(주로 장부를) 검사하다.

【稽考-고】jīkǎo 툉〈文〉검사하다. 조사하다.

【稽留-류】jīliú 툉〈文〉머무르다.

【稽延-연】jīyán 툉〈文〉지연시키다. 시간을 끌다.

【齑·齏】齐部 jī 9画 양념할 **제**
〈文〉1툉가늘다. 부수다. 2圐잘게 다진 조미용 생강·마늘·부추.

【齑粉-분】jīfěn 圐〈文〉잘게 부순 가루.

【畿】幺部 田部 jī 12画 10画 경기 **기**
圐(봉건 시대) 국도(国都) 주변의 땅.

【畿辅-보】jīfǔ 圐〈文〉부근의 땅.

*【激】氵部 jī 13画 찌를 **격**
1툉(물결이) 솟구치다. ◇轮船过后, 江面一起一层层浪花/기선이 지나가고 난 후면 강 수면에는 물보라가 겹겹이 일어난다. 2툉(찬물에 자극을 받아) 병이 나

다. ◇他带病去游泳, 被水～了一下, 病更重了/그는 병있는 몸으로 수영을 해서 찬물의 자극으로 병이 더 심해졌다. **3**동〈方〉(찬물에 담그거나 섞어서) 차게 하다. **4**동감정을 자극시키다. ◇你别～他, 他急了, 什么事都干得出来/그를 자극시키지 말아라. 그가 성이 나면 별짓을 다 할 수 있으니까. **5**동(감정이) 흥분되다. ◇感～/감격하다. **6**동격렬하다. 세차다.

【激昂―앙】jī'áng 형(감정·어조 등이) 격앙되다. (同)〔高gāo 昂〕, (反)〔低沉 dīchén〕

【激昂慷慨―앙강개】jī áng kāng kǎi〈成〉비분 강개하다.

【激变―변】jībiàn 명동격변(하다).

【激磁―자】jīcí 명〈電〉여자(勵磁). 〔코일에 전류가 지날 때 자장이 발생하는 것〕

【激荡―탕】jīdàng **1**동(충격을 받아) 흔들리다. **2**흔들리게 하다. ◇～人心/민심을 흔들리게 하다.

☆【激动―동】jīdòng **1**동(감정이) 흥분하다. ◇这件事和你没关系, 你～什么?/이 일은 너와 관계가 없는데 네가 흥분해 하니? (同)〔冲 chōng 动〕, (反)〔平静 píngjìng〕 **2**동감동〔감격〕시키다. ◇这真是一个～人心的消息/이것은 정말 사람을 감격시키는 소식이다. **3**(同)〔激荡 dàng〕

*【激发―발】jīfā 동(감정을) 불러일으키다. 끓어오르게 하다. (同)〔激励 lì〕, (反)〔挫伤 cuòshāng〕

【激奋―분】jīfèn 동(용기·열기 따위를) 돋구다.

【激愤―분】jīfèn 동격분하다.

*【激光―광】jīguāng 명〈物〉레이저(laser).

【激光器―광기】jīguāngqì 명〈物〉레이저 발생 장치.

【激化―화】jīhuà 명동격화되다. 격화시키다. (同)〔加剧 jiājù〕, (反)〔和缓 héhuǎn〕

【激活―활】jīhuó 명〈物〉활성화.

【激将―장】jījiàng 동〈喩〉일부러 자극하는 말을 하여 일을 하게 하다.

【激进―진】jījìn 형급진적이다. 과격하다. (同)〔急 jí 进〕, (反)〔保守 bǎoshǒu〕

【激浪―랑】jīlàng 명격랑. 성난 파도.

*【激励―려】jīlì 명동격려(하다).

☆【激烈―렬】jīliè 형격렬하다. 치열하다. ◇～的竞争/치열한 경쟁. (同)〔剧 jù 烈〕, (反)〔平缓 pínghuǎn〕 비교激烈:深刻 느낌·체험·감명에는 "激烈"를 쓰지 않는다. ◇她受封建思想的(×激烈)深刻影响, 不肯再结婚/그는 봉건사상에 깊은 영향을 받아 재혼하려 하지 않는다.

【激灵―령】jī·ling 동〈方〉(깜짝 놀라) 몸을 흠칫 떨다. (추위에) 몸을 부르르 떨다.

【激流―류】jīliú 명격류.

【激酶―매】jīméi 명〈理〉키나제.

【激怒―노】jīnù 동자극하여 화나게 하다. 비교激怒:生气 대상이 없을 때는 "激怒"를 쓰지 않는다. ◇听了我的话, 他更(×激怒)生气了/나의 말을 듣고, 그는 더욱 화가 났다.

【激切―절】jīqiè 형〈文〉(말이) 직선적이고 격렬하다.

*【激情―정】jīqíng 명격정. (억누르기 힘든) 열정.

【激赏―상】jīshǎng 동〈文〉극찬하다.

**【激素―소】jīsù 명〈理〉호르몬(hormone).

【激扬―양】jīyáng **1(同)〔激浊 zhuó 扬清 qīng〕 **2**동(감정이) 격앙되다. 끓어오르다. **3**동진작(분발)시키다. ◇～士气/사기를 진작시키다.

【激越―월】jīyuè 형**1**(감정이) 강렬하다. 고조되다. **2**(소리가) 우렁차다. 높고 맑게 울리다.

【激增―증】jīzēng 동급격히 증가하다. (同)〔剧 jù 增〕, (反)〔剧减 zhòujiǎn〕

【激战―전】jīzhàn 명격전. 치열한 전투.

【激浊扬清―탁양청】jī zhuó yáng qīng〈成〉악을 물리치고 선을 권장하다.

【羈·羈】 皿部 jī
12画 나그네 기
〈文〉**1**명말굴레. 고삐. ◇无～之马/굴레 벗은 말. **2**동구속하다. ◇放荡 dàng 不～/방탕하여 구속받지 않다. **3**동머무르다. 기거하다.

【羈绊―반】jībàn 명굴레. 속박.

【羈勒―륵】jīlè 동속박하다.

【羈留―류】jīliú 동**1**(同)〔羁押 yā〕 **2**(외지에서) 머무르다.

【羈旅―려】jīlǚ 동〈文〉오랫동안 타향에 기거하다.

【羈縻―미】jīmí 동〈文〉**1**(同)〔羁留 liú〕 **2**(속국 따위를) 잘 구슬리다.

【羈押―압】jīyā 동〈文〉구류하다. 구금(拘禁)하다.

jí

☆【及】 丿部 jí
2画 미칠 급
1동도달하다. 이르다. ◇～格/합격(하다). **2**동제 시간에 가닿다〔대다〕. ◇～时/제때에. **3**동(비교해서) 미치다. 비교되다. 따라가다. ◇小李不～他/이 군은 그와 비교되지 않는다. **4**동〈文〉미치다. **5**접및. 와. 과. ◇那个饭店的主食有馒头, 米饭、面条～水饺/그 식당의 주요메뉴는 만두, 쌀밥, 국수 및 물만두이다. 주의세

J

가지 사항 이상을 열거할 때는 앞의 것들
사이에는 모점〔頓號〕을 쓰고 "及"는 제
일 끝 사항의 앞에 쓴다. ◇在那个电影里
的角色可分为，工人(×及)、农民及战士/
그 영화에서 역할은 노동자, 농민 그리고
병사로 나눌 수 있다. 6(Jí)명〈姓〉.

【及第-제】jídì 图〈文〉과거에 급제하다.

☆【及格-격】jí// gé 图합격하다.

【及冠-관】jíguān 图1명(남자의) 만 20
세. 2명남자가 만 20세가 되다.

【及笄-계】jíjī〈文〉1명(여자의) 만 15세.
2图여자가 만 15세가 되다. 〔笄'는 머리
를 짜매는 비녀〕

【及龄-령】jílíng 图규정된 나이에 이르다.

【及门-문】jímén 图〈文〉문하생. 제자.

☆【及时-시】jíshí 1图제때에. 적시에. ◇到
了秋分季节要～播种小麦/추분 절기가 되
면 제때에 밀 파종을 해야 한다. 2图시기
적절하다. ◇你来得太～了, 我这儿正要人
帮忙呢/너는 정말 때마침 잘 왔다. 우리
여기는 마침 사람이 필요한 참이다. 3图
즉시. 곧바로. 신속히. ◇有问题就～解决
/문제가 생기면 곧바로 해결한다. 回교
及时：立刻：马上 "及时"은 "立刻" "马上"
등 부사와 달리 "就" 앞에서 쓰지 않는
다. ◇我们到校门口等他, 他(×及时)马上
就来了/우리는 학교 정문에서 그를 기다
렸는데 그는 금방 왔다.

【及物动词-물동사】jíwù dòngcí 명〈言〉
타동사.

*【及早-조】jízǎo 图일찍. 일찌감치. ◇生了
病要～治/병이 나면 일찍 치료해야 한다.

【及至-지】jízhì 图…에 이르러. …의 때
가 되면.

【汲】氵部 jí
3画 물길을 급
1图물을 긷다. 물을 퍼올리다. 2(Jí)명성
(姓).

【汲汲-급】jíjí 图〈方〉급급하다.

【汲取-취】jíqǔ 图섭취하다.

【汲引-인】jíyǐn 图〈文〉1물을 길어 올리
다. 2〈喩〉(일꾼으로) 발탁하다. 등용하다.

【岌】山部 jí
3画 산쭈뼛할 급
图〈文〉산이 우뚝하다. 산이 높고 험하다.

【岌岌-급】jíjí 图〈文〉1산이 높고 험하다.
2매우 위태롭다.

☆【级·級】纟部 jí
3画 등급 급
1명등급. 급. ◇三～工/3급 노동자. 2명
학년. ◇高年～/고학년. 3명층. 계단. 단.
4양층. 계단. 〔계단·층 따위를 헤아릴 때
쓰임〕

**【级别-별】jíbié 명등급. 급수.

【级差-차】jíchā 명등급상의 차이.

【级任-임】jírèn 명학급담임(교사).

【级数-수】jíshù 명〈數〉급수.

☆【极·極】木部 jí
4画 대마루 극
1명절정. 최고도. 극도. ◇登峰造～/정상
에 오른다. 2명지구의 양극. (자석·전원
의) 극. ◇南～/남극. 3명절정〔끝〕에 이
르다. 다하다. ◇物极必反/무슨 일이든
극단에 치달으면 반대로 가기 마련이다.
4图최고의. 최종의. 5图아주. 지극히. 몹
시. ◇他汉字写得～好/그는 중국어를 아
주 잘 쓴다.

【极地-지】jídì 명〈地〉극지.

【极点-점】jídiǎn 명최고점. 절정. ◇高兴
到了～/기분이 최고이다.

【极顶-정】jídǐng 1명(산의) 최고봉. 2
(同)〔极点 diǎn〕3图최고조에 도달하다.
절정에 이른. ◇～聪明/최고로 똑똑하다.

*【极度-도】jídù 1图극도로. ◇～兴奋/극
도로 흥분되어 있다. 2(同)〔极点 diǎn〕

**【极端-단】jíduān 1명극단. ◇看问题要全
面, 不要走～/문제를 총체적으로 보아야
지 극단적으로 가서는 안 된다. 2图극단
적인. ◇～困难/극도의 고난.

【极光-광】jíguāng 명〈天〉극광. 오로라
(aurora).

【极口-구】jíkǒu 图갖은 말(칭찬·항변·비
난)을 다하다. ◇他～赞扬 zànyáng 了这
个地区的经济发展/그는 이 지역의 경제
발전을 극구 칭찬했다.

★【极了-료】jí·le 图(형용사 뒤에 쓰여) 몹
시. 아주. ◇桂林的景色美～/계림의 경치
는 아주 아름답다. 回교极了：多了 전치
사 "比"가 있는 비교문에는 최상급 "极
了"를 쓰지 않는다. ◇今年夏天比去年夏
天热(×极了)多了/올 여름은 작년 여름
보다 훨씬 덥다.

*【极力-력】jílì 图있는 힘을 다하다. ◇～
克服困难/있는 힘을 다하여 난관을 극복
하다.

【极量-량】jíliàng 1명〈醫〉극량. 2최대한
의 양.

【极目-목】jímù 图〈文〉시력이 미치는 데
까지 바라보다.

【极品-품】jípǐn 명〈文〉최상품.

☆【极其-기】jíqí 图지극히. 아주. ◇那个箱子
～贵重/그 상자는 몹시 귀중하다. 回교
极其：极 부정문에는 "极其"를 쓰지 않
는다. ◇这套家具其他(×极其)极不喜欢/그
는 이 가구 세트를 무척 싫어한다.

【极圈-권】jíquān 명〈地〉극권.

【极为-위】jíwéi 图몹시. 지극히.

*【极限-한】jíxiàn 명1극한. 최대한. 2〈數〉

극한.

【极刑-형】jíxíng 명극형. 사형.

【吉】 士部 口部 jí 3画 3画 길할 길

1형길하다. 좋다. ◇万事大~/만사가 대길하다. (同)〔祥 xiáng〕, (反)〔凶 xiōng〕 2(Jí)명성(姓).

【吉卜赛(人)-복새(인)】Jíbǔsài(rén) 명〈民〉집시(Gypsy). 〔원래 인도서북지역에 살다가 10세기부터 서아시아, 북아프리카, 유럽, 미주 등지에서 유랑생활을 해왔다〕

【吉光片羽-광편우】jí guāng piàn yǔ 〈成〉 잔존하는 진귀한 문화재.

【吉剧-극】jíjù 명〈演〉길림성(吉林省)의 지방극.

【吉利-리】jílì 형길하다. (同)〔吉祥 xiáng〕, (反)〔不 bù 祥〕

*【吉普车-보차】jípǔchē 명지프차(jeep).

【吉期-기】jíqī 명길일. 〔주로 결혼 날을 가리킴〕

【吉庆-경】jíqìng 형경사스럽다.

【吉人天相-인천상】jí rén tiān xiàng 〈成〉 선한 사람에게는 하늘의 가호가 있다.

【吉日-일】jírì 명길일. 좋은 날.

【吉他-타】jítā 명〈音〉기타(guitar).

*【吉祥-상】jíxiáng 형상서롭다. 길하다. ◇过年时, 见面都会说一些~话/새해를 맞이할 때는 만나면 길한 이야기를 하는 법이다.

【吉星高照-성고조】jí xīng gāo zhào 〈成〉 길조를 보여 주는 별이 하늘 높이 반짝인다. 좋은 일이 나타날 것이다. (同)〔福 fú 星高照〕, (反)〔祸从天降 huò cóng tiān jiàng〕

【吉凶-흉】jíxiōng 명길흉.

【吉言-언】jíyán 명상서로운 말.

【吉兆-조】jízhào 명〈文〉길조. 길한 징조. (同)〔祥瑞 xiángruì〕, (反)〔凶兆 xiōngzhào〕

【诘·詰】 讠部 jí 6画 물을 힐

【诘屈聱牙-굴오아】jíqū áoyá 〈成〉말이나 문장이 난잡하여 읽기가 거북하다.

☆【即(卽)】 艮部 卩部 jí 2画 5画 곧 즉

1동접근하다. 접촉하다. ◇可望而不可~/〈成〉멀리서 바라볼 수 있을 뿐 가까이 할 수가 없다. 2동자리에 나아가다. (역할·임무를) 맡다. 3형지금의. 목전(目前)의. ◇成功在~/성공이 눈앞에 있다. 4동(눈앞의 환경에) 임하다. 5〈文〉곧 …이다. 즉 …이다. (同)〔就是 jiùshì〕 ◇荷花~莲花/荷花는 곧 연꽃이다. 6부즉각. 곧. 바

로. ◇招之~来/부르자마자 오다. (同)〔就 jiù〕〔便 biàn〕 7접설령〔설사〕 …할지라도. ◇~遇困难, 也应按时完成任务/비록 어려움에 부딪치더라도 시간내에 임무를 완성해야 한다. (同)〔即使 shǐ〕

*【即便-변】jíbiàn (同)〔即使 shǐ〕

*【即或-혹】jíhuò (同)〔即使 shǐ〕

*【即将-장】jíjiāng 부곧. 잠시 후에. ◇比赛~开始/경기가 곧 시작되겠습니다. ◇国庆节~来临/건국기념일이 곧 다가온다.

【即景-경】jíjǐng 〈文〉명눈앞에 보이는 경치.

【即景生情-경생정】jí jǐng shēng qíng 〈成〉 눈앞의 정경에 감흥이 일어나다. (同)〔触 chù 景生情〕, (反)〔无动于衷 wú dòng yú zhōng〕

【即刻-각】jíkè 부곧. 즉각. ◇~出发/즉각 출발하다. (同)〔立 lì 刻〕

【即令-령】jílìng (同)〔即使 shǐ〕

【即日-일】jírì 명1그날. 당일. 2근간에. 요새. ◇本片~放映/본 영화는 수일내에 상영한다.

【即若-약】jíruò 〈文〉(同)〔即使 shǐ〕

【即时-시】jíshí 부바로. 즉시. (同)〔立 lì 即〕

*【即使-사】jíshǐ 접설령〔설사〕 …하더라도. ◇~条件再好, 也还要靠自己努力/조건이 제아무리 좋다해도 자신이 노력해야 한다. ◇~下雨我也去/설사 비가 오더라도 나는 간다. 주의'即使'가 나타내는 조건은 아직 실현되지 않은 일이거나 사실과 상반되는 일임. 비교即使:无论:虽然:如果 ①가정, 양보가 아닌 문장에는 "即使"를 쓰지 않는다. ◇大家(×即使)无论有什么事都找我商量/모두는 무슨 일이 있든지 다 나를 찾아와 상의한다. ◇我(×即使)虽然很用功, 但是成绩仍然不理想/나는 비록 열심히 공부했지만 성적은 여전히 생각만큼 좋지 않다. 〔이미 실현된 일〕 ②가정만 있는 문장에도 "即使"은 쓰이지 않는다. ◇(×即使)如果哪位同学不去, 请和教师说一下/만일 어떤 학생이 가지 않으면 선생님께 얘기하세요.

【即事-사】jíshì 동눈앞의 사물·정경에 보고 즉흥적으로 창작하다.

【即位-위】jí// wèi 동〈文〉1자리에 앉다. 2즉위하다. (同)〔登基 dēngjī〕, (反)〔退 tuì 位〕

【即席-석】jíxí 〈文〉1명즉석. 2동자리에 앉다. 착석하다.

【即兴-흥】jíxìng 명즉흥.

【亟(亟)】 乙部 jí 7画 빠를 극

1〈文〉형급박하다. 급하다. 2부시급히. 조속히.

【亟亟-극】jíjí 형〈文〉바쁘다. 다급하다.

★【急】心部 5画 | jí 급할 **급**

1[동]초조해하다. 안달하다. 조급하게 굴다. 서두르다. ◇你～什么? 一个一个来嘛/뭘 그렇게 서둘러? 순서대로 해나가야지. **2**[동]조급〔초조〕하게 하다. 애〔속〕태우다. 안달케 하다. ◇他怎么还不来, 真～人/그가 왜 아직 안오지, 정말 사람을 애태우는군. **3**[형](성미가) 급하다. 성급하다. ◇他性子特别～/그의 성격은 유난히 급하다. **4**[형]급하다. 급격하다. 빠르고 세차다. ◇你不能走了, 外面的雨下～了/너 지금 못 가. 밖에 비가 세차게 퍼붓고 있으니까. **5**[형]긴급하다. 급박하다. ◇紧～任务/긴급한 임무. **6**[명]위급. 긴급한 일. ◇救～/구급하다. **7**[동]남을 돕다.

【急巴巴－파파】jíbābā [형]다급〔급박〕하다. (反)〔慢吞吞 màntūntūn〕

【急变－변】jíbiàn [명]긴급한 변고.

【急病－병】jíbìng [명]급병.

【急茬儿－치아】jíchár [명]〈方〉긴급한 일. 화급한 용무.

【急赤白脸－적백검】jí·chibáiliǎn (～的)〈方〉핏대 올리다. (얼굴이) 붉으락푸르락하다.

【急匆匆－총총】jícōngcōng (～的)[형]허둥지둥. 황망히. ◇只见他～走来/그가 허둥지둥 오고 있었다. (同)〔慢吞吞 màntū-ntūn〕

【急促－촉】jícù [형]**1**촉박하다. (同)〔短 duǎn 促〕 **2**(속도가) 빠르고 짧다. 조급하다. 가쁘다.

【急电－전】jídiàn [명]〈略〉지급 전보.

【急风暴雨－풍폭우】jí fēng bào yǔ〈成〉사나운 비바람. 정치적 격동. (同)〔疾 jí 风暴雨〕, (反)〔和 hé 风细 xì 雨〕

【急公好义－공호의】jí gōng hào yì〈成〉대중의 이익을 위해 열성을 다하다. 의협심이 강하다. (反)〔自私自利 zì sī zì lì〕

【急功近利－공근리】jí gōng jìn lì〈成〉눈앞의 공이나 이익에만 급급하다.

【急火－화】jíhuǒ [명]초조(함). 애(탐).

【急急巴巴－급파파】jí·jibābā [형]다급하다. 급급하다.

【急急风－급풍】jíjífēng [명]〈演〉구극(舊劇)에서, 긴장된 장면이나 빠른 동작을 나타내는 박자.

【急急如律令－급여율령】jí jí rú lǜ lìng〈成〉즉시 명령을 시행하다.

【急件－건】jíjiàn [명]지급 문서. (反)〔慢 màn 件〕

【急进－진】jíjìn [형]급진적이다. (同)〔激 jī 进〕, (反)〔保守 bǎoshǒu〕

【急救－구】jíjiù [명][동]응급 조처(하다).

【急就章－취장】jíjiùzhāng [명]**1**(수요에 맞추기 위하여) 급히 완성한 문장이나 일. **2**(Jíjiùzhāng)〈書〉급취편(急就篇).

*【急剧－극】jíjù [형]급격하다. (反)〔缓 huǎn 慢〕 ◇市场需求～下降/시장의 수요가 급격하게 줄어들었다.

【急遽－거】jíjù [형]갑작스럽다. 급격하다.

【急口令－구령】jíkǒulìng (同)〔绕 rào 口令〕

【急流－류】jíliú [명]급류.

☆【急忙－망】jímáng [부]서둘러. 급히. ◇她看我不高兴, ～向我解释/그녀는 내가 불쾌해 하는 것을 보고 급히 나에게 설명했다. (同)〔匆 cōng 忙〕, (反)〔从容 cóngróng〕 [비교]急忙:匆忙:紧张 ①"急忙"은 단독으로 술어가 될 수 없고, 정도 부사의 수식을 받지 않는다. ◇昨天我看见他在街上走, 很(×急忙)匆忙/어제 난 그가 길에서 몹시 급하게 가는 걸 보았다. ②시간이 촉박한 것에 "急忙"을 쓰지 않는다. ◇我们只能在那儿玩儿两个小时, 太(×急忙)紧张了/우리는 거기서 2시간 밖에 놀 수 없어서 시간이 너무 빠듯하다.

【急难－난】jínàn **1**[명]위급한 재난. **2**[동]어려움에서 벗어나게 도와주다. ◇急人之难/남이 어려움에서 벗어나게 돕다.

【急迫－박】jípò [형]급박하다. 다급하다. (同)〔急切 qiè〕, (反)〔宽舒 kuānshū〕

【急起直追－기직추】jí qǐ zhí zhuī〈成〉당장 일어나 쏜살같이 뒤쫓아가다.

*【急切－절】jíqiè **1**[형]몹시 절박하다. 절실하다. **2**[부]곧바로. 갑자기.

【急如星火－여성화】jí rú xīng huǒ〈成〉**1**몹시 서두르다. (同)〔十 shí 万 wàn 火急〕, (反)〔慢条斯理 màn tiáo sī lǐ〕

【急事－사】jíshì [명]급한 일.

【急速－속】jísù [형]몹시 빠르다. (同)〔急遽 jù〕, (反)〔缓慢 huǎnmàn〕

【急湍－단】jítuān [명]급류. 세찬 물살.

【急弯－만】jíwān [명]**1**(도로의) 급커브. **2**(자동차·배·비행기 따위의) 급커브. 급선회.

【急务－무】jíwù [명]급선무.

【急先锋－선봉】jíxiānfēng [명]〈喻〉선구자. 선봉장.

【急行军－행군】jíxíngjūn [명][동]〈軍〉급행군(하다).

【急性－성】jíxìng **1**(～儿)[명]조급한 성미. **2**[명][형]〈醫〉급성(急性)(의). ◇～肝炎/급성 간염. (反)〔慢 màn 性〕

【急性病－성병】jíxìngbìng [명]**1**〈醫〉급성병. (反)〔慢 màn 性病〕

【急性子－성자】jíxìng·zi [명]**1**성급한 성미. 조급한 성질. **2**성급한 사람. (反)〔慢 màn 性子〕

*【急需一수】jíxū 1통급히 필요하다. 2명긴급한 수요.

【急眼一안】jí// yǎn 통1성내다. 발끈하다. 2초조해지다. 애가 타다.

【急用一용】jíyòng 통급용. 급히 필요함. 〔주로 금전 방면에 쓰임〕

*【急于一어】jíyú 급히 서둘러 …을 하려고 하다. …에 급급하다. ◇~求成/성사에 급급하다.

**【急躁一조】jízào 1통조바심하다. 초조해하다. 2명조급하게 서두르다. (同)〔操切 cāoqiè〕, (反)〔耐心 nàixīn〕

【急诊一진】jízhěn 명응급치료(하다).

【急症一증】jízhèng 명급병.

【急智一지】jízhì 명임기 응변의 재치. 기지.

【急中生智一중생지】jí zhōng shēng zhì 〈成〉다급한 때에 좋은 생각이 떠오르다. (同)〔情 qíng 急智生〕, (反)〔束手无策 shù shǒu wú cè〕

【急骤一취】jízhòu 형다급하다. 분주살스럽다.

【急转直下一전직하】jí zhuǎn zhí xià 〈成〉(형세·상황이) 갑자기 변하여 상황에 맞춰 발전하다.

【疾】 扩部 | jí
　　　5画 | 病 | 질
1명질병. ◇积劳成~/피로가 쌓여 병이 되다. 2명고통. 3통증오하다. ◇~恶如仇/나쁜 일이나 나쁜 사람을 원수처럼 증오하다. 4형빠르다. 맹렬하다. ◇~走/질주하다.

**【疾病一병】jíbìng 명질병. ◇预防~/병을 예방하다. 비교疾病:病 어떤 사람의 구체적인 병에는 "疾病"을 쓰지 않는다. ◇他的(×疾病)病很重, 需要住院/그의 병세가 악화되어 입원해야 한다.

【疾步一보】jíbù 형빠른 걸음. (同)〔快 kuài 步〕, (反)〔徐 xú 步〕

【疾驰一치】jíchí 통질주하다. 쏜살 같이 달리다.

【疾恶一악】jí'è 통악을 증오하다.

【疾风一풍】jífēng 명질풍. (同)〔狂 kuáng 风〕, (反)〔和 hé 风〕

【疾风劲草一풍경초】jí fēng jìng cǎo 〈成〉세찬 바람이 불어도 억센 풀은 쓰러지지 않는다. 역경에 처해봐야 그 사람의 됨됨이를 알 수 있다.

【疾患一환】jíhuàn 명〈文〉병.

【疾苦一고】jíkǔ 명고난. 고통. (反)〔幸福 xìngfú〕

【疾驶一사】jíshǐ 통(차 따위를) 빨리 몰다.

【疾首蹙额一수축액】jí shǒu cù é 〈成〉머리가 아파 이맛살을 찌푸리다. 몹시 언짢다.

【疾言厉色一언려색】jí yán lì sè 〈成〉말을 빨리하고 엄한 얼굴을 하다. (同)〔声 shēng 色俱 jù 厉〕, (反)〔和颜悦色 hé yán yuè sè〕

【蒺】 ++部 | jí
　　　10画 | 질레 질
【蒺藜一려】jí·li 명1〈植〉질려. 납가새. 2려자(蒺藜子). 납가새의 열매.

【嫉】 女部 | jí
　　　10画 | 투기할 질
통1질투하다. 2미워하다. ◇~恶如仇/나쁜 일〔사람〕을 원수처럼 미워하다.

*【嫉妒一투】jídù 통질투(하다).

【嫉恨一한】jíhèn 통질투하여 미워하다.

【嫉贤妒能一현투능】jí xián dù néng 〈成〉자기보다 현명하고 능력있는 사람을 시기하다.

【棘】 一部 | 木部 | jí
　　　11画 | 8画 | 가시나무 극
1명〈植〉멧대추나무. (同)〔酸枣树 suān zǎo shù〕 2명가시가 있는 초목. 3통찌르다.

【棘刺一자】jícì 명등가시.

【棘轮一륜】jílún 명〈機〉깔쭉톱니바퀴.

【棘皮动物一피동물】jípí dòngwù 명〈動〉극피 동물.

【棘手一수】jíshǒu 형(처리하기가) 난감하다. 난처하다. ◇这是个~的问题/이것은 난감한 문제이다.

【棘爪一조】jízhuǎ 명〈機〉(톱니바퀴의 역회전을 막는) 멈춤쇠.

☆【集】 隹部 | jí
　　　4画 | 모을 집
1명모이다. 모으다. ◇~各家之长/각자의 장점을 모으다. (同)〔聚 jù〕, (反)〔分 fēn〕 2명(농촌이나 소도시에서 정기적으로 여는) 시장. 장. ◇赶~/시장에 가다. 3명집. 시가(詩歌)·문장 등을 모은 서책. ◇诗~/시집. ◇画~/화집. 4명분책 (영화의) 편. ◇这部影片上下两~/이 영화는 상하 두 편이다. 5〈略〉(同)〔集合 hé 2〕 6(Jí)명성(姓).

【集成一성】jíchéng 통집성하다.

【集大成一대성】jídàchéng 1명집대성. 2통집대성하다.

★【集合一합】jíhé 1명통집합(하다). ◇那班同学们已在操场~/그 반의 학생들은 이미 운동장에 집합했다. 2통모으다. ◇~各种材料, 加以分析/각종 재료를 모아서 분석하다. (同)〔集中 zhōng〕, (反)〔分散 fēnsàn〕 3명〈數〉집합.

*【集会一회】jíhuì 명통집회(를 보다).

【集结一결】jíjié 통집결하다.

【集锦一금】jíjǐn 명명작집. 걸작선. 〔책 제목에 주로 쓰임〕

【集句一구】jíjù 명선인의 시구를 모아 만든 시(詩).

【集聚—취】jíjù 통모이다. 집합하다.

【集刊—간】jíkān 명학술단체에서 발행하는 정기 또는 부정기 논문집.

【集拢—롱】jílǒng 통모이다. 모으다. (同)〔凑拢 còulǒng〕, (反)〔分散 fēnsàn〕

【集录—록】jílù 명집록(하다).

【集权—권】jíquán 명권력이 중앙으로 집중함.

【集日—일】jírì 명장날.

【集散地—산지】jísàndì 명집산지.

*【集市—시】jíshì 명(농촌이나 소도시의) 정기 시장. 장.

【集思广益—사광익】jí sī guǎng yì 〈成〉대중의 지혜와 유익한 의견을 널리 모으다. (同)〔群策群力 qún cè qún lì〕, (反)〔孤行己见 gū xíng jǐ jiàn〕

*【集体—체】jítǐ 명집단. 단체. (同)〔大我 dàwǒ〕, (反)〔个 gè 体〕

☆【集团—단】jítuán 명집단. 그룹. ◇巨星~/거성그룹.

【集训—훈】jíxùn 명통합동 훈련(하다). 합숙 훈련(하다).

【集腋成裘—액성구】jí yè chéng qiú 〈成〉작은 것이 모여 큰 것을 이루다. 티끌 모아 태산.

*【集邮—우】jí// yóu 1명우표를 수집하다. 2 (jíyóu) 명우표 수집.

【集约—약】jíyuē 통집약(하다). (反)〔粗放 cūfàng〕2명현대적 관리 방법 또는 과학적인 방법을 도입하여 효율을 높이는 경영방법.

【集运—운】jíyùn 통한데 모아서 수송하다.

【集镇—진】jízhèn 명비농업 인구를 위주로 하는 '城 chéng 市'보다는 작은 규모의 주거 구역.

☆【集中—중】jízhōng 통집중하다. 모으다. ◇~精神/정신을 집중하다. ◇~大量财富/큰 재물을 모으다.

【集中营—중영】jízhōngyíng 명강제수용소.

【集注—주】jízhù 1명(정신·시선 따위가) 집중하다. 2명집주(集註). 〔주로 책명으로 사용됨〕

【集装箱—장상】jízhuāngxiāng 명콘테이너. ◇~船/콘테이너 선.

*【集资—자】jízī 통자금을 모으다.

【集子—자】jí·zi 명문집(文集). 〔시가나 문장 따위를 모은 것〕

【辑·輯】车部 jí
9画 모을 집
1통편집하다. 수록하다. 2명편집해 놓은 것. 제…집. ◇这部丛书分为十~/이 총서는 10집으로 나뉘어 있다.

【辑录—록】jílù 통수록하다.

【辑佚—일】jíyì 1통흩어진 글을 모아 수록

하다. 집록하다. 2명집록한 책·문장. 〔주로 책제목에 많이 쓰임〕

【戢】戈部 jí
8画 병기모을 집
1통〈文〉거두다. 그치다. 2(Jí)명성(姓).

【戢兵—병】jíbīng 통〈文〉전쟁을 그만두다.

【戢翼—익】jíyì 통〈文〉날개를 접다. 〈喩〉은퇴하다.

【蕺】艹部 jí
12画 모밀나물 즙
【蕺菜—채】jícài 명〈植〉즙채. 삼백초.

【瘠】疒部 jí
10画 파리할 척
형〈文〉1(몸이) 야위다. 수척하다. 2(땅이) 척박하다.

【瘠薄—박】jíbó 형(땅이) 척박하다.

【瘠田—전】jítián 명척박한 농경지.

【鹡·鶺】鸟部 jí
10画 할미새 척
【鹡鸰—령】jílíng 명〈鳥〉할미새.

【籍】竹部 jí
14画 문서 적
1명책. ◇古~/고서. 2명출생지. 원적. 3명(사람의 소속 등을 밝히는) 적. ◇国~/국적. 4(Jí)명성(姓).

*【籍贯—관】jíguàn 명본적.

【籍没—몰】jímò 통〈文〉재산의 등기와 몰수.

jǐ

★【几·幾】几部 jǐ
0画 얼마 기
1때(숫자를 묻는) 몇. ◇你~岁了?/너 몇 살이니? 2몇. 〔대개 10이하의 적은 수효를 막연하게 이름〕 ◇他在我家住过~天/그는 우리 집에서 며칠 묵은 적이 있다. ⇒jī

【几曾—증】jǐcéng (同)〔何尝 hécháng〕

【几次三番—차삼번】jǐ cì sān fān 〈成〉여러 차례. (同)〔几次连 lián 番〕

【几多—다】jǐduō 1때〈方〉몇. 얼마. 2부얼마나. ◇这孩子~懂事!/이 애가 얼마나 많이 철이 들었는가!

*【几何—하】jǐhé 1때〈文〉얼마. 몇. 2명〈略〉〈數〉기하. 기하학.

【几经—경】jǐjīng 통여러 차례 겪다.

【几儿—아】jǐr 때〈方〉어느날.

【几时—시】jǐshí 때언제.

【几许—허】jǐxǔ 때〈文〉얼마.

【虮·蟣】虫部 jǐ
2画 서캐 기
【虮子—자】jǐ·zi 명〈虫〉서캐.

【麂】鹿部 jǐ
2画 큰고라니 궤

　　명〈動〉키윰. 〔사슴의 일종〕

【己】 己部 | jǐ
0画 몸 기

1대자기. 자신. 2명기. 십간(十干)의 여섯 번째.

【己方—방】jǐfāng 명자기편.

【己见—견】jǐjiàn 명자기 의견.

【己任—임】jǐrèn 명자신의 임무.

【济·濟】 氵部 | jǐ
6画 구할 제

명〈地〉제수(濟水). 〔하남성(河南省)에 있는 강 이름〕⇒jì

【济济—제】jǐjǐ 사람이 많은 모양. ◇~一堂/인재가 한 방에 가득하다.

★**【挤·擠】** 扌部 | jǐ
6画 밀칠 제

통1빽빽이 들어 차다. 꽉 차다. ◇礼堂已经~满了/강당은 이미 (사람들로) 꽉 들어찼다. 2(일이) 동시에 겹치다. 한꺼번에 몰리다. ◇事情全~在一块儿了/일이 한꺼번에 겹쳤다. 3비집다. 밀치다. (떼)밀다. ◇人多~不进去/사람이 많아서 비집고 들어갈 수 없다. 4짜다. 죄다. 압력을 주다. ◇~牙膏 yágāo/치약을 짜다. ◇他被厂长~走的/그는 공장장의 압력에 의해 나간 것이다. 5배척하다. 내쫓다. ◇我的名额被~掉了/내 이름은 삭제되었다.

【挤兑—태】jǐduì 통(은행에서) 예금을 찾으려고 고객들이 몰려들다.

【挤对—대】jǐ·dui 통〈方〉강요하다. 억지로 하게 하다.

【挤咕—고】jǐ·gu 〈方〉1(눈을) 껌벅이다. 2눈짓하다.

【挤满—만】jǐmǎn 통가득차다. 꽉차다.

【挤眉弄眼—미롱안】jǐ méi nòng yǎn 〈成〉눈짓하다.

【挤压—압】jǐyā 통〈冶〉1(좌우·상하로부터) 내리 누르다. 2압출(壓出)하다. 밀어내다.

【挤牙膏—아고】jǐ yágāo 치약을 짜다. 〈喩〉남이 묻는 말에만 조금씩 대답하다.

【挤轧—알】jǐyà 통배척하다. 압박하다.

【挤占—점】jǐzhàn 통(남을 밀어 젖히고) 자기 것으로 만들다.

【给·給】 纟部 | jǐ
6画 줄 급

1통공급하다. ◇自~自足/자급자족하다. 2통넉넉하다. 풍족하다. ⇒gěi

【给付—부】jǐfù 통급부(하다).

【给水—수】jǐshuǐ 명통급수(하다).

【给养—양】jǐyǎng 명(군대의) 보급품. (식량·사료·취사용 연료 따위) 물자.

**【给予—여】jǐyǔ 통〈文〉주다. (同)〔给以 yǐ〕, (反)〔索取 suǒqǔ〕 비교给予: 送给 "给予"는 구체명사를 목적어로 취할 수 없다. ◇他(×给予)送给了我们几本书/그는 우리에게 책을 몇권 선물했다.

【脊】 月部 | jǐ
6画 등성마루 척

명1척추. 등뼈. 등골뼈. 2물체의 생김새가 등마루 같은 것. ◇山~/산마루.

【脊背—배】jǐbèi 명등.

*【脊梁—량】jǐ·liang 명등뼈. 등골뼈. 등.

【脊梁骨—량골】jǐ·lianggǔ 명등뼈. 척추.

【脊檩—름】jǐlǐn 명〈建〉대들보.

【脊鳍—기】jǐqí 명(물고기의) 등지느러미.

【脊神经—신경】jǐshénjīng 명〈生理〉척추신경.

【脊髓—수】jǐsuǐ 명〈生理〉척수.

【脊索—삭】jǐsuǒ 명〈生理〉척삭.

【脊柱—주】jǐzhù 명〈生理〉척주. 등심대.

【脊椎—추】jǐzhuī 명〈生理〉척추. 등뼈.

【脊椎骨—추골】jǐzhuīgǔ 명〈生理〉척추골.

【掎】 扌部 | jǐ
8画 당길 기

통〈文〉1뒤에서 당기다. 가지 못하게 당기다. 2끌다.

【戟】 戈部 | jǐ
8画 갈래진창 극

1명미늘창. 〔옛날, 무기의 하나〕 2통〈文〉자극하다.

jì

【计·計】 讠部 | jì
2画 셈 계

1통세다. 계산하다. 셈하다. ◇核~/대조하여 계산하다. 2명계량기. 계기(計器). ◇血压~/혈압계. 3명계획. 계략. 계책. 발상. ◇巧~/좋은 발상. 4통계획하다. 5통〈文〉문제시하다. 따지다. ◇不~成败/성패를 따지지 않는다. 6(Jì)명성(姓).

【计策—책】jìcè 명계책. 계략. 술책.

【计程车—정차】jìchéngchē 명택시.

【计酬—수】jìchóu 통보수를 계산하다.

★【计划—획】jìhuà 명통계획(하다). ◇科研~/과학 연구계획. ◇他~元旦以后休探亲假/그는 신정 후에 친지방문을 위한 휴가를 받을 계획이다.

【计划经济—획경제】jìhuà jīngjì 명〈經〉계획 경제.

【计划生育—획생육】jìhuà shēngyù 명산아제한. 가족계획.

【计价—가】jìjià 통가격 계산을 하다.

【计件—건】jìjiàn 통생산량〔작업량〕을 계산하다.

【计件工资—건공자】jìjiàn gōngzī 명성과급.

*【计较—교】jìjiào 1통따지다. 문제 삼다. ◇他一心为了工作，从没~过报酬 chóu/그

는 착실하게 일만 할 뿐 이제껏 보수를 따지지 않았다. **2**통말다툼하다. 승강이하다. ◇你看你的书，别跟他～这点事/너는 네 책이나 보고 이까짓 일을 가지고 그와 말다툼하지 말아라. **3**통논의하다. 계획하다. ◇这事暂且 zànqiě 不论，以后再作～/이 일은 일단 보류하고 다음에 논의하자. **4**명계획.

【计量―량】jìliàng 통**1**계량하다. **2**헤아리다.

【计谋―모】jìmóu 명책략. 계책.

【计日程功―일정공】jì rì chéng gōng 〈成〉이룰 날이 멀지 않다. (同)〔指日可待 zhǐ rì kě dāi〕, (反)〔旷日持久 kuàng rì chí jiǔ〕

【计时―시】jìshí 통시간을 계산하다.

【计数―수】jì//shù 통수를 세다〔재다〕.

☆【计算―산】jìsuàn **1**통계산(하다). **2**통고려하다. 계획하다. 타산하다. ◇做事没个～，干到哪儿算哪儿/일을 계획없이 하는 데까지 한다. **3**통모해하다. ◇当心被小人～/소인배에게 당하지 않도록 조심해라.

＊【计算机―산기】jìsuànjī 명계산기. 컴퓨터.

【计委―위】jìwěi 명〈略〉'国家计划委员会'(국가 계획 위원회)의 준말.

【计议―의】jìyì 명통상의(하다). 협의(하다).

★【记・記】|讠部|jì
3画|적을 기

1통기억하다. 암기하다. ◇那件事我现在还～着呢/그 일을 나는 지금까지도 기억하고 있다. (反)〔忘 wàng〕**2**통적다. 기록하다. 기재하다. ◇他用这个本子～了好几年的帐/그는 이 공책으로 여러 해 동안의 장부를 적었다. **3**명어떤 내용을 기재 또는 묘사한 책이나 글. 〔주로 책명 등으로 사용됨〕◇传～/전기. **4**(～儿)명부호. 표지(標識). ◇标～/표기(기호). **5**명모반(母斑). 점. ◇那人左手上有一块～/그 사람은 왼쪽 손등에 점이 하나 있다. **6**양〈方〉한 대. 한 번.

【记不得―불득】jì·bu·de 기억할 수 없다. 기억하지 못하다.

【记仇―구】jì//chóu 통원한을 잊지 않다.

☆【记得―득】jì·de 통기억하고 있다. ◇你还～吗?/너 아직도 나를 기억하고 있니? (同)〔记住 zhù〕, (反)〔忘掉 wàng 记〕

【记分―분】jì//fēn (～儿)통(노동·성적·경기 따위의) 점수를 기록하다.

【记工―공】jì//gōng 통(농촌이나 공장에서) 작업시간·작업량을 기록하다.

【记功―공】jì//gōng 통공적을 기록하다. (反)〔记过 guò〕

【记挂―괘】jìguà 통〈方〉걱정하다. 염려하다. 근심하다.

【记过―과】jì//guò 통잘못을 기록하다. (反)〔记功 gōng〕

＊【记号―호】jì·hao 명기호. 마크.

【记恨―한】jìhèn 통원한을 품다. (同)〔衔 xián 恨〕, (反)〔友好 yǒuhǎo〕

☆【记录―록】jìlù **1**통기록하다. **2**명(회의 등의) 기록. ◇～不详细/기록이 자세하지 않다. **3**명서기. 기록자. **4**명(경기 따위의) 최고성적·기록. ◇女子跳高的世界～是多少?/여자높이뛰기의 세계기록은 얼마예요?

【记名―명】jìmíng 통(권리나 책임소재를 확실히 하기 위해) 이름을 쓰다.

【记念―념】jìniàn 통생각하다. 걱정하다.

【记取―취】jìqǔ 통명심하다. 가슴에 새기다. ◇～教训/교훈을 명심하다.

【记认―인】jìrèn **1**통알아보다. 식별하다. ◇他是个高个子，最好～/그는 키다리라서 가장 식별하기 쉽다. **2**명식별하기 좋은 표지.

【记事―사】jì//shì **1**통일을 기록하다. **2**통역사 사실을 기록하다.

【记事儿―사아】jìshìr 통(어린애가) 이미 사물을 기억할 수 있다.

【记述―술】jìshù 통기술하다. 기재하다.

【记诵―송】jìsòng 통암송하다. 외우다.

【记性―성】jì·xing 명기억(력). ◇～好/기억력이 좋다.

【记叙―서】jìxù 통기술〔서술〕하다.

☆【记要―요】jìyào 명개요. 요람. 요약.

☆【记忆―억】jìyì 명통기억(하다). 비교记忆:记 "记忆"는 결과보어나 정도보어를 가질 수 없다. ◇您说的话，我全部(×记忆)记住了/당신이 한 말은 제가 모두 기억했습니다.

＊【记载―재】jìzǎi **1**통기재하다. **2**명(써놓은) 기록. 문장.

☆【记者―자】jìzhě 명기자.

【记住―주】jì·zhu 통확실히 기억해 두다.

【纪・紀】|纟部|jì
3画|기록할 기

1명기율. 질서. 법도. ◇违法乱～/법을 어기다. **2**명옛날에는 12년을 1紀로 하였음. 지금은 그보다 더 긴 시간에 쓰임. ◇世～/세기. **3**통기록하다. 〔뜻은 '记'와 같은데, 주로 '纪念·纪元·纪传' 등에만 사용됨〕**4**명〈地質〉기. 〔지질 시대의 구분 단위〕

【纪纲―강】jìgāng 〈文〉명기강.

【纪检―검】jìjiǎn 명기율 감사. ◇～工作/기율 감사 업무.

【纪录―록】jìlù (同)〔记 jì 录〕

【纪录片―록편】jìlùpiàn (同)〔纪录片儿〕

【纪录片儿―록편아】jìlùpiānr 명〈口〉기록

영화. 다큐멘터리 영화. (同)〔记jì录片儿〕

☆【纪律－율】jìlǜ 圏규율. 기율. ◇遵守 zūn-shǒu～/기율을 지키다.

【纪年－년】jìnián 圏기년. 1기원(紀元)으로부터 헤아린 햇수. 2〈史〉연대순에 의한 역사 편찬법의 하나.

☆【纪念－념】jì·niàn 1통기념하다. ◇～抗日英雄/항일투사들을 기념하다. 2圏기념(품). ◇临走时我送他一本相册作～/헤어질 때 나는 그에게 앨범 하나를 기념으로 주었다.

【纪实－실】jìshí 1통실제 상황을 기록하다. ◇～文学/사실(寫實)문학. 2圏실제 상황의 기록.

【纪事－사】jìshì 圏사실의 기록.

【纪事本末体－사본말체】jìshìběnmòtǐ 圏〈史〉기사본말체. 〔중국에서 전통적으로 역사를 기록하는 체재. 체계적으로 중요한 사건을 기록〕

【纪行－행】jìxíng 圏기행.〔여행에서 보고들은 것을 기록한 것이나 찍은 사진 등〕

*【纪要－요】jìyào 圏기요. 요록(要錄).

【纪元－원】jìyuán 圏기원.

【纪传体－전체】jìzhuàntǐ 圏〈史〉기전체.〔사서(史書)의 체재의 하나. 주로 인물전기를 중심으로 역사를 기술함〕

*【忌】己部 心部 jì
4画 4画 미워할 기
통1질투하다. 새암하다. 2두려워하다. 근심하다. 3꺼리다. ◇～生冷/생 것과 찬 것을 꺼리다. 4끊다. ◇～烟/담배를 끊다.

【忌辰－신】jìchén 圏제삿날(忌日). (同)〔忌日 rì〕, (反)〔生辰 shēngchén〕

【忌惮－탄】jìdàn 통꺼리다.

【忌妒－투】jì·du 통질투하다.

【忌恨－한】jì·hen (同)〔嫉 jí 恨〕

【忌讳－휘】jì·huì 통1금기시하다. 터부(taboo)시하다. ◇过年～说不吉利的话/구정 때 불길한 말을 금기시 한다. 2통기피하다. 꺼리다. 3통〈方〉초(醋)의 다른 이름.

【忌刻－각】jìkè 통질투심때문에 냉대하다. (反)〔纯朴 chúnpǔ〕

【忌口－구】jì//kǒu 통(병때문에) 음식을 가려 먹다.

【忌日－일】jìrì 圏1기일. 2액일(厄日).

【忌嘴－취】jì//zuǐ (同)〔忌口 kǒu〕

【伎】亻部 jì
4画 재주 기
圏1기예(技藝). 기능. 솜씨. 2무희.

【伎俩－량】jìliǎng 圏(貶)(정당하지 않은) 수단. 수법.

【技】扌部 jì
4画 재주 기

圏기능. 기술. 재능. 솜씨.

【技法－법】jìfǎ 圏(회화·그림 따위의) 기법.

【技工－공】jìgōng 圏기술자.

【技工学校－공학교】jìgōng xuéxiào 圏기술학교. 직업훈련학교.

【技击－격】jìjī 圏격투기.

**【技能－능】jìnéng 圏기능. 솜씨.

**【技巧－교】jìqiǎo 圏1기교. 2무술. 무예.

【技巧运动－교운동】jìqiǎo yùndòng 圏〈體〉마루운동.

【技师－사】jìshī 圏기사〔初级工程师나 高级技术员〕.

【技士－사】jìshì 圏〔工程师의 아래〕기사.

★【技术－술】jìshù 圏기술. ◇～革新/기술혁신.

【技术性－술성】jìshùxìng 圏기술상(의). 기술적(인).

☆【技术员－술원】jìshùyuán 圏기술자.

【技术作物－술작물】jìshù zuòwù 圏경제작물.

【技痒－양】jìyǎng 통재능을 뽐내고 싶어서 손발이 근질거리다.

【技艺－예】jìyì 圏기예.

【妓】女部 jì
4画 기생 기
圏기생. 창기.

【妓女－녀】jìnǚ 圏창녀. 매춘부.

【妓院－원】jìyuàn 圏기생집. 기루.

【剂·劑】刂部 jì
6画 약제 제
1圏약제(藥劑). 조제한 약. ◇针～/주사약. 2圏화학제(化學劑). ◇杀虫～/살충제. 3양제. (湯药)을 셀 때 쓰는 단위〕◇一～药/약 한 제. (同)〔服 fù〕4(～儿)圏만두 따위를 빚을 때 밀가루 반죽에서 떼낸 작은 덩어리. ◇面～/밀가루 반죽의 작은 덩어리.

【剂量－량】jìliàng 圏(약의) 조제량. (화학 시험제·방사선 따위의) 사용량.

【剂型－형】jìxíng 圏〈藥〉'片状(알약형)'·'丸状(환약형)'·'膏状(연고형)' 따위의 조제한 약의 형태.

【剂子－자】jì·zi (同)〔剂 4〕

【济·濟】氵部 jì
6画 건널 제
1통강을 건너다. 2통돕다. 구제하다. ◇接～/원조하다. 3통(일에) 도움이 되다. 유익하다. ◇无～于事/일에 도움이 되지 않는다. ⇒jǐ

【济贫－빈】jìpín 통가난한 사람을 구제하다.

【济世－세】jìshì 통세상 사람을 구제하다.

【济事－사】jìshì 통(일의 성사에 도움이 되다. (同)〔顶 dǐng 事〕, (反)〔不 bù 济〕

【荠·薺】艹部 jì
6画 냉이 제

【荠菜－채】jìcài 图〈植〉냉이.

【霁·霽】雨部 | jì
6画 | 개일 제
동〈文〉1(비나 눈이 그치고) 날이 개다.
◇雪～/눈이 멎고 하늘이 개다. 2노여움
이 풀리다〔가시다〕. ◇色～/얼굴빛이 온
화해지다.

【际·際】阝部 | jì
가 제
1图가장자리. 가. 분계. ◇水～/물가. ◇
春秋之～/봄 가을의 사이. 2图속. 가운
데. ◇脑～/뇌리. 머리속. 3图사이. 상호
간. ◇国～/나라사이. 국제. 4图때. 즈음.
무렵. 시기. 5동바로 …한 시기〔경우, 단
계〕에 있다. ◇～此盛会/이 성대한 모임
을 맞이하여. 6동만나다. 부딪치다. 맞닥
뜨리다.
【际会－회】jìhuì 동만나다.
【际涯－애】jìyá 图〈文〉끝. 한계.
【际遇－우】jìyù〈文〉1동(주로 좋은) 기회
를〔시운을〕 만나다. 2图경우. 처지. 운수.

【系·繫】糸部 | jì
1画 | 얽을 계
동매다. 묶다. ◇～鞋带/신발끈을 매다.
⇒xì

【季】禾部 | 子部 | jì
3画 | 6画 | 사철 계
1(～儿)图철. 계절. 절기. 시기. 비교季:
季度 "季"양사로 단독 사용하지 않는다.
◇这个(×季)季度第二组超额完成了任务/
이번 분기에는 제2조가 목표액 초과로
임무를 완성했다. 2图말년. 말기. 말세.
◇清～/청대 말년. (同)〔末 mò〕, (反)
〔初 chū〕3图계절의 마지막 달. 4图막
내. (同)〔小 xiǎo〕, (反)〔孟 mèng〕5(Jì)
图성(姓).
*【季度－도】jìdù 图1분기. ◇二～/2/4분기.
【季风－풍】jìfēng 图〈天〉계절풍. 철바람.
【季候－후】jìhòu 图〈方〉계절(季節).
☆【季节－절】jìjié 图계절. ◇严寒的～已经过
去/몹시 추운 계절이 벌써 지나간다. ◇
农忙～/농번기. 비교季节:四季 춘·하·
추·동 사계절의 약칭은 "四季"라 한다.
◇我国没有(×四季节)四季, 一年到头都
很暖和/우리나라는 사계절이 없고 일년
내내 따뜻하다.
【季节工－절공】jìjiégōng 图계절 노동자.
〔농업·어업·건축업 등 계절에 따라 고용
하는 노동자를 가리킴〕
【季刊－간】jìkān 图계간.
【季世－세】jìshì 图말엽. 말세.

【迹(跡, 蹟)】辶部 | jì
6画 | 사적 적
1图자취. 흔적. 자국. ◇足～/발자국. ◇

血～/핏자국. 2图유적. ◇古～/고적. 3
图행적. 거동.
【迹地－지】jìdì 图〈林〉벌채한 후에 나무를
다시 심지 않을 땅.
*【迹象－상】jìxiàng 图징후. 낌새. ◇从～
看, 这事不像是他做的/낌새로 보면, 이
일은 그가 한 것 같지 않다.

☆【既(旣)】旡部 | 牙部 | jì
4画 | 5画 | 이미 기
1图벌써. 이미. ◇～得权利/기득권. 2접
…한 바에는. …한 이상은.〔'就''则'와
호응함〕◇他～如此坚决, 我就不便多说/
그의 태도가 이렇게 단호한 이상 나도
더이상 할 말이 없다. ◇～要做, 就要做
好/기왕 할 바에는 잘 해야 한다. (同)
〔既然 rán〕3접…할 뿐만 아니라 또 ….
〔'且''又''也' 등의 부사와 호응하여, 두
개의 비슷한 성질 또는 상태가 병존함을
나타냄〕◇他～懂英语也懂日语/그는 영
어뿐만 아니라 일어도 할 줄 안다. ◇他
～没来过, 我也没去过/그가 와 보지 못했
을 뿐만 아니라 나도 가보지 못했다. ◇
～高且大/높을 뿐만 아니라 크기도 하다.
【既定－정】jìdìng 1图기정. 2图이미 정하다.
【既而－이】jì'ér 图〈文〉잠시 후에.
☆【既然－연】jìrán 접이미 이렇게 된 바에
야. 기왕 된 이상.〔'就''那么''还' 따위
와 호응하며, 먼저 전제를 제시하고 그것
에 대해 추론(推論)을 제시함〕◇～知道
做错了, 就应当赶快纠正/이미 잘못된 것
을 안 이상, 마땅히 빨리 바로 잡아야 한
다. ◇～你没准备好, 我们只能先走了/네
가 준비되지 않았다면, 우리는 먼저 가는
수 밖에 없다. 비교既然:虽然:因为 ①
"既然"은 역접을 나타내는 문에서는 쓰
이지 않는다. ◇(×既然)虽然我的父母不
愿让我到国外学习, 可是我还是来了/비
록 부모님이 날 외국에 공부하러 보내기
를 원치 않으셨지만 난 그래도 왔다. ②
"既然"은 "所以"와 함께 원인결과문에
쓰이지 않는다. ◇(×既然)因为他阅历广,
所以经验丰富/그는 경륜이 많아서 경험
이 풍부하다.
【既是－시】jìshì 접…된 바에야. …된 이
상. (同)〔既然 rán〕◇～他不要, 那就算
了/그가 원치 않은 바에 그만두자.
【既往不咎－왕불구】jì wǎng bù jiù〈成〉과
거의 잘못은 묻지 않는다.
【既望－망】jìwàng 图음력 16일.〔15일은
'望'이라 함〕

*【继·繼】纟部 | jì
7画 | 이을 계
1동계속하다. 지속하다. 이어지다. 잇다.
2접그 다음에. 그 후에. 이어서. ◇他坐

下后，～又站起来/그는 앉았다가 또 일어섰다.

＊＊【继承－승】jìchéng 통1(유산·권리 따위를) 상속하다. ◇他没有子女，财产无人～/그는 자식이 없어 재산을 상속할 사람이 없다. 2(유지·사업 따위를) 계승하다. 이어[물려] 받다. ◇～文化遗产/문화유산을 계승하다.

【继承人－승인】jìchéngrén 명1〈法〉상속인. 2후계자.

【继电器－전기】jìdiànqì 명〈電〉계전기. 릴레이.

【继而－이】jì'ér 접〈文〉뒤이어. 곧이어.

【继父－부】jìfù 명계부. 의붓아비. (同)〔后 hòu 父〕, (反)〔亲 qīn 父〕

【继母－모】jìmǔ 명계모. (同)〔后 hòu 母〕, (反)〔亲 qīn 母〕

【继配－배】jìpèi 명후처(后妻). (同)〔继室 shì〕

【继任－임】jìrèn 통직무를 이어받다.

【继室－실】jìshì (同)〔继配 pèi〕

【继嗣－사】jìsì 〈文〉1통후사를 잇다. 2명계승자.

【继往开来－왕개래】jì wǎng kāi lái 〈成〉선인의 사업을 계승하여 미래를 개척하다.

【继武－무】jìwǔ 통〈文〉선인의 발자취를 따르다.

★【继续－속】jìxù 통연속(하다). 계속(하다). ◇我们的这项研究现在还在～着/우리들의 이 연구는 지금도 계속되고 있다. ◇他今天失踪是昨天那件事事的～/그가 오늘 실종된 것은 어제 그 일의 연속이다. (同)〔延 yán 续〕, (反)〔停止 tíngzhǐ〕

【继子－자】jìzǐ 명양자(養子).

★【寄】⌒部 jì 8画 부칠 기

1통(우편으로) 부치다. 보내다. ◇～信/편지를 부치다. ◇包裹 guǒ 已经～走了/소포는 이미 부쳤다. 2통맡기다. 걸다. ◇～放行李/짐을 맡기다. ◇～希望于人民/국민들에게 희망을 걸다. 3통(남에게) 기대다. (몸을) 의탁하다. ◇～食于父母/부모에 의탁하여 밥을 먹다. 4형의(義)를 맺은.

【寄存－존】jìcún 통맡기다. 보관시키다. (同)〔寄放 fàng〕, (反)〔取出 qǔchū〕

【寄存器－존기】jìcúnqì 명〈電子〉(전자 계산기의) 레지스터(register).

【寄递－체】jìdì 통우편물을 배달하다.

【寄放－방】jìfàng 통(임시로) 맡겨 두다. ◇把箱子～在朋友家里/트렁크를 친구집에 맡겨두었다.

【寄费－비】jìfèi 명우편 요금. 우송료.

【寄籍－적】jìjí 명전적(轉籍)하다.

【寄居－거】jìjū 통1얹혀 살다. 기거하다. 2타향에 머물다.

【寄卖－매】jìmài 명통위탁 판매(하다).

【寄名－명】jìmíng 통어린아이의 장수를 위해 중이나 다른 사람을 부모로 삼다.

【寄情－정】jìqíng 통마음[감정]을 의탁하다.

【寄人篱下－인리하】jì rén lí xià 〈成〉남에게 얹혀살다. 남 밑에서 일하다. (同)〔傍人门户 páng rén mén hù〕, (反)〔自食其力 zì shí qí lì〕

【寄生－생】jìshēng 명통기생(하다).

【寄售－수】jìshòu 명통위탁 판매(하다).

【寄宿－숙】jìsù 통1임시로 거주하다. (同)〔借 jiè 宿〕2(학생이 학교 기숙사에) 기숙하다. (反)〔走读 zǒudú〕

＊【寄托－탁】jìtuō 통1맡기다. ◇把孩子～在邻居家里/아이를 이웃집에 맡기다. 2(기대·희망 따위를) 걸다. ◇把希望全～在儿子身上/희망을 전부 아들에게 걸었다.

【寄销－소】jìxiāo (同)〔寄卖 mài〕

【寄信－신】jì xìn 편지를 부치다.

【寄养－양】jìyǎng 통남에게 맡겨 기르다.

【寄予－여】jìyǔ 통1(희망 따위를) 걸다. 2(동정·관심 따위를) 주다. 보내다.

【寄寓－우】jìyù 1〈文〉(同)〔寄居 jū〕2(同)〔寄托 tuō 2〕

【寂】⌒部 jì 8画 고요할 적

형1조용하다. 고요하다. ◇～无一人/인기척 하나 없이 고요하다. (同)〔静 jìng〕, (反)〔闹 nào〕2적막하다. 쓸쓸하다. ◇枯～/쓸쓸하다.

＊【寂静－정】jìjìng 형고요하다. 적막하다. ◇阅览室里～无声，大家都在认真地看书/모두들 열심히 책을 보고 있어서 열람실이 매우 조용하다. (同)〔安 ān 静〕, (反)〔吵 chǎo 闹〕 비교寂静:安静 ①사람이나 동물에게는 "寂静"을 쓰지 않는다. ◇她(×寂静)安静了没多久，又闹 nào 起来了/그녀는 조용한 지 얼마 안 돼 또 시끄러워졌다. ②마음의 안정에는 "寂静"을 쓰지 않는다. ◇病人是需要(×寂静)安静/환자는 안정이 필요하다.

【寂寥－료】jìliáo 형〈文〉적적하고 고요하다.

＊＊【寂寞－막】jìmò 형1적막하다. ◇晚上只剩 shèng 下我一个人在家里，真是～/저녁에 나혼자만 집에 남아 있으니 정말 적적하다. (同)〔孤 gū 寂〕, (反)〔热 rè 闹〕2조용하다. 고요하다. ◇～的原野/고요한 벌판. 비교寂寞:寂静 "寂寞"는 "生活"，"文坛"등 추상명사에만 쓰이고, 자연이나 장소에는 쓰이지 않는다. ◇他走进了(×寂寞)寂静的会场/그는 고요한 대회장으로 걸어 들어갔다.

【寂然—연】jìrán 혱〈文〉고요한 모양. ◇~无声/소리 하나 없이 고요하다.

【绩·績】 纟部 8画 길쌈 적

1통(실을) 잣다. (삼을) 삼다. ◇~麻/삼을 삼다. 2통공적. 성과. ◇成~/성적. ◇功~/공적.

【绩效—효】jìxiào 몡효과. 성적.

【祭】 示部 6画 제사 제

통1제사 지내다. 2〈早白〉(신통력이 있는 것 따위를) 사용하다. ⇒zhài

【祭奠—전】jìdiàn 1몡제전. 추모 의식. 2통성묘하다.

【祭礼—례】jìlǐ 몡1제례. 2제물.

【祭祀—사】jì·sì 몡통〈文〉제사(지내다).

【祭坛—단】jìtán 몡제단.

【祭文—문】jìwén 몡제문.

【祭灶—조】jì‖zào 통부뚜막 신에게 제사 지내다. 〔음력 12월 23일 또는 24일〕

【稷】 禾部 10画 피 직

몡1〈植〉(메)기장. 조. 2오곡의 신, 또는 곡물의 신. ◇社~/사직. 토지의 신과 곡물의 신. 〈轉〉국가.

【鲫·鯽】 鱼部 7画 붕어 즉

몡〈魚介〉붕어.

【冀】 八部 14画 하고자할 기

1〈文〉바라다. ◇希~/희망하다. 2(Jì)몡〈地〉하북성(河北省)의 다른 이름. 3(Jì)몡성(姓).

【冀图—도】jìtú 통바라다.

【冀望—망】jìwàng 통〈文〉희망하다.

【骥·驥】 马部 16画 천리마 기

몡〈文〉1천리마. 준마. 2〈喩〉현명하고 재능이 뛰어난 사람.

【髻】 髟部 6画 상투 계

몡쪽. 상투.

加 424	伽 425	迦 425	茄 425	枷 425
痂 426	袈 426	笳 426	跏 426	嘉 426
夹 426	佳 426	家 427	傢 428	镓 428
夹 428	郏 428	荚 428	颊 428	恝 428
戛 428	甲 428	岬 429	胛 429	钾 429
贾 429	檟 429	假 429	价 430	驾 430
架 430	假 431	嫁 431	稼 431	

jiā

★【加】 力部 3画 더할 가

1통더하다. 보태다. ◇把这两个数~在一起就对了/이 두 개의 수를 더해야 맞다. 2통증가하다. 늘다. 늘리다. 준의혼히 형용사 앞에 놓여, 그 수량이 늘거나 정도가 높아지는 것을 나타냄. ◇~大/크기를 늘리다. ◇~速/가속하다. 3통(본래 없던 것을) 붙이다. 달다. 넣다. ◇名单里应该~他/명단에 그의 이름을 넣어야 한다. 4통(어떤 동작을) (가)하다. 비교加:加以 "加"는 단음절 형용사 또는 부사의 수식만 받을 수 있다. ◇对错误要认真地(×加)加以分析/잘못에 대해서는 진지하게 분석을 해야 한다. ◇严(×加以)~管束/엄하게 단속하다. 5(Jiā)몡성(姓).

*【加班—반】jiā‖bān 통잔업을 하다. 초과 근무하다. ◇~加点/초과 근무하다.

【加倍—배】jiā‖bèi 1배가하다. 갑절이 되게 하다. ◇小李~偿还 chánghuán 了他的钱/이 군은 그에게 갑절로 돈을 갚았다. 2(jiābèi)뮈갑절로. 한층. 더욱. ◇~生产/갑절로 생산하다. ◇~努力/더욱 분발하다.

【加点—점】jiā‖diǎn 통시간외 근무를 하다.

【加法—법】jiāfǎ 몡〈數〉덧셈(법). (反)〔减 jiǎn 法〕

【加封—봉】jiā‖fēng 통1봉하다. 2(jiāfēng)(봉건 사회에서) 임금이 신하에게 더 많은 영지나 더 높은 작위를 봉하다.

☆【加工—공】jiā‖gōng 1통가공하다. ◇我们从来没~过这种金属材料/우리는 이런 금속 재료를 가공해 본 적이 없다. 2통마무리 손질을 하다. ◇艺术~/예술적으로 손질한다.

【加固—고】jiāgù 통단단하게〔굳게〕하다. 강화하다.

*【加急—급】jiājí 통서두르다. 빨리 하다.

【加急电(报)—급전(보)】jiājí diàn(bào) 몡지급 전보.

**【加紧—긴】jiājǐn 통(강도나 속도에) 박차를 가하다. 힘쓰다. ◇考试日期已经临近，你还不~准备?/시험 날짜가 임박했는데 넌 왜 아직도 준비에 힘쓰지 않는 거니? (同)〔抓 zhuā 紧〕, (反)〔放松 fàngsōng〕비교加紧:抓紧 시간에는 "加紧"을 쓰지 않는다. ◇今天我得~时间,把这篇文章写完/오늘 나는 시간을 잘 활용해 이 글을 다 써야겠다.

【加劲—경】jiā‖jìn (~儿)통더 기운을 내다. 정력을 쏟다.

*【加剧—극】jiājù 통격화하다. 심해지다. 악화되다. ◇矛盾 máodùn~/모순이 격화되다. ◇病势~/병이 악화되었다. (同)

〔加重 zhòng〕, (反)〔减弱 jiǎnruò〕

【加快一쾌】jiākuài 통1빠르게 하다. ◇～经济建设/경제건설을 가속화하다. 2급행(열차)으로 바뀌타다. ◇中间要～/중도에서 급행으로 바뀌타야 한다.

【加料一료】jiā∥liào 통원료를 기계에 넣다.

【加料一료】jiāliào 형통특제(품). 재료를 충분히 들여 만든 (제품).

【加仑一륜】jiālún 양갤런(gallon).

【加码一마】jiā∥mǎ 통1(～儿)(상품의) 가격을 올리다. 2수량의 지표를 높이다. 3(도박에서) 판돈을 올리다.

【加冕一면】jiā∥miǎn 통(국왕이) 대관(戴冠)하다.

【加衣炮一농포】jiānóngpào 명〈軍〉캐논포(cannon砲).

☆【加强一강】jiāqiáng 통강화하다. ◇应～法制观念/법 의식을 강화해야 한다. (同)〔增 zēng 强〕, (反)〔减弱 jiǎnruò〕 비교加强:提高:增进 "加强"은 추상명사 중 "能力""了解""水平" 등을 목적어로 취할 수 없다. ◇我们要(×加强)提高汉语会话的能力/우리는 중국어 회화 능력을 향상시켜야 한다. ◇这样可以(×加强)增进两国的相互了解/이렇게 하면 양국의 상호 이해를 증진시킬 수 있다.

﹡【加热一열】jiā∥rè 통가열하다.

【加人一等一인일등】jiā rén yī děng 〈成〉(학식·재주 등에서) 남보다 한층 더 뛰어나다.

﹡【加人一입】jiārù 통1(집어)넣다. 더하다. 보태다. ◇冬天水里一一定量的盐 yán 就不容易结冰/겨울에 물에 일정한 양의 소금을 집어 넣으면 쉽게 얼지 않는다. (同)〔搀 chān 人〕 2가입하다. ◇～工会/노동조합에 가입하다. (同)〔参 cān 加〕, (反)〔退出 tuìchū〕 비교加人:参加 ①활동·운동 등에는 "加人"를 쓰지 않는다. ◇我常常(×加人)参加体育活动/난 체육활동에 자주 참가한다. ②어떤 조직에 가입하지 않으면 "加人"를 쓰지 않는다. ◇我1964年就(×加人)参加了工作/난 1964년부터 벌써 직장을 다녔다.

【加塞儿一색아】jiā∥sāir 새치기하다. 끼어들다.

﹡【加深一심】jiāshēn 통깊게 하다. 심화시키다. ◇～认识/깊이있게 인식을 하게 하다. ◇矛盾～了/갈등이 심화되었다. (反)〔减轻 jiǎnqīng〕

【加数一수】jiāshù 명〈數〉가수.

﹡﹡【加速一속】jiāsù 통가속하다. 속도를 늘리다. ◇路面太滑 huá, 不能再～了/길바닥이 미끄러워 더 이상 가속할 수가 없다. (反)〔减 jiǎn 速〕

【加速度一속도】jiāsùdù 명〈物〉가속도.

【加速器一속기】jiāsùqì 명〈物〉가속기.

【加速运动一속운동】jiāsù yùndòng 명〈物〉가속 운동.

【加委一위】jiāwěi 통옛날에 주관 관청이 소속 기관이나 민간단체가 추천한 공직 요원에 대해 임명의 수속을 하던 일.

【加压釜一압부】jiāyāfǔ 명〈工〉압력솥.

☆【加以一이】jiāyǐ 1통…을 가하다. …하다. 〔2음절 이상의 동사 앞에 위치하여 앞에 제시된 사물을 처리하는 방법을 나타냄〕 ◇出现困难要及时～解决/어려움이 부딪치면 제때에 해결을 해야 한다. 비교加以:进行 "工作""意见" 등의 동사는 "加以"와 결합하지 않는다. ◇我们要按照你提的建议(×加以)进行工作/우리는 당신이 제시한 제안대로 일을 진행시키겠다. 주의予以:加以 '予以'는 '…을 주다'의 뜻으로 '予以自新之路'와 같이 일반 명사 앞에 쓰일 수 있음에 비해 '加以'는 이러한 용법이 없음. 2접게다가. …한데다가. 그 외에. ◇她本来就很能干, ～手脚勤快 qínkuai, 那事一不会儿就做好了/그녀는 원래 매우 유능하며 게다가 부지런해서 그 일을 얼마 안 되어서 다 끝마쳤다.

【加意一의】jiāyì 통특별히 신경쓰다. ◇～保护/유난히 신경써서 보호한다.

﹡﹡【加油一유】jiā∥yóu 통1급유하다. 기름을 치다. ◇汽车加了油了/자동차에 기름을 넣었다. 2(～儿)힘을 (더) 내다. 가일층 노력하다. 기운을 내다. ◇～! ～!"热情的观众高喊着"힘내라! 힘내라!" 열광적인 관중들은 소리 높여 외쳤다. (同)〔加劲 jìn〕

﹡【加重一중】jiāzhòng 통가중하다. 무거워지다. ◇责任～了/책임이 무거워졌다. (反)〔减轻 jiǎnqīng〕

【伽】 亻部 jiā
　　　 5画 절 가
⇒gā, qié

【伽倻琴一야금】jiāyēqín 명〈音〉가야금.

【迦】 辶部 jiā
　　　 5画 부처의 이름 가
음역자(音譯字).

【茄】 艹部 jiā
　　　 5画 연줄기 가
(同)〔雪 xuě 茄〕⇒qié

【茄克一극】jiākè 명자켓(jacket).

【枷】 木部 jiā
　　　 5画 칼 가
명칼. 〔죄인의 목에 씌우는 형구〕

【枷锁一쇄】jiāsuǒ 명1가쇄. 칼과 족쇄. 2〈喻〉압박과 속박. 멍에.

【痂】|疒部
5画 | jiā
헌데딱지 **가**
(명)부스럼 딱지.

【袈】|衣部
5画 | jiā
가사 **가**
【袈裟―사】jiāshā (명)〈佛〉가사(범 kasaya).

【笳】|竹部
5画 | jiā
피리 **가**
(同)〔胡 hú 笳〕

【跏】|足部
5画 | jiā
도사리고 앉을 **가**
【跏趺―부】jiāfū 가부좌. 올방자.

【嘉】|土部
11画 | 11画 | 아름다울 **가**
1(형)훌륭하다. 근사하다. 2(동)칭찬하다. 3(Jiā)(명)성(姓).
【嘉宾―빈】jiābīn 귀빈.
*【嘉奖―장】jiājiǎng 1칭찬하다. 포상하다. ◇~有功人员/유공자를 포상하다. (同)〔褒 bāo 奖〕, (反)〔惩罚 chéngfá〕2(명)칭찬과 장려. 칭찬하고 장려하여 주는 물건[표창]. ◇最高的~/최고의 격려.
【嘉勉―면】jiāmiǎn (동)〈文〉칭찬하고 격려하다.
【嘉许―허】jiāxǔ (동)〈文〉칭찬하다. (同)〔赞 zàn 许〕, (反)〔批评 pīpíng〕
【嘉言懿行―언의행】jiā yán yì xíng〈文〉좋은 말과 훌륭한 행실.

☆【夹·夾(²挟)】|大部
3画 | 결 **협**
1(동)집다. ◇他用筷子~菜给我/그는 젓가락으로 반찬을 집어 내게 준다. 2(동)겨드랑이에 끼다. ◇~着书包上学/책가방을 겨드랑이에 끼고 등교하다. 3(동)두 사람(두 개의 물건) 사이에 끼다. 끼우다. ◇两座山~着一条小沟 gōu/두 산이 골짜기 하나를 끼고 있다. ◇把相片~在书里/사진을 책속에 끼워 넣다. ◇他~在我们两人中间/그는 우리 두 사람 사이에 끼었다. 4(동)뒤섞이다. 혼합하다. ◇风声~着雨声/바람 소리에 빗소리가 뒤섞이다. 5(同)〔夹子 zi〕⇒gā, jiá '夹 xié'
【夹板―판】jiābǎn (명)(~子)협판. 부목(副木). 받침판자.〔나무나 금속으로 만듦〕
【夹板儿气―판아기】jiābǎnrqì 진퇴 양난의 곤경.
【夹层―층】jiācéng (동)이중 재료로 된 것. ◇~墙/이중벽. ◇~玻璃 bōli/이중 유리창.
【夹带―대】jiādài 1(동)몰래 휴대하다. ◇上飞机严禁 yánjìn~易燃物品/비행기를 탑승할 때 인화물의 몰래 반입을 금지한다. 2(명)커닝 페이퍼.
【夹道―도】jiādào 1(~儿)(명)담장 사이의 좁은 길. 2(동)(사람 또는 물건 등이) 길

양쪽에 늘어서다. ◇人们~欢迎/사람들은 연도에서 환영했다.
【夹缝―봉】jiāfèng (동)틈. 틈새.
【夹肝―간】jiāgān (명)〈方〉(식품으로 사용하는) 소·양·돼지 따위의 췌장(脺臟).
【夹攻―공】jiāgōng (명)(동)협공 (하다).
【夹棍―곤】jiāgùn (명)옛날, 주릿대.〔다리에 끼워 세게 비트는 고문기구〕
【夹击―격】jiājī (명)(동)협공 (하다).
【夹剪―전】jiājiǎn (명)(가위 모양의) 집게.
【夹角―각】jiājiǎo (명)〈數〉협각.
【夹具―구】jiājù (명)〈機〉(기계의 부품을) 고정시키는 공구나 장치.
【夹克―극】jiākè (명)자켓(英 jaket).
【夹七夹八―칠협팔】jiā qī jiā bā〈成〉두서 없이 섞여 뒤죽박죽이다.
【夹生―생】jiāshēng (명)1(음식이) 설익다. ◇他烧 shāo 的是~饭/그가 지은 밥은 설익은 밥이다. 2(학문이나 기술 따위가) 어중간하다.
【夹生饭―생반】jiā·shēngfàn 1설익은 밥. 2(喩)어중간하게 한 일. ◇他做的~, 谁都解决不了 liǎo/그가 어중간하게 일을 해 놓아서 어느 누구도 해결할 수 없다.
【夹丝玻璃―사파리】jiāsī bō·li (명)철사 그물을 넣은 판유리·철망유리(wireglass).
【夹馅―함】jiāxiàn (~儿)(동)소를 넣은.
【夹心―심】jiāxīn (同)〔夹馅 xiàn〕
*【夹杂―잡】jiāzá (동)혼재하다. 뒤섞(이)다. ◇他说话~着南方口音/그는 말할 때 남쪽지방 말투가 섞여 있다.
【夹注―주】jiāzhù (명)문장 속에 삽입한 작은 활자의 주석(注釋).
**【夹子―자】jiā·zi (명)집게. 클립. 핀. ◇头发~/머리핀.

**【佳】|亻部
6画 | 아름다울 **가**
(형)좋다. 훌륭하다. 아름답다. (同)〔好 hǎo〕, (反)〔坏 huài〕
【佳宾―빈】jiābīn (명)〈文〉귀빈.
【佳话―화】jiāhuà (명)〈文〉미담. 좋은 말.
【佳节―절】jiājié (명)즐거운 명절. ◇每逢倍思亲/즐거운 명절을 맞을 때마다 가족은 더욱 그립다.
【佳境―경】jiājìng (명)1경치가 좋은 곳. (同)〔胜境 shèng〕2좋은 경지. 재미 있는 판이나 고비. ◇渐入~/점점 좋은 경지로 들어가다. (反)〔逆 nì 境〕
【佳丽―려】jiālì 1(형)(용모나 경치가) 아름답다. 2(명)아름다운 여자.
【佳酿―양】jiāniàng (명)미주(美酒). 좋은 술.
【佳偶―우】jiā'ǒu (명)〈文〉좋은 배우자. 금슬좋은 부부. (同)〔嘉 jiā 偶〕, (反)〔怨 yuàn 偶〕

J

【佳期―기】jiāqī 图1결혼 날짜. 2데이트 날〔시간〕.

【佳人―인】jiārén 图〈文〉미인. (同)〔美女 měinǚ〕, (反)〔丑女 chǒunǚ〕

【佳肴―효】jiāyáo 图맛있는 요리.

【佳音―음】jiāyīn 图〈文〉좋은 소식. (同) 〔福 fú 音〕, (反)〔噩耗 èhào〕

【佳作―작】jiāzuò 图가작. 뛰어난 작품.

★【家】宀部 jiā
7画 집 가

1图가정. 집. ◇我~有五口人/우리 집은 다섯 식구가 있다. 2图(구체적인) 집 주소. ◇那儿就是他的~/거기가 바로 그의 집이다. 3图부대나 기관의 집무실. 4图어떤 직업에 종사하거나 어떤 전문을 지닌 사람. ◇专~/전문가. 5图어떤 전문 학문 〔활동〕에 종사하는 사람. ◇文学~/문학가. 6图학파. ◇儒~/유교. 7图쪽. 편. 两~下成和棋/양쪽이 두는 장기가 무승부가 되었다. 8〈謙〉자기집 윗사람을 남에게 이야기할 때 이르는 말. ◇~母/가모. 어머님. 9图집에서 기르는. ◇~畜 chù/가축. 10图〈方〉길들이다. 길들여지다. ◇这只鸟已经养~了/이 새는 이미 길들여졌다. 11가정·가게·기업 따위를 세는 단위. ◇一~工厂/공장 하나. 어느 공장. 12(Jiā)图성(姓). 13接尾명사 뒤에 쓰여 동류(同類)의 사람을 나타냄. ◇他们老人~身体还不错/어르신께서 건강이 좋은 편이다. 14接尾남자의 이름이나 항렬 뒤에 쓰여서 그의 아내를 나타냄. ◇老三~/셋째의 아내.

【家财―재】jiācái (同)〔家产 chǎn〕

【家蚕―잠】jiācán 图〈虫〉집누에.

【家产―산】jiāchǎn 图가산.

*【家常―상】jiācháng 图가정의 일상 생활. ◇~话/가정의 일상생활에 관한 얘기. ◇拉~/일상사를 한담하다.

【家常便饭―상편반】jiā cháng biàn fàn 〈成〉1평소 집에서 늘 먹는 식사〔밥〕. 2늘 있는 일. 다반사. ◇他太忙了, 加班熬夜 áo yè 是~/그는 늘 바삐 보내는데 야근하여 밤을 새우는 일은 흔히 있는 일이다.

【家长里短―장리단】jiā cháng lǐ duǎn 〈方〉일상적인 집안의 자질구레한 일.

【家丑―축】jiāchǒu 图가정내의 수치스런 일. ◇~不可外扬 yáng/집안의 수치스러운 일이 바깥으로 나가면 안 된다.

*【家畜―축】jiāchù 图가축.

【家慈―자】jiācí 图〈文〉가모(家母).

【家当―당】jiā·dàng 图〈口〉가산(家产).

【家道―도】jiādào 图집안 형편. 가세.

【家底―저】jiādǐ (~儿)图오랫동안 쌓은 가산.

【家电―전】jiādiàn 图가전제품.

【家丁―정】jiādīng 图가복(家僕).

【家法―법】jiāfǎ 图1옛날 사제(師弟)간에 전해 내려오는 학술 이론이나 연구 방법. 2가법. 한 집안의 법도. 3집안 사람을 벌 주는 데 썼던 도구.

【家访―방】jiāfǎng 图图가정 방문(하다).

【家风―풍】jiāfēng 图가풍.

【家父―부】jiāfù 图〈謙〉가부. 가친. 〔남에게 자기 아버지를 일컫는 말〕

【家鸽―합】jiāgē 图〈鸟〉집비둘기.

【家馆―관】jiāguǎn 图옛날, 집안에 선생님을 모셔와 자제를 가르치던 곳.

【家规―규】jiāguī 图가법.

*【家伙―화】jiā·huo 图1도구나 무기. ◇干活用的~带来了吗/일하는 데 쓰는 도구들을 가지고 왔는가? 2图녀석. 자식. 놈. 〔사람을 깔보거나, 서로 친해서 막 부르는 칭호〕 ◇那~, 至今也没找到正式工作/저 녀석은 아직까지도 확실한 일자리를 찾지 못하고 있어. 3图짐승을 이르는 말. ◇这~真机灵, 见了主人就摇尾巴 yáo wěi·ba/이놈은 참 영리해, 주인만 보면 꼬리를 흔든다.

【家给人足―급인족】jiā jǐ rén zú〈成〉집집마다 풍요롭다. (同)〔人给家足〕, (反)〔家徒四壁 túsìbì〕

【家计―계】jiājì 图〈文〉가계.

【家家户户―가호호】jiājiāhùhù 图가가호호. 집집마다.

【家教―교】jiājiào 1图가정교육. ◇这孩子没~/이 아이는 가정 교육이 엉망이다. 2图가정교사.

【家景―경】jiājǐng 图집안 형편.

【家境―경】jiājìng 图가정의 형편.

【家居―거】jiājū 图(직업이 없이) 집에서 놀고 있다.

☆【家具―구】jiā·jù 图가구. 세간.

【家眷―권】jiājuàn 图1가족. 가솔. 2처(妻).

【家口―구】jiākǒu 图1식구. 가족. 2가족수.

【家累―루】jiālěi 图가정 생활의 부담.

【家门―문】jiāmén 图1집의 대문. 2〈文〉가문. 〔자기의 가족을 일컫는 말〕 3〈方〉한 집안. 일가.

【家母―모】jiāmǔ 图어머니. 가모. 〔남에게 자기의 어머니를 일컫는 말〕

【家谱―보】jiāpǔ 图가보. 한 집안의 족보.

【家雀儿―작아】jiāqiǎor 图〈方〉〈鸟〉참새.

【家禽―금】jiāqín 图가금.

【家人―인】jiārén 图1가족. 집안 사람. 2옛날, 하인·종을 칭하던 말.

【家世―세】jiāshì 图〈文〉1가세. 가문. 2생활 정도.

【家事－사】jiāshì [명]1집안 일. 2〈方〉가정의 경제형편.
【家室－실】jiāshì [명]〈文〉1식구. 가족. ◇无～之累/가족의 부담은 없다. 2주택.
【家什－십】jiā·shi [명]〈口〉가재도구. 기물.
【家书－서】jiāshū [명]집에서 온 편지.
【家塾－숙】jiāshú [명]〈文〉가숙. 사숙. 〔교사를 모셔와 자기 자제나 친척의 자녀들을 교육시켰던 곳〕
⁑【家属－속】jiāshǔ [명]가족. 식구. ◇他病情严重, 得 děi 马上通知他的～/병이 심상치 않으니 빨리 그 환자 가족들에게 알려야 한다.
【家私－사】jiāsī [명]가산.
★【家庭－정】jiātíng [명]가정. ◇这样的～不多见/이런 가정은 흔치 않다.
【家庭妇女－정부녀】jiātíngfùnǚ [명]가정주부.
【家徒四壁－도사벽】jiā tú sì bì 〈成〉집안에는 보이는 것이라고는 벽 밖에 없다. 서발 막대 거칠 것 없다. (同)〔家徒壁立 lì〕, (反)〔绰有余裕 chuò yǒu yú yù〕
*【家务－무】jiāwù [명]가사. ◇～劳动/가사노동.
☆【家乡－향】jiāxiāng [명]고향. ◇他从小喝～水, 吃～粮长大/그는 어릴 적부터 고향의 물을 마시고 고향의 쌀을 먹고 자랐다. (同)〔故 gù 乡〕, (反)〔异 yì 乡〕
【家小－소】jiāxiǎo [명]〈口〉처자식. 아내.
【家信－신】jiāxìn [명]가족끼리 서로 보내고 받는 편지.
【家兄－형】jiāxiōng [명]〈謙〉가형. 사형.
【家学－학】jiāxué [명]〈文〉가학. 집안 대대로 전해 내려오는 학문.
【家严－엄】jiāyán [명]〈文〉〈謙〉남에게 자기의 아버지를 이르는 말.
【家燕－연】jiāyàn [명]〈鳥〉제비.
【家业－업】jiāyè [명]가업. 가산. 부동산.
【家用－용】jiāyòng 1[명]가정의 생활비. 2[형]가정에서 쓰는.
*【家喻户晓－유호효】jiā yù hù xiǎo 〈成〉어느 집이나 다 알고 있다. (同)〔妇孺皆知 fù rú jiē zhī〕, (反)〔不见经传 bù jiàn jīng zhuàn〕
【家园－원】jiāyuán [명]1집안의 정원. 〈轉〉고향. 가정. 2〈方〉텃밭에서 가꾼 것.
【家贼－적】jiāzéi [명]집안 도둑. ◇～难防/집안 도둑은 막기 어렵다. (조직) 내부의 적은 막기 어렵다.
【家宅－택】jiāzhái [명]가택. 집안. ◇一人出事, 闹得～不宁/한 사람이 사고를 쳐서, 온 집안을 시끄럽게 만드는군.
*【家长－장】jiāzhǎng [명]1가장. 세대주. 2학부형. 보호자.
【家长制－장제】jiāzhǎngzhì [명]가부장제.
【家政－정】jiāzhèng [명]가사의 관리. 〔요리·재봉·자녀 양육 등〕
【家种－종】jiāzhòng 1[명]인공 재배. 2[형]집에서 재배한. ◇～的人参 shēn/집에서 재배한 인삼.
【家资－자】jiāzī (同)〔家产 chǎn〕
【家子－자】jiā·zi [명]가족.
【家族－족】jiāzú [명]집안. 〔혈연관계가 있는 여러 세대, 친족의 집단〕[비교]家族: 家 한 가정을 나타낼 때는 "家族"를 쓰지 않는다. ◇我(×家族)家有五口人/우리집은 다섯 식구가 있다.

【傢】亻部 10画 jiā 세간살이 **가**
【傢伙－화】jiā·huo (同)〔家 jiā 伙〕
【傢具－구】jiā·jù (同)〔家 jiā 具〕
【傢什－십】jiā·shi (同)〔家 jiā 什〕

【镓·鎵】钅部 10画 jiā 갈륨 **가**
[명]〈化〉갈륨(Ga).

jiá

【夹·夾】大部 3画 jiá 겹 **협**
[형]두 겹의. ⇒gā, jiā '袷 quā'

【郏·郟】阝部 6画 jiá 고을이름 **겹**
[명]1〈地〉겹현. 하남성(河南省)에 있는 현 이름. 2성(姓).

【荚·莢】艹部 6画 jiá 콩꼬투리 **협**
[명]꼬투리. 협. 협과(荚果). ◇豆～/콩꼬투리. ◇皂 zào～/조협. 쥐엄나무 열매의 껍데기.
【荚果－과】jiáguǒ [명]〈植〉협과.

*【颊·頰】页部 6画 jiá 뺨 **협**
[명]뺨. 볼. ◇两～红润 rùn/양볼이 불그스레하다.
【颊囊－낭】jiánáng [명]〈動〉(원숭이·다람쥐 따위의) 볼주머니.

【恝】心部 6画 jiá 걱정없을 **개**
[동]〈文〉무관심하다. 신경쓰지 않다.
【恝然－연】jiárán [부]〈文〉무심히. 태연히.
【恝置－치】jiázhì [동]〈文〉방치하다. 내버려 두다.

【戛(戞)】戈部 7画 jiá 창 **알**
〈文〉[동]가볍게 두드리다. 치다.
【戛戛－알】jiájiá [형]〈文〉1곤란한 모양. 2독창적이다.
【戛然－연】jiárán [의]〈文〉1새의 맑은 울음

소리의 형용. **2**탁. 뚝. 〔소리가 갑자기 끊어지는 모양〕◇~而止/소리가 뚝 멈추다.

jiǎ

**【甲】 |部 田部 jiǎ
4画 0画 첫째천간 **갑**
1(명)갑. 십간(十干)의 첫째. →〔干支 gānzhī〕**2**(명)제일이다. 첫째이다. ◇桂林山水~天下/계림의 산수는 천하 제일이다. **3**(명)(거북 따위의) 껍데기. ◇龟~/귀갑. **4**(명)각질. ◇指~/손톱. **5**(명)갑옷. **6**(명)(금속·가죽 따위로 만든) 보호 작용을 하는 장비. ◇装~车/장갑차. **7**(명)옛날의 호구편제(戶口編制). (同)(保 bǎo 甲) **8**(Jiǎ)(명)성(姓).

*【甲板一판】jiǎbǎn (명)갑판.

【甲兵一병】jiǎbīng (文)**1**갑옷과 무기. 〈轉〉군비. 군사. **2**무장 병사.

【甲虫一충】jiǎchóng (虫)갑충.

【甲壳一각】jiǎqiào (명)〈動〉갑각.

【甲鱼一어】jiǎyú (명)〈動〉자라.

【甲种粒子一종립자】jiǎzhǒng lìzǐ (명)〈物〉알파 입자.

【甲种射线一종사선】jiǎzhǒng shèxiàn (명)〈物〉알파선.

【甲胄一주】jiǎzhòu (명)〈文〉갑옷과 투구.

【甲状软骨一상연골】jiǎzhuàngruǎngǔ (명)〈生理〉갑상 연골.

【甲状腺一상선】jiǎzhuàngxiàn (명)〈生理〉갑상선.

【甲子一자】jiǎzǐ (명)**1**육십갑자(六十甲子). 육갑(六甲). **2**갑자.

【岬】 山部 jiǎ
5画 산허구리 **갑**
1갑. 〔지명에 많이 쓰임〕◇成山~/성산 갑. 산동(山東)지방에 있는 지명. **2**산골. 산과 산 사이.

【岬角一각】jiǎjiǎo (명)갑. 곶.

【胛】 月部 jiǎ
5画 어깨죽지 **갑**
【胛骨一골】jiǎgǔ (명)〈生理〉견갑골.

【鉀·鉀】 钅部 jiǎ
5画 갑옷 **갑**
(명)〈化〉칼륨(K).
【钾肥一비】jiǎféi (명)〈農〉칼리 비료.

【贾·賈】 西部 貝部 Jiǎ
4画 6画 성 **가**
(명)성(姓).

【榎·檟】 木部 jiǎ
10画 가나무 **가**
(명)〈植〉**1**차나무. **2**개오동나무.

☆**【假】** 亻部 jiǎ
9画 거짓 **가**
1(명)(형)거짓(의). 위조(의). (反)〔真 zhēn〕◇~姓名/가짜이름. ◇~话/거짓말. **2**(부)거짓으로. ◇~关心/보살피는 척하다. **3**(동)가정하다. **4**(접)만약. 가령. **5**(동)빌리다. 차용하다. ⇒jià

【假扮一반】jiǎbàn (동)변장하다.

【假充一충】jiǎchōng (동)…(으)로 가장하다. …인 체하다. ◇~内行 háng/전문가인 체하다.

【假道学一도학】jiǎdàoxué (명)위선자.

*【假定一정】jiǎdìng (동)가정하다. 가령 …라고 하다. ◇~他明天起程, 后天就可以到达北京/가령 그가 내일 떠난다고 하면 모레 북경에 도착할 수 있다.

【假根一근】jiǎgēn (명)〈植〉가근. 헛뿌리.

【假公济私一공제사】jiǎ gōng jì sī (成)공적인 일을 빙자하여 사복을 채우다. (反)〔谎话 huǎng huà〕

【假果一과】jiǎguǒ (명)〈植〉가과. 헛열매.

【假话一화】jiǎhuà (명)거짓말. (同)〔谎 huǎng话〕(反)〔真 zhēn 话〕

【假借一차】jiǎjiè **1**(명)〈文〉(명의·힘 등을) 빌리다. 차용하다. ◇~名义, 招摇 zhāoyáo 撞骗 zhuàngpiàn/남의 명의를 빌어 사기행각을 벌이다. **2**(명)〈言〉가차. 〔육서(六書)의 하나〕**3**(동)〈文〉용서하다.

*【假冒一모】jiǎmào (동)(가짜가 진짜인 것처럼) 가장하다. …체하다. ◇认清商标, 谨防 jǐnfáng~/상표를 확인하여 가짜 상품을 조심하다.

【假寐一매】jiǎmèi (동)〈文〉잠깐 눈을 붙이다.

【假面具一면구】jiǎmiànjù (명)가면. 탈.

【假名一명】jiǎmíng (명)**1**가명. (同)〔化 huà 名〕, (反)〔真 zhēn 名〕**2**〈言〉가나. 〔일본어의 자모〕

【假模假式一모가식】jiǎ·mo jiǎshì (成)겉으로만 그럴싸하게 꾸민 모양. 거짓 꾸밈새. (同)〔假模假样 yàng〕

【假撇清一별청】jiǎpiēqīng (동)〈文〉(나쁜 일과) 관계 없는 체하다. 시치미 떼다.

【假仁假义一인가의】jiǎ rén jiǎ yì (成)위선. (同)〔猫哭老鼠 māo kū lǎo shǔ〕, (反)〔真心实意 zhēn xīn shí yì〕

**【假如一여】jiǎrú (접)만약. 만일. ◇~明天下大雪, 我们还去找他吗?/만약 내일 큰 눈이 내려도 우리가 그를 찾아가나요?

**【假若一약】jiǎruò (접)만약. 만일. ◇~发表文章了, 报社马上会给你寄来稿费/만일 글이 발표된다면 신문사에서 곧바로 원고료를 너에게 부쳐줄 것이다.

【假嗓子一상자】jiǎsǎng·zi (명)〈音〉가성(假聲). 꾸민 목소리.

【假山―산】jiǎshān 圀석가산.

*【假设―설】jiǎshè 1동가정하다. ◇报告书一共十页, ～你每天写一页, 十天就能写完/보고서가 총 10쪽인데 당신이 하루에 1쪽을 쓴다고 가정하면 열흘에 다 쓸 수 있다. 2圀가설. 가정.

＊＊【假使―사】jiǎshǐ 젭만약. 만일. 가령. ◇～他不愿意去天津, 那怎么办?/만약 그가 천진에 가려 하지 않는다면 어찌할 것인가? (同)〔假饶 ráo〕

【假释―석】jiǎshì 圀동〈法〉가석방(하다).

【假手―수】jiǎ∥shǒu 동남의 손을 빌다. (남을) 이용하다.

【假说―설】jiǎshuō (同)〔假设 shè 2〕

【假死―사】jiǎsǐ 1圀동〈醫〉가사. 2(jiǎ∥sǐ) 동죽은 체하다.

【假托―탁】jiǎtuō 동1핑계삼다. 핑계하다. ◇他～有事先走了/그는 일이 있다고 핑계삼아 먼저 갔다. 2(남의 명의를) 빌다. 3빙대다. 가탁하다.

【假想―상】jiǎxiǎng 형가상의. 가공의.

【假想敌―상적】jiǎxiǎngdí 圀〈軍〉가상의 적.

【假象―상】jiǎxiàng 圀1〈哲〉가상. 2허상. ◇擦亮眼睛, 不要被～所迷惑/눈을 크게 떠서 허상에 미혹되지 말아라.

【假象牙―상아】jiǎxiàngyá 圀셀룰로이드.

【假小子―소자】jiǎxiǎo·zi 圀말괄량이.

【假惺惺―성성】jiǎxīng·xing 형위선적인 모양. 그럴듯하게 꾸미는 모양.

【假牙―아】jiǎyá 圀틀니. 의치.

【假意―의】jiǎyì 1圀거짓된 마음. 2閉고의로. 일부러. (同)〔假心 xīn〕, (反)〔真情 zhēnqíng〕

【假造―조】jiǎzào 동1위조하다. (同)〔虚构 xūgòu〕, (反)〔真实 zhēnshí〕 2날조하다.

*【假装―장】jiǎzhuāng 동가장하다. …체하다. ◇他继续干着手里的活儿, ～没听见/그는 잡고있는 일을 계속하면서 못 들은 척하고 있다.

【假座―좌】jiǎzuò 동장소를 빌리다.

jià

＊＊【价・價】亻部 jià
4画 값 **가**
圀1값. 가격. ◇涨～/값이 오르다. 2가치. ◇等～交换/등가 교환. 3〈化〉원자가(原子價)의 가(價).

☆【价格―격】jiàgé 圀가격. ◇～表/가격표.

【价款―관】jiàkuǎn 圀대가. 대금.

【价廉物美―렴물미】jià lián wù měi 〈成〉값도 싸고, 물건이 좋다.

【价码―마】jiàmǎ (～儿)圀정가. 가격.

【价目―목】jiàmù 圀가격. 정가.

＊＊【价钱―전】jià·qian 圀가격. 값. ◇～高/가격이 높다. 旧교价钱:钱 "价钱"은 돈의 액수를 말하지 돈 자체를 일컫지 않는다. ◇他给了售货员一千二百元(×价钱)钱/그는 점원에게 돈 천 이백 원을 주었다.

☆【价值―치】jiàzhí 圀1〈經〉(상품)가치. ◇这种老式家具比普通家具～高/이런 구식 가구는 보통가구보다 가치가 높다. 2(긍정적 역할을 하는) 가치. ◇你提供的这些资料很有参考～/네가 제공한 이 자료은 매우 참고적 가치가 있다.

【价值规律―치규율】jiàzhí guīlǜ 圀〈經〉가치 법칙.

【价值形式―치형식】jiàzhí xíngshì 圀〈經〉가치 형태. 교환가치.

*【驾・駕】马部 jià
5画 임금탄수레 **가**
1동(소나 말에) 수레를 메우다. 몰다. (수레·농기구를) 끌게 하다. ◇这匹马大车, 那匹马～小车/이 말은 큰 수레를 끌고 저 말은 작은 수레를 끈다. 2동(자동차 등을) 운전하다. 조종하다. ◇他才十八岁就～着飞机上了蓝天/그는 열여덟 살밖에 안 되었는데도 비행기를 몰고 푸른 하늘을 날았다. 3동차량. 거마. 4〈轉〉〈敬〉상대방의 행동 또는 왕림을 높여 이르는 말. ◇～劳～/수고하셨습니다.

【驾临―림】jiàlín 圀동〈文〉왕림(하다).

【驾凌―릉】jiàlíng 동〈文〉능가(凌駕)하다.

【驾轻就熟―경취숙】jià qīng jiù shú 〈成〉가벼운 마차를 몰고 잘 아는 길을 가다. 익숙한 일을 잘 하다.

＊【驾驶―사】jiàshǐ 동(기차·기선·비행기 등을) 몰다. 운전하다. 조종하다. ◇～汽车/차를 몰다.

【驾驶员―사원】jiàshǐyuán 圀조종사. 운전사. 항해사.

【驾驭―어】jiàyù 동1(거마(車馬) 따위를) 몰다. 부리다. 2제어하다. 관리하다.

【驾御―어】jiàyù (同)〔驾驭 yù〕

【驾辕―원】jià∥yuán 동(말에) 끌채를 메워 수레를 끌게 하다.

☆【架】木部 jià
5画 틀가락 **가**
1(～儿)圀(물건을 놓거나, 걸거나, 받치는) 선반·시렁·골조 따위. ◇黄瓜～塌 tā 了/오이 받침대가 쓰러졌다. 2圀놓다. 가설하다. 세우다. ◇去年, 海河上又～了一座大桥/작년 해하에 큰 다리 하나를 또 놓았다. ◇梯子～在树旁/사다리를 나무 옆에 세웠다. 3圀지탱하다. 막다. ◇他用一根铁棍～住了对方砍 kǎn 过来的刀/그는 쇠몽치로 달려드는 칼을 막아냈다. 4

(동)납치하다. ◇你们不能～走他/너희들은 그를 납치해서는 안 된다. **5**(동)부축하다. ◇他～走了几个受伤的人/그들은 몇몇 부상자들을 부축해 갔다. **6**(동)싸우다. 말다툼하다. 때리다. ◇吵～/언쟁을 하다. ◇打～/주먹질하다. **7**(양)받침대가 있는 물건이나 기계 따위를 세는 단위. ◇两～钢琴/피아노 두 대.

【架不住－불주】jià·bu zhù 〈方〉**1**견디지 못하다. 버티지 못하다. ◇大娘～大家七嘴八舌地一说, 也就相信了/아주머니는 여러 사람들의 중구난방으로 말하는 것에 견디지 못하고 믿어버렸다. **2**당해내지 못하다. 대적하지 못하다. ◇你们虽然力气大,～她们会找窍 qiào 门/너희들이 비록 힘은 세지만 그녀들이 요령을 찾아내는 데는 당해내지 못한다.

【架次－차】jiàcì (양)연대수(延臺數). 〔비행기의 출동 횟수〕

【架得住－득주】jià·de zhù 버티다.

【架空－공】jiàkōng **1**(동)(시설물을) 공중에 설치하다. **2**(형)〈喻〉허구의. 기초가 없는. 근거없는. ◇不落实 luòshí, 计划就会成为～的东西/실행하지 않으면 계획은 허구적인 것이다. **3**(동)〈喻〉실권없는 자리에 앉히다.

【架设－설】jiàshè (동)가설하다.

【架势－세】jià·shi (명)**1**모습. 자세. 태도. 폼. ◇看他走路的～像个军人/그가 걷는 모습을 보면 군인같다. **2**(대치하고 있는) 형세. 정세.

⁑【架子－자】jià·zi (명)**1**(건조물의) 뼈대. 틀. 선반. 대(臺). **2**〈喻〉(사물의) 조직. 구조. 골격. ◇写文章要先搭 dā 好～/글을 쓸 때 우선 틀을 제대로 짜야 한다. **3**허세를 부리는 태도. ◇这个人没有～/이 사람은 허세를 부리지 않는다. **4**(몸의) 자세.

【架子车－자거】jià·zichē (명)(인력으로 끄는) 두 바퀴 짐수레.

【架子猪－자저】jià·zizhū (명)다 자랐으나 살찌기 전인 돼지.

⁑【假】亻部 9画 jià 여가 **가**

(명)휴가. 휴일. ◇暑～/여름 방학. ⇒jiǎ

⁑【假期－기】jiàqī (명)**1**휴가기간. **2**휴일.

【假日－일】jiàrì (명)휴일.

☆【假条－조】jiàtiáo (～儿)(명)휴가 신청서. 결근계. 결석계.

⁑【嫁】女部 10画 jià 시집갈 **가**

(동)**1**시집가다. 출가하다. 시집보내다. ◇张家的二女儿～人了吗?/장씨댁 둘째 딸은 시집갔는가? (反)〔娶 qǔ〕 비교 嫁:娶/주어가 남자일 경우 "嫁"를 쓰지 않는다. ◇父亲不同意(×嫁)娶这姑娘/아버지는 이 아가씨를 아내로 맞는 걸 동의하지 않았다. **2**〈文〉(죄·손실·부담 등을) 남에게 덮어 씌우다. 전가하다. ◇～祸于人/화를 남에게 전가하다.

【嫁接－접】jiàjiē (명)(동)〈植〉접목하다.

【嫁人－인】jià∥rén (동)시집가다.

【嫁妆－장】jià·zhuang (명)혼수.

【稼】禾部 10画 jià 심을 **가**

1(동)(농작물을) 심다. **2**(명)곡식. ◇庄 zhuāng～/농작물.

【稼穑－색】jiàsè (명)〈文〉파종과 수확. 농사.

笺 431	尖 431	奸 432	间 432	坚 432
鲣 433	歼 433	艰 433	肩 434	兼 434
搛 434	鹣 434	监 434	渐 435	煎 435
缄 435	犍 435	枧 435	笕 435	拣 435
柬 435	俭 435	捡 435	检 435	睑 436
茧 436	减 436	碱 437	剪 437	趼 437
简 437	蹇 438	见 438	舰 440	件 440
牮 440	饯 440	贱 440	溅 441	践 441
间 441	涧 441	锏 441	建 441	健 442
毽 442	腱 442	键 442	踺 442	剑 442
荐 442	监 443	槛 443	谏 443	渐 443
鉴 443	箭 443			

jiān

【笺·牋】竹部 5画 jiān 기록할 **전**

1(동)주석(注釋)을 달다. **2**(명)간단한 시 한 수 또는 편지를 쓰는 데 쓰는 폭이 좁은 종이. ◇信～/편지 용지. **3**(명)서신(書信). (同)〔信札 zhá〕

【笺注－주】jiānzhù (명)〈文〉전주. 주석(註釋). 주해(註解).

☆【尖】小部 3画 jiān 뾰족할 **첨**

1(형)날카롭다. 뾰족하다. ◇把铅笔削～了/연필을 뾰족하게 깎았다. **2**(형)(목)소리 등이 날카롭다. ◇声音很～/목소리가 날카롭다. **3**(형)(귀·눈·코 등의 감각이) 예민하다. ◇眼～/눈이 밝다. 눈치가 빠르다. ◇耳朵～/귀가 밝다. **4**(동)목소리를 날카롭게 하다. ◇她～着嗓子喊/그녀는 째지는 듯한 목소리로 소리쳤다. **5**(～儿)(명)물체의 날카로운 끝부분이나 뾰족한 윗부분. ◇钢笔～儿/만년필 촉. ◇铅笔～/연필심. **6**(～儿)(명)무리 중에서 가장 뛰어난 사람이나 물건. 으뜸. ◇全班学生中他是个～儿/반 전체 학생중에서 그가 제일 우수하다. **7**(형)〈方〉잘 따지다. ◇这人可～了, 一点儿亏 kuī 也不吃/이 사람은

잘 따져서 조금도 손해보는 일을 하지 않
는다. **8**휑(말투가) 각박하다. ◇他嘴~,
说话不留情面/그는 성격상 한 번 상대방
을 공격하면 말로 짓밟아 버린다.

【尖兵－병】jiānbīng 圐**1**〈军〉첨병. **2**〈喩〉
(사업상의) 선봉. 개척자. ◇他是开拓石
油工业的~/그는 석유산업 개척의 선구
자이다.

【尖刀－도】jiāndāo 圐**1**끝이 뾰족한 칼. **2**
〈军〉돌격대.

【尖顶－정】jiāndǐng 圐정점. 꼭대기.

*【尖端－단】jiānduān **1**圐첨단. 뾰족한 끝.
2휑최신의. 첨단의. ◇~技术/첨단 기술.

【尖刻－각】jiānkè 圐**1**신랄하다. (同)〔刻薄
bó〕, (反)〔厚道 hòudào〕**2**(성격이) 각
박하다.

【尖厉－려】jiānlì 휑(소리가) 새되다.

【尖利－리】jiānlì 휑날카롭다. 예리하다.

【尖溜溜－류류】jiānliūliū 휑〈方〉매우 예리
하다〔날카롭다〕.

【尖脐－제】jiānqí 圐**1**수컷 게의 뾰족한 복
부(腹部). **2**수케. (同)〔团 tuán 脐〕

☆【尖锐－예】jiānruì 휑**1**(끝이) 뾰족하고 날
카롭다. ◇把锥 zhuī 子磨 mó 得非常~/송
곳을 아주 뾰족하게 갈았다. **2**(객관적 사
물에 대한 인식이) 예리하다. ◇眼光~
(사물을 보는) 눈이 예리하다. (同)〔每
mǐn 锐〕, (反)〔浅薄 qiǎnbó〕**3**(음성이)
새되다. ◇~的哨 shào 声/날카로운 호각
소리. (反)〔低沉 dīchén〕**4**(언론·투쟁
따위가) 격렬하다. 첨예하다. 날카롭다.
◇~的批评/날카로운 비평. 〔비교〕尖锐:敏
锐 "尖锐"는 생각이 민첩함을 나타내지
않는다. ◇他的思想很(×尖锐)敏锐/그는
머리회전이 빠르다.

【尖酸－산】jiānsuān 휑(말에) 가시가 돋
치다. ◇他气量小, 爱说~的话/그는 속이
좁고 가시돋친 말을 곧잘 한다.

【尖子－자】jiān·zi **1(同)〔尖 **5**〕**2**(同)〔尖
6〕**3**(전통극에서) 갑자기 곡조가 높아
지는 부분.

【尖嘴薄舌－취박설】jiān zuǐ bó shé〈成〉가
시돋친 말을 잘한다.

【尖嘴猴腮－취후사】jiān zuǐ hóu sāi〈成〉
얼굴이 초췌하고 생긴 것이 추하다.

*【奸・⁵姦】女部 jiān
　　　　　　3画 간음할 간
1휑간사하다. **2**휑(국가 또는 군주에게)
불충(不忠)하다. ◇~臣/간신. **3**圐매국
노. ◇汉~/중국 매국노. 첩자. **4**휑교활
하다. 능갈맞다. ◇这个人才~哪, 躲躲闪
闪 duǒduoshǎnshǎn 不肯出力/이 사람이
야 말로 교활해서 요리조리 피하면서 힘
을 보태려고 하지 않는다. **5**동간음〔간통〕하

다. ◇强~/강간하다.

【奸臣－신】jiānchén 圐간신. (同)〔佞 nìng
臣〕, (反)〔忠 zhōng臣〕

【奸宄－귀】jiānguǐ 圐〈文〉악당. 악인.

【奸猾－활】jiānhuá (同)〔奸猾 huá〕

【奸猾－활】jiānhuá 휑교활하다. 간교하다.

【奸计－계】jiānjì 圐간계.

【奸佞－녕】jiānnìng〈文〉**1**휑간사하여 아첨
을 잘하다. **2**圐간사하고 아첨을 잘하는
사람. (反)〔忠良 liáng〕

【奸商－상】jiānshāng 圐악덕 상인.

【奸徒－도】jiāntú 圐간사한 무리.

【奸污－오】jiānwū 동강간하다. 능욕하다.

【奸细－세】jiān·xi 圐스파이. 첩자.

【奸险－험】jiānxiǎn 휑간험하다. 간사하고
음험하다. (同)〔险诈 zhà〕, (反)〔诚恳 ch-
éngkěn〕

【奸笑－소】jiānxiào **1**동간사하게 웃다. **2**
圐간사스러운 웃음.

【奸邪－사】jiānxié〈文〉**1**휑간사하다. **2**圐
간사한 사람.

【奸雄－웅】jiānxióng 圐〈文〉간웅. 간사한
수단으로 권력을 찬탈하는 자.

【奸淫－음】jiānyín **1**圐간음. **2**동강간하다.

【奸贼－적】jiānzéi 圐간신.

【奸诈－사】jiānzhà 휑간사하다. (同)〔奸猾
huá〕, (反)〔老实 lǎoshí〕

★【间・間(閒)】门部 jiān
　　　　　　　4画 사이 간
1圐사이. 가운데. ◇同学之~要互相帮助/
학생끼리는 서로 도와주어야 한다. **2**일
정한 공간 또는 시간. ◇午~/새참. 정오뉴
스. **3**圐방. 간. 실. ◇炊 chuī 事~/주방.
4양칸.〔방을 세는 양사〕◇一~客厅/응
접실 한 칸. 〔비교〕间:个 한 집이 아니면 양사
"间"을 쓰지 않는다. ◇他住在一(×间)
个山洞里/그는 굴에서 살고 있다. ⇒jiàn,
'閒' xián '閑'

【间冰期－빙기】jiānbīngqī 圐〈地质〉간빙기.

【间不容发－불용발】jiān bù róng fà〈成〉
위험이 눈앞에 닥치다.

【间架－가】jiānjià 圐**1**건축물의 구조. **2**서
도에서 필획(筆劃)의 배치. **3**문장의 구
성 체제.

【间量－량】jiān·liang （~儿)〈方〉(同)〔间
架 jià 4〕

【间脑－뇌】jiānnǎo 圐〈生理〉간뇌.

【间奏曲－주곡】jiānzòuqǔ 圐〈音〉간주곡.

【坚・堅】土部 jiān
　　　　　　4画 굳을 견
1휑단단하다. 견고하다. ◇不可破/견고
하여 함락할 수 없다. (同)〔硬 yìng〕,
(反)〔软 ruǎn〕**2**휑(의지 따위가) 굳다.
굳세다. 확고하다. **3**부굳게. 강하게. 끝까

지. **4**(Jiān)**명**성(姓).

【坚壁－벽】jiānbì **동**(적들의 손에 들어가지 않도록) 단단히 물자를 감추다. ◇把粮食~起来/양식을 단단히 감추다.

【坚壁清野－벽청야】jiān bì qīng yě〈成〉(우세한 적군에 대처하는 일종의 전술로) 거점을 굳게 지키고, 사람이나 물자를 숨기고 부근의 건물·수목 등을 불태워 적군이 이용하지 못하도록 하다.

【坚不可摧－불가최】jiān bù kě cuī〈成〉견고하여 파괴할 수 없다. (同)〔牢 láo 不可破 pò〕, (反)〔不堪一击 bù kān yī jī〕

★【坚持－지】jiānchí **동**(주장 따위를) 고수하다. 지속하여 ~하다. ◇~真理/진리를 견지하다. ◇~原则/원칙을 고수하다. (反)〔改变 gǎibiàn〕

【坚持不懈－지불해】jiān chí bù xiè〈成〉해이되지 않고 끝까지 밀고 나가다.

☆【坚定－정】jiāndìng **1형**(입장·주장·의지 따위가) 확고 부동하다. ◇他的态度特别~/그의 태도가 유난히 확고하다. (反)〔动摇 dòngyáo〕 **2동**굳히다. ◇他决心~立场, 永不动摇/그는 입장을 굳히고 영원히 흔들리지 않을 것을 결심했다.

【坚固－고】jiāngù **형튼튼하다. ◇敌人修筑 zhù 了~的堡垒 bǎolěi, 很难攻破/적들이 튼튼한 요새를 쌓아서 공략하기가 어렵다. [비교]坚固:结实 "坚固"는 토목공사·나무나 돌 등에 주로 쓰이고 경공업제품과 사람에게는 쓰이지 않는다. ◇这种衣料很(×坚固)结实 jiēshi/이 옷감은 튼튼하다. ◇他的身体很结实/그의 몸은 매우 튼튼하다.

【坚果－과】jiānguǒ **명**〈植〉견과.

☆【坚决－결】jiānjué **형**결연하다. 단호하다. ◇去留学的问题上, 他的态度十分~/유학가는 문제에 있어서 그의 태도는 매우 단호하다. (反)〔犹疑 yóu·yí〕 [비교]坚决:坚定 ①입장이 확고부동할 때는 "坚决"로 쓰지 않는다. ◇他表现了他的(×坚决)坚定的立场/그는 확고한 입장을 밝혔다. ②고수하는 뜻에는 "坚决"를 쓰지 않는다. ◇以再三考虑, 我仍(×坚决)坚持我的意见/재삼 고려해봐도 난 여전히 내 의견을 고수한다.

【坚苦－고】jiānkǔ **동**어려움을 인내하다.

【坚苦卓绝－고탁절】jiān kǔ zhuó jué〈成〉(어려운 상황에서) 인내심이 남다르다.

☆【坚强－강】jiānqiáng **1형**(조직이나 의지 따위가) 굳세다. 꿋꿋하다. 강인하다. ◇他靠~的毅力克服了这些困难/그는 완강한 의지로 이런 고난을 극복해냈다. (同)〔刚 gāng 强〕, (反)〔懦弱 nuòruò〕 [비교]坚强:坚定:很强 ①태도·입장에는 "坚强"을 쓰지 않는다. ◇他态度十分(×坚强)

坚定/그의 태도는 무척 확고하다. ②사람의 감정의 정도를 표현할 때 "坚强"을 쓰지 않는다. ◇他正义感(×坚强)很强/그는 정의감이 강하다. **2동**강화하다. ◇丰富自己的知识, ~自己的信心/자신의 지식을 풍부히 하며 자신감을 강화하다.

【坚忍－인】jiānrěn **굳**참고 견디다.

*【坚韧－인】jiānrèn **형**강인하다.

【坚韧不拔－인불발】jiān rèn bù bá〈成〉견인불발 의지가 매우 강하다.

【坚如磐石－여반석】jiān rú pán shí〈成〉반석처럼 튼튼하다. (反)〔不堪 bùkān〕

*【坚实－실】jiānshí **1**견고하다. 견실하다. ◇房基不~/집의 기초가 튼튼하지 못하다. **2**튼튼하다. ◇要想有一个~的身体, 就得 děi 坚持锻炼/몸을 튼튼하게 하려면 운동을 꾸준히 해야 한다. (同)〔结实 jiēshi〕, (反)〔单薄 dānbó〕

【坚守－수】jiānshǒu **동**굳게 지키다.

【坚挺－정】jiāntǐng **형1**곧다. **2**〈經〉(가격이) 오름세의. 안정된.

*【坚信－신】jiānxìn **동**굳게 믿다. (同)〔相信 xiāngxìn〕, (反)〔怀疑 huáiyí〕

【坚毅－의】jiānyì **형**의연하다.

【坚硬－경】jiānyìng **형굳다. 단단하다. ◇那些玉石非常~/그 옥들은 매우 단단하다. (反)〔柔软 róuruǎn〕 [비교]坚硬:硬"软"과 대립하나 견고하지 않으면 "坚硬"을 쓰지 않는다. ◇米饭煮 zhǔ 得太(×坚硬)硬了/쌀밥이 너무 딱딱하게 됐다.

*【坚贞－정】jiānzhēn **형**〈文〉(지조·의지 따위가) 굳다. 꿋꿋하고 바르다.

【鲣·鰹】 魚部 | jiān
     7画 | 큰가물치 견
명〈魚介〉가다랑이.

【歼·殲】 歹部 | jiān
     3画 | 다할 섬
동섬멸하다. ◇~敌五千/적 5천 명을 섬멸하다.

【歼击－격】jiānjī **동**공격하여 섬멸하다.

【歼击机－격기】jiānjījī **명**〈軍〉전투기.

【歼灭－멸】jiānmiè **동섬멸하다.

【艰·艱】 又部 | 艮部 | jiān
     6画 | 2画 | 어려울 간
형곤란하다. 어렵다. ◇~苦/힘들고 어렵다.

☆【艰巨－거】jiānjù **형**몹시 어렵다. ◇建造这座桥梁的工程非常~/이 다리를 건설하는 공사는 매우 어렵고도 큰 작업이다. (反)〔容易 róngyì〕 [비교]艰巨:艰苦 단지 고생, 고난을 나타낼 때는 "艰巨"를 쓰지 않는다. ◇他的生活很(×艰巨)艰苦/그의 생활은 무척 힘들다.

☆【艰苦－고】jiānkǔ **형**고달프다. 힘들고 고생스럽다. ◇生活条件非常~/생활여건이

매우 힘들고 고생스럽다. (同)〔艰辛 xīn〕 **比较** 艰苦:俭朴 검소하고 소박할 때는 "艰苦"를 쓰지 않는다. ◇他收入虽然很高, 但生活却非常(×艰苦)俭朴 jiǎnpǔ/그는 비록 수입은 높지만 생활은 몹시 검소하다.

【艰苦卓绝—고탁절】jiān kǔ zhuó jué〈成〉지극히 힘들다.

【艰难—난】jiānnán 쥉아주 어렵다. ◇在那~的岁月里, 我和母亲相依为命/그 아주 어려운 세월에 나와 어머니는 서로 의지하며 목숨을 이어왔다. **比较 艰难:艰巨 일이 어렵고 과중할 때는 "艰难"을 쓰지 않는다. ◇我们的任务十分(×艰难)艰巨 jù/우리의 임무는 무척 어렵고 방대하다.

【艰涩—삽】jiānsè 쥉〈文〉(글이) 난삽하다. (同)〔晦 huì 涩〕, (反)〔流畅 liúchàng〕

【艰深—심】jiānshēn 쥉(이치 또는 글이) 심오하여 어렵다. (同)〔深奥 ào〕, (反)〔通俗 tōngsú〕

【艰危—위】jiānwēi 1쥉(국가·민족의) 곤란과 위험. 2쥉(국가·민족이) 곤란하고 위태롭다.

*【艰险—험】jiānxiǎn 1쥉곤란과 위험. 2쥉(입장·처지가) 곤란하고 위험하다. ◇路途~/여정이 험난하다.

【艰辛—신】jiānxīn 쥉고생(스럽다).

☆【肩】户部 | 月部 | jiān 4画 | 4画 | 어깨 견

1쥉어깨. 2동(일·책임 따위를) 맡다. 짊어지다. 걸머지다. 3동메다. ◇~起扁担 biǎndan 上路/멜대를 메고 길을 나서다.

*【肩膀—방】jiānbǎng 쥉(~儿)어깨.

【肩负—부】jiānfù 동짊어지다. 걸머지다. ◇我们~着重任/우리는 중요한 책임을 지고 있다.

【肩胛—갑】jiānjiǎ 쥉어깨. 어깨의 뒷쪽.

【肩胛骨—갑골】jiānjiǎgǔ 쥉〈生理〉어깨뼈. 견갑골.

【肩摩毂击—마곡격】jiān mó gǔ jī〈成〉어깨가 서로 스치고, 차의 바퀴가 서로 부딪치다. 오가는 사람과 차량으로 붐비다.

【肩摩踵接—마종접】jiān mó zhǒng jiē〈成〉어깨가 서로 스치고, 발뒤꿈치가 서로 잇닿다. 사람들로 붐비다. (同)〔摩肩接踵〕, (反)〔寂天无一人 jì wú yī rén〕

【肩头—두】jiāntóu 쥉1어깨 위. 2〈方〉어깨.

【肩窝—와】jiānwō (~儿)쥉어깨 앞의 우묵한 곳.

【肩章—장】jiānzhāng 쥉견장.

**【兼】八部 | jiān 8画 | 겸할 겸

1쥉두 배(倍)의. 곱절의. 2동겸하다. 동시에 하다. ◇我现在~着课呢, 离不开/나

는 지금 수업을 겸하고 있어 몸을 뺄 수가 없구나.

【兼备—비】jiānbèi 동겸비하다.

【兼并—병】jiānbìng 동합병하다.

【兼差—차】jiānchāi 동겸직(하다).

【兼程—정】jiānchéng 동하루에 이틀 길을 가다. 속도를 배로 하여 서둘러 가다.

【兼顾—고】jiāngù 동고루〔아울러〕돌보다. 겸하여 고려하다.

【兼毫—호】jiānháo 쥉양털과 족제비털을 섞어서 만든 붓.

【兼课—과】jiān // kè 동(교사가 타교의) 수업을 겸하다.

*【兼任—임】jiānrèn 1동겸임하다. 겸직하다. 2쥉임시직. 비전임(非專任).

【兼容—용】jiānróng 쥉여러 방면을 포괄하다.

【兼容并包—용병포】jiān róng bìng bāo〈成〉모든 것을 다 포괄하다.

【兼收并蓄—수병축】jiān shōu bìng xù〈成〉(내용이나 성질이 다른 것을) 전부 수용하다.

【兼桃—조】jiāntiāo 동〈文〉한 남자가 두 집의 대를 잇다.

【兼业—업】jiānyè 명동겸업(하다).

【兼之—지】jiānzhī 접〈文〉게다가. 그 위에.

【兼职—직】jiān // zhí 1동겸직하다. 2(jiānzhí)쥉겸직.

【搛】扌部 | jiān 10画 | 집을 겸

동(젓가락으로) 집다.

【鹣·鶼】鸟部 | jiān 10画 | 새이름 겸

쥉옛날, 전설 속의 비익조(比翼鸟).

【鹣鲽—접】jiāndié 쥉〈文〉〈喻〉금슬이 좋은 부부.

【监·監】皿部 | jiān 5画 | 살필 감

1동감시하다. 감옥. 2쥉감옥. ⇒jiàn

【监测—측】jiāncè 동탐지하다.

*【监察—찰】jiānchá 동감찰하다. 감사하다. ◇~院/감사원.

【监场—장】jiān // chǎng 1동시험을 감독하다. 2(jiānchǎng)쥉시험(장) 감독.

【监督—독】jiāndū 1동감독하다. ◇他的任务是~犯人劳动/그의 임무는 죄수들의 노동을 감시하는 것이다. **比较 监督:监视 ①독촉의 의미가 없고 단지 관찰과 주시할 때는 "监督"를 쓰지 않는다. ◇我在(×监督)监视这个穿皮大衣的女人/나는 이 가죽코트를 입은 여자를 감시하고 있다. ②"监督"는 사람에만 쓰고 사물에는 쓰지 않는다. ◇这座房子已经受到过(×监督)监视/이 집은 이미 감시를 받고 있다. 2쥉감독(자). ◇舞台~/무대 감독.

【监犯－범】jiānfàn 몡수감자.
【监工－공】jiān∥gōng 1동공사를 감독하다. 2(jiāngōng)몡공사현장 감독.
【监管－관】jiānguǎn 동(범인을) 감시·관리하다.
【监护－호】jiānhù 동1〈法〉(미성년자 및 정신이상자를) 감호하다. 후견하다. ◇～人/보호자. 2간호하다. ◇～病人/환자를 간호하다.
【监禁－금】jiānjìn 동감금하다.
【监考－고】jiān∥kǎo 1동시험을 감독하다. 2(jiānkǎo)몡시험 감독.
【监牢－뢰】jiānláo 몡감옥. (同)〔监狱 yù〕
∗∗【监视－시】jiānshì 동감시하다. ◇那座楼太大, 两个人～不过来/그 건물은 너무 커서 두 사람이 감시하기 힘들다. 비교监视:观察:注视 은밀한 행동이 아닌 경우에는 "监视"를 쓰지 않는다. ◇他的病还需要(×监视)观察/그의 병은 아직 관찰해 봐야 한다. ◇大家都(×监视)注视着台上演员的表演/모두가 다 무대 위 배우의 연기를 주시하고 있다.
【监守－수】jiānshǒu 동관리하다.
【监守自盗－수자도】jiān shǒu zì dào 〈成〉자기가 관리하는 재물을 훔치다.
【监听－청】jiāntīng 동청청하다.
【监押－압】jiānyā 동1감금하다. 2압송하다.
∗∗【监狱－옥】jiānyù 몡감옥. (同)〔监牢 láo〕
【监制－제】jiānzhì 동상품의 제조를 감독하다.

【渐·漸】 氵部 | jiān
8画 | 점점 점
동1적시다. 스며들다. 배다. 2흘러들다. ◇东～于海/동쪽으로 흘러 바다로 들어가다. ⇒jiàn
【渐染－염】jiānrǎn 동〈文〉서서히 물들다.

∗∗【煎】 灬部 | jiān
9画 | 지질 전
1동(기름에) 지지다. (전을) 부치다. 〔'煎'은 기름을 프라이팬 등에 얇게 발라서 지지거나 부치는 것임〕비교煎:炸 땅콩은 "煎"을 쓰지 않는다. ◇(×煎)炸了一盘花生米/땅콩을 한 접시 튀겼다. 2동(약·차 등을) 달이다. 졸이다. ◇～茶/차를 끓이다. 3양탕약 달인 횟수를 말함. ◇头～/첫번째 달임. ◇二～/재탕.
【煎熬－오】jiān'áo 몡달달 볶기. 시달림. ◇他在那里受尽～/그는 거기서 온갖 괴로움을 다 당했다.
【煎饼－병】jiān·bing 몡전병. 〔옥수수가루·밀가루·좁쌀가루 따위로 종이장처럼 얇게 지진 전병으로 "油條'를 말아먹음〕

【缄·緘】 纟部 | jiān
9画 | 묶을 함

동(편지를) 봉하다. 붙이다. 〔편지 봉투의 발신인 이름 뒤에 상용됨〕◇信封上写着"刘"～/편지 봉투에 보낸이 '유씨'라고 씌었었다.
【缄口－구】jiānkǒu 동〈文〉함구하다. 입을 다물다.
【缄默－묵】jiānmò 동〈文〉입을 다물고 말하지 않다.

【犍】 牛部 | jiān
8画 | 불친소 건
몡거세한 소. ⇒qián
【犍牛－우】jiānniú 몡거세한 소.

jiǎn

【枧·梘】 木部 | jiǎn
4画 | 홈통 견
1(同)〔笕 jiǎn〕 2몡〈方〉비누.
【笕·筧】 竹部 | jiǎn
4画 | 대홈통 견
몡(처마밑·밭도랑에 설치하여 물을 빼거나 대는) 홈통.

☆【拣·揀】 扌部 | jiǎn
5画 | 가릴 간
1동고르다. 선택하다. ◇时间有限, 请～要紧的说/시간이 얼마 없으니 중요한 것을 골라서 말하시오. 2동줍다. 습득하다. ◇～了一本书/책 한 권을 주웠다.
【拣选－선】jiǎnxuǎn 동고르다.
【拣择－택】jiǎnzé 동간택하다. 선택하다.

【柬】 一部 | jiǎn
8画 | 가릴 간
몡서신·명함 등의 총칭.
【柬帖－첩】jiǎntiě 몡쪽지. 쪽지편지.

☆【俭·儉】 亻部 | jiǎn
7画 | 검소할 검
형검소하다. 검약하다. ◇节～/검소하다.
【俭朴－박】jiǎnpǔ 형검소하고 소박하다. (反)〔奢华 shēhuá〕
【俭省－성】jiǎnshěng 형절약하다. 아껴쓰다. (同)〔节 jié 俭〕, (反)〔奢侈 shēchǐ〕
【俭约－약】jiǎnyuē 형〈文〉검약하다. 절약하다.

【捡·撿】 扌部 | jiǎn
7画 | 살필 검
동줍다. ◇他在地里～着菜叶呢/그는 밭에서 야채잎을 줍고 있다. (同)〔拾 shí〕, (反)〔抛 pāo〕
【捡漏－루】jiǎn∥lòu 동지붕의 새는 곳을 수리하다.
【捡漏儿－루아】jiǎn∥lòur 동〈方〉실언이나 말 꼬투리를 잡다.
【捡破烂儿－파란아】jiǎn pòlànr 몡폐품을 줍다.
【捡拾－습】jiǎnshí 동줍다.

J

【捡洋落儿―양락아】 jiǎnyánglàor 동외국인이 잃어버린 물건을 줍다. 의외의 재물이나 좋은 점을 얻다. 공짜로 얻다.

☆**【检·檢】** 木部 jiǎn 7画 교정할 검
1동검사하다. 점검하다. 조사하다. **2**동단속하다. 주의하다. ◇行为~/행동에 부주의하다. **3**(同)〔捡 jiǎn〕 **4**(Jiǎn)명성(姓).

【检波―파】 jiǎnbō 명동〔電子〕검파(하다).

∗**【检测―측】** jiǎncè 동감정하다. 검사하다. ◇质量~/품질검사.

★**【检查―사】** jiǎnchá **1**동검사하다. ◇他们认真地~着工地的安全情况/그들은 공사장의 안전에 대해 진지하게 검사한다. **2**동(책·서류를) 조사하다. **3**동(잘못을) 반성하다. 자아 비판을 하다. ◇他主动~着自己的错误/그는 자진해서 자기 잘못을 반성하고 있다.

∗**【检察―찰】** jiǎnchá 동〔法〕범죄 사실을 수사하다.

【检点―점】 jiǎndiǎn **1**동점검하다. ◇~人数和行李/인원수와 짐을 점검하다. (同)〔查 chá 点〕 **2**동(언행·행위 따위를) 신중히 하다. 삼가다. 조심하다. ◇说话要于~/말할 때 조심하지 않았다. **3**명단속. 신중. 주의.

【检定―정】 jiǎndìng 명동검정(하다).

【检举―거】 jiǎnjǔ 명동고발(하다). 적발(하다). (同)〔揭发 jiēfā〕, (反)〔包庇 bāobì〕

【检录―록】 jiǎnlù **1**명(선수 명단 대조及 입장을 위한) 등록. **2**동(운동장에서) 운동 선수를 점호하고 입장 안내를 하다.

【检票―표】 jiǎn//piào 개찰하다.

【检视―시】 jiǎnshì 명동점검(하다).

【检束―속】 jiǎnshù 명동단속(하다).

∗**【检讨―토】** jiǎntǎo **1**동반성하다. 자기 비판을 하다. ◇他一边~着一边又犯/그는 반성을 하면서도 또 잘못을 저지른다. ◇他在书面~/그는 반성문(시말서)를 쓰고 있다. **2**동(자료, 학술 등 문제를) 분석하다. 검토하다. ◇原稿不在手边, 一时无从~/원고가 손에 없어서 당장 검토할 수 없다. 回교检讨:检查 ①상황을 조사할 때는 "检讨"를 쓰지 않는다. ◇局长要(×检讨)检查一下干部的工作情况/국장은 간부의 업무를 조사하려 한다. ②잘못을 발견하지 못하면 "检讨"를 쓰지 않는다. ◇他对自己的教学情况经常进行(×检讨)检查/그는 자신의 수업 상황에 대해 자주 점검한다. ③신체·기계·물가 등에는 "检讨"를 쓰지 않는다. ◇他经常去商店(×检讨)检查物价/그는 자주 상점에 가서 물가를 조사한다. **3**명반성. ◇他的~不深刻/그의 반성은 제대로 되지 않다.

∗**【检修―수】** jiǎnxiū 명동점검 수리(하다). ◇~房屋/집을 점검 보수하다.

∗∗**【检验―험】** jiǎnyàn 명동검증(하다). 검사(하다). ◇他在认真地~着产品/그는 열심히 제품을 검사하고 있다. ◇实践是~真理的唯一标准/실천은 진리를 검증하는 유일한 기준이다.

【检疫―역】 jiǎnyì 명동검역(하다).

【检阅―열】 jiǎnyuè **1**명동(군대의) 사열(하다). **2**동검열(하다). 검사(하다).

【检字法―자법】 jiǎnzìfǎ 명〈言〉검자법.

【睑·瞼】 目部 jiǎn 7画 눈시울 검
1명〈生理〉눈꺼풀. **2**명당대(唐代) 남조(南詔, 지금의 운남성)지역의 행정 단위의 일종으로 주(州)에 해당함.

∗**【茧·繭】** 艹部 jiǎn 6画 고치 견
1명고치. **2**명(손·발 등의) 못. 굳은살. (同)〔趼 jiǎn〕

【茧绸―주】 jiǎnchóu 명명주.

【茧子―자】 jiǎn·zi 명**1**〈方〉고치. **2**(손·발에 생기는) 못. 굳은살.

☆**【减(減)】** 冫部 jiǎn 9画 덜 감
동**1**감하다. 줄이다. ◇听说他最近~了刑/듣는 말에 의하면 그가 최근에 감형을 받았대요. 回교减:煞:降低 ①적극적으로 약화시킬 때는 "减"을 쓰지 않는다. ◇王先生用这种办法(×减)煞 shā 了他的威风/왕선생은 이 방법으로 그의 기세를 꺾었다. ②"减"은 "威信"과 함께 쓰이지 않는다. ◇这件事使他的威信(×减)降低了/이 일로 그의 위신을 깎아 내렸다. **2**낮아지다. 줄다. 쇠퇴하다. ◇老孙不~当年的威风/손씨는 옛날 위풍이 줄어들지 않았다.

∗**【减产―산】** jiǎn//chǎn **1**동감산하다. **2**조업을 단축하다. (反)〔增 zēng 产〕

∗**【减低―저】** jiǎndī 동낮추다. 인하하다. ◇~产量/생산량을 낮추다. (同)〔降 jiàng 低〕, ◇~物价/물가를 낮추다. (反)〔提高 tígāo〕

【减法―법】 jiǎnfǎ 명〈數〉뺄셈. (反)〔加 jiā 法〕

【减肥―비】 jiǎnféi 동체중을 줄이다. 살을 빼다.

【减河―하】 jiǎnhé 명방수로(放水路). (同)〔减水 shuǐ 河〕

【减缓―완】 jiǎnhuǎn 동(속도 정도를) 낮추다. 줄이다.

【减价―가】 jiǎn//jià **1**동값을 내리다. 할인하다. **2**(jiǎnjià)명가격 할인. ◇~品/할

인품. (同)〔降 jiàng 价〕, (反)〔加 jiā 价〕
【减免—면】jiǎnmiǎn [동]감면하다.
☆【减轻—경】jiǎnqīng [동]경감하다. 호전하다. ◇病势～/병세가 호전되다. (反)〔加重 jiāzhòng〕
*【减弱—약】jiǎnruò [동]약해지다. 시들해지다. 감소하다. ◇兴趣～/재미가 감소되다. (同)〔减轻 qīng〕, (反)〔加剧 jiājù〕
【减色—색】jiǎnsè [동]떨어지다. 부진하다. 손색이 가다. (同)〔失 shī 色〕, (反)〔增 zēng 色〕
☆【减少—소】jiǎnshǎo [동]감소하다. 줄이다. ◇要尽量～学生的课业负担/최대한으로 학생들의 학업 부담을 덜어주어야 한다. (同)〔减轻 qīng〕, (反)〔增加 zēngjiā〕 [비교]减少:低 물품의 가격에는 "减少"를 쓰지 않는다. ◇衣服的价格比过去(×减少)低了/옷의 가격이 그 전보다 내렸다.
【减数—수】jiǎnshù [명]〈數〉빼기. 뺄셈.
【减速—속】jiǎn∥sù [동]감속하다. (同)〔降 jiàng 速〕, (反)〔加 jiā 速〕
【减速运动—속운동】jiǎnsù yùndòng [명]〈物〉감속운동.
【减损—손】jiǎnsǔn [동]줄어들다. 약해지다.
【减缩—축】jiǎnsuō [동]감축하다. 단축하다. (同)〔缩减〕, (反)〔军费 jūnfèi〕
【减退—퇴】jiǎntuì [동]감퇴하다. 떨어지다. (정도가) 내려가다. ◇他视力～了/그는 시력이 떨어졌다. (同)〔减弱 ruò〕, (反)〔增强 zēngqiáng〕
【减刑—형】jiǎn∥xíng [동]〈法〉감형하다. (反)〔加 jiā 刑〕
【减削—삭】jiǎnxuē [동]삭감하다. (同)〔削减〕, (反)〔增加 zēngjiā〕
【减员—원】jiǎn∥yuán [동]**1**감원하다. **2**(군대에서 부상·사망·실종 등으로) 병력이 줄어들다.

⁑【碱(鹻,堿)】 石部 9画 jiǎn 소금버캐 **감**
1[명]〈化〉수산기(水酸基) 화합물의 총칭. 소다(soda). **2**[명]〈化〉알칼리(alkali). 염기(鹽基). **3**[동]염기로 침식되다. ◇这间房子的墙都～了/이 집 벽은 염기로 많이 침식되었다.
【碱地—지】jiǎndì [명]〈地質〉알칼리성 토양.
【碱荒—황】jiǎnhuāng [명]염분이 많은 황무지.
【碱土—토】jiǎntǔ (同)〔碱地 dì〕
【碱性—성】jiǎnxìng [명]〈化〉알칼리성. 염기성. 〔'盐基性 yánjīxìng' 은 옛 명칭〕

☆【剪】 刀部 9画 jiǎn 가위 **전**
1[명]가위. **2**[명]가위와 모양이 비슷한 기구. ◇夹～/집게. **3**[동](가위로) 자르다. 끊다. 오리다. ◇别把头发～得太短了/머리를 너무 짧게 자르지 마세요. ◇把图片从杂志上～下来/그림을 잡지에서 오려내라. **4**[동]제거하다. ◇～除恶霸 èbà/악당 두목을 제거하다.
【剪报—보】jiǎn∥bào **1**신문을 오려내다. **2**(jiǎnbào)[명]신문을 오려낸 것. 스크랩.
*【剪裁—재】jiǎncái **1**[동]마름질하다. 재단하다. **2**[동]〈喩〉(글을 쓸 때) 소재를 취사선택하다. (필름 따위를) 편집하다. 가위질하다. **3**[명]가위질. 편집.
【剪彩—채】jiǎn∥cǎi [동](개막식·개통식 등에서) 테이프를 끊다.
【剪除—제】jiǎnchú [동](악인·나쁜 세력 따위를) 없애다. 제거하다. (同)〔铲 chǎn 除〕, (反)〔扶植 fúzhí〕
【剪床—상】jiǎnchuáng [명]〈機〉절단기. 시어(shear).
⁑【剪刀—도】jiǎndāo [명]가위.
【剪刀差—도차】jiǎndāochā [명]〈經〉공산품과 농산품의 가격차.
【剪辑—집】jiǎnjí **1**[명](영화 필름 따위의) 편집. **2**[동]커트하여 편집하다. **3**[명]몽타즈(프 montage)로 된 작품.
【剪接—접】jiǎnjiē **1**[동]필름을 잘라붙여 편집하다. **2**[명](영화의) 커팅(cutting).
【剪灭—멸】jiǎnmiè [동]없애다. 소멸시키다.
【剪票—표】jiǎn∥piào [동]표를 찍다. 개찰하다. ◇～口/개찰구.
【剪贴—첩】jiǎntiē [동]**1**(신문의 기사 등을) 오려 붙이다. **2**(오색 종이 등을 이용한) 종이 오려붙이기.
【剪影—영】jiǎnyǐng [명]**1**실루에트(프 silhouette). **2**〈喩〉사물의 윤곽.
【剪纸—지】jiǎnzhǐ [명]〈美〉종이를 오려 여러가지 형상이나 모양을 만드는 종이 공예. 민간 공예의 하나임.
【剪纸片儿—지편아】jiǎnzhǐpiànr (同)〔剪纸片〕
【剪纸片—지편】jiǎnzhǐpiàn [명]〈撮〉실루에트 영화. 종이를 오려 만든 형상들을 극으로 찍어 만든 영화.
【剪子—자】jiǎn·zi [명]가위. 전단기(剪斷機). (同)〔剪刀 dāo〕

【趼】 足部 4画 jiǎn 발부르틀 **견**
[명](손바닥·발바닥에 생기는) 굳은살. 못.
【趼子—자】jiǎn·zi [명]굳은살. 못.

【简·簡】 竹部 7画 jiǎn 편지 **간**
1[형]간단하다. 단순하다. (反)〔繁 fán〕 ◇～化字/간체자. **2**[동]간단하게 하다. 간소화하다. ◇精兵～政/군대를 정예화하고 행정기구를 간소화하다. **3**[명]죽간(竹簡). (옛날에 글씨를 쓰던) 대나무 조각. ◇～

J

册/대나무로 된 책. **4**명편지. ◇书~/편지. **5**명〈文〉(인재를) 선발하다. 선택하다. ◇~拔 bá/선발하다. **6**(Jiǎn)명성(姓).

【简报－본】jiǎnbào 명간략한 보도.

【简本－본】jiǎnběn 명약본(略本). 다이제스트판.

【简编－편】jiǎnbiān 명약본(略本). 간략하게 편찬한 책.

****【简便－편】jiǎnbiàn 명간편하다. (反)〔繁复 fánfù〕비교简便:简单 편리하다는 뜻이 아닌 경우에는 "简便"을 쓰지 않는다. ◇这个电影的情节很(×简便)简单/이 영화의 줄거리가 아주 간단하다.

*【简称－칭】jiǎnchēng 명동약칭(하다). ◇奥 Ào 林匹克运动会的~是奥运会/올림픽 경기대회의 약칭은 올림픽이다.

★【简单－단】jiǎndān 명**1**간단하다. 단순하다. ◇~地吃一些/간단히 뭘 먹다. (反)〔复杂 fùzá〕**2**(경력·능력 등이) 평범하다. 〔주로 부정문에 쓰임〕◇这小孩儿不~啊, 才十几岁就成了一个书法家/이 아이는 보통이 아니야. 이제 겨우 열 몇살인데에 서예가가 되었으니. 3일을 대강 처리하다. ◇你看问题太~/너는 문제를 너무 단순하게 보고 있어.

*【简短－단】jiǎnduǎn 명(언행이나 문장 등이) 간결하다. ◇他说得很~/그는 매우 간결하게 말했다. (反)〔冗长 rǒngcháng〕

【简古－고】jiǎngǔ 명〈文〉간결하고 옛스럽다.

*【简化－화】jiǎnhuà 동간략화〔간소화〕하다.

【简化汉字－화한자】jiǎnhuà Hànzì **1**동자(漢字)의 획을 간략히 하다. **2**명간체자(簡體字). 간화된 한자.

【简洁－결】jiǎnjié 명(언행 또는 문장이) 간결하다. (同)〔简练 liàn〕, (反)〔冗长 rǒngcháng〕

【简捷－첩】jiǎnjié 명**1**단도직입적이다. **2**간편하고 빠르다.

【简介－개】jiǎnjiè **1**동간단히 소개〔설명〕하다. **2**명〈文〉안내서. 간단한 소개. (소설·영화 따위의) 간단한 줄거리.

【简括－괄】jiǎnkuò 동간단히 개괄하다.

【简历－력】jiǎnlì 명약력.

【简练－련】jiǎnliàn 명간결하고 세련되다. 간단하고 명쾌하다.

*【简陋－루】jiǎnlòu 명(가옥·설비 등이) 초라하다. 빈약하다. 누추하다. ◇~的屋子/초라한 방. (反)〔完善 wánshàn〕

*【简略－략】jiǎnlüè 명(언어·문장의 내용이) 간략하다. (同)〔简约 yuē〕, (反)〔详细 xiángxì〕

【简慢－만】jiǎnmàn 〈套〉대접이 변변치 않다. ◇今天~你啦/오늘 당신에게 대접이 변변치 않아서 미안합니다. (同)〔怠 dài

*【简明－명】jiǎnmíng 명간단명료하다. ◇~扼要/간단명료하면서도 요점이 있다.

【简朴－박】jiǎnpǔ 명(언어·문장·생활 태도 등이) 간소하다. 소박하다. ◇衣着 zhuó~/옷차림이 수수하다. (同)〔朴实 shí〕, (反)〔奢侈 shēchǐ〕

【简谱－보】jiǎnpǔ 명〈音〉약보. 숫자보(数字谱). 〔숫자 1~7로 음계를 표시한 악보〕

【简缩－축】jiǎnsuō 동간소화하다.

*【简体字－체자】jiǎntǐzì 명**1**약자(略字). **2**'简化汉字'의 속칭.

【简写－사】jiǎnxiě 명약자로 쓰기.

【简讯－신】jiǎnxùn 명간추린 소식.

*【简要－요】jiǎnyào 명짧고 요령있다. ◇~的说明/간단명료한 설명.

*【简易－이】jiǎnyì 명간단하고 쉬운. 간이한. ◇客厅里放着一对~沙发/객실에 한쌍의 간이 소파가 놓여있다. (反)〔复杂 fùzá〕비교简易:简朴:简单 ①생활이 소박한 데는 "简易"를 쓰지 않는다. ◇他的生活很(×简易)简朴/그의 생활은 소박하다. ②"简易"는 단독으로 술어로 쓰이지 않는다. ◇这种办法太(×简易)简单了/이 방법은 너무 간단하다.

【简约－약】jiǎnyuē **1**(同)〔简略 lüè〕**2**명검소하다.

【简则－칙】jiǎnzé 명간략한 규칙.

【简章－장】jiǎnzhāng 명간략한 규정. 약칙.

【简直－직】jiǎnzhí 부1**정말. 완전히. 전혀. 실로. 〔과장의 어기를 가짐〕◇他画的荷花~像真的一样/그가 그린 연꽃은 그야말로 진짜 같다. **2**〈方〉차라리.

【简装－장】jiǎnzhuāng 명(상품의) 간이 포장. (反)〔精装 jīngzhuāng〕

【蹇】宀部 足部 jiǎn
　　　14画 10画 절 건
1동〈文〉다리를 절다. **2**명〈文〉곤궁하다. 순조롭지 않다. ◇命运多~/운명이 정말 순조롭지 못하다. **3**명〈文〉당나귀. 노마(驽馬). **4**(Jiǎn)명성(姓).

jiàn

★【见·見】见部 jiàn
　　　　　0画 볼 견
1동보이다. 눈에 띄다. ◇你不能~死不救/당신은 죽음에 처한 사람을 보고도 구해주지 않으면 안 된다. 비교见:看 행위자가 자신의 의지대로 보는 경우에는 "见"을 쓰지 않는다. ◇他要(×见)看那部韩国电影/그는 그 한국영화를 보려 한다. **2**동(햇볕·빛 등에) 노출되다. 접촉하다. ◇胶卷~过光就不能再用了/필름이 빛에 노출되면 다시는 쓸 수 없게 된다. **3** [동](현상·상태가) 나타나다. 드러나다. ◇忙了半天, 没~什么效果/종일 바삐 보냈으나 별로 효과도 보지 못했다. ◇病已~好/병이 벌써 나아졌음을 나타냈다. **4**[동] 참조하다. 보다. ◇这段话~《红楼梦》75页/이 구절은 《홍루몽》 75쪽을 참조하라. **5**[동]뵙다. 만나다. ◇他要去~马老师/그는 마선생님을 찾아뵈어야 한다. [비교]见:看见 능동적으로 만나는 것이 아니고 우연히 피동적으로 보이는 경우에는 "见"을 쓰이지 않는다. ◇我刚才还(×见)看见她呢/난 조금전만 해도 그녀를 보았는데. **6** [명]의견. 견해. 생각. ◇成~/선입견. ◇主~/주견. **7**[보]'看' '听' '闻' '梦' 등의 동사 뒤에 붙어 피동적인 감지의 결과를 나타냄. ◇夜里做梦, 梦~妻子生了一个胖娃娃 pàngwáwa/밤에 꿈을 꾸었는데 꿈에 아내가 포동포동한 애기를 하나 낳은 것을 보았다. **8**[조]〈文〉동사 앞에 쓰여 피동을 나타냄. ◇~笑于人/남에게 비웃음을 받다. **9**[조]〈文〉동사 앞에 쓰여 (누구에게서) …해 주기 원함을 나타냄. ◇~谅/양해해 주십시오. **10**(Jiàn)[명]성(姓). ⇒xiàn '现'

【见报－보】jiàn∥bào [동]신문에 나다.

【见背－배】jiànbèi [동]〈文〉(손윗사람이) 돌아가시다.

【见不得－불득】jiàn·bu·dé **1**볼 수 없다. 보아서는 안 된다. ◇他因皮肤 pífū 病~太阳/그는 피부병때문에 햇볕에 노출되면 안 된다. **2**떳떳하지 않다. 남을 볼 낯이 없다. ◇他做的事~人/그가 할 일이 떳떳하지 못하다. **3**〈方〉(눈에 거슬려) 두고 보지 못하다.

【见不得人－불득인】jiànbu dé rén 〈口〉면목이 없다. 민망하다. ◇我做过许多~的事/난 면목없는 짓을 많이 했었다. ◇我这幅画儿~/나의 이 그림은 보여주기가 민망하다.

【见长－장】jiàncháng [동]뛰어나다. …을 장기로 하다.

【见到－도】jiàn∥dào [동]목격하다. 눈에 띄다. ◇他一~老师出现, 就逃走了/선생님이 나타난 것을 보자마자 그는 곧 달아났다. (同)〔看 kàn 见〕,〔看到 dào〕

【见得－득】jiàn·dé [동]…라고 생각되다. 단정하다. ◇怎么~她是美人呢?/어떻게 그녀가 미인이라는 것을 단정하나?〔부정문이나 의문문에만 사용됨〕

【见地－지】jiàndì [명]견식.

【见多识广－다식광】jiàn duō shí guǎng 〈成〉경험이 풍부하고 박식하다. (同)〔广见博闻 bówén〕, (反)〔孤陋寡闻 gū lòu guǎ wén〕

【见方－방】jiànfāng [명]〈口〉평방(平方).

【见风是雨－풍시우】jiàn fēng shì yǔ 〈成〉사물의 일단을 보고 경솔하게 단정하다.

【见风转舵－풍전타】jiàn fēng zhuǎn duò 〈成〉〈貶〉바람을 보고 노를 젓다. 눈치를 살피며 처신하다. 기회주의적 태도를 취하다. (同)〔见风使 shǐ 舵〕

【见缝插针－봉삽침】jiàn fèng chā zhēn 〈成〉이용할 수 있는 모든 기회를 이용하다.

【见怪－괴】jiànguài [동]탓하다. 나무라다. 구박하다. ◇这件事是我忘了办, 请别~/이 일은 제가 처리하는 것을 잊었으니 탓하지 마세요. [비교]见怪:责备 "见怪"는 타동사 용법이 없고 자신에 대해서만 쓰인다. ◇这事是我干的, 不要(×见怪)责备 zébèi 他/이것은 내가 한 것이니 그를 책망하지 마십시오.

【见鬼－귀】jiàn∥guǐ [동]**1**귀신을 보다. 〈喩〉귀신이 곡할 노릇이다. 여우에 홀린 것 같다. 真是~了, 他怎么一转眼就不见了/정말 귀신이 곡할 노릇이다. 그가 어찌 눈깜짝할 사이에 사라졌지? **2**죽다. 뒈져버리다.

【见好－호】jiànhǎo [동](병 따위가) 호전되다.

【见机－기】jiànjī [동]기회를 엿보다.

【见机行事－기행사】jiàn jī xíng shì 〈成〉기회를 보아가며 처신하다. 상황을 살펴가며 일을 하다. ◇他很会~/그는 기회를 보고 처신하는 것에 능하다. (同)〔相 xiāng 机行事〕, (反)〔胶柱鼓瑟 jiāo zhù gǔ sè〕

【见教－교】jiànjiào [동]〈文〉〈套〉가르침을 받다. ◇有何~/저에게 어떤 가르침을 내리신지요?

⁑【见解－해】jiànjiě [명]견해. ◇他的~很有道理/그의 견해는 매우 일리가 있다. [비교]见解:意见 이론상의 인식이 아니고 단지 사물에 대한 구체적인 의견에는 "见解"를 쓰지 않는다. ◇他的(×见解)意见是暑假去杭州玩/그의 의견은 여름방학에 항주에 가서 놀자는 것이다.

【见老－노】jiànlǎo [형](전보다) 나이가 들어 보이다.

【见礼－례】jiàn∥lǐ [동]인사하다. ◇上前~/다가가서 인사하다.

【见谅－량】jiànliàng [동]양해를 해주다.

【见猎心喜－렵심희】jiàn liè xīn xǐ 〈成〉자기가 좋아했던 것을 남이 하는 것을 보고 하고 싶어져 손이 근질근질하다.

★【见面－면】jiàn∥miàn [동]만나다. 대면하다. ◇我们有六年没~了/우리들은 6년동안이나 만나보지 못했다. [비교]见面:看见:见到:见 "见面"은 동목구조로서 다시 목적어를 취할 수 없다. ①어떤 사람, 사

물을 우연히 피동적으로 봤을 때 "看见", "见到"를 쓰지만 "见面"은 쓰지 않는다. ◇昨天在电影院我(×见面)看见了他/어제 난 극장에서 그를 봤다. ◇我在他家里第一次(×见面)见到了韩国高中汉语书/난 그의 집에서 처음으로 한국 고등학교 중국어 책을 봤다. ②약속하고 만나는 의지가 있을 때는 "见"과 "见面"을 모두 쓴다. 단, 뒤에 대상이 있을 때는 "见面" 사이에 "她的"를 넣어야 한다. ◇晚上8点我要去见她的面(×见面她)/밤 8시 내가 그녀를 만나야 한다.

【见面礼—면례】jiànmiànlǐ 阁(주로 윗사람이 아랫사람에게) 첫 대면 때 주는 선물.

【见轻—경】jiànqīng 동(병이) 호전되다.

【见仁见智—인견지】jiàn rén jiàn zhì〈成〉같은 사물이라도 사람에 따라 보는 눈이 다르다.

【见世面—세면】jiàn shìmiàn 사회에서 많은 경험을 하다. 세상 물정을 알기 위해 다니다.

*【见识—식】jiàn·shi 1동견문을 넓히다. 2阁식견. 견문. 지식. ◇长～/식견이 늘다.

【见所未见—소미견】jiàn suǒ wèi jiàn〈成〉지금까지 본 적이 없는 것을 보다. (同)〔闻 wén 所未闻〕, (反)〔司空见惯 sīkōngjiànguàn〕

【见天—천】jiàntiān (~儿)阁〈口〉매일.

【见外—외】jiànwài 동남처럼 대하다. ◇过分客气, 反而觉得有点儿～/너무 친절하게 대하니 오히려 남을 대하는 느낌이 든다.

【见危授命—위수명】jiàn wēi shòu mìng〈成〉(나라가) 위급할 때 용감하게 목숨을 내던지다.

【见微知著—미지저】jiàn wēi zhī zhù〈成〉작은 징조에서 추세나 문제의 본질을 알 수 있다. 하나를 보면 열을 안다.

【见闻—문】jiànwén 阁견문. 경험. 주의'见闻'은 관형어로 쓸 수 없다. ◇在中国的一年中, (×见闻)见到和听到的事情可不少/중국에 있는 일년 중 보고 들은 일이 적지 않다.

【见习—습】jiànxí 阁동견습(하다). 실습(하다).

*【见效—효】jiàn∥xiào 동효험〔효과〕을 보다. ◇～快/효과가 빨리 나타나다.

【见笑—소】jiànxiào 동1〈謙〉웃음거리가 되다. 2비웃다.

【见新—신】jiàn∥xīn〈方〉(옛 가옥이나 중고품을 보수하여) 새 것처럼 만든다.

【见异思迁—이사천】jiàn yì sī qiān〈成〉색다른 것을 보면 그것에 마음이 쏠리다. 변덕스럽다. (同)〔三心二意 sān xīn èr yì〕, (反)〔一心一意 yī xīn yī yì〕

【见义勇为—의용위】jiàn yì yǒng wéi〈成〉정의를 위하여 용감하게 뛰어들다. (同)〔见危授命 jiàn wēi shòu mìng〕, (反)〔明哲保身 míng zhé bǎo shēn〕

【见长—장】jiànzhǎng 동부쩍 자라다.

【见证—증】jiànzhèng 1동증언할 수 있는. 2阁(사건을 목격한) 현장 증인. 증거품.

【见罪—죄】jiànzuì 동〈文〉〈謙〉책망하다. 나무라다. ◇招待不周, 请勿～/대접이 변변치 않아서 책망하지 마십시오.

【舰·艦】舟部 jiàn
4画 싸움배 **함**
阁군함. ◇巡洋～/순양함. ◇舰空母～/항공모함.

【舰队—대】jiànduì 阁〈军〉함대.

【舰日—일】jiànrì 阁〈军〉한 척의 군함이 해상에서 수행한 하루 활동.

【舰艇—정】jiàntǐng 阁〈军〉함정. 〔집합명사〕

【舰只—척】jiànzhī 阁〈军〉군함. 〔집합명사〕

★【件】亻部 jiàn
4画 가지 **건**
1양일·사건·개체의 사물 등을 세는 데 사용함. ◇一～毛衣/스웨터 한 벌. 비교件:样:份 ①먹는 것은 양사 "件"을 쓰지 않는다. ◇我买了一(×件)样好吃的东西/난 맛있는 것 한 가지를 샀다. ②상황·문제·요구·재료 등에는 양사 "件"을 쓰지 않는다. ◇他知道这(×件)个情况后很后悔/그는 이 상황을 안 후에 몹시 후회했다. ③어떤 명사에는 "件"이 포함 돼 있어 "件"을 쓰지 않는다. ◇他拿出了一(×件)份文件给我/그는 문서 하나를 꺼내 내게 주었다. 2(~儿)阁하나 하나 셀 수 있는 물건. ◇零～儿/부품. 3阁문서. 서류. ◇文～/문서.

【牮】牛部 jiàn
5画 보막을 **천**
동1비스듬히 떠받치다. ◇打～拨 bō 正/기울어지는 집을 긴 나무로 버티어 바로 세우다. 2(흙이나 돌로) 물길을 막다.

【饯·餞】饣部 jiàn
5画 보낼 **전**
1동송별회를 하다. 2阁설탕에 절인 과일. (同)〔蜜 mì 饯〕

【饯别—별】jiànbié (同)〔饯行 xíng〕

【饯行—행】jiànxíng 동송별회를 베풀다. ◇今天的便饭就算为他一～了/오늘 간단히 한 식사는 그를 위해 송별회를 한 셈이다.

**【贱·賤】贝部 jiàn
4画 천할 **천**
1형(값이) 싸다. ◇～卖/싸게 팔다. 2형(지위나 신분이) 낮다. 천하다. ◇贫～/빈천하다. 3형비열하다. 야비하다. ◇他很～/그는 매우 비열하다. 4〈謙〉저. 〔자

기를 낮추어 하는 말〕 ◇您贵姓? - ~姓
王/성씨가 어떻게 되십니까? - 저는 왕
씨입니다. ⇒(反)〔贵 guì〕

【贱骨头－골두】jiàngǔ·tou 명〈罵〉1쌍놈. 막
되먹은 놈〔년〕. 2들어오는 복도 발로 찰 놈.

【贱货－화】jiànhuò 명1싸구려 물건. 2〈罵〉
천박한 놈〔년〕. 쌍놈.

【贱民－민】jiànmín 명1옛날, 천민. 2(인도
카스트 제도의) 불가촉 천민.

＊＊【溅・濺】 氵部 jiàn
9画 뿌릴 천

동(물방울・흙탕물 따위가) 튀다. ◇~了
一身泥/온몸에 진흙이 튀었다.

【溅落－락】jiànluò 동〈宇航〉(우주선이) 착
수(着水)하다.

【践・踐】 足部 jiàn
5画 밟을 천

동1밟다. 짓밟다. 2실행하다. 이행하다.
◇实~/실천하다.

【践诺－낙】jiànnuò 동약속을 이행하다. (反)
〔食言 shíyán〕

＊【践踏－답】jiàntà 동1밟다. ◇不要~青苗
/풋곡식을 밟지 마시오. 2짓밟다. ◇凭
lìn 借势力~乡邻/권세를 빙자하여 마을을
짓밟다.

【践约－약】jiàn // yuē 동〈文〉약속을 이행
하다. (同)〔履 lǚ 约〕, (反)〔失 shī 约〕

【践祚－조】jiànzuò 동〈文〉즉위하다. 등극
하다.

【间・間】 门部 jiàn
4画 사이 간

1(~儿)명틈. 사이. ◇中~儿/중간. 가운
데. 2명마음의 벽. ◇亲密无~/절친한 사
이다. 3동사이를 두다. 분리하다. ◇~隔
/사이를 두다. 4동이간시키다. 불화하게
하다. 5동솎다. ◇~苗/모를 솎다. ⇒jiān
'间', xián '闲'

【间壁－벽】jiànbì 명이웃집.

【间道－도】jiàndào 명〈文〉샛길.

【间谍－첩】jiàndié 명스파이. 간첩.

【间断－단】jiànduàn 동(연속적 일이) 중
단되다. ◇试验不能~/실험은 중단되어
서는 안 된다. (反)〔连续 liánxù〕

【间伐－벌】jiànfá 명동간벌(하다).

＊【间隔－격】jiàngé 1명(공간 또는 시간
의) 간격(을 두다). 사이(를 두다). ◇菜
苗~匀整 yún·zhěng/채소의 모가 간격이
고르다. 2동간을 막다. 간막이하다. ◇~
彼此音讯/서로 소식이 끊어지다.

【间隔号－격호】jiàngéhào 명〈言〉(끊어 읽
기 부호의 하나인) 중점(中点).

【间或－혹】jiànhuò 부간혹. (同)〔偶尔 ǒu'
ěr〕, (反)〔一直 yīzhí〕

＊【间接－접】jiànjiē 명형간접(적인). ◇~选

举/간접선거. (反)〔直 zhí 接〕

【间接经验－접경험】jiànjiē jīngyàn 명〈教〉
간접 경험. (反)〔直 zhí 接经验〕

【间接税－접세】jiànjiēshuì 명〈法〉간접세.

【间接推理－접추리】jiànjiē tuīlǐ 명〈論〉간
접 추리.

【间接选举－접선거】jiànjiē xuǎnjǔ 명〈法〉
간접 선거.

【间苗－묘】jiàn // miáo 동모를 솎다.

【间日－일】jiànrì 명〈文〉격일.

【间色－색】jiànsè 명간색. 둘 이상의 빛깔의
혼합으로 생기는 빛깔.

【间隙－극】jiànxì 명틈새. 간격.

【间歇－헐】jiànxiē 명형간헐(적).

【间杂－잡】jiànzá 동섞이다. 혼합되다.

【间作－작】jiànzuò 동〈農〉간작(하다).

【涧・澗】 氵部 jiàn
7画 산골물 간

명물이 흐르는 골짜기. 계곡. ◇山~/산
골짜기.

【锏・鐧】 钅部 jiàn
7画 수레굴대 간

명〈機〉굴대. 덧방쇠.

☆【建】 廴部 jiàn
6画 세울 건

1동(건물 따위를) 짓다. 건축하다. ◇扩
~/확장공사하다. 2동설립하다. 창설〔창
립〕하다. 세우다. 3동제기하다. 제안하다.
발기하다. 4(Jiàn)명〈地〉(복건성에 있
는) 건강(建江). 5(Jiàn)명
〈略〉〈地〉복건성(福建省)의 준말.

【建白－백】jiànbái 동〈文〉(의견을) 제기하
다. (주장을) 진술하다.

【建都－도】jiàn // dū 동수도를 세우다.

【建国－국】jiàn // guó 동건국하다.

＊【建交－교】jiàn // jiāo 동국교를 맺다. (同)
〔缔 dì 交〕, (反)〔断 duàn 交〕

【建兰－란】jiànlán 명〈植〉건란.

☆【建立－립】jiànlì 동1세우다. 구축하다. ◇
我们准备在东郊~一个工业区/우리는 동
쪽 교외에 공단 하나를 세우고 있다.
(同)〔设 shè 立〕, (反)〔撤销 chèxiāo〕
比較建立：建成 건축의 뜻만을 나타낼 때
는 "建立"를 쓰지 않는다. ◇七十年代
(×建立)建成的人民文化宫是柏林的标志
之一/70년대에 건설한 인민문화궁은 베
를린의 상징중의 하나이다. 2맺다. ◇老师
和学生之间~了深厚的友谊/선생과 학생
사이에 깊은 우정이 맺어졌다.

★【建设－설】jiànshè 명동건설(하다). ◇~
现代化强国/현대화된 강대국을 건설하다.
(反)〔破坏 pòhuài〕

【建树－수】jiànshù 1동(공을) 세우다. 2명
공적.

☆【建议－议】jiànyì 图团(단체나 상급자에게) 건의(하다). 제안(하다). ◇我们的～都写在这张纸上了/우리의 건의는 모두 이 종이에 쓰여 있다.

【建元－원】jiànyuán 图〈文〉건국 후 첫 연호를 정하다.

＊＊【建造－조】jiànzào 图건조하다. 세우다. (집 따위를) 짓다. ◇过去我们从未～过这种大型立交桥/지난 날에 우리는 이런 대형입체교차 고가로를 세워본 적이 없었다. (同)〔建筑 zhù〕, (反)〔拆除 chāichú〕

【建制－제】jiànzhì 图기구. 편제.

☆【建筑－축】jiànzhù 1图团건설(하다). 짓다. ◇这座礼堂～得非常坚固/이 강당을 아주 튼튼하게 지었다. 回교建筑:建立 "建筑"는 길, 도로, 교량 등 명사만을 취한다. ◇我已经(×建筑)自己的家庭/난 이미 자신의 가정을 이루었다. 2图건축물. ◇古老的～/오래된 건축물. 3图구조. ◇上层～/상부 구조.

【健】亻部 8画 굳셀 건
jiàn

1图건강하다. 튼튼하다. (同)〔壮 zhuàng〕, (反)〔弱 ruò〕2图강하게〔튼튼하게〕하다. ◇～身/몸을 튼튼히 하다. 3图…에 뛰어나다. …를 잘하다.

【健步－보】jiànbù 图씩씩하게 잘 걷다. 걸음이 가뿐하고 힘있다. (反)〔跟跄 liàngqiàng〕

【健儿－아】jiàn'ér 图건아.

【健将－장】jiànjiàng 图1맹장. 투사. 2(중국에서 수여하는) 최우수 선수의 칭호.

★【健康－강】jiànkāng 图图1건강(하다). ◇身体～/몸이 건강하다. (同)〔康健〕, (反)〔生病 shēng bìng〕2건전(하다). 정상(이다). ◇作品内容很～/작품내용이 매우 건전하다. 回교健康:身体 "健康"은 "好", "坏", "垮"등의 형용사를 술어로 쓰지 않는다. ◇过了几年, 他的(×健康)身体全垮 kuǎ 了/몇 년이 지나자 그의 몸은 다 망가졌다.

＊【健美－미】jiànměi 图건강미.

＊＊【健全－전】jiànquán 1图(병이나 탈 없이) 온전하다. 정상적이다. 건전하다. ◇放心吧, 你的小孩儿发育很～/마음 놓으세요. 당신의 아이는 발육이 매우 정상적이다. ◇企业需要一个～的体制/기업은 건전한 체제가 필요하다. 2图(사물이) 완벽하다. 결점이 없다. ◇设施～/시설이 완벽하다. 3图완비하다. ◇～了各种规章制度/각종 규칙을 완비했다. 回교健全:完善 "健全"은 제도·법령 등에 주로 쓰이고 구체적인 사물에는 쓰이지 않는다. ◇这个工厂, 设备还不够(×健全)完善/이 공장의 시설

은 아직 완벽하지 않다.

【健身－신】jiànshēn 1图몸을 건강하게 하다. 2图헬스.

【健身房－신방】jiànshēnfáng 图체육관. 헬스 센터.

【健谈－담】jiàntán 图图입담(이 좋다). (反)〔口讷 kǒunè〕

【健忘－망】jiànwàng 图잘 잊어 버리다.

【健旺－왕】jiànwàng 图원기 왕성하다.

【健在－재】jiànzài 图건재하다. 〔나이든 사람에 대해 씀〕

＊【健壮－장】jiànzhuàng 图건장하다. (同)〔强 qiáng 健〕, (反)〔孱弱 cànruò〕

【毽】毛部 8画 제기 건
jiàn

(～儿)图제기.

【毽子－자】jiàn·zi 图제기. ◇踢 tī～/제기를 차다.

【腱】月部 8画 힘줄 건
jiàn

〈生理〉힘줄. 건.

【腱鞘－초】jiànqiào 图〈生理〉건초.

【腱子－자】jiàn·zi 图(건). 힘줄.

【键·鍵】钅部 8画 열쇠 건
jiàn

图1(수레바퀴의) 비녀장. (기계의) 핀. 2〈文〉쇠로 된 빗장. 3(피아노·오르간·타자기 따위의) 건반. 키(key). 4〈化〉(원자 또는 분자의) 결합. 본드(bond).

【键槽－조】jiàncáo 图열쇠의 홈.

＊【键盘－반】jiànpán 图건반. 키 보드.

【键盘乐器－반악기】jiànpán yuèqì 图〈音〉건반 악기.

【踺】足部 8画 걸음속할 건
jiàn

【踺子－자】jiàn·zi 图체조(體操)의 회전 동작의 하나.

【剑·劍】刂部 7画 칼 검
jiàn

图(양쪽에 날이 있는) 큰 칼. 검.

【剑拔弩张－발노장】jiàn bá nǔ zhāng〈成〉칼을 뽑히고 쇠뇌는 메겨졌다. 일촉즉발이다. (反)〔和风细雨 hé fēng xì yǔ〕

【剑客－객】jiànkè 图검객.

【剑眉－미】jiànméi 图눈썹 꼬리가 치켜올라간 눈썹.

【剑术－술】jiànshù 图검술.

【剑侠－협】jiànxiá 图검술에 능한 협객.

【荐·薦】艹部 6画 천거할 천
jiàn

1图추천하다. 소개하다. 알선하다. 2图〈文〉바치다. 올리다. 진상하다. 3图〈文〉풀. 4图〈文〉짚방석. ◇草～/초석.

【荐骨－골】jiàngǔ 图〈生理〉엉치등뼈.

【荐举－거】jiànjǔ 图천거〔추천〕하다.

【荐头－두】jiàn·tou 〈方〉图옛날, 고용인 소개업자. 직업소개인.

【荐引－인】jiànyǐn 图〈文〉추천하다.

【荐椎－추】jiànzhuī (同)〔荐骨 gǔ〕

【监・監】皿部 jiān 5画 볼 감

图1옛날 정부 기관의 명칭. ◇国子~/국자감. 청조까지 역대로 설치되었던 국가 최고교육기관. 2(Jiàn)图(姓). ⇒jiān

【监本－본】jiānběn 图옛날, 국자감(國子監)에서 출간한 서적.

【监利－리】Jiānlì 图〈地〉감리. 호북성(湖北省)의 현(縣)이름.

【槛・檻】木部 jiàn 10画 난간 함

图1난간. 2금수(禽獸)나 죄인을 가두는 나무 우리. ◇兽~/짐승 우리. ⇒kǎn

【槛车－차】jiànchē 图고대에 짐승이나 죄수를 운반하던 수레.

【谏・諫】讠部 jiàn 9画 간할 간

图〈文〉(임금・윗사람・친구 등에게) 잘못을 고치도록 말하다. 간언하다. ◇从~如流/순순히 간언을 좇다.

【谏诤－쟁】jiànzhèng 图〈文〉간쟁하다. (同)〔诤谏〕, (反)〔谄媚 chǎnmèi〕

【渐・漸】讠部 jiàn 8画 차차 점

图점차. 차츰차츰. 점점. ◇天气~冷/날씨가 점점 추워지다. ⇒jiān

【渐变－변】jiànbiàn 1图점차적으로 변화하다. 2图점진적 변화. (同)〔量 liàng 变〕, (反)〔突 tū 变〕.

【渐次－차】jiàncì 图〈文〉점점. 점차.

☆【渐渐－점】jiànjiàn(又讀 jiànjiān)图점점. 점차. 〔수량의 점차적 증감을 나타냄〕◇雨~小了/비가 점차 작아졌다. ◇路上的行人~少了/길거리에 사람이 점점 줄어들었다. (同)〔逐 zhú 渐〕, (反)〔突然 tūrán〕.

【渐进－진】jiànjìn 图점점 진보(발전)하다. (反)〔突 tū 进〕

【渐悟－오】jiànwù 图점차 깨닫다.

【鉴・鉴(鑑)】金部 jiàn 5画 본뜰 감

1图거울. 〔고대에는 동(銅)으로 거울을 만들었음〕2图비추다. ◇水清可~/물이 맑아 모습을 비출 수 있을 정도이다. 3图자세히 보다. 감정하다. 4图귀감. 본보기. 거울. ◇前车之覆 fù, 后车之~/앞 사람의 실패를 자기의 거울로 삼다. 5图〈牘〉옛날, 편지 서두의 받을 사람 이름 뒤에 쓰이던 글자로써 '편지를 읽어 주시기 바랍니다'의 뜻인 겸어.

＊【鉴别－별】jiànbié 图图감별(하다). ◇~真伪/진위를 감별하다.

＊＊【鉴定－정】jiàndìng 1图(사람의 장단점을) 평가하다. 2图(학교의) 평가. ◇写学生的~/학생들에 대한 평가를 쓰다. 3图图감정(하다). ◇这个~很符合实际/이 감정 결과는 실제에 부합된다. 4图(직장에서) 근무 평가.

【鉴定人－정인】jiàndìngrén 图감정인.

【鉴戒－계】jiànjiè 图교훈. 경계.

【鉴赏－상】jiànshǎng 图(예술품・문물 따위를) 감상하다.

＊【鉴于－어】jiànyú …에 비추어 보다. …을 감안하다. ◇~情况紧急, 我们立即作出了决定/상황이 절급함을 감안하여 우리는 즉시 결정을 내렸다.

☆【箭】竹部 jiàn 9画 살 전

1图화살. ◇射~/활을 쏘다. 2图짧은 거리.

【箭靶子－파자】jiànbǎ·zi 图(화살의) 과녁.

【箭步－보】jiànbù 图단숨에 멀리 뛰는 걸음.

【箭垛子－타자】jiànduǒ·zi 图1화살 과녁. 2성벽의 총안(銃眼).

【箭楼－루】jiànlóu 图(성밖을 망보거나 화살을 쏘는 구멍이 있는) 성루(城樓).

【箭头－두】jiàntóu (~儿)图1화살촉. 2(방향표시) 화살표.

【箭在弦上－재현상】jiàn zài xián shàng 〈成〉일이 그만둘 수 없는 상황에 이른다.

【箭竹－죽】jiànzhú 图〈植〉대나무의 일종. 〔연한 잎과 가지는 팬더가 즐겨먹음〕

【箭镞－족】jiànzú 图(쇠로 만든) 화살촉.

江 443	将 444	浆 444	鳉 444	姜 444
僵 444	缰 445	疆 445	讲 445	蒋 446
奖 446	桨 446	膙 446	構 446	匠 446
降 446	绛 447	将 447	酱 447	虹 447
强 447	犟 447	糨 447		

jiāng

★【江】氵部 jiāng 3画 강 강

图1강. ◇松花~/중국 동북(東北)에 있는 송화강. 2(Jiāng)〈地〉장강(長江). 양자강(揚子江). 3(Jiāng)성(姓).

【江北－북】Jiāngběi 图〈地〉1강북. 〔양자강 하류의 북쪽에 인접한 강소성(江蘇省)과 안휘성(安徽省)일대〕2양자강 이북 지역.

【江东－동】Jiāngdōng 图〈地〉강동. 양자강의 동쪽, 곧 양자강 하류 지역을 일컬음.

【江防－방】jiāngfáng 图1양자강의 치수 설비. 2양자강의 군사 방어 시설.

【江湖－호】jiānghú 1图강과 호수. 2图각지.

【江湖-호】jiāng·hú 명옛날, 각지를 떠돌아 다니며 요술을 보여주며 약 따위를 파는 사람.

【江湖骗子-호편자】jiānghú piàn·zi 명세상을 떠돌며 가짜약 등을 파는 사람.

【江蓠-리】jiānglí 명〈植〉1강리. 2고서(古書)에 나오는 향초(香草).

【江轮-륜】jiānglún 명하천 운행 기선.

【江米-미】jiāngmǐ 명찹쌀.

【江南-남】Jiāngnán 명〈地〉1강남. 2양자강 하류 이남의 지역. 즉 강소(江蘇)·안휘(安徽) 양성(兩省)의 남부와 절강성(浙江省) 북부 지역. 3양자강 이남의 지역.

【江山-산】jiāngshān 명강산. 산하.〈轉〉나라 또는 한 나라의 정권.

【江天-천】jiāngtiān 명강 위에 넓게 펼쳐진 하늘.

【江豚-돈】jiāngtún 명〈動〉돌고래.

【江洋大盗-양대도】jiāng yáng dà dào〈成〉하천이나 해상의 강도.

【江珧-요】jiāngyáo 명〈魚介〉살조개.

【江珧柱-요주】jiāngyáozhù 명1키조개의 패주(貝柱). 2'干贝 gānbèi'의 다른 이름.

☆【将·將】 爿部 jiāng 6画 장차 장

1통〈文〉부축하다. ◇相~而去/서로 부축해서 가다. 2통몸조리하다. ◇~息/몸조리하며 쉬다. 3통〈方〉(가축이) 번식하다. 낳다. ◇~羔/양(羊)을 낳다. 4통〈文〉(일을) 하다. ◇慎~事/조심성있게 일을 하다. 5통(장기에서) 장군(을) 부르다. 장부르다. 6통(말로써) 자극하다[부추기다, 충동질하다]. ◇他做事稳重, 你~他也没用/그는 착실한 사람이라 네가 부추겨도 소용없다. 7개…으로(써).〔주로 성어(成語)나 문어(文語)에 쓰임〕◇~鸡蛋碰石头/달걀로 돌을 치다. 8개…을. …를.〔'把 bǎ'처럼 목적어를 동사 앞에 전치시킬 때 쓰임〕◇~他请来/그를 모셔오라고 했다. ◇~计划进行到底/계획을 끝까지 추진하다. 9부막. 곧. 장차. ◇~要走的时候, 下起大雨来没能走/막 출발하려고 할 때, 큰 비가 내려 갈 수가 없었다. ◇天~黄昏/곧 황혼이다. 10부또한. 또.〔주로 '将…将…'의 형식으로 쓰여 …하기도 하고 …하다'의 뜻을 나타냄〕◇~信~疑/반신 반의하다. 11조〈早白〉동사와 방향 보어 중간에 쓰여 그 동작의 지속성이나 시작 등을 나타냄. ◇走~进去/걸어 들어가다. 12(Jiāng)성(姓). ⇒jiàng

【将次-차】jiāngcì 부〈文〉머지않아. 장차.

【将错就错-착취착】jiāng cuò jiù cuò〈成〉망친 김에 그대로 밀고나가다.

【将功赎罪-공속죄】jiāng gōng shú zuì〈成〉공을 세워 속죄하다.

【将计就计-계취계】jiāng jì jiù jì〈成〉상대방의 계략을 역이용하다.

＊【将近-근】jiāngjìn 통거의 …에 가깝다. ◇~百人/백명에 가깝다.

【将就-취】jiāng·jiu 통우선 아쉬운 대로 따라가다. ◇~吃一点儿/아쉬운 대로 좀 드시지요.

＊＊【将军-군】jiāng // jūn 1통(장기에서) 장군을 부르다. 2통(어려운 문제로) 당황케 〔난처하게, 쩔쩔매게〕하다. ◇他们要我唱歌, 这可将了我一军/그들이 나에게 노래를 시켜 나를 쩔쩔매게 했다. 3(jiāngjūn)명장군. 4(jiāngjūn)명고급장성.

★【将来-래】jiānglái 명장래. 미래. (同)〔未 wèi 来〕, (反)〔从前 cóngqián〕

【将息-식】jiāngxī 통휴양하다.

【将信将疑-신장의】jiāng xìn jiāng yí〈成〉반신 반의하다. (同)〔半 bàn 信半疑〕, (反)〔坚信不疑 jiān xìn bù yí〕

【将养-양】jiāngyǎng 통휴양하다. 몸조리하다.

☆【将要-요】jiāngyào 곧 …하려 하다. ◇他~来北京/그는 곧 북경에 온다. 비교将要:会 가능을 나타낼 때는 "将要"를 쓰지 않는다. ◇你这么聪明, 以后一定(×将要)会考上大学的/네가 이렇게 총명하니 이후에 꼭 대학에 합격할 것이다.

【浆·漿】 水部 jiāng 6画 초 장, 미음 장

1명진한〔걸쭉한〕액체. ◇泥~/흙탕물. 2통(옷 따위에) 풀을 먹이다. ◇衬衫 chènshān 领子要一下/와이샤쓰 칼라에 풀을 먹여야 한다. ⇒jiàng '糨'

【浆果-과】jiāngguǒ 명〈植〉장과.

【浆洗-세】jiāngxǐ 통(옷을) 빨아서 풀을 먹이다. 재앙하다.

【浆液-액】jiāngyè 명1장액. 진액. 2〈生理〉장액.

【鱂·鱂】 鱼部 jiāng 9画 송사리 장

명〈魚介〉송사리.

＊【姜(薑)】 羊部 jiāng 3画 성 강

1명〈植〉생강초. 2명생강초의 뿌리. 생강. 3(jiāng)명성(姓).

【姜黄-황】jiānghuáng 명〈植〉강황.

＊＊【僵(¹殭)】 亻部 jiāng 13画 쓸어질 강

1명딱딱하다. 뻣뻣이〔(손·발이) 곱다. 경직되어 있다. ◇在外面站了一个多小时, 脚都冻~了/밖에 한 시간 넘게 서있었더니 발이 얼어서 뻣뻣해졌다. 비교僵:木

"僵"은 "脸(얼굴)"을 형용하지 않는다. ◇今天太冷了, 脸都冻(×僵)木了/오늘 날씨가 너무 추워 얼굴이 다 얼어서 굳어졌다. **2**〔형〕(일이나 논의 따위가) 벽에 부딪쳐 있다. 교착 상태에 있다. ◇两个人的话越说越～, 后来吵起来了/두 사람은 말을 하면 할수록 날카롭게 대립하더니 후에는 다투기까지 했다. **3**〔동〕〈方〉(표정을) 딱딱하게 하다. ◇他～着脸/그는 굳은 얼굴을 하고 있다.

【僵持―지】jiāngchí 〔동〕대치하다.

【僵化―화】jiānghuà 〔동〕경직되다. (同)〔僵硬 yìng〕, (反)〔灵活 línghuó〕

【僵局―국】jiāngjú 〔명〕교착 상태.

【僵尸―시】jiāngshī 〔명〕**1**굳어진 송장. **2**〈喩〉몰락했거나 부패한 사물.

【僵死―사】jiāngsǐ 〔동〕뻣뻣해지고 생기가 없다.

【僵硬―경】jiāngyìng 〔형〕**1**(몸이) 뻣뻣하다. **2**융통성이 없다. ◇他的方法太～/그의 방법이 너무 융통성이 없다. (同)〔僵化 huà〕, (反)〔灵活 línghuó〕

【僵直―직】jiāngzhí 〔형〕뻣뻣하다.

【缰·繮(韁)】⺩部 jiāng
13画 말고삐 **강**
〔명〕(말)고삐.

【缰绳―승】jiāng·shéng 〔명〕(말)고삐.

【疆】弓部 土部 jiāng
16画 16画 지경 **강**
〔명〕**1**경계. 국경. **2**(Jiāng)〈略〉신강(新疆)의 준말.

【疆场―장】jiāngchǎng 〔명〕전쟁터. 싸움터.

【疆界―계】jiāngjiè 〔명〕국경. 경계.

【疆土―토】jiāngtǔ 〔명〕강토. 영토.

【疆场―역】jiāngyì 〔명〕〈文〉**1**밭두둑. **2**변경.

【疆域―역】jiāngyù 〔명〕강역. 국가의 영토. 〔크게 작음을 중시하는 말〕

jiǎng

★【讲·講】讠部 jiǎng
4画 강론할 **강**
1〔동〕이야기하다. 말하다. ◇他从来没对我～过这件事/그는 이 일을 나한테 한번도 말한 적이 없다. 〔비교〕讲:说 "相声"은 "讲"과 결합하지 않는다. ◇那个人(×讲)说相声(×讲)说得相当好/저 사람은 만담을 참 잘한다. **2**〔동〕설명하다. 해석하다. 해설하다. ◇这个字有几个～法/이 글자는 몇 가지 설명이 있다. **3**〔동〕흥정하다. ◇老张接受任务没～过条件/장씨는 임무를 맡는데 조건을 흥정하지 않았다. **4**〔동〕…에 대해서 말하다. 따지다. ◇要～下围棋, 咱们谁也下不过他/바둑에 대해 말할 것 같으면 우리 중에 누구도 그를 당해낼

수 없다. **5**〔동〕중시하다. 주의하다. ◇这些小朋友很～礼貌/이 어린이들은 예절을 매우 중시한다(잘 지킨다).

【讲法―법】jiǎng·fa 〔명〕**1**말투. 표현. **2**의견. 견해. ◇你这种～不太妥 tuǒ 当/당신의 견해는 그렇게 적절하지는 않다.

【讲稿―고】jiǎnggǎo (～儿)〔명〕강연·강의 또는 보고용의 원고.

【讲古―고】jiǎnggǔ 옛날 이야기를 하다.

【讲和―화】jiǎng // hé 〔동〕강화하다. (同)〔言 yán 和〕, (反)〔顶牛 dǐngniú〕

☆【讲话―화】jiǎng // huà **1**〔동〕이야기하다. ◇这次座谈会没有一个不～的/이번 좌담회에서는 발언하지 않은 사람이 하나도 없다. **2**(jiǎnghuà)〔명〕강연내용. 담화. 연설. **3**〔동〕질책하다. 비난하다. ◇你这样搞特殊, 难怪人家要～/네가 이렇게 유별나게 처신하니 남들이 비난하려 들만도 하지.

【讲价―가】jiǎng // jià (～儿)〔동〕값을 흥정하다. 조건을 따지다.

【讲价钱―가전】jiǎng // jià·qian (同)〔讲价〕, 〔讨 tǎo 价还 huán 价〕

＊【讲解―해】jiǎngjiě 〔동〕설명하다. 해설하다. ◇用英语～/영어로 해설하다.

＊＊【讲究―구】jiǎng·jiu **1**〔동〕중시하다. 따지다. 신경을 쓰다. ◇我们一向～实事求是/우리는 여지껏 성실하고 옳은 것을 추구했다. ◇她这个人很～吃, 而不注意穿戴/이 여자는 먹는 데만 신경을 쓰고 입는 것은 별로 따지지 않는다. (同)〔讲求 qiú〕讲究:讲 "道理"는 "讲究"의 목적어로 쓰지 않는다. ◇年轻人要(×讲究)讲道理, 不能无理取闹/젊은 사람은 이치를 따져야지, 까닭없이 소란을 피우면 안 된다. **2**〔명〕연구할 가치가 있는 것. ◇翻译技术大有～/번역기교는 연구할 가치가 있다. **3**〔형〕정교하다. 꼼꼼하다. ◇房间布置得很～/방 안을 매우 꼼꼼하게 꾸몄다. (同)〔考 kǎo 究〕, (反)〔简陋 jiǎnlòu〕

＊＊【讲课―과】jiǎng // kè 〔동〕강의하다. 학생을 가르치다. ◇我在初中讲化学课/나는 중학교에서 화학을 가르친다.

＊【讲理―리】jiǎng // lǐ **1**〔동〕시비를 가리다. 이치를 따지다. ◇你要～, 不要耍赖 shuǎlài/시비를 가릴 줄 알아야지 억지를 부려서는 안 된다. **2**순리에 따르다. ◇他是～的人/그는 순리에 따르는 사람이다.

【讲论―론】jiǎnglùn 〔동〕**1**숙덕공론하다. **2**강론하다.

【讲盘儿―반아】jiǎng // pánr (同)〔讲价 jià〕

【讲评―평】jiǎngpíng 〔명〕〔동〕강평(하다).

【讲情―정】jiǎng // qíng 〔동〕(남을 위해) 사정하다.

【讲求―구】jiǎngqiú 〔동〕중시하다. 강구하

다. 추구하다. ◇办事要~效率/일을 할 때는 능률을 중시해야 한다.

【讲师-사】jiǎngshī 명1강사. 강연·강의를 하는 사람. 2(학교의) 전임 강사.

【讲授-수】jiǎngshòu 통강의하다. 교수하다. (同)〔教 jiào 授〕, (反)〔学习 xuéxí〕

＊【讲述-술】jiǎngshù 통(일이나 도리 등을) 진술하다. 기술하다. ◇~事情经过/사실의 경과를 진술하다.

【讲台-대】jiǎngtái 명교단. 연단.

【讲坛-단】jiǎngtán 1(同)〔讲台 tái〕 2명 강연·토론의 장소.

【讲习-습】jiǎngxí 1명통강습(하다). 2연구하다.

【讲学-학】jiǎng∥xué 통학문을 강의하다. 학술 강연을 하다.

＊【讲演-연】jiǎngyǎn 명통강연(하다). 연설(하다). ◇~大会/연설대회.

＊＊【讲义-의】jiǎngyì 명강의용 프린트.

【讲桌-탁】jiǎngzhuō 명교탁(敎桌).

☆【讲座-좌】jiǎngzuò 명〈教〉강좌. ◇广播~/방송강좌.

【蒋·蔣】 艹部│Jiǎng
9画│성 장
명1성(姓). 2주대(周代)의 나라 이름.

☆【奖·獎】 大部│jiǎng
6画│표창할 장
1통장려하다. 칭찬하다. 표창하다. ◇有功者~/유공자는 표창하다. (同)〔赏 shǎng〕, (反)〔罚 fá〕 2명(격려·표창하기 위하여 주는) 명예·상장·상품·상금 등. ◇得~/상을 받다. ◇发~/상을 주다. 비교奖:名 "奖"은 양사로 쓰지 않는다. ◇这次表演我们获得了第二(×奖)名/이번 공연에서 우리가 2등을 차지했다.

【奖杯-배】jiǎngbēi 명우승컵.

【奖惩-징】jiǎngchéng 명상벌. 장려와 징벌.

＊【奖金-금】jiǎngjīn 명1상금. 장려금. 2(회사 등에서 주는) 상여금. 보너스.

＊＊【奖励-려】jiǎnglì 명통장려(하다). 표창·칭찬(하다). ◇~发明创造/발명이나 창작을 장려하다. (同)〔嘉 jiā 奖〕, (反)〔惩罚 chéngfá〕

【奖牌-패】jiǎngpái 명1상패. 2메달.

＊【奖品-품】jiǎngpǐn 명상품. 장려품.

【奖券-권】jiǎngquàn 명복권. 추첨권.

【奖赏-상】jiǎngshǎng 명통상(을 주다).

【奖售-수】jiǎngshòu 통1제품의 판매를 장려하다. 2장려하는 취지에서 판매하거나 공급하다.

☆【奖学金-학금】jiǎngxuéjīn 명장학금.

【奖掖-액】jiǎngyè 통〈文〉장려하고 발탁하다.

【奖把-읍】jiǎngyì (同)〔奖掖 yè〕

【奖章-장】jiǎngzhāng 명표창 메달.

＊【奖状-장】jiǎngzhuàng 명상장.

＊【桨·槳】 木部│jiǎng
6画│상앗대 장
명(배의 짧고 작은) 노.

【腔】 月部│jiǎng
12画│힘줄설 강
【腔子-자】jiǎng·zi 명〈方〉(손이나 발에 생긴) 못.

【耩】 耒部│jiǎng
10画│밭갈 강
통〈農〉가축을 이용하여 파종기(播種機)로 씨를 뿌리다.

【耩子-자】jiǎng·zi 명〈方〉파종기.

jiàng

【匠】 匚部│jiàng
4画│장인 장
명1장인(匠人). ◇木~/목수. 2조예가 깊은 사람. ◇文学巨~/문학의 거장.

【匠人-인】jiàngrén 명장인.

【匠心-심】jiàngxīn 명〈文〉교묘〔정교〕한 구상. 창의.

☆【降】 阝部│jiàng
6画│항복할 항, 내릴 강
1통떨어지다. 내리다. ◇五月份这里~过一场暴雨/5월의 이곳에 한 차례 폭우가 내렸다. 비교降:下 구어체에서 "雪" "雨"는 "降"을 쓰지 않는다. ◇外面(×降)下雨了/밖에 비가 온다. 2내리게 하다. 내리다. 떨어뜨리다. ◇~价/값을 내리다. 떨어뜨리다. ◇傍晚我从天安门前经过, 看到几名解放军战士正在~着国旗/저녁에 내가 천안문 앞을 지나는데 마침 해방군 전사 몇이서 국기를 내리고 있었다. 3(Jiàng)명성(姓). ⇒xiáng

【降班-반】jiàng∥bān 통낙제하다. 유급시키다.

【降半旗-반기】jiàng bànqí 반기〔조기〕를 게양하다.

☆【降低-저】jiàngdī 통낮추다. 내리다. ◇他从没~过对自己的严格要求/그는 자신에 대한 엄격한 요구를 낮춰본 적이 없다. (同)〔下 xià 降〕, (反)〔上升 shàngshēng〕

【降格-격】jiàng∥gé 통(표준·신분 따위를) 낮추다. 격을 낮추다. (同)〔降级 jí〕, (反)〔升 shēng 格〕

【降级-급】jiàng∥jí 통1(관리의) 등급을 낮추다. (同)〔降格 gé〕, (反)〔升 shēng 级〕 2낙제시키다.

＊【降价-가】jiàng∥jià 1통값이〔값을〕 내리다. ◇把货物~处理/물품의 값을 내려 처분하다. (同)〔减 jiǎn 价〕, (反)〔提 tí 价〕 2(jiàngjià)명가격인하.

【降结肠－결장】jiàngjiécháng 圐〈醫〉하행결장.

*【降临－림】jiànglín 통닥치다. 찾아오다. ◇死神～了/죽음의 신이 찾아왔다.

*【降落－락】jiàngluò 통착륙하다. ◇～伞/낙하산. ◇飞机～在跑道上/비행기가 활주로에 착륙했다. (同)〔着陆 zhuólù〕, (反)〔起飞 qǐfēi〕

【降旗－기】jiàng∥qí 통깃발을 내리다. (反)〔升 shēng 旗〕

【降生－생】jiàngshēng 통(종교의 교조나 유명 인물이) 강생하다. (同)〔诞 dàn 生〕, (反)〔死亡 sǐwáng〕

【降水－수】jiàngshuǐ 圐〈天〉강수.

【降温－온】jiàng∥wēn 1통온도를〔온도가〕내리다. 기온이 내리다. 2(jiàngwēn)圐기온의 하강. 3(jiàngwēn)圐(공장 따위의) 냉방. ‖(反)〔升 shēng 温〕

【绛·絳】⼳部 | jiàng
6画 | 깊게붉을 강
圐진홍색.

【绛紫－자】jiàngzǐ 圐진홍색.

【将·將】⼨部 | jiàng
6画 | 장수 장
1圐〈軍〉장군. 2圐〈文〉(군대를) 거느리다. 지휘하다. 통솔하다. ◇韩信～兵, 多多益善/한신은 병사 통솔력이 뛰어나 병사가 많을수록 좋다. ⇒jiāng

【将才－재】jiàngcái 圐장군감.

【将官－관】jiàngguān 圐장성(将星). 〔元帅' 보다는 낮고 '校官'보다는 높은 '大将·上将·中将·少将'의 네 계급을 일컬음〕

【将官－관】jiàng·guan 圐장성급 장교.

【将领－령】jiànglǐng 圐고급 장교.

【将令－령】jiànglìng 圐〈口白〉군령(军令).

【将门－문】jiàngmén 圐장군의 가문.

【将士－사】jiàngshì 圐장교와 병사.

【将帅－사】jiàngshuài 圐장수. 사령관.

【将校－교】jiàngxiào 圐〈軍〉고급장교.

【将指－지】jiàngzhǐ 圐〈文〉1가운뎃손가락. 2엄지 발가락.

**【酱·醬】酉部 | jiàng
6画 | 간장 장
1圐된장. ◇黄～/콩이 주원료인 된장. 2圐된장〔간장〕에 절인 식품. 3圐된장〔간장〕에 절이다. ◇把萝卜 luóbo～一~/무우를 된장에 절이다. 4圐된장 비슷한 것. ◇花生～/땅콩잼. ◇辣椒 làjiāo～/고추장.

【酱菜－채】jiàngcài 圐된장이나 간장에 절인 야채. 장아찌.

【酱豆腐－두부】jiàngdòu·fu 圐소금에 절여 가공한 발효두부.

【酱坊－방】jiàngfáng (同)〔酱园 yuán〕

【酱缸－항】jiànggāng 圐장독. 장 항아리.

【酱色－색】jiàngsè 圐〈色〉진한 팥색깔.

☆【酱油－유】jiàngyóu 圐간장.

【酱园－원】jiàngyuán 圐간장·된장·장아찌 따위를 만드는 식품공장이나 파는 상점.

【酱紫(色)－자(색)】jiàngzǐ(sè) 圐〈色〉질은 자주빛.

【虹】虫部 | jiàng
3画 | 무지개 홍
圐무지개. ⇒hóng

【强(強,彊)】弓部 | jiàng
9画 | 굳셀 강
圐고집이 세다. ⇒qiáng, qiǎng

【强嘴－취】jiàng∥zuǐ 圐1말대꾸하다. 강변하다. ◇你跟谁～/누구한테 말대꾸하는거야! 2우겨대다.

【犟】牛部 | jiàng
12画 | 굳셀 강
圐고집이 세다. 고집스럽다.

【犟劲－경】jiàngjìn 圐완강한 의지.

【犟嘴－취】jiàngzuǐ (同)〔强 jiàng 嘴〕

【糨(浆,糡)】米部 | jiàng
12画 | 미음 강
1圐풀. 2圐(풀·죽 따위가) 되직하다. 걸쭉하다. 걸다. ⇒jiāng

【糨糊－호】jiàng·hu 圐풀.

【糨子－자】jiàng·zi (同)〔糨糊 hu〕

交 447	郊 449	胶 449	蛟 449	鲛 449
浇 449	娇 450	骄 450	教 451	焦 451
蕉 451	礁 451	椒 451	矫 451	嚼 451
角 451	佼 452	狡 452	饺 452	绞 452
铰 452	皎 452	侥 453	矫 453	脚 453
搅 454	剿 454	缴 454	叫 454	轿 455
觉 455	校 455	较 455	教 455	酵 456
窖 456	嚼 456			

jiāo

★【交】⼇部 | jiāo
4画 | 사귈 교
1통내다. 건네다. ◇～学费/학자금을 내다. 2통(어떤 시간 또는 계절이) 되다. 3(시간·지역이) 인접〔접근〕하다. ◇～界/경계에 인접하다. 4통교차하다. ◇两条铁路相～于这个火车站/철로 두 선이 이 역에서 교차한다. 5통사귀다. 교제하다. ◇～朋友/친구를 사귀다. 6圐교분. 우정. 7통(남녀가) 성교(性交)하다. (동식물이) 교배〔교미〕하다. 8圂서로. 상호. 9圂일제히. 동시에. 겹쳐서. ◇风雨～加/비바람이 겹쳐서 온다. 10圐곤두박질. 공중제비.

【交白卷－백권】jiāo báijuàn (～儿)1백지

답안을 제출하다. 2〈喩〉임무를 완성하지 못하다.
【交班-반】jiāo // bān 동(근무를) 교대하다. (反)〔接 jiē 班〕
【交办-판】jiāobàn 동처리하도록 맡기다.
〔交保-보〕jiāobǎo 동〈法〉피고를 보증인에게 인도하다. 보석하다.
【交杯酒-배주】jiāobēijiǔ 동결혼식때 신혼부부가 마시는 합환주.
〔交兵-병〕jiāobīng 동〈文〉교전하다.
*【交叉-차】jiāochā 1동교차하다. 엇갈리다. 2형중복되는. (일부분이) 겹치는. ◇~点/교차점. 3동교대로 하다.
【交差-차】jiāo // chāi 동임무수행의 결과를 보고하다. 복명하다.
*【交错-착】jiāocuò 동〈文〉교차하다. 서로 뒤섞여 엇갈리다.
*【交代-대】jiāodài 동1인계하다. ◇刘科长正在向他~着任务/유과장은 그에게 임무를 인계하고 있다. 2분부하다. ◇大夫反复向病人~怎样服用这种药/의사는 병자에게 약을 어떻게 먹어야 한다는 것을 거듭 분부했다. 3(사정이나 의견을) 설명하다. ◇事情办成这样, 怎么向人家~?/일을 이렇게 만들어놓고 어떻게 남에게 설명하겠는가? 比교交代:嘱咐 "交代"의 목적어는 주로 상대방에게 알리는 일이다. 상대방이 기억하라고 강조할 때는 "交代"를 쓰지 않는다. ◇母亲(×交代)嘱咐 zhǔ·fù 孩子过马路时要注意车辆/어머니는 아이에게 길을 건널 때는 차를 조심하라고 당부한다.
【交道-도】jiāodào 명교섭하는 일. ◇你得děi 跟他打~/당신은 그를 상대해야 한다. 比교交道:交往 "交道"는 "打"이외의 어떤 동사의 목적어로도 쓸 수 없다. ◇虽然我们有时一起学习, 可是我们没有什么(×交道)交往/비록 우리가 어쩌다 공부를 같이 하지만 우리에게 특별한 친분은 없다.
【交底-저】jiāo // dǐ (~儿)동내막을 말하다.
*【交点-점】jiāodiǎn 명〈數〉교점.
【交锋-봉】jiāo // fēng 동교전하다. 싸우다.
*【交付-부】jiāofù 동1지불하다. ◇定金~/예약금을 지불하다. (同)〔交纳 nà〕, (反)〔接受 jiēshòu〕 2맡기다. 넘기다. ◇~任务/임무를 맡기다. ◇~表决/표결에 붙이다.
【交感神经-감신경】jiāogǎn shénjīng 명〈生理〉교감신경.
【交割-할】jiāogē 동1상품과 대금을 수수하다. 결재하다. 2인수하다. 인계하다. ◇工作已~清了/업무는 이미 인계했다.
〔交工-공〕jiāo // gōng 동준공하여 인도하다.

【交媾-구】jiāo gòu 동성교하다.
【交关-관】jiāo guān 1동서로 관계되다. 2부〈方〉매우. 퍽. 대단히. 3형〈方〉매우 많다.
【交好-호】jiāo // hǎo 동친교를 맺다. (同)〔友善 yǒushàn〕, (反)〔交恶 wù〕
【交合-합】jiāohé 1동겹치다. 엇갈리다. ◇悲喜~/슬픔과 기쁨이 겹치다. ◇枝叶~/가지와 잎사귀가 엇갈리다. 2동(同)〔交媾 gòu〕
【交互-호】jiāohù 부1서로. 2교대로. 번갈아 가며.
【交还-환】jiāohuán 동돌려주다. 반환하다. ◇请及时~图书/제때에 도서를 반환하기 바란다.
☆【交换-환】jiāohuàn 명동교환(하다). ◇~机/교환기.
【交汇-회】jiāohuì 동(물이나 기류가) 만나다.
【交火-화】jiāo // huǒ 동교전하다.
【交货-화】jiāo huò 물품을 인도하다.
【交集-집】jiāojí 동(여러 감정이나 사물이) 한꺼번에 모여들다. 교차하다. ◇百感~/만감이 교차하다.
【交际-제】jiāojì 명동교제(하다). ◇~舞/사교댄스.
【交际花-제화】jiāojìhuā 명1사교계의 꽃. 2〈貶〉몸가짐이 헤픈 여자.
【交加-가】jiāojiā 동한꺼번에 오다〔닥치다〕. 겹치다. ◇风雪~/눈보라가 닥치다.
【交接-접】jiāojiē 동1잇닿다. 연접하다. 2교체하다. 인계 인수하다. ◇~手续/인수인계 수속을 밟다. 3교제하다. 사귀다.
【交结-결】jiāojié 동1교제하다. 사귀다. 2이어지다. 연결되다.
【交界-계】jiāojiè 1명경계. 접경. 2동경계선이 맞닿다.
【交卷-권】jiāo // juàn (~儿)동1시험 답안지를 제출하다. 2임무를 완수하다. ◇这事交给他办, 三天准能~/이 일을 그에게 맡기면, 3일내에 틀림없이 완수할 수 있다.
【交口-구】jiāo // kǒu 동1입을 모아 말하다. 2말을 주고 받다.
【交困-곤】jiāokùn 동어려움이 동시에 닥치다.
☆【交流-류】jiāoliú 동교류(하다). 주고받다. ◇他俩互相~着学习心得/그들 두 사람은 서로 학습경험을 주고받는다.
【交纳-납】jiāonà 동(세금·회비 따위를) 납부하다. 불입하다. ◇~会费/회비를 납부하다. (同)〔交付 fù〕, (反)〔收取 shōuqǔ〕
【交配-배】jiāopèi 명동교배(하다).
【交迫-박】jiāopò 동일시에 닥치다.

【交情-정】jiāo·qíng 멩친분. 정분. ◇他们俩～深/그들 둘은 친분이 두텁다.

【交融-융】jiāoróng 동융합되다. 조화되다. (反)〔隔阂 géhé〕.

＊【交涉-섭】jiāoshè 동교섭(하다). 절충(하다). ◇办～/교섭을 하다.

＊【交手-수】jiāo∥shǒu 동맞붙어 싸우다. 드잡이 하다.

＊＊【交谈-담】jiāotán 동서로 이야기하다.

＊【交替-체】jiāotì 1동교체하다. 교대하다. 2뿐번갈아 가며. 교대로.

☆【交通-통】jiāotōng 1명교통. ◇～工具/교통수단. 2(同)〔交通员 yuán〕 3동〈文〉내통하다. 4명〈军〉통신·연락 사무.

【交通车-통차】jiāotōngchē 명통근차.

【交通岛-통도】jiāotōngdǎo 명(도로 중심의) 안전섬. 안전지대.

【交通壕-통호】jiāotōngháo 명〈军〉교통호. 〔진지내에 서로 연락을 할 수 있게 파 놓은 호〕

【交通员-통원】jiāotōngyuán 명(지하)연락원. 〔항일 전쟁과 국공 내전(國共內戰) 때, 공산당의 비밀 연락원〕

【交头接耳-두접이】jiāo tóu jiē ěr〈成〉귀에 대고 속삭이다.

＊【交往-왕】jiāowǎng 동서로 내왕하다.

【交尾-미】jiāowěi 명동교미(하다).

【交恶-악】jiāowù 동사이가 틀어지다. 서로 미워하다. (反)〔交好 hǎo〕

【交响乐-향악】jiāoxiǎngyuè 명〈音〉교향악.

【交卸-사】jiāoxiè 동옛날, (후임자에게 사무를) 인계하다.

【交心-심】jiāo∥xīn 동속마음을 털어놓다.

【交椅-의】jiāoyǐ 명1교의. 〔팔걸이가 있고 다리를 접을 수 있는 옛날 의자〕 2〈方〉(팔걸이) 의자.

＊＊【交易-역】jiāoyì 명동교역(하다). 거래(하다). ◇做了一笔很大的～/매우 큰 거래를 한 건 했다. 비교交易:生意 "交易"는 양쪽의 상품 매매를 말하며 일방적인 매매에는 쓰지 않는다. ◇你最近做什么(×交易)生意？/당신은 요즘 무슨 장사를 하세요？

【交易所-역소】jiāoyìsuǒ 명증권 거래소.

【交谊-의】jiāoyì 명우의. 우정.

【交游-유】jiāoyóu 명동〈文〉교유(하다).

【交战-전】jiāo∥zhàn 동교전하다. ◇～国/교전국. (反)〔休 xiū 战〕

【交帐-장】jiāo∥zhàng 동1장부업무를 인계하다. 2(자세한 사정이나 맡은 일의 결과를) 보고 설명하다. ◇你冻坏了，叫我怎样向你哥～?/네가 동상에 걸렸는데 내가 어떻게 네 형에게 설명하겠는가?

【交织-직】jiāozhī 동1(감정 따위가) 엇갈리다. 교차하다. 2섞어서 짜다.

【郊】阝部 jiāo
6画 들 교
명교외. 시외. (同)〔乡 xiāng〕, (反)〔市 shì〕.

☆【郊区-구】jiāoqū 명(도시의) 교외 지역. 〔행정상 그 도시에 속함〕 (反)〔市 shì 区〕

【郊外-외】jiāowài 명교외. (同)〔城 chéng 外〕, (反)〔城里 chénglǐ〕

【郊野-야】jiāoyě 명교외의 넓은 들판.

【郊游-유】jiāoyóu 동교외로 소풍가다.

＊【胶·膠】月部 jiāo
6画 아교 교
1명아교. 갖풀. 2명고무. 3명아교처럼 끈적끈적하다. 4명(아교처럼) 끈적끈적하다.

【胶版-판】jiāobǎn 명1〈印〉옵셋 인쇄. 2고무판.

【胶布-포】jiāobù 명1절연 테이프. 고무를 입힌 테이프. 2반창고.

【胶带-대】jiāodài 명필름. 자기 테이프. 녹음테이프. 고무밴드.

【胶合-합】jiāohé 동아교로 붙이다.

【胶合板-합판】jiāohébǎn 명베니어 판.

【胶结-결】jiāojié 동접착하다. 교착하다.

＊＊【胶卷-권】jiāojuǎn (～儿)명필름.

【胶木-목】jiāomù 명〈化〉베이클라이트 (bakelite).

【胶囊-낭】jiāonáng 명캡슐(capsule).

【胶泥-니】jiāoní 명점토. 찰흙.

【胶皮-피】jiāopí 명1유화(硫化) 고무. 가황(加黄)고무. 2〈方〉인력거.

＊【胶片-편】jiāopiàn 명필름.

【胶乳-유】jiāorǔ 명〈化〉고무나무의 유액 (乳液). 라텍스(latex).

【胶水-수】jiāoshuǐ (～儿)명풀.

【胶鞋-혜】jiāoxié 명고무신.

【胶靴-화】jiāoxuē 명고무장화. (同)〔胶皮 pí 靴〕

【胶印-인】jiāoyìn 명〈印〉옵셋 인쇄.

【胶纸-지】jiāozhǐ 명스티커(sticker). 풀이 칠해진 표찰 등.

【胶柱鼓瑟-주고슬】jiāo zhù gǔ sè〈成〉고지식하여 융통성이 없다. 사태의 변화에 따라 임기응변을 하지 못하다. (同)〔刻舟求剑 kè zhōu qiú jiàn〕, (反)〔见机行事 jiàn jī xíng shì〕

【胶着-착】jiāozhuó 동교착하다.

【蛟】虫部 jiāo
6画 도롱뇽 교
【蛟龙-룡】jiāolóng 명교룡.

【鲛·鮫】鱼部 jiāo
6画 상어 교
명〈鱼介〉상어.

＊＊【浇·澆】氵部 jiāo
6画 물뿌릴 요

1(동)(물·액체를) 뿌리다. 붓다. ◇大雨～得全身都湿透 shī tòu 了/큰 비가 내려 온 몸이 흠뻑 젖었다. [비교]浇:洒:撒 ①액체를 균등하게 흩뿌릴 경우에는 "浇"를 쓰지 않는다. ◇(×浇)洒 sǎ 了盐水, 雪很快就融化了/소금물을 뿌리자 눈이 금방 녹았다. ②분말인 경우에는 "浇"를 쓰지 않는다. ◇他往肉馅 xiàn 里(×浇)撒 sǎ 了一些胡椒 jiāo 粉/그는 고기 속에 후춧가루를 약간 뿌렸다. **2**(동)물을 대다[주다]. 관개하다. ◇～花/꽃에 물을 주다. ◇车水～地/수차로 밭에 물을 대다. **3**(동)(거푸집에) 부어 넣다. ◇～铅字/활자모형에 납을 붓다. 활자를 주조하다. **4**(형)〈文〉야박하다.

【浇薄―박】jiāobó (형)〈文〉각박하다. 박정하다. (反)〔厚道 hòudào〕

【浇灌―관】jiāoguàn (동)**1**(틀에 물질을) 흘려 붓다. **2**(농작물에) 물을 주다. 관개(灌溉)하다.

【浇冷水―냉수】jiāo lěngshuǐ 찬물을 끼얹다. 〈喩〉남의 열의를 꺾다. ◇她那么想去, 你别～/그녀가 그렇게 가고 싶어하는데 찬물을 끼얹지 말라.

【浇漓―리】jiāolí (동)〈文〉(풍속 등이) 소박하거나 인정이 많지 않다.

【浇头―두】jiāo·tou (명)〈方〉고명. 밥 또는 국수 따위에 얹는 갖은 양념을 한 요리.

【浇注―주】jiāozhù (동)**1**(액체나 걸쭉한 것을) 부어 넣다. **2**(機)금속을 녹여 거푸집에 붓다.

【浇铸―주】jiāozhù (동)〈工〉주조(鑄造)하다.

【浇筑―축】jiāozhù (동)(토목 공사 따위에서) 콘크리트를 틀에 흘려 넣다.

【娇·嬌】女部│jiāo 6画│아리따울 교

1(형)(여자·어린아이·꽃 등이) 아름답고 사랑스럽다. 아리땁다. (同)〔美 měi〕, (反)〔丑 chǒu〕 **2**(형)나약하다. 유약하다. **3**(형)지나치게 사랑하다. 응석을 받다. ◇别把孩子～坏了/아이를 너무 응석 받아 주지 말아라.

【娇宠―총】jiāochǒng (동)응석을 받아주다. 어하다.

【娇滴滴―적적】jiāodīdī **1**(형)아양떠는 소리. **2**(형)어리광부리는 모양.

【娇儿―아】jiāo'ér (명)귀여운 어린 자식(아들).

【娇惯―관】jiāoguàn (동)응석받이로 키우다. (同)〔宠爱 chǒngài〕, (反)〔嫌恶 xiánwù〕

【娇贵―귀】jiāo·guì **1**(형)귀엽게만 키워 연약하다[무르다]. **2**(형)부서지기[깨지기] 쉽다.

【娇客―객】jiāokè **1**〈俗〉사위. **2**응석받이로 자란 사람.

【娇媚―미】jiāomèi (형)**1**교태부리는 모양. 아양떠는 모양. **2**요염하다. 교태있다.

【娇嫩―눈】jiāo·nen (형)가냘프다. 연약하다. ◇她的身体也太～, 风一吹就病了/그녀의 몸은 너무 약해 바람을 좀 쐬자 병이 났다.

*【娇气―기】jiāo·qì **1**(형)나약하다. 가냘프다. **2**(형)파손되기 쉽다. 부서지기 쉽다.

【娇娆―요】jiāoráo (형)〈文〉요염하다.

【娇柔―유】jiāoróu (형)아름답고 부드럽다.

【娇生惯养―생관양】jiāo shēng guàn yǎng〈成〉(고생하지 않고) 응석받이로 자라다. (反)〔吃苦耐劳 chī kǔ nài láo〕

【娇娃―와】jiāowá (명)아름다운[귀여운] 소녀.

【娇小―소】jiāoxiǎo (형)귀엽고 작다. 아리잠직하다.

【娇小玲珑―소영롱】jiāoxiǎo línglóng〈成〉작고 깜찍하다[귀엽다]. 작고 정교하다.

【娇羞―수】jiāoxiū (형)(소녀가) 수줍어하는 모양.

【娇艳―염】jiāoyàn (형)아름답고 요염하다.

【娇养―양】jiāoyǎng (동)응석받이로 키우다.

【娇纵―종】jiāozòng (동)(아이를) 버릇없게 키우다.

【骄·驕】马部│jiāo 6画│교만할 교

(형)**1**거만하다. 교만하다. **2**〈文〉(정도가) 강하다.

☆【骄傲―오】jiāo'ào **1**(명)(형)거만(하다). 잘난 체하다. 교만(하다). ◇～的人很难与人为友/거만한 사람은 남과 사귀기가 어렵다. (同)〔骄慢 màn〕, (反)〔谦虚 qiānxū〕 **2**(동)자랑하다. 자부하다. 뽐내다. ◇感到～/자랑할 만하다. **3**(명)자랑. 긍지. 자랑거리. ◇万里长城是我们民族的～/만리장성은 우리 민족의 자랑이다. [비교]骄傲:高兴 "骄傲"는 보어를 갖지 않는다. ◇他考了第一名, 我(×骄傲)高兴得流出了眼泪/그가 일등을 하자 나는 기쁨으로 눈물이 흘러나왔다.

【骄横―횡】jiāohèng (형)거만하고 횡포하다.

【骄矜―긍】jiāojīn (형)〈文〉교만하다.

【骄慢―만】jiāomàn (형)교만하다.

【骄气―기】jiāo·qì (형)교만한 태도.

【骄奢淫逸―사음일】jiāo shē yín yì〈成〉오만하고 사치하고 방탕함.

【骄阳―양】jiāoyáng (명)〈文〉뙤약볕. (同)〔烈日 lièrì〕, (反)〔残 cán 阳〕

【骄躁―조】jiāozào (형)교만하고 난폭하다.

【骄子―자】jiāozǐ (명)**1**버릇없는 아이. 떼장이. **2**총아.

【骄纵―종】jiāozòng (형)교만하고 방자하다.

★【教】 攵部 | jiāo
7画 | 가르칠 教
(동)가르치다. 전수하다. ◇他～我汉语/그는 나에게 중국어를 가르친다. ◇～唱歌/노래를 가르치다. ⇒jiào

【教书─서】jiāo//shū (동)(학생들에게) 공부를 가르치다. ◇他在那个初中～/그는 그 중학교에서 교편을 잡고 있다.

【教书匠─서장】jiāoshūjiàng (명)〈諷〉선생 나부랭이.

【教学─학】jiāo/xué (동)가르치다.

【焦】 隹部 灬部 | jiāo
4画 8画 | 그슬릴 焦
1(동)타다. 눋다. ◇饼烤～了/전병이 탔다. ◇树被烧～了/나무가 불에 탔다. 2(명)〈礦〉코크스. 점결탄. ◇煤～/점결탄. 3(동)초조하다. 애가 타다. 안달하다. 4(명)〈中醫〉음식의 흡수·소화·배설을 맡는 육부(六腑)의 하나. →〔上 shàng 焦〕〔下 xià 焦〕〔中 zhōng 焦〕 5(Jiāo)(명)성(姓).

【焦愁─수】jiāochóu (동)애태우고 근심하다.

＊【焦点─점】jiāodiǎn (명)1〈物〉초점. 2〈數〉초점. 3(관심·사건 따위의) 핵심. 초점. ◇这就是问题的～/이것이 문제의 초점이다.

【焦耳─이】jiāo'ěr (명)〈物〉줄(J). 〔약칭은 '焦'〕

【焦黑─흑】jiāohēi (동)타서 검게 눋다.

【焦化─화】jiāohuà (명)(동)〈化〉코크스화(하다). ◇～反应/코크스화 반응.

【焦黄─황】jiāohuáng 1(형)누르스름하게 눋다. 2(명)누르스름한 색[빛].

＊＊【焦急─급】jiāojí (동)초조해 하다. 애태우다. 안달복달하다. ◇你不必为钱～/돈 때문에 애태우지 마세요. (同)〔着 zháo 急〕, (反)〔笃定 dǔdìng〕比교焦急:急 "焦急"는 보어를 갖지 않는다. ◇丢 diū 了两千块钱, 老汉(×焦急)急得直跺 duò 脚/2천원을 잃어버리자 할아버지는 초조해서 발을 동동 굴렀다.

【焦距─거】jiāojù (명)〈物〉초점 거리.

【焦渴─갈】jiāokě (형)목이 마르다.

【焦枯─고】jiāokū (동)(식물 따위가) 말라 시들다. (同)〔干 gān 枯〕, (反)〔滋润 zīrùn〕

【焦雷─뢰】jiāoléi (명)우렁찬 천둥.

【焦虑─려】jiāolù (동)가슴을 태우다. 마음을 졸이다. 애타게 근심하다.

【焦煤─매】jiāoméi (명)〈礦〉점결탄.

＊【焦炭─탄】jiāotàn (명)코크스.

【焦头烂额─두란액】jiāo tóu làn é 〈成〉대단히 낭패하고 곤경에 빠진 모양. 호되게 경을 친 모양. (同)〔走投无路 zǒu tóu wú lù〕, (反)〔一帆风顺 yī fān fēng shùn〕

【焦土─토】jiāotǔ (명)초토.

【焦心─심】jiāoxīn (동)초조해 하다. 애태우다.

【焦油─유】jiāoyóu (명)〈化〉1타르(tar). 2〈俗〉콜타르(coal tar).

【焦枣─조】jiāozǎo (명)씨를 빼고 불에 말린 대추.

【焦躁─조】jiāozào (형)초조하다. (反)〔安心 ānxīn〕

【焦炸─작】jiāozhǎ (명)석탄이 타고난 뒤 남은 덩어리. 연탄재.

【焦炙─재】jiāozhì (형)몹시 초조하다.

【焦灼─작】jiāozhuó (동)애태우다.

【蕉】 艹部 | jiāo
12画 | 파초 蕉
(명)〈植〉1〈略〉파초(芭蕉). 2파초잎과 같은 큰 잎을 가지고 있는 식물. ◇香～/바나나. ⇒qiáo

【蕉农─농】jiāonóng (명)바나나 재배농.

【礁】 石部 | jiāo
12画 | 암초 礁
(명)1암초. 2산호초.

【礁石─석】jiāoshí (명)암초.

【椒】 木部 | jiāo
8画 | 후추 椒
(명)매운 맛이 나는 과실 또는 씨앗. ◇花～/산초나무. ◇胡～/후추. ◇辣 là～/고추.

【椒盐─염】jiāoyán (～儿)(명)볶은 산초를 잘게 부수어 소금을 섞어 만든 조미료. ◇～排骨/'椒盐'을 넣은 갈비찜.

jiáo

【矫·矯】 矢部 | jiáo
6画 | 바로잡을 矯
⇒jiǎo

【矫情─정】jiáo·qing (동)〈方〉심술을 부리다. 생떼를 쓰며 말썽을 부리다.

＊【嚼】 口部 | jiáo
17画 | 씹을 嚼
(동)씹다. ◇吃东西好好～, 才容易消化/음식을 먹을 때 잘 씹어야지 소화가 쉽다. ⇒jiào, jué

【嚼谷─곡】jiáo·gu (～儿)(同)〔嚼裹儿·g-uor〕

【嚼裹儿─과아】jiáo·guor (명)〈方〉생활비.

【嚼舌─설】jiáoshé (동)1마구 지껄이다. 2쓸데없이 논쟁하다.

【嚼用─용】jiáo·yong (명)생활비.

【嚼子─자】jiáo·zi (명)재갈.

jiǎo

☆【角(角)】 角部 | jiǎo
0画 | 뿔 角
1(명)(짐승의) 뿔. ◇羊～/양뿔. 2(명)옛날, 군대에서 쓰던 악기. 뿔피리. 나팔. 3(명)

각이 진 모양의 물건. 뿔과 비슷한 물건. **4**〔명〕곶. 갑(岬). **5**(~儿)〔명〕모서리. 구석. 모퉁이. ◇卓子~儿/책상 모서리. ◇东南~儿/동남간(쪽). **6**〔명〕〈數〉각도. 각도. ◇三~形/삼각형. **7**〔양〕4분의 1. ◇他吃了~饼/그가 4분의 1의 빵을 먹었다. **8**〔명〕〈天〉각수(角宿). 〔28수(宿)의 하나〕 **9**〔양〕〈文〉옛날 공문서를 세는 말. 〔공문서를 삼각형으로 접어서 보냈음〕 **10**〔양〕중국의 화폐 보조 단위. 〔元'의 10분의 1〕 **11**(同)〔饺 jiǎo〕⇒jué

【角暗里—암리】jiǎoàn·li 〔명〕〈方〉구석. 외진 곳.

【角尺—척】jiǎochǐ 〔명〕직각자. 곱자.

✹✹【角度—도】jiǎodù 〔명〕**1**〈數〉각도. ◇跳高要注意起跳的~/높이뛰기를 할 때에는 뛸 때의 각도에 주의해야 한다. **2**(사물을 보거나 생각하는) 견지. 관점. ◇你看问题的~不对/네가 문제를 보는 관점은 틀렸다. [비교]角度:眼光 사물을 관찰한 후 취한 태도에는 "角度"를 쓰지 않는다. ◇用我的(×角度)眼光来看，他没有我的支持就当不了 liǎo 经理/내 관점에서 봤을 때 그는 나의 지지가 없으면 지배인 자리를 지킬 수 없다.

【角钢—강】jiǎogāng (同)〔三 sān 角铁 **1**〕

【角弓反张—궁반장】jiǎogōng fǎnzhāng〈中醫〉〔뇌막염이나 파상풍의 증상〕

【角楼—루】jiǎolóu 〔명〕(성의) 모퉁이에 있는 성루.

✹✹【角落—락】jiǎoluò 〔명〕**1**구석. ◇他找遍了屋子的每个~，也没有找到那块表/그는 방안의 구석구석을 찾아보았으나 그 시계를 찾지 못했다. **2**구석진 곳. ◇消息传遍了全国的各个~/소식이 전국의 방방곡곡에 퍼졌다.

【角门—문】jiǎomén 〔명〕정문 좌우에 있는 작은 문. (反)〔正 zhèng 门〕

【角膜—막】jiǎomó 〔명〕〈生理〉각막.

【角票—표】jiǎopiào 〔명〕'角'를 단위로 하는 모든 지폐의 통칭.

【角球—구】jiǎoqiú 〔명〕〈體〉(축구의) 코너킥.

【角速度—속도】jiǎosùdù 〔명〕〈物〉각속도.

【角质—질】jiǎozhì 〔명〕〈生理〉각질.

【角子—자】jiǎo·zi 〔명〕예전에 통용되던 '1角'와 '2角'의 은화.

【佼】亻部 | jiǎo
6画 | 좋을 교
〔형〕〈文〉예쁘다. 아름답다.

【佼佼—교】jiǎojiǎo 〔형〕(보통보다) 뛰어난 모양. (反)〔平 píng 平〕

【狡】犭部 | jiǎo
6画 | 교활할 교
〔형〕교활하다.

【狡辩—변】jiǎobiàn 〔동〕교활하게 강변하다.

✹✹【狡猾—활】jiǎohuá 〔형〕교활하다. (同)〔犴 hān 猾〕, (反)〔诚实 chéngshí〕

【狡计—계】jiǎojì 〔명〕교활한 계략.

【狡狯—회】jiǎokuài (同)〔狡猾 huá〕

【狡赖—뢰】jiǎolài 〔동〕교활하게 딱 잡아떼다. (同)〔抵 dǐ 赖〕, (反)〔承认 chéngrèn〕

【狡兔三窟—토삼굴】jiǎo tù sān kū 〈成〉교활한 토끼는 굴이 세 개다. 미리 도망갈 길을 마련해두다.

【狡黠—힐】jiǎoxiá 〔형〕〈文〉교활하다. 간교하다.

【狡诈—사】jiǎozhà 〔형〕교활하다. 약다. (同)〔狡黠 xiá〕, (反)〔诚实 chéngshí〕

【饺·餃】饣部 | jiǎo
6画 | 경단 교
(~儿)〔명〕만두. 교자.

★【饺子—자】jiǎo·zi 〔명〕속이 든 반달모양의 만두. ◇包~/만두를 빚다.

✹【绞·絞】纟部 | jiǎo
6画 | 목맬 교
1〔동〕비틀다. 꼬다. 비틀어 짜다. 죄어 짜다. ◇把毛巾~干/수건을 꼭 짜다. **3**〔동〕〈機〉리머(reamer)로 절삭하다〔깎다〕. **4**〔동〕옭다. 교살하다. **5**〔동〕감다. 감아올리다. **6**〔양〕타래. 〔섬유 제품인 실·털실 따위를 세는 단위〕

【绞包针—포침】jiǎobāozhēn 〔명〕마대 따위를 깁는 끝이 약간 굽은 대형 바늘.

【绞车—차】jiǎochē (同)〔卷扬机 juǎnyángjī〕

【绞刀—도】jiǎodāo 〔명〕〈機〉리머(reamer).

【绞架—가】jiǎojià 〔명〕교수대.

【绞脸—검】jiǎo//liǎn 〔동〕결혼 전에 꼰 명주실로 얼굴의 솜털을 뽑다.

【绞脑汁—뇌즙】jiǎo nǎozhī 머리를 짜내다. ◇为了解决这个问题他绞尽了脑汁/이 문제를 해결하기 위해 그는 온갖 지혜를 짜 냈다.

【绞盘—반】jiǎopán 〔명〕〈機〉**1**캡스턴(capstan). **2**캡스턴 윈치(capstan winch).

【绞杀—살】jiǎoshā 〔동〕밧줄로 목졸라 죽이다.

【绞手—수】jiǎoshǒu 〔명〕〈機〉탭 렌치(tap wrench).

【绞索—삭】jiǎosuǒ 〔명〕교수형에 쓰이는 밧줄.

【绞刑—형】jiǎoxíng 〔명〕교수형.

【铰·鉸】钅部 | jiǎo
6画 | 가위 교
〔동〕**1**가위로 자르다. **2**(同)〔绞 jiǎo **4**〕 **3**(同)〔铰链 liàn〕

【铰接—접】jiǎojiē 〔동〕경첩으로 연결하다.

【铰链—련】jiǎoliàn 〔명〕〈機〉**1**경첩. 합엽. **2**〈機〉(크레인의) 앵커 체인(anchor chain).

【皎】白部 | jiǎo
6画 | 흴 교
1〔형〕희고 밝다. **2**(Jiǎo)〔명〕성(姓).

【皎皎－교】jiǎojiǎo [형]새하얗고 밝다. (同)〔皎洁 jié〕, (反)〔幽 yōu 幽〕
【皎洁－결】jiǎojié [형](달 등이) 맑다. 깨끗하다.

【侥·僥】亻部 6画 jiǎo 요행 **요**

⇒yáo
【侥幸－행】jiǎoxìng **1**[형](의외의 이익을 얻거나 재해를 우연히 피하여) 운이 좋다. **2**[명]요행. 요행수. ◇心存～/요행수를 바라다.

【矫·矯】矢部 6画 jiǎo 바로잡을 **교**

1[동]교정하다. 바로잡다. **2**[형]튼튼하다. 씩씩하다. 용맹스럽다. **3**[동]가장하다. **4**(Jiǎo)[명]성(姓). ⇒jiáo
【矫健－건】jiǎojiàn [형]씩씩하고 강하다.
【矫捷－첩】jiǎojié [형]용감하고 날쌔다.
【矫情－정】jiǎoqíng [동]〈文〉일부러 남다르게 행동하여 남보다 뛰어남을 드러냄.
【矫揉造作－유조작】jiǎo róu zào zuò 〈成〉지나치게 어색하게 꾸며 대다. (反)〔自然而然 zì rán ér rán〕
【矫饰－식】jiǎoshì [동]억지로 꾸며대다.
【矫枉过正－왕과정】jiǎo wǎng guò zhèng 〈成〉시정이 지나쳐 오히려 그릇되게 하다. 교각살우.
【矫形－형】jiǎoxíng [동]〈醫〉정형하다.
【矫正－정】jiǎozhèng [동]교정하다. 바로잡다.
【矫治－치】jiǎozhì [동]교정하여 바로잡다.

★【脚(腳)】月部 7画 jiǎo 다리 **각**

[명]**1**발. ◇～背/발등. (同)〔足 zú〕, (反)〔头 tóu〕 **2**(물건의) 밑동. ◇山～/산기슭. **3**옛날, 체력으로 짐을 운반하는 것과 관계되는 것.
【脚板－판】jiǎobǎn [명]발바닥. (同)〔脚底 dǐ〕, (反)〔头顶 tóudǐng〕

脚

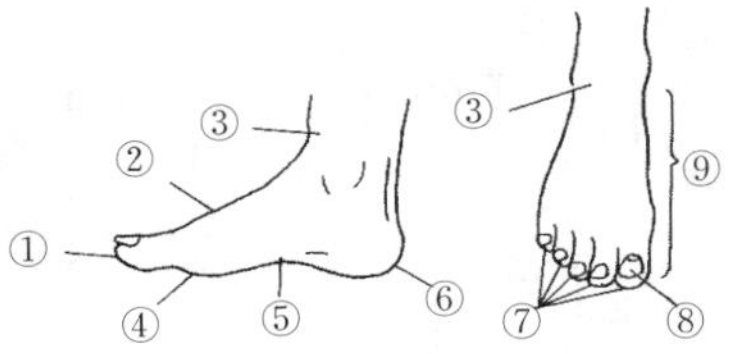

①脚尖 jiǎojiān ②脚背 jiǎobèi
③脚脖子 jiǎobózi ④脚掌 jiǎozhǎng
⑤脚心 jiǎoxīn ⑥脚后跟 jiǎohòugen
⑦脚指头 jiǎozhǐtou ⑧脚指甲 jiǎozhǐjia
⑨脚丫子 jiǎoyāzi

【脚本－본】jiǎoběn [명]각본. 시나리오.
【脚脖子－발자】jiǎobó·zi [명]〈方〉발목. ◇～疼/발목이 아프다.
⁑【脚步－보】jiǎobù [명]**1**보폭. ◇～宽/보폭이 넓다. **2**(발)걸음. 걸음걸이. ◇～声/발걸음 소리.
【脚踩两只船－채양척선】jiǎo cǎi liǎng zhī chuán 〈俗〉양다리를 걸치다. (同)〔脚踏 tà 两只船〕
【脚灯－등】jiǎodēng [명]〈演〉각광(脚光). 푸트 라이트(foot light).
【脚蹬子－등자】jiǎodēng·zi [명]발걸이. 페달. (同)〔脚踏 tà 子〕
【脚底－저】jiǎodǐ [명]발바닥.
【脚夫－부】jiǎofū [명]**1**(옛날의) 짐꾼. 지게꾼. **2**소몰이꾼. 마바리꾼.
【脚跟－근】jiǎogēn [명]발꿈치.
【脚孤拐－고괴】jiǎogū·guai [명]〈方〉발의 제1설상골(楔狀骨) 부분.
【脚行－행】jiǎoháng [명](옛날의) 운송업. 운반 인부.
【脚后跟－후근】jiǎohòu·gen [명]발꿈치.
【脚迹－적】jiǎojì [명]발자국.
【脚尖－첨】jiǎojiān (～儿)[명]발끝. 발부리.
【脚劲－경】jiǎojìn (～儿)[명]〈方〉다리 힘.
【脚扣－구】jiǎokòu [명]디딤쇠.
【脚力－력】jiǎolì [명]**1**다리힘. ◇小王～很好, 走一天也不叫累/왕 군은 다리힘이 아주 좋아서 하루를 걸어도 피곤하다고 하지 않다. **2**운반 인부. **3**운반비. **4**옛날, 선물을 가져온 심부름꾼에게 주는 팁.
【脚镣－료】jiǎoliào [명]족쇄.
【脚炉－로】jiǎolú [명]발쬐는 화로.
【脚门－문】jiǎomén (同)〔角 jiǎo 门〕
【脚面－면】jiǎomiàn [명]발등. (同)〔脚背 bèi〕
【脚盆－분】jiǎopén [명]발을 씻는 대야.
【脚气－기】jiǎoqì [명]**1**〈醫〉각기. **2**(발의) 무좀.
【脚钱－전】jiǎo·qian [명]옛날, 짐을 나르는 인부에게 주던 짐삯.
【脚手架－수가】jiǎoshǒujià [명]〈建〉비계(飛階).
【脚踏车－답거】jiǎotàchē [명]〈方〉자전거.
【脚踏两只船－답양척선】jiǎo tà liǎng zhī chuán 〈俗〉양다리를 걸치다.
【脚踏实地－답실지】jiǎo tà shí dì 〈成〉일하는 태도가 성실하다. (同)〔稳扎稳打 wěn zhā wěn dǎ〕, (反)〔好高骛远 hǎo gāo wù yuǎn〕
【脚腕子－완자】jiǎowàn·zi [명]발목.
【脚下－하】jiǎoxià [명]**1**발 밑. 발 아래. **2**바로. 지금. **3**머지 않다.
【脚心－심】jiǎoxīn [명]족심(足心).
【脚癣－선】jiǎoxuǎn [명]발에 생기는 무좀.

J

【脚丫子－아자】jiǎoyā·zi 图〈方〉발.
【脚印－인】jiǎoyìn (～儿)图발자국.
【脚掌－장】jiǎozhǎng 图발바닥.
【脚爪－조】jiǎozhǎo 图〈方〉동물의 발톱.
【脚指头－지두】jiǎozhǐ·tou 图〈口〉발가락.
【脚趾－지】jiǎozhǐ 图발가락.
【脚注－주】jiǎozhù 图각주.
【脚镯－탁】jiǎozhuó 图금·은제의 발고리.

**【搅·攪】 扌部 jiǎo
9画 어지러울 교

图1휘젓다. 고루 섞다. 젓다. ◇把粥～一
～/죽을 좀 휘저어라. 2방해하다. 소란을
피우다. ◇胡～/소란을 피우다.
*【搅拌－반】jiǎobàn 图휘저어 섞다. 반죽
하다. 이기다. ◇～箱/반죽통.
【搅拌机－반기】jiǎobànjī 图〈機〉교반기.
믹서.
【搅动－동】jiǎo//dòng 图1휘젓다. 2교란
하다. 휘저어 어지럽히다.
【搅浑－혼】jiǎo//hún 图휘저어 흐리게 하
다. ◇把水～了/물을 휘저어 흐리게 했
다. (反)〔澄清 chéngqīng〕
【搅混－혼】jiǎo·hun 图뒤섞이다. ◇车声
和喇叭声～成一片/차 소리와 경적소리가
한 데 뒤섞였다.
【搅和－화】jiǎo·huo 图〈方〉1뒤섞다. 휘젓
다. 뒤엉클다. 2훼방놓다.
【搅局－국】jiǎo//jú 图(남이 해놓은 일을)
망치다. 잡쳐놓다.
【搅乱－란】jiǎoluàn 图교란하다. ◇他的行
动～了会场/그의 행동은 회의장을 어수
선하게 만들었다.
【搅扰－요】jiǎorǎo 图방해하다. (反)〔安
定 āndìng〕

【剿（勦）】 刂部 jiǎo
11画 죽일 초

图토벌하다. 소탕하다. 섬멸하다. ⇒chāo
【剿除－제】jiǎochú 图토벌하여 섬멸하다.
【剿灭－멸】jiǎomiè 图무력으로 섬멸하다.

*【缴·繳】 纟部 jiǎo
13画 동일 교

图1납부하다. 내다. 물다. ◇按照规定，你
必须～税/규정대로 당신은 세금을 납부
해야 한다. 2(주로 무기를) 내놓게 하다
〔빼앗다〕. ◇没出半个小时，他便～了敌人
的枪/반시간도 안 되어 그는 적의 총을
빼앗았다.
【缴裹儿－과아】jiǎo·guor 图〈方〉생활비용.
【缴获－획】jiǎohuò 图노획하다.
*【缴纳－납】jiǎonà 图납부하다. ◇～税款/
세금을 납부하다.
【缴销－소】jiǎoxiāo 图반납 폐기하다.
【缴械－계】jiǎo//xiè 图1무기를 버리게 하
다. 무장해제시키다. ◇把敌人～/적의 무

장을 해제시켰다. 2무기를 버리다.

jiào

★【叫（呌）】 口部 jiào
2画 부르짖을 규

1图외치다. 소리지르다. ◇他疼得大～起
来/그는 아파서 큰소리로 소리 질렀다. 2
图(동물이) 울다. 짖다. 지저귀다. ◇全
村的狗都～了/온 동네 개가 다 짖었다. 3
图부르다. ◇～了他好几声他也不答应/그
를 여러 번 불렀는데 응답이 없다. 4图
(자동차를) 부르다. (음식 따위를) 주문
하다. ◇他正打电话～着车呢!/그는 지금
전화를 걸어 차를 부르고 있다. ◇～两个
菜/요리 두 개를 시키자. 5图(이름을)
…라고 하다〔부르다〕. …이다. ◇难道这
就～幸福吗?/그래 이것을 행복이라고 할
수 있겠어요? 6图〈方〉(가축·가금 따위
의) 수컷(의). 7图(사역의 의미로 쓰여)
…하게〔하도록〕하다. ◇爸爸～他去买香
烟/아버지는 그에게 담배를 사오라고 했
다. 8囝…에 의하여（…에게서）. 〔피
동문에 쓰임〕◇那里的人全～他带走了/
그 곳에 있는 사람들이 다 그에 의해 데
려갔다. 9囝…라고 하다. …게 하다. 〔허
용을 나타냄〕◇他不～去，我就不去/그
가 가지 말라면 나는 안 간다.
【叫板－판】jiào//bǎn 图노래로 들어가기
전의 마지막 대사 끝을 길게 끌어 반주를
시작하는 신호로 삼는 일.
【叫春－춘】jiàochūn 图고양이가 발정하여
우는 소리.
*【叫喊－함】jiàohǎn 큰소리로 외치다.
【叫好－호】jiào//hǎo (～儿)图'好!'(잘 한
다!)라고 외치다.
【叫号－호】jiào//hào (～儿)1图대기번호
를 부르다. ◇护士在～/간호사가 대기번
호를 부르고 있다. 2图선창을 떼다. 3图
말로 도전하다. 말 싸움을 걸다.
【叫化子－화자】jiàohuā·zi (同)〔叫花 huā 子〕
【叫花子－화자】jiàohuā·zi 图거지. 비렁뱅이.
*【叫唤－환】jiào·huan 图1외치다. 고함〔소
리〕치다. ◇你听! 外面那个人在～什么?/
들어보시오! 밖에 있는 저 사람이 뭐라
고 소리치고 있습니까? 2(새나 짐승이)
울다〔짖다〕. ◇这只鸟一起来真好听/이 새
가 울면 정말 듣기가 좋다.
【叫魂－혼】jiào//hún (～儿)图(사경을 헤
매는 병자의) 혼을 불러 들이다.
【叫鸡－계】jiàojī 图〈方〉〈鳥〉수탉.
【叫劲－경】jiào//jìn 图힘을 겨루다. 적대
하다. 힘을 쓰다.
【叫绝－절】jiàojué 图훌륭하다고 외치다.

【叫苦－고】jiào∥kǔ [동]고충을 호소하다. ◇他向我～不迭 dié/그는 내게 고충을 계속 호소했다.
【叫苦连天－고련천】jiào kǔ lián tiān 〈成〉 끊임없이 고통을 호소하다. 〔몹시 괴로운 모습〕 (同)〔叫苦不迭 bù dié〕, (反)〔欢喜 huān xǐ 不迭〕
【叫驴－로】jiàolǘ [명]〈動〉수당나귀.
【叫骂－매】jiàomà [동]큰소리로 욕을 하다.
【叫卖－매】jiàomài [동](물건을) 소리치며 팔다.
【叫门－문】jiào∥mén [동]문을 두드리다.
【叫名－명】jiàomíng [명]〈方〉1(～儿)명칭. 2〈方〉명목상. 명의상.
【叫(你)说得也太…了－(니)설득야태…료】 jiào nǐ shuō ·de yě tài…le 〈口〉…을 (네가) 너무 …하게 말하다. ◇这个电影叫你说得也太差劲 chàjìn 了/네가 이 영화를 너무 형편없게 말하고 있어.
【叫屈－굴】jiào∥qū [동]억울함을 호소하다.
*【叫嚷－양】jiàorǎng [동]고함치다. 떠들어대다.
【叫嚣－효】jiàoxiāo 〈贬〉[동]큰소리로 떠들어대다.
【叫真－진】jiàozhēn (同)〔认 rèn 真〕
【叫阵－진】jiào∥zhèn [동](적진 앞에서 싸우라고) 도전하다.
【叫子－자】jiào·zi [명]〈方〉호루라기. 경적.
【叫座－좌】jiàozuò [동](연극 또는 배우가) 인기를 끌다. ◇这个电影很～/이 영화는 인기가 매우 많다.
☆【叫做－주】jiàozuò [동]…라고 부르다. …이다. ◇这～太极拳/이것을 태극권이라고 부른다.

【轿·轎】 车部 6画 jiào 가마 교

[명]가마.
*【轿车－차】jiàochē [명]1(～儿)옛날, 말이나 노새가 끄는 휘장을 두른 마차. 2세단차.
【轿子－자】jiào·zi [명]가마.

⁑【觉·覺】 见部 5画 jiào 깨달을 각

[명][동]잠(자다). ◇睡懒 lǎn～/늦잠을 자다. ◇好好地睡一～/푹 한숨 자다. ⇒jué

【校】 木部 6画 jiào 교정할 교

1[동]정정하다. 교정하다. 2[동]비교하다. 견주어 보다. ⇒xiào
【校本－본】jiàoběn [명]교정본.
【校场－장】jiàochǎng [명](옛날의) 연무장.
【校雠－수】jiàochóu [동]〈文〉교감(校勘)하다.
【校点－점】jiàodiǎn [동]교열하고 구두점을 찍다.
【校订－정】jiàodìng [명][동]교정(하다).
【校对－대】jiàoduì 1[동](표준에 맞는지) 대조 검사하다. 2[동](원고를) 교정하다. 대조하다. 3[명]교정원.
【校改－개】jiàogǎi [동]대조하여 고치다. 교정하다.
【校勘－감】jiàokān [동]교감하다.
【校勘学－감학】jiàokānxué [명]교감학.
【校样－양】jiàoyàng [명]〈印〉교정쇄. [비교] 校样:校对 "校样"은 동사로 쓰지 않는다. ◇爸爸前几天(×校样)校对了一本小说/아버지는 며칠 전 소설 한 권을 대조 교정 봤다.
【校阅－열】jiàoyuè [동]1(원고를) 교열하다. 2(군사를) 검열하다.
【校正－정】jiàozhèng [동]교정하다. 대조하여 바로잡다.
【校准－준】jiào∥zhǔn [동](기계·공구·측정 계기 따위의) 눈금을 바로잡다.

☆【较·較】 车部 6画 jiào 비교할 교

1[동]비교하다. 견주다. 겨루다. ◇他又跟老王～起劲来了/그는 또 왕씨와 힘겨루기를 하기 시작했다. 2[부]비교적. 좀. ◇他汉语发音～好/그의 중국어 발음이 비교적 좋다. 3[형]〈文〉분명하다. 뚜렷하다. ◇二者～然不同/양자는 분명히 다르다.
【较比－비】jiàobǐ [부]〈方〉비교적.
【较场－장】jiàochǎng (同)〔校 jiào 场〕
【较劲－경】jiào∥jìn (～儿)[동]1힘을 겨루다. 경쟁하다. 2 못살게 굴다. 맞서다. ◇这次他就是跟我～儿/이번에 그는 끝까지 나를 못살게 군다.
*【较量－량】jiào·liàng [동]1(기량 따위를) 겨루다. ◇来, 咱俩～一下/자, 우리 둘이 한번 겨뤄보자. 2비교하다. 논쟁하다.
【较为－위】jiàowéi 비교적 …이다〔하다〕. ◇这样就～安全/이러면 비교적 안전하다.
【较真－진】jiào∥zhēn [형]진지하다.
【较著－저】jiàozhù [형]〈文〉현저하다. 뚜렷하다.

【教】 攵部 7画 jiào 가르칠 교

1[동]가르치다. 교육하다. 2[명]가르침. 3[명]종교. 4[동](사역문에 쓰임) ～하게 하다. (同)〔叫 jiào〕 5(Jiào)[명]성(姓).⇒jiāo
【教案－안】jiào'àn [명]강의안.
【教本－본】jiàoběn [명]교과서.
【教鞭－편】jiàobiān [명]교편. 교사의 지휘봉.
☆【教材－재】jiàocái [명]교재.
【教程－정】jiàochéng [명]교과 과정.
⁑【教导－도】jiàodǎo [동]지도하다. ◇～有方/교육하는 방법이 훌륭하다.
【教范－범】jiàofàn [명]〈軍〉군사에서 기술 방면의 교범.

【教改-개】jiàogǎi 명〈略〉교육 개혁.

【教工-공】jiàogōng 명교직원. 〔교사·직원을 포함〕

【教官-관】jiàoguān 명(군대·군사학교의) 교관.

【教规-규】jiàoguī 명〈宗〉계율.

【教化-화】jiàohuà 동〈文〉교화하다.

【教皇-황】jiàohuáng 명〈宗〉교황. 〔카톨릭교의 수장〕

*【教会-회】jiàohuì 명〈宗〉교회.

【教诲-회】jiàohuì 동〈文〉가르치다. 타이르다.

【教具-구】jiàojù 명교육용 기자재.

【教科书-과서】jiàokēshū 명교과서.

*【教练-련】jiàoliàn 1동(운전·운동 따위를) 가르치다. ◇~车/운전 교습차. 2명코치(coach). 운전교습교사. ◇他在游泳队当~/그는 수영팀에서 코치를 맡고 있다.

【教龄-령】jiàolíng 명교원의 근속 연수.

【教门-문】jiàomén (~儿)명1이슬람교(신자). 2교파.

【教派-파】jiàopài 명교파.

【教区-구】jiàoqū 명(카톨릭이나 신교의) 교구.

☆【教师-사】jiàoshī 명교사. (同)〔教员 yuán〕, (反)〔学生 xuésheng〕

【教士-사】jiàoshì 명(기독교의) 선교사.

★【教室-실】jiàoshì 명교실.

☆【教授-수】jiàoshòu 1동교수하다. 전수하다. (同)〔讲 jiǎng 授〕, (反)〔学习 xuéxí〕 2명(대학의) 교수.

*【教唆-사】jiàosuō 동교사하다. 꼬드기다. ◇~犯/교사범.

*【教堂-당】jiàotáng 명교회당.

*【教条-조】jiàotiáo 명1〈宗〉신조(信條). 교의(教義). 2입증할 논거없이 맹목적으로 받아들여지는 원칙이나 원리. 도그마. ◇~主义/교조주의.

【教廷-정】jiàotíng 명로마 교황청.

【教头-두】jiàotóu 명옛날, 무술교관.

【教徒-도】jiàotú 명신도. 신자.

【教务-무】jiàowù 명교무. ◇~科/교무과.

【教习-습】jiàoxí 명옛날, 관학(官學)의 교원〔교사〕.

☆【教学-학】jiàoxué 동가르치다.

【教学相长-학상장】jiào xué xiāng zhǎng〈成〉가르치다 보면 자기도 배우게 된다.

☆【教训-훈】jiào·xun 1동타이르다. 훈계하다. ◇他正严厉 yánlì 地~着他的儿子/그는 자기 아들을 엄하게 훈계하고 있다. 비교教训:说:鼓励 ①"教训"은 '탓하다'라는 의미로는 쓰이지 않는다. ◇我(×教训)说了她一句, 她便哭起来了/내가 그녀에게 한마디 타이르자, 그녀는 울기 시작했다. ②훈계의 뜻이 없으면 "教训"을 쓰지 않는다. ◇父亲(×教训)鼓励 gǔlì 我努力学习/아버지가 열심히 공부하라고 격려했다. 2명교훈. ◇这是一个血的~/이것은 끔찍한 교훈이다.

∗∗【教研室-연실】jiàoyánshì 명학교나 교육청 등에서 교육 문제를 연구하는 조직.

【教研组-연조】jiàoyánzǔ 명'教研室'보다 규모가 작은 교사의 연구조직.

*【教养-양】jiàoyǎng 1동(어린이를) 가르쳐 키우다. ◇~子女/자녀를 양육하다. 2명교양.

【教养员-양원】jiàoyǎngyuán 명유치원 교사.

【教义-의】jiàoyì 명〈宗〉교의.

【教益-익】jiàoyì 명〈文〉가르침을 받아 얻는 유익한 점.

★【教育-육】jiàoyù 명1교육. ◇要大力办好~/교육에 큰 힘을 쏟아 잘 해야 한다. 2동교육하다. 가르침을 주다. ◇那件事深深~了我们/그 일은 우리들에게 큰 가르침을 주었다.

☆【教员-원】jiàoyuán 명교원. 〔교사와 교수를 포함〕

【教正-정】jiàozhèng 동〈文〉〈套〉가르쳐 바르게 하다.

【教职员-직원】jiàozhíyuán 명교직원.

【教主-주】jiàozhǔ 명〈宗〉교주.

【酵】 西部 7画 술괼 효 | jiào

【酵母-모】jiàomǔ 명〈化〉효모. 이스트(yeast).

【酵子-자】jiào·zi 명〈方〉효모를 넣어 발효시킨 밀가루 반죽.

【窖】 穴部 7画 움 교 | jiào
1명(물건을 저장해두는) 땅굴. 움. 2동물건을 (땅굴·움에) 저장하다.

【窖藏-장】jiàocáng 동움에 넣어 저장하다.

【窖肥-비】jiào// féi〈方〉1퇴비를 만들다. 2(jiàoféi)명퇴비.

【嚼】 口部 17画 씹을 작 | jiào
명동되새김질(하다). ⇒jiáo, jué

jiē

【节·節】 艹部 2画 마디 **절**
⇒jié
【节骨眼-骨眼】jiē·guǎn (〜儿)〈方〉 중요한 시기[결정적인 때]. 고비판. ◇你回来得正是〜上!/네가 가장 결정적인 때에 돌아 왔다.
【节子-子】jiē·zi〈(나무의) 혹.

【疖·癤】 疒部 2画 부스럼 **절**
【疖子-子】jiē·zi〈醫〉종기. 부스럼.

【阶·階】 阝部 4画 섬돌 **계**
〈명〉1섬돌. 계단. 층계. 2계급. 등급.
【阶层-層】 jiēcéng〈명〉층. ◇贫农〜/소작 농계층. ◇知识分子〜/인텔리 계층.
【阶地-地】jiēdì〈명〉〈地質〉테라스.
☆【阶段-段】jiēduàn〈명〉단계. ◇这个〜的主要任务是什么?/이 단계의 주된 임무는 무엇인가?
☆【阶级-級】jiējí〈명〉1계급. ◇农民〜/농민계급. [비교]阶级:地位 "阶级"는 "低""高"를 술어로 삼지 않는다. ◇因为他是穷人, 所以(×阶级)地位也很低/그는 가난한 사람이라 지위도 몹시 낮다. 2옛날 관직의 등급. 3계단.
【阶梯-梯】jiētī〈명〉1계단이나 사다리. 2〈轉〉출세 등의 수단·방법.
【阶下囚-下囚】jiēxiàqiú〈명〉(옛날, 법정계단 아래서 심문 받던) 죄인. 포로. (반)〔座上客 zuòshàngkè〕

【结·結】 纟部 6画 맺을 **결**
〈동〉열매를[씨앗을] 맺다. (열매가) 열리다. ◇树上〜满了桃子/나무에 복숭아가 주렁주렁 열렸다. ⇒jié
【结巴-巴】jiē·ba 1동〉말을 더듬다. (同)〔口吃 kǒuchī〕2명〉말더듬이. 말더듬.
*【结果-果】jiēguǒ〈동〉열매를 맺다.
☆【结实-實】jiē·shi〈형〉1단단하다. 질기다. ◇看上去这种箱子要比那种箱子〜/보기엔 이런 상자가 저런 상자보다 더 단단한 것 같다. (同)〔牢固 láogù〕2(신체가) 튼튼하다. ◇身体很〜/신체가 매우 튼튼하다. (同)〔健壮 jiànzhuàng〕, (반)〔孱弱 chánruò〕

【秸·稭】 禾部 6画 짚고갱이 **갈**
〈명〉(농작물의) 대. 줄기. 짚.
【秸秆-秆】jiēgǎn〈명〉짚. 밀짚.

【皆】 比部/白部 5画/4画 다 **개**
〈부〉〈文〉모두. 전부. 다. ◇比比〜是/곳곳마다 전부.
★【皆大欢喜-大歡喜】jiē dà huān xǐ〈成〉모두 몹시 기뻐하다. (반)〔举座下欢 jǔ zuò xià huān〕

【接】 扌部 8画 받을 **접**
1동〉가까이 가다. 접근하다. 닿다. ◇邻〜/인접하다. 2동〉잇다. 연결하다. ◇〜线/선을 잇다. ◇线太短〜不上/선이 너무 짧아 이을 수 없다. 3동〉잡다. 받다. ◇〜球/공을 잡다. ◇书掉下来了, 赶快用手〜住/책이 떨어진다, 빨리 손으로 잡아라. 4동〉받다. 접수하다. ◇〜到来信/편지를 받다. ◇〜电话/전화를 받다. 5동〉영접하다. 맞이하다. 마중하다. ◇到车站〜朋友去/정거장은 친구를 마중나가다. 6동〉인수하다. 교대하다. ◇谁〜你的班?/누가 당신과 교대합니까? 7(Jiē)명〉성(姓).
*【接班-班】jiē//bān (〜儿)동〉(근무 따위를) 교대하다. ◇我们下午三点〜/우리는 오후 3시에 근무 교대한다. (同)〔接手 shǒu〕, (반)〔交 jiāo班〕
【接班人-班人】jiēbānrén〈명〉후계자. 교대자.
【接茬儿-茬儿】jiē//chár 동〉〈方〉1말장단을 맞추다. 말을 받다. 2(일이 끝난 후에) 다른 일을 이어서 하다.
☆【接触-觸】jiēchù 1동〉닿다. 접촉하다. ◇她的手〜了硫酸 liúsuān, 烧伤了/그의 손이 황산에 닿아 화상을 입었다. ◇他过去从没〜过书本/그는 과거에 전혀 책을 접해 본 적이 없다. [비교]接触:碰 쌍방이 단 시간내 갑자기 부딪쳤을 때는 "接触"를 쓰지 않는다. ◇我不小心(×接触)碰了他一下/난 부주의로 그를 부딪쳤다. 2동〉접촉하다. 관계하다. 교제하다. ◇领导应该多跟群众〜/간부는 대중과 많이 접촉해야 한다. 3동〉〈物〉접촉. ◇〜不良/〈電〉접촉 불량. 4동〉접촉. 교제. ◇跟他有〜/나와 교제가 있다.
【接待-待】jiēdài〈명〉접대(하다). 맞이하다. ◇小张热情地〜了她/장군은 그녀를 친절하게 접대했다. ◇〜室/응접실. [비교]接待:招待:接 ①"接待"는 음식 대접에 쓰이지 않는다. ◇他妈妈用丰盛的菜来(×接待)招待我们/그의 어머니는 푸짐한 요리로 우리를 대접했다. ②맞이하다는 뜻에는 "接待"를 쓰지 않는다. ◇到机场(×接待)接朋友/공항으로 친구를 마중나가다.
☆【接到-到】jiēdào〈동〉받다. 입수하다. ◇他〜一封来自加拿大的信/그는 캐나다로부터 온 편지 한 통을 받았다.
【接地-地】jiēdì〈電〉1명〉접지. 어드(earth).

2동접지하다. 어드하다.

*【接二连三―이런삼】jiē èr lián sān 〈成〉계속 이어지는 모양. ◇捷 jié 报～地传来/승전보가 계속하여 전해 왔다. (同)〔接连不断 bùduàn〕, (反)〔断断续续 xù〕.

【接防―방】jiē//fáng 통〈軍〉수비임무를 교대하다.

【接风―풍】jiēfēng 통멀리서 온 손님의 환영회를 열다. ◇～洗尘 chén/멀리서 온 손님을 환영하기 위해 식사대접을 한다.

【接羔―고】jiē//gāo 통양·사슴 등의 출산을 돕다.

【接管―관】jiēguǎn 통(일 또는 물자를) 접수하여 관리하다.

【接轨―궤】jiē//guǐ (철도)레일을 접속하다〔시키다〕. ◇调整汇率, 和国际金融市场～/환율을 조정하여 국제 금융 시장과 접속하다.

【接合―합】jiēhé 형통접합(하다).

【接火―화】jiē//huǒ (～儿)통1접전하다. 2(안팎의 선이 이어져) 전기가 연결되다. 〔들어오다〕

【接济―제】jiējì 통(물자나 금전으로) 원조하다.

【接见―견】jiējiàn 통접견하다. ◇他在北京～代表团全体人员/그는 북경에서 대표단 전원을 접견하였다.

【接界―계】jiējiè 1통인접 지역. 경계. 2(jiē/jiè)동인접하다.

☆【接近―근】jiējìn 1통접근하다. 가까이 하다. ◇这个人不容易～/이 사람은 가까이하기 어렵다. ◇～目标/목표에 접근하다. (反)〔疏远 shūyuǎn〕2형(의견차를) 좁히다. ◇大家的意见已经很～/사람들의 의견차를 많이 좁혔다. (同)〔靠 kào 近〕

【接境―경】jiējìng (同)〔交 jiāo 接〕

【接客―객】jiē//kè 통1손님을 접대하다. 2기생이 손님을 맞이하다.

【接力―력】jiēlì 형릴레이(하다).

【接力棒―력봉】jiēlìbàng 명바통.

【接力赛跑―력새포】jiēlì sàipǎo 명릴레이경주.

*【接连―런】jiēlián 무연거푸. 잇달아. ◇～提出许多问题/연이어 많은 문제를 제기했다. (同)〔连续 xù〕, (反)〔间断 jiānduàn〕◇～不断/끊임없다. 冽교接连:连接:持续 ①사물이 서로 연결될 때는 "接连"를 쓰지 않는다. ◇电线不够长, (×接连)连接不上/전선이 짧아서 연결을 할 수 없다. ◇"接连"은 술어와 관형어로 쓸 수 없다. ◇战斗(×接连)持续了八个小时/전투는 8시간이나 지속되었다.

【接目镜―목경】jiēmùjìng 명〈物〉접안 렌즈. (同)〔目镜〕

【接纳―납】jiēnà 통(신규회원을) 받아들이다. ◇～新会员国/새 회원국을 받아들이다. (同)〔接受 shòu〕, (反)〔拒绝 jùjué〕

【接盘―반】jiēpán (同)〔受 shòu 盘〕

【接气―기】jiē//qì 통(문장 내용이) 연관되다〔이어지다〕.

*【接洽―흡】jiēqià 통관계자와 연락하여 상담하다. ◇请同有关部门～/관계부서와 연락하여 상담하세요. ◇他来～工作/그는 업무 상담차 왔다.

【接腔儿―강아】jiē//qiāngr 통(남의 말에) 응답하다. 맞장구치다.

【接亲―친】jiē//qīn 통신랑쪽이 신부집에 가서 신부를 모셔오다.

【接壤―양】jiērǎng 통경계를 접하다. 인접하다.

【接任―임】jiē//rèn 통직책을 대신 맡다.

【接墒―상】jiēshāng 통〈農〉비나 관개에 의해 토양 중의 수분이 농작물의 발아(發芽)와 성장에 적당하게 되다.

【接生―생】jiē//shēng 통조산(助産)하다. 아이를 받다.

【接事―사】jiē//shì 통직책과 사무를 인계받다.

*【接收―수】jiēshōu 통1받다. ◇～礼物/선물을 받다. 2수신하다. 듣다. ◇～无线电信号/무선 신호를 수신하다. 3(법령으로 재산 등을) 접수하다. ◇我把他的房子～过来/나는 그녀 집을 인계받았다. 4받아들이다. ◇～新会员/새로운 회원을 받아들이다. 冽교接收:接受 "接收"는 추상명사를 목적으로 취하지 않는다. ◇他没有(×接收)接受这些条件/그는 이런 조건을 받아들이지 않았다.

【接手―수】jiēshǒu 통일을 인수하다〔인계받다〕.

☆【接受―수】jiēshòu 통받아들이다. 수락하다. ◇～任务/임무를 수락하다. ◇容易～新思想/새로운 사상을 쉽게 받아들이다. (同)〔接纳 nà〕, (反)〔拒绝 jùjué〕冽교接受:接到 ①"接受"는 극소수 구체명사 외 주로 추상명사를 목적어로 취한다. ◇我(×接受)接到朋友的一封电报/난 친구의 전보 한 통을 받았다. ②전화받을 때는 "接受"를 쓰지 않는다. ◇我(×接受)接到了从家里打来的电话/난 집에서 온 전화를 받았다.

【接穗―수】jiēsuì 명〈農〉접수. 접지(접枝).

【接榫―순】jiē//sǔn 통1〈建〉凸부분을 凹부분에 끼워 넣다. 장부를 홈 구멍에 끼우다. 2앞뒤를 잇다.

【接谈―담】jiētán 통면담하다. 만나서 이야기하다. ◇他在群众来访室里跟李先生～/그는 민원실에서 이선생과 면담하고 있다.

【接替－체】jiētì 통대신하다. 교체하다.

【接头－두】jiē// tóu 통1(~儿)(가늘고 긴 것의 두 끝을) 잇다. 2상담하다. 연락을 취하다. 3사정을 잘 알다.

【接头儿－두아】jiē·tóur 명이음매. 이은 곳.

【接吻－문】jiē// wěn 통키스하다. 입맞추다.

【接物镜－물경】jiēwùjìng 명〈物〉대물렌즈. 접물경.

【接线－선】jiē// xiàn 1통실을 잇다. 2(電)(도선으로) 접속하다[전선을 잇다]. 3통전화를 연결하다. ◇～员/전화 교환원. 4(jiēxiàn)명〈電〉도선(導線).

【接续－속】jiēxù 통접속하다. 잇다. (同)〔继 jì 续〕, (反)〔间断 jiànduàn〕.

【接应－응】jiēyìng 통1(전투·운동 경기에서 자기편과) 보조를 맞춰 행동하다. 지원하다. 2(식량·탄약 등을) 보급하다.

【接援－원】jiēyuán 통〈軍〉지원하다.

【接站－참】jiē// zhàn 명정거장에서 사람을 맞이하다.

★【接着－착】jiē·zhe 1(손으로) 받다. ◇给你一个苹果, ～!/네가 사과를 하나 줄 테니 받아! 2통계속하다. 이어서. ◇你说完了, 我～说几句/네가 말을 마쳤으면 내가 이어서 몇 마디 하겠다. ◇～干 gàn 吧/이어서 해라.

【接踵－종】jiēzhǒng 통〈文〉(사람이) 잇달아 오다.

【接种－종】jiēzhòng 통〈醫〉접종하다.

**【揭】 扌部 | jiē 9画 | 들 게

1통(들러붙은 것 등을) 벗기다. 떼다. ◇他从信封上~了一张张非常好看的邮票给我/그는 편지봉투에서 매우 예쁜 우표 한 장을 뜯어서 나에게 주었다. 2통(덮어 씌운 것을) 열다[벗기다]. ◇等~了锅再炒菜/냄비 뚜껑을 연 다음 요리를 봐라. 비교揭:打 병 뚜껑은 "揭"를 쓰지 않는다. ◇这罐头 guàntou 盖儿(×揭)打不开/이 깡통 뚜껑이 열리지 않는다. 3통폭로하다. 들추어 내다. ◇小张很不客气地~了他的老底/장씨는 인정사정없이 두지 않고 그의 오래된 과거를 들추어냈다. 4통〈文〉높이 들다. 게양하다. 5(Jiē)명성(姓).

【揭榜－방】jiē// bǎng 통합격자를 발표하다.

【揭不开锅－불개과】jiē·bukāi guō 〈喩〉가난하여 먹을 것이 없다.

【揭穿－천】jiēchuān 통폭로하다. 까발리다. ◇～他的谎 huǎng 言/그의 거짓말을 까발렸다.

【揭疮疤－창파】jiē chuāngbā 〈喩〉(남의) 아픈 데를 찌르다.

【揭底－저】jiē// dǐ (~儿)통내막을 폭로하다. (나쁜 전과를) 까발리다[폭로하다].

【揭短－단】jiē// duǎn (~儿)통남의 결점·부정 따위를 폭로하다. 아픈 데를 찌르다. ◇不该当众揭他的短/남들 앞에서 그의 단점을 들춰내지 말았어야 했는데.

*【揭发－발】jiēfā 통들추어내다. 적발하다. 폭로하다. ◇我曾经～过他们所犯的罪行/나는 전에 그들의 범법행위를 적발한 적이 있다. 비교揭发:漏 새나가다라는 뜻에는 "揭发"를 쓰지 않는다. ◇我们结婚的消息不知被谁(×揭发)漏 lòu 出去了/우리 결혼 소식을 누가 새나가게 했는지 모르겠다.

【揭盖子－개자】jiē gài·zi 문제나 모순을 들추어 내다[폭로하다].

【揭竿而起－간이기】jiē gān ér qǐ 〈成〉백성들이 봉기하다.

**【揭露－로】jiēlù 통통드러내다. ◇～矛盾/모순을 폭로하다. (同)〔揭穿 chuān〕, (反)〔掩盖 yǎngài〕비교揭露:揭示 감정·마음 등에는 "揭露"를 쓰지 않는다. ◇这部作品(×揭露)揭示了人物内心的感情/이 작품은 인물의 내면세계의 감정을 드러내 보였다.

【揭幕－막】jiēmù 통1제막(除幕)하다. 2〈喩〉큰 활동을 시작하다.

【揭破－파】jiēpò 통들추어 내다. 까발리다.

【揭示－시】jiēshì 통1공포하다. 2드러내어 보여주다. 명시하다. ◇～客观规律/객관적인 법칙을 드러내어 보여주다.

【揭帖－첩】jiētiě 명벽보. 〔주로 개인적으로 일반에게 알려 도움을 청하는 종이〕.

【揭晓－효】jiēxiǎo 통(결과를) 발표하다. 공개하다. ◇录取名单已～/합격자 명단이 이미 발표되었다.

【嗟(嗟)】 口部 | jiē 9画 | 슬플 차

통탄식하다. 감탄하다.

【嗟悔－회】jiēhuǐ 통〈文〉탄식하며 후회하다.

【嗟来之食－래지식】jiē lái zhī shí 〈成〉'옛다'하고 던져 주는 음식. 모욕적인 베풂.

【嗟叹－탄】jiētàn 통〈文〉탄식하다.

【街】 彳部 | jiē 9画 | 큰길 가

명1(양쪽에 집이 있는 비교적 넓은) 길. 가로(街路). ◇北京的长安～/북경의 장안가. 2〈方〉(정기적으로 서는) 시장.

☆【街道－도】jiēdào 명1큰길. 거리. 2도시의 '区'아래의 작은 행정 단위. 동. ◇～办事处/동 사무소.

【街灯－등】jiēdēng 명가로등.

*【街坊－방】jiē·fang 명이웃(사람).

【街门－문】jiēmén 명큰길로 나 있는 문.

【街面儿上－면아상】jiēmiànr·shang 명〈方〉1

시정(市井). 길바닥. 거리. **2**근처.
【街市－시】 jiēshì 몡시가. 상가.
【街谈巷议－담항의】 jiē tán xiàng yì 〈成〉 항간에 떠도는 소문.
*【街头－두】 jiētóu 몡길거리. ◇在～彷徨 pánghuáng/길거리에서 방황하다.
【街头巷尾－두항미】 jiē tóu xiàng wěi 〈成〉 거리와 골목.
【街心－심】 jiēxīn 몡도로의 중앙.

jié

【孑】 孑部 jié
　　　0画 외로울 혈
　　몡〈文〉홀로 고독한 모양.
【孑孓－궐】 jiéjué 몡〈虫〉장구벌레.
【孑然－연】 jiérán 혱〈文〉고독한 모양. ◇～一身/혈혈단신. 외돌토리.
【孑遗－유】 jiéyí 몡〈文〉(재난이나 전쟁으로 거의 다 죽고) 살아남은 몇몇 생존자.
【孑遗生物－유생물】 jiéyí shēngwù 몡살아 있는 화석. (同)〔活化石 huóhuàshí〕

**【节·節】 艹部 jié
　　　2画 마디 절**
1몡(식물의) 마디. ◇竹～/대의 마디. **2**몡(동물의) 관절. ◇关～/관절. **3**몡(음악의) 음률. 박자. (이야기의) 단락. ◇音～/음절. **4**몡여러 개로 나누어진 것을 세는 데 쓰임. ◇上了三～课/3시간 수업을 받았다(했다). ◇第三章第八～/제3장 제8절. [비교]节:门儿 “节”는 교과목에는 쓰지 않는다. ◇这学期我一共选修了四(×节)门儿课/이번 학기에 난 모두 4과목을 선택과목으로 택해서 이수했다. **5**몡기념일. 절기(節氣). ◇国庆～/건국기념일. ◇过～/명절을 쇠다. ◇春～/중국의 음력설. **6**동절약하다. 절제하다. ◇～电/절전하다. **7**몡항목. 사항. 조항. ◇细～/세부(細部). 세목(細目). **8**몡절조(節操). 절개. ◇气～/기개(氣槪). **9**몡노트(knot). ◇现在船的速度是十八～/현재 배의 속도는 18노트이다. **10**(Jié)몡성(姓). ⇒jiē
【节哀－애】 jié’āi 동〈文〉슬픔을 억제하다.
【节本－본】 jiéběn 몡발췌본. (反)〔全 quán 本〕
【节操－조】 jiécāo 몡〈文〉절개.
【节妇－부】 jiéfù 몡열녀.
【节假日－가일】 jiéjiàrì 몡명절과 휴일.
【节俭－검】 jiéjiǎn 동(돈·재물 등을) 절약하다. 검소하다. ◇他生活非常～/그는 생활에서 아주 검소하다. (同)〔省 shěng 俭〕, (反)〔浪费 làngfèi〕
【节减－감】 jiéjiǎn 동절감하다.
【节礼－례】 jiélǐ 몡명절 선물.

【节理－리】 jiélǐ 몡〈地质〉절리.
【节烈－렬】 jiéliè 혱(여인의) 절개가 곧다.
【节令－령】 jiélìng 몡계절. 절기. 철.
【节录－록】 jiélù **1**동요점을 발췌하다. **2**몡초록. 발췌.
【节律－률】 jiélù 몡(물체가 운동할 때의) 율동. 리듬.
【节略－략】 jiélüè **1**명동요약(하다). **2**동생략하다. **3**몡〈外交〉(요점만 발췌한) 외교 각서.
★【节目－목】 jiémù 몡프로그램. ◇今晚表演的～很精彩/오늘 밤 공연한 프로그램은 매우 멋집.
*【节能－능】 jiénéng 몡에너지 절약.
【节拍－박】 jiépāi 몡〈音〉리듬. 박자.
【节气－기】 jié·qi 몡절기.
★【节日－일】 jiérì 몡**1**기념일. **2**명절. [비교]节日:节 “节日”는 집합명사로서 특정 명절에 쓰지 않는다. ◇国庆(×节日)节过得怎么样?/건국기념일은 어떻게 보내셨어요?
☆【节省－성】 jiéshěng 동아끼다. 절약하다. ◇～能源/에너지를 절약하다. [비교]节省:节约 ①“节省”은 동목구조를 목적어로 취할 수 없다. ◇请(×节省)节约用水/물 씀씀이를 절약해 주세요. ②“节省”은 관형어로 쓰이지 않는다. ◇他被评为勤俭 qínjiǎn(×节省)节约的模范/그는 근면 절약의 모범으로 뽑혔다.
【节食－식】 jiéshí 동절식하다. 먹는 양을 줄이다.
【节外生枝－외생지】 jié wài shēng zhī 〈成〉 문제에서 또 문제가 생기다. (同)〔横生枝节 héng shēng zhī jié〕, (反)〔顺顺当当 shùn·shun dāngdāng〕
【节下－하】 jié·xia 몡명절. 명절 대목. 〔특히 설·단오·추석의 3대 명절 대목을 일컬음〕
【节选－선】 jiéxuǎn **1**동문장 일부를 뽑다. **2**(문장의) 초록(抄錄). 발췌.
【节衣缩食－의축식】 jié yī suō shí 〈成〉입고 먹는 것을 아끼다. 검소하게 살다. (同)〔缩食节衣〕, (反)〔锦 jǐn 衣玉 yù 食〕
【节余－여】 jiéyú 동절약하여 남기다. ◇每月能～三百元/매달 3백 원을 절약해 남길 수 있다. (反)〔亏空 kuīkōng〕 **2**몡절약하여 남긴 금전이나 물건.
*【节育－육】 jiéyù 동〈略〉산아 제한(을 하다). ◇通过～来控制人口/산아제한을 통하여 인구 증가를 통제하다.
☆【节约－약】 jiéyuē 동절약하다. 〔주로 비교적 큰 범위에 사용됨〕 [비교]节约:节俭 생활의 검소함에는 “节约”를 쓰지 않는다. ◇他生活十分(×节约)节俭 jiǎn, 从来不乱花一分钱/그는 생활이 몹시 검소해서

절대 한문이라도 쓸데없이 쓰지 않는다.
【节肢动物－지동물】jiézhī dòngwù 図〈動〉절지동물.
【节制－제】jiézhì 1図지휘하다. 관할하다. 2명동절제(하다). 통제(하다).
*【节奏－주】jiézòu 1명동리듬. 박자. 2명차근차근하다. 순리대로 하다. ◇工作要有～地进行/업무는 차근차근하게 진행해야 한다.

【劫(刦,刧)】 刀部 5画 겁탈할 겁
(동)1빼앗다. 약탈하다. ◇抢 qiǎng～/강탈하다. 2협박하다. 위협하다. 3명재난.
*【劫持－지】jiéchí 동납치하다. ◇～飞机/비행기를 납치하다.
【劫夺－탈】jiéduó 동강탈하다.
【劫掠－략】jiélüè 동약탈(하다).
【劫难－난】jiénàn 명재난.
【劫数－수】jiéshù 명〈佛〉액운.
【劫狱－옥】jié// yù 동탈옥시키다.

【捷】 扌部 8画 이길 첩
1형재빠르다. 민첩하다. 날래다. ◇敏～/민첩하다. 2형싸움에 이김[이기다]. 승리(하다). ◇连战连～/연전연승.
【捷报－보】jiébào 명승전보. ◇频 pín 传～/승리의 소식이 잇달아 날아들다.
【捷径－경】jiéjìng 명첩경. 지름길. 빠른 방도. ◇另寻～/다른 빠른 방도를 찾다. (同)〔近路 jìnlù〕, (反)〔远路 yuǎnlù〕
【捷足先登－족선등】jié zú xiān dēng〈成〉빠른 자가 먼저 목적을 이룬다. (反)〔老牛破车 lǎo niú pò chē〕

【睫】 目部 8画 속눈썹 첩
명속눈썹. ◇目不交～/밤에 눈을 붙이지 못하다.
【睫毛－모】jiémáo 명속눈썹.

【洁·潔】 氵部 6画 정결할 결
형형청결(하다). (同)〔净 jìng〕, (反)〔脏 zāng〕.
*【洁白－백】jiébái 형1새하얗다. ◇～的床单/새하얀 침대보. (同)〔雪 xuě 白〕, (反)〔墨黑 mòhēi〕 2결백하다.
【洁净－정】jiéjìng 형깨끗하다. 정갈하다. (同)〔清 qīng 洁〕, (反)〔肮脏 āngzāng〕
【洁癖－벽】jiépǐ 명결벽.
【洁身自好－신자호】jié shēn zì hào〈成〉1자신을 나쁜 환경에 물들지 않게 하다. (反)〔同流合污 tóng liú hé wū〕 2공적인 일에 신경쓰지 않고 자신만 돌보다.

【拮】 扌部 6画 열심히 일할 길
【拮据－거】jiéjū 형경제형편이 곤란하다. 옹색하다. ◇手头～/경제 형편이 여의치 못하다. (同)〔不便 bùbiàn〕, (反)〔宽裕 kuānyù〕

【结·結】 纟部 6画 맺을 결
1동맺다. 묶다. 엮다. 걸다. ◇～绳/실을 엮다. 2동매듭. ◇她～了半天蝴蝶 húdié ～/그녀는 한참동안 나비매듭을 맺다. 3동(하나로) 엮다. 응결(凝結)하다. ◇这条小河没～过冰/이 개천은 언 적이 없다. ◇～成硬块/딱딱한 덩어리로 뭉쳤다. 4동맺다. 결합하다. 결성하다. ◇～为夫妻/부부로 맺어지다. 5동끝맺다. 매듭을 짓다. ◇～帐/결산하다. 6명옛날의 증서. ⇒jiē
【结案－안】jié// àn 동판결을 내려 사건을 종결하다.
【结拜－배】jiébài 동의형제[의자매]를 맺다.
【结伴－반】jié// bàn (～儿)동한패가[동행이] 되다. ◇～运行/동행이 되어 먼길로 떠난다.
【结彩－채】jié// cǎi 동경사스러운 날에 색테이프나 채단으로 문이나 실내를 장식하다.
【结肠－장】jiécháng 명〈生理〉결장. 잘록창자.
【结仇－구】jié// chóu 동원수지다.
【结存－존】jiécún 명결산 후의 잔고.
【结党营私－당영사】jié dǎng yíng sī〈成〉작당하여 사욕을 채우다.
【结缔组织－체조직】jiédì zǔzhī 명〈生理〉결체 조직.
【结发夫妻－발부처】jiéfàfūqī〈成〉모두 초혼인 부부.
☆【结构－구】jiégòu 명1구성. 구조. 결구. ◇文章～/문장구성. 2〈建〉(건축물의) 구조. 구조물. ◇砖 zhuān 木～/벽돌 목재 구조물.
【结关－관】jié// guān 명동(선박이) 통관수속(을 하다).
★【结果－과】jiéguǒ 1명결실. 결과. ◇检查～/검사결과. (同)〔结局 jú〕, (反)〔原因 yuányīn〕 비교结果:后果:然后:果实 ①부정인인 결말에는 "结果"를 쓰지 않는다. ◇一切(×结果)后果由你负责/(이로 인한) 모든 잘못된 결과는 네가 책임져라. ②복문의 경우, 뒷절이 앞절 내용의 순접관계인 경우에는 "结果"를 쓰지 않는다. ◇我希望你今年夏天来中国, (×结果)然后我们一起去旅行/난 네가 올여름에 중국에 오기를 바란다. 그리고 우리 같이 여행가자. ③'결실을 맺다'의 경우에는 "结果"를 쓰지 않는다. ◇他们

的研究终于结出了丰硕 fēngshuò 的(×结果)果实/그들의 연구는 결국 풍성한 결실을 맺었다. **2**동〈早白〉죽이다. 없애 버리다. 해치우다.

☆【结合—합】jiéhé **1**명동결합(하다). 결부(하다). ◇中西医相~/중국전통의학과 서양의학을 결부하다. **2**동부부가 되다. ◇经过三年的恋爱, 他们俩终于～了/3년간의 연애를 거쳐 그들 두 사람은 끝내 부부가 되었다.

【结核—핵】jiéhé 명**1**〈醫〉결핵. **2**〈礦〉결핵. 단괴.

【结喉—후】jiéhóu 명〈生理〉결후.

【结汇—휘】jié//huì **1**동〈商〉외화를 사거나 팔다. 환어음을 결제하다. **2**(jiéhuì) 명(수출입의) 결제.

☆【结婚—혼】jié//hūn **1**동결혼하다. **2**명결혼. ‖(同)〔成 chéng 婚〕, (反)〔离 lí 婚〕

【结伙—화】jié//huǒ **1**동무리(패)를 짓다. **2**〈法〉둘 또는 둘 이상의 범죄조직.

【结集—집】jié//jí 동**1**문장을 모아 문집을 만들다. **2**〈軍〉결집하다.

⇨结交—교】jié//jiāo 동친구를 사귀다. (反)〔断 duàn 交〕

【结焦—초】jiéjiāo 명동〈物〉건류(乾溜)(하다). 코크스화(하다).

*【结晶—정】jiéjīng **1**명동〈化〉결정(하다). **2**명크리스털. **3**명〈喩〉결정. 소중한 성과.

【结晶体—정체】jiéjīngtǐ 명〈物〉결정체. 크리스탈.

*【结局—국】jiéjú 명결말. 결과. ◇悲惨的~/비참한 결말.

☆【结论—론】jiélùn 명동결론(을 내리다). 결말(짓다).

【结盟—맹】jié//méng 동동맹을 맺다.

【结膜—막】jiémó 명〈生理〉결막.

【结幕—막】jiémù 극의 마지막 1막. 〈喩〉일의 끝판〔클라이막스〕.

【结亲—친】jié//qīn 동**1**결혼하다. **2**(두 집안이 혼인에 의하여) 사돈관계를 맺다.

【结球甘蓝—구감람】jiéqiú gānlán 명〈植〉양배추.

【结社—사】jié//shè 동단체를 결성하다.

【结石—석】jiéshí 명〈醫〉결석.

【结识—식】jiéshí 동(사람들을) 사귀어 알다. ◇～了许多外国朋友/많은 외국 친구를 알게 된다.

★【结束—속】jiéshù **1**동끝나다. 마치다. 종결하다. 종료하다. ◇宴会还没～, 他就走了/연회가 아직 끝나지 않았는데도 그는 가 버렸다. (同)〔完 wán 结〕, (反)〔开始 kāishǐ〕 비교结束:做完 "结束"는 공적인 일이나 활동에 주로 쓰이고 사적인 일에는 쓰지 않는다. ◇孩子(×结束)做完

作业才能去玩儿/아이는 숙제를 다 해야만 놀 수 있다. **2**동〈早白〉몸단장하다. 옷차장하다.

【结束语—속어】jiéshùyǔ 명맺는 말. (反)〔开场白 kāi chǎng bái〕

*【结算—산】jiésuàn 명동〈商〉결산(하다).

【结尾—미】jiéwěi 명끝부분. 최종 단계.

*【结业—업】jié//yè 동학업을 수료하다.〔주로 단기 과정〕

【结义—의】jiéyì (同)〔结拜 bài〕

【结余—여】jiéyú **1**명결산 후의 잔고. **2**동결산하고 남다.

【结语—어】jiéyǔ (同)〔结束 shù 语〕

【结缘—연】jié//yuán 동인연을 맺다.

【结怨—원】jié//yuàn 동원한을 맺다.

【结扎—찰】jiézā 명동〈醫〉결찰(하다). 묶다.

【结帐—장】jié//zhàng 동계산하다. ◇吃完后, 你去～/식사한 후에 당신이 가서 계산하세요.

【结子—자】jié·zi 명매듭. 코.

【桔】木部 jié 6画 도라지 길
⇨jú

【桔槔—고】jiégāo 명두레박.

【桔梗—경】jiégěng 명〈植〉도라지.

【杰(傑)】木部 jié 4画 호걸 걸
1명재능이 뛰어난 사람. ◇英雄豪～/영웅호걸. **2**명훌륭하다. 뛰어나다.

*【杰出—출】jiéchū 동훌륭하다. 뛰어나다. ◇～的领导人/훌륭한 지도자. (同)〔出众 zhòng〕, (反)〔一般 yìbān〕

*【杰作—작】jiézuò 명걸작.

【桀】木部 jié 6画 왕이름 걸
명〈人〉걸. 중국 고대 하(夏)나라 말기, 폭군의 이름. 〔폭군의 대명사로도 쓰임〕

【桀骜—오】jié'ào 동(성격이) 고집스럽다. (反)〔温顺 wēnshùn〕

【桀犬吠尧—견폐요】Jié quǎn fèi Yáo 〈成〉악한 주인을 위하여 충성을 다하다.

【桀纣—주】Jié Zhòu 명〈人〉중국 고대 하왕(夏王) 걸(桀)과 상왕(商王) 주(紂). 〈喩〉폭군. (反)〔尧舜 Yáo Shùn〕

**【竭】立部 jié 9画 다할 갈
동**1**다하다. ◇～力/전력을 다하다. **2**다소모되어 없어지다. ◇枯～/고갈되다.

【竭诚—성】jiéchéng 동성의를 다하다.

【竭尽—진】jiéjìn 동(있는 힘을) 다하다.

【竭蹶—궐】jiéjué 동**1**발부리가 채여 넘어지다. **2**〈轉〉(자금 따위가) 어렵다. 바닥나다.

【竭力—력】jié//lì 동전력하다. 있는 힘을

다하다. ◇我一定~完成任务/우리는 꼭 진력하여 임무를 완수하겠다. [비교]竭力: 努力 "竭力"는 학습·일 따위에 열심히 할 때는 쓰지 않는다. ◇希望大家(×竭力)努力学习, 取得好成绩/모두들 열심히 공부해서 좋은 성적 얻기를 바랍니다.

【竭泽而渔-택이어】 jié zé ér yú 〈成〉못의 물을 퍼내어 물고기를 잡다. 눈앞의 이익에 눈이 어두워 장래는 생각하지 않는다.

【碣】 石部 | 9画 | 우뚝선돌 갈
몡(윗부분이 둥근) 돌비석.

【羯】 羊部 | 9画 | 불친양 갈
1몡〈動〉불깐 양. 2(Jié)몡〈民〉갈족. 〔중국의 고대 민족〕
【羯羊-양】 jiéyáng 몡불깐 양.

**【截】 戈部 | 10画 | 끊을 절
1동(긴 것을) 끊다. 절단하다. ◇~成两段/두 동강이로 자르다. 2(~儿)몡(잘라낸) 토막. ◇一~儿木头/나무 한 토막. 3동차단하다. 가로 막다. ◇快把马~住, 别让它跑了/어서 말을 가로막아서 달아나지 않게 해라. [비교]截:拦 ①"截"는 자연물로 인한 장애에는 쓰이지 않는다. ◇前面有一道河(×截)拦 住了去路/앞에 강 하나가 갈 길을 가로 막았다. ②"截"는 추상적인 일에 쓰이지 않는다. ◇你愿意去西藏 zàng 工作就去吧, 我绝不(×截)拦你/네가 티벳에 가서 일하고 싶다면 가. 난 절대 막지 않을 테니까. 4동마감하다. ◇~至昨天, 已有三百多人报名/어제까지 마감으로 이미 3백 여명이 등록했다.

【截长补短-장보단】 jié cháng bǔ duǎn 〈成〉장점으로 단점을 보완하다.
【截断-단】 jié// duàn 동1절단하다. 끊다. 2끊다. 중단하다. ◇电话铃声~他的话/전화벨소리에 그의 말이 끊겼다.
【截稿-고】 jiégǎo 동원고를 마감하다.
【截获-획】 jiéhuò 동중도에서 포획하다. ◇一辆走私车被海关~/밀수차 한 대가 중도에서 세관원에게 잡혔다.
【截击-격】 jiéjī 동도중에서 차단하여 공격하다.
【截流-류】 jiéliú 동물의 흐름을 막다.
【截留-류】 jiéliú 동(딴 곳으로 보내거나 보내야 할 물자를) 중간에서 가로채다. ◇~税款/중간에서 세금을 가로채다.
【截门-문】 jiémén 파이프의 밸브.
【截面-면】 jiémiàn 절단면. 단면.
【截取-취】 jiéqǔ 동(중간에서) 일부분을 취하다.

【截然-연】 jiérán 몡(자른 듯이) 경계가 분명한 모양.
【截瘫-탄】 jiétān 몡〈醫〉하반신 불수.
【截肢-지】 jié// zhī 동〈醫〉팔이나 다리를 자르다.
*【截止-지】 jiézhǐ 동마감하다. 일단락 짓다. ◇登记已经~了/등록이 이미 마감되었다. ◆申请到本月二十日~/이달 20일까지가 신청 마감이다.
【截至-지】 jiézhì 동…까지 마감하다. …까지 끊다. 〔주로 '为 wéi 止'와 함께 사용됨〕 ◇~目前为止/현재까지. 지금까지.

jiě

【姐】 女部 | 5画 | 맏누이 저
몡1누나. 언니. ◇大~/큰 누나[언니]. ◇二~/둘째 누나[언니]. 2친척 중의 같은 항렬로 나이가 자기보다 위인 여자를 부르는 칭호. 〔일반적으로 형수뻘은 포함되지 않음〕 ◇表~/사촌 누나[언니]. 3아가씨. 언니. 〔나이가 어린 여자를 일반적으로 부르는 호칭〕 ◇杨三~/양씨 집안의 셋째 언니.
【姐夫-부】 jiě·fu 몡자형. 형부.
★【姐姐-저】 jiě·jie 몡1누나. 언니. ◇大姐(姐)/큰 누나[언니]. 2친척 중 같은 항렬로 자기보다 나이가 위인 여자를 부르는 말.〔형수는 포함되지 않음〕
【姐妹-매】 jiěmèi 몡1자매. 여자 형제. 2형제 자매.
【姐儿-아】 jiěr 몡〈方〉1자매. 형제 자매. 2형제의 부인 또는 친한 여자 친구끼리의 호칭.
【姐儿们-아문】 jiěr·men 몡1자매. 여자형제. 2여자끼리의 친구.
【姐丈-장】 jiězhàng 〈同〉〔姐夫 fu〕

☆【解(觧)】 角部 | 6画 | 풀릴 해
1동분리하다. 분해하다. ◇瓦~/와해되다. ◇溶~/용해되다. 2동열다. 끄르다. 풀다. 벗(기)다. ◇~扣儿/단추를 풀다. 3동없애다. 풀다. 해제하다. ◇~职/해직하다. 4동해석하다. 해설하다. ◇注~/주해(하다). 5동알다. 이해하다. ◇令人不~/이해하기가 어렵다. 6동용변(用便)을 보다. ◇大~/대변(을 보다). ◇小~/소변(을 보다). 7동〈數〉해. 8동〈數〉방정식을 풀다. ⇒jiè, xiè
【解饱-포】 jiěbǎo 동〈方〉(음식이) 근기가 있다. 배부르다.
【解馋-참】 jiě// chán (먹고 싶은 것을) 맛있게 먹다. 식욕을 채우다.

【解嘲－조】jiě// cháo 통남의 조소에 대해 겉꾸림을 하다.

【解愁－수】jiě// chóu 통수심을 떨쳐버리다.

＊【解除－제】jiěchú 통없애다. 해제하다. ◇～误会/오해를 풀다. ◇～警报/경보를 해제하다. ◇～合同/계약을 해약하다.

☆【解答－답】jiědá 통해답(하다). 대답(하다). ◇～问题/문제에 해답을 하다. (反)〔提问 tíwèn〕

【解冻－동】jiě// dòng 통1얼음이 풀리다. 해동하다. 해빙하다. (同)〔化 huà 冻〕, (反)〔冰 bīng 冻〕2(자금 따위의) 동결을 해제하다.

【解毒－독】jiě// dú 통1〈醫〉해독하다. ◇～剂/해독제. (反)〔中 zhòng 毒〕2〈中醫〉역상·발열 등의 원인을 제거하다.

【解饿－아】jiě// è 통굶주림을 채우다.

【解乏－핍】jiě// fá 통피로를 풀다.

☆【解放－방】jiěfàng 통해방(하다). ◇～前夕/해방 전야. ◇～思想/사고를 자유롭게 하다. (反)〔束缚 shùfù〕 比교解放:摆脱 "解放"은 "困境" "苦恼" 등을 목적어로 취하지 않고 괴동의 의미로 쓰이지 않는다. ◇(×解放)摆脱困境/곤경에서 벗어나다.

＊＊【解放军－방군】jiěfàngjūn 명중국 인민 해방군을 가리킴.

【解放区－방구】jiěfàngqū 명항일 전쟁 및 국공 내전(國共內戰)시기에 홍군(紅軍)에 의하여 해방된 지구.

＊【解雇－고】jiě// gù 통해고하다. ◇～津贴/해고 수당. (同)〔辞退 cítuì〕, (反)〔雇请 qǐng〕

【解恨－한】jiě// hèn 통원한을 풀다. 한이 풀리다.

【解甲归田－갑귀전】jiě jiǎ guī tián 〈成〉군대를 떠나 고향에 돌아가서 농사를 짓다.

【解禁－금】jiě// jìn 통해금하다. 금령을 해제하다.

【解救－구】jiějiù 통구(제)하다. 구출하다. (同)〔搭 dā 救〕, (反)〔陷害 xiànhài〕

★【解决－결】jiějué 통1해결하다. ◇～争端/분쟁을 해결하다. 2(적을) 소멸시키다. ◇这一仗 zhàng 把敌人完全～了/이번 전투로 적군을 완전히 소멸시켰다.

【解渴－갈】jiě// kě 통갈증을 풀다. 해갈하다.

【解铃系铃－령계령】jiě líng xì líng 〈成〉자기가 저지른 일에 대해서는 자기가 해결한다. 결자해지.

【解码－마】jiěmǎ 통(암호·전문을) 해독하다.

【解闷－민】jiě// mèn (～儿)통시름을 달래다. 심심풀이하다. ◇散步～/산책으로 시름을 달래다.

【解难－난】jiě// nán 통곤경·어려움을 해결하다.

【解难－난】jiě// nàn 통위험을 없애다.

【解囊－낭】jiěnáng 통사재(私財)를 털어 돕다.

【解聘－빙】jiě// pìn 통(초빙한 사람을) 해임하다. (同)〔辞退 cítuì〕, (反)〔聘用 yòng〕

＊＊【解剖－부】jiěpōu 통통해부(하다). ◇～尸体/시체를 해부하다.

【解气－기】jiě// qì 통분풀이하다. ◇别拿我来～/나를 갖고 분풀이 하지마. (同)〔消 xiāo 气〕, (反)〔生 shēng 气〕

【解劝－권】jiěquàn 통달래다. 구슬리다.

＊【解散－산】jiěsàn 통1해산하다. 흩어지다. ◇队伍～后, 大家都在操场上休息/대오가 해산한 후 모두들 운동장에서 휴식하고 있다. 2(단체 혹은 집회를) 해체하다. ◇～议会/의회를 해산하다. (同)〔散开 kāi〕, (反)〔集合 jíhé〕

☆【解释－석】jiěshì 1통해석하다. ◇这个可由自然现象来～/이를 자연현상으로 해석할 수 있다. 比교解释:告诉 다른 사람에게 사실대로 알려줄 때는 "解释"를 쓰지 않는다. ◇他(怎么×解释)告诉我们怎么去友谊商店/그는 우리에게 외국인 상점에 어떻게 가는지 알려줬다. 2통해명하다. ◇～误会/오해를 해명하다. ◇这件事你怎么～?/이 일은 어떻게 해명할 거예요? 3명해석. 해명. ◇宪法的～/헌법의 해석.

【解手－수】jiě// shǒu 통〈文〉헤어지다.

【解手－수】jiě// shǒu (～儿)통용변을 보다.

【解说－설】jiěshuō 통해설(하다). 설명(하다).

【解体－체】jiětǐ 명통해체(하다). 붕괴(하다). 와해(하다). (同)〔分裂 fēnliè〕, (反)〔联合 liánhé〕

【解脱－탈】jiětuō 통1〈佛〉해탈하다. 2벗어나다. ◇～责任/책임에서 벗어나다. 3(죄 또는 책임을) 면제하다. (同)〔开 kāi 脱〕

【解围－위】jiě// wéi 통1포위를 벗어나다. (反)〔包 bāo 围〕2곤경에서 벗어나게 하다. ◇亏 kuī 你帮我～, 不然我就下不了 liǎo 台/다행히 네가 나를 곤경에서 벗어나게 해서 망정이지 그렇지 않았더라면 난감할 뻔했다.

【解悟－오】jiěwù 통깨닫다.

【解吸－흡】jiěxī 〈化〉흡수물이나 흡착물의 분리.

【解严－엄】jiě// yán 통계엄령을 해제하다. (反)〔戒 jiè 严〕

【解疑－의】jiěyí 통1의혹·의심을 풀다. 2의문점을 풀어주다.

【解颐－이】jiěyí 통〈文〉(입을 크게 벌리고) 큰 소리로 웃다. (同)〔开颜 yán〕,

(反)〔板脸 bǎnliǎn〕
【解忧－우】jiěyōu 動시름을 덜다.
【解约－약】jiě// yuē 動해약하다.
【解职－직】jiě// zhí 動해직하다. (反)〔复
fù职〕

jiè

【介】| 人部 | jiè
2画 | 낄 개
1動(중간에) 끼다. 사이에 들다. ◇这座
山～于两县之间/이 산은 두 개의 현 사
이에 자리 잡고 있다. 2動소개하다. ◇内
容简～/내용에 대한 간단한 소개. 3動마
음에 두다. 신경을 쓰다. ◇不～意/개의
치 않다. 4名갑옷. 5名(거북 따위의) 감
각(甲殼). 껍데기. 6名〈文〉강직하다. ◇
耿～/강직하다. 7名〈演〉동작.〔옛날 희곡
의 극본에서 동작을 지시하는 용어〕
【介词－사】jiècí 名〈言〉전치사. 명사나 대
명사 앞에 쓰인다. 주로 방향(往, 朝),
처소(在), 시간(当, 于), 대상(把, 对)
목적(为), 방식(以, 按), 비교(比, 跟),
피동(叫, 被) 등이 있다.
【介怀－회】jiè// huái 動마음에 두다.
【介壳－각】jièqiào 名〈魚介〉겉껍데기.
【介人－입】jièrù 動개입하다.
★【介绍－소】jièshào 1動소개하다. ◇上个月
给他～了一个朋友/지난 달에 그에게 친
구 한 명을 소개해 주었다. 2動(새로운
사람이나 일을) 끌어들이다. ◇我～了三
个人参加这个剧团/나는 이 극단에 세 사
람을 끌어들였다. 3動설명하다. ◇你没向
我～过这个电影的内容/너는 나한테 이
영화내용을 설명한 적이 없다.
【介意－의】jiè// yì 動개의하다. ◇你可千万
别～/절대 개의치 말아라.
【介音－음】jièyīn 名〈言〉개음. 개모(介母).
【介质－질】jièzhì 名매체. 매개체. 매개물.
【介子－자】jièzǐ 名〈物〉중간자(中間子).

【芥】| 艹部 | jiè
4画 | 겨자 개
名1〈植〉갓. 개채(芥菜). 2〈喩〉(겨자씨처
럼) 몹시 작은 것. ⇒gài
【芥菜－채】jiècài 名〈植〉갓. 개채(芥菜).
⇒gàicài
【芥蒂－체】jièdì 名〈文〉불만. 응어리. 맺힌
감정. ◇他已经消了气, 不会有～的/그는
이미 화가 풀려서 응어리는 없을 것이다.
【芥末－말】jiè·mo 名겨자가루.
【芥子－자】jièzǐ 名〈植〉겨자씨. 개자(芥子).
【芥子气－자기】jièzǐqì 名〈化〉이페리트.

【疥】| 疒部 | jiè
4画 | 옴 개

名〈醫〉옴.
【疥疮－창】jièchuāng 名〈醫〉옴.
【疥蛤蟆－하마】jièhá·ma 名〈動〉옴두꺼비.
【疥(癣)虫－(선)충】jiè(xuǎn)chóng 名
〈虫〉개선충. 옴벌레.

*【界】| 田部 | jiè
4画 | 경계 계
名1지경. 경계. 2범위. ◇眼～/시야. ◇
管～/관할구역. 3계. 집단. ◇文艺～/문
예계. 4〈生〉계.〔생물 분류상의 최고 단
계〕5〈地質〉계.〔지질 시대의 대(代)에
해당하는 지층〕
【界碑－비】jièbēi 名경계비.
【界尺－척】jièchǐ 名직선자.〔눈금이 없음〕
【界河－하】jièhé 名경계를 이루는 하천.
【界面－면】jièmiàn 名계면.〔물체와 물체
가 접촉하는 면〕
【界石－석】jièshí 名경계비나 경계석.
【界说－설】jièshuō 名정의.〔'定义'의 옛말〕
*【界限－한】jièxiàn 名1한계. 경계. ◇～分
明/경계가 분명하다. 2끝. 한도. ◇跨 kuà
国公司的野心是没有～的/다국적 기업의
야욕은 끝이 없다.
【界限量规－한량규】jièxiàn liángguī 名한
계 게이지(gauge).
【界线－선】jièxiàn 名1경계선. 2(同)〔界限
1〕3(사물의) 테두리. 가장자리.
【界桩－장】jièzhuāng 名경계 말뚝.

【戒】| 戈部 | jiè
3画 | 경계할 계
1動경계하다. 조심하다. 2動타이르다. 훈
계하다. 3動끊다. 떼다. 중단하다. ◇～
烟/담배를 끊다. 4名계율.〔죄악을 범하
지 못하게 하는 규정〕5名〈佛〉계. 중이
지키는 행검(行檢). 6名반지.
【戒备－비】jièbèi 1動경계하다. ◇你对他
应有所～/너는 그를 좀 경계해야 한다. 2
名경비. 경계.
【戒尺－척】jièchǐ 名옛날 글방 선생이 학
생을 벌할 때 쓰던 목판(木板).
【戒除－제】jièchú 動(담배나 술 등 나쁜
습관을) 끊다. (反)〔沾染 zhānrǎn〕
【戒刀－도】jièdāo 名계도.〔옛날 승려가
가지고 다니던 칼〕
【戒牒－첩】jièdié 名〈佛〉도첩.
【戒忌－기】jièjì 1(同)〔禁 jìn 忌 1〕2動금
기해야 할 일에 대하여 경계심을 가지다.
【戒惧－구】jièjù 名경계하거나 두려워하는
마음.
【戒律－률】jièlǜ 名〈佛〉계율.
【戒条－조】jiètiáo 名(同)〔戒律 lǜ〕
【戒心－심】jièxīn 名경계심.
*【戒严－엄】jiè// yán 1動계엄령을 내리다.
2(jièyán)名계엄. (反)〔解 jiě 严〕

【戒指一只】jiè·zhi (～儿)반지.

【诫·誡】 讠部 7画 | 경계할 **계** | jiè

㊀㊁경고(하다). 권고(하다).

☆【届】 尸部 5画 | 이를 **계** | jiè

1㊁(때에) 이르다. (때가) 되다. 2㊂회 (回). 기(期). 차(次). 〔정기적인 회의 또는 졸업년차 따위에 쓰임. 일반 동작의 횟수에는 쓰이지 않음〕 ◇他参加了第二十四～奥林匹克运动会/그는 제24회 올림픽 대회에 참가했다.

【届满一만】jièmǎn ㊁임기가 차다.

【届期一기】jièqī ㊁기한이 되다.

【届时一시】jièshí ㊁그 때가 되다. ◇～务请出席/그 때가 되면 꼭 참석하십시오.

★【借·³,⁴藉】 亻部 8画 | 빌릴 **차** | jiè

1㊁빌다. 꾸다. ◇向图书馆一书/도서관에서 책을 빌리다. 2㊁빌려주다. 꾸어 주다. 빌리다. ◇把自行车一给我骑一下好吗?/자전거를 내가 탈 수 있게 잠깐만 빌려줄 수 있겠니? 3㊁핑계삼다. 구실삼다. ◇一'援助'之名, 行掠夺 lüěduó 之实/'원조'라는 것을 구실로 약탈을 일삼다. 4㊁의지하다. 기대다. (기회를) 타다. ◇～着灯光看书/불빛에 의지해 책을 보다.

【借词一사】jiècí ㊂차용어.

【借贷一대】jièdài 1㊁돈을 꾸다〔빌다〕. (同)〔借债 zhài〕, (反)〔归还 guīhuán〕 2㊂대변과 차변. 대차.

【借刀杀人一도살인】jiè dāo shā rén〈成〉(자기는 나서지 않고) 남을 이용하여 사람을 해치다.

【借调一조】jièdiào ㊁(필요에 따라) 일시적으로 다른 곳으로 파견 근무하다.

【借读一독】jièdú ㊁학적이 다른 학생이 어떤 학교에 임시로 수업을 받다.

【借端一단】jièduān ㊁트집을 잡다. 〔'借故生端'의 준말〕 ◇～生事/트집 잡아 문제를 일으키다.

【借方一방】jièfāng ㊂〈商〉차변(借邊). (反)〔贷 dài 方〕

【借风使船一풍사선】jiè fēng shǐ chuán〈喩〉다른 사람의 힘을 빌어 자기의 뜻을 이루다. (同)〔趁 chèn 风使帆 fān〕, (反)〔逆水行舟 nì shuǐ xíng zhōu〕

【借古讽今一고풍금】jiè gǔ fěng jīn〈成〉인물·사건을 평론하는 듯하면서 실제로는 현실을 풍자하다.

【借故一고】jiè//gù ㊁핑계를 대다. ◇他不想多谈就～走了/그는 더이상 말하기 싫어서 핑계대고 가 버렸다.

【借光一광】jiè//guāng ㊁1남의 덕을 보

다. 2〈套〉실례합니다. 미안합니다. ◇～让我过去/실례합니다만 좀 갑시다. ◇～, 厕 cè 所在哪里?/미안합니다만 화장실은 어디에 있습니까? 〔남에게 작은 부탁을 하거나 무엇을 물을 때 씀〕

【借花献佛一화헌불】jiè huā xiàn fó〈成〉남의 것으로 인심을 쓰다.

【借火一화】jiè// huǒ (～儿)㊁(담뱃)불을 빌리다.

【借机一기】jièjī ㊁기회를 타다.

*【借鉴一감】jièjiàn ㊁참고로 하다. 거울로 삼다. ◇有许多值得我们～的地方/우리가 거울로 삼아야 할 것이 많다.

【借镜一경】jièjìng (同)〔借鉴 jiàn〕

【借据一거】jièjù ㊂차용증서.

**【借口一구】jièkǒu 1㊁구실로 삼다. 핑계삼다. ◇他一另有约会, 提前走了/그는 다른 약속이 있다는 핑계로 먼저 갔다. 2㊂구실. 핑계. ◇找～/구실을 찾다.

【借款一관】jiè//kuǎn 1㊁돈을 빌다. ◇向银行～/은행에서 돈을 빌리다. 2㊁돈을 빌려주다. ◇银行一给他/은행에서 그에게 돈을 빌려주다. 3(jièkuǎn)㊂빌린 돈. 차관. 부채.

【借尸还魂一시환혼】jiè shī huán hún〈成〉죽은 사람의 혼이 죽은 다른 사람의 몸을 빌려 살아나다. 이미 소멸되거나 몰락한 사상·세력 따위가 새로운 형태로 부활하다.

【借书一서】jiè shū 책을 빌다〔대출하다〕.

【借宿一숙】jiè// sù 남의 집을 빌려서 자다.

【借题发挥一제발휘】jiè tí fā huī〈成〉어떤 일을 구실삼아 자기 의사를 말하다.

【借条一조】jiètiáo ㊂(약식의) 차용 증서. ◇你打个～给我/내게 차용증 하나를 써 주세요.

【借位一위】jiè// wèi ㊁〈数〉뺄셈을 할 때, 윗자리수에서 하나 빌려오다.

【借问一문】jièwèn〈敬〉실례하지만, 말씀 좀 묻겠습니다.

【借以一이】jièyǐ ㊂…에 의해서. …함으로써. ◇试举数例, ～说明问题的严重性/몇 가지 예를 들어 문제의 심각성을 설명하다.

【借用一용】jièyòng ㊁1차용하다. 빌려쓰다. ◇～一下你的电脑/당신의 컴퓨터를 좀 빌려 쓸게요. (反)〔归还 guīhuán〕 2전용하다.

【借阅一열】jièyuè ㊁빌려서 읽다. (도서를) 빌리다.

【借债一채】jiè// zhài 1㊁돈을 꾸다. ◇你可不能再～了/당신은 더이상 돈을 꿔서는 안 된다. 2(jièzhài)㊂빚.

【借账一장】jiè// zhàng (同)〔借债〕

【借支一지】jièzhī ㊁(급료 따위를) 가불하

다〔가불받다〕.

【借重-중】jièzhòng 동〈敬〉도움을 받다. 신세를 지다. ◇今后~您的地方还很多/앞으로 당신의 도움을 받을 곳이 많습니다.

*【借助-조】jièzhù 동(다른 사람 또는 사물의) 도움을 빌다. ◇~望远镜观察天体/망원경으로 천체를 관찰하다.

【藉】 ++部│jiè
　　　14画│깔 자

1〈文〉깔개. 자리. 2(자리 따위를) 깔다. 3(同)〔借 jiè 3, 4〕

【解(觧)】 角部│jiè
　　　　　 6画│풀릴 해

동호송하다. 압송하다. ◇起~/호송하다. ◇押~/압송하다. ⇒jiě, xiè

【解差-차】jièchāi 명옛날, 죄인을 호송하는 사람. 호송원.

【解送-송】jièsòng 동호송하다. 압송하다.

【褯】 衤部│jiè
　　　 10画│아이옷 자

【褯子-자】jiè·zi 명〈方〉기저귀.

巾 467	今 467	衿 467	矜 467	斤 467
金 467	津 469	筋 469	禁 469	襟 469
仅 469	尽 470	紧 470	堇 471	谨 471
锦 471	尽 471	烬 472	劲 472	进 472
近 473	妗 474	浸 474	晋 474	禁 474

jīn

【巾】 巾部│jīn
　　　 0画│수건 건

명천 조각. 행주. 수건. ◇头~/두건.

【巾帼-귁】jīnguó 명옛날, 부녀자들이 쓰던 두건. ◇~丈夫/여장부. (同)〔裙钗 qúnchāi〕, (反)〔须眉 xūméi〕

【巾帼英雄-귁영웅】jīnguó yīngxióng 명여장부. 여걸.

【巾箱本-상본】jīnxiāngběn 명건상본. 〔소형의 고서를 일컫는 말〕

【今(仐)】 人部│jīn
　　　　　 2画│이제 금

1명지금. 현재. 현대. ◇当~世界/지금 세상. 2형지금의. 현재의. 현대의. ◇~晚/오늘 저녁. 3〈文〉대이. ◇~番/금번. 이번.

【今草-초】jīncǎo 명금초. 초서(草书)의 일종.

☆【今后-후】jīnhòu 명금후. 지금 이후. ◇~的任务/금후의 임무. (同)〔此 cǐ 后〕〔以前 yǐqián〕 비교今后:以后 "今后"는 발화시점부터 시작한 앞으로의 시간이다. 막연한 미래의 시간에는 쓰지 않는다. ◇这件事等(×今后)以后开会商量吧/이 일

은 앞으로 회의 때 상의하도록 하자.

★【今年-년】jīnnián 명금년.

【今儿-아】jīnr 명〈方〉오늘.

【今人-인】jīnrén 명현대인. (同)〔世 shì 人〕, (反)〔古 gǔ 人〕

**【今日-일】jīnrì 명오늘. ◇~停业/오늘 영업을 하지 않는다.

【今生-생】jīnshēng 명이 한 평생. (同)〔今世 shì〕, (反)〔前 qián 生〕

【今世-세】jīnshì 명1현대. (同)〔当代 dāngdài〕 2(同)〔今生 shēng〕

★【今天-천】jīntiān 명1오늘. ◇~是星期日/오늘은 일요일이다. (同)〔今日 rì〕 2현재. 지금. ◇我们的~是老一辈为我们创造的/우리의 오늘날은 옛 세대들이 우리들을 위해 창출한 것이다. (同)〔今日 rì〕, (反)〔过去 guòqù〕

【今文-문】jīnwén 명한대(汉代) 당시에 통용되었던 예서(隶书)체 문자를 일컫던 말.

【今昔-석】jīnxī 명금석. 현재와 과거.

【今译-역】jīnyì 명고대 문헌의 현대어 번역.

【今音-음】jīnyīn 명〈言〉1현대의 어음(语音). 2《切韵》이나 《广韵》등의 운서(韵书)로 대표되는 수당(隋唐)시대의 음.

【今朝-조】jīnzhāo 명1〈方〉오늘. 2현재. 지금.

【衿】 衤部│jīn
　　　 4画│옷깃 금

명1옷섶. 2〈文〉옷고름. 옷을 매는 띠.

【矜】 矛部│jīn
　　　 4画│교만할 긍

동1불쌍히 여기다. 2자랑하다. 우쭐하다. 자만하다. 3신중히 하다. 조심하다.

【矜持-지】jīnchí 동1자중하다. 2거북살스럽다. 딱딱해지다.

【矜夸-과】jīnkuā 동거만하게 굴다.

★【斤(觔)】 斤部│jīn
　　　　　　 0画│근 근

1양근. 무게의 단위. 〔1'(市)斤'은 10'(市)两' 약 500그램. 옛날, 1'斤'은 16량(两), 596.816그램〕 2접미'斤'으로 셀 수 있는 물건에 붙는 말. ◇煤~/석탄. 3명〈文〉도끼.

【斤斗-두】jīndǒu 명〈方〉곤두박질.

【斤斤-근】jīnjīn 동(자질구레하거나 중요하지 않은 일을) 지나치게 따지다.

【斤斤计较-근계교】jīnjīnjìjiào 〈成〉(자질구레한 일을) 지나치게 따지다. (同)〔锱铢必较 zī zhū bì jiào〕, (反)〔豁达大度 huòdá dàdù〕

【斤两-량】jīnliǎng 명1중량. 2(말이나 태도 따위의) 무게.

☆【金】 金部│jīn
　　　 0画│쇠 금, 성 김

1명금속. 〔금·은·동·철 따위〕 ◇五〜商店/철물점. **2**명돈. ◇现〜/현금. **3**옛날, 금속으로 만든 (징 따위의) 타악기 또는 무기. **4**명금. 황금. ◇黄〜/황금. ◇〜光大道/금빛 찬란한 길. **5**〈喩〉귀중·진귀함을 비유. **6**명금빛(의). 노란색(의). **7**(Jīn)명〈史〉금. 여진족(女眞族) 완안 아골타(完顏阿骨打)가 1115년에 세운 나라. **8**(Jīn)명성(姓).

【金榜─방】jīnbǎng 명옛날, 전시(殿試)에 합격한 사람의 명단을 게시한 방. 〔노란 종이를 사용함〕

【金镑─방】jīnbàng 명파운드(pound)의 별칭.

【金本位─본위】jīnběnwèi 명〈經〉금본위 (화폐 제도).

【金笔─필】jīnbǐ 명금촉 만년필.

【金币─폐】jīnbì 명금화.

【金碧辉煌─벽휘황】jīnbì-huīhuáng 건축물이 눈부시게 화려하다.

【金箔─박】jīnbó 명금박.

【金不换─불환】jīnbùhuàn 〈喩〉금하고도 안 바꾸는 매우 귀중한 것. ◇他爸爸所藏的那幅画是〜/그의 아버지가 소장한 그 그림은 아주 소중한 것이다.

【金灿灿─찬찬】jīncàncàn (〜的)형금빛 찬란하다.

【金蝉脱壳─선탈각】jīnchán tuō qiào 〈成〉남이 눈치채지 못하게 모습을 감추다.

【金城汤池─성탕지】jīn chéng tāng chí 〈成〉금성 철벽. (同)〔固若 gùruò 金汤〕, (反)〔不堪一击 bùkān yī jī〕

【金疮─창】jīnchuāng 명〈中醫〉금창. 날붙이에 의한 상처.

*【金额─액】jīn'é 명금액.

【金饭碗─반완】jīnfànwǎn 〈喩〉수입이 매우 좋은 자리. 노른자위. ◇她丈夫的位子是个〜/그녀 남편의 자리는 노른자위다.

【金刚─강】jīn'gāng 〈略〉〈佛〉금강역사(金剛力士).

【金刚怒目─강노목】jīn gāng nù mù 〈成〉무시무시하고 흉악스런 얼굴.

【金刚砂─강사】jīn'gāngshā 명금강사.

【金刚石─강석】jīn'gāngshí 명〈礦〉금강석. 다이어몬드.

【金刚钻─강찬】jīn'gāngzuàn (同)〔金刚石 shí〕

【金糕─고】jīngāo 명고급 아가위 떡. 〔山查糕 shānzhāgāo〕

【金工─공】jīngōng 명각종 금속가공의 일.

【金瓜─과】jīnguā 명**1**〈植〉호박의 일종. **2**옛날, 무기의 일종.

【金龟─귀】jīnguī 명〈動〉남생이.

【金龟子─귀자】jīnguīzǐ 명〈虫〉풍뎅이.

【金贵─귀】jīn·guì 형귀하다. 귀중하다.

【金衡─형】jīnhéng 명영국·미국에서 쓰는 금은 등의 귀금속을 재는 중량 단위. 트로이(troy).

【金煌煌─황황】jīnhuānghuāng (〜的)형금빛 찬란한 모양.

*【金黄─황】jīnhuáng 명〈色〉황금색〔빛〕.

【金婚─혼】jīnhūn 명금혼(식). 결혼 50주년.

【金鸡独立─계독립】jīn jī dú lì 명외발로 서는 무술 자세의 하나.

【金奖─장】jīnjiǎng 명일등상. 대상. 〔주로 황금컵을 상품으로 한다〕

【金科玉律─과옥률】jīn kē yù lǜ 〈成〉금과옥조.

【金口玉言─구옥언】jīn kǒu yù yán 〈成〉매우 소중한 말.

【金库─고】jīnkù 명국고.

【金兰─란】jīnlán 명**1**돈독한 우정. **2**옛날, 의형제를 맺는 일.

【金莲─련】jīnlián (〜儿)명옛날, 전족을 한 부녀자의 발.

【金銮殿─란전】jīnluándiàn 명당대(唐代)의 궁전 이름. 황제가 정사를 보는 궁전.

【金迷纸醉─미지취】jīn mí zhǐ zuì 〈成〉방탕하고 사치스러운 생활.

【金牛座─우좌】jīnniúzuò 명〈天〉황소자리.

【金瓯─구】jīn'ōu 명금속제 술잔. 〈喩〉완전한 국토.

*【金牌─패】jīnpái 명금메달.

*【金钱─전】jīnqián 명금전. 돈.

【金枪鱼─창어】jīnqiāngyú 명〈魚介〉참치.

【金融─융】jīnróng 명금융. ◇〜市场/금융시장.

【金石─석】jīnshí 명**1**금속과 돌. **2**〈喩〉매우 굳고 단단한 것. ◇精诚所至, 〜为开/지성이라면 금석일지라도 쪼갤 수 있다. 의지가 굳세면 어떤 어려움도 극복할 수 있다. **3**동기와 비석.

☆【金属─속】jīnshǔ 명금속.

【金属探伤─속탐상】jīnshǔ tànshāng 명탐측기를 이용하여 금속 내부의 결함을 찾아내는 한 방법.

【金丝猴─사후】jīnsīhóu 명〈動〉원숭이의 일종. 〔중국 섬서성(陝西省)의 원시림에 살며, 사지와 등에 걸쳐 금색의 부드러운 털로 덮여 있음〕

【金松─송】jīnsōng 명〈植〉금송. 〔키가 큰 상록 교목〕

【金汤─탕】jīntāng (同)〔金城 chéng 汤池 chí〕

【金条─조】jīntiáo 명길쭉한 금괴.

【金文─문】jīnwén 명금문. 〔옛 동기(銅器) 등에 새겨져 있는 글자〕

【金乌一오】jīnwū 명태양. 〔전설에 태양 안에는 세 발의 까마귀가 있다 함〕

【金星一성】jīnxīng 명1〈天〉금성. 2금빛 오각별 모양. 3(어지럼증을 느낄 때) 눈 앞에 보이는 별같은 것.

∗∗【金鱼一어】jīnyú 명〈魚介〉금붕어.

【金玉一옥】jīnyù 명1금과 옥. 2〈喩〉아름답고 귀한 것.

【金针一침】jīnzhēn 명1바늘. 봉침. 2침구용 침.

【金针菜一침채】jīnzhēncài 명1〈植〉원추리. 2원추리의 꽃.

【金枝玉叶一지옥엽】jīn zhī yù yè〈成〉금지옥엽. 1황족. 2상류층의 자녀.

【金字塔一자탑】jīnzìtǎ 명피라밋. 금자탑.

【金字招牌一자초패】jīnzì zhāopái 1금박으로 쓴 간판. 2자본금이 넉넉하고 신용 있는 상점. 3남에게 과시하기 위한 이름이나 직함.

【金子一자】jīn·zi 명금. 금괴.

【津】 氵部 | jīn
6画 | 진액 **진**
1명침. 타액. ◇~液/타액. 2명땀. ◇遍体生~/온몸에 땀이 나다. 3형윤택하다. 4명나루터.

【津津一진】jīnjīn 형1맛이 좋다. 2흥미 진진하다. 3흘러나오는 모양.

【津津乐道一진락도】jīn jīn lè dào 흥미 진진하게 이야기하다.

∗【津津有味一진유미】jīn jīn yǒu wèi 흥미 진진하다. 대단히 맛이 좋다. ◇吃得~/맛있게 먹다. ◇这个故事他们听得~/그들은 이 이야기를 흥미진진하게 듣고 있다. (反)〔索然无味 suǒránwúwèi〕

【津梁一량】jīnliáng 명〈文〉1나루와 다리. 2〈喩〉다리 역할을 하는 것. 길잡이.

∗【津贴一첩】jīntiē 명1수당. 보조금. ◇出差~/출장 보조금. ◇学校从政府领~/학교는 정부로부터 보조금을 받는다. 2동수당을 지급하다. ◇每月~他一些钱/매달 그에게 보조금을 좀 주다.

【津要一요】jīnyào 명〈文〉1요충지. 2요직(에 있는 사람).

【津液一액】jīnyè 명〈中医〉1진액. 2침. 타액.

∗【筋(觔)】 竹部 | jīn
6画 | 힘줄 **근**
명1근육. 힘살. 2(~儿)힘줄. ◇牛蹄tí~/소힘줄. 3(겉으로 보이는) 정맥 혈관. 4(~儿)힘줄같이 생긴 것. ◇钢~/철근.

【筋道一도】jīn·dao 〈方〉1형쫄깃쫄깃하다. (음식이) 질기다. ◇这面吃到嘴里挺~/이 국수를 먹어보니 정말 쫄깃쫄깃하구나. 2형(노인 몸이) 튼튼하다.

【筋斗一두】jīndǒu 명곤두박질. ◇摔 shuāi ~/곤두박질하다.

【筋骨一골】jīngǔ 명〈生理〉근골. 근육과 뼈. 보통 체격을 가리키는 말.

【筋节一절】jīnjié 명1〈喩〉(문장이나 말에서의) 중요한 대목. 요점. 2근육과 관절.

【筋疲力尽一피력진】jīn pí lì jìn〈成〉기진맥진하다. (同)〔力尽筋疲〕

【筋肉一육】jīnròu 명근육.

【禁】 示部 | jīn
8画 | 금할 **금**
동1견디다. 감당하다. 이겨내다. ◇弱不~风/바람도 이겨내지 못할 정도로 허약하다. ◇这双鞋~穿/이 신발은 질기다. 2참다. ◇不~/참지 못하다. ⇒jìn

【禁不起一불기】jīn·bu qǐ (주로 사람이) 이겨내지 못하다. ◇~考验/시련을 이겨내지 못한다. (同)〔禁不住 zhù〕, (反)〔禁得 ·de 起〕

【禁不住一불주】jīn·bu zhù 1(사람이나 사물이) 이겨내지 못하다. 견디지 못하다. ◇你快下来, 这个架子~了/어서 내려와, 이 선반이 못 견딘다. 비교禁不住:管不住 상대방을 통제할 수 없을 때는 "禁不住"를 쓰지 않는다. ◇以前他特别听我的话, 现在我(×禁不住)管不住他了/옛날에는 그가 내 말을 너무 잘 듣더니, 지금은 내가 그를 단속하지 못하겠다. 2참지 못하다. 자신도 모르게. ◇听到这个坏消息, 她~鼻子一酸, 哭了起来/이 불길한 소식을 듣고 그녀는 못 참고 코가 시큰하더니 울기 시작했다.

【禁得起一득기】jīn·de qǐ (주로 사람이) 이겨낼 수 있다. (同)〔禁得住〕, (反)〔禁不起〕 ◇再艰难的环境我们也~/아무리 어려운 환경일지라도 우리는 이겨낼 수 있다.

【禁得住一득주】jīn·de zhù (사람이나 사물이) 이겨낼 수 있다.

【禁受一수】jīnshòu 동견디다. 버티다. ◇~不住打击/그 타격에 견디지 못했다.

【襟】 衤部 | jīn
13画 | 옷깃 **금**
명1옷깃. 옷섶. 2가슴속. 마음. 생각. 3동서.

【襟怀一회】jīnhuái 명흉금. 의지. 포부.

jǐn

☆【仅·僅】 亻部 | jǐn
2画 | 겨우 **근**
부다만. 단지. ◇我们~去过泰山, 没去过黄山/우리는 태산에만 가 봤을 뿐 황산에는 못 가봤다.

【仅见一견】jǐnjiàn 극히 드물게 보이다.

☆【仅仅一근】jǐnjǐn 부단지. …만. ◇在这些人里, 我~认识你/이 사람들 가운데서 나

는 너만 알 뿐이다.

【仅只–지】jǐnzhǐ (同)〔仅仅〕

☆【尽·儘】尸部 3画 jǐn 다할 진

1(부)되도록. 최대한. 힘 닿는 대로. ◇～可能地减少错误/되도록 실수를 줄이도록 하겠다. 2(동)…의 한도(범위) 내에서 하다. ◇～着三天把事情办好/3일 안에 이 일을 다해 놓으시오. 3(동)먼저 …하도록 하다. ◇先～旧衣服穿/우선 헌 옷부터 입다. 4(접두)맨. 제일.〔방위(方位)를 나타내는 말 앞에 쓰임〕◇～底下/맨 아래. ◇～北边/맨 북쪽. (同)〔最 zuì〕5(부)〈方〉줄곧. 내내. ◇这几天～下雨/요 며칠 줄곧 비가 온다. ⇒jìn

☆【尽管–관】jǐnguǎn 1(부)얼마든지. 마음놓고. ◇有什么问题～问/무슨 문제가 있으시면 얼마든지 물어보십시오. ◇你～拿吧/얼마든지 가져가세요. 2(부)〈方〉늘. 그냥. ◇有病早些治，～耽搁 dān·ge 着也不好/병이 있으면 빨리 고쳐야지, 그냥 놔두면 좋지 않다. 3(접)비록 …라 하더라도, …에도 불구하고.〔주로‘但(是)’‘然而’따위와 호응하여 쓰임〕◇～旱情严重，今年的小麦还是丰收了/비록 가뭄이 심각했으나 올해의 밀은 그래도 풍작을 거두었다. ◇他一身体不好，仍然坚持工作/그는 몸이 비록 좋지 않지만 여전히 일을 계속했다. (비교)尽管:不管 "尽管"은 양보문에 쓰이지 무조건을 나타내는 조건 복문에 쓰지 않는다. ◇大家(×尽管)不管有什么问题，都找他帮忙/모두들 무슨 문제가 생기기만 하면 다 그를 찾아 도움을 청한다.

*【尽快–쾌】jǐnkuài (부)되도록 빨리. ◇请～答复/되도록 빨리 회답을 주세요.

☆【尽量–량】jǐnliàng (부)가능한 한. 최대한. ◇请大家～发表意见/모두들 의견을 제시하세요. ◇～采用先进技术/가능한 한 선진 기술을 도입하다.

【尽让–양】jǐnràng (명)(동)〈方〉양보(하다).

【尽先–선】jǐnxiān (부)가장 우선적으로.

【尽早–조】jǐnzǎo (부)되도록 빨리. ◇～写回信/되도록 빨리 답장을 쓰다.

【尽自–자】jǐn·zi (부)〈方〉늘. 항상. ◇要设法解决，别～诉苦/방법을 강구해서 해결해야지, 계속 하소연하지 마.

★【紧·緊】糸部 4画 jǐn 단단할 긴

1(형)팽팽하다. ◇把绳子拉得很～/끈을 매우 팽팽하게 잡아당기다. (反)〔松 sōng〕2(형)단단하게 하다. 단단해서 움직이지 않다. ◇捏～笔杆/붓대를 꽉 쥐다. ◇眼睛～盯 dīng 住他/그를 지그시 바라본다. ◇～记着，别忘了/단단히 기억하고 잊지

말아라. 3(동)(바짝) 죄다. 조이다. (팽팽히) 잡아당기다. ◇～一～背包带/가방끈을 조이다. (反)〔松 sōng〕4(형)(옷·신 따위가) 너무 작다. 끼다. 꼭 끼다. 빡빡하다. 좁다. 쓸다. ◇抽屉～，拉不开/서랍이 빡빡해서 열리지 않다. (反)〔松 sōng〕5(부)바짝. 바싹. 바로 곁에. ◇～靠着他坐/그에게 바싹 붙어 앉았다. 6동작이 전후로 밀접하게 연결되어 있는 것을 나타냄. ◇一个胜利～接着一个胜利/하나의 승리가 다른 승리로 이어지다. 7(형)(상태나 정세가) 급박하다. 절박하다. ◇状况甚～/상황이 몹시 급박하다. 8(형)(생활이) 어렵다. ◇这个月用项多一些，手头显得～一点/이번 달에는 쓰임새가 좀 많아 주머니 사정이 좀 어렵다. (反)〔松 sōng〕

【紧巴巴–파파】jǐnbābā (～的)(형)1(옷 따위가) 꼭 낀. 팽팽한. (가득 차서) 빠듯한 모양. ◇衣服太小，～贴在身上/옷이 너무 작아서 몸에 꼭 꼈다. ◇没洗脸, 脸上～的/세수하지 않아서 얼굴이 뻣뻣하다. 2(경제상태가 좋지 않아) 곤궁한 모양.

【紧绷绷–붕붕】jǐnbēngbēng (～的)(형)1팽팽하게 켕긴 모양. 꽉 죈 모양. 2긴장하여 표정이 부자연스러운 모양.

【紧凑–주】jǐncòu 1(형)잘 짜이다. 빈틈없다. ◇这间房间的家具布置得很～/이 방의 가구 배치가 짜임새가 있다. (反)〔松散 sōngsǎn〕

【紧箍咒–고주】jǐngūzhòu (명)사람을 복종시키는 유효한 수단.〔삼장법사가 말을 듣지 않는 손오공에게 외우는 주문〕

⋇⋇【紧急–급】jǐnjí (형)긴급하다. 절박〔긴박〕하다. ◇～措施/긴급조치. (비교)紧急:紧急 빠른 속도로 차가 달리는 것에는 "紧急"를 쓰지 않는다. ◇列车(×紧急)急速地行驶着/열차가 빠른 속도로 달리고 있다.

【紧邻–린】jǐnlín (명)가까운 이웃.

【紧锣急鼓–라급고】jǐn luó jí gǔ 〈成〉(장면이나 상황이) 긴박하다.

【紧锣密鼓–라밀고】jǐn luó mì gǔ 〈成〉대중 운동을 일으키기 전에 여론이나 분위기를 조성하다.

⋇⋇【紧密–밀】jǐnmì 1(형)긴밀하다. 빈틈없다. ◇～合作/빈틈없는 협력. (同)〔密切 qiè〕, (反)〔松散 sōngsǎn〕2(형)잦다(빈틈없다). 잦다. ◇枪声十分～/총소리가 매우 잦다. (同)〔密集 jí〕, (反)〔稀疏 xīshū〕(비교)紧密:密切:亲密 ①"关系"는 "紧密"와 결합하지 않는다. ◇他们之间的关系特别(×紧密)密切/그들 사이의 관계가 유난히 가깝다. ②두 사람의 사이가 좋은 것에는 "紧密"를 쓰지 않는다. ◇他们夫妻俩非常(×紧密)亲密/그들 부부는 사이가

무척 좋다.

*【紧迫—박】jǐnpò 형긴박하다. 급박하다. ◇形势十分~/시국이 매우 긴박하다. (同)〔紧急 jí〕, (反)〔宽舒 kuānshū〕

【紧缺—결】jǐnquē 형물자 부족에 시달리다. ◇资金~/자금이 빠듯하다.

【紧身儿—신아】jǐn·shenr 1명내의. 속옷. 2형(의복 따위가) 몸에 꼭 맞다〔착 달라붙다〕.

*【紧缩—축】jǐnsuō 동긴축하다. 축소하다. 줄이다. ◇~贷款/대출을 줄이다. (同)〔缩小 xiǎo〕, (反)〔扩大 kuòdà〕

【紧要—요】jǐnyào 형긴요하다. 중대하다. ◇~关头/중대한 고비.

★【紧张—장】jǐnzhāng 1형(정신적으로) 긴장해 있다. 스트레스를 받다. (흥분하여) 불안하다. ◇第一次登台，免不了 liǎo 有些~/처음 무대에 올라가면 긴장하지 않을 수 없다. ◇他最近一直很~/그는 근래 계속 스트레스를 많이 받고 있다. (反)〔轻松 qīngsōng〕 2형바쁘다. 긴박하다. ◇~的战斗/긴박한 전투. ◇日程安排得太~/일정을 너무 빡빡하게 잡았다. 3형(돈·물품공급 등이) 부족하다. ◇这几天鸡蛋供应有点~/요며칠 계란공급이 약간 부족하다. (反)〔方便 fāngbiàn〕

【紧着—착】jǐn·zhe 동서두르다. ◇明天就是彩排，我们得~练/내일 바로 예행연습인데 우리 서둘러서 연습해야 돼.

【紧自—자】jǐn·zi (同)〔尽 jǐn 自〕

【堇】艹部 jǐn
8画 진흙 근

【堇菜—채】jǐncài 명〔植〕제비꽃. 오랑캐꽃.

【堇色—색】jǐnsè 명옅은 보라색.

【谨·謹】讠部 jǐn
11画 삼갈 근

1형삼가다. 조심하다. 신중하다 2부공손히. 정중하게. 삼가.

【谨饬—칙】jǐnchì 형〈文〉근신하다. 조심성 있다.

【谨防—방】jǐnfáng 동경계하다. 조심하다. ◇~扒 pá 手/소매치기를 조심하세요.

**【谨慎—신】jǐnshèn 형신중하다. (同)〔当心 dāngxīn〕, (反)〔失 shī 慎〕

【谨小慎微—소신미】jǐn xiǎo shèn wēi 〈成〉지나치게 사소한 것에 신경을 써 사람이 위축되다. (反)〔胆大妄为 dǎn dà wàng wēi〕

【谨严—엄】jǐnyán 형근엄하다. (反)〔放肆 fàngsì〕

【锦·錦】钅部 jǐn
8画 비단 금

1명(색채와 무늬가 있는) 비단. 2형화려하다. 눈부시다.

【锦标—표】jǐnbiāo 명우승패. 우승컵. 우승기 따위.

【锦标赛—표새】jǐnbiāosài 명선수권 대회.

【锦缎—단】jǐnduàn 명수를 놓은 비단.

【锦鸡—계】jǐnjī 명〈鳥〉금계.

【锦葵—규】jǐnkuí 명〔植〕당아욱. 금규.

【锦纶—륜】jǐnlún 명나일론.

【锦囊妙计—낭묘계】jǐn náng miào jì 〈成〉긴급한 때를 대비하여 미리 마련해 둔 묘책.

【锦旗—기】jǐnqí 명우승기.

【锦上添花—상첨화】jǐn shàng tiān huā 〈成〉금상첨화. (反)〔雪上加霜 xuě shàng jiā shuāng〕

【锦心绣口—심수구】jǐn xīn xiù kǒu 〈成〉문사(文辭)가 화려함을 형용.

*【锦绣—수】jǐnxiù 명1금수. 비단에 놓은 수. 2〈喩〉아름다운 것. ◇~江山/금수강산.

jìn

☆【尽·盡】尸部 jìn
3画 다할 진

1동다하다. ◇~心/마음을 다하다. ◇想~各种方法/온갖 방법을 다 생각해 보다. 2동〈文〉죽다. ◇自~/자살하다. ◇同归于~/다 함께 죽다. 3동극치에 달하다. 최고에 달하다. ◇山穷水~/막다른 골목에 다다르다. 4동다 쓰다. 모두 사용〔발휘〕하다. ◇~最大努力/최대한 노력을 발휘하다. 5동(임무 또는 책임을) 다하다. 완성하다. ◇~责任/책임을 다하다. 6형전부의. 모든. ◇~数收回/있는 대로 모든 것을 회수했다. 7부전부. 모두. ◇这些话不~可靠/이런 말들을 전부 다 믿을 수는 없다. ⇒jǐn

*【尽力—력】jìn//lì 동힘을 다하다. ◇我们一定~支援/우리는 꼭 전력을 다해 지원할 것이다.

【尽力而为—력이위】jìnlì ér wéi 〈成〉있는 힘을 다해서 하다.

【尽量—량】jìnliàng 동양을 다 채우다. 실컷하다. ◇啤酒有的是，~喝/있는 게 맥주니까 실컷 마셔라.

【尽情—정】jìnqíng 동마음껏 …하다. ◇村里的人在~地欢笑/마을 사람들은 마음껏 기쁜 마음으로 웃고 있다.

【尽然—연】jìnrán 동모두 그렇다. 〔부정적인 표현에 쓰임〕◇未必~/반드시 그런 것은 아니다.

【尽人皆知—인개지】jìn rén jiē zhī 〈成〉모르는 사람이 없다. (同)〔大名鼎鼎 dà míng dǐng dǐng〕, (反)〔默默无闻 mò mò wú wén〕

【尽人事一인사】jìn rénshì 인사(人事)를 다하다.〔사람이 할 수 있는 바의 최선을 다하다〕

【尽善尽美一선진미】jìn shàn jìn měi〈成〉완전 무결하다. (同)〔十全 shíquán 十美〕, (反)〔美中不足 měi zhōng bù zú〕

【尽数一수】jìnshù 〔副〕모두. 전부.

【尽头一두】jìntóu 막바지. 말단. ◇胡同 hú·tòng 的~是一家小吃店/골목 끝에는 어떤 분식집이 있다. (同)〔终点 zhōngdiǎn〕, (反)〔开端 kāiduān〕

【尽心一심】jìn//xīn 〔動〕마음을 다하다.

【尽兴一흥】jìn//xìng 〔動〕흥을 다하다. 마음껏 즐기다〔놀다〕. (反)〔扫兴 sǎo xìng〕

【尽职一직】jìn//zhí 〔動〕직책을〔직무를〕다하다. (反)〔渎 dú 职〕

【尽忠一충】jìn//zhōng 〔動〕1충성을 다하다. 2목숨을 바쳐 충성하다.

【焜·燼】^{火部} jìn
6画 깜부기불 신
〔動〕재. 타고 남은 찌꺼기. ◇灰~/재.

☆【劲·勁(勍)】^{力部} jìn
5画 굳셀 경
〔動〕1(~儿)힘. ◇~儿大/힘이 세다. 2사기. 의욕. ◇我就喜欢青年人的那股冲~儿/나는 바로 젊은이의 저런 패기를 좋아한다. 3(~儿)기색. 표정. 모양. 꼴. 태도. ◇瞧他那股骄傲 jiāo·ào ~儿/그의 저 오만한 꼴 좀 봐. 4재미. 흥미. ◇跟他说话没~, 不如散步去/그와 말하는 게 재미가 없으니 산책가는 게 낫겠다. ⇒jìng

＊【劲头一두】jìntóu (~儿)〔動〕1힘. ◇战士们身体好, ~儿大, 个个都像小老虎/병사들이 건강하고 힘이 세 모두들 호랑이 같다. 2열의. 의욕. 열정. 정력. ◇他们学习起来~十足/그들의 학습 열기가 넘쳐 흐른다.

★【进·進】^{辶部} jìn
4画 나아갈 진
1〔動〕나아가다. 전진하다. ◇向前~/앞으로 나아가다. (反)〔退 tuì〕2〔動〕(바깥으로부터 안으로) 들다. (同)〔入 rù〕, (反)〔出 chū〕◇请~/들어오십시오. ◇~学校/학교에 들어가다. 입학하다. 3〔動〕들여놓다. 들이다. ◇~货/화물을 들이다. 4〔動〕올리다. 바치다. 드리다. 5동사의 뒤에 붙어 동작이 밖에서 안으로 들어감을 표시함. ◇走~会场/회의장으로 걸어 들어가다. ◇住~新楼/새 건물에 입주하다. 6〔量〕채. 동. 집이 줄을 지어 늘어선 것을 세는 양사. ◇第三~房子是会议室/제3동 건물이 회의실이다.

【进逼一핍】jìnbī 〔動〕(군대가) 앞으로 바짝 압박하다. (反)〔后退 hòutuì〕

【进兵一병】jìn//bīng 〔動〕진군하다. (同)〔进军 jūn〕, (反)〔撤 chè 兵〕

☆【进步一보】jìnbù 1〔動〕향상(하다). 발전(하다). 진보(하다). ◇~快/빨리 향상되다. ◇虚心使人~/사람이 겸손하면 발전하게 된다. (同)〔上 shàng 进〕, (反)〔退步 tuìbù〕〔比较〕进步:发达 사업의 발전에는 "进步"를 쓰지 않는다. ◇那个国家的工业比较(×进步)发达/그 국가의 공업은 상당히 발전했다. 2〔形〕진보적이다. ◇~的思想/진보적 사상. (反)〔保守 bǎoshǒu〕

【进餐一찬】jìn//cān 〔動〕식사를 하다.

＊【进程一정】jìnchéng 〔動〕(사건·행위의) 경과. 발전과정. 코스(course). ◇历史的~/역사의 발전 과정.

【进尺一척】jìnchǐ 〔動〕〈礦〉(채굴·굴진 등의) 진척 속도.

【进出一출】jìnchū 1〔動〕출입하다. 드나들다. 2〔名〕수입과 지출. 수지(收支).

【进出口一출구】jìnchūkǒu 〔名〕1수출입. 2출구와 입구.

【进抵一저】jìndǐ 〔動〕(군대가) 전진하여 …에 이르다.

【进度一도】jìndù 〔名〕진도.

＊【进而一이】jìn'ér 〔副〕더욱. 나아가. 진일보하여. ◇先提出计划, ~提出实施措施 cuòshī/우선 계획을 제시하고 나아가서 실현방법을 제시하세요.

【进发一발】jìnfā 〔動〕(차·배 또는 모인 사람들이) 출발하다. 전진하다. ◇列车向南京~/기차는 남경으로 발진했다.

【进犯一범】jìnfàn 〔動〕(적군이) 침범하다. (同)〔侵 qīn 犯〕, (反)〔保卫 bǎowèi〕

☆【进攻一공】jìngōng 1〔動〕공격(하다). 진격(하다). ◇向敌阵~/적진을 향해 진격하다. 2〔動〕공세를 취하다. (同)〔进击 jī〕, (反)〔防守 fángshǒu〕

【进贡一공】jìn//gòng 〔動〕1공물을 바치다. 2뇌물을 주어 편의를 봐 달라고 하다.

☆【进化一화】jìnhuà 〔動〕진화(하다). ◇~的过程/진화의 과정. (反)〔退 tuì 化〕

【进化论一화론】jìnhuàlùn 〔名〕진화론.

【进货一화】jìn//huò 〔動〕입하(入荷)하다.

【进击一격】jìnjī 〔動〕진격하다.

【进见一견】jìnjiàn 〔動〕알현하다. 배알하다.

＊＊【进军一군】jìnjūn 〔動〕진군하다.

☆【进口一구】jìn//kǒu 〔動〕1입항하다. (反)〔出 chū 口〕2수입하다.

【进口一구】jìnkǒu 〔名〕입구.

【进款一관】jìnkuǎn 〔名〕(개인·가정·단체 등의) 수입.

★【进来一래】jìn//·lái 〔動〕들어오다. ◇请~/들어 오십시오. ◇有一个人从外面跑进教室来

/한 사람이 바깥에서 교실로 뛰어들어 왔다. (同)〔进入 rù〕, (反)〔出去 chūqù〕

【进来－래】// ·jìn// ·lái 동사 뒤에 쓰여 화자가 있는 안으로 들어옴을 나타냄. ◇烟冲～了/연기가 확 들어왔다.

【进门－문】jìnmén 통1문에 들어서다. 2입문하다. 첫경험을 쌓다. 3시집가다.

＊【进取－취】jìnqǔ 통진취하다. ◇～心/진취심. ◇人要有～的精神/사람은 진취적인 정신을 가져야 한다. (同)〔上 shàng 进〕, (反)〔退步 tuìbù〕

★【进去－거】jìn// ·qù 통들어가다. ◇你～看看, 我在门口等着你/들어가 봐라, 내가 입구에서 기다리고 있을 게. (同)〔进入 rù〕, (反)〔出来 chūlái〕

★【进去－거】// ·jìn// ·qù 동사 뒤에 쓰여 안으로 들어감을 나타냄. ◇把桌子搬～/탁자를 안으로 옮기었다.

☆【进入－입】jìnrù 통(어떤 범위 또는 시기에) 진입하다. ◇～新阶段/새로운 단계에 진입했다. (同)〔进来 lái〕, (反)〔出来 chūlái〕 旦显进入:搬 "进入"는 "把" 자문에 쓰지 않는다. ◇下雨了, 他们赶紧把苹果(×进入)搬进了大棚里/비가 오자 그들은 서둘러 급히 사과를 큰 천막 안으로 옮겼다.

【进深－심】jìn·shen 명(뜰이나 건물의) 앞깊이. 안길이.

【进食－식】jìnshí 통식사하다. (反)〔绝 jué 食〕

【进士－사】jìnshì 명진사.

【进退－퇴】jìntuì 명1진퇴. 2나아가야 할 때와 물러설 때.

【进退两难－퇴양난】jìn tuì liǎng nán 〈成〉진퇴 양난. (同)〔进退维 wéi 谷 gǔ〕, (反)〔进退自 zì 如 rú〕

【进退维谷－퇴유곡】jìn tuì wéi gǔ (同)〔进退两 liǎng 难 nán〕

【进位－위】jìnwèi 통〈數〉자릿수를 올리다.

【进香－향】jìn// xiāng 통(불교도나 도교 도가) 성지나 명산의 사원에 참배하여 향을 피우다.

【进项－항】jìn·xiang 명수입. ◇工人的～有了增加/노동자의 수입이 늘어났다.

★【进行－행】jìnxíng 통1진행하다. (어떠한 활동을) 하다. ◇～访问/방문을 하다. ◇工作～得怎么样?/일은 어떻게 진행되어 가니? 旦显a)지속적이면서 공식적인 행위에 쓰이고, 일시적이고 일상적인 행위에는 쓰이지 않는다. 즉, '进行叫喊'라는 '进行午睡'처럼 쓰지 않음. b)뒤에 오는 동사구는 보통 2음절이다. 2진행하다. 전진하다. ‖(反)〔停止 tíngzhǐ〕

【进行曲－행곡】jìnxíngqǔ 명행진곡.

☆【进修－수】jìnxiū 통연수하다. ◇出国～/외국에 가서 연수하다. 旦显进修:学习 특정한 날에 발생한 일에는 "进修"를 쓰지 않는다. ◇星期天, 他不让我(×进修)学习, 要我陪他看电影/일요일 그는 날 공부하게 놔두지 않고 그와 함께 영화를 보자고 했다.

【进言－언】jìn// yán 〈套〉말씀을 올리다.

☆【进一步－일보】jìn yī bù 진일보하다. 한 걸음 나아가다. ◇～发展两国间的关系/양국의 관계를 한걸음 더욱 발전시키다. ◇有了～的了解/좀 더 이해했다. 旦显进一步:继续 계속 해나가는 것은 "进一步"를 쓰지 않는다. ◇下学期, 我将(×进一步)继续在这里任教/다음 학기에는 난 계속 여기서 교직을 맡을 것이다.

【进益－익】jìnyì 명1학식과 수양의 진보. 2수입. ◇你一年有多少～?/당신의 일년 수입이 어떻게 됩니까?

＊【进展－전】jìnzhǎn 명통진전(하다). ◇～神速/진전이 대단히 빠르다. ◇工程～得很顺利/공사가 순조롭게 진전되고 있다. (同)〔发 fā 展〕, (反)〔停滞 tíngzhì〕

【进占－점】jìnzhàn 통진격하여 점령하다.

【进帐－장】jìnzhàng 명수입.

【进驻－주】jìnzhù 통(군대가) 진주하다.

★【近】 辶部 | 4画 | 가까울 근
1형가깝다. ◇圣诞节越来越～了, 大家都在忙碌着/크리스마스가 점점 가까워 와서 사람들은 모두 분주하다. 2통가까이하다. 접근하다. ◇他平易～人/그는 겸손하고도 자상하다. 3형(사이가) 친하다〔가깝다〕. 4형〈文〉(이해하기에) 쉽다.

【近便－편】jìn·bian 형(길이) 가까워 편리하다. ◇走小路更～/오솔길로 가면 더 가깝고 편하다.

＊＊【近代－대】jìndài 명1근대. 근세. 2자본주의 시대.

【近道－도】jìndào 명가까운 길. 지름길.

【近点－지점】jìndìdiǎn 명〈天〉근지점.

【近东－동】jìndōng 명〈地〉서남 아시아와 아프리카의 동북부.

【近海－해】jìnhǎi 명근해.

【近乎－호】jìn·hu 1…에 가깝다. 2형관계가 가깝다. ◇他和小王拉～/그는 왕군과 관계를 가까이 하려 한다. 3(～儿)명〈方〉(관계의) 친밀함.

【近郊－교】jìnjiāo 명근교. ◇上海～/상해 근교. (反)〔远 yuǎn 郊〕

【近景－경】jìnjǐng 명1근경. 2〈撮〉클로즈업(close up). (反)〔远 yuǎn 景〕

【近况－황】jìnkuàng 명근황.

☆【近来－래】jìnlái 명근래. 요즘. ◇～他身

体不好, 不能参加演出/그는 요즘 건강이 좋지 않아 공연에 참가할 수 없다. ⊞교 近来:最近/近期 ①현재가 포함되지 않으면 "近来"를 쓰지 않는다. ◇我(×近来)最近到广州去了一趟, 前天才回到北京/난 최근에 광주에 한 차례 갔다가 그저께야 겨우 북경으로 돌아왔다. ②실현되지 않은 일에는 "近来"를 쓰지 않는다. ◇这个工程(×近来)近期就要破土动工/이 공사는 가까운 시일 안에 착공할 것이다.

【近邻―린】jìnlín 圐근린. 가까운 이웃.
【近路―로】jìnlù 圐지름길. 가까운 길. (同)〔近道 dào〕, (反)〔远 yuǎn 路〕
【近旁―방】jìnpáng 圐부근. 옆.
*【近期―기】jìnqī 圐가까운 장래. ◇这部影片将于~上映/이 영화는 가까운 기일내에 상영된다.
【近前―전】jìnqián 圐부근. 가까운 앞. ◇走到~才认出是他/가까이 와서야 비로소 그를 알아보았다.
【近亲―친】jìnqīn 圐근친. 가까운 친척. (反)〔远 yuǎn 亲〕
【近情―정】jìnqíng 圐인정에 맞다. ◇这样太不~了/이렇게 하는 게 너무 인정에 어긋난다.
【近人―인】jìnrén 圐1근대 또는 현대의 사람. 2〈文〉자기와 관계가 비교적 가까운 사람.
【近日―일】jìnrì 圐근일. 근래.
【近日点―일점】jìnrìdiǎn 圐〈天〉근일점.
【近世―세】jìnshì 圐근세.
*【近视―시】jìn·shi 1圐근시. 2圐〈喩〉근시안적이다. 안목이 좁다.
【近水楼台―수루대】jìn shuǐ lóu tái〈成〉물에 가까운 누각이 달구경하기에 더 좋다. 위치나 관계가 가까운 사람이 더 먼저 덕을 본다.
*【近似―사】jìnsì 圐근사하다. 비슷하다. ◇这两个地区的方音有些~/이 두 지방의 사투리가 좀 비슷한 데가 있다.
【近似值―사치】jìnsìzhí 圐근사값. 근사치.
【近体诗―체시】jìntǐshī 圐〈文〉근체시. 현대시. (反)〔古 gǔ 体诗〕
【近因―원】jìnyīn 圐직접적 원인. (反)〔远 yuǎn 因〕
【近战―전】jìnzhàn 圐〈軍〉근접전(近接戰).
【近朱者赤, 近墨者黑―주자적, ―묵자흑】jìn zhū zhě chì, jìn mò zhě hēi〈成〉사람은 사귀는 사람에 따라, 선하게도 악하게도 된다. 유유상종.

【妗】 女部 jìn
4画 외숙모 금
【妗母―모】jìnmǔ 圐〈方〉외숙모.
【妗子―자】jìn·zi 圐1외숙모. 2처남댁. 처

남의 아내.

**【浸(³寖)】 氵部 jìn
7画 젖을 침
1圐(물에) 담그다. 잠그다. ◇放在开水里~~/끓는 물에 좀 담그다. 2圐젖다. 스며들다. 배다. ◇衣服让汗~湿了/옷이 땀에 젖었다. 3圐〈文〉점점. 차차. ◇友情~厚/우정이 점차 두터워지다.
【浸沉―침】jìnchén 圐빠지다.
【浸没―몰】jìnmò 圐1침몰하다. 물에 잠기다. 2빠지다. ◇人们~在欢乐之中/사람들은 신난 분위기에 빠져있다.
【浸泡―포】jìnpào 圐(물 속에) 담그다.
【浸染―염】jìnrǎn 圐1차츰 감염되다. 점차 물들다. 2물들이다. 염색되다.
【浸润―윤】jìnrùn(又讀 qīnrùn) 圐1차츰 스며〔배어〕들다. 2圐〈文〉참소의 말이 점차 효과를 발휘하다. 3圐액체와 고체가 접촉할 때에 액체가 고체의 표면에 부착되는 현상. 4圐〈醫〉침윤.
【浸透―투】jìntòu 圐1(흠뻑) 적시다. ◇他的布鞋在雨水~了/그의 헝겊 신이 빗물 속에 흠뻑 젖었다. 2(속속들이) 배다. ◇汗水~了背心/땀이 러닝에 완전히 배었다. 3(사상·감정이) 가득 담다.
【浸种―종】jìn//zhǒng〈農〉1圐침종하다. 2(jìn zhǒng)圐침종.
【浸渍―지】jìnzì 圐담그다〔적시다〕.

【晋(晉)】 日部 jìn
6画 나아갈 진
1圐나아가다. ◇~接/나아가 맞이하다. 2圐오르다. 진급하다. ◇~级/진급하다. 3(Jìn)圐a)〈史〉진(1106~376 B.C.). 춘추(春秋)시대의 12열국(列國)의 하나. b)〈史〉진(265~419). 위(魏)를 이어 사마염(司馬炎)이 세운 왕조. c)〈史〉후진(後晋, 384~417). 후당(後唐)때 석경당(石敬塘)이 세운, 오대(五代)의 왕조의 하나. d)〈地〉산서성(山西省)의 다른 이름. e)성(姓).
【晋级―급】jìn//jí 圐승진하다. (同)〔晋升 shēng〕, (反)〔降 jiàng 级〕
【晋见―견】jìnjiàn 圐뵈옵다. 알현하다. (同)〔进 jìn 见〕
*【晋升―승】jìnshēng 圐승진하다〔시키다〕.
【晋谒―알】jìnyè 圐알현하다.

*【禁】 示部 jìn
8画 금할 금
1圐금하다. 금지하다. ◇严~走私/밀수를 엄금하다. 2圐감금하다. ◇~闭/감금하다. 3圐법이나 풍습에 어긋나는 일. ◇违~品/금지품목. ◇入国问~/그 나라에 가면 그 나라의 금기를 알고 간다. 4圐〈文〉대궐. 궁중. ⇒jīn

【禁闭－폐】jìnbì 통가택연금하다.

【禁地－지】jìndì 명통행 금지 구역.

【禁锢－고】jìngù 1통옛날, 금고하다. 반대파의 정치참여를 막다. 2명통〈法〉감금(하다). 금고(하다). 3통속박하다. ◇这些旧习成了～人们的枷锁/이런 옛풍습이 사람들을 속박하는 올가미가 되었다. (同)〔监 jiān 禁〕, (反)〔释放 shìfàng〕

【禁忌－기】jìnjì 1명금기. 터부(taboo). 2명〈醫〉금기.

【禁绝－절】jìnjué 통엄금하다.

【禁军－군】jìnjūn 명금위군. (同)〔禁卫 wèi 军〕

【禁例－례】jìnlì 명금지 조항.

【禁令－령】jìnlìng 명금령.

【禁脔－련】jìnluán 명〈喩〉독점물.

＊【禁区－구】jìnqū 명1금지 구역. (군사시설이나 야생 동식물 따위의) 보호구역. 2성역(聖域). 3〈中醫〉(침 따위를 놓아서는 안되는) 금침혈(禁針穴). 금구혈(禁灸穴). 4〈體〉페널티에어리어. 제한 구역.

【禁书－서】jìnshū 명금서.

【禁欲－욕】jìnyù 명금욕(하다).

【禁运－운】jìnyùn 명통1운송 금지(하다). 2수출입 금지(하다). 무역 금지(하다).

☆【禁止－지】jìnzhǐ 명통금지(하다). ◇坚决～黄色书刊/음란도서를 절대 금지하다. (同)〔不许 bùxǔ〕, (反)〔准 zhǔn 许〕비교禁止:制止 구체적인 동작을 못하게 하는 것에는 "禁止"를 쓰지 않는다. ◇如果有人在山上抽烟, 要前去(×禁止)制止/어떤 사람이 산에서 담배를 핀다면 가서 저지해야 한다.

【禁制品－제품】jìnzhìpǐn 명허가를 받지 않고 생산되는 제품.

【禁子－자】jìn·zi 명옛날, 감옥의 간수.

【禁阻－조】jìnzǔ 명금지〔저지〕하다.

jīng

【泾·涇】 氵部 jīng
5画 물이름 경
명물길.

【泾渭分明－위분명】Jīng Wèi fēn míng 〈成〉경계나 시비가 뚜렷하다. 〔경수는

물이 맑고, 위수는 물이 흐린 데서 유래됨〕(反)〔泾渭不 bù 分〕

＊【茎·莖】 艹部 jīng
5画 줄기 경
1명(식물의) 줄기. 2〈文〉길고 가는 것을 세는 양사. 3명줄기같이 길고 가는 것. ◇阴～/음경.

☆【经·經】 纟部 jīng
5画 글 경, 지낼 경
1(舊讀 jìng)명〈紡〉(직물의) 날실. 2명〈中醫〉인체내의 기혈(氣血)이 순행(循行)하는 길. 3명〈地〉경도(經度). 경선(經線). 4통경영하다. 다스리다. 관리하다. 5명영구 불변의. 정상적인. 보통의. 통상의. 6명경전. ◇一个和尚念一本～/한 중이 경 한 권을 읽는다. 7명월경. 8통〈文〉목매다. ◇自～/목매 죽다. 9통경과하다. 지나다. 통과하다. ◇～他一说, 我才知道/그가 말해서 내가 비로소 알게 되었다. ◇坐火车～天津去济南/기차를 타고 천진을 지나 제남으로 가다. 10통버티다. 견디다. ◇～不起/견디어 낼 수 없다. 11(Jīng)명성(姓). ⇒jìng

【经闭－폐】jīngbì 명〈醫〉무월경(無月經).

【经不起－불기】jīng·bu qǐ 견딜 수 없다. ◇～考验/시련을 견딜 수 없었다.

★【经常－상】jīngcháng 1부종종. 자주. ◇最近他～进城/요며칠동안 그는 종종 시내로 간다. (同)〔常 cháng 常〕, (反)〔难得 nándé〕비교经常:平常 ①일상적인 경우에는 "经常"을 쓰지 않는다. ◇我不明白, 他(×经常)平常对我很好, 今天为什么这样对待我/난 그가 평소에 나에게 잘 대해주더니 오늘 왜 이렇게 날 대하는지 알 수 없다. ②상황이 지속되었을 때에는 "经常"을 쓰지 않는다. ◇我们去游览长城때, (×经常)一直在下雨/우리가 만리장성을 관광하던 날 계속 비가 왔다. ③과거에 어떤 행위를 했을 때에는 "经常"을 쓰지 않는다. ◇他在日本留学时, (×经常)曾经去过北海道/그가 일본에서 유학할 때 북해도에 갔었다. 2명보통이다. 정상적이다. ◇～的工作/정상적인 일.

【经得起－득기】jīng·de qǐ 견디어 내다.

＊【经典－전】jīngdiǎn 명1경전. 2(종교의 교리를 설파하는) 경전. 3(사상·행동의 표준이 되는) 권위있는 저작.

【经度－도】jīngdù 명〈地〉경도. (反)〔纬 wěi 度〕

＊＊【经费－비】jīngfèi 명(기관·학교 따위의) 경비.

【经风雨, 见世面－풍우, 견세면】jīng fēng yǔ, jiàn shìmiàn 시련을 겪어보고 세상

물정을 알아보다.

【经管—관】jīngguǎn 통관리하다. 취급하다. ◇由～人盖章/담당자가 도장을 찍는다.

★【经过—과】jīngguò 1통(장소·시간·동작 등을) 경과하다. 거치다. ◇从语言文化大学去北京大学要～清华大学/언어문화대학에서 북경대학으로 가려면 청화대학을 거쳐야 한다. 비교经过:通过 한쪽 끝부터 다른쪽 끝까지 지나갈 때는 "经过"를 쓰지 않는다. ◇这里正在修路, 汽车无法(×经过)通过/여기는 지금 길을 보수중이기 때문에 자동차가 통과할 수 없다. 2명과정. 경위. ◇事情的～很简单/사건의 경위는 매우 간단하다.

【经籍—적】jīngjí 명〈文〉1경서. 2고서적.

【经纪—기】jīngjì 1통(기업을) 경영하다. 2(同)〔经纪人 rén〕3통〈文〉(집안을) 꾸리다.

【经纪人—기인】jīngjìrén 명1중매인. 거간꾼. 브로커. 2매매 대리인.

★【经济—제】jīngjì 1명〈經〉경제. 비교多', '少', '高', '低'는 '经济'의 술어로 쓰이지 않는다. ◇这个国家的经济非常(×少)落后/이 나라의 경제는 몹시 낙후하다. 2명국민 경제에 유익하거나 해로운 영향을 끼치는 것. ◇～作物/특용작물. 3명살림살이. 개인 생활형편[비용]. ◇小王家～比较宽裕 kuānyù/왕군의 집 형편은 좀 넉넉하다. 4명(인력·물자·시간 등이) 경제적이다. ◇那个吸尘器用电很～/그 청소기의 전력소모는 매우 경제적이다. 5명〈文〉나라를 다스리다.

【经济核算—제핵산】jīngjì hésuàn 명경제계산. 독립채산.

【经济基础—제기초】jīngjì jīchǔ 명〈哲〉경제의 기초. 하부구조.

【经济昆虫—제곤충】jīngjì kūnchóng 명경제적으로 유익하거나 해로운 곤충.

【经济林—제림】jīngjìlín 명〈林〉경제림.

【经济师—제사】jīngjìshī 명경제사. 〔경제 담당 간부의 직계의 하나〕

【经济特区—제특구】jīngjì tèqū 명경제 특구. 〔1979년부터 외자(外资)·기술을 도입하기 위해 설치한 보세가공지구〕

【经济危机—제위기】jīngjì wēijī 명〈經〉경제 공황.

【经济学—제학】jīngjìxué 명1경제학. 2〈略〉'政治经济学'(정치 경제학)의 준말.

【经济杂交—제잡교】jīngjì zájiāo 명〈生〉이종 교잡.

【经济作物—제작물】jīngjì zuòwù 명〈經〉특용작물. 공예작물.

【经久—구】jīngjiǔ 명1오랜 시간이 경과하다. ◇掌声～不息/박수소리는 오랫동안 그치지 않았다. 2오래 가다〔지속되다〕. (同)〔持 chí 久〕, (反)〔短暂 duǎnzàn〕

☆【经理—리】jīnglǐ 1통경영 관리하다. ◇这公司由他～/이 회사는 그가 경영한다. 2명지배인. 사장.

☆【经历—력】jīnglì 1통겪다. 경험하다. ◇我们正～着一场伟大的变革/우리들은 지금 위대한 변혁을 겪고 있다. 비교经历:遇到 "经历"는 과거의 사건에만 쓸 수 있고 미래의 사건에는 쓰이지 않는다. ◇如果你去旅游, 一定会(×经历)遇到很多意想不到的事/만일 네가 여행을 간다면 분명히 많은 예상치 못한 일과 부딪칠 것이다. 2명경력. 경험. 비교经历:经验 실천으로 얻어진 지식 또는 기술에는 "经历"를 쓰지 않는다. ◇我们在开发能源方面比较有(×经历)经验/우리는 에너지 개발 방면에 많은 경험을 갖추고 있다.

【经纶—륜】jīnglún 명〈文〉잘 다듬은 명주실. 〈喩〉정치적인 식견. 경륜.

【经络—락】jīngluò 명〈中醫〉경락.

【经脉—맥】jīngmài 명〈中醫〉경맥.

【经年累月—년루월】jīng nián lěi yuè〈成〉오랜 세월이 지나다. 해와 달을 거듭하다. (同)〔长 cháng 年累月〕, (反)〔一 yī 朝 zhāo 一夕 xī〕

【经期—기】jīngqī 명〈生理〉월경 기일.

【经纱—사】jīngshā 〈紡〉명날줄.

∗【经商—상】jīng//shāng 통장사하다. 상업에 종사하다.

【经手—수】jīng//shǒu 통다루다〔취급하다〕. 손을 거치다. ◇这件事是他～的/이 일은 그가 취급한 것이다.

∗【经受—수】jīngshòu 통(시련 따위를) 겪다. 경험하다. ◇～多次打击/여러번 시련을 겪었다.

【经售—수】jīngshòu 통중개 판매하다. ◇这月历由那文具店～/이 달력은 그 문구점에서 판매한다.

【经书—서】jīngshū 명경서. 유가(儒家)의 경전.

【经天纬地—천위지】jīng tiān wěi dì〈成〉세상을 다스릴 대단한 재능을 지니다.

【经痛—통】jīngtòng (同)〔痛经〕

【经纬—위】jīngwěi 명경도와 위도. ◇～度/경위도.

【经纬仪—위의】jīngwěiyí 명경위의.

【经线—선】jīngxiàn 명1(직물의) 날실. 2〈地〉경선. 자오선.

∗【经销—소】jīngxiāo (同)〔经售 shòu〕

【经心—심】jīngxīn 통조심하다. 주의하다. (同)〔经意 yì〕, (反)〔淡然 dànrán〕

【经学—학】jīngxué 명경학. 경서를 연구하

는 학문.

【经血―혈】jīngxuè 몡〈中醫〉월경.

★【经验―험】jīngyàn 1몡경험. ◇这些~是在实践中积累起来的/이런 경험은 실천 속에서 쌓은 것이다. 2동경험하다. 겪다. 체험하다. ◇我第一次~这样的事情/나는 이런 일을 처음 경험한다. ꤷ교经验:经历:锻炼:体验 ①"经验"은 실천에서 얻은 지식이나 기능에 쓰이지만 직접 겪은 일에는 쓰이지 않는다 ◇他的悲惨(×经验)经历，我们听了都难过/그의 비참한 경험을 듣고 우리는 다 마음이 아팠다. ②"经验"은 실천을 통해서 능력을 높이는 데는 쓰이지 않는다. ◇这是我第一次一个人旅行，这次旅行我受到了不少(×经验)锻炼/이것은 내가 처음으로 혼자 여행한 것으로 이번 여행에서 난 많은 단련을 받았다. ③"经验"은 동사로 잘 쓰이지 않는다. ◇我亲身(×经验)体验了中国的生活/나는 중국의 생활을 직접 체험했다.

【经意―의】jīngyì (同)〔经心 xīn〕

**【经营―영】jīngyíng 동1경영하다. ◇那个服装店现在仍由他~着/그 옷가게는 여전히 그가 경영하고 있다. 2계획·조직·운영하다.

【经由―유】jīngyóu 동경유하다. ◇这输油管~南京到上海/이 송유관은 남경을 경유하여 상해까지 이른다.

【经院哲学―원철학】jīngyuàn zhéxué 몡〈哲〉스콜라철학.

【经传―전】jīngzhuàn 몡경전. 경서와 그 해설.

【京】 亠部 jīng
　　　 6画 서울 경
몡1수도. 2(Jīng)〈略〉'北京'(북경)의 준말. 3(Jīng)성(姓).

【京白―백】jīngbái 몡경극(京劇)에서 북경어로 말하는 대사(臺詞).

【京白梨―백리】jīngbáilí 몡북경(北京) 특산의 배로 껍질은 황록색으로 얇고, 과육은 두꺼우며 맛이 달고 향기가 강함.

【京城―성】jīngchéng (同)〔京都 dū〕

【京都―도】jīngdū 몡옛날, 수도(首都)를 일컫던 말.

【京二胡―이호】jīng'èrhú 몡〈音〉경극에서 사용하는 호궁(胡弓)의 일종.〔'京胡'보다 큼〕(同)〔嗡 wēng 子〕

【京官―관】jīngguān 몡옛날, 중앙 정부의 관리.

【京胡―호】jīnghú 몡〈音〉호금(胡琴)의 일종으로 주로 경극(京剧)의 반주에 사용하므로 '京胡'라고 함

【京华―화】jīnghuá 몡수도. (同)〔京师 shī〕

【京畿―기】jīngjī 몡〈文〉경기. 수도 그

부근의 땅.

☆【京剧―극】jīngjù 몡〈演〉경극. 중국 전통 오페라. (同)〔京戏 xì〕

【京派―파】jīngpài 몡북경을 대표하는 경극의 한 종류.

【京腔―강】jīngqiāng 몡북경 말투.

【京师―사】jīngshī 몡〈文〉수도.

【京戏―희】jīngxì (同)〔京剧 jù〕

【京油子―유자】jīngyóu·zi 몡〈貶〉북경내 뺀질거리는 토박이.

**【惊·驚】 忄部 jīng
　　　　　 8画 말놀랄 경
동1놀라다. ◇大~失色/대경실색(크게 놀라 얼굴빛이 변하다). 2놀라게 하다. ◇~醒/놀라서 깨다. 3(말 따위가) 놀라다. 놀라 날뛰다. ◇马~了/말이 놀랐다.

【惊诧―타】jīngchà 동놀라고 의아하게 여기다.

【惊呆―매】jīngdāi 동놀라 어리둥절하다.

**【惊动―동】jīngdòng 동놀라게 하다. ◇这不幸的消息~了矿区的每一个人/이 불행한 소식은 탄광 사람들을 다 놀라게 했다. ꤷ교惊动:触动:干扰 ①심리적으로 어떤 자극을 받지만 행동에는 영향을 받지 않는 경우에는 "惊动"을 쓰지 않는다. ◇曹操说世界上只有他和刘备是英雄，这话(×惊动)触动了刘备/조조는 세상에서 자신과 유비만이 영웅이라고 말하자 이 말은 유비의 마음을 움직이게 했다. ②"惊动"은 사람과 동물에만 쓸 수 있고 사물에는 쓰이지 않는다. ◇这件事情(×惊动)干扰 gānrǎo 了我们的正常生活/이 일은 우리의 정상적인 생활을 방해했다.

【惊愕―악】jīng'è 동〈文〉경악하다.

【惊弓之鸟―궁지조】jīng gōng zhī niǎo 〈成〉한번 어떤 일에 놀라면 조그마한 일에도 겁을 낸다. 자라보고 놀란 가슴 솥뚜껑보고 놀란다.

【惊骇―해】jīnghài 동〈文〉놀라고 두렵다.

【惊呼―호】jīnghū 동깜짝 놀라 소리 치다.

*【惊慌―황】jīnghuāng 동놀라 허둥지둥하다. ◇神色~/놀라서 당황한 표정이다. (同)〔惊惶 huáng〕, (反)〔镇定 zhèndìng〕

【惊惶―황】jīnghuáng (同)〔惊慌 huāng〕

【惊魂―혼】jīnghún 몡놀란 가슴.

【惊悸―계】jīngjì 동놀라서 가슴이 두근거리다.

【惊厥―궐】jīngjué 동놀라 기절하다.

【惊恐―공】jīngkǒng 동놀라 두려워하다.

**【惊奇―기】jīngqí 동의아해 하다. ◇他~看我/그는 의아하게 나를 바라보았다.

【惊扰―요】jīngrǎo 동놀라서 소란스럽다.

*【惊人―인】jīngrén 동사람을 놀라게 하다. ◇那儿的东西贵得~/그곳의 물건은 놀라

울 정도로 비싸다.

【惊世骇俗—세해속】jīng shì hài sú 〈成〉온 세상을 깜짝 놀라게 하다.

【惊叹—탄】jīngtàn 통경탄하다. 비교惊叹:惊讶 "惊叹"은 정도부사의 수식을 받지 않는다. ◇工作不到一个小时就做完了，他们一定很(×惊叹)惊讶 yà/일한 지가한 시간도 안돼 끝내버려서 그들은 분명히 깜짝 놀랄 것이다

【惊叹号—탄호】jīngtànhào (同)〔感 gǎn 叹号〕

【惊涛骇浪—도해랑】jīng tāo hài làng 〈成〉험하고 거친 파도. 험한 세상. ◇船在~中前进/배는 거친 파도속에 앞으로 나아간다. (同)〔波涛汹涌 bō tāo xiōng yǒng〕，(反)〔风平浪静 fēng píng làng jìng〕

【惊喜—희】jīngxǐ 1명놀람과 기쁨. 2통(뜻밖의 좋은 일로) 놀라고도 기뻐하다. ◇听到上级派他去留学的消息，他～交集/위에서 유학 보내준다는 소식을 듣고 그는 놀라고도 기뻤다.

【惊吓—하】jīngxià 1통놀라 두려워하다. ◇孩子～了，哭起来了/아이가 놀라서 울기 시작했다. 2명놀람. 충격. 비교惊吓:吃惊 놀랍고 이상하다는 뜻에는 "惊吓"를 쓰지 않는다. ◇我骑马跑起来，蒙古朋友(×惊吓)大吃一惊，他们认为我不会骑马/내가 말을 타고 달리기 시작하자 몽고 친구가 깜짝 놀랐다. 그들은 내가 말을 못 탈 줄 알았다.

【惊险—험】jīngxiǎn 휑스릴을 느끼게 하다.

【惊心动魄—심동백】jīng xīn dòng pò 〈成〉손에 땀을 쥐다. 조마조마하다.

【惊醒—성】jīngxǐng 통1놀라서 깨다. ◇他从梦中～了/그는 꿈에서 놀라서 깼다. 2놀라게해서 깨우다.

【惊醒—성】jīng·xing 휑잠귀가 밝다. ◇他睡觉很～/그는 잠잘 때 잠귀가 매우 밝다.

**【惊讶—아】jīngyà 휑의아해 하다.

【惊疑—의】jīngyí 통겁내며 의심하다.

**【惊异—이】jīngyì 통놀라며 이상히 여기다.

【惊蛰—칩】jīngzhé 명경칩. 〔24절기의 하나〕

**【鲸・鯨】 魚部 | 8画 | 고래 경
명〈動〉고래.

【鲸吞—탄】jīngtūn 통〈敬〉(타국의 영토를) 병탄하다.

**【鲸鱼—어】jīngyú 명〈俗〉〈動〉고래.

**【荆】 刂部 | 7画 | 가시 형
명1〈植〉가시나무. 2(Jīng)명(姓).

【荆棘—극】jīngjí 명1가시나무. 2〈轉〉곤란.

고난.

【荆棘载途—극재도】jīng jí zài tú 〈成〉가는 길이 모두 가시덤불이다. 환경이 어렵고 장애가 많다.

【荆条—조】jīngtiáo 명가시나무의 줄기나 가지.

**【菁】 艹部 | 8画 | 부추꽃 정
【菁华—화】jīnghuá 명정수(精髓). (同)〔精 華 huá〕，(反)〔糟粕 zāopò〕

【菁菁—정】jīngjīng 휑〈文〉초목이 무성하다.

**【腈】 月部 | 8画 | 니트릴 정
명〈化〉니트릴(nitrile).

【腈纶—륜】jīnglún 명아크릴 섬유.

**【睛】 目部 | 8画 | 눈동자 정
명눈알. 눈동자. ◇目不转～/눈 한번 깜짝하지 않다.

**【精】 米部 | 8画 | 세밀할 정
1휑정제하다. 정선한. 순수한. ◇～金/순금. 2명정제한 것. 정수(精髓). 엑기스. ◇酒～/주정. 알콜. 3휑완벽하다. 최고로 좋다. 4휑정밀하다. 정교하다. (反)〔粗 cū〕◇这花瓶手工很～/이 꽃병의 수공이 아주 정밀하다. 5휑똑똑하다. 약다. 영리하다. ◇这个小鬼真～/이 어린아이는 아주 총명하다. 비교精:精明 "精"은 관형어로 쓰이지 않는다. ◇她本来是个(×精)精明人，怎么会做这种傻 shǎ 事?/그녀는 원래 똑똑한 사람인데 어떻게 이런 바보짓을 했지? 6휑정통하다. 능통하다. 능하다. ◇～于针灸 jiǔ/침술에 능하다. 7명정신. 정력. ◇聚～会神/정신을 집중하다. 8명정액(精液). ◇受～/수정하다. 9명요정(妖精). 요물. ◇修炼成～/수련하여 요괴로 둔갑하다. 10휑〈方〉몹시. 매우. ◇～瘦/몹시 야위다.

【精兵—병】jīngbīng 명정병. 강병.

【精兵简政—병간정】jīng bīng jiǎn zhèng 〈成〉군대의 정예화와 행정 기구의 간소화. 인원을 줄여 기구를 축소하다.

★【精彩—채】jīngcǎi 1휑(공연・전시・말・문장 등이) 멋지다. 훌륭하다. ◇这场排球打得真～/이 배구시합은 정말 멋졌다. ◇晚会的节目很～/저녁 공연의 프로그램이 훌륭했다. 2휑안색. 기색. 정신.

【精巢—소】jīngcháo 명〈生理〉정소. 고환.

【精诚—성】jīngchéng 명〈文〉성심. 지성(至誠). ◇～合作/성심껏 협력하다. (同)〔真 zhēn 诚〕，(反)〔虚情 xūqíng〕

【精虫—충】jīngchóng 명〈生理〉정충.

【精粹—수】jīngcuì 명1(문체・표현 따위가)

군더더기가 없이 간결하다. (同)〔纯 chún 粹〕, (反)〔混杂 hùnzá〕 **2**정수(精髓).

*【精打细算－타세산】jīng dǎ xì suàn 〈成〉치밀하게 계산하다. ◇他真～/그녀는 정말 치밀하게 계산했다.

【精当－당】jīngdàng 彫(언론·글 등이) 정확하고 적절하다.

【精到－도】jīngdào 彫주도면밀하다.

【精雕细刻－조세각】jīng diāo xì kè 〈成〉일을 치밀하고 정성스럽게 하다. (同)〔精雕细镂 lòu〕, (反)〔粗制滥造 cū zhì làn zào〕

【精雕细镂－조세루】jīng diāo xì lòu (同)〔精雕细刻 kè〕

【精读－독】jīngdú 명동정독(하다).

【精干－간】jīnggàn 彫유능하다. ◇他是个～老练的小伙子/그는 유능하고 노련한 젊은이다. (同)〔干练 liàn〕, (反)〔无能 wúnéng〕

【精耕细作－경세작】jīng gēng xì zuò 〈成〉농사일을 알뜰히 하다. (反)〔刀耕火种 dāo gēng huǒ zhòng〕

【精怪－괴】jīngguài 명요괴.

【精光－광】jīngguāng 彫**1**조금도 없다. 조금도 남지 않다. ◇他把那些菜吃得～/그는 그 요리들을 조금도 남기지 않고 다 먹었다. **2**(윤기가 날 정도로) 매끈하다.

【精悍－한】jīnghàn 彫**1**똑똑하고 유능하다. **2**(문장 따위가) 세련되고 예리하다. 잘 짜이고 힘차다.

*【精华－화】jīnghuá 명정수(精髓). 에센스. ◇展览会集中了全国工艺品的～/전시회에는 전국 공예품의 정수가 집결되었다. (同)〔精髓 suǐ〕, (反)〔精粕 zāopò〕

*【精简－간】jīngjiǎn 동간소화하다. ◇～机构/기구를 간소화하다. ◇～会议/회의를 간소화하다.

☆【精力－력】jīnglì 명정력. ◇～旺盛/정력이 왕성하다. 비교精力:毅力 사람이 강하고 끈기 있는 의지가 있으면 "精力"를 쓰지 않는다. ◇尽管把脚扭 niǔ 伤了, 但是他仍凭着(×精力)毅力坚持到比赛结束/비록 다리를 다쳤지만 그는 여전히 그의 의지력으로 경기가 끝날 때까지 버텼다.

【精炼－련】jīngliàn 동**1**정련하다. 정제하다. **2**(同)〔精练 liàn〕

【精练－련】jīngliàn 彫(말·문장 따위가) 군더더기가 없다. 간결하다. ◇语言/표현이 간결하다. (同)〔简 jiǎn 练〕, (反)〔冗长 rǒngcháng〕

【精良－량】jīngliáng 彫정교하고 우수하다. 나무랄 데 없다. (同)〔优 yōu 良〕, (反)〔低劣 dīliè〕

【精灵－령】jīng·líng **1**명정령. 도깨비. **2**

彫〈方〉영리하다. 약다. 총명하다.

*【精美－미】jīngměi 彫섬세하고 예쁘다. ◇包装～/포장이 정교하고 예쁘다. (同)〔讲究 jiǎng·jiu〕, (反)〔鄙陋 bǐlòu〕

*【精密－밀】jīngmì 彫정밀하다. 세밀하다. ◇～的观察/세밀한 관찰.

【精妙－묘】jīngmiào 彫정교하고 멋지다.

【精明－명】jīngmíng 彫세심하고 영리하다.

【精明强干－명강간】jīng míng qiáng gàn 〈成〉똑똑하고 빈틈없다. 유능하고 정력적이다. ◇她是个～的女人/그녀는 똑똑하고 빈틈없는 여자다. (反)〔碌碌无能 lù lù wú néng〕

【精囊－낭】jīngnáng 彫〈生理〉정낭.

【精疲力竭－피력갈】jīng pí lì jié (同)〔精疲力尽 jìn〕

【精疲力尽－피력진】jīng pí lì jìn 기진맥진하다. (同)〔筋 jīn 疲力尽〕, (反)〔精神十足 jīngshén shízú〕

【精辟－벽】jīngpì 彫(견해·이론 따위가) 깊이 있고 치밀하다. ◇他的分析～/그의 분석은 매우 깊이 있고 치밀하다. (反)〔浮泛 fúfàn〕

【精品－품】jīngpǐn 명정제품. 우수한 작품. 일품.

【精巧－교】jīngqiǎo 彫정교하다. (同)〔工 gōng 巧〕, (反)〔粗糙 cūcāo〕

*【精确－확】jīngquè 彫정확하고 확실하다. ◇下一个～的定义/정확한 정의를 내리다. (反)〔粗略 cūlüè〕

【精肉－육】jīngròu 명살코기.

【精锐－예】jīngruì 彫(군대가) 정예하다. ◇～部队/정예부대.

【精深－심】jīngshēn 彫(학문·이론 따위가) 치밀하고 깊다. ◇～的理论/치밀하고 깊이 있는 이론.

【精神－신】jīngshén 명**1**정신. ◇给予～上的支持/정신적인 지지를 보내다. ◇～错乱/정신착란. (反)〔物质 wùzhì〕 **2**요지. ◇译者没有体会原文的～/역자는 원문의 요지를 파악하지 못했다.

★【精神－신】jīng·shen **1**명원기. 기력. 정력. ◇～旺盛/원기 왕성하다. ◇振作～/정신을 차리다〔가다듬다〕. **2**彫활기차다. 원기가 있다. ◇他穿上军装显得格外～/그가 군복을 입자 유난히 활기차 보인다. 비교精神:精力 "精神"에는 체력의 뜻이 없다. ◇他为汽车工业的发展耗 hào 费了毕生的(×精神)精力/그는 자동차 공업의 발전을 위해 일생의 정력을 다 쏟았다.

【精神病－신병】jīngshénbìng 명〈醫〉정신병.

【精神分裂症－신분열증】jīngshén fēnlièzhèng 명〈醫〉정신 분열증.

【精神衰弱－신쇠약】jīngshén shuāiruò 명

〈醫〉정신 쇠약.
【精神损耗－신손모】 jīngshén sǔnhào 图 정신적 소모.
【精神头儿－신두아】 jīng·shen tóur 图활력. 의욕.
【精审－심】 jīngshěn 图〈文〉(의견·계획 따위가) 치밀하여 빈틈이 없다.
【精髓－수】 jīngsuǐ 〈方〉图정수.
*【精通－통】 jīngtōng 图정통하다. ◇～医术/의술에 정통하다.
【精微－미】 jīngwēi 1图(지식이나 학문이) 정확하고 세밀하다. 2图비밀. 신비. 오묘.
【精卫填海－위전해】 jīng wèi tián hǎi 〈成〉〈喩〉원한을 갚으려고 어려움을 무릅쓰고 분투노력하다.
**【精细－세】 jīngxì 图1정교하다. ◇这一座象牙雕 diāo 像，手工十分～/이 상아 조각상은 솜씨가 매우 정교하다. 比较精细:精致 정밀 만들어진 물건을 형용할 때는 "精细"를 쓰지 않는다. ◇我买了一个(×精细)精致的玉雕/나는 정교한 옥 조각품을 하나 샀다. 2세심하다. 주의깊다. ◇考虑问题特别/~문제점을 생각할 때는 특히 주의 깊다. ‖(反)〔粗劣 cūliè〕
*【精心－심】 jīngxīn 图공들이다. 정성들여 하다. 치밀하다. ◇～治疗/정성껏 치료하다. ◇～计划/치밀하게 계획하다. (同)〔细 xì 心〕, (反)〔粗 cū 心〕
【精盐－염】 jīngyán 图정제한 소금.
【精液－액】 jīngyè 图〈生理〉정액.
*【精益求精－익구정】 jīng yì qiú jīng 〈成〉더욱 더 훌륭하게 하려 하다. 더 잘하려고 애쓰다. 더욱 공을 들이다. (反)〔得过且过 dé guò qiě guò〕
【精湛－잠】 jīngzhàn 图세밀하고 깊이 있다. (同)〔精深 shēn〕, (反)〔差劲 chàjìn〕
**【精致－치】 jīngzhì 图정교하다. ◇～的丝织品/정교한 실크 제품. ◇～的烟盒/정교한 담배갑.
【精制－제】 jīngzhì 图정교하게 제작하다. (反)〔粗 cū 制〕
【精装－장】 jīngzhuāng 图1하드 커버(hard cover). 2(상품 따위의) 정교한 포장.
【精壮－장】 jīngzhuàng 图힘세다. 건장하다. (同)〔健 jiàn 壮〕, (反)〔衰弱 shuāiruò〕
【精子－자】 jīngzǐ 图〈生理〉정자.

【旌】 方部 jīng
7画 장목기 정
1图(오색(五色)의 깃털을 긴대 끝에 드리워 꾸민) 기(旗). 2图〈文〉(공덕을) 표창하다.
【旌表－표】 jīngbiǎo 图옛날, 봉건시대지배자가 아치형의 문이나 편액을 걸어 선행이 있는 사람을 표창하다.

【旌旗－기】 jīngqí 图여러 색깔의 깃발들.

【晶】 日部 jīng
8画 맑을 정
1图빛나다. 반짝이다. ◇亮～～/반짝반짝하다. 2图수정. ◇水～/수정. 3图결정. ◇结～/결정.
【晶体－체】 jīngtǐ 图〈物〉결정체. 결정. (同)〔结 jié 晶体〕〔结晶〕
【晶莹－영】 jīngyíng 图맑고 빛나다.
【晶状体－상체】 jīngzhuàngtǐ 图〈生理〉수정체.

【粳(稉·秔)】 米部 jīng
7画 메벼 갱
【粳稻－도】 jīngdào 图〈植〉메벼.
【粳米－미】 jīngmǐ 图멥쌀.

【兢】 十部 jīng
12画 조심할 긍
*【兢兢业业－긍긍업업】 jīng jīng yè yè 〈成〉착실하고 꾸준히 일을 하다. (反)〔马马虎虎 mǎ·mǎ hū hū〕

jǐng

☆【井】 一部 | 二部 jǐng
3画 | 2画 우물 정
1图우물. ◇水～/우물. 2图굴 따위의 우물 모양을 한 것. ◇竖～/수직갱. 3옛날, 8집을 한 "井"이라 하였다. 〈轉〉사람이 사는 곳. 마을. 4图정성(井星). 28수(宿)의 하나. 5图〈질서〉정연하다. ◇～然/정연하다. 6(Jǐng)图성(姓).
【井底之蛙－저지와】 jǐng dǐ zhī wā 〈成〉우물 안의 개구리.
【井灌－관】 jǐngguàn 1图우물물로 관개(灌溉)하기. 2图우물물로 관개하다.
【井架－가】 jǐngjià 图광산의 수직갱 또는 유정 입구 (위)에 설치한 틀. 유정탑. 수직 갱탑.
【井井有条－정유조】 jǐng jǐng yǒu tiáo 〈成〉조리정연하다. (同)〔有条不 bù 紊 wěn〕, (反)〔杂乱无章 zá luàn wú zhāng〕
【井喷－분】 jǐngpēn 图〈石油〉석유 시굴 때 지하의 고압의 원유나 천연 가스 등이 갑자기 분출하는 것.
【井然－연】 jǐngrán 图〈文〉가지런하다. 정연하다. (反)〔零 líng 乱〕
【井水不犯河水－수불범하수】 jǐngshuǐ bù fàn héshuǐ 〈成〉서로의 경계를 분명히 하여 서로 간섭하지 않다.
【井台－대】 jǐngtái (～儿)图우물 둔덕.
【井田制－전제】 jǐngtiánzhì 图〈史〉정전법.
【井筒－통】 jǐngtǒng 图1우물 밑 땅속에 묻은 파이프. 2채광·지하철 등 터널을 팔 때 지면과 통하거나 지하갱과 연결되는

통로.

【井盐－염】jǐngyán 圖염분이 있는 지하수로 만든 식염.

【阱(穽)】阝部 | jǐng 4画 | 함정 **정**
圖들짐승을 잡는 함정.

【刭·剄】刂部 | jǐng 5画 | 목찌를 **경**
圖〈文〉칼로 목을 베다.

*【颈·頸】頁部 | jǐng 5画 | 목 **경**
圖1목. 2병의 목.

【颈项－항】jǐngxiàng 圖목. (同)〔脖子 bózi〕

【颈椎－추】jǐngzhuī 圖〈生理〉목등뼈.

*【景】日部 | jǐng 8画 | 빛 **경**
1圖(~儿)경치. 풍경. ◇雪~/설경. 2圖상황. 정황. 형편. ◇背~/배경. 3圖〈演〉(연극·영화의) 배경. 백(back). 세트(set). 4圖〈演〉(극의) 장면. 5圖존경하다. 6(Jǐng)圖성(姓).

【景观－관】jǐngguān 圖1경관. 2경물.

【景况－황】jǐngkuàng 圖상황.

【景慕－모】jǐngmù 圖〈文〉우러러 숭상하다.

【景片－편】jǐngpiàn 圖〈演〉플랫(flat). 〔자연 풍경이나 방 등을 그린 무대의 대도구〕

【景气－기】jǐngqì 1圖경기. 2圖경기가 좋다. ◇上半年家电市场还~/상반기의 가전시장은 경기가 그런대로 괜찮다. (同)〔蓬勃 péngbó〕, (反)〔凋敝 diāobì〕

**【景色－색】jǐngsè 圖경치. 풍경. ◇黄山的~很迷人/황산의 경치는 여행객을 현혹시킨다. 比國景色:景象 ①부정적인 자연경관에는 "景色"를 쓰지 않는다. ◇这里是一片荒凉的(×景色)景象/여기는 온통 황량한 모습뿐이다. ②어떤 현상 또는 상황을 강조할 때는 "景色"를 쓰지 않는다. ◇看到家乡丰衣足食的大好(×景色)景象，我怎么能不激动呢?/살림이 넉넉한 고향의 모습을 보니 내가 어떻게 감격하지 않겠어요?

**【景物－물】jǐngwù 圖경치. 풍경.

**【景象－상】jǐngxiàng 圖현상. 상황. 比國景象:现象:情景 ①구체적인 현상에는 "景象"을 잘 쓰지 않는다. ◇学生中也有抽烟的(×景象)现象/학생들 사이에도 담배를 피는 현상이 있다. ②"景象"은 재해에는 쓰이지 않는다. ◇我不知道那里发生的自然灾害是什么，(×景象)情景/난 저기에서 발생한 자연 재해가 어떤 광경인지 모른다.

【景仰－앙】jǐngyǎng 圖경모하다. (同)〔钦佩 qīn fèi〕, (反)〔鄙视 bǐshì〕

【景遇－우】jǐngyù 圖경우. 형편.

【景致－치】jǐngzhì 圖경치.

【儆】亻部 | jǐng 12画 | 경계할 **경**
圖(상대가 각성하도록) 훈계하다. 타이르다. ◇~戒/경계하다.

【警】言部 | jǐng 12画 | 경계할 **경**
1圖경계하다. 2圖(감각이) 예민하다. 민감하다. ◇机~/눈치 빠르다. 민첩하다. 3圖경고하다. 주의시키다. ◇惩 chéng ～百/일벌 백계. 4圖위급한 상황〔사건, 소식〕. 긴급 상황. ◇火~/화재 경보. 5圖(略)경찰. ◇交通~/교통 경찰.

【警报－보】jǐngbào 圖경보.

【警备－비】jǐngbèi 圖경비(하다).

☆【警察－찰】jǐngchá 圖경찰.

【警车－차】jǐngchē 圖경찰차. 패트롤 카.

【警笛－적】jǐngdí 圖1(경찰용) 호각. 2경적. 사이렌.

**【警告－고】jǐnggào 1圖경고하다. 2圖경고.

**【警棍－곤】jǐnggùn 圖경찰봉. 경봉.

【警号－호】jǐnghào 圖경적 소리.

*【警戒－계】jǐngjiè 1圖(잘못을 고치도록) 경계하다. 주의를 주다. 2圖圖〈軍〉경계(하다). ◇我的任务是~国境线/나의 임무는 국경선을 지키는 것이다. 比國警戒:警惕 마음속으로 경계를 하는 것은 "警戒"를 쓰지 않는다. ◇越是过节战士们越(×警戒)警惕 ti/명절을 쉴 때일수록 군인들은 더욱 더 경계심을 높인다.

【警戒色－계색】jǐngjièsè 圖〈動〉경계색. 보호색.

【警句－구】jǐngjù 圖경구.

【警觉－각】jǐngjué 圖경각심.

【警犬－견】jǐngquǎn 圖경찰견.

【警世－세】jǐngshì 圖세상에 경종을 울리다. 세상을 경계하다.

*【警惕－척】jǐngtì 圖圖경계(하다). 경계하며 주의하다. (同)〔当心 dāngxīn〕, (反)〔麻痹 mábì〕

*【警卫－위】jǐngwèi 1圖圖호위(하다). 경호(하다). 경비(하다). 2圖경호원. 경비원. ◇门口有~把守/입구에는 경비원이 지키고 있다.

【警醒－성】jǐngxǐng 1圖잠귀가 밝다. 잠을 잘 깨다. 2圖각성시키다.

【警钟－종】jǐngzhōng 圖경종.

jìng

【劲·勁】力部 | jìng 5画 | 굳셀 **경**
圖힘세다. 굳세다. ◇疾风~草/극한 상황에 이르러야 의지가 강한 인물을 알 수

있다. ⇒jìn

【劲敌－敌】jìngdí 圈강적.

【劲旅－여】jìnglǚ 圈강한 군대. (反)〔残兵 cánbīng〕

【径·徑(¹,²,³;逕)】 彳部 5画 곧을 경 | jìng

1圈좁은 길. 오솔길. ◇山~/산길. **2**圈〈喩〉길. 목적을 달성하기 위한 방도. ◇捷 jié~/첩경. **3**阜곧. 바로. 직접. ◇~行办理/즉시 처리하다. **4**圈〈略〉지름. 직경. ◇半~/반경.

【径流－류】jìngliú 圈〈地〉(흡수되지 않고) 땅위나 땅속으로 흘러 유실되는 빗물.

【径情直遂－정직수】jìng qíng zhí suì 〔成〕일이 뜻대로 되다.

【径赛－새】jìngsài 圈〈體〉경주 경기. 트랙 경기.

【径庭－정】jìngtíng〔舊讀 jìngtìng〕圈〈喩〉큰 차이. ◇大有~/큰 차이가 있다.

【径行－행】jìngxíng 통곧장 가다.

【径直－직】jìngzhí 阜**1**곧장. 곧바로. **2**직접.

【径自－자】jìngzì 阜마음대로. ◇他坐了一会儿就~离去/그는 좀 앉았다가 마음대로 떠났다.

【弪·弳】 弓部 5画 호도 경 | jìng

圈〈數〉라디안(radian). 호도.

【经·經】 纟部 5画 날 경 | jìng

통〈紡〉베를 짜기 전에 직조기에 실을 촘촘하게 매우고 빗질하여 날실로 만들다. ⇒jīng

【胫·脛】 月部 5画 정강이 경 | jìng

圈정강이.

【胫骨－골】jìnggǔ 圈〈生理〉경골.

【痉·痙】 疒部 5画 중풍들 경 | jìng

【痉挛－련】jìngluán 圈통경련(을 일으키다).

**** 【净(淨)】** 氵部 6画 깨끗할 정 | jìng

1圈깨끗하다. 청결하다. ◇~水/깨끗한 물. ◇这件裤子没洗~/이 바지는 깨끗이 빨지 않았다. **2**통깨끗하게 하다. ◇~一~桌面儿/탁자를 깨끗이 하다. **3**圈아무 것도 없다. 텅비다. 깨끗하다. ◇把药喝~/약을 깨끗이 다 마셔라. ◇钱都用了/돈은 다 써버렸다. **4**圈순수하다. ◇~收入/순수입. **5**阜오로지. …뿐. 모두. 온통. ◇书架上~是科学书/책꽂이에는 전부 과학책뿐이다. ◇几天~下雨/요 며칠은 그저 비만 온다. **6**圈〈演〉중국 전통 희극 배역의 하나. 성격이 강렬하거나 거친 남자 배역임. (同)〔花脸 huāliǎn〕

【净产值－산치】jìngchǎnzhí 圈〈經〉순생산액.

* 【净化－화】jìnghuà 통정화하다. ◇~空气/공기를 정화하다. ◇~灵魂/영혼을 맑게 하다. (反)〔污染 wūrǎn〕

【净尽－진】jìngjìn 圈하나도 남아 있지 않다. ◇消灭~/완전히 소멸시키다.

【净角－각】jìngjué (~儿)圈〈演〉전통희극에서 성격이 강하고 우악스런 남자역.

【净利－리】jìnglì 圈순익. (同)〔纯 chún 利〕, (反)〔毛 máo 利〕

【净手－수】jìng// shǒu **1**〈方〉손을 씻다. **2**〈婉〉변을 보다.

【净桶－통】jìngtǒng 圈〈婉〉변기.

【净土－토】jìngtǔ 圈〈佛〉정토.

【净余－여】jìngyú 圈나머지 돈〔물건〕.

【净值－치】jìngzhí 圈**1**〈略〉'固 gù 定资产净值'(고정 자산 순수 금액)의 준말. 총생산 가치에서 감가상각을 한 후의 가치. **2**순수 금액.

【净重－중】jìngzhòng 圈정미(正味) 중량. (反)〔毛 máo 重〕

☆ 【静·靜】 青部 6画 조용할 정 | jìng

1圈움직이지 않다. (反)〔动 dòng〕◇海浪~下来了/파도가 잠잠해졌다. **2**圈조용하다. 평온하다. ◇夜~更深/밤이 깊고 고요하다. (同)〔寂 jì〕, (反)〔闹 nào〕**3**통조용하게 하다. 진정시키다. ◇请大家一~吧!/다들 조용히 하십시오! ◇~下心来/마음을 진정시키다. **4**(Jìng)圈성(姓).

【静场－장】jìng//chǎng 통(연극이나 영화가 끝나) 관중이 극장 밖으로 나가다.

【静电－전】jìngdiàn 圈〈電〉정전기.

【静观－관】jìngguān 통냉정하게 관찰하다. ◇~事态的发展/사태의 진전을 차분히 관찰하다.

【静脉－맥】jìngmài 圈〈生理〉정맥.

【静谧－밀】jìngmì 圈〈文〉조용하다. 고요하다.

【静摩擦－마찰】jìngmócā 圈〈物〉정지마찰.

【静默－묵】jìngmò 통**1**침묵하다. (同)〔肃 sù 静〕, (反)〔吵闹 chǎonào〕**2**묵도하다.

【静穆－목】jìngmù 圈조용하고 장엄〔엄숙〕하다.

* 【静悄悄－초초】jìngqiāoqiāo (~的)圈고요하다. ◇夜深了,四周~的/밤이 깊어서 주위가 고요하다. (反)〔闹嚷 rāng 嚷〕

【静态－태】jìngtài 圈정태.

【静物－물】jìngwù 圈〈美〉정물.

【静心－심】jìng//xīn **1**통마음을 가라앉히다〔진정하다〕. **2**(jìngxīn)圈평온한 마음. 고요한 마음.

【静养－양】jìngyǎng 圈통정양(하다).

【静止-지】jìngzhǐ 명통정지(하다). (同)〔固定 gùdìng〕, (反)〔移动 yídòng〕

【静坐-좌】jìngzuò 1명통정좌(하다). 2통(요구나 항의를 표시하기 위하여) 연좌하다.

【竞·競】 立部 5画 | jìng | 다툴 경

1통다투다. 경쟁하다. 겨루다. 2형〈文〉강하고 힘있다. ◇南风不~/남풍이 세지 않다.

【竞渡-도】jìngdù 1명보트 경기. 2명통수영 경기(를 하다).

【竞技-기】jìngjì 명경기.

【竞技体操-기체조】jìngjì tǐcāo 명〈體〉체조경기.

*【竞赛-새】jìngsài 명통경기(하다). ◇这次作文~很受大家欢迎/이번 글짓기 대회는 모든 사람들의 환영을 받았다. 비교竞赛:比赛 ①구체적인 체육 항목에는 "竞赛"를 쓰지 않는다. ◇今天下午体育场有网球(×竞赛)比赛/오늘 오후에 운동장에서 테니스 경기가 있다. ②"竞赛"는 동사로 쓰이지 않는다. ◇他们常常在一起(×竞赛)赛跑/그들은 자주 달리기 시합을 한다.

*【竞选-선】jìngxuǎn 통선거 운동하다. 선거에 입후보하다. ◇参加总统~/대통령 경선에 참가하다.

*✹【竞争-쟁】jìngzhēng 명통경쟁(하다). ◇两个企业~/두 기업이 경쟁하다. 비교竞争:竞赛 경기의 승패가 개인 또는 기업의 이익에 영향을 미치지 않을 때는 "竞争"을 쓰지 않는다. ◇我们班的几个同学在学习上展开了(×竞争)竞赛/우리 반의 몇명 학생이 학습상의 경쟁을 시작했다.

【竞走-주】jìngzǒu 명〈體〉경보(競步).

✹✹ 【竟】 音部 2画 | jìng | 마칠 경

1통마치다. 끝내다. ◇未~之业/다 끝내지 못한 일. 2형온통. 전부의. ◇~夜/밤새 내내. 3형〈文〉결국. 마침내. ◇有志者事~成/〈諺〉뜻이 있는 곳에 길이 있다. 4부뜻밖에. 의외에. ◇我以为他不会去听音乐会, 没想到他~去了/나는 그가 음악회에 가지 않을 줄로 알았는데 의외로 그가 갔다. (同)〔出乎意料 chū hū yì liào〕

✹✹【竟然-연】jìngrán 부뜻밖에도. 의외로. ◇没想到他~能赤手空拳打死老虎/상상외로 그가 맨손으로 범을 때려잡을 줄은 몰랐다.

【竟日-일】jìngrì 명온종일. 하루종일. (同)〔整天 zhěngtiān〕

【竟至-지】jìngzhì 뜻밖에도. …에 이르다.

【竟自-자】jìngzì (同)〔竟然 rán〕

✱✱ 【境】 土部 11画 | jìng | 지경 경

명1경계. ◇国~/국경. ◇我不太清楚怎样办理人~手续/나는 입국수속을 어떻게 하는지 잘 모른다. 2곳. 장소. 입지. ◇身临其~/그 입장에 서다. 3형편. 경우. 처지. ◇逆~/역경. ◇困~/곤경.

*【境地-지】jìngdì 명1상황. 입장. 국면. 처지. ◇处于孤立的~/고립된 지경에 이르다. 2경지.

*【境界-계】jìngjiè 명1경계. 2경지. 처지. ◇思想~/사상의 경지.

【境况-황】jìngkuàng 명경제적 형편. 생활형편.

【境域-역】jìngyù 명1경계 내의 땅. 2경계.

【境遇-우】jìngyù 명경우. (생활)상태.

【镜·鏡】 钅部 11画 | jìng | 거울 경

1명거울. ◇穿衣~/체경(體鏡). 2명렌즈. ◇眼~儿/안경.

【镜花水月-화수월】jìng huā shuǐ yuè〈成〉거울 속의 꽃과 물 속의 달. 실제로는 있지 않은 환상.

【镜框-광】jìngkuàng (~儿)명1거울틀. 2액자.

【镜片-편】jìngpiàn (~儿)명렌즈. 안경알.

【镜台-대】jìngtái 명경대. 화장대.

*【镜头-두】jìngtóu 명1(카메라·영사기·촬영기 따위의) 렌즈. 2(영화의) 커트신. 3장면. 화면.

【镜匣-갑】jìngxiá 명면경.

【镜箱-상】jìngxiāng 1명세면대 위에 박스 속에 있는 거울. 2명촬영기.

☆【镜子-자】jìng·zi 명1거울. 2안경.

【靓】 青部 4画 | jìng | 단장할 정

명통〈文〉화장(하다).

【靓妆-장】jìngzhuāng 명〈文〉아름다운 장식.

【靖】 立部 | 青部 8画 | 5画 | jìng | 편안할 정

1형평안하다. 평온하다. 2통평정하다. ◇~乱/(천하의) 어지러움을 평정하다. 3(Jìng)명성(姓).

* 【敬】 攵部 8画 | jìng | 공경할 경

1명통존경(하다). 공경(하다). ◇致~/경의를 표하다. 2부삼가. ◇~请指教/삼가 지도를 부탁드립니다. 3통(음식이나 물건을) 올려 바치다. ◇~一杯/한잔 올리겠습니다. 4(Jìng)명성(姓).

☆【敬爱-애】jìng'ài 통경애하다. ◇学生们都很~王老师/학생들은 모두 다 왕선생님을 존경하고 사랑한다. 비교敬爱:尊重:尊敬:

亲爱 ①"敬爱"는 지도자·선배·상급자에게 주로 쓰고 일반적인 관계 또는 동년배 사람에게는 쓰지 않는다. ◇我非常(×敬爱)尊重张老/나는 장 어르신을 매우 존중한다. ②"敬爱"는 공식석상에는 잘 쓰이지 않는다. ◇(×敬爱)尊敬的女士们、先生们, 你们好!/존경하는 신사숙녀 여러분, 안녕하세요! ③가족, 친분이 두터운 사람 사이에는 "敬爱"를 쓰지 않는다. ◇(×敬爱)亲爱的父亲/사랑하는 아버님.

【敬辞一사】jìngcí 图경어(敬語).

*【敬而远之一이원지】jìng ér yuǎn zhī 〈成〉존경하기는 하되 가까이하지는 않는다. 어려워하다.

【敬奉一봉】jìngfèng 图1(웃어른에게) 정중히 올리다. 2삼가 바치다.

【敬服一복】jìngfú 图경복하다.

【敬贺一하】jìnghè 图삼가 축하하다. (同)〔拜 bài 贺〕

【敬候一후】jìnghòu 图1〈敬〉공손히 기다리다. 2공경히 문안하다.

**【敬酒一주】jìng jiǔ 술을 올리다.

【敬酒不吃吃罚酒一주불흘흘벌주】jìngjiǔ bù chī chī fájiǔ 좋게 말할 때는 듣지 않다가 강압적으로 나가면 받아들인다.

【敬老院一노원】jìnglǎoyuàn 图양로원.

☆【敬礼一례】jìng// lǐ 图경례하다. 2〈敬〉〈牘〉경구(敬具). 경백(敬白). 〔편지의 맨 끝에 쓰는 말〕

【敬慕一모】jìngmù 图경모하다.

【敬佩一패】jìngpèi 图〈敬〉경복하다.

【敬畏一외】jìngwèi 图경외(하다).

【敬谢不敏一사불민】jìng xiè bù mǐn 〈成〉일을 감당할 능력이 없으므로 사절합니다.

【敬仰一앙】jìngyǎng 图공경하고 우러러보다.

【敬意一의】jìngyì 图경의. ◇他让我转达对你的~/그는 나에게 당신에 대한 경의를 전해 달라고 했다.

【敬重一중】jìngzhòng 图존경하다. (同)〔敬爱 ài〕, (反)〔轻慢 qīngmàn〕

【敬祝一축】jìngzhù 图1경축하다. 2〈牘〉삼가 기원하다. 比较敬祝:祝愿 "敬祝"는 후배에게는 쓰이지 않는다. ◇(×敬祝)祝愿小弟弟找一个好工作/남동생이 좋은 직장을 찾기를 바란다.

jiǒng

【迥】⻌部 jiǒng 5画 멀 형
〈文〉1图멀다. ◇山高路~/산은 높고 길은 멀다. 2图판이하다. 아주 다르다. ◇病前病后~若两人/병들기 전과 병이 나

은 후가 전혀 딴 사람 같다.

【迥然一연】jiǒngrán 图아주 다르다. ◇他俩说的话~不同/그들 둘이 하는 말이 전혀 다르다.

【炯(烱)】火部 jiǒng 5画 빛날 형
图〈文〉빛나다. 밝다. 환하다.

【炯炯一형】jiǒngjiǒng 图눈빛이 예리하고 생기가 있다.

【炯炯有神一형유신】jiǒng jiǒng yǒu shén 〈成〉눈빛이 강하다.

【窘】穴部 jiǒng 7画 군색할 군
1图(살림이) 궁하다. 곤궁〔군색〕하다. ◇家境很~/가정형편이 매우 궁색하다. 2图(입장이) 난처하다. 딱하다. ◇我事前没做准备, 当时很~/나는 사전에 준비를 하지 않아, 그때 매우 난처했다. 3图난처하게 하다. 곤란하게 하다.

【窘促一촉】jiǒngcù 图〈文〉1매우 궁색하다. 2궁지에 몰려 난처하다.

【窘急一급】jiǒngjí 图매우 궁박하다.

【窘境一경】jiǒngjìng 图곤경. 궁지.

【窘况一황】jiǒngkuàng 图난처한 상황.

【窘迫一박】jiǒngpò 图1(생활이) 곤궁하다. (同)〔拮据 jiéjū〕, (反)〔宽裕 kuānyù〕2(입장이) 매우 곤란하다.

【窘态一태】jiǒngtài 图난감한 표정〔窘状〕. 궁상.

究 484	鸠 485	纠 485	赳 485	阄 485
揪 485	啾 485	鬏 485	九 485	久 486
灸 486	玖 486	韭 486	酒 486	旧 487
臼 487	柏 487	舅 487	咎 487	疚 488
柩 488	救 488	厩 488	就 488	鹫 490

jiū

【究】穴部 jiū 2画 꾀할 구
1图자세히 연구하다. 조사하다. ◇追~/추궁하다. ◇研~/연구하다. 2图〈文〉결국. 요컨대. 도대체. ◇此事~应如何处理?/이 일을 도대체 어떻게 처리할 것인가?

【究办一판】jiūbàn 图〈文〉취조하여 처벌하다.

【究根儿一근아】jiū// gēnr 图철저히 규명하다.

【究诘一힐】jiūjié 图철저히 추궁하다.

☆【究竟一경】jiūjìng 1图결말. 경위. ◇大家都想知道这个~/모두들 경위를 알고 싶어 한다. 2图도대체. 대관절. ◇你~去不去?/대관절 너 갈 것이냐, 안 갈 것이냐? 3图필경. 결국. 요컨대. ◇孩子~是孩子, 大人就不会这样做了/애는 어쨌든 애다, 어른

이면 그렇게 하지 않았을 것이다. 比교
究竟:竟(竟然):终于 ①예상밖을 나타낼 때는 "究竟"을 쓰지 않는다. ◇他从来没迟到过, 今天〈×究竟〉竟迟到了/그는 늦은 적이 없는데 오늘은 의외로 늦었다. ②많은 변화를 거친 후에 나타난 상황은 "究竟"을 쓰지 않는다. ◇我等了他五个小时, 〈×究竟〉终于把他等来了/나는 그를 5시간을 기다렸는데 결국 그가 올 때까지 기다렸다.

【究问－문】jiūwèn 동캐물어 밝히다.

【鸠·鳩】鸟部 2画 비둘기 구
명〈鳥〉비둘기.

【鸠合－합】jiūhé (同)〔纠 jiū 合〕

【鸠集－집】jiūjí (同)〔纠集 jí〕

【鸠形鹄面－형곡면】jiū xíng hú miàn〈成〉굶주려서 뼈만 앙상한 모양.

【鸠占鹊巢－점작소】jiū zhān què cháo→〔鹊巢鸠占〕

【纠·糾】纟部 2画 맺힐 규
동1얽히다. 2모으다. 규합하다. 3바로잡다. 시정하다. ◇有错必～/잘못이 있으면 반드시 바로잡다. 4〈文〉검거하다. 감독하다.

【纠察－찰】jiūchá 1동질서를 유지하다. 규찰하다. 2명규찰 대원.

【纠缠－전】jiūchán 동1뒤얽히다. ◇问题～不清/문제가 뒤얽혀서 헤아리기 힘들다. 2치근거리다. ◇～不休/끊임없이 치근거리다.

＊【纠纷－분】jiūfēn 명분규. 분쟁. ◇民事～/민사분규.

【纠葛－갈】jiūgé 명분쟁. 분규. (同)〔纠纷 fēn〕

【纠合－합】jiūhé 동〈貶〉규합하다. ◇～党羽/같은 패거리를 규합하다.

【纠集－집】jiūjí 동〈貶〉그러모으다. 규합하다.

【纠结－결】jiūjié 동결탁하다. 얽히다.

【纠偏－편】jiū// piān 동〈略〉치우침을 바로잡다.

☆【纠正－정】jiūzhèng 동(생각·행동·방법 따위의 잘못을) 교정하다. 바로잡다. ◇～发音/발음을 교정하다. 比교纠正:修改 글을 수정할 때는 "纠正"을 쓰이지 않는다. ◇文章写好后, 我〈×纠正〉修正了一下/글을 다 쓴 후 수정을 한차례 가했다.

【赳】走部 2画 날랠 규
【赳赳－규】jiūjiū 형용감한 모양.

【阄·鬮】门部 7画 제비뽑을 구·규

(～儿)명제비. 추첨. ◇抓～/제비를 뽑다.

＊＊【揪】扌部 9画 묶을 추
동붙잡다. 잡아 당기다. ◇他～着绳 shéng 子不放手/그는 줄을 꼭 잡고 손을 놓지 않는다. ◇他～着他的领子打他/그는 그의 옷깃을 붙잡고 그를 때렸다.

【揪辫子－변자】jiū biàn·zi〈喩〉약점을 잡다. 꼬투리를 잡다.

【揪揪－추】jiū·jiū 동1〈方〉구김이 지다. 2(마음이) 불편하다.

【揪痧－사】jiū// shā 더위를 먹거나 목병이 났을 때 목·이마 등을 꽉 집어서 국부 피하충혈을 일으켜 내부 염증을 경감시키는 민간 요법.

【揪心－심】jiū// xīn 동마음에 걸리다. 걱정하다.

【啾】口部 9画 찍찍거릴 추
【啾唧－즉】jiūjī 의짹짹. 찌르륵. 〔새·벌레 따위가 우는 소리〕

【啾啾－추】jiūjiū 의1짹짹. 〔조그만 새가 많이 모여 우는 소리〕2처절한 소리.

【鬏】髟部 9画 상투 추
(～儿)명틀어 올린 쪽.

jiǔ

★【九】丿部 1画 아홉 구
1수9. 아홉. 2명동지(冬至)부터 시작하여 81일간. 동지로부터 매(每) 9일이 1'九'이며, 1'九'로부터 9'九'까지 81일간임. 즉 19~27일 사이의 기간. 〔가장 추운 기간임〕3여러번. 다수. ◇～死一生/구사일생.

【九重霄－중소】jiǔchóngxiāo 명하늘의 가장 높은 곳.

【九鼎－정】jiǔdǐng 1명구정. 하(夏)나라 우(禹)임금이 구주(九州)를 상징하는 9개의 솥. 하(夏)·상(商)·주(周)의 3代의 보물이었음. 2명〈喩〉(분량이) 아주 무겁다.

【九宫－궁】jiǔgōng (同)〔宫调 diào〕

【九宫格儿－궁격아】jiǔgōnggér 명한자 서법 연습 용지.

【九九归一－구귀일】jiǔ jiǔ guī yī〈成〉돌고 돌아서 원점으로 되돌아 가다. 결국. 필경.

【九流三教－류삼교】jiǔ liú sān jiào (同)〔三教九流〕

【九牛二虎之力－우이호지력】jiǔ niú èr hǔ zhī lì〈喩〉대단히 센 힘. ◇我们费了～才把他拉回来/우리는 있는 힘을 다해 비

로소 그를 붙잡아 왔다.
【九牛一毛－우일모】jiǔ niú yī máo〈喩〉많은 가운데 극히 적은 부분.
【九泉－천】jiǔquán 〈구천〉. 황천.（同）〔黄 huáng 泉〕,（反）〔人间 rénjiān〕
【九死一生－사일생】jiǔ sǐ yī shēng〈成〉구사일생.
【九天－천】jiǔtiān 〈구중천〉. 끝없는 하늘.
【九霄－소】jiǔxiāo 〈명〉하늘 제일 높은 곳.
【九霄云外－소운외】jiǔ xiāo yún wài〈成〉아득한 하늘 저쪽. 까마득히 먼 곳. ◇他把自己的诺 nuò 言抛 pāo 到了～/그는 자신의 약속을 까마득하게 팽개쳤다.
【九一八事变－일팔사변】Jiǔ- Yībā Shìbiàn 〈명〉〈史〉일제가 1931년 9월 18일 중국 동북 3성을 침략하는 만주사변.
【九月－월】jiǔyuè 〈명〉9월.
【九州－주】jiǔzhōu 〈명〉전설에 의하면, 중국 상고시대의 행정구획.〔후에 ‘中国’의 총칭으로 쓰임〕.

J

★【久】 ノ部 jiǔ
2画 오랠 **구**
1〈형〉오래다.（시간이）길다. ◇～经考验/오랜 시련을 겪었다.（同）〔长 cháng〕,（反）〔短 duǎn〕2〈명〉（경과한）시간의 길이. 기간. ◇好～没吃烤鸭了/오랫동안 구운 오리고기를 먹지 못했다.
【久别－별】jiǔbié 〈동〉오랫동안 헤어지다.（同）〔阔 kuò 别〕,（反）〔暂 zàn 别〕
【久而久之－이구지】jiǔ ér jiǔ zhī〈成〉패긴 시간이 지나다.（反）〔一 yī 朝 zhāo 一夕 xī〕
【久经－경】jiǔjīng 〈동〉오랫동안 겪다.
【久久－구】jiǔjiǔ 〈부〉오랫동안.（反）〔短暂 duǎnzàn〕
【久留－류】jiǔliú 〈동〉오랫동안 머무르다. ◇此地不宜～/이 곳은 오래 머물기에는 부적합하다.
【久违－위】jiǔwéi 〈套〉오래간만입니다.
【久仰－앙】jiǔyǎng 〈套〉존함은 익히 듣고 있습니다.〔처음 만났을 때의 인사〕
【久已－이】jiǔyǐ 〈부〉오래 전부터. 일찍이. ◇那件事我～忘了/그 일은 내가 오래 전부터 잊었다.
【久远－원】jiǔyuǎn 〈형〉까마득하다.

【灸】 火部 jiǔ
3画 뜸질할 **구**
〈명〉〈中醫〉뜸(을 뜨다). ◇针～疗法/침구요법.

【玖】 王部 jiǔ
3画 검은옥돌 **구**
1〈수〉‘九’의 갖은 자. 2〈명〉〈文〉옥과 비슷한 아름다운 검은 돌.

【韭(韮)】 韭部 jiǔ
0画 부추 **구**
〈명〉〈植〉부추.
【韭菜－채】jiǔcài 〈명〉〈植〉부추.
【韭菜花－채화】jiǔcàihuā （～儿)〈명〉1부추꽃. 2잘게 썰어 절인 부추꽃.
【韭黄－황】jiǔhuáng 〈명〉（겨울에 재배하는）누런색의 연한 부추.

★【酒】 氵部 jiǔ
7画 술 **주**
〈명〉1술. ◇啤～/맥주. 2(Jiǔ)성(姓).
【酒吧－파】jiǔbā 〈명〉（서양식）술집. 바(bar).
【酒菜－채】jiǔcài 〈명〉술 안주.
*【酒店－점】jiǔdiàn 〈명〉1술집. 2호텔.
【酒逢知己千杯少－봉지기천배소】jiǔ féng zhī jǐ qiān bēi shǎo〈諺〉술은 지기를 만나 마시면 천 잔으로도 모자란다. 술은 마음이 맞는 사람과 마셔야 한다. ◇～, 话不投机半句多/술은 지기를 만나 마시면 천 잔으로도 모자라고, 말은 마음이 맞지 않으면 반 마디도 많은 법이다.
【酒馆－관】jiǔguǎn （～儿)〈명〉술집. 주막.
【酒鬼－귀】jiǔguǐ 〈명〉〈罵〉술고래. 고주망태.
【酒酣耳热－감이열】jiǔ hān ěr rè〈成〉술에 얼근하게 취하여 얼굴이 빨개지다.
【酒花－화】jiǔhuā 〈명〉〈植〉홉. 홀포.
*【酒会－회】jiǔhuì 〈명〉간단한 주연. 파티. ◇鸡尾～/칵테일 파티.
【酒家－가】jiǔjiā 1〈명〉술집. 2〈명〉요리점. 3〈명〉호텔.
【酒浆－장】jiǔjiāng 〈명〉〈文〉술.
*【酒精－정】jiǔjīng 〈명〉〈化〉알콜.
【酒力－력】jiǔlì 〈명〉술의 세기.
【酒帘－렴】jiǔlián （同）〔酒望 wàng〕
【酒量－량】jiǔliàng 〈명〉주량.
【酒令－령】jiǔlìng （～儿)〈명〉술 자리에서 벌이는 벌주 놀이.
【酒母－모】jiǔmǔ （同）〔酒曲 qū〕
【酒囊饭袋－낭반대】jiǔ náng fàn dài〈喩〉식충이. 먹고 마시는 것 말고는 아무 쓸데 없는 사람.
【酒酿－양】jiǔniàng 〈명〉감주(甘酒).
【酒钱－전】jiǔ·qian 〈명〉팁. 사례금.
【酒曲－곡】jiǔqū 〈명〉주모. 술밑. 술 누룩.
【酒肉朋友－육붕우】jiǔròu péngyou 먹고 노는 화류계 친구.（反）〔患难之交 huàn nàn zhī jiāo〕
【酒色－색】jiǔsè 〈명〉술과 여자. ◇沉湎 chénmiǎn 于～/주색에 빠지다.
【酒食－식】jiǔshí 〈명〉술과 식사.
【酒肆－사】jiǔsì 〈명〉〈文〉주점. 술집.
【酒嗉子－소자】jiǔsù·zi 〈명〉〈方〉가늘고 긴 모양의 술병.〔주둥이가 깔대기 모양으로 생긴 주석 또는 도제 술병〕

【酒徒―도】jiǔtú 图술꾼.

【酒望―망】jiǔwàng 图주기. 술집 앞에 광고 삼아 세우는 기. (同)〔酒望子 zi〕

【酒窝―와】jiǔwō (～儿)图보조개.

【酒席―석】jiǔxí 图술자리. 술좌석.

【酒兴―흥】jiǔxìng 图주흥.

【酒药―약】jiǔyào 图누룩.

【酒靥―엽】jiǔyè (同)〔酒窝 wō〕

【酒意―의】jiǔyì 图술기운.

【酒糟―조】jiǔzāo 통술지게미.

【酒渣鼻―사비】jiǔzhābí 图주부코. 주독코.

【酒盅―중】jiǔzhōng (～儿)图작은 술잔.

jiù

★【旧·舊】 I 部 jiù 4画 옛적 구

1图옛날의. 과거의. 지난. 낡은. ◇～的传统观念/낡은 전통적인 관념. (同)〔陈 chén〕, (反)〔新 xīn〕2图헐다. 낡다. 오래되다. ◇～家具/헌 가구. (同)〔老 lǎo〕, (反)〔新 xīn〕3图이전의. ◇～北平, 人力车夫很多/옛 북경에는 인력거를 끄는 사람이 많았다. 비교旧:老 ①직책에는 "旧"를 쓰지 않는다. ◇新(×旧)老厂长坐在一起, 亲切地交谈/새로운 공장장과 전 공장장이 함께 앉아 다정하게 이야기를 나눈다. ②나이가 든 사람에게는 "旧"를 쓰지 않는다. ◇我在路上遇到了一位(×旧)老人/난 길을 가다가 노인을 한 분 만났다. 4图옛친구. 오랜 교제. ◇怀～/옛 일을 생각하다.

【旧案―안】jiù'àn 图1묵은 사건. 2전례.

【旧病―병】jiùbìng 图고질병.

【旧部―부】jiùbù 图전의 부하.

【旧地―지】jiùdì 图옛날에 살았던 곳. 전에 방문했던 곳.

【旧调重弹―조중탄】jiù diào chóng tán 〈喩〉진부한 주장을 되풀이하다. (同)〔老 lǎo调重弹〕, (反)〔改弦更张 gǎi xián gēng zhāng〕

【旧都―도】jiùdū 图고도(古都). 옛 도읍.

【旧观―관】jiùguān 图원래의 모양. 옛 모습. ◇恢复～/원상을 회복하다.

【旧国―국】jiùguó 图고도(古都). 옛 도읍.

【旧好―호】jiùhǎo 1图옛 친분. 2图오랜 친구.

【旧家―가】jiùjiā 图지방 유지.

【旧交―교】jiùjiāo 图옛 친구. 오래 사귄 친구. (同)〔旧故 gù〕, (反)〔新 xīn 交〕

【旧教―교】jiùjiào 图〈宗〉구교. 천주교.

【旧居―거】jiùjū 图이전의 거주지. 옛집. (同)〔故 gù 居〕, (反)〔新 xīn 居〕

【旧历―력】jiùlì 图음력. (同)〔农 nóng 历〕, (反)〔阳 yáng 历〕

【旧例―례】jiùlì 图전례. 선례.

【旧年―년】jiùnián 图〈方〉작년. (同)〔去 qù 年〕

【旧情―정】jiùqíng 图옛정.

【旧日―일】jiùrì 图옛날. 지난날.

【旧诗―시】jiùshī 图문언시(文言詩). (同)〔旧体 tǐ 诗〕, (反)〔新 xīn 诗〕

【旧石器时代―석기시대】Jiùshíqì Shídài 〈史〉구석기 시대.

【旧时―시】jiùshí 图옛날. 이전.

【旧式―식】jiùshì 图구식(의). 재래식(의). 고풍(古風)(의). ◇～家具/구식 가구. (同)〔老 lǎo 式〕, (反)〔新 xīn 式〕

【旧事―사】jiùshì 图과거지사. 지나간 일.

【旧书―서】jiùshū 图헌 책. 고서.

【旧闻―문】jiùwén 图전에 들은 말〔소문〕. 묵은 소식. (反)〔新 xīn 闻〕

【旧物―물】jiùwù 图1유물. 2구토(舊土).

【旧习―습】jiùxí 图구습. 낡은 버릇.

【旧学―학】jiùxué 图구학문. 〔서양의 근대 문화의 영향을 받지 않은, 중국 고유의 전통 학술〕(同)〔国 guó 学〕, (反)〔新 xīn 学〕

【旧雨―우】jiùyǔ 图〈文〉〈喩〉오랜 친구. 옛 친구. (同)〔旧交 jiāo〕, (反)〔今 jīn 雨〕

【旧章―장】jiùzhāng 图옛 규칙. (同)〔旧规 guī〕

【旧帐―장】jiùzhàng 图1묵은 빚. 2〈喩〉과거의 과오나 원한. ◇不要算～/과거의 원한을 따지지 말자.

【旧址―지】jiùzhǐ 图1옛터. 2본래〔이전〕주소. 옛 주소. (反)〔新 xīn 址〕

【旧制―제】jiùzhì 图1옛 제도. 낡은 제도. 2(중국의) 옛 도량형 제도.

【臼】 臼部 jiù 0画 절구 구

图1절구. 2절구 모양으로 생긴 것.

【臼齿―치】jiùchǐ 图〈生理〉어금니.

【柏】 木部 jiù 6画 아구나무 구

图〈植〉오구목(烏臼木).

【舅】 臼部 jiù 7画 삼촌 구

图1외삼촌. ◇大～/큰 외삼촌. 2처남. ◇妻～/처남. 3〈文〉시아버지.

【舅父―부】jiùfù 图외숙. 외삼촌.

＊＊【舅舅―구】jiù·jiu (同)〔舅父 fù〕

【舅妈―마】jiùmā (同)〔舅母 mǔ〕

＊【舅母―모】jiù·mu 图외숙모. 외삼촌댁.

【舅嫂―수】jiùsǎo 图처남댁. 처남의 아내.

【舅子―자】jiù·zi 图처남.

【咎】 口部 jiù 5画 허물 구

1명과실. 허물. 죄. ◇～有应得/죄를 지으면 벌을 받아 마땅하다. **2**명나무라다. 책망하다. ◇既往不～/과거의 잘못을 나무라지 않다. **3**명〈文〉흉사(凶事). 재앙. ◇休～/길흉. (同)〔凶 xiōng〕, (反)〔休 xiū〕

【咎由自取－유자취】jiù yóu zì qǔ 〈成〉자업자득.

【疚】疒部│jiù
3画│오랜병 구
〈文〉형(자기의 잘못에 대해) 마음이 괴롭다. ◇内～于心/마음이 괴롭다.

【柩】木部│jiù
5画│널 구
명널. 관(棺). ◇灵～/영구.

☆【救】攵部│jiù
7画│구원할 구
1동구하다. 구제하다. 구조하다. ◇老太太煤气中毒以后，是两个邻居跑来～了她/할머니가 가스중독된 후 두 이웃이 달려와 그녀를 구했다. [害 hài]〔拯 zhěng〕, (反)〔害 hài〕비교救:解决"救"는"困难"을 목적어로 취하지 않는다. ◇请你们(×救)解决我的困难/나의 어려움을 당신들이 해결해 주세요. **2**동돕다. 도와주다. (재난을 피하도록) 원조하다.

【救兵－병】jiùbīng 명원군.

【救国－국】jiù//guó 명나라를 구하다. (反)〔祸 huò 国〕

【救护－호】jiùhù 명구호(하다).

【救荒－황】jiù//huāng 동기근을 구제하다.

【救火－화】jiù//huǒ 동불을 끄다. ◇消防队员正在～/소방대원이 불을 끄는 중이다.

【救火车－화차】jiùhuǒchē 명소방차.

【救急－급】jiù//jí 동위급함을 구하다.

*【救济－제】jiùjì 동구제하다. (反)비교救济:改变 사물을 변화시키는 것은"救济"를 쓰지 않는다. ◇他(×救济)改变了工厂的落后面貌/그는 공장의 낙후한 모습을 변화시켰다.

【救苦救难－고구난】jiù kǔ jiù nàn 〈成〉고난에 빠진 사람을 구하다. (同)〔雪中送炭 xuě zhōng sòng tàn〕, (反)〔趁火打劫 chèn huǒ dǎ jié〕

【救命－명】jiù//mìng 동인명을 구조하다. ◇治病～/병을 치료하여 사람을 구하다. (同)〔救生 shēng〕, (反)〔害人 hàirén〕

【救生－생】jiùshēng 동생명을 구하다.

【救生圈－생권】jiùshēngquān 명구명 부표. 구명 튜브.

【救生艇－생정】jiùshēngtǐng 명구명정. 구명 보트.

【救生衣－생의】jiùshēngyī 명구명 조끼.

【救世主－세주】jiùshìzhǔ 명〈宗〉구세주. 〔기독교에서 예수를 존중하여 이르는 말〕

【救死扶伤－사부상】jiù sǐ fú shāng 죽어가는 사람을 구하고 부상자를 돌보다.

【救亡－망】jiùwǎng 동(국가나 민족을) 멸망에서 구하다.

【救星－성】jiùxīng 명구해 준 사람. (同)〔恩人 ēnrén〕, (反)〔灾 zāi 星〕

【救应－응】jiù·ying 동구원하다.

【救援－원】jiùyuán 동구원하다. (同)〔救 jiù 助〕, (反)〔陷害 xiànhài〕

*【救灾－재】jiù//zāi 동**1**이재민을 구제하다. ◇放粮～/식량을 풀어 이재민을 구하다. **2**재해를 없애다.

【救治－치】jiùzhì 동치료하여 위험에서 벗어나게 하다.

【救助－조】jiùzhù 동구조하다.

【厩】厂部│jiù
9画│마구 구
명마구간. 외양간.

【厩肥－비】jiùféi 명외양간 두엄.

★【就】丶部│尤部│jiù
│10画│9画│이룰 취
1동가까이하다. 곁에 다가서다. ◇你～着桌子吃西瓜/이리 탁자 가까이 와서 수박을 먹으렴. **2**동종사하다. (일에) 나가다. 취임하다. ◇不计职位高低，欣然乐～/직위의 고하를 상관하지 않고 기꺼이 취임하다. **3**동…을 입다〔받다〕. 당하다. ◇～擒 qín/붙잡히다. **4**동완성하다. 이루다. ◇这个锅是铁铸～的，不容易拆 chāi 掉/이 솥은 쇠로 만든 것이라 부숴지기 쉽지 않다. **5**동(목전의 편리를) 이용하다. 빌리다. 아쉬운 대로 쓰다. ◇～近走/가까운대로 간다. ◇只好～这块料子做了/하는 수 없이 이 천으로 아쉬운 대로 만들겠다. **6**동(반찬이나 안주로) 곁들이다. ◇他用花生～酒/그는 땅콩을 곁들여 술을 마신다. **7**개…에 대하여. …에 관하여. ◇～我所知/내가 아는 바에 의하면. ◇～我看来/내가 보기에는. ◇他们～这个问题进行了讨论/그들은 이 문제에 대하여 토론을 했다. **8**부곧. 즉시. 바로. 당장. ◇我这～来/내가 곧 갈게. ◇您稍等一下，饭～好了/잠깐 기다리십시오. 밥이 곧 됩니다. **9**부이미. 벌써. 일찍이. ◇今天我七点钟～来了/오늘 난 7시에 벌써 왔다. ◇他十五岁～出国念书了/그는 일찍이 15살에 유학을 떠났다. **10**부(…하자마자) 곧. 바로. 〔두 개의 동작이 연이어 일어남〕 ◇他每天下了课～回家/그는 매일 하교하면 곧장 집으로 간다. ◇我吃了饭～出去了/나는 밥을 먹고 곧바로 외출했다. 비교就:都:才 행위·동작이 간신히 실현됐을 때는"才"를 쓰고"就"를 쓰지 않는다. ◇这篇课文太长，我背了一天

(×就)才背下来/이 문장이 너무 길어서 난 하루를 외워야 겨우 다 외웠다. **11** 🕑반드시. 틀림없이. 〔가정문 뒤에 예상된 결과를 나타냄. 조건절에 보통 '只要·要是·既然'등의 말이 옴〕◇不经过艰苦奋斗, ~不能胜利/고된 노력을 거치지 않으면 반드시 승리할 수 없다. ◇要是你来, 我~高兴了/만일 네가 온다면 난 틀림없이 기쁠 것이다. **12**🕑〔서로 비교해서 숫자가 많거나 능력이 큼을 나타냄〕◇光衬衫他~有二十件/셔츠만해도 그는 20벌이나 있다. ◇这块大石头他一个人~把它背走了/이 커다란 돌을 그는 혼자서 지고 갔다. **13**🕑…하면 그만이지. 〔두 개의 같은 성분 사이에 양보를 나타냄〕◇丢了~丢了吧, 以后小心点/잃어버렸으면 그만이지, 다음엔 조심해라. **14**🕑…한 대로. 〔원래 또는 전부터 그러하다는 것을 나타냄〕◇我~料到他会等我们的/내가 생각한 대로 그가 우리를 기다릴 줄 알았다. ◇我本来~不懂法语/난 원래부터 불어를 할 줄 모른다. **15**🕑…뿐. 오로지 …뿐. ◇我们~等你决定了/우리는 오로지 당신의 결정을 기다릴 뿐입니다. ◇我~要几张纸/나는 종이 몇 장만 필요할 뿐입니다. **16**🕑굳고 확고한 의지를 나타냄. ◇我~不信, 我做不了这个工作/나는 내가 이 일을 할 수 없으리라고 전혀 생각치 않는다. ◇我不知道为什么, 我~不喜欢他/왜 그런지 모르겠지만 난 그가 싫다. **17**🕑바로. 꼭. ◇你~是我要找的那个人/당신이 바로 내가 찾고자 하는 그 사람이에요. ◇医务室~在这儿/양호실이 바로 여기예요. **18**🔗설사…이라도. 가령…일지라도. 〔양보의 뜻을 지닌 가정문에 쓰이며, 다음 문장에 '也' 또는 '都'가 쓰임〕◇你~不说, 我也会知道的/네가 말하지 않더라도 나는 알게 될 것이다. ◇你~生气也没用/네가 화를 내도 소용없다.

【就伴-반】jiù//bàn 🔴한패가 되다. 동행하다.

【就便-변】jiù//biàn 🕑(~儿)…하는 김에. …하던 차에. ◇你去他家, ~把这本书带给他/네가 그의 집에 가는 김에 이 책을 그에게 갖다줘라. (同)〔顺 shùn 便〕, (反)〔特地 tèdì〕

*【就餐-찬】jiùcān 🔴가서 밥을 먹다.

【就此-차】jiùcǐ 🕑이것으로. 이상으로. 여기까지. 여기에서. ◇~结束/이상(것)으로 마치겠다. ◇~前往/여기에서 간다.

【就道-도】jiùdào 🔴〈文〉출발하다.

【就得了-득료】jiùdé·le 〈口〉…하기만 하면 된다. ◇当工人, 干好活~/노동자는 일만 잘 하면 되는 거야.

*【就地-지】jiùdì 🕑그자리에서. 현지에서. ◇~取材, ~使用/현지에서 재료를 조달하여 현지에서 사용한다.

【就读-독】jiùdú 🔴학교에 다니다.

【就范-범】jiùfàn 🔴지배에 순종하다. 틀 안에 들다. (反)〔抗拒 kàngjù〕

【就合-합】jiù·he 🔴〈方〉**1**굽혀 들다. ◇你别~他/그에게 굽히지 마. **2**임시 변통하다. **3**움츠리다. 오그라들다.

【就歼-섬】jiùjiān 🔴섬멸당하다. 전멸하다.

【就教-교】jiùjiào 🔴가르침을 청하다. ◇~于专家/전문가에게 여쭙다.

*【就近-근】jiùjìn 🕑가까운 곳에(서). 근처에(서). ◇~找个住处/가까운 곳에서 묵을 곳을 찾다.

【就里-리】jiùlǐ 🟢내부 상황. ◇不知~/내부상황을 모르다. (同)〔底细 dǐxì〕, (反)〔表象 biǎoxiàng〕

【就那么回事-나마회사】jiù nà·me huí shì 〈口〉그렇고 그런 일이다. 그저 그런거다. ◇现在干工作~, 摸透 mōtòu 领导的脾气就行/지금 일하는 것이 다 그렇고 그런 거야. 간부의 성격만 파악하면 다 되는거야. (同)〔还不是那么回事 hái bù shì nà·me huí shì〕

【就擒-금】jiùqín 🔴사로잡히다. 생포되다.

【就寝-침】jiùqǐn 🔴취침하다. (同)〔上床 shàngchuáng〕, (反)〔起床 qǐchuáng〕

【就任-임】jiùrèn 🔴취임하다.

【就事论事-사론사】jiù shì lùn shì 〈成〉사실에 입각하여 사물의 시비나 득실을 논하다.

【就势-세】jiùshì 🔴기세를 타서.

☆【就是-시】jiùshì **1**🔗문장 끝에 쓰여 긍정을 표시함. 〔대부분 '了'를 붙임〕◇放心吧, 我照办~了/마음 놓으세요. 내가 시키는 대로 할테니. **2**〈套〉그래 그래. 맞다맞아. ◇~嘛, 我也是这么想的/그래, 나도 그렇게 생각했어. **3**🔗설사…이라도. 〔뒤에 '也'와 호응함〕◇你~不愿意去, 也得 děi 打个电话/설사 네가 가기 싫더라도 전화는 한 통 해야지.

【就是嘛-시마】jiù shì·ma 〈口〉그러게 말이다. 그렇고 말고요. ◇他就不听别人的话. ~, 太固执了/그는 남의 말을 잘 안들어. 그러게 말이다. 고집이 너무 세다.

**【就是说-시설】jiù·shì shuō 즉. 다시 말하면. ◇我的留学申请已经批准了, ~, 我要去中国北京了/나의 유학신청이 이미 허가되었다. 즉, 나는 중국 북경으로 가게 되었다.

【就手-수】jiù//shǒu (~儿)🕑…하는 김에. ◇你~把我的信件也带来吧/네가 오는 김에 내 편지도 가져다 줘라.

*【就算－산】jiùsuàn 접설사 …이라도. ◇
　～你工作干得不错, 也不应骄傲 jiāo'ào
　吧/설사 당신이 일을 잘 한다 해도 교만
　하면 안 되는 거예요.
【就位－위】jiùwèi 통제자리로 가다. 착석
　하다. ◇请大家～/여러분, 착석하세요.
【就行了－행료】jiùxíng·le 〔口〕…하기만
　하면 된다. ◇由我一个人做～/나 혼자
　하면 된다. ◇我爹 diē 打北京来信说, 只
　要人好～/우리 아빠가 북경에서 편지를
　보냈는데 사람만 건강하면 된다고 했다.
【就绪－서】jiùxù 통준비가 완료되다. 자리
　가 잡히다.
【就学－학】jiùxué 통취학하다.
*【就业－업】jiù// yè 통취직〔취업〕하다. ◇
　～人数每年在增加/취업 인원이 매년 증
　가하고 있다. (反)〔失 shī 业〕
【就医－의】jiù// yī 통진찰을 받다.
【就义－의】jiùyì 통정의를 위하여 죽다.
【就诊－진】jiù// zhěn (同)〔就医 yī〕
【就正－정】jiùzhèng 통질정(叱正)을 바라다.
*【就职－직】jiù// zhí (정식으로) 취임하
　다. 〔비교적 높은 직위를 가리킴〕(同)
　〔就任 rèn〕, (反)〔离 lí 职〕
【就中－중】jiùzhōng 부1그 중에서도. 특
　히. 2가운데 서서. 중간에서 (어떤 일을
　하다). ◇～调停/중간에서 조정하다.
【就座－좌】jiù// zuò 통자리에 앉다.

【鹫·鷲】鸟部 | jiù
　　　　　　12画 | 독수리 취
1명〈鸟〉독수리. 매. 콘도르(condor). 2
(同)〔雕 diāo〕

车 490	且 490	狙 490	疽 490	拘 490
驹 491	居 491	俱 491	锔 491	掬 491
鞠 491	局 491	锔 492	踽 492	桔 492
菊 492	橘 492	沮 492	咀 492	龃 492
矩 492	枸 492	举 492	榉 493	踽 493
巨 493	拒 494	炬 494	距 494	句 494
具 494	俱 494	惧 495	惧 495	飓 495
沮 495	剧 495	倨 495	据 495	锯 495
踞 496	聚 496	遽 496		

jū

【车·車】车部 | jū
　　　　　　0画 | 수레 거·차
중국 장기(將棋)의 차(車). ⇒chē

【且】丨部 | jū
　　　　4画 | 또 차
1조古文에서 문장 끝에 쓰여 어기를 강
하게 하며, 현대 중국어의 '啊'에 해당함.
2인명에 쓰이는 글자. 〔'范雎'를 '范且'로
도 씀〕⇒qiě

【狙】犭部 | jū
　　　　5画 | 원숭이 저
1명〈動〉고서(古書)에 나오는 원숭이의
일종. 2명〈文〉몰래 동정을 살피다. 기회
를 엿보다.
【狙击－격】jūjī 통저격(하다). ◇～手/
저격수.

【疽】疒部 | jū
　　　　5画 | 등창 저
명〈中醫〉악성 종기.

【拘】扌部 | jū
　　　　5画 | 잡을 구
1통체포하다. 구류하다. 붙잡다. 2통구속
받다. 구애되다. 얽매이다. ◇无～无束/
아무런 구속이 없다. 자유 자재이다. 3형
융통성이 없다. 완고하다. 4통제한하다.
◇多少不～/양에는 제한이 없다.
【拘板－판】jū·bǎn 형〈方〉(거동이나 말
등이) 무뚝뚝하다. 거북스럽다. ◇他有点
～/그는 좀 무뚝뚝하다.
【拘捕－포】jūbǔ 통〈法〉체포하다. (同)〔逮
dǎi 捕〕, (反)〔释放 shìfàng〕
【拘管－관】jūguǎn 통단속하다. 통제하다.
(同)〔管束 shù〕, (反)〔放纵 fàngzòng〕
【拘谨－근】jūjǐn 형지나치게 소심하다. 고
지식하고 융통성이 없다. ◇他是个～的
人, 不喜欢跟人说话/그는 너무 소심하여
남과 얘기하는 것을 싫어한다. (同)〔拘
束 shù〕, (反)〔自然 zìrán〕
【拘禁－금】jūjìn 명통〈法〉구금(하다). (同)
〔拘留 liú〕, (反)〔释放 shìfàng〕
【拘礼－예】jūlǐ 통예의에 얽매이다. 점잔
빼다.
*【拘留－류】jūliú 1명통〈法〉구류(하다). 구
치(하다). ◇～所/구치소. 2〈法〉구류처벌.
【拘挛－련】jūluán 통1경련이 나다. 쥐가
나다. 2〈文〉구애되다. 얽매이다.
【拘挛儿－련아】jū·luanr 통〈方〉(추위로
손발이) 곱아 뻣뻣해지다.
【拘泥－니】jū·nì 1통융통성이 없다. 얽매
이다. ◇～成说/기존 학설에 얽매이다. 2
통구속받다. 스스러워하다. (反)〔变通 bi-
àntōng〕
【拘票－표】jūpiào 명〈法〉구인장.
【拘牵－견】jūqiān 통〈文〉구애되다. ◇～
于成规/규칙에 얽매이다.
*【拘束－속】jūshù 1통구속하다. 속박하다.
◇不要～孩子的正当活动/아이들의 건전
한 활동을 구속하지 말아라. 2형어색하
다. 거북하다. ◇显得 xiǎnde 有点～/좀
어색해 보인다. (同)〔约 yuē 束〕, (反)
〔放纵 fàngzòng〕
【拘押－압】jūyā 명통〈法〉구금(하다).
【拘役－역】jūyì 명〈法〉구류. 〔유기징역보

다 가벼운 형벌]

【拘囿－유】jūyòu 통구애되다. 고집하다. 제한받다.

【拘执－집】jūzhí 통얽매이다.

【驹·駒】马部 | jū 5画 | 망아지 구
명1좋은 말. 2(~儿)망아지.

【驹子－자】jū·zi 명망아지. 새끼 노새. 새끼 당나귀.

*【居】尸部 | jū 5画 | 살 거
1통살다. 거주하다. ◇定~/정착하다. 2명거처. 주소. ◇故~/옛 거주지. 3통(…을) 차지하다. ◇后来一上/늦게 시갖한 자가 상위를 차지하다. 4통자처하다. ◇以前辈自~/선배로 자처하다. 5통저장하다. 쌓다. 6통머무르다. 고정하다. ◇变动不~/멈추지 않고 변하다. 7명음식점 이름에 붙이는 글자. 8(Jū)명성(姓).

【居安思危－안사위】jū ān sī wēi 〈成〉평화시에 전시를 대비하다. (同)〔安不忘危 ān bù wàng wēi〕, (反)〔高枕无忧 gāo zhěn wú yōu〕

【居多－다】jūduō 통다수를 차지하다.

【居高临下－고림하】jū gāo lín xià 〈成〉위에서 아래를 내려다 보다. 유리한 위치를 차지하다.

【居功－공】jūgōng 통공로를 자랑하다.

【居积－적】jūjī 통〈文〉(재물을) 축적하다.

【居家－가】jūjiā 통집에서 지내다.

【居间－간】jūjiān 통중간에 서다. ◇~调停/조정하다.

【居留－류】jūliú 1통거류하다. 체류하다. 2명거류.

**【居民－민】jūmín 명주민. ◇城市~/도시주민.

【居民点－민점】jūmíndiǎn 명주민이 모여 사는 곳. 거주지구.

【居奇－기】jūqí 통값이 오를 것으로 생각하여 귀한 물건을 팔지 않고 값이 오르기를 기다리다.

**【居然－연】jūrán 부1뜻밖에. 의외로. ◇今天在建国饭店~碰上了二十年不见的老同学/오늘 건국호텔에서 뜻밖에도 20년 동안 보지 못했던 옛 동창을 만났다. 2〈文〉확연히. 확실히.

【居丧－상】jūsāng 통〈文〉상중에 있다.

【居士－사】jūshì 명거사. 〔출가하지 않고 불문에 귀의한 사람〕

*【居室－실】jūshì 명거실. 방.

【居所－소】jūsuǒ 명〈法〉거처.

【居停－정】jūtíng 1명체류하다. 2명기거하고 있는 곳의 집주인.

【居心－심】jū/xīn 명〈貶〉요량. 생각. 속

셈. ◇~不喜/흑심을 품다. ◇是何~?/무슨 속셈인가?

【居心叵测－심파측】jū xīn pǒ cè 〈成〉마음이 음흉하여 무슨 짓을 꾸밀지 알 수 없다. (同)〔心怀 huái 叵测〕, (反)〔襟怀坦白 jīnhuái tǎn bái〕

【居于－어】jūyú (…에) 있다. (…을) 차지하다. ◇该省粮食产量~全国之首/이 성은 식량 생산량이 전국에서 으뜸을 차지한다.

【居中－중】jūzhōng 명중간(한 가운데)에서다.

*【居住－주】jūzhù 통거주하다. ◇我们家曾在这个地方~过/우리집은 전에 이 곳에 거주한 적이 있다.

【俱】亻部 | jū 8画 | 함께 구
명성(姓). ⇒jù

【锔·鋦(锯)】钅部 | jū 7画 | 톱 거
1명거멀(못). 꺾쇠. 2통거멀장하다. 깨진 도자기에 거멀장을 대다. ⇒jú '锯' jù

【锔子－자】jū·zi 명거멀(못). 꺾쇠.

【掬(匊)】扌部 | jū(舊讀 jú) 8画 | 움킬 국
통양손으로 움켜뜨다(받쳐 들다). ◇~水/양손으로 물을 담다.

【鞠】革部 | jū(舊讀 jú) 8画 | 기를 국
1통〈文〉기르다. 양육하다. 2명국. 축국(蹴鞠)이나 타구(打毬)에 쓰던 공. 3통〈文〉구부리다. 숙이다. 4(Jū)명성(姓).

*【鞠躬－궁】jū//gōng 1명(서서) 허리를 굽혀 절하다. ◇~道谢/허리를 굽혀 감사의 뜻을 표하다. 2(jūgōng)명허리를 굽혀 하는 절.

【鞠躬尽瘁－궁진췌】jū gōng jìn cuì 〈成〉나라를 위하여 온 힘을 다하다.

【鞠养－양】jūyǎng 통〈文〉양육하다.

jú

**【局】尸部 | jú 4画 | 방, 마을 국
1명바둑〔장기〕판. ◇棋~/바둑〔장기〕판. 2양바둑·장기·경기 등의 승부의 한 판. ◇下象棋输了一~/장기를 두어 한 판을 졌다. 3명형세. 형편. 정세. ◇结~/결말. 4명(사람의) 기량(器量). 도량. 아량. ◇~量/도량. 5명틀. 5양점. 연회. 7통약국. ◇赌~/도박판. 6명속임수. 올가미. ◇骗~/속임수. 올가미. 7통구속하다. 제한하다. 8명부분. 9명국. '部'보다 작고 '处'보다 큰 기관·조직. ◇人事~/인사국. 10명상점에 대한 호칭. **11**[명]어떤 업무를 처리하는 기구. ◇邮电～/우체국.

⁑【局部－부】júbù [명]국부. 일부. ◇明天, 华北～地区有暴雨/내일 화북의 일부 지역에 폭우가 내린다. (同)〔部分 fen〕, (反)〔全 quán 部〕 [비교]局部:部分 "局部"는 범위에만 쓰이고 수량에는 쓰이지 않는다. ◇(×局部)部分图片让他拿走了/그림의 일부는 그가 가져갔다.

【局促－촉】júcù [형]**1**답답하고 비좁다. ◇房间太～/방이 너무 비좁다. **2**〈方〉(시간이) 촉박하다. (同)〔短 duǎn 促〕, (反)〔宽舒 kuānshū〕 **3**쭈뼛쭈뼛하다. 서먹서먹하다. ◇他有点～不安/그는 좀 쭈뼛쭈뼛하며 불안해 보인다. (同)〔拘谨 jūjǐn〕

【局度－도】júdù [명]〈文〉도량(度量).

【局蹐－척】jújí (同)〔跼蹐 jújí〕

【局量－량】júliàng [명]〈文〉도량.

⁑【局面－면】júmiàn [명]**1**국면. 형세. 형편. ◇他们决心要在五年之内改变贫穷落后的～/그들은 5년 안으로 빈궁하고 낙후한 국면을 바꿀 것을 다짐했다. [비교]局面:局势 세계의 정치·군사의 상황에는 "局面"을 쓰지 않는다. ◇由于两国的军事冲突, 这一地区的(×局面)局势急剧恶化/양국간의 군사 충돌로 인해 이 지역의 정세가 급격히 악화됐다. **2**〈方〉규모.

【局内人－내인】júnèirén [명]당사자.

【局骗－편】júpiàn [동]술책을 써서 사람을 속이다.

*【局势－세】júshì [명](정치·군사 등의 일정 기간중의) 정세. 형세. 사태. ◇～越来越严重/정세가 날이 갈수록 점점 심각해졌다.

【局外－외】júwài [명]국외.

【局外人－외인】júwàirén [명]비당사자. 아웃사이더. (反)〔局中 zhōng 人〕

*【局限－한】júxiàn [동]국한하다. 한정하다. ◇～性/한계성.

☆【局长－장】júzhǎng [명]국장. 서장.

【局子－자】jú·zi [명]**1**옛날의 '公安局'·'警察局' 따위를 가리킴. **2**사설 경로업 등을 가리킴.

【锔·鋦】 钅部 7画 jú 톱 **거**

[명]〈化〉큐륨(Cm). ⇒jū

【跼】 足部 7画 jú 굽을 **국**

〈文〉[형](등·허리가) 굽다.

【跼促－촉】júcù (同)〔局 jú 促〕

【跼蹐－척】jújí [동]〈文〉두려워 몸을 움츠리다.

【桔】 木部 6画 jú 도라지 **길**

'橘'의 속자(俗字). ⇒jié

【菊】 艹部 8画 jú 국화 **국**

[명]**1**〈植〉국화. **2**(Jú)성(姓).

*【菊花－화】júhuā [명]〈植〉국화(꽃).

【橘】 木部 12画 jú 귤 **귤**

[명]〈植〉귤(나무).

【橘柑－감】júgān [명]〈方〉귤(나무).

【橘红－홍】júhóng [명]**1**〈中醫〉귤홍. **2**(붉은 빛이 도는) 귤색.

【橘黄－황】júhuáng [명]오렌지 색. 귤빛.

【橘络－락】júluò [명]〈中醫〉귤의 속과 껍질 사이의 섬유질. 〔구토약으로 쓰임〕

【橘汁－즙】júzhī [명]오렌지 주스.

★【橘子－자】jú·zi [명]귤(나무). ◇～水/오렌지 주스.

jǔ

【沮】 氵部 5画 jǔ 그칠 **저**

[동]**1**〈文〉가로 막다. 저지하다. ◇～其成行/가는 길을 막다. **2**기가 꺾이다. ⇒jù

【沮遏－알】jǔ'è [동]〈文〉저지하다.

【沮丧－상】jǔsàng [동]**1**기세가 꺾이다. 실망하다. 낙담하다. **2**기세를 꺾다. 실망시키다. ◇～敌人的精神/적의 기를 꺾다. (同)〔懊 ào 丧〕, (反)〔振奋 zhènfèn〕

【咀】 口部 5画 jǔ 씹을 **저**

[동]씹다. 〈喻〉음미하다. ◇含英～华/문장의 요점을 음미하여 체득하다. ⇒zuǐ '嘴'

【咀嚼－작】jǔjué [동]**1**(음식물을) 씹다. **2**(의미를) 음미하다.

【龃·齟】 齿部 5画 jǔ 이 어긋날 **저**

【龃龉－어】jǔyǔ [동]치아의 아래 위가 맞지 않다. 〈喻〉의견이 엇갈리다. ◇双方发生～/쌍방간에 의견충돌이 생기다. (同)〔抵触 dǐchù〕, (反)〔融洽 róngqià〕

【矩(榘)】 禾部 4画 jǔ 법 **구**

[명]**1**곱자. **2**법도. 규칙.

【矩尺－척】jǔchǐ [명]곱자. 곡척.

【矩形－형】jǔxíng [명]〈數〉직사각형.

【矩矱－확】jǔyuē [명]〈文〉규칙. 법도. 표준. (同)〔规矩 guīju〕

【枸】 木部 5画 jǔ 구기자 **구**

【枸橼－연】jǔyuán [명]〈植〉구연. 레몬.

★【举(舉)】 丶部 8画 jǔ 들 **거**

1[동]들어 올리다. 쳐들다. ◇他～着那面旗子爬上了山顶/그는 그 깃발을 들고 산정

상까지 올랐다. 2图거동. 행위. ◇大人的一举一动都影响着孩子/어른들의 행동 모두가 아이들에게 영향을 준다. 3图일으키다. 흥기하다. ◇～火/불을 일으키다〔부치다〕. 4图〈文〉(아이를) 낳다. 5图선거하다. 추천하다. ◇公～他做学习组长/모두들 그를 학습조장으로 뽑았다. 6图〈略〉'举人'의 준말.〔명청(明清)시대 향시(鄉試)에 합격한 사람〕7图제시하다.(예 따위를) ◇他～了个例子来说明这个问题/그는 예를 들어 이 문제를 설명했다. 8〈文〉모든. 온. ◇～世闻名/온 세상에 이름이 나다.

【举哀－애】jǔ'āi 图곡(哭)하다.〔상례(喪禮)의 하나〕

【举案齐眉－안제미】jǔ àn qí méi〈成〉부부가 서로 존경하다.

＊＊【举办－판】jǔbàn 图거행하다. ◇明天晚上音乐厅将一个大型舞会/내일 저녁에 음악홀에서 대형 무도회를 거행한다. 比較举办:举行 ①회의는 "举办"의 목적어로 쓰이지 않는다. ◇职工代表大会定于周一(×举办)举行/노동자대표 대회가 월요일에 개최된다. ②"典礼"는 "举办"과 결합하지 않는다. ◇什么时候(×举办)举行毕业典礼?/언제 졸업식을 거행하나요?

【举报－보】jǔbào 图(비리 등을) 제보하다.

【举杯－배】jǔ//bēi 잔을 들다.

【举步－보】jǔbù〈文〉발을 내딛다.

【举措－조】jǔcuò 图1행동 거지. ◇～失当/행동 거지가 적절치 않다. 2(대응)조치.

＊【举动－동】jǔdòng 图거동. 행위. ◇近来他有什么新的～?/요새 그가 어떤 새로운 움직임이 있는가?

【举发－발】jǔfā 图적발하다.

【举凡－범】jǔfán 〈文〉대개. 모두.〔이어지는 문장은 대부분 열거의 내용임〕

【举国－국】jǔguó 图전국으로.〔주로 부사성 수식어로 쓰임〕

【举火－화】jǔhuǒ 图〈文〉1불을 붙이다. 봉화를 올리다. (同)〔点 diǎn 火〕, (反)〔熄 xī 火〕2불을 때어 밥을 짓다.

【举架－가】jǔjià 图〈方〉(집의) 높이.

【举荐－천】jǔjiàn 图(사람을) 추천하다.

【举例－례】jǔ//lì 图예를 들다.

【举目－목】jǔmù 图눈을 들어(서) 보다.

【举棋不定－기불정】jǔ qí bù dìng〈成〉주저하며 결정짓지 못하다. (同)〔犹豫不决 yóu yù bù jué〕, (反)〔当机立断 dāng jī lì duàn〕

【举人－인】jǔrén 图거인. 명청(明清)시대에 과거시험에서 향시(鄉試)에 합격한 사람.

【举世－세】jǔshì 图온 세상. 전세계. ◇～

瞩目/온 세상 사람이 모두 주목하다. ◇～闻名/세상에 널리 이름날리다.

【举世无双－세무쌍】jǔ shì wú shuāng〈成〉세상에 둘도 없다.

【举事－사】jǔshì 图〈文〉무장 봉기하다.

【举手之劳－수지노】jǔ shǒu zhī láo〈成〉약간의 수고. (反)〔大海捞针 dà hǎi lāo zhēn〕

＊【举行－행】jǔxíng 图올리다. 진행하다. ◇我的朋友下周二～婚礼/나의 친구가 다음주 화요일에 결혼식을 올린다. 比較举行:庆祝:进行 ①"举行"은 명절 등을 목적어로 삼지 못한다. ◇后天, 我们要(×举行)庆祝我们国家的国庆节/모레, 우리는 나라의 건국기념일을 축하하려고 한다. ②"举行"은 "比赛", "会谈", "游行" 등을 동사 목적어로 삼지만 "研究"를 취하지 못한다. ◇这个问题我正在(×举行)进行研究/이 문제는 내가 지금 연구하고 있다.

【举一反三－일반삼】jǔ yī fǎn sān〈成〉한 면으로 다른 면을 유추하여 알다. 하나를 보고 열을 안다.

【举债－채】jǔzhài〈文〉1기채(起債)하다. 2기채. (同)〔借 jiè 债〕, (反)〔还 huán 债〕

【举止－지】jǔzhǐ 图동작. 행동거지.

【举重－중】jǔzhòng 图〈體〉역도.

【举足轻重－족경중】jǔ zú qīng zhòng〈成〉일거수 일투족이 전체에 중대한 영향을 끼치다. (反)〔无 wú 足轻重〕

【举座－좌】jǔzuò 图〈文〉동석한 모든 사람.

【榉·欅】 木部 jǔ / 9画 떡갈나무 거

1〈植〉느티나무. 2(同)〔山毛榉 shān máo jǔ〕

【踽】 足部 jǔ / 9画 타달거릴 우

【踽踽－우】jǔjǔ 图〈文〉홀로 쓸쓸히 걷는 모양. ◇～独行/홀로 쓸쓸히 걷다.

jù

【巨(¹鉅)】 匚部 jù / 2画 클 거

1웹크다. (同)〔大 dà〕, (反)〔小 xiǎo〕2(Jù)图성(姓).

【巨变－변】jùbiàn 图거대한 변화.

【巨擘－벽】jùbò 图〈文〉1엄지 손가락. 2〈喩〉(어떤 분야의) 권위자.

＊【巨大－대】jùdà 웹거대하다. 대단하다. ◇他的事迹给了我们～的鼓舞和力量/그의 사적은 우리들에게 대단한 힘과 격려를 주었다. (反)〔微小 wēixiǎo〕

【巨额－액】jù'é 图웹거액(의). (反)〔小 xiǎo 额〕

【巨幅－폭】jùfú 図1대형 화폭(畫幅). 2그림 따위의 걸작.

【巨匠－장】jùjiàng 図거장.

【巨流－류】jùliú 図거대한 흐름. 도도한 시대 조류. (同)〔洪 hóng 流〕, (反)〔细 xì 流〕

【巨轮－륜】jùlún 図1큰 바퀴. 2대형기선.

【巨人－인】jùrén 図1거인. 2몸이 유난히 큰 사람. 3신화·전설·동화 속의 초인간적인 거대한 인물. 4〈喩〉위인.

【巨头－두】jùtóu 図(정계나 재계의) 거두. 우두머리.

【巨万－만】jùwàn 図막대한 금액. 대단히 많은 수량.

【巨细－세】jùxì 図대소(大小).

【巨星－성】jùxīng 図1〈天〉거성. 2〈喩〉위대한 인물.

【巨型－형】jùxíng 図초대형의. (同)〔大型〕, (反)〔小型〕

【巨著－저】jùzhù 図대작. 거작.

【巨子－자】jùzǐ 図대가. 거두.

*【拒】扌部 jù
4画 막을 거
图1저항하다. 막다. ◇～敌/적을 저지하다. (同)〔抗 kàng〕2거절하다. 거부하다. ◇来者不～/오는 사람을 거부하지 않는다.

【拒捕－포】jùbǔ 图(범인이) 체포에 저항하다.

【拒谏饰非－간식비】jù jiàn shì fēi 〈成〉충고를 받아들이지 않고 자신의 잘못을 감추다. (反)〔负荆请罪 fù jīng qǐng zuì〕

☆【拒绝－절】jùjué 图1거절하다. 거부하다. ◇我不好意思当面～他们/나는 면전에서 그들을 거절하기가 어려웠다. (反)〔答应 dā·ying〕2图거절. 거부.

【炬】火部 jù
4画 횃불 거
图횃불. ◇火～/횃불.

**【距】足部 jù
4画 이를 거
1図거리. 간격. 2图떨어지다. 사이를 두다. ◇这里～北戴河有三百公里/이곳은 북대하와 3백 킬로의 거리를 두고 있다. 3図(수탉·꿩 따위의) 며느리발톱.

☆【距离－리】jùlí 1图1(…로부터) 떨어지다. 사이를 두다. ◇他住的地方～学校有十五公里/그가 살고 있는 곳은 학교와 15킬로 떨어져 있다. 2図거리. 간격. ◇这两所大学～特别近/이 두 대학교는 거리가 매우 가깝다. 因교距离:路 "距离"는 동작 동사목적어로 취하지 않는다. ◇他为了给我买药, 跑了很远的(×距离)路/그는 나에게 약을 사주기 위해 먼 길을 달렸다.

★【句】勹部 口部 jù
3画 2画 귀절 구
1図〈言〉문장. ◇造～/짧은 글을 짓다. 2図마디. 〔말을 세는 단위〕◇我也说一～/나도 한마디 합시다. 因교句:个 "句子"는 "句"를 양사로 쓰지 않는다. ◇半天他也没说出一～(×句)个句子/한참동안 그는 한마디도 하지 않았다.

【句点－점】jùdiǎn (同)〔句号 hào〕

【句法－법】jùfǎ 図1문장의 구조. 구문. 2〈言〉통사론. 신택스(syntax).

【句号－호】jùhào 図마침표. 피리어드(period). 종지부.

【句型－형】jùxíng 図문형. 문장 유형.

★【句子－자】jù·zi 図1〈言〉문(文). 문장. 2절. 구(句). 因교句子:话 말을 뜻할 때는 "句子"를 쓰지 않는다. ◇我还没把(×句子)话说完, 他就走了/내가 말을 끝맺기도 전에 그는 가 버렸다.

【句子成分－자성분】jù·zi chéngfèn 図〈言〉문장 성분.

*【具】八部 jù
6画 갖출 구
1図기구. 도구. ◇工～/도구. 2図〈文〉시체·관(棺)·기물 따위를 세는 데 쓰임. ◇一～棺材/관 하나. 3図재주. 재능. ◇才～/재주. 4图갖추다. 구비하다. ◇略～轮廓/대체로 윤곽을 갖추다. 5图〈文〉준비하다. 마련하다. ◇～呈/서면으로 신고하다. 6图〈文〉서술하다. 서명하다.

【具保－보】jùbǎo 图보증인을 세우다.

☆【具备－비】jùbèi 图구비하다. 갖추다. ◇他～了报考飞行员的全部条件/그는 파일럿 시험을 칠 조건이 전부 갖추어졌다. 因교具备:具有 가치, 믿음, 태도나 방법, 수준 등은 "具备"를 술어로 쓰지 않는다. ◇这幅画儿(×具备)具有很高的艺术价值/이 그림은 높은 예술적 가치를 갖추고 있다.

【具结－결】jù// jié 옛날, 관청에 서약서〔보증서〕를 제출하다.

【具名－명】jù// míng 图(문서에) 서명하다.

☆【具体－체】jùtǐ 1图구체적이다. ◇请你写一个计划, 内容要～/계획서를 작성해 보십시오. 내용은 구체적이어야 합니다. (反)〔抽象 chōuxiàng〕2图특정의. 실제의. ◇她的～工作是英文打字/그녀가 실제로 하는 일은 영문타자이다. 3图구체화하다. 〔뒤에 "到"를 수반함〕◇这次倒塌, ～到各个村子, 受灾程度有所不同/이번 붕괴사고의 구체적 손실 정도는 마을에 따라 좀 차이가 있다.

【具体而微－체이미】jù tǐ ér wēi 〈成〉내용은 대체로 갖추어져 있으나 규모가 작다.

【具体劳动－체노동】jùtǐ láodòng 図〈經〉

구체적 유용(有用) 노동.
【具文一문】jùwén 图형식만을 갖추고 내용
이 없는 글·규칙·규정.
☆【具有一유】jùyǒu 圄구비하다. 가지다.〔추
상명사를 목적어로 취함〕◇～伟大的意
义/위대한 의의를 가지고 있다. 回교具
有:拥有:有 ①인구·토지에는 "具有"를
쓰지 않는다. ◇中国是一个(×具有)拥有
十一亿人口的国家/중국은 11억 인구를
소유한 국가이다. ②구어체에서는 "具有"
를 쓰지 않는다. ◇这个地方很(×具有)
有看头/이 곳은 볼거리가 많다.

【俱】亻部 jù
        8画 다 구
(書)〈文〉모두. 전부. 다. ◇百废一兴/방치
되었던 일들이 동시에 이루어지다. ⇒jū
☆【俱乐部一락부】jùlèbù 图클럽(club).
【俱全一전】jùquán 图모두 갖추다. ◇麻雀
虽小, 五脏～/참새가 비록 작아도 오장
육부는 다 갖추고 있다.

【惧·懼】忄部 jù
          8画 두려울 구
(書)두려워하다. 겁내다. ◇恐～/두려움〔공
포〕. (同)〔怕 pà〕, (反)〔勇 yǒng〕
【惧内一내】jùnèi 圄아내를 두려워하다.
【惧怕一파】jùpà 圄두려워하다. (同)〔畏 w-
èi 惧〕, (反)〔勇敢 yǒnggǎn〕
【惧色一색】jùsè 图두려워하는 기색.

【犋】牛部 jù
        8画 겨리 구
(書)(쟁기·써레 등의 농기구를 끄는) 축력
(畜力)의 단위. 호리. 겨리.〔한 마리 또
는 두 마리 이상의 '一犋'가 됨〕

【飓·颶】风部 jù
          8画 회리바람 구
【飓风一풍】jùfēng 图〈天〉풍력이 12급인
바람.

【沮】氵部 jù
        5画 그칠 저
⇒jǔ
【沮洳一여】jùrù 图썩은 식물이 퇴적한 저
습지대.

【剧·劇】刂部 jù
          8画 연극 극
1图연극. 극. ◇喜～/희극. 2图심하다. 격
렬하다. ◇一痛/심한 고통. 3(Jù)图성(姓).
*【剧本一본】jùběn 图(연극의) 극본. 대본.
☆【剧场一장】jùchǎng 图극장.
*【剧烈一렬】jùliè 图거세다. 격렬하다. ◇狂
风～, 寒气袭人/광풍이 세차게 휘몰아치
면서 극한 추위가 기습해 오다. (同)〔强
qiáng 烈〕, (反)〔和缓 héhuǎn〕回교剧
烈:猛烈:强烈:激烈 ①기세가 대단한 경
우에는 "剧烈"를 쓰지 않는다. ◇一阵

(×剧烈)猛烈的炮火把敌人的阵地全部摧
毁 cuīhuǐ 了/한 차례 맹렬한 포탄세례
로 적군의 진지를 전부 박살내다. ②빛·
감정·소원·언론 등은 "剧烈"로 형용하지
않는다. ◇(×剧烈)强烈的阳光/강렬한 햇
빛. ◇大家展开了(×剧烈)激烈的争论/모
두들 열띤 논쟁을 펼쳤다.
【剧目一목】jùmù 图희극 제목.
【剧评一평】jùpíng 图연극 평론.
【剧情一정】jùqíng 图(略)극의 줄거리.
*【剧团一단】jùtuán 图극단.
【剧务一무】jùwù 图1극단의 각종 관리 업
무. 2무대 감독.
*【剧院一원】jùyuàn 图1극장. 2극단의 명
칭. ◇中央歌～/중앙 가극단.
【剧照一조】jùzhào 图(영화나 연극의) 스
틸(still).

【倨】亻部 jù
        8画 거만할 거
(書)〈文〉오만하다. 교만하다.
【倨傲一오】jù'ào 图오만 불손하다. 건방지
다. (同)〔骄 jiāo 傲〕, (反)〔谦虚 qiānxū〕

【据·據】扌部 jù
          8画 의거할 거
1圄점거하다. 차지하다. ◇各～一方/각
각 한쪽을 점거했다. 2圄의거하다. ◇～
险固守/험준한 곳에 의지하여 굳게 지키
다. 3(개)…에 따르면. …에 의거하여. ◇
～他说明天将有暴雨, 我们还去不去八达
岭?/그의 말에 따르면 내일 폭우가 내린
다는데 우리가 팔달령에 가야 하는가 가
지 말아야 하는가? 回교据:根据 ①"据"
는 명사 앞에 쓰지 않는다. ◇(×据)根
据规定, 国庆节只放两天假/규정에 따라
건국기념일에 이틀만 쉰다. ②"据"가 인
도하는 전치사구조는 반드시 독립적이고
주어의 지배를 받지 않는다. ◇(×据)根
据大家要求, 将考虑奖金发放问题/모두의
요구에 따라 보너스 지급 문제를 고려할
것이다. 4图증거. 증서. ◇真凭实～/확실
한 증거.
*【据点一점】jùdiǎn 图거점. 발판. ◇敌人的
～被我们攻破了/적들의 거점은 우리에
의해 함락되었다.
【据守一수】jùshǒu 圄거점으로 삼아 지키다.
☆【据说一설】jùshuō 圄듣건대. ◇～你们要举
办集邮展览, 是吗?/듣자니 너희들이 우
표수집 전시회를 가진다는데 그게 정말
이니?
【据闻一문】jùwén 圄들은 바에 의하면. 듣자
니.
【据我所知一아소지】jù wǒ suǒ zhī〈口〉내
가 아는 바로는. 내가 알기로는. ◇小伙
子, ～, 你还没结婚/젊은이, 내가 아는

바로는 자네는 아직 결혼하지 않았어.

*【据悉－실】jùxī 아는 바에 의하면. 아는 바로는. ◇～, 今年人境旅游观光的人数已超过千万/아는 바로는 올해 입국하여 여행하는 사람이 천만을 넘는다.

*【锯·鋸】钅部 8画 jù 톱 거

1명톱. 2동켜다. 톱질하다. ⇒jū '锯'

【锯齿－치】jùchǐ (～儿)명톱니. 톱날.

【锯床－상】jùchuáng 명〈機〉기계톱.

【锯末－말】jùmò 명톱밥.

【锯条－조】jùtiáo 명톱양. (同)〔锯片 piàn〕

【锯子－자】jù·zi 명톱.

【踞】足部 8画 jù 걸어앉을 거

동1웅크리다. 걸터앉다. 쭈그리다. ◇龙盘虎～/용이 서리고 호랑이가 웅크리다. 지세가 험준하다. 2점거하다. 차지하다.

⁑【聚】耳部 8画 jù 모을 취

동모이다. 모으다. 집합하다. ◇大家～在一起商量/모두 함께 모여 의논하다. (同)〔集 jí〕, (反)〔分 fēn〕 비교聚:集合:凑 ①"聚"는 사적인 경우와 구어체에 쓰이고 공식적인 경우에는 안 쓰인다. ◇明天晚上他们在哪儿(×聚)集合?/내일 어디서 집합합니까? ②"聚"는 사람 외에는 잘 쓰이지 않는다. ◇他为买房子(×聚)凑着我/그는 집을 사기 위하여 돈을 모으고 있다. ◇他已(×聚)凑了不少材料/그는 이미 적잖은 자료를 모았다.

【聚宝盆－보분】jùbǎopén 명화수분. 계속 보물이 나오는 전설상의 단지. 〈喻〉무한한 자원의 보고(寶庫).

【聚变－변】jùbiàn 명〈物〉융합.

【聚餐－찬】jù// cān 1동회식하다. 2(jùcān)명회식.

【聚光灯－광등】jùguāngdēng 명스포트라이트.

【聚光镜－광경】jùguāngjìng 명1집광 렌즈. 2집광경.

【聚合－합】jùhé 1동집합하다. 한데 모이다. 2명동〈化〉중합(하다).

*【聚会－회】jùhuì 1명회합. 모임. ◇今天有一个～/오늘 모임이 하나 있다. 2동모이다. 집합하다. ◇老同学～在一起很不容易/옛 친구들이 한 자리에 모이기가 쉽지 않다. (同)〔聚合 hé〕, (反)〔分开 fēn//kāi〕

【聚积－적】jùjī 1동(조금씩) 모으다. 모이다. 축적하다. 2명축적.

⁑【聚集－집】jùjí 동모으다. 모이다. ◇广场上～了很多人/광장에 많은 사람이 모였다. ◇～力量/힘을 모으다. ◇～资金/자금을 모으다. (同)〔集合 jíhé〕, (反)〔分散 fēnsàn〕 비교聚集:在一起 "聚集"는 부사어로 쓰이지 않는다. ◇我们几个同学常常(×聚集地)在一起玩儿/우리 몇몇 학교 친구들은 자주 같이 논다.

【聚歼－섬】jùjiān 동(적을) 포위 섬멸하다.

【聚焦－초】jùjiāo 동〈物〉초점을 모으다.

⁑【聚精会神－정회신】jù jīng huì shén 〈成〉정신을 집중하다. …에 전념하다. ◇～地工作/정신을 집중해 일하다. (同)〔全神贯注 quán shén guàn zhù〕, (反)〔心不在焉 xīn bù zài yān〕

【聚居－거】jùjū 동모여 살다. (反)〔散 sǎn居〕

【聚敛－렴】jùliǎn 동(세금·조세 따위를) 긁어 모으다. 수탈하다.

【聚拢－롱】jùlǒng (同)〔聚集 jí〕

【聚落－락】jùluò 명촌락.

【聚齐－제】jù// qí 동(약속된 지점에) 빠짐없이 모이다.

【聚沙成塔－사성탑】jù shā chéng tǎ 〈成〉티끌 모아 태산.

【聚首－수】jùshǒu 동〈文〉모이다.

【聚乙稀－을희】jùyǐxī 명〈化〉폴리에틸렌.

【聚众－중】jùzhòng 동〈文〉많은 사람이 모이다.

【遽】辶部 13画 jù 급할 거

1부황급히. 서둘러. ◇情况不明, 不能～下定论/상황이 분명하지 않아서, 성급하게 결론을 내릴 수 없다. 2동당황하다.

【遽然－연】jùrán 부〈文〉갑자기. ◇～离去/갑자기 떠나가다.

juān

【涓】氵部 7画 juān 졸졸흐를 연

〈文〉명졸졸 흐르는 물.

【涓埃－애】juān'āi 명〈文〉〈喻〉사소한 것.

【涓滴－적】juāndī 명〈文〉물방울. 적은 양의 물. 〈喻〉매우 적은 양의 돈이나 물건. (同)〔点 diǎn滴〕, (反)〔洋 yáng洋〕

【涓涓－연】juānjuān 형〈文〉물이 졸졸 흐르는 모양. (反)〔滔 tāo滔〕

*【捐】扌部 7画 juān 버릴 연

1동바치다. 포기하다. ◇为国～躯 qū/나라를 위해 몸을 바치다. 2동헌납하다. 기부(寄附)하다. ◇募 mù～/모금하다. 3명세금. ◇车～/차량세.

*【捐款－관】juān// kuǎn 1동돈을 기부하다. ◇向灾区～办学/재해 지역에 돈을 기부해 학교를 세우다. 2(juānkuǎn)명기부금. 헌납금. ◇把～寄给灾区了/기부금을 재해지역으로 보냈다.

【捐弃－기】juānqì 動〈文〉1(권리 따위를) 버리다. 포기하다. 2(처 자식을) 내버리다.

【捐躯－구】juānqū 動(나라·민족을 위해) 목숨을 바치다. (同)[捐生 shēng], (反) [惜命 xīmìng]

【捐输－수】juānshū (同)[捐献 xiàn]

【捐税－세】juānshuì 1名각종 세금의 집합 명사. 2(juān// shuì)動세금을 내다.

*【捐献－헌】juānxiàn 動1기부하다. 헌납하다. 기증하다. ◇他把一些书~给图书馆/그는 일부 책을 도서관에 기증했다. 2바치다. ◇~宝贵的生命/귀한 목숨을 바쳤다.

【捐血－혈】juānxuè 名動헌혈(하다). (同) [献 xiàn 血]

*【捐赠－증】juānzèng 動기증하다. 기부하다. ◇~图书/책을 기증하다. (同)[赠送 sòng]

【捐助－조】juānzhù 動재물을 기부하다.

【捐资－자】juān// zī 動물품이나 돈을 기부하다.

【娟】女部 juān
7画 어여쁠 연
形〈文〉아름답다. 아리땁다. 곱다.

【娟秀－수】juānxiù 形〈文〉모습이 아름답다[수려하다]. ◇字迹~/글씨가 수려하다.

【鹃·鵑】鸟部 juān
7画 두견새 견
→[杜 dù 鹃]

*【圈】口部 juān
8画 우리 권
1動(가축을 우리에) 가두다. ◇把鸡~起来了/닭을 우리에 가두었다. 2動(사람을) 가두다. ◇孩子总~在家里不好/애는 늘 집에 가두어 놓으면 좋지 않다. ⇒juàn, quān

【镌·鐫】钅部 juān
10画 새길 전
動〈文〉파다. 새기다. 조각하다.

【镌刻－각】juānkè 動조각하다. 새기다.

【蠲】皿部 虫部 juān
18画 17画 밝을 견
1動면제하다. 제외하다. 2動〈早白〉쌓아 두다. 저축하다.

【蠲除－제】juānchú 動〈文〉면제하다.

【蠲免－면】juānmiǎn 動〈文〉(조세·벌금·노역 따위를) 면제하다.

juǎn

☆【卷·捲(⁴锩)】口部 juǎn
6画 걸을 권
1動(원통형으로) 말다. 감다. 걷다. ◇你能帮我~~头发吗?/머리를 좀 말아올려 주시겠어요? ◇~起袖子就干/소매를 걷

고 바로 일했다. 2動(큰 힘으로)말아 올리다. 휩쓸다. 휘말다. ◇北风~着雪花漫天飞舞/북풍은 눈꽃을 휘감아 온 하늘에 날렸다. 3(~儿)名원통형으로 말아 놓은 물건. ◇把书裹成一个~儿寄出去/책을 둥그렇게 말아서 부쳤다. 4(~儿)名밀가루를 반죽하여 얇은 조각으로 만들어 한쪽에 기름과 소금을 발라 둘둘 말아 찐 일종의 빵. ◇花~/꽃 빵. 5(~儿)量통구리. 두루마리로 된 것을 세는 단위. ◇一~纸/종이 한 통구리. ⇒juàn

【卷尺－척】juǎnchǐ 名줄자.

【卷铺盖－포개】juǎn pū·gai 이불을 개다. 〈喻〉(직장에서) 퇴직당하다.

【卷刃－인】juǎn// rèn 動칼날이 구부러지다.

【卷入－입】juǎnrù 動말려들다. 휩쓸려들다. ◇他也~这件事了/그는 이 일에 말려들었다.

【卷舌元音－설원음】juǎnshé yuányīn 名〈言〉권설모음.

【卷逃－도】juǎntáo 動(집안 식구나 직원이) 돈이나 물건을 몽땅 가지고 달아나다.

【卷土重来－토중래】juǎn tǔ chóng lái 〈成〉실패한 후 세력을 정비하여 다시 돌아오다. (同)[东山再起 dōng shān zài qǐ], (反)[一蹶不振 yī jué bù zhèn]

【卷心菜－심채】juǎnxīncài 名〈方〉양배추.

【卷须－수】juǎnxū 名〈植〉권수. 덩굴손.

【卷烟－연】juǎnyān 1名궐련. 담배. 2名시가. 엽궐련. 여송연.

【卷扬机－양기】juǎnyángjī 名〈機〉권양기. 원치(winch).

【卷子－자】juǎn·zi 名반죽한 밀가루를 얇게 펴서 한쪽에 기름·소금 따위를 발라 찐 식품.

【锩·錈】钅部 juǎn
8画 쇠말릴 권
動칼날이 말리다[구부러지다].

juàn

【卷】卩部 juàn
6画 책권 권
1動책. 서적. ◇手不释~/항시 손에서 책을 놓지 않다. 2名권. 책권. 3(~儿)名시험 답안지. ◇考试~/시험답안지. 4名(보관용으로 철한) 문서. 서류. ⇒juǎn

【卷帙－질】juànzhì 名〈文〉서적. 책. [주로 수량을 말할 때 쓰임] ◇~浩繁/책이 엄청나게 많다.

【卷轴－축】juànzhóu 名〈文〉족자. 두루마리.

【卷轴装－축장】juànzhóuzhuāng 名권축장. 권자본.

【卷子―자】 juàn·zi 圐1시험 답안용지. ◇
批～/답안을 채점하다. 2두루말이로 되
어 있는 고서(古書).⇒juǎn·zi

【卷宗―종】 juànzōng 圐1〈文〉관청에서 분
류·보관하는 공문서. 2서류철. 파일.

【倦】 亻部 juàn
8画 고달플 권
1圐피곤하다. 고단하다. ◇疲～/피곤하
다. 2통싫증나다. 진저리가 나다. ◇孜孜
zī不～/권태를 모르고 꾸준하다.

【倦怠―태】 juàndài 圐나른[느른]하다. 권
태롭다.

【倦容―용】 juànróng 圐권태로운 모습.

【倦游―유】 juànyóu 통〈文〉놀다가 지치다.

【圈】 口部 juàn
8画 우리 권
圐1(가축의) 우리. 2(Juàn)성(姓).⇒juān,
quān

【圈肥―비】 juànféi 圐쇠두엄. 외양간 두엄.

【眷(²睠)】 目部 juàn
6画 돌아볼 권
1圐가족. 친족. ◇亲～/친족. 2통〈文〉돌
보다. 총애하다.

【眷顾―고】 juàngù 통〈文〉돌봐 주다. 보살
피다.

【眷眷―권】 juànjuàn 圐마음에 두고 잊지
않는 모양.

【眷恋―연】 juànliàn 통〈文〉그리워하다. 사
모하다. 미련이 남다.

【眷念―념】 juànniàn 〈文〉1통그리워하다.
생각하다. 2圐그리움. 생각.

【眷属―속】 juànshǔ 圐1가족. 2부부.

【眷注―주】 juànzhù 〈同〉[眷顾 gù]

【狷(獧)】 犭部 juàn
7画 편협할 견
圐〈文〉1성급하다. 조급하다. 2강직하다.
(성미가) 대쪽같다.

【狷急―급】 juànjí 圐〈文〉성급하다. 조급하다.

【狷介―개】 juànjiè 圐〈文〉강직하다. (성미
가) 대쪽같다.

【绢·絹】 纟部 juàn
7画 비단 견
圐얇은 비단. 명주. 견직물.

【绢本―본】 juànběn 圐1견본. 2서화(書畫)
를 그리는 데 쓰는 비단. 3비단에 그린
[쓴] 서화.

【绢花―화】 juànhuā 圐비단으로 만든 조
화(造花).

【绢子―자】 juàn·zi 圐〈方〉손수건.

【隽(雋)】 隹部 juàn
2画 훌륭할 준
1〈同〉[隽永 yǒng] 2(Juàn)圐성(姓).
→jùn'俊'

【隽永―영】 juànyǒng 圐〈文〉(문장 따위

가) 의미가 심오하다. 의미심장하다. ◇
语颇 pō～耐人寻味/말이 상당히 의미가
심오하다.

撅 498	噘 498	孒 498	决 498	诀 499
抉 499	角 499	绝 499	觉 501	倔 501
掘 501	崛 501	厥 501	蕨 501	獗 501
橛 501	蹶 501	谲 501	噱 501	爵 501
嚼 502	矍 502	攫 502	镢 502	蹻 502
倔 502				

juē

【撅(³⁻⁴撧)】 扌部 juē
12画 던질 궐
1통뻣뻣이 세우다. 치켜들다. ◇～着尾巴
/꼬리를 뻣뻣이 세우고 있다. 2통(골이
나서 입을) 뾰족히 내밀다. ◇～嘴/입을
뾰족이 내밀다. 3통꺾다. 분지르다. ◇～
一根柳条当马鞭/버들가지를 하나 꺾어
말채찍으로 삼다. 4통(남을) 난처하게
하다. 핀잔[무안]을 주다. 면박하다. ◇
他平白地～了我一顿/그는 공연히 나에게
핀잔을 주었다.

【撅人―인】 juē//rén 통남에게 창피를[무
안을] 주다.

【撅嘴―취】 juē//zuǐ 통(화가 나거나 기분
이 나쁠 때) 입을 삐죽 내밀다.

【噘】 口部 juē
12画 입내밀 궐
(同)[撅 juē]

【噘嘴―취】 juē//zuǐ 〈同〉[撅 juē 嘴]

jué

【孒】 子部 jué
0画 장구벌레 궐
(同)[孑 jié 孒]

☆【决(決)】 冫部 jué
4画 결단할 결
1통정하다. 결정하다. 결심하다. ◇裁～/
결재하다. 2형결코. 절대로. [항상 부정
문에 사용되고 부정사 앞에 위치함] ◇
～不让步/절대로 양보하지 않다. 3통승
패를 결정짓다. 4통사형을 집행하다. ◇
枪～/총살시키다. 5통무너지다. 터지다.

*【决不―불】 jué bù 절대…하지 않다. ◇
～动摇/절대로 동요하지 않다.

*【决策―책】 juécè 1통방법이나 정책을 결
정하다. ◇～者/정책 결정자. 2圐결정된
책략이나 방법. ◇明智的～/현명한 책략.

【决雌雄―자웅】 jué cíxióng 자웅을 겨루
다. 승패를 결정짓다.

★【决定―정】 juédìng 1통(정책·생각 따위

를) 결정하다. ◇最好大家商量一下再～这件事/여러 사람이 토론하여 결정하는 것이 가장 좋다. 2❷결정. 결정 사항. ◇关于这个问题领导已经做出了～/이 문제에 관하여 간부는 이미 결정을 지었다. 3❸어떤 사물이 다른 사물의 선결 조건이 되다. 결정하다. 좌우하다. ◇你的前途别人是～不了 liǎo 的/너의 앞날은 남이 결정할 수 없는 것이다. 4❹객관적인 법칙이 사물을 어떤 방향으로 변화하게 하다. ◇～论/결정론.

【决定性—정성】juédìngxìng ❷결정적(인). ◇～的变化/결정적인 변화.

【决斗—투】juédòu ❷결투(하다).

【决断—단】juéduàn 1❶결단하다. 결정을 내리다. ◇请您最后～/당신이 최종 결정을 내리십시오. (同)〔果 guǒ 断〕, (反)〔迟疑 chíyí〕. 비교决断:决定:果断 ①"决断"은 목적어를 갖지 않는다. ◇我(×决断)决定一毕业就结婚/난 졸업하자마자 결혼하기로 결정했다. ②"决断"은 부사어로 쓰이지 않는다. ◇(×决断)果断地反对/단호하게 반대했다. 2❷❷결단력(이 있다). ◇他做事很有～/그는 일처리에 있어서 결단력이 있다.

【决计—계】juéjì 1❶계략을 정하다. 마음먹다. 결정하다. 2❷반드시. 틀림없이. 〔긍정적인 판단을 나타냄〕

【决绝—절】juéjué 1❶관계를 끊다. 결별하다. 2❷(태도 따위가) 단호하다.

*【决口—구】jué//kǒu 1❶(제방이) 터지다. 2(juékǒu)❷(제방 따위의) 터진 곳.

【决裂—렬】juéliè ❷(담판·회의가) 결렬하다. (관계가) 끊어지다. ◇我和她～后, 没见过面/나는 그녀와 관계를 끊은 후 만나지 않았다. (同)〔破 pò 裂〕, (反)〔和解 héjiě〕

【决然—연】juérán〈文〉1❷(결심 따위가) 확고하다. 결연하다. ◇～返回/결연하게 돌아왔다. 2❹절대로. 도저히.

*【决赛—새】juésài ❷결승전.

【决胜—승】juéshèng 1❶최후의 승부를 결정하다. 2❷결승.

【决死—사】juésǐ ❷결사적으로 하다. 죽음을 각오하다.

*【决算—산】juésuàn ❷❷결산(하다).

☆【决心—심】juéxīn ❷❷결심(하다). ◇他下～办一个个体餐馆/그는 개인식당을 차리기로 마음먹었다. ◇他～今年帮父母盖一座小楼/그는 올해 부모님을 도와서 작은 건물 하나를 짓기로 결정했다.

【决一死战—일사전】jué yī sǐ zhàn〈成〉사생결단을 하고 싸우다.

**【决议—의】juéyì ❷❷결의(하다). 의결(하

다). 비교决议:决定 개인이 행동하고 주장하는 것에는 "决议"를 쓰지 않는다. ◇我要使父母理解我的(×决议)决定/난 부모님에게 내 결정을 이해시킬 것이다.

【决意—의】juéyì ❷결의(하다). 결심(하다).

*【决战—전】juézhàn ❷결전(하다).

【诀·訣】 讠部 4画 비결 **결**

1❷외우기 쉽도록 요점을 간추려 시나 노래의 형식으로 만든 것. ◇口～/구결. 2❷비법. 비결. 묘방. ◇秘～/비결. 3❸헤어지다. 이별하다. ◇永～/영결하다.

【诀别—별】juébié ❷결별하다. 이별하다. 〔주로 영원한 이별을 가리킴〕(同)〔分 fēn 别〕

【诀窍—규】juéqiào (～儿)❸비결. 요령.

【诀要—요】juéyào (同)〔诀窍 qiào〕

【抉】 扌部 4画 긁을 **결**

❸고르다. 가려내다.

【抉择—택】juézé ❷❸선택(하다). 채택(하다).

【抉摘—적】juézhāi ❸〈文〉골라내다. 가려내다.

【角·角】 角部 0画 뿔 **각**

1(～儿)❷(연극·영화 등에서의) 역할. 역. 배역. ◇主～/주역. 주연. 2(～儿)❷경극(京劇)의 배역분류('生'·'旦'·'净'·'丑'). 3(～儿)❷배우. 연기자. ◇名～/명배우. 4❸다투다. 겨루다. 5❷옛날의 술잔(술 그릇). 6❷〈音〉각. 〔옛날의 음부(音符)에서 오음(五音)의 하나〕7(Jué)❷성(姓). ⇒jiǎo

【角斗—투】juédòu 1❸맞붙어 싸우다. 격투하다. 2❷레슬링.

【角力—력】juélì ❸힘을 겨루다.

【角色—색】juésè ❷1배역. 2역할. 인물.

【角逐—축】juézhú ❸승부를 겨루다. 각축하다.

【绝·絕】 纟部 6画 끊을 **절**

1❸끊다. 단절하다. ◇～其后路/빠져나갈 길을 끊다. ◇掌声不～/박수소리가 끊이질 않는다. 2❸다하다. 끝나다. ◇法子都想～了/방법이란 방법은 다 생각해봤다. 3❸막히다. 막다르다. ◇处逢生/막다른 곳에서 살아나다. 4❸숨이 끊기다. 죽다. ◇气～/숨이 끊기다. 5❹유일무이하다. 비할 데 없다. ◇他的书画可称双～/그의 글씨와 그림은 둘 다 가히 비할 데 없다고 말할 수 있다. 6❹극히. 가장. 몹시. ◇～大多数/절대다수. 7❹절대로.

결코.〔주로 부정사 앞에 쓰임〕 ◇~不可粗心大意/절대로 부주의하면 안된다. ◇~非好事/결코 좋은 일은 아니다. **8**[명]절구(絶句). ◇五~/5언 절구. ◇七~/7언 절구.

【绝版－판】jué∥bǎn **1**[동]절판되다. **2**(juébǎn)[명]절판.

【绝笔－필】juébǐ [명]절필. 죽기 전에 쓴 마지 글장이나 그림〔필적〕.

【绝壁－벽】juébì [명]절벽.

【绝唱－창】juéchàng [명]**1**절창. 비할 데 없이 뛰어난 시문(詩文). **2**[동]가수가 죽기 전에 부른 마지막 노래.

【绝代－대】juédài 〈文〉[형]당대에 견줄 만한 것이 없다. 절세이다. ◇~佳人/절세의 미인.

【绝倒－도】juédǎo [동]〈文〉큰 소리로 웃다.

【绝地－지】juédì [명]**1**매우 험준한 곳. **2**궁지. ◇陷于~/궁지에 빠졌다.

【绝顶－정】juédǐng **1**[부]아주. 몹시. ◇~聪明/아주 똑똑하다. **2**[명]〈文〉(산의) 최고봉. 절정.

☆【绝对－대】juéduì **1**[형]절대(의). 절대적(인). 아무런 제한도 받지 않는. ◇~服从/절대 복종하다. (反)〔相对 xiāngduì〕 **2**[형]절대(의). 오직 한 조건만을 근거로 하는. ◇~值/절대치. **3**[부]절대로. 틀림없이. ◇你~不能去/넌 절대 가면 안 돼. ◇这事~保密/이 일은 절대 비밀을 지켜야 해요. **4**[부]가장. 절대. ◇他们~大多数都去上海/그들 절대 다수가 모두 상해에 간다.

【绝对湿度－대습도】juéduì shīdù [명]〈物〉절대 습도.

【绝对温度－대온도】juéduì wēndù [명]〈物〉절대 온도.

【绝对真理－대진리】juéduì zhēnlǐ [명]〈哲〉절대 진리.

【绝后－후】jué∥hòu [동]**1**대가 끊어지다. **2**절후하다. 앞으로 두번 다시 그만한 것이 없다.

【绝户－호】jué·hu **1**(同)〔绝后 hòu **1**〕 **2**[명]후손〔자식〕이 없는 사람〔가정〕.

【绝活－활】juéhuó (~儿)[명]특기. 절묘한 재주.

【绝迹－적】jué∥jì [동]자취를 감추다. 사라지다.

【绝技－기】juéjì [명]특기.

【绝交－교】jué∥jiāo [동]절교하다. 교제를 끊다. (同)〔断 duàn交〕, (反)〔建 jiàn交〕

【绝经－경】juéjīng [명]〈生理〉폐경(閉經).

【绝境－경】juéjìng [명]**1**궁지. 절망적인 상태. **2**인적없는 땅.

【绝句－구】juéjù [명]절구.〔'旧体诗'의 일종으로 한 수(首)가 4구(句)로 이루어짐, 한 구(句)가 다섯 자인 것을 '五言绝句', 일곱 자인 것을 '七言绝句'라 함〕

【绝口－구】juékǒu [동]**1**말을 멈추다.〔'不'의 뒤에서만 쓰임〕 ◇赞不~/칭찬이 자자하다. **2**입을 다물다. ◇王小姐~不提那件事/왕양은 그 일에 대해 입을 다물었다.

【绝粒－립】juélì [동]금식하다.

【绝路－로】jué∥lù **1**[동]길이 끊어지다. 길이 막히다. **2**(juélù)[명]막다른 골목. 〈喻〉나쁜 길. (同)〔末 mò 路〕, (反)〔生 shēng 路〕

【绝伦－륜】juélún [형]〈文〉탁월하게 뛰어나다. 비할 데 없다.

【绝秘－비】juémì [명][형]극비(의). 기밀(의). ◇~材料/극비 자료.

【绝密－밀】juémì [명][형]극비(의).

【绝妙－묘】juémiào [형]절묘하다. 더없이 훌륭하다.

【绝命书－명서】juémìngshū [명]목숨을 끊기 전에 남기는 유서.

【绝情－정】jué∥qíng [동]정을 끊다. 인정이 없다. ◇我们之间不要说这种~的话/우리끼리 이런 인정없는 말을 하지 맙시다.

【绝色－색】juésè 〈文〉**1**[명]절색. 절세의 미인. **2**[형]몹시 아름답다.

【绝食－식】jué∥shí [동]금식하다. 단식하다. (反)〔进 jìn 食〕

【绝世－세】juéshì (同)〔绝代 dài〕

【绝嗣－사】jué∥sì [동]후계자가〔자손이〕 끊기다.

☆【绝望－망】jué∥wàng **1**[동]절망하다. **2**(juéwàng)[명]절망.

【绝无仅有－무근유】jué wú jǐn yǒu 〈成〉아주 적다. 거의 없다. 극히 드물다. ◇这种花是~的/이런 꽃은 극히 드물다. (反)〔司空见惯 sī kōng jiàn guàn〕

【绝响－향】juéxiǎng [명]〈文〉**1**실전된 음악. **2**〈喻〉전통이 끊어진 사물.

【绝续－속】juéxù [명]단절과 연속.

【绝学－학】juéxué 〈文〉**1**[명]실전된 학문. **2**[명]높고 독창적인 학문.

【绝艺－예】juéyì [명]탁월한 기예.

【绝育－육】jué∥yù [동]임신 중절하다.

*【绝缘－연】juéyuán **1**[동](외계(外界)와) 접촉을 끊다. **2**[명][동]〈電〉절연(하다).

【绝缘体－연체】juéyuántǐ [명]〈物〉절연체.

【绝缘子－연자】juéyuán·zi [명]〈電〉애자(碍子).

【绝早－조】juézǎo [부]아주 일찍.

【绝招－초】juézhāo (~儿)[명]**1**비장의 솜씨. **2**기발한 수단·계책.

【绝症－증】juézhèng [명]불치의 병. 죽을 병. (同)〔死 sǐ 症〕, (反)〔微恙 wēiyàng〕

【绝种－종】jué∥zhǒng **1**[동]멸종하다. **2**(juézhǒng) 몔멸종.

**【覺·覺】 |见部 | jué
5画 | 깨달을 각

1몡감각. 느낌. ◇感～/감각. 2몡느끼다. ◇爬了一个小时的山，我一点儿都不～累/한 시간 동안이나 산을 올랐지만 나는 조금도 힘든 줄 모르겠다. 비교觉:觉得 ①"觉"는 목적절을 가질 수 없다. ◇我并不(×觉)觉得这个地方有多美/난 이곳이 뭐가 그리 아름다운지 모르겠다. ②"觉" 뒤에 형용사 목적어를 가질 때 "觉" 앞에 부정사가 있어야 한다. ◇在这儿你(×觉)觉得冷吗?/여기 있으면 춥다고 느껴지니? 3몡(잠에서) 깨어나다[깨다]. ◇大梦初～/깊은 꿈에서 막 깨어나다. 깨닫기 시작하다. 4동깨닫다. 깨우치다. ◇先知先～/선각자. ⇒jiào

＊【觉察—찰】juéchá 동깨닫다. 알아차리다. 감지하다. ◇日子长了，她才～出他耳朵有些聋 lóng/시간이 오래 지나서야 그녀는 그의 귀가 좀 멀었다는 것을 알아차렸다.

★【觉得—득】jué·de 동1…라고 느끼다. ◇听声音我～像小张/목소리를 들어보니 장씨같구나. 2…라고 여기다[생각하다]. 〔여기가 단정적이 아님〕◇大家都～今年的高考题目很难/많은 사람들이 올해 대학 입시 문제가 어렵다고들 여기고 있다. 비교觉得:感觉:认为 ①"觉得"는 주어 또는 목적어로 쓰이지 않는다. ◇到北京后我的第一个(×觉得)感觉是中国人多，自行车多/북경에 온 후 나의 첫느낌은 중국은 사람도 많고 자전거도 많다는 것이다. ②"觉得"는 화자의 확고한 판단이나 생각에는 쓰이지 않는다. ◇我(×觉得)认为他不能去/나는 그가 가서는 안 된다고 생각한다.

☆【觉悟—오】juéwù 1동깨닫다. 자각하다. ◇不是他～不过来，而是我们帮助得不够/그가 깨닫지 못한 것이 아니라 우리가 그를 충분히 도와주지 못한 것이다. 비교觉悟:增强:觉醒 ①"觉悟"는 목적어를 취할 수 없다. ◇(×觉悟)增强广大人民群众的斗争精神/대다수 국민의 투쟁정신을 증강시키다. ②민족 인식이 깨어날 때는 "觉悟"를 쓰지 않는다. ◇第三世界的人民已经(×觉悟)觉醒，要为真理斗争/제3세계의 국민들도 이미 각성해서 진리를 위해 투쟁하려 한다. 2몡의식. 자각. ◇他这个人～很低/이 사람은 의식수준이 매우 낮다. (同)〔觉醒 xǐng〕，(反)〔沉湎 chénmiǎn〕

＊【觉醒—성】juéxǐng 몡동각성(하다).

【倔】 |亻部 | jué
8画 | 군셀 굴

뜻은 '倔 juè'와 같고, '倔强'에만 쓰임.⇒juè

【倔强—강】juéjiàng 톙고집이 세다. (反)〔温顺 wēnshùn〕

＊【掘】 |扌部 | jué
8画 | 팔 굴

동파다. ◇发～/발굴하다. (同)〔挖 wā〕，(反)〔填 tián〕

【掘进—진】juéjìn 동〈礦〉굴진하다.

【掘土机—토기】juétǔjī 동〈機〉굴삭기. 파워 셔블(power shovel).

【崛】 |山部 | jué
8画 | 불끈솟을 굴

동〈文〉우뚝 솟다.

【崛起—기】juéqǐ 동〈文〉1(봉우리 따위가) 우뚝 솟다. 2들고 일어나다. 궐기하다.

【厥】 |厂部 | jué
10画 | 그 궐

1동기절하다. 인사불성이 되다. 2때〈文〉그의. ◇～后/그 후. 3묀〈文〉의연히. 그제야.

【蕨】 |艹部 | jué
12画 | 고사리 궐

몡〈植〉고사리. 〔拳 quán 菜〕

【蕨类植物—류식물】juélèi zhíwù 몡〈植〉양치 식물.

【獗】 |犭部 | jué
12画 | 뛰놀 궐

→〔猖 chāng 獗〕

【橛】 |木部 | jué
12画 | 말뚝 궐

(～儿)몡짧은 말뚝.

【橛子—자】juézi 몡짧은 말뚝.

【蹶】 |足部 | jué
12画 | 쓰러질 궐

동넘어지다. 쓰러지다. 뒹굴다. 실패하다. 좌절하다. ◇一～不振/한 번 실패한 뒤 다시는 일어나지 못하다. ⇒juě

【谲·譎】 |讠部 | jué
12画 | 속일 휼

1동〈文〉기만하다. 속이다. 거짓말하다. 2톙괴상하다. 특이하다.

【谲诈—사】juézhà 동사람을 교활하게 속이다.

【噱】 |口部 | jué
13画 | 껄껄웃을 각

동〈文〉크게 웃다. ⇒xué

【爵】 |爪部 | jué
13画 | 벼슬 작

1몡작위(爵位). ◇封～/작위를 봉하다. 2몡고대의 술잔.

【爵禄—록】juélù 몡〈文〉작위와 봉록.

【爵士—사】juéshì 몡1나이트 작(knight爵). 훈작사(勳爵士). 2〈音〉재즈(jazz).

【爵士乐-사악】juéshìyuè 圐재즈음악.
【爵位-위】juéwèi 圐작위.

【嚼】口部 17画 씹을 **작**
뜻은 '嚼 jiáo'와 같고, 복합어·성어(成語)에 쓰인다. ◇咀~/씹다. ⇒jiáo, jiào

【矍】目部 15画 놀라돌아볼 **확**
圀〈文〉놀라서 주위를 두리번거리는 모양.
【矍铄-삭】juéshuò 圀〈文〉정정하다. (反)〔摧颓 cuītuí〕

【攫】扌部 20画 움킬 **확**
圐움켜잡다. 가로채다. 빼앗다. ◇~为己有/빼앗아 제 것으로 만들다.
【攫取-취】juéqǔ 圐약탈하다.

【镢(镢)】钅部 20画 큰호미 **곽**
圐〈方〉곡괭이.
【镢头-두】jué·tou 圐〈方〉곡괭이.

juě

【蹶】足部 12画 쓰러질 **궐**
⇒jué
【蹶子-자】juě·zi 圐(말·노새·당나귀 따위의) 뒷발질.

juè

【倔】亻部 8画 굳셀 **굴**
圀퉁명스럽다. 무뚝뚝하다. ◇这个人脾气很~/이 사람이 성미가 매우 퉁명스럽다. ⇒jué
【倔巴-파】juè·ba 圀〈方〉무뚝뚝하다.
【倔头倔脑-두굴뇌】juè tóu juè nǎo 〈成〉말이나 태도가 무뚝뚝한〔불친절한〕모양. (同)〔犟 jiàng 头犟脑〕, (反)〔百依百顺 bǎi yī bǎi shùn〕

jūn

☆【军・軍】一部 4画 군사 **군**
1圐군대. 2圐〈軍〉군단.〔군대의 편제 단위로, '师'(사단)의 위임〕 ◇两个~/두 개 군단.
*【军备-비】jūnbèi 圐군비.
【军便服-편복】jūnbiànfú 圐군대의 평(상)복.〔보통 인민복이라고 하는 옷〕
【军操-조】jūncāo 圐군사 훈련.
【军车-차】jūnchē 圐군용차.

【军刀-도】jūndāo 圐군도.
☆【军队-대】jūnduì 圐군대.
*【军阀-벌】jūnfá 圐군벌.
【军法-법】jūnfǎ 圐군법.
【军费-비】jūnfèi 圐군비. 군사비.
【军服-복】jūnfú 圐군복.
【军港-항】jūngǎng 圐군항.
【军工-공】jūngōng 圐1군수 산업. 2군수 공사.
【军功-공】jūngōng 圐무공.
**【军官-관】jūnguān 圐〈軍〉1장교. 사관. 2 '排长'(소대장) 이상의 간부.
【军管-관】jūnguǎn 圐군사 관제.
【军号-호】jūnhào 圐군대 신호 나팔.
【军徽-휘】jūnhuī 圐군대의 표지.
【军婚-혼】jūnhūn 圐〈略〉군혼(军婚).〔신랑이나 신부의 한쪽이 인민해방군인 결혼〕
【军火-화】jūnhuǒ 圐무기와 탄약.
【军机-기】jūnjī 圐1군사 행동을 개시하기 적절한 기회. 2군사 기밀.
【军籍-적】jūnjí 圐1군적. 2〈轉〉군인의 신분.
【军纪-기】jūnjì 圐군기. 군대의 기율.
**【军舰-함】jūnjiàn 圐군함.
【军阶-계】jūnjiē 圐군인의 계급.
【军垦-간】jūnkěn 圐군대를 동원하여 황무지를 개간하다.
【军礼-례】jūnlǐ 圐군대식 경례.
【军力-력】jūnlì 圐병력. 군사력.
【军粮-량】jūnliáng 圐군량.
【军龄-령】jūnlíng 圐군대 복무 연수.
【军令-령】jūnlìng 圐군령. 군사 명령.
【军令状-령장】jūnlìngzhàng 圐군령장. 군령을 받은 후 쓰는 보증서 내용은 임무 완수하지 않으면 처벌을 받음.
【军旅-려】jūnlǚ 圐군대.
【军马-마】jūnmǎ 1圐군마. 2圐군대.
【军民-민】jūnmín 圐군대와 인민.
【军棋-기】jūnqí 圐군인장기.〔적진에 들어가 군기를 빼앗는 쪽이 이김〕
【军旗-기】jūnqí 圐군기. 군대의 깃발.
【军情-정】jūnqíng 圐군사적 상황.
【军区-구】jūnqū 圐군사 구역.
【军权-권】jūnquán 圐병권(兵權).
**【军人-인】jūnrén 圐군인.
【军容-용】jūnróng 圐군용. 군인이나 군대의 위용이나 규율.
【军师-사】jūn·shī 圐1군사(軍師). 작전 참모. 2〈喩〉모사. 책사.
【军士-사】jūnshì 圐하사관.
☆【军事-사】jūnshì 圐군사. 군대·전쟁 따위에 관한 일. ◇~行动/군사 행동.
【军事法庭-사법정】jūnshì fǎtíng 圐군사 법정. 군법 회의.
【军事管制-사관제】jūnshì guǎnzhì 圐군

사 관제.
【军事基地－사기지】jūnshì jīdì [명]군사 기지.
【军事科学－사과학】jūnshì kēxué [명]군사 과학.
【军事体育－사체육】jūnshì tǐyù [명]군사 체육.
【军事训练－사훈련】jūnshì xùnliàn [명](학교에서의) 군사 교련.
【军属－속】jūnshǔ [명]현역 군인의 가족.
【军团－단】jūntuán [명]군단〔방면군·항공병단·해군 함대의 총칭〕.
【军务－무】jūnwù [명]군무. 군대의 사무. 군사임무.
【军衔－함】jūnxián [명]군인의 계급.
【军饷－향】jūnxiǎng [명]군인의 급료 및 지급품.
【军校－교】jūnxiào [명]사관학교.
【军械－계】jūnxiè [명]병기. 무기. 탄약.
【军心－심】jūnxīn [명]군대의 사기.
【军需－수】jūnxū [명]**1**군수(품). 군사상 필요한 물자. **2**옛날, 군대의 보급 담당자.
【军训－훈】jūnxùn (同)〔军事 shì 训练 liàn〕
【军衣－의】jūnyī [명]군복.
*【军医－의】jūnyī [명]군의관.
【军营－영】jūnyíng [명]병영.
*【军用－용】jūnyòng [명]군용. ◇～飞机/군용비행기. (反)〔民 mín 用〕
【军邮－우】jūnyóu [명]군사 우편.
【军乐－악】jūnyuè [명]군악.
【军长－장】jūnzhǎng [명]군단장.
【军政－정】jūnzhèng [명]**1**군사(軍事)와 정치. **2**군사 행정. **3**군대와 정부.
【军种－종】jūnzhǒng [명]군별(軍別). 〔육군·해군·공군의 구별〕
*【军装－장】jūnzhuāng [명]군복. 군인의 복장.

【皲·皸】 皮部 6画 | jūn 살가죽얼어터질 **균**

【皲裂－열】jūnliè [동](추위로) 피부가 트다.

【龟·龜】 刀部 5画 | jūn 거북 **귀**

⇒guī, qiū
【龟裂－열】jūnliè **1**(同)〔皲 jūn 裂〕 **2**[동](땅이 말라서) 갈라 터지다. ◇天久不雨, 田地～/오랫동안 비가 오지 않아 밭이 갈라졌다.

⁑【均】 土部 4画 | jūn 고를 **균**

1[형]균일하다. 균등하다. 고르다. ◇分得不～/똑같이 나누지 않았다. **2**[부]모두. 다. 전부. ◇各项工作～已布置就绪/모든 업무들을 이미 다 배정해 놓았다.
【均等－등】jūnděng [형]균등하다. 같다. 고르다.
【均分－분】jūnfēn [동]고르게 나누다.
【均衡－형】jūnhéng [명]**1**균형. ◇保持～/균형을 유지하다. **2**[형]고르다. 균형이 잡히다. ◇国民经济～地发展/국민경제가 균형있게 발전하다.
【均势－세】jūnshì [명]세력이 균형을 이룬 상태. 세력 균형.
【均摊－탄】jūntān [동]균등하게 부담하다.
⁑【均匀－균】jūnyún [형]균등하다. 고르다. 균일하다. ◇钟摆发出～的声音/시계추가 규칙적인 소리를 내다.
【均沾－점】jūnzhān [동]고르게 이익을 누리다.

【钧·鈞】 钅部 4画 | jūn 설흔근 **균**

1[양]고대의 중량 단위로 30근(斤)이 1钧임. **2**[명]질그릇 만드는 기구. **3**〈文〉〈喻〉(윗사람이나 상급에 (쓰이는) 상대방과 관계있는 사물이나 행동에 존경의 뜻을 나타내는 말.
【钧鉴－감】jūnjiàn 〈牘〉고람(高覽).
【钧启－계】jūnqǐ 〈牘〉뜯어 보십시오. 〔봉투에서 상대방 이름 밑에 쓰는 말〕
【钧座－좌】jūnzuò [명]〈牘〉귀하. 좌하. 〔주로 윗사람에 대하여 씀〕

*【君】 口部 4画 | jūn 임금 **군**

1군주. 임금. (同)〔主 zhǔ〕, (反)〔臣 chén〕 **2**〈文〉〈敬〉타인에 대한 존칭. ◇王～/왕선생님.
【君臣－신】jūnchén [명]군신〔임금과 신하〕.
【君权－권】jūnquán [명]군주의 권력.
【君主－주】jūnzhǔ [명]군주. ◇～立宪/군주입헌제. (同)〔国 guó 主〕, (反)〔臣下 chén xià〕
【君子－자】jūnzǐ [명]**1**군자. 학식과 덕망이 높은 사람. ◇伪～/위선자. ◇～报仇, 十年不晚/군자가 원수를 갚는 데에는 10년이 걸려도 늦지 않다. ◇～成人之美/군자는 남의 좋은 일이 성사되도록 힘써 준다. ◇～一言, 驷 sì 马难追/①남아 일언 중천금. ②말을 한 번 하면 다시 주워담기 힘들다. (反)〔小人 xiǎorén〕 **2**높은 관직에 있는 사람.
【君子国－자국】jūnzǐguó [명]군자의 나라. 전설에 군자들만 살고 있다는 나라.
【君子协定－자협정】jūnzǐ xiédìng [명]신사협정.

*【菌】 艹部 8画 | jūn 버섯 **균**

[명](세)균. ⇒jùn
【菌落－락】jūnluò [명]균락. 미생물의 군락.

jùn

*【俊(²隽,儁)】 亻部 7画 | jùn 준걸할 **준**

[형]1(용모가) 뛰어나다. 수려(秀麗)하다. ◇这个小伙子长 zhǎng 得挺~的/이 젊은이는 잘 생겼구나. 2재능과 지혜가 뛰어나다. ⇒'隽' juàn

【俊杰－걸】jùnjié [명]준걸. (同)〔英 yīng 杰〕, (反)〔庸才 yōngcái〕

【俊美－미】jùnměi [형]용모가 준수하다. 용모가 수려하다. (同)〔俊俏 qiào〕, (反)〔丑陋 chǒulòu〕

【俊俏－초】jùnqiào [형](용모가) 빼어나다. (생긴 것이) 예쁘다.

【俊秀－수】jùnxiù [형](용모가) 준수하다.

【浚(濬)】氵部 7画 | jùn 깊을 **준**

[동](샘·못·도랑 따위를) 쳐내다. ◇~井/우물을 쳐내다.

【浚泥船－니선】jùnníchuán [명]준설선.

【峻】山部 7画 | jùn 높을 **준**

[형]1(산이) 높고 가파르다. 험준하다. ◇脸~/산이 험준하다. (同)〔崇 chóng〕, (反)〔低 dī〕 2준엄하다. 엄격하다. ◇严刑~法/엄한 형벌과 법률.

【峻急－급】jùnjí [형]〈文〉1(성격이) 엄격하다. 2흐름이 급하다.

【峻岭－령】jùnlǐng [명]〈文〉높고 험한 고개.

【峻峭－초】jùnqiào [형](산이) 높고 험하다. (同)〔陡 dǒu 峻〕, (反)〔平坦 píngtǎn〕

【骏·駿】马部 7画 | jùn 준마 **준**

[명]준마. ◇驽~不分/좋은 말과 나쁜 말을 가리지 못하다.

【骏马－마】jùnmǎ [명]준마. 좋은 말. (同)〔良 liáng 马〕, (反)〔劣 liè 马〕

【竣】立部 7画 | jùn 일마칠 **준**

[동](일이) 끝나다. 완료되다. ◇完~/완성하다.

【竣工－공】jùngōng [명][동]준공(하다).

【郡】阝部 7画 | jùn 고을 **군**

[명]군. 옛날 행정 구획의 하나. ◇秦分天下为三十六~/진나라는 천하를 36군으로 나누었다.

【菌】艹部 8画 | jùn 버섯 **균**

[명]〈植〉버섯류의 총칭. ⇒jūn

【菌子－자】jùn·zi [명]〈方〉버섯.

J

K

kā

【咖】 口部 5画 커피차 **가**
⇒gā

★【咖啡－비】kāfēi 图1〈植〉커피(coffee)나무. 2.커피.
【咖啡碱－비감】kāfēijiǎn 图〈化〉카페인.
【咖啡色－비색】kāfēisè 图짙은 갈색.
【咖啡厅－비청】kāfēitīng 图커피숍.

【咔】 口部 5画 음역자 **가**
㊀탁.〔서랍 등을 닫는 소리〕◇～的一声关上抽屉/탁 하면서 서랍을 닫았다.⇒kǎ
【咔吧－파】kābā (同)〔喀 kā 吧〕
【咔嚓－찰】kāchā (同)〔喀 kā 嚓〕
【咔哒－달】kādā (同)〔喀 kā 哒〕

【喀】 口部 9画 기침할 **객**
㊀칵. 뚝. 딱.〔물건 따위가 부러지는 소리 또는 구토나 기침하는 소리〕
【喀吧－파】kābā ㊀뚝.〔나무 따위가 부러지는 소리〕
【喀嚓－찰】kāchā ㊀뚝. 우지직. 쨍그렁.〔물건이 깨지거나 부러지거나 부딪치는 소리〕◇～一声, 树枝被风吹折 zhé 了/우지직 하고 나뭇가지는 바람에 꺾였다.
【喀哒－달】kādā ㊀찰칵. 찰카닥. ◇～一声, 放下电话筒/'찰칵'하고 수화기를 내려 놓았다.
【喀秋莎－추사】kāqiūshā 图카추샤포.〔2차 세계 대전 때 소련의 로케트 포의 일종〕
【喀斯特－사특】kāsītè 图〈地質〉카르스트.

【擖】 扌部 13画 긁을 **갈**
图(칼로) 깎다. 깎아 내다.

kǎ

＊【卡】 卜部 3画 지킬 **잡**
1.(略)'卡路里'(칼로리)의 준말. 2.图장. 카드(card). ◇贺年～/연하장. ◇病历～/진료카드. 3.图카세트. ◇双～录音机/더블카세트 녹음기. 4.图화물차. ⇒qiǎ
【卡宾枪－빈창】kǎbīnqiāng 图〈軍〉카빈총.
★【卡车－차】kǎchē 图화물차. 트럭.
【卡尺－척】kǎchǐ 图〈機〉노기스. 슬라이드 캘리퍼스.
【卡规－규】kǎguī 图〈機〉스냅 게이지.
【卡介苗－개묘】kǎjièmiáo 图〈醫〉비시지(B.C.G.).
【卡拉OK－랍】kǎlā'ōukèi 图영상 노래방. 카라오케.
＊【卡片－편】kǎpiàn 图장. 카드. ◇贺年～/연하장. ◇目录～/목록카드.
【卡其－기】kǎqí 图카키(khaki). (同)〔卡叽 jī〕
【卡钳－감】kǎqián 图〈機〉캘리퍼스(callipers).
【卡特尔－특이】kǎtè'ěr 图〈經〉카르텔. 기업 연합.
【卡通－통】kǎtōng 图1.만화영화(cartoon). 2.(풍자)만화.

【佧】 亻部 5画 종족이름 **가**
【佧佤族－와족】Kǎwǎzú 图운남(云南)에 살고 있는 '佤族'(와족)의 옛명칭.

【咔】 口部 5画 음역자 **가**
⇒kā
【咔叽－기】kǎjī 图〈紡〉카키복.

【胩】 月部 5画 이소니트릴 **가**
图〈化〉카르빌라민. 이소니트릴.

【咯】 口部 6画 꿩소리 **각**
图칵하고 내뱉다. ⇒lo
【咯血－혈】kǎ// xiě 〈醫〉1.각혈하다. 2.(kǎxiě)图图각혈(하다). 피를 토해내다.

kāi

★【开·開】 一部 3画 열 **개**
1.图(닫힌 것을) 열다. ◇不～口/입을 열지 않다. 말하지 않다. ◇不知谁～过办公室的大柜子/누군가 사무실의 큰 케비넷을 연 적이 있다. 2.图(길을) 트다. 개척하다. ◇去年这里～了一条公路直通省城/작년 이곳에 성소재지까지 직통하는 도로 하나를 만들었다. 3.图(구멍을) 뚫다. 캐다. 채굴하다. ◇在门上～了一个洞/문에 구멍 하나를 뚫었다. 比교开:切 "开"는 동사 뒤에 보어로 쓰이고 '～으로 되게 하다'의 뜻은 나타내

지 않는다. ◇他把鸡(×开)切成两半/그는 닭을 두 토막으로 썰었다. **4**동벌어지다. (꽃이) 피다. ◇梨花比桃花~得早/배꽃은 복숭아꽃보다 일찍 핀다. **5**동(금지령 따위를) 풀다. 해제하다. ◇~戒/(계엄)해제하다. **6**동(강물이) 녹다. ◇河~了/강이 녹았다. **7**동(차량 따위를) 운전하다. (기계 따위를) 조종하다. (총을) 쏘다. ◇她的丈夫~了十几年火车/그녀의 남편은 십몇 년을 기차운전을 했다. **8**동(부대 따위가) 출동하다. ◇昨天~来两团人, 今天又~走了/어제 두 개 연대가 도착했는데 오늘 또 떠나갔다. **9**동(기업・가게 등을) 설립하다. 개업하다. ◇~饭馆儿也不错/식당을 차려도 괜찮을 것이다. **10**동시작하다. ◇~学/개학하다. **11**동(모임 따위를) 열다. 개최하다. ◇昨天我们~了个座谈会/어제 우리들은 좌담회를 열었다. **12**동(가격을) 말하다. (서류를) 작성하다. ◇别着急, 医生正~着药方/조급해 하지 마세요. 의사가 지금 약처방을 쓰고 있으니까. ◇~价/가격을 말하다. ◇~工资/월급을 내주다. **14**동(方)제명하다. 해고시키다. **15**동(물이) 끓다. ◇水~了/물이 끓었다. **16**동차리다. ◇来呀, ~饭了/어서 오셔서 식사하세요.〔밥차렸습니다〕 **17**동(方)다 먹다. **18**동(분배에서) 비율. ◇四六~/4대 6의 비율. **19**동절.〔종이 크기의 단위〕 ◇十六~纸/16절지. **20**양캐럿.〔순금의 함유도나 보석의 무게를 나타내는 단위〕 ◇十八~金/18금. **21**(Kāi)몡성(姓). ⇒//・kāi

【开・開】동사 뒤에서 보어로 사용되어 의미를 첨가해 줌. **1**널리 퍼지다.〔동작이나 상태가 확대되어 감을 나타냄〕 ◇他刚一获奖, 电台就宣传~了/그가 금방 상을 받자마자 방송에서 널리 선전했다. **2**…하기 시작하다.〔동작이 시작되어 계속되어 감을 나타냄〕 ◇瞧他, 我刚说冷, 他就哆嗦~了/저 사람 좀 봐라. 내가 춥다고 말했더니 그가 부들부들 떨기 시작한다. **3**(붙어 있거나 닫혀 있는 것이) 열리다. 떨어지다. ◇请他把箱子打~/그에게 부탁해 상자를 열어 달라고 하세요. **4**…할 수 있다.〔공간의 수용 가능성을 나타냄〕 ◇这张床睡~了四个人/이 침대는 네 사람이 잘 수 있었다.

【开拔―발】kāibá 통(군대가) 주둔지에서 출발하다.

＊＊【开办―판】kāibàn 통창립하다. 차리다. 설립하다. ◇由于资金短缺, 工厂暂时还~不了/자금이 부족하여 잠시동안은 공장을

설립할 수 없다. (反)〔关闭 guānbì〕

【开本―본】kāiběn 몡〔印〕판(判).〔전지를 기준으로 하여, 그 자르는 횟수로 표시하는 책의 크기〕

【开笔―필】kāi∥bǐ **1**초심자가 시문을 쓰기 시작(함)하다. (反)〔搁 gē 笔〕 **2**새해에 처음으로 붓을 들어 글자를 쓰다. **3**(글이나 책을) 쓰기 시작하다.

【开播―파】kāibō **1**몡통정식으로 방송을 시작하다. **2**통(어떤 프로를) 방송하기 시작하다. ◇春节联欢晚会今晚八点~/설날 축하공연은 오늘 밤 8시에 방송하기 시작한다. **3**통씨를 뿌리기 시작하다.

＊【开采―채】kāicǎi 통(지하 자원을) 채굴하다. ◇~地下资源/지하자원을 채굴하다. (反)〔储藏 chǔcáng〕

【开场―장】kāi∥chǎng 통**1**(연극 따위의) 막이 오르다. 개막하다. ◇~已很久了/막이 오른 지 오래 되었다. (同)〔开幕 mù〕, (反)〔闭幕 bìmù〕 **2**〈喩〉(일이) 시작되다〔되다〕.

【开场白―장백】kāichǎngbái 몡**1**(연극 따위의) 개막사. 프롤로그. **2**〈喩〉머리말. 서론. (反)〔结束语 jiéshùyǔ〕

【开车―차】kāi∥chē **1**차를 몰다〔운전하다〕. ◇小李很会~/이 양(군)은 차를 매우 잘 운전한다. **2**발차하다. **3**기계를 시동하다.

【开诚布公―성포공】kāi chéng bù gōng〈成〉사심없이 성의를 보이다. (同)〔开诚相 xiāng 见〕, (反)〔尔虞我诈 ěr yú wǒ zhà〕

【开诚相见―성상견】kāi chéng xiāng jiàn〈成〉성심껏 남을 대하다. ◇他原本就是~, 所以人像好/그는 본디 성심껏 남을 대하기 때문에 인간 관계가 좋다.

【开秤―칭】kāi∥chèng 통(주로 계절성의 물건을) 매매하기 시작하다. (反)〔收 shōu 秤〕

【开初―초】kāichū 뿌〈方〉당초. 처음.

＊＊【开除―제】kāichú 통**1**면직시키다. ◇公司已把他~了/회사에서는 이미 그를 면직시켰다. **2**제명하다. ◇学校为什么~他/학교에서 왜 그를 제명시켰니? 비교开除:调 직장 또는 부서에서 발령을 낼 때는 "开除"를 쓰지 않는다. ◇领导决定把他(×开除)调出办公室, 到车间工作/상급자는 그를 사무실에서 작업장으로 전근시키기로 결정했다.

【开锄―서】kāi∥chú 통(봄에) 경작을 시작하다.

【开创―창】kāichuàng 통창업〔창설〕하다. 처음으로 만들다. ◇~新局面/새로운 국면을 만들다. (同)〔创新 xīn〕, (反)〔沿袭 yánxí〕

【开春－춘】kāi// chūn (～儿)**동**봄이 되다.

【开打－타】kāidǎ **명**(연극 중의) 난투 장면.

【开裆裤－당고】kāidāngkù **명**개구멍바지.

开裆裤
(同)屁帘儿 pìliánr

*【开刀－도】kāi// dāo **동**1(早白)목을 베어 죽이다. 2〈喻〉…부터 먼저 손을 대다. ◇先拿他～/우선 그부터 손을 대자. 3수술하다. ◇他今天住院, 明天～/그는 오늘 입원해서 내일 수술한다.

【开导－도】kāidǎo **동**일깨우다. 계도하다. ◇孩子有错, 应该耐心～/아이가 잘못이 있으면 인내심있게 계도해야 한다.

【开倒车－도차】kāi dàochē 차를 후진시키다. 시대에 역행하다.

【开道－도】kāi// dào **동**1앞서 인도하다. 선도하다. 2〈方〉길을 비키다.

【开吊－조】kāidiào **동**(상가(喪家)에서 날짜를 정해) 조문을 받다.

【开动－동】kāidòng **동1(기계 따위를) 가동시키다. (차를) 운전하다. ◇轰隆隆机器～了/기계가 부르릉 소리를 내며 가동되었다. (反)〔停止 tíngzhǐ〕**비교**开动: 迈开:骑 ①"腿"는 "开动"의 목적어로 쓰지 않는다. ◇我们要(×开动)迈 mài 开两腿走路/우리는 양다리를 크게 벌려 걸어야 한다. ②동력이 없는 차량은 "开动"을 쓰지 않는다. ◇他把我的自行车(×开动)骑走了/그가 내 자전거를 타고 갔다. 2(군대가) 이동하다. 전진하다.

【开冻－동】kāi// dòng **동**(하천의) 얼음이 녹다.

【开端－단】kāiduān **명**발단. 시작. ◇良好的～/좋은 시작. (同)〔开头 tóu〕, (反)〔结尾 jiéwěi〕

【开恩－은】kāi// ēn **동**〈謙〉가엾게 여겨 주십시오. 자비를 베풀어 주십시오.

【开尔文－이문】kāi'ěrwén 〈物〉켈빈온도.

【开发－발】kāifā **동1개발하다. 개간하다. ◇丰富的水力资源正在大力～着/풍부한 수력자원을 지금 대대적으로 개발하고 있는 중이다. 2**동**발견하다. 발굴하다. ◇人才～中心/인재발굴센터. 开发:开拓 "开发"는 산·광산·숲·물 등 자연자원 및 미개발의 지역 또는 지혜·능력 등에 주로 쓰이나 구체명사인 "公路", "铁路" 추상명사인 "领域" "新学科"

등에는 쓰지 않는다. ◇他为(×开发)尖端科学的新领域做了很多工作/그는 첨단 과학의 새로운 영역을 개척시키기 위해 많은 일을 한다.

【开发－발】kāi·fa **동**지불하다.

【开饭－반】kāi// fàn **동1식사를 시작하다. (직장의 식당에서) 배식을 시작하다.

☆【开方－방】kāi// fāng **동**1(～儿)처방전을 쓰다〔내다〕. 2〈数〉개방하다. 평방근이나 입방근을 산출하다.

【开房间－방간】kāi fángjiān 〈方〉여관방을 빌리다.

【开放－방】kāifàng 1**동**(꽃이) 피다. ◇桃花～/복숭아꽃이 만발하다. (反)〔凋谢 diāoxiè〕 2**동**(봉쇄·금지령·제한 따위를) 해제하여 개방하다. ◇这里从今年开始, 正式对外～/이곳은 올해부터 본격적으로 대외 개방한다. 3**형**(성격이) 활달하다. ◇性格～/성격이 활달하다.

【开赴－부】kāifù **동**(목적지를 향하여) 출발하다. (군대 따위가) 출동하다. (同)〔开往 wǎng〕, (反)〔撤离 chèlí〕

【开革－혁】kāigé (同)〔开除 chú〕

*【开工－공】kāi// gōng **동**1(공장이) 조업하다. 2공사를 시작하다. 착공하다. (同)〔动 dòng 工〕, (反)〔落成 luòchéng〕

*【开关－관】kāiguān 1**명**〈電〉스위치. 개폐기. 밸브. 2**명동**개폐(하다).

【开光－광】kāi// guāng **동**1〈佛〉(불상의 완성 후) 첫 불공을 드리다. 개안(開眼)하다. 2이발하다. 면도하다. 〔익살로 말하는 말〕

【开锅－과】kāi// guō **동**(냄비·솥 안의 것이) 끓다.

【开国－국】kāiguó **동**개국하다. 건국하다.

【开航－항】kāi// háng **동**1새로 취항하다. 2(선박이) 출항하다.

【开河－하】kāi// hé **동**1강 얼음이 풀리다. 2물길을 트다.

【开后门－후문】kāi hòumén (～儿)〈喻〉뒷거래하다. 뇌물을 받고 뒤를 봐 주다. ◇要利在～的歪 wāi 风/뒷거래하는 폐습을 막아야 한다.

【开户－호】kāi// hù **동**계좌를 개설하다.

【开花－화】kāi// huā (～儿)**동**1꽃이 피다. 2〈喻〉(꽃이 피듯) 터지다. 파열하다. 3〈喻〉신나다. 미소를 띠다. ◇乐开了花/즐거워 웃음꽃이 피다. 4〈喻〉(사업이) 발전하다. (일이) 잘되다.

【开花弹－화탄】kāihuādàn **명**유산탄(榴散彈)의 다른 이름.

*【开化－화】kāihuà **동**1문화가 시작되다. 2(강·대지 따위가) 해동되다. (同)〔解冻 jiědòng〕, (反)〔上冻 shàngdòng〕

【开怀－회】kāihuái [동]흉금을 털어 놓다. 마음이 탁 트이다.
【开怀儿－회아】kāi∥huáir [동]초산하다.
【开荒－황】kāi∥huāng [동]황무지를 개간하다.
☆【开会－회】kāi∥huì [동]회의를 하다. ◇明天上午七点～/내일 오전 7시에 회의를 한다. (反)〔闭 bì 会〕 ◇～的那天他出差了/회의를 하는 그날 그는 출장갔다.
【开荤－훈】kāi∥hūn [동]**1**(불교 신도 등 종교인이 육식을 금하고 채식만 하는 기간이 끝나고) 육식을 하다. **2**(신기한 일을) 겪다.
【开火－화】kāi∥huǒ(～儿) [동]**1**발포하다. **2**개전(開戰)하다. (反)〔停 tíng 火〕 ◇向官僚主义～/관료주의를 공격하다.
【开伙－화】kāi∥huǒ [동]**1**식사를 공급하다. ◇这个食堂晚上不～/이 식당은 저녁에 식사를 공급하지 않는다. **2**공동 취사를 시작하다.
【开豁－활】kāihuò [형]**1**상쾌하다. **2**(도량·마음·사상 등이) 트이다. ◇听了报告,他心里更～了/보고를 들은 후 그는 마음이 확 트였다.
【开价－가】kāi∥ jià (～儿)**1**[동]값을 부르다. ◇他～太高/그가 부른 값이 너무 높다. **2**[명]부르는 값. (同)〔要 yào 价〕, (反)〔还 huán 价〕
【开架－가】kāijià [명]개가.
【开间－간】kāijiān 〈方〉**1**[양]간살. 간. 칸. **2**[명]방의 넓이.
【开讲－강】kāijiǎng [동]**1**강의를 시작하다. **2**(소설 따위를) 말하기 시작하다.
【开奖－장】kāijiǎng [동]복권〔상권〕을 추첨하다. 당첨을 발표하다. (同)〔开彩 cǎi〕
【开交－교】kāijiāo [동]끝을 맺다. 해결하다. 〔부정문에만 쓰임〕 ◇忙得不可～/정신없이 바쁘다.
【开解－해】kāijiě [동]달래다. 마음을 풀어 주다.
【开戒－계】kāi∥ jiè [동]파계하다. 〈轉〉금연·금주의 맹세를 어기다. (反)〔破 pò 戒〕
【开金－금】kāijīn [명]캐럿(carat).
【开禁－금】kāijìn [동]해금(解禁)하다.
【开局－국】kāijú [동]**1**(장기나 바둑 또는 구기 경기를)시작하다. **2**(장기나 바둑 혹은 구기 경기의)첫 시작.
【开具－구】kāijù [동](서류를) 작성하다. ◇～清单/명세서를 작성한다.
【开卷－권】kāijuàn **1**[동]〈文〉책을 펴다. 〈轉〉**2**[명]오픈 북 시험. (同)〔开卷考试 kǎoshì〕
【开掘－굴】kāijué [동]파다. 굴착하다.
☆【开课－과】kāi∥kè [동]**1**수업을 시작하다. **2**강좌를 개설하다. 담당하다. ◇这学期开了两门专业课/이번 학기에 두 전공 과목을 개설했다.
*【开垦－간】kāikěn [동]개간하다.
⁑【开口－구】kāi∥ kǒu [동]**1**입을 열다. 말을 시작하다. ◇他今天才～说话了/그는 오늘에야 드디어 입을 열어 말하기 시작했다. (同)〔开腔 qiāng〕, (反)〔闭 bì 口〕 **2**(칼 따위에) 날을 세우다.
【开口跳－구도】kāikǒutiào [명]〈演〉희곡 중에서 어릿광대 무사 역.
【开口销－구소】kāikǒuxiāo [명]〈機〉분할 핀(split pin).
【开口子－구자】kāi kǒu·zi **1**제방이 터지다. **2**선례를 깨다. ◇这种做法向无先例,我不能开这个口子/이렇게 하는 것은 여지껏 선례가 없어 제가 깰 수가 없다.
【开快车－쾌차】kāi kuàichē (자동차의) 속도를 올리다. 〈喻〉(일 따위에) 박차를 가하다. 속도를 높이다.
【开矿－광】kāi∥ kuàng [동]채광하다.
*【开阔－활】kāikuò [형]**1**(면적 혹은 공간 범위가) 넓다. 광활하다. ◇～的国土/광활한 국토. **2**(생각·마음이) 탁 트이다. ◇他是个思想～的人/그는 사고가 확 트인 사람이다. **3**[동]넓히다. ◇～眼界/시야를 넓히다.
*【开朗－랑】kāilǎng [형]**1**(장소가) 탁 트이고 밝다. **2**(생각·마음·성격 등이) 낙관적이다. 명랑하다. ◇她是个很～的女人/그녀는 매우 명랑한 여자다. (同)〔开阔 kuò〕, (反)〔狭隘 xiá'ài〕
【开立－립】kāilì (同)〔开具 jù〕
【开例－례】kāi∥ lì [동]선례를 세우다.
【开镰－겸】kāi∥ lián [동]낫을 대어 수확을 시작하다.
【开脸－검】kāi∥ liǎn [동]**1**옛날, 여자가 출가할 때가 되어 머리를 묶는 모양을 바꾸고 얼굴과 이마의 솜털이나 불필요한 털을 뽑아내고 귀밑머리를 다듬어서 얼굴을 단장하다. 〈轉〉시집가다. **2**〈美〉얼굴 부분을 조각하다.
【开列－례】kāiliè [동]열거하다. ◇～名单/명단을 열거하다.
【开裂－렬】kāiliè [동]터지다. 금이 가다.
【开路－로】kāilù **1**[동]길을 내다. 길을 뚫다. **2**[동]선도하다. 맨 앞에서 인도하다. **3**[명]〈電〉개회로(開回路).
【开绿灯－록등】kāi lǜdēng 〈喻〉통과 신호를 보내다. 허가하다. ◇对这种不法的事不能～/이런 불법적인 일을 허락해서는 안 된다.
【开锣－라】kāi∥ luó [동]**1**공연을 시작하다. 개막하다. **2**〈喻〉(시합·회의 따위가) 시작하다.

K

【开门一문】kāi// mén 働1문을 열다. (反)〔关 guān 门〕2개점하다. 영업을 시작하다. ◇那家商店六点就~了/그 가게는 6시에 벌써 문을 연다. (反)〔打烊 dǎ//yàng〕3공개하다. 공개적으로 …을 하다.

【开门红一문홍】kāiménhóng 〈喩〉일이 시작부터 잘 되어가다.

【开门见山一문견산】kāi mén jiàn shān 〈成〉(말이나 문장에서) 곧장 본론에 들어가다. 곧바로 말하다. (同)〔直截了当 zhíjié liǎodàng〕, (反)〔拐弯抹角 guǎi wān mò jiǎo〕

【开门揖盗一문읍도】kāi mén yī dào 〈成〉문을 열어 도둑을 불러들이다. 악인을 끌어들여 재난을 당하다.

【开蒙一몽】kāi// méng 働옛날, 어린 아이에게 글자를 쓰는 것이나 읽는 것을 가르치다.

☆【开明一명】kāimíng 働(사상이) 진보적이다. ◇思想~/사고가 진보적이다. (同)〔开通 tōng〕, (反)〔保守 bǎoshǒu〕

＊＊【开幕一막】kāi// mù 働막을 올리다. ◇~前, 你哪儿也不要去/막이 열리기 전에 너 아무곳에도 가지 말아라. 2働(회의·전람회 따위를) 시작하다. ◇大会~三天了/대회가 시작한 지 사흘째 된다. (反)〔闭幕 bì〕3(kāimù)働개막. 개회. ◇~词/개회사.

【开拍一박】kāipāi 働〈撮〉촬영에 들어가다. 크랭크인하다.

【开盘一반】kāipán (~儿)働(증권·황금 등 교역소가) 개장하다. 첫거래를 시작하다. (反)〔收 shōu 盘〕

【开炮一포】kāi// pào 働1대포를 쏘다. 2(상대방을) 호되게 비판하다.

☆【开辟一벽】kāipì 1働새로 만들다. 창립하다. ◇天津到北京新~了一条高速公路/천진과 북경구간에 고속도로 하나를 새로 건설했다. 2働개척하다. ◇十万大军进军大西北, ~祖国内地/십만대군이 서북 지역으로 진군하여 조국의 내륙 지방을 개척한다. 田교开辟:办 개설을 나타낼 때는 "开辟"를 쓰지 않는다. ◇学校为我们(×开辟)办了一个汉语学习班/학교는 우리를 위해 중국어반을 운영하고 있다.

【开瓢儿一표아】kāi// piáor 働〈方〉머리를 깨다.

【开票一표】kāi// piào 働1개표하다. 2영수증을 끊다.

【开启一계】kāiqǐ 働1열다. (同)〔打 dǎ 开〕, (反)〔关闭 guānbì〕2(추상적으로) 열다. ◇~一代新风/한 시대의 새로운 풍토를 열었다.

【开枪一창】kāiqiāng 働총을 쏘다. 발포하다. (同)〔放 fàng 枪〕

【开腔一강】kāi// qiāng 働입을 열다. 말을 하다.

【开窍一규】kāi// qiào (~儿)働1(생각이) 트이다. ◇思想开了窍, 工作才做得好/사고가 트여야지 비로소 일을 잘 할 수 있다. 2(아동이) 철이 들기 시작하다. 3〈方〉눈을 뜨다.

【开缺一결】kāi// quē 働(옛날, 관리가 퇴직하거나 사망하여) 빈 자리가 생기다.

【开刀儿一인아】kāi// rènr 働(칼·가위 따위의) 날을 세우다.

【开山一산】kāi// shān 働1(채석·도로 건설 등의 목적으로) 산을 깎아내다. 산림을 개척하다. 2(일정 기간동안) 입산이나 등산을 허락하다. 3〈佛〉명산에 처음으로 절을 세우다.

【开山祖师一산조사】kāishān zǔshī 1〈佛〉사원의 창건자. 2(학술·기예 따위의) 일파(一派)의 창시자. 사업의 창업자.

【开衫一삼】kāishān (~儿)働가디건(cardigan). (同)〔开胸毛衫 kāixiōng máoshān〕

＊＊【开设一설】kāishè 働1(점포·작업장·공장 따위를) 개설하다. 설립하다. 2(학과목·과정을) 개설하다.

★【开始一시】kāishǐ 1働시작하다. 착수하다. ◇新的一年就~了/새로운 한해가 이제 시작되었다. ◇他~了一项新的研究/그는 새로운 연구에 착수했다. (同)〔开头 tóu〕, (反)〔完结 wánjié〕2働시작단계. 처음. ◇一种新的工作, ~总会遇到一些困难/새로운 사업은 처음에는 꼭 어려움에 부딪치기 마련이다. (同)〔开头 tóu〕, (反)〔结尾 jiéwěi〕

【开市一시】kāi// shì 働1(상점·작업장에서 휴일 다음날이나 계절성 상점·작업장에서 영업철이 되어) 영업을 개시하다. (反)〔收 shōu 市〕2상점에서 그날의 첫 거래를 하다. 마수걸이를 하다.

【开释一석】kāishì 働석방하다〔되다〕. (同)〔释放 fàng〕, (反)〔监禁 jiānjìn〕

【开首一수】kāishǒu 働〈方〉시초. 최초. 처음.

＊＊【开水一수】kāishuǐ 働1끓는 물. 2끓인 물. ◇别喝生水, 要喝~/끓이지 않는 물을 마시고 꼭 끓인 물을 마셔라. (反)〔生 shēng 水〕

【开司米一사미】kāisīmǐ 働〈紡〉캐시미어. (同)〔开士 shì 米〕

【开台一태】kāitái 働희곡이 시작되다.

【开膛一당】kāi// táng 働(동물의) 배를 가르다.

【开天窗一천창】kāi tiānchuāng 1매독으로 코가 헐어서 뭉그러지다. 2신문이 당국의

검열에 걸려 지면에 흰 부분이 보이다.

＊【开天辟地―천벽지】kāi tiān pì dì〈成〉천지 개벽. 유사이래. 태어나서 처음으로.

【开庭―정】kāi// tíng 動〈法〉개정하다. 법정을 열다.

【开通―통】kāitōng 動1소통하다. 열다. 2개통하다. ◇卫星通信网昨天～了/위성통신망이 어제 개통되었다.

【开通―통】kāi·tong 1形(사고가) 트이다. ◇他思想很～/그는 사고가 확 트인 사람이다. 2動머리가 트이게 하다.

＊【开头―두】kāi// tóu(～儿)1動(일·행동·현상 따위가) 시작하다. ◇你先～唱/당신이 먼저 부르세요. 2(kāitóu) 名시초. 최초. 처음. ◇～容易后来难/시작은 쉽지만 나중에는 어렵다.

【开脱―탈】kāituō 動(죄나 책임을) 말로 발뺌하다. ◇你别为他～/당신이 그가 발뺌하는 것을 돕지 마세요.

＊【开拓―척】kāituò 1動개척하다. 개간하다. ◇～边疆 jiāng/국경지역을 개척하다. 2名〈礦〉채굴에 앞서 진행되는 갱도 건설 등 공정의 총칭.

【开挖―알】kāiwā 動채굴하다. 파다.

【开外―외】kāiwài 名(수량사의 뒤에 쓰여)(…)이상. 〔대부분 연령에 사용함〕◇他看上去有三十～/그녀는 보기엔 30남짓 된 것 같다.

★【开玩笑―완소】kāi wánxiào 1농담을 하다. 웃기다. 놀리다. ◇他最近心情不好，别开他的玩笑/그가 요즘 기분이 좋지 않으니 그를 놀리지 말아요. 2장난삼아 하다. ◇对待任何工作都要严肃认真，不能～/어떤 일에 대해서 모두 엄숙하고 진지해야지 장난으로 여겨서는 안 된다.

【开往―왕】kāiwǎng 動(차·배 따위가)…를 향하여 출발하다. ◇～北京的列车/북경으로 떠나는 열차.

【开胃―위】kāiwèi 動1밥맛이 나다. ◇吃了这蔬 shū 菜能～/이 야채를 먹으면 식욕을 돋굴 수 있다. 2〈方〉(同)〔开心 xīn〕

【开线―선】kāi// xiàn 動옷 솔기가 터지다.

【开销―소】kāi·xiāo 1動(비용을) 지출하다. 돈을 쓰다. ◇这点零用钱你够～吗?/이 정도 용돈으로 너 쓰기에 충분하니? 2名비용. (同)〔开支 zhī〕, (反)〔收入 shōurù〕

【开小差―소차】kāi xiǎochāi(～儿)1군인이 탈영하다. 2〈喩〉생각이 집중되지 않다. 얼빠진 듯하다. ◇他上课时老是～/그는 수업시간에 항상 집중하지 않는다.

＊【开心―심】kāi// xīn 1形유쾌하다. 기분 전환하다. ◇爷爷今天特别～/아버지는 오늘 유난히 기분이 좋으시다. ◇别总呆在

屋子里上外面开～去吧/종일 집구석에만 박혀 있지 말고 밖에 나가 기분전환을 좀 합시다. (同)〔快乐 kuàilè〕, (反)〔悲哀 bēi'āi〕2形희롱하다. 놀리다. ◇拿孩子～/아이를 놀리다.

【开心丸儿―심환아】kāixīnwánr (同)〔宽 kuān 心丸儿〕

【开行―행】kāixíng 動(차나 배가) 출발하다.

★【开学―학】kāi// xué 動개학하다. ◇～的日期快要到了/개학 날짜가 멀지 않았다. (反)〔放假 fàngjià〕

【开颜―안】kāiyán 動방긋 웃다. 희색이 만면하다. (同)〔解颐 jiěyí〕, (反)〔敛容 liǎnróng〕

【开眼―안】kāi// yǎn 動안목이 트이다. 깨닫다.

【开眼界―안계】kāi yǎnjiè 시야를〔견문을〕넓히다. ◇年青人应到外面去开～/젊은이는 나가서 시야를 좀 넓혀야 돼.

☆【开演―연】kāiyǎn 動(연극·영화 따위가) 시작되다. ◇电影～了十分钟他才来/영화가 시작된 지 10분이 되고서야 그가 왔다.

【开洋―양】kāiyáng (同)〔虾 xiā 米 1〕

【开(药)方―(약)방】kāi(yào)fāng〈醫〉처방전을 쓰다.

【开业―업】kāi// yè 動개업하다. (同)〔开张 zhāng〕, (反)〔停业 tíngyè〕

＊＊【开夜车―야차】kāi yèchē 밤을 새워 일하다〔공부하다〕. ◇开了一个夜车，才把这篇稿 gǎo 子赶 gǎn 了出来/하룻밤을 새워서야 겨우 이 원고를 완성했다.

【开音节―음절】kāiyīnjié 名〈言〉개음절. 즉 모음으로 끝내는 음절.

【开印―인】kāiyìn 動인쇄를 시작하다.

【开元音―원음】kāiyuányīn 名〈言〉개모음 또는 저모음(low vowel)으로 예를 들면, '爱'〔ai〕의〔a〕의 경우.

【开源节流―원절류】kāi yuán jié liú〈成〉수입을 늘리고 지출을 줄이다.

【开凿―착】kāizáo 動(운하·터널 따위를) 파다. 뚫다.

【开斋―재】kāi// zhāi 動1(금제기간이 끝나) 육식을 하다. 2〈宗〉회회교의 라마단(Ramadan)이 끝나다. (反)〔封 fēng 斋〕

【开斋节―재절】Kāizhāi Jié 名〈宗〉(회회의) 라마단이 끝나는 날.

☆【开展―전】kāizhǎn 1動벌리다. 펼치다. ◇工地上正～着劳动竞赛 jìngsài/공사장에서는 생산경쟁이 벌어지고 있다. 2動전개하다. ◇植树运动已在全国～起来/나무심기 운동이 이미 전국에 전개되었다. 비교开展:发展 "事业"는 "开展"을 술어로 쓰지 않는다. ◇我国的保险事业有很大的(×开展)发展/우리 나라의 보험사업은

많은 발전이 있었다. **3**통(전람회에서) 전시하기 시작하다. ◇一年一度的春节花展明天～/한해에 한번씩 갖는 설 꽃전시회는 내일부터 전시하기 시작한다. **4**형트이다. ◇思想～/사고가 트이다.

【开战─전】kāi// zhàn 통개전하다. 싸움을 시작하다.

【开绽─탄】kāi// zhàn 통1옷 솔기가 터진다. 벌어지다. ◇鞋─了/신발이 벌어졌다.

【开张─장】kāi// zhāng 통1가게를 열어 장사를 시작하다. ◇那家饮食店明天～그 음식점은 내일 장사를 시작한다. 2그날의 거래를 시작하다. 마수걸이하다. 3〈喩〉(어떤 사업을) 시작하다.

【开张─장】kāizhāng 〈文〉1통개방하다. 2형(뜻이) 크고 넓다.

【开仗─장】kāi// zhàng 1(同)〔开战 zhàn〕2통〈方〉싸우다. 다투다.

【开帐─장】kāi// zhàng 통1계산서를 작성하다. 2(식당이나 여관 등에서) 계산〔지불〕하다.

【开征─징】kāizhēng 통(세금을) 징수하기 시작하다.

＊【开支─지】kāizhī 1통지출하다. 지불하다. ◇这笔钱我不能～/이 돈은 나는 지불할 수가 없다. 2통지출. 비용. ◇大/지출이 많다. 3형〈方〉임금을 지불하다. ◇我们单位今天～/우리 직장은 오늘 봉급을 지불한다.

【开宗明义─종명의】kāi zōng míng yì 〈成〉(말 또는 글에서) 첫머리에서 요지를 밝히다.

【开罪─죄】kāizuì 통남의 비위를 건드리다. 남의 미움〔노여움〕을 사다. (同)〔得 dé 罪〕, (反)〔迎合 yínghé〕

【揩】扌部 kāi
9画 문질러훔칠 **개**
통닦다. 문지르다. ◇～汗/땀을 닦다.

【揩拭─식】kāishì 통닦다. 문지르다.

【揩油─유】kāi// yóu 통〈喩〉삥땅을 치다.

【锎・鐦】钅部 kāi
7画 칼리포르늄 **개**
명〈化〉칼리포르늄(Cf).

kǎi

【凯・凱】几部 kǎi
6画 이길 **개**
명1승리의 환호. ◇奏─而归/승리의 노래를 부르며 돌아오다. 2(Kǎi)성(姓).

【凯歌─가】kǎigē 명개선가. 승리의 노래.

＊【凯旋─선】kǎixuán 통개선하다. ◇～门/개선문. (反)〔败北 bàiběi〕

【铠・鎧】钅部 kǎi
6画 갑옷 **개**
명갑옷. ◇首～/투구.

【铠甲─갑】kǎijiǎ 명갑옷.

【慨(²嘅)】忄部 kǎi
9画 분할 **개**
1통격분하다. 분개하다. ◇愤～/분개하다. 2통탄식하다. 개탄하다. 3형서슴없다.

【慨然─연】kǎirán 형1감개하다. 2시원시원하다. 흔쾌하다. ◇～相赠/흔쾌히 증정했다.

【慨叹─탄】kǎitàn 통개탄하다. 탄식하다.

【慨允─윤】kǎiyǔn 통쾌히 승락하다. (同)〔慨诺 nuò〕

【蒈】卄部 kǎi
9画 카란 **개**
명〈化〉카란(carane). 〔유기화합물〕

【楷】木部 kǎi
9画 본보기 **해**
명1규범. 모범. 본보기. ◇～模/모범. 2해서(楷书).

【楷模─모】kǎimó 명모범. 본보기.

【楷书─서】kǎishū 명해서. 〔한자 자체의 하나〕

【楷体─체】kǎitǐ 명1(同)〔楷书 shū〕2'拼音字母'의 인쇄체.

kān

【刊(栞)】刂部 kān
3画 새길 **간**
1통(판목에) 새기다. 조각하다. 2통간행하다. 발간하다. 출판하다. ◇创～/창간하다. 3명(정기 혹은 부정기의) 간행물. 잡지. ◇月～/월간. 4통삭제하다. 수정하다. ◇～谬 miù 补缺/잘못을 바로잡고 부족한 곳을 보충하다.

【刊布─포】kānbù 통〈文〉인쇄물을 통해 공포하다.

＊【刊登─등】kāndēng 통(신문·잡지 따위에) 게재하다. 싣다. ◇～消息/뉴스를 싣다.

【刊刻─각】kānkè 통판목(版木)에 새기다.

【刊落─락】kānluò 통〈文〉(오자(誤字) 또는 틀린 부분을) 삭제(하다).

【刊头─두】kāntóu 명(신문·잡지에서) 명칭·기수(期數) 등의 항목을 표시한 곳.

＊【刊物─물】kānwù 명간행물. ◇定期～/정기 간행물.

【刊行─행】kānxíng 명통간행(하다). 출

간(하다).

【刊印―인】 kānyìn 图图판각 인쇄(하다). 조판 인쇄(하다).

【刊载―재】 kānzǎi 图출판물에 싣다. 게재하다.

**【看】 目部 │ kān
4画 │ 볼 간

图1지키다. 돌보다. 관리하다. ◇我一会儿回来, 你在这儿好好儿～～我的东西/내가 금방 올테니 내 물건 좀 잘 봐줘. ◇他可以～一排仪器/그는 한 줄의 계측기를 관리할 수 있다. 2감시하다. 주시하다. ◇～犯人/범인을 감시하다. 厥교看:监视 "看"의 목적어는 가까운 개인이나 집단에 주로 쓰이고 멀거나 보이지 않는 대규모의 집단 등에는 쓰이지 않는다. ◇要密切(×看)监jiān视着敌人的行动/적의 행동을 세심하게 감시해야 한다. ⇒kàn

【看财奴―재노】 kāncáinú 图수전노.

【看管―관】 kānguǎn 图1(감옥의 죄수를) 감시하다. 2돌보다. 맡아보다.

【看护―호】 kānhù 1图간호하다. 보살피다. ◇～病人/환자를 간호하다. 2图옛날, 간호사를 일컫던 말.

【看家―가】 kān// jiā 1图집을 보다〔지키다〕. 2(kānjiā)图图장기(의).

【看家狗―가구】 kānjiāgǒu 图1집 지키는 개. 2〈轉〉(옛날, 관리나 지주의) 집사나 마름 따위.

【看家戏―가희】 kānjiāxì 图옛날, 배우나 극단의 제일 잘하는 연극.

【看青―청】 kān//qīng 图(도적이나 짐승으로부터) 농작물을 지키다.

【看守―수】 kānshǒu 1图관리하다. 책임을 맡아 지키다. ◇你帮我～这些羊群, 我一个人～不过来/나를 도와 이 양떼를 지켜줘, 나 혼자서는 지킬 수 없어. 2图(감옥의 죄수를) 감시하다. ◇军人日夜～着那些犯人/군인들은 밤낮으로 그 죄수를 감시하고 있다. 3图감옥의 간수. 옥졸. ◇～的眼睛一直盯dīng 着他们/간수의 눈은 그들을 계속 주시하고 있다. 厥교看守:欣赏 "관리하다" 또는 "감시하다"는 뜻이 아니면 "看守"를 쓰지 않는다. ◇他站在窗前(×看守)欣赏 xīnshǎng 花/그는 창문 앞에 서서 꽃을 감상하고 있다.

【看守内阁―수내각】 kānshǒu nèigé 图과도 내각. 선거 관리 내각.

【看守所―수소】 kānshǒusuǒ 图구치소.

【看押―압】 kānyā 图구류하다. (임시로) 잡아 가두다.

**【勘】 力部 │ kān
9画 │ 정할 감

图1교정하다. 교감하다. 2현지 조사하다.

답사하다. 탐사하다.

【勘测―측】 kāncè 图图측량 조사(하다). 탐사 측량(하다).

【勘察―찰】 kānchá 图图(지형·지질 구조·지하 자원의 매장 등을) 현지 조사(하다). ◇～现场/현장을 조사하다.

*【勘探―탐】 kāntàn 图图(지하 자원의을) 탐사(하다).

【勘误―오】 kānwù 图오자를 교정하다.

【勘正―정】 kānzhèng 图(글자를) 교정하다.

**【堪】 土部 │ kān
9画 │ 견딜 감

1图图…할 수 있다. …할 만하다. ◇不～设想/차마 상상조차 할 수 없다. 2图감당하다. 견디다. 이겨내다. ◇难～/견디기 어렵다.

【堪布―포】 kānbù 图〈宗〉1경전에 깊이 통달하여 계율을 집행하는 라마승. 2라마사원의 주지(住持). 3티벳 지방 정부의 승관(僧官) 직명.

【堪达罕―달한】 kāndáhǎn 图〈方〉〈動〉엘크(elk).

【堪舆―여】 kānyú 〈文〉图풍수(風水)를 보다.

**【戡】 戈部 │ kān
9画 │ 이길 감

图반란을 진압하다.

【戡乱―란】 kānluàn 图반란을 평정하다.

**【龛·龕】 龙部 │ kān
6画 │ 감실 감

图신불(神佛)을 모시는 작은 누각.

【龛影―영】 kānyǐng 图(위나 장의 궤양부위를 X선으로 촬영하여 얻은 음영.

kǎn

☆【坎(³埳)】 土部 │ kǎn
4画 │ 괘이름 감

图1감괘. 〔팔괘(八卦)의 하나로, 물을 대표함〕 2(～儿)두둑. 두렁. 둔덕. 3〈文〉구덩이. 움푹 패인 곳.

【坎肩―견】 kǎnjiān (～儿)图조끼. 배자.

【坎坷―가】 kǎnkě 图1(길·땅이) 울퉁불퉁하다. ◇路～不平/길이 울퉁불퉁하다. (同)〔崎岖 qíqū〕, (反)〔平坦 píngtǎn〕 2〈文〉〈喩〉뜻을 이루지 못하다.

【坎壈―람】 kǎnlǎn 图〈文〉1피곤해서 녹초가 된 모양. 2뜻을 얻지 못한 모양.

【坎炁―기】 kǎnqì 图〈中醫〉탯줄.

【坎儿井―아정】 kǎnrjǐng 图중국 신강(新疆)지방에서 볼 수 있는 지하 관개 시설일종.

【坎土曼―토만】 kǎntǔmàn 图(위구르 지역에서 쓰는) 곡괭이의 일종.

【坎子―자】 kǎn·zi 图두둑. 두렁.

【砍】石部 kǎn
4画 조갤 **감**

동1(도끼 따위로) 찍다. 패다. ◇再～～
就断了/좀 더 찍으면 잘라진다. (同)〔伐
fá〕2삭감하다. 줄이다. ◇下半年的基建
任务被～掉三分之一/하반기의 인프라 사
업이 3분의 1이 삭감당했다. 3〈文〉(…을
향하여) 던지다. 팔매질하다. ◇一群孩
子用石头～树上的鸟/한 무리 애들이 돌
을 던져 나무 위의 새를 쫓는다. **비교**
砍:扔 물건을 다른 사람에게 전달할 때
는 "砍"를 쓰지 않는다. ◇请把毛巾给我
(×砍)扔 rēng 过来/수건을 제게 던져
주세요.
【砍刀－도】kǎndāo (同)〔大 dà 刀〕
【砍伐－벌】kǎnfá **동**(톱·도끼 따위로) 나
무를 베다. 벌채하다.
【砍头疮－두창】kǎntóuchuāng **명**목덜미
에 나는 악성 종기.

【苁】艹部 kǎn
7画 땅이름 **감**

명〈化〉보르난(bornane).

【侃】亻部 kǎn
6画 강직할 **간**

1**형**〈文〉강직하다. 2**형**〈文〉화락(和樂)한
모양. 3**동**한담하다. ◇两人～到深夜/두
사람이 밤이 깊도록 한담한다.
【侃侃－간】kǎnkǎn **형**(말하는 것이) 침착
하고 조리있는 모양. ◇～而谈/조리있게
말하다.
【侃儿－아】kǎnr **명**〈方〉은어(隐語). 암어
(暗語).

【槛·檻】木部 kǎn
10画 난간 **함**

명문지방.

kàn

★【看】目部 kàn
4画 볼 **간**

동1(능동적으로) 보다. 구경하다. ◇往远
处～, 大草原无边无际/멀리 바라보니 대
초원이 한도끝도 없구나. ◇～戏/극을 보
다. **비교**看:看见:看到 "看"은 우연히
보이거나 또는 보는 행위가 순간에 끝나
는 경우에는 "看"을 쓰지 않고 "看到",
"看见"을 써야 한다. ◇他在河边(×看)
看见了一只水鸟/그는 강가에서 물새 한
마리를 보았다. ◇他离家后, 没有人再(×
看)看到他/그가 집을 떠난 후 아무도 그
를 다시 본 사람이 없다. 2(눈으로만) 읽
다. ◇我～了好儿部外国小说/나는 여러
편의 외국 소설을 읽었다. 3…라고 보다
〔판단하다〕. …라고 생각하다. ◇他今天

正好有空, 我～他能来/그가 오늘 마침 시간
이 있으니 내 보기에는 올 것이다. 4찾아
가다. 만나러 가다. 문병가다. ◇昨天去
北京饭店～了位多年不见的老朋友/어제
북경호텔에 가서 여러 해 만나보지 못했
던 옛 친구를 만났다. ◇他到医院去～个
朋友/그는 병원에 친구를 문병하러 간다.
5대하다. 취급하다. ◇对有错误的人要热
情帮助, 不要另眼相…/잘못을 저지른 사
람에게 따뜻하게 도와주어야지 차별해서
는 안 된다. 6진찰하다. 진료하다. ◇牙
痛要～口腔科/이가 아프면 구강과에 가
진료를 받아야 한다. 7보살피다. ◇～顾/
돌보다. 8(…하지 않도록) 조심하다. 주
의하다. 〔동작이나 변화를 나타내는 단어
또는 구 앞에 쓰여, 일어날 수 있거나 일
어날지 모를 일을 상대방에게 깨우쳐 줌〕
◇快停住, ～红灯亮了/빨리 멈춰라. 빨간
불이 켜졌어. 9해보다. 시험해 보다. 〔앞
의 동사는 대개 중첩함〕◇你穿穿～, 这
件衣服合身不合身/이 옷이 몸에 맞는지
어디 한번 입어 보아라. ⇒kān
【看把你…的－파니…적】kàn bǎ nǐ …de
〈口〉봐라, 네가 얼마나 …했는지.〔상대
방의 부주의에 대해 가볍게 나무랄 때 쓰
는 표현임〕◇看把你忙的, 把笔帽当头发
卡子了/봐라, 네가 얼마나 서둘렀는지.
붓 뚜껑을 머리 핀으로 착각했잖아. **주의**
'看'을 '瞧'로 교체할 수 있다.
★【看病－병】kàn// bìng **동**1(의사가) 진찰
하다. 치료하다. ◇王大夫不在家, 他给人
～去了/선생님은 진찰하러 가시고 집에
안계십니다. 2진찰을 받다. ◇找医生～/
의사를 찾아 진찰을 받다.
【看不出(来)－불출(래)】kàn bu chū(lái)
〈口〉알아 낼 수 없다. 분별할 수 없다.
◇我～他有多么高兴/난 그가 얼마나 기
쁜지 알 수 없다.
【看不惯－불관】kàn·bu guàn 〈口〉눈에 거
슬린다. ◇我对他的做事态度实在～/나는
그의 일하는 태도가 정말 눈에 거슬린다.
【看不见－불견】kàn bu jiàn 보이지 않다.
◇因为雾 wù 太大, 我～对面有没有人/안
개가 많이 껴서 나는 맞은 편에 사람이
있는지조차 모르겠다.
☆【看不起－불기】kàn ·bu qǐ 〈口〉경멸하다.
업신여기다. ◇这个人骄傲 jiāo'ào 得很,
谁都～/이 사람은 매우 오만해서 누구든
다 깔본다. (同)〔瞧 qiáo 不起〕, (反)〔看
得 de 起〕**비교**看不起:不重视 "看不起"
는 동사 목적어를 취할 수 없다. ◇我从
小就(×看不起)不重视学习/난 어려서부
터 공부를 중요시하지 않았다.
【看不上(眼)－불상(안)】kàn·bushàng(y-

ǎn)〈口〉(보아서) 마음에 안 들다. 눈에 차지 않다. ◇他什么也都~眼/그는 무엇이나 다 눈에 차지 않는다. ◇我可~这种人/나는 그런 사람은 정말 마음에 안 든다. (反)〔看得 de 上〕

【看不下去－불하거】kàn ·bu xiàqù〈口〉그냥 두고 볼 수 없다. ◇教室里堆满了垃圾, 教师~了, 拿起扫帚就要扫/교실에 쓰레기가 수북히 쌓이자, 선생님이 차마 지켜볼 수가 없어 빗자루를 들고 쓸려고 했다.

【看茶－차】kànchá 손님에게 차를 드려라.

【看成－성】kànchéng〔同〕〔看做 zuò〕

【看出－출】kànchū 粵알아차리다. 간파하다. ◇我~你的心思/나는 네 속 마음을 알고 있다.

【看出来－출래】kàn ·chūlái〈口〉간파하다. 알아차리다. ◇这些日子我~你是个好人/그 동안에 난 네가 좋은 사람이란 것을 간파했다.

【看穿－천】kàn// chuān 粵꿰다. 간파하다. ◇我~了他的心计/나는 그의 속셈을 꿰었다.

＊【看待－대】kàndài 粵대우하다. 취급하다. ◇把他当亲兄弟~/그를 친형제로 대하다.

【看得出(来)－득출(래)】kàn ·de chū(lái)〈口〉알아 볼 수 있다. ◇~, 您很富于同情心/당신이 동정심이 많다는 걸 알아볼 수 있다. (反)〔看不出(来)〕

【看得起－득기】kàn ·de qǐ〈口〉중시하다. 존중하다. ◇你要是~我, 就给我这个面子/당신이 만약 나를 존중한다면 내 체면을 세워 줘요. (同)〔瞧 qiáo 得起〕, (反)〔看不起〕

【看得上(眼)－득상(안)】kàn ·de ·shang (yǎn)〈口〉눈에 차다. 마음에 들다. ◇这里的鞋没有一双~眼的/여기의 신발은 한 켤레도 마음에 드는 게 없다.

【看跌－질】kàndiē 粵(시세가) 떨어질 낌새가 크다.

【看懂－동】kàndǒng 粵보고 이해하다. ◇这些语法书他都能~/이 문법책들은 그가 다 이해한다.

☆【看法－법】kàn·fǎ 粵견해. ◇两人~一致/두 사람의 견해가 똑같다.

【看风色－풍색】kàn fēngsè 돌아가는 상황을 살피다. (同)〔看风头 tou〕

【看风使舵－풍사타】kàn fēng shǐ duò〈成〕사태의 변화를 보아가며 행동하다. (同)〔见 jiān 风转 zhuǎn 舵〕

【看顾－고】kàngù 粵보살피다. 간호하다.

【看好－호】kànhǎo 粵1(정세나 시세 등이) 전망이 밝다. ◇经济前途~/경제의 미래가 전망이 밝다. 2(스포츠 등에서) 우위를 점하다고 여기다. ◇这场篮球赛, 人们~北京人/이번 농구시합은 사람들이

북경팀이 우위를 점한다고 생각한다.

★【看见－견】kàn// ·jiàn 粵(우연히 순간적으로) 목격하다. 눈에 들어오다. ◇从来没~过这样的怪事/이런 괴상한 일은 여지껏 본 적이 없다. 比较看见:看见 보는 행위가 지속되는 경우에는 "看见"을 쓰지 않는다. ◇我今天(×看见)看了三个小时书/난 오늘 책을 세 시간 봤다.

【看客－객】kànkè 粵관객. 구경꾼.

☆【看来－래】kàn·lái 粵보기에. 보아하니. ◇今天又阴天了, ~还要下雨/오늘 날이 흐린 걸 보니 비가 올 것 같구나. 比较看来:认为 화자가 확실한 생각이 있으면 "看来"를 쓰지 않는다. ◇他(×看来)认为窃 qiè 书不算偷/그는 책을 훔치는 것은 도둑질이 아니라고 생각했다.

【看你－니】kàn·ni〔罵〕네 이 녀석. 〔말투 속에 책망과 불만 외에 어쩔 수 없다는 느낌이 들어 있으며 '你看你'보다 다정하다〕◇~, 怎么不小心点儿/이 녀석아, 왜 좀 더 조심하지 않는 거니? ◇~, 又忘了吃饭/넌 좀 봐라. 밥먹는 걸 또 잊어버렸지. ◇又哭了/네 이녀석, 또 우는구나. (同)〔你看你〕

【看你的(了)－니적(료)】kàn nǐ ·de (·le)〈口〉너만 믿겠다. ◇成功不成功就~了/성공하는지 여부는 너만 믿겠다. ◇"我来帮你把这件事办完。" "好哇, ~了"/내가 너를 도와 이 일을 매듭 짓겠다. 좋아, 네 실력 좀 보자.

【看你说的－니설적】kàn nǐ shuō·de〈口〉말하는 것 좀 보게나.〔상대방의 칭찬에 기쁘지만 쑥스럽다는 감정을 나타냄〕◇你站在台上, 简直像大明星一样。~, 我哪儿能跟大明星比呀?/네가 무대에 서니 그야말로 명배우 같아. 말하는 것 좀 봐, 내가 어떻게 명배우와 비교할 수 있겠어?

【看破－파】kàn// pò 粵1간파하다. ◇~了他的诡计/나는 그의 간계를 간파했다. 2달관하다. ◇~红尘/속세를 달관하다.

【看齐－제】kànqí 粵1나란히 하다. 정렬하다. 2…을 본받다.

＊【看起来－기래】kàn·qǐ·lái 1보아 하니 볼 것 같으면. ◇~容易, 做起来难/보면 쉬운 것 같지만 하면 어렵다. 2보아하니. 보기에. 보매. ◇~这活儿不轻/보아하니 이 일이 쉬울 것 같지 않다.

【看轻－경】kànqīng 粵얕보다. 깔보다. 경시하다. ◇别~环保工作/환경보호 업무를 경시하지 말아. (同)〔轻视 shì〕, (反)〔看重 zhòng〕

【看清－청】kànqīng 粵똑똑히〔분명히〕보다.

【看热闹－열뇨】kàn rè·nao 구경을 하다.

【看上－상】kàn// shang 粵보고 마음에 들

다. 반하다. ◇我～了她/나는 그녀가 마음에 들었다.
【看台－대】kàntái [명](경기장 따위의) 관람석.
【看头－두】kàn·tou (～儿)[명]볼만한 가치. ◇那个电视剧很有～/그 TV드라마는 정말 볼만 해요.
【看透－투】kàn// tòu [동]1(상대의 계책·속셈 따위를) 간파하다. 2꿰뚫어〔알아〕보다. ◇那个人我～了, 没什么了 liǎo 不起/그 사람을 꿰뚫어 봤어. 별 거 아니야.
*【看望－망】kàn·wàng [동]찾아뵈다. 문안하다. 문병하다. ◇昨天我～他老人家/어제 나는 노인어른을 찾아 뵈었다.
【看我的－아적】kàn wǒ ·de 〈口〉나만 믿어라. ◇～吧, 我一定要干出点名堂来/나만 믿어. 내가 꼭 확실한 것을 보여줄테니까.
【看戏－희】kàn// xì 희곡을 보다.
【看相－상】kàn// xiàng [동]관상을 보다.
【看笑话－소화】kàn xiào·hua 〈口〉(남의 낭패 등을) 비웃다. ◇别说了, 别让人看咱们笑话/더이상 말하지 말아요. 남에게 우리의 우스운 꼴을 보이지 말아요.
☆【看样(子)－양(자)】kàn yàng(·zi) 1견본을 보다. 2보아하니 …것 같다. ◇人多东西少, ～今天又买不上了/사람은 많고 물건은 적으니 보아하니 오늘 또 살 수 없을 것 같구나.
【看在…的面子上－재…적면자상】kàn ·zai … de miàn·zi ·shang 〈口〉…의 체면을 봐서. ◇看在我妹妹的面上, 你就答应了吧/제 여동생의 체면을 봐서 허락하시지요. (同)〔看在…的情份qíng·fen上〕
【看涨－창】kànzhǎng [동]1(시세가)오를 낌새를 보이다. ◇美元持续～/달러는 지속적으로 오를 낌새가 보인다. 2값이 오르다.
【看着－착】kàn·zhe 보아가면서. ◇～办/보아가면서 처리하다. ◇你托我办的事, 我会～办的/내게 부탁한 일은 내가 알아서 처리할게.
【看中－중】kàn// zhòng [동](보고) 마음에 들다. ◇你～哪个就买哪个/네 마음에 드는 것을 사거라.
【看重－중】kànzhòng [동]중시하다. 소중히 하다. 同)〔重视 shì〕, (反)〔看轻 qīng〕
【看做－주】kànzuò [동]…로 간주하다. …라고 생각하다. ◇不要把人家的忍让～软弱可欺/남의 인내를 나약한 것으로 간주해서는 안 된다. (同)〔看作 zuò〕

【瞰(²矙)】目部 11画 | kàn 굽어볼 감
[동]1내려다보다. 굽어보다. ◇鸟～/조감하다. 2〈文〉엿보다. 바라보다.

kāng

【康】广部 8画 | kāng 편안할 강
1[형]건강하다. 평안하다. 탈이 없다. 2[형]〈文〉풍족하다. 풍성하다. ◇～年/풍년. 3 (Kāng)[명]성(姓).
【康拜因－배인】kāngbàiyīn [명]〈機〉콤바인 (combine).
【康采恩－채은】kāngcǎi'ēn [명]〈經〉콘체른 (독konzern).
【康复－복】kāngfù [동]건강을 회복하다.
【康健－건】kāngjiàn [형]건강하다. (同)〔健康〕, (反)〔生病 shēngbìng〕
【康乐－락】kānglè [형]편안하고 즐겁다. (同)〔安 ān 乐〕, (反)〔困苦 kùnkǔ〕
【康乐球－락구】kānglèqiú [명]당구. 캐럼즈 (caroms).
【康宁－녕】kāngníng [형]〈文〉건강하고 평안하다. (同)〔康泰 tài〕, (反)〔危险 wēixiǎn〕
【康衢－구】kāngqú [명]큰거리. 대로. (同)〔通 tōng 衢〕, (反)〔小路 xiǎolù〕
【康庄大道－장대도】kāng zhuāng dà dào 〈成〉사통팔달의 큰길. 탄탄대로. (同)〔阳关 yángguān 大道〕, (反)〔羊肠小径 yáng cháng xiǎo jìng〕

【慷(忼)】忄部 11画 | kāng 강개할 강
*【慷慨－개】kāngkǎi 1[형]격앙되다. ◇～陈词/격앙된 어조로 진부한 의견을 말하다. (同)〔激昂 jī'áng〕, (反)〔消沉 xiāochén〕 2(kāng// kǎi)[동]아끼지 않다. 후하게 대하다. ◇～解囊 náng/아낌없이 주머니를 털어 남을 돕다.
【慷慨激昂－개격앙】kāng kǎi jī'áng 어조가 격앙되어 정의감에 충만한 모양.
【慷他人之慨－타인지개】kāng tārén zhī kǎi 남의 재물로 인정을 베풀거나, 남의 돈을 마구 쓰다.

*【糠(穅)】米部 11画 | kāng 겨 강
1[명](곡물의) 겨. (벗겨낸) 부스러기. 기울. ◇稻～/벼겨. 2[형]속이 비다. 못쓰게 되다. (무 따위가) 바람이 들다. ◇萝卜 luóbo～了/무가 바람이 들었다.
【糠秕－비】kāngbǐ (同)〔秕糠〕
【糠油－유】kāngyóu [명] 겨기름.

káng

☆【扛】扌部 3画 | káng 마주들 강

K

[동]1(어깨에) 메다. ◇以前我~过二百多斤重的麻袋/옛날에 나는 2백근이나 되는 무거운 부대를 멘 적이 있다. [비교]扛:顶 머리로 물건을 이는 것은 '扛'을 쓰지 않는다. ◇朝鲜族妇女习惯用头(扛)顶 dǐng 东西/조선족 여자들은 머리로 물건을 이는 것에 익숙하다. 2(책임·임무 따위를) 맡다〔짊어지다〕. ◇这个任务很艰巨，你一定要~起来/이 임무는 매우 어렵고 중대하니 네가 꼭 맡아야 겠다.

【扛长工－장공】káng chánggōng 머슴살이를 하다.

【扛大个儿－대개아】káng dàgèr 〈方〉(옛날, 부두나 역에서) 화물을 운반하다.

【扛活－활】káng// huó [동]머슴 살이 하다.

kàng

【亢】亠部 2画 kàng 높을 **항**

1[형]높다. ◇高~/(소리가) 높고 우렁차다. (反)〔卑 bēi〕 2[형]지나치다. 심하다. ◇~旱/큰 가뭄. 3[명]이십팔수(二十八宿)의 하나. 4(Kàng)[명]성(姓).

【亢奋－분】kàngfèn [동]몹시 흥분하다.

【亢旱－한】kànghàn [명]심한 한발.

【亢进－진】kàngjìn [명]〈醫〉항진. 증상이 심해짐.

【伉】亻部 4画 kàng 짝 **항**, 굳셀 **항**

1[명]〈文〉부부. 배필. ◇~俪/부부. 2[형]〈文〉높고 크다. 3(Kàng)[명]성(姓).

【伉俪－려】kànglì [명]〈文〉부부. ◇~之情/부부의 정.

【抗】扌部 4画 kàng 막을 **항**

[동]1저항하다. 대항하다. ◇顽~/완강하게 저항하다. 2거절하다. 어기다. ◇~命/명령을 어기다. (反)〔服 fú〕 3맞서다. 대등하다. 필적하다. ◇~的地位/대등한 위치. ◇~衡 héng/필적하다. (同)〔守节 shǒu// jié〕, (反)〔屈节 qūjié〕

【抗暴－포】kàngbào [동]폭정에 저항하다.

【抗辩－변】kàngbiàn [명][동]항변(하다).

【抗丁－정】kàng// dīng [동]옛날, 민중들이 징집을 거부하다.

【抗毒素－독소】kàngdúsù [명]〈醫〉항독소.

*【抗旱－한】kàng// hàn [동]가뭄과 싸우다. 가뭄에 대처하다. ◇积极~/가뭄에 적극 대처하다.

【抗衡－형】kànghéng [동]필적하다. 대항하다.

【抗洪－홍】kàng// hóng [동]홍수와 싸우다.

*【抗击－격】kàngjī [명][동]반격하다. ◇~敌人/적에게 반격하다.

【抗拒－거】kàngjù [명][동]항거(하다). 저항〔반항〕(하다). 거역(하다). ◇~命令/명령을 거역하다. (同)〔对 duì 抗〕, (反)〔服从 fúcóng〕

【抗捐－연】kàng// juān (同)〔抗税 shuì〕

【抗菌素－균소】kàngjūnsù [명]〈藥〉항생 물질.

【抗涝－로】kàng// lào [동]수해와 싸우다.

【抗粮－량】kàng// liáng [동]곡물세의 납부를 거부하다.

【抗命－명】kàngmìng [동]명령을 어기다. 항명하다. (同)〔拒 jù 命〕, (反)〔从 cóng 命〕

【抗日战争－일전쟁】Kàng Rì Zhànzhēng [명](1937年 7月 7日 일제가 北平卢沟桥를 침략할 때부터 1945年 8月 15日 일제가 항복할 때까지의) 항일 전쟁.

【抗生素－생소】kàngshēngsù (同)〔抗菌 jūn 素〕

【抗属－속】kàngshǔ [명]항일 전쟁 때 항일 근거지에서 싸운 군인의 가족.

【抗税－세】kàng// shuì [동]납세를 거부하다.

【抗体－체】kàngtǐ [명]〈生〉항체. 면역체.

【抗药性－약성】kàngyàoxìng [명]〈醫〉약물 내성.

⁑【抗议－의】kàngyì [명][동]항의(하다).

【抗御－어】kàngyù [동]저항하여 방어하다.

【抗原－원】kàngyuán [명]〈醫〉항원.

【抗灾－재】kàng// zāi [동]재해에 대처하다.

*【抗战－전】kàngzhàn 1[명][동](외래 침략에 맞서) 항전(하다). 2[명]〈轉〉'抗日战争'(항일전쟁)의 준말.

【抗震－진】kàngzhèn 1[명]내진(耐震). 2[동]지진에 대처하다.

【抗争－쟁】kàngzhēng [명][동]항쟁(하다).

*【炕】火部 4画 kàng 구들 **항**

1[명]온돌. 방구들. 2[동]〈方〉(불에) 굽다. 말리다. ◇白薯 shǔ 还在炉子边上~着呢/고구마를 아직 난로구석에서 굽고 있다.

【炕洞－동】kàngdòng [명]구들고래. 온돌아궁이.

【炕梢－초】kàngshāo (~儿)[명]온돌의 불 피우는 곳에서 가장 먼 데 윗목.

【炕头－두】kàngtóu (~儿)[명](온돌)아랫목.

【炕席－석】kàngxí [명]온돌 위에 까는 (돗)자리.

【炕沿－연】kàngyán [명]온돌의 가장자리. 구들가.

【炕桌儿－탁아】kàngzhuōr [명]온돌 위에 놓는 키가 낮은 책상.

kǎo

☆【考(1~3攷)】耂部 2画 kǎo 상고할 **고**

1图어려운 질문을 묻다. ◇小妹被我~住了/여동생은 내가 묻는 어려운 질문에 대답하지 못했다. **2**图图시험(치다, 받다, 보다). ◇她真了liǎo不起, 高考~了全市第一名/그녀는 정말 대단해. 대학시험을 쳤는데 시 전체에서 1등을 했다니까. 비교考:参加"考试", "测验" 등 시험의 뜻을 담은 단어는 "考"의 목적어로 쓰지 않는다. ◇我没有(×考)参加期末考试/나는 기말고사를 보지 않았다. **3**图조사하다. 검사[점검]하다. **4**图연구하다. 고증하다. **5**图〈文〉죽은 아버지.

【考妣－비】kǎobǐ 图〈文〉돌아가신 부모.

【考查－사】kǎochá 图图조사(하다). 검사(하다).

【考察－찰】kǎochá 图1**현지 조사하다. 답사하다. 테스트하다. ◇这几位经济专家~了深圳shēnzhèn特区/이들 경제 전문가들은 심수 경제 특구를 현지조사를 했다. 비교考察:检验 제품의 품질이 합격인지 아닌지를 검사 할 때는 "考察"를 쓰지 않는다. ◇经(×考察)检验, 产品质量完全合格/검사를 해 보니 제품의 품질이 완전히 합격했다. **2**고찰하다. 정밀히 관찰하다.

【考场－장】kǎochǎng 图图시험장.

【考订－정】kǎodìng 图고증하여 입증하다.

*【考古－고】kǎogǔ **1**图고고(考古)하다. **2**图고고학.

【考官－관】kǎoguān 图옛날, 과거 시험의 시험관.

*【考核－핵】kǎohé 图图심사(하다). ◇~干部/간부를 심사하다.

【考绩－적】kǎo∥jì 图실적을 검사하다.

【考进－진】kǎojìn 图시험(을) 쳐서 합격하다. ◇小黄~了重点大学/황황(군)은 명문대의 시험을 보고 합격했다.

【考究－구】kǎo·jiu **1**图연구하다. (同)〔研yán究〕 **2**图〈方〉깊이 생각하다. 신경 쓰다. **3**图정교하고 훌륭하다. (同)〔讲jiǎng究〕, (反)〔简陋 jiǎnlòu〕

【考据－거】kǎojù (同)〔考证 zhèng〕

【考卷－권】kǎojuàn 图图시험 답안.

☆【考虑－려】kǎolǜ 图图고려(하다). 생각하다. 감안하다. ◇大家认真~~去不去/모두들 갈지 안 갈지 진지하게 좀 생각해야 보시오. 비교考虑:想念 "그리워하다"의 경우에는 "考虑"를 쓰지 않는다. ◇我常常(×考虑)想念我的妈妈/난 자주 우리 엄마를 그리워한다.

【考期－기】kǎoqī 图시험 기일.

【考勤－근】kǎoqín 图출근이나 출석을 점검하다.

*【考取－취】kǎo∥qǔ 시험에 합격하다. ◇

今年他还是没~/올해 그는 여전히 시험에 합격하지 못했다. (反)〔落榜 luòbǎng〕

【考生－생】kǎoshēng 图수험생.

★【考试－시】kǎoshì 图图시험(치다). ◇~完了以后我们去旅游/우리는 시험을 다 보고나서 여행간다. 주의"考试"는 동사·목적어 구조이기 때문에 다시 목적어를 취할 수 없다. ◇他今天(×考试)考数学/그는 오늘 수학시험을 본다.

【考释－석】kǎoshì 图图(고문자(古文字)의) 고증·해석(을 하다).

【考题－제】kǎotí 图시험 문제.

【考问－문】kǎowèn 图구두시험.

**【考验－험】kǎoyàn 图图시련(을 겪게 하다). 검증(하다). ◇战争~了人民/전쟁은 인민들이 시련을 겪게 했다. 비교考验:检验 "考验"은 한 사람이 일·사업을 대하는 태도와 의지를 검증하는 것으로 제품의 품질 검사에는 쓰지 않는다. ◇这电视机是经过严格(×考验)检验的/이 텔레비전은 엄격한 검사를 거친 것이다.

【考语－어】kǎoyǔ 图옛날, 인사고과.

【考证－증】kǎozhèng 图图고증(하다).

【拷】	扌部	kǎo
	6画	매매릴 **고**

图때리다. 고문하다. ◇~问/고문하다.

【拷贝－패】kǎobèi 图복사본. (영화 필름의) 복사본. 'copy'의 음역어.

【拷绸－주】kǎochóu 图엷은 비단. 〔중국 광동성에서 나는 비단의 일종으로 여름철 옷감으로 쓰임〕

【拷打－타】kǎodǎ 图고문 도구로 때리다.

【拷纱－사】kǎoshā (同)〔拷绸 chóu〕

【拷问－문】kǎowèn 图고문(하다).

☆【烤】	火部	kǎo
	6画	불에말릴 **고**

图**1**불에 굽다. 불에 쬐어 말리다. ◇把湿shī衣裳~干/젖은 옷을 불에 쬐어 말리다. **2**(불을) 쬐이다. 쬐다.

【烤白薯－백서】kǎo báishǔ 고구마를 굽다.

【烤电－전】kǎo∥diàn 〈醫〉**1**전기치료를 하다. **2**(kǎodiàn)图디아테르미(diathermy). 전기치료.

【烤火－화】kǎo∥huǒ 图불을 쬐다.

【烤炉－로】kǎolú 图솥. 오븐.

【烤肉－육】kǎoròu 图구운 고기. 불고기. **2**(kǎo∥ròu) 고기를 굽다.

【烤箱－상】kǎoxiāng 图오븐(oven). 레인지.

【烤鸭－압】kǎoyā 图오리 통구이. ◇北京~/북경식 오리 통구이.

【烤烟－연】kǎoyān **1**특수 건조실에서 건조한 담배잎. **2**(kǎo yān)(건조실에서) 담배잎을 건조시키다.

kào

【铐·銬】 钅部 | kào
6画 | 쇠고랑 **고**

1❷수갑. 쇠고랑. 2❸수갑을 채우다. ◇把犯人~起来/범인에게 수갑을 채워라.

【犒】 牛部 | kào
10画 | 호궤할 **고**

❸(재물·술·음식 따위로) 위로하다.

【犒劳―로】kào·láo 1❸(술이나 음식으로) 위로하다. 2❷위로하는 술과 음식.

【犒赏―상】kàoshǎng ❸위로하여 포상하다.

☆【靠】 非部 | kào
7画 | 붙일 **고**

1❸기대다. ◇~了一会墙/벽에 잠시 기댔다. ◇他们俩背~背坐着/그들 둘은 등을 서로 기대어 앉아 있다. 2❸(물건을) 기대어 두다. 기대어 세우다. 3❸다가서다. 닿다. 대다. ◇船~了海岸/배가 해안에 닿았다. 4❸의지하다. 의거하다. …에 달려 있다. ◇不~群众就做不好工作/군중에게 의지하지 않으면 일을 잘 해낼 수 없다. ◇~卖力气吃饭/품을 팔아서 살아간다. ◇这件事就~你了/이 일은 너에게 달려 있다. 5❸믿다. 신뢰하다. ◇小道消息, ~不住/소문은 믿을 수 없다. 6❸(演)(중국의 전통극에서) 무장(武将)이 입는 갑옷.

【靠岸―안】kào//àn ❸(배를) 물가에 닿다.

【靠把―파】kàobǎ ❸경극(京劇)에서 배우가 (갑옷을 입고 칼이나 창을 들고) 싸우는 장면을 연기하다.

【靠背―배】kàobèi ❷의자의 등받이. (同)〔靠把bǎ〕

【靠边―변】kào//biān (~儿)1❸길 옆쪽으로 붙다. 2〈方〉〈喩〉(말하는 것이) 대체로 이치에 맞다.

【靠边儿站―변아참】kàobiānr zhàn 비켜서다. 〈喩〉(직무 수행이 불가능하여) 자리에서 내몰리다. ◇去年老王就已经~了/작년 왕씨가 벌써 그 직책에서 물러났다.

【靠不住―불주】kào·bu zhù 믿을〔의지할〕수 없다. ◇我看他的话~/내가 보기엔 그의 말은 믿을 수 없어.

【靠得住―득주】kào·de zhù 신용할〔의지할〕수 있다. 믿을 수 있다.

【靠垫―점】kàodiàn ❷(의자 따위의) 쿠션.

**【靠近―근】kàojìn 1❸가깝다. ◇~床边放着一张写字台/침대 가까이에 책상이 놓여 있다. (同)〔邻 lín 近〕, (反)〔远离 yuǎnlí〕 2❸가까이 다가가다. 접근하다. ◇两人一步一步向前~着/두 사람은 한걸음 한걸음 앞으로 접근한다. (同)〔靠拢 lǒng〕, (反)〔远离 yuǎnlí〕

【靠拢―롱】kào//lǒng ❸(어떤 지점으로) 모이다. 가까이 다가가다. ◇大家都向我~/모두들 내가 있는 곳으로 모이세요.

【靠旗―기】kàoqí ❷경극(京劇)에서 무장이 갑옷 등에 꽂는 3각형의 자수기.

【靠山―산】kàoshān 1❸산을 가까이 하다. 산을 끼다. 2❷〈喩〉믿고 의지할 사람. 후원자. 보호자. 빽.

【靠手―수】kàoshǒu ❷의자의 팔걸이.

【靠椅―이】kàoyǐ ❷등받이가 있는 의자.

【靠枕―침】kàozhěn ❷기댈 수 있게 놓아둔 길고 큰 베개.

【靠准―준】kào//zhǔn (~儿)❸믿을 수 있다. 신용할 수 있다.

坷 518	苛 518	呵 519	珂 519	柯 519
轲 519	砢 519	科 519	蝌 519	棵 519
窠 519	稞 519	颗 519	髁 519	颏 519
嗑 519	楂 519	磕 519	瞌 519	壳 520
咳 520	颏 520	搕 520	可 520	可 522
渴 522	可 522	克 522	刻 523	恪 524
客 524	课 524	骒 525	锞 525	缂 525
嗑 525				

kē

【坷】 土部 | kē
5画 | 길험할 **가**

【坷拉―랍】kē·lā ❷〈方〉흙덩이. (同)〔坷垃 lā〕

【苛】 艹部 | kē
5画 | 가혹할 **가**

❸1심하다. 가혹하다. 각박하다. ◇对方提出的条件太~了/상대방이 내놓은 조건은 너무 심하다. 2복잡하다. 성가시다. 까다롭다. ◇~礼/지나치게 까다로운 예절.

【苛察―찰】kēchá ❸〈方〉꼬치꼬치 따져 물으며 똑똑한 체하다.

【苛待―대】kēdài ❸학대하다. 가혹하게 하다. (反)〔宽 kuān 待〕

【苛捐―연】kējuān ❷가혹한 세금.

【苛捐杂税―연잡세】kējuān záshuì 〈成〉많고 무거운 세금.

【苛刻―각】kēkè ❸(조건·요구 등이) 지나치다. 가혹하다. 모질다. ◇他的要求太~, 对方不会接受/그의 요구가 너무 지나쳐서 상대방이 받아들이지 않을 것이다. (同)〔苛求 qiú〕

【苛求―구】kēqiú ❸가혹하게 요구하다.

【苛细―세】kēxì (同)〔苛碎 suì〕

【苛杂―잡】kēzá ❷가혹하고 잡다한 세금.

【苛责―책】kēzé ❸혹독하게 질책하다.

【苛政―정】kēzhèng ❷학정(虐政). (同)〔暴 bào 政〕, (反)〔仁 rén 政〕

【呵】 口部 | kē
5画 | 꾸짖을 **가**
음역자(音譯字). ◇~叻/〈地〉태국의 지명. →ā, á, ǎ, à, ·a '啊' hē

【珂】 王部 | kē
5画 | 흰마노 **가**
粵1〈文〉옥과 비슷한 돌. 2말재갈(장식).
【珂罗版－라판】kēluóbǎn 粵〈印〉콜로타이프.(collotype) (同)〔珂罗 luó 版〕

【柯】 木部 | kē
5画 | 가지 **가**
粵1〈文〉(나무의) 가지나 줄기. ◇枝~/나무의 가지. 2〈文〉도끼 자루. 3(Kē)성(姓).
【柯尔克孜族－이극자족】Kē'ěrkèzīzú 粵〈民〉중국 신장(新疆)에 거주하는 키르기즈 (kirgiz)족.

【轲·軻】 车部 | kē
5画 | 사람이름 **가**
인명(人名)에 쓰이는 글자. ⇒kě

【砢】 石部 | kē
5画 | 돌무더기 **가**
⇒luǒ
【砢碜－참】kē·chen 〈方〉粵꼴사납다. 망신스럽다.

☆【科】 禾部 | kē
4画 | 조목 **과**
1粵(학술 등의) 과. ◇理~/이과. ◇妇~/부인과. 2粵〔사무 조직의 하부 부서〕外事~/외사과. 3〈生〉과. 〔분류의 명목〕猫~动物/고양이과 동물. 4粵과거시험. 과거시험 과목. (同)〔科班 bān〕5粵〈演〉과. 〔연극 용어로 무대에서의 배우의 동작〕
【科白－백】kēbái 粵〈演〉연극 배우의 동작과 대사.
【科班－반】kēbān 粵1옛날의 배우 양성소. 2〈喩〉정식 교육이나 훈련.
【科场－장】kēchǎng 粵과거 시험장.
【科第－제】kēdì 粵과거 시험에서 시험 성적의 등급.
【科幻小说－환소설】kēhuàn xiǎoshuō 粵〈略〉공상 과학소설. SF소설.
＊＊【科技－기】kējì 粵과학 기술.
【科甲－갑】kējiǎ 粵과거(科擧)의 다른 이름.
【科教－교】kējiào 粵〈略〉과학 교육. ◇~片/과학 교육 영화 (다큐멘터리).
【科举－거】kējǔ 粵과거. 〔수당(隋唐) 시대에 시작하여 청대(清代)에 폐지된 관리 등용 시험〕
＊【科目－목】kēmù 粵1과목. 2과거시험 과목.
＊＊【科普－보】kēpǔ 粵〈略〉과학 보급.
【科室－실】kēshì 粵(기업이나 기관의) 각 과(科)와 각 실(室).
★【科学－학】kēxué 1粵과학. ◇~家/과학

자. 2粵과학적이다. ◇这种说法不～/이러한 견해는 비과학적이다.
【科学教育影片－학교육영편】kēxué jiàoyù yīngpiàn 粵과학(교육)영화.
【科学社会主义－학사회주의】kēxué shèhuì zhǔyì 粵〈史〉과학적 사회주의.
☆【科学院－학원】kēxuéyuàn 粵과학원.
☆【科研－연】kēyán 粵〈略〉'科学研究'의 준말.

★ 【蝌】 虫部 | kē
9画 | 올챙이 **과**
【蝌蚪－두】kēdǒu 粵〈動〉올챙이.

★ 【棵】 木部 | kē
8画 | 나무이름 **과**
粵그루. 포기. 〔식물을 세는 단위〕◇一~杨树/백양나무 한 그루. ◇一~白菜/배추 한 포기.
【棵儿－아】kēr 粵식물의 크기.
【棵子－자】kē·zi 粵〈方〉(주로 농작물의) 대줄기.

【窠】 穴部 | kē
8画 | 둥우리 **과**
粵(새·짐승의) 둥지. ◇鸟在树上做～/새가 나무 위에 둥지를 튼다.
【窠臼－구】kējiù 粵〈文〉(문장이나 예술 작품 따위의) 정형화된 (기존의) 틀. 〔패턴〕◇不落～/기존 틀에 빠지지 않다.

【稞】 禾部 | kē
8画 | 알곡식 **과**
【稞麦－맥】kēmài 粵〈植〉쌀보리.

☆ 【颗·顆】 頁部 | kē
8画 | 덩이 **과**
粵알. 방울. 〔둥글고 작은 알맹이 모양의 것을 세는 데 쓰임〕◇一～子弹/탄알 하나.
＊【颗粒－립】kēlì 粵1알갱이. 과립. 2(양식의) 낟알.

【髁（髁）】 骨部 | kē
8画 | 무릎뼈 **과**
粵〈生理〉뼈의 양끝의 두툼한 부분. 돌기.

【颏·頦】 頁部 | kē
6画 | 턱 **해**
粵턱. ⇒ké

【嗑】 口部 | kē
粵〈方〉말. ◇他的嘴老不闲着，～真多/그는 입을 잠시도 가만히 있지 않고 말이 정말 많다. ⇒kè

【榼】 木部 | kē
8画 | 술그릇 **합**
粵고대 술그릇의 일종.

＊ 【磕（搕）】 石部 | kē
10画 | 돌부딪치는소리 **개**
動1(단단한 것에) 부딪치다. ◇碗边儿～掉了一块/사발의 언저리가 부딪쳐서 이가 빠졌다. 2툭툭 치다[털다]. ◇～掉鞋

底的泥/신바닥 흙을 툭툭 털어버리다.
【磕巴—巴】kē·ba〔方〕1動말을 더듬다. 2
形말더듬이.
【磕打—打】kē·da動툭툭 치다〔털다〕.
【磕磕绊绊—개반반】kē·kebànbàn 形(길
이 울퉁불퉁하거나 다리가 불편하여) 걷
기가 불편한 모양.
【磕磕撞撞—개당당】kē·kezhuàngzhuàng
形당황하여 허둥대거나 술에 취하여 비
틀거리며 걷는 모양.
【磕碰—병】kēpèng 動1물건이 서로 부딪
치다. ◇这包打得好，经得起~/이 짐은
잘 싸서 부딪쳐도 견딜 수 있다. 2〔方〕
사람과 물건이 서로 부딪치다. 3〈喩〉충
돌하다.
【磕碰儿—병아】kē·pengr 名〔方〕1(그릇 따
위가 부딪쳐서 난) 흠. 2〈轉〉타격. 고장.
좌절.
【磕头—두】kē∥tóu 動(이마를 땅에 대고)
절하다.
【磕牙—아】kēyá 動한담〔잡담〕을 하다.

【瞌】目部│kē
　　　10画│졸 개
【瞌睡—수】kēshuì 動졸다.

ké

**【壳·殼】土部│几部│ké
　　　4画│5画│껍질 각
形(~儿)단단한 껍질〔껍데기〕.〔뜻은 '壳
qiào'와 같음〕◇贝~/조개껍질. ⇒qiào
【壳郎猪—랑저】ké·langzhū〔同〕〔架子 ji-
àzi 猪〕

【咳】口部│ké
　　　6画│기침 해
動기침하다. ◇干~/마른 기침을 하다.
⇒hāi
★【咳嗽—수】ké·sou 名기침(하다).

【颏·頦】页部│ké
　　　6画│턱 해
→〔红点颏 hóng diǎnké〕〔蓝 lán 点颏〕
⇒kē

【搕】扌部│ké
　　　9画│움켜잡을 객
動〈方〉1걸리다. 끼다. ◇抽屉 chōuti~
住了，拉不开/서랍이 걸려서〔끼어서〕열
리지 않는다. 2일부러 난처하게 만들다.
트집을 잡다. ◇故意~人/일부러 사람을
난처하게 만들다.

kě

☆【可】一部│口部│kě
　　　4画│2画│옳을 가

1동의를 나타냄. ◇他对这个问题不置~否
/그는 이 문제에 대해 가부를 말하려 않
다. 2助動허가 또는 가능을 나타냄.〔뜻
은 '可以'와 같으나, 숙어(熟語) 또는 반
대의 뜻을 가진 말에 쓰임〕◇两~/양립
이 가능하다. ◇~望而不~及/바라볼 수
는 있지만 가까이 할 수 없다. 3…할 만하
다. ◇~爱/사랑스럽다. ◇书店~买的新
书很多/서점에 살 만한 새책들이 많다. 4
副대략. ◇~五十斤/대략 50근. 5形좋다.
괜찮다. 6副(역접을 나타냄) 그러나. ◇
他日子过得舒坦，~有一件事儿不顺心/그
는 마음편히 살고 있지만 한 가지 일만은
뜻대로 되지 않는다. 7副(강조를 나타
냄) 정말. ◇学好一门外语~不容易了/한
가지 외국어를 제대로 배운다는 것은 정
말 쉬운 일이 아니다. 8副반문(反問)하
는 문구에 쓰여 반문의 어기를 강하게
함. ◇这么大年纪，又路远，一个人~怎么
来呢?/이렇게 많은 연세에 길도 먼데 혼
자서 어떻게 오시려고요? 9副의문문에
쓰여 의문의 어기를 강하게 함. ◇你近来
身体~好?/요즘 건강은 괜찮은가? 10動
적합하다. 맞다. 11(Kě)名성(姓). ⇒kè
☆【可爱—애】kě'ài 形사랑스럽다. 귀엽다. ◇
孩子胖乎乎的，非常~/애가 포동포동한
것이 매우 귀엽다. (反)〔可恨 hèn〕比喩可
爱:好 사람의 기분을 형용할 때는 "可爱"
를 쓰지 않는다. ◇他最近的心情很(×可
爱)好/그는 최근 기분이 매우 좋다.
【可悲—비】kěbēi 形슬프다. (反)〔可喜 xǐ〕
【可比价格—비가격】kěbǐ jiàgé 名〈經〉불
변 가격.〔비교의 기준이 되는 가격〕
【可鄙—비】kěbǐ 形비열하다. 야비하다.
(反)〔可敬 jìng〕
【可不—불】kě·bu 물론이다. 그렇고말고.
그렇다.〔'可不是'의 준말〕◇您老有七十
岁了吧? — ~，今年五月就整七十啦!/노
인장께서 70이 되셨지요? — 되고 말고.
올해 5월이면 바로 70이지! —
＊【可不是—불시】kěbù·shì 〈口〉그렇고 말
고(요). 누가 아니래요. ◇汽车里的人太
多了 — ~，连插 chā 脚的地方也没有/차
안에 사람이 너무 많군요. — 누가 아니
래요. 발디딜 틈조차 없는걸. (同)〔可不〕
〔可不是嘛 ma〕
【可操左券—조좌권】kě cāo zuǒ quàn〈成〉
성공이 보장되다.
【可乘之机—승지기】kě chéng zhī jī〈成〉
틈탈 기회. ◇你这样就给他一个~/당신이
이러니 그에게 틈탈 기회를 준 거라고.
【可耻—치】kěchǐ 形수치스럽다. 치욕스럽
다. (同)〔无 wú 耻〕, (反)〔光荣 guāngr-
óng〕

hǎochī〕, (反)〔难吃 nánchī〕

【可倒好－도호】kě dào hǎo〈口〉오히려. 반대로. 〔의외의 의미를 가지며 원망이나 불만의 어감을 띤다〕◇为了劝她, 我的嘴唇都磨破了, 她～, 一句也没听进去/그녀를 위해서 입이 닳도록 충고했는데도 그녀는 오히려 전혀 듣지 않았다.

【可锻铸铁－단주철】kěduàn-zhùtiě 團〈冶〉가단 주철.

【可否－부】kěfǒu 團가부. ◇还不能决定～/아직 가부를 결정할 수 없다.

∗【可歌可泣－가가읍】kě gē kě qì〈成〉감탄이나 눈물을 자아내다. 퍽 감동적이다.

【可怪－괴】kěguài 團이상하다. 괴상하다.

∗【可观－관】kěguān 團1관이다. 볼 만하다. ◇我们这儿没有什么～的地方儿/우리 이곳에는 무슨 볼 만한 곳이 없다. 2대단하다. 굉장하다. 훌륭하다. ◇每月能挣 zhèng 一万元, 真～的数目啊/매달 만원을 벌 수 있다니 얼마나 대단한 액수인가.

∗【可贵－귀】kěguì 團귀하다. 귀중하다. 소중하다. ◇这种精神是～的/이런 정신은 매우 소중한 것이다. (同)〔珍 zhēn 贵〕, (反)〔无用 wúyòng〕

【可好－호】kěhǎo 傳(때)마침. 마침 좋은 때에.

【可恨－한】kěhèn 團밉살스럽다. 가증스럽다. ◇她明知故犯, 其～/그녀가 뻔히 알면서 일부러 그렇게 했는데 정말 가증스럽다. (同)〔可恶 wù〕, (反)〔可爱 ài〕

∗【可见－견】kějiàn …임을 알 수 있다. ◇我做的红烧鱼他一口也没吃, ～他不喜欢吃鱼/내가 만든 생선조림을 조금도 먹지 않는 걸 봐서 그가 생선조림을 좋아하지 않는다는 것을 알 수 있다.

【可见度－견도】kějiàndù 團가시도(可視度).

【可见光－견광】kějiànguāng 團〈物〉가시광선.

【可就－취】kě jiù(…하면)틀림없이. 〔就'보다 뜻이 강함〕◇他去没事儿, 我去～不好啦/그가 가면 괜찮아도 내가 가면 분명히 큰일난다.

【可卡因－가인】kěkǎyīn 團〈药〉코카인.

☆【可靠－고】kěkào 團1믿을 만하다. 신뢰할 수 있다. 미덥다. ◇据朋友介绍, 这家旅店最～/친구의 소개에 따르면 이 여관이 가장 믿을 만하다. 2확실하다. ◇他提供的信息不～/그가 제공한 정보는 확실치 못하다.

【可可－가】kěkě 團〈植〉코코아(cocoa).

【可可儿的－가아적】kěkěr·de 傳〈方〉공교롭게도.

【可口－구】kěkǒu (～儿)團맛있다. 입에 맞다. ◇这个菜你来吃, 很～儿/이 요리 좀 드셔보세요. 참 맛있어요. (同)〔好吃

【可口可乐－구구락】kěkǒu·kělè 團코카콜라.

【可兰经－란경】Kělánjīng 團〈書〉코란경. 〔이슬람교의 경전〕

【可乐－락】kělè 團콜라. ◇百事～/펩시콜라.

☆【可怜－련】kělián 1團가련하다. 불쌍하다. ◇最～的人还是老人/가장 불쌍한 사람은 그래도 노인이다. 2動동정하다. 가엾게 여기다. ◇如果你有良心的话, 就～～这个孩子吧/네가 만약 양심이 있다면 이 孩子를 좀 불쌍히 여겨 주어라. 3團(수량이나 질이) 한심하다. 초라하다. ◇我的工资少得～/나의 월급은 볼품없이 적다.

【可怜虫－련충】kěliánchóng 團〈喩〉불쌍한 인간.

【可怜见－련견】kěliánjiàn (～儿)團불쌍하다. 가엾다.

★【可能－능】kěnéng 1助動가능하다. …할 수 있다. ◇加快速度, 不仅必要而且～/속도를 가하는 것은 필요할 뿐만 아니라 가능한 것이다. 比較可能:也许 "可能"은 "不"와 결합하여 형용사 술어로 쓰이나 "也许"는 이런 용법이 없다. ◇你说她走了, 这不(×也许)可能!/당신이 그녀가 갔다고 하나 이는 있을 수 없는 일이다. 2團가능성. ◇夫妻俩矛盾 máodùn 很大, 但重新和好的～还是存在的/부부사이에 갈등은 많지만 그래도 다시 화해할 가능성은 존재한다. 3傳아마도. 확률이 높다. (…일지도 모른다). ◇今天下午很～下雨/오늘 오후에 비가 올 확률이 높다.

【可能性－능성】kěnéngxìng 團가능성.

☆【可怕－파】kěpà 團1두렵다. 무섭다. 比較可怕:怕 "怕"는 단독으로 정도보어로 잘 쓰이지 않는다. ◇这种野兽 yěshòu 长得很(×怕)～/이런 짐승은 매우 무섭게 생겼다. 2끔찍하다. 比較可怕:可怕 "怕"는 관용어로서 "事情"을 수식하지 않는다. ◇(～怕)～的事情终于发生了/끔찍한 일이 끝내 발생했다.

【可气－기】kěqì 團화나다. 성질이 나다. 부아가 치밀다.

∗∗【可巧－교】kěqiǎo 傳때마침. 공교롭게(도). ◇母亲正在念叨他, ～他就来了/어머님이 그 사람을 말하는 중에 마침 그가 왔다.

【可取－취】kěqǔ 團취할 만하다. 쓸 만하다. 가치가 있다. ◇他的意见确有～之处/그의 의견은 받아들일 만한 점이 있다.

【可人－인】kěrén〈文〉1團쓸만한 사람. 취할 바가 있는 사람. 마음에 드는 사람. 2動호감을 불러 일으키다. ◇李小姐楚楚～, 谁不喜欢她呀/이 양은 애교 만점인데 누군들 그녀를 좋아하지 않겠는가. (同)〔喜 xǐ 人〕, (反)〔恼 nǎo 人〕

K

【可身―신】kěshēn (～儿)휑〈方〉(옷 따위가) 몸에 맞다.

★【可是―시】kěshì 1젭그러나. …이나. …지만. 〔종종 앞에 '虽然'과 같은 양보를 나타내는 접속사와 호응하여 쓰임〕◇南方人都喜欢吃米饭，～他却喜欢吃馒头/남쪽 사람들은 쌀밥을 좋아하지만 그는 만두를 즐겨 먹는다. 2휑정말로. 굉장히. 〔술어를 강조함〕◇外面雨下得～不小, 等会儿再走吧/밖에 비가 정말로 많이 내리는데 좀 기다렸다 가지.

【可塑性―소성】kěsùxìng 휑1〈物〉가소성. 2〈生理〉적응성.

【可叹―탄】kětàn 휑개탄스럽다. 한탄스럽다.

【可体―체】kětǐ (同)〔可身 shēn〕

【可望而不可即―망이불가즉】kě wàng ér bù kě jí〈成〉바라볼 뿐 미치지 못하다.

【可谓―위】kěwèi〈文〉…라고 말할 수 있다. …라고 할 만하다.

∗【可恶―오】kěwù 휑얄밉다. 가증스럽다. 괘씸하다. ◇在别人背后搬弄 bānnòng 是非, ～透了/배후에서 남을 헐뜯다니 정말 가증스럽기 그지없다.

∗∗【可惜―석】kěxī 1휑섭섭하다. 아쉽다. 애석하다. 유감스럽다. ◇来北京不去长城看看, 那真是太～了/북경에 왔다가 만리장성을 가보지 못하다니 정말 아쉬운 일이다. 〔비교〕可惜:可怜 가엾게 여길 때는 "可惜"을 쓰지 않는다. ◇他们家生活很困难, 真(×可惜)可怜/그들 집의 가정형편이 너무 어려워 정말 불쌍하다. 2휑아깝게도. ◇有个机会, 很～错过了/좋은 기회였지만 아깝게도 놓치고 말았다.

【可惜了儿的―석료아적】kěxīliǎor·de (함부로 써서) 아깝다. ◇材料白白糟蹋 zāo·tà 了, 怪～/재료만 다 버리게 됐으니 정말 아깝구나.

∗【可喜―희】kěxǐ 휑기쁘다. 만족스럽다. ◇取得了～的进步/만족스럽게 발전을 이루었다.

∗∗【可笑―소】kěxiào 휑우습다. 가소롭다. ◇幼稚～/유치하고 가소롭다.

【可心―심】kě// xīn 통마음에 들다.

【可信―신】kěxìn 휑미덥다. 믿을 만하다. ◇他是个～的人/그는 믿을 만한 사람이다.

∗∗【可行―행】kěxíng 휑실행 가능하다. ◇方案切实～/방안이 확실하여 실행할 만하다.

【可也是―야시】kě yě shì〈口〉그도 그렇다. 생각해보니 그렇다. 〔상대방의 말을 생각한 후 일리가 있어 동의함을 나타낼 때 씀〕◇我知道你想跳级, 但是我看还是先把基础打好更重要 ― ～, 我听您的/나도 네가 월반을 하고 싶어 하는건 알지만 내가 보기엔 기초를 다지는 것이

더욱 중요하다. ― 그도 그렇군요. 당신 말대로 하겠어요. (同)〔倒 dào 也是〕

【可疑―의】kěyí 휑의심스럽다. 수상하다.

★【可以―이】kěyǐ 조통1…할 수 있다. 〔가능이나 능력을 표시함〕◇这个礼堂一坐两千人/이 회의장에는 2천 명이 앉을 수 있다. 2…해도 좋다. 〔허가를 표시함〕◇我～进去吗? ― ～/내가 들어가도 돼요? ― 그럼요. 3…할 가치가 있다. ◇这本小说写得很好, ～看看/이 소설은 매우 잘 써서 한번 볼 만하다. 4휑좋다. 괜찮다. ◇这个人还～/이 사람은 괜찮다. 5휑심하다. 너무하다. 지나치다. ◇主人对咱们够～了, 一日三餐, 餐餐有酒有肉/주인은 우리들에게 너무 잘해줘. 하루 세 끼에다가 끼니마다 술과 고기를 대접하고 있으니.

【可意―의】kě// yì 통마음에 들다.

【可憎―증】kězēng 휑밉살스럽다. 꺼림칙하다.

【可着―착】kě·zhe …이 허용하는 범위에서 (있는 것) 만으로. ◇～嗓子喊/목청껏 소리치다.

【轲·軻】车部 | kě
5画 | 사람이름 가
→〔轗 kǎn 轲〕⇒kē

★【渴】氵部 | kě
9画 | 목마를 갈
휑1목이 마르다. 갈증나다. ◇～了就喝水, 饿了就吃饭/갈증나면 물을 마시고 배고프면 밥을 먹는다. 2절실하다. 간절하다. ◇～念/몹시 그리워하다.

【渴慕―모】kěmù 통간절히 사모하다. 흠모하다.

【渴念―념】kěniàn 통몹시 그리워하다.

【渴求―구】kěqiú 통갈구하다.

∗∗【渴望―망】kěwàng 휑통갈망(하다). ◇～和平/평화를 갈망하다.

【渴想―상】kěxiǎng 1(同)〔渴念 niàn〕 2(同)〔渴望 wàng〕

kè

【可】一部 | 几部 | kè
5画 | 5画 | 옳을 가
⇒kě

【可汗―한】kèhán 휑칸(Khan). 〔중세기 선비(鲜卑)·돌궐(突厥)·위구르·몽고 군주(君主)의 칭호〕

★【克·剋】十部 | 几部 | kè
5画 | 5画 | 이길 극
1조통…할 수 있다. 능히 ~하다. ◇不～分身/몸을 뺄〔손을 뗄〕수 없다. 2통극복하다. 이기다. ◇以柔～刚/부드러움으로 강함을 이기다. 3통싸움에서 이기다.

◇战必～/싸우면 반드시 이긴다. **4**[동]소화하다. 소화시키다. **5**[동](기한을) 정하다. (기일을) 한정하다. **6**[양]〈度〉그램(gramme). **7**[양]〈度〉a)용량의 단위.〔티베트지역에서 쓰임. '青稞'(쌀보리) 1'克'는 약 25'斤'에 해당〕b)지적(地積)의 단위.〔티베트 지역에서 쓰임. 약 1 '市亩'에 해당〕 **8**[동](성격·궁합 따위가) 상극하다.⇒'剋(尅)'kēi

【克当量－당량】kèdāngliàng [명]〈化〉그램(gram) 당량.

【克敌制胜－적제승】kè dí zhì shèng〈成〉적을 물리쳐 승리를 거두다.

【克分子－분자】kèfēnzǐ [명]〈化〉그램분자. 몰(mol).

☆【克服－복】kèfú [동]**1**극복하다. ◇干部要～官僚 liáo 主义作风/간부들은 관료주의적 태도를 극복해야 한다. **2**참고 견디다.

【克复－복】kèfù [동]탈환하다.

【克格勃－격발】Kègébó [명]키게베(KGB). 구소련 국가보안위원회.

【克化－화】kèhuà [동]〈方〉소화하다.

【克己－기】kèjǐ [동]**1**극기하다. 사심을 억제하다. **2**〈轉〉(옛날) 싸게 팔다.〔파는 측에서 일컫는 말〕**3**절약하다. 검약하다.

【克己奉公－기봉공】kè jǐ fèng gōng〈成〉사를 버리고 공을 위하여 힘쓰다. (反)〔假公济私 jiǎ gōng jì sī〕

【克扣－구】kèkòu [동](재물을) 가로채다. 떼어 먹다. ◇绝不能～公粮/국가의 수매 곡식을 절대 가로채서는 안 된다.

【克拉－랍】kèlā [양]〈度〉캐럿(carat).

【克郎－랑】kèláng [양]크로네(독 krone).〔스웨덴·덴마크·노르웨이 등의 화폐 단위〕

【克郎球－랑구】kèlángqiú (同)〔康乐球 kānglèqiú〕

【克里姆林宫－리모림궁】Kèlǐmǔlín Gōng [명]〈地〉러시아의 모스크바 크레믈린(kremlin)궁전.

【克期－기】kèqī [동]기한을 정하다. ◇～动工/정한 날짜에 착공한다.

【克勤克俭－근극검】kè qín kè jiǎn 근검 절약하다. (反)〔大手大脚 dà shǒu dà jiǎo〕

【克日－일】kèrì [동]날짜를 한정하다.

【克食－식】kèshí [동]소화를 돕다.

【克丝钳子－사겸자】kèsīqián·zi [명]〈工〉뻰찌.

【克星－성】kèxīng [명]상극하는 대상. 적수.

【克制－제】kèzhì [명][동](감정 따위를) 억제(하다).

★【刻】刂部 6画 | kè 새길 **각**

1[동]새기다. ◇～了名/이름을 새겼다. **2**[양]옛날, 물시계로 시간을 잴 때, 하루를 '百刻'으로 나누었음. 지금은 15분(分)을 '一刻'이라 함. ◇三～钟/45분 간. **3**[명]시간. 시각. ◇立～执行/즉시 집행하다. **4**[부]깊이. 심하게. ◇我再也没有找他，但那封绝交信却～在我的脑中/나는 다시 그를 찾지 않았지만 그 절교편지는 나의 머리속에 깊이 새겨져 있었다. **5**[형]각박하다. 가혹하다. ◇苛～/가혹하다. **6**[동]기한을 엄격하게 정하다. (同)〔克 kè〕

【刻板－판】kè∥bǎn **1**[동]판목(版木)에 새기다. **2**(kèbǎn)[형]〈喩〉판에 박힌 듯하다. 융통성이 없다. ◇做事不能～照搬/일을 할 때는 융통성이 없이 남의 것을 그대로 옮기면 안 된다. (同)〔死 sǐ 板〕, (反)〔灵活 línghuó〕

【刻本－본】kèběn [명]각본.

【刻薄－박】kèbó [형](사람을 대하는 것이나 말이) 각박하다. 냉정하다. ◇待人～/사람에게 각박하게 대하다. (同)〔苛 kē 刻〕, (反)〔厚道 hòudào〕

【刻不容缓－불용완】kè bù róng huǎn〈成〉잠시도 늦출 수 없다. ◇这件事～/이 일은 조금도 늦출 수 없다.

【刻毒－독】kèdú [형](행동이나 말이) 야박하다. (反)〔仁慈 réncí〕

【刻度－도】kèdù [명](용기·기구의) 눈금.

【刻工－공】kègōng [명]문자나 무늬를 조각하기. 조각공.

【刻骨－골】kègǔ [동]**1**뼈에 사무치다. **2**깊이 가슴에 새기다. (同)〔彻 chè 骨〕, (反)〔淡薄 dànbáo〕

【刻骨铭心－골명심】kè gǔ míng xīn〈喩〉마음에 깊이 간직하다. (同)〔镂 lòu 骨铭心〕, (反)〔置于脑后 zhì yú nǎo hòu〕

【刻画－화】kèhuà [동]**1**그리다. 새기다. **2**(인물의 형상·성격 따위를) 묘사하다. 형상화하다. ◇～人微/묘사가 세심하다.

☆【刻苦－고】kèkǔ **1**[동]힘들여 하다. 몹시 애를 쓰다. ◇孩子学习很～/아이가 공부를 매우 열심히 한다. (同)〔吃 chī 苦〕[비교]刻苦:努力 최선을 다해 어떤 일을 할 때는 "刻苦"를 쓰지 않는다. ◇我们都应该(×刻苦)努力去做/우리는 마땅히 노력해서 해야 한다. **2**[형]검소하다. ◇他生活～极了，从不乱花一分钱/그는 생활이 매우 검소해서 한푼도 쓸데없이 쓰지 않는다. (反)〔奢侈 shēchǐ〕

【刻期－기】kèqī (同)〔克 kè 期〕

【刻日－일】kèrì (同)〔克 kè 日〕

【刻书－서】kèshū [동]책을 간행하다.

【刻丝－사】kèsī (同)〔缂丝〕

【刻下－하】kèxià [명]현재. 목전.

【刻写－사】kèxiě [동](비석 따위에) 글자를 새기다.

【刻意－의】kèyì [동]진력(盡力)하다. 고심

(苦心)하다.
【刻舟求劍－주구검】kè zhōu qiú jiàn 〈成〉각주구검. 융통성이 없어 사태의 변화를 모르다.
【刻字－자】kè//zì 1[동]글자를 새기다. 도장을 새기다. 2(kèzì)[명]새긴 글자.

【恪】忄部 6画 | kè 삼가할 **각**
[동]근신하다. 삼가다. ◇～守/정성을 다하여 힘써 지키다.

⁑【客】宀部 6画 | kè 손 **객**
1[명]손님. ◇家里来了两位女～人/집에 여자 손님 둘이 왔다. (反)〔主 zhǔ〕 2[명]여객. 3[동][명]외지에 기거하거나 천거(迁居)하다. 또는 그러한 사람. 4[명]상인. 행상인. 5[명](상점의) 손님. 고객. 6[명]객. 각지를 돌아다니면서 한 가지 일에 전념하는 사람. ◇政～/정객. 7[명][형]객관(적인). 8[양]〈方〉분. (음식·음료 따위의) 몫이 되는 분량. ◇一～客饭/정식 1일분.
【客帮－방】kèbāng [명]옛날, 타지방에서 온 단체 상인.
【客舱－창】kècāng [명]배나 비행기의 객실.
*【客车－차】kèchē [명]1여객 열차. 2여객 버스.
【客串－천】kèchuàn [동](배우·아마추어 연기자가 임시로 다른 극단 또는 영화에) 협연하다.
【客店－점】kèdiàn [명]여인숙. 〔규모가 작은 여관〕
【客队－대】kèduì [명]원정팀.
【客饭－반】kèfàn [명]1정식. 2(구내 식당에서) 외부 손님들에게 내놓는 접대용 식사.
【客贩－판】kèfàn [명]객상(客商).
【客房－방】kèfáng [명]객실.
⁑【客观－관】kèguān [명][형]객관(적이다). ◇～环境是不太好, 但不要过分强调它/객관적인 환경은 썩 좋지 못하지만 그렇다고 그것을 지나치게 강조해서는 안 된다. (反)〔主 zhǔ 观〕
【客官－관】kèguān [명]〈早白〉〈敬〉여관·음식점·극장에서 손님을 높여 부르는 말.
【客户－호】kèhù [명]1옛날, 지주땅을 빌어 농사 짓는 소작농. 2〈文〉기거하는 사람. 3고객. 거래선.
【客机－기】kèjī [명]여객기.
【客籍－적】kèjí [명]1거주지. 호적. (同)〔寄 jì 籍〕, (反)〔原 yuán 籍〕 2외지인.
【客家－가】Kèjiā [명]객가. 〔4세기 초(서진(西晋)말기)와 12세기 초(북송(北宋)말기)에 황하(黃河) 유역에서 점차 남방(南方)으로 이동한 한 민족. 지금은 광동(廣東)·복건(福建)·광서(廣西)·강서(江西)·호남(湖南)·대만(臺灣) 해남(海南) 등에 분포함〕
【客居－거】kèjū [동]타향살이하다.
【客流－류】kèliú [명](일정한 시각에 일정한 방향으로 가는) 승객들의 흐름.
【客轮－륜】kèlún [명]여객선.
【客满－만】kèmǎn [명][형]만원(이다).
【客票－표】kèpiào [명]승차권. (배·비행기) 탑승권.
★【客气－기】kè·qi 1[형]격식 차리다. 정중하다. ◇我们是朋友, 不用说～话/우리들은 친구 사이니 격식차린 말을 할 필요없다. (反)〔怠慢 dàimàn〕 2[형]겸손하다. ◇他太客气了/그는 너무 겸손하다. 3[동]사양하다. 어려워하다. ◇都是自己人, 还～什么/남도 아닌데 뭐 사양(어려워)할 필요가 있겠어요?
【客卿－경】kèqīng [명]〈文〉옛날 타국 출신으로 체류국의 관리가 된 사람.
☆【客人－인】kè·rén [명]1손님. (同)〔宾 bīn 客〕, (反)〔主 zhǔ 人〕 2여객. 승객. 3외지에서 상품을 구매하러 온 상인.
【客商－상】kèshāng [명]행상.
【客死－사】kèsǐ [동]〈文〉객사하다.
【客岁－세】kèsuì [명]〈文〉작년.
【客堂－당】kètáng [명]〈文〉응접실. 사랑방.
【客套－투】kètào 1[명]인사치레말. 2[동]의례적인 말을 하다. ◇他们彼此～了几句/그들은 서로 몇 마디 의례적인 말을 나눴다.
【客套话－투화】kètàohuà [명]의례적인 말. 인사치레말. '劳驾'·'借光'·'慢走'·'留步' 따위.
【客体－체】kètǐ [명](주체가 인식 또는 실천하는) 객체.
⁑【客厅－청】kètīng [명]응접실.
【客土－토】kètǔ [명]1〈農〉객토. 2〈文〉객지. 타향.
【客星－성】kèxīng [명]중국 고대에 신성(新星)이나 혜성(彗星)을 가리키던 말.
【客姓－성】kèxìng [명]동족(同族) 마을에 섞여 사는 다른 사람.
【客运－운】kèyùn [명]여객 운수 업무.
【客栈－잔】kèzhàn [명]옛날의 여관. 〔창고업이나 운수업을 겸하기도 함〕
【客座－좌】kèzuò [명]1객석. 2객원. ◇～教授/객원교수.

★【课·課】讠部 8画 | kè 구실 **과**
1[명]수업. 강의. ◇今天上午没～/오늘 오전에 수업이 없다. 2[명]수업 과목. ◇体育～/체육과목. 3[명]수업의 시간. ◇今天有两节～/오늘은 두 시간 수업이 있다. 4[양]과(課). ◇今天要讲的是第五～/오늘 강의할 것은 제5과이다. 5[명]과(課). ◇财务～/경리과. 〔조직의 업무부서〕 6[명]〈文〉

세금. 7동(세금이나 숙제 따위를) 부과하다. 8명점(占)의 일종.

★【课本－본】kèběn 명교과서.

【课表－표】kèbiǎo 명수업 시간표.

☆【课程－정】kèchéng 명(교육) 과정. 커리큘럼.

【课卷－권】kèjuàn 명(학생의) 과제물.

＊【课时－시】kèshí 명1회의 수업 시간. ◇他每周有十二～/그는 주당 12시간 수업이 있다.

【课室－실】kèshì 명교실.

＊【课堂－당】kètáng 명교실. ◇～讨论/(수업시간에 하는) 토론.

【课题－제】kètí 명과외.

【课外－외】kèwài 1명과제. 2명수업 이외의.

★【课文－문】kèwén 명교과서 중의 본문.

【课业－업】kèyè 명학업.

【课余－여】kèyú 명수업의 여가.

【课桌－탁】kèzhuō 명학생 책상.

【骒·騍】 馬部 | kè
8画 | 암말 과

【骒马－마】kèmǎ 명〈方〉암말.

【锞·錁】 钅部 | kè
8画 | 띠치장 과

명옛날, 화폐로 쓰이던 작은 금이나 은덩어리. ◇金～/금괴.

【锞子－자】kè·zi 명옛날, 화폐로 쓰이던 작은 금·은괴.

【缂·緙】 纟部 | kè
9画 | 수놓을 혁

【缂丝－사】kèsī 명〈美〉1자수(刺繡). 2자수품(刺繡品). (同)〔刻 kè 丝〕

【嗑(齠)】 口部 | kè
10画 | 입다물 합

동(이빨로) 까다. (쥐가) 쏠다. ◇～瓜子儿/씨를 까다. ⇒kē,'嗑'qiā

kēi

【剋(尅)】 刂部 | kēi
7画 | 이길 극

동1(사람을) 때리다. 싸우다. ◇挨 ái 了一顿～,鼻青脸肿 zhǒng 的/한바탕 얻어맞아 코가 시퍼렇고 얼굴이 부어올랐다. 2꾸짖다. 질책하다. ⇒kè '克'

kěn

☆【肯】 止部 | 月部 | kěn
4画 | 4画 | 즐길 긍

1명뼈에 붙어 있는 살. 2동동의하다. 따르다. ◇大家劝他休息一会儿,可是他不～/모두들 그에게 좀 쉬라고 권유했지만 그는 따르지 않았다. 3조동기꺼이 …(하

려) 하다. ◇我请他来,他怎么也不～来/나는 그를 모셔오려 하였으되, 그는 아무리 해도 오려고 하지 않는다. 비교肯:同意 "肯"은 목적절을 가질 수 없다. ◇下午的活动我不(×肯)同意他参加/오후의 활동에 그가 참가하는 것에 난 동의하지 않는다. 4조동〈方〉곧잘 …다 하다. ◇这几天～下雨/요 며칠간은 곧잘 비가 온다.

☆【肯定－정】kěndìng 1동긍정하다. 인정하다. ◇我们充分～了他的优点/우리는 그의 장점을 충분히 인정하였다. (同)〔确认 quèrèn〕,(反)〔否 fǒu 定〕2형긍정적이다. ◇～判断/긍정적인 판단. 3형틀림없다. 확실하다. ◇明天的会你到底参加不参加,最好给我一个～的回答/대뤤체 내일 회의에 참석하는지 나한테 확실한 대답을 해줬으면 좋겠다. ◇他去不去还不能～/그가 갈지 안 갈지는 아직 확실하지 않다. 4부틀림없이. ◇他～不在家/그는 틀림없이 집에 없을 것이다.

【肯干－간】kěngàn 동자발적으로 일을 하다.

【肯綮－경】kěnqìng 명〈文〉뼈와 근육이 접한 곳. 요점. 핵심. 급소. 요소.

【肯于－어】kěnyú 부〈文〉자진해서. 자발적으로.

＊【啃(齦)】 口部 | kěn
8画 | 씹을 간

동1갉아먹다. 쏠다. ◇老鼠 shǔ 把箱子～了一个洞/쥐가 상자를 갉아먹어 구멍을 하나 냈다. 비교啃:吃 쌀밥·죽같은 씹기 쉬운 음식은 "啃"을 쓰지 않는다. ◇我(×啃)吃了一碗米饭/난 쌀밥 한 그릇을 먹었다. 2(喩)(어떤 일에) 매달리다〔몰두하다〕. ◇～书本/책에 몰두하다. ⇒齦'yín

【啃青－청】kěnqīng 동〈方〉1(곡식을) 풋곡식을 먹다. 2가축이 덜 익은 곡식을 먹어 망쳐놓다.

【垦·墾】 良部 | 土部 | kěn
3画 | 6画 | 밭갈 간

동(땅을) 일구다. 개간하다. 개척하다.

【垦荒－황】kěnhuāng 동황무지를 개간하다〔개척하다〕.

【垦区－구】kěnqū 명개간 지구.

【垦殖－식】kěnzhí 동황무지를 개간하여 경작하다.

【垦种－종】kěnzhòng 동개간하여 경작하다.

【恳·懇】 良部 | 心部 | kěn
4画 | 6画 | 정성 간

1형간곡하다. ◇～求/간청하다. 2동부탁하다. 간청하다. ◇敬～/삼가 부탁드립니다.

＊【恳切－절】kěnqiè 형간절하다. 정중하다. ◇～地要求/간절히 요구하다. (同)〔诚 chéng 恳〕,(反)〔虚伪 xūwěi〕

K

【恳请－请】kěnqǐng 働간청하다.
*【恳求－구】kěnqiú 働간절히 요구하다.
【恳谈－담】kěntán 働간담하다. 정답게 얘기하다. (反)〔泛言 fànyán〕
【恳托－탁】kěntuō 간절히〔공손히〕부탁하다.
【恳挚－지】kěnzhì 働(태도나 말씨가) 성실하고 진지하다. (同)〔真 zhēn 挚〕, (反)〔虚伪 xūwěi〕

kèn

【掯】 扌部 kèn
8画 억누를 긍
働〈方〉1압박하다. 억누르다. 2어렵게 만들다. 3머금다. ◇~着泪花/눈물을 머금다.

【裉（裉）】 衤部 kèn
6画 솔기 긍
働상의(上衣)의 겨드랑이밑 솔기.

kēng

**【坑】 土部 kēng
4画 구덩이 갱
1(~儿)働구덩이. 움푹하게 패인 곳. ◇马路上到处是~，一下雨就积满了水/길바닥에 구덩이가 투성이어서 비가 오면 물이 흥건히 고인다. 2働갱도. 지하도. 3働〈文〉(사람을) 생매장하다. 구덩이에 파묻다. ◇焚书~儒/분서갱유. 4働(사람에게) 피해를 입히다. ◇做生意要讲究信誉，不能~人/장사는 신용을 지켜야지 사람에게 피해를 입혀서는 안 된다. 比喩坑:骗 사물 명사는 "坑"의 목적어로 쓰이지 않는다. ◇他想(×坑)骗我的手镯/그는 내 팔찌를 사기치려 했다. 5(Kēng)働성(姓).
【坑道－도】kēngdào 働1〈礦〉갱도. 2〈軍〉참호.
【坑害－해】kēnghài 働(사기나 나쁜 수단으로) 남에게 피해를 입히다. ◇这些假货只会~消费者/이 가짜 상품은 소비자에게 피해만 입힐 것이다. (同)〔陷 xiàn 害〕, (反)〔救援 jiùyuán〕
【坑井－정】kēngjǐng 働〈礦〉갱도와 수갱(竖坑).
【坑坑洼洼－갱와와】kēng·kengwāwā (~的)働(길 등이) 울퉁불퉁하다.
【坑木－목】kēngmù 働〈礦〉갱목.
【坑骗－편】kēngpiàn 働사람을 속여서 피해를 입히다.
【坑气－기】kēngqì 働〈化〉메탄 가스.
【坑人－인】kēng// rén 働사람을 함정〔곤경〕에 빠뜨리다.
【坑子－자】kēng·zi 働〈口〉구덩이. 웅덩이.

【吭】 口部 kēng
4画 목구멍 항
働소리를 내다. 말하다. ◇有什么需要帮忙的事儿，你就~一声/무슨 도움이 필요한 일이 있으면 한 말씀 하십시오. ⇒háng
【吭哧－적】kēng·chi 働1끙끙거리다. 2말을 더듬거리다. ◇他~了半天我也没听明白/그는 한참 말을 더듬거렸으나 나는 확실히 알아듣지 못했다. 3몹시 고생하다. 쩔쩔매다. ◇他~了几天才做完这件事/그는 며칠을 쩔쩔매면서 비로소 이 일을 끝냈다.
【吭气－기】kēng// qì (~儿)働입을 열다. 말하다.
【吭声－성】kēng/shēng (~儿)(同)〔吭气 qì〕

【硁·硜（硜）】 石部 kēng
5画 단단할 갱
【硁硁－갱】kēngkēng 〈文〉働働소견이 좁고 완고하다.

【铿·鏗】 钅部 kēng
7画 금속소리 갱
1働쟁강쟁강. 댕그랑. 땅땅. 〔금속 따위가 서로 부딪쳐서 나는 소리〕 2働땅땅. 〔거문고나 피아노 따위의 소리〕
【铿锵－장】kēngqiāng 働리드미컬한 악기의 소리. 곱고 낭랑한 음악소리.
【铿然－연】kēngrán 働〈文〉소리가 잘 울려 맑고 세찬 모양.

kōng

☆【空】 穴部 kōng
3画 하늘 공
1働(속이나 내용이) 텅비다. 없다. ◇~着手去的，什么都没带/아무것도 안 가지고 빈 손으로 갔다. ◇别尽说~话/빈말만 하지마. ◇~想/공상. 2働하늘. 공중. ◇晴~万里/끝없이 넓은 푸른 하늘. 3働부질없이. 공연히. 헛되이. 덧없이. ◇~跑了一趟，谁也没找到/한차례 헛걸음을 했을 뿐 누구도 찾지 못했다. ⇒kòng
【空包弹－포탄】kōngbāodàn 働공포탄.
【空肠－장】kōngcháng 働〈生理〉공장.
【空城计－성계】kōngchéngjì (자기의 약함을 숨겨 적을 속이는 계책) 허장 성세.
【空当子－당자】kōngdāng·zi 働〈喩〉여가. 손이 놀고 있을 때.
【空荡荡－탕탕】kōngdàngdàng (~的)働텅비다. 휑덩그렁하다. (同)〔空落 luò落〕, (反)〔满登登 mǎndēngdēng〕
【空档－당】kōngdǎng 働〈機〉뉴트럴 기어. (자동차 따위의 변속 기어의) 중립의 위치.
*【空洞－동】kōngdòng 1働〈醫〉공동. 2働내용이 없다. 공허하다. ◇~的说教/내용이

없는 설교. (同)〔空泛 fàn〕, (反)〔实际
shíjì〕 빈교空洞:空 머리속에 든 게 없
으면 "空洞"을 쓰지 않는다. ◇学了两年
汉语, 脑子里还很(×空洞)空/중국어를 2
년 배웠지만 머리속은 여전히 텅비었다.

【空乏－핍】kōngfá 웹1곤궁하다. 궁핍하
다. 2공허하고 단조롭다. ◇～的生活/공
허하고 단조로운 생활.

【空翻－번】kōngfān 웹(體)공중 제비.

【空泛－범】kōngfàn 웹공허하다. 내용이
없다.

【空腹－복】kōngfù 웹공복.

【空谷足音－곡족음】kōng gǔ zú yīn 〈成〉
적이 드문 산골짜기에서 듣는 사람 발소
리. 듣기 어려운 소식.

【空喊－함】kōnghǎn 통말로만 떠들다.
〔실제 행동으로는 옮기지 않다〕(同)〔空
嚷 rǎng〕, (反)〔实干 gàn〕

【空耗－모】kōnghào 통헛되이 소모하다.

＊【空话－화】kōnghuà 통공염불. 공론. 빈
말. ◇说～解决不了实际问题/빈말을 해
서는 실제로 문제를 해결할 수 없다.

【空怀－회】kōnghuái 웹〈牧〉암놈이 새끼
를 배지 못하다.

【空幻－환】kōnghuàn 웹가공. 환상.

【空际－제】kōngjì 웹하늘(가).

【空寂－적】kōngjì 웹넓고 적막하다.

【空架子－가자】kōngjià·zi 〈문장이나 조
직 따위가〉 겉만 화려하고 속은 텅빔.
◇他的文章只是个～/그의 글은 내용이 없다.

＊【空间－간】kōngjiān 웹공간. ◇宇宙～站/
우주정류장.

【空间图形－간도형】kōngjiān túxíng 웹
〈數〉공간 도형.

【空降－강】kōngjiàng 통〈軍〉(사람·무기·
물자 따위를) 낙하산으로 떨어뜨리다.
공수(空輸)하다.

＊【空军－군】kōngjūn 웹〈軍〉공군.

【空空如也－공여야】kōngkōng rú yě 〈成〉
텅 비어 아무 것도 없다. ◇他嘴上说得好
听, 可肚子里一/그는 입으로는 듣기 좋
은 말만 하고 있지만 머리속은 텅비어 있
다. (同)〔空空洞 dòng 洞〕, (反)〔满满当
当 mǎn·man dāng dāng〕

【空口－구】kōngkǒu 1안주를 안 먹고 술
만 마시거나 안주만 먹는다. 2입에 발린
말. ◇别～说, 得 děi 실际干/입에 발린
말을 하지 말고 실제로 해야지.

【空口说白话－구설백화】kōng kǒu shuō
bái huà 입에 발린 말만 하고 실행하지
않다.

【空口无凭－구무빙】kōng kǒu wú píng
〈成〉근거없는 허튼 소리. (同)〔口说 shuō
无凭〕, (反)〔立此存照 lì cǐ cún zhào〕

【空旷－광】kōngkuàng 웹〈方〉광활하다.
넓디 넓다. (同)〔空阔 kuò〕, (反)〔狭窄
xiázhǎi〕

【空阔－활】kōngkuò 웹훤하고 넓다.

【空廓－곽】kōngkuò 웹널찍하다.

【空灵－령】kōnglíng 웹변화 무쌍하다. 시
문(詩文)이 생동적으로 쓰여 진부하지
않다. ◇这～的妙景难以描绘/이 변화무
쌍한 절경은 그려내기가 어렵다.

【空论－론】kōnglùn 웹공론.

【空落落－락락】kōngluòluò (～的)웹텅 비
어 쓸쓸하다.

【空门－문】kōngmén 웹불교. 불문.

【空濛－몽】kōngméng 웹〈文〉(안개비 따
위가 내려) 희미하다. 뿌옇다.

【空名－명】kōngmíng 웹공명. 허명.

★【空气－기】kōngqì 웹1공기. 빈교空气:气
温 "空气"는 "高(높다)"를 술어로 삼지
않는다. ◇今年的(×空气)气温比去年高/
올해의 기온은 작년보다 높다. 2(～儿)
분위기. ◇学习～浓厚/공부하는 분위기
가 넘치다.

☆【空前－전】kōngqián 웹공전의. 전대 미문
(前代未聞)의. ◇～的发展/전대미문의 발전.

【空前绝后－전절후】kōng qián jué hòu
〈成〉전무후무(前無後無)하다. (反)〔屡见
不鲜 lǚ jiàn bù xiān〕

【空前未有－전미유】kōng qián wèi yǒu
(同)〔前所 suǒ 未有〕, (反)〔屡见不鲜 lǚ
jiàn bù xiān〕

【空勤－근】kōngqín 웹(항공 부문의) 기
상(機上)근무. (反)〔地 dì 勤〕

【空身－신】kōngshēn (～儿)웹맨몸. 홀몸.
부양자가 없는 사람.

【空驶－사】kōngshǐ 통빈 차로 달리다.

【空手－수】kōngshǒu (～儿)웹맨손. 맨주
먹. ◇～起家/맨주먹으로 사업을 일으키다.

【空疏－소】kōngshū 웹〈文〉공소하다.

【空谈－담】kōngtán 1통입으로만 말하다.
2웹공론. 헛소리. (同)〔侈 chǐ 谈〕, (反)
〔务实 wùshí〕

＊【空调－조】kōngtiáo 웹공기 조절. 냉난방.

【空头－두】kōngtóu 웹1차금매매(差金賣
買)의. 2유명무실의. ◇～人情/말 뿐인
신세. (反)〔多 duō 头〕

【空头支票－두지표】kōngtóu zhīpiào 웹1
〈經〉공수표. 2〈喩〉현실성이 없는 약속.
◇你别能开～/현실성없는 약속을 마구
하지 마.

【空投－투】kōngtóu 통(비행기에서) 공중
투하하다.

【空文－문】kōngwén 웹1쓸데없는 글. 2실
효가 없는 조항이나 규정.

【空袭－습】kōngxí 웹통공습(하다).

K

*【空想-상】kōngxiǎng 명(통)공상(하다).
*【空心-심】kōng// xīn 명속이 빔. (반)〔实 shí 心〕◇大白菜空了心了/배추가 속이 비었다.
【空心菜-심채】kōngxīncài (同)〔蕹 wèng 菜〕
【空心砖-심전】kōngxīnzhuān 명〈建〉공동(空洞) 벽돌.
*【空虚-허】kōngxū 명공허하다. 텅 비다. ◇精神～/정신이 공허하다. (반)〔实在 shízài〕
【空穴来风-혈래풍】kōng xuè lái fēng〈成〉틈이 있어야 바람이 들어온다. 아니 땐 굴뚝에 연기 나랴?
【空运-운】kōngyùn 명(통)공수(空输)(하다).
【空战-전】kōngzhàn 명〈軍〉공중전.
*【空中-중】kōngzhōng 명1공중. 2무선 통신(의). (同)〔高 gāo 空〕, (반)〔地面 dìmiàn〕
【空中楼阁-중루각】kōng zhōng lóu gé〈成〉1신기루. 2근거없는 이론 또는 현실과 동떨어진 환상.
【空中小姐-중소저】kōngzhōng xiǎojiě 명(여객기의) 여승무원. (略)空姐.
【空钟-종】kōng·zhōng 명죽방울.
【空竹-죽】kōngzhú (同)〔空钟 zhong〕
【空转-전】kōngzhuàn 명(통)〈機〉공회전(하다).

【空】亻部│kōng
8画│분별모를 공
【倥侗-동】kōngtōng 형〈文〉무지 몽매하다.

【崆】山部│kōng
8画│산이름 공
【崆峒-동】Kōngtóng 명〈地〉1공동산.〔감숙(甘肃)에 있음〕2산동성(山東省)에 있는 섬 이름.

【箜】竹部│kōng
8画│공후 공
【箜篌-후】kōnghóu 명〈音〉공후. 옛날 현악기의 하나.

kǒng

☆【孔】子部│kǒng
1画│구멍 공
1명구멍. ◇鼻～/콧구멍. (비교)孔:洞 인체 또는 옷에 구멍이 난 것에는 "孔"을 쓰지 않는다. ◇衣服让火烧了一个很大的(×孔)洞/옷이 불에 타서 큰 구멍이 하나 생겼다. 2명〈方〉동굴 따위를 세는 데 쓰임. ◇一～土窟 kū/한 개의 토굴. 3(Kǒng)명(성(姓).
【孔道-도】kǒngdào 명요로(要路).
【孔洞-동】kǒngdòng 명구멍.〔흔히 기물에 인공적으로 뚫은 것〕
【孔方兄-방형】kǒngfāngxiōng 명엽전.〔옛날 동전에 네모난 구멍이 있었던 데서 유래됨〕
【孔径-경】kǒngjìng 명구경(口徑). 구멍의 직경.
【孔孟之道-맹지도】Kǒng Mèng zhī dào 공자와 맹자의 사상. 유가의 학설.
【孔庙-묘】kǒngmiào 명공자묘.
【孔明灯-명등】kǒngmíngdēng 명종이로 만든 열기구.〔제갈공명이 만들었다 함〕
*【孔雀-작】kǒngquè 명〈鳥〉공작.
【孔隙-극】kǒngxì 명1구멍. 틈새. 2겨를.
【孔穴-혈】kǒngxué 명틈. 구멍.
【孔眼-안】kǒngyǎn 명작은 구멍.

【恐】心部│kǒng
6画│두려워할 공
1통무서워하다. ◇惊～/놀라 무서워하다. 2통겁나게 하다. 3부아마. ◇他不出席～有原因/그가 참석하지 않은 데는 아마 원인이 있을 것이다.
**【恐怖-포】kǒngbù 명공포. 테러.
【恐吓-하】kǒnghè 통위협하다.
【恐慌-황】kǒnghuāng 형떨릴 만큼 무섭다〔笃定 dǔdìng〕
*【恐惧-구】kǒngjù 통무서워하다. ◇～不安/두려워 불안해하다.
【恐龙-룡】kǒnglóng 명〈動〉공룡.
☆【恐怕-파】kǒngpà 부1(나쁜 결과를 예상해서) 아마 …일 것이다. …일까 걱정하다. ◇糖吃多了～对身体不好/설탕을 많이 먹으면 신체에 해로울까 걱정한다. (비교)恐怕:害怕 "恐怕"는 동사가 아니며 두려움을 나타낼 때에는 쓰지 않는다. ◇我(×恐怕)害怕他/난 그를 두려워한다. 2부대체로. 대략. ◇这座大楼～有三十层高/이 빌딩은 대략 30층 높이가 될 것이다.

kòng

**【空】穴部│kòng
3画│빌 공
1통비우다. (시간 따위를) 내다. ◇东边那两间房子先～着/동쪽방 두 칸을 먼저 비워 둬라. ◇～出时间去吃饭/시간을 내서 밥 먹으러 간다. 2형(집·토지 따위가) 비다. 비어 있다. ◇～椅子/빈 걸상. 3(～儿)명틈. 짬. 겨를. ◇这几天我很忙, 连吃饭的～儿也没有/요 며칠 나는 너무 바빠서 밥먹을 틈마저 없다. (비교)空:时间 "空"은 단지 "抽"·"有"·"没有" 등 소수 몇개 동사의 목적어로만 가능하다. ◇请你不要占用他的(×空儿)时间/그의 시간을 빼앗아가지 마세요. 4(同)〔控 kòng 3, 4〕⇒kōng

*【空白-백】kòngbái 图공백. 여백. ◇填～
/공백에 써넣다.
【空白点-백점】kòngbáidiǎn 图미개척 분야.
【空当-당】kòngdāng (～儿)图〈口〉1빈틈.
틈(새). 2짬. 틈. ◇趁 chèn 这～, 你去看
一下/이 틈을 타서 네가 가서 좀 봐라.
【空地-지】kòngdì (～儿)图공지. 빈터.
【空额-액】kòng'é 图부족액. 결원.
【空缺-결】kòngquē 图1빈 자리. ◇这有个
副教授～/여기 아직 부교수의 빈 자리가
있다. 2부족액.
☆【空儿-아】kòngr 图1틈. 짬. 2〈俗〉기회.
*【空隙-극】kòngxì 图1틈. 간격. 2겨를. 짬.
【空暇-가】kòngxiá (同)〔空闲 xián 3〕
【空闲-한】kòngxián 1图한가하다. ◇等他～
下来再跟他说/그가 한가해지면 다시 말하
지. 2图여가. 짬. 틈. (同)〔闲暇 xiá〕, (反)
〔忙时 mángshí〕3图비어 있다. 비어 있다.
【空心-심】kòngxīn (～儿)图빈속. 공복.
【空子-자】kòng·zi 图1빈 자리. (빈) 틈.
틈새. ◇找了个～往里挤/틈새를 찾아 안
으로 비집고 들어갔다. 2겨를. 틈. 3기회.

【控】扌部 8画 당길 **控**
1图고소하다. 고발하다. ◇指～/고발하
다. 2图제어하다. 통제하다. ◇遥～/원격
조정(하다). 3图(몸 또는 그 일부를 허
공에) 축 늘어뜨리다. ◇腿都～肿了/다
리를 오랫동안 내리고 있어서 부어올랐
다. 4图(용기 따위를) 거꾸로 들고 쏟다.
거꾸로 세우다. ◇把瓶里的油～干净/병
속의 기름을 거꾸로 세워 싹 쏟았다.
【控告-고】kònggào 〈法〉图图고소(하다).
기소(하다). 고발(하다).
*【控诉-소】kòngsù 图고발[고소]하다.
☆【控制-제】kòngzhì 图图제어(하다). 통제
(하다). ◇～通货膨胀/인플레이션을 통제하다. (反)〔摆脱 bǎituō〕
【控制器-제기】kòngzhìqì 图〈機〉제동기.
제어기.

kōu

*【抠·摳】扌部 4画 더듬을 **抠**
1图(손가락이나 가는 막대기 끝으로) 파
내다. 후벼내다. ◇把缝里的豆粒～出来/
틈새에 있는 콩알을 후벼내다. 2图(무늬
를) 새기다. 조각하다. 3图(쓸데없이)
파고들다. 4图인색하다.
【抠门儿-문아】kōuménr 图〈方〉인색하다.
【抠搜-수】kōu·sou〈口〉1图〔抠 1〕2图
인색하다. 3图꾸물거리다.
【抠唆-사】kōu·suo (同)〔抠搜 sou〕

【抠字眼儿-자안아】kōu zìyǎnr 글자 한자
한자를 음미하다. 말꼬리를 잡다.

【眍·瞘】目部 4画 눈들어갈 **眍**
图(눈이) 움푹 들어가다. ◇她病了一场,
眼睛都～进去了/그 여자는 한차례 앓았더
니, 눈이 움푹 들어갔다.
【眍䁖-루】kōu·lou 图눈이 움푹 들어가다.

kǒu

【口】口部 0画 입 **口**
1图입.〔嘴〕라고도 함〕2图요리나 반찬
의 맛.〔짠맛의 정도〕3图식솔. ◇把家带
～/식솔을 이끌다. 4(～儿)图(용기 따위
의) 주둥이. 아가리. ◇井～/우물의 테두
리. 5(～儿)图출입구. ◇村东~有一棵大
树/마을 동쪽어구에 큰 나무 한 그루가
있다. 6图만리장성의 관문.〔주로 지명에
쓰임〕7(～儿)图(베인) 상처. 째진 자
리. 터진 곳. ◇伤～/상처. 8图관련되는
부분이나 계통을 통틀어 말할 때 쓰임.
◇财贸/재무부문. 9图(칼·도끼·가위
등의) 날. 10图(말·노새 등의)나이.〔이
빨의 숫자로 알 수 있음〕11图(～儿)식
구.〔사람을 셀 때 쓰임〕◇这村庄有三百
多～人/이 마을에는 3백 여명의 인구가
산다. 比교口:个 "人"을 제외한 명사에
는 모두 "口"를 양사로 쓰지 않는다. ◇
我们班有十二(×口)个学生/우리 반에는
12명의 학생이 있다. 12图마리. 모금. 마
디. 자루. ◇一～猪/돼지 한 마리. ◇吃
一～/한입 먹다. ◇一～刀/칼 한 자루.
*【口岸-안】kǒu'àn 图항구. ◇通商～/통상항.
【口碑-비】kǒubēi 图1구전(口傳). 2〈喩〉
사람들의 입에 오르내리는 칭찬의 말.
【口北-북】Kǒuběi 图만리장성 이북지방.
【口才-재】kǒucái 图말재간.
【口沉-침】kǒuchén 图〈方〉(요리의 맛이)
짜다. 텁텁하다.
【口称-칭】kǒuchēng 图말로 하다. ◇他～
支持我, 背地里却说我坏话/그는 말로는
나를 지지한다 하지만 뒷전에서는 날 헐
뜯고 있다.
【口吃-흘】kǒuchī 1图말을 더듬다. 2图말
더듬이. (同)〔结巴 jiē·ba〕
【口齿-치】kǒuchǐ 图1말. 말재주. 2(말할
때의) 발음. 3가축의 나이.
【口臭-취】kǒuchòu 图구취.
【口传-전】kǒuchuán 1图말로써 전수하다.
2图구전. 구비.
【口疮-창】kǒuchuāng 图〈醫〉구창.〔'口
炎'·'口角炎'의 통칭〕

【口袋一대】kǒu·dɑi 명 1호주머니. ◇～无钱，寸步难行/주머니에 돈이 없으면 어디에도 어렵다. 2부대. 자루.

【口风一풍】kǒu·feng 명말 속에 나타나는 뜻. 말투.

【口服一복】kǒufú 명 1말로만 승락하다. 2(약을) 내복하다.

【口福一복】kǒufú 명먹을 복.

【口腹一복】kǒufù 명〈喩〉음식. ◇不贪 tān ～/음식에 욕심내지 않다.

【口赋一부】kǒufù 명옛날 인두세의 속칭.

【口供一공】kǒugòng 명(범인이나 용의자 따위의) 자백. 진술.

☆【口号一호】kǒuhào 명 1구호. 슬로건. 2구호. 구령.

【口红一홍】kǒuhóng 명립스틱.

【口惠一혜】kǒuhuì 명입에 바른 혜택. (反)〔实 shí 惠〕

【口技一지】kǒujì 명성대 모사.

【口碱一감】kǒujiǎn 명〈方〉서북지구에서 생산되는 소다 석회.

【口角一각】kǒujiǎo 명입가. 입아귀. ⇒kǒujué

【口紧一긴】kǒujǐn 명말에 신중하다. 입이 무겁다. ◇小张～得很/장군은 입이 무척 무겁다.

【口径一경】kǒujìng 명 1구경. 2(요구하는) 규격. 성능. 조건. 3〈喩〉견해. 원칙.

【口诀一결】kǒujué 명사물의 내용이나 요점을 암기하기 쉽게 정리한 어구.

【口角一각】kǒujué 명통말다툼(하다). 언쟁(하다). ⇒kǒujiǎo

【口口声声一구성성】kǒu·koushēngshēng 명말끝마다. 입만 뻥끗하면. ◇老三～要跟妈妈去/셋째는 말끝마다 엄마를 따라 가겠다고 한다.

【口粮一량】kǒuliáng 명인원수대로 지급하는 식량.

【口令一령】kǒulìng 명 1구령. 호령. 2군대의 암호.

【口马一마】kǒumǎ 명'口北'산(産)의 말.

【口蜜腹剑一밀복검】kǒu mì fù jiàn〈成〉말은 좋게 하지만 속으로는 남을 해칠 생각을 하다. (同)〔笑里藏刀 xiào lǐ cáng dāo〕，(反)〔佛口佛心 fó kǒu fó xīn〕

【口蘑一마】kǒumó 명버섯의 일종.

＊＊【口气一기】kǒu·qì 명 1입심. 어세. ◇年龄不大，～可不小/나이는 많지 않으나 입심은 정말 세다. 2말투. ◇听老师的～只有一小部分同学能考上大学/선생님의 말투로 보아서는 소수의 학생들만이 대학에 붙을 수 있다. 3어조. ◇～非常严肃/어조가 매우 엄숙하다. 비교口气:口音:话 ① 사람의 발음에는 "口气"를 쓰지 않는다.

◇听你的(×口气)口音就知道你是北京人/당신의 발음만 들어도 당신이 북경사람인지 알 수 있다. ②"口气"는 "实现"을 술어로 쓰지 않는다. ◇经过大家的努力，终于实现了厂长对大家说的(×口气)话/모두가 노력한 끝에 결국 공장장이 모두에게 한 말이 실현되었다.

＊【口腔一강】kǒuqiāng 명〈生理〉구강.

【口琴一금】kǒuqín 명〈音〉하모니카.

【口轻一경】kǒuqīng 명 1(맛이) 담백하다. ◇爸爸喜欢吃～的/아버지는 담백한 요리를 좋아한다. 2형싱거운 맛을 좋아한다. 3형(말이나 노새 등이) 어리다.

【口若悬河一약현하】kǒu ruò xuán hé〈成〉말이 청산 유수같다. (同)〔滔滔不绝 tāo tāo bù jué〕，(反)〔张口结舌 zhāng kǒu jié shé〕

【口哨儿一초아】kǒushàor 명휘파람.

【口舌一설】kǒushé 통(남의 일을) 이러쿵 저러쿵 말하다.

【口舌一설】kǒushé 명 1(오해로 일어난) 말다툼. 입씨름. 2(교섭·설득하는) 말. 입심. ◇我费了不少一才说服了他/나는 적잖은 말을 해서 간신히 그를 설득했다.

【口实一실】kǒushí 명〈文〉구실. 평계.

＊＊【口试一식】kǒushì 명구술 시험. 구두 시험. (反)〔笔 bǐ 试〕

【口是心非一시심비】kǒu shì xīn fēi〈成〉말과 마음이 다르다. 겉 다르고 속 다르다. 표리부동하다. (同)〔心口不 bù 一 yī〕，(反)〔心口如 rú 一〕

【口授一수】kǒushòu 통 1(지식·기술 등을) 말로 전수하다. 2구술하여 받아쓰게 하다.

【口述一술】kǒushù 통구술(하다).

【口水一수】kǒushuǐ 명 1군침. 2침.

【口算一산】kǒusuàn (同)〔口赋 fù〕

【口谈一담】kǒután 통구술하다.

【口条一조】kǒu·tiáo 명(요리용) 돼지나 소의 혓바닥.

＊＊【口头一두】kǒutóu 명구두. ◇光～承认错误不行，还要写出书面检查/입으로만 잘못을 시인해서는 안되고 반성문을 써야 한다. (反)〔书面 shūmiàn〕

【口头一두】kǒu·tou 명〈方〉(과일 따위의) 맛.

【口头禅一두선】kǒutóuchán 명〈佛〉구두선. 입버릇처럼 뇌까리는 말.

【口头文学一두문학】kǒutóu wénxué 명구전 문학.

【口头语一두어】kǒutóuyǔ (～儿)명입버릇.

【口外一외】Kǒuwài 명〈地〉만리 장성의 이북 지방.

【口腕一완】kǒuwàn 명〈動〉촉수(觸手).

【口味一미】kǒuwèi 명 1맛. ◇那菜～不错/그 요리의 맛이 괜찮은데. 2입맛. ◇那餐

厅的菜不对我的～/그 식당의 요리는 내
입맛에 안 맞다.

【口吻一문】kǒuwěn 圆1〈動〉(물고기나 개
따위의) 주둥이 부분. 2말투. ◇教训人的
～/훈계하는 말투.

【口香糖一향당】kǒuxiāngtáng 圆츄잉껌.

【口小一소】kǒuxiǎo (同)〔口轻 qīng 3〕

【口信一신】kǒuxìn (～儿)圆전갈.

【口形一형】kǒuxíng 圆〈言〉(발음할 때의)
두 입술 모양.

【口型一형】kǒuxíng 圆(말하거나 발음할
때의) 입모양.

【口血未干一혈미간】kǒu xuè wèi gān 〈成〉
입술에 묻은 맹세의 피가 마르기도 전에
맹세를 어기다.

【口译一역】kǒuyì 圆통역(하다). (反)
〔笔 bǐ 译〕

【口音一음】kǒuyīn 〈言〉(구강을 통해서
나오는) 구음. 〔비음 및 비음화음을 제외
한 것〕

【口音一음】kǒu·yin 圆1발음. 음성. 말소
리. 2사투리. ◇有～/사투리가 섞여 있다.

★【口语一어】kǒuyǔ 圆1구어. (反)〔书面 shū
miàn 语〕2〈方〉훼방하는 말.

【口占一점】kǒuzhàn 圆즉흥적으로 시를
지어 읊다.

【口罩一조】kǒuzhào (～儿)圆마스크.

【口重一중】kǒuzhòng 圆1(요리의 맛이) 진
하다. 짜다. 2圆맵고 짠 음식을 좋아하다.

【口诛笔伐一주필벌】kǒu zhū bǐ fá 〈成〉말
과 글로 남의 죄상을 비난하다.

【口子一자】kǒu·zi 1圆명. ◇两～/두 사람.
부부 두 사람. 2圆관소(關所). 3(물건
의) 흠. 깨어진〔갈라진〕 곳. 상처.

kòu

【叩(¹敂)】 口部 kòu
2画 두드릴 고

圆1두드리다. 노크하다. ◇～门/문을 두
드리다. 2머리를 땅에 대고 절하다. 3
〈文〉묻다.

【叩拜一배】kòubài 圆머리를 조아려 절하다.

【叩打一타】kòudǎ 圆두드리다. ◇小徐在～
房门/서군은 방문을 두드리고 있다.

【叩阍一혼】kòuhūn 圆〈文〉조정에 직소하다.

【叩见一견】kòujiàn 圆〈文〉면회를 청하다.
만나뵙다.

【叩首一수】kòu// shǒu (同)〔叩头 tóu〕

【叩头一두】kòu// tóu 圆머리를 조아리어
절하다.

【叩谢一사】kòuxiè 圆머리를 조아리며 사
례하다.

【叩诊一진】kòuzhěn 圆圆〈醫〉타진(打診)

(하다).

☆【扣(⁷釦)】 扌部 kòu
3画 두드릴 구

1圆(자물쇠·단추 따위를) 채우다. 걸다.
◇他睡觉从来没～过门/그는 잠을 잘 때
문을 잠근 적이 없다. 〔비교〕扣:关 창문은
"扣"를 술어로 쓰지 않는다. ◇我把窗户
(×扣)关上了/난 창문을 닫았다. 2圆(사
발 따위를) 뒤집어 놓다. 엎어 놓다. ◇碟
子上～一个碗/접시 위에 사발을 엎어놓았
다. 3圆덮다. 가리다. 씌우다. ◇～帽子/
모자를 씌우다(죄명을 덮어 씌우다). 4圆
구류하다. 압류하다. ◇拘留所里～着二十
多个犯人/구치소 안에는 20여 명의 죄수
가 구류되어 있다. 5圆떼내다. 빼다. 감
하다. ◇上个月～过他的奖金/전번달에
그의 보너스를 지불하지 않았다. 6圆두
드리다. 치다. 내리치다. ◇～球/불을 내
리치다. 7(～儿)圆매듭. 8圆나사산(螺絲
山). 9圓타래. 뭉치. 〔실이나 서류 따위
의 뭉치를 세는 말〕10(～儿)圆단추.

【扣除一제】kòuchú 圆공제하다. 빼다.

【扣发一발】kòufā 圆1(돈의 지급 따위를) 보
류하다. 2(공문·원고의 발송을) 보류하
다. ◇～新闻稿/뉴스원고를 보류시키다.

【扣留一류】kòuliú 圆억류하다. 차압하다.

【扣帽子一모자】kòu mào·zi (죄를) 덮어
씌우다. 전가하다.

【扣人心弦一인심현】kòu rén xīnxián 〈成〉
(시문 따위가) 사람의 심금을 울리다.
(同)〔动 dòng 人心弦〕, (反)〔索然无味
suǒ rán wú wèi〕

【扣肉一육】kòuròu 圆고기점.

【扣头一두】kòu·tou 圆할인(액).

【扣压一압】kòuyā 圆(서류·의견 등) 민원
을 접수해도 처리하지 않다.

【扣押一압】kòuyā 圆1구금하다. 2차압하
다. 압수하다.

【扣眼儿一안아】kòuyǎnr 圆단추구멍.

【扣子一자】kòu·zi 圆1매듭. 2단추. 3(소설
따위의) 클라이맥스.

【筘(箆)】 竹部 kòu
6画 바디 구

圆〈紡〉바디. 〔베틀에 딸린 기구의 하나〕

【寇】 宀部 kòu
8画 떼도둑 구

1圆강도. 침략자. ◇～仇/원수. 2圆(적
이) 침략하다. ◇人～/침입하다. 3(Kò
u)圆성(姓).

【蔻】 艹部 kòu
11画 두구씨 구

【蔻丹一단】kòudān 圆매니큐어.

【蔻蔻一구】kòukòu 圆코코아(cocoa). (同)
〔可 kě 可〕

kū

⁑【枯】 木部 5画 | kū 마를 **고**

1[동](꽃·잎 따위가) 시들다. (우물·강 등이) 마르다. ◇几天没浇水，花全～死了/며칠동안 물을 주지 않아 꽃이 모두 말라 죽었다. ◇海～石烂不变心/오랜 세월이 지나도 마음을 변치 않았다. **2**[형](근육이나 피부가) 마르다. 여위다. ◇～瘦的手/깡마른 손. **3**[형]멍하다. 우두커니 있다. ◇～坐/우두커니 앉아 있다. **4**[명]〈方〉기름을 짜낸 깨 등의 찌꺼기. ◇麻～/깻묵.

【枯肠－장】kūcháng [명]〈文〉〈喩〉문재가 빈약하여 글이 잘 써지지 않음.

【枯干－간】kūgān [형]바싹 메말라 있다.

【枯槁－고】kūgǎo **1**[동](초목이) 바싹 시들다. (同)〔干 gān 枯〕, (反)〔滋润 zīrùn〕 **2**[형]〈轉〉(얼굴이) 초췌하다. 파리하다.

【枯骨－골】kūgǔ [명]〈文〉해골.

【枯黄－황】kūhuáng [동](초목이) 시들어서 누렇게 되다. (反)〔滋润 zīrùn〕

【枯寂－적】kūjì [형]단조롭고 적막하다. (反)〔热闹 rènào〕

【枯竭－갈】kūjié [동]고갈되다. ◇水源～/수자원이 고갈된다. ◇精力～/정력이 고갈된다. (同)〔干 gān 枯〕, (反)〔充沛 chōngpèi〕

【枯井－정】kūjǐng [명]마른 우물.

【枯木－목】kūmù [명]고목. 마른 나무.

【枯木逢春－목봉춘】kū mù féng chūn 〈成〉마른나무가 봄을 만나다. 쇠잔한 기력을 회복할 기회를 만나다.

【枯荣－영】kūróng [명]〈文〉성쇠.

【枯涩－삽】kūsè [형]재미가 없고 딱딱하다. ◇文字～/글이 재미없고 난삽하다. (反)〔流畅 liúchàng〕

【枯瘦－수】kūshòu [형]몹시 여위다. (同)〔干 gān 瘦〕, (反)〔丰满 fēngmǎn〕

【枯水－수】kūshuǐ [명]갈수(渴水).

【枯水期－수기】kūshuǐqī [명]갈수기.

【枯萎－위】kūwěi [동](꽃·잎이) 시들다.

【枯朽－후】kūxiǔ [동]말라 썩다.

*【枯燥－조】kūzào [형]**1**바싹 마르다. **2**〈轉〉무미 건조하다. ◇生活～/생활이 무미건조하다. (同)〔乏味 fáwèi〕, (反)〔有趣 yǒuqù〕

【骷】 骨部 5画 | kū 해골 **고**

【骷髅－루】kūlóu [명]해골.

★【哭】 犬部 6画 | 口部 7画 | kū 울 **곡**

[동](소리내어) 울다. (同)〔啼 tí〕, (反)〔笑 xiào〕 ◇他手捧奖杯，激动得～了/그는 우승컵을 손으로 안고 감격해서 울었다.

【哭鼻子－비자】kū bí·zi 코멘 소리로 울다.

【哭哭啼啼－곡제제】kū·kutítí [형]하염없이 훌쩍거리는 모양. (反)〔嘻 xī 嘻哈 hā 哈〕

【哭泣－읍】kūqì [동]흐느껴 울다.

【哭穷－궁】kū∥qióng [동]말로 궁한 티를 내다. ◇她老是向我～/그녀는 맨날 나에게 궁한 티를 낸다. (反)〔摆阔 bǎikuò〕

【哭丧棒－상봉】kūsāngbàng [명]장례식에서 상주가 짚는 지팡이.

【哭丧着脸－상착검】kū·sang·zheliǎn 울상을 짓다. (反)〔喜眉笑颜 xǐ méi xiào yán〕

【哭诉－소】kūsù [동]울며 하소연하다.

【哭天抹泪－천말루】kū tiān mǒ lèi 〈成〉울며 불며 야단이다.

【哭笑不得－소불득】kū xiào bù dé 〈成〉울수도 웃을 수도 없다. ◇他被我们说得～/그는 우리의 말에 울 수도 웃을 수도 없었다.

【窟】 穴部 8画 | kū 굴 **굴**

[명]**1**동굴. ◇狡兔三～/약은 토끼는 굴이 세 개다. 현명한 자는 빠질 길을 미리 마련해 놓는다. **2**소굴. ◇贫民～/빈민굴.

⁑【窟窿－룡】kū·long [명]**1**굴. 구멍. ◇鞋底磨了个大～/신발 밑창이 닳아서 큰 구멍이 났다. **2**〈喩〉손실. 결손. ◇这几年因为孩子生病，经济上拉下了～/요 몇년 동안 애가 병이 나서 경제적으로 손실이 났다. **3**허점. 차질. ◇堵 dǔ 住税收工作中的～/세무징수사업상의 차질을 막다.

【窟窿眼儿－룡안아】kū·longyǎnr [명]작은 구멍.

【窟穴－혈】kūxué [명]동굴. 소굴. 아지트.

【窟宅－택】kūzhái [명]소굴. 〔주로 도적들의 근거지를 가리킴〕

【䂮】 口部 9画 | kū 마을 **고**

【䂮嗱－락】kūlüè [명]몽고어로서 울타리 안의 목초지. 지금은 대부분 부락 이름으로 쓰임.

kǔ

★【苦】 艹部 5画 | kǔ 괴로울 **고**

1[형]쓰다. ◇这种药太～了，孩子吃不了/이 약은 너무 써서 아이가 먹을 수 없다. (反)〔甜 tián〕, 〔甘 gān〕 **2**[형]고생스럽다. 괴롭다. ◇山区的生活虽然～，但能锻炼人的意志/산골 생활이 비록 고생스럽지만 사람의 의지를 단련할 수 있다. [비교]苦:

悲痛 정신적인 비참함과 고통은 "苦"를 술어로 쓰이지 않는다. ◇得到母亲去世的消息, 我很(×苦)悲痛/어머니가 돌아가셨다는 소식을 듣고 난 참 비통했다. 3〈동〉고생시키다. ◇一家五口都依着他养活, 可~了他了/다섯 식구 모두가 그를 의지해 살고 있기 때문에 정말 그를 고생시켰다. 4〈동〉…에 고생하다. …을 타다. ◇~夏/여름을 타다. 5〈동〉힘을 다해. 끈기있게. ◇面对着发怒的丈夫, 她~~地哀求/그녀는 화가 난 남편을 마주보며 끈기있게 애원했다. 6〈方〉〈형〉많이 떨어져나가다. 손실이 너무 크다. ◇指甲 zhǐjia 剪得太~/손톱을 너무 바투 깎았다.

【苦熬-오】 kǔ'áo 〈동〉고통을 참다.
【苦差-차】 kǔchāi 〈명〉고된 임무.
【苦楚-초】 kǔchǔ 〈명〉고초. (경제적인) 고통. (同)〔痛 tòng 苦〕, (反)〔幸福 xìngfú〕
【苦处-처】 kǔ·chu 〈명〉고통스러운 일.
【苦胆-담】 kǔdǎn 〈명〉〈俗〉담낭(膽囊).
【苦迭打-질타】 kǔdiédǎ 〈명〉쿠데타.
【苦工-공】 kǔgōng 〈명〉1힘든 노동. 2힘든 노동에 종사하는 노동자.
【苦功-공】 kǔgōng 〈명〉각별한 노력. ◇非下~不可/웬만한 노력으로는 어림도 없다.
【苦瓜-과】 kǔguā 〈植〉여지.
【苦果-과】 kǔguǒ 〈명〉고생한 보람.
【苦寒-한】 kǔhán 〈명〉혹한. 매서운 추위.
【苦活儿-활아】 kǔhuór 〈명〉힘들고 벌이가 나쁜 일.
【苦尽甘来-진감래】 kǔ jìn gān lái 고생끝에 낙이 온다.
【苦境-경】 kǔjìng 〈명〉역경. (同)〔惨 cǎn 境〕, (反)〔佳 jiā 境〕
【苦口-구】 kǔkǒu 〈명〉1거듭 간곡하게 권하는 모양. ◇~相劝/거듭 간곡하게 만류하다. 2입에 쓰다. ◇良药~/좋은 약은 입에 쓰다.
【苦力-력】 kǔlì 〈명〉쿨리(cooly). 중노동에 종사하는 노역 노동자.
【苦闷-민】 kǔmèn 〈동〉고민하다. (同)〔沉 chén 闷〕, (反)〔舒畅 shūchàng〕
【苦命-명】 kǔmìng 〈명〉불운. (同)〔薄 báo 命〕, (反)〔福气 fúqi〕
＊【苦难-난】 kǔnàn 〈명〉고난.
＊【苦恼-뇌】 kǔnǎo 〈동〉고뇌하다. 고민하다. ◇为此事他~了好几天/이 일로 해서 그는 며칠 고민했다. (同)〔烦 fán 恼〕, (反)〔畅快 chàngkuài〕
【苦肉计-육계】 kǔròujì 〈명〉고육지책.
【苦涩-삽】 kǔsè 〈형〉1(맛이) 씁쓸하고 떫다. ◇他~地笑了笑/그는 씁쓸하게 웃었다. (反)〔甘美 gānměi〕 2(마음속으로) 괴롭다.

【苦水-수】 kǔshuǐ 〈명〉1마실 수 없는 물. (反)〔甜水 tiánshuǐ〕 2위에서 올라오는 쓴물. 3〈轉〉(이전에 겪은) 괴로움. 고통.
【苦思-사】 kǔsī 〈동〉고심하다.
【苦思冥想-사명상】 kǔ sī míng xiǎng 〈成〉깊이 생각하다. (同)〔冥思苦想〕, (反)〔无所用心 wú suǒ yòng xīn〕
【苦痛-통】 kǔtòng 〈명〉고통.
【苦头-두】 kǔtóu (~儿)〈명〉쓴맛.
【苦头-두】 kǔ·tou 〈명〉고난. ◇他吃尽了~/그는 온갖 고난을 다 겪었다.
【苦夏-하】 kǔxià 〈동〉여름을 타다.
【苦笑-소】 kǔxiào 〈명〉〈동〉쓴웃음(을 짓다).
【苦心-심】 kǔxīn 〈명〉고심(하다).
【苦心孤诣-심고예】 kǔ xīn gū yì 〈成〉심혈을 기울여 연구하여 타의 추종을 불허하는 성과를 올리다.
【苦刑-형】 kǔxíng 〈명〉잔인한 형벌. 혹형.
【苦行-행】 kǔxíng 〈명〉〈宗〉고행.
【苦于-어】 kǔyú 〈형〉1(…로) 괴로워하다. ◇~力不从心/힘이 모자라 괴롭다. 2(…보다) 더 고생스럽다.
【苦雨-우】 kǔyǔ 〈명〉지겹게 내리는 비. 장마. (同)〔淫 yín 雨〕, (反)〔喜 xǐ 雨〕
【苦战-전】 kǔzhàn 〈명〉악전 고투하다.
【苦衷-충】 kǔzhōng 〈명〉고충. 애로사항.
【苦主-주】 kǔzhǔ 〈명〉(살인 사건의) 피해자 또는 그 가족.

kù

＊【库·庫】 广部 | kù
4画 | 곳집 고
〈명〉1창고. 곳간. ◇水~/저수지. 댐. ◇入~/입고하다. 2(Kù)성(姓). 3(Kù)쿨롱의 약칭.
【库藏-장】 kùcáng 〈동〉창고에 저장하다.
＊【库存-존】 kùcún 〈명〉재고. 잔고. ◇清点~/재고를 자세히 조사하다.
【库缎-단】 kùduàn 〈명〉고급비단.
＊【库房-방】 kùfáng 〈명〉창고. 저장실.
【库锦-금】 kùjǐn 〈명〉금실·은실·물들인 털실 등으로 무늬를 넣어 짠 비단.
【库仑-륜】 kùlún 〈양〉〈物〉쿨롱.
【库仑计-륜계】 kùlúnjì 〈명〉〈物〉쿨롱 미터. 전량계.
【库伦-륜】 kùlún (同)〔啰喻 kūlüè〕
【库券-권】 kùquàn 〈명〉〈略〉'国 guó 库券'의 준말. 국고 채권.
【库容-용】 kùróng 〈명〉1(댐의) 저수량. 2(창고의) 저장량.
【库藏-장】 kùzàng 〈명〉〈文〉창고.
【裤·褲】 衤部 | kù
7画 | 바지 고

囤바지. ◇短~/반바지. ◇毛~/털 내복 바지.

【裤衩－차】kùchǎ (～儿)囤반바지. 팬티.
【裤裆－당】kùdāng 囤바짓가랑이.
【裤兜－두】kùdōu (～儿)囤바지주머니.
【裤管－관】kùguǎn (同)〔裤腿 tuǐ〕
【裤脚－각】kùjiǎo 囤1(～儿)바지의 단. 2 (同)〔裤腿 tuǐ〕
【裤头－두】kùtóu (～儿)囤〈方〉바지.
【裤腿－퇴】kùtuǐ (～儿)囤바짓가랑이. 바지통.
【裤线－선】kùxiàn 囤양복 바지의 다림질 한 금.
【裤腰－요】kùyāo 囤바지의 허리통.
*【裤子－자】kù·zi 囤바지. ◇一条~/바지 한 벌.

【袴】衤部 kù
　　6画 바지 고
　(同)〔裤 kù〕

【喾·嚳】口部 Kù
　　9画 사람이름 곡
　囤전설상의 고대 제왕 이름.

【酷】酉部 kù
　　7画 혹독할 혹
　1행잔인하다. 포학하다. ◇残 cán~/잔 인하다. 2튀몹시. 심히.
【酷爱－애】kù'ài 튕열애하다. 몹시 사랑하 다. ◇~音乐/음악을 몹시 사랑한다. (同)〔热 rè 爱〕, (反)〔痛恨 tònghèn〕
【酷吏－리】kùlì 囤〈文〉가혹한 관리.
【酷烈－렬】kùliè 행〈文〉1잔인하다. 매우 심하다. 2(향기가) 매우 짙다. 3작열하 다. ◇~的阳光/작열하는 햇볕.
【酷虐－학】kùnüè 행〈文〉몹시 잔학하다.
【酷热－열】kùrè 1행혹서. 2행(날씨가) 아 주 덥다. (同)〔火 huǒ 热〕, (反)〔酷寒 hán〕
【酷暑－서】kùshǔ 행살인 더위. 혹서. 2 행더위가 심하다. (同)〔炎 yán 暑〕, (反) 〔严冬 yándōng〕
【酷似－사】kùsì 튕몹시 닮다. 아주 흡사하 다. (同)〔绝 jué 似〕, (反)〔貌 mào 似〕
【酷肖－소】kùxiào (同)〔酷似 sì〕
【酷刑－형】kùxíng 囤혹형. 가혹한 형벌.

kuā

【夸·誇】大部 kuā
　　3画 큰체할 과
　1튕과장하다. 허풍치다. ◇她把一点小事 ~得比天还大/그녀는 사소한 일을 터무 니 없이 과장한다. 2튕칭찬하다. ◇人人 都~他劳动好, 学习好/사람들마다 모두 그 가 일 잘하고 공부를 잘 한다고 칭찬한다.
【夸大－대】kuādà 튕과대하다. 과장하다.

【夸大其词－대기사】kuā dà qí cí 〈成〉허풍 을 치다. (同)〔过 guò 甚 shèn 其词〕, (反)〔恰如其分 qià rú qí fēn〕
【夸诞－탄】kuādàn 행〈成〉과장하여 믿을 수 없다.
【夸父追日－부추일】Kuā fù zhuī rì 〈成〉 자신의 분수를 모르고 무모하게 덤비다. 결심은 대단하나 역부족이다.
【夸海口－해구】kuā hǎikǒu 큰소리 치다. ◇少~多实践/큰 소리 그만 치고 많이 실천하도록 해라.
*【夸奖－장】kuājiǎng 튕칭찬하다. ◇~自 己的学生/자기 제자를 칭찬하다. (同) 〔称赞 chēngzàn〕, (反)〔批评 pīpíng〕
【夸克－극】kuākè 囤〈物〉쿼크(quark).
【夸口－구】kuā//kǒu 튕허풍을 떨다. (同) 〔夸嘴 zuǐ〕, (反)〔谦虚 qiānxū〕
【夸夸其谈－과기담】kuā kuā qí tán 〈成〉 호언 장담하다. (同)〔寡言少语 guǎ yán shǎo yǔ〕
【夸示－시】kuāshì 튕과시하다.
【夸饰－식】kuāshì 튕과장하여 묘사하다.
【夸耀－요】kuāyào 튕보란듯이 자랑하다. ◇他从不在别人面前~自己/그는 여지껏 남 앞에서 자기 자랑을 하지 않았다.
【夸赞－찬】kuāzàn 튕과찬하다. 격찬하다.
【夸张－장】kuāzhāng 1튕과장하다. (同) 〔夸大 dà〕, (反)〔缩小 suōxiǎo〕 2囤 〈言〉과장법.
【夸嘴－취】kuā//zuǐ 튕허풍을 떨다.

kuǎ

【侉(咵)】亻部 kuǎ
　　6画 자랑 과
　행〈方〉1(억양·발음 따위가) 부정확하다. 2투박스럽게 크다. 실하게 크다. ◇这个 箱子太~了, 携带 xiédài 不方便/이 상자 는 너무 커서 휴대하기가 불편하다.
【侉子－자】kuǎ·zi 囤촌뜨기. 타고장 사투 리 쓰는 사람.

【垮】土部 kuǎ
　　6画 무너질 과
　튕붕괴하다. 무너지다. ◇一下子~了四, 五个工厂/한꺼번에 너댓 개의 공장이 부 도가 났다. (同)〔负 fù〕, (反)〔胜 shèng〕 비교垮:坏 기물이 파손된 것에는 "垮"를 쓰지 않는다. ◇教室的桌子(× 垮)坏了四张/교실의 책상이 네 개가 망 가졌다.
【垮台－대】kuǎ//tái 튕무너지다. 실패하 다. ◇那个独裁 dúcái 政权~了/그 독재 정권은 무너졌다. (同)〔倒 dǎo 台〕, (反) 〔上 shàng 台〕

K

kuà

*【挎】 扌部 | kuà
6画 | 팔에걸 **과**, 찰 **과**
〈動〉1 팔짱을 끼다. ◇一对青年男女～着胳膊 gē·bo 在湖边散步/젊은 남녀 한 쌍이 팔짱을 끼고 호숫가에서 산책하고 있다. 2 어깨〔목〕에 메다. 허리에 차다. ◇他腰里～着两支枪/그는 허리에 총 두 자루를 차고 있다.
【挎包－포】 kuàbāo (～儿)〈名〉어깨에 매는 가방이나 자루. 군용 더블백.
【挎斗－두】 kuàdǒu (～儿)〈名〉오토바이나 측면에 부착되어 있는 상자 모양의 좌석.

【胯】 月部 | kuà
6画 | 사타구니 **과**
〈名〉사타구니.
【胯裆－당】 kuàdāng 〈名〉바지의 살.
【胯骨－골】 kuàgǔ 〈名〉〈生理〉무명골. 무명뼈.

☆【跨】 足部 | kuà
6画 | 넘을 **과**
1〈動〉(가랑이를 벌리고) 뛰어넘다. 큰 걸음으로 걷다. 활보하다. ◇仪仗队～着正步接受检阅/의장대는 바른 걸음으로 걸어나가면서 사열을 받았다. 〔比較〕跨:越 차량에는 "跨"의 주어로 쓰지 않는다. ◇摩托车(×跨)越过障碍 zhàng'ài, 向前急驶/오토바이는 장애물을 건너 뛰어 앞을 향해 질주했다. 2〈動〉두 다리를 벌리고 서다〔앉다〕. ◇～在马上/말 위에 올라타다. 3〈動〉(수량·시간·공간 등 한계를) 벗어나다. 초월하다. ◇～世纪/세기를 뛰어넘다. ◇～国公司/다국적 기업. 4〈動〉옆에 붙은. 옆 부근의. ◇～间/옆에 붙은 칸.
【跨国公司－국공사】 kuàguó gōngsī 〈經〉다국적 기업.
【跨过－과】 kuàguò 〈動〉뛰어넘다. ◇这么宽的沟 gōu, 你跨得过去吗?/너 이렇게 넓은 도랑을 뛰어넘을 수 있니?
【跨栏－란】 kuà/lán 1〈動〉허들경기를 하다. 2(kuàlán)〈體〉허들 레이스.
【跨年度－년도】 kuà niándù 〔임무·계획·예산 따위가) 해를 넘기다. 두 해에 걸치다.
【跨院儿－원아】 kuàyuànr 〈名〉중국식 가옥에서 안채 옆에 있는 마당.
【跨越－월】 kuàyuè 〈動〉(지역이나 시기를) 뛰어넘다. ◇～障碍/장애를 뛰어넘다.

kuǎi

【扤·攋】 扌部 | kuǎi
13画 | 긁을 **회**, 뜰 **회**
1〈動〉〈方〉(손톱으로) 긁다. ◇～痒痒/가려

운 데를 긁다. 2〈動〉〈方〉(팔·어깨 따위에) 걸다. 걸치다. ◇～着小竹篮/작은 대바구니를 팔에 걸고 있다. (同)〔挎 kuà〕 3〈動〉〈方〉푸다. ◇从桶里～一碗水/물통에서 물을 한 사발 뜨다.

【蒯】 艹部 | kuǎi
11画 | 기령풀 **괴**
〈名〉1〈植〉황모(黄茅). 2(kuǎi)성(姓).

kuài

【会·會】 人部 | kuài
4画 | 모을 **회**
〈名〉〈動〉통계(하다). 합계(하다). ⇒huì
*【会计－계】 kuàijì 1〈動〉회계를 보다. 2〈名〉회계원.
【会计师－계사】 kuàijìshī 〈名〉〈經〉(공인)회계사.

【侩·儈】 亻部 | kuài
6画 | 거간 **쾌**
〈名〉옛날의 중간 상인. 거간꾼.

【脍·膾】 月部 | kuài
6画 | 회칠 **회**
〈文〉1〈名〉얇게 썬 고기. 생선회. 2〈動〉(고기·생선살을) 얇게 썰다.
【脍炙人口－자인구】 kuài zhì rén kǒu 〈成〉인구(人口)에 회자하다. 사람들에게 잘 알려져 있다.

【鲙·鱠】 鱼部 | kuài
6画 | 회 **회**
【鲙鱼－어】 kuàiyú 〈名〉〈魚介〉준치. (同)〔快 kuài 鱼〕

★【快】 忄部 | kuài
4画 | 빠를 **쾌**
1〈形〉(속도가) 빠르다. ◇进步很～/발전이 매우 빠르다. ◇他写汉字写得很～/그는 중국 글자를 빨리 쓴다. (反)〔慢 màn〕 2〈名〉속도. ◇这车能跑多～?/이 차는 얼마나 속도를 낼 수 있나? 3〈副〉빨리. 어서. 얼른. ◇～去看看, 游泳池下午开不开/수영장이 오후에 여는지 어서 가서 봐. 4〈副〉곧〔머지않아〕(…하다). 〔문말에 '了'와 호응함〕 ◇天～亮了/날이 곧 밝아진다. ◇这学期～结束了/이번 학기도 곧 끝난다. ◇我来了～两年了/내가 온 지 곧 2년이다. ◇春节～到了/곧 설이 다가온다. 5〈形〉영특하다. 기민하다. 총명하다. ◇他脑子～/그는 영특하다. 6〈形〉(연장 따위가) 날카롭다. 잘 들다. ◇这把刀很～/이 칼은 날카롭다. (反)〔钝 dùn〕 7〈形〉(성격 따위가) 시원스럽다. 솔직하다. ◇～人～语/성격이 시원한 사람이 말을 시원스럽게 한다. (同)〔爽 shuǎng 快〕 8〈形〉유쾌하다. 즐겁다. 편안하다. ◇～感/쾌감. 9〈名〉

K

〈文〉포졸.

【快板－판아】kuàibǎnr 캐스터네츠처럼 생긴 대나무 판으로 압운에 맞추면서 대사와 노래로 엮어나가는 전통 만담.

【快报－보】kuàibào 圆기관[단체] 자체의 소형의 속보용 신문[벽신문].

【快步－보】kuàibù 圆빠른 걸음. ◇～流星/빨리[성큼성큼] 걷다. (同)〔疾jí 步〕, (反)〔慢màn 步〕

∗∗【快餐－찬】kuàicān 圆(햄버거나 도시락 등의) 간단한 식사·스낵. 즉석 요리. ◇今天中午我们决定吃～/오늘 점심 우리는 가벼운 식사를 하기로 했다.

【快车－차】kuàichē 圆급행열차나 버스. (反)〔慢màn 车〕

【快当－당】kuài·dang 圈민첩하다. 신속하다.

【快刀－도】kuàidāo 圆잘 드는 칼.

【快刀斩乱麻－도참란마】kuài dāo zhǎn luàn má 〈成〉헝클어진 삼을 잘 드는 칼로 자르다. 복잡한 문제를 명쾌하게 처리하다.

【快感－감】kuàigǎn 圆쾌감. 상쾌한 느낌.

∗∗【快活－활】kuài·huo 圈기분 좋다. 즐겁다. ◇老人和儿孙们在一起过得很～/노인과 아들 손자들이 함께 즐겁게 지냈다.

【快件－건】kuàijiàn 圆(遞)1(철도 화물의) 속달편. 2속달우편.

【快捷－첩】kuàijié 圈재빠르다. 민첩하다.

【快乐－락】kuàilè 圈즐겁다. 유쾌하다. ◇祝您生日～/생일을 축하합니다. ◇假日过得很～/휴일을 즐겁게 보냈다. ◇小鸟在树上～地歌唱/새가 나무에서 즐거이 노래를 부른다. (同)〔快活 huó〕, (反)〔气恼 qìnǎo〕

【快马加鞭－마가편】kuài mǎ jiā biān 〈成〉준마에 채찍질하다. 박차를 가하다. ◇祝你～, 更上一层楼/당신이 더욱 박차를 가하여 더 높은 경지에 이르기 바랍니다. (反)〔老牛破车 lǎo niú pò chē〕

【快慢－만】kuàimàn 圆빠르기 속도.

【快门－문】kuàimén 圆(撮)(사진기의) 셔터.

【快人快语－인쾌어】kuài rén kuài yǔ 〈成〉사람도 호쾌하거니와 말도 시원시원하다.

【快事－사】kuàishì 圆쾌사. 통쾌한 일. (反)〔恨 hèn 事〕

【快手－수】kuàishǒu (～儿)圆일을 기민하게 처리하는 사람.

【快书－서】kuàishū 圆구리판이나 대쪽 리듬악기로 박자를 맞추면서 압운된 대사로 빠르게 엮어나가는 중국 전통만담.

∗【快速－속】kuàisù 圈쾌속의. 속도가 빠르다. ◇～进攻/빠른 속도로 공격하다. (反)〔慢màn 速〕

【快艇－정】kuàitǐng 圆1쾌속정. 모터보트.

2요트.

【快慰－위】kuàiwèi 圈기쁘고 마음에 위안이 된다. ◇听到你的近况, 甚感～/당신의 근황을 듣고 무척 기쁘고 위안이 되었다.

【快信－신】kuàixìn 圆(遞)속달 우편. 빠른 우편.

【快性－성】kuài·xing 圈(성격이) 시원시원하다. 소탈하다. ◇他是个～人/그는 소탈한 성격의 소유자다.

【快婿－서】kuàixù 圆〈文〉좋은 사위.

【快要－요】kuàiyào 圓이제 곧 …하다. ◇新年～到了/새해가 곧 다가온다. ◇酒～喝完了, 再去拿些来/술을 다 마셔가니 가서 좀 더 가져와라. (同)〔就 jiù 要〕

【快意－의】kuàiyì 圆마음이 확 트이고 편하다.

【快嘴－취】kuàizuǐ 圆입이 가벼운 사람.

★【块·塊】土部 kuài 4画 흙덩이 괴

1(～儿)圆덩어리. 조각. ◇糖～儿/설탕 덩어리. 2圓덩어리. 조각. 장.〔덩어리 또는 조각 모양의 물건을 헤아리는 데 씀〕◇一～玻璃/유리 한 장. ◇二～手表/손목시계 두 개. ◇一～肥皂 zào/비누 하나. ◇一～毛巾/수건 한 장. 3圓〈口〉중국의 화폐 단위.〔'圆 元'(원)에 해당함〕◇五～钱/5원.

【块儿八毛－아팔모】kuài·er-bāmáo 〈喩〉1원(元)이 채 못되는 돈.

【块根－근】kuàigēn 圆덩이뿌리.

【块规－규】kuàiguī 圆〈機〉블록 게이지.

【块茎－경】kuàijīng 圆덩이 줄기.

【块垒－루】kuàilěi 圆〈文〉〈喩〉(마음속에 쌓인) 불평 불만.

【块儿－아】kuàir 圆1(方)곳. 장소. 2키.

【块头－두】kuàitóu 圆몸집. 덩치.

【筷】竹部 kuài 7画 젓가락 쾌

圆젓가락.

【筷子－자】kuài·zi 圆젓가락. ◇一双～/젓가락 한 벌.

kuān

☆【宽·寬】宀部 kuān 7画 너그러울 관

1圈(폭·범위·면적·한도 따위가) 넓다. ◇村头有一条很～的公路/마을 동쪽으로 큰 도로 하나가 있다. 비교宽:多: 大 ①수량에는 "宽"을 쓰지 않는다. ◇我学到了很(×宽)多知识/나는 많은 지식을 배웠다. ②"度量"은 "宽"으로 형용하지 않는다. ◇他的度量很(×宽)大/그의 도량은 크다. 2圓폭. 너비. ◇这间屋子长五

米, ～三米/이 방은 길이가 5미터, 너비가 3미터이다. **3**형늦추다. 이완시키다. ◇～期/기한을 늦추다. ◇～心/마음이 놓인다. **4**형느긋하다. ◇～心一体胖/마음이 느긋하면 몸에 살이 붙는다. ◇对他处理得怎么这样～/그에게 왜 이렇게 관대하게 처리했나요? **5**넉넉하다. 풍족하다. ◇手头～了不要忘记节约/형편이 넉넉해질 하더라도 절약을 잊어서는 안 된다. **6**(Kuān)명성(姓).

*【宽敞一창】kuān·chang 형넓다. 널찍하다. ◇这间屋子很～/이 방은 매우 넓다. (同)〔轩 xuān 敞〕, (反)〔狭窄 xiázhǎi〕

【宽畅一창】kuānchàng 형(마음이) 상쾌하다. 시원하다.

【宽绰一작】kuān·chuo 형**1**널찍하다. **2**(가슴이) 확 트이다. ◇听了他的话, 心里～多了/그의 말을 듣고 가슴이 확 트였다. **3**(생활이) 풍족하다.

【宽打窄用一타착용】kuān dǎ zhǎi yòng 〈成〉계획을 여유있게 잡아놓고 실행면에서는 절약하며 사용하다.

*【宽大一대】kuāndà **1**형(면적이나 용적 따위가) 크다. 넓다. ◇找一个～一点儿的操场/좀 넓은 운동장을 찾다. (同)〔宽阔 kuò〕, (反)〔狭窄 xiázhǎi〕 **2**형자상하다. 너그럽다. ◇心怀～/마음이 너그럽다. **3**동관대하게 취급하다. ◇要～俘虏 fúlǔ/포로를 관대하게 대해야 한다. (同)〔宽饶 ráo〕, (反)〔严惩 yánchéng〕

【宽待一대】kuāndài 동관대하게 대하다. (同)〔厚 hòu 待〕, (反)〔亏 kuī 待〕

【宽贷一대】kuāndài 동너그러이 용서하다.

【宽度一도】kuāndù 폭. 너비.

【宽泛一범】kuānfàn 형(의미가) 광범위하다.

*【宽广一광】kuānguǎng 형(면적·범위가) 넓다. ◇～的田野/광활한 들판. (同)〔宽宏 hóng〕, (反)〔狭窄 xiázhǎi〕

【宽和一화】kuānhé 형너그럽고 온화하다.

【宽宏一굉】kuānhóng 형(도량이) 크다. (反)〔狭隘 xiá'ài〕

【宽宏大量一굉대량】kuānhóng dàliàng 〈成〉도량이 넓고 크다. (同)〔豁达大度 huòdá dà dù〕, (反)〔鼠肚鸡肠 shǔ dù jī cháng〕

【宽厚一후】kuānhòu 형**1**넓고 두텁다. **2**(사람에게) 너그럽고 융숭하다. ◇他待人～/그는 사람에게 너그럽고 후하게 대한다. (同)〔厚道 dào〕, (反)〔尖刻 jiānkè〕 **3**(소리가) 우렁차다.

【宽假一가】kuānjiǎ 동〈文〉관용하다.

【宽解一해】kuānjiě 동마음을 가라앉히다.

【宽旷一광】kuānkuàng 형광활하다. (同)〔空 kōng 旷〕, (反)〔狭窄 xiázhǎi〕

∗∗【宽阔一활】kuānkuò 형**1**(강·도로 따위의) 폭이 넓다. ◇～的马路/넓은 거리. (同)〔宽广 guǎng〕, (反)〔狭窄 xiázhǎi〕 **2**(사고가) 열려 있다. 트이다. ◇思路～/사고의 폭이 넓다. 비교宽阔:辽阔 "宽阔"은 구체적인 대상인 "场地", "房屋", "江河", "道路"과 사람 등에 쓰이지만, "天空"에 쓰이지 않는다. ◇(×宽阔)辽阔的天空中, 飞着几只大雁/끝없이 넓은 하늘에 기러기 몇 마리가 날고 있다.

【宽让一양】kuānràng 동참고 양보하다.

【宽饶一요】kuānráo (同)〔宽恕 shù〕

【宽容一용】kuānróng 동관용하다. (同)〔宽让 ràng〕, (反)〔计较 jìjiào〕

【宽舒一서】kuānshū 형**1**(마음이) 편안하고 시원하다. (同)〔舒畅 chàng〕, (反)〔担心 dānxīn〕 **2**넓고 평평하다.

【宽恕一서】kuānshù 동너그러이 봐주다. (同)〔宽宥 yòu〕, (反)〔惩罚 chéngfá〕

【宽松一송】kuānsōng **1**형붐비지 않다. ◇车厢里不～/버스 안이 붐비고 있다. **2**동(마음이) 풀리다. ◇听了我的话, 他心里～了/내 말을 듣고 그는 마음이 풀렸다. **3**동이완시키다. ◇～一下紧张的情绪/스트레스를 좀 풀자. **4**형(마음이) 편안하다. ◇～的环境/마음이 편안한 환경. **5**형여유있다. ◇生意好, 他手头～了/장사가 잘돼서 그는 여유가 생겼다. **6**형(옷이) 너르다.

【宽慰一위】kuānwèi 동위로하다. (同)〔安ān 慰〕, (反)〔烦 fán 心〕

【宽限一한】kuān/xiàn 동기한을 늦추다.

【宽心一심】kuān/xīn 동마음을 편히 먹다. (同)〔宽舒 shū〕, (反)〔担 dān 心〕

【宽心丸儿一심환아】kuānxīnwánr 명〈喩〉위로의 말.

【宽衣一의】kuān/yī 동〈敬〉옷을 벗다. 〔상대에게 권하는 말로 경어임〕

【宽银幕一은막】kuānyínmù 명와이드 스크린.

【宽宥一유】kuānyòu (同)〔宽恕 shù〕

【宽余一여】kuānyú 형**1**마음이 넓고 활달하다. **2**(同)〔宽裕 yù〕

【宽裕一유】kuānyù 형풍족하다. 시간이 있다. ◇我今天时间很～/난 오늘 시간이 많다. (同)〔宽舒 shū〕, (反)〔紧迫 jǐnpò〕

【宽窄一착】kuānzhǎi 명너비. 폭.

【宽展一전】kuānzhǎn 형〈方〉**1**후련하다. **2**(장소가) 널찍하다. **3**여유가 있다.

【宽纵一종】kuānzòng 동방임하다.

【髋·髖】骨部 kuān
10画 엉덩이 관

【髋骨一골】kuāngǔ 명〈生理〉관골. 궁둥이 뼈.

K

K

kuǎn

☆【款(欵)】欠部 | kuǎn
8画 | 정성스러울 관
1형정성스럽다. 2동대접하다. 환대하다.
3명(법령·규정·조약 따위의) 조항. 조목. ◇条~/조항. 조목. 4명돈. 금액. ◇现~/현금. ◇公~/공금. 5명(~儿)(글씨나 그림 따위에 써 넣는) 낙관. 서명. 6명양식. ◇新~式/새로운 양식. 7명종류. 가지. ◇两~风衣/두 종류의 파카. ◇五~点心/다섯 가지 과자. 8형〈文〉느리다. 9동〈文〉두드리다. ◇~门/문을 두드리다.
【款步—보】kuǎnbù 통천천히 걷다. (同)〔慢 màn 步〕, (反)〔快 kuài 步〕
**【款待—대】kuǎndài 통환대하다. ◇~客人/손님을 환대하다.
【款额—액】kuǎn'é 명(경비 등의) 금액.
【款留—류】kuǎnliú 통(손님을) 성의껏 붙들다.
【款洽—흡】kuǎnqià 형화기애애하다.
【款曲—곡】kuǎnqū 〈文〉1통친절하게 대하다. ◇他不善于~/그는 사람에게 친절하게 대할 줄 모른다. 2명진실한 마음.
【款式—식】kuǎnshì 명양식. 디자인.
【款项—항】kuǎnxiàng 명1비용. 경비. 대금.〔주로 기관·단체 등에서 취급하는 액수가 큰 돈을 말함〕2(법령·규칙·조약 따위의) 조항.
【款识—식】kuǎnzhì 명1종鍾(鼎)·따위에 새겨진 요철 문자. 2서신이나 편지 위에 찍은 낙관.
【款子—자】kuǎn·zi 명금액. 경비. 돈.

kuāng

【匡】匚部 | kuāng
4画 | 바로잡을 광
1통〈文〉바로 잡다. 2통〈文〉구하다. 도와주다. 3통〈文〉대충 계산하다. 4(Kuāng)명성(姓).
【匡救—구】kuāngjiù 통바로잡아 바른 길로 돌아오게 하다.
【匡谬—류】kuāngmiù 통잘못을 시정하다.
【匡算—산】kuāngsuàn 통대충 계산하다.
【匡正—정】kuāngzhèng 통바로 잡다. ◇~时弊/현재의 사회병폐를 바로 잡다.
【匡助—조】kuāngzhù 통돕다. 보좌하다.

【诓·誆】讠部 | kuāng
6画 | 속일 광
통속이다. 기만하다.
【诓骗—편】kuāngpiàn 통(거짓말로) 속이다.

【哐】口部 | kuāng
6画 | 부딪치는 소리 광
의쾅. 쾅. 〔부딪쳐서 나는 소리〕
【哐啷—랑】kuānglāng 의쾅당. 콰당. 〔물건이 부딪치는 소리나 문닫는 소리〕 ◇~的一声, 脸盆掉在了地上/"콰당" 소리와 함께 세수대야가 바닥에 떨어졌다. (同)〔哐当 dāng〕

**【筐】竹部 | kuāng
6画 | 광주리 광
(~儿)명대나 버드나무 가지를 엮어 만든 광주리. ◇编竹~儿/대광주리를 엮다.
【筐子—자】kuāng·zi 명(비교적 작은 크기의) 광주리. 바구니.

kuáng

**【狂】犭部 | kuáng
4画 | 미칠 광
1통미치다. 미쳐 날뛰다. ◇发~/발광하다. 2형격렬하다. 맹렬하다. ◇一群马在草原上~奔着/한 무리 말들이 초원에서 맹렬하게 뛰고 있다. 3형기본 내키는 대로. 제멋대로.〔주로 즐거운 때에 쓰임〕4형오만 방자하다. ◇别人意见他一点都听不进去, 真是太~了/그는 남의 의견은 하나도 받아들이지 않으니 정말 오만방자하다.
【狂暴—폭】kuángbào 형난폭하다. ◇性情~/성격이 난폭하다.
【狂奔—분】kuángbēn 통광분하다.
【狂飙—표】kuángbiāo 명거센 폭풍. 맹렬한 시대 흐름이나 힘.
【狂草—초】kuángcǎo 명초서의 하나.
【狂放—방】kuángfàng 형제멋대로이다. 방자하게 굴다.
【狂吠—폐】kuángfèi 통1(개가) 미친 듯이 짖다. 2미친 듯이 악을 쓰다.
**【狂风—풍】kuángfēng 명광풍. ◇~暴雨持续了一个小时/사나운 폭풍우가 1시간 동안 계속됐다. (同)〔暴 bào 风〕, (反)〔微 wēi 风〕
【狂欢—환】kuánghuān 통미친 듯이 기뻐하다.
【狂澜—란】kuánglán 명세찬 파도. 격동하는 정세.
【狂怒—노】kuángnù 형통격분(하다). ◇听了小李的话, 他~不已/이군의 말을 듣고 그는 계속 격분했다. (反)〔狂喜 xǐ〕
【狂气—기】kuáng·qi 명오만한 태도나 말투.
【狂犬病—견병】kuángquǎnbìng 명〈醫〉견병.
【狂热—열】kuángrè 형열광적이다. ◇~的信徒/열광적인 신자. ◇~的足球迷/열광적인 축구광. (反)〔冷静 lěngjìng〕

【狂人－인】kuángrén 圐1광인. 미치광이. 2매우 오만한 사람.

*【狂妄－망】kuángwàng 圀방자하고 오만하다. ◇态度～/태도가 방자하고 오만하다.

【狂喜－희】kuángxǐ 통미친 듯이 기뻐하다. (反)〔狂怒 nù〕

【狂想曲－상곡】kuángxiǎngqǔ 圐〈音〉광상곡.

【狂笑－소】kuángxiào 통미친 듯이 웃다.

【狂言－신】kuángyán 圐오만방자한 말. (反)〔谦辞 qiāncí〕

【诳・誑】 讠部 | kuáng
7画 | 속일 광
통1속이다. ◇你别～我/너 나를 속이지 마. 2〈方〉거짓말. ◇说～/거짓말을 하다.

【诳语－어】kuángyǔ 圐거짓말.

【鵟】 鸟部 | kuáng
7画 | 부엉이 광
圐〈鸟〉말똥가리.

kuàng

【圹・壙】 土部 | kuàng
3画 | 구덩이 광
圐1묘혈(墓穴). 2〈文〉평야.

【圹埌－량】kuànglàng 〈文〉圀평야가 끝없이 펼쳐진 모양.

【旷・曠】 日部 | kuàng
3画 | 넓을 광
1圀텅 비고 넓다. ◇地～人稀/땅은 넓고 인구는 적다. 2圀마음이 넓다. ◇心～神怡 yí/마음이 후련하고 기분이 상쾌하다. 3圀소홀히 하다. 통～工/무단결근하다. 4圀(틈새가 넓어) 헐겁다. (너무 커서) 헐렁하다. ◇这双鞋我穿着太～了/이 신발은 내가 신기에는 너무 헐렁하다. 5(Kuàng)圐성(姓).

【旷达－달】kuàngdá 〈文〉圀대범하다. ◇他胸襟～/그는 성격이 대범하다.

【旷代－대】kuàngdài 圀〈文〉당대에 견줄 자가 없다.

【旷荡－탕】kuàngdàng 圀1광활하다. ◇～的草原/광활한 초원. 2탁 트이다.

【旷废－폐】kuàngfèi 통소홀히 하다. 게을리 하다. ◇～学业/학업을 게을리하다.

【旷费－비】kuàngfèi 통낭비하다.

*【旷工－공】kuàng∥gōng 통무단 결근하다.

【旷古－고】kuànggǔ 圐공전(空前).

*【旷课－과】kuàng∥kè 통(학생이) 수업을 빼먹다.

【旷日持久－일지구】kuàng rì chí jiǔ 〈成〉헛되이 오랜 시간만 질질끌다. (同)〔河清难俟 hé qīng nán sì〕, (反)〔速战速决 sù zhàn sù jué〕

【旷世－세】kuàngshì 圀〈文〉당대(当代)에 필적할 자가 없다.

【旷野－야】kuàngyě 圐광야.

【旷远－원】kuàngyuǎn 圀〈文〉넓고 아득하다.

【旷职－직】kuàng∥zhí 통(직원이) 무단 결근하다.

☆【矿・礦(鑛)】 石部 | kuàng
3画 | 쇳돌 광
(舊讀 gǒng)圐1광상(矿床). 2광물. 광석. ◇黄铁～/황철광. 3광산. ◇煤～/탄광.

*【矿藏－장】kuàngcáng 圐지하 자원.

【矿层－층】kuàngcéng 圐〈礦〉광층.

*【矿产－산】kuàngchǎn 圐광산물.

【矿床－상】kuàngchuáng 圐〈礦〉광상.

【矿灯－등】kuàngdēng 圐광산용 램프.

【矿工－공】kuànggōng 圐광부. 갱부.

【矿浆－장】kuàngjiāng 圐광니(鑛泥).

*【矿井－정】kuàngjǐng 圐광산의 수갱(竖坑).

【矿坑－갱】kuàngkēng 圐광갱.

【矿脉－맥】kuàngmài 圐광맥.

【矿苗－묘】kuàngmiáo 圐〈礦〉노두(露頭). 〔지면에 노출된 광맥〕

【矿区－구】kuàngqū 圐광구.

【矿泉－천】kuàngquán 圐광천.

【矿泉水－천수】kuàngquánshuǐ 圐광천수.

【矿砂－사】kuàngshā 圐〈礦〉사광.

*【矿山－산】kuàngshān 圐광산.

**【矿石－석】kuàngshí 圐1〈礦〉광석. 2〈電〉(검파기·라디오 등에 쓰이는) 광석.

*【矿物－물】kuàngwù 圐광물.

【矿业－업】kuàngyè 圐광업.

【矿源－원】kuàngyuán 圐광산자원.

【矿渣－사】kuàngzhā 圐광재(鑛滓).

【矿柱－주】kuàngzhù 圐〈礦〉광주. 〔채굴하지 않고 남겨두어 기둥역할을 하게 한 곳〕

【况(況)】 冫部 | kuàng
5画 | 모양 황
1圐상태. 상황. ◇情～/상황. 2통견주다. 비교하다. ◇比～/비교하다. 3젭〈文〉하물며. 더구나. (同)〔况且 qiě〕, 〔何 hé 况〕 4(Kuàng)圐성(姓).

**【况且－차】kuàngqiě 젭하물며. 게다가. 더구나. ◇这房子太贵，～地点也不适中/이 집은 너무 비싸고 게다가 위치도 적당치 않다.

【况味－미】kuàngwèi 圐〈文〉상황. 형편.

【框】 木部 | kuàng
6画 | 문얼굴 광
圐1문틀. ◇门～/문틀. 2(～儿)태. 틀. ◇镜～/(그림·사진) 액자. 틀. 3圐테. 테두리. 4〈文〉(문장·사진·그림 따위에) 테두리를 두르다. ◇把这几个字一起来/이 몇 글자에 테두리를 둘러라. 5통구속하다. 제한하다. ◇别~得太死/지나치게 제한하지 마라.

【框架－가】kuàngjià 图1〈建〉틀. 2사물의 구조나 틀. ◇这是语法系统的~/이는 문법체계의 틀이다.

【框框－광】kuàng·kuang 图1틀. 테. 2기존의 틀. 관례. 전통적인 방법. ◇他们突破了旧~的限制/그들은 오래된 틀의 제한에서 벗어났다.

【框图－도】kuàngtú (同)〔方 fāng 框图〕

【框子－자】kuàng·zi 图틀. 테.

【眶】 目部 kuàng
6画 눈자위 광

图눈언저리. ◇热泪满~/뜨거운 눈물을 글썽거리다.

kuī

*【亏・虧】 一部 kuī
2画 어지러질 휴

1图통손해(보다). ◇企业自负盈 yíng~/기업은 손익에 대해 스스로 책임을 진다. ◇做生意~了/장사하는 데 손해를 봤다. 2图부족하다. 모자라다. ◇理~/이치에 딸리다. 3통저버리다. 배신하다. ◇你放心吧, ~不了你/안심해라. 너를 저버리지 않을 터이니. 4图다행히. 덕분에. ◇~他提醒我, 要不我早忘了/다행히 그가 나를 일깨워주었다. 그렇지 않았다면 벌써 잊어버렸다. 5图…이면서도[이라면서]. 유감스럽게도. 〔비꼬는 뜻을 가진 반어적 표현〕◇~你还是个大学生呢, 连这个都不懂/네가 그러고도 대학생이냐, 이런 것도 모르면서.

【亏本－본】kuī// běn (~儿)통밑천을 까먹다. ◇去年他做了~的生意/작년 그는 밑천 까먹는 장사를 했다. (同)〔蚀 shí 本〕, (反)〔赚钱 zhuànqián〕

【亏秤－칭】kuī// chèng 통저울을 속여 달아주다.

*【亏待－대】kuīdài 통푸대접하다. 의리없는 짓을 하다. ◇我可从来没~过你/나는 여태껏 너를 푸대접한 적이 없어. (反)〔厚 hòu 待〕

【亏得－득】kuī·de 图1다행스럽게도. 어쩌면. ◇~他帮了我的忙, 还清了这笔责/다행히 그가 나를 도와서 이 빚을 다 갚았다. 2잘도. 〔빈정대는 뜻을 나타냄〕◇这本书今天才还我, ~你还记得/잘도 기억하는군. 이 책을 오늘에서야 돌려줘.

【亏短－단】kuīduǎn 图통부족(하게 되다).

【亏负－부】kuīfù 통저버리다. 배반하다. ◇他~了大家的期望/그는 모두의 기대를 저버렸다.

【亏耗－모】kuīhào 图통결손(나다). 소모(하다). (同)〔亏损 sǔn〕, (反)〔嬴余 yíngyú〕

【亏空－공】kuī·kong 1图빚. 적자. 결손. 2통적자를 내다. ◇上个月~了一万元/지난 달 만원이나 적자를 냈다. 同)〔亏欠 qiàn〕, (反)〔结余 jiéyú〕

【亏累－루】kuīlěi 통적자가 계속되다.

【亏你说得出口－니설득출구】kuī nǐ shuō·de chū kǒu 〈口〉그것도 말이라고, 네가 어떻게 그런 말을 할 수 있느냐. ◇小小的牺牲 xīshēng~~! 你也不为我想想/하잘 것없는 것이라고? 그것도 말이라고! 넌 내 처지를 생각지도 않고 말이야. (同)〔说不出口(来) shuō ·bu chū kǒu (lai)〕

【亏你想得出来－니상득출래】kuī nǐ xiǎng·de chūlái 〈口〉너이기에 생각해낼 수 있다. 그것도 생각이라고. 〔상대방의 생각이 황당하다고 질책할 때 쓰이는 말〕◇~这鬼主意/너니까 이런 이상한 생각을 해낼 수 있다.

【亏欠－흠】kuīqiàn (同)〔亏空 kong〕

【亏折－절】kuīshé 통(본전을) 손해보다.

【亏蚀－식】kuīshí 1图일식 또는 월식. 2图통손해(보다[입다]).

*【亏损－손】kuīsǔn 图통1결손이 나다. ◇企业经营不善, ~很大/기업의 경영이 부진해서 적자가 매우 많다. 2허약(해지다). (同)〔虚弱 xūruò〕, (反)〔健壮 jiànzhuàng〕

【亏心－심】kuīxīn 图통양심에 거리끼다. ◇为人不做~事, 半夜敲 qiāo 门心不惊/사람이 양심에 꺼리는 일을 안하면 야밤중 문을 두드려도 놀래지 않는다.

【岿・巋】 山部 kuī
5画 가파를 규

【岿然－연】kuīrán 图〈文〉홀로 우뚝 선 모양.

【岿巍－위】kuīwēi 图〈文〉높고 우뚝 선 모양.

【盔】 皿部 kuī
6画 투구 회

图1바리. 주발. 2병사·소방수 등이 쓰는 헬멧. 투구. ◇钢~/철모. 3(~儿)투구나 반구(半球) 모양의 모자. ◇帽~儿/베레모.

【盔甲－갑】kuījiǎ 图투구와 갑옷.

【盔头－두】kuī·tou 图〈演〉중국 전통극에서 배우가 머리에 쓰는 모자의 총칭.

【盔子－자】kuī·zi (同)〔盔 1〕

【窥・窺(闚)】 穴部 kuī
8画 엿볼 규

통1(구멍이나 틈으로) 엿보다. 2몰래 살피다. 정탐하다.

【窥豹一斑－표일반】kuī bào yī bān 〈成〉사물의 일부분만을 보다.

【窥测－측】kuīcè 통몰래 탐색하다.

【窺察－찰】kuīchá 통몰래 보다.
【窺度－도】kuīduó통혼자서 추측하다.
【窺見－견】kuījiàn 통엿보다. 알아내다.
【窺視－시】kuīshì (同)〔窺探 tàn〕
【窺視鏡－시경】kuīshìjìng 명(同)〔门 mén 镜〕,〔猫眼儿 māoyǎnr〕
【窺伺－사】kuīsì 통〈貶〉동정을 살피다.
【窺探－탐】kuītàn 통정탐하다. 엿보다.

kuí

【奎】大部 | kuí
6画 | 별 규
1명〈天〉규성(奎星). 이십팔수(二十八宿)의 하나. 2(Kuí)명성(姓).

【喹】口部 | kuí
9画 | 퀴놀린 규
【喹啉－람】kuílín 명〈化〉퀴놀린(quinolin).

【蝰】虫部 | kuí
9画 | 작은뱀 규
【蝰蛇－사】kuíshé 명〈動〉살무사.

【魁】鬼部 | kuí
4画 | 괴수 괴
1명우두머리. 두목. 괴수. 2형(몸집이) 크다. 3명괴성(魁星).
【魁岸－안】kuí'àn (同)〔魁梧 wú〕
【魁首－수】kuíshǒu 명1동년배 중에서 재능이 가장 뛰어난 사람. 2괴수. 두목.
【魁伟－위】kuíwěi (同)〔魁梧 wú〕
【魁梧－오】kuíwú 형체격이 당당하다.
【魁星－성】kuíxīng 명〈天〉괴성. 북두칠성 중 첫번째 별.
【魁元－원】kuíyuán 명1등.

【葵】艹部 | kuí
9画 | 해바라기 규
명〈植〉해바라기.
*【葵花－화】kuíhuā 명〈植〉해바라기. ◇我最喜欢的花是～/내가 가장 좋아하는 꽃은 해바라기꽃이다. (同)〔向日葵 xiàngrìkuí〕
【葵花子－화자】kuíhuāzǐ (～儿)명해바라기씨.
【葵扇－선】kuíshàn 명빈랑(檳榔)나무의 잎으로 만든 부채.〔속칭 '芭蕉扇'이라고도 함〕

【揆】扌部 | kuí
9画 | 헤아릴 규
〈文〉1통추측하다. 헤아리다. ◇～情度理/인정과 도리를 헤아리다. 2명준칙. 도리. 3통관리하다. 관장하다. 4명〈轉〉재상. ◇首～/국무총리.
【揆度－탁】kuíduó통〈文〉추측하다.

【暌】目部 | kuí
9画 | 어그러질 규
통1떨어지다. 헤어지다. 이별하다. 2맞지 않다. 위배되다.
【暌暌－규】kuíkuí 형주시하는 모양.
【暌异－이】kuíyì 형〈文〉(의견이) 맞지 않다.

kuǐ

【傀】亻部 | kuǐ
9画 | 괴이할 괴
【傀儡－뢰】kuǐlěi 명1꼭두각시. (인형극의) 인형. 2괴뢰. 꼭두각시.
【傀儡戏－뢰극】kuǐlěixì 명〈演〉꼭두각시놀음. (同)〔木偶戏 mù'ǒuxì〕

【跬】足部 | kuǐ
6画 | 반걸음 규
〈文〉명반걸음.
【跬步－보】kuǐbù 명〈文〉반 걸음.

kuì

【匮·匱】匚部 | kuì
9画 | 다할 궤
통〈文〉모자라다. 결핍하다. (同)〔荒 huāng〕, (反)〔丰 fēng〕
【匮乏－핍】kuìfá 형〈文〉(물자가) 결핍하다. 부족하다. ◇粮食～/식량이 부족하다. (同)〔缺 quē 乏〕, (反)〔丰富 fēngfù〕

【溃·潰】氵部 | kuì
9画 | 무너뜨릴 궤
통1둑이 터지다. 2(포위를) 뚫다. 3패배해 흩어지다. 4(피부가) 썩어 문드러지다. ⇒huì '殨'
【溃败－패】kuìbài 통〈군대가〉 패배하여 무너지다. (同)〔失 shī 败〕, (反)〔得胜 déshèng〕
【溃不成军－불성군】kuì bù chéng jūn〈成〉참패하여 군사가 뿔뿔이 흩어지다. (同)〔落花流水 luò huā liú shuǐ〕, (反)〔旗开得胜 qí kāi dé shèng〕
【溃决－결】kuìjué 통(큰 물로) 제방이 터지다.
【溃烂－난】kuìlàn 통진무르다. ◇伤口已～了/상처가 이미 진물렀다. (同)〔化脓 huànóng〕, (反)〔愈合 yùhé〕
【溃乱－난】kuìluàn 통(군대가) 무너져서 혼란에 빠지다.
【溃灭－멸】kuìmiè 통궤멸하다.
【溃散－산】kuìsàn 통(군대가) 싸움에 패하여 뿔뿔이 흩어지다.
【溃逃－도】kuìtáo 통싸움에 패하여 도망치다.
【溃退－퇴】kuìtuì 통패주하다.
【溃围－위】kuìwéi 통포위를 뚫다. ◇～而逃/포위를 뚫고 달아나다.

K

【溃疡－양】 kuìyáng 圐〈醫〉궤양.

【馈·饋（餽）】 饣部 9画 kuì 먹일 궤

통선사하다. (同)〔赠 zèng〕, (反)〔索 suǒ〕◇～以鲜果/신선한 과일을 선물하다.

【馈送－송】 kuìsòng 통선사하다.

【馈赠－증】 kuìzèng 통(물건을) 선사하다. (同)〔赠送 sòng〕, (反)〔索要 suǒyào〕

【襛·襀】 衤部 9画 kuì 끈 궤

〈方〉1(～儿)圐매듭. 2통매다. 매듭을 짓다. ◇～个襛儿/매듭 짓다.

【愧（媿）】 忄部 9画 kuì 부끄러울 괴

통부끄럽다. ◇～不敢当/부끄러워 받아들일 수 없다.

【愧汗－한】 kuìhàn 통〈文〉부끄러워 진땀이 나다.

【愧恨－한】 kuìhèn 통부끄러워하고 한스러워하다. ◇对那件事他感到～/그 일에 대해 그는 창피하고 한스럽게 느꼈다.

【愧悔－회】 kuìhuǐ 통부끄러워하다.

【愧疚－구】 kuìjiù 통양심의 가책을 느끼다. ◇内心深感～/마음 속에 양심의 가책을 많이 느꼈다.

【愧领－령】 kuìlǐng 통〈敬〉고맙게 받겠습니다. 〔물건을 선물받을 때 하는 인사말〕

【愧色－색】 kuìsè 圐부끄러워하는 기색.

【愧痛－통】 kuìtòng 통심한 부끄러움을 느끼다.

【愧怍－작】 kuìzuò 통〈文〉부끄러워하다.

【喟】 口部 9画 kuì 한숨쉴 위

통〈文〉탄식하다.

【喟然－연】 kuìrán 圐〈文〉탄식하는 모양.

【喟叹－탄】 kuìtàn 통〈文〉감개가 깊어 탄식하다.

kūn

【坤】 土部 5画 kūn 괘이름 곤

1圐곤괘. 〔팔괘(八卦)의 하나로, 땅을 상징함〕2圐여성의. ◇～鞋/여자의 신발. (同)〔女 nǚ〕, (反)〔乾 qián〕

【坤包－포】 kūnbāo 圐여성용 백.

【坤表－표】 kūnbiǎo 圐여자용 손목 시계.

【坤角儿－각아】 kūnjuér 圐옛날, 연극의 여배우.

【坤伶－령】 kūnlíng (同)〔坤角儿 juér〕

【坤造－조】 kūnzào 圐1옛날, 혼인하는 여자쪽. 2여자의 사주 팔자. (同)〔女方 nǚfāng〕, (反)〔乾 qián 造〕

【坤宅－택】 kūnzhái 圐옛날, 신부집.

【昆】 日部 4画 kūn 맏 곤

1〈文〉圐형. 2圐자손. 후손.

【昆布－포】 kūnbù 圐〈植〉다시마.

【昆虫－충】 kūnchóng 圐곤충.

【昆季－계】 kūnjì 圐〈文〉형제.

【昆仲－중】 kūnzhòng 圐〈文〉남의 형제에 대한 존칭.

【崑】 山部 8画 kūn 곤륜산 곤

지명에 쓰이는 글자.

【醌】 酉部 8画 kūn 키논 곤

〈化〉키논(quinone).

【鲲·鯤】 鱼部 8画 kūn 곤어 곤

圐고대 전설 속의 큰 물고기.

【鲲鹏－붕】 kūnpéng 圐고대 전설 상의 제일 큰 물고기와 제일 큰 새.

kǔn

☆**【捆（綑）】** 扌部 7画 kǔn 짚신삼을 곤

1통(새끼로) 묶다. ◇三十五本书, ～了两捆/책 35권을 두 묶음으로 묶었다. [비교]捆:拴 물체 전부를 묶지 않고 한 쪽만 붙들어 매는 경우에는 "捆"을 쓰지 않는다. ◇把小船(×捆)拴在木桩上/배를 말뚝에 붙들어 매었다. 2(～儿)양단. 묶음. 다발. ◇打了一～柴/나무 한 단을 했다.

【捆绑－방】 kǔnbǎng 통(사람을) 줄로 묶다.

【捆扎－찰】 kǔnzā 통한데 묶다.

【捆子－자】 kǔn·zi 圐다발. 묶음. 단.

kùn

☆**【困（⁵,⁶睏）】** 口部 4画 kùn 곤할 곤

1통고생하다. 곤경에 빠지다. ◇为病所～/병 때문에 고생한다. ◇只要有决心, 任何困难也～不住我们/마음만 먹으면 어떤 어려움도 우리를 꺾지 못한다. 2통포위하다. ◇把敌人～在山沟里/적을 산골짜기에 가두어 넣었다. 3圐곤란하다. 4통지치다. 피곤해지다. 5圐졸리다. ◇～了一会儿, 现在不～了/잠시 졸았더니 지금은 졸리지 않다. 6圐〈方〉자다.

【困惫－비】 kùnbèi 圐〈文〉매우 피로하다.

【困顿－돈】 kùndùn 圐1몹시 고달프다. 2(생활이) 곤궁하다.

【困厄－액】 kùn'è 圐곤궁.

【困乏－핍】 kùnfá 圐1지치다. ◇坐了四个小时, 大家都～了/네 시간 앉았으니 모두

들 다 지쳤다. (同)〔疲 pí 乏〕, (反)〔兴 奋 xīngfèn〕 2(생활이) 궁핍하다.

【困惑—혹】kùnhuò 1웽동곤혹(하다). 당 혹(하다). 2동곤혹하게 하다. ◇这件事~ 直~着他/이 일은 계속 그를 곤혹하게 했다.

【困觉—각】kùn// jiào 동〈方〉잠자다.

【困境—경】kùnjìng 명곤경. 궁지. ◇处于 ~/곤경에 처하다.

【困窘—군】kùnjiǒng 웽1난감하다. ◇听了 他的话, 我十分~了/그의 말을 듣고 나는 아주 난감했다. 2궁핍하다. ◇他过着~的 生活/그는 궁핍하게 살고 있다.

【困倦—권】kùnjuàn 웽피곤하며 졸립다.

*【困苦—고】kùnkǔ 웽(생활이) 곤궁하고 고통스럽다. ◇~的日子过去了/고통스럽 고 곤궁한 나날은 다 지나갔다. (反)〔舒 适 shūshì〕

★【困难—난】kùn·nan 1명어려움. ◇~不可 怕, 可怕的是没有战胜困难的勇气/어려움 은 두렵지 않다. 두려운 것은 어려움을 이겨낼 용기가 없는 것이다. 2웽어렵다. ◇高山上空气稀少, 呼吸很~/높은 산에 는 공기가 희박하여 호흡하기가 매우 어 렵다. 3웽(생활이) 쪼들리다. 곤궁하다. ◇生活极其~/살림이 몹시 쪼들리다. (同) 〔艰 jiān 难〕, (反)〔顺利 shùnlì〕

【困扰—요】kùnrǎo 동(옆에서) 귀찮게 굴다.

【困人—인】kùnrén 동나른하게 하다.

【困守—수】kùnshǒu 동사수(死守)하다.

【困兽犹斗—수유두】kùn shòu yóu dòu 〈成〉궁지에 몰린 자가 최후 발악을 하 다. 〔주로 악인에 대해 씀〕 (同)〔垂死挣扎 chuí sǐ zhēng zhá〕 (反)〔束手就擒 shù shǒu jiù qín〕

kuò

【扩·擴】 扌部 | kuò
3画 | 넓힐 확

동넓히다. 확대하다.

【扩版—판】kuòbǎn 동판면이나 판수를 늘 리다. ◇晚报将于7月1日~, 由四版增为八 版/석간은 7월 1일부터 지면이 4면에서 8면으로 늘어난다. (同)〔放 fàng〕, (反) 〔缩 suō〕

【扩编—편】kuòbiān 동〈军〉확대 편성하다. (反)〔缩编 suō〕

*【扩充—충】kuòchōng 동확충하다. ◇~军 备/군비를 확충하다. (反)〔收缩 shōusuō〕

☆【扩大—대】kuòdà 동확대하다. 늘리다. ◇ ~相互间经济技术合作/상호간의 경제기 술 합작을 확대하다. (同)〔扩展 zhǎn〕, (反)〔缩小 suōxiǎo〕 ⊞교扩大:增加 수

량의 증가에는 "扩大"를 쓰지 않는다. ◇ 我们班这个学期又(×扩大)增加了2名的学 生/우리반은 이번 학기에도 2명의 학생 이 늘었다.

【扩大化—대화】kuòdàhuà 동확대하다.

【扩大再生产—대재생산】kuòdà zàishēngch-ǎn 동〈经〉확대 재생산.

☆【扩建—건】kuòjiàn 동증축하다. 확장 건설 하다. ◇~码头/부두를 증축하다. ◇大力 ~工业基地/공업기지를 대대적으로 확장 건설하다.

【扩军—군】kuòjūn 명동군비 확장(을 하 다). 〔裁 cái 军〕

*【扩散—산】kuòsàn 1명동확산(하다). ◇ 不让废气~/오염가스가 확산되지 않도록 하다. 2동〈物〉확산.

【扩胸器—흉기】kuòxiōngqì 명〈体〉엑스밴드.

【扩音机—음기】kuòyīnjī 명(유선방송에 쓰이는) 출력 증폭기.

【扩音器—음기】kuòyīnqì 명1휴대용 확성 기. 2(同)〔扩音机 jī〕

*【扩展—전】kuòzhǎn 동확장하다. 넓히다. ◇~马路/도로를 넓히다.

*【扩张—장】kuòzhāng 명동(세력 범위를) 확장(하다). ◇向外~/외부로의 (세력) 확장. ◇~野心/세력을 확장하려는 야욕.

【括】 扌部 | kuò
6画 | 맺을 괄

동1묶다. (同)〔扎 zā〕, 〔束 shù〕 2포괄 하다. ◇总~/총괄하다. 3일부 글자에 괄 호를 치다. ◇把这几个字用括号~起来/ 이 몇 글자에 괄호로 묶었다. ⇒guā

【括号—호】kuòhào 명괄호.

【括弧—호】kuòhú 명소괄호.

【括约肌—약기】kuòyuējī 명〈生理〉괄약근.

∗∗【阔·闊(濶)】 门部 | kuò
9画 | 넓을 활

1웽(공간적으로) 넓다. ◇辽~/광활하 다. 2웽부유하다. 호사스럽다. ◇他~起 来了/그는 부유하게 되었다.

【阔别—별】kuòbié 동오랫동안 헤어지다. ◇我和他~多年/나는 그와 오랫동안 못 만났다. (同)〔久 jiǔ 别〕, (反)〔小 xiǎo 别〕

【阔步—보】kuòbù 동활보하다. (同)〔大 dà 步〕, (反)〔小 xiǎo 步〕

【阔绰—작】kuòchuò 웽호사스럽다. 매우 유복하다. (反)〔赤贫 chìpín〕

【阔老—노】kuòlǎo 명부자. 부호.

【阔气—기】kuò·qi 웽매우 호사스럽다. 사 치스럽다. ◇他喜欢摆~/그는 호사스러움 을 드러내기를 좋아한다. (反)〔贫 pín 气〕

【阔人—인】kuòrén 명부자.

【阔少—소】kuòshào 명부잣집 도련님.

【阔叶树—엽수】kuòyèshù 명〈植〉활엽수.

【廓】广部 10画 kuò 클 **확**

1[형]넓다. 광활하다. ◇寥～/텅 비고 광활하다. **2**[동]확장하다. 넓히다. ◇～大/확장하다. **3**[명]둘레. ◇轮～/윤곽.

【廓落－락】kuòluò [형]〈文〉넓고 조용하다.

【廓清－청】kuòqīng **1**[동]숙청하다. (同)〔清除 chú〕 **2**[동](혼란한 국면을) 없애다. ◇～障碍/장애를 없애다. (同)〔澄 chéng 清〕

【廓张－장】kuòzhāng [동]〈文〉확장하다. 확대되다.

L

lā

【畓】田部 | lā
2画 | 흙덩이 **라**
(同)〔屺畓 kē·lā：흙덩이〕〔坷拉 kēlā〕

【垃】土部 | lā
5画 | 쓰레기 **랍**
☆【垃圾－급】lājī 圈쓰레기. 오물. ◇～车/쓰
레기차. ◇倒～的/오물을 청소하는 사람.
(同)〔粪土 fèntǔ〕, (反)〔精华 jīnghuá〕
【垃圾堆－급퇴】lājīduī 圈쓰레기 더미.

★【拉】扌部 | lā
5画 | 끌 **랍**
1圄끌다. 당기다. (反)〔推 tuī〕◇车上东
西太多, 一匹马～不动/수레에 짐이 너무
많아 말 한 필로는 끌 수 없다. ◇用力一
～抽屉就～开了/힘껏 잡아당기니 서랍이
열렸다. 2圄(차나 수레에) 실어 운반한
다. 실어 나르다. ◇那辆车现在正～着旅
客/그 차는 지금 여객을 실어나르고 있
어요. (同)〔运载 yùnzài〕3圄〔文〕(주로
단체를) 인솔한다. 이끌다. ◇把部队～到
后山去/부대를 뒷산으로 인솔했다. 4圄
(악기 따위를) 켜다. 연주하다. ◇他～了
一下午小提琴/그는 오후 내내 바이올린
을 켰다. 5圄연장하다. 질질 끌다. ◇这
种线有弹力, 能～得很长/이 줄은 탄력이
있어서 매우 길게 늘릴 수 있다. (同)〔拖
长 tuōcháng〕6圄(거리·간격이) 떨어지
다. 벌어진다. ◇前边的队伍和后边的队伍
要～开距离/앞열과 뒷열은 거리를 벌어
져야 한다. 7圄〈方〉키우다. ◇奶奶很不容
易地把我～大/할머니는 매우 힘들게 나
를 키웠다. 8圄돕다. ◇他有困难, 应～他
一把/그가 어려움이 있으니 그를 좀 도
와야 한다. (同)〔帮助 bāngzhù〕9圄(나
쁜 일로) 연루시키다. 관련시키다. ◇好
汉做事好汉当, 绝不～别人/대장부라면 책
임을 혼자 져야지 남을 연루시켜서는 안
된다. (同)〔牵累 qiānlèi〕10圄(부정적 목
적으로) (친분을) 쌓다. (관계를) 맺다.
11圄〈方〉한담하다. (同)〔闲谈 xiántán〕
12圄강제로 조직하다. 13圈(탁구에서의)
리프트(lift). 14圈〔口〕(똥을) 누다. 싸다.
◇只是～稀关系, 吃点药就好了/좀 설
사를 했을 뿐이니 별 염려 없고 약을 먹
으면 좋아질 것이다. 15(Lā)圈〈略〉라틴
아메리카.

【拉帮结伙－방결화】lā bāng jié huǒ 〈成〉
결탁하여 도당을 짓다.
【拉鼻儿－비아】lā//bír 圄기적을 울리다.
【拉场子－장자】lā chǎng·zi 圄1연예인이
길 거리에서 구경꾼을 끌어모아 공연한
다. 2국면을 타개하다.
【拉扯－차】lā·che 圄1〔口〕끌다. 잡아 당
기다. (同)〔扯 chě〕2고생스럽게 키우다.
◇是他姨妈把他～大的/그의 이모가 그를
고생스럽게 키운 것이다. (同)〔抚养 fǔy-
ǎng〕3이끌어주다. 돌보다. (同)〔拉持
chí〕4결탁하다. 패거리를 짓다. (同)
〔勾结 gōujié〕5관련시키다. 6〈方〉한담
하다. (同)〔闲聊 xiánliáo〕
【拉床－상】lāchuáng 圈〔機〕브로치반. 구
멍 뚫는 기계.
【拉大片－대편】lā dàpiān 圈요지경. 내막.
(同)〔拉洋 yáng 片〕
【拉大旗, 作虎皮－대기, 작호피】lā dàqízuò
hǔpí 어떤 명분으로 자신을 포장하여 남
을 겁주거나 속이다.
【拉倒－도】lādǎo 圄중지하다. 그만 두다.
◇你不去就～/네가 안 가면 그만 둬라.
【拉丁－정】lādīng 1圄(병사나 인부를) 강
제로 징발하다. (同)〔拉夫 fū〕2圈〈音〉
라틴(Latin).
【拉丁字母－정자모】Lādīng zìmǔ 圈〈音〉
로마 문자.
【拉肚子－두자】lā dù·zi 설사하다. (同)
〔拉稀 xī〕
【拉夫－부】lā//fū 圄1(병사나 인부를) 강
제로 징발하여 부역에 종사시키다. 2
〈俗〉일을 강요하다.
【拉杆－간】lāgān (～儿)圈〔機〕풀 로드
(pull rod). 드래그 링크(drag link). 드
로우 바(draw bar). 텐션 링크(tension
link). 제동막대.
【拉钩－구】lā//gōu 圄약속하다.
【拉呱儿－고아】lā//guā (又讀 lā//guǎ-
r) 圄〈方〉한담하다. 잡담하다.
【拉关系－관계】lā guān·xi 圄〈貶〉(부정적인
목적으로) 관계를 트다. 사람에게 접근하다.
【拉后腿－후퇴】lā hòutuǐ 〈喻〉〈貶〉발목을
잡다. 〔친한 관계나 감정을 이용하여 남
의 행동을 방해하는 것을 말함〕(同)〔扯
chě后腿, 扯腿〕〔鼓干劲 gǔ gànjìn〕
【拉花－화】lāhuā 圈〈美〉종이꽃장식.
【拉饥荒－기황】lā jī·huang 빚지다.
【拉家带口－가대구】lā jiā dài kǒu 〈成〉일

가 식솔을 이끌다.
【拉架一가】lā//jià 통싸움을 말리다.
【拉交情一교정】lā jiāo·qing〈貶〉친분을 쌓다. 관계를 트다.
【拉脚一각】lā//jiǎo 통(마차로) 사람이나 화물을 운반한다.
【拉近乎一근호】lājìnhu 통친한 체하다.
【拉锯一거】lā//jù 통(두 사람이) 톱질하다.(喩)일진일퇴하다.
【拉客一객】lā//kè 통1호객하다. 손님을 끌다. 2(삼륜차나 택시로) 손님을 나르다. 3(창녀가) 호객행위를 하다.
【拉亏空一휴공】lā kuī·kong 빚지다. (同)〔欠债 qiànzhài〕
【拉拉队一랍대】lālāduì 명응원단.
【拉力一력】lālì 명1〈物〉장력(張力). 2〈機〉견인력(牽引力).
【拉力器一력기】lālìqì 명엑스팬더〔근육 단련용 운동기구〕(同)〔扩 kuò 胸器〕〔拉簧 huáng〕
【拉练一련】lāliàn 명통〈軍〉야영 훈련 (하다).
【拉链一련】lāliàn(~儿)명지퍼. 쟈크.
【拉拢一롱】lā·lǒng 통〈貶〉(자기의 이익을 위해 사람을) 끌어 들이다. (돈·향응 등으로) 꼬시다. (反)〔排挤 páijǐ〕〔排斥 chì〕
【拉买卖一매매】lā mǎi·mai 1손님을 많이 끌어 장사를 잘 되게 하다. 2수레〔차〕를 끌며 행상을 하다.
【拉面一면】lāmiàn 1명〈方〉손으로 쳐서 만든 국수. 2통손으로 쳐서 국수를 만들다.
【拉皮条一피조】lā pítiáo 뚜쟁이 짓을 하다. (同)〔拉马 mǎ〕
【拉偏手儿一편수아】lā piānshǒur 통싸움에서 한쪽 편을 들다. (同)〔拉帮 bāng 手〕〔打帮架 jià〕
【拉平一평】lā//píng 1통같게 하다. 균등하게 하다. 2통〈體〉동점이 되다. 비기다. 3통잡아당겨 팽팽하게 하다.
【拉纤一견】lā//qiàn 통1(물가에서) 배의 밧줄로 배를 끌어 앞으로 나가게 하다. 2알선하다. 중개하다. 3(직업·가옥을) 알선해 주고 수수료를 얻다.
【拉山头一산두】lā shāntóu 파벌을 만들다.
【拉屎一시】lā//shǐ 통대변을 보다.
【拉手一수】lā·shou 명(문이나 서랍 등의) 손잡이. (同)〔把手〕
【拉丝一사】lāsī (금속재료를) 가늘게 뽑아내다.
【拉锁一쇄】lāsuǒ (~儿)명1고리형 자물쇠. 2(자수의) 체인 스티치.
【拉套一투】lā//tào 명1끌채 앞이나 옆에서 마차를 끌다. 2〈方〉거들어 주다.
【拉稀一희】lā//xī 통〈口〉설사하다.

【拉下脸一하검】lāxià liǎn 1〈口〉사사로운 정에 흐르지 않다. 2불쾌한 표정을 짓다. (同)〔拉得下脸(来)〕
【拉下水一하수】lā ·xià shuǐ 남을 꾀여서 나쁜 짓을 함께 하다.
【拉线一선】lā//xiàn (중간에서) 주선하다.
【拉秧一앙】lā//yāng 통수확기가 지난 후, 남아있는 줄기나 뿌리를 뽑다.
【拉洋片一양편】lāyángpiàn 명요지경.
【拉杂一잡】lāzá 명조리가 없다. 난잡하다.
【拉账一장】lā//zhàng 통빚을 지다. ◇拉了一屁股账/빚을 잔뜩 지었다.

【啦】 口部 | 8画 | 어조사 라
【啦啦队一라대】lālāduì 명응원단. (同)〔拉拉队〕

【邋】 辶部 | 15画 | 나부낄 랍
【邋遢一탑】lā·tā 형불결하다. 깔끔하지 못하다. (反)〔整洁 zhěngjié〕

lá

【拉】 扌部 | 5画 | 끌 랍
통1(칼로) 그어서 끊다. 자라다. ◇他在屋里正~着玻璃/그는 지금 집에서 유리를 그어서 끊고 있다. (同)〔剌〕 2〈方〉잡담하다.
【拉开一개】lá·kāi 통절개하다. 쪼개다.

【旯】 日部 | 2画 | 구석 라
(同)〔旮旯儿 gālár:구석, 후미진 곳〕

【砬(磖)】 石部 | 5画 | 땅이름 랍
뜻은 '砬子'와 같고, 지명에 많이 쓰임.
【砬子一자】lá·zi 명〈方〉산 위의 커다란 바위. (同)〔拉子〕〔剌子〕

【捓】 扌部 | 9画 | 유리병 랄
【捓子一자】lá·zi 명〈方〉유리병. (同)〔玻璃瓶〕

lǎ

【喇】 口部 | 9画 | 나팔 라, 나
**【喇叭一팔】lǎ·ba 명1〈音〉나팔. ◇吹~/나팔을 불다. (同)〔喇吧〕 2(소리나 음성을 확대하는) 나팔모양의 것. 스피커. ◇汽车~/경적. 클랙슨. ◇收音机~的质量太次/라디오의 스피커가 질이 너무 나쁘다.
【喇叭花一팔화】lǎ·bahuā 명〈植〉나팔꽃. (同)〔牵 qiān 牛花〕
【喇嘛一마】lǎ·ma 명〈佛〉라마(Lama). 라

마교의 중.
【喇嘛教—마교】Lǎ·majiào 图〈宗〉라마교.

là

【拉】 扌部 | là
5画 | 끌 랍
【拉拉蛄—랍고】làlàgū 图땅강아지. (同)〔蝲 là 蝲蛄〕

【剌】 刂部 | là
7画 | 어그러질 랄
图1(lá)〈칼로〉자르다. 쪼개다. 2〈文〉(인정이나 도리에) 어긋나다. 성미가 괴팍하다. ◇乖 guāi~/사리에 어긋나다.
【剌戾—려】làlì 图성미가 괴팍하다.

【瘌】 疒部 | là
9画 | 독창 랄
(同)〔痢痢 lí〕
【瘌痢—리】là·lì 图〈方〉〈醫〉독두(禿頭).〔머리카락이 차츰차츰 빠져서 대머리가 되는 병〕(同)〔鬎 là·lì〕
【瘌痢头—리두】là·lítóu 图〈方〉1독두(禿頭)에 걸린 머리. 2독두에 걸린 사람.

**【辣】 辛部 | là
7画 | 매울 랄
1图맵다. 아리다. 얼얼하다. (同)〔辛 xīn〕 ◇这小辣椒 jiāo 真~/이 작은 고추가 참 맵다. (同)〔辛 xīn〕 2图(눈·코·입에) 강한 자극을 받다. ◇～眼睛/눈이 맵다. 눈이 아리다. 3图지독하다. 혹독하다. 잔인하다. (同)〔狠毒 hěndú〕 ◇心狠手~/마음이 독하고 수단이 악랄하다. (同)〔毒〕, (反)〔仁 rén〕
【辣菜—채】là·cài 图갓 뿌리와 무우를 삶아서 만든 요리.
【辣乎乎—호호】làhūhū 〈～的〉图지독히 맵다.
【辣酱—장】làjiàng 图1고추장. 2매운 콩장.
**【辣椒—초】làjiāo 图〈植〉고추.
**【辣手—수】làshǒu 1图악랄한 수법. 2图〈方〉수단이 악랄하다. (同)〔狠毒 hěndú〕 3图〈口〉(일에) 손을 먹는다. 처리하기 어렵다. (同)〔棘 jí 手〕, (反)〔順手〕
【辣丝丝—사사】làsīsī 〈～儿的〉图약간 아릿하다. (박하처럼) 싸하다.
【辣酥酥—수수】làsūsū 〈～的〉图조금 맵다.
【辣子—자】là·zi 图1고추. 2드센 여자.

【蝲】 虫部 | là
9画 | 가재 랄
【蝲蛄—고】làgu 图〈魚介〉가재.
【蝲蝲蛄—랄고】làlàgū 图〈俗〉〈虫〉땅강아지.〔'蝼 lóu 蛄'의 속칭〕(同)〔拉 là 拉蛄〕

【鬎】 髟部 | là
9画 | 독창 랄
【鬎鬎—랄】là·lì 图〈醫〉독두병. (同)〔瘌痢

là·lì〕

【落】 艹部 | là
9画 | 떨어질 락
图1빠뜨리다. 누락되다. ◇这几个字你～了/네가 몇 글자를 빠뜨렸구나. 2물건을 놓고 잊어 버리다. ◇他把书～这儿了/그가 책을 여기에 두고 갔다. 3처지다. 뒤떨어지다. ◇我给～下了/나는 뒤떨어졌다. ⇒lào, luò, luò

【腊·臘】 月部 | là
8画 | 섣달 랍
1图〈轉〉음력 섣달. 음력 12월. 2图(섣달에) 소금에 절여서 말린 것. ◇～鱼/소금에 절여 말린 물고기. 3(Là)图〈姓〉성(姓).
【腊八—팔】Làbā 〈～儿〉图음력 12월 8일.
【腊八粥—팔죽】làbāzhōu 图음력 12월 8일 '腊八(儿)'에 먹는 죽.
【腊肠—장】làcháng 图중국식 고기순대. (同)〔香 xiāng 肠〕〔红 hóng 肠〕
【腊梅—매】làméi 图〈植〉납매. 새양나무.
【腊日—일】làrì (同)〔腊八 bā〕
【腊味—미】làwèi 图섣달에 절인 생선·고기·닭고기 따위의 집합명사.
*【腊月—월】làyuè 图음력 12월. ◇寒冬～/섣달의 엄동설한.

【蜡·蠟】 虫部 | là
8画 | 밀 랍
图1밀랍. 왁스(wax). 2초. 양초. ◇点上一支～/양초에 불을 켜다.
【蜡板—판】làbǎn 图1꿀벌의 배에 붙어 있는 밀랍질의 조각 모양의 것. 2횐 밀랍을 만드는 공구. (同)〔蜡版 bǎn〕
【蜡版—판】làbǎn 图등사원판.
【蜡笔—필】làbǐ 图〈美〉크레용.
【蜡果—과】làguǒ 图〈美〉밀랍으로 만든 과일·채소 따위의 공예품.
【蜡花—화】làhuā 〈～儿〉图불똥. 등화(燈火).
【蜡黄—황】làhuáng 图밀랍처럼 노랗다.
【蜡泪—루】làlèi 图촛농. (同)〔蜡液 yè〕, 〔蜡珠 zhū〕
【蜡扦—천】làqiān 〈～儿〉图촛대.
【蜡染—염】làrǎn 图〈染〉염색법의 하나.〔녹인 황랍으로 천 위에 도안을 그린 다음 염색 후 제거하면 그 부분만 백색으로 남는 염색 방법〕
【蜡台—대】làtái 〈～儿〉图촛대.
【蜡丸—환】làwán 〈～儿〉图납환.
【蜡纸—지】làzhǐ 图1파라핀지. 초먹인 종이. 2등사용 원지(原紙).
**【蜡烛—촉】làzhú 图양초.

【镴·鑞】 钅部 | là
15画 | 땜납 랍
图땜납.〔보통 '焊 hàn 镴' 또는 '锡 xī 镴'라고 부름〕

la

★【啦】 口部 8画 ·la 어조사 **라**
1'了'와 '啊'의 합음으로서, 문말에서 각종 어감을 나타냄. [조]**2**(서술문에서는, 변화된 상태를 나타냄. ◇我有孩子～!/나는 애기를 가졌소. ◇天亮～/날이 밝았다. ◇下雨～!/비가 온다! ◇春天～!/봄이다! **3**명령문에서 명령·간청 등 어기를 나타냄. ◇走～, 走～, 不能再等～!/가자, 가자, 더 기다릴 수 없어! ◇别生气～, 都是我不好/화내지 마라. 모두 내 잘못이다. **4**의문문에서 의문어기를 나타냄. ◇今天上午八点参观, 你忘～/오늘 오전 8시에 견학하는데 네가 잊었어? **5**감탄문에서 놀라움. 감탄. 분노 등 어기를 나타냄. ◇他的病终于好起来～/그의 병이 드디어 나아졌다. ◇真气死人～/정말 분통터지겠어! **6**열거를 나타냄. ◇他是个运动员, 踢球～, 游泳～, 滑冰～, 样样都行!/그는 운동선수로서 축구랑, 수영이랑, 스케이트랑, 골고루 잘한다.

【鞡】 革部 8画 la 가죽신 **랄**
〔靰鞡 wùla〕 중국 동북지방의 가죽신발. 겨울에 속에 「乌拉草」를 넣어 신음. (同)〔乌拉 wùla〕

L

lái

★【来·來】 一部 6画 lái 올 **래**
1[동](다른 곳에서 화자쪽으로) 오다. ◇快开车了, 他怎么还不～?/차가 곧 떠나는데 그는 어째서 아직 안 올까? (反)〔去 qù〕 [비교]来:回去:去/화자가 있는 곳에서 다른 곳으로 갈 때는 "去"를 써야 하며 "来"를 쓰지 않는다. ◇我得赶快回家, (×来)回去晚了, 家里人会担心/난 빨리 집에 가야겠다. 늦게 돌아가면 집안 사람들이 걱정한다. ◇我(×来)去见一个朋友/난 친구 한 명을 만나러 간다. **2**[동](문제나 일이) 발생하다. 오다. ◇农忙季节快要～了/농번기가 곧 온다. **3**[동]하다. 〔대동사로서 앞의 구체동사를 대신하여 씀〕 ◇你帮我拿手提包, 这个箱子我自己～吧/네가 나 대신 가방을 들어, 이 트렁크는 내가 들게. **4**'得', '不'와 함께 써서 '가능'과 '불가능'을 나타냄. ◇这个歌我唱不来/이 노래는 내가 부를 줄 모른다. **5**동사 앞에 쓰여 어떤 일을 자발적으로 하려 함을 나타낸다. ◇我～接电话/(다른 사람이 받게 하지 않고) 내가 전화를 받겠습니다. ◇大家～想办法/모두들 방법을 생각해 보자. **6**[동]…하러 오다. 〔동사나 동빈구조 뒤에 쓰여 동작행위의 목적을 나타낸다〕 ◇他上个星期回家探亲～了/그는 지난주에 부모님을 뵈러 집에 왔다. **7**두 동사(구) 사이에 쓰여 앞 동사가 방법·태도를 나타내고 뒷 동사가 목적을 나타낸다. ◇他拿了报纸～当扇子/그는 신문을 갖고 부채로 삼았다. **8**동사 뒤에 방향동사로 쓰여 동작이 화자쪽으로 향해옴을 나타낸다. ◇对面走～一个中国姑娘/맞은 편에서 중국인 아가씨가 걸어왔다. **9**한 적이 있다. ◇那件事我多会儿说～/그 일을 내가 언제 말 한 적이 있는가? **10**미래의. ◇～年/내년. **11**'…来…去'의 구조로 쓰여 동작이 여러차례 반복됨을 나타낸다. ◇他想～想去, 也没想出一个好办法/그는 여러번 생각했지만 좋은 방법이 생각나지 않았다. **12**동사+得/不+来'의 구조로 쓰여 가능과 불가능을 나타낸다. ◇还是你去和他谈吧, 我和他谈不～/역시 네가 그와 이야기해. 나는 그와 말이 안 통해. **13**'看, 说, 想, 听, 算'등 뒤에 쓰여 짐작·추측의 의미를 가진다. ◇这件事听～是你不对, 你应该向她道歉/그 일은 듣기에 네가 틀린 것 같으니 그녀에게 사과해야 해. **14**[조]수사나 양사 앞에 쓰여 개략적인 숫자를 나타낸다. 수사는 10단위 이상이며 양사 뒤에는 형용사를 붙이기도 한다. ◇三十～岁/30여세. ◇二十～米长/20여미터 가량 길다. **15**'一, 二, 三' 등 수사 뒤에 쓰여 이유를 대거나 원인 설명을 나타낸다. ◇我这次回家乡, 一～是给父母扫墓, 二～是看看家乡的变化/내가 이번에 고향에 온 것은 첫째가 부모님 성묘이고 둘째는 달라진 고향을 보기 위함이다. **16**그동안. 이후. 이래. 〔과거부터 현재까지〕 ◇从～/여지껏. ◇别～无恙 yàng/헤어지고 난 후로 별고 없으셨습니까?

⁑【来宾—빈】 láibīn [명]**1**내빈. 손님. ◇招待～/내빈을 접대하다. (同)〔宾客 kè〕, (反)〔主人 zhǔrén〕

【来不得—불득】 lái·bu·de 있어서는 안 된다. …해서는 안 된다. ◇教学上～半点虚假/교수에서는 조금이라도 거짓이 있어서는 안 된다.

☆【来不及—불급】 lái ·bu jí [동]시간에 대지 못하다. ◇还有一个钟头就开车, ～看他去了/한시간만 있으면 차가 떠날텐데 그를 만나기는 다 틀렸다.

【来潮—조】 lái∥cháo [동]**1**밀물이 들어오다. (同)〔涨潮〕 **2**월경하다.

【来到－도】láidào [동]도착하다. ◇她～中国已经三年了/그녀는 중국에 온지 3년이 되었다.
【来得－득】lái·de [동]1해낼 수 있다. ◇粗细活儿她都～/힘든 일, 깐깐한 일 그녀는 다 해낼 수 있다. 2(비교한 결과) …하게 보이다. ◇看书有点儿沉闷，还是打球～痛快/책 보는 게 좀 답답하니 역시 공놀이하는 게 더 신나게 보인다.
☆【来得及－득급】lái ·de jí [동]늦지 않다. ◇时间还早呢，你休息一会儿再去上班也～/아직 이르니까 좀 쉬다 출근해도 늦지 않다. [비교]来得及：有空 "来得及"는 관형어로 쓰지 않는다. ◇等我(×来得及)有空的时候就去买/내가 시간이 있을 때 가서 사겠다.
【来电－전】láidiàn 1[명]수신 전보. 2(lái∥diàn)[동]전기가 다시 들어오다.
*【来访－방】láifǎng [명][동]내방(하다). ◇报社热情接待～的读者/신문사에서는 방문하러 온 독자들을 따뜻하게 맞았다.
【来复枪－복창】láifùqiāng [명]〈音〉〈軍〉라이플(rifle) 총.
【来复线－복선】láifùxiàn [명]〈音〉〈軍〉총신(銃身) 내부의 나선형의 강선. (同)〔膛 táng 线〕
【来稿－고】láigǎo 1[명]투고한 원고. 2[동]원고를 보내오다.
【来归－귀】láiguī [동]1귀순하다. 2〈文〉시집가다. 〔남자쪽에서 보아 하는 말〕
【来函－함】láihán [명]〈文〉보내온 편지. 내신(來信).
⁑【来回－회】láihuí 1[동]왕복하다. ◇从单位到宿舍～有一里地/직장과 기숙사까지는 왕복 1리가 된다. 2[명]왕복. ◇骑自行车一刻钟就可以走一个～/자전거를 타고 15분에 한번 갔다 올 수 있다. (同)〔来去 qù〕, (反)〔单程 dānchéng〕 3[부]왔다갔다하며. 여러번. ◇树上的鸟儿～地飞/새가 나무에서 왔다갔다하며 난다.
*【来回来去－회래거】láihuí láiqù 1왔다갔다하다. 계속 오가다. ◇他～地走着/그는 왔다갔다하며 걷고 있다. 2(말을) 되풀이하다. ◇他怕别人不明白，总是～地说/그는 남들이 잘 모를까봐 늘 말을 되풀이 한다.
【来回票－회표】láihuípiào [명]왕복표.
【来火－화】lái huǒ (～儿)[동]화가 치밀다.
【来件－건】láijiàn [명]부쳐오거나 보내온 서류나 물품.
【来劲－경】lái∥jìn (～儿)1[동]힘이 솟다. ◇大家越干越～/모두들 하면 할수록 더욱 힘이 솟아났다. (同)〔起 qǐ 劲〕, (反)〔没 méi 劲〕 2[동]흥분시키다.
⁑【来客－객】láikè [명]손님. ◇欢迎远方～/멀리서 온 손님을 환영한다.
*【来历－력】láilì [명]내력. 경력.
*【来临－림】láilín [동]다가오다. ◇春天已经～/봄은 이미 다가왔다. (同)〔来到 dào〕, (反)〔离 lí 去〕
【来龙去脉－룡거맥】lái lóng qù mài 일의 경위.
【来路－로】láilù [명]1들어 오는 길. ◇洪水挡住了运输队的～/홍수가 수송대열의 진로를 가로막았다. 2출처. 유래.
【来路货－로화】láilùhuò [명]〈方〉수입품.
*【来年－년】láinián [명]내년. 다음해. ◇估计～的收成会比今年好/내년의 수확이 올해보다 좋을 것 같다. (同)〔明 míng 年〕
【来去－거】lái qù [동]1오가다. 2왕래하다.
【…来…去－…래…거】…lái…qù 1왔다갔다하다. ◇蝴蝶 húdié 在花丛中飞来飞去/나비가 꽃밭에서 이리저리 날고 있다. 2어떤 목적을 이루기 위해서 동작을 반복해서 그 결과를 나타냄. ◇路上遇见那个人， 我想来想去也没想起他是谁/길에서 그 사람을 만났는데 아무리 생각해도 그가 누군지 생각나지 않았다.
【来人－인】láirén [명]심부름꾼. 전갈을 가져온 사람.
【来人儿－인아】láirénr [명](옛날, 매매·임대·고용 따위의) 소개인. 거간꾼.
【来日－일】láirì [명]장래. 앞날.
【来日方长－일방장】lái rì fāng cháng〈成〉다가오는 세월이 길다. 〔일을 서둘러 하지 말라는 뜻〕
【来生－생】láishēng [명]내세. 저승. (同)〔来世 shì〕, (反)〔现世 xiànshì〕
【来世－세】láishì [명]내세.
【来事－사】láishì 1〈方〉(～儿)처신하다. ◇他挺会～的/그는 처신을 꽤 잘 한다. 2〈方〉되다. 좋다. 〔주로 부정형으로 쓰임〕 ◇这样做不～/그렇게 하면 안 된다. 3[명]미래의 일.
【来势－세】láishì [명]밀려오는 기세.
【来书－서】láishū [명]〈文〉보내온 편지. (同)〔来信 xìn〕
【来头－두】lái·tou [명](～儿)1경력. 내력. 2연유. 까닭. 3밀려오는 기세. 4(～儿)흥미. 재미.
⁑【来往－왕】láiwǎng [동]왕래하다. ◇友好～/친선 왕래. ◇互相～/상호 왕래하다.
【来往－왕】lái·wang [명][동]교제(하다).
【来文－문】láiwén [명]보내온 문서.
【来项－항】láixiàng [명]들어온 돈. 수입.
☆【来信－신】láixìn 1[명]보내온 편지. ◇～收到了/보내온 편지를 받아보았다. 2(lái∥xìn)[동]편지가 오다. 편지를 보내오다.

◇从家里~了/집에서 편지가 왔다.
【来意-의】láiyì [명]온 이유. 들린 까닭.
【来由-유】láiyóu [명]원인. 연고. 까닭. (同)〔缘故 yuángù〕〔原因 yuányīn〕
⁑【来源-원】láiyuán 1[명](사물의) 근원. 출처. ◇他家的经济~主要是靠他父母的工资/그의 집의 돈 나오는 곳은 주로 그의 부모의 월급이다. 2[동](사물이) 기원(起源)하다. 발생하다. 오다. ◇文学艺术不仅要~于生活，而且要高于生活/문학 예술은 생활에서 와야할 뿐만 아니라 생활을 초월해야 한다. [비교]来源:来自 사람이 어디에서 온다는 것에는 "来源"을 쓰지 않는다. ◇他(×来源于)来自日本/그는 일본에서 왔다.
【来者-자】láizhě [명]1장래의 일. 2온 사람.
【来者不拒-자불거】lái zhě bù jù 〈成〉오는 것은 막지 않는다. 오는 것은 자유다.
【来这一手-저일수】lái zhè yī shǒu 이〔그〕런 수작을 부리다. ◇不要跟我~/나에게 이런 수작 부리지 마세요. (同)〔来这一套 tào〕
【来着-착】lái·zhe [조]…을 하고 있었다. 〔과거의 일을 상기시킴〕 ◇你刚才做什么~?/너는 방금 무엇을 하고 있었니? ◇他去年冬天还回家~/그는 작년 겨울까지만 해도 집에 갔다 왔었다.
☆【来自-자】láizì [동](…에서) 오다. ◇我们~五湖四海/우리들은 방방곳곳에서 모여 왔다.

【莱·萊】 莱部 7画 lái 명아주 래

1〈文〉〈植〉명아주. (同)〔藜〕 2옛날, 교외의 휴경지나 황무지.
【莱菔-복】láifú [명]무우.
【莱塞-색】láisài [명]〈音〉〈物〉레이저.

【梾·棶】 木部 7画 lái 말채나무 래

【梾木-목】láimù [명]〈植〉말채나무. (同)〔灯 dēng 台树〕

【铼·錸】 钅部 7画 lái 레늄 래

[명]〈化〉레늄(Re).

lài

*【赖·賴】 刀部 11画 贝部 9画 lài 의뢰할 뢰

1[동]의지하다. 기대다. ◇完成任务，有~于大家的努力/임무를 완성하려면 모두의 노력에 달려 있다. (同)〔仗 zhàng〕 2[동]뻔뻔하다. 3[동]머물러 떠나려 하지 않다. ◇这人故意在我家里~着/이 사람은 일부러 우리집에서 버텨 떠나려 하지 않는다. 4[동]잘못을〔책임을〕 부인하다. ◇你是~，不跟你说/강떼를 쓰니 너하고 말할 것이 없다. 5[동](남에게 죄나 잘못을) 덮어 씌우다. 전가시키다. ◇自己做错了，不能~别人/자기가 잘못했으면 남에게 전가시켜서는 안 된다. 6[동]탓하다. 나무라다. ◇婆婆总是~媳妇/시어머니는 늘 며느리를 나무란다. 7[형]나쁘다. 좋지 않다. ◇不论好的~的我都能吃/좋은 것이든, 나쁜 것이든 나는 모두 먹을 수 있다. 8[명]성(姓).
【赖词儿-사아】làicír [명]남을 모함하는 말. 트집.
【赖婚-혼】lài∥hūn [동]혼약을 이행하지 않다.
【赖皮-피】làipí [형]능글맞다. 뻔뻔스럽다.
【赖学-학】lài∥xué [동]〈方〉수업을 빼먹다. (同)〔逃 táo 学〕
【赖帐-장】lài∥zhàng [동]빚진 사실이 없다고 잡아떼다.
【赖子-자】lài·zi [명]무뢰한.

【籁·籟】 竹部 13画 lài 퉁소 뢰

[명]1고대 퉁소의 일종. 2구멍에서 나오는 소리.

【癞·癩】 疒部 13画 lài 문둥병 라

1[명]〈醫〉문둥병. 나병. (同)〔麻风 máfēng〕 2[명]〈醫〉나두창.
【癞瓜-과】làiguā [명]〈方〉〈植〉여주. (同)〔苦 kǔ 瓜〕
【癞蛤蟆-합막】làihá·ma [명]〈動〉두꺼비의 통칭. (同)〔蟾蜍 chánchú〕
【癞皮狗-피구】làipígǒu [명]〈喻〉뻔뻔스런 놈. 비겁한 놈.
【癞癣-선】làixuǎn [명]〈醫〉나두창(癩頭瘡)·두부백선(頭部白癬) 따위로 머리카락이 빠지는 피부병.
【癞子-자】lài·zi [명]1〈方〉나두창(癩頭瘡)이 있는 자. 2문둥이.

lán

【兰·蘭】 八部 3画 lán 난초 란

[명]1〈植〉난초. 2(Lán)성(姓).
【兰草-초】láncǎo [명]〈植〉1향등골나물. (同)〔佩 pèi 兰〕 2난초. (同)〔兰花〕
*【兰花-화】lánhuā [명]1춘란. 보춘화. 2〈植〉난초.
【兰花指-화지】lánhuāzhǐ 중지를 구부리고 나머지 손가락을 편 후 엄지와 중지로 물건을 잡는 동작. (同)〔兰花〕
【兰谱-보】lánpǔ [명]옛날, 의형제를 맺을 때 서로 주고 받는 자신의 가계(家系)를

적은 책.

【兰章—장】lánzhāng 图〈文〉아름다운 글.

☆【拦·攔】 扌部｜lán 5画｜막을 **란**

图(가로)막다. 저지하다. ◇警察把这辆汽车～住了/경찰은 이 차를 막았다.

【拦挡—당】lándǎng 图가로막다. 저지하다.

【挡道木—도목】lándàomù 图행인이나 차량 등의 통행을 저지하는 차단봉. 〔철도 건널목 등에 설치됨〕

【拦柜—궤】lánguì 图상점 등의 카운터. (同)〔柜台 tái〕

【拦河—하】lán//hé 图강(물)을 막다.

【拦河坝—하패】lánhébà 图하천 댐. (同)〔拦水坝〕

【拦洪—홍】lánhóng 图홍수를 막다.

【拦洪坝—홍패】lánhóngbà 图홍수 방지용 제방.

【拦击—격】lánjī 图요격하다.

【拦劫—겁】lánjié 图길을 막고 강탈하다.

【拦截—절】lánjié 图(길을) 가로막다.

【拦路—로】lán//lù 图길을 가로막다.

【拦路虎—로호】lánlùhǔ 图노상 강도 또는 장애물. 걸림돌.

【拦网—망】lánwǎng 图图〈體〉(배구의) 블로킹(하다).

【拦蓄—축】lánxù 图(제방을 쌓아) 물을 막아 고이게 하다.

【拦腰—요】lányāo 图중도에서 차단하다.

【拦住—주】lánzhù 图차단하다.

【拦阻—조】lánzǔ 图가로막다. (同)〔阻拦〕

【栏·欄】 木部｜lán 5画｜난간 **란**

1图난간. ◇楼～/아파트 난간. (同)〔阑 l-án〕2图가축의 우리. ◇用干土垫～/마른 흙을 우리에 깔다. 3图(신문·잡지 등의) 난. 칼럼. ◇经济信息～/경제 정보 난. 4图(서식 등의) 줄칸. ◇简历～/이력란. 5图우리. ◇一～牛/한 우리의 소.

【栏杆—간】lángān 图난간. (同)〔阑干 lá-ngān〕

【栏柜—궤】lánguì 图(상점의) 카운터. (同)〔拦柜〕

【栏目—목】lánmù 图항목 내용.

【岚·嵐】 山部｜lán 4画｜남기 **람**

图산 속에서 피어오르는 수증기. ◇晓～/새벽 안개.

【岚烟—연】lányān 图산의 안개.

【婪】 女部｜lán 8画｜탐할 **탐**

(同)〔贪 tān 婪〕

【阑·闌】 门部｜lán 9画｜함부로 **란**

1图난간. 〔栏 lán〕2图막다. 저지하다. 〔拦 lán〕3图깊어지다. 으스개지다. ◇夜～人静/밤이 깊어 인기척이 없다. 4图함부로. 멋대로. ◇～出/함부로 나가다.

＊【阑干—간】lángān 1图난간. (同)〔栏杆〕2图〈文〉이리저리 엇걸려 뒤섞이다.

【阑入—입】lánrù 图〈文〉1멋대로 들어가다. 난입하다. 2섞어 넣다.

【阑珊—산】lánshān 图〈文〉끝나가다. 쇠약하다.

【阑尾—미】lánwěi 图〈生理〉충양 돌기.

【阑尾炎—미염】lánwěiyán 图〈醫〉충수염. 맹장염. (同)〔盲肠 mángcháng 炎〕

【谰·讕】 讠部｜lán 12画｜헐뜯을 **란**

图〈文〉무고한 죄를 뒤집어 씌우다. 자기 죄가 아니라고 발뺌하다. (同)〔诬赖 wūlài〕

【谰言—언】lányán 图중상 모략의 말. 헐뜯는 말. 근거없는 말.

【澜·瀾】 氵部｜lán 12画｜물결 **란**

图큰 물결[파도]. ◇波～/파도.

【斓·斕】 文部｜lán 12画｜얼룩얼룩할 **란**

(同)〔斑斓 bānlán〕

图문체가 아름다운 모양. 알록달록하게 빛나다.

【镧·鑭】 钅部｜lán 12画｜란타늄 **란**

图〈化〉란타늄(La).

★【蓝·藍】 艹部｜lán 10画｜쪽 **람**

1图〈植〉쪽. ◇青出于～而胜于～/푸른빛은 쪽에서 나왔으나 쪽빛보다 더 푸르다. 2图图남빛(의). 남색(의). 3(Lán)图성(姓).

【蓝宝石—보석】lánbǎoshí 图〈礦〉사파이어.

【蓝本—본】lánběn 图원본. 저본.

【蓝点鲅—점발】lándiǎnbà 图삼치. (同)〔鲅鱼 yú〕

【蓝点颏—점해】lándiǎnké 图〈鳥〉푸른 턱 울타리새.

【蓝靛—전】lándiàn 图(짙은) 남색.

【蓝晶晶—정정】lánjīngjīng (～的)图푸르게 빛나다. 〔물이나 보석 등을 형용할 때 씀〕

【蓝领—령】lánlǐng 图노동자. 블루칼라.

【蓝缕—루】lánlǚ 图(옷이) 남루하다. (同)〔褴褛 lánlǚ〕

【蓝皮书—피서】lánpíshū 图(同)〔白 bái 皮书〕

【蓝青—청】lánqīng 图〈色〉청록색.

【蓝青官话—청관화】lánqīng-guānhuà 图방언 지역의 사람이 말하는 표준말.

【蓝田猿人—전원인】Lántián yuánrén 图남전인. 〔60여만년 전에 살았을 것으로 추

정됨. 1963년 섬서(陝西) 남전현(藍田縣)에서 출토되었음〕 (同)〔藍田人〕

【蓝图－도】 lántú 图 1청사진. 2건설계획.

【蓝盈盈－영영】 lányíngyíng (～的)图〈方〉눈부시게 푸르다.

【褴·襤】 衤部 lán 10画 헌누더기 람

【褴褛－루】 lánlǚ 图(의복이) 남루하다.

【篮·籃】 竹部 lán 10画 바구니 람

1(～儿)图바구니. ◇竹～/대바구니. ◇花～儿/꽃바구니. 2图〈體〉(농구의) 바스켓. ◇投～儿/(농구에서) 슛하다. ◇进～了/(농구에서 볼이) 들어갔다. 3图농구를 가리킴. ◇男～/남자농구.

★【篮球－구】 lánqiú 图 1〈體〉농구. ◇～队/농구 선수단. 2농구공.

＊＊【篮子－자】 lán·zi 图바구니. 광주리.

lǎn

【览·覽】 见部 lǎn 9画 볼 람

1图보다. 대강 훑어보다. ◇展～品/전시품. ◇阅～/열람하다. ◇观～/관람하다. ◇游～/유람하다. 2(Lǎn) 图성(姓).

【览胜－승】 lǎnshèng 图〈文〉명승지를 유람하다.

【揽·攬】 扌部 lǎn 9画 잡을 람

图 1끌어안다. ◇把孩子紧紧～在怀里/아이를 품 안에 꼭 끌어 안았다. 2(밧줄 따위로) 묶다. 잡아 매다. ◇把车上的柴火～上点/수레 위의 땔감들을 좀 잡아 묶어라. 3끌어[잡아]당기다. ◇～买卖/장사를 끌어들이다. 손님을 끌다. 4장악하다. 독점하다. ◇独～大权/정권을 독차지하다.

【揽承－승】 lǎnchéng 图승낙하다. (업무를) 도맡다.

【揽工－공】 lǎngōng 图〈方〉고용되어 일하다. 머슴살이하다.

【揽活－활】 lǎn // huó (～儿)图일을 맡다.

【揽总－총】 lǎnzǒng (～儿)图전반적으로 장악하다.

【缆·纜】 纟部 lǎn 9画 닻줄 람

1图밧줄. ◇船～/배를 매는 밧줄. 2图굵은 줄. 케이블. 3图(밧줄로써) 배를 매다. ◇～船/배를 매다.

【缆车－차】 lǎnchē 图케이블 카.

【缆绳－승】 lǎnshéng 图(마·종려·금속선으로 만든) 밧줄.

【缆索－삭】 lǎnsuǒ 图굵은 밧줄.

【榄·欖】 木部 lǎn 9画 감람나무 람

〔榄仁 lǎnrén:올리브 열매〕〔橄榄 gǎnlǎn:올리브나무〕

【漤·灠】 氵部 lǎn 11画 간칠 람

图 1절이다. 소금에 담그다. 2(감을) 우리다. (감의) 떫은 맛을 빼다. ◇～柿子/감을 우리다.

【罱】 罒部 lǎn 9画 파낼 람

1图물고기를 잡거나 수초·진흙 따위를 떠 올리는 도구. 2图(위와 같은 도구로) 퍼내다. ◇～泥船/진흙을 퍼내는 배.

☆【懒·(懶)】 忄部 lǎn 13画 게으를 라

图 1게으르다. 나태하다. (反)〔勤 qín〕◇～人也有办法/게으른 사람에게는 게으른 방법이 있다. 2나른하다. 피곤하다. ◇他拉了一天车, 身子又酸又～/그는 하루 종일 수레를 끌다보니 몸이 시큰시큰하고 나른해졌다.

【懒虫－충】 lǎnchóng 图게으름뱅이.

【懒怠－태】 lǎn·dai 1(同)〔懒惰 duò〕2图마음이 내키지 않다.

【懒得－득】 lǎn·de 图…할 마음이 내키지 않다. …할 기분이 나지 않다. ◇因累得要命, 他也～做饭/아주 지쳐서 그는 밥할 기분이 나지 않았다.

＊【懒惰－타】 lǎnduò 图나태하다. 게으르다. ◇这人太～了, 在家里什么事都不愿意干/이 사람은 너무 게을러서 집에서 아무 일도 하려고 하지 않는다.

【懒骨头－골두】 lǎngǔ·tou 图〈罵〉게으름뱅이.

【懒汉－한】 lǎnhàn 图게으름뱅이.

【懒猴－후】 lǎnhóu 图〈動〉느보원숭이.

【懒散－산】 lǎnsǎn 图산만하다. 해이하다. 나태하고 산만하다. (反)〔振作 zhènzuò〕

【懒洋洋－양양】 lǎnyángyáng (～的)图나른하다.

làn

☆【烂·爛】 火部 làn 5画 문드러질 란

1图흐물흐물하다. 물렁물렁하다. ◇肉很～, 适合老年人吃/고기가 아주 흐물흐물해져서 노인들이 드시기에 알맞다. 2图낡다. 헐다. 너털너털하다. ◇过去农民大多穿的都是～衣服/옛날에 농민이 대개 헌 옷을 입었다. 3图썩다. 곪다. ◇～水果不能吃/썩은 과일은 먹어서는 안된다. (反)〔鲜 xiān〕4图어수선하다. 뒤

죽박죽이다. ◇孩子把刚买的毛线弄~了/아이가 금방 사온 털실을 엉망으로 만들었다. 5〈早〉몹시. 완전히. ◇~醉/몹시 취했다. ◇~熟/푹 익었다.

【烂糊－호】làn·hu 〈형〉(음식이) 푹 익다. 물렁물렁하다.

【烂漫－만】lànmàn 〈형〉1빛깔이 선명하고 아름답다. 2순진하다. 꾸밈새가 없다. ◇天真~/천진난만하다.

【烂泥－니】lànní 〈명〉진흙.

【烂熟－숙】lànshú 〈형〉1(고기·야채 따위가) 푹 익다. 2익숙하다. 능란하다. ◇他台词背得~/그녀는 대사를 달달 외웠다.

【烂摊子－탄자】làntān·zi 〈명〉지저분한 구멍가게. 수습하기 어려운 국면.

【烂污－오】lànwū 〈명〉1묽은 똥. 2방탕한(주로 여자를 가리킴). ◇~货/방탕한 년.

【烂账－장】lànzhàng 〈명〉1뒤죽박죽이 된 장부. 2오래받지 못한 빚.

【烂醉－취】lànzuì 〈동〉만취하다. (同)〔大 dà 醉〕, (反)〔苏醒 sūxǐng〕

【滥·濫】 氵部 | làn
10画 | 넘칠 람

1〈동〉(물이) 넘쳐 흐르다. 범람하다. ◇黄河水泛~数万名丧生/황하가 범람하여 수만 명이 목숨을 잃었다. 2〈형〉지나치다. ◇~用权力/권력을 남용하다.

【滥调－조】làndiào (~儿)〈명〉판에 박힌 말〔글〕. 진부한 말[문구]. (同)〔老 lǎo 调〕

【滥觞－상】lànshāng 〈명〉〈文〉시작. 기원.

【滥套－투】làntào 〈명〉(글에서의) 내용이 없는 상투어나 형식.

【滥用－용】lànyòng 〈동〉남용하다.

【滥竽充数－우충수〕làn yú chōng shù 〈成〉재능이 없으면서 끼어들어 머리 숫자만 채우다. 나쁜 것을 좋은 것으로 눈속임하다.

lāng

【啷】 口部 | lāng
8画 | 부딪치는소리 랑

→ (同)〔哐啷〕

【啷当－당〕lāngdāng 1〈方〉가량. 쯤. 〔주로 연령을 가리킴〕 2(~儿的) 열거한 후 끝맺을 때 쓰임.

láng

【郎】 阝部 | láng
6画 | 사내 랑

〈명〉1고대의 관직명. ◇员外~/원외랑. 2어떤 사람에 대한 호칭. ◇放牛~/목동. ◇女~/젊은 여성. 3남편이나 애인에 대한

호칭. ◇~君/낭군. 4옛날, 남의 아들의 호칭. 5(Láng)姓. ⇒láng

【郎才女貌－재녀모〕láng cái nǚ mào 〈成〉남편은 유능하고 아내는 아름답다. 잘 어울리는 부부.

【郎当－당〕lángdāng 1〈의〉쩽그랑쩽그랑. 〔금속이 부딪치는 소리〕 (同)〔锒铛 lángdāng〕 2〈형〉(옷이) 헐렁하다. 3〈형〉기가 죽다. 의기소침하다. 4인재가 못되다.

【良舅－구〕lángjiù 〈명〉매부와 처남.

【郎猫－묘〕lángmāo 〈명〉숫고양이.

【郎中－중〕lángzhōng 〈명〉1낭중. 〔벼슬 이름〕. 2〈方〉한의사. (同)〔中医医生〕

【廊】 广部 | láng
8画 | 행랑 랑

〈명〉복도. 통로. ◇走~/복도.

【廊庙－묘〕lángmiào 〈명〉〈文〉조정.

【廊檐－첨〕lángyán 〈명〉낭하의 처마.

【廊子－자〕láng·zi 〈명〉처마가 있는 복도. 복도.

【娜】 女部 | láng
8画 | 아름다울 랑

【娜嬛－현〕lánghuán (同)〔琅 láng 嬛〕

【榔(桹)】 木部 | láng
8画 | 빈랑나무 랑

【榔槺－강〕láng·kang (물건이) 길고 육중하다.

【榔头－두〕láng·tou 〈명〉망치. (同)〔锒头〕

【锒·鋃】 钅部 | láng
8画 | 쇠사슬 랑

【锒头－두〕láng·tou (同)〔榔头〕

【螂(蜋)】 虫部 | láng
8画 | 사마귀 랑

(同)〔螳螂 tángláng〕

☆【狼】 犭部 | láng
7画 | 이리 랑

〈명〉〈动〉이리.

∗【狼狈－패〕lángbèi 〈동〉어쩔줄 모르다. 몹시 당황해 하다. ◇看他那副~样子, 一定又挨 ái 批评了/저 낭패상을 보니 또 핀잔을 받은 것 같다. (同)〔难堪 nánkān〕〔窘迫 jiǒngpò〕, (反)〔坦然 tǎnrán〕 〈比〉"狼狈"는 대응하기 어려울 경우에 쓰이지 않는다. ◇父母知道了我的打算, 非常(×狼狈)为难/부모님이 나의 계획을 알고 몹시 난감했다.

【狼狈为奸－패위간〕lángbèi wéi jiān 〈成〉한 패가 되어 못된 짓을 저지르다.

【狼奔豕突－분시돌〕láng bēn shǐ tū 〈成〉악인이 무리를 지어 행패를 부리다.

【狼疮－창〕lángchuāng 〈의〉낭창.

【狼狗－구〕lánggǒu 〈명〉〈动〉사냥개. 셰퍼드.

【狼毫－호〕lángháo 〈명〉족제비털로 만든 붓.

【狼藉－적〕lángjí 〈형〉〈文〉1낭자하다. 어지

러지다. ◇几个小伙子吃完饭就走了, 桌子上筷子, 杯盘~/몇몇 젊은이가 밥 다 먹고 갔는데 식탁에 젓가락, 컵, 접시가 어지러이 널려 있다. **2**평판이 나쁘다. ◇声名~/평판이 극히 나쁘다.

【狼头一두】láng·tou (同)〔榔头〕

【狼吞虎咽一탄호인】láng tūn hǔ yàn〈成〉게걸스럽게 먹다. (反)〔细嚼慢咽 xì jiáo màn yàn〕

【狼心狗肺一심구폐】láng xīn gǒu fèi〈成〉짐승처럼 잔인하기 그지 없다. (同)〔心如蛇蝎 xīnrú shéxiē〕, (反)〔菩萨心肠 púsà xīn cháng〕

【狼烟一연】lángyān 图1봉화. 2전쟁.

【狼烟四起一연사기】láng yān sì qǐ〈成〉사방에서 봉화(烽火)가 오르다. 국경지역에 전란이 일어나다. (同)〔烽 fēng 烟四起〕, (反)〔天下太平 tiānxià tàipíng〕

【狼子野心一자야심】láng zǐ yě xīn〈成〉짐승처럼 흉폭한 성격. 악랄한 흉계.

【琅(瑯)】王部 láng
7画 옥돌 랑
图1옥(玉). 2아름답다. 맑다.

【琅玕一간】lánggān 图〈文〉진주 같이 생긴 미석(美石).

【琅嬛一현】lánghuán 图〈文〉천제(天帝)의 서고(書庫). 〔진귀한 서적이 가득 쌓여 있다 함〕

【琅琅一랑】lángláng 의1땡그랑땡그랑. 〔쇠붙이나 돌이 서로 부딪치는 소리〕 2또랑또랑. 〔크게 책읽는 소리〕

【铛】钅部 láng
7画 쇠사슬 랑

【铛铛一당】lángdāng 1图〈文〉쇠사슬. ◇~人狱 yù/쇠사슬에 묶여 감옥에 들어가다. 2의쨍그랑쨍그랑. 〔금속이 부딪치는 소리〕(同)〔郎当 lángdāng〕

lǎng

【朗】月部 lǎng
6画 밝을 랑
图1밝다. 환하다. ◇明~/명랑하다. (反)〔暗 ān〕2소리가 맑고 크다. (反)〔哑 yǎ〕

☆【朗读一독】lǎngdú 图낭독하다. ◇~课文/본문을 낭독하다.

【朗朗一랑】lǎnglǎng 图1낭랑하다. 2밝은 모양.

【朗生一생】lǎngshēng 图노예. 농노. (同)〔囊 náng 生〕

＊＊【朗诵一송】lǎngsòng 图낭송하다. ◇诗歌~会/시가 낭송회.

làng

【郎】阝部 làng
6画 사내 랑
(同)〔屎壳郎 shǐkelàng:말똥구리, 쇠똥구리〕

☆【浪】氵部 làng
7画 물결 랑
1图물결. 파도. ◇白~滔天/흰 파도가 하늘을 뒤덮다. **2**图물결처럼 출렁이는 것. ◇麦~/보리 물결. **3**图방종하다. 구속없다. ◇放~/방탕하다. 제멋대로하다. **4**图거닐다. (同)〔逛 guàng〕**5**(Làng)图성(姓).

＊【浪潮一조】làngcháo 图캠페인. 물결. ◇改革开放的~/개혁개방의 물결. (同)〔波浪〕〔潮水〕

【浪船一선】làngchuán 图배모양의 그네.

【浪荡一탕】làngdàng 1图빈둥거리다. (同)〔浪当 dāng〕2图방탕하다.

☆【浪费一비】làngfèi 图낭비하다. ◇居民用水, 每年~得很严重/주민들이 매년 낭비하는 물은 엄청 심하다. (同)〔奢侈 shēchǐ〕, (反)〔节约 jiéyuē〕〔节省 shěng〕

【浪花一화】lànghuā 图1물보라. 2〈喩〉생활 중의 특기할 만한 사건. 현상.

【浪迹一적】làngjì 图정처없이 떠돌다. 방랑하다.

＊【浪漫一만】làngmàn 图1낭만적이다. ◇富有~色彩/낭만적인 분위기가 물씬 풍기다. 2(남녀관계에서) 방종하다.

【浪漫主义一만주의】làngmàn zhǔyì 图낭만주의.

【浪木一목】làngmù 图〈體〉유동 원목(遊動圓木). 〔운동 기구의 하나〕(同)〔浪桥 qiáo〕

【浪头一두】làng·tou 图1〈口〉파도. 파도의 꼭대기. (同)〔波浪〕2〈喩〉조류. 경향.

【浪游一유】làngyóu 图방랑하다. 만유하다.

【浪子一자】làngzǐ 图방탕아. 불량 소년.〈諺〉~回头金不换/방탕한 자식이 새사람이 되는 것은 돈으로도 바꿀 수 없다.

捞 554	牢 555	劳 555	唠 556	痨 556
铹 556	老 556	佬 561	姥 561	铑 561
络 561	烙 561	落 561	酪 562	涝 562
唠 562	耢 562			

lāo

☆【捞·撈】扌部 lāo
7画 잡을 로
图1(물 등의 액체 속에서) 건지다. 끌어 올리다. ◇孩子们常到湖边捕 bǔ 鱼~虾/아이들은 늘 호숫가에 가서 고기와 새우

를 잡는다. **2**(부정한 수단으로) 얻다. 취득하다. ◇他利用职权，～了很多好处/그는 직권을 이용하여 많은 이득을 보았다. **3**〈方〉(내친 김에) 가지다. 잡다.

【捞本-본】lāo∥běn 〈(～儿)〉통〈貶〉(도박에서) 본전을 찾다. 본전을 건지다.

【捞稻草-도초】lāo dàocǎo (물에 빠진 사람이) 지푸라기를 잡다.

【捞摸-모】lāo·mo 통(물 속에서) 물건을 더듬어 찾다. 부당한 이익을 얻다.

【捞取-취】lāoqǔ 통**1**(물 속에서) 잡아 올리다. **2**(부정한 방법으로) 얻다.

【捞着-착】lāo∥zháo 통(기회를) 얻다.

láo

＊＊【牢】⼧部 | láo
4画 | 우리 **뢰**

1명(가축을 기르는) 우리. 외양간. ◇猪～/돼지우리. **2**명고대의 제사용 가축. 희생. **3**명감옥. ◇他以前坐过～/그는 전에 옥살이를 했었다. (同)〔监狱 jiānyù〕〔牢狱/监牢〕통견고하다. ◇这块手表真一啊, 掉在地上好几次都没摔 shuāi 坏/이 손목시계는 정말 단단하구나, 땅바닥에 몇번이나 떨구었는데도 부서지지 않으니. (同)〔坚固 jiāngù〕〔牢固〕

【牢不可破-불가파】láo bù kě pò 〈成〉탄탄하여 깰 수가 없다. (同)〔坚不可摧 cuī〕〔坚如磐石 jiān rú pán shí〕, (反)〔不堪一击 bù kān yī jī〕〔一触即溃 yī chù jí kuì〕

＊【牢房-방】láofáng 명감방.

＊＊【牢固-고】láogù 형견고하다. 탄탄하다. ◇基础～/기초가 탄탄하다. (同)〔坚固〕〔结实 jiēshi〕, (反)〔松散 sōngsǎn〕

＊【牢记-기】láojì 통명심하다. 새기다. ◇我们要～历史的教训/우리는 역사의 교훈을 마음에 깊이 새겨야 한다. (同)〔铭记 míngjì〕, (反)〔忘记 wàngjì〕

【牢靠-고】láo·kao 형**1**견고하다. 튼튼하다. (同)〔牢固〕〔扎实 zhāshi〕〔稳固 wěngù〕**2**확실하다. 믿음직하다. ◇这个人很～/이 사람은 확실하다. (同)〔可靠 kě kào〕〔稳妥 tuǒ〕〔妥当 dang〕

【牢牢-뢰】láoláo 부확실히.

【牢笼-롱】láolóng 명**1**새장. 우리. 외양간. **2**명함정. 올가미. **3**명〈文〉꼬시다. **4**통구속하다. 속박하다. ◇不为封建思想所～/봉건적 사고에 속박받지 않는다.

＊＊【牢骚-소】láo·sāo **1**명불평. 불만. ◇他工作不好好干，老说爱发～/그는 일은 제대로 하지 않으면서도 늘 불평이다. **2**명불평하다. ◇他一起来没完没了/그는 불평을 늘어놓기 시작하면 끝도 없다. 비교

牢骚:说 불평하는 말이 아닌 경우에는 "牢骚"를 쓰지 않는다. ◇他不停地(×牢骚)说小李的坏话/그는 쉬지 않고 이 군을 헐뜯는 말을 했다.

【牢什子-십자】láoshí·zi 명시시한 것.

【牢实-실】láo·shí 형튼튼하다. 단단하다.

【牢稳-온】láowěn 형안전하다.

【牢稳-온】láo·wen 형(물체가) 안정되어 흔들리지 않다. 든든하다.

【牢狱-옥】láoyù 명감옥.

★【劳・勞】艹部 | 力部 | láo
4画 | 5画 | 일할 **로**

1명통일(하다). 노동(하다). ◇按～所得/일하는 것에 따라 소득이 정해진다. **2**통수고(를 끼치다. 애쓰게 하다. 〔다른 사람에게 일을 시킬 때 쓰는 공손한 말〕◇～您走一趟/한번 걸음을 해 주십시오. **3**명〈略〉'劳动者'(노동자)의 준말. ◇～资双方/노사 양측. **4**명형피로(하다). **5**명공로. 공훈. ◇勋 xūn～/공훈(업적). (同)〔功 gōng〕, (反)〔过 guò〕**6**통위로하다. 위문하다.

【劳保-보】láobǎo **1**명〈略〉노동 보험의 준말. **2**노동보호의 준말.

【劳步-보】láobù 〈敬〉발걸음하게 하다. 〔다른 사람의 방문을 고맙게 일컫는 말〕

【劳瘁-췌】láocuì 형〈文〉힘들고 피곤하다.

★【劳动-동】láodòng **1**명통노동(하다). 일(하다). ◇～是人类社会生存和发展的必要条件/노동은 인류사회의 생존과 발전의 필수 조건이다. (同)〔干活儿 gànhuór〕〔做工 zuògōng〕〔工作〕, (反)〔休息 xiū xi〕**2**통(특히) 육체 노동을 하다. ◇大学时我们去工厂～过/대학시절에 공장에 가서 일해 보았다. **3**명육체노동을 가리킴. ◇～锻炼/노동 단련. 비교劳动 "劳动"은 "做"의 목적어로 쓰지 않는다. ◇大家还要做别的(×劳动)事情/모두 또 다른 일을 해야 한다.

【劳动-동】láo·dong 〈敬〉수고하셨습니다. ◇～您跑一趟/미안하지만 한 번 갔다 와 주십시오. (同)〔烦 fán 劳〕

【劳动保护-동보호】láodòng bǎohù 명노동 보호.

【劳动保险-동보험】láodòng bǎoxiǎn 명노동 보험.

【劳动布-동포】láodòngbù 명〈紡〉데님(denim).

【劳动对象-동대상】láodòng duìxiàng 명〈經〉노동의 대상.

【劳动改造-동개조】láodòng gǎizào 명죄수들에게 노동을 통한 의식개조.

【劳动教养-동교양】láodòng jiàoyǎng 명노동 교도. 〔중국에서 실형을 받지 않은 범법자에게 실시하는 강제성 기술 훈련

과 의식개조〕

【劳动节－동절】Láodòng Jié (同)〔国 Guó 际劳动节〕

＊【劳动力－동력】láodònglì 몡노동력. 품. 일손. ◇减少～/노동력을 감소시킨다.

【劳动模范－동모범】láodòng mófàn 몡모범 노동자. 〔약칭 劳模〕

【劳动强度－동강도】láodòng qiángdù 몡노동강도.

【劳动日－동일】láodòngrì 몡노동 시간을 계산하는 단위. 〔보통 8시간을 하나의 '劳动日'로 함〕

【劳动生产率－동생산률】láodòng shēngchǎnlǜ 몡노동 생산성.

【劳动手段－동수단】láodòng shǒuduàn (同)〔劳动资料〕

【劳动条件－동조건】láodòng tiáojiàn 몡노동 여건.

【劳动者－동자】láodòngzhě 몡노동자.

【劳动资料－동자료】láodòng zīliào 몡〈經〉노동 수단. 〔이전에는 '劳动手段'이라 하였음〕

【劳顿－돈】láodùn (同)〔劳瘁 cuì〕

【劳而无功－이무공】láo ér wú gōng 〈成〉헛수고하다. (同)〔徒 tú 劳无功〕, (反)〔卓有成效 zhuó yǒu chéngxiào〕

【劳乏－핍】láofá 1혱피로하다. 2동지치다.

【劳烦－번】láofán 동번거롭게 하다. ◇～您去一趟/번거롭지만 한 번 다녀오세요.

【劳方－방】láofāng 몡노동자측. (反)〔资 zī 方〕

【劳改－개】láogǎi (同)〔劳动改造〕

【劳工－공】láogōng (同)〔工人〕

【劳绩－적】láojì 몡공로. 공적.

★【劳驾－가】láo // jià 〈口〉죄송합니다. 실례하겠습니다. 〔다른 사람에게 무슨 일을 부탁하거나 물을 때 쓰는 말〕◇～, 请您二位让一让路/죄송합니다, 두 분 길 좀 비켜 주세요. 〔'劳驾' 사이에 '劳您驾了'와 같이, 다른 성분을 넣어도 됨〕

【劳教－교】láojiào (同)〔劳动教养〕

【劳金－금】láojīn 몡(점원이나 고용인 등에게 주는) 임금. 급여.

【劳倦－권】láojuàn 동피로해지다. 지치다.

【劳军－군】láo // jūn (同)〔劳师〕

【劳苦－고】láokǔ 혱동고생(하다). 수고(하다). ◇不辞～/고생을 무릅쓰다. (同)〔劳累 lèi〕〔辛 xīn 劳〕〔辛苦〕

【劳苦功高－고공고】láo kǔ gōng gāo 〈成〉애를 많이 써서 큰 성과를 올리다. (反)〔劳而无益 túláo wú yì〕

【劳累－루】láolèi 동1(과로로) 피곤해지다. 지치다. (同)〔劳顿 dùn〕, (反)〔舒服 shūfu〕 2〈敬〉수고스럽다.

【劳力－력】láolì 동1노동력. 2일꾼. 일손.

【劳碌－록】láolù 동일 많아서 고생하다. 일하다. (反)〔享福 xiǎngfú〕

【劳民伤财－민상재】láo mín shāng cái 〈成〉인력과 재력을 낭비하다.

【劳神－신】láo // shén 1동신경을 쓰다. ◇你忙, 别多～/당신이 바쁘니 신경을 쓰지 마세요. 2〈敬〉수고스럽다. ◇～代为照顾一下/수고스럽지만 대신 좀 보살펴주세요.

【劳师－사】láo // shī 〈文〉군대를 위문하다.

【劳师动众－사동중】láo shī dòng zhòng 〈成〉필요이상으로 인력을 동원하다.

【劳什子－십자】láoshí·zi (同)〔牢 láo 什子〕

【劳损－손】láosǔn 동〈醫〉과로하여 심신을 해치다.

【劳务－무】láowù 몡역무(役務).

【劳心－심】láo // xīn 동1마음을 쓰다. (同)〔费 fèi 心〕,〔操 cāo 心〕 2정신노동에 종사하다.

【劳燕分飞－연분비】láo yàn fēn fēi 〈成〉헤어지다. 이별하다.

【劳役－역】láoyì 1몡강제 노역. (봉건 시대의) 부역. 2동(가축을) 부리다.

【劳逸－일】láoyì 몡작업[노동]과 휴식.

【劳资－자】láozī 몡노동자와 자본가. 노사.

【劳作－작】láozuò 1몡옛날, 소학교 과목의 하나. 〔공예 따위의 만드는 기능을 교육시킴〕 2동노동(하다). 힘들여 일하다.

【唠・嘮】 口部 láo
　7画 수다스러울 로

【唠叨－도】láo·dao 동끝도 없이 말하다. 수다떨다. (同)〔絮 xù 叨〕

【痨・癆】 疒部 láo
　7画 폐병 로

몡〈中醫〉결핵. ◇肺 fèi～/폐결핵.

【痨病－병】láobìng 몡〈中醫〉폐결핵. 폐결핵.

【铹・鐒】 钅部 láo
　7画 로렌슘 로

몡〈化〉로렌슘(Lr).

lǎo

★【老】 老部 lǎo
　0画 늙을 로

1혱늙다. 나이가 들다. ◇人～了, 该多休息休息了/나이가 들었으니까 좀 많이 쉬셔야죠. 2〈敬〉노인. ◇他上有～下有小, 负担够重的/그는 위로는 노인을 모시고 아래로는 어린애들을 거느려야 하니 부담이 크다. 3〈口〉〈婉〉돌아가시다. 〔주로 노인의 죽음을 가리키며, 반드시 뒤에 '了'를 씀〕◇前天她二大爷～了/그저께 그녀의 둘째 할아버지가 돌아가셨다. 4

L

뒝노련하다. 경험이 풍부하다. ◇~手/베테랑, 달인. **5**뒝오래된. 옛부터의. ◇春节时, 请~同学们来热闹热闹/설이면 옛동창들이 와서 신나게 놉니다. **6**뒝낡은. 구식의. ◇改造~设备/낡은 설비를 개조한다. **7**뒝본래의. 원래의. ◇几年不见, 你还是~样子/몇년 보지 못했는데도 여전히 원래 그 모양이구나. **8**뒝(야채·과일·고기 따위가) 쇠다. 굳다. ◇~黄瓜/쇤 오이. **9**뒝(요리하는 불기운이 지나쳐서) 굳다. ◇这鸡蛋蒸 zhēng 得太~了/이 계란은 너무 삶아서 굳었구나. **10**뒝(고분자 화합물의) 노화(老化). **11**뒝(빛깔이) 짙다. 진하다. ◇~红/진홍색. **12**뒝오래. 오래도록. ◇为什么~不给我写信?/왜 오래도록 내게 편지를 안 했니? **13**뒝늘. 항상. 언제나. ◇~麻烦您, 真不好意思/늘 폐를 끼쳐서 참 죄송합니다. **14**뒝매우. 몹시. 대단히. 〔단음절 형용사와 함께 쓰임〕◇~远能听见孩子们在屋里哭闹/매우 멀리에서도 애들이 울고 떠드는 소리가 들린다. **15**접뒤⟨口⟩막내의. ◇~姐夫/막내 형부. **16**접뒤호칭. 〔형제·자매의 서열, 동·식물 이름 앞에 쓰임〕◇我在家排~二/나는 집에서 (항렬이) 둘째입니다. **17**(Lǎo)명성(姓). 비교老:大:旧:很 ①"年岁", "岁数"의 술어로는 "老"를 쓰지 않고 "大"를 쓴다. ◇奶奶年岁(×老)大了, 眼也花了/할머니가 나이도 많이 드시고 눈도 어두워지셨다. ②헌생활용품의 경우에는 "老"를 쓰지 않고 "旧"를 쓴다. ◇这张(×老)旧桌子, 实在不能用了/저 낡은 책상은 정말 더 쓸 수가 없다. ③"老"는 정도가 낮은 단어를 수식하지 않는다. ◇这条裤子(×老)很短/이 바지는 매우 짧다. ④2음절 형용사 앞에는 "老"를 쓰지 않는다. ◇字写得(×老)很清楚/글자를 무척 알아보기 쉽게 썼다. ⑤맏이가 되는 "哥", "姐" 앞에는 "老"를 쓰지 않고 "大"를 쓴다. ◇(×老)大哥是工程师, 二哥是大夫/큰 형은 엔지니어이고 둘째 형은 의사다.

【老媪－오】lǎo'ǎo 명⟨文⟩나이든 여자.

【老八板儿－팔판아】lǎobābǎnr 명⟨方⟩고지식하고 완고한 사람.

【老八辈子－팔배자】lǎobābèi·zi 뒝진부하다. 케케묵다.

【老白干儿－백간아】lǎobáigānr 명고량주.

☆【老百姓－백성】lǎobǎixìng 명⟨口⟩평민. 백성. 대중. 일반국민. 〔군인이나 정부관료와 구별됨〕

☆【老板－판】lǎobǎn 명**1**사장. 주인. 기업주. ◇谁是商店~?/누가 가게 주인인가? (同)〔掌柜 zhǎngguì 的〕**2**유명한 경극 배우

나 극단의 대표에 대한 경칭.

【老板娘－판낭】lǎobǎnniáng 명주인의 아내.

【老半天－반천】lǎobàntiān 명한참. 오랫동안.

【老伴－반】lǎobàn (~儿)명노부부의 한쪽. 영감. 마누라.

【老鸨－보】lǎobǎo (同)〔鸨母〕

【老辈－배】lǎobèi (~儿)명연장자. 선배. (同)〔长 zhǎng 辈〕, (反)〔小 xiǎo 辈〕

【老本－본】lǎoběn 명본전. 밑천.

【老表－표】lǎobiāo 명**1**사촌. (同)〔表兄弟〕**2**⟨方⟩⟨轉⟩사촌 오빠. 〔알지 못하는 비슷한 연배의 남자를 부를 때 쓰는 말〕

【老病－병】lǎobìng **1**명지병. **2**늙어서 병들다.

【老伯－백】lǎobó 명**1**⟨敬⟩큰아버지. 백부. **2**아저씨.

【老布－포】lǎobù 명집에서 짠 무명.

【老财－재】lǎocái 명⟨方⟩(옛날의) 대지주. (同)〔富翁 fùwēng〕, (反)〔穷人 qióngrén〕

【老苍－창】lǎo·cāng 뒝나이가 지긋하다.

【老巢－소】lǎocháo 명**1**새의 보금자리. **2**악당의 소굴.

*【老成－성】lǎochéng 뒝노숙하다. 노련하다. ◇~持重/노련하면서도 신중하다. (同)〔老练 liàn〕, (反)〔幼稚 yòuzhì〕

【老诚－성】lǎochéng 뒝성실하다.

【老粗－조】lǎocū (~儿)명⟨謙⟩무식쟁이.

【老搭档－탑당】lǎodādàng 명오랜 동료.

【老大－대】lǎodà **1**⟨文⟩연로하다. **2**맏이. **3**뱃사공. **4**매우. 대단히. 〔주로 早期白话에 나옴〕

【老大不小－대불소】lǎodàbùxiǎo 나이가 들어 어린애가 아니다.

【老大哥－대가】lǎodàgē 명⟨敬⟩형님.

【老大难－대난】lǎodànán 명말썽. 골칫거리. ◇~单位/말썽 많은 회사. ◇~问题/골칫거리 문제.

☆【老大娘－대낭】lǎodà·niáng 명⟨敬⟩할머니. 〔늙은 여자의 존칭으로 잘 모르는 사람에 대하여 씀〕(同)〔大妈〕

☆【老大爷－대야】lǎodà·yé 명⟨口⟩⟨敬⟩할아버지. 〔늙은 남자의 존칭으로 잘 모르는 사람에 대하여 쓰임〕

【老旦－단】lǎodàn 명⟨중국 전통극에서의〕늙은 여자 역(을 하는 배우).

【老当益壮－당익장】lǎo dāng yì zhuàng ⟨成⟩노익장이다. (同)〔老骥伏枥 lǎo jì fú lì〕, (反)〔未老先衰 wèi lǎo xiān shuāi〕

【老道－도】lǎodào 명도사.

【老到－도】lǎo·dao 뒝노련하다. 주도 면밀하다.

【老底－저】lǎodǐ **1**명내막. 내력. ◇揭 jiē

~/내막을 들춰내다. **2**몡조상에게 물려 받은 재산.

【老弟－제】lǎodì 몡너. 자네.〔손아랫 사람에 대한 호칭〕

【老调－조】lǎodiào 몡틀에 박힌 말. ◇你别给我唱了了/내게 그런 틀에 막힌 말을 그만해.(同)〔滥 làn调〕, (反)〔新论 xīnlùn〕

【老掉牙－도아】lǎodiàoyá 케케묵다. 진부하다. ◇他的车已~了/그의 차는 이미 낡아빠졌다.

【老豆腐－두부】lǎodòu·fu 몡간수를 넣어 응고시킨 두부.

【老夫－부】lǎofū 몡연로한 남자의 자칭.

【老赶－간】lǎogǎn 몡〈方〉시골뜨기.

【老干部－간부】lǎogànbù 몡고참 간부.〔특히 1949년 이전에 혁명에 참가한 간부〕

【老疙瘩－흘답】lǎogē·da 막내아들이나 막내딸.

【老公－공】lǎogōng 몡〈方〉남편.

【老公－공】lǎo·gong 몡환관.

【老公公－공공】lǎogōng·gong 몡〈方〉**1**할아버지. 영감님.〔어린이가 나이 많은 남자를 부르는 말〕**2**시아버지. **3**내시.

【老姑娘－고낭】lǎogū·niang 몡**1**노처녀. 올드 미스. **2**막내 딸.

【老古董－고동】lǎogǔdǒng 몡**1**고물. 골동품. **2**〈喩〉사고나 습관이 진부한 사람.

【老鸹－괄】lǎo·gua 몡〈口〉〈鸟〉까마귀.

【老光－광】lǎoguāng 원시(遠視).

*【老汉－한】lǎohàn 몡**1**노인. **2**노인의 자칭.

【老好人－호인】lǎohǎorén 몡호인.

【老狐狸－호리】lǎohú·li 몡능구렁이. 불여우.

☆【老虎－호】lǎohǔ 몡〈动〉호랑이. **2**에너지나 원자재를 많이 소모하는 설비. ◇电~/전기를 많이 쓰는 기계. **3**독직. 절도·탈세를 심하게 한 사람. **4**흉악한 사람.

【老虎凳－호등】lǎohǔdèng 몡옛날의 고문용 의자.

【老虎钳－호겸】lǎohǔqián 몡〈機〉**1**바이스 (vice). **2**뻰찌.

【老虎灶－호조】lǎohǔzào 몡〈方〉물을 끓이기 위한 대형 부뚜막. 끓인 물을 파는 곳.

【老花眼－화안】lǎohuāyǎn 몡노안(老眼).

*【老化－화】lǎohuà 통**1**(고무나 플라스틱이) 노화하다. **2**(사람이) 노화하다. ◇领导班子~了/임원진이 노령화되었다. **3**(지식이) 낡아지다.

【老话－화】lǎohuà 몡**1**옛말. 속담. **2**지나간 이야기.

【老皇历－황력】lǎohuáng·li 몡〈喩〉통용되지 않는 낡은 것.

【老黄牛－황우】lǎohuángniú 몡〈喩〉묵묵히 성실하게 일하는 사람.

【老几－기】lǎojǐ 떼**1**(형제 중의) 몇째. **2**

〈俗〉반문(反問)에 쓰여 어떤 범위 내에서는 축에도 끼이지 못함. ◇你算~, 有资格来管我/네가 뭔데 날 간섭할 자격이나 있어?

【老骥伏枥－기복력】lǎo jì fú lì〈成〉늙었으나 아직 원대한 뜻이 있다. (同)〔老当益壮 lǎo dāng yì zhuàng〕, (反)〔未老先衰 wèi lǎo xiān shuāi〕

*【老家－가】lǎojiā 몡**1**고향(집). ◇他十五岁就离开了~/그는 열다섯 살에 고향을 떠났다. **2**원적. ◇我~是四川, 但我一直生活在上海/나의 원적은 사천이지만 줄곧 상해에서 살았다.

【老奸巨猾－간거활】lǎo jiān jù huá〈成〉몹시 간사하고 교활하다.

【老茧－견】lǎojiǎn 몡〈方〉(손·발에 생기는) 못.

【老趼－견】lǎojiǎn (同)〔老茧〕

【老江湖－강호】lǎojiāng·hu 몡여러 곳을 돌아다녀 세상 물정에 밝은 사람.

【老将－장】lǎojiàng 몡노장. 베테랑. 노련가.

【老景－경】lǎojǐng 몡노년의 처지. 늘그막 신세.

【老境－경】lǎojìng 몡**1**노년기. **2**(同)〔老景〕

【老酒－주】lǎojiǔ 몡〈方〉정종류의 绍兴酒.

【老绝户－절호】lǎojuéhù 몡〈貶〉늙어서도 자식이 없는 사람. 대가 끊어진 사람.

【老辣－랄】lǎolà 톙(하는 짓이) 노련하고 악랄하다.

【老老少少－노소소】lǎolǎoshàoshào 노소. 노인들과 젊은이들.

【老例－례】lǎolì 몡선례. 전례. 관례.

【老脸－검】lǎoliǎn 몡**1**(~儿)〈謙〉늙은이 얼굴〔체면〕.〔노인이 자신의 얼굴을 가리키는 말〕

【老练－련】lǎoliàn 톙노련하다. (同)〔老成 chéng〕, (反)〔幼稚 yòuzhì〕

【老两口儿－양구아】lǎoliǎngkǒur 몡노부부.

【老林－림】lǎolín 몡〈方〉처녀림. 원시림.

【老路－로】lǎolù 몡옛길. (反)〔新 xīn 路〕

【老妈子－마자】lǎomāzi 몡여종.

【老妈妈论儿－마마논아】lǎomā·malùnr (어머니가 아이들에게 하는) 잔소리. (同)〔妈妈论儿〕

【老马识途－마식도】lǎo mǎ shí tú〈成〉경험이 많아 한 분야에 뛰어나다. (反)〔少不更事 shào bù gēng shì〕

【老迈－매】lǎomài 몡늙고 쇠약하다. (同)〔衰 shuāi 迈〕, (反)〔幼小 yòuxiǎo〕

【老帽儿－모아】lǎomàor 몡어리숙한. 문외한. (同)〔怯 qiè 八裔 yì〕

【老米－미】lǎomǐ 몡묵은 쌀.

【老面－면】lǎomiàn 몡다음 반죽의 발효를 위해 떼어 놓은 약간의 밀가루 반죽.

【老面皮－면피】lǎomiànpí 图圈뻔뻔스러움. 뻔뻔스럽다.

【老谋深算－모심산】lǎo móu shēn suàn〈成〉긴 안목으로 숙고하고 계획하다.

【老衲－납】lǎonà 图1〈文〉노승(老僧). 2〈謙〉나이든 승려의 자칭.

【老奶奶－내내】lǎonǎi·nai 图1증조모. 2〈敬〉(아이들이 나이 든 부인을 부를 때 쓰는 존칭) 할머님.

【老蔫儿－언아】lǎoniānr 图〈方〉무뚝뚝한 사람.

＊＊【老年－년】lǎonián 图60·70세 이상의 나이. ◇～的父母/늙으신 부모님. (反)〔幼 yòu 年〕

【老年间－년간】lǎoniánjiān 图이전. 옛날.

【老娘－낭】lǎoniáng 图1늙으신 어머니. 2중년이나 노년부인의 자칭. (同)〔老母亲 mǔqīn〕

【老娘－낭】lǎo·niang 图1〈方〉외조모. 2산파.

【老娘们儿－낭문아】lǎoniáng·menr 1기혼 여성. 아줌마. 2〈貶〉여편네.

【老牛－우】lǎoniú 图늙은 소.

【老牛破车－우파차】lǎo niú pò chē〈成〉늙은 소가 낡은 수레를 끌다. 하는 일이 굼뜨다. 여드레 팔십 리 걸음한다. (同)〔蜗行牛步 wō xíng niú bù〕, (反)〔快马加鞭 kuài mǎ jiā biān〕

【老牛舐犊－우시독】lǎo niú shì dú〈成〉어미소가 송아지를 핥다. 〈喩〉부모가 자녀를 몹시 아끼고 귀여워하다.

【老农－농】lǎonóng 图1농사 경험이 많은 농민. 2농민.

【老牌－패】lǎopái (～儿)1图신용있고 오래된 상표. 유명 상표. 2图역사 있고 공인된.

【老派－파】lǎopài (～儿)1图圈고풍(스럽다). 진부(하다). 2图진부한 사람. 보수파.

【老朋友－붕우】lǎopéng·you 图오랜 친구. 옛 친구.

【老脾气－비기】lǎopí·qi 图옛날부터의 버릇.

＊＊【老婆－파】lǎo·po 图1〈口〉마누라. 처. ◇他很关心他～/그는 마누라에게 무척 신경쓴다. (同)〔老婆子〕 比교 妻子: 夫人 "老婆"는 속칭으로 외교적이나 공식적인 경우에는 쓰지 않는다. ◇驻中国大使以及他们的(×老婆)夫人/주중국 대사 및 그들의 부인들.

【老婆婆－파파】lǎopó·po 图1〈方〉〈敬〉할머님. 〔어린 아이가 늙은 부인을 높여 부르는 말〕 2시어머니.

【老婆儿－파아】lǎopór 图할머니. 〔나이든 부인을 친숙하게 부르는 말〕

【老婆子－파자】lǎopó·zi 图1〈貶〉할망구. 할멈. 〔'老婆儿'보다 혐오의 의미가 짙음〕

2할멈. 여편네. 안사람.

【老气－기】lǎoqì 圈1노숙하다. 노련하다. ◇你小孩说话挺～的/그 아이가 말하는 게 꽤 노숙하다. (反)〔嫩气 nènqì〕 2(옷차림이나 꾸밈새 따위가) 고풍스럽다. 유행에 떨어지다. (反)〔嫩 nèn 气〕

【老气横秋－기횡추】lǎo qì héng qiū〈成〉1늙은이가 나이를 내세워 위세를 부리다. 2패기가 없고 무기력하다. (反)〔朝气 zhāoqì 蓬勃〕

【老前辈－전배】lǎoqiánbèi 图대선배.

【老亲－친】lǎoqīn 图1오랜〔친한〕 친척. 2늙은 부모.

【老区－구】lǎoqū 图중화 인민공화국 성립 이전에 공산당이 통치하던 지역.

☆【老人－인】lǎo·rén 图1늙은이. 2자기의 나이든 부모나 조부모. ◇你到了天津来封信, 免得家里～惦记 diàn·jì 着/네가 천진에 도착하면 편지를 보내라. 집안 어른들이 걱정하지 않게 말이다. (同)〔老者 zhě〕, (反)〔孩子 háizi〕

＊＊【老人家－인가】lǎo·ren·jia 图1〈口〉남의 부모님을 존경하여 부르는 말. ◇你父亲他～好吗?/너의 아버님께서는 안녕하시니? 2〈敬〉어르신. ◇大家都很尊敬他～/모두 그 어르신을 매우 존경한다.

【老人星－인성】lǎorénxīng 图〈天〉남극노인성. 노인성. 〈轉〉장수의 상징.

【老弱－약】lǎoruò 1图〈文〉나이많아 쇠약하다. 2图노약자.

【老弱病残－약병잔】lǎoruòbìngcán 노인·허약자·병자·신체 장애자.

【老弱残兵－약잔병】lǎo ruò cán bīng〈成〉연로하고 몸이 약하여 능력이 없는 사람. (反)〔兵强马壮 bīng qiáng mǎ zhuàng〕

【老三届－삼계】lǎosānjiè 图1966, 67, 68년 (중국 문화대혁명시기에) 중·고교 졸업생.

【老少－소】lǎoshào 图노소.

【老身－신】lǎoshēn 图〈早白〉늙은 부인의 자칭.

【老生－생】lǎoshēng 图〈演〉(경극(京劇)에서) 중년 이상 남자로 분장하는 배우. '顺生'이라고도 함. (反)〔新 xīn 生〕

【老生常谈－생상담】lǎo shēng cháng tán〈成〉상투적인 말.

★【老师－사】lǎoshī 图선생님. 스승. ◇张～是一位优秀的教师/장선생님은 훌륭한 교사이다. ◇这位作家既是她的丈夫, 又是她的～/이 작가는 그의 남편이면서도 그의 선생이다. (同)〔师长 zhǎng〕, (反)〔学生 xuéshēng〕

【老师傅－사부】lǎoshī·fu 图사장(師匠). 〔어떤 기능에 뛰어난 노인에 대한 존칭〕

【老式－식】lǎoshì (～儿)图圈고풍(의). 구

L

식(의). ◇~家具/구식 가구.

☆【老实―실】lǎo·shi 〖형〗1성실하다. 착실하다. ◇小张是一个~人, 从来不说假话/장군은 성실한 사람으로서 여지껏 거짓말은 하지 않았다. 2(행실이) 방정하다. 얌전하다.〔诚 chéng 实〕〔信 xìn 实〕, (反)〔狡猾 jiǎohuá〕3〖婉〗어리숙하다. ◇他待人太~/그는 사람을 대하는 게 너무 어리숙하다.

【老实巴交―실파교】lǎo·shibājiāo〈方〉분수를 지키다. 매우 얌전하다.

【老实告诉你―실고소니】lǎoshi gàosu nǐ 솔직히 말하면. ◇~, 会办事的人有的是/솔직히 말해두지만, 일을 제대로 하는 사람은 얼마든지 있다.

【老实说―실설】lǎo·shi shuō 솔직히 말하면. 사실대로 말하면.

☆【老是―시】lǎo·shi 〖부〗늘. 항상. 계속. ◇这几天~下雨/요 며칠 계속 비가 왔다.

【老手―수】lǎoshǒu (~儿)〖베테랑. 노련한〔능숙한〕사람. 수완가. (反)〔新 xīn 手〕

【老寿星―수성】lǎoshòu·xing 〖1장수자의 존칭. 2생일축하받는 노인의 호칭.

＊【老鼠―서】lǎo·shǔ 〖명〗쥐.

＊【老死―사】lǎosǐ 〖동〗늙어 죽다.

【老死不相往来―사불상왕래】lǎo sǐ bù xiāng wǎng lái〈成〉서로 전혀 교재 하지 않는다.

＊【老太婆―태파】lǎotàipó〖명〗노부인. 할머니.

☆【老太太―태태】lǎotài·tai 〖명〗〈敬〉1자당. 훤당.〔타인의 어머니에 대한 존칭〕2할머님. 노부인.〔늙은 여자에 대한 존칭〕3자친(慈親).〔타인에게 자기 어머니나 할머니, 장모를 가리키는 말〕

【老太太帽―태태모】lǎotàitàimào〖명〗농촌의 노부인이 애용하는 모자.

老太太帽

【老太爷―태야】lǎotàiyé 〖명〗〈敬〉1춘부장. 영존.〔타인의 아버지에 대한 경칭〕2할아버님. 할아버지.〔노인에 대한 존칭〕3엄친. 아버님.〔타인에게 자기 아버지나 할아버지, 장인을 가리키는 말〕

【老态龙钟―태룡종】lǎotài lóngzhōng〈成〉나이들어 동작이 부자유스럽다 (反)〔童颜鹤发 tóng yán hè fà〕

【老汤―탕】lǎotāng 〖명〗1닭·오리·돼지 고기 따위를 여러번 우린 탕. 2〈方〉김칫국이나 장아찌의 국물.

【老套子―투자】lǎotào·zi 〖명〗상투적 수법이나 방법.

＊【老天爷―천야】lǎotiānyé 〖명〗하느님. ◇~, 这是怎么回事儿!/하느님 맙소사, 이게 어쩌된 일입니까!

☆【老头儿―두아】lǎotóur 〖명〗노인. 늙은이. (친근한 의미를 지님)

【老头儿乐―두아락】lǎotóurlè 〖명〗솜을 넣은 방한용 신발.

老头儿乐

【老头儿鱼―두아어】lǎotóuryú 〖명〗〈魚介〉아귀. 안강(鮟鱇).

【老头子―두자】lǎotóu·zi 〖명〗1늙은이. (싫어하는 의미를 지님) 2영감. 〔아내가 나이 많은 남편을 일컫는 말〕3두목. 보스. ◇~现在心情不太好/두목은 지금 기분이 잡혀있다.

【老外―외】lǎowài 〖명〗〈方〉〈俗〉1문외한. 2외국인.

【老顽固―완고】lǎowán·gù 〖명〗고집통. 벽창호.

【老倭瓜―왜과】lǎowōguā 〖명〗〈方〉호박.

【老窝―와】lǎowō 〖명〗1보금자리. 2소굴.

【老弦―현】lǎoxián 〖명〗호궁(胡弓)이나 거문고의 굵은 줄.

＊＊【老乡―향】lǎoxiāng 〖명〗1고향 사람. (同)〔同 tóng 乡〕◇明天我去城里看我的~/내일 시내에 고향친구를 만나러 간다. 2초면인 농민을 친근하게 부르는 말. ◇这里的~对我们都很热情/이 고장 사람들은 우리들을 매우 친절하게 대한다. 〖비교〗老乡:故乡 "老乡"은 장소를 가리키지 않는다. ◇他早就想回(×老乡)故乡看看/그는 벌써 고향에 가보고 싶었다.

【老相―상】lǎo·xiàng 〖형〗겉늙다. (同)〔老气 qì〕, (反)〔嫩气 nènqì〕

【老小―소】lǎoxiǎo 〖명〗노인과 아이.

【老兄―형】lǎoxiōng 〖명〗〈敬〉형씨.〔동년배 남자친구끼리 서로 대접하며 부르는 말〕

【老羞成怒―수성노】lǎo xiū chéng nù〈成〉부끄러워 못견뎌 성을 내다.

【老朽―후】lǎoxiǔ 〖형〗1늙다. 노후하다. (同)〔衰 shuāi 老〕, (反)〔少壮 shàozhuàng〕2〖명〗늙은 몸.〔노인들의 자칭〕

【老鸦―아】lǎoyā 〖명〗〈方〉〈鳥〉까마귀.

【老腌儿－엄아】lǎoyānr 圈〈方〉소금에 오래 절인.

【老眼昏花－안혼화】lǎo yǎn hūn huā 늙어서 눈이 침침하다.

＊【老爷－야】lǎo·ye 圈1〈敬〉어르신네. 나으리. 주인 어른. 〔옛날, 윗사람·관리 등에 대한 존칭〕◇領導干部要全心全意为人民服务不要当官作～/임원이라면 전력으로 국민을 위해 봉사해야지 벼슬티를 내며 행세해서는 안 된다. 2〈敬〉주인. 〔머슴이나 하인이 자기 남주인을 부르는 말〕3〈方〉외조부. 4낡고 오래된 차, 배 등. ◇～车/고물차.

【老爷们儿－야문아】lǎoyé·menr 圈〈俗〉사내. 남자.

【老爷爷－야야】lǎoyé·ye 圈1증조부. 2〈敬〉할아범.

【老爷子－야자】lǎoyé·zi 圈〈方〉〈敬〉1어른. 2어르신네. 노인장.

【老一套－일투】lǎoyītào 圈1케케묵은〔낡은〕방식. 상투적 수법. ◇他又来～/그가 또 상투적 수법을 쓰는군.

【老鹰－응】lǎoyīng 圈〈鳥〉1소리개. 2새매.

【老营－영】lǎoyíng 圈1(옛날의) 병영. 2옛날, 비적의 소굴이나 근거지.

【老油子－유자】lǎoyóu·zi 圈〈貶〉닳고 닳은 사람. 능구렁이.

【老玉米－옥미】lǎoyù·mi 圈〈方〉옥수수.

【老妪－구】lǎoyù 圈〈文〉노부인.

【老丈－장】lǎozhàng 圈〈文〉〈敬〉어르신.

【老账－장】lǎozhàng 圈1묵은 빚. 2해묵은 문제. ◇你不要翻他的～了/그의 해묵은 문제를 들춰내지 마라.

【老者－자】lǎozhě 圈노인.

【老着脸皮－착검피】lǎo·zhe liǎnpí 圈1뻔뻔스럽다. 2염치불구하다.

【老资格－자격】lǎozī·ge 圈고참. 경력자.

【老子－자】Lǎozǐ 圈1〈人〉(중국 사상가)노자. 2〈書〉노자가 지은 책.

【老子－자】lǎo·zi 圈〈口〉1아버지. (同)〔当家的〕2본인. 〔화가 났을 때나 농담을 할 때의 말〕

【老字号－자호】lǎozì·hao 圈몇 대씩 내려온 전통있는 가게.

【老总－총】lǎozǒng 圈〈敬〉1옛날, 군인·경관에 대한 존칭. 2'解放军'의 고급 지휘관에 대한 존칭. 〔주로 성에 붙여 씀〕

【佬】 亻部 lǎo
6画 사내 로
圈〈貶〉사내. 사나이.

【姥】 女部 lǎo
6画 할미 로
＊＊【姥姥－로】lǎo·lao 1圈〈口〉외할머니. (同)〔外祖母〕2(同)〔收生婆〕

【姥爷－야】lǎo·ye (同)〔老 lǎo 爷 3〕

【铑・鉑】 钅部 lǎo
6画 로듐 로
圈〈化〉로듐(Rh).

lào

【络・絡】 纟部 lào
6画 그물 락
【络子－자】lào·zi 圈1망태기. 2실감개. 〔주로 대나무나 나무를 얽어서 만듦〕

【烙】 火部 lào
6画 지질 락
圈1다리다. 다리미질하다. ◇～裤子/바지를 다리다. 2(낙인 따위를) 찍다. ◇～印/낙인을 찍다. 3(밀전병 따위를) 굽다〔익히다〕. ◇～馅 xiàn 儿饼 bǐng/속 있는 전병을 굽다.

【烙饼－병】làobǐng 1圈(중국식) 밀전병. 2(lào∥bǐng) 圈'밀전병'을 굽다.

【烙花－화】lào∥huā 圈달군 쇠로 부채나 빗 또는 목제 가구 따위에 도안이나 무늬를 그리다.

【烙铁－철】lào·tie 圈1다리미. 2납땜 인두.

【烙印－인】làoyìn 圈낙인.

【落】 艹部 lào
9画 떨어질 락
圈1떨어지다. ◇花瓣 bàn～了/꽃잎이 떨어졌다. 2내리다. ◇飞机～下/비행기가 착륙하다. 3앉다. 머물다. ◇小鸟～在树上/새가 나무 위에 앉았다. 4귀속되다. ◇这个光荣～在我们班里/이 영광이 우리반에 떨어졌다. 5얻다. 쟁취하다. ◇～了个好名誉/훌륭한 명예를 쟁취했다. ⇒nà, luō, luò

【落包涵－포함】lào bāo·han 책망을 듣다.

【落不是－불시】lào bù·shi 잘못했다고 꾸지람을 듣다. ◇我才不怕他～/나는 그에게 꾸지람을 듣는 게 무섭지 않다.

【落架－가】lào∥jià 圈〈方〉집이 무너지다. 가업이 절단나다.

【落炕－항】lào∥kàng 圈〈方〉앓아 눕다.

【落儿－아】làor 圈생활 수단. 〔금전·재물 등을 가리키며, '有'·'没有'와 함께 쓰임〕

【落忍－인】làorěn 圈〈方〉마음이 편하다. 〔주로 부정문에서 쓰임〕

【落色－색】lào∥shǎi 圈(옷 색깔 등이 점차) 퇴색하다.

【落枕－침】lào∥zhěn 圈1(베개를 잘못 베거나 한기가 들어서) 목이 뻐긋하게 되다. 2베개를 베다.

【落子－자】lào·zi 圈1생활 수단. (同)〔落 lào 儿〕2〈方〉'莲花落' 따위의 민간 곡예(曲藝). 3〈演〉'评 píng 剧'의

L

L

옛이름.

【酪】西部 6画 lào 과즙 **락**
몡**1**반응고체의 유제품(乳製品)의 일종. ◇酸奶～/요구르트. ◇干～/치즈. **2**과일로 만든 잼(jam)모양의 식품.

* 【涝(澇)】氵部 7画 lào 큰물결 **로**
1图〈농작물이〉비에 침수되다. ◇因连日下雨, 玉米地都～了/연일 비가 오는 바람에 옥수수밭이 침수되었다. (反)〔旱 hàn〕 **2**몡비가 많이 내려 밭에 고인 물.
【涝害―해】làohài 몡〈農〉수해.
【涝灾―재】làozāi 몡수해(水害). (反)〔旱 hàn灾〕

【唠·嘮】口部 7画 lào 수다스러울 **로**
图〈方〉이야기하다. ◇大家在一起～得很热闹/모두가 함께 매우 신나게 이야기를 했다.
【唠扯―차】lào·chě 图〈方〉한담을 하다.
【唠嗑―합】lào∥kē (～儿)图〈方〉한담을 하다.

【耢·耮】耒部 7画 lào 갈퀴 **로**
1몡갈퀴. **2**图갈퀴로 땅을 평평하게 고르다.

lē

【肋】月部 2画 lē 갈빗대 **륵**
⇒lèi
【肋脦―득】lē·de(又讀lē·te) 휑〈方〉(복장이) 단정치 못하다. 꾀죄죄하다.

lè

【叻】口部 2画 Lè 싱가포르 **륵**
몡〈略〉〈地〉싱가포르. 〔화교들은 '新加坡'(싱가포르)를 '石叻' 또는 '叻埠'라고 부름〕 ◇～币 bì/싱가포르 달러.

【勒】革部 力部 2画 9画 lè 굴레 **륵**
1몡재갈. **2**图〈말·나귀의〉고삐를 당겨 멈추게 하다. **3**图강제하다. 핍박하다. **4**图통솔하다. **5**图〈文〉조각하다. ◇～石/돌에 글자를 새기다. **6**몡〈略〉〈物〉럭스(lux 밝기의 단위). '勒克司'의 약칭. ⇒lēi
【勒逼―핍】lèbī 图강요하다. 강박하다.
【勒令―령】lèlìng 图명령하여 강제로 하게 하다.
【勒派―파】lèpài 图강제로 분담시키다.
【勒索―삭】lèsuǒ 图강탈하다.

【勒抑―억】lèyì 图**1**값을 마구 깎아내리다. **2**강탈하고 압제하다.
【勒诈―사】lèzhà 图강탈하다.

【鳓·鰳】鱼部 11画 lè 준치 **륵**
몡〈魚介〉준치.
【鳓鱼―어】lèyú 몡〈魚介〉준치.

** 【乐·樂】丿部 4画 lè 즐길 **락**, 풍류 **악**
1휑즐겁다. 기쁘다. ◇小英就要进歌舞团了, ～得她一夜睡不着 zháo/소영이는 이제 곧 가무단에 들어가게 되어 기뻐서 밤새 잠을 못 이루었다. (反)〔悲 bēi〕 **2**图즐기다. 좋아하다. ◇他～于参加活动/그는 활동에 참가하기를 좋아한다. **3**몡즐거움. 쾌락. **4**图〈口〉웃다. ◇你～什么?/너는 왜 웃느냐? ◇滑稽演员刚一出场, 观众都～了/개그맨이 무대에 나오자 관중들은 모두 웃었다. (同)〔笑 xiào〕 **5**(Lè)몡성(姓). ⇒yuè
【乐不可支―불가지】lè bù kě zhī〈成〉기쁘기 그지없다. (同)〔喜不自胜 xǐ bù zì shèng〕, (反)〔痛不欲生 tòng bù yù shēng〕
【乐不思蜀―불사촉】lè bù sī Shǔ〈成〉즐기느라 고향에 돌아가는 것을 잊다. 너무 즐거워 돌아가는 것을 잊다.
【乐此不疲―차불피】lè cǐ bù pí〈成〉즐거워 싫증이 나지 않다.
【乐得―득】lèdé (잘된 일이라) 기꺼이…하다. ◇反正不亏 kuī 本, 他～这样做/어차피 밑진 게 없으니 그는 기꺼이 그렇게 했다.
☆【乐观―관】lèguān 몡낙관(하다). 낙천적(이다). ◇他是一个～的人/그는 낙천적인 사람이다. (同)〔达 dá 观〕, (反)〔悲 bēi 观〕
【乐呵呵―가가】lèhēhē 휑유쾌한〔즐거워하는〕모양.
【乐和―화】lè·he 휑〈方〉화락하다. 〔주로 생활의 행복을 가리킴〕
【乐极生悲―극생비】lè jí shēng bēi〈成〉낙이 다하면 고생이 오는 법.
*【乐趣―취】lèqù 몡즐거움. 재미. ◇只有乐观的人才能随时享受生活中的～/낙천적인 사람만이 언제나 생활속의 즐거움을 만끽한다. (同)〔意 yì 趣〕〔趣 wèi 味〕
【乐善好施―선호시】lè shàn hào shī〈成〉좋은 일을 즐겨하고 베풀기를 좋아하다. (同)〔博施济众 bó shī jì zhòng〕, (反)〔一毛不拔 yī máo bù bá〕
【乐事―사】lèshì 몡즐거운 일. (同)〔快 kuài 事〕〔苦 kǔ 事〕
【乐陶陶―도도】lètáotáo 휑매우 기쁜 모양.
【乐天―천】lètiān 낙천적이다.

【乐天知命－천지명】lè tiān zhī mìng 〈成〉숙명론자들이 자신의 모든 것이 운명의 지배를 받는다고 여겨 자기의 처지에 만족하다.

【乐土－토】lètǔ 粵서방 극락 세계.

＊【乐意－의】lèyì 粵1(…하는 것을) 즐겁게 여기다. 기꺼이 …하다. ◇他很~帮助别人/그는 남을 돕는 일을 즐겁게 여긴다. (同)〔情愿 qíngyuàn〕2내켜서 …하다. 좋아하다. ◇不管他~不~，他也得去/그가 좋아하든 말든 그가 갈 수밖에 없다.

【乐于－어】lèyú 粵…을 기뻐하다. 기꺼이 …하다. ◇他~助人/그는 기꺼이 남을 도와준다.

【乐园－원】lèyuán 粵낙원.

【乐滋滋的－자자적】lèzīzī·de (～儿)粵〈口〉〈音〉흡족해 기뻐하는 모양. 흐뭇한 모양. (同)〔喜 xǐ 滋滋〕, (反)〔悲切切 bēi qiè qiè〕

【乐子－자】lè·zi 粵〈口〉1즐거움. 즐거운 일. 2우스개. 웃음거리.

le

★【了】乙部 le
1画 어조사 료

'了'는 동사 뒤에 쓰여 동작의 완료를 나타내는 '了₁'과 문말에 쓰여 상황의 변화를 나타내는 '了₂'가 있다. 〈了₁〉1a)동작이 이미 완료됐음을 나타낸다. ◇那个问题我已经问~老师/나는 그 문제를 선생님께 이미 여쭤보았다. b) 동작이 곧 완료되거나 가정완료를 나타낸다. ◇到~北京可要来信呀!/북경에 도착하면 편지 꼭 해야 해! ◇他要是知道你走~, 肯定会生气/그가 네가 가버렸다는 사실을 알면 틀림없이 화낼 거야. 㴗의a)지속성 동작을 나타낼 때는 '了'를 쓰지 않는다. ◇这几天一个劲儿地下(×了)大雨/요며칠 계속 폭우가 내렸다. b)가능성만 나타내고 완료를 나타내지 않을 땐 '了'를 쓰지 않는다. ◇这样下去, 孩子以后会养成(×了)不好的习惯/이렇게 가다간 애가 앞으로 나쁜 버릇이 들 것이다. 2동사가 시간사와 결합하여 동작이 시작해서 완료될 때까지의 시간을 나타낼 때는 '了'를 쓴다. ◇这本小说他看~三天/그는 이 소설을 3일 동안 보았다. 㴗의a)「동사＋시간보어」구가 미래가정을 나타낼 때는 '了'를 쓰지 않는다. ◇住(×了)几天再走/며칠 묵었다가 가세요. b)연동문에서 앞의 사건이 끝나고 뒤의 사건이 시작됨을 나타낸다. ◇火车刚停~三分钟就开走/기차가 막 3분 정차한

후 곧 떠났다. 3중첩동사 사이에 와서 동작의 시간이 짧음을 나타낸다. ◇他摆~摆手/그는 손을 살짝 흔들었다. 4동사 뒤에 보어가 있으면 '了'는 보어 뒤에 위치한다. ◇你的头挡住~我的视线/네 머리가 내 시선을 가로막았다. 5연동문과 겸어문에서는 '了'가 대개 끝 동사 뒤에 위치한다. ◇他去传达室打电话叫~辆出租汽车/그는 접수실에 가서 전화로 택시 한 대를 불렀다. 〈了₂〉1동사 뒤에 붙어 미래의 사태 변화만 나타낸다. ◇休息~/이제 쉬자. 2상황 변화를 나타낼 때는 부사 '快'나 '要/该/可以' 등 조동사와 호응한다. ◇水快开~/물이 이제 곧 끓는다. ◇他该回来~/그가 이제 돌아올 때가 되었다. 3'了₂'가 「동사＋목적어(명사/동사/절)」뒤에 쓰일 때는 이전과는 상황이 달라졌음을 나타낸다. 4이제는 …하게 되었다. ◇姐姐也喜欢跳舞~/누나도 이제 춤을 좋아하게 되었다. ◇父母同意我们结婚~/부모님이 이제 우리의 결혼을 찬성하셨다. 5「V＋了₁＋O＋了₂」의 구조는 동작의 완료와 상황의 변화를 모두 나타낸다. ◇两个女儿都进~大学~/두 딸이 모두 대학에 들어가게 되었다. ㊣㊚了:得:的 ①동사와 정도보어 사이에는 "了"를 쓰지 않고 "得"를 쓴다. ◇他们把工作做(×了)得非常好/그들은 일을 무척 열심히 한다. ②동사가 관형어로 쓰일 때는 뒤에 "了"를 취하지 않는다. ◇他犯(×了)的罪很严重/그가 저지른 죄는 무척 죄질이 나쁘다. ③"是…的"구조 자체가 기정 사실을 강조하기 때문에 "的" 대신 "了"를 쓸 수 없다. ◇我的家乡是1948年得到解放(×了)的/내 고향은 1948년에 해방되었다. ⇒liǎo

【饹·餎】饣部 le
6画 국수 락

(同)〔饸饹 héle:메밀가루, 수수가루 따위로 만든 틀국수〕

lēi

＊【勒】革部 力部 lēi
2画 9画 굴레 륵

粵1(단단히) 묶다. 졸라매다. 동이다. ◇行李没有捆紧再一一~/짐이 꼭 묶여지지 않았으니 다시 더 졸라매라. 2〈方〉강제하다. 우기다. ◇他硬~着大伙儿在地里种烟草/그는 억지로 우겨서 모두가 밭에 담배를 심도록 하였다. ⇒lè

【勒措－긍】lēi·kèn 粵〈方〉압박하다. 애를 먹이다.

léi

【累(纍)】 田部 糸部 léi 6画 5画 포갤 루

1⒣복잡하다. 거추장스럽다. **2**⒣주렁주렁 달리다. **3**⒣〈文〉(죄인을) 오랏줄로 묶다. ⇒lěi, lèi

【累累－루】léiléi ⒣〈文〉**1**야위고 초췌한 모양. **2**주렁주렁한 모양.

【累赘－췌】léi·zhui **1**⒣거추장스럽다. 번거롭다. ◇带着个孩子真～/애를 데리고 있으려니 정말 거추장스럽군. **2**⒣귀찮게 하다. ◇他不会再～你的/그가 더이상 너를 귀찮게 하지 않을 것이다. **3**⒣귀찮게 하는 것. ◇行李带多了, 是个～/짐을 많이 휴대하면 거추장스럽다. ‖(同)〔累坠 zhuì〕

【缧·縲】 纟部 léi 11画 포승 류

【缧绁－설】léixiè ⒣〈文〉**1**옛날, 죄인을 묶는 (검은) 새끼. 오랏줄. **2**⒯감옥.

☆【雷】 雨部 léi 5画 천둥 뢰

⒣**1**천둥. 우뢰. ◇春～/봄 우뢰. ◇～声/천둥소리. **2**폭발력이 큰 화기(火器). ◇鱼～/어뢰. ◇地～/지뢰. **3**(雷)(姓).

【雷暴－포】léibào ⒣〈天〉천둥을 동반한 소나기.

【雷池－지】Léichí ⒣〈地〉안휘성(安徽省) 望江에 있는 못 이름. 〈轉〉일정한 범위를 감히 넘지 않음을 비유함.

*【雷达－달】léidá ⒣〈電〉전자파 탐지기. 레이더.

【雷打不动－타불동】léi dǎ bù dòng 〈成〉(의지가 굳어) 어떤 일에도 흔들리지 않다.

【雷电－전】léidiàn ⒣〈天〉천둥과 번개.

【雷动－동】léidòng ⒣(소리가) 우뢰와 같이 울려 퍼지다. (同)〔雷鸣 míng〕, (反)〔低微 dīwēi〕

【雷公－공】Léigōng ⒣천둥의 신.

【雷管－관】léiguǎn ⒣뇌관.

【雷击－격】léijī ⒣벼락이 떨어지다.

【雷厉风行－려풍행】léi lì fēng xíng 〈成〉우뢰처럼 맹렬하고 바람같이 신속하다. (정책이나 법의 집행이) 엄격하고 신속하다.

【雷鸣－명】léimíng **1**⒣우뢰 소리. **2**⒣〈喩〉(천둥처럼) 큰 소리. ◇掌手～/박수소리가 천둥같다.

【雷声大, 雨点小－성대, 우점소】léishēng dà, yǔdiǎn xiǎo 말만 요란하고 거의 실천하지 않는다. ◇他这个人就是～/이 사람은 큰소리만 치고 실천하는 게 별로 없다.

【雷霆－정】léitíng ⒣큰 천둥소리. (同)〔霹雳 pīlì〕**2**위력이나 노기에 비유.

【雷霆万钧－정만균】léitíng wàn jūn 〈成〉위력이 매우 큰 것의 형용. (反)〔和风细雨 hé fēng xì yǔ〕

【雷同－동】léitóng ⒣뇌동하다.

*【雷雨－우】léiyǔ ⒣〈天〉뇌우.

【雷阵雨－진우】léizhènyǔ ⒣천둥과 번개를 동반한 소나기.

【擂】 扌部 léi 13画 갈 뢰

⒣**1**연마하다. 가루로 만들다. **2**(주먹이나 망치로) 치다. ◇～了他一拳/그에게 한 주먹 쳤다. ⇒lèi

【檑】 木部 léi 13画 뇌목 목

【檑木－목】léimù ⒣뇌목.〔성을 공격하는 적을 향해 성벽 위에서 굴러 떨어뜨리는 큰 나무〕

【礌(礧)】 石部 léi 13画 돌쌓일 뢰

1⒣옛날, 성벽 위에서 떨어뜨려 적을 격퇴시켰던 큰 돌. **2**⒣〈文〉공격하다.

【礌石－석】léishí ⇒〔礌 **1**〕

【镭·鐳】 钅部 léi 13画 라듐 뢰

⒣〈化〉라듐(Ra).

【羸】 月部 羊部 léi 15画 13画 파리할 뢰

⒣**1**〈文〉수척하다. 야위다. **2**피로하다. ◇～惫 bèi/피로하다.

【羸顿－돈】léidùn ⒣**1**〈文〉여위고 지치다. **2**여위고 허약하다.

【羸弱－약】léiruò ⒣〈文〉허약하다. 여위고 허약하다. (同)〔瘦 shòu 弱〕, (反)〔健壮 jiànzhuàng〕

lěi

【耒(耒)】 耒部 lěi 0画 쟁기 뢰

⒣**1**가래. 쟁기. **2**쟁기〔가래〕의 나무 자루.

【耒耜－사】lěisì ⒣**1**쟁기. **2**〈轉〉농구의 총칭.

*【垒·壘】 厶部 土部 lěi 7画 6画 진 루

1⒣(벽돌·돌·흙 따위로) 쌓다. ◇把井口～高点/우물아구리를 좀 높게 쌓다. ◇两军对～/양군이 대치하다. 厏凹垒:建 "垒"는 큰 건축물에는 쓰지 않는다. ◇这个地方将(×垒)建一座北京最大的图书馆/이곳은 북경에서 가장 큰 도서관을 지을 것이다. **2**⒣〈體〉(야구·소프트볼 따위의) 루. 베이스.

【壘球－구】lěiqiú 몡〈體〉1소프트볼. 2소프트볼용의 공.

★【累(纍)】田部｜糸部｜lěi 6画｜5画｜포갤 **루**
1동쌓이다. ◇日月月～/오랜 세월이 흐르다. 2분연속으로. 누차. ◇～教不改/누차 가르쳤으나 고치지 않다. 3⇒〖壘 1〗 4동관련되다. 연루되다. ◇牵～/관련되다. ⇒léi, lèi

【累次－차】lěicì 몡〈文〉누차. 자주.
【累犯－범】lěifàn 몡상습범. 누범.
【累積－적】lěijī 동누적하다. 축적하다.
【累及－급】lěijí 동말려들게 하다. 연류되다.
【累計－계】lěijì 동누계하다.
【累進－진】lěijìn 몡동누진(하다).
【累累－루】lěilěi 웡1누누이. 거듭. 2형첩첩이 쌓인 모양.
【累卵－란】lěiluǎn 동알을 쌓아 올리다. 〈喻〉매우 위험한 일.
【累年－년】lěinián 몡해마다. 매년.

【磊】石部｜lěi 10画｜돌쌓일 **뢰**
【磊磊－뢰】lěilěi 형〈文〉돌이 많은 모양.
【磊落－락】lěiluò 형1(마음이) 공명정대하다. 2〈文〉많아 복잡하다.

【蕾】艹部｜lěi 13画｜꽃봉오리 **뢰**
몡꽃봉오리. ◇花～/꽃망울.
【蕾铃－령】lěilíng 몡면화의 꽃봉오리와 다래.

【癗】疒部｜lěi 13画｜작은부스럼 **뢰**
몡〈醫〉작은 종기. 부스럼.

【儡】亻部｜lěi 15画｜허수아비 **뢰**
(同)〔傀 kuǐ 儡〕

【藟】艹部｜lěi 15画｜덩굴풀 **류**
1몡등나무 덩굴. 2동〈文〉얽히다. 3(同)〔蕾〕

lèi

【肋】月部｜lèi 2画｜갈빗대 **륵**
몡〈文〉〈生理〉옆구리. ◇右～/오른쪽 옆구리. ⇒lē
【肋骨－골】lèigǔ 몡늑골. 갈빗대. (同)〔肋巴骨〕
【肋膜－막】lèimó 몡〈生理〉늑막.
【肋条－조】lèi·tiao 몡〈方〉1늑골. 갈빗대. 2(식용의) 갈비.

【泪(淚)】氵部｜lèi 5画｜눈물 **루**

몡눈물. ◇～如雨下/눈물이 비오듯하다.
【泪痕－흔】lèihén 몡〈文〉눈물 자국.
【泪花－화】lèihuā (～儿)몡(눈망울에 어린) 눈물. 방울.
【泪涟涟－련련】lèiliánlián 형눈물을 계속 흘리는 모양.
【泪人儿－인아】lèirénr 몡통곡하는 사람.
【泪水－수】lèishuǐ 몡눈물.
【泪汪汪－왕왕】lèiwāngwāng (～的)형눈물이 글썽글썽하다.
【泪腺－선】lèixiàn 몡〈生理〉눈물샘.
【泪眼－면】lèiyǎn 몡눈물어린 눈.
【泪液－액】lèiyè 몡〈生理〉눈물.
【泪珠－주】lèizhū (～儿)몡눈물 방울.

☆【类·類】米部｜lèi 3画｜부리 **류**
1몡(类). 종류. 같은 부류. ◇请把这些书按～分开/이 책을 종류에 따라 나누시오. 2동유사하다. 닮다. ◇画虎不成, 反～狗/호랑이를 그리려다 오히려 개처럼 되고 말았다. 큰 일을 하려다 실패하고 말았다.
【类比－비】lèibǐ 몡동〈論〉유추(하다).
【类别－별】lèibié 몡동분류(하다).
【类乎－호】lèi·hu 동…에 가깝다. …와 유사하다.
【类人猿－인원】lèirényuán 몡유인원.
【类书－서】lèishū 몡(여러 책에서 발췌한 것을 분류한) 유서(類書).
✴✴【类似－사】lèisì 몡동유사(하다). 비슷(하다). ◇这里的山水～桂林的山水/이곳의 산과 물은 계림의 산수와 비슷하다.
【类推－추】lèituī 몡동유추(하다).
✴✴【类型－형】lèixíng 몡유형.

【累】田部｜糸部｜lèi 6画｜5画｜누끼칠 **루**
1형지치다. 피곤하다. ◇今天劳动了一天, 我感到很～/하루 종일 일을 하고나니 매우 피곤하다. 2동피로하게 하다. ◇这件事别人做不了 liǎo, 还得 děi～你/이 일은 다른 사람은 할 수 없으니 힘들더라도 네가 해야겠다. 3동애쓰다. 수고하다. ◇每天不停地打字, 太～眼睛了/매일 쉬지 않고 타자를 치니 눈이 피로하다. ⇒léi, lěi

【擂】扌部｜lèi 13画｜갈 **뢰**
몡연무대. ⇒léi
【擂台－대】lèitái 몡연무대(演武臺).

lei

【嘞】口部｜lei 11画｜어조사 **륵**
죄용법은 '喽·lou ②'와 비슷함. ◇来, 吃

饭～/자, 밥 먹자.

lēng

【嘞】口部 | lēng
13画 | 물레도는소리 릉
㉎덜그럭. 〔물레 따위가 돌아가는 소리〕◇纺车～转得欢/물레가 덜그럭덜그럭 힘차게 돌아가다.

léng

*【棱(稜)】木部 | léng
8画 | 모 릉
몡1(～儿)모서리. 모퉁이. ◇书～儿/책모서리. 2(～儿)돌기한 부분. ◇瓦～儿/기와 이랑.
【棱角－각】léngjiǎo 몡1모서리. 모난 귀퉁이. 2〈喩〉두각. ◇他很聪明, 但不露～/그는 매우 똑똑하지만 두각을 드러내지 않는다.
【棱镜－경】léngjìng 몡〈物〉프리즘.
【棱台－대】léngtái 몡각뿔대.
【棱锥－추】léngzhuī 몡〈數〉각뿔. 각추.
【棱子－자】léng·zi 몡〈方〉모서리.

【塄】土部 | léng
9画 | 밭두둑 릉
몡〈方〉밭두둑.

lěng

*【冷】冫部 | lěng
5画 | 찰 랭
1몡춥다. 차다. ◇天气变～了/날씨가 추워졌다. (同)〔寒 hán〕, (反)〔热 rè〕2몡〈方〉(주로 음식물을) 식히다. 차게 하다. ◇～一下汤水/국물을 식혀라. 3몡〈轉〉냉담하다. 쌀쌀하다. 냉정하다. ◇他冷冷地说了声'好吧'/그는 쌀쌀하게 '좋아요'라고 말했다. 4몡고요하다. 쓸쓸하다. ◇～落/썰렁하다. 5몡생소하다. 보기 드물다. ◇～僻/외지다. 6몡인기없다. 환영을 못받다. ◇～货/인기없는 상품. (同)〔滞 zhì〕(反)〔热 rè〕7몡불시의. 불의의. ◇～箭/불의의 화살. (同)〔暗 àn〕, (反)〔明 míng〕8몡몡낙심하다. 9(Lěng)몡성(姓).
【冷板凳－판등】lěngbǎndèng 몡1차가운 걸상. 2냉대. 푸대접. 3〈喩〉옛날, 글방 선생. 훈장. 〔비꼬는 투의 말임〕
【冷冰冰－빙빙】lěngbīngbīng 몡1쌀쌀하다. ◇态度～/태도가 쌀쌀하다. 2〈方〉얼음처럼 차갑다. ◇泉水～/샘물이 얼음처럼 차다. (反)〔热乎乎 rèhūhū〕
【冷不丁－불정】lěng·budīng (同)〔冷不防 l-

ěng·bufáng〕
【冷不防－불방】lěng·bufáng 몡뜻밖에. 불의에. ◇他刚要进门, ～背后有人拍他一下/그가 막 현관에 들어서려하자 뜻밖에 누군가가 등 뒤에서 그를 쳤다.
【冷菜－채】lěngcài 몡냉채. 〔热炒, 大菜(각 4개)와 함께 중국 정식 코스 요리의 한 종류(4개)〕
【冷藏－장】lěngcáng 몡몡냉장(하다). ◇～库/냉장고.
【冷场－장】lěngchǎng 몡1희곡에서 배우가 제때에 나오지 않거나 대사를 잊어버려 난처한 장면. 2(모임에서 발언자가 없어서) 분위기가 멋적은 장면.
【冷嘲热讽－조열풍】lěng cháo rè fěng 〈成〉날카로운 조소나 풍자.
【冷处理－처리】lěngchǔlǐ 1몡〈冶〉냉간(冷間)처리. (反)〔热 rè 处理〕2〈喩〉몡(일이 일어난 후 바로 처리하지 않고) 보류하다.
【冷床－상】lěngchuáng 몡〈農〉냉상.
*【冷淡－담】lěngdàn 1몡불경기다. 한산하다. ◇生意～/장사가 잘 안 된다. (反)〔兴盛 xīngshèng〕2몡냉담하다. 무관심하다. ◇态度～/태도가 쌀쌀하다. (反)〔关心 guānxīn〕3몡냉대하다. 푸대접하다. ◇～了朋友/친구를 푸대접하다.
【冷碟儿－접아】lěngdiér 몡〈方〉냉채.
【冷冻－동】lěngdòng 몡몡냉동(하다). ◇～设备/냉동설비.
【冷风－풍】lěngfēng 몡찬바람. 〈喩〉찬물을 ◇别吹～/찬물을 끼얹지 마.
【冷锋－봉】lěngfēng 몡〈天〉한랭 전선.
【冷敷－부】lěngfū 몡몡〈醫〉얼음 찜질(하다).
【冷宫－궁】lěnggōng 몡1(옛날, 군주의 총애를 잃은 왕비가 거처하던) 쓸쓸한 궁전. 2쓸모없는 기물들을 두는 곳. ◇他那些材料全打入～/그는 그 자료를 모두 창고 깊숙이 쳐 넣었다.
【冷光－광】lěngguāng 몡1〈物〉냉광. 2차가운 눈빛.
【冷害－해】lěnghài 몡냉해.
【冷汗－한】lěnghàn 몡식은땀.
【冷荤－훈】lěnghūn 몡육류의 냉채.
【冷货－화】lěnghuò 몡잘 팔리지 않는 상품. (同)〔滞 zhì 货〕, (反)〔热 rè 货〕
【冷寂－적】lěngjì 몡쓸쓸하다. 적막하다. (同)〔冷淡〕
【冷加工－가공】lěngjiāgōng 몡〈工〉냉연가공. 금속의 상온(常温)가공.
【冷箭－전】lěngjiàn 몡1불시에 날아오는 화살. (同)〔暗 àn 箭〕, (反)〔明枪 míngqiāng〕2〈貶〉〈喩〉불의의 습격.
【冷噤－금】lěngjìn 몡전율. 몸서리.
**【冷静－정】lěngjìng 몡1조용하다. 고요하

다. ◇夜深了, 街上显得很~/밤이 깊어져 거리가 조용해보인다. (同)〔安 ān 静〕(反)〔热闹 rènao〕 **2**침착하다. (同)〔镇定 zhèndìng〕 **비교**冷静:安静 큰소리로 언쟁하거나 떠들썩하지 않는 경우에는 "冷静"을 쓰지 않는다. ◇会场里坐满了人, 但是非常(×冷静)安静/회의장에 사람이 꽉 찼지만 아주 조용했다.

【冷峻—준】lěngjùn 차고 엄숙하다.

【冷库—고】lěngkù 圓냉장고.

【冷酷—혹】lěngkù 圓냉혹(하다). (同)〔苛刻 kēkè〕, (反)〔热情 rèqíng〕

【冷脸子—검자】lěngliǎn·zi 무뚝뚝한 얼굴.

【冷落—락】lěngluò 圓**1**쓸쓸하다. (同)〔冷静 jìng〕**2**圓푸대접 하다. ◇别~了客人/손님을 푸대접하지 마. (同)〔冷淡 dàn〕

【冷门—문】lěngmén (~儿)圓**1**인기없는 일이나 분야. ◇他的工作是~/그의 업무는 인기없는 분야이다. **2**방문객이 없는 집. **3**도박에서 돈을 잘 걸지 않는 곳.

【冷漠—막】lěngmò 圓냉담하다. 무관심하다.

【冷凝—응】lěngníng 圓응축(되다). 응결(되다). (同)〔凝结 jié〕

【冷暖—난】lěngnuǎn 圓**1**차가움과 따뜻함. **2**일상생활.

【冷盘—반】lěngpán 圓냉채(冷菜).

【冷僻—벽】lěngpì 圓**1**외지다. 한적하다. (同)〔僻静 jìng〕, (反)〔热闹 rènao〕**2**눈에 흔히 띄지 않다. 보기 드물다. (同)〔生 shēng 僻〕, (反)〔常见 chángjiàn〕

【冷气—기】lěngqì 圓**1**냉각 공기. **2**냉방기(장치). **3**냉랭한 기분. **4**〈天〉냉기.

【冷气团—기단】lěngqìtuán 圓〈天〉한랭기류.

【冷枪—창】lěngqiāng 圓**1**몰래 쏘는 총알. ◇打~/몰래 총을 쏜다. (反)〔明 míng 枪〕**2**비방. 중상.

【冷峭—초】lěngqiào 圓**1**매우 춥다. **2**〈喩〉말씨가 신랄하다. 각박하다.

【冷清—청】lěng·qīng 圓**1**쓸렁하다. 적막하다. **2**불경기다. **3**조용하다.

【冷清清—청청청】lěngqīngqīng (~的)圓**1**스산하다. 적막하다. (反)〔闹哄 nàohōng 哄〕**2**아주 조용하다.

【冷泉—천】lěngquán 圓〈地質〉냉천. 찬샘.

【冷却—각】lěngquè 圓냉각(하다). ◇~装置/냉각 장치. ◇~器/냉각기. **비교**冷却:冷:不烧 ①"冷却"는 날씨에 쓰이지 않는다. ◇天气一天天(×冷却)冷起来了/날씨가 하루하루 추워졌다. ②"冷却"는 사람에게 쓰이지 않는다. ◇昨天他发烧了, 今天(×冷却)不烧了/어제 그는 열이 나더니 오늘은 열이 내렸다.

【冷热病—열병】lěngrèbìng 圓**1**〈方〉학질. 말라리아. **2**〈喩〉쉽게 열을 올리고 쉽게 식어버리다.

【冷若冰霜—약빙상】lěng ruò bīng shuāng 〈成〉얼음같이 차가운 태도. (反)〔满腔热忱 mǎn qiāng rè chén〕

【冷色—색】lěngsè 圓〈色〉한색.

【冷森森—삼삼】lěngsēnsēn (~的)圓(적막하여) 으스스하다. 싸늘하다.

【冷杉—삼】lěngshān 圓〈植〉전나무.

【冷食—식】lěngshí 圓**1**(아이스크림·찬 음료 따위의) 청량 음료. **2**차게 해서 먹는 음식.

【冷水—수】lěngshuǐ 圓**1**냉수. (反)〔热 rè 水〕**2**생수. 끓이지 않은 물. **비교**冷水:冷开水:热开水 ①끓인 후 식힌 물이 "冷开水"이다. ◇这是(×冷水)冷开水, 喝了也没关系/이건 끓인 후 식힌 물이야. 마셔도 괜찮아. ②끓은 물은 "热开水"이고, 끓인 물은 그냥 "开水" (말하는 시점의 상태가 미지인 경우)이다. ◇那是(×冷水)热开水可以泡茶/그건 끓은 물이라 차를 타도 된다.

【冷丝丝—사사】lěngsīsī (~儿)圓싸늘하다. 으슬으슬하다.

【冷飕飕—수수】lěngsōusōu (~的)圓(바람이) 맵고 차다. (同)〔冷丝 sī 丝〕, (反)〔热腾 rèténg 腾〕

【冷烫—탕】lěngtàng 圓콜드파마.

【冷笑—소】lěngxiào 圓圓냉소(하다). 조소(하다).

【冷血动物—혈동물】lěngxuè dòngwù 圓**1**〈動〉냉혈동물. **2**〈喩〉무정한 사람.

【冷言冷语—언냉어】lěng yán lěng yǔ 〈成〉차갑게 비꼬는 말.

【冷眼—안】lěngyǎn 圓**1**차분한 눈길. **2**〈喩〉냉담한 대우.

【冷眼旁观—안방관】lěng yǎn páng guān 〈成〉싸늘한〔냉정한〕 눈으로 방관〔외면〕하다. (同)〔袖手 xiùshǒu 旁观〕, (反)〔拔刀相助 bádāo xiāng zhù〕

【冷饮—음】lěngyǐn 圓청량음료.

【冷语冰人—어빙인】lěng yǔ bīng rén 〈成〉쌀쌀맞은 말투로 쏘아 붙이다.

【冷遇—우】lěngyù 圓냉대. 푸대접. (同)〔冷眼 yǎn〕, (反)〔优待 yōudài〕

【冷战—전】lěngzhàn 圓냉전.

【冷战—전】lěng·zhan 圓전율. 몸서리.

【冷字—자】lěngzì 圓벽자. 자주 쓰이지 않는 글자.

lèng

【愣】 小部 9画 | lèng 멍청할 **릉**

1圓멍해지다. 어리둥절하다. ◇看到几十

年不见的哥哥, 他～了半天才认出来/몇십 년 보지 못했던 오빠를 보자 그는 한참 멍해 있다가 그제야 알아보았다. 2[형]경솔하다. 무모하다. 철없다. ◇那个小伙子真～/그 녀석은 정말 경솔하다. 3[부]〈方〉경솔하게. 억지로. ◇妈妈不让明明去踢球, 他～要去/어머니가 명명이 보고 볼을 차지 말랬는데도 그는 듣지 않고 억지로 갔다.

【愣神儿－신아】lèng∥shénr [동]〈方〉멍청해하다. 얼이 빠지다.

【愣头愣脑－두릉뇌】lèng tóu lèng nǎo〈成〉1멍한 모양. 2덤벙대는 침착하지 못한 모양.

【愣头儿青－두아청】lèngtóurqīng (同)〔愣头葱〕

【愣怔－정】lèng·zheng 눈을 휘둥그레 뜨고 멍청해 있다. (同)〔睖睁 lèngzheng〕

哩 568	丽 568	厘 568	狸 568	离 568
篱 569	梨 569	黎 569	藜 569	黧 569
罹 569	礼 569	李 570	里 570	俚 571
浬 571	哩 571	理 571	锂 572	鲤 572
鳢 572	蠡 572	力 572	历 573	沥 573
疬 573	厉 573	励 573	蛎 574	立 574
莅 575	粒 575	笠 575	吏 575	丽 575
俪 575	利 575	俐 576	莉 576	猁 576
痢 576	例 576	隶 576	荔 576	栎 576
砾 576	栗 576	傈 577	哩 577	

lī

【哩】口部 7画 lī 카레 리

⇒lǐ, li

【哩哩啦啦－리라라】lī·lilālā [의]뚝뚝. 질금질금. 띄엄띄엄. ◇就要开会了, 可人～的还没到齐/곧 회의가 시작하는데도 사람이 아직 다 도착하지 않아 띄엄띄엄 나타났다.

【哩哩啰啰－리라라】lī·liluōluō [형](쉴새 없이) 중얼거리는 모양.

【哩溜歪斜－류왜사】lī·liuwāixiē [형]1(글씨 같은 것이) 삐틀삐틀하다. 2〈方〉비틀비틀 걷는 모양. 휘청거리는 모양.

lí

【丽·麗】一部 6画 lí 고울 려

(Lí) [명]1〈地〉여수(麗水). 〔절강성(浙江省)에 있는 현(縣)이름〕 2(同)〔高丽〕⇒lì

【厘(釐)】厂部 7画 lí 이 리

1〈度〉(계량단위의) 1/100. ◇～米/cm. ◇～升/센티미터. 2계량단위의 명칭. a)길이(1척의 1000분의 1). b)중량. (1근의 10,000분의 1). c)땅의 면적(1무의 100분의1). d)이율의 단위(연이율 1厘는 매년 100분의 1이고, 월이율 1厘는 매월 1,000분의 1임). 3〈文〉정리하다. 다스리다.

【厘定－정】lídìng [동]〈文〉정리하고 개정하다.

【厘金－금】líjīn [명]청대(清代) 말기의 지방 관세.

☆【厘米－미】límǐ [명]〈度〉센티미터(cm).

【厘正－정】lízhèng [동]〈文〉수정하다. 개정하다. 고치다.

【狸(貍)】犭部 7画 lí 너구리 리

【狸猫－묘】límāo [명]삵괭이.

【狸子－자】lí·zi [명]삵괭이.

★【离·離】亠部 8画 lí 떠날 리

1[동]분리하다. 떠나다. 헤어지다. 갈라지다. ◇他长这么大从没～过家/그는 이렇게 크도록 집을 떠나본 적이 없었다. (同)〔别 bié〕, (反)〔合 hé〕 [비교]离:离开 구체적으로 분리되는 결과가 있을 때는 "离开"를 써야 한다. ◇他结婚不久, 妻子就(×离)离开他走了/그가 결혼한 지 얼마 안 돼 부인은 그를 떠났다. 2[개]…에서. …로부터. …까지. ◇我家～市中心不到五里路/우리집에서 시복판까지는 5리도 안 된다. 3[동]빠지다. 없다. ◇这个任务～了你不行/이 임무는 네가 없이는 안 된다. (同)〔缺 quē〕 4[명]팔괘(八卦)의 하나. 괘형(卦形)은 '☲'이고, 불을 대표함. 5(Lí)[명]성(姓).

*【离别－별】líbié [동]이별하다. 헤어지다. ◇～父母/부모님과 이별하다. (同)〔分 fēn 别〕, (反)〔相逢 xiāngféng〕

【离队－대】lí∥duì [동]1대오를 이탈하다. (反)〔归 guī 队〕 2부서를 떠나다.

【离格儿－격아】lí∥gér [동]상식에서 벗어나다. ◇他说的话有点儿～/그가 한 말은 좀 상식에서 벗어났다.

【离宫－궁】lígōng [명]행궁.

【离合－합】líhé [명]헤어짐과 만남.

【离合器－합기】líhéqì [명]〈機〉클러치(clutch).

☆【离婚－혼】lí∥hūn [동]이혼하다. ◇小张跟她～了/미스터 장이 그녀와 이혼했다. (同)〔离异 yì〕, (反)〔结 jié 婚〕

【离间－간】líjiàn [동]이간하다. (同)〔挑拨 tiāobō〕, (反)〔撮合 cuōhé〕

【离解－해】líjiě [명]〈物〉(원자의) 해리(解離).

【离经叛道－경반도】lí jīng pàn dào〈成〉상궤(常軌)를 벗어나 도리를 어기다.

★【离开一开】lí // kāi 통떠나다. ◇我舍不得～他/나는 그의 곁을 떠나기가 아쉽다.

【离叛一반】lípàn 통배반하다.

【离谱一보】lí // pǔ (～儿)통상식에서 벗어나다. ◇你这么做就～了/네가 이렇게 한 게 상식에서 벗어난다.

【离奇一기】líqí 형색다르다. 기이하다. (同)〔奇怪 guài〕, (反)〔平常 píngcháng〕

【离弃一기】líqì 통(업무·장소·사람 등을) 돌보지 않다.

【离情一정】líqíng 명이별의 감정.

【离群索居一군색거】lí qún suǒ jū 〈成〉무리에서 떠나 쓸쓸히 지내다.

【离散一산】lísàn 통(가족이) 뿔뿔이 흩어지다. (同)〔四 sì 散〕, (反)〔团圆 tuán yuán〕

【离索一색】lísuǒ (同)〔离群索居〕

【离题一제】lí // tí 통주제에서 벗어나다. ◇不要～太远了/주제에서 크게 벗어나지 마세요. (反)〔切 qiè 题〕

【离析一석】líxī 1통〈文〉뿔뿔이 흩어지다. 분리하다. 2명통분석(하다).

【离弦走板儿一현주판아】lí xián zǒu bǎnr 〈成〉말이나 일이 준칙에서 벗어나다.

【离乡背井一향배정】lí xiāng bèi jǐng 〈成〉정든 고향을 등지다. (反)〔回归故土 huí guī gù tǔ〕

【离心一심】líxīn 1통(단체 혹은 간부와) 뜻을 달리하다. (反)〔同 tóng 心〕 2통중심에서 멀어지다. 3명원심(遠心). (反)〔向 xiàng 心〕

【离心离德一심리덕】lí xīn lí dé 〈成〉(단체가 뜻을 달리하여) 단합하지 못하다.

【离心力一심력】líxīnlì 명〈物〉원심력.

＊【离休一휴】líxiū 통휴직하다.

【离异一이】líyì 명통이혼(하다).

【离辙一철】lí // zhé 통〈口〉본 줄거리에서 벗어나다.

【离职一직】lí // zhí 통1휴직하다. 잠시 직장을 쉬다. 2사직하다. (同)〔退 tuì 职〕, (反)〔就 jiù 职〕

【离子一자】lízǐ 명〈化〉이온.

【离子键一자건】lízǐjiàn 명〈化〉이온결합.

【篱·籬】竹部│lí　10画│울타리 라

1(同)〔笊 zhào 篱〕2명울타리. ◇樊 fān ～/울타리.

＊【篱笆一파】lí·ba 명(대나무·갈대·나뭇가지 따위로 된) 울타리. 바자.

【篱落一락】líluò 명〈文〉울타리.

【篱栅一책】lízhà 명대나무나 나뭇가지로 만든 울타리.

☆【梨(棃)】木部│lí　7画│배나무 리

【梨 1〈植〉배나무. 2배.

【梨膏一고】lígāo 명배즙에 꿀을 넣어 끓여 반고체 상태로 만든 것. 〔기침약으로 사용됨〕

＊【犁(犂)】牛部│lí　7画│쟁기 려

1명〈農〉쟁기. 2통쟁기질하다.

【犁铧一화】líhuá 명〈農〉쟁기의 날.

【犁镜一경】líjìng 명〈農〉(보습의) 볏. (同)〔犁壁 bì〕

【犁牛一우】líniú 명〈方〉쟁기를 끄는 소. 역우(役牛).

【犁杖一장】lí·zhang 명〈農〉〈方〉쟁기.

【黎】禾部│黍部│lí　10画│3画│검을 려

【黎 1명〈文〉많다. 2형〈文〉검다. 3(Lí)명성(姓).

【黎黑一흑】líhēi 형〈文〉(얼굴이) 검다.

【黎锦一금】líjǐn 명여족(黎族) 거주지역에서 생산되는 비단.

【黎民一민】límín 명〈文〉서민. 백성. (同)〔百姓 bǎixìng〕, (反)〔权贵 quánguì〕

＊＊【黎明一명】límíng 명여명. 새벽. 동틀 무렵. ◇～时分/동틀 무렵. (同)〔凌晨 língchén〕, (反)〔黄昏 huánghūn〕

【黎族一족】Lízú 명여족. 〔중국의 海南에 분포함〕

【藜】艹部│lí　15画│명아주 려

【藜藿一곽】líhuò 명명아주잎과 콩잎. 〈喩〉변변치 못한 반찬.

【黧】黑部│lí　8画│검을 리·려

명안황색.

【黧黑一흑】líhēi (同)〔黎黑〕

【罹】罒部│lí　11画│근심할 리

통〈文〉(재난을) 당하다〔질병에 걸리다〕.

【罹难一난】línàn 통〈文〉재난을 당해 죽다. 피살되다.

lǐ

＊＊【礼·禮】礻部│lǐ　1画│예 례

1명의식(儀式). 예식. ◇婚～/결혼식. ◇丧～/장례식. 2명의례. ◇敬～/경례. 3명선물. 예물. ◇送～/선물을 보내다. 4통〈文〉예우하다.

＊＊【礼拜一배】lǐbài 1명통예배(하다). ◇做～/예배를 드리다. 2명주(週). (同)〔星期 xīngqī〕 ◇下～/다음주. 3명요일. 〔天(日), 一, 二, 三, 四, 五, 六' 앞에 쓰여 요일을 나타냄〕 ◇～六/토요일. 4명'礼

'拜天'의 준말.

【礼拜寺—배사】lǐbàisì 團〈宗〉회교 사원. (同)〔清 qīng 真寺〕

【礼拜堂—배당】lǐbàitáng 團〈宗〉예배당.

☆【礼拜天—배천】lǐbàitiān 團일요일. (同)〔礼拜日 rì〕

【礼宾—빈】lǐbīn 動손님을 예우하다. 〔외교적인 경우에 많이 쓰임〕

【礼成—성】lǐchéng 動의식이 끝나다.

【礼单—단】lǐdān 團선물 명세서. (同)〔礼帖 tiě〕

【礼法—법】lǐfǎ 團예법. 예의 법도.

【礼佛—불】lǐ∥fó 動부처에게 절하다. 불공을 드리다.

【礼服—복】lǐfú 團예복.

【礼服呢—복니】lǐfúní 團〈紡〉베니션(venetian). 〔모직천의 일종〕

【礼花—화】lǐhuā 團경축 행사때 쏘아 올리는 꽃불.

【礼教—교】lǐjiào 團예교. 사람의 사고와 행동을 속박하는 (봉건적인) 예법과 도덕.

＊【礼节—절】lǐjié 團예절. ◇中国有许多～跟外国不同/중국의 예절이 외국과 다른 게 많다.

【礼金—금】lǐjīn 團축의금. 사례금.

【礼帽—모】lǐmào 團예모.

☆【礼貌—모】lǐmào 1團예의. 매너. ◇有～/예의가 있다. 2團예의바르다. ◇我觉得这么早就走不大～/내 생각엔 이렇게 일찍 가는 것은 실례인 것 같다.

【礼炮—포】lǐpào 團예포.

＊【礼品—품】lǐpǐn 團(同)〔礼物 wù〕

【礼券—권】lǐquàn 團상품권.

【礼让—양】lǐràng 團動예양(하다). 예의로써 양보(하다). (同)〔谦 qiān 让〕, (反)〔争夺 zhēngduó〕

【礼尚往来—상왕래】lǐ shàng wǎng lái〈成〉1방문에는 답례하는 것이 예의다. 2〈轉〉상대방이 나오는 태도에 따라 대하는 태도를 정하다.

【礼数—수】lǐshù 團〈口〉1예의. 예절. 2사회적 신분·지위에 상응하는 예의·격식.

【礼俗—속】lǐsú 團관혼상제·왕래 따위의 예의와 풍속.

☆【礼堂—당】lǐtáng 團강당. 홀.

★【礼物—물】lǐwù 團선물. 예물. ◇这条项链 xiàngliàn 是妈妈送给我的生日～/이 목걸이는 어머니가 내게 준 생일선물이다.

【礼贤下士—현하사】lǐ xián xià shì〈成〉(옛날, 임금이나 대신이) 현인이나 학자를 예우하다.

【礼仪—의】lǐyí 團예의. 예절과 의식.

【礼遇—우】lǐyù 團動예우(하다). (反)〔冷 lěng 遇〕

【礼赞—찬】lǐzàn 動예찬하다. 칭송하다.

【李】木部│lǐ
3画│오얏나무 리

團1〈植〉자두나무. 오얏나무. 2자두. 3(Lǐ) 성(姓).

【李子—자】lǐ·zi 團〈植〉1자두나무. 2자두.

★【里(裏,裡)】里部│lǐ
0画│마을 리

1團(～儿)(섬유제품 등의) 옷·이불 등의 속. 안. ◇被～儿/이불 안. 2團가운데. 안쪽. (反)〔外 wài〕 ◇～圈/울타리 안쪽. 3團이웃. 인근. ◇邻～/이웃. 4團고향. ◇故～/고향. 5團리. 〔옛날 주민을 통제하기 위한 행정조직의 한 단위로서 다섯 세대를 한 '邻'이라 하고 다섯 '邻'을 한 '里'로 하였음〕 6團리. 〔500미터를 1리(里)로 함〕 7(Lǐ)團성(姓). ⇒는 8團안. 속. 내부. (反)〔外 wài〕 ◇箱子～/상자 안. 回回里:上 물체의 꼭대기나 비한정 공간에는 표면은 "里"를 쓰지 않는다. ◇天(×里)上无云, 比较暖和/하늘에 구름이 없고 비교적 따뜻하다. 9團接미'这' '那' '哪' 등의 뒤에 붙어 장소를 나타냄. ◇这～/여기. ◇那～/저기.

★【里边—변】lǐ·bian 團(～儿)(일정한 시간·공간·범위의) 이내. 안(쪽). 속. ◇～有很多人/안에는 많은 사람이 있다. ◇他一年～, 没有回过家/그는 일년 안에 집에 돌아가지 않았다.

【里程—정】lǐchéng 團1이정. 노정. 2발전 과정.

【里程碑—정비】lǐchéngbēi 團1이정표. 2획기적인 사건.

【里出外进—출외진】lǐ chū wài jìn〈成〉울퉁불퉁하다. 들쑥날쑥하다.

【里带—대】lǐdài 團타이어의 튜브.

【里勾外联—구외연】lǐgōu wàilián 외부인과 내통하여 한패가 되다.

【里急后重—급후중】lǐjí hòuzhòng 團〈中醫〉이급 후중증상.

【里脊—척】lǐ·ji 團등심살.

【里间—간】lǐjiān (～儿)(同)〔里屋 wū〕

【里拉—랍】lǐlā 團〈音〉리라. 〔이탈리아의 화폐단위〕

【里弄—롱】lǐlòng 團〈方〉1골목(길). 2(행정상) 동네 주민에 관한 일.

☆【里面—면】lǐ·mian 團내부. 속. 안. ◇宿舍～很清洁/기숙사의 내부가 매우 깨끗하다. (同)〔里边 bian〕, (反)〔外 wài 面〕

【里手—수】lǐshǒu 團1(～儿)(조종하는 차나 기계의) 왼쪽. 좌측. 2〈方〉전문가. (同)〔内行 nèiháng〕, (反)〔外 wài 行〕

【里通外国—통외국】lǐ tōng wàiguó 외국과 내통하여 조국을 배반하다.

＊＊【里头－头】lǐ·tou 图안. 속. ◇屋子～坐满了人/방안에는 사람들이 가득 앉아 있다.

【里外里－외리】lǐwàilǐ 1图양쪽의 합계. a)수입 감소에다 지출 증가를 합한 것. b)지출감소에다 수입 증가를 합한 것. c)예상된 수입에 의외의 수입을 더한 것. d)예상된 지출에 의외의 지출을 합한 것. 2图결국. 요컨대. 〔어떻게 계산을 해도 결과는 역시 같은 경우〕

【里屋－옥】lǐwū 图안방.

【里弦－현】lǐxián 图호궁의 안쪽의 굵은 현.

【里巷－항】lǐxiàng 图골목(길).

【里应外合－응외합】lǐ yìng wài hé〈成〉안팎에서 서로 호응하다.

【里子－자】lǐ·zi 图(의복·모자·신발 따위의) 속〔안〕.

【俚】亻部 lǐ
　6画 속될 리
图속되다.

【俚歌－가】lǐgē 图민요.

【俚曲－곡】lǐqǔ 图통속적인 노래. 가락. 곡조. (同)〔俗 sú 曲〕

【俚俗－속】lǐsú 图통속적이다. 비속하다.

【俚语－어】lǐyǔ 图(비속하거나 통용지역이 매우 좁은) 방언의 어휘.

【浬】氵部 lǐ
　7画 해리 리
(又讀 hǎilǐ) 图'海 hǎi 里'(해리)의 옛 명칭.

【哩】口部 lǐ
　7画 어조사 리
(又讀 yīnglǐ) '英 yīng 里'(마일 mile)의 옛 명칭. ⇒li·lǐ

＊＊【理】王部 lǐ
　7画 다스릴 리
1图결. 무늬. ◇肌～/살결. 2图도리. 이치. ◇他讲的句句是～/그가 말한 것은 구구절절이 이치에 맞는다. 3图자연과학. 이학. 물리학. ◇～科/이과. 4图관리하다. 처리하다. ◇处～/처리하다. 5图정리하다. 가지런하게 하다. ◇把房间～一～/방을 좀 정리하라. 6图상대하다. 거들떠보다. 〔부정문에 많이 쓰임〕◇他想跟我讲话, 我没～他/그는 나와 이야기하고 싶었으나 나는 거들떠보지도 않았다. 7(Lǐ)图성(姓).

【理财－재】lǐ // cái 1图재무를 관리하다. 2图〈文〉이재.

＊【理睬－채】lǐcǎi 图거들떠보다. 상대하다. ◇没人～这个人/아무도 이 사람을 상대하지 않았다.

【理茬儿－치아】lǐ // chár 图상대해주다. 말대꾸하다. 〔주로 부정문에 쓰임〕

【理当－당】lǐdāng 당연히 …해야 한다.

【理短－단】lǐduǎn 图이치가 닿지 않다.

☆【理发－발】lǐ // fà 图이발하다. ◇我去理个发/이발하러 갈게요.

【理该－해】lǐgāi (同)〔理当 dāng〕

【理合－합】lǐhé 당연히 …해야 한다. 〔옛날의 공문서의 용어〕

【理化－화】lǐhuà 图물리와 화학의 총칭.

＊【理会－회】lǐhuì 1图알다. 이해하다. ◇这段话的意思不难～/이 말의 의미는 이해하기 어렵지 않다. (同)〔领 lǐng 会〕, 〔懂得 dǒngde〕 2图주의하다. 유념하다. 〔주로 부정문에 쓰임〕◇人家说了半天, 他也没有～/다른 사람이 한참 말했지만 그는 유념하지 않았다. 3图처리하다. 상대하다. 〔주로 부정문에 쓰임〕◇叫了他好几声, 他都没～/그를 여러번 불렀지만 그는 거들떠보지도 않았다. 4图처치하다. 5 (同)〔理论 lùn 2〕

☆【理解－해】lǐjiě 图이해하다. 잘 알다. ◇老师讲了两个问题, 我只～了一个/선생님이 두 문제를 설명했는데 나는 한 문제만 이해했다. (同)〔领会 lǐnghuì〕, (反)〔不 bù 解〕 ⅢⅢ 理解:了解 "理解"는 "깨닫다"는 뜻에 초점이 있고, "了解"는 "안다"는 뜻에 초점이 있으며 "打听", "调查"의 뜻도 담겨 있다. ◇我对中国比刚来的时候更 (×理解)了解了/나는 중국에 대해서 갓 왔을 때보다 더 잘 알게 되었다.

【理科－과】lǐkē 图이과. 자연과학대학. (反) 〔文 wén 科〕

【理亏－휴】lǐkuī 图이유가 서지 않다.

【理疗－료】lǐliáo〈略〉〈醫〉'物 wù 理疗法'(물리 치료법의 준말)

【理路－로】lǐlù 图1(사고나 글의) 조리. 2〈方〉도리. 이치.

☆【理论－론】lǐlùn 1图(인간이 실천에서 추출되는 자연계와 사회에 대한 종합적 원리적 인식의 체계) 이론. 2图시비를 따지다. 논쟁하다. ◇他正在气头上, 我不想和他多～/그는 지금 화가 머리끝까지 났기 때문에 난 그와 시비를 가리고 싶지 않다.

【理气－기】lǐqì 图〈中醫〉기(氣)를 다스리다. 〔약물을 사용하여 기체(氣滯)·기역(氣逆)·기허(氣虚) 등을 치료하는 방법〕

【理屈－굴】lǐqū 图이치가 닿지 않다. 꿀리다.

【理屈词穷－굴사궁】lǐ qū cí qióng〈成〉이에 닿지 않아 말이 막히다. (同)〔词穷理屈〕, (反)〔理直气壮 lǐ zhí qì zhuàng〕

＊【理事－사】lǐ·shì 1图이사. ◇～会/이사회. 2图일을 처리하다. ◇他是不关家不～的人/그는 집안 살림이나 일처리 등에 무신경한 사람이다.

＊【理所当然－소당연】lǐ suǒ dāng rán〈成〉

이치상 당연하다. ◇他把帮助别人当做自己～的义务/그는 남을 도와주는 것을 자신이 당연히 해야 하는 의무로 여긴다. (反)〔岂有此理 qǐ yǒu cǐ lǐ〕

☆【理想－상】lǐxiǎng **1**명이상. 꿈. ◇他的～很高/그의 이상은 매우 높다. **2**형만족스럽다. 이상적이다. ◇我跑了好多地方, 终于买到了一双～的鞋/나는 여러곳 다녔는데 마침내 마음에 드는 신을 샀다.

【理性－성】lǐxìng **1**명이성. **2**형이성적이다. 지적이다. (反)〔感 gǎn 性〕

【理性认识－성인식】lǐxìng rèn·shi 명〈哲〉이성적 인식. (反)〔感 gǎn 性认识〕

【理学－학】lǐxué 명송대(宋代)의 이학. 성리학.

【理应－응】lǐyīng (同)〔理当 dāng〕

☆【理由－유】lǐyóu 명이유. 까닭. ◇没有～抱怨/원망할 이유가 없다.

【理喻－유】lǐyù 통도리로 깨우치다.

*【理直气壮－직기장】lǐ zhí qì zhuàng〈成〉이유가 충분하여 당당하게 말하다. ◇～地回答/당당하게 대답하다. (同)〔振振有辞 zhèn zhèn yǒu cí〕, (反)〔理屈词穷 lǐ qū cí qióng〕

【理智－지】lǐzhì **1**명이지. 이성. **2**형이지적이다.

【锂·鋰】钅部 lǐ
　　　　　7画 리튬 리
명〈化〉리튬(lithium).〔원자 기호는 Li〕

【鲤·鯉】鱼部 lǐ
　　　　　7画 잉어 리
명〈魚介〉잉어.

【鳢·鱧】鱼部 lǐ
　　　　　13画 가물치 례
명〈魚介〉가물치.

【蠡】虫部 lǐ
　　　15画 나무좀 려
명**1**인명에 쓰이는 글자. **2**(Lǐ)지명에 쓰이는 글자.

lì

☆【力】力部 lì
　　　0画 힘 력
1명〈物〉힘. **2**명힘. 능력. ◇人～/인력. ◇视～/시력. ◇药～/약효. ◇理解～/이해력. **3**명체력. ◇大～士/장사. ◇用～推/힘껏 밀다. **4**통힘을 다하다. 노력하다. 힘쓰다. **5**(Lì)명성(姓).

【力巴－파】lì·ba **1**형〈方〉서투르다. 문외한이다. **2**명풋나기. 문외한. (同)〔力巴头 tóu〕

【力避－피】lìbì 통애써 벗어나다.

【力不从心－불종심】lì bù cóng xīn〈成〉능

력이 생각을 따르지 못하다. 역부족이다. (同)〔力不胜任 shèng rèn〕, (反)〔应付裕如 yìng fù yù rú〕

【力持－지】lìchí 통힘써 견지하다.

【力畜－축】lìchù 명부림 짐승.

【力促－촉】lìcù 통힘써 촉진하다.

【力道－도】lìdào 명**1**힘. **2**효능. 효력.

【力度－도】lìdù 명**1**힘. **2**〈音〉음의 강약. **3**깊이.

【力荐－천】lìjiàn 통극력 추천하다.

【力竭声嘶－갈성시】lì jié shēng sī〈成〉힘이 다하고 목소리가 쉬다.

【力戒－계】lìjiè 통…않도록 힘쓰다.

【力矩－구】lìjǔ 명〈힘의〉모멘트.

☆【力量－량】lì·liang 명**1**힘. ◇别看他个子小, ～可不小/그가 작다고 보지마, 그래뵈도 힘은 꽤 세다. (同)〔力气 qì〕 **2**능력. ◇尽一切～完成任务/모든 힘을 다해 임무를 완수하다. (同)〔能 néng 力〕 ◇他很有～/그에게는 능력이 많다. **3**효과. 작용. ◇这种农药的～很大/이 농약은 효과가 매우 크다. (同)〔作用 zuòyòng〕〔效xiào 力〕

【力偶－우】lì'ǒu 명〈物〉우력(偶力). 짝힘.

☆【力气－기】lì·qi 명(육체적) 힘. (同)〔劲 jìn〕〔力量 liang〕 ◇他的～大, 一个人搬走了这块大石头/그는 힘이 세다. 혼자서이 큰 돌을 운반했다.

【力气活儿－기활아】lì·qihuó 명육체노동.

【力钱－전】lì·qian 명〈方〉짐부름 삯. (同)〔脚 jiǎo 钱〕

✶✶【力求－구】lìqiú 통힘써 추구하다. ◇他正在努力学习, ～提高汉语水平/그는 열심히 공부하고 있는데 애써 중국어 실력을 향상시키려 한다.

【力所能及－소능급】lì suǒ néng jí〈成〉자기 힘으로 할 수 있다. ◇我想做点儿～的事/나는 내가 할 수 있는 일을 하려 한다.

【力透纸背－투지배】lì tòu zhǐ bèi〈成〉필력이나 글에 기세가 좋다.

*【力图－도】lìtú 통극력 …을 애쓰다. ◇～实现自己的抱负/자신의 포부를 이루기 위해 애쓰다.

【力挽狂澜－만광란】lì wǎn kuáng lán〈成〉위험한 국면을 힘써 만회하려 하다.

【力行－행】lìxíng 통힘쓰다. 노력하다.

【力学－학】lìxué **1**명〈物〉역학. **2**통〈文〉힘써 배우다.

【力战－전】lìzhàn 통힘껏 분전하다. 분투하다.

✶✶【力争－쟁】lìzhēng 통**1**얻기 위해 힘쓰다. ◇～更大的丰收/더 큰 풍작을 거두기 위해 힘쓰다. **2**적극 변명하다. ◇据理～/이치에 의거하여 적극 변명하다.

L

【力争上游－쟁상유】lì zhēng shàng yóu 〈成〉앞장 서려고 분투하다. (反)〔甘居中 gānjūzhōng 游〕

【力证－증】lìzhèng 圐유력한 증거.

【力主－주】lìzhǔ 圐강력히 주장하다.

【力作－작】lìzuò 圐역작.

【历·歷(曆)】 厂部 ｜ lì ｜ 2画 ｜ 채력 **력**

1圐경험하다. 겪다. ◇来～/내력. 경력. **2** 과거의. 지금까지 경과한. ◇～代/역대. **3** 圐두루. 하나하나. ◇～访各校/각 학교를 두루 방문하다. **4**(Lì)圐성(姓). **5**圐역법 (曆法). ◇农～/음력. ◇阳～/양력. **6**圐역 서(曆書). 책력(冊曆). ◇挂一/거는 달력.

【历本－본】lìběn 圐〈方〉역서(曆書).

【历朝－조】lìcháo 圐역대 왕조.

【历程－정】lìchéng 圐여정. 지나온 길.

【历次－차】lìcì 圐(지난) 여러 차례.

*【历代－대】lìdài 圐역대. 대대. ◇～名画/ 역대의 명화.

【历法－법】lìfǎ 圐역법.

【历届－계】lìjiè (집회·행사 따위의) 지나 간 각 회.

【历尽－진】lìjìn 圐두루 다 경험하다. ◇～ 千辛万苦/온갖 고생을 두루 겪었다.

【历经－경】lìjīng 圐여러차례 …경험하다.

【历久－구】lìjiǔ 圐긴 세월이 지나다.

*【历来－래】lìlái 圐종래로. 여태까지 죽. ◇ 这些岛屿～都是中国的领土/이 섬들은 예 로부터 중국의 영토이다. (比교)历来/来: 从来 "历来"는 보통 부정에 쓰이지 않고 "从 来"를 쓴다. ◇他(×历来)从来不喜欢看 电影/그는 이제까지 줄곧 영화보는 걸 싫어한다.

【历历－역】lìlì 圐뚜렷하거나 하나하나 분 명한 모양. ◇～在目/하나하나 선명하게 눈에 보인다.

【历练－연】lìliàn **1**圐경험과 단련. **2**圐세상 사는 경험을 쌓다.

*【历年－년】lìnián 圐과거 여러 해. 매년. ◇比照～, 今年的收成算中上/예년에 비하 면 올해의 수확은 중상수준이다.(比교)历 年: 多年 "历年"은 보어로 쓰이지 않는다. ◇我在中国已经(×历年)多年了/내가 중 국에 있은 지 이미 여러해 되었다.

【历任－임】lìrèn 圐역임하다.

【历时－시】lìshí **1**圐시간이 걸리다. **2**圐경 과한 시간. 지나온 세월.

★【历史－사】lìshǐ 圐**1**역사. ◇人类的～/인류 의 역사. **2**지나간 일. **3**과거 사실(事實) 의 기록. **4**역사학.

【历史剧－사극】lìshǐjù 圐〈演〉사극(史劇). 역사극.

【历史唯物主义－사유물주의】lìshǐ wéiwù zh-

【历史唯物论－사유물론】lìshǐ wéiwùlún 〈哲〉유물사관.

【历史唯心主义－사유심주의】lìshǐ wéixīn zh-ǔyì 〈哲〉유심사관.

【历世－세】lìshì (同)〔历代 dài〕

【历书－서】lìshū 圐역서. 달력. 책력.

【历数－교】lìshǔ 圐열거하다. ◇～他的罪 行/그의 죄과를 열거했다.

【历险－험】lìxiǎn 圐위험을 겪다.

【沥·瀝】 氵部 ｜ lì ｜ 4画 ｜ 물방울 **력**

1圐(액체가) 방울방울 떨어지다. ◇～血 /핏방울이 떨어지다. **2**圐방울. ◇余 yú ～/남은 (물)방울.

【沥涝－로】lìlào 圐침수되다. 물에 잠기다.

【沥沥－력】lìlì 囲〈文〉쏴쏴. 촬촬.〔바람소 리나 물소리의 형용〕

*【沥青－청】lìqīng 圐역청. 피치(pitch). (同) 〔柏油 bǎiyóu〕

【沥水－수】lìshuǐ 圐(비온 후의) 괸 물.

【疬·癧】 疒部 ｜ lì ｜ 3画 ｜ 문둥병 **라**

圐〈醫〉**1**온역(瘟疫). 돌림병. **2**악성 종양.

【雳·靂】 雨部 ｜ lì ｜ 4画 ｜ 천둥 **력**

(同)〔霹 pī 雳〕

【厉·厲】 厂部 ｜ lì ｜ 3画 ｜ 엄할 **려**

1圐엄(격)하다. ◇～行/엄격하게 행하 다. **2**圐엄숙하다. 맹렬하다. ◇严～/준엄 하다. **3**(Lì)圐성(姓).

【厉兵秣马－병말마】lì bīng mò mǎ 〈成〉무 기를 날카롭게 하고 말을 배불리 먹이다. 전투 준비를 하다. (同)〔秣马厉兵〕

【厉鬼－귀】lìguǐ 圐악귀. (同)〔恶 è 鬼〕 〔鬼怪 guài〕

【厉害－해】lì·hai 圐**1**사납다. 무섭다. (同) 〔猛烈 měngliè〕, (反)〔温和 wēnhé〕**2**심 하다. 지독하다. ◇这人可真～/그 사람은 정말 무섭다. ◇他第一次上台讲课心跳得 ～/그는 강단에서 처음 강의를 하여 가 슴이 몹시 뛰었다. (同)〔利 lì 害〕 比교 厉害: 严重: 坏 ①"厉害"가 술어로 쓸 때 는 주어의 선택을 주의해야 한다. ◇情况 很(×厉害)严重/상황이 심각하다. ◇天 气很(×厉害)坏/날씨가 나쁘다. ②"厉 害"가 보어로 쓰였으나 동사와의 결합이 부적절한 경우. ◇雨下得(×厉害)很大/눈 이 많이 내렸다.

【厉色－색】lìsè 圐노여운 기색. 엄격한 표정.

【厉声－성】lìshēng 圐화가 나서 음성을 높 이다.

【厉行－행】lìxíng 圐엄격히 실행하다.

【励·勵】 力部 ｜ lì ｜ 5画 ｜ 힘쓸 **려**

1㊍격려하다. 고무하다. 북돋우다. ◇鼓～/고무하다. 2(Lì)㊐성(姓).
【励精图治－정도치】lì jīng tú zhì 〈成〉마음을 기울여 나라를 잘 다스리려고 노력하다.
【励志－지】lìzhì ㊍〈文〉스스로 분발하다.
【蛎·蠣】虫部 5画 lì 굴조개 려
㊐〈魚介〉굴.
☆【立】立部 0画 lì 설 립
1㊍서다. ◇他在那儿～了半天了/그는 거기서 한참 서 있었다. (同)〔站 zhàn〕, (反)〔坐 zuò〕 2㊍(물건을) 세우다. ◇桩子歪了，你再～～/말뚝이 삐뚤어졌으니 다시 세워라. (同)〔树 shù〕, (反)〔倒 dǎo〕 3㊌직립의. 4㊍제정〔체결〕하다. ◇我们和出版社～着合同呢/우리는 출판사와 계약을 체결한 상태다. 5㊍즉위하다. 6㊍존재하다. 생존하다. ◇独～/독립. ◇他已经能自～了/그는 이미 자립할 능력이 있다. 7㊎곧. 즉각. 즉시. ◇～奏奇效/곧 기이한 효과가 나다. 8(Lì)㊐성(姓).
【立案－안】lì∥àn ㊍1(주관 기관에) 등록하다. 2입안하다. (反)〔销 xiāo 案〕
☆【立场－장】lìchǎng ㊐1입장. ◇怎么能总是站在个人～上?/어떻게 언제나 개인 입장만 생각할 수 있겠소? 2(특히) 정치적 또는 계급적 입장.
【立春－춘】lìchūn 1㊐입춘. 2(lì∥chūn) ㊍입춘이 되다.
【立此存照－차존조】lìcǐ cúnzhào 증거로 남기기 위해 문서화하여 보존하다.〔계약서나 공문서에서의 관용어〕(反)〔空口无凭 kōng kǒu wú píng〕
【立等－등】lìděng ㊍1잠깐 기다리다. ◇～可取/잠깐 기다리면 찾을 수 있다. 2곧 …할 것을 기다리다. (同)〔立候 hòu〕
【立地－지】lìdì 1㊍땅위에 세우다. 2㊐나무가 자라는 곳. 3㊎그 자리에서. 즉시.
【立定－정】lìdìng 1㊍똑바로 서다. 2㊍제자리 서.〔구령의 하나〕3㊌확실하다. 확고부동하다. ◇～主意/생각을 확실하게 가지다.
【立冬－동】lìdōng 1㊐입동. 2(lì∥dōng) ㊍입동이 되다.
【立法－법】lì∥fǎ ㊍입법하다.
☆【立方－방】lìfāng ㊐1〈數〉입방. 세제곱. 2〈略〉〈數〉입방체의 준말. 3〈度〉입방 미터. ◇～米/입방 미터.
【立方根－방근】lìfānggēn ㊐〈數〉세제곱근. 입방근.
【立方体－방체】lìfāngtǐ ㊐〈數〉입방체.
【立竿见影－간견영】lì gān jiàn yǐng 〈成〉장대를 세우면 그림자가 나타난다. 즉시 효과가 나타나다. (反)〔旷日持久 kuàng rì chí jiǔ〕
【立功－공】lì∥gōng ㊍공을 세우다. (反)〔犯罪 fànzuì〕
【立功赎罪－공속죄】lì gōng shú zuì 〈成〉공을 세워서 전에 지은 죄를 씻다.
【立柜－궤】lìguì ㊐장농.
【立候－후】lìhòu ㊍1서서 기다리다. 2기다리다. (同)〔立等 děng〕
【立户－호】lì∥hù ㊍1가정을 꾸리다. 2은행에 계좌를 트다.
☆【立即－즉】lìjí ㊎즉시. 곧. ◇接到命令～出发/명령을 받는 즉시 출발한다.
*【立交桥－교교】lìjiāoqiáo ㊐〈略〉입체 교차교.〔立体交叉桥의 준말〕
【立脚－각】lì∥jiǎo ㊍서다. 발판으로 하다. ◇～点/발판.
【立脚点－각점】lìjiǎodiǎn ㊐1(사물을 관찰, 판단할 때의) 관점. 2발판. 근거지.
【立井－정】lìjǐng ㊐수갱(竪坑).
【立决－결】lìjué ㊍〈文〉즉결로 처형하다.
【立克次氏体－극차씨체】lìkècìshìtǐ ㊐〈音〉〈醫〉리케차.
★【立刻－각】lìkè ㊎즉각. 곧. 당장. ◇你一来电话，我～就动身/네가 전화하면 내가 즉시 출발할 게. (同)〔马上 mǎshang〕
【立领－령】lìlǐng(～儿)㊐바로 세우는 깃. 스탠딩 칼라.
【立论－론】lìlùn ㊍견해를 피력하다.
【立秋－추】lìqiū 1㊐입추. 2(lì∥qiū)㊍가을이 되다.
【立射－사】lìshè 〈軍〉1㊐서서 쏘기. 2㊍서서 쏘다.
【立身处世－신처세】lì shēn chǔ shì 〈成〉사회에서의 처세. 사회생활.
【立时－시】lìshí (同)〔立刻 kè〕
【立誓－서】lì∥shì ㊍맹세하다.
【立嗣－사】lìsì ㊍〈文〉양자로 대를 잇게 하다.
*【立体－체】lìtǐ ㊐입체. ◇～图形/입체도형. ◇～战争/육해공 입체적 전쟁. (反)〔平面 píngmiàn〕
【立体电影－체전영】lìtǐ diànyǐng ㊐입체영화.
【立体几何－체기하】lìtǐ jǐhé ㊐〈數〉입체기하.
【立体交叉－체교차】lìtǐ jiāochā ㊐〈交〉입체 교차.
【立体角－체각】lìtǐjiǎo ㊐〈數〉입체각.
【立体声－체성】lìtǐshēng ㊐입체음향. 스테레오.
【立体图－체도】lìtǐtú ㊐입체도.
【立夏－하】lìxià 1㊐입하. 2(lì∥xià)㊍여

름철에 들어서다.

【立宪－헌】lìxiàn 명동입헌(하다).

【立言－언】lì/yán 동〈文〉저술하다. 글로 이론을 내세우다.

【立业－업】lì/yè 동1사업을 일으키다. 2재산을 모으다.

【立意－의】lìyì 동1결심하다. 2명구상. 착상. ◇这篇文章～新颖 yǐng/이 글은 구상이 참신하다.

【立约－약】lì//yuē 동약정하다. 계약을 맺다.

【立正－정】lìzhèng 1동부동자세를 취하다. 2명차려. 〔구령〕

【立志－지】lì//zhì 동뜻을 세우다.

【立轴－주】lìzhóu 명족자.

【立锥之地－추지지】lì zhuī zhī dì〈成〉매우 협소한 장소. (同)〔弹丸 dànwán 之地〕, (反)〔广袤千里 guǎngmàoqiānlǐ〕

【立字－자】lì//zì (～儿)동1문서화하여 증거로 삼다. ◇空口无凭, ～为据/맨 입으로 말하면 증거가 안 되니, 문서화해서 증거로 삼는다.

【立足－족】lìzú 동1발붙이다. 2입각하다. (입장에) 서다. ◇～现实, 深入到君众中去/현실에 입각하여 대중속으로 파고들다.

【立足点－족점】lìzúdiǎn (同)〔立脚 jiǎo点〕

☆【莅・涖, 泣】⎰⎱ �⎰⎱⎰⎱十部│lì
　　　　　　　　　　7画│임할 리
동〈文〉이르다. 다다르다.

【莅会－회】lìhuì 동회의에 참석하다.

【莅临－림】lìlín 동〈文〉〈敬〉왕림하다.

【莅任－임】lìrèn 동〈文〉부임하다.

☆【粒】米部│lì
　　　　5画│낟알 립
1(～儿)명알. 알갱이. 입자. ◇豆～儿/콩알. ◇米～儿/쌀알. 2영알. 톨. 발. ◇一～米/쌀 한 톨. ◇三～子弹/총알 세 발

【粒肥－비】lìféi 명입상(粒狀) 비료 ‘颗 kē 粒肥料’의 준말.

【粒子－자】lìzǐ 명〈物〉입자. 소립자.

【粒子－자】lì·zi (同)〔粒 1〕

【笠】竹部│lì
　　　5画│삿갓 립
명삿갓. ◇斗～/삿갓.

【吏】一部│口部│lì
　　5画│3画│벼슬아치 리
명1옛날의 하급 관리. 2옛날의 관리. ◇大～/큰 벼슬을 한 사람.

【吏胥－서】lìxū 명〈文〉옛날, 하급 관리 서리. (同)〔胥吏〕

【吏治－치】lìzhì 명〈文〉1지방관리의 치적. 2관리의 근무 태도.

【丽・麗】一部│lì
　　　　6画│고울 려
1형아름답다. ◇秀～/수려하다. (同)〔美

měi〕, (反)〔丑 chǒu〕 2〈文〉부착하다. ◇附～/부착하다. ⇒lí

【丽人－인】lìrén 명〈文〉미인. (同)〔佳 jiā 人〕, (反)〔丑女 chǒunǚ〕

【丽日－일】lìrì 명〈文〉밝은 태양.

【丽质－질】lìzhì 명여성의 아름다운 용모와 품성.

【俪・儷】亻部│lì
　　　　7画│짝 려
1명형쌍(雙)(의). 짝(의). ◇骈 pián～文/변려문. (同)〔对 duì〕, (反)〔单 dān〕 2명부부(夫婦).

**【利】禾部│刂部│lì
　　2画│5画│날카로울 리
1형예리하다. 날카롭다. ◇这是一把～剑/이것은 예리한 검이다. (反)〔钝 dūn〕 2형편(리)하다. 순조롭다. ◇他的发言对团结不～/그의 발언은 단합에 불리하다. (同)〔益 yì〕, (反)〔弊 bì〕 3명이익. 이로움. ◇政府要多做对人民有～的事/정부는 국민에게 이로운 일을 많이 해야 한다. (反)〔害 hài〕〔弊 bì〕 4명이윤. 이자. ◇暴～/폭리. (同)〔红 hóng〕, (反)〔本 běn〕 5동이롭게 하다. ◇～国～民的事/국가와 국민에게 이로운 일. 6(Lì) 명성(姓).

*【利弊－폐】lìbì 명장단점. 이익과 폐해. ◇两种方法各有～/두 가지 방법 모두 단점이 있다.

【利导－도】lìdǎo 동(상황진전에 따라) 이익이 되게 이끌다.

【利钝－둔】lìdùn 명1날카로움과 무딤. 2순조로움과 순조롭지 않은 것.

【利滚利－곤리】lì gǔn lì (고리대금) 이자에 이자가 붙다. 복리로 계산되다.

☆【利害－해】lìhài 명이해. 이익과 손해. ◇有共同的～关系/공통된 이해관계가 있다. (同)〔利弊 bì〕

【利害－해】lì·hai (同)〔厉 lì害〕

【利己主义－기주의】lìjǐ zhǔyì 명이기주의.

【利金－금】lìjīn 명〈方〉이자. (同)〔利息 xī〕

【利口－구】lìkǒu 명1말을 잘하거나 입심이 좋은 입. 2(맛이) 입에 달라붙다.

【利令智昏－령지혼】lì lìng zhì hūn〈成〉눈 앞의 이익에 눈이 멀다. (同)〔利欲熏心 yùxūnxīn〕, (反)〔不谋私 bùmòusī 利〕

【利禄－록】lìlù 명〈文〉재물과 관록.

【利落－락】lì·luo 형1(반응·동작이) 민첩하다. 시원시원하다. ◇动作挺～/동작이 매우 민첩하다. (同)〔利索 suǒ〕, (反)〔拖沓 tuōdá〕 2단정하다. 말쑥하다. 깔끔하다. ◇身上穿得干净～/옷차림이 깔끔하다. 3깨끗이 끝나다. 〔동사의 뒤에 놓여 결과보어로 쓰임〕 ◇事情已经办～了/일은 이미 말끔히 처리[해결]하였다.

L

【利率一률】lìlǜ 웡〈經〉이율.

【利尿一뇨】lìniào 웡〈醫〉이뇨.

【利器一기】lìqì 웡1날카로운 무기. (反)〔钝 dùn 器〕2효과적 도구. ◇电脑是编辑工作的~/컴퓨터는 편집업무의 효과적인 도구이다.

【利钱一전】lì·qian 웡이자.

【利权一권】lìquán 웡이권. 경제적 권익.

【利刃一인】lìrèn 웡예리한 칼날.

＊＊【利润一윤】lìrùn 웡이윤. ◇他们工厂的~逐年提高/그들 공장의 이윤은 해마다 늘어났다.

【利市一시】lìshì 웡1〈文〉이윤. 2〈方〉장사가 잘 될 징조. 3길조. 4(직원에게 주는) 보너스.

＊【利息一식】lìxī 웡이자. (同)〔利钱 qián〕, (反)〔本金 běnjīn〕

☆【利益一익】lìyì 웡이익. ◇我们做事要从大众的~出发/우리는 대중의 이익을 위해 일을 해야 한다.

★【利用一용】lìyòng 웡(통)1이용(하다). ◇废料~/폐품이용. ◇他常~假日为家庭做好事/그는 자주 휴일을 이용해 가정을 위해 봉사한다. 〔비교〕利用:用 "利用"은 개사구로 쓰이지 않는다. ◇我(×利用)用钢笔写字/나는 만년필로 글을 쓴다. 2(수단을 써서) 이용(하다). ◇互相~/서로 이용한다.

【利诱一유】lìyòu 통이익으로 사람을 유혹하다.

【利于一어】lìyú …에 이롭다.

【利欲熏心一욕훈심】lì yù xūn xīn 〈成〉이익이나 욕망에 마음이 끌리다. (同)〔利令智昏 lì lìng zhì hūn〕, (反)〔不谋私利 bù móu sī lì〕

【利嘴一취】lìzuǐ (同)〔利口 kǒu〕

【俐】 亻部 lì 7画 똑똑할 리
(同)〔伶 líng 俐〕

【莉】 艹部 lì 7画 말리 리
(同)〔茉 mò 莉〕

【猁】 犭部 lì 7画 스라소니 리
(同)〔猞 shē 猁〕

【痢】 疒部 lì 7画 설사 리
웡〈醫〉이질. ◇赤 chì~/적리.
【痢疾一질】lì·ji 웡〈醫〉이질.

☆【例】 亻部 lì 6画 인증 례
1웡예. 보기. ◇举~/예를 들다. 2웡전례. 선례. ◇先~/선례. 3웡사례. 경우. ◇十五~中, 八~有显著进步/열다섯사례 중 여덟사례가 뚜렷하게 향상된 것으로 나타났다. 4웡규칙. 규정. ◇条~/조례. 5통규칙〔조례〕에 따르다. 전례에 따르다. ◇~行公事/규정에 따른 공무.

【例规一규】lìguī 웡1관례. 2(옛날. 관례에 따라 내는) 떡값. ◇交~/떡값을 내다. 돈이나 재물. 3법규(法規).

【例会一회】lìhuì 웡정기회의.

【例假一가】lìjià 웡1정기 휴일. 2월경. 생리휴가.

【例禁一금】lìjìn 웡금령(禁令).

【例句一구】lìjù 웡예문.

★【例如一여】lìrú 예를 들면. 이를테면. ◇北京有很多公园, ~, 颐和园、天坛等/북경에는 공원이 많이 있다. 예컨대, 이화원, 천단 등이다.

【例题一제】lìtí 웡예제. 예로 든 문제.

＊【例外一외】lìwài 웡통예외로 하다. ◇大家都得遵守规定, 谁也不能~/모두들 규정을 준수해야 하며, 누구도 예외일 수 없다. (反)〔按 àn 例〕〔照 zhào 例〕2웡예외적인 상황. ◇什么事都有~/모든 일엔 예외가 있기 마련이다. (反)〔惯 guàn 例〕

【例行公事一행공사】lìxíng gōngshì 웡관례대로 처리하는 공무(公務). 실효를 고려하지 않은 형식적인 일. 전시행정.

【例言一언】lìyán 웡범례.

【例证一증】lìzhèng 웡통예증(하다). (同)〔例子 zi〕

☆【例子一자】lì·zi 웡〈口〉예. 보기. ◇举个~/예를 들다.

【隶(隸, 隷)】 隶部 lì 0画 종 례
1통속하다. 부속되다. 2웡노예. ◇奴 nú~/노예. 3웡관청의 사용인. ◇皂 zào~/옛날, 관청의 하급 사용인. 4웡에서(隶書).

【隶书一서】lìshū 웡에서.

【隶属一속】lìshǔ 통예속되다. 종속되다.

【隶字一자】lìzì (同)〔隶书 shū〕

【隶卒一졸】lìzú 웡종복. 심부름꾼.

【荔】 艹部 lì 6画 여지 여
＊【荔枝一지】lì·zhī 웡〈植〉1여지 나무. 〔중국 남방산〕2여지의 열매.

【栎·櫟】 木部 lì 5画 상수리나무 력
웡〈植〉상수리나무.

【砾·礫】 石部 lì 5画 자갈 력
웡자갈. 부서진 돌. ◇砂~/모래와 자갈.
【砾石一석】lìshí 웡자갈. 조약돌.

【栗(慄)】 西部 木部 lì 4画 6画 밤나무 률
1웡〈植〉밤나무. 2웡밤. 밤알. 3통벌벌 떨

다. 전율하다. ◇不寒而~/매우 두렵다.
4(Lì) 图성(姓).

【栗暴-포】lìbào 图꿀밤. ◇挨了几个~/꿀
밤을 몇 대 맞았다.

【栗钙土-개토】lìgàitǔ 图〈地質〉갈색 석회
질토.

【栗然-연】lìrán 图두려워 떠는 모양.

【栗色-색】lìsè 图〈色〉밤색. 다갈색.

*【栗子-자】lì·zi 图〈植〉**1**밤나무. **2**밤나무
의 열매.

【傈】亻部
10画 종족이름 리

【傈僳族-속족】Lìsùzú 图리수족.〔운남성
(雲南省)과 사천성(四川省)에 분포되어
있는 중국 소수민족의 하나〕

li

☆【哩】口部
7画 어조사 리

图〈方〉**1**문말에 쓰여 상태나 동작의 지속
을 나타냄.〔표준어의 '呢 ne'에 해당, 의
문문에는 쓰이지 않음〕◇外边下雨~/밖
에 비가 내리고 있네. **2**문말에 쓰여 자신
감 있는 어감을 나타낸다. ◇别着急, 离开
车的时间还早着~/조급해 하지마. 차가
떠날 시간까지 아직 이르다니까. **3**문말에
쓰여 깨달음의 어감을 나타낸다. ◇差一
点忘了, 今天我还没吃药~/하마터면 잊을
뻔했어. 오늘 아직 약을 안 먹었거든. **4**문
말에 쓰여 불만의 어감을 나타낸다. ◇他
看不起我们乡下人, 我们还看不起他~/그
가 우리 촌사람을 무시하지만 우리가 도
리어 그를 무시하지. **5**사물을 열거할 때
쓰임. ◇他家里电冰箱~, 电视机~, 洗衣
机~, 都有了/그가 집에는 냉장고랑 TV
랑 세탁기가 모두 있다. ⇒lī, lǐ, yīnglǐ

liǎ

★【俩】亻部
7画 두개 량

수량〈口〉**1**두 사람. 두 개. ◇咱~/우리
두 사람. ◇我吃了~/난 두 개 먹었네. **2**
두세 개. 몇 개. 조금. 얼마쯤. ◇一共只
有这么~人, 恐怕还不够/모두 해봐야 요
몇사람 가지고는 모자랄 듯하네. 비교
俩:两 양사 "个"를 쓰지 않는 명사 앞에
는 "俩"을 쓰지 않는다. ◇他死后留下了
(×俩)两幢房子/그가 죽은 후 집 두 채
를 남겼다. ⇒liǎng

lián

☆【连·連】辶部
4画 이을 련

1图잇다. 연결하다. ◇把这两根电线~起
来/이 전선 두 개를 연결시켜라. **2**图계
속하여. ◇最近几天, ~刮了三次台风/최
근 며칠 계속해서 3차례 태풍이 불었다.
3图합하다. 더하다. 포함하다. ◇~你一
共十个人/너를 포함해 모두 10명이다. **4**
图〈軍〉중대. **5**团…조차도…. 마저도. …
까지도.〔뒤의 '也'·'都'·'还' 따위와 호응
하여 단어나 구(句)를 강조함〕◇他~报
也看不懂/그는 신문조차도 이해하지 못
한다. **6**(Lián)图성(姓).

【连比-비】liánbǐ 图〈數〉연비.

【连鬓胡子-빈호자】liánbìn hú·zi 图구레
나룻.

【连播-파】liánbō 图(방송국에서 긴 프로
를 몇회로 나눠) 연속 방송하다.

【连词-사】liáncí 图〈言〉접속사.

【连带-대】liándài 图**1**서로 관련〔관계〕되
다. **2**연루하다. **3**…까지 포함하다. ◇你
去看电影, ~把他带去/네가 영화보러 갈
때 그도 데려가라.

*【连…带-대】lián…dài… **1**…에서 …까
지. …랑 모두.〔두 동작이 동시에
진행함〕连吃带住一个月八十块钱/먹는
것과 자는 것을 포함해 한 달에 80원이
다. **2**…하면서…하다.〔두 동작이 동시에
진행됨을 나타낸다〕◇姑娘们连说带笑地走
进了剧场/아가씨들이 말하고 웃음꽃을
피우면서 극장으로 걸어들어갔다.

【连裆裤-당고】liándāngkù 图**1**통바지. **2**
한통속.

★【连…都(还/也)…-도(환/야)】lián…dōu
(hái/yě)… …조차도. …까지도. ◇连房子
都没有呢, 怎么结婚?/집조차도 없는데 어
떻게 결혼해?

*【连队-대】liánduì 图〈軍〉중대.

【连亘-긍】liángèn 图(산맥 등이) 연이어
뻗쳐 있다. 연속하다.

【连拱坝-공파】liángǒngbà 图〈土〉연속 아
치 댐.

【连贯-관】liánguàn 图연관되다. 이어놓다.

【连锅端-과단】liánguōduān 图철저히 제
거하다. 송두리채 옮기다. ◇那个大学~,
迁到郊外去/그 대학은 통째로 교외로 옮
긴다.

【连环－环】liánhuán 图연환(連環). 연관
지어진 사물.

【连环保－환보】liánhuánbǎo 图연대 보증.

【连环画－환화】liánhuánhuà 图(아동용)
(중국식) 소형 만화.

【连枷－가】liánjiā 图〈農〉도리깨.

【连脚裤－각고】liánjiǎokù 图어린아이가 입
는 양말이 달린 바지.

＊＊【连接－접】liánjiē 图1(사물이) 서로 잇닿
다. ◇中国北部边疆～俄罗斯/중국의 북
부국경은 러시아와 잇닿아 있다. 2연결시
키다. ◇我～过，没～好，你再～一下/내
가 연결시켜봤지만 연결시키지 못했어.
네가 다시 연결시켜봐. (同)〔联 lián 接〕,
(反)〔隔开 gékāi〕 比較连接:接连 "하나
뒤에 또 하나" "한번에 이어 또 한번"을
나타낼 때는 "连接"를 쓰지 않는다. ◇最
近(×连接)接连下了几场大雪/최근 큰 눈
이 몇 차례 연이어 내렸다.

【连接号－접호】liánjiēhào 图하이픈(hyphen).

【连结－결】liánjié 图연결하다. (同)〔联 li-
án jié结〕

【连襟－금】liánjīn (～儿)图동서사이. ◇
他是我的～/그는 내 동서다.

【连累－루】liánlěi 图연루하다. ◇我的事决
不会～大学的/내 일은 절대 모든 사람을
연루시키지 않을 것이다. (同)〔累及 jí〕

【连理－리】liánlǐ 图1〈文〉두 나뭇가지가
서로 붙어서 하나로 되다. 〔옛 날 길조로
여겼음〕 2〈喩〉부부가 금슬이 좋다.

＊【连连－연】liánlián 阊자꾸. 계속해서. ◇
大家都～称赞/모두가 계속해서 칭찬하다.
比較连连:连:一连 "连连" 뒤에는 수량사
를 갖지 않는다. ◇我今天(×连连)连看
了三个电影/나 오늘 영화 3편을 연이어
봤다.

☆【连忙－망】liánmáng 阊얼른. 급히. 서둘
러. ◇听见有人叫唤，他～去开门/사람이
부르는 소리를 듣자 그는 얼른 문을 열어
주려고 갔다. (同)〔急 jí 忙〕比較连忙:赶
快 连忙은 명령문에 쓰지 않는다. ◇外面
雨大，(×连忙)赶快进来吧/밖에 비가 많
이 오니 어서 들어오세요.

【连袂－메】liánmèi (同)〔联 lián 袂〕

＊【连绵－면】liánmián 图(산맥·강·눈·비 등
이) 끊이지 않고 이어지다. ◇山脉～起伏
/산들이 끊임없이 기복을 이룬다. (同)
〔绵延 yán〕

＊【连年－년】liánnián 图여러해 계속. ◇～
大丰收/여러 해 계속해서 대풍작이다.

【连篇－편】liánpiān 图1계속되는 한편 한
편. 2图전편에 걸쳐 있다.

【连篇累牍－편루독】lián piān lěi dú〈成〉
장황하게 서술하다. (同)〔长 cháng 篇大论

dà lún〕, (反)〔简明扼要 jiǎnmíng gèyào〕

【连任－임】liánrèn 图연임하다. 재임하다.

【连日－일】liánrì 图연일. ◇～大雨/연일
비가 많이 왔다.

【连声－성】liánshēng 图연거푸 말하다. ◇
～称谢/연이어 고맙다고 말했다.

【连锁－쇄】liánsuǒ 1图연쇄. 이어져 있는
쇠사슬. 2图연쇄하다. ◇～店/연쇄점.

【连锁反应－쇄반응】liánsuǒ fǎnyìng 图연
쇄반응.

【连台本戏－대본희】liántái běnxì 图연속
하여 공연하는 연극.

【连通－통】liántōng 이어져 통하다.

【连通器－통기】liántōngqì 图〈物〉연통관.

＊【连同－동】liántóng …와 함께. ◇货物～
清单一并送去/화물과 영수증을 함께 보
낸다.

【连写－사】liánxiě 图图이어쓰기(하다).

☆【连续－속】liánxù 图연속하다. 계속하다.
◇～工作八小时/근무를 8시간 연속하다.
◇～剧/연속극 (同)〔继 jì 续〕, (反)〔中
断 zhōngduàn〕比較连续:陆续 동작이
단속적일 때는 "连续"를 쓰지 않는다. ◇
快上课了，同学们(×连续)陆续走进了教室
/수업할 때가 되자 학생들이 조금씩 교
실로 들어왔다.

＊【连夜－야】liányè 图1그날 밤. ◇他作完
事，～赶进城/그는 일을 다 마치고 그 날
밤으로 서둘러 읍내로 들어갔다.

【连衣裙－의군】liányīqún 图원피스.

【连阴天－음천】liányīntiān 图계속되는 흐
린 날씨.

【连阴雨－음우】liányīnyǔ 图장마.

【连用－용】liányòng 图연용하다. 연이어
서 쓰다.

【连载－재】liánzǎi 图图연재(하다).

【连长－장】liánzhǎng 图〈軍〉중대장.

【连中－중】liánzhòng 图1잇달아 급제하
다. ◇～三元/향시(鄕試)·회시(會試)·전
시(殿試)에 잇달아 장원으로 급제했다.
2경기에서 연속 3번 승리하다. 잇달아 적
중하다(당선되다).

【连种－종】liánzhòng (同)〔连作 zuò〕

【连轴转－축전】liánzhóuzhuàn 밤낮으로 일
하다.

【连珠－주】liánzhū 图1한 줄로 꿴 구슬. 2
〈喩〉(소리 등이) 잇달아 연속되는 것.

【连珠炮－주포】liánzhūpào 图기관총.

【连缀－철】liánzhuì 图연결시키다. (同)
〔联结 liánjié〕

【连作－작】liánzuò 图图〈農〉연작(하다).

(反)〔轮 lún 作〕
【连坐－좌】liánzuò 阁〔동〕연좌(하다).

【涟·漣】 氵部 7画 lián 잔물결 련
〈文〉1阁물결. 파문. 2阁눈물을 흘리는 모양.
【涟洏－이】lián'ér 阁〈文〉눈물이나 콧물이 줄줄 흐르는 모양.
【涟漪－의】liányī 阁〈文〉잔 물결. (同)〔波纹 bōwén〕

【莲·蓮】 艹部 7画 lián 연 련
阁〈植〉연. 연꽃.
【莲菜－채】liáncài 阁〈方〉식용하는 연뿌리.
【莲房－방】liánfáng 阁〈文〉1연밥의 화포 (花苞). 2중의 거처.
【莲花－화】liánhuā 阁〈植〉연꽃.
【莲花白－화백】liánhuābái 阁양배추.
【莲花落－화락】liánhuālào 阁대나무 딱따기를 치면서 노래하는 통속적인 가곡. 〔보통 노래의 단락마다 '莲花落', '落莲花'라는 메김소리를 넣음〕
【莲蓬－봉】lián·peng (同)〔莲房 fǎng 1〕
【莲蓬头－봉두】lián·pengtóu 阁샤워기나 물뿌리개의 노즐.
【莲台－대】liántái 阁〈佛〉연화대(莲花臺).
【莲心－심】liánxīn 阁연밥 속의 심(芯). 약재로 쓰며, 맛은 씀.
*【莲子－자】liánzǐ 阁연밥.
【莲座－좌】liánzuò 阁1연꽃의 밑둥. 2〈佛〉연화좌(莲花座).

【梿·槤】 木部 7画 lián 제기 련
【梿枷－가】liánjiā (同)〔连枷 lián jiā〕

【裢·褳】 衤部 7画 lián 전대 련
→〔褡 dā 裢〕

【鲢·鰱】 鱼部 7画 lián 서어 련
阁〈魚介〉연어.

【奁·奩】 大部 4画 lián 경대 렴
阁(옛날 부녀자의) 화장 상자(함). ◇妆~/화장함.

【怜·憐】 忄部 5画 lián 불쌍히여길 련
阁1불쌍히 여기다. ◇可~/가련하다. 2사랑하다. ◇爱~/귀여워하다.
【怜爱－애】lián'ài 阁몹시 사랑하다.
【怜悯－민】liánmǐn 阁동정하다. 가없이 여기다. (同)〔怜恤 xī〕
【怜惜－석】liánxī 阁동정하다. 아끼다. (同)〔可 kě 怜〕
【怜恤－휼】liánxù 阁불쌍히 여겨 베풀다. (同)〔怜悯 mǐn〕

*【帘(簾)】 穴部 3画 lián 발 렴
阁1옛날 선술집의 간판으로 내거는 깃발. ◇酒~/술집에 단 깃발. 2발. 커튼. ◇窗~儿/창문의 커튼.
【帘布－포】liánbù 阁(타이어 등의 고무제품 안쪽에 대는) 천.
【帘子－자】lián·zi 阁발. 커튼.

*【联·聯】 耳部 6画 lián 연할 련
1阁연결하다. 연합하다. 2阁대련(對聯). ◇春~/정월에 문에 붙이는 대련.
*【联邦－방】liánbāng 阁〈政〉연방.
【联播－파】liánbō 阁〈동〉(여러 방송국의 프로를) 동시에 중계 방송(하다).
【联电－전】liándiàn 阁연명으로 전보 치다.
【联防－방】liánfáng 阁〈동〉1〈軍〉공동으로 방위(하다). 2〈體〉연합하여 수비[방어](하다).
【联贯－관】liánguàn (同)〔连 lián 贯〕
☆【联合－합】liánhé 1阁〈동〉연합(하다). 단결(하다). ◇要把这次活动组织好, 需要~有关单位/이번 행사를 잘 하려면 관련부서를 단결시켜야 한다. 비교联合：联系 "联合"의 목적어는 사람 국가, 기업, 부서 등 구체명사로 추상 명사를 목적어로 쓰지 않는다. ◇写读后感要(×联合)联系自己的思想/독후감을 쓸 때는 자신의 생각을 연관시켜야 한다. 2阁공동(으로). ◇两国领导人经过会谈, 发表了~声明/양국 지도자는 회담을 통해 공동성명을 발표했다. (同)〔结 jié 合〕, (反)〔分裂 fēnliè〕 3阁〈生理〉(뼈의) 결합.
【联合国－합국】Liánhéguó 阁〈政〉1945년에 설립한 유엔(UN).
【联合机－합기】liánhéjī 阁〈機〉콤바인.
【联合收割机－합수할기】liánhé shōugējī 阁〈機〉복식 수확기. 콤바인.
☆【联欢－환】lián//huān 阁함께 모여 즐기다. 친목을 맺다. ◇~会/놀이마당. ◇军民~会/군민단합 마당.
【联接－접】liánjiē (同)〔连 lián 接〕
【联结－결】liánjié 阁연결하다.
【联句－구】liánjù 阁여러 사람이 한 구씩 지어 한 편으로 만든 시.
【联军－군】liánjūn 阁연합군.
*【联络－락】liánluò 阁〈동〉연락(하다). ◇你用电话跟他~/전화로 그와 연락하세요. ◇~感情/(상대로 하여금) 호감을 갖게 하다.) (同)〔联系 xì〕
【联袂－메】liánmèi 阁〈文〉손에 손을 잡다. 〈喩〉같이 가다(오다).
*【联盟－맹】liánméng 阁연맹. 동맹.
【联绵－면】liánmián (同)〔连 lián 绵〕
【联绵字－면자】liánmiánzì 阁〈言〉연면어

L

(連綿語). 2음절단어를 떼어 놓으면 의미가 없는 것. ①자음이 같은 것(仿佛). ②모음이 같은 것(逍遥). ③자모음과 관계 없는 것(玛瑙)을 가리킴.

【联名-명】liánmíng 图공동 서명하다.

【联翩-편】liánpiān 图새가 연이어 나는 모양. 〈喩〉연이어 계속하다.

【联赛-새】liánsài 图〈體〉리그전.

【联手-수】liánshǒu 图동연합(으로 하다). 공동(으로 하다).

【联席会议-석회의】liánxí huìyì 图합동회의.

★【联系-계】liánxì 图동1연계(하다). 관계(를 갖다). ◇作为一个领导者, 要密切~群众/간부로서 대중과 가까운 관계를 가져야 한다. 2연락(하다). ◇你跟他一下/네가 그에게 연락 좀 해라. ◇以后多写信, 不要失掉~/앞으로 편지 자주 하고 연락을 끊지 마라. (同)〔联络 luò〕

*【联想-상】liánxiǎng 图동연상(하다). ◇看到他使我~起许多往事/그를 보니, 나로 하여금 많은 옛일을 연상케 했다.

【联谊-의】liányì 图친목을 맺다. 우정을 다지다.

【联姻-인】liányīn 图양가가 혼인에 의해 친척이 되는 일. (同)〔缔 dì 姻〕, (反)〔悔 huǐ 婚〕

【联营-영】liányíng 图공동 경영하다.

【联运-운】liányùn 图동연락 수송(하다).

【联展-전】liánzhǎn 图공동 전시〔전시 판매〕하다.

【联属-속】liánzhǔ (同)〔连 lián 属〕

【联缀-철】liánzhuì (同)〔连 lián 缀〕

【廉】 广部 | lián
　　10画 | 청렴할 렴
1图청렴하다. ◇清~/청렴하다. 2图(값이) 싸다. ◇低~/저렴하다. (反)〔贵 guì〕 3图성(姓).

【廉耻-치】liánchǐ 图염치.

*【廉价-가】liánjià 图염가. ◇~书/염가 도서. (反)〔高 gāo 价〕

*【廉洁-결】liánjié 图图청렴결백(하다). (同)〔廉正 zhèng〕, (反)〔腐败 fǔbài〕

【廉明-명】liánmíng (同)〔廉洁 jié〕

【廉正-정】liánzhèng 图청렴하고 바르다.

*【廉政-정】liánzhèng 图정치를 깨끗하게 하다. ◇搞好~建设/깨끗한 정치를 제대로 정착시키다.

【廉直-직】liánzhí (同)〔廉正 zhèng〕

【臁】 月部 | lián
　　13画 | 정강이 렴
图〈生理〉정강이의 양쪽. ◇~骨/정강이뼈.

【镰(鎌)】 钅部 | lián
　　13画 | 낫 겸
图낫.

*【镰刀-도】liándāo 图낫.

liǎn

【敛·斂】 攵部 | liǎn
　　7画 | 거둘 렴
图1거두다. 거두어 들이다. 2구속하다. 제한하다. 3그러 모으다. 징수하다. ◇把工具~起来/도구를 모으다. (同)〔收 shōu〕, (反)〔浮 fú〕

【敛步-보】liǎnbù 图〈文〉발을 멈추다.

【敛财-재】liǎn//cái 图재물을 수탈하다.

【敛迹-적】liǎn//jì 图1(제멋대로 굴었다가) 나서지 않다. 2언행을 삼가다. 3숨어버리다.

【敛钱-전】liǎn//qián 图비용이나 기부금을 거두어 모으다.

【敛衽-임】liǎnrèn 〈文〉1图옷깃을 여며 경의를 표하다. 2图(부녀자가) 절을 하다. (同)〔裣 liǎn 衽〕

【敛容-용】liǎnróng 图〈文〉엄숙히 하다. 정색하다. (反)〔开颜 kāiyán〕

【敛足-족】liǎnzú (同)〔敛步 bù〕

★【脸·臉】 月部 | liǎn
　　7画 | 뺨 검
图1얼굴. ◇他的~晒 shài 黑了/얼굴이 햇볕에 타서 그을렸다. 2(~儿)물체의 앞부분. 정면. ◇鞋~儿/신발등. 3체면. 면목. ◇不要~/창피한 줄 모르다. ◇不要给父母丢 diū ~/부모님의 체면을 깎게 하지 말라. 4(~儿)(얼굴의) 표정. ◇翻~儿/안색이 변하다. 성을 내다.

【脸蛋儿-단아】liǎndànr 图1뺨. 볼. 2낯. 얼굴. 〔주로 어린이에게 사용함〕

【脸红-홍】liǎnhóng 图얼굴이 붉어지다. 부끄러워하다.

【脸红脖子粗-홍발자조】liǎnhóng bó·zi cū (초조하거나 화가 나서) 얼굴이 빨개지고 목에 핏대가 서다.

【脸颊-협】liǎnjiá 图볼. 뺨.

【脸面-면】liǎnmiàn 图1얼굴. 2면목. 체면. 낯.

【脸盘儿-반아】liǎnpánr 图얼굴.

【脸庞-방】liǎnpáng (同)〔脸盘儿〕

*【脸盆-분】liǎnpén 图세수 대야.

【脸皮-피】liǎnpí 图1얼굴의 피부. 2체면. 사정. 3낯가죽. ◇~厚/낯이 두껍다. 뻔뻔스럽다.

【脸谱-보】liǎnpǔ 图〈演〉중국 전통희곡의 배우들의 얼굴 분장. 〔극중 인물의 역할이나 성격 따위를 나타냄〕

**【脸色-색】liǎnsè 图1안색. ◇你的~发白, 是不是有病啦?/너의 안색이 창백한 걸 봐서 어디 아프지 않니? 2얼굴 표정. ◇

老李一看到他那不听话的儿子，总是没有好～/이씨는 말썽꾸러기 아들을 대할 때마다 늘 얼굴빛이 좋지 않다.

【脸膛儿—당아】liǎntángr (同)〔脸盘儿pánr〕

【脸往哪儿搁—왕나아각】liǎn wàng nǎr gē 〈方〉〈口〉어떻게 얼굴을 들고 다니겠는가. ◇你真给我丢人现眼，叫我～/네가 나를 무안하게 만들어 놓고 날더러 어떻게 얼굴을 들고 다니란 말이냐.

【脸子—자】liǎn·zi 명〈方〉1용모. 2불쾌한 표정. 3체면.

【裣·襝】 衤部 liǎn 7画 옷깃여밀 렴

【裣衽—임】liǎnrèn (同)〔敛衽 liǎnrèn〕

liàn

☆【练·練】 纟部 liàn 5画 익힐 련

1명희게 누인 명주. ◇江平如～/강물이 흰 명주필같이 잔잔하다. 2명생사(生絲)를 삶아 부드럽고 희게 하다. 생사를 누이다. 3동연습하다. 훈련하다. ◇她正～着钢琴呢/그녀는 피아노 연습중이다. 4형숙련되다. 노련하다. ◇老～/노련하다. 5(Liàn)명성(姓).

【练笔—필】liàn//bǐ 동1습작하다. 2글자쓰기를 연습하다.

【练兵—병】liàn//bīng 동1군대를 훈련시키다. 2(각 분야의) 사람을 훈련시키다. ◇乒乓球队正抓紧赛前～/탁구팀이 시합전 막바로 훈련하고 있다.

【练达—달】liàndá 형〈文〉세상 물정에 환하다.

【练队—대】liàn//duì 동열병식이나 행진의 예행 연습을 하다.

【练功—공】liàn//gōng 동(기예나 무예를) 연마하다.

【练手—수】liàn//shǒu (～儿)동(기능·일을) 연습하다.

【练武—무】liànwǔ 동1무술을 연마하다. 2군사 훈련을 하다. 3기술을 익히다.

★【练习—습】liàn xí 1동연습하다. 익히다. ◇学游泳不难，多～～就会了/수영 배우는 것은 어렵지 않으니 좀 더 연습하면 터득하게 된다. 2명연습. 훈련. ◇～题/연습문제. (同)〔习题 tí〕

【练习本—습본】liànxíběn (～儿)명연습장.

＊＊【炼·煉(鍊)】 火部 liàn 5画 달굴 련

동1(가열해서) 정련하다. ◇～钢/제강. 2(불로) 달구다. (열로) 불리다. ◇真金不怕火～/진짜 금은 불로 달궈도 끄떡없다. 의지가 굳은 사람은 시련을 이겨낼

수 있다. 3(자구를) 애써서 다듬다.

【炼丹—단】liàn//dān 동(도가의 불로 장생약인) 단약(丹藥)을 만들다.

【炼话—화】liànhuà 명〈方〉방언과 토속어 가운데 의미심장하고, 생동감 있는 표현.

【炼焦—초】liàn//jiāo 동코크스를 만들다.

【炼句—구】liànjù 동자구(字句)를 다듬다.

【炼乳—유】liànrǔ 명연유.

【炼山—산】liàn//shān 동(조림(造林)이나 삼림(森林)을 새로 하기 위해) 산의 잡초나 관목(灌木) 따위를 태우다.

【炼铁—철】liàn//tiě 동제철하다.

【炼油—유】liàn//yóu 동1석유를 분류(分溜)하다. 2정유하다. 3동물유나 식물유를 가열하여 식용할 수 있게 하다.

【炼狱—옥】liànyù 명연옥. 지옥.

＊【恋·戀】 心部 liàn 6画 그리워할 련

1명동연애(하다). 사랑(하다). ◇初～/첫사랑. (同)〔爱 ài〕, (反)〔恨 hèn〕 2동그리워하다. 아쉬워하다. 미련이 남다. ◇留～/미련이 남다.

☆【恋爱—애】liàn'ài 연애(하다). ◇谈～/연애하다. ◇他们两个人在～呢/그들 두 사람은 연애중이다. (同)〔相 xiāng 爱〕비교恋爱:爱上 "恋爱"는 자동사로서 목적어를 갖지 않는다. ◇他(×恋爱)爱上了自己的表妹/그는 자신의 이종사촌 여동생을 사랑하게 되었다.

【恋歌—가】liàngē 명연가.

【恋家—가】liàn//jiā 동집 떠나는 것을 싫어하다.

【恋恋不舍—연불사】liàn liàn bù shě 〈成〉떠나기를 몹시 싫어하다. (同)〔依 yī 依不舍〕

【恋慕—모】liànmù 명동연모(하다).

【恋情—정】liànqíng 명연정. 연심.

【恋群—군】liànqún 동무리를 짓고 싶어하다. 사람을 그리워하다.

【恋人—인】liànrén 명연인. 애인.

【恋栈—잔】liànzhàn 동말이 마구간에서 떨어지나 않으려고 하다. (諷)관직·명예 따위에 연연하다.

【殓·殮】 歹部 liàn 7画 염할 렴

동염습하다. 납관하다. ◇～人/입관하다. ◇～葬/입관하여 장제지내다.

【潋·瀲】 氵部 liàn 11画 뜰 렴

【潋滟—염】liànyàn 형〈文〉1물이 가득 차거나 넘치는 모양. 2물결이 넘실거리는 모양.

【链·鏈】 钅部 liàn 7画 쇠사슬 련

L

1(～儿)[명]사슬. ◇铁～儿/쇠사슬. 2[양]연. 〔해양 거리의 단위. 10분의 1해리. 약 185.2m〕
【链轨－궤】liànguǐ (同)〔履带 lǚdài〕
【链球－구】liànqiú [명]〈體〉1해머 던지기. 2 경기용 해머.
【链条－조】liàntiáo [명]1〈機〉(전동용) 체인. 2(同)〔链子〕
＊【链子－자】liàn·zi [명]1쇠사슬. 2(자전거·오토바이 따위의) 체인.

【楝】木部 9画 liàn 멀구슬나무 **련**
[명]〈植〉멀구슬나무.

良 582	粮 582	凉 582	椋 582	梁 583
量 583	两 583	俩 585	唡 585	裲 585
魉 585	亮 585	凉 585	谅 585	晾 585
踉 586	辆 586	量 586	靓 586	

liáng

＊【良】艮部 1画 liáng 어질 **량**
1[형]좋다. 훌륭하다. ◇优～/우수하다. ◇善～/선량하다. (同)〔好 hǎo〕, (反)〔坏 huài〕 2[명]선량한 사람. 양민. ◇除暴安～/〈成〉악인을 제거하고 양민을 편안하게 하다. 3[부]〈文〉매우. 아주. ◇～久jiǔ/매우 오랫동안. ◇用心～苦/매우 고심하다. 4(Liáng) [명]성(姓).
【良策－책】liángcè [명]좋은 계책. ◇别无～/달리 좋은 계책이 없다.
【良辰－진】liángchén [명]1좋은 날. 길일(吉日). 2좋은 시절.
☆【良好－호】liánghǎo [형]좋다. 양호하다. ◇～的习惯/좋은 습관. ◇效果～/효과가 좋다. (反)〔低劣 dīliè〕 [비교]良好:优秀 "良好"는 좋다고 형용하는 정도가 그리 높지 않다. 무척 좋다고 하는 경우에는 "良好"를 쓰지 않는다. ◇在运动会上获得了三项冠军, 取得了(×良好)优秀的成绩/그는 운동회에서 3관왕을 차지해 우수한 성적을 거뒀다.
【良机－기】liángjī [명]좋은 기회. ◇莫失～/좋은 기회를 놓치지 마라. (同)〔好机会 hǎo jīhuì〕
【良家－가】liángjiā [명]양가. 좋은 집안.
【良久－구】liángjiǔ [형]〈文〉꽤 오래다.
【良民－민】liángmín [명]1옛날의 평민. (同)〔贱 jiàn 民〕 2옛날, 양민. 선량한 백성.
【良人－인】liángrén [명]1옛날, 남편. 낭군. 2옛날, 보통 백성. 〔노(奴)·비(婢)와 구별하여 이르는 말〕
【良师益友－사익우】liáng shī yì yǒu 〈成〉훌륭한 스승과 좋은 친구.
【良田－전】liángtián [명]기름진 논〔밭〕. (同)〔肥 féi 田〕, (反)〔薄 báo 田〕
【良宵－소】liángxiāo [명]〈文〉좋은 밤.
【良心－심】liángxīn [명](자신이 시비에 대한 바른 인식) 양심. ◇说～话/양심적으로 말한다.
【良性－성】liángxìng [명]〈醫〉양성. (反)〔恶 è 性〕
【良性肿瘤－성종류】liángxìng zhǒngliú [명]〈醫〉양성 종양.
【良言－언】liángyán [명]도움이 되는 말. 유익한 조언. (同)〔好话 hǎohuà〕, (反)〔坏话 huàihuà〕
【良药－약】liángyào [명]좋은 약. ◇对症～/증상에 맞는 좋은 약. 〈喻〉잘못을 시정하는 좋은 말.
【良药苦口－약고구】liáng yào kǔ kǒu 〈成〉좋은 약은 입에 쓰다. 잘못을 지적하는 말이 귀에 거슬리다.
【良莠不齐－유불제】liáng yǒu bù qí 〈成〉좋은 사람과 나쁜 사람이 섞여 있다.
【良缘－연】liángyuán [명]좋은 인연. 좋은 연분.
＊【良种－종】liángzhǒng [명]우량품종. (反)〔劣 liè 种〕

【粮·糧】米部 7画 liáng 양식 **량**
[명]1식량. 곡물. 곡식. ◇杂～/잡곡. 2(곡물로 내는) 농업세. 전부(田賦). ◇公钱～/국가에서 수매하는 곡물.
【粮仓－창】liángcāng [명]1곡물 창고. 2곡물이 풍성한 고장.
【粮草－초】liángcǎo [명]군량과 사료.
【粮荒－황】liánghuāng 1[형]식량이 결핍하다. 2[명]식량 부족.
【粮食－식】liáng·shi [명]식량.
☆【粮食作物－식작물】liáng·shi zuòwù [명]식량용 작물. 〔쌀·보리·잡곡 작물의 총칭〕
【粮饷－향】liángxiǎng [명]옛날, 군량과 급료.
【粮栈－잔】liángzhàn [명]1옛날, 곡물 도매상. 2곡물 창고.
【粮站－참】liángzhàn [명]식량 조달·관리소.

☆【凉(涼)】冫部 8画 liáng 서늘할 **량**
1[형]서늘하다. 차다. 〔날씨의 경우, '冷 lěng'보다 덜 추운 것을 말함〕 ◇过了秋分天就～了/추분이 지나면 날씨가 서늘해진다. [비교]凉:冷 온도가 아주 낮으면 "凉"을 쓰지 않는다. ◇今天零下10度, 天气很(×凉)冷/오늘은 영하 10도라 날씨가 무척 춥다. 2[동]식다. 차가워지다. ◇饭菜已～了, 去热一下/밥, 반찬이 식었으

니 좀 데워라. **3**동〈喩〉실망하다. 낙심하다. ◇听说明天不能去长城了, 他的心就~了半截 jié/그는 내일 만리장성에 갈 수 없게 되었다는 말을 듣고 아주 실망했다. ⇒liàng

【凉白开—백개】liángbáikāi 명(끓인 후) 식힌 물.

【凉拌—반】liángbàn 동시원한 무침 (요리를 만들다).

【凉菜—채】liángcài 명차가운 채.

【凉碟—접】liángdié (~儿)명(큰 접시나 작은 접시의) 냉채(冷菜).

【凉粉—분】liángfěn (~儿)명녹두묵.

【凉开水—개수】liángkāishuǐ 명끓인 후 식힌 물.

★【凉快—쾌】liáng·kuai **1**형시원하다. 선선하다. ◇下了一阵雨, 天气~多了/비가 한바탕 내리니, 날씨가 퍽 시원해졌다. **2**동더위를 식히다. 바람을 쐬다. ◇坐下~~再接着干/앉아서 더위를 좀 식힌 후에 다시 계속 일하자.

【凉帽—모】liángmào 명여름 모자.

【凉棚—붕】liángpéng 명여름철에 햇빛을 가리기 위해 치는 차양.

【凉薯—서】liángshǔ 명〈方〉중국 서남 지방에서 나는 콩과에 속하는 고구마.

【凉爽—상】liángshuǎng 형시원하고 상쾌하다. (同)〔凉快 kuài〕, (反)〔炎热 yánrè〕

**【凉水—수】liángshuǐ 명1생수. 찬물. 2생수.

【凉丝丝—사사】liángsīsī (~的)형약간 차다. 서늘하다.

【凉飕飕—수수】liángsōusōu (~的)형바람이 서늘한 모양. (同)〔凉丝 sī 丝〕, (反)〔热烘烘 rèhōnghōng〕

【凉台—대】liángtái 명발코니. 베란다. 테라스.

【凉亭—정】liángtíng 명행인이 비를 피하거나 휴식할 수 있는 정자.

【凉席—석】liángxí 명여름용 돗자리.

【凉鞋—혜】liángxié 명(여름에 신는) 샌들.

【凉药—약】liángyào 명〈中药〉해열제로 쓰이는 약제.

【凉意—의】liángyì 명서늘〔싸늘〕한 느낌.

【椋】木部 liáng
　　8画 푸조나무 량
【椋鸟—조】liángniǎo 명〈鳥〉찌르레기.

*【梁(1~4樑)】木部 liáng
　　　　　　 7画 대들보 량
　명**1**〈建〉들보. ◇这根房~很结实 jiēshi/이 들보는 튼튼하다. **2**〈建〉도리. **3**다리. 교량. ◇桥~/교량. **4**물체의 중간에서 솟아나 길게 이어진 부분. ◇鼻~/콧마루. ◇山~/산등성이. **5**(Liáng)〈史〉양. 〔전국(戰國) 시대에 위(魏) 나라를 대량(大

梁)〈현재의 하남성(河南省) 개봉(開封)〉으로 천도한 뒤 고친 이름〕 **6**(Liáng)〈史〉양. 〔남조(南朝)의 하나로 소연(蕭衍)이 세운(520년~557년)〕 **7**(Liáng)〈史〉후량. **8**(Liáng)성(姓).

【梁上君子—상군자】liáng shàng jūn zǐ 〈成〉양상 군자. 도둑.

【梁子—자】liáng·zi 명**1**〈方〉산등성이. 산마루. **2**评书 píng shū '大鼓 dàgǔ'의 곡예에서 노래부분의 이야기 줄거리.

☆【量】日部｜里部 liáng
　　　 8画｜5画 헤아릴 량
　동**1**(길이·크기·무게·넓이·분량 따위를) 재다. 달다. ◇他刚~了身高, 正好一米八十/그는 신장을 방금 쟀는데 막 180cm이다. ◇~体温/체온을 재다. **2**가늠하다. 짐작하다. 헤아리다. ◇酌~/헤아리다. ⇒liàng

【量杯—배】liángbēi 명미터 글라스.

【量程—정】liángchéng 명(측정기의) 측정범위.

【量度—도】liángdù 명동측정(하다). 측량(하다).

【量规—규】liángguī 명한계 게이지(guage). (同)〔界限 jièxiàn 量规〕

【量角器—각기】liángjiǎoqì 명〈數〉각도기. 분도기.

【量具—구】liángjù 명측정기.

【量筒—통】liángtǒng 명〈物〉메저링 실린더.

liǎng

★【两·兩】一部 liǎng
　　　　 6画 둘 량
　1수둘. **2**수〔양사와 '半','千','万','億' 앞에 쓰임〕◇~本书/책 두 권. ◇~天/이틀. ◇~亿美元/2억 달러. 주의 a)'十'앞에서는 '两'을 쓰지 않음. ◇我一共花了(×两)二十八元/나는 합계 28원을 썼다. b)'两'과 '二 èr'은 용법상 다음과 같은 차이가 있음. ①일반적 양사 앞에서는 '两'을 씀. ◇两本书/책 두 권. ②숫자를 셀 때는 '二'을 씀. ◇一, 二, 三/1,2,3. ③소수·분수·서수에서는 '二'을 씀. ◇零点二/0.2. ◇三分之二/3분의 2. ◇第二/제2. ④'一, 十, 百'의 자리수에는 '二'만 쓰고, '千, 万, 亿' 등 자리수에는 '两'을 다 쓸 수 있음. 다만 '千'이 '万, 亿' 등에 는 주로 '二'을 씀. ◇二百二十二/222. ◇两千/2천. ◇两亿二千万/2억 2천만. ⑤'半' 앞에서는 '两'을 씀. ◇两半儿/절반. ◇两个半月/2개월 반. ⑥전통적인 도량형 단위 앞에서는 '二'과 '两'을 다 쓸 수 있으나 '二'을 많이 씀. ◇两斤/두 근. ◇

L

二两/두 냥. ◇二里/2리. ⑦새로운 도량형 단위 앞에는 대개 '两'을 씀. ◇两吨/2톤. ◇两公里/2킬로미터. **3**[명]양쪽. ◇～利/양쪽 모두 이익이 있다. ◇～全其美/양쪽 모두 완벽하다. **4**[수]몇몇. ◇我想讲～句/나는 몇 마디 말하고 싶다. **5**[양]〈度〉'市 shì 两' (양)의 통칭. ◇这条鱼重三斤三～/이 생선의 무게는 세근 두 냥이다.

【两岸－안】liǎng'àn [명]**1**강이나 해협의 양쪽. **2**대만 해협. 〈轉〉중국과 대만.

【两败俱伤－패구상】liǎng bài jù shāng 〈成〉싸운 양쪽이 모두 손상을 입다.

【两边－변】liǎngbiān [명]**1**물체의 양쪽 가. 양쪽. **2**두 방향. **3**양측.

【两边倒－변도】liǎngbiāndǎo 이리저리 쏠리다. 〈喻〉양다리 걸치다. 무원칙자.

【两便－편】liǎngbiàn **1**[동]〈套〉서로 편한〔좋은〕 대로 하다. **2**[형]양측이 다 이롭다〔좋다〕. ◇公私～/공과 사에 이롭다.

【两不找－불조】liǎng bù zhǎo (매매·교환에서 값이나 가치가) 상당하다.

【两重性－중성】liǎngchóngxìng [명]〈哲〉이중성. 양면성.

L

【两抵－저】liǎngdǐ [동]상쇄하다.

【两点论－점론】liǎngdiǎnlùn [명]〈哲〉양면론. 〔모든 사물에는 양면성이 있으므로 양면을 다 살피고 나서야 본질을 알 수 있다고 보는 사고〕

【两公婆－공파】liǎnggōngpó [명]〈方〉부부인 두 사람. 내외.

【两广－광】Liǎng Guǎng [명]〈地〉광동(廣東)과 광서(廣西).

【两汉－한】Liǎng Hàn [명]〈史〉전한(前漢)과 후한(後漢).

【两湖－호】Liǎng Hú [명]〈地〉호남성(湖南省)과 호북성(湖北省).

【两回事－회사】liǎng huí shì 서로 관계없는 일. 별개의 일. (同)〔两码 mǎ 事〕

*【两极－극】liǎngjí [명]**1**지구의 남극과 북극. **2**전기의 양극과 음극. **3**〈喻〉양 극단. 상반되는 두 경향.

【两脚规－각규】liǎngjiǎoguī [명]**1**〈工〉디바이더. **2**콤파스.

【两晋－진】Liǎng Jìn [명]〈史〉서진(西晋)과 동진(東晋).

【两可－가】liǎngkě [형]**1**어느 쪽이든 다 좋다. ◇明天你来不来～/내일 네가 와도 좋고 안 와도 좋다. **2**그럴 수도 있고 저럴 수도 있다.

【两口儿－구아】liǎngkǒur (同)〔两口子 zi〕

*【两口子－구자】liǎngkǒu·zi [명]부부. ◇～和和美美地过日子/부부가 아주 화목하게 지내다.

【两立－립】liǎnglì [동]양립하다.

【两利－리】liǎnglì [형]쌍방에 모두 이롭다.

【两码事－마사】liǎngmǎshì (同)〔两回 huí 事〕

【两面－면】liǎngmiàn [명]**1**양면. **2**양쪽. 양측. ◇～夹攻/양쪽에서 협공한다. **3**(사물의) 상반되는 양면.

【两面光－면광】liǎngmiànguāng 〈喻〉양쪽의 비위를 맞추다. 양쪽에 다 잘 보이다.

【两面派－면파】liǎngmiànpài [명]자기의 목적을 위해 양쪽에 모순되는 언행을 하는 사람. 겉다르고 속다른 사람.

【两面三刀－면삼도】liǎng miàn sān dāo 〈成〉양다리를 걸치다. 이중적인 수법을 쓰다.

【两难－난】liǎngnán [형]이러지도 저러지도 못하다. 갈팡질팡하다.

⁑【两旁－방】liǎngpáng [명]양쪽. 양측. ◇马路～都种着树/도로 양쪽에 모두 나무가 심어져 있다.

【两栖－서】liǎngqī [동]물과 육지에서 살다. 〈喻〉두 가지를 겸해서 하다. ◇影视～明星/영화 겸 TV 인기 배우.

【两岐－기】liǎngqí [동]〈文〉(의견·방법 등이) 둘로 갈라지다.

【两讫－글】liǎngqì [동]〈商〉상품의 인도와 대금 지불이 끝나다.

【两清－청】liǎngqīng (同)〔两讫 qì〕

【两全－전】liǎngquán [동]양쪽이 모두 원만하다〔손실이 없다〕.

【两全其美－전기미】liǎng quán qí měi 〈成〉쌍방에게 모두 좋게 하다. (反)〔顾此失彼 gù cǐ shī bǐ〕

*【两手－수】liǎngshǒu (～儿)[명]**1**두손. 양손. ◇～拿着手提包/양손에 가방을 들고 있다. **2**솜씨. 재주. 기능. ◇有～/재주가 꽤 있다. ◇给大家露～/모두에게 솜씨를 보이다. **3**두 가지 경우〔방법〕. ◇为防不测做～准备/뜻밖의 일을 예방하기 위해서 두가지 방법을 준비해 놓다.

【两头－두】liǎngtóu (～儿) **1**[명]양단. **2**[명]양쪽. **3**두 곳.

【两下里－하리】liǎngxià·li [명]**1**쌍방. 양쪽. **2**두 곳.

【两下子－하자】liǎngxià·zi [명]**1**상당한 능력. 대단한 솜씨. ◇他真有～/그는 솜씨가 대단하군. **2**몇번 동작을 하다. ◇轻轻敲了～/가볍게 몇번 두드렸다.

【两相情愿－상정원】liǎng xiāng qíng yuàn 〈成〉쌍방이 모두 원하다.

【两厢－상】liǎngxiāng [명]**1**양쪽 행랑. **2**양쪽 옆.

【两小无猜－소무시】liǎng xiǎo wú cāi 〈成〉어린 사내 아이와 계집 아이가 천진난만하게 어울리다.

【两性—性】liǎngxìng 图1양성. 남성과 여성. 암컷과 수컷. 2(사물의) 두 가지 성질.

【两性人—성인】liǎngxìngrén 图〈生理〉중성(中性). (同)〔二性子 zi〕

【两性生殖—성생식】liǎngxìng shēngzhí 图〈生〉유성생식.

【两袖清风—수청풍】liǎng xiù qīng fēng 〈成〉관리가 청렴결백하다. (同)〔清风两袖〕, (反)〔羊狼狼贪 yáng hěn láng tān〕

【两样—상】liǎngyàng 1图다르다. 틀리다. (同)〔不同 bùtóng〕, (反)〔一 yī 样〕 2图(liǎng yàng) 두 가지 물건.

【两翼—익】liǎngyì 图1비행기나 날짐승 따위의) 양 날개. 2〈军〉중군(中軍)을 사이에 두고 그 양쪽에 벌려 있는 진영.

【两院制—원제】liǎngyuànzhì 图〈政〉양원제.

【两造—조】liǎngzào 图〈法〉원고와 피고.

【俩·倆】亻部 7画 두개 량
→〔伎 jì 俩〕⇒liǎ

【唡·啢】口部 7画 온스 량 liǎng(又讀 yīngliǎng)
图온스(ounce).〔'英两'을 주로 씀〕

【裲·褧】衤部 7画 배자 량 liǎng
【裲裆—당】liǎngdāng 图옛날의 조끼.

【魉·魎】鬼部 7画 산도깨비 량 liǎng
→〔魍 wǎng 魉〕

liàng

★【亮】亠部 7画 밝을 량 liàng
1图밝다. 환하다. ◇星星很~/집안이 무척 환하다. (反)〔暗 àn〕 2图빛을 내다. 밝히다. ◇屋里~着灯光/집안에 전등불이 켜져 있다. (反)〔灭 miè〕 3图날이 밝다. 날이 새다. ◇天~了/날이 밝았다. 4图(목소리가) 우렁차다. 5图(목소리를) 높이다. ◇~起嗓子/목청을 돋구다. 6图(마음·사고 따위가) 분명해지다. 트이다. ◇他是个心明眼~的人/그는 통찰력이 있는 사람이다. (反)〔昏 hūn〕 7图드러내다. 보이다. ◇他把工作证一~了一下就进去了/그는 신분증을 잠간 보이고는 들어갔다.

【亮底—저】liàng//dǐ 图1내막을 공개하다. 2결과를 나타내다.

【亮度—도】liàngdù 图〈物〉광도.

*【亮光—광】liàngguāng (~儿)图1밝은 빛. 광선. ◇夜已经很深了, 他家的窗户上还有~/밤이 이미 깊었는데, 그의 집 창문에는 아직도 불빛이 있다. 2광택. ◇这种纸有~儿/이런 종이는 광택이 있다.

【亮光光—광광】liàngguāngguāng (~的)图번쩍번쩍 빛나거나 번득이는 모양. (同)〔亮堂 tāng 堂〕, (反)〔黑洞洞 hēidōngdōng〕

【亮话—화】liànghuà 图솔직한 말. 숨김없는 말.

【亮晶晶—정정】liàngjīngjīng (~的)图(별·이슬·구슬 따위가) 반짝반짝 빛나다.

【亮牌子—패자】liàng pái·zi 〈喩〉이름이나 신분을 밝히다.

【亮儿—아】liàngr 图1등불. (同)〔灯火 dēnghuǒ〕 2빛. 광선. (同)〔亮光 guāng〕

【亮闪闪—섬섬】liàngshǎnshǎn (~的)图반짝반짝 빛나는 모양.

【亮堂—당】liàng·tang 图1밝다. 환하다. ◇这屋子又宽敞 kuān·chang 又~/이 집은 넓고 또 밝다. (同)〔敞 chǎng 亮〕 2(기분·생각 따위가) 밝다. 분명하다. ◇经过学习心里更~了/배움을 통해 마음이 더욱 밝아졌다. 3(목소리가) 우렁차다.

【亮堂堂—당당】liàngtāngtāng (~的)(同)〔亮光光 guāng〕

【亮相—상】liàng//xiàng 图1(배우가 등장이나 퇴장할 때 또는 춤을 출 때에 잠깐 멎는 자세를 하여) 극적 분위기를 부각시키다. 2공개적으로 모습을 드러내거나 연기하다. 3(대중 앞에서) 자신의 태도나 입장을 분명히 하다

【亮眼人—안인】liàngyǎnrén 图(장님이 말하는) 눈뜬 사람.

【亮铮铮—쟁쟁】liàngzhēngzhēng 图번쩍번쩍하다. (反)〔黑糊糊 hēihūhū〕

【涼(凉)】氵部 8画 서늘할 량 liàng
图식히다. ◇粥太烫, ~一~再喝/죽이 너무 뜨거우니 좀 식혔다가 먹어라. ⇒liáng

【谅·諒】讠部 8画 믿을 량 liàng
图1양해하다. 이해하다. ◇体~/상대의 입장에서 이해하다. 2副추측컨대. 짐작컨대. ◇~不见怪/생각컨대 책망하지 않을 것이다.

【谅察—찰】liàngchá 〈牘〉감안해서 양해하여 주시기 바랍니다. 〔주로 서신에서 쓰임〕

**【谅解—해】liàngjiě 图图양해(하다). 이해(하여 주다). ◇他很~你的苦衷/그는 너의 고충을 잘 이해한다.

*【晾】日部 8画 쪼일 량 liàng
图1(물건을 그늘이나 바람에) 말리다. ◇~干菜/채소를 그늘에서 말리다. 2(햇볕에) 쪼이다. 널다. ◇~衣服/옷을 널다. 3한쪽에 버려두고 거들떠 보지 않다. ◇他俩说个没完, 把我~在一边/그들 두 사람

L

은 끝없이 이야기하며 나를 한쪽에 버려 두고 신경쓰지 않았다. **4**(同)[凉 liàng]

【晾晒－쇄】liàngshài 통그늘에서 말리다.

【晾台－대】liàngtái 명옥상의 건조대. 테라스.

【踉】足部 | liàng 7画 | 비틀거릴 량

【踉跄－창】liàngqiàng 형비틀거리며 걷는 모양. (同)[踉蹡 qiàng][趔趄 liè·qie], (反)[健步 jiànbù]

【踉蹡－장】liàngqiàng (同)[踉跄 qiàng]

【辆・輛】足部 | liàng 7画 | 수레 량

양대. 〔차량에 쓰임〕◇一～汽车/자동차 한 대.

∗∗ 【量】日部 | 里部 | liàng 8画 | 5画 | 헤아릴 량

1명옛날, 용량을 되는 도구. 〔되·말 따위의〕**2**명용량. 한도. ◇饭～/식사량. ◇胆～/담력. **3**명양. 분량. 수량. ◇工作～/업무량. ◇销售～/판매량. **4**통평가하다. 헤아리다. ◇办事要～力而行, 不要说大话/능력을 봐가면서 일을 처리해야지 허풍치지 마라. ⇒liáng

【量变－변】liàngbiàn 명양적 변화. (反)[质 zhì 变]

【量词－사】liàngcí 명〈言〉양사. 사람이나 사물 또는 동작의 단위를 나타내는 품사.

【量力－력】liànglì 통자신의 능력을 헤아리리다.

【量入为出－입위출】liàng rù wéi chū〈成〉수입을 보아 지출한다. (反)[大手大脚 dà shǒu dà jiǎo]

【量体裁衣－체재의】liàng tǐ cái yī〈成〉몸에 맞추어 천을 재단한다. 사실에 입각하여 일을 하다. (同)[看菜吃饭 kàn cài chī fàn], (反)[闭门造车 bì mén zào chē]

【量刑－형】liàng//xíng 통〈法〉형벌의 정도를 정하다.

【量子－자】liàngzǐ 명〈物〉양자.

【靓・靚】青部 | liàng 4画 | 단장할 정

형〈方〉멋지다. 아름답다. ⇒jìng

【靓女－녀】liàngnǚ 명〈方〉예쁜(젊은) 여자.

【靓仔－자】liàngzǎi 명〈方〉멋있는 청년.

liāo

【撩】扌部 | liāo 12画 | 가릴 료

통**1**(소매나 커튼 따위를) 걷어올리다. 치켜들다. ◇～裙子/치마를 걷어올리다. **2**(손으로 물을) 뿌리다. ◇先～些水再扫地/먼저 물을 좀 뿌린 다음 바닥을 쓸다.

⇒liáo, liào '撂'

【蹽】足部 | liāo 12画 | 뛸 료

통〈方〉**1**빨리 걷다. 달리다. ◇他一气～了二十多里路/그는 단숨에 20여리를 달려갔다. **2**뺑소니치다. 몰래 달아나다. 슬그머니 빠져나가다. ◇他一看形势不妙就～了/그는 형세가 심상치 않은 것을 보자마자 슬그머니 달아났다.

liáo

【辽・遼】辶部 | liáo 2画 | 멀 료

1형멀다. (同)[远 yuǎn] **2**(Liáo)명〈史〉요나라. 〔거란족이 세웠던 나라〕

【辽东－동】Liáodōng 명〈地〉요하(遼河)의 동쪽지역. 〔요령성(遼寧省)의 동부와 남쪽〕

∗【辽阔－활】liáokuò 형광활하다. ◇牧民们骑着马奔驰在～的草原上/목축민들은 말을 타고 광활한 초원을 달리고 있다. ◇～的土地/광활한 토지. (同)[宽广 kuānguǎng], (反)[狭小 xiáxiǎo] 비교辽阔:宽阔 "辽阔"는 주로 "天空", "大地", "草原", "大海" 등 비한정 공간에만 쓰고 "广场"에는 쓰이지 않는다. ◇我们一起来到(×辽阔)宽阔的天安门广场/우리는 같이 넓은 천안문 광장에 도착했다.

【辽西－서】Liáoxī 명〈地〉요하(遼河)의 서쪽. 〔즉 요령성(遼寧省)의 서부지역〕

【辽远－원】liáoyuǎn 형요원하다. 아득히 멀다. (同)[遥 yáo 远]

【疗・療】疒部 | liáo 2画 | 병나을 료

통병을 고치다.

【疗程－정】liáochéng 명치료 기간. 치료 과정.

【疗法－법】liáofǎ 명〈醫〉요법. 치료법.

【疗饥－기】liáojī 통〈文〉요기하다. 공복을 채우다.

∗【疗效－효】liáoxiào 명치료 효과.

∗【疗养－양】liáoyǎng 명통요양(하다).

【疗养院－양원】liáoyǎngyuàn 명요양원.

【疗治－치】liáozhì 통치료하다.

☆【聊】耳部 | liáo 5画 | 편안할 료

1부잠시. ◇～以自慰/잠시 자기의 안위로 삼다. **2**부약간. 조금. 그럭저럭. ◇～表寸心/조금이나마 성의를 보이다. **3**통의탁하다. 기대다. ◇民不～生/백성들이 생활의 근거가 없다. **4**통〈口〉한담하다. 잡담하다. ◇你们在～些什么?/너희들은 무엇을 이야기하고 있니? **5**(Liáo)명성(姓).

【聊备一格―비일격】liáo bèi yī gé〈成〉아쉬운 대로 모양이나 격식을 갖추다.

【聊赖―뢰】liáolài 〔동〕〈文〉믿다. 의지하다.

【聊且―차】liáoqiě 〔부〕〈文〉잠시. 일단. 좌우간. ◇~一观/좌우간 한번 보다.

【聊胜于无―승어무】liáo shèng yú wú 〈成〉없는 것보다는 조금 낫다.

☆【聊天儿―천아】liáo// tiānr 〔동〕〈口〉한담하다. 잡담을 하다. ◇我们聊了一会儿天儿/우리는 잠시 이야기를 나누었다. ◇工作时间不能～/근무시간에는 잡담을 해서는 안된다. (同)[闲 xián 聊][谈 tán 天]

【聊以自慰―이자위】liáo yǐ zì wèi〈成〉약간 위로가 되다.

【聊以卒岁―이졸세】liáo yǐ zú suì〈成〉그럭저럭 한 해를 넘기다.

【僚】亻部｜liáo 12画｜벗 료
〔명〕1관리. ◇官～/관료. 2같은 관청에서 일하는 동료. ◇同～/동료.

【僚机―기】liáojī 〔명〕〈军〉(편대 비행기의) 호위기.

【僚属―속】liáoshǔ 〔명〕〈文〉하급 관리.

【僚友―우】liáoyǒu 〔명〕〈文〉동료.

【僚佐―좌】liáozuǒ 〔명〕〈文〉하급 관리.

【潦】氵部｜liáo 12画｜큰비 료
*【潦草―초】liáocǎo 〔형〕1(글씨가) 날리다. 갈겨쓰다. ◇字迹～/글씨를 갈겨쓰다. (同)[不工整 bù gōngzhěng] 2(일을 하는 데) 허술하다. 성실하지 않다. (同)[草率shuài], [认真 rènzhēn]

【潦倒―도】liáodǎo 〔동〕풀이 죽다. 위축되다.

【寮】宀部｜liáo 12画｜집 료
〔명〕〈方〉작은 집. ◇茅～/초가집.

【寮房―방】liáofáng 〔명〕1승려들의 방. 2〈方〉누추한 거처.

【撩】扌部｜liáo 12画｜가릴 료
〔동〕놀리다. 꼬드기다. ⇒liǎo, liào '摺'

【撩拨―발】liáobō 〔동〕1희롱하다. 놀리다. (同)[挑逗 tiáodòu] 2꼬드기다. (同)[招惹 zāorě]

【撩逗―두】liáodòu 〔동〕건드리다. 집적거리다. 유혹하다. ◇他生气了, 别再～他了/그는 화가 났으니 더이상 건드리지 말아요.

【撩乱―란】liáoluàn 〔형〕난잡하다. 얽히어 어지럽다. (同)[缭 liáo 乱]

【嘹】口部｜liáo 12画｜새소리멀리들릴 료
【嘹亮―량】liáoliàng 〔형〕(소리·음성이) 맑고 깨끗하다. 쟁쟁하다. 맑게 울리다. (同)[洪 hóng 亮], (反)[嘶哑 sīyǎ]

【獠】犭部｜liáo 12画｜요동개 료
【獠牙―아】liáoyá 〔명〕입술 밖으로 삐죽 튀어 나온 이빨.

【缭·繚】纟部｜liáo 12画｜얽힐 료
〔동〕1휘감다. 얽히다. 2감치다. 사뜨다. ◇把贴边～上/가장자리를 감치다. 〔바느질 방법의 하나〕

【缭乱―란】liáoluàn 〔형〕어지럽게 뒤섞이다.

【缭绕―요】liáorào 〔동〕곡선을 그리며 빙 돌다. 감돌다. 맴돌다. (同)[旋 xuán 绕]

【燎】火部｜liáo 12画｜탈 료
〔동〕(불이) 타다. 태우다. ◇星星之火, 可以～原/작은 불똥도 들판을 태울 수 있다. 〈喩〉작은 일이 크게 번창할 수 있다. (同)[烧 shāo]

【燎泡―포】liáopào 〔명〕덴 상처의 물집.

【燎原―원】liáoyuán 〔동〕(불이) 들판을 태우다.

【鹩·鷯】鸟部｜liáo 12画｜뱁새 료
(同)[鹪 jiāo 鹩]

【寥】宀部｜liáo 11画｜성글 료
〔형〕1드물다. 2고요하다. 3공허하다.

【寥廓―곽】liáokuò〈文〉끝없이 넓다.

【寥寥―료】liáoliáo 〔형〕〈文〉매우 적다.

【寥落―락】liáoluò〈文〉1희소하다. 드물다. (同)[稀少 xīshǎo] 2쓸쓸하다. 적막하다.

【寥若晨星―약신성】liáo ruò chén xīng〈成〉새벽의 별처럼 드물다. (反)[多如牛毛 duō rú niú máo]

liǎo

★【了·瞭】乙部｜liǎo 1画｜밝을 료
1〔동〕완결하다. ◇这事情还没~哇/이 일은 아직 끝나지 않았다. (同)[完结 wánjié] 2동사 뒤에 놓여 '得'·'不'와 연용하여서 가능보어가 되어 가능이나 불가능을 나타냄. ◇七点之前到得~吗?/7시 전에 도착할 수 있나? ◇吃得~/다 먹을 수 있다. ◇去不~/갈 수가 없다. 3〔부〕〈文〉조금도. 전혀. ◇~无惧色/전혀 두려운 기색이 없다. 4〔동〕잘 알다. ◇~解/이해하다. (同)[明白 míng·bai] ⇒le, '瞭' liǎo

【了不得―부득】liǎo·bu·de 〔형〕1대단하다. 훌륭하다. 굉장하다. ◇高兴得~/대단히 기쁘다. 2큰일이다. 야단이다. 〔상황이 심각하여 수습할 방도가 없을 때〕◇可~, 他昏过去了!/정말 큰일났다, 그가 기

절했다!

☆【了不起－불기】liǎobuqǐ 혭대단하다. 비범하다. 굉장하다. ◇学习语言没什么～的,只要刻苦学习, 就一定能学好/언어를 배우는 것은 대단한 게 아니다. 열심히만하면 틀림없이 터득할 수 있다.

【了当－당】liǎodàng 1혭(말·행동이) 시원스럽다. ◇他说脆快～/그가 말하는 것이 시원스럽다. 2혭멈추다. 끝나다. ◇收拾～/정리하는 것이 끝났다. 3통처리하다.

【了得－득】liǎo·de 1통(놀랍거나 반어·책망 등의 단어 뒤에 쓰여 상태가 심각하여 수습할 수 없음을 표시) 큰일이다. 〔대부분 '还'의 뒤에 붙여 사용〕 ◇那孩子这样对待大人, 这还～/그 아이가 이렇게 어른을 대하다니 이게 큰일이다. 2혭훌륭하다. 대단하다. ◇这个人武艺十分～/이 사람의 무예는 참으로 훌륭하다.

【了断－단】liǎoduàn (同)〔了结 jié〕

【了结－결】liǎojié 통결말이 나다. 해결되다. ◇这样我可～了一件心事/이래서 내가 걱정거리 하나를 해결했다. (同)〔解决 jiějué〕

★【了解－해】liǎojiě 1통잘 알다. ◇我～你的困难/나는 네 어려움을 잘 안다. 비교了解:理解 "理解"는 사람을 목적어로 주로취하고 동물·자연물 목적어로 잘 취하지않는다. ◇放蜂人(×理解)了解密蜂/양봉인은 벌의 습성을 잘 안다. ◇(×理解)了解大海/바다를 잘 안다. ◇(×理解)了解人生/인생을 잘 안다. 2통조사하다. 알아보다. ◇你去～一下儿, 他们到底有什么打算?/그들이 도대체 어떤 생각을 갖고 있는지네가 가서 알아봐라. (同)〔打听 dǎ·tīng〕

【了局－국】liǎo／jú 1통결말이 나다. 2(liǎojú)혭결말. 종결. 끝. ◇他有病, 不治不是个～/그가 병이 앓았는데 치료하지 않으면결말나지 않는다. (同)〔结 jié局〕

【了了－료】liǎo·le 통끝나다. 완료하다. 끝을 내다. ◇那件事已经～/그 일은 이미끝을 냈다.

【了了－료】liǎoliǎo 통이해하다. 알다. (同)〔明白 míng·bai〕

【了却－각】liǎoquè 통〈早白〉해결하다. 마치다. (근심 걱정을) 덜다. (同)〔结 jié〕

【了然－연】liǎorán 혭분명히 알다. 훤하다. ◇一目～/한 눈에 훤하다. (同)〔明白 míng·bai〕

【了如指掌－여지장】liǎo rú zhǐ zhǎng〈成〉손바닥을 가리키듯 훤히 알다. (反)〔一无所知 yī wú suǒ zhī〕

【了事－사】liǎo／shì (대충 또는 부득이하여) 일을 끝마치다. 비교了事:解决 "了事"는 목적어를 갖지 않는다. ◇你一定要一无所知

(×了事)解决了这个问题再走/당신은 꼭이 문제를 해결하고 가야 한다.

【了手－수】liǎo／shǒu 통〈方〉(일을) 처리하여 마치다.

【了无－무】liǎowú 혭조금도 없다.

【了悟－오】liǎowù 통〈佛〉깨닫다. 대오 각성하다.

【了账－장】liǎo／zhàng 통계산을 끝내다.〈喩〉완결하다. 끝내다.

【钌·釕】[钅部] liǎo
[2画] 걸쇠 료
혭〈化〉루테늄(Ru). ⇒liào

【蓼】[艹部] liǎo
[11画] 여뀌 료
혭〈植〉여뀌. ⇒lù

【蓼蓝－람】liǎolán 혭〈植〉요람. 대청(大青).

【燎】[火部] liǎo
[12画] 탈료
통(머리카락을) 불에 그슬리다. ◇火苗一蹿 cuān, ～了眉毛/불꽃이 솟구쳐 올라와 눈썹을 그슬렸다.

liào

【尥】[尢部] liào
[3画] 뒷발질 료
【尥蹶子－궐자】liàojuě·zi 통(말·당나귀 따위가) 뒷발질하다.

【钌·釕】[钅部] liào
[2画] 걸쇠 료
⇒liǎo
【钌铞儿－조아】liàodiàor 혭걸쇠.

＊＊【料】[米部][斗部] liào
[4画][6画] 헤아릴 료
1통짐작하다. 예상하다. ◇我～他也不敢来/난 그도 감히 못 오리라고 예상했다. (同)〔预 yù 料〕2통보살피다. 관리하다. 3(～儿)혭재료. 원료. ◇燃～/연료. ◇布～/옷감. (同)〔材 cái 料〕4혭사료. ◇牲口吃的～没有了, 再去买一些吧/가축이 먹을 사료가 떨어졌으니 좀 더 사러 가거라. (同)〔饲 sì料〕5혭〈中醫〉환약(丸药) 1회분을 제조하는 데 필요한 약. 6혭옛날, 목재의 계산 단위. 〔단면의 0.1제곱 미터에 길이가 2.1미터인 것을 '一料'라 함〕

【料不到－불도】liàobudào 예측하지 못하다. 상상도 못하다.

【料到－도】liàodào 통예측되다. 짐작이 가다. ◇我真没～他考得这么好/그가 이렇게시험을 잘본 걸 전혀 예측하지 못했다.

【料定－정】liàodìng 통단정하다. 추정하다.

【料斗－두】liàodǒu 혭1사료통. 먹이통. 2〈機〉호퍼(hopper).

【料豆儿－두아】liàodòur 혭사료용 콩.

【料及一급】liàojí 통〈文〉예상되다. 생각이 미치다.

【料酒一주】liàojiǔ 명요리할 때 쓰는 조미용 술. 청주.

【料理一리】liàolǐ 통처리하다. 정리하다. ◇～家务/가사를 하다. (同)〔照 zhào 料〕

【料器一기】liàoqì 명유리를 가공하여 만든 수공예품.

【料峭一초】liàoqiào 형〈文〉으스스 춥다. 〔봄 추위를 가리킬 때 많이 사용됨〕

【料想一상】liàoxiǎng 통예상하다. 예측하다. (同)〔预 yù 料〕

【料子一자】liào·zi 명1옷감. 2〈方〉모직물(毛織物). 3〈口〉(어떤 일에 적합한) 인재. ◇他不是读书的～/그는 공부하는 인재가 되지 못한다.

【廖】广部 Liào
11画 성 료
명성(姓).

【撂(撩)】扌部 liào
11画 가릴 료
통1내려 놓다. 놓아 두다. ◇他一下饭碗, 又上工地去了/그는 밥그릇을 내려놓고 또 현장으로 갔다. ◇事儿一下半个月了/일을 손놓은 지 보름되었다. 2쓰러뜨리다. ◇一下子把对手～在地上/상대를 단숨에 바닥에 쓰러뜨렸다. 3버려두다. 포기하다. ⇒'撩'liāo, liáo

【撂地一지】liàodì (～儿)통(거리의 연예인들이 절·시장·큰길 등 노천에서) 야외 공연을 하다.

【撂荒一황】liào// huāng 통〈方〉논밭을 묵히다.

【撂手一수】liào// shǒu 통내버려 두다. 손을 떼다. ◇～不管/손을 떼어 간여하지 않는다.

【撂挑子一도자】liào tiāo·zi (멜대 따위로 맨) 짐을 내려놓다. 〈喩〉(책임져야 할 일을) 팽개치고 돌보지 않다.

【瞭】目部 liào
12画 밝을 료
통(높은 곳에서 멀리) 바라보다. ◇在高处～着点儿/높은 곳에서 좀 바라다 보다. ⇒liǎo '了'

【瞭哨一초】liàoshào 통보초를 서다.

【瞭望一망】liàowàng 통1멀리 바라보다. 2감시하다. 〔특히 높은 곳이나 먼 곳에서 적의 동정을 감시하는 것을 가리킴〕 ◇～哨/관측초소. ◇通讯员爬上树～着边敌人的动静/통신원은 나무에 올라가 호숫가에 있는 적의 동정을 감시하고 있었다. (同)〔眺 tiāo 望〕

【镣·鐐】钅部 liào
12画 족쇄 료

명족쇄. (同)〔脚 jiǎo 镣〕

【镣铐一고】liàokào 명족쇄와 수갑.

liē

【咧】口部 liē
6画 어조사 렬
⇒liě, ·le

【咧咧一렬】liē·lie 통1〈方〉마구 지껄이다. 떠들어 대다. ◇瞎～什么?/무얼 지껄여대느냐? 2어린 아이가 칭얼〔징징〕거리다.

liě

【咧】口部 liě
6画 어조사 렬
통1(입을 옆으로 찢어지듯이) 벌리다. ◇～着嘴笑/입이 찢어지게 웃고 있다. 2〈方〉〈貶〉지껄이다. ◇胡～/아무렇게나 지껄이다. ⇒liē, lie

【咧嘴一취】liě// zuǐ 통입을 삐죽거리다.

【裂】衣部 liě
6画 찢어질 렬
통〈方〉벌어지다. ◇冰上～了缝, 有危险, 不能再滑冰了/얼음에 금이 가서 위험하니 더 이상 스케이트를 탈 수 없다. ⇒liè

liè

【列】夕部 liè ‖部 liè
2画 줄 렬 4画
1통줄을 서다. 가지런히 하다. ◇学生们～队欢迎来参观的贵宾/학생들은 일렬로 서서 견습하러 오는 귀빈을 환영하였다. 2통상정하다. (일련의 일 따위에) 끼워 넣다. ◇中央把改革～为当前的首要任务/중앙에서는 개혁을 당면한 가장 중요한 임무로 상정했다. 3명줄. 대열. ◇站在最前～/맨 앞줄에 서다. 4양줄. 열. 〔행렬을 이룬 사람이나 사물에 대하여 쓰임〕 ◇一～满载旅客的火车/여객을 가득 실은 기차. 5형부류. 종류. ◇不在此～/이 종류에 포함되어 있지 않다. 6명여럿의. 각각의. ◇～位观众/관중 여러분. 7(Liè)명성(姓).

【列兵一병】lièbīng 명〈軍〉이등병.

【列车一차】lièchē 명열차. ◇旅客～/여객 열차. ◇本次～的车厢里旅客非常拥挤/이번 열차의 객실은 여행객으로 몹시 붐빈다.

【列车员一차원】lièchēyuán 명열차 승무원.

【列车长一차장】lièchēzhǎng 명(열차의) 여객 전무.

【列当一당】lièdāng 명〈植〉초종용(草苁蓉). 개더부살이.

【列岛-도】lièdǎo 閔열도.(同)〔群 qún 岛〕
【列队-대】liè// duì 魯대열을 짓다.
【列国-국】lièguó 閔여러나라. 각국.
*【列举-거】lièjǔ 魯열거하다. ◇指示中~了各种具体办法/지시 중에 각종 구체적 방법을 열거했다.
【列宁-녕】Lièníng 閔〈人〉레닌.
【列强-강】lièqiáng 閔열강.
*【列入-입】lièrù 魯상정하다. 집어넣다. ◇学校领导把改善学校职工住房~议事日程/학교의 책임자는 학교의 직원주택개선을 의사일정에 상정했다.
【列位-위】lièwèi 〈文〉閔여러분. 제군.
*【列席-석】liè// xí 魯(업저버로서) 참관하다. 참석하다.〔발언권은 있으나 표결권은 없는 경우를 말함〕(同)〔出 chū 席〕
【列传-전】lièzhuàn 閔〈史〉열전.

【冽】冫部 6画 찰 렬
閔〈文〉춥다. ◇山高风~/산은 높고 바람은 차다.

【烈】灬部 6画 세찰 렬
1閔격렬하다. 강렬하다. 격심하다. ◇~酒/도수 높은 술. (同)〔猛 měng〕, (反)〔缓 huǎn〕2閔(성품이) 강직하다. ◇刚~/강직하다. (同)〔刚 gāng〕3閔대의를 위하여 목숨을 바친 사람. ◇先/선열. 4閔〈文〉공적. 공업. ◇功~/공적.
【烈度-도】lièdù 閔〈略〉'地震烈度'(진도)의 준말.
【烈风-풍】lièfēng 閔강풍.
*【烈火-화】lièhuǒ 閔맹렬한 불. 사나운 불길. (同)〔猛 měng 火〕, (反)〔微 wēi 火〕
【烈火见真金-화견진금】liè huǒ jiàn zhēn jīn〈成〉사람의 진가란 시련 속에서 드러난다.
【烈女-녀】liènǚ 閔열녀. 열부.
【烈日-일】lièrì 閔〈文〉강하게 내리쬐는 태양. (同)〔骄阳 jiāoyáng〕, (反)〔夕阳 xīyáng〕
*【烈士-사】lièshì 閔1열사. ◇革命~/혁명열사. 2옛날, 공업(功业)을 세우기에 진력한 사람. ◇~暮年, 壮心不已/사업이나 공을 세우는 일에 뜻을 둔 사람은 만년이 되었어도 원대한 뜻은 퇴색하지 않는다.
【烈属-속】lièshǔ 閔열사의 유족.
【烈性-성】lièxìng 閔1성격이 다열적이다. ◇~汉子/다열적인 사나이. 2맹렬하다. 강하다.
【烈焰-염】lièyàn 閔맹렬한 불길.

【鴷】鸟部 6画 딱다구리 렬
閔〈鸟〉딱다구리. (同)〔啄木鸟 zhuómù-niǎo〕

【裂】衣部 6画 찢어질 렬
1魯갈라지다. 금가다. ◇杯子~了/컵에 금이 갔다. ◇地都干~了/땅이 말라 갈라졌다. 2閔잎이나 화관(花冠) 가장자리의 움푹 들어간 곳. ⇒liě
【裂变-변】lièbiàn 閔魯핵분열(하다).
【裂缝-봉】liè// fèng (~儿)1魯찢어져〔파열되어〕좁고 긴 틈이 생기다. 금이 가다. 2(lièfèng) 閔갈라진 금. 균열. 틈.
【裂果-과】lièguǒ 閔〈植〉열과.〔완두나 유채처럼 여물면 저절로 터져 씨가 드러나는 over〕하다.
【裂痕-흔】lièhén 閔(사물의) 갈라진 금. 틈. 균열. (同)〔裂缝 fèng〕
【裂化-화】lièhuà 魯〈化〉(석유를) 분류(分溜)하다.
【裂解-해】lièjiě 魯〈化〉분해하다.
【裂开-개】lièkāi 魯갈라지다. 터지다. (同)〔分 fēn 裂〕, (反)〔合拢 hélǒng〕◇那个西瓜~了/그 수박이 갈라졌다.
【裂口-구】liè// kǒu (~儿)1魯벌어지다. 갈라지다. 2(lièkǒu)閔갈라진 틈. 상처.
【裂片-편】lièpiàn 閔(꽃이나 잎의) 열편.
【裂纹-문】lièwén 閔1갈라진 금. 틈. 균열. (同)〔裂璺 wèn〕2도자기 표면에 일부러 낸 무늬.
【裂璺-문】lièwèn 1閔(기물의 갈라진) 금. 2(liè// wèn)魯(기물에) 금이 가다.
【裂隙-극】lièxì 閔갈라진 틈.

【趔】走部 6画 비틀거릴 렬
【趔趄-저】liè·qie 魯비틀거리다. (몸이) 휘청거리다. (同)〔踉跄 liàngqiàng〕, (反)〔健步 jiànbù〕

*【劣】小部 力部 3画 4画 못할 렬
閔1나쁘다. 못되다. ◇恶~/아주 나쁘다. (同)〔坏 huài〕, (反)〔好 hǎo〕2(일정한) 표준보다 작다.
【劣等-등】lièděng 閔魯불량(하다). 열등(하다). (同)〔下 xià 等〕, (反)〔上 shàng 等〕
【劣根性-근성】liègēnxìng 閔못된 근성.
【劣弧-호】lièhú 閔〈數〉열호. 켤레호〔공액호〕중의 작은 쪽의 호.
【劣迹-적】lièjì 閔〈지난날의〕악행. 나쁜 행실.
【劣马-마】lièmǎ 閔1노둔한 말. 허약한 말. 불량한 말. (同)〔驽 nú 马〕, (反)〔好 hǎo 马〕2성질이 사나워 다루기 힘든 말.
【劣绅-신】lièshēn 閔지방의 악질유지 인사.
【劣势-세】lièshì 閔열세. (反)〔优 yōu 势〕◇处于~/열세에 몰리다.

【劣质－질】lièzhì 명저질. ◇～煤/저질 탄. (同)〔劣等 děng〕

【捩】扌部 liè 8画 | 비틀 렬
동비틀다. 전환하다. ◇转～点/전환점.

【猎·獵】犭部 liè 8画 | 사냥 렵
1동사냥하다. ◇～虎/호랑이를 사냥하다. (同)〔打 dǎ 猎〕2혱사냥하는. ◇～人/사 냥꾼. ◇～狗/사냥개.

【猎场－장】lièchǎng 명사냥터.
【猎狗－구】liègǒu 명사냥개.
【猎户－호】lièhù 명1사냥꾼. 2사냥꾼의 집.
【猎户座－호좌】lièhùzuò 명〈天〉오리온(Orion) 자리.
【猎猎－렵】lièliè 〈文〉바람소리나 깃발 따 위가 나부끼는 소리. ◇北风～/북풍이 좌 하고 불다.
【猎奇－기】lièqí 동〈貶〉기이한 것을 찾아 다니다.
【猎潜艇－잠정】lièqiántǐng 명〈軍〉구잠정.
【猎枪－창】lièqiāng 명엽총. 사냥총.
【猎取－취】lièqǔ 동1사냥하여 얻다. 2(명 예나 이익 따위를) 빼내다. ◇～百姓的 血汗/백성들의 피땀을 빨다.
【猎犬－견】lièquǎn (同)〔猎狗 gǒu〕
【猎人－인】lièrén 명사냥꾼.
【猎手－수】lièshǒu 명사냥꾼〔주로 숙련된 사냥꾼을 말함〕
【猎物－물】lièwù 명수렵물. 사냥에서 잡은것.

【躐】足部 liè 15画 | 밟을 렵
동〈文〉1(순서나 등급 따위를) 뛰어넘다. 건너뛰다. 2짓밟다.
【躐等－등】lièděng 동〈文〉등급을〔순서를〕 건너뛰다.

【鬣·鬣】鱼部 liè 15画 | 피라미 렵
명〈魚介〉피라미.

【鬣】髟部 liè 15画 | 갈기 렵
명(동물의) 갈기.
【鬣狗－구】liègǒu 명〈動〉하이에나. (同)〔斑 bān 鬣狗〕

lie

【咧】口部 lie 6画 | 어조사 렬
조〈方〉용법이 '了'·'啦'·'哩'와 같음. a)진술문에 쓰여 상황의 변화나 새로운 상황의 발생을 나타내며 과거·현재·미래에 다 쓰인다. ◇他考上研究生～/그는 대학 원에 합격했다. b)의문문에 쓰여 의문어

기를 나타냄. ◇昨天你去哪儿～?/어제 너 어디 갔었어? c)명령문에 쓰여 청구·명령·금지·권고 등의 어기를 나타냄. ◇以后不要光玩～，要好好学习~/앞으로 놀지만 말고 열심히 공부해라. d)감탄문에 쓰여 놀람·분노·찬탄 등 나타냄. ◇桂林美极～，你也去玩玩吧/게림은 아주 아름다워, 너도 놀러가라. ⇒liě, liè

līn

【拎】扌部 līn 5画 | 들 령
동〈方〉손에 들다. ◇～着饭盒上班/도시 락통을 들고 출근하다.
【拎包－포】līnbāo 명〈方〉가방.

lín

*【邻·鄰(隣)】阝部 lín 5画 | 이웃 린
1명이웃. ◇远亲不如近～/이웃사촌. 2동 인접하다. 근접하다. 이웃하다. ◇～家/ 이웃집. 3명다섯 집을 단위로 삼는, 고대 의 호적 편제의 하나.
【邻邦－방】línbāng 명이웃 나라.
*【邻国－국】línguó 명이웃 나라.
【邻角－각】línjiǎo 명〈數〉인접각.
【邻接－접】línjiē 동(지역이) 인접하다.
【邻近－근】línjìn 1동(위치가) 이웃하다. 가까이 접하다. ◇我国跟日本～/우리 나 라는 일본과 근접하다. (同)〔靠 kào 近〕, (反)〔远离 yuǎnlí〕2명부근. 근처. ◇ 有家饭馆/근처에 식당 하나 있다. (同) 〔附 fù 近〕, (反)〔远处 yuǎnchù〕
☆【邻居－거】línjū 명이웃. 이웃 사람. ◇我 们互对们住着，互相帮助，是很好的～/우 리는 서로 맞은 편 집에 살고 있는데 서 로 돕는 친한 이웃이다.
【邻里－리】línlǐ 명1향리. 2동네 사람.
【邻舍－사】línshè (同)〔邻居 jū〕

【林】木部 lín 4画 | 수풀 림
1명숲. 수풀. ◇竹～/죽림. 2명〈喩〉(사람 이나 사물의) 집단. 계(界). ◇儒～/유학 자들의 집단. 3명임업. 4명성(姓).
【林产－산】línchǎn 명임산물(林产物).
*【林场－장】línchǎng 명〈林〉1영림(营林) 기관. 2조림지(造林地).
【林丛－총】líncóng 명숲. 삼림.
【林带－대】líndài 명〈林〉(방풍·방사 목적 으로 조성한) 삼림대.
【林地－지】líndì 명〈林〉임지.
【林分－분】línfēn 명〈林〉임분.

L

【林冠－관】línguān 阌〈林〉임관. 삼림의 위층의 모양.

【林海－해】línhǎi 阌숲의 바다.

【林垦－간】línkěn 阌〈文〉조림과 개간.

【林立－립】línlì 통〈喩〉숲처럼 즐비하다. ◇高楼～/고층 건물이 즐비하다.

【林林总总－림총총】lín lín zǒng zǒng〈成〉매우 많다.

【林龄－령】línlíng 阌나무의 나이.

【林莽－망】línmǎng 阌〈文〉우거진 숲과 풀덤불.

【林木－목】línmù 阌1수림. 숲. 2임목. 수풀의 나무.

【林农－농】línnóng 阌임업을 직업으로 하는 농민.

【林檎－금】línqín 阌〈植〉능금(나무).

【林泉－천】línquán 阌1삼림과 샘물. 2〈喩〉은거하는 곳.

【林薮－수】línsǒu 阌〈文〉1산·숲·강이 있는곳. 2〈喩〉사물이 운집한 곳.

【林涛－도】líntāo 阌바람이 숲을 스쳐갈 때 나는 파도같은 소리.

【林下－하】línxià 阌1산숲이 있는 시골. 2〈喩〉은거처.

*【林业－업】línyè 阌임업.

【林狖－예】línyì〈同〉〔猞猁 shēlì〕

【林阴道－음도】línyīndào 阌가로수길.

【林苑－원】línyuàn 阌옛날, 통치자가 사냥을 하며 즐겼던 동산.

【林政－정】línzhèng 阌삼림과 관련된 관리 사무.

【林子－자】lín‧zi 阌〈口〉숲. 삼림.

**【淋】 氵部│lín
8画│물방울떨어질 림
통1(비를) 맞다. (비에) 젖다. ◇他的衣服被雨～湿了/그의 옷은 비에 흠뻑 젖었다. 2(물을) 뿌리다. ◇在凉拌菜上～上点儿香油/야채 무침에 참기름을 좀 넣었다. ⇒lìn

【淋巴－파】línbā 阌〈生理〉임파.

【淋漓－리】línlí 톙〈文〉1(흠뻑 젖어) 뚝뚝 떨어지다. 줄줄 흐르다. ◇汗水～/땀이 뚝뚝 떨어지다. 2(말·글·원기 따위가) 힘차다. 통쾌하다. 시원하다.

【淋漓尽致－리진치】lín lí jìn zhì〈成〉(글이나 말이) 철저하여 시원시원하다. 유감 없다. ◇把那投机分子的嘴脸描写得～/그 기회주의자의 꼴을 유감없이 그려냈다.

【淋淋－린】línlín 톙〈文〉물이나 땀이 방울방울 떨어지는 모양.

【淋浴－욕】línyù 阌샤워(하다).

【琳】 玉部│lín
8画│옥 림
阌〈文〉아름다운 옥(玉).

【琳琅－랑】línláng 阌아름다운 옥. 진귀한 물건의 비유.

【琳琅满目－랑만목】lín láng mǎn mù〈成〉좋은 물건이 많음을 비유함.〔주로 서적이나 미술품에 대해 쓰임〕

【霖】 雨部│lín
8画│장마 림
阌장마. ◇秋～/가을 장마.

【霖雨－우】línyǔ 阌장마.

☆【临・臨】 臣部│lín
8画│임할 림
1통(어떤 장소에) 임하다. 마주하다. (높은 데서) 내려다보다. ◇这房子～河/이 집은 강을 마주하고 있다. 2통이르다. 오다. ◇他大儿子找了个理想的对象, 小儿子考上了大学, 真是双喜～门/그의 큰 아들은 마음에 드는 결혼상대를 골랐고, 막내 아들은 대학에 합격해 정말 집안에 경사가 겹쳤다. 3통(어떤 시기에) 임박하다. 막 …하려고 하다. ◇～出门我才想起忘了带钱包/막 외출할 때에야 지갑을 안챙긴 것이 생각났다. 4통(글씨·그림 따위를) 그대로 본뜨다. 5(Lín)阌성(姓).

【临别－별】línbié 통막 이별하려 하다.

【临产－산】línchǎn 통해산할 때가 닥치다. 곧 해산하려고 하다.

【临场－장】línchǎng 통1시험에 참가하다. 경기에 출전하다. 2장소에 직접가다.

【临池－지】línchí 통서도를 연습하다.

*【临床－상】línchuáng 阌〈醫〉임상. ◇～经验/임상경험.

【临到－도】líndào 통1직전에 이르다. …에 임하다. ◇～开会, 我才准备好/나는 개회 직전에서야 비로소 준비가 끝났다. 2(어떤 일이) 닥치다. ◇这事如果～你的头上, 你怎么办?/이 일이 만약 당신에게 닥친다면 어떻게 하겠습니까?

【临风－풍】línfēng 통〈文〉바람을 맞다〔쐬다〕. (反)〔背 bèi 风〕

【临机－기】línjī 통(어떤) 시기를 포착하다.

【临街－가】línjiē 통거리를 마주하다.

【临界－계】línjiè 阌〈物〉임계.

*【临近－근】línjìn 통(시간·거리상) 근접하다. 가까워지다. ◇春节～了/음력설이 다가온다. ◇他家在～河边的街上/그의 집은 강가에 근접한 거리에 있다. (同)〔接 jiē 近〕, (反)〔远离 yuǎnlí〕

【临渴掘井－갈굴정】lín kě jué jǐng〈成〉목이 말라야 우물을 판다. 평소 아무 준비를 안하다가 일이 닥쳐야 움직이다. (同)〔临阵磨枪 lín zhèn mó qiāng〕, (反)〔未雨绸缪 wèi yǔ chóu móu〕

【临了－료】línliǎo (～儿)톙〈口〉마지막에 즈음하여. 결국은. ◇那件事～还是他去办

/그 일은 결국 여전히 그가 처리하기로 했다.

【临门─문】línmén 동1문에 이르다〔다다르다〕. 2골문에 도달하다.

【临摹─모】línmó 명동(글씨나 그림 따위를) 모사(하다).

【临盆─분】línpén (同)〔临产 chǎn〕

【临蓐─욕】línrù 명분만 즈음. (同)〔临产 chǎn〕

【临深履薄─심리박】lín shēn lǚ bó 〈成〉깊은 못에 이르는 것 같고 엷은 얼음장을 디디는 것 같다. 주의 깊고 조심스럽다.

☆【临时─시】línshí 1동그때가 되다. ◇你现在不准备～怎么办呢?/지금 준비하지 않다가 그때가 돼서 어떻게 하려고 그러세요? 2명임시. ◇～政府/임시정부. ◇我们～就用这个办法吧/우리 임시로 이 방법을 쓰자. (同)〔暂 zàn 时〕, (反)〔永久 yǒngjiǔ〕

【临时代办─시대판】línshí dàibàn 명임시 대리 공사. 임시 대리 대사.

【临死─사】línsǐ 1동죽음에 이르다. 죽을 때가 되다. 2명임종시. 죽을 때.

【临帖─첩】líntiè 동서첩(書帖)을 보고 따라 쓰다〔습자하다〕.

【临头─두】líntóu 동(재난이나 불행이) 눈앞에 닥치다. ◇事到～, 要沉住气/일이 닥쳤으니 침착해야 한다.

【临危─위】línwēi 동1(생명의) 위험에 직면하다. 2병이 위독해서 곧 죽으려 하다.

【临危授命─위수명】lín wēi shòu mìng 〈成〉위험한 고비에 임명을 수락하다.

【临刑─형】línxíng 1동사형에 임하다. 2명 사형집행 직전.

【临渊羡鱼─연선어】lín yuān xiàn yú 〈成〉 물가에서 물고기를 탐하기만 하고 실천하지 않다.

【临月─월】línyuè (~儿)명해산달. 산월.

【临战─전】línzhàn 동싸움(전쟁)에 임하다.

【临阵磨枪─진마창】lín zhèn mó qiāng 〈成〉일을 당하고서야 허둥지둥 준비하다. 도둑보고 새끼꼰다.

【临阵脱逃─진탈도】lín zhèn tuō táo 〈成〉 (병사가) 싸움터에 이르러 도망가다. 일을 당하여 꽁무니를 빼다. (反)〔挥戈上阵 huī gē shàng zhèn〕

【临终─종】línzhōng 명임종시. 죽을 때.

【潾】 氵部 lín
12画 돌샘 린

【潾潾─린】línlín 형물이 맑다.

【遴】 辶部 lín
12画 가릴 린

동신중하게 고르다. 가려 선택하다.

【遴选─선】línxuǎn 동신중히 고르다.

【嶙】 山部 lín
12画 깊숙할 린

【嶙嶙─린】línlín 〈文〉(同)〔嶙峋 xún〕

【嶙峋─순】línxún 형1(산의 바위 따위가) 겹쳐 쌓인 모양. 2(사람이) 야위어 뼈가 드러나다. 3〈喩〉사람됨이 굳세고 정직하다.

【辚・轔】 车部 lín
12画 삐걱거릴 린

【辚辚─린】línlín 의〈文〉덜거덕 덜거덕. 〔수레나 마차가 달리는 소리〕

*【磷(燐)】 石部 lín
12画 인 린

명〈化〉인(磷). 〔화학원소. 기호는 P〕

【磷肥─비】línféi 명〈農〉인비. 인산 비료.

【磷光─광】línguāng 명〈物〉인광(燐光). (同) 〔萤 yíng 光〕

【磷火─화】línhuǒ 명인화. 도깨비불.

【磷脂─지】línzhī 명〈化〉인지질(燐脂质).

【鳞・鱗】 鱼部 lín
12画 비늘 린

명1(물고기) 비늘. 2비늘 모양의 것.

【鳞波─파】línbō 명(물고기의 비늘과 같은) 잔물결. 파문(波紋).

【鳞次栉比─차즐비】lín cì zhì bǐ 〈成〉(물고기의 비늘이나 참빗살같이) 가옥이 빽빽이 늘어서 있다.

【鳞介─개】línjiè 명어류와 패류.

【鳞茎─경】línjīng 명〈植〉인경. 비늘줄기.

【鳞片─편】línpiàn 명1(물고기의) 비늘조각. 2곤충의 날개나 신체를 덮고 있는 비늘 조각. 3〈植〉인엽(鳞葉). 〔겨울철 싹을 싸서 보호하는 비늘 모양의 작은 잎〕

【鳞伤─상】línshāng 명물고기 비늘처럼 많은 상처.

【鳞爪─조】línzhǎo 명〈文〉비늘과 발톱. 〈喩〉 (사물의) 조각. 단편.

【麟(麐)】 鹿部 lín
12画 기린 린

명〈動〉〈文〉기린. (同)〔麒 qí 麟〕

【麟凤龟龙─봉귀용】lín fèng guī lóng 〈成〉 (옛날에 신령스런 동물로 간주되었던) 기린·봉·거북·용. 인품이 높고 고상한 인물.

lǐn

【凛(凜)】 氵部 lǐn
13画 찰 름

1형춥다. 오싹하다. 2형엄하다. 엄숙하다. ◇～若冰霜/엄하기가 얼음과 서리와 같다. 3동두려워하다. 무서워하다. ◇～于夜行/야행을 무서워하다.

【凛冽─렬】lǐnliè 형매섭게 춥다. 추위가

뼛속까지 스며들다. 에듯 춥다. (同)〔凛凛〕, (反)〔温暖 wēnnuǎn〕

【凛凛一름】 lǐnlǐn 톙1차갑다. 춥다. 2엄숙하다. 위엄이 있다. (同)〔凛然 rán〕

【凛然一연】 lǐnrán 톙엄숙한 모양. 위엄이 있는 모양.

【懍(懔)】 忄部 lǐn
13画 두려워할 름
→〔凛 lǐn 2, 3〕

【廪(廩)】 广部 lǐn
13画 곳집 름
톙〈文〉1쌀광. 미곡 창고. ◇仓~/곡물창고. 2양식. 곡식.

【廪生一생】 lǐnshēng 톙명청(明清)시대에 관청에서 돈과 식량을 지급한 생원(生員).

【檩(檁)】 木部 lǐn
13画 도리 름
톙〈建〉도리.

【檩条一조】 lǐntiáo 톙〈建〉도리.

【檩子一자】 lǐn·zi 톙〈方〉도리.

lìn

【吝】 文部 口部 lìn
3画 4画 아낄 린
1톙인색하다. 쩨쩨하다. 2(Lìn)톙성(姓).

【吝色一색】 lìnsè 톙아까워하는 기색.

【吝啬一색】 lìnsè 톙인색하다 (하다).

【吝惜一석】 lìnxī 톙인색하다. 내놓기를 아까워하다. (同)〔吝啬 sè〕, (反)〔大方 dàfang〕

【赁·賃】 贝部 lìn
6画 품삯 임
통세를 내다. ◇~了一辆车/차를 한 대 대여했다.

【淋】 氵部 lìn
8画 물방울떨어질 림
통거르다. 여과하다. ◇用纱布把药~一下/가제로 약을 한 번 거르자. ⇒lín

【淋病一병】 lìnbìng 톙〈醫〉임질(淋疾).

【蔺·藺】 艹部 lìn
11画 골풀 린
1(同)〔马 mǎ 蔺〕 2(Lìn)톙성(姓).

【躏·躪】 足部 lìn
14画 짓밟을 린
(同)〔践 róu 躏〕

【膦】 月部 lìn
12画 인화수소 린
톙〈化〉포스핀(독 phosphin). 기상인화수소(氣狀磷化水素).

○ 594	令 594	伶 594	泠 594	圖 594
玲 594	铃 595	羚 595	聆 595	翎 595
零 595	龄 596	灵 596	棂 597	凌 597

| 陵 597 | 菱 597 | 绫 597 | 鲮 597 | 夌 597 |
| 岭 598 | 领 598 | 令 599 | 另 599 | |

líng

【○】 一部 líng
0画 영 零
유제로. 영(零). ◇三~六号/306호. ◇一九九~年/1990년. (同)〔零 líng〕

【令】 人部 líng
3画 부릴 령
⇒lǐng, líng

【令狐一호】 Línghú 톙1〈地〉영호. 〔옛 지명. 산서성(山西省) 임의현(臨猗縣) 일대. 2복성(復姓).

【伶】 亻部 líng
5画 영리할 령
톙〈옛날의〉배우. 중국 전통희곡 배우. ◇坤 kūn~/여배우.

【伶仃一정】 língdīng 톙1고독하다. 의지할 곳이 없다. 2몸이 야위고 허약하다.

*【伶俐一리】 líng·li 톙영리하다. 총명하다. ◇口齿~/말주변이 뛰어나다. ◇这孩子真~/이 아이는 정말 영리하다. (同)〔聪明 cōngmíng〕, (反)〔愚笨 yúbèn〕

【伶俜一병】 língpīng (同)〔伶仃 dīng〕

【伶牙俐齿一아리치】 líng yá lì chǐ 〈成〉구변이 좋다. 말솜씨가 뛰어나다.

【泠】 氵部 líng
5画 맑은소리 령
1톙〈文〉시원하다. ◇~风/선들바람. 2(Líng)톙성(姓).

【泠泠一령】 línglíng 톙〈文〉1상쾌하다. 시원하다. (同)〔清凉 qīngliáng〕 2소리가 맑고 깨끗한 모양.

【泠然一연】 língrán 〈文〉톙소리가 깨끗한 모양.

【囹】 囗部 líng
5画 옥 령
【囹圄一어】 língyǔ 톙〈文〉감옥. (同)〔监狱 jiānyù〕

【囹圉一어】 língyǔ (同)〔囹圄 yǔ〕

【玲】 王部 líng
5画 금옥소리 령
*【玲玲一령】 línglíng 웹〈文〉옥(玉)이 부딪히는 소리.

*【玲珑一롱】 línglóng 톙1(물건이) 정교하고 섬세하다. ◇小巧~/깜찍하고 정교하다. (同)〔精巧 jīngqiǎo〕, (反)〔粗劣 cūliè〕 2(사람이) 영리하고 민첩하다. ◇八面~/팔방미인. (同)〔灵活 línghuó〕, (反)〔蠢笨 chǔnbèn〕

【玲珑剔透一롱척투】 línglóng tītòu 〈成〉1투각(透刻)의 구조가 기이하고, 정교한

모양. 2(사람이) 총명하고 영리하다.

☆【铃·鈴】钅部 5画 | líng 방울 령

[명]1(～儿)방울. 벨. ◇门～/초인종. ◇～响了/종이 울렸다. 2방울모양의 것. ◇哑～/아령. 3목화송이.

【铃铛－당】líng·dang [명]방울.

【铃铎－탁】língduó [명]궁전 누각 따위의 처마끝에 매단 풍경.

【羚】羊部 5画 | líng 영양 령

[명]1〈動〉영양. 2영양의 뿔. (同)〔羚羊角 língyángjiǎo〕

【羚牛－우】língniú [명]〈動〉고산 지대에 사는 영양의 일종.

【羚羊－양】língyáng [명]〈動〉영양.

【聆】耳部 5画 | líng 들을 령

[동]〈文〉듣다.

【聆取－취】língqǔ [동]〈文〉귀기울여 받아들이다. 수렴하다. ◇～大家的意见/모든 사람의 의견을 수렴하다.

【聆听－청】língtīng [동]〈文〉경청하다.

【翎】羽部 5画 | líng 깃 령

1[명]깃털. 〔새의 날개나 꼬리의 길고 억센 깃으로, 장식으로 쓰임〕 ◇雁～/기러기 깃. 2(同)〔翎子·zi 1〕

【翎毛－모】língmáo [명]1깃털. (同)〔羽 yǔ 毛〕 2〈美〉새를 소재로 하여 그린 중국화(中國畵).

【翎子－자】líng·zi [명]1청대(淸代), 관리의 예모(禮帽)의 품계(品階)의 표시로 다는 공작 깃털. 2희곡에서 장수의 모자에 꽂는 꿩의 꼬리 깃털.

★【零】雨部 5画 | líng 영 령

1[형]영세하다. 자질구레하다. 자잘하다. ◇吃～食/군것질을 하다. ◇这种纸都是卖一本一本的, 没有～的/이런 종이는 다 한권씩 팔지 낱장으로는 팔지 않는다. (反)〔整 zhěng〕 2(～儿)[명]우수리. 나머지. ◇今年二年级的学生数一百挂～儿/올해 2학년 학생수는 100명이다. 3두 개의 수량사 가운데 놓여 많은 양 아래 적은 양이 덧붙여 있음을 표시함 ◇一岁～五个月/일년 5개월. ◇五点～一分/5시 1분. 4[수]영. 공. 〔숫자 속에서 빈 자리를 뜻함. '영'이 몇 개이든간에 한 번만 읽음〕 ◇三～一号/301호. ◇10,008斤(yīqiānlíng bā jīn) 천 8근. 5[수]영. 제로(zero). ◇我考得太坏, 得了个～分/나는 시험을 너무 못봐서 0점을 받았다. 6[명](온도계의) 영도. ◇～上五度/영상 5도. ◇～下十度/영하 10도. 7[동](초목이나 꽃잎이) 말라 떨어지다. ◇凋～/(초목이나 꽃이) 지다. 8[동](눈물·비 등이) 떨어지다. ◇涕 tì～/눈물을 떨구다.

【零打碎敲－타쇄고】líng dǎ suì qiāo (同)〔零敲碎打〕

【零担－담】língdān [명]작은 화물. 소하물.

【零蛋－단】língdàn [명]〈俗〉빵점. ◇小明数学考了个～/명이가 수학에서 빵점을 맞았다.

【零点－점】língdiǎn [명]1밤12시. 영시(零時). 2(소숫점의) 영점.

【零丁－정】língdīng (同)〔伶 líng 仃〕

【零工－공】línggōng [명]1임시로 고용되어 하는 일. 2임시 고용 노동자. 날품팔이.

【零花－화】línghuā 1[동]용돈으로 쓰다. (돈을) 조금씩 쓰다. 2(～儿)[명]〈口〉용돈. 대단치 않은 비용.

【零活儿－활아】línghuór [명]잔일. 잡일.

⁑【零件－건】língjiàn [명]부품. 부속품. (反)〔整机 zhěngjī〕

【零乱－란】língluàn (同)〔凌 líng 乱〕

【零落－락】língluò 1[동](초목이) 시들다. (同)〔凋谢 diāoxiè〕 2[동](사물이) 쇠퇴하다. 영락하다. (同)〔衰 shuāi 落〕 3[형]드문드문하다. (同)〔稀疏 xīshū〕, (反)〔密集 mìjí〕

【零卖－매】língmài (同)〔零售 shòu〕

【零七八碎－칠팔쇄】língqī bāsuì 1(～的)자질구레한 모양. 혼잡한 모양. (同)〔七零八碎〕, (反)〔整然有序 zhěng rán yǒu xù〕 2(～儿)자질구레한 일. 사소한 일.

☆【零钱－전】língqián [명]1(각(角)이나 분(分)단위의) 잔돈. 2용돈. ◇我不抽烟也不喝酒, 一个月花不了多少～/나는 술 담배를 하지 않아 한 달에 용돈을 얼마 쓰지 않는다. 3(팁 등) 급료외의 잔 수입.

【零敲碎打－고쇄타】líng qiāo suì dǎ 〈成〉일을 계획성 없이 조금씩 처리하다. (同)〔零打碎敲〕, (反)〔一气呵成 yī qì hē chéng〕

【零散－산】líng·san [형]흩어져 있다. 뿔뿔이 널려 있다. 너저분하다. ◇桌子上～放着几个杯子/탁자위는 컵 몇 개가 널려 있다.

【零食－식】língshí [명]군것질.

*【零售－수】língshòu 1[명]소매. ◇～店/소매점. 2[동]소매로 팔다. ◇这套家具不～/이 가구는 소매로 팔지 않는다. ‖(反)〔批发 pīfā〕

【零数－수】língshù (～儿)[명](정수 이외의) 끝수. 나머지. 우수리. (同)〔零头 tóu〕, (反)〔整 zhěng 数〕

*【零碎－쇄】língsuì 1[형]자질구레하다. ◇这些～东西很占地方/이런 자질구레한 물건

L

은 자리를 많이 차지한다. (同)〔零星 xīng〕, (反)〔完整 wánzhěng〕 **2**명(～儿) 자잘한 것. ◇他正在拾掇～儿/그는 자잘한 물건을 정리하고 있다.

【零头—두】líng·tóu (～儿)명**1**일정한 단위 이하의 우수리. ◇我手里只有百元, 没有～/내 손에는 백원 짜리만 있고 잔돈이 없다. (同)〔零数 shù〕, (反)〔整数 zhěngshù〕 **2**(재료를 쓰고 남은) 나머지. 자투리. (同)〔零碎 suì〕, (反)〔整体 zhěngtǐ〕

*【零星—성】língxīng 형**1**자질구레하다. 소량이다. ◇我零零星星地听到一些消息/나는 자질구레한 몇 가지 뉴스를 들었다. (同)〔零碎 suì〕, (反)〔繁多 fánduō〕 **2**산발적이다. 띄엄띄엄하다. ◇～的枪声/산발적으로 나는 총소리. 〔술어로 쓰이지 않음〕(同)〔零落 luò〕

【零讯—신】língxùn 명(간행물의) 단신. 토막소식.

【零用—용】língyòng **1**동(돈을) 조금씩 쓰다. 용돈으로 쓰다. ◇这钱你拿去用～/이 돈은 네가 갖고 용돈으로 써라. **2**명용돈. 잡비. 잔비용.

【零嘴—취】língzuǐ (～儿)명〈方〉주전부리. 군것질. (同)〔零食 shí〕

【齡·齡】齿部│líng
5画│나이 령
명**1**나이. 연령. 세. ◇年～/연령. **2**연한. 연수. ◇工～/노동자나 직원의 근무 연수. **3**일부 생물의 발육 과정의 각 단계를 경과하는 시간.

*【灵·靈】彐部│líng
4画│신령 령
1형(동작이) 민첩하다. (기계 등이) 잘 듣다. ◇这辆自行车的闸失～了, 骑时要小心/이 자전거의 브레이크가 잘 안 드니 탈 때 조심해야 한다. ◇他脑子很～/그는 머리가 매우 좋다. (同)〔灵活 huó〕, (反)〔笨 bèn〕**2**명영. (죽은 사람의) 영혼. ◇心～/심령. **3**명옛날. 신선이나 신선에 관한 것. ◇神～/신령. **4**형효과가 좋다. 잘 듣다. ◇这是治感冒的～药, 吃了很见效/이것은 감기 치료 특효약으로 먹으면 잘 듣는다. **5**명영구(靈柩). 관(棺). ◇他的～前摆满了鲜花/그의 영전에 생화가 가득 놓여 있다.

【灵便—편】líng·bian 형**1**(손발이) 민첩하다. ◇手脚～/손발이 민첩하다. (同)〔灵活 huó〕**2**(사용에) 편리하다.

【灵车—차】língchē 명영구차.
【灵榇—츤】língchèn (同)〔灵柩 jiù〕
【灵床—상】língchuáng 명납관 전에 시체를 놓아 두는 침상. 대렴(大殮)한 뒤에

시체를 두는 곳.
【灵丹妙药—단묘약】líng dān miào yào 〈成〉만병 통치약. 〈喩〉모든 문제를 해결할 수 있는 방법.
【灵府—부】língfǔ 명〈文〉생각과 사유의 기관. 〈喩〉마음. 두뇌.
【灵感—감】línggǎn 명영감.
【灵怪—괴】língguài **1**명(전설 속의) 요괴. 신령. **2**형신기하고 괴이하다.
【灵光—광】língguāng **1**명신기한 빛. **2**형신의 머리 부분에 그려진 후광. **3**형〈方〉좋다. (효과가) 뛰어나다.
【灵慧—혜】línghuì 형민첩하고 영리하다.

*【灵魂—혼】línghún **1**명혼. **2**명정신. 마음. 생각. ◇孩子们的～是非常纯洁的/아이들의 마음은 아주 순결하다. ◇经过这几年艰苦生活的磨练, 他的～深处发生了变化/그는 몇년 동안 어려운 생활의 시련을 겪고 사고가 많이 달라졌다. (同)〔心 xīn 灵〕, (反)〔肉体 ròutǐ〕**3**인격. 양심. ◇无论在什么情况下, 都要做一个正直的人, 不能出卖～/어떤 상황에서도 정직한 사람이 되어야지 양심을 팔아서는 안된다. (同)〔人格 rénge〕**4**핵심. 사물의 중심.

☆【灵活—활】línghuó 형**1**민첩하다. 활발하다. ◇脑筋～/머리 회전이 빠르다. ◇这位老人虽年过八旬了, 但腿脚仍很～/그 노인은 80세가 넘었지만 발이 재빠르다. (同)〔敏捷 mǐnjié〕, (反)〔死板 sǐbǎn〕**2**융통성 있다. 신축성이 있다. ◇他是一位办事不太～的人/그는 그리 융통성이 있게 일 처리를 못하는 사람이다.

【灵机—기】língjī 명재치. 영감.
【灵柩—구】língjiù 명영구. 관.
【灵猫—묘】língmāo 명〈動〉사향고양이.
【灵妙—묘】língmiào 형신기하고 기묘하다.
*【灵敏—민】língmǐn 형민첩하다. 민감하다. ◇动作～/동작이 민첩하다. (同)〔灵活 huó〕, (反)〔迟钝 chídùn〕
【灵敏度—민도】língmǐndù 명**1**(라디오 따위의) 수신 감도. **2**(계측기의) 감도.
【灵牌—패】língpái 명위패.
【灵气—기】língqì 명영특함. 끼. ◇她很有～, 肯定能成为一个出色的演员/그녀에게는 끼가 많아 틀림없이 뛰어난 배우가 될 수 있다.
*【灵巧—교】língqiǎo 형민첩하고 솜씨가 있다. ◇他的手挺～/그의 손재주는 민첩하고 솜씨가 있다. (同)〔灵活 huó〕, (反)〔蠢笨 chūnbèn〕
【灵寝—침】língqǐn 명관을 안치한 곳.
【灵台—대】língtái **1**명마음. 심령. (心 xīn 灵〕**2**옛날 천자(天子)가 천문 기상을 관찰하던 대(臺).

【灵堂—당】língtáng 명1영구나 영정(影幀)을 모신 방. 〔일반적으로 '正房' 혹은 대청에 설치함〕 2신불(神佛)을 모신 방.

【灵通—통】língtōng 1형(소식이) 빠르다. ◇小李消息很~/이 양은 소식이 빠르다. (反)〔闭塞 bìsè〕 2명〈方〉쓸모 있다. 3〈方〉(同)〔灵活 huó〕

【灵童—동】língtóng 명신동.

【灵透—투】líng·tou 형〈方〉똑똑하다. 영리하다.

【灵位—위】língwèi 명위패.

【灵犀—서】língxī 명서우의 뿔. 〔고대 전설에 서우(犀牛)는 뿔에 하얀 무늬가 있는데, 감응이 영민하여 서우를 '灵犀'라고 부름〕〈喩〉서로 감정이 통함.

【灵性—성】língxìng(r) 명1천부적인 지혜 (재간). 2동물이 사람의 훈련을 받아 얻은 총명.

【灵秀—수】língxiù 형빼어나다. 아담하다. ◇那个小姐长 zhǎng 得很~/그 아가씨는 미모가 아주 빼어나다.

【灵验—험】língyàn 1형(방법 혹은 약물 등이) 신통한 효과가 있다. 특효가 있다. ◇那贴中药很~药到病除/그 한약이 신통한 효과가 있다. 복용했더니 병이 다 났다. (同)〔有效 yǒuxiào〕 2동(예언 등이) 잘 맞다. 적중하다.

【灵长目—장목】língzhǎngmù 명〈動〉영장목.

【灵芝—지】língzhī 명〈植〉영지.

【椋·欀(欂)】木部 | líng 7画 | 격자창 령
명격자창. 창살. 살창.

【凌1~3,5(凌)】冫部 | líng 8画 | 얼음 릉
1동갈보다. 모욕하다. 못살게 굴다. ◇欺~/모욕하다. 2동접근하다. 다가오다. ◇~晨/이른 새벽. 3동(높이) 오르다. 올라가다. 4명〈方〉큰 얼음 덩어리. 5(Líng) 명성(姓).

＊【凌晨—신】língchén 명이른 새벽. 동틀 무렵.

【凌迟—지】língchí 명동능지 처참(하다). 〔사지를 자르고 목을 베는 형벌〕

【凌泽—택】língduó 명〈方〉고드름. (同)〔冰锥 bīngzhuī〕

【凌驾—가】língjià 동(남을) 능가하다. 군림하다. 압도하다. ◇不能把自己~于众人之上/자신을 뭇사람 위에 군림해서는 아니된다.

【凌空—공】língkōng 동하늘 높이 오르다.

【凌厉—려】línglì 형격렬하다. 맹렬하다.

【凌轹—력】línglì 동〈文〉1업신여기다. 구박하다. 능멸하다. 2배척하다.

【凌乱—란】língluàn 형혼란하다. 난잡하다.

(同)〔零 líng 乱〕, (反)〔整齐 zhěngqí〕

【凌虐—학】língnüè 동〈文〉모욕하다. 학대하다. 업신여기다. (同)〔欺 qī 凌〕, (反)〔保护 bǎohù〕

【凌辱—욕】língrǔ 명동능욕(하다). 모욕(하다).

【凌霄花—소화】língxiāohuā 명〈植〉능소화.

【凌汛—신】língxùn 명상류의 얼음이 녹아서 하류가 얼음이 녹지 않아 수위가 갑자기 높아지는 홍수 현상.

【凌夷—이】língyí 동〈文〉쇠퇴하다. 내리막길을 걷다.

【凌云—운】língyún 동(기세나 높이가) 하늘을 찌르다. (同)〔参天 cāntiān〕, (反)〔低矮 dīǎi〕

【凌锥—추】língzhuī 명〈方〉고드름. (同)〔冰锥 bīngzhuī〕

【陵】阝部 | líng 언덕 릉
1명구릉. 언덕. 2명(제왕·귀인 등의) 큰 무덤. 능묘. ◇十三~/명(明)나라 13황제의 능. 3동갈보다. 업신여기다.

【陵迟—지】língchí 동1쇠락하다. 쇠미하다. 2(同)〔凌 líng 迟〕

【陵轹—력】línglì (同)〔凌 líng 轹〕

【陵墓—묘】língmù 명지도자나 순국 열사의 묘. 제왕이나 제후의 묘.

【陵寝—침】língqǐn 명〈文〉제왕의 무덤 및 묘지의 궁궐.

【陵替—체】língtì 동〈文〉1기강이 해이해지다. 2몰락하다. (同)〔败落 bàiluò〕, (反)〔蓬勃 péngbó〕

【陵夷—이】língyí (同)〔凌 líng 夷〕

【陵园—원】língyuán 명(능묘 주변의) 공원.

【菱】艹部 | líng 8画 | 마름 릉
명1〈植〉마름. 2마름의 열매. 3〈數〉마름모.

【菱角—각】líng·jiao 명마름(열매).

【菱形—형】língxíng 명〈數〉마름모.

【绫·綾】纟部 | líng 8画 | 비단 릉
명〈紡〉능(綾).

【绫子—자】líng·zi 명〈紡〉능(綾).

【鲮·鯪】鱼部 | líng 8画 | 천산갑 릉
명1〈魚介〉잉어의 다른 이름. 2〈方〉〈魚介〉황어.

lǐng

【令】人部 | lǐng 3画 | 부릴 령
양연(連, ream). 〔전지(全紙) 오백 장을 1令이라 함〕⇒líng, lìng

*【岭·嶺】 山部 | líng 5画 | 재 **領**
　　圄1재. 고개. ◇翻山越～/산 넘고 재를 넘다. 2큰 산맥. ◇大兴安～/대흥안령 산맥. 3(대유령(大庾嶺) 따위의) 오령(五嶺).
【岭南—남】Lǐngnán 圄〈地〉영남. 〔오령(五嶺)의 남쪽 지역 광동(廣東)·광서(廣西)일대〕

☆【领·領】 頁部 | lǐng 5画 | 목 **領**
　　1圄목. 목덜미. ◇引～而望/목을 길게 빼고 바라보다. 2(～儿)圄(옷의) 깃. 칼라. ◇衣～/옷깃. 3(～儿)圄옷의 목둘레(선). 옷깃의 둘레. ◇尖～/V형 목둘레 선. 4圄〈喩〉사물의 요점. ◇要～/요령. 5앙〈文〉벌. 〔'长袍'나 상의(上衣)를 셀 때 쓰임〕(同)〔件 jiàn〕6앙장(張). 〔거적·돗자리 따위를 셀 때 쓰임〕◇一～席/돗자리 한 장. (同)〔张 zhāng〕7圄인도하다. 안내하다. 이끌다. ◇这位客人要见经理, 你～他去吧/이 손님이 사장님을 뵈려하니 당신이 그를 안내하시오. (同)〔带 dài〕8圄영유(領有)하다. 주권을 가지다. 9圄수령하다. 받다. ◇～工资/월급을 받다. ◇你上大学～没～过助学金?/넌 대학다닐 때 장학금을 받은 적이 있니? (同)〔取 qǔ〕10圄받아들이다. ◇心～/마음으로 받아들이다. (同)〔受 shòu〕11圄(뜻을) 알다. 이해하다. ◇心～神会/알아차리다. 깨닫고 이해하다.
【领班—반】lǐngbān 1圄(공장·기업에서) 조(組)·반(班)을 관리하다. 2圄반장. 조장.
【领唱—창】lǐngchàng 1圄(노래의) 선창을 하다. 2圄선창자.
★【领带—대】lǐngdài 圄넥타이.
★【领导—도】lǐngdǎo 1圄지도하다. 이끌다. ◇他～了我们三年/그는 우리를 3년간 이끌었다. (同)〔带 dài 领〕2圄(정부의) 고위 관리. 고위 간부(책임자). (일반 부서의) 책임자(간부). ◇他是我们厂的～/그는 우리 공장의 책임자이다. 〔领导人 rén〕比較领导:统治:率领 ①"领导"는 긍정적으로 쓰이며 부정적으로는 잘 쓰이지 않는다. ◇在秦始皇的(×领导)统治下, 人民受到了剥削 bōxuē/진시황의 통치하에서 백성들은 착취를 당했다. ②"领导"와 "率领"을 비교했을 때 "率领"은 더욱 구체적인 인솔에 쓰인다. ◇他已(×领导)率领代表团回到北京/그는 대표단을 인솔하고 북경에 돌아왔다.
【领道—도】lǐng//dào (～儿)〈口〉1圄길을 안내하다. 2(lǐngdào) 圄길 안내자.
【领地—지】lǐngdì 1圄영지.〔봉건 사회에서

영주(領主) 소유의 토지〕2(同)〔领土 tǔ〕
【领队—대】lǐng//duì 1圄대열을 인솔하다. 2(lǐngduì)圄a)팀의 주장. b)팀의 감독. c)팀 대장(隊長). d)인솔자.
【领港—항】lǐnggǎng 1圄뱃길을 안내하다. 2圄도선사.
【领钩—구】lǐnggōu (～儿)圄옷깃의 호크.
【领海—해】lǐnghǎi 圄영해.
【领航—항】lǐngháng 1圄(선박이나 비행기의) 항로를 안내하다. 2圄(선박) 항법사. 항공관제사.
【领花—화】lǐnghuā 圄1나비 넥타이. 2(군인·경찰 제복의 옷깃에 달아 군종류·전역 등을 나타내는) 금장. 휘장.
*【领会—회】lǐnghuì 圄깨닫다. 이해하다. ◇我还没有～你的意思/나는 아직 너의 뜻을 이해하지 못했다. (同)〔理解 lǐjiě〕比較领会:体会 "领会"는 주어로 쓰지 않았다. ◇我这次去中国的, (×领会)体会를 很多的/나는 이번에 중국에 가서 많은 것을 체험했다.
【领江—강】lǐngjiāng 1圄(강에서) 뱃길을 안내하다. 2圄뱃길 안내원.
【领教—교】lǐngjiào 圄1〈套〉가르침을 잘 받다. ◇您老人说得很对, ～了/어르신께서 지당하신 말씀을 하셨습니다. 가르침을 잘 받았습니다. 2여쭙다. ◇她有件事想～你/그녀는 당신에게 여쭤볼 일이 있다. (同)〔请 qǐng 教〕
【领结—결】lǐngjié 圄나비 넥타이.
【领巾—건】lǐngjīn 圄목도리. 스카프. 네커치프.
【领空—공】lǐngkōng 圄〈法〉영공.
【领口—구】lǐngkǒu 圄1옷의 목둘레. 2옷깃의 양끝이 합치는 부분.
【领路—로】lǐng//lù 圄길을 안내하다. (同)〔带 dài 路〕
【领略—략】lǐnglüè 圄체득하다. 이해하다. (同)〔了解 liǎojiě〕
【领情—정】lǐng//qíng 圄〈敬〉(상대방의 선물·호의를) 감사히 받다. ◇我领了这个情, 但礼物不能收/이 호의는 감사히 받겠지만 선물은 받을 수 없습니다.
【领取—취】lǐngqǔ 圄(발급된 것을) 수령하다. ◇～邮包/소포를 수령한다. (反)〔发放 fāfàng〕
*【领事—사】lǐngshì 圄〈外交〉영사.
【领事馆—사관】lǐngshìguǎn 圄영사관.
【领事裁判权—사재판권】lǐngshì cáipànquán 圄〈法〉영사재판권.
【领受—수】lǐngshòu 圄받아들이다. 받다. 〔대개 남의 호의를 받아들일 때 사용함〕(同)〔接 jiē 受〕
【领属—속】lǐngshǔ 圄圄종속(되다). 예속

【领水－수】lǐngshuǐ 閣1영수.〔하천·호수·
항만·영해 등 국가 영역에 속하는 모든
수역〕2항해사.

【领头－두】lǐng// tóu (～儿)動앞장 서다.
솔선하다. ◇他～下了地/그는 앞장 서서
밭에 갔다.

＊＊【领土－토】lǐngtǔ 閣영토. (同)〔领域 yù〕

【领悟－오】lǐngwù 動깨닫다. 이해하다. (同)
〔懂得 dǒng·de〕

【领洗－세】lǐng// xǐ 動〈宗〉세례를 받다.

＊【领先－선】lǐng// xiān 動1선두에 서다. 리
드하다. ◇她～登上了山顶/그녀는 앞장
서 산정상에 올랐다. (同)〔当 dāng 先〕,
(反)〔殿后 diànhòu〕2〈喩〉(수준·성적
등에서) 선두를 차지하다. ◇这个县的粮
食产量处于全国～地位/이 현의 곡식 생
산량은 전국에서 선두를 차지했다.

【领衔－함】lǐngxián 動(공동 서명하는 문
서의) 첫머리에 서명하다. 으뜸가는 자리
를 차지하다.

☆【领袖－수】lǐngxiù 閣(국가나 단체의) 지
도자. 영수. ◇我们的～深受人民的爱戴/
우리 지도자는 국민들이 우러러 받들고
있다.

【领养－양】lǐngyǎng 動양자나 양녀로 삼
아 기르다.

【领有－유】lǐngyǒu 動(인구·토지를) 영유
하다.

＊＊【领域－역】lǐngyù 閣1영역.〔국가의 주권이
미치는 지역〕◇任何国家都不应该侵犯别
国的～/어떤 국가든 다른 국가의 영역을
침범해서는 안 된다. (同)〔领土 tǔ〕2
(학술·사상·사회의) 분야. 영역. ◇社会
科学～/사회 과학 분야.

【领章－장】lǐngzhāng 閣깃에 다는 휘장.
계급장.

＊【领子－자】lǐng·zi 閣옷깃. 칼라.

【领奏－주】lǐngzòu 1動(합주할 때) 선임
(수석) 연주자가 다른 사람의 연주를 리
드하다. 2閣선임 연주자.

【领罪－죄】lǐng// zuì 動죄를 인정하다. 복
죄(服罪)하다.

lìng

＊【令(令)】人部│lìng
             3画│부릴 령
1動명령하다. ◇～立即归队/즉시 귀대하
라고 명령했다. 2閣명령. ◇军～/군령.
◇法～/법령. 3動…으로 하여금 …하게
하다. ◇他的演说～人激动/그의 연설은
사람으로 하여금 감동케 한다. 4閣'划拳'
놀이를 하여 진 사람에게 술을 마시게
하는 것. ◇几个青年在饭馆猜拳行～, 吵
吵闹闹/몇몇 젊은이가 식당에서 떠들썩
하게 '划拳'놀이로 술먹이기를 하고 있다.
5閣옛날, 벼슬이름. ◇县～/현령. 6閣계
절. 철. 때. ◇冬～/겨울철. 7閣좋다. 훌
륭하다. 8接头〈敬〉상대방의 가족이나 친
지를 높여 부를 때 사용함. 9閣사(词)나
산곡(散曲)의 곡조명. ◇如梦～/여몽령.
⇒líng, lǐng

【令爱－애】lìng'ài 閣〈敬〉영애. 따님.

【令媛－애】lìng'ài (同)〔令爱 ài〕

【令出法随－출법수】lìng chū fǎ suí 법령
이 공표되면 그 위법자는 즉시 처벌하다.

【令箭－전】lìngjiàn 閣옛날, 군중(軍中)에
서 명령 하달의 증거로 삼은 화살모양의
수기(手旗).

【令郎－랑】lìngláng 閣〈敬〉자제. 영식. 아
드님.

【令名－명】lìngmíng 閣〈文〉높은 명성. 좋
은 평판. (同)〔美 měi 名〕, (反)〔恶 è 名〕

【令亲－친】lìngqīn 閣〈敬〉(당신의) 친척분.

【令堂－당】lìngtáng 閣〈敬〉자당(慈堂). (상
대의) 어머니에 대한 경칭.

【令闻－문】lìngwén 閣〈文〉좋은 평판. 명성.

【令行禁止－행금지】lìng xíng jìn zhǐ 〈成〉
법령은 엄격히 집행한다.

【令尊－존】lìngzūn 閣〈敬〉춘부장. (당신
의) 아버님.

☆【另】口部│lìng
        2画│다를 령
1形(범위 밖의) 다른. 그 밖〔이외〕의. ◇
～一方面/다른 방면. 2副따로. 달리. 별
도로. ◇我们得 děi～想办法/우리는 따로
방법을 강구해야 한다.

【另册－책】lìngcè 閣별책.

【另起炉灶－기로조】lìng qǐ lú zào 〈成〉1
처음부터 새로 다시하다. 2분가하다. 따
로 독립하다.

☆【另外－외】lìngwài 1形다른. ◇他们几个住
这屋, 其余的人住～一间屋子/그들 몇 사
람은 이 방에 살고, 그밖의 사람은 다른
방에 산다. 2副달리. 그밖에. 따로. 〔'还
/再/又' 등 부사와 함께 쓰임〕◇今天快
下班了, ～再找时间讨论吧/오늘은 곧 퇴
근하니 따로 다시 시간을 내서 토론하
자. 주의'另'은 1음절 어휘로 호응하고
'再/又/还' 등 부사와 함께 쓰이지 않는
다. ◇多数人不同意, 只好～选/다수가
찬성하지 않으니 따로 뽑을 수밖에 없
다. 비교另:另外:别的 ①"另" 뒤에는 부
사를 쓸 수 없지만 "另外" 뒤에는 부사를
쓸 수 있다. ◇这本词典你拿去用吧, 我
(×另)另外还有一本/나는 따로 또 한권
있으니 이 사전을 갖고 가서 써라. ②"另

L

"外"가 가리키는 사람이나 사물이 화자가 알고 있는 정보이지만 "别的"는 화자가 알고 있는 정보가 아니다. ◇除了原来的打算, 他还(×别的)另外设计了一个方案/원래의 계획 외에 그는 별도로 한 방안을 고안했다. ③"别的"는 명령문에서 부사로 쓰이지만 평서문에 쓰이지 못하고 "另外"는 평서문에 부사로 쓰인다. ◇小王没空, 他另外请小李帮忙/왕군이 시간이 없어서 그는 따로 이군에게 도움을 청했다.

【另行－행】lìngxíng (昺)따로〔별도로〕…하다.

【另眼相看－안상간】lìng yǎn xiāng kàn 〈成〉다른 눈으로 보다. (높이 사서) 달리 보다. (同)〔另眼看待 dài〕, (反)〔等闲视之 děng xián shì zhī〕

溜 600	熘 600	刘 600	浏 600	流 600
琉 602	硫 602	留 603	遛 604	馏 604
榴 604	瘤 604	镏 604	鹠 604	柳 604
绺 604	六 604	陆 605	溜 605	遛 605
馏 605	镏 605	碌 605	磟 605	鹨 605

L

liū

【溜】 氵部 10画 떨어질 **류

1(통)미끄러지다. (얼음을) 지치다. ◇每天下午去冰场～～冰对身体有益/매일 오후 스케이트장에 가서 스케이트를 타면 몸에 유익하다. **2**(형)미끄럽다. ◇滑～/매끄럽다. **3**(형)(슬그머니) 사라지다. ◇一说打牌, 他就～了/카드놀이를 한다는 말이 나오자 그는 몰래 빠져 나갔다. **4**(통)힐끗보다. ◇～一眼心里就有了数/한번 힐끗보았더니 마음속에 알아차렸다. **5**…를〔에〕 따라서. ◇～墙根儿走/담벼락을 따라가다. **6**(昺)〈方〉아주. 대단히. ◇～直/몹시 똑바르다. **7**(同)〔熘 liū〕⇒liù

【溜边－변】liū//biān (～儿)(통)**1**가장자리로 붙다. **2**(일을) 회피하다.

【溜冰－빙】liū//bīng (통)**1**스케이팅하다. **2**〈方〉롤러 스케이팅하다.

【溜槽－조】liūcáo (명)〈機〉활강 사면로(滑腔斜面路). 경사 홈통.

【溜达－달】liū·da (통)산책하다. 어슬렁거리다.

【溜光－광】liūguāng (형)〈方〉**1**매끄럽다. 반들반들하다. (同)〔溜滑 huá〕, (反)〔毛糙 máocāo〕 **2**깡그리 없어지다.

【溜号－호】liū//hào (～儿)〈方〉(통)살짝 빠져 나가다.

【溜肩膀－견방】liūjiānbǎng (～儿)**1**(명)처진 어깨. **2**〈方〉책임을 지지 않다.

【溜溜儿－류아】liūliūr (～的)(명)〈方〉꼬빽내내.

【溜溜转－류전】liūliūzhuàn (통)빙글빙글 돌다. 대굴대굴 구르다.

【溜平－평】liūpíng (형)〈方〉매끄럽고 판판하다.

【溜须拍马－수박마】liū xū pāi mǎ 〈喩〉아첨하다. 알랑거리다.

【溜之大吉－지대길】liū zhī dà jí 〈成〉슬그머니 가 버리다. 줄행랑 놓다. ◇他一看不对, 马上就～/그는 낌새가 이상한 것을 보고 곧 몰래 가버렸다.

【溜之乎也－지호야】liū zhī hū yě 줄행랑치다.

【溜桌－탁】liūzhuō (통)곤드레만드레 취하다. 〔탁자 밑으로 미끄러져 내려갈 정도로 취했다는 뜻〕

【熘(溜)】 火部 10画 볶을 **류**

(통)요리법의 하나.〔기름으로 볶아 전분으로 만든 걸쭉한 소스를 얹는 방식〕

liú

【刘·劉】 文部 刂部 2画 4画 성 **류**

(Liú)(명)성(姓).

【刘海儿－해아】Liú Hǎir (명)유해아.〔원래는 전설 중의 아이 신선(仙童)의 이름. 두꺼비를 타고 손에 돈꾸러미를 가지고 있으며 짧은 머리카락을 앞이마에 늘어뜨리고 있음〕

【刘海儿－해아】liúhǎir (명)〈轉〉짧은 앞 머리카락을 이마에 가지런히 늘어뜨린 여자나 아이들의 머리 모양.

【浏·瀏】 氵部 6画 맑을 **류**

(형)〈文〉물이 맑고 투명한 모양.

【浏览－람】liúlǎn (통)대충 훑어보다. (反)〔审视 shěnshì〕

★【流】 氵部 7画 흐를 **류**

1(통)흐르다. ◇水～得很快/물이 몹시 빠르게 흐른다. ◇～鼻涕/콧물을 흘리다. **2**(통)유동하다. 이동하다. ◇～通/유통하다. **3**(통)퍼뜨리다. 퍼지다. ◇～言/유언. **4**(통)〈轉〉나쁜 방향으로 흐르다. 전락하다. ◇放任自～/제멋대로 하게 내버려두다. **5**(통)유배시키다. 추방하다. ◇～放/유배하다. **6**(명)강물의 흐름. 흐르는 물. ◇急～/급류. **7**(명)물의 흐름과 비슷한 흐름. ◇寒～/한류. **8**(명)등급. 부류. ◇他考上了一～学校/그는 일류학교에 합격했다. ◇名～/명사들. **9**〈物〉루멘(lumen). 광속의 단

위. (同)〔流明 míng〕

【流弊—폐】liúbì 명악폐. 누적되어 온 폐단.

【流别—별】liúbié 명1샛강. 2(글 또는 학술)의 유파.

【流播—파】liúbō 동〈文〉1널리 퍼뜨리다. 전파되다. 2(同)〔流徙 xǐ〕

【流布—포】liúbù 동유포하다. 퍼뜨리다.

【流产—산】liú//chǎn 1명동〈醫〉유산(하다). ◇人工~/인공 유산. 2명동〈喩〉(일이) 무산되다. 좌절되다. ◇演讲会因经费不够而~/강연회는 경비가 부족하여 무산되었다.

【流畅—창】liúchàng 형(글·목소리 따위가) 유창하다. 매끄럽다. (同)〔顺 shùn 畅〕, (反)〔晦涩 huìsè〕

【流程—정】liúchéng 명1물길. 수로. 2(공업 제품 생산의) 공정. 프로세스(process).

**【流传—전】liúchuán 동널리 전파하다. ◇消息很快就~开了/소식은 금방 널리 퍼졌다. (同)〔传扬 yáng〕 비교流传:流传:流行: ①"流传"은 목적어로 쓰이지 않는다. ◇我很喜欢念这些(×流传)传说/난 이런 전설을 읽기 정말 좋아한다. ②질병이 유행할 때는 "流传"을 쓰지 않는다. ◇北京现在正在(×流传)流行感冒/북경은 지금 감기가 유행중이다.

【流窜—찬】liúcuàn 동(도적이나 적군이) 뿔뿔이 도망하다.

【流弹—탄】liúdàn 명느닷없이 날아온 탄알. 유탄.

【流荡—탕】liúdàng 동1떠다니다. 이동하다. 2유랑하다. 방랑하다.

**【流动—동】liúdòng 동1(액체나 기체가) 유동하다. ◇空气~就形成风/공기가 이동하여 바람을 일으킨다. 2옮겨 다니다. 전보시키다. ◇科研所里人才成堆, 该~~/과학연구소에는 인재가 너무 많아 전보시켜야 한다. (同)〔流淌 tǎng〕, (反)〔凝滞 níngzhì〕

【流动资产—동자산】liúdòng zīchǎn 명〈經〉유동 자산.

【流动资金—동자금】liúdòng zījīn 명〈經〉유동 자금.

【流毒—독】liúdú 1동해독을 끼치다. 해치다. ◇~四方/사방으로 해독을 끼친다. 2명나쁜 영향.

【流芳—방】liúfāng 〈文〉동명성을 후세에 남기다. (反)〔出丑 chūchǒu〕

【流放—방】liúfàng 동1유배하다. 2원목을 강물에 띄워 운송하다.

【流风—풍】liúfēng 전해오는 풍속. 유풍.

【流光—광】liúguāng〈文〉1흐르는 세월. 2흔들거리는 밝은 빛. 특히 달빛.

【流汗—한】liúhàn 1동땀을 흘리다. 2명흐르는 땀.

【流会—회】liúhuì 명동유회(하다).

【流火—화】liúhuǒ 명1〈方〉〈醫〉필라리아(filaria)증. 2〈中醫〉단독.

【流金铄石—금삭석】liú jīn shuò shí 〈成〉금이나 돌도 녹아 흐르다. 날씨가 몹시 무덥다. (同)〔铄石流金〕, (反)〔滴水成冰 dī shuǐ chéngbīng〕

*【流寇—구】liúkòu 명떠돌이 도둑.

*【流浪—랑】liúlàng 동유랑하다. 방랑하다. ◇~者/유랑자. (同)〔漂泊 piāobó〕, (反)〔定居 dìngjū〕

【流离—리】liúlí 〈文〉동정처없이 떠돌아다니다. ◇颠沛~/생활난으로 정처없이 떠돌아다니다. (同)〔乱 luàn 离〕, (反)〔安居 ānjū〕

【流离失所—리실소】liú lí shī suǒ 〈成〉정처 없이 떠돌아다니다. (同)〔流离颠沛 diānpèi〕, (反)〔安居乐业 ān jū lè yè〕

【流丽—려】liúlì 형(시문이나 글씨 따위가) 매끈하고 아름답다. 유려하다.

☆【流利—리】liúlì 형1유창하다. ◇她能说一口~的英语/그녀는 영어를 유창하게 말할 수 있다. 2거침이 없다. 미끈하다. ◇钢笔尖在纸上~地滑动着/펜촉이 종이에 미끈하게 나간다. (反)〔凝滞 níngzhì〕

【流连—련】liúlián 동아쉬워 떠나기 싫어하다. (同)〔留 liú 连〕

【流连忘返—련망반】liú lián wàng fǎn 〈成〉~에 빠져 돌아가기를 잊다. (反)〔掉臂而去 diào bì ér qù〕

【流量—량】liúliàng 명1(강물·상수도 등의) 유량. 2(단위 시간내 도로에서의 차량, 사람의) 통과 수량.

*【流露—로】liúlù 동(의사나 감정을) 부지중에 드러내다. ◇她不大~自己的感情/그녀는 자신의 감정을 잘 드러내지 않는다. (同)〔表 biǎo 露〕

【流落—락】liúluò 동가난하여 타향으로 떠돌아다니다.

**【流氓—맹】liúmáng 명1건달. 깡패. 불량배. ◇那个常在这一带作恶的~, 终于被公安局抓获了/이 일대에서 늘 나쁜짓을 한 그 건달은 마침내 공안국에 붙잡혔다. 2행패. 건달짓. ◇耍 shuǎ~/행패를 부리다.

【流氓无产者—맹무산자】liúmáng wúchǎnzhě 명부랑 노동자. 룸펜 프롤레타리아트.

【流民—민】liúmín 명유랑민. 유민.

【流明—명】liúmíng〈音〉〈物〉루멘(lumen).〔광속의 단위〕

【流年—년】liúnián 명1〈文〉세월. 2그 해의 운세.

【流派—파】liúpài 명(학술 사상이나 문예 방면의) 파별. 분파. 유파.

【流盼－반】liúpàn 통눈을 돌려보다.

【流气－기】liúqì 1명불량기. ◇那个人有点儿～/그 사람은 불량기가 좀 있다. 2형불량기가 있다. (反)〔正派 zhèngpài〕

【流散－산】liúsàn 통떠돌아다니다. 흩어지다. ◇～在各国的侨民/각 국에 흩어지는 교민들.

【流沙－사】liúshā 1〈地〉사막 지대의 바람에 흩날려 쌓이는 모래. 2유사. 물의 흐름에 따라 강 바닥이나 어귀에 쌓이는 모래. 3지하수를 따라 흘러 지층 중에 층을 이룬 모래 흙.

【流觞－상】liúshāng 명유상 곡수. 〔옛날, 매년 음력 3월 3일 굽어 나온 사람이 흐르는 물가에 둘러 앉아 술잔을 띄워 술잔이 어느 사람 앞에 이르면 그 사람이 그 술을 마시는 놀이〕

【流失－실】liúshī 통유실되다. ◇水土～/강물과 흙이 유실되다. ◇那个单位人才～/그 직장은 인재가 흩어졌다.

【流食－식】liúshí 명유동식. 〔우유, 미음, 과즙 등〕

【流矢－시】liúshǐ 명어지럽게 나는 화살. 느닷없이 날아온 화살.

【流逝－서】liúshì 통물 흐르듯 흘러 지나가다.

**【流水－수】liúshuǐ 명1유수. 흐르는 물. 〈喩〉끊이지 않고 계속됨. ◇～作业/일괄 생산공정. (同)〔活 huó 水〕, (反)〔止 zhǐ 水〕 2매상고. ◇本月做了十五万元的～/이번 달은 15만원의 매상고를 올렸다.

【流水不腐, 户枢不蠹－불부, 호추불두】liú shuǐ bù fǔ, hù shū bù dù 〈成〉흐르는 물은 썩지 않고 문설주는 좀 먹는 일이 없다. 구르는 돌에는 이끼가 끼지 않는다.

【流水席－수석】liúshuǐxí 명정해진 자리가 없이 손님이 오는 대로 먹고 갈 수 있도록 한 연회 방식.

【流水线－수선】liúshuǐxiàn 명일관 작업 공정(一貫作業工程). 어셈블리 라인(assembly line).

【流水帐－수장】liúshuǐzhàng 명1마구 적은 금전 출납부. 2〈喩〉단순히 나열만 한 서술이나 기록. ◇他写的日记完全是～/그가 쓴 일기는 완전히 기계적으로 나열한 것이다.

【流水作业－수작업】liúshuǐ zuòyè 명일괄 작업. 콘베이어 시스템(conveyer system).

【流苏－소】liúsū 명〈수레·장막·누각의 가장자리에 늘어뜨리는〉 장식술.

【流俗－속】liúsú 명〈貶〉세속. 유행하는 풍습.

【流速－속】liúsù 명〈物〉유속. 단위 시간에 유체가 흘러간 거리. 단위는 m/sec.

【流淌－창】liútǎng 통〈액체가〉 흐르다.

【流体－체】liútǐ 명〈物〉유동체. 액체와 기체의 총칭.

*【流通－통】liútōng 1통유통하다. ◇空气～/공기가 유통하다. 2명〈經〉(상품·화폐 따위의) 유통. (同)〔通畅 chàng〕, (反)〔停滞 tíngzhì〕

【流亡－망】liúwáng 통떠돌다. 망명하다.

【流网－망】liúwǎng 명〈漁〉물고기를 잡는 그물의 일종.

【流徙－사】liúxǐ 통〈文〉정처없이 떠돌아다니다. 유랑하다. (反)〔安居 ānjū〕

【流线型－선형】liúxiànxíng 명형유선형(의).

【流向－향】liúxiàng 명1물이 흘러가는 방향. 2인원. 화물 등의 흐름. ◇掌握火车乘客的～/기차 승객의 흐름을 파악한다.

【流泻－사】liúxiè 통〈액체·빛·감정 따위가〉 쏟아져 나오다.

【流星－성】liúxīng 명1〈天〉유성. 2고대 무기의 일종으로 쇠사슬 양 끝에 쇠망치를 단 것. 3긴 줄 두 끝에 물그릇 또는 불뭉치를 달아서 돌리는 서커스의 묘기.

【流星雨－성우】liúxīngyǔ 명〈天〉유성우.

【流刑－형】liúxíng 명〈法〉유형.

**【流行－행】liúxíng 명유행(하다). 성행(하다). ◇这种发型很～/이런 머리형은 굉장히 유행한다. ◇～性感冒/유행성 감기. (反)〔不 bù 行〕

【流行病－행병】liúxíngbìng 명1〈醫〉유행성 전염병. 2유행성 사회적 병폐.

【流血－혈】liúxuè 명유혈. 피를 흘려 희생하는 일.

【流言－언】liúyán 명유언비어. 근거 없는 소문.

**【流域－역】liúyù 명유역. ◇黄河～/황하 유역.

【流质－질】liúzhì 명유동식.

【流转－전】liúzhuǎn 통1늘 이곳 저곳으로 떠돌다. 2명통(상품이나 자금을) 유통(하다). 회전(하다). 3형(시문·소리 등이) 매끄럽고 자연스럽다.

【琉(瑠)】 王部│liú　7画　유리돌 류

【琉璃－리】liú·lí 명유리.

【琉璃球－리구】liú·liqiú (～儿)명1유리 구슬. 2〈喩〉영롱하고 투명한 물체. 3〈喩〉총명하고 재치있는 사람. 4인색한 사람.

【琉璃瓦－리와】liú·liwǎ 명〈建〉유리 유약을 발라서 구운 고급오지 기와. 〔청기와와 황금색 기와가 있으며 궁전이나 사원 따위의 건축에 쓰임〕

【硫】 石部│liú　7画　유황 류

명〈化〉유황(S). 화학 원소의 하나.

【硫化－화】liúhuà 명〈化〉가황(加黄). 황

화(黃化).

【硫化橡胶-화상교】liúhuà xiàngjiāo 图
〈化〉가황(加黃)고무.

【硫黃-황】liúhuáng〔同〕〔硫磺 huáng〕

【硫磺-황】liúhuáng 图〈化〉유황.

*【硫酸-산】liúsuān 图〈化〉유산. 황산.

★【留】田部 liú
5画 머무를 류

1图머물다. 묵다. 남다. ◇会后你～一下/
회의 후 당신은 좀 남으세요. ◇你～在原
地/원래 있던 곳에 계세요. 2图머물게
하다. 만류하다. 묵게 하다. ◇挽～/만류
하다. ◇～客人吃饭/손님이 식사하도록
머물게 하다. 3图유학하다. ◇～英/영국
에서 유학하다. ◇自费～日的学生不少/
일본 자비유학생은 많다. 4图주의하다.
유의하다. 5图보존하다. (…을) 남겨 두
다. ◇把钱一下来以后用/돈은 남겨서 나
중에 쓰자. 6图받다. 접수하다. ◇教师想
给我三本书, 我只～了一本/선생님은 나
에게 책 3권을 주려 했으나 난 1권만 받
았다. 7图(…에) 남기다. 물려주다. ◇把
孩子～在家里了/아이를 집에 남겨두었다.
8(Liú)图성(姓).

【留班-반】liú//bān 图유급하다. (同)〔留
级 jí〕

【留别-별】liúbié 图〈文〉이별할 때 친구에
게 선물이나 시·사(詩·詞)를 지어 주다.

【留步-보】liúbù〈套〉(전송)나오지 마십
시오. 〔주인이 손님을 전송할 때, 손님이
주인에게 전송을 만류하는 말〕

【留传-전】liúchuán 图후세에 물려주다.

【留存-존】liúcún 图1보존하다. 남겨두다.
2남아있다. ◇那庙一直～到今天/그 사찰
은 오늘까지 계속 남아 있었다.

【留待-대】liúdài 图〈文〉뒤로 미루다.

【留得青山在, 不怕没柴烧-득청산재, 불파
몰시소】liúde qīngshān zài, bù pà méi
chái shāo〈喩〉사람을 남겨두거나 실력
을 보존하기만 하면 언제든지 재기하거
나 성공할 수 있다.

【留地步-지보】liú dì·bu 여지를 남기다.
여유를 두다. (同)〔留余 yú 地〕

【留都-도】liúdū 图옛 수도. 천도 이전의
수도.

【留后路-후로】liú hòulù (～儿)(만일의
경우를 대비하여) 퇴로를 마련해 두다.

【留后手-후수】liú hòushǒu (～儿)(同)
〔留后路 lù〕

【留级-급】liú//jí 图유급하다〔시키다〕.
(反)〔升 shēng 级〕

【留连-련】liúlián (同)〔流 liú 连〕

*【留恋-련】liúliàn 图아쉬워 떠나지 못하
다. 그리워하다. ◇～故土/고향을 차마

떠나지 못하다.

【留门-문】liú//mén 图(밤에 돌아오는 사
람을 위해) 문을 잠그지 않고 두다.

【留面子-면자】liú miàn·zi 체면을 봐주다.

【留难-난】liúnàn 图트집을 잡다. 시비를
걸다. (同)〔刁 diāo 难〕, (反)〔通融 tō-
ngróng〕

★【留念-념】liú//niàn 图(이별할 때 선물
을 주어) 기념으로 남겨 두다〔삼다〕. ◇
离首坞尔时送他一支钢笔～/서울을 떠날
때 기념으로 만년필을 선물했다.

【留鸟-조】liúniǎo 图〈鸟〉텃새.

【留情-정】liú//qíng 图(안면을 보아) 용
서하다. 봐주다. (反)〔无 wú 情〕

【留任-임】liúrèn 图유임하다. 연임하다.

*【留神-신】liú//shén 图주의하다. 조심하
다. ◇～, 汽车来了!/조심해, 자동차가
온다! ◇留点儿神, 可别上当/속지 않도
록 좀 조심하다.

【留声机-성기】liúshēngjī 图축음기.

【留守-수】liúshǒu 图1〈文〉옛날, 황제가
지방을 순행(巡幸)할 때 대신으로 하여
금 수도를 지키게 하던 일. 2부대·기관·
단체 따위가 머무르던 지역을 떠날 때,
소수의 인원을 남겨서 지키게 하다.

【留宿-숙】liúsù 图1(손님을) 만류하여 묵
게 하다. 2유숙하다.

【留题-제】liú//tí 1图(참관하거나 유람한
곳에 자신의) 의견이나 감상을 써 남기
다. 2图〈文〉명승고적을 유람하며 쓴 시.

【留下-하】liú·xià 图1〔붙잡아〕 묵
게 하다. ◇回家的路虽然不远, 奶奶还是
把孩子～住了/집에 가는 길은 멀지는 않
지만 할머니는 애를 붙잡아두어 묵게 했
다. 2남겨 두다. 남다. ◇这点礼物不成敬
意, 请你千万～/이 선물은 성의 표시에
불과하지만 부디 받아두시기 바랍니다.

*【留心-심】liú//xīn 图주의하다. 조심하다.
◇他开车非常～/그는 차를 몹시 조심해
서 운전한다. (同)〔留神 shén〕, (反)〔大
意 dàyi〕

*【留学-학】liú//xué 1图유학하다. ◇他在
中国～已经三年了/그는 중국에서 유학한
지 벌써 3년이다. 2(liúxué)图유학.

★【留学生-학생】liúxuéshēng 图유학생.

【留言-언】liúyán 图(어떤 장소를 떠날
때) 남긴 메모. 전해 둔 말.

【留洋-양】liú yáng 图(외국으로) 유학하다.

【留一手-일수】liú yīshǒu (～儿)가장 중요
한 비법만은 가르쳐 주지 않고 남겨 놓다.

*【留意-의】liú//yì 图주의하다. 조심하다.
◇这是个细活, 稍不～就会出错/이것은 섬
세한 작업이라 조금이라도 조심하지 않
으면 실수를 범하게 된다.

【留影－영】liú// yǐng 1〔동〕기념 촬영하다. 2 (liúyǐng)〔명〕기념 촬영 사진.

【留用－용】liúyòng 〔동〕1계속해서 임용하다. 2남겨서〔남겨 놓았다가〕사용하다.

【留有余地－유여지】liú yǒu yú dì〈成〉여지를 남겨두다. ◇说话得 děi～/말할 때는 여지를 남겨두어야 한다.

【留余地－여지】liú yúdì（同）〔留地步 bù〕

【留针－침】liúzhēn〈中醫〉1〔침술에서〕침을 찌른 채로 놓아 두어 치료의 효과를 높이는 것. 2(liú// zhēn)〔동〕침을 찌른 채로 놓아 두다.

【留驻－주】liúzhù〔동〕주둔하다.

【遛】辶部 liú
10画 머무를 류
〔동〕잠시 체류하다. 머물다. (同)〔逗 dòu 留〕⇒liù

【馏・餾】饣部 liú
10画 뜸들 류
〔동〕증류하다. ⇒liù

【馏分－분】liúfèn〔명〕〈化〉유분(溜分).

【榴】木部 liú
10画 석류 류
〔명〕〈植〉석류.

【榴弹－탄】liúdàn〔명〕〈軍〉유탄.

【榴弹炮－탄포】liúdànpào〔명〕〈軍〉유탄포.

【榴火－화】liúhuǒ〔명〕〈文〉석류꽃이 불타는 듯한 빨간 빛깔.

【榴霰弹－산탄】liúxiàndàn〔명〕〈軍〉유산탄.

【瘤】疒部 liú
10画 혹 류
〔명〕〈醫〉혹. 종양. 종기. ◇毒～/독창(毒瘡)〕

【瘤胃－위】liúwèi〔명〕〈動〉유위. 혹위.〔반추 동물의 위의 제1실(室)〕

【瘤子－자】liú·zi〔명〕종양. 혹. 종기.

【镏・鎦】钅部 liú
10画 도금할 류
⇒liù

【镏金－금】liújīn〔명〕〔동〕금도금(하다).

【鹠・鶹】鸟部 liú
10画 꾀꼬리 류
（同）〔鸺 xiū 鹠〕

liǔ

【柳】木部 liǔ
5画 버들 류
〔명〕1〈植〉버드나무. 2〈天〉이십팔수(二十八宿)의 하나. 3(Liǔ) 성(姓).

【柳暗花明－암화명】liǔ'àn huāmíng 버드나무 그늘과 활짝 핀 꽃들이 있는 아름다운 풍경.〈喩〉어려움 속에서 희망의 서광이 보이다.（反）〔山穷水尽 shān qióng shuǐ jìn〕

【柳罐－관】liǔ·guàn〔명〕버들개지를 걸어 만든 두레박.

【柳眉－미】liǔméi〔명〕가늘고 긴 눈썹.

【柳琴－금】liǔqín〔명〕〈音〉악기 이름.〔4줄의 현(弦)이 있으며 외형은 비파(琵琶)와 비슷하나 크기는 다소 작음〕

**【柳树－수】liǔshù〔명〕버드나무.

【柳丝－사】liǔsī〔명〕실같이 축축 늘어진 버들개지.

【柳体－체】Liǔtǐ〔명〕유체.〔당대(唐代) 유공권(柳公權;778～865)이 쓴 서체(書體), 또는 그 서법(書法)〕

【柳条－조】liǔtiáo〔명〕(～儿)버드나무의 가지.〔특히 광주리를 짜는 고리버들을 가리킴〕

【柳条帽－조모】liǔtiáomào〔명〕버드나무 가지로 만든 안전모.

【柳絮－서】liǔxù〔명〕버들 가지. 유서(柳絮).

【柳腰－요】liǔyāo〔명〕〈喩〉날씬한 허리.

【柳枝－지】liǔzhī〔명〕(～儿)버드나무 가지.

【绺・綹】纟部 liǔ
8画 실스무오리 류
1(～儿)〔양〕토리. 묶음. 타래. 가락.〔실뭉치・머리카락・수염 등을 세는 말〕◇一～丝线/실 한 타래. 2〔동〕소매치기하다. ◇路上不小心, 钱包让人～去了/길에서 부주의해서 지갑을 소매치기 당했다.

【绺窃－절】liǔqiè〔동〕소매치기하다.

liù

★【六】亠部 八部 liù
2画 2画 여섯 륙
1〔수〕6. 여섯. 2〈音〉중국의 음계 부호의 하나.〔음계의 다섯째 소리로 '솔'에 해당함〕

【六部－부】liùbù〔명〕육부. 옛날, 중앙 행정 관청의 吏, 戶, 禮, 兵, 刑, 工 등 각 부.

【六朝－조】Liù Cháo〔명〕〈史〉1육조. 오(吳)・동진(東晉)・송(宋)・제(齊)・양(梁)・진(陳). 2육조 시대(六朝時代).

【六畜－축】liùchù〔명〕여섯가지 가축.〔말・소・양・닭・개・돼지〕

【六腑－부】liùfǔ〔명〕〈中醫〉육부.〔담(膽)・위・대장・소장・삼초(三焦)・방광〕

【六根－근】liùgēn〔명〕〈佛〉불교에서 죄악의 근원으로 보는 눈・귀・코・혀・몸・의(意).

【六合－합】liùhé〔명〕1육방.〔동・서・남・북・상・하의 여섯 방위〕2〈喩〉천하. 우주.

【六甲－갑】liùjiǎ〔명〕1육십갑자(六十甲子). 2오행 방술(五行方術). 3〈俗〉임신.

【六路－로】liùlù〔위〕위・아래・전・후・좌・우. 주위. 각 방면.

【六轮－륜】liùlún〔명〕6연발 권총. 육혈포.

【六亲－친】liùqīn〔명〕육친. 육척(六戚). 1부(父)・모(母)・형(兄)・제(弟)・처(妻)・

자(子). 2친척.

【六亲不认-친불인】 liùqīn bù rèn 〔형〕친척도 나 몰라라 하고 지내다. 비인간적이다.

【六神-신】 liùshén 〔명〕도교(道教)에서 말하는 염통·허파·간장·콩팥·지라·쓸개의 여섯 장기를 관장한다는 신.

【六神无主-신무주】 liù shén wú zhǔ 〈成〉(놀라서) 어찌할 바를 모르다. 넋이 나가다. (同)〔六神不 bù 安 ān〕, (反)〔镇定自若 zhèn dìng zì ruò〕

【六书-서】 liùshū 〔명〕육서. 〔지사(指事)·상형(象形)·형성(形聲)·회의(會意)·전주(轉注)·가차(假借) 등 한자의 6가지 구성 이론〕

【六弦琴-현금】 liùxiánqín (同)〔吉他 jítā〕

【六一儿童节-일아동절】 Liù- Yī Ertóng Jié 〔명〕국제 아동절.

【六艺-예】 liùyì 〔명〕1육예. 예(禮)·악(樂)·사(射)·어(御)·서(書)·수(數). 2육경(六經). 시(詩), 서(書), 예(禮), 악(樂), 역(易), 춘추(春秋) 등 유가 경전.

【六欲-욕】 liùyù 〔명〕1〈佛〉육욕. 2인간의 여러가지 욕망.

【六指儿-지아】 liùzhǐr 〔명〕1여섯손가락 또는 여섯발가락. 2육손이. 육발이.

＊【陆·陸】 ⟨5画⟩ 뭍 liù 륙
㊀'六liù'의 갖은자. ⇒lù

【溜(³,⁴霤)】 氵部 liù ⟨10画⟩ 떨어질 류
1〔명〕빠른 물살. ◇河里~很大/강의 물살이 매우 세차다. 2〔형〕〈方〉빠르다. 민첩하다. ◇走得很~/빠르게 걷다. 3(~儿)〔명〕낙숫물. ◇檐~/낙숫물. 4〔명〕물받이. ◇水~/물받이. 5(~儿)〔양〕줄. 행렬. ◇一~松树/한 줄로 늘어선 소나무. 6(~儿)〔명〕부근. 근처. ◇这~的果木树很多/이 부근은 과일 나무가 매우 많다. 7〔동〕〈方〉연습하다. ◇~嗓子/목소리를 연습하다. (同)〔练 liàn〕8〔동〕〈方〉(석회나 시멘트로 틈새를) 발라 메우다. ◇墙砌 qì 好了, 就剩下~缝了/담은 다 쌓았으니 틈새를 바르는 것만 남았다. ⇒liū

【溜儿-아】 liùr 1(同)〔溜 liù 5〕 2(同)〔溜 liù 6〕 3〔명〕일반적 수준.

【溜弯儿-만아】 liù// wānr 〔동〕한 바퀴 산책을 돌다.

【溜子-자】 liù·zi 〔명〕1갱에서 쓰는 통으로 된 운송 도구. 2〈方〉도적떼. 3〈方〉급류. 빠른 물살.

【遛】 辶部 liù ⟨10画⟩ 머무를 류
〔동〕1어슬렁어슬렁 걷다. 이리저리 거닐다. ◇出去~~/나가서 거닐다. 2(가축을) 천천히 걷게 하다. ◇~狗/개를 끌고 다니다. ⇒liú

【遛马-마】 liù// mǎ 〔동〕말을 걷게 하다. 〔피로를 덜게 하거나 병의 호전을 위한 것〕

【遛鸟-조】 liù// niǎo 〔동〕새장을 들고 한적한 곳을 거닐다.

【遛食-식】 liùshí (~儿) 〔명〕〔동〕(소화를 위해) 식후 산책(하다).

【遛早儿-조아】 liù// zǎor 〔동〕아침 산보를 하다.

【馏·餾】 饣部 liù ⟨10画⟩ 뜸들 류
〔동〕다시 데우다. ◇把剩菜~一~再吃/남은 요리를 데운 후에 먹다.⇒liú

【镏·鎦】 钅部 liù ⟨10画⟩ 도금할 류
【镏子-자】 liù·zi 〔명〕〈方〉반지. ◇金~/금반지. ⇒liú

【碌】 石部 liù ⟨8画⟩ 용감할 록
⇒lù
【碌碡-독】 liù·zhóu 〔명〕〈農〉굴레. 돌태. 〔탈곡장을 고르거나 탈곡할 때 쓰는 원주형의 돌로 된 농기구〕

【磟】 石部 liù ⟨11画⟩ 돌태 류
【磟碡-독】 liù·zhou (同)〔碌 liù 碡〕

【鹨·鷚】 鸟部 liù ⟨11画⟩ 종달새 류
〔명〕〈鳥〉종다리.

・lo

【咯】 口部 ・lo ⟨6画⟩ 울 각
㊂'了'·le2'와 용법이 같지만 다소 강한 어감을 주는 조사. ◇当然~/물론이지. ⇒kǎ

lōng

【隆】 阝部 lōng ⟨9画⟩ 성할 륭
→〔黑咕隆咚 hēi·gulōngdōng〕⇒lóng

lóng

☆【龙·龍】 龙部 lóng ⟨5画⟩ 용 룡
〔명〕1〈動〉용. 2〈喻〉천자(天子). ◇~袍 páo/용포. 곤룡포. 3용과 모양이 비슷한 것 또는 용 도안. 4고생물학에서 거대한 파충류. 5(Lóng)성(姓).

【龙船一선】lóngchuán (同)〔龙舟 zhōu〕
【龙灯一등】lóngdēng 图용등. 천이나 종이로 만든 용 모양의 등으로 등 밑에서 막대기로 받쳐 정월 대보름날 등에 여러 사람이 그 막대기를 잡고 춤을 춤.

龙灯舞

【龙洞一동】lóngdòng 图종유동.
【龙飞凤舞一비봉무】lóng fēi fèng wǔ〈成〉1산세(山勢)가 웅장하며 기이하다. 2글씨체가 생동감이 넘치며 활달하다.
【龙宫一궁】lónggōng 图(전설 속의) 용궁.
【龙骨一골】lónggǔ 图1용골 돌기. 조류의 흉골. 2〈中醫〉용골.〔고대 동물의 화석으로, 한방에서 강장제로 쓰임〕3(배의) 용골. 킬(keel).
【龙骨车一골차】lónggǔchē 图〈農〉용골차. 나무로 만든 관개용 수차(水車).
【龙井一정】lóngjǐng 图용정차.〔녹차(綠茶)의 일종으로 절강성(浙江省)·항주(杭州)의 용정에서 생산됨〕
【龙卷风一권풍】lóngjuǎnfēng 图회오리바람.
【龙马精神一마정신】lóngmǎ jīngshén 원기왕성하다. 건전하고 활기찬 정신.
【龙门刨一문포】lóngménbào 图〈機〉평삭반의 일종.
【龙门吊一문조】lóngmén diào 图〈機〉궤도식 이동 기중기. 갠트리. 크레인.
【龙门阵一문진】lóngménzhèn 图〈軍〉옛날, 병사 훈련 진법의 한 가지.
【龙山文化一산문화】Lóng shān wénhuà 图〈考古〉(중국 신석기시대 후기의) 용산문화. (同)〔黑陶 hēitáo 文化〕
【龙生九子一생구자】lóng shēng jiǔ zǐ〈成〉한 부모에게서 태어난 자식이라도 각기 서로 다르다.
【龙潭虎穴一담호혈】lóng tán hǔ xué〈成〉매우 위험한 처지나 상태.
【龙套一투】lóngtào 图중국 전통극에서 시종 또는 병졸이 입는 옷. 또는 그것을 입은 배우.
【龙腾虎跃一등호약】lóng téng hǔ yuè〈成〉활기차고 기력이 왕성하다. (同)〔虎虎有生气 hǔ hǔ yǒu shēng qì〕, (反)〔死气沉沉 sǐ qì chén chén〕
*【龙头一두】lóngtóu 图1수도꼭지. 2〈方〉자

전거의 핸들. 3주도적 역할을 하는 것. ◇~企业/선두 기업. 4〈方〉수령. 두령.
【龙王一왕】Lóngwáng 图용왕.
【龙眼一안】lóngyǎn 图〈植〉용안.
【龙争虎斗一쟁호투】lóng zhēng hǔ dòu〈成〉용과 호랑이가 서로 싸우다. 힘이 비슷한 양쪽의 투쟁이나 시합이 매우 격렬하다.
【龙钟一종】lóngzhōng 图〈文〉노쇠하여 몸놀림이 부자유스럽다.
【龙舟一주】lóngzhōu 图용 모양으로 장식한 배. 단오절에 물에서 경주할 때 씀.

【泷·瀧】氵部 lóng
5画 땅이름 상
图〈方〉급류. 여울.〔주로 지명(地名)에 쓰임〕

【茏·蘢】艹部 lóng
5画 여뀌 롱
【茏葱一총】lóngcōng 图(초목이) 푸르고 무성하다.

【珑·瓏】王部 lóng
5画 옥소리 롱
【珑葱一총】lóngcōng 1图쩽그랑. 쩽쩽.〔금속이나 옥이 부딪치는 소리〕2(同)〔茏葱 lóngcōng〕
【珑玲一령】lónglíng〈文〉1图금속이나 옥이 부딪쳐서 나는 소리. 2图빛나다.

【昽·曨】日部 lóng
5画 먼동틀 롱
→〔朦 méng 昽〕

【胧·朧】月部 lóng
5画 달빛침침할 롱
→〔朦 méng 胧〕

【砻·礱】石部 龙部 lóng
5画 5画 갈 롱
1图맷돌. 2图탈곡하다. 매갈이하다. ◇~了两担稻子/벼 두 짐을 탈곡했다.
【砻糠一강】lóngkāng 图겉겨. 왕겨.

*【聋·聾】龙部 耳部 lóng
6画 5画 귀막힐 롱
图귀 먹다. 귀가 어둡다. ◇耳~眼花/귀가 먹고 눈이 침침하다.
【聋哑一아】lóngyǎ 图농아.
【聋子一자】lóng·zi 图귀머거리.

**【笼·籠】竹部 lóng
5画 채롱 롱
1图바구니. 장. ◇竹~/대바구니. 2图옛날, 죄수를 가두던 형구. ◇囚~/감옥. 3图시루. 찜통. ◇馒头刚上~/만두를 금방 찜통에 넣었다. 4图〈方〉손을 소맷자락 안에 넣다. ⇒lǒng
【笼火一화】lóng//huǒ 图불을 피우다.
【笼屉一체】lóngtì 图시루. 찜통.
【笼头一두】lóng·tou 图(소·말의) 굴레. 재

갈에 걸친 가죽 끈.
【笼子－자】lóng·zi [명]**1**새장. **2**바구니. ⇒lǒng·zi
【笼嘴－취】lóng·zui [명]재갈.
【隆】阝部 9画 | lóng 성할 **륭**
1[형]성대하다. ◇～重/성대하다. **2**[형]번창하다. 융성하다. ◇兴～/번창하다. 흥성하다. (同)〔盛 shèng〕, (反)〔衰 shuāi〕 **3**[형]두텁다. 극진하다. ◇～恩/깊은 은혜. (同)〔盛 shèng〕, (反)〔浅 qiǎn〕 **4**[동]붕긋하게 솟다. (同)〔凸 tū〕, (反)〔塌 tā〕 **5**(Lóng)[명]성(姓). ⇒lōng
【隆冬－동】lóngdōng [명]한 겨울. 엄동. (同)〔深 shēn 冬〕, (反)〔炎夏 yánxià〕
【隆隆－륭】lónglóng [의]꽈르릉. 우르릉. ◇雷声～/천둥이 우르릉 울리다.
【隆起－기】lóngqǐ **1**[동]융기하다. 높이 솟아 오르다. (同)〔凸 tū 起〕, (反)〔凹下 āoxià〕 **2**[명]〈地質〉융기.
【隆情－정】lóngqíng [명]두터운 정.
【隆盛－성】lóngshèng [형]**1**융성하다. 흥성하다. (同)〔鼎 dǐng 盛〕, (反)〔衰落 shuāiluò〕 **2**성대하다.
*【隆重－중】lóngzhòng [형]성대하다. ◇～的典礼/성대한 의식.
【隆准－준】lóngzhǔn [명]〈文〉오뚝한 콧마루.
【窿】穴部 11画 | lóng 하늘 **륭**
[명]〈方〉탄광 갱도.
【癃】疒部 11画 | lóng 파리할 **륭**
1[형]〈文〉허약하여 병이 잦다. **2**(同)〔癃闭 bì〕
【癃闭－폐】lóngbì [명]〈中醫〉방광 결석증.

lǒng

【陇·隴】阝部 5画 | lǒng 언덕이름 **롱**
[명]**1**〈地〉농산(隴山). 〔섬서성(陝西省)과 감숙성(甘肅省)의 경계〕 **2**〈地〉감숙성(甘肅省)의 별칭.
【陇剧－극】lǒngjù [명]〈演〉감숙성(甘肅省)의 지방극.
【垄·壟(壠)】龙部 3画 | lǒng 두둑 **롱**
[명]**1**논밭의 두둑. 이랑. ◇田～/밭 두둑. **2**논〔밭〕 두렁. **3**이랑 비슷한 것. ◇瓦～/기왓골. 기왓 고랑.
⁑【垄断－단】lǒngduàn [동]농단하다. 독점하다. ◇～市场/시장을 독점하다. (同)〔把持 bǎchí〕〔独占 dúzhàn〕
【垄沟－구】lǒnggōu [명]밭고랑.
【垄作－작】lǒngzuò 〈農〉**1**[명]이랑 재배. **2**[동]북을 주다〔돋구다〕. 이랑에 씨를 뿌리다. 이랑 재배를 하다.
⁑【拢·攏】扌部 5画 | lǒng 가질 **롱**
[동]**1**(입을) 다물다. 모으다. 닫다. ◇锅盖坏了, 盖不～了/솥 뚜껑이 망가져서 닫혀지지 않는다. **2**접근하다. 도착하다. ◇快～工地了/곧 작업장에 도착한다. **3**집계하다. 합치다. ◇把所有的书都～在一块/모든 책을 한 곳에 합쳐 놓다. **4**동이다. 묶다. 조이다. ◇木柴用绳子～得很结实, 掉不了/장작을 새끼로 단단히 묶어서 빠지지 않는다. **5**(머리 등을) 빗질하다. 가지런히 매만지다. ◇我来给你～一～头发/내가 네 머리를 좀 빗겨줄게.
【拢岸－안】lǒng∥àn [동](배를) 항구에 대다. 물가에 대다.
【拢共－공】lǒnggòng (同)〔拢总 zǒng〕
【拢音－음】lǒngyīn [형]음향을 잘 전하다. 음향 효과가 좋다.
【拢子－자】lǒng·zi [명]참빗.
【拢总－총】lǒngzǒng **1**[명]합계. 총계. **2**[동]한데 합치다. 합계하다. (同)〔共计 gòngjì〕
【笼·籠】竹部 5画 | lǒng 채롱 **롱**
1[동]덮어 가리다. 덮어 씌우다. ◇整个山村～在烟雨之中/산촌 전체가 안개비 속에 덮여 가려져 있다. **2**[명]상자. ⇒lóng
【笼络－락】lǒngluò [동]수단으로 (사람을) 꼬시다. 구슬리다. (同)〔拉拢 lālǒng〕, (反)〔排挤 páijǐ〕
【笼统－통】lǒngtǒng **1**[부]대체적으로. 막연하게. **2**[형]뚜렷하지 않다. 막연하다. ◇他刚说的话很～/그가 방금 한 말은 매우 막연하다. (同)〔含糊 hán·hu〕, (反)〔具体 jùtǐ〕
⁑【笼罩－조】lǒngzhào [동]**1**뒤덮다. 휩싸이다. (연기·안개 등이) 자욱하다. ◇晨雾～在湖面上/아침 안개가 호수 위에 자욱하다. **2**(심상치 않거나 불쾌한 분위기 혹은 국면 등이) 감돌다. 도사리고 있다. ◇大家争论得很激烈, 会场上～着紧张的气氛/모두들 격렬하게 논쟁하여 회의장에 긴장된 분위기가 감돌고 있다.
【笼子－자】lǒng·zi [명]〈方〉비교적 큰 상자. ⇒lóng·zi

lòng

【弄】王部 3画 | 廾部 4画 | lòng 희롱할 **롱**
[명]〈方〉골목. 작은 거리. ◇里～/뒷골목. 좁은 골목. ⇒nòng
【弄堂－당】lòngtáng [명]〈方〉작은 골목. 뒷

L

골목.

lōu

【摟・摟】 扌部 | lōu
9画 | 긁을 **루**

동1(물건을 자기 앞으로) 긁어 모으다. 끌어 모으다. ◇~柴火/땔감을 긁어 모으다. 2(옷을) 걷어 올리다. ◇~起袖子/소매를 걷어 올리다. 3〈轉〉(재물을) 모으다. 4〈方〉(손가락을) 잡아당기다. ◇~扳机/방아쇠를 당기다. 5〈方〉계산하다. ◇把帐~一~/장부를 계산해 주시오. ⇒lǒu

【摟头一투】lōutóu (旱)〈方〉정면으로. 마주.
【摟头盖脸一두개검】lōu tóu gài liǎn 머리와 얼굴을 정면으로 치다.

【瞜・瞜】 目部 | lōu
9画 | 볼 **루**

동〈方〉보다. 〔격없는 말투〕◇这是你新买的吗? 我~~/이것은 네가 새로 산 것이냐? 내가 한번 볼게.

lóu

【娄・婁】 米部 | 女部 | lóu
3画 | 6画 | 별이름 **루**

1(형)〈方〉(몸이) 허약하다. ◇他动不动就病, 身子骨儿可~啦/그는 툭하면 아픈게 몸이 아주 허약해. 2(형)〈方〉(과일 따위가 너무 익어) 속이 상하다. ◇西瓜~了保换/수박이 상하면 틀림없이 바꿔 드리지요. 3〈天〉이십팔수(二十八宿)의 하나. 4 (Lóu)(명)성(姓).
【娄子一자】lóu·zi(명)난. 분규. 분쟁.

【偻・僂】 亻部 | lóu
9画 | 굽을 **루**

1(同)〔佝 gōu 偻病〕2(同)〔偻㑩〕⇒lǚ
【偻㑩一라】lóu·luó (同)〔嘍 lóu㑩〕

【蒌・蔞】 艹部 | lóu
9画 | 물쑥 **루**

【蒌蒿一호】lóuhāo(명)〈植〉물쑥.
【蒌叶一엽】lóuyè(명)〈植〉나도후추.

【嘍・嘍】 口部 | lóu
9画 | 번거로울 **루**

⇒·lou
【嘍㑩一라】lóu·ló(명)도적의 수하. 악당의 졸개.

★**【楼・樓】** 木部 | lóu
9画 | 다락 **루**

(명)1건물. 빌딩. ◇教室~/강의실 건물. ◇大~/고층건물. 2층. ◇一口气爬上十~/단숨에 10층으로 올라갔다. 3(~儿)망루. ◇城~/성루. 4점포. ◇酒~/주점. 5

(Lóu)성(姓).
【楼板一판】lóubǎn(명)(2층 이상의 건물의 각층의) 마루나 콘크리트바닥.
【楼层一층】lóucéng(명)〈建〉(건물의) 2층 이상의 각 층.
＊＊【楼道一도】lóudào(명)복도. 회랑. 통로. ◇~里不要堆放杂物/통로에 잡동사니를 쌓아두지 마시오.
【楼房一방】lóufáng(명)2층 이상의 건물.
【楼阁一각】lóugé(명)누각.
【楼台一대】lóutái(명)1〈方〉발코니. 2망루(望楼). 고루(高楼).
☆【楼梯一제】lóutī(명)(층집의) 계단. 층계. ◇~一层/1층 계단.

【耧・耬】 耒部 | lóu
9画 | 씨뿌리는그릇 **루**

1(명)바퀴달린 파종 기구. 2(동)파종용 농기구로 씨를 뿌리다.
【耧播一파】lóubō(동)'耧'로 파종하다.
【耧车一차】lóuchē(同)〔耧 1〕

【蝼・螻】 虫部 | lóu
9画 | 땅강아지 **루**

(同)〔蝼蛄 gū〕
【蝼蛄一고】lóugū(명)〈虫〉땅강아지. (同)〔蟪 là 蛄蛄〕
【蝼蚁一의】lóuyǐ(명)1땅강아지와 개미. 2〈喩〉하찮은 것. 힘이 약하거나 지위가 낮은 사람.

【髅・髏】 骨部 | lóu
9画 | 해골 **루**

(同)〔髑 dú 髅〕〔骷 kū 髅〕

lǒu

＊＊**【搂・摟】** 扌部 | lǒu
9画 | 안을 **루**

1(동)껴안다. (가슴에) 품다. ◇妈妈紧紧~着小女儿/어머니는 작은 딸을 꼭 껴안았다. 2(동)아름. ◇两~粗的大树/두 아름이나 되는 큰 나무. ⇒lōu
【搂抱一포】lǒubào(동)두 팔로 껴안다. ◇小姑娘亲热地~着小猫/작은 소녀가 사랑스럽게 새끼고양이를 두 팔로 껴안았다.
【搂住一주】lǒuzhù(동)꼭 껴안다.

【篓・簍】 竹部 | lǒu
9画 | 대상자 **루**

(~儿)(명)바구니. 광주리. ◇竹~/대광주리.
【篓子一자】lǒu·zi(명)대 바구니.

lòu

【陋】 阝部 | lòu
6画 | 추할 **루**

(형)1누추하다. 더럽다. ◇丑~/용모가 추

하다. (同)〔丑 chǒu〕, (反)〔美 měi〕 **2**조잡하다. 볼품이 없다. 초라하다. ◇粗~/조잡하다. **3**(사는 곳이) 비좁다. **4**문명되되 못한. 불합리한. **5**(견문이) 적다. ◇浅~/(견문이) 적다.

【陋规—규】lòuguī 圆(옛부터 내려온) 폐습. 나쁜 습성.

【陋室—실】lòushì 圆누추한 집.

【陋俗—속】lòusú 圆케케묵은 낡은 풍속.

【陋习—습】lòuxí 圆폐습.

☆【漏】氵部 | lòu
11画 | 샐 루

1圖새다. 빠지다. ◇外边雨已经停了, 屋里还在/밖에는 비가 그쳤는데, 방안은 아직도 새고 있어. **2**圖(물체가 구멍이나 틈이 생겨) 새다. ◇锅~了/솥이 샌다. ◇那间房子~雨/저 집은 비가 샌다. **3**圖〈略〉물시계의 약칭. 시간. **4**圖누설하다. ◇不能把这消息~出去/이 소식을 누설해서는 안 된다. **5**圖빠지다. 빠뜨리다. 누락되다. ◇他抄~了三个字/그는 세 글자를 빠뜨리고 베꼈다.

【漏电—전】lòu∥diàn **1**圖누전하다. **2**(lòudiàn)圆누전.

【漏洞—동】lòudòng 圆**1**물이 새는 구멍. 물건이 빠지는 틈새. **2**〈喩〉빈틈. 약점. 실수. 맹점.

【漏兜—두】lòu∥dōu 圖〈方〉비밀이 탄로나다.

【漏斗—두】lòudǒu 圆깔때기.

【漏风—풍】lòu∥fēng 圖**1**바람이 새다. **2**(이가 빠져) 말이 새다. **3**비밀이 새다. 소문이 나다.

【漏光—광】lòu∥guāng 圖빛이 새다.

【漏壶—호】lòuhú 圆물시계.

【漏勺—작】lòusháo 圆구멍 뚫린 국자.〔튀김 따위를 건질 때 쓰임〕

【漏失—실】lòushī 圖누실하다. 새서 없어지다.

＊【漏税—세】lòu∥shuì 圖탈세하다.

【漏脱—탈】lòutuō 圖탈락하다.

【漏网—망】lòu∥wǎng 圖〈喩〉그물에서 빠져 나가다. 법망을 피하다.

【漏泄—설】lòuxiè 圖(비밀을) 누설하다.

【漏夜—야】lòuyè 圆깊은 밤. 야밤중. 심야.

【漏卮—치】lòuzhī 圆〈文〉바닥이 새는 잔.〈喩〉국가의 이익이 외부로 새어 나가는 것. 손실. 낭비.

【漏子—자】lòu·zi 圆**1**깔때기. **2**실책. 과실. 실수.

【瘘·瘻】疒部 | lòu
9画 | 부스럼 루

圆**1**(同)〔瘘管 guǎn〕 **2**〈文〉나력. 연주창. 경부(頸部)임파선 결핵.

【瘘管—관】lòuguǎn 圆**1**〈中醫〉누관. **2**〈生

理〉인공 누관.

【镂·鏤】钅部 | lòu
9画 | 아로새길 루

圖조각하다. 새겨 넣다. ◇雕~/조각하다.

【镂骨铭心—골명심】lòu gǔ míng xīn〈成〉마음속에 새기다. (同)〔铭心刻 kè 骨〕, (反)〔置于脑后 zhì yú nǎo hòu〕

【镂刻—각】lòukè 圖**1**새기다. 조각하다. **2**〈轉〉문장을 다듬다.

【镂空—공】lòukōng 圖〈美〉투조(透雕)하다. 투각(透刻)하다.

☆【露】雨部 | lòu
13画 | 이슬 로

圖드러나다. 나타나다. ◇你的外套太短, 里面的衣服都~出来呢/네 외투가 너무 짧아 안에 있는 옷이 모두 보이잖아. ⇒lù

【露白—백】lòu∥bái 圖(부주의하게) 가지고 있는 금품을 남에게 내비치다.

【露丑—추】lòu∥chǒu 圖망신하다. 창피를 당하다.

【露底—저】lòu∥dǐ 圖내막이 누설되다. ◇昨天的事绝不能~/어제 일은 절대 내막이 누설되어서는 안 돼.

【露富—부】lòu∥fù 圖부자임이 남에게 드러나다.

【露脸—검】lòu∥liǎn 圖**1**체면이 서다. **2**얼굴을 내밀다. (同)〔露面 miàn〕

【露马脚—마각】lòu mǎjiǎo 마각이 드러나다. 정체를 드러내다. ◇他完全露了马脚/그는 완전히 정체를 드러냈다.

＊＊【露面—면】lòu∥miàn (~儿)圖(사회활동을 위해) 얼굴을 내밀다. ◇公开~/공개적으로 모습을 드러내다. ◇他整天没~儿/그는 온종일 모습을 드러내지 않았다.

【露苗—묘】lòu∥miáo (~儿)圖싹이 나오다.

【露怯—겁】lòu∥qiè 圖〈方〉(아는 것이나 교양이 없어) 언행에 실수하다.

【露头—두】lòu∥tóu **1**(~儿)머리를 내밀다〔드러내다〕. **2**〈喩〉나타나다. 출현하다.

【露馅儿—함아】lòu∥xiànr 圖속이 드러나다. 진상이 밝혀지다. (同)〔露馅子 zi〕

【露相—상】lòu∥xiàng (~儿)圖〈方〉진면목〔본색〕을 드러내다. 정체를 드러내다.

【露一手—일수】lòu yī shǒu 솜씨를 보이다.

·lou

＊＊【喽·嗖】口部 | ·lou
9画 | 번거로울 루

쩐**1**동태조사 '了'의 용법과 같음. ◇吃~饭就走/밥만 먹으면 곧방 떠나겠다. **2**용법은 어기조사 '了'와 같으며 주의를 환기시키는 어투를 가짐. ◇水开~/물이

끓어. ⇒lóu

撸 610	噜 610	卢 610	泸 610	垆 610
栌 610	轳 610	胪 610	鸬 610	颅 610
舻 611	鲈 610	庐 610	芦 610	炉 610
芦 611	卤 611	虏 611	掳 611	鲁 611
橹 611	镥 611	六 611	甪 611	陆 611
录 612	绿 612	禄 612	碌 612	鲧 612
鹿 612	漉 612	辘 612	簏 612	麓 612
蓼 612	戮 612	路 613	鹭 613	露 613

lū

【撸·撸】扌部 | lū
12画 | 훑을 로
〈方〉1⟨동⟩훑다. ◇把树枝上的叶子~下来/나뭇잎을 훑어내다. 2⟨동⟩해임시키다. 면직되다. ◇他因犯了错误, 职务也给~了/그는 실수를 저질러 해임 당했다. 3⟨명⟩⟨동⟩훈계(하다). 책망(하다). ◇挨 ái 了一顿~/한차례 책망듣다.
【撸子—자】lū·zi ⟨명⟩〈方〉소형 권총.

【噜·噜】口部 | lū
12画 | 군소리할 로
【噜苏—소】lū·sū ⟨동⟩〈方〉군소리가 많다.

lú

【卢·盧】卜部 | lú
3画 | 검을 로
⟨명⟩성(姓).
【卢比—비】lúbǐ ⟨명⟩⟨양⟩루피(rupee).〔인도·파키스탄·스리랑카 등지의 통화 단위〕
【卢布—포】lúbù ⟨명⟩⟨양⟩루블(rouble).〔소련의 화폐단위〕

【泸·瀘】氵部 | Lú
5画 | 물이름 로
⟨명⟩〈地〉노수(瀘水). 1지금의 금사강(金沙江). 2지금의 노강(怒江).

【垆·壚】土部 | lú
5画 | 검은석 로
⟨명⟩1검은색 흙. 2술집에서 술독을 올려두는 흙으로 된 대(檯). 3⟨喩⟩술집.
【垆坶—모】lúmǔ ⟨명⟩〈地質〉롬(loam).
【垆埴—지】lúzhí ⟨명⟩검은색 점토.

【栌·櫨】木部 | lú
5画 | 거먕옻나무 로
1⟨명⟩〈植〉거먕옻나무. 2(同)〔槲 bó 栌〕

【轳·轤】车部 | lú
5画 | 고패 로
(同)〔辘 lù 轳〕

【胪·臚】月部 | lú
5画 | 앞배 로
〈文〉⟨동⟩진열하다. 늘어놓다.
【胪陈—진】lúchén ⟨동⟩〈牘〉일일이 진술하다.〔공문서 용어〕
【胪列—렬】lúliè ⟨동⟩〈文〉1늘어놓다. 열거하다. 2진열하다.

【鸬·鸕】鸟部 | lú
5画 | 가마우지 로
【鸬鹚—자】lúcí ⟨명⟩〈鳥〉가마우지.

【颅·顱】页部 | lú
5画 | 두개골 로
⟨명⟩1〈生理〉뇌두개. 2정수리.
【颅骨—골】lúgǔ ⟨명⟩〈生理〉뇌두개골.
【颅腔—강】lúqiāng ⟨명⟩〈生理〉두개골강.

【舻·艫】舟部 | lú
5画 | 이물 로
⟨명⟩1〈文〉선두(船頭). 2배.

【鲈·鱸】鱼部 | lú
5画 | 농어 로
⟨명⟩〈魚介〉농어. (同)〔鲈鱼 yú〕

【庐·廬】广部 | lú
4画 | 오두막집 려
⟨명⟩1초라한 집. ◇茅~/초가집. 2(Lú)〈地〉여주(廬州).〔지금의 안휘성(安徽省) 합비(合肥)에 있던 옛 부(府)이름〕 3(Lú)성(姓).
【庐山真面—산진면】Lú shān zhēn miàn 〈成〉여산의 참 모습. ⟨喩⟩사물이나 사람의 진면목.
【庐舍—사】lúshè ⟨명⟩〈文〉초막. 오두막집.

【芦·蘆】艹部 | lú
4画 | 갈대 로
⟨명⟩1〈植〉갈대. 2(Lú)성(姓). ⇒lú
【芦荡—탕】lúdàng ⟨명⟩갈대가 우거진 호수.
【芦花—화】lúhuā ⟨명⟩갈대꽃.
【芦笙—생】lúshēng ⟨명⟩갈대로 만든 생황.〔중국, 묘족(苗族)과 동족(侗族)의 취관악기(吹管樂器)의 일종〕
【芦苇—위】lúwěi ⟨명⟩〈植〉갈대.
【芦席—석】lúxí ⟨명⟩삿자리.

**【炉·爐(鑪)】火部 | lú
4画 | 화로 로
⟨명⟩노. 아궁이·화로·난로·용광로 따위의 총칭. ◇火~/화로.
【炉箅子—비자】lúbì·zi ⟨명⟩1불받이. 2화상(火床).
【炉衬—츤】lúchèn ⟨명⟩용광로 내벽(內壁).
【炉灰—회】lúhuī ⟨명⟩난로 재.
【炉火纯青—화순청】lú huǒ chún qīng 〈成〉연단(煉丹)하는 화로의 불이 완전히 푸른 빛을 띠다. 학문·기술·일 따위의 수준이 최고봉에 이르다. (同)〔完美无缺 wánměi wúquè〕
【炉料—료】lúliào ⟨명⟩용광로에 넣는 광석과 기타 원료를 적절한 비율로 섞은 제련 원료.

【炉龄—령】lúlíng 圐용광로 (내벽의) 수명. 〔보통 용광로 내벽 교체까지의 제련 회수와 시간수로 계산함〕

【炉桥—교】lúqiáo 〈方〉(同)〔炉算子 lúbì·zi〕

【炉台—대】lútái (~儿)圐부뚜막. 가마목.

【炉膛—당】lútáng (~儿)圐화로·용광로·보일러 따위의 불 때는 아궁이.

【炉条—조】lútiáo 圐불판.

【炉灶—조】lúzào 圐부뚜막.

【炉渣—사】lúzhā 圐1광재(鑛滓). 2탄재. 난로재.

【炉子—자】lú·zi 圐아궁이·화로·난로·용광로 따위의 총칭.

lǔ

【芦·蘆】艹部 4画 갈대 로
(同)〔油葫芦 yóu·húlǔ〕⇒lú

【卤·鹵(滷)】卤部 0画 염밭 로
1圐간수. 고염(苦鹽). 2(同)〔卤素 sù〕3동육류 등을 삶아 녹말을 넣어 소금이나 간을 한 소스. 4(~儿)圐진한 국물이나 음료. ◇茶~儿/진한 차.

【卤菜—채】lǔcài 소금 등 간을 한 고기류 반찬. (同)〔卤味 wèi〕

【卤化—화】lǔhuà 圐〈化〉할로겐화(halogen化)

【卤莽—망】lǔmǎng (同)〔鲁 lǔ 莽〕

【卤水—수】lǔshuǐ 圐1간수. 2염분을 포함한 지하수.

【卤素—소】lǔsù 圐〈化〉할로겐(halogen). 할로겐족 원소.

【卤味—미】lǔwèi 圐'五香 wǔxiāng'을 넣은 양념 간장에 넣어 삶은 닭이나 오리 따위.

【卤虾—하】lǔxiā 圐새우를 갈아 죽처럼 만들어 소금을 넣어 만든 식품.

【卤虾油—하유】lǔxiāyóu 圐'卤虾'의 즙.

【卤质—질】lǔzhì 圐(토양에 함유된) 알칼리질[염기질].

【虏·虜】虍部 2画 사로잡을 로
1동사로잡다. 생포하다. 2圐포로. 3圐옛날에 '노예'를 일컫던 말. 4圐〈文〉옛날, 적을 낮추어 부르는 말.

【虏获—획】lǔhuò 동(적을) 사로잡다. (무기를) 노획하다.

【掳·擄】扌部 8画 노략질할 로
동(사람을) 빼앗다. 약탈하다.

【掳掠—략】lǔlüè 동약탈하다. 노략질하다.

【鲁·魯】鱼部 4画 미련할 로

1圐둔하다. 어리석다. ◇愚~/우둔하다. (同)〔笨 bèn〕, (反)〔智 zhì〕2圐거칠다. 덤벼들다. ◇粗~/거칠다. 3(Lǔ)圐노나라. 〔주대(周代)의 나라 이름〕4(Lǔ)圐산동성(山東省)의 이칭. 5(Lǔ)圐성(姓).

【鲁班尺—반척】lǔbānchǐ 圐곱자.

【鲁钝—둔】lǔdùn 圐우둔하다. (同)〔迟钝 chídùn〕, (反)〔机灵 jīlíng〕

【鲁莽—망】lǔmǎng 圐경솔하다. 덤벙대다. (同)〔轻率 qīngshuài〕, (反)〔慎重 shènzhòng〕

【鲁鱼亥豕—어해시】lǔ yú hài shǐ 〈成〉노(鲁)를 어(鱼). 해(亥)를 시(豕)로 쓰다. 비슷한 글자로 잘못 쓰다.

【橹·櫓】木部 12画 배 로
圐1(배의) 노. ◇摇 yáo~/노를 젓다. 2〈文〉큰 방패.

【镥·鑥】钅部 12画 루테튬 로
圐〈化〉루테튬(Lu). 〔화학 원소의 하나〕

lù

【六】亠部 八部 2画 2画 여섯 륙
圐1'六安'지명. 산명. 〔안휘성에 있음〕2'六合'지명. 산명. 〔강소성에 있음〕

【甪】丿部 5画 사람이름 록
圐1'甪直'지명. 〔강소성에 있음〕2'甪堰'지명. 〔절강성에 있음〕

【甪里—리】Lùlǐ 圐1〈地〉강소성(江蘇省) 오현(吳縣)의 서남쪽에 있던 옛 지명. 2복성.

＊【陆·陸】阝部 5画 물뭍 륙
圐1육지. 땅. ◇大~/대륙. (反)〔水 shuǐ〕2(Lù)圐성(姓). ⇒liù

【陆沉—침】lùchén 圐동〈喩〉은거(하다).

【陆稻—도】lùdào 圐밭벼.

＊＊【陆地—지】lùdì 圐육지. (反)〔海洋 hǎiyáng〕

【陆风—풍】lùfēng 圐〈天〉대륙에서 바다로 부는 바람.

【陆架—가】lùjià 圐〈地質〉대륙붕.

＊【陆军—군】lùjūn 圐육군.

【陆离—리】lùlí 圐(색채·무늬·광채 따위가) 현란하게 뒤섞여 아름다운 모양.

【陆路—로】lùlù 圐육로. (同)〔旱 hàn 路〕, (反)〔水 shuǐ 路〕

【陆棚—붕】lùpéng 圐〈地質〉대륙붕.

☆【陆续—속】lùxù 튄단속적으로. 조금씩. ◇快上课了, 同学们都~走进了教室/곧 수업을 하게 되자 급우들이 조금씩 교실로 걸어들어갔다. 비교陆续:按顺序:连续 ①

같은 주체가 동작은 "陆续"를 쓰지 않는
다. ◇参观的人很多, 我(×陆续)按顺序走
进了展览大厅/참관하는 사람이 많아 난
순서대로 전시홀에 들어 갔다. ②동작이
이어져 끊기지 않을 때는 "陆续"을 쓰지
않는다. ◇我(×陆续)连续三天去了图书
馆/난 연이어 3일을 도서관에 갔다.

【陆运-운】 lùyùn 圄육상 운송.

☆【录·錄】 彑部 | lù
            5画 | 적을 록
1圄기록하다. 베끼다. ◇记~/기록(하
다). 2圄녹음 (제작)하다. 3圄적어두다.
〈轉〉채택하다. 선발하다. 4圄사실이나 언
행을 기록한 것. ◇目~/목록. ◇回忆~/
회고록.

【录放-방】 lùfàng 圄녹음·녹화한 것을 방
송하다.

【录供-공】 lùgòng 1圄〈法〉진술서. 2(lù//
gòng)圄사건 관련자의 진술을 기록하다.

*【录取-취】 lùqǔ 圄합격시키다. 채용하다.
뽑다. ◇~了新生三百名/신입생 300명을
합격시켰다. (同)〔招收 zhāoshōu〕

☆【录像-상】 lùxiàng 1圄녹화. ◇~机/
녹화기(video tape recoder). 2(lù// xià
ng)圄녹화하다. 비디오 촬영하다. ◇他
为婚礼录了像/그는 결혼식을 위해 비디
오 촬영을 했다.

【录像片-상편】 lùxiàngpiàn 圄비디오 테
이프.

★【录音-음】 lù// yīn 1圄녹음하다. ◇他的讲
话已经录了音/그의 연설은 이미 녹음되
었다. 圏比较录音:录下 "录音"은 목적어를
취하지 않는다. ◇我(×录音)录下了他的
话/난 그의 말을 녹음했다. 2(lùyīn) 圄
녹음. 취입.

【录音带-음대】 lùyīndài 圄녹음 테이프.

【录音电话-음전화】 lùyīndiànhuà 圄통화
내용을 자동 녹음할 수 있는 전화.

★【录音机-음기】 lùyīnjī 圄녹음기.

【录影-영】 lùyǐng (同)〔录像 xiàng〕

*【录用-용】 lùyòng 圄채용하다. 임용하다.
◇这家公司从几百名应试者中~了五人/이
회사는 몇백 명이나 되는 응시자 중에서
5명을 채용했다. (同)〔收 shōu 录〕

【录制-제】 lùzhì 圄녹음·녹화하여 제작하다.

【绿·綠】 纟部 | lù
            8画 | 초록빛 록
뜻은 '绿 lǜ'와 같으며, '绿林'에 쓰임. ⇒
lǜ

【绿林-림】 lùlín 圄1정부에 반항하는 무리
나 도적떼. 2녹색 산림.

【禄】 礻部 | lù
        8画 | 복 록
圄1〈文〉관리의 봉급. 녹. 녹봉. ◇俸~/

녹봉. 2(Lù)성(姓).

【禄蠹-두】 lùdù 圄〈文〉탐관오리.

【禄位-위】 lùwèi 圄〈文〉봉록과 작위. 봉
급과 벼슬.

【碌】 石部 | lù
        8画 | 용렬할 록
圄1(사람이) 평범하다. ◇庸~/평범하다.
2일이 바쁘다. ◇忙~/바쁘다. ⇒liù

【碌碌-록】 lùlù 圄1보잘것 없는 모양. (同)
〔平庸 píngyōng〕 2분주하여 고생하는
모양.

【鲮·鯥】 鱼部 | lù
            8画 | 우럭 록
圄〈魚介〉우럭.

*【鹿】 鹿部 | lù
        0画 | 사슴 록
圄1〈動〉사슴. 2(Lù) 성(姓).

【鹿角-각】 lùjiǎo 圄1녹각. 사슴뿔. 2(同)
〔鹿砦 zhài〕

【鹿茸-용】 lùróng 圄〈藥〉녹용.

【鹿死谁手-사수수】 lù sǐ shuí shǒu 〈成〉
천하는 누구의 수중에 돌아가겠는가. 승
자는 누구일 것인가. 〔운동 경기에 많이
쓰임〕

【鹿砦-채】 lùzhài 圄녹채. 〔나무 말뚝을 뾰
족하게 깎아서 '十'자 모양으로 엇박아 만
든 군사 방어용 장애물〕 (同)〔鹿寨 zhài〕

【鹿寨-채】 lùzhài (同)〔鹿砦 zhài〕

【漉】 氵部 | lù
        11画 | 거를 록
圄1(액체가) 스미다. 2거르다. ◇~酒/
술을 거르다.

【漉网-망】 lùwǎng 圄〈紙〉제지 그물. 〔펄
프에서 물기를 걸러 제거하는 그물〕

【辘·轆】 车部 | lù
            11画 | 수레소리 록

【辘轳-로】 lù·lú 圄1(두레박용의) 고패. 2
〈機〉도르래.

【辘辘-록】 lù·lù 의딜커덕 딜커덕. 딜컹딜
컹. 〔수레바퀴 소리〕

【簏】 竹部 | lù
        11画 | 상자 록
圄1대나무 상자. ◇书~/대나무로 만든
책상자. 2작은 죽제통.

【簏簌-속】 lùsù 圄〈文〉축 늘어진 모양.

【麓】 鹿部 | lù
        8画 | 산기슭 록
圄〈文〉산기슭. ◇山~/산기슭.

【蓼】 艹部 | liǎo
        11画 | 여뀌 료
圄〈文〉식물(植物)이 크고 높이 자란 모
양. ⇒liǎo

【戮】 戈部 | lù
        11画 | 죽일 륙

1동죽이다. ◇杀～/살육하다. **2**동〈文〉합치다.

【戮力同心一륙동심】lù lì tóng xīn〈成〉힘을 합하고 한마음으로 하다. 일심 동체가 되다.

★【路】足部 6画 길 로 lù

1명길. 도로. ◇上山的～/산을 오르는 길. ◇大～/대로〔큰길〕. ◇这条～是通往飞机场的/이 길은 공항으로 통한다. **2**명노정. 거리. ◇去十三陵～很远, 要坐汽车去/13 능으로 가는 거리가 멀어 차를 타고 가야 한다. **3**(～儿)명방법. 방도. 수단. ◇我实在没～可走了/나는 정말로 더 이상 방법이 없다. **4**명이치. 조리. 논리. ◇思～/생각의 갈피. **5**명지역. ◇各～英雄/여러 지방의 영웅. **6**명(운수 기관 따위의) 노선. ◇坐103～电车可以到王府井/103번 전차를 타면 왕부정에 갈 수 있다. **7**양종류. 부류. ◇这都是物美价廉的大～货, 销售得很快/이것은 모두 물건도 좋고 값도 싼 일상 필수품으로 잘 팔린다. **8**양등급. 품등(品等). 길. ◇头～货/일등품. **9**(Lù)명성(姓).

【路标一표】lùbiāo 명**1**도로 표지. 이정표. **2**〈軍〉행군때 연락을 위해 길가에 남기는 표지.

【路不拾遗一불습유】lù bù shí yí〈成〉길에 떨어진 물건도 줍지 않다. 세상이 태평하고 풍토가 건전하다.

*【路程一정】lùchéng 명노정. 거리. ◇北京到八达岭,～比较远/북경에서 팔달령까지 거리가 비교적 멀다. ◇他走过了一段坎坷的～/그는 험난한 길을 걸어왔다. (同)〔路途 tú〕 [比교程程:路 "道路(길)"을 가리킬 때는 "路程"을 쓰지 않는다. ◇这条路(×路程)是通往颐和园的/이 길은 이화원으로 통한다.

【路倒儿一도아】lùdǎor 동〈方〉길에서 객사하다.

【路道一도】lùdào 명〈方〉**1**방법. **2**〈貶〉하는 짓. 품행. 행동 거지.

【路灯一등】lùdēng 명가로등.

【路堤一제】lùdī 명둑. 저지대에 흙을 올려 쌓아 만든 도로.

【路段一단】lùduàn 명도로의 구간.

【路费一비】lùfèi 명여비. 여행 비용.

【路风一풍】lùfēng 명철도직원의 근무 기강.

【路轨一궤】lùguǐ 명**1**(철도의) 레일. **2**궤도.

**【路过一과】lùguò 동도중에 통과하다. ◇他每次～总要来看望他的老战友/그는 지나갈 때마다 그의 옛 전우를 방문했다.

【路徽一휘】lùhuī 명중국의 철도 부문의 마크(mark). 〔人과 工을 합한 모양으로 되어 있음〕

【路基一기】lùjī 명노반(路盤).

【路祭一제】lùjì 명발인(發靷)할 때, 길에서 지내는 제식(祭式). 노제.

【路劫一겁】lùjié 명노상 강도(하다).

【路警一경】lùjǐng 명철도 경찰.

【路径一경】lùjìng 명**1**길. 도로. 통로. (同)〔道dào路〕**2**방법. 방도. (同)〔门mén路〕

*【路口一구】lùkǒu 명갈림길. 길목. ◇十字～/사거리 입구. ◇丁字～/T자 거리. ◇三岔～/삼거리 입구. ◇把住～/길목을 지키다.

*【路面一면】lùmiàn 명길바닥. 도로면. ◇～平整/길이 평평하게 고르다.

【路牌一패】lùpái 명도로 표지.

【路签一첨】lùqiān 명타블렛(tablet). 단선 철도에서 역장이 기관사에게 주는 통행을 허가하는 표식.

【路人一인】lùrén 명행인. 〈喩〉낯선 사람. 관계없는 사람. (同)〔陌 mò 路〕, (反)〔知己 zhījǐ〕

☆【路上一상】lù·shang 명**1**노상. ◇～停着一辆车/노상에 차 한 대가 서 있다. **2**도중. ◇我在回来的～碰见了他/나는 돌아오는 길에 그를 만났다.

【路数一수】lùshù 명**1**방법. (同)〔途径 tújìng〕**2**계략. **3**내력. (同)〔底细 dǐ·xì〕**4**(무술의) 수(手).

【路条一조】lùtiáo 명〈俗〉(쪽지) 통행증.

【路途一도】lùtú 명**1**도로. 길. **2**여정(旅程). 거리. 길.

☆【路线一선】lùxiàn 명**1**노선. ◇到美国去有两条～/미국에 가는 데는 두 노선이 있다. (同)〔线路〕**2**원칙. 방침. 노선. ◇～斗争/노선 투쟁.

【路障一장】lùzhàng 명도로 장애물. 바리케이트.

【路政一정】lùzhèng 명철도나 도로 관련 행정.

*【路子一자】lù·zi 명방법. 길. ◇寻找 xúnzhǎo 解决问题的～/문제 해결의 길을 모색하다. (同)〔途径 tújìng〕

【鹭・鷺】鸟部 13画 백로 로

명〈鳥〉해오라기. ◇白～/백로.

【鹭鸶一사】lùsī 명〈鳥〉백로.

**【露】雨部 13画 이슬 로

1명이슬. ◇清晨, 树上, 草上都挂满了～珠/새벽에는 나무와 풀에 모두 이슬이 가득 맺혀있다. **2**명시럽이나 주스·과실주 따위. ◇水果～/과일 시럽. **3**동나타나다〔나타내다〕. 드러나다〔드러내다〕. ◇通过

这次比赛，他们也～了头角/이번 시합을 통해서 그들도 두각을 나타냈다. (同)〔显 xiǎn 露〕, (反)〔藏 cáng 露〕 4지붕·천막 등이 덮이지 않다. ◇～天/노천. ◇～营/야영. ⇒lóu

【露布－포】lùbù 图1〈文〉격문. 포고문. (同)〔檄 xí 文〕 2〈文〉봉하지 않은 조서나 상소문. 3〈方〉포스터. 공고. 4〈文〉군대의 승전보.

【露点－점】lùdiǎn 图〈物〉이슬점. 노점.

【露骨－골】lùgǔ 图직설적이다. 노골적이다. (反)〔含蓄 hánxù〕

【露酒－주】lùjiǔ 图과즙·술·꽃향기를 넣어 빚은 술.

【露水－수】lù·shui 1图〈口〉이슬. 2图〈喩〉덧없이 쉬 사라지는.

【露宿－숙】lùsù 图동노숙(하다).

【露台－대】lùtái 图〈方〉1발코니. 2베란다.

【露天－천】lùtiān 图옥외. 야외. 노천.

【露头－두】lùtóu 图〈礦〉노두. 광상(礦床)이 땅 밖으로 드러난 부분.

【露头角－두각】lù tóujiǎo 두각을 나타내다.

【露营－영】lù// yíng 图동캠프(하다).

【露珠－주】lùzhū 图이슬(방울).

lǘ

【驴・驢】 马部｜lǘ
4画｜당나귀 려
图(당)나귀. ◇～的用途很多/당나귀의 용도는 많다.

【驴唇不对马嘴－순불대마취】lǘ chún bù duì mǎ zuǐ 〈成〉동문서답을 하다. 일의 앞뒤가 맞지 않다. 얼토당토 않은 말.

【驴打滚－타곤】lǘdǎgǔn (～儿)1이자에 이자가 붙다. 이자가 새끼를 치다. 2图〈方〉차좁쌀 가루로 만든 경단에 콩가루를 묻힌 식품.

【驴年马月－년마월】lǘnián mǎyuè 간지(干支)에 없는 나귀의 해 말의 달. 〈喩〉모래가 싹틀 때. 손자 환갑 때. ◇你这么拖拖拉拉的，～也办不好/자네가 이처럼 질질 끌다가 모래가 싹틀 때도 해내지 못할 것이다.

【驴皮胶－피교】lǘpíjiāo (同)〔阿ē胶〕

【驴皮影－피영】lǘpíyǐng 图〈方〉〈演〉여리영. 〔나귀 가죽으로 만든 인형으로 연출하는 그림자극의 일종〕

【驴子－자】lǘ·zi 图〈方〉(당)나귀.

【闾・閭】 门部｜lǘ
6画｜마을 려

图1마을〔골목〕어귀. 동구. 이웃. ◇乡xiāng～/마을. 촌락. 시골. 3옛날의 마을 조직 단위의 하나, 1려는 25호(户)로 이루어짐. 4(Lǘ)성(姓).

【闾里－리】lǘlǐ 图〈文〉시골. 향리.

【闾巷－항】lǘxiàng 图〈文〉골목길.

【闾阎－염】lǘyán 图〈文〉1마을 어귀의 문. 2〈轉〉옛날, 평민이 살던 곳. 여염.

【闾左－좌】lǘzuǒ 图〈文〉빈민(가).

【榈・櫚】 木部｜lǘ
9画｜종려 려
(同)〔棕 zōng 榈〕

lǚ

【吕（呂）】 口部｜lǚ
3画｜풍류 려
1(同)〔律 lǜ 吕〕2(Lǚ)성(姓).

【吕剧－극】lǚjù 图〈演〉산동성 지방극의 하나.

【吕宋烟－송연】lǚsòngyān 图씨가(cigar) 담배. (同)〔雪茄 xuějiā〕

【侣（侶）】 亻部｜lǚ
6画｜짝 려
图동료. 짝. 동반자. ◇伴～/반려자.

【侣伴－반】lǚbàn 图동료. 짝. 반려자.

【铝・鋁】 钅部｜lǚ
6画｜알루미늄 려
图〈化〉알루미늄(Al). 금속원소의 하나.

【稆（穭・穭）】 禾部｜lǚ
6画｜날 려
동심지 않은 곡식이 저절로 자라다.

【捋】 扌部｜lǚ
7画｜만질 랄
동(손으로) 쓰다듬다. 다듬다. 훑다. ◇～胡子/수염을 쓰다듬다. ⇒Luō

【旅】 方部｜lǚ
6画｜나그네 려
1동여행하다. 2동곡식이 자생하다. ◇～谷/저절로 나는 곡식. (同)〔稆 lǚ〕3图〈軍〉여단. 4图군대의. ◇军～之事/군대의 일. 5旦〈文〉함께. 공동으로. 같이.

【旅伴－반】lǚbàn 图길동무.

【旅程－정】lǚchéng 图여정. 여로.

【旅次－차】lǚcì 图1〈文〉여행자의 숙소. 2여행 도중.

【旅店－점】lǚdiàn 图여관. 여인숙.

【旅费－비】lǚfèi 图여비. 노자.

【旅馆－관】lǚguǎn 图여관.

【旅进旅退－진여퇴】lǚ jìn lǚ tuì 〈成〉여러 사람과 함께 진퇴를 같이 하다. 남의 장단에 춤추다.

【旅居－거】lǚjū 图동타향에 체류하다.

【旅客－객】lǚkè 图여객. 여행자. ◇这是一位～的东西，请替他保管好/이것은 어떤

여행자 물건이니, 그 사람 대신 잘 보관해주시오.

【旅社－사】lǚshè [명]여관.

【旅舍－사】lǚshè [명]여인숙.

☆【旅途－도】lǚtú [명]여정. 여행 도중. ◇祝你～愉快/즐거운 여행되시기 바랍니다.

★【旅行－행】lǚxíng [명][동]여행(하다). ◇今年夏天我们要去中国～/올해 여름 우리는 중국에 여행갈 것이다. (同)〔旅游 yóu〕 [주의]"旅行"은 자동사이므로 목적어를 취할 수 없음. ◇我要(×旅行)遊览中国/나는 중국을 돌아볼 것이다.

【旅行社－행사】lǚxíngshè [명]여행사.

【旅行支票－행지표】lǚxíng zhīpiào [명]여행자 수표.

⁑【旅游－유】lǚyóu [명][동]유람(하다). 관광(하다). ◇～胜地/관광 명승지. ◇他在中国～了一个星期/그는 중국에서 1주 동안 관광했다. [비교]旅游:游览 "旅游"는 목적어를 갖지 않는다. ◇我(×旅游)游览了一些名胜古迹/난 몇 개의 명승고적지를 관광했다.

*【旅游业－유업】lǚyóuyè [명]관광업. 여행업.

【旅长－장】lǚzhǎng [명]〈軍〉여단장.

【膂】 月部 10画 lǚ 등골뼈 려

[명]〈文〉등골뼈.

【膂力－력】lǚlì [명]체력. 완력. 힘.

【偻·僂】 亻部 9画 lǚ 굽을 루

1[형]〈文〉(신체가) 굽다. 휘다. 구부정하다. ◇伛～/곱추. 2[부]〈文〉신속하게. 즉각. 곧. ◇不能～指/즉시 지적해내지 못하다. ⇒lóu

【屡·屢】 尸部 9画 lǚ 여러 루

[부]여러 번. 누차. ◇～遭打击/여러 차례 타격을 받았다.

*【屡次－차】lǚcì [부]누차. ◇他～打破全国纪录/그는 전국 기록을 여러 차례 갱신했다.

【屡次三番－차삼번】lǚ cì sān fān 〈成〉자주. 누차.

【屡见不鲜－견불선】lǚ jiàn bù xiān 〈成〉자주 봐서 신기할 게 없다. (同)〔数 shù见不鲜〕, (反)〔前所未有 qián suǒ wèi yǒu〕

【屡教不改－교불개】lǚ jiào bù gǎi 〈成〉자주 타일러도 고치지 않다. ◇弟弟老睡懒觉, 跟他说了几次, 还是～/남동생이 늘 늦잠을 자는데 몇 번 얘기했는데도 고치지 않았다.

【屡屡－루】lǚlǚ (同)〔屡次 cì〕

【屡试不爽－식불상】lǚ shì bù shuǎng 〈成〉자주 시험해 봐도 틀림없다.

【缕·縷】 纟部 9画 lǚ 실 루

1[명]실. ◇不绝如～/실같이 끊이지 않다. 2[부]상세하게. 조리가 정연하게. ◇～分～析/하나하나 구별하여 자세히 분석하다. 3[양]오리. 가닥. 〔실이나 연기 같은 가늘고 긴 것을 세는 데 쓰임〕 ◇一～头发/한 가닥의 머리털.

【缕陈－진】lǚchén [동]〈文〉(하급자가 상급자에게) 의견을 진술하다.

【缕缕－루】lǚlǚ [형]끊임없이 계속 이어지는 모양.

【缕述－술】lǚshù [동]상세히 진술하다.

【缕析－석】lǚxī [동]자세히 분석하다.

【褛·褸】 衤部 9画 lǚ 헌누더기 루

(同)〔褴 lán 褛〕

【履】 尸部 12画 lǚ 신 리

1[명]신(발). ◇衣～/옷과 신. 2[명]발걸음. ◇步～/발걸음. 3[동]밟다. 걷다. ◇如～薄冰/〈成〉살얼음을 밟는 것 같다. 아슬아슬하다. 4[동]실행하다. 이행하다. 5(Lǚ)[명]성(姓).

【履带－대】lǚdài [명]〈機〉무한궤도.

【履历－력】lǚlì [명]1이력. 경력. ◇他的～很简单/그의 경력은 간단하다. 2이력서. ◇填一份～/이력서를 한 통 쓰다.

【履任－임】lǚrèn [동]〈文〉부임하다. 취임하다.

【履险如夷－험여이】lǚ xiǎn rú yí 〈成〉위험을 당해서도 태연하다.

*【履行－행】lǚxíng [동]이행하다. 실행하다. ◇～诺言/약속을 실천하다. ◇～合同/계약을 이행하다. (同)〔践约 jiànyuē〕

【履约－약】lǚyuē [명]〈文〉약속을 이행하다.

lǜ

【律】 彳部 6画 lǜ 법 률

1[명]법. 법률. 2[명]법칙. 규칙. ◇规～/법칙. ◇纪～/기율. 기강. 3[명]〈音〉율려(律呂). 〔옛날, 음의 고저(高低)를 결정하는 표준으로 '六律'과 '六呂'가 있으며, 이를 합하여 '十二律'이라 함〕 4[명]율시. 한시(漢詩)체재(體裁)의 일종. ◇五～/오언율시(五言律詩). 5[동]〈文〉제약하다. 규제하다. 단속하다. ◇自～/자율. 6(Lǜ)[명]성(姓).

【律己－기】lǜjǐ [동]자제하다.

【律令－령】lǜlìng [명]법령. 법조항.

【律吕－려】lǜlǚ [명]〈音〉1옛날, 음과 양의 열두 음계. 음률. 2음악. 가락.

*【律师－사】lǜshī [명]변호사. ◇他毕业后想

L

当一名受人欢迎的～/그는 졸업 후 누구나 반기는 변호사가 되려 한다.

【律诗－시】lǜshī 몡〈文〉율시.

【律条－조】lǜtiáo 몡**1**법규. **2**준칙. 기본. ◇做人的～/사람됨의 기본.

【律宗－종】lǜzōng 몡〈佛〉율종. 계율을 중시하는 일파.

【狔】犭部 6画 lǜ 악어 **률**
(同)〔鳢 hū 狔〕

【葎】艹部 9画 lǜ 한삼덩굴 **률**

【葎草－초】lǜcǎo 몡〈植〉한삼 덩굴.

【慮·慮】虍部 4画 lǜ 생각할 **려**
1툉생각하다. 헤아리다. ◇考～/고려하다. **2**몡걱정(하다). 근심(하다). ◇忧～/우려하다. ◇过～/지나치게 걱정하다.

【滤·濾】氵部 10画 lǜ 거를 **려**
툉거르다. 여과하다. ◇过～/거르다. ◇把水～一下再喝/물을 거른 후 마시세요.

【滤波－파】lǜbō 몡〈電〉여파(濾波).

【滤器－기】lǜqì 몡여과기.

【滤色镜－색경】lǜsèjìng 몡〈物〉(사진기의) 칼라 필터.

【滤液－액】lǜyè 몡〈化〉거른 액체.

【滤渣－사】lǜzhā 몡거른후 남은 찌꺼기. 앙금.

【滤纸－지】lǜzhǐ 몡〈化〉여과지.

【锊·鋝】钅部 10画 lǜ 줄 **려**
툉**1**(동·철·뼈 등을) 줄질하다. **2**갈다. (同)〔打磨 dǎ·mó〕

*【率】亠部 玄部 9画 lǜ 율 **률**
몡율. 비율. ◇效～/효율. ◇速～/운동물체가 단위시간내 통과되는 거리. ⇒shuài

★【绿·綠】纟部 8画 lǜ 초록빛 **록**
1몡〈色〉초록색. 풀색. ◇嫩～/(막 돋아난 나뭇잎과 같은) 옅은 녹색. **2**톙푸르다. ◇青山～水/푸른 산과 푸른 물. ⇒lù

【绿茶－차】lǜchá 몡녹차.

【绿灯－등】lǜdēng 몡**1**(교통 신호의) 녹색등. 푸른 신호등. **2**(추상적인) 청신호. (反)〔红 hóng 灯〕

【绿豆－두】lǜdòu 몡〈植〉녹두.

【绿豆糕－두고】lǜdòugāo 몡녹두과자. 〔녹두가루와 흰설탕 따위로 만든 과자〕

【绿豆蝇－두승】lǜdòuyíng 몡〈虫〉청파리. 쉬파리.

【绿肥－비】lǜféi 몡〈農〉풋거름. 녹비.

*【绿化－화】lǜhuà 몡툉녹화(하다). ◇植树

造林,～祖国/나무를 심고 숲을 만들어 조국을 녹화하다.

【绿卡－가】lǜkǎ 몡그린 카드(green card). 〔일부 나라에서 발행하는 외국인 장기 거주 허가증〕

【绿篱－리】lǜlí 몡산울타리. 생울타리.

【绿帽子－모자】lǜmào·zi(同)〔绿头巾 lǜtóujīn〕

【绿内障－내장】lǜnèizhàng 몡〈醫〉녹내장.

【绿色－색】lǜsè 몡녹색. 초록색.

【绿生生－생생】lǜshēngshēng (～的)톙푸릇푸릇하고 싱싱한 모양.

【绿头巾－두건】lǜtóujīn 몡오쟁이 진 남자. 〔원명(元明) 시대에는 기생집 남자는 녹색 두건을 두르게 되어 있었음〕(同)〔绿帽子 lǜ mào·zi〕.

【绿阴－음】lǜyīn 몡녹음. 나무 그늘.

【绿茵－인】lǜyīn 몡푸른 풀밭. ◇～场/잔디축구장.

【绿莹莹－영영】lǜyīngyīng (～的)톙함치르르하고 새파랗다. 새파랗게 윤이 나다.

【绿油油－유유】lǜyōuyōu (～的)톙푸르고 반들반들하다. 푸르고 싱싱하다.

【绿洲－주】lǜzhōu 몡사막의 오아시스. (反)〔沙漠 shāmò〕

【氯(氯)】气部 8画 lǜ 염소 **록**
몡〈化〉염소(Cl).

【氯纶－륜】lǜlún 몡〈化〉염화 비닐 섬유.

【氯气－기】lǜqì 몡염소(가스).

luán

【峦·巒】山部 6画 luán 메 **만**
몡〈文〉(쭉 이어진) 산. ◇峰～/연봉(連峰).

【峦嶂－장】luánzhàng 몡병풍처럼 우뚝선 산들.

【孪·孿】子部 6画 luán 쌍둥이 **련**
몡〈文〉쌍둥이. ◇～子/쌍둥이.

【孪生－생】luánshēng 몡쌍둥이.

【栾·欒】木部 6画 luán 모감주나무 **란**
몡**1**〈植〉모감주나무. **2**(Luán)성(姓).

【挛·攣】手部 6画 luán 오그라질 **련**
툉(손발이) 오그라들다. 옥죄이다. ◇拘～/경련이 나다.

【挛缩－축】luánsuō 툉오그라들다.

【鸾·鸞】鸟部 6画 luán 난새 **란**
몡봉황과 비슷한 전설상에서 나온 새.

【鸾凤－봉】luánfèng 몡〈轉〉부부.

【脔·臠】 肉部｜6画｜luán 저민고기 련
🔾〈文〉잘게 썬 고기.
【脔割―할】luángē 통〈文〉잘게 썰다.

【圞(圝)】 口部｜10画｜둥글 란｜luán
🔾1둥글다. 2통째로의. 전체의.

【鑾·鸞】 金部｜6画｜방울 란｜luán
🔾1방울. 2(제왕의 마차에 다는) 방울.
천자의 수레. 🔾回~/환궁하다.
【鑾驾―가】luánjià 同〔鑾輿 yú〕
【鑾铃―령】luánlíng 🔾〈文〉옛날, 수레에
다는 방울.
【鑾輿―여】luányú 🔾천자의 수레.

luǎn

＊＊【卵】 丿部｜6画｜卩部｜5画｜알 란｜luǎn
🔾1알. 🔾鸟~/새알. (同)〔蛋 dàn〕2〈生
理〉난자. (同)〔卵子 zi〕3(남성의) 고환.
음경.
【卵白―백】luǎnbái 🔾흰자위. (同)〔蛋 dàn
白〕
【卵巢―소】luǎncháo 🔾〈生理〉난소. 알집.
【卵黄―황】luǎnhuáng 🔾노른자위. (同)
〔蛋 dàn 黄〕
【卵块―괴】luǎnkuài 🔾알덩어리. 〔물고기
나 곤충의 알이 산란 후에 뭉친 덩어리.
【卵生―생】luǎnshēng 🔾〈動〉난생.
【卵石―석】luǎnshí 🔾자갈. 조약돌. (同)
〔河 hé 卵石〕
【卵胎生―태생】luǎntāishēng 🔾〈動〉난태생.
【卵细胞―세포】luǎnxìbāo 🔾난세포.
【卵翼―익】luǎnyì 🔾1알을 품어 부화시키
다. 2〈喩〉〈貶〉비호하다.
【卵用鸡―용계】luǎnyòngjī 🔾알 낳는 닭.
〔레그혼 따위〕
【卵子―자】luǎnzǐ 🔾〈生理〉난자. (反)〔精
jīng 子〕
【卵子―자】luǎn·zi 🔾〈俗〉고환(睾丸). (同)
〔睾丸 gāowán〕

luàn

★【乱·亂】 舌部｜1画｜乙部｜6画｜어지러울 란｜luàn
1🔾혼란스럽다. 어지럽다. 어수선하다.
🔾房间里的东西太~了, 该收拾收拾了/방
안이 너무 어지러우니 좀 치워야겠다. 2
🔾전쟁. 반란. 🔾叛~/반란. 3통어지럽히
다. 현혹시키다. 🔾这是一个以假~真的广
告/이것은 거짓말로 진실을 현혹시키는

광고다. 4🔾(심기가) 불편하다. 심란하
다. 🔾他的心里~得一点主意也没有/그는
생각을 조금도 할 수 없을 정도로 심란하
다. (同)〔烦 fán〕, (反)〔安 ān〕5🔾제멋
대로. 함부로. 마구. 🔾路上车多, 不要让
孩子~跑/길에 차가 많으니 애가 마구
뛰어다니지 않도록 해라. 6🔾문란하다.
음란하다. 🔾淫~/음란하다.
【乱兵―병】luànbīng 🔾1반란군. 2패잔병.
(同)〔溃 kuì 兵〕, (反)〔雄 xióng 兵〕
【乱臣―신】luànchén 🔾역신(逆臣). 🔾~
贼子/나라의 정사를 어지럽게 하는 신하
와 아버지의 말을 거역하는 자식.
【乱纷纷―분분】luànfēnfēn (~的)🔾어지
럽게 흐트러지다.
【乱坟岗―분강】luànféngǎng 🔾무덤이 마
구 널려 있는 고개. (同)〔乱葬 zàng 岗子〕
【乱哄哄―홍홍】luànhōnghōng (~的)🔾소
란스럽다. 시끌벅적하다. 와자지껄하다.
(同)〔闹 nào 哄哄〕, (反)〔冷清清 lěngqī-
ngqīng〕
【乱离―리】luànlí 🔾전란으로 뿔뿔이 헤어
지다. (同)〔流 liú 离〕, (反)〔安居 ānjū〕
【乱伦―륜】luànlún 🔾🔾근친 상간(을 하다).
【乱蓬蓬―봉봉】luànpéngpēng (~的)🔾(머
리카락·잡초 따위가) 더부룩이 흐트러지다.
＊【乱七八糟―칠팔조】luàn qī bā zāo〈成〉엉
망진창이다. 난잡하다. 🔾他越想越没主意,
心里~的/그는 생각할수록 방법이 없어
마음속이 혼란스럽다. (同)〔污 wū 七八
糟〕, (反)〔井井有条 jīngjíng yǒu tiáo〕
【乱世―세】luànshì 🔾난세. 어지러운 세
상. (同)〔浊 zhuó 世〕, (反)〔治 zhì 世〕
【乱弹琴―탄금】luàn tánqín 함부로 거문고
를 타다. 〈喩〉엉터리 수작을 하다. 어이
가 없다. 🔾在这紧要的时候, 人都走了, 真
是~/중요한 때에 사람이 다 가버렸으니
정말 어이가 없군. (同)〔胡闹 húnào〕
【乱套―투】luàn// tào 🔾〈方〉〈차례나 질
서 따위가〉 엉망이 되다. 혼란해지다.
(同)〔混 hùn 乱〕
【乱腾―등】luàn·teng 🔾혼란하다. 질서가
문란하다.
【乱腾腾―등등】luàntēngtēng (~的)🔾몹
시 혼란하다. 매우 소란스럽다.
【乱营―영】luànyíng 🔾질서가 어지러워지다.
【乱杂―잡】luànzá 🔾복잡하다. 난잡하다.
(同)〔杂乱〕, (反)〔整齐 zhěngqí〕
【乱葬岗子―장장자】luànzàng gǎng·zi 🔾
관리하지 않는 무덤이 널려 있는 언덕.
【乱糟糟―조조】luànzāozāo (~的)🔾(마
음이나 사물 따위가) 혼란하다. 어지럽
다.
【乱真―진】luànzhēn 🔾(가짜 골동품이나

L

그림을) 진짜처럼 보이게 하다.
【乱子一자】luàn·zi 图1소동. 분쟁. (同)
〔祸事 huòshì〕2고장. 사고. 3재앙. 재난.

lüě

【掠】 扌部
8画 | lüě | 노략질할 **략**

图〈方〉잽싸게 집어들다. ◇晾 liàng 在门
口的衣裳, 不知让谁给～去了/현관에 널어
놓은 옷을 누가 집어갔는지 모르겠다. ⇒lüè

lüè

【掠】 扌部
8画 | lüè | 노략질할 **략**

图1(재물을) 약탈하다. 빼앗다. 노략질하
다. ◇强盗闯入家门, ～走人民币三千多元
/강도가 집으로 뛰어들어와 인민폐 3천
여 원을 빼앗아갔다. (同)〔抢 qiāng〕〔夺
duó〕2(가볍게) 스치다. ◇她用手～了
头发就出门了/그녀는 손으로 머리카락을
쓸어올리고 나서 외출했다. 3(몽둥이나
채찍으로) 때리다. 고문하다.(同)〔打 d-
ǎ〕⇒lüě
∗∗【掠夺一탈】lüèduó 图图약탈(하다). 수탈
(하다). ◇～财物/재물을 약탈하다. ◇
经济～/경제적 약탈. ◇我们没～过别国
的资源/우리는 다른 나라의 자원을 수탈
한 적이 없다. (同)〔掠取 qǔ〕
【掠夺婚一탈혼】lüèduóhūn 图약탈혼.
【掠美一미】lüè//měi 图남의 좋은 명성을
가로채다.
【掠取一취】lüèqǔ 图약탈하다. 탈취하다
【掠影一영】lüèyǐng 图스케이치. 스냅(snap).
(同)〔剪 jiǎn 景〕

☆【略(畧)】 田部
6画 | lüè | 간략할 **략**

1图간단하다. ◇～图/약도. 2图조금. 약
간. 거의반. 〔흔히 '略＋动사/형용사＋一
点儿/一些/一下儿/一会儿/几分' 등의 구
조로 쓰이며, 1음절 동사나 형용사 혹은
동사중첩을 수식한다〕a)정도가 경미함
을 나타냄. ◇妈妈的身体比以前～好一些
了/어머니의 건강은 전보다 좀 좋아졌다.
b)수량이 많지 않음을 나타냄. ◇哥哥比
弟弟～高一点儿/형은 동생보다 조금 키
가 크다. c)시간이 길지 않음을 나타냄.
◇请你在这里～等一下儿, 他马上就来/그
가 곧 올테니 여기에서 좀 기다리세요. 3
图개설이나 요략. ◇史～/사략. ◇要～/
요약. 4图생략하다. ◇由于时间的关系,
王老师把要讲的内容～去了一部分/시간관
계로 왕선생은 강의하려는 내용을 일부

생략했다. 5图계획. 계책. ◇谋～/책략.
◇战～/전략. ◇我们的策～是先稳住敌人,
然后一网打尽/우리의 책략은 우선 적을
안심시키고 나서 일망타진하는 것이다. 6
图(토지를) 빼앗다. ◇侵～/침략하다.
【略称一칭】lüèchēng 图图약칭(하다).
【略略一략】lüèlüè 图대략. 약간. 대강. (同)
〔稍微 shāowēi〕
【略识之无一식지무】lüè shí zhī wú〈成〉글
자를 잘 모르다.
【略图一도】lüètú 图약도.
∗【略微一미】lüèwēi 图조금. 약간. ◇～歇一
会儿/잠시 좀 쉬다.
【略为一위】lüèwéi (同)〔略微〕
【略语一어】lüèyǔ 图약어.

lūn

∗【抡·掄】 扌部
4画 | lūn | 가릴 **륜, 론**

图1(힘껏) 휘두르다. ◇～起铁锤 tiěchuí
打炮眼/해머를 휘둘러 폭약을 장치하는
구멍을 뚫다. 2내던지다. ◇把菜～了一地
/채소를 내던져 바닥에 온통 채소이다.

lún

【伦·倫】 亻部
4画 | lún | 인륜 **륜**

图1인륜(人伦). ◇天～/천륜. 2조리. 순
서. 3동류(同类). 동등(同等). ◇英勇绝
～/용감 무쌍하다. 4(Lún)성(姓).
【伦巴一파】lúnbā 图〈舞〉룸바(ㅅ rumba).
【伦比一비】lúnbǐ 图〈文〉같다. 필적하다.
【伦常一상】lúncháng 图사람이 지켜야 할
'君臣, 父子, 夫妇, 兄弟, 朋友' 등 다섯
가지 도리.
【伦次一차】lúncì 图(말·글의) 조리. 순서.
【伦理一리】lúnlǐ 图윤리.
【伦琴一금】lúnqín 图〈物〉뢴트겐.

【沦·淪】 氵部
4画 | lún | 빠질 **륜**

图1가라앉다. ◇～于海底/바다 속으로 가
라앉았다. 2몰락하다. ◇～为奴隶/노예
로 전락하다.
【沦肌浃髓一기협수】lún jī jiā suǐ〈成〉깊이
영향[감동]을 받다.
【沦落一락】lúnluò 图1떠돌다. 유랑하다. 2
몰락하다. 쇠퇴하다. 3전락하다.
【沦没一몰】lúnmò 图〈文〉1몰락하다. 2(사
람이) 죽다. (同)〔沦殁 mò〕
【沦丧一상】lúnsàng 图없어지다. 소멸하
다. 상실하다.
【沦亡一망】lúnwáng 图1(나라가) 멸망하

다. **2**사라지다.
【沦陷－함】lúnxiàn 暑**1**(영토가) 적의 손에 떨어지다. (同)〔失 shī 陷〕, (反)〔光复 guāngfù〕**2**〈文〉함몰되다. 파묻히다.

【仑·侖】口部 lún
4画 덩어리질 륜
(同)〔囵 hú 囵〕

【纶·綸】纟部 lún
4画 낚싯줄 륜
图**1**청색(青色)실로 된 끈. **2**낚시줄. ◇垂～/낚시질하다. **3**각종 합성섬유. ◇锦～/나일론. ⇒guān

【轮·輪】车部 lún
4画 바퀴 륜
1图(~儿)바퀴. ◇齿～/톱니바퀴. ◇胎/타이어. ◇自行车的前一～坏了, 快去修修吧/자전거 앞바퀴가 망가졌으니 어서 가서 수리하시오. ◇～形모양의 것. ◇从树的年轮～可以推测树的年龄/나무의 나이테로 나무의 나이를 추측할 수 있다. **3**图기선. ◇货～/화물선. ◇渔～/어선. ◇我们乘坐一艘小海～在海上游览/우리는 작은 외항선을 타고 바다에서 유람한다. **4**圆차례가 돌아오다. ◇今天该～到你值班了/오늘은 네가 당직할 차례야. **5**圆해나 달을 세는 양사. ◇东方升起了一～红日/동쪽에서 아침해가 떠올랐다. **6**圓순환되는 사물이나 동작의 쓰임. ◇这次世界杯足球赛, 已进入第二～比赛/이번 월드컵 축구시합은 이미 2회전에 들어갔다.
【轮班－반】lún//bān 圐교대 근무하다. ◇～护理病人/환자를 교대로 간호한다.
【轮埠－부】lúnbù 圀대형 선박이 정박하는 부두.
【轮唱－창】lúnchàng 圐〈音〉윤창. 입내노래.
☆【轮船－선】lúnchuán 圀기선.
【轮次－차】lúncì 圀**1**순번. 차례. 순서. ◇～入内/차례대로 들어간다. **2**차례대로 하다. 교대로 하다.
【轮带－대】lúndài 圀차바퀴.
【轮渡－도】lúndù 圀연락선. 페리(ferry).
【轮番－번】lúnfān 圐차례대로 하다. 교대하여 하다.
【轮辐－복】lúnfú 圀바퀴살.
【轮毂－곡】lúngǔ 圀바퀴통.
【轮换－환】lúnhuàn 圐교대하다. 갈마들다. ◇～休息/교대로 쉰다.
【轮回－회】lúnhuí 圐**1**〈佛〉윤회. **2**圐순환하다. 순회하다.
【轮机－기】lúnjī 圀〈略〉〈機〉**1**터빈. **2**기선의 엔진(기관).
【轮奸－간】lúnjiān 圐圐윤간(하다).
【轮空－공】lúnkōng 圐**1**부전(不戰). 부전승. **2**圐(시합에서) 부전승하다.

【轮廓－곽】lúnkuò 圀**1**윤곽. 가장자리 선. ◇先画个～再画细部/우선 윤곽을 그린 후 세부를 그리다. **2**(일의) 개황. 대강. ◇我只知道个～, 详情并不清楚/나는 단지 일의 대강만 알 뿐 자세한 사정은 잘 모른다. (反)〔详情 xiángqíng〕
**【轮流－류】lúnliú 圐교대로 하다. 번갈아 가며 하다. ◇我们大家～, 好不好?/우리 모두 돌아가면서 하는 것이 어때요?
【轮牧－목】lúnmù 圐〈牧〉한 구역의 초원을 몇 개 지역으로 나누어, 돌아가면서 방목하다.
【轮生－생】lúnshēng 圀圐〈植〉윤생(하다).
【轮胎－태】lúntāi 圀차바퀴.
【轮网－망】lúnwǎng 圀수레바퀴의 테. 림(rim).
【轮系－계】lúnxì 圀〈機〉톱니바퀴열(列). 기어 트레인(gear train).
【轮休－휴】lúnxiū 圐**1**圐〈農〉지력을 회복시키기 위해 땅을 돌려가며 쉬게 하는 일. 휴경(休耕). **2**圐(직원이) 돌아가면서 쉬다.
【轮训－훈】lúnxùn 圐**1**교대로〔번갈아〕훈련하다. **2**교대로 하는 훈련.
【轮养－양】lúnyǎng 圐〈漁〉양어장에 다른 종류의 물고기를 번갈아가며 기르다.
【轮椅－의】lúnyǐ 圀휠 체어(wheel chair).
【轮值－치】lúnzhí 圐**1**교대로 당직을 맡다. **2**圐순번. 차례.
【轮轴－축】lúnzhóu 圀**1**〈物〉윤축. **2**차륜(車輪)의 축. 차축.
【轮转－전】lúnzhuàn 圐**1**윤전하다. (기계를) 회전시키다. (금속·목재 따위를) 선반에 걸다. **2**〈方〉(同)〔轮流 liú〕
**【轮子－자】lún·zi 圀바퀴.
【轮作－작】lúnzuò 圀圐〈農〉윤작(하다).

lùn

**【论·論】讠部 lùn
4画 논할 론
1圐논하다. 논의하다. 토론하다. ◇辩～/변론하다. (同)〔评 píng〕**2**圀사리를 논하는 글이나 말. ◇舆～/여론. ◇社～/사설. **3**圀학설. ◇唯物～/유물론. **4**圐말하다. 언급하다. ◇不能一概而～/일률적으로 말할 수는 없다. (同)〔说 shuō〕**5**圐평가하여 결정하다. ◇按质～价/품질에 따라 가격을 결정한다. **6**圐…에 의하다〔따르다〕. …을 기준으로〔단위로〕하다. ◇买鸡蛋是～斤还是～个儿?/계란을 살 때 근으로 팝니까? 아니면 갯수로 팝니까? (同)〔按 àn〕**7**(Lùn)圀성(姓).
【论辩－변】lùnbiàn 圐변론하다. ◇针锋相

对地进行～/날카롭게 맞서며 변론하다.
【论处－처】lùnchǔ 〔동〕판정하여 처벌하다.
【论敌－적】lùndí 〔명〕논적.
*【论点－점】lùndiǎn 〔명〕논점. ◇这篇文章～鲜明/이 글은 논점이 분명하다.
【论调－조】lùndiào 〔명〕〈貶〉논조. (同)〔说法 shuōfǎ〕
【论断－단】lùnduàn 〔명〕〔동〕논단(하다).
【论据－거】lùnjù 〔명〕〈論〉논거. 1논증에서 진위를 확정할 판단. 2논거. 논설이나 이론의 근거가 되는 것.
【论理－리】lùnlǐ 1〔동〕이치〔도리〕로 따지다. ◇他一定要跟小王～/그는 꼭 왕군을 만나 이치를 따지겠다고 한다. 2〔명〕논리. (同)〔逻辑 luójí〕 3(lùn// lǐ)〔부〕인지상정으로. 상식으로.
【论理学－리학】lùnlǐxué 〔명〕논리학.
【论难－난】lùnnàn 〔동〕논란하다.
*【论述－술】lùnshù 〔명〕〔동〕논술(하다). ◇第一章～数学的基本原理/제1장은 수학의 기본 원리를 논술하고 있다. (同)〔论说 shuō〕
【论说－설】lùnshuō 1〔명〕〔동〕논설(하다). 2〔부〕〔口〕상식으로.
【论坛－단】lùntán 〔명〕논단.
【论题－제】lùntí 〔명〕〈論〉논제. 진위를 가리는 데 증명을 요하는 명제.
☆【论文－문】lùnwén 〔명〕논문. ◇学术～/학술 논문. ◇毕业～/졸업 논문.
【论战－전】lùnzhàn 〔명〕논전. 논쟁. (同)〔论争 zhēng〕
【论争－쟁】lùnzhēng〔명〕논쟁.
*【论证－증】lùnzhèng 1〔명〕〔동〕〈論〉논증(하다). ◇文章～了改革的必要性/글은 개혁의 필요성을 논증했다. 2〔명〕논거. 입론의 근거.
【论著－저】lùnzhù 〔명〕논저.
【论资排辈－자배배】lùn zī pái bèi 〈成〉경력을 따지고 서열을 가리다.
【论罪－죄】lùn// zuì 〔동〕단죄하다. 죄를 판정하다.

luō

【捋】扌部 | luō
7画 | 만질 랄
〔동〕1(소매 따위를) 걸어 올리다. 〔물건의

한 쪽 부분을 잡고 다른 손으로 훑어내리다〕 ◇～起袖子/옷소매를 걸어붙이다. 2훑다. ◇～树叶/나뭇잎을 훑다. ⇒lǚ
【捋虎须－호수】luō hǔxū 호랑이 수염을 잡아당기다. 권세가에게 위험한 행동을 하다.

【啰·囉】口部 | luō
8画 | 소리섞일 라
*【啰嗦－색】luō·suō 1〔형〕〔동〕수다스럽다. 수다 떨다. ◇老太太嘴碎，爱～/할머니는 말이 많아 늘 수다떤다. 2〔형〕(일 따위가) 번거롭다. 귀찮다. ◇事情倒不难做，就是～/일은 단지 성가실 뿐이지 하기는 어렵지 않다. (同)〔罗 luó 嗦〕⇒luó, luo

【落】艹部 | luō
9画 | 떨어질 락
→〔大 dà 大落落：의젓하다〕⇒là, lào, luò

luó

【罗·羅】四部 | luó
3画 | 새그물 라
1〔명〕새 그물. ◇天～地网/〈成〉물샐틈 없는 수사망을 펴다. 2(새를) 그물을 쳐서 잡다. ◇门可～雀 què/찾아 오는 사람도 한적하다. 3초청하다. 물색하다. 모으다. ◇搜～/수집하다. 4〔동〕진열하다. 나열하다. ◇列事实/사실을 늘어놓다. 5〔명〕가는체. ◇绢～/명주실체. 6(가루 따위를) 체로 치다. 체질하다. ◇～面/밀가루를 체로 치다. 7〔명〕올이 가는 직물. ◇～衣/명주옷. 비단옷. 8〔양〕그로스(gross)〔12다스〕. ◇一～铅笔/연필 한 그로스. 9(Luó)〔명〕성(姓).
【罗布－포】luóbù 1〈紡〉사(紗). 명주천. 2〔동〕늘어놓다. 분포되다.
【罗锅－과】luóguō 1(～儿)〔명〕등이 굽다. 2(～儿)〔명〕곱사등이. 꼽추. (同)〔驼背 tuóbèi〕3〔명〕아치형. ◇～桥/아치형 다리.
【罗锅－과】luó·guo 〔동〕(허리가) 굽다.
【罗汉－한】luóhàn 〔명〕〈佛〉나한.
【罗汉病－한병】luóhànbìng 〔명〕〈方〉〈醫〉주혈 흡충병(住血吸蟲病).
【罗汉豆－한두】luóhàndòu 〔명〕〈植〉잠두콩. 누에콩. (同)〔蚕 cán 豆〕
【罗汉果－한과】luóhànguǒ 〔명〕〈植〉1개여주. 2개여주 열매.
【罗经－경】luójīng 〔명〕〈物〉나침반.
【罗掘－굴】luójué 〈成〉그물로 새를 잡고 땅을 파서 쥐를 잡아먹을 정도로 궁핍한 상태. 재물을 샅샅이 뒤지다. (同)〔罗雀 què 掘鼠 shǔ〕
【罗口－구】luókǒu 〔명〕신축성 있는 소맷부리나 양말목.

L

【罗拉—拉】luólā 图1〈機〉롤러. (同)〔滚 gǔn 子〕2〈紡〉롤러카드(roller card). 방직기의 부품.

【罗勒—륵】luólè 图1〈植〉광명자. (同)〔矮 糠 ǎikāng〕2〈機〉롤러. (同)〔滚 guǎn 子〕

*【罗列—렬】luóliè 图1늘어놓다. 배열〔진열〕하다. ◇产品~着/상품이 진열되어 있다. (同)〔分布 fēnbù〕〔陈 chén 列〕2열거하다. ◇~了各种观点/여러 관점을 열거했다. (同)〔列举 jǔ〕

【罗马—마】Luómǎ 图로마(Roma). ◇~字/로마 라틴 문자. ◇~公教/로마교. 천주교. ◇~数字/로마숫자.

【罗曼蒂克—만체극】luómàndìkè 图낭만적 (romantic).

【罗曼司—만사】luómànsī 图로맨스(romance). (同)〔罗曼斯 sī〕

【罗盘—반】luópán 图1나침반. 2풍수가가 사용하는 방향기.

【罗圈—권】luóquān (~儿)图첫 바퀴.

【罗圈腿—권퇴】luóquāntuǐ 图밭장다리. 안으로 휜다리.

【罗网—망】luówǎng 图1새나 물고기를 잡는 그물. 2〈喻〉그물. 올가미. 글레. ◇突破市俗的~/세속의 굴레를 뚫고 나간다. (同)〔圈套 guāntào〕

【罗纹—문】luówén 图1비단결. 얇은 비단의 무늬. 2나뭇결. 3지문.

【罗唣—조】luózào 图〈早白〉소란을 피우다. 떠들썩하다.

【罗织—직】luózhī 图〈文〉모해하다. 무고한 죄를 씌우다.

【罗致—치】luózhì 图(인재를) 찾아 구하다.

【㑩·㑩】亻部 8画 간사성있을 라
→〔倮㑩 lóu·luó〕

【逻·邏】辶部 8画 순행할 라
图순찰하다. ◇巡~/순찰하다.

*【逻辑—집】luó·jí 1图논리. 로직(logic). ◇他在会上讲的那些话, 不合乎~/그가 회의에서 말한 그 말은 논리에 맞지 않는다. 2图법칙. ◇生活的~/생활의 법칙. 3图논리학. 4图논리적이다. ◇不~/비논리적이다. ◇这么小的孩子也学会进行~推理了/이렇게 작은 애도 논리추리를 터득했다.

【逻辑思维—집사유】luó·jísīwéi 图논리사유.
【逻辑学—집학】luó·jíxué 图논리학.(同)〔辨 biàn 学〕

【萝·蘿】艹部 8画 무 라
图1〈植〉덩굴성 식품. ◇藤~/등나무. ◇松~/소나무겨우살이. (同)〔女 nǔ 萝〕2무. 3미나리.

☆【萝卜—복】luó·bo 图〈植〉무. ◇扁 biǎn~/〈方〉순무. 무청(蕪青). ◇~干儿 gānr/무말랭이. ◇~/무를 뽑다.

【萝卜花—복화】luó·bohuā 图〈醫〉각막백반(角膜白斑).
【萝艻—륵】luólè 图〈植〉광명자. (同)〔罗勒 lè〕
【萝藦—마】luómó 图〈植〉박주가리. (同)〔芄兰 wánlán〕

【啰·囉】口部 8画 소리섞일 라
⇒luō,·luo
【啰唣—조】luózào 图〈早白〉시끄럽게 떠들다.

【猡·玀】犭部 8画 오랑캐이름 라
→〔猪 zhū 猡〕

【椤·欏】木部 8画 사라나무 라
→〔桫椤〕

**【锣·鑼】钅部 8画 징 라
图〈音〉징. ◇一面~/징 한 개. ◇铜~/징. ◇敲~打鼓/징을 치고 북을 두드리다. (同)〔金 jīn 锣〕
【锣鼓—고】luógǔ 图1징과 북. 〈喻〉징소리와 북 소리. 2〈轉〉타악기.
【锣鼓喧天—고훤천】luó gǔ xuān tiān 〈成〉1징소리 북소리가 쟁쟁하게 울리다. 2(사람들이 놀거나 일할 때) 기세가 몹시 힘차다. 3많은 사람들이 떠들며 즐기다.

【箩·籮】竹部 8画 광주리 라
图1대나무 광주리. 〔대체로 바닥은 사각형이고 위는 원형임〕2가는 채.
【箩筐—광】luókuāng 图광주리. (同)〔箩头 tou〕〔箩子 zi〕

【㑩见·覼】贝部 5画 자세할 라
【㑩缕—루】luólǚ 图〈文〉자세히 진술하다. ◇非片言所能~/한두 마디로 상세히 설명할 수 없다. (同)〔罗缕 luólǚ〕

【胴·膕】月部 7画 손가락끝 라
图지문(指紋). 〔胴纹 wén〕

【骡·騾(臝)】马部 11画 노새 라
图노새. 당나귀.
*【骡子—자】luó·zi 图〈動〉노새. ◇一匹~/노새 한 마리.

【螺】虫部 11画 소라 라
图1우렁이. 나사조개. 고둥. ◇田~/우렁

이. ◇海~/소라. 골뱅이. (同)〔蠃 luǒ〕 **2** 나선형의 무늬. (나선형의) 지문. (同) 〔胨 luó〕〔螺纹 wén〕

【螺钿—전】luódiàn 圀나전. 자개. (同)〔螺甸 diàn〕

【螺钉—정】luódīng 圀나사. (同)〔螺丝 sī〕〔螺丝钉〕

【螺号—호】luóhào 圀소라나팔.

【螺距—거】luójù 圀〈機〉(나사의) 피치 (pitch). (同)〔螺节 jié〕

【螺母—모】luómǔ 圀〈機〉너트(net). (同) 〔螺丝 sī 母〕〔螺丝帽 mào〕〔螺帽〕

【螺栓—전】luóshuān 圀〈機〉수나사. 볼트 (bolt).

【螺丝—사】luósī〈機〉圀나사. 나사못. (同) 〔螺钉 dīng〕

【螺丝刀—사도】luósīdāo 圀〈機〉드라이버 (driver). (同)〔赶锥 gǎnzhuī〕〔改锥〕

【螺丝钉—사정】luósīdīng (同)〔螺钉〕

【螺丝攻—사공】luósīgōng 圀〈機〉탭(tap). (同)〔螺纹 wén 攻〕

【螺丝扣—사구】luósīkòu 圀〈口〉〈機〉나사산.

【螺丝帽—사모】luósīmào (同)〔螺丝母 mǔ〕

【螺丝母—사모】luósīmǔ 圀〈口〉〈機〉암나 사. 너트(nut).

【螺丝起子—사기자】luósīqǐ·zi 圀드라이버 (driver). (同)〔改锥 gǎizhuī〕

【螺蛳—사】luó·sī 圀〈魚〉우렁이.

【螺纹—문】luówén 圀**1**〈機〉나사산. ◇方~ /사각 나사. 〔나사산이 정방형임〕 ◇梯 形~/사다리꼴 나사. 〔나사산이 사다리 꼴임〕 **2**지문.

【螺旋—선】luóxuán 圀나선. 나사. ◇阳~/ 수나사. 볼트. ◇阴~/암나사. 너트. ◇ ~钉/나사못.

【螺旋桨—선장】luóxuánjiǎng 圀〈機〉(배 의) 스크루. (비행기의) 회전날개. 프로 펠러.

【螺旋体—선체】luóxuántǐ 圀〈微〉스피로헤 타(spirochaeta). 나선상 균.

luǒ

【倮】 亻部 8画 발가벗을 **라**
圏발가벗다. 드러내다. (同)〔裸 luǒ〕

【裸(躶,蠃)】 衤部 8画 벌거벗을 **라**
圏발가벗다. 드러내다. ◇赤 chì~~/적 나라하다. (同)〔倮 luǒ〕

【裸露—로】luǒlù 圏밖으로 드러나다. 노출 하다. ◇~在地面上的煤层/지면에 노출 된 석탄층. (同)〔赤 chì 露〕, (反)〔掩盖 yǎngài〕

【裸麦—맥】luǒmài 圀〈植〉쌀보리. 과맥. (同)〔青稞 kē〕〔元 yuán 麦〕〔稞 kē 麦〕

【裸体—체】luǒtǐ 圀벗은 몸. 나체. ◇~画/ 나체화. ◇~舞 wǔ/나체춤. ◇~电影/포 르노 영화. (同)〔裸身 shēn〕

【裸线—선】luǒxiàn 圀〈電〉나선(裸線). 알줄.

【裸子植物—자식물】luǒzǐ zhíwù 圀〈植〉 겉씨식물. (反)〔被 bèi 子植物〕

【蓏】 艹部 10画 풀열매 **라**
圀〈文〉박과식물의 열매.

【瘰】 疒部 11画 연주창 **라**
【瘰疬—려】luǒlì 圀〈醫〉경부(頸部) 임파선 결핵.

【蠃】 月部 虫部 15画 13画 나나니벌 **라**
→〔蜾 guǒ 蠃〕

luò

【泺·濼】 氵部 5画 물이름 **락**
圀**1**〈地〉낙수(濼水). 산동성(山東省)에 있 는 강 이름. **2**泊 pō와 같이 쓰임.

【跞·躒】 足部 5画 움직일 **력**
→〔卓 zhuō 跞〕

【洛】 氵部 6画 낙수 **락** Luò
圀**1**〈地〉낙하(洛河). 〔섬서성(陝西省)에 있는 강 이름〕 **2**〈地〉낙수(洛水). 〔섬서 성(陝西省) 남부에서 발원하여 하남성 (河南省)으로 흘러 듦. 옛날에는 '雒 luò' 라고도 썼음〕 **3**성(姓).

【洛阳纸贵—양지귀】Luòyáng zhǐ guì〈成〉 책이 잘 팔려 낙양의 종이값이 올라가다. 〔진대(晉代) 좌사(左思)의 삼도부(三都 賦)가 나오자 사람들이 다투어 베끼므로 낙 양의 종이 값이 올랐다는 고사에서 유래〕

【咯】 口部 6画 울 **각**
→〔吡 bǐ 咯〕 ⇒gē, kǎ

【骆·駱】 马部 6画 가리온 **락**
圀**1**(고서(古書)에 나오는) 검은 갈기를 가진 백마(白馬). **2**(Luò) 성(姓).

**【骆驼—타】luò·tuo 圀〈動〉낙타. ◇小蹄 tí ~/걸음 빠른 낙타의 일종.

【骆驼绒—타융】luò·tuoróng 圀**1**낙타털. **2** 낙타 털색의 일반 직물. (同)〔驼绒〕

【络·絡】 纟部 6画 그물 **락**
1圀섬유질이 그물 모양을 이룬 것. ◇丝

瓜~/수세미의 섬유. 2동〈中醫〉인체에서 혈액이나 기(氣)가 운행하는 그물 모양의 통로. ◇经~/경락. 3동(그물 같은 것으로) 덮다. 씌우다. ◇头上~着一个发网/머리에 머리망을 쓰고 있다. 4동휘감다. 얽히다. ◇~丝/실을 감다. 5(同)〔络绎〕6동합성하다. ◇~合/합성하다.

【络腮胡子―사호자】luòsāi hú·zi 명구레나룻.

【络纱―사】luòshā 명얽힌 실.

【络绎―역】luòyì 통〈文〉(사람·말·수레·배 등의) 왕래가 끊이지 않다.

【络绎不绝―역불절】luò yì bù jué 〈成〉(사람·말·수레·배 따위의) 왕래가 끊이지 않다. ◇参观博物馆的人~/박물관을 참관하는 사람들이 끊이지 않았다. (同)〔接连不断 jiēlián bùduàn〕

【珞】 王部 | luò
　　6画 | 구슬목걸이 락
(同)〔珞巴族〕〔赛路珞 sàilùluò〕〔瓔 yīng 珞〕

【珞巴族―파족】Luòbāzú 명로파족. 〔중국 소수민족의 하나로, 서장 자치구(西藏自治區)에 분포함〕

【硌】 石部 | luò
　　6画 | 받칠 각
명〈文〉산에 있는 바위. ⇒gè

【雒】 隹部 | Luò
　　6画 | 갈기흰말 락
명1〈지명〉낙수(洛水). (同)〔洛 luò〕2성(姓).

【烙】 火部 | luò
　　6画 | 지질 락
명고대의 형벌. 〔구리 기둥에 기름을 바르고 아래에 숯불을 피운 후 위를 걷게 하여 타는 불속으로 떨어뜨리는 참혹한 형벌〕(同)〔炮格 gé〕〔炮烙 páoluò〕

☆【落】 ++部 | luò
　　9画 | 떨어질 락
1동(물체가) 떨어지다. (해가) 지다. (값이) 하락하다. ◇~石/돌이 떨어지다. ◇秋风吹来, 树上的叶子不停地~下来/가을 바람이 불어와 나뭇잎이 계속 떨어진다. ◇飞机从天空中~下来/비행기가 공중에서 착륙했다. 2동내리다. 낮추다. ◇把帘子~下来/발을 내리다. 3동쇠퇴하다. 몰락하다. ◇没~/몰락하다. 4동뒤떨어지다. 낙오되다. ◇在学习上, 他不愿~在别人的后面/학습에서 그는 남보다 뒤떨어지는 것을 원치 않는다. 5동멈추다. 머무르다. ◇树枝上~着几只鸟/나뭇가지에 새 몇마리가 앉아 있다. 6동남기다. 7동마을. 부락. ◇村~/촌락 마을. ◇部~/부락. 8동귀속되다. 넘어오다. ◇这项科研任务都~在钱教授一个人身上了/그   과

학연구의 임무는 모두 전교수에게 넘어갔다. 9동얻다. ◇他虽然给别人帮了不少忙, 但他从未~过什么好处/그는 남을 많이 도와줬지만 여지껏 아무런 이득을 보지 못했다. ⇒lào, là, luō

【落榜―방】luò∥bǎng 동낙제하다. (反)〔考取 kǎoqǔ〕

【落笔―필】luòbǐ 동붓을 대어 쓰기 시작하다.

【落膘―표】luò∥biāo 동(짐승·가축 따위가) 여위다. (同)〔掉 diào 膘〕, (反)〔上 shàng 膘〕

【落泊―박】luòbó 〈文〉1동실의에 빠지다. 2동(성격이) 대범하다.

【落槽―조】luò∥cáo 동1하천의 물이 빠져 원래의 수위로 돌아가다. 2가세가 기울다. 3(~儿)〈俗〉(마음이) 가라앉다.

【落草―초】luòcǎo 동1양민이 산적이 되다. 2(~儿)어린애가 태어나다.

【落差―차】luòchā 명1(물의) 낙차. 2차이.

【落潮―조】luò∥cháo 명썰물.

【落尘―진】luòchén 동(신선·선녀가) 인간 세상에 내려오다.

*【落成―성】luòchéng 명동(건축물을) 낙성(하다). 준공(하다). ◇~典礼/낙성식. (同)〔完工 wángōng〕, (反)〔开工 kāigōng〕

【落得―득】luò·de 〈貶〉···를 초래하다. ◇结局~/결과로 말다. (同)〔落到 dào〕

*【落地―지】luò∥dì 동1(물체가) 땅에 떨어지다. ◇春雪一~就溶化了/봄눈이 땅에 떨어지자마자 녹아버렸다. ◇心里一块石头落了地/마음이 가라앉았다. 2막 태어나다. ◇呱呱 gūgū~/응애응애하며 태어나다.

【落地窗―지창】luòdìchuāng 명(아래가 마루바닥에 닿는) 착지 창문.

【落地灯―지등】luòdìdēng 명1착지등(floor stand). 2무대 아래의 조명등.

【落第―제】luò∥dì 동(과거에서) 낙제하다. (同)〔下 xià 第〕, (反)〔考上 shàng〕

【落发―발】luò∥fà 동머리를 깎고 중이 되다. (同)〔削发 xiāo〕, (反)〔还俗 huánsú〕

【落谷―곡】luògǔ 동〈方〉(못자리에) 볍씨를 뿌리다.

【落黑―흑】luòhēi (又讀 làohēi(r)) 동(날이) 저물다. 어둡다.

☆【落后―후】luò∥hòu 1동낙오하다. 뒤떨어지다. (同)〔落伍 wǔ〕, (反)〔领先 lǐng∥xiān〕◇这次竞走比赛他比小王~了一点儿/그는 이번 경주 시합에서 미스왕보다 약간 뒤떨어졌다. ◇不甘~/뒤떨어지기 싫어하다. 2동(일이 계획보다) 늦어지다. 3동낙후되다. (사고가) 진부하다. ◇现在

L

[HSK] 甲(★) 丙(＊＊) 乙(☆) 丁(＊)

中国的工业水平还比较~, 应该努力赶上世界先进水平/현재 중국의 산업수준은 아직까지 낙후되어 있어 노력하여 세계적인 선진수준을 따라잡아야 한다. (反)〔进步 jìnbù〕 ◇他思想很~/그의 사고는 매우 진부하다.

【落户－호】luò∥hù 통1(타향에) 정착하다. (同)〔安家 ānjiā〕, (反)〔流浪 liúlàng〕2호적을 올리다.

【落花流水－화류수】luò huā liú shuǐ 〈成〉1봄이 다 지나다. 2완전히 패하다. (同)〔溃不成军 kuì bù chéng jūn〕(反)〔旗开得胜 qí kāi dé shèng〕

【落花生－화생】luò·huāshēng 명〈植〉낙화생. (同)〔花生〕

【落荒－황】luòhuāng 통황야로 달아나다.

【落脚－각】luò∥jiǎo (~儿)통잠시 머물다.

【落井下石－정하석】luò jǐng xià shí 〈成〉불난 데 부채질하다. (反)〔从井救人 cóng jǐng jiù rén〕

【落空－공】luò∥kōng 통물거품이 되다. 허탕치다. ◇这次他的计划~了/이번에 그의 계획이 허탕쳤다. (反)〔成功 chénggōng〕

【落款－관】luòkuǎn (~儿)통(서화·편지 등에) 낙관을 찍다. 서명하다.

【落雷－뢰】luòléi 1명〈天〉벼락. 2통벼락이 떨어지다. 벼락맞다.

【落落－락】luòluò 형1대범하고 소탈하다. (同)〔荦 luò 荦〕2(다른 사람과) 어울리지 못하다.

【落落大方－락대방】luò luò dà fāng 〈成〉도량이 넓고 대범하다. (同)〔大大落落〕, (反)〔扭 niǔ 扭捏 niē 捏〕

【落马－마】luòmǎ 통낙마하다.

【落墨－묵】luòmò 통글을 쓰기 시작하다. (同)〔落笔 bǐ〕

【落魄－백】luòpò (同)〔落泊 bó〕

【落日－일】luòrì 명〈文〉석양. 지는 해. (同)〔落照 zhào〕(反)〔旭 xù 日〕

【落腮胡子－시호자】luòsāi hú·zi 구레나룻. (同)〔络 luò 腮胡子〕

【落生－생】luòshēng 통〈方〉태어나다. (同)〔降 jiàng 生〕, (反)〔去世 qùshì〕

＊【落实－실】luòshí 1형실행 가능하다. ◇采取~的措施/실행 가능한 조치를 취하다. 2통확정하다. ◇开会时间还没有最后~/개회 시간은 아직 최종적으로 확정하지 못했다. ◇~政策/정책을 확실히 이행한다. 3통〈方〉편안하다. 마음이 놓이다. ◇事情没有把握, 心里总是不~/일에 자신이 없어서, 마음이 도무지 놓이지 않는다.

【落市－시】luò∥shì 통1(과일이나 채소가)

철이 지나다. (同)〔下 xià 市〕, (反)〔上 shàng 市〕2(시장 등이) 파장하다.

【落水－수】luòshuǐ 통1물에 빠지다. 2타락하다.

【落水狗－수구】luòshuǐgǒu 명실각한 악당.

【落水管－수관】luòshuǐguǎn 명(가옥의) 낙수 홈통.

【落汤鸡－탕계】luò tāng jī 물에 빠진 병아리.〔빗물에 젖거나 물에 빠진 사람의 형용〕

【落套－투】luòtào 통(문학 작품이 내용이나 형식면에서) 낡은 틀에서 벗어나지 못하다.

【落体－체】luòtǐ 명〈物〉(중력의 힘으로) 떨어지는 물체.

【落托－탁】luòtuō (同)〔落泊 bó〕

【落拓－척】luòtuò (同)〔落泊 bó〕

【落网－망】luò∥wǎng 통체포되다.

【落伍－오】luò∥wǔ 통1낙오하다. 2(시대에) 뒤떨어지다. (同)〔落后 hòu〕, (反)〔超前 chāoqián〕

【落乡－향】luòxiāng 형〈方〉(도시에서) 꽤 멀다. 외지다.

＊【落选－선】luò∥xuǎn 통낙선하다. ◇他在这次总统选举中~了/그는 이번 대통령선거에서 낙선했다. (反)〔当 dāng 选〕

【落叶树－엽수】luòyèshù 명〈植〉낙엽수.

【落音－음】luò∥yīn (~儿)통(노래가) 끝나다. ◇我的话刚~, 爸爸就进来了/내 말이 끝나자마자 아버지가 곧 들어오셨다.

【落英－영】luòyīng 명〈文〉〈喩〉1지는 꽃. 2처음 피는 꽃.

【落帐－장】luò∥zhàng 통장부에 올리다.

【落照－조】luòzhào 명낙조. 석양. (同)〔夕 xī 照〕, (反)〔曙光 shǔguāng〕

【落座－좌】luò∥zuò 통착석하다.

【荦·犖】 � 牛部 luò
6画 5画 얼룩얼룩할 락
명〈文〉분명하다. 뚜렷하다. ◇卓~/탁월하다. 똑똑하다.

【荦荦－락】luòluò 형(사리가) 분명하다. 뚜렷하다. ◇~大端/주요한 항목. 명확한 요점. (同)〔落 luò 落〕

【漯】 氵部 luò
11画 물이름 루
지명에 쓰이는 글자. ◇~河/하남성(河南省)의 지명.

【摞】 扌部 luò
11画 쌓을 루
1통쌓아놓다. 겹쳐놓다. ◇把箱子~起来/상자를 쌓아 놓다. 2양더미.〔쌓아놓은 물건을 세는 양사〕◇一~碗/한 무더기의 그릇.

·luo

【囉·囉】口部 ·luo
　　　　8画 소리섞일 **라**
㊂문말에 쓰여 확정적인 어조를 나타냄.
◇你放心好～/안심해도 된다. ⇒luō, luó

M

ḿ

【呒・嘸】 口部 ḿ
12画 분명하지 않을 **무**
ⓗ〈方〉없다〔아니다〕. ◇～办法/방법이 없다.
【呒啥―사】ḿ shá 〈方〉아무 것도 없다〔아니다〕. ◇～关系/아무 관계 없다.

【嗯】 口部 ḿ
5画 대답할 **무**
ⓖ응?〔의문을 나타냄〕 ◇～, 什么?/응? 뭐라고? ⇒ń

m̀

【嗯】 口部 m̀
5画 대답할 **무**
ⓖ응. 그래.〔승낙을 나타냄〕 ◇～, 我知道了/응, 알았어. ⇒ń

mā

【妈・媽】 女部 mā
3画 어미 **마**
ⓜ1엄마. 어머니. 2부모와 같은 항렬이나 연상의 기혼 여성에 대한 호칭. ◇姑～/고모. 3옛날, 성(姓) 뒤에 붙여 중년이나 나이든 하녀를 정답게 부르는 말. ◇王～/왕씨 아주머니.
★【妈妈―마】mā·ma ⓜ엄마. 어머니.

【蚂・螞】 虫部 mā
3画 말거머리 **마**
⇒mǎ, mà
【蚂螂―랑】mā·lang ⓜ〈方〉잠자리. (同)〔蜻蜓 qīngtíng〕

【孖】 子部 mā
3画 쌍둥이 **자**
ⓤ〈方〉쌍을 이루다〔짓다〕.
【孖仔―자】māzǎi ⓜ〈方〉쌍둥이.

【抹(²擵)】 扌部 mā
5画 바를 **말**
ⓤ1닦다. 훔치다. ◇～桌子/탁자를 닦다. 2잡아 누르다. 잡아 내리다. ◇把帽子～下来/모자를 푹 눌러쓰다. ⇒mǒ, mò
＊【抹布―포】mābù ⓜ행주. 걸레.
【抹搭―탑】mā·da ⓤ〈方〉(눈까풀을) 내리깔다.
【抹脸―검】mā∥liǎn ⓤ표정이 굳어지다.
【抹澡―조】mā∥zǎo 〈方〉ⓤ젖은 수건으로 몸을 닦다.

＊【麻】 麻部 mā
0画 삼 **마**
【麻麻黑―마흑】mā·mahēi ⓗ〈方〉(해가 지면서) 어둑어둑하다. (反)〔麻麻亮 liàng〕
【麻麻亮―마량】mā·maliàng ⓗ〈方〉(새벽에) 어슴푸레하다. (反)〔黢黢黑 qūqūhēi〕

【摩】 麻部 手部 mā
4画 11画 갈 **마**
【摩挲―사】mā·sā ⓤ문지르다. 매만지다.

má

【吗・嗎】 口部 má
3画 어조사 **마**
ⓓ〈方〉무엇. ◇干～?/무엇을 하는가? ⇒má·ma, ·ma

【麻(¹~³蔴)】 麻部 má
0画 삼 **마**
1ⓜ〈植〉삼. 마 등 식물의 총칭. 2ⓜ〈紡〉인견(人絹)의 다른 이름. 3ⓜ참깨. ◇～油/참기름. (同)〔芝 zhī 麻〕 4ⓗ표면이 거칠다. 까칠까칠하다. 거슬거슬하다. ◇这种纸一面光, 一面～/이런 종이는 한쪽은 매끈매끈하고, 한쪽은 거슬거슬하다. 5ⓗ(얼굴·물건의 거죽이) 얽다. ◇得了天花, 脸就～了/천연두에 걸려 얼굴이 얽었다. 6ⓜ작은 반점이 있다. ◇～蝇/쉬파리. 7ⓤ(저리듯이) 얼얼하다. ◇辣得舌头发～/매워서 혀가 알알하다. 8ⓗ저리다. ◇她坐得太久, 腿都～了/그녀는 너무 오래 앉아 있어서 발이 저렸다. ⇒mā
【麻包―포】mábāo (同)〔麻袋 dài〕
＊【麻痹―비】mábì 1ⓜⓤ마비(되다). ◇他得了～, 下肢不能活动了/그는 마비에 걸려서 하체를 움직일 수 없다. ⓑ교麻痹:麻木 "麻痹"는 일시적으로 저리는 것에는 쓰이지 않는다. ◇我的胳膊压得(×麻痹)麻木了/내 팔이 눌려서 저리다. 2ⓗ방심하게 하다. ◇设法～～他们/그들을 방심하게 하는 방법을 강구해라. 3ⓗ경계심을 늦추다. ◇你开车要时刻小心, 千万不能大意～/너는 운전할 때 늘 조심해야지 절대로 경계심을 늦춰서는 안 된다.
【麻布―포】mábù ⓜ〈紡〉삼베.〔모시결이 고운 삼베는 '夏 xià 布'라고 하여 옷감으로도 쓰인다〕
＊【麻袋―대】mádài ⓜ마대.

【麻刀－도】mádao 몡〈建〉석회와 함께 섞어서 벽을 바르는 데 쓰는 삼 부스러기.

【麻搗－도】mádǎo (同)〔麻刀 dao〕

【麻豆腐－두부】mádòufu 몡〈녹두에서 전분을 빼낸 나머지의〉 찌꺼.

★【麻烦－번】máfan 1혱번거롭다. 귀찮다. ◇你说的那件事很～/당신이 말한 그 일은 매우 번거롭다. (同)〔不便 bùbiàn〕, (反)〔便利 biànlì〕 2혱귀찮게 하다. 성가시게 굴다. 폐를 끼치다. ◇只要自己能做的事, 他从来没～过别人/그는 자기가 할 수 있는 일이라면 여지껏 남을 귀찮게 한 적이 없다.

【麻纺－방】máfǎng 몡마방적(麻紡績).

【麻风－풍】máfēng 몡〈醫〉나병. 문둥병.

【麻花－화】máhuā (～儿)1몡꽈배기. 2동〈方〉옷이 닳아서 해지다.

【麻将－장】májiàng 몡마작.

【麻酱－장】májiàng 몡깨버터. (同)〔芝 zhī 麻酱〕

【麻秸－갈】má·jie 몡껍질 벗긴 삼대.

【麻经－경】májīng 몡가느다란 삼노끈.〔물건을 묶는 데 쓰임〕(同)〔麻绳 shéng〕

【麻雷子－뢰자】máléizi 몡커다란 소리를 내는 폭죽(爆竹)의 일종.

【麻利－리】máli 1혱날래다. 민첩하다. 잽싸다. ◇他手足～/그는 손발이 날렵하다. 2부〈方〉빨리. 신속하게.

【麻脸－검】máliǎn 몡얽은 얼굴.

＊【麻木－목】mámù 1동저리다. ◇他手脚～了/그의 손발이 저리다. 2혱(반응이) 둔하다. 무감각하다. ◇他年龄不大, 思想却近乎～了/그의 나이는 많지 않으나 사고가 거의 돌아가지 않는다. (反)〔关心 guānxīn〕 비교麻木:盲目 일에 대해 정확한 인식을 갖고 있지 않은 경우에는 "麻木"를 쓰지 않는다. ◇老太太(×麻木)盲目相信巫婆可以治好病/노부인은 무당이 병을 고칠 것이라고 맹목적으로 믿고 있다.

【麻木不仁－목불인】mámù bù rén 〈成〉1손발이 마비되어 감각이 없다. 2〈喩〉(세상사에 대해) 무관심하다. (反)〔关怀备至 guānhuái bèizhì〕

＊【麻雀－작】máquè 몡1〈鳥〉참새. ◇～战/각개격파 전투. 2(同)〔麻将 jiàng〕

【麻纱－소】máshā 몡1가느다란 마사(麻絲). 2〈紡〉면사(棉紗)나 아마로 평직(平織)으로 짠 여름 옷감.

【麻石－석】máshí 몡〈礦〉경석(輕石). 속돌.〔건축 또는 도로를 포장할 때 쓰인다〕

【麻酥酥－수수】másūsū (～的)혱가볍게 저리는 모양. 짜릿하다. 저릿저릿하다.

【麻线－선】máxiàn (～儿)몡마사(麻絲).

【麻药－약】máyào (同)〔麻醉剂 zuìjì〕

【麻衣－의】máyī 몡베옷.

【麻油－유】máyóu 몡참기름.

【麻渣－사】mázhā 몡깻묵.

【麻疹－진】mázhěn 몡〈醫〉홍역.

【麻织品－직품】mázhīpǐn 몡마직물.

【麻子－자】má·zi 몡1마마〔곰보〕자국. 2얼굴이 얽은 사람. 곰보.

＊【麻醉－취】mázuì 1몡동〈醫〉마취(하다). 2동〈喩〉의식을 마비시키다. (同)〔毒害 dúhài〕, (反)〔清醒 qīngxǐng〕

【麻醉剂－취제】mázuìjì 몡〈藥〉마취제.

【痲】 扩部 | má
8画 | 저릴 마, 홍역 마

【痲痹－비】mábì (同)〔麻 má 痹〕

【痲风－풍】máfēng 몡〈醫〉문둥병. (同)〔麻 má 风〕

【痲疹－진】mázhěn 몡〈醫〉홍역. (同)〔麻 má 疹〕

【蟆(蟇)】 虫部 | má
10画 | 두꺼비 마
→〔蛤 há 蟆〕

mǎ

★【马·馬】 马部 | mǎ
0画 | 말 마
1몡〈動〉말. 2혱큰. ◇～勺/큰 국자. 3(Mǎ)몡성(姓).

【马鞍－안】mǎ'ān 몡말 안장. (同)〔马鞍子 zi〕

【马鞍子－안자】mǎ'ānzi 몡말 안장.

【马帮－방】mǎbāng 몡마바리 떼. 화물을 수송하는 집단 짐마차.

【马鞭－편】mǎbiān 몡말채찍. (同)〔马鞭子〕

【马弁－변】mǎbiàn 몡군벌 시대의 장교 호위병.

【马表－표】mǎbiǎo 몡스톱 워치. (同)〔停 tíng 表〕〔跑 pǎo 表〕

【马不停蹄－불정제】mǎ bù tíng tí 〈成〉잠시도 멈추지 않고 계속 나아가다. (同)〔勇往直前 yǒng wǎng zhí qián〕, (反)〔裹足不前 guǒ zú bù qián〕

＊【马车－차】mǎchē 몡마차.

【马齿徒增－치도증】mǎ chǐ tú zēng 〈成〉헛되게 나이만 먹고 이룬 것이 없음을 겸손하게 표현한 말. (反)〔大器晚成 dà qì wǎn chéng〕

【马刺－자】mǎcì 몡(승마 구두의) 박차.

【马褡子－탑자】mǎdā·zi 몡말전대. 말의 안장에 다는 주머니(saddle back).

＊【马达－달】mǎdá 몡〈電〉모터(motor).

【马大哈－대하】mǎdàhā 1혱부주의하다. ◇做事可不能～/일을 할 때 덜렁대서는 안

된다. **2**圖일간이 짓을 하는 사람. ‖(同)〔马哈〕

【马刀－도】mǎdāo 圖〈軍〉기병(騎兵)이 휴대하는 긴 칼. (同)〔战 zhàn 刀〕

【马到成功－도성공】mǎ dào chénggōng〈成〉신속하게 승리를 쟁취하다. (同)〔旗开得胜 qí kāi dé shèng〕, (反)〔出师不利 chū shī bù lì〕

【马道－도】mǎdào 圖옛날, 연병장(練兵場)이나 성벽 위의 말을 달릴 수 있게 만든 길.

【马灯－등】mǎdēng 圖마등. 〔비바람을 피할 수 있는 휴대용 석유램프〕

【马镫－등】mǎdēng 圖등자(鐙子). 말등자.

【马店－점】mǎdiàn 圖행상이나 마부용의 숙박시설. (同)〔骡 luó 马店〕

【马队－대】mǎduì 圖**1**화물을 나르는 말의 대열. **2**〈軍〉기병대(騎兵隊).

【马翻人仰－번인앙】mǎ fān rén yǎng 수습할 수 없을 정도로 혼란한 모양.

【马粪纸－분지】mǎfènzhǐ 圖마분지. (同)〔黄 huáng 纸〕

【马蜂窝－봉와】mǎfēngwō 圖〈虫〉말벌집. ◇她这个～谁也惹不起/그 여자가 말벌집과 같아 누구도 건드릴 엄두도 못 내.

【马夫－부】mǎfū 圖마부. 마차군.

【马竿－간】mǎgān (～儿)圖맹인용 지팡이.

【马革裹尸－혁과시】mǎ gé guǒ shī〈成〉말가죽으로 시체를 싸다. 군인이 전쟁터에서 전사하다.

【马褂－괘】mǎguà (～儿)圖마고자.

【马锅头－과두】mǎguōtóu 圖마바리군의 우두머리.

【马哈－하】mǎhā (同)〔马大 dà 哈〕

【马海毛－해모】mǎhǎimáo 圖〈紡〉모헤어(mohair).

【马号－호】mǎhào 圖**1**마구간. **2**기병용의 나팔.

【马赫－혁】mǎhè 圖〈物〉마하(Mach). 초음속 속도의 단위.

【马后炮－후포】mǎhòupào〈喩〉‘象 xiàng 棋’(장기)에서 ‘马’가 뜬 후의 ‘炮’라고 말하다. 뒷북 친다. 사또 떠난 뒤에 나팔 분다.

☆【马虎－호】mǎ·hu 圖소홀하다. 건성건성하다. ◇做题时，～一点就容易出错/문제를 풀 때 건성으로 하면 틀리기 쉽다. (同)〔含糊 hán·hu〕, (反)〔认真 rènzhēn〕

【马糊－호】mǎ·hu (同)〔马虎 hǔ〕

【马甲－갑】mǎjiǎ 圖〈方〉조끼. 말에 입히는 갑옷.

【马架－가】mǎjià 圖**1**〈方〉움막. 초막. **2**〈方〉(삼각형의) 지게.

【马脚－각】mǎjiǎo 圖마각. 말의 다리.

〈喩〉허술한 점.

【马厩－구】mǎjiù 圖마구간.

【马驹子－구자】mǎjū·zi 圖〈口〉망아지. 새끼말.

☆【马克－극】mǎkè 圖마르크(독Mark). 독일의 화폐단위.

【马克思列宁主义－극사렬녕주의】Mǎkèsī Lièníng zhǔyì 圖마르크스 레닌주의.

【马口铁－구철】mǎkǒutiě 圖함석. 생철.

【马裤－고】mǎkù 圖승마용 바지.

【马快－쾌】mǎkuài 圖〈早白〉포졸. 포리. 포도군사.

【马拉松－랍송】mǎlāsōng 圖**1**〈略〉〈體〉마라톤(marathon). **2**〈喩〉〈貶〉시간을 오래 끄는 것. ◇～演说/오래 끄는 연설. 장광설.

【马拉松赛跑－랍송새포】mǎlāsōng sàipǎo 圖〈體〉마라톤 경기. (同)〔马拉松〕

＊【马力－력】mǎlì 圖〈物〉마력. 공률(工率)의 실용단위.

＊【马铃薯－령서】mǎlíngshǔ 圖〈植〉감자.

【马陆－육】mǎlù 圖〈虫〉노래기.

☆【马路－로】mǎlù 圖**1**(도시·근교의) 대로. 큰길. **2**도로. (同)〔公 gōng 路〕

【马骡－라】mǎluó 圖〈動〉노새.

【马马虎虎－마호호】mǎ·mǎhūhū 圖**1**되는대로 하다. 대강대강하다. ◇你最近工作有些～/최근 당신이 건성으로 일을 하고 있다. (反)〔塌塌实实 tātāshíshí〕 **2**썩 좋지는 않다. 그저 그렇다. ◇近来身体还～/요즘 건강이 그저 그렇다.

【马趴－파】mǎpā 圖몸이 앞으로 엎드러지는 자세.

【马匹－필】mǎpǐ 圖말의 총칭.

【马屁精－비정】mǎpìjīng 圖아첨군.

【马前卒－전졸】mǎqiánzú 圖**1**(싸움에서의) 선봉. **2**〈喩〉앞잡이. 졸개. 말단.

【马枪－창】mǎqiāng 圖〈軍〉기병(騎兵)이 쓰는 총.

【马赛－새】Mǎsài 圖〈地〉마르세유(marseilles).

【马赛克－새극】mǎsàikè 圖**1**〈建〉모자이크. **2**〈美〉모자이크 도안.

★【马上－상】mǎshàng 圖곧. 바로. ◇你～就走吗?/너 곧 떠날 거니? ◇下了飞机，我～去找行李/비행기에서 내리자마자 내가 바로 짐을 찾으러 갈게.

【马勺－작】mǎsháo 圖〈方〉(죽이나 밥을 푸는) 큰 주걱.

【马首是瞻－수시첨】mǎ shǒu shì zhān〈成〉옛날의 싸움터에서 병사는 대장의 말머리를 보고 진퇴를 정함. 오로지 남의 뜻이나 결정에 따름을 비유.

【马术－술】mǎshù 圖기마술. 승마술.

【马蹄-제】mǎtí 图1말굽. 2〈方〉〈植〉올방개. (同)〔荸荠 bíqí〕

【马蹄表-제표】mǎtíbiǎo 图원형·말굽형의 사발시계. 자명종.

【马蹄铁-제철】mǎtítiě 图1(말굽의) 편자. 말굽쇠. (同)〔马掌 zhǎng〕2말굽 자석.

【马蹄形-제형】mǎtíxíng 图1말굽형. 2U 자형.

【马铁-철】mǎtiě 图가단철(可鍛鐵).

【马桶-통】mǎtǒng 图(중국 상해(上海) 등에서 사용하는 나무로 만든) 변기.

【马头琴-두금】mǎtóuqín 图〈音〉몽고족의 현악기.

＊【马戏-희】mǎxì 图〈演〉곡예. 곡마. 서커스. ◇～团/곡마단.

【马靴-화】mǎxuē 图승마화(乘馬靴).부츠.

【马贼-적】mǎzéi 图〈文〉(옛날의) 마적.

【马扎-찰】mǎzhá (～儿)图(접을 수 있는) 휴대용 접는 의자. (同)〔马箚 zhá〕

【马掌-장】mǎzhǎng 图1말굽. 2편자. 말굽쇠.

【马子-자】mǎzi 图1(同)〔马桶 tǒng〕2도적. 3〈俗〉소녀. 여자. 계집아이.

【马鬃-종】mǎzōng 图말갈기.

【吗·嗎】口部 mǎ
3画 어조사 마
⇒má·ma

【吗啡-비】mǎfēi 图〈葯〉모르핀.

【犸·獁】犭部 mǎ
3画 맘모스 마
⇒〔猛 měng 犸〕

【玛·瑪】王部 mǎ
3画 마노 마

【玛瑙-노】mǎnǎo 图〈礦〉마노.〔광물질로 장식물에 많이 쓰인다〕

【码·碼】石部 mǎ
3画 야아드 마
1(～儿)图숫자를 나타내는 부호. ◇数～/숫자. ◇号～/번호. 2图숫자를 표시하는 도구. ◇筹～/점봉(点棒). 3图(일의) 가지. 종류. ◇这是两～事/이것은 전혀 다른 일이다. 4图〈方〉쌓아 올리다. ◇把这些报纸～齐了/이 신문들을 가지런히 쌓아 올려라. 5图〈度〉야드(yard).

【码放-방】mǎfàng 图순서에 따라 배열하다. 위치에 따라 놓다.

☆【码头-두】mǎtou 图1부두. 선창. 2〈方〉교통이 편리한 상업도시. ◇水陆～/수로와 육로의 교통이 편리한 상업도시.

【码子-자】mǎzi 图1숫자. 2〈文〉은행이 지니고 있는 현금. 3계수하는 데 쓰는 분동(分銅) 따위의 도구.

【蚂·螞】虫部 mǎ
3画 말거머리 마

⇒mā, mà

【蚂蜂-봉】mǎfēng 图〈虫〉장수말벌.

【蚂蟥-황】mǎhuáng 图〈動〉말거머리.

【蚂蟥钉-황정】mǎhuángdīng 图스테이플. 거멀못.

＊【蚂蚁-의】mǎyǐ 图〈虫〉개미.

【蚂蚁搬泰山-의반태산】mǎyǐ bān Tài shān 〈諺〉개미가 태산을 옮기다. 힘을 합하면 큰 일을 해낼 수 있다.

【蚂蚁啃骨头-의긍골두】mǎyǐ kěn gǔtou 개미가 큰 뼈를 갉다. 대형 설비가 없는 경우 소형 기계로 대형 부품을 가공하는 일.

mà

【祃·禡】礻部 mà礻
3画 마제 마
图〈文〉마제(禡祭). 군 출정 전의 제사.

【杩·榪】木部 mà
3画 가로막대 마

【杩头-두】mà·tou 图침대나 문의 가로막대.

☆【骂(罵)】口部 mà
6画 욕할 매
图1욕하다. ◇他～我是笨蛋/그는 나를 바보라고 욕했다. 2꾸짖다. ◇教师～他不认真/선생님은 그를 열심히 하지 않는다고 꾸짖었다.

【骂大街-대가】mà dà jiē (同)〔骂街〕

【骂架-가】mà// jià 图욕을 퍼부으며 다투다.

【骂街-가】mà// jiē 图상대를 밝히지 않고 여러 사람 앞에서 욕하다.

【骂骂咧咧-마렬렬】mà·maliēliē 图입정사납게 욕하는 모양.

【骂名-명】màmíng 图오명. 악명. (同)〔恶名 è míng〕,(反)〔美 měi 名〕

【骂山门-산문】mà shānmén 〈方〉들으라는 듯이 욕하다.

【骂阵-진】mà// zhèn 1진(陣) 앞에서 욕을 하여 싸움을 걸다.〔옛날 소설에서 주로 쓰임〕2〈方〉(同)〔骂街 jiē〕

【蚂·螞】虫部 mà
3画 말거머리 마
⇒mā, mǎ

【蚂蚱-책】màzha 图〈虫〉〈方〉메뚜기.

·ma

★【吗·嗎(么)】口部 ·ma
3画 어조사 마
助1문말에 쓰여 의문을 나타냄. ◇你吃过北京烤鸭～?/북경 오리구이를 먹어본 적이 있습니까? 注意a)긍정부정의문문의 문말에는 '吗'가 쓰이지 않는다. ◇今天

M

下不下雨(×吗)?/오늘 비가 옵니까, 안 옵니까? b)선택의문문의 문말에는 '吗'가 쓰이지 않는다. ◇明天骑车去还是坐公共汽车去(×吗)/내일 자전거로 갈거니, 버스로 갈거니? c)의문대명사가 있는 의문문의 문말에는 '吗'가 쓰이지 않는다. ◇现在几点(×吗)?/지금 몇 시니? ◇苹果多少钱一斤(×吗)?/사과 1근에 얼마입니까? 2강조·질책의 어감을 나타냄. 반어문의 문말에 쓰일 때 긍정형은 부정을, 부정형은 긍정을 나타냄. ◇你这样做, 对得起大家～?/네가 이렇게 하면 모두들에게 떳떳하니? 3문장사이에 쓰여 화제를 끄집어내는 역할을 함. ◇迟到, 旷 kuàng 课的问题～, 的确应该狠抓一下/지각과 무단결석은 정말 바로 잡아야 한다. ⇒má, mǎ

★【嘛(么)】口部 ·ma 11画 중 마

조1뚜렷한 사실을 강조할 때 쓰임. ◇他本来就不愿意去～, 就不要勉强他了/그는 처음부터 가고 싶지 않았으니 그에게 강요하지 맙시다. 2화자의 기대와 상대의 포기를 바람. ◇你不要走得那么快～!/그렇게 빨리 가지 말아! 3주어를 강조하기 위해 청자의 주의를 환기시킴. ◇科学～, 就得讲究实事求是/과학 말이야. 사실을 토대로 진리를 탐구하는 것이다. 비교嘛:吗 "嘛"는 의문의 어기를 나타내지 않는다. ◇这本书你读完了(×嘛)吗?/이 책을 다 읽었어요?

mái

☆【埋】土部 mái 7画 묻을 매

동1(흙·모래·눈·낙엽 등으로) 묻다. 파묻다. ◇这棵树～得太浅, 我们再往深里去/이 나무는 너무 얕게 묻혀 있으니 우리 더 깊게 묻자. 2숨기다. 감추다. ◇隐姓～名/이름을 숨기다. ⇒mán
【埋藏－장】máicáng 동1매장하다. (同)〔掩 yǎn 埋〕, (反)〔挖掘 wājué〕2숨기다. ◇他肯定把那件事～在心里了/그는 틀림없이 그 일을 마음 속에 묻었을 것이다. 〔暴露 bàolù〕3〈中醫〉(약을 사람·동물의 피하조직 속에) 넣어두다.
【埋伏－복】mái·fú 1명동매복(하다). 2동잠복하다.
【埋名－명】mái//míng 동이름을 숨기다.
＊【埋没－몰】máimò 동1매몰하다(되다). 파묻히다. ◇耕地被流沙～/유사로 인해 농경지가 매몰되었다. 2파묻히다. 묻혀 버리다. ◇他总是担心自己那点功劳被～了/그는 줄곧 자신의 공로가 묻혀버릴까봐

걱정했다. (同)〔湮 yān 没〕, (反)〔起用 qǐyòng〕
【埋汰－태】mái·tai〈方〉1형더럽다. 2동남의 속을 찌르는 말을 하다.
＊【埋头－두】mái//tóu 동몰두하다. 정신을 집중하다. ◇他工作认真负责, ～苦干/그는 일을 할 때 책임감있게 몰두해서 한다. 비교埋头:专心 "埋头"는 보어로 쓰지 않고 정도 부사의 수식을 받지 않는다. ◇他学习得非常(×埋头)专心/그는 공부를 무척 열심히 한다.
【埋葬－장】máizàng 동1(시체 등을) 매장하다. 2소멸되다.

【霾】雨部 mái 14画 흙비올 매

명〈天〉(바람이 일으킨 흙먼지로) 하늘이 부옇게 되는 현상. 흙비.

mǎi

★【买·買】乙部 mǎi 5画 살 매

1동사다. 구입하다. (反)〔卖 mài〕◇我家～了台彩电/우리집은 칼라 텔레비전 한 대를 샀다. 2(Mǎi)명성(姓).
【买办－판】mǎibàn 명매판(포 comprador). 〔중국 식민지시대에 외국상사의 대리인으로 기업을 경영하는 중국인〕
【买办资产阶级－판자산계급】mǎibàn zīchǎn jiējí 명매판 자본가 계급.
【买不得－불득】mǎibùdé 사서는 안 된다.
【买不了－불료】mǎibùliǎo (돈이 없어서, 비싸서, 물건이 없어서) 살 수 없다.
【买不着－불착】mǎibùzháo (늦어서, 또는 물건이 없어서) 살 수 없다.
【买到－도】mǎidào 동사다. 사서 손에 넣다. 입수하다. ◇他～一本好书/그는 양서 한 권을 샀다.
【买椟还珠－독환주】mǎi dú huán zhū〈成〉안목이 없어 취사선택을 잘 못하다.
【买关节－관절】mǎi guānjié (관리를) 돈으로 매수하다.
【买好－호】mǎi//hǎo (～的)동비위를 맞추다. 환심을 사다. 아첨하다.
【买空卖空－공매공】mǎi kōng mài kōng〈成〉1〈經〉(증권·외화·금 등 시장에서 현품없이 투자해서) 물건을 사고 팔다. 2〈喩〉투기 협잡하다.
【买路钱－로전】mǎilùqián 명1노상 강도에게 뺏기는 돈. 2도로 통행료.
☆【买卖－매】mǎi·mai 명1장사. 매매. ◇李经理做好这笔～就可以赚一笔大钱/이사장은 그 장사를 잘하면 큰 돈을 벌 수 있다. 2상점. 점포. ◇他在城里开了家小～/그는

읍내에서 조그만 가게를 하나 냈다.

【买卖人－매인】mǎimairén 명상인. 장사꾼.

【买通－통】mǎitōng 통(금전 따위로) 매수하다. ◇～官府/관리를 매수하다.

【买帐－장】mǎi//zhàng 통(상대방의) 재능을 사다. 능력을 인정하다. 〔주로 부정의 용법으로 쓰임〕◇他又没有能力, 我是不会买他的账的/그가 실력도 없는데 난 그를 인정하지 않을 것이다.

【买主－주】mǎizhǔ 명(물건이나 부동산을) 살(사는) 사람. (反)〔卖 mài 主〕

【买醉－취】mǎizuì 통술을 마시다. 〔술로 기분이 좋아지게 하거나 수심을 푸는 것을 나타냄〕

【荬・蕒】 ⧾⧾部｜mǎi
　　　　　 6画｜시화 매
⇒〔苣 qǔ 荬菜〕

mài

☆【迈・邁】 辶部｜mài
　　　　　　 3画｜갈 매
1통큰 걸음으로 걷다. 성큼성큼 나아가다. ◇这条沟太宽, 我试着～了～, 没～过去/이 도랑은 너무 넓어 넘어봤지만 못 넘어갔다. 2형늙다. 나이많다. ◇老～/늙다. 3양마일(mile). ◇司机把速度开到八十～/운전기사가 80마일 속도로 몬다.

【迈步－보】mài//bù 통발걸음을 내디디다.

【迈方步－방보】mài fāngbù (～儿)팔자 걸음을 걷다. 〔주로 옛 선비나 관리의 걸음걸이를 형용함〕

【迈进－진】màijìn 통매진하다. 돌진하다.

【麦・麥】 麦部｜mài
　　　　　 0画｜보리 맥
명1〈植〉(보리・참밀・귀리・호밀 등의) 보리 종류. 맥곡(麥穀). 2〈植〉밀. 3(Mài)성(姓).

【麦草－초】màicǎo 명밀이나 보리의 짚. 맥고(麥藁).

【麦茬－차】màichá 명〈農〉1밀・보리를 베어낸 후의 그루터기. 2밀・보리를 벤 뒤의 그루같이. ◇～白薯/그루같이로 심은 고구마.

【麦秸－갈】màijiē 명밀짚・보리짚. (同)〔麦秆 gǎn〕

【麦酒－주】màijiǔ 명맥주. (同)〔啤 pí 酒〕

【麦糠－강】màikāng 명밀・보릿겨.

【麦克风－극풍】màikèfēng 명(유무선) 송화기. 마이크로폰. 마이크.

【麦浪－랑】màilàng 명바람에 흔들리는 보리 이삭의 물결.

【麦粒肿－립종】màilìzhǒng 명〈俗〉〈醫〉다래끼. 맥립종. (同)〔针眼 zhēnyǎn〕

【麦芒－망】màimáng (～儿)명보리・밀의 까끄라기.

【麦苗－묘】màimiáo 명밀・보리의 묘종(苗種).

【麦片－편】màipiàn 명압맥. 납작보리 또는 누른 귀리.

【麦秋－추】màiqiū 명밀・보릿 가을. 밀・보리를 수확하는 시기.

【麦收－수】màishōu 명통밀이나 보리 수확(하다).

【麦莛－정】màitíng (～儿)명밀・보릿대.

【麦芽糖－아당】màiyátáng 명맥아당.

【麦种－종】màizhǒng 명밀・보리 종자.

【麦子－자】màizi 명〈植〉밀. 소맥.

★【卖・賣】 十部｜mài
　　　　　　 6画｜팔 매
1통팔다. 판매하다. (反)〔买 mǎi〕◇大伏天西瓜～得快/복날에는 수박이 잘 팔린다. 2통(자신의 이익을 위해 조국이나 친구를) 팔아먹다. 배반하다. ◇这件事我只跟你说, 你可别把我给～了/이 일은 내가 너에게만 이야기하는 것이니 나를 배반하면 절대 안 된다. 3통힘을 다하다. 전력을 다하다. ◇为办好这个厂, 我们厂长～了不少力气/우리 공장장은 이 공장을 잘 운영하기 위하여 있는 힘을 다하였다. 4통뽐내다. 과시하다. ◇为了换个好工作, 他在厂长面前～了半天好/그는 좋은 자리로 바꾸려고 공장장 앞에서 한참동안 아첨을 떨었다. 5통옛날에 음식점에서 요리를 세던 단위. (한)(접)시. (일)인분. ◇一～炒腰花/돼지 콩팥 볶음 한 접시.

【卖不出去－불출거】màibùchūqù (비수기, 품질, 가격 등 때문에) 팔리지 않다. ◇现在是淡季, ～/지금은 비수기라서 팔리지 않다.

【卖不了－불료】màibùliǎo (품질・가격・수량 등 이유로) 팔리지 않다. ◇质量不好, 当然～/품질이 떨어지니 물론 안 팔리지.

【卖不上－불상】màibùshàng (예상한 가격에) 팔리지 않다. ◇你这个大哥大～这个价格/당신의 휴대폰은 이 가격에 팔리지 않을 것이다.

【卖唱－창】mài//chàng 길거리나 공공장소에서 노래를 불러 먹고 살다.

【卖大号－대호】mài dàhào 통(품귀 상품을 한 사람이나 한 회사에) 대량 판매하다. (同)〔卖大户 hù〕

【卖呆－태】màidāi (～儿)통〈方〉1(주로 여자들이 대문에서) 멍청하게 서 있다. 2멍하고 있다. ◇别～了, 快走吧/멍하고 있지 말고 빨리 가자! 3구경하다.

【卖底－저】mài//dǐ 통〈方〉비밀을 누설하다.

【卖方－방】màifāng 명〈商〉파는 쪽〔사람〕.

（反）〔买 mǎi 方〕

【卖功－공】mài// gōng 图공로를 자랑하다.

【卖狗皮膏药－구피고약】mài gǒupí gāo·yao 듣기 좋은 말로 사람들을 속이다. ◇别～了，谁信你/사기를 그만 쳐라. 누가 너를 믿겠어.

【卖乖－괴】mài// guāi 图재주를 뽐내다. 잘난 체하다. 똑똑한 체하다.

【卖关节－관절】mài guānjié 뇌물을 받고 이익을 주다. ◇你不看看现在是什么时候还在～/때가 어느 때인데, 아직도 뇌물 받고 편의를 봐주다니.

【卖关子－관자】mài guān·zi 1이야기꾼이 중요한 대목에서 멈추어 청중들로 하여금 다음 내용을 기대하게 만들다. 2〈喩〉말할 때 중요한 대목에서 일부러 잔꾀를 부려 상대방을 조급하게 해서 자신의 요구를 받아들이게 하다. ◇有话快说，别～了/할 말이 있으면 빨리 해. 잔꾀는 그만 부려라.

【卖官鬻爵－관육작】mài guān yù jué 〈成〉뇌물을 받고 관직을 팔다.

*【卖国－국】mài// guó 图나라를 팔다. ◇宁肯杀头，也不能～求荣/죽을지언정 나라를 팔아 영화를 구할 수는 없다. （反）〔爱 ài 国〕

【卖国贼－국적】màiguózéi 图매국노.

【卖好－호】mài// hǎo（～儿）图남의 환심을 사다. ◇谁有钱有势，他就向谁～/그는 돈과 세력이 있는 자만 있으면 환심을 사려고 애쓴다.

【卖劲－경】mài// jìn（～儿）图힘을 아끼지 않다. 있는 힘을 다하다.

【卖老－노】mài// lǎo 图경험자인 체하다. 늙은 체하다. ◇他不敢在你面前～/그는 감히 당신 앞에 경험자인 체하지 못한다.

【卖力－력】mài// lì（同）〔卖力气 qi 1〕

【卖力气－력기】mài// lìqi 图1있는 힘을 다하다. 2품을 팔다. 막노동으로 살아가다. （同）〔努 nǔ 力〕, （反）〔惜 xī 力〕

【卖命－명】mài// mìng 图1（어떤 사람이나 집단에 이용되어）사력을 다해 일하다. 2최선을 다해 일하다.

【卖弄－롱】màinong 图뽐내다. 자랑하다. 과시하다. ◇别～小聪明/좀 잘한다는 것을 과시하지 마라.

【卖俏－초】mài// qiào 图아양을 떨며 유혹하다.

【卖人情－인정】mài rénqíng 일부러 선심〔인심〕을 쓰다. ◇我可不向他～/나는 절대 그한테 일부러 선심을 안 쓸거다.

【卖身－신】mài// shēn 图1생활고로 몸을 팔다. 2〈俗〉매춘〔매음〕하다.

【卖身投靠－신투고】mài shēn tóu kào 〈成〉（부자 혹은 세도가에게）몸을 의탁하다. 〈喩〉악당에게 빌붙다.

【卖笑－소】mài// xiào 图（기생이）웃음을 팔다.

【卖解－해】màixiè 图길거리에서 마술을 보여주며 먹고 살다.

【卖艺－예】mài// yì 图옛날에 길거리에서 기예를 팔아 생활하다.

【卖艺人－예인】mài yì rén 图연예인. （同）〔艺人〕

【卖淫－음】mài// yín 图매음〔매춘〕（하다）.

【卖友－우】mài// yǒu 图친구를 팔다.

【卖主－주】màizhǔ 图파는 사람. （反）〔买 mǎi 主〕

【卖嘴－취】mài// zuǐ 图입에 발린 말을 하다. 떠벌리다.

【卖座－좌】màizuò 图（극장·음식점·다방 따위의）손님의 많고 적은 정도.

脉（脈）mài

月部｜mài
5画｜맥 맥

图1〈生理〉혈관. 2〈略〉맥박. ◇病人的～很弱/환자의 맥박이 아주 약하다. 3（식물의 잎이나 곤충의 날개에 있는）혈관 모양의 조직. ◇叶～/엽맥. 4혈관 모양처럼 연결되어 줄기를 이룬 것. ◇山～/산맥. ◇矿～/광맥. ⇒mò

【脉案－안】mài'àn 图〈醫〉진단.

*【脉搏－박】màibó 图〈醫〉맥박.

【脉冲－충】màichōng 图〈電〉펄스(pulse). 펄스와 비슷한 현상을 보이는 현상.

【脉动－동】màidòng 图〈電〉（기계·전류 등의）맥동.

【脉金－금】màijīn 图1〈中醫〉진찰비. 2석영(石英)에 함유되어 있는 알갱이 모양의 금. （同）〔山 shān 金〕

【脉理－리】màilǐ 图1〈中醫〉의술. ◇精通～/의술에 정통하다. 2〈文〉맥락. 조리.

【脉络－락】màiluò 图1〈中醫〉맥락. 동맥·정맥 등 혈관의 통칭. 2（말이나 문장 등의）조리. 두서.

【脉络膜－락막】màiluòmó 图〈生理〉맥락막.

【脉石－석】màishí 图〈礦〉맥석.

【脉息－식】màixī （同）〔脉搏 bó〕

【脉象－상】màixiàng 图〈中醫〉맥의 상태.

mān

嫚 mān

女部｜mān
11画｜업신여길 만

（～儿）图〈方〉여자 아이. ⇒màn

颟·顢 mān

頁部｜mān
10画｜얼굴클 만

【颟顸－한】mānhān 图멍청하다. 칠칠하지 못하다.

mán

【埋】土部 mán
7画 묻을 매
⇒mái
＊【埋怨－원】mányuàn 動불평하다. 원망하다. ◇她总是~自己不好，从不抱怨别人/그녀는 줄곧 자신을 원망하지, 남을 원망한 적이 없다. (同)〔责怪 zéguài〕, (反)〔道谢 dàoxiè〕

【蛮·蠻】虫部 mán
6画 오랑캐 만
1형야만스럽다. 사리를 분별하지 못하다. ◇~不讲理/사리를 가리지 않고 제멋대로 행동하다. 2형옛날, 중국의 남방 민족에 대한 호칭. 3부〈方〉아주. 꽤. ◇~好/매우 좋다. (同)〔很 hěn〕〔挺 tǐng〕
【蛮缠－전】mánchán 動생떼를 쓰다. 억지세우다.
【蛮干－간】mángàn 動무턱대고 하다. 억지로 하다. ◇别~，要巧干/무턱대고 하지 말고 머리를 쓰면서 해야지. (同)〔瞎 xiā 干〕, (反)〔巧 qiǎo 干〕
【蛮横－횡】mánhèng 형함부로 행동하다. 난폭하다. (同)〔强 qiáng 横〕, (反)〔和气 héqi〕
【蛮子－자】mán·zi 명남방인. 야만인.

【谩·謾】讠部 mán
11画 업신여길 만
動속이다. 감추다. ⇒màn

【蔓】++部 mán
11画 덩굴 만
⇒mán, wàn
【蔓菁－정】mán·jing 명〈植〉순무. (同)〔芜 wú 菁〕

【馒·饅】饣部 mán
11画 만두 만
【馒首－수】mánshǒu (同)〔馒头 tóu〕
☆【馒头－두】mán·tou 명1찐빵. 〔소가 없는 것을 말함〕2〈方〉(소가 들어 있는) 찐빵. ‖〔包 bāo〕

【鳗·鰻】鱼部 mán
11画 뱀장어 만
명〈略〉〈魚介〉뱀장어.
【鳗鲡－리】mánlí 명〈魚介〉뱀장어.

＊＊【瞒·瞞】目部 mán
10画 속일 만
動감추다. 속이다. ◇什么事也~不过她的眼睛/어떤 일도 그녀의 눈을 속일 수는 없다. 비교瞒:藏 사람이 숨어 있는 경우에는 '瞒'을 쓰지 않는다. ◇孩子们在门后边(×瞒)藏着/아이들이 문 뒤에 숨어 있다.

【瞒哄－홍】mánhǒng 動속이다. (同)〔欺骗 qīpiàn〕◇你这话只能~小孩儿/너의 그 말은 어린애만 속일 수 있을 뿐이다.
【瞒上欺下－상기하】mán shàng qī xià 〈成〉윗사람을 속이고 아랫사람을 못살게 굴다.
【瞒天过海－천과해】mán tiān guò hǎi 〈成〉사람들의 눈을 속이고 몰래 나쁜 짓을 하다.

【鞔】革部 mán
7画 맬 만
動1북통에 가죽을 메우다. ◇蛇皮可以~鼓/뱀가죽으로 북통가죽을 만들 수 있다. 2신발의 발등 부분에 천을 대다.

mǎn

★【满(滿)】氵部 mǎn
10画 찰 만
1형가득 차다. ◇教室里人都~了/강의실에는 사람이 가득 찼다. 2動가득하게 하다. 꽉 채우다. ◇我刚给李先生~了一杯茶，他还没喝呢/내가 방금 이선생에게 차한 잔을 가득 채웠는데 그는 아직 마시지 않았어요. 3動(기한이) 되다. 다 차다. ◇我在北京语言文化大学学习还不~一年呢/나는 북경언어문화대학에 다닌 지 아직 1년이 못 되는 걸요. 4형전체의. 온. 모든. ◇孩子们踢足球弄得~身都是土/애들이 축구를 해서 온 몸이 흙투성이가 되었다. ◇他一口答应帮我忙/그는 나를 도와주는 것을 쾌히 승락했다. 5형만족하다. ◇顾客对三号售货员很不~/고객은 3번 점원에게 몹시 불만이다. 6형교만하다. ◇自~/자만하다. ◇~招损，谦受益/교만하면 손해보고, 겸손하면 이익을 본다. 7형매우. 몹시. ◇这部电影~有意思/이 영화는 아주 재미있다. 8(Mǎn)명만주족. 9(Mǎn)명성(姓).
【满不在乎－불재호】mǎn bù zài·hu 〈成〉태연한 얼굴을 하다. 전혀 개의치 않는다. ◇他没考上大学，家里人都为他着急，他却~/집안식구는 그가 대학에 못 붙어 초조해하는데 그는 오히려 전혀 개의치 않았다. (同)〔掉以轻心 diào yǐ qīng xīn〕, (反)〔兢兢业业 jīngjīngyèyè〕
【满城风雨－성풍우】mǎn chéng fēng yǔ 〈成〉(주로 나쁜 소문에) 여론이 분분하다. 소문이 자자하다.
【满打满算－타만산】mǎn dǎ mǎn suàn 〈成〉모든 요인을 빠짐없이 고려하다. ◇我~，今天只花了一千元/내가 아무리 생각해도 오늘 천 원만 썼을 뿐이다. (同)〔满打满包〕
【满当当－당당】mǎndāngdāng (～的)형

M

가득한 모양. ◇客厅里人坐得～/응접실에 사람이 꽉 찰 정도로 앉았다. (同)〔满登 dēng 登〕, (反)〔空落落 kōngluòluò〕
【满登登－등등】mǎndēngdēng (～的)(同)〔满当当 mǎndāngdāng〕
【满点－점】mǎndiǎn [형]규정된 시간에 이르다.
【满额－액】mǎn// é [동]액수가 차다. 정원이 차다. ◇报名已经～/원서 접수가 이미 정원이 찼다.
【满分－분】mǎnfēn (～儿)[명]만점.
【满服－복】mǎn// fú [동]상복입는 기한이 끝나다. (同)〔满孝 xiào〕
【满腹－복】mǎnfù [형]뱃속에 가득하다. ◇～心事/걱정이 태산이다. ◇群疑～/여러 사람이 모두 의심을 품다.
【满腹经纶－복경륜】mǎn fù jīnglún 〈成〉뛰어난 정치 경륜(학문)을 가지고 있다. (同)〔满腹珠玑 mǎn fù zhū jī〕, (反)〔目不识丁 mù bù shí dīng〕
【满共－공】mǎngòng [부]〈方〉모두. 도합. 총. (同)〔一 yī 共〕
＊【满怀－회】mǎnhuái 1[동](원한·기쁨 따위가) 가슴에 꽉 차다. ◇豪情～/호탕한 기상이 가슴에 가득하다. 2[명]가슴전체. ◇跟他撞了一个～/그와 정면으로 부딪쳤다. 3[동](가축이) 새끼를 배다.
【满坑满谷－갱만곡】mǎn kēng mǎn gǔ 〈成〉여기저기 잔뜩 널려 있다.
【满口－구】mǎnkǒu 1[명]입안 전체. ◇～假牙/입안은 모두 틀니다. 2[형](발음이나 말의 내용이) 순수하다. ◇～普通话/순수한 표준말. 3[부]두말없이. 거침없이. ◇～答应/두말없이 승락하다.
【满满当当－만당당】mǎnmǎndāngdāng (～的)[형]〈口〉가득가득하다. 그득그득하다. (同)〔满登 dēng 登〕, (反)〔空空荡荡 kōngkōngdàngdàng〕
【满满登登－만등등】mǎnmǎndēngdēng (～的)(同)〔满登登〕
【满门－문】mǎnmén [명]온 집안.
【满面－면】mǎnmiàn [명]만면. 온 얼굴. ◇～笑容/온 얼굴에 웃음이 가득하다.
【满面春风－면춘풍】mǎn miàn chūn fēng 〈成〉만면에 웃음을 띠다. 얼굴에 기쁨이 넘치다.
【满目－목】mǎnmù (同)〔满眼 yǎn 2〕
⁑【满腔－강】mǎnqiāng [명]가슴 속에 가득 참. ◇没有～的热忱，就不能搞好工作/열의에 가득차지 않으면 일을 잘 해낼 수 없다. [비교]满腔:满怀 "满腔"은 "希望" "信心" 등의 단어와 결합하지 않는다. ◇对于中国的未来， 我(×满腔)满怀希望和信心/중국의 미래에 대해 희망과 믿음으로 가슴 가득 찼다.
【满勤－근】mǎnqín [명][동]개근(하다).
【满山遍野－산편야】mǎn shān biàn yě 〈成〉산과 들에 가득하다. (同)〔漫 màn 山遍野〕
【满师－사】mǎn// shī [동]제자〔학생〕의 견습 기간이 차다〔끝나다〕.
【满世界－세계】mǎn shì·jie [명][부]〈方〉도처에. 여기저기. (同)〔到处 dàochù〕
【满堂－당】mǎntáng [동]사람이 (집안에) 가득 차다.
【满堂灌－당관】mǎntángguàn [명]〈贬〉주입식 교육을 형용.
【满堂红－당홍】mǎntánghóng [명][형]완전한 승리(를 획득하다). 훌륭한 성적(을 얻다). ◇这个学期七班是～/이번 학기는 7반이 모두 좋은 성적을 얻었다.
【满天飞－천비】mǎntiānfēi 난무하다. 이곳 저곳을 돌아다니다. ◇那时红包～/그 당시에는 촌지봉투가 난무했다.
【满孝－효】mǎnxiào (同)〔满服 fú〕
【满心－심】mǎnxīn [동]마음에 꽉 차다.
【满眼－안】mǎnyǎn [형]1눈에 가득 차다. 2온통 …만 보이다.
★【满意－의】mǎnyì [형]1흡족하다. 만족스럽다. ◇他给了我一个～的答覆/그는 내게 흡족한 답을 주었다. (同)〔称心 chèn xīn〕, (反)〔不 bù 满〕 2마음에 들다. ◇我很～这里的学习环境/나는 이곳의 학습환경이 마음에 든다. [비교]满意:满足 "满意"는 "要求"와 결합하지 않는다. ◇我不能(×满意)满足他的要求/나는 그의 요구를 만족시킬 수 없다.
【满员－원】mǎn// yuán [동]정원이 다 차다. 만원이 되다.
＊【满月－월】mǎnyuè [명]1보름달. 만월. (同)〔望 wàng 月〕, (反)〔残 cán 月〕 2(출생 후)만 한 달.
【满载－재】mǎnzài [동]가득 싣다.
【满载而归－재이귀】mǎn zài ér guī 〈成〉가득 싣고 돌아오다. 수확이 매우 큼의 비유. (反)〔一无所获 yī wú suǒ huò〕〔空手而回 kōng shǒu ér huí〕
【满洲－주】Mǎnzhōu [명]1〈民〉만주족. 2〈地〉만주.
☆【满足－족】mǎnzú 1[형]만족하다. ◇他学习成绩虽然很好，但他对此从来没有～过/그는 학습성적이 좋지만 이에 대해서 여지껏 만족한 적이 없다. 2[동]만족시키다. ◇我们将尽可能地～你们的要求/우리는 가능한한 당신들의 요구를 만족시켜줄 것이다. (反)〔不 bù 满〕 [비교]满足:满意 "满足"는 "工作"와 결합하지 않는다. ◇我对工作很不(×满足)满意/난 직업에 만족하

지 못한다.
【满族—족】Mǎnzú 명〈民〉만주족.
【满嘴—취】mǎnzuǐ 명입안 전부.
【满座—좌】mǎn// zuò 통(극장 등 공공 장소가) 좌석이 다 차다.

【螨·蟎】虫部 mǎn
10画 진드기 **만**
명〈虫〉진드기류.

màn

【曼】曰部 màn
7画 아름다울 **만**
1형(몸이나 동작이) 부드럽다. 섬세하다. ◇轻歌～舞/경쾌한 노래와 부드러운 춤. 2통길게 뽑다[늘이다]. ◇～声/목소리를 길게 뽑다.
【曼德琳—덕림】màndélín 명〈音〉만돌린.
【曼妙—묘】mànmiào 형〈文〉(음악이나 춤이) 부드럽고 아름답다.
【曼声—성】mànshēng 통목소리를 길게 뽑다.
【曼陀铃—타령】màntuólíng (同)〔曼德琳 màndélín〕
【曼延—연】mànyán 통길게 이어지다.

【谩·謾】讠部 màn
11画 업신여길 **만**
통무례하다. 업신여기다. ⇒mán
【谩骂—마】mànmà 통갈보고 욕하다.

【漫】氵部 màn
11画 넘칠 **만**
1통(물이) 넘치다. 범람하다. ◇池塘的水～出来了/연못의 물이 넘쳤다. 2형가득하다. 두루 퍼져 있다. ◇山头上忽然一起好大的云雾/갑자기 산봉우리에 구름과 안개가 자욱해졌다. 3형끝없다. 아득하다. ◇长夜～～/길고 긴 밤. 4통무대대로. 자유로이. ◇～无限制/자유로이 제한이 없다. 5통…하지 마라. ◇～说是你, 他来也不行/당신은커녕 그가 와도 안 된다. (同)〔莫 mò〕, 〔不要 bùyào〕
【漫笔—필】mànbǐ 명만필. 수필(随笔).
【漫步—보】mànbù 통한가롭게 거닐다. 발길 닿는 대로 걷다.
【漫不经心—불경심】màn bù jīngxīn 전혀 마음에 두지 않다. 소홀히 대하다. (同)〔漫不经意 yì〕〔粗心大意 cū xīn dà yì〕, (反)〔全神贯注 quán shén guàn zhù〕
**【漫长—장】màncháng 형(시간·길 등이) 끝없이 길다. ◇～的寒冬就要过去了, 春天就要到来了/길고 긴 엄동이 곧 지나가고 봄이 곧 온다. (反)〔短暂 duǎnzàn〕
【漫道—도】màndào (同)〔慢说 mànshuō〕
【漫灌—관】mànguàn 1명〈农〉정지(整地)를 하거나 수로를 만들지 않고 자연경사

만을 이용하여 하는 관개 방법. 2통(홍수가) 밀려들다.
【漫话—화】mànhuà 통편하게 말하다. ◇～家常/살아가는 얘기를 격식없이 말하다.
【漫画—화】mànhuà 명만화.
【漫漶—환】mànhuàn 형(문자·그림 등이 닳거나 습기가 차서) 희미하다. 어슴프레하다. ◇字迹～/글씨가 희미하다.
【漫卷—권】mànjuǎn 통(깃발 따위가) 바람에 펄럭이다.
【漫流—류】mànliú 통넘처 흐르다.
【漫骂—매】mànmà 통마구 욕하다.
【漫漫—만】mànmàn 형(시간·벌판 따위가) 끝이 없다. ◇～长夜/끝없이 긴 밤.
【漫儿—아】mànr 명(동전에서) 글자가 없는 쪽. 동전의 뒷면.
【漫山遍野—산편야】màn shān biàn yě 〈成〉온 들과 산에 뒤덮다.
【漫说—설】mànshuō (同)〔慢 màn 说〕
【漫谈—담】màntán 1통자유롭게 말하다〔난상 토론하다〕. 2형자유토론.
【漫天—천】màntiān 형1온 하늘에 가득하다. ◇～大雪/하늘에 눈이 펑펑 쏟아졌다. 2(喩)끝이 없는 모양. 엄청나다. ◇～大谎/터무니없는 거짓말.
【漫天要价—천요가】màn tiān yào jià 〈成〉터무니없이 비싼 값을 부르다.
【漫无边际—무변제】màn wú biānjì 〈成〉1끝없이 넓다. 2(말이나 글이) 본제(本题)에서 동떨어지다.
【漫溢—일】mànyì 통〈文〉(물이) 넘치다.
【漫游—유】mànyóu 통느긋한 마음으로 유람하다.
【漫游生物—유생물】mànyóu shēngwù 명〈生〉회유성(回游性)이 있는 생물.
【漫语—어】mànyǔ 명종잡을 수 없는 말(을 지껄이다).

★【慢】忄部 màn
11画 느릴 **만**
1형느리다. 시간이 걸리다. ◇他写字总是很～/그는 글씨를 언제나 느리게 쓴다. ◇～走/살펴 가세요. 比较慢:慢 ①"慢慢"은 미래의 사건에 쓰인다. ◇有话请你(×慢)～～地讲, 不要着急/할 말이 있으면 조급해하지 말고 천천히 말하세요. (同)〔缓 huǎn〕, (反)〔快 kuài〕②"慢慢"은 정도 부사의 수식을 받지 않으며 과거의 사건에 쓰이지 않는다. ◇时间过得很(×慢)～/시간이 무척 느리게 간다. 2통미루다. 늦추다. 기다리다. ◇我这就给他打电话去 — 一点! 等票子拿到了再打/내가 지금 가서 그에게 전화를 걸어 볼게! — 잠깐만! 표를 받은 후 걸자. 3통…하지 마라. 4형(태도가) 쌀쌀맞다. 무

례하다. 〔단독으로 쓰이지 않음〕◇傲～/
오만하다.

【慢车－차】mànchē 图(통일호에 해당되는)
완행 열차나 완행 버스.

【慢词－사】màncí 图편폭(篇幅)이 길고 곡
조가 느린 사(詞).

【慢待－대】màndài 1图(사람을) 냉대하다. 푸
대접하다. ◇不能～了朋友/친구를 푸대접
해서는 안 된다. 2〔套〕대접이 변변치 못
했습니다. 〔주인이 손님에게 하는 겸양의
말〕◇今天太～了, 请多包涵/오늘 너무 대
접이 변변치 못했습니다. 양해해 주십시오.

【慢道－도】màndào (同)〔慢说 shuō〕

【慢火－화】mànhuǒ 图뭉근한 불.

【慢件－건】mànjiàn 图(철도 화물 또는 우
체국 소포의) 보통편. (反)〔快 kuài 件〕

【慢慢腾腾－만등등】màn·mantēngtēng
（형느릿느릿하다. (同)〔慢慢吞 tūn 吞〕

【慢坡－과】mànpō 图경사가 완만한 비탈.
(同)〔缓 huǎn 坡〕, (反)〔陡 dǒu 坡〕

【慢说－설】mànshuō 접…는〔은〕말할 필요
도 없고, …는커녕. ◇这种大哥大～他有全
班同学都有/이런 휴대폰은 그는 말할 것
도 없고 반 전체 학우들이 다 갖고 있다.

【慢腾腾－등등】màntēngtēng （～的)형느
린 모양. 꾸물거리는 모양. (同)〔慢吞 tūn
吞〕〔慢慢腾腾〕〔慢慢吞吞〕

【慢条斯理－조사리】màntiáo-sīlǐ 图침착
하고 느긋하다. (反)〔急如星火 jí rú xī-
ng huǒ〕

*【慢性－성】mànxìng 1형만성의. ◇～中毒/
만성중독. (反)〔急 jí 性〕2(同)〔慢性子 zi〕

【慢性子－성자】mànxìng·zi 1형(성미가)
굼뜨다. 2图굼벵이. 행동이나 동작이 느
린 사람. (反)〔急 jí 性子〕

【慢悠悠－유유】mànyōuyōu （～的)형느릿
느릿한 모양. 천천히 하는 모양.

【墁】 土部 | màn
　　　11画 | 깔 만
图1(벽돌이나 돌 따위를) 땅에 깔다. ◇
花砖～地/무늬 타일을 바닥에 깔다. 2재
로 벽을 바르다. ◇墙壁～得溜平/벽을 재
로 판판하게 발랐다.

【蔓】 艹部 | màn
　　　11画 | 덩굴 만
'蔓 wàn'과 같은 의미로 복합어에만 쓰
임. ⇒mán, wàn

【蔓草－초】màncǎo 图〔植〕만초. 덩굴풀.

【蔓生植物－생식물】mànshēng-zhíwù 图
덩굴식물.

*【蔓延－연】mànyán 图만연하다. 널리 번지
어 퍼지다. ◇火势～/불길이 널리 퍼지다.

【幔】 巾部 | màn
　　　11画 | 장막 만

图막(幕). 휘장. 천막. ◇窗～/커튼.

【幔帐－장】mànzhàng 图막(幕). 커튼.

【幔子－자】màn·zi 图〈方〉장막. 커튼.

【嫚】 女部 | màn
　　　11画 | 업신여길 만
图〈文〉깔보다. 경시하다. ⇒mān

【嫚骂－마】mànmà 图〈文〉깔보고 욕하다.

【熳】 火部 | màn
　　　11画 | 빛날 만
→〔烂 làn 熳〕

māng

【牤(犂)】 牛部 | māng
　　　3画 | 황소 망
【牤牛－우】māngniú 图〈方〉〈動〉황소. (同)
〔公 gōng 牛〕

【牤子－자】māng·zi 图〈方〉황소.

máng

【邙】 阝部 | máng
　　　3画 | 산이름 망
지명에 쓰이는 글자. ◇北～(山)/북망산.
하남성(河南省) 낙양(洛阳)에 있는 산
이름.

★【忙】 忄部 | máng
　　　3画 | 바쁠 망
1형바쁘다. ◇我这会儿～得很/나는 지금
몹시 바쁘다. 比교忙:急忙 동작이 시급
할 때는 "忙"을 단독으로 쓰지 않는다. ◇
快下雨了, 我们(×忙)急忙回家去了/비가
곧 올 것 같아 우리는 급히 집으로 갔다.
2图서두르다. 서둘러 …하다. ◇他～从屋
里出来/그는 서둘러 집안에서 나왔다.

【忙不迭－불질】máng ·bu dié 바빠서 어
쩔 줄 모르다. 황급하다. (同)〔忙不过 g-
uò 来 lái〕

【忙叨－도】máng·dao 图급하다. 바쁘다.

【忙活－활】máng·huó (～儿)1图바쁘게 일
하다. 눈코 뜰 새 없이 일하다. ◇这几天
他们正～/요며칠 그들은 눈코 뜰 새 없
이 일하고 있다. (同)〔忙合 he〕2(mǎ-
nghuó)图급한 일. 급한 용무.

【忙乎－호】máng·hu 图〈方〉분주하다.

【忙里偷闲－리투한】máng lǐ tōu xián 〈成〉
망중한을 즐기다.

*【忙碌－록】mánglù 图분주하다. 바쁘다.
◇为了全家人的生活, 他成天～不停/가족
전체의 생계를 위해 그는 온종일 쉴새없
이 바쁘다. (同)〔繁 fán 忙〕, (反)〔空闲
kòngxián〕

【忙乱－란】mángluàn 图허둥지둥하다. (反)

〔安闲 ānxián〕
【忙音－음】mángyīn [명](전화기의) 통화중 신호. ◇现在是～, 打不通/지금은 통화중 신호음이라 연결이 안 됩니다.
【忙于－어】mángyú [형]…에 바쁘다. ◇～收集资料/자료수집에 바쁘다.
【忙月－월】mángyuè [명]**1**농번기. **2**〈方〉농번기의 임시 고용인.

【芒】 艹部 3画 máng 까끄라기 **망**
[명]**1**〈植〉참억새. **2**(억새 따위의) 뾰족한 잎. 이삭.
【芒刺－자】mángcì [명]**1**가시. 까끄라기. **2**〈轉〉방해. 장애(물).
【芒刺在背－자재배】máng cì zài bèi〈成〉가시가 등을 찌르다. 안절부절 못하다. 좌불안석.
【芒果－과】mángguǒ (同)〔杧 máng 果〕
【芒硝－초】mángxiāo (同)〔硭 máng 硝〕
【芒种－종】mángzhòng [명]망종. 24절기의 하나. →〔节气 jiéqì〕〔二十四节气 èrshísì jiéqì〕

【杧】 木部 3画 máng 망고 **망**
【杧果－과】mángguǒ [명]〈植〉**1**망고(mango). **2**망고열매. ‖ (同)〔芒 máng 果〕

【盲】 目部 3画 máng 장님 **망**
1[동]눈이 멀다. 보이지 않다. ◇色～/색맹. ◇文～/문맹. (同)〔瞎 xiā〕 **2**[부]맹목적으로. ◇～动/맹목적으로 움직이다.
【盲肠－장】mángcháng [명]〈生理〉맹장.
【盲肠炎－장염】mángchángyán [명]〈俗〉〈醫〉맹장염. (同)〔阑尾炎 lánwěiyán〕
*【盲从－종】mángcóng [동]맹종하다. 무턱대고 따르다. ◇遇事要多动动脑子, 不能～/일이 닥치면 머리를 써야지 무턱대고 따르면 안 된다.
【盲点－점】mángdiǎn [명]〈生理〉(눈의) 맹점.
【盲动－동】mángdòng [동]망동하다. 무분별하게 행동하다.
【盲干－간】mánggàn [동]무모하게〔맹목적으로〕 일을 하다. ◇只凭热情～是不行的/의욕만으로 무모하게 해서는 아니된다.
【盲谷－곡】mánggǔ [명]절벽으로 인해 끊어진 골짜기. 〔석회암 지역에서 볼 수 있음〕
【盲流－류】mángliú **1**[동](주로 농촌에서 도시로) 무작정 흘러 들다. **2**[명]맹목적으로 흘러 든 사람.
⁑【盲目－목】mángmù [형]맹목적(인). ◇对于外国的东西我们不要一切都～崇拜/우리는 외국 것이라고 해서 모두 맹목적으로 숭배해서는 안 된다. (反)〔自觉 zìjué〕
【盲棋－기】mángqí [명]**1**(장기판을 보지 않고) 말로 두는 장기. **2**엉터리 장기.
【盲区－구】mángqū [명](레이더, 탐조등, 위내시경 등을 사용할 때) 작용이 미치지 않는 사각지역.
*【盲人－인】mángrén [명]맹인. 소경. 장님.
【盲人摸象－인모상】mángrén mō xiàng〈成〉장님 코끼리 만지기. 부분만 알고 전체를 알지 못하다. (同)〔瞎 xiā 子摸象〕
【盲人瞎马－인할마】mángrén xiāmǎ 장님이 눈 먼 말 타고 벼랑 가기. 〈轉〉매우 무모한 짓을 하다.
【盲蛇－사】mángshé [명]〈動〉소경뱀.
【盲文－문】mángwén [명]**1**점자(点字). (同)〔盲字 zì〕 **2**점자책.
【盲字－자】mángzì [명]점자(点字). (同)〔盲文 wén〕

【氓】 亠部 6画 máng 백성 **맹**
→〔流 liú 氓〕⇒méng

【茫】 艹部 6画 máng 아득할 **망**
[형]**1**아득하다. 망망하다. ◇渺～/한없이 아득하다. **2**무지하다. 막연하다. ◇～然/막연하다.
⁑【茫茫－망】mángmáng [형]아득하다. 한없이 넓다. ◇天苍苍, 野～/하늘은 끝이 없고 들판은 광막하다.(同)〔模糊不清 mó·hubùqīng〕
【茫昧－매】mángmèi [형]〈文〉흐릿하다. 분명하지 않다. 막연하다.
*【茫然－연】mángrán [형]**1**전혀 모르다. ◇事情发生的原因和经过我都～/일의 발생 원인과 경과는 전혀 모른다. **2**실의에 빠진 모양. ◇～自失/망연 자실하다. (反)〔洞察 dòngchá〕
【茫无头绪－무두서】máng wú tóuxù〈成〉막연하여 두서를 알 수 없다.

【硭】 石部 6画 máng 망초 **망**
【硭硝－초】mángxiāo [명]〈化〉유산나트륨. 〔芒 máng 硝〕

【铓·鋩】 钅部 7画 máng 봉망 **망**
【铓锣－라】mángluó [명]〈音〉운남성(雲南省) 와족(佤族)의 동제(銅制) 타악기.

mǎng

【莽】 艹部 7画 mǎng 풀 **망**, 거칠 **망**
1[명]우거진 풀. ◇草～/풀이 우거지다. 〈轉〉민간(의). 재야(在野)(의). **2**[형]〈文〉크다. **3**[형]거칠고 우악스럽다. ◇～汉/거칠고 경솔한 사내. **4**(Mǎng)[명]성(姓).

M

【莽苍-창】mǎngcāng 1图들판. 2图(들판의) 경치가 아득하다.

【莽汉-한】mǎnghàn 图경솔한 사람.

【莽莽-망】mǎngmǎng 图1풀이 우거지다. 2(들판이) 끝없이 넓고 끝이 없다.

【莽原-원】mǎngyuán 图풀이 무성한 들판.

【莽撞-당】mǎngzhuàng 图(행동이) 거칠고 경망스럽다. (同)〔鲁 lǔ 莽〕, (反)〔稳重 wěnzhòng〕

【蟒】虫部│mǎng
      10画│이무기 망
图1〈動〉이무기. 구렁이. 2'蟒袍 páo'의 약칭.

【蟒袍-포】mǎngpáo 图망포.〔명청(明清)시대에 대신(大臣)들이 입던 예복(禮服)으로 금색(金色)의 이무기가 수놓여 있음〕

【蟒蛇-사】mǎngshé 图〈動〉큰 구렁이. 이무기.

māo

☆【猫(貓)】犭部│māo
          8画│고양이 묘
1图〈動〉고양이. ◇~在家里不敢出来/고양이가 집안에 숨어서 못나온다. 2图〈方〉〈轉〉숨다. 달아나 숨다. ⇒máo

【猫睛石-정석】māojīngshí (同)〔猫眼 yǎn 石〕

【猫哭老鼠-곡노서】māo kū lǎoshǔ 고양이 쥐생각하다.

【猫儿腻-아니】māornì 图내막. 사연.

【猫儿食-아식】māorshí 图〈方〉적은 식사량.

【猫儿眼-아안】māoryǎn 图〈俗〉묘안석.

【猫头鹰-두응】māotóuyīng 图〈俗〉〈鳥〉부엉새.

【猫熊-웅】māoxióng 图〈動〉팬더(panda).

【猫眼-안】māoyǎn 图〈俗〉집 안에서 밖을 내다보는 문에 있는 작은 구멍. 피볼(peephor).

【猫眼石-안석】māoyǎnshí 图〈礦〉묘안석.

【猫鱼-어】māoyú (~儿)图고양이가 먹는 작은 물고기.

máo

★【毛】毛部│máo
      0画│털 모
1图(동식물의) 털. 깃. 털과 같은 것. ◇羽~/깃털. ◇羊~/양털. ◇桃子的皮上有细~/복숭아의 껍질에는 솜털이 있다. 2图곰팡이. ◇馒头放久了就要长~/찐빵을 오랫동안 놓아두면 곰팡이가 슬 것이다. 3图조잡하다. 거칠다. 4图대략적이다. 전체적이다. ◇~重/총중량. 5图작

다. 어리다. ◇~孩子/애송이. 6图(화폐의 가치가) 떨어지다. ◇钱~了/돈 가치가 떨어졌다. 7图부주의하다. 덜렁덜렁하다. ◇~手~脑/덜렁덜렁하다. 8图(놀라) 당황하다. 허둥지둥하다. ◇这下可把他吓~了/이번엔 정말 그를 당황하게 했다. 9图〈方〉화내다. ◇你可别再说他了, 再说, 他就要~了/그에 대해 더이상 말하지 말아. 더 말하면, 그는 화를 낼 거야. 10图중국 화폐. '一元'의 십분의 일. 10전. 11(Máo)图성(姓).

★【毛笔-필】máobǐ 图붓.

【毛边-변】máobiān 图1재단하여 가장자리가 약간 풀어진 天. 2'毛边纸'의 약칭.

【毛边纸-변지】máobiānzhǐ 图당지(唐紙).

☆【毛病-병】máo·bìng 图1고장. 손상. 결함. ◇这架收音机有点~/이 라디오는 고장이 좀 난 것 같습니다. 世교毛病:弊病:问题 ①공익에 피해가 가는 경우에는 "毛病"을 쓰지 않는다. ◇他用小说来说明现代社会的(×毛病)弊病/그는 소설을 통해 현대 사회의 폐단을 설명했다. ②사회적 운동 또는 뜻밖의 재난은 "毛病"을 쓰지 않는다. ◇在改革中难免出现一些(×毛病)问题/개혁중 약간의 문제가 나타나는 것은 피할 수 없다. 2(개인의) 나쁜 버릇. 결점. 벽(癖). ◇他抽烟的~总也改不了 liǎo/그의 흡연버릇을 고치려고 해도 고쳐지지 않았다. 3실수. ◇克服工作上的~/업무의 실수를 고친다. 4〈方〉병. 질병. ◇这孩子总是不爱吃东西, 准是有了~/이 애는 언제나 잘 먹지 않는데 틀림없이 병났을 것이다.

【毛玻璃-파리】máobō·li 图젖빛 유리. (反)〔光 guāng 玻璃〕

【毛布-포】máobù 图〈紡〉거친 면사로 짠 천. (同)〔粗 cū 布〕, (反)〔细 xì 布〕

【毛糙-조】máo·cao 图조잡하다. 거칠다. ◇这活儿做得太~/이 일은 매우 조잡하게 했다. (同)〔马虎 mǎ·hu〕, (反)〔精细 jīngxì〕

【毛茶-차】máochá 图홍차나 녹차의 원료차. ◇红~/가공하지 않은 홍차. (同)〔毛条 tiáo〕

【毛虫-충】máochóng 图〈虫〉(송충이 따위의) 모충.

【毛刺-자】máocì (~儿)图〈機〉금속기기(機器)의 가장자리나 매끄러운 평면에 생긴 거칠거나 껄끌한 부분.

【毛豆-두】máodòu 图〈植〉풋콩. 청대콩.〔껍질에 털이 많고 푸른색의 콩〕

【毛发-발】máofà 图털과 머리카락.

【毛纺-방】máofǎng 图〈紡〉모방적(毛紡績).

【毛茛-간】máogèn 图〈植〉미나리아재비. 모

간. 모근.

【毛估-고】máogū 〈动〉어림셈하다. 대충 견적하다.

【毛骨悚然-골송연】máo gǔ sǒng rán 〈成〉소름이 끼치다. 으쓱하다.

【毛咕-고】máo·gu 〈动〉〈方〉무서워하다. 놀라서 당황하다.

【毛孩-해】máohái (~儿)갓난 아이.

【毛孩子-해자】máohái·zi 〈名〉1어린 아이. 2〈罵〉철부지. 애송이.

【毛烘烘-홍홍】máohōnghōng (~的)〈形〉털이 더부룩하다.

☆【毛巾-건】máojīn (세수용)수건.

【毛巾被-건피】máojīnbèi 〈名〉타월.

【毛举细故-거세고】máo jǔ xì gù 〈成〉사소한 사항까지 자질구레하게 열거하다.

【毛孔-공】máokǒng 〈名〉모공. 털구멍.

【毛裤-고】máokù 〈名〉털 내복 바지.

【毛蓝-람】máolán 〈色〉남색. 쪽빛.

【毛利-리】máolì 〈名〉총이익. [기업의 총수입에서 원가만을 제외한 이익] (同)〔毛息 xī〕, (反)〔净 jìng 利〕

【毛料-료】máoliào 〈名〉1모직물. 2인조모 등으로 짠 원단.

【毛驴-려】máolǘ (~儿)〈名〉〈動〉작은 당나귀.

【毛毛-모】máo·mao 〈方〉1갓난 아이. 2머리털. 모발.

【毛毛虫-모충】máo·maochóng 〈名〉1(同)〔毛虫〕2굼뜬 사람. 동작이 느린 사람.

【毛毛雨-모우】máo·maoyǔ 〈名〉1이슬비. 2사전에 의도적으로 소식을 흘려 준비를 하게 함.

【毛囊-낭】máonáng 〈名〉〈生理〉털주머니. 모낭.

【毛坯-배】máopī 〈名〉1반제품. 2미가공품. 3연마[가공]하지 않은 주물.

【毛皮-피】máopí 〈名〉모피. 털가죽.

【毛票-표】máopiào (~儿)〈名〉10전·20전짜리의 지폐. (同)〔角 jiǎo 票〕

【毛渠-거】máoqú 〈名〉〈農〉관개용의 가는 수로.

【毛茸茸-용용】máorōngrōng (~的)〈形〉(동식물의 털이)더부룩하다. 보송보송하다. ◇小白兔的毛~的/흰 토끼의 털은 보송보송하다.

【毛瑟枪-슬창】máosèqiāng 〈名〉〈軍〉모제르 (mauser)총.

【毛手毛脚-모수각】máo shǒu máo jiǎo 〈成〉일을 대충대충 처리하다. 덜렁대다.

【毛遂自荐-수자천】Máo Suì zì jiàn 〈成〉자진해서 나서다. 자천(自薦)하다.

【毛太纸-태지】máotàizhǐ 〈名〉약간 얇은 습자용 종이(복건성 특산). (同)〔毛边 biān 纸〕

【毛毯-담】máotǎn 〈名〉모포. 융단. 담요.

【毛桃-도】máotáo 〈名〉〈植〉1야생 복숭아 나무. 2털복숭아.

【毛条-조】máotiáo (同)〔毛茶 chá〕

【毛头纸-두지】máotóuzhǐ 〈名〉섬유질이 칠고 질이 부드러운 흰 종이. [주로 창호지나 포장지로 쓰임]

【毛窝-와】máowō 〈名〉털신. 면신발. (同)〔棉鞋 miánxié〕

【毛细管-세관】máoxìguǎn 〈名〉1〈生理〉모세혈관. (同)〔毛细血 xuè 管〕2〈物〉모세관. (同)〔毛细现象 xiànxiàng〕

【毛细现象-세현상】máoxì xiànxiàng 〈名〉〈物〉모세관 현상. (同)〔毛细管 guǎn 现象〕

＊＊【毛线-선】máoxiàn 〈名〉털실. ◇打~/털실을 짜다.

【毛丫头-아두】máoyā·tou 〈名〉철모르는 여자 아이.

【毛样-양】máoyàng 〈名〉〈印〉교정쇄. 게라 (galley)쇄.

【毛腰-요】máo// yāo 〈动〉〈方〉허리를[몸을] 구부리다. ◇~钻进山洞/허리를 구부리고 굴에 들어갔다. (同)〔猫 máo 腰〕

☆【毛衣-의】máoyī 〈名〉털옷. 스웨터.

【毛蚴-유】máoyòu 〈名〉〈虫〉섬모 유충.

【毛躁-조】máo·zao 〈形〉1(성질이) 조급 〔성급〕하다. 2침착하지 못하다. ◇他做事有些~/그녀는 일할 때 좀 침착하지 못하다.

＊＊【毛泽东思想-택동사상】Máo Zédōng sīxiǎng 〈名〉모택동사상.

【毛织品-직품】máozhīpǐn 〈名〉1모직천〔옷 감〕. 2모직품. 모직물. 모직으로 만든 옷.

【毛重-중】máozhòng 〈名〉1(포장무게를 포함한) 총중량. 2가축이나 가금의 가죽과 털을 포함한 중량. (反)〔净 jìng 重〕

【毛猪-저】máozhū 〈名〉〈商〉(상품으로서의) 살아 있는 돼지.

【毛装-장】máozhuāng 〈名〉(책의) 가장자리를 자르지 않는 장정(裝幀).

【毛子-자】máo·zi 〈名〉1〈文〉〈貶〉(옛날) 양놈. 2〈方〉(옛날) 비적.

牦(氂) 牛部 máo
4画 소 모

【牦牛-우】máoniú 〈名〉〈動〉야크(yak).

矛 矛部 máo
0画 창 모

〈名〉창. ◇~头/창끝.

☆【矛盾-순】máodùn 1〈名〉창과 방패. 모순. 2〈名〉대립. 충돌. ◇他们俩只是闹了点小~, 很快就解决了/그들 두 사람은 단지 사소한 의견충돌이 있었지만 곧 해결되었다. 3〈动〉모순되다. 갈등하다. 상충되다. ◇他的话前后自相~/그의 말은 앞뒤가 서로

M

모순된다. ◇听了她的话，他心里很～/그
녀의 말을 듣고 그는 마음속으로 갈등이
심했다.

【矛盾律－순률】máodùnlǜ 몡〈論〉모순율.

【矛头－두】máotóu 몡창끝. 〈喩〉화살. ◇
他把攻击的～指向小刘/그는 공격의 화살
을 류군을 향했다.

【茅】 ⧾部 | máo
5画 | 띠 모
몡1〈植〉풀 이름. 띠. ◇白～/띠. 2(Máo)
성(姓).

【茅草－초】máocǎo 몡〈植〉띠.

【茅房－방】máofáng 몡변소. (同)〔厕 cè 所〕

【茅坑－갱】máokēng 몡1〈口〉똥통. 2〈方〉
간이변소. (시골의) 측간. (同)〔厕 cè 所〕

【茅庐－려】máolú 몡초가집. (同)〔草屋 cǎ
owū〕

【茅棚－붕】máopéng 몡띠로 지붕을 인 오
두막 집.

【茅塞顿开－새돈개】máo sè dùn kāi 〈成〉
문득 깨치다. 마음이 탁 트이다. (同)〔顿
开茅塞〕

【茅舍－사】máoshè (同)〔茅屋 wū〕

【茅厕－측】máo·si 몡〈方〉변소. (同)〔厕
cè 所〕

＊＊【茅台酒－태주】máotáijiǔ 몡마오타이주.
〔중국 귀주성(贵州省) 모대진(茅臺鎮)에
서 나는 명주〕

【茅屋－옥】máowū 몡초가집. 〈轉〉누추한
집.

【蝥】 矛部 | 虫部 | máo
12画 | 11画 | 뿌리잘라먹는벌레 모
몡〈虫〉묘근을 갉아 먹는 해충.

【蝥贼－적】máozéi 몡국민이나 국가에 해
를 끼치는 자.

【茆】 ⧾部 | máo
5画 | 구릉 묘
1(同)〔茅 máo 1〕2(Máo)몡성(姓).

【猫(貓)】 犭部 | máo
8画 | 고양이 묘
⇒māo

【猫腰－요】máo// yāo 통허리를 굽히다.

【锚·錨】 钅部 | máo
8画 | 닻 묘
몡닻.

【锚地－지】máodì 몡정박지.

mǎo

【卯】 卩部 | mǎo
3画 | 넷째지지 묘
몡1묘. 12지(支)의 네 번째. 2장붓구멍.
홈.

【卯时－시】mǎoshí 몡묘시. 〔오전 5시에서

7시까지〕

【卯榫－순】mǎosǔn 몡〈建〉장붓구멍과 장부.

【卯眼－안】mǎoyǎn 몡〈建〉장붓구멍. 홈.

【峁】 山部 | mǎo
5画 | 구릉 묘
몡(중국 서북지역의) 황토지대의 구릉.

【昴】 日部 | mǎo
5画 | 별이름 묘
몡묘성. 이십팔수의 하나.

【铆·鉚】 钅部 | mǎo
5画 | 대갈못 묘
1몡〈機〉리베트(rivet) 연결. 리베팅(riv-
eting). 2통리베트를 박다.

【铆钉－정】mǎodīng 몡〈機〉리베트(rivet).

【铆钉枪－정창】mǎodīngqiāng 몡리베
트 해머(rivet hammer). 리베터(riveter).

【铆工－공】mǎogōng 몡〈機〉1리베트 공. 2
리베트를 박는 일.

【铆接－접】mǎojiē 통〈機〉리베트(rivet)로
잇다.

【铆劲儿－경아】mǎo// jìnr 통〈口〉힘을 모
아 한꺼번에 쓰다.

mào

【耄】 老部 | mào
4画 | 늙을 모
몡8, 90세된 고령의 노인. ◇老～/노인.

【貌】 豸部 | mào
7画 | 모양 모
몡1생김새. 얼굴. ◇容～/용모. 2외관.
모습. ◇全～/전모.

【貌合神离－합신리】mào hé shén lí 〈成〉
겉으로는 가까운 듯하나 실제로는 딴맘
을 먹고 있다. (同)〔同床异梦〕, (反)〔情
投意合 qíng tóu yì hé〕

【貌似－사】màosì 통겉보기로는 …인 듯하
다. (同)〔形 xíng 似〕, (反)〔酷 kù 似〕

【貌相－상】màoxiàng 1몡용모. 생김새. 2
통겉을 보다. 외모를 따지다.

【茂】 ⧾部 | mào
5画 | 우거질 무
몡1무성하다. 우거지다. ◇根深叶～/뿌리
가 깊고 잎이 무성하다. 2다채롭다. 풍성
하고 훌륭하다. ◇图文并～/그림과 글이
모두 훌륭하다.

＊【茂密－밀】màomì 형 (초목이) 무성하다.
◇～的竹林/무성한 대나무 숲.

【茂年－년】màonián 몡〈文〉(인생의) 장
년기.

＊【茂盛－성】màoshèng 형1우거지다. 무성
하다. ◇庄稼 zhuāng·jia 长得很～/농작
물이 무성하게 자라다. 2번창하다. ◇财
源～/재원이 풍부하다.

M

☆【冒】日部 5画 | mào 무릅쓸 **모**

1[동](바깥쪽으로나 위로) 뿜어나오다. ◇前几天这里~过泥浆，可能地下管道坏了/며칠 전 여기에 흙탕물이 뿜어나왔는데 지하관이 망가졌을지 모른다. ◇水壶正~着气/주전자에서 김이 뿜어 나오고 있다. **2**[동](위험이나 악조건 등을) 무릅쓰다. ◇农民们~雨收割小麦/농민들이 비를 무릅쓰고 보리를 베고 있다. **3**[형]경솔하다. 조심성이 없다. ◇看见那人好像是他，我~喊一声/나는 저 사람을 보고 그인 줄 알고 경솔하게 큰 소리로 불렀다. **4**[동]속이다. 사칭하다. ◇这种酒是~牌货/이 술은 위조품이다. [비교]冒:冒充 "冒"는 "名" "牌" 등 몇몇 단음절 명사만을 목적어로 쓴다. ◇他(×冒)冒充好人，躲在一个农民家里/그는 좋은 사람임을 사칭해 한 농가에 숨어 있다. **5**(Mào)[명]성(姓).

【冒场－장】mào∥chǎng [동]연극공연에서 배우가 등장할 때가 안되어 등장하다.

【冒充－충】màochōng [동]사칭하다. 가장하다. ◇他~记者/그는 기자를 사칭했다. ◇~内行/전문가를 사칭했다.

【冒顶－정】mào∥dǐng [동]〈礦〉(탄광에서) 낙반하다.

【冒渎－독】màodú [명][동]모독(하다).

【冒犯－범】màofàn [동](상대방의) 기분을 상하게 하다. 비위를 건드리다. ◇他不懂事，~您，请原谅/그가 철이 덜 들어서 당신의 기분을 상하게 했으니 용서해 주세요. (同)〔渎 dú 犯〕

【冒功－공】mào∥gōng [동]남의 공로를 제 것인 양 말하다.

【冒号－호】màohào [명]콜론(colon). ':'

【冒火－화】mào∥huǒ (~儿)[동]화를 내다. (同)〔动 dòng 火〕, (反)〔息怒 xīnù〕

【冒尖－첨】mào∥jiān [동]**1**(그릇, 바구니 등 용기보다 약간 넘을 정도로) 수북이 담기다. **2**남짓하다. 일정한 수량을 조금 초과하다. ◇那件衣服四千块刚~/그 옷은 4천 원을 약간 넘다. **3**눈에 띄다. 뛰어나다. ◇在语法研究方面他是~的/문법 연구에 있어서 그는 분명히 뛰어나다. **4**(조짐이) 나타나다〔생기다〕.

*【冒进－진】màojìn [동]무모하게 나아가서 (일을) 서둘러 (급진적으로) 하다. ◇我们制定工作计划时，既不要保守，也不能~/우리는 업무계획을 세울 때 보수적이어서도 안 되고 무모하게 해서도 안 된다.

【冒昧－매】màomèi [형]〈謙〉(언행이) 주제넘다. 분별이 없다. 당돌하다. ◇~陈辞/주제넘게 말씀을 드립니다. ◇他真有点儿~/그는 정말 좀 당돌하다.

【冒名－명】mào∥míng [동]남의 명의를 사칭하다.

*【冒牌－패】mào∥pái (~儿)[동]상표를 도용하다. ◇~货/위조품. (反)〔正 zhèng 牌〕

【冒失－실】mào·shi [형]경망하다〔스럽다〕. 중뿔나다. (同)〔鲁莽 lǔmǎng〕, (反)〔稳重 wěnzhòng〕

【冒失鬼－실귀】mào·shiguǐ [명]경망스런 사람. 무례한 사람. 오지랖 넓은 사람.

【冒天下之大不韪－천하지대불위】mào tiān xià zhī dà bù wěi 〈成〉온 세상의 비난도 마다 않고 극악무도한 짓을 하다.

【冒头－두】mào∥tóu [동]**1**(조짐이) 나타나다. 생기다. (同)〔冒尖 jiān〕 **2**남짓하다. (同)〔出 chū 头〕

*【冒险－험】mào∥xiǎn [동]모험하다. 위험을 무릅쓰다. ◇队员们~飘流长江/대원들이 위험을 무릅쓰고 양자강을 표류하고 있다.

【帽】巾部 9画 | mào 건 **모**

[명]**1**모자. ◇草~/밀짚모자. **2**(~儿)모자처럼 생긴 것. 뚜껑. ◇笔~/붓뚜껑.

【帽翅－시】màochì (~儿)[명]사모(중국모자의 일종) 뒤에 좌우로 날개처럼 늘어뜨린 장식.

【帽耳－이】mào'ěr [명]방한모의 귀를 덮는 부분.

【帽花－화】màohuā (同)〔帽徽 huī〕

【帽徽－휘】màohuī [명]제모(制帽)의 앞에 붙이는 표지.

【帽盔儿－회아】màokuīr [명]**1**헬멧. **2**모자를 만들 때 쓰는 목형(木型). **3**모자챙을 뗀 부분.

【帽舌－설】màoshé [명]모자챙.

【帽檐－첨】màoyán (~儿)[명]모자의 차양.

★【帽子－자】mào·zi [명]**1**모자. ◇一顶~/모자 하나. ◇一阵风吹掉了他头顶上的~/그의 머리 위에 있는 모자가 바람에 떨어졌다. **2**죄명 또는 죄인이라는 레테르. ◇二十年来，他一直戴着一顶右派分子的~/그는 20년 동안 계속 우파분자라는 딱지가 붙어다녔다.

【贸·貿】贝部 5画 | mào 장사할 **무**

[명]무역. 교역.

【贸然－연】màorán [형]경솔하다. 경망스럽다.

☆【贸易－역】màoyì [명]무역. ◇~公司/무역회사.

【贸易风－역풍】màoyìfēng [명]〈天〉무역풍.

【瞀】目部 9画 | mào 흐릴 **무**

〈文〉[형]**1**눈이 가물거리다. **2**(마음이) 어지럽다. **3**어리석다.

M

【懋】 心部 | mào
13画 | 힘쓸 무
1〈동〉〈文〉힘쓰다. 근면하다. ◇～賞/후한 상. 2〈형〉성대하다. ◇～典/성대한 의식. 3 (同)〔茂mào〕

·me

【嚜】 口部 | ·me
12画 | 잠잠할 묵
〈조〉'嘛'의 용법과 같음.

没 642	玫 644	枚 644	眉 644	嵋 645
猸 645	楣 645	镅 645	鹛 645	莓 645
姆 645	梅 645	酶 645	霉 645	腜 645
媒 645	煤 645	糜 646	每 646	美 646
镁 647	浼 647	妹 647	眛 647	寐 647
魅 647	袂 647	谜 647	媚 647	

méi

★【没】 氵部 | méi
4画 | 빠질 몰
1〈동〉'没有'와 같음. 구어(口語)에서는 흔히 '没'로 씀. ◇你要的东西商店~了/네가 원하는 것은 상점에 이젠 없다. 2〈부〉'没有'와 같음. 구어에서는 흔히 '没'로 씀. ◇我~吃过这种菜/나는 이 요리를 먹어본 적이 없다. ⇒mò
【没把握－파악】méi bǎwò〈口〉자신이 없다. ◇我对此事实在~/난 이 일에 정말 자신이 없다.
【没边儿－변】méibiānr〈동〉1근거가 없다. ◇别说这种~的话/이런 근거 없는 말을 하지 마라. 2끝이 없다. ◇他们一玩就玩得~/그들은 놀았다하면 끝이 없구나.
☆【没错－착】méi cuò（～儿）틀림없다. 옳다. ◇～儿，准是你哥哥来了/틀림없어, 분명히 네 형이 온 거야.
【没的说－적설】méi ·de shuō 1말할 필요도 없다. 말할 나위 없다. 흠잡을 데가 없다. ◇他长得挺帅shuài的，论才干那更~/그는 참 멋있게 생겼다. 재능으로 말하자면 더욱 말할 필요도 없다. 2문제없다. 걱정말아라. ◇这事全拜托你了－～，我全包了/이 일은 다 네게 부탁하겠다. －문제없어, 내가 전적으로 책임지겠다.
【没法儿说－법아설】méi fǎr shuō〈口〉어쩔 수 없다. 못 말리다. ◇这孩子，～干什么事都不和大人商量/이 애는 못말려, 무슨 일을 하든간에 어른과 상의도 하지 않아.
★【没关系－관계】méi guān·xi 1관계가 없다. ◇他来不来都～/그가 오든 말든 관계없다. 2괜찮다. 문제 없다. 염려 없다. ◇这本书我看完忘记还你了，真对不起－～，我已经看过了/이 책을 내가 다 보고 네게 돌려주는 것을 잊어먹고 정말 미안해. －괜찮아, 나는 벌써 봤는걸.
【没话说－화설】méi huà shuō〈口〉할 말이 없다. ◇是你先惹他，被他骂也~/네가 먼저 그를 건드렸으니 그에게 욕을 먹어도 할 말은 없지.
【没几个－기개】méi jǐ gè 얼마 없다. 몇 안 되다. ◇他住院动手术，出院没几天就跑来上班/그는 입원해 수술받은 후 퇴원한 지 얼마 안돼 다시 출근했다. 주의 '个'는 다른 양사로 교체가능.
【没劲－경】méi// jìn（～儿）〈동〉1힘이 없다. ◇浑身～/온몸에 힘이 없다. 2흥미가 없다. ◇这本小说真~/이 소설은 정말 재미가 없다.
【没精打采－정타채】méi jīng dǎ cǎi〈成〉활기가 없다. 맥이 풀리다.
【没来得及－래득급】méi lái·de jí〈口〉시간이 없다. 겨를이 없다. ◇还有几个，～做完/아직 몇 개는 시간이 없어 못 끝내요.
【没来由－래유】méiláiyóu 까닭이 없다. 이유가 없다. ◇你这样发火真~/당신이 이렇게 화내는 것이 정말 까닭이 없다.
【没落子－락자】méi lào·zi（又讀 méi luò·zi）〈方〉생계가 막연하다. 생활이 불안하다.
【没脸－검】méiliǎn〈동〉면목이〔염치가〕없다. ◇～见人/남을 볼 면목이 없다.
【没…没…－…몰…】méi…méi… 1…도 없고 …도 없다.〔같거나 유사한 의미의 두 명사·동사·형용사의 앞에 쓰여 부정을 강조함〕◇～皮～脸/뻔뻔스럽다. 2…도 없고 …도 없다.〔반대되는 의미의 두 형용사 앞에 쓰여 당연히 구별해야 할 것을 구별하지 못한다는 뜻을 나타냄〕◇～老～少/위아래가 없다.
【没门儿－문아】méi// ménr〈동〉1〈方〉방법이 없다. 가망이 없다. ◇让我去办这样的事，我可～/나더러 그런 일을 하라고 하는데 나는 정말 방법이 없다. 2〈俗〉불가능하다. ◇你没有熟人怎么能进报社，～/당신은 아는 사람도 없는데 어떻게 신문사에 들어갈 수 있니, 불가능하다. 3〈方〉어림도 없다.〔거절함을 나타냄〕◇他想一个人独占，～!/그는 혼자서 독차지하려는데 어림없다.
【没命－명】méimìng〈동〉1죽다. ◇不是他及时把我送到医院，我早～了/그가 나를 제때에 병원에 보내지 않았으면 나는 벌써 죽었을 것이다. 2목숨을 걸다. ◇受了伤

的小鹿，～地奔跑/부상당한 새끼 사슴이 필사적으로 뛰고 있다. 3복(福)이 없다.

【没那么容易－나마용이】méi nà·me róng·yi 그렇게 쉽지만은 않다. ◇那你是可以来了？ — 、，还要看有没有车票/그럼 올 수 있겠네요？ — 그렇게 쉽지만은 않아요. 차표가 있는지 봐야해요.

【没你的事－니적사】méi nǐ·de shì 당신과는 상관없는 일이다. 당신이 알 바 아니다. ◇去罢！这～/가세요! 이건 당신과는 상관없는 일이에요.

【没跑儿－포아】méi// pǎor 圖틀림없다.

【没谱儿－보아】méi// pǔr 圖계획이 없다. 정확하게 모르다. ◇这件事怎么办，他还没个谱儿/이 일을 어떻게 하는지에 대해 그는 아직 정확하게 모른다.

【没趣－취】méiqù （～儿）圖1재미없다. 시시하다. 2무안하다. 난처하다. ◇他觉得～，只好走开了/그는 무안하여 떠날 수밖에 없었다.

【没商量－상량】méi shāng·liang 상의할 여지가 없다. ◇他那么顽固，这事～了/그가 그렇게 고집을 부리니 이 일은 상의할 여지가 없다.

☆【没什么－심마】méi shén·me 1아무 것도 아니다. 별것 아니다. ◇你怎么了？ — 、，有点儿疼/너 왜그래？ — 좀 아픈데 별것 아니야. 2아무 것도 없다. ◇他太穷了，家里～/그는 너무 가난해서 집에 아무 것도 없다. 3상관 없다. 괜찮다. ◇住二层当然很好，住五层也～/2층에 사는 것은 물론 좋지만 5층에 사는 것도 괜찮다.

【没什么大不了(的)－심마대불료(적)】méi shén·me dà·buliǎo （·de） 별거 아니다. 그리 대단한 건 아니다. ◇在我看来，输一场～/내가 보기에 한 번 져도 별거 아니다. →〔有 yǒu 什么大不了(的)〕

【没什么(好)说的－심마(호)설적】méi shén·me(hǎo) shuō ·de 뭐라 말할 게 없다. ◇～，今天你们装好货就住我家里/말할 것도 없이, 오늘 너희들은 짐을 다 실은 후 우리집에 묵어라.

【没什么了不起－심마료불기】méi shén·me liǎo·buqǐ 대단할 것 없다. ◇他的追求也～/그의 추구에도 뭐 대단한 건 아니다.

【没什么…头－심마…두】méi shén·me…tou 〈口〉…할 만한 게 없다. 할 만한 게 못되다. ◇这笔生意没什么谈头/이 거래는 협상할 게 못된다. ◇这公园可没什么玩头/이 공원은 정말 놀만한 게 없다. →〔有 yǒu 什么…头〕

☆【没事－사】méi// shì 圖1(볼) 일이 없다. 용건이 없다. ◇～在家看书，别到外边瞎跑/별일 없으면 집에서 책보고 밖으로 싸돌

아다니지 말아라. 2직업이 없다. ◇他近来～，在家闲着/그는 요즘 실직해서 집에서 놀고 있다. 3별탈없다. ◇他～了, 大家可以放心/그는 별탈 없으니 모두들 안심해도 된다. 4(套)상관 없다. 책임없다. ◇你跟他说清楚就～了/너는 그와 분명하게 말하면 책임이 없다.

【没事人－사인】méishìrén （～儿）圖관계 없는 사람. 제삼자. 어떤 일에 개의치 않는 사람.

＊＊【没说的－설적】méishuō·de 1나무랄 데가 없다. ◇这小伙子思想好，劳动好，真是～/그 젊은이는 사고도 좋고 일도 잘해 정말 나무랄 데가 없다. 2변명할 여지가 없다. ◇你跟我约好的，该你去，～/네가 나와 약속한 것인데 네가 가야지 변명할 여지가 없다네. 3말할 나위가 없다. ◇这事我一定替他办好，到时～/이 일은 내가 그 대신 틀림없이 잘 처리할 것이니 더 말할 나위가 없다.

【没挑儿－도아】méi// tiāor 圖나무랄 데 없다. 더 말할 나위 없다. ◇这电脑是～的/이 컴퓨터는 나무랄 데가 없다.

【没头没脑－두몰뇌】méi tóu méi nǎo 1밑도 끝도 없다. ◇他抄起棍子～把把儿子打了一顿/그는 몽둥이를 들고 밑도 끝도 없이 아들을 한 차례 두들겨 팼다. 2두서가 없다. 조리가 없다. ◇说起话来～/말하는 것이 두서가 없다.

【没完－완】méi// wán 圖1끝이 없다. ◇他说起话来就没个完/그는 말하기만 하면 끝이 없다. 2끝까지 하다. 끝장을 보다. ◇他骗我，我跟他～/그가 나를 속였으니 나는 그와 끝장을 볼 것이다.

【没完没了－완몰료】méi wán méi liǎo 〈成〉한도 없고 끝도 없다.

【没戏－희】méi// xì 圖〈俗〉가망(희망)이 없다. ◇那个老人病太重，～了/그 노인의 병세가 심각해서 가망이 없다.

【没想到－상도】méi xiǎngdào 생각지 못하다. 뜻밖이다.

【没心没肺－심몰폐】méi xīn méi fèi 〈成〉사람다운 데가 없다. 양심이 없다.

【没羞－수】méixiū 圖부끄럼이 없다. 뻔뻔스럽다. ◇他做错了还在笑，真～/그가 잘못했는데도 웃고 있으니 정말 뻔뻔스럽다.

【没样儿－양아】méiyàngr 圖1모양이 정돈되지 않다. 2체면이 말이 아니다. 3버릇없다. 되먹지 않다.

★【没意思－의사】méi yì·si 1의미가 없다. 무의미하다. 2재미가 없다. ◇这个电影平淡无奇，真～！/그 영화는 튀는 맛이 없어 정말 재미없다. 3지루하다. ◇一个人待在家里实在～/혼자 집에 있자니 정말

지루하다. (同)〔没有意思〕

【没影儿－영아】méiyǐngr 동1그림자가 없다. 자취를 감추다. ◇他刚才还在这儿, 一下就跑得～了/그는 방금도 여기에 있었는데 어느새 가버리고 그림자도 없다. 2근거가 없다. ◇你说他说谎, 这是～的事/너는 그가 거짓말을 했다고 하지만 이건 근거없는 일이다.

☆【没用－용】méi// yòng 동1쓸모가〔소용이〕없다. ◇他跟你想法不一样, 你跟他说也～/그는 너와 사고가 달라서 그에게 이야기 해봤자 소용없다. 2(méi yòng)쓰지 않았다. 쓰고 있지 않다.

★【没有－유】méi·yǒu 동1없다. 가지고 있지 않다. ◇票～/표가 없다. 2없다. 〔존재의 부정을 나타냄〕◇房间里一人打牌/방안에 트럼프치는 사람이 없다. ◇没有一点风/바람 한점도 없다. 3('谁'·'哪个' 따위의 앞에 쓰여) (아무도〔누구도〕)…않다. ◇～谁会同意这样做/아무도 이렇게 함을 동의하지 않을 것이다. 4…만 하다. …에 못미치다. 〔비교문에 쓰여 '不及', '不如'의 의미를 나타냄〕◇谁都跑得～他快/아무도 그만큼 빨리 뛰지 못한다. ◇谁也～她唱得好/아무도 그녀만큼 잘 부르지 못한다. 5…이 못되다. …이 안되다. 〔수량이 모자라거나 시간이 되지 않았음을 나타냄〕◇他住的房间～十二平方米/그가 사는 집은 12평방미터가 되지 않는다. ◇他来过这儿, 但～几分钟就走了/그는 여기에 왔었는데 몇분도 못되어 가버렸다. 里6…하지 않다. 〔동사 앞에 쓰여 이미 끝난 사건을 또는 과거에 경험했던 사건을 부정한다〕◇他还～睡/그는 아직 자지 않았다. ◇我～学过古代汉语/나는 고대중국어를 배운 적이 없다. 주의a)동사 앞에 기타 부사가 있으면 '没有'는 그 부사 앞에 놓인다. ◇回来后, 他一立刻就去/돌아오고 나서 그는 즉시 가지 않았다. b)'被'字文나 '把'字文에서는 '没有'가 '被'나 '把' 앞에 놓인다. ◇山羊～被老虎吃掉/산양은 호랑이에게 먹히지 않았다. ◇司机一把汽车停在停车场/운전수는 차를 주차장에 주차하지 않았다. 비교没有:不 ①'没有'는 과거에 대한 부정을 나타내며 미래에 대한 부정을 나타내지 않는다. ◇明天我(×没有)不去商店/내일 난 상점에 가지 않겠어. ②'没有'를 동사 앞에 쓰면 동작의 완료 또는 경험을 부정하는 것으로 동작 자체를 부정하지 않는다. ◇今天他有事, 他(×没有)不来了/오늘 그가 일이 있어 오지 않는다. ③표정과 태도를 나타내는 동사 앞에는 '没有'를 쓰지 않는다. ◇售票员(×没有)不客气地说了几句/매표원은 불친절하게 몇마디 했다. ④조동사 "可以", "会" 앞에는 '没有'를 쓰지 않는다. ◇上课时(×没有)不可以吸烟/수업中에는 담배를 필 수 없다. 7…하지 않다. 〔형용사 앞에 쓰여 상태변화의 시작이나 끝났음을 부정한다〕◇昨天洗的衣服还～干呢/어제 빤 옷이 아직 마르지 않았을 걸요.

【没缘－연】méiyuán 형인연이 없다.

*【没辙－철】méi// zhé〈口〉방법이 없다. 어찌할 수가 없다. ◇他不肯去, 我也～/그가 가려고 하지 않으니 나도 어쩔 수가 없다. 비교没辙:没办法 '没辙'는 부사어로 쓰이지 않는다. ◇我(×没辙)没办法解决这个问题/난 이 문제를 해결할 방법이 없다.

【没治－치】méizhì 동〈口〉1(상황이 나빠져서) 약이 없다. ◇他已经完全变了, ～/그는 벌써 완전히 변해서 약이 없다. 2어쩔 수 없다. ◇我真拿他～/나는 정말 그를 갖고 어쩔 수 없다. (同)〔无可奈何 wú kě nài hé〕3(喩)(사람·일이) 대단히 좋다. ◇这么精致的牙雕简直～了/이렇게 정교한 상아 조각품은 정말 훌륭하다.

【没准儿－준아】méi// zhǔnr 형확실하지 않다. 분명하다. ◇这事～能成/이 일은 이룰지 확실치 않다. ◇去不去还没个准儿呢/갈건지 안갈건지 아직 확실치 않다. (同)〔不一定 bù yī dìng〕,〔说不定 shuō bù dìng〕

【玫】王部 méi
　4画 매괴 매
〈文〉옥석의 일종.

*【玫瑰－괴】méi·gui 명장미.

【玫瑰紫－괴자】méi·guizǐ 명〈色〉장미꽃 색깔의 자주색.

*【枚】木部 méi
　4画 낱 매
1양매. 장. 개. 〔주로 형체가 작고 둥근 것을 세는 양사〕◇三～邮票/우표 세 장. ◇一～针/바늘 한 개. 2(Méi)명성(姓).

【眉】目部 méi
　4画 눈썹 미
명1눈썹. ◇浓～/짙은 눈썹. 2책 페이지의 윗쪽 여백〔공백〕. ◇书～/책 윗쪽의 여백.

【眉飞色舞－비색무】méi fēi sè wǔ〈成〉희색이 만면하다. 신나다. ◇他正在～地跟大家说/그는 막 신나게 모든 사람에게 말하고 있다.

【眉高眼低－고안저】méi gāo yǎn dī〈喩〉안색. 표정.

【眉睫－첩】méijié 명눈썹과 속눈썹.〈喩〉

목전. 눈앞. ◇失之～/그것을 보는 앞에서 놓쳤다.

【眉开眼笑－개안소】méi kāi yǎn xiào〈成〉싱글벙글하며 좋아하다.

【眉来眼去－래안거】méi lái yān qù〈成〉1눈짓으로 마음을 전하다. 추파를 던지다. 2몰래 결탁하다.

【眉棱－릉】méiléng 图눈두덩.

＊＊【眉毛－모】méi·mao 图눈썹.

【眉毛胡子一把抓－모호자일파조】méi·mao hú·zi yībǎzhuā 눈썹과 수염을 한꺼번에 잡다. 일을 중요성을 안 따지고 한꺼번에 처리하다.

【眉目－목】méimù 图1눈썹과 눈.〈轉〉용모. 2(문장의) 조리. 틀.

【眉目－목】méi·mu 图두서. 희망.

【眉批－비】méipī 图서적·서류 등의 윗부분에 써넣는 평어(評語)나 메모.

【眉清目秀－청목수】méi qīng mù xiù〈成〉(남자가) 용모가 수려하다.

【眉梢－초】méishāo 图눈썹 꼬리〔끝〕.

【眉题－제】méití 图(신문 따위의) 표제.

＊＊【眉头－두】méitóu 图미간. 눈썹 언저리. ◇一遇到麻烦问题, 他就皱 zhòu～/번거로운 일만 만나면 그는 눈살을 찌푸린다.

【眉心－심】méixīn (同)〔眉头 tóu〕

【眉眼－안】méiyǎn 图1눈썹과 눈. 2〈轉〉용모. 생김새. 3〈轉〉안색. 표정.

【眉宇－우】méiyǔ 图눈썹 언저리.〈轉〉표정.

【嵋】 山部 méi
9画 산이름 미
산 이름. ◇峨～/사천성(四川省)에 있는 아미산.

【猸】 犭部 méi
9画 몽구스 미
【猸子－자】méi·zi 图〈動〉몽구스.

【楣】 木部 méi
9画 문미 미
图〈建〉문 위에 가로댄 나무.

【镅·鎇】 钅部 méi
9画 아메리슘 미
图〈化〉아메리슘(Am).

【鹛·鶥】 鸟部 méi
9画 멧새 미
图〈鳥〉멧새의 일종.

【莓(苺)】 ++部 méi
7画 딸기 매
图〈植〉딸기. ◇草～/딸기.

【姆】 女部 méi
7画 인명 매
인명에 쓰이는 글자.

【梅】 木部 méi
7画 매화나무 매
图1〈植〉매화. 2매실. 3(Méi)성(姓).

【梅毒－독】méidú 图〈醫〉매독.

＊【梅花－화】méihuā 图1〈植〉매화(꽃). 2〈方〉납매(臘梅). 음력 섣달에 피는 매화.

【梅花鹿－화록】méihuālù 图〈動〉꽃사슴.

【梅雨－우】méiyǔ 图장마(비).

【梅子－자】méi·zi 图〈植〉1매화나무. 2매실.

【酶】 酉部 méi
7画 술밑 매
图〈生化〉효소.

＊【霉·黴】 雨部 méi
7画 곰팡이 미
1图곰팡이. 2图곰팡이가 슬다. 부패하다. ◇～豆腐/곰팡이 슬어 변질된 두부.

【霉菌－균】méijūn 图〈微〉곰팡이.

【霉烂－란】méilàn 图곰팡이가 피어 썩다.

【霉气－기】méi·qì 1图곰팡이 냄새. 2图〈轉〉운수가 나쁘다. 재수없다. ◇他今天真是～十足/그는 오늘 정말 재수가 되게 없는 날이다.

【霉天－천】méitiān (同)〔黄 huáng 梅天〕

【霉头－두】méitóu 图재수없다.

【霉雨－우】méiyǔ (同)〔梅雨〕

【脢(脄)】 月部 méi
7画 등심 매
图등심. 등심살. ◇～子肉/등심살. →〔里脊 lǐ·ji〕

【媒】 女部 méi
9画 중매 매
1图중매인. ◇做～/중매를 들다. 2图매개하다. ◇触～/촉매.

＊【媒介－개】méijiè 图매개물. ◇苍蝇是传染疾病的～/파리는 질병을 전염시키는 매개물이다.

【媒婆－파】méipó (～儿)图매파. 중매를 직업적으로 하는 여자.

【媒人－인】méi·ren 图중매장이.

【媒妁－작】méishuò (同)〔媒人 rén〕

【媒体－체】méitǐ 图매스 미디어.

【媒怨－원】méiyuàn〈文〉원한을 사다.

【媒质－질】méizhì 图〈物〉매질. (同)〔介质 jiè〕

【媒子－자】méi·zi 图(꾐에 빠지도록 하는) 브로커. 삐끼. ◇他是个冒充顾客诱人购买假货的～/그는 손님으로 가장하여 가짜 상품을 사게 하는 브로커이다.

☆【煤】 火部 méi
9画 석탄 매
图〈礦〉석탄. ◇炉子里添点～/난로에 석탄을 좀 더 넣어라.

【煤层－층】méicéng 图〈礦〉석탄층.

【煤耗－모】méihào 图석탄 소비량.

【煤核儿－핵아】méihúr 图(다 타지 않은) 석탄재.

【煤化－화】méihuà 图图탄화(하다). (同)

M

〔炭 tàn 化〕

【煤斤－근】méijīn 명석탄의 총칭.

【煤精－정】méijīng 명단단하고 질이 고운 석탄.〔주로 조각 공예품에 쓰인다〕

【煤末－말】méimò (~儿)명석탄 가루.

☆【煤气－기】méiqì 명(석탄) 가스.

【煤气灯－기등】méiqìdēng 명가스등.

【煤气机－기기】méiqìjī 명가스 엔진.

【煤球－구】méiqiú 명알탄.

【煤炭－탄】méitàn 명석탄.

【煤田－전】méitián 명탄전.

【煤烟子－연자】méiyān·zi 명석탄의 그을음.

【煤窑－요】méiyáo 명탄갱.

【煤油－유】méiyóu 명석유.

【煤渣－사】méizhā 명석탄재.

【煤矸子－자자】méizhǎ·zi 명(연료용의) 작은 괴탄.

【煤砖－전】méizhuān 명석탄 가루에 물과 점토(赤土)를 섞어 만든 벽돌 모양의 연료.

【糜(糜,糜)】 麻部 米部 méi 6画 11画 죽 미

⇒mí

【糜子－자】méi·zi 명〈植〉메기장.

měi

★【每】 母部 měi 2画 매양 매

1대…. …당. 각. …마다. ◇~四年召开一次全国人民代表大会/4년마다 1번씩 전국인민 대표대회를 소집한다. ◇~人一个/사람마다 하나씩. 2부…마다.〔주기적으로 반복된 동작 중 한 차례를 나타냄〕◇~上两节课, 都休息十分钟/매 2교시마다 10분간 휴식한다. 주의'每' 뒤에서 '当, 逢, 到' 등 동사가 올 때는 뒤에 수량사가 오지 않는다. ◇~到春节就放鞭炮/구정 때마다 폭죽을 터뜨린다. ◇~当夏季来临, 西瓜就上市/여름철이 되면 수박이 시장에 나온다. ◇~逢期末, 学校就举行茶会/학기말마다 학교에서는 다과회를 연다.

【每常－상】měicháng 부1평소에. 전에. 2언제나. (同)〔往 wǎng 常〕〔常常〕

【每况愈下－황유하】měi kuàng yù xià〈成〉상황이 점점 나빠지다. ◇最近的股票市场是~/최근 증권시장은 점점 나빠지고 있다. (同)〔下 xià 愈况〕, (反)〔蒸蒸日上 zhēng zhēng rì shàng〕

【每每－매】měiměi 부언제나. 늘.〔보통 과거의 일이나 항상 늘 있는 일에 쓰임〕

【每年－년】měinián 1명부매년. 해마다. 2명〈方〉왕년. 과거에.

【每天－천】měitiān 명매일. ◇他~早晨都要去操场锻炼身体/그는 매일 아침마다 신체단련하러 운동장에 간다. 비교每天:一天 아침부터 저녁까지는 "每天"을 쓰지 않는다. ◇他(×每天)一天到晚在家看书/그는 하루종일 집에서 책을 본다.

☆【美】 羊部 měi 3画 아름다울 미

1형아름답다. 곱다. 예쁘다. ◇她长得真~/그녀는 정말 아름답게 생겼다. (反)〔丑 chǒu〕2동아름답게 하다. ◇~容/용모를 아름답게 꾸미다. 3형실컷 …하다. 좋다. 훌륭하다. ◇太累了, 今天我要~~地睡一觉/너무 피곤해서 오늘 실컷 자야겠어. ◇价廉物~/싼값에 훌륭한 상품. 4형맛있다〔좋다〕. ◇这鱼很~/이 생선은 맛있다. 5형〈方〉득의만만하다. 의기양양하다. 6(Měi)명〈地〉미주(美洲). ◇北~/북미. 7(Měi)명미국. ◇~籍华人/중국계 미국인.

【美不胜收－불승수】měi bù shèng shōu〈成〉훌륭한 것이 너무 많아서 한번에 다 감상할 수 없다.

【美餐－찬】měicān 1명입에 맞는 음식. 2동통쾌하게 먹다. ◇~一顿/통쾌하게 한 끼를 먹었다.

【美差－차】měichāi 명좋은 직위〔일〕. ◇出差桂林可是件~/계림에 출장가는 게 정말 좋은 일이지.

【美称－칭】měichēng 명아름다운 이름. 좋은 평판.

*【美德－덕】měidé 명미덕. ◇勤奋节俭是我国人民的传统/근검 절약은 우리 나라 국민의 전통 미덕이다.

【美得你－득니】měi·de nǐ 잘난 척하지 마라. 으시대지 마라. ◇~! 数学考第一就不想学习啦/잘난 척하기는! 수학에서 일등하니 공부하고 싶지도 않아?

【美感－감】měigǎn 명미적 감각.

【美工－공】měigōng 명〈演〉1(영화 따위의) 미술업무.〔세트의 도구나 복장 디자인 따위〕2(영화 따위의) 미술 디자이너.

*【美观－관】měiguān 형(장식·외관 등이) 보기 좋다. 아름답다. ◇这座小楼设计得很~/그 작은 건물은 아름답게 설계됐다. (同)〔好看 hǎokàn〕〔漂亮 piàoliang〕비교美观:美丽 사람의 외모를 형용할 때는 "美观"을 쓰지 않는다. ◇她是一个十分(×美观)美丽的姑娘/그녀는 대단히 아름다운 처녀이다.

☆【美好－호】měihǎo 형좋다. 훌륭하다. 행복하다.〔주로 생활·앞날·희망 등의 추상명사에 쓰임〕◇谁不希望自己有个~的前途?/자신의 행복한 미래를 누가 바라지 않겠는가? ◇~的愿望/좋은 희망. 비교美好:美丽 구체명사에는 "美好"가 쓰이

지 않는다. ◇她有一对(×美好)美丽的眼睛/그녀는 아름다운 눈을 가졌다.
【美化－화】měihuà 명동미화(하다). ◇～市容/도시를 미화시키다.
【美金－금】měijīn 명미국 달러.
【美景－경】měijǐng 명아름다운 경치.
【美酒－주】měijiǔ 명맛있는 술.
☆【美丽－려】měilì 형아름답다. ◇她长得很～/그녀는 아름답게 생겼다. ◇～的花朵/아름다운 꽃송이.
∗【美满－만】měimǎn 형아름답고 원만하다. ◇他们婚后日子过得很～/그들은 결혼 후 원만하게 지내고 있다.
∗【美貌－모】měimào 1명미모. 2형용모가 아름답다. ◇她长得非常～/그녀는 아주 아름답게 생겼다.
【美美－미】měiměi 부실컷. 한껏. 충분히. ◇～地吃一顿/실컷 한끼 먹다.
【美梦－몽】měimèng 명헛된 꿈. ◇投机分子的～破灭了/투기꾼의 헛된 꿈이 깨졌다.
【美妙－묘】měimiào 형멋지다. 훌륭하다. ◇～的诗句/훌륭한 시구.
【美名－명】měimíng 명미명. 좋은 평판.
【美女－녀】měinǚ 명미녀.
【美气－기】měiqì 형方즐겁다. 멋지다.
【美人－인】měirén 명(～儿)미인.
【美人蕉－인초】měirénjiāo 명植1홍초. 2칸나.
【美容－용】měiróng 동미용하다.
☆【美术－술】měishù 명1미술. 2그림. 회화.
【美术片－술편】měishùpiàn (～儿)명에니메이션. 동화. 만화영화.
【美术字－술자】měishùzì 명도안 문자.
【美谈－담】měitán 명미담.
【美味－미】měiwèi 명맛있는 음식.
【美学－학】měixué 명미학.
【美言－언】měiyán 1동(남을 위해) 좋은 말을 해주다. ◇～儿句/몇 마디 좋은 말을 해주었다. 2명격려의 말. 덕담.
【美意－의】měiyì 명호의. 친절.
【美育－육】měiyù 명教1정서 교육. 2예술 교육.
☆【美元－원】měiyuán 同〔美圆 yuán〕
【美圆－원】měiyuán 명양미국 달러(dollar).
∗【美中不足－중불족】měi zhōng bù zú 成훌륭한 가운데에도 부족한 데가 옥에 티. ◇登泰山而没能看到日出总觉得～/태산에 올라 일출을 못 봐 언제나 아쉽게 느낀다.
【美洲－주】Měizhōu 명地미주. 아메리카주.
【美滋滋－자자】měizīzī 형즐거워 마음이 들뜬 모양.

∗【镁·鎂】钅部 | 9画 | 마그네슘 미

명化마그네슘(Mg).
【镁光－광】měiguāng 명(마그네슘광) 플래시 라이트.

【浼】氵部 | 7画 | 더럽힐 매

동文1오염되다. 더럽히다. 2청탁하다.

mèi

【妹】女部 | 5画 | 누이 매

명1여동생. 누이동생. ◇姐～/자매. 2동배(同輩)이면서 자신보다 나이가 어린 여자. ◇表～/사촌 여동생. 3方젊은 여자. 여자아이.
【妹夫－부】mèi·fu 명매부. 여동생의 남편.
★【妹妹－매】mèi·mei 명1누이 동생. 2(같은 항렬의) 나이가 어린 여자.
【妹婿－서】mèixù 同〔妹夫 fu〕
【妹子－자】mèi·zi 명方1여동생. 2여자애.

【昧】日部 | 5画 | 어두울 매

1형(사리에) 어둡다. 어리석다. ◇愚～/우매하다. 2동속이다. ◇～着良心/양심을 속이다. 3동숨다. 숨기다. ◇拾金不～/成주운 돈을 감추지 않는다. 4文주제넘다. 당돌하다.
【昧良心－양심】mèi liángxīn 양심을 속이다.
【昧死－사】mèisǐ 牘文(신하가 임금에게 올리는 글에서) 죽을 죄를 지었습니다.
【昧心－심】mèixīn 명양심을 속이다.

【寐】宀部 | 9画 | 잘 매

동자다. ◇喜而不～/기뻐서 잠을 이루지 못하다.

【魅】鬼部 | 5画 | 도깨비 매

1명전설속의 괴물. 2동유혹하다.
【魅力－력】mèilì 명매력.
【魅人－인】mèirén 형사람으로 하여금 도취케 하다. 끌리다. 아름답다.

【袂】衤部 | 4画 | 소매 몌

명方옷소매. ◇分～/이별하다.

【谜·謎】讠部 | 9画 | 수수께끼 미
⇒mí

【谜儿－아】mèir 명口수수께끼.

【媚】女部 | 9画 | 아첨할 미

1동아첨하다. 비위를 맞추다. ◇谄 chǎn～/아부하다. 2형아름답다. 귀엽다. ◇春光明～/봄경치가 아름답다.
【媚骨－골】mèigǔ 명아첨기. 아첨하는 근성.

M

【媚俗－속】měisú 통세속에 영합하다.
【媚态－태】mèitài 명1아양을 떠는 모습. 2 교태.
【媚外－외】mèiwài 통외국에 알랑거리다. 외세에 빌붙다.

mēn

【闷·悶】 | 门部 心部 | mēn
| 4画 3画 | 번민할 민

1형답답하다. 갑갑하다. ◇打开窗户吧, 房里太～了/방안이 너무 갑갑하니 창문을 여시오. 2통공기를 통하지 않게 하다. 꼭 닫다. 밀폐하다. ◇～一会儿茶味儿就出来了/잠시 덮어두면 차맛이 우러날 것이다. 3형〈方〉소리를 내지 않다. 잠자코 있다. ◇～声不响/입을 다물고 말하지 않았다. 4형(소리가) 둔하다. 둔탁하다. 5통틀어박히다. ◇他整天～在家里看书/그는 온종일 집안에 틀어박혀 책을 본다. ⇒mèn
【闷锄－서】mēnchú 통〈農〉종자(種子)가 씨가 싹트기 전에 김을 매어 발아를 돕다.
【闷气－기】mēnqì 형공기가 정체되어 있음. 갑갑함.
【闷热－열】mēnrè 형습기가 차고 무덥다.
【闷声闷气－성민기】mēn shēng mēn qì〈成〉(감기 따위로) 목소리가 잠기다.
【闷头儿－두아】mēn// tóur 통묵묵히 일하다. ◇～写作/묵묵히 글을 쓴다.

mén

★【门·門】 | 门部 | mén
| 0画 | 문 문

1명문. 출입구. ◇屋～/대문. ◇车～打开了, 快上车吧/차문이 열렸으니 어서 승차하시오. 2명〈機〉개폐기. 스위치. ◇电～/(전기)스위치. 3(～儿)명비결. 방법. 요령. ◇我下象棋还没摸着～儿/나는 장기 묘수를 아직 터득하지 못했다. 4명문벌. 가문. 집안. ◇名～/명문. 5명(종교나 학술상의) 파(벌). ◇佛～/불문. 불가. 6명스승과 관계있는 것. ◇同～/(같은 스승의) 동문. 7명분류. 부문. 종류. ◇分～别类/부문별로 나누다. 8명문. 동식물의 분류학상의 한 단위. 9양문. 대포를 세는데 쓰임. ◇一～大炮/대포 한 문. 10양가지. 과목. ◇三～功课/세 과목. ◇他学会了三～外语/그는 세 가지 외국어를 터득했다. 11명(Mén)성(姓).
【门巴族－파족】Ménbāzú 명〈民〉문파족. 〔티베트에 거주하는 소수 민족의 하나〕
【门板－판】ménbǎn 명1(판자) 문짝. 2(상

점의) 덧문.
【门匾－편】ménbiǎn 명문지방 위에 거는 액자.
【门钹－발】ménbō 명옛날의 대문고리. 〔노크용으로 쓰임〕
【门插关儿－삽관아】ménchāguānr 명문빗장.
【门齿－치】ménchǐ 명〈生理〉문치. 앞니.
*【门当户对－당호대】mén dāng hù duì〈成〉(혼인에 있어서) 남녀 두 집안이 걸맞다. ◇他们俩～/그들 둘은 집안이 걸맞다.
【门道－도】méndào (同)〔门洞儿 dòngr〕
【门道－도】méndao 명〈口〉방법. 요령. ◇外行看热闹, 内行看～/비전문가는 구경만 하고, 전문가는 비결을 찾는다.
【门第－제】méndì 명가문. 가세.
【门丁－정】méndīng 명문지기.
【门钉－정】méndīng 명(～儿)명(성문·궐문 따위에 줄지어 박은) 장식용의 큰 못.
【门洞儿－동아】méndòngr 명1중국식 저택의 대문에서 집안으로 통하는 지붕이 있는 긴 통로. 〔동굴과 같은 느낌을 줌〕 2대문.
【门斗－두】méndǒu 명방문 밖에서 바람막이 용으로 설치한 작은 칸.
【门对－대】ménduì (～儿)명대련(對聯). 문에 써붙이는 대구.
【门墩－돈】méndūn (～儿)명문대.
【门阀－벌】ménfá 명문벌. 권세있는 집안.
【门房－방】ménfáng (～儿)명1문지기의 방. 수위실. 2문지기. 수위.
【门风－풍】ménfēng 명가풍.
【门岗－강】méngǎng 명1정문의 초소. 2보초.
【门户－호】ménhù 명1문. 입구. 〈轉〉문단속. ◇紧闭/문을 꼭 닫다. 2〈喩〉관문. 요충지. ◇这儿是南北交通的～/이 곳은 남북교통의 요충지이다. 3가문. 집안. 4당파. 파벌. ◇～之见/한 파의 견해.
【门环－환】ménhuán 명문고리.
【门禁－금】ménjìn 명출입구의 경비.
【门警－경】ménjǐng 명출입문을 지키는 경찰이나 경비원.
【门径－경】ménjìng 명실마리. 단서.
【门静脉－정맥】ménjìngmài 명〈生理〉문정맥.
【门槛－감】ménkǎn 명1문지방. 문턱. 2〈方〉요령. 비결. ◇她不懂～, 准会上当/그녀는 요령을 몰라서 틀림없이 사기를 당할 것이다. (同)〔门坎 kǎn〕
【门槛－함】ménkǎn (～儿)(同)〔门坎 kǎn〕
【门可罗雀－가라작】mén kě luó què〈成〉문 앞에 그물을 치고 참새를 잡을 정도로 방문객이 없어 적막하다.
【门客－객】ménkè 명문객. 식객.

★【门口-구】ménkǒu (～儿)圓어귀. 입구. 현관. ◇他站在图书馆~和李教授交谈/그는 도서관 입구에 서서 이교수와 이야기하고 있다. 비교 ┃门口：门┃ 처소를 가리킬 때는 "门口"를 쓰고 "门"을 쓰지 않는다. ◇到了(×门)门口, 大家不走进去/입구에 도착한 후, 모두들 들어가지 않았다.

【门框-광】ménkuàng 圓문틀.

【门廊-랑】ménláng 圓1현관. 2복도.

【门类-류】ménlèi 圓부문(별). 분류.

【门里出身-리출신】mén·li chūshēn 〈方〉(어떤 방면의) 전문가.

【门帘-렴】ménlián (～儿)圓문발.

【门联-련】ménlián (～儿)圓문에 붙이는 대련(對聯).

【门铃-령】ménlíng (～儿)圓초인종.

【门楼-루】ménlóu (～儿)圓문루. 대문〔성문〕 위의 다락집.

【门路-로】ménlu 圓1비결. 방법. 요령. 2연고. 연줄. ◇他想走~进那家公司/그는 연줄을 찾아 그 회사에 들어가려 한다.

【门楣-미】ménméi 圓1문미. 〈轉〉집의 꾸밈새. 2가문. 집안.

【门面-면】mén·mian 圓건물의 앞면. 〈喩〉외관. 겉모기.

【门面话-면화】mén·mianhuà 圓겉치레 말. 입에 발린 소리. ◇他光说些~, 不实际解决问题/그는 겉치레 말만 하고 실제로 문제를 해결해 주지 않는다.

【门牌-패】ménpái 圓1문패. 2〈轉〉번지.

【门票-표】ménpiào 圓입장권.

【门人-인】ménrén 圓1문하생. 제자. 학생. 2인객. 식객.

【门扇-산】ménshàn 圓문짝.

【门神-신】ménshén 圓문신. 귀신을 쫓기 위해 좌우 문짝에 붙이는 종이.

【门生-생】ménshēng 圓문(하)생. 제자.

【门市-시】ménshì 圓소매(小賣).

＊【门市部-시부】ménshìbù 圓소매부.

【门闩-산】ménshuān 圓(문)빗장.

【门厅-청】méntīng 圓〈建〉1현관방. 2대청.

【门庭-정】méntíng 〈文〉1문정. 문과 정원. 2〈轉〉가문. 집안.

【门庭若市-정약시】mén tíng ruò shì 〈成〉문전 성시. ◇老李一堂上官, 他家就~/이씨가 관리가 된 후에 그의 집은 문전 성시가 되었다.

【门徒-도】méntú 圓문하생. 제자.

【门外汉-외한】ménwàihàn 圓문외한. ◇我对医学方面是~/나는 의학분야에 대해서는 문외한이다.

【门卫-위】ménwèi 圓수위. 문지기.

【门下-하】ménxià 圓1문객. 식객. 2문(하)생. 제자.

【门限-한】ménxiàn 圓〈文〉입구의 문지방. 문턱.

【门牙-아】ményá 圓앞니.

【门眼-안】ményǎn 圓도어 피퍼(door peeper).

＊＊【门诊-진】ménzhěn 圓〈醫〉외래 진찰.

【门诊部-진부】ménzhěnbù 圓〈醫〉외래 환자 진찰실.

【门子-자】mén·zi 1圓문지기. 2圓〈轉〉연줄. 연고. 3圎(同)〔件 jiàn〕

【扪·捫】 扌部 mén
3画 더듬을 문
圐손을 얹다〔두다〕.

【扪心自问-심자문】mén xīn zì wèn 〈成〉가슴에 손을 얹고 스스로 반성하다.

【钔·鍆】 钅部 mén
3画 멘델레븀 문
圓〈化〉멘델레븀(Md).

【亹】 亠部 mén
20画 부지런할 미
지명(地名)에 쓰이는 글자.

【亹源-원】Ményuán 圓〈地〉청해성(青海省)에 있는 현. 지금은 '门源'이라고 씀.

mèn

＊＊【闷·悶】 门部 心部 mèn
4画 3画 번민할 민
1圐마음이 편치 않다. 답답하다. 울적하다. ◇~不乐/마음이 답답하고 울적하다. 2圐밀폐하다. 꼭닫다. ◇窒~/숨이 막힐 정도로 답답하다. ⇒mēn

【闷沉沉-침침】mènchénchén (～的)圐마음이 울적하다. 가슴이 답답하다. ◇整天呆在家里, 心里~的/하루종일 집에 있으니 가슴이 답답하다.

【闷罐车-관차】mènguànchē 圎(同)〔闷子车 zǐchē〕

【闷棍-곤】mèngùn 圓느닷없이 한 번 치는 몽둥이. 불쑥 하는 말. ◇打~/느닷없이 몽둥이로 친다. ◇昨天我吃了他一~/어제 나는 그가 불쑥 쏘아대는 말에 당했다.

【闷葫芦-호로】mènhúlu 圓1알 수 없는 일(말). 오리무중. ◇他刚说的话真是个~/그가 방금 한 말은 정말 이해할 수가 없다. 2님을 없어 속을 알 수 없는 사람. ◇小李是个~, 难得听到他说话/이 군은 속을 알 수 없는 사람야. 그가 말하는 것을 듣기가 쉽지 않아.

【闷葫芦罐儿-호로관아】mènhúluguànr 圓벙어리저금통. (同)〔扑 pū 满〕

【闷倦-권】mènjuàn 圐지루하다. 따분하다. 싫증나다.

【闷雷-민뢰】mènléi 圓1멀리서 울리는 천

둥. 2〈喻〉돌연한 타격.
【闷闷不乐－민불락】mèn mèn bù lè〈成〉
마음이 울적하다.
【闷气－기】mènqì 图마음속에 응어리진 원
한이나 분노. 울분.
【闷子车－자차】mèn·zichē 图유개(有盖)
화물차.

【焖・燜】 火部 mèn
7画 뜸들일 민
图뜸을 들이다. ◇～一锅肉/고기 한 솥으로
고다.
【焖饭－반】mènfàn 图(뚜껑을 열지 않고)
뜸들여 밥을 짓다.

【懑・懣】 心部 mèn
13画 번민할 만
1图번민. 2图분개하다. 화내다. →〔愤 fèn 懑〕

·men

★【们・們】 亻部 ·men
3画 들 문
接尾 1…들.〔사람을 지칭하는 명사나 대
명사의 뒤에 놓여 복수를 나타냄〕◇你～
/너희들. ◇我～/우리들.〔현장에 있는
모든 사람〕◇朋友～/친구들. ◇人～/사
람들. ◇咱～/우리들. 자기쪽(팀)의 사람.
2사물을 가리키는 명사나 대명사 뒤에 쓰
여 다수를 나타냄. 주로 의인법으로 문학
작품에 쓰임. ◇小鸡～/병아리들. ◇春天
一到, 鸟儿～都从南方飞回来了/봄이 오자
새들이 모두 남쪽에서 날아왔다. 3사람을
가리키는 몇몇 병렬된 명사 뒤에 쓰여 다
수를 나타냄. ◇老爷爷、老奶奶～都喜欢
在公园里散步/할아버지, 할머니들은 공원
산책을 좋아한다. 注意명사 앞에 수량사
나 수식어를 나타내는 수식어가 있으면 '们'
을 쓰지 않는다. ◇我的好几个朋友们(×)
/나의 여러 친구들. ◇很多朋友们(×)/많
은 친구들.

méng

**【蒙・1,2矇】 艹部 mēng
10画 소경 몽
图1속이다. 기만하다. ◇别～人, 谁不知道
你的用意!/누가 네 속셈을 모르겠어! 속
이지 마. 2(멋대로) 추측하다. ◇考试前不
要～题/시험 전에 문제를 멋대로 생각하지
말아라. 3까무러치다. 정신을 잃다. ◇眼
发黑, 头发～/눈 앞이 캄캄해지고, 정신을
잃었다. ⇒méng, Měng, '朦'méng
【蒙蒙亮－몽량】mēngmēngliàng 1图새벽
녘. 2图하늘이 희미하게 밝아지는 모양.
【蒙骗－편】mēngpiàn 图속이다. 기만하다.

(同)〔欺 qī 骗〕
【蒙事－사】mēngshì 图〈方〉속이다. 거짓
꾸미다.
【蒙松雨－송우】mēng·songyǔ (～儿)图〈方〉
가랑비. 보슬비.
【蒙头转向－두전향】mēng tóu zhuàn xiàng
〈成〉갈피를 잡지 못하다. 갈팡질팡하다.

méng

【尨】 尢部 méng
4画 삽살개 방
【尨茸－용】méngróng 图〈文〉난잡하다. (털
등이) 부시시하다.

【氓(甿)】 一部 méng
6画 백성 맹
图(옛날, 주로 외지에서 온) 백성. (同)
〔萌 méng〕⇒máng

【虻(蝱)】 虫部 méng
3画 등에 맹
图〈虫〉등에.

【萌】 艹部 méng
8画 싹틀 맹
1图싹. 2图(식물의 싹이) 돋다. 트다. 발
생하다. ◇～芽/싹이 트다. ◇～了这种
念头/이런 생각이 일어났다. 3〈文〉(同)
〔氓 méng〕
【萌动－동】méngdòng 图1(식물이) 싹이 나
오다. 2〈轉〉(사물이) 움직이기 시작하다.
【萌发－발】méngfā 图〈종자·포자(抱子)
가〉싹이 트다. (同)〔萌生 shēng〕
【萌生－생】méngshēng 图(주로 추상적인
것이) 발생하기 시작하다. 싹트다. ◇～
一线希望/한 가닥 희망이 보이기 시작했
다. (反)〔垂死 chuísǐ〕
*【萌芽－아】méng// yá 1图싹트다.〈喻〉막
발생하다. (同)〔萌发 fā〕2(méngyá)图
새싹. 움.〈喻〉사물의 시작. ◇新型生产
关系的～/새로운 생산관계의 시작. →〔萌
生 shēng〕

【盟】 皿部 méng
8画 맹세할 맹
1图(단체나 국가간의) 연합. 동맹. ◇同
～国/동맹국. 2图맹세하다. 결의하여 형
제 관계를 맺다. ◇～兄/의형. ◇～弟/
의제. 3图내몽고 자치구의 행정 구역.
【盟邦－방】méngbāng 图동맹국. (同)〔盟
国 guó〕, (反)〔敌国 díguó〕
【盟国－국】méngguó (同)〔盟邦 bāng〕
【盟誓－서】méng// shì 1图맹세하다. 2(mé-
ngshì)图〈文〉맹약.
【盟兄弟－형제】méngxiōngdì 图의형제. (同)
〔把 bǎ 兄弟〕
【盟友－우】méngyǒu 图1맹세로 맺어진 벗.

2동맹국.
【盟约-약】méngyuē 명맹약. 동맹 서약[조약].

【盟主-주】méngzhǔ 명맹주.

【蒙】 ⁺⁺部 méng
10画 입을 몽

1동덮다. 덮어 씌우다. 가리다. ◇~上一张纸/종이 한 장을 덮다. ◇外边风大, 把头巾~好/밖에 바람이 세니, 스카프를 머리에 잘 두르시오. 2동〈敬〉받다. 입다. ◇这次来京, ~你热情款待, 非常感谢/이번에 북경에 와서 당신에게 환대를 받아 대단히 감사합니다. 3명무지. 몽매. ◇启 qǐ ~/계몽하다. 학문·기술 등의 초보를 가르치다. 4(Méng)명성(姓). ⇒měng, Méng

【蒙蔽-폐】méngbì 동(사실을) 감추다. 눈가림하다. ◇你的话~不了 liǎo 事实/너의 말은 사실을 감출 수 없다.
【蒙尘-진】méngchén 동〈文〉몽진하다.
【蒙汗药-한약】ménghànyào 명〈俗〉〈药〉(희곡(戏曲)·소설 중에 나오는) 마취약.
【蒙哄-홍】ménghǒng 동(속임수로) 남을 속이다. ◇~顾客/고객을 속이다.
【蒙混-혼】ménghùn 동속임수로 남을 속이다.
【蒙混过关-혼과관】méng hùn guò guān〈成〉속여서 그 자리를 모면하다.
【蒙眬-롱】ménglóng 형몽롱하다. 어렴풋하다. 흐리멍덩하다. ◇睡眼~/졸려서 눈이 몽롱하다.
【蒙昧-매】méngmèi 형1몽매하다. 2어리석다.
【蒙昧主义-매주의】méngmèi zhǔyì 명몽매주의. 반문명[반문화] 주의.
【蒙蒙-몽】méngméng 형1비가 부슬부슬 내리는 모양. ◇~细雨/부슬부슬 비가 온다. 2자욱하다. ◇云雾~/구름 안개가 자욱하다.
【蒙难-난】méng//nàn 동(지도자나 혁명가가) 뜻밖의 죽음을 당하다.
【蒙受-수】méngshòu 동입다. 받다. 당하다. ◇~耻辱 chǐrǔ/치욕을 당하다.
【蒙太奇-태기】méngtàiqí 명몽타즈(프 montage). 화면구성.
【蒙童-동】méngtóng 명막 글을 배우는 아동. 어린 아이.
【蒙学-학】méngxué 명옛날의 서당.
【蒙药-약】méngyào 명〈药〉마취제의 통칭.
【蒙冤-원】méng//yuān 동누명을 쓰다.

【濛】 氵部 méng
14画 가랑비올 몽

형가랑비가 부슬부슬 내리는 모양.
【濛濛-몽】méngméng (同)〔蒙 méng 蒙 1〕

【幪】 巾部 méng
13画 덮을 몽

→〔帡 píng 幪〕

【檬】 木部 méng
13画 영몽 몽

→〔柠 níng 檬〕

【朦】 月部 méng
13画 흐릴 몽

【朦胧-롱】ménglóng 형1달빛이 어스레하다. 2모호하다. 어렴풋하다.

【礞】 石部 méng
13画 돌이름 몽

【礞石-석】méngshí 명〈矿〉청몽석(青礞石).

【矇】 目部 méng
14画 소경 몽

동〈文〉눈이 멀다. ⇒mēng '蒙'
【矇眬-롱】ménglóng (同)〔蒙 méng 眬〕

【鸏】 鸟部 méng
13画 열대조 몽

동〈鸟〉열대조(熱帶鳥).

【甍】 ⁺⁺部 瓦部 méng
11画 10画 대마루 맹

명〈文〉〈建〉대마루. ◇雕~/부조로 장식한 대마루.

【瞢】 ⁺⁺部 目部 méng
12画 10画 어두울 몽

형〈文〉눈이 어둡다. 눈이 흐릿하다. ◇目光~然/눈빛이 흐리다.

měng

【猛】 犭部 měng
8画 사나울 맹

1형맹렬하다. 사납다. ◇跑得太~, 一下子站不住/너무 빨리 뛰어서 단번에 설 수 없다. 2분돌연히. 갑자기. ◇他正要睡去, ~听得[]呵/그가 막 잠자려 할 때 갑자기 문소리가 들렸다. 3형모은 힘을 내다. ◇他一脚~射, 球破[]面人/그는 있는 힘을 다해 발로 차자 공이 골문을 가르고 들어갔다.
【猛不防-불방】měng·bufáng 부갑자기. 돌연. ◇他正在看电视, ~背后有人推他一把/그는 텔레비전을 보고 있었는데 갑자기 누군가가 뒤에서 그를 밀쳤다.
【猛孤丁-고정】měnggūdīng 부〈方〉갑자기. 돌연히.
【猛将-장】měngjiàng 명맹장. 용장.
【猛进-진】měngjìn 동맹진하다. 용맹하게 나아가다. (同)〔突 tū 进〕, (反)〔渐 jiàn 进〕
【猛劲儿-경아】měngjìnr〈口〉1동힘을 단번에 쓰다. 2명집중된 힘. 폭발력. ◇搬钢琴要有~/피아노를 옮기려면 폭발력이 있어야 한다. 3형강한 힘. ◇这个人干起话儿来有股~/이 사람은 일할 때 강한 힘이 있다.
【猛可-가】měngkě (~的)부〈早白〉느닷없이. 갑자기.

M

猛烈—렬 měngliè 맹렬하다. 세차다. ◇发动～的进攻/맹렬한 공격을 펼치다. (同)[强 qiǎng 烈], (反)[缓和 huǎnhé]

猛犸—마 měngmǎ 〈動〉맘모스(mammoth).

猛禽—금 měngqín 사나운 날짐승.

猛然—연 měngrán 불시에. 돌연히. ◇我～想起来了/나는 갑자기 생각났다. (反)[逐渐 zhújiàn]

猛士—사 měngshì 〈文〉용사(勇士).

猛兽—수 měngshòu 맹수. 사나운 짐승.

猛省—성 měngxǐng 문득 깨닫다. (同)[猛醒 xǐng]

猛醒—성 měngxǐng (同)[猛省 xǐng]

猛子—자 měng·zi 자맥질. 머리를 아래로 하여 물에 뛰어들기.

【锰·錳】 钅部 8画 망간 맹 měng 〈化〉망간(Mn).

锰钢—강 měnggāng 〈化〉망간강.

【蜢】 虫部 8画 벼메뚜기 맹 měng →[蚱 zhà 蜢]

【蒙】 艹部 10画 소경 몽 Měng 몽고족(蒙古族). ⇒méng, méng

蒙古—고 Měnggǔ 〈地〉몽고.

蒙古包—고포 měnggǔbāo 파오. 〔몽고인이 사는 둥근 이동식 천막집〕

蒙古人种—고인종 měnggǔ rénzhǒng 〈民〉몽고 인종.

蒙古族—고족 Měnggǔzú 〈民〉1몽고족. 〔소수 민족의 하나〕 2몽고 민족. 〔몽고인민공화국·시베리아·중국북부에 분포함〕

蒙族—족 Měngzú 〈略〉몽고족.

【獴】 犭部 13画 몽구스 몽 měng 〈動〉몽구스.

【蠓】 虫部 13画 눈에놀이 몽 měng 〈虫〉눈에놀이. 멸몽(蠓蠓). (同)[蠓虫 chóng]

【懵(懞)】 忄部 15画 어두울 몽 měng 1사리에 어둡다. 어리석다. 2명(청)하다. 흐리멍덩하다. ◇～然无知/명하고 무지하다.

懵懂—동 měngdǒng 1분별력이 없다. 어리석다. 2모호하다. 흐릿하다. 3명하다.

mèng

【孟】 子部 5画 우두머리 맹 mèng 1음력 사시(四時)의 첫달. →[仲 zhòng][季 jì] 2(옛날, 형제 중에서) 맏(이). 3(Mèng)성(姓).

孟春—춘 mèngchūn 음력 정월. 〔봄의 첫달〕

孟冬—동 mèngdōng 음력 시월. 〔겨울의 첫달〕

孟浪—랑 mènglàng 〈文〉경솔하다. 경망하다. (同)[鲁莽 lǔmǎng], (反)[稳重 wěnzhòng]

孟秋—추 mèngqiū 음력 칠월. 〔가을의 첫달〕

孟什维克—십유극 Mèngshíwéikè 〈史〉멘셰비키(러 Mensheviki). 〔'소수파'라는 뜻〕

孟夏—하 mèngxià 음력 사월. 〔여름의 첫달〕

☆**【梦·夢】** 夕部 8画 꿈 몽 mèng 1꿈. ◇最近夜里老做～, 总是睡不好觉/요즘 밤에 자꾸 꿈을 꾸어 계속 잠을 편히 잘 수 없다. 2꿈꾸다. 공상하다. 〔'见', '到' 등 보어와 호응한다〕◇我昨天晚上～见了童年时代的朋友/어제 저녁 나는 어린 시절의 친구를 꿈에 만났다. 3〈轉〉헛된 생각. 환상. 공상. ◇～想/몽상하다. 4(Mèng)성(姓).

梦话—화 mènghuà 1잠꼬대. 2〈喩〉잠꼬대같은 소리. 헛소리.

梦幻—환 mènghuàn 꿈과 환상. 몽상.

梦幻泡影—환포영 mèng huàn pào yǐng 〈成〉세상사가 모두 꿈·환상·물거품 및 그림자처럼 헛됨. 헛된 환상의 비유.

梦见—견 mèngjiàn // jiàn 꿈에 보다. ◇他～一头大肥猪/그는 꿈에서 큰 돼지를 보았다.

梦境—경 mèngjìng 꿈속(의 세계). 꿈나라. 꿈결.

梦寐—매 mèngmèi 꿈 (속). 몽매.

梦寐以求—매이구 mèng mèi yǐ qiú 〈成〉꿈속에서도 바라다. 자나깨나 바라다.

梦乡—향 mèngxiāng 꿈나라. 꿈 속의 세계.

梦想—상 mèngxiǎng 1공상(하다). 헛된 생각을 하다. ◇不经过努力就想取得优秀成绩, 这是～/노력하지 않고 좋은 성적을 얻으려고 하는 것은 헛된 생각이다. 2갈망(하다). ◇他小时候～着当一名飞行员/그는 어릴 때 비행사가 되기를 바랬었다.

梦魇—염 mèngyǎn 〈醫〉가위 눌리다.

梦遗—유 mèngyí 〈醫〉몽정(하다).

梦呓—예 mèngyì (同)[梦话 huà]

眯 653	眯 653	弥 653	祢 653	猕 653
迷 653	谜 654	眯 654	醚 654	糜 654

靡 654	醾 654	糜 654	瀰 654	米 654
敉 655	脒 655	羋 655	沵 655	弭 655
靡 655	汩 655	泌 655	宓 655	秘 655
密 655	蜜 656	嘧 656	觅 656	幎 656

mī

【咪】 口部 | mī
　　　 6画 | 고양이우는소리 미
【咪咪一미】mīmī 의야옹. 〔고양이가 우는 소리〕

﹡﹡【眯(瞇)】 目部 | mī
　　　　 6画 | 눈잘못뜰 미
(동)1실눈을 뜨다. ◇照相时准～过眼睛, 要不怎么会照成这样呢?/사진 찍을 때 틀림없이 눈을 가늘게 떴어. 그렇지 않았으면 어찌 이렇게 찍혔겠어? 2〈方〉잠깐 졸다. ◇～一会儿/잠깐 졸다. ⇒mí
【眯瞪一등】mī·deng (동)〈方〉졸다.
【眯盹儿一돈아】mīdǔnr (동)〈方〉졸다.
【眯缝一봉】mī·feng (동)(눈을) 가늘게 뜨다.

mí

【弥·彌】 弓部 | mí
　　　　 5画 | 퍼질 미
1(동)가득차다. 퍼져서 자욱하다. ◇～天大谎/새빨간 거짓말. 2(동)보충하다. 벌충하다. 채우다. ◇～补/보충하다. 3(부)점점 더. 더욱 더. 한층 더. ◇欲盖一彰/(나쁜 일 따위가) 덮을수록 더욱 드러나다. 4(Mí)(명)성(姓).
﹡【弥补一보】míbǔ (동)(결점·부족을) 메우다. 벌충하다. ◇不可～的损失/메울 수 없는 손실.
【弥封一봉】mífēng (동)(부정을 막기 위해 답안지의 이름을) 종이로 가리다.
【弥缝一봉】míféng (동)벌충하다. 보충하다. 메우다.
【弥合一합】míhé (동)메우다. 봉합하다. ◇～感情上的不合/서로 안 맞는 감정을 봉합하다.
【弥勒一륵】mílè (명)〈佛〉미륵 보살.
【弥留一류】míliú 〈文〉(동)임종(하다). ◇～之际/임종(할 즈음).
﹡【弥漫一만】mímàn (동)(연기나 안개가) 자욱하다. 널리 그득하다. ◇乌云～天空/먹구름이 하늘에 자욱하다.
【弥撒一살】mí·sa (명)〈宗〉미사.
【弥散一산】mísàn (동)(광선·기체 등이) 사방으로 퍼지다. 확산되다.
【弥天一천】mítiān (동)하늘 가득히 퍼지다. 2(형)대단히 크다. 어마어마하다. ◇～大罪/어마어마한 큰 죄.

【弥天大谎一천대황】mí tiān dà huǎng 〈成〉새빨간 거짓말.
【弥陀一타】Mítuó (명)〈略〉〈佛〉아미타불.
【弥望一망】míwàng (동)〈文〉시야에 가득하다.
【弥月一월】míyuè 1(명)아기가 난 지 만 한 달. 2(동)한 달이 되다. ◇结婚～/결혼한 지 한 달이 되었다.

【祢·禰】 礻部 | Mí
　　　　 5画 | 성 미
(명)성(姓).

【猕·獼】 犭部 | mí
　　　　 8画 | 원숭이 미
【猕猴一후】míhóu (명)〈動〉미후. 〔원숭이의 일종〕
【猕猴桃一후도】míhóutáo (명)〈植〉다래.

﹡﹡【迷】 辶部 | mí
　　　 6画 | 헤맬 미
1(동)헷갈리다. 갈피를 잡지 못하다. ◇他对北京熟悉极了, 无论到什么地方, 从来没有～过路/그는 북경을 잘 알고 있어 어느 곳이라도 여지껏 길을 잃은 적이 없다. 2(동)빠지다. 심취하다. 매혹되다. 탐닉하다. ◇～恋/연애에 빠지다. 3(명)애호가. 광(狂). ◇戏～/연극광. ◇书～/독서광. ◇影～/영화팬. ◇棋～/바둑팬. 4(동)도취시키다. 미혹시키다. ◇什么妖精也～不了 liǎo 孙悟空/어떤 요괴도 손오공을 미혹시킬 수 없다. ◇景色～人/경치가 사람을 도취하게 한다.
【迷彩一채】mícǎi (명)〈軍〉미채.
【迷宫一궁】mígōng (명)미궁.
【迷航一항】míháng (동)(비행기·배가) 항로를 잃다.
﹡【迷糊一호】mí·hu (형)모호하다. 혼미하다. 정신없다. ◇他累了一天, 晚上一躺在床上就迷迷糊糊地睡着 zháo 了/그는 하루종일 지쳐서 저녁에 침대에 눕자마자 정신없이 잠들어버렸다.
【迷魂汤一혼탕】míhúntāng (명)사람의 정신을 홀리는 언동. ◇你别灌她～了, 她的心早就向着别人啦/그녀를 달콤한 말로 홀리려고 하지 마. 그녀의 마음은 벌써 다른 사람에게 가 있다.
【迷魂阵一혼진】míhúnzhèn (명)〈喩〉1남을 현혹시키는 책략. 2미궁. 미로.
﹡【迷惑一혹】mí·huò (동)1시비를 가리지 못하다. 정신 못차리다. ◇他在会上的发言使我～不解/그가 회의석상에서 한 말이 나를 아리송하게 하였다. 2미혹되다[시키다]. 현혹되다[시키다]. ◇他的头脑很清醒, 任何人也不能～他/그는 명석한 판단력을 갖고 있어 누구도 그를 현혹시킬 수 없다.
【迷津一진】míjīn (명)〈文〉잘못 든 길. 틀린

M

방향. ◇指破～/잘못된 방향을 바로 잡아주다.

【迷离－리】mílí 彤분명하지 않다. 모호하여 확실치 않다.

【迷恋－련】míliàn 통미련을 두다. 연연해하다. ◇～酒色/주색에 미련을 가졌다.

【迷路－로】mí// lù 통길을 잃다. 정도에서 벗어나다.

【迷路－로】mílù 명〈生理〉내이(内耳).

【迷漫－만】mímàn 彤자욱하다.

【迷茫－망】mímáng 彤1넓고 분명하게 보이지 않다. 2(표정이) 멍하다. 정신이 아득하다.

【迷蒙－몽】míméng 彤1흐릿하다. 아스레하다. 2통제정신을 잃다. 혼미하게 되다.

【迷梦－몽】mímèng 명공상. 망상.

【迷你裙－니군】míníqún 명미니 스커트.

【迷人－인】mí// rén 1(mírén)彤도취시키다. ◇景色～/경치가 사람을 도취시키다. 2통사람을 미혹시키다. ◇～眼目/안목을 미혹시키다.

*【迷失－실】míshī 통(길·방향을) 잃다.

【迷途－도】mítú 1통길을 잃다. 2명잘못든 길. 그릇된 방향.

【迷惘－망】míwǎng 통분간하지 못해 어쩔 줄 모르다.

【迷雾－무】míwù 명1짙은 안개. 2(사람을) 그릇되게 하는 사물.

**【迷信－신】míxìn 1명미신. ◇破除～, 解放思想/맹신하는 것을 타파하고, 사고를 원래대로 해방시키다. 2통맹신하다.

【迷走神经－주신경】mízǒu shénjīng 명〈生理〉미주 신경.

【迷醉－취】mízuì 통연연해 하다. 도취하다. ◇～于过去, 就会防碍前进/과거에 연연해하면 발전에 방해된다.

【谜·謎】 讠部 | mí
9画 | 수수께끼 回
명1수수께끼. ◇哑～/알아 맞히기 어려운 문제. 은어. 2〈喩〉어려운 문제. 불가사의한 일. ◇这个问题到现在还是一个～, 谁也猜不透/이 문제는 아직까지 하나의 수수께끼이며, 아무도 풀 수 없다.⇒méi

【谜底－저】mídǐ 명1수수께끼의 답. 2〈喩〉일의 진상.

【谜面－면】mímiàn 명수수께끼의 힌트.

【谜团－단】mítuán 명종잡을 수 없는 것. 의혹덩어리.

*【谜语－어】míyǔ 명수수께끼. ◇你猜得着这个～吗?/너 이 수수께끼를 알아맞출 수 있니?

【眯(瞇)】 目部 | mí
6画 | 눈잘못뜰 回
통(눈에 티가 들어가) 순간 뜰 수 없게

되다. ◇沙子～了眼/모래가 눈에 들어가 눈을 뜰 수 없다.⇒mī

【醚】 酉部 | mí
9画 | 에테르 回
명〈化〉에테르.

【糜】 麻部 | 米部 | mí
6画 | 11画 | 죽 回
1명죽. ◇肉～/고기 죽. 2통썩다. 문드러지다. ◇～烂/썩어 문드러지다. 3명낭비하다. 마구쓰다. ◇奢 shē～/사치 낭비하다. 4(Mí)명성(姓).⇒méi

【糜费－비】mífèi 명통낭비(하다).

【糜烂－란】mílàn 통썩어 문드러지다. 극도로 부패하다.

【靡】 麻部 | 非部 | mí
8画 | 11画 | 써없앨 回
통낭비하다. 마구 쓰다. ◇奢 shē～/마구쓰다.⇒mǐ

【靡费－비】mífèi (同)[糜 mí 费]

【醾(醿)】 酉部 | mí
17画 | 막걸리 回
→[酴 tú 醾]

【麋】 鹿部 | mí
6画 | 순록 回
명〈動〉고라니.

【麋鹿－록】mílù 명〈俗〉〈動〉사불상. (同)[四不像 sìbùxiàng]

【瀰】 弓部 | mí
17画 | 치런치런할 回
【瀰漫－만】mímàn (同)[弥 mí 漫]

mǐ

☆【米】 米部 | mǐ
0画 | 쌀 回
1명쌀. ◇南方人喜欢吃～, 北方人喜欢吃面/남방인은 쌀을 잘 먹고, 북방인은 국수를 잘 먹는다. ◇糯～/찹쌀. 2명껍질을 벗긴 뒤의 곡물. [주로 먹을 수 있는 것을 가리킴] ◇花生～多少钱一斤?/땅콩 한 근에 얼마입니까? 3명양〈度〉미터 (meter). ◇在奥运会上创造了百～新纪录/올림픽에서 100미터 신기록을 세웠다. 4(Mǐ)명성(姓).

★【米饭－반】mǐfàn 명쌀밥.

【米粉－분】mǐfěn 명1쌀가루. 2쌀가루로 만든 가는 국수.

【米粉肉－분육】mǐfěnròu 명두껍게 썬 돼지고기에 쌀가루와 조미료를 묻혀 쪄낸 식품. '粉蒸 zhēng 肉'라고도 함.

【米泔水－감수】mǐgānshuǐ 명쌀뜨물.

【米黄－황】mǐhuáng 명[米色 sè]

【米酒－주】mǐjiǔ 명곡주.

【米糠－강】mǐkāng 명쌀겨.

【米粒－립】mǐlì (～儿)圆쌀알.
【米粮川－량천】mǐliángchuān 圆곡창지대. 쌀이 많이 나는 고장.
【米面－면】mǐmiàn 圆1쌀과 밀가루. 2(～儿)쌀가루. 3〈方〉쌀가루로 만든 국수.
【米色－색】mǐsè 〈色〉미색.
【米汤－탕】mǐ·tɑng 圆1미음. 2묽은 쌀죽.
【米突－돌】mǐtū 圆〈度〉미터(meter).
【米线－선】mǐxiàn 圆쌀가루로 굵게 만든 국수.
【米制－제】mǐzhì 圆미터법.
【米珠薪桂－주신계】mǐ zhū xīn guì〈成〉물가가 비싸, 생활하기가 어렵다.
【米蛀虫－주충】mǐzhùchóng 圆1〈虫〉바구미. 2(轉)투기를 일삼는 악덕 미곡상.

【敉】米部 文部 | mǐ
4画 6画 | 어루만질 미
圆〈文〉가라앉다. 평정하다.
【敉平－평】mǐpíng 圆〈文〉평정하다.

【脒】月部 | mǐ
6画 | 아미딘 미
圆〈化〉아미딘(amidine).

【芈】卜部 | mǐ
5画 6画 | 양우는 소리 미
1圆양이 울다. 2(Mǐ)圆성(姓).

【沵・瀰】氵部 | mǐ
14画 | 많을 니
圆〈文〉(물이) 가득하다.
【沵迤－이】mǐyǐ 圆〈文〉평탄하다.

【弭】弓部 | mǐ
6画 | 그칠 미
1圆평정하다. 제거하다. ◇消～/없애다. 2(Mǐ)圆성(姓).
【弭谤－방】mǐbàng 圆〈文〉비방을 잠재우다.
【弭兵－병】mǐbīng 圆〈文〉전쟁을 종식시키다.
【弭除－제】mǐchú 圆〈文〉해소하다.
【弭患－환】mǐhuàn 圆〈文〉재해를 없애다.
【弭乱－란】mǐluàn 圆〈文〉전란을 종식시키다.

【靡】麻部 非部 | mǐ
8画 11画 | 써없앨 미
〈文〉1圆바람에 쓰러지다. ◇风～/풍미하다. 2圆아름답다. 3圆없다. ◇～日不思/하루도 생각하지 않은 날이 없다. ⇒mí
【靡丽－려】mǐlì 圆〈文〉화려하다. 사치스럽다.
【靡靡之音－미지음】mǐ mǐ zhī yīn〈成〉퇴폐적인 음악.
【靡然－연】mǐrán 圆한쪽으로 쏠리는 모양.

mì

【汨】氵部 | mì
4画 | 물이름 멱
지명에 쓰이는 글자.
【汨罗－라】Mìluó 圆〈地〉멱라수(汨羅水).

초(楚)나라 굴원(屈原)이 투신했던 강.

【泌】氵部 | mì
5画 | 스밀 필, 스밀 비
圆분비하다. 스며나오다. ◇～量/유량(乳量)하다.
【泌尿器－뇨기】mìniàoqì 圆비뇨기관.

【宓】宀部 | mì
5画 | 편안할 밀, 사람이름 복
1圆〈文〉조용하다. 2(Mì)圆성(姓).

【秘(祕)】禾部 | mì
5画 | 숨길 비
1圆비밀의. ◇～诀/비결. 2圆비밀을 지키다. ◇～不示人/비밀을 지켜 남에게 알리지 않다. 3圆보기 드물다. ◇～宝/보기드문 보물.
【秘宝－보】mìbǎo 圆보기 드문 보물.
【秘本－본】mìběn 圆비장의 희귀본.
【秘而不宣－이불선】mì ér bù xuān〈成〉비밀을 지켜 공개하지 않다.
【秘方－방】mìfāng 圆비방.
【秘府－부】mìfǔ 圆궁중에서 도서나 중요 문서를 보관하는 곳.
【秘籍－적】mìjí 圆진귀한 서적.
【秘诀－결】mìjué 圆비결.
☆【秘密－밀】mìmì 圆圆비밀(의). ◇～文件/비밀문서. ◇～来往/비공개 내왕. ◇保守～/비밀을 지키다. ◇她的男朋友究竟是谁，还是一个/그녀의 남자친구가 도대체 누구인지 아직 비밀이다. 比较秘密:偷偷 남이 주의하지 않은 틈을 타서 몰래하는 동작에는 "秘密"를 쓰지 않는다. ◇她见他出去了，便(×秘密)偷 tōu 偷地离开了他家/그녀는 그 사람이 나가는 것을 보자 살그머니 그의 집을 떠났다.
【秘史－사】mìshǐ 圆비사.
＊＊【秘书－서】mìshū 圆비서. 비서의 직무. ◇他希望有一个得力的～/그는 유능한 비서를 원한다. ◇她现在在机关担任～工作/그녀는 지금 기관에서 비서직을 맡고 있다.
☆【密】宀部 山部 | mì
8画 8画 | 빽빽할 밀
1圆(공간적으로) 빽빽하다. 조밀하다. ◇紧～/긴밀하다. ◇这两行苗栽得太～了/이 두 줄의 모종을 너무 빽빽하게 심었다. 2圆(관계가) 가깝다. 친하다. ◇亲～/친하다. 3圆정밀하다. 치밀하다. ◇精～/정밀하다. 4圆비밀(의). ◇机～/기밀. 5(Mì)圆성(姓).
【密报－보】mìbào 1圆비밀리에 알리다. 2圆비밀보고.
【密闭－폐】mìbì 1圆밀폐하다. 2圆밀폐하다.
【密布－포】mìbù 圆온 하늘에 뒤덮이다. ◇乌云～/먹구름이 온 하늘을 뒤덮었다.
【密电－전】mìdiàn 1圆암호 전보. 2圆비밀

전보를 치다.
*【密度－도】mìdù 명밀도. ◇人口～/인구 밀도.
*【密封－봉】mìfēng 통밀봉하다. 빈틈없이 막다. ◇～的容器/밀봉한 용기.
【密告－고】mìgào 명통밀고(하다).
【密会－회】mìhuì 1통밀회하다. 2명비밀회의.
【密集－집】mìjí 통밀집하다.
【密件－건】mìjiàn 명비밀 편지. 비밀문서.
【密林－림】mìlín 명밀림. 정글.
【密令－령】mìlìng 명통비밀 명령(을 내리다).
【密码－마】mìmǎ 명암호. 비밀 전보 코드.
【密密层层－밀층층】mì·mi céngcéng (～的)형빈틈없이 빽빽하다.
【密密丛丛－밀총총】mì·mi cōngcōng (～的)형나무가 무성하게 자라다.
【密密麻麻－밀마마】mì·mi mámá (～的)형빽곡하다. 총총하다.
【密密匝匝－밀잡잡】mì·mi zāzā (～的)형빽빽하다. 촘촘하다.
【密谋－모】mìmóu 명통비밀 모의(하다).
☆【密切－절】mìqiè 1형(관계가) 밀접하다. 긴밀하다. ◇她和她老师保持～的联系/그녀는 자기 선생님과 긴밀한 관계를 유지하고 있다. 2형세심하다. 섬세하다. ◇边防战士～注视着祖国的边疆/국경수비병사는 조국의 국경을 세심하게 주시하고 있다. 3형가깝게 하다. ◇两国的关系从未像现在这样～过/양국 관계가 여지껏 지금처럼 가까워진 적은 없었다. 비교密切:加深 "密切"는 "关系" "联系" 등을 목적어로 취하지만 "友谊"를 목적어로 취하지 않는다. ◇(×密切)加深了他们之间的友谊/그들사이의 우정을 돈독하게 하였다.
【密商－상】mìshāng 통비밀리에 상담하다.
【密使－사】mìshǐ 명밀사.
【密室－실】mìshì 명밀실.
【密实－실】mì·shi 형세밀하다. 촘촘하다.
【密司脱－사탈】mìsītuō 명선생(mister).
【密斯－사】mìsī 명양(miss). (同)〔小姐 x-iǎo·jiě〕
【密谈－담】mìtán 명통밀담(하다).
【密探－탐】mìtàn 명양. 간첩. 염탐꾼.
【密友－우】mìyǒu 명매우 친한 친구.
【密约－약】mìyuē 명1비밀약속. 2비밀조약.
【密云不雨－운불우】mì yún bù yǔ 〈成〉구름만 잔뜩 끼고 비는 오지 않는다.
【密诏－조】mìzhào 명옛날, 왕의 비밀 명령.
【密植－식】mìzhí 〈農〉1명밀식. 2통밀식하다. 빽빽하게 심다.
【密旨－지】mìzhǐ 명밀지.
【密致－치】mìzhì 형(구조나 조직 등이) 촘촘하다. 치밀하다.

【蜜】 宀部 虫部 mì
11画 8画 꿀 밀
1명(벌)꿀. ◇割～/꿀을 따다. 2형(꿀과 같이) 달다. 달콤하다. ◇甜言～语/달콤한 말.
☆【蜜蜂－봉】mìfēng 명〈虫〉꿀벌.
【蜜饯－전】mìjiàn 1통과일을 꿀이나 설탕에 재다. 2명꿀이나 설탕에 잰 과일.
【蜜色－색】mìsè 명〈色〉벌꿀색. 담황색.
【蜜丸子－환자】mìwǎn·zi 명〈藥〉꿀과 약가루로 빚은 환약.
【蜜腺－선】mìxiàn 명〈植〉꿀샘.
【蜜源－원】mìyuán 명밀원.
【蜜月－월】mìyuè 명밀월. 허니문.
【蜜枣－조】mìzǎo (～儿)명꿀에 잰 대추.

【嘧】 口部 mì
11画 피리미딘 밀
【嘧啶－정】mìdìng 명〈化〉피리미딘.

【觅·覓(覔)】 见部 mì
4画 구할 멱
통구하다. 찾다. ◇～食/먹이를 찾다. ◇～房/집을 찾다. ◇～人/사람을 구하다.
【觅求－구】mìqiú 통구하다. 찾다.
【觅取－취】mìqǔ 통구해서 얻다.

【幂(冪)】 宀部 mì
10画 덮을 멱
1명〈文〉물건을 덮는 천. 2통〈文〉덮다. 씌우다. 3명〈數〉(승)멱.

mián

【眠】 目部 mián
5画 잘 면
명통1잠(자다). ◇失～/수면부족(이 되다). 2휴면(하다). 동면(하다). ◇冬～/(짐승의) 겨울잠. (同)〔睡 shuì〕, (反)〔醒 xǐng〕

【绵·綿】 纟部 mián
8画 솜 면
1명풀솜. ◇丝～/풀솜. 2형면면하다. 끊임없다. ◇连～/면면히 이어지다. 3형연약하다. 부드럽다. ◇～薄/보잘 것 없는 재주. 4형〈方〉(성격이) 순하다. 부드럽다. ◇你别瞧他不声不响, 性子挺～, 心可大啦/그가 아무 말도 하지 않는다고 해서 우습게 보지 말아라. 그는 성격이 순하고 마음이 넓다.
【绵白糖－백당】miánbáitáng 명입자가 고운 흰설탕.

【绵薄—박】miánbó 명〈謙〉보잘것없는 재주. 미약한 힘.

【绵长—장】miáncháng 형오래 이어지다. (同)〔长久 jiǔ〕, (反)〔短暂 duǎnzàn〕

【绵绸—주】miánchóu 명〈紡〉허드레 고치나 실보무라지 따위로 짠 견직물.

【绵亘—궁】miángèn 형(산맥 따위가) 연이어 뻗쳐 있다. (同)〔连 lián 绵〕

【绵里藏针—리장침】mián lǐ cáng zhēn〈成〉솜 속에 바늘이 있다. 1외유내강. 2겉은 부드러우나, 속은 표독하다. (反)〔色历内荏 sè lì nèi rěn〕

【绵力—력】miánlì 명변변치 못한 재주. 미약한 힘. (同)〔绵薄 bó〕

【绵密—밀】miánmì 형(언행이나 사고가) 치밀하다. (同)〔周 zhōu 密〕, (反)〔粗疏 cūshū〕

【绵绵—면】miánmián 형지속되는 모양.

【绵软—연】miánruǎn 형1(털이나 옷·종이 따위가) 부드럽다. (同)〔柔 róu 软〕, (反)〔坚硬 jiānyìng〕 2나른하다. 무력하다. ◇她觉得浑身～/그녀는 온 몸이 무력함을 느꼈다. (同)〔软弱 ruò〕, (反)〔硬实 yìngshí〕

【绵延—연】miányán 형길게 이어져 있다.

【绵羊—양】miányáng 명〈動〉면양. 〔지방에 따라서는 '胡羊'이라고도 함〕

【绵纸—지】miánzhǐ 명화장지. 부드럽고 얇은 종이. (同)〔棉 mián 纸〕

【绵子—자】mián·zi 명〈方〉풀솜. (同)〔丝 sī 棉〕

＊【棉】木部 | mián
8画 | 목화 면
명1〈植〉목화와 목면의 통칭. 2면화.

【棉袄—오】mián'ǎo 명솜저고리.

棉袄

①大襟儿棉袄 dàjīnr mián'ǎo
②对襟儿棉袄 duìjīnr mián'ǎo
③棉裤 miánkù

【棉布—포】miánbù 명면포. 면직물.

【棉大衣—대의】miándàyī 명솜외투.

棉大衣

【棉纺—방】miánfǎng 명〈紡〉면방. 면사방적.

【棉猴儿—후아】miánhóur 명〈方〉모자가 달린 솜을 둔 외투.

【棉花—화】miánhua 명1목화의 통칭. 2솜.

【棉花胎—화태】mián·huatāi 명〈方〉(이불이나 요에 쓰이는) 이불솜. (同)〔棉絮 xù〕

【棉花套子—화투자】mián·hua tào·zi 명(이불이나 요에 든) 이불솜. (同)〔棉絮 xù〕

【棉铃—령】miánlíng 명(목화) 다래. 〔터지기 전의 것〕

【棉毛裤—모고】miánmáokù 명내복 바지.

【棉毛衫—모삼】miánmáoshān 명내복.

【棉帽—모】miánmào 명솜모자.

棉帽

【棉农—농】miánnóng 명면화 재배 농민〔농가〕.

【棉签—첨】miánqiān (～儿)명면봉.

【棉纱—사】miánshā 명〈紡〉면사. 무명실.

【棉桃—도】miántáo 명목화의 열매(익어 껍질이 터진 것). (同)〔棉铃 líng〕

【棉套—투】miántào 명(주전자나 밥통에 씌우는) 보온용 솜덮개.

【棉田—전】miántián 명목화밭.

【棉线—선】miánxiàn 명무명실.

【棉絮—서】miánxù 명1목화 섬유. 무명실. 면사. 2(이불이나 요에 쓰이는) 솜반.

☆【棉衣—의】miányī 명솜 옷. 무명 옷.

M

【棉织品－직품】miánzhīpǐn 몡면제품. 면직물.

【棉子－자】miánzǐ 몡목화씨.

【棉籽－자】miánzǐ (同)〔棉子 zǐ〕

miǎn

【眄】目部｜miǎn
4画｜곁눈질할 면
'miàn'의 우독(又讀).

*【免】力部｜miǎn
5画｜면할 면
동1면제하다. 제거하다. ◇～税/면세하다. ◇这些手续就～了/이 수속들은 면제한다. 2어떤 사물의 영향을 받지 않다. 벗어나다. ◇事前做好准备, 以～临时忙乱/일이 닥쳤을 때 허둥대지 않도록 사전에 충분히 준비해라. 3허락하지 않다. 해서는 안 된다. ◇闲人～进/용무외 출입금지.

【免不得－불득】miǎn ·bu ·de (同)〔免不了 liǎo〕

【免不了－불료】miǎn ·bu liǎo 동피할 수 없다. 아무래도 …하지 않을 수 없다. 불가피하다. ◇这件事如果处理不当, ～人家会有意见!/만일 이 일을 부당하게 처리하게 되면 사람들이 불만을 표시하는 것은 불가피한 일이다. ◇在人生的道路上～会遇到一些困难和挫折/인생길에는 어려움과 좌절을 만나기 마련이다. 비교免不了:少不了 없어서는 안될 물건이나 사람을 나타낼 때는 "免不了"를 쓰지 않는다. ◇人们都喜欢他, 真是(×免不了 liǎo)少不了 liǎo 他/모두들 그를 좋아해 정말 그를 빼놓을 수 없다.

*【免除－제】miǎnchú 동면하다. 막다. ◇兴修水利, ～水旱灾害/관개공사를 하여 홍수와 가뭄의 피해를 막다.

**【免得－득】miǎn·de 접(…하지) 않도록. ◇你要是能去最好, ～他跑一趟/그가 수고하지 않도록 네가 갈 수 있다면 가장 좋다. ◇到了中国以后, 你要马上给家里来信, ～家里挂念/중국에 도착한 후에 집안 식구가 걱정하지 않도록 즉시 집에 편지해야 한다.

*【免费－비】miǎn// fèi 동무료로 하다. ◇～入场/무료 입장.

【免冠－관】miǎnguān 1몡모자를 벗다. 사죄의 뜻을 표하다. 〈轉〉지금은 경의를 표하다. 2동몡모자를 쓰지 않다.

【免检－검】miǎnjiǎn 동검사를 면제하다.

【免考－고】miǎnkǎo 동시험을 면제하다. (同)〔免试 shì〕

【免票－표】miǎnpiào 1몡무료 입장권. 무임 패스. 2동(입장·승차할 때) 표가 필

요없다. 무료다. ◇在韩国, 老人坐地铁～/한국에서는 노인들이 지하철 탈 때에 무료이다.

【免试－시】miǎnshì 동시험을 면제하다. (同)〔免考 kǎo〕

【免税－세】miǎn// shuì 동면세하다〔되다〕.

【免俗－속】miǎnsú 동(언행이) 세속에 얽매이지 않다.

【免刑－형】miǎnxíng 동〈法〉형벌을 면제하다.

【免修－수】miǎnxiū 동(학습 과정을) 면제해 주다. ◇～英语/영어의 이수를 면제해 주다.

【免验－험】miǎnyàn 동검사를 면제하다.

【免役－역】miǎnyì 동병역을 면제하다.

【免疫－역】miǎnyì 몡〈醫〉면역.

【免战牌－전패】miǎnzhànpái 몡정전패.

【免职－직】miǎn// zhí 동면직하다. (反)〔擢升 zhuóshēng〕

【免罪－죄】miǎn// zuì 동죄를 면하다. 죄를 용서하다.

【勉】力部｜miǎn
7画｜힘쓸 면
동1힘쓰다. 노력하다. ◇奋～/분발하여 노력하다. 2격려하다. ◇互～/서로 격려하다. 3억지로 …하다. ◇～强/강요하다.

【勉力－력】miǎnlì 동노력하다. 힘쓰다. (同)〔努 nǔ 力〕, (反)〔不 bù 力〕

*【勉励－려】miǎnlì 동격려하다. ◇他～学生努力学习/그는 학생들이 공부를 열심히 하도록 격려했다. (同)〔鼓 gǔ 励〕, (反)〔打击 dǎjī〕

**【勉强－강】miǎnqiáng 1형억지로. 가까스로. ◇病人～喝了点粥/환자는 가까스로 죽을 조금 먹었다. (反)〔自然 zìrán〕 2동마지못하다. 내키지 않다. ◇他接受了我们的建议, 但是很～/그는 우리의 제의를 받아들였지만 마지못한 것이었다. 3동강요하다. 강제하다. ◇去不去旅行这是她自己的事, 别人不要～她/여행가든 안가든 그것은 그녀 자신의 일이지 강요해서는 안 된다. 비교勉强:强迫 "勉强"은 대개 긍정문에 술어로 쓰이지 않는다. ◇售票员(×勉强)强迫他们下车/차장은 강제로 그들을 하차시켰다. 4형(논리·이유 따위가) 불충분하다. ◇他说的理由有点儿～, 我不同意/그가 말한 이유는 좀 무리가 있는데 나는 동의할 수 없다. 5동아쉬운 대로 쓰다. 임시변통하다. ◇这点儿草料～够牲口吃一天/이 정도의 여물이면 아쉬운 대로 가축들이 하루는 먹겠다.

【勉为其难－위기난】miǎn wéi qí nán 〈成〉어려움을 무릅쓰고 일을 해 나가다. (反)〔胜任愉快 shèng rèn yú kuài〕

【娩(挽)】女部 | miǎn
7画 | 해산할 **만**
圆통분만(하다).

【娩出―출】miǎnchū 통몸을 풀다. 출산하다.

【冕】日部 | miǎn
7画 | 면류관 **면**
圆면류관.〔옛날, 大夫 이상이 쓰던 예모 (禮帽). 후에는 제왕의 예모〕◇加～(典) 乱/대관식(戴冠式).

【冕旒―류】miǎnliú 圆면류관

【鮸・鮸】鱼部 | miǎn
7画 | 민어 **면**
圆〈魚介〉민어.

【価】亻部 | miǎn
9画 | 어길 **면**
통〈文〉1…쪽으로 향하다. 2위배하다. ◇ ～規越矩/규칙을 위배하다.

【湎】氵部 | miǎn
9画 | 빠질 **면**
→〔沉 chén 湎〕

【偭】忄部 | miǎn
9画 | 생각할 **면**
〈文〉1통생각하다. 사고하다. 2圆근면하다.

【缅・緬】纟部 | miǎn
9画 | 멀 **면**
1튀멀리. 아득하게. ◇～怀/회고하다. 2 통말다. 접다. ◇～上袖子/소매를 걷어 올리다.

【缅甸―전】Miǎndiàn 圆〈地〉미얀마(Myanmar).〔수도는 ‘仰光’(양곤, Yangon)〕

【缅怀―회】miǎnhuái 圆통회고(하다).

【缅邈―막】miǎnmiǎo 圆〈文〉아득히 멀다.

【缅想―상】miǎnxiǎng (同)〔缅怀 huái〕

【靦・靦】面部 | miǎn
7画 | 부끄러울 **전**
⇒tiǎn

【靦腆―전】miǎn·tian (同)〔腼腆 miǎn·tiǎn〕

【腼】月部 | miǎn
9画 | 낯가릴 **면**

【腼腆―전】miǎn·tiǎn 圆통부끄러워하다. 낯을 가리다. 수줍어하다. ◇小孩儿见了生人有点～/어린 아이들은 낯선 사람을 보면 조금 낯을 가린다. (同)〔害羞 hài∥xiū〕, (反)〔大方 dàfang〕.

miàn

☆【面】¹¹～¹³(麵,麪)面一部 | miàn
8画 | 낯 **면**
1圆낯. 얼굴. ◇笑容满～/얼굴에 웃음이 가득하다. ◇迎～走过一个人来/정면에서 한 사람이 걸어왔다. 2圆향하다. ◇背山 ～水/뒤에 산이 있고 강을 향하다. 3(～

儿)圆물체의 표면. ◇地～/지면. ◇湖～ /호수의 수면. ◇桌子～儿很光滑/탁자의 표면이 반들반들하다. 4통대면하다. ◇～ 谈/면담(하다). 5圆(물건의) 바깥면. 표면. 노출된 면. 겉면. ◇这块布做里儿, 那块布做～儿/이 천으로 안감을 만들고, 저천으로는 겉을 만들어라. 6圆〈數〉면. 7 圆부위. 방면. ◇正～/정면. ◇片～/한쪽면. ◇上～/위쪽. ◇右～/오른쪽. ◇东～/동쪽. 9양편평한 것에 쓰임. ◇一～镜子/거울하나. ◇一～鼓/북 하나. 10양만남의 횟수에 쓰임. ◇我跟公司经理只见过一～/나는 회사 사장과 한번 만났을 뿐이다. 11圆곡물의 가루. 밀가루. ◇玉米～/옥수수 가루. ◇把～和好了, 可以包饺子/반죽을 했으니 만두를 싸도 된다. 12圆분말. 가루. ◇胡椒～/고춧가루. 13圆국수. ◇一碗～/국수 한 그릇. 14圆〈方〉섬유질이 적고 연하다. ◇煮的红薯很～/삶은 고구마가 연하다.

【面案―안】miàn'àn 圆불과 연관된 주방일 중 밥을 짓고 만두 등을 찌는 따위의 일. (同)〔白 bái 案〕

★【面包―포】miànbāo 圆빵. ◇我特别喜欢吃果酱～/나는 잼빵을 특히 좋아한다.

＊【面包车―포차】miànbāochē 圆소형 버스. 봉고승합차. ◇这是他们单位新买的～/이봉고승합차는 그들 회사에서 새로 산 것이다.

【面包圈―포권】miànbāoquān 圆도넛.

【面壁―벽】miànbì 1圆〈佛〉면벽. 좌선. 2통벽을 마주 대하다. 벽을 향하여 앉다. 3통개의치 않다.

【面茶―차】miànchá 圆기장쌀죽.〔깨·소금·후추 따위의 양념을 쳐서 먹음〕

【面点―점】miàndiǎn 圆쌀가루나 밀가루로만든 간식.

＊＊【面对―대】miànduì 통1마주보다. ◇他不敢～我说明事实真相/그는 감히 나를 똑바로 보고 사실 진상을 밝히지 못한다. 2직면하다. 당면하다. ◇他从来没有～过这么多困难/그는 여지껏 이렇게 많은 어려움에 직면한 적이 없다. 비교面对:面临 “面对”의 주어는 사람을 가리키는 명사이어야 한다. ◇人民的生命财产(×面对)面临着严重的威胁 wēixié/국민의 생명과 재산이 심각한 위험에 직면하고 있다.

【面对面―대면】miàn duì miàn 서로 얼굴을 마주보고. 대면하다.

【面额―액】miàn'é 圆〈經〉액면(가격).

【面坊―방】miànfáng 圆〈구식〉제분소. 방앗간.

【面肥―비】miànféi 圆밀가루를 발효시킬

때 쓰는 효소가 풍부한 밀가루 반죽.
(同)[面头]

**【面粉-분】miànfěn 图밀가루.

【面红耳赤-홍이적】miàn hóng ěr chì〈成〉
(흥분하거나 부끄러워) 얼굴이 빨개지다.

【面糊-호】miànhù 图1묽은 밀가루 반죽.
2〈方〉(밀가루로 쑨) 풀.

【面糊-호】miàn·hu 圈〈方〉(음식이) 섬유
질이 적고 연하다.

【面黄肌瘦-황기수】miàn huáng jī shòu
〈成〉(오래 앓거나 굶어) 얼굴이 누렇게
뜨고 몹시 수척하다. (同)[面有菜色 miàn
yǒu cài sè], (反)[容光焕发 róng guā-
ng huàn fā]

☆【面积-적】miànjī 图면적. ◇中国~约为九
百六十万平方公里/중국의 면적은 약 9백
60만 평방 키로미터이다.

【面颊-협】miànjiá 图볼. 뺨.

【面巾-건】miànjīn 图〈方〉수건. 타월.

【面筋-근】miàn·jin 图1〈化〉글루텐. 2밀가
루로 반죽해서 녹말을 씻은 후 남은 혼합
단백질. 요리 재료로 씀.

【面具-구】miànjù 图1마스크. ◇防毒~/
방독마스크. 방독면. 2가면. 탈. (同)[假
jiǎ 面具]

**【面孔-공】miànkǒng 图얼굴. 표정. ◇他那
副伪君子的~,使不少人上了他的当/위선자
인 그의 표정에 많은 사람들이 속았다.

*【面临-림】miànlín 통(문제·상황에) 직면
하다. 당면하다. ◇我们正~一场新的斗争
/우리는 현재 새로운 투쟁에 직면해 있
다. 比较面临:面对 "面临"는 구체명사를
목적어로 쓰이지 않는다. ◇我们住的那间
屋子(×面临)面对着大海/우리가 사는 그
집은 바다를 바라보고 있다.

【面码儿-마아】miànmǎr 图국수에 넣는 야
채 등의 고명.

☆【面貌-모】miànmào 图1용모. 얼굴 생김
새. ◇他~很端正/그는 용모가 단정하다.
2〈轉〉모습. 상태. 상황. ◇一个国家的社
会经济~/한 나라의 사회 경제 상황.

【面面观-면관】miàn miàn guān 각방면의
관찰.

*【面面俱到-면구도】miàn miàn jù dào
〈成〉각 방면을 빈틈없이 돌보다. 샅샅이
고려되다. ◇我没看到的你都看到了, 真是
~/내가 보지 못한 것까지 네가 다 보고,
정말 빈틈이 없구나.

【面面相觑-면상저】miàn miàn xiāng qù
〈成〉(놀래거나 당황하여) 서로 얼굴만
쳐다볼 뿐 어찌할 바를 모른다.

*【面目-목】miànmù 图1용모. ◇~清秀/용
모가 수려하다. (同)[面貌 mào] 2태도.
입장. 모습. ◇政治~/정치적 입장. ◇这

几年北京的~焕然一新/요 몇년 북경의 모
습이 몰라보게 달라졌다. (同)[面貌 mà-
o] 3면목. 낯. 체면. ◇这是他做错的, 有
什么~去见他父母/이는 그가 잘못한 것인
데 그가 무슨 낯으로 부모를 뵙겠습니까?

【面目全非-목전비】miàn mù quán fēi〈成〉
딴 것으로 되다. 사물의 모양이 전혀 달
라지다. [주로 부정적으로 쓰임] ◇过去
那么正直的青年, 如今~了/전에 그렇게
정직했던 젊은이가 지금은 전혀 딴판으
로 변했다. (同)[天翻地覆 tiān fān dì f-
ù], (反)[依然如此 yī rán rú cǐ]

【面目一新-목일신】miàn mù yī xīn〈成〉
모습을 탈바꿈하다. (同)[依然如故 yī r-
án rú gù]

【面庞-방】miànpáng 图얼굴의 윤곽.

【面盆-분】miànpén 图1세수대야. (同)[脸
liǎn 盆] 2밀반죽할 때 쓰는 쟁반.

【面坯儿-배아】miànpīr 图1삶아내어 아
직 양념을 하지 않은) 맨국수. 2국수의
사리.

【面皮-피】miànpí 1(同)[脸 liǎn 皮] 2图
(~儿)만두 등의 피.

【面洽-흡】miànqià 통〈文〉면담하다. ◇详
情请和来人~/자세한 상황은 보낸 사람
과 면담하세요.

☆【面前-전】miànqián 图면전. (눈)앞. ◇任
务摆在我们~/임무가 우리 눈앞에 놓여
있다. (反)[背后 bèihòu]

【面人儿-인아】miànrénr 图물들인 찹쌀
가루(로 만든) 인형.

*【面容-용】miànróng 图얼굴 표정. 용모.
◇~枯槁 kūgǎo/용모가 초췌하다.

【面如土色-여토색】miàn rú tǔ sè〈成〉놀
라서 얼굴이 새파랗게 질리다. 안색이 창
백해지다.

【面色-색】miànsè 图(얼굴의) 혈색. 기색.
안색.

【面纱-사】miànshā 图1면사포. 너울. 베
일. ◇蒙~/면사포를 쓰다. ◇摘~/면사
포를 벗다. 2图〈喩〉진실한 모습을 숨기
고 있는 것.

【面善-선】miànshàn 图1낯익다. 구면이다.
◇在街上碰到一个~的人可想不起名字/거
리에서 낯익은 사람을 만났는데 이름이
생각나지 않았다. 2(표정이) 상냥하다.

【面神经-신경】miànshénjīng 图〈生理〉안
면 신경. 제7뇌신경.

【面生-생】miànshēng 图낯설다. ◇他的孩
子怕~的/그의 아이는 낯선 사람을 보면
무서워 한다. (同)[陌 mò 生], (反)[面熟
shú]

【面食-식】miànshí 图밀가루 음식의 집합
명사.

【面世一세】miànshì 통세상에 나타나다.

【面试一시】miànshì 명통면접 시험(하다). ◇他通过~, 破格录取/그는 면접시험이 통과되어 파격적으로 발탁되었다.

【面首一수】miànshǒu 명옛날, 귀부인들이 노리개로 삼았던 미남자.

【面授一수】miànshòu 1통직접 전달하다. 2명직접 강의하는 방식.

【面熟一숙】miànshú 형안면이 있다. (反)〔面生 shēng〕

【面塑一소】miànsù 명물들인 찹쌀 가루를 반죽하여 여러 가지 인물이나 동물의 형상을 빚는 중국의 전통 민속 공예.

【面谈一담】miàntán 명통면담(하다).

【面汤一탕】miàntāng 명1국수를 삶아 낸 물. 2〈方〉세숫물.

【面汤一탕】miàn·tang 명〈方〉탕면(湯面).

★【面条一조】miàntiáo (~儿)명국수.

【面团一단】miàntuán (~儿)명1밀반죽 덩어리. 2〈喩〉무사발.

【面团团一단단】miàntuántuán 형(얼굴이) 통통하다. 둥실둥실하다.

【面无人色一무인색】miàn wú rén sè 〈成〉놀라서 핏기가 가시다. 놀라 얼굴이 창백하게 질리다.

【面相一상】miànxiàng 명〈方〉용모. 얼굴 생김새.

【面叙一서】miànxù 통직접 만나 이야기하다. 면담하다.

【面议一의】miànyì 통직접 만나서 의논하다.

【面罩一조】miànzhào 명(얼굴을 보호하는) 얼굴 마스크.

【面值一치】miànzhí 명〈經〉액면가격. (同)〔面价 jià〕

【面砖一전】miànzhuān 명〈建〉장식 벽돌. 〔벽의 표면에 장식용으로 붙이는 도기 벽돌〕

＊【面子一자】miàn·zi 명1표면. 겉. …보. ◇被~/이불보. 2면목. 체면. 낯. ◇你这话伤了他的~/너의 그 말이 그의 체면을 상하게 했다. ◇要~/체면을 중요시하다. ◇爱~/체면을 내세우기 좋아하다. 3교분. 정. ◇碍 ài 于~, 只好答应了/정 때문에 어쩔 수 없이 승낙했다. 4분말. ◇药~/분말약.

【面子往哪儿放一자왕나아방】miàn·zi wàng nǎr fàng ◇你这么跟他说, 要我把~? /네가 그에게 그렇게 말하니 나더러 체면을 어떻게 세우란 말인가? 同)〔脸往哪儿搁 liǎn wàng nǎr gē〕

【眄】目部 miàn(又读miǎn)
4画 곁눈질할 면

【眄视一시】miànshì 통〈文〉곁눈질하다. 흘겨보다.

miāo

【喵】口部 miāo
8画 고양이우는소리 묘

의야옹. 〔고양이 울음소리〕

miáo

＊＊【苗】⧻部 miáo
5画 모 묘

명1(~儿)모종. 새싹. ◇麦~儿/밀·보리 싹. 2후대. 후예. ◇~裔/후예. 3(동물의) 새끼. 갓난 것. ◇鱼~/물고기 새끼. 4(~儿)새싹 모양의 사물. ◇火~儿/불꽃. 5〈醫〉접종약. 왁친. ◇牛痘~/우두 왁친. 6(Miáo)성(姓).

【苗床一상】miáochuáng 명〈農〉묘상.

【苗而不秀一이불수】miáo ér bù xiù 〈成〉벼가 키만 크고 이삭은 패지 않는다. 자질은 있으나 성공하지 못하다.

【苗木一목】miáomù 명묘목.

【苗圃一포】miáopǔ 명〈農〉묘포.

【苗儿一아】miáor 명〈方〉조짐. 징조.

【苗条一조】miáo·tiao 형(여성의 몸매가) 날씬하다. ◇没有~的身材就当不了舞蹈演员/날씬한 몸매가 아니면 무용배우가 될 수 없다. 비교苗条:瘦瘦 "苗条"는 나이 많은 여자를 형용하지는 않는다. ◇我祖母是个(×苗条)瘦瘦 shòu 的女人/나의 할머니는 깡마른 여자다.

【苗头一두】miáo·tou 명징조. 전조.

【苗裔一예】miáoyì 명〈文〉후예. 자손.

【苗子一자】miáo·zi 명1〈方〉싹. 모. 2후계자. 3〈方〉단서. 실마리.

【苗族一족】miáozú 명〈民〉묘족. 〔중국 소수 민족의 하나〕

＊【描】扌部 miáo
8画 그릴 묘

통1그대로 베끼다. 본떠서 그리다. 〔대개 얇은 종이를 대고 그대로 본떠 그리는 것을 말함〕◇~张图/도안을 그리다. 2(엷은 부분을) 덧그리다. 덧쓰다.

【描红一홍】miáo hóng (아이들이) '描红纸' 위에 쓰인 붓글씨를 따라서 습자(習字)하다.

【描画一화】miáohuà 통그리다. 묘사하다.

＊【描绘一회】miáohuì 통묘사하다. 그려내다. ◇这篇文章~了农村的新面貌/이 글은 농촌의 새 모습을 그려냈다.

【描金一금】miáojīn 명금·은 가루로 무늬를 놓다.

【描摹一모】miáomó 통1따라 쓰다. 따라 그리다. 2〈轉〉(언어·문자로써) 형상이나 특

M

징을 표현하다.

*【描述―술】miáoshù **1**동본떠서 그리다〔쓰다〕. **2**동묘사(하다). 기술〔서술〕(하다). ◇他生动地～了那件事的经过/그는 그 일의 경위를 생동감있게 묘사했다.

【描图―도】miáo// tú 명동투사(하다). 트레이싱(하다).

☆【描写―사】miáoxiě 명동(글로) 묘사(하다). ◇～风景/경치를 묘사하다. ◇这部科教片，～怎样救火/이 과학교육영화는 불을 어떻게 끄느냐를 묘사하였다. 비교描写:描绘 "描写"는 그림을 그린다는 의미가 없다. ◇那位画家正坐在那里(×描写)描绘着大海/그 화가는 거기에 앉아 바다를 그리고 있다.

【瞄】目部 | miáo
8画 | 겨룰 묘
동겨누다. ◇枪～得准/총의 겨냥〔조준〕이 정확했다.

【瞄准―준】miáo// zhǔn (～儿)동**1**조준하다. **2**겨냥하다.

【鹋·鶓】鸟部 | miáo
8画 | 새이름 묘
→〔鸸 ér 鹋〕

miǎo

【杪】木部 | miǎo
4画 | 나무끝 초
형**1**나무의 끝. 나뭇가지 끝. **2**(轉)(년·월 또는 계절의) 끝. 말미. ◇岁～/연말.

【眇】目部 | miǎo
4画 | 애꾸눈 묘
〈文〉**1**형외눈이. 애꾸눈. **2**형극히 작다.

☆【秒】禾部 | miǎo
4画 | 까끄라기 묘, 초 초
양(시간·각도·경위도 따위의 단위로) 초.

【秒表―표】miǎobiǎo 명스톱 위치.

【秒针―침】miǎozhēn 명초침.

【渺】氵部 | miǎo
9画 | 아득할 묘
형**1**아득하고 멀다. ◇～若烟云/안개·구름처럼 아득하고 멀다. **2**아주 작다. 미미하다. ◇～不足道/미미하여 보잘 것 없다.

【渺茫―망】miǎománg 형**1**멀고 아득하다. **2**(꿈·희망 따위가) 막막하다.

【渺无人烟―무인연】miǎo wú rényān 인적이 없고 몹시 황량하다.

*【渺小―소】miǎo xiǎo 형매우 작다. 미미하다.

【渺远―원】miǎoyuǎn 형〈文〉아득히 멀다.

【缈·緲】纟部 | miǎo
9画 | 아득할 묘

→〔缥 piāo 缈〕

【淼】水部 | miǎo
8画 | 아득할 묘
형〈文〉수면이 광활하게 펼쳐져 있는 모양.

【淼茫―망】miǎománg (同)〔渺 miǎo 茫〕

【邈】辶部 | miǎo
14画 | 멀 막
형〈文〉멀다. 아득하다. 요원하다.

【邈远―원】miǎoyuǎn 형멀다. 아득하다.

【藐】艹部 | miǎo
14画 | 작을 묘
1형작다. ◇～小/미소하다. **2**동깔보다. 업신여기다. ◇言者谆谆，听者～～/말하는 쪽은 진지하지만 듣는 쪽은 건성으로 듣다.

【藐视―시】miǎoshì 동깔보다. 업신여기다. 경시하다. (同)〔轻 qīng 视〕，〔小看 xiǎokàn〕

【藐小―소】miǎoxiǎo 형아주 작다.

miào

☆【妙】女部 | miào
4画 | 묘할 묘
형**1**훌륭하다. 절묘하다. ◇这个办法真～/이 방법은 참으로 훌륭하다. **2**교묘하다. ◇～策/묘책. **3**미묘하다. ◇莫名其～/무슨 영문인지 알 수 없다.

【妙笔―필】miàobǐ 명훌륭한 글씨나 그림.

【妙计―계】miàojì 명묘책.

【妙诀―결】miàojué 명비결. 교묘한 수단.

【妙龄―령】miàolíng 명(젊은 여자의) 묘령. 꽃다운 나이.

【妙趣―취】miàoqù 명묘미. 아취.

【妙趣横生―취횡생】miào qù héng shēng 〈成〉(말·문장·미술품 따위에) 미묘한 운치가 넘치다.

【妙手―수】miàoshǒu 명**1**묘수. 뛰어난 솜씨. **2**명인. 달인.

【妙手回春―수회춘】miào shǒu huí chūn 〈成〉(의사의) 훌륭한 솜씨로 건강을 되찾다.

【妙药―약】miàoyào 명영약.

【妙用―용】miàoyòng 명불가사의한 작용.

【妙语―어】miàoyǔ 명명언. 재치있는 말.

【妙招―초】miàozhāo 명묘수.

【妙着―착】miàozhāo (同)〔妙招 zhāo〕

☆【庙·廟】广部 | miào
5画 | 사당 묘
명**1**사당. 가묘. 묘당. 종묘. ◇宗～/종묘. 천자 또는 제후 집안의 사당. **2**사찰. 불사. 절. ◇寺～/사찰. **3**재일. 잿날. ◇赶～/잿날에 절에 물건을 올리러 가다.

【庙号―호】miàohào 명묘호. 임금이 사망한 후에 붙이는 시호(諡號).

【庙会―회】miàohuì 명옛날, 묘(廟)나 절

의 잿날에 절 안이나 그 부근에 임시로
서던 장.

【庙堂－당】miàotáng 몡1조정. 왕정(王
廷). 2종묘. 사당. 가묘.

【庙宇－우】miàoyǔ 몡사당. 묘당. 불당.

【庙主－주】miàozhǔ 몡1묘주. 사당에 모
시는 신주(神主). 2묘(廟)를 관리하는
중이나 도사.

【庙祝－축】miàozhù 몡묘축. 사당·불당 따
위의 향족을 돌보는 사람.

【繆·繆】 ⼁糸部 | Miào
11画 | 얽을 무

몡성(姓)⇒miù, móu

miē

【乜】 乙部 | miē
1画 | 눈흘길 먀

⇒Niè

【乜斜－사】miē·xie 동1째려보다. 흘겨보
다. 2(졸리거나 피곤하여) 눈꺼풀이 내
려감기다. 거슴츠레해지다.

【咩(哶)】 口部 | miē
6画 | 양우는소리 미

의음매. 〔양의 울음 소리〕

miè

☆【灭·滅】 火部 | miè
1画 | 멸할 멸

동1불이 꺼지다. ◇电灯突然～了, 可能是
保险丝断了/전등이 갑자기 꺼졌는데 퓨
즈가 끊어졌을지 모른다. 2불을 끄다. ◇
消防队很快就把火～了/소방대는 금방 불
을 껐다. 3물에 잠기다. 침수하다. ◇～
顶/익사하다. 4소멸하다. 멸망하다. ◇自
生自～/자생 자멸한다. 5없애다. 소멸시
키다. ◇麦地里生了害虫, 应该设法～/보
리밭에 해충이 생겨서 없앨 방법을 강구
해야 한다.

【灭茬－치】miè// chá 동〈農〉(농작물 수확
후) 논밭에 남은 그루터기를 제거하다.

【灭此朝食－차조식】miè cǐ zhāo shí 〈成〉
적을 점멸시킨 후 아침밥을 먹겠다. 적을
미워하는 나머지 한시바삐 멸망시키려
하다.

【灭顶－정】miè// dǐng 동물이 머리끝까지
차다. 익사하다.

【灭火－화】miè// huǒ 동불을 끄다. (同)
〔熄 xī 火〕, (反)〔点 diǎn 火〕

【灭火器－화기】mièhuǒqì 몡소화기. (同)
〔灭火机 jī〕

【灭迹－적】miè// jì 동(나쁜 일의) 흔적을
없애다.

【灭绝－절】mièjué 동1박멸하다. 2완전히
잃다. ◇～人性/인성을 완전히 잃다.

【灭口－구】miè//kǒu 동입막음하다. 비밀
을 아는 사람을 죽이다.

【灭门－문】mièmén 동일가를 몰살시키다.
일가가 몰살하다.

**【灭亡－망】mièwáng 동멸망하다. 멸망시
키다. ◇逃脱不了 liǎo～的命运/멸망되는
운명을 피할 수 없다. (同)〔消 xiāo 灭〕,
(反)〔建立 jiànlì〕 비교灭亡:消灭 "灭
亡"의 목적어는 대개 국가나 민족 등이
며 구체명사를 목적어로 삼지 않는다.
◇(×灭亡)消灭害虫/병충해를 박멸시키
다.

【灭种－종】miè// zhǒng 1동멸족하다. 2동
몡멸종(하다). ◇这种动物已差不多～了/
이런 동물은 거의 멸종되었다. →〔绝 jué
种〕

【灭族－족】miè// zú 동(고대 형벌의 하나
로) 한 집안을 몰살시키다.

【蔑(衊)】 艹部 | miè
11画 | 없을 멸

1동〈文〉작다. 가볍다. (同)～视/멸시하다.
2부〈文〉없다. ◇以复加/더 보탤 것이
없다. 완벽하다. 3동경멸하다. 깔보다. ◇
诬～/사실을 날조하여 남의 명예를 손상
시키다.

【蔑称－칭】mièchēng 1동경멸스럽게 호칭
하다. 2몡경멸한 호칭.

*【蔑视－시】mièshì 동멸시하다. 깔보다. ◇
脸上流露出～的神情/얼굴에 멸시하는 표
정을 짓다. (同)〔轻 qīng 视〕, (反)〔重
zhòng 视〕

【篾】 竹部 | miè
11画 | 대껍질 면

몡대·수수깡·갈대 따위의 오리〔쪽〕.

【篾黄－황】mièhuáng 몡대나무의 속껍질.
(同)〔篾白 bái〕

【篾匠－장】mièjiàng 몡죽세공업자.

【篾片－편】mièpiàn 몡1대쪽. 2〈罵〉부호의
집에 빌붙어 사는 식객.

【篾青－청】mièqīng 몡대나무의 녹색 외피.

【篾条－조】miètiáo 몡대오리. 댓개비.

【篾子－자】miè·zi (同)〔篾条 tiáo〕

【蟹】 虫部 | miè
15画 | 눈에놀이 면

【蠛蠓－몽】mièměng 몡〈虫〉눈에놀이.

mín

【民】 乙部 | mín
4画 | 백성 민

몡1국민. 백성. ◇国泰～安/나라가 태평
하고 국민생활이 평안하다. 2어떤 직업에

M

종사하는 사람을 가리킴. ◇农～/농민.
◇牧～/목축민. ◇盐～/제염업자. **3**종족
을 가리킴. ◇汉～/한족. ◇蒙～/몽고족.
4민간. 대중. ◇～俗/민속. ◇～谣/민요.
5(군인이 아닌) 민간. ◇～航/민항.
拥政爱～/정부를 옹호하고, 국민을 사랑
한다.

【民办－办】mínbàn 명동민영(하다). ◇～
企业/민영기업.
【民变－变】mínbiàn 명민중 봉기. 민란.
＊＊【民兵－兵】mínbīng 명민병(대).
【民不聊生－불료생】mín bù liáo shēng
〈成〉백성이 편안한 삶을 누리지 못하다.
【民船－선】mínchuán 명목조 여객선이나
화물선.
【民法－법】mínfǎ 명〈法〉민법.
【民房－방】mínfáng 명개인소유의 가옥.
【民愤－분】mínfèn 명민중의 분노.
【民风－풍】mínfēng 명민속.
【民夫－부】mínfū 명관가(官家)에서 징발
해서 쓰는 인부.
【民歌－가】míngē 명민간가요.
【民工－공】míngōng 명**1**(국가에서) 동원
된 노역. **2**도시에서 임시로 일하는 농민.
【民国－국】Mínguó 명〈略〉'中华民国'(중화
민국)의 준말.
＊【民航－항】mínháng 명〈略〉〈航〉'民用航
空'(민간항공)의 준말. ◇～班机/민간
정기노선 항공기.
＊＊【民间－간】mínjiān 명민간. ◇～文学/민
간문학. ◇这个故事多少年来一直在～流
传/이 이야기는 여러 해 동안 계속 민간
에 전해오고 있다. ◇～贸易/민간무역.
【民警－경】mínjǐng 명〈略〉'人民警察'(인
민 경찰)의 준말.
【民居－거】mínjū 명개인소유주택. (同)
〔民房 fáng〕
【民力－력】mínlì 명국민의 재력.
【民命－명】mínmìng 명국민의 생명.
【民瘼－막】mínmò 명〈文〉백성의 고통.
【民气－기】mínqì 명(국가의 위난 때에 나
타나는) 민중의 의지.
【民情－정】mínqíng 명**1**민중생활. **2**민심.
【民权－권】mínquán 명민권. 민중의 정치
권리.
【民权主义－권주의】mínquán zhǔyì
〈政〉민권주의. 〔손문(孙文)이 주창한 삼
민주의의 하나〕
【民生－생】mínshēng 명민주생활.
【民生主义－생주의】mínshēng zhǔyì 명민
생주의. 〔삼민주의 하나〕
＊【民事－사】mínshì 명〈法〉민사. ◇～诉讼/
민사 소송. ◇～权利/민사상의 권리.
【民俗－속】mínsú 명민속.

【民庭－정】míntíng 명〈法〉민사 법정.
【民团－단】míntuán 명옛날, 악덕 지주가
만든 무장 단체.
【民校－교】mínxiào 명**1**성인 교육 학교.
사회교육원. **2**사설 학교.
【民心－심】mínxīn 명민심.
【民信局－신국】mínxìnjú 명〈邮〉옛날 사
설 우체국.
【民选－선】mínxuǎn 명동민선(하다).
【民谣－요】mínyáo 명민요.
【民以食为天－이식위천】mín yǐ shí wéi tiān
〈成〉백성은 먹는 것을 하늘로 여긴다. 민
생의 근본은 식량이다.
＊【民意－의】mínyì 명민의. 여론. ◇～测验
/여론 조사. ◇～不可侮/여론은 무시할
수 없다.
＊＊【民用－용】mínyòng 명민용. 민간. ◇～航
空/민간 항공.
【民怨－원】mínyuàn 명민중의 원성.
【民乐－악】mínyuè 명〈音〉민속 기악.
【民运－운】mínyùn 명**1**국민의 생활 필수
품을 운수하는 사업. **2**옛날의 개인 운수
업. **3**민중운동. **4**민주화운동.
【民贼－적】mínzéi 명〈文〉나라와 백성에게
큰 죄를 지은 사람. 국적(國賊).
【民政－정】mínzhèng 명민생관련 행정. 내무.
【民脂民膏－지민고】mín zhī mín gāo 〈成〉
인민의 피와 땀의 결정.
【民智－지】mínzhì 명국민의 슬기. 국민
교육 수준.
＊【民众－중】mínzhòng 명민중.
☆【民主－주】mínzhǔ **1**명민주. **2**명민주적이다.
【民主党派－주당파】Mínzhǔ Dǎngpài 명
민주 당파. 〔신중국 건설에 참여한 공산
당 이외의 제 군소 당파〕
★【民族－족】mínzú 명민족.
【民族区域自治－족구역자치】mínzú qūyù
zìzhì 명중국 소수 민족 지역 자치.
【民族形式－족형식】mínzú xíngshì 명한
민족 고유의 표현양식.
【民族主义－족주의】mínzú zhǔyì 명**1**민족
주의. **2**중국 손문(孙文)이 주창하는 삼
민주의의 하나.
【民族资本－족자본】mínzú zīběn 명〈經〉
(식민지·반식민지·독립국가의) 민족자본.
【民族资产阶级－족자산계급】mínzú zīchǎn
jiējí 명(식민지·반식민지·독립국가의) 민
족 자본주의 계급. 민족 부르주아 계급.

【苠】 ⊥⊥部 mín
     5画   늦게여물 **민**
형〈方〉(농작물이) 생장기가 길거나 성숙
기가 늦다. ◇～高粱/늦수수.

【缗·緡(緡)】 纟部 mín
             9画 낚싯줄 **민**

M

1명옛날, 동전을 꿰는 데 사용했던 끈. **2**양관(貫). 〔끈에 꿴 1,000문(文)의 동전 꾸러미를 가리킴〕 ◇钱三百~/동전 삼백 관.

【旻】日部 | mín
4画 | 하늘 민
명〈文〉**1**가을. **2**하늘. ◇苍~/푸른 하늘.
【旻天－천】míntiān 명〈文〉**1**가을 하늘. **2**하늘.

mǐn

【皿】皿部 | mǐn
0画 | 그릇 명
명(접시·주발·잔·쟁반 등) 그릇의 총칭.

【闵·閔】门部 | mǐn
4画 | 가엾게여길 민
1(同)〔悯 mǐn〕**2**(Mǐn)명성(姓).

【悯·憫】忄部 | mǐn
7画 | 불쌍히여길 민
동**1**가엾게 여기다. ◇其情可~/사정이 딱하다. **2**〈文〉걱정하다.
【悯惜－석】mǐnxī 형애석하다.
【悯恤－휼】mǐnxù 동불쌍히 여기다.

【泯】氵部 | mǐn
5画 | 멸할 민
동소멸하다. 상실하다. ◇良心未~/양심이 아직 남아있다.
【泯灭－멸】mǐnmiè 동소멸하다. 지우다.
【泯没－몰】mǐnmò 동(형체·공적 등이) 소멸되다. 사라지다.

【抿】扌部 | mǐn
5画 | 닦을 문
동**1**작은 솔에 물이나 기름을 묻혀서 머리를 매만지다. ◇~了~头发/(물이나 기름을 묻힌 솔로) 머리를 쓰다듬어 붙였다. **2**(입·귀·날개 등을) 약간 다물다. 꽁긋 세우다. 접다. ◇小兔子跑着跑着忽然两耳向后一~, 站住了/토끼가 뛰다가 갑자기 두 귀를 뒤로 쫑끗 세우고 멈춰섰다. **3**입술 공기나 사발에 가볍게 대고 조금 마시다. ◇~了一口酒/입에 대고 술 한모금을 마셨다.
【抿子－자】mǐn·zi 명머리를 매만지거나 다듬기 위한 작은 솔.

【筘】竹部 | mǐn
5画 | 대껍질 민
명대오리. 댓개비.
【筘子－자】mǐn·zi (同)〔抿 mǐn 子〕

【黾·黽】黾部 | mǐn
0画 | 힘쓸 민
【黾勉－면】mǐnmiǎn 동〈文〉노력하다. 힘쓰다.

【僶·僶】亻部 | mǐn
13画 | 힘쓸 민
【僶俛－면】mǐnmiǎn (同)〔黾 mǐn 勉〕

【闽·閩】门部 | Mǐn
6画 | 나라이름 면
명**1**〈地〉민강(閩江). 〔복건성(福建省)에 있는 강〕**2**〈地〉복건성의 별칭.
【闽南话－남화】Mǐnnánhuà 명〈言〉복건성 남부·광동성 동부 및 대만에서 쓰이는 방언.

【敏】攵部 | mǐn
7画 | 민첩할 민
1형빠르다. 민첩하다. ◇灵~/민감하다. **2**동총명하다. ◇聪~/영리하다. **3**(Mǐn)명성(姓).
*【敏感－감】mǐngǎn 형민감하다. ◇他是一个~的人, 接受新事物很快/그는 민감한 사람으로 새로운 것을 빨리 받아들인다.
【敏慧－혜】mǐnhuì 형지혜롭다.
∗∗【敏捷－첩】mǐnjié 형민첩하다. ◇行动~/행동이 재빠르다.
*【敏锐－예】mǐnruì 형(감각이) 예민하다. (안목이) 날카롭다. ◇~的洞察力/날카로운 통찰력.

【鳘·鰵】鱼部 | mǐn
11画 | 민어 민
명〈魚介〉민어의 별칭.

名 665	茗 667	铭 667	鸣 667	明 667
冥 670	溟 670	瞑 670	暝 670	螟 670
酩 670	命 670			

M

míng

☆【名】夕部 | 口部 | míng
3画 | 3画 | 이름 명
1(~儿)명이름. 명칭. ◇人~/인명. ◇书~/서명. ◇地~/지명. ◇署~/서명하다. ◇双方在合同上签了~/쌍방이 계약서에 서명했다. ◇给儿子起个~儿/아들에게 이름을 지어주었다. **2**동이름을 …라고 하다. ◇这位老师姓李~大刚/이 선생님은 성은 이, 이름은 대강이라고 한다. **3**명명목. 구실. ◇以出差为~游山玩水!/출장을 명목으로 자연속에서 놀며 즐기다. **4**명명성. 명예. ◇中国的万里长城很有~/중국의 만리장성은 매우 유명하다. **5**형유명한. ◇~画儿/유명한 그림. ◇~菜/유명한 요리. ◇他是我们这个地区的~医/그는 우리 이 지역의 명의이다. **6**동〈文〉표현해내다. ◇莫~其妙/그 묘함을 말해낼 수 없다. 그 누구 영문인지 알 수 없다. **7**양사람을 세는 단위. ◇十二~学生/학생 12명. 비교名:个 "人"에는 "名"을 양사로 쓰지 않는다. ◇我们有十二(×名)个人一起爬山/우리는 12명이 같이 등산한다. **8**명순위. ◇第一~/일등. **9**(Míng)명성(姓).

【名不副实-불부실】míng bù fù shí 〈成〉이름과 실제가 일치하지 않다. 유명무실하다. (同)〔有名无实 yǒu míng wú shí〕, (反)〔名实相符 míng shí xiāng fú〕

【名不虚传-불허전】míng bù xū chuán 〈成〉명실 상부하다. (反)〔名不副实 míng bù fù shí〕

【名册-책】míngcè 명명부.

【名产-산】míngchǎn 명유명한 특산물.

*【名称-칭】míngchēng 명(단체나 사물의) 이름. 명칭.

【名垂千古-수천고】míng chuí qiāngǔ 아름다운 이름이 후세에 길이 전하다. (同)〔名垂千秋 qiū〕

【名垂青史-수청사】míng chuí qīngshǐ 〈成〉청사에 길이 이름을 남기다. (同)〔名垂千古 qiāngǔ〕, (反)〔遗臭万年 yí chòu wànnián〕

【名词-사】míngcí 명1〈言〉명사. 2(~儿) 전문 용어. 3〈論〉명사(名辭).〔하나의 개념을 언어로 나타낸 것〕

*【名次-차】míngcì 명이름의 순서. 서열. ◇按比赛成绩排列~/경기 성적에 따라 등수를 정하다.

【名刺-자】míngcì (同)〔名片(儿)〕

【名存实亡-존실망】míng cún shí wáng 〈成〉이름만 남고 실상은 없어지다. 유명무실해지다.

*【名单-단】míngdān (~儿)명명단. ◇开列~/명단을 하나하나 써넣다.

*【名额-액】míng'é 명정원. 인원수. ◇~有限, 请从速/인원이 제한되므로 빨리 신청하시오.

【名分-분】míngfèn 명〈文〉명분. 본분. 직분.

*【名副其实-부기실】míng fù qí shí 이름이나 명성이 사실과 부합되다. 명실상부하다. (同)〔名符 fú 其实〕

*【名贵-귀】míngguì 형유명하고 진귀하다. ◇~的字画/귀중한 서화.

【名号-호】mínghào 명1이름과 호. 2명칭.

【名讳-휘】mínghuì 명〈文〉옛날, 존경하는 사람이나 연상의 사람의 이름.

【名家-가】míngjiā 명1(어떤 분야에서) 명망이 높은 사람. 2(Míngjiā)〈史〉명가.

【名缰利锁-강리쇄】míng jiāng lì suǒ 〈成〉명리에 사로잡히다. 명예와 이익에 속박되다.

【名教-교】míngjiào 명명교. 1명분과 교화. 2명분을 분명히 밝히려는 유교적 도덕관.

【名节-절】míngjié 명명예와 절개.

【名句-구】míngjù 명명구. 유명한 글귀.

【名款-관】míngkuǎn 명서화에 쓴 작가의 성명.

【名利-리】mínglì 명명예와 이익.

【名列前茅-렬전모】míng liè qián máo 〈成〉석차가 상위에 있다. (反)〔名落孙山 míng luò Sūn Shān〕

【名伶-령】mínglíng 명〈文〉명배우. 유명한 배우의 옛칭.

【名流-류】míngliú 명(학술·정치계의) 유명 인사.

【名落孙山-락손산】míng luò Sūn Shān 〈成〉낙방하다. (反)〔名列前茅 míng liè qián máo〕

【名门-문】míngmén 명명문. 이름있는 집안.

【名目-목】míngmù 명1(사물의) 명칭. 2 구실. 이유.

*【名牌-패】míngpái 명1(~儿)이름난 상표. ◇~大学/유명 대학. 2명찰. ◇席位摆放着代表们的~/자리에 대표들의 명패가 놓여있다.

【名牌货-패화】míngpáihuò 명유명 상표의 제품.

【名片-편】míngpiàn 명명함.

【名气-기】míng·qì 명명성.

*【名人-인】míngrén 명저명인사. ◇~墨迹/명인의 필적.

【名山-산】míngshān 명명산. 이름난 산.

【名山事业-산사업】míng shān shì yè 〈成〉불후의 가치가 있는 저작.

【名声-성】míngshēng 명명성. 평판. ◇享有好~/좋은 명성을 누리고 있다. ◇~很坏/평판이 매우 나쁘다.

☆【名胜-승】míngshèng 명명승(지). 명소. ◇游览~/명승지를 관광하다.

【名胜古迹-승고적】míng shèng gǔ jí 명명승지와 역사 유적지.

【名师-사】míngshī 명〈文〉저명한 스승. ◇~出高徒/용장 밑에 약졸 없다.

【名士-사】míngshì 명1옛날, 유명한 시인·문장가. 2옛날, 명망 있는 재야인사.

【名士派-사파】míng·shìpài 명명사 근성.〔현재는 자유분방한 지식인을 가리킬 때가 많음〕

【名氏-씨】míngshì 명성함.

【名手-수】míngshǒu 명명수. 문필·기예(技藝)등이 뛰어난 사람.

【名数-수】míngshù 명〈數〉명수. 수치에 단위명을 붙인 수.〔2斤, 3寸, 5尺 따위〕

【名宿-숙】míngsù 명〈文〉(해당 분야의) 원로 고수.

【名堂-당】míng·tang 명1종류. 명칭. ◇今天的表演~很多/오늘의 공연에는 종류가 매우 많았다. 2성과. 결과. ◇问了他半天也问问出个~/오랫동안 그에게 물어봤지만 이렇다 할 성과를 얻지 못했다. 3이유. 내용. 4꿍꿍이. 수작. ◇这个坏家伙又

在搞什么~?/이 나쁜 놈이 또 무슨 꿍꿍
이를 벌이는 것이냐?

【名帖-첩】míngtiě (同)〔名片 piàn〕

【名望-망】míngwàng 图명망.

【名位-위】míngwèi 图명성과 지위.

【名物-물】míngwù 图사물과 그 이름.

【名下-하】míngxià 图이름. 명의 아래.

【名学-학】míngxué 图〈論〉논리학의 옛이름.

【名言-언】míngyán 图〈文〉명언.

*【名义-의】míngyì 图1이름. 명의. ◇我以
个人的~保证, 一定提前完成任务/나는 개
인의 명의를 걸고 틀림없이 앞당겨 임무를 완수
할 것을 보증한다. 2겉으로. 형식상. ◇
他~上是总管, 实际上却什么都不管/그는
겉으로 총관리자이지만, 실제적으로 아무
것도 관리하지 않는다.

【名义工资-의공자】míngyì gōngzī 图〈經〉
명목 임금. ↔〔实际 shíjì 工资〕

*【名誉-예】míngyù 图1명예. 명성. ◇~和
地位/명예와 지위. 2명의상. ◇~会员/명
예 회원. ◇~主席/명예 의장.

【名媛-원】míngyuán 图〈文〉이름난 여자.
이름난 규수〔閨秀〕.

【名正言顺-정언순】míng zhèng yán shùn
〈成〉명분이 정당해야 말도 조리가 선다.

【名著-저】míngzhù 图명저. 명작. (同)
〔名作 zuò〕

★【名字-자】míng·zi 图1이름. 성명. ◇你叫
什么~?/이름이 뭡니까? ◇他现在的~是
上学时老师给起的/그의 현재 이름은 학
창시절 선생님이 지어준 것이다. 2사물의
명칭. ◇这村子的~叫张名庄/이 마을의
이름은 '张名庄'이다.

【茗】艹部 míng
　　　6画 차 명

图1차 잎. 2차(茶). ◇香~/향기 높은 차.
고급차. ◇品~/차를 맛보다.

【铭·銘】钅部 míng
　　　　6画 새길 명

1图명. a)기물 위에 사실·공덕 등을 새긴
문자. ◇墓志~/묘지명. b)(쓰거나 새겨
서) 자신의 교훈으로 삼는 글. ◇座右~/
좌우명. 2图(기물 위에) 글자를 새기다.
◇~功/공적을 새기다.

【铭感-감】mínggǎn 图〈文〉감명을 받다.

【铭记-기】míngjì 图명심하다. (同)〔牢 láo
记〕, (反)〔淡忘 dànwàng〕

【铭旌-정】míngjīng 图명정. 명기(銘旗).
〔죽은 사람의 성명이나 관직명을 써서
관 앞에 세우는 기〕

【铭刻-각】míngkè 1图문자를 기물에 새기
다. 2图금석(金石)에 새긴 글.

【铭牌-패】míngpái 图기계명·제조자·기
능·제원 등을 기록한 금속 표찰. (同)

〔名 míng 牌〕

【铭文-문】míngwén 图명문. 청동기에 새
긴 명문.

【铭心-심】míngxīn 图명심하다. 마음에
새기다. (同)〔铭记 jì〕

**【鸣·鳴】口部 míng
　　　　　5画 울 명

图1(금수(禽兽)·벌레 등이) 울다. ◇鸟
~/새가 울다. ◇蝉~/매미가 울다. 2소
리가 나다. 소리를 내다. 소리나게 하다.
◇~鼓/북을 울리다. ◇自~钟/자명종.
◇孤掌难~/한쪽 손바닥만으로 소리가
나지 않는다. 3(감정·주장·의견 등을)
나타내다. 말하다. ◇百家争~/백가쟁명.

【鸣鞭-편】míngbiān 1图채찍질하다. 채찍
을 울리다. 2图옛날 황제의 의장용(儀仗
用) 채찍. 〔이것을 휘둘러 소리를 내어
정숙을 명하였음〕(反)〔静 jìng 鞭〕

【鸣镝-적】míngdí 图〈軍〉향전(響箭). 소
리나는 화살. 〔옛날, 중국에서 개전(開
戰)의 신호로 삼아 쏘았음〕

【鸣鼓而攻之-고이공지】míng gǔ ér gōng
zhī 〈成〉북을 울리며 공격하다. 남의 죄
상을 폭로하면서 성토하다.

【鸣金-금】míngjīn 图징을 울리다. 〔옛날,
후퇴의 신호로 징을 쳤음〕

【鸣锣开道-라개도】míng luó kāi dào 〈成〉
(봉건 시대 관리들이 등청할 때) 징을
울려 길을 열다. 획책한 일을 위해 여론
을 조성하다.

【鸣禽-금】míngqín 图〈鳥〉명금.

【鸣谢-사】míngxiè 图사의(謝意)를 표하다.

【鸣冤-원】míngyuān 图억울함을 호소하다.

【明】日部 míng
　　　4画 밝을 명

1图밝다. 환하다. 밝게 빛나다. ◇~月/
밝은 달. ◇天~/날이 밝다. (同)〔亮 lià
ng〕, (反)〔暗 àn〕2图분명하다. 확실하다.
◇真理愈辩愈~/진실은 가리면 가릴수록
분명해진다. ◇问~来意/온 분명한 뜻을
묻다. 3图밖으로 드러나 있다. 솔직하다.
숨김없다. ◇有不同意见~着说/다른 의견
이 있으면 숨김없이 말하다. (反)〔暗 àn〕
4图시력이 좋다. 눈이 밝다. 통찰력이 있
다. ◇聪~/총명하다. ◇眼~手快/〈成〉눈
도 밝고 손도 빠르다. 5图공명 정대하다.
떳떳하다. ◇弃暗投~/악의가 정도를 걷
다. 6图알다. 이해하다. ◇不~利害/이익
과 손해를 잘 모르다. 7图시각. 시력. ◇
双目失~/두 눈이 실명되다. 8图(올해·
오늘의) 다음. ◇~春/내년 봄. 9(Míng)
图중국의 명나라. 10(Míng)图성(姓).

【明暗-암】míng'àn 图명암.

【明摆着-파착】míngbǎi·zhe 图분명히 드

러나 있다. ◇事实~, 没说的了/사실은 분명히 드러나 있으니 말할 나위가 없다.

＊＊【明白-백】míng·bai **1**형분명하다. 확실하다. ◇听~了/확실히 알아들었다. ◇这一段话我怎么也看不~/그 말은 아무래도 난 모르겠다. 比교明白:知道 '明白'는 '확실한 이해'에 쓰이지만 '어떤 사실만 안다'에는 쓰이지 않는다. ◇考试考得好不好我还不(×明白)知道/시험을 잘 봤는지 못 봤는지 난 아직 잘 모르겠다. (同)〔明晰 xī〕, (反)〔含糊 hán·hu〕 **2**형숨김없다. 솔직하다. ◇有意见就~提出来/불만이 있으면 솔직히 말하세요. **3**형총명하다. ◇他是一个~人, 一说就懂了/그는 총명한 사람으로 한번 말하면 안다. **4**통알이해하다. 알다. ◇我~他想说什么/나는 그가 뭘 말하려는지 알고 있다. (同)〔领会 lǐnghuì〕

【明辨是非-변시비】míng biàn shì fēi 〈成〉옳고 그름을 분명히 가리다. (反)〔混淆是非 hùnxiáoshìfēi〕

【明察-찰】míngchá 통분명히 관찰하다. (同)〔洞 dòng 察〕, (反)〔茫然 mángrán〕

【明察暗访-찰암방】míng chá àn fǎng 〈成〉여러가지 방법으로 철저하게 조사하다.

【明察秋毫-찰추호】míng chá qiū háo 〈成〉미세한 것까지 살피다. (同)〔洞若观火 dòng ruò guān huǒ〕, (反)〔雾里看花 wù lǐ kàn huā〕

【明畅-창】míngchàng 형(말·글이) 분명하고 유창하다. (同)〔通 tōng 畅〕, (反)〔晦涩 huìsè〕

【明澈-철】míngchè 형밝고 맑다. 투명하다. ◇他有双~的眼睛/그녀는 맑고 초롱초롱한 눈을 가졌다. (同)〔清 qīng 澈〕, (反)〔浑浊 húnzhuó〕

【明处-처】míngchù 명**1**밝은 곳. **2**명백한 곳. ‖(同)〔亮 liàng 处〕, (反)〔暗 àn 处〕

【明达-달】míngdá 형총명하고 사리에 밝다.

【明灯-등】míngdēng 명**1**밝은 등불. **2**〈喩〉대중을 올바르게 인도하는 사람이나 사물.

【明断-단】míngduàn 명통공정하고 명확한 판단(을 하다).

【明矾-반】míngfán 명〈化〉명반. 백반.

【明沟-구】mínggōu 명명거(明渠). 복개되지 않은 하수도. (反)〔暗 àn 沟〕

【明后天-후천】mínghòutiān 명내일이나 모레.

【明晃晃-황황】mínghuǎnghuǎng (~的)형반짝반짝하다. 번쩍번쩍하다.

【明黄-황】mínghuáng 명밝은 노랑색.

【明慧-혜】mínghuì 형〈文〉영리하다. 총명하다.

【明火-화】mínghuǒ **1**명통횃불(을 밝혀들

다). 〈轉〉약탈질(하다). **2**명렌즈로 붙인 불.

【明火执仗-화집장】míng huǒ zhí zhàng 〈成〉횃불을 밝히고 무기를 들다. 공개적으로 약탈하다. (同)〔明灯 dēng 执杖〕

【明间儿-간아】míngjiānr 명직접 밖으로 통하는 간.

【明鉴-감】míngjiàn 명**1**밝은 거울. **2**본보기. (同)〔明察 chá〕 **3**〈敬〉뛰어난〔높은〕식견.

【明教-교】míngjiào 명〈牘〉〈敬〉밝은 가르침. 현명한 가르침.

【明旌-정】míngjīng (同)〔铭 míng 旌〕

【明净-정】míngjìng 형밝고 깨끗하다. (同)〔明澈 chè〕, (反)〔浑浊 húnzhuó〕

【明镜-경】míngjìng 명밝은 거울.

【明镜高悬-경고현】míng jìng gāo xuán 〈成〉(재판관의) 판결이 공정하다.

【明快-쾌】míngkuài 형**1**(말·글이) 명쾌하다. ◇她说得很~/그녀는 명쾌하게 말했다. **2**(성격이) 명랑하다. 시원시원하다. **3**〈方〉밝다.

【明来暗往-래암왕】míng lái àn wǎng 〈成〉빈번하게 왕래하다. 〔부정적으로 쓰임〕

【明朗-랑】mínglǎng 형**1**밝다. 환하다. (反)〔黑暗 hēi'àn〕 比교明朗:开朗 '明亮'은 사람의 성격에 쓰이지 않는다. ◇她的性格很(×明亮)开朗/그녀의 성격은 참 쾌활하다. **2**분명하다. 뚜렷하다. (同)〔鲜明 xiānmíng〕, (反)〔含糊 hán·hu〕 **3**(성격이) 명랑하다. 시원스럽다. ◇性格~/성격이 시원스럽다.

【明理-리】mínglǐ **1**형사리에 밝다. (同)〔识 shí 理〕, (反)〔无知 wúzhī〕 **2**(~儿) 명명확한 이치. 분명한 도리.

【明丽-려】mínglì 형(풍경이) 맑고 아름답다.

☆【明亮-량】míngliàng 형**1**(빛이) 밝다. 환하다. ◇图书馆里灯光~, 大学生都在学习/도서관 안에 불빛이 환하게 대학생들이 모두 공부하고 있다. ◇宽敞而~的教室/넓고도 밝은 교실. (反)〔黑暗 hēi'àn〕 **2**빛나다. 반짝거리다. ◇那孩子长着一对~的眼睛, 十分可爱/그애의 눈은 반짝거려 아주 사랑스럽다. (同)〔暗淡 àndàn〕 **3**알다. ◇听了你的指点以后, 我的心里一下子~了/너의 지적을 듣고 나는 단번에 알았다. (同)〔明白 bái〕, (反)〔糊涂 hú·tu〕 **4**(소리가) 깨끗하고 높다. ◇歌声~/노래소리가 맑고 높다.

【明了-료】míngliǎo **1**통분명히 알다. 이해하다. ◇他已~她的意思/그는 벌써 그녀의 뜻을 확실히 알았다. **2**형분명하다.

【明令-령】mínglìng 명명문화(明文化)하여 공포한 법령.

【明码-마】míngmǎ **1**명〈遞〉평문(平文) 전

보. (反)〔密码 mì mǎ〕 **2**명시 가격. **3**동가격을 명시하다.

【明媒正娶-매정취】míng méi zhèng qǔ〈成〉중매인을 세워 정식으로 배우자를 맞아 들이다.

【明媚-미】míngmèi 형**1**맑고 아름답다. ◇河山~/산천이 아름답다. **2**(눈동자가)빛나고 매력적이다.

【明灭-멸】míngmiè 동가물거리다.

【明明】míngmíng 부분명히. 확실히. ◇哪里是忘了, ~是找借口/잊어버린 것이 전혀 아니고 분명히 핑계를 대는 거야. ◇这事~是他干的嘛!/이 일은 확실히 그가 한 거야. 비교明明:明白 "明明"은 술어로 쓰지 않고 "很"의 수식을 받지 않는다. ◇他讲话很(×明明)明白/그는 말하는 것이 정말 분명하다.

【明目张胆-목장담】míng mù zhāng dǎn〈成〉눈 하나 깜짝하지 않고 나쁜 짓을 하다. (同)〔明火执仗 míng huǒ zhí zhàng〕, (反)〔贼头贼脑 zéi tóu zéi nǎo〕

★【明年-년】míngnián 명내년. ◇他~就要回国了/그는 내년에 곧 귀국할 것이다.

【明盘-반】míngpán (~儿)명〈商〉공시 가격. (反)〔暗 àn 盘〕

【明器-기】míngqì 명부장품. (同)〔冥 míng 器〕

【明前-전】míngqián 명청명절(清明節) 전에 딴 연한 잎으로 만든 녹차.

【明枪暗箭-창암전】míng qiāng àn jiàn〈成〉보는 데서 던지는 창과 몰래 쏘는 화살. 공공연한 공격과 몰래하는 중상.

【明抢-창】míngqiǎng 동공공연히 약탈하다〔빼앗다〕.

【明情理儿-정리아】míngqínglǐr 명〈方〉분명한 도리. 납득이 가는 이치.

【明渠-거】míngqú 명명거.〔땅위에 노출되는 하수도〕(同)〔明沟 yánggōu〕

☆【明确-확】míngquè **1**형명확하다. ◇~的立场/명확한 입장. ◇宪法~规定了公民的权利和义务/헌법으로 명확히 규정했다. (反)〔模糊 mó hu〕 **2**동확실하게 하다. ◇需要~几个基本观念/몇 개의 기본관념을 확실히 할 필요가 있다.

【明儿-아】míngr 명〈口〉**1**내일. ◇~见/내일 보자. **2**앞날. 장래.

【明人-인】míngrén 명**1**눈이 보이는〔성한〕사람. (反)〔盲 máng 人〕 **2**공명정대한 사람. **3**명(明)대의 사람.

【明日-일】míngrì 명내일. (同)〔明天 tiān〕

【明日黄花-일황화】míng rì huáng huā〈成〉**1**중양절이 지나 시든 국화. 때늦은 뉴스 보도. 철 지난 사물.

【明锐-예】míngruì 형**1**날카롭게 빛나다. 예리하게 번득이다. **2**총명하고 민첩하다.

【明示-시】míngshì 동명시하다.

【明誓-서】míng// shì (同)〔盟 méng 誓〕

【明说-설】míngshuō 동숨김없이 말하다. 사실대로 말하다. ◇这事不便~/이 일은 사실대로 말하기가 부적절하다.

【明堂-당】míngtáng 명**1**〈方〉(곡식을 말리는) 탈곡마당. **2**〈方〉정원. 뜰.

★【明天-천】míngtiān 명**1**내일. ◇他的生日是~/그의 생일은 내일이다. **2**가까운 장래. 앞날. ◇我们要用我们的双手建设一个灿烂的~/우리는 우리의 두손으로 찬란한 미래를 만들어야 한다. (同)〔将来 jiānglái〕, (反)〔从前 cóngqián〕

【明文-문】míngwén 명성문화(成文化). ◇~规定/성문화된 규정.

【明晰-석】míngxī 형명백하다. 또렷하다. (同)〔清 qīng 晰〕, (反)〔含糊 hán·hu〕

☆【明显-현】míngxiǎn 형뚜렷하다. 현저하다. ◇对这一点说得很~/그는 이 점에 대해 매우 명확하게 말했다. (同)〔显明〕, (反)〔隐晦 yīnhuì〕

【明线-선】míngxiàn 명문학 작품의 드러나 있는 사건의 실마리.

【明晓-효】míngxiǎo 동이해하다. 알다.

【明效大验-효대험】míng xiào dà yàn〈成〉효과가 뚜렷하게 나타나다. 현저한 효과.

**【明信片-신편】míngxìnpiàn 명(우편)엽서.

*【明星-성】míngxīng 명**1**인기 배우나 운동 선수. 스타. ◇电影~/인기 영화 배우. ◇交际~/사교계의 스타. **2**〈天〉금성(金星)의 옛 이름.

【明修栈道, 暗渡陈仓-수잔도, 암도진창】míng xiū zhàn dào, àn dù Chéncāng〈成〉겉으로는 촉으로 가는 것처럼 보이기 위해 길을 닦지만 실은 몰래 진창으로 군대를 건네다.

【明秀-수】míngxiù 형아름답고 수려하다.

【明眼人-안인】míngyǎnrén 명눈썰미가 있는 사람. 식견이 있는 사람.

【明艳-염】míngyàn 형선명하고 아름답다.

【明油-유】míngyóu 명요리에 윤기를 내는 식용유.

【明喻-유】míngyù 명〈言〉직유.〔주로 '如', '像', '似', '好像', '像…似的', '如同' 등과 같은 말을 쓴다〕

【明早-조】míngzǎo 명**1**내일 아침. **2**〈方〉내일.

【明杖-장】míngzhàng 명맹인용 지팡이.

【明朝-조】míngzhāo 명〈方〉**1**내일. **2**가까운 장래.

【明哲保身-철보신】míng zhé bǎo shēn

〈成〉보신하다.〔실수 또는 자신에게 피해가 올까봐 원칙적인 문제에 대해 입장 표명을 하지 않는 치세태도〕(反)〔见义勇为 jiàn yì yǒng wéi〕

【明争暗斗－쟁암투】míng zhēng àn dòu〈成〉화전(和戰) 양면으로 적과 싸우다.(同)〔钩心斗角 gōu xīn dòu jiǎo〕,(反)〔肝胆相照 gān dǎn xiāng zhào〕

【明正典刑－정전형】míng zhèng diǎn xíng〈成〉법률에 따라 극형에 처하다.

【明证－증】míngzhèng 몡확실한 증거.

【明知－지】míngzhī 통잘 알다. 확실히 알다. ◇～故问/확실히 알고서도 일부러 묻다.

【明知故犯－지고범】míng zhī gù fàn〈成〉잘 알면서도 일부러 잘못을 범하다.

【明智－지】míngzhì 1쁑현명하다. 2몡지혜.

【明志－지】míngzhì 통뜻을 표명하다. 의지를 나타내다.

【明珠－주】míngzhū 몡1야광주. 2〈喻〉총애하는 사람 또는 귀중한 보배.

【明珠暗投－주암투】míng zhū àn tóu〈成〉길에 떨어진 진주를 아무도 알아보지 못하다. 재능 있는 사람이 중용되지 않다. 좋은 사람이 악당과 한편이 되다.

【明子－자】míng·zi 몡관솔불. 횃불.(同)〔松 sōng 明〕

M

【冥(冥)】 宀部 míng 8画 어두울 몡
1쁑어둡다. ◇幽～/어두움. 저승. 2쁑심오하다. 깊다. ◇～思/깊이 생각하다. 3쁑어리석다. 우매하다. ◇～顽/우매하고 완고하다. 4쁑저승. ◇～府/저승.

【冥暗－암】míng'àn 쁑어둡다.

【冥钞－초】míngchāo 몡죽은 사람을 위해 태우는 가짜 종이 돈.

【冥府－부】míngfǔ 몡저승. 황천.

【冥茫－망】míngmáng 쁑〈文〉망망하다. 아득하다.

【冥蒙－몽】míngméng 쁑〈文〉모호하다. 어렴풋하다. 흐릿하다.(同)〔溟濛 míngméng〕

【冥器－기】míngqì 몡부장품.〔고대(古代)에 부장(副葬)하던 기물. 나중에는 흙이나 나무로 만든 모형을 씀〕(同)〔明 míng 器〕

【冥寿－수】míngshòu 몡죽은 사람의 생일.

【冥思苦想－사고상】míng sī kǔ xiǎng 통깊이 궁리하다.

【冥顽－완】míngwán 쁑〈文〉우매하여 융통성이 없다. 사리에 어둡고 완고하다.

【冥王星－왕성】míngwángxīng 몡〈天〉명왕성.

【冥想－상】míngxiǎng 1통명상하다. 깊이 생각을 하다. 2몡명상.

【冥衣－의】míngyī 몡죽은 사람을 위하여 태우는 종이옷.

【溟】 氵部 míng 10画 바다 몡
몡〈文〉바다. ◇东～/동해.

【溟茫－망】míngmáng (同)〔冥 míng 茫〕

【溟濛－몽】míngméng 〈文〉쁑(안개 따위가 자욱하여) 어슴푸레하다. (同)〔冥蒙 míngméng〕

【暝】 日部 míng 10画 해질 몡
〈文〉1통날이 저물다. 해가 지다. ◇天已～/날이 이미 저물었다. 2몡황혼. 땅거미.

【瞑】 目部 míng 10画 눈감을 몡
1통눈을 감다. 2쁑눈이 침침하다. ◇耳聋目～/귀가 먹고 눈이 침침하다.

【瞑目－목】míngmù 통(죽어서) 눈을 감다.

【螟】 虫部 míng 10画 마디충 몡
몡〈虫〉명충. 마디충.〔벼의 해충〕

【螟虫－충】míngchóng 몡〈虫〉마디충.

【螟蛉－령】mínglíng 몡〈虫〉나나니벌 유충의 먹이가 되는 배추흰나비 따위의 애벌레.

mǐng

【酩】 酉部 mǐng 6画 술취할 몡
【酩酊－정】mǐngdǐng 통정신을 가눌 수 없을 만큼 취하다.

mìng

【命】 人部 口部 mìng 6画 5画 목숨 몡
1몡생명. ◇救～/목숨을 구하다. ◇他在那次车祸中差点儿丧了～/그는 저번 차사고에 하마터면 죽을 뻔했었다. 2몡수명. ◇短～/단명. ◇长～百岁/오래오래 백세까지 사세요. 3몡운명. ◇算～/점을 보다. ◇他认为自己受苦是～苦/그는 자신이 고생하는 것은 고달픈 운명 때문이라고 생각했다. 4몡명령하다. ◇上级～我们完成这项任务/상부에서 우리에게 이 임무를 완수하라고 명령하였다. 5몡명령. ◇我只好从～/나는 명령을 따를 수 밖에 없다. 6통(이름 따위를) 붙이다. ◇这种新产品还没为它～过名/이 새 상품에 아직 이름을 붙이지 않았다.

【命案－안】mìng'àn 몡살인 사건.

【命笔－필】mìngbǐ 통〈文〉붓을 들어 시문을 쓰거나 서화를 그리다.

【命大－대】mìngdà 囮운이 좋다.

【命定－정】mìngdìng 동운명적으로 정해지다. …할 운명이다.

【命妇－부】mìngfù 명천자(天子)로부터 봉호(封號)를 받은 부인.

【命根－근】mìnggēn 명⟨喩⟩가장 귀중히 여기는 것. 생명처럼 믿는 사람이나 사물.

【命官－관】mìngguān 1명관리를 임용하다. 2명조정에서 임명한 관리.

【命驾－가】mìngjià 1⟨文⟩거마(車馬)를 준비시키다. 2⟨轉⟩수레를 타고 출발하다. 외출하다.

☆【命令－령】mìnglìng 명동명령(하다). ◇司令部昨天来了~, 让我们部队马上去执行任务/우리 부대가 즉시 임무를 집행하라고 사령부에서 어제 명령이 내려왔다. ◇上级~我们天黑以前赶到集合地/상부에서 어둡기 전에 우리한테 집결지에 모이라고 명령했다.

【命令句－령구】mìnglìngjù 명⟨言⟩명령문.

【命脉－맥】mìngmài 명⟨喩⟩명맥. 생명과 혈맥. ⟨喩⟩중대한 일.

*【命名－명】mìng//míng 동명명하다. 이름을 짓다.

【命数－수】mìngshù (同)〔命运 yùn〕

*【命题－제】mìng//tí 1동제목을 내다. 테마를 제시하다. 2(mìngtí)명⟨論⟩명제.

【命途－도】mìngtú 명⟨文⟩일생의 경험.

【命相－상】mìngxiàng 명궁합.

【命意－의】mìngyì 1동(작문·회화의) 주제를 확정하다. 2명함의. 뜻. 취지.

☆【命运－운】mìngyùn 명운명. ◇悲惨的~/비참한 운명. ◇国家的前途和~/나라의 미래와 운명. 비교命运:运气 행운은 "命运"으로 나타내지 않는다. ◇他很有(×命运)运气, 考上了大学/그녀는 운 좋게도 대학에 붙었다.

【命中－중】mìngzhòng 동명중하다.

miù

【谬·謬】 讠部 | miù
11画 | 그릇될 류

명동틀림(틀리다). ◇大~不然/아주 잘못되다. 절대로 그렇지 않다.

【谬错－착】miùcuò 명오류. 잘못.

【谬奖－장】miùjiǎng 동⟨文⟩⟨謙⟩과찬.

*【谬论－론】miùlùn 명잘못된 의견. 황당무계한 논리. ◇批驳~/터무니없는 논리를 반박하다.

【谬说－설】miùshuō 명터무니없는 말〔논조〕.

【谬误－오】miùwù 명⟨文⟩오류. 잘못.

【谬种－종】miùzhǒng 명1그릇된 언론이나 학파. 2⟨罵⟩나쁜 놈.

【谬种流传－종류전】miù zhǒng liú chuán ⟨成⟩잘못된 것을 후세에 전하다.

【缪·繆】 纟部 | miù
11画 | 얽을 무, 꿜 규
→〔纰 pī 缪〕⇒Miào móu

摸 671	无 672	馍 672	模 672	摹 672
膜 672	麽 672	摩 672	磨 673	蘑 673
魔 673	抹 674	万 674	末 674	沫 674
茉 675	抹 675	秣 675	没 675
殁 675	陌 675	脉 675	莫 675	漠 676
寞 676	蓦 676	貘 676	眽 676	墨 676
嘿 676	默 676	磨 677	耱 677	

mō

☆【摸】 扌部 | mō
10画 | 더듬을 모

동1(손으로) 만지다. 쓰다듬다. ◇她轻轻地~了~孩子的头/그녀는 가볍게 아이의 머리를 쓰다듬었다. 2(손으로) 더듬어 꺼내다. 집어내다. ◇他在口袋里~了半天, ~出一张纸条出来/그는 주머니 속을 한참 더듬더니 종이쪽지 한 장을 꺼냈다. 3알아내다. (방법을) 모색하다. ◇~底/내막을 알아내다. ◇~出一套种水稻的经验来/수도작(水稻作)의 경험을 모색해내다. 4(모르는 길이나 어둠 속을) 더듬어 가다. ◇~到床边开亮了灯/침대 가장자리를 더듬어 가서 불을 켰다.

【摸不着头脑－불착두뇌】mō·bu zháo tóu nǎo ⟨口⟩갈피를 잡을 수 없다. 종잡을 수 없다. ◇他一进来大吼大叫, 我有些~/그가 들어오자마자 큰소리로 고함을 치자 난 갈피를 잡지 못했다.

【摸底－저】mō//dǐ 동내막을 탐지하다. 알아내다. ◇对学生的汉语水平, 他都摸了底/학생들의 중국어 수준에 대해 그는 모두 알아냈다.

【摸黑儿－흑아】mō//hēir 동⟨口⟩어둠속을 더듬다.

【摸门儿－문아】mō//ménr 동⟨口⟩⟨喩⟩요령을 알다. ◇摸着点儿门儿/요령을 좀 알았다.

*【摸索－색】mō·suǒ 동1(길이나 방향을) 더듬어 찾다. ◇在黑暗中~前进/어둠속에서 더듬으며 앞으로 나아가다. 2(방법·경험 따위를) 모색하다. ◇如何改革教学方法, 我们缺乏经验, 正在~着/교학 방법을 어떻게 개혁할 것인지 우리는 경험이 없어 모색 중이다.

【摸头－두】mō//tóu (~儿)동(상황을) 파악하다. 〔부정문에 쓰임〕

M

mó

【无·無】 无部 | mó
0画 | 없을 무
→〔南 nā 无〕⇒wú

【馍·饃】 饣部 | mó
10画 | 찐빵 모
图〈方〉찐빵. (同)〔馍头 mán·tou〕◇蒸
~/찐빵.

【馍馍－모】 mó·mo 图〈方〉찐빵. (同)〔馍
头 mán·tou〕

【模】 木部 | mó
10画 | 법 모
1图본보기. 표준. 규범. ◇楷~/모범. 본
보기. 2图본뜨다. 모방하다. ◇劳~/모범
노동자. ⇒mú

【模本－본】 móběn 图원본. 저본.

＊＊**【模范－범】** mófàn 图모범. 图执法人员更应
该～地遵守国家法令/법집행자는 국가법
률을 더 모범적으로 지켜야 한다.

☆**【模仿－방】** mófǎng 图모방하다. ◇～动物
的叫声/동물의 울음소리를 모방하기.
比较模仿:像 "模仿"은 정도 부사의 수식
을 받지 않는다. ◇他长得很(×模仿)像
他的哥哥/그는 생긴 게 그의 형을 많이
닮았다.

＊**【模糊－호】** mó·hu 1图모호하다. 분명하지
않다. 희미하다. ◇只有些～的印象/희미
한 인상만 있을 뿐이다. (同)〔糊涂 hú·
tu〕, (反)〔清晰 qīngxī〕 2图흐리게 하
다. 애매모호하게 하다. 뒤섞다. ◇～两
者之间的界限/두 사람〔가지 일〕의 사이
를 애매모호하게 하다. (同)〔混淆 hùnxiá-
o〕, (反)〔分别 fēnbié〕‖(同)〔模胡 hu〕

【模棱－릉】 móléng 图(태도·견해 등이) 애
매하다. 이도 저도 아니다. (同)〔暧昧 ài-
mèi〕, (反)〔肯定 kěndìng〕

【模棱两可－릉량가】 mó léng liǎng kě 图
이도 저도 아니다. 애매하다. (同)〔依违
两可 yī wéi liǎng kě〕, (反)〔旗帜鲜明
qí zhì xiān míng〕

【模拟－의】 mónǐ 图모방하다. 본뜨다. ◇
～考试/모의고사.

＊**【模式－식】** móshì 图양식. 모델(이 되는
사물).

【模特儿－특아】 mótèr 图1미술가 제작 준
거로 사용하는 물건이나 사람. 2(새옷
등을 전시하는) 사람 또는 인체 모형.
마네킹.

＊**【模型－형】** móxíng 图1견본. 모형.〔주로 전
람회나 실험용의 모형을 일컬음〕 2목형(木
型). 3주형(鑄型). (同)〔模子 mú·zi〕

【模压－압】 móyā 〈工〉압축 성형(成形).

【摹】 ＋＋部 手部 | mó
11画 | 10画 | 본뜰 모
图본떠 그리다〔쓰다〕. ◇临～/모사.

【摹本－본】 móběn 图번각본(翻刻本). 모
사본(模寫本).

【摹仿－방】 mófǎng (同)〔模 mó 仿〕

【摹绘－회】 móhuì 图图〈文〉묘화(描畵)(하
다).〔원래의 그림을 본뜨 그리다〕

【摹刻－각】 mókè 1图번각(翻刻)하다. 2图
번각(翻刻).

【摹拟－의】 mónǐ (同)〔模 mó 拟〕

【摹写－사】 móxiě 图1모사하다. 본떠 쓰다.
2묘사하다. (同)〔模 mó 写〕

【摹印－인】 móyìn 1图모인(模印).〔옛날에 인각
에 사용된 서체〕2图(그림·책 따위를)
모사 인쇄(하다).

【摹状－장】 mózhuàng (同)〔描 miáo 摹〕

＊**【膜】** 月部 | mó
10画 | 꺼풀 막
(～儿)图1〈生理〉막.〔생체 내의 박피조
직〕◇细胞~/세포막. 2(막과 같은) 얇
은 껍질. ◇橡皮~/고무막.

【膜拜－배】 móbài 图엎드려 절하다.

【麽(麼)】 麻部 | mó
3画 | 그런가 마
→〔幺 yāo 麽〕⇒ma'幺,

【摩】 麻部 手部 | mó
4画 | 11画 | 갈 마
图1마찰하다. 비비다.〈轉〉닿다. 미치다.
◇～天楼/마천루. 2어루만지다. 쓰다듬
다. ◇按～/안마(하다). ◇母亲～着小孩
子的脸/어머니가 아이의 얼굴을 쓰다듬
고 있다. 3비교 연구하다. 절차탁마하다.
탐구하다. ◇揣 chuǎi～/반복적으로 생
각하고 탐구하다.

＊**【摩擦－찰】** mócā 1图图마찰(하다). 2图图
〈物〉마찰(하다). 3图(개인이나 당파 사
이의) 마찰. 충돌. ◇与某人发生～/어떤
사람과 충돌이 일어나다. (同)〔磨 mó 擦〕

【摩擦力－찰력】 mócālì 图〈物〉마찰력.

【摩擦音－찰음】 mócāyīn (同)〔擦音〕

【摩登－등】 módēng 图图유행(modern의
음역)(하다). 신식(이다). ◇～家具/유
행 가구. (同)〔时髦 shímáo〕, (反)〔过
时 guòshí〕

【摩电灯－전등】 módiàndēng 图자전거에
부착하는 발전식 전등. (同)〔磨 mó 电灯〕

【摩尔－이】 mó'ěr 图〈化〉몰(mol).

【摩肩击毂－견격곡】 mó jiān jī gǔ 어깨가
부딪칠 정도로 사람이 많다. (同)〔肩摩
毂击〕

【摩肩接踵－견접종】 mó jiān jiē zhǒng
图어깨가 부딪치고 발뒤꿈치가 잇닿다.
발 디딜 틈이 없을 정도로 사람으로 붐비

다. (反)〔寂无一人 jí wú yī rén〕

【摩拳擦掌─권찰장】mó quán cā zhǎng 〈成〉주먹을 문지르고 손을 비비다. 싸움이나 일을 하기 전에 단단히 벼르다. (反)〔垂头丧气 chuí tóu sàng qì〕

【摩天─천】mótiān 图(하늘에 닿을 정도로) 대단히 높다. (同)〔参 cān 天〕, (反)〔低矮 dī'ǎi〕

【摩托─탁】mótuō 图〈機〉모터. (同)〔马达 mǎdá〕

∗∗【摩托车─탁차】mótuōchē 图오토바이.

∗∗【摩托艇─탁정】mótuōtǐng 图모터 보트. (同)〔摩托船 chuán〕〔汽 qì 艇〕

【摩崖─애】móyá 图벼랑에 그림·글씨 불상 따위를 새긴 것.

☆【磨】麻部 石部 mó
5画 11画 갈 마
图1마찰하다. 비비다. 닳다. ◇爬山时脚上~了好几个泡/등산할 때 발에 여러 군데 물집이 잡혔다. ◇袜子~破了/양말이 닳아서 구멍이 났다. 2갈다. 문지르다. 광을 내다. ◇~刀/칼을 갈다. ◇铁杵~成针/열심히 하면 어떤 일도 이룰 수 있다. ◇这把剪子买了好几年, 还从来未~过/이 가위를 산 지 여러해 되었지만 여지껏 간 적이 없다. 3고통을 주다. 괴롭히다. ◇这种慢性病真~人/이런 만성병은 정말 고통스럽다. 4귀찮게 굴다. 떼를 쓰다. 물고 늘어지다. ◇玲玲一早就~着妈妈带她去公园玩儿/링링은 이른 아침부터 공원에 같이 가 놀자고 엄마에게 떼를 쓰고 있다. 5닳아서 없어지다. ◇百世不~/영원 불멸이다. 6시간을 허비하다. ◇她学习总是抓得很紧, 从来没有~过/그녀는 언제나 짜임새있게 공부하여 여지껏 시간낭비를 한 적이 없다.

【磨擦─찰】mócā (同)〔摩 mó 擦〕

【磨蹭─층】mó·ceng 图1(가볍게) 문지르다. 2꾸물거리다. 3졸라대다. 귀찮게 굴다.

【磨杵成针─저성침】mó chǔ chéng zhēn 〈成〉쇠공이를 갈아서 바늘로 만들다. 끈기있게 노력하면 무슨 일이든 이룬다. (同)〔铁 tiě 杵(磨)成针〕〔坚持不渝 jiān chí bù yú〕, (反)〔半途而废 bàn tú ér fèi〕

【磨穿铁砚─천철연】mó chuān tiě yàn 〈成〉쇠벼루를 갈아서 구멍을 뚫다. 끈기있게 노력하다. (同)〔磨杵成针 mó chǔ chéng zhēn〕

【磨床─상】móchuáng 图〈機〉연마반(研磨盤). 연마기. 그라인더.

【磨电灯─전등】módiàndēng (同)〔摩 mó 电灯〕

【磨耗─모】móhào (同)〔磨损 sǔn〕

【磨砺─려】mólì 图갈다. 연마하다.

【磨练─련】móliàn 图图연마(하다). 단련(하다). (同)〔磨炼 liàn〕

【磨料─료】móliào 图연마재(研磨材).

【磨轮─륜】mólún 图회전 숫돌. (同)〔砂 shā 轮〕

【磨灭─멸】mómiè 图(공적·흔적·인상·사실 따위가 시간이 한참 흐른 후) 마멸하다. 없어지다.

【磨难─난】mónàn 图고난. 고생. 시달림.

【磨砂玻璃─사파리】móshā bō·li (同)〔毛 máo 玻璃〕

【磨蚀─식】móshí 1图〈地質〉삭마(削磨). 2图점차 사라지다.

【磨损─손】mósǔn 图마찰로 손상(되다).

【磨牙─아】mó//yá 1图〈方〉쓸데없이 떠들다. 무의미한 언쟁을 하다. 2(móyá)图구치. 어금니. (同)〔臼 jiù 齿〕3(同)〔磨牙齿 chǐ〕

【磨牙齿─아치】mó yáchǐ 이를 갈다. (同)〔磨牙〕

【磨洋工─양공】mó yánggōng 〈俗〉일에 게으름을 피우다.

【磨折─절】mózhé (同)〔折磨〕

【磨嘴─취】mó//zuǐ 图무의미한 언쟁을 하다. (同)〔磨牙 yá〕〔磨嘴皮 pí·zǐ〕

【蘑】++部 mó
16画 버섯 마
图〈植〉버섯. ◇鲜~/싱싱한 버섯.

∗【蘑菇─고】mó·gu 1图〈植〉버섯. 2图귀찮게 달라붙다. ◇你别跟我~, 我还有急事呢/날 귀찮게 하지 마. 난 다른 바쁜 일이 있다니까. 3图꾸물거리다. 질질 끌다. ◇你再这么~下去, 非误了火车不可/너 이렇게 더 계속 꾸물거리다간 기차 놓치겠다.

【蘑菇云─고운】mó·guyún 图(원자폭탄 폭발때의) 버섯 구름.

【魔】麻部 鬼部 mó
9画 11画 마귀 마
1图악마. 마귀. 귀신. ◇恶~/악마. ◇妖~/요괴. ◇病~/병마. 2图이상하다. 기이하다. ◇~力/마력.

【魔法─법】mófǎ 图마법.

【魔方─방】mófāng 图루빅 큐브(Rubik's cube).

【魔怪─괴】móguài 图요괴.

∗【魔鬼─귀】móguǐ 图마귀. 악마. 〈喩〉사악한 세력.

【魔窟─굴】mókū 图마굴. 악마의 소굴.

【魔力─력】mólì 图마력. 마법의 힘.

【魔难─난】mónàn (同)〔磨 mó 难〕

∗【魔术─술】móshù 图마술. ◇~表演/마술공연.

【魔王─왕】mówáng 图1〈佛〉마왕. 2〈喩〉

M

폭군. 악마처럼 잔인한 사람.

【魔掌－掌】mózhǎng 圐마수(魔手). 악마의 음흉한 손길.

【魔杖－杖】mózhàng 圐마술 지팡이.

【魔障－障】mózhàng 圐〈佛〉불도의 수행을 방해하는 사념이나 장애물.

【魔爪－爪】mózhǎo 圐마수(魔手).

【魔怔－怔】mó·zheng 圐〈口〉(마치 정신병이 있는 듯) 행동이 비정상이다.

mǒ

【抹】 扌部 | mǒ
5画 | 바를 말

1圐바르다. 칠하다. ◇~点药膏/연고를 좀 바르다. ◇你一浆糊, 我来贴布告/네가 풀을 칠해라, 내가 공고를 붙일테니. 2圐닦다. 문지르다. ◇他用袖子~了一脸上的汗水又继续干起来了/그는 소매로 얼굴의 땀을 닦고 계속 일하기 시작했다. 3圐지우다. 삭제하다. 없애다. ◇老张从名单上~了自己的名字/장씨는 명단에서 자기의 이름을 삭제했다. 4양(구름) 한 줄기. ◇一~彩霞/한 줄기 아름다운 놀. ⇒mā, mò

【抹脖子－发子】mǒ bó·zi 칼로 목을 베다. 〔주로 자살을 뜻함〕

【抹黑－黑】mǒ// hēi 먹칠하다. ◇别往自己脸上~/자기 얼굴에 먹칠하지 마. (同)〔丑化 chǒuhuà〕, (反)〔美化 měihuà〕

【抹零－零】mǒ// líng (~儿)圐(돈을 낼 때) 우수리를 떼다.

*【抹杀－杀】mǒshā 圐말살하다. 지워 없애다. ◇历史事实是~不了 liǎo 的/역사적 사실은 누구도 말살할 수 없는 것이다. (同)〔抹煞 shā〕

【抹煞－杀】mǒshā (同)〔抹杀 shā〕

【抹稀泥－희니】mǒ xīní 〈俗〉원칙없이 화해시키다.

【抹一鼻子灰－일비자회】mǒ yī bí·zi huī (잘 보이려다가) 무안당하다. ◇他想讨好她, 没想到抹了一鼻子灰/그는 그녀에게 잘보이려다가 뜻밖에도 무안을 당했다.

【抹子－자】mǒ·zi 圐〈建〉흙손. (同)〔抹刀 dāo〕

mò

【万】 一部 | mò
2画 | 성 묵

⇒wàn

【万俟－사】Mòqí 圐복성(复姓).

【末】 木部 | mò
1画 | 끝 말

1圐물건의 끝(부분). 끝머리. ◇~梢/말미. 2圐근본적인 것이 아닌 일. 하찮은 일. ◇工作要抓住主要的, 千万不要本~倒置/일은 중요한 부분을 붙들어야 본말이 전도되어서는 절대 안 된다. 3圐圐최후(의). 마지막(의). ◇因没赶上~班车, 昨天我是走回家去的/막차를 못타 어제 나는 걸어서 집에 갔다. 주의'月''天'은 '末'의 수식을 받지 않는다. ◇现在是1998年的(×末月)最后一个月, 新年快要到了/지금은 1998년의 마지막 달로 새해가 곧 올 것이다. 4(~儿)圐가루. 부스러기. ◇茶叶~儿/분말 차. 찻잎 부스러기. 5圐(중국 전통극에서의) 중년 남자 배역. 〔경극(京剧)에서의 '老生'과 같은 종류에 속함〕

【末班车－반차】mòbānchē 圐1막차. (反)〔头 tóu 班车〕2마지막 기회.

【末代－대】mòdài 圐마지막 왕조.

【末伏－복】mòfú 圐1말복. 2말복으로부터 다음 경일까지의 10일간.

【末后－후】mòhòu 1圐최후. 마지막. 2圐마지막으로. 드디어.

【末节－절】mòjié 圐사소한 일. (同)〔小 xiǎo 节〕, (反)〔大 dà 节〕

【末了－료】mòliǎo (~儿)1圐최후. 마지막. 2圐마침내. 끝에는.

【末流－류】mòliú 1圐말류. (학술·예술 등) 근본 정신이 쇠퇴해버린 마지막 단계의 유파. 2圐등급 또는 질이 낮다. ◇~水平/3·4류 수준.

【末路－로】mòlù 圐〈喩〉몰락해가는 막바지. (同)〔绝 jué 路〕, (反)〔生 shēng 路〕

【末年－년】mònián 圐말년. 말기. (同)〔末期 qī〕, (反)〔初 chū 年〕

【末期－기】mòqī 圐말기. (同)〔末年 nián〕

【末日－일】mòrì 圐〈贬〉1마지막 날. 멸망하는 날. 2〈喩〉(기독교에서 말하는) 심판의 날.

【末梢－초】mòshāo 圐끝. 말초.

【末梢神经－초신경】mòshāo shénjīng 圐〈生理〉말초 신경.

【末世－세】mòshì 圐말세. 세상끝.

【末尾－미】mòwěi 圐말미. 끄트머리. (同)〔结 jié 尾〕, (反)〔开头 kāitóu〕

【末叶－엽】mòyè 圐말엽. 세기 또는 왕조의 끝 무렵.

【末子－자】mò·zi 圐가루. 부스러기. 찌꺼기.

【末座－좌】mòzuò 圐아랫자리. (同)〔末位 wèi〕

【沫】 氵部 | mò
5画 | 거품 말

圐1(~儿)거품. ◇肥皂~儿/비누거품. ◇马跑得满身是汗, 口里流着白~/말이 온몸에 땀투성이로 뛰어 입에 하얀 거품을 흘리고 있다. **2**침. 타액.
【沫子―자】mò·zi 圆거품.

【茉】 艹部 | mò
5画 | 말리 **말**

【茉莉―리】mò·lì 圆〈植〉말리. ◇～花茶/
재스민차.

【抹】 扌部 | mò
5画 | 바를 **말**

圆**1**발라서 표면을 고르다. ◇这里没～平,
你再～～吧/여기가 평평하게 발라지지 않
았으니 다시 고르게 바르시오. **2**모퉁이를
돌다. ◇转弯～角/빙 돌아가다. (말 따위
를) 빙 둘러대다 하다. ⇒mā, mǒ
【抹不开―불개】mò ·bu kāi 圆**1**(시멘트·
풀 등을) 발라도 골고루 잘 안 묻는다. **2**
아무리 생각해도 안 풀리다. (同)〔磨 mó
不开〕
【抹面―면】mòmiàn 圆〈建〉미장(美裝)하
다. 건물 곁에 시멘트·석회 등을 바르다.

【秣】 禾部 | mò
5画 | 말먹이 **말**

圆**1**사료. 가축의 먹이. ◇粮～/(군용의)
식량과 여물. **2**圆가축에게 여물을 먹이
다. (同)〔喂 wèi〕
【秣马厉兵―마려병】mò mǎ lì bīng 〈成〉말
에게 여물을 먹이고 병기를 날카롭게 하
다. 전투 준비를 하다.

【靺】 革部 | mò
5画 | 오랑캐이름 **말**

【靺鞨―갈】Mòhé 圆〈民〉말갈(족). 〔중국
고대 동북쪽의 민족〕

【没】 氵部 | mò
4画 | 빠질 **몰**

圆**1**(사람이나 사물이 물 등에) 잠기다.
가라앉다. ◇～人水中/물 속으로 가라앉
았다. **2**가득 차서 넘치다. 어느 높이를
넘어서다. ◇雪深～膝/눈이 무릎 위까지
올라왔다. **3**사라지다. 숨다. ◇出～/출몰
하다. **4**물수하다. ◇抄～/적발하여 물수
하다. **5**끝(장)나다. 다하다. ◇～世/일
생. **6**→〔殁 mò〕⇒méi
【没齿不忘―치불망】mò chǐ bù wàng 〈成〉
평생 잊지 못하다.
【没落―락】mòluò 圆圈몰락(하다). ◇家道
～/집안이 기울어지다.
【没奈何―내하】mònàihé 圉하는 수 없이.
부득이.
【没世―세】mòshì 圆일생. 평생.
【没收―수】mòshōu 圆몰수하다.

【殁】 歹部 | mò
4画 | 죽을 **몰**

圆〈文〉죽다. ◇病～/병사하다.

【陌】 阝部 | mò
6画 | 길 **맥**

圆전답 사이의 동서로 난 길. 〈轉〉논두렁
길. 밭길. 길. ◇阡～/논두렁〔밭〕길.
【陌路―로】mòlù 圆〈文〉길가다 만난 모르
는 사람. 낯선 사람. (同)〔路人 rén〕,
(反)〔知已 zhījǐ〕
∗∗【陌生―생】mòshēng 圆생소하다. 낯설다.
◇我们刚一见面就像老朋友一样, 一点儿也
不感到～/우리는 만나자마자 친한 친구
같아 조금도 낯설게 느껴지지 않았다.

【脉(脈)】 月部 | mò
5画 | 맥 **맥**

【脉脉―맥】mòmò 圆(눈길이나 행동으로)
말없이 은근한 정을 나타냄. ⇒mài

∗【莫】 艹部 | mò
7画 | 없을 **막**

1〈文〉아무도〔무엇도〕없다. ◇～之能御/
처리할 수 있는 사람이 없다. **2**图…않다.
…못하다. **3**图/만 못하다. **3**副…하지
말라. …해서는 안 된다. ◇我不懂这里的
规矩, 请～见怪/나는 이곳의 규칙을 모르
니, 책망하지 마십시오. ◇闲人～人/외부
인 출입금지. **4**설마〔혹시〕…인가? 〔추측
이나 반문을 나타냄〕 ◇～非/설마. **5**(Mò)圆성(姓).
【莫不―불】mòbù …하지 않는 것이 없다.
모두 …하다. ◇胜利的消息传来, 这里的
人～欢欣鼓舞/승리한 소식이 전해진 후
이곳의 사람들은 기뻐하지 않는 자가 없
었다.
【莫不是―불시】mòbùshì (同)〔莫非 fēi〕
【莫测高深―측고심】mò cè gāo shēn 〈成〉
높이와 깊이를 헤아릴 수 없다. 내용이
난해하다.
【莫大―대】mòdà 圈무한하다. ◇～的幸福
/무한한 행복.
【莫非―비】mòfēi 图설마 …은 아니겠지?
혹시 …이 아닐까? 〔추측 혹은 반문을
나타내며, '不成'과 호응하여 쓰임〕 ◇今
天她没来, ～又生了病不成?/그녀가 오늘
오지 않았는데, 설마 또 병이 난 것은 아
니겠지?
【莫名―명】mòmíng 〈文〉형언할 수 없다.
∗【莫名其妙―명기묘】mò míng qí miào 〈成〉
아무도 그 오묘함을 설명할 수 없다. 무
슨 영문인지 모르다. ◇大家听了他这句
话, 都～/모두들 그의 그 말을 듣고 모두
무슨 영문인지 몰랐다.
【莫逆―역】mònì 圈막역하다. 허물없이 매
우 친밀하다. ◇～之交/막연한 사이.
∗【莫如―여】mòrú …하는 것만 못하다. …
하는 편이 낫다. ◇他想, 既然来到了门口,
～跟着进去看看/기왕 입구까지 온 바에
는, 따라 들어가 보는 편이 낫다고 그는
생각했다.

M

【莫若－약】mòruò〈同〉〔莫如 rú〕

【莫须有－수유】mòxūyǒu 혹 있을지도 모르다. 날조되다. ◇～的罪名/날조되는 죄목.

【莫邪－야】mòyé 〈명〉고대 명검의 이름.

【莫衷一是－충일시】mò zhōng yī shì〈成〉일치된 결론을 얻기 어렵다.

【漠】 氵部 10画 사막 **막**
1〈명〉사막. ◇大～/고비 사막. 2〈형〉무관심하다. 냉담하다. ◇冷～/냉담하다.

【漠不关心－불관심】mò bù guān xīn〈成〉조금도 관심을 갖지 않다.

【漠漠－막】mòmò 〈형〉1〔구름·연기·안개 등이〕짙게 긴 모양. 2광활하여 아득하다.

【漠然－연】mòrán 〈형〉개의치 않는〔무관심한〕모양.

【漠视－시】mòshì 〈동〉냉냉하게 대하다. 관심갖지 않다.

【寞】 宀部 10画 쓸쓸할 **막**
〈형〉조용하다. 외롭다. ◇寂～/적막하다.

【蓦·驀】 艹部 鸟部 10画 10画 곧장 **맥**
〈부〉돌연히. 갑자기. 불시에.

【蓦地－지】mòdì 〈부〉갑자기. 돌연히.

【蓦然－연】mòrán 〈부〉갑자기. 문득.

【貘(獏)】 豸部 10画 맹수이름 **맥**
〈명〉〈動〉맥.

【眿】 目部 6画 눈끛볼 **맥**

【眿眿－맥】mòmò〈同〉〔脉 mò 脉〕

****【墨】 黑部 土部 3画 12画 먹 **묵**
1〈명〉먹. 먹물. ◇～太稠了/먹물이 너무 진하다. ◇研～/먹을 갈다. 2〈명〉〔필기·인쇄에 쓰이는〕잉크. 3〈명〉글씨나 필적. ◇遗～/남긴 필적. 4〈명〉〈喩〉학문. 지식. ◇胸无点～/속에 든〔배운〕것이 조금도 없다. 5〈명〉먹빛. 흑색. 검은 빛. 6〈형〉〈又〉횡령하다. ◇贪～/횡령하다. 7〈명〉묵형(墨刑). 옛날, 중국의 다섯 가지 형벌 중의 하나로 이마에 글자를 새기던 형벌.〈同〉〔黥 qíng〕8(Mò)〈명〉묵가(墨家). 9(Mò)〈명〉〈略〉'墨西哥'(멕시코)의 준말. ◇～洋/멕시코 은. 10(Mò)〈명〉성(姓).

【墨宝－보】mòbǎo 〈명〉귀중한 글씨〔그림〕.

【墨斗－두】mòdǒu 〈명〉묵두.〔목수가 선을 그을 때 쓰는 먹통〕

【墨斗鱼－두어】mòdǒuyú 〈명〉오징어.〈同〉〔乌贼 wūzéi〕

【墨海－해】mòhǎi 〈명〉큰 벼루.

【墨盒－합】mòhé (～儿)〈명〉놋쇠 등으로 만든 휴대용 먹통.

【墨黑－흑】mòhēi 〈형〉새 까맣다. 캄캄하다. ◇房间里～, 什么都看不见/방안이 캄캄해서 아무것도 보이지 않다.

【墨迹－적】mòjì 〈명〉1필적. 먹으로 쓴 흔적. ◇～未干/〈成〉먹물이〔잉크가〕채 마르지도 않다. 2손수 쓴 글. 또는 그림.

【墨家－가】Mòjiā 〈명〉〈哲〉묵가.〔중국 춘추전국(春秋戰國)시대 제자백가(諸子百家)의 한 파〕

【墨晶－정】mòjīng 〈명〉〈礦〉흑수정.

【墨镜－경】mòjìng 〈명〉색안경. 선글라스.

【墨客－객】mòkè 〈명〉〈文〉묵객. 문인(文人).

【墨吏－리】mòlì 〈명〉〈文〉탐관 오리.

【墨绿－록】mòlǜ 〈명〉짙은 녹색. 검푸른 빛깔.

【墨守成规－수성규】mò shǒu chéng guī〈成〉종래의 규칙·관례 따위를 고수하다. 낡은 틀에 매달리다.

☆【墨水－수】mòshuǐ (～儿)〈명〉1먹물. 2잉크. ◇蓝～/파란색 잉크. 3〈喩〉배워 아는 게 있음. ◇小李肚子里有点儿～/이 군은 배워서 좀 아는 게 있다.

【墨西哥－서가】Mòxīgē 〈명〉〈音〉〈地〉멕시코.

【墨线－선】mòxiàn 〈명〉1먹줄. 2먹줄로 그은 직선.

【墨刑－형】mòxíng 〈명〉묵형.〔옛날, 중국의 다섯 가지 형벌 중의 하나로 이마에 먹물로 글자를 새겨 넣었던 형벌〕

【墨鸦－아】mòyā 〈명〉1악필. 2〈方〉〈鳥〉가마우지.〈同〉〔鸬鹚 lúcí〕

【墨鱼－어】mòyú 〈명〉〈俗〉〈魚介〉오징어.〈同〉〔乌贼 wūzéi〕

【墨汁－즙】mòzhī (～儿)〈명〉먹물.

【嘿】 口部 12画 잠잠할 **묵**
〈同〉〔默 mò〕⇒hēi

【默】 黑部 4画 잠잠할 **묵**
1〈형〉말이 없다. 묵묵하다. ◇保持沉～/침묵을 지키다. 2〈동〉외워쓰다. ◇～生字/새 낱말을 외워쓰다. 3(Mò)〈명〉성(姓).

【默哀－애】mò'āi 〈동〉묵념하여 애도를 표시함.

【默祷－도】mòdǎo 〈명〉〈동〉묵도(하다).

【默读－독】mòdú 〈명〉〈동〉묵독(하다).

【默剧－극】mòjù 〈명〉〈演〉무언극. 팬터마임.〈同〉〔哑 yǎ 剧〕

*【默默－묵】mòmò 〈형〉묵묵하다. ◇他～地站在那儿, 一句话也不说/그는 거기에 묵묵히 서서 말 한마디도 없다.

【默默无闻－묵무문】mò mò wù wén〈成〉이름이 세상에 알려지지 않다. 무명이다.

【默念－념】mòniàn 〈동〉1마음속으로 생각하다. 2묵독하다.

【默片－편】mòpiàn 〈명〉〈撮〉무성 영화.

【默契─계】mòqì 1명동묵계(하다). 묵약(하다). 2명동이심전심. 텔레파시가 통하다. 3명비밀 조약. 구두 협정.
【默然─연】mòrán 형잠자코 있는 모양.
【默认─인】mòrèn 동묵인하다.
【默诵─송】mòsòng 1(同)〔默读 dú〕 2명암송하다.
【默写─사】mòxiě 동(교과서의 문장 등을) 외워 쓰다.
【默许─허】mòxǔ 동묵인하다.

【磨】麻部|石部|mò
　5画|11画|갈 마
1명맷돌. ◇一盘～/맷돌 하나. 2명(맷돌로) 갈다. ◇～豆子/콩을 갈다. 3동방향을 바꾸다 ◇我几次三番劝他, 他还是～不过来/나는 몇번이나 충고했지만 그의 마음을 바꾸게 하지 못했다.
【磨不开─불개】mò ·bu kāi 1무안하다. 창피하다. ◇你当面说他, 他会～的/네가 그를 대놓고 나무라면 그는 무안해 할 것이다. 2거북하다. 난처하다. 3〈方〉아무리 생각해도 풀리지 않다. 잘 안 되다. (反)〔磨得 dé 开〕
【磨叨─도】mò·dao 동1〈口〉같은 말을 되풀이하다. 2얘기하다.
【磨得开─득개】mò ·de kāi 1체면이 서다. 2미안하지 않다. 3(일이) 잘 되다.
【磨烦─번】mò·fan 동1귀찮게 굴다. 2늑장부리다.
【磨坊─방】mòfáng 명구식 방앗간. (同)〔磨房 fáng〕
【磨盘─반】mòpán 명1맷돌의 아래 짝. 2〈方〉맷돌.
【磨扇─선】mòshàn 명맷돌의 위짝.

【𥑀】耒部|mò
　16画|써레 마
명〈農〉중국 서남 지방에서 갈아놓은 땅을 고르는 데 쓰는 농기구. (同)〔耢 lào〕

mōu

【哞】口部|mōu
　6画|소우는소리 모
의음매.〔소 우는 소리〕

móu

【牟】厶部|牛部|móu
　4画|2画|탐할 모
1동탐하다. 꾀하다. ◇～利/이익만 꾀하다. 2(Móu)명성(姓).
【牟利─리】móu//lì 동이익만 꾀하다.
【牟取─취】móuqǔ 동(명성이나 이익을) 도모하다.

【眸】目部|móu
　6画|눈동자 모
명1눈동자. 동공. 2눈.
【眸子─자】móuzǐ 명1눈동자. 2눈.

【谋·謀】讠部|móu
　9画|꾀할 모
1명지략. 계략. 계책. ◇阴～/음모. 2동도모하다. 꾀하다. 모색하다. ◇为人类～福利/인류를 위해 복지를 도모하다. 3동의논하다. 상의하다. ◇不～而合/상의하지 않아도 의견이 일치하다.
【谋臣─신】móuchén 명계책이 뛰어난 신하.
【谋反─반】móufǎn 동모반하다. 반역을 꾀하다. (同)〔谋叛 fǎn〕
【谋害─해】móuhài 동살해나 모함을 꾀하다.
【谋和─화】móuhé 동강화책을 강구하다.
【谋划─획】móuhuà 동방법을 강구하다.
【谋虑─려】móulǜ 동고려하다.
【谋略─략】móulüè 1명모략. 책략. 지모. 2동모략하다.
【谋面─면】móumiàn 동서로 대면하다.
*【谋求─구】móuqiú 동강구하다. 꾀하다. ◇～两国关系正常化/양국의 관계 정상화를 모색하다.
【谋取─취】móuqǔ 동꾀하여 얻다. 손에 넣으려고 꾀하다.
【谋杀─살】móushā 동모략을 꾸며 죽이다. (同)〔谋害 hài〕
【谋生─생】móushēng 동생계를 도모하다.
【谋士─사】móushì 명계책을 내는 사람. 책략을 꾸미는 사람. 책사. 모사.
【谋事─사】móu// shì 동1계책을 세우다. 사업을 계획하다. 2직업을 찾다.
【谋私─사】móusī 동사리사욕을 채우려 꾀하다.
【谋陷─함】móuxiàn 동모함하다.
【谋职─직】móuzhí 동직업을 구하다. (同)〔谋事 shì〕

【缪·繆】纟部|móu
　11画|얽을 무
→〔绸 chóu 缪〕⇒Miào, miù

【鍪】金部|móu
　9画|투구 무
→〔兜 dōu 鍪〕

mǒu

☆【某】甘部|木部|mǒu
　4画|5画|아무 모
대1어떤 사람. 아무것. 모.〔특정한 사람이나 사물의 이름을 감출 경우에 쓰임〕◇解放军～部/해방군 모 부대. ◇高～/고 모씨. 2어느. 아무. 모.〔특정한 사람이나 사물을 가리킴〕◇出现了～种不

正常现象/어떤 비정상적인 현상이 나타났다. ◇~人/어떤 사람. 3모. 아무개. 〔자신의 이름 대신 쓰임〕 ◇我某~向来不看重金钱/나 장 아무개는 여지껏 금전을 중히 여기지 않았다.
**【某些一사】mǒuxiē 때몇몇(의). 일부(의).

毪 678	模 678	母 678	坶 678	拇 678
姆 678	铒 678	亩 678	噉 679	牡 679
木 679	沐 680	霂 680	仫 680	目 680
苜 681	钼 681	睦 681	牧 681	募 681
墓 681	幕 681	慕 681	暮 681	穆 682

mú

【毪】毛部 | 6画 | 양모 모
【毪子一자】mú·zi 명〈紡〉티베트산 모직.

【模】木部 | 10画 | 법 모
명(~儿)주형(鑄型). 틀. 형(型). ◇铜~/동으로 만든 주형. ⇒mó
【模板一판】múbǎn 명1〈土〉시멘트 거푸집. 2〈工〉목형(木型). 형판(型板).
【模具一구】mújù 명〈工〉(생산용) 각종 모형.
☆【模样一양】múyàng (~儿)명1용모. 생김새. 모습. ◇他老多了，~变得都认不出来了/그는 많이 늙어서 모습이 변해 알아볼 수 없었다. 2대략. 대체로. 약. ◇我等了有半小时~/나는 3시간쯤 기다린 것 같다. ◇那男的有三十岁~/그 남자는 서른 살쯤 되어 보인다. 3형세. 상황. ◇看~这家饭馆像是快要关张了/상황을 보아하니 이 음식점은 문을 곧 닫을 것 같다. 비교模样:榜样 모범이 되는 사람·일에는 "模样"을 쓰지 않으며 동사 "作"의 목적어로도 쓰지 않는다. ◇首坞儿(shǒuwù-ěr)(seoul)是首都，应该给全国作出(×模样)榜样/서울은 수도로서 전국의 모범이 되어주어야 한다.
【模子一자】mú·zi 명(同)〔模 mó 型〕

mǔ

☆【母】母部 | 0画 | 어미 모
1명어머니. 모친. ◇~女/모녀. 2명자기보다 윗 세대인 여성에 대한 호칭. ◇祖~/할머니. 3명(동물의) 암컷(의). ◇~鸡/암탉. 〔"雌"·"牝" 등은 문어 또는 방언에서 사용됨〕(反)〔公 gōng〕4(~儿)명요철 조직으로 맞물려 있는 두 물건 중에서 움푹 들어간 쪽. ◇螺丝~/암나

사. 너트(nut). 5명사물 발생의 근본. 기본〔根本〕이 되는 것. ◇~公司/모회사. ◇失败为成功之~/실패는 성공의 어머니이다. 6(Mǔ)명성(姓).
【母爱一애】mǔ'ài 명모성애.
【母本一본】mǔběn 명〈植〉종자를 얻는 나무. (同)〔母株 zhū〕
【母畜一축】mǔchù 명〈牧〉(가축의) 어미.
【母法一법】mǔfǎ 명모법. (反)〔子 zǐ 法〕
【母蜂一봉】mǔfēng 명〈虫〉여왕벌.
【母机一기】mǔjī 명〈略〉'工 gōng 作母机'의 준말.
【母金一금】mǔjīn (同)〔本 běn 金〕
★【母亲一원】mǔ·qīn 명모친. 어머니. ◇祖国，我的~!/조국, 나의 어머니! →〔妈 mā〕
【母乳一유】mǔrǔ 명모유.
【母树一수】mǔshù 명모수(母樹). (同)〔母本 běn〕
【母体一체】mǔtǐ 명모체.
【母系一계】mǔxì 명모계.
【母线一선】mǔxiàn 명〈電〉〈數〉모선.
【母校一교】mǔxiào 명모교.
【母性一성】mǔxìng 명모성.
【母液一액】mǔyè 명〈化〉모액.
【母音一음】mǔyīn 명〈言〉모음. (同)〔元 yuán 音〕, (反)〔子 zǐ 音〕
【母语一어】mǔyǔ 명1모국어. 자국어. 2〈言〉모어. 〔모체(母體)가 되는 언어. 이를테면 라틴어는 이탈리아어의 '母語'임〕
【母钟一종】mǔzhōng 명'子 zǐ 母钟'에서의 '母钟'.

【坶】土部 | 5画 | 양토 모

【拇】扌部 | 5画 | 엄지손가락 무
명엄지 손〔발〕가락.
【拇战一전】mǔzhàn (同)〔划拳 huá//quán〕
【拇指一지】mǔzhǐ 명엄지 손〔발〕가락.

【姆】女部 | 5画 | 유모 모, 여스승 무
→〔保 bǎo 姆〕

【铒·鉧】钅部 | 5画 | 다리미 무
→〔钴 gǔ 铒〕

☆【亩·畝】亠部 田部 | 5画 2画 | 이랑 묘
양무. 토지 면적의 단위. ◇这几~地每年的产量很高/이 몇 묘의 매년 생산량은 높다.
【亩产(量)一산(량)】mǔchǎn(liàng) 명1묘당 단위 생산량.

【嗯】 口部 mǔ(又讀 yīngmǔ)
14画 에이커 묘
명〈度〉에이커의 옛 이름.

【牡】 牛部 mǔ
3画 수컷 모
명(동물의) 수컷. (식물의) 수나무. ◇～
牛/황소. (反)〔牝 pìn〕
【牡丹一단】 mǔdan 명〈植〉1모란. 2모란꽃.
【牡蛎一려】 mǔlì 명〈魚〉굴. (同)〔蚝 háo〕

mù

☆【木】 木部 mù
0画 나무 목
1명나무. 수목. ◇果～/과일 나무. ◇草
～发芽了/초목에 새싹이 돋았다. 〔비교
木:树 구어체에서는 "树"를 쓰고 "木"를
쓰지 않는다. ◇这公园有很多大(×木)树
/이 공원에는 큰 나무가 참 많다. 2(～
头)명목재. 재목. ◇檀香～/단향목 목재.
3명관. ◇棺～/관을 만드는 목재. 4형소
박하다. 검소하다. 5동감각을 잃다. ◇两
脚都冻～了/양 발이 다 감각을 잃을 정
도로 얼었다. 6(Mù)명성(姓).
【木版一판】 mùbǎn 명〈印〉목판.
【木版画一판화】 mùbǎnhuà (同)〔木刻 kè〕
【木本一본】 mùběn 형〈植〉목본(식물)의.
【木本水源一본수원】 mù běn shuǐ yuán
〈成〉나무에는 뿌리가 있고, 물에는 근원
이 있다. 〈喩〉사물의 근본.
【木本植物一본식물】 mùběn zhíwù 명〈植〉
목본 식물.
【木菠萝一파라】 mùbōluó 명〈植〉보리수. 바
라밀. 원산지가 인도.
＊＊【木材一재】 mùcái 명목재.
【木柴一시】 mùchái 명장작.
【木船一선】 mùchuán 명목선. 나무배.
【木呆呆一매매】 mùdāidāi (～的)형멍하니
서 있는 모양. ◇小林～站在我面前/임군
은 멍하니 내 앞에 서 있었다.
【木雕一조】 mùdiāo 명1목조각. 2목공예품.
【木雕泥塑一조니소】 mù diāo ní sù 〈成〉나
무나 진흙으로 만든 인형. 무표정의 모양.
【木耳一이】 mù'ěr 명〈植〉목이버섯.
【木筏一벌】 mùfá 명뗏목.
【木芙蓉一부용】 mùfúróng 명〈植〉목부용
(의 꽃).
【木工一공】 mùgōng 명1목공(일). 2목공.
【木棍一곤】 mùgùn 명나무 막대. 곤봉(棍
棒).
【木屐一극】 mùjī 명나막신.
【木简一간】 mùjiǎn 명〈考古〉목간. 〔고대
글씨를 쓰기 위한 나무 편자〕
【木强一강】 mùjiàng 형강직하고 소박하다.

＊【木匠一장】 mùjiang 명목수.
【木槿一근】 mùjǐn 명〈植〉무궁화.
【木刻一각】 mùkè 명〈美〉목판화. 목각(화).
(同)〔木版 bǎn画〕
【木刻水印一각수인】 mùkèshuǐyìn 명〈印〉
칼라 인쇄술의 하나로 그림 원본의 음영·
색의 농도에 따라 여러 개의 목판을 만들
어 색에 따라 채색 인쇄하는 것. 〔미술품
의 복제(復制) 따위에 쓰임〕
【木料一료】 mùliào 명재목.
【木马一마】 mùmǎ 명1목마. 2〈體〉(기계
체조의) 안마(鞍馬)와 뜀틀의 총칭. 3
(어린이의 놀이기구인) 목마.
【木马计一마계】 mùmǎjì 명〈史〉(트로이의
목마의 전설에서) 목마 계략.
【木棉一면】 mùmián 명1〈植〉목면. 케이폭
(kapok)수(树). 2케이폭.
【木乃伊一내이】 mùnǎiyī 명1미이라. 2경
직된 사물.
【木讷一눌】 mùnè 형〈文〉어눌하다. ◇～寡
言/꾸밈 없고 말수가 적다.
【木牛流马一우류마】 mùniúliúmǎ 〈史〉중국
삼국 시대 제갈량(諸葛亮)이 만들었다고
하는 수송 도구, 사람이 미는 목제 소형
차였다고 함.
【木偶一우】 mù'ǒu 명꼭두각시. 나무 인형.
◇像～似地站着/나무 인형처럼 서 있다.
◇两个孩子在玩儿～/두 애가 나무 인형
을 가지고 놀고 있다 〔비교木偶:傀儡
"木偶"는 조종당하는 사람을 비유하지
않는다. ◇皇上成了(×木偶)傀儡 kuǐlěi,
实权落在西太后手里/황제는 꼭두각시가
되었고, 실권은 서태후 손에 들어갔다.
【木偶片一우편】 mù'ǒupiàn (～儿)명〈演〉
인형 영화.
【木偶戏一우희】 mù'ǒuxì 명〈演〉인형극. 꼭
두각시놀음. (同)〔傀儡戏 kuǐlěixì〕
【木排一배】 mùpái 명운반을 위해 뗏목처
럼 묶어 놓은 목재.
【木器一기】 mùqì 명목제의 가구.
【木琴一금】 mùqín 명〈音〉실로폰.
【木然一연】 mùrán 형(잠시) 멍청하니 움
직이지 않는 모양.
【木炭一탄】 mùtàn 명목탄. 숯. (同)〔炭〕
【木炭画一탄화】 mùtànhuà 명〈美〉목탄화.
☆【木头一두】 mù·tou 명〈口〉나무. 재목. ◇
这些～是准备做家具用的/이 목재는 가구
용으로 쓸 것이다.
【木头人儿一두인아】 mùtourénr 명〈喩〉우
둔하고 융통성이 없는 사람.
【木犀一서】 mùxi 명1〈植〉금계(金桂)(의
꽃). 2계란을 풀어 만드는 요리.
【木樨一서】 mùxi (同)〔木犀 xi〕
【木锨一흔】 mùxiān 명〈農〉넉가래.

M

【木香一향】mùxiāng 명〈植〉목향.
【木星一성】mùxīng 명〈天〉목성.
【木已成舟一이성주】mù yǐ chéng zhōu 〈成〉나무는 이미 배로 만들어졌다. 일을 돌이킬 수 없다. (反)〔未定之天 wèi dìng zhī tiān〕
【木鱼一어】mùyú (~儿)명〈佛〉목탁.
【木质部一질부】mùzhìbù 명〈植〉목질부.
【木质茎一질경】mùzhìjīng 명〈植〉나무 줄기.

【沐】 氵部 mù
4画 머리감을 목
1통(머리를) 씻다. 감다. 목욕하다. ◇栉风~雨/바람으로 머리를 빗고 비로 머리를 감다. 늘 밖에서 고생스럽게 돌아다니다. 2통〈文〉받다. ◇~恩/은혜를 받다. 3(Mù)명성(姓).
【沐恩一은】mù'ēn 통〈文〉은혜를 받다〔입다〕.
【沐猴而冠一후이관】mùhóu ér guàn 〈成〉원숭이가 관을 쓰고 사람 흉내를 내다. 겉보기와는 다른 사람의 비유.
【沐浴一욕】mùyù 통1목욕하다. 2〈喩〉(어떤 환경에) 푹 빠지다.

【霂】 雨部 mù
7画 가랑비 목
〈文〉명가랑비.

M

【仫】 亻部 mù
3画 종족이름 무
【仫佬族一로족】Mùlǎozú 명무라오족. 〔중국 광서(廣西)에 분포되어 있는 소수 민족〕

【目】 目部 mù
0画 눈 목
1명눈. ◇注~/주목하다. 2통〈文〉보다. 여기다. ◇~为奇迹/기적으로 여기다. 3명(세분된) 조항·조목. ◇项~/항목. 4명〈生〉생물 분류학상의 한 등급. 〔'纲'의 아래이고 '科'의 위임〕5명목록. 목차. ◇书~/서목. 6명명칭. ◇题~/제목. 2명~/명목. 7명집. 〔바둑의 승부를 계산하는 단위〕
☆【目标一표】mùbiāo 명1목표물. 표적. ◇攻击~/공격 표적. 2목표. ◇我的~是当一名小提琴手/나의 목표는 바이올린 연주자가 되는 것이다.
【目不见睫一불견첩】mù bù jiàn jié 〈成〉자신의 눈썹은 보이지 않는다. 자기 허물을 자기가 알지 못하다.
【目不交睫一불교첩】mù bù jiāo jié 〈成〉눈을 붙이지 못하다. 한잠도 자지 않다.
【目不窥园一불규원】mù bù kuī yuán 〈成〉오로지 공부에만 전념하다.
【目不忍睹一불인도】mù bù rěn dǔ 〈成〉목불인견이다.
【目不识丁一불식정】mù bù shí dīng 〈成〉

낫 놓고 기억자도 모른다. 일자무식이다. (同)〔不视 shì 一丁〕, (反)〔博览群书 bó lǎn qún shū〕
【目不暇接一불가접】mù bù xiá jiē 〈成〉많아서 미처 다 볼 수 없다.
【目不转睛一불전정】mù bù zhuǎn jīng 〈成〉눈 한번 깜빡하지 않고 보다. 주시하다. ◇孩子们~地看着小狗熊表演/애들이 새끼곰의 재롱을 한눈팔지 않고 바라보고 있다. (反)〔东张西望 dōng zhāng xī wàng〕
【目测一측】mùcè 명눈짐작(하다).
【目次一차】mùcì 명목차.
【目瞪口呆一징구매】mù dèng kǒu dāi 〈成〉눈을 크게 뜨고 입을 딱 벌리다. 어안이 벙벙하다.
☆【目的一적】mùdì 명목적. ◇~地/목적지. ◇我们的~一定能够达到/우리의 목표는 꼭 달성할 수 있을 것이다.
＊【目睹一도】mùdǔ 통목격하다. ◇整个事件我都亲眼~/사건 전부를 내가 직접 목격했다. (同)〔目见 jiàn〕
＊＊【目光一광】mùguāng 명1시선. ◇大家的~都投向发言者/모두의 시선이 연설자에게 모아졌다. 2눈빛. ◇他虽然年纪大了, 但~炯炯, 满面红光/그는 나이가 많지만 눈이 반짝반짝하고 혈색이 좋다. 3안목. 식견. ◇他的~是远大的/그의 안목은 크다.
【目光短浅一광단천】mùguāng duǎnqiǎn 〈成〉우물 안의 개구리. 식견이 짧다. (同)〔目光如豆 rúdòu〕, (反)〔目光远大 yuǎndà〕
【目光如炬一광거】mùguāng rú jù 〈成〉눈빛이 횃불같이 밝다. 식견이 높고 원대하다.
【目击一격】mùjī 통목격하다. (同)〔目见 jiàn〕
【目见一견】mùjiàn 통직접 보다. (同)〔目睹 dǔ〕, (反)〔耳闻 ěrwén〕
【目今一금】mùjīn 명지금. 현재.
【目镜一경】mùjìng 명〈物〉접안 렌즈. 대안렌즈(對眼鏡 lens). (同)〔接 jiē 目镜〕
【目空一切一공일절】mù kōng yīqiè 〈成〉안하무인이다. (同)〔目中无人 mù zhōng wú rén〕, (反)〔虚怀若谷 xū huái ruò gǔ〕
【目力一력】mùlì 명시력.
＊【目录一록】mùlù 명1목록. ◇图书~/도서목록. 2목차. 차례. (同)〔目次 cì〕
【目论一론】mùlùn 1명〈文〉얕은 식견. 2통스스로 과실을 알지 못하다.
【目迷五色一오색】mù mí wǔ sè 〈成〉색깔이 잡다하여 눈을 어지럽게 하다. 사물이 뒤섞여 분별할 수 없다.

★【目前-전】mùqián 명지금. 현재. ◇～我们国家的形势很好/현재 우리나라의 상황은 매우 좋다. ◇到～为止/지금까지. (同)〔现在 xiànzài〕, (反)〔将来 jiānglái〕

【目送-송】mùsòng 동눈으로 전송하다.

【目无全牛-무전우】mù wú quán niú〈成〉눈에 소의 전체모습은 보이지 않고 뼈의 틈새만 보이다. 기술이 경이로운 경지에 이르다.

【目无余子-무여자】mù wú yú zǐ〈成〉방약 무인. 안하 무인. (同)〔目空一切 mù kōng yīqiè〕

【目下-하】mùxià 명지금.

【目眩-현】mùxuàn 형눈앞이 아찔해지다.

【目语-어】mùyǔ 동눈으로 말하다. 눈짓하다.

*【目中无人-중무인】mù zhōng wú rén〈成〉안하 무인. (同)〔目空一切 mù kōng yīqiè〕

【苜】 ++部 mù
5画 거여목 목

【苜蓿-숙】mù‧xu〈植〉거여목. 개자리. (同)〔紫 zǐ (花)苜蓿〕

【钼·鉬】 钅部 mù
5画 몰리브덴 목

명〈化〉몰리브덴(Mo).

【睦】 目部 mù
8画 화목할 목

1형화목하다. 사이가 좋다. ◇婆媳不～/고부간에 사이가 좋지 않다. 2(Mù)명성(姓).

【睦邻-린】mùlín 명선린. ◇～关系/선린 관계.

【牧】 牛部 mù
4画 기를 목

동가축을 방목하다. ◇～马/말을 방목하다.

【牧草-초】mùcǎo〈牧〉목초.

**【牧场-장】mùchǎng 명목장. 방목장.

【牧放-방】mùfàng 명동〈牧〉방목(하다). (同)〔放牧〕

【牧歌-가】mùgē 명목가.

【牧工-공】mùgōng 명목장에 고용된 노동자.

*【牧民-민】mùmín 명목축민.

*【牧区-구】mùqū 명〈牧〉1방목지. 2목축 지역.

【牧人-인】mùrén 명방목공.

【牧师-사】mù‧shi 명〈宗〉목사.

【牧童-동】mùtóng 명〈早白〉목동.

【牧畜-축】mùxù 명동목축(하다).

【牧主-주】mùzhǔ 명목장주.

**【募】 ++部 力部 mù
9画 10画 뽑을 모

동널리 구하다. 모집하다. ◇招～/모집.

【募兵-병】mù// bīng〈军〉1동모병하다. 2

명모집한 병사.

【募兵制-병제】mùbīngzhì 명〈军〉모병 제도.

【募股-고】mù// gǔ 동주식을 모으다. (同)〔招 zhāo 股〕

【募化-화】mùhuà 동(승려·도사 등이) 탁발하다.

【募集-집】mùjí 동모집하다.

【募捐-연】mù// juān 동기부금을 거두다. (同)〔募款 kuǎn〕

**【墓】 ++部 土部 mù
10画 10画 무덤 묘

명묘. 무덤. ◇公～/공동 묘지.

【墓碑-비】mùbēi 명묘비.

【墓表-표】mùbiǎo (同)〔墓碑 bēi〕

【墓道-도】mùdào 명묘(墓)·현실(玄室) 앞의 참배길.

【墓地-지】mùdì 명묘지. 무덤.

【墓室-실】mùshì 명현실(玄室). 무덤 안의 관을 안치하는 곳.

【墓穴-혈】mùxué 명묘혈. 무덤 구덩이.

【墓葬-장】mùzàng 명〈考古〉고분.

【墓志-지】mùzhì 명묘지.

【幕】 ++部 巾部 mù
10画 10画 장막 막

명1막. 천막. 텐트(tent). ◇闭～/폐막. ◇帐～/천막. 2고대 전쟁 때의 본영. 장수의 집무처. ◇内～/막부. 3명연극·가극의 일막. ◇第二~第一场/제2막 제1장.

【幕宾-빈】mùbīn 1명〈文〉비장(秘藏). 명청(明清)시대에 지방 관서나 군(軍)에서 관직이 없이 업무를 보좌하던 고문(顾问). (同)〔幕友 yǒu〕 2(同)〔幕僚 liáo〕

【幕布-포】mùbù 명〈演〉(무대의)막. (同)〔幕〕

【幕府-부】mùfǔ〈文〉1막부. 옛날, 장수들이 전쟁 중에 정무를 보던 곳. 2〈史〉(일본 명치 이전의) 바쿠후.

【幕后-후】mùhòu 명막후. 1장막 뒤. 2〈贬〉배후.

【幕僚-료】mùliáo 명막료. 참모.

【慕】 ++部 心部 mù
11画 10画 사모할 모

1동앙모하다. 동경하다. ◇爱～/사모하다. 2(Mù)명성(姓).

【慕名-명】mù// míng 동(남의) 명성을 부러워하다.

【慕尼黑-니흑】Mùníhēi 명〈地〉뮌헨(Munich).

【慕容-용】Mùróng 명성(姓).

【暮】 ++部 日部 mù
11画 10画 저물 모

1명해질녘. ◇朝三～四/조삼모사. 2동(시간이) 끝에 가까워지다. ◇~岁/해가 저물다. 연말.

M

【暮靄―애】mù'ǎi 图저녁 안개.

【暮春―춘】mùchūn 图늦봄.〔음력 3월〕

【暮鼓晨钟―고신종】mù gǔ chén zhōng〈成〉(절에서) 저녁에 울리는 북과 새벽에 치는 종.〈喩〉사람을 깨우쳐 주는 말이나 문장.(同)〔晨钟暮鼓〕

【暮景―경】mùjǐng 图1일몰의 경치. 2노년의 상황.

【暮年―년】mùnián 图만년.(同)〔晚 wǎn 年〕,(反)〔童 tóng 年〕

【暮气―기】mùqì 1图무기력. 2图원기를 잃다. 생기가 없다. 진취의 기상이 없다. (反)〔朝 zhāo 气〕

【暮秋―추】mùqiū 图늦가을.〔음력9월〕

【暮色―색】mùsè 图저녁빛. 황혼. (反)〔晨光 chénguāng〕

【暮生儿―생아】mù·shengr 图〈方〉유복자.

【暮岁―세】mùsuì 图1연말. 2만년.

【穆】 禾部　mù
　　　 11画　공경할 목
　　1图공손하다. ◇静～/조용하고 경건하다. 2(Mù)图성(姓).

＊【穆斯林―사림】mùsīlín 图〈宗〉회교도.

N

ń

【嗯(唔)】 口部 10画 | ń | 대답할 응
'嗯 ńg'의 우독(又讀).

ň

【嗯(呒)】 口部 10画 | ň | 대답할 응
'嗯 ňg'의 우독(又讀).

ǹ

【嗯】 口部 10画 | ǹ | 대답할 응
'嗯 ǹg'의 우독(又讀).

nā

【那】 阝部 4画 | Nā | 어찌 나
명성(姓). ⇒nà

【南】 十部 7画 | nā | 남녘 남
⇒nán

【南无—무】nāmó 명〈佛〉나무(범namas).

ná

★【拿(拏)】 人部 8画 | 手部 6画 | ná | 잡을 나
1동(손으로) 잡다. (손에) 쥐다. 가지다. ◇他手里～着一把伞/그는 손에 우산 하나를 갖고 있다. ◇把这支枪～过去/이 총을 가지고 가거라. ◇～去/가져가라. (同)〔握 wò〕→〔带 dài〕 비교拿:拉:提:抓 ①사람의 이동에는 "拿"를 쓰지 않는다. ◇我把他(×拿)拉过来了/나는 그를 이쪽으로 끌어왔다. ②"물을 긷다"의 경우에는 "拿"를 쓰지 않는다. ◇你去(×拿)提水来/네가 가서 물을 길어 와. ③"拿"에는 "움켜지다"의 경우에 쓰이지 않는다. ◇大娘(×拿)抓起一把糖果往我口袋里装/아주머니는 사탕을 움켜쥐고 내 주머니에 넣었다. 2동탈취하다. 붙잡다. ◇～下敌人的一个据点/적의 거점을 점령하다. (同)〔夺 duó〕 3동장악하다. 틀어쥐다. ◇～权/권력을 잡다. ◇～事/실권을 쥐다. 4동난처하게 하다. 애먹이다. ◇他想～我一手/그가 나를 애먹이려고 한다. 5짐짓 …하다. …인 체하다. 6동받다. 타다. ◇～工钱/노임을 받다. ◇～生活费/생활비를 타다. 7동강한 작용으로 물체를 나쁘게 변화시키다. 침식하다. ◇这块木头让药水～白了/이 목재는 약물에 의해 하얗게 변했다. 8개…(으)로(써). 〔'用 yòng'과 그 쓰임이 같음〕 ◇～眼睛看/눈으로 본다. 9동부담하다. 내다. ◇一切费用我～/모든 비용은 내가 부담한다. 10개〈方〉…을〔를〕 ◇别～他开玩笑/그를 놀리지 마시오. 11개…을〔를〕. …에 대하여 〔목적어를 술어 앞에 끌어 내어 쓸 때 사용됨〕 ◇～我们家乡来说, 农民几乎家家盖了新房/우리 고향에 대해 말한다면, 농민들은 거의 집집마다 새 집을 지었다. 비교 '拿'는 구어(口語)에 쓰이고, '用' '对' '以' 등은 문어(文語)에 주로 쓰인다.

【拿不出手—불출수】ná·bu chū shǒu〈口〉(남 앞에) 내놓을 수 없다. ◇昨天随便买了点儿小东西, ～/어제 그냥 조그만 물건을 샀는데 내놓기가 미안합니다. (反)〔拿得 de 出手〕

【拿不定主意—불정주의】ná·bu dìng zhǔyì〈口〉결정을 못 내리다. ◇我～, 所以才来请教你哥!/난 결정을 못내려서 네 형에게 여쭤보러 왔다! (反)〔拿定主意〕

【拿不准—불준】ná·bu zhǔn〈口〉확실히 판단이 서지 않다. 어찌할 바를 모르다. ◇想了好一会儿也～说什么好/한참을 생각해도 뭐라 말해야 좋을지 확실히 판단이 서지 않았다. (反)〔拿得 de 准〕

【拿办—판】nábàn 동(범죄자를) 체포하여 처벌하다.

【拿大—대】ná∥dà 동〈方〉잘난 체하다. 거드름 피우다. (同)〔摆架子 bǎi jià·zi〕→〔自 zì 大〕

【拿得出手—득출수】ná·de chū shǒu〈口〉(남 앞에) 선뜻 내놓다. ◇这点钱也～!/이렇게 적은 돈도 선뜻 내놓다니! (反)〔拿不 bu 出手〕

【拿得起放得下—득기방득하】ná·de qǐ fàng·de xià〈口〉1(同)〔拿得起来 lái〕 2열심히 할 때는 열심히 하고, 떨쳐 버릴 때는 과감히 떨쳐 버리다. ◇你后悔, 难过也没用了, 要～, 以后多加努力就是了/후

회하고 속이 쓰려도 소용이 없어. 열심히 할 때는 해야 되지만 또 떨쳐 버릴 때는 과감히 떨쳐 버릴 줄 알아야지. 앞으로 더 열심히 노력하면 된다.

【拿得起来－불득래】ná·de qǐlái〈口〉감당할 수 있다. 잘 한다. ◇他弹琴、唱歌样样都～/그는 피아노 연주, 노래 모두 다 잘한다.

【拿得准－득준】ná·de zhǔn〈口〉자신있다. ◇我只说～的事/난 자신있는 일만 말한다. (反)〔拿不 bu 准〕

【拿顶－정】ná// dǐng 통물구나무서다. 거꾸로 서다. (同)〔拿大 dà 顶〕

【拿定－정】nádìng 통정하다. ◇他已～主意了/그는 벌써 마음을 정했다.

【拿获－획】náhuò 통(범인을) 붙잡다. 체포〔나포〕하다.

【拿架子－가자】ná jià·zi 잘난 체하다. 거만하게 굴다. (同)〔摆 bǎi 架子〕

【拿…开心－…개심】ná …kāixīn〈口〉…을 웃음거리로 삼다. …을 놀리다. ◇我最讨厌拿别人痛苦开心/나는 남의 고통을 웃음 거리로 삼는 걸 가장 싫어한다.

【拿来－래】ná·lai 통가져오다.

【拿…来说－…래설】ná…lái shuō(…에) 대하여 말하다. (…을 가지고) 말해 보다. ◇就拿生产技术来说，老李也算得上一把好手/생산 기술에 대해 말하면, 이씨도 능력이 뛰어난 사람으로 꼽을 수 있다.

【拿摩温－마온】námówēn 공사장의 십장. 〔영어 number one에서〕 (同)〔那 nà 摩温〕

【拿捏－날】ná·nie 통〈方〉1우물쭈물하다. 망설이다. (同)〔扭 niǔ 捏〕2남의 약점을 잡아 애먹이다. (同)〔拿把 bǎ〕〔拿款 kuǎn〕3점잖은 체하다. 진실한 체하다. 4허세를 부리다. 젠 체하다.

【拿腔拿调－강나조】ná qiāng ná diào〈成〉거드름 부리는 어투로 말하다. (同)〔拿腔作 zuò 调〕

【拿腔作势－강작세】ná qiāng zuò shì〈成〉허세를 부리다. 거드름 피우다. (同)〔装zhuāng腔作势〕, (反)〔自然而然 zì rán ér rán〕

【拿乔－교】ná// qiáo 통젠 체하다. 허세를 부리다. (同)〔拿款 kuǎn〕

【拿权－권】ná// quán 통권력을 잡다. 정권을 틀어쥐다.

【拿人－인】ná// rén 통1(남의 약점을 잡고) 협박하다. 2마음을 끌다.

【拿事－사】ná// shì 통실권을 쥐다. 책임을 지다.

【拿手－수】náshǒu 1통(어떤 기술에 아주) 뛰어나다. 자신있다. 2명가장 자신 있는 장기. 비교拿手:擅长 "拿手"는 동

목구조로 되어 있기 때문에 목적어를 갖지 못한다. ◇他(×拿手)擅长 shàncháng 游泳/그는 수영에 뛰어나다.

【拿手好戏－수호희】ná shǒu hǎo xì〈成〉가장 잘하는 연기. 뛰어난 장기.

【拿糖－당】ná// táng 통〈方〉거드름 피우다. 젠 체하다. (同)〔拿乔 qiáo〕

【拿问－문】náwèn 통체포하여 심문하다.

【拿印把儿－인파아】ná yìnbàr 권력을 잡다. 벼슬에 오르다. (同)〔拿印把子 zi〕

【拿主意－주의】ná zhǔ·yi 마음을 정하다. ◇我拿定了主意/난 마음을 결정했다.

【镎·鎿】 午部 ná 10画 넵투늄 나
통〈化〉넵투늄(Np).

【挐】 手部 ná 6画 끌어당길 나
〔拿 ná〕와 통용.

nǎ

★【哪(那)】 口部 nǎ 6画 어찌 나
1때어느. 어떤. 어디. 〔그 뒤에 양사(量詞)나 수량사(數量詞)를 써서, 여러 사람·시간·장소·사물 가운데서 하나를 나타냄〕 ◇你想借一本书?/당신은 어느 책을 빌리고 싶습니까? ◇他是～国人?/그는 어느 나라 사람입니까? ◇你～天有时间?/당신은 어느날 시간이 있습니까? 주의구어(口語)에서 "哪"의 뒤에 양사(量詞)나 수량사(數量詞)가 오는 경우에는 종종 něi나 nǎi로 발음하고, 단독으로 쓰일 경우에는 단지 nǎ로만 발음한다. 2 튀어찌하여. 왜. 어떻게. 〔의문·힐문·부정 또는 일부러 반문할 때에 쓰임〕 ◇太阳～会从西边出来?/해가 어찌 서쪽에서 뜰 수 있겠느냐?⇒·na, né, nǎi, něi '那' Nā, nà, nè, nèi〕

【哪边－변】nǎ·biān (～儿)때어느 쪽.

☆【哪个－개】nǎ·ge(又讀 něi·ge)때1어느. 어떤 것. ◇你要～?/너는 어떤 것을 원하는가? (同)〔哪一个〕2〈方〉누구. ◇～在打电话?/누가 전화걸고 있느냐?

【哪会儿－회아】nǎhuìr 때1(과거나 미래) 언제. ◇他～从仁川回来您?/그가 언제 인천에 돌아왔어요? 2어느 때. 언제. ◇你要～来就～来/네가 오고 싶을 때에 와. 〔막연한 미래를 표시함〕

★【哪里－리】nǎ·li 1때어디. 어느 곳. (同)〔哪儿 nǎr〕 ◇你住在～?/너 어디에 사니? 2때어디. 어느 곳. 〔장소의 범칭〕 ◇在～工作都一样/어디에서 일하든지 다 마찬가지다. 3때어찌. 〔반어문에 쓰여 부

정적 의미를 표시함〕 ◇我～知道他已经
走了?/그가 벌써 떠날 줄이야 내가 어찌
알았겠소? ◇他～会说汉语, 不过认识几
个字罢了/그가 어찌 중국어를 말할 줄
알겠소, 다만 몇 자만 알 뿐입니다.‖
(同)〔哪儿 nǎr〕 4〔婉〕(겸손하게 자신에
대한 칭찬에 대해) 천만에요. 별말씀을
하십니다. ◇～, ～/천만에. 별말씀을.

【哪的话－리적화】nǎ·li·de·huà 〔口〕
천만에 말씀입니다. 별 말씀을 다 하십니
다. ◇干吗 gànmá 这样折磨 zhé·mó 自
己－～, 我正是不想再受折磨/왜 그렇게
자신을 고생시키십니까 － 천만에 말씀
을요, 저는 바로 더 이상 고생하지 않기
위해서입니다.

【哪里(哪里)－리(나리)〕nǎ·li(na·li) 1㈪
어디. 2〔口〕(상대방의 칭찬에 대해) 천만
에 말씀. ◇您的字写得真漂亮－～～/당신
은 글씨를 무척 멋지게 쓰시는 군요. －
별 말씀을요.

【哪里(有)那么容易－리(유)나마용이〕nǎ·
li(yǒu) nà·me róngyì 〔口〕(同)〔没 méi
那么容易〕

【哪门子－문자〕nǎ mén·zi 〔方〕무슨.〔반
어문(反語問)에 사용되어, 이유가 없음
을 표시〕

【哪能呢－능니〕nǎnéng·ne 〔口〕어찌…그
럴 수 있겠는가? 〔상대방의 말에 대해
반문의 어기로 완곡하게 동의하지 않음
을 나타냄〕◇你把他惯坏了－～～! 这孩子
也吃了不少苦/네가 그의 버릇을 잘못 들
였어－그게 어떻게 가능하겠어요! 그 아
이도 고생을 많이 했어요.

★【哪怕－파〕nǎpà 〔접〕설사…일지라도. ◇～
下再大的雨我也得去/설령 더 큰 비가 내
린다할지라도 저는 가야만 합니다.
(同)〔即使 jíshǐ〕〔就算 jiùsuàn〕 〔비교哪怕:
无论 의문대명사가 있는 경우에는 "哪
怕"를 쓰지 않는다. ◇我们在一起, (×哪
怕)无论什么困难都不怕/우리가 같이 있
으면 어떤 어려움도 무섭지 않다.

【哪儿－아〕nǎr 〔口〕1㈪어디. 어느 곳. ◇
他在住～?/그는 어디 사느냐? 2㈪어디.
어느 곳.〔장소의 범칭〕◇这是从～说起
呢?/이것은 도대체 어디서부터 얘기하는
것이지? 3반어구에 쓰여 부정을 표시함.
◇～是鸡蛋?/어디[어째서] 달걀입니까?
주의기본적으로 "哪里"와 뜻이 같으나,
구어체에서 "哪里"보다 더 많이 씀.

【哪儿的话－아적화〕nǎr·de huà 〔口〕천만
에요. ◇大夫, 你是我的救命恩人, 治
病救人是医生的职嘛/의사 선생님은 저
의 생명의 은인이십니다－천만에요, 병을
치료하고 사람을 구하는 것은 제 본분입

니다.

☆【哪些－사〕nǎxiē(又讀 něixiē) ㈪어떤 것
들.〔복수를 나타냄〕◇～书/어느 책들.
◇～人/어떤 사람들.

【哪样－양〕nǎyàng (～儿)㈪(성질이나 상
태를 묻는) 어떤 (것). 어떤 종류의.
(同)〔哪种 něizhǒng〕

【哪有…这么…的－유…저마…적〕nǎ yǒu
…zhè·me… de 〔口〕(同)〔有…这么…的
吗 yǒu…zhè·me…de·ma〕

【哪至于－지어〕nǎ zhì yú 〔口〕어떻게…할
수 있겠는가. 어떻게 (그것이) 가능한가.
◇要早会点外语～现在这么吃亏 kuī/일찍
외국어를 할 줄 알았더라면 지금 어떻게
이처럼 손해를 보겠는가? (同)〔何 hé 至
于〕, 〔至于吗 ma〕

nà

★【那】 阝部 | nà
　　　 4画 | 어찌 나

1㈪저것. 그것. 저것들. 저 사람. 저곳.
저기.〔말하는 당사자로부터 멀리 떨어진
곳에 있는 사람·사물 장소 등을 가리킴〕
◇～是书/저것은 책이다. ◇～是谁?/저
사람은 누구냐? ◇～是北京/저기가 북경
이다. a)뒤에 양사·수량사나 직접 명사
가 옴. ◇～地方/그 곳. ◇～本书/그 책.
◇～两本书/그 두 권의 책. ◇～时候/그
때. ◇从～以后/그때부터. b)'那'는 동사
앞에 쓰이며, 동사 뒤에 쓸 경우는 '那
个'를 사용함. ◇我要～个/나는 저것을
원한다. ◇～是我的/저것은 나의 것이다.
주 의구어체에서 '那孩子'·'那个'·'那会儿'·
'那些'·'那样' 등은 nèi 또는 nè로 발음되
며 '那么'·'那么点儿'·'那么样'·'那么着' 등
은 종종 nè로 발음. 2㈐그러면. 그렇다
면. ◇～就好好儿干吧/그럼 잘 해보자구!
◇～我就一个人去了/그러면 나 혼자 가
겠다. ◇你不拿走, ～你不要啦?/안 가지
고 가겠다고? 그렇다면 필요없는 게로
군? (同)〔那么, nème〕⇒Nà, nè, nèi,
哪 ·na, nǎ, nǎi, nèi

☆【那边－변〕nà·biān (～儿)(又讀 nèi·biān)
㈪그곳[쪽]. 저곳[쪽]. ◇～一点儿/조금
저쪽. 〔비교那边:这边 이 방향적 가까운 곳
은 "那边"을 쓰지 않는다. ◇他站在我
(×那边)这边/그는 내 쪽에 서 있다.

【那程子－정자〕nàchéng·zi ㈪〔方〕그 무
렵. 〔같은日子 nà xiē rì·zi〕

【那达慕－달모〕nàdámù 〔명〕나담 페어(Na-
dam Fair). 내몽고 지구의 전통적인 정
기적인 축제로서 씨름·경마·활쏘기·무용
등과 장이 있음.

【那倒是-도시】nà dào shì〈口〉그도 그렇다. 〔상대방의 말을 듣고 동의를 나타내는 말〕◇民族不同, 文化也不一样--/민족이 다르면 문화 전통도 서로 달라요-그도 그렇군요.

★**【那个-개】**nà·ge(又讀 něi〔nè〕·ge)㈜**1**그. 저. 그것. 저것. ◇~院子里花草很多/저 정원에는 화초가 많다. ◇~问题/그 문제. (反)〔这 zhè 个〕**2**〈口〉〈婉〉그렇게. 저렇게. 〔동사나 형용사 앞에 부사로 쓰여 그 정도가 대단함을 표시함〕◇他干得~欢啊, 就甭 béng 提了!/그가 신나게 일하는 모습을 보면 더 말할 필요없다! **3**〈口〉그렇다. 저렇다. 〔직접 말하기 어려운 말 대신으로 씀. 완곡하고 함축적인 의미를 내포함〕◇你刚才跟他讲话的样子也太~了/네가 방금 그와 이야기 나누는 모양이 너무 그렇더라. ◇他这人做事, 真有点儿~/그 사람은 일하는 게 정말 좀 그래.

【那还用说-환용설】nà hái yòng shuō〈口〉그야 말할 것도 없다. 〔이치가 분명해 더 이상 설명할 필요가 없음을 나타냄〕◇我能用一下你的车吗?-~/내가 네 차를 좀 쓸 수 있겠나?-두말하면 잔소리지.

【那会儿-회아】nàhuìr㈜〈口〉(과거나 미래 시점의) 그때.

★**【那里-리】**nà·li㈜그곳. 저곳. ◇那里是我爸的老家/그 곳이 저의 아버지의 고향입니다. 〔인칭 명사나 인칭 대명사 뒤에 놓여 비처소(非處所) 명사를 처소 명사로 바꿈〕◇我在老师~/나는 선생님이 계신 곳에 있다. (同)〔那儿 nàr〕, (反)〔这儿 zhèr〕〔这 zhè 里〕

★**【那么-마】**nà·me(又讀 nè·me) **1**㈜그렇게. 저렇게. 그와 같이. 〔상태·방식·정도 등을 표시함〕◇他不该~说/그가 그렇게 말하지 않았어야지. ◇~做, 会伤她的感情的/그렇게 했다면 그녀의 감정에 상처를 입혔을 것이다. **2**㈜대략. 정도〔수량사 앞에 쓰여 대략의 뜻을 나타냄〕◇再有一二三十分钟就够了/2,30분 정도만 더 있으면 충분하다. **3**㈜저렇다. 그렇다면. 그런고로. ◇~, 我就先走了/그러면 전 먼저 가겠습니다.

【那么点儿-마점아】nà·mediǎnr(又讀 nèi·mediǎnr) 겨우 그 정도의. 〔수량이 작음을 표시함〕◇~事/그 정도의 일. ◇~东西/그 정도의 물건.

【那么些-마사】nà·mexiē(又讀 nè·mexiē) 그렇게 많은. 〔수량이 많음을 표시함〕◇~书/그렇게 많은 책들. ◇~孩子/그렇게 많은 아이들.

【那么着-마착】nà·me·zhe(又讀 nè·me·zhe) 그렇게 하다. 〔행동·방식·상태를 표

시함〕◇你再~, 我可要恼了!/네가 다시 그렇게 한다면, 나는 정말 화낼 것이다!

【那摩温-마온】nàmówēn㈐넘버 원(number one).

【那儿-아】nàr〈口〉**1**그곳. 〔인칭 명사·인칭 대명사 뒤에 놓여, 비처소 명사를 처소 명사로 바꿈〕◇~的天气很热/그곳의 날씨는 매우 덥다. ◇那天明天到你~来/그러면, 내가 내일 너 있는 곳으로 가겠다. (同)〔那里 nàli〕, (反)〔这里 zhèli〕〔这儿 zhèr〕 비교那儿:这儿 "那儿"는 가까운 장소를 가리키지는 않는다. ◇请你们马上到我(×那儿)这儿来/당신들 지금 곧 저 있는 이곳으로 오세요. **2**㈜때. 〔'打'·'从'·'由'의 뒤에 쓰임〕◇打~起, 她就用心念书了/그때부터, 그녀는 공부에 전념했다.

*__**【那时-시】**nàshí㈜그때. 그 당시. (同)〔彼 bǐ 时〕, (反)〔此 cǐ 时〕

【那是-시】nà·shi〈口〉그렇고 말고. 당연히〔물론〕그렇다. ◇别的大夫也一样做的--/다른 의사도 똑같이 했을 것이다. 그렇고 말고.

★**【那些-사】**nàxiē(又讀 nèi〔nè〕xiē)㈜그것들. 〔복수의 사람이나 사물을 지칭함〕◇~书/그 책들. ◇~东西/저 물건들. 비교那些:这些 "那些"는 비교적 가까운 사물을 가리키지 않는다. ◇(×那些)这些天没见你, 你去哪儿了?/요며칠 네가 보이지 않더니, 너 어디 갔었니?

★**【那样-양】**nàyàng (~儿)(又讀 nèi〔nè〕yàng(r))㈜그렇게. 저렇게. 〔상태·방식·정도 따위를 표시함〕◇他不像你~仔细/그는 너처럼 그렇게 꼼꼼하지 않다. ◇他没你说的~好/그는 네가 말한 것만큼 좋지 않다. ◇我懂她会急成~/나는 그녀가 그렇게 걱정할 줄 알았다. 주의a)'那样'은 보어(補語)로 쓸 수 있으나, '那么'는 보어로 쓸 수 없음. 예를 들어, '急得那样儿'을 '急得那么'로 쓸 수 없음. b)수량사를 수식하는 경우는 드묾. 비교那样:这样 a)가까운 것을 지적하는 뜻에는 "那样"을 쓰지 않는다. ◇我家没有你(×那样)这样的孩子!/우리집에는 너같은 이런 자식은 없다! ②去年寒假没有今年(×那样)这样有意思/작년의 겨울방학은 올해처럼 이렇게 재미있지 않았다.

【那阵儿-진아】nàzhènr(又讀nèi〔nè〕zhènr)㈜그때. 그 무렵. 〔이미 지나간 시간을 가리킴〕

【娜】 女部 nà
6画 아리따울 **나**
인명(人名)에 쓰이는 글자. ◇安~/안나(Anna).

★【呐】 口部 | nà
4画 | 말더듬거릴 눌
⇒·na '哪', nè, ne '呢'

【呐喊-함】 nàhǎn **1**동외치다. 고함치다. 함성을 지르다. **2**동함성을 지르며 돌격하다. ∥ (同)[纳 nà 喊] **3**(Nàhǎn) 명〈書〉노신(魯迅)의 소설집.

【纳·納】 纟部 | nà
4画 | 들일 납
1동거두다. 받아넣다. ◇出~/출납하다. **2**동(의견 등을) 받아들이다. 채용하다. ◇采~建议/제안을 채택한다. **3**동누리다. 즐기다. ◇~福/행복을 누린다. **4**동놓다. 두다. 올라서다. **5**동납부하다. 내다. ◇交~公粮/공출미를 바친다. **6**동참다. 견디다. ◇~着性子/꼭 참다. (同)[捺 nà] **7**동(촘촘히) 박다. ◇~鞋底/구두 밑창을 박다. **8**(Nà) 명성(姓).

【纳彩-채】 nà cǎi 명동〈文〉납채[납폐]를 보내다.
【纳粹-수】 nàcuì 명나치스. 나치(Nazi). ◇~分子/나치스트.
【纳福-복】 nàfú 동행복을 누리다. (同)[享 xiǎng 福], (反)[劳碌 láolù]
【纳罕-한】 nàhǎn 동이상하게 여기다. 놀라다. (同)[纳闷 mèn]
【纳贿-뢰】 nà//huì 동**1**뇌물을 받다. (同)[受 shòu 贿], [拒 jù 贿] **2**뇌물을 쥐어 주다. (同)[行 xíng 贿]
【纳凉-량】 nàliáng 동시원한 바람을 쐬다. (同)[乘 chéng 凉][歇 xiē 凉]
*【纳闷-민】 nà//mèn (~儿)동**1**〈口〉(마음에 의혹이 생겨) 답답하다. 궁금증이 생기다. ◇他为什么还不来呢? 真叫人~/그 사람은 왜 아직 안오는 거냐? 정말 사람을 답답하게 하네.
【纳人-입】 nàrù 동받아넣다. (궤도에) 올리다[오르다]. ◇国民经济已~正轨/국민경제는 이미 정상궤도에 올랐다.
*【纳税-세】 nà//shuì 동납세하다. 세금을 내다. ◇~人/납세자. (同)[缴 jiǎo 税]
【纳西族-서족】 Nàxīzú 명나시족. 〔중국 소수 민족의 하나. 운남(雲南)·사천(四川)지방에 분포함〕
【纳降-강】 nàxiáng 동항복을 받아들이다.

【衲】 衣部 | nà
4画 | 고깔 납
1동꿰매다. 깁다. ◇百~衣/누더기 옷. 〈喩〉승복. (同)[补 bǔ] **2**명승복. ◇袄/승려의 검은. **3**명〈轉〉중: 승려. ◇老~/노승.

【捺】 扌部 | nà
8画 | 손으로 누를 날
1동〈俗〉손으로[내리] 누르다. ◇~手印/손도장을 찍다. **2**동억제하다. (감정을)

억누르다. ◇~着性子/성미를 억제하다.
3(~儿)명한자(漢字)의 오른쪽으로 삐친 획. 〔'乀'를 말함〕◇人字是一撇 piě 一~/'人'자는 왼쪽 삐침 ('丿')과 오른쪽 삐침('乀')이다.

·na

【哪(呐)】 口部 | ·na
6画 | 어조사 나
조문말 어기조사. 〔보통 경성으로 발음한다. 감탄을 표시함. 그 앞의 글자의 운미(韻尾)가 -n으로 끝나면 '啊'(·a)가 '哪'로 변함〕◇谢谢您~/감사합니다. ⇒nǎ, nè, nǎi, něi; '呐' nà, nè, ·ne '呢'

nǎi

*【乃(迺, 廼)】 乙部 | nǎi
1画 | 이에 내
〈文〉**1**대너. 너의. ◇~祖/너의 할아버지. **2**동…이다. 바로 …이다. 정말로 …이다. ◇失败~成功之母/실패는 성공의 어머니이다. **3**접그래서. ◇因山势高峻, ~在山腰休息片时/산이 높고 험하여 중턱에서 잠시 쉬었다. (同)[于是 yúshì] **4**부비로소. 겨우. ◇人智既进~有科学/인간의 지혜가 진보하자 비로소 과학이 생겨났다. (同)[才 cái]
【乃尔-이】 nǎi·ěr 부〈文〉이와같이. 이처럼.
【乃至-지】 nǎizhì 접그 위에. …까지도. (同)[乃至于 yú][甚至于 shènzhìyú]

**【奶(嬭)】 女部 | nǎi
2画 | 유모 내
1명유방. ◇~头/유두. 젖꼭지. **2**명젖. ◇牛~/우유. **3**동젖을 먹이다. 〈轉〉키우다. 기르다. ◇~孩子/아이에게 젖을 먹이다.
【奶茶-차】 nǎichá 명밀크 티. 우유나 양유를 넣은 차. 〔몽고족이 마시는 음료인 '奶茶'를 가리킬 때가 많음〕
【奶疮-창】 nǎichuāng 명젖앓이. 유선염(乳腺炎) 등의 통칭.
*【奶粉-분】 nǎifěn 명분유. 가루 우유.
【奶积-적】 nǎijī 명〈中醫〉유아의 체기(滯氣). 유아의 소화불량.
【奶酒-주】 nǎijiǔ 명젖술. 〔소와 말의 젖을 발효시켜 만든 몽고술〕
【奶酪-락】 nǎilào 명치즈.
【奶妈-마】 nǎimā 명유모.
【奶毛-모】 nǎimáo (~儿)명태발(胎髮).
【奶名-명】 nǎimíng (~儿)명아명. 어린 시절의 이름. (反)[大 dà 名]
☆【奶奶-내】 nǎi·nai 명**1**할머니. (同)[姥 lǎo 姥] **2**할머니와 같은 항렬 혹은 같은

연배의 여성. 3〈敬〉(일반적으로) 젊은 부인. 4첩. ◇小～/둘째 부인.

【奶娘－낭】nǎiniáng 〈方〉(同)〔奶妈 mā〕
【奶牛－우】nǎiniú 图1젖소. (同)〔乳 rǔ 牛〕2젖먹는 송아지.
【奶皮－피】nǎipí (～儿)图1우유 위에 엉킨 지방. (同)〔乳 rǔ 皮〕2(케이크 등에서) 카스텔라 위에 씌우는 버터 크림.
【奶瓶子－병자】nǎipíng·zi 图우유병.
【奶水－수】nǎishuǐ 图〈口〉젖. (同)〔乳汁 rǔzhī〕
【奶头－두】nǎitóu (～儿)图〈口〉젖꼭지. 유두. (同)〔乳头 tóu〕
【奶牙－아】nǎiyá 图젖니. (同)〔乳齿 rǔchǐ〕
【奶羊－양】nǎiyáng 图젖양.
【奶油－유】nǎiyóu 图1〈食〉버터(butter). (同)〔黄 huáng 油〕2(식용)크림.
【奶罩－조】nǎizhào 图브러저(brassiere).
【奶子－자】nǎi·zi 图1〈口〉젖. 〔소・염소 등 식용할 수 있는 동물의 젖의 통칭〕2〈方〉유방. (同)〔乳房 rǔfáng〕3〈方〉유모.
【奶嘴－취】nǎizuǐ (～儿)图(우유병의) 젖꼭지.

【氖】气部 nǎi 2画 네온 내
图〈化〉네온(Ne).
【氖灯－등】nǎidēng 图네온등.

【迺】辶部 nǎi 6画 어조사 내
1'乃'의 이체자(異體字). 2(Nǎi)图성(姓).

【哪】口部 nǎi 6画 어찌 나
'哪 nǎ'의 구어음(口語音).

【伱】亻部 nǎi 8画 너 내
代〈方〉너. 당신.

nài

【奈】大部 nài 5画 어찌 내
1图참다. 견디다. ◇～烦/번거로움을 참다. (同)〔耐 nài〕2图어찌. 어떻게. ◇无可～何/어찌할 도리가 없다.
【奈何－하】nài//hé 1이를 어쩔꼬? 〔반문(反問)의 형식으로 어쩔 수 없음을 나타내며, 그 뜻은 '怎么办'과 유사함〕◇无可～/어찌할 도리가 없다. 2〈文〉어찌. 어떻게. 〔반문의 형식으로 그 뜻은 '如何'와 유사함〕3…를 어찌할 수 없다. 〔중간에 대명사가 옴〕◇其奈我何?/그들이 나를 어찌하겠는가?

【柰】木部 nài 5画 사과 내
图〈植〉능금.
【柰子－자】nài·zi 图능금.

【萘】艹部 nài 8画 나프탈린 내
图〈化〉나프탈린.

【耐】而部 寸部 nài 3画 6画 견딜 내
1图참다. 견디다. ◇～饥/배고픔을 견디다. ◇吃苦～劳/고달픔을 참고 힘든 일을 견디다. 2图재능. 재간. ◇能～/재간.
【耐烦－번】nàifán 图번거로움을 견디다. 서두르지 않다. 잘 참다. ◇教育孩子要～些/어린이 교육은 인내력을 가져야 한다. (同)〔耐心 xīn〕, (反)〔急躁 jízào〕〔浮 fú 躁〕 비교耐烦:耐心 "耐烦"은 관형어로 쓰이지 않는다. ◇他是个很(×耐烦)耐心的人/그는 인내심이 강한 사람이다.
【耐火材料－화재료】nàihuǒ cáiliào 图내화 재료.
【耐火砖－화전】nàihuǒzhuān 图내화 벽돌. 불벽돌.
【耐久－구】nàijiǔ 图오래가다. (同)〔耐长 cháng〕〔经久 jiǔ〕〔耐用 yòng〕
【耐劳－로】nài//láo 图힘든 것을 견디다.
【耐力－력】nàilì 图인내력. 내구력. 지구력.
【耐人寻味－인심미】nài rén xún wèi〈成〉맛을 보면 볼수록 맛이 나다. 의미심장하다. 음미할 가치가 있다.
【耐心－심】nàixīn 1图참을성. (同)〔耐性 xìng〕 ◇他很有～/그는 참을성이 아주 대단하다. 2图참을성이 있다. ◇～看完话剧/참을성있게 연극을 다 보았다.
【耐性－성】nàixìng 图인내성. 참을성. (同)〔耐心 xīn〕, (反)〔急 jí 性〕〔躁 zào 性〕2(nài//xìng)图참다. 견디다. (감정을) 억누르다.
【耐用－용】nàiyòng 图질기다. 오래가다. 오래 쓸 수 있다. ◇这些产品很～/이 물건들은 오래 쓸 수 있다. 비교耐用:好用 사용하기 불편할 때는 "不耐用"을 쓰지 않는다. ◇这钢笔不(×耐用)好用/이 만년필은 쓰기 불편하다.

nān

【囡(囝)】口部 nān 3画 아이 난
图〈方〉어린이. 아동. ◇男小～/사내아이.
【囡囡－난】nānnān 图〈方〉귀염둥이.

nán

【男】田部 nán 2画 사내 남

[명]1남자. 남성. ◇～学生/남학생. (反)〔女 nǚ〕 [비교]男:男的:公 ①"男"은 단독으로 주어로 쓰지 않는다. ◇那儿有一个(×男)男的/거기에 남자 한 명이 있다. ②"男"은 사람의 성별에만 쓰이고 동물에게는 쓰이지 않는다. ◇这只猫是(×男)公的/이 고양이는 수컷이다. 2아들. ◇长～/장남. 3〈文〉소자. 〔부모에 대하여 자기를 이르는 겸칭〕 4남작. 〔고대 봉건 제도 5등작(爵)의 제5위〕 5(Nán)성(姓).

【男盗女娼－도여창】nán dào nǚ chāng 〈成〉남자는 도적질하고, 여자는 창녀가 되다. 남녀가 모두 비열한 짓을 하다.

【男的－적】nán·de [명]남자.

【男儿－아】nán'ér [명]대장부. 사나이. [비교]男儿:男孩儿 "男儿"는 "사나이"라는 뜻이다. ◇这一对夫妻生了一个(×男儿)男孩儿/이 부부는 남자아이를 하나 낳았다.

【男方－방】nánfāng [명](혼인에 있어) 신랑측.

【男孩－해】nánhái [명]남자 아이. (同)〔男孩儿〕〔男孩子 zi〕

【男家－가】nánjiā [명]1(결혼 당사자의) 신랑측. 2시집. 신랑집. (反)〔女 nǚ 家〕

【男男女女－남여여】nánnán nǚnǚ 많은 남자와 여자.

【男女－여】nánnǚ [명]1남자와 여자. 2〈方〉자식.

【男朋友－붕우】nánpéng·you [명]연인. (남자) 애인.

☆【男人－인】nánrén [명](성년) 남자.

【男人－인】nán·ren [명]〈口〉남편. 〔타인이 부르는 칭호〕

【男生－생】nánshēng [명]남학생. (反)〔女 nǚ 生〕

【男声－성】nánshēng [명]〈音〉(성악의) 남성부.

【男士－사】nánshì [명]신사. 선생님.

*【男性－성】nánxìng [명]1남성. 2남자. ‖(反)〔女 nǚ 性〕

⁑【男子－자】nánzǐ [명]남자. ◇他算得上美～了/그는 미남자라 할 수 있다. [비교]男子:男人 여자의 남편을 가리킬 때는 "男子"를 쓰지 않는다. ◇她的(×男子)男人死了/그녀의 남편은 죽었다.

【男子汉－자한】nánzǐhàn [명]사나이. 대장부.

★【南】 十部 7画 | nán 남녘 **남**

[명]1남. 남쪽. ◇华～/중국. 남부. ◇～屋/남쪽으로 난 방. 2(고대의) 남방 음악. 3(Nán)성(姓). ⇒nā

【南半球－반구】nánbànqiú [명]〈地〉남반구.

【南梆子－방자】nánbāng·zi [명]경극(京劇)의 곡조인 '西 xī 皮'의 일종.

【南北－북】nánběi [명]1남북. 남쪽과 북쪽. 2남북. 남에서 북까지. 〔거리를 말함〕

★【南边－변】nán·bian [명]1(～儿)남쪽. 2〈口〉남방.

☆【南部－부】nánbù [명]남부.

【南斗－두】nándǒu [명]〈天〉남두. 남두 육성(南斗六星).

【南豆腐－두부】nándòu·fu [명]연두부. (同)〔软 ruǎn 豆腐〕〔嫩 nèn 豆腐〕

☆【南方－방】nánfāng [명]1남쪽. 남녘. 2남부.

【南宫－궁】Nángōng [명]복성(複姓).

【南瓜－과】nánguā [명]〈植〉호박. (同)〔北 běi 瓜〕〔番 fān 瓜〕〔倭 wō 瓜〕

【南国－국】nánguó [명]〈文〉중국의 남부를 가리킴. (反)〔北 běi 国〕

【南胡－호】nánhú [명]〈音〉(중국의 전통 현악기) 이호.(同)〔二 èr 胡〕

【南货－화】nánhuò [명]중국 남부의 특산물.

【南极－극】nánjí [명]1〈地〉남극. 2〈物〉남극. 에스극(S極). (反)〔北 běi 极〕

【南柯一梦－가일몽】nán kē yī mèng 〈成〉남가일몽. 덧없는 기쁨의 비유.

☆【南面－면】nánmiàn 1[명][동]〈文〉남면(하다). 군림하다. 〔옛날, 군주는 조정에서 얼굴을 남쪽으로 향했음〕 2(～儿)[명]남쪽. (同)〔南方 fāng〕, (反)〔北 běi 面〕

【南明－명】Nán Míng [명]〈史〉남명. 〔명(明)의 멸망 후 그 잔존 세력이 중국 남방에 건립한 정권임〕

【南欧－구】Nán Ōu [명]〈地〉남부 유럽.

【南腔北调－강북조】nán qiāng běi diào 〈成〉남북의 방언이 섞인 말.

【南式－식】nánshì [명]남방식.

【南糖－당】nántáng [명]〈方〉중국 남방식의 재래식 엿.

【南味－미】nánwèi [명]중국 남부의 맛. ◇～糕点/중국 남부의 맛 과자.

【南亚－아】Nán Yà [명]남아시아.

【南音－음】nányīn [명]1화남(華南)의 음악. 2화남(華南)의 방언〔발음〕.

【南洋－양】nán yáng 1[명]청말(淸末) 때 강소(江蘇), 절강(浙江), 복건(福建), 광동(廣東) 연해안 지역을 가리킴. 2동남아 국가.

【南辕北辙－원북철】nán yuán běi zhé 〈成〉수레채는 남쪽으로 향하고 수레는 북쪽으로 몰다. 행동과 목적이 어긋나다.

【南针－침】nánzhēn [명]1지남침. 자석. 2지침. 교훈.

【喃】 口部 9画 | nán 제비소리 **남**

【喃喃－남】nánnán [의]웅얼웅얼. 중얼중얼.

【喃喃自语－남자어】nánnán zìyǔ 중얼중

얼 혼잣말을 하다.

【楠(枏)】木部 nán
9画 납나무 남
【楠木一목】nánmù 图1〈植〉녹나무. 2녹나무 목재.

★【难·難】又部 住部 nán
8画 2画 어려울 난
1〓어렵다. 곤란하다. 힘들다. ◇这条小路很~走/이 작은 길은 다니기 불편하다. ◇这些题并不~/이 문제들은 결코 어렵지 않다. (反)〔易 yì〕〔容易 róngyì〕〔简单 jiǎndān〕比较难:高:辛苦:困难 ①요구에는 "难"을 쓰지 않는다. ◇他的要求是很(×难)高的/그의 요구는 높다. ②일의 강도에는 "难"을 쓰지 않는다. ◇他工作很(×难)辛苦/그의 업무는 매우 수고스럽다. ③생활의 어려움에는 "难"을 쓰지 않는다. ◇他的生活比较(×难)困难/그의 형편이 비교적 어렵다. 2图곤란하게 하다. 난처하게 만들다. ◇这可把我~住了/이것이 나를 난처하게 만들었다. 3图쉽지 않다. ◇~保做错/잘못없이 하기가 쉽지 않다. 4图안 좋다. 싫다. ◇~看/보기 싫다. ⇒nán, '傩' nuó

【难保一보】nánbǎo 보증할 수 없다. 보전하기 어렵다.

【难不住一불주】nán·bu zhù 어렵게 할 수 없다. 난처하게 할 수 없다. ◇这些问题~我/이런 문제로 나를 난처하게 할 수 없다.

【难产一산】nánchǎn 图1〈醫〉난산이다. (아기를) 낳기 어렵다. (反)〔顺 shùn 产〕2〈喩〉성사하기 어렵다. 쉽지 않다.

【难处一처】nánchǔ 图같이 있기 거북하다. 사귀기 어렵다.

【难处一처】nán·chu 图곤란. 애로. 고충. (同)〔困难 kùnnan〕

【难当一당】nándāng 图감당하기 어렵다. 〈轉〉견딜 수 없다. 견디기 힘들다.

☆【难道一도】nándào 图설마 …하겠는가? 그래 …란 말인가. 〔반문(反問)의 어감을 강조하며 주로 '难道…吗[吧]'의 형식으로 쓰임〕◇历史~会重演吗?/설마 역사가 되풀이 되겠어? (同)〔莫非 mòfēi〕〔莫不是 mòbùshì〕比较难道:究竟 깊이 추궁하는 경우에는 "难道"를 쓰지 않는다. ◇问题(×难道)究竟在哪里呢?/문제가 도대체 어디에 있는 거지?

**【难得一득】nándé 1图(귀한 물건·보배·기회 따위를) 얻기 어렵다. 구하기 힘들다. ◇到国外进修是个~的机会/외국연수는 얻기 어려운 기회이다. 2图…모처럼[드물게] …하다. ◇今天~先生光临/오늘 모처럼 선생님께서 왕림해 주셨군요.

(反)〔时常 shícháng〕
【难点一점】nándiǎn 图어려움. 고충.
*【难度一도】nándù 图난이도.
【难分难解一분난해】nán fēn nán jiě 〈成〉1(경쟁이나 싸움 따위에서) 좀처럼 승부가 나지 않는다. 2사이가 친밀하여 떨어질 수 없다. (同)〔难解难分〕, (反)〔若即若离 ruò jí ruò lí〕

**【难怪一괴】nánguài 1图과연. 어쩐지. 그러길래. ◇今夜月亮~这样圆, 原来是中秋/오늘저녁 달이 어쩐지 이렇게 둥글게 했더니만, 알고보니 추석이구나. (同)〔怪不得 guài·bu·de〕2图이상할 것 없다. …도 무리가 아니다. ◇这也~, 他是新手嘛!/이건 당연하지, 그는 풋내기니까!

*【难关一관】nánguān 图난관. 큰 어려움. (同)〔南 nán 关〕比较难关:困难 일반적인 어려움에는 "难关"을 쓰지 않는다. "难关"은 "克服"의 목적어로 쓰이지 않는다. ◇我们要克服生活上的(×难关)困难/우리는 생활의 어려움을 극복해야 한다.

☆【难过一과】nánguò 图1고생스럽다. 지내기 어렵다. ◇那时家里人口多, 收入少, 日子真~/그때 집에는 식구는 많고 수입은 적어 정말 살기가 어렵다. 2괴롭다. 슬프다. ◇他知道自己犯了错误, 心里很~/그는 자기가 잘못을 저지른 것을 알고 속으로 괴로워했다. (同)〔难受 shòu〕, (反)〔快活 kuàihuó〕

*【难堪一감】nánkān 图1참기 어렵다. 감내할 수 없다. ◇天气闷热~/날씨가 참기 어려울 정도로 무덥다. (同)〔尴尬 gāngà〕2난감하다. 거북하다. ◇他感到有点~, 微微涨红了脸/그는 좀 난감해지자 얼굴이 약간 붉어졌다. (同)〔为 wéi 难〕

☆【难看一간】nánkàn 图1보기 흉하다. 볼썽사납다. ◇你的脸色这么~, 不是病了吧?/당신의 안색이 이렇게 안 좋은데, 병이 난 것은 아닌지요? (同)〔丑陋 chǒulòu〕, (反)〔美丽 měilì〕〔好 hǎo 看〕2체면이 안 서다. 면목이 없다. ◇考不上就太~了/시험에 합격하지 못하면 정말 체면이 말이 아니다.

*【难免一면】nánmiǎn 图…을 면하기 어렵다. ◇任何人都~这种情形/어느 누구도 이러한 상황을 면하기는 어렵다. (同)〔免不了 miǎn·bu liǎo〕〔不及 bù jí 免〕〔未 wèi 免〕比较难免:万一 가능성이 아주 작은 경우에는 "难免"을 쓰지 않는다. ◇你再去告诉他一次(×难免)万一他忘了呢/네가 다시 가서 그에게 한번 더 알려줘라, 만에 하나 그가 잊어버릴라.

【难能可贵一능가귀】nán néng kě guì 〈成〉장하다. 매우 갸륵하다〔기특하다〕.

N

【难人－인】nánrén 1動사람을 난처〔곤란〕
하게 만들다. 2名어려운 일을 맡은 사람.
미움받는 역할.

【难色－색】nánsè 名난색. 곤란하다는 표정.

【难事－사】nánshì 名어려운 일. (反)〔易
yì 事〕

☆【难受－수】nánshòu 形1(육체적·정신적으
로) 견디기 어렵다. ◇我刚被蜜蜂刺了一
下, 疼得～/방금 벌에 쏘여 견디기가 어
려울 정도로 아프다. 2괴롭다. ◇他犯了
错误, 心里很～/그는 잘못을 저지르고,
마음이 매우 괴로웠다. (同)〔难过 guò〕
〔伤心 shāngxīn〕, (反)〔高兴 gāoxìng〕
〔愉快 yúkuài〕

【难说－설】nánshuō 形1말하기 어렵다
〔거북하다〕. ◇很～谁对谁不对/누가 옳
고 그른지는 말하기 곤란하다. 2단언하기
어렵다. ◇他什么时候回来还很～/그가 언
제 돌아올지는 역시 단언할 수 없다.

＊＊【难题－제】nántí 名어려운 문제. 난제.
(同)〔难题目 mù〕

【难听－청】nántīng 形1(소리·말 따위가)
귀에 거슬리다. (同)〔聒耳 guō'ěr〕, (反)
〔好听 hǎo tīng〕 2체면〔면목〕이 없다. ◇这种
事给人知道多～/이런 일이 남이 알면 정
말 체면이 안 서지.

【难忘－망】nánwàng 形잊기 어렵다. 잊을
수 없다. ◇这件事一直挂在我心上, 很～/
그 일은 내내 마음에 걸려 잊을 수 없다.
比較难忘：记住 "难忘"은 단독으로 동사
목적어로 쓰이지 않는다. ◇这一天不值得
(×难忘)记住吗?/이 날은 기억할 가치가
있지 않니?

【难为－위】nán·wei 1動괴롭히다. 난처하
게 하다. ◇他不愿说, 就别～他了/그가
말하고 싶지 않으니 그를 난처하게 하지
마. (同)〔为 wéi 难〕, (反)〔通融 tōng·ró-
ng〕 2動수고하다. 고생하다. 3〈套〉힘든
데 잘 …해 주셨습니다.

【难为情－위정】nánwéiqíng 形1부끄럽다.
겸연쩍다. 2난처하다. 막하다.

【难兄难弟－형 난제】nánxiōng－nándì
〈成〉난형난제. 형제가 모두 뛰어나다.
〈轉〉(지금은 주로 나쁜 것이) 막상막하
다.

【难言之隐－언지은】nán yán zhī yǐn 〈成〉
남에게 말못할 사정.

＊＊【难以－이】nányǐ 形…하기 어렵다. ◇问
题复杂, 一时还～作出结论/문제가 복잡해
서 단번에 결론을 내리기가 어렵다. ◇～
形容/형용하기 어렵다. (同)〔不容易 bù
róngyì〕〔难于 yú〕

【难于－어】nányú 形1…하기 어렵다. (同)
〔难以 yǐ〕, (反)〔易 yì 于于〕 2…보다 어렵다.

năn

【赧】赤部 | năn
　　　 4画 | 얼굴빛 붉을 **란**
動(부끄러워) 얼굴이 붉어지다.

【赧然－연】nǎnrán 形〈文〉부끄러워하다.

【赧颜－안】nǎnyán 動〈文〉부끄러워 얼굴
을 붉히다.

【蝻】虫部 | năn
　　　 9画 | 곡식벌레 **남**
名〈虫〉(아직 날개가 돋아나지 않은) 누
리의 유충. (同)〔蝗 huáng 蝻〕

nàn

＊【难·難】又部 | 佳部 | nàn
　　　　　 8画 | 2画 | 어려울 **난**
1名재난. 불행. 환난. ◇遭～/재난을 당
하다. ◇灾～/재난. 2動비난하다. 책망하
다. 힐책하다. ◇非～/비난하다. ◇责～/
책망하다. ⇒nán

【难胞－포】nànbāo 名재난이나 박해를 당
한 (해외)동포. (同)〔难侨 qiáo〕

＊【难民－민】nànmín 名피난민. 이재민. ◇
救济～/난민을 구제한다.

【难兄难弟－형난제】nànxiōng－nàndì 〈成〉
1생사고락을 함께 한 사람. 2서로 똑같
은 곤경에 처해 있는 사람. ⇒nán xiōng
nándì

【难友－우】nànyǒu 名1고생을 같이 한 친
구. 2곤경에 처한 벗.

nāng

【囊】一部 | nāng
　　　 21画 | 주머니 **낭**
⇒náng

【囊揣－췌(취)】nāngchuài 1形연약하다.
허약하다. 쇠약하다. 2(同)〔囊膪 chuài〕

【囊膪－체】nāngchuài 名돼지 흉복부 고기.

【曩】口部 | nāng
　　　 22画 | 중얼거릴 **낭**

【曩曩－낭】nāng·nang 動소곤거리다. 속
삭이다.

náng

【囊】一部 | náng
　　　 21画 | 주머니 **낭**
1名주머니. 자루. 부대. ◇药～/약주머니.
(同)〔口袋 kǒu·dai〕 2名주머니처럼 생
긴 것. ◇胶～/캡슐(Capsule). ◇胆～/
쓸개. 담낭. 3動주머니에 넣다. 포괄하다.

4(Náng)[명]성(姓) ⇒nāng
【囊空如洗－공여세】náng kōng rú xǐ 〈成〉주머니 속이 씻은 듯이 텅 비다. 무일푼이다. (同)〔身无分文 shēn wú fēn wén〕, (反)〔腰缠万贯 yāo chán wàn guàn〕
【囊括－괄】nángkuò [동]포괄하다. 망라하다.
【囊生－생】nángshēng [명](옛, 티베트 언어로) 노예. 농노.
【囊中物－중물】nángzhōngwù [명]자루 속에 있는 물건. 〈喻〉손에 넣기 쉬운 물건.
【囊肿－종】nángzhǒng [명]〈醫〉낭종.
【馕·饢】饣部 22画 náng 마구먹을 **낭**
[명](위구르족과 카자흐족들이 주식으로 먹는) 밀가루를 반죽하여 구운 빵의 일종. ⇒nǎng

nǎng

【攮】扌部 22画 nǎng 밀 **낭**
[동](칼 따위로) 찌르다.
【攮子－자】nǎng·zi [명]비수. 단도.
【馕·饢】饣部 22画 nǎng 마구먹을 **낭**
[동](음식을) 목이 메여지게 먹다. ⇒náng

nàng

【齉】鼻部 22画 nàng 콧소리낼 **낭**
[형]코가 막히다. ◇受了凉, 鼻子发～/감기에 걸려서 코가 찡찡하다.
【齉鼻儿－비아】nàngbír 1[동]콧소리로 말하다. 코맹맹이 소리를 내다. 2[명]코맹맹이.

nāo

【孬】女部 7画 nāo 나쁠 **요**, 무너질 **괴**
[형]〈方〉1나쁘다. ◇这个牌子的电器最～/이 상표의 전기기구가 가장 나쁘다. 2비겁하다. 용기가 없다. ◇～种/악인.
【孬种－종】nāozhǒng [명]〈罵〉못난 놈. 나쁜 놈.

náo

【挠·撓】扌部 6画 náo 요란할 **요**
[동]1긁다. ◇～痒痒 yǎng/가려운 데를 긁다. 2방해하다. 괴롭히다. 헤살부리다. ◇阻～/방해하다. 3굽히다. 굴복하다. ◇不屈不～/불요불굴하다.
【挠度－도】náodù [명](기둥·축·널판 따위의) 휨.
【挠钩－구】náogōu [명]제초용 갈퀴. 2옛날, 갈퀴와 같이 생긴 무기.
【挠头－두】náo tóu 1[동]머리를 긁적이다. 2[동]애먹다. 골머리를 앓게 하다. 3[형]어렵다. 난처하다.
【挠秧－앙】náo yāng [동]논김을 매다.
【呶】口部 5画 náo 떠들썩할 **노**
[동]〈文〉소리치다. 소리지르다. ⇒nǔ'努'
【呶呶－노】náonáo [형]귀찮게 계속 지껄이는 모양.
【硇(碙, 磠)】石部 6画 náo 약돌 **뇨**
【硇砂－사】náoshā [명]〈礦〉(천연의) 염화암모늄.
【硇洲－주】Náozhōu [명]광동성에 있는 섬 이름.

nǎo

【恼·惱】忄部 6画 nǎo 번뇌할 **뇌**
[동]1성내다. ◇把他惹～了/그를 화나게 했다. (反)〔生气 shēng//qì〕 2고뇌하다. ◇烦～/번민하다. ◇可～/속상하다.
【恼恨－한】nǎohèn [동]화내며 원망하다. (同)〔恼火 huǒ〕, (反)〔喜爱 xǐài〕
＊【恼火－화】nǎohuǒ 1[동]성내다. 화내다. ◇他脾气暴躁, 动不动就～/그 사람의 성미는 거칠고 급하여, 툭하면 화를 낸다. (同)〔发 fā 火〕〔生气 shēng// qì〕 2[명]분노. 노여움.
【恼怒－노】nǎonù [동]화내다. (同)〔发火 fā-huǒ〕〔生气 shēng// qì〕
【恼人－인】nǎo// rén [동]1남을 괴롭히다. 2조급하게 하다. (同)〔烦 fán 人〕, (反)〔喜 xǐ 人〕
【恼羞成怒－수성노】nǎo xiū chéng nù 〈成〉창피한 나머지 성을 내다.
【垴·堖】土部 6画 nǎo 언덕 **뇌**
[명]〈方〉작은 산언덕.〔주로 지명(地名)에 쓰임〕◇南～/산서성(山西省)에 있는 지명.
【脑·腦】月部 6画 nǎo 머릿골 **뇌**
[명]1〈生理〉뇌. 뇌수. 2〈喻〉두뇌. ◇～筋/두뇌. 3머리. ◇探头探～/머리를 내밀다. 4엑기스. 농축액. ◇薄荷～/박하정. 5사물의 자질구레한 잔여부분. 밭의 변두리.
【脑充血－충혈】nǎochōngxuè [명]〈醫〉뇌충혈. ◇患～/뇌충혈에 걸리다.
☆【脑袋－대】nǎo·dai [명]〈口〉1머리. ◇我最

N

近～老疼/나는 요즘 머리가 자주 아프다. (同)〔头 tóu〕**2**두뇌. 지능. ◇这孩子～不灵/이 애는 머리가 둔하다.

【脑袋瓜－대과】nǎo·daiguā (同)〔脑袋〕

【脑海－해】nǎohǎi 圐머리. 뇌리. ◇她的笑容浮现在他的～/그녀의 웃는 모습이 그의 머리에 떠올랐다.

【脑脊液－척액】nǎojǐyè 圐〈生理〉뇌척수액.

【脑际－제】nǎojì (同)〔脑海 hǎi〕

【脑浆－장】nǎojiāng 圐〈生理〉뇌수. 〈俗〉골.

【脑筋－근】nǎojīn 圐〈口〉1두뇌. 머리. ◇～越用越聪明/두뇌는 사용하면 할수록 똑똑해진다. **2〈轉〉사고. 의식. ◇时代变了, 你也该换～了/시대가 변했으니, 너도 의식을 좀 바꿔야 한다.

【脑壳－각】nǎoké 圐〈方〉머리(통).

【脑力－력】nǎolì **1지력. 지능. **2**사유력(思惟力). (反)〔体 tǐ 力〕

【脑力劳动－력노동】nǎolì láodòng 圐정신노동.

【脑颅－로】nǎolú 圐〈生理〉두부(頭部). 두개(頭盖).

【脑满肠肥－만장비】nǎo mǎn cháng féi〈成〉**1**일하지 않고 호의호식하여 피둥피둥 살이 찐 모양. (反)〔骨瘦如柴 gǔ shòu rú chái〕**2**〈轉〉살만 찌고 머리는 텅비어 있다. (反)〔面黄肌瘦 miàn huáng jī shòu〕

【脑门儿－문아】nǎoménr **1**(앞)이마. (同)〔脑门子 zi〕**2**圐〈演〉(악사·분장사 따위와 같은) 배우의 전속 고용인.

【脑膜－막】nǎomó 圐〈生理〉뇌막.

【脑贫血－빈혈】nǎopínxuè 圐〈醫〉뇌빈혈.

【脑桥－교】nǎoqiáo 圐〈生理〉뇌교.

【脑儿－아】nǎor 圐**1**(식용 동물의) 뇌수. 머릿골. **2**머릿골과 비슷하게 생긴 것.

【脑上体－상체】nǎoshàngtǐ 圐〈生理〉골윗샘. 송과선(松果腺).

【脑神经－신경】nǎoshénjīng 圐〈生理〉뇌신경.

【脑室－실】nǎoshì 圐〈生理〉뇌실.

【脑髓－수】nǎosuǐ 圐〈生理〉뇌(수).

【脑溢血－일혈】nǎoyìxuè 圐〈醫〉뇌출혈.

【脑汁－즙】nǎozhī 圐머리. ◇绞～/머리를 짜내다.

☆【脑子－자】nǎo·zi 圐**1**뇌. ◇他～长了个瘤子/그는 뇌에 종양이 생겼다. **2**(사고력을 가진) 머리. 두뇌. ◇这个人太没～了, 才几天的事儿就忘了/이 사람은 너무 머리가 나빠요. 며칠밖에 안 되는 일도 잊어버렸어요. (同)〔脑筋 jīn〕 比교脑子:脑袋 머리를 가리킬 때는 "脑子"를 쓰지 않는다. ◇理发员不小心把他的(×脑子)脑袋弄破了/이발사는 부주의로 그의 머리에 상처를 냈다.

【瑙】王部 nǎo
9画 마노 **노**
→〔玛 mǎ 瑙〕

nào

☆【闹·鬧(鬧)】门部 nào
5画 시끄러울 **뇨**
1圐떠들썩하다. ◇～市/떠들썩한 거리. ◇热～/떠들썩하다. 번화하다. 흥청거리다. **2**圐떠들다. 소란을 피우다. ◇又哭又～/울기도 하고 떠들기도 하다. **3**圐(감정 따위를) 드러내다. (불평 따위를) 늘어놓다. ◇～脾气/화를 내다. **4**圐(재해·질병·전란 따위가) 생기다. 일어나다. 발생하다. ◇～水灾/수해가 발생하다. **5**圐(열성적으로) 하다. ◇～革命/혁명을 하다. 〔干 gàn〕〔弄 nòng〕〔搞 gǎo〕**6**圐농담하다. 장난하다. ◇打～/장난치다.

【闹别扭－별뉴】nào biè·niu 사이가 틀어지다. 난처하게 하다.

【闹洞房－동방】nào dòngfáng (同)〔闹房〕

【闹肚子－두자】nào dù·zi 〈口〉배탈이 나다. 설사를 하다.

【闹房－방】nào// fáng 圐신혼 초야에 친구들이 신혼 부부의 방에 몰려가 놀리다.

【闹鬼－귀】nào// guǐ **1**圐귀신이 나오다. **2**圐뒤에서 나쁜 짓을 하다.

【闹哄－홍】nào·hong 圐〈方〉**1**왁자지껄하다. **2**여럿이 함께 바쁘게 일하다.

【闹哄哄－홍홍】nàohōnghōng (～的) 圐떠들썩하다. 소란스럽다. 〔闹嚷嚷 rāng〕, (反)〔静悄悄 jìng qiāoqiāo〕

【闹荒－황】nào// huāng **1**圐흉년에 농민들이 폭동을 일으키다. **2**(nàohuāng) 圐흉년 때의 농민 폭동이나 납세거부.

【闹饥荒－기황】nào jī·huang **1**흉년이 들다. **2**〈方〉〈喩〉먹는 데 쪼들리다. (경제적으로) 어려운 고비에 처하다.

【闹架－가】nào// jià 〈方〉말다툼하다.

【闹剧－극】nàojù 圐**1**(수선을 떨며 등장인물의 모순을 드러내는) 과장된 희극. **2**〈喩〉우스꽝스런 일.

【闹乱子－란자】nào luàn·zi 사고를 일으키다. 화를 일으키다.

【闹脾气－비기】nào pí·qi 성을 내다. 노하다. 토라지다. 심술을 부리다.

【闹气－기】nào// qì (～儿)圐〈方〉**1**기분이 상하다. 화가 치밀어 오르다. **2**화를 내며 아옹다옹 싸우다.

【闹情绪－정서】nào qíngxù (마음에 들지 않아서) 불만을 품다. 기분이 상하다.

【闹嚷嚷－양양】nàorāngrāng (～的)圐떠들썩하다. 왁자지껄하다.

【闹热－열】nàorè 圈왁자지껄하다. 떠들썩하게 놀다. (同)〔热闹 nao〕

【闹市－시】nàoshì 圈번화가. (反)〔穷乡 qióngxiāng〕

*【闹事－사】nào//shì 圈말썽을 일으키다. ◇留神, 有人要～!/일을 저지르려는 자가 있으니 조심해! (反)〔安分 ānfèn〕

【闹腾－등】nào·teng 圈1소란을 피우다. (同)〔吵 cǎo 闹〕〔扰乱 rǎoluàn〕2웃고 떠들다. (同)〔喧 xuān 闹〕〔喧腾 xuānténg〕3하다.

【闹天儿－천아】nào//tiānr 圈〈方〉날씨가 좋지 않다. 〔대개 눈이나 비가 오는 것을 가리킴〕

【闹戏－희】nàoxì (～儿)圈(낡은 사회 제도를 폭로하는) 어릿광대극. 해학극.

**【闹笑话－소화】nào xiàohuà (지식이나 경험 부족으로 실수하여) 웃음거리가 될 짓을 하다. ◇那次宴会见主任喝醉了酒, 闹了一次笑话/오주임은 저번 연회에서 술에 취해 한 차례 웃음거리가 되었다.

【闹新房－신방】nào xīnfáng (同)〔闹房〕

【闹玄虚－현허】nào xuánxū 농간을 부려 현혹시키다. 속임수를 쓰다.

【闹意见－의견】nào yìjiàn 의견충돌이 일어나다.

【闹意气－의기】nào yìqì (마음이 맞지 않아) 짜증내다. 심술부리다.

【闹灾－재】nàozāi 圈재해가 발생하다.

**【闹着玩儿－착완아】nào·zhewánr 圈1장난하다. 2(말이나 행동으로) 희롱하다. 3소홀히 하다. ◇你要是不会游泳, 就别到深的地方去游, 这可不是～的/네가 만약 수영을 할 줄 모르면, 깊은 곳에 가서 수영하지 말라. 이것은 정말 장난이 아니다.

【闹钟－종】nàozhōng 圈자명종.

【淖】氵部 nào
8画 진흙 뇨
圈〈文〉진흙. 진창. ◇泥～/진창. 진흙탕.

【淖尔－이】nào'ěr 圈호수. 〔몽고어의 음역어임〕

【臑】月部 nào
14画 팔 뇨
圈1〈中醫〉상박(上膊). 상완(上腕). 2〈文〉가축의 앞다리.

né

【哪】口部 né
6画 어조사 나
⇒nǎ, ·na

【哪吒－타】Né·zhā 圈신화 속의 신의 이름.

nè

【讷·訥】讠部 nè
4画 말더듬거릴 눌
圈〈文〉말을 더듬다. ◇木～/순박하고 말을 더듬는다.

【讷讷－눌】nènè 圈〈文〉말솜씨가 없어 더듬거리는 모양.

【呐】口部 nè
4画 말더듬거릴 눌
(同)〔讷 nè〕⇒nà, ·na '哪,' ·ne'呢'

【那】阝部 nè
4画 어찌 나
'那 nà'의 구어음(口語音).

·ne

★【呢(呐)】口部 ·ne
5画 소곤거릴 니
㊀1의문문의 끝에 써서 의문의 어기를 나타냄. 〔특히 의문사가 있는 의문문·선택의문문 또는 반복의문문에 쓰임〕 ◇你到哪儿去～?/당신은 어디에 갑니까? ◇怎么办～?/어떻게 할까요? ◇你去北京～, 还是去上海～?/당신은 북경에 갑니까? 아니면 상해에 갑니까? 2서술문의 끝에 써서 사실을 확인하는 어기를 나타냄. 〔상대방으로 하여금 믿도록 하거나, 사태나 상황의 단정을 나타냄〕 ◇他还没来～/그는 아직 안 왔습니다. ◇别过去, 有人在那儿照相～/그쪽으로 가지 마라. 누군가가 사진을 찍고 있다. 3서술문의 끝에 써서 동작이나 상태가 계속되고 있음을 표시함. 〔보통 '正'·'正在'·'在' 또는 '着'와 같이 쓰임〕 ◇她听歌～/그녀는 노래를 듣고 있다. ◇他们跳着舞～/그들은 춤추고 있는 중이다. 4문장의 중간에 써서 잠시 멈추어, 강조하는 어기를 나타냄. ◇那个问题～, 可不比这个问题重要!/그 문제는 말이냐, 이 문제보다 중요하지 않소! 비교呢: 吗: 了:啊 ①"呢"는 확인 의문문 끝에 쓰지 않는다. ◇这本书是你的(×呢)吗?/이 책은 당신의 책입니까? ②시간의 변화가 있는 경우에는 "呢"를 쓰지 않고 "了"를 써야 한다. ◇离上课的时间只有两分钟(×呢)了, 快走吧/수업시간이 2분밖에 남지 않았다. 빨리 가자. ③같은 부류의 사물을 열거할 때는 "啊"를 쓰고 "呢"는 쓰지 않는다. ◇你去商店买水果来, 桔子(×呢)啊, 香焦(×呢)啊, 等等/네가 상점에 가서 귤, 바나나 등등을 과일을 좀 사와라. ⇒ní

něi

【哪】 口部 něi
6画 어조사 나
 (형)어느. '哪 nǎ'의 구어음(口語音).

nèi

★【内】 门部 nèi
2画 안 내
 (명)1안. 안쪽. 속. 내부. ◇～衣/속옷. ◇～部/내부. (反)〔外 wài〕2처(妻) 또는 처가의 친척. ◇～人/아내. 처. 3내심. 내장. ◇五～俱焚/몹시 애가 타다. 4〈文〉황궁.

★【内部―부】nèibù (명)내부. ◇房子的～/집의 내부. ◇～消息/비공개 뉴스. 대외비 회람. (反)〔外 wài 部〕〔表面 biǎomiàn〕

【内场―장】nèichǎng (명)〈演〉무대 뒤의 구역. 〔外 wài 场〕

【内臣―신】nèichén (명)1궁중의 임금의 측근에 있는 신하. 2내시. 환관.

〔内出血―출혈〕nèichūxuè (명)〈醫〉내출혈.

*【内地―지】nèidì (명)내륙지방. ◇发展～工业/내륙지역 산업을 발전시키다. (同)〔腹 fù 地〕, (反)〔边疆 biānjiāng〕

【内弟―제】nèidì (명)아내의 동생.

【内定―정】nèidìng (동)내정하다.

【内耳―이】nèi'ěr (명)〈生理〉내이. 안귀. (反)〔外 wài 耳〕

【内分泌―분비】nèifēnmì (명)〈生理〉내분비. ◇～器官/내분비 기관.

【内服―복】nèifú 1(동)〈醫〉내복하다. 2(명)내복의.

*【内阁―각】nèigé (명)1〈政〉내각. 2〈史〉명청(明清)시대 재상의 관서(官署).

【内攻―공】nèigōng (명)〈醫〉내공. 기공(气功). (反)〔外 wài 功〕

〔内骨骼―골격〕nèigǔgé (명)〈生理〉내골격.

【内海―해】nèihǎi (명)〈地〉1내해. (同)〔内陆 lù 海〕2〈法〉큰 만(湾)으로 형성된 영해.

【内涵―함】nèihán (명)1〈論〉내포(内包). (反)〔外 wài 延〕2교양. 수양.

*【内行―행】nèiháng 1(형)전문이다. 정통하다. ◇他对核物理～/그는 핵물리학에 대하여 매우 정통하다. 2(명)전문가. ◇向～学习/전문가에게 배운다. (同)〔行家 jiā〕, (反)〔外 wài 行〕

【内耗―모】nèihào (명)1기계나 기타 장치가 자체적으로 소모하는 에너지. (同)〔内折 zhé〕2〈數〉백분법에서, 분모로 분자를 나눈 수.

【内河―하】nèihé (명)내륙의 하천.

【内讧―홍】nèihòng 1(명)내분(内紛). 2(동)내분을 일으키다.

【内急―급】nèijí (명)〈中醫〉갑자기 변이 마려운 것. (同)〔内逼 bī〕

【内奸―간】nèijiān (명)내부의 스파이.

【内景―경】nèijǐng (명)〈演〉1(영화의) 스테이지 세트. 2(명)실내 배경〔무대 장치〕. (反)〔外 wài 景〕

【内疚―구】nèijiù (명)(양심의) 가책을 느끼다. 부끄러워하다. (同)〔抱歉 bàoqiàn〕〔愧 kuì 疚〕

【内聚力―취력】nèijùlì (명)〈物〉응집력. 〔같은 분자끼리의 흡인력〕

【内眷―권】nèijuàn (명)1(가족 중의) 부녀자. 2집사람. 안사람. (同)〔内人·ren〕

**【内科―과】nèikē (명)〈醫〉내과. (反)〔外 wài 科〕

【内裤―고】nèikù (명)속바지. (同)〔衬 chèn 裤〕

【内涝―로】nèilào (명)침수로 인한 재해.

【内力―력】nèilì (명)〈物〉내력. (反)〔外 wài 力〕

【内陆国―륙국】nèilùguó (명)〈地〉내륙국.

【内陆湖―륙호】nèilùhú (명)내륙호.

【内乱―란】nèiluàn (명)내란. (反)〔外患 wài huàn〕

*【内幕―막】nèimù (명)〈貶〉내막. 속 사정. ◇谁也不了解事情的～/누구도 일의 내막을 잘 알지 못했다. (同)〔内情 qíng〕, (反)〔表象 biǎoxiàng〕

【内难―난】nèinàn (명)나라 안의 재난이나 분란.

【内能―능】nèinéng (명)〈物〉내부 에너지.

【内皮―피】nèipí (명)〈生〉내피.

【内亲―친】nèiqīn (명)처가속(妻家屬).

【内勤―근】nèiqín (명)1내근. 2내근자.

【内倾―경】nèiqíng (동)내향적(이다).

【内情―정】nèiqíng (명)속 사정. 내부 사정.

【内燃机―연기】nèiránjī (명)〈機〉내연 기관.

【内热―열】nèirè (명)1〈文〉마음이 조급하다. 2(명)〈醫〉내열.

【内人―인】nèi·rén (명)집사람. 〔주로 자기의 아내를 일컫는 말〕

★【内容―용】nèiróng (명)내용. (反)〔形式 xíngshì〕◇～很好，但形式不可取/내용은 훌륭하나 형식은 취할 바가 못된다.

【内伤―상】nèishāng (명)〈中醫〉내상. (反)〔外 wài 伤〕

【内室―실】nèishì (명)내실. 안방.

【内事―사】nèishì (명)내사.

【内胎―태】nèitāi 자전거. 자동차 따위의 튜브. (同)〔内车 chē 胎〕

【内廷―정】nèitíng (명)궁정.

【内外―외】nèiwài (명)1내외. 안과 밖. 2국내와 국외. 3대략의 수를 표시함. ◇他看上去有五十～/그는 오십 안팎으로 보인다.

【内外交困―외교곤】nèi wài jiāo kùn 〈成〉

N

N

국내의 정치와 대외 관계가 모두 곤경에 처하다. (同)〔焦头烂额 jiāo tóu lán é〕, (反)〔尽如人意 jìn rú rén yì〕

【内务－무】 nèiwù 圐**1**국내의 정무. **2**(집단 생활에 있어) 실내에서의 일상 사무. **3**〈軍〉내무(생활).

【内线－선】 nèixiàn 圐**1**내부에 있는 정보원. **2**(수사기관의) 끄나불. **3**〈軍〉내선 작전. **4**구내 전화. **5**내부 관계자.

【内详－상】 nèixiáng 〈牘〉편지 안에 자세히 썼음.

【内向－향】 nèixiàng **1**圐국내. ◇～型经济 /내수형 경제. (反)〔外 wài 向〕 **2**圕내성적이다. 소심하다.

【内销－소】 nèixiāo 圐동국내판매(를 하다).

【内斜视－사시】 nèixiéshì 圐〈醫〉내사시.

*【内心－심】 nèixīn 圐**1**마음 속. 내심. ◇～深处/마음 깊은 곳. (同)〔心里 lǐ〕〔心头 tóu〕〔心中 zhōng〕, (反)〔外表 wàibiǎo〕〔外貌 mào〕 团应内心:心 "内心"은 "打动"의 목적어로 쓰이지 않는다. ◇她的一番话, 打动了我的(×内心)心/그녀의 말이 내 마음을 감동시켰다. **2**〈數〉내심. 내접원의 중심.

【内省－성】 nèixǐng 圐동자기 반성(을 하다).

【内兄－형】 nèixiōng 圐손위 처남.

【内秀－수】 nèixiù 圕〈文〉겉보기와는 달리 총명하고 세심하다. 똑똑하고 치밀하다.

【内衣－의】 nèiyī 圐내의. 속옷. (反)〔外衣 wài yī〕

【内因－인】 nèiyīn 圐〈哲〉내적 요인.

【内应－응】 nèiyìng **1**圐동(적과) 내통(하다). (안에서) 호응(하다). **2**圐내통자.

【内忧－우】 nèiyōu **1**圐나라 안의 우환. **2**동〈文〉마음 속으로 걱정하다. **3**圐동모친상(을 당하다). (同)〔内艰 jiān〕

*【内在－재】 nèizài **1**圐동〈哲〉내재(하다). **2**圕내재하는. 내재적인. ◇～因素/내재 요인.

*【内脏－장】 nèizàng 圐〈生理〉내장.

【内宅－택】 nèizhái 圐안채. 안방.

【内债－채】 nèizhài 圐국내채. (反)〔外 wài 债〕

【内掌柜－장궤】 nèizhǎngguì (～的)圐(상점(商店)의) 안주인.

【内障－장】 nèizhàng 圐〈醫〉내장안(内障眼).

【内争－쟁】 nèizhēng 圐내부 갈등.

*【内政－정】 nèizhèng 圐국내의 정치문제. ◇互不干涉～/서로 내정을 간섭하지 않다. (同)〔内事 shì〕, (反)〔外 wài 政〕

【内侄－질】 nèizhí 圐내질. 처조카. (同)〔妻 qī 侄〕

【内侄女－질녀】 nèizhínǚ 圐처질녀. 처조카딸.

【内痔－치】 nèizhì 圐〈醫〉암치질.

【内中－중】 nèizhōng 圐가운데. 안. 속.

【内助－조】 nèizhù 圐〈文〉아내. 처.

【内传－전】 nèizhuàn 圐**1**경전을 해석한 글. **2**신선에 관한 전기(傳記)의 일종.

【内子－자】 nèizǐ 圐〈文〉집사람. 안사람.

【那】 阝部 nèi
　　4画 어찌 **나**
団그. 저. 〔'那 nà'의 구어음(口語音). '那一'(nà yī)의 발음이 (nài)로 줄고, 다시 (nèi)로 변한 것임. 수사(數詞)나 양사(量詞) 앞에서는 '一'가 없어도 이 음에 따름〕

nèn

【恁】 心部 nèn
　　6画 이러할 **님**
団〈方〉〈早白〉**1**그. 저. ◇～时/그 때. **2**이렇게. 그렇게. 저렇게. ◇～要不了 liǎo ～些 (那么多)/그렇게 많이 필요치 않다. ⇒nín

【恁地－지】 nèndì 图〈早白〉**1**이렇게. 그렇게. **2**어쨌어.

**【嫩】 女部 nèn
　　11画 연약할 **눈**
圕**1**부드럽다. 어리다. ◇～南瓜/애호박. ◇小孩儿肉皮～/어린 아이의 살갗은 부드럽다. **2**연하다. 말랑말랑하다. ◇这肉片炒得很～/이 고깃점을 아주 연하게 볶았다. **3**(색깔이) 엷다. ◇～红/연한 붉은 빛. 불그스름하다. **4**(경험이) 적다. 미숙하다. ◇～手/미숙한 사람. 풋내기.

【嫩黄－황】 nènhuáng **1**圐〈色〉연한 황색. **2**圕누르스름하다.

【嫩绿－록】 nènlǜ **1**圐〈色〉연한 녹색. 연두빛. **2**圕파르스름하다.

néng

★【能】 厶部 néng
　　8画 능할 **능**
1圐재능. 재간. 능력. 기능. ◇技～/기능. **2**圐에너지. 에네르기. ◇原子～/원자력. ◇热～/열에너지. ◇电～/전기에너지. (同)〔能量 liàng〕 **3**재능[재간]이 있다. 유능하다. 능하다. ◇～人/능력이 있는 사람. ◇～手/재능있는 사람. 숙련공. 전문가. **4**조동…할 수 있다. …할 힘이 있다. 〔능력을 표시함〕(同)〔能够 gòu〕 ◇我只一看, 不～说/난 볼 수만 있고 말할 수 없다. ◇他～耕地/그는 땅을 갈 줄 안다. 주의①'能'과 '会'의 차이. a)이미 어떤 기능을 가지고 있는 경우에는 '能'과 '会'를 다 쓸 수 있다. ◇他能(×

会]写/그는 글을 쓸 줄 알고 계산도 할 줄 안다. b)'能'은 능력이 어느 정도에 도달했음을 나타낸다. ◆我一天(×会)能走一百里/나는 하루에 100리를 걸을 수 있다. '会(할 줄 안다)'는 학습을 통하여 어떤 기능을 습득했음을 나타낸다. ◆他会走路/그는 걸을 줄 안다. 〔어린애가 걸음마를 하게 되었다는 의미〕◆他能走路/그는 걸을 수 있다. 〔사람이 걷지 못했다가 걷는 능력이 회복되었다는 의미〕 c)이중부정(二重否定)의 형태에서 '不能不'는 '…하지 않을 수 없다'는 뜻을 나타내지만, '不会不'는 '틀림없이 …할 것이다'라는 뜻을 나타낸다. ◆他不能不表示态度/그는 태도를 표명하지 않을 수 없다. ◆他不会不表示态度/그는 틀림없이 태도를 표명할 것이다. ②'能'과 '可以'의 차이. 둘 다 가능성을 나타내며 '能'은 화자의 주관적인 면이 강하고, '可以'는 객관적인 면이 강하다. ◆他能走/그는 갈 수 있다. 〔화자의 주관〕◆他可以走/그는 가도 된다. 〔객관적인 상황〕

【能动―동】néngdòng 휑능동적이다. 적극적이다.

☆【能干―간】nénggàn 휑유능하다. 일을 잘하다. ◆新来的厂长很～/새로 온 공장장은 매우 유능하다. (同)〔干练 liàn〕〔精 jīng 干〕, (反)〔无 wú 能〕〔低 dī 能〕 비교 能干:才干 '能干'은 목적어로 쓰이지 않는다. ◆这个建筑物表现了中国人民的聪明/(×能干)才干/이 건물은 중국인의 총명함과 재간을 나타냈다.

【能工巧匠―공교장】néng gōng qiǎo jiàng 〈成〉솜씨가 훌륭한 직공.

★【能够―구】nénggòu 조동할 수 있다. (同)〔能(会 huì)〕a)어떤 능력을 갖고 있거나, 어떤 효과를 얻을 수 있음을 표시. ◆我一下子～记这么多生词/나는 단번에 이렇게 많은 새 단어를 기억할 수 있다. b)조건이나 논리적으로 수용됨을 표시함. ◆天安门广场一站一百万人/천안문 광장에는 백만 명이 설 수 있다. (同)〔可 kě〕〔可以 kěyǐ〕

【能级―급】néngjí 휑〈物〉에너지 값. 〔원자·분자·원자핵 등이 각기 다른 상태에서 운동하는 에너지 수치〕

【能见度―견도】néngjiàndù 휑1가시 거리(可視距離). 2가시도(可視度).

☆【能力―력】nénglì 휑능력. 역량. ◆有～/능력이 있다. ◆强/매우 유능하다. ◆发挥最大限度的～/최대한의 능력을 발휘한다. (同)〔才 cái 能〕〔才干 cáigàn〕

∗∗【能量―량】néngliàng 휑1에너지. 용량. 능력. ◆他们人数不多, 可～不小/그들의

인원은 적지만 능력은 대단하다. 비교能量:能力 '能量'은 '强'을 술어로 쓰이지 않는다. ◆他(×能量)能力很强, 想做什么, 几乎都能做到/그는 매우 유능해서 무엇을 하려고 하면 거의 다 해낸다. 2〈物〉에너지. ◆～分为机械能, 化学能, 原子能等/에너지는 기계적 에너지, 화학 에너지, 원자력 등으로 나뉜다. ◆～原理/에너지 원리.

【能耐―내】néngnài 통인내하다. 감내하다.

【能耐―내】néng·nai 휑기능. 능력. (同)〔本事 běnshì〕〔本领 běnlǐng〕〔能力 lì〕

【能掐会算―겹회산】néngqiā huìsuàn 1점을 잘 치다. 2예측이 정확하다.

【能屈能伸―굴능신】néng qū néng shēn 〈成〉사람이 잘 안 풀릴 때 참을 줄 알고 잘될 때 능력을 발휘할 줄 안다.

【能人―인】néngrén 휑유능한 사람. (反)〔废物 fèiwù〕

【能事―사】néngshì 휑1자신 있는 일. 2능력. 뛰어난 주관. 〔항상 '尽'과 연용됨〕◆尽其～/그 능력을 다하다.

∗【能手―수】néngshǒu 휑명수(名手). 재주꾼. (同)〔好 hǎo 手〕〔高 gāo 手〕, (反)〔生 shēng 手〕◆游泳～/수영의 명수. ◆养猪～/돼지사육의 명수.

【能说会道―설회도】néng shuō huì dào 〈成〉말솜씨가 좋다. 달변이다. (同)〔能言善辩 néng yán shàn biàn〕, (反)〔笨口拙舌 bèn kǒu zhuō shé〕

☆【能源―원】néngyuán 휑〈物〉에너지원(源).

ńg

★【嗯(唔)】 口部 ńg (又讀 n)
10画 대답할 응
꽵응?〔의문을 나타냄〕◆～? 你说什么?/응? 뭐라고? ⇒ňg, ǹg,'唔'wú

ňg

【嗯】 口部 ňg (又讀 n)
10画 대답할 응
꽵어!〔의외나 그렇다고 생각지 않음을 나타냄〕◆～! 钢笔怎么又不出水啦/어! 만년필이 어찌 또 잉크가 안나오지?⇒ńg, ǹg

ǹg

【嗯】 口部 ǹg (又讀 n)
10画 대답할 응
꽵응! 음!〔승낙을 나타냄〕◆他～了一声, 就走了/그는 '응'하고 곧 갔다. ⇒ńg, ňg

nī

【妮】 女部 | nī
5画 | 계집종 이
【妮子―자】nī·zi 圐여자아이. 계집애. (同)〔妮儿〕

ní

【尼】 尸部 | ní
2画 | 여승 니
圐〈佛〉비구니. 여승(女僧). ◇～庵 ān/비구니 절. ◇僧～/비구와 비구니.
【尼姑―고】nígū 圐여승. 비구니.
【尼古丁―고정】nígǔdīng 圐니코틴. (同)〔烟碱 yānjiǎn〕
＊【尼龙―룡】nílóng 圐나일론(nylon). (同)〔锦纶 jǐnlún〕

☆**【泥】** 氵部 | ní
5画 | 수정 니
圐1진흙. ◇稀～/흙탕물. 2진흙같이 생긴 것. ◇印～/인주. ◇枣 zǎo～/대추로 만든 소.
【泥巴―파】níbā 圐〈方〉진흙.
【泥肥―비】níféi 圐〈農〉(비료로 쓰이는) 진흙.
【泥工―공】nígōng 圐〈方〉1미장이의 일. 2미장이.
【泥垢―구】nígòu 圐때. 오물.
【泥浆―장】níjiāng 圐흙탕.
【泥金―금】níjīn 圐1금가루. 2연한 밤색. (同)〔泥金色 sè〕
【泥坑―갱】níkēng 圐수렁. 진창구덩이. (同)〔泥潭 tán〕〔泥塘 táng〕
【泥淖―뇨】nínào 圐진창. 진창구덩이. 늪. 수렁.
【泥泞―녕】nínìng 1圐진창. 2형질퍽거리다. ◇那条路～不好走/그 길은 질퍽거려서 걷기 어렵다.
【泥牛入海―우입해】ní niú rù hǎi〈成〉진흙으로 빚은 소가 바다에 빠지다. 가서 다시 돌아오지 않다. 함흥차사.
【泥菩萨过河―보살과하】nípú·sà guòhé 진흙으로 빚은 보살이 강을 건너다. 내 코가 석자냐. ◇我也是～, 哪能帮你/나도 코가 석자인데 어찌 너를 도울 수 있겠는가.
【泥鳅―추】ní·qiū 圐〈魚介〉미꾸라지.
【泥人―인】nírén (～儿)토우(土偶). 흙인형.
【泥沙俱下―사구하】ní shā jù xià〈成〉흙과 모래가 함께 떠내려 오다. 좋고 나쁜 것〔사람〕이 섞여 있음.
【泥石流―석류】níshíliú 圐흙과 모래와 돌

따위가 섞인 물사태.
【泥水匠―수장】níshuǐjiàng 圐미장이.
【泥塑―소】nísù 圐진흙으로 인형을 빚다.
【泥塑木雕―소목조】ní sù mù diāo〈成〉흙으로 만든 인형과 깎아 만든 인형이나 나무로 깎아 만든 인형. 무뚝뚝하다〔한 사람〕. (同)〔木雕泥塑〕
【泥胎―태】nítāi 圐(겉에 채색하기 전의) 흙인형.
【泥胎儿―태아】nítāir 圐아직 굽지 않은 도기.
【泥潭―담】nítán (同)〔泥坑 kēng〕
【泥炭―탄】nítàn 圐〈礦〉토탄(土炭). (同)〔泥煤 méi〕
【泥塘―당】nítáng 圐늪. 수렁.
＊＊【泥土―토】nítǔ 圐1흙. 토양. 2점토. 진흙.
【泥腿―퇴】nítuǐ 춘놈.〔농민에 대한 비칭〕
【泥瓦匠―와장】níwǎjiàng (同)〔泥水 shuǐ 匠〕
【泥岩―암】níyán 圐〈地質〉이암.
【泥沼―소】nízhǎo 圐수렁. 늪.
【泥足巨人―족거인】nízú jùrén〈喩〉덩치는 크나 속은 빈약한 것.

【怩】 忄部 | ní
5画 | 겸연쩍을 니
→〔忸 niǔ 怩〕

【呢】 口部 | ní
5画 | 소곤거릴 니
圐〈紡〉나사(羅紗). ◇厚～大衣/두꺼운 나사 외투. ⇒·ne
【呢喃―남】nínán 1圐지지배배.〔제비 우는 소리〕2〈文〉동속삭이다.
【呢绒―융】níróng 圐〈紡〉모직물의 총칭.
【呢子―자】ní·zi 圐나사(羅紗).

【铌·鈮】 钅部 | ní
5画 | 니오브 니
圐〈化〉니오브(Nb).

【倪】 亻部 | ní
8画 | 어릴 예
圐1끝. 가. 가장자리. 2(Ní)성(姓).

【猊】 犭部 | ní
8画 | 사자 예
→〔狻 suān 猊〕

【婗】 女部 | ní
8画 | 갓난아이 예
→〔婴 yī 婗〕

【蜺】 虫部 | ní
8画 | 말매미 예, 암무지개 예
圐〈文〉1〈虫〉쓰르라미. 2〈天〉무지개. (同)〔霓 ní〕

【霓(蜺)】 雨部 | ní
8画 | 암무지개 예
圐무지개.
【霓虹灯―홍등】níhóngdēng 圐네온사인.

【齯・齯】齒部 8画 ní
예 노인의 이가 다 빠진 뒤에 다시 돋아난 이.

【鯢・鯢】魚部 8画 암고래 예
명 도롱뇽.

【麑】鹿部 7画 사슴새끼 예
명〈動〉〈고서(古書)에 나오는〉 작은 사슴.

nǐ

★【你】亻部 5画 너 니
때 1.너. 자네. ◇~朋友/네 친구. ◇这是~的/이것은 너의 것이다. (反)〔我 wǒ〕
주의 '你'는 남녀 모두 표시하고, '妳'는 여성을 표시함. 2.너희들. 당신들. ◇~校/너희 학교. 3.사람들. 〔범칭〕◇这些事迹叫~不得不感动/이런 모범사례가 사람들을 감동시키게 한다.

【…你的吧―적의파〕…nǐ·de·ba〈口〉제…할 일이나 해라. ◇嚷嚷什么? 喝~, 我得 děi 研究工作/뭘 떠들어? 네 마실 것이나 마셔라. 난 검토할 게 좀 있어. ◇你睡~/넌 잠이나 자라.

【你的意思是说―적의사시설〕nǐ·de yì·si shì shuō〈口〉당신의 말 뜻은 …〔상대방의 말을 확인해 주기를 바라는 말〕◇~你想要我/당신의 말뜻은 나를 아내로 맞이하겠다는 건가요? (同)〔你是说 nǐ shì shuō〕

【你等着―등착〕nǐ děng·zhe〈口〉어디 두고보자. ◇你居然骗到我头上来了, ~/네가 나까지 속이려 하다니, 어디 두고보자.

【你给我请―급아청〕nǐ gěi wǒ qǐng〈口〉너 가세요. 꺼지세요. 〔명령문으로 불만과 분노를 나타내며 손님을 내쫓을 때 쓰는 말임. 의미는 '你出去(나가세요)', '你滚开(꺼져)'와 같음〕◇~一走就走, 以后再也不来了/나가세요―가라면 가지, 이제 다시는 오지 않겠어.

【你还别说―환별설〕nǐ hái bié shuō〈口〉말도 마. 말할 것도 없어. 〔생각·견해·말이 입증될 때 쓰임〕◇~, 小王的画儿画得就是不错/말도 마, 미스터 왕이 그린 그림은 정말 훌륭해.

【你看―간〕nǐ kàn〈口〉봐라. 보시오. a)상대방의 주의를 환기할 경우. ◇~, 那也不是有个人嘛/봐라. 거기 한 사람 있잖아. b)미안해하며 자책하는 것을 나타냄. ◇~怎么能让您破费/이것 보세요, 어떻게 당신이 돈을 쓰게 하겠어요. c)상대방의 실수를 지적해 책망함을 나타냄. ◇

~!~! 这么不明理/봐라!봐! 이렇게 사리를 모르다니.

【你看吧―간파〕nǐ kàn·ba〈口〉네가 알아서 해. 네 뜻대로 해. ◇咱们是上上海呢, 还是去海南岛?―~, 去哪儿都行/우리 상해에 갈까, 해남도에 갈까? ―어디가든 좋으니 네가 알아서 해.

【你看你―간니〕nǐ kàn nǐ〈口〉너 좀 봐라. 좀 봐라. 〔가볍게 질책하는 말로 어쩔 수 없다는 뜻이 내포되어 있음〕◇你看你, 都十六啦, 还这么不小心/너 좀 봐라. 16살이나 됐는데 아직도 이렇게 조심성이 없다니. (同)〔看你〕

【你看〔瞧〕着办―간〔초〕착판〕nǐ kàn〔qiáo〕·zhebàn〈口〉알아서 하세요. 네가 알아서 해라. ◇~, 怎么改都行/네가 알아서 해. 어떻게 고쳐도 다 괜찮아.

★【你们―문〕nǐ·men 때너희들. 자네들. ◇~几个谁年龄大?/너희들 몇명 중 누가 나이가 많니?

【你说―설〕nǐ shuō〈口〉당신 생각좀 해보세요. 말해보세요. a)상대방의 동정과 지지를 얻기 위해 하는 말. ◇~这有多惨/생각해 보세요. 이게 얼마나 비참한지. b)상대방과 견해 차이가 있을 때 책망하며 설득하는 말. ◇~, 一只鸽子你就要五块钱/말해봐요. 비둘기 한 마리를 5원에 팔려고 하다니 말이에요. →〔你说呢 ne〕

【你说呢―설니〕nǐ shuō·ne〈口〉네 생각은 어떠하냐? 네가 보기엔 어떠냐? 〔상대방의 동정과 지지를 얻기 위해 하는 말〕◇人是需要点感情润滑剂的, ~/사람은 감정에 대한 윤활제가 필요한 거야. 네 생각은 어때?

【你死我活―사아활〕nǐ sǐ wǒ huó〈成〉필사적으로. 목숨을 걸고. (同)〔不共戴天 bù gòng dài tiān〕, (反)〔互助互爱 hù zhù hù ài〕

【你一言我一语―일언아일어〕nǐ yī yán wǒ yī yǔ〈口〉저마다 한마디씩 하다. ◇教室里顿时活跃起来,~闹轰起来/교실 안이 갑자기 활기차더니 저마다 한마디씩하며 떠들썩해지기 시작했다.

【你知道―지도〕nǐ zhī·dao〈口〉알다시피. 〔상대방의 주의를 환기시킴〕◇~, 这船上坐着的可并不光是你自己, 动作要小心点/알다시피, 이 배에는 너혼자 뿐이 아니니 행동을 조심해야 한다.

✲【拟・擬】扌部 4画 의논할 의
동 1.초고를 작성하다. 기안하다. ◇~了一个计划草案/하나의 계획 초안을 기안했다. 2.…하려 하다. …할 예정이다. ◇~于明天起程/내일 출발할 예정이다. →〔准

N

zhǔn备〕〔打算 dǎsuàn〕**3**모방하다. **4**비(교)하다. 견주다. **5**헤아리다. 추측하다.

【拟订一정】nǐdìng 통초안을 세우다. ◇～计划/계획을 초안하다.

*【拟定一정】nǐdìng **1**(同)〔拟订 dìng〕 **2**통추측하여 단정하다.

【拟稿一고】nǐ//gǎo (～儿)통(공문서의) 초고를 작성하다.

【拟古一고】nǐgǔ 통옛 것을 모방하다.

【拟人一인】nǐrén **1**통의인하다. **2**명의인화.

【拟态一태】nǐtài 명〈生〉의태. 미메시스.

【拟议一의】nǐyì **1**명예견(하다). **2**통초안을 작성하다.

【拟于不伦一어불륜】nǐ yú bù lún〈成〉비교할 수 없는 사람이나 사물을 비교하다.

【拟作一작】nǐzuò 명모작(模作)(하다).

【旎】方部 nǐ
7画 깃발펄펄날릴 이
→〔旖 yǐ 旎〕

【薿】艹部 nǐ
14画 더북할 의

【薿薿一의】nǐnǐ 형〈文〉무성하다. 우거지다.

nì

【伲】亻部 nì
5画 우리 니
때나. 우리.

【泥】氵部 nì
5画 수렁 니
통**1**(흙·회 등으로) 바르다. 칠하다. ◇～墙/벽에 회칠하다. ◇～炉子/아궁이를 바르다. **2**고집하다.

【泥古一고】nìgǔ 통옛 것에 얽매이다

【泥子一자】nì·zi 명퍼티. 떡밥. (同)〔腻 nì 子〕

【昵(暱)】日部 nì
5画 가깝게할 닐
형친근〔친밀〕하다. 다정하다. ◇亲～/친밀하다.

【昵称一칭】nìchēng 명애칭.

【逆】辶部 nì
6画 거스릴 역
1형반대. 거꾸로. ◇倒行～施/〈成〉시대의 흐름에 역행하다. **2**통거스르다. 거역하다. ◇顺天者存,～天者亡/천명에 순응하는 자는 살고, 천명을 거스르는 자는 망한다. **3**형불편하다. ◇～境/역경. **4**명배반자. 반역자. ◇叛～/반역자. **5**통〈文〉맞이하다. ◇～战/응전하다. **6**튀미리. 사전에. ◇～知/예지하다.

【逆差一차】nìchā 명〈貿〉수입 초과. 무역수지 적자. (反)〔顺 shùn 差〕

【逆产一산】nìchǎn **1**명통〈醫〉도산(하다).

2명반역자〔역적〕의 재산.

【逆定理一정리】nìdìnglǐ 명〈數〉〈論〉역정리.

【逆耳一이】nì'ěr 통귀에 거슬리다. (同)〔刺 cì 耳〕, (反)〔顺 shùn 耳〕

【逆风一풍】nìfēng **1**명역풍. 맞바람. **2**(nì/fēng)통바람을 안고〔무릅쓰고〕 가다. (同)〔顶 dǐng 风〕, (反)〔顺 shùn 风〕

【逆光一광】nìguāng 명〈物〉역광(선).

【逆境一경】nìjìng 명역경. ◇身处～/역경에 처하다. (反)〔顺 shùn 境〕

【逆来顺受一래순수】nì lái shùn shòu〈成〉억압이나 불평 등을 참고 감수하다. (同)〔忍气吞声 rěnqìtūnshēng〕, (反)〔以眼还眼 yǐyǎnhuányǎn〕

【逆料一료】nìliào 통예측하다.

*【逆流一류】nìliú **1**명통역류(하다). ◇～而上/역류하여 올라가다. **2**명반동적인 조류. (同)〔逆水 shuǐ〕, (反)〔顺 shùn 流〕

【逆旅一려】nìlǚ〈文〉**1**통손님을 맞이하다. **2**명여관.

【逆水一수】nì//shuǐ 통역류하다.

【逆水行舟一수행주】nì shuǐ xíng zhōu〈成〉물을 거슬러 배를 몰다. (反)〔顺 shùn 水行舟〕

【逆行一행】nìxíng 통역행하다.

【逆运算一운산】nìyùnsuàn 명〈數〉역산.

【逆转一전】nìzhuǎn 통**1**역전하다. 국면이 뒤집히다. **2**(형세가) 악화되다. (同)〔恶化 èhuà〕, (反)〔好转 hǎozhuǎn〕

【逆子一자】nìzǐ 명불효막심한 자식. (反)〔孝 xiào 子〕

【匿】匚部 nì
8画 숨을 닉
통**1**감추다. 숨기다. ◇隐～/은닉하다. ◇～情/사실을 감추다. (同)〔藏 cáng〕, (反)〔显 xiǎn〕 ◇逃～/달아나 숨다.

【匿藏一장】nìcáng 통숨다. 숨기다.

【匿迹一적】nìjì 통종적을 감추다. (同)〔藏 cáng 匿〕, (反)〔暴露 bàolù〕

【匿名一명】nìmíng 통이름을 숨기다. (反)〔署 shǔ 名〕

【匿名信一명신】nìmíngxìn 명익명의 편지.

【匿影藏形一영장형】nì yǐng cáng xíng〈成〉종적을 감추다.

【蜺】虫部 nì
10画 벌레먹는병 닉
명〈中醫〉벌레에게 물려 생기는 병.→〔阴 yīn 蜺〕

【埿】土部 nì
8画 성위의 담 예
→〔埤 pí 埿〕

【睨】目部 nì
8画 흘겨볼 예
통〈文〉흘겨보다. 쏘아보다. ◇～视/흘겨

보다.

【溺】氵部 10画 nì 빠질 닉

[동]1물에 빠지다. ◇～死/익사하다. (同)〔沉 chén〕, (反)〔浮 fú〕 2골몰하다. 탐닉하다. ◇～信/맹신하다.

【溺爱－애】nì'ài [동]지나치게 귀여워하다. (同)〔宠 chǒng 爱〕, (反)〔讨厌 tǎoyàn〕

【溺水－수】nìshuǐ [동]물에 빠지다.

【溺婴－영】nìyīng [명]양육이 어려워 신생아를 물에 빠뜨려 죽이다.

【腻·膩】月部 9画 nì 미끄러울 니

1[형]기름지다. 느끼하다. ◇肥肉～人/비계는 먹기에 느끼하다. 2[동]물리다. 싫증나다. ◇他那些话我都听～了/그의 그런 말들은 지긋지긋하도록 들었다. 3[형]세밀하다. 섬세하다. 4[형]진득거리다. ◇油搌 zhǎn 布沾 zhān 手很～/기름 걸레가 손에 묻으면 매우 끈적거린다. 5[명]더러움. 때. ◇尘～/때.

【腻烦－번】nì·fan [동]〈口〉1싫증나다. 물리다. 질리다. 2혐오하다.

【腻歪－왜】nì·wai [동]싫증나다.

【腻味－미】nì·wei [형]〈方〉짜증이 나다. 지긋지긋하다.

【腻友－우】nìyǒu [명]〈方〉매우 친한 친구〔벗〕.

【腻子－자】nì·zi 1(同)〔泥 nì 子〕 2[명](귀찮도록) 끈질긴 사람.

niān

【拈】扌部 5画 niān 집을 점

[동](손가락으로) 집다. ◇从罐子里～出一块糖/통 속에서 사탕을 하나 집어 내었다.

【拈花惹草－화야초】niān huā rě cǎo 〈成〉여색을 좇다. 화류계에서 놀다. (同)〔惹草拈花〕

【拈阄儿－구아】niān∥jiūr [동]제비(를) 뽑다.

【拈轻怕重－경파중】niān qīng pà zhòng 〈成〉힘든 일은 피하고 쉬운 일을 택하다. (反)〔吃苦耐劳 chī kǔ nài láo〕

【拈香－향】niānxiāng [동]분향하다.

【蔫】艹部 11画 niān 시들 언

1[동]식물이 시들다. ◇常浇水, 别让花儿～了/항상 물을 주어 꽃을 시들게 하지 말라. (同)〔枯 kū〕 2[형]기운이 없다. 맥이 풀리다. ◇孩子有些～, 像是生病了/애가 좀 기운이 없는데 병이 난 것같다. 3[형](성격이) 느리다.

【蔫不唧－불즉】niān·bujī (～儿的)1[형]〈方〉기운이 없다. 2[부]조용히.

【蔫呼呼－호호】niānhūhū [형]굼뜨고 질질 끄는 모양.

nián

★【年】丿部 5画 nián 해 년

1[명]해. 년. ◇一～三百六十五天/1년 365일. ◇今～/올해. ◇三～五载/수년간. 2해마다. ◇～会/연회. 3[명]나이. 연령. ◇～龄/연령. ◇～纪/나이. [비교]年:岁 나이를 계산하는 단위로는 "年"을 쓰지 않는다. ◇姐姐比妹妹大五(×年)岁/언니가 동생보다 5살 더 크다. 4[명]일생의 한 시기. ◇少～/소년. ◇幼～/유년. ◇中～/중년. 5[명]시기. 시대. 시간. ◇近～/근년. ◇明朝末～/명나라 말기. 6[명]수확. 추수. ◇丰～/풍년. 7[명]새해. 설. ◇新～/새해. ◇过～的时候你们去哪儿?/설을 쇨 때 너희들 어디 갈거니? 8[명]설과 관련된 용품. ◇～糕/설 떡. 9(Nián)[명]성(姓).

【年辈－배】niánbèi [명]연배.

【年表－표】niánbiǎo [명]연표.

【年菜－채】niáncài [명]설음식.

【年成－성】nián·cheng [명]수확. 작황.

【年初－초】niánchū [명]연초. (同)〔年头 tóu〕, (反)〔年尾 wěi〕

☆【年代－대】niándài [명]1시기. 시대. ◇～久了, 记不清了/시기가 오래되어 잘 기억나지 않는다. (同)〔时 shí 代〕〔岁月 suìyuè〕〔年头儿 tóur〕 [비교]年代:时候 구체적인 시간 또는 사람 일생중 어떤 시기에는 "年代"를 쓰지 않는다. ◇我在中学的(×年代)时候读了很多小说/난 중학교 때 많은 소설을 읽었다. 2한 세기 중의 10년. ◇九十～/90년대.

【年底－저】niándǐ [명]세밑. 세모. 연말. (同)〔年终 zhōng〕, (反)〔年初 chū〕

*【年度－도】niándù [명]연도. ◇会计～/회계년도.

【年饭－반】niánfàn [명]섣달 그믐날 밤, 일가족이 단란하게 모여서 함께 하는 저녁식사.

【年份－분】niánfèn [명]1해. 연도. 2(경과한) 햇수. 연한.

【年富力强－부력강】nián fù lì qiáng 〈成〉나이가 젊고 원기가 왕성하다. (同)〔年轻 qīng 力壮 zhuàng〕〔年少 shào 力强〕, (反)〔年迈 mài 力衰 shuāi〕

【年高德劭－고덕소】nián gāo dé shào 〈成〉[명]연세가 있고 덕망이 있다. (同)〔年高有 yǒu 德〕, (反)〔老而无行 lǎo ér wú xíng〕

【年糕－고】niángāo [명](중국식) 설 떡.

N

【年根一근】niángēn (～儿)圕연말. 세모. (同)〔年底 dǐ〕

【年庚一경】niángēng 圕1생년·월·일 및 출생시. 2나이.

【年关一관】niánguān 圕세밑. 연말.

【年光一광】niánguāng 圕1세월. 2(농작물의) 수확. 작황.

【年号一호】niánhào 圕연호.

【年华一화】niánhuá 圕세월. 시간. 나이. (同)〔年光 guāng〕

【年画一화】niánhuà 圕세화. 〔정월에 방 안에 붙이는 그림〕→〔春联 chūnlián〕

【年会一회】niánhuì 圕연차 총회. 연례 회의.

【年货一화】niánhuò 圕설에 쓰이는 물건.

★【年级一급】niánjí 圕학년. ◇高～看话剧, 低～看电影/고학년은 연극을 보고, 저학년은 영화를 본다. 回回年级:学年 학습의 연도를 말할 때는 "年级"란 말을 쓰지 않는다. ◇第一(×年级)学年结束了, 我的口试不及格/두 학기가 끝났어서 난 구술 시험에서 낙제를 했다.

★【年纪一기】niánjì 圕나이. ◇您老有多大～了?/어르신께서는 연세가 어떻게 되십니까? ◇～轻/나이가 젊다. 回回年纪:年龄 ①"年纪"는 "问"의 목적어로 쓰지 않는다. ◇老师我可以问一下您的(×年纪)年龄吗?/선생님, 제가 선생님의 나이를 여쭤봐도 되겠습니까? ②"年纪"는 공식서류에 쓰이지 않는다. ◇他户口上的(×年纪)年龄跟实际年龄不一样/그의 호적상 나이가 실제 나이와 다르다.

【年假一가】niánjià 圕1연말연시의 휴가. (同)〔年节 jié 假期 qī〕2겨울 방학. (同)〔寒 hán 假〕

【年间一간】niánjiān 圕연간. 시기.

【年鉴一감】niánjiàn 圕연감.

【年节一절】niánjié 圕구정. 설날. 정월.

【年谨一근】niánjǐn 圕〈方〉흉년. (同)〔荒 huāng 年〕

【年景一경】niánjǐng 圕1년의 작황. 2연말 연시의 풍경. 3일년의 경기.

【年来一래】niánlái 圕1일년 이래. (同)〔一 yī 年以 yǐ 来〕2근년 이래. (同)〔近 jìn 年以 yǐ 来〕

【年历一력】niánlì 圕(낱장의) 일년 달력.

【年利一리】niánlì 圕〈經〉연리. 〔年息〕

【年龄一령】niánlíng 圕연령. 나이. ◇～小没关系/나이와는 관계없다. (同)〔年纪 jì〕〔岁数 suìshù〕 回回年龄:时候 "年龄" 앞에는 구체적인 수량사를 오지 못한다. ◇孔子在三岁的(×年龄)时候死了父亲/공자는 3살 때 아버지가 돌아가셨다.

【年轮一륜】niánlún 圕〈植〉나이테. 연륜.

【年迈一매】niánmài 圕연로하다. 고령이다. (反)〔年富 fù 力强 qiáng〕

【年貌一모】niánmào 圕나이와 용모.

【年谱一보】niánpǔ 圕연보.

☆【年青一청】niánqīng 圕(청소년에 해당되는) 젊다. ◇没想到新来的秘书这么～/새로운 비서가 그렇게 젊을 줄 전혀 몰랐다. (同)〔年轻 qīng〕, (反)〔年迈 mài〕 回回年青:年轻 30대 이상에게는 "年青"을 쓰지 않는다. ◇我已五十了, 他才四十, 比我(×年青)年轻/난 벌써 50인데 그는 갓 마흔으로써 나보다 젊지.

★【年轻一경】niánqīng 圕(10대부터 20대까지) 젊다. 나이가 적다. ◇～人/젊은이. (同)〔少壮 shàozhuàng〕〔年青 qīng〕, (反)〔年老 lǎo〕〔衰老 shuāilǎo〕

【年少一소】niánshào 圕나이가 젊다.

【年深日久一심일구】nián shēn rì jiǔ〈成〉오랜 세월이 흐르다.

【年时一시】niánshí 圕1오랜기간. 여러 해. (同)〔年头儿 tóur〕2〈文〉옛날. 그전.

【年时一시】nián·shi 圕〈方〉작년.

【年事一사】niánshì 圕〈文〉연령. 나이.

【年岁一세】niánsuì 圕1연령. (同)〔年纪 jì〕〔年龄 líng〕 ◇我～大了, 眼睛看不清了/나는 나이가 들어 눈이 이제 잘 보이지 않아. 回回年岁:岁 "年岁"는 어린 아이에게 쓰이지 않는다. ◇你今年几(×年岁)岁了?/너 올해 몇 살이니?

*【年头儿一두아】niántóur 圕1해. 년. 햇수. ◇我到北京已经三个～了/나는 북경에 온 지 벌써 3년이 되었다. (同)〔年份 fèn〕2여러 해. 오랜 기간. ◇他干这一行, 有～了/그는 이 일을 한 지 여러 해 되었다. (同)〔年时 shí〕3시대. 세상. ◇这～可不兴那一套了/그런 수법은 요즘에 정말 맞지 않아. 작황. 작황. ◇今年～好, 麦子比去年多收两三成/올해는 작황이 좋아 밀을 작년보다 20～30%나 더 수확했다.

【年尾一미】niánwěi 圕세모. 연말. (同)〔年底 dǐ〕

【年息一식】niánxī 圕연리. (同)〔年利 lì〕

【年下一하】nián·xia 圕〈口〉(음력) 연말연시 새해. 〔흔히 음력 설에서 대보름 사이의 기간을 말함〕

【年限一한】niánxiàn 圕연한.

【年薪一신】niánxīn 圕연봉.

【年夜一야】niányè 圕(음력) 섣달 그믐날 밤. 제석. 제야. ◇～饭/제야 때 식구들이 다 모여 먹는 식사. (反)〔元旦 yuándàn〕

【年月一월】nián·yue 圕1〈口〉시대. (同)〔时代 shídài〕2세월. 세상. (同)〔日子 rì ·zi〕〔岁 suì 月〕

【年终一종】niánzhōng 圕연말. 세모.

【年资－资】niánzī 명1연령과 경력. 2근속 연수.

【年尊－尊】niánzūn 형연로하다. 연장(年長)이다.

【鲇·鲇(鲶)】 鱼部 5画 | nián 메기 점
명메기.

【黏(粘)】 黍部 5画 | nián 붙을 점
형찐득찐득하다. 끈적끈적하다. ◇胶水很～/풀이 접착력이 강하다.

【黏度－도】niándù 명〈物〉접착력. 점도(粘度). 끈기.

【黏附－부】niánfù 동들러붙다.

【黏合－합】niánhé 동〈化〉접착시키다.

【黏糊－호】nián·hu 형1끈끈하다. 차지다. 2꾸물거리다. 결단력이 없다.

【黏结－결】niánjié 동단단히 달라붙다. 접착하다.

【黏菌－균】niánjūn 명〈植〉점균.

【黏米－미】niánmǐ 명1찰쌀. 2차조.

【黏膜－막】niánmó 명〈生理〉점막.

【黏儿－아】niánr 명〉풀이나 고무 따위의 반유동체(反流動體).

【黏土－토】niántǔ 명점토.

【黏涎－연】nián·xian 형〈方〉(말·동작·연기 따위가) 지루하고 답답하다.

【黏涎子－연자】niánxián·zi 명〈方〉군침.

【黏液－액】niányè 명〈生理〉점액.

【黏着－착】niánzhuó 동(접착제로 물체를) 접착시키다.

【黏着语－착어】niánzhuóyǔ 명〈言〉교착어.

niǎn

*【捻(撚)】 扌部 8画 | niǎn 손가락으로 찍을 념
1동(손가락으로) 비비다. 꼬다. ◇～线/실을 꼬다. 2(～儿)명꼬아 만든 것. ◇纸～儿/종이끈. 3동〈方〉(물고기·물풀·진흙 등을) 망으로 퍼내다. ◇～河泥/강의 진흙을 망으로 퍼내다.

【捻度－도】niǎndù 명〈纺〉실을 꼰 횟수를 나타내는 단위.

【捻捻转儿－념전아】niǎn·nianzhuànr 명손팽이.

【捻子－자】niǎn·zi 명1지승(紙繩). 종이 끈. 2지승처럼 생긴 것.

【辇·輦】 车部 8画 | niǎn 당길 련
〈文〉명1(옛날의) 손수레. 2황제가 타는 수레.

*【撵·攆】 扌部 12画 | niǎn 쫓을 련

동1쫓아내다. ◇把他～出去/그를 쫓아내라. (同)〔赶 gǎn〕, (反)〔留 liú〕 2〈方〉따라잡다. ◇他走得快, 我～不上他/그는 빨리 걸어서 나는 그를 따라잡을 수 없다. (同)〔追 zhuī〕, (反)〔逃 táo〕

【碾(輾)】 石部 10画 | niǎn 맷돌 년
1명롤러(roller). ◇石～子/돌로 된 롤러. 2동(연자매·돌절구·맷돌 등으로) 곡물 따위를 빻다〔찧다, 갈다, 정미하다〕. ◇～米/쌀을 찧다. 정미하다.

【碾场－장】niǎn//cháng 동〈方〉(마당에서 롤러 따위로) 탈곡하다.

【碾坊－방】niǎnfáng 명방앗간. 정미소. (同)〔碾房 fáng〕

【碾磙子－곤자】niǎngǔn·zi 명(탈곡 또는 제분용의) 롤러. (同)〔碾砣 tuó〕

【碾盘－반】niǎnpán 명연자방아의 받침돌. (同)〔碾底 dǐ〕

【碾砣－타】niǎntuó 명연자돌. (同)〔碾磙子 niǎngǔn·zi〕

【碾子－자】niǎn·zi 명1연자방아. 〔'碾盘 pán'과 '碾磙子 gǔn'으로 이루어져 있음〕 2롤러(roller). 물건을 빻거나 지면을 평평하게 하는 기구의 총칭.

niàn

【廿】 一部 3画 | niàn 스물 입
㉧이십. 스물. (20).

★【念(³,⁴唸)】 心部 4画 | niàn 생각할 념
1동마음에 두고 생각하다. 그리워하다. ◇怀～/그리워하다. ◇惦～/늘 생각하면서 걱정하다. ◇你走了以后, 我们老是～着你/네가 떠난 후에, 우리들은 항상 너를 생각하고 있었다. 2명생각. ◇杂～/잡념. 3동소리내어 읽다. 낭독하다. ◇早上我～了一课英语/아침에 나는 영어 한 과를 읽었다. 4동(학교를) 다니다. ◇他只～了两年小学/그는 초등학교 2학년만 다녔다. (同)〔上学 shàngxué〕5㉧스물. 20. (同)〔廿 niàn〕6(Niàn)명성(姓).

【念白－백】niànbái 1명〈演〉대사. 2(niàn//bái)동대사를 말하다.

【念叨－도】niàn·dao 동1(걱정하거나 그리워하여) 늘 화제에 올리다. 2〈方〉말하다. 말하여 알리다. (同)〔谈论 tánlùn〕

【念佛－불】niànfó 동불교신자가 '아미타불'·'나무아미타불'하고 말하다.

【念经－경】niàn//jīng 동〈佛〉독경하다.

【念旧－구】niànjiù 1동옛친구를 생각하다. 2튀옛정을 생각하여.

【念念不忘-념불망】niàn niàn bù wàng〈成〉늘 생각하며 잠시도 잊지 않다. (反)〔置于脑后 zhì yú nǎo hòu〕

【念念有词-념유사】niàn niàn yǒu cí〈成〉주문을 외다. 2혼자서 중얼[웅얼]거리다.

＊＊【念书-서】niàn// shū 통1소리내어 책을 읽다. ◇念了半天英语书, 该休息休息了/한참 영어책을 읽어서 쉬어야겠다. 2공부하다. ◇你现在开始~还不晚/너는 지금부터 공부해도 아직 늦지 않았다. [比較] 念书:念 "念书"가 동빈구조라서 목적어 또는 보어를 취하지 않는다. ◇我们大声(×念书)念课文/우리는 큰소리로 교과서 본문을 읽었다.

＊【念头-두】niàn·tou 명생각. 의사. ◇转~/생각을 바꾸다. ◇邪恶的~/사악한 마음. ◇他打消了调出服务行业的~/그는 서비스업에서 나올 생각을 포기했다. (同)〔想法 xiǎngfǎ〕

【念心儿-심아】niàn·xinr 명〈方〉기념품. (同)〔纪念品 jìniànpǐn〕

【念珠-주】niànzhū (~儿)명염주.

【埝】 土部　8画　제방 념
명(작은) 둑〔제방〕. ◇~堤/제방.

niáng

＊＊【娘(孃)】 女部　7画　아씨 낭
명1어머니. ◇亲~/생모. 2〈敬〉나이 많은 여성. ◇大~/아주머니. (어머니 나이의 사람을 통틀어 이르는 말로) 어머님. 3처녀. 젊은 여자. ◇新~/새색시.

【娘家-가】niáng·jia 명친정. (反)〔婆婆 pó jia〕

【娘舅-구】niángjiù 명〈方〉외삼촌.

【娘娘-낭】niáng·niang 명1삼신할머니. 2〈俗〉황후. 귀비. ◇正宫~/황후.

【娘儿-아】niángr 명〈口〉어머니와 그 자녀들.

【娘儿们-아문】niángr·men 명1(同)〔娘儿〕 2〈贬〉〈方〉계집. 여편네. 〔경멸의 뜻을 가지고 있고 단수로도 쓰임〕 3〈方〉아내.

【娘胎-태】niángtāi 명모태.

【娘姨-이】niángyí 명〈方〉옛날, '保母'(가정부)의 구칭.

【娘子-자】niáng·zǐ 명1〈方〉아내. 2〈早白〉처녀 또는 중년 부인에 대한 존칭.

【娘子军-자군】niáng·zǐjūn 명낭자군. 여군.

niàng

＊【酿·釀】 西部　7画　술빚을 양

통1양조하다. 빚다. ◇~酒/술을 빚다. 2통(꿀벌이) 꿀을 만들다. ◇~蜜/꿀을 만들다. 3통빚다. 조성하다. ◇~成大祸/큰 화를 빚었다. 4명술. ◇佳~/좋은 술.

【酿酶-매】niàngméi 명〈化〉치마제(독zymase).

【酿母菌-모균】niàngmǔjūn 명〈植〉효모균.

【酿热物-열물】niàngrèwù 명〈農〉양열 재료.

【酿造-조】niàngzào 통(술·간장·식초 따위를) 빚다.

niǎo

☆【鸟·鳥】 鸟部　0画　새 조
명〈鳥〉새.

【鸟害-해】niǎohài 명새에 의한 농작물 피해.

【鸟尽弓藏-진궁장】niǎo jìn gōng cáng〈成〉새를 다 잡으면 활을 거둔다. 성사 후 공신을 없애다. 토사구팽.

【鸟瞰-감】niǎokàn 통1조감하다. 높은 곳에서 내려다 보다. (同)〔俯瞰 fǔ kàn〕, (反)〔仰视 yǎngshì〕 2개관하다.

【鸟枪-창】niǎoqiāng 명1엽총. 2공기총. (同)〔气枪 qì qiāng〕

【鸟枪换炮-창환포】niǎoqiāng huàn pào 상황이 호전되다. 여건이 크게 개선되다.

【鸟儿-아】niǎor 명〈口〉새.

【鸟兽散-수산】niǎoshòusàn 통〈贬〉(모였던 사람이) 뿔뿔이 흩어지다.

【鸟语花香-어화향】niǎo yǔ huā xiāng〈成〉아름다운 봄 경치를 형용하는 말.

【鸟葬-장】niǎozàng 명시체를 새가 먹게 버려두는 장사.

【茑·蔦】 艹部　5画　담쟁이덩굴 조
명〈植〉담쟁이덩굴.

【袅·裊(嫋)】 衣部　4画　간들거릴 뇨
형가늘고 부드럽다. 하늘하늘하다.

【袅袅-뇨】niǎoniǎo 형1연기·냄새 따위가 피어오르는 모양. 2(가늘고 부드러운 것이) 흔들리거나 하늘거리는 모양. ◇柳条~/버들가지가 하늘거리다. 3(목소리가) 나긋나긋하고 부드러운 모양.

【袅袅婷婷-뇨정정】niǎoniǎotíngtíng 형〈文〉(여자의 걸음걸이가) 자늑자늑하다.

【袅娜-나】niǎonuó 형〈文〉1(나무나 풀이) 가늘고 부드럽다. 2(여자의 몸매가) 날씬하고 아름답다.

【袅绕-요】niǎorào 형〈文〉(소리가) 나긋나긋하다.

【嬲】 女部　14画　조롱할 뇨

[동]〈文〉1희롱하다. 놀리다. 농락하다. 2뒤얽히다.

niào

【尿】尸部 4画 | niào 오줌 뇨
1[명]오줌. 소변. 2[동]오줌 누다. 소변을 보다. 소피보다. ◇～尿 suī/오줌을 누다. ⇒suī
【尿布－포】niàobù [명]기저귀. (同)〔褯 jiè子〕
【尿床－상】niào// chuáng [동](자다가) 오줌을 싸다.
【尿道－도】niàodào [명]〈生理〉요도.
【尿肥－비】niàoféi [명]오줌 거름.
【尿炕－강】niào// kàng [동](방구들에) 오줌을 싸다.
【尿素－소】niàosù [명]〈化〉요소.
【尿血－혈】niào// xiě [명]〈醫〉혈뇨.
【脲】月部 7画 | niào 요소 뇨(요)
[명]〈化〉요소(尿素).

niē

⁑【捏(揑)】扌部 7画 | niē 누를 날
[동]1손가락으로 집다〔쥐다〕. (同)〔捉 zhuō〕 2(손으로) 빚다. 빚어 만들다. ◇奶奶～着一撮 cuō 小米去喂小鸡/할머니가 좁쌀 한 줌을 쥐고 병아리 먹이를 주러 간다. ◇～饺子/만두를 빚다. 3결합시키다. 합치게 하다. ◇两人性格不合, ～不到一块儿去/두 사람의 성격이 맞지 않아 어울리게 할 수 없다. 4날조하다.
【捏合－합】niēhé [동]1합치게 하다. 2〈早白〉날조하다.
【捏积－적】niējī [명]〈中醫〉손으로 척추 양쪽을 눌러 소화불량을 낫게 하는 의술.
【捏弄－농】niē·nong [동]1만지작거리다. 2좌지우지하다. 3몰래 의논하다. 4날조하다.
【捏一把汗－일파한】niē yī bǎ hàn (아슬아슬하여) 손에 땀을 쥐다.
*【捏造－조】niēzào [동]날조하다. ◇～罪名/죄명을 날조하다.

nié

【苶】艹部 5画 | nié 고달플 날
[형]지치다. 기운이 없다.◇发～/맥이 풀려 녹초가 되다.

niè

【乜】乙部 1画 | Niè 눈흘길 먀
[명]성(姓). ⇒miē
【陧(隉)】阝部 7画 | niè 위태할 열
→〔杌 wù 陧〕
【涅】氵部 7画 | niè 검은물들일 날, 죽을 녈
1[명]흑색 염료를 만드는 명반석. 2[동]검게 물들이다.
【涅而不缁－이불치】niè ér bù zī 〈成〉검은색 염색물을 들여도 검어지지 않는다. 나쁜 영향을 받지 않는다.
【涅槃－반】nièpán [명][동]〈佛〉열반(하다).
【聂·聶】耳部 4画 | niè 성 섭
(Niè)[명]성(姓).
【嗫·囁】口部 10画 | Niè 말하려다멈출 섭
【嗫嚅－유】nièrú [형]〈文〉말을 하려다 우물거리는 모양.
【镊·鑷】钅部 10画 | niè 족집게 섭
1[명]집게. 핀세트. 2[동](집게로) 꺼내다. ◇把瓶子的酒精棉球～出来/병속의 알콜 묻힌 솜덩이를 집게로 꺼내다.
【镊子－자】niè·zi [명]집게.
【颞·顳】页部 10画 | niè 귀밑뼈 섭
【颞骨－골】niègǔ [명]〈生理〉관자놀이뼈.
【颞颥－유】nièrú [명]〈生理〉관자놀이.
【蹑·躡】足部 10画 | niè 밟을 섭
[동]1(발끝으로) 살금살금 걷다. 2뒤를 밟다. 미행하다. 3〈文〉밟다. 디디다.
【蹑手蹑脚－수섭각】niè shǒu niè jiǎo 〈成〉발소리를 죽여 살금살금 걷는 모양. (同)〔轻 qīng 手轻脚〕, (反)〔重 zhòng 手重脚〕
【蹑踪－종】nièzōng [동]〈文〉미행하다. 뒤를 밟다.
【蹑足－족】nièzú [동]1살금살금 걷다. 2〈文〉발을 들여 놓다. 관계하다.
【臬】自部 4画 | niè 법 얼
[명]〈文〉1과녁. 표적. 2해 그림자를 재는 나무 표(表). 3법도. 표준.
【臬兀－올】nièwù [형]〈文〉불안한 모양.
【镍·鎳】钅部 10画 | niè 니켈 니
[명]〈化〉니켈(Ni).
【镍币－폐】nièbì [명]니켈 동전.
【鼿】自部 10画 | niè 위태할 얼
【鼿卼－올】nièwù [형]〈文〉불안정한 모양.

N

【啮·嚙(齧,囓)】 口部 8画 깨물 설 niè
〈文〉통(쥐·토끼 따위가) 갉다. 쏠다. 갉아먹다.
【啮合—합】 nièhé 통(이를) 악물다.
【啮噬—서】 nièshì 통물다. 씹다.〔괴로움을 비유함〕

【孽(孼)】 ++部 子部 16画 16画 첩자식 얼 niè
명1사악. ◇妖～/요물. 2죄악. 3불효.
【孽根—근】 nièn gēn 명화근.
【孽海—해】 nièhǎi 명많은 죄업.
【孽障—장】 nièzhàng 명〈佛〉죄업.
【孽种—종】 nièzhǒng 명1화근. 2〈罵〉천벌 받을 놈.

【蘖】 ++部 17画 황경나무 벽 niè
명〈植〉(그루터기에서 돋아나는) 움.
【蘖枝—지】 nièzhī 명새로 나온 곁가지.

【糵(櫱)】 ++部 19画 누룩 얼 niè
명〈文〉누룩.

nín

【恁】 心部 6画 이러할 님 nín
대〈早白〉당신.(同)〔您 nín〕⇒nèn

★【您】 心部 7画 님 닌, 너 닌 nín
대당신. 선생님. 귀하.〔你의 존칭임〕◇～坐!/앉으시죠. ◇我们正念叨～哪!/우리가 한창 선생님 얘기를 하는 중이었어요! 주의복수를 나타낼 때는 '们'을 쓰지 않고 뒤에 수량사를 쓴다. ◇～几位先生想吃点儿会么?/여러 분께서는 뭘 좀 드시겠습니까? 비교您:你 어린아이는 "您"이라 부르지 않는다. ◇小朋友, (×您)你去哪儿?/애야, 너 어디 가니?

níng

【宁·寧(甯)】 宀部 2画 편안할 녕 níng
1형편안하다. 평온하다. ◇坐卧不～/좌불안석하다. 2통평안하다. ◇安～/평안케하다. ◇～边/변방이 침략받지 않도록 하다. 3통(친정에) 문안을 드리다. ◇归～/(결혼 후 처음으로) 친정 부모를 찾아뵙다. 4(Níng)명〈地〉남경(南京)의 다른 이름. ⇒nìng
【宁靖—정】 níngjìng 통〈文〉(질서가) 안정되다. 평정되다.
***【宁静—정】** níngjìng 형(환경이나 마음이)

편안하다. 조용하다. 평온하다. ◇心里渐渐～下来/마음이 점점 평안해졌다. (同)〔安 ān 静〕〔平 píng 静〕
【宁亲—친】 níngqīn 통〈文〉고향에 돌아가 어버이나 친척을 봅다.
【宁日—일】 níngrì 명편안한 나날. 평화로운 세월.
【宁帖—첩】 níngtiē 형(마음이) 편안하다.
【宁馨儿—형아】 níngxīn'ér 명기특함. 훌륭함.〔원래는 '이런 아이'의 뜻이었으나, 후에 아이를 칭찬하는 말로 쓰임〕

＊＊【薴】 ++部 4画 풀어지러울 녕 níng
명〈化〉리모넨(limonene). ⇒zhù'苎'

【拧·擰】 扌部 5画 비틀 녕 níng
통1짜다. 비틀다. ◇先～～毛巾上的水再擦脸/먼저 수건의 물을 짜고나서 얼굴을 닦아라. 2꼬집다. ◇妈妈使劲一了把孩子的屁股, 孩子哇地一声哭了/엄마가 애의 엉덩이를 힘껏 꼬집자, 애는 '으앙'하고 울었다. ⇒nǐng, nìng

【咛·嚀】 口部 5画 말많이할 녕 níng
→〔叮 dīng 咛〕

【狞·獰】 犭部 5画 영악할 녕 níng
형(본성이) 흉악하다. 사납다. 가증스럽다. ◇～恶/모질고 사납다.
【狞笑—소】 níngxiào 명통소름끼치는 웃음(을 띠다).

【柠·檸】 木部 5画 영몽 영 níng
***【柠檬—몽】** níngméng 명〈植〉레몬.

【聍·聹】 耳部 5画 귀에지 녕 níng
→〔叮 dīng 聍〕

【鬡】 髟部 5画 머리더부룩할 녕 níng
→〔鬠 zhēng 鬡〕

【凝】 冫部 14画 엉길 응 níng
통1엉기다. 군어지다. ◇冷～/식어서 군어지다. 2정신을 모으다. ◇～视/주시하다.
【凝冻—동】 níngdòng 통응결하다. 얼다.
***【凝固—고】** nínggù 통응고하다. 군어지다. ◇思想～/사고가 군어지다. (反)〔熔化 róng huà〕
【凝固点—고점】 nínggùdiǎn 명〈物〉응고점.
【凝华—화】 nínghuá 명통〈物〉물질이 기체에서 고체로 변하다.
【凝集—집】 níngjí 통(액체나 기체 따위가) 응집하다.
***【凝结—결】** níngjié 통응축하다. 얼다. ◇池

面上～了薄薄的一层冰/못 위에 얇은 얼음이 얼었다. (反)〔汽化 qìhuà〕

【凝聚－취】níngjù 동응집하다. 맺히다. (反)〔涣散 huànsàn〕

【凝聚力－취력】níngjùlì (同)〔内 nèi 聚力〕

【凝练－런】níngliàn 형잘 다듬어져 간결하다. (同)〔洗 xǐ 练〕, (反)〔松散 sōngsǎn〕

【凝眸－모】níngmóu 동〈文〉응시하다.

＊【凝神－신】níngshén 동정신을 집중시키다. (同)〔专心 zhuānxīn〕, (反)〔分心 fēnxīn〕

【凝视－시】níngshì 동주목[응시]하다. ◇～谛(dì)听/주목하여 자세히 듣다.

【凝思－사】níngsī 동생각에 잠기다.

【凝望－망】níngwàng 동응시[주시]하다.

【凝想－상】níngxiǎng 동골똘히 생각하다.

【凝脂－지】níngzhī 명〈文〉1응고된 기름. 2〈喩〉희고 매끄러운 피부.

【凝滞－체】níngzhì 동정체되다. 흐름이나 움직임이 멈추다. (同)〔呆 dāi 滞〕, (反)〔流利 liúlì〕

【凝重－중】níngzhòng 1명형〈文〉엄숙(하다). 품위(있다). 2형(소리가) 중후하다. 3형짙다.

nǐng

【拧·擰】扌部 nǐng 5画 비틀 녕
동1비틀다. 비틀어 짜다. ◇～开瓶盖儿/병 마개를 비틀어 열다. 2잘못하다. 실수하다. ◇～了/잘못 생각했다. 오해했다. ◇全给弄～了/모든게 잘못되었다. (同)〔错 cuò〕3(감정·의견이나 사이가) 틀어지다. 어긋나다. ◇最后他们两个人闹～了/결국 그들 두 사람 사이가 틀어졌다. ◇两个人越说越～/두 사람은 말을 할수록 의견이 어긋났다. ⇒níng, nìng

nìng

【宁·寧(甯)】宀部 nìng 2画 편안할 녕
1차라리 (…하는 것이 낫다). …할지언정 …하지 않겠다. ◇～为玉碎, 不为瓦全/옥이 되어 부서질지언정 기와가 되어 오래 보전되지 않겠다. 2(부)〈文〉어찌 (…하겠는가). 설마 …이겠는가. ◇山之险峻, ～有逾此?/산의 험준함이 어찌 이보다 더함이 있으리오? 3(Nìng)형성(姓). ⇒níng

＊＊【宁可－가】nìngkě 접차라리 …하는 것이 낫다. 〔주로 선택할 때 쓰이고, 앞에는 '与其' 뒤에 '决不' '也不' 등과 호응하여 쓴다. ◇与其随便下结论,～事先多作点调

查研究/아무렇게나 결론을 내리는 것보다는 차라리 사전에 좀더 많은 조사 연구를 하는 편이 낫다. (同)〔宁肯 kěn〕, 〔与其 yǔqí〕 비교宁可:即使 "宁可"는 선택만 나타나며 가정·양보를 나타내지 않는다. ◇这些作业(×宁可)即使做一个晚上也做不完/이 숙제는 하룻밤을 세워도 끝낼 수 없다.

＊【宁肯－긍】nìngkěn 차라리 (…하는 것이 낫다). 설령 (…할지라도). 주의'宁可' '宁愿' '宁肯'은 모두 의미가 같다. 다만 화자의 일방적인 희망을 나타낼 때에는 '宁肯', '宁愿'을 사용한다. ◇我～少些, 但要好些/난 좀 적을지언정 다소 좋은 것이라야 한다.

【宁缺毋滥－결무람】nìng quē wú làn〈成〉적당히 갯수만 채우는 것보다는 부족하더라도 제대로 된 것을 갖추는 것이 낫다. 양보다 질이다.

【宁死不屈－사불굴】nìng sǐ bù qū〈成〉죽을지언정 굽히지 않는다. (同)〔万死不辞 wàn sǐ bù cí〕, (反)〔苟且偷生 gǒu qiě tōu shēng〕

＊【宁愿－원】nìngyuàn 부차라리 (…하고 싶다). …지언정 …지 않겠다. 〔뒤에 흔히 '也不', '也要', '决不' 등과 호응한다〕◇～站着死, 决不跪着生/차라리 서서 죽을지언정 굽히고 살지 않겠다. ◇～生活再艰苦一点, 也不向国家伸手/아무리 생활이 어려울지언정 국가에 손을 벌리지는 않겠다. (同)〔宁可 kě〕 비교宁愿:不如:反而:愿 ①앞에서 거론한 것이 뒤의 것보다 좋지 않을 때는 '宁愿'을 쓰지 않는다. ◇你要这个(×宁愿)不如要那个/이것을 가지는 것보다 저것을 가지는 게 낫겠다. ②의미상 반대되거나 예상외일 때는 "宁愿"을 쓰지 않는다. ◇他们没生气, (×宁愿)反而高兴了/그들은 화가 나지 않았고 오히려 기뻐했다.

【拧·擰】扌部 nìng 5画 비틀 녕
형〈方〉성미가 괴팍하다. (성격이) 비뚤어지다. ◇这孩子脾气真～, 不叫他去他偏要去/이 아이의 성질은 정말 비뚤어져서, 가지 못하게 하면 기어코 가려 한다. ⇒níng, nǐng

【佞】亻部 nìng 5画 재주 녕
1동(남에게) 아첨하다. 알랑거리다. ◇奸～/간사하여 아첨을 잘한다. 2형재주가 있다. 구변이 있다. ◇不～/a)(별로) 재주가 없습니다. b)〈謙〉저. 나.

【佞笑－소】nìngxiào 動간사하게 웃다.

niū

【妞】 女部 | niū
4画 | 계집아이 뉴
(～儿)名〈方〉〈口〉계집아이. 처녀. 딸아이. ◇他家有两个～儿/그의 집에는 계집아이가 둘 있다.
【妞妞－뉴】niūniū 名〈方〉계집아이. 딸아이.
【妞儿－아】niūr 名〈口〉계집아이. 딸아이.
【妞子－자】niū·zi〔同〕〔妞儿〕

niú

★【牛】 牛部 | niú
0画 | 소 우
1名〈動〉소. ◇这家伙真～/그 녀석은 정말 고집이 세다. 2名고집이 세다. 3名견우성(牵牛星). 이십팔수(二十八宿)의 하나. 4(Niú) 名성(姓).
【牛蒡－방】niúbàng 名〈植〉우엉.
【牛鼻子－비자】niúbí·zi 名사물의 관건이나 중요한 부분.
【牛脖子－발자】niúbó·zi〔同〕〔牛脾 pí 气〕
【牛刀小试－도소시】niú dāo xiǎo shì〈成〉훌륭한 솜씨를 먼저 작은 일에 펼쳐 보이다.
【牛痘－두】niúdòu 名〈醫〉1우두. 2마마꽃. 종두(種痘).
【牛犊－독】niúdú 名송아지.
【牛顿－돈】Niúdùn 名〈人〉뉴튼.
【牛耳－이】niú'ěr 名쇠귀.
【牛鬼蛇神－귀사신】niú guǐ shé shén〈成〉요사스러운 도깨비. 사회상의 온갖 악인.
【牛黄－황】niúhuáng 名〈中醫〉우황.
【牛角尖－각첨】niújiǎojiān 名〈喩〉(연구할 가치가 없는) 하찮은 문제. ◇他就是喜欢钻 zuān～/그는 하찮은 것을 외 수로 파기를 좋아한다.
【牛劲－경】niújìn 名1〈喩〉대단한 힘. 큰 힘. 2고집이 셈.
【牛郎星－랑성】niúlángxīng 名견우성의 통칭.
【牛马－마】niúmǎ 名생존 때문에 고생스럽게 힘든 일을 하는 사람.
【牛毛－모】niúmáo 名쇠털. 〈喩〉대단히 많은〔가는〕 것.
【牛虻－맹】niúméng 名〈虫〉쇠파리.
★【牛奶－내】niúnǎi 名우유.
【牛腩－남】niúnǎn 名〈方〉소의 안심.
【牛排－배】niúpái 名스테이크〔용 쇠고기〕.
【牛皮－피】niúpí 名1쇠가죽. 2〈喩〉부드러우면서〔단단하면서〕질긴 것. 3허풍. ◇

吹～/허풍을 떤다.
【牛皮癣－피선】niúpíxuǎn 名〈醫〉마른 버짐. 건선.
【牛皮纸－피지】niúpízhǐ 名크라프트지.
【牛脾气－비기】niúpí·qi 名고집 불통.
【牛气－기】niú·qi 名〈方〉허세. 거만한 태도.
【牛肉－육】niúròu 名쇠고기.
【牛溲马勃－수마발】niú sōu mǎ bó〈成〉하찮은 것이지만 쓸모가 있는 것의 비유.
【牛头刨－두포】niútóubào 名〈機〉형삭반.
【牛头不对马嘴－두불대마취】niútóu búduì mǎzuǐ 동문서답하다. 서로 안 맞다.
【牛头马面－두마면】Niútóu Mǎmiàn (염라대왕 수하에 있다는 두 옥졸) 우두 귀신과 마두 귀신. 〈喩〉흉악한 사람들.
【牛性－성】niúxìng〔同〕〔牛脾气 niúpí·qi〕
【牛饮－음】niúyǐn 動소처럼 많이 마시다.
【牛仔裤－자고】niúzǎikù 名청바지. 진(jeans).

niǔ

【忸】 忄部 | niǔ
4画 | 부끄러울 뉵
【忸怩－니】niǔní 形부끄럽다. 수줍다. 우물쭈물하다. 쭈뼛쭈뼛하다. (同)〔害羞 hài// xiū〕〔含羞 hán// xiū〕, (反)〔大方 dàfang〕

☆【扭】 扌部 | niǔ
4画 | 비빌 뉴
1動(머리를) 돌리다. 돌아보다. ◇课堂上不要～过头去说话/수업할 때는 고개를 돌려 말해서는 안 된다. 2動비틀다. 비틀어 돌리다. ◇把树枝子～断了/나뭇가지를 비틀어 꺾었다. (同)〔拧 níng〕 3動(발목 따위를) 삐다. 접질리다. ◇他在雪地上滑了一交，～了腰/그는 눈에서 미끄러져 허리를 삐었다. 4動몸을 좌우로 흔들며 걷다. 몸을 비비꼬며 걷다. ◇那个丫头～着屁股 pìgu 走了/그 계집애는 엉덩이를 실룩거리면서 갔다. 5動〈俗〉잡다. 붙잡다. 부둥켜잡다. ◇两人～在一起/두 사람이 서로 맞잡고 엉켜 있다. 6形바르지 않다. 비틀리다. ◇七～八歪 wāi/찌그러지다.
【扭打－타】niǔdǎ 動맞붙다. 드잡이하다.
【扭搭－탑】niǔdǎ 動〈口〉(걸을 때) 몸을 좌우로 흔들다.
【扭股儿糖－고아당】niǔgùrtáng 名꽈배기 엿(가래).
【扭结－결】niǔ// jié 動(실 등이) 엉키다.
【扭力－력】niǔlì 名〈物〉비틀리는 힘(twisting force).
【扭力天平－력천평】niǔlì tiānpíng 名〈物〉비틀림 저울.

【扭捏－날】niǔ·nie 동1(몸을) 흔들며 걷다. 살랑살랑 걷다. 2멈칫거리다. (同)〔拿 ná 捏〕

【扭送－송】niǔsòng 동범인을 체포 송치하다.

【扭头－두】niǔ// tóu 동머리를 돌리다.

【扭秧歌－앙가】niǔ yāng·ge 모내기 춤을 추다.

**【扭转－전】niǔzhuǎn 동1(몸 따위를) 돌리다. ◇向右~~天线/안테나를 오른쪽으로 좀 돌려봐. (同)〔回 huí 转〕〔掉 diào 转〕2돌려세우다. 방향을 바꾸다. 전환시키다. ◇那里的局势正朝着有利的方向~着/그곳의 시국은 지금 유리한 방향으로 전환되고 있다. (同)〔挽 wǎn 回〕〔扳 bǎn 回〕

【狃】犭部｜niǔ
4画｜익숙할 뉴
동버릇되다. 습관에 얽매이다〔구애되다〕. ◇~于习俗/일반 풍습에 얽매이다.

【纽】纟部｜niǔ
4画｜맬 뉴
명1(물건에 달린) 손잡이. ◇秤~/저울대의 손잡이. 2(옷의) 단추. ◇衣~/옷단추. 3중추. 관건. 요점. ◇~带/유대. 4(~儿) 과일 등의 갓 열린 열매. ◇南瓜~/호박.

【纽带－대】niǔdài 명1유대. 연결체. 2허리띠. 허리끈. (同)〔腰 yāo 带〕

*【纽扣－구】niǔkòu 　(~儿)명(양복·셔츠·중국 옷 등에 다는) 단추의 총칭.

【纽襻－반】niǔpàn (~儿)명중국 옷의 단추 구멍 대용(代用)으로 쓰는 고리.〔천을 따서 단추를 걸게 만든 단추 구멍〕

【纽约－약】Niǔyuē 명〈地〉뉴욕(New York).

【纽子－자】niǔ·zi 명1(同)〔纽扣 kòu〕2 (도구에 달려 있는) 손잡이 끈.

【钮・鈕】钅部｜niǔ
4画｜손잡이 뉴
명1(同)〔纽 niǔ〕2→〔电 diàn 钮〕3(Niǔ) 성(姓).

niù

【拗】扌部｜niù
5画｜꺾을 요
형완고하다. 고집 불통이다. ◇脾气很~/성격이 삐뚤어져 있다. ⇒ào, ǎo

【拗不过－불과】niù ·bu guò (고집스러운 의견·성격 따위를) 꺾을 수 없다.

nóng

【农・農】丶部｜nóng
5画｜농사 농

명1농업. ◇务~/농사를 짓다. 2농민. ◇菜~/야채 농가. 3(Nóng)성(姓).

*【农产品－산품】nóngchǎnpǐn 명농산물. ◇~加工工业/농산물 가공 공업.

*【农场－장】nóngchǎng 명농장.

★【农村－촌】nóngcūn 명농촌. ◇~城市化/농촌도시화. ◇~生活/농촌 생활. (同)〔乡 xiāng 村〕, (反)〔城市 chéngshì〕

【农夫－부】nóngfū 명〈文〉농부. 농민.

【农妇－부】nóngfù 명농가의 아낙네.

【农工－공】nónggōng 명1농민과 노동자. 2 (농촌에서 도시로 흘러든) 임시 노동자. 3고용되어 농사에 종사하는 사람.

*【农户－호】nónghù 명농가.

【农活－활】nónghuó (~儿)명농사일.

【农机－기】nóngjī 명농기계.

【农家－가】nóngjiā 명1농부. 농가. 2(Nóngjiā) 농가.〔중국 춘추시대의 제자 백가의 하나〕

【农家肥料－가비료】nóngjiā féiliào 명〈農〉농가 자급비료.

*【农具－구】nóngjù 명농기구.

【农历－력】nónglì 명1음력. 구력. (同)〔阴 yīn 历〕, (反)〔阳 yáng 历〕2농사력(農事曆).

【农、林、牧、副、渔－림·목·부·어】nóng, lín, mù, fù, yú 농업·임업·목축업·부업·어업.

【农忙－망】nóngmáng 명농번기. (反)〔农闲 xián〕

【农贸市场－무시장】nóngmào shìchǎng 명〈略〉(개인이 매매하는) 농산물 자유시장. '农副产品贸易市场'의 준말.

★【农民－민】nóngmín 명농민. ◇工人做工, ~种田/노동자는 노동을 하고, 농민은 농사짓는다.

【农民战争－민전쟁】nóngmín zhànzhēng 명농민 전쟁.

【农奴－노】nóngnú 명농노.

【农人－인】nóngrén (同)〔农民 mín〕

【农时－시】nóngshí 명농사때.

【农事－사】nóngshì 명농사.

**【农田－전】nóngtián 명농경지. 농토. ◇~水利/농지 수리.

【农闲－한】nóngxián 명농한기. (反)〔农忙 máng〕

【农械－계】nóngxiè 명〈略〉(농약 살포기 등) 농기계.

【农学－학】nóngxué 명농학.

【农谚－언】nóngyàn 명1농사에 관한 속담이나 격언. 2농민들 사이에 전해지는 속담.

**【农药－약】nóngyào 명농약.

★【农业－업】nóngyè 명농업. ◇~现代化/농업 현대화. ◇~国/농업국.

N

【农业工人－업공인】nóngyè gōngrén 圆농업종사 노동자.

【农业税－업세】nóngyèshuì 圆농업세.

【农艺－예】nóngyì 圆농예. 영농기술.

＊＊【农作物－작물】nóngzuòwù 圆농작물.

【侬·儂】⌈亻部 ⌉nóng
⌊6画 ⌋나 농
1代〈方〉당신. 그대. (同)〔你 nǐ〕 2代나. 〔옛 시문(詩文)에 보임〕 3(Nóng)圆성(姓).

【侬人－인】Nóngrén 圆'广西'와 '云南'의 경계선에 거주하는 '壮 zhuàng 族'

☆【浓·濃】⌈氵部 ⌉nóng
⌊6画 ⌋두터울 농
圈1진하다. 짙다. ◇~茶/진한 차. ◇~墨/진한 먹물. 2(정도가) 심하다. ◇兴趣很~/흥미진진하다. 比较浓:浓密的:浓浓①식물이 무성함은 "浓"을 쓰지 않는다. ◇她没注意已经进了(×浓)浓密的森林/그녀가 의식하지 못하는 사이에 이미 빽빽한 숲으로 들어섰다. ②"浓"을 중첩 사용할 때는 "浓"을 정도 부사가 오지 않는다. ◇香山显示了北京最(×浓浓)浓的秋色/향산은 북경에서 가장 짙은 가을 색을 나타내고 있다.

【浓淡－담】nóngdàn 圆농담.

＊【浓度－도】nóngdù 圆〈化〉농도.

＊【浓厚－후】nónghòu 圆1(기체 따위가) 짙다. ◇~的黑烟/짙은 검은 연기. (同)〔浓重 zhòng〕, (反)〔淡薄 dànbó〕 2(색체·의식·분위기 따위가) 농후하다. 강하다. (同)〔浓重 zhòng〕〔深厚 shēnhòu〕, (反)〔清淡 qīngdàn〕 ◇~的地方色彩/짙은 지방색. 3(흥미·관심 따위가) 크다. 강하다. ◇孩子们对打乒乓球兴趣都很~/아이들은 모두 탁구에 대한 흥미가 크다.

【浓烈－렬】nóngliè 圈1(냄새 따위가) 심하다. 강렬하다. 자극적이다. 2(감정 따위가) 격하다. 강하다. (同)〔浓郁 yù〕, (反)〔清淡 qīngdàn〕

【浓眉－미】nóngméi 圆짙은 눈썹. ◇~大眼/〈成〉짙은 눈썹과 부리부리한 눈. 늠름한 용모.

【浓密－밀】nóngmì 圈(나뭇잎·안개·두발·수염 따위가) 농밀하다. 조밀하다. 빽빽하다. (同)〔稠 chóu 密〕〔繁 fán 密〕, (反)〔稀疏 xīshū〕

【浓缩－축】nóngsuō 圆圅농축(하다).

【浓艳－염】nóngyàn 圈(색이) 농염하다. 화려하다.

【浓郁－울】nóngyù 圈(꽃향기가) 진하다. (同)〔浓厚 hòu〕〔浓重 zhòng〕, (反)〔清淡 qīngdàn〕

【浓重－중】nóngzhòng 圈(연기·냄새·색채 등이) 짙다. (同)〔浓郁 yù〕, (反)〔淡薄 dànbó〕

【浓妆－장】nóngzhuāng 圆圅짙은 화장(을 하다). (同)〔盛 shèng 妆〕, (反)〔淡dàn妆〕

【哝·噥】⌈口部 ⌉nóng
⌊6画 ⌋투덜거릴 농
【哝哝－농】nóng·nong 圅작은 소리로 말하다. 중얼중얼하다.

【脓·膿】⌈月部 ⌉nóng
⌊6画 ⌋고름 농
圆고름. 농즙(脓汁). ◇~血/피고름.

【脓包－포】nóngbāo 圆1고름집. 2〈喩〉〈罵〉쓸모없는 놈. 똥주머니.

【脓肿－종】nóngzhǒng 圆〈醫〉농양(膿瘍).

【秾·穠】⌈禾部 ⌉nóng
⌊6画 ⌋나무빽빽이 들어설 농
圈〈文〉(초목이) 무성하다. ◇夭桃~李/우거진 복숭아나무와 무성한 오얏나무.

【酰·醲】⌈酉部 ⌉nóng
⌊6画 ⌋텁텁할 농
〈文〉圈진한 술. (同)〔醇 chún〕, (反)〔淡dàn〕

nòng

☆【弄】⌈王部 ⌉⌈廾部 ⌉nòng
⌊3画 ⌋⌊4画 ⌋구경할 롱
圅1(손으로) 가지고 놀다. 만지다. ◇孩子~着泥儿呢/애가 진흙을 가지고 놀고 있다. 2하다. 행하다. 만들다. 〔'弄'은 다른 동사를 대신해서 쓰임〕 ◇她~了不少菜/그녀는 요리를 많이 만들었다. (同)〔做 zuò, 干 gàn, 办 bàn, 搞 gǎo〕 3(어떻게든) 손에 넣다. 장만하다. ◇别着急, 我再想办法给你~~/조급해 하지마, 내가 다시 방법을 강구해서 구해줄게. 4농간을 부리다. ◇~手段/수단을 부리다〔쓰다〕 ⇒lòng

【弄不好－불호】nòng bu hǎo 〈口〉잘 못하면. ◇你别不愿意听, ~想听你也听不到了/듣고싶지 않다고 하지 말아라, 잘못하면 듣고 싶어도 들을 수 없을거야.

【弄潮儿－조아】nòngcháo'ér 圆1파도타기를 좋아하는 젊은이. 2모험을 두려워하지 않는 사람.

【弄鬼－귀】nòng// guǐ 圅〈方〉속임수를 쓰다.

【弄假成真－가성진】nòng jiǎ chéng zhēn 〈成〉농담으로 한 말이 진담이 되다.

【弄巧成拙－교성졸】nòng qiǎo chéng zhuō 〈成〉재주 피우려다 일을 망치다.

【弄权－권】nòng// quán 圅권력을 휘두르다.

N

【弄瓦－와】nòngwǎ 〈동〉〈文〉딸을 낳다.

*【弄虚作假－허작가】nòng xū zuò jiǎ 〈成〉
속임수를 써서 남을 속이다. ◇要实事
求是, 不要～/실사구시의 태도로 해야지
허위로 날조해서는 안 된다. (反)〔实事
求是 shí shì qiú shì〕

【弄璋－장】nòngzhāng 〈동〉아들을 낳다.

nòu

【耨(鎒)】耒部 nòu
10画 호미 누
〈文〉〈동〉1옛날, 호미나 괭이. 2〈동〉제초하다.
김 매다. ◇深耕易～/깊이 갈면 김 매기
가 쉽다.

nú

【奴】女部 nú
2画 종 노
1〈명〉노예. 종. ◇农～/농노. (反)〔主 zhǔ〕
2〈명〉[早白]〈謙〉저. 〔젊은 여자의 자칭〕 3
〈동〉노예처럼 부리다. 노예화하다.

【奴婢－비】núbì 〈명〉1노비. 2환관이 황제나
왕비 앞에서 자신을 낮추어 부르는 말.

【奴才－재】nú·cɑi 〈명〉1노비. 노예. (同)
〔奴仆 pú〕, (反)〔主子 zhǔzi〕2노예 근
성의 인간. 악인의 앞잡이.

【奴化－화】núhuà 〈명〉〈동〉노예화(하다).

【奴家－가】nújiā 〈명〉[早白]나. 저. 〔옛날,
젊은 여성의 자칭〕

**【奴隶－예】núlì 〈명〉노예. (同)〔农 nóng
奴〕, (反)〔贵族 guìzú〕

【奴仆－복】núpú 〈명〉노복. 종. (同)〔奴才 c
ɑi〕, (反)〔主人 zhǔrén〕

【奴性－성】núxìng 〈명〉노예근성.

【奴颜婢膝－안비슬】nú yán bì xī 〈成〉비
굴하게 아첨하며 남에게 빌붙다. (同)
〔奴颜媚 mèi 骨 gǔ〕, (反)〔傲骨嶙峋 ào
gǔ lín xún〕

【奴颜媚骨－안미골】nú yán mèi gǔ(同)
〔奴颜婢 bì 膝 xī〕

*【奴役－역】núyì 〈동〉노예처럼 혹사시키다.

【孥】子部 nú
5画 처자 노
〈명〉〈文〉1자식. 자녀. 2처자. 아내와 자식.

【驽·駑】马部 nú
5画 노둔할말 노
〈文〉1〈명〉둔한 말. 2〈형〉〈喩〉무능하다. 미련
하다. ◇～才/둔재. 미련한 인간.

【驽钝－둔】núdùn 〈형〉〈文〉우둔하다. 둔하
다. (同)〔迟 chí 钝〕, (反)〔机灵 jīlíng〕

【驽马－마】númǎ 〈명〉〈文〉걸음이 느린 말.
(同)〔驽骀 tái〕, (反)〔好 hǎo 马〕

nǔ

【努, 拗, 呶】力部 nǔ
5画 힘쓸 노
〈동〉1힘쓰다. 노력하다. ◇～劲儿/노력하
다. 2돌출하다. 내밀다. 튀어 나오다. ◇
眼睛～着/눈이 튀어 나왔다. 3(무리하게
힘을 써서) 몸을 상하다. ⇒'呶'náo

★【努力－력】nǔ//lì 1〈동〉노력하다. 힘쓰다.
◇～学习/열심히 공부한다. ◇～工作/열
심히 일한다. ◇我～过多次, 我又失望过
多次/나는 여러번 노력했었고 또 여러번
실망했었다. (同)〔尽 jìn 力〕(反)〔懈怠 xi
èdài〕 2(nǔlì)〈명〉노력. ◇我们做的种种
～, 算白费了/우리가 한 갖가지 노력이
허사가 되어버렸다. 3〈형〉열심이다. ◇新来
的秘书工作十分～/새로 온 비서는 아주
열심히 일한다. 비교努力:认真 "努力"는
"考虑", "考试"를 수식하지 않는다. ◇你
(×努力)认真考虑后再告诉我/네가 진지
하게 생각한 후에 내게 말해라.

【努责－책】nǔzé 〈동〉〈醫〉(대변을 보거나 분
만 시에) 복부에 힘을 주다.

【努嘴－취】nǔ//zuǐ (～儿)〈동〉1입짓으로 신
호하다. 2화가 나서 입을 삐죽거리다.

【弩】弓部 nǔ
5画 쇠뇌 노
〈명〉쇠뇌. 석궁(石弓). 〔고대(古代) 병기
(兵器)의 일종〕 ◇万～齐发/수많은 쇠뇌
를 일제히 쏘다. ◇剑拔～张/칼을 빼들고
쇠뇌시위를 당기다.

【弩弓－궁】nǔgōng 〈명〉쇠뇌. 석궁.

【弩箭－전】nǔjiàn 〈명〉쇠뇌의 화살.

【胬】肉部 nǔ
5画 군살 노
【胬肉－육】nǔròu 〈명〉〈中醫〉결막에 생긴
군살.

nù

**【怒】心部 nù
5画 성낼 노
1〈명〉격노(하다). 분노(하다). ◇～容满
面/노기가 얼굴에 가득하다. ◇他朝我们
发起～来了/그는 나에게 화내기 시작했
다. (反)〔喜 xǐ〕 비교怒:愤怒 "怒"는 단
독으로 술어로 잘 사용하지 않는다. ◇爸
爸(×怒)愤怒地说:"这家伙真不讲信用"/
아빠는 분노하며 말했다. "이놈은 정말
신용을 지키지 않는다". 2〈형〉기세가 성하
다. ◇百花～放/온갖 꽃이 만발하다.

【怒不可遏－불가알】nù bù kě è 〈成〉노여
움을 억제할 수 없다. (同)〔怒不可忍 rěn〕

N

〔怒发冲冠 nù fà chōng guān〕, (反)〔喜不自胜 xǐ bù zì shèng〕

【怒潮－조】nùcháo 몡노도(怒濤). 〈喩〉세찬 기세.

【怒斥－척】nùchì 용성내어 꾸짖다.

【怒冲冲－충충】nùchōngchōng 톙노기등등하다. 노발대발하다. (同)〔气 qì 冲冲〕, (反)〔喜洋洋 xǐyángyáng〕

【怒发冲冠－발충관】nù fà chōng guān 〈成〉화가 머리끝까지 치밀어오르다. (反)〔欣喜若狂 xīn xǐ ruò kuáng〕

【怒放－방】nùfàng 용(꽃이) 활짝 피다. 만발하다. (同)〔盛开 shèngkāi〕, (反)〔凋谢 diāoxiè〕

【怒号－호】nùháo 용노호하다. 울부짖다. 〔주로 큰 바람 소리를 형용할 때 쓰임〕

*【怒吼－후】nùhǒu 용맹수가 성내어 울부짖다. ◇大炮～/대포가 굉음을 내며 포탄을 퍼붓다. ◇狂风大作, 海水～/광풍이 크게 일고, 바다가 노호하다. (同)〔叫叫 jiào〕〔咆哮 páoxiào〕

*【怒火－화】nùhuǒ 몡불 같은 분노. ◇～中烧/불길 같은 분노가 마음 속에서 타오르다.

【怒目－목】nùmù 용눈을 부라리다. (同)〔怒视 shì〕

【怒气－기】nùqì 몡노기. (同)〔怒色 sè〕, (反)〔喜 xǐ 气〕

【怒容－용】nùróng 몡성난 얼굴.

【怒色－색】nùsè (同)〔怒容 róng〕

【怒视－시】nùshì 용매섭게 쏘아보다. 성이 나서 노려보다.

【怒涛－도】nùtāo 몡노도. 성난 파도.

【怒族－족】Nùzú 몡〈民〉노족. 〔중국 소수민족의 하나. 운남성(雲南省)에 분포함〕

nǚ

★【女】女部｜nǚ
　　　　0画｜계집 녀
몡1여성. 여자. 〔관형어로 쓰일 때는 '的'를 쓰지 않는다〕 ◇～工/여공. ◇～学生/여학생. ◇～服务员/여종업원. ◇这位～选手获得了一块金牌/그 여자선수는 금메달을 따 땄다. (反)〔男 nán〕 비교女:母 "女"는 사람의 성별만 나타낸다. ◇有一只(×女)母兔子/암 토끼 한마리가 있다. 2'的'와 결합하여 단독으로 여성을 가리킴. ◇～的干点轻活儿就行了/여자들은 가벼운 일만 좀 하면 돼. 3딸. ◇长～/장녀. 맏딸. 4〈天〉28수(宿)의 하나.

★【女儿－아】nǚ'ér 몡딸. ◇他特别爱他的小～/그는 자기 막내딸을 남달리 사랑한다. (反)〔儿子 zi〕 비교女儿:女孩儿:姑娘 ①

성별이 거론될 때는 "女孩儿"를 써야 한다. ◇妻子一胎生了一个男孩和一个(×女儿)女孩儿/아내는 한번 출산에 남자 아이 하나와 여자 아이 하나를 낳았다. ②"女儿"는 일반적으로 젊은 여자를 일컫지는 않는다. ◇我面前坐了一个十七岁左右的(×女儿)姑娘/내 앞에 17살 짜리 아가씨가 앉았다.

【女方－방】nǚfāng 몡(흔히, 혼사에 있어서) 신부쪽. 여자 쪽. (同)〔坤造 kūn zào〕, (反)〔男 nán 方〕

【女工－공】nǚgōng 몡1여자 노동자. 여공. 2(바느질·자수 등의) 여자의 일. 또는 여자들이 만들어낸 물건. (同)〔女红 gōng〕

【女公子－공자】nǚgōngzǐ 몡〈敬〉영애(令爱).

【女红－홍】nǚgōng (同)〔女工 gōng〕

【女皇－황】nǚhuáng 몡1여제(女帝). 2(Nǚhuáng)〈文〉여와씨(女娲氏). 3(Nǚhuáng) 요(堯)의 비(妃).

【女家－가】nǚjiā 몡(혼인에서) 신부 측.

【女眷－권】nǚjuàn 몡가족 중의 부녀자. 여자 권속.

【女郎－랑】nǚláng 몡젊은 여성. ◇摩登～/현대적인 여성.

【女伶－령】nǚlíng 몡〈演〉(옛 연극에서의) 여우(女優).

【女流－류】nǚliú 몡〈貶〉아녀자. 부녀자.

【女朋友－붕우】nǚpéng·you 몡여자 친구. (여자) 애인.(反)〔男 nán 朋友〕

【女气－기】nǚqì 톙(태도·성질·행위 따위가) 계집애 같다.

【女权－권】nǚquán 몡여권. 여성의 권리.

☆【女人－인】nǚrén 몡(성년의) 여자. (同)〔女的 de〕, (反)〔男 nán 人〕 비교女人:妇女:姑娘 ①(사회적인 지위를 가진) 여자는 정중한 표현으로 "女人"을 쓰지 않는다. ◇在中国几乎每个工作部门都有(×女人)妇女/중국의 거의 모든 직장에 여성이 있다. ②"小伙子"와 대비되는 것은 "姑娘"이다. ◇这个(×女人)姑娘等着小伙子/이 아가씨는 청년을 기다리고 있다.

【女人－인】nǚ·ren 몡마누라.

【女色－색】nǚsè 몡여색.

【女神－신】nǚshén 몡여신.

【女生－생】nǚshēng 몡여학생.

【女声－성】nǚshēng 몡〈音〉(성악의) 여성부. (反)〔男 nán 声〕

【女史－사】nǚshǐ 몡1(옛날, 궁중에서 일하던) 여관(女官). 2〈敬〉여사. 학식있는 부인.

☆【女士－사】nǚshì 몡여사. 〔여성에 대한 존칭〕

【女王－왕】nǚwáng 몡여왕.

【女巫－무】nǚwū 몡무당. (反)〔巫婆 pó〕

*【女性－성】nǚxìng 阁여성. ◇新～/신여성. (反)〔男 nán 性〕

【女婿－서】nǚ·xu 阁1사위. 2〈方〉남편.

【女优－우】nǚyōu 阁〈演〉(옛날의) 여자 배우.

【女招待－초대】nǚzhāodài 阁여자 접대원. 여종업원.

【女真－진】Nǚzhēn 阁〈史〉여진족. (同)〔女真族 zú〕〔서기 1115년에 金나라를 세운 민족. 길림(吉林)과 흑룡강(黑龍江)일대에 거주했음〕

【女主人－주인】nǚzhǔ·ren 阁〈敬〉여주인.

**【女子－자】nǚzǐ 阁여자. 여인. ◇这次运动会有哪些～项目?/이번 운동회에는 여자 종목이 어느 것들이 있니?

【钕·鉥】钅部 nǚ
3画 네오디뮴 녀
阁〈化〉네오디뮴(Nd).

【籹】米部 nǚ
3画 중배끼 여
→〔粔 jù 籹〕

nù

【朒】月部 nù
6画 쪼그러질 뉵
阁〈文〉부족하다. 모자라다.

【衄(衂)】血部 nù
4画 코피 뉵
통〈文〉1코피가 나오다. 출혈하다. ◇鼻～/코피. 2싸움에 지다. 패하다. ◇败～/싸움에 지다.

nuǎn

☆【暖(煖,煗)】日部 nuǎn
9画 더울 난
1阁따뜻하다. 온화하다. ◇天～了, 不用生炉子了/날씨가 따뜻해져서 이젠 난로를 피우지 않아도 된다. (反)〔寒 hán〕〔冷 lěng〕2통따뜻하게 하다. 데우다. ◇～酒/술을 데우다. ◇外边很冷, 快进屋来～～身子/밖이 추우니 어디 방에 들어와 몸을 좀 녹여라.

【暖房－방】nuǎn//fáng 1통이사를 축하하다. 2통(옛날 풍습에) 친구의 결혼 전날에 찾아와 결혼을 축하하다. 3(nuǎnfáng)阁〈方〉온실. ‖(同)〔暖屋 wū〕

【暖锋－봉】nuǎnfēng 阁〈天〉온난 전선.

【暖阁－각】nuǎngé 阁옛날, 효율적인 난방을 위하여 큰 방의 일부를 막아 만든 작은 방.

【暖烘烘－홍홍】nuǎnhōnghōng (～的)阁따뜻하다. 훈훈하다. (同)〔暖洋 yáng 洋〕,

(反)〔冷冰冰 lěngbīngbīng〕

【暖壶－호】nuǎnhú 阁1보온병. (同)〔暖水瓶 nuǎnshuǐpíng〕2보온 커버를 씌운 수통.

★【暖和－화】nuǎn·huo 1阁따뜻하다. ◇北京一过三月, 天气就～了/북경은 3월만 지나면 날씨가 따뜻해진다. (同)〔和暖〕, (反)〔寒冷 hánlěng〕 비교暖和:温和:温暖 ①사람의 성격, 태도에는 "暖和"를 쓰지 않는다. ◇她的性格非常(×暖和)温和/그녀의 성격은 몹시 온화하다. ②"暖和"는 인정상 "따뜻함"과 "给"의 목적어로 쓰지 않는다. ◇他经常给我们(×暖和)温暖和力量/그는 항상 우리에게 따뜻함과 힘을 준다. 2통따뜻하게 하다. 불을 쬐다. ◇这里有火, 快过来~~吧/여기 불이 있으니, 빨리 와서 몸을 좀 녹이시오. (同)〔暖活 huó〕

【暖帘－렴】nuǎnlián 阁겨울에 추위를 막기 위해 출입구에 치는 솜을 둔 커튼.

【暖流－류】nuǎnliú 阁1〈地質〉난류. 2통정심. 인정상 따뜻함.

【暖瓶－병】nuǎnpíng 阁보온병.

☆【暖气－기】nuǎnqì 阁1스팀. 2난방기. 3따뜻한 기체. 온기.

【暖气团－기단】nuǎnqìtuán 阁〈天〉온난기단(氣團).

【暖融融－융융】nuǎnróngróng 阁따스한.

【暖色－색】nuǎnsè 阁〈美〉(따뜻한 느낌을 주는) 난색(暖色).

【暖寿－수】nuǎnshòu 통옛날, 생일 전날에 가족이나 친구들이 모여 잔치를 열어 축하하다.

【暖水瓶－수병】nuǎnshuǐpíng 阁보온병. (同)〔暖水壶 hú〕

【暖袖－수】nuǎnxiù 阁토시.

【暖洋洋－양양】nuǎnyángyáng (～的)阁따뜻하고 훈훈하다. 따사롭다.

nüè

【疟·瘧】疒部 nüè
3画 학질 학
阁〈醫〉학질. 말라리아.

【疟疾－질】nüè·ji 阁〈醫〉학질. 말라리아

【虐】虍部 nüè
3画 사나울 학
1阁잔인하다. 가혹하다. 포악하다. ◇暴 bào～/포악하다. (反)〔优侍 yōudài〕2阁〈文〉재앙. 재해.

【虐待－대】nüèdài 阁통학대(하다).

【虐杀－살】nüèshā 阁통학살(하다).

【虐政－정】nüèzhèng 阁학정. 가혹한 정치. (同)〔苛 kē 政〕, (反)〔仁 rén 政〕

nún

【麛】 麻部 nún
9画 향내 **난**
형〈文〉향기롭다. ◇温~/향기롭다.

nuó

*【挪】 扌部 nuó
6画 잡아휠 **나**
통옮기다. 운반하다. ◇把桌子~一下/책상을 약간 옮기다.
【挪动―동】 nuó·dong 통(위치를) 옮기다. 이동하다.
【挪借―차】 nuójiè 통1다른 명목으로 임시 차용하다. 돌려쓰다. 2잠시 남의 돈을 빌려쓰다.
【挪窝儿―와아】 nuó∥wōr 통〈方〉자리[장소]를 옮기다. 이사하다.
【挪移―이】 nuóyí 통〈方〉1임시로 돈을 빌리다. 2이전하다. 옮기다.
【挪用―용】 nuóyòng 통1(공급 따위를) 유용하다. 2용통하다. 변통하다.

【儺·儺】 亻部 nuó
10画 역귀 쫓을 **나**
1형〈文〉구나(驅儺). 2통잡귀신·역귀를 쫓다.
【儺神―신】 nuóshén 통역귀를 쫓는 신.

nuò

【诺·諾】 讠部 nuò
8画 대답할 **낙**
1통승낙하다. 허락하다. ◇许~/허락하다. 2감예. 응. 그래. 좋아. 〔대답하는 소리. 동의를 나타냄〕◇唯唯~~的人/예스 맨.
【诺贝尔奖金―패이장금】 Nuòbèi'ěr jiǎngjīn 명노벨상(금).

【诺尔―이】 nuò'ěr 명호수. 〔몽고어의 음역어〕(同)〔淖 nào 尔〕
【诺言―언】 nuòyán 명승낙의 말. 언약. (同)〔誓 shì 言〕〔许 xǔ 诺〕

【喏】 口部 nuò
8画 공손히대답할 **야**
감〈方〉1이것 보세요. 〔자기가 가리키는 것에 상대방 주의를 이끄는 데 쓰임〕◇~，这就是你的那把雨伞?/이봐，이건 네 우산이 아니냐? 2(同)〔诺 nuò〕

【锘·鍩】 钅部 nuò
8画 노벨륨 **낙**
명〈化〉노벨륨(No).

【搦】 扌部 nuò
10画 잡을 **닉**
통〈文〉1잡다. 들다. ◇~管/집필하다. 2도발하다. 일으키다.
【搦战―전】 nuòzhàn 통도전하다. 싸움을 걸다.

【懦】 忄部 nuò
14画 나약할 **유**
형연약하다. 나약하다. 겁이 많다. ◇怯~/겁이 많다. (反)〔刚 gāng〕
【懦夫―부】 nuòfū 명겁쟁이. 연약하고 무능한 남자. (反)〔勇士 yǒngshì〕
【懦弱―약】 nuòruò 통나약하다. (同)〔软 ruǎn 弱〕, (反)〔刚强 gāngqiáng〕

【糯(糥, 稬)】 米部 nuò
14画 찰벼 **나**
명〈植〉찰벼. ◇~高梁/찰수수.
【糯稻―도】 nuòdào 명〈植〉찰벼. (同)〔糯稻米 mǐ〕
【糯米―미】 nuòmǐ 명참쌀. (同)〔江 jiāng 米〕
【糯米纸―미지】 nuòmǐzhǐ 명〈纸〉오블라토 (oblate; 포). 〔전분을 가공하여 만든 투명한 종이처럼 생긴 얇은 막. 먹을 수 있으며, 사탕·과자·떡 등의 내부 포장으로 쓰임〕(同)〔米 mǐ 纸〕

O

ō

【噢(嗅)】 口部 | ō
12画 | 슬퍼할 욱
감아! 오! 〔이미 이해했거나 깨달았음을 나타냄〕 ◇~, 原来是他!/오! 알고보니 그로구나! ◇~, 原来你们都躲 duǒ 在这里!/오! 알고보니 너희들이 여기에 숨어 있었구나! 〔同〕〔喔 ō〕

ó

【哦】 口部 | ó
7画 | 읊조릴 아
감어! 〔의문이나 반신반의를 나타냄〕 ◇~, 他也要来参加我们的会?/어! 그도 우리 회의에 참석하러 온다고? ⇒ò

ǒ

【嚄】 口部 | ǒ
13画 | 외칠 획
감어! 아니! 〔놀람을 표시함〕 ◇~, 你们也去呀?/아니! 너희들도 가니? ⇒huō, huò

ò

【哦】 口部 | ò
7画 | 읊조릴 아
감아! 오! 〔납득·이해·깨달음을 나타냄〕 ◇~, 我想起来了, 去上海的列车是晚上九点发车/아! 생각났어, 상해행 열차가 저녁 9시에 떠나.

ōu

【区·區】 匚部 | ōu
2画 | 나눌 구
명성(姓). ⇒qū

【讴·謳】 讠部 | ōu
4画 | 노래할 구
1명노래를 부르다. 노래하다. ◇~歌/노래로 칭송한다. 2명민요.
【讴歌-가】ōugē 동〈文〉노래로 칭송하다.
【讴吟-음】ōuyín 동〈文〉노래하고 읊조리다.

【沤·漚】 氵部 | ōu
4画 | 담글 구

명물거품. 수포. ◇浮~/물거품. ⇒òu

【瓯·甌】 瓦部 | ōu
4画 | 사발 구
명1〈方〉속이 깊은 사발〔공기〕. ◇茶~/찻잔. 2(Ōu)절강성(浙江省) 온주부(溫州府)의 별칭.
【瓯绣-수】ōuxiù 명절강성(浙江省) 온주(溫州)지방에서 나는 자수.
【瓯子-자】ōu·zi 명〈方〉(손잡이가 없는) 잔.

【欧·歐】 欠部 | ōu
4画 | 구라파 구
명1유럽. 2(ōu)〈物〉옴(ohm). 3성(姓).
【欧化-화】ōuhuà 명동유럽화(하다).
【欧椋鸟-량조】ōuliángniǎo 명〈鳥〉찌르레기.
【欧罗巴人种-라파인종】Ōuluóbā rénzhǒng 명〈音〉유럽 인종.
【欧美-미】Ōu Měi 〈地〉구미. 유럽과 아메리카. ◇~国家/구미 국가.
【欧姆-모】Ōumǔ 명〈音〉1〈人〉옴(Ohm, GeorgSimon, 1787~1854). 독일의 물리학자. 2(ōumǔ)〈物〉옴(ohm). 전기 저항의 실용 단위.
【欧体-체】Ōu tǐ 당대(唐代) 구양순(歐陽詢)과 그의 아들 구양통(歐陽通)의 필체. 〔엄숙하고 강건함〕
【欧西-서】Ōuxī 명유럽의 구칭.
【欧阳-양】Ōuyáng 명복성(複姓).
【欧洲-주】Ōuzhōu 명〈音〉유럽. 구라파.

【殴·毆】 殳部 | ōu
4画 | 칠 구
동(사람을) 때리다. ◇~伤/때려서 상처 입힌다.
*【殴打-타】ōudǎ 동구타하다.

【鸥·鷗】 鸟部 | ōu
4画 | 갈매기 구
명〈鳥〉갈매기의 총칭.

ǒu

【呕·嘔】 口部 | ǒu
4画 | 게울 구
동(구)토하다. 게우다.
*【呕吐-토】ǒutù 명동구토(하다).
【呕心-심】ǒu//xīn 동〈喩〉(주로 문예 창작에 있어서) 공을 들이다.
【呕心沥血-심력혈】ǒu xīn lì xuè 〈成〉(문예 창작에 있어서) 심혈을 기울이다.
【呕血-혈】ǒu//xuè 동토혈하다.

【偶】 亻部 ǒu
9画 | 짝 우

1명(흙이나 나무로 만든) 인형. 꼭두각시. 허수아비. ◇～像/우상. **2**명형쌍(의). 짝(의). ◇～数/짝수. (同)〔双 shuāng〕, (反)〔奇 jī〕 **3**명배우자. 배필. 짝. ◇佳～/좋은 배우자. **4**부우연히. ◇中途～遇/도중에서 우연히 만났다. (反)〔常 cháng〕

【偶尔一이】ǒu·ěr **1부이따금. 때때로. 가끔. ◇老人很喜欢喝茶,～也喝点儿咖啡/노인은 차를 좋아하지만 가끔 커피도 좀 마신다. (同)〔间或 jiānhuò〕, (反)〔一贯 yīguàn〕 **2**형우연히 발생한. 우발적인. ◇～的事/우연히 발생한 일. 비교偶尔:偶然 "偶尔"은 술어로 쓰이지 않는다. ◇这种情况很(×偶尔)偶然/이러한 상황은 매우 우연히 발생한 것이다.

【偶发一발】ǒufā 통우연히 일어나다.
【偶合一합】ǒuhé 통우연히 일치하다.
【偶或一혹】ǒuhuò 부어쩌면. 간혹.
【偶然一연】ǒurán **1형우연하다. ◇～事故/우연한 사고. **2**부이따금. 가끔씩. ◇闹市里～也能听到几声鸟鸣/번화가에서도 가끔 새소리를 들을 수 있다.
【偶然性一연성】ǒuránxìng 명우연성.
【偶人一인】ǒurén 명흙이나 나무로 만든 인형.
【偶数一수】ǒushù 명〈数〉짝수. 우수. ◇～页/〈印〉짝수 페이지. (同)〔双数 shuāngshù〕, (反)〔奇 jī 数〕
【偶像一상】ǒuxiàng 명우상.

【耦】 耒部 ǒu
9画 | 나란히갈 우

1통〈文〉두 사람이 나란히 밭을 갈다. **2**명쌍. 짝.
【耦合一합】ǒuhé 명〈電〉결합.

【藕(蕅)】 艹部 ǒu
15画 | 연뿌리 우

명〈植〉연근. 연뿌리.
【藕断丝连一단사련】ǒu duàn sī lián 〈成〉겉보기에는 관계를 끊었으나 여전히 서로 미련을 가지고 있다. 〔주로 남녀간의 애정에 있어서〕 (反)〔一刀两断 yī dāo liǎng duàn〕
【藕粉一분】ǒufěn 명연뿌리 전분.
【藕荷一하】ǒuhé 명〈色〉붉은 빛을 띤 옅은 자색.
【藕灰一회】ǒuhuī (同)〔藕色〕
【藕色一색】ǒusè 명〈色〉담회홍색.

òu

【沤·漚】 氵部 òu
4画 | 담글 구

통물에 오래 담그다. 우리다. ⇒ōu
【沤肥一비】òu//féi **1**통퇴비를 만들다. **2**(ò-uféi)명퇴비.

【怄·慪】 忄部 òu
4画 | 화낼 구

통〈方〉**1**언짢다. **2**(상대를) 건드리다. ◇你别故意～人了/일부러 남을 건드리지 말라.
【怄气一기】òu//qì 통불쾌하다. 언짢아하다. (同)〔斗 dǒu 气〕, (反)〔解 jiě 气〕

O

P

pā

**【趴】 足部 | pā
2画 | 엎드릴 파
동1엎드리다. ◇～在地上射击/땅바닥에 엎드려 사격하다. 2몸을 앞으로 기울여 (물건 따위에) 기대다. ◇～在桌子上画图/책상에 기대어 제도한다. (同)〔伏 fú〕, (反)〔抬 tái〕

【啪】 口部 | pā
8画 | 부딪치는소리 파
(～儿)의땅땅. 쩍쩍. 딱딱.〔총소리·박수 소리·물건이 부딪치며 나는 소리〕◇鞭子用得～～地响/채찍을 쩍쩍 소리가 나도록 휘둘렀다.

【派】 氵部 | pā
6画 | 갈라질 파
⇒pài

【派司一사】 pā·si　1명패스(pass). 출입증. 통행증. 2동(검사·시험 등에) 통과하다.

pá

*【扒】 扌部 | pá
2画 | 뽑을 배
동1(손이나 갈퀴로) 긁어 모으다. ◇～草/풀을 긁어 모으다. 2〈方〉긁다. ◇～痒/가려운 데를 긁다. 3소매치기하다. ◇钱包被小偷～走了/좀도둑이 돈지갑을 소매치기해갔다. 4뭉근한 불로 오래 푹 삶다. ◇～羊肉/양고기 스튜(stew).

【扒糕一고】 págāo 명메밀묵.
【扒灰一회】 pá//huī 동〈俗〉시아버지가 며느리를 범하다.
【扒拉一랍】 pá·la 동〈方〉수저로 음식을 마구 퍼 먹다.
【扒犁一리】 pá·li (同)〔爬 pá 犁〕
【扒窃一절】 páqiè 동소매치기하다.
【扒手一수】 páshǒu 명소매치기.

【杷】 木部 | pá
4画 | 갈퀴 파
(同)〔枇杷 pí·pá〕

*【爬】 爪部 | pá
4画 | 긁을 파
동1기다. 기어가다. ◇树枝上～着一个虫子/나뭇가지에 벌레 한 마리가 기어가고 있다. ◇这孩子会～了/이 아이는 길 줄 안다. 2기어 오르다. ◇在哪里跌倒, 就在哪里～起来/넘어지는 그 곳에서 일어난다.

【爬虫一충】 páchóng 명〈動〉파충류.
【爬灰一회】 páhuī 동시아버지가 며느리를 범하다. (同)〔扒 pá 灰〕
【爬梨一리】 pá·li 명〈方〉썰매.
【爬山一산】 pá shān 동등산하다.
【爬行一행】 páxíng 동1기다. 기어가다. 2〈喩〉그저 남이 하는 대로 굼뜨게 따라하다.
【爬行动物一행동물】 páxíng dòngwù 명〈動〉파충류.
【爬泳一영】 páyǒng 명〈體〉(수영의) 자유형.

【耙(鈀)】 耒部 | pá
4画 | 써레 파
1명써레. ◇钉～/쇠갈퀴. 2동써레질하다. ◇把麦子～开晒晒/밀을 펴 널어 말리다. ⇒shài

【琶】 王部 | pá
8画 | 비파 파
(同)〔琵 pí 琶〕

【筢】 竹部 | pá
7画 | 갈퀴 파
【筢子一자】 pá·zi 명(대나무로 된) 갈퀴.

【掱手】 竹部 | pá
8画 | 소매치기 파
【掱手一수】 páshǒu 명소매치기.

pà

★【怕】 忄部 | pà
5画 | 두려워할 파
1동무서워하다. 두려워하다. ◇很～艾滋病传染/AIDS에 전염될 것을 두려워한다. 2동근심하다. 염려하다. 걱정이 되다. ◇常言道"不～慢, 就～站"/'느린 것을 걱정 말고, 중도에서 그만 두는 것을 걱정하라'라는 속담이다. 3부아마(…일 것이다, …일지 모른다). ◇这篇文章较长, ～有两万字吧?/이 글이 긴데 2만 자는 아마 되겠죠? (同)〔大概 dàgài〕〔也许 yěxǔ〕4동…에 약하다. 타다. ◇有心脏病的人～累/심장병이 있는 사람은 지치기 쉽다. ◇～冷/추위를 타다.

【怕人一인】 pà//rén　1동사람을 무서워하다. 2(pàrén)형무섭다.
【怕生一생】 pàshēng 동(어린 아이가) 낯가림하다.
【怕事一사】 pà//shì 동소심하다.

P

【怕羞-수】pà//xiū 勤부끄러워하다. 수줍어하다. ◇小姑娘~, 躲到姑姑身后去了/소녀는 수줍어서 고모 뒤로 숨었다. (同)〔害 hài 羞〕, (反)〔大方 dàfɑng〕

【帕】巾部│pà 5画│배띠 파

명수건. ◇手~/손수건.
【帕斯卡-사가】pàsīkǎ 명〈物〉파스칼(Pa).

pāi

★【拍】扌部│pāi 5画│칠 박

1동(손바닥으로) 치다. ◇女儿~着小手为妈妈叫好/딸은 작은 손으로 박수를 치며 엄마에게 갈채를 보냈다. ◇两岸水~得哗哗作响/강물이 양쪽 강기슭에 부딪쳐 철썩철썩 소리를 냈다. 3(~儿)명채. 치는 도구. ◇网球~/테니스 라켓. ◇羽毛球~/배드민턴 라켓. 4명〈音〉박자. ◇这首歌是二分之一~/이 노래는 2분의 1박자이다. 5동촬영하다. (사진을) 찍다. ◇我们~了许多照片/우리는 사진을 여러장 찍었다. 6동(전보 따위를) 치다. ◇刚才我去邮局~了一封电报/방금 나는 우체국에 가서 전보 한 통을 쳤다. 7동아첨하다. ◇吹吹~~/아첨하다.
【拍案-안】pāi//àn 통탁자를 치다. 〔강한 분노·놀람·칭송 등의 감정을 나타냄〕
【拍巴掌-파장】pāi bā·zhang 박수치다. (同)〔拍手 shǒu〕
【拍板-판】pāi//bǎn 통1박자를 맞추다. 2(경매에서 거래가 성립하여) 목판을 두드리다. 3〈喩〉(책임자가) 결정을 내리다. ◇他出国的事得由老张~/그가 출국하는 일은 장씨가 결정내려야 한다.
【拍打-타】pāi·da 통가볍게 두드리다. 털다.
【拍发-발】pāifā 통(전보를) 치다.
【拍花-화】pāihuā 통아이를 유괴하다.
【拍马屁-마비】pāi mǎpì 〈口〉아첨하다. 알랑거리다.
【拍卖-매】pāimài 통1경매하다. 2투매하다.
**【拍摄-섭】pāishè 통촬영하다. ◇《末代皇帝》~完了/《마지막 황제》의 촬영을 완료했다. 비교拍摄:拍 구어체에서 사진을 찍는 것은 "拍摄"라 하지 않는다. ◇对不起, 帮我们(×拍摄)拍一张相片好吗?/죄송한데요, 사진 한 장만 찍어 주세요.
【拍手-수】pāi//shǒu 통박수치다.
【拍拖-타】pāituō 통연애를 하다. (同)〔谈恋爱 tán liàn'ài〕
*【拍照-조】pāi//zhào 통사진을 찍다. ◇~留念/사진을 찍어 기념으로 하다. (同)

〔照相 xiàng〕
【拍纸簿-지부】pāizhǐbù 명〈方〉(한 장씩 떼어 쓰게 된) 종이철. 패드(pad).
**【拍子-자】pāi·zi 명1채. 라켓. ◇网球~/테니스 라켓. 2〈音〉박자. ◇打~/박자를 맞추다.

pái

【俳】亻部│pái 8画│익살 배

명〈文〉1옛날, 잡희(雜戲)나 골계희(滑稽戲). 2해학. 재담. 익살. ◇~谐/재담.
【俳句-구】páijù 명하이꾸. 〔17자를 1수(首)로 하는 일본의 단시(短詩)〕
【俳谐-해】páixié 명〈文〉재담. 익살. 농담. 우스운 이야기.
【俳优-우】páiyōu 명옛날, 어릿 광대.

☆【排】扌部│pái 8画│늘어설 배

1통차례로 놓다. 배열하다. ◇参观的队伍要~成两行/견학 대열을 두 줄로 배열해야 한다. 2(배열한) 줄. 열. ◇前~是贵宾座位/앞줄은 귀빈석이다. 3명〈軍〉소대. ◇我们~有两个来自河北的战士/우리 소대에는 하북성에서 온 병사가 둘 있다. 4양줄. 열. ◇人太多了, 座位不够, 再加两~椅子吧/사람이 너무 많아 자리가 부족하니 의자를 두 줄 더 놓읍시다. 5통〈演〉리허설을 하다. ◇导演说, 下午还得~一~戏, 请大家准时到/감독은 오후에 리허설을 해야 하니 모두들 정시에 오라고 말했다. 6명(나무나 대를 엮어 만든) 뗏목. 7통내보내다. ◇打开排风扇, 把厨房里的烟~一~/환풍기를 틀어 주방의 연기를 내보내자. 8통밀다. ◇~门而出/문을 밀고 나가다. 9명파이(pie). ◇苹果~/사과 파이. ⇒pǎi
【排奡-오】pái'ào 형〈文〉(시문이) 굳세고 힘이 있다.
【排版-판】pái//bǎn 〈印〉통조판하다.
【排比-비】páibǐ 명수사법으로서 구조가 유사한 문장으로 배열해 내용상의 심화를 강조함.
【排笔-필】páibǐ 명그림붓.
【排叉儿-차아】páichàr 명1밀가루를 반죽하여 마름모꼴로 썰어 기름에 튀긴 과자. 2칸막이.
【排场-장】pái·chǎng 1명거창한 겉차례. 2통사치스런 겉치장을 하다. 3통〈方〉체면이 서다.
**【排斥-척】páichì 통배격하다. 배척하다. ◇为了达到个人的目的, 他千方百计~异己/그는 개인의 목적을 달성하기 위해서

온갖 방법으로 자기와 견해가 다른 사람을 배척한다. (反)〔吸引 xīyǐn〕

*【排除―제】páichú 圄(장애를) 제거하다. 배제하다. ◇〜万难, 奋勇直前/온갖 어려움을 제거하고, 용기를 내서 앞으로 나아가다. (同)〔屏 bǐng 除〕, (反)〔存留 cúnliú〕

【排档―당】páidǎng 圄〈機〉기어(gear).

*【排队―대】pái//duì 圄줄을 서다. ◇排了半个小时队/30분간 줄을 섰다.

【排筏―벌】páifá 圄뗏목.

【排放―방】páifàng 圄1(폐수·폐기물을) 배출하다. 2(동물이) 배란하다. 사정하다.

【排风扇―풍선】páifēngshàn 圄환풍기.

【排骨―골】páigǔ 圄(살이 붙어 있는 소나 돼지의) 갈비.

【排灌―관】páiguàn 圄배수와 관개.

【排击―격】páijī 圄배격하다.

*【排挤―제】páijǐ 圄밀어 제치다. 내쫓다. 배척하다. ◇所有的外商都被他们〜出来了/외국 상인들이 모두들 그들에게 쫓겨났다. (反)〔拉拢 lālǒng〕

【排解―해】páijiě 圄(분쟁을) 조정하다. 중재하다. 화해시키다.

【排涝―로】pái//lào 圄(침수된 논의) 물을 빼다.

【排雷―뢰】pái//léi 圄〈軍〉지뢰나 수뢰를 제거하다.

【排练―련】páiliàn 圄리허설을 하다. 연습하다.

**【排列―렬】páiliè 1圄순서대로 배열하다. 정렬하다. 2圄〈數〉순열. 匪교排列:순序에 따라 들어갈 때나 물건을 살 때는 "排列"를 쓰지 않는다. ◇我们在(×排列)排队买票/우리는 표를 사려고 줄서고 있다.

【排律―률】páilǜ 圄배율. 〔장편 율시(律詩), 보통 5언임〕

【排卵―란】pái//luǎn 圄〈生理〉배란.

【排名―명】pái//míng 圄이름을 순위에 따라 올리다. ◇他的成绩在比赛中〜第五/그의 성적은 시합에서 제5위에 올라있다.

【排难解纷―난해분】pái nàn jiě fēn 〈成〉분쟁을 해결하다. 화해시키다. (反)〔推波助澜 tuī bō zhù lán〕

【排偶―우】pái'ǒu 圄(문구의) 대구를 만들다.

【排炮―포】páipào 圄1(대포의) 일제 포격. 2(공사의) 동시 폭파.

【排遣―견】páiqiǎn 圄기분 전환을 하다.

【排枪―창】páiqiāng 圄圄일제 사격(하다).

★【排球―구】páiqiú 圄배구.

【排山倒海―산도해】pái shān dǎo hǎi 〈成〉기세가 압도하다.

【排水量―수량】páishuǐliàng 圄1(선박의) 배수량. 2배수로 따위의 배수량.

【排他性―타성】páitāxìng 圄배타성.

【排头―두】páitóu 圄대열의 선두에 선 사람. (反)〔排尾 wěi〕

【排外―외】páiwài 圄(외세나 외국인을) 배척하다.

【排尾―미】páiwěi 圄대열의 맨끝에 선 사람. (反)〔排头 tóu〕

【排戏―희】pái//xì 圄중국 전통극 연습을 하다.

【排泄―설】páixiè 圄1(빗물이나 오물을) 흘려보내다. 2〈生〉배설〔배출〕하다.

【排揎―선】pái·xuan 圄〈方〉꾸짖다. 타이르다. 나무라다.

【排演―연】páiyǎn 圄圄무대 연습(을 하다). 리허설(을 하다).

【排印―인】páiyìn 圄조판과 인쇄.

【排中律―중률】páizhōnglǜ 圄〈論〉배중률.

【排字―자】pái//zì 圄식자(植字)하다.

【徘】 彳部 | pái
8画 | 노닐 배

*【徘徊―회】páihuái 圄1배회하다. 왔다 갔다하다. ◇他独自在江边〜/그는 혼자서 강변에서 배회하고 있다. 2〈轉〉망설이다. 주저하다. ◇是去还是不去, 他心里〜了很久, 还是不能决定/갈 것인지 안 갈 것인지, 그는 속으로 한참 망설였지만 그래도 결정할 수 없었다. 3〈經〉물가가 변동하다.

☆【牌】 片部 | pái
8画 | 간판 패

圄1팻말. ◇路〜/도로 표시판. 2(〜儿)(국가 행정기관이 단) 패. 판. ◇门〜/집 번호패. ◇车〜/자동차 번호판. 3상표. ◇你买的电视机是名〜吗?/네가 산 TV는 유명상표니? 4일종의 오락용품. 〔도박 기구가 많음〕 ◇坐在一起聊聊天, 打打〜/함께 앉아서 잡담하며 마작을 하다. ◇扑克〜/트럼프. 5사곡(詞曲)의 곡조. ◇词〜/사패. 6표창을 위한 메달 따위. ◇金〜/금메달.

【牌匾―편】páibiǎn 圄1편액. 2간판.

【牌坊―방】páifāng 圄옛날, 충효·정절이 있는 인물을 표창하기 위해 세운 아치형의 문.

【牌号―호】páihào (〜儿)圄1상호. 2상표.

【牌价―가】páijià 圄정부 고시가격.

【牌九―구】páijiǔ 圄골패.

【牌楼―루】pái·lou 圄1(옛날, 시의 중요한 지점이나 명승지 등에 세운) 장식용의 건축물. 2(현재는, 대나무나 목재를 세워 만든) 경축용 아치.

【牌示一시】páishì 명게시문. 포고문.
【牌位一위】páiwèi 명위패. 신주.
【牌照一조】páizhào 명1(정부가 발급하는) 운전 면허증. 2영업허가증.
∗∗【牌子一자】pái·zi 명1팻말. ◇球场四周竖立着各种广告~/구장 사방에 각종 광고 팻말이 세워져 있다. 2상표. ◇老~/잘 알려진 상표. 3곡조.
【牌子曲一자곡】pái·ziqǔ 명〈音〉민간 가곡.

pǎi

【迫】辶部 pǎi
5画 핍박할 **박**
⇒pò
【迫击炮一격포】pǎijīpào 명〈軍〉박격포.

【排】扌部 pǎi
8画 밀칠 **배**
동(신발에) 골을 치다. 모양을 바로 잡다. ◇把这双鞋子~一~吧/이 신발에 골을 좀 치시오. ⇒pái
【排子车一자차】pǎi·zichē 명큰 손수레.

pài

★【派】氵部 pài
6画 갈라질 **파**
1명파벌. 유파. ◇乐天~/낙천파. ◇保守~/보수파. ◇宗~/종파. 2명기풍. 스타일. 태도. ◇气~/기풍. 3양파벌을 셀 때 사용함. ◇他们意见不一致, 分成了好几~/그들은 의견이 일치하지 않아 몇 파벌로 갈라졌다. 4양〔경치·기상(氣象)·소리·말 등에 사용함. 앞에 '一'자(字)를 사용함〕완전히. 온통. ◇一~深秋景色/완연한 만추의 풍경. ◇一~胡言/온통 허튼 소리. 5명〈文〉강의 지류(支流). 6동파견하다. 할당하다. ◇因为一个人忙不过来, 所以~了两个人/혼자서 너무 바빠서 두 사람을 파견했다. ◇主任, 今天~我什么活儿?/주임님, 오늘 제게 어떤 일을 주시겠습니까? ◇~人送去/사람을 파견하여 보내다. 7동(남의 잘못을) 지적하다. 꾸짖다. ◇~不是/잘못을 꾸짖다. ⇒pā
∗【派别一별】pàibié 명파벌. 유파. ◇这两幅画属于两个不同的~/이 두 그림은 서로 다른 두 유파에 속한다.
【派不是一불시】pài bù·shi 동남의 잘못을 지적하다.
∗【派出所一출소】pàichūsuǒ 명〈중국의〉파출소.
【派力司一력사】pàilìsī 명〈紡〉팰리스(palace).
∗【派遣一견】pàiqiǎn 동파견하다. ◇慰问团

~过三次了/위문단을 세 번이나 파견했었다.
【派生一생】pàishēng 동파생하다.
【派生词一생사】pàishēngcí 명파생어.
【派头一두】pàitóu (~儿) 명〈貶〉젠 체하는 태도.
【派系一계】pàixì 명파벌.
【派性一성】pàixìng 명파벌성. 당파심.
【派驻一주】pàizhù 〈外交〉(신임장을 주어 대사 등을) 파견하여 주재하다.

【哌】口部 pài
6画 음역자 **파**
【哌嗪一진】pàiqín 명〈化〉피페라진(piperazine).

【蒎】艹部 pài
9画 피넨 **파**
명〈化〉피난(piane).

pān

【扳】扌部 pān
4画 당길 **반**
'攀'과 통용. ⇒bān

【潘】氵部 pān
12画 뜨물 **번**
명(Pān)성(姓).

∗∗【攀】手部 pān
15画 잡고오를 **반**
동1기어 오르다. ◇这座山很陡, 必须~着绳子上去/이 산은 가파러 밧줄을 잡고 올라가야 한다. 2꽉 붙잡다. ◇~折/(꽃·나무를) 잡아 당겨 꺾다. 3지위가 높은 사람과 연고를 맺다. ◇她妈妈很想和王经理~~亲/그녀의 어머니는 왕사장과 친척관계를 맺고 싶어한다. 4끌어들이다. 연루시키다. ◇~谈/잡담하다.
【攀扯一차】pānchě 동어떤 사례를 갖고 연관시키다.
∗∗【攀登一등】pāndēng 동기어 오르다. 등반하다. ◇为了采到草药, 他拼命~着悬崖峭壁/그는 약초를 캐기 위해서 목숨을 걸고 깎아지른 듯한 절벽을 오르고 있다.
【攀附一부】pānfù 동1(어떤 것에 의지하여) 기어 오르다. 2권력자에게 아부하여 승진이나 부를 구하다. 빌붙다.
【攀高枝儿一고지아】pān gāozīr 〈成〉권력자와 친구로 사귀거나 친척관계를 맺다. (同)〔巴 bā 高枝儿〕
【攀供一공】pāngòng 동남을 근거없이 죄에 연루시키다.
【攀龙附凤一용부봉】pān lóng fù fèng 〈成〉권세가에게 빌붙다.
【攀亲一친】pān// qīn 동1인척관계를 맺다. 2〈方〉약혼하다.

P

【攀谈—담】pāntán 통잡담하다. 친근하게 대화하다.

【攀援—원】pānyuán (同)〔攀缘 yuán〕

【攀缘—연】pānyuán 통1(물건을 잡고) 기어오르다. 2(喩)(권세가나 부유한 자에게 의지하여) 출세하다.

【攀缘茎—연경】pānyuánjīng 명(포도·오이·등나무 등의) 덩굴줄기.

【攀折—절】pānzhé 통(꽃이나 나무를) 잡아당겨 꺾다.

pán

【爿】 爿部 pán
0画 조각 반
〈方〉1명쪼갠 한 조각. ◇柴~/장작. 2양뙈기. 배미. 〔논이나 밭을 세는 단위〕 3양채. 개. 〔상점·공장 따위를 세는 단위〕

＊＊【盘·盤】 舟部 皿部 pán
5画 6画 쟁반 반
1명고대의 목욕 대야. 2(~儿)명큰 접시. 쟁반. ◇茶~儿/찻쟁반. ◇~子只剩下四个了/접시가 4개밖에 안 남았다. 3(~儿)명모양이나 기능이 쟁반·접시와 같은 것. ◇磨~/맷돌. 4(~儿)명시세. 시장가격. 5통빙빙 돌다. 둘둘 감다. ◇她今天~了一种新的发型/그녀는 오늘 새로운 머리 모양을 했다. 6통쌓다. ◇炉灶应该~高点儿/부뚜막을 좀 높이 쌓아야 한다. 7통자세히 조사(검사)하다. ◇~根问底/내막을 끝까지 캐다. ◇他现在正~着帐呢/그는 지금 장부 조사중이다. 8통(점포·기업의 소유권을) 양도하다. ◇受~/점포를 양도받다. 9통운반하다. 옮기다. ◇由仓库朝外头~东西/창고에서 밖으로 물건을 옮기다. 10양판. 대. 그릇. 〔표면이 넓고 평평한 것·장기나 시합 횟수 등의 수량을 나타냄〕 ◇一~磨 mò/맷돌 하나. ◇刚举行了一~单打比赛/방금 단식 시합이 있었다. 11(Pán)명성(姓).

【盘剥—박】pánbō 통착취하다. 수탈하다.

【盘查—사】pánchá 통자세히 조사하다.

【盘缠—전】pán·chan 명〈口〉여비.

【盘秤—칭】pánchèng 명접시 저울.

【盘川—천】pánchuān (同)〔盘缠 chan〕

【盘存—존】páncún 명통〈商〉재고 조사(를 하다).

【盘错—착】páncuò 통〈文〉1(나무의 뿌리나 가지가) 복잡하게 뒤얽히다. 2(轉)일이 뒤얽혀 복잡하게 되다.

【盘道—도】pándào 명구불구불한 (산)길. 에돌이길.

【盘点—점】pándiǎn 통(재고를) 조사하다.

【盘店—점】pándiàn 통명가게의 모든 것을 양도(하다).

【盘费—비】pánfèi (同)〔盘缠 chan〕

【盘杠子—강자】pán gàng·zi 철봉을 하다.

【盘根错节—근착절】pán gēn cuò jié〈成〉나무 뿌리가 휘감기고 줄기가 뒤얽히다. 복잡한 사건, 뿌리깊은 구세력의 비유.

【盘根问底—근문저】pán gēn wèn dǐ〈成〉내막을 끝까지 캐다.

【盘亘—궁】pángèn 통〈文〉(산이) 서로 연이어 있다.

【盘古—고】Pángǔ 명〈人〉중국의 신화에서 천지를 창조했다는 사람.

【盘桓—환】pánhuán 통1〈文〉머무르다. 2구부러지다. 3맴돌다.

【盘货—화】pán//huò 통재고 조사하다.

【盘诘—힐】pánjié (同)〔盘问 wèn〕

【盘结—결】pánjié 통얽히다.

【盘究—구】pánjiū 통자세히 따져 묻다.

【盘踞—거】pánjù 통불법으로 점령하다.

【盘库—고】pán//kù 통재고 조사를 하다.

【盘马弯弓—마만궁】pán mǎ wān gōng〈成〉말을 타고 빙빙 돌며 화살을 매겨 쏘려고 하다. 위협하는 자세를 취할 뿐 곧바로 실력 행사는 하지 않다.

【盘尼西林—니서림】pánníxīlín 명〈藥〉페니실린(penicillin).

【盘弄—롱】pánnòng 통만지작거리다.

【盘曲—곡】pánqū 1통〈文〉빙빙 감돌다. 2명구불구불하다.

【盘儿菜—아채】pánr cài 명이미 다듬고 썰어서 다른 것과 적당하게 섞어서 접시에 담아 파는 야채. (同)〔盘菜〕

【盘绕—요】pánrào 통휘감다. 둘러 싸다.

【盘跚—산】pánshān (同)〔蹒 pán 跚〕

【盘石—석】pánshí (同)〔磐 pán 石〕

【盘算—산】pán·suan 통주판을 놓다. 계산하다. 여러가지로 궁리하다. ◇妈妈正~着弟弟几号能回到家/어머니는 동생이 며칠날 집에 돌아올 수 있을지를 계산하고 있다.

【盘梯—제】pántī 명(망루나 탑 등의) 나선식 계단.

【盘腿—퇴】pán//tuǐ 통책상다리를 하다.

【盘陀—타】pántuó 형〈文〉1돌이 울퉁불퉁한 모양. 2(길이) 꼬불꼬불하다.

【盘陁—타】pántuó (同)〔盘陀 tuó〕

【盘问—문】pánwèn 통캐어 묻다.

【盘膝—슬】pánxī (同)〔盘腿 tuǐ〕

【盘香—향】pánxiāng 명소용돌이 모양의 선향(線香)이나 모기향.

＊【盘旋—선】pánxuán 통1빙빙 돌다. ◇飞机在天空~/비행기가 하늘에서 빙빙 돌고 있다. 2배회하다. 서성거리다. ◇他在花房~了半天才离开/그는 온실에서 한참을

을 양도(하다).

P

서성대고서야 떠났다.

【盘运―운】pányùn 통운반하다. 수송하다.

【盘帐―장】pán//zhàng 통장부를 대조하다.

☆【盘子―자】pán·zi 명1큰 접시. 2시세.

【磐】 石部 10画 너덕바위 **반**

명반석. 큰 바위.

【磐石―석】pánshí 명반석.

【蟠】 虫部 12画 서릴 **반**

통서리다. ◇龙~虎踞/〈成〉용이 서리고 있고 호랑이가 도사리고 앉아 있다. 지세가 매우 험하다.

【蟠曲―곡】pánqū (同)〔盘 pán 曲〕

【蟠桃―도】pántáo 명1〈植〉감복숭아나무. 2(신화 속의) 선도(仙桃).

【蹒・蹣】 足部 pán 비틀거릴 **반**

【蹒跚―산】pánshān 명비틀거리며 걷는 모양. (同)〔盘 pán 跚〕, (反)〔健步 jiànbù〕

pàn

【判】 刂部 5画 가를 **판**

1통가려내다. 구별하다. ◇~别/판별하다. 2형분명하다. 확실하다. ◇新旧社会~然不同/신·구 사회는 확실히 다르다. 3통판정하다. ◇~卷子/고서를 판정한다. 4통판결하다. 선고하다. ◇审~/심의하여 판결하다.

【判别―별】pànbié 통판별하다. (同)〔分 fēn 别〕, (反)〔混淆 hùnxiáo〕

*【判处―처】pànchǔ 통판결을 내리다. ◇~有期徒刑一年/징역 1년을 선고한다.

【判词―사】pàncí 명1〈法〉판결문. 2결론.

*【判定―정】pàndìng 통판정하다. ◇从一句话里很难~他的看法/한 마디 말에서 그의 생각을 판정키 어렵다.

☆【判断―단】pànduàn 명통1판단(하다). ◇他对情况的~特别准确/그는 상황 판단이 아주 정확했다. ◇你来~~哪张画儿是我画的/어느 그림이 내가 그린 건지 네가 알아맞춰봐라. 비교判断:认为 화자의 확고한 생각을 나타낼 때는 "判断"을 쓰지 않는다. ◇他(×判断)认为我没有照他的要求做, 所以撤了我的职/그는 내가 자신의 뜻을 따르지 않았다고 생각되어 나를 해고시켰다. 2〈法〉재판(하다).

【判官―관】pànguān 명판관.

*【判决―결】pànjué 명통〈法〉판결(을 내리다). ◇法院为几千万受害者~了这个特大诈骗犯死刑/법원에서 수천 만의 피해자를 위해 특별 사기범에게 사형을 판결했다.

【判决书―결서】pànjuéshū 명〈法〉판결문.

【判例―례】pànlì 명〈法〉판례.

【判明―명】pànmíng 통사실 여부를 밝히다.

【判若鸿沟―약홍구】pàn ruò Hónggōu 〈成〉경계가 분명하다. 〔'鴻沟'는 옛날 운하 이름〕

【判若云泥―약운니】pàn ruò yún ní 〈成〉하늘과 땅의 차이가 있다.

【判刑―형】pàn//xíng 통형을 선고하다. (反)〔赦免 shèmiǎn〕

【判罪―죄】pàn//zuì 통죄를 심판하다.

【叛】 丶部 又部 8画 7画 배반할 **반**

통배반하다. ◇众~亲离/〈成〉친지들의 버림을 받다. 인심을 얻지 못하여 매우 고립되다.

*【叛变―변】pànbiàn 명통배반(하다). ◇~投敌/배신하여 적에 투항하다. ◇他已~了好几次/그는 이미 수차례 배반했다. (同)〔背 bēi 叛〕, (反)〔归顺 guīshùn〕

【叛国―국】pàn//guó 통나라를 배반하다. 매국 행위를 하다. (反)〔爱 ài 国〕

【叛离―리】pànlí 통배반하다.

【叛乱―란】pànluàn 명통반란(을 일으키다).

【叛卖―매】pànmài 통(조국이나 혁명을) 배반하여 팔아먹다.

【叛逆―역】pànnì 1통반역하다. 2명반역자. 역적.

【叛逃―도】pàntáo 통모반하여 도망하다.

*【叛徒―도】pàntú 명역적. 반역자.

【畔】 田部 5画 두둑 **반

명1(강·호수·도로 등의) 가. 주위. 부근. ◇湖~/호반. 2밭이나 논의 두렁.

【拚】 扌部 5画 버릴 **반**

통서슴없이 버리다. ⇒pīn '拼'

【拚命―명】pàn//mìng 통〈方〉목숨을 아끼지 않다. 목숨을 내걸다.

【盼】 目部 4画 곁눈질할 **반

통1바라다. 희망하다. ◇生了女儿又~儿子/딸을 낳고 또 아들을 바란다. 2보다. ◇左顾右~/좌우를 돌아보다.

【盼头―두】pàn·tou 명실현가능한 좋은 바람.

☆【盼望―망】pànwàng 통간절히 바라다. ◇我们热切地~着成功的那一天/우리는 성공할 그날을 간절히 바라고 있다.

【鋬】 金部 7画 손잡이 **반**

명기물(器物)의 손잡이 부분.

【襻】 衤部 19画 옷고름 **반**

1(～儿)图(헝겊으로 만든) 단추를 거는 고리. ◇纽～儿/(중국옷의 헝겊으로 만든) 단추고리. 2(～儿)图기능 혹은 형태가 단추고리와 비슷한 것. ◇篮子～儿/바구니의 손잡이 끈. 3图(실·끈·밧줄 따위로) 싸뜨다. 얽어매다. 동여매다. ◇～上几针/몇 바늘 싸뜨다.

pāng

【乒】 丿部 | pāng
5画 | 총소리 **방, 병**
의탕. 땅. 쾅. 꽝. 〔총소리나 문이 세게 닫히는 소리·물건이 부딪쳐 깨지는 소리〕◇～的一声枪响/탕하며 총소리가 났다.

【滂】 氵部 | pāng
10画 | 풀세찰 **방**
형〈文〉물이 솟구치는 모양.
【滂湃―배】 pāngpài 형물살이 세다.
【滂沱―타】 pāngtuó 형1(비가) 퍼붓는 모양. 2(轉)눈물을 많이 흘리는 모양.

【膀(胮)】 月部 | pāng
10画 | 오줌통 **방**
동붓다. ◇他的心脏病不轻, 脸都～了/그는 심장병이 심해 얼굴이 온통 부었다.⇒bǎng, páng

páng

【彷】 彳部 | páng
4画 | 배회할 **방**
⇒fǎng
【彷徨―황】 pánghuáng 동방황하다. 배회하다. 망설이다. (同)〔徘徊 páihuái〕

【庞·龐(厐)】 广部 | páng
5画 | 클 **방**
1형방대하다. 2형난잡하다. 번잡하다. 3(～儿)图얼굴. 낯. ◇面～/얼굴. 4(Páng)图성(姓).
*【庞大―대】 pángdà 형방대하다. 거대하다. ◇体积～/체적이 방대하다. (同)〔巨 jù 大〕, (反)〔矮小 ǎixiǎo〕
【庞然大物―연대물】 páng rán dà wù〈成〉엄청나게 커다란 물건.
【庞杂―잡】 pángzá 형난잡하다.

☆【旁】 一部 | 方部 | páng
8画 | 6画 | 곁 **방**
1图옆. 가. 곁. ◇路～/길가. 2형다른. 별개의. 딴. ◇从这个门出去吧, ～的门没开/옆문이 열려있지 않으니 이 문으로 나가세요. 3图한자의 편방. 변. ◇'村'是木字旁/'村'은 나무 목변이다.
【旁白―백】 pángbái 图〈演〉1방백. 2(영화 등의) 나레이션.

★【旁边―변】 pángbiān (～儿)图옆. 곁. ◇他没进商店, 进了～的书店/그는 상점에 들어가지 않았고 옆 서점에 들어갔다. (反)〔正中 zhèngzhōng〕
【旁出―출】 pángchū 图옆에서 나오다. 파생하다.
【旁观―관】 pángguān 图방관하다.
【旁观者清―관자청】 páng guān zhě qīng〈成〉비당사자가 사물을 더 잘 본다. 훈수 두는 사람에게 장기가 더 잘 보인다. (反)〔当局者迷 dāng jú zhě mí〕
【旁皇―황】 pánghuáng (同)〔彷徨 pánghuáng〕
【旁及―급】 pángjí 图(주된 사물 외에) 다른 것에까지 미치다.
【旁落―락】 pángluò 图(갖고 있어야 할 권력이) 남의 손 안에 들어가다.
【旁门―문】 pángmén (～儿)图곁문. 옆문. (同)〔边 biān 门〕, (反)〔正 zhèng 门〕
【旁门左道―문좌도】 páng mén zuǒ dào〈成〉(종교나 학술에서) 정통이 아닌 길. 사도(邪道). 이단. (同)〔左门旁道〕
【旁敲侧击―고측격】 páng qiāo cè jī〈成〉빙빙 둘러 말하다. (同)〔拐弯抹角 guǎi wān mò jiǎo〕, (反)〔开门见山 kāi mén jiàn shān〕
【旁人―인】 pángrén 图옆 사람. 타인. 제3자. (同)〔别 bié 人〕, (反)〔自己 zìjǐ〕
【旁若无人―약무인】 páng ruò wú rén〈成〉안하 무인하다. (同)〔目中无人 mù zhōng wú rén〕, (反)〔虚怀若谷 xū huái ruò gǔ〕
【旁听―청】 pángtīng 图1방청하다. 2(수업·강연 등을) 청강하다.
【旁骛―목】 pángwù 图〈文〉다른 일에 정신이 팔려 본업을 소홀히 하다.
【旁系亲属―계친속】 pángxì qīnshǔ 图방계 친족. (同)〔直 zhí 系亲属〕
【旁征博引―정박인】 páng zhēng bó yǐn〈成〉널리 자료를 인용하여 논증하다.
【旁证―증】 pángzhèng 图방증(傍證).
【旁支―지】 pángzhī 图방계.

【膀】 月部 | páng
10画 | 오줌통 **방**
⇒bǎng, pāng
【膀胱―광】 pángguāng 图〈生理〉방광.

【磅】 石部 | páng
10画 | 돌떨어지는소리 **방**
【磅礴―박】 pángbó 1형(기세가) 성하다. 2형충만하다. 넘치다.

【螃】 虫部 | páng
10画 | 방게 **방**
【螃蟹―해】 pángxiè 图〈魚介〉게.

【鳑·鰟】 鱼部 | páng
10画 | 방어 **방**
【鳑鲏―피】 pángpí 图〈魚介〉납줄개.

pǎng

【嗙】口部 pǎng 10画 큰소리할 **방**
動〈方〉제자랑하다. 허풍을 떨다. ◇胡吹乱～/〔成〕허풍을 떨다.

【耪】耒部 pǎng 10画 밭갈 **방**
動(가래·쟁기 따위로) 땅을 일구다. ◇～谷子/조〔벼〕밭을 일구다.

【髈】骨部 pǎng 10画 넓적다리 **방**
名〈方〉넓적다리. 대퇴.

pàng

☆【胖(胖)】月部 pàng 5画 뚱뚱할 **방**
形動뚱뚱하다. 살지다. 살찌다. ◇她现在～得不能再～了/그녀는 더이상 살찔 수 없을 정도로 뚱뚱하다. (反)〔瘦 shòu〕比較胖:肥 "胖"은 사람에게만 쓰고 동물 등에는 쓰이지 않는다. ◇这是一只又大又(×胖)肥的猪/이것은 한 마리의 크고 또 살찐 돼지이다.

【胖墩墩―돈돈】pàngdūndūn 形땅딸막하다.
【胖墩儿―돈아】pàngdūnr 名〈口〉키는 작지만 몸이 튼튼한 사람.〔특히 어린이〕
【胖乎乎―호호】pànghūhū (～的)形통통하다.
【胖头鱼―두어】pàngtóuyú 名〈魚介〉〈俗〉화련어.
*【胖子―자】pàng·zi 名뚱보. 뚱뚱이. (反)〔瘦子 shòuzi〕

pāo

【抛(抛)】扌部 pāo 4画 버릴 **포
動1던지다. ◇他这一～, 把球～了好高/그는 이번에 공을 아주 높이 던졌다. (同)〔扔 rēng〕, (反)〔拾 shí〕2버려두다. 제치다. ◇～妻别子/처자식을 버리다. 比較抛下:甩开 아내가 남편을 버릴 때는 "抛"를 쓰지 않는다. ◇她(×抛下)甩 shuǎi 开了她的丈夫, 决心要走自己的路/그녀는 자신의 남편을 저버리고 자신의 길을 가겠다고 결심했다. 3(상품을) 투매(投賣)하다. 헐값에 팔다. (同)〔抛售 shòu〕
【抛光―광】pāoguāng 動닦아서 광택을 내다.
【抛荒―황】pāo//huāng 動1(토지 따위를) 버려 두어 황폐케 하다. 2(학업이나 업무를) 소홀히 하다.

【抛脸―검】pāo//liǎn 動〈方〉체면을 잃다. (同)〔丢 diū 脸〕
【抛锚―묘】pāo//máo 動1닻을 내리다. 2〈轉〉(자동차 따위가) 고장이 나서 멈추다. ◇那辆桥车好像～了/그 승용차가 고장때문에 선 것 같다. (反)〔起 qǐ 锚〕
*【抛弃―기】pāoqì 動버려두다. 버리다. ◇～旧观念/낡은 관념을 버리다. (同)〔屏 bǐng 弃〕, (反)〔保留 bǎoliú〕
【抛却―각】pāoquè 動내던져 버리다.
【抛射―사】pāoshè 動투척하다.
【抛售―수】pāoshòu 動투매(投賣)하다. 덤핑하다.
【抛头露面―두로면】pāo tóu lù miàn 〈成〉1부녀자가 사람들 앞에 얼굴을 드러내다. 2공공연히 얼굴을 내밀다.〔부정적으로 쓰임〕(反)〔销声匿迹 xiāo shēng nì jì〕
【抛物线―물선】pāowùxiàn 名〈數〉포물선.
【抛掷―척】pāozhì 動던지다.
【抛砖引玉―전인옥】pāo zhuān yǐn yù 〈成〉자신의 소견을 먼저 내놓아 다른 사람의 고견을 끌어내다.

【泡】氵部 pāo 5画 거품 **포**
1(～儿)名부풀어서 부드러운〔말랑말랑한〕것. ◇水～/물집. ◇眼～/눈꺼풀. 2形(속이 비고 부드러워) 푸석푸석하다. 허벅허벅하다. 푹신푹신하다. 말랑말랑하다. ◇这块木料发～了/이 목재는 푸석푸석해졌다. 3名〈方〉작은 호수.〔주로 지명(地名)에 쓰임〕◇月亮～/〈地〉월량포. 길림성(吉林省)에 있는 호수. 4양똥·오줌·진흙 등을 세는 단위. ⇒pào
【泡货―화】pāohuò 名〈方〉부피는 크나 무게는 가벼운 물품.
【泡桐―동】pāotóng 名〈植〉오동나무.
【泡子―자】pāo·zi 名〈方〉작은 호수.〔주로 지명에 사용됨〕

páo

*【刨】刂部 páo 5画 깎을 **포**
動1파다. 파내다. ◇～土/흙을 파내다. 2빼다. ◇十五天～去五天, 只剩下十天了/15일에서 5일을 빼면, 단지 10일이 남는다. (同)〔挖 wā〕, (反)〔填 tián〕
【刨除―제】páochú 動빼다. 삭제하다.
【刨根儿―근아】páo//gēnr 動〈喩〉철저히 규명하다.
【刨根问底儿―근문저아】páo gēn wèn dǐr 〈喩〉꼬치꼬치 캐묻다. 철저히 따지다.

【庖】广部 páo 5画 부엌 **포**

P

명〈文〉**1**부엌. 주방. ◇～厨/주방. 부엌. **2**요리사.

【庖厨一주】páochú **명**〈文〉주방. 부엌.

【庖代一대】páodài **동**〈文〉남 대신 일하다.

【咆】 口部 / 5画 / 으르렁거릴 포 páo

동맹수가 울부짖다.

【咆哮一효】páoxiào **동1**(맹수가) 포효하다. **2**〈喩〉(물이) 노호하다. (사람이 몹시 화가 나서) 부르짖다.

【狍(麅)】 犭部 / 5画 / 노루 포 páo

【狍子一자】páo·zi **명**〈動〉노루의 일종.

【炮】 火部 / 5画 / 대포 포 páo

동1〈中藥〉(한방(漢方)에서 약재를) 솥에 볶아 약간 탈 정도에서 터지게 하다. **2**〈文〉태우다. 굽다. ⇒bāo, pào.

【炮格一격】páogé **명**숯불 위에 기름을 바른 구리 기둥을 걸쳐 놓고 죄인을 위로 걷게 하여 떨어지면 불에 타 죽게 하는 형벌. 은의 주왕(紂王)이 행했다는 혹형.

【炮炼一련】páoliàn **동**〈中藥〉열을 가하여 한약재의 수분과 불순물을 제거하다.

【炮烙一락】páoluò (舊讀 páogé) (同)〔炮格 gé〕

【炮制一제】páozhì **동1**한약을 정제(精制)하다. **2**〈貶〉꾸며내다. 조작하다.

【袍】 衤部 / 5画 / 솜옷 포 páo

명(～儿)두루마기. 도포. 중국식의 긴 옷. ◇棉～/솜을 넣은 긴 옷.

【袍哥一가】páogē **명**비밀 결사의 하나였던 '哥老会'의 조직이나 그 구성원.

【袍笏登场一홀등장】páo hù dēng chǎng 〈成〉조복(朝服)을 입고 홀(笏)을 들고 무대에 오르다. 관직에 오르다. 〔비아냥거리는 투〕

【袍泽一택】páozé **동**〈文〉〈轉〉(군대의) 전우(戰友).

【袍罩儿一조아】páozhàor **명**'袍子' 겉에 입는 긴 옷.

【袍子一자】páo·zi **명**긴 옷.

【匏】 大部 / 8画 / 박 호 páo

【匏瓜一과】páoguā **명**〈植〉**1**박. **2**박의 열매.

【跑】 足部 / 5画 / 달릴 포 páo

동동물이 발로 땅을 파다. ◇～槽/가축이 발로 구유 밑을 후비다. ⇒pǎo

pǎo

★【跑】 足部 / 5画 / 달릴 포 pǎo

동1달리다. 뛰다. ◇一口气～了五圈/단숨에 5바퀴를 뛰었다. **2**도망하다. 달아나다. ◇～了一只羊/양 한 마리가 달아났다. **比교**跑:逃脱 추상적으로 어떤 곤경을 벗어나는 것에는 "跑"를 쓰지 않는다. ◇好话说得再多, 也(×跑)逃脱不了经理的批评/제 아무리 좋은 말을 많이 해도 사장님의 꾸지람을 피할 수 없다. **3**〈方〉걷다. ◇～路/길을 걷다. **4**어떤 일을 위해 뛰어 다니다. ◇他过去～过码头/그는 옛날에 각지를 다니면서 장사했었다. ◇～材料/자료를 위해 뛰어다닌다. **5**물체가 원래의 위치에서 이탈하다. ◇气球让风给吹～了/풍선이 바람에 날려갔다. **6**액체가 증발(揮發)되어 없어지다. ◇茶叶放在瓶子里容易～味儿/차잎을 병속에 넣으면 냄새가 날아가기 쉽다. ⇒páo

【跑表一표】pǎobiǎo **명**〈體〉스톱 위치. (同)〔马 mǎ 表〕

★【跑步一보】pǎo// bù **동**구보를 하다. ◇她每天早晨都要出去～/그녀는 매일 아침마다 나가서 조깅을 한다.

【跑车一차】pǎo// chē **동1**사갱(斜坑)에서 윈치(winch)가 끊어지거나 기타 원인으로 인하여 광차(礦車)가 미끄러지는 사고가 발생하다. **2**〈口〉열차 승무원이 기차에서 일하다.

【跑车一차】pǎochē **명1**경주용 자전거. 경주용 스포츠카. **2**산림지역의 목재 운반용 차량.

【跑单帮一단방】pǎo dānbāng (각지를 오가며) 보따리 장사하다.

＊【跑道一도】pǎodào **명1**활주로. **2**〈體〉(경주용의) 트랙(track).

【跑电一전】pǎo// diàn **동**누전되다.

【跑肚一두】pǎo// dù **동**〈俗〉설사하다.

【跑光一광】pǎoguāng **동**감광재료(필름·감광지)가 광선에 노출되다.

【跑旱船一한선】pǎohànchuán **명**민간(民間) 무용의 하나. 배 모양을 만들어 두 사람이 타고 춤을 춤.

【跑江湖一강호】pǎo jiānghú 곡예나 점 등의 직업으로 세상을 떠돌아 다니다.

【跑街一가】pǎojiē **동**외근하다. (同)〔跑外 wài〕**2명**외근하는 사람.

【跑龙套一룡투】pǎo lóngtào (～的)**1**연극에서의 하인이나 병졸. **2**〈轉〉단역. 말단.

【跑马一마】pǎo// mǎ **1동**말을 타고 달리다. **2**(pǎomǎ)**명**경마. **3동**〈俗〉유정(遺精)하다.

【跑马卖解一마매해】pǎo mǎ mài xiè 〈成〉곡마(曲馬)를 직업으로 살아가다.

【跑码头－마두】pǎo mǎ·tou 각지를 왕래
　하며 장사하다.
【跑跑颠颠－전전전】pǎopǎodiāndiān (～
　的)형바쁘게 뛰어다니는 모양.
【跑跑跳跳－포도도】pǎopǎotiàotiào (～
　的)형이리저리 뛰어다니는 활발한 모양.
【跑墒－상】pǎo// shāng 동〈農〉토양이 수
　분을 잃다.
【跑生意－생의】pǎo shēng·yi (각지를 왕래
　하며) 장사를 하다. (同)〔跑买卖 mǎi·mai〕
【跑堂儿－당아】pǎotáng 동(음식점에서)
　음식을 서빙하다.
【跑题－제】pǎo// tí 동화제에서 벗어나다.
　(同)〔走 zǒu 题〕
【跑腿儿－퇴아】pǎo// tuǐr 형(남을 위해)
　일하다. 심부름하다. ◇妈刚叫他去～/엄
　마는 금방 그를 심부름 시켰다.
【跑外－외】pǎowài 동(점원이) 외근하다.
【跑鞋－혜】pǎoxié 명〈體〉스파이크 슈즈.
【跑圆场－원장】pǎo yuánchǎng 〈演〉무대
　위를 빠른 걸음으로 빙빙 돌아다니는 동
　작. 〔긴 여행을 의미함〕
【跑辙－철】pǎo// zhé 동〈方〉이야기가 본
　론에서 벗어나다.

pào

【泡】 氵部 pào
　5画 거품 포
1(～儿)명거품. 포말. ◇盆里的肥皂～太
　多了/대야의 비누거품이 너무 많다. 2
　(～儿)명물집. 거품같이 생긴 것. ◇起～
　了/물집이 생겼다. ◇灯～/전구. 3동(비
　교적 오래) 물〔액체〕에 담그다. ◇酒精
　里～着药棉/알콜 속에 약솜이 담겨져 있
　다. 4동(고의적으로) 시간을 낭비하다.
　◇在茶馆～了两个钟头/다방에서 2시간을
　낭비했다. ⇒pāo
【泡病号－병호】pào bìnghào 동(～儿)병
　을 핑계삼아 출근하지 않다. 대수롭지 않
　는 병에 드러눕다.
【泡菜－채】pàocài 명1시고 짭잘한 맛의
　중국 사천 김치. 2(우리나라) 김치.
【泡饭－반】pào// fàn 1동국이나 물에 밥
　을 말다. 2(pàofàn)명〈方〉물에 만 밥.
【泡蘑菇－마고】pào mó·gu 동질질 시간을
　끌다.
【泡沫－말】pàomò 명포말. (물)거품.
【泡沫塑料－말소료】pàomò sùliào 명폼
　플라스틱.
【泡泡纱－포사】pào·paoshā 명〈紡〉서커
　(sucker).
【泡泡糖－포당】pào·paotáng 명풍선껌.
【泡汤－탕】pào// tāng 동〈方〉물거품이 되

다. 허사가 되다. ◇这件事～了/이 일이
　물거품이 되었다.
【泡漩－선】pàoxuán 명소용돌이치는 물결.
【泡影－영】pàoyǐng 명〈喩〉물거품. 수포.

☆**【炮(砲, 礮)】** 火部 pào
　　　　　　　　5画 대포 포
　명1(대)포. 2폭죽. ◇鞭～/폭죽. 3다이너
　마이트. ⇒bāo, páo
【炮兵－병】pàobīng 명포병.
**【炮弹－탄】pàodàn 명포탄.
【炮灰－회】pàohuī 명총알받이. 희생물.
*【炮火－화】pàohuǒ 명포화.
【炮击－격】pàojī 명동포격(하다).
【炮舰－함】pàojiàn 명〈軍〉포함.
【炮舰外交－함외교】pàojiàn wàijiāo 명함
　포외교.
【炮楼－루】pàolóu 명〈軍〉포루.
【炮钎－천】pàoqiān 명(착암·발파 등의
　작업에 사용되는) 긴 쇠막대.
【炮声－성】pàoshēng 명대포소리.
【炮手－수】pàoshǒu 명포를 쏘는 병사.
【炮塔－탑】pàotǎ 명〈軍〉포탑.
【炮台－대】pàotái 명〈軍〉포대.
【炮膛－당】pàotáng 명〈軍〉포강(砲腔).
【炮艇－정】pàotǐng 명〈軍〉작은 포함.
【炮筒子－통자】pàotǒng·zi 명1포신. 2〈喩〉
　성미 급하고 직설적으로 말하는 사람.
【炮眼－안】pàoyǎn 명1〈軍〉포안. 2발파구.
【炮衣－의】pàoyī 명대포를 씌우는 덮개.
【炮仗－장】pào·zhang (同)〔爆 bào 竹〕

【疱(皰)】 疒部 pào
　　　　　　　5画 여드름 포
　명여드름.

pēi

【呸】 口部 pēi
　　　5画 나무랄 배
　갑피. 체. 흥. 퉤. 〔질책 또는 경멸을 나
　타냄〕◇～! 想用金钱引诱我, 这办不到!
　/흥! 나를 돈으로 유혹하려고, 그건 어
　림도 없어!

【胚(肧)】 月部 pēi
　　　　　　5画 아이밸 배
　명〈生〉배(胚). 눈. 배아.
【胚层－층】pēicéng 명〈生〉배엽(胚葉).
【胚胎－태】pēitāi 명〈生〉배태(하다).
【胚芽－아】pēiyá 명1〈植〉눈. 배아. 2〈喩〉
　갓 생긴 사물. 싹. 발단.

péi

☆【陪】 阝部 péi
　　　8画 모실 배

통1모시다. 동반하다. 수행하다. ◇他太忙了, 没时间~我/그는 너무 바빠 나와 동행할 시간이 없다. 2곁에서 도와주다.

【陪伴-반】péibàn 통(가까운 사람의) 곁에 있다. 말동무돼주다.

【陪绑-방】péibǎng 통미결수를 사형 집행장에 보내 사형광경을 보게 하여 자백하게 만들다.

【陪衬-친】péichèn 1통다른 사물을 사용하여 주된 사물을 돋보이게 하다. 두드러지게 하다. 2명안받침. 돋보이게 하는 물건[장식].

【陪床-상】péichuáng 통입원 환자 곁에서 시중들다.

【陪吊-조】péidiào 통명옛날, 상중(喪中)인 사람을 대신하여 조문객을 접대하다[하는 사람].

【陪都-도】péidū 명제2(第二)의 수도.

【陪房-방】péi·fang 명신부를 따라가는 몸종.

【陪祭-제】péijì 명제주(祭主)를 도와 제사를 지내는 사람.

【陪嫁-가】péijià 통신부에게 몸종이나 혼수품을 딸려 보내다. 또는 그 혼수품이나 몸종.

【陪客-객】péi// kè 통손님을 모시다. 손님을 접대하다.

【陪客-객】péi·ke 명배빈(陪賓).

【陪奁-렴】péilián 명〈文〉혼수품.

【陪审-심】péishěn 〈法〉명통배심(하다).

【陪侍-시】péishì 통곁에서 시중들다. 모시다.

【陪送-송】péi·song 1통시집갈 때 혼수나 몸종을 딸려 보내다. 2명혼수.

*【陪同-동】péitóng 통(공식적인 행사에) 모시고 다니다. 동행하다. ◇从北京到上海, 他一直~着代表团/그는 북경에서 상해까지 대표단을 계속 동행하고 있다. 비교陪同:陪 "陪同"은 개인적인 일에 잘 안 쓰인다. ◇我常常(×陪同)陪他打网球/나는 자주 그와 함께 테니스를 친다.

【陪夜-야】péiyè 통밤에 환자를 돌보다.

【陪音-음】péiyīn (同)[泛 fàn 音]

【陪葬-장】péizàng 명통1순장(하다). 2고대에, 신하나 처첩의 영구를 황제나 남편의 무덤 옆에 함께 묻는 것[묻다].

【培】土部 péi 8画 북돋을 배

통1초목에 북을 돋우다[주다]. ◇玉米根部要多~一点儿土/옥수수 뿌리에 북을 좀 많이 주어야 한다. 2배양하다. 교육시키다. ◇~训/훈련·양성하다.

【培土-토】péi// tǔ 통〈農〉북돋우다.

*【培训-훈】péixùn 통(기술자·간부 등을) 양성하다. 훈련하다. ◇~导游人员/관광 안내원을 양성시키다.

*【培养-양】péiyǎng 통1〈生〉배양하다. ◇对这种细菌多花点时间~~, 一定能成功/이런 세균은 시간을 더 들여 배양하면 꼭 성공할 수 있다. 2양성하다. 키우다. ◇近几年, 他们~了一大批企业管理人才/요 몇년 동안 그들은 기업경영 인재를 많이 양성했다. (同)[培植 zhí], (反)[摧残 cuīcán] 비교培养:教育 지도 계몽의 뜻에는 "培养"을 쓰지 않는다. ◇他常常(×培养)教育学生自尊自爱/그는 자주 학생들이 자신을 존중하고 사랑하도록 교육한다.

*【培育-육】péiyù 통1재배하다. ◇气温极低, ~不了 liǎo 新品种/기온이 뚝 떨어져 신품종을 재배할 수 없다. 2(인재를) 기르다. ◇~孤儿/고아를 기르다. (反)[摧残 cuīcán]

【培植-식】péizhí 통1(식물을) 배양하여 기르다. 2(인재를) 양성하다. (세력을) 부식하여 키우다.

☆【赔·賠】贝部 péi 8画 물어줄 배

통1배상하다. 변상하다. ◇从图书馆借的书丢了, ~了两倍的钱/도서관에서 빌린 책을 잃어버려서 두 배의 돈을 배상했다. 2사과하다. 잘못을 빌다. ◇~礼/사과하다. 3손해를 보다. 밑지다. ◇他做买卖, 从来没~过本儿/그는 여지껏 장사를 하면서 밑진 적이 없다.

【赔本-본】péi// běn 통손해를 보다. 밑지다. (同)[蚀 shí 本], (反)[赚钱 zhuàn// qián]

【赔不是-불시】péi bù·shi 통사죄하다. 사과하다. (同)[赔罪 zuì]

*【赔偿-상】péicháng 명통배상(하다). 변상(하다). ◇~损失/손실을 배상한다.

【赔垫-점】péidiàn 통대신 돈을 물어주다.

【赔话-화】péi// huà 통사과하다. 유감의 뜻을 표하다.

*【赔款-관】péi// kuǎn 1통배상하다. 2(péikuǎn)명배상금.

【赔了夫人又折兵-료부인우절병】péi·le fū·ren yòu zhé bīng 〈諺〉부인을 잃고 병사마저 잃다. 엎친 데 덮치다.

【赔礼-례】péi// lǐ 통사과하다.

【赔钱-전】péi// qián 통1밑지다. 손해를 보다. 2배상하다.

【赔情-정】péi// qíng (同)[赔礼 lǐ]

【赔小心-소심】péi xiǎo·xīn 몸을 낮추어 상대의 비위를 맞추거나 환심을 사다.

【赔笑-소】péi// xiào 통웃는 낯으로 대하

며 화를 가라 앉히다. 웃는 얼굴로 비위를 맞추다.

【賠罪―죄】péi// zuì 동사과하다. 사죄하다.

【錯·鉑】钅部 péi 8画 버클륨 **배**
명〈化〉버클륨(Bk).

【裴】衣部 Péi 8画 옷치렁치렁할 **배**
명성(姓).

pèi

【佩(³珮)】亻部 pèi 6画 노리개 **패**
1동(허리에) 차다. (가슴에) 달다. ◇~刀/칼을 차다. 2동탄복하다. ◇这种精神可敬佩~/그런 정신은 탄복할 만하다. 3명옛날, 허리띠에 달던 장식품. ◇玉~/허리띠에 장식품으로 다는 구슬.

【佩带―대】pèi·dài 동패용하다. (가슴이나 어깨에) 달다. (허리나 손목에) 차다. ◇~武器/무기를 차다.

**【佩服―복】pèifú 동탄복하다. 감복하다.

【佩兰―란】pèilán 명〈植〉향등골나물.

【沛】氵部 pèi 4画 성할 **패**
형〈文〉왕성하다. 세차다. 힘차다.

【沛然―연】pèirán 형〈文〉1비가 억수같이 내리는 모양. 2성한 모양.

【霈】雨部 pèi 7画 비쏟아질 **패**
1명〈文〉큰 비. 비. ◇甘~/감우. 단비. 2형〈文〉비가 많이 내리는 모양.

【配】酉部 pèi 3画 짝지을 **배
1동남녀가 결혼하다. 결혼하다. ◇婚~/결혼하다. 2동배필. 배우자. 〔주로 처를 가리킴〕◇择~/배우자를 고르다. 3동(동물을) 교배시키다. 교미시키다. ◇~马/말을 교배시키다. 4동(적당한 기준이나 비례로) 배합하다. ◇~颜料/물감을 배합하다. 5동분배(分配)하다. 배치하다. ◇分~/분배하다. 6동(부족한 물품을) 보충하다. 채워 넣다. 맞추다. ◇钥匙~了两次都没~好/열쇠를 두 번이나 맞췄어도 잘못 맞췄다. 7동(어떤 것에) 맞추다. ◇你说，我这条裤子~什么样的上衣好看？/네가 보기에 내 이 바지에 어떤 상의를 맞춰야 돋보이겠니? 비교配配:伴随 사람이 음악 박자에 맞춰 걷는 것에는 "配"를 쓰지 않는다. ◇他们(×配)伴随着轻快的乐曲步入了会场/그들은 경쾌한 음악에 맞춰 대회장으로 들어왔다. 8조동(…할) 자격이 있다. (…에) 어울리다. ◇你很~

这个称号/너는 그 칭호가 어울린다. 9동옛날에 범죄인을 유형(流刑)에 처해서 변경으로 보내 군인을 삼거나 노역(劳役)에 종사하게 하다. 귀양보내다.

*【配备―비】pèibèi 1동(수요에 따라) 배치(배정)하다. ◇~三辆吉普车/3개의 짚차를 배정한다. 2동(병력을) 배치하다. ◇按地形~火力/지형에 따라 화력을 배치한다. 3명장치. 장비. ◇现代化的~/현대화된 설비.

【配搭―탑】pèidā 동1보조역할을 하다. 2맞추다.

【配搭儿―탑아】pèi·dar 명1부속물. 보조적인 것. 2조연.

【配电盘―전반】pèidiànpán 명〈電〉배전반. 스위치보드.

【配殿―전】pèidiàn 명(궁전이나 사원의) 정전(正殿)의 좌우에 세워진 전(殿). 곁채. (反)〔正zhèng殿〕

【配对―대】pèi// duì (～儿)동1쌍을 이루게 하다. 2〈口〉교미시키다.

【配方―방】pèi// fāng 1동〈數〉불완전 제곱식을 완전 제곱식으로 바꾸다. 2동처방에 따라 약을 조제하다. 3명(화학제품 등의) 배합방법.

*【配房―방】pèifáng 명곁채. 사랑채.

☆【配合―합】pèihé 동1협력하다. ◇他们互相~着，任务完成得很好/그들은 서로 협력하여 임무를 잘 완수했다. 2〈機〉감합(嵌合)하다. 맞물리다.

【配合―합】pèi·he 형어울리다. 조화되다.

【配货―화】pèihuǒ 동(同)〔回huí 火 1〕

【配给―급】pèijǐ 동(同)〔配售 shòu〕

【配件―건】pèijiàn 명1부품. 부속품. 2(～儿)파손된 후에 다시 해넣은 부품.

【配角―각】pèijué (～儿)1동함께 주연을 맡다. 2동(연극·영화의) 조연. 상대역. 보조역. 3명〈喩〉보좌역. 보조적인 인물. (反)〔主zhǔ 角〕

【配军―군】pèi// jūn 동옛날, 죄인을 변경으로 유배하여 군무에 종사케 하다.

【配料―료】pèi// liào 동원료를 배합하다.

【配偶―우】pèi'ǒu 명〈法〉배필. 배우자.

【配色―색】pèi// sè 동배색하다.

【配售―수】pèishòu 동할당 판매하다.

*【配套―투】pèi// tào 동(설비를 설치하여) 하나의 공장(plant)으로 만들다. (부품을 부착하여) 조립하다. ◇~工程/프렌트 공사.

【配伍―오】pèiwǔ 동〈藥〉(두 가지 이상의) 약을 서로 배합하여 사용하다.

【配戏―희】pèi// xì 동조연으로서 공연하다.

【配享―향】pèixiǎng 명동배향(하다).

【配药―약】pèi// yào 동약을 조제하다〔짓다〕.

P

【配音—음】pèi// yīn 동(외국 영화나 텔레비전 따위에) 애프터 레코딩하다.

【配乐—악】pèi// yuè 배경음악을 넣다.

【配制—제】pèizhì 통 **1**(안료·약제 등을) 배합하여 만들다. 조제하다. **2**주된 것을 돋보이게 하기 위해 제작하다.

【配置—치】pèizhì 통배치하다.

【配种—종】pèi// zhǒng 통(동물을) 교미시키다.

【配子—자】pèizǐ 명〈生〉배우체.

【配子体—자체】pèizǐtǐ 명〈植〉배우체.

【辔·轡】 口部 车部 pèi
　　　10画 9画 고삐 **비**
명(말 등의) 고삐와 재갈. ◇按~徐行/고삐를 당겨 천천히 가다.

【辔头—두】pèitóu 명(말의) 고삐와 재갈.

pēn

☆【喷·噴】 口部 pēn
　　　9画 뿜을 **분**
통(액체나 기체 등을) 내뿜다. ◇这辆汽车刚~了漆, 不要动它/이 차는 방금 분무칠을 했으니, 건드리지 마라. ⇒pèn

【喷薄—박】pēnbó 형(물이나 해가) 힘차게 솟아 오르는 모양.

【喷灯—등】pēndēng 명용접등. 토치 램프(touch lamp).

【喷发—발】pēnfā 통(화산이 용암을) 분출하다.

【喷饭—반】pēnfàn 통(식사 중 웃음을 참지 못하여) 입속에 있는 밥알을 내뿜게 하다. 〔웃기다는 표현으로 쓰임〕

【喷粪—분】pēn// fèn 통더러운·〔지저분한, 근거없는〕말을 하다.

【喷壶—호】pēnhú 명조로. 물뿌리개.

【喷火器—화기】pēnhuǒqì 명화염 방사기.

【喷口—구】pēnkǒu 명분화구.

【喷漆—칠】pēnqī 명**1**분무하여 칠하는 래커(lacquer). **2**(pēnqī)분무용 래커.

【喷气发动机—기발동기】pēnqì fādòngjī 명제트 엔진(jet engine).

【喷气式飞机—기식비기】pēnqìshì fēijī 명제트기.

【喷泉—천】pēnquán 명분수.

【喷洒—쇄】pēnsǎ 통뿌리다〔살포하다〕.

*【喷射—사】pēnshè 통분사하다. 내뿜다.

【喷水—수】pēn// shuǐ 통물을 뿜다.

【喷嚏—체】pēntì 명재채기. ◇他突然打了个~, 大家都吃了一惊/그가 갑자기 재채기를 하자 모두들 깜짝 놀랐다.

【喷桶—통】pēntǒng 同〔喷壶 hú〕

【喷头—두】pēntóu 명(샤워기·스프링클러·분무기 따위의) 분사 꼭지.

【喷涂—도】pēntú 통명도료를 뿜어 내다.

【喷吐—토】pēntǔ 통(빛·불·공기 따위를) 분사하다. 내뿜다.

【喷雾器—무기】pēnwùqì 명분무기.

【喷子—자】pēn·zi 명분사기. 분무기.

【喷嘴—취】pēnzuǐ (~儿)명노즐(nozzle).

pén

☆【盆】 皿部 pén
　　　 동이 **분**
(~儿)명위는 넓고 아래는 다소 좁은 원형 그릇. 즉 대야·화분·버치·소래기 따위. ◇脸~/세수 대야. ◇这个~漏 lòu 了, 用别的~洗菜吧/이 대야가 새니 다른 대야로 채소를 썼어라.

**【盆地—지】péndì 명〈地〉분지. (反)〔高原 gāoyuán〕

【盆花—화】pénhuā 명화분에 심은 꽃.

【盆景—경】pénjǐng (~儿)명분재.

【盆腔—강】pénqiāng 명〈生理〉골반강.

【盆汤—탕】péntāng 명(공중 목욕탕의) 1인용 욕조. (同)〔盆塘 táng〕, (反)〔池 chí 汤〕

【盆栽—재】pénzāi 명분재.

【盆子—자】pén·zi 명〈口〉대야. 화분.

【溢】 氵部 pén
　　　9画 용솟음할 **분**
통〈文〉(물이) 용솟음치다. 솟구치다. ◇~涌/물이 용솟음쳐 흐르다.

pèn

【喷·噴】 口部 pèn
　　　9画 뿜을 **분**
1(~儿)명〈口〉과일이나 생선 등이 대량으로 시장에 나오는 때. ◇西瓜正在~儿上/수박이 바야흐로 한물이다. **2**(~儿)명〈口〉꽃. 벌. 〔꽃이 피거나 열매를 맺는, 또는 익어서 수확하는 횟수를 나타냄〕◇~头—棉花/첫물 면화. ⇒pēn

【喷香—향】pènxiāng 형향기가 짙다. ◇~扑鼻/향기가 짙어 코를 찌르다. (反)〔恶臭 èchòu〕

pēng

【怦】 忄部 pēng
　　　5画 두근거릴 **평**
의두근두근. 쿵쿵. 〔가슴이 뛰는 것을 형용함〕◇吓得心里~~直跳/놀라서 가슴이 계속 두근두근 뛴다.

【抨】 扌部 pēng
　　　5画 탄핵할 **평**

P

[동]탄핵하다.
【抨击－격】pēngjī [동]논평하여 다른 사람의 언행을 비난하다.

【砰】石部 5画 pēng 돌구르는소리 **팽**
[의]두평. 쾅. 쿵.〔부딪치거나 무거운 물건이 땅에 떨어지는 소리〕◇～的一声, 木板倒dǎo了/평하고 널빤지가 넘어졌다.

*【烹】灬部 7画 pēng 삶을 **팽**
[동]**1**삶다. 끓이다. **2**볶다.〔요리 방법의 하나로 재료를 뜨거운 기름에 살짝 볶아 조미료를 넣고 빨리 휘저어 만드는 것을 말함〕◇～对虾/새우 볶음.
【烹茶－다】pēng// chá [동]차를 끓이다.
【烹饪－임】pēngrèn [명][동]요리〔조리〕(하다).
*【烹调－조】pēngtiáo [동]요리〔조리〕하다.

【嘭】口部 12画 pēng 대포소리 **팽**
[의]쾅. 쿵.〔문 두드리는 소리〕◇一阵～～～的敲门声/한바탕 쾅쾅쾅거리는 문 두드리는 소리.

péng

【朋】月部 4画 péng 벗 **붕**
1[명]벗. 친구. ◇良～/좋은 친구. **2**[동]작당하다. **3**[동]〈文〉비교하다.
【朋比为奸－비위간】péng bǐ wéi jiān〈成〉서로 결탁하여 못된 짓을 하다.
【朋党－당】péngdǎng [명]붕당. 파당.
★【朋友－우】péng·you [명]친구. 벗. ◇他有～了/그는 친구가 생겼다. (同)〔友人 rén〕, (反)〔敌人 dírén〕

⁑【棚】木部 8画 péng 시렁 **붕**
1[명](천)막. ◇天～/천막. **2**[명]우리. 막. ◇牲口～/가축 우리. **3**[명]천정. 천장. ◇顶～/천정.
【棚车－차】péngchē [명](同)〔篷 péng 车〕
【棚户－호】pénghù [명]〈方〉판자집. 오막살이.
【棚圈－권】péngjuàn [명](가축의) 우리.
【棚子－자】péng·zi [명]우리. 헛간.

【硼】石部 8画 péng 붕사 **붕**
[명]〈化〉붕소(B).

【鹏·鵬】鸟部 8画 péng 붕새 **붕**
[명]붕새. 전설상의 큰 새.
【鹏程万里－정만리】péng chéng wàn lǐ〈成〉전도가 양양하다. 장래가 유망하다. (同)〔前途无量 qiántú wú liàng〕

【髟朋】髟部 8画 péng 헝클어질 **붕**
[형]머리가 흐트러지다.
【髟朋鬙－승】péngsēng [형]머리가 흐트러져 있는 모양. 머리가 터부룩하다.
【髟朋松－송】péngsōng [형]머리가 흐트러지다.

【彭】彡部 9画 péng 땅이름 **팽**
[명]성(姓).

【澎】氵部 12画 péng 물부딪칠 **팽**
지명에 쓰이는 글자.
【澎湃－배】péngpài [형]**1**큰 파도가 맞부딪치는 모양. **2**〈喩〉(기세가) 대단한 모양.

【膨】月部 12画 péng 부를 **팽**
[동]팽창하다.
【膨大－대】péngdà [동]부풀어 오르다.
【膨脝－형】pénghēng [형]**1**〈文〉배가 불룩하다. **2**〈方〉너무 커서 거추장스럽다.
⁑【膨胀－창】péngzhàng [동]팽창하다. ◇气球不断地～着, 一会儿就会爆的/풍선이 계속 팽창하고 있어 조금 있으면 폭발할 것이다. (同)〔膨大 dà〕, (反)〔收缩 shōusuō〕 [비교]膨胀:发胀 신체의 특정 부위가 붓는 것에는 "膨胀"이라 하지 않는다. ◇站得时间长了, 我感到腿有些(×膨胀)发胀/난 서 있는 시간이 길어서 다리가 좀 부은 것 같다.
【膨胀系数－창계수】péngzhàng xìshù [명]〈物〉팽창 계수. 팽창률.

【蟛】虫部 12画 péng 방게 **방**
【蟛蜞－기】péngqí [명]〈動〉방게.

⁑【蓬】艹部 10画 péng 쑥 **봉**
1[명]〈植〉쑥. **2**[형]흐트러지다. ◇～着头/머리가 흐트러져 있다. **3**[양]가지나 잎이 무성한 화초(花草) 따위에 쓰임. ◇一～凤尾竹/봉황죽 한 무더기.
【蓬荜增辉－필증휘】péng bì zēng huī〈謙〉손님에게서 서화 등을 선사받아 매우 영광이라는 뜻을 나타냄.
【蓬勃－발】péngbó [형]왕성한 모양. 활기찬 모양. ◇近几年来, 乡镇企业得到了～的发展/최근 몇년 동안 농촌기업은 크게 발전되었다. (同)〔旺盛 wàngshèng〕, (反)〔萧条 xiāotiáo〕
【蓬蒿－호】pénghāo [명]〈方〉**1**〈植〉쑥갓. **2**황야.
【蓬户－호】pénghù [명]〈文〉초가. 가난한 집.
【蓬莱－래】Pénglái [명]전설에서 신선이 산다는 발해에 있는 봉래산.
【蓬乱－란】péngluàn [형](풀·머리카락 등

이) 헝클어지다.

【蓬门荜户－문필호】péng mén bì hù〈成〉(가난한 사람이 거처하는) 누추한 집. (反)〔高门大户 gāo mén dà hù〕

【蓬茸－용】péngróng〈文〉우거지다. 무성하다.

【蓬松－송】péngsōng〈형〉(풀·나뭇잎·머리털 등이) 흐트러지다. 더부룩하다. 덥수룩하다.

【蓬头垢面－두구면】péng tóu gòu miàn〈成〉흐트러진 머리털과 때낀 얼굴.

【蓬】竹部 péng
10画 쑥 봉

〈명〉1(~儿)쑥. 덮개.〔대나무·갈대 거적·범포(帆布) 따위로 만든 배나 수레의 덮개〕◇船～/배의 쑥. 2배의 돛.◇扯起～来/돛을 올리다.

【篷车－차】péngchē〈명〉1유개 화물차. 2옛날, 덮개 있는 마차.

pěng

☆【捧】扌部 pěng
8画 받들 봉

1〈동〉받들다. 두 손으로 받쳐 들다. 두 손으로 움켜 뜨다.◇他逗得大家～着肚子笑/그는 모두를 배꼽을 잡고 웃게 했다. 비교捧:端 손 안에 물건을 들 경우에는 "捧"을 쓰지 않는다.◇他(×捧)端过来一盘花生让我们吃/그는 땅콩을 한 접시 들고 나와 우리에게 먹으라고 했다. 2〈양〉움큼.〔두 손으로 떠받치거나 움켜 뜰 수 있는 물건들에 쓰임〕◇一～花生/땅콩 한 움큼. 3〈동〉남에게 아첨하다. 치켜세우다.◇他极力～着经理/그는 있는 힘을 다해서 사장에게 아첨하고 있다.

【捧场－장】pěng// chǎng〈동〉무대의 배우에게 박수 갈채를 보내다.〈轉〉(없는 장점을 들어) 치켜 세우다.

【捧腹－복】pěngfù〈동〉배꼽이 빠지도록 웃다. (反)〔捶胸顿足 chuí xiōng dùn zú〕

【捧腹大笑－복대소】pěng fù dà xiào〈成〉포복 절도(抱腹絶倒)하다.

【捧眼－근】pěng// gén〈동〉두 사람이 하는 만담에서 보조역이 재미있게 표정이나 맞장구를 쳐서 관중을 웃기다.

【捧角－각】pěng// jué (~儿)〈동〉연극 배우에게 박수갈채를 보내다.

pèng

【椪】木部 pèng
8画 뻥깡 병

【椪柑－감】pènggān〈명〉〈植〉뻥깡.〔밀감의 일종〕

★【碰(椪, 踫)】石部 pèng
8画 부딪칠 병

〈동〉1부딪치다. 충돌하다.◇我骑自行车从来没～过人/나는 자전거를 타면서 여지껏 사람을 친 적이 없다. 2(우연히) 만나다.◇真倒霉, 一出门又～上了他/정말 재수없게 외출하자마자 또 그를 만났다. 3해 보다. 시험해 본다.◇我去～～看, 可能他那儿有这本书/그에게 그 책이 있을지 모르니 내가 가서 좀 알아보겠다.

【碰杯－배】pèng// bēi〈동〉(건배할 때) 잔을 서로 부딪다.

【碰壁－벽】pèng// bì〈동〉벽에 부딪치다. 난관에 봉착하다.

＊＊【碰钉子－정자】pèng dīng·zi〈喩〉거절당하다.

☆【碰见－견】pèng// ·jiàn〈동〉우연히 만나다. 맞닥뜨리다.◇昨天我在街上～他/어제 나는 길에서 그를 우연히 만났다. 비교碰见:碰面 사전에 약속해 만나는 경우에는 "碰见"을 쓰지 않는다.◇我和他说好了, 后天在上海(×碰见)碰面/나는 그와 모레 상해에서 만나자고 약속했다.

【碰劲儿－경아】pèng// jìnr〈方〉〈동〉우연히 들어 맞다.〈轉〉운좋게. 요행수로.

【碰面－면】pèng// miàn〈동〉만나다. 면회하다.

【碰巧－교】pèngqiǎo〈부〉때마침.〈轉〉공교롭게. 운좋게. (同)〔凑 còu 巧〕,〔恰 qià 巧〕

【碰锁－쇄】pèngsuǒ〈명〉용수철식 자물쇠. (同)〔碰簧 huáng 锁〕

【碰头－두】pèng// tóu〈동〉1만나다. 2머리를 조아리다.

【碰头会－두회】pèngtóuhuì〈명〉간단한 면담.

【碰一鼻子灰－일비자회】pèng yī bí·zi huī〈동〉거절당하다. 야단맞다.

【碰撞－당】pèngzhuàng〈동〉1충돌하다. 2건드리다.

丕 731	坏 732	狉 732	批 732	纰 732
砒 732	披 732	辟 733	劈 733	噼 733
霹 733	皮 733	疲 734	铍 735	枇 735
毗 735	蚍 735	琵 735	貔 735	羆 735
啤 735	脾 735	裨 736	蜱 736	匹 736
否 736	痞 736	劈 736	擗 736	癖 736
屁 736	媲 736	辟 736	僻 737	譬 737

pī

【丕】一部 pī
4画 클 비

〈文〉〈형〉크다.◇～业/대업.

P

*【坏(壞)】 土部 | pī
5画 | 날기와 **배**
圀**1**아직 굽지 않은 벽돌·도자기·기와 따위. ◇砖 zhuān~/굽기 전의 벽돌. **2**(~儿)〈方〉반제품. ◇酱~儿/발효(發酵)전의 된장. ⇒'坏' huài

【坏布—포】 pībù 圀(무늬를 새기거나 염색을 하는 등의) 가공을 하지 않은 천.

【坏料—료】 pīliào 圀반제품. 미가공품. (同)〔毛坯〕

【坏子—자】 pī·zi **1**[坏 1] **2**圀청소년.

【狉】 犭部 | pī
5画 | 떼지어달릴 **비**

【狉狉—비】 pīpī 圀〈文〉들짐승이 무리지어 달리는 모양.

【狉獉—진】 pīzhēn 圀〈文〉수목이 우거져 동물이 출몰하다.

☆【批】 扌部 | pī
4画 | 칠 **비**

1圄〈文〉손바닥으로 찰싹 갈기다. **2**圄〈文〉깎아내다. 긁다. **3**圄(상급자가 하급 부서나 민원에 대해) 지시하다. 촌평하다. ◇李老师在我的文章后面~了几句话/이 선생님이 내 글 뒤에 몇마디 강평했다. ◇~示/서면으로 지시하다. **4**圄비판하다. 비평하다. ◇他~了我一通/그는 나를 한바탕 비판했다. **5**圄圀대량 도매(하다). ◇~发/도매(하다). **6**圀(사람의) 일군(一群). 일단(一團). (물건의) 한 무더기. **7**(~儿)圀〈口〉면(棉)·마(麻) 등의 아직 짜지 않은 섬유. ◇线~儿/면섬유.

【批驳—박】 pībó 圀圄반박(하다). 반론(하다).

【批点—점】 pīdiǎn 圀**1**시문(詩文) 등에 감상이나 비평을 써넣거나 호평의 권점(圈点)을 붙이다. **2**(결점 따위를) 지적하다.

*【批发—발】 pīfā 圀圄도매(하다). ◇~部/도매부. ◇日用百货我们~过几回/우리는 일용백화를 몇번 도매한 적이 있다. (反)〔零售 língshòu〕

*【批复—복】 pīfù 圀圄〈牘〉(하급 기관에서 올라온 공문에) 회답(하다).

*【批改—개】 pīgǎi 圄(글·숙제 따위를) 고쳐서 바로잡아 주다. 첨삭하다. ◇我们严格按照评分标准~作文/우리는 평가 기준대로 작문을 엄격히 첨삭한다.

【批件—건】 pījiàn 圀(승인·허가 신청에 관한) 결재서류.

【批量—량】 pīliàng **1**튄대량으로. **2**圀대량.

☆【批判—판】 pīpàn 圀圄(크게 잘못된 사상, 노선, 언론 등을) 비판(하다). ◇论据不足, ~不下去了/논거가 부족하여 계속 비판할 수 없다. **비교**批判:批评 개인의 결

점·잘못을 지적할 때는 "批判"을 쓰지 않는다. ◇他拐弯抹角地(×批判)批评了我一通/그는 말을 빙빙 돌려서 나를 한바탕 탓했다.

★【批评—평】 pīpíng 圄탓하다. 꾸짖다. ◇父亲~过好几次, 他都没听进去/아버지는 여러번 꾸짖었지만 그는 귀담아 듣지 않았다. (反)〔表扬 biǎoyáng〕**비교**批评:批"批评"은 "很"의 수식을 받지 않는다. ◇他很(×批评)批了我的行为/그는 혹독하게 내 행위를 꾸짖었다.

*【批示—시】 pīshì 圄(상급 기관이 하급 부서의 공문서에 대해) 서면으로 지시하다.

【批语—어】 pīyǔ 圀**1**글에 대한 촌평 또는 의견. **2**(공문으로) 지시를 내리는 말.

【批阅—열】 pīyuè 圄(공문 따위를) 읽고 지시하거나 수정하다.

【批注—주】 pīzhù **1**圄평어와 주해를 달다. **2**圀평어와 주해.

*【批准—준】 pī // zhǔn 圄비준하다. (하급 기관의 신청·요구 등을) 허가하다. ◇~他出国/그의 출국을 허가했다. **비교**批准:同意 "批准"은 "意见"을 목적어로 취하지 않는다. ◇他(×批准)同意了我们的意见/그는 우리의 의견에 동의했다.

【纰·紕】 纟部 | pī
4画 | 선두를 **비**
圄(천이나 끈 따위가) 해어지다. ◇线~了/실이 너덜너덜해졌다.

【纰漏—루】 pīlòu 圀실수. 잘못. 과실.

【纰缪—류】 pīmiù 圀〈文〉잘못. 착오. 오류.

【砒】 石部 | pī
4画 | 비소 **비**
圀**1**〈化〉비소. **2**〈藥〉비상(砒霜).

【砒霜—상】 pīshuāng 圀〈藥〉비상.

☆【披】 扌部 | pī
5画 | 헤칠 **피**
圄**1**(겉옷을) 걸치다. ◇他~了一件雨衣就跑了出去/그는 비옷을 걸치고 뛰어나갔다. **2**(책을) 펴다. 펼치다. **3**쪽 쪽으로 갈라지다. 쪼개지다. ◇好多根竹子都~了/대나무 여러 개가 다 쪼개졌다. **비교**披:劈 칼과 도끼로 쪼갤 때는 "披"를 쓰지 않는다. ◇我帮他(×披)劈了一大堆柴/나는 그를 도와 장작을 한 더미 팼다.

【披发左衽—발좌임】 pī fà zuǒ rèn 〈成〉머리를 풀어놓고 옷깃을 왼쪽으로 여민 고대의 동방 및 북방 소수 민족의 차림새.

【披风—풍】 pīfēng 圀여성들이 입는 중국식 '斗篷 dǒupeng'(망토).

【披拂—불】 pīfú 圄〈文〉(바람에) 나부끼다.

【披肝沥胆—간력담】 pī gān lì dǎn 〈成〉**1**속을 터놓고 진심을 다하다. **2**충성을 다하다. (同)〔开诚布公 kāichéng bù gōng〕, (反)

〔尔虞我诈 ěr yú wǒ zhà〕
【披挂－괘】pīguà 〈早白〉1[동]군장을 하다. 2[명](착용한) 갑옷.
【披红－홍】pīhóng [동](경사·축하의 상징으로) 붉은 비단을 몸에 두르다.
【披怀－회】pīhuái [동]〈文〉흉금을 털어놓다.
【披甲－갑】pī∥jiǎ [동]갑옷을 입다.
【披坚执锐－견집예】pī jiān zhí ruì 〈成〉갑옷을 걸치고 무기를 들다. 장수가 전장에 나가 싸우다.
【披肩－견】pījiān [명]1옛날, 여성의 예복용 어깨걸이. 2부인용 조끼.
【披荆斩棘－형참극】pī jīng zhǎn jí 〈成〉1어려움과 장애물을 제거하다. 2곤란을 극복해서 창업하다.
【披卷－권】pījuàn [동]책을 펴서 읽다.
【披览－람】pīlǎn [동]〈文〉책을 펼쳐 읽다.
【披沥－력】pīlì [동]〈文〉터놓고 대하다.
【披露－로】pīlù [동]1공표〔발표〕하다. 2(심중을) 드러내다.
【披麻带孝－마대효】pī má dài xiào 〈成〉부모의 상(喪)을 입다.
【披靡－미】pīmǐ [동]1바람에 초목이 쓸리다〔쓰러지다〕. 2〈喻〉패하여 흩어지다.
【披散－산】pī·san [동]머리를 풀어 헤치다. 산발하다.
【披沙拣金－사간금】pī shā jiǎn jīn 〈成〉많은 데에서 정선하다.
【披头散发－두산발】pī tóu sàn fà 〈成〉머리를 풀어 헤치다.
【披星戴月－성대월】pī xīng dài yuè 〈成〉새벽부터 밤 늦게까지 부지런히 일하다〔걷다〕.
【披阅－열】pīyuè (同)〔披览 lǎn〕

*【辟·闢】 辛部 6画 | pī 열 **벽**
⇒pì
【辟头－두】pītóu (同)〔劈 pī 头〕

【劈】 刀部 13画 | pī 빠갤 **벽**
1[동](도끼 따위로) 쪼개다. 패다. ◇～木柴/도끼로 장작을 패다. 2[동]갈라지다. ◇钢笔尖写～了/만년필촉이 쓰다가 갈라졌다. 3[동]〈方〉(목소리가) 쉬다. ◇他喊了半天, 声音都快～了/그는 한참 고함쳐서 목소리가 쉴려고 한다. 4[동]벼락을 맞아 죽다. ◇老树让雷～了/오래된 나무가 벼락맞아 죽었다. 5[명]쐐기. ⇒pǐ
【劈波斩浪－파참랑】pībō zhǎn làng [동]파도를 헤치며 나아가다.
【劈刺－자】pīcì 〈軍〉[명]검술과 총검술의 총칭.
【劈刀－도】pīdāo [명]1날이 넓은 손도끼. 칼. 2〈軍〉총검으로 적을 찌르기.
【劈里啪啦－리박랍】pī·lipālā [의]탁탁. 탕탕. 팍팍. 짝짝. 〔폭죽·박수 따위가 이어지는 소리〕
【劈脸－검】pī∥liǎn [동]얼굴을 정면으로 향하다. 〈轉〉정면으로. 맞바로.
【劈面－면】pī∥miàn (同)〔劈脸 liǎn〕
【劈啪－박】pīpā [의]짝짝. 탕탕. 탁탁. 〔총·박수·폭죽 따위가 갑자기 터지는 소리〕
【劈山－산】pī∥shān [동]산을 허물다.
【劈手－수】pīshǒu [동]손을 날쌔게 움직이다. 〈轉〉재빠르게.
【劈头－두】pī∥tóu 1[동]머리를 향하다. 〈轉〉정면으로. 2[명]첫머리. 맨 처음.
【劈头盖脸－두개검】pī tóu gài liǎn 〈成〉정면으로.
【劈胸－흉】pīxiōng [동]가슴을 향하다. 〈轉〉가슴을 향하여.

【噼】 口部 13画 | pī 터지는소리 **피**
【噼里啪拉－리박랍】pī·lipālā (同)〔劈 pī 里啪啦〕
【噼啪－박】pīpā (同)〔劈啪 pā〕

【霹】 雨部 13画 | pī 천둥 **벽**
【霹雷－뢰】pīléi (同)〔霹雳 lì〕
【霹雳－력】pīlì [명]벼락.

pí

☆【皮】 皮部 0画 | pí 가죽 **피**
1[명]피부. 살갗. (동물의) 가죽. (식물의) 껍질. ◇果～/과피. 2[명](가공된) 가죽. ◇～手套/가죽장갑. 3(～儿)[명]싸는 것. 포. ◇饺子～/만두피. 4(～儿)[명]표면. 겉. ◇地～/땅위. 5(～儿)[명]얇고 평평한 것. ◇粉～/얇은 녹말묵. 6[형]진득진득하다. ◇～糖/진득한 사탕. 7[형]눅눅하다. ◇放着花生不吃, 都～了/땅콩을 놔두고 먹지않아 모두 눅눅해졌다. 8[형]장난이 심하다. 까불다. ◇你瞧这孩子多么～/너이 애가 얼마나 까부는지 봐라. 9[형](욕을 먹거나 벌을 받는 횟수가 많아) 무감각하다. ◇不要多说他, 说多了反而～了/그를 너무 나무라지 마라. 너무 많이 나무라면 오히려 무감각해진다. 10[명]고무. ◇橡～/고무. 11(Pí)[명]성(姓).
【皮板儿－판아】píbǎnr [명]모피의 가죽부분.
【皮包－포】píbāo [명]가죽 가방.
【皮包公司－포공사】píbāo gōngsī [명]유령회사. ◇你们得小心～/유령회사를 조심해야 한다.
【皮包骨－포골】pí bāo gǔ [동]피골이 상접하다. (同)〔骨瘦如柴 gǔ shòu rú chái〕,

(反)〔脑满肠肥 nǎo mǎn cháng féi〕
【皮层－층】pícéng [명]〈生〉피질. 피층.
【皮尺－척】píchǐ [명]'卷 juǎn 尺'(권척)의 다른 이름.
*【皮带－대】pídài [명]〈機〉피대의 통칭.
【皮蛋－단】pídàn [명]썩힌 송화단(松花蛋). 〔중국 음식의 한 가지〕
*【皮肤－부】pífū [명]피부.
【皮肤针－부침】pífūzhēn [명]〈中醫〉소아침.
【皮傅－부】pífù [동]〈文〉천박한 식견으로 견강 부회하다.
*【皮革－혁】pígé [명]피혁. 가죽.
【皮辊花－곤화】pígǔnhuā [명]〈紡〉낙면(落綿). 제사(製紗)과정에서 생기는 지스러기 솜. (同)〔白花 báihuā〕
【皮猴儿－후아】píhóur [명]후드(hood)달린 외투.
【皮花－화】píhuā (同)〔皮棉 mián〕
【皮黄－황】píhuáng [명]중국 전통극의 곡조로 '西皮'와 '二黄'을 함께 일컫는 말. (同)〔皮簧 huáng〕
【皮货－화】píhuò [명]가죽 제품.
【皮夹儿－협아】píjiār (同)〔皮夹子 zi〕
【皮夹子－협자】píjiā·zi [명]가죽 지갑.
【皮匠－장】pí·jiang [명]**1**피혁공. **2**구두장이.
【皮筋儿－근아】píjīnr [명]고무줄.
【皮开肉绽－개육탄】pí kāi ròu zhàn〈成〉(심하게 매를 맞아) 피부가 찢기고 터지다.
【皮里阳秋－리양추】pí lǐ Yáng Qiū〈成〉입 밖으로 내지 않고 속으로만 하는 논평.
【皮脸－검】píliǎn〈方〉[형]**1**장난이 심하다. **2**낯짝이 두껍다. 뻔뻔스럽다.
【皮脸儿－검아】píliǎnr [명]중국 신의 코에 대는 가죽.
【皮毛－모】pímáo [명]**1**모피. **2**〈喻〉겉껍데기. 피상적인 것. ◇他也只略知～/그도 피상적인 것만 조금 안다.
【皮帽－모】pímào [명]털모자.

皮帽

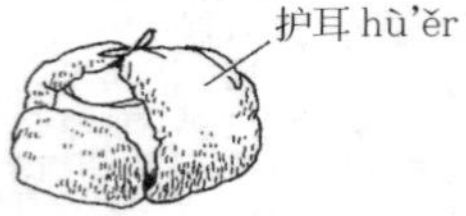

【皮棉－면】pímián [명]조면(繰綿).
【皮囊－낭】pínáng [명]**1**가죽부대. **2**〈貶〉(사람이나 동물의) 몸뚱이.
【皮球－구】píqiú [명]고무공.
【皮肉－육】píròu [명]**1**가죽과 살. 육체. **2**〈喻〉매춘. ◇～生涯/매춘하는 생활.
【皮实－실】pí·shi [형]**1**(몸이) 튼튼하다. **2**(기물이) 견고하다. 단단하다.
【皮糖－당】pítáng [명]설탕에 전분을 넣어 만든 엿.
【皮桶子－통자】pítǒng·zi [명]털가죽 안감.
【皮相－상】píxiàng [명]피상(적). 사물의 겉.
【皮硝－초】píxiāo (同)〔朴 pò 硝〕
【皮笑肉不笑－소육불소】pí xiào ròu bù xiào 거짓 웃음을 짓다. 헛웃음을 짓다.
【皮鞋－혜】píxié [명]가죽구두.

皮鞋

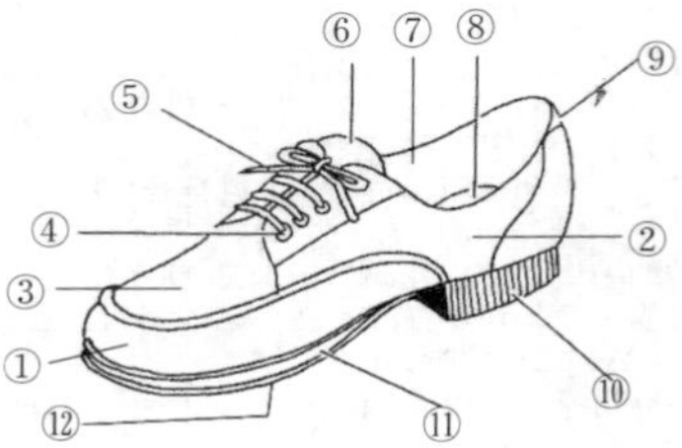

①前帮 qiánbāng　⑧中底布 zhōngdǐbù
②后帮 hòubāng　⑨三角径皮 sānjiǎojìngpí
③鞋面 xiémiàn
④鞋眼儿 xiéyǎnr　⑩鞋跟儿 xiégēnr
⑤鞋带儿 xiédàir　⑪沿条皮 yántiáopí
⑥鞋舌 xiéshé　⑫大底 dàdǐ
⑦夹里皮 jiālǐpí

【皮衣－의】píyī [명]모피 옷.
【皮影戏－영희】píyǐngxì [명]〈演〉그림자 인형극.
【皮张－장】pízhāng [명](피혁의 원료가 되는) 짐승가죽.
【皮掌儿－장아】pízhǎngr [명](구두의) 가죽창.
【皮疹－진】pízhěn [명]〈醫〉피진.
【皮之不存，毛将焉附－지불존, 모장언부】pí zhī bù cún, máo jiāng yān fù〈成〉가죽이 없는데 털이 어떻게 붙어 있으랴? 근본이 없는 사물은 존재할 수 없다.
【皮脂－지】pízhī [명]〈生理〉피지. ◇～腺/피지선.
【皮纸－지】pízhǐ [명]피지.
【皮质－질】pízhì [명]〈生理〉**1**피질. **2**〈略〉'大脑皮层'(대뇌피질)의 약칭.
【皮重－중】pízhòng [명]포장 무게.
【皮子－자】pí·zi [명]피혁이나 모피.

【疲】疒部 5画 pí 고달플 **피**

1[형]피곤하다. 피로하다. **2**[동]시세가 떨어

지다.

*【疲惫—비】píbèi 圐1극도로 지쳐버리다. ◇~不堪 kān/피로가 극에 달한다. 2지쳐버리게 하다. ◇~敌军/적군을 지치게 만들다.

【疲敝—폐】píbì 圐궁핍하다.

【疲顿—돈】pídùn 圐〈文〉매우 피로하다.

*【疲乏—핍】pífá 圐圐피곤(하다). (同)〔疲惫 bèi〕, (反)〔精神 jingshén〕.

**【疲倦—권】píjuàn 圐지치다. ◇他一连坐了两天的火车, 显得很~/그는 이틀 동안 연속 기차를 타서 지쳐보인다. 比교疲倦:疲劳 "疲倦"은 "恢复"와 결합하지 않는다. ◇只要休息一下, 我就能恢复(×疲倦)疲劳/잠시 쉬기만 하면 난 피로를 풀 수 있다.

【疲困—곤】píkùn 1圐피곤하다. 2圐(경제상황 등이) 시세가 떨어지다.

☆【疲劳—로】píláo 1圐지치다. 피로해지다. ◇由于~过度, 他昏了过去/그는 과로하여 기절했다. 比교疲劳:疲惫不堪 "疲劳"는 부사어로 쓰이지 않는다. ◇我走了很多路(×疲劳)疲惫不堪地回到家里/난 많은 길을 걸어서 아주 지친 상태로 집으로 돌아왔다. 2圐피로.

【疲软—연】píruǎn 1圐지쳐서 기운이 없다. 2圐약세하다. ◇价格~/가격이 약세에 처하고 있다.

【疲弱—약】píruò 圐허약하다. 쇠약하다.

【疲塌—탑】pí·ta 圐느슨해지다. 이완하다. (反)〔奋发 fènfā〕

【疲于奔命—어분명】pí yú bēn mìng 〈成〉바삐 돌아다니서 몹시 지치다. 바빠서 숨 돌릴 새도 없다.

【铍·鈹】钅部 5画 pí 바늘 피
圐〈化〉베릴륨(Be).

【枇】木部 4画 pí 비파나무 비
【枇杷—파】pí·pá 圐1〈植〉비파나무. 2비파열매.

【毗(毘)】田部 4画 pí 도울 비
圐〈文〉1인접하다. 2돕다.
【毗连—련】pílián 圐인접하다.
【毗邻—린】pílín (同)〔毗连 lián〕

【蚍】虫部 4画 pí 왕개미 비
【蚍蜉—부】pífú 圐〈虫〉왕개미.
【蚍蜉撼大树—부감대수】pífú hàn dà shù 〈成〉〔분수〕주제 분수를 모르다.

【琵】比部 王部 8画 8画 pí 비파 비
【琵琶—파】pí·pá 圐비파.

琵琶

【琵琶骨—파골】pí·pāgǔ 圐〈方〉〈生理〉견갑골.

【琵琶扣儿—파구아】pípákòur 圐비파모양의 중국식 단추.

琵琶扣儿

【貔】豸部 10画 pí 맹수이름 비
圐고서에 나오는 맹수.
【貔虎—호】píhǔ 圐〈喩〉용맹한 군대.
【貔貅—휴】píxiū 圐1고서에 나오는 맹수. 2〈喩〉용맹한 군대.

【羆·羆】四部 灬部 9画 10画 pí 말곰 비
圐〈動〉큰곰.

【啤】口部 8画 pí 맥주 비
★【啤酒—주】píjiǔ 圐맥주.
【啤酒花—주화】píjiǔhuā 圐1〈植〉홉(hop). 2圐의 열매.

【脾】月部 8画 pí 지라 비
圐〈生理〉비장(脾臟).
【脾寒—한】pí·han 圐〈方〉학질.
☆【脾气—기】pí·qi 圐1성격. 성미. ◇他的~可好了, 从来没和人吵过架/그의 성격은 정말 좋아 여지껏 남과 다툰 적이 없다. 比교脾气:性格 "脾气"는 "温顺", "温柔", "和蔼" 등을 목적어로 취하지 않는다. ◇他的(×脾气)性格温柔/그는 성격이 부드럽다. 2성. 화. 역정. ◇他的~特别大, 动不动就发火/그는 성깔이 대단해 툭하면

P

화낸다.

【脾胃-위】píwèi 图〈喩〉비위.

【脾性-성】píxìng 图〈方〉성질. 기질. 습성.

【脾脏-장】pízàng 图〈生理〉비장.

【裨】 衤部 pí 8画 도울 비

〈文〉图버금가다. 보조적이다. ◇偏～/비장.

【裨将-장】píjiàng 图〈文〉비장. 부장(副将).

【蜱】 虫部 pí 8画 진드기 비

图〈虫〉진드기.

pǐ

☆【匹(⁴疋)】 匚部 pǐ 2画 필 필

1图필적하다. 맞먹다. ◇难与为～/상대가 되기 힘들다. 2图단독. 하나. ◇～夫/필부. 3양필(匹). [말이나 노새를 세는 단위] ◇一～马/말 한 필. 4양필(匹). [포(布)·비단 따위 옷감의 길이 단위] ◇两～布/포목 두 필. 5양〈方〉산을 세는 단위. ◇翻过那～山就到了/저 산 하나만 넘으면 도착한다. ⇒'疋' yǎ

【匹敌-적】pǐdí 图필적하다. 동등하다.

【匹夫-부】pǐfū 图1필부. 평범한 사람. 2〈早白〉학식과 지혜가 없는 사람.

【匹夫之勇-부지용】pǐfū zhī yǒng〈成〉필부의 용기.

【匹马单枪-마단창】pǐ mǎ dān qiāng〈同〉〔单枪匹马〕

【匹配-배】pǐpèi 1图图〈文〉결혼하다. 2图图〈電〉정합(整合)(하다).

【匹头-두】pǐ·tou 图〈方〉피륙. 옷감. 천.

【否】 口部 pǐ 4画 아닐 부

1图나쁘다. 사악하다. 2图헐뜯다. 깎아내리다. ⇒fǒu

【否极泰来-극태래】pǐ jí tài lái〈成〉나쁜 것이 다되면 좋은 것이 온다. 고진감래. (反)〔乐极生悲 lè jí shēng bēi〕

【痞】 疒部 pǐ 7画 뱃소결릴 비

图1〈中醫〉만성 비장 비대증. 2(～子)불량배. 악당. 건달.

【痞块-괴】pǐkuài 图〈中醫〉(비장 비대증으로 생긴) 배 안의 굳은 덩어리.

【痞子-자】pǐ·zi 图악당. 건달. 깡패.

【劈】 刀部 pǐ 13画 삐갤 벽

图1가르다. 쪼개다. 나누다. ◇～成三股/세 가닥으로 나누다. 2떼어버리다. 3(다리나 손가락을) 완전히 벌리다. ⇒pī

【劈叉-차】pǐchà 图(체조나 무술 따위에서) 두 다리를 일직선으로 곧게 벌려 바닥에 앉는 동작.

【劈柴-시】pǐ·chái 图땔나무. 장작.

【擗】 扌部 pǐ 13画 딸 벽

图1꺾다. 따다. ◇～棒子/옥수수를 따다. 2〈文〉(애통해서) 가슴을 치다.

【擗踊-용】pǐyǒng 图〈文〉(슬픔 때문에) 가슴을 치며 발을 구르다.

【癖】 疒部 pǐ 13画 버릇 벽

图나쁜 습관[버릇]. 인. 중독. ◇烟～/니코틴 중독.

【癖好-호】pǐhào 图좋아하는 버릇. 기호. 취향.

【癖性-성】pǐxìng 图(개인의 독특한) 기호.

pì

【屁】 尸部 pì 4画 방귀 비

1图방귀. ◇放～/방귀 뀌다. 헛소리 마. 2图쓸모없는 것. 말할 가치도 없는 것. 3아무. 무엇. 〔주로 부정이나 질책에 쓰임〕◇你懂个～/네가 뭘 알아!

**【屁股-고】pì·gu 图1궁둥이. ◇孩子一淘气，他就打孩子的～/애가 장난이 심해지면 그는 애의 엉덩이를 때린다. 2(뒤)꽁무니. ◇老虎～摸不得/호랑이의 꽁무니를 만져서는 안 된다. 3사물의 끝부분. 꽁다리. ◇紧紧咬住敌人～不放/적의 후미를 꽉 물고 놓지 않다.

【屁股蹲儿-고준아】pì·gudūnr 图엉덩방아. ◇摔了个～/엉덩방아를 찧었다.

【屁股帘-고렴】pì·gulián 图개구멍 바지에 방한용 엉덩이 가리개. (同)〔屁帘儿〕

【屁滚尿流-곤뇨류】pì gǔn niào liú〈成〉무서워 벌벌 떨며 실금(失禁)하다.

【屁话-화】pìhuà 图쓸데없는〔허튼〕소리.

【屁帘儿-렴아】pìliánr〈同〉〔屁股 gu 帘〕

【媲】 女部 pì 10画 견줄 비

图필적하다.

【媲美-미】pìměi 图아름다움을 겨루다. 필적하다.

【辟·²～⁴闢】 辛部 pì 6画 열 벽

1图〈文〉법. 법률. ◇大～/옛날의 사형. 2图개척하다. 일구다. 개간하다. ◇这一带将～为新的旅游区/이 일대는 새로운 관광지역으로 개척될 것이다. 3图투철하다. 4图반박하다. 배척하다. ◇～邪说/그릇된 주장을 물리치다. ⇒pī

【辟谣－요】pì//yáo 動진상을 밝혀 소문을 물리치다. (反)〔造 zào 谣〕

【僻】 亻部 pì
13画 후미질 벽
形1외지다. 후미지다. ◇～处一隅/아주 외딴 한 구석에 있다. 2(성질이) 괴팍하다. 별나다. ◇怪～/괴팍스럽다. 3보기 드물다. 진귀하다. ◇生～/생소하다.

【僻静－정】pìjìng 形외지고 조용하다. (同)〔背静·bèijing〕, (反)〔热闹 rènao〕

【僻陋－루】pìlòu 形(땅이) 외지고 황량하다.

【僻壤－양】pìrǎng 名외진 곳. 궁벽한 곳.

【譬】 言部 pì
13画 비유할 비
名예. 비유. 실례. ◇设 shè～/비유하다.

【譬方－방】pìfāng (同)〔比 bǐ 方〕

**【譬如－여】pìrú 動예를 들다. ◇这个星期我们要做的事情很多，～参观故宫博物院、游览长城、拜访李教授/이번주에 우리가 해야 할 일이 많다. 예컨대, 고궁박물관 견학, 만리장성 관광, 이교수님 방문 등이다. 田교譬如:假如 "譬如"는 가정의 뜻이 없다. ◇我们(×譬如)假如借不到自行车怎么办?/우리가 만일 자전거를 빌리지 못하면 어떻게 하지?

【譬喻－유】pìyù 名비유(하다).

piān

【片】 片部 piān
0画 조각 편
⇒piàn
【片儿－아】piānr 名얇고 납작한 것. 〔'片piàn'과 같음. '相片儿' '画片儿' '唱片儿' 따위에 쓰임〕田교片儿:部 "片儿"는 양사로 쓰이지 않는다. ◇这(×片儿)部电影很精彩，值得一看/이 영화는 흥미로워 한번 볼 만하다.

【片子－자】piān·zi 名1(영화용) 필름. 2영화. ◇拍～子/영화를 찍다. 3레코드. ⇒piàn·zi

【扁】 户部 piān
5画 납작할 변
【扁舟－주】piānzhōu 名작은 배. ◇一叶～/일엽 편주.

★【偏】 亻部 piān
9画 치우칠 편
1形치우치다. ◇相片照~了，人差点儿没照上/사진을 한쪽으로 찍어서 사람이 안 나올 뻔했다. 2動편향되다. 치우치다. ◇～爱/편애(하다). 3形보좌의. 버금의. ◇～将/부장. 〔대장을 돕는 장군〕4(어느 기준에 비해서) 차이가 있다. 5〈套〉먼저

실례하다. 〔상대편보다 먼저 하겠다 혹은 먼저 하였다는 것을 예의상 하는 말로, 뒤에 '了'를 붙임〕◇我～过了，您请吃吧/저는 먼저 실례했으니〔먹었으니〕드시지요. 6副기어코. 꼭. 〔객관적 요구나 상황과 달리 행동할 경우 쓰임〕◇我想让他听听我的解释，他～不听/그에게 나의 설명을 듣도록 하였지만 그는 기어코 듣질 않는다.

【偏爱－애】piān'ài 名動편애(하다). (同)〔宠 chǒng 爱〕, (反)〔讨厌 tǎoyàn〕

【偏安－안】piān'ān 動(중원을 잃고) 일부 지방을 차지하고 있는 것에 만족하다.

*【偏差－차】piānchā 名1편차. 오차. 2일을 하는 데 부족하거나 지나침.

【偏方－방】piānfāng 名1벽지(僻地). 외진 곳. 2(~儿)〈中醫〉민간 요법의 약방(藥方).

【偏房－방】piānfáng 名첩(妾). (同)〔侧室 cèshì〕, (反)〔正 zhèng 房〕

【偏废－폐】piānfèi 動한 쪽을 버리다〔소홀히 하다〕. (反)〔并重 bìngzhòng〕

【偏锋－봉】piānfēng 名1붓끝이 한쪽으로 치우치는 운필(運筆). 2(글·대화 따위의) 에두름.

【偏好－호】piānhào 動특별히 좋아하다.

【偏护－호】piānhù 動역성 들다. 편들다.

【偏激－격】piānjī 形(생각·주장 따위가) 과격하다. 극단적이다. ◇他的发言有点～/그의 발언은 좀 과격하다.

*【偏见－견】piānjiàn 名편견. ◇消除～/편견을 버리다.

【偏枯－고】piānkū 1名〈中醫〉반신불수. 2形불균형하게 발전하다.

【偏劳－로】piānláo 〈套〉수고하다. 〔남에게 도움을 청하거나 자신을 위해 일해준 데 대해 감사를 표시함〕

【偏离－리】piānlí 動빗나가다. 이탈하다.

【偏盲－맹】piānmáng 名애꾸가 (되다).

【偏旁－방】piānpáng (~儿)名(한자의) 편방.

*【偏僻－벽】piānpì 形외지다. 궁벽하다. ◇～的山区/궁벽한 산골.

**【偏偏－편】piānpiān 副1기어코. 굳이. 꼭. 좀처럼. 〔객관적 요구나 상황에 상반됨을 나타냄〕◇他的病还没完全好，可他～要去上班/그는 병이 아직 다 낫지 않았는데 기어코 출근하려고 한다. 2마침. 공교롭게. 뜻밖에. ◇我们约好星期日见面，可～那天下起暴雨来了/우리는 일요일에 만나기로 했으나 공교롭게도 그날 폭우가 쏟아졌다. 3…만 유독. 하필. ◇为什么～让你去开会，不让小王去?/왜 너만 회의에 가게 하고 왕군은 못가게 하니?

【偏颇－파】piānpō 形〈文〉불공평하다. 한쪽으로 치우치다.

P

【偏巧－교】piānqiǎo (甲)1마침. 2공교롭게. 하필이면.

【偏衫－삼】piānshān (명)〈佛〉편삼.

【偏生－생】piānshēng (同)〔偏偏 1, 2〕

【偏师－사】piānshī (명)지원부대.

【偏食－식】piānshí 1(명)(동)편식(하다). 2(명)〈天〉부분식(部分触).

【偏私－사】piānsī (동)두둔하다. 사정(私情)을 봐주다. (同)〔不公 bùgōng〕, (反)〔严明 yánmíng〕

【偏瘫－탄】piāntān (명)〈中醫〉반신불수.

【偏袒－단】piāntǎn (동)역성들다. 한쪽 편을 들다.

【偏疼－동】piānténg (동)(아랫 사람 중 일부를) 편애하다.

【偏题－제】piāntí (명)뜻밖의 시험 문제.

【偏析－석】piānxī (同)〔离 lí 析〕

*【偏向－향】piānxiàng 1(명)편향. ◇发现~要及时纠正/편향이 발견되는 즉시 바로 잡아야 한다. 2(동)선호하다. 기울다. ◇今年春游我~于去香山/나는 올해 봄나들이로 향산을 선호한다. 3(명)(동)역성(들다). 한쪽 편을 들다〔듣다〕.

【偏心－심】piānxīn 한 쪽으로 치우치다. 편애하다. (同)〔偏颇 pō〕, (反)〔公正 gōngzhèng〕

【偏心轮－심륜】piānxīnlún (명)〈機〉편심륜.

【偏心眼儿－심안아】piānxīnyǎnr (명)편견. 편파적 생각〔마음〕.

【偏远－원】piānyuǎn (명)궁벽지다. 외지다.

【偏振－진】piānzhèn (명)〈物〉편광(偏光)현상.

【偏执－집】piānzhí (명)편집적이다.

【偏重－중】piānzhòng (동)한쪽만을 중시하다. …에만 역점을 두다. (同)〔侧 cè 重〕, (反)〔并 bìng 重〕

【偏转－전】piānzhuǎn (명)〈物〉편향(偏向).

【犏】 牛部 | piān
9画 | 편우 편

【犏牛－우】piānniú (명)〈動〉황소와 야크의 잡종.

★【篇】 竹部 | piān
9画 | 책 편

1(명)완결된 글. ◇《荀子·劝学～》/《순자·권학편》. 2(～儿)(양)장. 〔쓰거나 인쇄한 종이를 세는 단위〕◇单一儿讲义/한 장의 강의 프린트. 3(～儿)(양)편. 〔일정한 형식을 갖춘 글을 세는 단위〕◇一～论文/논문 한 편. 比교篇:수:首 시·노래 등의 양사는 "篇"을 쓰지 않는다. ◇那(×篇)个剧本是他写的/그 대본은 그가 쓴 것이다. ◇我能背儿(×篇)首诗/난 시 몇수를 외울 수 있다.

【篇幅－폭】piān·fu (명)1(글의) 편폭〔길이〕. 2(책·신문 따위의) 지면.

【篇目－목】piānmù (명)1(서적이나 시 따위의) 편명(篇名). 2책의 차례〔목차〕.

【篇页－혈】piānyè (명)(추상적인 뜻의) 페이지.

【篇章－장】piānzhāng (명)편과 장. (추상적인) 문장.

【篇子－자】piān·zi (명)(쓰거나 인쇄한) 한 장의 종이.

【翩】 羽部 | piān
9画 | 훌쩍날 편

(동)〈文〉빨리 날다.

【翩翩－편】piānpiān (형)1휠휠〔펄펄〕 나는 모양. 경쾌하게 춤추는 모양. 2(행동이나 태도가) 소탈하다. 〔주로 젊은 남자에 대하여〕

【翩然－연】piānrán (형)〈文〉(동작이) 민첩하다. 경쾌하다. 재빠르다.

【翩跹－선】piānxiān (同)〔翩然 rán〕

pián

【便】 亻部 | pián
7画 | 곧 변, 편리할 편

⇒biàn

【便便－변】piánpián (형)뚱뚱하다.

★【便宜－의】pián·yi 1(명)(값이) 싸다. ◇买得太～了/너무 싸게 팔았다.(同)〔廉价 liánjià〕, (反)〔昂贵 ángguì〕2(명)이익. ◇这个人特别爱占～/그 사람은 유난히 공짜를 좋아한다. 3(동)좋게〔잘〕해주다. 이롭게 해주다. ◇他不会～了你/그는 너를 조용히 놓아둘 리 없다.

【骈·駢】 马部 | pián
6画 | 나란히할 변

【骈俪－려】piánlì (명)문장의 대우구법.

【骈拇枝指－무지지】pián mǔ zhī zhǐ〈成〉불필요한 군더더기.

【骈体－체】piántǐ (명)변체. 〔대구와 음률의 조화, 화려한 수식을 중시하는 문체. 육조(六朝)시대에 성행했음〕(反)〔散 sǎn 体〕

【骈阗－전】piántián〈文〉1(동)모으다. 나열하다. 2(명)수가 많다.

【骈文－문】piánwén (명)변체형식으로 쓴 문장. (反)〔散 sǎn 文〕

【胼】 月部 | pián
6画 | 못박힐 변

【胼胝－지】piánzhī (명)(손발에 생기는) 못. 굳은 살.

【蹁】 足部 | pián
9画 | 비틀거릴 편

(동)〈文〉비틀거리다.

【蹁跹－선】piánxiān (형)〈文〉휘돌며〔휠휠〕 춤추는 모양.

P

piǎn

【谝·諞】讠部 9画 piǎn 말잘할 **편**
[동]〈方〉과시하다. 뽐내다.

piàn

★【片】片部 0画 piàn 조각 **편**
1(~儿)[명]평평하고 얇은 조각. 얇고 작은 조각. ◇布~儿/천조각. ◇他不小心把一个大镜子摔成了碎~儿/그는 부주의하여 큰 거울을 떨어뜨려 박살냈다. **2**[명]영화. TV연속극. ◇~酬/영화나 TV연속극 배우의 출연료. **3**(~儿)[명]비교적 넓은 지역·공간. ◇你们居住的那~儿有没有在北京医院工作的/너희들이 사는 그 지역에 북경병원에서 근무하는 사람이 있니? **4**[동]〈方〉얇게 베다. 깎다. (껍질 등을) 얇게 벗기다. ◇你帮我把牛排骨上的肉~一~/소갈비의 고기 써는 것을 도와줘. [비교]片:切 가로로 자르거나 깎은 경우가 아니면 "片"을 쓰지 않는다. ◇你蒸饭, 我(×片)切菜/넌 밥을 하고 난 야채를 썰게. **5**[형]단편적이다. 부분적이다. ◇~刻/잠시. **6**[양]조각으로 된 것에 쓰임. '片儿'로 읽음. ◇一~红叶/단풍잎 하나. ◇几~牛肉/소고기 몇 조각. **7**[양]지면이나 수면 등에 쓰임. 수사 '一'가 주로 많음. ◇一~草地/풀밭 일대. **8**[양]온통. 모두. 〔경치·기상·소리·언어·마음 등에 쓰이며 수사 '一'에 한정됨〕 ◇一~节日景象/온통 명절분위기. ⇒piān

【片段-단】piànduàn [명]토막. 단편. 부분. (同)〔片断 duàn〕, (反)〔整体 zhěngtǐ〕

【片断-단】piànduàn **1**(同)〔片段 duàn〕 **2**[형]단편적이다. ◇~的偏离现象/일부의 이탈현상.

【片甲不存-갑불존】piàn jiǎ bù cún〈成〉한 명의 병사도 살아 남지 않았다. 군대가 전멸하다.

*【片刻-각】piànkè [명][부]잠깐. 잠시. ◇~不离/잠시도 떨어지지 않다. (同)〔片时 shí〕, (反)〔长久 chángjiǔ〕

☆【片面-면】piànmiàn **1**[명]한쪽. 일방. 단편. ◇他说的只是~之词, 要解决好这个问题, 必须听取双方的意见/그의 말은 일방적인 말이므로 이 문제를 잘 해결하려면 양쪽의 의견을 들어야 한다. (反)〔全 quán 面〕 [비교]片面:自己 "片面"은 반드시 쌍방의 한쪽이어야 한다. ◇这次旅行是我(×片面)自己决定的/이번 여행은 나 혼자 결정한 것이다. **2**[형]일방적이다. 단편적이다. ◇如果领导~地解决这个问题, 一定会引起大家不满/만일 간부가 이 문제를 일방적으로 해결한다면 모두의 불만을 살 것이다.

【片儿会-아회】piànrhuì [명]지역별 임시 회의.

【片儿汤-아탕】piànrtāng [명]수제비.

【片时-시】piànshí (同)〔片刻 kè〕

【片头-두】piàntóu [명](영화 필름·TV프로그램의) 서두의 제작·출연진 표.

【片瓦无存-와무존】piàn wǎ wú cún〈成〉기왓장 하나 성한 게 없다〔집이 완전히 부서지다〕.

【片言-언】piànyán [명]몇 마디 말.

【片艳纸-염지】piànyànzhǐ [명]편면광택지.

【片约-약】piànyuē [명](배우, 탤런트의) 영화나 TV의 출연 계약.

【片纸只字-지지자】piàn zhǐ zhī zì〈成〉짤막한 글이나 말. (同)〔只言片语 zhī yán piàn yǔ〕, (反)〔长篇大论 cháng piān dà lùn〕

【片子-자】piàn·zi [명]**1**얇은 조각. ◇铁~/얇은 쇳조각. **2**명함. ⇒piān·zi

☆【骗·騙】马部 9画 piàn 속일 **편**
[동]**1**속이다. 기만하다. ◇你说的是真事吗? 可不能~人啊!/네 말이 진짜니? 남을 속이면 안 돼! **2**속여 빼앗다. ◇那种人专靠~吃~喝过日子/저런 사람은 남을 속여 먹고 마시며 살아간다. **3**훌쩍 말에 올라타다.

【骗局-국】piànjú [명]속임수. 사기극.

【骗马-마】piànmǎ [동]훌쩍 말에 올라타다.

【骗取-취】piànqǔ [동]사취하다.

【骗术-술】piànshù [명]기만책.

【骗腿儿-퇴아】piàntuǐr [동]〈方〉다리를 옆으로 들며 훌쩍 뛰어 오르다.

【骗子-자】piàn·zi [명]사기꾼.

piāo

【剽】刂部 11画 piāo 겁박할 **표**
1[동]약탈하다. 빼앗다. ◇~掠/약탈하다. **2**[형]동작이 민첩하다.

【剽悍-한】piāohàn [형]날래고 용맹하다.

【剽窃-절】piāoqiè [명][동]표절(하다). (남의 저작을) 도용(하다).

【剽取-취】piāoqǔ (同)〔剽窃 qiè〕

【剽袭-습】piāoxí (同)〔剽窃 qiè〕

*【漂】氵部 11画 piāo 떠다닐 **표**
[동]**1**(물이나 액체 위에) 떠 있다. ◇树叶

在水上~着/나뭇잎이 물 위에 떠 있다. (同)〔浮 fú〕, (反)〔沉 chén〕 **2**떠돌다. ⇒piǎo, piào

【漂泊—박】piāobó 통유랑하다. 떠돌아다니다. (同)〔飄 piāo 泊〕, (反)〔定居 dìngjù〕

【漂浮—부】piāofú 통**1**(물위를) 뜨다. 떠돌다. (同)〔飄 piāo 浮〕, (反)〔沉没 chénmò〕 **2**〈喩〉빈둥거리다.

【漂流—류】piāoliú 통**1**표류하다. 물결따라 흐르다. **2**유랑하다. 떠돌아 다니다. (同)〔飄 piāo 流〕

【漂儿—아】piāor 명〈方〉낚시찌.

【漂移—이】piāoyí **1**통떠다니다. 표류하다. **2**명〈電子〉드리프트(drift) 현상.

【縹·縹】 纟部 piāo
11画 옥색 표

【縹緲—묘】piāomiǎo 형멀고 어렴풋하다. 가물가물하고 희미하다. ⇒piǎo

☆【飄·飄(飃)】 风部 piāo
11画 나부낄 표

1통(바람에) 나부끼다. 펄럭이다. 흩날리다. ◇外面~着雪花/밖에 눈송이가 흩날리고 있다. 비교飄:漂 수면에 떠 있는 사물은 "飄"를 쓰지 않는다. ◇海上(×飄)漂着几只小船/바다에 작은 배 몇 척이 떠 있다. **2**통다리에 힘이 빠져 휘청거리며 걷다. **3**형경망스럽다. ◇作风有点儿~/태도가 좀 경망스럽다.

【飄泊—박】piāobó (同)〔漂 piāo 泊〕

【飄尘—진】piāochén 명공중에 떠 있는 오염먼지.

【飄带—대】piāo·dài (~儿)명(옷이나 모자·깃발 따위에 다는) 장식댕기. 띠.

【飄荡—탕】piāodàng 통**1**나부끼다. **2**(물위를) 떠돌다. **3**유랑하다. 정처없이 떠돌다.

【飄动—동】piāodòng 통**1**펄럭이다. 나풀대리다. **2**(물위에) 떠돌다.

【飄拂—불】piāofú 통가볍게 휘날리다.

【飄浮—부】piāofú (同)〔漂 piāo 浮〕

【飄忽—홀】piāohū 통**1**(바람·구름 따위가) 빨리 지나가다. **2**(마음이) 흔들리다.

【飄零—령】piāolíng 통**1**(꽃잎 따위가) 우수수 떨어지다. **2**〈喩〉(생활에) 의지할 곳 없다.

【飄流—류】piāoliú (同)〔漂 piāo 流〕

【飄落—락】piāoluò 형흩날려 떨어지다.

【飄渺—묘】piāomiǎo (同)〔縹 piāo 緲〕

【飄飄然—표연】piāopiāorán 형**1**공중에 떠 있는 것처럼 휘청거리다. **2**〈貶〉(기뻐서) 득의 양양한 모양.

【飄然—연】piāorán 형**1**둥실둥실 떠가다. 나풀거리다. **2**신속한 모양. **3**기분이 가뿐하고 좋다.

【飄洒—쇄】piāosǎ 통흩날리다.

【飄洒—쇄】piāo·sǎ 형자연스럽다.

【飄散—산】piāosàn 통날아 흩어지다.

【飄舞—무】piāowǔ 통(바람에) 흩날리다.

＊＊【飄扬—양】piāoyáng 통바람에 펄럭이다. ◇国旗~在白头山上/국기가 백두산에서 바람에 펄럭이다.

【飄摇—요】piāoyáo 통(바람에) 나부끼다.

【飄飖—요】piāo yáo (同)〔飄搖〕

【飄逸—일】piāoyì 형**1**〈文〉표일하다. 뛰어나다. **2**(同)〔漂浮 piāofú〕 **3**(同)〔飄散 sǎn〕

【飄溢—일】piāoyì 통가득 풍기다.

【飄悠—유】piāo·you 통유유히 떠다니다. 흔들흔들 떠돌다. ◇小舟在湖上~着/쪽배가 호수에서 유유히 떠다닌다.

【螵】 虫部 piāo
11画 사마귀알 표

【螵蛸—소】piāoxiāo 명〈動〉버마재비의 알집.

piáo

【嫖】 女部 piáo
11画 기생놀이 표

통기녀와 놀다.

【嫖娼—창】piáochāng 통창녀와 놀다.

【嫖客—객】piáokè 명오입장이.

【瓢】 瓜部 piáo
11画 바가지 표

(~儿)명표주박. 바가지. 국자. 주걱.

【瓢泼—발】piáopō (비가) 억수같다.

【瓢泼大雨—발대우】piáopō dàyǔ 〈喩〉억수같이 퍼붓는 비.

【瓢子—자】piáo·zi 명〈方〉**1**(同)〔瓢〕 **2**순가락.

piǎo

【漂】 氵部 piǎo
11画 떠다닐 표

통**1**표백하다. ◇~过的布特别白/표백한 천은 유난히 희다. **2**물에 씻어 이물질을 제거하다. ◇~朱砂/주사를 물로 선별하다. ⇒piāo, piào

【漂白—백】piǎobái 통표백(하다).

【漂白粉—백분】piǎobáifěn 명표백분.

【漂染—염】piǎorǎn 통표백·염색하다.

【漂洗—세】piǎoxǐ 통헹구다.

【縹·縹】 纟部 piǎo
11画 옥색 표

명**1**청백색. 옥색. **2**청백색〔옥색〕의 견직물. ⇒piāo

piào

【瞟】 目部 piào
11画 흘릴 표

통곁눈질하다. 곁눈질로 힐끗 보다. ◇他一面说话, 一面用眼~老李/그는 이야기하면서 이 선생을 곁눈질했다.

piào

★【票】西部 示部 | piào
5画 | 6画 | 쪽지 **표**
1圐표. 증서. 유가증권. ◇车~/차표. ◇
飞机~/비행기 탑승권. ◇饭~/식권. **2**
(~儿)圐지폐. ◇零~儿/소액 지폐. ◇
三张100元的~儿/100원 짜리 지폐 3장.
3(~儿)圐옛날, 강도가 납치한 인질. ◇
绑~儿/사람을 납치하다. **4**쪙〈方〉(상행
위의) 한 건(件). ◇一~货/한 가지〔묶
음〕의 상품. **5**圐옛날의 아마추어(ama-
teur) 연극. ◇玩儿~/아마추어 연극을
하다.
【票车-차】piàochē 圐〈方〉여객수송 열차.
【票额-액】piào'é 圐액면 금액.
【票房-방】piàofáng (~儿)圐〈口〉(극장·
역 따위의) 매표소.
【票房价值-방가치】piàofáng jiàzhí 圐흥
행 실적.
【票根-근】piàogēn 圐(어음·수표 따위의)
부본. (입장권 따위의) 한 쪽을 떼어주고
남은 반쪽.
【票号-호】piàohào 圐옛날 산서성(山西
省)의 상인이 경영하던 금융 기관.〔주로
환어음을 취급하였음〕
【票汇-회】piàohuì 圐통송금(환)에 의한
송금(을 하다).
【票据-거】piàojù 圐**1**어음. 증권. **2**(운송
화물 따위의) 수증표. 영수증.
【票面-면】piàomiàn 圐액면.
【票选-선】piàoxuǎn 통투표로 뽑다.
【票友-우】piàoyǒu 圐옛날의 아마추어 배우.
【票证-증】piàozhèng 圐배급 증표.
【票庄-장】piàozhuāng 圐옛날 금융 기관
의 일종.
【票子-자】piào·zi 圐지폐.

【漂】氵部 | piào
11画 | 떠다닐 **표**
통〈方〉(일 따위가) 허사가 되다. (빌려
준 돈을) 떼이다. 허탕치다. ◇那事没有
什么指望, ~了/그 일은 아무 희망도 없
다, 틀렸다. ⇒piāo, piǎo

★【漂亮-량】piào·liang 쳉**1**예쁘다. 보기좋
다. ◇这么~的衣服在哪儿买的?/이렇게
예쁜 옷을 어디서 샀니? 凷較漂亮:美丽
"漂亮"은 "心灵", "愿望" 등을 목적어로
취하지 않는다. ◇她的心灵很~/그녀의
마음은 참 아름답습니다. **2**(일처리·행
동·말 따위가) 멋지다. 근사하다. ◇他那
个球进得真~/그는 그 공을 정말 멋지게
넣었다. (同)〔好看 hǎokàn〕, (反)〔难看

nánkàn〕
【漂亮话-량화】piào·lianghuà 圐허울 좋
은 말. ◇光说~有什么用, 得拿出行动来/
허울 좋은 말을 해서 무슨 소용이 있느
냐, 행동으로 보여줘야지.

【嘌】口部 | piào
11画 | 빠를 **표**
쳉〈文〉빠르다.
【嘌呤-령】piàolìng 圐〈化〉푸린.

【骠·驃】马部 | piào
11画 | 날쌘 **표**
쳉〈文〉**1**말이 빨리 달리는 모양. **2**용맹스
럽다.

piē

【氕】气部 | piē
1画 | 프로튬 **별**
圐〈化〉프로튬(1H).

*【撇】扌部 | piē
11画 | 버릴 **별**
통**1**버리다. 돌보지 않다. 방치하다. ◇我
从一岁起就一直被父母~在奶奶家/부모님
은 나를 한 살 때부터 할머니집에 버려두
었었다. **2**(거품 따위를) 걷어내다. 건지
다. 뜨다. ◇白沫儿妈妈已经~掉了/흰 거
품을 어머니가 이미 걷어냈다. ⇒piě
【撇开-개】piē//·kāi 圐제쳐놓다. 버려두다.
【撇弃-기】piēqì 통버리다. 버려두다. 방
치하다. 돌보지 않다.
【撇脱-탈】piētuō 쳉**1**〈方〉쉽다. **2**〈文〉분
명하다. 명쾌하다.

*【瞥】目部 | piē
11画 | 언뜻볼 **별**
통얼핏 보다. 힐끗 보다. ◇弟弟要插嘴,
哥哥~了他一眼/동생이 말참견하려고 하
자 형이 동생을 힐끗 쏘아 보았다.
【瞥见-견】piējiàn 통힐끗 보다.
【瞥视-시】piēshì 통살짝 보다.

piě

【苤】艹部 | piě
5画 | 양배추 **별**
【苤蓝-람】piě·lan 圐**1**〈植〉구경(球茎)양
배추. **2**구경 양배추의 줄기.

【撇】扌部 | piě
11画 | 버릴 **별**
1통버리다. 내던지다. ◇谁也没有我~得
远/아무도 나만큼 멀리 던질 수 없다. ◇
他把这件事早~到脑后去了/그는 이 일을
잊은 지 오래 되었다. **2**통입을 삐죽거리
다. ◇她嘴一~什么也没说, 走开了/그녀
는 입을 삐죽거리며 아무말도 하지 않고

가버렸다. 3(~儿)閔한자의 필획(筆畵)인 '丿'(삐침). 4앵3과 같은 모양의 물건을 세는 데 쓰임. ◇他留着两~儿胡子/그는 팔자수염을 길렀다. ⇒piē

【撇嘴-취】piě//zuǐ 통입을 삐죽거리다. 남을 얕보다. 〔경멸·부정·불쾌를 나타냄〕

【𨫼·𨫼】 钅部 11画 큰솥 별 piě
　　閔〈方〉제염용(製鹽用)의 아가리가 넓은 큰 솥.

pīn

**【拼(拚)】 扌部 6画 붙일 병 pīn
　　통1하나로 잇다. 합치다. ◇这个图案~得真好/이 도안을 정말 잘 붙였다. (同)〔合 hé〕, (反)〔分 fēn〕 2필사적으로 하다. 전력투구하다. ◇考试前还得再一~一~/시험 전에는 전력투구 해야 한다. ⇒pàn

【拼版-판】pīn//bǎn 1통〈印〉조판하다. 2(pīnbǎn)閔(신문 따위의) 큰 조판.

*【拼搏-박】pīnbó 통온 힘을 다해 싸우다. ◇全队运动员除了伤员都在~/팀전체 선수들은 부상자만 빼고 모두들 온 힘을 다해 싸우고 있다.

【拼刺-자】pīncì 통1총검술 훈련을 하다. 2총검으로 백병전을 하다.

【拼凑-주】pīn//còu 통긁어 모으다. 그러모으다. ◇他们~了点儿钱, 送了她一件生日礼物/그들은 돈을 좀 모아 그녀에게 생일선물을 주었다.

【拼合-합】pīnhé 통모아서 합치다. 모아 맞추다.

【拼接-접】pīnjiē 통한데 모아 잇다〔이어 맞추다〕.

☆【拼命-명】pīn//mìng 통1목숨을 내던지다. 목숨을 버리다. ◇敌人来了就和他~/적이 오면 사생결단 해라. 2(喩)필사적으로 하다. 적극적으로 하다. ◇那辆汽车开得特别快, 我拼着命追也没追上/그 차는 유난히 빨리 가서 나는 필사적으로 쫓아도 따라잡지 못했다. 凹교拼命:努力 "拼命"은 비동작 동사를 잘 수식하지 않는다. ◇他下决心~(×拼命)努力成为一个好翻译/그는 노력해서 훌륭한 번역사가 되겠다고 결심했다.

【拼盘-반】pīnpán (~儿)閔두 종류 이상의 '凉菜'를 한 접시에 담아 놓은 요리.

【拼死-사】pīnsǐ 통목숨을 걸다. (同)〔拼命 mìng〕

【拼死拼活-사병활】pīnsǐ- pīnhuó 〈成〉필사적으로 몸부림치다. 이판사판이다.

【拼写-사】pīnxiě 통'拼音字母'를 사용하

여 표기하다.

【拼音-음】pīnyīn 통음소(音素)를 짜맞추어 한 음절로 만든다.

【拼音文字-음문자】pīnyīn wénzì 閔표음문자.

【拼音字母-음자모】pīnyīn zìmǔ 閔〈言〉1표음(表音)문자. 2'汉语拼音方案'이 채택한 26개의 로마자.

【拼缀-철】pīnzhuì 통잇다. 조합하다.

【姘】 女部 6画 남녀몰래붙을 병 pīn
　　통남녀가 밀통하다.

【姘居-거】pīnjū 통동거하다.

【姘头-두】pīn·tou 閔밀통한 남녀. 정부.

pín

*【贫·貧】 贝部 4画 가난할 빈 pín
　　형1가난하다. 구차하다. ◇清~/청빈하다. ◇~贱不移/가난해도 뜻을 바꾸지 않는다. (同)〔穷 qióng〕, (反)〔富 fù〕 凹교贫:贫穷 "贫"은 술어로 사용하지 않는다. ◇他家生活很(×贫)贫穷/그의 집안 생활이 매우 어렵다. 2모자라다. 부족하다. 결핍하다. ◇~血/빈혈. (同)〔缺 quē〕, (反)〔富 fù〕 3승려가 자칭하는 겸칭. ◇~僧/빈승. 4〈方〉말이 많다. 수다스럽다. ◇他是你弟弟, 跟你~~没什么, 跟我~, 可不成体统/그는 네동생이니 너와 수다떨면 괜찮지만 나와 수다떨면 정말 체통이 서지 않는다.

*【贫乏-핍】pínfá 형통1가난(하다). 형편이 어렵다. ◇家境~/집안 형편이 어렵다. 2부족(하다). 빈약(하다). ◇知识~/지식이 부족하다. (同)〔匮乏 kuìfá〕, (反)〔丰富 fēngfù〕

【贫骨头-골두】píngǔ·tou 閔〈方〉소인배. 깍쟁이. 공짜를 좋아하는 사람.

【贫寒-한】pínhán 형가난하다. (同)〔清qīng 寒〕, (反)〔丰裕 fēngyù〕

【贫瘠-척】pínjí 형(땅이) 비옥하지 않다. 척박하다. 메마르다. (同)〔瘦 shòu 瘠〕, (反)〔肥沃 féiwò〕

【贫贱-천】pínjiàn 형가난하고 지위가 낮다. (反)〔高贵 gāoguì〕

【贫窭-구】pínjù 형〈文〉가난하다.

**【贫苦-고】pínkǔ 형빈곤하다. ◇他的家境~/그의 집안 형편이 빈곤하다. (同)〔穷 qióng 苦〕, (反)〔富裕 fùyù〕

【贫困-곤】pínkùn 형1못살다. 구차하다. ◇~的山区改变了面貌/생활수준이 낮은 산간지역의 모습이 달라졌다. 2형빈곤.

*【贫民-민】pínmín 閔빈민. (同)〔穷人 qió-

ngrén), (反)〔富翁 fùwēng〕
【贫民窟－민굴】pínmínkū 图빈민굴. 슬럼.
【贫农－농】pínnóng 图빈농.
【贫气－기】pín·qi 图(행동·태도가) 좀스
럽다. 쩨쩨하다. 수다스럽다.
＊【贫穷－궁】pínqióng 图가난(하다). (同)
〔贫乏 fá〕, (反)〔富裕 fùyù〕
【贫弱－약】pínruò 图(국가·민족이) 가난
하고 힘없다. (反)〔富强 fùqiáng〕
【贫血－혈】pínxuè 图빈혈.
【贫油－유】pínyóu 图석유자원이 부족
(하다).
【贫嘴－취】pínzuǐ 图수다 잘 떨다. 농담
잘 하다.
【贫嘴薄舌－취박설】pín zuǐ bó shé〈成〉독
설을 퍼붓다. (同)〔贫嘴贱 jiàn 舌〕

【嫔】女部 pín
10画 아내 빈
图〈文〉1임금의 소실. 2고대, 궁중의 여관
(女官) 이름.

＊【频・頻】頁部 pín
7画 자주 빈
图자주. 빈번하게. ◇～～点头/여러 번
고개를 끄덕이다.
【频传－전】pínchuán 图계속 전해오다.〔주
로 좋은 소식을 가리킴〕
【频次－차】píncì 图횟수.
【频带－대】píndài 图〈物〉주파수대(帶).
【频道－도】píndào 图〈電〉채널.
＊【频繁－번】pínfán 图잦다. 빈번하다. ◇活
动～/활동이 잦다.
【频率－률】pínlǜ 图1주파수. 2빈도(頻度).
【频频－빈】pínpín 图빈번히. 자주.
【频仍－잉】pínréng〈文〉1图잦다.〔주로
나쁜 의미로 씀〕2图자주. 빈번히.
【频数－수】pínshuò 图빈번하게 계속하다.

【蘋】艹部 pín
13画 사과 평
图〈植〉1네가래. 2사과의 다른 이름. ⇒pí-
ng'苹'

【颦・顰】頁部 pín
15画 찡그릴 빈
图〈文〉눈살을 찌푸리다. ◇一～一笑/눈
살을 찌푸리기도 하고 웃기도 하다. (同)
〔皱 zhòu〕, (反)〔舒 shū〕
【颦蹙－축】píncù 图〈文〉얼굴을 찡그리다.
(걱정스러운) 얼굴을 하다.

pǐn

＊【品】口部 pǐn
6画 가지 품
1图물품. ◇商～/상품. 2图(물건의) 등
급. ◇上～/상품. 3图옛날, 관리 등급.

◇九～/구품. 4图(물건의) 종류. ◇～种
/품종. 5图품위(品位). 인품(人品). ◇人
～/인품. 6图품평하다. ◇～茶/차맛을
품평하다. 7图(관악기, 특히 피리를) 불
다. ◇～第/피리〔퉁소〕를 불다. 8(Pǐn)
图성(姓).
＊【品尝－상】pǐncháng 图시식하다. 맛보다.
◇按着次序我一一～了北京风味食品/나는
순서대로 북경의 고유 음식을 일일이 맛
보았다.
＊【品德－덕】pǐndé 图인품과 덕성. ◇～高
尚/인품과 덕성이 고상하다.
【品第－제】pǐndì〈文〉1图우열을 가리다.
2图등급. 지위.
【品格－격】pǐngé 图1성품. 품행. 2(문학·
예술 작품의) 품격.
【品红－홍】pǐnhóng 图담홍색.
【品级－급】pǐnjí 图1옛날, 관리의 등급. 2
(생산품이나 제품의) 등급.
【品节－절】pǐnjié 图품행과 절조.
【品蓝－람】pǐnlán 图〈色〉남자색(藍紫色).
【品类－류】pǐnlèi 图종류. 품종.
【品绿－록】pǐnlǜ 图〈色〉짙은 녹색.
【品貌－모】pǐnmào 图1용모. 2인품과 용모.
【品名－명】pǐnmíng 图품명.
【品目－목】pǐnmù 图품목.
【品评－평】pǐnpíng 图품평하다.
【品题－제】pǐntí〈文〉图(인물·작품 등을)
논평하다.
【品头论足－두론족】pǐn tóu lùn zú〈成〉
할 일 없는 자가 멋대로 여자의 용모를
평가하다. 사소한 일에 트집을 잡다.
【品脱－탈】pǐntuō 图〈度〉파인트(pint).
【品位－위】pǐnwèi 图1〈文〉관품(官品)의
등급. 2〈礦〉품위. 3품위. 품격과 지위.
【品味－미】pǐnwèi 1图맛을 보다. 2图음미
하다. 3(品物의) 질과 특색.
【品系－계】pǐnxì 图〈生〉종족. 품종.
＊【品行－행】pǐnxíng 图품행.
＊【品性－성】pǐnxìng 图품성.
【品月－월】pǐnyuè 图〈色〉엷은 남색.
【品藻－조】pǐnzǎo 图〈文〉(인물을) 비평
하다.
＊【品质－질】pǐnzhì 图1품성. 인품. ◇看一
个人不能只看他的外表，要看他的～/사람
을 볼 때 겉모습만 봐서는 안 되고 인품
을 봐야 한다. 2品质. ◇景德镇瓷器～优
良/경덕진의 도자기는 품질이 우수하다.
比교品质: 质量 (공사·제품 등의) 품질에
는 주로 "质量"을 쓴다. ◇他们提高了冰
箱的(×品质)质量/그들은 냉장고의 품질
을 향상시켰다.
☆【品种－종】pǐnzhǒng 图1〈生〉품종. ◇这鸡
～很好，下蛋既多又大/이 닭의 품종은 종

P

아 크고 많은 계란을 낳는다. 〔比较〕品种:
种 "品种"은 양사로 쓰지 않는다. ◇他种
的菊花有十几(×品种)种/그가 심은 국화
는 십여 종이다. ◇这种产品的种类、가지수.
◇这个厂生产的玻璃制品～齐全, 物美价廉
/그 공장에서 생산된 유리제품은 종류가
다 갖춰져 있어 물건도 좋고 가격도 싸다.

【榀】 木部 pĭn
9画 집뼈대 품

양〈建〉가옥의 골조(骨組)를 세는 양사.

pìn

【牝】 牛部 pìn
2画 암컷 빈

명조수(鳥獸)의 암컷. (同)〔雌 cí〕, (反)
〔牡 mǔ〕

＊【聘】 耳部 pìn
7画 찾을 빙

동1초빙하다. ◇～任/초빙하여 임용한다.
2〈文〉사신이나 사자를 보내다. ◇报～/
답례 방문. 3약혼(約婚)하다. 4〈口〉여자
가 출가하다. ◇出～/출가하다.
【聘金－금】pìnjīn 명1약혼 성립의 증표로
써 신랑집에서 신부집에 보내는 금품. 2
(사람을 초빙할 때 주는) 약정금액.
【聘礼－례】pìnlǐ 명1사람을 초청할 때의
예물. 2신랑집에서 신부집에 보내는 예물.
＊【聘请－청】pìnqǐng 동초빙하다. ◇爸爸给
我～了家庭教师/아버지가 나를 위해 가
정교사를 초빙했다. (同)〔聘用 yòng〕,
(反)〔解 jiě 聘〕
＊【聘任－임】pìnrèn 동초빙하여 직무를 맡
기다. ◇工厂－他为总工程师/공장에서는
그를 수석기사로 초빙 임용하였다. (反)
〔解 jiě 聘〕
【聘书－서】pìnshū 명초빙장. 초청장.
【聘问－문】pìnwèn 동자기 나라 정부를 대
표하여 우방을 방문한다. 사절을 보내다.
＊【聘用－용】pìnyòng 동초빙 임용하다. ◇
我们从美国～了几个技术员/우리는 미국
으로부터 몇몇 기술자를 초빙 임용하였
다. (同)〔聘任〕

pīng

【乒】 丿部 pīng
5画 물건부딪치는소리 병

1의탕. 땅. 뻥. 〔물건이 서로 부딪는 소
리〕 ◇～的一声枪响/땅하는 총소리. 2명
탁구. ◇～赛/탁구 시합.
【乒乓－방】pīngpāng 1의톡톡. 따다닥. 〔서
로 부딪는 소리〕 2(同)〔乒乓球 qiú〕
☆【乒乓球－방구】pīngpāngqiú 명1탁구. ◇

我和她以前赛过～/나는 그녀와 전에 탁
구시합을 한 적이 있다. 2탁구공.

【娉】 女部 pīng
7画 예쁠 병
【娉婷－정】pīngtíng〈文〉형(여자의) 자태
가 아름답다.

píng

☆【平】 一部 干部 píng
4画 2画 고를 평

1형평평하다. 반반하다. ◇那条马路多年
未修很不～/그 큰길은 여러해 보수하지
않아 울퉁불퉁하다. 2동평평하게 하다.
고르다. ◇拖拉机一起地来又快又好/트랙
터로 땅을 고르면 빠르고 잘 고른다. 3형
같은 정도이다. 동격이다. 높이가 같다.
◇这盘棋他们俩～了/그들 두 사람은 그
장기를 비겼다. 4형공평하다. 균등하다.
◇～分/똑같이 나누다. 5형평온하다. 안
정되다. ◇风－浪静/풍랑이 일지 않고 고
요하다. 6동진압하다. 평정하다. ◇政府
很快就把那场暴动～了下去/정부는 곧 그
폭동을 진압시켰다. 7동(노기를) 진정시
키다. ◇等他气～了, 再跟他好好谈谈/그
가 화를 가라앉히고 나서 그와 잘 얘기해
보시오. 8형보통의. 일상적인. ◇～时/평
상시. 9형〈言〉평성(平聲). 4성(聲). ◇
～仄/평측. 10(Píng)명성(姓).
☆【平安－안】píng'ān 형평안하다. 무사하다.
◇你放心, 她们母女都很～/그들 모녀가
모두 무사하니 안심하시오. (同)〔安全
quán〕, (反)〔危险 wēixiǎn〕比较平安:
健康 "身体"는 "平安"을 술어로 쓰지 않
는다. ◇我们的身体都(×平安)很健康, 请
你不要挂念/우리의 몸은 모두 건강하니,
너무 걱정하지 마십시오.
【平白－백】píngbái 부공연히. 까닭없이.
【平板－판】píngbǎn 형1평범하다. 변화가
없다. 2평평하다. (同)〔呆滞 dāizhì〕,
(反)〔灵活 línghuó〕
【平板车－판차】píngbǎnchē 명1(화물 운
반용의) 리어카식 삼륜차. 2측면이 없는
대형 화물차.
【平板仪－판의】píngbǎnyí 명평판 측정기.
【平版－판】píngbǎn 명〈印〉평판.〔오프세
트 인쇄〕
【平辈－배】píngbèi 명1(가족이나 친척사
이의) 같은 항렬. 동년배. 2(선후배 관계
에 있어서의) 동기.
【平槽－조】píng/cáo 동(하천의 물이 불
어) 둑 높이까지 이르다.
【平产－산】píngchǎn 명평년작.
☆【平常－상】píngcháng 1형보통이다. 평범

하다. 일반적이다. 뛰어나지 않다. ◇她的嗓音很~，唱的歌并不好听/그녀의 목소리는 보통이지만 노래는 듣기 좋은 것은 결코 아니다. (同)〔普通 pǔtōng〕, (反)〔特殊 tèshū〕 2형평소. 평시. ◇他~总喜欢去图书馆看书/그는 평소에 늘 도서관에 가서 책보기를 좋아한다. 비교平常:通常 일반적이고 많이 발생하는 상황에는 "平常"을 쓰지 않는다. ◇这种历史小说(×平常)通常写得比较长/이런 역사소설은 일반적으로 비교적 길게 쓴다.

【平车－차】píngchē 명1측면이 없는 대형 화물차. 무개 화차. 2손수레.

【平畴－주】píngchóu 명〈文〉평지. 평평한 논밭.

【平川－천】píngchuān 명평야. 평원.

【平旦－단】píngdàn 명〈文〉동틀녘.

☆【平等－등】píngděng 형평등(하다). 대등(하다). ◇你们这里的服务员为什么老~待人?/당신네 여기의 종업원은 왜 사람을 차별대우합니까?

【平粜－적】píngdí 명옛날, 정부가 풍년에 곡물을 수매 저장하였다가 흉년에 방출하다.

【平地－지】píng//dì 1통땅을 평평하게 고르다. 2(píngdì)명평지.

【平地风波－지풍파】píngdì fēngbō〈成〉뜻밖의 사고. 날벼락.

【平地楼台－지루대】píngdì lóutái〈成〉맨땅 위에서 이루어 놓은 성과. 맨손으로 사업을 일으키다. 자수성가하다.

【平地一声雷－지일성뢰】píngdì yī shēng léi〈成〉갑자기 이름이 나거나 경사가 나다.

【平定－정】píngdìng 1형(마음 등이) 차분하다. 평온하다. 2통(반란 따위를) 평정하다. (同)〔安 ān 定〕, (反)〔烦乱 fánluàn〕

【平动－동】píngdòng 명〈物〉등속도 운동.

＊＊【平凡－범】píngfán 형평범하다. ◇他取得了那么大的成就却行动得很~/그는 상당히 성공했지만 평범하게 행동했다. (同)〔平常 cháng〕, (反)〔不凡 bù fán〕

【平反－반】píngfǎn 통(잘못된 언론을) 바로잡다. 명예회복하다. 잘못된 판결을 시정하다. (同)〔伸冤 shēnyuān〕, (反)〔含冤 hányuān〕

☆【平方－방】píngfāng 명〈數〉〈度〉제곱. 평방.

【平房－방】píngfáng 명1단층집. 2〈方〉평지붕인 집.

【平分－분】píngfēn 통똑같이 나누다.

【平分秋色－분추색】píngfēn qiūsè〈成〉각각 절반씩 차지하다.

【平服－복】píngfú 통1가라앉다. 안정되다. 2복종하다.

【平复－복】píng·fu 통1평온한 상태로 돌아가다. 2(질병이나 상처가) 회복되다. (反)〔加剧 jiājù〕

【平光－광】píngguāng 형도수 없는 안경.

【平和－화】pínghé 형1(성격이나 언행이) 온화하다. 2형(약성(藥性)이) 부드럽다. 3형조용하다. 4통〈方〉(분쟁 등이) 멈추다. (同)〔和平〕, (反)〔猛烈 měngliè〕

＊＊【平衡－형】pínghéng 1형균형. 2형균형있게 하다. ◇这两个队的实力从来没有~过/이 두 팀의 실력은 여지껏 같은 적이 없었다. 3통고르다. 균형이 맞다. ◇一年来我们的收支基本保持~/1년 동안 우리의 수지는 대체로 균형을 유지했다. 비교平衡:一致 의견, 관점이 같은 경우에는 "平衡"을 쓰지 않는다. ◇我和他的意见是(×平衡)一致的/나와 그의 의견은 일치하다.

【平衡觉－형각】pínghéngjué 명균형 감각.

【平衡木－형목】pínghéngmù 명〈體〉1평균대. 2평균대 운동.

【平滑－활】pínghuá 형평활하다. 평평하고 미끄럽다. (同)〔光 guāng 滑〕, (反)〔毛糙 máocao〕

【平滑肌－활기】pínghuájī 명〈生理〉평활근.

【平话－화】pínghuà 명송대(宋代)에 민간에 유행하던 구두 문학의 하나.

【平缓－완】pínghuǎn 형1(땅이) 평탄하다. 2(기후가) 평온하다. (흐름이) 완만하다. 3(마음이나 말씨 따위가) 온화하다. (同)〔平和 hé〕, (反)〔猛烈 měngliè〕

【平毁－훼】pínghuǐ 통1…로 메우다. 헐어서 평평하게 하다. 2분쇄하다. 파괴하다.

【平价－가】píngjià 1통물가를 안정시키다. 2명공정가격. 보통 가격. 3명한 나라의 본위 화폐가 정한 금의 함량.

【平角－각】píngjiǎo 명〈數〉평각.

【平金－금】píngjīn 형1금색·은색실로 놓은 꽃무늬 수.

☆【平靖－정】píngjìng 1통평정하다. 2형(사회가) 안정되다.

【平静－정】píngjìng 형1(상황·환경 따위가) 평온하다. 2(태도·감정 따위가) 침착하다. 차분하다. ◇激动的心情久久不能~/설레는 마음을 한참동안 진정시킬 수 없다. (同)〔平稳 wěn〕, (反)〔动荡 dòngdàng〕 비교平静:安静 소리가 들리지 않은 경우에는 "平静"을 쓰지 않는다. ◇这屋里就我一个人，很(×平静)安静/이 집에는 나 혼자 있어 조용하다.

【平局－국】píngjú 명무승부. 동점.

☆【平均－균】píngjūn 1통평균하다. 고르게 하다. ◇一千块钱分给十一个人，你给~一下，看每人多少/천원을 11명에게 나눠주

P

려면 1인당 얼마인지, 네가 평균해 봐라. 比교平均:均匀 분포·간격이 균일하면 "平均"을 쓰지 않는다. ◇这套家具的着色不够(×平均)均匀/이 가구의 색칠이 고르지 않다. 2)형균등하다. 고르다. ◇五十斤苹果, 七个人分, 不能分得很～/사과 50근은 7명이 균등하게 나눌 수 없다.

【平均主义－균주의】píngjūn zhǔyì 명절대 평등주의.

【平空－공】píngkōng 부근거없이. (同)〔凭píng 空〕

【平列－렬】píngliè 동나란히 배열하다.

【平流－류】píngliú 명〈天〉이류(移流). 수평류(水平流).

【平炉－로】pínglú 명평로.

*【平面－면】píngmiàn 명평면. (反)〔立体 lìtǐ〕

【平面波－면파】píngmiànbō 명〈物〉평면파.

【平面几何－면기하】píngmiàn jǐhé 명〈數〉평면 기하(학).

【平面镜－면경】píngmiànjìng 명〈物〉평면경. 평면거울.

【平面图－면도】píngmiàntú 명평면도.

【平民－민】píngmín 명평민. 일반대중.

【平明－명】píngmíng 명〈文〉새벽. 동틀 무렵.

【平年－년】píngnián 명1평년. 2수확이 평년작인 해.

【平平－평】píngpíng 형보통이다. 평범하다.

【平平当当－평당당】píngpíng dāngdāng 형(일의 진행이) 순조롭다. 잡음이 없다.

【平铺直叙－포직서】píng pū zhí xù 〈成〉(글이나 말에 미사여구를 쓰지 않고) 명쾌하게 쓰다[표현하다].

【平起平坐－기평좌】píng qǐ píng zuò 〈成〉지위나 권력이 동등하다.

【平权－권】píngquán 명평등권.

*【平日－일】píngrì 명평일. 평상시.

【平绒－융】píngróng 명면벨로로.

【平射炮－사포】píngshèpào 명〈軍〉평사포.

【平身－신】píngshēn 동(절을 하고 나서) 몸을 일으켜 바로 서다. 〔주로 옛날의 소설·희곡에 보임〕

【平生－생】píngshēng 명1평생. 일생. 2평소. 여지껏.

【平声－성】píngshēng 명〈言〉평성. 〔고대 중국어에서 사성(四聲)의 하나〕

☆【平时－시】píngshí 명보통때. 평소. 평상시. ◇她今天和～不一样, 显得特别高兴/그녀는 오늘 평소와 다르게 아주 즐거워 보인다.

【平实－실】píngshí 형진솔하다. 충실하다.

【平视－시】píngshì 동똑바로 앞을 보다.

【平手－수】píngshǒu (～儿)동〈시합에서〉비기다.

【平水期－수기】píngshuǐqī 명강물 따위가

정상 수위인 시기.

【平顺－순】píngshùn 형순탄하다.

【平素－소】píngsù 명평상시. 평소. ◇张师傅～对自己要求很严/장사부님은 평소에 자신에게 아주 엄격했다.

【平台－대】píngtái 명1건조대. 테라스. (同)〔晒 shài 台〕2(同)〔平房 2〕3(생산, 공사를 위한) 작업대.

*【平坦－탄】píngtǎn 형평탄하다.

【平添－첨】píngtiān 동저절로 보태다.

【平粜－조】píngtiào 동옛날, 흉년이 들 때 관청에서 창고의 쌀을 공정한 가격으로 판매하다.

【平头－두】píngtóu 1명상고머리. 2형보통의. 평범한. 3형끝수〔우수리〕가 없는.

【平头甲子－두갑자】píngtóu jiǎzǐ 명만 60세. 환갑.

【平头数－두수】píngtóushù 명〈方〉십, 백, 천, 만 등 우수리가 없는 정수(整数).

【平头正脸－두정검】píng tóu zhèng liǎn 〈成〉용모가 단정하다.

【平妥－타】píngtuǒ 형타당하고 적절하다.

【平纹－문】píngwén 명〈紡〉평직(平織).

*【平稳－온】píngwěn 형안정되어 있다. 흔들리지 않다. ◇局势～/정세가 안정되어 있다. ◇把桌子放～了/테이블을 잘 고정해 놓았다.

【平西－서】píngxī 동해가 서쪽으로 기울다.

【平昔－석】píngxī 명평상시. 평소.

【平息－식】píngxī 동1평온해지다. 가라앉다. ◇一场风波～了/한바탕 소동이 가라앉았다. 2진압하다. 진압하다.

【平心而论－심이론】píng xīn ér lùn 〈成〉차분한 마음으로 논하다.

【平心静气－심정기】píng xīn jìng qì 〈成〉침착하다.

【平信－신】píngxìn 명〈略〉보통 우편.

*【平行－행】píngxíng 1형(지위나 등급이) 대등한. 동등한. ◇～级别/동등한 직급. 2명〈數〉평행하다. 3동병행하다. ◇～发展/동시에 발전되다. 比교平行:并排 "平行"은 부사어로 쓰이지 않는다. ◇我和他(×平行)并排骑车, 边骑边聊/난 그와 자전거를 나란히 타고 얘기하며 갔다.

【平行四边形－행사변형】píngxíng sìbiānxíng 명〈數〉평행 사변형.

【平行线－행선】píngxíngxiàn 명평행선.

【平行作业－행작업】píngxíng zuòyè 명동시 작업.

【平衍－연】píngyǎn 형〈文〉평평하게 펼쳐져 있다.

【平野－야】píngyě 명평야. 벌.

【平一－일】píngyī 동〈文〉평정하여 통일하다.

【平移－이】píngyí 명〈物〉병진(幷進).

P

【平议－의】píngyì **1**图(動)〈文〉공평한 의논(을 하다). **2**動논평하다.

【平抑－억】píngyì 動(물가 등을) 안정시키다.

【平易－이】píngyì 圈**1**(성격이나 태도가) 겸손하고 온화하다. **2**(문장이) 평이하다.

【平易近人－이근인】píng yì jìn rén〈成〉**1**사귀기 쉽다. **2**(글이) 평이하다. 쉽게 이해되다.

【平庸－용】píngyōng 圈평범하다.

【平鱼－어】píngyú 图〈魚介〉병어. (同)〔鲳鱼〕

☆【平原－원】píngyuán 图평원.

【平月－월】píngyuè 图(윤달이 아닌) 평년의 2월. 〔28일임〕

【平允－윤】píngyǔn 圈공정하다. 적절하다.

【平仄－측】píngzè 图평측.

【平展－전】píngzhǎn 圈**1**(지세가) 넓게 펼쳐져 있다. **2**구김살이 없이 펴지다.

【平展展－전전】píngzhǎnzhǎn (～的)圈가없이 넓다.

＊【平整－정】píngzhěng **1**動(땅이나 물건 따위를) 평평하게 고르다. **2**圈평평하다.

【平正－정】píng·zheng 圈**1**공평 무사하다. **2**평평하고 반듯하다.

【平装－장】píngzhuāng 图(서적의) 보통 장정.

【平足－족】píngzú 图평발. (同)〔扁 biǎn 足〕

＊＊【评·評】讠部 píng
5画 품평할 **평**

图動**1**논평(하다). 비평(하다). 평론(하다). ◇讲～/강평. ◇书～/서평. ◇批～/비평(하다). ◇你来一一、这场球为什么会输?/이번 시합이 왜 졌는지 당신이 평해보시오. [比교]评∶讲 비평이 아닌 대화에는 "评"을 쓰지 않는다. ◇我向同学(×评)讲了刚才看过的电影/나는 친구에게 방금 본 영화를 이야기했다. **2**판정(하다). 심사(하다). ◇他们正在～分/그들은 점수를 심사하고 있다.

＊【评比－비】píngbǐ 動비교하여 평가하다.

＊【评定－정】píngdìng 動사정(查定)하다.

【评断－단】píngduàn 動논하다.

【评分－분】píng// fēn (～儿)動평점(評点)을 매기다.

【评分－분】píngfēn 图평점한 점수.

【评改－개】pínggǎi 動(과제물을) 첨삭하다.

【评功－공】píng// gōng 動공적을 평가하다.

【评估－고】pínggū 動평가·예측하다.

＊【评级－급】píng// jí 動(간부·직원의 임금, 대우 등의) 등급을 사정(查定)하다.

＊＊【评价－가】píngjià 图動평가(하다). ◇对他们的功过应该作出公正的～/그들의 공실적과 과실을 공정하게 평가해야 한다. ◇你来～～这座饭店设计得怎么样/당신

이 호텔의 설계가 어떤지 한번 평가해보시오.

【评奖－장】píng// jiǎng 動심사하여 표창하다.

【评介－개】píngjiè 图動비평 소개(하다).

【评理－리】píng// lǐ 動시비를 가리다. ◇这件事谁是谁非, 你给评评理吧/이 일이 누가 틀렸는지 당신이 시비를 좀 가려주세요.

＊＊【评论－론】pínglùn 图動비평하다. 비평하다.

【评判－판】píngpàn 图動판정(하다). 심사(하다).

＊【评审－심】píngshěn 動평가하다. 사정하다. ◇～员/사정위원.

【评述－술】píngshù 图動평론과 서술.

【评说－설】píngshuō 图動논평(하다). 평가(하다).

【评头品足－두품족】píng tóu pǐn zú〈成〉이러쿵저러쿵 함부로 비평하다. 작은 일에 흠집을 찾다. (同)〔品头论 lùn 足〕

【评薪－신】píng// xīn 動평가하여 봉급을 결정하다.

＊【评选－선】píngxuǎn 動심사하여 뽑다.

【评议－의】píngyì 動의논하여 정하다.

【评语－어】píngyǔ 图평어. 비평하는 말.

【评阅－열】píngyuè 動(답안·보고서 따위를) 검토하고 평가하다.

【评骘－척】píngzhì 動〈文〉평가하다.

【评注－주】píngzhù 图비평과 주해(注解).

【评传－전】píngzhuàn 图논평을 겸한 전기(傳記).

【坪】土部 píng
5画 들 **평**

1图평지. 평평한 땅. ◇草～/잔디밭. **2**양평. 〔면적 단위〕

【坪坝－패】píngbà 图〈方〉평지.

【苹·蘋】艹部 píng
5画 쑥 **평**

⇒'蘋' pín

★【苹果－과】píngguǒ 图〈植〉사과(나무).

【苹果绿－과록】píngguǒlù 图연두색.

【枰】木部 píng
8画 판 **평**

图바둑판. 장기판. ◇棋～/바둑판 또는 장기판.

【萍】艹部 píng
8画 개구리밥 **평**

图〈植〉부평초. 개구리밥.

＊【萍水相逢－수상봉】píng shuǐ xiāng féng〈成〉(모르던 사람을) 우연히 만나다. ◇一叶浮萍归大海, 人生何处不相逢/한 잎의 부평초가 대해로 돌아가듯, 인생은 어느 곳에서도 만나게 된다.

【萍踪－종】píngzōng〈文〉(부평초같이) 정처없이 떠다니는 모양.

P

【鲆·鮃】 鱼部 5画 | píng 넙치 평
图〈魚介〉넙치류.

【冯·馮】 冫部 3画 | píng 도섭할 빙
1图〈文〉(강을) 도보로 건너다. 2〈文〉'凭 píng'과 통용. 3성(姓)Féng

**【凭·憑】 几部 6画 | píng 기댈 빙
1图(몸을) …에 기대다. ◇~几而坐/책상에 기대어 앉았다. ◇~窗远望/창문에 기대어 멀리 바라본다. 2图의지하다. 의거하다. ◇这场球能踢胜，全~配合得好/이번 축구시합에서 이길 수 있는 것은 전부 호흡이 잘 맞았기 때문이다. 3图증거. ◇~据/증거. 4图근거로 하다. …에 근거하다. …에 따르다. ◇凭证领取包裹/증명서에 근거하여 소포를 수령한다. 比較凭: 根据 "凭"의 목적어는 반드시 주어가 가진 사물, 능력 등이어야 한다. ◇(×凭)根据大家的意见，我们召开了这次运动会/모두의 의견을 따라 우리는 이번 운동회를 개최했다. 5图설령[설사] …이라 할지라도[하더라도]. 아무리 …하여도. ◇~你怎么说，我也不能相信这种事/네가 무슨 말을 하더라도 나는 이런 일을 믿을 수 없다.
【凭单-단】 píngdān 图증빙서. 전표.
【凭吊-조】 píngdiào 图(유적이나 분묘 앞에서) 고인이나 옛 일을 추모하다.
【凭借-차】 píngjiè 图…에 의(지)하다. 一를 통하다. ◇他是~父亲熟人进公司的/그는 아버지의 아는 사람을 통해서 회사에 들어간 것이다.
【凭据-거】 píngjù 图증거. 근거. 증거물.
【凭空-공】 píngkōng 图근거없이. 터무니없이.
【凭栏-란】 píng//lán 图난간에 기대다.
【凭陵-릉】 pínglíng 1图〈文〉세력을 믿고 남을 괴롭히다. 2(同)[凭借]
【凭什么-십마】 píngshén·me 무엇을 근거로. 무슨 까닭으로. 무엇을 믿고. ◇你~欺侮人?/당신은 무엇을 믿고 사람을 괴롭히는 겁니까?
【凭恃-시】 píngshì 图(세력을) 믿다.
【凭眺-조】 píngtiào 图(높은 곳에서) 멀리 바라보다.
【凭险-험】 píngxiǎn 图험한 곳을 거점으로 삼다.
【凭险抵抗-험저항】 píng xiǎn dǐ kàng〈成〉요새에 의거하여 저항하다.
【凭信-신】 píngxìn 图신뢰하다. 믿다. (同)[相 xiāng 神]
【凭依-의】 píngyī 图의지하다. 의거하다.

【凭仗-장】 píngzhàng 图의지하다. 믿다.
【凭照-조】 píngzhào 图증명서. 면허증. 자격증.
【凭证-증】 píngzhèng 图증거물. 증빙.

【洴】 冫部 6画 | píng 표백할 병
【洴澼-벽】 píngpì 图〈文〉(면 혹은 견사를) 물에 헹구다.

【屏】 尸部 6画 | píng 병풍 병
1图병풍. 2(~儿)图족자. 3图덮어서 막다. ⇒bǐng
【屏蔽-폐】 píngbì 1图(병풍처럼) 가리다. 둘러막다. 2图병풍처럼 둘러막은 것.
【屏藩-번】 píngfān〈文〉1图병풍과 대울타리. 〈喩〉주위의 강토. 2图가로막고 지키다.
【屏风-풍】 píngfēng 图병풍.
【屏门-문】 píngmén 图(집의 안채와 바깥채 사이에 두는) 가운데문. 중문.
【屏幕-막】 píngmù 图〈電〉스크린.
【屏条-조】 píngtiáo (~儿)图족자.
*【屏障-장】 píngzhàng〈文〉1图장벽. 보호벽. 2图가려져 막다.

★【瓶(缾)】 瓦部 6画 | píng 병 병
1(~儿)图병. ◇汽水~/사이다병. ◇啤酒~/맥주병. 2图병. ◇一~香水/향수 한 병.
【瓶胆-담】 píngdǎn 图보온병의 속병.
【瓶颈-경】 píngjǐng 图1병목. 2〈喩〉(교통이 가장 막히는) 병목구간. ◇不要往那儿开，那儿是~/路段/그쪽으로 몰지마. 거기가 병목구간이야. ◇这是供需上一时的~现象/이는 공급 수요의 일시적 병목현상이다.
【瓶装-장】 píngzhuāng 图병포장.
☆【瓶子-자】 píng·zi 图병.

【帡】 巾部 9画 | píng 장막 병
⇒[屏 píng]

pō

【朴】 木部 2画 | pō 나무껍질 박
⇒pò, pǔ
【朴刀-도】 pōdāo 图칼.

【陂】 阝部 5画 | pō 언덕 파
【陂陀-타】 pōtuó 图〈文〉평탄치 못하다. 험하다.

☆【坡】 土部 5画 | pō 비탈 파
1(~儿)图비탈. 언덕. 비탈진 곳. ◇山~/산비탈. 2图경사지다. 비스듬하다. ◇板

子~着放/판자를 비스듬하게 놓는다.
【坡地―지】 pōdì 图계단식 논밭.
【坡田―전】 pōtián (同)〔坡地〕

＊【颇·頗】 皮部｜pō
6画｜치우칠 **파**
1图〈文〉편파적이다. 치우치다. ◇偏~/편파적이다. **2**图〈文〉상당히. 매우. ◇我们几个人对中国的京剧~感兴趣/우리 몇사람은 중국의 경극에 상당히 흥미를 느낀다.
【颇佳―가】 pōjiā 图꽤 좋다.
【颇为―위】 pōwéi 图〈文〉상당히. 꽤. ◇~新鲜/꽤 신선하다. 图의"颇为"는 뒤에 2음절어만 오며 1음절이 오지 못한다. ◇这种汽车性能(×颇为)颇好, 深受用户欢迎/이 자동차의 기능은 아주 좋아 소비자에게 큰 호응을 얻고 있다.

【泊(樂)】 氵部｜pō
5画｜배머무를 **박**
图호수. ◇湖~/호수. ⇒bó, Luó 泺'

＊＊【泼·潑】 氵部｜pō
5画｜뿌릴 **발**
1图(힘을 들여) 물을 뿌리다. ◇他把我~成个落汤鸡/그는 나에게 물을 뿌려서 나를 물에 빠진 생쥐꼴로 만들었다. **2**图◇撒~/멋대로 굴다. **3**〈方〉활발하다. ◇大伙儿干得真~/모두들 정말 활기차게 일한다.
【泼妇―부】 pōfù 图무지막지한 여자. 막 돼먹은 여자.
【泼剌―랄】 pōlà 의펄떡. 팔딱. 〔물고기가 물에서 뛰는 소리〕
【泼辣―랄】 pō·la 图**1**무지막지하다. **2**박력이 있다.
【泼冷水―랭수】 pō lěngshuǐ 찬물을 끼얹다. ◇这么好的事, 你怎么老~/이렇게 좋은 일 갖고 왜 계속 찬물을 끼얹느냐?
【泼墨―묵】 pōmò 图〈美〉발묵.〔산수화 기법 중의 하나〕
【泼皮―피】 pō·pí 图무뢰한. 건달. (同)〔流氓 liúmáng〕,〔无赖 wúlài〕
【泼水节―수절】 Pōshuǐ Jié 图〈民〉운남성(雲南省)에 거주하는 소수 민족인 '傣 Dǎi 族'의 명절의 하나.
【泼天―천】 pōtiān 图〈早白〉대단히 크다. 굉장하다.

【铍·鏺】 钅部｜pō
5画｜낫 **발**
〈方〉**1**图낫으로 풀·곡물 따위를 베다. **2**图낫의 일종.

【酦·醱】 酉部｜pō
5画｜빚을 **발**
图〈文〉(술을) 양조하다.

【酦醅―배】 pō// pēi 图〈文〉술을 양조하다. (同)〔酦酷〕

pó

【婆】 女部｜pó
8画｜할미 **파**
图**1**노파. ◇老太~/할멈. **2**(~儿)어떤 종류의 직업에 종사하는 부녀. ◇媒~儿/매파. **3**시어머니. ◇公~/시부모.
【婆家―가】 pó·jia 图시집. 시댁. (同)〔婆婆家〕
【婆罗门―라문】 Póluómén 图〈音〉브라만(Brahman). ◇~教/바라문교.
【婆娘―낭】 póniáng 图〈方〉**1**기혼녀. **2**마누라.
＊【婆婆―파】 pó·po 图**1**시어머니. **2**〈方〉조모(祖母). 외조모.
【婆婆妈妈―파마마】 pó·pomāmā (~的)图**1**(말이나 행동을) 꾸물대다. **2**마음이 여리다.
【婆娑―사】 pósuō 图빙빙 도는 모양.〔주로 춤을 가리킴〕
【婆姨―이】 pó·yí ⇒〔婆娘〕

【鄱】 阝部｜pó
12画｜땅이름 **파**
图강서성(江西省)에 있는 호수명. ◇~阳湖/파양호.

【皤】 白部｜pó
12画｜흴 **파**
〈文〉**1**图흰색. **2**图(배가) 불룩하고 크다.

【繁】 糸部｜pó
11画｜많을 **번**
(Pó)图성(姓). ⇒fán

pǒ

【叵】 匚部｜pǒ
3画｜어려울 **파**
〈文〉**1**…할 수 없다. **2**곧. 바로.
【叵测―측】 pǒcè 图헤아릴 수 없다.

【笸】 竹部｜pǒ
5画｜소쿠리 **파**
【笸篮―람】 pǒlán 图버드나무 가지나 대로 엮어 만든 바구니〔소쿠리〕.
【笸箩―라】 pǒ·luo 图소쿠리.

pò

【朴】 木部｜pò
2画｜나무껍질 **박**
图〈植〉후박나무. ⇒pō, pǔ
【朴硝―초】 pòxiāo 图〈化〉〈中醫〉박초.

【迫】 辶部 | pò
5画 | 핍박할 **박**

1동핍박하다. 억누르다. ◇压~/압박하다. ◇~于形势/시국에 쫓긴다. ◇饥寒交~/굶주림과 추위에 시달린다. **2**동급하다. 절박하다. 촉박하다. ◇急/급박하다. ◇他已经~不及待了/그는 이미 절박하여 더 이상 기다릴 수 없었다. ◇~近/임박하다. ⇒pǎi

【迫不得已－불득이】pò bù dé yǐ〈成〉할 수 없이. 부득이.

【迫不及待－불급대】pò bù jí dài〈成〉절박하다. 더 기다릴 수 없다. ◇解决这些问题要有一个过程，不要这样~/이 문제를 해결하는 데는 과정이 필요하므로 그렇게 절박하게 해서는 안 된다. 비교迫不及待:焦急 "迫不及待"는 관형어로 쓰이지 않는다. ◇我听到了她(×迫不及待)焦急的喊声/난 그녀의 다급하게 외치는 소리를 들었다.

*【迫害－해】pòhài 명동(정치적으로) 박해(하다). ◇我被他们~过几次/나는 그들에게 여러번 박해받은 적이 있다. ◇不许你们~他/너희들은 그를 박해해서는 안 된다. 비교迫害:危害 "迫害"는 사람에만 쓸 수 있고 사물에는 쓰지 않는다. ◇蚜虫对棉花生长(×迫害)危害很大/진드기는 목화성장에 큰 위협이 된다.

【迫降－강】pòjiàng 명동〈航〉(영공 침범 등으로) 강제 착륙(하다). 날씨·사고로 불시착(하다).

【迫近－근】pòjìn 동임박하다. 박두하다. 다가오다.

【迫临－림】pòlín 동다가오다. 임박하다. 닥쳐오다. ◇~考期/시험기간이 다가온다.

☆【迫切－절】pòqiè 형절실하다. 절박하다. ◇服务员学习外语的要求越来越~/종업원이 외국어를 배우겠다는 욕구는 갈수록 절실하다. 비교迫切:着急:急忙 ①"迫切"는 사람의 표정을 형용하지 않는다. ◇由于买不到当天的火车票，他显得特别(×迫切)着急/당일날의 기차표를 사지 못했기 때문에 그는 유난히 더 조급해 보인다. ②"迫切"는 동작 동사를 수식하지 않는다. ◇听说爱人病了，她(×迫切)急忙骑上自行车往家赶/남편이 아프다는 소식을 듣고 그녀는 황급히 자전거를 타고 집으로 달려갔다.

*【迫使－사】pòshǐ 동무리하게 …시키다. 강요하다. ◇时间~我们不得不改变计划/시간적으로 우리가 계획을 변경하지 않을 수 없었다.

【迫在眉睫－재미첩】pò zài méi jié〈成〉몹시 긴박하다.

【珀】 王部 | pò
5画 | 호박 **박**

(同)〔瑚hǔ珀〕

【粕】 米部 | pò
5画 | 지게미 **박**

명〈文〉술찌끼. 지게미.

【魄】 白部 | pò
9画 | 넋 **백**

명**1**혼. 넋. 정신. ◇魂~/혼백. **2**정력. 박력. ◇气~/기백.

【魄力－력】pò·lì 명패기. 기백. 박력. 비교魄力:气魄 "魄力"는 사물에는 쓰지 않는다. ◇这座建筑物很有(×魄力)气魄/이 건물은 기세가 당당하다.

★【破】 石部 | pò
5画 | 깨질 **파**

1동찢어지다. 파손되다. 망가지다. ◇我的旅行包~了一个洞/나의 여행가방이 찢어져 구멍이 하나 났다. 비교破坏:坏 사물 자체의 손상인 경우에는 "破坏"를 쓰지 않는다. ◇这条船虽然(×破坏)坏了，可是他还是买下了/이 배는 비록 고장났지만 그는 여전히 샀다. **2**동가르다. 쪼개다. ◇乘风~浪/어려움을 무릅쓰고 용감히 전진하다. ◇势如~竹/파죽지세. ◇木板太厚，~了半天才破开/목판이 너무 두꺼워 한참만에야 쪼개졌다. **3**동(큰 돈을 헐어) 잔돈으로 바꾸다. ◇这五块钱能给我~一下吗?/이 5원을 제게 잔돈으로 바꿔줄 수 있습니까? **4**동(규정·습관·사상 따위를) 깨다. 타파하다. ◇今天的马拉松赛有三人~了全国纪录/오늘 마라톤시합에서 3명이 전국기록을 깼다. **5**동(적을) 쳐부수다. (거점을) 격파하다. ◇我们的队伍大~敌军/우리 부대가 적군을 격파시켰다. **6**동써버리다. 소비하다. ◇让您~费了/〈敬〉과용하셨습니다. **7**동진상을 밝히다. ◇再复杂的案情他们也能~/그들은 아무리 복잡한 사건이라도 진상을 밝힐 수 있다. **8**형(질이) 좋지 않다. ◇为看这场~电影，跑了十里路，真不值得/이 시시한 영화를 보기 위해서 10리 길을 왔는데 정말 가치없다.

【破案－안】pò//àn 동형사 사건의 진상을 밝혀내다.

【破败－패】pòbài 동**1**무너지다. **2**파탄하다.

【破冰船－빙선】pòbīngchuán 명쇄빙선(碎冰船).

【破财－재】pò//cái 동(의외의) 금전적인 손해를 보다.

【破产－산】pò//chǎn 동1**〈法〉파산[도산]하다. ◇企业~后，政府给予工人一定的救济金/기업이 도산되고 나자 정부는 노동자에게 일정의 구제금을 주었다. **2**파탄하

다. ◇那里的农民们～后, 纷纷涌向大城市/ 그곳의 농민들은 파탄되어 각기 대도시로 몰려들었다. 3(일이) 실패되다. ◇阴谋/음모가 실패되었다.

【破钞-초】pò∥chāo (통)(초대・선물・원조・기부 따위로) (敬)과용하셨습니다. 〔주로 남이 자신을 위해 돈을 쓴 것에 대해 감사〕

*【破除-제】pòchú (통)타파하다. ◇这些旧习惯已经～了好多年了/이 옛 습관들은 타파된 지 이미 여러해 되었다.

【破读-독】pòdú (명)같은 글자의 뜻이 서로 다름으로 인하여 두 가지 이상의 독음(讀音)이 있을 경우, 습관상 가장 일반적인 독음 이외의 독음. (同)〔破音字 yīnzì〕

【破费-비】pòfèi (통)돈을 쓰다. 시간을 들이다. ◇不要~, 随便吃点就行了/돈을 더 쓰지 마세요, 형편대로 좀 먹으면 됩니다. ◇又让你~了/또 과용하셨습니다.

【破釜沉舟-부침주】pò fǔ chén zhōu 〈成〉끝까지 밀고 나가다. 배수진을 치다.

【破格-격】pògé (형)파격적이다. 예외적이다. ◇他被那个大学～录取了/그는 그 대학에 파격적으로 합격되었다.

【破罐破摔-관파솔】pò guàn pò shuāi〈成〉자포자기하다.

☆【破坏-괴】pòhuài (통)1(건축물 따위를) 파괴하다. ◇～了城市里的许多建筑物/도시의 많은 건축물을 파괴했다. 2훼손하다. 손해를 입히다. ◇有人造谣、想一厂长的名誉/누군가 유언비어를 퍼뜨려 공장장의 명예를 실추시키려 한다. 3(사회 제도・습관 따위를) 타파하다. 4(조약・규칙 등을) 위반하다〔깨다〕. ◇你们公司这样做、～了我们双方签订的协定/당신들 회사에서 그렇게 한 것은 우리 쌍방이 체결한 협정을 위반한 것이다. 5(물체의 구조를) 파괴하다. ◇辣椒炒熟的话, 会～其中的维生素C/고추를 푹 볶으면 그 중의 비타민 C가 파괴된다.

*【破获-획】pòhuò (통)1범죄자를 적발하여 체포하다. 2간파하여 비밀을 캐다.

【破戒-계】pò∥jiè (통)1파계하다. 2(끊었던 술・담배를) 다시 시작하다.

【破镜重圆-경중원】pò jìng chóng yuán〈成〉헤어진 부부가 다시 결합하다.

*【破旧-구】pòjiù (형)낡아빠지다.

【破旧立新-구입신】pò jiù lì xīn〈成〉낡은 것을 타파하고 새로운 것을 세우다.

【破句-구】pòjù (통)구두점을 틀리게 찍다.

【破口大骂-구대매】pòkǒu dàmà (통)심하게 욕을 퍼붓다.

∗∗【破烂-란】pòlàn 1(형)너덜너덜하다. 남루

하다. ◇这么、～的东西还留着干什么?/이렇게 너덜너덜한 것을 뭣하러 아직 갖고 있니? 2(~儿)(명)쓰레기. 폐품. ◇星期天, 抽时间去把这些～卖了/일요일에 시간을 내서 이 폐품들을 팔아버렸다.

【破浪-랑】pòlàng (통)물결을 일으키다.

【破例-예】pò∥lì (통)전례를 깨뜨리다.

【破脸-검】pò∥liǎn (통)체면・입장을 따지지 않고 얼굴을 마주하고 싸우다.

*【破裂-렬】pòliè (통)1파열되다. 깨져 갈라지다. ◇母鸡肚子底下的蛋～了几个/암탉 배 아래에 있는 달걀이 몇개나 깨졌다. 2(사이가) 틀어지다. 결렬하다. ◇她跟他的感情～了/그녀와 그의 사이는 틀어졌다.

【破裂摩擦音-렬마찰음】pòliè mócāyīn (명)〈言〉'塞擦音'의 구칭(舊稱).

【破裂音-열음】pòlièyīn (명)〈言〉'塞音'(파열음)의 구칭(舊稱).

【破落-락】pòluò (통)몰락하다.

【破落户-락호】pòluòhù (명)몰락한 집안.

【破谜儿-미아】pò∥mèir (통)1수수께끼를 풀다. 2(方)수수께끼를 내다.

【破门-문】pòmén (통)1문을 부수다. 2〈宗〉파문하다. 3(體)골인이[득점이] 되다.

【破灭-멸】pòmiè (통)(환상이나 희망이) 깨지다[사라지다].

*【破碎-쇄】pòsuì (통)자잘하게〔산산이〕 부서지다. ◇这纸年代太久, 一翻就～了/이 종이는 연대가 너무 오래되어 펴자마자 산산이 부서졌다.

【破损-손】pòsǔn (통)파손되다.

【破题-제】pòtí (명)'八股文'(팔고문)의 제문단.

【破题儿第一遭-제아제일조】pò tí∙er dì yī zāo〈成〉(어떤 일을) 처음으로 하다.

【破体字-체자】pòtǐzì (명)옛날, '正体'(정체)에 맞지 않는 속자(俗字).

【破涕-제】pòtì (통)울음을 그치다.

【破涕为笑-제위소】pò tì wéi xiào〈成〉울다가 웃다.

【破天荒-천황】pòtiānhuāng (명)미증유. 전대 미문.

【破土-토】pò∥tǔ (통)1(건축・토목 공사나 매장 때) 첫삽을 뜨다. 2봄에 경작을 위해 땅을 갈고 씨를 뿌리다.

【破五-오】pòwǔ (~儿)(명)음력 정월 초닷새.

【破相-상】pò∥xiàng (통)(상처 때문에) 얼굴의 모양이 바뀌다.

【破晓-효】pòxiǎo (통)동이 트다.

【破鞋-혜】pòxié (명)음란한 여자. 화냥년.

【破颜-안】pòyán (통)웃음짓다.

【破约-약】pò∥yuē (통)약속을 어기다.

【破绽-탄】pò∙zhàn (명)1(옷의) 터진 자리. 2(喩)(말이나 일을 할 때 드러난) 결점.

P

【破折号—절호】pòzhéhào 圆'标点符号'(문장부호)의 하나인 '—'.

pōu

【剖】刂部 8画 가를 부
　동1절개하다. 가르다. ◇~解/해부하다. 2분석하다. 분별하다. ◇~明事理/사리를 분명히 한다.
【剖白—백】pōubái 동해명하다. 밝히다.
【剖腹—복】pōu//fù 동할복하다.
【剖腹藏珠—복장주】pōu fù cáng zhū〈成〉자기 배를 갈라서 보석을 숨기다.〔경중이 도치됨을 비유함〕
【剖解—해】pōujiě 동분석하다. 해명하다.
【剖面—면】pōumiàn 명절단면. 단면.
【剖视—시】pōushì 동세밀하게 분석 관찰하다.
【剖视图—시도】pōushìtú 명단면도.
【剖析—석】pōuxī 동명분석(하다).

póu

【抔】扌部 4画 움켜질 부
　동〈文〉손으로 (물건을) 받쳐 들다.
【掊】扌部 8画 거둘 부
　동〈文〉1착취하다. 2파다. 굴착하다. ⇒pǒu
【裒】亠部 10画 모을 부
　동〈文〉1수집하다. 2덜어내다.
【裒辑—집】póují 동〈文〉편집하다.

pǒu

【掊】扌部 8画 거둘 부
　동〈文〉1치다. 공격하다. 2쪼개다. ⇒póu

pū

【仆】亻部 2画 넘어질 부
　동엎어지다. 쓰러지다. ⇒pú
☆【扑・撲】扌部 2画 칠 복
　동1뛰어들다. 달려들다. ◇他不顾一切地～了一个险球/그는 결사적으로 받기 어려운 공을 받으러 뛰어들었다. 2(향기・냄새 따위가 코를) 찌르다. (바람이 얼굴에) 덮쳐오다. ◇他一进家门就闻到香味～鼻/그는 집 문을 들어서자 향

르는 향기로운 냄새를 맡았다. 3(일・사업 따위에) 몰두하다. 열중하다. ◇他一心～在学习上, 很少去公园玩儿/그는 공부에만 몰두하여 공원에 거의 놀러가지 않는다. 4때려잡다. ◇他在草地上～着花蝴蝶/그는 풀밭에서 꽃나비를 잡고 있다. 5(날개를) 치다. 푸드덕거리다. (톡톡 쳐서) 분을 바르다. ◇一群群海鸥, 飞来飞去/갈매기떼가 날개를 푸드덕거리며 이리저리 날고 있다. 6(톡톡 쳐서) 분을 바르다. ◇你帮你妹妹往身上～—~爽身粉/네 동생 몸에 땀띠약을 발라주어라. 7〈方〉엎드리다. ◇～在桌上看地图/책상에 엎드려 지도를 본다.
【扑鼻—비】pūbí 동(냄새가) 코를 찌르다.
【扑哧—적】pūchī 의키득 키득.〔웃음 소리〕
【扑打—타】pūdǎ 동(얇은 물건으로) 세게 내려치다.
【扑打—타】pū·da 동(가볍게) 털다. 치다. ◇～头上的雪花儿/머리에 묻은 눈송이를 툭툭 털다.
【扑跌—질】pūdiē 1동명(무술에서) 서로 치고 받다〔받는 동작〕. 2동넘어지다. 엎어지다.
【扑粉—분】pūfěn 명1(화장용) 백분. 2땀띠분. (同)〔爽 shuǎng 身粉〕
【扑虎儿—호아】pūhǔr 명〈方〉앞으로 엎어질 때 두 손으로 땅을 짚는 동작.
【扑救—구】pūjiù 동불을 끄고 인명과 재산을 구하다.
*【扑克—극】pūkè 명포커(poker).
【扑空—공】pū//kōng 동허탕치다. 헛걸음하다. ◇我刚到小王家去找他, 但扑了一个空/난 방금 왕군 집에 갔는데 헛걸음을 쳤다.
【扑棱—릉】pūlēng 의푸드덕.〔날갯짓 소리〕
【扑棱—릉】pū·leng 동푸드덕거리다.
【扑脸—검】pū//liǎn (～儿)동얼굴에 확 끼쳐오다.
【扑满—만】pūmǎn 명벙어리(저금통).
【扑面—면】pū//miàn 동얼굴에 확 스쳐오다.
*【扑灭—멸】pū//miè 동(쥐나 벌레를) 박멸하다. (불을) 끄다. ◇消防队员～了火/소방대원이 불을 껐다. ◇～蟑螂/바퀴벌레를 박멸한다.
【扑闪—섬】pū·shan 동깜박거리다.
【扑扇—선】pū·shan 동〈方〉(날개 따위를) 푸드덕거리다.
【扑朔迷离—삭미리】pū shuò mí lí〈成〉(복잡하게 뒤섞여) 분명히 구별할 수 없다.
【扑簌—속】pūsù 형눈물을 뚝뚝 떨구는 모양.
【扑腾—등】pūténg 의쿵. 꽈당.〔무거운 물건이 떨어지는 소리〕
【扑腾—등】pū·teng 동1(수영할 때) 다리

로 물을 풍덩풍덩 차다. **2**(심장이) 두근거리다. **3**〈方〉(활기차게) 일하다. **4**헤프게 쓰다.
【扑通－통】pūtōng [의]쿵. 꽈당. 풍덩. 〔땅이나 물에 무거운 물건이 떨어지는 소리〕

☆【铺·鋪】钅部 7画 | pū 펼 **포**

1[동](물건을) 깔다. (자리를) 펴다. ◇地上~着一条绿地毯/바닥에 녹색 양탄자가 깔려 있다. **2**[양]'炕'(온돌)을 세는 데 쓰이는 양사. ◇一~炕/온돌 하나. ⇒pù
【铺陈－진】pūchén [동]**1**배치하다. 벌여놓다. **2**자세히 진술하다.
【铺衬－츤】pū·chen [명]조각난 천. 헝겊.
【铺床－상】pū∥chuáng [동]이불을 침대에 깔다.
【铺垫－점】pūdiàn **1**[동](펼쳐서) 깔다. **2**(~儿)[명]침대 위에 까는 침구. **3**[동](말·이야기 따위의) 복선(伏線)을 깔다.
【铺盖－개】pūgài [동]평평하게 펴서 덮다.
【铺盖－개】pū·gai [명]요와 이불.
【铺盖卷儿－개권아】pū·gaijuǎnr [명]이불 보따리.
【铺轨－궤】pū∥guǐ [동]궤도를 놓다.
【铺路－로】pū∥lù [동]**1**길을 포장하다. **2**(어떤 일을 하기 위해) 여건을 마련하다.
【铺排－배】pūpái [동]**1**배치하다. 안배하다. **2**과장하다.
【铺砌－체】pūqì [동]〈土〉(돌이나 벽돌을 바닥, 건축물의 표면에) 평평하게 깔다.
【铺设－설】pūshè [동]깔다. 부설하다.
【铺天盖地－천개지】pū tiān gài dì 〈成〉천지를 뒤덮다.
【铺叙－서】pūxù [동]상세히 서술하다.
【铺展－전】pūzhǎn [동]깔아 펼치다.
【铺张－장】pūzhāng [동]**1**(거창하게 보이기 위해) 겉치레하다. **2**과장하다.
【铺张扬厉－장양려】pūzhāng yánglì 〈成〉지나치게 겉치레하다.

【潽】氵部 12画 | pū 끓을 **보**

[동](액체가) 끓어 넘치다.

【噗】口部 12画 | pū 뿜는소리 **복**

[의]푸. 후. 훅. 〔액체나 기체를 내뿜는 소리〕 ◇~的一口气把蜡烛吹灭了/훅하고 한 숨에 촛불을 불어 껐다.
【噗嗤－치】pūchī (同)〔扑哧 pūchī〕
【噗噜噜－로로】pū·lulu [의]주루룩. 뚝뚝. 〔눈물이 떨어지는 소리〕 ◇一阵心酸, 眼泪~地往下掉/슬픔이 엄습해 와 눈물이 주루룩 떨어졌다.
【噗通－통】pūtōng [의]풍덩. 퐁당.

pú

【仆·僕】亻部 2画 | pú 종 **복**

[명]**1**종. 하인. (反)〔主〕 ◇男~/남자 종. **2**〈謙〉저. 소인. 〔옛날, 남자가 자기를 낮추어 하던 말〕 ⇒pū
【仆从－종】púcóng [명]사내종. 종복(从仆).
【仆妇－부】púfù [명]옛날, 나이 많은 하녀.
【仆仆－복】púpú [형]여행길에 매우 지치다.
*【仆人－인】púrén [명]하인. 고용인.
【仆役－역】púyì (同)〔仆人 rén〕

【匍】勹部 7画 | pú 기어갈 **포**

【匍匐－복】púfú [동]**1**기다. **2**엎드리다.
【匍匐茎－복경】púfújīng [명]〈植〉뛰엄줄기.

【脯】月部 7画 | pú 가슴 **포**

[명]가슴. 흉부. ⇒fǔ
【脯子－자】pú·zi [명](닭·오리 등의) 가슴 부위의 살.

【葡】艹部 9画 | pú 포도나무 **포**

⁑【葡萄－도】pú·táo [명]〈植〉포도(나무). ◇一串~/포도 한 송이.
【葡萄干－도간】pú·táogān (~儿)[명]건포도.
【葡萄灰－도회】pú·táohuī [명]〈色〉붉은 빛이 도는 회색.
【葡萄酒－도주】pú·táojiǔ [명]포도주.
【葡萄胎－도태】pú·táotāi [명]〈醫〉포도상 귀태.
*【葡萄糖－도당】pú·táotáng [명]〈化〉포도당.
【葡萄紫－도자】pú·táozǐ [명]〈色〉적자색(赤紫色).

【蒲】艹部 10画 | pú 부들 **포**

[명]**1**〈植〉a)부들. 향포. b)창포. **2**(Pú)〈地〉포주(蒲州). 〔현재 산서성(山西省) 영제현(永濟縣) 서쪽에 있음〕 **3**성(姓).
【蒲棒－방】púbàng (~儿)[명]부들의 이삭.
【蒲包－포】púbāo (~儿)[명]부들로 엮어 만든 포장용 꾸러미.
【蒲草－초】púcǎo [명]〈植〉부들. 향포.
【蒲墩－돈】púdūn (~儿)[명]부들방석.
【蒲公英－공영】púgōngyīng [명]〈植〉민들레.
【蒲节－절】Pú Jié [명]단오절. (同)〔端午 Duānwǔ 节〕
【蒲葵－규】púkuí [명]〈植〉빈랑나무.
【蒲柳－류】púliǔ [명]〈植〉갯버들.
【蒲绒－융】púróng [명]〈植〉부들의 암꽃.
【蒲扇－선】púshàn (~儿)[명]부들 부채.
【蒲式耳－식이】púshì'ěr [양]〈音〉부셸(bushel). 용량 단위.

P

【蒲团－단】pútuán 圓부들 방석.

【蒲】 艹部 10画 노름 포 pú
(同)〔樗chū蒲〕

【菩】 艹部 8画 보살 보 pú
【菩萨－살】pú·sà 圓1〈佛〉보살. 2부처나 신(神). 3자비로운 사람.
【菩提－제】pútí 圓〈佛〉보리(梵 bodhi). 깨달음.

【璞】 王部 12画 옥덩어리 박 pú
圓옥석. 다듬지 않은 옥.
【璞玉浑金－옥혼금】pú yù hún jīn〈成〉가공하지 않은 자연 그대로의 옥과 금. 꾸밈이 없는 자연 그대로의 아름다움.

【濮】 氵部 14画 물이름 복 pú
圓1〈地〉河南에 있는 지명(濮陽). 2성(姓).
【濮阳－양】Púyáng 圓〈地〉하남성(河南省)에 있는 현 이름.

【镤·鏷】 钅部 12画 무쇠 복 pú
圓〈化〉프로탁티늄.

pǔ

【朴·樸】 木部 2画 순박할 박 pǔ
1圓소박하다. 순박하다. ◇俭～/검소하다. 2성(姓)Piáo 圓〈姓〉박(朴).
【朴厚－후】pǔhòu 圓소박하고 정이 많다.
【朴陋－루】pǔlòu 圓(생활이) 소박하고 간소하다.
【朴茂－무】pǔmào〈文〉(同)〔朴厚hòu〕
*【朴实－실】pǔshí 圓1소박하다. 검소하다. ◇客厅布置得一而雅致/응접실은 소박하고 우아하게 꾸몄다. 旧蔽朴素:朴实 사람의 사고나 감정이 진실한 경우에는 "朴素"를 쓰지 않는다. ◇他(×朴素)朴实, 平易近人, 大家都很信任他/그는 진실하고 붙임성이 있어 모두들 그를 믿는다. 2성실하다. 진실하다. ◇言行～/언행이 성실하다. 3착실하다.
☆【朴素－소】pǔsù 圓1(색깔·모양 따위가) 화려하지 않다. 소박하다. ◇他平时穿得很～/그는 평소에 옷을 수수하게 입는다. 2(생활이) 검소하다. ◇他从小就很～, 不挑吃不挑穿/그는 어릴 때부터 검소해 음식을 가려 먹거나 옷을 가려입지 않았다.
【朴学－학】pǔxué 圓1박실한 학문. 2청대(清代)의 고증학(考證學).
【朴直－직】pǔzhí 圓꾸밈이 없고 솔직하다.

【朴质－질】pǔzhì 圓수수하다. 진실하다.

【浦】 氵部 7画 개 포 pǔ
圓1물가. 강어귀. 〔주로 지명에 쓰임〕2(Pǔ)성(姓).

【埔】 土部 7画 땅이름 포 pǔ
지명에 쓰이는 글자.

【圃】 口部 7画 남새밭 포 pǔ
圓채소밭. ◇菜～/채소밭.

【普】 日部 8画 넓을 보 pǔ
1圓보편적(으로). 전반적(으로). 일반적(으로). ◇～选/의원 총선거. 2(Pǔ)圓성(姓).
☆【普遍－편】pǔbiàn 圓보편적이다. 일반적이다. ◇用得～/보편적으로 쓰이다. ◇～理论/보편적 이론. ◇太极拳运动在中国非常～/태극권은 중국에서 매우 일반화되어 있다. 旧蔽普遍:广泛 관련된 범위가 넓을 경우에는 "普遍"을 쓰지 않는다. ◇他(×普遍)广泛阅读课外书籍/그는 교양서적을 폭넓게 읽는다.
*【普查－사】pǔchá 圓圖전면 조사(하다). ◇～土地/토지를 전면 조사한다.
【普度－도】pǔdù 圓〈佛〉중생을 제도하다.
【普洱茶－이차】pǔ'ěrchá 圓보이차. 〔雲南省의 서남부에서 나오는 흑차의 일종〕
【普法－법】pǔfǎ 圖법률지식을 보급하다.
*【普及－급】pǔjí 圓1보급되다. 퍼지다. ◇家用个人电脑在这里已经～了/개인용 컴퓨터는 여기에서 이미 보급되었다. 2보편화시키다. 대중화시키다. ◇如今, 在中国的大中城市电冰箱已经～了/현재 중국의 대중도시에서는 냉장고가 이미 대중화되어 있다. 旧蔽普及:普遍 ①"普及"는 "现象"의 관형어로 쓰이지 않는다. ◇打太极拳在这个地区是很(×普及)普遍的现象/태극권을 하는 것은 이 지역에서 매우 보편적인 현상이다. ②"普及"는 보어로 쓰이지 않는다. ◇乒乓球运动在这里开展得很(×普及)普遍/탁구는 이지역에서 보편적으로 전개되고 있다.
【普及本－급본】pǔjíběn 圓(출판물의) 보급판.
【普罗－라】pǔluó 圓프롤레타리아의 준말.
【普罗列塔利亚－라列탑리아】pǔluóliètǎlìyà 圓프롤레타리아.
【普米族－미족】Pǔmǐzú 圓〈民〉보미족. 〔雲南·四川에 분포되어 있는 중국 소수민족〕
【普天同庆－천동경】pǔ tiān tóng qìng〈成〉세상사람들이 같이 경축하다.

☆【普通—통】pǔtōng 휑보통이다. 일반적이다. 평범하다. ◇~的工人/보통 노동자. ◇~的品种/일반적인 품종. ◇这套家具一点也不新颖, 太~了/이 가구는 조금도 참신하지 않고 너무 평범하다.

＊【普通话—통화】pǔtōnghuà 휑현대 중국어의 표준어. ◇他的~说得不太好/그는 중국어 표준말을 그리 잘 하지 못한다.

【普选—선】pǔxuǎn 휑의원 총선거.

【普照—조】pǔzhào 동두루 비추다.

＊【谱·譜】讠部 12画 악보 보
1휑계보. 순서나 계통에 따라 만든 책. ◇年~/연보. ◇家~/가계도. 2휑견본. 본보기. ◇画~/화보. 3휑악보. ◇歌~/노래책. 4동작곡하다. ◇把这首诗~成歌曲/이 시에 곡을 붙이다. 5(~儿)휑자신(自信). 자신감. ◇这件事一点儿~都没有/이 일에 대해서는 조금도 자신감이 없다.

【谱表—표】pǔbiǎo 휑〈音〉오선지.

【谱牒—첩】pǔdié 휑〈文〉가보(家譜).

【谱号—호】pǔhào 휑〈音〉음자리표.

＊【谱曲—곡】pǔ qǔ 동가사에 곡을 붙이다.

【谱系—계】pǔxì 휑가계(家系).

【谱写—사】pǔxiě 동작곡하다.

【谱子—자】pǔ·zi 휑〈音〉악보.

【氆】毛部 12画 모포 보
【氆氇—로】pǔ·lu 휑티베트 산 양털직물. 〔침대시트나 옷을 만들 때 씀〕

【溥】氵部 10画 넓을 부
1휑〈文〉넓다. 2튀〈文〉보편적으로. 3(Pǔ)휑성(姓).

【蹼】足部 12画 물갈퀴 복
휑물갈퀴.

pù

【堡】土部 9画 작은성 보
지명에 쓰이는 글자. ⇒bǎo

【铺·鋪】钅部 7画 가게 포
휑1(~儿)가게. 점포. ◇肉~/정육점. 비교铺:商店 종류가 많고 비교적 큰 상점은 "铺"를 쓰지 않는다. ◇百货(×铺)商店/백화점. 2나무침상. ◇床~/침상. 3(옛날의) 역참. ⇒pū

【铺板—판】pùbǎn 휑(나무 침상을 만드는) 판자.

【铺保—보】pùbǎo 휑상점 명의의 보증(인).

【铺底—저】pùdǐ 휑1(옛날, 상점·작업장에서 사용하던) 여러 가지 도구의 총칭. 2옛날, 점포의 권리금.

【铺户—호】pùhù 휑상점.

【铺家—가】pù·jia 〈方〉상점.

【铺面—면】pùmiàn 휑1상점의 앞쪽. 2상점내의 고객을 맞이하는 곳.

【铺面房—면방】pùmiànfáng 휑길을 마주한 점포.

【铺位—위】pùwèi 휑(기선·기차·여관 등의) 침대자리.

【铺子—자】pù·zi 휑점포. 상점.

【瀑】氵部 15画 폭포 폭
1휑폭포. 2강이름(Bào).

＊【瀑布—포】pùbù 휑폭포.

【曝(暴)】日部 15画 쬘 폭
동1〈文〉햇볕을 쬐다. 2bào〔曝光 bào//guāng〕노출하다.

【曝露—로】pùlù 동〈文〉밖에서 지내다.

【曝晒—쇄】pùshài 동햇볕에 쪼이다.

P

Q

七 756	沏 756	柒 756	妻 756	凄 756
萋 757	栖 757	桤 757	漆 757	鼜 757
戚 757	嘁 757	缉 757	期 757	欺 758
蹊 758	曦 758	亓 758	齐 758	脐 759
蛴 759	祁 759	祈 759	顉 759	薺 759
芪 759	衹 759	岐 759	歧 759	跂 759
奇 759	崎 760	骑 760	琦 760	其 760
骐 761	棋 761	旗 761	綦 761	鲯 761
麒 761	耆 761	鳍 761	畦 761	乞 762
岂 762	杞 762	起 762	企 764	绮 764
启 764	稽 765	气 765	汽 766	讫 767
迄 767	弃 767	泣 767	契 767	砌 767
碛 767	槭 767	器 767	憩 768	

qī

★【七】一部 qī
1画 일곱 **칠**
1㊀칠. 일곱. 2㊁〈俗〉칠재(七齋).〔사람
이 죽은 후 매 칠일(七日)마다 제를 올
리고, 49일〔七七齋〕만에 끝마치므로 '七'
라 부름〕㊂뒤에 제4성(第四聲)이 오
면 제2성(第二聲)으로 발음됨. 예를 들
면 '七月 qíyuè' '七岁 qísuì'와 같음. 단
독으로 쓰거나 읽을 경우 'guāi'라는 속
음(俗音)으로 읽기도 함〕
【七…八…一팔…】 qī… bā… 명사나 동
사와 함께 쓰여 많거나 어지러운 것을 나
타냄. ◇七扭八歪/찌그러지다.
【七步之才一보지재】 qī bù zhī cái 명뛰어
난 글재주.〔위(魏)나라의 문제(文帝)는
동생 조식(曹植)을 제거하려고 일곱 걸
음 걷는 사이에 시를 짓지 못하면 처형하
겠다고 했으나 조식이 시를 지어 화를 면
한 데서 유래된 말〕
【七顛八倒一전팔도】 qī diǎn bā dǎo〈成〉
(말 등이) 두서가 없다. 뒤죽박죽이 되다.
【七古一고】 qīgǔ 명〈略〉'七言古诗'의 준말.
【七绝一절】 qījué 명〈略〉'七言绝句'의 준말.
【七老八十一노팔십】 qī lǎo bā shí 명7·80세.
고령.
【七律一율】 qīlǜ 명〈略〉'七言律诗'의 준말.
【七七一칠】 qīqī 명사람이 죽은 후 49일째
가 되는 날. (同)〔尽 jìn 七〕〔满 mǎn 七〕
〔断 duàn 七〕
【七巧板一교판】 qīqiǎobǎn 명칠교판. 칠교
도(七巧圖).
【七窍一규】 qīqiào 명눈·귀·코 및 입을 합
한 일곱 개의 구멍.

【七窍生烟一규생연】 qī qiào shēng yān〈成〉
노발 대발하다. 열을 받다.
【七色板一색판】 qīsèbǎn 명〈物〉프리즘.
【七十二行一십이행】 qīshí'èr háng 명온갖
종류의 직업들.
【七夕一석】 qīxī 명칠석.
【七弦琴一현금】 qīxiánqín 명칠현금.
【七言诗一언시】 qīyánshī 명칠언시.
*【七嘴八舌一취팔설】 qī zuǐ bā shé〈成〉여
러 사람이 제각기 떠들어대는 모양.

*【沏】氵部 qī
4画 물빨리흐를 **절**
통(차 따위를) 타다. ◇用开水把糖~开/
뜨거운 물에 설탕을 탄다.

*【柒】木部 qī
5画 일곱 **칠**
1㊀일곱. 칠. ['七'의 갖은자] 2(Qī)성(姓).

【妻】女部 qī
5画 아내 **처**
(~子)명(정식으로 장가 든) 처. 아내.
◇夫~/부부. (反)〔夫 fū〕
【妻儿老小一아노소】 qī ér lǎo xiǎo〈成〉(부
모·처자 등) 가족 전부.
【妻离子散一리자산】 qī lí zǐ sàn〈成〉가족
이 뿔뿔이 흩어지다. (反)〔阖家团圆 hé
jiā tuán yuán〕
【妻小一소】 qīxiǎo 명〈早白〉아내와 자식.
(同)〔妻子 zǐ〕
【妻子一자】 qīzǐ 명아내와 자식〔자녀〕. ⇒qī·zi
☆【妻子一자】 qī·zi 명아내. (同)〔女人 nǚrén〕
(反)〔丈夫 zhàngfu〕

【凄(悽, 悽)】氵部 qī
8画 찰 **처**
형1차다. 썰렁하다. ◇风~月冷/바람은
차고 달빛은 싸늘하다. 2쓸쓸하다. 처량
하다. 3슬프다. 처절하다.
*【凄惨一참】 qīcǎn 형처참하다. 애처롭다.
◇生活~/생활이 처참하다. (同)〔悲 bēi
惨〕, (反)〔幸福 xìngfú〕
【凄恻一측】 qīcè 형〈文〉슬프다. 비통하다.
측은하다.
【凄楚一초】 qīchǔ 형〈文〉슬프고 괴롭다.
【凄怆一창】 qīchuàng 형〈文〉슬프다. 처절
하다.
【凄风苦雨一풍고우】 qī fēng kǔ yǔ〈成〉찬
바람과 궂은 비.〈喩〉처참한 처지. (反)
〔和风丽日 hé fēng lì rì〕
【凄厉一려】 qīlì 형(소리가) 처량하고 날카
롭다.

*【凄涼-량】qīliáng 〔형〕1쓸쓸하다. 처량하다. (同)〔苍涼 cāngliáng〕2처참하다. ◇身世~/신세가 처참하다.

【凄迷-미】qīmí 〔형〕〈文〉1(경치가) 처량하고 아련하다. 2서글프다.

【凄切-절】qīqiè 〔형〕(소리가) 처절하다. 처참하다.

【凄清-청】qīqīng〈文〉〔형〕1쓸쓸하다. 2싸늘하다.

【凄然-연】qīrán 〔형〕슬프다. (同)〔怆 chuàng 然〕, (反)〔欣 xīn 然〕

【凄婉-완】qīwǎn 〔형〕1(소리가) 구슬프고 은은하다. 2비통하다. 애통하다.

【萋】⎪艹部│qī
⎪8画│우거질 처

【萋萋-처】qīqī 〔형〕(풀이) 무성하다. 우거지다.

【栖·棲】⎪木部│qī
⎪6画│깃들일 서
〔동〕(새가) 살다. 머물다. 나무에 앉다.

【栖身-신】qīshēn〔동〕(잠시) 거주하다. 머물다.

【栖息-식】qīxī〔동〕서식하다. (새가) 나무에 앉다. 〔주로 새에 대하여 씀〕

【栖止-지】qīzhǐ〈方〉(同)〔栖身 shēn〕

【桤·榿】⎪木部│qī
⎪6画│나무이름 기
〔명〕〈植〉오리나무.

【桤木-목】qīmù〈植〉오리나무.

**【漆】⎪氵部│qī
⎪11画│옻나무 칠
1〔명〕a)옻칠. b)니스·칠·래커 따위 도료(塗料)의 총칭. ◇他用~把桌子漆了/그는 칠로 책상을 칠했다. 2〔동〕(옻칠이나 페인트를) 칠하다. ◇把门~成深绿色/문을 진녹색으로 칠하다. 3(Qī)〔명〕성(姓).

【漆包线-포선】qībāoxiàn 〔명〕〈電〉에나멜선.

【漆布-포】qībù 〔명〕1방수포. 레더. 2리놀륨.

【漆雕-조】qīdiāo 1(同)〔雕 diāo 漆〕2(Qīdiāo)〔명〕복성(復姓).

【漆工-공】qīgōng 〔명〕1옻칠이나 칠로 칠하는 일. 2옻칠이나 페인트칠을 하는 사람.

【漆黑-흑】qīhēi 〔형〕칠흑같다. 몹시 깜깜하다. ◇那是个~的夜晚/그날은 칠흑같은 밤이었다. (反)〔亮堂 liàngtáng〕

【漆黑一团-흑일단】qīhēi yī tuán〈成〉1시커멓다. 깜깜하다. 2전혀 모른다. (同)〔黑咕隆冬 hēi gū lóng dōng〕, (反)〔光芒万丈 guāng máng wàn zhàng〕

【漆匠-장】qī·jiàng (同)〔漆工 gōng 2〕

【漆皮-피】qīpí 〔명〕칠기(漆器) 따위의 표피.

【漆器-기】qīqì 〔명〕칠기.

【漆树-수】qīshù〈植〉옻나무.

【攲】⎪大部│qī
⎪9画│기울어질 기
〔동〕기울다. 쏠리다.

【攲侧-측】qīcè 〔동〕〈文〉기울다. 쏠리다.

【戚(慼,鏚)】⎪戈部│qī
⎪7画│근심할 척
〔형〕1친척. ◇~友/친지. 친척. ◇休~相关/슬픔과 기쁨을 서로 같이하다. 3고대의 도끼 비슷한 무기. 4(Qī)성(姓).

【嘁】⎪口部│qī
⎪11画│소곤소곤할 척

【嘁哩喀喳-리객사】qīlīkāchā 〔형〕(말이나 일하는 것이) 시원시원하다.

【嘁嘁喳喳-척사사】qīqīchāchā 〔의〕소곤소곤. 재잘재잘. (同)〔嘁嘁嚓 chā 嚓〕

【缉·緝】⎪纟部│qī
⎪9画│꿰맬 즙
〔동〕(바느질에서) 박다. 박음질하다. ◇~边儿/(옷의) 가장자리를 박음질하다. ⇒jī

☆【期】⎪月部│qī
⎪8画│때 기
1〔명〕시기(時期). 기일(期日). 정해진 시일(時日). ◇延~/연기. ◇到~/기일이 되다. 2〔명〕기간(期間). ◇青春~/청춘기. 3〔양〕(잡지 등의) ~. ◇刚到的‘人民文学’是今年最后一~/방금 가져온 '인민문학'은 올해의 마지막기이다. ◇他是第三~毕业生/그는 3기 졸업생이다. 4〔동〕(시일을) 정하다. 약속하다. ◇不~而遇/우연히 마주치다. 5〔동〕기대하다. 기다리다. ◇~待/기대하다.

*【期待-대】qīdài 〔명동〕기대(하다). ◇决不辜负 gūfù 您的~/절대로 당신의 기대를 져버리지 않겠다.

【期货-화】qīhuò 〔명〕〈經〉선물(先物). 〔장래 일정한 시기에 주고 받을 조건으로 매매계약하는 상품〕

☆【期间-간】qījiān 〔명〕기간. ◇在美国留学~, 他结识了很多外国朋友/미국 유학 기간중, 그는 많은 외국 친구를 사귀었다. 〔비교〕期间:时间 ①"期间"은 특정한 시기를 가리키며 구체적인 시간을 가리키지는 않는다. ◇五十多天的(×期间)时间, 我去了很多地方/50일이라는 시간은 난 많은 곳을 다녔다. ②연속성을 띤 지금까지의 시간에는 "期间"을 쓰지 않는다. ◇我很长(×期间)时间没给你写信了, 请原谅/난 오랫동안 당신께 편지하지 못해서 용서하세요.

*【期刊-간】qīkān 〔명〕정기 간행물.

【期考-고】qīkǎo 〔명〕학기말 시험.

【期票-표】qīpiào 〔명〕〈經〉약속 어음.

【期期艾艾-기애애】qīqī ài'ài 〈成〉말을 더듬다.

【期求-구】qīqiú 〔동〕갈구하다.

*【期望-망】qīwàng 〔명동〕기대(를 걸다). 바라다. ◇父母~我们学习好, 工作好, 成为

一个有用的人/부모님은 우리가 공부 잘
하고, 일 잘해서, 쓸모있는 사람이 되길
바라신다. 比较期望:希望 ①"期望"은 남
에게만 쓸 수 있고, 자신에게는 쓰지 않
는다. ◇今年我(×期望)希望能取得好成
绩/올해 난 좋은 성적 거두기를 바란다.
2희망을 거는 대상에는 "期望"을 쓰지
않는다. ◇青少年是祖国的(×期望)希望/
청소년은 나라의 희망이다.

*【期限－한】qīxiàn 圆기한. 예정된 시한(時
限). ◇～快到了/기한이 곧 다가온다.
【期许－허】qīxǔ 圆동(후배의 장래에 대
해) 기대(하다).
【期颐－이】qīyí 圆〈文〉백 살(노인).
【期于－어】qīyú 圆목적은 …에 있다.

【欺】欠部│qī
　　　8画│속일 기
圆1속이다. 기만하다. ◇自～～人/자기를
기만하고 남을 속이다. 자신도 믿지 못할
말이나 행동으로 다른 사람을 속이다. 2
억누르다. 괴롭히다. 모욕하다. ◇仗势～
人/권세를 믿고 남을 업신여기다.

**【欺负－부】qī·fu 圆얕보다. 괴롭히다. ◇这
不是成心～人吗?/이것이 그래 맘먹고 사
람을 업신여기는 것이 아니고 무엇인가?
【欺哄－홍】qīhǒng 圆속이다.
【欺凌－릉】qīlíng（同）[欺负][凌虐 nüè],
（反）[护卫 hùwèi]
【欺瞒－만】qīmán 圆속이다. 기만하다.
【欺蒙－몽】qīméng（同）[欺骗]
☆【欺骗－편】qīpiàn 圆기만하다. (거짓말로)
속이다. ◇免多次～过组织/그는 조직을
여러차례 속인 적이 있다. 比较欺骗:骗取
"欺骗"의 대상은 사람만이 가능하다. ◇
车间主任(×欺骗)骗取 qǔ了公款/작업주
임이 공금을 횡령했다.
【欺软怕硬－연파경】qī ruǎn pà yìng〈成〉
약한 자를 괴롭히고 강한 자에게는 굽신
거리다.（同）[欺弱畏强 qī ruò wèi qiá-
ng],（反）[扶弱抑强 fú ruò yì qiáng]
【欺生－생】qīshēng 圆1신참자를 애먹이다.
2(타·노새 등이) 주인이 아닌 사람 등의
말을 듣지 않는다.
【欺世盗名－세도명】qī shì dào míng〈成〉
세상을 속여 명예를 얻다.（同）[盗名窃
誉 dào míng qiè yù],（反）[不求闻达 bù
qiú wén dá]
【欺侮－모】qīwǔ 圆우롱하다. 업신여기고
모욕하다.
【欺压－압】qīyā 圆(권세를 믿고) 남을 억
압하다.
【欺诈－사】qīzhà 圆사기치다.

【蹊】足部│qī →xī
　　　10画│좁은길 혜

【蹊跷－교】qīqiāo 圆이상함. 수상쩍음.

【晞】日部│qī
　　　14画│마를 습
圆1꾸덕꾸덕해지다. 습기가 마르기 시작
하다. 2(모래나 흙 따위로) 수분을 흡수
하다.

qí

【亓】一部│二部│Qí
　　　3画│2画│성 기
圆성(姓).

☆【齐·齊】齐部│qí
　　　0画│가지런할 제
1圆가지런하다. 고르다. ◇教室的桌椅摆
得很～/교실안의 책걸상이 아주 잘 정돈되
어 있다. 2圆한결같다. ◇人心～, 泰山
移/사람 마음이 한결같으면 태산도 옮길
수 있다. 3圆(같은 높이에) 이르다. 도달
하다. ◇水涨得～了岸/물이 불어 해안까
지 올랐다. 4圆함께. 다 같이. 일제히. ◇
男女老幼一动手/남녀노소가 일제히 일을
시작한다. 5圆갖추어지다. 완비되다. [이
경우는 흔히 보어로 쓰임] ◇人到～了,
马上开会/사람들이 다 왔으니 곧 회의한
다. 6圆맞추다. ◇～着边儿画一道线/가장
자리를 맞추어서 줄을 긋다. 7(舊讀 jì)圆합
금(合金). 8(Qí)圆〈史〉a)제(齐)나라.
[주대(周代)의 나라 이름. 지금의 산동성
(山东省) 북부와 하북성(河北省) 남부에
걸쳐 위치했음] b)남제(南齐)를 가리킴.
c)북제(北齐)를 가리킴. d)당말(唐末),
황소(黄巢)가 반란을 일으켜 세운 나라
이름. 9(Qí)圆성(姓).
【齐备－비】qíbèi 圆다 갖추다. 완비하다. ◇
衣服式样～/각 가지 옷 모양을 다 갖추다.
【齐步走－보주】qíbù zǒu〈軍〉발맞추어
가!
【齐唱－창】qíchàng 圆동〈音〉제창(하다).
【齐齿呼－치호】qíchǐhū〈言〉"四呼"의 하나.
【齐楚－초】qíchǔ 圆(옷 차림이) 단정하다.
【齐东野语－동야어】Qídōng yěyǔ〈成〉근거
없는 말. 황당무계한 말.
【齐集－집】qíjí 圆일제히 모이다.
【齐眉穗儿－미수아】qíméisuìr 圆(여성·아
동이) 눈썹 앞까지 가지런히 자른 앞머리.
【齐名－명】qímíng 圆다 같이 유명하다.
*【齐全－전】qíquán 圆완전히 갖추다. 완비
하다. ◇新建的住宅设备～/새로 지은 건
물은 시설이 완비되었다.（同）[齐备 bèi],
（反）[残缺 cánquē]
【齐头并进－두병진】qítóu bìngjìn 圆머리를
나란히 하고 나아가다.〈轉〉1우열을 가
릴 수 없다. 백중하다. 2함께 추진하다.

【齐心－심】qí//xīn 图한 마음으로 하다. (同)〔一 yī 心〕, (反)〔离 lí 心〕

【齐整－정】qízhěng 웹가지런하다. 단정하다. (同)〔整齐〕, (反)〔凌乱 língluàn〕

【齐奏－주】qízòu 图〈音〉합주（하다）.

【脐・臍】月部 6画 배꼽 제
图1〈生理〉배꼽. 2〈魚介〉게의 배딱지. ◇团～/암케（의 배딱지）.

【脐带－대】qídài 图〈生理〉탯줄.

【蛴・蠐】虫部 6画 굼벵이 제
【蛴螬－조】qícáo 图〈虫〉지충. 풍뎅이의 유충.

【祁】礻部 阝部 2画 4画 성할 기
图1〈地〉안휘성(安徽省)의 기문현(祁門縣)을 가리킴. 2(Qí)〈地〉호남성(湖南省)의 기양현(祁陽縣)을 가리킴. 3(Qí)图성(姓).

【祈】礻部 4画 빌 기
1图기도하다. 빌다. ◇～福/복을 기원하다. 2图바라다. 간청하다. ◇敬～指导/잘 지도하여 주시기 바랍니다. 3(Qí)图성(姓).

【祈祷－도】qídǎo 图기도하다. (同)〔祷告 gào〕, (反)〔诅咒 zǔzhòu〕

【祈求－구】qíqiú 图갈구하다. 간청하다.

【祈使句－사구】qíshǐjù 图〈言〉（어떤 일을 요구하거나 바랄 때 쓰는）명령문.

【颀・頎】页部 4画 헌걸찰 기
웹〈文〉몸이 후리후리하다.

【颀长－장】qícháng 웹〈文〉키가 크다. 후리후리하다.

【颀伟－위】qíwěi 웹（몸이）크고 우람하다.

【蕲・蘄】艹部 12画 바랄 기
1图〈文〉간청하다. 기원하여 구하다. 2图(Qí)〈地〉기주(蕲州). 옛 주명(州名)으로, 지금의 호북성(湖北省) 기춘현(蕲春縣) 남쪽임. 3(Qí)图성(姓).

【蕲艾－애】qí'ài 图호북성(湖北省) 기춘현(蕲春縣)에서 나는 쑥.〔뜸 뜨는 데 사용함〕

【蕲求－구】qíqiú 图〈文〉기구(祈求)하다.

【芪】艹部 4画 단너삼 기
(同)〔黄 huáng 芪〕

【祇】礻部 4画 땅귀신 기
图〈文〉지신(地神).

【岐】山部 4画 산이름 기
1지명에 쓰이는 글자. ◇～山/섬서성(陕西省)에 있는 산 이름 또는 현이름. 2(同)〔歧 3(Qí)图성(姓).

【歧】止部 4画 갈림길 기
1图갈림길. 샛길. 2图갈라지다. 일치하지 않다. 다르다.

【歧出－출】qíchū 图（글 중의 술어나 용어가）맞지 않다.

【歧化－화】qíhuà 图〈化〉불균형화하다.

【歧路－로】qílù 图갈림길.

【歧路亡羊－로망양】qílù wáng yáng 〈成〉갈림길이 많아 도망친 양이 어느 길로 갔는지 알 수 없다.〔양자(楊子)의 이웃집 양(羊)이 도망하여 여러 사람이 찾으러 나섰으나 갈림길이 많아 결국은 놓치고 말았다는 고사에서 나옴〕a)상황이 복잡하여 갈 바를 모르다. b)방향을 잃어 잘못된 길에 들다.

＊【歧视－시】qíshì 图차별 대우(하다). ◇那儿～妇女～得厉害/그곳은 여성 차별대우가 대단하다. 田교歧视:不喜欢 "歧视"의 대상은 사람이어야 한다. ◇汉语真难学, 我真有点(×歧视)不喜欢它了/중국어는 정말 배우기 어려워 난 좀 중국어가 싫어졌다.

【歧途－도】qítú (同)〔歧路 lù〕, (反)〔正路 zhènglù〕

【歧义－의】qíyì 图（말이나 글이）여러가지 뜻으로 해석이 가능한 것.

【歧异－이】qíyì 图다르다. 일치하지 않다.

【跂】足部 4画 육발 기
〈文〉1图육발이. 2图꿈틀꿈틀. 꾸물꾸물.〔벌레가 기어가는 모양〕

【奇】大部 5画 기이할 기
1图드물다. 대단하다. ◇山势～险/산세가 대단히 험하다. 2图뜻밖에. 느닷없다. ◇出～制胜/불의에 습격하여 승리하다. 기이한 책략으로 승리하다. 3图이상하게 여기다. ◇不足为～/이상한 게 못된다. 4(Qí)图성(姓).

【奇兵－병】qíbīng 图적을 기습하는 부대.

【奇才－재】qícái 图뛰어난 재능.

【奇耻大辱－치대욕】qí chǐ dà rǔ 〈成〉크나큰 치욕.

☆【奇怪－괴】qíguài 웹이상하다. 괴상하다. ◇～的声音/이상한 소리. ◇这个人很～, 平时很少和别人讲话/이 사람은 매우 이상하다. 평소에 남들과 얘기하는 게 매우 드물다. (同)〔奇异 yì〕, (反)〔平常 píngcháng〕

【奇货可居－화가거】qí huò kě jū 〈成〉품귀한 물건을 값이 오를 것을 기대하며 쌓아

두다. 자기가 가진 장점이나 특기로 개인적 이득을 도모하는 바탕을 삼다.

**【奇迹—적】qíjì 圐기적. ◇创造~/기적을 창조한다.

【奇崛—굴】qíjué 圐〈文〉(글이) 기발하고 뛰어나다.

*【奇妙—묘】qímiào 圐기발하다. 신기하다. ◇构思~/구상이 기발하다.

【奇葩—파】qípā 圐진기한 꽃.

【奇巧—교】qíqiǎo 圐(공예품 따위가) 교묘하다. 정교하다.

【奇谈—담】qítán 圐기담. 진기한 이야기.

*【奇特—특】qítè 圐괴이하다. 기괴하다. ◇装束~/옷차림이 기괴하다.

【奇伟—위】qíwěi 圐특이하고 웅대하다.

【奇文共賞—문공상】qí wén gòng shǎng 진기한 글을 함께 감상하다. 〔지금은 흔히 잘못된 논리의 글을 사람들이 보고 비판하게 한다는 뜻으로 쓰임〕

【奇闻—문】qíwén 圐기담. 진기한 이야기.

【奇袭—습】qíxí 圐圐기습(하다).

【奇效—효】qíxiào 圐뛰어난 효과.

【奇形怪状—형괴장】qí xíng guài zhuàng 〈成〉특이한 모양.

【奇勋—훈】qíxūn 圐뛰어난 공훈.

【奇异—이】qíyì 圐1(모습이) 이상하다. 2기이하다. 특이하다. 比较奇异:奇怪 예상밖이고 이해하기 어려운 것은 "奇异"라고 하지 않는다. ◇车到现在还没来, 我感到很(×奇异)奇怪/차가 아직도 안 오다니, 난 이상하게 느껴졌다.

【奇遇—우】qíyù 圐기우. 뜻밖의 만남. 〔주로 좋은 일에 씀〕 比较奇遇:遇到 "奇遇"는 술어로 쓰지 않는다. ◇他(×奇遇)遇到了一个美丽的女人/그는 우연히 아름다운 여인을 만났다.

【奇装异服—장이복】qí zhuāng yì fú 〈成〉괴상한 차림새. 〔주로 부정적으로 쓰임〕

【崎】 山部 | qí
8画 | 험할 기
〈文〉평탄하지 않다. ◇~径/구불구불한 길.

【崎岖—구】qíqū 圐(산길이) 울퉁불퉁하다. 험하다. 평탄하지 않다. (同)〔坎坷 kǎn kě〕, (反)〔平坦 píngtǎn〕

★【骑·騎】 马部 | qí
8画 | 말탈 기
1圐(동물이나 자전거 등에) 올라 타다. (걸터) 타다. ◇~车/자전거를 타다. 2圐(물건의) 양쪽에 걸쳐 있다. 3圐타는 말. 사람이 타는 동물. ◇坐~/승마용의 말. 4圐기병(骑兵). 말 탄 병사. ◇轻~/경기병.

【骑兵—병】qíbīng 圐기병. 기마병.

【骑缝—봉】qífèng 圐두 장으로 연결된 종이의 이음매. 〔계약서·영수증·증명서 에

서 도장을 찍는 절취선 부분〕

【骑虎难下—호난하】qí hǔ nán xià 〈成〉호랑이를 타고 있어 내리기가 힘들다. 어려움에 봉착해 일을 중도(中途)에서 그만두기 어렵다. 호미 난방(虎尾難放).

【骑楼—루】qílóu 圐〈方〉〈建〉2층 이상의 보도 밖으로 튀어 나온 건물. 베란다.

【骑马找马—마조마】qí mǎ zhǎo mǎ 〈成〉말을 타고 있으면서 말을 찾다. 업은 아이 삼 년 찾는다.

【骑墙—장】qíqiáng 圐양다리 걸치다. 기회주의적 태도를 취하다.

【骑手—수】qíshǒu 圐기수. 말 타는 사람.

【琦】 王部 | qí
8画 | 옥 기
〈文〉1圐아름다운 옥. 2圐진기하다. 아름답다.

**【其】 八部 | qí
6画 | 그 기
1圐그의. 그들의. 그것들의. ◇制定这些措施, ~目的是保证安全生产/이런 조치를 정한 그 목적은 안전생산을 위한 것이다. 2㐅그. 그들. 그것들. ◇不能任~自流/그들을 방임해서는 안 된다. 3㐅그것. 그런 것. ◇查无~事/조사하니 그런일 없다. 4〈文〉㐐어찌. 〔반문의 뜻을 나타냄〕 5〈文〉㐐당연히 …해야 한다. …해라. 〔명령을 나타냄〕

☆【其次—차】qícì 圐1그 다음. ◇部长首先发言, ~才是李局长发言/부장이 먼저 발언하고, 그 다음에야 이국장이 발언하게 된다. 比较其次:其他 ①"其次"는 관형어로 쓰이지 않는다. ◇先完成工作, (×其次)其他的事以后说/먼저 일을 끝내자. 다른 일은 나중에 다시 얘기하자. ②"其次"는 순서대로 곧바로 "그 다음"을 나타내지만 막연한 "앞으로"를 나타내지 않는다. ◇这件事(×其次)下次再谈/이 일은 다음에 얘기하자. 2부차적인 위치. 이차적인 위치. ◇内容是主要的, 形式还在~/내용은 주된 것이고, 형식은 부차적이다.

*【期间—간】qíjiān 圐1그 사이. 2그 기간.

【其貌不扬—모부양】qí mào bù yáng 〈成〉용모가 아주 못 생기다. (反)〔如花似玉 rú huā sì yù〕

*【其实—실】qíshí 㐐사실은. 실제는. ◇听口音他像是北京人, ~是天津人/말투를 들어봐서는 북경사람 같지만 사실은 그가 천진 사람이다.

☆【其它—타】qítā (同)〔其他〕

☆【其他—타】qítā 圐기타. 그 밖. ◇主要矛盾解决了, ~问题就好办了/주된 문제점이 해결되었으므로, 그 밖의 문제는 쉬

워진다.

☆【其余一여】qíyú 명그 나머지. ◇我翻译前一部分，～的你翻译/내가 앞부분을 번역할테니, 나머지는 네가 해라.

☆【其中一중】qízhōng 그 안에. ◇高三班有三十名同学，～十二名是女学生/고3 반은 학생이 30명인데, 그 중 12명이 여학생이지 않는다. [비교]其中:中 "其中"은 명사 뒤에 오지 않는다. ◇在很多客人(×其中)中，只有他会说汉语/많은 손님 중 오직 그만이 중국어를 할 줄 안다.

【骐·騏】 马部 | qí | 8画 | 준마 **기**
명〈文〉털총이. 청흑색(青黑色)의 말.
【騏骥一기】qíjì 명천리마. 준마. (同)〔骏马 jùn mǎ〕, (反)〔驽马 nú mǎ〕

【棋(棊,碁)】 木部 | qí | 8画 | 바둑 **기**
【棋布一포】qíbù 1명〈文〉(바둑돌이 판에 줄지어 있는 것처럼) 빽빽이 늘어서다. 2명〈紡〉격자 무늬의 천.
【棋逢敌手一봉적수】qí féng dí shǒu〈成〉호적수(好敵手)를 만나다. 〔뒤에 '将遇良才'가 이어지기도 함〕
【棋局一국】qíjú 명1(同)〔棋盘〕2바둑 한 판.
【棋迷一미】qímí 명바둑[장기]광.
【棋盘一반】qípán 명바둑판.
【棋谱一보】qípǔ 명기보.
【棋艺一예】qíyì 명장기·바둑의 솜씨.
【棋子一자】qízǐ (~儿)명바둑돌[장기의 말].

【旗(旂)】 方部 | qí | 10画 | 기 **기**
명1기. ◇国～/국기. 2팔기(八旗). 3'八旗兵'의 주둔지. 〔지금은 지명으로 쓰임〕4내몽고 자치구의 행정 구획 단위. 〔현(縣)에 해당됨〕
【旗杆一간】qígān 명깃대.
【旗鼓相当一고상당】qí gǔ xiāng dāng〈成〉쌍방의 힘이 백중하다. 막상 막하이다. (同)〔势均力敌 shì jūn lì dí〕, (反)〔高下悬殊 gāo xià xuán shū〕
*【旗号一호】qíhào 명기. 깃발.
【旗舰一함】qíjiàn 명기함. 〔함대 사령관이 타고 있는 군함〕
【旗开得胜一개득승】qí kāi dé shèng〈成〉서전(緖戰)에서 승리를 거두다. 일이 시작하자마자 좋은 성과를 거두다. 〔보통 뒤에 '马到成功'이 이어짐〕(同)〔马到成功 mǎ dào chéng gōng〕, (反)〔出师不利 chū shī bù lì〕
**【旗袍一포】qípáo (~儿)명중국 여자가 입는 원피스 모양의 의상. 〔원래 만주 여인들이 입었으나 후에 한족의 복장이 되었음. 옷깃이 높고 치마는 터져 있음〕

旗袍

①开衩儿 kāichàr　②坤包 kūnbāo

【旗人一인】Qírén 명1청조(清朝) 때 팔기(八旗)에 속한 사람. 2만주인. 〔한인(漢人)이 만주 사람을 부르는 칭호〕
【旗手一수】qíshǒu 명기수.
【旗语一어】qíyǔ 명수기(手旗)신호.
**【旗帜一치】qízhì 명1깃발. 2모범. 3〈喩〉기치. 〔대중에 호소력이 있는 힘있는 학설이나 사상 또는 정치세력〕
☆【旗子一자】qí·zi 명깃발.

【綦】 糸部 | qí | 8画 | 들메끈 **기**
1부〈文〉극히. 매우. ◇言之～详/말이 아주 분명하다. 2(Qí)명성(姓).

【鲯·鯕】 鱼部 | qí | 8画 | 만새기 **기**
【鲯鳅一추】qíqiū 명〈魚介〉만새기.

【麒】 鹿部 | qí | 8画 | 기린 **기**
1(同)〔麒麟〕2(Qí)명성(姓).
【麒麟一린】qílín 명(전설상의) 기린. 〔수컷을 '麒'라 하고 암컷을 '麟'이라 함〕

【耆】 老部 | qí | 8画 | 늙은이 **기**
1명형예순이 넘은 (사람). ◇～年/노년. 2〈文〉고대(古代)에는 '嗜(shì)'와 통용.
【耆老一노】qílǎo 명〈文〉덕망이 높아 존경받는 노인.
【耆宿一숙】qísù 명〈文〉사회적으로 명망있는 노인.

【鳍·鰭】 鱼部 | qí | 10画 | 지느러미 **기**
명〈魚介〉(물고기의) 지느러미.

【畦】 田部 | qí | 6画 | 두둑 **휴**
1명밭두둑. 구획(區劃)된 논밭. ◇菜～/남새밭. 채소밭. 2양밭두둑. 〔전지(田地)의

구획을 세는 데 쓰임〕◇种了一~韭菜/
부추를 한 뙈기 심었다.

【畦灌－관】qíguàn 图〈農〉계단식 관개법
(灌溉法). 뙈기밭 관개. 〔전지(田地)를
두둑으로 작게 나눈 농토를 순서대로 관
개해 나가는 방법〕

【畦田－전】qítián 图뙈기 밭. 주위를 두렁
으로 둘러쌓아 물을 댈 수 있거나 저장할
수 있는 논밭.

qǐ

【乞】 乙部 | qǐ
2画 | 빌 걸

1图빌다. 구걸하다. 애걸하다. 2(Qǐ)图성
(姓).

【乞哀告怜－애고련】qǐ āi gào lián〈成〉동
정과 도움을 애걸하다.

【乞丐－개】qǐgài 图거지.

【乞怜－런】qǐlián 图동정을 구하다〔애걸하
다〕.

【乞灵－령】qǐlíng 图〈文〉1신불(神佛)의 영
검을 구하다. 허황한 것에 매달리다. 2불
확실한 도움에 의지하다.

【乞巧－교】qǐqiǎo 图음력 칠월 칠석에 부
녀자들이 수예와 재봉을 잘하게 해달라
고 직녀성에 빌던 민간 풍속.

*【乞求－구】qǐqiú 图(구원을) 청하다. (도
움을) 바라다. ◇~宽恕/용서를 빌다.

【乞食－식】qǐshí〈文〉걸식하다.

【乞讨－토】qǐtǎo 图비럭질하며 다니다.

【乞降－항】qǐxiáng 图투항을 받아줄 것을
요청하다.

【乞援－원】qǐyuán 图원조를 요청하다.

【岂·豈】 山部 | qǐ
3画 | 어찌 기

图〈文〉어찌 …하겠는가.〔반문을 나타내
며 '哪里', '怎么', '难道'의 의미가 있음〕
1긍정형의 반어문에 쓰이며 '有', '敢',
'能', '肯' 등과 같이 쓰여 부정을 나타냄.
◇在你这专家面前, 我～敢班门弄斧/당신
같은 전문가 앞에서 제가 어찌 감히 문자
를 쓰겠습니까? 2부정형의 반어문에 쓰
여 '不是', '不', '非' 등과 같이 쓰여 긍정
을 나타냄. ◇我们这么远去一趟, 如果他
不在家, ～不是白去一趟?/우리가 이렇게
멀리 갔다 오는데 만일 그가 집에 없으면
어찌 헛걸음한 것이 아니겠소?

*【岂不－불】qǐbù 어찌 …가 아닌가? ◇如
不遵守诺言, ～不失去了信用?/이렇게 언
약을 지키지 않으면 어찌 신용을 잃지 않
겠는가?

【岂但－단】qǐdàn〈文〉비단 …뿐만 아니라.

【岂非－비】qǐfēi〈文〉어찌 …이 아니겠는가?

【岂敢－감】qǐgǎn 어찌 감히 …하겠는가?
◇～不从/어찌 감히 따르지 않겠습니까?

【岂可－가】qǐkě〈文〉어찌 …해도 좋단 말
인가? 어찌 …할 수 있는가?

*【岂有此理－유차리】qǐ yǒu cǐ lǐ〈成〉어찌
이럴 수가 있는가?〔이치에 맞지 않는
말이나 일에 대하여 불만을 나타내는 말
임〕◇真是～/정말 말도 안 된다. (反)
〔理所当然 lǐ suǒ dāng rán〕

【岂止－지】qǐzhǐ 어찌 …에 그칠까? 어찌
…뿐이겠는가?

【杞】 木部 | qǐ
3画 | 소태나무 기

图1(Qǐ)〈史〉주대(周代)의 나라 이름.〔지
금의 하남성(河南省) 기현(杞县)에 해당
함〕2(Qǐ)성(姓).

【杞人忧天－인우천】Qǐ rén yōu tiān〈成〉
기우. 쓸데없는 걱정. (同)〔自寻烦恼 zì x-
ún fán nǎo〕, (反)〔自得其乐 zì dé qí lè〕

★【起】 走部 | qǐ
3画 | 일어설 기

1图일어나다. 일어서다. ◇我每天早上六
点～床/나는 매일 아침 6시에 일어난다.
2图위로 오르다. 뜨다. ◇飞机～飞了/비
행기가 떴다. 3图(물집·땀띠·종기 등이)
나다. ◇年轻人脸上爱～疙瘩/젊은이의
얼굴에 여드름이 잘 난다. 4图빼내다. 끄
집어내다. 뽑아내다. ◇你帮我～钉子吧/
못 좀 빼주세요. 5图발생하다. 생기다. 6
图일으키다. ◇～事/봉기를 일으키다. ◇
外边一风了/밖에 바람이 불기 시작했다.
7图기안하다. 초안하다. ◇我～了个草稿,
你帮助改改/제가 초고를 썼으니, 좀 고쳐
주세요. 8图건설하다. 짓다. ◇一年内～了
两栋楼/1년 동안 건물 두 채를 지었다. 9
图수령하다. (증거를) 받다. ◇通行证～
好了, 快走吧/통행증을 받았으니, 어서
갑시다. 10图(…로부터) 시작하다. ◇从
明天～休息三天/내일부터 3일 동안 쉰다.
11图번. 차례. 건. ◇三月份发生了二十一
交通事故/3월에 교통사고가 20건 발생했다.

★【起】 //:qǐ 1동사 뒤에 붙어 동작이
아래에서 위로 향하는 것을 나타
내는 방향보어(補語)로 쓰임. ◇抬～箱
子往外走/상자를 들고 밖으로 나갔다. ◇
站～/일어서다. 2동사〈得/不〉뒤에 붙
어 할 수 있는가 없는가 하는 뜻을 나타
내는 가능보어. ◇太贵了, 买不～/너무
비싸 살 수 없다. 3동사 뒤에 붙어 동작
이 시작됨을 나타낸다. ◇军乐队奏～两国
国歌/군악대가 양국 국가를 연주하기 시
작했다. 4동사 뒤에 붙어 동작이 사람이
나 사물에 미침을 나타낸다. ◇想～一件
事/한 가지 일이 떠올랐다.

【起岸－안】qǐ'àn 匼양륙(揚陸) 하다. (배에서 육지로) 화물을 부리다.

【起霸－패】qǐ/bà 匼〈演〉중국 전통극에서 무장(武將)이 등장하며 출진(出陣) 하기 전에 투구를 쓰고 갑옷을 입는 등의 동작을 하다.

【起爆－폭】qǐbào 匼(도화선에 점화하거나 점화 스위치를 눌러) 폭발물을 폭발시키다.

【起笔－필】qǐ/bǐ 1匼기필 (起笔) 하다. 2(qǐbǐ)匼검자법(検字法)에서, 글자의 첫 획.

【起兵－병】qǐbīng 匼군대를 일으키다. (同)〔兴 xīng 兵〕, (反)〔息 xī 兵〕

【起步－보】qǐbù 1匼가기 시작하다. ◇那辆汽车～了/그 화물차가 가기 시작했다. 2匼〈喩〉시작.

*【起草－초】qǐ/cǎo 匼초안을 쓰다. 기안하다. ◇这个报告是谁起的草?/이 보고서는 누가 초안 잡았는가?

【起承转合－승전합】qǐ chéng zhuǎn hé (문장의 작법상) 기승전결.

【起程－정】qǐchéng 匼출발하다. 떠나다.

**【起初－초】qǐchū 뫠최초에. 처음. ◇对于儿子的这桩婚事, 他一开始是不同意的, 后来才点了头/아들 혼사에 대해, 그는 처음에는 반대하다가 나중에야 허락했다. (同)〔最 zuì 初〕, (反)〔最终 zuìzhōng〕비교起初:开始 "起初"는 관형어로 쓰지 않는다. ◇(×起初) 开始的时候, 我一句汉语也不会说/시작할 때는 난 중국어를 한 마디도 못했다.

★【起床－상】qǐ/chuáng 匼일어나다. 기상하다. ◇我每天早上六点～/나는 매일 아침 6시에 기상한다. (同)〔起身 qǐshēn〕, (反)〔上床 shàngchuáng〕

*【起点－점】qǐdiǎn 뫠1기점. (同)〔开始 kāishǐ〕, (反)〔终 zhōng 点〕2〈體〉스타트 라인 (start line).

【起电盘－전반】qǐdiànpán 뫠〈物〉기전반. 정전(静電) 유도를 이용하여 전기를 모으는 장치.

【起吊－조】qǐdiào 匼(기중기를 이용하여 무거운 물건을) 달아 올리다.

【起碇－정】qǐ/dìng 匼닻을 올리다. 출범하다.

**【起飞－비】qǐfēi 匼1(비행기가) 이륙하다. 날아 오르다. ◇这种气候飞机不能～/이런 기후에는 비행기가 이륙해서는 안 된다. 2〈喩〉(사업이) 한 단계 발전해 가다. (同)〔勃兴 bóxìng〕, (反)〔崩溃 bēngkuì〕

*【起伏－복】qǐfú 1뫠匼기복 (하다). ◇麦浪～/(바람에) 보리이삭의 물결이 인다. (同)〔波动 bōdòng〕, (反)〔平稳 píngwěn〕◇2〈喩〉(감정·관계 등이) 왔다갔다 변하다. ◇病情~不定/병세가 심해졌다 나아졌다 일정치 않다.

【起复－복】qǐfù 匼1(옛날, 관리가) 복상

(服丧)중에 기용(起用)되는 것. 2(관리가 파면된 후 재기용되다.

【起稿－고】qǐ/gǎo 匼초안을 잡다.

【起根－근】qǐgēn 匼1여지껏. 2〈口〉처음부터. 원래.

【起更－경】qǐgēng (qǐ//gēng)匼(그 날의) 첫번째 야경을 돌다.

【起旱－한】qǐhàn 匼보행 또는 구식 교통수단으로 가다.

【起航－항】qǐháng 匼(배가) 출항하다.

*【起哄－홍】qǐ//hòng 匼1떠들어대다. 소란을 피우다. ◇不得聚众～/사람을 모아놓고 소란을 피워서는 안 된다. 2(여러 사람이 한두 사람을) 희롱하다. 놀리다. ◇人家拿我开心, 你也～/남이 나를 갖고 놀리는데 너도 놀려.

【起火】 【起获】 【起急】 【起家】 【起见】
【起劲】 【起居】 【起圈】 【起开】 【起课】
【起来】 【起立】 【起落】☞ 809p.

*【起码－마】qǐmǎ 휑匼최소한 (으로). ◇个别的山区非常落后, 连一般的医疗条件也没有/일부 산간지역은 아주 낙후하여 최소한의 의료여건마저도 갖추어져 있지 않다. ◇要完成这项任务～得五天/이 임무를 완수하려면 최소한 5일은 걸린다.

【起锚－묘】qǐ//máo (同)〔拔 bá 锚〕, (反)〔抛 pāo 锚〕

【起名儿－명아】qǐ//míngr 匼이름을 짓다.

【起跑－포】qǐpǎo 匼〈體〉(육상 경기에서) 스타트(하다).

【起讫－글】qǐqì 뫠시작과 끝.

【起色－색】qǐsè 匼호전되는 기미.

*【起身－신】qǐ//shēn 匼1출발하다. ◇我明天～去上海/나는 내일 상해로 출발한다. (同)〔动 dòng 身〕2(잠자리에서) 일어나다. ◇他每天一后, 就打扫院子/그는 매일 기상하자마자 뜰을 청소한다. (同)〔起床 chuáng〕3(앉거나 누운 상태에서) 일어서다. ◇～回礼/일어서서 답례한다.

【起事－사】qǐ//shì 匼무장 투쟁을 시작하다.

【起誓－서】qǐ//shì 匼맹세하다. 서약하다.

【起首－수】qǐshǒu (同)〔开 kāi 端〕

【起死回生－사회생】qǐ sǐ huí shēng〈成〉기사 회생하다.

*【起诉－소】qǐsù 匼〈法〉기소하다. ◇我已向法院~他们了/나는 이미 법원에 그들을 기소했다.

【起跳－도】qǐtiào 뫠匼〈體〉(넓이뛰기·높이뛰기 등을 할 때의) 뛰어 오름(오르다). 도약(하다).

【起头－두】qǐtóu (~儿)1뫠처음(에). 최초(로). (同)〔开 kāi 头〕, (反)〔结尾 jiéwěi〕2(qǐ//tóu)匼시작하다. 개시하다. (同)〔开始 kāishǐ〕, (反)〔完结 wánjié〕

【起先-선】qǐxiān (同)〔起头〕, (反)〔后来 hòulái〕

【起小儿-소아】qǐxiǎor 學〈方〉어린 시절부터. 어려서부터.

【起衅-흔】qǐxìn 動전쟁을 도발하다.

【起行-행】qǐxíng (同)〔起程〕

【起眼儿-안아】qǐyǎnr 動남의 눈을 끌다. 눈에 띄다.〔부정문에 많이 쓰임〕

【起夜-야】qǐyè 動밤에 일어나 소변을 보다.

【起疑-의】qǐ//yí 動의심이 생기다. 의심을 품다. (同)〔犯 fàn 疑〕, (反)〔相信 xiāng xìn〕

∗∗【起义-의】qǐyì 名動무장 봉기(蜂起)(하다). 의거(義擧)(를 일으키다). ◇按照既定计划我们明晚~/이미 정한 계획대로 우리는 내일 저녁 의거를 일으킨다.

【起意-의】qǐ//yì 動(마음이) 동하다.〔주로 부정적으로 사용됨〕

【起因-인】qǐyīn (同)〔原 yuán 因〕

【起用-용】qǐyòng 動1(퇴직한 사람이나 면직당한 사람을) 재임용하다. 2임용〔기용〕하다. (同)〔擢 zhuó 用〕, (反)〔埋没 máimò〕

∗∗【起源-원】qǐyuán 名動기원(하다). 발생 (하다). ◇秦腔~于陕西/중국 서북의 지방극은 섬서성에 기원을 둔다.

【起运-운】qǐyùn 動발송하다. (화물의) 운송을 시작하다.

【起赃-장】qǐ//zāng 動장물을 찾아내다〔압수하다〕.

【起早贪黑-조탐흑】qǐ zǎo tān hēi〈成〉아침 일찍 일어나고 밤 늦게 자다. 열심히 일하는 모습을 형용.

【起止-지】qǐzhǐ (同)〔起讫〕

【起重船-중선】qǐzhòngchuán 名기중기선.

【起重机-중기】qǐzhòngjī 名〈機〉기중기. 크레인.

【起子-자】qǐ·zi 名1병따개. 2〈方〉나사 돌리개. 드라이버(driver). 3〈方〉베이킹 파우더(baking powder). 4名무리.

【起坐间-좌간】qǐzuòjiān 名〈方〉거실.

【企】人部 qǐ
       4画 도모할 기
動1발돋움하다. 2바라다. 희망하다. 기대하다.

【企鹅-아】qǐ'é 名〈鳥〉펭귄.

【企及-급】qǐjí 動따라 미치기를 바라다.

【企口板-구판】qǐkǒubǎn 名〈建〉은촉 붙임을 하기 위하여 한 쪽은 '凸'형(形)으로, 다른 한 쪽은 '凹'형으로 만든 널빤지.

【企慕-모】qǐmù (同)〔仰 yǎng 慕〕

【企盼-반】qǐpàn (同)〔盼望 wàng〕

【企求-구】qǐqiú 動갈구하다.

☆【企图-도】qǐtú 名動의도(하다). 기도(하

다). ◇在这篇作品中，作者~表现的主题并不突出/이 작품에서는, 작가가 의도했던 주제가 부각되지 않았다. 比较企图:希望 자체의 계획에는 "企图"를 쓰지 않는다. ◇他(×企图)希望今年考上大学,但没考上/그는 대학에 합격하기를 바랬지만 합격하지 못했다.

☆【企业-업】qǐyè 名기업.

【企足而待-족이대】qǐ zú ér dài〈成〉발돋움을 하고 기다리다. 가까운 장래에 실현될 가능성이 있다.

【绮·綺】纟部 qǐ
            8画 비단 기
1名무늬 있는 비단. 2形아름답다. 곱다. 훌륭하다.

【绮丽-려】qǐlì 形(경치가) 아름답다.

【启·啓】户部 口部 qǐ
              3画 4画 열 계
1動열다. 뜯다. 펼치다. ◇某某~/아무개 친전(親展).〔편지봉투를 수신인이 직접 펴 보아 주기 바란다는 뜻〕 2動계발〔계몽〕하다. 깨우치다. ◇~发/계발하다. 3動시작하다. ◇~用/(기관의 도장 따위를) 쓰기 시작하다. 4動진술하다. 여쭈다. 알리다. ◇敬~者/(서두에) 삼가 말씀드립니다. 5名짧은 편지. 서신. 촌찰. 6(Qǐ)名성(姓).

∗【启程-정】qǐchéng 動출발하다. 길에 오르다. ◇因为情况的变化我们只好先~了/상황이 달라져서 우리는 먼저 출발할 수 밖에 없었다. (同)〔起 qǐ 程〕

【启齿-치】qǐchǐ 動(주로 남에게 부탁하기 위해) 말하다. 이야기를 꺼내다. (同)〔开口 kāi kǒu〕, (反)〔闭口 bì kǒu〕

【启迪-적】qǐdí 動계발하다.

【启碇-정】qǐ//dìng (同)〔起 qǐ 碇〕

【启动-동】qǐdòng 動(기계·설비 따위를) 시동하다. 가동하다.

☆【启发-발】qǐfā 名動계발(하다). 깨우치다. ◇老师的话~了我们/선생님의 말씀이 우리를 깨우쳐 주었다. 比较启发:教导 "启发"는 대개 목적절을 취하지 않는다. ◇老师经常(×启发)教导我们要好好学习/선생님은 자주 우리에게 열심히 공부하라고 가르치신다.

【启封-봉】qǐ//fēng 動1(편지를) 뜯다. 2차압 딱지를 떼다.

【启蒙-몽】qǐméng 名動계몽(하다).

【启明-명】qǐmíng 名〈天〉금성(金星). 태백성(太白星).

∗【启示-시】qǐshì 名動계시(하다). 시사(하다). ◇这本书~我们应该怎样度过自己的一生/이 책은 우리가 자신의 일생을 어떻게 살아가야 한다는 것을 시사해 주고

있다.

＊【启事－사】qǐshì 🈂(신문·잡지에 내거나 벽에 붙이는) 공고. 알림. ◇征稿～/원고 모집 공고.

【启用－용】qǐyòng 🈐관청의 공인(公印)을 쓰기 시작하다.

【启运－운】qǐyùn (同)〔起 qǐ 运〕

【稽】禾部│qī
10画│상고할 계

【稽首－수】qǐshǒu 계수. 돈수(頓首). 옛날, 공경하는 뜻으로 머리를 조아림. ⇒jī

qì

☆【气·氣】气部│qì
0画│공기 기

1🈐기체. 가스. 〔단독으로 쓰이지 않음〕◇煤～/(석탄)가스. ◇沼～/메탄 가스. 2🈐공기. 바람. 〔주로어 쓰일 때는 단독으로 쓰이지 않음〕◇天太热了, 打开窗户透透～～/날씨가 너무 더우니 창문을 열어 환기 좀 시키시오. 3🈐숨. 호흡. ◇上～不接下～/헐떡거리다. ◇断～/숨이 끊어지다. 4🈐기후. ◇天～/날씨. ◇～候/기후. 5🈐냄새. ◇香～/향기. 6🈐기운. 원기. ◇勇～/용기. 7🈐기세. 8🈐티. 기질. 태도. ◇孩子～/애 티. 9🈍화내다. 성내다. 노하다. ◇他～得眼睛都瞪圆了/그는 화가 나서 눈을 부라렸다. 10🈍화나게 하다. ◇你说说, 我什么时候～过你/내가 언제 너를 화나게 했는지 말을 해봐. 11🈐압박. 억압. 괴롭힘. ◇再也不受他的～了/이제 더이상 억압 받지 않는다. 12🈐〈中醫〉기. 원기. 기운. ◇～虚/기가 허하다. 13🈐〈中醫〉병의 증상. ◇湿～/습진증상. 14🈍…로 인해서 화가 나다. 〔주로 겸어문에 쓰임〕◇我～他不说实话/나는 그가 사실대로 말하지 않았기 때문에 화났다.

【气昂昂－앙앙】qì'áng'áng (～的)🈐기세 당당하다. (同)〔怒冲冲 nùchōngchōng〕, (反)〔喜洋洋 xǐyángyáng〕

【气泵－빙】qìbèng 🈐공기 펌프.

【气不忿儿－불분아】qǐ bù fènr 🈍〈方〉(불공평한 일에 대해) 분개하다.

【气冲冲－충충】qìchōngchōng (～的)🈐노기 등등하다.

【气冲牛斗－충우두】qì chōng niú dǒu〈成〉1기세가 충천하다. 2노기 충천하다.

【气冲霄汉－충소한】qì chōng xiāo hàn (同)〔气冲牛斗〕

＊【气喘－천】qìchuǎn 🈍숨이 차다. 헐떡 거리다.

【气窗－창】qìchuāng 🈐환기창. 통풍창.

【气锤－추】qìchuí 🈐공기 망치. 공기 해머.

【气粗－조】qìcū 🈐1성질이 거칠다. 우락부락하다. 2기세 등등하다.

【气垫－점】qìdiàn 🈐공기 방석. 에어 쿠션 (air cushion). 공기 방석.

【气垫船－점선】qìdiànchuán 🈐공기부상선. 호버크라프트(hovercraft).

【气度－도】qìdù 🈐기개. 도량.

【气短－단】qìduǎn 🈍1숨이 가빠지다. 헐떡이다. 2기가 꺾이다. 의기 소침하다.

＊【气氛－분】qìfēn 🈐분위기. ◇两国领导人在友好的～中进行了会谈/양국 지도자는 우호적인 분위기 속에서 회담을 진행했다.

＊【气愤－분】qìfèn 🈍화나다. 역정을 내다. 분개하다. ◇听到这些恶意的诽谤, 他非常～/그는 악의에 찬 그 비방을 듣고 몹시 분개했다. (同)〔气恼 nǎo〕, (反)〔高兴 gāoxìng〕🈑气愤:生气 "气愤"은 자동사로서 사람을 목적어로 취하지 않는다. ◇爸爸很(×气愤)生他的气/아버지는 그에게 몹시 화났다.

＊【气概－개】qìgài 🈐기개. ◇她喜欢他有男人的～/그녀는 그가 남자다운 기개가 있어 좋아한다. 🈑气焰:气概 "气概"는 칭찬의 뜻을 가진 단어로서 "反动", "嚣张" 등을 목적어로 취하지 않는다. ◇刚来的时候, 反动势力(×气概)气焰嚣 xiāo 张/처음 왔을 때는 반동 세력이 기세등등했다.

【气割－할】qìgē 🈐〈冶〉(금속 재료의) 가스 절단.

【气根－근】qìgēn 🈐〈植〉공기뿌리.

＊【气功－공】qìgōng 🈐기공. 단전 호흡의 다른 이름.

【气管－관】qìguǎn 🈐〈生理〉기관.

【气贯长虹－관장홍】qì guàn cháng hóng〈成〉기상이 하늘의 무지개를 꿰뚫을 만하다. 기세가 하늘을 찌르다.

【气锅－과】qìguō 🈐오지신선로.〔운남성(雲南省) 특산으로 가운데 통 모양이며 그 둘레에 음식을 넣고 통채로 솥 안에서 찜〕

【气焊－한】qìhàn 🈐가스 용접. 산소 용접.

☆【气候－후】qìhòu 🈐1〈天〉기후. ◇海洋性～/해양성 기후. 2〈轉〉동향. 정세. ◇他对政治～很敏感/그는 정치동향에 민감하다. 3〈喩〉결과. 성과. 성취. ◇胸无大志的人, 成不了 liǎo 大～/큰 포부가 없는 자는 어떤 성공도 할 수 없다.

【气呼呼－호호】qìhūhū (同)〔气冲冲〕

【气急－급】qìjí 🈍(산소 부족이나 긴장 따위로) 숨이 가빠지다.

【气急败坏－급패괴】qìjí bàihuài〈成〉당황하거나 몹시 화가 나다. (反)〔从容不迫 cóng róng bù pò〕

【气节－절】qìjié 🈐절조. 기개.

【气井－정】qìjǐng 🈐〈石油〉천연 가스정.

Q

【气孔-공】qìkǒng 图1〈植〉기공. 숨구멍. 2〈冶〉주물(鑄物)의 기포. 3(가옥이나 모자 따위의) 통풍 구멍. 공기 구멍. 4〈建〉기공. 숨구멍. 기문.

*【气力-력】qìlì 图힘. 기력. ◇年纪大了, ~不足了/나이가 드니, 힘이 못 따라간다.

【气量-량】qìliàng 图1기량(器量). 2도량. ◇他~不小/그는 도량이 크다. 3기체의 양.

*【气流-류】qìliú 图1〈天〉기류. 공기의 흐름. 2〈言〉(발음할 때의) 숨.

【气楼-루】qìlóu 图(쌓았고 등) 지붕 위의 창문이 나 있는 돌출부.

【气脉-맥】qìmài 图1기혈과 맥박. 2시문의 앞뒤를 잇는 줄기나 맥락.

【气煤-매】qìméi 图가스용 석탄. 〔가스나 코크스를 만드는 원료〕

【气门-문】qìmén 图1공기 밸브. 통풍구. 배기구(排氣口). 2〈機〉밸브. 판(瓣). 3〈虫〉기문. 숨구멍.

【气门心-문심】qìménxīn 图1자동차 타이어의 공기 넣는 고무 밸브. 2밸브의 얇고 가는 고무관.

【气囊-낭】qìnáng 图1〈生理〉조류의 기낭. 공기 주머니. 2기구(氣球) 따위의 기낭.

【气恼-뇌】qìnǎo 图내다. 분하다.

【气馁-뇌】qìněi 图기가〔풀이〕죽다. 낙담〔실망〕하다.

【气派-파】qìpài 图멋있다. 풍채 좋다. 2图풍채. 풍격. 기개.

【气泡-포】qìpào 图기포. 거품.

*【气魄-백】qìpò 图1기백. 패기. 박력. ◇他办事很有~/그는 박력있게 일을 처리한다. 2기세. ◇天安门城楼的~十分雄伟/천안문 성루의 기세가 아주 웅장하다.

【气枪-창】qìqiāng 图공기총.

*【气球-구】qìqiú 图1기구. 애드벌룬. 2(고무) 풍선.

【气色-색】qìsè 图기색. 안색. 혈색.

*【气势-세】qìshì 图기세. 기개. ◇~雄伟/기세가 웅장하다.

【气势磅礴-세방박】qìshì páng bó〈成〉기세가 드높다. 기세가 압도하다.

【气势汹汹-세흉흉】qìshì xiōng xiōng〈成〉화난 기세가 등등하다. 서슬이 시퍼렇다. (反)〔和颜悦色 hé yán yuè sè〕

【气数-수】qì·shu 图운명. 운수. 팔자.

【气态-태】qìtài 图〈物〉기체 상태.

**【气体-체】qìtǐ 图〈物〉기체. 가스.

【气田-전】qìtián 图가스전.

【气筒-통】qìtǒng 图1(타이어에 공기를 넣는) 공기 펌프. 2에어 실린더. 기통.

【气团-단】qìtuán 图〈天〉기단.

【气吞山河-탄산하】qì tūn shānhé〈成〉기백이 세상을 삼킬 듯하다.

**【气味-미】qìwèi 图1냄새. ◇茉莉花的~很浓/쟈스민 향기가 아주 진하다. 2〈喩〉성격. 성향. 〔주로 부정적인 의미로 많이 쓰임〕◇~相投/마음이 맞다.

☆【气温-온】qìwēn 图〈天〉기온.

【气息-식】qìxī 图1숨결. ◇~奄奄/숨이 곧 끊어질 듯하다. 2냄새. 향기.

☆【气象-상】qìxiàng 图1〈天〉날씨. 기상. ◇~观测工作做得好坏, 直接影响工农业生产/기상관측사업의 잘잘못에 따라, 농업·공업 생산에 직접적인 영향을 미치게 된다. 比교气象:天气:气氛 ①"气象"은 구체적인 기후 현상을 말한다. ◇近几天(×气象)天气变化无常, 感冒的人很多/요 며칠 날씨가 수시로 변해 감기에 걸린 사람이 많다. ②특정한 환경의 분위기에는 "气象"을 쓰지 않는다. ◇大家又唱歌又跳舞, (×气氛)气氛热烈极了/모두가 노래하고 춤도 추고 분위기가 몹시 고조되어 있다. 2〈天〉기상학. 3기상. 타고난 기질. 4분위기. 주위의 상황. 양상. ◇节日的天安门广场, ~万千/국경일의 천안문광장은 장관이다.

【气象万千-상만천】qì xiàng wàn qiān〈成〉(경치·사물이) 천태만상으로 장관을 이루다.

【气性-성】qì·xing 图1성격. 성미. 2화를 잘 내는 기질. 피새.

【气咻咻-휴휴】qìxiūxiū (同)〔气吁吁〕

【气吁吁-우우】qìxūxū (~的)图숨을 헉헉거리는 모양.

【气虚-허】qìxū 图1〈中醫〉기허. 기가 허한 증상. 2图신체가 허약하다. 약골이다.

【气旋-선】qìxuán 图회오리바람. 선풍(旋風).

**【气压-압】qìyā 图기압.

【气眼-안】qìyǎn 图기포.

【气焰-염】qìyàn 图〈喩〉기염. 대단한 기세. 위세.

【气宇-우】qìyǔ 图기개와 도량.

【气韵-운】qìyùn 图(글씨·그림·글 따위의) 경지. 운치. 기품(氣品).

【气质-질】qìzhì 图1기질. 2소질.

【气壮-장】qìzhuàng 图기세가 드높다.

*【汽】氵部 qì 4画 증기 기
图1(수)증기. 김. 2기체. '气 1'와 통용.

★【汽车-차】qìchē 图자동차. ◇坐着小~游览市容/승용차를 타고 도시관광을 한다.

**【汽船-선】qìchuán 图1증기선. 발동선. 2모터보트.

【汽锤-추】qìchuí 图〈機〉증기 망치. 스팀 해머(steam hammer).

【汽灯-등】qìdēng 图가스등(gas lamp). 와

사등.
【汽笛－적】qìdí [명](기차·기선의) 기적.
【汽缸－항】qìgāng [명]〈機〉실린더.
【汽化－화】qìhuà [명][동]〈物〉기화(하다). (同)〔蒸发 zhēngfā〕, (反)〔凝结 níngjié〕
【汽化器－화기】qìhuàqì [명]〈機〉기화기. 카뷰레터(carburator).
【汽化热－화열】qìhuàrè [명]〈化〉기화열.〔액체가 기화할 때 외부로부터 흡수하는 열〕
【汽机－기】qìjī [명]〈略〉〈機〉**1**증기 기관. **2**증기 터빈(turbine).
【汽酒－주】qìjiǔ [명]발포성 과일주.
【汽轮(机)－륜(기)】qìlún(jī) [명]증기 터빈(steam turbine).
【汽碾－년】qìniǎn [명]〈機〉도로 포장용의 증기 롤러(roller).
★【汽水－수】qìshuǐ (～儿)[명]사이다.
【汽艇－정】qìtǐng [명]모터보트(motorboat).
☆【汽油－유】qìyóu [명]휘발유. 가솔린.
【汽油机－유기】qìyóujī [명]가솔린 엔진〔기관〕.

【讫·訖】 讠部 3画 | qì 마칠 **글**

1[동]끝나다. 마치다. ◇收～/인수를 끝내다. **2**[명]끝. 마감. ◇起～/시작과 끝.

【迄】 辶部 3画 | qì 이를 **흘**

1[동]…에〔까지〕 이르다. ◇～今/지금까지. **2**[부]결국. 끝내. 줄곧.〔'未' 또는 '无' 앞에 쓰임〕 ◇～未见效/끝내 효과를 보지 못했다.
【迄今－금】qìjīn [부]지금에 이르기까지.

【弃(棄)】 廾部 4画 | qì 버릴 **기**

[동]버리다. 내버리다. 포기하다.
【弃暗投明－암투명】qì àn tóu míng〈成〉어둠에서 벗어나 광명으로 돌아서다. 악인이 올바른 길로 전향하다.
【弃儿－아】qì'ér [명]버려진 아이.
【弃妇－부】qìfù〈文〉[명]남편에게 버림 받은 부인.
【弃旧图新－구도신】qì jiù tú xīn〈成〉낡은 것을 버리고 새로운 것을 찾다. 잘못을 고쳐 올바른 방향으로 나아가다. (同)〔改过自新 gǎi guò zì xīn〕, (反)〔怙恶不悛 hù è bù quān〕
【弃权－권】qì//quán **1**[동]권리를 포기하다. 기권하다. **2**(qìquán)[명]기권.
【弃学－학】qìxué [동]학업을 포기하다.
【弃养－양】qìyǎng [동]〈文〉〈婉〉부모를 여의다.
【弃置－치】qìzhì [동]한 쪽에 방치하다.

【泣】 氵部 5画 | qì 울 **읍**

1[동](작은 소리로) 흐느껴 울다. ◇暗～/몰래 흐느끼다. **2**[명]눈물. ◇饮～/눈물을 삼키다.
【泣不成声－불성성】qì bù chéng shēng〈成〉슬픔에 목이 메다.〈喻〉몹시 슬프다.
【泣诉－소】qìsù [동]울며 하소연하다.

【契(契)】 大部 6画 | qì 계약서 **계**

1[동]〈文〉칼로 새기다. **2**[명]〈文〉새긴 문자. ◇书～/은대(殷代)에 나무·대나무·갑골 따위에 새긴 문자. **3**[명]부동산의 매매증서〔계약서〕나 소유권을 증명하는 문서. ◇地～/땅 문서. **4**[동]서로 마음이 통하다. ◇默～/말 없이 서로 마음이 통하다.
【契丹－단】Qìdān [명]〈民〉거란.
【契合－합】qìhé [동]**1**부합하다. 일치하다. **2**의기가 투합하다.
【契机－기】qìjī [명]계기. 동기.
【契据－거】qìjù [명]계약증서. 차용증(서). 영수증의 총칭.
【契友－우】qìyǒu [명]의기가 투합하는 친구.
【契约－약】qìyuē [명]계약(서).

*【砌】 石部 4画 | qì 섬돌 **체**

1[동](벽돌이나 돌을) 쌓다. ◇两人一上午～了一堵墙/두 사람은 오전 내내 담을 쌓았다. **2**[명]섬돌. 계단. ◇雕栏玉～/조각을 한 난간과 옥으로 만든 계단. 호화로운 대궐.

【碛·磧】 石部 8画 | qì 모래벌판 **적**

[명]**1**모래톱. **2**사막.

【槭】 木部 11画 | qì 단풍나무 **척**

[명]〈植〉단풍나무.

*【器】 口部 13画 | qì 그릇 **기**

1[명]기구. 그릇. 용기. ◇瓷～/자기. **2**[명]신체의 장기. ◇生殖～/생식기. **3**[명]도량. **4**[명]인재. ◇玉不琢, 不成～/소질이 있어도 갈고 닦지 않으면 훌륭하게 되지 못한다. **5**[동]〈方〉중히 여기다.
⁑【器材－재】qìcái [명]기구와 재료.
⁑【器官－관】qìguān [명](생물의) 기관.
【器件－건】qìjiàn [명](기계·기구 등의) 주요 부품.
*【器具－구】qìjù [명]기구. 도구.
【器量－량】qìliàng [명]도량.
【器皿－명】qìmǐn [명]그릇. 식기.
【器物－물】qìwù [명]각종 도구의 총칭. 기물.
*【器械－계】qìxiè [명]**1**기계. **2**무기(武器).
【器宇－우】qìyǔ [명]〈文〉사람의 외모. 풍채.
【器乐－악】qìyuè [명]〈音〉기악.
【器重－중】qìzhòng [동](윗사람이 아랫사람을) 신임하다. (同)〔看 kàn 重〕, (反)〔看轻 kànqīng〕

【憩】 心部 | qì
12画 | 쉴 게
(통)〈文〉쉬다. 휴식하다. ◇同作同~/함께 일하고 함께 쉬다.
【憩室─실】 qìshì (명)〈醫〉발육 이상에 의해 심장·위·장·후두·기관 등에 생기는 띠나끈 모양의 확장부.

qiā

*【掐】 扌部 | qiā
8画 | 할퀼 겹
1(통)(손톱으로) 누르다. (손가락으로) 힘껏 잡다. 꺾다. ◇不要~公园里的花儿/공원 안의 꽃을 꺾지 말라. 2(통)움켜쥐다. ◇一把~住/덥썩 움켜쥐다. 3(~儿)(양)〈方〉움큼. 줌. ◇一~儿韭菜/부추 한 움큼.
【掐诀─결】 qiājué (통)(중이나 도사가) 염불할 때 손가락을 굴신하다.
【掐算─산】 qiāsuàn (통)손꼽아 세다. 〔엄지 손가락으로 다른 손가락 끝을 순서대로 누르며 세는 동작에서〕
【掐头去尾─두거미】 qiā tóu qù wěi〈成〉거두절미하다. 불필요한 부분을 제거하다.

【袷】 衤部 | qiā
6画 | 겹옷 겹
【袷袢─반】 qiāpàn (명)(위구르족 사람들이 입는) 긴 옷.

【齘】 齿部 | qiā
4画 | 깨물 겹
(통)깨물다. 물다. →kè '嗑'

qiá

【拤】 扌部 | qiá
5画 | 누를 잡
(통)(두 손으로) 조르다. 죄다. 누르다.

qiǎ

【卡】 卜部 | qiǎ
3画 | 지킬 잡
1(통)〈口〉걸리다. 끼(이)다. 꽂다. ◇鱼刺~在嗓子里/생선가시가 목구멍에 걸렸다. 2(통)(사람 또는 재물을) 억제하다. 막다. ◇会计对不必要的开支~得很紧/회계는 불필요한 지출에 대해서는 엄격히 제한하고 있다. 3(통)누르다. 죄다. 조르다. 4(명)물건을 끼우는 도구. 핀. 클립. ◇发~/머리 핀. 5(명)검문소. 세관. 〔통행인의 검문이나 화물의 징세를 목적으로 설치했음〕 ⇒kǎ
【卡脖子─발자】 qiǎ bó·zi (두 손으로) 목을 조르다. 〈喩〉꼼짝못하게 하여 사지

(死地)로 몰다. ◇在政府拨款上, 你不要卡我们的脖子/정부배당금에서 우리의 목을 조르지 마세요.
【卡具─구】 qiǎjù (同)〔夹 jiā 具〕
【卡壳─각】 qiǎ//ké (통)1약협이 걸려 탄창에서 나오지 않다. 2(喩)일이 난관에 부딪치다. 어려움을 당해 중지되다. ◇那件事~了, 你给说说/그 일이 걸렸소. 당신이 가서 사정 좀 하세요. 3(喩)말문이 막히다.
【卡子─자】 qiǎ·zi (명)물건을 끼는 도구. 집게. 핀. 클립.

qià

【洽】 氵部 | qià
6画 | 화목할 흡
1(통)화합하다. 일치하다. ◇意见不~/의견이 일치하지 않다. 2(통)교섭하다. 상담하다. ◇面~/직접 만나 상담하다. 3(부)널리. 두루. ◇博学~闻/박학다문.
【洽商─상】 qiàshāng (통)상담하다. 협의하다. 상의하다.
*【洽谈─담】 qiàtán (명)(직접) 교섭(하다). 상담(하다). 협의(하다). ◇~得很顺利/상담이 아주 순조로웠다.

【恰】 忄部 | qià
6画 | 꼭 흡
1(형)적당하다. 적절하다. ◇措辞不~/말의 쓰임이 적절하지 않다. 2(부)마침. 알맞게. 바로. 꼭. ◇~在我出门的时候, 他来了/내가 마침 외출할 때 그가 왔다.
*【恰当─당】 qiàdàng (형)알맞다. 적절하다. 적당하다. ◇我们应对现实有~的认识/우리는 마땅히 현실에 대해 올바른 인식을 가져야 한다. (同)〔妥 tuǒ 当〕, (反)〔不 bù 当〕 (비교)恰当:合适 옷이 몸에 맞는 경우에는 "恰当"을 쓰지 않는다. ◇这件衣服他穿最(×恰当)合适/이 옷은 그가 입어야 제일 잘 맞는다.
*【恰好─호】 qiàhǎo (부)바로. 마침. ◇这条绳子~五十米/이 줄은 딱 50m이다. (비교)恰好:正好 "恰好"는 보어로 쓰이지 않는다. ◇这辆车来得~(×恰好)正好/이 차는 때마침 잘 왔다.
*【恰恰─흡】 qiàqià (부)바로. 마침. ◇我跑到那里~十二点/내가 거기에 뛰어가니 마침 12시였다.
*【恰巧─교】 qiàqiǎo (부)때마침. 공교롭게. ◇他正愁没人帮他卸车, ~这时候老王来了/그는 차에서 짐을 부려줄 사람이 없어 걱정하던 중 때마침 그때 왕씨가 왔다.
【恰如─여】 qiàrú〈早白〉흡사 …와 같다. 바로 …와 같다.
*【恰如其分─여기분】 qià rú qí fèn〈成〉정도

에 맞다. 적합[합당]하다. ◇给予～的批
评/합당한 비판을 했다. (反)[过甚其词
guò shèn qí cí]

【恰似－사】qiàsì (同)[恰如 rú]

【髂】骨部
9画 허리뼈 **가**
【髂骨－골】qiàgǔ 圆〈生理〉장골(腸骨).

千 769	仟 770	阡 770	迁 770	芊 770
扦 770	钎 770	牵 771	悭 771	铅 771
谦 771	愆 772	鹐 772	鬝 772	前 772
钤 774	黔 774	钱 774	钳 774	虔 774
乾 774	掮 774	潜 774	浅 775	肷 775
遣 775	谴 775	缱 776	嗛 776	欠 776
芡 776	嵌 776	歉 776	纤 776	茜 776
倩 776	椠 776			

qiān

★【千】十部
1画 일천 **천**
1㊝천. ◇小麦亩产突破～斤/밀의 묘당 생
산량이 천 근을 돌파했다. 2톙매우 많다.
〔보통 '百'나 '万'과 같이 쓰임〕 3(Qiān)
圆성(姓).

【千不该万不该－불해만불해】qiān bù gāi
wàn bù gāi 〈口〉절대로 …해서는 안 되
다. 천부당 만부당하다. ◇今天这种场合,
你叫他来是～/오늘 이런 자리에 그를 오
게 하는 건 절대로 안 되는 일이야.

【千层底儿布鞋－층저아포혜】qiāncéngdǐr
bùxié 圆여러 겹의 천을 굵은 삼실로 박
아서 만든 중국 신발.

千层底儿布鞋

【千锤百炼－추백련】qiān chuí bǎi liàn 〈成〉
1온갖 시련을 겪다. 2(시문(詩文) 등을)
계속 다듬다.

【千儿八百－아팔백】qiān·er bābǎi 〈口〉천
(千)이나 그 보다 적은 수.

**【千方百计－방백계】qiān fāng bǎi jì 〈成〉
온갖 방법. 이런 저런 계책(을 다 써보
다). (同)[想方设法 xiǎng fāng shè fǎ],
(反)[束手无策 shù shǒu wú cè]

【千分表－분표】qiānfēnbiǎo 圆〈機〉다이얼
게이지(dial gauge).

【千分尺－분척】qiānfēnchǐ 圆〈機〉마이크로
미터.

【千夫－부】qiānfū 圆〈文〉많은 사람.

【千古－고】qiāngǔ 圆1아주 오랜 옛날. 2죽
은 사람을 애도하는 말로, 영원한 이별을
뜻함.〔주로 화환 등에 씀〕⇒qiānjīn

【千斤－근】qiānjīn 톙책임이 무겁다.

【千斤－근】qiān·jin 圆〈機〉1(同)[千斤顶 d-
ǐng] 2(톱니 바퀴의 역회전을 막는) 톱
니 멈추개. ⇒qiānjīn

【千斤顶－근정】qiānjīndǐng 圆〈機〉잭(jack).

【千金－금】qiānjīn 圆1천금. 큰 돈. 2톙
〈喩〉귀하다. 진귀하다. 3톙〈敬〉옛날, 따
님. 영애.〔남의 딸에 대한 높임말〕

【千钧一发－균일발】qiān jūn yī fà 〈成〉만
근의 무게가 머리카락 한 가닥에 매달려
있다.〈喩〉몹시 위험하다. 위기일발이다.
(同)[一发千钧]

【千卡－가】qiānkǎ 圆킬로칼로리(kcal).

**【千克－극】qiānkè (同)[公 gōng 斤]

【千里鹅毛－리아모】qiān lǐ é máo 〈成〉천
리 밖에서 보내온 거위의 털. 선물은 작
지만 정은 두텁다.

【千里马－리마】qiānlǐmǎ 圆천리마. 하루에
천리를 달리는 말.〈轉〉유능한 인재.

【千里眼－리안】qiānlǐyǎn 圆1천리안.〈喩〉
긴 안목을 가진 사람. 2(同)[望远镜 wà-
ng yuǎnjìng]

【千里之堤, 溃于蚁穴－리지제, 궤어의혈】qi-
ān lǐ zhī dī, kuì yú yǐxué 〈成〉천리나 되
는 큰 제방도 개미 구멍 하나로 무너진
다. 작은 일에 소홀히 하면 큰 문제가 발
생하다.

【千里之行, 始于足下－리지행, 어우족하】qi-
ān lǐ zhī xíng, shǐ yú zú xià 〈成〉천리길
도 첫 걸음부터. 일의 성공은 작은 것부
터 이루어져 쌓인 것이다.

【千粒重－립중】qiān lì zhòng 圆종자 천 알
의 무게.〔곡식의 여문 정도를 나타내는
단위로, 농작물의 품질과 생산량을 판단
하는 기준이 됨〕

【千虑一得－려일득】qiān lǜ yī dé 〈成〉평범
한 사람의 의견이라도 가끔 취할 만한 것
이 있다.〔주로 의견을 발표할 때에, 겸
양하는 말로 쓰임〕(反)[千虑一失 shī]

【千虑一失－려일실】qiān lǜ yī shī 〈成〉숙
고해도 간혹 실수를 한다. 원숭이도 나무
에서 떨어진다. (反)[千虑一得 dé]

【千篇一律－편일률】qiān piān yīlù 〈成〉
(모두 똑같은 가락으로) 조금도 변화가
없어 진부하다. 천편 일률.

【千奇百怪－기백괴】qiān qí bǎi guài 〈成〉
갖양 각색의 기이한 모양.

【千秋－추】qiānqiū 圆1긴 세월. 2〈敬〉(상

대방 또는 남의) 생신. 〔남의 생일을 축하하여 하는 말임〕

【千岁-세】 qiānsuì 图〈敬〉옛날, 친왕(親王)이나 후비. 〔주로 희곡·소설에서 쓰임〕

*【千瓦-와】 qiānwǎ 圀〈物〉킬로와트(kW). 〔옛날에는 줄여서 '瓩'라고 했음〕

☆【千万-만】 qiānwàn 图부디. 제발. 절대로. 아무쪼록. 〔재삼 부탁할 때 쓰는 말임〕◇你在这儿等着，～别走/여기서 기다리고 있어요, 절대로 가지 마세요. 比교千万: 重要 "千万"은 관형어로 쓰지 않는다. ◇这个(×千万)重要的会，你一定要参加/이건 아주 중요한 회의니 꼭 참석하세요.

【千…万…―…만…】 qiān…wàn… 매우 많은 것을 형용함. ◇～变～化/변화무궁하다. ◇～差～别/천차만별. ◇～难～险/천신만고. ◇～丝～缕/관계가 아주 밀접하다. 2강조를 나타냄. ◇～真～确/절대로 사실이다.

【千载难逢-재난봉】 qiān zǎi nán féng 〈成〉천년에 한 번 올까 말까 하는 기회. 좀처럼 얻기 어려운 기회. (同)〔百年不遇 bǎi nián bù yù〕, (反)〔层出不穷 céng chū bù qióng〕

【千载一时-재일시】 qiān zǎi yī shí (同)〔千载难逢〕

【千张-장】 qiān·zhang 图얇은 건두부.

【千姿百态-자백태】 qiān zī bǎi tài 여러가지로 각각 다른 자태.

【仟】 亻部 qiān 3画 일천 천
㊀천. 〔증서 따위의 금액 기재에 쓰는 '千'의 갖은자〕

【阡】 阝部 qiān 3画 길 천
图1〈文〉(남북으로 난) 논밭길. 2〈文〉묘지로 통하는 길.

【阡陌-맥】 qiānmò 图〈文〉(가로 세로로 난) 논밭길.

*【迁·遷】 辶部 qiān 3画 옮길 천
图1옮기다. 이사하다. ◇～葬/이장하다. 2변화하다. 변천하다. ◇变～/변천하다. 3옛날, 관직이 바뀌다. 직위가 변하다. ◇左～/좌천하다.

【迁都-도】 qiān//dū 图천도하다. 〔나라의 수도를 옮기다〕

*【迁就-취】 qiānjiù 图(무원칙적으로) 타협하다. 저자세로 대하다. 양보하다. ◇你越～他，他越贪得无厌/네가 그에게 저자세로 대할수록 그는 더욱 욕심을 부린다.

【迁居-거】 qiānjū 图이사하다. 거처를 옮기다.

【迁流-류】 qiānliú 图〈文〉(시간이) 흐르다.

【迁怒-노】 qiānnù 图다른 사람에게 화풀이를 하다.

【迁徙-사】 qiānxǐ (同)〔迁移 yí〕

【迁延-연】 qiānyán 图(시간을) 질질 끌다. 지연하다. (同)〔拖 tuō 延〕, (反)〔赶紧 gǎnjǐn〕

【迁移-이】 qiānyí 图이사하다. 이전하다.

【芊】 艹部 qiān 3画 우거질 천
【芊眠-면】 qiānmián (同)〔芊绵 mián〕

【芊绵-면】 qiānmián 廖〈文〉초목이 번성하다.

【芊芊-천】 qiānqiān 廖〈文〉초목이 무성하다.

【扦】 扌部 qiān 3画 꽂을 천
1(～儿, ～子)图(쇠·나무로 만든) 꼬챙이. ◇蜡～儿/촛대. 2(同)〔扦子 zi〕 3图〈方〉꽂다. 지르다. ◇把花儿～在瓶子里/꽃을 병에 꽂다. (同)〔插 chā〕, (反)〔拔 bá〕 4图(발톱을) 자르다. 깎다.

【扦插-삽】 qiānchā 图图꺾꽂이(하다).

【扦手-수】 qiānshǒu 图옛날, 세관원을 이르던 말.

【扦子-자】 qiān·zi 图1(대)나무·쇠 따위로 만든 꼬챙이. 2(옛날, 세관원이 포장된 쌀이나 기타의 곡물을 검사하는 데 썼던) 끝이 뾰족한 쇠꼬챙이.

【钎·釬】 钅部 qiān 3画 정 천
图〈礦〉정. 드릴 로드.

【钎子-자】 qiān·zi 图〈礦〉착암용(鑿岩用)의 정.

【签·簽·籤】 竹部 qiān 7画 이름둘 첨
1图사인(sign)하다. ◇大家按要求各自～上了自己的名字/모두들 요구대로 각자 서명했다. 2图(요점·의견 따위를 나타내기 위해) 간단하게 몇 자 적다. ◇注意见/몇자 의견을 써 넣다. 3(～儿, ～子)图(가늘고 긴 대나무 조각이나 나무 막대기에 문자·부호 따위를 새겨 만든) 제비. ◇抽～儿/제비를 뽑다. 4(～儿)图표지(標識). 찌. 갈피. 꼬리표. ◇标～儿/상표. 레테르. 5(～儿, ～子)图(대)나무로 만든 끝이 뾰족하고 가는 꼬챙이. ◇牙～儿/이쑤시개. 6图성기게 〔대충〕 꿰매다. 시치다.

【签到-도】 qiān//dào 图(출근부·출석부에) 출근〔참석〕의 표시로 '到'나 이름자를 쓰다.

☆【签订-정】 qiāndìng 图조인하다. (조약을) 체결하다. ◇你看，今天下午协议书～得了吗?/어때요, 오늘 오후에 협의서가 체결될 것 같나요? (同)〔缔结 dìjié〕, (反)〔撕毁 sīhuǐ〕

*【签发-발】 qiānfā 图서명·날인하여 발송

〔발급〕하다. ◇～护照/여권을 서명 발급하다.

*【签名—명】qiān//míng 동서명하다. ◇她请这个电影明星在本子上签个名/그는 이 영화배우에게 노트에 사인을 해달라고 했다.

【签收—수】qiānshōu 동(문서나 편지 등을) 서명·날인하고 수령하다.

【签署—서】qiānshǔ 동(중요 서류에) 서명하다.

【签筒—통】qiāntǒng 명1점이나 도박용의 제비를 넣는 대나무통. 2(同)〔扦 qiān 子〕

【签押—압】qiānyā 동(옛날, 보증서 따위에) 서명·수결(手決)하다.

【签约—약】qiānyuē 동(조약 또는 계약서에) 서명하다. (同)〔缔 dì 约〕, (反)〔毁 huǐ 约〕

*【签证—증】qiānzhèng 1동사증(查證)하다. 여권·여행 증명서에 사인이나 스탬프 등을 찍어 출입국을 허가하다. 2명비자. 사증(查證).

【签注—주】qiānzhù 동1주해를〔주석을〕 달다. 2(증명서 따위에) 의견이나 관련사항 등을 써넣다.

*【签字—자】qiān//zì 동서명하다. ◇本条约在～后立即生效/본 조약은 서명 후 바로 효력을 발생한다.

【签子—자】qiān·zi (同)〔签 3, 5〕

☆【牵·牽】大部 牛部 qiān
6画 5画 끌 견
동1끌다. 이끌다. 잡아 당기다. ◇看看四周无人, 他～了一头黄牛就走/주위에 사람이 보이지 않자 그는 황소 한 마리를 끌고 갔다. 2연루되다. 관련되다.

【牵缠—전】qiānchán 동끈덕지게 따라붙다. 연루되다.

【牵肠挂肚—장괘두】qiān cháng guà dù 〈成〉늘 마음에 걸리다. (反)〔无牵无挂 wú qiān wú guà〕

*【牵扯—차】qiānchě 동연관되다. 연루되다. ◇别把他～进去/그 사람을 연루시키지 말아라.

【牵掣—체】qiānchè 동1연루되어 영향을 받다. 구애받다. 2(同)〔牵制〕

【牵动—동】qiāndòng 동1다른 데에 영향을 미치다. 2자극하다.

【牵挂—괘】qiānguà 명동걱정(하다). 근심(하다). (同)〔挂牵〕, (反)〔放心 fàngxīn〕

【牵记—기】qiānjì 동걱정하다. 괘념하다.

【牵就—취】qiānjiù (同)〔迁 qiān 就〕

【牵累—루】qiānlěi 동1얽매여 고생하다. 2누를〔폐를〕 끼치다. ◇～别人/남에게 누를 끼친다.

【牵连—련】qiānlián 동1연루되다. 말려들다. 관련되다. 2연관되다. ◇这两件事互相～/이 두 일은 서로 연관된다.

【牵念—념】qiānniàn (同)〔牵挂〕

【牵牛星—우성】qiānniúxīng 〈天〉견우성.

【牵强—강】qiānqiǎng 동억지로 끌어대다.

【牵涉—섭】qiānshè 동관련되다. (同)〔涉及 jí〕, (反)〔无 wú 涉〕

【牵线—선】qiān//xiàn 동1(꼭두각시 놀음에서) 끄나풀을 조종하다. 2(喻)(뒤에서) 조종하다. 거간하다. ◇～人/배후 조종자. 3(qiānxiàn)중매서다. 주선하다.

【牵一发而动全身—일발이동전신】qiān yī fà ér dòng quán shēn 〈成〉머리털 한 오라기를 당겨 온몸이 움직이다. 사소한 일이 전체에 영향을 미치다.

*【牵引—인】qiānyǐn 동(기계·가축 따위가 차량·수레 따위를) 끌다. 견인하다. ◇机车～列车前进/기관차가 열차를 끌고 나아간다.

【牵引力—인력】qiānyǐnlì 명〈物〉견인력. 차량을 끌어 움직이는 힘.

*【牵制—제】qiānzhì 동견제하다. 〔주로 군사 부문에 쓰임〕

**【悭·慳】忄部 qiān
7画 아낄 간
형1인색하다. 2부족하다. 결핍하다.

【悭吝—린】qiānlìn 동인색하다. (同)〔吝啬 lìn sè〕, (反)〔大方 dàfang〕

**【铅·鉛】钅部 qiān
5画 납 연
명1〈化〉납(Pb). 연(鉛). ◇～是一种银灰色的软金属/납은 은회색의 연금속이다. 2흑연. 연필심.

【铅版—판】qiānbǎn 명〈印〉연판.

★【铅笔—필】qiānbǐ 명연필.

【铅笔画—필화】qiānbǐhuà 명〈美〉연필화.

【铅垂线—수선】qiānchuíxiàn 명〈數〉수직선. (反)〔水平线 shuǐpíngxiàn〕

【铅球—구】qiānqiú 명〈體〉1포환. 2투포환 경기.

【铅丝—사】qiānsī 명아연 입힌 보통 철사.

【铅条—조】qiāntiáo 명1샤프펜슬의 심. 2〈印〉인테르(interline). 3약간 굵은 납선. 4납막대기.

【铅印—인】qiānyìn 명동활판 인쇄(하다).

【铅直—직】qiānzhí 명형수직. (反)〔水平 shuǐpíng〕

【铅字—자】qiānzì 명〈印〉활자.

【谦·謙】讠部 qiān
10画 겸손할 겸
동겸허하다. 겸손하다. (同)〔虚 xū〕, (反)〔骄 jiāo〕 ◇满招损, ～受益/자만은 손해를 초래하고, 겸손은 이로움을 얻는다.

【谦卑—비】qiānbēi 동겸손하게 자기를 낮

추다. 〔주로 후배가 선배에 대해〕

【谦辞−사】qiāncí **1**图겸손한 말. 〔过奖 '不敢当' 따위〕 **2**동겸손하게 사양하다.

【谦恭−공】qiāngōng 阌공손하고 겸손하다.

【谦和−화】qiānhé 阌겸허하며 온화하다. (反)〔霸道 bàdào〕

【谦谦君子−겸군자】qiānqiān jūnzǐ〈成〉**1**겸손하고 자신에게 엄격한 사람. **2**사이비 군자.

【谦让−양】qiānràng 동겸양하다. 겸손하게 사양하다. (同)〔礼 lǐ 让〕, (反)〔抢夺qiǎngduó〕

【谦虚−허】qiānxū **1**阌겸손하다. ◇做为一个领导者, 要有一种的精神/책임자로서, 겸손한 마음을 가져야 한다. (同)〔谦卑 bēi〕, (反)〔骄傲 jiāoào〕 配固谦虚:虚心 "谦虚"는 "接受" 등 동사를 수식하지 않는다. ◇他(×谦虚)虚心地接受了别人的批评/그는 겸손하게 남의 비판을 받아들였다. **2**동겸손한 말을 하다. ◇在这件事上你就不要再~了/이 일에 있어서 만큼은 더이상 겸손한 말씀을 하지 마세요.

*【谦逊−손】qiānxùn 阌겸손하다.

【愆】 心部 qiān
9画 허물 건
〈文〉**1**阌과실. 잘못. **2**동(때를) 놓치다. 어기다.

【愆期−기】qiānqī 동〈文〉(예정된 기일을) 넘기다.

【愆尤−우】qiānyóu 阌〈文〉과실. 허물.

【鵮】 鸟部 qiān
8画 쪼을 함
동(새가) 쪼다. 쪼아먹다. ◇别让鸡~了地里的麦穗/닭들이 밭에 있는 보리 이삭을 쪼지 못하게 해라.

Q

【韆】 革部 qiān
14画 그네 천
(同)〔鞦 qiū 韆〕

qián

★【前】 八部 qián
7画 앞 전
1阌(장소) 앞. ◇~门/앞문. (反)〔后 hòu〕 **2**동앞으로 나아가다. ◇往~走/전진하다. **3**阌(순서의) 앞. ◇~三名/앞의 세 사람. (反)〔后 hòu〕 **4**阌(시간) 전. 그전. 이전. ◇从~/이전. (反)〔后 hòu〕 **5**阌전임(前任). ◇~政务院/전 정무원. **6**어떤 사물이 생기기 이전. ◇~科学/과학이 생기기 이전. **7**阌미래. 앞날. ◇往~看, 不要往后看/앞을 보세요, 뒤는 돌아보지 말고. **8**阌전방. 전선.

【前半晌−반향】qiánbànshǎng 阌오전.

【前半天−반천】qiánbàntiān 阌오전. (同)〔上 shàng 半天〕

【前半夜−반야】qiánbànyè 阌초저녁부터 밤중까지의 시간. (同)〔上 shàng 半夜〕

*【前辈−배】qiánbèi 阌선배. 연장자. 선임자. (同)〔前人 rén〕, (反)〔后 hòu 辈〕

【前臂−비】qiánbì 阌〈生〉팔뚝.

★【前边−변】qiánbiān 阌앞(쪽). ◇~的同志请坐下/앞쪽 분 앉아 주십시오.

【前车之鉴−차지감】qián chē zhī jiàn〈成〉앞수레의 전복이 뒷수레의 교훈이 되다. 앞사람의 실패를 보고 교훈으로 삼다.

【前尘−진】qiánchén 阌〈文〉옛일. 지나간 일.

*【前程−정】qiánchéng **1**阌전도. 장래. ◇~远大/앞날이 창창하다. **2**(옛날에 선비나 관리들이 추구한) 공명 또는 관직.

【前导−도】qiándǎo **1**동선도하다. 안내하다. **2**阌선구자.

【前敌−적】qiándí 阌최전선. 제일선.

【前额−액】qián'é 阌이마.

*【前方−방】qiánfāng 阌**1**앞. 앞쪽. ◇向首长报告, ~发现了敌人/앞쪽에 적이 나타났다고 지휘관에게 보고하다. **2**〈軍〉전방. 전선. ◇~需要什么, 后方就支援什么/전방에서 필요한 건 무엇이든, 후방에서 지원한다. (反)〔后 hòu 方〕

【前房−방】qiánfáng 阌사별한 전처.

【前锋−봉】qiánfēng 阌**1**선두. 선두 부대. **2**(구기 경기의) 전위(前衛). 포워드(forward).

【前夫−부】qiánfū 阌전 남편.

*【前赴后继−부후계】qián fù hòu jì〈成〉앞사람이 전진하면 뒷사람이 그 뒤를 따르다. 용감히 앞으로 나아가는 모양.

【前功尽弃−공진기】qián gōng jìn qì〈成〉지금까지의 공로가 허사가 되다. 공든 탑이 무너지다. (反)〔大功告成 dà gōng gào chéng〕

【前汉−한】Qián Hàn (同)〔西 Xī 汉〕

*【前后−후】qiánhòu 阌**1**(어떤 시간의) 전후. 경. 쯤. ◇春节~, 我们访问了职工家庭/설 전후해서 우리는 직원들의 집을 방문했다. 配固前后:先后 한정된 시간 내에 사건이 발생한 순서를 나타낼 때는 "前后"를 쓰지 않는다. ◇今年我们班(×前后)先后参观了图书馆和博物馆/올해 우리 반은 도서관과 박물관을 차례로 구경했다. **2**(시간적으로) 처음부터 끝까지. 전후. 합해서. ◇今天我前前后后给你打了五次电话, 你都不在/오늘 전후 합해서 너한테 전화를 다섯 번이나 했는데, 넌 한번도 안 받더라. **3**앞과 뒤. ◇走路时, 我们要照应一下~/길을 걸을 때는, 앞뒤를 살펴야 한다.

【前…后…—…후…】 qián…hòu… **1**두 종류의 사물 또는 행위가 시간적 또는 공간적으로 앞뒤를 나타냄. ◇~思~想/곰곰이 생각한다. **2**동작이 앞뒤로 향하는 모양을 나타냄.

【前后脚儿—후각아】 qiánhòujiǎor 서로 전후하여.

【前脚—각】 qiánjiǎo (~儿)圏**1**(걸음 걸을 때의) 앞발. **2**(한 발) 먼저. ◇他~走, 我后脚就到了/그가 먼저 가자마자 내가 바로 뒤이어 도착했다. 〔后脚'와 연용함〕(反)〔后 hòu 脚〕

【前襟—금】 qiánjīn 圏(상의·두루마기 등의) 앞섶.

☆【前进—진】 qiánjìn 圏통전진(하다). ◇队伍还在~着/대열은 아직 전진하고 있다. (同)〔向 xiàng 前〕, (反)〔后退 hòutuì〕 比较前进:进步:速度 ①학습·일이 진전있을 때에는 "前进"을 쓰지 않는다. ◇我们学习(×前进)进步很快/우리는 공부하는 데에 매우 빨리 향상되었다. ②"前进"은 목적어로 쓰이지 않는다. ◇有慢速度, 也有快(×前进)速度/느린 속도도 있고, 빠른 속도도 있다.

*【前景—경】 qiánjǐng 圏**1**전경. **2**전망. 전도. 장래.

【前臼齿—구치】 qiánjiùchǐ 圏〈生理〉전구치. 앞 어금니.

【前科—과】 qiánkē 圏**1**〈法〉전과(자). **2**전번 과거시험.

【前例—례】 qiánlì 圏전례. 선례.

【前列—렬】 qiánliè 圏선두. 앞장. ◇他站在反贪运动的~/그는 횡령반대운동의 앞장에 서 있다.

【前列腺—렬선】 qiánlièxiàn 圏〈生理〉전립선(前立腺).

☆【前面—면】 qián·mian (~儿)圏**1**(공간·장소 등의) 앞. 전면. ◇屋子~有一棵松树/방 앞에 소나무 한 그루가 있다. **2**(시간·순서 등의) 앞(부분). 먼저(부분). ◇~的两位请上台领奖/앞의 두 분 단상으로 나오셔서 상을 받아 주십시오. ◇~所提到的/앞에서 언급한. (同)〔前边 biān〕, (反)〔后 hòu 面〕

【前脑—뇌】 qiánnǎo 圏〈生理〉전뇌.

☆【前年—년】 qiánnián 圏재작년. 그러께.

【前怕狼后怕虎—파랑후파호】 qián pà láng hòu pà hǔ 〈諺〉사람이 소심하여 이것저것 우려하다. 지레 쓸데없는 걱정을 하다.

【前仆后继—부후계】 qián pū hòu jì 〈成〉앞사람이 넘어지면 뒷사람이 그 뒤를 이어 나아가다. (전쟁터 등에서) 전우의 시체를 넘어 전진하다.

【前妻—처】 qiánqī 圏전처.

*【前期—기】 qiánqī 圏전기. ◇~工程/전기(前期)공사. (同)〔早 zǎo 期〕, (反)〔后 hòu 期〕

【前愆—건】 qiánqiān 圏〈文〉이전의 과실.

【前驱—구】 qiánqū 圏선구자.

【前儿—아】 qiánr (同)〔前天 tiān〕

*【前人—인】 qiánrén 圏선인. 옛사람. (同)〔前辈 bèi〕, (反)〔后辈 hòubèi〕

【前任—임】 qiánrèn 圏전임(자). ◇~首相/전임 수상. (反)〔后 hòu 任〕

【前日—일】 qiánrì (同)〔前天 tiān〕

【前晌—향】 qiánshǎng 圏〈方〉오전.

【前哨—초】 qiánshào 圏전초.

【前身—신】 qiánshēn 圏**1**〈佛〉전신. 〈轉〉이전의 신분. **2**(同)〔前襟 jīn〕, (反)〔后 hòu 身〕

【前生—생】 qiánshēng (同)〔前世 shì〕

【前世—세】 qiánshì 圏〈佛〉전생. (同)〔前生 shēng〕, (反)〔今生 jīnshēng〕

*【前所未有—소미유】 qián suǒ wèi yǒu 〈成〉공전의. ◇这样的怪事真是~/이런 괴상한 일은 공전의 일이다. (同)〔前所未见 jiàn〕, (反)〔屡见不鲜 lǚ jiàn bù xiān〕

【前台—대】 qiántái 圏**1**무대. **2**무대의 앞 부분. **3**〈喩〉〈貶〉공개된 곳. (反)〔后 hòu 台〕

【前提—제】 qiántí 圏**1**〈論〉전제. **2**전제(조건).

☆【前天—천】 qiántiān 圏그저께. ◇~的作业到现在才作完/그저께 숙제를 지금에서야 다 했다.

【前庭—정】 qiántíng 圏**1**〈生理〉(귀의) 전정. **2**앞뜰.

**【前头—두】 qián·tou ◇~的同志稍稍低一下头/앞에 계신 분 고개를 숙여주세요. (同)〔前面(儿)mian(r)〕

☆【前途—도】 qiántú 圏앞길. 전망. ◇你们的~充满了希望/당신들의 앞날은 희망으로 가득 차 있습니다.

*【前往—왕】 qiánwǎng 통나아가다. 가다. 향하다. ◇陪同~/동반하고 간다. (同)〔前去 qù〕, (反)〔返回 fǎnhuí〕

【前卫—위】 qiánwèi 圏**1**〈軍〉전위대. **2**〈體〉(축구 등의) 하프백(half back).

【前无古人—무고인】 qián wú gǔrén 〈成〉지금까지 어느 누구도 해본 적이 없다. 공전의.

【前夕—석】 qiánxī 圏**1**전날 밤. **2**〈喩〉전야. 큰 사건이 일어나기 직전.

【前贤—현】 qiánxián 圏〈文〉선현(先賢).

【前嫌—혐】 qiánxián 圏과거의 개운하지 않았던 감정. 묵은 감정의 앙금.

*【前线—선】 qiánxiàn 圏〈軍〉전방. 전선. 일선. ◇企业的领导身临~, 跟工人打成一片/기업의 임원이 일선에 직접 나가 노동자들과 함께 일했다. (反)〔后方 hòufāng〕

Q

【前言一언】qiányán 명1머리말. 서문. 2전에 한 말.

【前沿一연】qiányán 명〈軍〉진지의 최전방.

【前仰后合一앙후합】qián yǎng hòu hé〈成〉(웃거나 술취했거나 졸 때) 몸을 앞뒤로 흔들다.

【前夜一야】qiányè (同)〔前夕 xī〕

【前因后果一인후과】qiányīn hòuguǒ〈成〉원인과 결과.

【前站一참】qiánzhàn 명숙영(宿營) 또는 주둔의 예정지(豫定地).

【前兆一조】qiánzhào 명전조. 징조.

【前肢一지】qiánzhī 명전지. (곤충이나 척추 동물 등의) 앞발. (反)〔后肢 hòu zhī〕

【前缀一철】qiánzhuì (同)〔词头 cítóu〕

【前奏一주】qiánzòu 명1〈音〉전주(곡). 2예고. (同)〔序曲 xùqǔ〕, (反)〔尾声 wěishēng〕

【前奏曲一주곡】qiánzòuqǔ 명〈音〉전주곡. 서곡.

【钤·鈐】钅部 | qián 4画 | 비녀장 검
1명도장. 2동도장을 찍다. 날인하다. ◇~印/도장을 찍다. 3명자물쇠. 4동단속하다. ◇~束/단속하다.

【钤记一기】qiánjì 명옛날, 기관이나 관청에서 사용했던 장방형의 도장.

【黔】黑部 | qián 4画 | 검을 검
명1〈文〉검은 색. 2(Qián)귀주성(貴州省)의 다른 이름.

【黔剧一극】Qiánjù 명〈演〉귀주성(貴州省)의 지방극.

【黔驴技穷一려기궁】qián lǘ jì qióng〈成〉보잘것 없는 기예나 재주가 금방 바닥을 드러내다.

【黔驴之技一려지기】qián lǘ zhī jì〈成〉보잘것 없는 꾀나 하찮은 재주.

【黔首一수】qiánshǒu 명백성.

★【钱·錢】钅部 | qián 5画 | 돈 전
1명동전. 엽전. ◇~一个儿/동전 한닢. 2명돈. 화폐. ◇一块~/일 원. 3명값. 비용. 대금. ◇饭~/밥값. ◇车~/차비. ◇买书的~/책 구입비. 4명재물. 재산. 돈. ◇有~有势/돈과 힘이 있다. 5(~儿)명동전처럼 생긴 물건. ◇榆~儿/느릅나무씨. 6양돈. 〔중량의 단위. 1량(兩)의 10분의 1〕 7(Qián)명성(姓).

【钱包一포】qiánbāo (~儿)명지갑.

【钱币一폐】qiánbì 명돈. 화폐. 〔주로 경화를 가리킴〕

【钱财一재】qiáncái 명금전. 재화.

【钱串子一천자】qiánchuàn·zi 명1엽전을 꿰

는 끈. 2〈轉〉수전노. 3〈虫〉〔海 hǎi 龙〕

【钱谷一곡】qiángǔ 명1화폐와 곡물. 2청대(淸代)의 재정 담당관.

【钱粮一량】qiánliáng 명1지조(地租). 지세(地稅). 2(同)〔钱谷 gǔ〕

【钱票一표】qiánpiào (~儿)명지폐.

【钱眼一안】qiányǎn (~儿)명동전(의 사각) 구멍.

【钱庄一장】qiánzhuāng 명청대(淸代) 때 개인이 운영하던 금융 기관.

【钳(箝,拑)】钅部 | qián 5画 | 젓가락 겸
1명집게. 뻰찌. ◇老虎~/바이스. 뻰찌. 2동(집게로) 집다. ◇钉子太小~不住/못이 너무 작아 집을 수 없다. 3동제한하다. 구속하다. 속박하다.

【钳工一공】qiángōng 명〈機〉1(주로 수공구를 사용하여 하는) 기계 조립. 2조립공.

【钳击一격】qiánjī 동협공하다.

【钳口结舌一구결설】qián kǒu jié shé〈成〉입을 다물고 아무말도 하지 않다.

【钳制一제】qiánzhì 동억압하다. 통제하다.

*【钳子一자】qián·zi 명1집게. 뻰찌. 쪽집게. 2〈方〉귀걸이.

【虔】虍部 | qián 1画 | 삼갈 건
형경건하다. 공경스럽다.

【虔诚一성】qiánchéng 형독실하다. 〔종교·신앙에 주로 쓰임〕

【虔敬一경】qiánjìng 형경건하다.

【虔心一심】qiánxīn 명진심. 경건한 마음. (qián//xīn)동경건한 마음을 갖다.

【乾】乙部 | qián 10画 | 하늘 건
명1건. 팔괘(八卦)의 하나. 2남자.

【乾坤一곤】qiánkūn 명1건과 곤. 2〈轉〉음양(陰陽)·천지(天地). 남녀.

【乾隆一륭】Qiánlóng 명청(淸) 고종(高宗)의 연호(1736~1795).

【乾造一조】qiánzào 명1남녀의 궁합에서 남자 쪽의 팔자(八字). 2옛날, 혼인 중의 남자쪽. (同)〔男方 nánfāng〕, (反)〔坤 kūn 造〕

【乾宅一택】qiánzhái 명(혼인 중의) 신랑 집. (同)〔男家 nánjiā〕, (反)〔坤 kūn 宅〕

【掮】扌部 | qián 8画 | 어깨에멜 건
동〈方〉(어깨에) 메다. 보따리를 메다. ◇~着行李到车站去/짐을 메고서 역으로 가다.

【掮客一객】qiánkè 명〈方〉중매인. 거간꾼. 브로커.

【潜(潜)】氵部 | qián 12画 | 무자맥질할 잠

1동물속에 가라앉다. 잠수하다. ◇～人海底/바다 밑에 잠수한다. **2**통숨(기)다. 잠복하다. 잠기다. **3**부비밀히. 몰래. 살그머니. ◇～逃/몰래 도망치다. **4**명잠재력. **5**(Qián)명성(姓).

【潜藏－장】qiáncáng 통숨(기)다. 감추다. (同)〔隐 yǐn 藏〕, (反)〔暴露 bàolù〕

*【潜伏－복】qiánfú 통잠복하다. 숨다. ◇～着危险/위험이 도사리고 있다.

【潜航－항】qiánháng 명통(잠수함이) 잠항(하다).

【潜居－거】qiánjū 통은거하다.

*【潜力－력】qiánlì 명잠재력. 저력. ◇挖掘～/잠재력을 발굴하다.

【潜流－류】qiánliú 명〈地〉복류(伏流). 지하수의 흐름. **2**〈喩〉마음속 깊이 숨어 있는 감정(感情).

【潜热－열】qiánrè 명〈物〉잠열.

【潜入－입】qiánrù 통**1**잠입하다. 숨어들다. **2**물속에 들어가다. ◇～海底/바다 밑으로 잠수한다.

【潜水－수】qiánshuǐ 통잠수하다.

【潜水员－수원】qiánshuǐyuán 명잠수원. 잠수부.

【潜台词－대사】qiántáicí 명**1**〈演〉대사 속에 숨어 있는 언외(言外)의 의미. **2**〈喩〉언외(言外)의 말(뜻). 암시적인 언사.

【潜逃－도】qiántáo 통(죄인 등이) 몰래 도망가다.

【潜艇－정】qiántǐng 명잠수함.

【潜望镜－망경】qiánwàngjìng 명잠망경.

【潜心－심】qiánxīn 통전념하다. 몰두하다. (同)〔悉 xī 心〕, (反)〔无 wú 心〕

【潜行－행】qiánxíng 통**1**물 속을 잠행하다. **2**숨어서 가다.

【潜血－혈】qiánxuè 명〈醫〉잠출혈(潜出血).

【潜移默化－이묵화】qián yí mò huà〈成〉감화를 받아 부지불식간에 사고나 성격이 변해가다.

【潜意识－의식】qiányìshí 명〈心〉잠재 의식.

【潜泳－영】qiányǒng 명〈體〉잠영.

【潜在－재】qiánzài 통잠재하다.

【潜踪－종】qiánzōng 통〈貶〉종적을 감추다.

qiǎn

★【浅·淺】⺡部 | qiǎn
5画 | 얕을 **천**

형**1**(상하나 안밖의 거리가) 좁다. 얕다. 짧다. ◇花园里有一个～水池/화원에 얕은 연못이 있다. (反)〔深 shēn〕**2**평이하다. (알기) 쉽다. ◇这本书的内容～极了, 不适合中学生看/이 책의 내용은 너무 쉬워 중학생이 보기에 알맞지 않다. **3**(정도가) 낮다. 깊지 않다. 부족하다. ◇那么～的资历, 还想和我比?/그렇게 형편없는 경력으로 나와 견줄려고 하니? **4**(감정, 친분 등이) 두텁지 않다. 깊지 않다. ◇交情～/교분이 두텁지 않다. **5**(색깔이) 연하다. ◇颜色～, 适合年青人穿/색깔이 연해서 젊은 사람이 입기에 알맞다. **6**(시간이) 짧다. ◇年代～/연대가 짧다 →jiān

【浅薄－박】qiǎnbó 형(지식이나 경험이) 일천하다. (同)〔浅陋 lòu〕, (反)〔博识 bó shí〕

【浅尝－상】qiǎncháng 통(지식·문제 등을) 깊이 연구하지 않고 겉핥다. (反)〔深究 shēnjiū〕

【浅海－해】qiǎnhǎi 명(200m 내의) 얕은 바다.

【浅见－견】qiǎnjiàn 명미숙한 견해. (同)〔短 duǎn 见〕

【浅近－근】qiǎnjìn 형비근하다. 알기 쉽다.

【浅陋－루】qiǎnlòu 형(식견이) 보잘것 없다.

【浅露－로】qiǎnlù 형(말·글귀가) 천박하고 속뜻이 없다.

【浅明－명】qiǎnmíng (同)〔浅显 xiǎn〕

【浅说－설】qiǎnshuō 명알기 쉬운 해설. 〔주로 책이름이나 글의 제목으로 쓰임〕

【浅滩－탄】qiǎntān 명얕은 여울목.

【浅显－현】qiǎnxiǎn 형(글귀나 내용이) 통속적이고 이해하기 쉽다. (同)〔浅近 jìn〕, (反)〔深奥 shēn'ào〕

【浅学－학】qiǎnxué **1**형학문이 얕다. **2**명보잘 것없는 학문.

【浅易－이】qiǎnyì (同)〔浅显 xiǎn〕

【浅子－자】qiǎn·zi 명운두가 얕고 둥글게 생긴 그릇〔쟁반〕.

【肷（膁）】月部 | qiǎn
4画 | 허구리 **겸**

명(짐승의) 허구리.

【遣】辶部 | qiǎn
10画 | 보낼 **견**

통**1**파견하다. 보내다. ◇～送/돌려 보낸다. **2**덜다. 달래다. ◇～闷/근심을 덜다.

【遣返－반】qiǎnfǎn 통돌려보내다. 송환하다.

【遣散－산】qiǎnsàn 통**1**(기관·단체·군대 따위의 개편이나 해산 때) 직위에서 해고하다. **2**(포로를) 돌려보내다. 해산하여 귀환〔귀향〕시키다.

【遣送－송】qiǎnsòng 통(거류 조건에 부합하지 않는 외국인을) 송환하다. 추방하다.

【谴·譴】讠部 | qiǎn
13画 | 꾸짖을 **견**

통비난하다. ◇自～己过/자신의 잘못을 스스로 꾸짖다.

*【谴责－책】qiǎnzé 통(정부나 단체가 공식적으로) 비난하다. ◇世界舆论都～这一

侵略行径/세계 여론들마다 그 침략 행위를 비난했다.

【缱·繾】 纟部 | qiǎn | 13画 | 곡진할 견

【缱绻-권】qiǎnquǎn 形〈文〉정이 깊어 떨어지지 못하다.

【嗛】 口部 | qiǎn | 10画 | 협낭 겸

名〈動〉(원숭이나 다람쥐가 먹은 것을 일시 저장해 두는 양쪽 볼 안의) 협낭(頰囊).

qiàn

☆【欠】 欠部 | qiàn | 0画 | 빚 흠

1動하품하다. ◇~伸/기지개를 켜며 하품하다. 2動몸을 위로 뺄다. 발돋움하다. ◇他~着脚朝里看了半天，也没看见什么东西/그는 발돋움하며 안을 한참동안 보았지만 아무것도 보지 못했다. 3動빚지다. ◇他~我的那笔钱一直没还/그는 나의 그 돈을 빌리고서 계속 갚지 않았다. 4形부족하다. 모자라다. ◇由于平时他说话~考虑，得罪了一些人/그는 평소에 생각이 부족한 말을 해 몇 사람과의 관계가 안 좋다.

【欠安-안】qiàn'ān 形몸이 편찮다.
【欠产-산】qiàn//chǎn 動규정된 생산량에 미치지 못하다.
【欠火-화】qiàn//huǒ 形(밥이나 요리를 할 때) 불이 부족하다.
【欠情-정】qiàn//qíng (~儿)動신세를 지다. ◇我还欠着他的情/내가 아직 그의 신세를 못 갚고 있다.
【欠缺-결】qiànquē 形動부족(하다). 결핍(되다). ◇经验还~，但是热情很高/경험은 아직 부족하지만 열정은 대단하다.
【欠身-신】qiàn//shēn 動(경의를 표하기 위해) 몸을 일으키다.
【欠伸-신】qiànshēn 動기지개를 켜며 하품하다.
【欠条-조】qiàntiáo (~儿)(同)〔借单 jièdān〕
【欠资-자】qiànzī 名(우편물의) 요금 부족. 미납.

【芡】 艹部 | qiàn | 4画 | 가시연 감

名1〈植〉가시연. 2전분〔연밥가루〕.
【芡粉-분】qiànfěn 名전분. 녹말가루.
【芡实-실】qiànshí 名가시연밥.

*【嵌】 山部 | qiàn | 9画 | 새겨넣을 감

動박아넣다. ◇桌面上~着象牙雕成的花/테이블에 상아로 조각해 만든 꽃이 박혀

있다.

【歉】 欠部 | qiàn | 10画 | 흉년들 겸

形1수확이 좋지 않다. ◇~年/흉년. 2미안해하다. ◇抱~/미안하다.
【歉疚-구】qiànjiù 形(실수를 하여) 마음에 걸리다〔거리끼다〕. 양심에 걸리다.
【歉然-연】qiànrán 形미안하다.
【歉收-수】qiànshōu 動흉년이 들다.
【歉岁-세】qiànsuì 名흉년.
∗∗【歉意-의】qiànyì 名유감의 뜻.

【纤·縴】 纟部 | qiàn | 3画 | 배끄는줄 견

名배를 끄는 밧줄. ⇒xiān
【纤夫-부】qiànfū 名(밧줄로) 배를 끄는 인부.
【纤绳-승】qiànshéng 名(배를) 끌어 당기는 밧줄.
【纤手-수】qiànshǒu 名(옛날의) 거간꾼.

【茜(蒨)】 艹部 | qiàn | 6画 | 꼭두서니 천

名1〈植〉꼭두서니. 2〈色〉빨간 색.
【茜草-초】qiàncǎo 名〈植〉꼭두서니.

【倩】 亻部 | qiàn | 8画 | 남자예쁠 천

〈文〉1形아름답다. ◇~装/아름다운 옷. 2動(남에게) 부탁하다. ◇~人执笔/남에게 집필을 의뢰하다.
【倩影-영】qiànyǐng 名아름다운 모습.〔주로 여자를 가리킴〕

【堑·塹】 土部 | qiàn | 8画 | 해자 참

名참호. ◇~壕/참호.
【堑壕-호】qiànháo 名〈軍〉참호.

qiāng

【抢·搶】 扌部 | qiāng | 4画 | 부딪칠 창

動〈文〉(강하게) 부딪치다. 닿다. (同)〔戗 qiāng 1〕⇒qiǎng

【呛·嗆】 口部 | qiāng | 4画 | 사레들 창

動사레가 들리다. ◇吃得太急，~着 zháo 了/너무 급하게 먹다가 사레가 들었다. ⇒qiàng

☆【枪·槍】 木部 | qiāng | 4画 | 창 창

1名창. 2名총. 3名기능이나 모양이 총을 닮은 기구. ◇电子~/전자총. 4動(시험 등에) 대신하다. ◇~手/대리 응시자.
*【枪毙-폐】qiāngbì 動총살(하다).
【枪刺-자】qiāngcì 名총검.
【枪打出头鸟-타출두조】qiāng dǎ chū tóu

niǎo 〈診〉우두머리부터 치다. 앞장서는 자부터 치다.

【枪弹一탄】qiāngdàn 명총알. 탄알.

【枪法一법】qiāngfǎ 명1사격술. 2(옛날의) 창술.

【枪杆一간】qiānggǎn (～儿)명무기.

【枪击一격】qiāngjī 통총으로 쏘다.

【枪决一결】qiāngjué 통총살하다.

【枪林弹雨一림탄우】qiāng lín dàn yǔ 〈成〉치열한 전투.

【枪榴弹一류탄】qiāngliúdàn 명〈軍〉총류탄.

【枪杀一살】qiāngshā 통총살하다.

【枪手一수】qiāngshǒu 명1(옛날의) 창을 든 병사. 2사수(射手).

【枪手一수】qiāng·shou 명대리 응시자.

【枪替一체】qiāngtì 통대리로 시험을 치르다.

【枪乌贼一오적】qiāngwūzéi 명〈魚介〉섬꼴 꼴뚜기.

【枪械一계】qiāngxiè 명총기의 총칭.

【枪眼一안】qiāngyǎn 명1총안(銃眼). 2(～儿)총알구멍.

【枪战一전】qiāngzhàn 명총격전.

【枪支一지】qiāngzhī 명총. 무기.

【枪子儿一자아】qiāngzǐr 명총알. 탄알. (同)〔枪弹 dàn〕

【戕·戧】戈部 | qiāng
　8画 | 거스를 창
통1거스르다. ◇～风/역풍. 2(의견이) 엇갈리다. 충돌하다. ◇两人说一了, 吵了起来/두 사람은 의견충돌로 말다툼했다. ⇒qiàng

【戗风一풍】qiāngfēng 명역풍.

【戕】爿部 | qiāng
　4画 | 죽일 장
통〈文〉살해하다.

【戕害一해】qiānghài 통해치다. 상처를 주다.

【戕贼一적】qiāngzéi 통손상시키다.

【羌】羊部 | Qiāng
　1画 | 오랑캐 강
명강족(羌族). 〔중국 소수민족의 하나〕

【羌族一족】Qiāngzú 명〈民〉강족. 〔사천성(四川省)에 분포되어 있는 중국 소수 민족의 하나〕

【蜣】虫部 | qiāng
　7画 | 쇠똥구리 강

【蜣螂一랑】qiānglāng 명〈虫〉말똥구리. 쇠똥구리. (同)〔屎壳郎 shǐ·kelàng〕

【锖·鏘】钅部 | qiāng
　9画 | 울리는소리 장
의쟁땅쟁땅. 쟁쟁. 〔금속이나 옥이 부딪치는 소리〕

＊【腔】月部 | qiāng
　8画 | 빈속 강
1(～儿)명〈生理〉강. 동물의 신체에서 비어 있는 부분. ◇口～/구강. ◇鼻～/비강. 2(～儿)말. ◇这是他们俩的事, 别人不便开～/이것은 두 사람의 일이니 남이 말하기에 불편하다. 3(～儿)명(음악의) 곡조. ◇唱～/노래곡조. 4(～儿)명말씨. ◇京～/북경말씨. ◇新上任的厂长说话总爱套～作势/새로 부임한 공장장은 말할 때 언제나 거드름을 피우길 잘한다. 5명〈早白〉도살한 양(羊)을 세는 양사.

【腔肠动物一장동물】qiāngcháng·dòngwù 명〈動〉강장동물.

【腔调一조】qiāngdiào 명1〈演〉강조. 〔중국 전통극에서 계통을 이루는 곡조〕2말투. 3〈音〉가락.

【腔子一자】qiāng·zi 명1〈生理〉흉강. 2(동물의) 머리가 절단되고 남은 부분.

【锖·錆】钅部 | qiāng
　8画 | 녹빛 창

【锖色一색】qiāngsè 명〈色〉(광물의) 녹빛.

【镪·鏹】钅部 | qiāng
　12画 | 돈꿰미 강

【镪水一수】qiāngshuǐ 명〈俗〉〈化〉강산(强酸)의 속칭.

qiáng

☆【强(強)】弓部 | qiáng
　9画 | 강할 강
1형힘세다. 강하다. ◇～国/강국. ◇比赛进行得很激烈, 谁一谁弱, 现在很难分出来/시합이 격렬해서 누가 강하고 누가 약한지 현재 가리기 어렵다. (反)〔弱 ruò〕2형(감정이나 의지가) 강하다. 강인하다. ◇要～/승부욕이 강하다. ◇她是个女～人/그녀는 강인하고 재능이 많은 여자다. 3부강제로. 억지로. ◇～行/강행하다. ◇他不愿意去, 也不～让他去/그가 가고 싶어하지 않으니 억지로 가게 하지 말아라. 4통강화시키다. ◇富国～兵/부국강병. 5형우월하다. 낫다. 좋다. 〔주로 비교에 쓰임〕◇他的成绩比你的～/그의 성적이 네 것보다 낫다. 6…남짓. 〔분수나 소수 뒤에 쓰여 그 수보다 약간 많음을 나타냄〕◇今年总产值超过去年百分之七～/올해 총생산액은 작년에 비해 7% 남짓 초과했다. 7(Qiáng)명성(姓). ⇒jiàng qiǎng

【强暴一폭】qiángbào 1형난폭하다. 2명포악한 세력.

☆【强大一대】qiángdà 형강하다. 튼튼하고 크다. ◇国力日益～/국력이 나날이 튼튼해진다.

☆【强盗一도】qiángdào 명강도. 악당. ◇法西斯～/파쇼 악당. ◇～头子/갱 보스.

☆【强调一조】qiángdiào 통강조하다. 중점을

두다. ◇学习外语, 教师特别~听、说/교사는 외국어학습에 있어서 듣고 말하기에 특히 중점을 둔다.

☆【强度－도】qiángdù 圈1〈物〉강도. ◇磁场~/자장 강도. ◇灯光~不够, 影响了摄影效果/조명밝기가 충분치 않아 촬영효과에 영향을 주었다. 2물체의 저항력. ◇抗震~/내진강도.

【强渡－도】qiángdù 〈军〉강행도하(强行渡河)하다.

【强风－풍】qiángfēng 圈6노트의 강풍.

【强攻－공】qiánggōng 圄강공하다.

【强固－고】qiánggù 圈견고하다. 튼튼하다.

【强国－국】qiángguó 圈강대국.

【强横－횡】qiánghèng 圈횡포하다. 무분별하다.

*【强化－화】qiánghuà 圄강화하다. ◇~训练/훈련을 강화하다.

【强击机－격기】qiángjījī 圈〈军〉공격기.

【强加－가】qiángjiā 圄(남에게 어떤 의견이나 방법을 받아들이도록) 강요하다.

【强奸－간】qiángjiān 圄강간하다.

【强健－건】qiángjiàn 圈건장하다. (同)〔强壮 zhuàng〕

【强劲－경】qiángjìng 圈강력하다.

【强力－력】qiánglì 圈1강력한 힘. 2저항력.

【强梁－량】qiángliáng 圈횡포하다.

☆【强烈－렬】qiángliè 圈1강하다. ◇那年这里发生了~地震/그해 여기에서 강한 지진이 일어났다. ◇~的求知欲/강한 향학열. 匝교强烈:激烈 "强烈"는 감정, 희망 또는 색깔 빛 등의 술어로 쓰이지만 "讨论", "战斗"의 술어로 쓰이지 않는다. ◇我们讨论很(×强烈)激烈/우리는 매우 열띤 토론을 했다. 2선명하다. 뚜렷하다. (정도가) 높다. 대단하다. ◇他上大学的愿望非常~/그가 대학에 가려는 염원은 아주 대단하다. ◇那种红色太~了/그런 붉은 색이 너무 선명하다. 3드세다. ◇他们~反对/그들은 드세게 반대했다.

【强弩之末－노지말】qiáng nǔ zhī mò 〈喩〉강했던 힘이 미약해진 상태.

【强权－권】qiángquán 圈강권.

【强人－인】qiángrén 圈강인한 사람.

【强身－신】qiángshēn (신체단련이나 약물복용으로) 몸을 튼튼하게 하다.

*【强盛－성】qiángshèng 圈강성하다.〔주로 국가를 가리킴〕◇~的国家/강성한 국가.

【强手－수】qiángshǒu 圈고수. 호적수.

【强似－사】qiángsì (비교적 …보다) 낫다.

【强酸－산】qiángsuān 圈〈化〉강산.

【强项－항】qiángxiàng 圈강세를 보이는 스포츠 항목.

【强项－항】qiángxiàng 圈〈文〉남에게 굽

군하다. 강직하다.

【强心剂－심제】qiángxīnjì 圈〈药〉강심제.

【强行－행】qiángxíng 圄강행하다.

【强压－압】qiángyā 圄강압하다.

【强硬－경】qiángyìng 圈강경하다.

【强占－점】qiángzhàn 圄강점하다. 폭력으로 빼앗다.

【强直－직】qiángzhí 圈1(근육이나 관절 등이) 굳어지다. 2〈文〉강직하다.

*【强制－제】qiángzhì 圄정치나 경제력으로 압박하다.

【强壮－장】qiángzhuàng 1圈건장하다. 튼튼하다. ◇小伙子长得非常~/젊은이는 아주 튼튼하게 생겼다. 匝교强壮:粗:强大 ①"强壮"은 사람 또는 동물에만 쓸 수 있다. ◇这棵松树又高又(×强壮)粗/이 소나무는 높고 또 굵다. ◇추상명사에는 "强壮"을 잘 쓰지 않는다. ◇人民的力量无比(×强壮)强大/국민의 힘은 비할 데 없이 강하다. 2圄튼튼하게 하다. ◇这药能~病人体质/이 약은 환자의 체질을 튼튼하게 하는 데 있다.

★【墙·墻】土部 qiáng 11画 담 장

圈1벽. 담장. 울타리. ◇一堵~/담장 하나. ◇砖~/벽돌 담장. 2(~子)기물의 간막이.

【墙报－보】qiángbào 圈벽보.

**【墙壁－벽】qiángbì 圈벽. 담.

【墙倒众人推－도중인추】qiáng dǎo zhòngrén tuī 〈谚〉엎친 데 덮친다.

【墙根－근】qiánggēn (~儿)圈담〔벽〕의 밑.

【墙角－각】qiángjiǎo 圈담벽구석.

【墙脚－각】qiángjiǎo 圈1담·벽의 토대. 2기초. 토대.

【墙裙－군】qiángqún 圈〈建〉징두리 벽판. (同)〔护壁 hùbì〕

【墙头－두】qiángtóu 圈1(~儿)담·벽의 윗부분. 2낮고 짧은 담장.

【墙纸－지】qiángzhǐ 圈벽지.

【蔷·薔】艹部 qiáng 11画 장미 장

【蔷薇－미】qiángwēi 圈장미.

qiǎng

☆【抢·搶】扌部 qiǎng 4画 빼앗을 창

圄1탈취하다. 빼앗다. ◇人太多, 我~不着 zháo 你去~/사람이 너무 많아 내가 빼앗을 수 없으니 네가 가서 빼앗아. 2앞다투어 …하다. ◇讨论会上, 大家都~着发言/모두들 토론회에서 앞다투어 발언하고 있다. 3서두르다. ◇~运/급히 나르

다. ◇~时间/시간을 다투다. **4**동물체의
표면을 벗기다. (칼 등을) 갈다. ◇剪子
~过两次了, 还是不快/가위를 두 번씩이
나 갈았는데 그래도 잘 들지 않는다. ◇
天黑路滑, 摔了一交, 膝盖上~掉了一块
皮/날은 어둡고 길은 미끄러워 한번 자
빠지자, 무릎이 까져 살갗이 벗겨졌다.
⇒qiāng

【抢白—백】qiǎngbái 동(면전에서)책망하다.

【抢答—답】qiǎngdá 동(질문에) 다투어 대
답하다.

【抢夺—탈】qiǎngduó 동빼앗다. 강탈하다.

【抢购—구】qiǎnggòu 동앞을 다투어 사다.

*【抢劫—겁】qiǎngjié 동(폭력으로 남의 물
건을) 약탈하다. 빼앗다. ◇这个歹徒~了
大量现金/그 악당은 현금을 대량으로 약
탈했다.

*【抢救—구】qiǎngjiù 동신속히 구조하다.
◇医生正在~伤员/의사가 마침 부상자를
신속히 응급조치하고 있다.

【抢掠—략】qiǎnglüè 동(재물을) 약탈하다.
빼앗다.

【抢亲—친】qiǎng//qīn 동보쌈해서 혼인하다.

【抢墒—상】qiǎngshāng 동땅이 눅눅할 때
서둘러 씨앗을 뿌리다.

【抢收—수】qiǎngshōu 동서둘러 수확하다.

【抢手—수】qiǎngshōu 동(상품이) 인기가
있어 잘 팔리다. 날개 돋친 듯 팔리다.
◇~货/인기상품. ◇今晚的足球票很~/오
늘 밤 축구입장권이 날개돋친 듯 팔린다.

【抢先—선】qiǎng//xiān (~儿)동앞을 다
투다. ◇~发言/앞 다투어 발언한다.

【抢险—험】qiǎngxiǎn 동(위험한 상태에
서) 응급조치를 취하다.

【抢修—수】qiǎngxiū 동급히 수리하다.

【抢占—점】qiǎngzhàn 동**1**앞을 다투어 점
령하다. **2**불법으로 점유하다.

【抢种—종】qiǎngzhòng 동(시기를 잘맞
춰) 서둘러 파종하다.

【抢嘴—취】qiǎngzuǐ 동**1**〈方〉앞다투어 발
언하다. **2**앞다투어 먹다. (同)〔抱着 zhe
吃 chī〕

【羟·羥】羊部 | qiǎng
5画 | 수산기 **강**
명〈化〉수산기(水酸基). 히드록실기.

【羟基—기】qiǎngjī 명〈化〉수산기. 히드록실
기.

【强(強)】弓部 | qiǎng
9画 | 억지로 **강**
동억지로 하다. 강제로 하다. ◇~辩/생
떼를 쓰다. ◇~不知以为知/모르는 것을
억지로 아는 체하다. ⇒qiáng

【强逼—핍】qiǎngbī 동강요하다. 억지로
시키다. (同)〔强迫〕

【强辩—변】qiǎngbiàn 동생떼를 쓰다.

【强词夺理—사탈리】qiǎng cí duó lǐ 〈成〉
억지를 쓰다. 생떼를 쓰다. ◇刚才是你不
对, 别~了/방금은 네가 잘못했어. 억지
부리지 마.

*‡【强迫—박】qiǎngpò 동강요하다. 강제로
시키다. ◇请你不要~别人接受你的意见/
너는 남에게 네 의견을 받아들이라고 강
요하지 마라.

【强求—구】qiǎngqiú 동강요하다. 무리하
게 요구하다.

【强人所难—인소난】qiǎng rén suǒ nán
〈成〉난처한 일을 남에게 억지로 강요하다.

【强使—사】qiǎngshǐ 동억지로 …하게 하다.

【强颜—안】qiǎngyán 동〈文〉억지로 웃음
을 짓다.

【襁(繈)】衤部 | qiǎng
12画 | 포대기 **강**
명〈文〉(아이를 업는) 포대기. 강보(襁褓).

【襁褓—보】qiǎngbǎo 명강보. 포대기.

qiàng

【呛·嗆】口部 | qiàng
4画 | 사레들 **창**
동(자극성의 기체가 호흡 기관에 들어
가) 숨이 막히다. ⇒qiāng

【炝·熗】火部 | qiàng
4画 | 데칠 **창**
동**1**데쳐서 무치다. **2**뜨거운 기름에 볶은
후 다시 양념과 물을 넣고 삶다.

【戗·戧】戈部 | qiàng
4画 | 거스를 **창**
1동〈方〉버티다. 지탱하다. **2**명버팀대. 버
팀목. ⇒qiāng

【跄·蹌】足部 | qiàng
4画 | 비틀거릴 **창**
【跄跄—량】qiàngliàng 동(걸음이) 비틀거
리다.

qiāo

【蹺】足部 | qiāo
6画 | 들 **교**
⇒〔蹺 juē〕

【悄】忄部 | qiāo
7画 | 고요할 **초**
⇒qiǎo

☆【悄悄—초】qiāoqiāo 부몰래. 살며시. ◇趁
妈妈还没醒, 他~~地溜出了门/엄마가 아
직 깨지 않은 틈을 타 그는 몰래 문을 빠
져나왔다. [비교]悄悄:暗暗 심리 상태의
경우에는 "悄悄"를 쓰지 않는다. ◇我心
里(×悄悄)暗暗地佩服他/난 마음속으로

암암리에 그에게 탄복했다.

【悄悄话－초화】qiāo·qiaohuà 명비밀이야기. ◇他们俩在屋里说～/그들 두 사람은 방안에서 비밀이야기를 하고 있다.

【硗·磽】石部 6画 메마를 교
【硗薄－박】qiāobó 형1(토지가) 메마르다. 2(인정이) 메마르다.
【硗确－확】qiāoquè〔同〕〔硗薄〕

【跷·蹺】足部 6画 들 교
1동다리를 들다. 손가락을 세우다. ◇～着腿坐着/다리를 꼬고 앉아 있다. ◇他～起大姆指说"好, 好!"/그는 엄지손가락을 치켜 세우며 "좋아, 좋아!" 말했다. 2동발돋움하다. ◇～起脚看墙上的布告/발돋움하며 벽의 게시를 보다. 3〔同〕〔高 gāo 跷〕
【跷蹊－혜】qiāoqi 형수상쩍다. 의심스럽다.
【跷跷板－교반】qiāoqiāobǎn 명시소.

【雀】隹部 3画 참새 작
⇒qiǎo, què
【雀子－자】qiāo·zi〔同〕〔雀 què 斑〕

【劁】刂部 12画 불깔 초
동(가축을) 거세하다. ◇～猪/돼지를 거세하다.

☆【敲】支部 10画 두드릴 고
동1(소리가 나도록) 두드리다. ◇听, 外边好像有～门的声音/들어봐, 밖에서 문을 두드리는 소리가 나는 것 같아. 2바가지 씌우다. ◇有的商人一听顾客是外乡口音, 往往就要～一下子/어떤 상인은 손님이 사투리를 쓰면 늘 바가지 씌우려고 한다.
【敲边鼓－변고】qiāo biāngǔ (옆에서)부추기다. 역성들다.
【敲打－타】qiāo·dǎ 동1치다. 2〈方〉말로 자극하다.
【敲定－정】qiāodìng 동확정하다. 결정하다.
【敲骨吸髓－골흡수】qiāo gǔ xī suǐ〈成〉고혈을 짜내다. 잔인하게 착취하다.
【敲门砖－문전】qiāoménzhuān 명출세 수단.
【敲诈－사】qiāozhà 동협박하여 빼앗다.
【敲竹杠－죽강】qiāo zhúgàng 동바가지를 씌우다. ◇他很敲了那外地人的竹杠/그는 그 지방사람에게 바가지를 왕창 씌웠다.

＊【锹·鍫】钅部 9画 가래 초
명삽.

【缲·繰】纟部 13画 공그를 교
동(바느질에서) 공그르다. ◇～边儿/가

장자리를 공그르다.

【橇】扌部 12画 썰매 취
명1썰매. 2(옛날의) 덧신.

qiáo

【乔·喬】丿部 6画 높을 교
1형높다. 2동변장하다.
【乔木－목】qiáomù 명〈植〉교목.
【乔其纱－기사】qiáoqíshā 명〈織〉조젯(geo rgette). 깔깔이.
【乔迁－천】qiáoqiān 동좋은 집으로 이사하다. 승진하다.
＊【乔装－장】qiáozhuāng 동변장하다.

【侨·僑】亻部 6画 우거할 교
1동외국에서 살다. ◇～胞/교포. 2명교민. ◇华～/화교.
＊【侨胞－포】qiáobāo 명교포.
【侨汇－회】qiáohuì 명해외 동포로부터의 송금.
【侨居－거】qiáojū 동외국에서 살다.
【侨眷－권】qiáojuàn 명해외 동포의 본국 거주 가족.
【侨民－민】qiáomín 명해외 동포. 교민.
【侨务－무】qiáowù 명해외 교민에 관한 사무.

【荞·蕎】艹部 6画 메밀 교
【荞麦－맥】qiáomài 명〈植〉메밀.

【峤·嶠】山部 6画 산길 교
명형〈文〉산이 높고 가파르다.

★【桥·橋】木部 6画 다리 교
명1다리. 교량. ◇一座～/다리 하나. 2(Qiáo)성(姓).
【桥洞－동】qiáodòng〔同〕〔桥孔〕
【桥墩－돈】qiáodūn 명교각(橋脚).
【桥涵－함】qiáohán 명교량과 배수로 합칭.
【桥孔－공】qiáokǒng 명교각 사이의 구멍〔空间〕.
☆【桥梁－량】qiáoliáng 명1교량. 다리. 2중개.
【桥牌－패】qiáopái 명(카드 놀이의) 브리지.
【桥头－두】qiáotóu 명다리 어귀.
【桥头堡－두보】qiáotóubǎo 명1〈軍〉교두보. 2교탑(橋塔). 3거점. 발판.
【桥堍－토】qiáotù〔同〕〔桥头〕

【鞒·鞽】革部 6画 안장턱 교
명말 안장의 턱.

【翘·翹】羽部 6画 | qiáo 발돋움할 교
1[동](머리를) 들다. ◇～首/머리를 들다. 2[동](평평한 것이 건조해짐으로써) 뒤틀리다. 휘다. ⇒qiào
【翘楚－초】qiáochǔ [명]〈文〉특출한 인재.
【翘棱－릉】qiáo·leng [동]〈方〉(평평한 것이 건조해짐으로써) 휘다. 뒤틀리다.
【翘企－기】qiáoqǐ [동]〈文〉학수고대하다.
【翘首－수】qiáoshǒu [동]〈文〉머리를 들어 바라보다.
【翘望－망】qiáowàng [동]1고개를 들어 바라보다. 2간절히 바라다.
【谯·譙】讠部 12画 | qiáo 문루 초
[명]1망루. 2(Qiáo)성(姓). ⇒qiào '诮'
【谯楼－루】qiáolóu [명]〈文〉1망루. 2고루(鼓楼).
【憔】忄部 12画 | qiáo 파리할 초
【憔悴－췌】qiáocuì [형]초췌하다. 핼쑥하다.
【蕉】艹部 12画 | qiáo 파초 초
⇒jiāo
【蕉萃－췌】qiáocuì (同)〔憔 qiáo 悴〕
【樵】木部 12画 | qiáo 땔나무 초
1[명]땔나무. 장작. 2[동]〈文〉땔나무를 하다. ◇～夫/나무꾼.
☆【瞧】目部 12画 | qiáo 볼 초
[동]〈口〉보다. ◇你～～这是什么?/너 이것이 무엇인지 좀 봐. (同)〔看〕
【瞧不起－불기】qiáo·bu qǐ 무시하다. 깔보다. ◇你别～他, 他可是个大学者/그를 무시하지 마. 그는 진짜 석학이라니까. (同)〔看 kàn 不起〕
【瞧得起－득기】qiáo·de qǐ 알아주다. 중시하다. (同)〔看 kàn 得起〕
【瞧见－견】qiáo// ·jiàn 보이다. (同)〔看kàn 见〕
【瞧你那…样－니나…양】qiáo nǐ nà … yàng 〈口〉너의 그 …한 모양을 좀 보라. 〔상대방에 대한 친근감 섞인 비웃음을 나타냄〕 ◇瞧你那笨样吧/네 그 멍청한 꼴을 좀 봐라.
【瞧你(他)那样儿－니(타)나양아】qiáo nǐ (tā) nà yàngr 〈口〉이(저)꼴 좀 봐. 그 꼴 해 가지고. ◇瞧他那样儿! 还想参加数学竞赛, 真是不自量!/저 꼴 좀 봐! 수학경시대회에 나가겠다고 정말 주제를 모르는군.
【瞧你说的－니설적】qiáo nǐ shuō de 〈口〉말하는 것 좀 보게나. 〔치켜세워 주는거나 칭찬의 말을 들었을 때 내심 기쁘지만 겉으로는 겸손함을 나타낼 때 쓰는 말임. 주로 여성이 많이 씀〕 ◇你真是又漂亮又能干, 学问也很好－～! 我有那么好吗?/넌 정말 예쁘고 유능하고 학문도 뛰어나－말하는 것 좀 봐! 내가 그렇게 괜찮아?

qiǎo

☆【巧】工部 2画 | qiǎo 재주 교
[형]1교묘하다. 솜씨가 있다. ◇～干/재치있게 하다. ◇她真～, 看见什么花就能画什么花/그녀는 정말 솜씨가 있어 어떤 꽃이나 그릴 수 있다. [비교]巧:灵 "脑子"에는 "巧"를 쓰지 않는다. ◇他的脑子特别(×巧)灵/그의 머리는 유난히 명석하다. 2(솜씨나 말이) 재치있다. 3공교롭다. 게재가 좋다. ◇太～了, 我正想找你, 你就来了/너무 잘 됐어. 내가 마침 널 찾으려고 했는데 네가 왔으니. ◇真不～, 刚出门就下起雨来了/정말 재수 없게도 막 외출하자마자 비가 오기 시작했다. [주의] '不巧'는 화자가 우연의 일치를 바라지 않을 경우에 '巧'는 화자가 우연의 일치를 바라는 경우에 쓰임. 4꼬시는 (말).
【巧夺天工－탈천공】qiǎo duó tiān gōng 〈成〉기술이 지극히 정교하다.
【巧妇难为无米之炊－부난위무미지취】qiǎofù nán wéi wú mǐ zhī chuī 〈成〉필수적인 조건이 없으면 아무리 재능이 있는 자도 소용이 없다.
【巧合－합】qiǎohé [동][명]우연히 일치하다.
【巧计－계】qiǎojì [명]묘책.
【巧匠－장】qiǎojiàng [명]기예가 뛰어난 장인.
【巧劲儿－경아】qiǎojìnr [명]〈方〉1교묘한 기법. 2우연한 일.
【巧克力－극력】qiǎokèlì [명]초콜렛.
【巧立名目－립명목】qiǎo lì míngmù 〈成〉(정당치 못한 일을 꾸미려고) 갖가지 구실을 만들다.
☆【巧妙－묘】qiǎomiào [형]기발하다. ◇这幅画构思很～/이 그림은 구도가 기발하다.
【巧取豪夺－취호탈】qiǎo qǔ háo duó 〈成〉(재물 등을) 속임수나 힘으로 빼앗다.
【巧言令色－언영색】qiǎo yán lìng sè 〈成〉입에 발린 말로 남의 환심을 사다.
【巧遇－우】qiǎoyù [동]우연히 만나다.
【悄】忄部 7画 | qiǎo 고요할 초
[형]1소리가 없거나 소리나 낮다. 2〈文〉근심스럽다. 우울하다. ⇒qiāo
【悄寂－적】qiǎojì [형]고요하다.

Q

【悄然一연】qiǎorán 魯1우울한 모양. ◇～落泪/시름에 겨워 눈물을 흘리다. 2고요하다.

【悄声一성】qiǎo shēng 魯소리가 없거나 소리가 낮다.

【雀】隹部│qiǎo 3画│참새 **작**

魯뜻은 '雀què'와 같고, '家雀儿'이나 '雀盲眼'에 쓰임. ⇒qiāo, què

【雀盲眼一맹안】qiǎo·mangyǎn 魯〈方〉야맹증.

【愀】忄部│qiǎo 9画│근심할 **초**

【愀然一연】qiǎorán 魯〈文〉정색을 하거나 불쾌한 표정을 하다.

qiāo

【壳·殼】士部│qiāo 4画│껍질 **각**

魯단단한 껍질. ◇甲～/갑각. ⇒ké

【壳菜一채】qiāocài 魯〈魚介〉홍합.

【壳斗一두】qiāodǒu 魯(밤송이 같은) 덧껍데기.

【诮(譙)】讠部│qiāo 7画│꾸짖을 **초**

魯〈文〉비난하다. 책망하다. ⇒譙qiáo

【诮呵一가】qiāohē 魯〈文〉꾸짖다. 질책하다.

【俏】亻部│qiāo 7画│예쁠 **초**

1魯(자태가) 아름답다. 곱다. ◇她穿得真～/그녀는 정말 곱게 입었다. 2魯(상품이) 판로가 좋다. ◇～货/잘 팔리는 상품. 3魯〈方〉요리할 때 '俏头'(부재료)를 집어넣다. ◇～点儿韭 jiǔ 菜/부추를 약간 집어넣다.

【俏货一화】qiāohuò 魯인기 상품.

【俏丽一려】qiāolì 魯곱다. 아름답다.

【俏皮一피】qiāo·pi 魯1(용모나 옷차림이) 아름답다. 2활기가 있다. 유모스럽게 말하다.

【俏皮话一피화】qiào·pihuà 魯1풍자하는 말. 농담하는 말. 2(同)〔歇后语 xiēhòuyǔ〕

【俏式一식】qiāo·shi 魯〈方〉아름답다.

【俏头一두】qiāo·tou 魯1(香菜, 마늘, 목이버섯, 고추 등의) 부재료. 2(연극 등의) 볼만한 장면.

【峭(陗)】山部│qiāo 7画│가파를 **초**

魯1산세가 높고 가파르다. ◇陡～/험준하다. 2〈喩〉엄격하다. 엄하다. ◇～直/엄하고 강직하다.

【峭拔一발】qiàobá 魯1(산이) 높고 험하다. 2(필체·글이) 힘이 있다.

【峭壁一벽】qiàobì 魯절벽.

【峭立一립】qiàolì 魯우뚝 솟다.

【峭直一직】qiàozhí 魯〈文〉엄하고 강직하다.

【鞘】革部│qiāo 7画│칼집 **초**

(～儿)魯칼집. ◇剑～/칼집.

【鞘翅一시】qiāochì 魯〈虫〉(갑충류의) 겉날개.

【窍·竅】穴部│qiāo 5画│구멍 **규**

魯1구멍. ◇七～/이목구비의 일곱 구멍. 2〈喩〉일의 관건. ◇诀～/비결.

【窍门一문】qiàomén (～儿)魯비결. 요령. ◇你别弯干, 找找～/마구 하려들지 말고, 요령을 찾아봐.

** 【翘·翹】羽部│qiáo 6画│발돋움할 **교**

魯한쪽 끝이 위로 들리다. ◇警大听到指挥员的指令～着尾巴向前跑去/군견은 지휘자의 명령을 듣고 꼬리를 쳐들고 앞으로 달려갔다. ⇒qiáo

【翘辫子一변자】qiáo biàn·zi 魯죽다. 〔조소·해학적인 뜻을 내포함〕

【翘尾巴一미파】qiáo wěi·ba 魯잘난 체하다. 뽐내다. ◇他总是很谦虚 qiānxū, 从没翘过尾巴/그는 늘 겸손해 여지껏 잘난 체한 적이 없다.

【撬】木部│qiào 12画│들 **효**

魯(몽둥이·칼·송곳 따위로) 억지로 비틀어 열다. ◇钥匙 yàoshi 丢了, 只好把门～开/열쇠를 잃어버려 문을 비틀어 열수 밖에 없다.

【撬杠一강】qiàogàng 魯지레.

qiē

☆【切】刀部│qiē 2画│벨 **절**

魯(칼로 일부분을) 자르다. 썰다. ◇妈妈一边～着菜, 一边跟爸爸唠叨 láodao 着/어머니는 채소를 썰면서 아버지에게 잔소리를 하고 있다. ◇羊肉片～得真薄/양고기를 정말 얇게 썰었다. 비교切:剪 가위를 사용하는 경우에는 "切"를 쓰지 않는다. ◇她把头发(×切)剪短了/그녀는 머리카락을 짧게 잘랐다.

【切除一제】qiēchú 魯〈醫〉절제(하다).

【切磋一차】qiēcuō 魯서로 토론하고 연구하다.

【切磋琢磨一차탁마】qiē cuō zhuó mó〈成〉절차 탁마하다.

【切点一점】qiēdiǎn 魯〈數〉접점(接点).

【切割一할】qiēgē 魯절단하다.

【切花-화】qiēhuā 명꽃꽂이용 꽃·가지.
【切汇-휘】qiēhuì 외화 암거래 대 매입자
가 매도자를 속여 중간에서 지불해야 할
돈 일부를 떼먹다.
【切口-구】qiēkǒu 명책의 머리·배·밑 3면
의 자른 자리〔가장자리〕.
【切面-면】qiēmiàn 명1단면. 절단면. 2생면.
【切片-편】qiē∥piàn 1명물체를 얇게 자
르다. 2(qiēpiàn)명〈醫〉절편.
【切线-선】qiēxiàn 명〈數〉접선(接線).
【切削-삭】qiēxiāo 명동〈工〉절삭(하다).
커팅(하다).

qié

【伽】亻部 | qié
5画 | 절 가
⇒gā, jiā
【伽蓝-람】qiélán 명〈佛〉절.
【伽南香-남향】qiénánxiāng 명〈植〉침향.
(同)[沉香]

【茄】艹部 | qié
5画 | 가지 가
명〈植〉가지. ⇒jiā
*【茄子-자】qié·zi 명〈植〉가지.

qiě

☆【且】丨部 | qiě
4画 | 또 차
1부잠깐. 잠시. ◇你别着急, ~听我说/조
급해하지 말고 잠깐 내 말을 들어봐. 2
〈口〉오랫동안. 3잠게다가. 또한. ◇他是
个不吸烟, ~不沾酒的人/그는 담배를 피
우지 않고 술도 마시지 않는 사람이다. 4
〈文〉…마저도. …인데 하물며. ◇死~不
怕, 困难又算什么?/죽음도 무섭지 않는
데 곤란이 대수롭겠는가? 5(Qiě)명
성(姓). ⇒jū
【且慢-만】qiěmàn 잠깐 기다려라.
【且…且——차…차…】qiě…qiě… 접…하면
서 …하다. ◇~走~说/걸으면서 말하다.
【且说-설】qiěshuō 그런데. 한편.

qiè

【切】刀部 | qiè
2画 | 벨 절
1동딱 들어맞다. 부합하다. ◇文章~题/
글이 제목에 맞는다. 2친하다. 가깝다.
◇亲~/친절하다. 3절실하다. 간절하
다. ◇迫~/절박하다. 4꼭. 결코. ◇~
不可骄傲/결코 자만해서는 안 된다.
【切齿-치】qièchǐ 동이를 갈다. 매우 분노

하다.
【切当-당】qièdàng 형적절하다.
【切肤之痛-부지통】qiè fū zhī tòng 〈成〉
뼈에 사무치는 고통.
【切骨之仇-골지구】qiè gǔ zhī chóu 〈成〉
뼈에 사무치는 원한.
【切合-합】qièhé 동부합하다. ◇这样才~实
际/이렇게 해야 비로소 현실에 부합한다.
【切记-기】qièjì 동꼭 기억하다.
【切忌-기】qièjì 동극력 피하다.
【切近-근】qièjìn 형1가깝다. 2(상황이)
비슷하다.
【切口-구】qièkǒu 명(비밀 조직이나 어떤
직업내의) 은어.
【切脉-맥】qiè∥mài 동〈中醫〉진맥하다.
【切切-절】qièqiè 1부제발. 부디. 꼭〔주로
서신에 쓰임〕 2포고나 수칙 등 끝에 쓰
여 당부를 나타냄. 3형간절하다.
【切身-신】qièshēn 1동자신과 밀접한 관
계가 있다. 2부몸소. 친히.
*【切实-실】qièshí 부착실하게. 확실하게.
◇要想切切实实地把工作搞上去, 就要大
胆进行改革/확실하게 일을 잘 하려면 대
담하게 개혁을 단행해야 한다.
【切题-제】qiètí 동제목에 들어맞다.
【切要-요】qièyào 형긴요하다.
【切中-중】qièzhòng 동(말이나 방법이 병
폐에) 적중하다.

【窃·竊】穴部 | qiè
4画 | 훔칠 절
1동훔치다. ◇行~/도둑질하다. 2부남몰
래. 살짝. ◇~笑/남몰래 (비)웃다.
【窃案-안】qiè'àn 명절도 사건.
【窃夺-탈】qièduó 동불법으로 절취하다.
【窃国-국】qièguó 동국가의 정권을 찬탈
하다.
【窃据-거】qièjù 동부정당한 수단으로 (토
지나 직위를) 차지하다.
【窃密-밀】qiè∥mì 동기밀을 빼내다.
【窃窃-절】qièqiè 1형소리가 작다. 2부몰래.
*【窃取-취】qièqǔ 동비밀리에 훔치다. ◇特
务~了机密文件/간첩은 기밀 서류를 훔
쳤다.
*【窃听-청】qiètīng 동도청하다. ◇会议的
内容被敌人~了/회의의 내용이 적에게
도청되었다.
【窃贼-적】qièzéi 명도둑.

【怯】忄部 | qiè
5画 | 겁낼 겁
1형겁이 많다. ◇胆~/겁이 많다. 2명
〈貶〉북경인들이 북방 각 성(省)의 방언
을 낮추어 일컫는 말. ◇那个人说话特别
~/그 사람은 말할 때 사투리가 아주 심
하다. 3형〈方〉촌스럽다. 속되다.

【怯场－장】qiè// chǎng 통(대중앞에서 발언하거나 공연할 때) 당황하고 주눅들다.

【怯懦－유】qiènuò 혱겁이 많다.

【怯弱－약】qièruò 혱겁이 많고 나약하다.

【怯生－생】qièshēng 통낯가리다.

【怯生生－생생】qièshēngshēng （～的)혱겁나 위축되는 모양.

【怯声怯气－성겁기】qièshēng qièqì 혱조심스럽게 말하는 모양.

【怯阵－진】qiè// zhèn 통겁에 질리다.

【妾】立部│qiè 3画│첩 첩

혱1첩. 소실.

【挈】手部│qiè 6画│끌 설

통1들다. ◇提纲～领/요령을 잡다. 2데리고 가다. 거느리다. ◇～眷/가족을 거느리다.

【挈带－대】qièdài 통거느리다. 인솔하다.

【锲・鍥】钅部│qiè 9画│새길 계

통〈文〉조각하다.

【锲而不舍－이불사】qiè ér bù shě 〈成〉한번 마음만 먹으면 끝까지 해낸다.

【惬・愜】忄部│qiè 8画│만족할 협

혱〈文〉만족하다. ◇～意/만족하다.

【惬当－당】qièdàng 혱적당하다.

【惬怀－회】qièhuái 통〈文〉흡족하다.

【惬意－의】qièyì 통마음에 들다. 편안하다.

qīn

【亲・親】立部│qīn 4画│어버이 친

1혱부모. 어버이. ◇父～/아버지. ◇母～/어머니. 2혱직접 낳은다. 친. ◇～女儿/친딸. 3혱육친. 직계. ◇～弟兄/친형제. 4혱친척. 친족. 인척. ◇～戚/친척. ◇探～/가족 방문. 5혱혼인. ◇定～/약혼하다. ◇张、王两家结了～/장씨와 왕씨 두 집은 혼인을 맺었다. 6혱신부. ◇送～/신부측 친족이 신부를 신랑집으로 후행하다. 7혱친하다. 사이좋다. ◇虽然是兄弟，但他们两一点儿也不～/그들 둘은 형제지만 조금도 사이가 좋지 않다. 8혱직접. 친히. ◇局长～临现场视察/국장이 친히 현장에 와 시찰한다. 9통입맞추다. ◇临走时他又～了～孩子的脸/그는 떠날 때가 되자 애의 얼굴에 또 입맞추었다. ⇒qíng

☆【亲爱－애】qīn'ài 혱친애하다. 사랑하다. ◇～的父亲/사랑하는 아버지.

【亲本－본】qīnběn 혱〈生〉(동식물의) 어미.

*【亲笔－필】qīnbǐ 1혱친필. ◇著名书法家的～/유명서예가의 친필. 2틪친필로. ◇中方首席代表～签了字/중국측 수석대표가 친필로 서명했다.

【亲传－전】qīnchuán 통직접 전수하다.

【亲代－대】qīndài 혱부모세대(代).

【亲等－등】qīnděng 〈法〉친등.

【亲故－고】qīngù 혱친척과 옛 친구.

【亲和力－화력】qīnhélì 혱친화력.

【亲近－근】qīnjìn 혱가깝다. 친밀하다.

【亲眷－권】qīnjuàn 혱1친척. 권속.

【亲口－구】qīnkǒu 틪자기의 입으로. 친히.

【亲历－력】qīnlì 통몸소 경험하다.

【亲临－림】qīnlín 통친히 현장에 나오다.

*【亲密－밀】qīnmì 혱친하다. 다정하다. ◇牛郎织女在桥上亲亲密密地说话呢/견우와 직녀는 다리에서 아주 다정스럽게 얘기를 하고 있다.

【亲昵－닐】qīnnì 혱애교있다.

【亲朋－붕】qīnpéng 혱친척과 친구.

☆【亲戚－척】qīn·qi 혱친척. ◇他在北京的～不多，只有一个表姐/그는 북경에 있는 친척이 적어 사촌누이밖에 없다.

☆【亲切－절】qīnqiè 혱1다정하다. 친절하다. ◇老师用～的目光看着学生/선생님은 다정한 눈빛으로 학생을 바라보고 있다. 2다정하고 관심을 갖다.

【亲情－정】qīnqíng 혱육친의 정.

*【亲热－열】qīnrè 혱1따뜻하다. 다정하다. ◇她对我很～，又倒茶，又递烟/그녀는 나에게 다정스럽게 차를 따라주기도 하고 담배를 건네주기도 하였다. 2통다정하게 행동하다. ◇母女分别多年了，今天好好～一吧/모녀가 헤어진 지 여러해 되었으니 오늘 좀 다정하게 보내시오.

*【亲人－인】qīnrén 혱1직계 친속. 육친. ◇他从小就死了父母，没什么～/그는 어릴 때부터 부모가 돌아가시고 아무 친족도 없다. 2관계가 깊거나 다정한 사람.

【亲善－선】qīnshàn 혱우호적이다.

*【亲身－신】qīnshēn 틪친히. 몸소. ◇作者将自己的～体验写成了一本小说/작가는 몸소 겪은 체험을 한권의 소설로 썼다.

*【亲生－생】qīnshēng 통1자기가 낳다. ◇小明是她～的/소명은 그녀의 친자식이다. 2자신을 낳다. ◇～的父母/자신의 부모.

【亲事－사】qīn·shì 혱혼인. 혼사.

【亲手－수】qīnshǒu 틪손수. 직접. ◇这两棵松树是我爷爷～栽的/이 두 그루의 소나무는 나의 할아버지가 손수 심으신 것이다.

【亲疏－소】qīnshū 혱친근함과 소원함.

【亲属－속】qīnshǔ 혱친족. 친척.

【亲体－체】qīntǐ 혱생물의 암・수의 개체.

【亲痛仇快－통구쾌】qīn tòng chóu kuài

〈成〉자기편을 가슴아프게 하고 적을 돕는 행동을 하다.

【亲王-왕】qīnwáng 명황제나 국왕의 친족 중 왕으로 봉해진 사람.

【亲吻-문】qīnwěn 통입맞추다.

【亲信-신】qīnxìn 1통신임하다. 2명심복. 측근.

*【亲眼-안】qīnyǎn 튀제 눈으로. 직접. ◇那次车祸是我～目睹的/그 차량사고는 내가 직접 목격했다.

*【亲友-우】qīnyǒu 명친척과 친구.

【亲鱼-어】qīnyú 명어미 고기.

【亲征-정】qīnzhēng 통왕이 친히 출정하다.

【亲政-정】qīnzhèng 통어려서 왕위에 오른 임금이 성년이 되어 몸소 정사를 보다.

【亲知-지】qīnzhī 통스스로 알다.

【亲炙-자】qīnzhì 통〈文〉직접 가르침을 받다.

☆【亲自-자】qīnzì 튀친히. 직접. ◇你～去一趟, 和他当面谈谈/당신이 그와 직접 얘기를 나누도록 친히 한번 갔다오시오.

【亲子-자】qīnzì 명친자.

【亲族-족】qīnzú 명친족. 친척.

【亲嘴-취】qīnzuǐ 통입맞추다. 키스하다.

【侵】亻部 qīn
　　　7画 침범할 침

통1침입하다. 침범하다. ◇入～/침입하다. 2(동트는 것이) 가까워지다. ◇～晨/동틀 무렵.

【侵晨-신】qīnchén 명동틀 무렵.

【侵夺-탈】qīnduó 통(세력을 믿고 남의 재산을) 빼앗다.

*【侵犯-범】qīnfàn 통침범하다. 침해하다. ◇～版权/판권을 침범한다. ◇由于不懂法律, 以致～了别人的利益/법을 몰라서 남의 이익을 침해하게 되었다.

*【侵害-해】qīnhài 통해를 끼치다. ◇有些化学药品会～人体/일부 화학약품은 인체에 해를 끼칠 것이다.

【侵凌-릉】qīnlíng 통침해하여 욕보이다.

☆【侵略-략】qīnlüè 통명침략(하다).

【侵权-권】qīnquán 명남의 권익을 침범하다.

【侵扰-요】qīnrǎo 통침범하여 소요를 일으키다.

*【侵入-입】qīnrù 통침입하다. ◇～边境/국경지대를 침입하다. ◇由于冷空气～, 气温急剧下降/찬공기가 들어와서 기온이 급격히 떨어졌다.

*【侵蚀-식】qīnshí 명통침식(하다). 재물을 잠식하다. ◇各种酸类～金属/각종 산성은 금속을 침식시킨다.

【侵吞-탄】qīntūn 통1(재물·토지)를 횡령하다. 2(남의 영토를) 불법으로 차지하다.

【侵袭-습】qīnxí 명통침입 습격(하다).

【侵越-월】qīnyuè 통침범하다.

【侵早-조】qīnzǎo 명동틀무렵.

*【侵占-점】qīnzhàn 통1(불법으로 남의 재산을) 횡령하다. ◇他在厂里～了不少公有财产/그는 공장에서 공유재산을 많이 횡령했다. 2(침략으로 영토를) 점거하다. ◇为了自身的利益他们肆意～别国领土/그들은 자신의 이익을 위해서 다른 나라의 영토를 멋대로 점거했다.

【钦·欽】钅部 qīn
　　　　4画 공경할 흠

1통공경하다. ◇～佩/감복하다. 2황제가 친히 함을 가리킴. ◇～赐/하사하다. 3(Qīn)명(姓).

【钦差-차】qīnchāi 명흠차대신.

【钦差大臣-차대신】qīnchāi dàchén 명흠차대신. 〔현재는 주로 상급기관에서 파견된 감사요원을 가리킴〕

【钦迟-지】qīnchí 통앙모하다.

【钦定-정】qīndìng 통(저술을) 군주가 친히 제정하다.

【钦敬-경】qīnjìng 통흠모하다.

【钦慕-모】qīnmù 통흠모하다.

*【钦佩-패】qīnpèi 통감복하다. 우러러 탄복하다. ◇大家对他这种苦干实干的精神非常～/모두들 착실하고 열심히 일하는 그의 정신에 매우 감복했다.

【钦羡-선】qīnxiàn 통감복하고 흠모하다.

【钦仰-앙】qīnyǎng 통〈文〉탄복하여 공경하다.

【衾】衣部 qīn
　　　4画 이불 금

명1이불. ◇～枕/이불과 베개. 2시신을 입관할 때 시신 위에 덮는 이불.

qín

【芹】艹部 qín
　　　4画 미나리 근

명〈植〉미나리.

【芹菜-채】qíncài 명〈植〉미나리.

【芹献-헌】qínxiàn 〈文〉변변치 않지만 성의로 받아주십시오.

**【琴】王部 qín
　　　8画 거문고 금

명1〈音〉거문고. 2‘风琴’(풍금)·‘钢琴’(피아노)·‘小提琴’(바이올린)·‘口琴’(하모니카)·‘胡琴’(호금) 따위와 같은 종류의 악기의 집합명사. 3(Qín)성(姓).

【琴键-건】qínjiàn 명(피아노·오르간 등의) 건반.

【琴瑟-슬】qínsè 명1거문고와 비파. 2〈轉〉부부의 화목한 금실.

Q

【琴师－사】qínshī 图('京劇' 따위의 연극에서) 현악기 반주자.

【秦】禾部 Qín
5画 진나라 진
图1〈史〉진. 〔주대(周代)에 제후국(諸侯國)의 하나였으나, 전국(戰國)시대에는 칠웅(七雄)의 하나가 된 나라로 BC 221년에 진시황(秦始皇)이 중국을 통일하고 진(秦:BC 221~BC 206) 왕조를 세웠음〕 2〈地〉진 지방. 〔섬서(陝西)와 감숙(甘肅), 특히 섬서 지방을 가리킴〕 3성(姓).

【秦吉了－길료】qínjíliǎo 图〈鳥〉구관조(九官鳥).

【秦艽－구】qínjiāo 图〈植〉진교. 오독도기. 〔뿌리는 약용(藥用)으로 쓰임〕

【秦镜高悬－경고현】Qín jìng gāo xuán 〈成〉사람의 선악을 분별한다는 거울이 높이 걸려있다. 죄를 다스림이 공명하여 그릇됨이 없다. (同)〔明 míng 镜 jìng 高悬〕

【秦楼楚馆－루초관】qínlóu chǔguǎn 图기루(妓樓).

【秦腔－강】qínqiāng 图〈演〉1중국 서북(西北) 지방의 지방극의 하나. '陕西梆子'라고도 함. 2중국 북방(北方) '梆子腔'의 총칭(總稱).

【秦篆－전】qínzhuàn (同)〔小 xiǎo 篆〕

【禽】人部 qín
10画 날짐승 금
图조류(鳥類)의 총칭. ◇飞~/날짐승.

【禽兽－수】qínshòu 图1금수. 새와 짐승. 2〈喩〉금수같은 인간.

【擒】扌部 qín
12画 사로잡을 금
图사로잡다. 붙잡다. ◇欲~故纵/(큰 것을) 잡기 위해 일부러 놓아주다. 더욱 탄압하기 위해 고의로 풀어놓다. (同)〔捕 bǔ〕, (反)〔放 fàng〕

【擒获－획】qínhuò (同)〔擒拿〕

【擒拿－나】qínná 1图중국 무술에서 상대방의 관절이나 혈도를 잡아 상대방이 반항할 수 없도록 하는 기법. 2图붙잡다. 포로로 잡다.

【噙】口部 qín
12画 머금을 금
图(입 혹은 눈에) 머금다. ◇~着眼泪/눈물을 머금다.

【覃】西部 qín
6画 깊을 담
图성(姓). ⇒tán

*【勤】力部 qín
11画 부지런할 근
1图부지런하다. 근면하다. ◇人~地不懒/사람이 부지런하면 땅이 게으르지 않다. 부지런한 농사꾼에게는 나쁜 땅이 없다.

2图잦다. 빈번하다. ◇~洗澡/자주 목욕을 한다. 3图근무. ◇内~/내근. ◇出~/출근. 4图(규정된 시간내에 어떤 장소에 도착 해서) 일하다. 5(Qín)图성(姓).

*【勤奋－분】qínfèn 图근면하다. 꾸준하다. (同)〔勤勉 miǎn〕, (反)〔懒惰 lǎnduò〕

*【勤工俭学－공검학】qín gōng jiǎn xué 〈成〉일하면서 배우다. 고학하다.

*【勤俭－검】qínjiǎn 图근검하다. 근면하고 알뜰하다. ◇~光荣, 浪费可耻/근검한 것은 자랑스러운 것이요, 낭비는 수치스러운 일이다. (反)〔奢侈 shēchǐ〕 ▣교勤俭:节省 "勤俭"은 동사로 쓰이지 않는다. ◇这个月我(×勤俭)节省了很多钱/이번 달에 난 많은 돈을 절약했다.

【勤谨－근】qín·jǐn 图〈方〉근면하다. 부지런하다.

*【勤恳－간】qínkěn 图근면 착실하다. ◇他是一个非常~的年青人/그는 매우 근면 착실한 젊은이다. (反)〔懒惰 lǎnduò〕 ▣교勤恳:诚恳 "勤恳"은 관형어로 쓰이며 "工作", "学习", "劳动" 등 동사만 수식하고 "承认", "帮助"를 수식하지 않는다. ◇他(×勤恳)诚恳地承认了错误/그는 잘못을 진술하게 인정했다.

【勤苦－고】qínkǔ 图부지런히 힘쓰다.

【勤快－쾌】qín·kuai 图〈口〉부지런하다. 근면하다. (反)〔偷懒 tōulǎn〕

**【勤劳－로】qínláo 图부지런히 일하다. ◇爸爸是个~的农民/아버지는 근면한 농부이다. (反)〔懒惰 lǎnduò〕 ▣교勤劳:辛苦 "勤劳"는 보통 사람의 성품을 가리키며 "工作"의 술어로 쓰이지 않는다. ◇他的工作和我的工作一样(×勤劳)辛苦/그의 일과 내 일은 똑같이 힘들다.

【勤勉－면】qínmiǎn 图근면하다. 부지런하다.

【勤朴－박】qínpǔ 图성실하다.

【勤王－왕】qínwáng 〈文〉1신하가 군사를 일으켜 나라의 변고를 제압하여 임금을 돕다. 2왕실을 위하여 충성을 다하다.

【勤务－무】qínwù 1图图(공적 업무로) 근무(하다). 2图〈軍〉(경리·위생 등의) 비전투 업무 종사자.

【勤务员－무원】qínwùyuán 图부대나 정부 기관의 잡역부.

【勤杂人员－잡인원】qínzá rényuán 图잡역부.

qǐn

【寝·寢】宀部 qǐn
10画 잘 침
1图(잠) 자다. ◇废~忘食/침식을 잊다. 2图침실. ◇就~/취침하다. 3图제왕의 분묘. ◇陵~/능침. 4图〈文〉중지하다. 끝나다.

◇其事遂~/그 일은 드디어 중단되었다.

【寝车―차】qǐnchē 图침대차.

【寝宫―궁】qǐngōng 图1제왕의 침실. 2왕 릉에서 관을 놓는 곳〔방〕.

【寝食―식】qǐnshí 图침식.

【寝室―실】qǐnshì 图침실.

qìn

【沁】氵部 qìn
4画 밸 **심**
图1(향기·액체 따위가) 스며들다. 침투하 다. 2돋다. 스며나오다. ◇额上~出了汗 珠/이마에 땀방울이 돋았다. 3〈方〉머리 를 떨구다. ◇~着头/머리를 떨구고 있 다. 4〈方〉물속에 넣다. 담그다.

【沁人心脾―인심비】qìn rén xīn pí〈成〉사 람의 마음 속에 깊이 스며들다.

【吢】口部 qìn
4画 토할 **침**
图1(고양이나 개가) 토하다. ◇满嘴胡~/ 말이란 말은 모조리 욕설이다. 2〔口〕마 구 욕설을 퍼붓다.

青 787	清 788	蜻 790	鲭 790	轻 790
氢 792	倾 792	卿 792	黥 793	情 793
晴 794	睛 794	氰 794	擎 794	苘 794
顷 794	请 794	庆 795	亲 795	磬 795

qīng

☆【青】青部 qīng
0画 푸른빛 **청**
1图푸르다. ◇~山绿水/청산녹수. 2图검 다. ◇他穿一身~布衣服/그는 검은 천으 로 만든 옷을 한 벌 입고 있다. 3(~儿) 图녹색을 띤 부성귀나 꽃곡식. 풋것. ◇ 踏tà~/(주로 청명절에 하던) 봄날 들놀 이(하다). 4图청년. ◇~工/청년 노동자. 5图(나이가) 젊다. ◇~年/청년. 6(Qī-ng)图성(姓).

∗∗【青菜―채】qīngcài 图1수경채. 박초이(pak-choi). 2图야채.

【青草―초】qīngcǎo 图푸른 풀. 싱싱한 풀.

【青出于蓝―출어람】qīng chū yú lán〈成〉 쪽에서 만들어진 푸른색 물감이 쪽보다 더 푸르다. 제자가 스승보다 더 낫다.

∗∗【青春―춘】qīngchūn 图청춘. ◇她身上充 满了~的活力/그녀의 몸은 청춘의 활력 으로 가득 차 있다. (同)〔妙年 miàoniá-n〕, (反)〔老年 lǎonián〕

【青瓷―자】qīngcí 图〈工〉청자.

【青葱―총】qīngcōng 图초목이 짙푸르다.

(同)〔青翠 cuì〕, (反)〔枯黄 kūhuáng〕

【青翠―취】qīngcuì 图새파랗다.

【青蚨―부】qīngfú 图1〈虫〉청부. 파랑강충이. 2〈文〉〈喩〉돈〔錢〕의 다른 이름.

【青㭎―강】qīnggāng 图〈植〉떡갈나무.

【青光眼―광안】qīngguāngyǎn 图〈醫〉녹 내장.

【青果―과】qīngguǒ 图〈方〉〈植〉감람.

【青红皂白―홍조백】qīng hóng zào bái 〈成〉시비곡직.

【青黄不接―황불접】qīng huáng bù jiē 〈成〉1보릿고개. 춘궁기. 2인력·재력·물 자 따위가 끊긴 사이.

【青灰―회】qīnghuī 图1흑청색의 석회. 2진 한 잿빛.

【青衿―금】qīngjīn 图1옛날, 학생들이 많 이 입던 검정색 깃이 달린 옷. 2〈轉〉서생.

【青筋―근】qīngjīn 图핏줄. 핏대.

【青稞―과】qīngkē 图〈植〉쌀보리. 청과맥. 나맥.

【青睐―래】qīnglài (同)〔青眼 yǎn〕

【青莲色―련색】qīngliánsè 图〈色〉연한 자색.

【青龙―룡】qīnglóng 图1청룡. 창룡. 2(도 교에서) 동방의 신.

【青楼―루】qīnglóu 图〈文〉기생집. 기루.

【青绿―록】qīnglǜ 图〈色〉짙은 풀빛.

【青梅―매】qīngméi 图〈植〉푸른 매실.

【青梅竹马―매죽마】qīngméi zhúmǎ〈成〉 소꿉동무. 죽마고우(竹馬故友).

【青霉素―매소】qīngméisù 图〈藥〉페니실린.

【青面獠牙―면료아】qīng miàn liáo yá〈成〉 시퍼런 얼굴에 드러나온 이빨. 험상궂은 얼굴.

【青苗―묘】qīngmiáo 图덜 익은 농작물. 풋 곡식.

★【青年―년】qīngnián 图청년. 젊은이. (同) 〔青春 chūn〕, (反)〔老 lǎo 年〕

【青年节―년절】Qīngnián Jié 图5·4 청년절.

【青皮―피】qīngpí 1图〈方〉무뢰한. 부랑자. 건달. 2〈中〉한방에서 약재로 쓴 덜익은 귤껍질.

【青纱帐―사장】qīngshāzhàng 图푸른 장 막. 여름과 가을에 몸을 숨기기 좋게 높 이 자란 수수나 옥수수 밭.

【青史―사】qīngshǐ 图역사. 청사.

【青丝―사】qīngsī 图1푸른 매실을 실처럼 잘게 썬 것.〔과자나 요리 위에 뿌리거나 소에 섞어 넣음〕2여자의 검은 머리칼.

【青饲料―사료】qīngsìliào 图〈農〉녹사료. 풋먹이.

【青蒜―산】qīngsuàn 图〈植〉풋마늘.

【青苔―태】qīngtái 图〈植〉청태. 푸른 이끼.

【青天―천】qīngtiān 图1푸른 하늘. 2〈喩〉 청렴한 관리. (同)〔清官 qīngguān〕, (反)

〔貪官 tānguān〕

【青天白日－천백일】qīng tiān bái rì 图대낮.

【青天霹雳－천벽력】qīngtiān pīlì 푸른 하늘에 날벼락. 뜻밖에 일어난 사건이나 타격.

【青田石－전석】qīngtiánshí 图〈礦〉(절강(浙江) 청전에 나는 도장용5) 청전석.

【青铜－동】qīngtóng 图〈化〉청동. 브론즈.

【青蛙－와】qīngwā 图〈動〉(청)개구리.〔田鸡(전계)라고도 함〕

【青葙－상】qīngxiāng 图〈植〉개맨드라미. 청상.

【青眼－안】qīngyǎn 图호의(중시)의 눈빛.(同)〔垂 chuí 青〕, (反)〔白 bái 眼〕

【青狨－요】qīngyáo (同)〔花面狸 huāmiànlí〕

【青衣－의】qīngyī 图1검은 빛깔의 옷. 2〈喩〉계집종. 3중국의 구극(舊劇)에서 정숙한 젊은 여자나 중년 부인.〔검은 빛깔의 옷을 많이 입어 비롯된 말〕

【青鼬－유】qīngyòu 图〈動〉날담비.

【青鱼－어】qīngyú 图〈魚介〉민물 청어.

【青云－운】qīngyún 图1높은 공중. 고공. 2〈喩〉높은 자리〔위치〕.

【青云直上－운직상】qīng yún zhí shàng〈成〉고속 승진하다. 빨리 출세하다. (同)〔平步青云 píng bù qīng yún〕, (反)〔一落千丈 yī luò qiān zhàng〕

【青贮－저】qīngzhù 图〈農〉생목초를 사일로(silo)에 가득 채워 발효시켜 저장하다.

【青紫－자】qīngzǐ 图공경(公卿)과 같은 높은 벼슬.

☆【清】 氵部│qīng
8画│맑을 청

1图(액체나 기체가) 깨끗하다. 맑다. ◇~~的河水向东流/맑디 맑은 강물이 동쪽으로 흐른다. (反)〔浊 zhuó〕 2图조용하다. 고요하다. ◇冷～/고요하다. 쓸쓸하다. 3图청렴하다. 4图똑똑하다. 분명하다. ◇他们俩的关系谁也说不~/그 두 사람 사이는 누구도 분명하게 얘기할 수 없다. 5(다른 것이 섞이지 않고) 단순하다. 맨. 6图남김없다. 말끔하다. ◇把帐还了/빚을 말끔히 갚았다. 7图숙청하다. 깨끗이 하다. 정화하다. ◇屋里太乱了, 赶紧一一/방이 너무 지저분하니 빨리 좀 치워라. 8图청산하다. 결산하다. 정리하다. ◇会计正～着帐呢/회계원이 장부 정리를 하고 있다. 9图점검하다. 검사하다. ◇～一一行李的件数/짐짝의 수효를 점검해라. 10(国)(图)〈史〉청. 〔만주족(滿洲族) 누르하치가 세운 중국 최후의 왕조. 원래는 후금(後金)으로 칭했으나, 1636년 태종(太宗) 때에 청(清)으로 고침. (1616~1912)〕 11(Qīng)图성(姓).

【清白－백】qīngbái 图1결백하다. 2〈方〉명백하다. 분명하다.

【清册－책】qīngcè 图등기 대장〔장부〕.

【清茶－차】qīngchá 图1녹찻물. 2(과자·과일이 없는) 녹차(대접).

＊【清查－사】qīngchá 图낱낱이 조사하다.

【清偿－상】qīngcháng 图빚을 청산하다.

【清场－장】qīngchǎng 图//chǎng 图(강연·공연 후) 장내를 정돈하다.

【清唱－창】qīngchàng 图〈演〉(경극(京劇)에서 반주없이) 노래하다〔노래하는 것〕.

【清彻－철】qīngchè (同)〔清澈 chè〕

【清澈－철】qīngchè 图맑다. 투명하다. 깨끗하다. (同)〔明 míng 澈〕, (反)〔浑浊 hún zhuó〕

＊＊【清晨－신】qīngchén 图새벽녘. 이른 아침. (同)〔清早 zǎo〕, (反)〔晚间 wǎnjiān〕

＊＊【清除－제】qīngchú 图1철저히 제거하다. 완전히 없애다. ◇只有彻底～掉留在头脑里的封建残余, 才能解放思想/머리속에 남아있는 봉건잔재를 철저히 제거해야만 비로소 사고를 해방할 수 있다. 2图청소하다. ◇垃圾太多, 一两天～不完/쓰레기가 너무 많아 하루 이틀에 청소를 다할 수 없다.

★【清楚－초】qīng·chu 1图분명하다. 뚜렷하다. ◇你把话说~, 不要吞吞吐吐/얘기 분명히 해, 어물어물하지 말고. (同)〔清晰 xī〕, (反)〔模糊 móhu〕 2图명석하다. ◇王班长的脑子很～/왕반장은 머리가 매우 명석하다. 3图잘 알다. ◇我不~他们俩是什么关系/나는 그 두 사람이 어떤 사이인지 잘 모르겠다.

【清醇－순】qīngchún 图(술이) 감칠 맛이 있다. (同)〔醇和 hé〕

【清脆－취】qīngcuì 图1(목소리·발음 등이) 낭랑하다. (同)〔脆生 shēng〕, (反)〔沙哑 shāyǎ〕 2(음식물이) 아삭〔바삭〕하고 향긋하다.

【清单－단】qīngdān 图명세서. 목록.

【清淡－담】qīngdàn 图1(냄새·색깔 따위가) 담담하다. 산뜻하다. 2(맛이) 담백하다. 깔끔하다. 3참신하고 단아하다. 4불경기이다.

【清道－도】qīngdào 图1도로를 청소하다. 2(임금이나 관리가 행차할 때) 길을 비키게 하다.

【清点－점】qīngdiǎn 图하나 하나 점검하다.

【清炖－돈】qīngdùn 图(국에 소금만 넣어 간을 맞추고 작은 불로) 푹 삶다.

【清风－풍】qīngfēng 图맑고 시원한 바람.

【清福－복】qīngfú 图한가하고 걱정이 없이 즐기는 삶. 유유자적하는 행복.

【清高－고】qīnggāo 图图고결〔고상〕(하다).

【清稿-고】qīnggǎo 몡정리된 원고.

【清官-관】qīngguān 몡청렴하고 공정한 관리. (同)〔青天 qīngtiān〕, (反)〔贪 hán官〕

【清规-규】qīngguī〈佛〉(불교도가 지켜야 할) 계율.

【清规戒律-규계율】qīngguī jièlǜ〈成〉불교나 도교의 계율. 사람을 속박하고 융통성이 없는 규칙이나 제도.

【清寒-한】qīnghán 톙1청빈하다. (反)〔富裕 fùyù〕2차다.

【清还-환】qīnghuán (同)〔还清〕

【清减-감】qīngjiǎn 톙〈婉〉몸이 여위어 홀쭉하다.

【清剿-초】qīngjiǎo 통소탕하다.

✳✳【清洁-결】qīngjié 톙청결하다. 깨끗하다. ◇~工人每天早上清扫马路，非常辛苦/환경미화원은 매일아침 거리 청소를 하느라 매우 고생이다. (同)〔干净 gānjìng〕, (反)〔肮脏 āngzāng〕 비교清洁:干净 ①"清洁"는 보어로 쓰이지 않는다. ◇街上打扫很(×清洁)干净/거리는 매우 깨끗하게 청소했다. 2"清洁"는 "利落"와 결합하지 않으므로. ◇他办起事来(×清洁)干净利落/그는 일처리하는 게 깔끔하고 말끔하다.

【清劲风-경풍】qīngjìngfēng 몡1상쾌한 바람. 2〈天〉(풍력계급 5의) 흔들바람.

【清净-정】qīngjìng 톙1조용하다. 편안하다. (同)〔纯 chún 净〕, (反)〔污秽 wūhuì〕2맑다. 깨끗하다.

【清静-정】qīngjìng 톙(환경이) 조용하다. 고요하다. (同)〔安 ān 静〕, (反)〔吵闹 chǎonào〕

【清君侧-군측】qīng jūncè 군주 측근의 간신(姦臣)을 몰아 내다.

【清客-객】qīngkè 몡옛날, 문객(門客). 식객(食客).

【清苦-고】qīngkǔ 톙청빈하다. 〔옛날, 주로 독서인의 생활을 형용하던 말〕(同)〔清贫 pín〕, (反)〔富裕 fùyù〕

【清栏-람】qīnglán 통〈方〉가축우리를 치다.

【清朗-랑】qīnglǎng 톙1(날씨 등이) 맑고 시원하다. 청명하다. 2맑고 빛나다. 3(소리가) 똑똑하다. 낭랑하다. 4(글이) 명쾌하다.

【清冷-랭】qīnglěng 톙1시원하면서 서늘하다. 2쓸쓸하다. 적막하다. (同)〔冷清〕, (反)〔热闹 rènao〕

✳【清理-리】qīnglǐ 통1깨끗이 정리하다. ◇~了仓库/창고를 깨끗이 정리했다. 2깨끗이 정산하다.

【清廉-렴】qīnglián 톙톙청렴(하다). (同)〔廉洁 jié〕, (反)〔贪污 tānwū〕

【清凉-량】qīngliáng 톙시원하다. 상쾌하다.(同)〔凉快 kuɑi〕, (反)〔炎热 yánrè〕

【清凉油-량유】qīngliángyóu 몡〈藥〉연고의 일종. 〔두통증상·가벼운 화상·벌레 물린 데에 바르면 일시 상쾌한 느낌과 응급치료 효과를 주나, 근본적인 치료는 안됨〕

【清亮-량】qīng·liang 톙(소리가) 맑고 우렁차다. 낭랑하다.

【清冽-렬】qīngliè 톙맑고 차다〔서늘하다〕.

【清泠泠-릉릉】qīnglínglíng (~的)톙맑은 물에 물결이 이는 모양.

【清明-명】qīngmíng 1톙(정치가) 맑고 깨끗하다. 2(정신이) 맑다. 3톙분명하다. 4몡청명. 〔24절기의 하나〕(同)〔清湛 zhàn〕, (反)〔浑浊 húnzhuó〕

【清贫-빈】qīngpín 톙청빈하다.

【清平-평】qīngpíng 톙평화롭다. 태평하다. ◇~世界/태평한 세상. (同)〔承 chéng 平〕, (反)〔不安 bùān〕

【清漆-칠】qīngqī 몡(와)니스.

【清讫-글】qīngqì 통청산하다. 결말짓다.

【清癯-구】qīngqú 톙〈文〉수척하다. 여위어 파리하다.

【清扫-소】qīngsǎo 통말끔히 청소하다. 일소하다.

【清瘦-수】qīngshòu 톙〈婉〉야위다. 〔완곡한 표현임〕(反)〔壮实 zhuàngshí〕

【清爽-상】qīngshuǎng 톙1시원하다. 맑고 상쾌하다. 2(몸·마음이) 가뿐하다. 3깨끗하다. 4〈方〉분명하다. 5담백하고 맛있다.

【清算-산】qīngsuàn 통1청산하다. 깨끗이 결산하다. 2뿌리뽑다. 숙청하다.

【清谈-담】qīngtán 몡공리공담. 현실을 이탈한 의논. (同)〔空 kōng 谈〕, (反)〔务实 wùshí〕

【清汤-탕】qīngtāng 몡건더기가 없는 멀건 국물.

【清通-통】qīngtōng 톙(글이) 논리적이며 문맥이 잘 통하다.

【清玩-완】qīngwán 1몡고상한 감상용 물건. 2통즐겨 감상하다. 애완하다.

✳✳【清晰-석】qīngxī 톙뚜렷〔똑똑〕하다. 분명하다. (同)〔清楚 chu〕, (反)〔模糊 móhu〕

【清洗-세】qīngxǐ 통1깨끗하게 씻다〔닦다〕. 2(오명이나 굴욕을) 씻다. 벗다.

【清闲-한】qīngxián 톙한가하다. 조용하고 한적하다. (同)〔闲暇 xiá〕, (反)〔繁忙 fánmáng〕

【清香-향】qīngxiāng 몡상쾌한〔맑은〕향기.

【清心-심】qīngxīn 몡통깨끗한 마음(을 가지다). 마음을 비우다. ◇~寡欲/욕심을 제거하여 마음을 비운다.

✳【清新-신】qīngxīn 톙1맑고 상쾌하다. 2신선하다. 참신하다. (反)〔污浊 wūzhuó〕

【清馨-형】qīngxīn 몡〈文〉좋은 향기. 향긋

한 냄새.

*【清醒－성】qīngxǐng 1형(머리가) 맑다. 깨끗하다. ◇中午睡一觉，头脑就特别～/점심때 낮잠을 자고 나니 머리가 아주 맑다. (同)〔清明 míng〕，(反)〔昏昧 hūnmèi〕**2**동의식을 회복하다. 정신을 차리다. 깨어나다. ◇～了一会儿，又昏过去了/잠시 의식은 회복했다가 다시 기절했다.

【清秀－수】qīngxiù 형(용모가) 수려하다. ◇那个姑娘长得挺～的/그 아가씨는 용모가 매우 수려하다. (同)〔秀气 qì〕，(反)〔俗气 súqì〕

【清雅－아】qīngyǎ 형단아하다. 맑고 우아하다. (同)〔素 sù 雅〕，(反)〔俗气 súqì〕

【清样－양】qīngyàng 명〔印〕**1**교료지(校了紙). 오케이(O.K.) 교정쇄. **2**전사(轉寫). 〔교정이 끝난 활판을 사진 정판 등을 위해 깨끗이 박아낸 것〕

【清夜－야】qīngyè 명고요한 밤.

【清一色－일색】qīngyīsè 형**1**마작(麻雀)에서 같은 종류의 패(牌)로 구성된 것. **2**〈喩〉섞임이 없고 순수한 한 가지로 이루어진 것. 일색.

【清议－의】qīngyì 명(명사들의) 시사적인 정치 문제나 정치인에 대한 논평.

【清音－음】qīngyīn 명**1**사천성(四川省) 지방의 민간예술의 하나. 〔琵琶나 이호(二胡) 따위로 반주함〕**2**결혼·장례식 때에 연주하는 취주악. **3**〈言〉무성음. (反)〔浊 zhuó 音〕

【清幽－유】qīngyōu 형(경치가) 빼어나고 그윽하다.

【清油－유】qīngyóu 명〈方〉('豆油'·'菜油'·'茶油' 따위의) 식물성 기름의 총칭.

【清越－월】qīngyuè 형소리가 맑고 가락이 높다.

*【清早－조】qīngzǎo 명〈口〉이른 아침. 새벽.

【清真－진】Qīngzhēn 명**1**이슬람교. 회교. **2**(qīngzhēn)순결.

【清真教－진교】Qīngzhēnjiào 명회교. 이슬람교.

*【清真寺－진사】Qīngzhēnsì 명이슬람교 사원.

【清蒸－증】qīngzhēng 동간장 등을 넣지 않고 찜통에서 찌다.

【清正－정】qīngzhèng 형청렴하고 공정하다.

【蜻】虫部│qīng
8画│잠자리 청

*【蜻蜓－정】qīngtíng 명〈虫〉왕잠자리.

【蜻蜓点水－정점수】qīngtíng diǎn shuǐ 〈成〉잠자리가 수면을 건드리곤 날아오르다. 일에 깊이 개입하지 않고 겉치레만 하다.

【鲭·鯖】鱼部│qīng
8画│청어 청

명〈魚介〉고등어.

★【轻·輕】车部│qīng
5画│가벼울 경

1형(무게·비중 따위가) 가볍다. ◇我的行李～，他的行李重/내 짐은 가볍고, 그의 짐은 무겁다. **2**형(옷차림·장비 따위가) 간편하다. **3**형(나이가) 적다. 어리다. ◇年纪太～了，担当不了这么重要的工作/너무 젊어서, 이렇게 중요한 일은 감당할 수 없다. **4**형(정도가) 가볍다. 경미하다. ◇他认为这个案子处理得～，应改判/그는 이번 사건이 가볍게 처리되어, 판결을 번복해야 한다고 생각한다. 비교輕: 容易 일하기가 쉽지 않다는 것은 "轻"을 쓰지 않는다. ◇他办的事情没有一件是 (×轻)容易的/그가 처리한 일은 무엇하나 쉬운 게 없다. **5**형중요치〔중대하지〕않다. 대수롭지 않다. 가뿐하다. **6**형경쾌하다. 가뿐하다. ◇无病一身～/병이 없으면 일신이 가뿐하다. **7**부살짝. 가볍게. ◇～推了他一下/그를 살짝 밀었다. **8**형경솔하다. **9**동경시하다. ◇～财重义/재물을 가벼이 여기고 의리를 중히 여기다.

*【轻便－편】qīngbiàn 형**1**(제작·사용 따위가) 간편하다. 간이하다. **2**수월하다. 용이하다. ◇贪图～，反而误事/쉽게 하려다가 오히려 일을 그르치다.

【轻薄－박】qīngbó 형경박하다. 경망스럽다. 〔주로 여성에 대해 씀〕(同)〔轻浮 fú〕，(反)〔庄重 zhuāngzhòng〕

【轻车简从－차간종】qīng chē jiǎn cóng 〈成〉간편한 차를 타고 수행원을 줄이다. 행차를 간소하게 하다.

【轻车熟路－차숙로】qīng chē shú lù 〈成〉가벼운 수레로 익숙한 길을 달리다. 익숙하여 수월하다.

【轻敌－적】qīngdí 동적을 얕잡아 보다.

【轻而易举－이이거】qīng ér yì jǔ 〈成〉가벼워서 들기 쉽다. 매우 수월하다. (同)〔易如反掌 yì rú fǎn zhǎng〕，(反)〔难上加难 nán shang jiānán〕

【轻浮－부】qīngfú 형경망스럽다. 경박하다.

【轻歌曼舞－가만무】qīng gē màn wǔ 〈成〉경쾌한 노래와 우아한 춤.

*【轻工业－공업】qīnggōngyè 명경공업. (反)〔重 zhòng 工业〕

【轻忽－홀】qīnghū (同)〔轻率〕

【轻活－활】qīnghuó 명(～儿)수월한 일. (反)〔重 zhòng 活〕

【轻机关枪－기관창】qīngjīguānqiāng 명경기관총.

【轻贱－천】qīngjiàn 형비천하다. (同)〔下 xià 贱〕，(反)〔高贵 gāoguì〕

【轻健－건】qīngjiàn 형(몸이) 경쾌하고 건

강하다.

【轻捷―첩】qīngjié 〈형〉날렵하다. 재빠르다. (同)〔轻快 kuài〕, (反)〔笨重 bènzhòng〕

【轻金属―금속】qīngjīnshǔ 〈명〉〈化〉경금속.

【轻举妄动―거망동】qīng jǔ wàng dòng 〈成〉경거 망동하다. (反)〔谨言慎行 jǐn yán shèn xíng〕

【轻口薄舌―구박설】qīng kǒu bó shé 〈成〉말이 각박하다. 사정없이 남을 욕하다.

＊【轻快―쾌】qīngkuài 〈형〉1(동작이) 경쾌하다. 가뿐하다. ◇他迈着~的脚步走上山来/그는 경쾌한 발걸음으로 산으로 올라왔다. (同)〔轻捷 jié〕, (反)〔笨重 bènzhòng〕 2(마음이) 경쾌하다. ◇~的歌声从远处传来/경쾌한 노랫소리가 멀리서 들려온다.

【轻狂―광】qīngkuáng 〈형〉아주 경망스럽다.

【轻慢―만】qīngmàn 〈동〉가볍게 여기다. 업신여기다. (反)〔敬重 jìngzhòng〕

【轻描淡写―묘담사】qīng miáo dàn xiě 〈成〉1(공들이지 않고) 대충 묘사하다(서술하다). 2(중요한 문제를) 슬그머니 넘어가다. (말 따위를) 얼렁뚱땅하다. (反)〔刻画入微 kè huà rù wēi〕

【轻蔑―멸】qīngmiè 〈동〉경멸하다. 멸시하다. (同)〔轻视 shì〕, (反)〔重视 zhòngshì〕

【轻诺寡信―낙과신】qīng nuò guǎ xìn 〈成〉대충 약속하고 잘 지키지 않다.

【轻飘―표】qīngpiāo 〈형〉1가볍게 날리다. 2가볍다. 착실하지 않다.

【轻飘飘―표표】qīngpiāopiāo (~的)〈형〉1하늘하늘하다. 간들간들하다. (反)〔沉甸甸 chéndiāndiān〕 2(마음·동작 따위가) 경쾌하다. 가뿐하다.

【轻骑―기】qīngqí 〈명〉1경기병. 2원동기가 부착된 자전거. 모페드(moped). 모터 바이시클(motor bicycle).

【轻巧―교】qīngqiǎo 〈형〉1가볍고 정교하다. 깜찍하다. ◇这微型车真~/이 소형차가 정말 깜찍하다. (同)〔轻便 biàn〕, (反)〔笨重 bènzhòng〕 2경쾌하다. 날렵하다. 3쉽다. ◇说得倒~/말하기가 쉽지, 어디 한 번 직접 해봐.

【轻取―취】qīngqǔ 〈동〉쉽게 이기다. 가볍게 제압하다.

【轻柔―유】qīngróu 〈형〉가볍고 부드럽다.

【轻生―생】qīngshēng 〈동〉목숨을 가볍게 여기다. 〔주로 자살을 뜻함〕

【轻声―성】qīngshēng 〈명〉〈言〉(중국어에서 4성 외에 음절을 약하게 발음하는) 경성.

【轻省―성】qīng·sheng 〈방〉1가뿐하다. 홀가분하다. 2(무게가) 가볍다.

＊【轻视―시】qīngshì 〈동〉경시하다. 얕보다. ◇~劳动人民的思想是极端错误的/노동자를 경시하는 사고는 아주 잘못된 것이다.

[비교]轻视:忽视 "轻视"는 고의로 무시하는 것이고 무심결에 소홀히 하는 경우에는 "轻视"를 쓰지 않는다. ◇这半年, 我(×轻视)忽视了读书/요 반년 동안 난 독서를 소홀히 했다.

【轻率―솔】qīngshuài 〈형〉경솔하다. (同)〔贸然 màorán〕, (反)〔谨慎 jǐnshèn〕

【轻水―수】qīngshuǐ 〈명〉경수.

☆【轻松―송】qīngsōng 〈형〉1(일 따위가) 가볍다. ◇他为自己找到了一个~的工作而感到高兴/그는 부담스럽지 않은 일을 찾아서 기분이 좋다. 2(기분이) 홀가분하다. 가뿐하다. ◇现在考试结束了, 可以~一下了/이젠 시험이 끝났으니 홀가분히 쉬어도 괜찮다. (同)〔松弛 chí〕, (反)〔紧张 jǐnzhāng〕 [비교]轻松:不严 엄격하지 않다는 것에는 "轻松"을 쓰지 않는다. ◇他平时对自己要求(×轻松)不严/그는 평소에 자신에 대해 엄격하지 않다.

【轻佻―조】qīngtiāo 〈형〉경망스럽다. 방정맞다. 경박하다.

＊【轻微―미】qīngwēi 〈형〉경미하다. (同)〔轻度 dù〕, (反)〔严重 yánzhòng〕

【轻武器―무기】qīngwǔqì 〈명〉소화기. (反)〔重 zhòng 武器〕

【轻侮―모】qīngwǔ 〈동〉경멸하여 모욕하다. 업신여기다.

【轻闲―한】qīngxián 〈형〉한가롭다.

【轻信―신】qīngxìn 〈동〉쉽게 믿다.

【轻型―형】qīngxíng 〈형〉경량형. 소형. (反)〔重 zhòng 型〕

【轻扬―양】qīngyáng 〈동〉가볍게 날리다.

＊＊【轻易―이】qīng·yì 1〈형〉간단하다. 쉽다. ◇要请李先生, 可不是件~的事/이선생을 모셔온다는 건, 정말이지 쉬운 일이 아니다. [비교]轻易:轻率:大意 ①"轻易"는 관형어로 쓰이지 않는다. ◇大家对他这种(×轻易)轻率的态度很不满意/모두들 그의 경솔한 태도에 불만을 품고 있다. ②섬세하지 않고 부주의한 경우에는 "轻易"를 쓰지 않는다. ◇这项任务技术性很强, 千万别(×轻易)大意/이 임무는 기술적인 면이 많으므로 절대 부주의해서는 안 된다. 2〈부〉쉽사리. 좀체. ◇姑妈工作很忙, 不~到我家来/고모는 일이 바빠 우리집에 쉽사리 오지 못한다. (同)〔容 róng 易〕, (反)〔困难 kùnnan〕

【轻音乐―음악】qīngyīnyuè 〈명〉〈音〉경음악.

【轻盈―영】qīngyíng 〈형〉1(여성의 몸매와 동작이) 유연하다. 나긋나긋하다. 2경쾌하다. 가뿐하다.

【轻于鸿毛―어홍모】qīng yú hóngmáo 〈成〉기러기 털보다 가볍다. (죽음이) 가치가 없다. (反)〔重于泰山 zhòng yú tài shān〕

Q

【轻元素－원소】qīngyuánsù 図〈化〉원자량
이 비교적 적은 원소.
【轻重－중】qīngzhòng 図1중량. 무게. 2
(일·병 따위의) 경중. 중요함과 중요하
지 않음. 3(말을 하거나 일을 할 때의)
분별. ◇他说话不知～/그는 말할 때 분별
이 없다.
【轻重倒置－도중치】qīng zhòng dào zhì
〈成〉일의 경중이 전도되다.
【轻重缓急－중완급】qīng zhòng huǎn jí
〈成〉일의 중요한 정도와 시급한 정도.
【轻舟－주】qīngzhōu 図〈文〉빠른 작은 배.
【轻装－장】qīngzhuāng 図1간편한 복장.
〔부사적으로 쓰일 경우가 많음〕2간편한
장비.
【轻装简从－장간종】qīng zhuāng jiǎn cóng
〈成〉행장을 간편히 하고 수행원을 줄이
다. (귀인이) 행차를 간소하게 하다.

* 【氢·氫】气部 qīng
5画 수소 경
図〈化〉수소(水素).
【氢弹－탄】qīngdàn 図〈化〉수소 폭탄.
【氢离子－리자】qīnglí·zi 図〈化〉수소 이온
(ion).
【氢气－기】qīngqì 図〈化〉수소.
【氢氧根－양근】qīngyǎnggēn 図〈化〉수산기
(水酸基).

【倾·傾】亻部 qīng
8画 기울 경
1图경사지다. 기울어지다. ◇身子向前～
着/몸이 앞으로 기울어져 있다. 2図경향.
◇左～/좌경. 3图무너지다. 넘어지다. ◇
大厦将～/빌딩이 무너지려 한다. 4图(그
릇 따위를 뒤집거나 기울여) 깡그리 들
어내다〔쏟다〕. ◇～盆大雨/대야의 물붓
듯 폭우가 내리다. 5图(힘이나 마음을)
모두 기울이다〔다하다〕. ◇～全力把工作
做好/온 힘을 다 쏟아 일을 완수하다. 6
图〈文〉압도하다.
【倾侧－측】qīngcè 図图경사(지다).
【倾巢－소】qīngcháo 图(적군이나 비적이)
전원 출격하다.
【倾城倾国－성경국】qīng chéng qīng guó
〈成〉절세의 미인.
【倾倒－도】qīngdǎo 图1넘어지다. 무너지
다. 2탄복하다. 매혹되다. (同)〔倒塌 tā〕
(反)〔竖立 shùlì〕
【倾倒－도】qīngdào 图(속에 있는 것을)
남김없이 쏟아 버리다〔말하다〕.
【倾动－동】qīngdòng 图사람을 감동시키다.
【倾覆－복】qīngfù 图1(물체가) 쓰러지다.
2뒤집다. 전복시키다.
【倾家荡产－가탕산】qīng jiā dàng chǎn 图
가산을 탕진하다.

【倾角－각】qīngjiǎo 図1〈數〉경각. 2〈地〉경
사(각).
【倾慕－모】qīngmù 图경모하다. (同)〔爱
ài 慕〕, (反)〔憎恶 zēngwù〕
【倾盆－분】qīngpén 图그릇을 엎은 것 같
다. 억수 같다.
【倾诉－소】qīngsù 图(속 마음을) 모조리
털어놓다. ◇总经理向报社记者～了他们的
难言之苦/사장은 신문사 기자에게 자기
들의 말 못할 고충을 다 털어 놓았다.
【倾谈－담】qīngtán 图허물없이 이야기하
다.
* 【倾听－청】qīngtīng 图경청하다. 주의깊게
듣다. ◇～群众的意见/대중의 의견을 경
청한다.
【倾吐－토】qīngtǔ 图토해내다. 숨김없이
말하다.
∗∗【倾向－향】qīngxiàng 1图기울다. 편들다.
◇在发生争执时, 他总是～着我/분규가 생
길 때마다 그는 늘 내 편을 들어줬다. 2
图경향. 추세. ◇要防止一种倾向掩盖着另
一种～/한 가지 경향이 다른 경향을 가
리는 것을 예방해야 한다. 旺교倾向:趋势
"倾向" 사고·정책·일 등에 쓰이고 학습
성적의 변화에는 "倾向"을 쓰지 않는다.
◇今年他的学习成绩有下降的(×倾向)趋
势/올해 그의 학업 성적은 떨어지는 추
세다.
【倾销－소】qīngxiāo 図图〈經〉투매(하다).
덤핑(하다).
* 【倾斜－사】qīngxié 图1경사지다. 기울어지
다. ◇屋子年久失修, 有些～/집이 오랫동
안 수리하지 않아서 약간 경사져 있다.
(同)〔歪 wāi 斜〕, (反)〔笔直 bǐzhí〕2〈喩〉
편들다. 역성들다.
【倾泻－사】qīngxiè 图퍼붓다. 쏟다. (同)
〔奔 bēn 泻〕, (反)〔潺潺 chányuán〕
【倾心－심】qīng/xīn 图1(이성에게) 마음
이 쏠리다. ◇他一直～于徐小姐/그는 계
속 미스 서에게 마음이 쏠리고 있다. 2속
마음을 털어놓다.
【倾轧－알】qīngyà 图서로 배척하다. 알력
을 일으키다. (同)〔排挤 páijǐ〕, (反)〔拉
拢 lālǒng〕
【倾注－주】qīngzhù 图1(낮은 곳으로) 쏟아
져 들어가다. 2(정력이나 마음을) 쏟다.

【卿(卿)】卩部 qīng
8画 벼슬 경
1图옛날의 고급 관리. 2떼그대. 경.〔옛날
임금이 신하를, 부부지간에, 또는 친구지
간에 서로 친근하게 부르던 칭호〕3(Qī-
ng)图성(姓).
【卿卿我我－경아아】qīng qīng wǒ wǒ 圈
남녀가 매우 정다운 모양.

qíng

【黥(剠)】 黑部 | qíng
8画 | 자자 경
〈文〉1명 동묵형(墨刑)(하다). 〔이마에 죄인이라는 표시를 먹실로 새기는 고대 형벌의 일종〕 2명문신(文身).

＊＊【情】 忄部 | qíng
8画 | 인정 정
명1감정. ◇热～/따뜻한 정. 2(사람 사이의) 정분이나 체면. ◇人～/인정. 3애정. 사랑. ◇谈～/사랑을 속삭이다. 4정욕. 성욕. ◇春～/춘정. 5상황. 상태. ◇实～/실정. 6사리. 도리. ◇合～合理/사리에 맞다.

【情爱-애】 qíng'ài 명애정.
＊＊【情报-보】 qíngbào 명정보. ◇～的来源可靠/정보의 출처는 믿을 만하다.
【情不自禁-불자금】 qíng bù zì jīn 〈成〉자신도 모르게.
【情操-조】 qíngcāo 명기품. 지조.
【情场-장】 qíngchǎng 명사랑의 세계. 애정에 관한 일.
【情敌-적】 qíngdí 명연적(戀敵).
【情调-조】 qíngdiào 명기분. 흥취. 무드.
【情窦初开-두초개】 qíngdòu chū kāi 〈成〉 (소녀가) 사춘기가 되다. (처녀가) 사랑에 눈뜨기 시작하다.
【情分-분】 qíng·fèn 명정분. 정리. 인정.
【情夫-부】 qíngfū 명정부(情夫).
【情妇-부】 qíngfù 명정부(情婦). 내연의 여자.
＊【情感-감】 qínggǎn 명정감. 감정. 느낌.
【情歌-가】 qínggē 명연가. 사랑의 노래.
【情话-화】 qínghuà 명1사랑의 속삭임. 밀어. 2진심어린 말.
【情怀-회】 qínghuái 명마음. 감정.
【情急-급】 qíngjí 형마음이 다급하다. 초조해하다.
＊【情节-절】 qíngjié 명사건의 경위. (작품의) 줄거리. 플롯. ◇故事～/이야기의 줄거리.
【情结-결】 qíngjié 명(마음속의) 응어리.
☆【情景-경】 qíngjǐng 명광경. 정경. 장면. ◇小伙子照顾老人的～十分动人/젊은이가 노인을 보살피는 장면은 대단히 감동적이다. 비교情景:热闹 시끌벅적한 상황에는 "情景"을 쓰지 않는다. ◇马路上有两人打架, 我站在旁边看(×情景)热闹/길거리에서 두 사람이 싸움을 벌이자 난 옆에서 그 광경을 구경했다.
【情境-경】 qíngjìng 명광경. 처지.
＊【情况-황】 qíngkuàng 명1상황. 형편. ◇

我是城市长大的, 所以对农村的～一点儿也不了解/나는 도시에서 자라서 농촌의 형편은 조금도 모른다. 2군사상의 변화. ◇发现～马上报告/상황이 생기면 즉시 보고하시오.
【情郎-랑】 qíngláng 명사랑하는 남자. 애인.
＊【情理-리】 qínglǐ 명이치. 상식. ◇不近～/이치에 어긋나다.
【情侣-려】 qínglǚ 명사랑하는 사람. 연인.
【情面-면】 qíng·miàn 명(사적인) 친분. 정실. 체면. ◇留～/체면을 봐 준다. ◇不讲～/친분을 무시한다.
【情趣-취】 qíngqù 명1취미. 흥미. 취향. 2흥취. 정취.
【情人-인】 qíngrén 명애인. 연인.
【情事-사】 qíngshì 명상황.
【情势-세】 qíngshì 〈文〉정세. 사태. 상태.
【情书-서】 qíngshū 명연애 편지.
【情思-사】 qíngsī 명1정. 애정. 2심사. 감정.
【情死-사】 qíngsǐ 동정사(情死)하다.
【情素-소】 qíngsù (同)〔情愫 sù〕
【情愫-소】 qíngsù 명〈文〉1감정. 2본심. 진심.
【情随事迁-수사천】 qíng suí shì qiān 〈成〉 사정이 바뀌면 기분도 따라 변한다. 환경이 변하면 감정도 변한다.
【情态-태】 qíngtài 명표정.
【情投意合-투의합】 qíng tóu yì hé 〈成〉 기투합하다. (反)〔格格不入 gé gé bù rù〕
【情网-망】 qíngwǎng 명〈貶〉사랑의 늪.
【情味-미】 qíngwèi 명1격조. 정취. 멋. 2의미. 뜻. 취지.
☆【情形-형】 qíng·xing 명상황. 형편. ◇虽然我不懂他的话, 但记住了当时他说话的～/내가 비록 그의 말을 이해하지 못했지만, 당시 그가 말할 때의 상황은 기억하고 있다. 비교情形:景色 样子 "情形"은 "美", "有意思"를 술어로 쓰이지 않는다. ◇太阳落山的(×情形)景色非常美/석양이 지는 경치가 너무 아름답다. ◇她走路的(×情形)样子非常有意思/그녀의 걷는 모양이 무척 재미있다.
☆【情绪-서】 qíng·xù 명1기분. 마음가짐. 의욕. ◇最近他的～一直很好/요즘 그의 기분이 계속 좋았다. ◇他们的生产～很高/그들은 생산 의욕이 매우 높다. 비교情绪:精神 "情绪"는 동사 "打"의 목적어로 쓰이지 않는다. ◇今天大家打不起(×情绪)精神来/오늘 모두들 기운을 차리지 못한다. 2불쾌한 감정. 불만. ◇带着～是干不好工作的/불만을 갖고는 일을 잘 해낼 수 없다.
【情义-의】 qíngyì 명1인정과 의리. 2우정.
【情谊-의】 qíngyì 명정분. 우정.
【情意-의】 qíngyì 명정. 감정. 애정.

Q

【情由一유】qíngyóu 圀사정. 사연. 사건의 내용과 원인.

【情欲一욕】qíngyù 圀성욕. 정욕.

【情愿一원】qíngyuàn 助動1진심으로 원하다. 〔보통 '不愿'과 반대의 의미로 쓰임〕2〈轉〉차라리 …을 원하다. …할지언정. (同)〔愿意 yì〕, (反)〔不 bù 愿〕

【情知一지】qíngzhī 動분명히 알고 있다.

【情致一치】qíngzhì (同)〔情趣 qù〕

【情种一종】qíngzhǒng 圀천성이 다정 다감한 사람.

【情状一상】qíngzhuàng 圀상황. 실정.

★【晴】日部 qíng
8画 갤 **청**

1動(날씨가) 개다. ◇等天~了以后, 我们去天坛公园玩玩/날이 개인 후에, 천단공원으로 놀러가자. 2形맑다. 개어 있다. ◇天气预报说, 明天是~天/일기예보에서 내일은 맑은 날이 될 거라고 한다.

【晴和一화】qínghé 形(날씨가) 맑고 따스하다. 화창하다. (反)〔阴冷 yīnlěng〕

【晴空一공】qíngkōng 圀맑게 개인 하늘.

*【晴朗一랑】qínglǎng 形쾌청하다. 맑다. 말끔히 개이다. ◇天气~, 风和日丽/날씨가 활짝 개어 더없이 화창하다. (同)〔明 míng 朗〕, (反)〔阴沉 yīnchén〕 比較晴朗:明亮 "晴朗"은 날씨에만 쓰이고, "阳光" 또는 사람의 감정 변화에는 쓰이지 않는다. ◇今天天气很好, 阳光非常(×晴朗)明亮/오늘 날씨가 아주 좋고 햇빛이 몹시 환하다.

【晴天霹雳一천벽력】qíngtiān pīlì 〈成〉맑은 하늘의 날벼락. 청천 벽력. 갑자기 일어난 뜻밖의 재난.

【腈・腈】见部 qíng
8画 상속받을 **정**

動이어받다. 계승하다. ◇~受财产/재산을 이어받다.

【腈等一등】qíngděng 動〈方〉1(비판이나 징계를) 앉아서 기다리다. 2되어 있는 것을 누리다.

【腈受一수】qíngshòu 動이어받다. 계승하다.

【氰】气部 qíng
8画 시안 **청**

圀〈化〉시안(독 cyan).

【擎】手部 qíng
12画 들 **경**

動들어 올리다. 떠받들다. ◇众~易举/여러 사람이 들면 쉽게 들 수 있다. 백지장도 맞들면 낫다. (同)〔举 jǔ〕, (反)〔按 àn〕

qǐng

【苘(檾, 蕡)】艹部 qǐng
5画 어저귀 **경**

圀〈植〉어저귀. 백마(白麻). 경마(蕡麻).

【苘麻一마】qǐngmá 圀〈植〉어저귀. 백마. 경마.

【顷・頃】页部 qǐng
2画 백이랑 **경**

1圀논밭의 면적 단위. 일경(一顷)은 백묘(百亩). 즉 2만여 평임. ◇碧波万~/만경 창파. 한없이 넓고 푸른 바다. 2〈文〉圀경각(顷刻). 아주 짧은 순간. ◇少~/잠시 후에. 3圀방금. 막. ◇~接来信/방금 편지를 받았다. 4圀무렵. 쯤. ◇光绪二十年~/광서 20년 무렵.

【顷刻一각】qǐngkè 圀눈깜짝할 사이. 순식간에. (同)〔片 piàn 刻〕, (反)〔长久 chángjiǔ〕

★【请・請】讠部 qǐng
8画 청할 **청**

動1요청하다. 청구하다. 부탁하다. 신청하다. ◇我今天~人来帮忙/나는 오늘 남에게 도움을 청했다. 2초빙하다. 초청하다. (식사에) 초대하다. 한턱내다. ◇~医生/의사를 모셔온다. ◇我~你吃饭/내가 한 턱 낼게. 比較请:叫 차·배를 부를 때는 "请"을 쓰지 않는다:◇他们马上(×请)叫汽车把我送进了医院/그들은 즉시 차를 불러서 나를 병원으로 옮겼다. 3〈敬〉상대방에게 어떤 일을 부탁하거나 권할 때 쓰는 경어. ◇~坐/앉으십시오. ◇~勿吸烟/흡연금지. 4신불(神佛)에 제사지낼 때 필요한 물건을 사다.

【请安一안】qǐng//ān 動1안부를 묻다. 문안을 드리다. 2(同)〔打千(儿) dǎqiān(r)〕

【请便一변】qǐngbiàn 〈套〉마음대로 하시오. 좋도록 하시오.

【请春客一춘객】qǐng chūnkè (옛날, 민간의 풍습으로) 음력 설 뒤에 친구나 이웃을 초대하여 잔치를 벌이던 일.

【请调一조】qǐngdiào (직원이) 전근원을 내다.

【请多包涵一다포함】qǐng duō bāohán 〈套〉(너그럽게) 용서하세요. 많은 양해를 부탁 드립니다. ◇乡下人嘛, 以后请你多多包涵/시골 사람입니다. 앞으로 많은 양해를 부탁 드립니다.

【请功一공】qǐnggōng 動논공 행상을 주청하다.

★【请假一가】qǐng//jià 動휴가를 신청하다. (결근·조퇴·외출 등의) 허가를 받다. ◇本学期我~了十天的病假/이번 학기에 나는 병가를 10일 냈다. (同)〔告 gào 假〕, (反)〔销 xiāo 假〕

*【请柬一간】qǐngjiǎn 圀초청장. 청첩장. 초대장.

*【请教一교】qǐng//jiào 動가르침을 청하다. 여쭤보다.

【请君入瓮－군입옹】qǐng jūn rù wèng〈成〉자신이 정한 규칙이나 벌에 자기 자신이 걸려들다. 제 도끼에 제 발등 찍히다.

☆【请客－객】qǐng//kè 動1손님을 대접하다. ◇他结婚时，～了三天客/그는 결혼식 때 3일동안 손님을 대접했다. 2한턱 내다. ◇今天晚上看戏，我～/오늘 저녁 연극은, 내가 보여줄게.

【请命－명】qǐng//mìng 動1(남을 대신하여) 살려 달라고 요청하다. 2지시해 줄 것을 요구하다. 하명(下命)을 청하다.

☆【请求－구】qǐngqiú 動1요구하다. 부탁하다. ◇他～过上级没同意/그는 요구한 적이 있으나, 상사가 동의하지 않았다. 2名요구. 부탁. ◇你们的～被批准了/너희들의 요구는 허락했다.

∗∗【请示－시】qǐng//shì 動지시를 바라다. (상급 기관에) 여쭙다. ◇关于这个问题王秘书～过主任了/왕비서는 그 문제에 관해 주임에게 여쭤본 적이 있다.

∗【请帖－첩】qǐngtiě 名초대장. 초청장.

【请托－탁】qǐngtuō 動부탁하다. 청탁하다.

★【请问－문】qǐngwèn〈套〉잠깐 여쭙겠습니다. 말 좀 물어 봅시다. ◇～, 去百货大楼坐哪路车?/말씀 좀 묻겠습니다. 백화점에 가려면 몇 번 버스를 탑니까?

【请降－항】qǐng//xiáng 動(적이 상대방에게) 투항하다. 항복을 청하다.

【请缨－영】qǐngyīng 動〈文〉종군을 지원하다.

【请原谅－원량】qǐng yuánliàng〈口〉용서해 주십시오. ◇因为太忙, 没有及时给你回信，～/너무 바쁜 탓에 제 때에 답장을 하지 못한 점 용서해 주십시오.

∗【请愿－원】qǐng//yuàn 1動청원하다. ◇学生们向当局～过/학생들이 당국에 청원한 적이 있다. 2(qǐngyuàn)名청원.

【请战－전】qǐngzhàn 動상급자에게 전투 참가를 신청하다.

【请罪－죄】qǐng//zuì 動자수하여 처분을 바라다. (反)[问罪 wènzuì]

【请坐－좌】qǐngzuò〈套〉앉으십시오.

qìng

【庆·慶】广部 | qìng
3画 | 경사 경
1動축하하다. 경하하다. ◇～丰收/풍작을 축하하다. 2動축하[경축]할 만한 일[날]. ◇国～/국경일. 3(Qìng)名성(姓).

【庆典－전】qìngdiǎn 名경축전. 축하 의식.

【庆父不死, 鲁难未已－부불사, 노난미이】Qìngfù bù sǐ, Lǔ nàn wèi yǐ〈成〉나라를 뒤집으려는 자가 살아있는 한 나라가 평안할 수 없다.

∗【庆贺－하】qìnghè 動경하[축하]하다. ◇～丰收/풍작을 축하하다.

【庆幸－행】qìngxìng 形다행하다. 기쁘다.

☆【庆祝－축】qìngzhù 動경축하다. ◇今年我们的喜事真多, 已经开大会～了两次/금년은 우리의 경사가 아주 많아 이미 대회를 열어 두 번이나 경축했다.

【亲·親】立部 | qīng
4画 | 친할 친
⇒qīn

【亲家－가】qìng·jia 名1사돈댁. 사돈 어른. 바깥 사돈과 안사돈. 2아들의 장인·장모 또는 딸의 시아버지·시어머니. ⇒qīnjiā

【亲家公－가공】qìng·jiagōng 名사돈 어른. 바깥 사돈.

【亲家母－가모】qìng·jiamǔ 名사돈댁. 안사돈.

【罄】缶部 | qìng
11画 | 빌 경
動〈文〉다하다. 없어지다. 써버리다. ◇告～/다 없어진 것을 고하다. 다 없어지다.

【罄尽－진】qìngjìn 動다 써버리다. 탕진하다.

【罄竹难书－죽난서】qìng zhú nán shū〈成〉(죄상이 많아서) 말로 다 할 수 없다.

qióng

【穹】穴部 | qióng
3画 | 하늘 궁
〈文〉名하늘. ◇苍 cāng～/창공.

【穹苍－창】qióngcāng 名〈文〉창공. 푸른 하늘. 창천(苍天).

【穹隆－륭】qiónglóng〈文〉名궁륭형(穹窿形). 중앙이 높고 주위가 차차 낮아지는 형상. 하늘의 형상.

【穹庐－려】qiónglú 名고대의 유목민의 둥근 텐트식 가옥.

☆【穷·窮】穴部 | qióng
2画 | 다할 궁
1形가난하다. 궁하다. 구차하다. ◇由富变～了/부유하다가 가난하게 되었다. 2形다하다. 막다르다. 끝장나다. ◇无～无尽/〈成〉무궁무진하다. 3副철저히. ◇要抓住这个线索, ～追不放/이 실마리를 틀어쥐고 밝혀내야 한다. 4副지극히. 몹시.

【穷兵黩武－병독무】qióng bīng dú wǔ〈成〉무력을 휘둘러 전쟁을 일삼다. 호전적이다.

【穷愁－수】qióngchóu 動곤궁하여 근심하다. 가난에 쪼들리다.

【穷措大－조대】qióngcuòdà 名〈喩〉가난한 선비나 학생. [경멸의 뜻을 내포함]

【穷乏－핍】qióngfá 形궁핍하다.

【穷光蛋－광단】qióngguāngdàn 名〈口〉〈罵〉가난뱅이. 빈털터리. 무일푼.

【穷极无聊－극무료】qióng jí wúliáo〈成〉매

우 곤궁하여 의지할 데가 없다. 몹시 따
분하다.
【穷尽-진】qióngjìn 통끝.
【穷寇-구】qióngkòu 명궁지에 몰린 적.
(同)〔残敌 cándí〕
*【穷苦-고】qióngkǔ 형가난하고 고생스럽
다. 곤궁하다. (同)〔贫 pín 苦〕, (反)〔富
有 fùyǒu〕
【穷匮-궤】qióngkuì 형〈文〉부족하다. 모자
라다.
【穷困-곤】qióngkùn 형곤궁하다. 빈곤〔구
차〕하다.
【穷忙-망】qióngmáng 통1생활에 쫓기어
분주하다. 2쓸데없이 바쁘기만 하다.
【穷年累月-년루월】qióng nián lěi yuè〈成〉
해와 달을 거듭하다. 긴 세월. (反)〔一朝
一夕 yī zhāo yī xī〕
**【穷人-인】qióngrén 명가난한 사람. (同)
〔贫民 pínmín〕
【穷山恶水-산악수】qióng shān è shuǐ〈成〉
거친 산과 위험한 강. 불모의 땅.
【穷奢极侈-사극치】qióng shē jí chǐ〈成〉
사치가 극도에 달하다. (反)〔克勤克俭 kè
qín kè jiǎn〕
【穷奢极欲-사극욕】qióng shē jí yù (同)
〔穷奢极侈〕
【穷酸-산】qióngsuān 형궁상스럽고 괴죄
죄하다. 고리타분하다. 궁상맞으면서도
아는 체만하다.〔옛날, 가난한 선비를 비
꼬아 하던 말〕
【穷途-도】qióngtú 명막다른 길. 궁지.〈喩〉
곤경.
【穷途潦倒-도료도】qióng tú liǎo dǎo〈成〉
갈 길이 막혀 실의에 빠지다. 궁지에 몰
리다.
【穷途末路-도말로】qióngtú mòlù〈成〉막
다른 골목에 처하다. (同)〔日暮途穷 rì
mù tú qióng〕, (反)〔前程似锦 qián ché-
ng sì jǐn〕
【穷乡僻壤-향벽양】qióng xiāng pì rǎng
〈成〉산간 벽지. 두메 산골.〔지방〕(反)
〔通都大邑 tōng dū dà yì〕
【穷形尽相-형진상】qióng xíng jìn xiàng
〈成〉1사물을 세밀히 생동감있게 묘사하
다. 2있는 대로 추태를 다 보이다.
【穷凶极恶-흉극악】qióng xiōng jí è〈成〉
극악 무도하다. (同)〔凶相毕露 xiōng xià-
ng bì lù〕, (反)〔慈眉善目 cí méi shàn mù〕
【穷源竟委-원경위】qióng yuán jìng wěi
〈成〉자초 지종을 규명하다. 진상을 캐다.
(反)〔浮光掠影 fú guāng lüè yǐng〕
【穷源溯流-원소류】qióng yuán sù liú〈成〉
사물의 근원을 규명하고 그 발전과정을
탐구하다.

【煢·煢(惸)】 ⼹部 | qióng
5画 | 외로울 경
형〈文〉1(형제가 없어) 외롭다. 고독하다.
2근심하다. 시름겹다.
【煢煢-경】qióngqióng 형〈文〉의지할 곳 없
이 외로운 모양.

【琼·瓊】 王部 | qióng
8画 | 옥 경
명1〈文〉아름다운 옥(玉). ◇玉液~浆/미
주. 2(Qióng)(地)a)경애(瓊崖), 즉 해남
도(海南島). b)경주(瓊州), 즉 해남도에
있었던 옛 부명(府名).
【琼浆-장】qióngjiāng 명미주(美酒).
【琼剧-극】qióngjù 명〈演〉광동성(廣東省)
해남도(海南島)의 지방극.
【琼脂-지】qióngzhī 명한천.

【跫】 足部 | qióng
6画 | 발자국소리 공
의쿵쿵. 터벅터벅. 뚜벅뚜벅.〔발소리〕
【跫然-연】qióngrán 의〈文〉뚜벅뚜벅.

qiū

【丘(坵)】 丿部 | qiū
4画 | 언덕 구
1명언덕. 둔덕. 구릉. ◇坟~子/무덤. 2통
관(棺)을 지면에 놓고 벽돌 등을 쌓아서
가매장하다. ◇先把棺材~起来/우선 관
을 가매장해두다. 3양(논)배미. ◇一~田
/논 한 배미. 4(Qiū)명성(姓).
【丘八-팔】qiūbā 명병졸.〔'兵'를 파자(破
字)하면 丘와 八이 되는 데서 유래함〕
**【丘陵-릉】qiūlíng 명언덕. 구릉.
【丘墓-묘】qiūmù 명〈文〉무덤. 묘.
【丘脑-뇌】qiūnǎo 명〈生理〉시상(視床). 시
구(視丘).
【丘疹-진】qiūzhěn 명〈醫〉구진.

【邱】 阝部 | qiū
5画 | 언덕 구
1(同)〔丘 qiū〕2(Qiū)명성(姓).

【蚯】 虫部 | qiū
5画 | 지렁이 구
【蚯蚓-인】qiūyīn 명〈動〉지렁이.

【龟·龜】 刀部 | qiū
5画 | 거북 귀
⇒guī
【龟兹-자】Qiūcí 명〈地〉고대 서역(西域)
의 나라 이름.〔현재의 신강(新疆) 위구
르 자치구의 고거현(庫車縣) 일대〕

★【秋】 禾部 | qiū
4画 | 가을 추
명1가을. ◇深~/늦가을. 2농작물이 익을
때. 가을걷이할 철. ◇麦~/보리가 익을
때. 보리 수확기. 3〈文〉해. 년(年). ◇一

Q

日不见, 如隔三～/하루를 못보니 3년이나 못본 것 같다. **4**〈文〉때. 시기.〔주로 좋지 않을 때를 가리킴〕◇多事之～/다사 다난한 때. **5**(Qiū)성(姓).

【秋波－파】qiūbō 圀추파. 요염한 눈길.
【秋分－분】qiūfēn 圀추분. 24절기의 하나.
【秋风－풍】qiūfēng 圀가을 바람. 추풍.
【秋风扫落叶－풍소락엽】qiūfēng sǎo luòyè〈成〉가을 바람이 낙엽을 쓸어버리다. 강력한 힘으로 쇠잔한 세력을 일소하다.
【秋高气爽－고기상】qiū gāo qì shuǎng〈成〉천고마비.
【秋毫－호】qiūháo 圀가을철 털갈이때 새로 나는 짐승의 가는 털.〈喩〉극히 적음.
【秋毫无犯－호무범】qiūháo wú fàn〈成〉(군율이 엄하여) 추호도 백성들의 이익을 침해하지 않다. (反)〔洗劫一空 xǐ jié yī kōng〕
【秋后算帐－후산장】qiūhòu suàn zhàng〈成〉가을철 수확이 끝난 후에 총결산하다. 기회를 기다려 보복하다.〔주로 부정적으로 쓰임〕
＊＊【秋季－계】qiūjì 圀가을철.
【秋景－경】qiūjǐng 圀**1**가을 경치. **2**가을의 작황.
【秋老虎－노호】qiūlǎohǔ 圀(초가을) 늦더위.
【秋凉－량】qiūliáng 圀가을의 서늘하고 상쾌한 기운〔날씨〕.
【秋粮－량】qiūliáng 圀**1**가을 식량. **2**가을(의) 곡식.
【秋令－령】qiūlìng 圀**1**가을(철). **2**가을 날씨.
【秋千－천】qiūqiān 圀그네.
【秋色－색】qiūsè 圀가을 경치.
【秋试－식】qiūshì 圀명청(明淸)시대에 실시된 과거의 향시(鄕試).
＊【秋收－수】qiūshōu 圀**1**추수.◇农民们都忙着～/농민들은 모두 바삐 추수하고 있다. **2**가을철에 수확한 농작물.
【秋水－수】qiūshuǐ 圀〈文〉〈喩〉(여자의) 맑은 눈매.
★【秋天－천】qiū·tiān 圀가을.
【秋闱－위】qiūwéi (同)〔秋试 shì〕
【秋汛－신】qiūxùn 圀입추(立秋)에서 상강(霜降) 사이에 강물이 불어나는 것.
【秋游－유】qiūyóu 통(단체로) 가을 여행하다.

【楸】 木部 | qiū
9画 | 개오동나무 추
圀〈植〉가래나무.

【鳅·鰍(鰌)】 鱼部 | qiū
9画 | 미꾸라지 추
1圀〈魚介〉미꾸라지. 추어.◇泥 ní～/미꾸라지. **2**(同)〔鳑 qí 鳅〕

【鞦】 革部 | qiū
9画 | 밀치 추
1(同)〔鞧〕 **2**圀(소·말 등의) 껑거리끈. 밀치끈.
【鞦韆－천】qiūqiān 圀그네. (同)〔秋千〕

【鞧】 革部 | qiū
9画 | 밀치 추
1圀밀치끈. 껑거리끈. **2**통〈方〉수축하다. 수축시키다.◇～着眉毛/눈살을 찌푸리다.

qiú

【仇】 亻部 | qiú
2画 | 원수 구
圀(Qiú)성(姓). ⇒chóu

【囚】 囗部 | qiú
2画 | 가둘 수
1통구금하다. 가두다.◇被～/구금되다. **2**圀수감자.◇罪～/죄수.
【囚车－차】qiúchē 圀죄수 호송차.
【囚犯－범】qiúfàn 圀수감된 죄인. 수감자.
【囚禁－금】qiújìn 통감옥에 가두다. 수감하다. (反)〔释放 shìfàng〕
【囚首垢面－수구면】qiú shǒu gòu miàn〈成〉옥살이하는 죄인처럼 머리도 빗지 않고 얼굴도 씻지 않아 죄수같은 용모다.
【囚徒－도】qiútú 圀죄수. 수인.

【泅】 氵部 | qiú
5画 | 헤엄칠 수
통헤엄치다.◇～水而过/헤엄쳐서 건너다.
【泅渡－도】qiúdù 통헤엄쳐 건너다.

☆【求】 一部 | qiú
6画 | 구할 구
1통(요)청〔간청〕하다. 부탁하다.◇我～了他好几次, 他也不管/나는 그에게 여러 번 부탁해 봤지만, 그는 여전히 모른 척한다. **2**통요구하다.◇精益～精/정교하면 할수록 더욱 정교함을 추구하다. 끊임없이 개선하다. **3**통추구하다. 탐구하다.◇～学问/학문을 탐구하다. **4**圀수요. 요구.◇供～关系/수요 공급 관계. 비교要求 "求"은 목적어로 쓰이지 않는다.◇按照你的(×求)要求, 给你说明一下/당신의 요구대로 당신께 잠시 설명하겠어요. **5**(Qiú)성(姓).
【求爱－애】qiú//ài 통구애하다.
【求告－고】qiúgào 통(도와주거나 용서해 주기를) 간절히 바라다.
【求婚－혼】qiú//hūn 통구혼〔청혼〕하다.
【求见－견】qiújiàn 통면회를 신청하다. 회견을 요청하다.
【求教－교】qiújiào 통가르침을 청하다.
【求借－차】qiújiè 통돈이나 물건을 빌려 달라고 부탁하다.

Q

【求救－구】qiújiù 통구조를〔구원을〕간청하다.

【求靠－고】qiúkào 통〈方〉남에게 의존하여 생활하다.

【求偶－우】qiú'ǒu 통배우자를 구하다.

【求乞－걸】qiúqǐ 통구걸〔동냥〕하다.

【求签－첨】qiú//qiān 통신불(神佛) 앞에서 제비를 뽑아 길흉을 점쳐 보다.

【求亲－친】qiú//qīn 통(중매인을 통해) 청혼하다.

【求情－정】qiú//qíng 통(용서나 도움 때문에) 사정하다.

【求全－전】qiúquán 통1완벽을 추구하다. 2일을 성사시키려고 하다.

【求全责备－전책비】qiú quán zé bèi 〈成〉완전 무결을 요구하다.

【求饶－요】qiú/ráo 통용서를 구하다.

【求人－인】qiú/rén 통남에게 도움을 부탁〔요구〕하다.

【求生－생】qiúshēng 통살길을 찾다. 활로를 강구하다.

【求实－실】qiúshí 통실제를 중시하다.

【求同存异－동존이】qiú tóng cún yì 〈成〉공통점은 취하고, 다른점은 잠시 보류하다.

【求学－학】qiú//xué 통1학교에서 공부하다. 2학문을 탐구하다.

【求援－원】qiúyuán 통원조를 청하다.

【求战－전】qiúzhàn 통1싸움을 청하다. 2전투 참가를 원하다.

【求证－증】qiúzhèng 통증거를 찾다. 증명하기를 요구하다.

【求之不得－지불득】qiú zhī bù dé 〈成〉매우 얻기 어려운 기회. 몹시 열망하던 것.

【求知－지】qiúzhī 통지식을 탐구하다.

【求助－조】qiúzhù 통원조를 구하다. 도움을 청하다.

【俅】亻部 qiú 7画 공순할 구
(Qiú)명구족(俅族). 〔중국의 소수 민족의 하나. '独龙族'의 옛 이름〕

【俅俅－구】qiúqiú 형〈文〉공손하다.

【球(毬)】王部 qiú 7画 둥근물체 구 *
1명구. 〔원형의 입체물〕 2(~儿)명구형이나 이에 가까운 물체. ◇棉~/무명실 뭉구리. 3명공. 볼(ball). ◇排~/배구공. 4명구기 운동. ◇看~去/구기 운동을 보러 가다. 5명지구. ◇全~/전세계. ☆

☆【球场－장】qiúchǎng 명(야구·농구·축구 등의 구기를 하는) 구장.

【球胆－담】qiúdǎn 명(농구·배구·축구공 등의) 고무심. 튜브.

【球果－과】qiúguǒ 명〈植〉구과.

【球茎－경】qiújīng 명〈植〉구경. 알뿌리.

【球菌－균】qiújūn 명〈微〉구균.

【球门－문】qiúmén 명〈體〉(럭비·축구 등의) 골(goal).

*【球迷－미】qiúmí 명(야구·축구 등의) 구기광.

【球面－면】qiúmiàn 명〈數〉구면. 구(球)의 표면.

【球磨机－마기】qiúmójī 명〈機〉볼 밀(ball mill).

【球拍－백】qiúpāi 명〈體〉라켓.

【球赛－새】qiúsài 명〈體〉구기 시합.

【球台－대】qiútái 명탁구대. 당구대.

【球体－체】qiútǐ 명〈數〉구체.

【球鞋－혜】qiúxié 명운동화.

【球心－심】qiúxīn 명〈數〉구심. 구의 중심.

【球艺－예】qiúyì 명(구기의) 공을 다루는 기술.

【裘】衣部 qiú 7画 갖옷 구
명1〈文〉갖옷. 가죽옷. ◇狐~/여우 모피로 만든 옷. 2(Qiú)성(姓).

【裘皮－피】qiúpí 명모피.

【虬(蚪)】虫部 qiú 1画 규룡 규
1명규룡. 뿔이 난 작은 용. 2〈文〉형굽다. 구불구불하다.

【虬龙－룡】qiúlóng 명고대 전설속의 뿔이 난 작은 용.

【虬髯－염】qiúrán 명〈文〉곱슬곱슬한 구레나룻.

【虬须－수】qiúxū 명〈文〉곱슬곱슬한 턱수염.

【酋】八部 酉部 qiú 7画 2画 우두머리 추
1명추장. 2명(도적이나 침략자의) 우두머리. 두목. ◇敵~/적의 우두머리.

【酋长－장】qiúzhǎng 명부족의 추장. 부락의 우두머리.

【酋长国－장국】qiúzhǎngguó 명추장이 지배하는 나라.

【遒】辶部 qiú 9画 다할 주
〈文〉형힘이 있다. 건강하다.

【遒劲－경】qiújìng 형〈文〉강건하다. 힘이 있다. (同)〔苍 cāng 劲〕, (反)〔稚嫩 zhìnèn〕

【蛷】虫部 qiú 9画 나무굼벵이 추
⇒yóu

【蛷蛴－제】qiúqí 명〈虫〉하늘소의 유충(幼蟲). 나무굼벵이.

【巯·巰】工部 qiú 9画 수황기 규
명〈化〉메르캅토(Mercapto)기. 수황기(水黄基).

qiǔ

【糗】 米部 | qiǔ
10画 | 건량 구

1【명】건량(乾粮). 말린 양식. 2【명】(밥·가루 따위를 뭉친) 덩어리. 3【동】〈方〉(밥·면 따위가) 덩어리지다. 4(국물이 있는 면 따위가) 풀어지다. 불어 퍼지다. ◇面条儿都～了/국수가 다 풀어졌다.

区 799	驱 799	躯 799	曲 799	蛐 800
诎 800	屈 800	祛 800	胠 800	焌 800
黢 800	蛆 800	趋 801	觑 801	麴 801
嚯 801	劬 801	鸲 801	鼩 801	渠 801
蕖 801	瞿 801	氍 801	蠼 801	曲 801
苣 802	取 802	娶 802	龋 802	去 802
阒 803	觑 803	趣 803		

qū

☆【区·區】 匚部 | qū
2画 | 나눌 구

【명】1구별. 분별. ◇～分/구분. 2지역. 지구. 지대. ◇住宅～/주택 지역. 3【구】〔한국의 도에 해당되는 행정 구역〕◇自治～/자치구. ⇒ōu

☆【区别—別】qūbié 1【동】구별하다. 식별하다. ◇谁对谁错要～清楚/누가 누구에게 잘못했는지 분명히 가려내야 한다. (同)〔分fēn 别〕, (反)〔混淆 hùnxiáo〕2【명】구별. 차이. 상이. 다름. ◇这两个问题的根本～在哪儿?/이 두 문제의 근본적인 차이는 어디에 있는가? 비교区别:差别 일치하지 않고 거리감이 있을 때는 "区别"를 쓰지 않는다. ◇这两个人的学习成绩(×区别)差别不大/이 두 사람의 학업성적은 차이가 많지 않다.

*【区分—分】qūfēn 【명】【동】구분(하다).

【区划—划】qūhuà 【명】【동】구획(하다). 구분(하다).

【区区—區】qūqū 1【형】사소하다. 얼마되지 않다. ◇～小事, 何必计较?/사소한 일로 무엇하러 따집니까? 2【명】〈謙〉저. 소인. 〔자칭(自称)〕

**【区域—域】qūyù 【명】구역. 지구(地區).

【驱·驅(敺)】 马部 | qū
4画 | 몰 구

【동】1(가축을) 몰다. ◇～马前进/말을 앞으로 몰다. 2빨리 달리다. ◇长～直入/먼길을 달려 곧바로 공격해 들어가다. 3쫓아내다. 몰아내다. ◇～虫剂/구충제.

【驱策—策】qūcè 【동】몰아대다.

【驱车—车】qūchē 【동】차를 몰다. 운전하다.

【驱除—제】qūchú 【동】쫓아내다. 없애다. (同)〔去 qù 除〕, (反)〔萌生 méngshēng〕

【驱赶—간】qūgǎn 【동】1몰다. 2쫓아버리다.

【驱迫—박】qūpò 【동】몹시〔못견디게〕압박하다. 핍박하다.

【驱遣—견】qūqiǎn 【동】1마구〔마음대로〕부리다. 2멀리 쫓아버리다. 3없애버리다.

【驱散—산】qūsàn 【동】1쫓아 흩어지게 하다. 몰아내다. 2없애버리다.

【驱使—사】qūshǐ 【동】1마구 부리다. 혹사하다. 2부추기다. 마음이 동하다.

【驱邪—사】qūxié 【동】(부적 등으로) 악마를 쫓아내다. 사악한 기운을 막다.

*【驱逐—축】qūzhú 【동】쫓아내다. 추방하다. ◇～出境/국경 밖으로 추방하다. (同)〔赶走 gǎnzǒu〕〔驱 qū 赶〕, (反)〔收留 shōuliú〕

【驱逐舰—축함】qūzhújiàn 【명】〈軍〉구축함.

【躯·軀】 身部 | qū
4画 | 몸 구

【명】신체. 몸. ◇为国捐～/국가를 위해 몸을 바치다.

【躯干—간】qūgàn 【명】〈生理〉몸통. 몸뚱이.

【躯壳—각】qūqiào 【명】(정신에 대하여) 육체.

【躯体—체】qūtǐ 【명】신체. 체구.

【曲·麯(麴)】 曰部 | qū
2画 | 굽을 곡

1【형】굽다. 구부러지다. ◇弯腰～背/구부러진 허리와 등. 2【동】구부리다. ◇～肱而枕/팔을 구부려 베다. 3【명】굽이. 만곡(彎曲). ◇河～/강굽이. 4공정치 않다. 이치에 맞지 않다. ◇是非～直/시비곡직. 5【명】누룩. 6(Qū)【명】성(姓). ⇒qǔ

【曲笔—필】qūbǐ 【동】1(사관이 이해 관계 때문에) 곡필하다. 2(일부러) 주제를 벗어나 기술하다. (同)〔直 zhí 笔〕

【曲别针—별침】qūbiézhēn 【명】종이 끼우개. 클립.

【曲柄—병】qūbǐng 【명】〈機〉크랭크(crank).

【曲尺—척】qūchǐ 【명】곱자. 곡척.

【曲棍球—곤구】qūgùnqiú 【명】〈體〉1필드 하키(field hockey). 2필드 하키 볼(ball).

【曲解—해】qūjiě 【동】곡해하다. 오해하다.

【曲颈甑—경증】qūjǐngzèng 【명】〈化〉레토르트(retort).

【曲里拐弯—리괴만】qū·li guǎiwān (～儿的)【형】〈口〉구불구불하다.

【曲률—률】qūlǜ 【명】〈數〉곡률.

【曲霉—미】qūméi 【명】누룩곰팡이.

【曲面—면】qūmiàn 【명】〈數〉곡면.

【曲曲弯弯—곡곡만만】qūqūwānwān 【형】구불구불하다.

Q

【曲蟮一선】qū·shàn 图〈口〉〈動〉지렁이.

【曲射炮一사포】qūshèpào 图〈軍〉곡사포.

【曲突徙薪一돌사신】qū tū xǐ xīn〈成〉굴뚝을 밖으로 굽히고, 장작을 멀리 둔다. 위험을 미연에 방지하다. (同)〔防患未然 fáng huàn wèi rán〕, (反)〔亡羊补牢 wáng yáng bǔ láo〕

＊【曲线一선】qūxiàn 图〈數〉곡선.

【曲意逢迎一의봉영】qū yì féng yíng〈成〉자기의 본마음을 굽혀 남에게 영합하다. (同)〔阿谀逢迎 ē yú féng yíng〕, (反)〔刚正不阿 gāng zhèng bù ē〕

＊＊【曲折一절】qūzhé 图1굽다. 꼬불꼬불하다. ◇汽车沿着~的山路行驶/자동차는 구불구불한 산길을 따라 달린다. (同)〔弯 wān 曲〕, (反)〔笔直 bǐzhí〕2복잡하다. 곡절이 많다. ◇他的人生道路很~/그가 걸어온 길은 매우 복잡하다.

【曲直一직】qūzhí 图곡직. 시비. 선악.

【曲轴一축】qūzhóu 图〈機〉크랭크축. 크랭크샤프트.

【蛐】虫部 qū
　　　　6画 귀뚜라미 곡

【蛐蛐儿一곡아】qū·qur 图〈方〉〈虫〉귀뚜라미.

【蛐蟮一선】qū·shàn 图〈動〉지렁이. (同)〔曲蟮〕

【诎・詘】讠部 qū
　　　　　5画 굽을 굴
1图〈文〉단축하다. 줄어들다. 2图굴복하다. 3图(언행이) 둔하고 굼뜨다. 4(Qū) 图성(姓).

【屈】尸部 qū
　　　　5画 굽을 굴
1图구부리다. 굽히다. ◇猫~着后腿, 竖着尾巴/고양이가 뒷다리를 구부리고 꼬리를 세우고 있다. 2图굴복하다. 굴복시키다. ◇宁死不~/죽을지언정 굴복하지 않겠다. 3图(행위가) 도리[이치]에 맞지 않다. ◇理~词穷/도리에 어긋나서 말이 막히다. 4图억울함. 무고한 죄. ◇叫~/억울함을 호소하다. 5(Qū)图성(姓).

【屈才一재】qū//cái 图(적소 아닌 곳에 배치되어) 재능을 다 발휘하지 못하다. 재능을 꺾다.

【屈从一종】qūcóng (同)〔屈服 fú〕, (反)〔反抗 fǎnkàng〕

【屈打成招一타성초】qū dǎ chéng zhāo〈成〉무고한 사람을 고문하여 억지로 죄를 인정하게 하다.

＊【屈服一복】qūfú 图굴복하다. ◇她一次也没~过对方的压力/그녀는 상대방의 압력에 한번도 굴복한 적이 없다.

【屈光度一광도】qūguāngdù 图〈物〉디옵터 (diopter).

【屈驾一가】qūjià 图〈敬〉왕림해 주시기 바랍니다. 〔옛날, 남을 초청할 때 쓰던 말〕

【屈节一절】qūjié 图1절개를 굽히다. (同)〔变 biàn 节〕, (反)〔守 shǒu 节〕2(신분을) 낮추다.

【屈就一취】qūjiù 图〈套〉아무쪼록 취임해 주십시오. (同)〔俯 fǔ 就〕

【屈居一거】qūjū 图현 지위에 참고 견디다.

【屈戌儿一술아】qū·qur 图(문・창문・궤짝 따위의) 고리. 손잡이.

【屈辱一욕】qūrǔ 图굴욕(을 당하다). 모욕(을 받다). (反)〔荣耀 róngyào〕

【屈枉一왕】qū·wang (同)〔冤 yuān 枉〕

【屈膝一슬】qūxī 图무릎을 꿇다. 〈喩〉굴복하다.

【屈戌一술】qūxū (同)〔屈戌儿 qū·qur〕

【屈折语一절어】qūzhéyǔ 图〈言〉굴절어.

【屈指一지】qūzhǐ 图손가락을 꼽아 수를 세다.

【屈指可数一지가수】qū zhǐ kě shǔ〈成〉손꼽아 헤아릴 수 있다. 숫자가 매우 적다. (同)〔寥 liáo 寥可数〕, (反)〔不可胜数 bù kě shèng shǔ〕

【屈尊一존】qūzūn 图〈套〉몸을 낮추어서 …하다.

【祛】礻部 qū
　　　　5画 떨 거
图제거하다. 물리치다. ◇~暑/더위를 물리치다.

【祛除一제】qūchú 图(질병・의혹・악마를) 없애다.

【祛疑一의】qūyí 图〈文〉의심을 없애버리다.

【祛瘀一어】qūyū 图〈中醫〉울혈(鬱血)을 없애다.

【胠】月部 qū
　　　　5画 옆구리 거
〈文〉1图겨드랑이 아래와 허리 윗부분. 옆구리. 2图열다. ◇~箧/도둑질하다.

【焌】火部 qū
　　　　7画 구울 준
图〈口〉1타고 있는 것을 물에 넣어 끄다. 2달군 냄비에 기름을 붓고, 조미료를 넣은 다음 야채를 넣어 빨리 살짝 볶는 요리법. ◇~豆芽/콩나물을 볶다. ⇒jùn

【焌油一유】qūyóu 图〈方〉기름을 뜨겁게 한 뒤에 요리 위에 붓다. 〔조리법(調理法)〕

【黢】黑部 qū
　　　　7画 검을 준
图검다.

【黢黑一흑】qūhēi 图새 까맣다. 캄캄하다. (同)〔漆 qī 黑〕, (反)〔光亮 guāngliàng〕

【蛆】虫部 qū
　　　　5画 구더기 전
图〈虫〉구더기.

【蛆虫一충】qūchóng 图〈虫〉구더기. 〈喩〉나쁜 일만 하는 비열한 사람.

【趋·趨】 走部 | qū
5画 | 재촉할 촉

1동빨리 가다. ◇～前/앞으로 빨리 가다. 2동어떤 방향으로 향해 가다. 향하다. ◇日一繁荣/날로 번영해 가다. 3동거위나 뱀이 목을 내밀어 사람을 물다.

【趋奉―봉】 qūfèng 동아첨하다. 영합하다.

【趋附―부】 qūfù 동권세에 빌붙다.

【趋光性―광성】 qūguāngxìng 명〈生〉추광성.

【趋时―시】 qūshí 동시대의 흐름을 따르다. 시세에 순응하다. (同)〔人 rù 时〕, (反)〔背 bèi 时〕

*【趋势―세】 qūshì 명추세. 경향. ◇他近来很听老师的话, 看来有变好的～/그는 요즘 선생님 말씀을 잘 듣는데, 달라지는 기미가 보인다.

*【趋向―향】 qūxiàng 1동…으로 기울어지다. …하는 경향이 있다. ◇病情～好转/병세가 호전되고 있다. 2(同)〔趋势 sùi〕

【趋炎附势―염부세】 qū yán fù shì 〈成〉권세 있는 자에게 아부하며 빌붙다. (反)〔刚正不阿 gāng zhèng bù ē〕

【趋之若鹜―지약목】 qū zhī ruò wù 〈成〉오리가 무리를 지어 모여 오다. 옳지 않은 일에 달려들다.

【觑(覷)】 见部 | qū
11画 | 엿볼 저

동(口)실눈을 떠서 자세히 보다. ⇒qù

【觑觑眼―저안】 qūqūyǎn 명〈方〉근시안.

【麹】 麦部 | qū
8画 | 누룩 국

1(同)〔曲 qū〕 2(Qū)명성(姓).

【嘀】 口部 | qū
18画 | 호각소리 구

의1호루룩. 〔호각을 부는 소리〕 2귀뚤귀뚤. 〔귀뚜라미 우는 소리〕

qú

【劬】 力部 | qú
5画 | 힘들일 구

명〈文〉부지런하다. 고생하다.

【劬劳―로】 qúláo 동〈文〉고생하다.

【鸲·鴝】 鸟部 | qú
5画 | 구욕새 구

명〈鸟〉지빠귀과의 새.

【鸲鹆―욕】 qúyù 명〈鸟〉구관조(九官鸟).

【鼩】 鼠部 | qú
5画 | 새앙쥐 구

【鼩鼱―정】 qújīng 명〈动〉뒤쥐.

☆【渠(佢)】 木部 | qú
7画 | 도랑 거

1명인공 수로. 도랑. ◇水到～成/물이 흐르는 곳에 도랑이 생긴다. 조건만 마련되면 일은 자연히 된다. 2형〈文〉크다. ◇～帅 shuài/수령. 괴수. 3대〈方〉그. 그 사람. 4(Qú)명성(姓).

*【渠道―도】 qúdào 명1관개 수로. ◇～两旁栽上了杨树/수로 양변에 백양나무를 심었다. 2경로. 루트. ◇我们希望通过正常～与上级机关沟通/우리는 정상적인 경로를 통해 상급기관과 소통되길 바란다.

【蘧】 艹部 | qú
16画 | 양양할 거

【蘧然―연】 qúrán 형〈文〉반색하는 모양. 놀라고 기뻐하는 모양.

【瞿】 隹部 | 目部 | qú
10画 | 13画 | 놀랄 구

(Qú)명성(姓).

【氍】 毛部 | qú
18画 | 담요 구

【氍毹―유】 qúshū 명털로 짠 융단.

【蠼(蠷)】 虫部 | qú
20画 | 집게벌레 구

【蠼螋―수】 qúsōu 명〈虫〉집게벌레.

qǔ

☆【曲】 曰部 | qǔ
2画 | 굽을 곡

명1곡. 〔운문(韵文) 한 형식으로 원대(元代)에 성행했음. 민간 가곡(歌曲)의 영향을 받아 형성되어 구(句)의 활용이 더욱 민활하고 구어(口语)를 많이 사용하며 한 곡조를 부를 수도 있고, 여러 곡조를 합쳐 부르기도 함〕 2(～儿)노래. 가곡. 가락. ◇小李走路嘴里哼着～儿/이군은 노래를 흥얼거리면서 길을 걷는다. 3악보. 멜로디. ◇《义勇军进行曲》是聂耳作的～/《의용군진행곡》은 니에얼이 작곡한 것이다. ⇒qū

【曲调―조】 qǔdiào 명노래의 곡조. 가락.

【曲高和寡―고화과】 qǔ gāo hè guǎ 〈成〉곡조가 고상하여 따라 부르는 사람이 적다. 논의나 예술 작품이 지나치게 고상하여 대중들이 이해하지 못하다.

【曲牌―패】 qǔpái 명곡조의 각종 명칭.

【曲谱―보】 qǔpǔ 명1〈书〉원곡(元曲) 등의 대표적 형식의 작품을 모은 책. 2희곡(戏曲)의 악보(乐谱).

【曲艺―예】 qǔyì 명민간에 유행하는 지방색이 풍부한 각종 설창 문예(说唱文艺)의 총칭. 〔弹词·'大鼓'·'相声'·'快板儿' 따위가 있음〕

*【曲子―자】 qǔ·zi 명1곡(曲). 2가락. 노래. 가락. ◇这支～很好听/이 곡은 참 듣기 좋다.

Q

【苣】 艹部 | qǔ
　　　4画 | 상치 거
【苣荬菜—매채】qǔ·mǎicài 図〈植〉사데풀.

☆【取】 耳部 | 又部 | 취할 취
　　　2画 | 6画
　图1가지다. 찾다. 받다. ◇银行今天关门,
钱~不了 liǎo/오늘은 은행이 문을 닫아
서, 돈을 찾을 수 없다. 2얻다. 자초하다.
◇他们这样做是自～灭亡/그들이 이렇게
하는 건 스스로 제 무덤을 파는 것이다.
3취하다. 골라 뽑다. 선발하다. ◇今年高
考她又没录～/그녀는 올해 대학 입시에
서도 또 떨어졌다.
【取保—보】qǔ//bǎo 图보증인을 세우다.
【取材—재】qǔ//cái 图재료를 고르다.
【取长补短—장보단】qǔ cháng bǔ duǎn
〈成〉장점을 취하여 단점을 보완하다.
*【取代—대】qǔdài 1图대신하다. 대체하다.
◇用机器～手工生产/기계로 수공 생산을
대신하다. 2图〈化〉치환(置换)(하다).
★【取道—도】qǔdào 图코스를 잡다.
★【取得—득】qǔdé 图취득하다. 획득하다. ◇
这次访问～了圆满成功/이번 방문은 성공
적이었다. (同)〔得到 dào〕, (反)〔失去 sh-
iqù〕
【取灯儿—등아】qǔdēngr 图〈方〉성냥.
【取缔—체】qǔdì 図图금지(하다). 단속(하
다).
【取而代之—이대지】qǔ ér dài zhī 〈成〉남의
자리에 대신 들어서다.
【取法—법】qǔfǎ 图본받다. 본뜨다.
【取给—급】qǔjǐ 图공급받다. 공급되다. 〔주
로 뒤에 'ㅜ'를 수반함〕
【取经—경】qǔ//jīng 图1(불교도가 인도에
가서) 불경을 구해오다. 2〈喩〉남의 좋은
경험을 배워오다.
【取精用弘—정용홍】qǔ jīng yòng hóng
〈成〉정화(精華)를 취해 널리 응용하다.
【取景—경】qǔ//jīng 图(촬영이나 스케치
할 때) 배경으로 하다.
【取决—결】qǔjué 图…에 달려있다. 〔주로
뒤에 'ㅜ'를 수반함〕◇他是否能毕业～于
努力的程度/그가 졸업할 수 있는지는 노
력여하에 달려있다.
【取乐—락】qǔlè (~儿)图즐기다. 재미를
보다.
【取闹—뇨】qǔnào 图1떠들어 대다. 부산을
피우다. ◇别在这儿～/여기에서 떠들지
마. 2사람을 가지고 장난치다.
【取暖—난】qǔnuǎn 图따뜻하게 하다.
【取齐—제】qǔqí 图1(수량·깊이·높이를) 가
지런하게 하다. 맞추다. 2모이다. 집합하다.
【取巧—교】qǔ//qiǎo 图교활한 수단을 쓰
다. 요령있게 하다.

【取舍—사】qǔshě 図图취사 선택(하다).
【取胜—승】qǔshèng 图승리를 얻다. 승리
하다. (同)〔获 huò 胜〕, (反)〔失败 shībài〕
☆【取消—소】qǔxiāo 图취소하다. ◇
会议一致同意～他的代表资格/회의에서는
그의 대표자격 취소에 대해 만장일치로
동의했다.
【取销—소】qǔxiāo (同)〔取消 xiāo〕, (反)
〔恢复 huīfù〕
【取笑—소】qǔxiào 图농담하다. 놀리다.
【取信—신】qǔxìn 图신용을 얻다. 신임을
받다. (反)〔失 shī 信〕
【取样—양】qǔyàng 图(품질을 보기 위하
여) 견본을 뽑다.
【取悦—열】qǔyuè 图(남의) 환심을 사다.
비위를 맞추다.
【取之不尽—지불진】qǔ zhī bù jìn 〈成〉아무
리 써도 닳지 않는다. 무진장 많다.

∗∗【娶】 女部 | qǔ
　　　8画 | 장가들 취
　图장가들다. 아내를 얻다. ◇我要～她为
妻/나는 그녀를 아내로 맞으려 한다.
(同)〔讨 tǎo〕, (反)〔嫁 jià〕
【娶亲—친】qǔ//qīn 图장가들다. 아내를 얻다.

【龋·齲】 齿部 | qǔ
　　　9画 | 충치 우
　图이가 썩다.
【龋齿—치】qǔchǐ 図벌레 먹은 이. 충치.

　　　　　　　qù

★【去】 土部 | 厶部 | qù
　　　2画 | 3画 | 갈 거
　图1(화자가 있는 곳에서) 다른 곳으로 가
다. ◇你想～哪儿玩儿?/어디로 놀러갈
생각이니? ◇我们班～了九个人/우리 반
에서 9명이 갔다. ◇～晚了就来不到了/
늦게 가면 못 산다. (反)〔来 lái〕 回교
去:来:走 ①다른 곳에서 화자가 있는 곳
으로 오면 "去"를 쓰지 않는다. ◇那时候
我准备(×去)来中国, 可是没来成了, 现在
终于来到这儿了/그때 내가 중국에 오려
했으나 오지 못했었는데 지금은 마침내
여기에 왔다. ②떠난다는 뜻만 있고 목적
지가 없을 때는 "去"를 쓰지 않는다. ◇
我不喜欢这个地方, 呆了十分钟就(×去)
走了/난 이 곳이 좋지 않아 10분을 있다가
갔다. 2떠나다. ◇～世/세상을 떠나다. 3
잃어버리다. 놓치다. ◇大势已~/대세를
이미 잃어버리다. 4없애다. (껍질을) 벗
기다. ◇苹果要～了皮再吃/사과는 껍질
을 깎아서 먹어야 한다. ◇这句话～几个
字就简洁了/이 말은 몇자 삭제하면 간결
해진다. 5(…로부터) 떨어지다. ◇两地相

~四十里/두 곳은 서로 40리 떨어져 있다. **6**형과거의. 이전의. ◇~年/작년. **7**죽다. ◇他不到四十岁就先~了/그는 40세도 안되어 먼저 죽었다. **8**동사 앞에 쓰여 화자가 있는 곳에서 떠남을 나타냄. 〔'了', '着', '过'를 쓸 수 없고 중첩할 수 없음〕 ◇他~看病了, 一会儿就回来/그는 진찰받으러 가서 조금 있다가 돌아온다. **9**동사나 동목구조 뒤에 쓰여 가는 목적을 나타냄. 〔'去' 뒤에 목적어를 가질 수 없음〕 ◇一会儿, 他要到机场接他爱人~/조금 있다가 그는 자기 아내를 마중하러 공항에 갈 것이다. **10**동사구나 개사구와 동사나 동사구 사이에 쓰여 전자가 후자의 방법·방향·태도임을, 후자가 전자의 목적임을 나타냄. ◇要从主要方面~检查/중요한 곳부터 검사해야 한다. **11**동사나 동목구조 뒤에 방향보어로 쓰임. a)사람이나 사물이 동작에 따라서 화자가 있는 곳을 떠남을 나타냄. ◇小王刚才来这儿, 把他的那本书拿~了/왕군은 방금 여기 와서 그의 그 책을 갖고 갔다. b)동작이 계속됨을 나타냄. ◇让他说~(下去)/그로 하여금 계속 말하게 해라. c)동사 뒤에만 쓰여 없애버림을 나타냄. ◇他旅行了三天就花~了三百块钱/그는 여행 3일 만에 무려 300원이나 써버렸다. d)'随', '让' 등 동사와 같이 쓰여 마음대로 하라는 뜻을 나타냄. ◇那些桔子随他吃~, 全吃了也没关系/그가 그 귤을 다 먹어도 괜찮으니 마음대로 먹으라고 해. **12**'太', '多', '远' 등 형용사 뒤에 쓰여 '매우…하다'는 어감을 나타냄. ◇他到过的地方多了~了!/그는 갔던 곳이 정말 많아! **13**형〈言〉거성(去声).

【去处―처】qùchù 명**1**행선지. **2**장소. 곳.

【去路―로】qùlù 명가는 길. 진로. (反)[来 lái lù].

【去你的―니적】qù nǐ de〔口〕**1**저리 가. 그만 둬. 입 닥쳐. 걷어 치워. ◇~吧! 讨厌鬼!/저리가! 밉살스러운 놈. **2**됐다. 그만해라. 〔상대방의 언행에 대해 꾸짖다. 예의는 없으나 친근한 표현임〕 ◇你真好看!~~! 你就会说这一句/넌 정말 예뻐! - 됐어! 넌 그말만 할 줄 알지.

★【去年―년】qùnián 명작년. 지난해.

【去任―임】qùrèn 동사임하다.

【去日―일】qùrì 명〈文〉지난 날. 지나간 세월.

【去声―성】qùshēng 명〈言〉거성. 〔고대 중국어의 제 3성. 현대 중국어의 제 4성〕

*【去世―세】qùshì 동세상을 떠나다. ◇父亲比母亲早~一年/아버지는 어머니보다 1년 일찍 돌아가셨다. (同)[过 guò 世], (反)[诞生 dànshēng].

【去暑―서】qù//shǔ 동더위를 물리치다.

【去岁―세】qùsuì 명지난 해. 작년.

【去向―향】qùxiàng 명행방.

【去雄―웅】qùxióng 명동〈植〉제웅(除雄)(하다).

【去职―직】qù//zhí 동퇴직하다.

【阒·闃】门部 qù 9画 고요할 **격**
형〈文〉고요하다. 조용하다. ◇~寂/고요하다.

【阒然―연】qùrán 형〈文〉인기척 하나 없이 고요하다.

【觑 (覷)】见部 qù 11画 엿볼 **저**
동〈文〉보다. ◇小~/얕보다. 깔보다. 경시하다. ⇒qū

【趣】走部 qù 8画 뜻 **취**
1(~儿)명취미. 흥미. 재미. ◇桃红柳绿, 相映成~/복숭아꽃이 붉게 피고 실버들이 푸르러, 아름다운 봄의 경치를 이룬다. **2**형재미있다. ◇~事/재미있는 일. **3**명취향. 의향. ◇异~/취향이 다르다.

【趣剧―극】qùjù (同)[闹 nào 剧]

【趣事―사】qùshì 명재미있는 일. 우스운 일.

∗∗【趣味―미】qùwèi 명재미. 흥미. ◇他讲的故事挺有~/그가 말한 이야기는 아주 재미있다.

【趣闻―문】qùwén 명재미있는 이야기.

quān

☆【圈】口部 quān 8画 동그라미 **권**
1(~儿)명원(圆). 바퀴. 둘레. ◇每天早上我围着操场跑四~/매일 아침 나는 운동장을 네 바퀴 돈다. **2**(~儿)명고리. 환. 테. ◇铁~/쇠고리. **3**명범위. 권. ◇~内/권내. **4**동둘러싸다. 포위하다. ◇宪兵队把所有的职员, 工人~到小院内拷打/헌병대는 모든 직원과 노동자를 작은 뜰로 몰아 넣고 고문했다. **5**동동그라미를 치다. ◇请老师给我们~重点/선생님 중요한 곳에 동그라미 좀 쳐주세요. ⇒juān, juàn

【圈点―점】quān//diǎn 동**1**권점을 찍다. **2**(quāndiǎn)명방점.

【圈拢―롱】quān·long 동〈方〉**1**단결하다. **2**꼬드기다.

*【圈套―투】quāntào 명올가미. 함정. 술책. ◇设下~/올가미를 치다.

【圈椅―의】quānyǐ 명팔걸이가 있는 둥근 의자.

【圈阅―열】quānyuè 동〈공문서나 회람문서

에 회람자의 이름 앞에) 동그라미를 하여 이미 열람했다는 표시를 하다.

**【圈子一子】quān·zi 图1원. 동그라미. 둘레. ◇到公园去兜个～/공원에 가서 한 바퀴 거닐자. 2범위. 테두리. ◇他陷入敌人～里了/그는 적의 함정에 빠졌다.

quán

★【全】人部 quán
4画 온전할 전
1형완전하다. 완비하다. ◇人～不～? 人～了马上出发/사람들 다 모였어요? 사람들 다 모였으면 금방 출발합시다. 2동보전시키다. 완전 무결하게 하다. ◇两～其美/쌍방이 다 좋게 하다. 3형전체의. 모든. ◇～书共二十八卷/한 질에 모두 28권. 비교全:全 쌍음절 명사는 "全"의 수식을 받지 않는다. ◇法院判定(×全)全部遗产归他所有/법원은 모든 유산을 그의 소유로 판정했다. 4부전부. 완전히. 다. ◇学过的汉字我～会写了/배운 한자를 나는 다 쓸 줄 안다. 5(Quán)명성(姓).
【全般一般】quánbān 명전반(적인).
【全豹一豹】quánbào 명〈喩〉전모. 전체의 상황. (同)〔全貌mào〕
【全本一本】quánběn (～儿)명1(연극의) 전편 공연. (反)〔节 jié 本〕2(同)〔足 zú 本〕
★【全部一部】quánbù 명부전부(의). 모두. ◇大家放心吧, 这儿的工作～由我来负责/여러분 안심하세요. 여기 일은 모두 제가 책임지겠습니다. (反)〔部分 bùfen〕
【全才一才】quáncái 1명다재다능한 사람. 모든 면에 뛰어난 사람. 2명만능의.
【全程一程】quánchéng 명전체의 노정. 전코스.
*【全都一都】quándōu 부모두. 전부. ◇出国的事～由我来负责/출국하는 일은 내가 전부 책임지겠습니다.
【全份一分】quánfèn 명전부의. 세트의.
【全副一副】quánfù 명한 벌의. 한 조의. 전부 갖춘. ◇～武装/완전무장.
【全乎一乎】quán·hu (～儿)명〈口〉다 구비되어 있다. 다 갖추어져 있다.
*【全会一会】quánhuì 명〈略〉'全体会议'(전체회의)의 준말.
【全集一集】quánjí 명전집.
【全家福一가복】quánjiāfú 명〈方〉1가족 사진. 2요리의 일종. 〔고기완자·'鸡蛋饺'·닭고기·당면·배추 따위를 넣어 만든 잡탕〕
*【全局一국】quánjú 명전체의 판국. ◇每个人都要有～观念/개개인 모두 전체의 입장에서 생각하는 관념을 가지고 있어야 한다. (反)〔局部 bù〕

【全开一开】quánkāi 명전지(全纸). 전판(全判).
【全劳动力一로동력】quánláodònglì 명(주로 농사일을 하는) 어른 노동력.
*【全力一力】quánlì 명전력. 모든 힘. ◇～以赴/전력투구하다. (同)〔竭尽全力 jié jìn quán lì〕, (反)〔敷衍了事 fū yǎn liǎo shì〕
【全貌一모】quánmào 명전모. 전경.
☆【全面一면】quánmiàn 명전체. ◇抓好重点照顾～/중점을 파악했으면 전체를 고려해야 한다. 2형총체적이다. 전반적이다. ◇农, 林, 牧, 副, 渔～发展/농업, 임업, 목축업, 부업, 어업이 총체적으로 발전하다. (同)〔全盘 pán〕, (反)〔片 piàn 面〕 비교全面:全 구체적인 것에는 "全面"을 쓰지 않는다. ◇他的事我(×全面)全说了/그의 일을 모두 얘기했다.
*【全民一민】quánmín 명전국민. ◇～动员, 参加抗日战争/전국민이 동원되어, 항일전쟁에 참가했다.
【全能运动一능운동】quánnéngyùndòng 명〈體〉(육상·체조·수영 등의) 종합경기.
【全盘一반】quánpán 명전체. 전부. 전면. ◇～计划/전체적인 계획. ◇～接受/전면 수용하다.
【全票一표】quánpiào 명1일반표. 2(투표자의) 모든 표.
【全勤一근】quánqín 명개근(이다).
【全球一구】quánqiú 명전지구.
【全权一권】quánquán 명전권.
【全然一연】quánrán 부전혀. 도무지. ◇对这件事, 他～不知/이 일에 대해 그는 전혀 모른다.
【全身一신】quánshēn 명전신. 온몸.
【全神贯注一신관주】quán shén guàn zhù 〈成〉온 정신을 다 기울이다. (同)〔凝 níng 神专注〕, (反)〔漫不经心 màn bù jīng xīn〕
【全盛一성】quánshèng 형전성하다. 한창 왕성하다.
【全食一식】quánshí 명〈天〉개기식(皆既蚀).
【全始全终一시전종】quán shǐ quán zhōng 〈成〉(일을) 처음부터 끝까지 완벽하게 하다. (同)〔有始有终 yǒu shǐ yǒu zhōng〕, (反)〔有始无终 yǒu shǐ wú zhōng〕
【全数一수】quánshù 명전부. 전액.
【全速一속】quánsù 명전속력.
★【全体一체】quántǐ 명1전체. 2온몸.
【全天候一천후】quántiānhòu 형전천후의.
【全托一탁】quántuō 동전탁(하다). 〔탁아소에 소아를 월요일 아침부터 토요일 저녁까지 맡기는 것〕(야간포함)
【全文一문】quánwén 명전문.
【全息照相一식조상】quánxī zhàoxiàng 명

홀로그램(hologram).

【全线一선】quánxiàn 图1전 전선(戰線). 2
(철도 따위의) 노선 전체.

【全心全意一심전의】quán xīn quán yì〈成〉
성심 성의. (同)〔一心一意 yī xīn yī yì〕,
(反)〔三心二意 sān xīn èr yì〕

【全休一휴】quánxiū 图(병으로 집에서) 쉬다.

【全音一음】quányīn 图〈音〉온음.

【全知全能一지전능】quán zhī quán néng
〈成〉전지 전능.

【诠·詮】讠部 quán
6画 설명할 **전**

〈文〉1图설명하다. 해석하다. 사리를 명확
히 밝히다. 2图진리. 도리.

【诠次一차】quáncì〈文〉1图차례를 정하다.
배열하다. 2图차례. 순서. 짜임새. 갈피.

【诠释一석】quánshì　图图〈文〉설명(하다).
해석(하다).

【诠注一주】quánzhù 图주석을 달아 설명하
다. 주해하다.

【痊】疒部 quán
6画 나을 **전**

图병이 낫다. 건강이 회복되다. (同)〔愈
yù〕,(反)〔患 huàn〕

【痊愈一유】quányù 图병이 완쾌되다. (反)
〔生病 shēngbìng〕

【醛】酉部 quán
9画 알데히드 **전**

图〈化〉알데히드(aldehyde).

＊【权·權】木部 quán
2画 권세 **권**

1图〈文〉저울추. 2图〈文〉무게를 달다. 어
림잡다. 3图권력. 권한. 권세. ◇有职有~
/직위도 높고 권한도 크다. 4图권리(權
利). ◇没有调查研究，就没有发言~/조사
연구를 안하면 발언권도 없다. 5图유리한
형세. ◇主动~/주도권. 6图임기 응변의.
임시의. ◇通一达变/임기 응변. 7图잠시.
임시로. 당분간. ◇死马~当活马医/죽은
말을 산 말로 치고 치료하다. 최후까지
희망을 버리지 않고 방법을 강구하다. 8
(Quán)图성(姓).

【权变一변】quánbiàn 图임기 응변하다.

【权标一표】quánbiāo 图권력의 상징.

【权柄一병】quánbǐng 图권력.

【权臣一신】quánchén 图권신. 실세.

【权贵一귀】quánguì 图집권자. 권세있고 지
위가 높은 사람. (同)〔鼎 dǐng 贵〕,(反)
〔平民 píngmín〕

【权衡一형】quánhéng 1图저울. 2图무게를
달다. 저울질하다. ◇~得失/득실을 저울
질하다.

＊【权力一력】quánlì 图1권력. 2권한.

＊【权利一리】quánlì 图〈法〉권리.

【权略一략】quánlüè 图권모술수.

【权门一문】quánmén 图권문 세가.

【权谋一모】quánmóu 图임기응변의 책략.
남을 속일 목적으로 쓰는 술책.

【权能一능】quánnéng 图권능. 권력과 능력.

【权且一차】quánqiě 图잠시. 우선. 일단. 임
시로.

【权时一시】quánshí 1图잠시. 잠깐. 2图시
국을 저울질하다.

【权势一세】quánshì 图권세.

【权术一술】quánshù 图(부정적인 의미) 권
모 술수.

【权数一수】quánshù 图〈文〉임기 응변의 기지.

＊【权威一위】quánwēi 1图권위(있는). 2图
권위자. 권위 있는 것.

【权位一위】quánwèi 图권력과 지위.

＊【权限一한】quánxiàn 图권한.

【权宜一의】quányí 图편법으로 처리하다.
변통하다.

＊【权益一익】quányì 图권익. 권리와 이익.

【权舆一여】quányú〈文〉1图图싹(이 트다).
2图〈喻〉(사물의) 시작. 시초.

【权诈一사】quánzhà 图간사하다.

【蜷(踡)】虫部 quán
8画 굽을 **권**

图(몸을) 구부리다. 웅크리다.

【蜷伏一복】quánfú 图몸을 움츠리다.

【蜷局一국】quánjú 图〈文〉웅크리다. 구부
리다.

【蜷曲一곡】quánqū 图(몸을) 웅크리다. 구
부리다. 사리다. (同)〔拳 quán 曲〕,(反)
〔挺直 tǐngzhí〕

【蜷缩一축】quánsuō 图둥글게 오그라들다.
오므라들다. (反)〔舒展 shūzhǎn〕

【鬈】髟部 quán
8画 곱슬머리 **권**

图1(머리털이) 곱슬곱슬하다. 2머리털이
아름답고 곱다.

＊【泉】白部 水部 quán
4画 5画 샘 **천**

图1샘물. 샘. ◇温~/온천. 2샘구멍. 3옛
날, 화폐를 일컫던 말. 4(Quán)图성(姓).

【泉流一류】quánliú 图샘의 흐름.

【泉水一수】quánshuǐ 图샘물.

【泉下一하】quánxià 图천하. 저승. (同)〔黄
huáng 泉〕,(反)〔人间 rénjiān〕

【泉眼一안】quányǎn 图샘구멍.

【泉源一원】quányuán 图1샘의 근원. 원천.
2어떤 사물의 근원.

【拳】手部 quán
6画 주먹 **권**

1图주먹. ◇年轻的时候，她常跟男孩子们
挥~踢脚/젊을 때 그녀는 자주 사내애들
과 주먹질하며 싸웠다. 2图권법. 권술.

◇太极～/태극권. 3[동]구부리다. 굽히다. 오그리다. ◇老大娘～着腿坐在炕上/노부인은 다리를 오그리고 구들에 앉아 있다.

【拳棒－봉】quánbàng [명]무술. 권법과 봉술.

【拳击－격】quánjī [명]〈體〉권투. 복싱.

【拳脚－각】quánjiǎo (同)〔拳棒〕

【拳曲－곡】quánqū [형]굽다. 구불구불하다. 곱슬곱슬하다. (同)〔弯 wān 曲〕, (反)〔挺直 tǐngzhí〕

【拳拳－권】quánquán [형]〈文〉간절하다.

【拳师－사】quánshī [명]권법가.

【拳手－수】quánshǒu [명]권투 선수.

【拳术－술】quánshù [명]권법. 무술.

⁑【拳头－두】quán·tóu [명]주먹. ◇他的～举得最高/그의 주먹이 가장 높이 올라갔다. [비교]拳头:拳 "拳"은 단음절 명사만 "拳"을 수식할 수 있다. ◇他挥动着双(×拳头)拳叫我赶紧上去/그는 양 주먹을 휘두르며 나에게 빨리 올라가라고 했다.

【拳头商品－두상품】quán·tóu shāngpǐn [명]대히트한 상품.

【颧·顴】 页部 17画 quán 광대뼈 **관**

【颧骨－골】quán·gǔ [명]광대뼈.

quǎn

*【犬】 犬部 0画 quǎn 개 **견**

[명]〈動〉개. ◇警～/경찰견.

【犬齿－치】quǎnchǐ [명]〈生理〉견치. 송곳니.

【犬马－마】quǎnmǎ 1[명]개와 말. 2[대]〈謙〉신(臣). 소인. 〔신하가 임금에 대하여 자기를 낮추어 이르는 말〕

【犬儒－유】Quǎnrú [명]견유학파(犬儒學派)에 속하는 학자.

【犬牙－아】quǎnyá [명]1송곳니. 2개의 이빨.

【犬牙交错－아교착】quǎnyá jiāocuò 〈成〉1경계선이 개 이빨처럼 들쑥날쑥하다. 2상황이 얽혀 복잡하다.

【犬子－자】quǎnzǐ [명]〈謙〉자기 자식을 낮추어 일컫는 말.

quàn

☆【劝·勸】 又部 2画 力部 2画 quàn 권할 **권**

[동]1(이치로) 설득하다. 충고하다. ◇大家～了他半天他还是不听/모두들 오랫동안 설득했지만 그는 듣지 않았다. 2격려하다. 장려하다. 권면하다. 면려하다. ◇～勉/격려하다.

【劝导－도】quàndǎo [동]설득하다. 충고하다.

⁑【劝告－고】quàngào 1[명][동]권고(하다). 충고(하다). ◇作为长辈我要～你/나는 연장자로서 네게 충고하겠다. 2설득. 타이름. ◇你要多听听大家的～/너는 여러 사람들의 타이름을 귀담아 들어야 한다.

【劝和－화】quànhé 1[동]중재하여 화해시키다. 2[명]중재. 화해.

【劝化－화】quànhuà [동]1(선을 행하도록) 교화하다. 2(同)〔化缘〕

【劝驾－가】quàn//jià [동](옛날) 관직을 맡도록 권하다. 출마를 권유하다.

【劝架－가】quàn//jià [동]싸움을 말리다. 다툼을 중재하다.

【劝解－해】quànjiě [동]1타이르다. 달래다. 위로하다. 2다툼을 중재하다.

【劝戒－계】quànjiè [동](잘못을) 깨우치게 하다.

【劝进－진】quànjìn [동](옛날 신하가) 왕위에 오르도록 권하다.

【劝酒－주】quàn//jiǔ [동]술을 권하다.

【劝勉－면】quànmiǎn [동]장려하다. 격려하다.

【劝募－모】quànmù [동](기부금 따위의) 설득하여 모금하다.

*【劝说－설】quànshuō [동]설득하다. 충고하다. 권유하다. ◇作为他的好朋友我当然要～他一下/나는 그의 친한 친구로서 물론 그를 충고해야지.

【劝慰－위】quànwèi [동]위로하다. 달래다. (同)〔安 ān 慰〕, (反)〔伤害 shānghài〕

【劝降－항】quàn//xiáng [동]투항을 권하다.

【劝诱－유】quànyòu [동]권유하다. 타일러 …하게 하다.

【劝止－지】quànzhǐ [동]권하여 중지시키다. 만류하다.

*【劝阻－조】quànzǔ [동]권하여 그만두게 하다. ◇好言～/좋은 말로 말리다. (同)〔劝止 zhǐ〕, (反)〔鼓动 gǔdòng〕

*【券(劵)】 刀部 6画 quàn 엄쪽 **권**

[명]권. 증권. 표. ◇入场～/입장권. ⇒xuàn

quē

【炔】 火部 4画 quē 아세틸렌 **결**

[명]〈化〉알킨(독Alkin).

☆【缺】 缶部 4画 quē 모자랄 **결**

1[동]모자라다. ◇老人生活很幸福, 手里从来没～过钱/노인은 손에 돈이 모자라는 일이 없이 행복하게 사신다. 2[동]파손되다. 빠지다. ◇房顶上还～着几块瓦呢/지붕 위에는 기와마저 몇장 부서졌다. 3[동]결석하다. ◇这个月～了两天勤/이달에 이틀이나 출근을 못했다. 4[명]옛날, 관직의

공석. 결원(缺員).

【缺德－덕】 quēdé 휑〈駡〉부도덕하다. 몰인정하다. 비열하다. ◇你这个人真～/너의 인간성을 알아줘야겠군.

☆【缺点－점】 quēdiǎn 명결점. 약점. ◇他的～是工作马虎/그의 결점은 일을 건성으로 하는 것이다. (同)〔缺欠 qiàn〕, (反)〔优 yōu 点〕 비교缺点:错误 일을 정확하지 않게 할 때는 "缺点"을 쓰지 않는다. ◇他在工作中犯了(×缺点)错误/그는 일하는 중에 잘못을 저질렀다.

【缺额－액】 quē'é 명결원.

☆【缺乏－핍】 quēfá 동결핍되다. 모자라다. ◇当时枪支弹药缺少/당시에는 총기와 탄약이 많이 부족했다. (同)〔缺少 shǎo〕, (反)〔多余 duōyú〕 비교缺乏:缺少 목적어 앞에 수량사가 있으면 "缺乏"를 쓰지 않는다. ◇我们教室(×缺乏)缺少一台电扇/우리 교실에는 선풍기 한 대가 부족하다.

【缺憾－감】 quēhàn 명유감스러운 점.

【缺刻－각】 quēkè 명〈植〉결각.

＊【缺口－구】 quēkǒu 명1(～儿)파손되어 이지러진 부분. 갈라진 틈. (그릇 따위의) 이빠진 곳. ◇围墙上有个～/담장에 갈라진 틈이 있다. 2터진 데. 구멍. 빈틈. 부족함. ◇原材料～很大/재료에 부족함이 매우 많다.

【缺漏－루】 quēlòu 명결함.

【缺略－략】 quēlüè 동결여되다. 빠지거나 생략되다.

【缺门－문】 quēmén (～儿)명공백 부문. ◇～产品/공백 부분의 제품.

【缺欠－흠】 quēqiàn 1명결점. 결함. 2동모자라다.

【缺勤－근】 quē//qín 동결근하다. (反)〔出chū 勤〕

☆【缺少－소】 quēshǎo 동부족하다. 모자라다. ◇资金还～许多/자금이 아직 많이 모자란다. (同)〔短 duǎn 缺〕 비교缺少:缺乏 "精神"은 "缺少"의 목적어로 쓰이지 않는다. ◇现在有些年轻人(×缺少)缺乏主人翁的精神/지금 젊은이들은 주인 의식이 부족하다.

【缺损－손】 quēsǔn 1동파손되다. ◇如有～, 照价赔偿/파손된 것이 있다면 원가대로 배상한다. 2명신체의 발육부전. (同)〔残 cán 缺〕, (反)〔完整 wánzhěng〕

＊【缺席－석】 quē//xí 동결석하다. ◇因为私事我～过一次/나는 개인적인 일로 한번 결석한 적이 있다.

＊【缺陷－함】 quēxiàn 명결함. 결점. 허물. ◇生理～/신체적 결함.

【缺嘴－취】 quēzuǐ 〈方〉1(～儿)명언청이. 2동먹을 것이 모자라다. 남루하다.

【阙·闕】 门部 quē 10画 대궐문 궐

〈文〉1동과실. 잘못. 실수. 2(同)〔缺 quē〕 3(Quē)명성(姓). ⇒què

【阙如－여】 quērú 동〈文〉결여되다.

【阙疑－의】 quēyí 의문점을 당분간 그대로 남기다.

qué

＊【瘸】 疒部 qué 11画 다리절 궐

동〈口〉절름거리다. (다리를) 절다. ◇这人从小时候就一直这么～着/그 사람은 어릴 때부터 그렇게 다리를 절름거린다.

【瘸子－자】 qué·zi 명절름발이.

què

☆【却(卻)】 卩部 què 5画 물러날 각

1동후퇴하다. 물러나다. ◇～步/퇴보하다. 2동물러나게 하다. 물리치다. 3동거절하다. ◇盛情难～/간절한 요청을 거절할 수 없다. 4…해 버리다. 없어지다. …하고 말다. 〔주로 다른 동사 뒤에서 보어로 쓰여 동작의 완성이나 강조의 뜻을 나타냄〕 ◇失～信心/자신을 잃고 말다. 5튀 도리어. 오히려. 반대로. ◇大家都高高兴兴地去旅行了, 我～住在医院里, 真急人/남들은 즐겁게 여행을 떠나는데 나는 도리어 병원에 누워있다니 정말 미치겠네.

【却病－병】 quèbìng 동병을 물리치다.

＊【却步－보】 quèbù 동(두렵거나 싫어서) 뒷걸음질 치다. (同)〔后退 hòutuì〕

【却说－설】 quèshuō 〈早白〉각설하고. 그런데. 〔옛 장회체 소설에서 말머리를 바꿀 때 쓰는 발어사〕

【却之不恭－지불공】 què zhī bù gōng 〈成〉거절하면 실례가 된다. (反)〔受之有愧 shòu zhī yǒu kuì〕

【确(確)】 石部 què 7画 정확할 확

1휑진실하다. 확실하다. ◇正～/정확하다. 2휑확고하다. ◇～信/확신하다.

＊【确保－보】 quèbǎo 동확실히 보증하다. ◇～安全/안전을 확보한다.

【确当－당】 quèdàng 휑적절하다. 적당하다. (同)〔得 dé 当〕, (反)〔不 bù 当〕

☆【确定－정】 quèdìng 1휑확정적이다. 명확하다. 확고하다. ◇～的胜利/확고한 승리. (同)〔肯 kěn 定〕, (反)〔含糊 hánhū〕 2동확정하다. 확실히 결정하다. ◇候选人名单, 上次就～了/후보자 명단은 전번에 확정했

었다. 比교确定:鉴定 품질·성능을 평가할 경우에는 "确定"을 쓰지 않는다. ◇专家们对产品的质量进行了(×确定)鉴定/전문가들이 제품의 품질에 대해 검증했다.

【确乎－호】què·hū 퀄확실히.

*【确立－립】quèlì 통확립하다. ◇～信念/신념을 확립한다.

*【确切－절】quèqiè 형1정확하다. 2확실하다. (同)〔准 zhǔn 确〕, (反)〔粗略 cūlüè〕

*【确认－인】quèrèn 통확인(하다). ◇～事实/사실을 확인한다. (同)〔承 chéng 认〕, (反)〔否定 fǒudìng〕

★【确实－실】quèshí 1형확실하다. ◇～的数字, 统计出来才能知道/확실한 숫자를 통계를 내야만 알 수 있다. 2부확실히. 정말로. ◇这个消息～令人兴奋/이 소식은 정말로 사람을 흥분시킨다. 比교确实:切实 확실히 실행할 때는 "确实"을 쓰지 않는다. ◇工作人员要(×确实)切实执行国家的规定/공무원은 국가의 규정을 확실히 지켜야 한다.

【确守－수】quèshǒu 통굳게 지키다.

*【确信－신】quèxìn 1형확신(하다). ◇我们一定一崇高理想一定能实现/우리는 그 숭고한 이상이 실현되리라고 확신한다. (同)〔相 xiāng 信〕, (反)〔猜疑 cāiyí〕 2명정확한 소식.

*【确凿－착】quèzáo 형확실하다. 확증이 있다. ◇证据～/증거가 확실하다.

【确诊－진】quèzhěn 통확정적으로 진단하다. (反)〔误 wù 诊〕

【确证－증】quèzhèng 명확실한 증거. 확증.

【雀】 小部│隹部│què
8画│3画│참새 작
명〈鸟〉참새. ⇒qiāo qiǎo

【雀斑－반】quèbān 명주근깨.

【雀鹰－응】quèyīng 명〈鸟〉매.

【雀跃－약】quèyuè 통기뻐서 (참새처럼) 깡충깡충 뛰다.

【榷(推)】 木部│què
10画│외나무다리 교
통1〈文〉전매하다. ◇～税/전매하는 세금. 2의논하다. 토의하다. ◇商～/의논하다.

【阙·闕】 门部│què
10画│대궐문 궐
명1옛날 궁문 앞 양측에 있는 망루(望楼). ◇宫～/궁궐. 2묘 앞 양측의 돌조각. ⇒quē

【鹊·鵲】 鸟部│què
8画│까치 작
명〈鸟〉까치. 〔喜 xǐ 鹊〕

【鹊巢鸠占－소구점】què cháo jiū zhàn 〈成〉까치집을 비둘기가 차지하다. 남의 가옥·토지·재산을 강점하다.

【鹊起－기】quèqǐ 통명성이 나다. 명성이 퍼지다.

【鹊桥－교】quèqiáo 명(전설상의) 오작교.

【裙】 衤部│qún
7画│치마 군
명1치마. 스커트. ◇短～/짧은 치마. ◇连衣～/원피스. 2치마같은 것. ◇围～/앞치마.

【裙钗－차】qúnchāi 명1치마와 비녀. 2부녀자. (同)〔巾帼 jīnguó〕, (反)〔须眉 xūméi〕

【裙带－대】qúndài 명1치마끈. 2〈贬〉〈喩〉처가집의 덕을 보고 있는 남자.

☆【裙子－자】qún·zi 명치마. 스커트.

☆【群(羣)】 羊部│qún
7画│무리 군
1명무리. 떼. ◇鸡～/닭 무리. 2명군중. 대중. 뭇사람. ◇超～/뛰어나다. 3형무리를 이룬. ◇～峰/뭇 봉우리. 4양무리. 떼. ◇山坡上, 一～羊正在吃着青草/산기슭에서 한떼의 양들이 파란 풀을 뜯어 먹고 있다.

【群策群力－책군력】qún cè qún lì 〈成〉여러 사람이 지혜를 모으고 힘을 합치다. (同)〔通力合作 tōng lì hé zuò〕, (反)〔孤掌难鸣 gū zhǎng nán míng〕

*【群岛－도】qúndǎo 〈地〉군도.

【群芳－방】qúnfāng 명군방. 1여러 가지 향기로운 꽃. 2〈转〉많은 여자들.

【群婚－혼】qúnhūn 명집단혼.

【群集－집】qúnjí 통군집하다. 많은 사람이 한 곳에 모이다.

【群居－거】qúnjū 통군거하다. 떼지어 살다.

【群龙无首－룡무수】qún lóng wú shǒu 〈成〉뭇 용에 우두머리가 없다. 지도자가 없는 사람의 무리.

【群落－락】qúnluò 명〈植〉군락. 떼판.

【群氓－맹】qúnméng 명〈文〉〈贬〉(통치자가 말하는) 뭇 백성. 우매한 백성.

【群魔乱舞－마란무】qún mó luàn wǔ 〈成〉뭇 귀신이 어지럽게 춤을 추다. 악당들이 마구 날뛰다.

【群起－기】qúnqǐ 통많은 사람이 함께 일어나다.

【群轻折轴－경절축】qún qīng zhé zhóu 〈成〉가벼운 것이라도 많이 쌓으면 수레의 굴대가 부러진다. 작은 나쁜 일이라도 내버려두면 심각한 결과를 초래할 수 있다.

【群情－정】qúnqíng 명대중의 감정. 민의.

*【群体－체】qúntǐ 명1〈生〉군체. 무리몸. 2개체로 구성된 집단.

【群威群胆－위군담】qún wēi qún dǎn 〈成〉

여러 사람이 일치 단결하여 발휘하는 위력과 용기.

【群雄—웅】 qúnxióng 图군웅.

【群言堂—언당】 qúnyántáng 图간부가 대중의 여론을 수렴하는 민주적 태도. (反)〔一 yī 言堂〕

【群英—영】 qúnyīng 图〈文〉뛰어난 인물들.

【群英会—영회】 qúnyīnghuì 图전문가나 석학들의 모임.

☆【群众—중】 qúnzhòng 图1민중. 대중. 2비공

산당원. 3(직책 없는) 일반인.

【群众关系—중관계】 qúnzhòng guānxì 图대인 관계.

【群众路线—중로선】 qúnzhòng lùxiàn 图〈政〉대중 노선.

【群众运动—중운동】 qúnzhòng yùndòng 图대중 운동(캠페인).

【群众组织—중조직】 qúnzhòng zǔzhī 图대중 조직.

〈763p.에서 계속〉

【起火—화】 qǐ//huǒ 图1불을 피워 밥을 짓다. 2불이 나다. 화재가 나다. 3화를 내다

【起火—화】 qǐ·huo 图폭죽.

【起获—획】 qǐhuò 图(장물, 금지품을) 압수하다.

【起急—급】 qǐjí〈方〉조급하다. 초조해 하다.

【起家—가】 qǐ//jiā 图집안을 일으켜 세우다.

【起见—견】 qǐjiàn …하기 위하여. …을 목적으로. ◇为安全~, 必须系jì上保险带/안전을 위하여 안전벨트를 매야 한다.

*【起劲—경】 qǐjìn (~儿) 图(일이나 놀이 등에) 신이 나다. 신바람나다. 열심히 하다. ◇同学们又说又笑, 玩得很~/급우들은 웃음꽃을 피우면서 신나게 놀았다.

【起居—거】 qǐjū 图일상생활.

【起圈—권】 qǐ//juàn 图(돼지우리나 외양간에서 똥거름을) 쳐내다.

【起开—개】 qǐ·kai〈方〉图비키다. (同)〔走 zǒu 开〕,〔让 ràng 开〕

【起课—과】 qǐ//kè 图점을 치다.

★【起来—래】 qǐ//·lái 图1일어나다. 일어서다. ◇你~, 我要用这把椅子/일어나, 난 이 의자를 써야 해. 2(잠자리에서) 일어나다. 기상하다. ◇刚~就忙着下地干活儿/막 일어나자마자 바삐 밭으로 일하러 나

간다. 3올라가다. 궐기하다. 일어나다 ◇群众~了/군중들이 궐기하였다. ◇飞机~了/비행기가 떠올랐다.

【起来—래】 //·qǐ//·lái 보어1동사 뒤에 쓰여 아래에서 위로 향함을 나타냄. ◇从地上拣jiǎn一只钱包/바닥에서 지갑 하나를 주웠다. ◇站~/일어서다. ◇抱~안아 올리다. ◇升~/떠오르다. 2동사나 형용사 뒤에 쓰여 동작이나 상황이 시작되어 계속됨을 나타냄. ◇唱起歌来 /노래부르기 시작하다. ◇才说几句就哭~了/몇 마디 말을 하자 울음을 터뜨렸다. ◇天气热~了/날씨가 더워지기 시작했다. 3동사 뒤에 쓰여 동작의 완성이나 목적달성을 나타내며, 흩어진 상태에서 집중(집합) 됨을 나타내기도 함. ◇想~了/생각이 났다. ◇国家终于统一~了/국가가 마침내 통일되었다. ◇他把钱都藏~了/그는 돈을 모두 감춰버렸다. 4동사 뒤에 쓰여 짐작이나 어느 방면에 착안함을 나타냄. ◇看~, 他不会来了/보아하니 그는 안 올 것 같다. ◇这件事说~容易, 作~难/이 일은 말하기에는 쉽지만 하기는 어렵다.

【起立—립】 qǐlì 图일어서! (주로 구령에 쓰임. (同)〔站 zhàn 起来〕◇~, 敬礼/일어섯, 경례.

【起落—락】 qǐluò 图오르락내리락하다.

R

rán

【蚺(蚦)】
虫部 | rán
5画 | 이무기 **염**

【蚺蛇－사】ránshé (명)이무기.

【髯(髥)】
髟部 | rán
5画 | 구레나룻 **염**

(명)볼 수염. 구레나룻. ◇美~/멋지게 난 수염.

【髯口－구】rán·kou (명)경극에 붙이는 가짜 수염.

【然】
灬部 | rán
8画 | 그럴 **연**

1(형)옳다. 그러하다. ◇不以为~/그렇다고 생각하지 않다. **2**(대)이와 같은. 그러한. 이러한. ◇不尽~/모두 그러하지는 않다. **3**(접)〈文〉그러나. ◇此事虽小, ~亦不可忽视/이 일은 비록 사소하지만, 역시 가볍게 볼 수는 없다. **4**(접미)형용사나 부사의 뒤에 쓰여 상태나 모양을 나타냄. ◇突~/돌연.

☆【然而－이】rán'ér (접)그렇지만. 그러나. 그런데. ◇他虽然失败了很多次, ~并不灰心/그는 비록 여러번 실패했지만 결코 실망하지 않는다.

★【然后－후】ránhòu (접)그런 다음. 그리고 나서. ◇先研究一下, ~再决定/먼저 연구 좀 한 후에 결정하자. [비교]然后:后来 ①연이어 발생하는 일이 아니고 단지 과거의 어떤 시간 이후의 시간인 경우는 "后来"를 쓴다. ◇他努力学画画儿(×然后)后来他成了著名画家/그는 열심히 그림을 그려 나중에 저명한 화가가 됐다. ②과거의 어떤 시간부터 현재까지는 "至今"을 쓰고, "然后"를 쓰지 않는다. ◇我八月二十日回到北京, (×然后)至今大约三个月了/난 8월 20일에 북경에 도착한 후 지금까지 대략 3개월이 됐다.

【然诺－낙】ránnuò (동)〈文〉허락하다. 승낙하다.

【然则－즉】ránzé (접)〈文〉그러면. 그런즉. 그렇다면.

∗【燃】
火部 | rán
12画 | 탈 **연**

(동)**1**타다. 연소하다. ◇自~/자연 발화(하다). **2**불을 붙이다. 점화하다. ◇~灯/등불을 켜다. (반)〔熄 xī〕

【燃点－점】rándiǎn **1**(동)점화하다. 불을 켜다. **2**(명)발화점.

【燃放－방】ránfàng (동)〈文〉폭죽 따위에 불을 붙여 터뜨리다. 불꽃을 쏘아 올리다.

∗∗【燃料－료】ránliào (명)연료.

【燃眉之急－미지급】rán méi zhī jí 〈成〉급한 일.

【燃气轮机－기륜기】ránqìlúnjī (명)〈機〉가스 터빈.

☆【燃烧－소】ránshāo (명)(동)**1**연소(하다). ◇衣物已~成灰烬/옷과 일상용품이 이미 잿더미로 타버렸다. (同)〔燃点 diǎn〕, (反)〔熄火 xīhuǒ〕**2**(감정·욕망이)불꽃처럼 타오르다. ◇怒火在胸中~/분노가 마음 속에서 타올랐다.

rǎn

【冉】
冂部 | Rǎn
3画 | 늘어질 **염**

(명)성(姓).

【冉冉－염】rǎnrǎn (형)〈文〉**1**(털이나 나뭇가지가) 아래로 드리우다. 한들거리다. **2**천천히 움직이는〔나아가는〕 모양.

【苒】
艹部 | rǎn
5画 | 성할 **염**

→〔荏 rěn 苒〕

☆【染】
木部 | rǎn
9画 | 물들일 **염**

1(동)물들이다. 염색하다. ◇把头发~成黄色/머리를 노랗게 물들이다. **2**(동)(병에) 감염되다. (나쁜 것에) 물들다. ◇他没~过这种病/그는 이 병에 걸린 적이 없다.

【染病－병】rǎn//bìng (동)병에 감염되다. (同)〔患 huàn 病〕, (反)〔痊愈 quányù〕

【染坊－방】rǎn·fang (명)염색집. 염색소.

【染缸－항】rǎngāng (명)**1**염색용 항아리. **2**(喩)사람의 생각에 대해 악영향을 주는 장소나 환경.

∗∗【染料－료】rǎnliào (명)염료.

【染色－색】rǎn//sè **1**염색하다. 물들이다. **2**(동)(세균을 관찰하기 쉽게) 세균체를 염색하다. **3**(rǎnsè)(生)염색.

【染色体－색체】rǎnsètǐ (명)〈生〉염색체.

【染指－지】rǎnzhǐ (동)〈喩〉자기 몫이 아닌 이익을 취하다. 남의 것에 손을 대다.

rāng

【嚷】
口部 | rāng
17画 | 소리지를 **양**

뜻은 '嚷 rǎng'과 같으며 '嚷嚷'에서만 'rāng'으로 발음함. ⇒rǎng

【嚷嚷-양】rāng·rang [동]1외치다. 큰소리를 지르다. 2널리 퍼뜨리다.

ráng

【蘘】艹部 17画 ráng 양하 **양**

【蘘荷-하】ránghé [명]〈植〉양하.

【禳】礻部 17画 ráng 물리칠 **양**

[동]재앙을 쫓는 기도를 하다. ◇~灾/재앙을 떨쳐 버리다. 액막이를 하다.

【禳解-해】rángjiě [동]〈文〉(재앙을 없애 달라고) 빌다. 액막이 하다.

【穰】禾部 17画 ráng 짚 **양**

1(~儿)[명]〈方〉벼·보리 따위의 줄기〔대〕. 2(同)〔瓤 ráng〕

【穰穰-양】rángráng [형]〈文〉풍작이다.

【瓤】瓜部 17画 ráng 박속 **양**

(~儿)1[명](오이·수박·귤 따위의) 과육. ◇橘子~儿/귤의 속. 2[명](껍질에 싸인) 내용물. 알맹이. ◇信~儿/편지. 3[형]〈方〉좋지 않다. 약하다. ◇你赶车的技术真不~/당신의 차를 모는 솜씨가 정말 훌륭하다.

rǎng

【壤】土部 17画 rǎng 땅 **양**

[명]1토양. 흙. ◇沃~/기름진 토양. 2땅. ◇天~/하늘과 땅. 3지역. ◇接~/접경지역.

【壤土-토】rǎngtǔ [명]농경에 알맞은 토양. 토지. 국토.

【攘(纕)】扌部 17画 rǎng 물리칠 **양**

[동]〈文〉1밀어내다. 배척하다. ◇~外/외세를 몰아내다. 2빼앗다. 훔치다. ◇~夺/빼앗다. 탈취하다. 3(소매를) 걷어 올리다. ◇~臂/팔 소매를 걷어올리다.

【攘臂-비】rǎngbì [동]〈文〉소매를 걷어올리다. 분기(奮起)하다.

【攘除-제】rǎngchú [동]〈文〉제거하다.

【攘夺-탈】rǎngduó [동]〈文〉탈취하다. 빼앗다.

【攘攘-양】rǎngrǎng [형]〈文〉혼란한 모양.

☆【嚷】口部 17画 rǎng 소리지를 **양**

[동]1고함치다. ◇说话声音小一点儿, 别~醒了孩子/애를 깨우지 않도록 목소릴 낮춰. 2〈口〉떠들다. ◇~也没用, 还是另想办法吧/떠들어 대도 소용없으니 다른 방법을 강구하자. 3〈方〉책망하다. 나무라다. ◇这事让妈妈知道了又该~我了/이 일을 어머니가 알게 되면, 또 나에게 야단치실거야. ⇒rāng

ràng

★【让·讓】讠部 3画 ràng 사양할 **양**

1[동]양보하다. 사양하다. ◇别争了, 大家互相~~吧/싸우지 말고 모두들 서로 양보하세요. 2[동]…을〔를〕 권하다. 모시다. ◇把大家~进屋里/모두를 집안으로 모셨다. 3[동]넘겨 주다. 양도하다. ◇他~了辆车给小王/그는 미스 왕에게 자전거를 넘겨주었다. 4[동]…하도록 시키다. …하게 하다. …하도록 내버려두다. ◇来晚了, ~你久等了/늦게 와서 오래 기다리게 했습니다. [비교]让:使 "让"의 주어는 일반적으로 사람이며, 사물일 경우에는 "使"를 써야 한다. ◇炎热的天气(×让)使我出起汗来/무더운 날씨가 날 땀 흘리게 한다. 5[동]피하다. ◇请~开点儿/좀 비켜주세요. 6[개]…에게〔…에 의해〕(…당하다). ◇我衣服~树枝挂破了/내 옷이 나뭇가지에 걸려 찢어졌다. (同)〔被 bèi〕

*【让步-보】ràng//bù [동]양보하다. ◇除了这件事, 别的我都可以~/나는 그 일만 빼고 다른 것은 모두 양보할 수 있다. (同)〔退 tuì 让〕, (反)〔争夺 zhēngduó〕

【让利-리】ràng//lì [동]이익을 양보하다.

【让路-로】ràng//lù [동]길을 양보하다.

【让位-위】ràng//wèi [동]1지위를 양보하다. (同)〔退 tuì 位〕, (反)〔登基 dēngjī〕 2좌석을 양보하다.

【让贤-현】ràng//xián [동]직위를 현자나 유능한 사람에게 양보하다.

【让座-좌】ràng//zhuò (~儿)[동]좌석을 양보하다.

ráo

⁑【饶·饒】饣部 6画 ráo 넉넉할 **요**

1[형]풍부하다. 많다. ◇丰~/풍부하다. 2[동]더하다. 보태다. ◇三元钱买了四斤桔子, 还~了两个苹果/3원에 귤 4근을 샀는데 또 사과 두 개를 덤으로 주었다. 3[동]용서하다. ◇他侮辱了我妹妹, 我绝不能~了他/그가 내 여동생을 욕보였는데 절대로 용서할 수 없다. ◇~他这一回/이

번은 그를 용서한다. **4**〈接〉비록 …할지라
도. 아무리 …하더라도. ◇~这么让着他,
他还不满意/이렇게 그에게 양보를 해준
다고 해도 그는 여전히 만족하지 않는다.
5(Ráo)〈姓〉성(姓).

【饶命-명】ráo//mìng 〈동〉목숨을 살려 주다.

【饶舌-설】ráoshé 〈형〉말이 많다. (同)〔多
嘴 duōzuǐ〕, (反)〔沉默 chénmò〕

【饶恕-서】ráoshù 〈동〉용서하다. (同)〔宽
kuān 恕〕, (反)〔责罚 zéfá〕

【饶头-두】ráo·tou 〈명〉덤.

【娆·嬈】女部 | ráo
6画 | 아리따울 **요**
→〔娇 jiāo 娆〕,〔妖 yāo 娆〕

【桡·橈】木部 | ráo
4画 | 노 **요**
〈명〉(배의) 노.

【桡骨-골】ráogǔ 〈명〉〈生理〉요골. 노뼈.

răo

【扰·擾】扌部 | răo
4画 | 어지러울 **요**
〈동〉**1**교란하다. 어지럽히다. ◇纷~/어지럽
히다. **2**〈套〉(상대방의 호의에 대해) 폐
를 끼치다. 대접을 받다. ◇我~了他一顿
饭/그로부터 식사 한 끼를 대접 받았다.

【扰动-동】răodòng 〈명〉소동. 소요.

*【扰乱-란】răoluàn 〈동〉어지럽히다. 교란하
다. 방해하다. ◇这孩子把课堂秩序~了/
그 애는 수업 진행을 방해했다. (反)〔安
定 āndìng〕

【扰攘-양】răorǎng 〈동〉〈文〉혼란해지다. 소
동을 일으키다.

【扰扰-요】răorǎo 〈형〉〈文〉복잡하고 어수선
한 모양.

răo

☆【绕·繞】纟部 | răo
6画 | 감길 **요**
〈동〉**1**둘둘 감(기)다. 휘감(기)다. 두르다.
◇再过十分钟, 这些线~得完吗?/10분 더
지나면 이 실을 다 감을 수 있니? **2**감
(싸고)돌다. 빙(글)빙(글)돌다. ◇~半
天, 还是没走出这个胡同/한참을 돌았지
만 이 골목을 빠져나오지 못했다. **3**우회
하다. ◇这条路不通了, 你们从东边~一一
吧/이 길은 통하지 않으니 동쪽으로 돌
아서 가시오. **4**(일·문제 등이) 뒤얽히다.
(머리가) 혼란해지다. ◇这两天, 很多事
情~在我的脑子里, 连觉都睡不着 zháo/
요며칠 많은 일들이 머릿속에 뒤얽혀 있
어 잠도 못잤다.

【绕脖子-발자】rào bó·zi 〈동〉〈方〉**1**빙 돌려
서 말하다. 넌지시 말하다. **2**(말이나 일 따
위가) 난해하다. ◇别绕~的话, 照直说吧/
난해한 말을 그만하고 솔직하게 말하시오.

【绕道-도】rào//dào (~儿)길을 돌아
서 가다. 우회하다.

【绕口令-구령】ràokǒulìng (~儿)〈명〉**1**(발
음 연습을 위한) 잰말놀이. **2**〈转〉빙빙
돌려서 하는 말.

【绕圈子-권자】rào//quān·zi 〈동〉**1**길을 빙
빙 돌아가다. **2**〈喩〉에둘러 말하다.

【绕弯儿-만아】ràowānr 〈동〉**1**〈方〉산보하다.
2(同)〔绕弯子 zi〕

【绕弯子-만자】rào//wān·zi 〈동〉빙 돌려서
말하다.

【绕远儿-원아】rào//yuǎnr **1**〈동〉멀리 돌아
서 가다. 우회하다. **2**(ràoyuǎnr)〈형〉(길
이) 구불구불하다. 멀다.

【绕组-조】ràozǔ 〈명〉〈電〉코일.

【绕嘴-취】ràozuǐ 〈동〉(발음하기 어려워)
혀가 꼬부라지다.

rě

【若】艹部 | rě
5画 | 만일 **약**
→〔般 bō 若〕⇒ruò

【惹】心部 | rě
8画 | 이끌 **야**
〈동〉**1**(어떤 결과나 사태를) 일으키다. 야
기하다. ◇~麻烦/말썽을 일으키다. **2**
(말이나 행동이) 상대방의 기분을 건드
리다. ◇不要把他~翻了/그의 기분을 건
드리지 말라. **3**(말이나 행동이) 어떤 감
정을 불러 일으키다. ◇他今天说的话真~
人厌烦 yànfán/그가 오늘 한 말은 정말
짜증나게 하다. 〈비교〉引 "惹"는 방향
보어를 갖지 않는다. ◇有人经过, (×惹)
引起了他的注意/사람이 지나가자 그의
주의를 끌었다.

【惹不起-불기】rě ·bu qǐ (힘이 세거나 세
력이 커서) 건드릴 수 없다. 상대를 할
수 없다.

【惹得起-득기】rě ·de qǐ 상대할 수 있다.
〔주로 반문에 쓰임〕

【惹火烧身-화소신】rě huǒ shāo shēn 〈成〉
스스로 고난이나 재난을 자초하다.

【惹祸-화】rě//huò 〈동〉화를 초래하다.

【惹乱子-란자】rě luàn·zi 화를 불러 일으
키다. (同)〔闯祸 chuǎnghuò〕〔惹祸〕

【惹气-기】rě//qì 〈동〉성나게 하다.

【惹事-사】rě//shì 〈동〉일을 저지르다. 문제
를 일으키다.

【惹是非-시비】rě shì·fēi (同)〔惹是生 sh-

ēng 非〕
【惹是生非－시생비】rě shì shēng fēi〈成〉말썽을 일으키다. (同)〔招 zhāo 惹是非〕, (反)〔安分守己 ān fèn shǒu jǐ〕
【惹眼－안】rě// yǎn [동]시선을 끌다.

rè

★【热·熱】灬部 6画 | rè 더울 **열**
1[명]열. **2**[형]덥다. 뜨겁다. ◇牛奶趁～喝/우유는 따뜻할 때 마셔라. [비교]热:暖和 따뜻할 때는 "热"를 쓰지 않는다. ◇冬天要穿(×热)暖和衣服/겨울에는 따뜻한 옷을 입어야 한다. **3**[동]가열하다. 덥히다. 데우다. ◇那些饺子～一～再吃/그 만두를 좀 데워서 먹으시오. **4**[명](몸의) 열. 신열. ◇头有点儿～/머리에 열이 좀 있다. **5**[형]정이 깊다. (사이가) 친하다. ◇～心肠儿/따뜻한 마음. **6**[동]몹시 탐내다〔부러워하다, 욕심내다〕. ◇眼～/몹시 부러워하다. **7**[형]인기 있는. 환영받는. ◇经济管理专业成了大学的～门儿/경영학 전공은 대학의 인기학과가 되었다. **8**[명]열. 열기. 붐(boom). ◇足球～/축구붐. **9**[형]열의. 방사성이 강한. ◇～原子/열원자.
☆【热爱－애】rè'ài [동]애착을 갖다. 무척 사랑하다. ◇他也～过演员这个职业/그도 배우라는 직업에 애착을 가졌었다. (同)〔酷 kù 爱〕, (反)〔痛恨 tònghèn〕 [비교]热爱:爱:喜爱 ①사람에 대한 일반 사랑은 "热爱"를 쓰지 않는다. ◇他的母亲(×热爱)爱他/그의 어머니는 그를 사랑한다. ②"热爱"는 동사 앞에 쓰지 않는다. ◇我特别(×热爱)爱吃巧克力/난 초콜릿을 무척 좋아한다. ③좋아하는 물건에는 "热爱"를 쓰지 않는다. ◇她非常(×热爱)喜爱那个娃娃/그녀는 그 인형을 무척 좋아한다.
【热币－폐】rèbì [명]유휴자금.
【热肠－장】rècháng [명][형]따뜻하다. 열성(적이다).
*【热潮－조】rècháo [명]열기. (최)고조. 붐(boom). ◇掀起植树造林～/식수조림 열기가 일고 있다.
【热忱－침】rèchén [명]열성. 정열. 열의.
【热诚－성】rèchéng [명][형]따뜻하고 성실하다.
【热处理－처리】rèchǔlǐ [명]열처리. (反)〔冷 lěng 处理〕
⁑【热带－대】rèdài [명]〈地〉열대. (同)〔回归带 huíguīdài〕, (反)〔寒 hán 带〕
【热带鱼－대어】rèdàiyú [명]열대어.
【热点－점】rèdiǎn [명]**1**인기있는 장소. 명소. ◇济州岛已成为旅游～/제주도는 이미 관광명소가 되었다. **2**화제. 촛점. ◇今天的～是环保/오늘의 촛점은 환경보호이다.
【热电厂－전창】rèdiànchǎng [명]화력 발전소.
【热度－도】rèdù [명]**1**열. 열의 정도. **2**〈口〉신열. **3**열의.
【热风－풍】rèfēng [명]열풍.
【热敷－부】rèfū [명][동]〈醫〉온습포(하다).
【热狗－구】règǒu [명]핫도그.
【热固性－고성】règùxìng [명]〈物〉열경화성.
【热合－합】rèhé [동]플라스틱이나 고무를 가열하여 함께 이어 붙이다.
【热核－핵】rèhé [명]〈原〉열핵.
【热核反应－핵반응】rèhé- fǎnyìng [명]〈原〉열핵 (융합) 반응.
【热烘烘－홍홍】rèhōnghōng (～的)[형]후끈후끈〔화끈화끈〕하다. ◇站在炉边～的/난로 옆에 서 있으면 후끈후끈하다. (同)〔热乎乎 rèhūhū〕, (反)〔冷冰冰 lěngbīngbīng〕
【热乎－호】rè·hu [형]**1**(음식물 등이) 따끈따끈하다. **2**(사이가) 친밀하다.
【热乎乎－호호】rèhūhū [형]뜨겁다. 뜨끈뜨끈하다. ◇这个烘山芋～的/이 군 고구마가 뜨끈뜨끈하네. (同)〔热呼 hū 呼〕, (反)〔冷冰冰 lěngbīngbīng〕
【热呼－호】rè·hu (同)〔热乎 hū〕
【热呼呼－호호】rèhūhū (同)〔热乎 hū 乎〕
【热化－화】rèhuà [명]〈物〉(화력 발전소에서) 전기에너지와 열에너지를 함께 생산해내는 방식.
【热火－화】rè·huo **1**[형]열렬하다. 열기를 띠다. **2**(同)〔热和 huo〕
【热火朝天－화조천】rè huǒ cháo tiān〈成〉(집회·행사 따위가) 열기가 대단하다. 사기가 충천하다. (同)〔热气腾腾 rè qì tēng tēng〕, (反)〔死气沉沉 sǐ qì chén chén〕
【热货－화】rèhuò [명]잘 팔리는 물건. 인기상품. (同)〔热门 mén 货〕, (反)〔冷 lěng 货〕
【热和－화】rè·huo [형]**1**(물건의 온도가) 뜨끈하다. **2**친하다. 사이가 좋다.
【热机－기】rèjī [명]〈物〉열기관.
【热加工－가공】rèjiāgōng [명]〈工〉열간 가공〔처리〕.
【热辣辣－랄랄】rèlālà (～的)[형]화끈하다. (델 만큼) 뜨겁다. ◇听了老师的批评, 他脸上～的/선생님의 타이름을 듣고 그의 얼굴이 후끈거렸다.
【热浪－랑】rèlàng [명]**1**열기. 무더위. **2**〈物〉열파.
【热泪－루】rèlèi [명](기쁨·슬픔·감격에 겨워 흘리는) 뜨거운 눈물.

*【热泪盈眶-루영광】rèlèi yíngkuàng 〈成〉뜨거운 눈물이 눈에 글썽거리다.

【热力-력】rèlì 图1〈物〉열에너지. 2온도.

【热恋-연】rèliàn 图열애하다. (反)〔失 shī 恋〕

**【热量-량】rèliàng 图열. ◇咖啡可以供给人体许多~/커피는 인체에 많은 열을 공급해 줄 수 있다.

☆【热烈-렬】rèliè 图뜨겁다. 열렬하다. ◇她的独唱赢得了大家~的掌声/모두들 그녀의 독창에 뜨거운 박수를 보냈다. ◇今天讨论很~/오늘은 열띤 토론이었다. (同)〔炽 chì 烈〕, (反)〔冷淡 lěngdàn〕비교热烈:热情:强烈 ①대접에는 "热烈"를 쓰지 않는다. ◇我们受到了(×热烈)热情的款待/우리는 따뜻한 대접을 받았다. ②햇빛은 "热烈"로 형용하지 않는다. ◇最近中午的太阳光特别(×热烈)强烈/최근 정오의 햇빛이 유난히 뜨겁다.

【热流-류】rèliú 图1〈物〉열류. 2감정의 따뜻한 흐름.

【热门-문】rèmén (~儿)图인기있는 것. 히트치는 것. ◇如今中文系成了~系了/지금 중문과가 인기학과가 되었다. (反)〔冷 lěng 门〕

【热门货-문화】rèménhuò 图인기 상품. (反)〔冷 lěng 门货〕

【热敏性-민성】rèmǐnxìng 图〈电子〉반도체의 전기 전도율이 외계 온도에 민감하게 반응하는 특성.

☆【热闹-뇨】rè·nao 1图번화하다. 왁자지껄하다. ◇~的菜市场/시골벅적한 야채시장. 비교热闹:热烈 비교적 엄숙한 장소에는 "热闹"를 쓰지 않는다. ◇大家(×热闹)热烈地讨论着市长的报告/모두들 시장의 보고에 대해서 열띤 토론을 벌이고 있다. 2图(신나게) 놀다. 흥청거리(게 하)다. 떠들썩하게 놀다. ◇到了圣诞节, 我们要好好~一下/성탄절이 되면 우리는 한바탕 신나게 놀아야겠다. 3(~儿)图번화한 장면. 구경거리. ◇节日里街上有~看/명절에는 거리에 구경거리가 있다. (同)〔红火 hónghuǒ〕, (反)〔冷清 lěngqīng〕

【热能-능】rènéng 图열에너지.

【热气-기】rèqì 图열기. 열의. 뜨거움.

【热气腾腾-기등등】rè qì tēng tēng 〈成〉1김이 무럭무럭 나는 모양. 2열기에 찬 모양.

【热切-절】rèqiè 图열렬하고 간절하다.

★【热情-정】rèqíng 1图의욕. 열의. ◇他对工作有着极高的~/그는 일에 대단한 의욕을 갖고 있다. 2图친절하다. 따뜻하다. ◇星期天, 我去朋友家做客, 他们一家人显得特别~/일요일 내가 친구집에 손님으로 갔는데 그들 온 가족은 내게 아주 친

절했다. (同)〔热忱 chén〕, (反)〔冷淡 lěngdàn〕비교热情:热烈 "热情"은 사람에게는 쓰지만 사물에는 쓰지 않는다. ◇会场上响起了一阵(×热情)热烈的掌声/회의장에서 열렬한 박수소리가 한차례 울려 퍼졌다.

【热容量-용량】rèróngliàng 图열용량.

【热水-수】rèshuǐ 图뜨거운 물. (反)〔冷 lěng 水〕

【热水袋-대】rèshuǐdài 图더운 물주머니.

☆【热水瓶-수병】rèshuǐpíng 图보온병. (同)〔暖 nuǎn 水瓶〕

【热水器-수기】rèshuǐqì 图온수기.

【热塑性-소성】rèsùxìng 图〈化〉열가소성.

【热汤儿面-탕아면】rètāngrmiàn 图탕면. 온면.

【热腾腾-등등】rètēngtēng (~的)图후끈후끈한 모양. 김이 무럭무럭 나고 뜨거운 모양.

【热天-천】rètiān 图더운 날씨. 더운 날.

【热土-토】rètǔ 图오래 살아서 익숙해진 고향.

【热望-망】rèwàng 图图열망(하다).

【热线-선】rèxiàn 图1〈物〉열선. 적외선. 2핫 라인(hot line). 3인기있는 관광 노선.

【热孝-효】rèxiào 图(부모나 남편의) 상중.

☆【热心-심】rèxīn 图열의가 있다. 적극적이다. ◇他对这种事从来没~过/그는 이 일을 여지껏 적극적으로 대한 적이 없다. 비교热心:热情 "热心"은 "充满"의 목적어로 쓰이지 않는다. ◇他对工作充满了(×热心)热情/그는 일에 의욕이 가득 찼다.

【热心肠-심장】rèxīncháng (~儿)图따뜻한 마음씨.

【热学-학】rèxué 图〈物〉열학.

【热血-혈】rèxuè 图뜨거운 피. 〈喩〉열정. 정열.

【热血动物-혈동물】rèxuè dòngwù 图온혈동물.

【热饮-음】rèyǐn 图(차나 커피와 같은) 뜨거운 음료. (反)〔冷 lěng 饮〕

【热源-원】rèyán 图〈物〉열원.

【热战-전】rèzhàn 图열전. (反)〔冷 lěng 战〕

【热障-장】rèzhàng 图〈物〉열의 벽.

【热中-중】rèzhōng 图1갈망하다. 2몰두하다. 열중하다.

rén

★【人】人部 0画 | rén 사람 인

[명]**1**사람. 인간. ◇男～/남자. ◇～类/인류. **2**일반인. 매인(每人). ◇～手一册/사람마다 책 한 권씩 가지다. [비교]人:大家:人们 약간의 사람을 총괄할 때는 "人" 또는 "人人"을 쓰지 않는다. ◇他走在(×人)大家的后边/그는 여러사람의 뒤에 걷고 있다. ◇(×人人)人们常常指责他/사람들이 그를 자주 질책한다. **3**어른. 성인. ◇我已长大成～应该为父母分担忧愁/나는 이미 어른으로 성장했으니 부모님의 걱정을 분담해야 한다. **4**어떤 특정한 일에 종사하는 사람. ◇主～/주인. ◇犯～/범인. ◇证婚～/결혼의 증인. **5**다른 사람. 타인. 남. ◇对～宽, 对己严/남에게는 관대하고, 자기에게는 엄하다. **6**사람의 품성. 사람됨. ◇他～很好, 就是太不爱说了/그는 너무 말이 없지만 사람은 좋다. **7**낯. 체면. ◇丢～/체면을 잃다. 낯부끄럽다. **8**몸. 건강. 의식. ◇这两天～不大舒服/요즘 몸이 그다지 편치 않다. **9**일손. ◇我们这里正缺～/우리들은 지금 일손이 부족하다.

【人保－보】rénbǎo [명]개인 명의의 보증(인).

【人不知, 鬼不觉－불지, 귀불각】rén bù zhī, guǐ bù jué 〈成〉쥐도 새도 모르다.

☆【人才－재】réncái [명]**1**인재. ◇农业技术～/농업기술 인재. **2**기량. 인품. ◇他的妻子很有几分～/그의 아내는 상당히 예쁘게 생겼다.

【人材－재】réncái (同)〔人才 cái〕

【人潮－조】rénchāo [명]인파.

【人称－칭】rénchēng [명]〈言〉인칭.

【人次－차】réncì [양]연인원.

【人大－대】Réndà [명]〈略〉(중국 전국 인민 대표 대회)의 준말.

【人道－도】réndào [명]**1**인도. 〔인간으로서 지켜야 할 도덕〕 인륜. **2**〈古〉성교.

*【人道主义－도주의】réndào zhǔyì [명]인도주의.

【人地生疏－지생소】rén dì shēngshū 〈成〉사람과 땅이 모두 낯설다.

【人丁－정】réndīng [명]**1**옛날, 성인. **2**인구. ◇～兴旺/사람이 많다.

【人定胜天－정승천】rén dìng shèng tiān 〈成〉사람의 힘으로 대자연을 극복할 수 있다.

【人犯－범】rénfàn [명](옛날) 범인. 범죄 사건의 피고자와 그 관계자.

【人贩子－판자】rénfàn·zi [명]인신 매매 상인.

【人份－분】rénfèn [양]…인분.

【人夫－부】rénfū [명](옛날) 인부. 잡부.

【人浮于食－부어식】rén fú yú shí 〈成〉식량이 사람 수에 비해 모자라다.

【人浮于事－부어사】rén fú yú shì 〈成〉일에 비해 사람 수가 많다.

*【人格－격】réngé [명]인격. 인품. ◇不得侵犯公民的～/시민의 인격을 침해해서는 안 된다.

【人格化－격화】réngéhuà [명][동]의인화(하다).

☆【人工－공】réngōng **1**[형]인공의. 인위적인. ◇～呼吸/인공호흡. (同)〔人造 zào〕, (反)〔自然 zìrán〕 **2**[명]인력(으로 하는 일). 수공업적인 일. ◇～操作/수공조작.

【人工降雨－공강우】réngōng jiàngyǔ [명]〈天〉인공 강우.

【人工流产－공류산】réngōng liúchǎn [명]인공 유산. (同)〔人流〕

【人工授精－공수정】réngōng shòujīng [명]〈生〉인공 수정.

【人公里－공리】réngōnglǐ [양]인킬로(人kilo).

【人海－해】rénhǎi [명]**1**인해. 수많은 사람. **2**사회.

【人和－화】rénhé [명]인화.

【人寰－환】rénhuán [명]〈文〉(인간)세상. 세간. (同)〔人间 jiān〕

【人祸－화】rénhuò [명]인재(人灾). 사람에 의한 재난.

☆【人家－가】rénjiā [명]**1**(～儿)인가. (사람이 사는) 집. ◇这个村子有百十户～/이 마을에는 백 십여 가구의 집이 있다. **2**(～儿)가정. 가문. ◇勤俭～/부지런하고 검소한 가정. **3**(～儿)여자의 장래 시댁. 미래의 남편. ◇她已经有了～了/그녀는 이미 결혼할 남자가 있다. 그녀는 이미 약혼하였다.

⁑【人家－가】rén·jia [대]**1**남. 다른 사람. ◇～都不怕, 就怕你/다른 사람은 모두 무섭지 않는데 너만 무섭다. [비교]人家:大家 ①"大家"는 일정한 범위내의 모든 사람을 말하고 "人家"는 화자와 듣는 사람 이외의 사람을 말함. ◇(×人家)大家都来了以后, 我们才吃了饭/모두가 다 모인 후에 우리는 그제야 식사를 했다. ②"人家"는 가정을 나타내지 않는다. ◇新年那天, 每(×人家)家都送给朋友一些吃的东西/설날은 모든 가정에서 친구들에게 음식을 보낸다. **2**그 사람. 그. ◇你把东西快给～送回去吧!/물건을 그에게 빨리 돌려 보내시오. **3**나. 사람. ◇原来是你呀, 差点没把～吓死/바로 너였구나, 하마터면 내 간 떨어질 뻔하게 했다.

【人尖子－첨자】rénjiān·zi [명]뛰어난 인물.

⁑【人间－간】rénjiān [명]**1**인간세상. (인간)사회. ◇天上有天堂, ～有苏杭嘛!/하늘에는 천당이 있고 인간세상에는 소주와 항주가 있잖아요! (同)〔人世 shì〕, (反)〔地

R

府 dìfǔ〕 [비교]人间:人与人之间 사람과 사람 사이에는 "人间"을 쓰지 않는다. ◇(×人间)人与人之间应该友好相处/사람들 끼리는 사이좋게 지내야 한다.

【人杰-걸】rénjié [명]〈文〉호걸.

【人杰地灵-걸지령】rén jié dì líng〈成〉걸출한 인물이 태어난 곳이나 가본 곳이 명승지가 되다.

【人精-정】rénjīng [명]**1**약삭빠른 사람. **2**영특한 아이.

*【人均-균】rénjūn [명]〈略〉'每人平均'(1인당 평균)의 준말.

☆【人口-구】rénkǒu [명]**1**인구. ◇～普查/인구 조사. **2**(～儿)식구. 가족수. **3**사람. 인원. ◇添～/인원을 늘리다. [비교]人口:人 일반적인 경우에는 "人口"를 쓰지 않는다. ◇现在滑雪的(×人口)人不多/지금은 스키를 타는 사람이 많지 않다. **4**사람의 입. ◇脍炙 kuàizhì～/사람들의 입에 자주 오르내리다.

【人困马乏-곤마핍】rén kùn mǎ fá〈成〉사람과 말이 다 지치다. 기진 맥진하다. (反)〔人强马壮 rén qiáng mǎ zhuàng〕

【人来疯-래풍】rénláifēng [명](어린 아이가) 손님이 오면 더 장난이 심해지거나 떼를 쓰는 것.

【人老珠黄-로주황】rén lǎo zhū huáng〈成〉여자는 늙어지면 대우를 못 받는 것이, 진주가 오래되어 노래져 가치가 없어진 것과 같다.

☆【人类-류】rénlèi [명]인류.

⁑【人力-력】rénlì [명]인력. 노동력. ◇～不足/인력부족. [비교]人力:劳力 구체적으로 노동 능력이 있는 사람은 "人力"라고 하지 않는다. ◇他们家(×人力)劳力多, 收入也多/그들 집에는 노동력이 많아 수입도 많다.

【人力车-력거】rénlìchē [명]**1**인력거. **2**사람 힘으로 움직이는 수레.

【人流-류】rénliú [명]**1**사람의 물결. 인파. **2**〈略〉'人工流产'(인공 유산)의 준말.

【人伦-륜】rénlún [명]인륜.

【人马-마】rénmǎ [명]**1**군대. **2**(유능한) 인원. 요원.

【人马座-마좌】rénmǎzuò [명]〈天〉사수좌(射手座) 인마궁(人馬宮).

★【人们-문】rén·men [명]사람들. ◇～的爱好是不同的/사람들의 기호는 다르다. [비교]人们:人 불특정한 대다수를 가리킬 때는 "人们"을 쓰지 않는다. ◇每个(×人们)人都有自己的缺点和优点/모든 사람이 장단점을 갖고 있다.

【人面兽心-면수심】rén miàn shòu xīn〈成〉사람의 탈을 쓴 짐승. (反)〔慈眉善目 cí méi shàn mù〕

★【人民-민】rénmín [명]인민. [비교]人民:人:人们 친분. 호의. ①"人民"의 관형어는 나라나 지역이어야 하며 작은 범위나 집단에는 쓰지 않는다. ◇村子里的(×人民)人都讨厌这个人/마을의 사람들은 모두 이 사람을 싫어한다. ②일반적으로 사람이 많음을 말할 때는 "人民"을 쓰지 않는다. ◇春天(×人民)人们都喜欢去公园玩儿/봄에는 사람들이 공원에서 놀기를 좋아한다.

☆【人民币-민폐】rénmínbì [명]인민폐. 중화 인민 공화국의 법정 화폐.

【人民代表大会-민대표대회】rénmín dàibiǎo dàhuì [명]인민 대표 대회.〔국회에 해당〕

【人民法院-민법원】rénmín fǎyuàn [명]〈法〉(중국의) 법원.

【人民公社-민공사】rénmín gōngshè [명]인민 공사.〔중화 인민 공화국의 농촌 조직 1980년대 초반에 해체됨〕

【人民检察院-민검찰원】rénmín jiǎnchá-yuàn [명]〈法〉중국의 검찰 기관.

【人民警察-민경찰】rénmín jǐngchá [명]중국의 경찰.

【人民民主专政-민민주전정】rénmín mín-zhǔ zhuānzhèng [명]〈政〉인민 민주주의 독재.

【人民内部矛盾-민내부모순】rénmín nèibù máodùn [명]인민 내부의 모순.

【人民陪审员-민부심원】rénmín péishěn yuán [명]중국의 사법 기관에서 민간인이 참여하는 배심 제도의 구성원.

【人民团体-민단체】rénmíntuántǐ [명]민간 단체.

【人民性-민성】rénmínxìng [명]인민 대중성.

【人民战争-민전쟁】rénmín zhànzhēng [명]인민 전쟁.

【人民政府-민정부】rénmín zhèngfǔ [명](중국의 각급) 정부.

【人命-명】rénmìng [명]인명. 사람의 목숨.

【人莫予毒-막여독】rén mò yú dú〈成〉아무도 두려워하지 않다.

【人品-품】rénpǐn [명]**1**인품. 인격. **2**사람의 풍채·외관.

*【人情-정】rénqíng [명]**1**인정. 사람의 정. ◇不近～/인정머리 사납다. **2**안면. 정실. ◇托～/안면으로 일을 부탁하다. **3**은혜. ◇空头～/겉치레의 호의. **4**경조(慶弔)때의 인사나 선물. ◇行～/경조 때에 인사를 하러 가다. ◇送～/선물을 주다.

【人情世故-정세고】rénqíng shìgù〈成〉처세술. 세상물정. ◇他一点儿不懂～/그는 세상물정을 전혀 모른다.

*【人权-권】rénquán [명]인권.

⁑【人群-군】rénqún [명]사람의 무리.

R

【人儿－아】rénr 圐1사람의 모양. 인형. 2 인격. 풍채.

【人人－인】rénrén 圐모든 사람. 누구나.

【人日－일】rénrì 圐음력 정월 7일.

【人山人海－산인해】rén shān rén hǎi〈成〉인산인해. (反)〔渺无人烟 miǎo wú rén yān〕

*【人身－신】rénshēn 圐인신. 신상. ◇～攻击/인신공격.

【人身事故－신사고】rénshēn shìgù 圐(조업 중의) 안전사고.

【人身自由－신자유】rénshēn zìyóu 圐신체의 자유.

*【人参－삼】rénshēn 圐〈植〉인삼.

*【人生－생】rénshēng 圐인생. ◇～两件宝, 双手与大脑/인생에서 두 가지 보배는 두 손과 머리이다.

【人生路不熟－생로불숙】rén shēng lù bù shú〈成〉사람도 낯설고 길도 잘 모르다.

【人声－성】rénshēng 圐(사람의) 소리. 말소리.

**【人士－사】rénshì 圐인사. ◇各界～/각계 인사.

【人氏－씨】rénshì 圐〈무백〉(본적이나 출신지로 본) 사람.

【人世－세】rénshì 圐인간 세상. 이 세상.

*【人事－사】rénshì 圐1인간사. 2인사 관리. 3대인관계. ◇不懂～/인간관계를 모른다. 4세상물정. 5인력으로 할 수 있는 일. ◇尽～/〈成〉할 수 있는 일을 다하다. 6사람의 의식. ◇他昏迷过去, ～不知/그는 정신이 혼미해져 인사 불성이 되었다. 7〈方〉선물. 예물.

【人手－수】rénshǒu 圐일손.

【人寿年丰－수년풍】rén shòu nián fēng〈成〉사람마다 장수하고, 해마다 풍년이다. 살기 좋은 세상. (同)〔国富民安 guó fù mín ān〕, (反)〔民不聊生 mín bù liáo shēng〕

**【人体－체】réntǐ 圐인체.

【人同此心, 心同此理－동차심, 심동차리】rén tóng cǐ xīn, xīn tóng cǐ lǐ〈諺〉사람의 느낌과 생각이란 대개 비슷하다.

【人头－두】réntóu 圐1사람의 머리. 2사람 수. 3(～儿)사람과의 관계. ◇～熟/사람들을 잘 안다. 발이 넓다. 4(～儿)〈方〉인품. 인격.

【人望－망】rénwàng 圐명성.

【人微言轻－미언경】rén wēi yán qīng〈成〉지위가 낮은 사람의 말은 무시당하기 십상이다.

*【人为－위】rénwéi 圐1〈文〉사람이 하는 일. ◇事在～/일은〔일의 성공여부는〕사람이 하는 데 달려 있다. 2사람이 만든

주로 여의치 않은 일에 쓰임. ◇～的障碍/사람이 잘못하여 초래한 장애.

【人为刀俎, 我为鱼肉－위도조, 아위어육】rén wéi dāo zǔ, wǒ wéi yú ròu〈成〉도마에 오른 고기. 어찌할 수 없는 운명에 처하다.

【人文－문】rénwén 圐인문. 인류의 문화 (현상).

【人文主义－문주의】rénwén zhǔyì 圐인문주의.

☆【人物－물】rénwù 圐1인물. ◇英雄～/영웅적인 인물. ❙비교❙人物:人 대표성이나 특징이 없는 사람에게는 "人物"를 쓰지 않는다. ◇我们班十五个(×人物)人参加了比赛/우리 반에서 15명이 대회에 참가했다. 2문학·예술 작품에서의 인물. ◇《水浒传》中武松这个～/《수호전》의 무송이라는 인물.

【人像－상】rénxiàng 圐인체 또는 용모를 묘사한 그림이나 조각.

**【人心－심】rénxīn 圐1인심. ◇～惶惶/민심이 불안하다. ❙비교❙人心:心肠 특정한 사람의 마음은 "人心"을 쓰지 않는다. ◇他的(×人心)心肠特别好/그는 마음씨가 무척 좋다. 2인정. 양심. ◇那是一伙亡命徒, 哪里还有～/그 무리는 목숨을 내놓은 악도들로 어디 양심이 있겠소.

【人行道－행도】rénxíngdào 圐인도. 보도.

【人行横道－행횡도】rénxíng héngdào 圐횡단 보도.

*【人性－성】rénxìng 圐인성. 인간의 본성.

【人性－성】rén·xing 圐인간성. 휴머니티.

【人选－선】rénxuǎn 圐후보자.

【人烟－연】rényān 圐인가.

【人仰马翻－앙마번】rén yǎng mǎ fān〈成〉수라장이 되다.

【人样－양】rényàng (～儿)1圐인간다움. 싹수가 있음. 2제대로 된 사람.

【人意－의】rényì 圐사람의 뜻〔기분〕. 사람의 생각.

【人影儿－영아】rényǐngr 圐1사람의 그림자. 2사람의 모습이나 자취.

【人鱼－어】rényú 圐〈動〉〈俗〉듀공(dugong). 인어.

☆【人员－원】rényuán 圐인원. 요원. ◇～的调配由厂长负责/인원배치는 공장장이 책임진다.

【人缘儿－연아】rényuánr 圐인간관계. ◇他～不错/그는 대인관계가 좋다. 〔주로 좋은 관계〕

【人猿－원】rényuán 圐유인원(類人猿).

【人云亦云－운역운】rén yún yì yún〈成〉부화뇌동하다. (同)〔亦步亦趋 yì bù yì qū〕, (反)〔独辟蹊径 dú pì xī jìng〕

R

人体

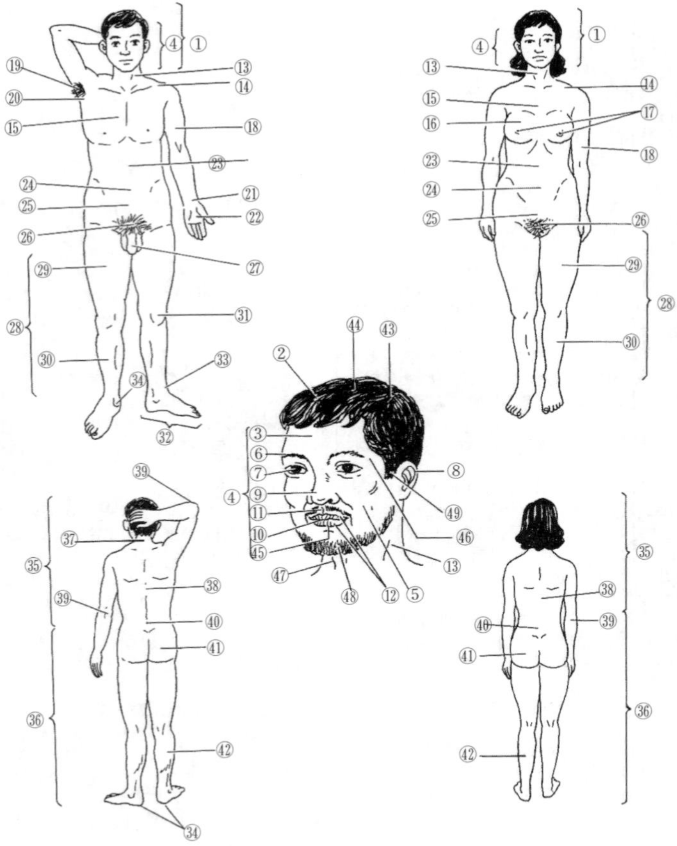

①头 tóu
②头发 tóufa
③脑门儿 nǎoménr
④脸 liǎn
⑤腮帮子 sāibāngzi
⑥眉毛 méimao
⑦眼睛 yǎnjing
⑧耳朵 ěrduo
⑨鼻子 bízi
⑩嘴 zuǐ
⑪人中沟 rénzhōnggōu
⑫嘴唇 zuǐchún
⑬脖子 bózi
⑭肩膀 jiānbǎng
⑮胸脯 xiōngpú
⑯乳房 rǔfáng
⑰奶头 nǎitóu
⑱胳臂 gēbei
⑲腋毛 yèmáo
⑳胳肢窝儿 gāzhiwō
㉑手腕子 shǒuwànzi
㉒手 shǒu
㉓肚子 dùzi
㉔肚脐眼儿 dùqíyǎnr
㉕小肚子 xiǎodùzi
㉖阴毛 yīnmáo
㉗鸡巴 jība
㉘腿 tuǐ
㉙大腿 dàtuǐ
㉚小腿 xiǎotuǐ
㉛膝盖 xīgài
㉜脚 jiǎo
㉝脚腕子 jiǎowànzi
㉞脚跟 jiǎogēn
㉟上身 shàngshēn
㊱下身 xiàshēn
㊲脖梗儿 bógěngr
㊳背部 bèibù
㊴胳膊肘儿 gēbozhǒur
㊵腰 yāo
㊶屁股 pìgu
㊷腿肚子 tuǐdùzi
㊸头旋 tóuxuán
㊹头顶 tóudǐng
㊺下巴颏儿 xiàbakēr
㊻太阳穴 tàiyángxué
㊼喉结 hóujié
㊽胡子 húzi
㊾鬓角 bīnjiǎo

R

☆【人造－조】rénzào [형]인조의. 인공의. ◇～纤维/인조섬유.
【人造地球卫星－조지구위성】rénzào dìqiú wèixīng (同)〔人造卫星〕
【人造石油－조석유】rénzào shíyóu [명]인조석유.
【人造卫星－조위성】rénzào wèixīng [명]인공 위성. (同)〔人造地球卫星〕
【人造纤维－조섬유】rénzào xiānwéi [명]인조 섬유.
【人造行星－조행성】rénzào xíngxīng 인공혹성. (同)〔人造太阳 tàiyáng 卫星〕
【人证－증】rénzhèng [명]〈法〉인증.
*【人质－질】rénzhì [명]인질.
【人中－중】rénzhōng [명]인중. 〔사람의 코 아래의 움푹 패인 부분〕
【人种－종】rénzhǒng [명]인종.

【仁】亻部 2画 | rén 어질 인
[명]**1**어진〔착한〕마음. **2**상대방에 대한 존칭에 쓰인다. ◇～兄/인형. **3**(～儿)과실 씨의 알맹이. ◇核桃～儿/호두의 속살. **4**껍질로 싸여 있는 속의 연한 부분. 살. ◇虾～儿/새우살. **5**(Rén)성(姓).
【仁爱－애】rén'ài [명]인애. (反)〔狠毒 hěndú〕
*【仁慈－자】réncí [명][형]인자(하다). ◇他对人非常～/그는 남에게 아주 인자하다. (同)〔慈爱 ài〕, (反)〔残忍 cánrěn〕 [비교]仁慈:关心 친구 간의 관심과 사랑에는 "仁慈"를 쓰지 않는다. ◇我们在一起学习的一年里, 你对我的(×仁慈)关心我永远忘不了/우리가 함께 공부한 1년 동안, 나에 대한 너의 관심을 난 영원히 잊지 못한다.
【仁弟－제】réndì [명]어진 동생. 〔자기 보다 나이가 어린 친구를 높여 부르는 말〕
【仁果－과】rénguǒ [명]〈植〉**1**인과. 〔사과나 배처럼 화탁(花托)이 비대하여 생기는 과일〕 **2**〈方〉땅콩.
【仁厚－후】rénhòu [형]어질고 너그럽다.
【仁人－인】rénrén [명]어진 사람.
【仁兄－형】rénxiōng [명]인형. 〔친구끼리 상대편을 대접하여 부르는 말〕
【仁义－의】rényì [명]박애와 정의.
【仁义－의】rén·yi [형]〈方〉얌전하다. 온순하다.
【仁者见仁, 智者见智－자견인, 지자견지】rén zhě jiàn rén, zhì zhě jiàn zhì 〈成〉사물에 대한 견해는 사람에 따라 다르다.
【仁政－정】rénzhèng [명]어진 정치. (同)〔德 dé 政〕, (反)〔暴 bào 政〕
【仁至义尽－지의진】rén zhì yì jìn 〈成〉남에게 최대한의 선의 원조를 베풀다.

【壬】士部 1画 | rén 아홉째천간 임
[명]**1**임. 천간(天干)의 아홉째. **2**(Rén)[명]성(姓).

【任】亻部 4画 | Rén 맡길 임
1지명에 쓰이는 글자. **2**[명]성(姓). ⇒rèn

rěn

☆【忍】心部 3画 | rěn 참을 인
1[동]참다. 견디다. ◇你～一～, 吃了药过一会儿, 牙就不疼了/좀 참아봐. 약 먹고 잠시 후면 안 아플 거야. [비교]忍:忍受 "忍" 뒤에 바로 오는 목적어는 단음절 명사·동사 또는 형용사로 한정된다. ◇她(×忍)忍受困苦, 等待丈夫归来/그녀는 고통을 참으며 남편이 돌아오기를 기다린다. **2**모질게〔차마〕…하다. ◇于心不～/마음에 차마 그럴 수 없다.
⁑【忍不住－불주】rěn ·bu zhù 견딜 수 없다. 참을 수 없다. ◇他叫我别说话了, 可我怎么也～/그는 나더러 말하지 말라고 하지만 난 도무지 참을 수 있어야지. [주의]'忍不住'는 명사 앞에 쓰이지 않는다. ◇她(×忍不住)忍受不了服务员的态度/그녀는 종업원의 태도를 참을 수 없었다.
【忍俊不禁－준불금】rěn jùn bù jīn 〈成〉참지 못해 웃어 버리다.
⁑【忍耐－내】rěnnài [명][동]인내(하다). ◇他～着心中的愤怒/그는 마음속의 분노를 참고 있다.
【忍气－기】rěn//qì [동]분노를 꾹 참다.
【忍气吞声－기탄성】rěn qì tūn shēng 〈成〉분함을 억지로 참으며 아무말도 않다.
【忍让－양】rěnràng [동]참고 양보하다.
【忍辱－욕】rěnrǔ [동]치욕〔굴욕〕을 참다.
【忍辱含垢－욕함구】rěn rǔ hán gòu 〈成〉치욕을 참다.
⁑【忍受－수】rěnshòu [동]참고 견디다. 이겨내다. ◇他～了多年疾病的折磨, 今天终于把病治好了/그는 여러해 질병의 고통을 참아서 오늘 마침내 병이 다 치료됐다. [비교]忍受:强忍 "忍受"는 "愤怒"를 목적어로 삼지 않는다. ◇他(×忍受)强忍着心中的愤怒, 离开了这个单位/그는 마음속의 분노를 억지로 참으며 이 부서를 떠났다.
【忍痛－통】rěntòng [동]고통을 참다.
【忍无可忍－무가인】rěn wú kě rěn 〈成〉참을래야 참을 수가 없다. (反)〔忍气吞声 rěn qì tūn shēng〕
【忍心－심】rěn//xīn [동]냉정하게〔무자비하게〕…하다.

【荏】艹部 6画 | rěn 들깨 임

1[명]〈植〉들깨. 2[형]〈文〉연약하다. ◇色厉内～/겉은 강한 것 같지만 속은 약하다.
【荏苒－염】rěnrǎn [동]〈文〉(세월이) 덧없이 흐르다.
【荏弱－약】rěnruò [형]〈文〉연약하다.
【稔】禾部 8画 | rěn 여물 임
〈文〉1[동](농작물이) 익다. 여물다. ◇丰～/오곡이 풍성하게 무르익다. 2[명]해. ◇不及三～而衰/3년도 못돼 망했다. 3[형](서로) 잘 알고 있다. 친숙하다. ◇素 sù～/본래 잘 알다. (同)〔熟 shú〕
【稔知－지】rěnzhī [명][동]숙지(하다).

rèn

【刃(刄)】刀部 1画 | rèn 칼날 인
1(～儿)[명](칼·가위 따위의) 날. ◇刀～/칼날. 2[명]칼. ◇利～/예리한 칼. 3[동]칼로 죽이다. ◇手～奸贼/간사한 적을 칼로 찔러 죽이다.
【刃具－구】rènjù [명]〈工〉절삭 공구.
【仞】亻部 3画 | rèn 길 인
[양]〈度〉길. 옛날 길이의 단위. 〔고대 길이의 단위로, 1인(仞)은 8자나 7자에 해당함〕 ◇万～高峰/매우 높은 산.
【纫·紉】纟部 3画 | rèn 실펠 인
[동]1바늘귀에 실을 꿰다. ◇老太太眼花了, ～不上针/할머니는 눈이 어두워져서 바늘귀에 실을 꿰지 못한다. 2바늘로 꿰매다. 바느질하다. 3〈牘〉감격하다. ◇至～高谊/두터운 우정에 지극히 탄복합니다.
【纫佩－패】rènpèi [동]〈牘〉깊이 감복하다.
【韧·韌(靭)】韦部 3画 | rèn 질길 인
[형]부드럽고 질기다. ◇坚～/단단하고 질기다. (反)〔脆 cuì〕
【韧带－대】rèndài [명]〈生理〉인대.
【韧劲－경】rènjìn (～儿)[명]강인성.
【韧皮－피】rènpí [명]〈植〉인피. ◇～部/인피부.
【韧性－성】rènxìng [명]1〈物〉인성. 2강인성.
☆【认·認】讠部 2画 | rèn 알 인
[동]1(글씨 등을) 알다. 식별하다. ◇你来中国一年～了多少汉字?/중국에 온 지 1년 동안 한자를 얼마나 알게 됐니? 2남과 새로운 관계를 맺다. ◇昨天, 我在工厂里～了一个师傅/어제 나는 공장에서 사부님 한 분을 모시게 되었다. [비교]认:收 "认"은 후배가 선배에게 주로 쓰고, 제자에게는 쓰지 않는다. ◇我(×认)收他作了徒弟/나는 그를 제자로 삼았다. 3인정하다. 승인하다. ◇公～/공인하다. 4(어쩔 수 없이) 감수(甘受)하다. ◇你不用管, 这事我～了/이 일은 내가 감수할테니 넌 상관할 필요없어.
【认不出来－불출래】rèn·bu·chū·lái (사람이나 물건·길 따위를) 알아볼 수 없다.
【认不是－불시】rèn bù·shi (同)〔认错 cuò〕
【认错－착】rèn//cuò [동](～儿)잘못을 인정하다. 사죄하다. (反)〔抵赖 dǐlài〕
☆【认得－득】rèn·de [동](주로 안면·한자·길 등을) 알다. ◇我～这位先生/나는 그 분을 안다. [비교]认得:认识 ①"认得"는 보어를 갖지 않는다. ◇我(×认得)认识她一年多了/나는 그를 안 지 1년이 넘었다. ②시간부사어가 있으면 "认得"를 쓰지 않는다. ◇在一年多时间里, 他(×认得)认识了很多朋友/일년의 기간 동안 그는 많은 친구를 알게 됐다.
*【认定－정】rèndìng [동]1확인하다. 2확실히 생각하다.
【认罚－벌】rèn//fá [동]처벌을 달게 받다.
【认购－구】rèngòu [동](공채 따위를) 인수하다. 구입 신청을 하다.
*【认可－가】rènkě [명][동]인가(하다). 허가(하다). 인정(하다). ◇点头～/고개를 끄덕이며 허락했다.
【认领－령】rènlǐng [동]1확인하고 인수하다. 2(아이를) 입양하다.
【认命－명】rèn//mìng [동]운명이라고 인정하다.
【认生－생】rènshēng [동]낯가리다.
★【认识－식】rèn·shi 1[동]알다. 인식하다. ◇他不～这种草药/그는 이 약초를 모른다. ◇他已～到"实践出真知"的道理了/그는 이미 "실천 속에 참된 앎이 있다"는 이치를 인식했다. [비교]认识:认:懂 ①"认"은 인정하다는 뜻이 있으나 "认识"은 이런 뜻이 없다. ◇他不让她(×认识)认她亲生的孩子/그는 그녀가 친 자식을 인정하지 못하게 했다. ②"认识" 뒤에는 언어(외국어)를 목적어로 취하지 않는다. ◇我不(×认识)懂中国话/난 중국어를 모른다. [주의]'认识'는 '把'자문에서 결과 보어를 꼭 동반해야 한다. ◇我们必须把这个问题认识(×知道)清楚/우리는 분명히 이 문제를 잘 알아야 한다. 2[명]〈心〉인식. ◇感性～/감정적인 인식.
【认输－수】rèn//shū [동]패배를 인정하다. 무릎을 꿇다.
【认死理－사리】rèn sǐlǐ (～儿)어떤 이치를 고집하다.

R

【认同—동】rèntóng 囵동 1동일시(하다). 2 인정(하다).

【认头—두】rèn// tóu 동감수하다.

★【认为—위】rènwéi 동(화자가 확실히) 여기다. 생각하다. ◇这篇课文我~很难/나는 이 본문이 어렵다고 생각한다. 비교 认为:觉得:以为 ①"认为"는 화자가 확실히 생각되는 경우가 아닐 때에는 쓰이지 않는다. ◇我(×认为)觉得不去不好/내 생각엔 가지 않는 것이 안 좋다. ②"认为"는 판단하는 어기가 확정적이다. "以为"는 판단어기가 부정적이다. ◇我(×认为)以为你是学生/난 당신이 학생인 줄 알았어요.

【认贼作父—적작부】rèn zéi zuò fù 〈成〉도둑을 아버지로 여기다. (反)〔大义灭亲 dà yì miè qīn〕

【认帐—장】rèn// zhàng 동 1부채(負債)를 인정하다. 2〈喩〉(자신이 한 말이나 일을) 인정하다. 잘못을 시인하다. 〔주로 부정문(否定文)에 쓰임〕

★【认真—진】rèn // zhēn 1동정말로 여기다. 진담으로 받아들이다. ◇他是一个非常~的人/그는 정말 곧이 잘 듣는 사람이다. (同)〔顶 dǐng 真〕, (反)〔马虎 mǎhu〕 2 (rènzhēn)휑진지[진실]하다. 성실[착실]하다. ◇~学习/진지하게 공부하다. 认真:真挚 사람의 감정을 형용할 때는 "认真"을 쓰지 않는다. ◇我朋友的(×认真)真挚的感情打动了我/내 친구의 진실한 감정이 나를 감동시켰다.

【认证—증】rènzhèng 囵동〈法〉인증(하다).

【认罪—죄】rèn// zuì 동죄를 시인하다. (反)〔抵赖 dǐlài〕

【任】亻部 rèn
4画 맡길 임

1명임명하다. ◇被~为厂长/공장장에 임명 되었다. 2동맡다. 담당하다. ◇~研究所所长/연구소 소장을 맡다. ◇~职/직무를 맡다. 3명직무. 임무. ◇就~/취임하다. ◇明天就上~/내일이면 취임한다. 4명대. 〔직책을 맡은 횟수〕◇他是第三~会长/그는 제 3대 회장이다. 5동하는 대로 내맡기다. 그냥 내버려 두다. ◇放~/방임(하다). ◇今年有四个单位聘我, 去哪个单位/올해 네 직장에서 나를 초빙하는데 어느 곳에 가는지 내 임의대로 선택한다. 6…을 막론하고. 아무리 …할지라도. ◇~我怎么说, 他都不听/내가 아무리 말해도 그는 듣지 않는다. ⇒rén

【任便—편】rèn// biàn 동편리한 대로 하게 하다. 임의대로 맡기다.

【任从—종】rèncóng 동마음대로 하게 내버려 두다.

★【任何—하】rènhé 団어떠한(…라도). ◇~人都要遵纪守法/누구든지 법을 지켜야 한다. (同)〔不论什么, bùlùn shénme〕 비교任何:不论:어떤 이유이나 상황이 달라도 결과가 같은 경우에는 "任何"를 쓰지 않는다. ◇不论(×任何)什么问题都得等科长回来再说/어떤 문제이든 간에 모두 과장이 돌아온 다음에 얘기한다.

【任教—교】rèn// jiào 동교편을 잡다. 교직을 맡다.

【任课—과】rèn// kè 동수업이나 강의를 담당하다.

【任劳任怨—로임원】rèn láo rèn yuàn 〈成〉노고를 마다하지 않고 원망을 두려워하지 않다. (同)〔吃苦耐劳 chī kǔ nài láo〕, (反)〔拈轻怕重 niān qīng pà zhòng〕

【任免—면】rènmiǎn 囵동임명 또는 해임하다.

*【任命—명】rènmìng 囵동임명(하다). ◇上级~爸爸为所长/위에서 아빠를 소장으로 임명했다. (同)〔任用 yòng〕, (反)〔撤职 chèzhí〕

【任凭—빙】rènpíng 1동자유에 맡기다. 마음대로 하게 하다. ◇去还是不去, ~他吧/가든지 말든지 그 사람 마음대로 해라. 2휑…일지라도. …하여도. ◇~什么样的困难我们都能克服/어떤 어려움이라도 우리는 극복할 수 있다. 비교任凭:什么样 "任凭"은 관형어로 쓰지 않는다. ◇无论(×任凭)什么样的困难, 我们都要克服/어떠한 어려움이라도 우리는 극복해야 한다.

【任期—기】rènqī 명임기.

【任情—정】rènqíng 동 1마음껏 …하다. 2 제멋대로 …하다.

【任人唯亲—인유친】rèn rén wéi qīn 〈成〉능력에는 관계없이, 친척이나 연고자만 임용하다.

【任人唯贤—인유현】rèn rén wéi xián 〈成〉자신과의 관계에 상관없이, 능력만으로 사람을 임용하다. (反)〔任人唯亲 rèn rén wéi qīn〕

☆【任务—무】rèn·wu 명임무. ◇因为过春节休息了几天, 这个月的~差点儿没完成/설에 며칠 쉬었기 때문에 이달의 임무를 완수하지 못할 뻔했다. 비교任务:事 다른 사람이 지정한 일이 아니면 "任务"를 쓰지 않는다. ◇这是我小时候最喜欢做的(×任务)事/이것은 내가 어렸을 때에 가장 좋아하던 일이다.

**【任性—성】rènxìng 동멋대로 …하다. 마음 내키는 대로 하다. ◇他这个人特别~, 谁的话都听不进去/그는 사람은 유별나게

R

제멋대로라서 누구의 말도 듣질 않는다.

**【任意－의】 rènyì 1（부）통제멋대로(하다). 임의대로(하다). ◇部队有严格的纪律，不能～行动/부대는 엄격한 기율이 있어 제멋대로 행동할 수 없다. ［비교］任意:随便 "任意"는 목적절을 취하지 않는다. ◇桌上的菜(×任意)随便你吃什么/식탁 위의 요리 중에 먹고 싶은 대로 먹어라. 2（명）임의(의). ◇～三角形/임의의 삼각형.

【任用－용】 rènyòng （명）통임용(하다).
【任职－직】 rèn// zhí （통）직무를 맡다.
【任重道远－중도원】 rèn zhòng dào yuǎn 〈成〉임무는 무겁고 갈 길은 아직도 멀다.

【饪（飪）】
饣部 | rèn
4画 | 익힐 임
（통）요리하다. 조리하다. 음식을 만들다. ◇烹～/요리(하다).

【妊（姙）】
女部 | rèn
4画 | 애밸 임
（통）임신하다.
【妊妇－부】 rènfù （명）임신부.
【妊娠－신】 rènshēn （명）임신(하다).

【衽（袵）】
衤部 | rèn
4画 | 옷섶 임
〈文〉1（명）옷깃. 2（명）잠자리. 침석.
【衽席－석】 rènxí （명）〈文〉잠자리.

rēng

☆【扔】
扌部 | rēng
2画 | 던질 잉
（통）1던지다. ◇一个劲儿往鸟身上～石子儿/새를 향해 돌을 힘껏 던졌다. ［비교］扔:递 물건을 다른 사람의 손에 건네줄 때는 "扔"을 쓰지 않는다. ◇二姐，你把刀(×扔)递给我/둘째언니, 칼을 이리 건네 줘. 2버리다. 제쳐놓다. ◇今天上午大扫除，～了好多破烂儿/오늘 오전 대청소를 하면서 쓰레기를 많이 버렸다.
【扔掉－도】 rēngdiào （통）던져 버리다. 내버리다. ［비교］扔掉:抛弃 "扔掉"는 사람에게 잘 쓰이지 않는다. ◇他(×扔掉)抛弃了他的妻子/그는 자신의 아내를 버렸다.

réng

☆【仍】
亻部 | réng
2画 | 자주 잉
1（통）(그대로) 따르다. 인습하다. 연용하다. ◇一～其旧/하나같이(완전히) 옛 것을 따르다. 2（부）〈文〉빈번하다. ◇频～/잦다. 빈번하다. 3（부）〈文〉아직도. 여전히. ◇在北京大学进修一年后，～回原单位工作

/북경대학에서 1년 연수 후 여전히 전직장에 돌아와 일했다.

**【仍旧－구】 réngjiù 1（통）옛 것을 따르다. 이전대로 하다. 원래대로 하다. ◇修订版体例～/수정판의 체제는 옛 것을 그대로 따랐다. 2（부）여전히. 예전처럼. ◇十年时间过去了，她～那样漂亮迷人/10년이 흘렀지만 그녀는 여전히 아름답고 매력적이다.

☆【仍然－연】 réngrán （부）변함없이. 여전히. 아직도. 원래대로. ◇冬天了，茉莉花却～开着/겨울이 되었지만 마리화가 아직도 피어 있다. ［비교］仍然:总是 "仍然"은 항상 그렇다는 것은 아니다. ①"他在工作中遇到困难(×仍然)总是没有信心/그는 일하다 문제에 부딪치면 늘 자신이 없다. ②"仍然"은 가정을 나타내지 않는다. ◇(×仍然)你干不了那个工作，我也不想干了/만일 내가 그 일을 해내지 못하면 나도 하고 싶지 않다.

rì

★【日】
日部 | rì
0画 | 해 일
1（명）해. 태양. ◇～出/해가 뜨다. 일출. ［비교］日:太阳 ①"日"의 술어는 단음절 동사만 가능하다. ◇六点钟，(×日)太阳出来了/여섯 시에 해가 떴다. ②"日"은 일반적으로 단독으로 목적어로 쓰지 않는다. ◇出了(×日)太阳，我把被子抱到外面去晒/해가 나오자 나는 이불을 밖에 가져가 햇볕에 쬈다. 2（명）낮. ◇～～夜夜/밤낮으로. 3（명）하루. 날. ◇今～/오늘. ［비교］日:一整天 온종일을 강조할 때는 "一日"를 쓰지 않는다. ◇我病了，(×一日)一整天都在房间里休息/난 병이 나서 하루 종일 방에서 쉬었다. 4（명）(특정한) 날. 일. ◇国庆～/건국 기념일. 5（명）때. 철. ◇往～/예전. 6（명）나날이. 하루하루. 매일. ◇生产～有增加/생산이 나날이 증가된다. 7(Rì)（명）〈略〉〈地〉'日本'(일본)의 준말. ◇～语/일어.
【日班－반】 rìbān （명）주간 근무. (反)〔夜 yè 班〕
【日斑－반】 rìbān （명）〈天〉태양의 흑점.
**【日报－보】 rìbào （명）조간 신문.
【日薄西山－박서산】 rì bó xī shān 〈成〉해가 서산에 지려하다. (사람·사물이) 죽어가다. (同)〔夕阳西 xī yáng xī xià〕, (反)〔旭日东升 xù rì dōng shēng〕
【日不暇给－불가급】 rì bù xiá jǐ 〈成〉일에 쫓겨 하루종일 시간 여유가 없다. (反)〔无所事事 wú suǒ shì shì〕

R

☆【日常-상】rìcháng 휑일상의. 일상적인.
◇~用品/일상용품. 囲교日常:平常 "日常"은 부사어로 쓰이지 않는다. ◇由于忙(×日常)平常我很少吃早餐/바쁘기 때문에 난 평소에 아침을 잘 먹지 않는다.

☆【日场-장】rìchǎng 휑(연극이나 영화의) 주간 공연〔상연〕.

【日程-정】rìchéng 휑일정.

【日戳-착】rìchuō 휑일부인(日附印).

【日耳曼人-이만인】Rì'ěrmàn rén 휑〈音〉〈民〉게르만 인(German人).

【日珥-이】rì'ěr 휑〈天〉홍염(紅焰).

【日工-공】rìgōng 휑1낮일. 주간의 일. 2일용 노동자.

*【日光-광】rìguāng 휑햇빛. 일광.

【日光灯-광등】rìguāngdēng 휑형광등.

【日浴-광욕】rìguāngyù 휑일광욕.

【日晷-구】rìguǐ 휑〈天〉해시계. (同)〔日规 guī〕

【日后-후】rìhòu 휑금후. 장래. 뒷날.

【日积月累-적월루】rì jī yuè lěi 〈成〉날을 거듭하다. 세월이 쌓이다.

☆【日记-기】rìjì 휑일기. 일지.

【日间-간】rìjiān 휑낮. 대낮. (反)〔晚上 wǎnshàng〕

【日见-견】rìjiàn 휑나날이 보이다.

【日渐-점】rìjiàn 휑나날이. 날마다. ◇~进步/나날이 향상되다.

【日界线-계선】rìjièxiàn 휑〈地〉날짜 변경선.

【日久天长-구천장】rì jiǔ tiān cháng 〈成〉오래 세월이 흐르다.

【日就月将-취월장】rì jiù yuè jiāng 〈成〉나날이 발전하다. 일취 월장하다.

【日来-래】rìlái 휑요사이. 요즘. 지난 며칠동안.

【日理万机-리만기】rì lǐ wàn jī 〈成〉(주로 국가 지도자가) 매일 온갖 정사를 처리하다.

【日历-력】rìlì 휑일력.

【日冕-면】rìmiǎn 휑〈天〉백광(白光). 코로나(corona).

【日暮途穷-모도궁】rì mù tú qióng 〈成〉날은 저물고 길은 막히다. 멸망의 길에 이르다. 끝장날 때가 되다. (同)〔穷途末路 qióng tú mò lù〕, (反)〔如日中天 rú rì zhōng tiān〕

【日内-내】rìnèi 휑며칠 안. 수일 내.

☆【日期-기】rìqī 휑(정해진) 날짜. 기간. ◇发信的~/발신날짜. 囲교日期:时期 일정한 시간을 말할 때 "日期"를 쓰지 않는다. ◇我在他那儿住了一个(×日期)时期/난 그의 집에서 얼마 동안 묵었다.

【日前-전】rìqián 휑일전. 며칠 전.

【日趋-추】rìqū 휑나날이. 날이 갈수록.

【日色-색】rìsè 휑햇빛.

【日上三竿-상삼간】rì shàng sān gān 〈成〉해가 중천에 떴다. 늦게 기상하다.

【日食-식】rìshí 휑일식.

【日头-두】rì·tou 휑1날짜. 2낮. 3태양. 해.

【日托-탁】rìtuō 휑(유치원이나 탁아소의) 종일반.

【日夕-석】rìxī 휑〈文〉밤낮. 주야.

【日心说-심설】rìxīnshuō 휑〈天〉(고대 천문학의) 태양 중심설.

【日新月异-신월이】rì xīn yuè yì 〈成〉하루가 다르게 달라지다. 일취월장하다. (反)〔依然如故 yī rán rú gù〕

**【日夜-야】rìyè 휑밤낮(으로). ◇他不分~, 忙忙碌碌地工作/그는 밤낮을 가리지 않고 아주 바삐 일한다. 囲교日夜:每天 구체적인 동작이 24시간 하는 것이 아닌 경우에는 "日夜"를 쓰지 않는다. ◇他(×日夜)每天都努力工作/그는 매일 열심히 일한다.

【日以继夜-이계야】rì yǐ jì yè 〈成〉밤낮을 쉬지 않고 계속하다.

**【日益-익】rìyì 휑갈수록. 나날이. ◇这里物价稳定, 市场~繁荣/이곳은 물가가 안정되어 시장이 날로 번영한다.

**【日用-용】rìyòng 1휑일용의. 2휑생활비.

☆【日用品-용품】rìyòngpǐn 휑일용품.

★【日语-어】rìyǔ 휑일본어. (同)〔日文〕

☆【日元-원】rìyuán 휑앵엔. 〔일본의 본위화폐〕(同)〔日圆 yuán〕

【日月-월】rìyuè 휑1날날. 2시간.

【日月如梭-월여사】rì yuè rú suō 〈成〉세월은 쏜살같이 흐른다. (同)〔光阴似箭 guāng yīn sì jiàn〕, (反)〔时光荏苒 shí guāng rěn rǎn〕

【日晕-훈】rìyùn 휑〈天〉햇무리.

【日照-조】rìzhào 휑일조.

【日臻-진】rìzhēn 휑날로 …해지다.

【日志-지】rìzhì 휑일지.

【日中-중】rìzhōng 휑정오. 한낮.

★【日子-자】rì·zi 휑1(작정한) 날. 날짜. ◇忙什么, 离结婚的~还远呢/뭐가 바빠, 결혼날짜가 아직 멀었는 걸. 2날수. 시일. 기간. ◇剩下的~不多了/이제 남은 날이 많지 않다. 3생활. 살림. 삶. ◇~越过越美/생활이 갈수록 행복해지다.

【日子不好过-자불호과】rì·zi bù hǎo guò 〈口〉생활이 어렵다. 형편이 나쁘다. ◇往后我们的日子不会好过的/앞으로 우리의 생활도 순조롭지 못할 것이다. (反)〔日子好过〕

【日子好过-자호과】rì·zi hǎo guò 〈口〉생활이 순조롭다. 형편이 좋다. ◇钱拨下来, 你们的日子就好过了/돈이 나오면 너희들

R

생활도 나아질 것이다. (反)[日子不 bù
好过]

róng

【戎】戈部 | róng
     2画 | 군사 융
〈文〉1명무기. 병기. 2명〈轉〉군대. 군사.
◇投笔从～/붓을 던지고 종군하다. 3(Ró-
ng)명〈民〉융. 고대 중국의 서쪽에 있던
이민족. 4(Róng) 명성(姓).
【戎行－행】rónghǎng 명〈文〉군대.
【戎机－기】róngjī 명〈文〉1군사. 2전투시기.
【戎马－마】róngmǎ 명〈文〉1군마. 2〈轉〉군
사(軍事).
【戎装－장】róngzhuāng 명〈文〉군장.

*【绒·絨(羢)】纟部 | róng
              6画 | 융 융
명1(사람이나 동물의) 부드럽고 가는 털.
솜털. ◇鸭～/오리 솜털. 2표면에 털이
있는 직물. ◇丝～/벨베트. 빌로도. 우단.
3(～儿)자수용의 가는 실. ◇红绿～儿/
빨강·초록의 자수용 색실.
【绒布－포】róngbù 명〈紡〉면(綿) 플란넬.
【绒花－화】rónghuā (～儿)명빌로도로 만
든 꽃·새·글자같은 것.
【绒毛－모】róngmáo 명1〈生理〉용모. 융털
돌기. 2(사람이나 동물의) 솜털. 3〈紡〉
보풀. 보푸라기.
【绒线－선】róngxiàn 명1솜실. 2〈方〉털실.

【荣·榮】艹部 | 木部 | róng
          6画 | 5画 | 성할 영
1형(초목이) 무성하다. 싱싱하다. ◇欣欣
向～/초목이 무럭무럭 자라다. (사
업이) 번창하다. 2형번영하다. 홍성하다.
◇繁～/번영하다. 3형영광스럽다. 영예
롭다. ◇虚～/허영. 4(Róng)명성(姓).
【荣光－광】róngguāng 명영광.
【荣归－귀】róngguī 통금의 환향하다.
【荣华－화】rónghuá 1통초목에 꽃이 피다.
2명번창. 영화.
【荣获－획】rónghuò 통영광스럽게 …을
획득하다.
【荣军－군】róngjūn 명〈略〉상이군인.
【荣任－임】róngrèn 명통(중요한 직책에)
취임(하다).
【荣辱－욕】róngrǔ 명영욕. 영예와 치욕.
**【荣幸－행】róngxìng 형영광스럽다.
【荣耀－요】róngyào 1명영광. 2통빛내다.
◇～祖宗/조상을 빛낸다. (同)[光 guā-
ng 荣], (反)[耻辱 chǐrǔ]
【荣膺－응】róngyīng 통〈文〉영광스럽게…
을 받다. …이 되다.
*【荣誉－예】róngyù 명영예. 명예.

【荣誉军人－예군인】róngyù jūnrén 명상
이 군인에 대한 존칭.

【蝾·蠑】虫部 | róng
          9画 | 영원 영
【蝾螈－원】róngyuán 명〈動〉영원. 도룡뇽
류(類)의 총칭.

【茸】艹部 | róng
     6画 | 녹용 용
1형(풀 따위가) 여리고 부드럽다. 야들
야들하다. 2명녹용. ◇参～/인삼과 녹용.
【茸毛－모】róngmáo 명(사람·동물·식물의)
가는 솜털.
【茸茸－용】róngróng 형(풀이나 머리털이)
가늘고 부드럽다. 여리고 짧다.

**【容】穴部 | 宀部 | róng
          5画 | 7画 | 받아들일 용
1통받아들이다. 수용하다. ◇这个礼堂能
～两千人/이 강당은 2천 명을 수용할 수
있다. 2통관용하다. 포용하다. 너그럽게
대하다. ◇气量要大, 要能～人/도량은 커
야 하며 남을 포용할 수 있어야 한다. 3
통허락하다. 허용하다. 여유를 주다. ◇
这么重大的事一定得～我们考虑几天/이렇
게 중대한 일은 우리에게 며칠 생각할 여
유를 꼭 주어야 한다. 4부〈文〉아마. 혹
시. 어쩌면(…지도) 모른다. ◇～或
有之/혹시 그런 일이 있을 수도 있다. 5
명(얼굴의) 표정. 기색. ◇笑～/웃는 모
습. 6명용모. ◇～貌/용모. 7명〈喩〉(사
물의) 상황. 모양. 모습. ◇市～/거리의
모습. 8(Róng)명성(姓).
【容光－광】róngguāng 명얼굴의 광채.
【容光焕发－광환발】róng guāng huàn fā
〈成〉얼굴에 윤이 나고 혈색이 좋다. (反)
[面黄肌瘦 miàn huáng jī shòu]
【容或－혹】rónghuò 부〈文〉혹시. 아마.
*【容积－적】róngjī 명용적.
*【容量－량】róngliàng 명용량.
【容留－류】róngliú 통수용하다. 받아들이다.
【容貌－모】róngmào 명용모. 생김새. (同)
[相 xiàng 貌]
*【容纳－납】róngnà 통수용하다. (의견 등
을) 받아들이다. ◇这个广场可以～十万人
/이 광장은 10만 명을 수용할 수 있다.
**【容器－기】róngqì 명용기.
【容情－정】róngqíng 통용서하다. [주로
부정문에 쓰임]
【容人－인】róng// rén 통남을 포용하다.
*【容忍－인】róngrěn 통용서하다. 참다. ◇
采取～和克制的态度/참고 견디며 자제하
는 태도를 취하다.
【容身－신】róng// shēn 통몸을 의탁하다.
**【容许－허】róngxǔ 1통용납하다. 허용하다.
◇侵犯别国主权是绝不～的/다른 나라의

주권침해는 결코 용납될 수 없다. (同)〔允 yǔn 许〕, (反)〔拒绝 jùjué〕 **2**아마 …일 것이다. ◇此类事件, 十年前~有之/이런 사건은 아마 10년 전에 있었을 것이다. [비교]容许:允许 "容许"의 어기가 좀 무거워 가벼운 어감의 '허락하다'는 뜻에는 "容许"를 쓰지 않는다. ◇没做完作业, 爸爸不(×容许)允许我去滑冰/숙제를 끝내지 못해서 아빠는 내가 스케이트 타는 걸 허락하지 않았다.

【容颜—안】róngyán (同)〔容貌 mào〕

★【容易—이】róngyì **1**[형]쉽다. 용이하다. ◇这篇文章写得很通俗, ~看懂/이 문장은 통속적으로 쓰여져서 알아보기 쉽다. (同)〔轻 qīng 易〕, (反)〔费事 fèishì〕 **2**…할 가능성이 크다. …하기 쉽다. ◇白衣服~脏/하얀 옷은 더러워지기 쉽다. [비교]容易:轻易 "容易"는 변화의 가능성 외에 '아무렇게'의 뜻을 나타내지 않는다. ◇这说明政策不会(×容易)轻易变化/이는 정책이 쉽게 변하지 않을 것임을 말해준다.

【容止—지】róngzhǐ [명]〈文〉용모와 행동 거지.

【容重—중】róngzhòng [명]단위 중량(unit weight).

*【溶】 氵部 10画 róng 녹을 **용**

[동]녹다. 용해되다. ◇~液/용액.

【溶洞—동】róngdòng [명]〈地質〉종유동(鍾乳洞).

*【溶化—화】rónghuà [동](고체가) 용해하다. (同)〔融 róng 化〕, (反)〔冰冻 bīngdòng〕

【溶剂—제】róngjì [명]〈化〉용제.

【溶胶—교】róngjiāo [명]〈化〉졸(독 sol). 콜로이드 용액.

*【溶解—해】róngjiě [명][동]〈化〉용해(하다). ◇在高温状态下这种东西~得更快/이런 것은 고온상태에서 더 빨리 용해된다.

【溶溶—용】róngróng [형]〈文〉물이 넓게 퍼진 모양.

【溶蚀—식】róngshí [명]〈地質〉침식.

【溶血—혈】róngxuè [명]〈醫〉용혈(현상).

⁑【溶液—액】róngyè [명]〈化〉용액.

【溶胀—장】róngzhàng [명]〈化〉팽윤.

【溶质—질】róngzhì [명]〈化〉용질. 용해질.

【蓉】 艹部 10画 róng 부용 **용**

[명]**1**(同)〔芙 fú 蓉〕〔苁 cōng 蓉〕 **2**〈方〉콩이나 과실을 이겨서 반죽한 것. ◇豆 dòu~/콩소. **3**(Róng)사천성 성도의 별칭.

*【熔】 火部 10画 róng 녹을 **용**

[동]녹이다. ◇~炉/용광로. (同)〔销 xiāo〕, (反)〔凝 níng〕

【熔点—점】róngdiǎn [명]용해점.

【熔断—단】róngduàn [동]녹아 끊어지다.

【熔化—화】rónghuà [명][동]〈化〉(고체에 열을 가하여) 녹다. (同)〔销 xiāo 熔〕, (反)〔凝结 níngjié〕

【熔剂—제】róngjì [명]〈化〉용제.

【熔解—해】róngjiě [동]녹이다. 녹다. 용해하다. (同)〔熔化 huà〕

【熔解热—해열】róngjiěrè [명]〈化〉용해열.

【熔炼—련】róngliàn [동]금속을 녹여서 정련하다.

【熔炉—로】rónglú [명]**1**용광로. **2**의식을 개선하거나 인격을 단련하는 장소.

【熔融—융】róngróng [동]용해하다.

【熔岩—암】róngyán [명]용암.

【熔铸—주】róngzhù [동]주조하다.

【榕】 木部 10画 róng 용나무 **용**

[명]**1**〈植〉용수(나무). **2**(Róng)〈地〉복건(福建)성 복주(福州)의 다른 이름.

【融(融)】 鬲部 6画 虫部 10画 róng 녹을 **융**

1[동]녹다. 풀리다. ◇消~/녹다. **2**[동]융합하다. 화합하다. ◇~洽/(서로) 융합하다. **3**[동]유통하다. ◇金~/금융.

【融合—합】rónghé [동]융합하다. ◇不同的文化~在一起/서로 다른 문화가 한데 융합된다.

【融和—화】rónghé [형]**1**따뜻하다. **2**조화를 이루다. **3**융합하다.

*【融化—화】rónghuà [동](얼음·눈이) 녹다. ◇冰棍儿在箱子里都~了/아이스케이크가 상자 속에서 모두 녹았다. (同)〔融解 jiě〕, (反)〔冰冻 bīngdòng〕

【融会—회】rónghuì [동]융합하다.

【融会贯通—회관통】róng huì guàn tōng 〈成〉어떤 방면에 관한 모든 지식이나 이치를 완벽하게 이해하다. (反)〔大惑不解 dà huò bù jiě〕

【融解—해】róngjiě [동]녹다.

*【融洽—흡】róngqià [형]사이가 좋다. 무난하다. 융화하다. ◇他们俩关系~/그들 둘의 관계는 좋다. (同)〔和 hé 洽〕, (反)〔不 bù 洽〕

【融融—융】róngróng [형]〈文〉**1**화목하고 즐겁다. 화기 애애하다. **2**따뜻하다.

【融通—통】róngtōng [동]**1**유통시키다. **2**사리에 통달하다. **3**사이좋게 하다.

【融资—자】róngzī **1**[명]융자. **2**(róng//zī) [동]융자하다.

rǒng

【冗】 冖部 2画 rǒng 쓸데없을 **용**

1⟨형⟩쓸데없이 많다. ◇~员/쓸데없는 인원. 2⟨형⟩번잡하다. 성가시다. ◇~杂/번잡하다. 3⟨명⟩바쁜 일. ◇希拔~出席/바쁘시더라도 참가해 주시기 바랍니다.

【冗笔-필】rǒngbǐ ⟨명⟩불필요한 어구.
【冗长-장】rǒngcháng ⟨형⟩(글·강연 따위가) 쓸데없이 장황하다. (同)〔拖沓 tuōtà〕, (反)〔简短 jiǎnduǎn〕
【冗繁-번】rǒngfán ⟨형⟩번잡하다.
【冗员-원】rǒngyuán ⟨명⟩불필요한 인원.
【冗杂-잡】rǒngzá ⟨형⟩번잡하다.

【毪(毿)】毛部 rǒng 7画 솜털 용

⟨형⟩(털이) 가늘고 부드럽다.
【毪毛-모】rǒngmáo ⟨명⟩솜털. 부드럽고 가느다란 털.

róu

**【柔】矛部 木部 róu 4画 5画 부드러울 유

1⟨형⟩부드럽다. 연약하다. 여리다. ◇~枝嫩叶/여린 가지와 보드라운 잎. 2⟨형⟩부드럽다. ◇温~/온순하다. 3(Róu)⟨명⟩성(姓).
【柔肠-장】róucháng ⟨명⟩부드러운 마음.
【柔道-도】róudào ⟨명⟩(일본의) 유도.
*【柔和-화】róuhé ⟨형⟩부드럽다. ◇声音~/목소리가 부드럽다. (同)〔温 wēn 和〕, (反)〔粗暴 cūbào〕
【柔媚-미】róuméi ⟨형⟩1아름답다. 2(성격이) 온순하다.
【柔嫩-눈】róunèn ⟨형⟩보드랍다. 여리다.
【柔情-정】róuqíng ⟨명⟩부드러운 마음씨.
【柔韧-인】róurèn ⟨형⟩낭창거리다.
**【柔软-연】róuruǎn ⟨형⟩유연하다. 부드럽다. ◇铺上~的垫子/부드러운 메트를 깔다. (同)〔绵 mián 软〕, (反)〔坚硬 jiānyìng〕 비교柔软:柔和 "柔软"은 구체적인 사물에만 쓰이고 소리 또는 빛에는 쓰이지 않는다. ◇她说话的声音总是那么(×柔软)柔和/그녀가 말하는 소리는 늘 그렇게 부드럽다.
【柔弱-약】róuruò ⟨형⟩유약하다. 연약하다. ◇~的幼芽/연약한 싹. (同)〔软 ruǎn 弱〕, (反)〔健壮 jiànzhuàng〕
【柔顺-순】róushùn ⟨형⟩유순하다. (同)〔温 wēn 顺〕, (反)〔倔强 juéjiàng〕
【柔婉-완】róuwǎn ⟨형⟩1부드럽다. 2(성격이) 유순하다.

【揉】扌部 róu 9画 주무를 유

⟨동⟩1(손으로) 비비다. 문지르다. ◇~眼睛/눈을 비빈다. 2(손으로 둥글게) 빚다. 이기다. 반죽하다. ◇~面/밀가루를

반죽하다. 3⟨文⟩(물건을) 구부리다. 휘다.
【揉搓-차】róu·cuo ⟨동⟩1(손으로) 주무르다. 세게 비비다. 2⟨方⟩괴롭히다. 들볶다. (同)〔折磨 zhé·mó〕
【揉磨-마】róu·mo (同)〔折磨 zhé·mó〕

【糅】米部 róu 9画 섞을 유

⟨동⟩섞다. 섞이다. ◇杂~/뒤섞다.
【糅合-합】róuhé ⟨동⟩뒤섞다. 혼합하다.
【糅杂-잡】róuzá ⟨동⟩섞이다.

【蹂】足部 róu 9画 밟을 유

⟨동⟩짓밟다.
【蹂躏-린】róulìn ⟨동⟩유린하다. 짓밟다. ◇~人权/인권을 짓밟다.

【鞣】革部 róu 9画 가죽 유

⟨동⟩(가죽을) 무두질하다.
【鞣料-료】róuliào ⟨명⟩가죽을 무두질하는 약품.

ròu

★【肉】肉部 ròu 0画 살 육

1⟨명⟩고기. (사람·동물의) 살. 2⟨명⟩과육(果肉). 과실의 살. ◇冬瓜~厚/동과는 과육이 두껍다. 3⟨형⟩⟨方⟩바삭바삭〔사각사각〕하지 않다. 4⟨형⟩⟨方⟩굼뜨다. 느리다. ◇~脾气/굼뜬 성질.
【肉搏-박】ròubó ⟨동⟩백병전을 하다.
【肉搏战-박전】ròubózhàn ⟨명⟩백병전.
【肉畜-축】ròuchù ⟨명⟩식육용 가축.
【肉感-감】ròugǎn ⟨형⟩성적 매력이 있다. 섹시하다. 〔주로 여성에 대하여〕(同)〔性感〕
【肉冠-관】ròuguān ⟨명⟩(새의) 볏.
【肉桂-계】ròuguì ⟨명⟩⟨植⟩계수나무.
【肉红-홍】ròuhóng ⟨명⟩핑크색.
【肉瘤-류】ròuliú ⟨명⟩⟨医⟩혹.
【肉麻-마】ròumá ⟨형⟩낯간지럽다. 역겹다. ◇他说的话太~了/그가 한 말이 너무 낯간지럽다.
【肉糜-미】ròumí ⟨명⟩⟨方⟩(기계로) 간 고기.
【肉排-배】ròupái ⟨명⟩갈비. 스테이크(steak).
【肉皮-피】ròupí ⟨명⟩돼지고기의 껍질.
【肉皮儿-피아】ròupír ⟨명⟩⟨方⟩(사람의) 살가죽.
【肉票-표】ròupiào (~儿)⟨명⟩(비적들에게 납치된) 인질.
【肉鳍-기】ròuqí ⟨명⟩살지느러미.
【肉色-색】ròusè ⟨명⟩살색.
【肉食-식】ròushí ⟨명⟩⟨동⟩육식(하다).
【肉食-식】ròu·shí ⟨명⟩육류식품.

【肉丝－사】ròusī (～儿)图잘게 썬 고기.

【肉松－송】ròusōng 图소나 돼지 따위의 살코기를 가공하여 양념을 한 후 솜처럼 만든 식품.

【肉体－체】ròutǐ 图육체.

【肉痛－통】ròutòng 图〈方〉1몹시 아깝다. 2귀여워하다.

【肉头－두】ròutóu 图1나약하고 무능하다. 2멍청하다. 3속좁다.

【肉头－두】ròu·tou 图〈方〉포동포동하다. ◇这孩子的手多～/이 아이의 손은 참 통통하구나.

【肉刑－형】ròuxíng 图육형.

【肉眼－안】ròuyǎn 图1육안. 2식견이 없는 안목.

【肉用鸡－용계】ròuyòngjī 图고기닭. 육계.

【肉欲－욕】ròuyù 图〈貶〉성욕.

【肉中刺－중자】ròuzhōngcì 图〈喩〉눈엣가시. 〔주로'眼中钉'과 같이 쓰임〕

【肉赘－췌】ròuzhuì 图사마귀.

rú

☆【如】女部 rú
3画 같을 여

1图…에 따르다〔맞추다〕. …대로 하다. ◇～意/뜻대로 되다. **2**图…와 같다. ◇十年～一日/10년이 하루 같다. **3**图미치다. 필적하다. ◇百闻不～一见/백문이 불여일견. **4**图초과하다. ◇光景一年强～一年/형편이 해마다 좋아진다. 5예를 들면. 예컨대. ◇她买了不少家用电器，～电冰箱、彩色电视机、电风扇等/그녀는 냉장고, 칼라TV, 선풍기 등 가전용품을 많이 샀다. **6**图만일. 만약. ◇～处理得当，问题不难解决/만일 적절하게 처리했으면 문제는 해결하기가 어렵지 않다. **7**图〈文〉가다. 이르다. ◇～厕/화장실에 가다. **8**图尾〈文〉형용사나 부사 뒤에 붙어서 어떤 상황이나 상태를 나타냄. ◇空空～也/텅텅 비어 있다. **9**(Rú)图성(姓).

【如臂使指－비사지】rú bì shǐ zhǐ〈成〉(자기 팔을 쓰듯) 마음대로 사람을 부리다. (同)〔得心应手 dé xīn yìng shǒu〕, (反)〔尾大不掉 wěi dà bù diào〕

【如常－상】rúcháng 图평소와 같다. 여느 때와 같다. (反)〔反常 fǎncháng〕

【如出一辙－출일철】rú chū yì zhé〈成〉두 가지 사물이 아주 비슷하다. (同)〔一模一样 yì mú yi yàng〕, (反)〔迥然不同 jiǒng rán bù tóng〕

【如初－초】rúchū 图원래대로다. 이전과 같다.

＊＊【如此－차】rúcǐ 이와 같다. 이러하다. ◇天天～/매일 그렇다.

【如次－차】rúcì 图아래와 같다. 다음과 같다.

【如弟－제】rúdì 图〈文〉의형제를 맺은 동생.

【如法炮制－법포제】rú fǎ páo zhì〈成〉정해진 처방대로 한약을 조제하다. 옛 방식대로 처리하다. (反)〔独辟蹊径 dú pì xī jìng〕

【如故－고】rúgù 图1이전과 같다. 2오래 사귄 친구 같다. ◇一见～/만나자마자 오랜 친구와 같다.

☆【如果－과】rúguǒ 图만일. 만약. 〔흔히 뒷절에 "就", "那", "那么" 등이 쓰인다〕◇明天下午你～没有课的话，请你到我房间来一趟/내일 오후 수업이 없으면 내 방에 한번 왔다 가세요.

☆【如何－하】rúhé 图어떻게. ◇此事～办理? /이 일을 어떻게 처리하지?

【如虎添翼－호첨익】rú hǔ tiān yì〈成〉범이 날개를 단 격이다. 힘이 더욱 강해졌거나 흉폭해졌음의 비유.

【如花似锦－화사금】rú huā sì jǐn〈成〉꽃 같고 비단 같다. 경치가 매우 아름답다. 전도가 양양하다.

【如火如荼－화여도】rú huǒ rú tú〈成〉활활 타오르는 것이 불 같고, 흐드러진 것이 띠꽃 같다. 기세가 왕성하다. 열기가 대단하다.

【如饥似渴－기사갈】rú jī sì kě〈成〉배고프고 목마른 것 같다. 몹시 갈망하다.

【如胶似漆－교사칠】rú jiāo sì qī〈成〉남녀 또는 친구 사이가 매우 가깝다.

☆【如今－금】rújīn 图지금. 오늘날. ◇～的年轻人和过去大不一样了/지금 젊은이는 옛날과 아주 다르다. [比교]如今:现在 "如今"은 전에 비해 변화가 있음을 나타낸다. ◇你的那件衣服，(×如今)现在还没做好/너의 그 옷은 현재 아직 다 만들지 못했다.

【如来－래】Rúlái 图〈佛〉부처의 존칭.

【如雷贯耳－뢰관이】rú léi guàn ěr〈成〉명성이 자자하다. (同)〔赫赫有名 hè hè yǒu míng〕, (反)〔默默无闻 mò mò wú wén〕

【如鸟兽散－조수산】rú niǎo shòu sàn〈成〉〈貶〉놀란 새나 짐승처럼 사방으로 흩어져 달아나다.

【如期－기】rúqī 图기한대로. 예정대로. 기일 내에. ◇任务～完成了/임무는 예정대로 완수했다. (同)〔按 àn 期〕, (反)〔逾 yú 期〕

【如其－기】rúqí 图만일.

【如日中天－일중천】rú rì zhōng tiān〈成〉사물이 극도로 발달한 모양. (同)〔红日高照 hóng rì gāo zhào〕, (反)〔日薄西山 rì bó xī shān〕

【如若－약】rúruò 图만일.

【如丧考妣－상고비】rú sàng kǎo bǐ〈成〉

R

〈貶〉마치 자신의 부모를 잃은 것처럼 당황하거나 슬퍼하다.

【如上－상】 rúshàng 웹이상과 같다.

【如实－실】 rúshí 웹사실대로이다. ◇～报告/사실대로 보고한다. (反)〔失 shī 实〕

【如释重负－석중부】 rú shì zhòng fù〈成〉어깨에서 무거운 짐을 벗어 버린 것 같다. 일을 완수하여 마음이 홀가분하다.

【如数家珍－수가진】 rú shǔ jiā zhēn〈成〉손금 보듯 환히 꿰뚫고 있다.

【如数－수】 rúshù 웹숫자〔액수〕대로. 전부.

【如汤沃雪－탕옥설】 rú tāng wò xuě〈成〉눈에 끓는 물 붓기다. 일이 쉽사리 해결되다. (反)〔以沸止沸 yǐ fèi zhǐ fèi〕

✲✲【如同－동】 rútóng 웹마치 …와 같다. 흡사 …이다. ◇～白昼/대낮 같다.

✲✲【如下－하】 rúxià 웹아래와 같다. 다음과 같다. ◇现在，我把会议的情况介绍一下/지금 내가 회의의 상황을 아래와 같이 설명하겠습니다.

【如兄－형】 rúxiōng 웹〈文〉의형.

【如许－허】 rúxǔ 웹〈文〉1이와 같다. 2상당수의. 꽤 많은. (同)〔这么些 zhè·me xiē〕〔那么些 nà·me xiē〕

【如一－일】 rúyī 웹일치하다. 한결같다. 변함이 없다.

【如蚁附膻－의부산】 rú yǐ fù shān〈成〉악인이 서로 결탁하여 나쁜 일을 꾀하다. 돈과 권세에 빌붙어 명리를 추구하다.

✱【如意－의】 rú//yì 용뜻〔생각〕대로 되다. ◇事事不如他的意/일마다 그의 뜻대로 되지 않았다. (同)〔满 mǎn 意〕, (反)〔不满 bù mǎn〕

【如意算盘－의산반】 rúyì suàn·pán〈成〉뜻대로 되기만을 바라는 심산.

【如影随形－영수형】 rú yǐng suí xíng〈成〉그림자가 몸을 따라다니는 듯하다. 관계가 매우 밀접하다.

【如鱼得水－어득수】 rú yú dé shuǐ〈成〉물고기가 물을 얻다. 자신에게 매우 적합한 사람이나 환경을 얻다.

【如愿－원】 rú//yuàn 용원하는 대로 되다.

【如愿以偿－원이상】 rú yuàn yǐ cháng〈成〉희망이 이루어지다. 소원 성취하다. (同)〔心满意足 xīn mǎn yì zú〕, (反)〔大失所望 dà shī suǒ wàng〕

✱【如醉如痴－취여치】 rúzuì rúchī〈成〉취한 듯 바보인 듯하다. 멍하다.

【如坐针毡－좌침전】 rú zuò zhēn zhān〈成〉바늘 방석에 앉은 것 같다. (同)〔芒刺在背 máng cì zài bèi〕, (反)〔泰然处之 tài rán chǔ zhī〕

【茹】 艹部 | rú
6画 | 먹을 여

1용먹다. ◇～素/채식하다. 2(Rú)웹성(姓).

【茹苦含辛－고함신】 rú kǔ hán xīn〈成〉고통이나 어려움을 겪다.

【茹毛饮血－모음혈】 rú máo yǐn xuè〈成〉(원시인들이) 털도 뽑지 않은 새나 짐승의 고기를 먹고 그 피를 그대로 마시다. 원시인의 생활을 하다.

【铷·鉫】 钅部 | rú
6画 | 루비듐 여

웹〈化〉루비듐(Rb). 금속 원소의 하나.

【儒】 亻部 | rú
14画 | 선비 유

1웹유학(자). 2웹옛날, 독서인을 일컫던 말. 학자. ◇～生/진부한 학자.

【儒艮－간】 rúgèn 웹〈動〉듀공(dugong). (同)〔人鱼 rényú〕

【儒家－가】 Rújiā 웹유가.

【儒将－장】 rújiàng 웹선비의 풍모를 지닌 무장.

【儒教－교】 Rújiào 웹유교.

【儒略历－략력】 rúlüèlì 웹율리우스력(Julius 曆).

【儒生－생】 rúshēng 웹1유생. 2학자.

【儒术－술】 rúshù 웹유가의 학술.

【儒学－학】 rúxué 웹1유학. 2옛날, 부(府)·주(州)·현(縣)에 있었던 교관(教館).

【儒雅－아】 rúyǎ 웹〈文〉1학문이 깊다. 2태도가 의젓하다. (反)〔粗俗 cūsú〕

【儒医－의】 rúyī 웹옛날, 학문이 있는 한의사.

【濡】 氵部 | rú
14画 | 젖을 유

1〈文〉용적시다. 젖다. ◇～笔/붓을 적시다. 2머무르다. 지체하다. ◇～滞/정체하다. 지체하다.

【濡染－염】 rúrǎn〈文〉용1물들다. 물들이다. 2적시다.

【濡湿－습】 rúshī 용축축하게 젖다.

【薷】 艹部 | rú
14画 | 향유 유

→〔香 xiāng 薷〕

【嚅】 口部 | rú
14画 | 말머뭇거릴 유

【嚅嗫－섭】 rúniè 웹〈文〉우물쭈물하는 모양.

【孺】 子部 | rú
14画 | 젖먹이 유

웹어린 아이. ◇妇～/여자와 아이.

【孺人－인】 rúrén 웹〈文〉1부인. a)고대(古代)에 대부(大夫)의 아내를 일컫던 말. b)명청(明清)시대에 7품 관원의 어머니나 아내에 대한 존칭. 2〈轉〉부인(婦人)의 존칭(尊稱).

【孺子－자】 rúzǐ 웹〈文〉어린이. 아이.

【孺子可教－자가교】 rúzǐ kě jiào〈成〉젊은 이가 장래성이 있어 재능을 전수해줄 만

하다.

【蠕(蝡)】虫部 14画 | rú 꿈틀거릴 **연**

[형]꿈틀거리다.

【蠕动－동】rúdòng [동]연동하다. 꿈틀거리다.

【蠕蠕－연】rúrú [형]꿈틀거리는 모양.

【蠕形动物－형동물】rúxíng dòngwù [명]〈動〉연형 동물.

rǔ

【汝】氵部 3画 | rǔ 너 **여**

1[대]〈文〉너. ◇～辈/너희들. **2**(Rǔ)[명]성(姓).

*【乳】乙部 7画 | rǔ 젖 **유**

1[동](아이를) 낳다. 생식하다. ◇孳 zǐ～/번식하다. **2**[명]유방. ◇～罩/브래지어. **3**[명]젖. ◇～牛/젖소. **4**[명]젖과 같은 즙. ◇豆～/두유. **5**[형]갓난. 갓태어난. 젖먹이의. ◇～燕/제비새끼.

【乳白－백】rǔbái [명]유백색.

【乳钵－발】rǔbō [명]유발. 막자 사발.

【乳齿－치】rǔchǐ [명]〈生理〉유치. 젖니.

【乳儿－아】rǔ'ér [명]유아. 젖먹이.

【乳房－방】rǔfáng [명]〈生理〉유방.

【乳腐－부】rǔfǔ [명]〈方〉유부. 〔발효시킨 두부를 소금에 절인 중국의 아침 반찬〕

【乳化－화】rǔhuà [명][동]〈化〉유화(하다).

【乳剂－제】rǔjì [명]〈化〉유제.

【乳酪－락】rǔlào [명]치즈.

【乳名－명】rǔmíng [명]유명. 아명. (同)〔奶 nǎi 名〕, (反)〔大 dà 名〕

【乳母－모】rǔmǔ [명]유모. (同)〔奶妈 nǎimā〕

【乳牛－우】rǔniú [명]젖소.

【乳头－두】rǔtóu [명]〈生理〉**1**유두. 젖꼭지. **2**유두 모양의 돌기.

【乳腺－선】rǔxiàn [명]〈生理〉유선. 젖샘.

【乳臭－취】rǔxiù [명]젖비린내. ◇～未干的小子/젖비린내 나는 녀석.

【乳牙－아】rǔyá (同)〔乳齿 chǐ〕

【乳油－유】rǔyóu [명]크림.

【乳罩－조】rǔzhào [명]브래지어(brassiere).

【乳汁－즙】rǔzhī [명]젖.

【乳脂－지】rǔzhī [명]유지방.

【辱】辰部 3画 | 寸部 7画 | rǔ 욕보일 **욕**

1[명]치욕. 수치. ◇羞～/수치. **2**[동]모욕하다. 창피를 주다. ◇折～/욕보이다. 수치를 주다. **3**[동]모독하다. 욕되게 하다. ◇～没 mò/부끄럽게 하다. **4**[동]〈文〉〈謙〉〔받은 호의를 욕되게 한다는 뜻으로, 너무나 분에 넘치는 일이라 감사하여 이르는 말〕 ◇～临/왕림하시다.

【辱骂－매】rǔmà [동]모욕하고 욕설을 퍼붓다.

【辱命－명】rǔ∥mìng [동]명령이나 부탁을 욕되게 하다. 사명을 완수하지 못하다.

【辱没－몰】rǔmò [동]더럽히다. 욕되게 하다. (同)〔玷 diàn 辱〕, (反)〔荣耀 róngyào〕

【擩】扌部 14画 | rǔ 물들 **유**

[동]〈方〉꽂다. 끼우다. 질러넣다. 빠지다. ◇一只脚～到泥里了/한쪽 발이 진흙 속에 빠졌다.

rù

☆【入】入部 0画 | rù 들 **입**

1[동]들다. ◇禁止～内/출입금지. **2**[동](조직이나 단체에) 가입하다. 참가하다. ◇～团/단체가 가입하다. **3**[명]수입. ◇岁～/세입. **4**[동]합치하다. 맞다. ◇～时/유행을 타다. **5**[명]입성(入聲). ◇平上去～/평상거입.

【入不敷出－불부출】rù bù fū chū 〈成〉수지가 맞지 않다. (反)〔量入为出 liàng rù wéi chū〕

【入超－초】rùchāo [명]〈貿〉수입 초과. (反)〔出 chū 超〕

【入耳－이】rù'ěr [형]듣기 좋다. 들을 만하다. (同)〔动听 dòngtīng〕, (反)〔逆 nì 耳〕

【入伏－복】rù∥fú [동]복날로 들어서다. (反)〔出 chū 伏〕

【入港－항】rùgǎng [동]〈早白〉서로 마음이 맞다. 대화가 통하다.

【入彀－곡】rùgòu [동]**1**화살이 미치는 범위 안에 있다. 세력 아래에 있다. **2**격식이나 요구에 합치하다. **3**마음에 맞다〔들다〕.

【入股－고】rù∥gǔ [동]주주가 되다.

【入骨－골】rùgǔ [동]〈轉〉뼈에 사무치다. ◇恨之～/뼈에 사무칠 정도로 증오하다. (同)〔刻 kè 骨〕, (反)〔肤浅 fūqiǎn〕

【入国问禁－국문금】rù guó wèn jìn 〈成〉그 고장에 가면 그 고장의 금기를 알아야 한다.

【入画－화】rùhuà [동]그림에 담다.

【入伙－화】rù∥huǒ [동]**1**패거리에 (끼어) 들다. **2**구내식당에서 식사를 하다. (反)〔退 tuì 伙〕

*【入境－경】rù∥jìng [동]입국하다. ◇办理～手续/입국 수속을 하다. (反)〔出 chū 境〕

【入境问俗－경문속】rù jìng wèn sú (同)〔入国 guó 问禁 jìn〕

*【入口－구】rù∥kǒu [동]**1**입으로 들어가다. **2**수입하다. (反)〔出 chū 口〕

R

【入口－구】rùkǒu 圆입구. ◇车站~挤满了人/정거장 입구에 사람들로 꽉 찼다.
【入寇－구】rùkòu 통〈文〉침입하다.
【入殓－렴】rù// liàn 통납관하다. 입관하다.
【入列－렬】rùliè 통〈軍〉(대오에서 벗어난 병사가) 대열에 들어가다. (反)〔出 chū 列〕
【入流－류】rùliú 통1옛날, 9품(九品) 이상의 벼슬에 오르다. 2등급에 들다. 3시대의 흐름에 부합되다.
【入垄－롱】rùlǒng 통〈方〉말이 통하다.
【入梅－매】rùméi 통장마철이 되다. (反)〔出 chū 梅〕
【入门－문】rù// mén (~儿)통입문하다. 기초를 터득하다.
【入门－문】rùmén 圆입문.
【入梦－몽】rù// mèng 통1잠들다. 2꿈에 누군가 나타나다.
【入迷－미】rù// mí (어떤 사물에) 푹 빠지다. 정신이 팔리다. ◇老爷爷讲故事, 孩子们听得入了迷/할아버지의 옛날 이야기에 애들이 푹 빠졌다.
【入魔－마】rù// mó 통홀딱 반하다.
【入木三分－목삼분】rù mù sān fēn〈成〉필력이 강하다. 논의가 깊이 있다. (同)〔鞭辟入里 biān pì rù lǐ〕, (反)〔不痛不痒 bù tòng bù yǎng〕
*【入侵－침】rùqīn 통침입하다.
【入情入理－정입리】rù qíng rù lǐ〈成〉인정에 맞고 이치에 합치다. (同)〔合情合理 hé qíng hé lǐ〕, (反)〔岂有此理 qǐ yǒu cǐ lǐ〕
【入神－신】rù// shén 1통정신이 팔리다. 넋을 잃다. 2휑(기술 따위가) 입신의 경지에 들다. 절묘하다. 매우 뛰어나다. (同)〔凝 níng 神〕, (反)〔走 zǒu 神〕
【入声－성】rùshēng 圆〈言〉입성.
【入时－시】rùshí 휑(복장 따위가) 유행에 맞다. (同)〔趋 qū 时〕, (反)〔背 bèi 时〕
【入世－세】rù// shì 통사회에 진출하다. (反)〔出 chū 世〕
*【入手－수】rùshǒu 통착수하다.
【入睡－수】rù// shuì 통잠들다. (同)〔入眠 mián〕, (反)〔失 shī 眠〕
【入土－토】rù// tǔ 통매장하다. 죽다. (反)〔坠地 zhuìdì〕
【入托－탁】rùtuō 통(어린 아이를) 탁아소에 넣다.
【入微－미】rùwēi 통세세한 데까지 미치다. ◇体贴~/〈成〉세심한 데까지 살뜰히 돌보다. (反)〔粗疏 cūshū〕
【入闱－위】rù// wéi 통(응시자나 감독자가) 과거 시험장에 들어가다.
【入味－미】rùwèi (~儿)통1맛있다. ◇菜做得很~/요리가 매우 맛있게 되었다. 2

휑재미있다. ◇这出戏我们越看越~/이 연극은 보면 볼수록 재미있다. (同)〔有 yǒu 味〕, (反)〔无 wú 味〕
【入伍－오】rù// wǔ 통입대하다. (反)〔退 tuì 伍〕
【入席－석】rù// xí 통(집회나 회의 따위에서) 착석하다. (反)〔退 tuì 席〕
【入乡随乡－향수향】rù xiāng suí xiāng (同)〔随乡入乡〕
【入绪－서】rùxù 통(일의) 두서가 잡히다.
【入选－선】rù// xuǎn 통입선하다. 당선되다. (同)〔中 zhòng 选〕, (反)〔落 luò 选〕
*【入学－학】rù// xué 통1입학하다. ◇~考试/입학 시험. 비교入学:上 "入学"는 동빈구조(V+O)로서 목적어를 취하지 않는다. ◇我(×入学)上了私立高中/난 사립 고등학교에 입학했다. (反)〔退 tuì 学〕 2취학하다. ◇~年龄/취학 연령.
【入眼－안】rù// yǎn 통눈에 들다. (보고) 마음에 들다.
【入药－약】rù// yào 통〈中醫〉약으로 쓰다.
【入夜－야】rùyè 통밤이 되다.
【入院－원】rù// yuàn 통입원하다.
【入主出奴－주출노】rù zhǔ chū nú〈成〉한쪽의 주의·주장을 맹신하고 다른 주의·주장을 돌아보지 않는다.
【入赘－췌】rùzhuì 통데릴사위가 되다.
【入座－좌】rù// zuò 통자리에 앉다.

【洳】 氵部 rù
6画 | 습한땅 여
→〔沮 jù 洳〕

【溽】 氵部 rù
10画 | 젖을 욕
휑〈文〉축축하다.
【溽暑－서】rùshǔ 휑축축하고 무덥다.
【溽蒸－증】rùzhēng 圆습하고 무더운 여름 날씨. (同)〔溽暑〕

【缛·縟】 纟部 rù
10画 | 번다할 욕
【缛礼－예】rùlǐ 圆〈文〉번거롭고 귀찮은 의식이나 예절.

【褥】 衤部 rù
10画 | 요 욕
圆요. ◇被~/이불과 요.
【褥疮－창】rùchuāng 圆〈醫〉욕창.
【褥单－단】rùdān (~儿)圆침대보.
【褥套－투】rùtào 圆1휴대용 이불보. 2이불 솜.
【褥子－자】rù·zi 圆요.

ruá

【挼】 扌部 ruá
7画 | 비빌 뇌

[동]1구겨지다. ◇这张纸~了/이 종이는 구겨졌다. 2해어지다. ◇衬衫穿~了/와이셔츠가 해어졌다. ⇒ruó

ruǎn

【阮】阝部 4画 ruǎn 나라이름 **완**
[명]1'阮咸'의 준말. 2(Riǎn)성(姓).

☆【软·軟(輭)】车部 4画 ruǎn 부드러울 **연**
1[형](사물 따위가) 부드럽다. 보드랍다. ◇柳条很~/버들가지는 매우 부드럽다. 2[형](바람·말·태도 따위가) 부드럽다. 온화하다. 강경하지 않다. ◇话说得很~/말을 부드럽게 한다. ◇他就是吃~不吃硬/그는 좋게 말하면 먹히지만 강경하게 대하면 씨가 안 먹힌다. 3[형]나른하다. 힘없다. ◇两腿发~/두 다리가 나른하다. 4[형]능력이 별로 없다. 품질이 나쁘다. 변변치 못하다. ◇工夫~/솜씨가 변변치 못하다. 5[형](마음이) 여리다. 무르다. ◇心~/마음이 여리다. 6(Ruǎn) [명]성(姓).

【软床—상】ruǎnchuáng [명]야전 침대.
【软磁盘—자반】ruǎncípán [명](컴퓨터의) 플로피 디스크(floppy disk). 디스켓(diskette).
【软刀子—도자】ruǎn dāo·zi 〈喻〉음험하게 사람에게 고통을 주거나 살해하는 수단.
【软缎—단】ruǎnduàn [명]〈紡〉자수(刺繡)의 재료나 장식품에 쓰이는 공단(貢緞).
【软腭—악】ruǎn'è [명]〈生理〉연구개(軟口蓋). (同)〔颌 hé〕
【软耳朵—이타】ruǎn'ěr·duo [명]귀가 얇아 남의 말을 쉽게 믿는 사람.
【软风—풍】ruǎnfēng [명]산들바람. 미풍.
【软膏—고】ruǎngāo [명]〈藥〉연고.
【软骨—골】ruǎngǔ [명]연골.
【软骨头—골두】ruǎngǔ·tou [명]지조 없는 자. 줏대가 없는 사람. (反)〔硬 yìng 骨头〕
【软骨鱼—골어】ruǎngǔyú [명]〈魚介〉연골어류.
【软化—화】ruǎnhuà 1[명]연화. 2[동]부드러워지다. 누그러지다. ◇他的态度逐渐~了/그의 태도는 점차 누그러졌다. 3[동]말랑말랑해지다. 수그러지다. (反)〔硬 yìng 化〕
【软话—화】ruǎnhuà [명]부드러운 말.
【软和—화】ruǎn·huo [형]부드럽다. 연하다. (同)〔柔 róu 软〕, (反)〔坚硬 jiānyìng〕
*【软件—건】ruǎnjiàn [명]소프트웨어.
【软禁—금】ruǎnjìn [명][동]연금(하다).
【软绵绵—면면】ruǎnmiānmiān (~的)[형] 1폭신하다. 부드럽다. 2허약하다. 약하다. (反)〔硬邦邦 yìngbāngbāng〕
【软磨—마】ruǎnmó [동]부드럽게 조르다. 자꾸 요구〔부탁〕하다. (反)〔硬抗 yìngkàng〕
【软木—목】ruǎnmù [명]1〈植〉코르크 나무. 2코르크.
【软片—편】ruǎnpiàn [명]필름.
⁑【软弱—약】ruǎnruò [형]연약하다. 가냘프다. ◇他的病还没好，身体还很~/그는 병이 아직 낫지 않아 몸이 아직 연약하다. (同)〔虚 xū 弱〕, (反)〔健壮 jiànzhuàng〕
[비교]软弱:脆弱 사람의 마음에는 "软弱"를 쓰지 않는다. ◇她的感情很(×软弱)脆弱，遇到一点小事就掉眼泪/그녀는 마음이 여려서 작은 일에도 눈물을 흘린다.
【软食—식】ruǎnshí [명]유동식.
【软水—수】ruǎnshuǐ [명]〈化〉연수. (反)〔硬 yìng 水〕
【软梯—제】ruǎntī [명]줄사다리.
【软体动物—체동물】ruǎntǐ dòngwù [명]〈動〉연체 동물.
【软卧—와】ruǎnwò [명](열차의) 일등침대.
【软席—석】ruǎnxí [명]〈交〉(열차 따위의) 일등석이나 일등침대. (反)〔硬 yìng 席〕
【软硬兼施—경겸시】ruǎn yìng jiān shī 〈成〉〈貶〉강온 양책을 함께 쓰다.
【软着陆—착륙】ruǎnzhuólù [명][동]〈宇航〉연착륙(하다).
【软座—좌】ruǎnzuò [명](열차의) 1등석.

ruǐ

【蕊(蘂, 蘂)】艹部 12画 ruǐ 꽃술 **예**
[명]〈植〉꽃술. ◇雌 cí~/암꽃술. ◇雄~/수꽃술.

ruì

【芮】艹部 4画 ruì 물가 **예**
(Ruì)[명]성(姓).

【蚋(蜹)】虫部 4画 ruì 모기 **예**
[명]〈虫〉파리매.

【锐·銳】钅部 7画 ruì 날카로울 **예**
1[형]날카롭다. 예리하다. (反)〔钝 dùn〕 ◇尖~/첨예하다. 2[명]기운. ◇养精蓄~/역량〔기력〕을 기르다. 3[형]급격하다. 급속하다. ◇~减/(가격이) 급락하다.
【锐不可当—불가당】ruì bù kě dāng 〈成〉기세가 드세서 막아낼 수 없다.
【锐角—각】ruìjiǎo [명]〈數〉예각. (反)〔钝dùn 角〕
*【锐利—리】ruìlì [형]1(칼날 따위가) 예리하

R

다. 날카롭다. ◇～的匕首/예리한 비수.
2(눈빛·말·글 따위가) 날카롭다. ◇眼光
～/눈빛이 날카롭다. (同)〔敏 mǐn 锐〕,
(反)〔迟钝 chídùn〕

【锐敏－민】ruìmǐn 휑(감각이) 민감하다.
(안목이) 예리하다.

【锐气－기】ruìqì 휑드센 기운.

【锐意－의】ruìyì 통정신을 단단히 차리다.

【瑞】王部│ruì
　　　9画│상서 서
1휑길상의. 상서로운. 좋은 징조의. ◇～
雪/상서로운 눈. (同)〔吉 jí〕, (反)〔凶 xi-
ōng〕 **2**(Ruì) 휑성(姓).

【瑞签－첨】ruìqiān 휑상서로운 말을 써놓
은 종이 쪽지.〔보통 빨간 종이를 쓰며,
'春节'(설) 때에 붙임〕

【瑞士－사】Ruìshì 휑〈地〉스위스(Suisse).

*【瑞雪－설】ruìxuě 휑서설. 상서로운 눈.
◇～兆丰年/서설은 풍년의 전조다.

【睿(叡)】目部│ruì
　　　　　9画│밝을 예
휑〈文〉지혜롭다. 시야가 넓다.

【睿智－지】ruìzhì 휑〈文〉현명(하다).

rùn

【闰·閏】门部│rùn
　　　　　4画│윤달들 윤
휑윤. ◇～年/윤년.

【闰年－년】rùnnián 휑윤년.

【闰日－일】rùnrì 휑윤일.

【闰月－월】rùnyuè 휑윤달.

【润·潤】氵部│rùn
　　　　　7画│젖을 윤
1휑매끈매끈하고 윤이 나다. ◇墨色很～/
먹의 색깔이 매우 윤이 나다. **2**통축이다.
축축하게 하다. ◇～嗓子/목을 축이다. **3**
통(글을) 다듬다. ◇～色/문장을 다듬다.
4휑이익. 이윤. ◇分～/이익을 나누다.

【润笔－필】rùnbǐ 휑윤필료. 휘호료(挥毫料).

【润格－격】rùngé 휑옛날, 휘호료의 표준.

【润滑－활】rùnhuá 통기름을 쳐 미끄럽게
하다.

【润滑油－활유】rùnhuáyóu 휑윤활유.

【润例－례】rùnlì (同)〔润格 gé〕

【润色－색】rùnsè 통(글 등을) 윤색하다.
첨삭하다.

【润饰－식】rùnshì 통윤색하다.

【润泽－택】rùnzé **1**휑윤기있다. (同)〔滋 zī
润〕, (反)〔枯槁 kūgǎo〕**2**통적시다. 축이다.

【润资－자】rùnzī 휑윤필료.

ruó

【挼】扌部│ruó
　　　7画│비빌 뇌
통**1**비비다. 주무르다. 구기적거리다. ◇
把纸～成团/종이를 구겨 뭉쳤다. **2**(轉)
(기분·기질 따위를) 가라앉히다〔누그러
뜨리다〕. ⇒ruá

ruò

**【若】艹部│ruò
　　　5画│만일 약
1…과 같다. **2**접〈文〉만약 …이라면. 만약.
◇你～不吃药，病情还会加重/네가 만일
약을 먹지 않으면 병세가 가중될 것이다.
3대〈文〉너. 당신. ◇～辈/당신들. ⇒rě

【若虫－충】ruòchóng 휑〈虫〉약충.

【若非－비】ruòfēi 만일 …하지 않으면. 만
일 …이 아니면.

**【若干－간】ruògān 휑약간. ◇关于发展教
育的～问题/교육발전에 관한 몇몇문제.

【若何－하】ruòhé 〈文〉대어떠한가.

【若即若离－즉약리】ruò jí ruò lí 〈成〉가까
이 있는 것 같기도 하고, 떨어져 있는 것
같기도 하다. (反)〔难分难解 nán fēn nán
jiě〕

【若明若暗－명약암】ruò míng ruò àn 〈成〉
알쏭달쏭하다. 태도가 불분명하다.

【若是－시】ruòshì 만약 …한다면〔라면〕.

**【若无其事－무기사】ruò wú qí shì 〈成〉아
무 일도 없었던 것처럼 시치미를 떼다.
(아무렇지도 않은 듯이) 태연스럽다.
(同)〔行若无事 xíng ruò wú shì〕, (反)
〔惊慌失措 jīng huāng shī cuò〕

【若隐若现－은약현】ruò yǐn ruò xiàn 〈成〉
보일락말락하다.

【若有所失－유소실】ruò yǒu suǒ shī 〈成〉
무엇을 잃어버린 것처럼 허전하다.

【偌】亻部│ruò
　　　8画│이 약
대〈早白〉이러한〔이렇게〕. 그러한〔그렇게〕.

【偌大－대】ruòdà 〈早白〉이렇게 크다. 그
렇게 크다.

☆【弱】弓部│ruò
　　　7画│약할 약
1휑허약하다. 약하다. ◇衰～/쇠약하다.
◇老张虽然年纪大了，可干起活来并不～/
장형은 비록 나이가 들었지만 일하는 것
은 결코 약하지 않다. 비교弱:软弱 사람
이 연약하면 "弱的人"이라고 하지 않는
다. ◇他是个(×弱)软弱的人/그는 연약
한 사람이다. **2**휑나이가 어리다. ◇老～
病残/노인·어린아이·병자·신체장애자. **3**
휑…보다 약하다. …만 못하다. …에 비
해 손색이 있다. ◇他的本领～于那些人/

그의 재간은 그들만 못하다. **4**통〈文〉잃다. 죽다. ◇又～一个/또 한 사람 잃었다. **5**…에 (수가) 모자라다. 빠듯하다. ◇三分之二～/3분의 2보다 적다.

【弱不禁风－불금풍】ruò bù jīn fēng 〈成〉몸이 약해 바람만 불어도 날아갈 것 같다. (同)〔弱不胜衣 ruò bù shèng yī〕, (反)〔身强体壮 shēn qiáng tǐ zhuàng〕

＊【弱点－점】ruòdiǎn 명약점.

【弱冠－관】ruòguàn 명약관. 남자 20세 안팎의 나이.

【弱肉强食－육강식】ruò ròu qiáng shí 〈成〉약육강식.

【弱视－시】ruòshì 명〈醫〉약시.

【弱小－소】ruòxiǎo 형약소하다. (同)〔虚 xū 弱〕, (反)〔强大 qiángdà〕

【爇(焫)】火部 | ruò
15画 | 사를 열
통〈文〉점화하다. 타다. ◇～烛/촛불을 켜다.

R

S

sā

【仁】 人部 | sā
3画 | 세개 삼
[수량]〈口〉셋. 세 개.〔뒤에 '个'자나 다른 양사(量詞)를 붙이지 못함〕◇～人/세 사람. ◇哥儿～/3형제.

☆【撒】 扌部 | sā
12画 | 흩어질 살
동1놓다. 펴다. ◇一～手, 气球飞上了天/손을 놓자 기구가 하늘로 날아 올라갔다. (同)〔甩 shuǎi〕, (反)〔收 shōu〕 **2**〈貶〉마음대로 행동하거나 표현하다. ◇你以为～娇 jiāo 就能解决问题吗?/네가 아양을 떤다고 문제가 해결된다고 생각하니? ⇒sǎ
【撒村一촌】sā//cūn 동야비한 말을 하다. 상스러운 말을 하다.
【撒旦一단】sādàn 명사탄. 악마. 마귀.
【撒刁一조】sā//diāo 동못되게 굴다.
【撒欢儿一환아】sā//huānr 동〈方〉즐거워 뛰놀다.〔주로 동물을 가리킴〕
*【撒谎一황】sā//huǎng 동〈口〉거짓말을 하다. ◇我从来没撒过谎/나는 여태껏 거짓말을 한 적이 없다.
【撒娇一교】sā//jiāo （～儿）동응석부리다. 아양을 떨다. 애교 부리다.
【撒酒疯一주풍】sā jiǔfēng （～儿）취하여 날뛰다. 술주정하다.
【撒赖一뢰】sā//lài 동억지를 부리다. 생떼를 쓰다.
【撒尿一뇨】sā//niào 동〈口〉오줌을 싸다.
【撒泼一발】sāpō 동울며 불며 억지를 쓰다.
【撒气一기】sā//qì 동**1**(타이어·공 따위에서) 공기를 빼다. **2**남에게 신경질을 부리다. 화풀이를 하다.
【撒手一수】sā//shǒu 동**1**손을 놓다. **2**손을 떼다. 포기하다. ◇那件事他也～不管了/그 일에 대해 그도 손을 떼어 관여하지 않기로 했다.
【撒腿一퇴】sā//tuǐ 동내빼다. 달아나다.
【撒丫子一아자】sā yā·zi〈方〉달아나다.
【撒野一야】sā//yě 동야비한 짓을 하다. 행패를 부리다. 난폭하게 굴다.
【撒吃挣一에쟁】sā yì·zheng 잠꼬대를 하다.

sǎ

☆【洒・灑】 氵部 | sǎ
6画 | 뿌릴 쇄
1동(물을) 뿌리다. ◇先在地上～～水再扫/먼저 바닥에 물을 좀 뿌리고 나서 쓸어. **2**동뿌려서 사방에 흩뜨리다. 살포하다. (음식 따위를) 흘리다. ◇一碗汤 wǎn 全～在妈妈身上了/국 한 그릇을 엄마 몸에다 전부 엎질렀다. **3**(Sǎ)명성(姓).
【洒泪一루】sǎlèi 동눈물을 흘리다. (同)〔掉 diào 泪〕〔落 luò 泪〕
【洒落一락】sǎluò **1**동흩어져 떨어지다. **2**동소탈하다. 초연하고 여유가 있다.
【洒洒一쇄】sǎsǎ 명많다.
【洒扫一소】sǎsǎo 동물을 뿌리고 쓸다.
【洒脱一탈】sǎ·tuō 형(말이나 행동이) 소탈하다. 자연스럽다. (同)〔潇洒 xiāosǎ〕, (反)〔拘束 jūshù〕

【靸】 革部 | sǎ
3画 | 신 삽
동〈方〉(신발 뒤축을) 구부려 신다. (슬리퍼를) 신다.
【靸鞋一혜】sǎxié 명**1**슬리퍼. **2**신울이 촘촘하게 꿰매져 있고 앞 부분이 깊으며 코에 삼각형의 가죽을 댄 헝겊신.

【撒】 扌部 | sǎ
12画 | 흩어질 살
1동홀홀 흩뿌리다. ◇农民们～完种, 坐在大树下休息/농민들이 씨를 다 뿌리고 큰 나무 아래 앉아 쉬고 있다. **[비교]**撒:扔: 泼 ①씨앗을 균일하게 뿌릴 때는 "扔"을 쓰지 않는다. ◇农夫正在(×扔 rēng)撒谷 gǔ 种/농부가 지금 파종을 하고 있다. ②부주의로 액체를 엎질렀을 때는 "撒"를 쓴다. ◇我们(×泼 bō)撒了汤 tāng, 弄脏 nòngzāng 了桌布/우리가 국을 엎질러 식탁보를 더럽혔다. **2**동흘리다. (넘쳐)흐르다. 흘리다. 쏟다. ◇我们～了汤, 弄脏 nòngzāng 了桌布/우리가 국을 엎질러 테이블보를 더럽혔다. **3**(Sǎ)명성(姓). ⇒sā
【撒播一파】sǎbō 동〈農〉씨앗을 고루 뿌리다.

sà

【飒・颯】 立部 | 风部 | sà
4画 | 5画 | 쇠할 삽
1의쏴쏴.〔바람소리〕 **2**동〈文〉쇠락하다. 이울다.

【飒飒―삽】sàsà 웹쏴쏴. 쏴쏴.〔바람 소리나 비소리〕

【飒爽―상】sàshuǎng 웹〈文〉(태도가) 씩씩하고 늠름하다.

【萨·薩】 ⼗⼗部 8画 | 보살 살
(Sà)웹성(姓).

【萨克管―극관】sàkèguǎn 웹〈音〉색소폰 (saxophone).

sāi

*【腮(顋)】 月部 9画 | 뺨 시
웹뺨. 볼.〔뺨의 아래 귀밑 부분〕◇双手托～/두손으로 뺨을 받치다.

【腮帮子―방자】sāibāng·zi 웹〈口〉뺨. 볼.

【腮颊―협】sāijiá 웹뺨. 볼.

【腮腺―선】sāixiàn 웹〈生理〉이하선(耳下腺).

【鳃·鰓】 鱼部 9画 | 아가미 새
웹아가미.

**【塞】 宀部 土部 10画 10画 | 막을 색
1웹집어 넣다. 가득 쳐넣다. ◇奶奶到开车时又往我的口袋里～进了几个煮鸡蛋/할머니는 차가 출발할 때 내 주머니 속에 삶은 계란을 또 몇 개를 집어넣었다. 비교塞:吃 "塞"는 음식을 먹을 때 예의에 어긋난 표현이라서 대개 "吃"를 대신 쓰지 않는다. ◇我们(×塞)吃了三明治/우리는 샌드위치를 먹었다. 2웹틈을 막다. 틀어막다. ◇他们用被子一住了地道的通口/그들은 이불로 지하도의 통로입구를 틀어막았다. 3(～儿, ～子)웹마개. 뚜껑. ◇一打开瓶～, 酒香扑鼻 pūbí/병마개를 열자 술향기가 코를 찔렀다. ⇒sāi, sè

【塞车―차】sāi// chē 웹차가 막히다. (同) 〔堵 dǔ 车〕

【塞尺―척】sāichǐ (同)〔厚薄规 hòubóguì〕

【塞规―규】sāiguī 웹〈機〉플러그 게이지.

【塞子―자】sāi·zi 웹마개.

sài

【塞】 宀部 土部 10画 10画 | 변방 새
웹1(국경 지역의) 요새. 보루. ◇要～/요새. 2〈文〉북쪽 국경. ⇒sāi, sè

【塞外―외】sàiwài 웹국경 밖.〔옛날, 흔히 만리장성 밖의 지역을 가리켰음〕(同)〔塞北 běi〕

【塞翁失马―옹실마】sài wēng shī mǎ 〈成〉새옹지마.

☆【赛·賽】 宀部 贝部 11画 10画 | 내기할 새
1웹시합. 경기. ◇球～/구기시합. ◇单项～/종목별 시합. ◇田径～/육상경기. ◇友谊～/친선경기. ◇表演～/시범경기. ◇公开～/공개시합. 邀请～/초청경기. 2웹겨루다. 시합하다. ◇红队和黄队最近～过三次, 黄队都输了/홍팀과 황팀이 최근 3번 시합했는데 황팀이 모두 졌다. 비교赛:比 "赛"는 "成绩", "干劲", "先进" 등을 목적어로 취하지 않는다. ◇他们俩(×赛)比英语成绩/그들 둘은 영어 성적을 겨룬다. 3웹필적하다. …에 못지 않다. ◇我们这儿的姑娘一个～着一个的漂亮/우리 이곳의 아가씨는 모두는 아름답다. 4웹옛날, 신에게 제사를 올리다. ◇～神/농촌에서 가을걷이가 끝난 뒤 마을의 수호신을 집단으로 제사지내는 일. 5(Sài)웹성(姓).

【赛场―장】sàichǎng 웹경기장.

【赛车―차】sài// chē 1자전거·오토바이·자동차 등으로 경주하다. 2(sàichē)웹경륜. 자전거 경주. 3(sàichē)웹경기용 자전거. 사이클.

【赛程―정】sàichéng 웹1경기코스. 2경기의 일정.

【赛会―회】sàihuì 웹1옛날. 의장대와 악대와 함께 신상을 모시고 마을을 돌던 축제. 2공진회(共進會). 품평회. 박람회.

【赛璐珞―로락】sàilùluò 웹〈音〉셀룰로이드.

【赛马―마】sài// mǎ 1웹경마하다. 2(sàimǎ)웹경마.

【赛跑―포】sàipǎo 1웹(달리기) 경주. 2(sàipǎo)웹경주하다.

【赛区―구】sàiqū 웹종합경기지역.

【赛事―사】sàishì 웹시합행사.

sān

★【三】 一部 2画 | 석 삼
1㊀3. 셋. 2㊁재삼(再三). 여러 번. 몇 번이고.

【三八妇女节―팔부녀절】Sān- bā Fùnǚ Jié 웹국제 여성의 날.

【三百六十行―백육십행】sānbǎi liùshí háng ㊀〈喩〉여러가지 직업.

【三北―북】sānběi 웹중국의 서북(西北)·화북(華北)·동북(東北)의 세 북부 지역.

【三岔路口―차로구】sānchàlùkǒu 웹세 갈래 길목.

【三长两短―장량단】sān cháng liǎng duǎn 〈成〉만일의 경우.〔주로 사망을 가리킴〕

【三从四德―종사덕】sān cóng sì dé 〈成〉

S

삼종사덕.〔옛날, 여자들이 따라야 할 세 가지 도(道)와 지켜야 할 네 가지 덕목. '三從'은 '未嫁从父, 既嫁从夫, 夫死从子'로서, 어려서는 아버지를 따르고, 시집 가서는 남편을 따르며, 남편이 죽으면 아들을 따르는 것. '四德'는 부덕(婦德)·부언(婦言)·부용(婦容)·부공(婦功)을 말함〕

【三寸不烂之舌—촌불란치설】 sān cùn bù làn zhī shé 언변이 좋은 것. (同)〔三寸舌〕

【三大差别—대차별】 sān dà chābié 명(사회주의 국가에 존재한) 3대 차이. 3대 격차.〔공업과 농업, 도시와 농촌, 정신 노동과 육체 노동의 격차〕

*【三番五次—번오차】 sān fān wǔ cì 명여러 번. 누차. 거듭.

【三废—폐】 sānfèi 명공업 생산때문에 생기는 '废水'(폐수)·'废气'(폐기 가스)·'废渣'(폐기물).

【三伏—복】 sānfú 명1삼복. 2말복(末伏).

【三纲五常—강오상】 sāngāng wǔcháng 명유교의 삼강과 오상.

【三个臭皮匠, 赛过诸葛亮—개취피장, 새과제갈량】 sān·ge chòupíjiàng, sàiguò Zhūgě Liàng 〈諺〉구두장이 셋이면 제갈량보다 낫다. 보잘 것 없는 사람도 셋만 모여도 훌륭한 지혜가 나온다.

【三更半夜—경반야】 sān gēng bàn yè 〈成〉심야. 한밤중. 야밤 삼경.

【三合板—합반】 sānhébǎn 명(삼중으로 된) 합판.

【三合房—합방】 sānhéfáng 명'ㄷ'자 모양의 집.

【三合土—합토】 sānhétǔ 명석회·모래·진흙을 섞어 물에 갠 건축 재료.

【三花脸—화검】 sānhuāliǎn (~儿)명(중국의 전통희곡에서) 어릿광대로 분장한 배우. 어릿광대역.

【三级跳远—급도원】 sānjí tiàoyuǎn 명〈體〉삼단뛰기.

【三缄其口—함기구】 sān jiān qí kǒu 〈成〉입을 꼭 다물고 말을 하지 않다. (同)〔守口如瓶 shǒu kǒu rú píng〕, (反)〔随口而出 suí kǒu ér chū〕

*【三角—각】 sānjiǎo 명1(略)〈數〉삼각(법). 2(~儿)삼각형. 세모꼴. 삼각형으로 된 것. 3담배갑을 접어 만든 딱지.

【三角板—각반】 sānjiǎobǎn 명삼각자.

【三角形—각형】 sānjiǎoxíng 명〈數〉삼각형.

【三脚架—각가】 sānjiǎojià 명삼각가. 삼발이.

【三教九流—교구류】 sān jiào jiǔ liú 〈成〉1'三教'와 유(儒)·도(道)·음양(陰陽)·법(法)·명(名)·묵(墨)·종횡(縱橫)·잡(雜)·농(農)의 구가(九家). 2〈喩〉(종교나 학술계에서) 각종 유파(流派). 3〈貶〉온갖 부류의 사람.

【三节—절】 sānjié 명'端午(节)'·'中秋(节)'·'春节'의 세 명절. 삼대 명절.

【三九—구】 sānjiǔ 명1동지로부터 27일 동안.〔한겨울의 가장 추운 때〕2(略)삼구.

【三句(话)不离本行—구(화)불리본행】 sān jù(huà) bù lí běnháng 〈諺〉사람은 누구나 세 마디만 꺼내도 자기 직업 이야기를 하다. 직업은 못 속인다.

【三军—군】 sānjūn 명1육군·해군·공군. 2옛날, 군대의 총칭.

【三联单—련단】 sānliándān 명1석 장이 한 세트로 되어 있는 전표나 증서. 2(예전에 수출할 때의) 세관 통과증.

【三令五申—령오신】 sān lìng wǔ shēn 몇번이고 타이르고 경고하다.

【三六九等—육구등】 sān liù jiǔ děng 〈成〉여러 등급. 천차만별.

【三轮车—륜차】 sānlúnchē 명(자전거식의) 삼륜차.

【三民主义—민주의】 sānmín zhǔyì 명〈政〉삼민주의.〔孫文이 제창한 民族主義, 民權主義, 民生主義〕

【三明治—명치】 sānmíngzhì 명〈音〉샌드위치.

【三年五载—년오재】 sān nián wǔ zǎi 〈成〉네다섯 해. 수년간.

【三秋—추】 sānqiū 명1〈文〉가을 석달. 2〈文〉음력 구월. 3〈文〉세 번의 가을. 3년. 4〈喩〉긴 세월. 5가을의 수확, 경작 파종.

【三三两两—삼량량】 sān sān liǎng liǎng 〈成〉삼삼오오.

【三牲—생】 sānshēng 명삼살(三殺). 옛날, 신이나 부처에게 바치는 소·돼지·양.

【三十六计, 走为上计—십육계, 주위상계】 sān·shí liù jì, zǒu wéi shàng jì 〈諺〉삼십육계에 줄행랑이 으뜸이다.

【三思而行—사이행】 sān sī ér xíng 〈成〉여러 번 생각한 후에 실행한다. 신중하게 행동한다.

【三天打鱼, 两天晒网—천타어, 양천쇄망】 sān tiān dǎ yú, liǎng tiān shài wǎng 〈成〉사흘간 고기를 잡고 이틀간 그물을 말리다. 하다 말다 하다. 작심삼일.

【三天两头儿—천양두아】 sān tiān liǎng tóu·ur 〈口〉사흘이 멀다하고. 빈번하게. 뻔질나게. 자주.

【三头六臂—두육비】 sān tóu liù bì 〈成〉머리 세 개와 여섯 개의 팔. 초인적인 능력·대단한 능력.

【三位一体—위일체】 sān wèi yī tǐ 〈成〉삼위일체.

【三下五除二—하오제이】 sān xià wǔ chú èr 명일을 간단히 처치하는 모양.

【三夏—하】 sānxià 명1〈農〉'夏收'(여름걷이)·

'夏种'(여름 파종)·'夏管'(작물 관리) 등 여름의 세 가지 농사일. **2**〈文〉음력으로 여름의 세 달.

【三弦－현】sānxián (～儿)图삼현금. 몸체가 뱀가죽으로 되어 있고 현이 셋인 현악기.

三弦

【三心二意－심이의】sān xīn èr yì〈成〉망설이다. 우유 부단하다. (同)〔犹豫不决 yóu yù bù juē〕(反)〔专心致志 zhuān xīn zhì zhì〕〔一心一意 yī xīn yī yì〕

【三言两语－언양어】sān yán liǎng yǔ〈成〉두세 마디 말. 몇 마디 말. (同)〔一言半语 yī yán bàn yǔ〕, (反)〔千言万语 qiān yán wàn yǔ〕

【三灾八难－재팔난】sān zāi bā nàn〈成〉여러가지 재난.

【三藏－장】Sān Zàng 图〈佛〉삼장.

【三朝－조】sānzhāo 图**1**신혼 사흘째 되는 날. **2**아기가 출생한 지 사흘째 되는 날.

【三只手－지수】sānzhīshǒu 图〈方〉소매치기. (同)〔扒手 páshǒu〕〔小偷 xiǎotōu〕

【弎】弋部│sān
　　3画│석 **삼**
　⟳'三'과 같음.

*【叁】厶部│sān
　　6画│석 **삼**
　⟳'三'의 갖은자. (同)〔参〕

sǎn

☆【伞·傘】人部│sǎn
　　4画│우산 **산**
　图**1**우산. 양산. ◇一把～/우산 한 자루. **2**우산 모양의 물건. ◇降 jiàng 落～/낙하산. **3**(Sǎn)성(姓).

【伞兵－병】sǎnbīng 图〈军〉낙하산병.

**【散】攵部│sǎn
　　8画│헤어질 **산**
　1图흩어지다. 풀어져 있다. ◇这些包袱 fú 在半路上～了好几个/이 짐들이 도중에 여러 개 풀어졌다. ◇扫起的树叶又被风刮～了/쓸어 모은 나뭇잎이 바람에 또 흩어졌다. **2**图흩어진. 분산된. ◇～装/비포

장. **3**图가루약. ◇牛黄～/우황산. ⇒sàn

【散兵游勇－병유용】sǎn bīng yóu yǒng〈成〉**1**지휘관이 없어 뿔뿔이 흩어진 군인. **2**집단에 속하지 않고 혼자 행동하는 사람. (反)〔千军万马 qiān jūn wàn mǎ〕

【散工－공】sǎngōng 图**1**임시공. 품팔이. **2**임시로 하는 일. 아르바이트.

【散光－광】sǎnguāng 图**1**〈物〉산광. **2**〈俗〉난시.

【散记－기】sǎnjì 图수필.

【散架－가】sǎn// jià 图(어떤 틀이나 조직이) 허물어지다. 무너지다. 해체되다.

【散居－거】sǎnjū 图흩어져 살다〔거주하다〕. (反)〔聚 jù 居〕

【散漫－만】sǎnmàn 图**1**제멋대로이다. (同)〔涣 huàn 散〕, (反)〔严明 yánmíng〕**2**흩어져 있다. 산만하다.

【散曲－곡】sǎnqǔ 图산곡. 〔원(元)·명(明)·청(清)시대에 유행한 '宾白'(대사)가 없는 곡으로 내용은 서정(抒情)이 주를 이룸. 소령(小令)과 산투(散套) 두 종류가 있음〕

＊＊【散文－문】sǎnwén 图**1**산문. **2**시가(詩歌)·희곡(戱曲)·소설(小說) 이외의 문학 작품.

【散装－장】sǎnzhuāng 图포장된 것을 낱개로 풀다.

【散坐－좌】sǎnzuò 图**1**(자리 순서에 구애받지 않고) 마음대로 앉다. **2**(연회에서 식사가 끝나고) 자리를 옮기다.

【散座－좌】sǎnzuò (～儿)图**1**(극장 따위의) 보통석. 일반석. **2**요리집의 넓은 홀에 놓인 좌석. **3**(단골이 아닌) 뜨내기 손님.

sàn

＊＊【散】攵部│sàn
　　8画│헤어질 **산**
　图**1**흩어지다. 헤어지다. 끝나다. ◇雾 wù～了/안개가 사라졌다. ◇电影～了好一会儿了/영화가 끝난 지 한참 되었다. **2**뿌리다. 도르다. ◇请你把这些广告拿到街上～～/이 광고물을 거리로 가지고 가서 좀 뿌리시오. **3**없애다. 털어버리다. ◇我们做完饭后该～～油烟/우리는 밥을 다 짓고 나서 그을음을 없애야 한다. ⇒sǎn

【散播－파】sànbō 图뿌리다. 퍼뜨리다.

＊＊【散布－포】sànbù 图흩어지다. 흩뜨리다. 흩뿌리다. ◇我们胡同里这几个女人给那个姑娘～过好几回谣 yáo 言/우리 골목에서 그 몇몇 여자가 그 처녀에게 헛소문을 여러번 퍼뜨렸다.

★【散步－보】sàn// bù 图산책하다. ◇晚饭后他们一家散了会儿步/저녁식사 후 그들 일가는 잠시 산책을 했다. 比较散步:步

行 다리로 걷는다는 것만 나타낼 때는 "散步"를 쓰지 않는다. ◇我(×散步)步行去医院/난 걸어서 병원에 갔다.
【散场－장】sàn// chǎng [동](연극이나 영화 또는 시합에서) 하루 일정이나 흥행이 끝나다.
*【散发－발】sànfā [동]1뿌리다. 도르다. 배포하다. ◇学习文件到今天才～给我们/학습 자료가 오늘에야 우리들에게 배포되었다. (反)〔收集 shōují〕 2발산하다. 내뿜다. ◇屋里这种令人胸闷的气味一直～到第二天/가슴을 답답하게 하는 그 냄새가 방안에서 그 다음 날까지 났다.
【散工－공】sàn// gōng [동]일이 끝나다.
【散会－회】sàn// huì 1[동]산회하다. (同)〔闭 bì 会〕, (反)〔开 kāi 会〕
【散伙－화】sàn// huǒ [동](단체·조직·부부 등이) 해산되다. 갈라서다. (同)〔散摊子 sàn tān zi〕
【散开－개】sànkāi [동]분산하다. 흩어지다. (同)〔分 fēn 散〕, (反)〔集中 jízhōng〕
【散落－낙】sànluò [동]1흩어져 떨어지다. 2흩어지다. 3흩어져 없어지다.
【散闷－민】sàn// mèn [동]울적한 기분을 풀다.
【散失－실】sànshī [동]1분실되다. 유실되다. 2(수분 따위가) 빠지다. 증발하다.
【散戏－희】sàn// xì [동]연극이 끝나다. 공연이 끝나다.
【散心－심】sàn// xīn [동]기분 전환을 하다. 기분을 달래다. (同)〔散闷 mèn〕

sāng

【丧·喪】十部 6画 | sāng 상사 **상**
[명]상. 장의(葬儀). ◇治～/상을 치르다. (反)〔喜 xǐ〕⇒sàng
【丧服－복】sāngfú [명]상복.
【丧家－가】sāngjiā [명]상가. 초상집.
【丧事－사】sāngshì [명]장례. 장의. (反)〔喜 xǐ 事〕
【丧葬－장】sāngzàng [명][동]상례와 장례(를 치르다).
【丧钟－종】sāngzhōng [명](교회에서) 장례를 알릴 때 치는 종. 조종(弔鍾). 〈轉〉사망. 멸망.

【桑】木部 6画 | sāng 뽕나무 **상**
[명]1뽕나무. 2(Sāng)성(姓).
【桑那浴－나욕】sāngnàyù [명]사우나(sauna).
【桑皮纸－피지】sāngpízhǐ [명]뽕나무 껍질을 원료로 하여 만든 질긴 종이.
【桑葚－심】sāngshèn [명]오디. 뽕나무의 열매.
*【桑树－수】sāngshù [명]〈植〉뽕나무.
【桑榆暮景－유모경】sāng yú mù jǐng 〈成〉저녁 햇빛이 서쪽의 뽕나무와 느릅나무 위에 비치다. [명]1해질 무렵. 황혼. 2노년. 만년. (同)〔风烛残年 fēng zhú cán nián〕, (反)〔豆蔻年华 dòukòu niánhuá〕
【桑梓－재】sāngzǐ [명]〈文〉고향.

sǎng

【嗓】口部 10画 | sǎng 목구멍 **상**
[명]1목. 2(～儿)목소리. 목청. ◇哑～儿/쉰 목소리.
【嗓门儿－문아】sǎngménr [명]목소리.
【嗓音－음】sǎngyīn [명]음성. 목청.
【嗓子－자】sǎng·zi [명]목구멍. ◇～肿 zhǒng 了/목이 부었다. ◇～哑 yǎ 了/목이 쉬었다.

sàng

【丧·喪】十部 6画 | sàng 잃어버릴 **상**
[동]상실하다. 잃다. (同)〔失 shī〕, (反)〔得 dé〕⇒sāng
【丧胆－담】sàng// dǎn [동]간담이 서늘해지다. 몹시 겁먹다. (反)〔壮 zhuàng 胆〕
【丧魂落魄－혼낙백】sàng hún luò pò 〈成〉몹시 두려워하다. 혼비 백산하다.
【丧家之犬－가지견】sàng jiā zhī quǎn 〈成〉상가집 개. 의지할 곳 없이 떠도는 신세.
【丧命－명】sàng// mìng [동]목숨을 잃다. 횡사하다. 〔주로 횡사하거나 갑자기 병으로 죽을 경우에 쓰임〕
【丧偶－우】sàng'ǒu [동]〈文〉배우자를 잃다.
【丧气－기】sàng// qì [동]의기 소침하다. 맥이 풀리다.
【丧气－기】sàng·qi 재수없다. 불길하다. (同)〔倒霉 dǎoméi〕
【丧权辱国－권욕국】sàng quán rǔ guó 〈成〉주권을 상실하여 국위가 떨어지다.
【丧身－신】sàng// shēn [동](의외의 사고로 인해) 목숨을 잃다. (同)〔丧生 shēng〕〔丧命 mìng〕
【丧生－성】sàng// shēng (同)〔丧命 mìng〕
⁑【丧失－실】sàngshī [동]상실하다. 잃다. ◇父母亲对孩子没有～～过信心/부모는 애에게 자신감을 잃은 적이 없다. ◇这位老人已经～了劳动的能力/그 노인은 이미 노동능력을 상실하였다. (同)〔失却 què〕, (反)〔得到 dédào〕 [비교]丧失:不抱 "丧失"은 "希望"과 결합하지 않는다. ◇大家都(×丧失)不抱希望了/모두가 다 희망을

갖지 않게 되었다.
【丧亡－망】sàngwáng [동]사망하다. 멸망하다.
【丧心病狂－심병광】sàng xīn bìng kuáng 〈成〉이성을 잃고 잔인한 짓을 하다.

sāo

【搔】扌部 9画 | sāo 긁을 **소**
[동](손톱으로) 긁다. ◇她的手～到了孩子的痒 yǎng 处/그녀는 손으로 애의 가려운 곳을 긁었다.

【骚·騷】马部 9画 | sāo 소동할 **소**
1[동]소동을 일으키다. **2**[명]굴원(屈原)의 《이소(離騷)》. ◇～体/소체.〔굴원의 이소체의 형식을 모방하여 이름하였음〕 **3**〈文〉시문(詩文). ◇～人/문인. **4**[형]음탕하다. 경박하고 천하다. **5**〈方〉(가축의) 수컷의. ◇～马/수말. **6**⇒〔臊 sāo〕
【骚动－동】sāodòng **1**[동]소란을 피우다. **2**[동]질서가 문란해지다. 떠들썩해지다. **3**[명]소동. (同)〔扰乱 rǎoluàn〕
【骚乱－란】sāoluàn **1**[동]소동으로 혼란해지다. **2**[명]소란.
【骚扰－요】sāorǎo [동]교란하다.
【骚人－인】sāorén [명]〈文〉시인.

【臊】月部 13画 | sāo 비린내 **소**
[형]지리다. 노리다. ◇腥 xīng～/비린내. 노린내.

sǎo

☆【扫·掃】扌部 3画 | sǎo 쓸 **소**
[동]**1**(비 따위로) 쓸다. ◇这个懒 lǎn 孩子一次也没～过地/그 게으른 애는 바닥을 한번도 쓴 적이 없다. [비교]扫:拖着 "扫"는 대걸래로 닦을 때에는 쓰이지 않는다. ◇她不停地(×扫)拖着院子/그녀는 마당을 쉬지 않고 닦고 있다. **2**없애다. 제거하다. 일소하다. ◇～黄运动/음란물을 일소하는 캠페인. ◇这个村到去年年底～完了文盲 máng/그 마을은 작년 연말까지 문맹을 모두 퇴치하였다. **3**(매우 빨리) 좌우로 움직이다. ◇他～了她好几眼/그는 그녀를 여러번 힐끗힐끗 훑어보았다. **4**한 곳에 모으다. 총괄하다. ⇒sào
*【扫除－제】sǎochú [동]**1**청소하다. ◇他把路边的垃圾全都～干净了/그는 길가의 쓰레기를 모두 싹 청소했다. **2**쓸어버리다. 제거하다. 없애다. 퇴치하다. ◇他们要～走后门的歪 wāi 风邪气/그들은 뒷거래를 하는 그릇된 풍조를 일소하려고 한다.
【扫荡－탕】sǎodàng [동]쓸어 없애다. 소탕하다.
【扫地－지】sǎo// dì [동]**1**땅이나 마루를 쓸다. **2**〈轉〉(명예나 신용을) 잃다.
【扫地出门－지출문】sǎo dì chū mén 〈成〉모든 재산을 빼앗고 내쫓다.
【扫雷－뢰】sǎo// léi [동]〈軍〉지뢰(地雷)나 수뢰(水雷)를 제거하다.
【扫盲－맹】sǎo// máng [동]문맹을 퇴치하다.
【扫描－묘】sǎomiáo 〈電〉**1**[명]주사(走查). 스캐닝(scanning). **2**[동]주사하다
【扫墓－묘】sǎo// mù [동]성묘하다.
【扫平－평】sǎopíng [동]토벌하여 평정하다.
【扫射－사】sǎoshè [동]〈軍〉(총알을) 좌우로 갈기다.
【扫视－시】sǎoshì [동]휙 둘러보다.
【扫数－수】sǎoshù [명]전액. 총수.
【扫听－청】sǎo·ting [동]〈方〉문의. (여기 저기) 탐문하다. (간접적으로) 물어보다.
【扫尾－미】sǎo// wěi [동]결말짓다. 뒷마무리를 하다.
【扫兴－흥】sǎo// xìng [동]흥이 깨지다. 기분 잡치다. (同)〔败 bài 兴〕, (反)〔尽 jìn 兴〕

【嫂】女部 9画 | sǎo 형수 **수**
[명]**1**형수. ◇兄～/형과 형수. **2**아주머니. 〔나이가 많지 않은 부인을 일컫는 말〕
【嫂夫人－부인】sǎofū·ren [명]옛날, 친구의 아내에 대한 경칭.
【嫂嫂－수】sǎo·sao [명]〈方〉형수. 아주머니.
☆【嫂子－자】sǎo·zi [명]형수. 아주머니. ◇二～/둘째 형수.

sào

【扫·掃】扌部 3画 | sào 쓸 **소**
뜻은 '扫sǎo'와 같은데 '扫帚'에 쓰임.
【扫把－파】sàobǎ 〈方〉(同)〔扫帚·zhou〕
【扫帚－추】sào·zhou [명]비. 빗자루.

【臊】月部 13画 | sào 부끄러울 **소**
[동]부끄러워하다. ◇害～/부끄러워하다.
【臊气－기】sàoqì [형]〈方〉운수가 사납다. 재수없다.
☆【臊子－자】sào·zi [명]〈方〉고기를 썰어 다진 것. 잘게 다진 고기 소.

sè

☆【色】色部 0画 | sè 색 **색**
[명]**1**색. ◇绿～/녹색. ◇咖啡～/커피색.

S

◇空中出现了一条七～彩虹/하늘에 7가지 색의 무지개가 나타났다. **2**안색. ◇脸～/안색. **3**여러가지. ◇各～各样/각양각색. **4**모양. 상황. 경치. 〔단독으로 쓰이지 않으며 앞에 반드시 수식어가 온다〕◇月～/달빛. ◇我喜欢秋～, 我常常画飘落 piāo-uò 的黄叶/나는 가을 경치를 좋아해서 늘 떨어지는 낙엽을 그린다. **5**품질. 순도. ◇成～/(금·은 따위의) 순도. (상품 따위의) 품질. **6**여자의 아름다운 외모. ◇她～艺无绝/그녀는 용모와 기예가 모두 뛰어나다. **7**성욕. ◇～情/색정. ⇒shǎi

【色彩－채】sècǎi 명1**색채. ◇我喜欢明朗的～/나는 환한 색을 좋아한다. 비교色彩: 色:颜色 ①“色彩”는 색깔의 집합 명사로서 특정한 색깔을 나타내지 않는다. ◇夕阳照在湖面上, 湖水变成了红(×色彩)色/석양이 호수에 비치자 호수가 빨간색으로 변했다. ②“色彩”는 수량사의 수식을 받지 않는다. ◇地上有五种(×色彩)颜色的土/땅에 5가지 색깔의 흙이 있다. **2**〈喩〉경향. 편향. ◇作品中浪漫主义～很浓厚/작품이 낭만주의의 색채가 농후하다.
【色调－조】sèdiào 명**1**색조. **2**〈喩〉문학 작품 속의 사상 또는 감정적 색채.
【色光－광】sèguāng 명색을 띤 빛.
【色鬼－귀】sèguǐ 명색마.
【色觉－각】sèjué 명색각.
【色拉－랍】sèlā 명〈音〉샐러드.
【色厉内荏－려내임】sè lì nèi rěn 〈成〉외모는 강한 듯하나 속은 약하다. (同)〔外强中干 wài qiáng zhōng gān〕, (反)〔绵里藏针 mián lǐ cáng zhēn〕
【色盲－맹】sèmáng 명〈醫〉색맹.
【色情－정】sèqíng 명색정.
【色素－소】sèsù 명색소.
【色相－상】sèxiàng 명**1**색상. **2**〈佛〉(우주만물의) 형태.
【色欲－욕】sèyù 명색욕. 성욕.
【色泽－택】sèzé 명빛깔과 광택.

【涩・澀】 氵部 | sè
7画 | 깔깔할 삽
형**1**(맛이) 떫다. **2**매끄럽지 않다. 원활하지 못하다. ◇轮轴 lúnzhóu 发～, 该上油了/회전축이 매끄럽지 않으니, 기름을 쳐야겠다. **3**(글이) 읽기 어렵다. 난해하다. ◇晦～/글이 난삽하다.
【涩滞－체】sèzhì 형게슴츠레하다. 생기가 없다. 빽빽하다. ◇他眼神～/그는 눈빛이 게슴츠레하다.

【啬・嗇】 十部 | sè
9画 | 인색할 색
형인색하다.
【啬刻－각】sè·ke 형〈方〉인색하다.

【塞】 宀部 土部 | sè
10画 10画 | 막을 색
뜻은 ‘塞sāi’와 같고, 아래의 합성어(合成語)에서만 ‘sè’로 발음됨. ⇒sāi sài
【塞擦音－찰음】sècāyīn 명〈言〉파찰음(破擦音). 〔음성학 용어로 중국 표준에서 ‘c’ ‘z’ ‘j’ ‘q’ ‘zh’ ‘ch’ 따위의 발음〕
【塞音－음】sèyīn 명〈言〉파열음(破裂音). 〔음성학 용어로 중국 표준어에서 ‘b’ ‘p’ ‘d’ ‘t’ ‘g’ ‘k’ 따위의 발음〕
【塞责－책】sèzé 통〈文〉자신의 책임을 적당히 넘기다. (反)〔负 fù 责〕

【瑟】 王部 | sè
13画 | 거문고 슬
명〈音〉거문고 비슷한 고대의 현악기(弦樂器). 〔지금은 25현(弦)과 16현(弦) 두 종류가 있음〕
【瑟瑟－슬】sèsè **1**의솔솔. 〔소슬 바람이 부는 소리〕**2**형떠는〔떨리는〕 모양.
【瑟缩－축】sèsuō 통〈文〉(추위나 두려움으로) 움츠리다.

sēn

【森】 木部 | sēn
8画 | 나무빽빽히들어설 삼
1형숲. ◇～林/삼림. **2**형(나무가) 빽빽히 들어선 모양. **3**형으스스한 모양. ◇阴～/어둡고 으스스하다.
☆【森林－림】sēnlín 명삼림.
【森然－연】sēnrán 형**1**빽빽하게 늘어선 모양. **2**삼엄하고 으쓱한 모양.
【森森－삼】sēnsēn **1**나무가 우거지다. **2**음산하고 으시시하다.
【森严－엄】sēnyán 형삼엄하다.

sēng

【僧】 亻部 | sēng
12画 | 중 僧
명승려. 중. (反)〔俗 sú〕
【僧多粥少－다죽소】sēngduō zhōushǎo 〈喩〉사람은 많고 분배할 물건은 적다.
【僧侣－려】sēnglǚ 명승려. 중.
【僧尼－니】sēngní 명승려와 여승.
【僧俗－속】sēngsú 명승려와 속인.
【僧徒－도】sēngtú 명승려의 통칭.

shā

☆【杀・殺】 木部 | shā
2画 | 죽일 살
1통죽이다. (가축을) 잡다. ◇三只鸡她只～了两只/그녀는 세 마리 닭 중 두 마리만 잡았다. **2**動싸우다. (바둑·장기를) 두다. ◇他们～出了敌人的重围 chōngwéi/그들은 적진의 겹겹 포위망을 싸워서 뚫고 나갔다. ◇我们～了一盘棋/우리는 장기 한 판을 두었다. **3**動약화시키다. 꺾다. ◇这次非～～他的威风不可/이번에 그의 위세를 꼭 꺾어야만 한다. **4**…해 죽겠다. 죽도록 …하다. 〔동사나 형용사 뒤에 쓰여 정도의 심함을 나타냄〕◇疼～/아파 죽겠다. ◇冻～/얼어 죽겠다. **5**動〈方〉따갑게 하다. 쑤시듯이 아프다. ◇刚点上眼药～得有点疼/막 안약을 넣어서 눈이 좀 아프고 따갑다.

【杀虫—충】shāchóng 動벌레를 죽이다.

【杀风景—풍경】shāfēngjǐng **1**名動살풍경(하다). **2**動흥을 깨다.

*【杀害—해】shāhài 動(나쁜 의도로) 살해하다. ◇那位ме人士被一五十多年了/그 민주인사가 살해된 지 50여 년이 되었다. ‖비교杀害:杀死:死 ①적을 죽일 때는 "杀害"를 쓰지 않는다. ◇他的目的是(×杀害)杀死敌人/그의 목적은 적을 죽이는 것이다. ②교통사고 등으로 인하여 사상자가 생기는 경우, "杀害"를 쓰지 않는다. ◇爸爸为了避免(×杀害)撞 zhuāng 死他, 跟对面开来的车撞上了/아빠는 그와 부딪쳐 죽이는 것을 피하다가 앞에서 오는 차와 부딪쳤다.

【杀机—기】shājī 名살의(殺意).

【杀鸡取卵—계취란】shā jī qǔ luǎn〈成〉닭을 잡아 달걀을 꺼내다. 눈앞의 이득에 눈이 멀어 장래의 큰 이익을 해치다.

【杀鸡吓猴—계하후】shā jī xià hóu〈成〉한 사람을 벌하여 다른 사람을 경계하다.

【杀价—가】shā∥jià 動값을 사정없이 깎다. 호되게 깎다. (同)〔压 yā 价〕, (反)〔抬 tái 价〕

【杀戒—계】shājiè 名〈佛〉살생계(殺生戒).

【杀菌—균】shā∥jūn 動살균하다.

【杀戮—륙】shālù 動살육하다.

【杀气—기】shā∥qì 動화풀이하다. 분을 풀다.

【杀气—기】shāqì 名살기. 살벌한 기세.

【杀青—청】shāqīng **1**動살청. 대나무를 불에 쬐어 수분을 없애는 것. 〔필기의 용이함과 좀의 방지를 위한, 죽간(竹簡)제조의 한 단계〕**2**動〈轉〉(저서를) 탈고하다. **3**名녹차가공 공정의 하나. 〔찻잎의 색깔과 부드러움을 유지시키기 위해 하는 고온 처리〕

【杀人不见血—인불견혈】shā rén bù jiàn xiě〈成〉음험하고 악랄하게 남이 모르는 사이에 해치다.

【杀人不眨眼—인불잡안】shā rén bù zhǎ yǎn〈成〉사람을 죽여도 눈 하나 깜빡 않

다. 대단히 잔인하다.

【杀人越货—인월화】shā rén yuè huò〈成〉사람을 죽이고 재물을 뺏다.

【杀伤—상】shāshāng 動살상하다.

【杀身成仁—신성인】shā shēn chéng rén〈成〉살신 성인. 목숨을 버려 정의를 이루다. (反)〔苟且偷生 gǒu qiě tōu shēng〕

【杀生—생】shāshēng 動살생하다. (反)〔放 fàng 生〕

【杀头—두】shā∥tóu 動목을 베다.

【杀一儆百—일경백】shā yī jǐng bǎi〈成〉한 사람을 죽여서 여러 사람을 경계하다. 일벌백계하다.

【刹】

刂部│shā
6画│절 **찰**

動멈추다. 그치게 하다. (차·기계 따위를) 정지시키다. 제동을 걸다. ◇把车～住/차를 세우다. ⇒chà

*【刹车—차】shā∥chē **1**動브레이크를 밟다. ◇在交通警的示意下, 他刹住了车/교통경찰의 지시로 그는 차를 세웠다. (同)〔煞 shā 车〕, (反)〔开动 kāidòng〕**2**動(동력의 차단 따위로) 기계를 정지시키다. **3**動제지시키다. ◇浮夸风必须～/허풍은 반드시 제지시켜야 한다.

【刹车—차】shāchē 名〈俗〉제동기. 브레이크(brake).

*【沙】

氵部│shā
4画│모래 **사**

1(～子)名모래. ◇风～/바람에 날리는 모래. **2**名모래알 모양의 것. ◇豆～/팥소. **3**形(목소리가) 쉬다. **4**명〈音〉차르(러tsar). ◇～皇/차르. 제정러시아 시대 황제의 칭호. **5**(Shā)名성(姓).

【沙包—포】shābāo 名**1**모래 언덕. **2**모래 주머니.

【沙场—장】shāchǎng 名모래 벌판. 〔주로 전쟁터를 가리킴〕

【沙船—선】shāchuán 名대형 목조 범선. 정크(junk). 〔강에서 화물을 운반하거나 고기잡이를 하는, 바닥이 평평한 범선(帆船)〕

【沙袋—대】shādài 名모래 주머니.

【沙俄—아】Shā'é 名〈音〉〈史〉제정 러시아.

☆【沙发—발】shāfā 名〈音〉소파(sofa).

【沙肝儿—간아】shāgānr 名〈方〉(요리용의) 소·양·돼지의 비장(脾臟).

【沙锅—과】shāguō 名(뚝배기·약탕관 따위와 같은) 질그릇.

【沙锅浅儿—과천아】shāguō qiǎnr 名(밑이 좀 얕은) 뚝배기. 질남비.

【沙荒—황】shāhuāng 名모래 황무지.

【沙皇—황】shāhuáng 名〈音義〉차르(러tsar). 제정 러시아 시대 황제의 칭호.

【沙浆—장】shājiāng (同)〔砂 shā 浆〕

【沙金－금】shājīn 图사금.

【沙拉－랍】shālā 图〈音〉샐러드(salad).

【沙里淘金－리도금】shā lǐ táo jīn〈成〉모래에서 금을 찾다. 들이는 노력에 비해 성과가 적음을 비유, 방대한 자료에서 진수를 가려 뽑는 것을 비유함.

【沙礫－력】shālì 图모래와 자갈.

【沙龙－용】shālóng 图1〈音〉살롱(salon). 2문학·예술가의 모임.

【沙门－문】shāmén 图〈佛〉사문. 출가한 중.

【沙弥－미】shāmí 图〈佛〉사미(승).

☆【沙漠－막】shāmò 图사막.

【沙盘－반】shāpán 图모래로 만든 지형의 모형.

【沙碛－적】shāqì 图〈文〉사막.

【沙丘－구】shāqiū 图모래 언덕.

【沙瓤－양】shāráng (～儿)图수박이 잘 익어 속이 사각사각하고 맛이 단 것.

【沙沙－사】shāshā 图사박사박. 〔모래를 밟는 소리〕

*【沙滩－탄】shātān 图사주. 모래톱. 백사장.

【沙田－전】shātián 图모래톱을 개간한 밭.

*【沙土－토】shātǔ 图모래가 많은 흙.

【沙文主义－문주의】shāwén zhǔyì 图〈音〉배타적 애국주의. 쇼비니슴.

【沙哑－아】shāyǎ 图목이 쉬다. (同)〔嘶 sī 哑〕, (反)〔清脆 qīngcuì〕

【沙眼－안】shāyǎn 图〈医〉트라코마.

【沙鱼－어】shāyú 图〈魚介〉상어.

【沙灾－재】shāzāi 图모래로 인한 재해.

【沙洲－주】shāzhōu 图〈地質〉사주.

【沙柱－주】shāzhù 图사주.

☆【沙子－자】shā·zi 图1모래. 2모래 모양의 것. ◇铁～/(산탄 따위에 내장된) 작은 쇠알갱이.

【沙嘴－취】shāzuǐ 图〈地質〉사취.

【痧】疒部 shā
7画 괴질 사
图〈中醫〉콜레라·일사병·디프테리아 따위의 급성병.

【痧子－자】shā·zi 图〈方〉〈医〉홍역.

【鲨·鯊】鱼部 shā
7画 상어 사
图〈魚介〉1모래무지. 2상어.

【鲨鱼－어】shāyú 图〈魚介〉상어.

【纱·紗】纟部 shā
4画 깁 사
图1면화나 삼 따위로 지은 방적사. 2성글게 짠 천. 3가볍고 가는 실로 짠 직물.

【纱包线－포선】shābāoxiàn 图〈電〉면피복선.

【纱布－포】shābù 图1가제(독Gaze). 2붕대.

【纱橱－주】shāchú 图(파리나 쥐가 못 들어가도록) 방충망을 친 찬장.

【纱窗－창】shāchuāng 图망사창이나 철사

망을 단 창문.

【纱灯－등】shādēng 图사등롱. 사롱.

【纱锭－정】shādìng 图〈紡〉물레의 가락. 방추.

【纱笼－롱】shālóng (同)〔沙 shā 龙〕

【纱笼－롱】shālóng 图〈音〉1(同)〔沙龙〕2사롱(sarong). 〔동남 아시아 사람들이 입는 치마〕

【纱帽－모】shāmào 图사모. 오사모(烏纱帽). 〔옛날에는 관리의 예장(禮裝)에 쓰였으나 지금은 구식 혼인 때 신랑이 씀〕

【纱罩－조】shāzhào 1망사로 만든 음식 덮개. 2(가스등·휘발유 등의) 맨틀.

*【砂】石部 shā
4画 모래 사
图모래.

【砂布－포】shābù 图사포(砂布). 사지(砂紙). 샌드페이퍼.

【砂浆－장】shājiāng 图〈建〉모르타르.

【砂礓－강】shājiāng 图괴상(塊狀)이나 과립상의 물이 스미지 않는 광석. 〔건축 재료로 쓰임〕

【砂轮－륜】shālún (～儿)图회전 숫돌.

【砂囊－낭】shānáng 图〈鳥〉모래 주머니.

【砂皮－피】shāpí 图사포. 사지(砂紙).

【砂糖－탕】shātáng 图사탕. 굵은 설탕.

【砂型－형】shāxíng 图〈工〉모래 거푸집.

【砂眼－안】shāyǎn 图〈冶〉(주물 따위의) 기포.

【砂样－양】shāyàng 图〈石油〉(시추 작업에서 채취한) 토질의 샘플.

【砂纸－지】shāzhǐ 图사포.

【杉】木部 shā
3画 삼나무 삼
뜻은 '杉 shān'과 같으며 '杉篙' '杉木' 따위에서 쓰임.

【杉篙－고】shāgāo 图삼나무 장대. 삼목 통나무. 〔삿대 또는 건축시의 버팀목 따위를 만드는 데 쓰임〕

【杉木－목】shāmù 图삼나무 목재.

【煞】灬部 shā
9画 죽일 살
图1마치다. 끝맺다. 2조이다. 동여매다. ◇这个箱子用麻绳～了六七圈儿/그 상자를 삼밧줄로 6,7바퀴나 동여맸다.

【煞笔－필】shā//bǐ 1图(글을 쓰는 것을 마치고) 붓을 놓다. 2(shābǐ)图맺음말.

【煞车－차】shā//chē 图1차에 실은 짐을 묶다. 2차를 멈추다.

【煞风景－풍경】shāfēngjǐng (同)〔杀 shā 风景〕

【煞尾－미】shā//wěi 1图결말을 짓다. 끝내다. 2(shāwěi)图결말. 대단원. 3(shāwěi)图'北曲'의 '套 tào 数'중 마지막 곡(曲).

shá

【啥】口部 | shá
8画 | 무엇 **사**

代〈方〉무엇. 무슨. ◇你要干 gàn～?/넌 무얼하려고 하느냐? ◇他～也不懂/그는 아무것도 모른다. ▷교啥:什么样的"啥"는 어떤이라는 뜻은 없다. ◇我不知道他是(×啥)什么样的人/난 그가 어떤 사람인지 모르겠다.

【啥子一자】shá·zi 代〈方〉무엇.

shǎ

☆【傻(儍)】亻部 | shǎ
11画 | 몹쓸 **사**

形1어리석다. 멍청하다. ◇看来他也有点儿～/그는 좀 멍청한 것 같다. 2융통성이 없다. 고지식하다. ◇动动脑筋，找找窍门，别一味地～干了/외 로만 고지식하게 하지 말고 머리를 좀 써서 요령을 찾아내봐.

【傻瓜一과】shǎguā 名바보같은 놈. 멍청한 녀석. 〔남을 욕하거나 농담할 때 쓰임〕

【傻瓜相机一과상기】shǎguā xiàngjī 자동(반자동) 사진기.

【傻呵呵一가가】shǎhēhē (～的)形(태도가) 어리숙하다. 멍하다.

【傻乎乎一호호】shǎhūhū (～的)形(태도가) 멍청하다. 맹하다.

【傻劲儿一경아】shǎjìnr 名1어리숙함. 바보스러움. 2뚝심. 힘만 믿음.

【傻气一기】shǎ·qi 名미련함. 바보스러움.

【傻笑一소】shǎxiào 动바보같은 웃음을 짓다.

【傻眼一안】shǎ//yǎn 动의외의 일로 눈을 의심하다. 어안이 벙벙하다.

＊【傻子一자】shǎ·zi 名백치. 천치.

shà

【霎】雨部 | shà
8画 | 이슬비 **삽**

名잠깐. 순식간. 찰나. (同)〔一会儿 yīhuìr〕

【霎时一시】shàshí (同)〔霎时间〕

【霎时间一시간】shàshíjiān 名삽시간. 잠깐 사이.

【厦(廈)】厂部 | shà
10画 | 집 **하**

名1높고 큰 건물. ◇高楼大～/고층 빌딩. 2〈方〉집 뒷편 처마밑. ⇒xià

【煞】灬部 | shà
9画 | 죽일 **살**

1名악귀. 악령. ◇凶 xiōng 神恶 è～/흉악한 귀신. 2副아주. 몹시. ◇～费苦心/대단히 고심하다.

【煞白一백】shàbái 形(공포·두려움·분노·질병으로 인하여) 얼굴이 창백하다. 새파래지다. (同)〔苍 cāng 白〕〔惨 cǎn 白〕, (反)〔红润 hóngrùn〕

【煞费苦心一비고심】shàfèi kǔxīn 〈成〉몹시 고심하다. 심혈을 기울이다. (同)〔绞尽脑汁 jiǎo jìn nǎo zhī〕, (反)〔无所用心 wú suǒ yòng xīn〕

【煞气一기】shàqì 1名험악한 표정. 2名사악한 기운. 3动(기물에 구멍이 있어) 공기가 새다.

【煞有介事一유개사】shà yǒu jiè shì 대단한 것처럼 거만떠는 모양. (反)〔若无其事 ruò wú qí shì〕

【歃】欠部 | shà
9画 | 마실 **삽**

动〈文〉마시다.

【歃血一혈】shàxuè 动옛날, 피를 입가에 바르고 맹세하다.

shāi

＊【筛·篩】竹部 | shāi
6画 | 체 **사**

1名체. 2动체질하다. ◇老大爷把一筐 kuāng 豆种都～好了/할아버지가 콩종자 한 광주리를 다 체질했다. 3动(술을) 데우다. ◇把酒～一～再喝/술을 좀 데워서 마시다. 4名〈早白〉(술을) 따르다. 5动〈方〉(징·꽹과리 따위를) 치다. 두드리다. ◇～了三下/징을 세 번 쳤다.

【筛骨一골】shāigǔ 名〈生理〉사골.

【筛糠一강】shāi//kāng 动〈口〉(부들부들) 몸을 떨다.

【筛选一선】shāixuǎn 动1체로 쳐서 골라내다. 2선별하다. 골라내다.

＊【筛子一자】shāi·zi 名체.

shǎi

【色】色部 | shǎi
0画 | 색 **색**

名(～儿)〈口〉색. 색깔. 빛. ◇掉～/색이 날다(바래다). 물이 날다(바래다). ⇒sè

【色子一자】shǎi·zi 名주사위.

shài

☆【晒·曬】日部 | shài
6画 | 쪼일 **쇄**

动1햇볕이 내리 쪼이다. ◇太阳～得厉害，

S

快到阴凉地儿去吧!/햇볕이 강하게 내리쬐니 어서 응달로 갑시다! 2햇볕에 말리〔쬐〕다. ◇我们出去～～太阳吧!/우리 햇볕을 좀 쐬러 나갑시다! ◇今天阴天, 我～不了 liǎo 衣服了/오늘은 날씨가 흐려서 옷을 햇볕에 말릴 수 없다. 비교晒：照 사람의 피부에 햇볕이 쪼이는 경우에는 "照"를 쓰지 않는다. ◇她的皮肤被太阳(×照)晒黑了/그녀의 피부가 햇볕에 검게 그을렸다. 3〈俗〉거들떠보지 않다. 소홀히 대하다.

【晒垡-벌】shàifá〈農〉1團갈아 엎은 땅의 햇볕쬐기. 2통갈아 엎은 땅을 햇볕에 쬐다.

【晒暖儿-난아】shàinuǎnr 통〈方〉햇볕을 쬐다. 일광욕하다.

【晒台-대】shàitái 團일광건조대.〔대개 건물의 옥상에 있음〕

【晒图-도】shài//tú 1통청사진을 뜨다. 감광(感光)시키다. 2(shàitú)團감광한 도면.

【晒烟-연】shài yān 1團(햇볕에) 담배잎을 말리다. 2(shàiyān)團말린 잎담배.

山 844	舢 845	删 845	姗 845	珊 845
芟 846	衫 846	煽 846	扇 846	潸 846
膻 846	闪 846	陕 846	睒 847	讪 847
单 847	禅 847	苫 847	钐 847	扇 847
善 847	缮 848	膳 848	擅 848	嬗 848
赡 848				

shān

★【山】 山部 shān
0画 메 **산**
團1산. 2산 모양의 것. ◇冰～/빙산. 3누에섶. 4(人자형 지붕 밑의) 건물 벽. 5(Shān)성(姓).

【山坳-요】shān'ào團산간(山間)의 평지.

【山包-포】shānbāo 團〈方〉작은 산. 언덕.

【山崩-붕】shānbēng 團산사태.

【山茶-차】shānchá 團〈植〉동백나무.

【山城-성】shānchéng團산간 도시.

【山川-천】shānchuān 團1산과 내. 2산하. 산천.

【山村-촌】shāncūn 團산촌. 두메.

**【山地-지】shāndì 團1산지. 2산위에 있는 농경지.

【山东-동】Shāndōng團〈地〉산동성.

【山东梆子-동방자】Shāndōng bāng·zi 團 산동 대부분의 지역과 하북(河北)·하남(河南)의 일부에서 유행하던 '梆子腔'의 일종.

【山东快书-동쾌서】Shāndōng kuàishū 團 중국 민간 설창 문예의 일종.〔산동(山東)·화북(華北)·동북(東北) 등지에서 유행함〕

**【山峰-봉】shānfēng 團산봉우리.

【山旮旯儿-가라아】shāngālár 團〈方〉두메 산골.

*【山冈-강】shāngāng 團산 언덕.

【山高皇帝远-고황제원】shān gāo huángdì yuǎn 수도에서 멀어 중앙의 통제 밖에 있다.

【山高水低-고수저】shān gāo shuǐ dī〈成〉뜻밖의 재난. 의외의 사고.〔주로 죽음을 가리킴〕

【山歌-가】shāngē 團주로 남방(南方)의 농촌이나 산촌에서 유행하던 야외에서 일을 할 때 부르던 민요.

【山根-근】shāngēn 團산기슭.

*【山沟-구】shāngōu 團1계류(溪流). 2산골짜기. 3외진 산골. ◇过去的穷 qióng ～, 如今富裕 fùyù 起来了/과거의 가난한 산골이 지금은 부유해졌다.

*【山谷-곡】shāngǔ團산골짜기.

【山国-국】shānguó 團산이 많은 나라 또는 지방.

*【山河-하】shānhé團산과 강. 강산. 산천.〈喩〉국가. 국토. ◇锦绣 jǐnxiù～/금수강산.

【山洪-홍】shānhóng團산의 홍수.

【山货-화】shānhuò 團산지의 산물.〔산사나무 열매·개암·밤·호두 따위〕

【山鸡-계】shānjī 團〈方〉〈動〉꿩.

【山积-적】shānjī 團산적하다. 산처럼 쌓이다.

【山脊-척】shānjǐ 團산등성이마루.

【山涧-간】shānjiàn 團산개울.

*【山脚-각】shānjiǎo團산기슭.

【山轿-교】shānjiào團산길의 통행에 쓰이는 가마.

【山口-구】shānkǒu 團1산을 오를 때 통로가 되는 입구. 2산봉우리 사이의 낮은 산 길.

【山岚-람】shānlán 團〈文〉산속의 안개구름.

【山里红-리홍】shān·lihóng (同)〔山楂 zhā〕

【山梁-량】shānliáng (同)〔山脊 jǐ〕

【山林-림】shānlín 團산림.

【山陵-릉】shānlíng 團〈文〉1산악. 2임금의 무덤.

*【山岭-령】shānlǐng 團겹쳐있는 높은 산.

【山路-로】shānlù 團산길.

【山麓-록】shānlù 團산기슭.

【山峦-만】shānluán 團연산(連山).

☆【山脉-맥】shānmài 團산맥.

【山猫-묘】shānmāo (同)〔豹 bào 猫〕

【山毛榉-모거】shānmáojǔ 團〈植〉너도밤나무.

【山门-문】shānmén 團절의 대문.

【山盟海誓－맹해서】 shān méng hǎi shì ⇒〔海誓山盟〕

【山南海北－남해북】 shān nán hǎi běi 〈成〉 1면 곳. 2〈喩〉(말·글이) 주제에서 동떨어지다. (同)〔天南海北 tiān nán hǎi běi〕

【山炮－포】 shānpào 图〈軍〉산포.

【山坡－파】 shānpō 图산비탈.

【山墙－장】 shānqiáng 图'人'자형 지붕의 양측에 있는 벽.

【山清水秀－청수수】 shān qīng shuǐ xiù 산과 물이 있는 아름다운 경치. (同)〔山明 míng 水秀〕

【山穷水尽－궁수진】 shān qióng shuǐ jìn 〈成〉막다른 골목에 몰리다. 절망적이다. (同)〔走投无路 zǒu tóu wú lù〕, (反)〔柳暗花明 liǔ àn huā míng〕

☆【山区－구】 shānqū 图산간 지대.

*【山水－수】 shānshuǐ 图1산에서 흘러나오는 물. 2산과 물. 〈轉〉경치. 풍경. ◇桂林～甲天下/계림의 경치는 천하 제일이다. 3〈美〉산수화.

【山水画－수화】 shānshuǐhuà 图〈美〉산수화.

【山桐子－동자】 shāntóngzǐ 图〈植〉의나무.

*【山头－두】 shāntóu 图1산꼭대기. 산봉우리. 2산채를 만들어 놓은 산머리. 〈喩〉(한 지방을 지배하고 있는) 파벌. 당파. ◇拉～/당파를 만들다.

【山洼－와】 shānwā·zi 图골짜기. 산 속의 움푹 팬 곳.

【山外有山，天外有天－외유산,천외유천】 shān wài yǒu shān, tiān wài yǒu tiān 〈俗〉뛰는 놈 위에 나는 놈이 있다.

【山窝－와】 shānwō 图외진 산간 지역.

【山坞－오】 shānwù 图산간의 평지.

【山西梆子－서방자】 Shānxī bāng·zi (同)〔晋 jìn 剧〕

【山系－계】 shānxì 图〈地質〉산계.

【山峡－협】 shānxiá 图산골짜기.

【山险－험】 shānxiǎn 图산세가 험준한 곳.

【山响－향】 shānxiǎng 图(소리가) 요란하게 울리다.

【山魈－소】 shānxiāo 图1〈動〉맨드릴(mandrill). 2전설의 산에 산다는 다리가 하나인 요괴.

【山崖－애】 shānyá 图낭떠러지. 벼랑.

【山羊－양】 shānyáng 图〈動〉염소.

*【山腰－요】 shānyāo 图산허리.

【山药－약】 shān·yao 图〈植〉참마. 마. ('薯蓣 shǔyù'의 통칭)

【山药蛋－약단】 shān·yaodàn 图〈方〉감자.

【山雨欲来风满楼－우욕래풍만루】 shān yǔ yù lái fēng mǎn lóu 〈成〉산비가 오려고 누각에 바람이 들이 불다. 큰 사건이 나기 전의 긴장된 분위기.

【山芋－우】 shānyù 图〈方〉고구마.

【山岳－악】 shānyuè 图산악.

【山楂－사】 shānzhā 图1〈植〉산사나무. 2 산사자. 아가위. 3산사자로 만든 식품.

【山楂糕－사고】 shānzhāgāo 图산사나무의 열매를 갈아 설탕과 전분 등을 넣고 끓여 식은 후 굳힌 것.

【山寨－채】 shānzhài 图1산채(山砦). 2방어용 울타리가 있는 산간 마을.

【山珍海味－진해미】 shān zhēn hǎi wèi 〈成〉산해진미. (同)〔水陆之珍 shuǐlù zhī zhēn〕, (反)〔粗茶淡饭 cū chá dàn fàn〕

【山茱萸－수유】 shānzhūyú 图〈植〉1산수유나무. 2산수유나무의 열매.

【山庄－장】 shānzhuāng 图산장(山庄).

【山子－자】 shān·zi 图〈方〉인공산.

【山嘴－취】 shānzuǐ (～儿)图〈地〉1산부리. 2갑(岬). 곶.

【舢】 舟部 | shān　3画 | 종선 **산**

【舢板－판】 shānbǎn 图삼판. 삼판선.

【删(刪)】 刂部 | shān　5画 | 깎을 **산**

图(문자나 문구 등을) 삭제하다. ◇编辑 biānjí～去了这几个字/편집자가 이 몇자를 삭제했다. (反)〔加 jiā〕

【删除－제】 shānchú 图삭제하다. 빼다. (同)〔删汰 tài〕, 〔增加 zēngjiā〕

【删繁就简－번취간】 shān fán jiù jiǎn 〈成〉불필요한 문구를 삭제하여 간략하게 하다.

【删改－개】 shāngǎi 图삭제하고 고치다. 첨삭하다.

【删节－절】 shānjié 图불필요한 문자를 삭제하다.

【删节号－절호】 shānjiéhào 图〈言〉생략기호 '……'. 줄임표.

【删略－략】 shānlüè 图(문장을) 삭제 생략하다.

【删秋－추】 shānqiū (同)〔芟 shān 秋〕

【删去－거】 shānqù 图삭제하다. 빼버리다.

【删汰－태】 shāntài 图삭제하다.

【删削－삭】 shānxuē 图(문구를) 삭제하다.

【姗(姍)】 女部 | shān　5画 | 비척거릴 **산**

【姗姗－산】 shānshān 图걸음걸이가 하느작거리는 모양. 〔흔히 뒤에 "来迟"나 "而来"와 같이 씀〕(同)〔徐徐 xúxú〕〔悠悠 yōuyōu〕, (反)〔匆匆 cōngcōng〕

【姗姗来迟－산래지】 shānshān lái chí 어물어물하며 늦게 오다.

【珊(珊)】 王部 | shān　5画 | 산호 **산**

*【珊瑚－호】 shānhú 图산호.

【珊瑚虫－호충】 shānhúchóng 图〈動〉산호충.

【珊瑚島－호도】shānhúdǎo 圓산호도.
【珊瑚礁－초초】shānhújiāo 圓산호초.

【芟】｜艹部｜shān
　｜4画｜풀벨 **삼**
　動1(풀을) 베다. 2제거하다.
【芟除－제】shānchú 動1(풀을) 베어 없애다. 2삭제하다. 제거하다.
【芟秋－추】shān//qiū 動입추가 지난 뒤김을 매고 흙을 부드럽게 하여 작물이 일찍 익게 하고 잡초의 씨맺힘을 방지하다.
【芟夷－이】shānyí 動〈文〉1(풀을) 베다. 없애다. 2(어떤 세력을) 제거하거나 소멸시키다.

【衫】｜衤部｜shān
　｜3画｜적삼 **삼**
　(~儿)샤쓰. 내의. ◇衬 chèn~/와이샤쓰.

【煽】｜火部｜shān
　｜10画｜부부칠 **선**
　動1부채질하다. 2선동하다. 부추기다.
【煽动－동】shāndòng 動(나쁜 일을) 선동하다. (同)〔策 cè 动〕〔挑 tiǎo 动〕
【煽风点火－풍점화】shān fēng diǎn huǒ 남을 부추겨 나쁜 짓을 하게 하다.
【煽惑－혹】shānhuò 動부추겨서 유혹하다.

【扇(搧)】｜户部｜shān
　｜6画｜부채 **선**
　動1부채질하다. ◇老头儿一边~着 zhe 扇子一边说笑话/노인이 부채질하면서 우스갯소리를 하고 있다. 2손바닥으로 때리다. ◇~了他一耳光/그에게 따귀 한 대를 때렸다. 3‘煽 2’과 통용. ⇒shàn
【搧动－동】shāndòng 動1(부채 따위를 흔들어) 부치다. 2선동하다. 부추기다.

【潸(潛)】｜氵部｜shān
　｜12画｜눈물흘릴 **산**
　形〈文〉눈물을 흘리는 모양.
【潸然－연】shānrán 形〈文〉눈물을 흘리는 모양.
【潸潸－산】shānshān 形〈文〉계속해서 눈물을 흘리는 모양.

【膻(羶)】｜月部｜shān
　｜13画｜노린내날 **전**
　形(양고기의) 노린내. ◇~气/노린내.

shǎn

☆【闪·閃】｜门部｜shǎn
　｜2画｜피할 **섬**
　1圓번개. ◇西边天空打~了/서쪽 하늘에서 번개가 쳤다. 2動날쌔게 피하다. 몸을 비키다. ◇请往旁边一~下，先让病人过去/우선 환자가 지나가도록 옆으로 좀 비켜주세요. 3動(몸이) 흔들리다. 비틀거리다.

◇因为这个急刹车，他差点儿～到河里/급브레이크 때문에 그는 하마터면 강 속으로 빠질 뻔했다. 4動접질리다. 곱질리다. 삐다. ◇在做滚翻 gǔnfān 动作时这个运动员把脖子～了/그 운동 선수는 텀블링 동작을 할 때 목이 삐었다. 5動갑자기 나타나다. (생각 등이) 불연듯 떠오르다. ◇自杀的念头在她脑子里～过好几回/그녀의 뇌리 속에 자살할 생각이 여러번 번뜩이고 지나갔다. 6動반짝거리다. 번쩍이다. ◇夜晚，草地里一～一～的，是萤 yíng 火虫的光亮/밤에 풀밭에서 번쩍번쩍하는 것은 반딧불의 빛이다. 7動〈方〉떼어놓다. 버려두다. ◇出发时我们一定来叫你，不会把你～下/출발할 때 너를 떼어놓지 않고 꼭 부르러 갈 것이다. 8(Shǎn)圓성(姓).
【闪避－피】shǎnbì 動휙 몸을 피하다. 날쌔게 비키다.
＊＊【闪电－전】shǎndiàn 圓번개.
【闪电战－전전】shǎndiànzhàn 圓〈軍〉전격전(電擊戰).
【闪躲－타】shǎnduǒ 動몸을 옆으로 비키다. 피하다.
【闪光－광】shǎnguāng 圓섬광. 번갯불.
【闪光灯－광등】shǎnguāngdēng 圓섬광등. 플래시(램프).
【闪击－격】shǎnjī 動병력을 집중시켜 기습하다.
【闪击战－격전】shǎnjīzhàn (同)〔闪电战〕
【闪开－개】shǎn·kāi 動비키다. 피하다. ◇开水! 快～/뜨거운 물이다! 얼른 비켜요.
【闪亮－량】shǎnliàng 動번쩍이다.
【闪念－념】shǎnniàn 圓번뜩 떠오른 생각.
【闪闪－섬】shǎnshǎn 形(빛이) 번쩍번쩍하다. 번쩍거리다.
【闪射－사】shǎnshè 動빛을 발하다. 빛을 뿌리다.
【闪身－신】shǎn//shēn 動몸을 옆으로 하다.
【闪失－실】shǎnshī 圓뜻밖의 실수. 뜻하지 않은 사고.
＊＊【闪烁－삭】shǎnshuò 1動깜빡이다. 가물거리다. 반짝반짝 거리다. ◇她的眼里多次～着晶莹 jīngyíng 的泪光/그녀의 눈에 맑은 눈물이 반짝거렸다. 2動〈貶〉어물어물하다. (말을) 얼버무리다. ◇他说话总是闪烁的，叫人捉摸 zhuōmō 不透 tòu/그는 말할 때 언제나 얼버무려서 종잡을 수 없다.
【闪现－현】shǎnxiàn 動언뜻 나타나다.
＊【闪耀－요】shǎnyào 動빛이 번쩍거리며 빛나다. ◇繁星～/별들이 반짝이며 빛나다.

【陕·陜】｜阝部｜shǎn
　｜6画｜땅이름 **섬**

圈1(略)〈地〉섬서성(陝西省). 2图(姓).
【陝西梆子－서방자】shǎnxī bāng·zi 图
〈演〉섬서지방의 극(劇).

【映(睒)】 目部 8画 | 눈끔적거릴 **섬**
통눈을 깜박이다. ◇那飞机飞得很快, 一
~眼就不见了/그 비행기는 어찌나 빠르
지 눈 깜박할 사이에 사라졌다.

shàn

【讪·訕】 讠部 3画 | 비방할 **산**
1통비웃다. 2圈난처하다. 어색하다.
【讪脸－검】shàn// liǎn 통〈方〉(아이가) 어
른 앞에서 히쭉히쭉거리다.
【讪讪－산】shànshàn 圈어색하다.
【讪笑－소】shànxiào 통비웃다.

【单·單】 八部 6画 | 고을이름 **선**
图1〈地〉선현(單縣). 〔산동성(山東省)에
있는 현이름〕 2图(姓). ⇒chán, dān

【禅·禪】 礻部 8画 | 자리 전할 **선**
통선양(禪讓)하다. ⇒chán
【禅让－양】shànràng 통선양하다. 양위하
다.

【苫】 艹部 5画 | 집이을 **점**
통(가마니나 천 따위로) 덮다. ◇妈妈用
一块新花布~好了床/어머니는 꽃무늬 새
천으로 침대를 잘 덮었다.
【苫背－배】shàn// bèi 통지붕에 새벽을 바
르다. 〔마른풀·거적에 석회나 진흙을 바
르는 것〕
【苫布－포】shànbù 图비나 서리를 막기
위해 덮어 씌우는 방수포.

【钐(鐥)】 钅部 3画 | 낫 **삼**
〈方〉통(낫으로) 베다. ◇~草/풀을 베다.
【钐镰－겸】shànlián 图벌낫.

【扇(搧)】 户部 6画 | 부채 **선**
1(~儿)图부채. ◇电~/선풍기. 2图판자
나 편자 모양의 것. ◇门~/문짝. 3图짝.
장. 〔문짝 따위를 세는 단위〕 ◇一~门/
한짝문. ⇒shān
【扇贝－패】shànbèi 图〈魚介〉가리비.
【扇车－차】shànchē 图풍구.
【扇骨子－골자】shàngǔ·zi 图부챗살.
【扇面儿－면아】shànmiànr 图부채의 면.
【扇坠－추】shànzhuì (~儿)图부채의 손
잡이에 다는 장식.
**【扇子－자】shàn·zi 图부채.

---

*【善】 羊部 6画 | 口部 9画 | 착할 **선**
1图착하다. ◇心怀不~/마음에 나쁜 생
각을 가지다. 2图선행. 착한 일. ◇行~/
선을 행하다. 3图좋다. 훌륭하다. ◇~策
/훌륭한 계책. 4图사이좋다. 화목하다.
◇友~/사이가 좋다. 5图잘 알다. 익숙하
다. ◇面~/낯이 익다. 6图〈文〉잘 해내
다. ◇~始~终/처음부터 끝까지 잘 마
무리짓다. 7图…에 능하다. ◇勇敢~战/
용감히 싸움을 잘하다. 8图잘. 좋게.
◇~自保重/부디 몸조심하십시오. 9图쉽
다. 용이하다. ◇~变/변하기 쉽다. 10
(Shàn)图성(姓).
【善罢甘休－파감휴】shàn bà gān xiū〈成〉
분규를 잘 수습하다. 무사히 끝내다. 〔주
로 부정형에 쓰임〕
【善本－본】shànběn 图선본. 학술·예술적
가치가 뛰어난 판본이나 필사본.
【善处－처】shànchǔ 통〈文〉선처하다. 잘
처리하다.
【善感－감】shàngǎn 图감정이 예민하다.
【善后－후】shànhòu 통뒷처리를 잘하다.
【善举－거】shànjǔ 图〈文〉자선 행위. 자선
사업. (同)〔善事 shì〕
【善类－류】shànlèi 图〈文〉선량한 사람.
〔주로 부정형에 쓰임〕(反)〔恶魔 èmó〕
*【善良－량】shànliáng 图선량하다. 착하다.
◇她是一个勤劳~美丽的姑娘/그녀는 부
지런하고 착한 아름다운 처녀이다. (反)
〔歹毒 dǎidú〕 凹교善良:友好 태도에는
"善良"을 쓰이지 않는다. ◇他们对我们的
态度很不(×善良)友好/우리에 대한 그들
의 태도는 우호적이지 않다.
【善男信女－남신녀】shàn nán xìn nǚ 图
〈佛〉불교도.
【善始善终－시선종】shàn shǐ shàn zhōng
〈成〉일을 처음부터 끝까지 잘 처리하다.
(同)〔有 yǒu 始有终〕, (反)〔有始无 wú 终〕
【善事－사】shànshì 图선한 일. 자선 사업.
(同)〔善举 jǔ〕, (反)〔恶 è 事〕
【善心－심】shànxīn 图선심. 착한 마음.
(反)〔黑 hēi 心〕〔狼 láng 心〕
【善意－의】shànyì 图선의. 호의. (同)〔好
hǎo 意〕, (反)〔恶 è 意〕
☆【善于－어】shànyú 图…에 능하다. …를
잘하다. ◇三岁时这个女孩就很~歌舞了/
이 여자애는 3살 때부터 가무를 잘했다.
◇这孩子~模仿 mófǎng 猴 hóu 子的动
作/이 애는 원숭이의 흉내를 잘 낸다.
凹교善于:擅长 "善于"의 명사 목적어는
소수 관용적인 것에 한정된다. ◇他的儿
子(×善于)擅长 shàncháng 教学/그의
아들은 수학을 잘 한다.

【善战-전】shànzhàn 屠싸움을 잘하다.

【善终-종】shànzhōng 屠1천수를 다하고 죽다. (反)〔横死 hèngsǐ〕2일의 끝마무리를 잘하다. 유종의 미를 거두다.

【缮·繕】 | 纟部 | shàn
12画 | 기울 **선**

屠1보수하다. ◇修~/수선하다. 2베끼다. 정서하다. ◇议定书用两种文字各~一份/의정서는 두 가지의 언어로 각각 한 부씩 정서한다.

【缮发-발】shànfā 屠등사하여 발송하다.

【缮写-사】shànxiě 屠베껴쓰다. 필사하다.

【膳（饍）】 | 月部 | shàn
12画 | 반찬 **선**

屠식사. ◇早~/아침 식사.

【膳费-비】shànfèi 屠식비.

【膳食-식】shànshí 屠일상 먹는 밥과 반찬.

＊【擅】 | 扌部 | shàn
13画 | 제 마음대로할 **천**

1屠屠멋대로 (하다). 2屠…에 뛰어나다. 정통하다.

【擅长-장】shàncháng 屠(어느 방면에) 능하다. 특기로 하다. ◇他作为画家也很~于书法/그는 화가로서 서법에도 뛰어나다. ◇李老对针灸 zhēnjiǔ 很~/이씨는 침술에 능하다. (同)〔善于 shànyú〕〔长于 yú〕〔精于 jīngyú〕, (反)〔拙于 zhuōyú〕

【擅场-장】shànchǎng 屠〈文〉독무대를 벌이다. 독판 치다. (기능이) 남보다 뛰어나다.

【擅权-권】shànquán 屠권력을 독점하다. (同)〔专 zhuān 权〕

＊【擅自-자】shànzì 屠제멋대로. 마음대로. ◇不得~改变安全操作规程/안전 조작 규칙을 제멋대로 바꿀 수 없다.

【嬗】 | 女部 | shàn
13画 | 전위할 **선**

屠〈文〉1바뀌다. 변천하다. 2선양(禪讓)하다. 선위하다.

【嬗变-변】shànbiàn 屠屠〈文〉변천(하다). 추이(하다).

【赡·贍】 | 贝部 | shàn
13画 | 도울 **섬**

1부양하다. 생활 비용을 대다. 2屠〈文〉풍부하다. 충분하다. ◇力不~/힘이 부족하다.

【赡养-양】shànyǎng 屠봉양하다. 〔주로 자녀가 부모를 물질적으로 부양하는 것〕 ◇~老人不仅要在物质生活上, 而且也要在精神生活上予以 yǔyǐ 关心和照顾/노인 봉양에서도 물질적인 면뿐아니라 정신적인 면에서도 관심과 배려를 해야한다. (同)〔奉 fèng 养〕〔供 gōng 养〕, (反)〔遗弃 yíqì〕

shāng

☆【伤·傷】 | 亻部 | shāng
4画 | 상할 **상**

1屠상처. ◇烧~/화상. ◇树皮上有很多~/나무껍질에 상처가 많이 있다. 2屠상처를 입히다. ◇小心, ~了筋骨 jīngǔ 可不得了 liǎo/뼈와 근육을 다치면 정말 큰일나니 조심하시오. 比교伤:扎伤 "伤"은 구체적인 동사의 보어로 쓰인다. ◇他用匕首(×伤)扎 zhā 伤了对手的胳膊 gē·bo/그는 비수로 상대방의 어깨를 찔러 부상을 입혔다. 3屠남의 감정을 상하게 하다. ◇她以前~过母亲的心, 现在感到内疚 jiù/그녀는 어머니의 마음을 상하게 한 적이 있어서 지금 가책을 느끼고 있다. 4屠슬퍼하다. ◇哀~/비통해하다. 5屠식상하다. 물리다. ◇小鸡儿~过一次食, 以后总吃不多/병아리가 한번 물리도록 먹은 후론 좀체로 많이 못먹는다. 6屠방해하다. 지장을 주다.

【伤疤-파】shāngbā 屠1흉터. 2(과거의) 아픈 데. 숨은 잘못. 부끄러운 과거.

【伤悼-도】shāngdào 屠애도하다.

【伤风-풍】shāng// fēng 屠감기에 걸리다.

【伤风败俗-풍패속】shāng fēng bài sú 〈成〉풍속을 해치다.

【伤感-감】shānggǎn 1屠슬픔. 비애. 2屠슬퍼지다. 비애에 잠기다.

＊【伤害-해】shānghài 屠손상시키다. 건드리다. 해치다. ◇我无意中~过一次她的自尊心/나는 무심결에 그녀의 자존심을 한번 건드린 적이 있다. ◇睡眠过少, 就会~身体/잠을 너무 적게 자면 몸을 해치게 된다. (同)〔损 sǔn 害〕, (反)〔保护 bǎohù〕

【伤寒-한】shānghán 屠1〈醫〉(장)티푸스. 2〈中醫〉상한.

【伤号-호】shānghào 屠부상자.

【伤耗-모】shāng·hao 屠소모손(되다).

＊【伤痕-흔】shānghén 屠상처 자국. (물건의) 흠집. ◇~累 léi 累/상처자국이 많다.

＊【伤口-구】shāngkǒu 屠상처. ◇治疗~/상처를 치료한다. ◇~恶化/상처가 악화됐다.

【伤了和气-료화기】shāng le héqì 屠감정을 상하다. ◇几十年前的旧事伤了两人的和气/몇십년 전의 옛일이 두 사람의 화목한 감정을 상하게 했다.

＊【伤脑筋-뇌근】shāng nǎojīn 골머리를 썩히다. 골치 아프다. ◇这件事真让人~/이 일은 정말 골치를 썩힌다.

【伤神-신】shāng// shén 1屠너무 신경을 소모하다. (同)〔劳 láo 神〕, (反)〔养 yǎ-

ng 神〕 **2**[형]슬프다.
【伤生－생】shāng∥shēng [동]생명 있는 것을 다치게 하다.
【伤势－세】shāngshì [명]부상 정도〔상태〕.
【伤逝－서】shāngshì [동]〈文〉죽은 사람을 애도하다.
【伤天害理－천해리】shāng tiān hài lǐ 〈成〉천리(天理)를 어기다. 잔인무도한 짓을 하다. (同)〔丧尽天良 sàng jìn tiān liáng〕
【伤亡－망】shāngwáng **1**[동]다치거나 죽다. **2**[명]사상자.
☆【伤心－심】shāng∥xīn [동]상심하다. 슬퍼하다. ◇他很～自己没有尽到责任/그는 자신이 책임을 다하지 못해 마음 아파했다. (同)〔悲 bēi 伤〕, (反)〔快乐 kuàilè〕
【伤心惨目－심참목】shāng xīn cǎn mù 〈成〉너무 비참하여 차마 눈뜨고 볼 수 없다.
*【伤员－원】shāngyuán [명](군대의) 부상병.

*【商·商】 亠部 9画 | 口部 8画 | shāng 장사 **상**
1[동]상의하다. 의논하다. ◇协 xié～/협상하다. **2**[명]상업. ◇通～/통상하다. **3**[명]상인. ◇布～/포목상. **4**[명]〈數〉몫. **5**[동]〈數〉몫이 …이다. ◇八除以二～四/8을 2로 나누면 몫이 4이다. **6**[명]〈音〉상. 〔옛날 5 음계의 하나〕 **7**[명]〈天〉심수(心宿). 〔28 수의 하나〕 **8**(Shāng)[명]〈史〉중국고대에서 탕(湯)이 세운 왕조. **9**[명]성(姓).
*【商标－표】shāngbiāo [명]상표.
【商埠－부】shāngbù [명](옛날) 외국과의 통상 항구〔도시〕. 개항장(開港場).
☆【商场－장】shāngchǎng [명]**1**상가. 아케이드. **2**백화점. **3**상업계. 유통업계.
【商船－선】shāngchuán [명]상선.
★【商店－점】shāngdiàn [명]상점. 가게. ◇个体～/(중국의) 개인 상점.
【商定－정】shāngdìng [동]상의하여 결정하다.
【商兑－태】shāngduì [동]〈文〉상의하다. 의논하다. 협의하다.
【商贩－판】shāngfàn [명]행상인. 장사꾼.
【商贾－고】shānggǔ [명]〈文〉장사아치.
【商行－행】shāngháng [명](비교적 큰) 상점. 상사(商社).
【商号－호】shānghào [명](옛날의) 상점.
【商会－회】shānghuì [명]**1**상인 단체. 상업연합회. **2**(중세의) 상인 길드.
【商计－계】shāngjì [동]상의하다. 협의하다.
【商检－검】shāngjiǎn [명]상품 검사.
【商界－계】shāngjiè [명]상업계.
【商籁体－뢰체】shānglàitǐ [명]〈音〉소네트(sonnet). 14행시.
☆【商量－량】shāng·liáng [동]상의하다. 의논하다. ◇我跟爱人～过这件事/나는 아내와 일을 의논한 적이 있다. [비교]商量:讨论 구체적인 일을 비공식으로 의견을 교환할 때는 "商量"을 쓴다. ◇我们有件事要跟教师(×讨论)商量/우리는 선생님과 상의할 일이 있다.
【商旅－여】shānglǚ [명]장거리 보따리 장수.
☆【商品－품】shāngpǐn [명]**1**상품. ◇～涨价 zhǎngjià/상품의 값이 오르다. ◇～畅销 chàngxiāo/상품이 잘 팔린다. **2**(시장에서 사고파는) 물건.
【商品房－품방】shāngpǐnfáng [명](상업적인) 분양 주택.
【商品粮－품량】shāngpǐnliáng [명]상품(화) 식량.
【商洽－흡】shāngqià [동]상담하다. 교섭하다.
【商情－정】shāngqíng [명]시장 동향.
*【商榷－각】shāngquè [동]검토하다. 토의하다. ◇他的论点还有值得～地方/그의 논점은 검토할 곳이 아직 있다.
⁑【商人－인】shāngrén [명]상인.
【商谈－담】shāngtán [동](구두로) 상담하다. 의논하다.
*【商讨－토】shāngtǎo [동]토의하다. 논의하다. 의견을 교환하다. ◇～得顺利/논의가 순조롭다.
【商务－무】shāngwù [명]상업상의 업무.
☆【商业－업】shāngyè [명]상업. ◇～区/상가 지역.
*【商议－의】shāngyì [동]상의하다. 토의하다. ◇这个问题如何解决, 还需好好～一下/이 문제를 어떻게 해결해야 할지 잘 좀 토의할 필요가 있다.
【商约－약】shāngyuē [명]〈法〉〈略〉통상 조약.
【商战－전】shāngzhàn [명]상업(판촉) 경쟁.
【商酌－작】shāngzhuó [동]의논하다. 협의 검토하다.

【墒】 土部 11画 | shāng 밭갈 **상**
[명]〈農〉(발아나 작물의 성장에 적당한) 토양의 습도.
【墒情－정】shāngqíng [명]토양의 습도 상태.

shǎng

【晌】 日部 6画 | shǎng 대낮 **상**
1[명](～儿)나절. 낮 동안의 짧은 시간. ◇前半～儿/오전. 오전 반나절. **2**[명]〈方〉한낮. 정오.
【晌饭－반】shǎngfàn [명]〈方〉**1**점심식사. **2** 농번기에 일 도중에 먹는 새참.
【晌觉－각】shǎngjiào [명]〈方〉낮잠.
*【晌午－오】shǎng·wu [명]정오. 점심때.

*【赏・賞】 小部｜贝部｜shǎng
9画｜8画｜상줄 **상**

1명상(을 주다). ◇老板把衣服~给了他/주인이 그에게 옷을 상으로 주었다. ◇他们按照事先定好的办法~了冠军 guànjūn 一台电视机/그들은 사전에 정한 대로 우승자에게 TV 한 대를 상으로 주었다. **2**동감상하다. 즐기다. ◇他多次在这里~雪景/그는 여러번 여기서 설경을 감상하였다. **3**동높이 사다. **4**동성(姓).

【赏赐－사】shǎngcì **1**동(윗사람이 아랫사람에게) 상을 내리다. **2**명하사품.

【赏罚－벌】shǎngfá 명상벌.

【赏封－봉】shǎngfēng 명옛날, 손님이 하인에게 주는 돈을 넣는 빨간 봉투.

【赏格－격】shǎnggé 명현상금.

【赏光－광】shǎng∥guāng 동〈套〉왕림해〔참석해〕주십시오.

【赏鉴－감】shǎngjiàn 동감상·감식하다.

【赏脸－검】shǎng∥liǎn 동〈套〉거두어 주십시오. (체면을 세워주다) 〔상대방에게 자신의 부탁 또는 선물을 받아주길 청할 때 쓰는 말〕

【赏钱－전】shǎng·qián 명(옛날 심부름꾼에게 주는) 행하(行下). 상금. 팁.

【赏识－식】shǎngshí 동(남의 재능이나 작품의 가치를) 알아주다. 높이 사다.

【赏玩－완】shǎngwán 동(경치·예술품 따위를) 감상하다.

【赏析－석】shǎngxī (시문 등을) 감상·분석하다.

【赏心－심】shǎngxīn 동마음을 즐겁게 하다.

【赏心悦目－심열목】shǎng xīn yuè mù 〈成〉아름다운 경치를 감상하며 마음을 즐겁게 하다.

【赏阅－열】shǎngyuè 동(시문 등을) 감상하며 읽다.

shàng

*【上】 卜部｜shàng
1画｜위 **상**

1명위. ◇~游/상류. ◇向~看/위를 보다. **2**명상급(의). 품질 높은. ◇~策/상책. ◇~品/상(등)품. **3**형(일부 명사 앞에 쓰여 시간이나 순서에서) 앞의. 먼저(번). 지난(번). ◇~星期/지난주. ◇~次/지난 번. **4**명〈文〉황제. **5**명위로. ◇~缴 jiǎo/상납하다. **6**동오르다. ◇~楼/윗층에 올라가다. ◇~树/나무에 올라가다. **7**동(어떤 곳으로) 가다. ◇~街/시내에 나가다. **8**동바치다. 올리다. ◇他们给有关部门~了一份意见书/그들은 관련 부서에 의견서 1부를 올렸다. **9**동앞으로

나아가다. ◇你快~/빨리 나가! **10**동(무대에) 등장하다. ◇他唱完该你~场了/그가 다 부르면 네가 등장할 차례이다. **11**동오다. ◇~菜/요리를 올리다. ◇~茶/차를 내오다. **12**동더하다. 보태다. **13**동(어떤 부품을 물건에) 채우다. 달다. 장착하다. ◇门~了锁/문에 자물쇠를 채우다. ◇螺丝 luósī~得太松了/나사를 너무 느슨하게 끼웠다. **14**동(기름·색을) 칠하다. (약을) 바르다. ◇伤口~了药后还疼/상처에 약을 발랐는데도 아프다. **15**동실리다. 게재하다. ◇他的文章~了报/그의 글이 신문에 실렸다. ◇这几个同学~过电视/그 몇몇 급우들이 TV에 나온 적이 있다. **16**동(나사나 태엽을) 감다. ◇弦~得太紧了/태엽을 너무 세게 감았다. **17**동(정해진 시간에 일이나 공부를) 하다. 다니다. ◇只~了三年学就没有再~下去/학교를 3년만 다니고 계속 다니지 않았다. **18**동(일정한 정도·수량에) 이르다. 달하다. ◇~了年纪, 饮食更要注意/나이가 들면 음식에 더 주의해야 한다.

【上】 //·shàng 보어동사 뒤에 와 보어로 쓰여 여러가지 파생의미를 갖는다. **1**낮은 곳에서 높은 곳으로 올라감. ◇雄鹰 xióngyīng 飞~了蓝天/독수리가 창공으로 날아 올라갔다. **2**사물을 어느 곳에 존재하게 함. ◇这里以前是一片荒地, 现在已经盖~了楼房/이 곳은 황무지였는데 지금은 이미 건물을 지어놓았다. **3**결과나 목적의 달성을 나타냄. ◇考~了大学/대학에 합격했다. ◇他很想看今天的电影, 可没买~票/그는 오늘 하는 영화를 퍽 보고 싶었는데 표를 구입하지 못했다. **4**동작이 시작하여 계속됨. ◇第一次见面他就爱~了这个姑娘/그는 그 처녀를 처음 만났을 때부터 사랑하게 되었다. **5**어느 수량에 도달함. ◇同学们每天早晨总要打~一个小时的太极拳/학우들은 매일 아침마다 1시간씩 태극권을 치곤 한다.

【上】 ·shàng 접미 **1**명사 뒤에 쓰여 그 물체의 표면을 나타냄. …에. ◇脸~/얼굴(에). ◇桌子~/탁자에. ◇手~/손에. ◇地~/바닥에. **비교**上:里:中 ①일정한 경계선 이내는 "里"를 쓰지 않고 "上"을 쓴다. ◇在菜田(×上)里, 他给我们介绍蔬 shū 菜生长情况/밭에서 그는 우리에게 채소의 성장 상황을 소개했다. ②시간을 나타낼 때는 "中"을 쓰고 "上"을 쓰지 않는다. ◇在我的一生(×上)中从未遇到过这样的人/내 평생에 이런 사람을 지금껏 만나 본 적이 없다. **2**

명사 뒤에 쓰여 어떤 사물의 범위 내에 있음을 나타냄. ◇会~/회의에. ◇心~/마음에. **3**명사 뒤에 쓰여 어떤 방면을 나타냄. ◇组织~/조직적으로. ◇思想~/사상적으로. ◇事实~/사실적으로. ◇数量~/수량적으로.

☆【上班-반】shàng// bān 동출근하다. ◇刚一出院他就~了/그는 막 퇴원하자마자 출근했다. (反)[下班 xià// bān]

【上板儿-판아】shàng// bǎnr 동(하루 장사를 끝내고) 가게문을 닫다.

【上半场-반장】shàngbànchǎng 명〈方〉(운동 경기의) 전반전.

【上半年-년】shàngbànnián 명상반기.

【上半晌-상】shàngbànshǎng(~儿)명〈方〉오전. (同)[上半天 tiān 儿][上午 wǔ]

【上半时-반시】shàngbànshí 명(축구·농구 등의) 전반 시간. 전반전.

【上半天-반천】shàngbàntiān (~儿)명오전.

【上半夜-반야】shàngbànyè 명초저녁부터 자정까지의 밤.

【产半月-반월】shàngbànyuè 명선보름. 선망(先望).

*【上报-보】shàng// bào 동**1**신문에 나다. **2**(shàngbào) 상부에 보고하다.

【上辈-배】shàngbèi (~儿)명**1**조상. 선조. **2**한 항렬 위의 세대. (同)[上代 dài], (反)[下辈 xià// bèi]

【上辈子-배자】shàngbèi·zi 명**1**선조. 조상. **2**〈佛〉전세(前世). 전생.

【上臂-비】shàngbì 명〈生理〉위팔. 상박. 상완(上腕).

★【上边-변】shàng·bian (~儿)명**1**위. 위쪽. ◇衣柜~放着皮箱/옷장 위에 트렁크가 놓여있다. **2**위. 순서상 앞쪽. ◇我同意~几位的发言/나는 앞의 몇 분의 발언에 동의한다. **3**(물체의) 곁(면). 표면. ◇瓷瓶~画着八仙图案/도자기에 8선 도안이 그려져 있다. **4**방면. 쪽. ◇不要把精力都花在谈情说爱~/정력을 모두 연애 쪽에 쓰지 마라. **5**상부. 상급. ◇不知~是什么意思/상부에서 어떤 생각을 갖고 있는지 모른다.

【上膘-표】shàng// biāo 동(가축 따위가) 살이 오르다.

【上宾-빈】shàngbīn 명〈文〉귀한 손님.

【上苍-창】shàngcāng 명〈文〉창공.

【上操-조】shàng// cāo 동훈련을 나가다. (同)[出 chū 操]

【上策-책】shàngcè 명상책. 최상의 수단. (同)[好计 hǎojì], (反)[下 xià 策]

*【上层-층】shàngcéng 명상부. 고위층. 상류층. 〔주로 기구·조직·계층에 쓰임〕(同)[高 gāo 层], (反)[下 xià 层] ◇~领导/고위층 관리.

【上层建筑-층건축】shàngcéng jiànzhù 명〈哲〉상부 구조.

【上场-장】shàng// chǎng 동(배우나 운동 선수가) 무대나 경기장에 등장하다. (同)[出 chū 场], (反)[下 xià 场]

【上场门-장문】shàngchǎngmén 명〈演〉배우들이 등장하는 무대의 오른쪽 문. (反)[下 xià 场门]

【上朝-조】shàng// cháo 동**1**신하가 정사를 의논하기 위해 조정에 나가다. **2**(임금이) 조정에서 정무를 보다. (反)[下 xià 朝]

【上车-차】shàng// chē 승차하다.

【上乘-승】shàngchéng 명**1**〈佛〉상승. 대승(大乘). **2**최상(最上). 상등(上等). (同)[上品 pǐn], (反)[下 xià 乘]

【上次-차】shàngcì 명지난 번.

【上蔟-족】shàng// cù 동누에가 (고치를 만들기 위해) 섶에 오르다.

【上蹿下跳-찬하도】shàng cuān xià tiào 〈成〉(동물이) 이리저리 돌아다니다. 악인이 날뛰며 못된 짓을 저지르다.

【上代-대】shàngdài 명윗대. 조상.

【上党梆子-당방자】Shàngdǎng bāng·zi 명산서성(山西省) 동남부 지역에서 유행한 지방극.

☆【上当-당】shàng// dàng 동속임수에 넘어가다. ◇他上过几次当/그는 몇번 속은 적이 있다. ◇买假药~的人不止他一个/가짜약을 속아 산 사람이 그만이 아니다.

*【上等-등】shàngděng 명고품질의. 고급의. (同)[上色 sè], (反)[下 xià 等]

【上等兵-등병】shàngděngbīng 명〈軍〉상등병.

【上帝-제】shàngdì 명1**하느님. (옥황)상제. 여호와. 천주. **2**하나님.〔기독교〕

【上吊-조】shàng// diào 동높은 곳에서 목매어 자살하다.

【上调-조】shàngdiào 동**1**상급부서로 인사이동하다. ◇他已经从车间~到厂部了/그는 이미 작업장에서 공장관리부서로 옮겨갔다. **2**(재물 등을) 상급기관에서 조달하다. (反)[下放 xiàfàng]

【上冻-동】shàng// dòng 동(강이나 땅이) 얼다. (同)[冻结 jié], (反)[解 jiě 冻]

【上颚-악】shàng'è 명**1**〈生理〉위턱. **2**〈動〉상악. 갑각류의 세째 발.

【上方宝剑-방보검】shàngfāng bǎojiàn 명황제의 보검.〔최고 권력의 상징으로 이 검을 하사받은 자는 '先斩后奏'(먼저 죽인 다음에 보고하다)의 권한을 부여받는다〕

【上房-방】shàngfáng **1**명원채. 안채. 큰

채. (同)〔正 zhèng 房〕, (反)〔下 xià 房〕
2(shàng// fáng)동지붕에 오르다.
【上访-방】shàngfǎng 동(상급기관에) 민
원인으로 방문하다.
【上坟-분】shàng// fén 동성묘하다.
【上风-풍】shàngfēng 명1바람이 불어오
는 쪽. 2〈喩〉(전투나 시합에서) 우세. 우
위. 유리한 위치. (同)〔优势 yōushì〕,
(反)〔下 xià 风〕
【上峰-봉】shàngfēng 명옛날, 상관. 상사.
(同)〔上级 jí〕, (反)〔下 xià 级〕
【上岗-강】shàng// gǎng 동보초를 서다.
【上告-고】shànggào 1명〈法〉상고(하
다). 2동상부에 보고하다.
【上个月-개월】shàng ge yuè 명지난 달.
【上工-공】shàng// gōng 동1(노동자나 농
민 등이) 출근하다. 일을 시작하다. 2고
용인이 고용주의 집에서 첫날 일을 시작
하다. (反)〔下 xià 工〕
【上供-공】shàng// gòng 동1제상을 차리
다. 2(잘 봐달라고 권세있는 자에게) 상
납하다.
【上钩-구】shàng// gōu 동1낚시 바늘에
걸리다. 2〈轉〉올가미에 걸리다. 꾐에 넘
어가다.
【上古-고】shànggǔ 명〈史〉상고(시대).
〔중국에서는 상(商)·주(周)·진(秦)·한
(漢)까지를 말함〕
【上官-관】shàngguān 명복성(復姓).
【上轨道-궤도】shàng guǐdào 〈喩〉(일이)
궤도에 오르다. 정상적으로 돌아가다.
【上好-호】shànghǎo 동최고의. 가장 좋
은. 〔주로 품질을 말함〕(同)〔道地 dàodì〕,
(反)〔不行 bùxíng〕
【上回-회】shànghuí 명전번. 지난 번.
【上火-화】shàng// huǒ 1동〈中醫〉상초열
(上焦热)이 나다. 2(~儿)동〈方〉성내다.
(同)〔动 dòng 火〕, (反)〔息怒 xīnù〕
☆【上级-급】shàngjí 명상급(기관). 상급자.
◇~机关/상급기관. ◇~下达了指示/상
급기관에서 지시를 하달했다. (同)〔上
sī〕, (反)〔下 xià 级〕 比較上级: 上层 “社
会”는 “上级”로 형용하지 않는다. ◇(×
上级)上层社会的人们生活很豪华/사회 상
류층 사람들의 생활은 호화스럽다.
【上家-가】shàngjiā (~儿)명〈도박이나 술
좌석 따위에서〕 한차례 앞서는 사람.
(同)〔上手 shǒu〕, (反)〔下 xià 家〕
【上江-강】Shàngjiāng 명〈地〉장강(長江)
의 상류지역.
【上浆-장】shàng// jiāng 동(옷에) 풀먹
이다.
【上将-장】shàngjiàng 명〈軍〉상장. 〔우리
나라의 중장에 해당됨〕

【上焦-초】shàngjiāo 명〈中醫〉상초.
【上缴-교】shàngjiǎo 동상납하다.
【上界-계】shàngjiè 명천상계. (同)〔上天
tiān〕, (反)〔下 xià 界〕
【上紧-긴】shàngjǐn 동〈方〉서두르다. 급
히 하다. (同)〔抓 zhuā 紧〕, (反)〔拖延
tuōyán〕
【上劲-경】shàng// jìn (~儿)동힘이 오르
다. 흥이 나다. (同)〔来 lái 劲〕, (反)〔没
méi 劲〕
*【上进-진】shàng// jìn 동향상하다. 진보
하다. ◇虚心使人~, 骄傲 jiāo'ào 使人落
后/겸손은 사람을 진보하게 하고, 오만은
사람을 낙후하게 한다. (同)〔进步 bù〕,
(反)〔落后 luòhòu〕
★【上课-과】shàng// kè 동수업하다. ◇三年
级今天上午上了两节课/3학년은 오늘 오
전에 2교시 수업을 했다. (反)〔下 xià
课〕 比較上课: 课: 课程 ①“上课”는 목적
어로 쓰이지 않고 보어도 취하지 않는다.
◇我每天上午有(×上课)课/난 매일 오전
에 수업이 있다. ②“上课”는 명사로 쓰이
지 않는다. ◇大学的(×上课)课程很没有
意思/대학 과정은 무척 재미 없다.
*【上空-공】shàngkōng 명상공. 하늘.
【上口-구】shàng// kǒu 동1(시문이나 詩文) 따
위를) 술술 읽어 나가다. 2(시문 따위
가) 매끄럽게 읽혀지다. (同)〔顺 shùn
口〕〔顺嘴 shùn zuǐ〕, (反)〔绕嘴 ràozuǐ〕
【上口字-구자】shàngkǒuzì 명〈演〉경극
(京劇)에서 북경음(北京音)으로 읽지 않
고 전통적인 독법(讀法)으로 읽는 글자.
〔예를 들면, ‘尖,千,先’은 ‘zian, cian, sia-
n’으로 ‘脸’은 ‘jian’으로, ‘哥, 可, 何’는
‘guo, kuǒ, huó’로 읽음〕
【上款-관】shàngkuǎn (~儿)명남에게 물
건 또는 서화(書畵) 등을 선물하거나 편
지를 쓸 때 그 상단에 쓰는, 받는 사람의
이름이나 호. (反)〔下 xià 款〕
【上来-래】shànglái 1명동시작(하다). 처
음(하다). 2동〈文〉지금까지 말한 것을
총괄하다.
★【上来-래】shàng// ·lái 동(위로) 올라오
다. ◇从楼下~了两个服务员/아래층에서
종업원 두 명이 올라왔다.
【上来-래】·shàng/ ·lái 보어1동사의 뒤
에 쓰여 동작이 아래에서 위로 또는 멀리
서 가까이로 행해지는 것을 나타냄. ◇钓
diào~一条鲤 lǐ 鱼/잉어 한 마리를 낚아
올렸다. ◇他再也追不~了/그는 더 이상
따라잡을 수 없었다. 2说·唱·学·答·背·
叫 등 동사 뒤에 쓰여 동작의 성취·완성
을 나타냄. ◇这个问题你一定答得~/너
는 이 질문에 틀림없이 답할 수 있다. 3

〈方〉형용사의 뒤에 쓰여 정도(程度)가 더해짐을 나타냄. ◇暖气慢慢热～了/온기가 서서히 뜨거워져갔다.

【上联-련】shànglián (～儿)명'对 duì 联'의 전련(前聯). (反)〔下 xià 联〕

【上脸-검】shàng// liǎn 동〈方〉우쭐거리다. 우쭐대다.

【上梁-량】shàngliáng 명〈建〉마룻대.

【上梁不正,下梁歪-량불정, 하량왜】shàngliáng bùzhèng, xiàliáng wāi 〈諺〉윗사람이 나쁜 짓을 하면 아랫사람도 따라 배운다. 윗물이 맑아야 아랫물이 맑다.

【上列-례】shàngliè 형위에서〔앞에서〕열거한. 상기의. 전술한.

【上流-류】shàngliú 1명〈강의〉상류. 2형옛날의, 신분이나 지위가 높은. 상류의.

【上楼-루】shàng// lóu 동계단을〔위층에〕오르다.

【上路-로】shàng// lù 동1여로에 오르다. 2일이 궤도에 오르다.

【上马-마】shàng// mǎ 동〈轉〉(비교적 규모가 큰) 사업이나 공정을 시작하다. (反)〔下 xià 马〕

【上门-문】shàng// mén 동1남의 집을 방문하다. 2문을 닫다. 문을 잠그다. 3데릴사위로 들어가다.

☆【上面-면】shàng・mian (～儿)명1위. 위쪽. 〔위치가 높은 곳〕◇～的那张报是今天的/위에 있는 저 신문은 오늘 것이다. (同)〔上边 biān〕, (反)〔下 xià 面〕2위. 앞. 〔순서상 앞인 것〕◇～几位的发言对我启发 qǐfā 很大/앞서 몇분의 발언은 나에게 많은 것을 느끼게 했다. 3〈물체의〉표면〔겉면〕. ◇书包～绣着花/책가방에 꽃이 수놓아져 있다. 4방면. 면. 〔주로 추상적인 것에 쓰임〕◇应该在改革～多花点精力/개혁에 힘을 좀 더 써야 한다. 5상부. 상급. ◇～派了两名干部到我们这儿帮助工作/우리의 업무를 돕도록 상부에서 간부 두 명을 보냈다. 6〈가족 가운데〉윗대.

【上年-년】shàngnián 명작년. (同)〔去 qù 年〕

【上年纪-년기】shàng nián・ji 나이가 많다.

【上品-품】shàngpǐn 명상(등)품(의). (同)〔上乘 chéng〕, (反)〔下 xià 品〕

【上坡路-파로】shàngpōlù 명1오르막길. (反)〔下 xià 坡路〕2〈喩〉발전이나 번영으로 나아가는 길.

【上气不接下气-기불접하기】shàng qì bù jiē xiàqì 숨이 차다.

【上去-거】shàng// ・qù 동올라가다. ◇这个小孩子登着梯子～,不肯下来/그 아이가 사다리를 타고 올라가서는 내려오지 않

으려 한다. (反)〔下来 xiàlái〕

★【上去-거】// ・shàng// ・qù 보어〈동사+上去〉1사람이나 사물의 동작이 낮은 곳에서 높은 곳으로 향함을 나타냄. ◇快跑～/어서 뛰어 올라가! 2사람이나 사물의 동작이 어떤 장소에 가까이 다가감을 나타냄. ◇我一看就扑 pū～哭了/나는 보자마자 달려가서 울었다.

【上人-인】shàngrén 명〈佛〉스님. 〔옛날, 승려를 높이어 일컫는 말〕

【上人-인】shàng・ren 명〈方〉1부모. 2조부모.

【上人儿-인아】shàng// rénr 동〈方〉손님이 계속 오다.

【上任-임】shàng// rèn 동부임하다. 취임하다. (同)〔到 dào 任〕, (反)〔卸 xiè 任〕

＊【上任-임】shàngrèn 명전임자.

【上色-색】shàng// shǎi 1동〈그림·지도·공예품 따위에〉색칠하다. 채색하다. 2명(shàngsè) (품질이) 고급. 상품.

【上山-산】shàng shān 1산에 오르다. 2죽은 사람을 매장하다. 3〈方〉누에가 섶에 오르다.

【上上-상】shàngshàng 형1가장 좋은. 최상의. ◇～策/상책. 2지지난. 전전. ◇～月/지지난달. (反)〔下下 xiàxià〕

【上身-신】shàng// shēn 동새 옷을 처음 입다.

【上身-신】shàngshēn 명1(신체의) 상반신. 2(～儿)상의. 웃저고리.

＊＊【上升-승】shàngshēng 동1상승하다. 올라가다. ◇病人的体温比刚才又～了一些/환자의 체온이 아까보다 좀 올라갔다. (同)〔升高 gāo〕, (反)〔下降 xiàjiàng〕2(등급·정도·수량 따위가) 올라가다. 증가하다. ◇那个国家的失业率～到百分之八了/그 나라의 실업률이 8%까지 올라갔다. (同)〔提高 tígāo〕, (反)〔下降 xiàjiàng〕 비교上升:吊起:升 ①"上升"은 목적어를 갖지 않고 기중기로 물건을 들어 올릴 때는 "上升"을 쓰지 않는다. ◇吊 diào 车(×上升)吊起很重的东西/기중기가 무거운 물건을 들어 올렸다. ②직책이 오르는 것에는 "上升"을 쓰지 않는다. ◇他(×上升)升为总经理了/그는 사장으로 승진되었다.

【上声-성】shàngshēng (又讀shǎngshēng)명〈言〉1상성. 고대 중국어의 4성(四聲) 가운데 제2성(第二聲). 2현대 중국어의 제3성.

【上士-사】shàngshì 〈軍〉상사.

【上世-세】shàngshì (同)〔上代〕

【上市-시】shàngshì 동1(상품이) 시장에 나오다. 2시장에 가다. (反)〔下 xià 市〕

【上手-수】shàngshǒu 1명윗자리. 상석. 2

(同)〔上家〕 3動손을 대다. 착수하다. 4
動시작하다.

【上书―서】shàng// shū 動1(옛날 훈장이 학동에게) 책을 가르치다. 2(윗사람에게) 글을 올리다. 〔주로 정치적인 견해를 진술하는 것〕

**【上述―술】shàngshù 動앞에서 말하다. 상술하다. ◇~问题请大家讨论/앞서 말한 문제를 여러분 토론하시기 바랍니다. 비교上述:以上"上述"는 단독으로 쓰이지 않는다. ◇(×上述)以上是我对这门课的看法/이상은 저의 이 수업에 대한 견해입니다.

【上水―수】shàng// shuǐ 1動상류(上游). 2動상류로 거슬러 올라가다. (同)〔逆 nì 水〕,(反)〔下 xià 水〕

【上水道―수도】shàngshuǐdào 名상수도. (反)〔下 xià 水道〕

【上司―사】shàng·si 名상사. 상관. (同)〔上级 jí〕,(反)〔下级 xiàjí〕

*【上诉―소】shàngsù 名動〈法〉상소(하다).

【上溯―소】shàngsù 動1(물의 흐름을) 거슬러 올라가다. 2(과거로) 거슬러 올라가다.

【上算―산】shàngsuàn 動타산이 맞다. 수지가 맞다. (同)〔合 hé 算〕,(反)〔吃亏 chīkuī〕

【上岁数(儿)―세수(아)】shàng suì·shu(r) 〈口〉나이가 많다.

*【上台―대】shàng// tái 1動무대〔연단〕에 오르다. ◇他每次~演戏精益求精/그는 매번 무대에 오르면 더 열심히 연기한다. (同)〔登 dēng 台〕,(反)〔下 xià 台〕 2動관직에 나아가다. 권력을 잡다. ◇这位傀儡 kuǐlěi 总统从~到下台不过一个月/그 허수아비 대통령은 정권을 잡아 물러날 때까지 1개월도 안 된다. (同)〔登 dēng 台〕,(反)〔下 xià 台〕

【上堂―당】shàng// táng 1법정에 가다. 2〈方〉수업하다.

【上膛―당】shàng// táng 動탄알이나 포탄을 장전하다.

【上体―체】shàngtǐ 名〈文〉상체. 상반신.

【上天―천】shàngtiān 1名조물주. 천제(天帝). 2(shàng// tiān)動하늘에 오르다. 3動승천하다. 죽다. (反)〔下降 xiàjiàng〕

【上调―조】shàngtiáo (가격 등이) 오르다.

**【上头―두】shàng// tóu 動(옛날, 여자가 시집갈 때) 머리를 얹다.

【上头―두】shàng·tou 名1위. 위쪽. ◇矿井~的人关心下边人的安全/광산의 수갱 위에 있는 사람은 아래 있는 사람의 안전에 마음을 쓴다. 2표면. 겉. ◇这套茶具~的图案很别致/이 다구에 있는 도안은

색다르다. 3방면. 분야. ◇不能把精力白白花在这~/정력을 이 방면에 헛되이 써서는 안 된다. 4상부. ◇他认为责任在~/그는 책임이 상부에 있다고 생각한다.

【上尉―위】shàngwèi 名〈軍〉상위. 〔위관급 장교 계급으로, '中尉'와 '大尉' 사이에 있음〕

【上文―문】shàngwén 名윗글. 앞의 문장. (同)〔前 qián 文〕,(反)〔下 xià 文〕

★【上午―오】shàngwǔ 名오전.

**【上下―하】shàngxià 名1상부와 하부. 상하. (지위 등의) 위 아래. ◇~的意见都应该考虑/윗사람과 아랫사람의 의견을 모두 고려해야 한다. 2위에서 아래까지. ◇这座电视发射塔 tǎ一一百多米/이 TV송신탑은 위에서 아래까지 100여 미터이다. 3(정도의) 높고 낮음. 좋고 나쁨. ◇他们俩棋艺相当, 很难分出~来/그들 둘의 바둑솜씨가 막상막하라서 우열을 가리기 어렵다. 4(수량사의 뒤에 쓰여) 안팎. 내외. 쯤. 가량. ◇看来你也就四十岁~/당신도 40세 가량으로 보인다.

【上下班―하반】shàngxiàbān 名출퇴근(하다).

【上下其手―하기수】shàng xià qí shǒu 〈成〉수단을 부려 나쁜 짓을 하다.

【上下文―하문】shàngxiàwén 名앞뒤 문장. 문맥.

【上弦―현】shàng// xián 1動(시계 따위의) 태엽을 감다. 2(shàngxián)名〈天〉(달의) 상현.

【上限―한】shàngxiàn 名상한. (反)〔下 xià 限〕

【上相―상】shàngxiàng 動사진을 잘 받다.

【上校―교】shàngxiào 名〈軍〉상교. 〔영관급 장교로서 대령과 중령 사이〕

【上鞋―혜】shàng// xié 動신바닥을 신운두에 붙여 한데 꿰매다.

【上心―심】shàng// xīn 動주의하다. 유의하다. 마음을 쓰다.

【上星期―성기】shàngxīngqī 名지난 주. 전 주일.

【上行―행】shàngxíng 動1(기차가) 상행하다. 2(배가) 상류로 올라가다. 3(공문서를 상부로) 올려보내다.

【上行下效―행하효】shàng xíng xià xiào 〈成〉윗사람이 하는 대로 아랫사람이 따라하다. 〔주로 나쁜 일을 말함〕

★【上学―학】shàng// xué 動1등교하다. (反)〔下 xià 学〕 2(국민학교에) 입학하다. ◇这个孩子比其他孩子一~上得早/이 애는 다른 애보다 일찍 입학했다.

**【上旬―순】shàngxún 名상순.

【上演―연】shàngyǎn 動(희곡·무용 등이)

공연하다.

【上夜一야】 shàng// yè 屬숙직하다. 당직하다.

☆【上衣一의】 shàngyī 圀상의. 윗옷. 윗도리.

【上议院一의원】 shàngyìyuàn 圀〈政〉상원.

【上瘾一은】 shàng// yǐn 屬인이 박이다. 버릇이 되다. 중독되다.

【上映一영】 shàngyìng 屬(영화를) 상영하다. 방영하다.

＊【上游一유】 shàngyóu 圀1(강의) 상류. ◇长江～有很多支流/양자강 상류에는 많은 지류가 있다. (同)〔上流 liú〕, (反)〔下 xià 流〕2선진. 선두. 〈轉〉상위(의 사람·성적). ◇大家都在争～, 谁也不愿甘居中游/모두들 선두를 다투고 있어서 아무도 중간 수준에 만족하려고 하지 않는다.

【上元节一원절】 Shàngyuán Jié 圀음력 정월 15일.

＊【上涨一장】 shàngzhǎng 屬(수위나 물가가) 오르다. ◇股 gǔ 市行 háng 情时而～, 时而下落/주식시장의 시세가 때론 상승하고 때론 하락한다. (同)〔高 gāo 涨〕, (反)〔下跌 xiàdiē〕

【上帐一장】 shàng// zhàng 屬장부에 올리다.

【上照一조】 shàngzhào 〈方〉(同)〔上相〕

【上阵一진】 shàng// zhèn 屬싸움터로 나가다. 〈轉〉작업이나 시합에 나서다.

【上肢一지】 shàngzhī 〈生理〉상지. 팔.

【上中农一중농】 shàngzhōngnóng 圀부유한 중농.

【上装一장】 shàng// zhuāng 1屬(배우가) 분장하다. (同)〔上妆〕2(shàngzhuāng) 圀〈方〉상의. 윗옷. 저고리.

【上座一좌】 shàngzuò 圀상석. 윗자리. (同)〔上位 wèi〕, (反)〔下 xià 座〕

【上座儿一좌아】 shàng// zuòr 屬(극장·음식점 등에) 손님이 오다.

＊【尚】 小部 | shàng 5画 | 일찍 上
1屬존중하다. 숭상하다. 2圀풍조. 기풍. 3屬〈文〉아직. ◇两国建交的时机～未成熟/양국의 수교 시기는 아직 무르익지 않았다. 4屬그런대로. 약간. ◇文章内容～好/문장 내용이 그런대로 괜찮다. 5(Shàng)圀성(姓).

【尚且一차】 shàngqiě 圈…조차 …한데 더구나. 그래도. 〔정도가 더 심함을 강조하며, 보통 뒤에 '何况'을 수반한 절(節)이 따라옴〕◇学生们阅读改写过的课文～有困难, 原文就更看不懂了/학생들이 고쳐쓴 본문을 읽는 것조차 어려운데 더구나 원문은 더욱 이해하기 어렵다.

【尚书一서】 shàngshū 圀상서. 고대의 각 부의 최고 관직명.

【尚未一미】 shàngwèi 〈文〉아직. ◇时间已

经很晚, 但他～回来/시간이 이미 늦었는데 그는 아직 돌아오지 않았다. (同)〔还没有 hái méiyǒu〕, (反)〔已经 yǐjing〕

【尚武一무】 shàng wǔ 屬무예를 숭상하다.

【缟(鞝)】 纟部 | shàng 8画 | 신기울 上
【缟鞋一혜】 shàng// xié 屬(중국신의) 신바닥을 신운두에 붙여 한데 꿰매다.

shāo

＊【捎】 扌部 | shāo 7画 | 덜 少
屬가는(오는) 길에 갖고 가다. ◇张教授给我～来不少宝贵的资料/장교수가 오는 길에 귀중한 자료를 나에게 많이 갖다 주었다.

【捎带一대】 shāodài 屬하는 김에 …하다〔해 주다〕. (同)〔顺便 shùnbiàn〕

【捎脚一각】 shāo// jiǎo (～儿)屬(차가) 가는 길에 손님이나 화물을 태우거나 싣다.

＊【梢】 木部 | shāo 7画 | 나무끝 少
圀(～儿)(가늘고 긴 물건의) 끝부분. ◇眉～/눈썹꼬리. (反)〔根 gēn〕

【梢公一공】 shāogōng 圀뱃사공. (同)〔艄 shāo 公〕

【梢头一두】 shāotóu 圀나뭇가지 끝.

☆【稍】 禾部 | shāo 7画 | 점점 少
屬1약간. 조금. ◇这酒劲儿太大, ～喝一点儿就醉了/이 술은 너무 세서 조금만 마시면 취한다. 2잠시. 잠깐. ◇请～等, 经理一会儿就来/잠시만 기다리시면 사장님이 조금있다가 오십니다.

【稍稍一초】 shāoshāo 屬조금. 약간. 잠시. 잠깐. (同)〔略略 lüèlüè〕

☆【稍微一미】 shāowēi 屬조금. 약간. 다소. 잠깐. ◇请～等一会儿/잠시 좀 기다리세요. ◇天气真热, ～一动就出汗/날씨가 정말 더워 좀 움직이기만 하면 땀이 난다.

【稍为一위】 shāowéi (同)〔稍微〕

【稍许一허】 shāoxǔ 屬약간. 조금.

☆【烧·燒】 火部 | shāo 6画 | 불사를 少
1屬태우다. 굽다. ◇我把以前的信都～掉了/나는 옛날 편지를 모두 태워버렸다. ◇大火把商店～得一塌糊涂/상점이 큰 불이 나서 영망진창이 되었다. 2屬끓이다. (밥을) 짓다. 삶다. ◇老太太～了一壶 hú 水/노부인이 물 한주전자를 끓였다. 3屬(조리법의 하나로) 기름에 튀긴 다음 국물을 넣어 볶거나 조리다. ◇时间太短, 牛肉～不熟/시간이 너무 짧아 소고기를

조릴 수 없다. **4**(동)(조리법의 하나로) 굽다. ◇鸡~得外焦 jiāo 里嫩 nèn, 好极了/ 닭껍질이 바삭바삭하고 살이 부드럽게 구워져서 아주 잘 됐다. **5**(동)(형)열(熱)(이 나다). ◇我~到过39℃ /나는 39℃까지 열이 난 적이 있다. ◇他整整~了三天三夜/그는 꼬박 3일간 열났다. **6**(동)식물이 시들거나 죽다. ◇月季 花叶子黄了, 可能是肥料太多~了根了/월 계화잎이 노래졌다. 비료를 너무 줘서 뿌리가 죽었을지 모른다. **7**(동)돈이 많아 오만방자하다.

【烧包-포】shāobāo (동)갑자기 부자가 되어서 또는 득세하여 오만방자하다.

【烧杯-배】shāobēi (명)(化)화학 실험용 유리컵. 비커(beaker).

*【烧饼-병】shāo·bing (명)밀가루를 반죽하여 원형으로 평평하게 펴서 표면에 참깨를 뿌려 구운 빵.

【烧锅-과】shāoguō (명)오지냄비.

【烧锅-과】shāo·guo (명)고량주 등의 양조장.

【烧化-화】shāohuà (동)(시체나 종이돈 따위 등을) 태우다.

【烧荒-황】shāo// huāng (동)개간 전에 산이나 들에 불을 질러 잡초를 없애다.

*【烧毁-훼】shāohuǐ (동)불태워 없애다. 소각하다.

【烧火-화】shāo// huǒ (동)(밥을 지으려고) 불을 지피다. (同)〔生 shēng 火〕, (反)〔熄 xī 火〕

【烧结-결】shāojié (명)(化)소결(하다).

【烧酒-주】shāojiǔ (명)(40도 이상의) 소주.

【烧烤-고】shāokǎo (동)(고기 따위를) 불에 굽다. 훈제고기.

【烧夫-매】shāo·mài (명)돼지고기·양파·소금·후추를 섞어서 얇은 피(皮)에 싸서 찐 만두.

【烧瓶-병】shāopíng (명)(化)플라스크.

【烧伤-상】shāoshāng (명)(동)(醫)화상(을 입다).

【烧香-향】shāo// xiāng (동)**1**(신불에게) 향을 피워 올리다. **2**청탁을 위하여 남에게 선물을 보내다. 촌지를 주다.

【烧心-심】shāo// xīn **1**(동)(醫)가슴앓이를 하다. **2**(shāoxīn)(명)(醫)가슴앓이. 위〔속〕쓰림병.

【烧心壶-심호】shāoxīnhú (명)(方)차 주전자. 차 탕관.

【烧夷弹-이탄】shāoyídàn (명)(軍)소이탄.

【烧纸-지】shāo// zhǐ (동)(죽은 자가 저승에서 쓸) 지전을 태우다.

【烧纸-지】shāozhǐ (명)지전(紙錢).

【烧灼-작】shāozhuó (명)불에 데다. 화상을 입다.

sháo

★【勺(杓)】 勺部 sháo
1画　구기 **작**
1(~儿)(명)국자. 주걱. **2**(양)〈度〉작(勺). 〔중국의 옛날 용량 단위로서, '升'의 100분의 1임〕

【勺口儿-구아】sháo·kour (명)요리솜씨(맛).

【勺状软骨-상연골】sháozhuàng ruǎngǔ (명)〈生理〉후두연골.

☆【勺子-자】sháo·zi (명)(좀 큰) 국자.

【芍】 艹部 sháo
3画　함박꽃 **작**

【芍药-약】sháo·yao (명)〈植〉작약.

【韶】 音部 sháo
5画　아름다울 **소**
〈文〉(형)아름답다.

【韶光-광】sháoguāng (명)〈文〉**1**아름다운 봄경치. **2**(喩)꽃다운 청춘 시절.

【韶华-화】sháohuá (同)〔韶光〕

【韶秀-수】sháoxiù (형)〈文〉(용모가) 수려하다. 아리땁다.

shǎo

★【少】 小部 shǎo
1画　적을 **소**
1(형)(수, 양이) 적다. ◇工作量很大, 报酬却给得很~/업무량은 많은데 보수는 적게 준다. ◇你咳嗽 ké·sou 得这么厉害, 还是~抽烟为好/기침을 이렇게 심하게 하는데 역시 담배를 덜 피우는 것이 좋다. (反)〔多 duō〕 비교少:小 ①나이는 "少"를 쓰지 않는다. ◇我的年纪很(×少)小/내 나이는 어리다. ②범위의 경우에는 "大","小"를 쓰고,"多","少"를 쓰지 않는다. ◇期中考试比期末考试范围(×少)小一点儿/중간고사는 기말고사보다 범위가 작다. **2**(형)부족하다. 모자라다. ◇回家时他才发现~了一只羊/그는 집에 갈 때 양 한 마리가 모자란 것을 발견했다. **3**(동)잃다. 분실하다. ◇她打开抽屉 chōuti 一看, ~了个袖珍 xiùzhēn 录音机/그녀가 서랍을 열고 보니 소형녹음기가 없어졌다. **4**(동)빚지다. ◇我~你的钱这个月一定还清/너에게 빚진 돈을 이번달에 꼭 다 갚겠다. **5**(부)잠시. 잠깐. ⇒shào

【少安毋躁-안무조】shǎo ān wú zào〈成〉참을성 있게 기다리다.

【少不了-불료】shǎo ·bu liǎo **1**없어서는 안 된다. 꼭 …하다. ◇每次讨论发言都~他/매번 토론할 때마다 그가 없어서는 안 된다. **2**…하지 않을 수 없다. 피할 수

없다. ◇以后～打擾 jiǎo 你/앞으로 당신에게 폐를 끼치지 않을 수 없다. **3**없어질리 없다. ◇钱在保险柜里锁 suǒ 着～/돈이 금고 안에 있으니 없어질 리 없다. (同)〔少不得 dé〕

【少管闲事－관한사】shǎo guǎn xiánshì 쓸데없는 일에 간섭하지 마라. ◇我劝你～/내가 충고하는데 쓸데없는 일에 상관하지 마라.

【少见－견】shǎojiàn **1**〈套〉오래간만이다. **2**〚형〛보기 드물다. 진귀하다. (同)〔罕 hǎn 见〕, (反)〔多 duō 见〕

【少见多怪－견다괴】shǎo jiàn duō guài〈成〉견문이 부족하여 무엇이든 신기하게 여기다. 뻔한 일을 갖고 새삼스럽게 떠들다. (反)〔见怪不怪 jiànguài bù guài〕

【少刻－각】shǎokè (同)〔少时〕

【少礼－예】shǎolǐ〈套〉**1**예의를 차릴 필요가 없습니다. **2**(자신이) 예의에 벗어나다. 실례하다. ◇恕我～/저의 실례를 용서하십시오.

＊【少量－량】shǎoliàng〚명〛소량. (同)〔小 xiǎo 量〕, (反)〔大 dà 量〕

【少陪－배】shǎopéi〈套〉(먼저) 실례합니다. 실례하겠습니다.〔먼저 자리를 뜰 때 쓰는 말〕

【少时－시】shǎoshí〚명〛〚부〛잠시. 잠깐.

☆【少数－수】shǎoshù〚명〛소수. 적은 수. (反)〔多 duō 数〕〚비교〛少数：一小部分 전체중 일부분은 "少数"를 쓰지 않는다. ◇爸爸把农场的田地给了叔叔(×少数)一小部分/아빠는 농장의 논밭의 일부를 작은 아버지에게 나눠줬다.

＊【少数民族－수민족】shǎoshù mínzú〚명〛(중국 국경지역의) 소수민족.

【少说两句－설양구】shǎo shuō liǎng jù **1**쓸데 없는 말은 그만 두세요. ◇妈, 您能不能～?/엄마, 이제 그만하세요. **2**말을 삼가하세요. 그만두세요. ◇你们都～吧/둘 다 그만해라. 〚주의〛'两'은 '一'로도 쓸 수 있다.

【少许－허】shǎoxǔ〚명〛〈文〉조금. 약간.

【少有－유】shǎoyǒu〚형〛드물다. 희귀하다. ◇他这种病是～的/그의 이 병은 드물다. (同)〔罕见 hǎnjiàn〕〔稀 xī 有〕, (反)〔常见 chángjiàn〕〔多见 duōjiàn〕

shào

【少】|小部 | shào
|1画 | 젊을 소

1〚형〛젊다. 어리다. ◇年～/나이가 젊다. (反)〔老 lǎo〕 **2**〚명〛도령. 도련님. **3**(Shào)〚명〛성(姓). ⇒shǎo

【少白头－백두】shàobáitóu〚형〛〚명〛새치가 많은 (젊은이).

【少不更事－불경사】shào bù gēng shì〈成〉나이가 어려 경험이 적다. 아직 젊어 세상 물정을 잘 모르다. (反)〔老马识途 lǎo mǎ shí tú〕

【少东家－동가】shàodōngjiā 옛날의 주인집 아들. 도련님.

【少儿－아】shào'ér〚명〛소년 아동.

【少妇－부】shàofù〚명〛젊은 기혼 여성.

【少将－장】shàojiàng〚명〛〈军〉준장.

【少奶奶－내내】shàonǎi·nai〚명〛**1**아씨.〔하인들이 주인의 며느리를 높여 부르는 말〕 **2**며느님.〔남의 며느리를 높여 부르는 말〕

【少男－남】shàonán〚명〛총각.

☆【少年－년】shàonián〚명〛**1**소년기. **2**(10살 안팎부터 16살까지의) 소년. **3**〈文〉청년. (反)〔老 lǎo 年〕

【少年犯－년범】shàoniánfàn〚명〛소년범.

【少年老成－년노성】shào nián lǎo chéng〈成〉**1**나이는 어려도 원숙하다. **2**애 늙은이.

【少年宫－년궁】shàoniángōng〚명〛소년궁. 아동 궁전.

【少年先锋队－년선봉대】shàonián xiānfēngduì〚명〛(중국의 초등학교부터 중학교까지의 학생조직) 소년 선봉대.

＊＊【少女－녀】shàonǚ〚명〛소녀. 〚비교〛少女：女孩儿 나이가 어리거나 스무 살 이상의 미혼 여자는 "少女"라고 부르지 않는다. ◇她生的第二个孩子是个(×少女)女孩儿/그녀가 낳은 두 번째 아이는 여자아이다.

【少尉－위】shàowèi〚명〛〈军〉준위.

＊＊【少先队－선대】shàoxiānduì (同)〔少年 nián 先锋队〕

【少相－상】shào·xiang〚동〛〈方〉젊어 보이다.〔주로 남성에 대하여 씀〕

【少校－교】shàoxiào〚명〛〈军〉소령.

【少爷－야】shào·ye〚명〛**1**도련님. 작은 나으리.〔옛날 권세가나 지주 집안의 하인이 주인의 아들을 높여 부르는 말〕 자제.〔옛날, 남의 아들을 높여 부르는 말〕

【少壮－장】shàozhuàng〚형〛젊고 힘차다. (反)〔衰老 shuāilǎo〕

【少壮不努力, 老大徒伤悲－장불노력, 노대도상비】shàozhuàng bù nǔlì, lǎo dà tú shāng bēi〈俗〉젊었을 때 노력하지 않으면 늙어서 후회해도 때는 늦다.

【绍・紹】|纟部 | shào
|5画 | 이을 소

1〚동〛이어받다. 지속되다. **2**(Shào)〚명〛〈略〉〈地〉절강성(浙江省) 소흥현(绍兴县)의 준말.

【绍兴酒－흥주】shàoxīngjiǔ〚명〛소흥청주.〔절강성(浙江省) 소흥에서 나는 黄酒〕

S

【哨】 口部 | shào
7画 | 방수군 **哨**, 잔말할 **哨**

1⟨動⟩정찰하다. 망보다. 2⟨動⟩초소. 보초. ◇放~/보초서다. 3⟨量⟩부대. 대열. 4⟨動⟩새가 지저귀다. 5⟨方⟩⟨動⟩(사람이) 조잘거리다. 6(~儿)⟨名⟩호루루기.

【哨兵－병】 shàobīng ⟨名⟩초병. 보초병.
【哨卡－잡】 shàoqiǎ ⟨名⟩국경이나 요로에 설치한 초소.
【哨所－소】 shàosuǒ ⟨名⟩초소.
【哨位－위】 shàowèi ⟨名⟩초병이 보초서는 자리.
【哨子－자】 shào·zi ⟨名⟩호루루기.

【稍】 禾部 | shào
7画 | 점점 **稍**

【稍息－식】 shàoxī ⟨軍⟩열중쉬어!

shē

【奢】 大部 | shē
8画 | 사치할 **奢**

⟨形⟩1사치하다. 2도가 지나치다. (反)〔勤俭 qínjiǎn〕〔俭约 jiǎnyuē〕
【奢侈－치】 shēchǐ ⟨形⟩사치하다.
【奢华－화】 shēhuá ⟨形⟩사치스럽고 화려하다.
【奢靡－미】 shēmí ⟨形⟩돈을 물쓰듯 낭비하다.
【奢念－념】 shēniàn (同)〔奢望〕
【奢求－구】 shēqiú ⟨名⟩지나친 요구.
【奢望－망】 shēwàng ⟨名⟩지나친 바람.
【奢想－상】 shēxiǎng (同)〔奢望〕

【赊·賒】 贝部 | shē
7画 | 세낼 **赊**

⟨動⟩외상으로 사다. ◇~购 gòu/외상으로 구입하다.
【赊购－구】 shēgòu ⟨動⟩외상으로 사다.
【赊欠－흠】 shēqiàn ⟨名⟩⟨動⟩외상 매매(하다).
【赊销－소】 shēxiāo ⟨名⟩⟨動⟩외상판매(하다).
【赊帐－장】 shē//zhàng ⟨動⟩외상으로 팔다〔사다〕.

shé

【舌】 舌部 | shé
0画 | 혀 **舌**

⟨名⟩1혀. ◇口干 gān~燥 zào/입이 마르도록 말하다. 2혀 모양의 물건. 3방울이나 목탁 속에 있는 추.
【舌敝唇焦－폐순초】 shé bì chún jiāo ⟨成⟩입에 침이 마르도록 말을 많이 하다.
【舌根音－근음】 shégēnyīn ⟨名⟩⟨言⟩설근음. 혀뿌리 소리. 〔현대중국어에서 g·k·h〕
【舌耕－경】 shégēng ⟨文⟩교직을 직업삼다.
【舌尖音－첨음】 shéjiānyīn ⟨名⟩⟨言⟩설첨음.
【舌剑唇枪－검순창】 shé jiàn chún qiāng ⟨成⟩불꽃 튀기듯 논쟁을 하다.

【舌面后音－면후음】 shémiànhòuyīn (同)〔舌根音〕
【舌面前音－면전음】 shémiànqiányīn ⟨名⟩⟨言⟩설면전음. 〔현대중국어에서 j·q·x〕
【舌苔－태】 shétāi ⟨名⟩설태.
☆**【舌头－두】** shé·tou ⟨名⟩1혀. ◇他不小心咬 yǎo 了~/그는 조심하지 않아 혀를 깨물었다. 比교舌头:嘴 말하는 것이 정확하지 않으면 "舌头僵"이라고 표현한다. ◇老人说话不清, 似乎(×嘴 zuǐ)舌头都僵 jiāng 了/노인은 말하는 게 정확하지 않아 혀가 굳은 듯하다. 2적정(敌情)을 캐기 위해 잡아온 포로. ◇~提供的情况可靠 kào 吗?/잡아온 적이 제공한 정보가 믿을 만한가?
【舌战－전】 shézhàn 1⟨名⟩설전. 격렬한 논쟁. 2⟨動⟩설전을 벌이다.

【折】 扌部 | shé
4画 | 꺾을 **折**

1⟨動⟩꺾어지다. 부러지다. ◇树枝~了/나뭇가지가 부러졌다. 2⟨動⟩밑지다. 손해보다. (同)〔亏 kuī〕, (反)〔赚 zhuàn〕3(Shé)⟨名⟩성(姓). ⇒zhē, zhé
【折本－본】 shé//běn (~儿)⟨動⟩본전을 밑지다. (同)〔亏 kuī 本〕, (反)〔赚钱 zhuàn qián〕
【折称－칭】 shé//chèng ⟨動⟩무게가 축나다. 축가다.
【折耗－모】 shéhào 1⟨名⟩손실. 손해. 결손. 2⟨動⟩손해보다. 밑지다.

☆**【蛇】** 虫部 | shé
5画 | 뱀 **蛇**

⟨名⟩⟨動⟩뱀. ◇一条毒~/독사 한 마리.
【蛇蝎－갈】 shéxiē ⟨名⟩1사갈. 뱀과 전갈. 2⟨喩⟩표독한 인간.
【蛇行－행】 shéxíng ⟨動⟩1뱀처럼 기어가다. 지그재그로 나아가다. 2포복 전진하다.
【蛇足－족】 shézú ⟨名⟩⟨喩⟩군더더기. 공연한 것.

shě

【舍】 人部 | 舌部 | shě
6画 | 2画 | 집 **舍**

⟨動⟩1버리다. 포기하다. ◇~近求远/가까운 데 것을 두고 먼 데 것을 구하다. 2희사하다. 기부하다. ⇒shè
【舍本逐末－본축말】 shě běn zhú mò ⟨成⟩근본을 버리고 지엽적인 것을 좇다.
【舍不得－불득】 shě ·bu·de (헤어지기) 아쉽다. 섭섭하다. ◇他~穿那套新衣服/그는 이 새옷을 입기를 아까워한다.
【舍得－득】 shě·de ⟨動⟩아깝지 않다. 미련이 없다. ◇你~把这本书送给他吗?/이 책을 그에게 주는 것이 아깝지 않소? (同)〔不

惜 bùxī], (反)〔顾惜 gùxī]
【舍己为公-기위공】shě jǐ wèi gōng 〈成〉자기를 버리고 공공의 이익을 추구하다. 대중〔집단〕을 위하여 자기를 희생하다.
【舍己为人-기위인】shě jǐ wèi rén 〈成〉남을 위해 자기의 이익을 희생하다. (同)〔舍己为公 gōng], (反)〔损人利己 juān rén lì jǐ]
【舍近求远-근구원】shě jìn qiú yuǎn 〈成〉가까이 두고 멀리에서 찾다. 엉뚱한 방법으로 일하거나 비현실적인 것을 추구하다.
【舍命-명】shě//mìng 〈동〉목숨을 걸고 …하다. 필사적이다. (同)〔舍身 shēn], (反)〔惜 xī 命]
【舍弃-기】shěqì 〈동〉버리다. 포기하다.
【舍身-신】shě// shēn 〈동〉1〈佛〉사신(捨身)하다. 2(조국이나 남을 위해) 자신을 희생하다. 몸을〔목숨을〕바치다.
【舍生取义-생취의】shě shēng qǔ yì 〈成〉정의를 위해 목숨을 버리다. (反)〔苟且偷生 gǒu qiě tōu shēng]
【舍死忘生-사망생】shě sǐ wàng shēng 〈成〉생명의 위험을 무릅쓰다.

shè

【设·設】 讠部 | shè 4画 | 베풀 설
1〈동〉차리다. 설치하다. ◇路上～了很多障碍 zhàng'ài 物/길에 장애물을 많이 설치했다. 〔비교〕设:摆 연회를 베풀다를 신문용어로 "设宴"으로 표현한다. "国务院(×摆)设宴招待了他们/국무원은 연회를 마련해 그들을 대접했다. 2〈동〉계획하다. 강구하다. ◇想方～法/온갖 방법을 생각한다. 3〈동〉〈數〉가정하다. 가상하다. ◇～x＝1/x＝1이라고 가정하다. 4〈접〉〈文〉만일. 만약.
☆【设备-비】shè·bèi 1〈동〉설비하다. ◇这房子～得相当好/이집은 상당히 좋게 설비되었다. 2〈명〉설비. 시설. ◇机器～/기계시설.
**【设法-법】shèfǎ 〈동〉방법을 강구하다. 방도를 찾다. ◇～解决/해결 방법을 강구하다.
【设防-방】shèfáng 〈동〉수비 병력을 배치하다. 방어진을 치다. (反)〔撤 chè 防]
【设伏-복】shèfú 〈동〉복병을 배치하다.
【设或-혹】shèhuò 〈접〉〈文〉만일. 만약.
☆【设计-계】shèjì 〈명〉1〈동〉설계(하다). 디자인(하다). ◇建筑～/건축 설계. ◇总工程师的～是很周密的/수석기사의 설계는 주도면밀하다. 2계획(하다). 구상(하다). ◇课程～/교과 과정 계획.
*【设立-립】shèlì 〈동〉설립하다. ◇～新的机构/새 기관을 설치하다. (同)〔建 jiàn

立], (反)〔撤销 chèxiāo]
【设若-약】shèruò 〈접〉〈文〉만일. 만약. (同)〔假如 jiǎrú]
【设色-색】shèsè 〈명〉〈동〉색칠(하다). 채색(하다).
【设身处地-신처지】shè shēn chǔ dì 〈成〉입장을 바꾸어 놓고 생각하다.
*【设施-시】shèshī 〈명〉시설. ◇改善教育～/교육 시설을 개선한다.
【设使-사】shèshǐ 〈접〉만일. 만약.
**【设想-상】shèxiǎng 〈명〉〈동〉1예상(하다). 가상(하다). ◇从最坏的可能来～/최악의 경우의 가능성부터 예상하다. 2구상(하다). 착상(하다). ◇我们～着如何完成这个艰巨的任务/우리는 이 어렵고 막중한 임무를 어떻게 완수할지 구상하고 있다. 〔비교〕设想:想像 "想像"은 "提出"의 목적어로 쓰이지 않는다. ◇我们提出了一个(×想像)设想/우리는 구상을 하나 제시했다. ◇不能只顾自己, 也得 děi 为别人～一下/자신만 생각해서는 안 되고 남도 생각해야 한다.
【设有-유】shèyǒu 〈동〉…의 시설이〔설비가〕되어 있다.
*【设置-치】shèzhì 〈동〉1설치하다. 설립하다. ◇这座剧院是为儿童～的/이 극장은 아동을 위해 설립한 것이다. 2장치하다. 설치하다. ◇～障碍 zhàng'ài/장애물을 설치한다. (同)〔设立 lì], (反)〔撤销 chēxiāo]
*【社】 礻部 | shè 3画 | 사직 사
〈명〉1조직체. 단체. 조합. ◇报～/신문사. 2서비스업의 업소. ◇旅行～/여행사. 3토지신을 모시는 사당. ◇春～/봄 지신제.
★【社会-회】shèhuì 〈명〉사회. ◇～地位/사회적 지위.
【社会存在-회존재】shèhuì cúnzài 〈명〉사회적 존재.
【社会工作-회공작】shèhuì gōngzuò 〈명〉(자신의 본업 외에 보수가 없는) 사회 봉사.
【社会关系-회관계】shèhuì guān·xi 〈명〉1(개인의) 인간 관계. 2사회 관계.
【社会活动-회활동】shèhuì huó·dòng 〈명〉(본업 외의) 사회활동. 〔정당이나 노조 활동 등 집단 활동을 뜻함]
【社会科学-회과학】shèhuì kēxué 〈명〉사회과학.
【社会青年-회청년】shèhuì qīngnián 학교를 다니지 않는 미취업 청년.
【社会意识-회의식】shèhuì yìshí 〈명〉사회 의식. 〔정치·법률·예술·철학·종교 등 관점]
**【社会主义-회주의】shèhuì zhǔyì 〈명〉사회주의. 〔사회주의 사회에서 소유형식은 전

S

국민 소유와 노동자 집단소유이며 분배
원칙은 각자가 역할을 다하고 노동결과
에 따라 분배한다]
【社会主义革命─회주의혁명】shèhuì zhǔyì
gémìng 명사회주의 혁명.
【社火─화】shèhuǒ 명제일(祭日)에 행하
는 민간의 민속놀이.〔'狮舞'(사자춤)의
경우〕
【社稷─직】shèjì 명지신(地神)과 곡신(穀
神).〔轉〕사직. 국가. 조정.
【社交─교】shèjiāo 명사교.
**【社论─론】shèlùn 명사설.
【社团─단】shètuán 명1(노동조합·학생회
따위의) 결사 단체의 총칭. 대학의 동아
리. 2옛날, 길드(guild)를 이르는 말.
【社戏─희】shèxì 명옛날, 농촌에서 토지신
에게 제사지낼 때 공연하던 연극.
*【社员─원】shèyuán 명1사원. 2인민 공사·
합작사의 성원.
【舍】人部 舌部 shè
6画 2画 집 사
1명집. 가옥. ◇宿~/기숙사. 2명〈謙〉자
기 집의 겸칭. ◇敝 bì ~/저의 집. 3대
〈謙〉친척중에서 자기보다 손아래 사람을
남에게 지칭할 때 쓰는 말. 4명가축우리.
축사. ◇牛~/외양간. 5명옛날, 하루의
행군 거리인 30리를 이르던 말. ◇退避三
~/멀찌감치 몸을 피하다. 6(Shè)명성
(姓). ⇒shě
【舍间─간】shèjiān 명누추한 저의 집.
【舍利─리】shèlì 명〈佛〉사리.
【舍亲─친】shèqīn 명〈謙〉저의 친척.
【舍下─하】shèxià 명〈謙〉(누추한) 저의 집.
(同)〔舍间 jiān〕,(反)〔府上 fǔshàng〕
【涉】氵部 shè
7画 물건널 섭
동1물을 건너다. ◇~水过河/강을 건너가
다. 2경험하다. ◇~险/위험을 경험했다.
3관계하다. 관련되다. ◇~及/언급하다.
【涉笔─필】shèbǐ 동붓을 들어 쓰다. 집필
하다.
*【涉及─급】shèjí 동(힘·작용 따위가) …에
까지 미치다. 연루하다. ◇这案子一到好
几个人/이 사건은 많은 사람이 연류되어
있다. (同)〔波 bō 及〕,(反)〔无 wú 涉〕
【涉猎─렵】shèliè 동〈喻〉대충 훑어보다.
섭렵하다.
【涉讼─송】shèsòng 동소송〔송사〕에 관련
되다.
*【涉外─외】shèwài 동외국(인)과 관련되
다. ◇~工作/섭외업무.
【涉嫌─혐】shèxián 동혐의를 받다.
【涉足─족】shèzú 동〈文〉(어떤 환경이나
범위 속에) 발을 들여놓다.

☆【射】身部 寸部 shè
3画 7画 쏠 사
동1(활·총 따위를) 쏘다. (구기 경기에
서) 슛하다. ◇~箭/활을 쏘다. ◇上半场
红队一过六次门/전반전에 홈팀은 6번 슛
했었다. 2(물 따위의 액체를) 분사하다.
◇用水枪~他/물총으로 그를 쏴라. 3
(빛·열·전파 따위를) 방사하다. ◇一道
强光~了进来/한줄기 강한 빛이 비쳐들
어왔다. 4암시하다. 빈정대다. ◇暗~/암
시하다.
【射程─정】shèchéng 명〈軍〉사정거리.
【射电望远镜─전망원경】shèdiàn wàngyu-
ǎnjìng 명〈天〉전파 망원경.
**【射击─격】shèjī 1동사격(하다). 2명
〈體〉사격 경기.
【射箭─전】shè// jiàn 1동활을 쏘다. 2(shè-
jiàn)명〈體〉양궁. 궁도.
【射界─계】shèjiè 명〈軍〉사계.
【射猎─렵】shèliè 명동사냥(하다).
【射流─류】shèliú 명뿜어져 나오는 액체.
【射门─문】shèmén 1명슛. 2(shè// mén)
동슛하다.
【射手─수】shèshǒu 명1(숙련된) 사수. 2
(축구 등에서의) 공격수.
【射线─선】shèxiàn 명1〈物〉방사선. 2〈数〉
사선. 3〈軍〉사선.
【射影─영】shèyǐng 명1〈数〉사영. 투영. 2
〈動〉(고서에 나오는) 물여우의 별명.
【麝】鹿部 shè
10画 사향노루 사
명〈動〉사향노루.
【麝香─향】shèxiāng 명사향.
【赦】赤部 攵部 shè
4画 7画 놓아줄 사
동죄를 용서하다. 사면하다. ◇特~/특사
(하다).
【赦免─면】shèmiǎn 동사면하다. (反)〔判
刑 pànxíng〕
【慑·懾】忄部 shè
10画 두려워할 섭
동〈文〉1두려워하다. 겁내다. ◇~息/두려
워서 숨을 죽이다. 2두렵게 하다. 위협하
다. 으르다. ◇威~/무력으로써 위협하다.
【慑服─복】shèfú 동1두려워서 순종하다.
2겁나게 하여 굴복시키다.
*【摄·攝】扌部 shè
10画 당길 섭
동1하다. 흡수하다. ◇~取/섭취하다.
2(사진을) 찍다. ◇~制/영화를 촬영하
여 제작하다. 3보양하다. ◇~生/섭생하
다. 4〈文〉대신하다. ◇~政/섭정하다.
【摄理─리】shèlǐ 1동〈文〉대리하다. 2명
〈宗〉신의 섭리.

【摄取－취】 shèqǔ 통1섭취하다. 흡수하다. 2(영화 따위의 장면을) 찍다.

【摄生－생】 shèshēng 통〈文〉섭생하다.

＊＊【摄氏温度－씨온도】 Shèshì wēndù 명섭씨 온도. 〔…℃로 표시함〕

【摄像机－상기】 shèxiàngjī 명〈撮〉픽업 카메라.

＊＊【摄影－영】 shèyǐng 1명통촬영(하다). ◇ ～风景/풍경을 촬영한다. 2통(영화를) 촬영하다.

【摄政－정】 shèzhèng 명통섭정(하다).

【摄制－제】 shèzhì 통(영화를) 촬영·제작하다.

shéi

【谁·誰】 讠部 | shéi(shuí)
　　　　　8画 | 누구 수

대1누구. 어느 분. ◇～教你们中文?/누가 너희에게 중국어를 가르치니? 주의'谁' 는 단수뿐만 아니라 복수를 가리킬 수도 있다. 2(반문문에 쓰여) 누구나. 어떤 사람이나. 〔앞에 흔히 '无论', '不论', '不管' 등 어휘가 오고 뒤에는 '都', '也'가 온다. ◇这样简单的道理, 不论～都懂得/이렇게 간단한 이치는 누구든지 안다. 3모르거나 말할 필요가 없는 사람을 나타냄. ◇上午没有谁来过/오전에 어느 누구도 오지 않았다. 4임의의 사람을 나타낸다. a)'也', '都' 앞에 쓰여 예외가 없음을 나타냄. ◇这儿的人～也没吃饭/여기에 있는 사람은 어느 누구도 밥을 먹지 않았다. b)주어와 목적어 위치에 '谁'를 쓰여 서로 다른 사람이 같음을 나타냄. ◇他们俩谁也说不服～/그들 둘은 누구도 상대를 설득하지 못했다. c)'谁'를 앞뒤에 쓰여 같은 사람을 가리킴. ◇明天游览香山, ～想去～报名/내일 향산으로 관광가는 데 가고 싶은 사람은 신청하시오. 5불특정한 사람을 나타낸다. ◇我还以为是～呢, 原来是你呀/난 또 누군가 했데, 알고보니 너로구나.

【谁边－변】 shéibiān 대어디.

【谁个－개】 shéigè 〈同〉[谁 3]

【谁跟谁呀－근수아】 shéi gēn shéi ya 어떤 사이인데. 어떤 관계인데. ◇咱们～, 这么客气干吗 gànmá?/우리가 어떤 사이인데 이렇게 격식을 따져서 뭘해?

【谁叫－규】 shéi jiào 누가 …하라고 했는 가? ◇～你请我的客厅/누가 너더러 우리 집 응접실에 오라고 했니?

【谁人－인】 shéirén 〈同〉[谁 3]

【谁谁－수】 shéishéi 대누구누구. 〔어떤 사람들의 이름을 말할 필요가 없을 때 씀〕

【谁说不…了－설불…료】 shéi shuō bù…le 누가…하지 않는다고 말했습니까? 〔반어문으로 긍정을 나타냄〕 ◇谁说不同意了? /누가 동의하지 않는다고 말했습니까?

【谁说不是呢－설불시니】 shéi shuō bù shì ne 누가 아니래요! 〔상대방의 말에 동의함을 나타냄〕 真抱歉 bàoqiàn, 让你花了这么多钱～～!/정말 죄송해요, 돈을 너무 많이 쓰시게해서 ―누가 아니래요!

【谁说(的)－설(적)】 shéi shuō (de) 누가 말하더냐? 누가 그러더냐? ◇～您没有朋友/누가 당신한테 친구가 없다고 그래요?

【谁知(道)－지(도)】 shéi zhī(dao) 누가 알겠는가? 〔반문의 어기로 아무도 모른다는 말〕 ◇～怎么回事/어찌된 일인지 누가 알겠어요? ◇我本来也不想吃, ～, 不吃也要交钱/난 원래 먹고 싶지 않았는데, 누가 알았겠어요, 먹지 않아도 돈을 내야 하다니?

申 861	伸 862	呻 862	绅 862	砷 862
身 862	参 863	深 863	什 864	神 865
审 866	婶 867	肾 867	甚 867	渗 867
慎 867				

shēn

【申】 丨部 | 田部 | shēn
　　　 4画 | 0画 | 아홉째지지 신

1통〈文〉진술하다. 말하다. ◇重 chóng～前意/앞에서 말한 의미를 중복하여 설명하다. 2명십이지(十二支)의 제9위. 〔띠로는 원숭이〕 3(Shēn)명〈地〉상해(上海)의 다른 이름. 4(Shēn)명성(姓).

【申办－판】 shēnbàn 통처리하거나 주최하는 것을 신청하다.

【申报－보】 shēnbào 통(서면으로 상급기관이나 관련 기관에) 신고하다. ◇向税务部门如实～营业额/세무서에 영업액을 사실대로 신고하다.

【申辩－변】 shēnbiàn 명통해명(하다). 변명(하다).

【申斥－척】 shēnchì 1통(아랫사람을) 질책하다. 꾸짖다. 2명질책. 책망.

【申明－명】 shēnmíng 1통분명히 설명하다 〔밝히다〕. 표명하다. (선언·성명 따위를) 공표하다. 2명공표. 표명. 해명.

＊＊【申请－청】 shēnqǐng 명통신청(하다). ◇～助学金/장학금을 신청하다.

【申请书－청서】 shēnqǐngshū 명신청서.

【申时－시】 shēnshí 명오후 3시～5시.

＊【申述－술】 shēnshù 명통자세히 설명(하다). ◇～理由/이유를 자세히 설명하다.

S

【申说一설】shēnshuō 〔動〕이유를 설명하다.

【申诉一소】shēnsù 〔名動〕1제소(하다). 2〈法〉상고(하다).

【申讨一토】shēntǎo 〔動〕공개적으로 규탄하다.

【申冤一원】shēn//yuān 1억울함을 씻다. 2억울함을 하소연하다.

☆【伸】亻部 5画 shēn 펼 신

〔動〕(신체나 물체의 일부분을) 펴다. 늘이다. ◇他的手一得太长了/그의 손은 너무 길게 뻗었다. (反)〔缩 suō〕

【伸懒腰一라요】shēn lǎnyāo 기지개를 켜다.

＊【伸手一수】shēn// shǒu 〔動〕1손을 뻗다. 2〈喩〉(물건·영예 따위를 얻기 위해) 손을 뻗치다. ◇有困难我们自己解决, 不向别人～/어려움이 있으면 우리가 해결하지 남에게 손을 내밀지 않는다. 3〈貶〉개입하다. 간섭하다. ◇他居然把手伸到我们的事业来/그는 뜻밖에 우리의 사업까지 손을 뻗쳐왔다.

【伸缩一축】shēnsuō 1〔動〕늘었다 줄었다 하다. 신축하다. 2〔名〕융통성이 있다. 탄력성이 있다. ◇没有～的余地/융통할 여지가 없다.

【伸腿一퇴】shēn// tuǐ 〔動〕1발을 뻗다〔뻗치다〕. 2〈轉〉(나쁜 의미에서) 끼어 들다. 관여하다. 유리한 지위를 차지하려 하다. 3〈口〉뻗다. 죽다. 〔익살스런 말〕

【伸腰一요】shēn// yāo 〔動〕1허리를 펴다. 2〈喩〉뜻을 펴다. 입신(立身)하다.

【伸冤一원】shēn// yuān (同)〔申 shēn 冤〕, (反)〔衔 xián 冤〕

＊【伸展一전】shēnzhǎn 〔動〕뻗다. 펴다. ◇～触 chù 角/촉각을 뻗다. (同)〔舒 shū 展〕, (反)〔蜷曲 quánqū〕

＊【伸张一장】shēnzhāng 〔動〕펴다. 넓히다. 〔주로 추상적인 것에 쓰임〕(反)〔弯曲 wānqū〕

【呻】口部 5画 shēn 끙끙거릴 신

＊【呻吟一음】shēnyín 〔動〕신음(하다). ◇痛得直～/아파서 계속 신음하다.

【绅·紳】纟部 5画 shēn 큰띠 신

1〔名〕옛날, 관리들이 의식 때 허리에 두르던 큰 띠. 2〈轉〉옛날 지방의 유지나 명사(名士). ◇乡～/지방의 유지.

＊【绅士一사】shēnshì 〔名〕1옛날의 유력 인사. 명사(名士). 문벌있는 사람. 2신사.

【砷】石部 5画 shēn 비소 신

〔名〉〈化〉비소(As).

☆【身】身部 0画 shēn 몸 신

1〔名〕몸. 신체. ◇转过～去/몸을 완전히 돌렸다. 2〔名〕생명. 목숨. ◇～殉/목숨을 바치다. 3〔名〕〈代〉〈文〉자신. 스스로. ◇～为领导使父/지도자로서 모범이 되야 한다. 4〔名〕사람의 인품. ◇立～处 chù 世/사회에서의 처세. 5〔名〕물건의 중요 부분. 몸체. 본체. ◇车～/차체. ◇机～长五米, 宽二米/비행기의 기체는 길이가 5m이고 넓이가 2m이다. 6(～儿)〔量〕벌. 〔옷을 세는 단위〕◇换了～衣裳/옷을 한 벌 갈아 입었다.

【身败名裂一패명렬】shēn bài míng liè 〈反〉(실패하여) 지위도 명예도 잃다. 패가망신하다. (反)〔功成名遂 gōng chéng míng suí〕

【身板一판】shēnbǎn (～儿)〔名〕〈方〉몸. 몸집. 체격.

☆【身边一변】shēnbiān 〔名〕1신변. ◇他在专家～工作, 进步很快/그는 전문가 곁에서 일을 해 매우 빨리 향상되었다. 2몸. ◇他无论走到哪里, ～总不离那本英文书/그는 어디를 가든지 몸에 늘 그 영어책을 갖고 다닌다.

＊＊【身材一재】shēncái 〔名〕체격. 몸집. ◇她并不漂亮, 可～很苗条 miáotiáo/그녀는 결코 예쁘지는 않지만 몸매는 날씬하다. 〔比교〕身材:身体 생리조직의 전체에 쓰이지 않는다. ◇她(×身材)身体十分虚弱/그녀의 몸은 몹시 허약하다.

【身长一장】shēncháng 〔名〕1신장. 2(윗옷의) 기장.

【身段一단】shēnduàn 〔名〕1(여성의) 몸매. 자태. 2(연극 배우 또는 무용가의) 몸짓. 동작.

＊＊【身分一분】shēn·fen (同)〔身份 fen〕

＊【身份一분】shēnfèn 〔名〕1(사회적·법률적인) 지위. 신분. 〔'以～'의 형태로 '…의 신분·자격으로'라는 뜻으로도 쓰임〕◇律师以辩护 biànhù 人的～出现在法庭上/변호사는 변호인의 신분으로 법정에 나왔다. 2품위. 체면. ◇干 gàn 这种事有失～/이런 일을 하면 품위를 잃는다. 3(～儿)〈方〉(물건의) 품질.

【身高一고】shēngāo 〔名〕신장. 키.

【身后一후】shēnhòu 〔名〕사후. 죽은 뒤.

【身家一가】shēnjiā 〔名〕1본인과 그 가족. 일가. 2(옛날) 신원. 가문. 출신.

＊【身价一가】shēnjià 〔名〕1(옛날, 인신 매매의) 몸값. 2사회적 지위나 신분. ◇～百培/신분이 많이 상승했다.

【身教一교】shēnjiào 〔動〕모범소 가르치다. 모범을 보임으로써 가르치다.

【身历一력】shēnlì 〔動〕친히 경험하다.

【身历声一력성】shēnlì shēng 〔名〕입체음.

【身量一量】shēn·liang（～儿）图〈口〉신장.

【身旁一旁】shēnpáng 图신변. 몸 가까이.

【身躯一구】shēnqū 图몸집. 체구.

【身上一상】shēn·shang 1图몸. ◇～穿一件灰色制服/몸에 회색제복을 입고 갔다. 2图(사명·책임 따위를 지는 주체로서의) 몸. 3图图몸에 지참(하다). ◇～没带钱/돈을 갖고 있지 않다.

【身世一세】shēnshì 图(주로 불행한 처지의) 신세.

【身手一수】shēnshǒu 图〈俗〉솜씨. 재능.

【身受一수】shēnshòu 图몸으로 체험하다. 직접 겪다. ◇～其害/그 해를 직접 겪었다.

★【身体一체】shēntǐ 图신체. 몸. 건강. ◇最近～怎么样?/요즘 건강은 어떠세요?

【身体力行一체역행】shēn tǐ lì xíng 〈成〉몸소 체험하고 힘써 실천하다. (反)〔徒托空言 tú tuō kōng yán〕

【身外之物一외지물】shēn wài zhī wù 〈成〉몸 밖의 것. 하찮은 것. ◇对我来说, 钱是～/나에게는 돈이란 하찮은 것이다. 〔주로 재산 따위를 말함〕

【身先士卒一선사졸】shēn xiān shì zú 〈成〉장수가 몸소 병사들의 앞장서서 싸우다. 솔선하여 군중을 이끌다.

【身心一심】shēnxīn 图심신. 몸과 마음.

【身影一영】shēnyǐng 图신체의 그림자.

【身孕一잉】shēnyùn 图임신(하다).

＊＊【身子一자】shēn·zi 图1몸. 체격. ◇走路时要挺直～/걸을 때는 몸을 바르게 펴야 한다. 2임신. ◇有～的人, 干活注意点儿/임신한 사람은 일할 때는 좀 주의하세요.

【身子骨儿一자골아】shēn·zigǔr 图〈方〉체격.

【参·參】厶部│shēn
　　　　　6画│인삼 **삼**
图1〈植〉삼. 2이십팔수(二十八宿)의 하나. ⇒cān·cēn

【参商一상】shēnshāng 图〈文〉128수의'参'과'商'두 별은 동시에 보이지 않음. 혈육이나 친구를 만날 수 없음을 비유함. 2〈喩〉감정이 서로 어긋나는 것.

★【深】氵部│shēn
　　　8画│깊을 **심**
1图깊다. 깊숙하다. ◇把井挖得～～的/우물을 꽤 깊게 팠다. (反)〔浅 qiǎn〕 2图깊이. 심도. ◇这山洞有多～?/이 굴은 얼마나 깊어요? 3图난해하다. 어렵다. 〔浅 qiǎn〕 ◇这本汉语书太～, 不适合初学者使用/이 중국어책은 너무 어려워 초학자가 쓰기에 적합치 않다. 4图(정도가)깊다. ◇影响很～/깊은 영향을 주었다. 5图친분이 두텁다. ◇交情～/정분이 두텁다. 6图(색상이)짙다. 7图(시간이)오래되다. ◇～秋/늦가을. 만추. 8图매

우. 대단히. ◇～感不安/매우 불안한 느낌이 든다.

＊【深奥一오】shēnào 图(학문·이론 등이)심오하다. ◇论文不要写得太～/논문을 더 어렵게 쓰지 마라. (同)〔深邃 suì〕, (反)〔浅显 qiǎnxiǎn〕 [비교]深奥:深 생각의 깊이에는 "深奥"를 쓰지 않는다. ◇他考虑问题很(×深奥)深/그는 문제를 깊이 고려한다.

【深闭固拒一폐고거】shēn bì gù jù 〈成〉새로운 사물이나 남의 의견 따위를 거절하다.

【深藏若虚一장약허】shēn cáng ruò xū 〈成〉진귀한 물건을 깊이 감추어 두고 없는 체하다. 지식이나 재능을 드러내지 않다. (反)〔自命不凡 zì mìng bù fán〕

【深长一장】shēncháng 图(의미 따위가)심장하다. (생각이) 매우 깊다.

【深沉一침】shēnchén 图1(정도가) 심하다. 깊다. ◇暮色～/저녁노을이 짙어졌다. 2(소리가) 가라앉다. ◇唱得～/낮고 둔탁하게 부른다. 3(사상·감정이) 밖으로 드러나지 않다. (생각이나 감정이) 깊다. ◇～的诗句/의미심장한 싯구.

【深仇大恨一구대한】shēn chóu dà hèn 〈成〉철천지한. 골수〔하늘〕에 사무치는 원한. (同)〔血海深仇 xuèhǎi shēnchóu〕, (反)〔大恩大德 dà ēn dà dé〕

＊【深处一처】shēnchù 图깊숙한 곳. 심층. ◇藏在内心～/가슴 속 깊이 품어 두다.

＊＊【深度一도】shēndù 图1심도. 깊이. ◇～减少/깊이가 감소되다. 2(일이나 인식의) 깊이. 정도. ◇理解的～不同/이해하는 정도가 다르다. 3사물이 더 높은 단계로 발전하는 정도.

【深更半夜一경반야】shēn gēng bàn yè 〈成〉심야. 한밤중. 깊은 밤.

【深沟高垒一구고루】shēn gōu gāo lěi 〈成〉깊은 도랑과 높은 보루. 튼튼한 방어시설.

【深闺一규】shēnguī 图부녀자가 거처하는 방. 규방. 안방. 〔집안의 가장 안쪽에 있음〕

【深红色一홍색】shēnhóngsè 图진홍색.

☆【深厚一후】shēnhòu 图1(감정이) 두텁다. ◇他们俩的友情十分～/그들 두 사람의 우정은 매우 두텁다. [비교]深厚:深远:深刻:深沉 ①"深厚", "深刻"는 각기 "影响"과 "印象"을 수식하지 않는다. ◇他的学说给后人带来(×深厚)深远影响/그의 학설은 후세 사람에게 가장 큰 영향을 주었다. ◇她给我很(×深厚)深刻的印象/그녀는 내게 깊은 인상을 남겼다. ②사람의 성격에는 "深厚"를 쓰지 않는다. ◇她的性格(×深厚)深沉/그녀의 성격은 차분하

다. 2(기초가) 단단하다. 튼튼하다. ◇他的书法根底很～/그의 서법기초는 튼튼하다. (反)〔浅薄 qiǎnbáo〕

【深呼吸－호흡】shēnhūxī [명][동]심호흡(하다).

*【深化－화】shēnhuà 1[명][동](모순·인식 등이) 심화(하다). ◇认识不断～/인식이 계속 심화되다. 2[동]심화시키다.

【深究－구】shēnjiū [동]깊이 따지다. 미주알고주알 캐다. 철저히 규명하다.(反)〔浅尝 qiǎncháng〕

【深居简出－거간출】shēn jū jiǎn chū 〈成〉 두문불출하다. 좀처럼 외출하지 않다.

☆【深刻－각】shēnkè [형]1깊이 있다. 철저하다. ◇这部小说写得很～/이 소설은 깊이 있게 쓰여졌다. ◇分析得～/철저하게 분석했다. 2깊다. ◇留下～的印象/깊은 인상을 남겼다. (同)〔深切 qiè〕, (反)〔肤浅 fūqiǎn〕 [비교]深刻:认真:深厚:深深 ①"深刻"를 사용해 "看书"와 같은 구체적인 동작을 묘사하지 않는다. ◇他看书很(×深刻)认真/그는 열심히 책을 본다. ②"爱情"에는 "深刻"를 쓰지 않는다. ◇他们爱情更加(×深刻)深了/그들의 사랑이 더욱 깊어졌다. ③"深刻"는 두뇌를 수식하지 않는다. ◇这个观念已经(×深刻)深深地在他头脑里扎下根/이 관념은 이미 그의 머리 속에 깊이 뿌리 내렸다.

【深谋远虑－모원려】shēn móu yuǎn lǜ 〈成〉 주도 면밀하게 계획하고 멀리 내다본다. (反)〔鼠目寸光 shǔ mù cùn guāng〕

*【深浅－천】shēnqiǎn [명]1(～儿)깊이. ◇测 cè 量～/깊이를 측량하다. 2〈喻〉분별. 분수. ◇知道～/분별을 알다.

*【深切－절】shēnqiè [형]1따뜻하고 친절하다. (정 따위가) 깊다. ◇关心得十分～/아주 친절하게 관심을 갖다. 2깊이 있다. 절실하다. ◇～地了解/깊이있게 이해한다.

*【深情－정】shēnqíng 1[명]두터운 정. 오래된 친분. ◇你对我的～厚意，我永远忘不了 liǎo/나에 대한 너의 깊은 정과 친절을 나는 영원히 잊을 수 없다. (同)〔厚意 hòuyì〕, (反)〔绝 jué 情〕 2[형]애정이 어리다. ◇她～地望着我/그녀는 애정어린 표정으로 나를 보고 있다.

【深秋－추】shēnqiū [명]늦가을. 만추.

☆【深入－입】shēnrù 1[동]깊이 들어가다. ◇作家～了生活，收集到很多创作素材/작가는 생활 속에서 깊이 들어가 창작소재를 많이 수집했다. (反)〔肤浅 fūqiǎn〕 2[형]깊이 파고들며 연구하다. ◇～进行调查研究/조사연구를 깊이 파고들어가서 진행하다.

【深入浅出－입천출】shēn rù qiǎn chū 〈成〉 심오한 내용을 알기 쉽게 표현하다.

【深山－산】shēnshān [명]깊은 산.

【深思－사】shēnsī [동]깊이 생각하다.

【深邃－수】shēnsuì [형]1깊다. 2심오하다. (同)〔深奥 ào〕, (反)〔浅显 qiǎnxiǎn〕

【深恶痛绝－오통절】shēn wù tòng jué 〈成〉 극도로 미워하다. 원한과 증오가 극에 달하다.

*【深信－신】shēnxìn [동]굳게 믿다. ◇～不疑/믿어 의심치 않다. (同)〔坚 jiān 信〕, (反)〔怀疑 huáiyí〕

⁑【深夜－야】shēnyè [명]심야. 깊은 밤.

【深意－의】shēnyì [명]깊은 의미. 깊은 뜻.

【深渊－연】shēnyuān [명]1심연. 깊은 못. 2〈喻〉위험한 지경.

*【深远－원】shēnyuǎn [형](영향·의의 등이) 심원하다. ◇影响～/영향이 심원하다. (同)〔远大 dà〕, (反)〔短浅 duǎnqiǎn〕

【深造－조】shēnzào [동]깊이 연구하다.

【深宅－택】shēnzhái [명]1〈文〉깊은 곳에 있는 저택. 2사회와 유리되어 있는 곳.〔문화 대혁명 때에 대학을 일컫던 말〕

【深湛－잠】shēnzhàn [형](학설 등이) 정확하고 깊이 있다.

【深圳－수】Shēnzhèn [명]〈地〉심수. 〔광동성(廣東省)에 있는 시명(市名)〕

【深挚－지】shēnzhì [형]깊고 진지하다. 깊고 두텁다. (同)〔真 zhēn 挚〕, (反)〔虚伪 xūwěi〕

*【深重－중】shēnzhòng [형](타격·피해 따위가) 심각하다. 혹심하다. ◇～的灾难 zāinàn/심각한 재난. (同)〔严 yán 重〕, (反)〔轻微 qīngwēi〕

shén

【什(甚)】 亻部 2画 shén 열 **십**

[대]무엇. 무슨. ⇒'甚' shèn

★【什么－마】shén·me [대]1의문을 나타냄. a)무엇. 〔단독으로 쓰여 사물을 물음〕 ◇你的理想是～?/너의 이상은 무엇이냐? ◇你找～?/당신은 누구를 찾으십니까? b)어떤. 무슨. 어느. 〔명사 앞에 써서 사람이나 사물을 물음〕 ◇他是～人?/그는 어떤 사람이오? ◇你～时候去北京?/당신은 언제 북경에 가세요? 2무엇(이나). 아무것(이나). 〔비특정 사물을 나타냄〕 ◇我想吃点～/나는 무엇을 좀 먹고 싶다. ◇没有～，你不必介意/별거 아니니 신경 쓸 것 없어요. 3무엇이나. 어떤 것이나. 〔임의로 어떤 것을 가리킴〕 a)'也''都' 앞에 쓰여 말하는 범위 내에 예외가 없음을 나타냄. ◇他～都不怕/그는 아무것도 두

S

렇지 않다. ◇他除了抽烟, ～也不想做/그는 담배 피는 것 외에는 아무것도 하고 싶지 않다. b)두 개의 '什么'가 앞뒤에서 호응하여 전자(前者)가 후자(後者)의 내용을 결정함을 나타냄. ◇食堂卖什么就吃什么/식당에서 파는 대로 먹자. ◇想～就说～/생각하는 대로 말한다. **4**뭐라고. 〔불만이나 놀람을 나타냄〕 ◇～! 没有水?/뭐라고, 물이 없다고? ◇你说的是～话!/네가 무슨 말을 한 거야! **5**왜. 무얼. 〔질책이나 비난을 나타냄〕 ◇装～相! 知道就快说/뭘 티를 내! 알면 어서 말해. **6**…긴 뭐가 …하. 〔상대방의 말에 동의하지 않음을 나타냄〕 ◇年轻～呀, 我都五十多岁了/젊긴 뭐가 젊어, 내 나이가 쉰이 넘었는데. **7**…든. …요. …며. 〔열거되는 사물들 앞에 쓰여 다 열거할 수 없음을 나타냄〕 ◇乒乓球啊, 羽毛球啊, 篮球啊他都会玩/탁구든 배드민턴이든 농구든 그는 모두 할 줄 안다. **8**형용사 뒤에 쓰여 부정을 나타내는데, 상대방의 말에 동의하지 않을 때 쓰임. ◇难～呀, 这次考试容易极了/뭐가 어려워, 이번 시험은 아주 쉬운데.

【什么大不了的-마대불료적】shénme dà·buliǎo de 〈口〉뭐가 그리 대수냐. (同)〔没 méi 什么大不了(的)〕

☆【什么的-마적】shén·me·de …등등〔따위〕. 〔하나 또는 몇 개의 병렬 성분 뒤에 쓰임〕 ◇修个机器, 换个零件～, 他都能对付/기계를 수리하고 부품을 바꾸는 따위의 일을 그는 모두 할 수 있다.

【什么事儿呀-마사아야】shénmeshìryǎ 〈口〉무슨 일이야. 어떻게 된 일이야. 〔어떤 일이 사리에 맞지 않고 황당하여 불만을 느낄 때 쓰임〕 ◇～? 刚结婚就离婚/도대체 무슨 일이냐, 결혼하자마자 이혼을 하다니.

☆【神】⻂部 shén
　　 5画 귀신 **신**
1신. 귀신. ◇他是人不是～/그는 신이 아니고 사람이다. 〔比较〕:上帝 미신적인 표현에서 "鬼"와 대조되는 건 "神"이다. ◇她信(×上帝)神, 不信鬼/그녀는 신령을 믿지만 귀신을 믿지 않는다. **2**〈轉〉전설 속의 초인(超人)적인 능력의 소유자. ◇～投手/투수. **3**신비롭다. 비범하다. 불가사의하다. ◇这事真是越说越～/이일은 말하면 할수록 신비롭다. **4**정신. 마음. ◇留～/마음을 쓰다. ◇费～/신경을 쓰다. **5**(～儿)안색. 표정. ◇～色/얼굴빛. **6**〈方〉총명하다. 영리하다. ◇你瞧 qiáo 这孩子, 多～!/이 애를 봐, 정말 총명해! **7**(Shén)

〈명〉성(姓).

【神奥-오】shén'ào 〈형〉신비롭고 오묘하다.

【神采-채】shéncǎi 〈명〉안색. 풍채.

【神采奕奕-채혁혁】shéncǎi yì yì 〈成〉정신이 또렷또렷하다. 늠름하다. 원기왕성하다. (反)〔没精打采 méi jīng dǎ cǎi〕

【神出鬼没-출귀몰】shén chū guǐ mò 〈成〉신출 귀몰. 동에 번쩍 서에 번쩍하다.

【神道-도】shéndào 〈명〉**1**영묘한 도리. 귀신의 조화. **2**〈口〉신. 귀신. **3**묘 앞으로 통하는 길.

【神甫-보】shén·fu 〈宗〉신부. (同)〔神父 fù〕

【神工鬼斧-공귀부】shén gōng guǐ fǔ 〈成〉(건축·조각 등의) 기교가 입신의 경지에 이르다.

【神怪-괴】shénguài 〈명〉신선과 요괴.

【神乎其神-호기신】shén hū qí shén 〈成〉불가사의하다. 정말로 기이하다. ◇他说得～/그의 말은 불가사의로 들렸다.

∗∗【神话-화】shénhuà 〈명〉**1**신화. **2**황당 무계한 말.

【神魂-혼】shénhún 〈명〉(주로 비정상적인) 정신. ◇～不定/정신이 혼란스럽다.

【神机妙算-기묘산】shén jī miào suàn 〈成〉놀라운 기지와 절묘한 계책.

【神交-교】shénjiāo **1**〈명〉마음이 맞고 서로 잘아는 벗. **2**〈동〉〈文〉(한 번도 보지는 않았지만) 의기가 투합하고 서로 존경하는 사이.

☆【神经-경】shénjīng 〈명〉**1**〈生理〉신경. ◇动手术伤了～, 刀口附近没有任何感觉/수술할 때 신경을 다쳐 수술 자리 부근에 아무런 감각도 없다. **2**정신병. ◇他又犯～了/그는 정신병이 또 도졌다.

【神经病-경병】shénjīngbìng 〈명〉**1**신경병. **2**〈俗〉정신병.

【神经过敏-경과민】shénjīng guòmǐn 〈명〉〈형〉신경 과민(이다).

【神经质-경질】shénjīngzhì 〈명〉신경질. ◇她有点儿～/그녀는 신경질이 좀 났다.

【神龛-감】shénkān 〈명〉불상을 모시는 감실.

【神力-력】shénlì 〈명〉신력. 초인적인 힘.

【神灵-령】shénlíng 〈명〉신령. 신의 총칭.

∗∗【神秘-비】shénmì 〈명〉〈형〉신비(하다). ◇～的传说/신비한 전설.

【神妙-묘】shénmiào 〈형〉신묘하다. 기묘하다. ◇笔法～/필법이 신묘하다.

【神明-명】shénmíng 〈명〉**1**천지신명. 신의 총칭. **2**정신상태.

【神女-녀】shénnǚ 〈명〉**1**여신. **2**〈俗〉〈옛날〉기생.

【神品-품】shénpǐn 〈명〉신적인 경지에 이른 작품. 아주 뛰어난 작품. 〔주로 서화(書畵)의 경우〕

S

*【神奇－기】 shénqí 휑신기하다. ◇变化～/변화가 신기하다. (反)〔一般 yībān〕

*【神气－기】 shén·qì 1휑표정. 기색. ◇他说话的～, 特别像他爸爸/그의 말하는 표정은 그의 아빠와 유난히 닮았다. 2휑기운이 있다. 생기가 있다. ◇老王穿上西服显得很～/왕씨가 양복을 입으면 생기가 있어 보인다. 3동으스대다. 뽐내다. 거드름을 피우다. 우쭐대다. ◇看他那～的样子, 叫人恶è心/그의 저 으스대는 꼴좀 봐. 메스꺼워.

*【神情－정】 shénqíng 휑표정. 기색. ◇他～很不自然/그는 표정이 아주 어색하다. 비교神情:表情 얼굴 표정이 변할 때는 "神情"을 쓰지 않는다. ◇她的(×神情)表情不断地变化/그녀의 표정은 계속 변한다.

【神权－권】 shénquán 휑1신의 권위. 2〈政〉신권.

【神人－인】 shénrén 휑〈文〉1〈宗〉(도교의) 신선. 2풍채가 비범한 사람. (同)〔神仙 xiān〕, (反)〔凡 fán 人〕

*【神色－색】 shénsè 휑얼굴빛. 표정. ◇不知出了什么事, 人们出出进进, ～慌张/무슨 일이 일어났는지 사람들이 당황한 기색을 하며 들락날락한다. 비교神色:脸色 안색을 나타낼 때는 "神色"를 쓰지 않는다. ◇她得了病(×神色)脸色苍 cāng 白/그녀는 병에 걸려 안색이 창백하다.

*【神圣－성】 shénshèng 휑신성하다. 거룩하다. ◇教好学生是教师的一职责/학생을 잘 가르치는 것은 교사의 신성한 직책이다.

【神思－사】 shénsī 휑1마음. ◇～不定/마음이 불안하다. 2기분.

【神速－속】 shénsù 휑극히〔아주〕 빠르다. 신속하다. ◇～地向前进/신속하게 전진하다. (同)〔高 gāo 速〕, (反)〔缓慢 huǎnmàn〕

【神算－산】 shénsuàn 휑1정확한 예측. 2신묘(神妙)한 계책.

*【神态－태】 shéntài 휑표정. 태도. ◇～异 yì 常/표정이 이상하다.

【神通－통】 shéntōng 휑1〈佛〉신통력. 2특출한 재간. 기막힌 솜씨.

【神童－동】 shéntóng 휑신동.

【神往－왕】 shénwǎng 동마음이 쏠리다. 동경하다.

【神位－위】 shénwèi 휑(절이나 사당에서 제를 지낼 때 쓰는) 위패.

【神巫－무】 shénwū 휑무당.

【神武－무】 shénwǔ 〈文〉휑영민하고 위풍당당하다. 〔주로 제왕이나 장군의 덕을 기릴 때 쓰임〕

【神物－물】 shénwù 휑〈文〉1신기한 물건. 2신선.

【神悟－오】 shénwù 〈文〉휑신통한 이해력.

*【神仙－선】 shén·xiān 휑1신선. ◇～也办不到/신선도 해내지 못한다. 2〈喩〉앞일을 예견하거나 통찰력이 있는 사람. 3〈喩〉걱정없이 유유자적하게 사는 사람.

【神像－상】 shénxiàng 휑1신상. 신불의 조상(彫像). 2죽은 사람의 초상〔사진〕.

【神效－효】 shénxiào 휑신기한 효험. 영험.

【神学－학】 shénxué 휑〈宗〉신학.

【神异－이】 shényì 1휑신과 요괴. 2휑신기하다. 괴이하다.

【神勇－용】 shényǒng 휑매우 용감하다.

【神游－유】 shényóu 동〈文〉정신이 어떤 곳에서 노닐다.

【神韵－운】 shényùn 휑신운. (글이나 글씨·그림 등의) 생기있고 운치가 있음.

【神志－지】 shénzhì 휑정신. 의식.

【神州－주】 Shénzhōu 휑(옛날) 중국.

【神主－주】 shénzhǔ 휑(죽은 사람의) 신주. 위패.

shěn

*【审·審(讅)】 ⼧部 shěn 5画 살필 심 1휑〈文〉상세하다. 세밀하다. ◇～慎 shèn/면밀 신중하다. 2동심사하다. ◇～阅/의하다. 3동심문하다. 재판하다. ◇～案/사건을 심의하다. 4동〈文〉알다. 5早〈文〉꼭. 과연. 참으로. ◇～如其言/과연 그 말과 같다.

*【审查－사】 shěnchá 휑동심사(하다). 심의(하다). 〔주로 계획·제안·저작·개인의 이력에 대하여〕 ◇请你～一有没有不妥 tuǒ 的地方/부적당한 곳이 있는지 심사해 주시기 바랍니다.

【审察－찰】 shěnchá 1동자세히 관찰하다. 2(同)〔审查 chá〕

【审处－처】 shěnchǔ 1동재판하여 처리하다. 2동심사 처리하다.

【审订－정】 shěndìng 동심의 수정〔심사 정정〕하다.

*【审定－정】 shěndìng 동심사하여 결정하다. ◇～计划/계획을 심사 결정하다.

【审读－독】 shěndú (同)〔审阅 yuè〕

【审核－핵】 shěnhé 동(주로 문서나 숫자로 된 자료를) 대조 심사하다. 맞추어보다.

【审计－계】 shěnjì 동회계 검사(를 하다).

*【审理－리】 shěnlǐ 휑동〈法〉심리(하다). 심사 처리(하다). ◇依法～/의법 심리하다.

*【审美－미】 shěnměi 휑심미. ◇～观点/미적 관점.

*【审判—판】shěnpàn 阌動〈法〉심판(하다).
재판(하다). ◇受到人民的~/국민의 심
판을 받았다. ◇由军事法庭~/군사법정
이 재판한다.

*【审批—비】shěnpī 動(상급 기관이 하급
기관의 보고·계획 등을) 심사하여 허가
하다. ◇报上级~/상급자에게 보고하여
심사하여 허가를 받다.

【审慎—신】shěnshèn 阌치밀하고 신중하
다. (同)〔慎重 zhòng〕, (反)〔轻率 qīnglǜ〕

【审时度势—시도세】shěn shí duó shì〈成〉
형국을 판단하다.

【审视—시】shěnshì 動자세히 살펴보다.
(同)〔端详 duānxiáng〕, (反)〔浏览 liú
lǎn〕

【审问—문】shěnwèn (同)〔审讯 xùn〕

*【审讯—신】shěnxùn 阌動〈法〉취조(하다).
심문(하다). ◇~犯人/범인을 취조하다.

*【审议—의】shěnyì 阌動심의(하다). 심사
(하다). ◇计划草案提交大会~/계획초안
을 대회에 제출하여 심의하다.

【审阅—열】shěnyuè 1動(서류·원고 따위
를) 심의하다. 심사하다. 2阌교열. 서류
심사.

【婶·嬸】女部 | shěn
8画 | 숙모 심
(~儿)阌1숙모. 작은어머니. ◇二~/둘
째 숙모. 2아주머니. 〔어머니와 동년배의
부인이나 젊은 남의 부인을 높여 부르는
말〕◇大~儿/아주머니.

【婶母—모】shěnmǔ 阌숙모. 작은어머니.

【婶娘—랑】shěnniáng 阌〈方〉숙모.

【婶婆—파】shěnpó 阌남편의 숙모.

【婶婶—심】shěn·shen 阌〈方〉숙모. 작은어
머니.

**【婶子—자】shěn·zi 阌숙모. 작은어머니.

shèn

【肾·腎】月部 | shèn
4画 | 콩팥 신
1阌〈生理〉콩팥. 신장. 2阌남자의 고환.

【肾上腺—상선】shènshàngxiàn 阌〈生理〉
부신. 콩팥웃샘.

【肾脏—장】shènzàng 阌〈生理〉신장. 콩팥.

【甚】一部 | shèn
8画 | 심할 심
1阊몹시. 대단히. ◇学习条件~好/공부하
는 여건이 대단히 좋다. 2阌〈文〉심하다.
지나치다. ◇他的骄傲 jiāo'ào 自满日~
一日/그는 교만함이 나날이 심해진다. 3
때〈方〉(同)〔什么 shén·me 1, 2, 3〕⇒shén '什'

【甚而(至于)—이(지어)〕shèn'ér(zhìyú)

(同)〔甚至(于)〕

【甚或—혹】shènhuò〈文〉(同)〔甚至(于) zhì
(yú)〕

【甚嚣尘上—효진상】shèn xiāo chén shàng
〈成〉(소문에 대해) 여론이 들끓다.

*【甚至—지】shènzhì 阌심지어. …마저도…
조차도. ◇他忙得~好几夜没睡觉/그는 바
빠 심지어는 며칠 밤을 자지 못했다.

【渗·滲】氵部 | shèn
8画 | 밸 삼
動1(액체가) 스며들다. 배어들다. ◇雨水
都~到地里去了/빗물이 다 땅속으로 스
며들어갔다. 2새다. 배어 나오다. ◇水~
出来了/물이 흘러나왔다.

【渗沟—구】shèngōu 阌(가로에 설치된)
지하배수구. 암거(暗渠).

【渗坑—갱】shènkēng 阌하수구가 없는 뜰
의 지하에 파서 빗물이 땅속으로 스미게
만든 수채 구멍.

【渗入—입】shènrù 動1(액체가) 스며들다.
배다. 2〈喩〉〈貶〉어떤 세력이 침투하다.

*【渗透—투】shèntòu 動1〈物〉삼투하다. 2침
투하다. 스며들다. ◇汗水跟血水把他的绷
bēng 带都~了/땀과 핏물이 그의 붕대를
모두 스며들어 적셨다. 3〈喩〉(주로 추상
적인 사물이) 침투하다. ◇腐 fǔ 败现象
~到这些执法部门/부패현상이 그 사법부
에까지 만연되었다.

【慎·愼】忄部 | shèn
10画 | 삼갈 신
1阌〈文〉삼가다. ◇~重/신중하다. 2(Shèn)
阌성(姓).

**【慎重—중】shènzhòng 阌신중하다. ◇办事
~/일 처리가 신중하다.

升 869	生 868	牲 871	笙 871	声 871
绳 871	省 871	圣 872	胜 872	盛 873
乘 873	剩 873			

shēng

☆【升(昇,²陞)】丿部 | shēng
2画 | 오를 승
1動오르다. 뜨다. ◇飞机~到一万米了/비
행기가 1만m까지 올라갔다. (反)〔降 jiàng〕
比교升:爬 사람이 어느날 때는
"升"을 쓰지 않는다. ◇我从床上(×升)
爬起来了/난 이부자리에서 일어났다. 2
動(등급 따위를) 높이다. 진급하다. (反)
〔降〕 ◇~到局长/국장으로 진급하다. 3
阌리터. 〔용량의 단위〕◇热水器可容~
~/온수기는 10리터를 담을 수 있다. 4
阌되. 승. ('市升'의 통칭) ◇我喝了一~
啤酒/나는 맥주 1되를 마셨다. 5阌(식량

을 담는 용기) 되. ◇你到隔壁 gébì 借半~白面来/너 이웃집에 가서 밀가루 반되를 빌려와라.

【升官－관】shēngguān 통1관직이 높아지다. 2출세하다.

【升华－화】shēnghuá 图통1〈物〉승화(하다). 2〈喩〉사물이 더 한층 높은 단계로 진입하다.

【升级－급】shēng// jí 1图등급이 오르다. 진급하다. 2图전쟁의 규모가 확대되다. (同)〔提 tí 级〕, (反)〔降 jiàng 级〕3(shēngjí)진급.

【升降－강】shēngjiàng 图승강. 오르내림.

【升降机－강기】shēng 图승강기. 엘리베이터. (同)〔电梯 diàntī〕

【升平－평】shēngpíng 图〈文〉태평하다. (同)〔太 tài 平〕, (反)〔动乱 dòngluàn〕

【升旗－기】shēng// qí 图기를 올리다. (反)〔降 jiàng 旗〕

【升迁－천】shēngqiān 图영전하다. 승진하다. (反)〔贬谪 biǎnzhé〕

【升堂入室－당입실】shēng táng rù shì 〈成〉학문·기예 따위가 더욱 높은 수준까지 이르다. (同)〔登 dēng 堂入室〕, (反)〔末学肤受 mò xué fū shòu〕

【升腾－등】shēngténg 图(화염·기체가) 오르다. 솟아오르다. 피어오르다.

【升天－천】shēng// tiān 图1〈喩〉죽다. 2승천하다. 하늘에 오르다.

*【升学－학】shēng// xué 图진학하다. ◇初中~比高中容易/중학교 진학은 고등학교보다 쉽다.

【升涨－창】shēngzhǎng 图(물가가) 비싸지다.

【升值－치】shēngzhí 图통〈經〉평가 절상(하다). (同)〔增 zēng 值〕, (反)〔贬 biǎn 值〕

☆【生】 生部｜0画｜날 생

1图낳다. 태어나다. ◇她~了个双胞胎/그녀는 쌍둥이를 낳았다. 2图자라다. 생기다. ◇~根/뿌리가 자라다. ◇他稍微~点儿气，胸就疼起来了/그는 화를 좀 내면 가슴이 아파온다. 3图살다. 생존하다. ◇宁愿 nìngyuàn 站着死，不愿跪 guì 着~/서서 죽을지언정 무릎꿇고 죽고싶지 않다. 4图생활. 생계. ◇谋~/살 길을 찾다. 5图목숨. ◇这次飞机失事有一百多人丧~/이번 비행기 사고로 백여 명이 생명을 잃었다. 6图평생. 생애. 일생. ◇一~/일생. 7图살아있는 것. ◇众~/중생. 8图생기다. 발생하다. ◇~效/효력이 발생하다. (反)〔死 sǐ〕9图(불을) 지피다. 피우다. ◇这屋里~了火，很暖和/이 방에 불을 때서 따뜻하다. 10图(과일이나 음식

물이) 덜 익다. ◇桃子还~，很酸/복숭아가 아직 덜 익어서 시다. ◇这~饭怎么能吃呢?/이 설은 밥을 어떻게 먹습니까? 11图미가공의. 천연적인. ◇~石灰/천연석회. 12图낯설다. 생소하다. ◇我对这项工作很～，得 děi 从头学起/나는 이 일에 낯설어 처음부터 배워야 한다. (反)〔熟 shú〕13图억지로. 한사코. ◇再怎么劝，他～不回来/또 아무리 권해도 그는 한사코 돌아오지 않는다. 14图매우. ◇～疼/몹시 고통스럽다. 15图학생. ◇毕业～/졸업생. 16图옛날의 선비. ◇书～/유생. 17중국 전통극 중의 남자역. ◇京剧里~/경극의 무사배역. 18图성(姓).

【生搬硬套－반경투】shēng bān yìng tào 〈成〉남의 방법이나 경험을 그대로 적용시키다.

【生变－변】shēng// biàn 图변고가 생기다.

✱✱【生病－병】shēng// bìng 图병이 나다. (同)〔患 huàn 病〕, (反)〔痊愈 quányù〕

【生财－재】shēngcái 1图축재하다. 재산을 늘리다. 2图〈方〉옛날, 상점의 가구들.

【生菜－채】shēngcài 图1〈俗〉상치. 2생채. ‖ (反)〔熟 shú 菜〕

★【生产－산】shēngchǎn 1图통생산(하다). ◇~一批新型吉普车/신형지프차를 생산하다. 比較生产:生长 번식을 나타낼 때는 "生产"을 쓰지 않는다. ◇树上的叶子(×生产)生长得很快/나무의 잎이 빨리 자라났다. 2图출산하다. 몸풀다. ◇这次母牛~得很顺利/이번 어미소가 순산하다.

【生产方式－산방식】shēngchǎn fāngshì 图생산 양식.

【生产关系－산관계】shēngchǎn guānxì 图〈經〉생산 관계.

【生产过剩－산과잉】shēngchǎn guòshèng 图〈經〉생산과잉.

*【生产力－산력】shēngchǎnlì 图〈經〉생산력.

*【生产率－산률】shēngchǎnlǜ 图〈經〉(노동) 생산성.

【生产线－산선】shēngchǎnxiàn 图〈工〉생산라인.

【生产资料－산자료】shēngchǎn zīliào 图〈經〉생산 수단. (同)〔生产手段 shǒuduàn〕

【生辰－진】shēngchén 图생신.

【生辰八字－진팔자】shēngchén bāzì 图사주 팔자. 〈轉〉운수.

★【生词－사】shēngcí 图새 낱말. 새 단어.

【生凑－주】shēngcòu 图억지로 그러모으다.

✱✱【生存－존】shēngcún 图통생존(하다). ◇离开阳光和水，生物就~不了 liǎo/생물은 햇빛과 물 없이는 생존할 수 없다. (同)〔生活 huó〕, (反)〔死亡 sǐwáng〕

【生地-지】shēngdì 图1〈中葯〉생지황. (同)〔生地黄 huáng〕2낯선 곳. 3(同)〔生荒 huāng 地〕

☆【生动-동】shēngdòng 圈생동감이 있다. 생생하다. ◇文章写得很~/글을 생동감 있게 썼다. 比교生动:丰富;愉快 ①"经验", "知识"는 "生动"으로 묘사하지 않는다. ◇他们的经验也(×生动)丰富了/그들의 경험도 풍부해졌다. ②"心情"은 "生动"으로 묘사하지 않는다. ◇他的生活得到了改善, 心情也(×生动)愉快了/그의 생활이 개선되어 마음도 즐거워졌다. (反)〔枯燥 kūzào〕

【生发-발】shēngfā 통나다. 자생하다. 발전하다.

【生分-분】shēng·fen 圈(사이가) 소원하다. 서먹서먹하다.

【生根-근】shēng// gēn 통1뿌리를 내리다. 2〈喩〉확고한 기초를 세우다. 뿌리박다.

【生花之笔-화지필】shēng huā zhī bǐ 〈成〉뛰어난 글재주.

【生还-환】shēnghuán 통살아서 돌아오다.

【生荒地-황지】shēnghuāng dì 图개간되지 않은 땅. (反)〔熟地 shúdì〕

★【生活-활】shēnghuó 1통생활하다. ◇跟群众~在一起/대중과 생활을 같이 하다. 2통생존하다. ◇一个人脱离了社会就不能~下去/사람은 사회를 떠나서는 생존할 수 없다. 3图생활수준. ◇人民的~不断提高/국민의 생활이 끊임없이 개선된다. 4图(공업·농업·수공업에서의) 일. 작업.

【生活费-활비】shēnghuófèi 图생활비.

【生活资料-활자료】shēnghuó zīliào 图생활수단. 생활물자. 소비재.

【生火-화】shēng// huǒ 1불을 피우다. (同)〔点 diǎn 火〕, (反)〔熄 xī 火〕2(shēnghuǒ)图(기선의) 화부.

*【生机-기】shēngjī 图1생존의 기회. 살 가망. ◇一线~/한 가닥 삶의 희망. 2생기. 활력. ◇春天来了, 田野里充满了~/봄이 오자 들판에 생기로 가득하다.

【生计-계】shēngjì 图생계.

【生就-취】shēngjiù 통선천적으로 타고나다.

【生角-각】shēngjué 图〈演〉중국 전통극에서 남자로 분장한 배역. 〔대개 '老生'을 가리킴〕

【生客-객】shēngkè 图낯선 손님. 초면의 손님. (反)〔熟 shú 客〕

【生恐-공】shēngkǒng 통…할까봐 몹시 무서워하다.

【生拉硬拽-랍경예】shēng lā yìng zhuài 〈成〉1억지로 잡아 끌다. 강제로 복종시키다. 2견강 부회하다.

【生来-래】shēnglái 图태어날 때부터. 어

릴 때부터. ◇他~就有这习惯/그는 어릴 때부터 이 습관을 가졌다.

【生老病死-노병사】shēng lǎo bìng sǐ 〈成〉생로병사.

【生冷-랭】shēnglěng 图날음식과 찬음식.

**【生理-리】shēnglǐ 图생리. ◇他~有缺陷 quēxiàn/그는 생리적 결함이 있다. 比교生理:心理 느낌과 기분을 나타낼 때는 "生理"를 쓰지 않는다. ◇一刮大风我就紧张, 这是(×生理)心理作用/바람이 불면 긴장하는 건 심리작용이다.

【生理学-리학】shēnglǐxué 图생리학.

【生力军-력군】shēnglìjūn 图1신예 부대. 2어떤 일에 새로 들어와 활력을 불어넣는 사람. 신진. 신예.

【生料-료】shēngliào 图원료.

【生灵-령】shēnglíng 图〈文〉1백성. 2생명.

【生龙活虎-용활호】shēng lóng huó hǔ 〈成〉용이나 범처럼 생기가 넘치다. 원기 왕성하다. (同)〔精神百倍 jīng shén bǎi bèi〕, (反)〔没精打采 méi jīng dǎ cǎi〕

【生路-로】shēnglù 图살길. 활로. (同)〔活 huó 路〕, (反)〔绝 jué 路〕

☆【生命-명】shēngmìng 图생명. ◇~是最宝贵的东西/생명은 가장 소중한 것이다. 比교生命:命:生活 ①부정의 뜻을 나타낼 때 "没", "不要" 뒤에는 "生命"을 쓰지 않는다. ◇我差点就没(×生命)命了/난 목숨을 잃을 뻔했다. ②한 사람의 삶은 "命"으로 표현하지 않는다. ◇在每一个人的(×生命)生活中, 都会遇到有意思的事情/모든 사람들의 생활중에서 다들 재미있는 일을 만나게 된다.

*【生命力-명력】shēngmìnglì 图생명력.

【生命线-명선】shēngmìngxiàn 图생명선.

*【生怕-파】shēngpà 통…할까봐 몹시 무서워하다. ◇我们在山路小心地走着,~滑倒 huádǎo 了/우리는 산길을 가며 넘어질까 두려워 조심해서 걸었다. 比교生怕:害怕 "生怕"는 뒤에 보어도 갖지 않는다. ◇他回家的路上遇到一只大熊, 他(×生怕)害怕得很/그는 집으로 돌아가는 길에 큰 곰 한 마리를 만나서 무척 무서웠다.

【生僻-벽】shēngpì 图(낱말·문자·서적 따위가) 생소하다. 보기 드물다. (同)〔冷 lěng 僻〕, (反)〔常见 chángjiàn〕

【生平-평】shēngpíng 图생애. 평생. 일생.

【生漆-칠】shēngqī 图생칠.

☆【生气-기】shēng//qì 1통화내다. 성내다. ◇他还在生我的气呢/그는 아직도 내게 화를 풀지 않고 있다. (同)〔动 dòng 气〕, (反)〔消 xiāo 气〕比교生气(shēngqì): 气 ①"生气"는 정도 보어를 갖지 않는다.

◇他(×生气)气得摔 shuāi 了个杯子/그는 화가 나서 컵 하나를 던졌다. ②"生气"는 명사로 쓰지 않는다. ◇过了几天, 他的(×生气)气消了/며칠이 지나자 그의 화가 사그라 들었다. 2(shēngqì)몡생기. 원기. 활력. (同)〔朝 cháo 气〕, (反)〔暮 mù 气〕비교生气:勇气 "生气"는 과감하게 행동하는 기백을 나타내지 않는다. ◇我遇到为难的事, 他曾给过我(×生气)勇气/내가 어려운 일에 부딪칠 때 그는 내게 용기를 주었다.

*【生前―전】shēngqián 몡생전. 세상에 살아 있는 동안. ◇~好友/생전의 친한 친구들. (反)〔死后 sǐhòu〕

【生擒―금】shēngqín 통(적을) 생포하다.

【生趣―취】shēngqù 몡생활의 즐거움이나 재미.

*【生人―인】shēng// rén 1몡(사람이) 태어나다. ◇她是1982年~/그녀는 1982년생이다. 2(shēngrén)몡낯선 사람. ◇孩子怕见~/애는 낯선 사람을 탄다. (反)〔熟 shú 人〕

★【生日―일】shēng·rì 몡생일. ◇今天是他的~/오늘은 그의 생일이다.

【生色―색】shēngsè 통빛내다. (同)〔增 zēng 色〕, (反)〔减 jiǎn 色〕

【生涩―삽】shēngsè 톙(언어·글 따위가) 매끄럽지 않다. 어색하다.

【生杀予夺―살여탈】shēng shā yǔ duó〈成〉생살 여탈. (통치자가 마음대로) 살리고 죽이며, 상벌하는 것.

【生生世世―생생세세】shēng shēng shìshì〈佛〉불교에서 계속하여 윤회한다는 뜻으로 매번 다시 태어날 때의 생애. 〈轉〉지금은 '대대손손'의 뜻임.

【生石灰―석회】shēngshíhuī 몡〈化〉생석회. 산화 칼슘.

【生事―사】shēng// shì 통말썽을 일으키다. ◇你这样做容易~/네가 이렇게 하면 말썽을 일으키기 쉽다.

【生手―수】shēngshǒu 몡풋나기. 미숙련자. (同)〔新 xīn 手〕, (反)〔熟 shú 手〕

*【生疏―소】shēngshū 톙1낯설다. 생소하다. ◇我对这个地方并不算~/나에게 이곳은 낯선 편이 아니다. (反)〔陌 mò 生〕, (同)〔熟悉 shúxí〕2소원하다. 서먹서먹하다. ◇关系~/관계가 소원하다. 3서툴다. 미숙하다. ◇技艺~/기예가 미숙하다. (同)〔荒 huāng 疏〕, (反)〔熟练 shúliàn〕

【生水―수】shēngshuǐ 몡생수. 끓이지 않은 물. (同)〔冷 lěng 水〕, (反)〔开 kāi 水〕

【生丝―사】shēngsī 몡〈紡〉생사.

【生死―사】shēngsǐ 몡생사. 삶과 죽음.

~与共/생사를 함께 한다.

*【生态―태】shēngtài 몡〈生〉생태.

【生态学―태학】shēngtàixué 몡생태학.

【生铁―철】shēngtiě 몡주철. 무쇠. (同)〔铸 zhù 铁〕, (反)〔熟 shú 铁〕

【生土―토】shēngtǔ 몡〈農〉생땅. 척박한 토양. (反)〔熟 shú 土〕

【生吞活剥―탄활박】shēng tūn huó bō〈成〉통째로 삼키고 산 채로 껍질을 벗기다. (이론·방법·경험 따위를) 맹목적으로 받아들이거나 모방하다. (同)〔囫囵吞枣 hú lún tūn zǎo〕, (反)〔融会贯通 róng huì guàn tōng〕

☆【生物―물】shēngwù 몡생물.

【生物学―물학】shēngwùxué 몡생물학.

【生息―식】shēng// xī 1통이자가 붙다. 이자를 낳다. 2(shēngxī)통〈文〉a)생활〔생존〕하다. b)번식하다. c)성장시키다.

【生(橡)胶―(상)교】shēng(xiàng)jiāo 몡생고무.

【生肖―초】shēngxiào 몡(12가지 동물로 나타내는) 사람의 띠.

*【生效―효】shēng// xiào 통효력이 발생하다. ◇自签 qiān 字日起~/서명일로부터 효력이 발생한다. (反)〔失 shī 效〕

【生性―성】shēng·xìng 몡타고난 성격·습관. ◇她~明朗/그녀는 타고날 때부터 명랑하다.

【生锈―수】shēng xiù 녹이 슬다.

【生涯―애】shēngyá 1몡생애. 일생. 2〈轉〉직업.

【生养―양】shēngyǎng 통〈口〉(자녀를) 낳아 기르다.

【生药―약】shēngyào 몡〈藥〉생약.

【生业―업】shēngyè 몡생업. 직업.

【生意―의】shēngyì 몡생기. 활기. 원기.

☆【生意―의】shēng·yi 1몡장사. 거래. ◇~还不错/장사가 그런대로 괜찮다. 2직업. ◇停~/해고됐다.

【生硬―경】shēngyìng 톙1서투르다. 어색하다. (反)〔自然 zìrán〕2자연스럽지 못하다. 딱딱하다. ◇态度~/태도가 딱딱하다. (反)〔温和 wēnhé〕

【生油―유】shēngyóu 몡1(가공하지 않은) 생기름. 2〈方〉땅콩기름.

【生鱼片(儿)―어편(아)】shēngyúpiàn(r) 몡생선회.

*【生育―육】shēngyù 몡통출산(하다). ◇他已过了~年龄/그녀는 출산 나이를 지났다.

【生造―조】shēngzào 통(신조어를) 근거 없이 만들다.

☆【生长―장】shēngzhǎng 통성장하다. 자라다. ◇~期/성장기. ◇他~在北京/그는

북경에서 자라났다.
*【生殖―식】shēngzhí 명〈生〉생식.
【生殖器―식기】shēngzhíqì 명〈生理〉생식기.
【生猪―저】shēngzhū 명1산돼지. 2씨돼지. 종돈(種豬).
【生字―자】shēngzì 명모르는 글자.

【牲】牛部 | shēng
　　5画 | 희생 生
명1가축. 2희생물. 산 제물. ◇献~/희생을 바치다.

*【牲畜―축】shēngchù 명가축. ◇~家禽 qín /가축과 가금.
*【牲口―구】shēng·kou 명역축(役畜). 노역에 쓰이는 가축.

【笙】竹部 | shēng
　　5画 | 생황 生
명〈音〉생황.

★【声・聲】士部 | shēng
　　4画 | 소리 성
1(~儿)명(목)소리. ◇脚步~/발자국 소리. 2양번. 마디. [말소리의 횟수를 세는 양사] ◇我听见他叫了一~/나는 그녀가 한번 외치는 소리를 들었다. 3동진술하다. 선포하다. ◇不~不响/아무말도 없다. 4명명예. 명성. ◇~誉/떨치다. 5명〈言〉성모(聲母). 자음. ◇双~叠韵 diéyùn/쌍성첩운. 6명〈言〉성조. ◇汉语有四~/중국어에는 4성이 있다.
【声辩―변】shēngbiàn 통변명하다.
【声波―파】shēngbō 명〈物〉음파.
【声部―부】shēngbù 명〈音〉성부.
【声称―칭】shēngchēng 통주장하다. 공언하다.
【声带―대】shēngdài 명1〈生理〉성대. 목청. 2〈演〉사운드 트랙.
★【声调―조】shēngdiào 명1말투. 어조. 음조. 2〈言〉성조. 중국어의 사성(四聲).
【声东击西―동격서】shēng dōng jī xī〈成〉동쪽을 치는 시늉을 하면서 서쪽을 치다. 성동격서.
【声浪―랑】shēnglàng 명1〈物〉음파의 구칭. 2군중의 함성. 떠들썩한 소리.
【声泪俱下―루구하】shēng lèi jù xià〈成〉눈물을 흘리면서 하소연하다.
【声门―문】shēngmén 명〈生理〉성문.
【声名―명】shēngmíng 명명성. 평판.
**【声明―명】shēngmíng 1통밝히다. ◇他正式~他不是候选人/그는 공식적으로 자신이 후보자가 아니라고 밝혔다. 2명성명. ◇发表联合~/연합성명을 발표했다.
【声母―모】shēngmǔ 명〈言〉성모. 자음.
【声旁―방】shēngpáng 명〈言〉(한자의 구조에서) 음을 나타내는 부분. 그 예로 속

성을 나타내는 'ⅰ(水)'가 음을 나타내는 'エ'과 결합하여 '江'이 됨.
【声气―기】shēngqì 명소식. 정보.
【声腔―강】shēngqiāng 명(극의) 곡조.
【声情―정】shēngqíng 명소리나 감정.
【声请―청】shēngqǐng 명통신청(하다).
【声色―색】shēngsè 명1말소리와 안색. 2〈文〉격조. 3활력.
*【声势―세】shēngshì 명기세. ◇~浩大/기세가 드높다.
【声嘶力竭―시력갈】shēng sī lì jié〈成〉목이 쉬고 힘도 빠지다. 죽도록 외치다.
【声速―속】shēngsù 명〈物〉음속.
【声讨―토】shēngtǎo 통성토하다. 규탄하다.
【声望―망】shēngwàng 명명성. 덕망.
【声息―식】shēngxī 명1소리. 기척. [대부분 부정문에 쓰임] 2(同)〔声气 qì〕
【声响―향】shēngxiǎng 명소리. 음향.
【声言―언】shēngyán 통표명하다. 주장하다. 밝히다. ◇她~自己是无辜 gū的/그녀는 자신이 무고하다고 표명했다.
【声扬―양】shēngyáng 통소문을 내다. 말을 퍼뜨리다.
★【声音―음】shēngyīn 명소리. 목소리. ◇社论反映了百姓的~/사설은 국민의 목소리를 반영했다.
*【声誉―예】shēngyù 명명성. 명예. ◇有损~/명예를 손상시킨다.
【声援―원】shēngyuán 명통성원(하다).
【声乐―악】shēngyuè 명〈音〉성악.
【声张―장】shēngzhāng 통소문을 내다. 말을 퍼뜨리다. [부정문에 쓰임] ◇这件事你别~/이 일에 대해 네가 소문을 내지 마.

shéng

【绳・繩】纟部 | shéng
　　8画 | 노 승
1(~儿)명끈. 새끼. 2〈文〉(잘못을) 바로 잡다. 통제하다. 제재하다. ◇~以纪律/규율로써 제재하다. 3통〈文〉지속하다. 4(Shéng)명성(姓).
【绳墨―묵】shéngmò 명1먹줄. 2〈喩〉규범. 법도. ◇拘守~/법도에 얽매이다.
【绳索―삭】shéngsuǒ 명밧줄.
【绳梯―제】shéngtī 명줄사닥다리.
☆【绳子―자】shéng·zi 명새끼. 밧줄. 노끈. ◇捆 kǔn~/밧줄을 묶다.

shěng

★【省】目部 | 小部 | shěng
　　4画 | 6画 | 살필 성

S

1[동]절약하다. 검약하다. ◇～着点用/아껴서 써라. ◇～时间/시간을 절약하다. [비교]省:存 돈을 예금할 때는 "省"을 쓰지 않는다. ◇爸爸把钱(×省)存在银行里/아빠는 돈을 은행에 저축했다. 2[동]줄이다. 생략하다. ◇按照新规定,～了不少手续/새규정에 따라 수속을 많이 생략했다. 3[명]준말. ◇'佛'是 '佛陀'之～/'佛'는 '佛陀'의 준말이다. 4[명]성. 중국의 행정 구획 단위. 우리나라의 도(道)에 해당. 5[명]'省会'(성소재지)의 준말. ◇进～/성도에 들어서다. ⇒xǐng

【省便—편】shěngbiàn [형]간편하다.

【省城—성】shěngchéng (同)〔省会 huì〕

⁑【省得—득】shěng·de [접]…하지 않도록. …하지 않아도 되도록. ◇快告诉我吧, ～我着急/내가 조급하지 않게 빨리 가르쳐 주세요. [비교]省得:省 절약의 뜻을 나타낼 때는 "省得"를 쓰지 않는다. ◇自己做饭能(×省得)省不少钱/자신이 밥을 하면 많은 돈을 절약할 수 있다.

【省份—분】shěngfèn [명](행정 단위로써의) 성(省).〔고유 명사와 붙여 쓰지 않음〕

*【省会—회】shěnghuì [명]성소재지.

*【省略—략】shěnglüè [명][동]생략(하다). ◇这一段与主题关系不大, 可以～/이 단락은 주제와 큰 관계가 없으니 생략할 수 있다.

【省略号—략호】shěnglüèhào [명]줄임표. 생략표.

【省却—각】shěngquè [동]1절약하다. 2없애다. ◇～烦恼/고민을 없앤다.

【省去—거】shěngqù [동]1절약하다. 2생략하다. 덜다. 제거하다.

【省事—사】shěng//shì 1[동]수고를 덜다. ◇这样做可省不少事/이렇게 하면 일을 많이 덜 수 있다. 2(shěngshì)[형]편리하다. ◇在外边吃～/밖에서 먹으면 편하다. (同)〔省便 biàn〕, (反)〔费 fèi 事〕

【省心—심】shěng// xīn [동]걱정을 덜다. 시름을 놓다. (反)〔费 fèi 心〕

⁑【省长—장】shěngzhǎng [명]성장. '省政府'의 책임자.〔우리나라의 도지사에 해당〕

shèng

【圣·聖】 又部 3画 | shèng 성인 **성**

1[형]성스럽다. 거룩하다. ◇神～/신성하다. 2[명]학문이나 기술에 가장 걸출한 인물. ◇诗～/시성. 3[명]성인(聖人). ◇～贤/성인과 현인. 4[명]〈文〉임금에 대한 존칭. 5[형]〈宗〉신성한. ◇～经/성경.

【圣诞—탄】shèngdàn [명]1(옛날) 공자(孔子)의 탄생일을 이르던 말. 2(기독교의) 성탄절. ◇～老人/산타할아버지.

⁑【圣诞节—탄절】ShèngdànJié [명]크리스마스. 성탄절.

【圣地—지】shèngdì [명]1〈宗〉성지. 2성지.

【圣经—경】shèngjīng [명]〈書〉1〈宗〉성경. 성서. 2〈文〉성인이 지은 책.

【圣经贤传—경현전】shèng jīng xián zhuàn 〈成〉성현의 경전.

【圣庙—묘】shèngmiào [명]공자묘. 공자를 모신 사당.

【圣明—명】shèngmíng [형]〈文〉(천자가) 영명하다. 비범하고 총명하다.

【圣母—모】shèngmǔ [명]1(옛날, 중국의 민간에서 믿던) 여신(女神). 2〈宗〉성모 마리아. 3〈敬〉당(唐) 무후(武后).

【圣人—인】shèngrén [명]1성인. (反)〔凡 fán 人〕 2〈文〉천자(天子). 임금.

【圣手—수】shèngshǒu [명]명수. 명인. 능수.

【圣旨—지】shèngzhǐ [명]1임금의 뜻〔명령〕. 성지. 2〈喻〉지상의 명령. 성지.

☆【胜·勝】 月部 5画 | shèng 이길 **승**

1[명][동]이기다. ◇这次比赛谁～了?/이번 시합은 누가 이겼어요? (反)〔负 fù〕〔败 bài〕 [비교]胜:打败 "胜"은 "被"자문에서 술어로 쓰이지 않는다. ◇我们中学的棒球队被他们(×胜)打败了/우리 중학교의 야구팀은 그들에게 패했다. 2[동](남을) 패배시키다. ◇我～了他了/내가 그를 이겼다. 3[형]낫다. 우월하다.〔뒤에 종종 '于'나 '过' 등과 호응한다〕◇他的条件胜不过小王/그의 조건은 왕양보다 못하다. 4[형](경물·경치 따위가) 아름답다. 훌륭하다. ◇引人入～/(경치가 아름다워) 사람의 마음을 끌어당기다. 5(舊讀 shēng)[동]능히 감당하다. …할 수 있다. ◇力不能～/힘으로 감당할 수 없다. 6[명]고대(古代) 여인의 머리장식의 일종.

【胜朝—조】shèngcháo [명]〈文〉멸망한 전대(前代)의 왕조.

【胜地—지】shèngdì [명]명승지.

【胜迹—적】shèngjì [명]명승 고적.

★【胜利—리】shènglì 1[명][동]승리(하다). ◇这场比赛我们队～/이 시합은 우리팀이 승리했다. [비교]胜利:战胜 "胜利"는 목적어를 취하지 못한다. ◇只要坚持团结, 就能(×胜利)战胜一切敌人/끝까지 단결하기만 하면 모든 적을 물리칠 수 있다. 2[동]성공하다. 목적을 이루다.〔부사적으로 많이 쓰임〕◇提前一个半月～地完成了全年生产任务/보름을 앞당겨 연간 생산임무를 성공리에 완수했다. ‖ (同)〔战 zhàn 胜〕, (反)〔失败 shībài〕

S

【胜任一임】shèngrèn 동(직책이나 임무 따위를) 감당할 수 있다.

【胜似一사】shèngsì (同)〔胜过 guò〕

【胜诉一소】shèngsù 명동〈法〉승소(하다). (反)〔败 bài 诉〕

【胜算一산】shèngsuàn 명〈文〉승산.

【胜于一어】shèngyú 형〈文〉…보다 낫다 〔좋다〕. (同)〔胜过 guò〕

【胜仗一장】shèngzhàng 명승리를 거둔 전쟁 또는 전투.

＊【盛】皿部 shèng 6画 성할 **성**
1형한창이다. 번성하다. ◇桃花～开/복사꽃이 활짝 피었다. 2형세차다. 왕성하다. ◇火势很～/화력이 매우 강렬하다. 3형성대하다. ◇～宴/성대한 연회. 4형극진하다. 정성이 담기다. ◇～意/깊은 뜻. 5동성행하다. 널리 유행하다. ◇～行/성행하다. 6형크다. (정도가) 심하다. ◇～赞/크게 칭찬하다. 7(Shèng)명〈姓〉성(姓). ⇒chéng

＊【盛产一산】shèngchǎn 동많이 나다. 다량으로 생산되다. ◇此地～木材/이 지역은 목재가 많이 생산된다.

＊【盛大一대】shèngdà 형성대하다. ◇这个宴会很～/이 연회는 성대하다. 비교盛大: 繁华 장소의 경우에는 "盛大"를 쓰지 않는다. ◇首坞尔是一个(×盛大)繁华的城市/서울은 번화한 도시다.

【盛典一전】shèngdiǎn 명성대한 의식.

【盛服一복】shèngfú 명〈文〉화려하게 차려입은 옷.

【盛会一회】shènghuì 명성대한 집회.

【盛举一거】shèngjǔ 명성대한 활동이나 행사.

＊【盛开一개】shèngkāi 동(꽃이) 활짝 피다. (同)〔盛放 fàng〕, (反)〔枯萎 kūwěi〕

【盛况一황】shèngkuàng 명성황.

【盛名一명】shèngmíng 명훌륭한 명성.

【盛怒一노】shèngnù 동격노하다. 몹시 화내다.

【盛气凌人一기릉인】shèng qì líng rén 〈成〉오만한 태도로 남들을 깔보다. 매우 거만하게 굴다. (同)〔呼幺喝六 hū me hē liù〕, (反)〔低三下四 dī sān xià sì〕

＊【盛情一정】shèngqíng 명두터운 정. 친절. ◇～难却/친절을 거절하기 어렵다.

【盛世一세】shèngshì 명태평 성세. (反)〔乱 luàn 世〕

【盛事一사】shèngshì 명성대한 일〔사업〕.

【盛夏一하】shèngxià 명한여름. 〔음력 6월을 말함〕(同)〔炎 yán 夏〕, (反)〔寒冬 hándōng〕

＊【盛行一행】shèngxíng 동성행하다. 매우 널리 유행하다.

【盛宴一연】shèngyàn 명성대한 연회.

【盛意一의】shèngyì 명두터운 정. 깊은 호의.

【盛誉一예】shèngyù 명대단한 명예.

【盛赞一찬】shèngzàn 동극구 칭찬하다.

【盛装一장】shèngzhuāng 명화려한 복장. (同)〔盛服 fú〕, (反)〔破衣 pòyī〕

【乘】禾部 丿部 shèng 5画 9画 탈 **승**
1명〈文〉사서(史书). 〔춘추(春秋)시대 진(晋)나라의 사서를 '乘'으로 불렀던 데서 비롯함〕◇史～/사서. 2양승. 〔고대에 4필의 말이 끄는 전차를 세는 단위〕〈方〉대. 〔차량을 세는 단위〕◇千～之国/천승의 전차를 가진 (큰 제후의) 나라. 천승지국. ⇒chéng

★【剩】刂部 shèng 10画 남을 **잉**
동남다. ◇我只～五块钱了/난 5원 밖에 안 남았다. (反)〔缺 quē〕

【剩磁一자】shèngcí 명〈物〉잔자성(殘磁性). 남은 자성.

【剩下一하】shèng//·xià 동남다. ◇别人都走了, 就～我一个人了/다른 사람은 모두 가고 나 혼자만 남았다.

＊＊【剩余一여】shèngyú 명잉여. 나머지. ◇上个月工资的～不多了/지난달 월급은 남은 게 이제 많지 않다. (同)〔多 duō 余〕, (反)〔缺少 quēshǎo〕

【剩余产品一여산품】shèngyú chǎnpǐn 명〈經〉잉여 생산물.

【剩余价值一여가치】shèngyú jiàzhí 명〈經〉잉여 가치.

【剩余劳动一여노동】shèngyú láodòng 명〈經〉잉여 노동.

尸 873	失 874	师 876	狮 876	虱 876
诗 876	施 877	湿 877	嘘 877	十 877
什 878	石 878	识 879	时 879	鲥 881
实 881	拾 882	食 882	蚀 883	史 883
使 883	驶 884	矢 884	豕 884	始 884
屎 884	士 884	仕 885	氏 885	舐 885
世 885	贳 885	市 886	柿 886	示 886
式 886	试 886	拭 887	弑 887	似 887
事 887	侍 888	恃 888	势 888	饰 889
视 889	室 889	适 889	是 890	逝 891
誓 891	谥 891	释 891	嗜 891	噬 892
奭 892	匙 892	殖 892		

shī

【尸】尸部 shī 0画 주검 **시**
1명주검. 시체. ◇死～/사체. 2명시동(尸童). 옛날, 제사 때 죽은 사람을 대신하여 제사를 받는 사람.

【尸骨－골】shīgǔ 圆1백골. 유골. 해골. 2 시체. 송장.

【尸骸－해】shīhái (同)〔尸骨 gǔ〕

【尸蜡－랍】shīlà 圆납화(蠟化)한 시체.

【尸身－신】shīshēn 圆시신. 시체.

【尸首－수】shī·shou (同)〔尸体 tǐ〕

*【尸体－체】shītǐ 圆시체.

【尸位－위】shīwèi 圆〈文〉자리만 차지하고 일을 않다.

【尸位素餐－위소찬】shī wèi sù cān 〈成〉〈文〉자리만 차지하고 하는 일 없이 국록만 받아먹다.

*【失】ノ部 shī
4画 잃을 실

1圆잃다. ◇上半场～了两个球/전반전에 두 골을 잃었다. (反)〔得 dé〕2圆부주의하다. 실수하다. ◇一不小心、～了手, 杯子落在地上打碎了/부주의해서 손에 놓쳐 잔을 바닥에 떨어뜨려 박살냈다. 3圆찾지 못하다. ◇别担心, 他～不了踪/걱정하지마, 그는 실종될 리 없다. 4圆목적을 달성하지 못하다. ◇～望/실망. 5圆(상궤를) 벗어나다. ◇～声/엉겁결에 소리를 내다. 6圆어기다. 위반하다. ◇没想到你竟～了约/네가 뜻밖에 약속을 어길 줄 생각지도 못했다. 7圆과오. 잘못. 실수. ◇～误/실수를 하다.

☆【失败－패】shībài 圆圆1패배(하다). ◇比赛了三次, ～了三次/세 번 시합해서 세 번 패배했다. (同)〔战 zhàn 败〕, 〔胜利 shènglì〕2실패(하다). (反)〔成功 chénggōng〕 比较失败:打败 "失败"은 목적어를 갖지 못한다. ◇我们终于(×失败)打败了他们/우리는 결국 그들을 물리쳤다.

【失策－책】shīcè 圆圆실책(하다). 오산(하다). (同)〔失算 suàn〕, (反)〔得计 déjì〕

【失察－찰】shīchá 圆불찰하다.

【失常－상】shīcháng 圆비정상적이다. 정상상태가 아니다. ◇举动～/행동거지가 비정상적이다. (同)〔错乱 cuòluàn〕, (反)〔正 zhèng 常〕

【失宠－총】shī//chǒng 圆〈貶〉총애를 잃다. (反)〔得 dé 宠〕

【失传－전】shīchuán 圆실전하다. (反)〔流 liú 传〕

【失措－조】shīcuò 圆당황하여 어쩔 줄 모르다. 갈팡질팡하다. (同)〔从容 cóngróng〕

【失单－단】shīdān 圆분실 또는 도난 신고서.

【失当－당】shīdàng 圆적합하지 않다. 부적당하다. ◇处理～/처리가 부적절하다. (同)〔不 bù 当〕, (反)〔恰 qià 当〕

【失盗－도】shī//dào 圆도난 당하다. 도적

맞다.

【失道寡助－도과조】shī dào guǎ zhù 〈成〉도의를 어기면 돕는 이가 적다.

【失地－지】shīdì 1圆국토를 잃다. 2圆빼앗긴 국토.

*【失掉－도】shīdiào 圆1잃어 버리다. ◇不能～信心/자신감을 잃어서는 안 된다. 比较失掉:丢 체면에는 "失掉"를 쓰지 않는다. ◇她不想(×失掉)丢自己的脸/그녀는 자신의 체면을 잃고 싶지 않았다. 2놓치다. ◇三年前, 我～过一次好的学习机会/나는 3년 전 공부하는 좋은 기회를 한번 놓쳤었다.

【失和－화】shīhé 圆불화하다. 사이가 틱겨나다. (反)〔和睦 mù〕

【失衡－형】shīhéng 圆균형을 잃다. ◇供需～/공급과 수요의 균형을 잃었다.

【失欢－환】shīhuān 圆남의 환심을 잃다.

【失悔－회】shīhuǐ 圆후회하다.

【失魂落魄－혼락백】shī hún luò pò 〈成〉넋을 잃다. 혼비백산하다.

【失火－화】shī//huǒ 1圆불이 나다. 2(shīhuǒ)圆화재.

【失计－계】shījì 圆실책(하다).

【失记－기】shījì 圆〈文〉잊다. 잊어버리다. (同)〔忘 wàng 记〕, (反)〔记得 dé〕

【失检－검】shījiǎn 圆(말과 행동이) 단정치 못하다. 부주의하다.

【失脚－각】shī//jiǎo (同)〔失足 zú 1〕

【失节－절】shī//jié 1절개를 잃다. 2정도를 잃다. (同)〔变 biàn 节〕, (反)〔守 shǒu 节〕

【失禁－금】shījìn 圆대소변을 지리다.

【失敬－경】shījìng 圆〈套〉실례하다. (미처) 예의를 차리지 못하다.

【失据－거】shījù 圆근거지를 잃다.

【失控－공】shīkòng 圆제어하지 못하다.

【失口－구】shī//kǒu 圆실언하다. (同)〔失言 yán〕

【失礼－례】shīlǐ 圆실례하다. 예의에 벗어나다. (同)〔非 fēi 礼〕, (反)〔有 yǒu 礼〕

【失利－리】shī//lì 圆1이익을 잃게 되다. 2(전쟁·경기 따위에서) 지다.

【失恋－연】shī//liàn 圆1실연하다. 2(shīliàn)圆실연. (反)〔热 rè 恋〕

【失灵－령】shīlíng 圆(기계 따위가) 고장나다. 작동하지 않다. ◇那电梯～了/그 승강기가 고장났다.

【失落－락】shīluò 圆잃어버리다. 분실하다.

【失迷－미】shīmí 圆(길을) 잃다.

【失密－밀】shī//mì 圆비밀을 누설하다. (同)〔泄 xiè 密〕, (反)〔保 bǎo 密〕

*【失眠－면】shī//mián 圆잠을 이루지 못하다. (反)〔入 rù 眠〕

【失明－명】 shī//míng 통실명하다. 눈이 멀다.

【失陪－배】 shīpéi 〈套〉먼저 실례하겠습니다. 〔손님을 두고 먼저 떠날 때 하는 인사말〕

【失窃－절】 shīqiè 통도난 당하다. 도둑맞다.

☆【失去－거】 shīqù 통잃어 버리다. ◇这个法律再不修改, 就会～约束力/이 법률을 수정하지 않으면 구속력을 잃을 것이다. (同)〔失掉 diào〕, (反)〔获得 huòdé〕

【失却－각】 shīquè (同)〔失掉 diào〕

【失散－산】 shīsàn 통뿔뿔이 흩어지다. (同)〔离 lí 散〕, (反)〔团圆 tuányuán〕

【失色－색】 shīsè 통1본래의 색을 잃어 버리다. (同)〔退 tuì 色〕, (反)〔添 tiān 色〕 2(놀라거나 두려워서) 얼굴 빛이 변하다. 새파랗게 질리다.

【失闪－섬】 shī·shan 명뜻밖의 착오〔위험〕. 뜻밖의 사고.

【失身－신】 shī//shēn 통(여자가) 정조를 잃다. 정조를 지키지 못하다.

【失神－신】 shīshén 통1방심하다. 2맥이 풀리다. 실신하다.

【失慎－신】 shīshèn 통1신중하지 않다. 소홀히 하다. (同)〔疏忽 shūhū〕, (反)〔慎重 zhòng〕불이 나다.

【失声－성】 shīshēng 통1엉겁결에 소리를 지르다. 2(비통한 나머지) 목이 매여 소리가 나오지 않다.

【失时－시】 shī//shí 통시기〔기회〕를 놓치다.

【失实－실】 shīshí 통사실과 어긋나다.

*【失事－사】 shī//shì 통불행한 사고가 일어나다. ◇因为引擎的毛病飞机～了/비행기가 엔진고장으로 사고가 났다.

【失势－세】 shī//shì 통권세를 잃다. (反)〔得 dé 势〕

【失手－수】 shī//shǒu 통1손에서 놓치다〔빠지다〕. 2(뜻밖의 실수로) 지다.

【失守－수】 shīshǒu 통1함락되다. (同)〔失利 lì〕, (反)〔得手 déshǒu〕 2〈文〉지킬 것을 지키지 못하다.

【失算－산】 shīsuàn 통오산하다. 잘못 계산하다.

【失所－소】 shīsuǒ 통의지할 곳을 잃다.

【失态－태】 shītài 통(태도나 동작이) 예의를 잃다. 추태를 부리다.

【失调－조】 shītiáo 통1균형을 잃다. ◇产销～/생산과 판매가 균형을 잃었다. 2(몸을 제대로) 조리하지 못하다. (反)〔平衡 pínghéng〕

☆【失望－망】 shīwàng 통1희망을 잃다. 실망하다. ◇尽管这次试验失败了, 但我们并没～/이번 실험이 실패했지만 우리는 결코 실망하지 않았다. 비교失望:破灭 "失望"은 사람에게만 쓸 수 있다. ◇那一天, 我的理想(×失望)破灭了/그날, 우리의 꿈은 깨어졌다. 2(일이 잘 안 되어서) 낙담하다. ◇一看他那～的样子就知道他凉了/그의 낙담한 모습을 보니 그가 겼음을 알았다. (反)〔满意 mǎnyì〕

【失物－물】 shīwù 명유실물.

*【失误－오】 shīwù 통실수를 하다. 미스를 범하다. ◇判断～/판단실수.

【失陷－함】 shīxiàn 통(영토·도시 따위가) 적에게 함락되다.

*【失效－효】 shī//xiào 통효력을 잃다. 효력이 없어지다. ◇签证～/사증이 효력을 잃었다. (同)〔无 wú 效〕, (反)〔有 yǒu 效〕

【失笑－소】 shīxiào 통실소하다. 자기도 모르게 웃음이 나오다.

【失信－신】 shī//xìn 통약속을 어기다. 신용을 잃다. (同)〔背 bēi 信〕, (反)〔守 shǒu 信〕

【失修－수】 shīxiū 통수리를 게을리하다.

*【失学－학】 shī//xué 통배울 기회를 잃다. 학업을 중단하다. (反)〔上 shàng 学〕

【失血－혈】 shīxuè 통(대량 출혈로 인하여) 체내의 혈액이 감소되다. 피를 많이 흘리다.

【失言－언】 shī//yán 1통실언하다. 입을 잘못 놀리다. 2(shīyán)명실언.

☆【失业－업】 shī//yè 통직장을 잃다. 실업하다. (反)〔就 jiù 业〕

【失宜－이】 shīyí 〈文〉타당하지 않다. 부적절하다.

【失意－의】 shī//yì 통뜻을 이루지 못하다. 실의하다. (同)〔潦倒 liáodào〕, (反)〔得 dé 意〕

【失迎－영】 shīyíng 〈套〉마중나가지 못해 죄송합니다.

*【失约－약】 shī//yuē 통약속을 지키지 못하다. 위약하다. (同)〔背 bēi 约〕, (反)〔守 shǒu 约〕

【失着－착】 shī//zhāo 통행동이 소홀하다. 방법이 틀리다.

【失真－진】 shī//zhēn 통1(소리·형상·말의 내용 따위가) 사실과 어긋나다. (反)〔逼 bī 真〕 2〈無〉(라디오·전화 소리 따위를) 변조하다.

【失之东隅, 收之桑榆－지동우, 수지상유】 shī zhī dōng yú, shōu zhī sāng yú 〈成〉처음에 실패하다가 나중에 그것을 만회하다. 실패 끝에 성공하다.

【失之毫厘, 谬以千里－지호리, 류이천리】 shī zhī háo lí, miù yǐ qiān lǐ 〈成〉작은 실수로 인해 큰 잘못을 저지르게 되다.

【失之交臂－지교비】 shī zhī jiāo bì 〈成〉뻔히 보면서도 좋은 기회를 놓치고 말다.

S

【失职─직】shīzhí **1**똉직무상의 과실. **2**(shī//zhí)똉직책을 다하지 못하다. 직무를 태만히 하다. (同)〔渎dú职职〕, (反)〔尽jìn职〕 | 비교 失业: 직장을 잃었을 때는 "失职"을 쓰지 않는다. ◇近来有很多人(×失职)失业/최근 많은 사람이 실직했다.

【失重─중】shī//zhòng 똉〈物〉무중력 (상태).

【失主─주】shīzhǔ 똉잃어버린 물건의 주인. 분실자.

*【失踪─종】shī//zōng 똉실종되다. 행방불명되다. ◇证人～了三四个/증인이 서너 명 실종되었다.

【失足─족】shī//zú 똉**1**실족하다. 발을 헛디디다. **2**〈喩〉큰 실수를 하다. 그릇된 길로 들다.

*【**师·師**】 丨部 | 巾部 | shī
5画 | 3画 | 스승 사

1똉스승. ◇教～/교사. **2**똉〈文〉본보기. 모범. ◇前事不忘, 后事之～/지난 일을 잊지 않으면 그것은 뒷일의 본보기가 된다. **3**똉전문가. 기술자. ◇工程～/기사. 엔지니어. **4**똉〈佛〉〈敬〉스님. ◇法～/법사. **5**사제관계로 인하여 생긴 관계. ◇～母/사모님. **6**똉본받다. (따라) 배우다. **7**똉〈軍〉사단. **8**똉군대. ◇出～/출병하다. **9**(Shī)똉성(姓).

【师表─표】shībiǎo 똉〈文〉사표. 모범이 되는 사람.

【师承─승】shīchéng **1**똉전승하다. 스승에게서 전수받다. **2**똉사전(师傅). 스승으로부터 이어받는 계통.

【师出无名─출무명】shī chū wú míng 〈成〉정당한 이유없이 군대를 출동시키다. 일을 할 때 명분이 없다. (反)〔师出有名yǒu míng〕

【师弟─제】shīdì 똉**1**동문후배. **2**자기보다 나이 어린 스승의 아들. **3**스승과 제자. 사제.

【师法─법】shīfǎ 〈文〉**1**똉똉본보기(로 하다). 모범(으로 삼다). 본(받다). **2**똉스승으로부터 전수 받은 학문이나 기술.

【师范─범】shīfàn 똉1**(略)사범. '师范学校'(사범학교)의 준말. **2**〈文〉모범. 본보기. ◇为世～/세상의 사표가 되다.

【师父─부】shī·fu **1**(同)〔师傅 fu〕 **2**똉사부.〔스님·비구니·도사에 대한 경칭〕

★【师傅─부】shī·fu 똉**1**(학문·기예 따위의) 스승. 선생. ◇他的武功是有名的, 他～的本领更大/그의 무공은 유명한데 그 스승의 능력은 더 대단하다. **2**기예인에 대한 존칭. ◇两个做西餐的～都很年轻/두 명의 서양요리 요리사는 모두 매우 젊다. **3**일반인에 대한 호칭. ◇～, 来点什么?/선생님, 뭘 시키시겠습니까?

【师公─공】shīgōng 똉**1**스승의 스승. **2**남자 무당.

【师姐─저】shījiě 똉**1**동문 여자 선배. **2**자기보다 나이 많은 스승의 딸.

【师妹─매】shīmèi 똉**1**동문 여자 후배. **2**자기보다 나이 어린 스승의 딸.

【师母─모】shīmǔ 똉사모님.

【师娘─낭】shīniáng 똉〈口〉사모님.

【师事─사】shīshì 똉〈文〉사사하다. 선생으로 모시다.

【师心自用─심자용】shī xīn zì yòng 〈成〉자기의 주장을 고집하고 남의 말에 귀를 기울이지 않다.

【师兄─형】shīxiōng 똉**1**동문 선배. **2**자기보다 나이 많은 스승의 아들. **3**자기보다 나이 많은 부친의 제자.

【师爷─야】shī·ye 똉〈俗〉옛날, 지방 관리의 개인 고문. 비장. 막료.

*【师长─장】shīzhǎng 똉**1**교사에 대한 존칭. **2**〈軍〉사단장.

【师资─자】shīzī 똉교사진. 교사감.

【**狮·獅**】 犭部 | shī
6画 | 사자 사

똉〈動〉사자.

【狮峰龙井─봉용정】shīfēng lóngjǐng 똉(중국 사봉(狮峰)에서 생산되는) 최고급 용정차(龙井茶).

☆【狮子─자】shī·zi 똉〈動〉사자.

【狮子搏兔─자박토】shī zǐ bó tù 〈成〉사자가 토끼를 잡는 데도 온 힘을 다한다. 작은 일이라도 전력을 다하다.

【狮子狗─자구】shī·zigǒu (同)〔哈hǎ巴狗〕

【狮子舞─자무】shī·ziwǔ 똉〈舞〉(중국 민속) 사자춤.

狮子舞

绣球 xiùqiú

【狮子座─자좌】shī·zizuò 똉사자좌. 〈天〉사자자리.

【**虱(蝨)**】 乙部 | 虫部 | shī
7画 | 2画 | 이 슬

똉〈虫〉이.

【虱子─자】shī·zi 똉〈虫〉이.

☆【**诗·詩**】 讠部 | shī
6画 | 시 시

똉시. ◇古～/고시.

【诗风─풍】shīfēng 똉시풍. 시의 기풍.

*【诗歌―가】shīgē 뎽시(詩). 시가.

【诗话―화】shīhuà 뎽시화. 시나 시인에 대한 평론이나 수필.

【诗集―집】shījí 뎽시집.

【诗句―구】shījù 뎽시구.

【诗律―율】shīlù 뎽시율. 시의 운율.

【诗篇―편】shīpiān 뎽1시. 〔시의 총칭〕2〈喩〉생명과 의미가 있는 이야기·글 따위.

【诗情画意―정화의】shī qíng huà yì 〈成〉시적인 정취와 그림 같은 경지. (풍경 따위가) 시나 그림처럼 아름답다.

**【诗人―인】shīrén 뎽시인.

【诗史―사】shīshǐ 뎽1시사. 시의 역사. 2한 시대의 모습을 반영한 역사적 의미를 지닌 시.

【诗兴―흥】shīxìng 뎽시적 감흥. 시를 짓고 싶은 기분.

【诗意―의】shīyì 뎽1시의 의미. 2시적 경지. 시적인 맛. 시정.

【诗余―여】shīyú 뎽사(詞)의 다른 이름. 〔사(詞)는 시에서 발전하여 이루어진 것이라 하여 이렇게 부름〕

【诗韵―운】shīyùn 뎽1시운. 시의 압운(押韻). 2운서(韻書). 〔일반적으로 '평수운' (平水韻)을 말함〕

【诗章―장】shīzhāng 뎽시(詩). 시편(詩篇).

【施】 方部 5画 베풀 시

1뎽시행하다. 실시하다. ◇实～/실시하다. 2뎽주다. 가하다. (비료를) 주다. 3뎽(은혜를) 베풀다. ◇～诊/진료를 베풀다. 4뎽바르다. (비료를) 주다. 5(Shī) 뎽성(姓).

【施暴―포】shībào 뎽1폭행하다. 2강간하다.

【施放―방】shīfàng 뎽터뜨리다. 내뿜다. ◇～毒气/독가스를 터뜨린다.

【施肥―비】shī// féi 뎽비료를 주다.

☆【施工―공】shī// gōng 1뎽시공하다. 공사를 하다. ◇去年9月开始～/작년 9월부터 시공했다. 2(shīgōng)뎽시공.

*【施加―가】shījiā 뎽(압력·영향 등을) 가하다. ◇～压力/압력을 가한다.

【施礼―례】shī// lǐ 뎽인사하다. 절하다. (反)〔还 huái 礼〕

【施舍―사】shīshě 1뎽회사. 2뎽은덕을 베풀다. 회사하다. 시주하다.

【施事―사】shīshì 뎽〈言〉문법에서, 동작의 주체를 가리킴. 그 예로 '他走了'에서 '走'의 주체가 '他'임. (反)〔受 shòu 事〕

【施威―위】shīwēi 뎽위엄을 나타내다. 위력을 보이다.

*【施行―행】shīxíng 뎽1시행하다. ◇发布～新的关税法/새로운 관세법을 발표하여 시행한다. 2실행하다. ◇～手术/수술을 한다.

【施用―용】shīyòng 뎽사용하다.

【施与―여】shīyǔ 뎽(재물·은혜 따위를) 베풀다. (反)〔强抢 jiàng qiǎng〕

【施斋―재】shī// zhāi 뎽(중에게) 시주하다. 보시하다.

*【施展―전】shīzhǎn 뎽(재능·수완 따위를) 발휘하다. 펼치다. ◇～阴谋诡计/음모와 계책을 쓴다.

【施诊―진】shī// zhěn 뎽무료로 진찰하다.

【施政―정】shīzhèng 뎽뎽시정(하다). ◇～方针/시정방침.

【施主―주】shīzhǔ 뎽〈佛〉시주.

☆【湿(濕,溼)】 氵部 9画 축축할 습

1뎽축축하다. 습하다. ◇大米很～, 得晒晒/쌀이 축축하니 햇볕에 말려야겠다. 2뎽적시다. ◇衣服都给雨淋～了/옷이 비에 젖었다. (同)〔潮 cháo〕, (反)〔干 gān〕

*【湿度―도】shīdù 뎽습도.

【湿淋淋―림림】shīlínlín (～的)뎽물방울이 떨어질 만큼 흠뻑 젖은 모양. (同)〔湿漉漉 shīlùlù〕, (反)〔干巴巴 gānbābā〕

【湿漉漉―록록】shīlùlù (～的)(同)〔湿渌渌 lù渌(的)〕

【湿热―열】shīrè 뎽습하고 무덥다. (反)〔干冷 gānlěng〕

**【湿润―윤】shīrùn 뎽(토양·공기 따위가) 습윤하다. 축축하다. ◇雨过天晴, 空气～/비가 그치고 날이 개니 공기가 습윤하다. (反)〔干燥 gānzào〕

【嘘】 口部 11画 내불 허

뎽쉿. 〔제지(制止)나 쫓아냄을 나타냄〕 ◇～! 别做声!/쉿! 소리내지 마! ⇒xū

shí

★【十】 十部 0画 열 십

1뎽십. 열. 2뎽완전한. 최고의.

【十八般武艺―팔반무예】shíbābān wǔyì 뎽18기. 〔18가지 무기를 쓰는 무예〕〈喩〉여러가지 기능〔재주〕.

【十八罗汉―팔나한】shíbā luóhàn 뎽〈佛〉십팔 나한.

【十不闲儿―불한아】shíbùxiánr (同)〔什 shí 不闲儿〕

【十冬腊月―동납월】shídōng làyuè 음력 시월·동짓달·섣달. 〈喩〉한겨울.

【十恶不赦―악불사】shí è bù shè 〈成〉극악무도하여 용서할 수 없다.

【十二分―이분】shí'èrfēn 뎽뎽아주. 몹시. 확실히. 충분히. ◇她对男朋友感到～的满

足/그녀는 남편감에 대해 아주 흡족했다. 〔'十分'(십분)보다 더욱 강한 느낌의 말〕

【十二指肠－이지장】shí'èrzhǐcháng 명〈生理〉십이지장.

【十番乐－번악】shífānyuè 명〈音〉10가지 악기로 구성된 민간 음악단.

【十方－방】shífāng 명〈佛〉십방.〔동·서·남·북·동남·서남·동북·서북·상·하를 가리킴〕◇～常住/(승려가) 사방으로 탁발을 다니다.

★【十分－분】shífēn 부매우. 몹시. ◇～高兴/몹시 기뻐하다. 비교十分:充分 "十分"은 일반 행위동사를 수식하지 않는다. ◇这就(×十分)充分说明了我们的立场/이만하면 우리의 입장을 충분히 설명했다.

【十锦－금】shíjǐn (同)〔什 shí 锦〕

【十进制－진제】shíjìnzhì 명〈數〉십진법.

【十目所视,十手所指－목소시,십수소지】shí mù suǒ shì, shí shǒu suǒ zhǐ 〈成〉여러 사람의 눈이 주목하고 있어 나쁜 일을 저지를 수 없고 저질러도 숨길 수 없다.

【十拿九稳－나구온】shí ná jiǔ wěn 〈成〉손에 넣은 것이나 마찬가지다. 자신있다.

【十年九不遇－년구불우】shí nián jiǔ bù yù 〈成〉매우 드물다. 어쩌다 한번 있다.

【十年树木,百年树人－년수목, 백년수인】shí nián shù mù, bǎi nián shù rén 〈成〉나무를 기르는 데는 십 년이 필요하고, 인재를 육성하는 데는 백 년이 필요하다. 인재를 기르는 일은 매우 어려운 일이다.

【十全－전】shíquán 형〈喻〉완전 무결하다.

*【十全十美－전십미】shí quán shí měi 〈成〉완전 무결하여 나무랄 데가 없다. (同)〔完美无缺 wán měi wú quē〕, (反)〔一塌糊涂 yī tā hū tú〕

【十三点－삼점】shísāndiǎn 〈方〉1명바보. 멍청이.〔희롱조의 말이나 부드러운 의미로 사용함〕2형바보스럽다. 멍청하다.

【十三经－삼경】Shísān Jīng 명〈書〉십삼경.〔중국의 열세 가지 유교 경서(經書)〕

【十室九空－실구공】shí shì jiǔ kōng 〈成〉열 집에 아홉 집은 사람이 살지 않다. 전란이나 재해 등으로 사람들이 유랑하다.

【十万八千里－만팔천리】shí wàn bā qiān lǐ 매우 먼 거리. 매우 큰 차이. ◇这两个公司的技术水平差～/이 두 회사의 기술 수준은 큰 차이가 있다.

【十万火急－만화급】shí wàn huǒ jí 〈成〉매우 화급하다. (同)〔急如星火 jí rú xīng huǒ〕, (反)〔慢条斯理 màn tiáo sī lǐ〕

【十一－일】Shí Yī 명〈略〉10월 1일.〔중화인민 공화국의 건국기념일이 1949년 10월 1일〕

【十指连心－지연심】shí zhǐ lián xīn 〈成〉한 손가락이 아프면 다른 손가락도 고통을 느낀다. 서로 밀접한 관계가 있다.

【十字架－자가】shízìjià 명〈宗〉십자가.

【十字街头－자가두】shízì jiētóu 명1네거리. 2〈喻〉분기점. 갈림길.

【十字路口－자로구】shízì lùkǒu (～儿)명 1네거리. 사거리. 2〈喻〉(중대한 문제의) 기로. 갈림길.

*【十足－족】shízú 형1함유율이 100%이다. 성분이 순수하다. 순도가 높다. ◇～的黄金/순금. 2충분하다. 완전무결하다. ◇～的理由/충분한 이유.

【什】 亻部 2画 shí 열 **십**

1수〈文〉십. 열.〔분수나 배수에 많이 쓰임〕◇～一/열에 하나. 십분의 일. ◇～百/십 배(十倍) 혹은 백 배(百倍). 2명형〈轉〉여러가지(의). 다양한 (것). 잡다한 (것). ◇家～/가정의 잡다한 것, 즉 가재 도구.

【什不闲儿－불한아】shíbùxiánr 명잡기(雜技)의 일종.

【什件儿－건아】shíjiànr(又讀 shíjiǎnr) 명1 닭이나 오리의 내장. 2(상자·장롱·차량·도검(刀劍) 따위에 붙이는) 금속의 장식물.

【什锦－금】shíjǐn 1형여러가지 재료로 만든. 모듬의. 2명여러 가지 재료로 만든 식품.

【什锦锉－금좌】shíjǐn cuò 명〈機〉여러가지 줄칼이 한 조(組)로 된 것. 세트로 된 줄 칼.

【什物－물】shíwù 명집물. 일상가구 집기.

【石】 石部 0画 shí 돌 **석**

명1돌. ◇花冈～/화강석. 2석각(石刻). 돌에 새긴 것. ◇金～/금석. 종정문(鍾鼎文)과 비문(碑文). 3〈文〉〈中醫〉석침(石針). 4(Shí)성(姓). ⇒dàn

【石板－판】shíbǎn 명1〈建〉석판. 2(옛날 문구의 일종인) 석판.

【石版－판】shíbǎn 명〈印〉석판.

【石笔－필】shíbǐ 명석필.〔석판 위에 글씨를 씀〕

【石沉大海－침대해】shí chén dà hǎi 〈成〉돌이 바다에 가라앉은 듯하다. 감감 무소식이다. (反)〔水落石出 shuǐ luò shí chū〕

【石担－담】shídàn 명〈體〉(돌로 된) 역기.

【石雕－조】shídiāo 명〈美〉돌조각(품).

【石碓－대】shíduì 명돌로 된 디딜방아.

【石方－방】shífāng 명1돌 입방미터. 2〈略〉석재를 다루는 작업.

【石膏－고】shígāo 명〈礦〉석고.

S

【石膏像－고상】 shígāoxiàng 阌석고상.

【石工－공】 shígōng 阌1돌 가공. 2석공.

【石鼓文－고문】 shígǔwén 阌(중국 전국시대 진나라의 문물) 석고문.

【石磙－곤】 shígǔn 阌〈農〉굴레. 돌태. (同)〔碌碡 liù·zhóu〕

∗【石灰－회】 shíhuī 阌〈化〉1석회. 2생석회. 3소석회.

【石灰质－회질】 shíhuīzhì 阌석회질.

【石级－급】 shíjí 阌〈文〉돌계단. 돌층계.

【石匠－장】 shí·jiang 阌석장. 석공.

【石蛳－접】 shíjié 阌〈動〉거북다리.

【石坎－감】 shíkǎn 阌1돌을 쌓아 만든 제방(堤防). 2돌계단.

【石刻－각】 shíkè 阌석각.

【石窟－굴】 shíkū 阌석굴.

【石砬子－랍자】 shílá·zi 阌〈方〉지표로 삐져 나온 암석. 돌바위.

【石料－료】 shíliào 阌석재(石材).

【石榴－류】 shí·liu 阌〈植〉석류(나무).

【石棉－면】 shímián 阌〈礦〉석면.

【石墨－묵】 shímò 阌〈礦〉1석묵. 흑연. 2'煤'(석탄)의 다른 이름.

【石女－녀】 shínǚ 阌돌계집. 석녀.

【石破天惊－파천경】 shí pò tiān jīng 〈成〉(글 따위가) 기상천외하다. (反)〔平淡无奇 píng dàn wú qí〕

【石器时代－기시대】 shíqì shídài 阌〈史〉석기 시대.

【石笋－순】 shísǔn 阌〈地質〉석순.

【石锁－쇄】 shísuǒ 阌돌로 만든 운동 기구.

【石炭－탄】 shítàn 阌〈礦〉'煤'(석탄)의 옛 이름.

☆【石头－두】 shí·tou 阌1돌. 2(가위 바위 보에서의) 바위.

【石头子儿－두자아】 shí·touzǐr 阌〈口〉자갈.

【石碨－외】 shíwō 阌돌로 만든 달구.

【石印－인】 shíyìn 阌〈印〉석판 인쇄.

【石英－영】 shíyīng 阌〈礦〉석영.

【石英钟－영종】 shíyīngzhōng 阌수정시계.

☆【石油－유】 shíyóu 阌석유.

【石油气－유기】 shíyóuqì 阌석유 가스.

【石钟乳－종유】 shízhōngrǔ 阌〈礦〉석종유. 돌고드름.

【石子儿－자아】 shízǐr 阌자갈. 돌멩이.

【石子－자】 shí·zi 阌〈方〉돌.

【识·識】 讠部 5画 | 알 식
1동알다. 알아보다. ◇他这个人不~好歹/그라는 사람은 잘 대해준 것도 모른다. 2阌견식. 식견. ◇见多～广/박식하고 경험이 많다. ⇒zhì

∗【识别－별】 shíbié 동식별하다. 가려내다. ◇你能不能～远处的那些东西?/멀리 있는

저 물건들을 식별할 수 있겠어요?

【识货－화】 shí∥huò 동물건을 보는 눈이 있다.

【识家－가】 shíjiā 阌감식력이 있는 사람.

【识见－견】 shíjiàn 阌〈文〉식견.

【识破－파】 shípò 동간파하다. 꿰뚫어 보다. ◇～他的骗局/그의 사기극을 간파했다.

【识趣－취】 shíqù 동눈치쌀미가 있다. 눈치 껏 처신하다. (同)〔知 zhī 趣〕

【识时务者为俊杰－시무시위준걸】 shí shíwùzhě wéi jùnjié 〈諺〉상황판단을 잘 하는 자는 준걸이라 할 수 있다.

【识文断字－문단자】 shí wén duàn zì 〈成〉읽거나 쓸 수 있다.

∗∗【识相－상】 shíxiàng 동〈方〉눈치껏 움직이다.

【识羞－수】 shíxiū 동부끄러움을 알다. 〔보통 부정문에 쓰임〕(同)〔知耻 zhīchǐ〕, (反)〔无耻 wúchǐ〕

【识字－자】 shí zì 글자를 알다[해독하다].

∗【时·時】 日部 3画 | 때 시
1阌때. 시대. 〔비교적 긴 시간 단위를 가리킴〕◇古～/고대. 2阌정해진 시간. 〔'到时', '准时'로 쓰임〕◇你每天按～吃药, 病一定能好/너 매일 제시간에 약을 먹으면 병이 꼭 나을 수 있다. 3阌때. 즈음. ◇我去他家～, 他正在吃饭/내가 그의 집에 갔을 때 그는 마침 밥 먹고 있었다. 4阌계절. 철. ◇不误农～/농사철을 놓치지 않다. 5阌嘪당대(의). 지금(의). ◇～新/새로 유행하는. 6阌시. 〔시간의 단위〕◇他于七月十日四～五十分逝世/그는 7월10일 4시 50분에 서거했다. 7阌기회. 알맞은 때. ◇待～而动/때를 기다려 행동하다. 8阌당시의 풍습·유행. ◇合～/당시의 유행에 맞다. 9嘪종종. 때때로. ◇～有出现/종종 나타난다. 10嘪때로는. 이따금. ◇～快～慢/때로는 빠르고 때로는 느리다. 빨랐다 느렸다 하다. 主의'时…时…'는 보통 뒤에 단음절어가 오며, '时而…时而…'은 제한이 없음. 11阌〈言〉시제. 시상(時相). 12(Shí)阌성(姓).

【时弊－폐】 shíbì 阌그 시대의 병폐.

【时不时－불시】 shíbùshí (同)〔时常 cháng〕

【时不我待－불아대】 shí bù wǒ dài 〈成〉세월은 나를 기다려 주지 않는다.

【时差－차】 shíchā 阌〈地〉시차.

∗∗【时常－상】 shícháng 嘪종종. 자주. ◇冬天我～感冒/나는 겨울에 종종 감기에 걸린다. (同)〔经 jīng 常〕, (反)〔间或 jiānhuò〕比교时常:经常 ①'时常'은 동작이 여러번 일어나지만 동작의 일관성은 없다. ◇在北京的三年里, 我(×时常)经常

S

坚持锻炼身体/북경에 있는 3년 동안 난 꾸준히 운동했다. ②"不" 앞에 "时常"을 사용하지 않는다. ◇我出门儿(×时常)经常不带雨伞/난 외출할 때 늘 우산을 가지고 나가지 않는다.

【时辰－신】shí·chen 명1(옛날의) 시간을 나타내는 단위. 2(옛날의) 시각. 때.

☆【时代－대】shídài 명1(역사상의) 시대. ◇～不同了, 男女都一样/시대는 이제 다르니 남녀는 모두 똑같다. 2일생의 한 시기. 시절. ◇我有一个美好的童年～/나에게 아름다운 어린시절이 있었다.

【时调－조】shídiào 명한 지역의 유행가요.

*【时而－이】shí'ér 명1때때로. 이따금. 〔일정하지 않은 간격으로 반복하여 발생하는 것〕2때로는…, 때로는….

【时分－분】shífēn 명무렵. 때.

*【时光－광】shíguāng 명1시간. 세월. ◇消磨～/시간을 허비하다. 2시기. 때. ◇他是抗日战争～入伍的/그는 항일전쟁 때 입대했다. 3생활. ◇过着丰衣足食的好～/윤택한 생활을 하고 있다.

【时过境迁－과경천】shí guò jìng qiān 〈成〉시간이 흘러 사정이 변하다.

★【时候－후】shí·hou 명1시간. ◇～不早了, 我该回去了/시간이 늦어서 이제 돌아가야겠습니다. 2시각. 때. ◇我刚到中国的～, 一句汉语都不会说/중국에 갓 왔을 때 나는 중국어 한 마디도 못했다. 【비교】时:时候 "的时"처럼 쓰지 못하고 "…的时候"로 쓴다. ◇我结婚的(×时)时候, 他也来了/내가 결혼할 때 그도 왔다. 【비교】时间:时候 "时间"은 빈 시간이라는 뜻이지만 "时候"는 이런 뜻이 없다. ◇你有(×时候)时间请去我家玩/당신이 시간이 있으시면 우리집에 놀러 오세요.

*【时机－기】shíjī 명시기. 기회. ◇什么时候做什么, 要善于把握～/언제 무엇을 하든 시기를 잘 포착할 줄 알아야 한다. 【비교】时机:机会 "时机"는 "给"의 목적어로 쓰지 않는다. ◇科长说再给我一次(×时机)机会/과장은 내게 기회를 한번 더 주겠다고 했다.

【时价－가】shíjià 명시가. 시세.

★【时间－간】shíjiān 명1시간. 【비교】时间:时候 ①"时间"은 보통 "是"의 목적어로 쓰이지 않는다. ◇现在是中国利用这些机会的(×时间)时候了/현재는 중국이 이런 기회를 이용할 때이다. ②길지 않은 시간은 "一会儿", "一段时间" 등을 쓴다. ◇突然下起雨来, 过了(×时间)一会儿雨停了/비가 갑자기 내리고 잠시 후에 비가 그쳤다. 2기점과 종점이 있는 시간. ◇这项工程需要多少～?/이 공사는 시간이 얼

마나 걸리겠어요? 3시각. ◇上课～到了, 请大家安静/수업시간이 되었으니 모두들 조용히 하세요.

【时间词－간사】shíjiāncí 〈言〉시간을 나타내는 명사.

【时间性－간성】shíjiānxìng 명사물이 제한된 시간내에 비로소 효과, 의미, 작용을 가지는 특징. ◇事件报道的～很强/사건보도의 시간성이 매우 강하다.

**【时节－절】shíjié 명1계절. 철. 시기. ◇清明～/청명절 무렵. 2때. ◇开始学戏那～她才六岁/연극을 배우기 시작할 그 때 그녀는 겨우 6살이었다.

【时局－국】shíjú 명시국. 정국.

☆【时刻－각】shíkè 1명시각. 시간. ◇在这关键～, 他挺身而出/그는 중요한 시각에 선뜻 나섰다. 2부시시각각. 언제든. ◇～准备保卫祖国/언제든 조국을 지키기 위한 준비가 되어 있다.

【时来运转－래운전】shí lái yùn zhuǎn 〈成〉때가 되어 운이 트이다.

【时令－령】shílìng 명절기. 계절. 철.

【时令病－령병】shílìngbìng 〈中醫〉시령. 시환(時患). 계절적인 유행병.

*【时髦－모】shímáo 명형유행(이다). 현대적(이다). ◇赶～/유행을 쫓아가다. (同)〔入 rù 时〕, (反)〔过 guò 时〕

【时评－평】shípíng 명시사 평론.

☆【时期－기】shíqī 명시기. 특정한〔정해진〕때. ◇他的困难～过去了/그는 어려운 시기가 지나갔다. 【비교】时期:时候 비교적 짧은 시간은 "时期"를 쓰지 않는다. ◇暑假的(×时期)时候, 我在墨西哥/여름방학 때 난 멕시코에 있었다.

【时气－기】shí·qi 〈方〉1명시운. 〔특히 일시적 행운을 가리킴〕2〈中醫〉시환(時患). 계절병.

【时区－구】shíqū 〈天〉표준 시각대. (同)〔标准 biāozhǔn 时区〕

【时人－인】shírén 명1〈早白〉당시의 사람. 2옛날, 한 시기를 풍미한 사람. (同)〔世时人〕, (反)〔古 gǔ 人〕

【时日－일】shírì 〈文〉1시간과 날짜. 〈轉〉좋은〔알맞은〕일시. 2시일.

【时尚－상】shíshàng 명시대의 풍조.

**【时时－시】shíshí 부종종. 자주. ◇周围的同志～提醒他别再犯错误/주위 사람들이 그가 잘못을 다시 저지르지 않도록 종종 일깨워줬다. 【비교】时时:常常 "时时"는 "常常", "经常"보다 시간적 간격이 길다. ◇下午四点以后我(×时时)常常打篮球/오후 4시 이후에 난 농구를 한다.

【时世－세】shíshì 명1시대. 2현재의 사회. 당면한 사회.

*【时事一사】 shíshì 명시사.

【时势一세】 shíshì 명시세. 시대의 추세.

【时俗一속】 shísú 명당시의 풍습. 유행.

【时速一속】 shísù 명시속.

【时务一무】 shíwù 명당면한 과제나 상황.

【时下一하】 shíxià 명지금. 현재. 목하.

【时鲜一선】 shíxiān 명철 따라 나오는 신선한 채소나 과일, 물고기.

【时限一한】 shíxiàn 명시한. 기한.

【时效一효】 shíxiào 명1〈法〉시효. 2〈化〉시효.

【时新一신】 shíxīn 명(주로 복장의 스타일에 있어서) 최신식의. 새로 유행하는. (同)〔时髦 máo〕, (反)〔老式 lǎoshì〕

【时兴一흥】 shíxīng 명통일시적으로 유행(하다). (同)〔时行 xíng〕, (反)〔过 guò 时〕

【时行一행】 shíxíng (同)〔时兴 xīng〕

【时序一서】 shíxù 명계절 변화의 차례.

【时祥一상】 shíyáng 명유행하는 모양.

【时宜一의】 shíyí 명시기 적절.

【时疫一역】 shíyì 명계절성 유행병.

【时运一운】 shíyùn 명그때의 운수. 시운.

【时针一침】 shízhēn 명1시계 바늘. 2시침.

【时政一정】 shízhèng 명시정. 당시의 정치 상황.

【时钟一종】 shízhōng 명시계의 구칭.

*【时装一장】 shízhuāng 명1최신 유행하는 옷. 뉴패션. ◇~展览/유행의상 전시. 2그 당시의 복장. (反)〔古 gǔ 装〕

【鲥·鰣】 鱼部 | shí
7画 | 준치 시
명〈魚介〉준치.

【鲥鱼一어】 shíyú 명〈魚介〉준치. 전어.

*【实·實】 宀部 | shí
5画 | 열매 실
1형충실하다. 가득 차다. ◇里面是~的/안에는 가득 찼다. 2형진실된. 참된. ◇~话一说/진실을 있는 그대로 말하다. 3형실제. 사실. ◇这份报告很多地方失~/이 보고서는 여러 군데가 사실과 맞지 않다. 4명열매. ◇春花秋~/봄의 꽃과 가을의 열매.

【实报实销一보실소】 shíbào shíxiāo 실비를 있는 대로 청구하여 지급받다.

【实测一측】 shícè 명통실측(하다).

【实诚一성】 shí·cheng 형성실하다.

【实词一사】 shící 명〈言〉실사. 중국어에서는 구체적인 의미가 있는 명사, 동사, 형용사, 수사, 양사, 대사를 가리킴. (反)〔虚 xū 词〕

【实打实一타실】 shí dǎ shí 형속임이 없다. 착실하다. ◇~地说吧/확실하게 말해라.

【实弹一탄】 shídàn 명실탄.

【实地一지】 shídì 1명현장. 현지. 〔주로 부사성 수식어로 쓰임〕 ◇~调查/현장조사. 2부착실하게. 실제로.

【实感一감】 shígǎn 명1진실한 감정. 2사실대로의 느낌·체험.

【实干一간】 shígàn 통착실하게 일하다. (同)〔空喊 kōnghǎn〕

*【实话一화】 shíhuà 명진실한 말. 참말. ◇这孩子~不多, 别轻信他/그 애는 참말이 적으니 경솔하게 그를 믿지 말라. ◇~吧, 你为什么都好, 就是脾气大了点/사실대로 말하자면 넌 다 좋은데 성질이 좀 고약해. (同)〔真 zhēng 话〕, (反)〔假 jiǎ 话〕

*【实惠一혜】 shíhuì 1명실익. 실제의 이익. ◇得到~/실리를 얻다. 2형실속이 있다. 실용적이다. 실질적이다. ◇你送他实用的东西比送陈设品要~些/네가 그에게 실용적인 것을 보내는 것은 장식품을 보내는 것보다 더 실속이 있다. (反)〔口 kǒu 惠〕

☆【实际一제】 shíjì 1명실제(의). ◇~怎么样? 还是我说得对/실제상황이 어때? 역시 내 말이 맞지. (同)〔现 xiàn 实〕 2형현실적이다. 구체적이다. ◇我认为他这样做非常~/나는 그가 그렇게 하는 것이 아주 현실적이라고 생각한다. (反)〔空洞 kōngdòng〕

【实际工资一제공자】 shíjì gōngzī 명〈經〉실질 임금.

【实寄封一기봉】 shíjìfēng 명(우표 수집에서 귀중하게 여겨지는) 우표를 붙이고 소인(消印)이 찍힌 우표가 붙어있는 봉투나 엽서.

★【实践一천】 shíjiàn 명통실천(하다). 이행(하다). ◇~自己的主张/자신의 주장을 실천하다. 비교实践:实现 "实践"은 확실히 실행한다는 것으로 이룩하다는 뜻은 없음. ◇他们单位(×实践)实现了操作自动化/그들의 회사에서는 작업 자동화를 이룩했다.

【实据一거】 shíjù 명실제의 증거.

**【实况一황】 shíkuàng 명실제 상황. ◇~录像/실황녹화.

*【实力一력】 shílì 명실력. 〔보통 군사·경제 방면을 가리킴〕 ◇经济~/경제력.

【实例一례】 shílì 명실례.

【实录一록】 shílù 1명실록. 2통사실을 근거로 기록하다.

【实落一락】 shí·luo 〈方〉형1확실하다. 틀림없다. 2(마음이) 안심하다. 3정확하다. 4튼튼하다.

【实情一정】 shíqíng 명실정. 실제 상황. (同)〔真 zhēn 情〕, (反)〔假象 jiǎxiàng〕

【实权一권】 shíquán 명실권.

**【实施一시】 shíshī 명통실시(하다). ◇这个计划从什么时候开始~?/이 계획은 언제부터 실시합니까?

【实事—사】shíshì 图1사실. 2구체적인 일.

☆【实事求是—사구시】shí shì qiú shì〈成〉실사 구시. 사실에 근거하여 바르게 처리 하다. ◇~的态度/사실을 근거로 바르게 처리하는 태도. (反)〔弄虚作假 nòng xū zuò jiǎ〕

【实数—수】shíshù 图1〔数〕실수. 2실제의 숫자. (反)〔虚 xū 数〕

【实说—설】shíshuō 图사실대로〔솔직히〕말하다.

*【实体—체】shítǐ 图〈哲〉실체.

**【实物—물】shíwù 图1실물. 2현물.

**【实习—습】shíxí 图動실습(하다). 견습(하다).

★【实现—현】shíxiàn 图실현하다. 실현하다. ◇~了自己的理想/자신의 이상을 실현했다. 比较实现:进行 "实现"은 동사목적어를 취하지 않는다. ◇只有(×实现)进行调整, 经济才能发展/조정을 해야만 경제가 발전할 수 있다.

【实像—상】shíxiàng 图〈物〉실상.

【实效—효】shíxiào 图실효. 실제의 효과.

【实心—심】shíxīn 1图진심(真心). 성실. (同)〔实意 yì〕, (反)〔假 jiǎ 心〕2〔~儿〕图속이 꽉 차다. 비지 않다. (反)〔空 kōng 心〕

【实心眼儿—심안아】shíxīnyǎnr 图성실하다. 착실하다.

☆【实行—행】shíxíng 图실행하다. ◇~八小时工作制/8시간 근무제를 실행하다. 比较实行:实现 계획이나 생각이 실현되면 "实行"을 쓰지 않는다. ◇如果要(×实行)实现四个现代化, 就要使用年轻干部/네 가지의 현대화를 실현하려면 젊은 간부를 써야 한다.

【实学—학】shíxué 图실학. 근거가 확실한 학문. (反)〔虚名 xūmíng〕

☆【实验—험】shíyàn 图실험(하다). ◇这次科学~失败了/이번 과학실험은 실패했다. 比较实验:检验 검증할 때는 "实验"을 쓰지 않는다. ◇他想, (×实验)检验一下他妻子对他的爱情是不是真的/그는 그의 아내가 자신에 대한 사랑이 진심인지 검증해 보려한다.

【实业—업】shíyè 图실업.

【实益—익】shíyì 图실익. 실제의 이익.

☆【实用—용】shíyòng 1图실제로 사용하다. ◇切合~/실제로 쓰기에 적합하다. 2图실용(적이다). ◇这种家具又美观, 又~/이 가구는 보기도 좋고 실용적이다.

☆【实在—재】shízài 1图진실하다. 거짓이 없다. ◇他这个人可~了/이 사람은 참 성실하다. (同)〔真 zhēn 实〕, (反)〔虚假 xūjiǎ〕2图확실히. 참으로. 정말. ◇~太好了/정말 너무 좋다. ◇~抱歉!/참으로

죄송합니다. 3图사실은. 기실은. ◇他说他懂了, ~并没懂/그가 이해했다고 말했지만 사실은 이해하지 못했다.

【实在—재】shí·zai 图〈方〉(일하는 것이) 착실하다. 꼼꼼하다.

【实则—즉】shízé 图실인즉.

【实战—전】shízhàn 图실전.

【实证—증】shízhèng 图動실증(하다).

【实职—직】shízhí 图명목상이 아닌 실제업무를 맡은 관리. (同)〔虚 xū 职〕

**【实质—질】shízhì 图본질. ◇问题的~/문제의 본질. (反)〔表面 biǎomiàn〕比较实质:实际 "实质"는 실제 상황을 나타내지 않는다. ◇(×实质)实际上, 他并不是杀人凶手/실제로는 그는 사람을 죽인 범인이 아니다.

【实字—자】shízì 图〈言〉실자.

【实足—족】shízú 图실제로.

☆【拾】扌部 shí
6画 주울 **습**, 열 **십**

1图줍다. ◇~到一个钱包/돈 지갑을 하나 주웠다. 〔捡 jiǎn〕〔丢 diū〕比较拾:抱 아이를 안아 올릴 때는 "拾"을 쓰지 않는다. ◇她急急忙忙(×拾)抱起孩子, 出了门/그녀는 급하게 아이를 안고 밖으로 나갔다. 2图정리하다. 3图'十'(십)의 갖은자.

【拾掇—철】shí·duo 图1정리하다. 2수선하다. 수리하다. 3〔口〕혼내주다.

【拾荒—황】shíhuāng 图(가난하여 들에서) 땔감·이삭을 줍다. 폐품 따위를 줍다.

【拾金不昧—금불매】shí jīn bù mèi〈成〉재물을 주워도 자기 것으로 하지 않다〔주인을 찾아주다〕.

【拾零—령】shílíng 图자질구레한 자료를 모으다.

【拾取—취】shíqǔ 图줍다.

【拾人牙慧—인아혜】shí rén yá huì〈成〉남의 말 따위를 자기 것처럼 삼는다.

【拾物—물】shíwù 图습득물.

【拾遗—유】shíyí 图1남의 유실물을 주어 자기 것으로 삼다. 2타인이 빠뜨린 것을 보충하다.

【拾音器—음기】shíyīnqì 图〈物〉(레코드 플레이어의) 픽업(pickup).

*【食(蚀)】食部 shí
0画 먹을 **식**

1图먹다. ◇虎豹都是~肉动物/호랑이와 표범은 모두 육식동물이다. 2图식사하다. ◇他废寝忘~地工作/그는 침식을 잊고 일한다. 3图음식. ◇以肉为~/육식위주. 4〔~儿〕图먹이. 사료. ◇小鸟不吃~儿了/병아리가 이제 먹이를 먹지 않는다. 5图식용의. 조미용의. ◇~盐/(식용) 소

금. **6**〈天〉식(蝕). ◇日～/일식.

【食补－보】shíbǔ 〔動〕식보하다. 자양분이 풍부한 음식을 먹어 원기를 보하다.

【食不甘味－불감미】shí bù gān wèi〈成〉(마음이 편하지 않아) 먹어도 음식 맛을 모르다.

【食道－도】shídào 〔名〕(同)〔食管 guǎn〕

【食饵－이】shí'ěr 〔名〕미끼.

【食古不化－고불화】shí gǔ bù huà〈成〉옛 것을 배우나 자기것으로 소화시키지 못하다.

【食管－관】shíguǎn 〔名〕〈生理〉식도.

【食既－기】shíjì 〔名〕〈天〉식기. 개기식(皆既食)의 제2 접촉.

【食客－객】shíkè 〔名〕**1**고대 귀족. 관리를 위한 참모. **2**(음식점의) 고객.

【食粮－량】shíliáng 〔名〕식량.

【食量－량】shíliàng 〔名〕식사량. 먹는 양.

☆【食品－품】shípǐn 〔名〕식품. ◇～卫生/식품 위생. ◇～店/식품점.

【食谱－보】shípǔ 〔名〕**1**요리책. **2**식단.

【食亲财黑－친재흑】shí qīn cái hēi〈成〉욕심 사납고 부당한 이득을 좋아하다.

【食甚－심】shíshèn 〔名〕〈天〉식심.

★【食堂－당】shítáng 〔名〕(기관이나 직장 등의) 구내 식당.

【食糖－당】shítáng 〔名〕설탕.

☆【食物－물】shíwù 〔名〕음식물.

【食物中毒－물중독】shíwù zhòngdú 〔名〕〈醫〉식중독.

【食相－상】shíxiàng 〔名〕〈天〉태양[달]의 모습·위치 따위로 분류한 일식〔월식〕의 진행 단계.

【食性－성】shíxìng 〔名〕**1**〈動〉식성. 동물의 먹이를 먹는 습성. **2**(사람의) 입맛.

【食言－언】shíyán 〔名〕식언하다. 약속을 이행하지 않다. (反)〔践诺 jiànnuò〕

【食言而肥－언이비】shí yán ér féi〈成〉식언으로 배를 불리다.

【食盐－염】shíyán 〔名〕(식용)소금.

＊【食用－용】shíyòng **1**〔動〕식용하다. **2**〔形〕식용의. ◇～植物/식용 식물.

【食油－유】shíyóu 〔名〕식용유.

＊【食欲－욕】shíyù 〔名〕식욕. ◇促进～/식욕을 촉진시키다.

【食指－지】shízhǐ 〔名〕**1**식지. 집게손가락. **2**〈文〉〈喩〉식구 수.

【食茱萸－수유】shízhūyú 〔名〕〈植〉식수유. 머귀나무.

【蚀·蝕】⺈部 虫部 먹을 **식**
6画 3画 shí

1〔動〕손상하다. 손해보다. 밑지다. ◇～本/밑지다. **2**〔名〕〈天〉(일식·월식 따위의) 식.

【蚀本－본】shí// běn 〔動〕밑천을 축내다. (同)

〔亏 kuī 本〕, (反)〔赚钱 zhuànqián〕

【蚀刻－각】shíkè 〔名〕〔動〕〈印〉식각(하다). 부각(腐刻)(하다).

shǐ

＊【史】丨部 口部 shǐ
4画 2画 사관 **史**

〔名〕**1**역사. ◇近代～/근대사. **2**사관(史官). **3**(Shǐ)성(姓).

【史部－부】shǐbù 〔名〕사부. 〔중국 고대 도서관 분류의 하나〕

【史册－책】shǐcè 〔名〕역사책.

【史抄－초】shǐchāo 〔名〕사략(史略). 역사의 발췌.

【史官－관】shǐguān 〔名〕사관. 고대에 사실의 수집과 기록을 맡은 관리.

【史馆－관】shǐguǎn 〔名〕역사 편찬기구.

【史话－화】shǐhuà 〔名〕역사 이야기.

【史籍－적】shǐjí 〔名〕사적. 역사서적.

【史迹－적】shǐjì 〔名〕사적. 역사상의 유적.

＊【史料－료】shǐliào 〔名〕사료. 역사의 자료.

【史评－평】shǐpíng 〔名〕역사에 관한 평론.

【史前－전】shǐqián 〔名〕유사이전의. 선사 시대의. ◇～时代/선사(先史)시대.

【史乘－승】shǐshèng 〔名〕〈文〉사서(史書). 역사책.

【史诗－시】shǐshī 〔名〕서사시(叙事詩).

【史实－실】shǐshí 〔名〕역사상의 사실.

【史书－서】shǐshū 〔名〕역사서. 역사를 기록한 책.

【史无前例－무전례】shǐ wú qián lì〈成〉역사상 전례가 없다. (同)〔前所未有 qiánsuǒwèiyǒu〕, (反)〔史不绝书 shǐbùjuéshū〕

【史学－학】shǐxué 〔名〕사학. 역사학.

☆【使】亻部 shǐ
6画 부릴 **史**

1〔動〕사람을 부리다. 보내다. ◇保姆脾气很坏，－不了她/보모가 성질이 나빠 부릴 수 없다. **2**〔動〕쓰다. 사용하다. ◇这把锯子很好～/이 톱은 잘 쓰인다. **3**〔動〕(…에게) …하게 하다. …시키다. ◇这个电影～我想起了童年时代的生活/그 영화는 나의 어린 시절의 그 생활을 생각나게 했다. **4**〔動〕가령. 만약. 만일. **5**〔名〕외교관. ◇大～/대사.

【使不得－부득】shǐ·bu·de **1**쓸 수 없다. 못쓰게 되다. **2**해서는 안 된다. ◇他身体不好，叫他去～/그가 건강이 안 좋아서 그를 가게 해서는 안 된다.

＊＊【使得－득】shǐ·de **1**사용할 수 있다. ◇高压锅缺零件，使不得/압력밥솥에 부품이 빠져 사용할 수 없다. **2**〔形〕쓸만하다. 좋다. ◇这个主意倒～/이 생각은 그래도

S

쓸만하다. **3**동(의도·계획·사물 따위가) …한 결과를 가져오다. ◇过度紧张的工作～他更加消瘦了/지나치게 긴장된 업무로 인해 그는 더욱 몸이 야위었다.

【使动－동】shǐdòng 명〈言〉사역.
【使馆－관】shǐguǎn 명대사관이나 공사관.
【使坏－배】shǐ//huài 동흉계를 꾸미다. 교활한 짓을 하다.
【使唤－환】shǐ·huan 동**1**(사람을) 부리다. 심부름시키다. **2**(도구·가축 따위를) 부리다. 다루다.
＊【使节－절】shǐjié 명사절.
＊＊【使劲一경】shǐ//jìn (～儿)동힘을 쓰다. ◇～划桨/힘껏 노를 젓다.
＊【使命－명】shǐmìng 명사명. ◇这个～是十分光荣而又艰巨的/이 사명은 아주 영광스럽고 어려운 것이다.
【使然－연】shǐrán 동그렇게 되게 하다. …시키다.
【使性－성】shǐxìng 동성을 내다. 신경질을 부리다.
【使眼色－안색】shǐ yǎn·sè 눈짓으로 알리다. 눈 신호하다.
【使役－역】shǐyì 동(소·말 따위를) 부리다.
★【使用－용】shǐyòng 명동사용(하다). 비교 使用:运用 "运用"의 목적어는 추상명사이고, "使用"의 목적어는 구체명사이다. ◇因为(×运用)使用的方法不对，机器没几天就坏了/사용하는 방법이 옳지 않아, 기계가 며칠 안 돼 망가졌다.
【使用价值－용가치】shǐyòng jiàzhí 명〈經〉사용 가치.
【使者－자】shǐzhě 명사절(使節).

【驶·駛】 马部 shǐ 5画 달릴 **사**
1동(차·말 등이) 빨리 달리다. ◇急～而过/급히 달려 지나가다. **2**동(차·배 등을) 운전하다. 몰다. ◇驾～/운전하다.

【矢】 矢部 shǐ 0画 살 **시**
1명화살. ◇流～/날아가는 화살. **2**동〈文〉맹세하다. ◇～口/딱 잘라 말하다. **3**형똥. ◇遗～/똥을 누다.
【矢口－구】shǐkǒu 동딱 잘라 말하다. ◇～否人/한사코 부인하다.
【矢量－량】shǐliàng 명〈數〉〈物〉벡터(vector).
【矢石－석】shǐshí 명(고대, 무기로 쓰였던) 화살과 돌. ◇～如雨/화살과 돌이 비오듯 쏟아지다.
【矢志－지】shǐzhì 동〈文〉뜻을 세우겠다는 것을 맹세하다.

【豕】 豕部 shǐ 0画 돼지 **시**

명〈文〉돼지. ◇狼奔～突/나쁜 사람들이 무리를 지어 도처에서 소란을 피우다.

＊**【始】** 女部 shǐ 5画 처음 **시**
1명시초. 시작. ◇～祖/시조. (反)〔终 zhōng〕 **2**동시작하다. ◇不知道开～的时间/시작하는 시간을 모른다. **3**부〈文〉비로소. 가까스로. ◇游行至下午五时～毕/시위는 오후 5시가 돼서야 끝난다.
【始末－말】shǐmò 명(일의) 처음과 끝. 시말. (사건의) 전말.
【始业－업】shǐyè 동학기나 학년이 시작하다.
☆【始终－종】shǐzhōng 부처음부터 한결같이. 시종. ◇会谈～在友好的气氛中进行/회담은 시종 우호적인 분위기에서 진행되었다. 비교始终:一直 ①"始终"이 수식하는 동사 뒤에는 시간사를 갖지 않는다. ◇大雪(×始终)一直下了三天三夜/폭설이 삼일 밤낮을 계속 내렸다. ②"始终"은 미래를 나타내지 않는다. ◇翻译工作我想(×始终)一直干下去/번역일을 난 계속하려고 있다.
【始祖－조】shǐzǔ 명시조. 비조.
【始祖马－조마】shǐzǔmǎ 명〈動〉에오히푸스(eohippus).
【始祖鸟－조조】shǐzǔniǎo 명〈鳥〉시조새.
【始作俑者－작용자】shǐ zuò yǒng zhě〈成〉순장에 쓰이는 나무 인형을 처음으로 고안한 사람. ◇〈喩〉악습을 처음으로 시행한 사람.

＊**【屎】** 尸部 shǐ 6画 똥 **시**
명**1**똥. ◇拉～/대변을 보다. **2**눈곱이나 귀지. ◇眼～/눈곱.
【屎壳郎－각랑】shǐ·kelàng 명〈方〉〈虫〉말똥구리. 쇠똥구리.

shì

【士】 士部 shì 0画 선비 **사**
명**1**옛날, 미혼의 남자. **2**공경대부(公卿大夫)와 서민의 중간에 있는 계층. **3**선비. 독서인. **4**무사. 군사인. **5**〈軍〉하사관. ◇上～/상사. **6**기능을 갖춘 사람. ◇医～/의사. **7**사람에 대한 존칭. ◇勇～/용사. **8**(Shì)성(姓).
＊＊【士兵－병】shìbīng 명〈軍〉사병. 병사.
【士大夫－대부】shìdàfū 명사대부.
【士女－녀】shìnǚ 명**1**고대(古代), 미혼의 남녀. 〔후에 신사·숙녀를 가리킴〕 **2**미인화. (同)〔仕 shì 女〕
【士人－인】shìrén 명선비. 독서인.
【士绅－신】shìshēn 명**1**지방의 재산가나 권

력가. **2**신사.
【士卒-졸】shìzú 몡사졸.
【士族-족】shìzú 몡사족.

【仕】 亻部 | shì
3画 | 벼슬할 **사**
동옛날, 벼슬하다. ◇出~/벼슬하다.
【仕宦-환】shìhuàn 동〈文〉벼슬을 하다.
【仕进-진】shìjìn 동〈文〉(관리가) 승진하다.
【仕女-녀】shìnǚ 몡**1**궁녀. **2**〈美〉(동양화에서) 미인도. (同)[士 shì 女]
【仕途-도】shìtú 몡〈文〉벼슬길. 관도.

【氏】 氏部 | shì
0画 | 씨 **씨**
몡**1**씨. 성(姓). **2**씨. 〔옛날, 기혼 여성의 친가 성씨 뒤에 붙여 쓰는 호칭으로, 보통 그 앞에는 남편의 성이 옴〕◇赵王~/조왕씨. 〔남편의 성은 赵, 친가의 성은 王〕 **3**씨. 〔성 뒤에 붙여 쓰는 저명인·전문가에 대한 호칭〕◇顾~/고씨[고염무(顾炎武)]. **4**〈文〉씨. 〔친척 명칭 뒤에 붙여 써서 자신의 친척임을 나타내는 말〕◇舅~/(나의) 외삼촌.
【氏族-족】shìzú 몡씨족.

【舐】 舌部 | shì
4画 | 핥을 **시**
동〈文〉핥다. ◇老牛~犊/어미소가 새끼를 핥아주다. (同)[舐 tiǎn]
【舐犊-독】shìdú 동(어미소가) 송아지를 핥아주다. 〈喩〉자식을 끔찍이 사랑하다.

*【世】 一部 | shì
4画 | 인간 **세**
1몡생애. 일생. ◇一生一~/한평생. 일생. **2**몡양세. 대. ◇第十一~孙/10대 손. **3**형대대로 전해오는. ◇三代祖传一医/3대조 때부터 이어 내려오는 의사(집안). **4**몡대대로 사귐이 있는. **5**몡시대. 시기. ◇近~/근세. 근대. **6**몡세상. 세간. ◇~间/세간. **7**(Shì)몡성(姓).
【世弊-폐】shìbì 몡당대의 폐단. 사회의 폐단.
【世变-변】shìbiàn 몡세간의 변화·변고.
【世仇-구】shìchóu 몡대대로 내려오는 원한.
【世传-전】shìchuán 동대대로 전해지다.
*【世代-대】shìdài 몡**1**세대. 연대. **2**대대. 여러 대.
【世代交替-대교체】shìdài jiāotì 몡〈生〉세대 교체.
【世道-도】shìdào 몡세상 형편.
【世风-풍】shìfēng 몡세상의 기풍. 사회풍조.
【世故-고】shìgù 몡세상사. 세상 물정.
【世故-고】shì·gu 형(처세에) 능글맞다. 처세술에 능하다.
☆【世纪-기】shìjì 몡세기.
【世纪末-기말】shìjìmò 몡**1**세기말〔(유럽의)19세기 말엽〕. **2**세기의 끝. **3**몰락기. 말기.
【世家-가】shìjiā 몡**1**대대로 이어오는 명문. **2**세가. 사기(史记)의 제후에 관한 전기. **3**어떤 일에 전문적으로 대대로 그 일에 종사하는 집안.
【世间-간】shìjiān 몡세간. 세상.
【世交-교】shìjiāo 몡**1**대대로 교제하는 사람 또는 집안. **2**2대(代)이상의 교분.
★【世界-계】shìjiè 몡**1**세계. 세상. ◇全~/전 세계. **2**〈佛〉널리 중생이 삶을 영위하는 범위, 곧 우주. **3**세상. ◇现在进入了什么~, 还能允许这种现象存在?/지금 어떤 세상인데 아직도 이런 현상이 존재하도록 내버려두겠는가? **4**영역. 분야. ◇客观~/객관영역.
*【世界观-계관】shìjièguān 몡〈哲〉세계관.
【世界时-계시】shìjièshí 몡세계시. 그리니치시.
【世界市场-계시장】shìjiè shìchǎng 몡〈經〉국제 시장.
【世界语-계어】Shìjièyǔ 몡〈言〉에스페란토(Esperanto)어.
【世局-국】shìjú 몡세계 정세.
【世面-면】shìmiàn 몡세상사.
【世情-정】shìqíng 몡사회 상황. 세상 물정.
【世人-인】shìrén 몡세상 사람. (同)[时 shí 人], (反)[古 gǔ 人]
【世上-상】shìshàng 몡세상.
【世世-세】shìshì 몡대대. 여러 대. ◇~代代/대대 손손.
【世事-사】shìshì 몡세상사. 세상일.
【世俗-속】shìsú 몡**1**세속. 세상의 풍속. **2**비종교적인 것.
【世态-태】shìtài 몡세태. ◇人情~/〈成〉세태인정.
【世态炎凉-태염량】shì tài yán liáng 〈成〉세상 인심은 사람의 형편에 따라 변한다.
【世外桃源-외도원】shì wài Táoyuán 무릉도원. 세상 밖의 이상향.
【世袭-습】shìxí 동세습하다.
【世系-계】shìxì 몡세계. 대대의 계통.
【世兄-형】shìxiōng 몡**1**대대로 교분이 있는 사람끼리의 상대의 아들에 대한 호칭. **2**스승의 아들 또는 아버지의 제자에 대한 호칭.
【世医-의】shìyī 몡대대로 중의학에 종사하는 집안.
【世族-족】shìzú 몡대대로 벼슬을 한 집안. 호족. (同)[华 huá 族], (反)[寒 hán 族]

【赊·賖】 贝部 | shì
5画 | 외상으로살 **세**
동〈文〉**1**세내다. 세주다. **2**외상으로 사다. **3**(죄를) 용서하다. 사면하다.

S

★【市】 宀部 3画 shì 저자 시
1명저자. 시장. ◇大批新鲜水果上~了/신선한 과일이 대량으로 시장에 나왔다. 2동사고 팔다. 3명도시. 도회. ◇都~/도시. (同)〔城 chéng〕, (反)〔乡 xiāng〕 4명(행정 구획 단위의) 시. ◇河北省以前有十个~/하북성에는 전에 10개나가 있었다. 5'市制'의 단위 앞에 붙는 말.

【市布－포】shìbù 명〈紡〉가공하지 않은 면직물의 일종.

☆【市场－장】shìchǎng 명시장. ◇价格稳定，~繁荣/가격이 안정되면 시장이 번영한다. ◇国际~/국제 시장.

【市电－전】shìdiàn 명주택용 전기.

【市惠－혜】shìhuì 명〈文〉환심을 사다.

【市集－집】shìjí 명1장(場). 2(同)〔市镇 zhèn〕

【市价－가】shìjià 명시장 가격.

【市郊－교】shìjiāo 명교외(郊外).

【市井－정】shìjǐng 명〈文〉시가(市街). 시장.

【市侩－쾌】shìkuài 명1거간꾼. 중매인. 브로커. (이익만 탐내는) 시정아치. 모리배.

【市面－면】shìmiàn 명1시장터. 2시장상황. 경기.

【市民－민】shìmín 명시민.

【市区－구】shìqū 명시가 지역. (同)〔城 chéng区〕, (反)〔郊 jiāo区〕

【市容－용】shìróng 명도시의 외관. ◇保持~整洁/도시 외관의 청결을 유지하다.

【市声－성】shìshēng 명거리의 왁자지껄한 소리.

【市肆－사】shìsì 명〈文〉(시내의) 상점.

【市镇－진】shìzhèn 명약간 큰 읍. 소도시.

【市政－정】shìzhèng 명시정. 도시 행정.

【市制－제】shìzhì 명〈度〉중국의 도량형 제도.

【柿(柹)】 木部 5画 shì 감나무 시
명〈植〉1감나무. 2감.

【柿饼－병】shìbǐng 명곶감.

【柿霜－상】shìshuāng 명시상. 시설(柿雪). 곶감 표면에 돋는 하얀 가루.

【柿子－자】shì·zi 명〈植〉1감나무. 2감.

【柿子椒－자초】shì·zijiāo 명〈植〉피망.

【示】 示部 0画 shì 보일 시
동가리키다. 알리다. 보이다. ◇指~/지시(하다).

【示波管－파관】shìbōguǎn 명〈物〉오실로스코프.

*【示范－범】shìfàn 명동시범(을 보이다). ◇我先给大家~一下/우선 모두에게 제가 먼저 시범을 잠시 보이겠어요.

【示警－경】shìjǐng 동(동작이나 신호로)

경보를 발하다.

【示例－례】shìlì 명동예시(하다).

【示弱－약】shìruò 동약함을 보이다. 우는 소리를 하다.

＊＊【示威－위】shì//wēi 1명동시위(하다). 데모(하다). ◇再这样游行~下去，生产就要受到严重损失/더 이상이 이렇게 시위를 계속하면 생산에 막대한 손실을 입을 것이다. 2명동시위하다. 위세를 떨쳐보이다. ◇我没向他~过/나는 그에게 위세를 과시한 적이 없다.

【示意－의】shìyì 동(표정·몸짓·함축된 말) 의사를 표시하다. 의도를 표명하다.

*【示意图－의도】shìyìtú 명설명도. 약도. ◇水利工程~/수리 공사 설명도.

【示众－중】shìzhòng 동여러 사람에게 처벌의 본보기로 보이다.

*【式】 弋部 3画 工部 3画 shì 법 식
1명식. 양식. ◇旧~/구식. ◇你的发型是什么~的?/너의 머리모양은 어떤 식이니? 2명격식. 법식. 형식. ◇法~/법식. 3명식. 식전. 의식. ◇闭幕~/폐막식. 4명(자연 과학에서의) 식. 공식. ◇方程~/방정식. 5명〈言〉식. 법. ◇兼语~/겸어식.

【式微－미】shìwēi 형〈文〉(국가·명문 집안 따위가) 쇠미하다.

*【式样－양】shìyàng 명모양. 디자인. ◇各种~的服装/각종 모양의 옷.

【式子－자】shì·zi 명1자세. 2〈數〉〈化〉식. 공식.

★【试・試】 讠部 6画 shì 시험할 시
1동시도하다. 시험해 보다. ◇我昨天亲自去~了一那件大衣/나는 어제 직접 가서 그 외투를 입어봤다. [비교]试:试着 "试"가 동사를 수식할 때는 중첩할 수 없다. ◇他父母用各种手段(×试一试)试着救他/그의 부모는 각종 수단을 동원해 그를 구하려 했다. ◇口~/구두시험. 2명시험. ◇~卷/시험지. ◇笔~/필기시험.

【试笔－필】shìbǐ 동1창작(글)을 시도하다. 2그림을 그려보다.

【试表－표】shì//biǎo 동체온을 재다.

【试场－장】shìchǎng 명시험장.

【试车－차】shì//chē 동시운전(하다.)

【试点－점】shì//diǎn 1동(어떤 일을 정식으로 하기 전에) 시범적으로 해 보다. 2(shìdiǎn)명(정식으로 어떤 일을 하기 전에 시험적으로 하는) 실험장소.

【试电笔－전필】shìdiànbǐ 명〈電〉테스터(tester). 회로계.

【试飞－비】shìfēi 동시험 비행(하다).

【试工－공】shì//gōng 동(노동자를) 시험

적으로 써 보다.

【试管一관】shìguǎn 몡〈化〉시험관.

【试航一항】shìháng 몡동시험 항해(하다). 시험 비행(하다).

【试剂一제】shìjì 몡〈化〉시제. 시약(試藥).

【试金石一금석】shìjīnshí 몡1시금석. 2〈喩〉가치나 역량을 시험해 보는 방법.

☆【试卷一권】shìjuàn 몡시험 답안. 시험지.

【试看一간】shìkàn 동시험해 보다. 해보다.

【试手一수】shì∥shǒu (~儿)1(同)〔试工 gong〕2동시도하다. (同)〔试做 zuò〕

【试探一탐】shìtàn 동(어떤 문제를) 탐색하다. 모색하다.

【试探一탐】shì·tan 동(상대방의 의사나 반응 따위를) 타진하다. 떠보다.

【试题一제】shìtí 몡시험 문제.

【试图一도】shìtú 동시도하다. ◇我们一挽(wǎn)救他, 可没有成功/우리는 그를 구해내려고 해봤으나 성공하지 못했다. (同)〔打算 dǎsuàn〕비교试图:打算 "试图"는 노력해서 해보다는 뜻으로 성공은 확실치 않다. 계획·생각에는 "试图"를 쓰지 않는다. ◇我们(×试图)打算暑假徒步沿长城去旅行/우리는 여름방학때 만리장성을 따라서 도보여행을 할 계획이다.

【试问一문】shìwèn 동어디 한번 물어보자. 〔상대에게 묻거나 상대의 의견에 동의하지 않음을 나타냄〕

【试想一상】shìxiǎng 동〈婉〉생각해 보다. 〔상대방에게 따질 때 쓰임〕

【试销一소】shìxiāo 몡동(새 상품을) 시험 판매(하다).

*【试行一행】shìxíng 동시험삼아해보다. 시험적으로 실시하다. ◇先~, 再推广/우선 시험해 본 다음에 보급한다.

☆【试验一험】shìyàn 몡동시험(하다). 테스트(하다). ◇李教授正在~这台机器的各种性能/이 교수는 지금 이 기계의 각종 기능을 시험하고 있다.

【试验田一험전】shìyàntián 몡1시험농장. 2〈喩〉시험적으로 하는 장소[일].

*【试用一용】shìyòng 동(사람이나 물건을) 시험삼아 써보다. ◇我们正在这个地方~这些产品/우리는 이곳에서 이 제품을 시험삼아 쓰고 있다.

【试纸一지】shìzhǐ 몡〈化〉시험지.

*【试制一제】shìzhì 몡동시험제작(하다). ◇新产品~成功/신제품의 시험제작에 성공했다.

【拭】扌部 | shì
6画 | 닦을 식
동닦다. 훔치다. ◇~泪/눈물을 닦다.

【拭目以待一목이대】shì mù yǐ dài 〈成〉눈을 비비며 기다리다.

【弑】弋部 | shì
9画 | 죽일 시
동〈文〉아랫사람이 윗사람을 죽이다. 시해하다. ◇~君/임금을 시해하다.

【似】亻部 | shì
4画 | 같을 사
⇒sí

*∗【…似的一적】…shì·de 조비슷하다. …과 같다. 〔명사·대명사·동사의 뒤에 쓰여 어떤 사물이나 상황과 서로 비슷함을 나타냄. '像', '好像', '仿佛' 등과 자주 연용됨〕 ◇他看来是好人~/그가 보기에는 좋은 사람처럼 보인다.

★【事】一部 | 乙部 | shì
7画 | 7画 | 일 사
1(~儿)몡일. ◇私~/사적인 일. ◇家~/집안 일. ◇这是怎么回~?/이것은 어찌된 일이냐? 2(~儿)몡사고. 사건. ◇出~地方/사고가 난 곳. 3(~儿)몡일. 업무. ◇找到~了/직장을 찾았다. ◇给他安排~一干干/그에게 일하도록 일자리를 마련해 준다. 4몡관계. 책임. ◇这次车祸没司机的~/이번 차사고는 운전사에게 책임이 없다. 5〈文〉동모시다. 섬기다. ◇~父母至孝/부모님을 효성을 다해 모시다. 6동종사하다. 행하다. ◇他游手好闲, 不~生产/그는 빈둥거리며 생산에 종사하지 않고 있다.

【事半功倍一반공배】shì bàn gōng bèi 〈成〉적은 노력으로 큰 효과를 거두다. (反)〔事倍功半〕

【事倍功半一배공반】shì bèi gōng bàn 〈成〉많은 노력을 들였으나 성과는 적다. (反)〔事半功倍〕

【事必躬亲一필궁친】shì bì gōng qīn 〈成〉어떤 일이라도 반드시 몸소 행하다. (反)〔纸上谈兵 zhǐ shàng tán bīng〕

*【事变一변】shìbiàn 몡1사변. 2정치·군사 방면의 중대한 변화. 3사물의 변화. ◇研究周围的~联系/주위의 변화 관계를 연구하다.

【事出有因一출유인】shì chū yǒu yīn 〈成〉일이 일어나는 데는 반드시 원인이 있다. (反)〔无缘无故 wú yuán wú gù〕

【事端一단】shìduān 몡사고. 분규.

*∗【事故一고】shìgù 몡사고. ◇十字路口出了一起交通~/네거리에서 교통사고가 났다. 비교事故:事情 "事故"는 주로 생산·업무에서 일어나는 불행한 일을 가리킨다. ◇在暑假里我遇到了好多(×事故)事情, 都很有意思/여름방학때 난 많은 일을 경험했고 모두 재미있었다.

【事过境迁一과경천】shì guò jìng qiān 〈成〉일은 지나갔고 상황도 달라지다.

【事后-后】shìhòu 图사후. (反)〔事前 qián〕

【事机-机】shìjī 图1기밀(사항). 2시기. 공적.

**【事迹-迹】shìjì 图(중요한) 실적. 공적. ◇他的~不太突出/그의 공적은 그다지 두드러지지 않다. 比较事迹:事情 국가의 중대한 사건은 "事迹"라고 하지 않는다. ◇那时候, 我们国家发生了一件重大的(×事迹)事情/그때 우리 나라에 중대한 사건이 일어났다.

【事假-假】shìjià 图사적인 일로 얻은 휴가.

☆【事件-件】shìjiàn 图1사건. ◇劫(jié)机~屡(lǚ)有发生/비행기납치사건이 자주 발생한다. 比较事件:事业 "事件"은 역사적 또는 사회적으로 중대한 일을 가리킨다. ◇中国建设(×事件)事业中取得了可喜的成绩/중국은 건설 사업에서 만족스러운 성과를 거뒀다. 2일. 사항.

【事理-理】shìlǐ 图사리. 일의 이치.

*【事例-례】shìlì 图사례.

【事略-략】shìlüè 图약전(略传).

【事前-전】shìqián 图사전. 일이 일어나기 전. (同)〔事先 xiān〕, (反)〔事后 hòu〕

★【事情-정】shì·qing 图1일. ◇~多, 回不了 liǎo 家/일이 너무 많아 집에 돌아갈 수 없다. 2일자리. 직장. ◇在公司里找了一个~/회사에서 일자리를 하나 찾았다. 3사고. 사건. ◇不能马虎, 出了~就麻烦了/소홀히 해서는 안 된다, 사고가 생기면 번거롭다.

【事权-권】shìquán 图직권(职权).

☆【事实-실】shìshí 图사실. ◇请不要歪曲~/사실을 왜곡하지 마십시오.

*【事态-태】shìtài 图사태. ◇~恶化了/사태가 악화되었다.

【事体-체】shìtǐ 图1〈方〉일. 사건. 사고. 2직업. 일자리.

**【事务-무】shìwù 图1사무. 比较事务:家务 집안일은 통상 "家务"라 한다. ◇母亲总是有干不完的(×事务)家务/어머니에게는 언제나 끝나지 않는 가사가 있다. 2총무. 서무.

【事务主义-무주의】shìwù zhǔyì 图(계획·방침 등이 없이 사무에 매달리는) 실무주의.

☆【事物-물】shìwù 图사물.

☆【事先-선】shìxiān 图사전. 일이 나기 전. ◇这件事~我一点也不知道/나는 이 일에 대해서 사전에 전혀 몰랐다.

*【事项-항】shìxiàng 图사항. ◇注意~/주의 사항.

☆【事业-업】shìyè 图1사업. ◇~顺利/사업이 순조롭다. 2국가의 경비로 운영되는 비영리적 업무. 〔영리목적인 '企业'과 구별됨〕◇文化教育~/문화 교육 사업.

【事宜-의】shìyí 图사무적인 일. 사항. 〔대개 공문·법령에 사용함〕

【事由-유】shìyóu 图1(~儿)사유. 일의 경위. 2〈牍〉공문의 주요 내용. 3(~儿)변명. 이유.

【事与愿违-여원위】shì yǔ yuàn wéi 〈成〉일이 뜻대로 되지 않다. (反)〔称心如意 chèng xīn rú yì〕

【事在人为-재인위】shì zài rén wéi 〈成〉일의 성공 여부는 사람의 노력여하에 달려 있다. (反)〔听天由命 tīng tiān yóu mìng〕

【事主-주】shìzhǔ 图〈法〉(형사 사건의) 피해자.

【侍】 亻部 shì
6画 모실 시

图(곁에서) 모시다. 시중들다. ◇服~/시중들다.

【侍从-종】shìcóng 图(임금 등의) 수행원.

【侍奉-봉】shìfèng 图(윗사람을) 섬기다. 받들다.

*【侍候-후】shìhòu 图시중들다. 보살피다. ◇~病人/환자를 보살피다.

【侍郎-랑】shìláng 图시랑. 〔명청(明清)시대에 정부 각 부(部)의 부장관(副长官) 위치는 상서(尚书)의 아래〕

【侍立-립】shìlì 图시립하다.

【侍弄-롱】shìnòng 图1수리하다. 고치다. 2(농작물·논밭을) 잘 돌보다. 3(짐승·가축을) 먹이다. 기르다.

【侍女-녀】shìnǚ 图시녀.

【侍卫-위】shìwèi 1图경호하다. 2图경호원.

【侍养-양】shìyǎng 图봉양하다. 돌보다.

【侍者-자】shìzhě 图시자. 시인.

【恃】 忄部 shì
6画 믿을 시

图믿다. 의지하다. ◇有~无恐/믿는 데가 있어 두려워하지 않는다.

【恃才傲物-재오물】shì cái ào wù 〈成〉재능을 믿고 남을 깔보다. (反)〔深藏若虚 shēn cáng ruò xū〕

【势·勢】 力部 shì
6画 세력 세

图1세력. 권세. ◇威~/위세. 2기세. 형세. ◇顺~/추세에 따르다. 3자연계의 형상. ◇山~/산세. 4(정치·군사·사회적) 정세. 상황. ◇敌军败退, 我军乘~追击/적군이 패하여 퇴각하자 아군은 기세를 타 추격했다. 5몸짓. 자세. ◇姿~/자세. ◇手~/손짓. 6〈生理〉수컷의 생식기. ◇去~/거세하다.

*【势必-필】shìbì 圆꼭. 반드시. 필연코. ◇不讲卫生~要得病/위생에 신경쓰지 않으면 반드시 병에 걸리게 된다.

【势不可挡－불가당】shì bù kě dāng 〈成〉세찬 기세를 막아낼 수 없다.

【势不两立－불양립】shì bù liǎng lì 〈成〉(형세상 서로) 양립할 수 없다. (同)〔不共戴天 bù gòng dài tiān〕, (反)〔互助互爱 hù zhù hù ài〕

【势均力敌－균력적】shì jūn lì dí 〈成〉힘이 서로 필적하다. (同)〔不相上下 bù xiāng shàng xià〕, (反)〔高下悬殊 gāo xià xuān shū〕

＊【势力－력】shì·li 图세력. 〔정치·경제·군사 등의 힘을 가리킴〕◇军阀~/군벌세력. 〔比较〕势力:力量 정치적인 힘은 "势力"를 쓴다. ◇当时她是个议员, (×力量)势力很大/당시 그녀는 의원이어서 세력이 대단했다.

【势利－리】shì·li 图(지위나 재산 소유의 정도에 따라 사람을) 차별대우하다. (反)〔真诚 zhēnchéng〕

【势利眼－리안】shì·liyǎn 图1권력이나 재산에 따라 사람을 차별대우하기. 2권세나 재산에 따라 차별하는 사람.

【势能－능】shìnéng 图〈物〉위치 에너지.

【势派－파】shì·pai (~儿)图〈方〉1허장성세. 2형세.

【势如破竹－여파죽】shì rú pò zhú 〈成〉파죽지세.

【势头－두】shì·tóu 图〈口〉형세. 상황.

【势焰－염】shìyàn 图〈贬〉위세. 기염. ◇~万丈/〈成〉대단한 기염을 토하다.

【势要－요】shìyào 1图〈文〉권세 있고 요직에 있다. 2图요직에 있는 실세.

【饰·飾】亻部│shì
5画│꾸밀 식

1图장식하다. 꾸미다. ◇四周~上花边/주위에 무늬데두리를 장색해놓다. 2图장식품. ◇衣~/옷과 장신구. 3图분장하다. 역을 하다. ◇他在京剧《空城计》里~诸葛亮/그는 경극《空城计》에서 제갈공명으로 분장하였다.

【饰词－사】shìcí 图1수식어. 2진상을 감추기 위해 하는 말. 구실. 핑계.

【饰品－품】shìpǐn 图장신구.

【饰物－물】shìwù 图1장신구. 2장식물.

【饰演－연】shìyǎn 图…역을 연기하다.

＊【视·視】礻部│shì
4画│볼 시

图1보다. ◇~力/시력. 2간주하다. …로 여기다. ◇轻~/경시하다. 3살피다. ◇巡~/순시하다.

【视差－차】shìchā 〈物〉〈天〉시차.

＊【视察－찰】shìchá 图1시찰하다. ◇视察团~了这个经济特区/시찰단이 그 경제특구를 시찰했다. 2관찰하다. ◇~地形/지형

을 관찰한다.

【视而不见－이불견】shì ér bù jiàn 〈成〉보고도 못본 척하다. 중시하지 않다.

【视角－각】shìjiǎo 图1〈生理〉시각 기관. 2(카메라의) 앵글. 3(문제를 보는) 시각. 관점.

＊【视觉－각】shìjué 图〈生理〉시각.

＊【视力－력】shìlì 图시력.

【视亮度－량도】shìliàngdù 图〈天〉시광도.

【视频－빈】shìpín 图〈物〉영상 주파수.

【视若无睹－약무도】shì ruò wú dǔ 〈成〉보고도 못본 체하다. 간과하다.

【视神经－신경】shìshénjīng 图〈生理〉시신경.

【视事－사】shìshì 图(관리가) 집무하다.

【视死如归－사여귀】shì sǐ rú guī 〈成〉죽음을 집으로 돌아가는 것같이 여기다. 죽음이 두렵지 않다. (同)〔万死不辞 wàn sǐ bù cí〕, (反)〔贪生怕死 tān shēng pà sǐ〕

【视听－청】shìtīng 图보고 듣는 것. 견문. ◇~教材/시청각 교재.

【视图－도】shìtú 图〈機〉투시도.

【视网膜－망막】shìwǎngmó 图〈生理〉망막.

＊【视线－선】shìxiàn 图시선. 눈길. ◇转移~/시선을 돌리다.

【视学－학】shìxué 图학교를 사찰하다.

＊【视野－야】shìyě 图시야. ◇开阔~/시야를 넓히다.

【视阈－역】shìyù 图1〈生理〉시각역. 시각 자극 강도한계. 2시야.

☆【室】宀部│shì
6画│집 실

图1방. ◇教~/교실. ◇休息~/휴게실. ◇阅览~/열람실. 2기관이나 단체의 업무 단위로서의 실. ◇档案~/자료실. ◇医务~/의무실. 3처(妻). 4집. 가족. 5장기나 기계속의 어느 쪽에 있는 부분. ◇心~/심실. 6별 이름. 28수(二八宿)의 하나.

【室内乐－내악】shìnèiyuè 图〈音〉실내악. 실내 음악.

【室女－녀】shìnǚ 图(옛날의) 규중처녀.

【室女座－녀좌】shìnǚzuò 图〈天〉처녀좌. 처녀자리.

【室外－외】shìwài 图실외. 옥외.

【适·適】辶部│shì
6画│맞을 적

1图적합하다. 알맞다. ◇~于儿童阅读的书籍/아동이 읽기에 적합한 도서. 2图마침. ◇~得其反/정반대가 되다. 3图편안하다. ◇感到不~/불편함을 느끼다. 4图가다. ◇无所~从/누구의 말을 따라야 할지 모르다. 5图〈文〉시집가다. 출가하다. ◇~人/시집가다.

【适才－재】shìcái 图금방. 방금. 막.

☆【适当－당】shìdàng 图적절하다. 알맞다.

◇到～的时候/적절한 때가 되다. (同)〔妥 tuǒ 当〕〔合 hé 适〕, (反)〔不 bù 当〕 [비교]适当:适应 객관적인 조건 또는 수요에 부합하는 경우에는 "适当"을 쓰지 않는다. ◇他的思想同新形势相(×适当)适应/그의 사고는 새로운 상황과 서로 부합한다.

【适得其反—득기반】shì dé qí fǎn 〈成〉(바라는 것과는) 정반대의 결과가 되다.

【适度—도】shìdù [형](정도가) 적당하다.

【适逢其会—봉기회】shì féng qí huì 〈成〉 때마침. 그 기회〔시기〕를 만나다.

☆【适合—합】shìhé [형]적합하다. 알맞다. ◇她～做教师/그녀는 선생님이 되기에 적합하다. [비교]适合:适应 ①'공급'과 '수요' 관계에는 "适合"를 쓰지 않는다. ◇这些住房还不能(×适合)适应首都的需要/이런 정도의 주택으로는 아직 수도의 수요에 부응하지 않는다. ②사람이 생활에 적응한다는 표현에는 "适合"를 쓰지 않는다. ◇我(×适合)适应了北京的生活/난 북경의 생활에 적응이 되었다.

【适口—구】shìkǒu [형]〈文〉입〔구미〕에 맞다. (同)〔可 kě 口〕, (反)〔难吃 nánchī〕

【适可而止—가이지】shì kě ér zhǐ 〈成〉적당한 정도에서 그치다〔그만두다〕. ◇做任何事都得～, 过分就不好了/어떤 일을 하든간에 적당한 선에서 그쳐야지 지나치면 좋지 않다.

【适量—량】shìliàng 1[명]적량. 2[형]적당히 …하다. 분량을 적당하게 하다.

【适龄—령】shìlíng [명]적령. 〔주로 입학이나 입대(入隊)연령을 가리킴〕

【适时—시】shìshí [형]시기 적절하다. (反)〔失 shī 时〕

⁑【适宜—의】shìyí [형]적절하다. 적합하다. ◇气候～/기후가 적합하다. ◇大小～/크기가 적합하다. (同)〔相 xiāng 宜〕, (反)〔不 bù 宜〕 [비교]适宜:合适 구체적인 상황이나 요구에 "适宜"를 쓰지 않는다. ◇他提出的成本(×适宜)合适/그가 제시한 원가는 적당하다.

【适意—의】shìyì [형]기분이 좋다. 상쾌하다. (同)〔舒适 shūshì〕, (反)〔难受 nánshòu〕

☆【适应—응】shìyìng [동]적응하다. ◇～工作环境/작업 환경에 적응한다. [비교]适应:适用 사용하기에 적합하다는 경우에는 "适应"을 쓰지 않는다. ◇这里变化不少, 连我刚来时买的地图也不(×适应)适用了/여기는 변화가 적지 않아 내가 처음 왔을 때 산 지도조차도 맞지 않는다.

☆【适用—용】shìyòng 1[동]적용하다. ◇普遍～的科技成果/보편적으로 적용되는 과학성과. [비교]适用:实用 실제로 사용할 가치가 있으면 "适用"을 쓰지 않는다. ◇袖珍字典又便于携带, 又(×适用)实用/포켓용 사전은 휴대도 간편하고 실용적이다. 2[형]쓰기에 적합하다. ◇轻便自行车在农村不大～/경량자전거는 농촌에서 쓰기에 그다지 적합치 않다.

【适值—치】shìzhí [동]마침…을 만나다. 때마침 …에 즈음하다.

【适中—중】shìzhōng [형]꼭 알맞다.

★【是】 日部 5画 shì 옳을 시

1[동]…이다. 〔두 사물이 같거나, 앞 사물의 종류나 속성을 나타냄〕 ◇六十分钟～一小时/60분은 1시간이다. 2문말의 '的'와 호응하여 변별의 기능을 함. ◇那把椅子～木头的/그 의자는 나무로 만든 것이다. 3두 사물을 연결시켜 진술대상이 '是' 뒤의 상황임을 설명함. ◇我这儿～冬天/내가 있는 이쪽은 겨울이다. 4존재를 나타냄. 〔주어는 처소사이고 목적어는 존재하는 사물임〕 ◇他身上, 脸上都～泥/그의 몸과 얼굴이 온통 진흙투성이다. 5서로 무관한 관계임을 나타냄. ◇他～他, 我～我, 我们毫不相干/그 사람은 그 사람이고, 나는 나다. 우리는 서로 아무 상관없다. 6양보를 나타냄. ◇她个子高～高, 可是跑不快/그녀는 키가 크긴 하지만 빨리 달리지 못한다. 7문두에 쓰여 '是' 뒤의 내용을 강조함. ◇～谁先动手的?/누가 먼저 건드렸느냐? 8예외가 없음을 나타냄. ◇～电影她就喜欢看/그녀는 영화라면 다 좋아한다. 9(명사 앞에 쓰여) 제…. 적합한. ◇你话说得不～时候/네가 제때에 말을 하지 않았다. 10확인·선택·반문의문문에 쓰임. ◇他～走了不～?/그는 확실히 갔어요? ◇你～做事, 还～去买东西?/네가 일을 할래 아니면 물건 사러 갈래? 11('是' 뒤의 어구를 강조함 이때 '是'를 세게 발음) 확실히. 정말로. ◇他的女朋友～挺漂亮/그의 여자친구는 정말로 아주 예쁘다. [형]12옳다. 맞다. ◇应当早做准备才～/당연히 일찍 준비해야 옳다. (反)〔非 fēi〕 [주의]부정식은 '不是'임. '是' 뒤에 '了', '过'를 쓰지 않음. 13예. 〔대답하는 말〕 ◇～, 我会做完/예, 다 마칠 것입니다.

⁑【是的—적】shì·de 그렇다.

【是…的—적】shì·de 1동작의 시간, 장소, 방식, 조건, 목적, 대상, 도구 등을 강조한다. 동작이 이미 완료되었음을 나타냄. ◇他是去年九月来的/그는 작년 9월에 왔다. (시간) ◇她是从法国来的/그는 프랑스에서 왔다. (장소) ◇我们是坐飞机到北京的/우리는 비행기를 타고 북경에 왔

S

다. (도구) 2동작의 주체를 강조함. ◇黑板上的字是谁写的?/칠판의 글씨를 누가 썼니? 3화자의 견해,생각,태도 등을 강조함. ◇这样的问题是确实存在的/이런 문제는 확실히 존재한다.

【是凡一범】shìfán 무릇. 대체로.

**【是非一비】shìfēi 图1시비. 잘잘못. ◇～不明/잘잘못이 분명치 않다. 2(옳으니 그르니 하는) 말다툼. 시비. ◇俗话说,'寡妇门前～多'嘛!/속담에 '과부문전에 시비가 많다'고 않잖소!

**【是否…一부…】shìfǒu… …인지 아닌지. ◇你～能毕业,补考以后才能决定/너의 졸업여부는 추가시험 이후에야 결정할 수 있다. 비교是否:是不是 "是否" 뒤에는 명사성 성분이 오지 않는다. ◇他(×是否)不是那个大学的学生?/그는 저 대학의 학생입니까?

【是个儿一개아】shì// gèr〔口〕상대가 되다.

【是什么东西一십마동서】shì shén·me dōng·xi〔口〕어떤 놈이냐. 뭔데. ◇你～,我一眼就看透了/네가 어떤 놈인지, 난 한 눈에 알아봤어.

【是时候一시후】shì shí·hou〔口〕딱 알맞는 때이다. …할 때이다. ◇你来得还～/네가 그래도 제 때에 왔다.

【是味儿一미아】shì wèir〔口〕1맛이 좋다. 제대로 된 맛이다. 2기분이 좋다. 편안하다.

【是样儿一양아】shì// yàngr〔口〕물품이 좋다. 모양이 좋다.

【逝】 辶部 shì 7画 갈 서

图1(시간·물 따위가) 지나가다. 흐르다. ◇时光易～/시간은 쉽게 지나간다. 2죽다. ◇病～/병들어 죽다.

**【逝世一세】shìshì 죽어지다. 세상을 뜨다. ◇他～已十多年了/그는 서거한 지 이미 10여년이 되었다. (同)〔去 qù 世〕, (反)〔诞生 dànshēng〕비교逝世:死:去世 ①"逝世"은 존경받는 인물에게만 쓰고 동물에는 쓰지 않는다. ◇我家的鸟突然(×逝世)死了/우리 집 새는 갑자기 죽었다. ②미성년자가 죽은 것은 "逝世" 또는 "去世"라 하지 않는다. ◇他的七岁孩子(×逝世)死了/그의 7살 난 자식이 죽었다. ③"去世"는 성인(成人)의 죽음이 쓰인다. ◇去年他的祖父在故乡(×逝世)去世了/작년에 그의 할아버지는 고향에서 돌아가셨다.

【誓】 言部 shì 7画 맹세 서

图图맹세(하다). ◇～报此仇/이 복수를 하겠다고 맹세하다.

【誓词一사】shìcí 图맹세하는 말.

【誓师一사】shìshī 图군대가 출정하기 전에, 장병들이 모여 필승의 맹세를 하다.

【誓死一사】shìsǐ 图목숨을 걸고 맹세하다.

**【誓言一언】shìyán 图맹세의 말. ◇立下～/맹세하다.

【誓约一약】shìyuē 图서약. 맹세.

【谥·謚(諡)】 讠部 shì 10画 시호 시

1图시호(諡號). 2图시호를 주다〔받다〕. ◇诸葛亮～'忠武'/제갈량에게 '충무'라는 시호가 주어졌다. 3图…라고 부르다. …라고 칭하다. ◇～之为保守主义/보수주의라고 부르다.

【释·釋】 米部 shì 5画 풀 석

1图해석하다. 설명하다. ◇注～/주석(하다). 2图(의심·원한 따위를) 풀다. ◇～疑/의심을 풀다. 3图놓다. 놓아두다. 손떼다. ◇手不～卷/손에서 책을 놓지 않다. 4图석방하다. ◇开～/면면하다. ◇假jiǎ～/가석방하다. 5(Shì)图〈人〉석가모니. 6(Shì)图불교.

【释典一전】shìdiǎn 图불경.

**【释放一방】shìfàng 图1석방하다. ◇要求～政治犯/정치범을 석방하라고 요구한다. (同)〔开 kāi 释〕, (反)〔逮捕 dàibǔ〕2〈物〉방출하다.

【释怀一회】shìhuái 图(애증, 슬픔 등 감정을) 풀다. ◇那时的惜别之情使我不能～/당시의 석별의 정이 나로 하여금 마음에서 풀지 못하게 한다.

【释教一교】Shìjiào 图불교.

【释然一연】shìrán 图〈文〉석연하다. 의심이나 미움이 풀리는 모양.

【释俗一속】shìsú 图통속적인 말로 해석하다.

【释文一문】shìwén 图1문자의 발음과 의미를 해석하다. 2갑골문자(甲骨文字)나 금석문자(金石文字)를 고증하여 해석하다.

【释疑一의】shìyí 图의심을 풀다. 의심이 풀리다. (反)〔质疑 zhìyí〕

【释义一의】shìyì〈文〉图단어나 문장의 의미를 해석하다.

【释藏一장】Shìzàng 图〈佛〉대장경. 불교경전의 총칭.

【释子一자】shìzǐ 图〈文〉중. 스님.

【嗜】 口部 shì 10画 즐길 기

图특히 좋아하다. 애호하다. 즐기다. ◇～酒/술을 즐기다. (同)〔好 hào〕, (反)〔嫌 xián〕

【嗜好一호】shìhào 图기호. 취미. 〔대개 좋지 않은 것을 가리킴〕

【嗜痂之癖一가지벽】shì jiā zhī pǐ〈成〉취향이 괴벽스러운 취향〔취미〕.

【嗜欲－욕】shìyù [명]청각·미각 등의 욕망.

【噬】口部 13画 | shì 물 **서**

[동]씹다. 물다. ◇吞 tūn～/씹어 삼키다.

【噬菌体－균체】shìjūntǐ [명]〈植〉박테리오파지.

【噬脐莫及－제막급】shì qí mò jí 〈成〉후회막급.

【奭】大部 12画 | shì 클 **석**

1[형]〈文〉성대하다. 왕성하다. **2**(Shì)[명]성(姓).

·shi

【匙】匕部 9画 | ·shi 숟가락 **시**, 열쇠 **시**

(同)〔钥 yào 匙〕⇒chí

【殖(殖)】歹部 8画 | ·shi 자랄 **식**

(同)〔骨 gǔ 殖〕⇒zhí

收 892	熟 894	手 894	守 896	首 897
寿 898	受 898	授 899	绶 900	狩 900
兽 900	售 900	瘦 900		

shōu

★【收】攵部 2画 | shōu 거둘 **수**

1[동](물건을) 거두어 들이다. 건사하다. ◇把衣服～起来吧/옷을 거두어 들여라. **2**[동](가질 권리가 있는 물건이나 원래 자기 것을) 거두어 들이다. 회수하다. ◇一个月～一次水电费/한 달에 한 번씩 전기 수도세를 걷는다. **3**[동](경제적 이익 따위를) 얻다. 획득하다. ◇～支相抵/수입과 지출이 일치하다. **4**[명][동]수확(하다). 가을걷이(하다). ◇正～着白薯, 忽然下起了小雨/마침 고구마를 수확하는데 갑자기 가랑비가 내리기 시작했다. **5**[동]접수하다. 수용하다. 받아들이다. ◇学校今年又～了一批学生/학교가 올해도 학생들을 받았다. **6**[동](감정이나 행동을) 억제하다. 걷잡다. ◇这孩子玩得心都～不回来了/이 아이는 노느라 마음을 도무지 걷잡을 수 없다. **7**[동]구금하다. 가두다. **8**[동](일을) 그만두다. 그치다. ◇正～着摊儿的时候, 警察来了/마침 노점을 거둘 때 경찰이 왔다.

【收报－보】shōu∥bào [동]전보를 수신하다. ◇～机/전보 수신기.

【收编－편】shōubiān [동](군대를) 수용하여 개편하다.

【收兵－병】shōubīng [동]**1**군대를 철수시켜 전투를 끝내다. **2**일을 매듭지어 마치다.

*【收藏－장】shōucáng [명][동]수장(하다). ◇～古物/골동품을 수장하다.

【收操－조】shōu∥cāo [동]훈련·체조 등을 마치다. (同)〔下 xià 操〕, (反)〔上 shàng 操〕

【收场－장】shōuchǎng **1**[동]결말을 짓다. 그치다. 끝마치다. **2**[명]결말. 종국. (反)〔开 kāi 场〕

*【收成－성】shōu·cheng [명]수확. 작황.

【收到－도】shōudào [동]받다. 수령하다. 얻다. ◇～了一封电报/전보 한 통을 받았다. [비교]收到:受到:收下 ①“收到”는 추상명사를 목적어로 취하지 않는다. ◇两国建交(×收到)受到世界的欢迎/양국의 수교는 전 세계의 환영을 받았다. ②남에게 물건을 받아 둔다는 뜻에는 “收到”를 쓰지 않는다. ◇他不肯(×收到)收下这些东西/그는 이 물건들을 받으려 하지 않았다.

【收发－발】shōufā **1**[명][동](공문서 따위의) 수령·발송(하다). **2**[명]접수·발송원(員).

【收方－방】shōufāng [명]〈商〉차변(借邊). 차방. (同)〔借 jiè 方〕, (反)〔付 fù 方〕

【收费－비】shōu∥fèi **1**[동]비용을 받다. **2**(shōufèi)[명]비용. 요금. 납입금. ◇～表/(택시의) 요금 계산기.

【收风－풍】shōu∥fēng [동]감옥의 죄수들이 옥외 운동 시간이 끝나다. (反)〔放 fàng 风〕

【收服－복】shōufú [동]항복시키다.

【收抚－무】shōufǔ [동]**1**수용하여 위로하다. **2**받아들여 부양하다.

*【收复－복】shōufù [동](잃어버린 영토·진지를) 되찾다. 수복하다. 광복하다. ◇～失地/빼앗긴〔잃었던〕 땅을 다시 찾다. (同)〔光 guāng 复〕, (反)〔沦陷 lúnxiàn〕

⁑【收割－할】shōugē [동]수확하다. 가을 걷이하다. ◇庄稼都熟了, 我们忙不过来, 请你们帮助～/농작물이 다 익었는데 우리가 몹시 바쁘니 당신들이 수확하는 걸 도와주시오.

【收工－공】shōu∥gōng [동]하루 일을 끝내다. (同)〔下 xià 工〕, (反)〔上 shàng 工〕

*【收购－구】shōugòu [동]사들이다. 수매하다. ◇～棉花/솜을 사들이다.

*【收回－회】shōu∥huí [동]**1**회수하다. ◇～借出的书籍/빌려준 책을 회수하다. **2**(의견·제의·명령 따위를) 취소하다. 철회하다. ◇～原议/원안(原案)을 철회하다. (反)〔颁布 bānbù〕

【收活－활】shōu∥huó (～儿)[동]일〔작업〕을 끝마치다.

☆【收获－확】shōuhuò **1**[동](농작물을) 거두

어 들이다. ◇今年遇上雹灾, 棉花~不了
多少/올해 우박재해를 당해 목화를 얼마
수확할 수 없다. (反)〔播种 bōzhǒng〕 2
圏〈喩〉수확. 성과. ◇很有~的访问/성과
가 있는 방문. (同)〔收成 chéng〕

＊【收集－집】shōují 圄수집하다. 모으다. ◇
我~了很多风景明信片/나는 풍경엽서를
많이 모았다. (同)〔散发 sǎnfā〕比较收
集:聚集 사람들이 모여 있는 경우에는
"收集"를 쓰지 않는다. ◇我们这里(×收
集)聚集了二千多个学生/우리 여기에는 2
천여 명의 학생이 모였다.

【收监－감】shōu// jiān 圄수감하다.

【收件－건】shōujiàn 1圄물건을 수취하다.
〔대개 소포류에 대해서 말함〕2圏배달
우편물.

【收缴－교】shōujiǎo 圄1(무기 따위를) 노
획하다. 2(세금 등을) 징수하여 상납하다.

【收据－거】shōujù 圏영수증. 인수증.

【收看－간】shōukàn 圄(텔레비전을) 시청
하다.

【收口－구】shōu// kǒu (～儿)圄1(뜨개·광
주리 등의 터진 곳을) 아물리다. 훑치다.
(同)〔愈合 yùhé〕, (反)〔溃烂 kuìlàn〕2
(상처 따위가) 아물다.

【收揽－람】shōulǎn 圄1(생색을 내며 민심
을) 수람하다. 무마하다. (同)〔收买 mǎi〕,
(反)〔排挤 páijǐ〕2긁어 모아서 독점하다.

【收镰－렴】shōu// lián 圄수확을 정지하거
나 마치다.

【收敛－렴】shōuliǎn 圄1(웃음·빛 따위가)
사라지다. 각돌다. 2(언행을 갑자기) 삼
가다. 얌전하게 행동하다. 3〈醫〉수렴하
다. 수축하다. (反)〔增强 zēngqiáng〕

【收殓－렴】shōu// liàn 圄입관(入棺)하다.

【收留－류】shōuliú 圄(어려운 사람 등을)
떠맡다. 수용하다. (同)〔收容 róng〕,
(反)〔驱逐 qūzhú〕

【收拢－롱】shōulǒng 圄1흩어진 것을 한데
모으다. (벼리 등을) 죄다. (그물을) 걷
다. 2(사람을) 매수하여 회유하다.

【收录－록】shōulù 圄1(흩어진 사람을) 흡
수·채용하다. 2(시문 등을) 수록하다.
(同)〔集聚 jíjù〕, (反)〔分散 fēnsàn〕

【收录机－록기】shōulùjī 圏라디오 녹음기.

【收罗－라】shōuluó 圄(사람이나 사물을)
긁어〔한데〕모으다. 망라하다.

＊【收买－매】shōumǎi 圄1매입하다. 사들이
다. (同)〔收购 gòu〕, (反)〔出卖 chūmài〕
◇~旧书/고서(古書)를 매입하다. 2(돈,
이익 등으로) 회유하다. 포섭하
다. ◇他们是想~你啊/그들은 너를 매
수하려고 한다.

【收纳－납】shōunà 圄수납하다. 거두다.

【收盘－반】shōupán (～儿)〈商〉圏(옛날,
거래소에서의) 마지막 장의 시세. 파장
시세. (反)〔开盘 kāipán〕

【收蓬－봉】shōu// péng 圄1돛을 내리다. 2
〈轉〉싸움〔분쟁〕을 그만두다.

【收讫－글】shōuqì 圏영수필.

【收秋－추】shōu// qiū 圄추수하다.

【收取－취】shōuqǔ 圄〈文〉받다. 수취하다.
◇～学费/학교 등록금을 수취한다. (反)
〔付出 fùchū〕

【收容－용】shōuróng 圄수용하다. 받아들
이다.

☆【收入－입】shōurù 1圄받다. 받아들이다.
◇每天的~的现金都存入银行/매일 받은 현
금은 은행에 입금한다. (同)〔收进 jìn〕2
圏수입. 소득. ◇他每月的~情况我不清楚
/그의 매월 수입상황을 난 잘 모른다.
(反)〔支出 zhīchū〕

【收生－생】shōushēng 圄아이를 받다.

【收生婆－생 파】shōushēngpó 圏산파. 조
산원.

【收尸－시】shōu// shī 圄시신을 거두어 화
장하다 또는 매장하다.

【收市－시】shōu// shì 圄(옛날, 시장·상점
등에서) 영업을 끝내다. 폐점하다. 장사
를 끝낸다. (反)〔开 kāi 市〕

【收视－시】shōushì (同)〔收看 kàn〕

★【收拾－습】shōu·shi 圄1치우다. 정돈하다.
정리하다. ◇房间里太乱, 得好好~~/방
안이 너무 어지러우니 잘 좀 정리해야겠
다. 2손질하다. 수리하다. ◇有空帮我~
~这把椅子吧/짬이 있으면 이 의자를 수
리해주시오. 3〈口〉혼내 주다. 경을 치다.
◇你要不听话, 看你父亲回来~你/네가 말
을 듣지 않으면 네 부친이 돌아온 후 혼
내주라고 하겠다. 4〈口〉죽이다. 해치우
다. ◇据点的敌人, 全被我们~了/거점의
적들이 우리에게 전부 전멸되었다. 比较
收拾:照料 "收拾"는 나쁜 사람 외에 보
통 사람에게는 쓰이지 않는다. ◇我只能
在家里(×收拾)照料孩子/난 집에서 아이
를 돌보는 수 밖에 없다.

【收受－수】shōushòu 圄받다. 수령하다.

＊＊【收缩－축】shōusuō 1圄(물체가) 수축하
다. 줄다. ◇布鞋一洗, ~得很厉害, 小得不
能穿了/헝겊 신을 씻었더니 너무 줄어들
어 작아서 신을 수 없다. 2圄축소하다.
줄이다. (同)〔缩小 xiǎo〕, (反)〔扩大 ku-
òdà〕

【收摊儿－탄아】shōu// tānr 圄노점을 거두
다. 〈喩〉하던 일을 거두다.

【收条－조】shōutiáo (～儿)圏영수증. 인
수증.

【收听－청】shōutīng 圄(라디오를) 청취하다.

【收尾－미】shōu// wěi 1[동]끝을 맺다. 마무리하다. 2(shōuwěi)[명](일의) 마지막 단계. (글의) 끝부분. 마감. (同)〔结束 jiéshù〕, (反)〔开始 kāishǐ〕
【收文－문】shōuwén [명]접수한 공문〔서류〕.
【收效－효】shōu// xiào [동]효과를 거두다.
【收心－심】shōu// xīn [동]1정신을 집중하다. 2마음을 바꿔먹다. 마음을 옳게 가지다.
【收押－압】shōuyā [동]가두다. 구금하다.
【收养－양】shōuyǎng [동]맡아서 기르다. (反)〔遗弃 yíqì〕
*【收益－익】shōuyì [명]수익. 이득. 수입. ◇增加～/수입을 올리다.
【收音－음】shōuyīn [동]1소리를 모아 음향효과를 좋게 하다. 2수신하다. 청취하다.
☆【收音机－음기】shōuyīnjī [명]라디오(수신기).
【收执－집】shōuzhí 1〈牘〉(증빙서류 등을) 수령하여 보관하다. 〔공문서 용어〕 2[명]세금 따위의 납부필증.
【收治－치】shōuzhì [동]수용 치료하다.

shóu

【熟】灬部 11画 | shóu 익을 숙
'熟 shú'의 구어음(口語音).

shǒu

★【手】手部 0画 | shǒu 손 수
1[명]손. 2[동](손에) 쥐다. 가지다. ◇人～一册/사람마다 책 한 권씩 가졌다. 3[형]손에 들기에 편하다. ◇～册/수첩. 4직접. 친히. 몸소. ◇～抄/직접 베끼다. 5[명]수단. 방법. ◇心狠～辣/마음이 독하고 수단이 매섭다. 6(～儿)[양]기능이나 능력 따위에 쓰임. ◇他写一～好字/그는 글자를 잘 쓴다. 7[명]어떤 기능이나 기술을 가진 사람. ◇选～/선수. ◇老～/베테랑.

手

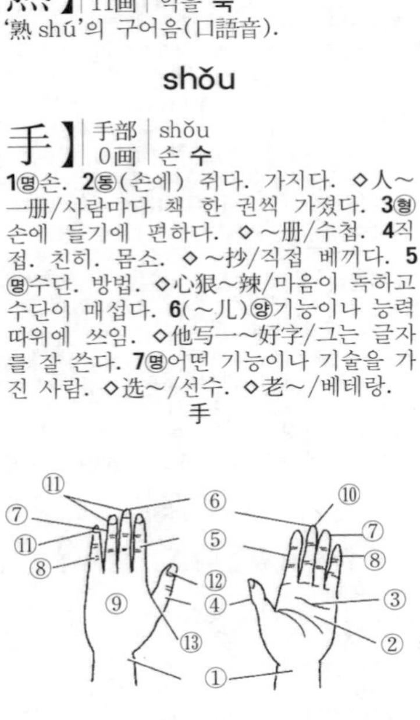

①手腕子 shǒuwànzi
②手掌 shǒuzhǎng
③掌纹 zhǎngwén
④～⑧手指头 shǒuzhǐtou
④大拇指 dà·mǔzhǐ
⑤食指 shízhǐ
⑥中指 zhōngzhǐ
⑦无名指 wúmíngzhǐ
⑧小指 xiǎozhǐ
⑨手背 shǒubèi
⑩指尖 zhǐjiān
⑪手指甲 shǒuzhǐjia
⑫半月瓣指甲 bànyuèbànzhǐjia
⑬指缝儿 zhǐfèngr

【手把手－파수】shǒu bǎ shǒu [동]친히 손잡아 가르치다.
【手把－파】shǒu bǎ (～儿)[명](붙잡거나 들어올리는 데 쓰는) 손잡이.
【手板－판】shǒubǎn [명]1〈方〉손바닥. 2(同)〔手版 bǎn〕
【手版－판】shǒubǎn [명]1수판. 홀(笏). 2(同)〔手本 běn 1〕
【手背－배】shǒubèi [명]손등.
【手本－본】shǒuběn [명]1명청(明清)시대의 명함. 〔접책으로 되어 이름과 직명을 쓴 것〕 2(同)〔手册 cè〕
【手笔－필】shǒubǐ [명]1친필의 휘호나 글 또는 그림. 2문필의 조예. ◇大～/문필가. 문호. 3일하는 품. 돈의 씀씀이.
【手臂－비】shǒubì [명]팔뚝.
【手边－변】shǒubiān (～儿)[명]수중. 손가까이.
★【手表－표】shǒubiǎo [명]손목 시계.
【手柄－병】shǒubǐng [명]손잡이.
【手不释卷－불석권】shǒu bù shì juàn〈成〉손에서 책을 놓지 아니하다. 꾸준히 공부하다. (同)〔学而不厌 xué ér bù yàn〕, (反)〔一暴十寒 yī bào shí hán〕
【手不稳－불온】shǒu bù wěn〈方〉손버릇이 나쁘다.
【手册－책】shǒucè [명]1편람. 총람. 2수첩.
【手车－차】shǒuchē [명]손수레. (同)〔手推 tuī 车〕
【手钏－천】shǒuchuàn [명]〈方〉팔가락지. 팔찌.
【手戳－착】shǒuchuō (～儿)[명]〈口〉도장.
【手大－대】shǒu dà [형]손이 크다. 활수하다.
【手到擒来－도금래】shǒu dào qín lái 손이 가는 대로 적을 잡다. 누워서 떡먹기.
【手底下－저하】shǒudǐ·xia (同)〔手下 xià〕
*【手电筒－전동】shǒudiàntǒng [명]손전등.
☆【手段－단】shǒuduàn [명]1수단. 방법. ◇达到目的的一种～/목적에 달성하기 위한 수단이다. 2잔꾀. 수법. ◇为了把她弄到手，他用尽了～/그녀를 손에 넣으려고 그는 온갖 잔꾀를 다 부렸다. [비교]手段:方法 "手段"은 부정적인 뜻을 갖고 있다. ◇我用各种各样的(×手段)方法出国/나는 각종 방법을 동원해 출국하려 한다. 3수완. 솜씨. ◇她应付那件事情很有～/그녀

S

는 그 일을 수완좋게 처리했다.

*【手法－법】shǒufǎ 영1(예술품이나 문학 작품의) 수법. 기교. ◇表现～独特/표현 기교가 독특하다. 2부정한 방법. 수단. 계략. ◇万万没想到他在中间玩弄了两面～/그가 중간에서 양쪽에 사기친 것을 부린 것을 전혀 생각지도 못했다.

【手风琴－풍금】shǒufēngqín 영손풍금. 아코디언.

【手感－감】shǒugǎn 영손의 감촉.

【手高手低－고수저】shǒu gāo shǒu dī〈成〉(눈대중으로 물건을 잴 때) 조금씩 차이가 날 수 있다. 조금씩 차이가 나는 것은 어쩔 수 없다.

【手稿－고】shǒugǎo 영친필의 원고.

☆【手工－공】shǒugōng 영1수공. ◇过去农村的姑娘从小就学做～/과거에 농촌의 처녀들은 어릴 때부터 수공일을 배웠다. 2수작업. 3(수작업의) 품삯.

【手工业－공업】shǒugōngyè 영수공업.

【手工艺－공예】shǒugōngyì 영수공예.

【手鼓－고】shǒugǔ 영〈音〉1탬버린. 2(탬버린과 비슷한) 위구르(Uygur) 등 소수민족의 타악기.

【手黑－흑】shǒuhēi 영수단·방법이 악랄하다.

【手疾眼快－질안쾌】shǒu jí yǎn kuài〈成〉동작이 재빠르다. (同)〔眼疾手快〕, (反)〔慢条斯理 màn tiáo sī lǐ〕

【手记－기】shǒujì 1동체험을 손수 적다. 2영수기.

【手技－기】shǒujì 영1손재주. 2곡예. 광대놀음. 잡기.

【手迹－적】shǒujì 영필적.

【手脚－각】shǒujiǎo 영1동작. 거동. 2〈方〉〈貶〉잔꾀. 책략. ◇做～/농간을 부린다.

*【手巾－건】shǒu·jīn 영1수건. 타월. 2〈方〉손수건.

【手紧－긴】shǒu jǐn 영1인색하다. 구두쇠다. 손작다. (反)〔手松 sōng〕2호주머니 사정이 여의치 않다.

【手卷－권】shǒujuàn 영(글씨나 그림의) 두루마리.

☆【手绢－견】shǒujuàn (～儿)영손수건.

【手铐－고】shǒukào 영수갑. 쇠고랑.

【手快－쾌】shǒu kuài 영(일하는) 동작이 손빠르다. 손재다. 민첩하다.

【手辣－랄】shǒu là 영수단이 악독하다. 냉혹하다.

【手雷－뢰】shǒuléi 영〈軍〉대전차 수류탄.

【手令－령】shǒulìng 영친히 쓴〔내린〕명령.

*【手榴弹－류탄】shǒuliúdàn 영1〈軍〉수류탄. 2〈體〉모의 수류탄. 〔피일드 경기 용구의 하나〕

【手炉－로】shǒulú 영주머니 난로.

【手锣－라】shǒuluó (同)〔小 xiǎo 锣〕

【手慢－만】shǒu màn 영일하는 것이 느리다. 손뜨다.

【手忙脚乱－망각란】shǒu máng jiǎo luàn〈成〉몹시 허둥거리다. (同)〔慌 huāng 脚〕, (反)〔从容不迫 cóng róng bù pò〕

【手面－면】shǒumiàn 영〈方〉돈 씀씀이.

【手民－민】shǒumín 영〈文〉조판공. 식자공.

【手模－모】shǒumó 영1지장(指章). 손도장. 2손자국. 남겨진 지문.

【手帕－파】shǒupà 영〈方〉손수건.

【手旗－기】shǒuqí 영〈軍〉수기. 손기.

【手气－기】shǒuqì 영(제비나 도박 따위에서의) 운. 손복.

*【手枪－창】shǒuqiāng 영권총.

【手巧－교】shǒu qiǎo 손재주가 좋다. (反)〔手拙 zhuō〕

【手勤－근】shǒu qín 영부지런하다. 근면하다. (反)〔手懒 lǎn〕

【手轻－경】shǒu qīng 영(손동작이) 부드럽다. (다루는 것이) 살살하다. (反)〔手重 zhòng〕

【手球－구】shǒuqiú 영〈體〉1핸드볼. 2핸드볼공.

【手软－연】shǒu ruǎn 영무르게 다루다. 우유 부단하다. 결단력이 없다. (反)〔辣 là 手〕

【手生－생】shǒushēng 영손설다. 손에 익지 않다.

*【手势－세】shǒushì 영손짓. 손시늉. ◇聋哑人用～向我们表达他的意思/농아는 손짓으로 우리에게 자기의 의사를 표현했다.

【手书－서】shǒushū 1영글을 손수 쓰다. 2영〈牘〉귀한(貴翰). 귀함(貴函). 〔상대방의 편지에 대한 경칭〕

☆【手术－술】shǒushù 영수술. ◇动～/수술하다.

【手松－송】shǒu sōng 영활수하다. (돈·물건 등에) 인색하지 않다. (同)〔大方 dàfang〕, (反)〔手紧 jǐn〕

【手谈－담】shǒután〈文〉1영바둑·장기의 별칭. 2동바둑을 두다.

☆【手套－투】shǒutào (～儿)영장갑.

【手提包－제포】shǒutíbāo 영손가방. 핸드백.

【手头－두】shǒutóu (～儿)영1손밑. 가까이 있음. 2주머니 사정. ◇近来我～不松/요즘 내 주머니 사정이 빡빡하다. 3(글을 쓰거나 일을 하는) 손재주. 솜씨.

【手头字－두자】shǒutóuzì 영약자. 간체자의 구칭(舊稱).

【手推车－퇴차】shǒutuīchē 영손수레. 리어카.

【手腕－완】shǒuwàn (～儿)영1손목. 팔목. 2수완. 3술수. 술책.

【手腕子一완자】shǒuwàn·zi 圏팔뚝. 손목.
【手无寸铁一무촌철】shǒu wú cùn tiě 〈成〉
손에 아무 무기도 없다. 맨주먹. (同)〔赤
手空拳 chì shǒu kōng quàn〕, (反)〔全
副武装 quán fù wǔ zhuāng〕
【手舞足蹈一무족도】shǒu wǔ zú dǎo 〈成〉
너무 기뻐서 덩실덩실 춤추다.
【手下一하】shǒuxià 圏1밑에서. 지배 아래.
2수중. 곁. 3주머니 사정. 4일을 처리할
때. 일에 손댈 때. ◇~留情/처리할 때
잘 봐주세요.
【手写一사】shǒuxiě 圄1손으로 쓰다. 2손
수 쓰다.
【手写体一사체】shǒuxiětǐ 圏필기체.
【手心一심】shǒuxīn 圏1손바닥. 2(~儿)수
중. 손아귀. 장악. 지배.
☆【手续一속】shǒuxù 圏수속. 절차. ◇出国
~都办好了/출국 수속을 다 처리했다.
【手腕一완】shǒuwǎn (同)〔手段 duàn 2〕
*【手艺一예】shǒuyì 圏손재간. (공예인의)
솜씨. 수공 기술. ◇这个裁缝的~很好/이
재봉의 수공이 아주 좋다. 比較手艺:手
工 손으로 조작하는 것에는 "手艺"을 쓰
지 않는다. ◇他用(×手艺)手工的方法弹
棉花/그는 수공식으로 솜을 탄다.
【手淫一음】shǒuyín 圏수음.
【手印一인】shǒuyìn (~儿)圏1손자국. 손
가락 자국. 2지장.
【手语一어】shǒuyǔ 圏수화.
【手谕一유】shǒuyù 圏〈文〉상관이 손수 써
서 하급 기관에 보내는 지시.
【手泽一택】shǒuzé 圏〈文〉선인의 유물 또
는 필적.
【手札一찰】shǒuzhá 圏〈文〉친필 서한.
【手掌一장】shǒuzhǎng 圏손바닥.
【手杖一장】shǒuzhàng 圏지팡이.
【手植一식】shǒuzhí 圄손수 심음(심다).
【手纸一지】shǒuzhǐ 圏(화장실용) 휴지.
☆【手指一지】shǒuzhǐ 圏손가락.
【手指甲一지갑】shǒuzhǐ·jia 圏손톱.
【手指头一지두】shǒuzhǐ·tou 圏손가락.
【手指头肚儿一지두두아】shǒuzhǐ·toudùr
圏〈口〉손가락 끝마디의 지문이 있는 부분.
【手指字母一지자모】shǒuzhǐ zìmǔ 圏수화
의 자모.
【手重一중】shǒu zhòng 圈손때가 맵다. (反)
〔手轻 qīng〕
【手镯一탁】shǒuzhuó 圏팔찌.
【手足一족】shǒuzú 圏1손과 발. 〈轉〉거동.
동작. 2형제.
【手足无措一족무조】shǒu zú wú cuò 〈成〉
몹시 당황하여 어찌할 바 모르다. (同)
〔不知所措 bù zhī suǒ cuò〕, (反)〔从容
不迫 cóng róng bù pò〕

∗∗【守】宀部 shǒu
3画 지킬 수
1圄지키다. 수비하다. ◇守门员受了伤,
你替他~一吧/골키퍼가 부상을 입었으니
네가 그대신 봐라. (反)〔攻 gōng〕2圄곁
에서 돌보다. 간호하다. ◇孩子病了, 妈
妈一直在床边~着/애가 병이 나서 엄마
가 침대 곁에서 계속 간호하고 있다. 3圄
(약속이나 규정 따위를) 지키다. ◇他这
个人没~过信用/그라는 사람은 신용을
지킨 적이 없다. 4圄근접하다. 가까이있
다. ◇房间~着马路, 真吵/방이 도로에
가까이 있어서 정말 시끄럽다.
【守备一비】shǒubèi 圄수비(하다). 방어
(하다).
【守财奴一재노】shǒucáinú 圏수전노. 구두
쇠. (同)〔看 kān 财奴〕
【守车一차】shǒuchē 圏(화물 열차의 맨 뒤
의) 승무원실.
【守成一성】shǒuchéng 圄〈文〉이어받은 가
업[사업]을 지키다.
【守敌一적】shǒudí 圏적의 수비병.
*【守法一법】shǒu//fǎ 圄법률을 준수하다.
(同)〔遵 zūn 法〕, (反)〔违 wéi 法〕
【守服一복】shǒufú 圄상(喪)을 입다.
【守寡一과】shǒu//guǎ 圄과부로 수절하다.
(同)〔孀居 shuāngjū〕, (反)〔再醮 zàijiào〕
【守恒一항】shǒuhéng 圄(수치를) 변함없
이 보존하다. ◇能量~定律/에너지 보존
의 법칙.
【守候一후】shǒuhòu 圄1기다리다. 2간호
하다.
【守护一호】shǒuhù 圄지키다. 수호하다.
【守活寡一활과】shǒu huóguǎ 생과부로 지
내다.
【守节一절】shǒu//jié 圄정조를 지키다. (同)
〔抗 kàng 节〕, (反)〔失 shī 节〕
【守旧一구】shǒujiù 1圄수구하다. 구습을
지키다. (同)〔保 bǎo 守〕, (反)〔创新
chuàng xīn〕2圏〈演〉중국 전통극을 연
출할 때, 무대 위에 거는 수를 놓은 막.
【守空房一공방】shǒu kōngfáng 圄독수 공
방하다.
【守口如瓶一구여병】shǒu kǒu rú píng
〈成〉입이 무겁다. 말 조심하다. (同)〔三
缄其口 sān jiān qí kǒu〕, (反)〔和盘托出
hé pán tuō chū〕
【守灵一령】shǒu//líng 圄경야(經夜)하다.
【守门一문】shǒu//mén 圄1문지기를 하다.
문을 지키다. 2(體)골(goal)문을 수비하다.
【守门员一문원】shǒuményuán 圏(體)(축
구 따위의) 골키퍼.
【守丧一상】shǒu//sāng (同)〔守灵 líng〕
【守势一세】shǒushì 圏수세. 방어 태세.

(反)〔攻 gōng 势〕

【守岁-세】 shǒu// suì 屬까치 설날을 쇠다. 〔섣달 그믐날 밤에 자지 않고 밤을 세워 새해를 맞이하는 것〕

【守土-토】 shǒutǔ 屬〈文〉국토를 보위하다.

【守望-망】 shǒuwàng 屬파수를 보다. 망 보다.

【守望相助-망상조】 shǒu wàng xiāng zhù 〈成〉이웃끼리 서로 망을 봐 유사시에 공동 대처하다.

*【守卫-위】 shǒuwèi 屬지키다. 수호하다. ◇他们日日夜夜地～着祖国的边防/그들은 조국의 국방을 밤낮으로 지키고 있다. (同)〔保 bǎo 卫〕, (反)〔侵犯 qīnfàn〕

【守孝-효】 shǒu// xiào 屬(옛날에) 복상(腹喪)하다.

【守信-신】 shǒuxìn 屬신용을 지키다. (同)〔有 yǒu 信〕, (反)〔失 shī 信〕

【守业-업】 shǒu// yè 屬전래의 가업을 지키다.

【守夜-야】 shǒuyè 屬야간 경비를 보다.

【守制-제】 shǒuzhì 屬옛날, 부모가 죽었을 때 아들이 집안에 칩거하거나, 만 27개월 동안 모든 교제를 끊고, 관리는 그 직(職)을 사임해야 함.

【守株待兔-주대토】 shǒu zhū dài tù 〈成〉나무를 지키며 토끼를 기다리다. 〈喩〉노력하지 않고 요행을 바라다.

☆【首】 首部 ｜ shǒu
　　　 0画 ｜ 머리 수
1屬머리. ◇回～/머리를 돌리다. 2屬최고의. 제일의. ◇～席代表/수석대표. 3屬두목. 우두머리. ◇～恶必办/주모자는 반드시 처벌한다. 4屬최초의. 처음의. 5屬수하다. 남의 죄를 고발하다. ◇自～/자수하다. 6屬(시(詩)·노래 따위의) 수. ◇一~诗/시 한 수 7(Shǒu)屬성(姓).

【首倡-창】 shǒuchàng 屬(새로운 것을) 처음으로 제창하다.

【首车-차】 shǒuchē 屬첫차.

*【首创-창】 shǒuchuàng 屬창시하다. 창조하다. ◇～一种新的汉字输入法/새로운 한자 입력법을 창시했다. (同)〔独 dú 创〕, (反)〔因循 yīnxún〕

【首当其冲-당기충】 shǒu dāng qí chōng 〈成〉공격이나 피해를 맨처음 받다.

★【首都-도】 shǒudū 屬수도. ◇重要的政治, 文化机构都集中在～/정치·문화의 주요기구는 모두 수도에 집중되어 있다. 비교首都:省会:古都 ①연방국가의 각 주 정부 소재지를 "首府"라고 하고, 중국 각 성의 성정부 소재지를 "省会"라고 한다. ◇哈尔滨是黑龙江省的(×首都)省会/하얼빈은 흑룡강 성의 성도이다. ②고대

사회의 수도를 "国都"라고 하고 앞에 단음절 단어가 오면 "都"만 쓴다. ◇西安是中国的(×古都)古都/서안은 중국의 고도이다.

【首恶-악】 shǒu'è 屬원흉. 수괴. (同)〔主犯 zhǔfàn〕, (反)〔从犯 cóngfàn〕

【首犯-범】 shǒufàn 屬주범. 범죄집단의 우두머리.

【首府-부】 shǒufǔ 屬1옛날, 성정부의 소재지. 현재는 자치구(주)의 정부 소재지를 가리킴. 2속국이나 식민지의 정부의 소재지.

【首富-부】 shǒufù 屬갑부.

【首告-고】 shǒugào 屬밀고하다. 고발하다.

【首户-호】 shǒuhù (同)〔首富 fù〕

【首级-급】 shǒují 屬싸움에서 벤 적의 머리.

【首届-계】 shǒujiè 屬제1차. 제1기.

【首肯-긍】 shǒukěn 屬수긍하다.

【首领-령】 shǒulǐng 屬1〈文〉머리와 목. ◇保全～/목숨을 보전하다. 2〈喩〉수령. 우두머리.

*【首脑-뇌】 shǒunǎo 屬수뇌. 영수회담. ◇～会谈/영수회담.

【首屈一指-굴일지】 shǒu qū yī zhǐ 〈成〉첫째(로 손꼽다). 제일. 으뜸(가다).

【首善之区-선지구】 shǒushàn zhī qū 〈成〉가장 좋은 곳. 수도(首都). (反)〔穷乡僻壤 qióng xiāng pì rǎng〕

【首饰-식】 shǒu·shi 屬원래는 머리 장식을 가리켰으나, 지금은 귀걸이·목걸이·반지·팔찌 등 장신구 전반을 가리킴.

【首鼠两端-서양단】 shǒu shǔ liǎng duān 〈成〉구멍에서 머리만 내밀고 엿보는 쥐(와 같다). 결단을 내리지 못하고 망설이다. (同)〔迟疑不决 chí yí bù jué〕, (反)〔毅然决然 yì rán jué rán〕

【首途-도】 shǒutú 屬〈文〉길을 떠나다. 출발하다.

【首尾-미】 shǒuwěi 1屬처음과 끝. 2屬시종.

【首位-위】 shǒuwèi 屬제1위.

*【首席-석】 shǒuxí 屬1상석. 〔주빈이 앉는 자리〕 (同)〔首座 zuò〕, (反)〔末 mò 席〕 ◇坐～/상석에 앉다. 2수석. ◇～代表/수석대표.

☆【首先-선】 shǒuxiān 1屬맨 먼저. 최초로. ◇他～退出了会场/그는 먼저 회의장에서 물러나왔다. 비교首先:起初 "首先"은 구체적인 사건의 시작을 나타내지 않는다. ◇他生病了, 我让他去找医生, (×首先)起初他不听话/그가 병에 걸려서 의사에게 가 보라고 말했으나 처음에 그는 말을 듣지 않았다. 2屬첫째. 〔사항을 열거하는 경우에 쓰임〕 ◇～由王老师发言, 其次, 是李老师发言/첫째로 왕선생님이

S

발언하시고 그 다음은 이선생님이 발언하세요. (同)〔第一 dìyī〕, (反)〔末后 mòhòu〕

*【首相―상】shǒuxiàng 图수상.

【首选―선】shǒuxuǎn 图일등으로 (우선) 뽑다. ◇该市是这次会议的～地点/그 시는 이번 회의의 최우선 후보지다.

*【首要―요】shǒuyào 1图가장 중요하다. ◇把这个问题放在～位置上/이 문제를 가장 중요한 위치에 놓다. (同)〔主 zhǔ 要〕, (反)〔次 cì 要〕2(同)〔首脑 nǎo〕

【首义―의】shǒuyì〈文〉图图맨 먼저 의병을 일으키다.

【首战―전】shǒuzhàn 图첫번째 접전.

*【首长―장】shǒuzhǎng 图정부 각 부처의 고위 관리자. 부대의 고급 장교.

【首座―좌】shǒuzuò 图1상석. 윗자리. (同)〔首坐 zuò〕2〈佛〉지위가 가장 높은 스님.

shòu

【寿・壽】寸部｜shòu
4画｜수할 수

1图장수. ◇人～年丰/사람은 장수, 농사는 풍작. 2图나이. 수명. ◇～命/수명. 3图생신. ◇做～/생신 잔치를 하다. 4〈婉〉죽은 사람이 사용하도록 갖추어 주는 것. 5(Shòu)图성(姓).

【寿斑―반】shòubān 图검버섯. 오지(汚池).

【寿材―재】shòucái 图죽기 전에 미리 준비해 두는 관(棺). 보통 관.

【寿辰―신】shòuchén 图생신. (同)〔寿诞 dàn〕, (反)〔忌 jì 辰〕

【寿诞―탄】shòudàn (同)〔寿辰 chén〕

【寿礼―례】shòulǐ 图생신 축하 선물. (反)〔祭 jì 礼〕

【寿面―면】shòumiàn 图생일 축하 국수. ‘长寿面’이라고도 부름.

**【寿命―명】shòumìng 图수명. ◇人类平均～在不断提高/사람의 평균수명은 끊임없이 높아가고 있다.

【寿木―목】shòumù (同)〔寿材 cái〕

【寿数―수】shòu·shu 图수명. 명수.

【寿桃―도】shòutáo 图생일 축하용 복숭아나 복숭아 모양으로 만든 만두.

【寿星―성】shòu·xing 图1〈天〉노인성(老人星). 2축수를 받는 생일의 주인공.

【寿穴―혈】shòuxué 图수혈. 수실(壽室). 생전에 만들어 놓은 묘혈(墓穴).

【寿衣―의】shòuyī 图수의. 염습때 시체에 입히는 옷.

【寿终正寝―종정침】shòu zhōng zhèng qǐn〈成〉천수를 다하고 몸채에서 죽다. (계획 등이) 완전히 틀어지다. (反)〔死于非命 sǐ yú fēi mìng〕

☆【受】爪部｜又部｜shòu
4画｜6画｜받을 수

1图받다. 받아 들이다. ◇这种产品很～欢迎/이런 제품은 인기가 매우 좋다. 回回受：得 취득의 뜻이 있으면 “受”를 쓰지 않는다. ◇我(×受)得不到大家的理解/난 여러사람의 이해를 구하지 못했다. 2图(고통・손해・재난 따위를) 받다. 입다. 맞다. ◇我从来没～过老师的批评/나는 여지껏 선생님께 꾸지람을 들은 적이 없다. 3图참다. 견디다. ◇～不了/참을 수 없다. 4(…하기에) 적합하다. (…하기)좋다. ◇～吃/먹기에 맞이 좋다.

【受病―병】shòu∥bìng 图병이 들다. 〔대개 곧 바로 증상이 나타나지 않는 경우에 쓰임〕

【受不了―불료】shòu·bu liǎo 참을 수 없다. 견딜 수 없다. ◇今天天气可真热得～/오늘 날씨는 정말 너무 더워 참을 수 없다.

【受潮―조】shòu∥cháo 图습기차다. 습기를 받다.

【受宠若惊―총약경】shòu chǒng ruò jīng〈成〉과분한 대우를 받아 기쁘면서도 약간 의아해 하다. (反)〔宠辱不惊 chǒng rǔ bù jīng〕

【受挫―좌】shòucuò 图좌절당하다. (反)〔得计 déjì〕

【受到―도】shòu·dào 图(추상적으로) …을 받다. ◇这种产品～过消费者批评/이 제품은 소비자의 비평을 받은 적이 있다. 回回受到：得到：受：遇到 ①a)“受到” 뒤의 목적어는 모두 동명사이어야 한다. ◇他(×受到)得到遗产后, 生活好起来了/그는 유산을 받은 후 생활이 좋아졌다. b)“受到”의 대상은 대개 안 좋은 일이다. ◇女职工往往首先(×得到)受到损害/여직원은 흔히 먼저 손해를 입는다. ②“受到” 뒤에는 단음절 단어를 목적어로 취하지 않는다. ◇他淋了雨, (×受到)受了寒, 病倒了/그는 비를 맞고 감기에 걸려 쓰러졌다. ③“障碍”는 “受到”의 목적어로 쓰이지 않는다. ◇中美关系(×受到)遇到了障碍/중미관계가 난관에 봉착했다.

【受等―등】shòuděng 오래 기다리셨습니다.

【受罚―벌】shòu∥fá 图벌을 받다. 〔受奖 jiǎng〕

【受粉―분】shòufěn 图图〈植〉수분(하다).

【受害―해】shòu∥hài 图1피해를 입다. 2살해당하다.

【受话器―화기】shòuhuàqì 图수화기.

【受话人―화인】shòuhuàrén 图전화 수신인.

【受贿―회】shòu∥huì 图뇌물을 받다. 수

뢰하다. (同)〔纳 nà 贿〕, (反)〔拒 jù 贿〕

【受奖—장】shòu// jiǎng 图표창을 받다. 상을 받다. (同)〔受赏 shǎng〕, (反)〔颁 bān 奖〕

【受戒—계】shòu// jiè 图〈佛〉수계하다. 중이 되다. (反)〔开 kāi 戒〕

【受惊—경】shòu// jīng 图놀라다. 기겁을 하다.

【受精—정】shòu// jīng 〈生〉1图(사람이나 동물이) 수정하다. 2(shòujīng)图수정.

【受窘—군】shòu// jiǒng 图난감한 처지에 빠지다. 궁지에 빠지다.

【受苦—고】shòu// kǔ 图쓰라린 꼴을 당하다. (同)〔吃 chī 苦〕, (反)〔享福 xiǎng fú〕

【受累—루】shòu// léi 图연루되다. 연좌되다.

【受累—루】shòu// lèi 图고생을 하다〔시키다〕. 〈專〉수고하셨습니다.

【受礼—례】shòu// lǐ 图선물을 받다. (反)〔还 huán 礼〕

【受理—리】shòulǐ 图접수, 취급하다. 접수하다.

【受凉—량】shòu// liáng 图감기에 걸리다.

【受命—명】shòu// mìng 图명령을 받다. (反)〔授 shòu 命〕

【受难—난】shòu// nàn 图재난을 당하다.

【受盘—반】shòupán 图점포를〔상점을〕양도받다.

【受骗—편】shòu// piàn 图속임을 당하다. 속다.

【受聘—빙】shòu// pìn 图초빙〔초청〕을 받다.

【受气—기】shòu// qì 图모욕을 당하다.

【受气包—기포】shòuqìbāo (~儿)图〈喻〉분풀이 대상. 천덕꾸러기. 천더기.

【受穷—궁】shòu// qióng 图빈곤에 시달리다. 궁핍하다.

【受屈—굴】shòu// qū 图누명을 쓰다. (同)〔受冤 yuān〕, (反)〔伸冤 shēnyuān〕

【受权—권】shòu// quán 图권한을 부여받다〔위임받다〕.

【受热—열】shòu// rè 图1고온의 영향을 받다. 2더위를 먹다.

【受辱—욕】shòu// rǔ 图창피를 당하다. 모욕을 당하다. (反)〔雪耻 xuěchǐ〕

*【受伤—상】shòu// shāng 图상처를 입다. 부상을 당하다. ◇受重伤/중상을 입다. 比교受伤:悲伤 마음속에 괴로움에는 "受伤"을 쓰지 않는다. ◇她听到丈夫死了的消息, 很(×受伤)悲伤/그녀는 남편이 죽었다는 소식을 듣고 매우 슬퍼했다.

【受赏—상】shòu// shǎng 图상을 받다. (同)〔受奖 jiǎng〕, (反)〔受罚 fá〕

【受审—심】shòu// shěn 图1심문을 받다. 심사를 받다. 2재판〔심판〕을 받다.

【受事—사】shòushì 图〈言〉(문법에서) 동

작의 지배를 받는 대상. (反)〔施 shī 事〕

【受暑—서】shòu// shǔ 图더위를 먹다. (同)〔中 zhòng 暑〕

【受胎—태】shòu// tāi 图수태하다.

【受托—탁】shòu// tuō 图부탁을 받다.

【受洗—세】shòuxǐ 图〈宗〉(기독교도가) 세례를 받다.

【受降—항】shòu// xiáng 图항복을 받아들이다. (反)〔投 tóu 降〕

【受刑—형】shòu// xíng 图〈法〉형벌을 받다.

【受训—훈】shòu// xùn 图훈련을 받다.

【受业—업】shòuyè 〈文〉1图학생의 스승에 대한 자칭. 2图(스승에게) 수업을 받다.

【受益—익】shòuyì 图이익을 얻다.

【受用—용】shòuyòng 图1누리다. 향유하다. 2이익을 얻다.

【受用—용】shòu·yong 图편하다. 〔대부분 부정문에 쓰임〕

【受孕—잉】shòu// yùn (同)〔受胎 tāi〕

【受灾—재】shòu// zāi 图재해를 입다.

【受制—제】shòu// zhì 图1제약을 받다. 통제 당하다. 2피해를 입다. 3고통을 당하다.

【受罪—죄】shòu// zuì 图고생하다. 고난을 받다. 불쾌한 일을 당하다. (同)〔遭 zāo 罪〕, (反)〔享福 xiǎng fú〕

*【授】 扌部 | shòu
8画 | 줄 수
图1수여하다. 주다. ◇～权/권한을 부여하다. 2가르치다. 전수하다. ◇讲～/강의하다.

【授粉—분】shòufěn 〈植〉1图수분하다. 꽃가루 받이하다. 2(shòufěn)图수분. 꽃가루받이.

【授奖—장】shòu// jiǎng 图상을 수여하다. (同)〔发 fā 奖〕, (反)〔受 shòu 奖〕

【授课—과】shòu// kè 图강의를 하다.

【授命—명】shòu// mìng 1图〈文〉생명을 바치다. (同)〔舍 shě 命〕, (反)〔惜 xī 命〕 2图명령을 내리다. 〔국가 원수가 명령을 내리는 경우가 많음〕(反)〔受命 mìng〕

【授权—권】shòu// quán 图권한을 부여하다.

【授时—시】shòushí 图1천문대에서 시보(時報)하다. 2옛날, 정부에서 역서(曆書)를 반포하다.

【授首—수】shòushǒu 图〈文〉(반역자·도적 따위가) 참수당하다.

【授受—수】shòushòu 图수수하다. 주고 받다.

【授衔—함】shòu// xián 图(군대의) 계급이나 칭호를 수여하다.

【授意—의】shòuyì 图자기의 의도를 알리다. 의중을 암시하다.

*【授予—여】shòuyǔ 图(훈장·상장·학위 따위를) 수여하다. ◇上级～他劳动模范的称号/상부에서 그에게 모범노동자의 칭

S

호를 수여했다. (同)〔予以 yǐ〕, (反)〔接
受 shòu〕

【绥·綏】 纟部│shòu
8画│끈 **수**
囲인끈. ◇印～/인수. 도장끈.

【绥带一대】 shòudài 囲1옛날, 인장을 매는
끈. 2훈장이나 기장 등을 매다는 리본 모
양의 끈.

【狩】 犭部│shòu
6画│사냥 **수**
匽사냥하다.〔특히 겨울철 사냥을 가리킴〕

【狩猎一렵】 shòuliè 匽사냥하다.

【兽·獸】 八部│口部│짐승 **수**
9画│8画
囲1짐승. ◇禽～/금수. 날짐승과 길짐승.
2⟨喩⟩야만. 비열. ◇～心/비열한 생각.

【兽环一환】 shòuhuán 囲구식(舊式) 대문
에 동물의 입이 고리를 물고 있는 모양을
만들어 붙인 문고리.

【兽力车一력차】 shòulìchē 囲가축의 힘으
로 끄는 수레.

【兽王一왕】 shòuwáng 囲사자.

【兽行一행】 shòuxíng 囲⟨喩⟩1잔혹하고 야
만적인 행위. 2인륜을 벗어난 만행.

【兽性一성】 shòuxìng 囲흉측스러운 욕망.

【兽医一의】 shòuyī 囲수의(사).

【兽欲一욕】 shòuyù 囲야만적인 성욕.

【售】 隹部│口部│팔 **수**
3画│8画
匽1팔다. ◇零～/소매하다. ◇售票员正在
～票/매표원이 표를 팔고 있다. 2⟨文⟩
(계략 따위를) 부리다. 쓰다. ◇奸计不～
/간계가 먹혀 들지 않다. ◇以～其奸/간
계를 부리다.

【售货员一화원】 shòuhuòyuán 囲(상점 등
의) 종업원. 점원.

【售卖一매】 shòumài 匽판매하다. (同)〔销
xiāo 售〕, (反)〔购买 gòumǎi〕

☆【售票处一표처】 shòupiàochù 囲매표소.

【售票员一표원】 shòupiàoyuán 囲매표원.

☆**【瘦】** 疒部│파리할 **수**
9画
囲1마르다. 여위다. ◇他长得很～/그는
마른 체형이다. ◇孩子饿～了/애가 굶주
려서 말랐다. (反)〔胖 pàng〕〔肥 féi〕 2
비계가 없는 살코기. ◇～肉/살코기. 3
(의복이나 양말·신발 따위가) 꼭 끼다.
◇这件上衣腰身～了点/상의의 허리가 좀
끼다. 4(땅이) 메마르다. 척박하다. ◇～
田/메마른 전답.

【瘦长一장】 shòucháng 囲껑충하다. 호리
호리하다.

【瘦果一과】 shòuguǒ 囲⟨植⟩수과.

【瘦瘠一척】 shòují 囲1수척하다. (同)〔瘦

削 xuē〕, (反)〔肥胖 féi pàng〕 2(땅이)
메마르다.

【瘦溜一류】 shòu·liu 囲⟨方⟩여위고 호리호
리하다.

【瘦肉一육】 shòuròu 囲살코기.

【瘦弱一약】 shòuruò 囲여위고 허약하다.
(同)〔羸 léi 弱〕, (反)〔强壮 qiángzhuàng〕

【瘦小一소】 shòuxiǎo 囲몸이 여위고 작다.

【瘦削一삭】 shòuxuē 囲말라빠지다. 앙상하다.

【瘦子一자】 shòu·zi 囲몹시 여윈 사람. (反)
〔胖子 pàngzi〕

书 900	抒 901	舒 901	叔 902	淑 902
菽 902	枢 902	殊 902	倏 902	输 902
梳 903	疏 903	蔬 903	秫 904	孰 904
塾 904	熟 904	赎 904	属 905	暑 905
署 905	薯 905	曙 905	黍 905	数 905
蜀 906	鼠 906	术 906	述 906	戍 906
束 906	树 907	竖 907	恕 907	庶 907
数 908	腧 908	漱 908	墅 908	

shū

★**【书·書】** 乙部│shū
3画│글 **서**
1囲(글씨를) 쓰다. ◇大～特～/대서 특
필하다. 2囲글씨체. ◇楷～/해서. 3囲책.
◇一本～/책 한 권. 4囲편지. ◇家～/집
에서 온 편지. 5囲문서. ◇证～/증서.

【书案一안】 shū'àn 囲⟨文⟩직사각형의 긴
책상.

☆【书包一포】 shūbāo 囲책가방.

【书背一배】 shūbèi (同)〔书脊 jǐ〕

*【书本一본】 shūběn (～儿)囲책. 서적의 총
칭. ◇～知识/책 속의 지식.

【书册一책】 shūcè (同)〔书籍 jí〕

【书场一장】 shūchǎng 囲옛날, 사람을 모
아 만담·야담·재담을 들려 주던 곳.

【书橱一주】 shūchú (同)〔书柜 guì〕

【书呆子一매자】 shūdāi·zi 囲독서광. 책벌레.

【书丹一단】 shūdān 囲주칠(朱筆)로 비석
에 쓴 글자. 비석에 글자를 써 넣는 일.

☆【书店一점】 shūdiàn 囲서점.

【书牍一독】 shūdú 囲⟨文⟩편지. 서간.

*【书法一법】 shūfǎ 囲1서도(書道). 서예의
필법. 2사가(史家)의 기록 필법.

【书坊一방】 shūfāng 囲옛날, 책을 인쇄하
여 팔던 곳.

【书房一방】 shūfáng 囲서재(書齋).

【书馆一관】 shūguǎn 囲1서당(書堂). 2(～
儿)⟨方⟩만담·야담·재담 등을 들려 주는
장소가 있는 '茶馆'.

【书柜一궤】 shūguì 囲책장.

【书函一함】 shūhán 1(同)〔书信 xìn〕 2(同)

〔书套 tào〕
【书号―호】shūhào r 圈책의 일련번호.
【书后―후】shūhòu 圈발문(跋文). 후기.
【书画―화】shūhuà 圈서화.
＊【书籍―적】shūjí 圈서적.〔집합명사〕
【书脊―척】shūjǐ 圈책의 등.
☆【书记―기】shū·ji 圈1서기. 2옛날, 문서의 작성과 청서(清書)를 맡은 사람.
【书家―가】shūjiā 圈서가. 서도가.
☆【书架―가】shūjià 圈책꽂이. 책장.
【书柬―간】shūjiǎn (同)〔书信 xìn〕
【书简―간】shūjiǎn (同)〔书信 xìn〕
【书局―국】shūjú 圈서점.〔옛날에는 책을 인쇄, 소장하는 기관이었으나 현재는 서점의 이름으로 쓰일 때가 많음〕
【书卷―권】shūjuàn (同)〔书籍 jí〕
【书卷气―권기】shūjuànqì 圈말·글·그림에 나타나는 독서인의 품격.
＊【书刊―간】shūkān 圈서적과 간행물.
【书口―구】shūkǒu 圈책의 배.
【书库―고】shūkù 圈1서고. 2〈喩〉박학한 사람.
【书录―록】shūlù 圈책이나 저작의 판본·삽화·평론 등 각종 자료의 목록.
【书眉―미】shūméi 圈책 윗쪽의 여백.
【书迷―미】shūmí 圈서(적)광. 독서광.
＊【书面―면】shūmiàn 圈~通知/서면통지. (反)〔口头 kǒutóu〕
【书面语―면어】shūmiànyǔ 圈문어. (反)〔口语 kǒuyǔ〕
【书名号―명호】shūmínghào 圈서명·편명.「〈〉」
【书目―목】shūmù 圈도서 목록.
【书皮―피】shūpí (~儿)圈1책의 표지. 2책 가위.
【书评―평】shūpíng 圈서평.
【书签―첨】shūqiān (~儿)圈1제첨(題籤). 2책갈피. 서표(書標).
【书生―생】shūshēng 圈서생. 선비.
【书生气―생기】shūshēngqì 圈(세상 물정에 어두운) 서생 티.
【书套―투】shūtào 圈(책을 보호하기 위해 두꺼운 종이로 만든) 책갑(冊匣).
【书亭―정】shūtíng 圈간이도서 판매소. 키오스크(kiosk)식 서점.
【书童―동】shūtóng 圈시동(侍童).
【书屋―옥】shūwū 圈서재. 글방.
【书香―향】shūxiāng 圈학자풍. 선비 집안.
＊【书写―사】shūxiě 圈(글을) 쓰다. 적다. ◇~工具/필기도구.
＊【书信―신】shūxìn 圈편지. 서신.
【书页―혈】shūyè 圈책의 쪽. 책장.
【书影―영】shūyǐng 圈책의 판식(版式)과 내용의 일부분을 소개하는 인쇄물.

【书院―원】shūyuàn 圈서원. 옛날의 학교.
【书札―찰】shūzhá (同)〔书信 xìn〕
【书斋―재】shūzhāi (同)〔书房 fáng〕
【书桌―탁】shūzhuō (~儿)圈책상.

【抒】 扌部 shū
4画 | 떠낼 서
圈1나타내다. 표현하다. 발표하다. ◇各~己见/각기 자기의 의견을 말하다. 2(同)〔纾 shū〕
【抒发―발】shūfā 圈(생각을) 토로하다. 나타내다. ◇诗人~了他的真挚的感情/시인은 자기의 진술한 감정을 나타냈다.
【抒情―정】shūqíng 圈감정을 표현하다.
【抒情诗―정시】shūqíngshī 圈서정시.
【抒写―사】shūxiě 圈표현[묘사]하다.

【舒】 人部 | 舌部 shū
10画 | 6画 | 펼 서
圈1펴다. 늘이다. 늦추다. ◇~了一口气/한숨 돌리다. 2圈느리다. 느긋하다. ◇~徐/느릿느릿하다. 3(Shū)圈성(姓).
＊【舒畅―창】shūchàng 圈상쾌하다. 쾌적하다. ◇山上的空气使人感到~/산위의 공기가 상쾌하게 느껴진다. (同)〔畅快 kuài〕, (反)〔苦闷 kǔmēn〕비교舒畅:好 "情绪"는 "舒畅"으로 형용하지 않는다. ◇他的情绪一直不(×舒畅)好/그의 기분은 계속 좋지 않다.
★【舒服―복】shū·fu 圈(육체나 정신이) 편안하다. 컨디션이 좋다. ◇在这儿睡得还~吗?/여기서 좀 편안히 주무셨어요? (同)〔舒适 shì〕, (反)〔难过 nánguò〕비교舒服:舒畅 마음이 즐겁다의 경우에는 "舒服"를 쓰지 않는다. ◇虽然很累, 但心情(×舒服)舒畅/비록 힘들지만 마음은 후련하다.
【舒缓―완】shūhuǎn 圈1완만하다. 느릿느릿하다. 2완화하다. 3경사가 완만하다.
【舒卷―권】shūjuǎn 圈〈文〉(구름이나 연기 따위가) 늘어졌다 감겼다 하다.
【舒散―산】shūsàn 圈1(뼈를) 움직이다. 운동하다. 2피로를 풀어 몸을 가뿐하게 하다. 스트레스를 해소하다.
☆【舒适―적】shūshì 圈쾌적하다. 편하다. ◇房间不大, 但很~/방은 크지 않으나 쾌적하다. 비교舒适:舒畅 마음이 가뿐할 때는 "舒适"를 쓰지 않는다. ◇他找到了工作, 心情也(×舒适)舒畅多了/그가 일자리를 찾자 마음도 많이 가벼워졌다.
【舒坦―탄】shū·tan (同)〔舒服 fu〕
【舒心―심】shūxīn 圈마음이 편하다. 기분이 좋다.
【舒徐―서】shūxú 圈느긋하다. 여유있다.
＊【舒展―전】shū·zhǎn 1圈(주름·구김살 따위를) 펴다. (날개 따위를) 펼치다. ◇衣

服太皱了, ～了半天也～不开/옷의 주름
이 너무 많아 한참동안 폈봤지만 펴지질
않았다. (同)〔伸 shēn 展〕, (反)〔拳曲 quánqū〕 2형(심신이) 편안하다.

【舒张－장】shūzhāng 명〈生理〉(심장이나
혈관의) 이완. 확장.

【叔】又部 shū
6画 아재비 숙
명1작은아버지. 2아저씨. 〔아버지와 연배
나 연하인 남자에 대한 호칭〕 ◇李～/이
씨 아저씨. 3동생. 4형제중의 셋째. ◇
伯仲～季/(형제중의) 맏이, 둘째, 셋째,
넷째.

【叔伯－백】shū·bai 형할아버지나 증조 할
아버지가 같은 사이.

【叔父－부】shūfù 명숙부.

【叔公－공】shūgōng 명1시삼촌. 2〈方〉작
은할아버지.

【叔母－모】shūmǔ 명숙모. 작은어머니.

【叔婆－파】shūpó 명1시숙모. 2〈方〉작은
할머니.

☆【叔叔－숙】shū·shu 명〈口〉1숙부. ◇亲
/친숙부. 2아저씨. 〔아버지와 동년배이거
나 연하인 남자에 대한 호칭〕 ◇刘～/유
씨 아저씨.

【叔祖－조】shūzǔ 명작은할아버지.

【叔祖母－조모】shūzǔmǔ 명작은할머니.

【淑】氵部 shū
8画 착할 숙
형정숙하다. 착하다.

【淑静－정】shūjìng 형(여자가) 온유하고
정숙하다.

【淑女－녀】shūnǚ 명숙녀. ◇窈窕～/요조
숙녀.

【菽】艹部 shū
8画 콩 숙
명콩 종류의 총칭. ◇不辨～麦/콩과 보리
를 분별하지 못하다. 어리석고 무식한 사
람. 숙맥불변.

【菽粟－속】shūsù 명두류(豆類)와 곡류
(穀類) 양식. 식량.

【枢·樞】木部 shū
4画 지도리 추
명1지도리. ◇户～不蠹/구르는 돌에는
이끼가 끼지 않는다. 2〈文〉가장 중요한
거나 또는 핵심부분. ◇中～/중추.

【枢机－기】shūjī 명1문지도리와 쇠뇌의
발사장치. 〈喩〉사물의 관건(關鍵).

【枢纽－뉴】shūniǔ 명(사물의) 관건. 요점.

【枢要－요】shūyào 명〈文〉옛날, 중앙 행정
기구.

【殊】歹部 shū
6画 뛰어날 수
1형다르다. 틀리다. 2형특수하다. ◇～勋

/수훈. 3부〈文〉매우. 극히. 4동〈文〉끊
(기)다. 단절되다.

【殊不知－불지】shūbùzhī 1전혀 모르다.
〔남의 의견을 인용하여 잘못된 점을 지
적할 때 많이 쓰임〕 2전혀 생각지도 않
게. 〔자기의 원래 생각이 잘못 됐음을 나
타내는 말〕 ◇妈以为我还在家, ～三小时
前就出来了/엄마는 내가 집에 있다고 여
기지만, 내가 3시간 전에 벌써 나왔다는
것을 전혀 생각지도 못했다.

【殊荣－영】shūróng 명특별한 영예.

【殊死－사】shūsǐ 1동목숨을 걸다. 죽음을
각오하다. 2형참수형.

【殊途同归－도동귀】shū tú tóng guī〈成〉
길은 다르지만 이르는 곳은 같다. 방법은
달라도 결과는 같다. (反)〔背道而驰 bèi
dào ér chí〕

【殊勋－훈】shūxūn 명〈文〉수훈.

【倏(儵)】亻部 shū
8画 빠를 숙
부〈文〉어느덧. 재빨리. ◇跟他离别, ～已
半年/그와 이별한 지도 어느덧 반년이
되었다.

【倏地－지】shūdì 부신속하게. 홀떡.

【倏忽－홀】shūhū 부별안간. 돌연.

【倏然－연】shūrán〈文〉1갑자기. 2매우 빠
르다.

★【输·輸】车部 shū
9画 보낼 수
동1나르다. 운송하다. ◇病人～着血呢/환
자는 수혈하고 있다. 2〈文〉바치다. 기부
하다. 3(승부에서) 지다. (도박에서) 잃
다. ◇足球队从来没~过这么多球/축구팀
은 여지껏 이렇게 많은 골로 져본 적이
없다.(反)〔赢 yíng〕비교输:赢 "输"는
피동문에는 술어로 쓰지 않는다. ◇这次
比赛被他们(×输)赢了/이번 시합에서 (우
리가) 그들에게 패했다.

【输诚－성】shūchéng 동〈文〉1성의를 다하
다. 2항복하다.

*【输出－출】shūchū 1동(안에서 밖으로)
내보내다. 2명동수출(하다). ◇他们向这
些地区～了资金和技术/그들은 그 지역에
자금과 기술을 수출했다. 3명동〈電子〉출
력(하다). 아웃풋(output)(하다). (反)
〔输入 rù〕

【输电－전】shūdiàn 명송전(하다).

【输家－가】shū·jiā 명경기나 내기에서 진 자.

【输将－장】shūjiāng 동기부하다.

【输精管－정관】shūjīngguǎn 명〈生理〉수
정관.

【输理－리】shū∥lǐ 동이치에서 패하다.

【输尿管－뇨관】shūniàoguǎn 명〈生理〉수
뇨관. 오줌관.

S

【输卵管－란관】shūluǎnguǎn 몡〈生理〉수
란관. 나팔관. ◇～炎/수란관염.

*【输入－입】shūrù 1동(밖에서 안으로) 들
여오다. ◇医生为病人～了1400毫升血浆/
의사는 환자에게 혈장 1400밀리미터를
주입했다. 2몡동수입(하다). 3몡동〈電子〉
입력(하다). 인풋(input)(하다). ◇把结
果～到计算机里/결과를 컴퓨터에 입력했
다. (同)〔输出 chū〕

*【输送－송】shūsòng 몡동수송(하다). 운
송(하다). ◇战士们把伤病员～到安全地带
了/병사들은 부상자를 안전지대로 수송
했다.

【输血－혈】shū// xuè 〈醫〉1동수혈하다. 2
(shūxuè)몡수혈.

【输氧－양】shūyǎng 몡동〈醫〉산소 흡입
〔공급〕(하다).

【输液－액】shūyè 몡동〈醫〉수액(하다).

【输赢－영】shūyíng 몡1승부. 승패. 2(도
박에서의) 승부의 액수.

【输油管－유관】shūyóuguǎn 몡송유관.

**【梳】木部 shū
7画 빗 소

1(～儿)몡빗. ◇木～/나무 빗. 2동머리
를 빗다. 빗질하다. ◇理发师按照她的要
求给她～了一个新发型/미용사는 그녀의
요구대로 최신 머리모양으로 빗겨주었
다.

【梳篦－비】shūbì 몡얼레빗과 참빗.

【梳辫子－변자】shū biàn·zi 동머리를 땋다.

【梳理－리】shūlǐ 동1〈紡〉소면(梳綿)을 하
다. 2빗질하다.

【梳头－두】shū// tóu 동머리를 빗다.

【梳洗－세】shūxǐ 동머리를 빗고 세수하다.

【梳妆－장】shūzhuāng 동화장하다.

【梳妆台－장대】shūzhuāngtái 몡화장대.

**【梳子－자】shū·zi 몡빗. ◇奶奶用～给小孙
女梳通了头发/할머니는 빗으로 막내손녀
의 머리카락을 잘 빗겨주었다.

【疏】(1~6,9) 疋部 shū
疎 7画 트일 소

1동막힌 것을 트다. 통하게 하다. ◇～浚
/(도랑 따위를) 쳐내다. 2혱드문드문하
다. 성기다. ◇～林/나무가 듬성듬성 있
는 숲. (反)〔密〕3혱친하지 않다. 소원하
다. ◇～生/생소하다. 4혱소홀하다. ◇～
于防范/방비에 소홀하다. 5혱공허하다.
실속없다. ◇志大才～/뜻한 바는 크지만
능력이 모자라다. 6몡분산시키다〔하다〕.
◇～散/분산시키다. 7몡소. 옛날, 신하
가 임금에게 사실을 조목별로 나누어 진
술(陳述)하여 올리던 글 ◇上～/상소하
다. 8몡주(注)에 가한 주(注). 〔고서(古
書)에서 '注'보다 더욱 상세한 주해(注

解)〕◇十三经注～/십삼경주소. 9(Shū)
몡성(姓).

【疏财仗义－재의】shū cái zhàng yì 〈成〉
재물을 가볍게 보고 정의를 중히 여기다.
의를 내세워 재물을 남에게 나누어 주다.

【疏导－도】shūdǎo 동1고여 물을 트다. 2
소통시키다. 완화하다. ◇～交通/교통을
소통시키다. (同)〔疏通 tōng〕, (反)〔堵
塞 dǔsè〕

【疏放－방】shūfàng 혱〈文〉1방종하다. ◇
举止～/행동이 방종하다. 2(글이) 격식
에 구애받지 않다. (同)〔洒脱 sǎtuō〕,
(反)〔拘束 jūshù〕

*【疏忽－홀】shū·hu 몡동소홀히 하다. 부주의
하다. ◇我一时～, 搞错了/난 한 순간의
부주의로 실수를 저질렀다. (同)〔大意 d-
àyi〕, (反)〔谨慎 jǐnshèn〕

【疏解－해】shūjiě 동1화해하다. 2잘 통하
게 하다. 원활하게 하다.

【疏浚－준】shūjùn 동쳐내다. 준설하다.

【疏狂－광】shūkuáng 혱방종하다. (反)〔拘
束 jūshù〕

【疏阔－활】shūkuò 혱〈文〉1치밀하지 않다.
2소원하다. 친하지 않다. 3오랫동안 만나
지 아니하다.

【疏懒－라】shūlǎn 혱게으르다. 태만하다.
(同)〔懒散 sàn〕, (反)〔振奋 zhènfèn〕

【疏朗－랑】shūlǎng 혱1드문드문하여 뚜
렷하다. 2(同)〔开朗 kāilǎng〕

【疏漏－루】shūlòu 몡(부주의로 인한) 누
락. (反)〔周密 zhōumì〕

【疏略－략】shūlüè 혱소홀하다. 누락하다.

【疏落－락】shūluò 혱드문드문하다. 흩어
져 있다. ◇～的晨星/드문드문한 새벽별.
(同)〔密集 mìjí〕

【疏散－산】shūsàn 1혱드문드문하다. 성기
다. 2동분산시키다. (同)〔分 fēn 散〕,
(反)〔集中 jízhōng〕

【疏失－실】shūshī 1동부주의로 실수하다.
2몡부주의로 인한 실수〔실책〕.

【疏松－송】shūsōng 1혱(토양 따위가) 보
슬보슬하여 부드럽다. (反)〔结实 jiēshi〕
2동푸석푸석하게 하다. 딱딱하지 않게
하다.

【疏通－통】shūtōng 동1수류(水流)를 소
통시키다. 물꼬를 트다. 2(양쪽의 쟁점을
해소하기 위해) 의사를 소통시키다.

【疏虞－우】shūyú 동〈文〉소홀히 하다.

【疏远－원】shūyuǎn 혱동소원해지다. (反)
〔亲密 qīnmì〕

【蔬】艹部 shū
12画 푸성귀 소

몡푸성귀. 야채. 채소.

☆【蔬菜－채】shūcài 몡채소.

shú

【秫】禾部 | shú
5画 | 차조 **秫**
몡〈植〉수수. 고량(高粱). 〔보통 찰수수를 가리킴〕

【秫秸－갈】shújiē 몡수수대. 고량의 줄기.

【秫米－미】shúmǐ 몡수수쌀.

【孰】亠部 | 子部 | shú
9画 | 8画 | 누구 **孰**
〈文〉때1누구. ◇人非圣贤,～能无过?/사람은 성인이 아니니 누군들 어찌 실수를 하지 않겠는가? 2어느. 어느 것. 〔선택을 나타냄〕 ◇～取～舍/어느 것을 취하고 어느 것을 버릴 것인가? 3무엇. ◇是可忍,～不可忍/이것을 참을 수 있다면, 무엇을 참을 수 없단 말인가?

【塾】土部 | shú
11画 | 글방 **塾**
몡(옛날의) 서당. 글방.

【塾师－사】shúshī 몡훈장. 서당 선생.

★【熟】灬部 | shú
11画 | 익을 **熟**
1휑(과일·곡식 따위가) 익다. 여물다. ◇枣～了再摘/대추가 익거든 따라. (反)〔生 shēng〕 2휑(음식이) 익다. (밥이) 되다. ◇一会儿饭就～了/조금 있으면 밥이 다 된다. (反)〔生 shēng〕 3휑정련하다. 정제한. ◇～铁/연철. 4휑잘 알다. 익숙하다. ◇这口音听起来很～/이 목소리가 익히 들었던 것이다. 5휑숙달되다. (어떤 일에) 정통하다. ◇新来的女秘书对业务还不怎么～/새로 온 여비서는 업무에 아직 숙달되지 않았다. (反)〔生 shēng〕 6멍깊이. ◇～睡/숙면하다.

【熟谙－암】shú'ān 통〈文〉잘 알다. 숙지하다.

【熟菜－채】shúcài 몡만든 음식. 〔보통 요리해서 파는 불고기·훈제의 생선·소세지 따위를 가리킴〕(反)〔生 shēng 菜〕

【熟道－도】shúdào (～儿)〔熟路 lù〕

【熟地－지】shúdì 몡1경작지. 2〈中葯〉숙지황(熟地黄). 3낯익은 고장. (同)〔熟土 tǔ〕, (反)〔生 shēng 地〕

【熟化－화】shúhuà 통〈农〉〈땅을〉일구다.

【熟荒－황】shúhuāng 몡〈农〉황폐한 개간지. 묵은 땅. 묵정밭.

【熟客－객】shúkè 몡낯익은 손님. 단골 손님. (反)〔生 shēng 客〕

☆【熟练－련】shúliàn 휑숙련되어 있다. 능숙하다. ◇这位老厨师做菜的技术很～/그 주방장의 요리기술은 능숙하다. (同)〔娴 xián 熟〕, (反)〔生疏 shēngshū〕

【熟路－로】shúlù 몡늘 다녀서 잘 아는 길.

(同)〔熟道 dào〕, (反)〔生 shēng 路〕

【熟能生巧－능생교】shú néng shēng qiǎo 〈成〉익숙해지면 요령이 생긴다. 숙달은 연습[경험]에서 온다.

【熟年－년】shúnián 몡풍년. (同)〔丰 fēng 年〕, (反)〔荒 huāng 年〕

【熟人－인】shúrén (～儿)몡잘 아는 사람. (反)〔生 shēng 人〕

【熟稔－임】shúrěn 통〈文〉잘 알고 있다.

【熟石膏－석고】shúshígāo 몡소석고(烧石膏).

【熟石灰－석회】shúshíhuī 몡〈化〉소석회(消石灰).

【熟食－식】shúshí 몡(판매되는) 요리된 음식.

【熟识－식】shú·shi 통잘 알다.

【熟视无睹－시무도】shú shì wú dǔ 〈成〉본체만체하다.

【熟手－수】shúshǒu 몡(어떤 일에) 능숙한 사람. 숙달한 사람. (同)〔老 lǎo 手〕, (反)〔新 xīn 手〕

【熟睡－수】shúshuì 통숙면하다. 푹 자다. 달게 자다. (同)〔酣 hān 睡〕, (反)〔失眠 shīmián〕

【熟烫－탕】shú·tang 휑〈俗〉(과일·야채를 오래 삶아서) 신선한 빛깔[맛]이 가다. (同)〔锻 duàn 铁〕, (反)〔生 shēng 铁〕

【熟铁－철】shútiě 몡연철(煉鐵).

【熟土－토】shútǔ 몡〈农〉양토질의 땅.

☆【熟悉－실】shúxī 통숙지하다. 충분히 알다. ◇他们彼此很～/그들은 서로 잘 안다. (同)〔熟识 shí〕, (反)〔生疏 shēngshū〕 比교熟练: 熟悉 "熟悉"는 어떤 일을 정확히 알고 있다는 것으로 "写文章"을 수식하지 않는다. ◇我能(×熟悉)熟练地用汉语写文章了/나는 능숙하게 중국어로 문장을 쓸 수 있게 됐다.

【熟习－습】shúxí 통(기술이나 학문에 대하여) 숙달되다. 숙련되다.

【熟语－어】shúyǔ 몡〈言〉숙어. 관용어.

【熟知－지】shúzhī 통숙지하다. 익히 알다.

【熟字－자】shúzì 몡이미 알고 있는 글자. 〔生字 shēngzì〕

【赎·贖】贝部 | shú
8画 | 바꿀 **赎**
통1대금을 치르고 저당을 도로 찾다. ◇把东西～回来/저당물을 도로 찾아 온다. 2속죄하다. (죄를) 씻다. ◇立功～罪/공을 세워 죄를 씻다.

【赎当－당】shúdàng 통저당물을 되찾다. (反)〔押 yā 当〕

【赎金－금】shújīn 몡(저당물을 찾기 위해) 지불해야 하는 돈. (인질의) 몸값.

【赎买－매】shúmǎi 통(사회주의 국가에서, 국가가 생산 수단을) 유상 몰수하다.

【赎身―신】shú／shēn 통(옛날, 노비·기생 등이) 돈이나 다른 대가를 지불하고 자유로운 신분이 되다.
【赎罪―죄】shú／zuì 통속죄하다.

shǔ

*【属·屬】 尸部 shǔ
9画 │ 무리 속
1명같은 종류〔부류, 법주〕. ◇金～/금속. **2**명〈生〉속.〔생물의 분류 단위〕 **3**통예속하다. 소속되다. …에 속하다. ◇所～单位/소속된 부서. **4**통…의 것이다. …에 (귀)속하다. ◇你给二十元,这西瓜～你了/당신이 20원을 주었으니 이 수박은 당신 것이오. **5**명가족. ◇军～/군인의 가족. **6**통…이다. ◇某通讯社报道的这条消息, 纯～捏造/모 통신사에서 보도한 그 소식은 순전히 날조이다. **7**통(십이지의)…띠에 해당되다. ◇你～什么? － 我～猴儿/너 무슨 띠니? － 난 원숭이 띠야.
【属地―지】shǔdì 명속지. 식민지.
【属国―국】shǔguó 명속국. 종속국.
【属相―상】shǔ·xiang 명띠.
【属性―성】shǔxìng 명속성.
☆【属于…―어】shǔyú… …(의 범위)에 속하다. …의 것이다. ◇这笔遗产～他/이 유산은 그에게 속한다. 비교属于:归于"归于"는 주로 추상명사로 쓰인다. ◇这个专利权(×归于)他的/이 특허는 그의 것이다.
【属员―원】shǔyuán 명하급관리.

【暑】 日部 shǔ
8画 │ 더위 서
형덥다. ◇受～/더위를 먹다.
☆【暑假―가】shǔjià 명여름 방학. ◇在中国～不长/중국에서는 여름방학이 길지 않다. (反)〔寒 hán 假〕
【暑期―기】shǔqī 명**1**하계. **2**여름 방학〔휴가〕기간.
【暑气―기】shǔqì 명더위.
【暑热―열】shǔrè **1**명찌는 듯한 여름 더위. **2**형무덥다. (同)〔炎 yán 热〕, (反)〔寒冷 hánlěng〕
【暑天―천】shǔtiān 명염천. 몹시 더운 날씨〔날〕. (同)〔夏 xià 天〕, (反)〔寒 hán 天〕

【署】 四部 shǔ
8画 │ 맡을 서
1명관공서. 관청. ◇海关总～/세관본국. **2**통배치(하다). ◇部～/배치〔하다〕. **3**통직무를 임시 대행하다. **4**통서명하다. ◇签～/서명하다.
【署理―리】shǔlǐ 통(임시로 직무를) 대행하다.

【署名―명】shǔ／míng 통서명하다. (反)〔匿 nì 名〕

【薯(藷)】 艹部 shǔ
13画 │ 고구마 서
명고구마·감자 따위의 총칭.
【薯莨―량】shǔliáng 명〈植〉서랑.〔마과에 속하는 다년생 초본 식물로 인도·중국 남부 등 열대 지방에서 자라며, 그 뿌리는 약제와 물감의 원료로 쓰임〕
【薯莨绸―량주】shǔliángchóu 명여름용의 얇은 비단.
【薯蓣―여】shǔyù 명〈植〉마.

【曙】 日部 shǔ
13画 │ 새벽 서
〈文〉**1**명새벽. 해뜰 무렵. **2**통날이 밝다〔새다〕.
【曙光―광】shǔguāng 명**1**새벽 빛. **2**일의 전도에 비치는 기대나 희망. 서광. ◇胜利的～/승리의 서광. (同)〔晨 chén 光〕, (反)〔夕晖 xīhuī〕
【曙色―색】shǔsè 명새벽 하늘빛.

【黍】 黍部 shǔ
0画 │ 기장 서
명〈植〉기장.
【黍子―자】shǔ·zi 명〈植〉기장.

★【数·數】 攵部 shǔ
9画 │ 셈 수
통**1**세다. 계산하다. ◇从十～到二十/10에서 20까지 세다. ◇～～看一行有几个字/한 줄에 몇 글자나 있는지 세어봐라. **2**손꼽(히)다. ◇全班～他个儿最高/반 전체에서 그의 키가 가장 큰 것으로 꼽히다. **3**(잘못을) 나열하다. ◇～了一顿/한차례 나무라다. ⇒shù, shuò
【数不清―불청】shǔ·bu qīng (너무 많아서) 완전히 셀 수 없다. ◇天上有～的星星/하늘에 셀 수 없는 별이 있다. (反)〔数得 de 清〕
【数不上―불상】shǔ·bu shàng (同)〔数不着 zháo〕
【数不胜数―불승수】shǔ bù shèng shǔ 일일이 다 셀 수 없다. (同)〔不可胜数 bù kě shèng shǔ〕, (反)〔屈指可数 qū zhǐ kě shǔ〕
【数不着―부착】shǔ·bu zháo …축에 들지 않다. 손꼽히지 못하다. ◇论游泳技术, 在我们厂里可～我/수영 기술로 말한다면 우리 공장에서는 난 손꼽히지도 못한다.
【数叨―도】shǔ·dao (同)〔数落 luo〕
【数得上―득상】shǔ·de shàng (同)〔数得着 zháo〕
【数得着―득착】shǔ ·de zháo …축에 들다. 손꼽히다. ◇这座建筑物的规模, 在全国都是～的/이 건축물의 규모는 전국에

서 조차 손꼽을 만한 것이다. (反)〔数不
bu 着〕

【数典忘祖－전망조】shǔ diǎn wàng zǔ
〈成〉전적을 열거할 때 자기 조상이 '司
典'이였음을 잊다. 사물의 근본을 잊다.
자기 나라 역사를 모르다. (反)〔饮水思
源 yǐn shuǐ sī yuán〕

【数伏－복】shǔ//fú 〈動〉삼복 더위가 시작되다.

【数九－구】shǔ//jiǔ 동짓날부터 세어
81일간. 1년중 가장 추운 시기.

【数来宝－래보】shǔláibǎo 〈명〉운문(韻文)에
선율 없이 리듬만 넣어 부르는 '快 kuài
板'과 같은 계통의 노래.

【数落－락】shǔ·luo 〈動〉〈口〉1남의 잘못을
열거하며 꾸짖다. 잔소리하다. 2계속 말
하다.

【数米而炊－미이취】shǔ mǐ ér chuī 〈成〉
생활이 곤궁하다. (反)〔吃着不尽 chī zhe
bù jìn〕

【数说－설】shǔshuō 〈動〉1열거하여 서술하
다. 2책망하다. 탓하다.

【数一数二－일수이】shǔ yī shǔ èr 〈成〉일
이등을 다투다. 뛰어나다. 손꼽히다.

【蜀】⼞部 虫部 Shǔ
8画 7画 나라이름 촉
〈명〉1촉. 2〈史〉주대(周代)의 나라이름.〔지
금의 사천성(四川省) 성도(成都)일대〕3
〈史〉촉한(蜀漢). 4〈地〉사천성(四川省)의
다른 이름.

【蜀汉－한】Shǔ-Hàn 〈명〉〈史〉촉한.

【蜀锦－금】shǔjǐn 〈명〉사천성(四川省)에서
나는 견직 공예품.

【蜀犬吠日－견폐일】Shǔ quǎn fèi rì 〈成〉
식견이 좁아 대수롭지 않은 일을 보고도
신기하게 여기다.

【蜀黍－서】shǔshǔ (同)〔高粱 gāo·lang〕

【蜀绣－수】shǔxiù 〈명〉사천성 특산의 자수.

【鼠】鼠部 shǔ
0画 쥐 서
〈動〉쥐.

【鼠辈－배】shǔbèi 〈명〉〈罵〉쥐새끼 같은 놈
들. 소인배들.

【鼠窜－찬】shǔcuàn 〈動〉(쥐처럼) 허둥대며
도망치다.

【鼠肚鸡肠－두계장】shǔ dù jī cháng 〈成〉
도량이 좁다. (同)〔小 xiǎo 肚鸡肠〕,
(反)〔豁达大度 huò dá dà dù〕

【鼠目寸光－목촌광】shǔ mù cùn guāng
〈成〉시야가 좁다. 근시안이다. (同)〔深
谋远虑 shēn móu yuǎn lǜ〕

【鼠窃狗盗－절구도】shǔ qiè gǒu dào 〈成〉
좀도둑.

【鼠蹊－혜】shǔxī 〈명〉〈生理〉샅. 서혜. 고간
(股間).

【鼠疫－역】shǔyì 〈명〉〈醫〉흑사병. 페스트.
(同)〔黑死病 hēisǐbìng〕

shù

【术·術】木部 shù
1画 꾀 술
〈명〉1기술. 학술. ◇医～/의술. 2방법. 수
단. ◇战～/전술.

【术科－과】shùkē 〈명〉(체육이나 군사 훈련
중의) 기술과목.

【术士－사】shùshì 〈명〉1(의술·점술·천문 따
위에) 도사. 2(유)학자. 선비.

【术语－어】shùyǔ 〈명〉전문 용어.

【述】辶部 shù
5画 말할 술
〈動〉서술하다. 설명하다. ◇口～/구술하다.

【述而不作－이불작】shù ér bù zuò 남의 학
설만 드러낼 뿐 자신의 독창적인 견해를
더하지 않다.

【述怀－회】shùhuái 〈動〉마음속의 감정을 토
로하다.〔주로 시의 제목 등에 쓰임〕

【述评－평】shùpíng 〈명〉논평(하다). 해설
(하다).

【述说－설】shùshuō 〈動〉진술하다.

【述职－직】shù//zhí 〈動〉(사절이 본국에 돌
아가) 업무 보고를 하다.

【戍】戈部 shù
2画 지킬 수
〈動〉(군대가) 지키다. ◇卫～/보위하다.

【戍边－변】shùbiān 〈動〉변방을 지키다.

【戍守－수】shùshǒu 〈명〉〈動〉수비(하다). 수
호(하다).

【束】一部 木部 shù
6画 3画 묶을 속
1〈動〉묶다. 매다. ◇腰～皮带/허리에 띠를
메다. 2〈명〉묶음. 다발. ◇一～鲜花/생화
한 다발. 3〈物〉빔(beam). ◇电子～/
전자빔. 4〈動〉속박하다. ◇～手～脚/일할
때 머뭇거리다. 5(Shù)〈명〉성(姓).

【束缚－박】shùfù 〈動〉속박(하다). 제한
(하다). ◇～生产力/생산력을 제한하다.
(同)〔拘 jū 束〕, (反)〔放纵 fàngzòng〕
비교束缚:控制 "束缚"는 정당하지 못한
것에 대한 제한이다. ◇爸定了几条规矩,
可根本(×控制)束缚不了小妹/아빠는 규
정을 몇가지 정했지만 막내 여동생을 속
박하지는 못했다.

【束身－신】shùshēn 〈動〉1언행을 신중히 하
다. 자중하다. 2자기를 묶다.

【束手－수】shùshǒu 〈動〉손을 묶다〔묶이다〕.
〈喩〉속수 무책이다. 도리가 없다.

【束手待毙－수대폐】shù shǒu dài bì 〈成〉

꼼짝 못하고 죽음을 기다리다. (同)〔坐以待毙 zuò yǐ dài bì〕, (反)〔负隅顽抗 fù yú wán kàng〕

【束手就擒－수취금】shù shǒu jiù qín〈成〉손발을 묶이다. 꼼짝할 수 없다.

【束手束脚－수속각】shù shǒu shù jiǎo〈成〉일할 때 머뭇거리다. (同)〔缩 suō 手缩脚〕, (反)〔大刀阔斧 dà dāo kuò fǔ〕

【束脩－수】shùxiū〈文〉〈轉〉옛날, 스승에게 드리던 사례품.

【束之高阁－지고각】shù zhī gāo gé〈成〉물건을 묶어서 높은 선반 위에 올려놓다.〈喻〉내팽겨치다.

【束装－장】shùzhuāng 客〈文〉여장을 꾸리다. 길 떠날 채비를 하다.

★【树·樹】木部 shù 5画 나무 수
1명나무. ◇苹果～/사과 나무. ◇一棵～/나무 한 그루. 2客심다. 기르다. ◇十年～木, 百年～人/나무를 기르는 데는 10년이 걸리지만, 사람을 가르치는 데는 100년의 세월이 필요하다. 3客세우다. 건립하다. ◇建～/세우다. 4(Shù)명성(姓).

【树碑立传－비입전】shù bēi lì zhuàn〈成〉공적이 있는 사람을 기리기 위해 사적(事迹)을 비석에 새기거나 전기(傳記)로 쓰다.〈喻〉어떤 수단을 써서 개인적인 위신과 권위를 높이려 하다.

【树丛－총】shùcóng 명나무숲.

【树大招风－대초풍】shù dà zhāo fēng〈成〉키 높은 나무 바람 잘날 없다. 명성이 높을수록 쉽게 다른 사람의 질투와 공격을 불러일으킨다.

【树倒猢狲散－도호손산】shù dǎo húsūn sàn〈諺〉〈貶〉나무가 넘어지면 원숭이도 흩어진다. 권세가 몰락하면 따르던 사람들도 뿔뿔이 흩어진다.

【树敌－적】shùdí 客적을 만들다.

【树墩－돈】shùdūn 명나무 그루터기.

＊【树干－간】shùgàn 명나무 줄기.

【树挂－괘】shùguà 명〈나뭇가지에〉 얼어붙은〉성에. 수빙(樹冰).

【树冠－관】shùguān 명수관.

【树行子－행자】shùhàng·zi 명줄지어 심은 나무. 가로수.

【树胶－교】shùjiāo 명1나무의 진. 2고무.

＊＊【树立－립】shùlì 客수립하다. 세우다. ◇～正确的世界观/올바른 세계관을 수립하다.

【树凉儿－량아】shùliángr 명나무 그늘.

☆【树林－림】shùlín 명수풀. 숲.

【树苗－묘】shùmiáo 명묘목.

＊＊【树木－목】shùmù 명나무.〔집합명사〕◇要多种一些花草～, 改善一下环境/화초와 나무를 더 심어 환경을 개선시켜야 한다.

〔비교〕树木:树林:树 ①나무가 숲을 이룬 것은 "树林"이라고 하고, 밀림을 이룬 것은 "森林"이라고 한다. ◇那片(×树木)树林中搭了很多小屋, 人们喜欢在那里度假/저 숲에는 작은 집을 많이 지었다. 사람들은 거기서 휴가 보내기를 좋아한다. ②나무 한 그루는 "树木"라고 하지 않는다. ◇他在(×树木)树下休息了一会儿/그는 나무 밑에서 잠시 쉬었다.

【树身－신】shùshēn (同)〔树干 gàn〕

【树脂－지】shùzhī 명수지.

【树种－종】shùzhǒng 명1수목〔나무〕의 종류. 2수목의 종자.

【树墩－돈】shùduān (同)〔树墩 dūn〕

＊【竖·豎】立部 shù 4画 세울 수
1명형세로(의). 수직(의). (反)〔横 héng〕2客세로로 하다. ◇画一条~线/세로선 하나를 그리다. 3客(똑바로) 세우다. ◇把柱子～起来/기둥을 세우다. 4(～儿)명한자의 세로로 곧게 내린 획「｜」◇'王'字的写法是三横一~/'王'자를 쓰는 법은 가로 3획과 세로 1획으로 이루어진다. 5명〈文〉심부름하는 아이. 젊은 종. 동복(童僕).

【竖井－정】shù·jǐng 명〈礦〉수직갱.〔立井이라고도 함〕

【竖立－립】shùlì 客똑바로 세우다. 곧게 세우다. (同)〔直 zhí 立〕, (反)〔横躺 héngtǎng〕

【竖琴－금】shùqín 명〈音〉하프. 수금.

【竖蜻蜓－청정】shù qīngtíng 명물구나무서기. (同)〔倒立 dàolì〕

【竖子－자】shùzǐ 명〈文〉1나이어린 종. 동복. 2〈罵〉풋나기. 새파란 놈. 젊은 놈.

【恕】心部 shù 6画 용서할 서
1客미루어 다른 사람의 마음을 헤아리다. ◇～道/관대하다. 2客용서하다. 관대히 봐주다. ◇宽～/너그러이 용서하다. ◇～罪/실례했습니다. 3客(套)용서〔양해〕를 바랍니다. ◇～不招待/대접해 드리지 못함을 양해바랍니다.

【庶】广部 shù 8画 많을 서
1명많다. ◇富～/풍요하다. 2명〈文〉백성. 평민. 3명서출의. 첩 소생의. 4〈文〉(同)〔庶几 jǐ〕

【庶出－출】shùchū 명서출. 첩의 소생.

【庶乎－호】shùhū〈文〉(同)〔庶几 jǐ〕

【庶几儿－기】shùjǐ〈文〉1아마 …일지 모른다. 2거의 …에 가깝다.

【庶民－민】shùmín〈文〉명백성. 평민. (同)〔黎 lí 民〕, (反)〔官吏 guānlì〕

S

数字

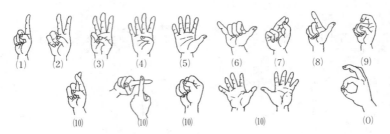

(1)　(2)　(3)　(4)　(5)　(6)　(7)　(8)　(9)

(10)　(10)　(10)　(10)　(0)

【庶母一모】shùmǔ 명서모. 아버지의 첩에 대한 호칭.
【庶务一무】shùwù 명1서무. 2서무 직원.
【庶子一자】shùzǐ 명서자. 첩의 자식.

☆【数·數】女部 shù
9画 | 셈 수
1(~儿)명수. ◇人~/인원수. ◇次~/횟수. 2명〈數〉수. ◇分~/분수. 3명〈言〉수. ◇复~/복수. 4명팔자. 액운. ◇在~难逃/정해진 운명으로 피하기 어렵다. 5수여러. 몇. ◇~百人/수백명. ◇~小时/몇 시간. 6명여. 〔수사(數詞)나 양사(量詞) 뒤에 쓰여 대략적인 수를 나타냄〕◇每亩能产千~斤/한 묘당 천여근을 생산할 수 있다. ⇒shǔ, shuò
【数表一표】shùbiǎo 명〈數〉수표.
【数词一사】shùcí 명〈言〉수사.
*【数额一액】shù'é 명정액. 정수. ◇超出~/정액초과.
**【数据一거】shùjù 명근거가 되는 수치. 데이터(data). ◇科学~/과학적인 통계수치. ◇收集~/데이터 수집.
【数理逻辑一리라집】shùlǐ-luó·jí 명〈論〉수리 논리학.
☆【数量一량】shùliàng 명수량. 양. ◇在~上占优势/수적으로 우세하다.
【数量词一량사】shùliàngcí 명〈言〉수량사.
【数列一열】shùliè 명〈數〉수열.
【数论一론】shùlùn 명〈數〉수론.
【数码一마】shùmǎ (~儿)(同)〔数字 zì〕
**【数目一목】shùmù 명수. 액수. ◇表格的最后一栏填写~/양식의 맨 아래난에 수치를 써넣은. 比교数目:数字 "数字"는 숫자를 나타내며 한 수는 몇 개의 숫자로 구성돼 있다. ◇他把老板给的钱数了数, 发现(×数字)数目不对/그는 사장이 준 돈을 세어보고 액수가 맞지 않음을 발견했다.
【数目字一목자】shùmùzì (同)〔数字 zì〕
【数位一위】shùwèi 명〈數〉자릿수.

★【数学一학】shùxué 명수학.
【数值一치】shùzhí 명〈數〉수치.
【数轴一축】shùzhóu 명〈數〉수의 축.
【数珠一주】shùzhū (~儿)명〈佛〉염주. (同)〔念 niàn 珠〕
☆【数字一자】shùzì 1명숫자. 2명숫자부호. 3명수량.

【腧(俞)】月部 shù
9画 | 경혈 수
〈中醫〉경혈(經穴). ◇肺~/폐의 경혈. ⇒'俞' yú
【腧穴一혈】shùxué 명경혈(經穴).

【漱】氵部 shù
11画 | 양치질할 수
동양치질하다. ◇用药水~/물약으로 양치질하다. ◇~口/양치질하다.

【墅】土部 shù
11画 | 농막 서
명별장.

shuā

☆【刷(⁵唰)】刂部 shuā
6画 | 닦을 쇄
1(~儿)명솔. ◇牙~/칫솔. 2명솔질하다. ◇~地板/바닥을 닦다. ◇~锅/솥을 닦다. 3동칠하다. 바르다. ◇这面墙整整~了五天/이 벽을 꼬박 5일 칠했다. 4명〈口〉해고하다. 내쫓다. ◇由于他不守劳动纪律, 让厂里给~了/그는 근무규칙을 지키지 않았기 때문에 공장에서 쫓겨났다. 5의솨. 〔빠르게 스쳐가는 비소리〕〔바람소리〕. ◇不一会儿, 雨~~地下起来了/얼마안돼 비가 솨하며 내리기 시작했다.
【刷拉一람】shuālā 의1물체 등이 빠른 속도로 지나가는 소리. 2좌르르. 사박사박. 3솨솨. 쏴아쏴아. 4푸드득. 포르르.
【刷洗一세】shuāxǐ 동(솔로) 문질러 씻다.
【刷新一신】shuā // xīn 동1쇄신하다. 혁신

하다. **2**(기록 따위를) 갱신하다.
【刷牙－아】shuā yá 이를 닦다.
∗∗【刷子－자】shuā·zi 囲솔. ◇一把～/솔 하나. ◇鞋～/신발닦는 솔.

shuǎ

∗∗【耍】| 而部 | 女部 | shuǎ
　　　　| 3画 | 6画 | 희롱할 솨
　1동〈方〉놀다. 장난하다. ◇你这不是～我吗?/이게 네가 나를 놀리는 것이 아니면 뭐냐? 比교耍:开 "耍"는 "玩笑"를 목적으로 취하지 않는다. ◇平时, 他爱和人(×耍)开玩笑/평소에 그는 사람들과 장난치기를 좋아한다. **2**동연기하다. ◇～刀/칼싸움 연기를 하다. **3**동(재능·기술 따위를) 드러내 보이다. 〔주로 부정적의미를 내포함〕◇不要偸懒～滑/게으름을 피우고 잔머리를 굴리지 마라. **4**동(同)〔耍弄 nòng〕 **5**(Shuǎ)囲성(姓).
【耍把戏－파희】shuǎ bǎxì **1**곡예를 하다. **2**〈喩〉꿍꿍이 수작을 부리다.
【耍笔杆－필간】shuǎ bǐgǎn (～儿)〈貶〉펜을 놀리다. 문필을 직업으로 하다.
【耍骨头－골두】shuǎ gǔ·tou 〈方〉**1**농담하다. **2**일부러 짓궂게 굴다.
【耍横－횡】shuǎ//hèng 동〈方〉억지를 부리다〔피우〕다.
【耍猴儿－후아】shuǎ hóur **1**원숭이에게 재주를 부리게 하다. **2**〈喩〉남을 놀리다.
【耍花腔－화강】shuǎ huāqiāng 그럴싸한 말로 남을 속이다.
【耍花招－화초】shuǎ huāzhāo (～儿)**1**교묘한 기예〔솜씨〕를 부리다. **2**농간을 부리다. 속임수를 쓰다.
【耍滑－활】shuǎhuá 동잔머리를 굴리다.
【耍奸－간】shuǎjiān 동꾀를 부리다. (同)〔耍滑 huá〕
【耍赖－뢰】shuǎ//lài 동생떼를 쓰다. 억지를 부리다.
【耍流氓－류맹】shuǎ liúmáng 건달 짓을 하다. 횡포 등을 부리다.
【耍闹－뇨】shuǎnào 동장난치며 떠들다.
【耍弄－롱】shuǎnòng 동가지고 놀다. 농락하다.
【耍脾气－비기】shuǎpíqì 성질을 내다.
【耍贫嘴－빈취】shuǎ pínzuǐ 〈方〉상대방이 듣든 말든 지껄여대다.
【耍钱－전】shuǎ//qián 동〈方〉도박〔노름〕을 하다. ◇～鬼/도박꾼. 노름꾼.
【耍人－인】shuǎ//rén 동사람을 놀리다.
【耍手艺－수예】shuǎ shǒu·yì 손재주로 밥벌이하다. 손재주로 생활해 나가다.
【耍无赖－무뢰】shuǎ wúlài (同)〔耍赖〕

【耍笑－소】shuǎxiào 동**1**마음껏 웃고 떠들다. **2**(남을) 웃음거리로 만들다.
【耍心眼儿－심안아】shuǎ xīnyǎnr (개인의 이익을 위해) 잔꾀를 부리다.
【耍子－자】shuǎ·zi 동〈早白〉놀다. 장난하다. (同)〔玩儿 wánr〕
【耍嘴皮子－취피자】shuǎ zuǐpí·zi 동**1**입만 살아있다. **2**말만하고 실행을 않다.

shuà

【刷】| 刂部 | shuà
　　　| 6画 | 닦을 쇄
　동〈方〉고르다. 선택하다. ◇打这堆梨里头～出几个好的给奶奶送去/여기 배들 중에서 좋은 것을 몇개 골라 할머니에게 보내세요.
【刷白－백】shuàbái 혱〈方〉푸르스름하다. 파르께하다.

shuāi

【衰】| 亠部 | 衣部 | shuāi
　　　| 8画 | 4画 | 쇠할 쇠
　동쇠약해지다. ◇年老力～/늙어서 힘이 쇠약해지다. (同)〔朽 xiǔ〕, (反)〔盛 shèng〕
【衰败－패】shuāibài (同)〔衰落 luò〕
【衰惫－비】shuāibèi 혱〈文〉쇠약하다.
【衰变－변】shuāibiàn 囲〈原〉붕괴. 〔방사성 원소가 방사능을 방출하여 차츰 다른 물질로 변화하는 것〕
【衰减－감】shuāijiǎn 동점차 약해지다.
【衰竭－갈】shuāijié 동(병으로) 기력이 약해지다.
*【衰老－노】shuāilǎo 혱노쇠하다. (同)〔衰迈 mài〕, (反)〔少壮 shàozhuàng〕
【衰落－락】shuāiluò 동쇠락하다. 쇠해지다. (同)〔衰败 bài〕, (反)〔复兴 fùxìng〕
【衰迈－매】shuāimài 혱노쇠하다.
∗∗【衰弱－약】shuāiruò **1**혱(신체가) 쇠약하다. ◇久病后身体～/오래 앓은 후에 몸이 쇠약해졌다. (同)〔虚 xū 弱〕, (反)〔健壮 jiànzhuàng〕 **2**동(세력이) 쇠약해지다. ◇攻势已经～/공세가 이미 약해졌다. (同)〔衰退 tuì〕, (反)〔增强 zēngqiáng〕
【衰替－체】shuāitì 〈文〉(同)〔衰落 luò〕
【衰颓－퇴】shuāituí 동(신체·정신·민족 따위가) 쇠퇴하다. 쇠미하다.
*【衰退－퇴】shuāituì 동**1**(신체·정신·의지·능력 따위가) 쇠퇴하다. 감퇴하다. **2**(국가의 정치·경기 등이) 쇠퇴하다.
【衰亡－망】shuāiwáng 동쇠망하다. 멸망하다. (反)〔兴起 xīngqǐ〕

S

【衰微—미】shuāiwēi 휑(국가나 민족 따위
가) 쇠퇴하다. 쇠미하다.

【衰萎—위】shuāiwěi 图쇠하여 시들다. 쇠
약해지다.

【衰歇—헐】shuāixiē 图쇠진하다.

【衰朽—후】shuāixiǔ 图〈文〉쇠락하다.

☆【摔(¹蟀)】扌部 shuāi
          11画 버릴 솔
图1(몸이) 균형을 잃고 넘어지다. ◇他
把腿~断了/그는 넘어져 다리가 부러졌
다. 2낙하하다. 추락하다. ◇那个电工从
电线杆上~下来过一次/그 전기기사는 전
봇대에서 한번 떨어진 적이 있다. 3떨어
뜨려 깨뜨리다. ◇不小心把瓶子~了/부
주의로 병을 깨뜨렸다. 비교摔:砸 무거
운 물건이 부딪칠 때는 "摔"를 쓰지 않는
다. ◇他拿起一块石头,把坛子(×摔)砸得
粉碎/그는 돌을 하나 들어서 단지를 박
살을 냈다. 4내던지다. ◇他发脾气时从没
~过东西/그는 신경질을 낼 때 여지껏
물건을 던진 적이 없다. (同)〔抛 pāo〕,
(反)〔捡 jiǎn〕5(손에 잡고) 털다.

【摔打—타】shuāi·da 图1(손에 쥐고 부딪
쳐서) 탁탁 털다. 털어내다. 2세파에 시
달리다. 세상살이에 단련되다. (同)〔磨练
móliàn〕

【摔跤—교】shuāi// jiāo 图1자빠지다. 넘어
지다. 2씨름〔레슬링〕하다.

【摔耙子—파자】shuāi pá·zi 〈喩〉일을 내
팽개쳐두고 하지 않다.

shuǎi

☆【甩】门部 用部 shuǎi
      3画 0画 던질 솔
图1흔들다. 휘두르다. ◇小猪~着尾巴跑
过来/새끼 돼지가 꼬리를 흔들며 뛰어왔
다. 2내던지다. ◇你~手榴弹~了三十多
米/너는 수류탄을 겨우 30여 미터 던졌
다. (同)〔扔 rēng〕, (反)〔拾 shí〕3떼어
놓다. 흔들어 버리다. 떨구다. ◇他
被女朋友~了/그는 여자친구에게 채였다.
비교甩:丢掉 미행하는 사람을 떨쳐 버
릴 때는 "甩掉"를 사용한다. ◇女记者没
有办法把跟踪她的人(×丢掉)/여기자
는 그녀를 뒤쫓는 미행자를 떨쳐내버릴 수
없었다.

【甩车—차】shuǎi// chē 图기관차에서 차량
을 떼다.

【甩脸子—검자】shuǎi liǎn·zi 〈方〉불쾌한
얼굴을 하다. 얼굴을 찡그리다.

【甩卖—매】shuǎimài 图(상점 등지에서)
바겐세일하다.

【甩手—수】shuǎi// shǒu 图1손을 앞뒤로

흔들다. 2〈轉〉그대로 내버려 두다. 방치
하다.

【甩站—참】shuǎi// zhàn (버스·전차가) 정
거장에 안 서고 그냥 지나가다.

shuài

*【帅·帥】巾部 shuài
          2画 장수 수
1图장수. ◇元~/원수. 2휑멋지다. ◇他
长得真~!/그는 참 멋지게 생겼다. 3
(Shuài)图성(姓).

【率】亠部 玄部 shuài
      9画 6画 거느릴 솔
1图인솔하다. 이끌다. ◇~代表团离京/
대표단을 인솔하여 북경을 떠나다. 2图
〈文〉따르다. 그대로 하다. ◇~由旧章/
옛 규칙을 따르다. 3휑경솔하다. 신중하
지 않다. ◇轻~/경솔하다. 4휑솔직하다.
꾸밈이 없다. ◇直~/솔직하다. 5튀〈文〉
대체로. 대개. 6(同)〔帅 shuài〕⇒lǜ

【率尔—이】shuài'ér 휑〈文〉경솔하다.

☆【率领—령】shuàilǐng 图통솔하다. 인솔하
다. ◇这支队伍由他~/이 부대는 그가
인솔한다. 비교率领:带 한 사람만 인솔
하는 경우에는 "率领"을 쓰지 않는다. ◇
爸爸(×率领)带着妹妹来中国旅游/아빠는
여동생을 데리고 중국에 여행을 왔다.

【率然—연】shuàirán 튀〈文〉경솔하다.

【率先—선】shuàixiān 1图앞장서다. 솔선
하다. 2튀맨 먼저. 솔선하여. (同)〔首 shǒ
u先〕, (反)〔末后 mòhòu〕

【率性—성】shuàixìng 1튀차라리. 아예. 시
원스럽게. 2图마음대로 하다〔따라서 행동
하다〕.

【率由旧章—유구장】shuài yóu jiù zhāng
〈成〉모든 것을 옛 관례에 따라 행하다.
(同)〔因循守旧 yīn xún shǒu jiù〕

【率真—진】shuàizhēn 휑솔직하고 꾸밈이
없다.

【率直—직】shuàizhí 휑솔직하다.

【蟀】虫部 shuài
      11画 넘어질 솔
⇒〔蟋 xī 蟀〕

shuān

【闩·閂】门部 shuān
          1画 문빗장 산
1图(문의) 빗장. ◇门~/(문의) 빗장. 2
图(문에) 빗장을 지르다. ◇把门~上/문
에 빗장을 지르다.

**【拴】扌部 shuān
        6画 묶을 전

[동]1붙들어 매다. 묶다. ◇绳子没~紧，还得再~~/밧줄이 꽉 매지지 않았으니 다시 매야겠다. 2얽매이다. ◇被琐事~住了/사소한 일에 얽매이다.

【栓】木部 6画 | shuān 마개 전
[명]1기물의 개폐부. 여닫개. ◇消防~/소화전. 2(총의) 노리쇠 (뭉치). 3(병 따위의) 마개.
【栓剂－제】shuānjì [명]〈藥〉좌약(坐藥).
【栓皮－피】shuānpí [명]코르크.
【栓皮栎－피력】shuānpílì [명]〈植〉코르크 나무.
【栓塞－색】shuānsè [명]〈醫〉색전증(塞栓症).

shuàn

【涮】氵部 8画 | shuàn 씻을 전
[동]1물로 흔들어 씻다. ◇把衣服~一~/옷을 좀 물에 흔들어 씻어라. 2(용기에 물을 부어) 헹구다. 부시다. 3얇게 썬 고기를 끓는 물에 담가 데친 후, 조미료를 찍어서 먹는 요리법. 3〈俗〉속이다. ◇你别~我啦/너 나를 속이지마.
【涮锅子－과자】shuànguō·zi [명]얇게 저민 고기·야채 등을 끓는 물에 살짝 데쳐 양념장에 찍어 먹는 요리.
【涮羊肉－양육】shuànyángròu [명]얇게 썬 양고기를 끓는 물에 씻듯이 데쳐서 양념을 찍어 먹는 요리.

shuāng

★【双·雙】又部 2画 | shuāng 쌍 쌍
1[양]두. 쌍(의). ◇~目失明/양쪽눈 모두 실명하다. ◇男女~方/남녀 쌍방. (同)〔两 liǎng〕, (反)〔单 dān〕 [비교]双:副 "眼镜"(안경) "手套"(장갑) 등에는 양사 "双"을 쓰지 않는다. ◇这(×双)副眼镜是他的/이 안경은 그의 것이다. 2[양]쌍. 켤레. 〔짝을 이룬 것에 대하여 씀〕 ◇一~鞋/신발 한 켤레. 3[형]짝수의. 우수(偶數)의. ◇~人床/2인용 침대. (反)〔单 dān〕 [비교]双人:两人 두 사람이 같이 사용하는 물품, 합동 동작에는 "两人"을 쓰지 않는다. ◇两旁摆着很多(×两人)双人沙发/양측에 2인용 소파가 많이 놓여있다. 4[형]갑절의. 2배의. 5(Shuāng)[명]성(姓).
【双胞胎－포태】shuāngbāotāi [명]쌍둥이.
【双边－변】shuāngbiān [명]쌍방. 양측.
【双宾语－빈어】shuāngbīnyǔ [명]〈言〉이중 목적어.
【双重－중】shuāngchóng [명]이중. 〔보통 추상적인 것에 대하여 씀〕
【双重国籍－중국적】shuāngchóng guójí [명]〈法〉이중 국적.
【双重人格－중인격】shuāng réngé [명]〈心〉이중 인격. 〔부정적으로 쓰임〕
【双唇音－순음】shuāngchúnyīn [명]〈言〉입술 소리. 양순음.
【双打－타】shuāngdǎ [명]〈體〉(체육 경기의) 복식.
☆【双方－방】shuāngfāng [명]양측. 양쪽. ◇~同意/양측이 동의한다.
【双杠－강】shuānggàng [명]〈體〉1평행봉. 2평행봉 체조.
【双钩－구】shuānggōu [명]윤곽만 선으로 그린 문자.
【双关－관】shuāngguān [동]하나의 어휘가 두 가지 뜻을 가지다.
【双管齐下－관제하】shuāng guǎn qí xià 〈成〉두 개의 붓으로 동시에 그림을 그리다. 〈喻〉두 가지 방법을 병행하다.
【双轨－궤】shuāngguǐ [명]〈交〉복선 궤도. 복선. (同)〔复线 fùxiàn〕, (反)〔单 dān 轨〕
【双簧－황】shuānghuáng 1[명]〈演〉한 명은 동작을 맡고 다른 한 명은 뒤에서 대사와 노래를 맡아, 마치 한 사람이 연기하는 것처럼 보이게 하는 연기. 2〈喻〉한통속. 공모.
【双簧管－황관】shuānghuángguǎn [명]〈音〉오보에(이 oboe).
【双肩挑－견조】shuāng jiān tiāo 〈喻〉한 사람이 행정·실무를 동시에 담당하다.
【双料－료】shuāngliào (~儿)[명]크기·양 따위가 보통의 것의 2배인 재료. 〈喻〉특제. (反)〔单 dān 料〕
【双抢－창】shuāngqiǎng [명][동]〈農〉서둘러 수확하고 서둘러 파종함〔하다〕.
【双亲－친】shuāngqīn [명]양친. 부모.
【双全－전】shuāngquán [동]양쪽 다 갖추다. 둘다 겸비하다.
【双人房－인방】shuāngrénfáng [명]2인용 방.
【双人舞－인무】shuāngrénwǔ [명]대무(對舞).
【双身子－신자】shuāngshēn·zi [명]〈口〉임산부.
【双生－생】shuāngshēng [명]쌍둥이의 통칭.
【双声－성】shuāngshēng [명]〈言〉쌍성. 두 글자 이상의 단어에서 각 음절의 첫 자음(子音)이 같은 것. 예컨대 '公告 gōnggào' '方法 fāngfǎ'.
【双数－수】shuāngshù [명]짝수. (同)〔偶 ǒu 数〕, (反)〔单 dān 数〕
【双双－쌍】shuāngshuāng [부]쌍쌍으로. 둘씩. 두 사람이 함께. ◇~入场/쌍을 지어

입장한다.

【双喜－회】shuāngxǐ 图겹경사.

【双响－향】shuāngxiǎng （～儿)图쌍발 폭죽.

【双向－향】shuāngxiàng 图양방향. ◇～选择/양방향 선택.

【双薪－신】shuāngxīn 图2배의 임금.

【双星－성】shuāngxīng 图1〈天〉쌍성. 2〈天〉견우성과 직녀성.

【双眼皮－안피】shuāngyǎnpí （～儿)图쌍꺼풀. (反)[单 dān 眼皮]

【双鱼座－어좌】shuāngyúzuò 图〈天〉물고기 자리.

【双月刊－월간】shuāngyuèkān 图격월간.

【双职工－직공】shuāngzhígōng 图맞벌이 부부. (反)[单 dān 工]

【双绉－추】shuāngzhòu 图〈紡〉크레프 드 신(프crepe de Chine).

【双子座－자좌】shuāngzǐzuò 图〈天〉쌍둥이자리.

**【霜】雨部｜shuāng
9画｜서리 상
图1서리. 2서리 모양의 것. ◇盐～/(다시마 따위의 표면에 붙은) 소금버캐. 3〈喩〉백색. (同)[白 bái], (反)[黑 hēi]

【霜晨－신】shuāngchén 图서리 내린 추운 새벽.

【霜冻－동】shuāngdòng 图〈天〉서리 피해.

【霜害－해】shuānghài 图〈農〉서리 피해.

【霜降－강】shuāngjiàng 图상강. 24절기의 하나.

【霜期－기】shuāngqī 图〈天〉서리가 내리는 기간.

【霜天－천】shuāngtiān 图1추운 하늘. 2추운 날씨. 〔주로 늦가을이나 초겨울의 날씨를 말함〕

【孀】女部｜shuāng
17画｜홀어미 상
图과부. ◇孤～/과부.

【孀妇－부】shuāngfù 图〈文〉과부.

【孀居－거】shuāngjū 통〈文〉과부살이하다. (同)[寡 guǎ 居], (反)[再醮 zàijiào]

shuǎng

【爽】大部｜爻部｜shuǎng
8画｜7画｜시원할 상
1图밝다. 맑다. 2图(성격이) 시원시원하다. 호쾌하다. ◇豪～/호쾌하다. 3图개운하다. 생기가 돌다. ◇人逢喜事精神～/기쁜 일이 생기면 활력이 나기 마련이다. 4통어긋나다. 어그러지다. ◇毫厘不～/조금도 위배되지 않다.

【爽口－구】shuǎngkǒu 图(맛이) 시원하다.

개운하다.

*【爽快－쾌】shuǎng·kuai 图1(기분 등이) 상쾌하다. 개운하다. 후련하다. 2全身～/온몸이 상쾌하다. 2(성격·태도가) 솔직하다. ◇他是个～人/그는 시원스런 사람이다. (同)[爽气 qì], (反)[拖拉 tuōlā]

【爽朗－랑】shuǎnglǎng 图1(날씨 따위가) 쾌청하다. (反)[闷气 mēnqì] 2명랑하다. 활달하다. ◇～的性格/활달한 성격. (同)[开 kāi 朗], (反)[狭隘 xiá'ài] 비교爽朗:明朗 표정에는 "爽朗"으로 형용하지 않는다. ◇这时候, 她的脸变得(×爽朗)明朗起来/이때, 그녀의 얼굴이 밝아졌다.

【爽利－리】shuǎnglì 图시원시원하다. 화끈하다.

【爽气－기】shuǎngqì 1图〈文〉시원한 공기〔느낌〕. 2图〈方〉시원시원하다.

【爽然－연】shuǎngrán 图〈文〉멍하다.

【爽心－심】shuǎngxīn 图마음이 상쾌하다. (同)[失信 shīxìn], (反)[赴约 fùyuē]

【爽性－성】shuǎng·xìng 图아예. 차라리.

【爽约－약】shuǎngyuē 통약속을 어기다. (同)[失约]

【爽直－직】shuǎngzhí 图시원시원하다.

shuí

★【谁·誰】讠部｜shuí
8画｜누구 수
（又讀shéi)

shuǐ

★【水】水部｜shuǐ
0画｜물 수
1图물. ◇请给我一杯～/물 한 잔 주시겠어요. 2图강·호수·바다. 3（～儿)图액체. 즙. 용액. ◇药～/약물. 시럽. 4图부가 비용 또는 부수입. ◇贴～/프리미엄. 5양세탁의 횟수를 세는 양사. ◇这件衬衫洗了三～了/이 남방은 3번 빨았다. 6(Shuǐ)图성(姓).

【水坝－파】shuǐbà 图댐. 제방. 둑.

【水泵－붕】shuǐbèng 图물펌프.

【水笔－필】shuǐbǐ 图1붓. 그림 붓. 2〈方〉〈略〉'自 zì 来水笔' (만년필)의 준말.

【水表－표】shuǐbiǎo 图수도 미터[계량기].

【水兵－병】shuǐbīng 图해병. 해군병사.

【水彩－채】shuǐcǎi 图(수채화용) 그림물감.

【水草－초】shuǐcǎo 图1물과 풀(이 있는 곳). 2수초. 물풀.

*【水产－산】shuǐchǎn 图수산물.

【水车－차】shuǐchē 图1무자위. 2물레방아. 3급수차.

【水程一정】shuǐchéng 圀뱃길. 항로.
【水到渠成一도거성】shuǐ dào qú chéng 〈成〉물이 흐르는 곳에 도랑이 생긴다. 조건이 갖추어지면 일은 저절로 이루어진다. (同)〔瓜熟蒂落 guā shú dì luò〕, (反)〔欲速不达 yù sù bù dá〕
【水道一도】shuǐdào 圀1물길. 수로. 2뱃길. 3(수영장의) 경주코스.
☆【水稻一도】shuǐdào 圀논벼.
【不滴石穿一적석천】shuǐ dī shí chuān 〈成〉낙숫물이 댓돌을 뚫는다. 작은 힘이라도 끈기있게 계속하면 성공한다. (同)〔滴水穿石〕, (反)〔一暴十寒 yī bào shí hán〕
【水地一지】shuǐdì 圀1관개지(灌溉地). 2논.
＊【水电一전】shuǐdiàn 圀1수도와 전기. 2수력 발전.
【水貂一초】shuǐdiāo 圀〈動〉밍크.
【水碓一대】shuǐduì 圀물방아.
【水遁一둔】shuǐdùn 튱물속에서 도망치다.
【水肥一비】shuǐféi 圀〈農〉수비.
＊＊【水粉一분】shuǐfěn 圀1물분. 〔화장품의 하나〕 2〈方〉물에 담가 불린 국수 가락.
【水分一분】shuǐfèn 圀1수분. 물기. ◇吸收 ～/물기를 흡수하다. 2과장. 양념. ◇你听他的话要打折扣, 他的话里～太多/그의 말은 과장이 너무 많으니 에누리 없이 다 들어서는 안 된다.
【水垢一구】shuǐgòu 圀물때.
【水臌一고】shuǐgǔ 圀〈中醫〉복수(腹水).
★【水果一과】shuǐguǒ 圀과일.
【水合一합】shuǐhé 圀〈化〉수화(水化).
【水鹤一학】shuǐhè 圀〈機〉기관차 보일러의 급수관.
【水红一홍】shuǐhóng 圀〈色〉좀 짙은 핑크색.
【水花一화】shuǐhuā (～儿)圀1물보라. 2〈方〉수두(水痘).
【水患一환】shuǐhuàn 圀수해. 수재.
【水荒一황】shuǐhuāng 圀물 부족.
【水火一화】shuǐhuǒ 圀1물과 불. 2〈喩〉성질이 정반대인 사물. 3〈喩〉재난.
【水火无情一화무정】shuǐ huǒ wú qíng 〈成〉물과 불이 사정을 봐주지 않는다. 홍수, 화재를 조심해야 하다.
【水碱一감】shuǐjiǎn 圀주전자·보일러 따위의 안에 끼는 물때.
【水解一해】shuǐjiě 圀〈化〉가수 분해.
【水晶一정】shuǐjīng 圀〈礦〉수정.
【水晶宫一정궁】shuǐjīnggōng 圀(신화 속에) 수정궁. 용왕의 궁전.
【水晶体一정체】shuǐjīngtǐ 圀〈生理〉수정체.
【水井一정】shuǐjǐng 圀우물.
【水酒一주】shuǐjiǔ 圀맛이 나쁜 술. 〈謙〉변변치 못한 술. 〔남에게 대접하는 술을 낮추어 이르는 말〕

＊＊【水库一고】shuǐkù 圀저수지. 댐.
【水雷一뢰】shuǐléi 圀〈軍〉수뢰.
【水力一력】shuǐlì 圀수력. 물의 힘.
＊＊【水利一리】shuǐlì 圀1수력자원을 이용하다. 2〈略〉'水利工程'(수리 공사)의 준말.
【水利工程一리공정】shuǐlì gōngchéng 圀수리 공사.
【水利枢纽一리추뉴】shuǐlì shūniǔ 圀수리 종합이용센터.
【水疗一료】shuǐliáo 圀〈醫〉수치 요법.
【水淋淋一림림】shuǐlínlín (～的)톙흠뻑 젖어서 물방울이 뚝뚝 떨어지는 모양.
【水灵一령】shuǐ·ling 톙〈方〉1(과일·야채 따위가) 수분이 많아 싱싱하고 맛있다. 2(형상이나 용모가) 윤기가 나고 싱싱하다. ◇那姑娘的那双眼睛真～/그 아가씨의 눈은 정말로 촉촉하고 예쁘다.
【水流一류】shuǐliú 圀1강·하천 등의 총칭. 2수류. 물의 흐름.
【水溜一류】shuǐliù 圀(빗)물받이.
【水龙一룡】shuǐlóng 1圀〈植〉실매화풀. 2圀소방 펌프. 소화기.
【水龙头一룡두】shuǐlóngtóu 圀수도꼭지.
【水陆一륙】shuǐlù 圀1수륙. 수로와 육로. 2산해 진미.
【水鹿一록】shuǐlù 圀〈動〉물사슴.
【水路一로】shuǐlù 圀수로. (同)〔水道 dào〕, (反)〔旱 hàn 路〕
【水绿一록】shuǐlù 圀연록색.
【水轮(机)一륜(기)】shuǐlún(jī) 圀〈機〉수력 터빈.
【水落一락】shuǐluò 圀(빗)물받이.
【水落管一락관】shuǐluòguǎn 圀(가옥의) 낙수 홈통.
【水落石出一락석출】shuǐ luò shí chū 〈成〉물이 빠지니 돌이 드러난다. 진상이 명백히 밝혀지다.
【水煤气一매기】shuǐméiqì 圀〈化〉수성가스.
【水门一문】shuǐmén 圀1수문. 2밸브.
【水门汀一문정】shuǐméntīng (同)〔水泥 ní〕
【水米无交一미무교】shuǐ mǐ wú jiāo 〈成〉아무런 교제도 없다. 관리가 청렴하여 백성과 아무런 돈관계가 없음을 가리킴.
【水面一면】shuǐmiàn 圀1수면. 2수역(水域)의 면적.
【水磨一마】shuǐmó 튱물을 부어가며 연마하다.
【水磨工夫一마공부】shuǐmó gōng·fu 〈成〉시간을 들여 진지하게 노력하다.
【水磨石一마석】shuǐmóshí 圀테랏초(이 terrazzo).
【水墨画一묵화】shuǐmòhuà 圀〈美〉수묵화.
【水磨一마】shuǐmò 圀물방아. 수력 제분기.
【水能一능】shuǐnéng 圀수력에너지.

S

☆【水泥—니】shuǐní 명시멘트. (同)〔水门汀 shuǐ mén tīng〕

【水碾—년】shuǐniǎn 명물레방아.

【水鸟—조】shuǐniǎo 명물새.

【水牛—우】shuǐniú 명〈動〉물소.

【水牛儿—우아】shuǐniúr (同)〔蜗 wō 牛〕

【水暖—난】shuǐnuǎn 명뜨거운 물이 관을 지나게 하여 난방하는 방식.

【水牌—비】shuǐpái 명상점에서 임시 장부로 쓰는 흰색이나 흑색 칠을 한 판목.

【水泡—포】shuǐpào (~儿)명1수포. 물거품. 2〈醫〉물집. 수포.

★【水平—평】shuǐpíng 명1수평. ◇~方向/수평방향. (反)〔铅直 qiānzhí〕2(생산·생활·사고·문화·업무 등의) 수준. ◇近年来农民的生活~大大提高了/최근 농민의 생활수준이 상당히 향상되었다. [비교]水平:力量 어떤 방면의 능력이 갖춰졌을 때는 "水平"을 쓰지 않는다. ◇我的(×水平)力量不足以改变我的家庭情况/나의 가정 형편을 바꾸기엔 난 역부족이다.

【水平面—평면】shuǐpíngmiàn 명수평면.

【水平线—평선】shuǐpíngxiàn 명수평선. (反)〔铅垂线 qiānchuíxiàn〕

【水平仪—평의】shuǐpíngyí 명〈土〉수준기 (水准器)

【水汽—기】shuǐqì 명수증기.

【水枪—창】shuǐqiāng 명1〈礦〉수력 채굴기. 2(장난감) 물총. 3(소방용) 물대포.

【水禽—금】shuǐqín (同)〔水鸟 niǎo〕

【水情—정】shuǐqíng 명(수위나 유량과 같은) 물의 상황.

【水球—구】shuǐqiú 명1수구. 2수구용의 공.

【水渠—거】shuǐqú 명수로. 큰 물도랑.

【水乳交融—유교융】shuǐ rǔ jiāo róng〈成〉물과 젖처럼 서로 잘 융화되다. 의기투합하다. (反)〔水火不容 shuǐ huǒ bù róng〕

【水杉—삼】shuǐshān 명〈植〉수삼나무.

【水上居民—상거민】shuǐshàng jūmín 명수상 생활자.

【水上运动—상운동】shuǐshàng yùndòng 명〈體〉수상경기.

【水筲—소】shuǐshāo 명물통.

【水蛇—사】shuǐshé 명〈動〉물뱀.

【水蛇腰—사요】shuǐshéyāo 명키가 크고 허리가 굽은 생김새.

【水深火热—심화열】shuǐ shēn huǒ rè〈成〉모진 고통을 겪다. (백성이) 도탄에 빠지다. (反)〔莺歌燕舞 yīng gē yàn wǔ〕

【水生植物—생식물】shuǐshēng zhíwù 명수생 식물.

【水蚀—식】shuǐshí 명〈地〉물에 의한 침식.

【水势—세】shuǐshì 명물살. 수세.

【水手—수】shuǐshǒu 명(갑판에서 일하는) 선원.

【水刷石—쇄석】shuǐshuāshí 명〈建〉인조 화강석의 일종.

【水塔—탑】shuǐtǎ 명급수탑.

【水獭—달】shuǐtǎ 명〈動〉수달.

【水田—전】shuǐtián 명논. 수전. 무논. (反)〔旱 hàn 田〕

【水汀—정】shuǐtīng 명〈方〉〈音〉스팀(steam).

【水头—두】shuǐtóu 명1홍수 때 하천의 최고 수위. 물마루. 2물이 솟아 나는 기세.

*【水土—토】shuǐtǔ 명1물과 흙. ◇这是因为~的关系/그것은 자연환경에 제약을 받기 때문이다. 2기후 풍토.

【水土保持—토보지】shuǐtǔ bǎochí 명(식수·댐공사 등을 통한) 수토의 보존. (反)〔水土流失 shuǐ tǔ liú shī〕

【水土流失—토유실】shuǐtǔ liúshī 명수토 유실.

【水汪汪—왕왕】shuǐwāngwāng (~的)형1(눈망울이) 윤기있고 맑다. 2물이 그득하다.

【水网—망】shuǐwǎng 명하천이 종횡으로 흘러 그물처럼 되어 있는 곳.

【水位—위】shuǐwèi 명1(강·바다·댐 따위의) 수위. 2지하수와 지표 사이의 거리.

【水文—문】shuǐwén 명(자연계에서의) 물의 각종 변화와 운동 현상.

【水螅—식】shuǐxī 명〈動〉히드라.

【水系—계】shuǐxì 명〈地〉수계.

【水仙—선】shuǐxiān 명수선화.

【水险—험】shuǐxiǎn 명〈略〉'水灾保险'(해상 보험)의 준말.

【水线—선】shuǐxiàn 명(배의) 흘수선(吃水線). 수선.

【水乡—향】shuǐxiāng 명수향. 강이나 호수가 많은 고장.

【水箱—상】shuǐxiāng 명1수조. 물탱크. 2라디에이터.

【水泄不通—세불통】shuǐ xiè bù tōng〈成〉물샐틈 없이 붐비다. 경계가 삼엄하다.

【水榭—사】shuǐxiè 명물가에 지은 정자.

【水星—성】shuǐxīng 명〈天〉수성.

【水性—성】shuǐ·xìng 명1(~儿)수영하는 법. 2강이나 바다의 깊이나 유속 등의 특징.

【水性杨花—성양화】shuǐxìng yánghuā〈成〉물이 흐르는 대로 가고 버드나무는 바람 부는 대로 흔들린다. 여자가 지조없이 행동하다.

【水袖—수】shuǐxiù 명중국 전통극이나 무용에서 연기자의 옷 소매끝에 붙어 있는 긴 하얀 비단.

【水锈—수】shuǐxiù 명(보일러 등에 끼는) 물때. 물이 담겼던 흔적.

【水压机-압기】 shuǐyājī 圏수압기.
【水烟-연】 shuǐyān 圏**1**수연. 물담뱃대로
　피우는 살담배. **2**〈文〉물안개.
【水烟袋-연대】 shuǐyāndài 圏수연통(水
　烟筒).
【水眼-안】 shuǐyǎn (同)〔泉 quán 眼〕
【水舀子-확자】 shuǐyǎo·zi 圏구기. 작자
　(杓子).
【水银-은】 shuǐyín 圏수은.
【水银灯-은등】 shuǐyíndēng 圏수은등.
【水印-인】 shuǐyìn 圏**1**중국 전통 목판 인
　쇄. **2**(～儿)종이를 빛에 비추어볼 때 비
　쳐 보이는 그림이나 문자. **3**(～儿)옛날,
　상점의 정식 인장.
【水域-역】 shuǐyù 圏수역.
*【水源-원】 shuǐyuán 圏수원.
【水运-운】 shuǐyùn 圏수상운수. 해운.
*【水灾-재】 shuǐzāi 圏수재. 수해. (反)〔旱
　hàn 灾〕
【水葬-장】 shuǐzàng 圏圐수장(하다).
【水藻-조】 shuǐzǎo 圏물풀.
【水泽-택】 shuǐzé 圏못.
【水闸-갑】 shuǐzhá 圏수문.
【水寨-채】 shuǐzhài 圏수군(水軍)의 근거지.
【水涨船高-창선고】 shuǐ zhǎng chuán g-
　āo 〈成〉물이 불면 배도 위로 오른다. 사
　물의 변화에 따라 이와 관련된 사물도 변
　한다.
*【水蒸气-증기】 shuǐzhēngqì 圏수증기.
【水至清则无鱼-지청즉무어】 shuǐ zhì qī-
　ng zé wú yú 〈成〉물이 너무 맑으면 고
　기가 살지 않는다. 〈轉〉사람에게 너무 엄
　하게 요구하면 친구가 없다.
【水质-질】 shuǐzhì 圏수질.
【水蛭-질】 shuǐzhì 圏〈虫〉거머리.
【水中捞月-중로월】 shuǐ zhōng lāo yuè
　〈成〉물 속의 달을 건지다. 부질없이 수고
　를 하다. (同)〔海底捞月 hǎi dǐ lāo yuè〕,
　(反)〔立竿见影 lì gān jiàn yǐng〕
【水肿-종】 shuǐzhǒng 圏〈中醫〉(심장·신
　장·내분비선질환의) 부종(浮肿). 수종.
【水准-준】 shuǐzhǔn 圏**1**수평면. **2**수준.
　(同)〔水平 píng〕
【水准仪-준의】 shuǐzhǔnyí 圏수준의. 수
　평기(水平器).
【水族-족】 Shuǐzú 圏**1**〈民〉수족. 타이계
　소수민족의 하나. 귀주(貴州)에 분포. **2**
　(shuǐzú)수족. 수생동물.
【水钻-찬】 shuǐzuàn 圏〈磺〉금강사.

shuì

【说·說】 讠部│shuì
　　　　　　7画│유세할 **세**

圐설득하다. 설복하다. ⇒shuō

**【税】 禾部│shuì
　　　　7画│구실 **세**

圏**1**세금. 조세. ◇将～金交到税务局/세금
　을 세무서에 납부한다. **2**(Shuì)성(姓).
【税单-단】 shuìdān 圏납세 증명서.
【税额-액】 shuì'é 圏세액. 세금의 액수.
【税法-법】 shuìfǎ 圏세법.
【税捐-연】 shuìjuān 圏세금.
【税率-율】 shuìlǜ 圏세율.
【税卡-잡】 shuìqiǎ 圏세관. 〔옛날, 교통의
　요충에 설치하여 통행인이나 짐을 조사
　하고 통과세를 징수하던 곳〕
*【税收-수】 shuìshōu 圏세수. 세수입.
【税务-무】 shuìwù 圏세무.
【税则-칙】 shuìzé 圏세칙. 징세에 관한 규
　칙과 조례.
【税制-제】 shuìzhì 圏세제. 세금에 관한
　제도.
【税种-종】 shuìzhǒng 圏조세의 종류.

★【睡】 目部│shuì
　　　　8画│잘 **수**

圐(잠을) 자다. ◇他～了/그는 잠들었다.
　◇他～得早起得也早/그는 자기도 일찍
　자고 일어나기도 일찍 일어난다. (同)
　〔寐 mèi〕, (反)〔醒 xǐng〕
★【睡觉-각】 shuì∥jiào 圐자다. ◇该～了/
　자야할 때다. (同)〔就寝 jiùqǐn〕, (反)
　〔起身 qǐshēn〕 比교睡觉:睡:睡着(zháo)
　①"睡觉"는 보어를 갖지 않는다. ◇他
　(×睡觉)睡得很好/그는 잠을 잘 잤다.
　②"睡觉"는 "不知不觉"의 수식을 받지
　않는다. ◇我不知不觉地(×睡觉)睡着 zh-
　áo 了/난 자신도 모르는 사이에 잠이 들
　었다.
【睡懒觉-라각】 shuì lǎnjiào 늦잠을 자다.
【睡梦-몽】 shuìmèng 圏〈文〉잠. 수면.
**【睡眠-면】 shuìmián 圏圐수면(하다). 잠
　(자다).
【睡魔-마】 shuìmó 圏〈喩〉심한 졸음증.
【睡乡-향】 shuìxiāng 圏꿈나라.
【睡醒-성】 shuìxǐng 圐잠에서 깨어나다.
【睡眼-안】 shuìyǎn 圏졸려서 게슴츠레한
　눈. 잠에 취한 눈.
【睡意-의】 shuìyì 圏졸음. 자고 싶은 느낌.

shǔn

【吮】 口部│shǔn
　　　　4画│빨 **연**

圐(입으로) 빨다. 빨아들이다. ◇～乳/젖
　을 빨다.
【吮吸-흡】 shǔnxī 圐빨다. 빨아 먹다.
【吮痈舐痔-옹시치】 shǔn yōng shì zhì

〈成〉남의 종기를 빨고 치질난 데를 핥다. 남에게 잘 보이기 위하여 수단 방법을 가리지 않는다.

shùn

☆【順·顺】頁部│shùn 3画│순할 순

1〈동〉같은 방향으로 향하다〔向]. ◇～时针的方向/시계방향. (反)〔逆 nì〕 2〈개〉～을 따라서. ◇～着这条道儿走/이 길을 따라가다. 3〈동〉가지런히 하다. 다듬다. 손질하다. ◇～桌子上的书, 太乱了/책상 위에 책이 어지러이 있으니 정돈해라. 4〈동〉하는 김에. ◇每天下班回来─便买点菜/매일 퇴근하는 길에 채소를 좀 산다. 5〈동〉맞다. 뜻대로 되다. ◇～眼/마음에 들다. 6〈형〉순조롭다. 순탄하다. ◇这些年一直很～/요 몇년 계속해서 순조로웠다. 7〈부〉차례로. 순서대로. ◇～延/순연하다. 8〈동〉순종하다. 따르다. ◇奶奶偏心, 总─着妹妹/할머니는 편애하여 늘 누이동생의 말만 듣는다. 9(Shùn)〈명〉성(姓).

☆【順便─편】shùnbiàn 〈부〉…하는 김에. ◇去图书馆的时候, ～把这本书还了吧/도서관에 가는 김에 이 책도 좀 반납해줘. (同)〔就 jiù 便〕, (反)〔特意 tèyì〕 **比교**順便: 特意 어떤 목적을 위해 일부러 어떤 일을 하는 경우에는 "順便"을 쓰지 않는다. ◇为了会女朋友, 一向不顾形象的他, (×順便)特意刮了刮胡子/여자친구를 만나기 위해 줄곧 외모에 신경을 안 쓰던 그가 일부러 면도했다.

【順差─차】shùnchā 〈명〉〈貿〉수출흑자.
【順产─산】shùnchǎn 〈동〉〈醫〉아이를 순산하다. (同)〔平 píng 产〕, (反)〔难 nán 产〕
【順畅─창】shùnchàng 〈형〉순조롭게 진척되다. 소통이 원활하다. (同)〔流 liú 畅〕, (反)〔晦涩 huìsè〕
【順次─차】shùncì 〈명〉순서. 차례. 순차.
【順从─종】shùncóng 〈동〉순종하다. 순순히 따르다. (同)〔听 tīng 从〕, (反)〔违抗 wéikàng〕
【順带─대】shùndài 〈부〉…하는 김에. 이 기회에. (同)〔順便 biàn〕
【順当─당】shùn·dang 〈형〉〈口〉순조롭다. 잘 되어 가다.
【順导─도】shùndǎo 〈동〉사물의 발전 방향에 따라 이끌다.
【順道─도】shùndào (～儿)(同)〔順路 lù〕
【順耳─이】shùn'ěr 〈형〉(말이) 듣기 좋다. 마음에 들다. (同)〔入 rù 耳〕, (反)〔逆 nì 耳〕
【順风─풍】shùnfēng 1〈동〉바람 부는 대로 따르다. 2〈명〉순풍. ‖(反)〔逆 nì 风〕

【順风吹火─풍취화】shùn fēng chuī huǒ 〈成〉바람 불 때 불을 지르다. 일이 쉽게 진척되다.
【順风耳─풍이】shùnfēng'ěr 〈명〉1(옛날 소설에서의) 먼 소리를 들을 수 있는 사람. 〈喩〉소식통. 2옛날, 동관으로 만든 '话 huà 筒'(메가폰).
【順风转舵─풍전타】shùn fēng zhuǎn duò 〈成〉〈貶〉바람부는 대로 키를 돌리다. 상황을 보고 변신하다.
【順服─복】shùnfú 〈동〉순종하다. 복종하다.
【順和─화】shùn·he 〈형〉(말·태도 따위가) 평순(平順)하고 온화하다. 온순하다.
【順脚─각】shùnjiǎo (～儿)1〈형〉(사람·물건이 어떤 차에) 편승하다. 2(同)〔順路 lù〕
【順境─경】shùnjìng 〈명〉〈文〉유복한 환경. (反)〔逆 nì 境〕
【順口─구】shùnkǒu 1(글이) 술술 읽히다. (말이) 술술 나오다. 2〈동〉(노래·말을) 생각없이 내키는 대로, 얼떨결에, 건성으로 하다. 3(～儿)〈형〉〈方〉(음식이) 입에 맞다. 구미에 맞다.
【順口溜─구류】shùnkǒuliū 〈명〉민간에 유행하는 회화체 운문의 일종.
【順理成章─리성장】shùn lǐ chéng zhāng 〈成〉이치에 맞으면 글은 저절로 이루어진다. 글이나 일이 조리있고 분명하다. (反)〔牵强附会 qiānqiǎng fùhuì〕
☆【順利─리】shùnlì 〈형〉순조롭다. ◇工作正在～进行/일이 순조롭게 진행되는 중이다. (同)〔順当 dāng〕, (反)〔周折 zhōuzhé〕 **比교**順利:胜利 일이 예상했던 목적에 도달했을 때에는 "順利"를 쓰지 않는다. ◇中国的这次大会(×順利)胜利闭幕了/중국의 이번 대회는 성공리에 폐막했다.
【順溜─류】shùn·liu 〈형〉1〈方〉조리 있다. 질서 정연하다. 2순조롭게 진척되다. 3온순하다.
【順路─로】shùnlù 1〈부〉가는 길에〔김에〕. 오는 길에〔김에〕. ◇她回家时～到我家来玩/그녀는 집에 가는 길에 우리 집에 놀러왔다. 2〈형〉순탄한 길. 탄탄한 길.
【順民─민】shùnmín 〈명〉〈文〉〈貶〉이민족의 지배에 복종한 백성.〔비난조의 말〕
☆【順勢─세】shùn// shì 〈동〉…에 따르다〔좇다〕.
**【順手─수】shùnshǒu (～儿)1〈형〉순조롭다. 편하다. ◇这本词典用起来很～/이 사전은 쓰기에 편하다. 2〈부〉손이 가는대로. ◇出去时请～关上门/나갈 때 문을 좀 닫아 주세요. 3〈부〉차제에. 겸사겸사. …하는 김에〔길에〕. ◇我们扫院子, ～把房间也扫一扫好了/우리 마당을 다 쓴 후 하는 김에 방도 쓸도록 하자.
【順手牵羊─수견양】shùn shǒu qiān yáng

〈成〉틈을 타서 물건을 슬쩍 가지다.

【顺水一수】shùn∥shuǐ 〈동〉흐름에 따르다. (同)〔顺流 liú〕, (反)〔逆流 nìliú〕

【顺水人情一수인정】shùn shuǐ rén qíng 〈成〉값싼 친절. 엎드린 김에 절하기.

【顺水推舟一수퇴주】shùn shuǐ tuī zhōu 〈成〉추세에 따라 일을 진척시키다. 바람 따라 돛을 달다.

【顺遂一수】shùnsuì 〈동〉〈文〉순조롭게 풀리다. 거침없이 진행되다.

【顺藤摸瓜一등모과】shùn téng mō guā 〈成〉덩굴을 더듬어 참외를 따다. 실마리에 따라 근본 원인을 캐다.

【顺心一심】shùn∥xīn 〈동〉뜻대로 되다. 생각대로 되다.

*【顺序一서】shùnxù 1〈명〉순서. 차례. 2〈부〉차례차례로. 순서대로. ◇~退场/차례대로 퇴장하다.

【顺延一연】shùn yán 〈동〉순연하다.

【顺眼一안】shùn yǎn 〈형〉눈에 거슬리지 않다. 마음에 들다. (同)〔中看 zhōngkàn〕, (反)〔刺 cì 眼〕

【顺应一응】shùnyìng 〈명〉〈동〉순응〔적응〕(하다). (反)〔违背 wéibèi〕

【顺嘴一취】shùnzuǐ (~儿)1〈동〉말이 술술 나오다. 유창하게〔부드럽게〕 말하다. 2〈동〉말이 나오는 대로 지껄이다.

【舜】 爪部 舛部 Shùn
8画 6画 순임금 순
〈명〉〈人〉순. 중국의 전설상의 제왕 이름.

【瞬】 目部 shùn
12画 눈깜짝거릴 순
〈동〉(눈을) 돌리다. 깜빡거리다.

【瞬间一간】shùnjiān 〈명〉순간.

【瞬时一시】shùnshí 〈형〉삽시간. 잠깐 동안.

【瞬息一식】shùnxī 순식간.

【瞬息万变一식만변】shùn xī wàn biàn 〈成〉짧은 순간에 많은 변화를 일으키다. 변화가 극히 빠르다. (反)〔一成不变 yī chéng bù biàn〕

shuō

★【说·說】 讠部 shuō
7画 말씀 설
1〈동〉말하다. ◇他会~法语/그는 불어를 할 줄 안다. 비교说:讲 "说"는 문어체이고 "讲"는 구어체이다. "说"는 구어체인 "价钱"을 목적어로 쓰이지 않는다. ◇他买东西不(×说)讲价钱/그는 물건을 살 때 홍정하지 않는다. 비교说:告诉 "说"는 "消息"를 목적어로 쓰이지 않는다. ◇听大人们(×说)告诉我这个消息, 我很兴奋/어른들이 내게 말한 이 소식을 듣고 난 홍분

했다. 2〈동〉설명하다. 해설하다. ◇那件事完全是误会, 你再好好跟他~一~/그 일은 완전히 오해니 다시 그에게 잘 설명하시오. 3(~儿)이론. 학설. ◇学~/학설. 4〈동〉꾸짖다. 야단치다. ◇他父亲~了他一顿/그의 아버님이 그를 한 차례 꾸짖었다. 5〈동〉〈文〉중매하다. ◇我给他女儿~了个婆家/나는 그의 딸에게 중매를 섰다. 6〈동〉가리키다. ◇我确实不知道他在~谁呢/그가 누구를 가리키고 있는지 확실히 모르겠다. ⇒shuì

【说白一백】shuōbái 〈명〉〈演〉대사.

【说部一부】shuōbù 〈명〉〈文〉옛날 소설이나 일화 따위의 작품.

【说不得一불득】shuō·bu·de 1말해서는 안 된다. 입밖에 내서는 안 된다. ◇这种话在外面可~/이런 말을 밖에서는 해서는 안 된다. 2어떻게 표현해야 할지 모르다. 3〈方〉싫든 좋든 …하다. 어쩔 수 없다.

【说不过去一불과거】shuō·bu guòqù 이치〔경우〕에 어긋나다. ◇你这样对待人家, 太~/당신이 이렇게 사람을 대접하는 건 정말 이치에 어긋나는 일이에요.

【说不来一불래】shuō·bu lái 1마음이 맞지 않다. ◇我跟他~/나는 그와 맞지 않아요. 2〈方〉말할 줄 모르다.

【说不上一불상】shuō·bu shàng 1분명히 말할 수 없다. 단언할 수 없다. ◇我~他来不来/그가 올지 안 올지 난 분명히 말할 수 없다. 2말할 정도는 아니다.

【说长道短一장도단】shuō cháng dào duǎn 〈成〉이러쿵저러쿵 시비하다. 남의 흉을 보다.

【说唱一창】shuōchàng 〈명〉설창. 강창(講唱). 운문(韻文)과 산문(散文)으로 꾸며져 있는 민간문예.

【说穿一천】shuōchuān 〈동〉까놓고 말하다. 폭로하다.

【说辞一사】shuō·cí 〈명〉구실. 변명.

【说到哪里去了一도나아거료】shuō dào nǎr qù le 〔口〕천만에요. 무슨 말씀을. 그런 말씀 마세요.〔상대방의 말이 겸손하거나 격식을 차릴 때 쓰이는 표현〕 ◇幸亏有你的帮助, 要不然我真不知道该怎么办呢!—~, 互相帮助是应该的/당신이 도와주었으니 망정이지 그렇지 않았으면 정말 어찌 해야할지 몰랐을 거예요!—무슨 말씀을요. 서로 돕는 것은 당연한 것이지요.

【说道一도】shuōdào 〈동〉(…라고) 말하다.〔다른 사람의 말을 직접화법으로 인용할 때 쓰임〕

【说道一도】shuō·dao 〈方〉1〈동〉말로 표현하다. 말하다. 2〈동〉의논하다. 상담하다. 3(~

儿)명사정. 이유. 내용.

【说…道…——도…】shuō…dào… 반대 또는 유사한 뜻의 형용사 및 수사(数词)를 사용하여 각종 관용구를 만듦. ◇~黑~白/흑이다 백이다. 마음대로 비평을 가하다.

【说得过去——득과거】shuō·de guò qù 그런대로 괜찮다. 무난하다. ◇他的英语发音还~/그의 영어 발음은 그런대로 괜찮다.

【说得来——득래】shuō·de lái 1(서로 생각이나 마음이 맞아) 말이 통하다. ◇我跟李小姐还~/나는 이양과는 그런대로 말이 통한다. 2〈方〉말을 잘하다. 말솜씨가 뛰어나다.

【说法——법】shuō//fǎ 통〈佛〉설법하다. 설교하다. ⇒shuō·fa

**【说法——법】shuō·fa 명1표현. 논법. 논조. ◇他这种~就不对了/그의 이런 논조는 옳지 않다. 2의견. 견해. ◇关于那件事, 各人~不同/그 일에 관해서는 사람마다 견해가 틀린다. ⇒shuō//fǎ

**【说服——복】shuō//fú 통1설득하다. ◇要耐心~他/인내심을 가지고 그를 설득해야 한다. 2(shuōfú)명설득. (反)[压 yā 服]

【说合——합】shuō·he 1중개하다. 중매하다. ◇~亲事/중매하다. 2상의하다. 3중재하다. 화해시키다.

【说和——화】shuō·he 통화해시키다.

【说话——화】shuō//huà 통1말하다. 이야기하다. ◇他冻得说不出话来/그는 얼어붙어 말까지 안 나온다. 2(~儿)잡담하다. 한담하다. 3나무라다. 비난하다.

【说话——화】shuōhuà 1早〈方〉말하는 사이에. 곧. 이내. 2〈方〉말. 3명설화.

*【说谎——황】shuō//huǎng 통거짓말하다. ◇她说了一辈子谎/그녀는 한평생 거짓말을 했다.

【说教——교】shuōjiào 1명설교(하다). 2통설교조의 지루한 이야기.

【说开——개】shuōkāi 통1밝히다. 해명하다. 설명하다. ◇你还是把事情的原委跟他~了/당신은 역시 사건의 경위를 그에게 해명하는 편이 좋겠다. 2말이 널리 퍼지다. (말이) 통용되다.

【说客——객】shuōkè (舊讀 shuìkè)명1설득에 능한 사람. 달변가. 2〈貶〉중재자.

【说来——래】shuō//lái〈口〉말하자면. 말이 났으니 말이지. 〔说起来로도 쓰임〕◇这事儿~容易, 做起来就难了/이 일은 말하기는 쉽지만 해보면 어렵다.

【说来话长——래화장】shuō lái huà cháng 말하자면 이야기가 길어진다. ◇~, 可是还得从头说起!/말하자면 길지만 그래도 처음부터 이야기 해야겠다.

【说来说去——래설거】shuōlái shuōqù 자꾸

반복해서 말하다.

【说理——리】shuō//lǐ 통1도리를 설명하다. 사리를 따지다. 2사리를 분별하다. 〔주로 부정의 형태로 쓰임〕

【说媒——매】shuō//méi 통중매를 서다. 중매하다.

★【说明——명】shuōmíng 1명통설명(하다). 해설(하다). ◇~机器的用法/기계의 용법을 설명하다. 2통입증하다. ◇这件事~了我们的工作不深入/이 일은 우리가 업무를 확실하게 하지 않았음을 입증하고 있다.

【说明书——명서】shuōmíngshū 명1설명서(제품 등의) 설명서. 2시방서(示方書). 3(연극이나 영화의) 프로그램. 줄거리 소개.

【说明文——명문】shuōmíngwén 명설명문.

【说破——파】shuōpò 통들추어내다. 폭로하다.

【说亲——친】shuō//qīn (同)〔说媒/méi〕

*【说情——정】shuō//qíng (~儿)통(남을 위해) 사정하다. ◇你帮我说个情/네가 나 대신 사정 좀 해줘라.

【说书——서】shuōshū 명설서. 강담(講談). 〔송대(宋代) 이래의 대중 문예의 하나〕

说书场

评弹 píngtán

【说头儿——두아】shuō·tour 명1말할 만한 가치. ◇跟他没什么~/그와는 말할 가치가 없다. 2변명. 핑계.

【说戏——희】shuōxì 통(감독 등이) 제자에게 노래·대사·동작 등을 가르치다. 연기 지도를 하다.

【说闲话——한화】shuō xiánhuà 1뒤에서 남을 험담하다. ◇你有意见就跟我说, 别在背后~/불만 있으면 내게 말해. 뒷전에서 험담하지마라. 2(~儿)한담하다.

【说项——항】shuōxiàng 통〈轉〉좋게 말하다. 사정하다.

【说笑——소】shuōxiào 통담소하다.

【说笑话——소화】shuō xiào·hua (~儿)통1우스운 이야기를 하다. 2농담을 하다.

【说一不二——일불이】shuō yī bù èr〈成〉두말하지 않다. 식언하지 않다. (同)〔言无二

诺 yán wú èr nuò], (反)〔反覆无常 fǎn fù wú cháng〕

【说真的－진적】 shuō zhēn de 1사실은. 사실대로 말하면. ◇～, 我对高考一点儿信心也没有/사실은, 난 대입시험에 대해 조금도 자신이 없어요. 2사실대로 말해요. ◇小张, ～, 你跟她在谈恋爱吗?/장군, 사실대로 말해봐. 그 여자와 연애중 입니까?

【说嘴－취】 shuōzuǐ 통1입찬 소리를 하다. 2〈方〉말다툼하다.

shuò

【烁·爍】 火部 | shuò
　　 5画 | 빛날 삭
형빛나는 모양. 반짝반짝하다.
【烁烁－삭】 shuòshuò 형반짝거리는 모양.

【铄·鑠】 钅部 | shuò
　　 5画 | 녹일 삭
1통〈文〉(금속을) 녹이다. (同)〔销 xiāo], (反)〔凝 níng〕 2통〈文〉약화시키다. 닳아 없애다. 3형빛나는〔번쩍이는〕 모양.
【铄石流金－석류금】 shuò shí liú jīn 〈成〉돌이나 쇠까지 녹이다. 불볕 더위이다.

【朔】 月部 | shuò
　　 6画 | 초하루 삭
명1〈天〉삭. 합삭(合朔). 2음력 초하루. 3북방.
【朔方－방】 shuòfāng 명〈文〉북쪽. 북방.
【朔风－풍】 shuòfēng 명〈文〉삭풍. 북풍.
【朔日－일】 shuòrì 명〈文〉음력 초하루. (反)〔望 wàng 日〕
【朔望－망】 shuòwàng 명음력 1일과 15일.
【朔望月－망월】 shuòwàngyuè 명〈天〉삭망월.
【朔月－월】 shuòyuè 명1음력 11월의 다른 이름. 2〈天〉삭월.

【蒴】 艹部 | shuò
　　 10画 | 풀이름 삭
【蒴果－과】 shuòguǒ 명〈植〉삭과.

【槊】 木部 | shuò
　　 10画 | 창 삭
명자루가 긴 창.〔고대 병기의 하나〕

【硕·碩】 石部 | shuò
　　 6画 | 클 석
형크다. (同)〔大 dà], (反)〔小 xiǎo〕
【硕大－대】 shuòdà 형〈文〉대단히 크다. (同)〔巨 jù 大〕, (反)〔微小 wēixiǎo〕
【硕大无朋－대무붕】 shuò dà wú péng 〈成〉비할 바 없이 크다. 굉장히 크다. (反)〔小不点儿 xiǎo bù diǎnr〕
【硕果－과】 shuòguǒ 명큰 과실.
【硕果仅存－과근존】 shuòguǒ jǐn cún 〈成〉커다란 열매가 겨우 하나 남아 있다. 경쟁에서 도태되어 남은 귀한 물건이나 출

중한 인물. (同)〔鲁殿灵光 lǔ diàn líng guāng〕, (反)〔实繁有徒 shí fán yǒu tú〕
【硕士－사】 shuòshì 명(대학원) 석사.

【数·數】 攵部 | shuò
　　 9画 | 셈 수
부누차. 자주. 빈번히. ◇频～/빈번하다.
⇒shǔ, shù
【数见不鲜－견불선】 shuò jiàn bù xiān 〈成〉자주 보아 신기할 게 없다. (同)〔屡见不鲜 lǚ jiàn bù xiān], (反)〔少见多怪 shǎo jiàn duō guài〕

厶 919	私 919	司 920	丝 920	蛳 921
思 921	斯 921	斯 922	撕 922	嘶 922
死 922	巳 923	祀 923	四 923	似 924
寺 925	伺 925	饲 925	嗣 925	肆 925

sī

【厶】 厶部 | sī
　　 0画 | 사사 사
〈文〉(同)〔私 sī〕

☆【私】 禾部 | sī
　　 2画 | 사 사, 사사로이할 사
1형사유(私有)의. 개인의. 사적(私的)인. ◇～有财产/사유재산. (反)〔公 gōng〕 2명이기심. 3형비밀의. 은밀한. 4형비합법의. 불법의.
【私奔－분】 sībēn 명통옛날, 애인과 함께 줄행랑 놓다.
【私弊－폐】 sībì 명부정한 행위.
【私产－산】 sīchǎn 명사유 재산. (反)〔公 gōng 产〕
【私娼－창】 sīchāng 명사창. 허가없이 매음하는 여성.
【私仇－구】 sīchóu 명사적인 원한.
【私党－당】 sīdǎng 명사적인 이익을 위해 규합한 패거리.
【私德－덕】 sīdé 명개인 도덕.
【私邸－저】 sīdǐ 명(고급 관리의) 개인 주택. (官 guān 邸)
【私第－제】 sīdì 명(同)〔私邸 dǐ〕
【私法－법】 sīfǎ 명〈法〉(개인 이익을 보호하는) 사법.〔민법·상법 등〕(反)〔公 gōng 法〕
【私方－방】 sīfāng 명개인측.
【私访－방】 sīfǎng 명통1개인적 방문(을 하다). 2옛날, 관리가 민간을 암행하여 민심을 살피다.
【私房－방】 sī·fang 1명사전. 삼짓돈.〔개인의 몰래 모은 돈〕 2형비밀스러운.
【私愤－분】 sīfèn 명개인적인 원한. (反)〔公 gōng 愤〕

S

【私股一고】 sīgǔ 圐(공사 합영 기업의) 개인 소유 주식. 민간주(民間株).

【私话一화】 sīhuà (〜儿)圐(다른 사람이 알면 안되는) 내밀한 이야기.

【私货一화】 sīhuò 圐1밀수품. 2불법(위법) 제품.

【私见一견】 sījiàn 圐1개인의 편견이나 선입견. 2사적 견해.

【私交一교】 sījiāo 圐〈文〉개인적 교제.

【私立一립】 sīlì 圐圐사립(의). (反)〔公 gōng 立〕

【私利一리】 sīlì 圐개인적인 이익.

【私了一료】 sīliǎo 圐圐〈法〉시담(示談)(하다). 개인적으로 해결하다. (反)〔公了〕

【私囊一낭】 sīnáng 圐개인의 지갑. 사복.

【私念一념】 sīniàn 圐사사로운 생각.

【私情一정】 sīqíng 圐1개인 친분. 2남녀간 부정한 사랑.

☆【私人一인】 sīrén 圐1개인. 민간. ◇〜也可以办工厂/개인도 공장을 차릴 수 있다. (反)〔公家 gōngjiā〕 2개인과 개인 사이. ◇我和小王的〜交情不错/나와 왕양의 개인적인 친분은 괜찮다. 3자기와 연고가 있는 사람이나 친분이 있는 사람.

【私商一상】 sīshāng 圐1개인 자본으로 경영하는 상점(또는 그 상인). 2밀수업자.

【私生活一생활】 sīshēnghuó 圐사생활.

【私生子一생자】 sīshēngzǐ 圐사생아.

【私事一사】 sīshì 圐개인의〔적인〕일. (反)〔公 gōng 事〕

【私淑一숙】 sīshū 圐〈文〉사숙하다. 〔직접 가르침을 받지는 못하였으나 존경하여 마음으로 스승으로 삼음〕

【私塾一숙】 sīshú 圐글방. 사숙.

【私通一통】 sītōng 圐1밀통하다. 2간통하다.

【私图一도】 sītú 圐圐〈貶〉(혼자서) 기도(企圖)(하다). 획책(하다).

【私吞一탄】 sītūn 圐(공금 등을) 횡령하다.

【私下一하】 sīxià 圐1몰래. 살짝. 2비공식으로. (同)〔私自 zì〕, (反)〔公开 gōngkāi〕

【私枭一효】 sīxiāo 圐밀수꾼. 마약 밀매인.

【私心一심】 sīxīn 圐1내심. 2이기심. (同)〔私念 niàn〕, (反)〔公心〕

【私刑一형】 sīxíng 圐사형(私刑). 린치(lynch).

【私蓄一축】 sīxù 圐개인의 저축.

【私学一학】 sīxué 圐사립학교.

*【私营一영】 sīyíng 圐圐민영(하다). (反)〔公 gōng 营〕

∗∗【私有一유】 sīyǒu 圐사유. ◇〜财产/사유재산. (反)〔公 gōng 有〕

*【私有制一제】 sīyǒuzhì 圐사유 재산 제도. (反)〔公 gōng 有制〕

【私语一어】 sīyǔ 1圐(남에게 들리지 않게) 소곤거리다. 2圐비밀스런 이야기.

【私欲一욕】 sīyù 圐사욕.

【私章一장】 sīzhāng 圐개인 인감. (反)〔公 gōng 章〕

【私衷一충】 sīzhōng 圐〈文〉자신의 진짜 마음. (생각)

*【私自一자】 sīzì 圐마음대로. ◇这是公物, 不能〜拿走/이것은 공공물이므로 마음대로 가져가서는 안 된다.

【司】 乙部 | 口部 | sī
　　　　4画 | 2画 | 맡을 사

1圐주관하다. 관장하다. ◇各〜其事/각각 그 직무를 관장하다. 2圐국(局). 부(部). 〔중앙 관서(官署) 단위의 하나〕◇人事〜/인사국. 3(Sī)圐성(姓).

【司铎一탁】 sīduó 圐신부. 선교사의 존칭. (同)〔神甫·fu〕

*【司法一법】 sīfǎ 圐〈法〉사법.

【司号员一호원】 sīhàoyuán 圐〈軍〉1신호병. 2나팔수.

☆【司机一기】 sījī 圐운전수. 기사. ◇出租车〜/택시 기사.

【司空一공】 Sīkōng 圐복성(複姓).

【司空见惯一공견관】 sīkōng jiàn guàn〈成〉자주 보아 신기할 게 없다. 흔히 있는 일이다. (同)〔数见不鲜 shù jiàn bù xiān〕, (反)〔少见多怪 shǎo jiàn duō guài〕

【司寇一구】 Sīkòu 圐복성(複姓).

【司库一고】 sīkù 圐금고. 창고 관리원.

∗∗【司令一령】 sīlìng 圐사령관.

*【司令部一령부】 sīlìngbù 圐사령부.

【司令员一령원】 sīlìngyuán 圐사령관.

【司炉一로】 sīlú 圐(기차 따위의) 화부. 보일러공.

【司马一마】 Sīmǎ 圐복성(複姓).

【司马昭之心, 路人皆知一마소지심, 로인개지】 Sīmǎ Zhāo zhī xīn, lùrén jiē zhī〈成〉야욕이 확연하여 모르는 사람이 없을 정도다.

【司南一남】 sīnán 圐중국 고대의 나침반. 〔현대 지남침의 시초〕

【司徒一도】 Sītú 圐사도. 복성(複姓).

【司务长一무장】 sīwùzhǎng 圐〈軍〉중대(中隊)의 경리 담당관. 경리 장교.

【司药一약】 sīyào 圐약제사.

【司仪一의】 sīyí 圐식전(式典)의 진행자.

☆【丝·絲】 一部 | sī
　　　　4画 | 실 사

1圐비단. 견사(絹絲). 2(〜儿)圐실같이 가느다란 것. 3圐〈度〉'市丝'의 통칭. 4圐조금. 약간. 5圐〈度〉'忽hū米'(센티밀리미터)의 통칭. 6圐〈度〉데시밀리(decimilli).

【丝包线一포선】 sībāoxiàn 圐〈電〉견사(絹絲)를 입힌 코드선.

【丝绸一주】 sīchóu 圐견직물의 총칭.

S

【丝绸之路－주지로】sīchóu zhī lù 〈명〉비단 길. 실크 로드.

【丝糕－고】sīgāo 〈명〉옥수수 가루·좁쌀 가루를 발효해서 만든 전빵.

【丝瓜－과】sī·guā 〈명〉〈植〉수세미외.

【丝光－광】sīguāng 〈명〉〈紡〉실켓(silket) 가공을 한.

**【丝毫－호】sīháo 〈명〉조금도. 추호도.〔부정부사 '不', '没'와 연용함〕◇王教授工作到深夜, 可仍没有～倦意/왕교수는 심야까지 일했지만 피곤한 기색이 조금도 없다. 〔비교〕丝毫:很少　"丝毫"가 관형어로 쓰여 수식하는 것은 모두 추상명사이다. ◇这次作文, 我只写了(×丝毫)很少几句/이번 작문에 난 몇 마디 밖에 안 썼다.

【丝绵－면】sīmián 〈명〉풀솜.

【丝绒－융】sīróng 〈명〉〈紡〉벨벳. 빌로도.

【丝丝入扣－사입구】sī sī rù kòu 〈成〉천을 짤 때 모든 실이 '扣'(바디) 사이를 통과하다. (글 예술이) 매우 치밀하고 조리가 있다.

【丝弦－현】sīxián 〈명〉1(생사로 만든) 현악기의 줄. 2(~儿)하북(河北)의 석가장(石家庄) 일대에서 유행했던 전통극.

【丝线－선】sīxiàn 〈명〉〈紡〉견사 재봉실.

【丝织品－직품】sīzhīpǐn 〈명〉1견직물. 2견사 편직물(編織物).

【丝竹－죽】sīzhú 〈명〉1관현악기. 악기의 총칭. 2〈轉〉음악.

【丝锥－추】sīzhuī 〈명〉〈機〉탭(tap).

【咝·噝】|口部|sī
|5画|나는소리 사
〈의〉피용 피용.〔총알 따위가 빨리 날아가는 소리〕◇子弹～地从头顶上飞过/탄환이 머리 위로 피용 피용 날아갔다.

*【思】|田部|心部|sī
|4画|5画|생각할 사
1〈동〉생각하다. 사색하다. ◇多～/많이 생각하다. 2〈동〉그리워하다. ◇～亲/어버이를 그리워하다. 3〈조동〉바라다. …하려 하다. ◇～归/돌아가고 싶다. 4〈명〉사고의 맥락. 생각. ◇文～/글을 짓는 생각. 5(Sī)〈명〉성(姓).

*【思潮－조】sīcháo 〈명〉1사조. 사상 경향. ◇文艺～/문예 사조. 2계속 떠오르는 생각. 일련의 상념. ◇～起伏/생각이 이리저리 일어났다 없어졌다 한다.

【思春－춘】sīchūn (同)〔怀 huái 春〕

【思忖－촌】sīcǔn 〈동〉고려하다. (同)〔思量 · liang 1〕

【思凡－범】sīfán 〈동〉선인(仙人)이 인간 세세상을 그리워하다. 출가한 중이 속세에 미련을 가지다.

**【思考－고】sīkǎo 〈동〉사색하다.　생각하다.

◇独立～/자주적으로 생각하다.

【思恋－련】sīliàn 〈동〉그리워하다. 사모하다.

【思量－량】sī·liang 〈동〉1고려하다. 잘 생각하다. 2〈方〉그리워하다. 늘 생각하다.

【思路－로】sīlù 〈명〉생각의 가닥. 사고의 맥락.

【思虑－려】sīlǜ 〈명〈동〉사색(하다). 숙고(하다).

【思摸－모】sīmō 〈동〉생각해보다.　고려해보다. ◇经～, 他还是要走/생각해보니, 그는 여전히 가려고 했다.

【思谋－모】sīmóu 〈동〉〈方〉사색하다.

【思慕－모】sīmù 〈동〉사모하다.

**【思念－념】sīniàn 〈동〉그리워하다.

*【思前想后－전상후】sī qián xiǎng hòu 〈成〉지난날을 회상하고 앞날을 생각하다. 반복해서 생각하다. (同)〔前思后想〕, (反)〔心血来潮 xīn xuè lái cháo〕

**【思索－색】sīsuǒ 〈동〉1사색하다. 깊이 생각하다. ◇我一夜没睡着 zháo, 反复～这个问题/나는 밤새 잠을 못자고 이 문제를 반복해서 생각했다. 〔비교〕思索:思想 "思索"의 대상은 주로 중요한 문제 또는 복잡한 상황이다. ◇他说的这些话意味深长, 值得我们好好(×思想)思索/그가 한 말들은 의미가 깊어서 우리가 깊이 생각해 볼 가치가 있다. 2〈명〉사색. 생각.

**【思惟－유】sīwéi (同)〔思维 wéi〕

**【思维－유】sīwéi 1〈명〉〈哲〉사유(思惟). 2〈동〉사유하다. 숙고하다.

【思乡－향】sī//xiāng 〈동〉고향을 그리워하다.

★【思想－상】sīxiǎng 1〈명〉사상. ◇军事～/군사 사상. 2〈명〉생각. 마음. 〔비교〕思想:想法:态度:主意 ①생각해서 결과를 나타냈을 때에는 "思想"을 쓰지 않는다. ◇小李刚才的(×思想)想法很新领/이 군의 방금의 발상은 매우 참신하다. ②사물에 대한 견해를 나타내는 것에는 "思想"을 쓰지 않는다. ◇这姑娘对小伙子的(×思想)态度比较明朗/이 아가씨는 청년에 대한 태도가 비교적 명확하다. ③문제를 해결하는 방법을 제시할 때는 "思想"을 쓰지 않는다. ◇他又想出了个好(×思想)主意/그는 또 좋은 생각을 생각해냈다. 3〈동〉〈文〉생각하다. 숙고하다.

【思想家－상가】sīxiǎngjiā 〈명〉사상가.

【思想体系－상체계】sīxiǎng tǐxì 〈명〉사상 체계.

【思想性－상성】sīxiǎngxìng 〈명〉사상성.

*【思绪－서】sīxù 〈명〉1생각의 두서. 사고의 실마리. ◇～纷乱/생각이 갈피를 잡지 못하고 혼란스럽다. 2정서(情緒). 기분. ◇～不宁/정서 불안.

【思议－의】sīyì 〈동〉생각하여 헤아리다.

☆【斯】|斤部|sī
|8画|이 사
〈文〉1〈대〉이(것). 여기. ◇～人/이 사람. 2

쯤. 이에. 그래서. 곧. 3(Sī)圐성(姓).

【斯文-문】sīwén 圐〈文〉학자. 지식인. ⇒ sī·wen

*【斯文-문】sī·wen 圐우아하다. 점잖다. ◇ 他说话挺~的/그는 말을 아주 점잖하게 한다. (同)〔文雅 yǎ〕, (反)〔粗俗 cūsú〕 ⇒sīwén

【斯文扫地-문소지】sīwén sǎo dì〈成〉문인 (文人)이 존중받지 못하다. 문인이〔학자 가〕완전히 타락하다.

斯(厮) ┌部 sī 12画 종 시

〈早白〉1圐사내종. 하인. ◇小~/아이종. 2圐놈. 자식.〔사람을 경멸하여 부르는 말〕◇这~/이놈. 3圐서로.

【厮打-타】sīdǎ 圐서로 때리며 싸우다.

【厮混-혼】sīhùn 圐1〈貶〉같이 어울리다. 2 뒤엉키다.

【厮杀-살】sīshā 圐서로 죽이다.

撕 扌部 sī 12画 찢을 시

圐(천·종이 따위를 손으로) 찢다. 째다. 뜯다. ◇她一边~着信, 一边哭/그녀는 편 지를 찢으면서 울고 있다.

【撕扯-차】sīchě 圐찢다.

【撕毁-훼】sīhuǐ 圐1찢어 없애다. 찢어 버 리다. 2(계약이나 조약 따위를) 파기하 다. ◇~协定/협정을 파기하다. (同)〔破 坏 pòhuài〕, (反)〔订立 dìnglì〕

【撕票-표】sī//piào (~儿)圐(납치범이 몸 값을 받아 낼 수 없는 경우에) '肉 ròu 票 (儿)'(인질)을 죽이다.

嘶 口部 sī 12画 울 시

〈文〉1圐(말이) 울다. ◇人喊马~/사람은 고함지르고 말은 울부짖다. 2圐목이 쉬다. ◇声~力竭/목은 쉬고 힘은 다했다. (同) 〔沙 shā〕, (反)〔亮 liàng〕3(同)〔咝 sī〕

【嘶鸣-명】sīmíng 圐(말이) 큰 소리로 울다.

【嘶哑-아】sīyǎ 圐목이 쉬다. (同)〔沙 shā 哑〕, (反)〔响亮 xiǎng liàng〕

sǐ

★死 歹部 sǐ 2画 죽을 사

1圐죽다. ◇他因病~于北京/그는 병으로 북경에서 죽었다. ◇这次车祸~了五人/ 이번 차 사고로 5명이 사망했다. (反) 〔活 huó〕〔生 shēng〕2쀠필사적으로. ◇ 战士们和进犯的敌人~拼/병사들은 침범 한 적들과 필사적으로 싸웠다. 3쀠끝까 지. ◇~不肯去/끝까지 가지 않으려 한 다. 4…해 죽을 지경이다. 극도로〔죽도

록〕…하다. ◇最近忙~了/요즘 바빠 죽 겠다. 5圐불구대천의. 타협할 수 없는. 6 圐움직이지 않다. 꽉 막히다. 융통성이 없다. ◇真是~脑筋, 题目稍微变了就 做了/정말 꽉 막혔어, 제목을 좀 바꿨는 데 할 줄 몰라. 7圐막다르다. 막히다. ◇ 后门堵~了, 只能走前门/뒷문이 막혀서 앞문으로 갈 수 밖에 없다.

【死板-판】sǐbǎn 圐1할기든〔생기가〕없다. 무뚝뚝하다. ◇她的表情真~/그녀의 표 정은 정말 무뚝뚝하다. (同)〔刻 kè 板〕, (反)〔灵活 línghuó〕2(일할 때) 융통성 이 없다. 고지식하다. ◇他做事不~/그는 일할 때 융통성이 없다.

【死不一불】sǐbù 기어코 …하려고 하지 않 다. 죽어도 …하지 않다. ◇小明~认错/ 명이는 기어코 잘못을 시인하지 않았다.

【死不瞑目-불명목】sǐ bù míngmù〈成〉죽 어도 눈을 감지 못하다. 목적을 이루지 않으면 결코 그만두지 않는다. (反)〔心 甘情愿 xīn gān qíng yuàn〕

【死产-산】sǐchǎn 圐㘎〈醫〉사산(하다).

【死党-당】sǐdǎng 圐〈貶〉1어떤 사람이나 집단을 위하여 사력을 다하는 도당. 2완 고한 반동 집단.

【死得其所-득기소】sǐ dé qí suǒ〈成〉가치 있게 죽다.

【死敌-적】sǐdí 圐불구대천의 원수.

【死地-지】sǐdì 圐사지. 죽을 자리.

【死对头-대두】sǐduì·tou 圐숙적. 불구대천 의 상대. 철천지 원수. (反)〔好朋友 hǎo péngyou〕

【死鬼-귀】sǐguǐ 圐1유령. 도깨비. 뒈질놈. 〔주로 욕이나 농담에 쓰임〕2죽은 사람. 사자(死者).

【死耗-모】sǐhào 圐죽음을 알리는 소식. 부고. 부음.

【死胡同-호동】sǐhútòng (~儿)圐〈方〉막 다른 골목. 절망적인 지경. ◇你别走进~ 去/절망적인 지경에 빠지지 마.

【死缓-완】sǐhuǎn 圐〈略〉〈法〉사형 집행의 유예.

【死灰-회】sǐhuī 圐불씨가 완전히 사그라 진 재. ◇心如~/의기소침하다. (同)〔苍 白 cāngbái〕, (反)〔红润 hóngrùn〕

【死灰复燃-회복연】sǐhuī fù rán〈成〉불기 없는 재가 다시 타오르다. 세력을 상실한 사람이 재기하다.〔주로 나쁜 일에 대하 여 씀〕

【死活-활】sǐhuó 1圐생사(生死).〔부정문에 사용함〕2쀠〈口〉한사코. 기어코. ◇爸爸叫 他去买, 他~不去/아버지께 그더러 사오라 고 했으나 그는 한사코 가지 않았다.

【死火山-화산】sǐhuǒshān 圐〈地質〉사화산.

【死记一기】sǐjì 동무조건〔억지로〕외우다.

【死寂一적】sǐjì 형〈文〉쥐 죽은 듯이 고요하다. 몹시 고요하다. (反)〔鼎沸 dǐngfèi〕

【死角一각】sǐjiǎo 명1〈軍〉(사격이 불가능한) 사각. 2맹점. 손길이 미치지 않는 곳. 사각지대. ◇那个村子是计划生育的~/그 마을은 산아제한의 사각지대이다.

【死节一절】sǐjié 동죽음으로써 절조〔절개〕를 지키다.

【死结一결】sǐjié 명옭매듭. (同)〔死扣 kòu〕, (反)〔活 huó 结〕

【死劲儿一경아】sǐjìnr 〈口〉1명필사적인 힘. 죽을 힘. 2부죽을 힘으로. 일심으로.

【死局一국】sǐjú 명되살릴 수 없는 바둑.

【死扣儿一구아】sǐkòur 명〈口〉옭매듭. (同)〔死结 jié〕

【死劳动一노동】sǐláodòng (同)〔物 wù 化 huà 劳动〕

【死老虎一노호】sǐlǎohǔ 명죽은 범. 〈喩〉〈轉〉위세를 잃은 사람.

【死力一력】sǐlì 1명사력. 죽을 힘. 2동사력을 다하다.

【死路一로】sǐlù 명1막다른 길. 2〈喩〉죽음(파멸)의 길. (同)〔绝 jué 路〕, (反)〔活 huó 路〕

【死面一면】sǐmiàn (～儿)명물로 반죽만 하고 발효시키지 않은 밀가루 반죽.

【死灭一멸】sǐmiè 동사멸하다.

【死命一명】sǐmìng 1명죽을 운명. 2부필사적으로.

【死难一난】sǐnàn 동난(難)으로 죽다〔희생되다〕.

【死脑筋一뇌근】sǐnǎojīn 1명생각이나 사고가 꽉 막히다. 2명앞뒤가 꽉 막힌 사람.

【死皮赖脸一피뢰검】sǐpílàiliǎn〈成〉뻔뻔스럽게 굴다.

【死期一기】sǐqī 명죽을 때. 임종의 때. (同)〔死日 rì〕, (反)〔生日 shēngrì〕

【死棋一기】sǐqí 명1외통수에 몰린 장기. 승산이 없는 바둑. 2〈轉〉실패가 확실한 국면〔사태〕. (反)〔活 huó 棋〕

【死气沉沉一기침침】sǐqìchénchén〈成〉활기가 전혀 없다. 분위기가 몹시 침체되어 있다. (同)〔暮 mù 气沉沉〕, (反)〔热气腾腾 rè qì téng téng〕

【死契一계】sǐqì 명(부동산 매매 계약에서) 되살 수 없다고 못박은 계약. (反)〔活 huó 契〕

【死囚一수】sǐqiú 명사형수.

【死去一거】sǐ·qu 동죽어가다.

【死去活来一거활래】sǐ qù huó lái〈成〉죽었다 다시 살아나다. 〈喩〉몹시 슬퍼거나 고통스럽다.

【死伤一상】sǐshāng 명사상(자).

【死尸一시】sǐshī 명시체. 송장.

【死守一수】sǐshǒu 동1사수하다. 2〈喩〉무조건 고집하다.

【死水一수】sǐshuǐ 명고인 물. (同)〔止 zhǐ 水〕, (反)〔活 huó 水〕

【死胎一태】sǐtāi 명〈醫〉사산아(死産兒).

**【死亡一망】sǐwáng 동사망(하다). 비교死亡：死亡 "死亡"은 주로 문어체로 쓰인다. ◇那城市的交通事故(×死)死亡率很高/그 도시의 교통사고 사망율이 매우 높다. (同)〔亡故 gù〕, (反)〔生存 shēngcún〕

【死亡率一망률】sǐwánglǜ 명사망률.

【死心一심】sǐ//xīn 동단념하다. 희망을 버리다. ◇对那件事, 他已死了心/그 일에 대해 그는 이미 단념했다.

【死心塌地一심탑지】sǐ xīn tā dì〈成〉〈貶〉자기 생각을 끝까지 견지하는 모습.

【死心眼儿一심안아】sǐxīnyǎnr 1형〈喩〉완고하다. 융통성이 없다. 2명고지식한 사람. 융통성이 없는 사람.

【死信一신】sǐxìn 명1배달불능인 편지. 2(～儿)부고. 사망 통지.

*【死刑一형】sǐxíng 명〈法〉사형.

【死讯一신】sǐxùn 명부고. 사망 소식.

【死因一인】sǐyīn 명사망 원인.

【死硬一경】sǐyìng 형1뻣뻣하다. 무뚝뚝하다. 고집세다. 2완고하다.

【死有余辜一유여고】sǐ yǒu yú gū〈成〉죽여도 모자랄 인간이다. 백번 죽어 마땅하다.

【死于非命一어비명】sǐ yú fēi mìng〈成〉비명에 죽다. 뜻밖의 재난으로 죽다. (反)〔寿终正寝 shòu zhōng zhèng qǐn〕

【死战一전】sǐzhàn 1동사투하다. 2명사투. 결사전.

【死仗一장】sǐzhàng (同)〔硬 yìng 仗〕

【死症一증】sǐzhèng 명불치병. 죽을 병. (同)〔绝 jué 症〕, (反)〔微恙 wēiyàng〕

【死罪一죄】sǐzuì 1명죽을 죄. 2〈文〉죽을 죄를 지었습니다. 참으로 변명할 여지가 없습니다. 〔'死罪死罪'로 반복해서 씀〕

sì

【巳】巳部 | 0画 | 여섯째지지 사
명사. 〔십이지(十二支)의 여섯째〕→〔干支〕

【巳时一시】sìshí 명사시. 〔오전 9시에서 11시 사이의 시간〕

【祀(禩)】礻部 | 3画 | 제사지낼 사
1동제사 지내다. 2명(은대(殷代)의) 해〔년〕. ◇十有三~/13년.

★【四】口部 | 2画 | 넉 사

S

1㊲4. 넷. **2**圖〈音〉중국 민족 음악의 한 음계. 〔악보에 쓰는 부호로, 오늘날 '简谱'의 '6'(저음 '라')에 해당함〕 **3**(Sì)圖 성(姓).

【四…八………팔…】sì…bā… 각각 두 개의 뜻이 비슷한 말 앞에 사용하여 그 뜻을 강조함. ◇四面八方/사면팔방.

【四边一변】sìbiān (~儿)圖사방. 주위.

【四边形一변형】sìbiānxíng 圖사각형.

【四不像一불상】sìbùxiàng **1**圖〈俗〉〈動〉사불상. 고라니. **2**(상황 또는 물건이) 이것도 저것도 닮지 않다.

【四出一출】sìchū 圈사방〔도처〕에 가다.

∗∗【四处一처】sìchù 圖사방. 도처. ◇~寻找/사방으로 찾다.

【四大皆空一대개공】sì dà jiē kōng〈成〉〈佛〉세상의 모든 것은 헛된 것이다.

【四叠体一첩체】sìdiétǐ 圖〈生理〉사첩체. 사구체(四丘體).

∗【四方一방】sìfāng 圖**1**(동서남북의) 사방. ◇奔走~/사방으로 뛰어다니다. **2**정방체(正方體). 정방형. ◇~的木头匣子/정방형의 나무상자.

【四方步一방보】sìfāngbù 圖침착하고 여유 있는 걸음걸이.

【四分五裂一분오열】sì fēn wǔ liè〈成〉사분오열되다. 갈갈이 찢기다. (同)〔分崩离析 fēn bēng lí xī〕, (反)〔完整无缺 wán zhěng wú quē〕

【四伏一복】sìfú 圈사방〔도처〕에 잠복해 있다.

【四海一해】sìhǎi 圖〈喩〉온 천하(天下). 전국. 전세계.

【四合院一합원】sìhéyuàn (~儿)사면이 방이고 중간에 뜰로 구성되는 중국 북쪽의 전통 건축양식. (同)〔四合房(儿)fáng(r)〕

【四胡一호】sìhú 圖호궁(胡弓)의 일종으로, 모양은 '二胡'와 비슷하며 현(絃)이 4개인 악기.

∗【四季一계】sìjì 圖사계절. 네 계절.

【四郊一교】sìjiāo 圖교외. 도시 근교.

【四近一근】sìjìn 圖사방의 가까운 곳.

【四邻一린】sìlín 圖주변의 이웃.

【四六体一육체】sìliùtǐ 圖사륙체. 변려체(骈儷體). 〔骈体'의 일종으로 넉 자 및 여섯 자로 된 문장〕

∗【四面一면】sìmiàn 圖동·서·남·북. 사방. 주위.

∗∗【四面八方一면팔방】sì miàn bā fāng〈成〉사방. ◇人们从~来到北京/사람들은 사방에서 북경으로 왔다.

【四面楚歌一면초가】sìmiàn Chǔ gē〈成〉사면초가. 고립되어 궁지에 빠지다.

【四拇指一무지】sì·muzhǐ 圖〈方〉무명지. 약

손가락. 약지.

【四旁一방】sìpáng 圖주위의 가까운 곳.

【四平八稳一평팔온】sì píng bā wěn〈成〉**1**(언행·일·글이) 매우 온당하다. **2**너무 온당하여 도리어 창의성이 결여되다.

【四起一기】sìqǐ 圈사방에서 일어나다.

【四散一산】sìsàn 圈사방으로 흩어지다. (同)〔失 shī 散〕, (反)〔云集 yúnjí〕

【四舍五入一사오입】sìshě wǔrù 圖圈〈數〉사사 오입(하다).

【四声一성】sìshēng 圖〈言〉**1**고대(古代)한자의 '平声'·'上声'·'去声'·'入声'의 네 가지 성조(聲調). **2**현대 중국어의 '阴平'·'阳平'·'上声'·'去声'의 네 가지 성조. **3**(넓은 의미로) 글자의 성조.

【四时一시】sìshí 圖네 계절.

【四书一서】Sìshū 圖〈書〉'大学·中庸·论 lún 语·孟子'의 네 가지 책.

【四体一체】sìtǐ 圖〈文〉**1**사지(四肢). **2**圖한자(漢字)의 주된 네 가지 서체(書體). 〔바로 '正·草·隶·篆'을 말함〕

【四外一외】sìwài 圖주위. 근처.

【四围一위】sìwéi 圖주변. 둘레.

【四下里一하리】sìxià·li 圖사방. 주변.

【四仙桌一선탁】sìxiānzhuō 圖4인용 테이블.

【四乡一향】sìxiāng 圖도시 주위의 근교.

【四言诗一언시】sìyánshī 圖사언시. 한 구(句)가 넉 자(字)로 되어 있는 고체시(古體詩).

【四野一야】sìyě 圖넓은 들판. 사방의 들판.

【四则一칙】sìzé 圖〈數〉더하기·빼기·곱하기·나누기의 4가지 계산법.

∗【四肢一지】sìzhī 圖〈生〉사지. 팔다리. 수족.

【四至一지】sì·zhì 圖토지의 사방경계.

∗【四周一주】sìzhōu 圖사방. 주변. 둘레.

【四座一좌】sìzuò 圖주위에 앉아 있는 사람.

∗**【似】** 亻部 | sì
4画 | 같을 **사**

1圈〈相〉…서로 비슷하다. **2**圈…인 것 같다. ◇~属可行/실행 가능한 것 같다. **3**…(와) 비교하여 …하다. 〔정도가 더함을 나타냄〕 ◇生活一年好一~一年/생활이 해마다 좋아지다. ⇒shì

【似…非…一…비】sì…fēi… …인 것 같으나 아니다. …하는 듯 마는 듯. 〔'…'의 자리에는 단음절 동일한 명사·형용사 또는 동사가 거듭 쓰임〕 ◇似笑非笑/웃는 듯 마는 듯하다.

☆【似乎一호】sì·hū 圖마치(…인 것 같다) 〔듯하게〕 ◇他的意思~另有所指/그의 뜻은 다른 의미가 있는 듯하다.

∗【似是而非一시이비】sì shì ér fēi〈成〉비슷한 것 같으나 아니다. 겉모습은 그럴 듯하지만 실제는 아니다.

【寺】 土部 寸部 sì
3画 3画 절 **사**

형1고대(古代) 관서(官署)의 이름. ◇大理/대리사.〔사법을 관장하던 관서〕2〈宗〉불교의 사찰. 절. ◇少林~/소림사. 3〈宗〉이슬람교의 사원(寺院). ◇清真~/모스크(mosque). 회교 성원(聖院).

【寺观一관】sìguān 명불교의 사원과 도교(道教)의 도관.
【寺庙一묘】sìmiào 명사당. 묘당. 불당.
【寺院一원】sìyuàn 명절. 사원.

【伺】 亻部 sì
5画 엿볼 **사**

동살피다. (기회를) 엿보다. ◇窺 kuī~/엿보다. ⇒cì
【伺机一기】sìjī 동기회를 엿보다.
【伺隙一극】sìxì 동이용할 틈을 노리다.

【饲·飼】 饣部 sì
5画 기를 **사**

1동기르다. 먹이다. 사육하다. 2명사료.
【饲料一료】sìliào 명사료.
【饲养一양】sìyǎng 명동사육(하다). ◇~员/사육사. ◇这个奶牛场~着几千头奶牛/이 목장에서 수천 마리 젖소를 기르고 있다. 비교饲养:养活 사람을 양육하는 것에는 "饲养"을 쓰지 않는다. ◇妈妈一个人(×饲养)养活我们三个孩子/엄마는 혼자서 우리 세 아이를 양육하신다.
【饲育一육】sìyù 명동사육(하다).

【嗣】 口部 sì
10画 이을 **사**

1〈文〉잇다. 계승하다. 2명〈文〉계승자. 후손.
【嗣后一후】sìhòu〈文〉1동뒤를 잇다. 2부이후로.
【嗣位一위】sìwèi 동〈文〉왕위를 계승하다.

【肆】 镸部 聿部 sì
6画 7画 방자할 **사**

1동〈文〉(제)멋대로 하다. ◇放~/방자하다. 2수〈四〉의 갖은자. 3명〈文〉가게. ◇茶楼酒~/찻집과 주점.
【肆力一력】sìlì 동〈文〉있는 힘을 다하다. 진력하다.
【肆虐一학】sìnüè 동〈文〉멋대로 잔인한 짓을 하다.
【肆扰一요】sìrǎo 동멋대로 소란을 피우다.
【肆无忌惮一무기탄】sì wú jì dàn〈成〉방자하여 거리낌이 없다. (同)〔恣意妄为 zì yì wàng wéi〕, (反)〔谨小慎微 jǐn xiǎo shèn wēi〕
【肆行一행】sìxíng 동〈文〉제멋대로〔함부로〕(하다).
【肆意一의】sìyì 부동(제)멋대로〔함부로〕(하다).

sōng

☆**【松·鬆】** 木部 sōng
4画 소나무 **송**

1명〈植〉소나무. ◇~林(子)/소나무 숲. 2(Sōng)명성(姓). 3형느슨하다. 헐겁다. ◇你的鞋带~了/너의 신발 끈이 느슨해졌다. (反)〔紧 jǐn〕4형조인 것. 느슨하게 하다. ◇鞋带系得太紧, 要~一下儿/허리띠를 너무 세게 묶었으니 좀 느슨하게 해야 한다. 5형(경제적으로) 형편이 좋다. ◇他手头不~, 给他寄了点钱去/그의 주머니 사정이 안좋아서 그에게 돈을 좀 부쳤다. 6형바삭바삭하다. ◇这饼干~脆可口/이 과자는 바삭바삭하고 맛있다. 7동풀다. ◇我的手受伤了, 帮我~~扣子好吗?/내 손이 다쳤으니 단추 좀 풀어 주시겠습니까? 8명생선·살코기 등을 솜처럼 만든 식품. ◇肉~/고깃가루.

【松绑一방】sōng//bǎng 동1포승을 풀다〔풀어 주다〕. 2〈喩〉제한을 느슨하게 하다.
【松弛一이】sōngchí 1형느슨하다. 느른하다. (同)〔弛缓 huǎn〕, (反)〔紧张 jǐnzhāng〕2형(제도·규율 등이) 해이하다. 엄하지 않다. (同)〔松散 sàn〕, (反)〔严格 yángé〕3동느슨하게 하다.
【松动一동】sōng·dong 1형붐비지 않다. 여유가 있다. 2형경제적 여유가 있다. 3동(나사·이빨 따위가) 헐거워지다. 4동(태도·관계 등이) 완화되다〔하다〕. 느슨해지다.
【松花一화】sōnghuā 명썩힌 송화오리알.〔오리알을 석회·찰흙·소금 등의 혼합물 속에 넣어 밀봉하여 만든 식품〕(同)〔皮蛋 pídàn〕
【松节油一절유】sōngjiéyóu 명테레빈유. 송유(松油).
【松紧一긴】sōngjǐn 명1긴장도. 느슨함과 조임의 정도. 2탄력. 신축성.
【松紧带一긴대】sōngjǐndài (~儿)명1고무줄. 2탄성 테이프. 고무 테이프.
【松劲一경】sōng//jìn (~儿)동1〔손〕을 늦추다. 2힘이 빠지다. 긴장이 느슨해지다. 맥을 놓다.
【松口一구】sōng//kǒu 동1물고 있던 것을 놓아주다. 2(의견·주장 등을) 고집하지 않다.
【松快一쾌】sōng·kuai 1형(마음이) 가뿐해지다. 2형(공간에) 여유가 있다. (同)〔轻 qīng 松〕, (反)〔沉重 chénzhòng〕
【松明一명】sōngmíng 명송명. 관솔.
【松墙一장】sōngqiáng 명전나무나 측백나무로 둘러친 울타리.

【松球一구】 sōngqiú 圐솔방울.

【松仁一인】 sōngrén (～儿)圐잣 알.

【松软一연】 sōngruǎn 1圐부드럽다. ◇这儿的土很~/이 곳의 흙이 매우 폭신폭신하다. ◇刚做好的赤豆糕很~/막 만든 팥떡이 말랑말랑하다. (反)〔硬实 yìngshí〕2圐(몸이) 나른하다. ◇浑身~/전신이 나른하다.

【松散一산】 sōngsǎn 圐느슨하다. (짜임새가) 성기다. (정신이) 산만하다. ⇒sōng·san

【松散一산】 sōng·san 圐(기분이) 누그러지게 하다. (마음의) 긴장을 풀다.

【松手一수】 sōng//shǒu 圐손을 놓다〔늦추다〕.

【松鼠一서】 sōngshǔ 圐〈動〉다람쥐.

*【松树一수】 sōngshù 圐소나무.

【松松垮垮一송과과】 sōngsōngkuǎkuǎ (～的)圐(구조가) 흔들거리다. (일하는 태도나 규율 등이) 느슨하다. 해이하다. (同)〔吊儿郎当 diào·erlángdāng〕, (反)〔兢兢业业 jīng jīng yè yè〕

【松塔儿一탑아】 sōngtǎr 圐〈方〉솔방울.

【松涛一도】 sōngtāo 圐송뢰. 소나무 숲을 스쳐부는 바람 소리.

【松香一향】 sōngxiāng 圐1로진(rosin). 2〈俗〉송진.

【松懈一해】 sōngxiè 1圐해이하다. 산만하다. (反)〔警惕 jǐngtì〕2圐(규율이) 엄격하지 않다. 의지가 약하다. 3圐(사람과의 관계가) 소원하다.

【松心一심】 sōng//xīn 圐마음이 가뿐하다.

【松针一침】 sōngzhēn 圐솔잎.

【松脂一지】 sōngzhī 圐송진.

【松子一자】 sōngzǐ 1圐〈植〉잣. 2(同)〔松仁(儿) rén(r)〕

【松嘴一취】 sōngzuǐ 圐(물고 늘어지던) 입을 풀다.

【嵩(崧)】 山部 sōng
10画 높을 숭
圐〈文〉1산이 크고 높다. 2높다.

sóng

【屪】 尸部 sóng
4画 정액 종
1圐정액(精液). 2圐〈罵〉칠칠치 못하다. 무능하다. ◇这人真~/이 사람은 정말 맹추구나.

【屪包一포】 sóngbāo 圐병신 같은 놈. 맹추.

sǒng

【怂·慫】 心部 sǒng
4画 놀랄 종
圐〈文〉놀라다. 경악하다.

【怂恿一용】 sǒngyǒng 圐꼬드기다. 부추기다. (同)〔煽动 shāndòng〕, (反)〔劝止 quànzhǐ〕

*【耸·聳】 耳部 sǒng
4画 솟을 용
圐1우뚝 솟다. 2깜짝 놀라게 하다. ◇危言~听/깜짝 놀랄 만한 이야기를 하여 사람을 놀라게 하다.

【耸动一동】 sǒngdòng 圐1어깨를 으쓱 치키다. 2놀라게 하다.

【耸肩一견】 sǒng//jiān 圐어깨를 으쓱하다. 〔경멸·의혹·놀람을 나타냄〕

【耸立一립】 sǒnglì 圐우뚝 솟다. 높이 솟다. (同)〔矗 chù 立〕, (反)〔倒塌 dǎotā〕

【耸人听闻一인청문】 sǒng rén tīng wén (成)(일부러 과장된 이야기를 해서) 듣는 사람을 놀라게 하다.

【悚】 忄部 sǒng
7画 두려워할 송
圐〈文〉두려워하다. 무서워하다.

【悚惧一구】 sǒngjù 圐무서워하다. 두려워하다.

【悚然一연】 sǒngrán 圐두려워하는 모양.

sòng

【讼·訟】 讠部 sòng
4画 송사할 송
圐1소송하다. 재판하다. ◇诉~/소송(하다). 2시비를 다투다. ◇争~/시비를 논쟁하다.

【讼棍一곤】 sònggùn 圐남에게 소송을 부추겨 이득을 취하는 나쁜 사람. 소송 거간꾼. 악덕 변호사.

【讼师一사】 sòngshī 圐(옛날의) 변호사. 소송 대리인.

【颂·頌】 页部 sòng
4画 기릴 송
1圐찬양하다. 기리다. ◇歌~/노래하여 찬양하다. 2圐축원하다. 축원하다. 〔주로 서신 안부에 쓰임〕◇敬~大安/편안하시기를 바랍니다. 3圐周나라 때 제사에 쓰인 춤곡. 4圐공적을 찬양하는 시문(詩文).

【颂词一사】 sòngcí 圐찬사. 칭찬이나 축하의 말.

【颂歌一가】 sònggē 圐찬송하는 시가.

【颂扬一양】 sòngyáng 圐찬미하다. (同)〔赞 zàn 颂〕, (反)〔耻笑 chǐxiào〕

【宋】 宀部 Sòng
4画 송나라 송
圐1〈地〉周나라 때의 國名. 2〈史〉남조(南朝) 때의 國名. 3〈史〉후주(後周)때의 國名. 4성(姓). 5〈音響〉손. 〔감각상의 소리의 크기〕(英 song)

【宋体字－체자】sòngtǐzì 圏명조체(明朝體).

【诵·誦】讠部 sòng
7画 읽을 송
圏1소리를 내어 읽다. 낭송하다. 낭독하다. ◇朗~/낭송하다. 2외우다. ◇熟读成~/숙독해서 욀 수 있을 정도가 되다. 3진술하다. ◇传~/전송하다.

【诵读－독】sòngdú 圏소리를 내어서 읽다. 낭독하다.

★【送】辶部 sòng
6画 보낼 송
圏1보내다. ◇~报/신문을 배달하다. ◇给我们~来好消息/우리에게 좋은 소식을 보내왔다. 囲교送:寄 우편물을 보내는 경우에는 "送"을 쓰지 않는다. ◇他给我(×送)寄来了一封信/그는 나에게 편지 한 통을 보내왔다. 2(무료로) 선사하다. 증정하다. ◇老师~我两本书/선생님께서 내게 책 두 권을 주셨다. 3배웅하다. 전송하다. ◇~她回家/그녀를 집까지 바래다 주었다. ◇把朋友~到机场/나는 친구를 공항까지 바래다주었다.

【送别－별】sòng//bié 圏송별하다. 배웅하다. 囲교送别:送 "送别"는 겸어를 갖지 않는다. ◇我们到机场(×送别)送朋友回国/우리는 공항에서 귀국하는 친구를 배웅했다. (同)〔送行 xíng〕, (反)〔迎接 yíngjiē〕

【送殡－빈】sòng//bìn 圏(발인시) 영구를 바래다.

【送风机－풍기】sòngfēngjī 圏송풍기.

★★【送礼－례】sòng//lǐ 圏선물을 보내다.

【送命－명】sòng//mìng 圏목숨을 잃다. 헛된 죽음을 하다.

【送亲－친】sòngqīn 圏(혼례를 올릴 때) 신부를 신랑집까지 데려다주다.

【送情－정】sòng//qíng 圏1호감을 보이다. ◇眉目~/눈으로 추파를 던진다. 2〈方〉선물하다.

【送人情－인정】sòng rénqíng 1인심을 쓰다. 선심을 쓰다. 2〈方〉선물을 주다.

【送丧－상】sòng//sāng (同)〔送殡 bìn〕

【送审－심】sòngshěn 圏상부에 보내어 심사를 구하다.

【送死－사】sòngsǐ 圏죽음을 자초하다. 죽는 길을 택하다.

【送信儿－신아】sòng//xìnr 圏〈口〉소식을 전하다.

☆【送行－행】sòng//xíng 圏1배웅하다. 전송하다. ◇这么多人来机场为你~来了/이렇게 많은 사람들이 너를 전송하러 공항으로 왔다. 2송별연을 베풀다. (同)〔饯 jiàn 行〕

【送葬－장】sòng//zàng 圏영구를 묘지나 화장터로 보내다.

【送站－참】sòngzhàn 圏역까지 배웅하다.

【送终－종】sòng//zhōng 圏(부모나 연장자의) 임종을 지키다.

sōu

*【搜·蒐】扌部 sōu
9画 찾을 수
圏1찾다. ◇我到图书馆~集了很多资料/도서관에 가서 많은 자료를 수집했다. 2수사하다. 수색하다. ◇你凭什么~我?/너 뭘 믿고 나를 수색하니?

【搜捕－포】sōubǔ 圏수색하여 체포하다.

【搜查－사】sōuchá 圏(밀수품이나 장물을) 수사하다. ◇~毒品/마약 등을 수사하다.

【搜肠刮肚－장괄두】sōu cháng guā dù 〈成〉고심하여 있는 지혜를 다 짜내다.

【搜刮－괄】sōuguā 圏착취하다. 수탈하다.

★★【搜集－집】sōují 圏수집하다. 찾아 모으다. ◇~情报/정보를 수집한다. ◇~证据/증거를 수집한다.

【搜剿－초】sōujiǎo 圏수색하여 토벌하다.

【搜缴－교】sōujiǎo 圏수색하여 몰수하다.

【搜括－괄】sōukuò (同)〔搜刮 guā〕

【搜罗－라】sōu·luó 圏샅샅이 찾아 모으다. 수집하다.

【搜身－신】sōu//shēn 圏몸수색을 하다.

*【搜索－색】sōusuǒ 圏수색하다. 샅샅이 뒤지다. ◇~失踪船只/실종된 배를 수색한다.

【搜索枯肠－색고장】sōusuǒ kū cháng 〈成〉(시문을 짓기 위해) 고심하다.

【搜寻－심】sōu·xún 圏여기저기 찾다. 찾아 구하다.

【嗖·颼】口部 sōu
9画 바람소리 수
의성픵. 쒸잉. 휙. 〔바람 따위가 좁은 곳을 통과하거나 스쳐 지나가는 소리〕◇汽车~的一声从他身边开过/자동차가 씨잉 소리를 내며 몸을 스쳐 지나갔다.

【馊·餿】饣部 sōu
9画 쉴 수
圏(음식이) 쉬다.

【馊主意－주의】sōuzhǔ·yi 圏〈喩〉시시한 꾀.

【飕·颼】风部 sōu
9画 불 수
1圏〈方〉바람이 불다. 바람에 쐬다. ◇别让风~干了/바람을 쐬어 말리지 마시오. 2(同)〔嗖 sōu〕

【飕飗－류】sōuliú 의성〈文〉윙윙. 쌩쌩. 〔바람 소리〕

★★【艘】舟部 sōu
9画 척 소
양척. ◇一~潜水艇/잠수함 한 척. ◇一~航空母舰/항공모함 한 척. 囲교艘:只

S

손으로 노를 젓는 배는 "艘"를 쓰지 않는다. ◇他们划一〈×艘〉只小船到岛上去/그들은 작은 배 한 척을 저어 섬으로 갔다.

sǒu

【叟】 又部 | sǒu
7画 | 늙은이 **수**
図노인. 〔남자〕 ◇老~/노인. (同)〔翁 wēng〕, (反)〔童 tóng〕

【嗾】 口部 | sǒu
11画 | 추길 **수**, 추길 **주**
1図개를 부추기는 소리. 2図〈文〉개를 부추기다. 3图〈文〉사주하다.
【嗾使─사】 sǒushǐ 图사주하다.

sòu

【嗽】 口部 | sòu
11画 | 기침 **수**
図图기침(을 하다). ◇干~/마른 기침(을 하다).

【擞・擻】 扌部 | sòu
13画 | 털어버릴 **수**
图〈方〉부젓가락으로 화로의 재를 쑤셔서 흔들어 떨어뜨리다. ◇把炉子~一~/난로의 재를 좀 흔들어 떨어 내어라.

sū

【苏・蘇(³甦)】 艹部 | sū
4画 | 깨날 **소**
1图〈植〉차조기. 자소(紫蘇). 2图아래로 늘어 뜨려야 하는 것. ◇流~/커튼 등의 가장자리에 붙인 술 모양의 장식. 3图(혼미한 상태에서) 깨어나다. 소생하다. ◇死而复~/죽었다 다시 살아난다. 4 →〔噜 lū 苏〕 5(Sū)图〈略〉〈地〉강소성(江蘇省) 소주(蘇州)의 준말. 6(Sū)图소비에트(Soviet)의 준말. ◇~维埃/소비에트. 7(sū)图소련(蘇聯)의 준말. 8(Sū)图성(姓).
【苏白─백】 sūbái 图1소주어(蘇州語). 소주 방언. 2곤곡(昆曲) 가운데서 소주어로 하는 대사.
【苏打─타】 sūdá 图〈音〉소다(soda).
【苏丹─단】 sūdān 图〈音〉술탄(sultan). 〔이슬람 국가의 최고 지도자의 칭호〕
【苏剧─극】 sūjù 图강소(江蘇) 지방의 주요 지방극의 하나.
【苏铁─철】 sūtiě 图〈植〉소철.
【苏维埃─유애】 Sūwéi'āi 图〈音〉소비에트.
*【苏醒─성】 sūxǐng 图깨어나다. 소생하다. (同)〔复 fù 苏〕, (反)〔昏迷 hūnmí〕
【苏绣─수】 sūxiù 图강소성(江蘇省) 소주

(蘇州)에서 나는 자수(刺繡).
【苏州码子─주마자】 Sūzhōu mǎ·zi 图옛날, 숫자를 표시하는 부호.

【酥】 酉部 | sū
5画 | 禾部 | sū
7画 | 연유 **수**
1图크림. 2图(음식물이) 바삭바삭하다. ◇虾片一炸就很~/새우는 튀기면 바삭바삭하다. 3밀가루를 기름에 반죽하여 설탕을 넣고 구운 과자의 총칭. 4형나른하다. 노곤하다.
【酥脆─취】 sūcuì 형(음식 따위가) 바삭바삭하다.
【酥麻─마】 sūmá 형저리다.
【酥软─연】 sūruǎn 형나근거리다.
【酥油─유】 sūyóu 图소·양의 젖을 끓여 만든 버터.
【酥油茶─유차】 sūyóuchá 图장족(藏族)이나 몽고족 지역의 음료.

【稣・穌】 鱼部 | sū
5画 | 소생할 **소**
(同)〔苏 sū 3〕

sú

*【俗】 亻部 | sú
7画 | 풍습 **속**
1图풍속. 관습. 2图대중적이다. 통속적이다. ◇~话/속어. 3图저속하다. 속되다. ◇~气/속되다. 4图(출가한 중이나 도사가 아닌) 속인(俗人).
【俗称─칭】 súchēng 1图속칭. 통속적인 명칭. 2图속칭으로 부르다.
**【俗话─화】 súhuà 图〈口〉속어. 속담.
【俗家─가】 sújiā 图1출가한 사람의 실가(實家). 2세속의 사람. 속인(俗人).
【俗名─명】 súmíng 图1세칭(世稱). 속칭(俗稱). 2출가(出家)하기 전의 이름. (同)〔俗称 chēng〕, (反)〔学 xué 名〕
【俗气─기】 sú·qi 형속되다. 촌스럽다. (同)〔粗 cū 俗〕, (反)〔清雅 qīngyǎ〕
【俗人─인】 súrén 图1(중에 대해서) 출가하지 않은 사람. 2속된 사람. 소시민.
【俗尚─상】 súshàng 图세상 사람들이 숭상하는 관습.
【俗套─투】 sútào 图1세상의〔시시한, 의미가 없는〕 관습. 2통속 관습.
【俗体字─체자】 sútǐzì 图속자(俗字). (反)〔正 zhèng 体字〕
【俗语─어】 súyǔ 图속담.
【俗子─자】 súzǐ 图속인(俗人). 속세의 사람.
【俗字─자】 súzì (同)〔俗体 tǐ 字〕

sù

【夙】 几部 夕部 sù
4画 3画 일찍 숙

〈文〉1명이른 아침. 2형평소의. 오래된.
【夙仇一구】 súchóu 명숙적.
【夙敵一적】 súdí 명숙적(宿敵).
【夙诺一낙】 sùnuò 명이전의 약속.
【夙嫌一혐】 sùxián 명오랜 불만〔원한〕.
【夙兴夜寐一흥야매】 sù xīng yè mèi 〈成〉아침 일찍 일어나고 밤 늦게 자다. 부지런히 일하다.
【夙夜一야】 sùyè 명이른 아침과 늦은 밤. (早)〈文〉아침부터 밤까지.
【夙怨一원】 sùyuàn 명오랫동안 쌓이고 맺힌 원한.
【夙愿一원】 sùyuàn 명숙원.

【诉·訴】 讠部 sù
5画 아뢸 소

1동알리다. ◇告一/알리다. 2동하소연하다. 호소하다. ◇~苦/괴로움을 하소연하다. 3동고소하다. 고발하다. ◇上~/상소하다.
【诉苦一고】 sù//kǔ 동괴로움을 하소연하다.
【诉说一설】 sùshuō 동간곡히 말하다.
*【诉讼一송】 sùsòng 명동〈法〉소송(하다). ◇民事~权/민사소송권.
【诉冤一원】 sù//yuàn 동억울함을 하소연하다.
【诉愿一원】 sùyuàn 명〈法〉소원(하다).
【诉状一장】 sùzhuàng 명〈法〉고소장.

【肃·肅】 聿部 sù
4画 엄숙할 숙

1형공손하다. 정중하다. 근엄하다. 2형엄숙하다. 3동숙청하다. ◇~贪/횡령 행위를 숙청하다.
【肃静一정】 sùjìng 1형정숙하다. 조용하다. (同)〔静默 mò〕, (反)〔喧闹 xuānnào〕 2조용히 (하시오). 정숙. 〔주의를 줄 때〕
【肃立一립】 sùlì 동경건하게 서 있다.
【肃穆一목】 sùmù 형엄숙하고 경건하다.
*【肃清一청】 sùqīng (나쁜 사람, 일, 사상을) 숙청하다. 일소하다. ◇这种流毒一时还一不了 liǎo/이런 해독은 일시에 일소될 수 없다.
【肃然一연】 sùrán 형숙연하다.
【肃杀一살】 sùshā 형〈文〉스산하다. 소슬하다.

【速】 辶部 sù
7画 빠를 속

1형빠르다. ◇收效甚~/효과를 매우 빨리 보았다. 2명속도. ◇风~/풍속. 3동초대하다. ◇不~之客/불청객.
**【速成一성】 sùchéng 명동속성(하다). ◇~教学法/속성 교육법.
【速冻一동】 sùdòng 동급속 냉동하다.
☆【速度一도】 sùdù 명1〈物〉속도. ◇汽车以每小时一百三十公里的~奔驰/자동차는 매

시간 130km의 속도로 달린다. 2속도. ◇~慢/속도가 느리다.
【速记一기】 sùjì 명동속기(하다).
【速决一결】 sùjué 명동속결(하다).
【速率一률】 sùlù (同)〔速度 dù 1〕
【速溶一용】 sùróng 형빨리 녹는다. ◇~咖啡/인스턴트 커피.
【速效一효】 sùxiào 명속효.
【速写一사】 sùxiě 명동1〈美〉스케치(하다). 2보도 스케치. 〔문체(文體)의 일종〕

*【素】 糸部 sù
4画 횔 소

1명흰색. 본색. ◇~服/소복. 2형(색깔이나 모양이) 수수하다. 소박하다. ◇这件连衣裙太~了, 不适合年轻姑娘学/이 원피스는 너무 수수해 젊은 아가씨가 입기에 적합치 않다. 3명생선이나 고기가 들어있지 않은 음식. 채식(菜食). ◇多年来他一直坚持吃~/그는 여러해 동안 줄곧 채식을 꾸준히 먹었다. 4형본래의. 본질적인. ◇~质/자질. 5명요소. 사물의 기본 성분. ◇~毒/독소. 6명소. ◇平~/평소.
【素材一재】 sùcái 명(예술, 문학의) 소재. 감.
【素菜一채】 sùcài 명야채 요리. 정진요리(精進料理). (反)〔荤 hūn 菜〕
【素餐一찬】 sùcān 1(同)〔素菜 cài〕 2형정진하다. 육류를 삼가다. 3〈文〉(일은 하지 않고) 공밥을 먹다.
【素常一상】 sùcháng 명부평상(시). 평소.
【素淡一담】 sùdàn 형(무늬나 빛깔 등이) 수수하다. 점잖다. (同)〔素净 jìng〕, (反)〔浓艳 nóngyàn〕
【素服一복】 sùfú 명1소복. 2백의(白衣). 흰옷. 3상복(喪服). ‖ (反)〔艳 yàn 服〕
【素洁一결】 sùjié 형산뜻하다. 깨끗하다.
【素净一정】 sù·jing 형(복장 따위가) 수수하다. 점잖다.
【素酒一주】 sùjiǔ 명1야채와 함께 마시는 술. 2〈方〉야채 요리만을 차린 술자리.
【素来一래】 sùlái 부여지껏. 이전부터.
【素昧平生一매평생】 sù mèi píngshēng 〈成〉평소 서로 안면이 없다.
【素描一묘】 sùmiáo 명1〈美〉소묘. 데생. 2(문학상의) 간단한 묘사. 스케치.
【素朴一박】 sùpǔ 형1소박하다. 수수하다. 순박하다. 2(철학사상이) 맹아 단계의. 미발달의.
【素日一일】 sùrì 명평소. 평상시.
【素食一식】 sùshí 명동채식(하다). (反)〔荤 hūn 食〕
【素昔一석】 sùxī 명지금까지. 평소.
【素席一석】 sùxí 명야채 요리만으로 차린 술자리.
【素雅一아】 sùyǎ 형(빛깔이) 담박하고 우아

S

하다. (同)〔清 qīng 雅〕, (反)〔俗气 súqì〕
【素养－양】sùyǎng 圐평소의 수양〔교양〕.
【素油－유】sùyóu 圐식물성 식용유. (反)〔荤 hūn 油〕
【素愿－원】sùyuàn 圐오랜 소원. 숙원.
【素志－지】sùzhì 圐소망.
*【素质－질】sùzhì 圐1(사물의) 본질. 2소질. 자질. 3〈心〉천성.

【嗉(膆)】口部 10画 모이주머니 소
sù
【嗉子－자】sù·zi 圐1〈鸟〉모이 주머니. 2〈俗〉(목이 가늘고 긴) 술병.

【宿】宀部 8画 묵을 숙, 성수 수
sù
1圐밤을 지내다. 묵다. 2圐〈文〉예전부터의. 3圐〈文〉연로한. (어떤 일에 오래 종사하여) 노련한.〔耆 qí/~나이가 많고 명망(名望)이 있는 사람〕4(Sù)圐성(姓). ⇒xiǔ, xiù
【宿弊－폐】sùbì 圐오래된 폐단. 오랜 고질. ◇~清/오래된 폐단이 말끔히 없어지다.
【宿逋－포】sùbū 圐〈文〉오랫동안 밀린 빚.
【宿娼－창】sù//chāng 圐창녀와 자다.
【宿仇－구】sùchóu 圐오래된 원수.
【宿敌－적】sùdí (同)〔夙 sù 敌〕
【宿根－근】sùgēn 圐〈植〉여러해살이 뿌리.
【宿疾－질】sùjí 圐지병. (同)〔痼 gù 疾〕, (反)〔微恙 wēiyàng〕
【宿将－장】sùjiàng 圐노장. 경험이 풍부한 장군.
【宿命论－명론】sùmìnglùn 圐〈哲〉숙명론.
【宿诺－낙】sùnuò 圐이전의 약속〔응락〕. (同)〔夙 sù 诺〕
【宿儒－유】sùrú 圐대학자.
★【宿舍－사】sùshè 圐기숙사.
【宿世－세】sùshì 圐전세(前世). 전생.
【宿营－영】sùyíng 圐圐(군대가) 숙영(하다).
【宿怨－원】sùyuàn 圐묵은 원한.
【宿愿－원】sùyuàn 圐숙원.
【宿债－채】sùzhài 圐1묵은 빚. 2〈喻〉〈佛〉전세(前世)의 악업.
【宿志－지】sùzhì 圐〈文〉일찍부터 품은 뜻.
【宿主－주】sùzhǔ 圐〈生〉숙주(宿主).

【缩·縮】纟部 11画 오그라들 축
sù | suō
【缩砂密－사밀】sùshāmì 圐〈植〉축사밀.

【粟】西部 米部 6画 6画 조 속
sù
圐1〈植〉조. 2좁쌀. 3곡식. 곡물.
【粟米－미】sùmǐ 圐〈方〉〈植〉옥수수.
【粟子－자】sù·zi 圐〈方〉1〈植〉조. 2좁쌀.

【溯(遡)】氵部 10画 거슬러올라갈 소
sù
1圐물 흐름을 거슬러 (올라)가다. ◇~流而上/물을 거슬러 올라가다. 2(지난 일을) 추억하다. 회상하다.
【溯源－원】sùyuán 圐물의 근원을 찾아 위로 거슬러 올라 가다. 〈喻〉역사나 학문의 본원을 찾아 연구하다.

【塑】土部 10画 토우 소
sù
1圐빚다. 소조(塑造)하다. ◇~一尊佛象/불상 하나를 빚다. 2(同)〔塑料 liào〕
☆【塑料－료】sùliào 圐〈化〉플라스틱.〔가소성 고분자 화합물의 총칭〕
【塑像－상】sùxiàng 圐소상(塑像). 석고나 점토로 만든 상. 2圐토우. 3(sù//xiàng)圐토우를 만들다. 조소(雕塑)하다.
【塑性－성】sùxìng 圐〈物〉가소성(可塑性).
*【塑造－조】sùzào 1圐소조하다. ◇庙里一了一尊泥菩萨/절에 진흙으로 보살을 만들었다. 2(문자로) 인물을 형상화하다〔묘사하다〕. ◇~了一个女警察的英雄形象/여경찰의 영웅적인 이미지를 형상화했다

【簌】竹部 11画 체 속
sù
【簌簌－속】sùsù 1의쏴쏴.〔나뭇잎이 서로 스치는 소리〕2의뚝뚝. 주르륵. 줄줄.〔눈물 등이 떨어지는 모습〕3圐〈文〉신체 일부가 떨리는 모양.

suān

★【酸(⁵痠)】西部 7画 초 산
suān
1圐〈化〉산. 산성. 2圐(맛·냄새 따위가)시다. 시큼하다. ◇吃了个~苹果, 倒牙了/신 사과를 먹어서 이가 시리다. 3圐비통하다. 마음이 쓰라리다. ◇心~/마음이 쓰라리다. 4圐고루하다. 진부하다. 좀되다. ◇没想到老先生说的话那么~/어르신네의 말이 그렇게 진부한 줄 생각지도 못했다. 5圐(과로하거나 병에 걸려서) 몸이 시큰거리다. ◇劳累一天浑身又~又痛/하루종일 과로하여 온몸이 시큰거리고 아프다.
【酸败－패】suānbài 圐부패하여 신맛이 나다.
【酸不溜丟－불류주】suān·buliūdiū 圐〈方〉〈俗〉시큼하다.〔혐오스런 어감을 가짐〕
【酸菜－채】suāncài 圐신 배추김치.
【酸楚－초】suānchǔ 圐슬프고 괴롭다.
【酸度－도】suāndù 圐〈化〉산도.
【酸酐－간】suāngān 圐〈化〉산무수물(酸无水物).
【酸根－근】suāngēn 圐〈化〉산기(酸基).
【酸懒－라】suānlǎn 圐〈方〉몸이 시큰시큰하

고 피로하다.

【酸溜溜－류류】suānliūliū **1**형(맛·냄새 따위가) 시큼하다. **2**형(몸 등이) 시큰시큰하다. **3**형동질투(하다). 질투(하다). ◇一看小张跑到王小姐那儿去, 她心里有些~的/장군이 왕양에게 다가가는 걸 보고 그녀는 마음속 질투가 좀 났다. **4**형슬프다. 마음이 쓰라리다. **5**형(생각이나 언행이) 진부하다. 고루하다.

【酸梅汤－매탕】suānméitāng 명오매탕.

【酸奶－내】suānnǎi 명**1**(몽고인들이 마시는) 요구르트. **2**(同)〔酸牛奶〕

【酸牛奶－우내】suānniúnǎi 명요구르트.

【酸软－연】suānruǎn 형노작지근하다. 노곤하다.

【酸疼－통】suānténg 형시큰시큰 쑤시고 아프다.

【酸甜苦辣－감고랄】suān tián kǔ là 〈成〉신맛·단맛·쓴맛·매운맛. 갖양 각색의 맛. 〈喩〉세상의 온갖 행복과 풍상 고초.

【酸痛－통】suāntòng (同)〔酸疼 téng〕

【酸味－미】suānwèi 명**1**(~儿)(맛·냄새 따위의) 신맛. **2**시기. 질투. **3**혐오감.

【酸心－심】suānxīn **1**형(마음이) 쓰라리다. 슬프다. **2**형동속쓰림. 속 쓰리다.

【酸辛－신】suānxīn **1**형신고(辛苦). 고생. 괴로움. **2**형슬프고 괴롭다.

【酸性－성】suānxìng 명〈化〉산성. ◇~反应yìng/산성 반응.

【酸枣－조】suānzǎo 명〈植〉**1**멧대추나무. **2**(~儿)멧대추.

suàn

*【蒜】 艹部 suàn 10画 마늘 산
명〈植〉마늘.

【蒜瓣儿－판아】suànbànr 명마늘쪽.

【蒜毫－호】suànháo (~儿)명마늘 새싹.

【蒜黄－황】suànhuáng (~儿)명마늘의 어린 잎.

【蒜苗－묘】suànmiáo 명〈方〉**1**마늘 싹. **2**마늘 종.

【蒜泥－니】suànní 명짓찧은 마늘.

【蒜薹－대】suàntái 명마늘종.

【蒜头－두】suàntóu (~儿)명통 마늘.

★【算(祘)】 竹部 suàn 8画 수 산
1동(숫자를) 계산하다. 셈하다. ◇~一~一共得了多少利息/이자를 합계 얼마나 받았는지 계산해보시오. **2**동계산에 넣다. 셈에 넣다. ◇明天旅行~我一个/내일 여행에 나도 포함시켜줘요. **3**동계획하다. 계략을 꾸미다. ◇失~/계산을 잘 못하

다. **4**동추측하다. 예상하다. ◇你~我今年的运气怎么样/나의 올해 운이 어떤지 봐 주시오. **5**동~로 치다. …으로 여기다. ◇他各方面都不错, 可以~一个好教师/그는 모든 면에서 다 좋아 훌륭한 교사라 할 수 있다. **6**동인정하다. 치다. ◇你怎么刚说了又不~了?/당신은 어째서 금방 말한 것을 또 인정하지 않는 거예요? ◇这家公司里的事由他说了~/이 회사의 일은 그가 말하면 끝이다. **7**동그만두다. 〔뒤에 '了'가 붙음〕◇~了, 别说了!/됐다. 더 이상 말하지 마라! **8**부마침내. 가까스로. ◇现在~把情况弄清楚了/지금에야 마침내 상황을 확실히 파악했다.

【算不了什么－불료십마】suàn bu liǎo shénme **1**뭐가 그리 대수냐. 뭐가 그리 대단하냐. ◇这几个钱~/얼마 안 되는 돈이 뭐가 그리 대수냐. **2**~라고 (말)할 것도 없다. ◇我这~贡献/공헌이라고 말할 것도 없다.

【算不上－불상】suàn bu shang …라고 할 수 없다. …라고 볼 수 없다. ◇他的病~什么病/그의 병은 대단한 병이라 할 수 없다. (反)〔算得 de 上〕

【算草－초】suàncǎo (~儿)명(수학의) 연산. 〔노트나 종이에 써낸 것〕

【算尺－척】suànchǐ 명〈數〉계산자.

【算得－득】suàn//dé 동…라고 여기다.

【算得了什么－득료십마】suàn de le shénme 〈口〉**1**뭐가 그리 대수냐. ◇为孩子吃点苦又~?/아이를 위해 고생을 좀 하는 게 뭐가 그리 대수냐? **2**…라고 할 것이 뭐 있겠는가? ◇这又~打击?/이것을 충격이랄 게 뭐 있겠어요? (同)〔算不 bu 什么〕

【算得上－득상】suàn de shang …라고 할 수 있다. …라고 여기다. ◇我哪里~什么优秀人才/내가 어디 우수한 인재라고 할 수 있겠어요? (反)〔算不 bu 上〕

【算卦－괘】suàn//guà 동(팔괘로) 점치다.

【算计－계】suàn·ji 동**1**(수를) 계산하다. **2**궁리하다. 계획하다. ◇他的留学还得~~/그의 유학문제는 계획을 해봐야겠다. **3**추측하다. 짐작하다. **4**남몰래 해치다.

【算计儿－계아】suàn·jir 명〈方〉계획. 심산.

【算老几－노기】suàn lǎo jǐ ~축에 들지 못하다. …가 뭔데 (중시할 필요가 없다). ◇他~, 事事插手, 样样都管/그가 뭔데, 매사에 참견하고 상관하는 거야.

☆【算了－료】suàn·le 그만두다. 관두다. 됐다. ◇~, 别再为这点小事伤和气/됐어, 요만한 일로 감정 상하지 맙시다.

【算命－명】suàn//mìng 동(운수를) 점치다.

*【算盘－반】suàn·pán 명**1**주판. ◇会计一拨动~, 很快就把数儿算出来了/경리는 주

S

판 놓자마자 금방 계산해냈다. **2**〈喩〉타산. 심산. 계획. ◇ 不要只打个人的小~, 要为大局着想/개인적인 타산만 따져서는 안되고, 전반적 형편을 생각해야 한다. 比교算盘:想法 사람의 일반적인 생각에는 "算盘"을 쓰지 않는다. ◇ 我原来的(×算盘)想法是去上海/내 원래의 생각은 상해에 가는 것이었다.

【算盘子儿-반자아】suànpánzir 图주판알.

【算什么-십마】suàn shénme 뭐가 그리 대수냐. ◇ 干活吃点点心~, 请多吃/일한 후 간식을 먹는 게 뭐 그리 대수예요. 많이 드세요.

**【算是-시】suàn·shi 图…인 셈이다. …으로 치다. ◇ 这一下你~猜着了/이번엔 네가 알아맞춘 셈이다. ◇ 我们的计划~实现了/우리의 계획은 실현된 셈이다.

*【算术-술】suànshù 图〈数〉산술. 산수.

【算数-수】suàn·shù 图1**유효하다. ◇ 我们说话是~的/우리가 말한 것은 유효하다. **2**수를 헤아리다. **3**그치다. ◇ 他性子就是做完了才~/그 성격은 다 끝내야 그만 둔다.

【算题-제】suàntí 图산수 문제. 계산 문제.

【算学-학】suànxué 图**1**수학. **2**산술.

【算账-장】suàn/zhàng 图**1**(장부의) 계산을 하다. 결산하다. **2**결판을 내다. 결말을 내다. ◇ 这件事得找他~, 要他赔偿损失/이 일은 그를 찾아서 결판을 내어 손해를 배상하라고 해야 한다.

suī

【尿】尸部 | suī
4画 | 오줌 뇨
图소변. 오줌. ◇ 尿 niào~/오줌을 싸다. ⇒niào

【尿脬-포】suī·pāo 图〈生理〉방광.

**【虽·雖】口部 | suī
6画 | 비록 수
1〈接〉비록 …이지만. ◇ 他们兄弟俩身材~有不同, 但面貌酷似/그들 형제 두 사람은 체격이 다르지만 용모는 매우 닮았다. **2**〈接〉설сар …이더라도.

★【虽然-연】suīrán 〈接〉비록 …일지라도. 설령 …일지라도. 〔흔히 '可是'·'但是'·'还是'·'总(是)'·'还是'·'仍然'·'然而' 등과 함께 쓰임〕 ◇ 他~在北京住了十来年了, 可是家乡口音一点没改/그는 비록 북경에 십년 가까이 살았지만 고향 사투리는 전혀 고쳐지지 않았다.

**【虽说-설】suīshuō 〈接〉비록 …이라지만. ◇ 她~才十六岁, 家里样样活儿都能干/그녀는 비록 16살이긴 하지만 집안 일을 모

두 잘한다.

【虽则-즉】suīzé 〈接〉〈文〉비록 …이라 해도.

suí

【绥·綏】纟部 | suí
7画 | 편안할 수
〈文〉**1**图평안하다. ◇ 顺颂台~/아울러 귀하의 평안을 기원합니다. **2**图진무(鎭撫)하다. 평안하게 하다.

【绥靖-정】suíjìng 图평정하다.

【隋】阝部 | Suí
9画 | 수나라 수
图**1**〈史〉수나라. 〔양견(楊堅)이 세운 왕조(581~618)〕 **2**성(姓).

☆【随·隨】阝部 | suí
9画 | 따를 수
1图(…의 뒤를) 따라가다. ◇ 这次我~你, 你去哪儿我去哪儿/나는 이번에 네가 가는 곳에 따라가겠다. **2**图순종하다. 따르다. ◇ 今天你无论说什么我都~着你/오늘네가 무슨 말을 하든지 따르겠다. **3**图 …하다. …하여라. ◇ ~你摆出什么阵容, 这场球也赢不了/네가 어떤 진용을 펼치더라도 이번 시합은 이길 수 없다. **4**…하는 대로. ◇ ~手拿起一张报/손이 가는 대로 신문을 집었다. **5**图〈方〉닮다. ◇ 他长得~他父亲/그는 생김새가 그의 아버지를 닮았다. **6**(Suí)图성(姓).

【随笔-필】suíbǐ 图**1**수필. **2**일기. 기록.

☆【随便-편】suí//biàn **1**图마음대로〔좋을 대로, 형편대로〕하다. ◇ 说话要负责, 不能随随便便/말은 책임있게 해야지 마음대로 해서는 안 된다. **2**(suíbiàn)图마음대로. 멋대로. 그냥. ◇ 你怎么这样~答应呢?/당신은 어째서 이렇게 함부로 승낙하는 거예요? ◇ 我只是~问问/난 그냥 물어본 것 뿐이에요. **3**…을 막론하고. …라 할 것 없이. ◇ 这种工作~谁做都行/이 일은 누가 해도 된다.

【随波逐流-파축류】suí bō zhú liú〈成〉파도치는 대로 흐름. 정견(定見)없이 남의 장단에 춤을 추다. (反)〔愤世嫉俗 fèn shì jí sú〕

【随常-상】suícháng 图평상. 보통.

【随处-처】suíchù 图도처에. 어디서나.

【随从-종】suícóng 图**1**따라 모시다. 수행하다. **2**수행원.

【随大溜-대류】suí dàliù (~儿)图다수의 의견에 따르다. 대세에 순응하다.

【随带-대】suídài 图**1**함께 지니고 가다. **2**몸에 지니다. 휴대하다.

【随地-지】suídì 图어디서나. 아무데나.

【随访-방】suífǎng 图**1**…따라 방문하다. **2**图수행 방문. **3**图(퇴원 후의) 환자의 방

S

문 관리.

【随份子─분자】suífèn·zi 图1경조비의 분담
금을 내다. 2다른 사람의 길흉사 때에 경
조금을 보내다.

【随风倒─풍도】suífēngdǎo 바람 부는 대로
기울어지다. 〈喩〉줏대없이 세력이 강한
쪽으로 붙다.

【随风转舵─풍전타】suí fēng zhuǎn duò〈成〉
바람 부는 대로 키를 돌리다. 눈치보며 살다.

【随行就市─행취시】suí háng jiù shì 가격
이 시세에 따라 변동되다.

【随和─화】suí·he 圈(남과) 사이좋게 지내
다. 붙임성이 있다. (同)〔和顺 shùn〕,
(反)〔固执 gùzhí〕

**【随后─후】suíhòu 图뒤이어. 바로 뒤에. 그
다음에. 〔흔히 뒤에 '就'를 씀〕◇我们先
一起唱一个歌儿, 晚会～就开始/저녁 공
연이 뒤이어 시작되니 우리 먼저 노래 한
곡 함께 부르자. 比较随后:以后 막연한
앞으로를 나타낼 때는 "随后"를 쓰지 않
는다. ◇这件事(×随后)以后再说/이 일
은 다음에 얘기하자.

【随机应变─기응변】suí jī yìng biàn〈成〉
임기 응변(臨機應變)하다. (同)〔通权达
变 tōng quán dá biàn〕, (反)〔胶柱鼓瑟
jiāo zhù gǔ sè〕

**【随即─즉】suíjí 图즉시. 곧. ◇他挂上电话～
出了/그는 전화를 끊고 즉시 출발했다.

【随军─군】suíjūn 图종군(하다).

【随口─구】suíkǒu 图입에서 나오는 대로.

【随…去─…거】suí…qù …마음대로 하다.
◇我觉得她说的也有理, 就随她去了/내 생
각엔 그녀의 말도 일리가 있어 그녀가 하
는대로 내버려 두었다. (同)〔随…的便 suí
…de biàn〕

【随群─군】suíqún (～儿)图모두 행동을 함
께하다.

【随身─신】suíshēn 图몸에 지니다. 몸에
휴대하다.

【随声附和─성부화】suí shēng fùhè〈成〉남
이 말하는 대로 따라 말하다. 부화 뇌동
하다.

☆【随时─시】suíshí 图1수시(로). 아무때나.
◇有了问题～向我报告/문제가 생기면 수
시로 나에게 보고해라. 2그때 즉시(곧).
제때. ◇～纠正错误/잘못을 제때에 바로
잡다.

**【随手─수】suíshǒu (～儿)손이 가는 대로.
(同)〔顺 shùn 手儿〕

【随顺─순】suíshùn 图순순히 따르다.

【随俗─속】suísú 图세속을 좇다.

【随…随…─…수…】suí…suí… …하자마자.
〔두 개의 동사 앞에 사용하여, 앞뒤의 동
작이 연이어 일어나는 것을 나타냄〕◇

～到～看/오는 대로 진찰한다.

【随同─동】suítóng 图수행하다. 比较随同:
陪同 같은 급수의 사람이 행동을 같이
할 때는 "随同"을 쓰지 않는다. ◇贵宾们
由主人(×随同)陪同观看了精彩表演/귀빈
들은 주인과 동행하여 다채로운 공연을
감상했다.

【随喜─희】suíxǐ 图1(佛)남의 선행을 보고
자기도 따라서 하다. 2(사원에) 참예(參
詣)하다. 3기쁨을 같이하다. (여럿이) 선
물하는 데 한몫 끼다.

【随乡入乡─향입향】suí xiāng rù xiāng〈成〉
그 고장에 가면 그 고장 풍속을 따르다.

【随心─심】suíxīn 图1뜻대로 하다. 2마음
에 들다. 흡족하다.

【随心所欲─심소욕】suí xīn suǒ yù〈成〉자
기 마음대로 하다. 하고 싶은 대로 하다.
(同)〔从 cóng 心所欲〕, (反)〔不由己意 bù
yóu jǐ yì〕

*【随意─의】suí//yì 图평편대로 하다. 좋은
대로 하다. ◇请大家～点菜/모두들 좋은
대로 요리를 시키시오. (反)〔经 jìng 意〕

【随遇而安─우이안】suí yù ér ān〈成〉어떤
경우에라도 잘 적응하다.

【随遇平衡─우평형】suíyù pínghéng 图
〈物〉중립 평형.

【随员─원】suíyuán 图1(국가 사절의) 수
행원. 2재외 공관의 최하급 외교관.

【随葬─장】suízàng 图부장(副葬)하다.

*【随着─착】suí·zhe …따라서. ◇～国民经
济的发展, 人民生活逐步得到了改善/국민
경제가 발전함에 따라 국민생활이 점차
개선되었다. 比较随着:随后 어떤 상황
또는 행동이 연이어 발생하면 "随着"를
쓰지 않는다. ◇她投河被人救了, (×随
着)随后她结了婚/그녀는 강에 투신했다
가 구출된 후 곧이어 결혼을 했다.

suǐ

【髓(髄)】骨部 | suí
        12画 | 골 수
图1(生理)골수. 2골수처럼 생긴 물질. ◇
脑～/뇌수. 3(轉)정수. 요점. 핵심. 4
〈植〉수. 고갱이.

suì

★【岁・歲】山部 | suì
        3画 | 해 세
1图해. 세월. ◇年年～花相似, ～年年人
不同/해마다 꽃은 같지만 사람은 다르다.
比较岁:年 "岁" 앞에 수사가 있을 때는
햇수를 나타내지 않는다. ◇这样过了五六

(×岁)年, 人们还不知道我们谈恋爱, /이렇게 5·6년이 지났는데도 사람들은 우리가 연애하고 있음을 몰랐다. 2양살. 세. 〔나이를 세는 말〕◇三～女孩儿/세 살짜리 여자 아이. 3명시간. ◇～不我与/시간은 나를 기다려 주지 않는다. 4명〈文〉작황. 한 해의 수확. ◇歉～/흉작. 흉년.

【岁差—차】suìchā 〈天〉세차.

【岁出—출】suìchū 명세출. (反)〔岁入 rù〕

【岁除—제】suìchú 명〈文〉섣달 그믐날(밤). (同)〔除夕 xī〕, (反)〔岁旦 dàn〕

【岁杪—초】suìmiǎo 명연말(年末). (同)〔岁暮 mù〕, (反)〔岁首 shǒu〕

【岁暮—모】suìmù 명1연말(年末). 2〈喩〉노년. 만년.

【岁入—입】suìrù 명세입. (反)〔岁出 chū〕

【岁首—수】suìshǒu 명〈文〉연초. 정초.

【岁数—수】suì·shu （～儿）명연세. 〔주로 연장자에게 쓰임〕◇他今年多大～了?/그는 올해 연세가 어떻게 되십니까?

【岁星—성】suìxīng 명목성(木星)의 구칭.

【岁修—수】suìxiū 명연례적으로 하는 건물의 보수.

【岁序—서】suìxù 명〈文〉세월이 바뀌는 순서.

*【岁月—월】suìyuè 명세월. ◇他前半生度过的是艰难～/그가 반평생 험난한 세월을 지냈다. 比교岁月:年头 구체적인 햇수에는 "岁月"를 쓰지 않는다. ◇我来中国已经第三个(×岁月)年头了/내가 중국에 온 지 벌써 3년째이다.

☆【碎】石部 suì
8画 부술 쇄
1통부서지다. 깨지다. ◇杯子掉到地上摔～了/잔이 바닥에 떨어져 깨졌다. 2통부수다. ◇粉身～骨/분골쇄신하다. 3형부스러져 있다. 자잘하다. ◇石头太～了, 铺路不合适/돌이 너무 자질구레해 도로에 깔기 적합하지 않다. 4형말이 많다. 수다스럽다. ◇她是个～嘴子, 爱说, 可心地不错/그녀는 수다쟁이로 말하기 좋아하지만 마음씨는 괜찮다.

【碎步儿—보아】suìbùr 명종종 걸음. 잰걸음. (同)〔蹀躞 diéxiè〕, (反)〔大 dà 步〕

【碎嘴子—취자】suìzuǐ·zi 〈方〉1말이 많다. 수다를 떨다. 2명〈喩〉잔소리꾼. 수다쟁이.

【祟】示部 suì
5画 빌미 수
1명(통)(귀신이) 앙화(를 끼치다). 2명부정한 행동.

【遂】辶部 suì
9画 이룰 수
1통생각대로 되다. 2통성공하다. 이루다. ◇所谋不～/계획한 것이 이루어지지 않

다. 3부곧. ◇服药后腹痛～止/약을 먹은 후 복통이 곧 멈추었다. (同)〔就 jiù〕〔于是 yúshì〕

【遂心—심】suì//xīn 통마음에 들다. 뜻대로 되다. (同)〔遂意 yì〕, (反)〔失望 shīwàng〕

【遂意—의】suì/yì (同)〔遂心 xīn〕

【遂愿—원】suì/yuàn 통소원이 성취되다. (同)〔如 rú 愿〕, (反)〔失望 shīwàng〕

*【隧】阝部 suì
12画 굴 수
명굴. 터널.

【隧道—도】suìdào 명터널.

【隧洞—동】suìdòng (同)〔隧道 dào〕

【燧】火部 suì
12画 부싯돌 수
명1옛날에 쳐서 불을 일으키던 도구. ◇～火/부싯돌로 불을 얻다. 2봉화(烽火). ◇烽fēng～/봉화. 3〈文〉횃불.

【燧人氏—인씨】Suìrénshì 명〈人〉수인씨. 〔인류에게 처음으로 불의 사용법을 가르쳐 주었다는 전설의 인물〕

【邃】辶部 suì
14画 깊을 수
명〈文〉1(시간·공간상) 멀다. ◇深～/깊숙하다. 2(학문의 연구가) 심오하다.

【邃密—밀】suìmì 명형1깊다. ◇屋宇～/집이 깊숙하다. 2심오하다. ◇～的理论/심오한 이론.

*【穗(繐)】禾部 suì
12画 이삭 수
명1(～儿)(곡식의) 이삭. ◇麦～儿/밀·보리 이삭. 2(～儿)(실 등으로 만든) 술. 3(Suì)광주시(廣州市)의 다른 이름. 4(Suì)성(姓).

【穗子—자】suì·zi 명1(곡식의) 이삭. 2(깃발 따위의) 술.

sūn

【孙·孫】子部 sūn
3画 손자 손
1명손자. ◇祖～/할아버지와 손자. 2명자손. 후손. 3명손자와 같은 항렬의 친족. ◇侄～/질손. 종손. 4명〈植〉움. 움돋이. ◇稻 dào～/도손. 벼그루터기에서 다시 돋은 움. 5(Sūn)성(姓).

*【孙女—녀】sūnnǚ (～儿)명손녀.

【孙女婿—녀서】sūnnǚ·xu 명손녀의 남편.

【孙媳妇—식부】sūnxí·fu (～儿)명손자며느리.

*【孙子—자】sūn·zi 명손자.

sǔn

＊【损·損】 扌部 | sǔn
7画 | 덜 손

1⟨동⟩감소하다. 줄(이)다. ◇增~/증감(하다). 2⟨동⟩손해를 끼치다. ◇~人利己/남에게 손해를 끼치고 자기의 이익을 취하다. 3⟨동⟩파손하다. 손상시키다. ◇破pò~/파손하다. 4⟨동⟩〈方〉빈정거리다. 5⟨형⟩〈方〉(말이) 각박(刻薄)하다. 야박하다. ◇这人办事真~/그는 일을 야박하게 처리한다. ◇他说的话够~的/그가 말하는 것은 정말 야박하다.

＊＊【损害―해】 sǔnhài ⟨동⟩(사업·권리·이익·건강·명예 따위를) 해치다. 손해를 끼치다. ◇~他人的名誉/타인의 명예를 손상시킨다. (同)〔伤 shāng害〕, (反)〔保护 bǎohù〕 비교損害:折磨 학대를 받을 때는 "损害"를 쓰지 않는다. ◇他在路上受到押解人的(×损害)折磨 zhé·mó/그는 도중에 호송인의 학대를 받았다.

＊【损耗―모】 sǔnhào ⟨동형⟩1소모(하다). 로스(loss)(되다). 2〈商〉손상(되다). 로스가 나다. ◇运输过程中造成的~/운송 과정 중 일어난 로스.

＊＊【损坏―괴】 sǔnhuài ⟨동⟩파손시키다. 훼손시키다. ◇不要~树木/나무를 훼손하지 마세요. (同)〔破 pò 坏〕, (反)〔修复 xiūfù〕

【损人―인】 sǔn//rén ⟨동⟩1남을 마구 헐뜯다. 2남에게 손해를 끼치다.

＊【损人利己―인이기】 sǔn rén lì jǐ 〈成〉남에게 손해를 끼치고 자기 이익을 도모하다.

＊【损伤―상】 sǔnshāng 1⟨동⟩상하게 하다. ◇你别~的自尊性/그의 자존심을 상하게 하지 마. (同)〔伤害 hài〕, (反)〔安抚 ānfǔ〕 2⟨명⟩손실.

☆【损失―실】 sǔnshī ⟨명동⟩손실(하다). 손해(보다). ◇生命和财产的~/생명과 재산의 손실. ◇~了八百万元/팔백만 원을 손해봤다. 비교損失:损害 시력 등이 나빠질 때는 "损失"을 쓰지 않는다. ◇他的视力受到了很大(×损失)损害/그의 시력이 크게 나빠졌다.

【损益―익】 sǔnyì 1⟨명⟩증감. 2⟨명⟩증감하다. 3⟨명⟩손익.

＊【笋(筍)】 竹部 | sǔn
4画 | 대순 순

⟨명⟩〈植〉죽순.
【笋鸡―계】 sǔnjī ⟨명⟩영계.

【隼】 隹部 | sǔn
2画 | 송골매 준

⟨명⟩〈鳥〉매.

【榫】 木部 | sǔn
10画 | 장부 순

⟨명⟩〈建〉장부. 사개. (反)〔卯 mǎo〕
【榫头―두】 sǔn·tou ⟨명⟩장부. (反)〔卯眼 mǎo

yǎn〕
【榫眼―안】 sǔnyǎn ⟨명⟩장붓 구멍.
【榫子―자】 sǔn·zi (同)〔榫头·tou〕

suō

【莎】 艹部 | suō
7画 | 사초 사

→shā
【莎草―초】 suōcǎo ⟨명⟩〈植〉사초. 지하경(地下莖)은 '香 xiāng附子'라고 하여 약으로 쓰임.

【娑】 女部 | suō
7画 | 춤출 사

【娑罗树―라수】 suōluóshù ⟨명⟩〈植〉사라수.
【娑罗双树―라쌍수】 suōluó shuāng shù ⟨명⟩〈佛〉사라쌍수. 〔석가모니가 열반할 때 그 주위에 각각 한 쌍씩 서 있었다는 사라수〕

【桫】 木部 | suō
7画 | 사라나무 사

【桫椤―라】 suōluó ⟨명⟩〈植〉사라나무.

【唆】 口部 | suō
7画 | 꾈 사

⟨동⟩교사하다. ◇教~/교사하다.
【唆使―사】 suōshǐ ⟨동⟩교사하다. 부추겨서 나쁜 일을 하게 하다. (反)〔忠告 zhōnggào〕

【梭】 木部 | suō
7画 | 북 사

(~子)⟨명⟩〈紡〉(베틀)북.
【梭镖―표】 suōbiāo ⟨명⟩긴창. 수리검.
【梭巡―순】 suōxún ⟨동⟩순찰하다. 순시하다.
【梭子―자】 suō·zi 1⟨명⟩〈紡〉북. 2⟨軍〉기관총 따위의 탄창. 3⟨양⟩개.〔탄창을 셀 때 쓰는 단위〕
【梭子蟹―자해】 suō·zixiè ⟨명⟩〈俗〉〈魚介〉꽃게.

【睃】 目部 | suō
7画 | 흘겨볼 사

⟨동⟩흘겨보다.

【羧】 羊部 | suō
7画 | 카르복실기 사

【羧基―기】 suōjī ⟨명⟩〈化〉카르복실기(carboxyl 基).(―COOH)

【蓑(簑)】 艹部 | suō
10画 | 도롱이 사

⟨명⟩도롱이.
【蓑衣―의】 suōyī ⟨명⟩도롱이.

【嗍】 口部 | suō
10画 | 빨 삭

⟨동⟩입으로 빨다. ◇婴儿~奶头/애기가 젖꼭지를 빨다.

☆【缩·縮】 纟部 | suō
11画 | 오그라들 축

⟨동⟩1줄어들다. 수축하다. ◇夹克一洗~了半寸/재킷을 빠니 반치가 줄었다. 2움츠리다. ◇冻得他~了一会儿脖子, 然后跑进

S

屋里去了/그는 추워서 한참 목을 움츠리고 나서 방으로 뛰어 들어갔다. **3**물러나다. 뒷걸음질하다. ◇退~/뒷걸음치다. ⇒sù

【缩编—편】suōbiān 동**1**(기구나 단체의) 인원을 줄이다. **2**글 등을 축소하여 편집하다. (反)〔扩 kuò 缩〕

【缩尺—척】suōchǐ (同)〔比 bǐ 例 lì 尺〕

** 【缩短—단】suōduǎn 동단축하다. 줄이다. ◇外商要求~交货期限/외국상인은 물품 인도 기한을 단축시킬 것을 요구했다. (反)〔延长 yáncháng〕

【缩合—합】suō·he 명압축. 응축. **1**〈物〉응결. **2**〈化〉액화.

【缩减—감】suōjiǎn 동감축하다. 축소하다. (同)〔减缩〕, (反)〔增加 zēngjiā〕

【缩聚—취】suōjù 〈化〉중축합. 축합 중합.

【缩手—수】suō//shǒu 동**1**손을 움츠리다. **2**〈轉〉손을 떼다. (反)〔伸 shēn 手〕

【缩手缩脚—수축각】suōshǒu suō jiǎo **1**(추위로) 몸을 움츠리다. **2**몸을 사리다. 적극성이 없다. (同)〔束手束脚 shù shǒu shù jiǎo〕, (反)〔大刀阔斧 dà dāo kuò fǔ〕

【缩水—수】suō//shuǐ 동**1**(직물을) 물에 담가 줄게 하다. **2**(suōshuǐ)물에 담가 부피가 줄어들다.

【缩头缩脑—두축뇌】suō tóu suō nǎo 〈成〉**1**무서워 기를 펴지 못하는 모양. **2**일에 선뜻 나서지 못하는 모양.

** 【缩小—소】suōxiǎo 동축소하다. 줄이다. ◇气球儿有点跑气, 逐渐~了/풍선이 공기가 빠지기 시작해서 점점 작아지고 있다. (同)〔收 shōu 缩〕, (反)〔放大 fàngdà〕

【缩写—사】suōxiě **1**명약어. 약칭. **2**동요약하다. ◇~本/요약판. 다이제스트판.

【缩衣节食—의절식】suō yī jié shí 〈成〉입고 먹는 것을 절약하다. 생활비를 줄이다. (同)〔缩食节衣 suō shí jié yī〕, (反)〔锦衣玉食 jǐn yī yù shí〕

【缩印—인】suōyìn 명동〔印〕축쇄(缩刷)(하다).

【缩影—영】suōyǐng **1**명축도(缩圖). **2**동사진 인쇄를 축소하다. **3**명(사람·사물의) 축소판. 대표적인 인물. ◇他当今知识分子的~/그는 오늘날 지식인의 대표적인 인물이다.

suǒ

【唢·嗩】 口部 suǒ
7画 날라리 쇄

【唢呐—납】suǒ·nà 명〈音〉수르나이(인 surnay). 사나이(인 sanai).

【琐·瑣】 王部 suǒ
7画 잘 쇄

형**1**자질구레하다. 사소하다. 하찮다. **2**비천하다.

【琐事—사】suǒshì 명자질구레한 일. 사소한 일. (同)〔细 xì 事〕, (反)〔正 zhèng 事〕

【琐碎—쇄】suǒsuì 형번잡하다.

【琐细—세】suǒxì 형사소하다. (同)〔琐碎 suì〕

【琐屑—설】suǒxiè (同)〔琐碎 suì〕

** 【锁·鎖】 钅部 suǒ
7画 자물쇠 쇄

1명자물쇠. ◇门上加了一把~/문에 자물쇠를 하나 채웠다. ◇上~/자물쇠를 잠그다. **2**동자물쇠를 채우다. ◇把箱子~上/상자를 잠그다. **3**명자물쇠처럼 생긴 물건. ◇石~/돌로 만든 구식(舊式) 자물쇠 모양의 역기. **4**명쇠사슬. **5**동감치다. ◇~边/가장자리를 감치다.

【锁匙—시】suǒchí 명〈方〉열쇠.

【锁骨—골】suǒgǔ 명〈生理〉쇄골.

【锁国—국】suǒguó 명동쇄국(하다).

【锁链—련】suǒliàn (~儿)명쇠사슬.

【锁钥—약】suǒyuè **1**명열쇠. **2**요점. 키포인트. **3**중요 거점. 군사요지.

☆【所】 斤部 suǒ
4画 곳 소

명**1**장소. 곳. ◇场~/장소. **2**소. 〔기관이나 사업소의 명칭〕◇托儿~/탁아소. ◇股票交易~/증권거래소. **3**양채. 동. 〔학교, 병원, 가옥을 세는 양사〕◇那个大学是一~培养外国留学生的大学/그 대학은 외국 유학생을 양성하는 대학이다. 비교所:个 "所"는 학교, 의원, 주택에 쓰인다. ◇前面是(×所)一个书店/앞에는 서점이다. 조**4**'为…所…' 형태로 피동을 나타냄. ◇我们都深深地为他的舍己救人的精神~感动/우리는 자신을 희생하고 남을 구하는 그의 정신에 깊이 감동되었다. **5**관형어로 된 주술구조의 동사 앞에 쓰여 중심어가 受事者임을 나타냄. ◇过了一个假期, 我们~学的东西忘了不少/방학기간이 지나자 우리가 배운 것을 많이 잊어버렸다. 주의'所' 뒤의 동사는 타동사이어야 한다. ◇我们(×所)休息的地方离这儿很近/우리가 휴식하는 곳은 여기서 가깝다. **6**'是…的' 중간의 명사, 대명사와 동사 사이에 쓰여 행위자와 동작의 관계를 강조함. ◇这种蛮横的态度是顾客~不能容忍的/이런 횡포는 고객에게 용인될 수 없는 것이다. **7**동사 앞에 쓰여 명사구를 만들다. …하는 바. 〔4자어에 한함〕◇大失~望/몹시 실망하다. ◇众~周知/다 아시다시피. ◇为~欲为/멋대로 함. **8**'有所…'의 형태로 쓰여 동작이나 행위에 다소간의 변화가 있음을 나타낸다. ◇有~发展/좀 발전

되었다. ◇有~提高/좀 향상되었다. 9명
성(姓).

【所部－부】 suǒbù 명통솔하는 부대.

【所长－장】 suǒcháng 명1뛰어난 점. 장점.
2소장.

＊【所得税－득세】 suǒdéshuì 명소득세.

＊【所属－속】 suǒshǔ 1명형지휘하(의). 산하
(의). 관하(의). ◇命令~部队立即反攻/예
하의 각 부대에게 즉각 반격하라고 명령했
다. 2소속의. 주의뒤에 명사가 오지 않
을 경우 1의 뜻만 성립된다. ◇通令~一体
遵照/모두 따르도록 휘하에 명령하다.

☆【所谓－위】 suǒwèi 1흔히 말하는 …이라는
것. ◇~四个现代化，是指工业、农业、国
防和科学技术的现代化/4개의 현대화란 공
업, 농업, 국방 그리고 과학기술의 현대
화를 말한다. 2소위. 이른바. 〔수식되는
말에 대하여 경멸이나 불신의 태도를 나
타냄〕◇他的~'朋友'都背弃了他/그가 소
위 말하는 '친구'가 모두 그를 배반했다.

【所向披靡－향피미】 suǒ xiàng pī mǐ〈成〉
(바람이 불어) 가는 곳마다 초목이 쓰러
지다. (군대가) 가는 곳마다 적이 무너지
다. (同)〔所向无敌 suǒ xiàng wú dí〕,
(反)〔一触即溃 yī chù jí kuì〕.

【所向无敌－향무적】 suǒ xiàng wú dí〈成〉
(군대가) 가는 곳마다 대할 자가 없다.

★【所以－이】 suǒyǐ 1접인과 관계의 문장에서
결과나 결론을 나타내는 접속사. a)'因为'
〔由于〕…，所以…'의 형태로, 결과나 결
론을 나타냄. ◇由于临行匆忙，~来不及
通知你了/너무 급박하게 떠나느라 네게
연락하지 못했다. ◇天太冷，~我不去了/
날씨가 너무 추워서 나는 가지 않겠다.
비교所以:因此 "所以"는 원인을 나타내
는 접속사로 쓰지 않는다. ◇现在对失足
青年提倡以教育为主，(×所以)因此青少年
犯罪率减少/지금은 비행 청소년에게 교
육위주로 하자고 제창했기 때문에 청소
년 범죄율이 감소되었다. b)〈文〉'…(之)
所以…，是因为〔由于〕…'의 형태로, 그 원
인이나 이유를 설명함. ◇这部小说之~畅
销，是因为情节吸引人/이 소설이 잘 팔리
는 까닭은 줄거리가 멋있기 때문이다. c)
'…，是…所以…的原因'의 형태로, 앞부분
에 먼저 어떤 사실을 서술하고 그것이 뒤
에 오는 사실의 원인이 됨을 나타냄. ◇
我和他一起工作过，这就是我~对他比较
熟悉的原因/나는 그와 같이 근무를 했었
는데 이것이 바로 내가 그를 잘 아는 원
인이다. 2접〈口〉그러므로. 〔단독으로 쓰
여 독립된 문장을 이룸〕3명이유. 원인.
까닭. 연고.

【所以然－이연】 suǒyǐrán 명그렇게 된 까닭.

★【所有－유】 suǒyǒu 1명동소유(하다). ◇这
些乐器属于学校~/이 악기들은 학교의 소
유로 되어 있다. 2명소유물. 3형모든. 일
체의. ◇~进口电视机都卖完了/모든 수
입 TV가 모두 다 팔렸다.

＊【所有权－유권】 suǒyǒuquán 명소유권.

＊【所有制－유제】 suǒyǒuzhì 명〈經〉소유제.

＊＊【所在－재】 suǒzài 명1장소. 곳. ◇那是个风
景优美的~/거기는 경치가 아름다운 곳
이다. 2소재. …이 있는 곳. ◇病因~/병
인이 존재하는 곳.

【索】 十部 糸部 suǒ
8画 4画 노 삭, 찾을 색

1명굵은 밧줄. 로프(rope). ◇船~/뱃줄.
2동찾다. 탐색하다. ◇搜/~수색하다. ◇
遍~不得/두루 찾아 보았으나 찾아내지
못하다. 3동요구하다. 달라고 하다. ◇~
债/빚을 독촉하다. 4무홀로. 외로이. ◇
离群~居/무리와 떨어져 홀로 지내다. 5
형적막하다. 따분하다. 6(Suǒ)명성(姓).

【索道－도】 suǒdào 명삭도. 로프웨이.

【索贿－회】 suǒ//huì 동뇌물을 요구하다.
(反)〔廉洁 liánjié〕

【索价－가】 suǒjià 1동값을 부르다. 2명부르
는 값. (同)〔要 yào 价〕, (反)〔出 chū 价〕

【索寞－막】 suǒmò 형1〈文〉의기 소침하다.
2쓸쓸하다.

【索赔－배】 suǒpéi 1동손해 배상을 요구하다.
2명클레임(claim)(을 청구하다).

【索取－취】 suǒqǔ 동청구하다. 달라고 하
다. (同)〔讨 tǎo 取〕, (反)〔给予 jǐyǔ〕

【索然－연】 suǒrán 형〈文〉삭막하다. 흥미가
없는 모양. (同)〔淡薄 dànbó〕, (反)〔浓
厚 nónghòu〕

【索索－삭】 suǒsuǒ 1무서워 벌벌 떠는 모
양. 2의사락사락. 〔나뭇잎이 흔들리는 소리〕

＊【索性－성】 suǒxìng 무차라리. 아예. ◇这
么多活儿今天是干不完了，~早点收工休
息，明天再接着干/이렇게 많은 일을 오늘
다할 수 없으니 차라리 좀 일찍 끝내서
쉬고 내일 다시 계속하자. 비교索性:根
本:任性 ①가능보어를 갖는 동사는 "索
性"의 수식을 받지 않는다. ◇今天忙得不
得了，这件事(×索性)根本做不完/오늘은
너무 바빠서 이 일은 전혀 끝낼 수 없다.
②"索性"은 관형어로 쓰이지 않는다. ◇
他是(×索性)任性的人，我怎么说他也不
同意/그는 제멋대로인 사람이라 내가 뭐
라고 해도 그는 동의하지 않았다.

【索要－요】 suǒyào (同)〔索取 qǔ〕

【索引－인】 suǒyǐn 명색인.

【索子－자】 suǒ·zi 명〈方〉굵은 밧줄이나 굵
은 쇠사슬.

T

tā

★【他】 亻部 | tā
3画 | 남 **타**, 다를 **타**

代 **1**그. 그 남자. ◇～的未婚妻考上了研究生/그의 약혼녀가 대학원에 합격했다. 比較他:自己 행위자와 대상자가 같은 인물일 경우 대상자인 목적어에는 "他"를 쓰지 않는다. ◇这个人要求(×他)自己很严格/이 사람은 자신에게 엄격하다. 注意 "他"는 보통 남자를 가리키지만 범칭이나 성별이 분명하지 않을 경우에도 쓰인다. ◇从笔迹上看不出～是男的还是女的/필적으로 볼 때 그 사람이 남자인지 여자인지 모르겠다. ◇一个人要是离开了社会, ～就很难生存下去/사람이 사회를 떠나면 그는 생존하기가 어렵다. **2**동사와 수량사 사이에 두어 어세를 강조함. ◇发了工资, 去买～几瓶香水/월급을 타면 향수를 몇 병 사야겠다. **3**다른 곳. ◇别无～求/더 이상 바랄 것이 없다.

【他妈的一매적】tāmā·de 劚〈罵〉빌어먹을. 제기랄. ◇～我才不干呢!/빌어먹을, 난 안 한다! ◇～!又下雨了!/제기랄! 또 비가 내리는군!

★【他们一문】 tā·men 代그들. 그[저] 사람들. ◇～俩/그들 둘. ◇赵先生, 钱先生～都下班了/조선생과 전선생, 그들은 모두 퇴근했다. 比較他们:它们 동물, 식물을 대신할 때는 "他们"을 쓰지 않는다. ◇公园里的花儿都开了, 大家应该爱护(×他们)它们/공원에 꽃이 다 활짝 피었으니 모두들 꽃들을 아껴야 한다.

【他年一년】tānián 劚(미래의) 어느 해.

＊【他人一인】 tārén 劚타인. 남. (同)〔旁páng人〕, (反)〔自己 zìjǐ〕

【他日一일】tārì 劚〈文〉**1**훗날. 뒷날. **2**전날.

【他杀一살】tāshā 劚〈法〉타살. 살인.

【他山攻错一산공착】tā shān gōng cuò〈成〉타산지석. 다른 산의 돌로 (나의) 옥을 갈 수 있다.〈喩〉남의 장점으로 자신의 단점을 보완한다.

【他乡一향】tāxiāng 劚타향. (同)〔异 yì 乡〕, (反)〔本 běn 乡〕

【他呀一하】tā ya〈口〉그 사람 말이에요. 〔남을 책망하는 말〕◇～! 哼, 就会甜言蜜语/그 사람 말이야, 홍! 감언이설만 할 줄 알아.

★【她】 女部 | tā
3画 | 그녀 **타**

代 **1**그 여자. 그녀. ◇～的丈夫是工人/그녀의 남편은 노동자이다. 比較她:他 사람이 아닌 일반적인 사물은 "她"를 쓰지 않는다. ◇长城真壮观, 我希望每天都能看到(×她)它/만리장성은 정말 장관이다. 난 매일 그것을 볼 수 있기를 희망한다. **2**조국·국기·대지·당기 등에는 "她"를 쓴다. ◇祖国培育了我, ～是我的母亲/조국이 나를 길러 주었다. 조국은 나의 어머니이다.

★【她们一문】 tā·men 代그녀들. 注意 서면어에서 전체가 여성일 때 '她们'을 쓰고, 남녀혼성일 때는 '她们'을 쓰지 않고 '他们'을 쓴다.

★【它(牠)】 宀部 | tā
2画 | 다를 **타**

代그. 저. 그것. 저것. 〔사물이나 동물을 가리킬 때 쓰임〕◇咖啡快凉了, 把～喝了吧/커피가 다 식어가니 그것을 마셔버려라. 比較它:他(她) 사람을 나타낼 때는 "它"를 쓰지 않는다. ◇奶奶对我很好, 我很喜欢(×它)她/할머니가 나에게 잘해주셔서 난 그녀를 좋아한다.

★【它们一문】 tā·men 代그것들. 저것들.

【跶(躂)】 足部 | tā
3画 | 끌 **타**

【跶拉一랍】tā·la 劂(신을) 질질 끌다.

【跶拉板儿一랍판아】tā·labǎnr 劚〈方〉나무로 만든 끌신.

【跶拉儿一랍아】tā·lar 劚〈方〉슬리퍼.

【溻】 氵部 | tā
10画 | 젖을 **탑**

劂〈方〉땀이 옷에 배다. 땀에 젖다.

【遢】 辶部 | tā
10画 | 용렬할 **탑**

(同)〔邋 lā 遢〕

＊＊【塌】 土部 | tā
10画 | 낮은 땅 **탑**

劂 **1**무너져 내려앉다. ◇墙～了/담이 무너졌다. ◇地震的时候～了几座楼房/지진이 발생했을 때 집 몇 채가 무너졌다. **2**꺼지다. 움푹 패다. ◇他病了好久, 两腮sāi 都～下去了/그는 오래 병상에 있더니 두뺨이 움푹 들어갔다. **3**안정시키다. 가라앉히다. ◇～下心来/마음을 가라앉히다.

【塌车一차】tāchē 劚〈方〉큰 짐수레.

【塌方一방】tā// fāng **1**劂〈도로·제방·갱도·

터널 등이) 무너지다. **2**(tāfāng)옝사태 (沙汰). 토사 붕괴. ‖(同)〔坍 tān 方〕

【塌架―가】tā∥jià 동1집이 무너지다. **2**봉괴하다. (同)〔倒 dǎo 塌〕, (反)〔耸立 sǒnglì〕

【塌实―실】tā·shi 옝1(작업·학습 태도 따위가) 착실하다. (同)〔踏 tā 实〕, (反)〔马虎 mǎhǔ〕**2**(마음이) 놓이다. 편안하다.

【塌台―대】tā∥tái 동(사업에) 실패하다. 와해하다.

【塌陷―함】tāxiàn 동내려앉다. 함몰하다. (同)〔凹 āo 陷〕〔沉 chén 陷〕, (反)〔隆起 lóngqǐ〕

【塌心―심】tā∥xīn 동〈方〉마음을 안정시키다.

【塌秧―앙】tāyāng (～儿)동1(화초가) 시들다. **2**〈轉〉(사업 등이) 부진하다.

【塌中―중】tāzhōng 옝〈演〉(배우가 나이가 들어) 목소리가 변하는 것.

【褟】 衤部 | tā
10画 | 땀닦을 **탑**
1동〈方〉(가선·레이스 따위를) 달다. **2**옝속옷.

【踏】 足部 | tā
8画 | 밟을 **답**
＊＊【踏实―실】tā·shi (同)〔塌 tā 实〕, (反)〔马虎 mǎhǔ〕

tǎ

【溚】 氵部 | tǎ
9画 | 타르 **탑**
옝〈音〉타르(tar). 〔'焦油 jiāoyóu'의 구칭〕

☆【塔】 土部 | tǎ
9画 | 탑 **탑**
옝1탑. ◇宝～/보탑. **2**탑 모양의 물건. ◇灯～/등대. **3**(Tǎ)성(姓).

【塔吊―조】tǎdiào 옝탑형 기중기. 크레인.

【塔顶―정】tǎdǐng 옝탑 꼭대기.

【塔灰―회】tǎhuī 옝〈方〉천장이나 벽에 늘어진 먼지나 그을음.

【塔吉克族―길극족】Tǎjíkèzú 옝〈民〉타지크족. 〔중국 소수 민족의 하나. 주로 신강(新疆)위구르 자치구에 거주함〕

【塔架―가】tǎjià 옝(가선용의) 철탑.

【塔楼―루】tǎlóu 옝1고층 주택. **2**(본 건물에 붙인) 작은 탑.

【塔轮―륜】tǎlún 옝〈機〉단차(段車). 계단식 피대바퀴.

【塔塔尔族―탑이족】Tǎtǎ'ěrzú 옝〈民〉신강(新疆)에 분포되어 있는 타타르족.

【塔台―대】tǎtái 옝〈航〉관제탑.

【獭·獺】 犭部 | tǎ
13画 | 물개 **달**

옝〈動〉수달·해달·마르모트 따위의 총칭.

【獭祭―제】tǎjì 옝〈文〉1수달이 잡은 물고기를 제물처럼 늘어놓는 것. **2**〈喩〉고사성어나 전고(典故)를 과다하게 나열하는 것을 비유. (同)〔堆砌 duīqì〕, (反)〔简明 jiǎnmíng〕

tà

【拓(搨)】 扌部 | tà
5画 | 주울 **탁**
동탁본하다. ⇨把碑文～下来/비문을 탁본해놓다. ⇒tuó

【拓本―본】tàběn 옝탁본. 탑본.

【拓片―편】tàpiàn 옝탁본편(搨本片).

＊＊【踏】 足部 | tà
8画 | 밟을 **답**
동1(발로) 밟다. ◇他～了地雷/그는 지뢰를 밟았다. **2**(현장을) 답사하다.

【踏板―판】tàbǎn 옝1발판. **2**(同)〔踏脚板〕**3**(기계·자전거의) 페달. **4**(同)〔脚 jiǎo 蹬板(儿)〕

【踏步―보】tàbù 1동동제자리 걸음(하다). **2**옝〈方〉계단.

【踏春―춘】tàchūn 동봄에 교외로 놀러가다.

【踏访―방】tàfǎng 동현장 답사하다.

【踏歌―가】tàgē 옝발로 박자를 맞추며 부르는 소수민족의 가무.

【踏勘―감】tàkān 동1(토목 공사의 설계 등에 앞서) 현지 조사〔답사〕하다. **2**사고 현장을 조사하다.

【踏看―간】tàkàn 동현장 조사하다.

【踏青―청】tàqīng 옝봄날 청명절(清明節)을 전후하여 교외로 소풍나가는 것.

【踏月―월】tàyuè 동〈文〉달밤에 거닐다.

【踏足―족】tàzú 동발을 들여 놓다. ◇～社会/사회에 발을 들여 놓는다. (同)〔涉 shè 足〕

【嗒】 口部 | tà
9画 | 생각잊을 **탑**

【嗒然―연】tàrán 옝〈文〉시무룩하다.

【嗒丧―상】tàsàng 동낙망하다. 맥이 탁 풀리다.

【榻】 木部 | tà
10画 | 자리 **탑**
옝좁고 길며 비교적 낮은 침대. ◇竹～/대나무 침대.

【蹋】 足部 | tà
10画 | 제기찰 **답**
동1밟다. **2**〈文〉차다.

tāi

【台】 厶部 | 口部 | tāi
3画 | 2画 | 별 **태**

T

［苔］　艹部｜tāi
5画｜이끼 **태**
(同)〔舌 shé 苔〕⇒tái

［胎］　月部｜tāi
5画｜삼 **태**

1명태아. ◇怀～/임신하다. **2**양임신이나 출산의 차수(次數). ◇头～/첫임신. **3** (～儿)명(옷·이불에 끼운) 속. 심. ◇棉花～/솜으로 된 속. **4**(～儿)명(어떤 기물의) 원형. 바탕. ◇泥～儿/빚어만 놓고 아직 굽지 않은 도자기〔질그릇〕. **5**명타이어. ◇车～/차바퀴.

【胎动－동】tāidòng 명통〈生理〉태동(하다).
【胎毒－독】tāidú 명〈中醫〉**1**태아가 태내에서 받은 젖먹이가 병독. **2**태독. 젖먹이의 일종의 피부병.
【胎儿－아】tāi'ér 명태아.
【胎发－발】tāifà 명태발. 배냇머리.
【胎教－교】tāijiào 명태교.
【胎具－구】tāijù 명**1**거푸집. 주형(鑄型). 틀. **2**(규격이나 모양에 따라 만든) 모형.
【胎里素－리소】tāi·lǐsù 명선천적으로 채식만 하는 사람.
【胎毛－모】tāimáo 명**1**(同)〔胎发 fà〕 **2**갓 태어난 포유 동물의 몸에 난 털.
【胎盘－반】tāipán 명〈生理〉태반.
【胎气－기】tāi·qi 명태기.
【胎儿－아】tāir 명**1**(어떤 기물의) 원형. 바탕. **2**(옷에 넣는) 속. 심. ⇒tāi'ér
【胎生－생】tāishēng 명〈生〉태생.
【胎位－위】tāiwèi 명〈醫〉태위. 자궁에서의 태아의 위치와 자세.
【胎衣－의】tāiyī (同)〔胞 bāo 衣〕

tái

☆**［台·臺·颱］**　厶部｜tái
3画｜집 **대**

1명대. 높고 위가 평평한 건물. ◇楼～/발코니. 망루. **2**명단. 무대. ◇請代表们上～/대표들은 단상에 오르세요. **3**명받침대. 받침대 구실을 하는 것. ◇锅～/부뚜막. **4**(～儿)명〔단〕모양의 건조물. ◇井～/우물 돈대. 우물 둔덕. **5**양대. 편. 회. 차례. 〔기계·차량 따위나 연극의 공연 따위를 셀 때 씀〕 ◇一～电冰箱/냉장고 한 대. ◇那～戏只排了两个星期/그 전통극은 2주만 연습했다. 비교台:辆 "自行车"의 양사는 "台"를 쓰지 않는다. ◇旧自行车卖了, 买了(×台)辆新的/낡은 자전거는 팔고 새것을 한 대 샀다. **6**명탁

자. 작업대. 탁자와 비슷한 기물. ◇写字～/(사무용) 책상. **7**(敬)당신. 귀하. 〔상대방과 관련된 동작에도 쓰임〕 ◇兄～/귀형. **8**(Tái)명(略)〈地〉대만(臺灣). **9**명(喩)관직. ◇他没当几天厂长就被赶下～了/그는 공장장이 된 지 몇 일도 안 돼 쫓겨났다. **10**명태풍. **11**(Tái) 명성(姓). ⇒tāi

【台本－본】táiběn 명대본. 시나리오.
【台布－포】táibù 명탁자보. 식탁보.
【台步－보】táibù (～儿)〈演〉무대 위에서의 걸음걸이.
【台秤－칭】táichèng 명**1**앉은 저울. (同)〔磅 bàng 秤〕 **2**〈方〉(주로 가게에서 사용하는 작은) 탁자용 저울. 지시 저울.
【台词－사】táicí 명〈演〉대사.
【台灯－등】táidēng 명탁상용 전등.
【台地－지】táidì 명〈地質〉대지.
【台端－단】táiduān 명댁. 귀하.
*【台风－풍】táifēng 명〈天〉태풍.
【台风儿－풍아】táifēng 명배우가 무대에 섰을 때 관객에게 주는 느낌. 무대매너 (stage manner).
【台甫－보】táifǔ 명〈敬〉아호. 성함.
【台驾－가】táijià 명**1**귀하〔당신〕의 탈것. **2**〈轉〉귀하. 당신.
【台鉴－감】táijiàn 명〈牘〉태감. 태람(臺覽). 〔글이나 그림 같은 것을 보낼 때 살펴어 보시라는 뜻으로 쓰이는 말〕
*【台阶－계】táijiē (～儿)명**1**(현관 앞의) 돌계단. 층계. ◇不小心, 孩子从～上摔了下来/애가 조심하지 않아 계단에서 떨어졌다. **2**(喩)곤란한 처지에서 벗어나게 해주는 기회〔여지〕. ◇想尽一切办法找～儿下来/온갖 방법을 강구하여 (곤경에서) 벗어날 기회를 찾다.
【台历－력】táilì 명탁상용 달력.
【台面－면】táimiàn 명〈方〉**1**공개석상. ◇让他把那个问题拿到～上说/그로 하여금 그 문제를 공개석상에 말하라고 한다. **2**도박할 때 판의 총액수.
【台盘－반】táipán 명〈方〉**1**연회석. **2**공개석상. 사교장.
【台钳－겸】táiqián 명〈機〉바이스(vice). (同)〔老虎 lǎohǔ 钳〕
【台球－구】táiqiú 명**1**당구. **2**당구공. **3**탁구.
【台湾－만】Táiwān 명〈地〉중국 동남 연해에 있는 가장 큰 섬. 대만.
【台钟－종】táizhōng 명〈方〉탁상 시계.
【台柱子－주자】táizhù 명〈옛날, 극단의〕 간판 배우. 대들보. 기둥.
【台子－자】tái·zi 명**1**탁구대·당구대 따위. **2**〈方〉탁자. 책상. **3**〈口〉(공공 장소의)대. 단. 무대.

【苔】 艹部 5画 | tái | 이끼 태
名〈植〉이끼. ⇒tāi
【苔鲜植物－선태식물】 táixiǎn zhíwù 名〈植〉 선태 식물.

★【抬(擡)】 扌部 5画 | tái | 들 대
1動들다. 쳐들다. 들어올리다. ◇～头/머리를 들다. ◇～腿/다리를 들다. 2動〈물가를〉인상하다. ◇上级有指示, 不能随意～价/상부의 지시가 있어 가격을 임의로 인상해서는 안 된다. 3動맞들다. ◇两个人一了一台电视机就走了/두 사람이 TV 한 대를 들고 가버렸다. 4動〈方〉말다툼하다. 언쟁하다. ◇两个人激烈地～着/두 사람이 격렬하게 언쟁하고 있다. 5양짐. 〔두 사람이 들 수 있는 양〕
【抬爱－애】 tái·ài 動보살피다.
【抬秤－칭】 táichèng 名큰 저울.
【抬杠－강】 tái//gàng 動1〈口〉말다툼하다. 언쟁하다. ◇他俩抬起杠来就没完/그 두 사람은 말다툼만 하면 끝이 없다. 2(옛날) 관을 메다.
【抬肩－견】 tái·jian 名소매의 어깨 부분에서 겨드랑이 부분까지의 칫수. (反)〔杀价 shājià〕
【抬轿子－교자】 tái jiào·zi 아첨하다.
【抬举－거】 tái·ju 動〈사람을〉발탁하다. 밀어주다. 칭찬하다. ◇我在～他, 他反而不识～/나는 그를 밀어 주고 있는데 그는 오히려 이것을 알아주지도 않았다.
【抬裉－궁】 táikèn (同)〔抬肩 jiān〕
【抬手－수】 táitái shǒu (同)〔高抬贵手 gāo tái guì shǒu〕
【抬头－두】 tái//tóu 動머리를 들다. ◇～一看/머리를 들어 본다. (同), (反)〔低 dī 头〕
【抬头－두】 táitóu 1動(옛날, 서신·공문 따위에서 상대방의 이름을 언급할 때 존경의 뜻으로) 행을 바꾸어 쓰다. 새줄을 잡다. 2名(수취서 따위의) 수취인의 이름을 쓰는 난 ⇒tái//tóu
【抬头纹－두문】 táitóuwén 名이마의 주름살.

【炱】 火部 5画 | tái | 거림 태
名그을음. ◇煤～/석탄이 태우는 그을음.

【鲐(鮐)】 鱼部 5画 | tái | 복 태
名〈魚介〉1고등어. 2복어.
【鲐鱼－어】 táiyú 名〈魚介〉고등어.

【臺】 士部 11画 | tái | 대 대
1(同)〔台 tái〕 2(tái)名성(姓).

【薹】 艹部 14画 | tái | 장다리 대
名1〈植〉삿갓사초. 2장다리. 종대.

tǎi

【呔(畲,嘥)】 口部 4画 | tǎi | 근수 태
動〈方〉다른 지방 말씨를 쓰다.

tài

★【太】 大部 1画 | tài | 클 태
1形크다. 높다. 2副극히. ◇～古/태고. 3形항렬이 2대 위인 사람에 대한 존칭. 4副지나치게. 몹시. 〔정도가 기준한도를 넘는 것을 나타내며 주로 이상적이지 않거나 여의치 않은 일에 쓰임〕 ◇你车开得～快, 不安全/당신은 차를 너무 빨리 몰아서 위험해요. ◇那～过分了/그건 너무 지나치다. 比较太:非常:很 1〕일반적인 서술 또는 객관적인 묘사일 때는 "太"를 쓰지 않는다. ◇羽毛球比赛引起了(×太)非常大的争论/베드민턴 경기는 몹시 큰 논쟁을 불러 일으켰다. ◇植物园有(×太)很多种树/식물원에는 많은 종류의 나무가 있다. 2〕"很"은 객관적인 서술에 쓰이며, "太"는 주관적인 감정을 나타내는 경우에 쓰인다. ◇妈妈嫌 xián她儿子的头发(×很)太长/어머니는 자기 아들의 머리카락이 너무 길어서 싫어한다. 注意비교문에는 "太"를 쓰지 않는다. ◇我比他说得(×太)慢/나는 그보다 느리게 말한다. ◇英文没有中文(×太))那么难/영어는 중국어만큼 어렵지 않다. 5副아주. 극히. 〔칭찬에 쓰이며 문말에 어기 조사 "了"가 옴〕 ◇她的发音～好了/그녀의 발음은 아주 좋다. ◇又见到您, ～高兴了/당신을 다시 만나게 되어 대단히 기쁩니다. 6副(부정 부사가 앞에 와서) 매우. ◇不～好/별로 좋지 않다. ◇不～够/좀 모자란다. 7(Tài)名성(姓).
【太白星－백성】 tàibáixīng 名〈天〉태백. 태백성(太白星). 〔금성의 옛이름〕
【太半－반】 tàibàn 태반. 대부분.
【太仓一粟－창일속】 tài cāng yī sù 〈成〉큰 창고 안의 곡식 한알. 〈喩〉극히 작아 보잘것 없는 것.
【太阿倒持－아도지】 Tài'ē dào chí 〈成〉보검(寶劍)을 거꾸로 잡다. 남에게 권력을 양보하여 오히려 자신이 화를 당하다.
【太公－공】 tàigōng 名〈方〉증조부.
【太古－고】 tàigǔ 名태고. 상고.

T

【太后—후】tàihòu 图(황)태후.

【太极—극】tàijí 图태극. 태초.

【太极拳—극권】tàijíquán 图(중국의 전통 무술) 태극권.

【太监—감】tàijiàn 图환관. 내시.

＊【太空—공】tàikōng 图매우 높은 하늘. 우주.

【太牢—뢰】tàiláo 图1제사 때 쓰는 소·양·돼지의 3가지 희생. 2제물로 오른 소. 3진수성찬.

【太庙—묘】tàimiào 图왕실의 종묘.

【太那个了—나개료】tài nàge le 〈口〉너무 좀 그렇다. 〔상대방이 어떤 면에 너무 지나치다고 불만을 나타내는 말〕◇你平时打扮的～/너는 평소에 차림새가 너무 좀 그렇다. (同)〔有点那个 yǒudiǎn nàge〕

＊【太平—평】tàipíng 图태평하다. 평안하다. ◇天下～/천하가 태평하다. (同)〔升 shē-ng 平〕, (反)〔动荡 dòngdàng〕

【太平鼓—평고】tàipínggǔ 图1무도용(舞蹈用) 타악기의 일종. 2주로 북소리에 맞추어 여자들이 추던 민간 춤의 일종.

【太平间—평간】tàipíngjiān 图(병원의) 영안실.

【太平龙头—평용두】tàipíng lóngtóu 图소화전. 방화전.

【太平门—평문】tàipíngmén 图비상구.

【太平梯—평제】tàipíngtī 图비상 계단. 비상용 사다리.

【太平洋—평양】Tàipíngyáng 图〈地〉태평양.

【太婆—파】tàipó 图〈方〉증조모.

【太上皇—상황】tàishànghuáng 图1〈敬〉태상황. 상황. 2〈喩〉막후의 실권자.

【太甚—심】tàishèn 图너무 심하다.

【太师椅—사의】tàishīyǐ 图등널과 팔걸이가 있는 구식 나무의자.

【太岁头上动土—세두상동토】tàisuì tóu·shang dòng tǔ 〈喩〉권세있는 사람을 건드리다.

☆【太太—태】tài·tai 图1마님. 〔옛날, 관리의 부인에 대한 통칭. 하인이 지주나 관료의 여주인을 부르는 호칭〕◇～有什么吩咐吗?/마님 무슨 분부가 계십니까? 2〈敬〉부인. ◇王～有什么困难?/왕씨 부인에게 무슨 어려움이 있나요? 3처. 아내. 〔다른 사람의 처나 자기 아내를 부르는 말〕◇你～病好些了吧?/당신 부인의 병이 많이 좋아지셨죠? 4〈方〉증조모(曾祖母) 또는 증조부.

【太息—식】tàixī 图〈文〉한숨(쉬다). 탄식(하다).

★【太阳—양】tàiyáng 图1태양. 해. (反)〔月亮 yuèliang〕2햇빛. 일광. 3〈略〉'太阳穴'(태양혈)의 준말.

【太阳灯—양등】tàiyáng dēng 图〈醫〉적외선 전구.

【太阳地儿—양지아】tàiyángdìr 图양지. 양지 바른 곳.

【太阳电池—양전지】tàiyáng diànchí 图태양 전지.

【太阳黑子—양흑자】tàiyáng hēizǐ 图〈天〉태양 흑점.

【太阳镜—양경】tàiyángjìng 图선글라스(sunglass).

【太阳历—양력】tàiyánglì 图양력(陽曆).

【太阳炉—양로】tàiyánglú 图태양로. 태양고온로.

＊【太阳能—양능】tàiyángnéng 图〈物〉태양 에너지.

【太阳年—양년】tàiyángnián 图〈天〉태양년. 회귀년(回歸年).

【太阳窝—양와】tàiyángwō (同)〔太阳穴 xué〕

【太阳系—양계】tàiyángxì 图〈天〉태양계.

【太阳穴—양혈】tàiyángxué 图〈中醫〉태양혈.

【太爷—야】tàiyé 图조부. 할아버지. 〈方〉증조부.

【太医—의】tàiyī 图1황실의 의사. 시의(侍醫). 2〈方〉의사.

【太阴—음】tàiyīn 图〈方〉달. (同)〔月亮 yuèliang〕, (反)〔太阳 tàiyáng〕

【太阴历—음력】tàiyīnlì 图음력.

【太子—자】tàizǐ 图황태자.

【汰】 氵部 tài
4画 사치할 태
图도태하다. 없애다. ◇裁～/(인원 따위를) 감축하다. 제거하다.

【态·態】 心部 tài
4画 모양 태
图1모양. 형태. 상태. 생김새. ◇形～/형태. 2〈言〉태. 〔문중에서 동사가 나타내는 동작과 주어와의 관계. 그 예로, 능동태, 피동태〕

★【态度—도】tài·dù 图1(사람의) 표정. 몸가짐. ◇～诚恳/표정이 진지하다. ◇你的～的好环, 直接影响着与他人的交往/너의 몸가짐의 좋고 나쁨이 타인과의 교제에 직접적인 영향을 미친다. 2태도. 자세. 입장. ◇端正～/태도를 바로 잡는다. ◇～坚定/입장에 흔들림이 없다.

【态势—세】tàishì 图태도나 자세. 형세.

【肽】 月部 tài
4画 펩타이드 태
图〈化〉펩타이드(peptide).

【钛·鈦】 钅部 tài
4画 티타늄 태
图〈化〉티타늄(Ti).

【泰】 水部 tài
5画 클 태
1图편안하다. 태평하다. 안정되다. ◇国

～民安/国泰 민안. 2⟨早⟩지극히. 몹시. 가
장. 3(Tài)⟨명⟩성(姓).
【泰斗－두】tàidǒu ⟨명⟩⟨略⟩태산 북두. 태두.
권위자. 대가.
*【泰然－연】tàirán ⟨형⟩태연하다. 천연스럽다.
【泰然自若－연자약⟩】tài rán zì ruò ⟨成⟩태
연 자약하다. (同)〔处之泰然 chǔ zhī tài-
irán〕, (反)〔惊慌失措 jīng huāng shī
cuò〕
【泰山－산】tàishān ⟨명⟩1(山东에 있는) 태
산. 2⟨喩⟩위대한 사람이나 사물. (反)
〔鸿毛 hóngmáo〕3⟨转⟩장인(丈人).
【泰山北斗－산북두】tài shān běi dǒu (同)
〔泰斗〕
【泰山压顶－산압정】tài shān yā dǐng ⟨成⟩
압력이 대단하다. (反)〔以卵击石 yǐ luǎn
jī shí〕
【泰西－서】Tàixī ⟨명⟩서양.

坍 943	贪 943	怹 943	滩 943	摊 944
瘫 944	坛 944	昙 944	谈 944	痰 945
弹 945	覃 945	谭 945	潭 945	燂 945
檀 945	忐 946	坦 946	袒 946	钽 946
毯 946	叹 946	炭 946	碳 946	探 947

tān

【坍】土部 tān
4画 물이 언덕칠 담
⟨동⟩무너지다. 무너져 내리다. (同)〔塌 tā〕,
(反)〔竖 shù〕
【坍方－방】tān∥fāng (同)〔塌 tā 方〕
【坍圮－비】tānpǐ ⟨文⟩무너지다.
【坍缩星－축성】tānsuōxīng ⟨명⟩⟨天⟩블랙 홀.
(同)〔黑洞〕
【坍塌－탑】tāntā ⟨동⟩붕괴되다. 무너지다.
(同)〔倒 dǎo 塌〕, (反)〔耸立 sǒnglì〕
【坍台－태】tān∥tái ⟨동⟩⟨方⟩1(사업이나 일
이) 실패하다. 망하다. 2체면을 잃다. 창
피를 당하다. (同)〔丢脸 diūliǎn〕, (反)
〔光荣 guāngróng〕
【坍陷－함】tānxiàn ⟨동⟩내려앉다. 함몰하다.
(同)〔塌陷〕

*【贪·貪】贝部 tān
4画 탐할 탐
⟨동⟩1(남의 금전·물품 따위를) 탐하다. 2
탐내다. ◇～色/여색을 탐하다. ◇他～
吃, 这回把肚子吃坏了/그는 먹는 것에 욕
심을 내더니 이번에 배탈이 났다. 3갈구
하다. 추구하다.
【贪杯－배】tānbēi ⟨동⟩⟨文⟩술을 몹시 좋아
하다.
【贪财－재】tān∥cái ⟨동⟩재물을 탐내다.

【贪得无厌－득무염】tān dé wú yàn ⟨成⟩한
없이 욕심을 부리다.
【贪官－관】tānguān ⟨명⟩탐관. (同)〔赃 zā-
ng 官〕, (反)〔清 qīng 官〕
【贪官污吏－관오리】tān guān wū lì ⟨成⟩
탐관 오리.
【贪贿－회】tānhuì ⟨동⟩뇌물을 바라다. (反)
〔廉洁 liánjié〕
【贪婪－람】tānlán ⟨형⟩1매우 탐욕스럽다. ◇
他～地望着那些珠宝/그는 그 보석들을
탐욕스럽게 바라보고 있다. 2만족할 줄
모르다.
【贪恋－련】tānliàn ⟨동⟩연연해하다. 몹시 그
리워하다. ◇她～外国生活/그 여자는 외
국생활을 몹시 그리워하다.
【贪墨－묵】tānmò (同)〔贪污 wū〕
【贪青－청】tānqīng ⟨명⟩⟨农⟩농작물이 누렇
게 익을 때가 되어도 줄기와 잎에 녹색을
띠는 현상.
【贪色－색】tānsè ⟨동⟩여색을 탐하다.
【贪生怕死－생파사】tān shēng pà sǐ ⟨成⟩
죽음을 두려워하다. 비겁하다. (反)〔舍生
忘死 shě shēng wàng sǐ〕
【贪天之功－천지공】tān tiān zhī gōng ⟨成⟩
자연적으로 그리된 것을 마치 자기공인
것처럼 하다. 남의 공적을 자기의 공적인
양하다.
【贪图－도】tāntú ⟨동⟩욕심부리다. 탐내다.
【贪玩(儿)－완(아)】tānwán(r) ⟨동⟩노는 데
만 열중하다.
*【贪污－오】tānwū ⟨명⟩⟨동⟩횡령(하다). (反)
〔廉洁 liánjié〕
【贪心－심】tānxīn 1⟨명⟩탐심. 탐욕. 2⟨형⟩탐욕
스럽다. ◇那个人很～/그 사람은 매우
탐욕스럽다. (同)〔贪婪 lán〕, (反)〔清廉
qīnglián〕
【贪心不足－심불족】tā xīn bù zú ⟨成⟩탐욕
스럽기 한이 없다. (同)〔贪贿无艺 tān
huìwúyì〕, (反)〔廉正自守 lián zhèng zì
shǒu〕
【贪赃－장】tān∥zāng ⟨동⟩(관리가) 뇌물을
받다. (反)〔廉正 liánzhèng〕
【贪嘴－취】tānzuǐ 1⟨형⟩게걸스럽다. 2⟨명⟩먹보.

【怹】心部 tān
5画 그분 탄
⟨대⟩⟨方⟩저분. 그분.

**【滩·灘】氵部 tān
10画 여울 탄
⟨명⟩1사주(砂洲). 물가의 습지. ◇海～/해
변의 모래 사장. 2(강의) 여울. ◇险～/
위험한 여울.
【滩地－지】tāndì ⟨명⟩모래톱. 모래밭.
【滩头－두】tāntóu ⟨명⟩강·호수·해안의 백사장.
【滩涂－도】tāntú (同)〔海 hǎi 涂〕

⁑【摊·攤】扌部 10画 tān 열 **탄**

1[동]늘어놓다. 펼쳐놓다. 벌이다. ◇地方太小～不开/장소가 너무 좁아서 다 펼칠 수 없다. 2(～儿)[명]노점. ◇大大小小的货～儿一个挨一个/크고 작은 노점들이 하나 하나 쭉 줄지어 있다. 3[양]더미. 무더기. ◇一～泥/진흙 한 무더기. 4[동]지지다. 부치다.〔요리법의 하나〕◇早晨～了一个鸡蛋吃/아침에 계란 하나를 지져서 먹었다. 5[동]분배하다. 할당하다. ◇咱们～～看, 一个人要出多少钱/한 사람이 얼마를 내야 하는지, 우리 할당해보자. 6[동](주로 여의치 못한 일을) 당하다. 부딪히다. ◇～上这种事真倒霉!/이런 일에 부딪히다니 참 재수가 없다!

【摊场－장】tān∥cháng [동]수확한 곡식을 건조장에 펴서 말리다.

【摊贩－판】tānfàn [명]노점상.

【摊鸡蛋－계단】tān jīdàn 1[동]계란을 지지다. 2(tānjīdàn)[명]계란 지짐.

【摊开－개】tānkāi [동]크게 벌여 놓다.

【摊牌－패】tān∥pái [동]1(카드놀이 따위에서) 손에 쥔 패를 내보이다. 2〈喻〉(자기의 의견·조건·실력 등을 상대방에게 내보여) 교섭이나 승부를 결(决)하다.

【摊派－파】tānpài [동](임무·기부금 따위를) 균등하게 할당〔분담〕하다.

【摊手－수】tān∥shǒu [동]손을 놓다.

【摊售－수】tānshòu [동]노점상을 하다.

【摊位－위】tānwèi [명](상품 전람회·백화점 따위의) 상품 진열장 자리.

【摊子－자】tān·zi [명]노점.

【瘫·癱】疒部 10画 tān 중풍날 **탄**

[명]〈中醫〉중풍. 반신 불수.

【瘫痪－환】tānhuàn 1[명]〈中醫〉반신 불수. 마비. 중풍. 2[명][동](기구·조직 따위가) 마비(되다).

【瘫软－연】tānruǎn [형]힘이 빠져 비척거리는 모양.

【瘫子－자】tān·zi [명]반신 불수자.

tán

*【坛·壇·5罎】土部 4画 tán 단 **단**

[명]1제단(祭壇). 2흙을 쌓아 한단 높게 만든 단. ◇花～/화단. 3미신 신앙하는 집단이나 비밀 결사 단체. 4(문예·체육 등의) …단. …계. ◇文～/문단. ◇影～/영화계. 5(～儿, ～子)항아리. 단지. ◇酒～/술 항아리.

【坛坛罐罐－단관관】tántán guànguàn [명]각종 가재도구.

【坛子－자】tán·zi [명]항아리.

【昙·曇】日部 4画 tán 날흐릴 **담**

[형]구름이 많이 끼다.

【昙花－화】tánhuā [명]〈植〉우담화.

【昙花一现－화일현】tán huā yī xiàn〈成〉혜성처럼 나타났다 사라지다. (反)〔终古不息 zhōng gǔ bù xī〕

★【谈·談】讠部 8画 tán 말씀 **담**

1[동]이야기하다. 대담하다. 토론하다. ◇他和我～了几件事情/그는 나와 몇가지 일을 토론했다. [비교]谈:说 "나무라다"를 나타내는 경우에는 "谈"을 쓰지 않는다. ◇他刚才又挨妈妈(×谈)说了/그는 방금 또 어머니의 꾸중을 들었다. 2[명]이야기. 말. ◇奇～怪论/기이하고 괴상한 말. 3(Tán)[명]성(姓).

【谈柄－병】tánbǐng [명]1이야깃거리. 화제. 2고대, 담론할 때 손에 들던 총채.

【谈不到－불도】tán bu dào〈口〉…라고 말할 것도 없다. ◇你不怨恨他? 你原谅他么?－～怨恨和原谅/당신은 그를 원망하지 않습니까? 용서하시는 겁니까?－원망과 용서랄 것도 없어요.

【谈不上－불상】tán·bu shàng 말할 나위가 없다. 말할 것까지는 없다. ◇我随便说一说, ～什么讲话/나름대로 말할 뿐이지 연설이라고는 할 수 없다.

【谈到－도】tándào [동](…에 대해) 이야기하다. 언급하다. ◇～自己的事儿/자신의 일에 대해 말했다.

【谈得来－득래】tán·de lái 말이 서로 통하다. ◇你们都是知识分子肯定～/당신들은 모두 지식인이니까 틀림없이 말이 서로 통할 것이다.

【谈得上－득상】tán ·de shàng 말할 수 있다. (反)〔谈不上〕

【谈锋－봉】tánfēng [명]언변. 말주변.

【谈何容易－하용이】tán hé róngyì 말처럼 쉬운 것이 아니다. (反)〔轻而易举 qīng ér yì jǔ〕

【谈虎色变－호색변】tán hǔ sè biàn〈成〉호랑이 말만 해도 얼굴빛이 달라지다. 소문만 듣고도 무서워하다.

☆【谈话－화】tán∥huà [동]담화하다. 이야기하다.〔주로 정치적인 면에 쓰임〕◇你们俩～谈完了吗?/너희 둘은 이야기를 다 나눴니?〔두 사람 이상이 함께 말하는데 쓰이므로 한 사람인 경우는 '谈话'를 쓸 수 없다. ◇他可会(×谈)说话了/그는 참 말을 잘한다〕

【谈话－화】tánhuà [명](정치적) 담화. ◇他

T

在记者招待会上的～内容已登了报/그가
기자회견에서 한 담화내용이 이미 신문
에 나갔다.

【谈恋爱－련애】tán liàn'ài 연애하다. 사랑
을 속삭이다.

＊【谈论－론】tánlùn 명동논의(하다). ◇双
方～了半天, 也没达成协议/쌍방은 한나
절이나 논의해봤으나 협정을 체결하지
못했다. 비교谈论:提 단지 어떤 화제를
제기하는 경우에는 '谈论'을 쓰지 않는다.
◇一(×谈论)提起考试的问题, 我就头疼/
시험에 관한 문제만 거론되면 난 머리가
아프다.

☆【谈判－판】tánpàn 명동담판(하다). 절충
(하다). 협상(하다). ◇和平～/평화담판.
비교谈判:商量 일반적인 문제를 상의할
때는 "谈判"을 쓰지 않는다. ◇我去中国
学习的事儿, 全家人(×谈判)商量了一晚
上/내가 중국에 가서 공부하는 일을 온
가족이 하룻밤 내내 상의했다.

【谈情－정】tánqíng 동사랑을 속삭이다.

＊【谈天－천】tántiān 동한담하다. 잡
담하다. (同)[聊 liáo 天(儿)]

【谈天说地－천설지】tán tiān shuō dì 〈成〉
이것저것 끝없이 잡담하다.

【谈吐－토】tántǔ 명〈文〉(말할 때의) 말투
나 태도.

【谈笑－소】tánxiào 동담소하다.

【谈笑风生－소풍생】tán xiào fēng shēng
〈成〉이야기 꽃을 피우다.

【谈笑自若－소자약】tán xiào zìruò 〈成〉
(주로 위급한 상황에서) 태연하게 이야
기도 하고 웃기도 하다.

【谈心－심】tán// xīn 동마음을 터놓고 이야
기하다.

【谈兴－흥】tánxìng 명이야기하는 재미. 말
하는 흥취.

【谈言微中－언미중】tán yán wēi zhòng
〈成〉완곡한 말로 정곡을 찌르다. (反)
[词不达意 cí bù dá yì]

【谈助－조】tánzhù 명〈文〉이야깃거리. 화제.

【谈资－자】tánzī 명이야깃거리. 화제.

＊【痰】 疒部 | tán
8画 | 담 담
명가래. ◇吐～/가래를 뱉다.

【痰喘－천】tánchuǎn 명〈方〉기관지 천식.

【痰气－기】tánqì 명〈方〉1정신병. 2중풍.

【痰桶－통】tántǒng 명〈口〉통처럼 생긴 타
구(唾具).

【痰盂－우】tányú (～儿)명타구(唾具).

☆【弹·彈】 弓部 | 8画 | 탄환 탄
1동퉁기다. (탄성을 이용하여) 발사하다
[쏘다]. ◇球碰到挡板, 又～回来了/공이

백보드를 맞고 튕겨 나왔다. 2동기계를
이용하여 솜을 타다. ◇她正在～着棉花/
그녀는 지금 솜을 타고 있다. 3동(손가
락으로) 튀기다. 가볍게 털다. ◇身上的
土全～干净了/몸의 흙을 전부 깨끗이 털
어냈다. 4동(악기를) 타다. 커다. 연주하
다. ◇～吉它/기타를 치다. 비교弹:拉:
打 아코디언 탬버린을 연주할 때는 "弹"
을 쓰지 않는다. ◇我会(×弹)拉手风琴/
난 아코디언을 연주할 수 있다. ◇我还会
(×弹)打手鼓呢/난 탬버린도 칠 수 있
다. 5명탄력. 6동규탄하다. ◇讥～/규탄
하다.⇒dàn

【弹唱－창】tán// chàng 1동(악기를 연주
하며) 노래부르다. 병창하다. 2(tánchà-
ng) 명병창.

【弹冠相庆－관상경】tán guān xiāng qìng
〈成〉친구의 임관이나 승진을 축하하다.

【弹劾－핵】tánhé 동탄핵하다.

【弹簧－황】tánhuáng 명용수철. 스프링.

【弹簧秤－황칭】tánhuángchèng 명용수철
저울.

【弹簧门－황문】tánhuángmén 명문에 용
수철이 장치되어 저절로 닫히는 문. 용수
철 장치문.

【弹力－력】tánlì 명〈物〉탄력. 탄성.

【弹射－사】tánshè 동탄력이나 압력 등을
이용하여 쏘다. 2〈文〉지적하다.

【弹跳－도】tántiào 동튀다. 뛰어오르다.

【弹性－성】tánxìng 명1탄(력)성. 2〈喩〉
신축성. 유연성. ◇～外交政策/신축성있
는 외교정책.

【弹压－압】tányā 명동탄압(하다).

【弹指－지】tánzhǐ 명〈喩〉손가락을 튀길
동안의 시간. 아주 짧은 시간.

【弹奏－주】tánzòu 동연주하다.

【覃】 西部 | tán
6画 | 미칠 담
1형〈文〉깊다. ◇～思/깊이 생각하다. 2
(Tán)명성(姓).

【谭·譚】 讠部 | tán
12画 | 말씀 담
1명동말(하다). 이야기(하다). (同)[谈
tán] 2(Tán)명성(姓).

＊【潭】 氵部 | tán
12画 | 연못 담
명1깊은 못. 2〈方〉구덩이.

【潭府－부】tánfǔ 명〈文〉1심연. 2귀댁. [상
대방의 집을 높여 부르는 말]

【燂】 火部 | tán
12画 | 불당길 담
동〈方〉불에 데우다[덥히다].

【檀(杶)】 木部 | tán
13画 | 향나무 단

1〈植〉박달나무. 단향목. **2**(Tán)성(姓).
【檀板－판】tánbǎn 圐민간 타악기의 일종. 〔경극 등에서 반주용으로 씀〕
【檀越－월】tányuè 圐시주. 〔불교용어〕

tǎn

【忐】心部 tǎn 3画 마음허할 탄
【忐忑－특】tǎntè 圐마음이 불안하다. 안절부절 못하다. ◇～不安/마음이 불안하다.

【坦】土部 tǎn 5画 평탄할 탄
圐**1**평탄〔평평〕하다. ◇平～/평탄하다. **2**마음이 편안하다.
*【坦白－백】tǎnbái **1**圐순수하다. 솔직하다. ◇他很～, 没有私心/그는 순수해 사심이 없다. (同)〔坦荡 dàng〕, (反)〔隐讳 yǐnhuì〕 **2**圐(자신의 결점이나 잘못 따위를) 솔직하게 말하다. 죄다 털어놓다. ◇他～了自己的罪行/그는 자신의 죄상을 숨김없이 털어놨다. (同)〔抗拒 kàngjù〕
【坦诚－성】tǎnchéng 圐솔직 담백하다.
【坦荡－탕】tǎndàng 圐**1**평탄하다. **2**(마음에) 순수하다.
【坦缓－완】tǎnhuǎn 圐지세의 경사가 완만하다. (同)〔平 píng 缓〕, (反)〔陡峻 dǒujùn〕
【坦克兵－극병】tǎnkèbīng 圐〈軍〉탱크 부대〔병사〕.
**【坦克－극】tǎnkè 圐〈音〉〈軍〉탱크. 전차.
【坦然－연】tǎnrán 圐마음이 편안한 모양. 사심이 없이 평안한 모양.
【坦率－솔】tǎnshuài **1**圐진솔하다. 담백하다. **2**튀솔직하게.
【坦途－도】tǎntú (同)〔坦道 dào〕, (反)〔险 xiǎn 途〕

【袒(襢)】衤部 tǎn 5画 옷을 벗어멜 단
圐**1**웃통을 벗다. (몸의 일부를) 드러내다. ◇～胸露臂/가슴과 팔을 드러내다. 단정치 못한 차림새. (同)〔裸 luǒ〕, (反)〔遮 zhē〕 **2**감싸다. 비호하다.
【袒护－호】tǎnhù 圐비호하다. 감싸다.
【袒露－로】tǎnlù 圐상반신을 벗다. 드러내다. (同)〔裸 luǒ 露〕, (反)〔遮盖 zhēgài〕

【钽·鉭】钅部 tǎn 5画 탄탈 탄
圐〈化〉탄탈(Ta).

【毯】毛部 tǎn 8画 담요 담
圐담요. 모포. 깔개.
☆【毯子－자】tǎn·zi 圐담요·모포·깔개 따위

의 총칭.

tàn

*【叹·嘆(歎)】口部 tàn 2画 탄식할 탄
圐**1**한숨쉬다. 탄식하다. ◇母亲～了一口气/어머니가 한숨을 내쉬었다. **2**읊다. 읊조리다. ◇咏～/영탄하다. **3**감탄〔찬양〕하다. 칭찬하다. ◇～为奇迹/기적이라고 감탄하다.
【叹词－사】tàncí 圐〈言〉감탄사.
【叹服－복】tànfú 圐탄복하다.
【叹观止矣－관지의】tàn guān zhǐ yǐ 〈成〉감탄해 마지않다.
**【叹气－기】tàn∥qì 圐탄식하다. 한숨쉬다. ◇这几天他老是唉 āi 声～/그는 요며칠 계속 탄식하고 있다.
【叹赏－상】tànshǎng 圐(극구)칭찬하다. 찬양하다.
【叹惋－완】tànwǎn 圐탄식하며 애석해 하다.
【叹为观止－위관지】tàn wéi guān zhǐ (同)〔叹观止矣 yǐ〕
【叹息－식】tànxī 圐탄식하다.
【叹惜－석】tànxī 圐탄식하며 애석해하다.
【叹羡－선】tànxiàn 圐〈文〉감탄하며 부러워하다.

*【炭(炭)】山部 tàn 6画 숯 탄
圐**1**목탄. 숯. **2**까맣게 탄 것. 숯처럼 생긴 것. ◇山查～/산사나무 숯. **3**석탄. ◇挖～/석탄을 캐다.
【炭笔－필】tànbǐ 圐〈美〉소묘용의 목탄.
【炭黑－흑】tànhēi (同)〔碳 tàn 黑〕
【炭化－화】tànhuà 圐탄화(하다).
【炭画－화】tànhuà 圐〈美〉목탄화.
【炭墼－격】tànjī 圐연탄(煉炭).
【炭精－정】tànjīng 圐**1**각종 탄제품의 총칭. 카본. **2**〈方〉인조탄(人造炭)이나 흑연의 총칭.
【炭疽－저】tànjū 圐〈醫〉탄저(병). 탄저열.
【炭盆－분】tànpén 圐목탄을 때는 화로.
【炭窑－요】tànyáo 圐숯가마.

【碳】石部 tàn 9画 탄소 탄
圐〈化〉탄소(C).
【碳黑－흑】tànhēi 圐〈化〉카본 블랙(carbon black).
【碳化－화】tànhuà 圐圐〈化〉건류(하다). (同)〔干馏 gānliú〕
【碳水化合物－수화합물】tànshuǐ huàhéwù 圐〈化〉탄수화합물. 탄수화물.
【碳酸－산】tànsuān 圐〈化〉탄산.

【碳酸气－산기】tànsuānqì 图〈化〉탄산 가
스. 이산화탄소.

☆【探】扌部 | tàn
　　　　8画 | 정탐할 **探**
1图찾다. 탐색하다. ◇湖水的深浅～出来
了吗?/호수의 깊이를 알아 냈나요? 2图
정탐꾼. 3图찾아가다. 방문하다. ◇下月
我也想去～～亲/다음 달에 나도 친지를
방문하고 싶다. 比교探:看 "探"은 대명
사 목적어를 갖지 않는다. ◇我的朋友来
信让我去(×探)看他/내 친구가 편지를
보내 자신을 보러 오라고 했다. 4图(머
리나 상체를) 앞으로 내밀다. ◇他～了好
几回头/그는 머리를 여러번 내밀었다. 5
图〈方〉참견하다. ◇～闲事/쓸데없는 일
에 참견하다.

*【探测－측】tàncè 图图탐측(하다). 측정
(하다). ◇～一下儿湖水有多深/호수가 얼
마나 깊은지 한번 측정해봐라.

【探访－방】tànfǎng 图1취재하러 가다. 탐
방하다. 2방문하다.

【探戈－과】tàngē 图〈音〉〈舞〉탱고.

【探监－감】tàn∥jiān 图감옥에 가서 (주로
친지) 죄수를 면회하다.

【探井－정】tàn∥jǐng 图시추하다. 시굴하다.

【探究－구】tànjiū 图탐구하다.

【探勘－감】tànkān 图조사 측량하다. 탐사
하다.

【探口气－구기】tàn kǒuqi 속을 떠보다. ◇
他想去探一下老师的口气/그는 선생님의
속을 떠보려고 한다. (同)〔探风 fēng〕

【探矿－광】tàn∥kuàng 图탐광하다.

【探骊得珠－려득주】tàn lí dé zhū〈成〉글
이 요점을 찌르고 있다.

【探囊取物－낭취물】tàn náng qǔ wù〈成〉
주머니를 뒤져 물건을 끄집어내다. 식은
죽 먹기다. (同)〔唾手可得 tuò shǒu kě
dé〕, (反)〔来之不易 lái zhī bù yì〕

*【探亲－친】tàn∥qīn 图친척〔가족〕을 방문
하다. 比교探亲:探望 "探亲"은 동목구조
이므로 뒤에 목적어를 가질 수 없다. ◇
因为时间关系我这次没有(×探亲)探望父
母/그는 이번에 시간이 없어서 부모님을
찾아뵙지 못했다.

【探求－구】tànqiú 图탐구하다.

【探伤－상】tàn∥shāng 图(방사선·초음파
따위의 장치를 통해) 금속 내부의 결함
을 검사하다.

【探身－신】tàn∥shēn 图(무언가를 살피려
고) 몸을 앞으로 내밀다.

【探视－시】tànshì 图1찾아가 보다. (병)문
안하다. 2자세히 살피다.

∗∗【探索－색】tànsuǒ 图탐색하다. 찾다. ◇
～真理/진리를 탐색하다.

*【探讨－토】tàntǎo 图图연구 토론(하다).
◇～人生的道路/인생의 행로를 연구 토
론한다.

【探听－청】tàntīng 图탐문하다. 물어보다.

【探头－두】tàn∥tóu 图머리를 내밀다.

*【探头探脑－두탐뇌】tàn tóu tàn nǎo〈成〉
은밀하게 살피다.

*【探望－망】tànwàng 图1보다. 살피다. ◇
我在车站上四处～, 哪儿也找不到那位朋
友/나는 역에서 사방을 둘러 보았지만
그 친구는 어디에도 찾을 수 없었다. 2문
안하다. 방문하다. ◇回国～亲友/귀국해
인척과 친구들을 방문한다.

【探问－문】tànwèn 图1탐문하다. 2안부를
묻다.

【探悉－실】tànxī 图물어서 알다.

【探险－험】tàn∥xiǎn 1图탐험하다. 2(tàn-
nxiǎn)图탐험.

【探询－순】tànxún 图알아보다. 탐문하다.

【探赜索隐－색색은】tàn zé suǒ yǐn〈成〉심
오한 이치를 탐구하다. 깊이 숨어 있는
사적(事跡)을 찾아내다.

【探照灯－조등】tànzhàodēng 图탐조등.

【探子－자】tàn·zi 图1〈早白〉(군대의) 척
후(斥候). 정탐원. 2내부의 물건을 채취·
조사하는 데 쓰이는 관(管)모양의 도구.

tāng

★【汤·湯】氵部 | tāng
　　　　　　3画 | 물끓일 **탕**
图1끓인 물. 2온천. 〔현재는 지명에 많이
쓰임〕3(음식물을 끓인 후 나온) 국물.
◇米～/미음. 4(요리로서의) 탕. 국물.
◇豆腐～/두부탕. 5탕. 탕약. ◇柴胡～/
시호탕. 6(Tāng)图(姓)성(姓).

【汤包－포】tāngbāo 图속에 물기나 육수가
많은 고기소를 넣은 찐만두의 일종.

【汤池－지】tāngchí 图1온천. 2(轉)난공불
락의 성. 견고한 성. 3목욕탕의 욕조.

【汤匙－시】tāngchí 图〈중국식의〉국숟가
락. 〔손잡이가 짧고 중앙에 파인 곳이 깊
고 보통 사기로 만듦〕

【汤罐－관】tāngguàn 图'炉灶'(중국식 부
뚜막)에 묻어놓고 물을 끓이는 독.

【汤锅－과】tāngguō 图1국솥. 2털을 뽑기
위해 도축한 잠깐 삶는 솥.

【汤剂－제】tāngjì 图〈中醫〉탕제.

【汤面－면】tāngmiàn 图탕면. 국에 만 국수.

【汤壶－호】tānghú 图탕파. 〔금속, 도기,
고무 등으로 만든 물을 담아 이부자리를
데울 때 쓰는 기구〕

【汤婆子－파자】tāngpó·zi (同)〔汤壶 hú〕

【汤泉－천】tāngquán 图옛날, '温泉'(온

천)을 이르던 말.

【汤水－수】tāngshuǐ 圐1국. 2끓인 물. 뜨거운 물.

【汤头－두】tāngtóu 圐〈中醫〉약방(藥方).

【汤团－단】tāngtuán (同)〔汤圆 yuán〕

【汤碗－완】tāngwǎn 圐국사발.

【汤药－약】tāngyào 圐〈中醫〉탕약. 달여 먹는 한약.

【汤圆－원】tāngyuán 圐중국 구정 때 먹는 새알심 비슷한 모양의 식품.

【锡・錫】 钅部 6画 대패 탕

【锡锣－라】tāngluó 圐〈音〉징의 일종.

【嘡】 口部 11画 북소리 당

圓땅그랑. 팅. 땅땅. 〔종・북소리나 총소리〕◇～～连响了两枪/땅땅 총소리가 두 번 연속났다.

【嘡啷－랑】tānglāng 圓땅그랑.

【镗・鏜】 钅部 11画 북소리 당

'嘡 tāng'과 같음.

【蹚】 足部 11画 미끄러질 당

圄1(얕은 물을) 건너다. ◇～水过河/강물을 건너가다. 2〈農〉갈다. 쟁기질하다. ◇～地/땅을 갈다.

【蹚道－도】tāng// dào (～儿)〈方〉앞길을 살피다. 상황을 알아보다. (同)〔摸情况〕

【蹚浑水－혼수】tāng húnshuǐ 〈方〉남따라 나쁜 짓하다.

【趟】 走部 8画 차례 당, 쟁

'蹚 tāng'과 같음.

【羰】 羊部 9画 카르보닐 탄

〈化〉카르보닐(carbonyl).

【羰基－기】tāngjī 圐〈化〉카르보닐기(carbonyl 基).

táng

【唐】 广部 7画 口部 7画 당나라 당

1圐(말이) 허풍치다. 황당하다. 2圄헛되이. 쓸데없이. 3(Táng)〈史〉요(堯)가 세웠다는 전설상의 나라. 4圐〈史〉당나라. 5圐〈史〉후당. 6圐성(姓).

【唐棣－체】tángdì (同)〔棠 táng 棣〕

【唐花－화】tánghuā 圐온실꽃. (同)〔堂花〕

【唐人街－인가】Tángrénjiē 圐중국인 거리. 차이나타운.

【唐三彩－삼채】tángsāncǎi 圐〈美〉당삼채.

【唐突－돌】tángtū 圐〈文〉당돌하다. 무례하다. 함부로 뛰어들다.

【溏】 氵部 10画 연못 당

【溏便－변】tángbiàn 圐〈中醫〉묽은 똥.

【溏心－심】tángxīn 圐(삶은 달걀・송화단 따위가) 속을 굳히지 않은 것.

【搪】 扌部 10画 막을 당

1圄막다. 저항하다. 2圄얼버무리다. 책임을 회피하다. 발뺌하다. ◇～差事/십부름의 책임을 얼버무리다. 3圄(진흙・도료 따위를) 바르다. 칠하다. ◇～炉子/난로를 바르다. 4圐〈機〉보링(을 하다). 천공(하다). 구멍 절삭 가공(을 하다).

【搪床－상】tángchuáng 圐〈機〉보링 머신. 내면 연삭반.

【搪瓷－자】tángcí 圐법랑. 에나멜.

【搪风－풍】táng// fēng 圄바람을 막다〔가리다〕.

【搪饥－기】táng// jī 圄요기하다. 허기진 배를 채우다.

【搪塞－색】tángsè 圄적당히 얼버무리다. 발뺌하다.

*【塘】 土部 10画 못 당

圐1둑. 제방. ◇海～/방파제. 2못. 저수지. ◇池～/못. 3탕. 욕조. ◇洗澡～/목욕탕. 4〈方〉방바닥을 파서 만든 화로. ◇火～/방바닥을 파서 만든 화로.

【塘堰－언】tángyàn 圐인공저수지.

【餹・餳】 饣部 10画 엿 당

'糖 táng'과 같음.

★【糖(醣)】 米部 10画 사탕 당

圐1〈化〉탄수화물. 2설탕. ◇喝～水/설탕물을 마시다. 3엿. 사탕 과자. 캔디.

【糖弹－탄】tángdàn (同)〔糖衣炮弹〕

【糖房－방】tángfáng 圐설탕・사탕공장.

【糖蕃－감】tángfān (同)〔甙 dài〕

【糖膏－고】tánggāo 圐물엿.

【糖瓜－과】tángguā (～儿)圐맥아당으로 만든 박과 모양의 식품.

*【糖果－과】tángguǒ 圐사탕.

【糖葫芦－호로】tánghú·lu (～儿)圐'山查 zhā'나 '海棠'의 열매를 꼬치에 꿰어, 사탕물을 묻혀 굳힌 과자. (同)〔冰 bīng 糖葫芦(儿)〕

【糖化－화】tánghuà 圐圄〈化〉당화(하다).

【糖浆－장】tángjiāng 圐1〈茶〉시럽(syrup). 2당액(糖液).

【糖精－정】tángjīng 圐〈化〉사카린.

【糖萝卜－라복】tángluó·bo 圐1〈口〉사탕무의 통칭. 2〈方〉홍당무 사탕절이.

【糖蜜－밀】tángmì 〈명〉당밀.

【糖尿病－뇨병】tángniàobìng 〈명〉〈醫〉당뇨병.

【糖人－인】tángrén (~儿)〈명〉설탕을 녹여 모형에 부어 인형이나 동물 모양의 과자.

【糖色－색】tángshǎi 〈명〉설탕을 끓여 황적색이 된 것을 요리 위에 부어 갈색으로 만듦.

【糖霜－상】tángshuāng 〈명〉1음식물 표면에 묻힌 한 겹의 백설탕. 2〈方〉설탕.

【糖水－수】tángshuǐ 〈명〉1설탕물. 2시럽(syrup).

【糖稀－희】tángxī 〈명〉물엿.

【糖衣－의】tángyī 〈명〉〈藥〉당의. 정제(錠劑)에 씌운 사탕 껍질.

【糖衣炮弹－의포탄】táng yī pào dàn 〈成〉사탕을 바른 포탄. 남을 부정에 끌어들이기 위한 뇌물 따위의 수단.

【糖原－원】tángyuán 〈명〉〈化〉글리코겐.

【糖纸－지】tángzhǐ 〈명〉사탕을 싼 도안이 그려져있는 종이.

【塘】虫部 táng 10画 매미 당
〈명〉〈虫〉작은 매미의 일종을 가리킴.

【赯】赤部 táng 10画 얼굴 검붉을 당
〈명〉〈色〉붉은 색.〔사람의 안색에 주로 쓰임〕

【堂】小部 土部 táng 8画 8画 집 당
1〈명〉정방(正房). 원채. 안채. 2〈명〉넓고 큰 방. 홀(hall). ◇课~/강의실. ◇大会~/대회당. 3〈명〉옛날, 관공서의 사무실. 법정. ◇大~/옛날 관청의 법정. 4〈명〉상점의 상호에 붙이는 말. ◇同仁~/동인당.〔북경에 있는 한약방〕5〈명〉일가. 친족. ◇~兄弟/사촌 형제. 6〈명〉대청. 응접실. 7〈양〉시간. 회.〔학교의 수업·법정의 개정 횟수를 세는 데 쓰임〕◇一~课/한 시간(교시) 수업. ◇过了两~/2회 개정을 했다. 8〈양〉조. 세트. 벌. ◇一~家具/가구 한 세트.

【堂奥－오】táng'ào 〈명〉〈文〉1안방의 깊숙한 곳. 2내지. 오지. 중심 인접 지역. (同)〔腹地〕3심오한 이치나 경계.

【堂伯－백】tángbó 〈명〉아버지의 사촌형.

【堂而皇之－이황지】táng ér huáng zhī 〈成〉1(부정적으로 쓰임) 공연하다. 2당당하다. 어엿하다. 떳떳하다. (同)〔鬼鬼祟祟 guǐ guǐ suì suì〕

【堂房－방】tángfáng 〈명〉조부나 증조부가 같은 사촌관계의 친척.

【堂鼓－고】tánggǔ 〈명〉중국의 극(劇)에서 반주에 쓴 큰 북.

【堂倌－관】tángguān 〈명〉옛날, (음식점·다방·주점 등의) 접대원. 종업원.

【堂号－호】tánghào 〈명〉종업원. 대청·친족의 명칭.

【堂花－화】tánghuā (同)〔唐 táng 花〕

【堂皇－황】tánghuáng 〈형〉1웅장하다. 웅대하다. ◇那座公馆富丽~/그 관사는 화려하고 웅대하다. 2당당하다. (反)〔简朴 jiǎnpǔ〕

【堂会－회】tánghuì 〈명〉옛날, (집에서 하는) 축하공연.

【堂姐－저】tángjiě 〈명〉손위의 사촌 누이.

【堂姐妹－저매】tángjiěmèi 〈명〉종자매. (同)〔堂姊妹〕

【堂客－객】táng·ke 〈명〉〈方〉1여자 손님. 2부인. 부녀. 3처. 아내.

【堂上－상】tángshàng 〈명〉1〈敬〉부모. 2옛날의 재판관. 3옛날의 법정.

【堂堂－당】tángtáng 〈형〉1용모가 의젓하다. 2심지와 기백이 있다. 3진용(陣容)이 위풍당당하다. ◇~之师/위풍당당한 진용.

【堂堂正正－당정정】táng táng zhèng zhèng 〈成〉1정정 당당하다. 공명 정대하다. (同)〔光明皇之〕, (反)〔偷偷摸摸 tōu tōu mō mō〕2당당하다. 출중하다. 늠름하다. (反)〔獐头鼠目 zhāng tóu shǔ mù〕

【堂头－두】tángtóu 〈명〉절의 주지. 주지의 거처.

【堂屋－옥】tángwū 〈명〉1안채의 한 가운데 방.〔일종의 응접실〕2정방(正房).

【堂戏－회】tángxì 〈명〉1(개인 집에서 하는) 축하연의 전통극. 2호북지방의 전통극의 일종.

【堂兄弟－형제】tángxiōngdì 〈명〉사촌형제.

【堂侄－질】tángzhí 〈명〉종질. 당질.

【堂侄女－질녀】tángzhí·nü 〈명〉당질녀. 오촌 조카딸.

【堂子－자】táng·zi 〈명〉1청나라때 황제가 조상에게 제사지내던 곳. 2〈方〉옛날, 기생집의 별칭.

【樘】木部 táng 11画 문틀 당
1〈명〉문이나 창의 틀. ◇门~/문틀. 2〈양〉문이나 창을 세는 말〕

【膛】月部 táng 11画 가슴 당
〈명〉1가슴. ◇胸~/흉강. 가슴. 2(~儿)안. 속.〔물건의 빈 속〕

【镗·鏜】钅部 táng 11画 북소리 당
〈명〉〈동〉〈機〉1절삭 가공(하다). 내면 연삭(하다). 2보링(하다). 천공(하다).

【镗床－상】tángchuáng 〈명〉〈機〉보링 머신.

【螳】虫部 táng 11画 버마재비 당
〈명〉〈虫〉버마재비. 사마귀.

【螳臂当车－비당거】táng bì dāng chē

〈成〉사마귀가 앞발을 들어 수레를 막다. 하룻강아지 범 무서운 줄 모르다.

【螳螂－랑】tángláng 명〈虫〉버마재비. 사마귀.

【螳螂捕蝉, 黄雀在后－랑포선, 황작재후】 táng láng bǔ chán, huáng què zài hòu 〈諺〉사마귀가 매미를 잡아먹으려 하는데 그 뒤에서 참새가 사마귀를 잡아먹으려고 하다. 곧 닥칠 위험도 모르고 눈앞의 이익만을 탐하다.

【棠】小部 9画 / 木部 8画 | táng
명1〈植〉팥배나무(열매). 2(Táng)성(姓).

【棠棣－체】tángdì 명〈植〉당체. 산앵도나무.

tǎng

【倘】亻部 8画 | tǎng | 아마 당
접만약. 만일. 〔주로 문어에 쓰임〕 ◇～能参加比赛, 我感到十分高兴/만약 시합에 참가할 수 있으면 아주 기쁘겠죠. (同)〔如果〕

【倘或－혹】tǎnghuò 접만약. (同)〔倘若〕

【倘来之物－래지물】tǎng lái zhī wù〈成〉뜻밖에 생긴 재물. 분수밖의 재물.

【倘然－연】tǎngrán (同)〔倘若〕

**【倘若－약】tǎngruò 접만약〔만일〕…한다면. ◇你～不信, 就亲自去看看吧/당신이 만약 믿지 못하겠다면 직접 가 보시오. (同)〔如果〕 비교倘若:即使 "倘若"는 양보 복문의 접속사로 쓰이지 않는다. ◇(×倘若)即使明天下雨, 我也去你家/설사 내일 비가 오더라도 난 네 집으로 가겠다.

【倘使－사】tǎngshǐ (同)〔倘若〕

【淌】氵部 8画 | 물결 창
동(물·눈물·땀이) 흐르다. 흘러내리다. ◇～眼泪/눈물을 흘리다. ◇～口水/침을 흘리다.

【淌汗－한】tǎng hàn 땀을 흘리다.

【淌血－혈】tǎng xiě 피를 흘리다.

【惝】忄部 8画 | 놀랄 창
'惝 chǎng'의 우음(又音).

★【躺】身部 8画 | 드러누울 당
동1드러눕다. ◇长椅子上～着一个醉汉/벤치에 술에 취한 사람이 누워있다. 2(차량이나 물건 등이) 쓰러지다. 넘어지다. ◇胡同口～着一辆大卡车/골목어귀에 대형 트럭 한 대가 옆으로 넘어져 있다.

【躺柜－궤】tǎngguì 명궤짝. 고리짝.

【躺椅－의】tǎngyǐ 명등받이가 길고 기댈

수 있는 의자.

【傥·儻】亻部 10画 | 얽매이지 않을 당
접…이라면. (同)〔倘〕 2통구애〔구속〕받지 않다. (同)〔倜 tì 傥〕

【傥荡－탕】tǎngdàng 형〈文〉방탕하다.

tàng

☆【烫·燙】火部 6画 | 델 탕
1통(불이나 끓는 물 따위에) 데다. ◇他的手被开水～了/그의 손은 끓는 물에 데었다. 2통(술을) 데우다. 중탕하다. ◇快帮爷爷～～酒去/빨리 가서 할아버지께 술을 데워드려라. 3통다리다. 다리미질하다. ◇我刚～了件大衣/난 방금 외투를 다렸다. 4통뜨겁다. ◇洗澡水太～了/목욕물이 너무 뜨겁다. 5통(머리를) 파마하다. ◇她头发刚～过/그녀의 머리는 금방 파마를 한 것이다.

【烫发－발】tàng//fà 1통머리를 파마하다. 2(tàngfà)명파마한 머리.

【烫花－화】tànghuā (同)〔烙 lào 花〕

【烫金－금】tàngjīn 통금니(金泥)를 박아넣다.

【烫蜡－랍】tàng//là 통밀랍을 입히다.

【烫面－면】tàngmiàn 명뜨거운 물에 반죽한 밀가루.

【烫伤－상】tàngshāng 명통화상(을 입다).

【烫手－수】tàng//shǒu 1통손을 데다. 2형처리하기 어렵다. 뜨거운 감자이다. ◇环保问题很～/환경보호문제가 뜨거운 감자이다.

☆【趟】走部 8画 | 차례 창
양1차례. 번. 〔오고가는 횟수를 나타냄〕 ◇那～车也该进站了/그 차도 들어올 때가 됐다. 주의 방언에서는 이동 외에도 쓰인다. ◇看一～/한번 본다. 비교趟:路 버스 노선은 '趟'을 쓰지 않는다. ◇我是坐33(×趟)路车到学校的/나는 33번 버스를 타고 학교에 왔다. 2행(行). 열(列). ◇跟不上～/행렬을 따를 수 없다. 3줄. ◇几～大字/몇 줄의 큰 글씨.

【趟马－마】tàngmǎ 명중국 전통극에서 말을 탄 장면을 나타내는 연기.

tāo

【叨】口部 2画 | 참람할 도
동은혜를 입다. 신세를 지다. ⇒dāo, dáo

【叨光－광】tāo//guāng 통〈套〉은혜를 입다.

【叩教―교】tāojiào 통〈套〉가르쳐 주셔서 감사합니다. 잘 배웠습니다. (同)〔领 lǐng 教〕

【叩扰―요】tāorǎo 통〈套〉폐를 끼쳤습니다. 환대에 감사합니다. 잘 먹었습니다.

【涛・濤】 氵部 | tāo
7画 | 큰물결 도
명큰 파도[물결]. ◇波～/파도.

【焘・燾】 灬部 | tāo
7画 | 비칠 도
'焘 dào'의 우독[又讀]. 인명에 많이 쓰임.

【绦・縧】 纟部 | tāo
7画 | 띠 조
명(～子)여러 가닥으로 꼬아 만든 끈 〔띠〕. 실로 납작하게 엮은 끈〔띠〕. ◇丝 ～/레이스(lace).

【绦虫―충】tāochóng 명〈動〉촌(백)충. 백충.

【绦子―자】tāo·zi (同)〔绦〕

☆【掏(搯)】 扌部 | tāo
8画 | 두드릴 도
통1꺼내다. 끄집어내다. ◇钱包里的钱～完了, 还是不够买大衣/지갑에 있는 돈을 다 꺼냈는데도 외투를 사기에 부족하다. 비교掏:挑 가늘고 긴 것을 빼내는 것에는 "掏"를 쓰지 않는다. ◇手上有个刺儿, 帮我(×掏)挑出来/손에 가시가 있는데 대신 빼주세요. 2파내다. 후비다. ◇墙角被老鼠～了一个洞/쥐가 담벽 구석을 파서 구멍이 났다. 비교掏:挖:扒 ①'도구로 파다'를 표현하는 경우에는 "掏"를 쓰지 않는다. 用铲 chǎn (×掏)控了一个防空洞/삽으로 방공호를 하나 팠다. ②손·도구로 물건을 긁어 모을 경우에는 "掏"를 쓰지 않는다. ◇他在(×掏)扒草/그는 풀을 긁어모으고 있다. ⇒táo '淘'

【掏底―저】tāo//dǐ 통실정·내막을 알아보다. (同)〔摸 mō 底〕

【掏坏―괴】tāo//huài 통〈俗〉나쁜 짓을 하다.

【掏井―정】tāo// jǐng 통우물을 쳐내다.

【掏窟窿―굴롱】tāo kū·long〈方〉〈轉〉돈을 꾸다. 빚을 지다.

【掏心―심】tāo xīn 내심. 속마음.

【掏腰包―요포】tāo yāobāo 〈口〉1자기돈으로 비용을 지불하다. 2소매치기가 지갑이나 호주머니를 털다.

【滔】 氵部 | tāo
10画 | 물넓을 도
【滔滔―도】tāotāo 형1물이 세차게 흐르는 모양. 2끊임없이 말하는 모양. (同)〔浩浩 hàohào〕, (反)〔涓涓 juānjuān〕

*【滔滔不绝―도불절】tāo tāo bù jué〈成〉말이 거침없이 술술 나오다. ◇口若悬河,～/청산유수와 같이 거침없이 말하다. (同)〔口若悬河 kǒu ruò xuán hé〕, (反)〔张口

结舌 zhāng kǒu jié shé〕

【滔天―천】tāotiān 형1파도가 몹시 거칠다. 2죄악이나 재앙이 크다.

【韬・韜】 韦部 | tāo
10画 | 감출 도
〈文〉1명활집. 칼집. 2통〈喩〉감추다. 숨기다. 3명〈喩〉병법.

【韬光养晦―광양회】tāo guāng yǎng huì 〈成〉재능을 감추고 드러내지 않다. (反)〔露才扬己 lù cái yáng jǐ〕

【韬晦―회】tāohuì (同)〔韬光养晦〕

【韬略―략】tāolüè 명1육도(六韜). 삼략(三略). 〔고대의 병서(兵書)〕 2병법.

【饕】 食部 | tāo
13画 | 탐할 도
통〈文〉(재물·음식 등을) 탐하다.

【饕餮―철】tāotiè 명1전설상의 흉악하고 탐식하는 야수. 2〈喩〉흉악한 사람. 3〈喩〉먹는 것을 밝히는 사람.

táo

【陶】 阝部 | táo
8画 | 질그릇 도
1명토기. 오지 그릇. ◇～器/토기그릇. 2통옹기를 만들다. 질그릇을 굽다. 3통〈喩〉도야하다. 배양하다. 4형기쁘다. 즐겁다. ◇～醉/도취하다. 5(Táo)명성(姓).

*【陶瓷―자】táocí 명도자기.

【陶管―관】táoguǎn 명도관.

【陶冶―야】táoyě〈文〉1명도기를 만드는 녹로. 2통〈喩〉인재를 양성하다.

【陶器―기】táoqì 명도기.

【陶然―연】táorán 형흐뭇하다. 느긋하다.

【陶陶―도】táotáo 형매우 즐겁다.

【陶土―토】táotǔ 명고령토.

【陶文―문】táowén 명〈考古〉도기에 쓰인 문자.

【陶冶―야】táoyě 형1질그릇을 굽거나 쇠붙이를 정련하다. 2도야하다.

【陶俑―용】táoyǒng 명토우. 진흙으로 만든 인형.

【陶铸―주】táozhù 통〈文〉1도기나 주물을 만들다. 2〈喩〉인재를 기르다.

【陶醉―취】táozuì 통도취하다.

【淘(²掏)】 氵部 | táo
8画 | 쌀일 도
1통(쌀 등을) 일다. ◇～米/쌀을 일다. 2통(우물·도랑·변소 등을) 치다. ◇～茅厕/변소를 치다. 3통(힘을) 소모하다. 소비하다. 4형〈方〉짓궂다.

【淘换―환】táo·huan 통찾다.

【淘金―금】táo// jīn 통1사금을 일어내다. 2〈轉〉돈벌이하다.

【淘箩―라】 táoluó 圐(쌀을 이는) 조리.

*【淘气―기】 táo// qì 1혱장난이 심하다. ◇这孩子淘起气来, 净搞恶作剧/이 애는 장난을 해도 못된 짓만 한다. 2圐〈方〉화나게 하다.

【淘神―신】 táoshén 圐〈口〉(아이가 막되어) 어른의 속을 썩이다.

*【淘汰―태】 táotài 圐도태하다[시키다]. 실격하다. ◇~旧产品/낡은 제품을 도태시키다.

【淘汰赛―태새】 táotàisài 圐〈體〉승자전. 토너먼트.

【萄】 卄部｜táo
　　8画｜포도 도
圐〈植〉포도. ◇~糖/포도당. ◇~酒/포도주.

【啕】 口部｜táo
　　8画｜수다할 도
圐울다.

☆【逃】 辶部｜táo
　　6画｜달아날 도
圐1달아나다. 도망치다. ◇他一走不久, 今天又被抓住了/그는 도망친 지 얼마 안되어서 오늘 다시 잡혔다. 2모면하다. 피하다. ◇欠下的债是~不了的/진 빚은 피할 수 없다. 间교逃:逃避 "逃"는 쌍음절 단어와 결합하는 경우가 드물다. ◇像你这样(×逃)逃避工作就不对了/너처럼 이렇게 일을 회피하는 건 잘못이다.

【逃奔―분】 táobèn 圐(다른 곳으로) 도망치다. 달아나다.

*【逃避―피】 táobì 圐회피하다. 도피하다. ◇~责任/책임을 회피하다. ◇~现实/현실에서 도피한다.

【逃兵―병】 táobīng 圐1탈주병. 2〈喩〉직장〔근무〕이탈자.

【逃窜―찬】 táocuàn 圐도주하다. 도망치다. ◇~犯/도주범.

【逃遁―둔】 táodùn 圐도망치다. 달아나 숨다.

【逃反―반】 táo// fǎn 圐〈方〉전란을 피하여 타지로 옮겨가다.

【逃犯―범】 táofàn 圐탈주범.

*【逃荒―황】 táo// huāng 圐기근으로 인하여 타향으로 옮겨가다. ◇过去, 遇上灾年我也逃过荒/과거에 흉년을 만나면 나도 기근을 피해 타향으로 간 적이 있다.

【逃婚―혼】 táohūn 圐타의에 의한 결혼을 피하기 위해 혼인 전에 집을 나가다.

【逃课―과】 táo// kè 수업을 빼먹다.

【逃命―명】 táo// mìng 圐망명하다. (위험에서) 벗어나 목숨을 부지하다. (同)〔逃生〕

【逃难―난】 táo// nàn 圐피난하다.

【逃匿―닉】 táonì 圐도망쳐 은닉하다.

*【逃跑―포】 táopǎo 圐도망가다. 달아나다.

◇监狱里一次~过二十人/감옥에서 한 번은 20명이 탈주한 적이 있다.

【逃票―표】 táopiào 圐무임승차하다.

【逃散―산】 táosàn 圐도망쳐서 흩어지다.

【逃生―생】 táoshēng 圐도망쳐 목숨을 보전하다. ◇死里~/죽음의 고비를 넘겨 살아남다. (同)〔逃命〕

【逃税―세】 táo// shuì 탈세하다. (同)〔漏lòu税〕

【逃脱―탈】 táotuō 圐1도망치다. 탈출하다. 2벗어나다. 빠져나오다. ◇~责任/책임에서 벗어나다.

【逃亡―망】 táowáng 圐도망치다.

【逃席―석】 táo// xí 圐(연회석에서 술을 받는 것이 싫어) 자리를 빠져나가다.

【逃学―학】 táo// xué 圐학교를 무단 결석하다.

【逃逸―일】 táoyì 圐〈文〉도망가다.

【逃债―채】 táozhài 圐빚을 떼먹고 달아나다.

【逃之夭夭―지요요】 táo zhī yāo yāo 〈成〉줄행랑을 놓다. 냅다 도망하다. (反)〔插翅难逃 chā chì nán táo〕

*【逃走―주】 táozǒu 圐도주하다. (同)〔逃奔bēn〕

【咷】 口部｜táo
　　6画｜아이울음 끈질길 도
圐울다.

**【桃】 木部｜táo
　　6画｜복숭아 도
圐1(~儿, ~子)〈植〉복숭아(나무). 2(~儿)복숭아처럼 생긴 것. 3호두. 4(Táo)성(姓).

【桃符―부】 táofú 圐옛날, 악귀를 쫓기 위해 문신을 그리거나 써 넣은 복숭아나무 판자 부적. 후에 春联으로 쓰였음.

【桃红―홍】 táohóng 圐〈色〉연분홍색.

*【桃花―화】 táohuā 圐복숭아꽃.

【桃花雪―화설】 táohuāxuě 圐복숭아꽃이 필 무렵에 내리는 눈. (同)〔春 chūn 雪〕

【桃花汛―화신】 táohuāxùn 圐도화수[복숭아꽃이 필 무렵, 얼음이 녹아 강물이 불어나는 것] (同)〔桃花水〕〔春 chūn 汛〕〔桃汛〕

【桃花源―화원】 táohuāyuán 圐1무릉도원. 별천지. 이상향. 2(Táo yuán)〈地〉호남성(湖南省)에 있는 현 이름.

【桃花运―화운】 táohuāyùn 圐(남자의) 여자 복[운].

【桃李―리】 táolǐ 圐문하생. 제자. ◇~满天下/문하생이 천하에 가득하다.

【桃李不言, 下自成蹊―리불신, 하자성혜】 táo lǐ bù yán, xià zì chéng xī 〈成〉덕망이 높은 사람에게는 사람들이 따르기 마련이다. 물이 깊어야 고기가 모인다.

【桃儿—아】táor 명복숭아.
【桃仁—인】táorén 명복숭아 씨의 알맹이.
【桃色—색】táosè 명1연분홍빛. 2〈喩〉(남녀의) 불륜. ◇～事件/여자 스캔들.
【桃树—수】táoshù 명〈植〉복숭아나무.
【桃汛—신】táoxùn (同)〔桃花汛〕
【桃园—원】táoyuán 명도원.
【桃子—자】táo·zi 명복숭아.

【梼·檮】 木部 | táo
          7画 | 토막나무 도
【梼昧—매】táomèi 형〈文〉(주로 겸손의 말로) 우매하다. 못나다. ◇不揣 chuāi～/자신의 못남을 무릅쓰다.
【梼杌—올】táowù 명1고대 전설상의 맹수. 2〈喩〉흉악한 사람.

tǎo

*【讨·討】 讠部 | tǎo
          3画 | 칠 土
동1정벌하다. ◇征～/정벌하다. 2요구〔요청〕하다. ◇那个服务员没向客人～过小费/종업원은 손님에게 팁을 요구해 본 적이 없다. 3장가 들다. 아내를 얻다. ◇～老婆/아내를 맞다. 장가를 들다. 비교讨:嫁 여자가 결혼하는 경우에는 '讨'를 쓰지 않는다. ◇她想(×讨)嫁男人了/그녀는 남자에게 시집가고 싶어한다. 4자초하다. 받다. 야기하다. ◇她很～父母的欢心/그녀는 부모의 환심을 많이 받고 있다. 5탐구하다. 연구하다. ◇商～/토론하다.
【讨伐—벌】tǎofá 동토벌하다.
【讨饭—반】tǎo// fàn 동걸식하다. 빌어먹다.
【讨好—호】tǎo// hǎo 동1비위를 맞추다. 남에게 잘 보이다. ◇他想～他的老板/그는 그의 주인의 비위를 맞추려 한다. 2좋은 결과를 얻다. 〔주로 부정문에 쓰임〕◇吃力不～/애만 쓰고 좋은 결과를 얻지 못하다.
【讨还—환】tǎohuán 동받아내다. ◇我向她～了写给她的信/나는 그녀에게서 보낸 편지를 돌려받아냈다.
【讨价—가】tǎojià 1명팔 사람이 부르는 값. 2(tǎo// jià)동팔 (사람이) 값을 부르다. (同)〔要 yào 价〕, (反)〔还 huán 价〕
*【讨价还价—가환가】tǎo jià huán jià〈成〉값을 흥정하다.
【讨教—교】tǎo// jiào 동가르침을 청하다. ◇对不起, 向您～一个问题/죄송합니다. 당신에게 어떤 문제에 대한 가르침을 청합니다.
★【讨论—론】tǎolùn 명동토론(하다). ◇他们～了明天的计划/그들은 내일의 계획에 대

해 토론했다. 비교讨论:商量 사적인 일에는 '讨论'을 쓰지 않는다. ◇我和他(×讨论)商量今晚去看什么电影/나는 그와 오늘 저녁 무슨 영화를 보러 갈지 상의했다.
【讨便宜—편의】tǎo pián·yi 자기 이익만을 꾀하다. 얌체짓을 하다. ◇你别想在这个问题上～/이 문제에 있어서 얌체짓할 생각도 하지 마.
【讨平—평】tǎopíng 동평정하다.
【讨乞—걸】tǎoqǐ 동(돈·음식 따위를) 구걸하다.
【讨巧—교】tǎo// qiǎo 동약삭빠르게 행동하다. 힘들이지 않고 이익을 얻다.
【讨俏—초】tǎo// qiào 동애교(유머)로 갈채를 받다. 환심을 사다.
【讨亲—친】tǎo// qīn 동〈方〉아내를 얻다. 장가 들다.
【讨情—정】tǎo// qíng 동〈方〉남을 대신하여 사정하다.
【讨饶—요】tǎo// ráo 동용서를 빌다. 봐달라고 사정하다.
【讨人嫌—인혐】tǎo rén xián 남에게 미움을 사다. ◇那小孩很～/그 아이는 정말 얄밉게 하네.
【讨生活—생활】tǎo shēnghuó 살길을 찾다. 하루하루 살아가다.
【讨嫌—혐】tǎo// xián 동미움을 받다〔사다〕. (同)〔讨厌 yàn〕, (反)〔讨喜 xǐ〕
☆【讨厌—염】tǎoyàn 1형싫다. 밉살스럽다. 짜증나다. ◇这种～的地方, 我可呆够了/이런 짜증나는 곳에 내가 지겹도록 있었다. (同)〔讨嫌 xián〕, (反)〔可爱 kě'ài〕 2형(사정이 어려워서) 성가시다. 번거롭다. 고약하다. ◇流行性感冒这种病很～/유행성 독감과 같은 병은 아주 고약하다. 3(tǎo// yàn)동싫어하다. 미워하다. ◇大家都～他/모두들 그를 싫어한다. (同)〔厌恶 è〕, (反)〔喜爱 xǐ'ài〕 비교讨厌:嫌 xián ①"讨厌"은 사물의 명사를 목적어로 쓰지 않는다. ◇她(×讨厌)嫌这张床不好/그녀는 이 침대가 좋지 않다고 싫어했다. ②"讨厌"은 추상명사를 목적어로 취하지 않는다. ◇他就是～穷亲爱富/그는 가난을 싫어하고 부귀영화만 좋아한다.
【讨债—채】tǎo// zhài 동빚을 독촉하다. (同)〔讨帐 zhàng〕, (反)〔还 huán 债〕
【讨帐—장】tǎo// zhàng 1(同)〔讨债 zhài〕 2동물건값을 받〔아내〕다.

tào

☆【套】 大部 | tào
          7画 | 전례 투

1(~儿)명덧씌우개. 커버. 덮개. ◇我做了一个车座~儿/난 차 시트커버를 하나 만들었다. 2동(커버를) 씌우다. 덧씌우다. 걸쳐 입다. ◇~上一件外衣/외투 하나를 걸쳐 입었다. 3동겉에 씌우는 것. ◇~鞋/덧신. 4동연결되다. 포개다. 5명강이나 산의 굽이. 6(~儿)명〈方〉이불이나 의복에 넣는 솜. ◇被~/이불솜. 7동〈方〉(솜을 이불과 요, 옷에 고르게 넣어) 꿰매다. 8(~儿)명굴레. ◇牲口~儿/(역축의) 굴레. 9동붙들어 매다. 묶다. ◇爷爷带我去~马/할아버지는 나를 데리고 말을 메러 갔다. 10동불법으로 사들이다. (同)[套购 gòu] 11명(~儿)명(사람말. ◇客~/인사말. 14동끌어내다. 실토하게 하다. ◇他知道内情, 咱们去~~他/그는 내막을 알고 있으니, 우리가 가서 그를 실토하게 해 보자. 15동(부정적의 의미로) 관계를 맺다. 가까이하다. ◇她跟你~过几次交情了?/그녀가 당신에게 몇 번이나 접근했어요? 16명벌. 세트로 이루어지는 것. ◇~装/한 벌을 다 갖춘것. 17(~儿)명벌. 조. 세트. 질.(사상이나 언어·동작 따위가) 체계를 이루고 있는 것. ◇一~书/한 질의 책. ◇朋友送给我一~茶具/친구가 내게 다기 세트 하나를 선물했다. 비교套:双 "套"는 양말의 양사로 쓰이지 않는다. ◇我丢了一(×套)双长筒袜/난 목 긴 양말 한 켤레를 버렸다. 18동탭(tap)이나 바이스로 나사산을 절삭하다.

【套版-판】tào// bǎn 〈印〉1동인쇄판을 기계에 맞추다. 2(Tàobǎn)명채색판. 천연색판.

【套包-포】tàobāo명(말·마귀·노새를 메울 때 목에 거는) 목걸이.

【套裁-재】tàocái동천을 절약하기 위해 하나의 옷감으로 두 벌의 옷을 재단한다.

【套车-차】tào// chē동수레에 마소를 매다.

【套房-방】tàofáng 1(同)[套间儿 jiānr] 2명응접실. 침실. 주방. 화장실 등이 다 갖추어진 집이나 아파트.

【套服-복】tàofú 명정장.〔신사복 한 벌 또는 윗옷, 스커트로 된 여성복 한 벌〕

【套耕-경】tàogēng명〈農〉(두 개의 쟁기를 동시에 쓰는) 겹갈이.

【套购-구】tàogòu동(통제품을) 불법으로 사들이다[폭리를 취하다].

【套话-화】tàohuà 1명상투적인 인사말.

인사 치레. 2명판에 박힌 문구. 틀에 박힌 말.

【套汇-회】tàohuì 동1암거래로 외국 환(换)을 사들이다. 2환차익을 노려 환투기 하다.

【套间-간】tàojiān 동1본채의 양쪽 곁에 딸린 작은 두 방. 2연이어져 있는 두 방 중의 안쪽에 있는 작은 방.

【套交情-교정】tào jiāo·qing 사람에게 가까이 하다.

【套近乎-근호】tào jìn·hu 〈諺〉친한 척 빌붙다. 친한 듯 접근하다.〔부정적으로 쓰임〕

【套裤-고】tàokù 명덧바지.

【套犁-리】tàolí (同)[套耕 gēng]

【套楼-루】tàolóu 동〈農〉(두 이랑 사이에) 딴 이랑을 짓다.

【套曲-곡】tàoqǔ 명〈音〉모음곡. 조곡(組曲).

【套裙-군】tàoqún잠바 스커트(jumper skirt).

【套色-색】tào// shǎi 〈印〉1동착색〔채색〕하다. 2(tàoshǎi)명착색. 채색.

【套衫-삼】tàoshān 명풀오버(pull over).〔머리에서부터 입는 스웨터 따위〕

【套数-수】tàoshù 동1희곡이나 산곡에서 한조가 되어있는 일련의 노래. 2〈喩〉체계를 이루는 기교나 수법. 3(同)[套子·zi]

【套头-두】tào·tao명〈方〉방법. 수법.

【套问-문】tàowèn 동슬쩍 에둘러 묻다.

【套鞋-혜】tàoxié 명덧신.

【套袖-수】tàoxiù 명토시.

【套印-인】tàoyìn 명동〈印〉채색〔천연색〕인쇄(하다).

【套用-용】tàoyòng 동(기계적으로) 적용하다. 답습하다.

【套语-어】tàoyǔ 명1인사말. 2형식적인 말. 판에 박힌 말. 상투어.

【套种-종】tàozhòng (同)[套作 zuò]

【套装-장】tàozhuāng (同)[套服 fú]

【套子-자】tào·zi 명1덮개. 덧씌우개. 2〈方〉옷이나 이불 안의 솜. 3상투적인 인사말. 4〈喩〉올가미. 계략.

【套作-작】tàozuò 명동간작(하다). 사이 짓기(하다).

tè

【铽·鋱】tè 钅部 7画 테르븀 特
명〈化〉테르븀(Tb).

【忑】tè 心部 3画 마음허할 特
→[忐 tǎn 忑]

【特】tè 牛部 6画 특별할 特

1᥅특이하다. 특별하다. ◇～号鞋不太好买/특별한 치수의 신발은 구입하기 쉽지 않다. **2**᥂특히. 아주. 유난히. ◇～大/특대. ◇大家～喜欢熊猫/모두가 팬더를 유난히 좋아한다. **3**᥂일부러. 특별히. ◇他～为此事而来/그는 일부러 일을 위해 왔다. **4**᥅간첩. 스파이. ◇加强防～工作/방첩 업무를 강화하다. **5**᥂다만, …뿐. ◇不～此也/이것 뿐이 아니다.

★【特别-별】 tèbié **1**᥅특별하다. 특이하다. ◇～的爱好/특별한 취미. ◇这楼的设计没有什么～的地方/이 건물의 설계는 특이한 부분이 없다. (同)〔特殊 shū〕, (反)〔一般 yībān〕 **2**᥂각별히. 유달리. ◇工作～努力/일을 유달리 열심히 한다. ◇今天～热/오늘은 유난히 덥다. **3**᥂일부러. ◇这些花是我～为你摘的/이 꽃들은 내가 일부러 너를 위해 꺾은 거야. **4**᥂특히. 더욱. ◇他喜欢郊游，～是骑自行车郊游/그는 교외 소풍을 좋아한다. 특히 하이킹을 좋아한다.

【特别快车-별쾌차】 tèbié kuàichē ᥅급행열차. 특급 열차.

【特别行政区-별행정구】 tèbié xíngzhèngqū ᥅특별 행정구.

＊【特产-산】 tèchǎn ᥅특산(물).

【特长-장】 tècháng ᥅장기. (특히 뛰어난) 장점.

【特出-출】 tèchū ᥅특출하다. 출중하다. (同)〔特异 yì〕, (反)〔平常 píngcháng〕

☆【特此-차】 tècǐ 〈牍〉이상입니다. 〔편지나 공문에 쓰이는 말〕◇定于明天上午八点在礼堂开会，～通知/내일 오전 8시에 강당에서 회의를 열 것을 결정했음을 알려드립니다.

【特等-등】 tèděng ᥅᥆최고(의). 특급(의).

＊【特地-지】 tè·dì ᥂특별히. 일부러. ◇她过生日时，男朋友～为她做了一个大蛋糕/그녀가 생일을 맞았을 때 남자친구가 특별히 큰 케익을 만들어 주었다. (同)〔特别 bié〕, (反)〔顺便 shùnbiàn〕

☆【特点-점】 tèdiǎn ᥅특색. 특징. ◇他的～是为人直爽/그의 특징은 사람이 시원스럽다는 것이다.

＊【特定-정】 tèdìng **1**᥅특정하다. 특별히 지정하다. ◇～的人选/특별히 지정한 후보자. **2**᥆일정하다. (인물, 시기, 장소 등이) 주어진. ◇～环境/일정한 〔주어진〕 환경.

【特工-공】 tègōng ᥅**1**간첩활동. 특수공작. **2**간첩. 비밀정보요원. 특수공작원.

【特故-고】 tègù ᥂고의적으로. 일부러.

【特惠关税-혜관세】 tèhuì guānshuì ᥅〈经〉특혜 관세.

【特级-급】 tèjí ᥅특급. 최고급.

【特辑-집】 tèjí ᥅(신문·잡지 등의) 특집.

【特技-기】 tèjì **1**특기. **2**〈撮〉특수 촬영. 트릭 워크(trick work).

【特价-가】 tèjià ᥅특가. 특별 인하 가격.

【特刊-간】 tèkān ᥅(신문·잡지 등의) 특집호.

【特快-쾌】 tèkuài **1**〈略〉특별. 급행. **2**᥅특급 열차. **3**특히 빠르다.

【特例-례】 tèlì ᥅특례. (反)〔惯 guàn 例〕

【特洛伊木马-락이목마】 Tèluòyī mùmǎ ᥅트로이(의) 목마. 내부에 잠복한 적.

【特命-명】 tèmìng **1**᥅특명. **2**특별히 명령〔임명〕하다.

【特命全权大使-명전권대사】 tèmìng quánquán dàshǐ ᥅〈外〉특명 전권 대사.

【特派-파】 tèpài ᥅특파하다.

【特派记者-파기자】 tèpàijìzhě ᥅특파원.

＊【特权-권】 tèquán ᥅특권. ◇你当主任的难道连这点～都没有吗?/당신은 주임으로서 이 정도 특권도 없단 말입니까?

【特任-임】 tèrèn ᥅특임관. 일등 문관.

＊【特色-색】 tèsè ᥅특색. 특징. ◇艺术～/예술(적) 특색.

【特赦-사】 tèshè ᥆〈法〉특사(하다). 특별 사면(하다).

【特使-사】 tèshǐ ᥅외교 특사.

☆【特殊-수】 tèshū ᥆특이하다. 유별나다. ◇他的穿戴很～/그의 차림새는 아주 특이하다.

【特体-체】 tètǐ ᥅〈略〉'特殊体型'(특수 체형)의 준말.

【特为-위】 tèwèi ᥂특별히. 일부러.

【特务-무】 tè·wù ᥅〈军〉특수 임무.

＊＊【特务-무】 tè·wu ᥅간첩. 정보요원. 특수 공작원.

【特效-효】 tèxiào ᥅특효.

【特写-사】 tèxiě **1**᥅보고 문학의 하나. **2**᥅(영화의) 대사(大寫). 클로즈업(close-up). **3**᥆특필(하다). 특기(하다).

＊【特性-성】 tèxìng ᥅특성. (反)〔共 gòng 性〕

【特许-허】 tèxǔ ᥆특별 허가(하다). ◇没有～证，不许卖这类商品/특별 허가증 없이는 이런 상품을 팔 수 없다. 쥐의'特许'에는 특허의 뜻이 없다. ◇这是他发明的新型钢笔(×特许)专利/이는 그가 발명한 신형 만년필 특허이다.

【特邀-요】 tèyāo ᥆특별 초청하다.

【特异-이】 tèyì ᥆**1**아주 우수하다. **2**특이하다.

【特异质-이질】 tèyìzhì ᥅〈医〉특이 체질.

＊【特意-의】 tèyì ᥂일부러. 특별히. ◇这块衣料是他～托人从上海买来送给你的/이 옷감은 그가 특별히 부탁해서 상해에서

사와 당신에게 선물하는 것이오.

【特有-유】tèyǒu 동~에게만 있다. 고유하다. ◇这是他~的习惯/이것은 그에게만 있는 버릇이다.

【特约-약】tèyuē 명동1특약(하다). 특별계약(하다). 2특별 초청(하다).

**【特征-징】tèzhēng 명특징. ◇这个人的相貌有什么～?/그 사람의 생김새가 무슨 특징이 있어요?

【特制-제】tèzhì 명특별 제조(하다).

【特质-질】tèzhì 명특질.

【特种-종】tèzhǒng 명특종.

【特种兵-종병】tèzhǒngbīng 명특수 병과.

【特种工艺-종공예】tèzhǒng gōngyì 명주로 감상용·장식용으로 쓰는, 기교와 예술성이 뛰어난 상아 조각 등 전통 수공예품.

tēi

【忒】 弋部 | 心部 | tēi
4画 | 4画 | 틀릴 특
⇒tuī

【忒儿-아】tēir 〈方〉푸드덕. 〔새가 급히 날개짓을 하는 소리〕

tēng

【熥】 火部 | tēng
10画 | 데울 통
동(식은 음식을) 다시 데우다.

【鼟】 士部 | tēng
22画 | 북소리 등
의둥둥. 〔북 소리〕

téng

★【疼】 疒部 | téng
5画 | 아플 동
1동(구어체의) 아프다. ◇～死我了/아파 죽겠다. ◇肚子又～了/배가 또 아팠다. 2동몸시 귀여워하다. ◇爸爸白～哥哥了/아버지는 보람없이 형을 귀여워하셨다. (同)〔喜 xǐ 爱〕, (反)〔痛恨 tònghèn〕

【疼爱-애】téng'ài 동매우 귀여워하다.

*【疼痛-통】téngtòng 동아프다. ◇伤口受了冻, 更加～/상처가 추위에 더욱 아파졌다.

*【腾·騰】 月部 | 马部 | téng
9画 | 10画 | 날 등
1동빨리 뛰다. 펄쩍 뛰다. ◇奔～/내달리다. 2동오르다. 상승하다. ◇~起了一股烟灰/잿가루가 솟아올랐다. 3동(자리·내용물·시간 등을) 비우다. ◇儿子～了一间很大的屋子, 让老人住下了/아들은 넓은 방을 하나 비워 노인이 들도록 했다.

4동사 뒤에 쓰여 동작의 반복을 나타낸다. ◇闹～/떠들어대다. 5(Téng) 명성(姓).

【腾达-달】téngdá 동1상승하다. 2〈文〉출세하다.

【腾飞-비】téngfēi 동1날아오르다. 2신속히 발전해나가다.

【腾贵-귀】téngguì 동물가가 뛰어오르다.

【腾空-공】téngkōng 동하늘 높이 오르다.

【腾挪-나】téngnuó 동1(비용·경비를) 유용하다. 돌려쓰다. ◇这钱不得任意~/이 돈은 임의로 유용하면 안 된다. 2(물건의 자리 등을) 옮기다. 이동하다.

【腾腾-등】téngténg 동(김 따위가) 자욱히 피어오르다. (기세가) 등등하다.

【腾涌-용】téngyǒng 동물살이 세다.

【腾跃-약】téngyuè 동1〈文〉뛰어넘다. 2도약하다.

【腾越-월】téngyuè 동1뛰어넘다. 2(값이) 뛰다.

【腾云驾雾-운가무】téng yún jià wù 〈成〉1법술을 부려 구름과 안개를 타고 하늘을 날다. 2신속하게 달리다. 어지러워 몸이 구름타듯이 되다. (反)〔脚踏实地 jiǎo tà shí dì〕

【誊·謄】 言部 | téng
6画 | 베낄 등
동옮겨 쓰다. 베끼다.

【誊录-록】ténglù 명옮겨 쓰다. 베끼다.

【誊清-청】téngqīng 동정서하다.

【誊写-사】téngxiě 동베끼다. 옮겨 쓰다.

【誊写版-사판】téngxiěbǎn 명〈印〉등사기.

【誊写钢版-사강판】téngxiě gāngbǎn 명등사 줄판. 등사 철판.

*【藤(籐)】 艹部 | téng
15画 | 덩쿨 등
명덩굴. 넝쿨.

【藤本植物-본식물】téngběn zhíwù 명〈植〉덩굴 식물.

【藤床-상】téngchuáng 명등나무 침대.

【藤萝-라】téngluó 명〈植〉'紫 zǐ 藤'(자등)의 통칭(通稱).

【藤牌-패】téngpái 명등나무를 엮어서 만든 둥근 방패. 〈轉〉방패.

【藤条-조】téngtiáo 명등나무 덩굴. 등나무 줄기.

【藤蔓-만】téngwàn 명덩굴.

【藤椅-의】téngyǐ 명등나무 의자. 등의자.

【藤子-자】téng·zi 명〈口〉덩쿨. 넝쿨.

tī

【体·體】 亻部 | tī
5画 | 몸 체
【体己一기】 tī·ji〔同〕〔梯 tī 己〕

【剔】 刂部 | tī
8画 | 뼈날라낼 척
1동(뼈에서 살을) 발라 내다. 2동후비다. 쑤시다. ◇~牙/이를 쑤시다. 3동골라 내다. 4명한자(漢字) 필획의 하나. (同)〔挑 tiǎo 5〕
【剔除一제】 tīchú 동(부적합한 것을) 제거하다.
【剔红一홍】 tīhóng 명칠기(漆器)의 한 가지.
【剔透一투】 tītòu 형투명하다. 영롱하다.
【剔庄货一장화】 tīzhuānghuò 명염가 처분품.

★【踢】 足部 | tī
8画 | 찰 척
동차다. ◇~毽子/제기를 차다. ◇快, 把球~给守门员/빨리 공을 골키퍼에게 차 줘라.
【踢蹬一등】 tī·deng 동1닥치는 대로 차다. 2함부로 돈을 쓰다. 3처리하다. 치우다.
【踢脚板一각판】 tījiǎobǎn 명〈建〉(방 안의 바닥과 연결되는) 징두리. 굽도리.
【踢皮球一피구】 tī píqiú 명공을 차다. 〈喩〉남에게 일처리를 미루다.
【踢球一구】 tī//qiú 동공을 차다. 축구하다.
【踢踏舞一답무】 tītàwǔ 명〈舞〉탭댄스(tap dance).
【踢腾一등】 tī·teng〔同〕〔踢蹬 ·deng〕

【梯】 木部 | tī
7画 | 사닥다리 제
명1사다리. 2계단 역할을 하는 것. ◇电~/엘리베이터. 3계단〔사다리〕 모양의 것.
【梯队一대】 tīduì 명〈軍〉1후속부대. 대기부대. 2(간부, 선수 등의) 후계자. ◇~建设/후계자 양성.
【梯恩梯一은제】 tī'ēntī 명티엔티(T.N.T.) (同)〔黄色炸药 huángsè zhàyào〕
【梯河一하】 tīhé 명계단식 강.
【梯级一급】 tījí 명(계단의) 단. 층. (하천 개발에서) 계단식.
【梯己一기】 tī·ji 명1쌈짓돈. 비상금. 2형친근하다. 허물없는.
【梯田一전】 tītián 명계단식 밭.
【梯形一형】 tīxíng 명사다리꼴.
【梯子一자】 tī·zi 명사다리.

【锑·銻】 钅部 | tī
7画 | 안티몬 제
명〈化〉안티몬(Sb).

tí

【啼(嗁)】 口部 | tí
9画 | 부르짖을 제
동1(사람이 소리내어) 울다. 2(새나 짐승이) 울다. ◇鸡~/닭이 울다.
【啼饥号寒一기호한】 tí jī háo hán 〈成〉가난하여 비참하게 살다. (同)〔饥寒交迫 jī hán jiāo pò〕, (反)〔丰衣足食 fēng yī zú shí〕
【啼哭一곡】 tíkū 동소리내어 울다. (反)〔欢笑 huānxiào〕
【啼笑皆非一소개비】 tí xiào jiē fēi 〈成〉울수도 웃을 수도 없다.

＊＊【蹄(蹏)】 足部 | tí
9画 | 굽 제
명〈소·말·양 등의〉 발굽.
【蹄筋一근】 tíjīn (~儿)명소·양·돼지의 발굽 뒤의 힘줄.
【蹄膀一방】 típǎng 명〈方〉(음식으로서의) 돼지 넓적다리 고기.
【蹄子一자】 tí·zi 명1발굽. 2〈方〉돼지의 넓적다리 고기. 3〈罵〉망할년.

★【提】 扌部 | tí
9画 | 들 제
1동(손에) 들다〔쥐다〕. ◇她给儿子~了一篮子鸡蛋来/그녀는 아들에게 주려고 계란을 한 바구니 들고 왔다. 比교提: 拉:鼓:升:提供:出:领 ①사람에게는 "提"를 쓰지 않는다. ◇她(×提)拉着的孩子才三岁/그녀가 손잡고 있는 아이는 겨우 세 살이다. ②"勇气"는 "提"의 목적어로 쓰지 않는다. ◇她(×提)鼓起勇气回娘家去了/그녀는 용기를 내어 친정으로 갔다. ③학년이 올라갈 때에는 "提"를 쓰지 않는다. ◇我明年该(×提)升三年级了/난 내년에 3학년으로 올라간다. ④"提"에는 제공의 뜻이 없다. ◇他愿意(×提)提供原料/그는 원료 제공하기를 원한다. ⑤문제를 열거할 때는 "提"를 쓰지 않는다. ◇他给我(×提)出了个难题/그가 나에게 어려운 문제를 냈다. ⑥"提"는 보관해 둔 많은 물건 또는 비용을 찾을 때 쓰이며 일반적인 수령은 "提"를 쓰지 않는다. ◇每月五号(×提)领奖学金/매달 5일에 장학금을 받는다. 2동(아래에서 위로) 끌어올리다. ◇这次~了薪, 你得请客/이번에 월급이 올랐으니 네가 한턱 내야지. 3동(시간을) 앞당기다. ◇考试的时间又往前~了/시험기간이 또 앞당겨졌다. 4동제기하다. (의견을) 내다. 지적하다. ◇~问题/문제를 제기하다. ◇他提出了一个新的方案/그는 새로운 방법을 제시했다.

5(동)꺼내다. 찾다. ◇银行里的这笔款子你~了没有?/은행에 있는 이 돈을 네가 찾았니? **6**(동)죄수를 출두시키다. ◇~犯人出庭作证/범인을 법정에 출두시켜 증인으로 세우다. **7**(동)언급하다. ◇别~他了, 免得让人伤心/남들이 상심하지 않도록 그 사람 얘기를 언급하지 말라. **8**(명)구기. 작자(杓子). 〔기름이나 술 등을 떠낼 때 쓰는 긴 손잡이가 있는 기구〕◇油~/기름 구기. **9**(명)한자 필획의 하나. **10**(Tí)(명)성(姓). ⇒dī

*【提案-안】tí// àn **1**제안하다. **2**(tí'àn)(명)제안.

*【提拔-발】tí·ba(동)발탁하다. ◇~他担任室长工作/그를 발탁하여 실장직을 맡긴다.

*【提包-포】tíbāo(명)손가방. 핸드백.

【提不得-부득】tíbude 말할 나위도 없다.

☆【提倡-창】tíchàng (동)제창하다. ◇~互相帮助的精神/서로 돕는 정신을 제창한다.

【提成-성】tí// chéng (~儿)(동)총액에서 일정한 비율만큼 떼다. 공제하다. ◇利润~/이윤에서 비율대로 뗀다.

【提出-출】tíchū (동)(서류 등을) 내다. (의견 등을) 제시하다. ◇他~了一份报告书/그는 보고서 한 통을 제출했다.

【提纯-순】tíchún(동)정화하다. 정제하다.

【提词-사】tí// cí (동)〔演〕(배우에게) 대사를 알려주다. 프롬프트(prompt)하다.

【提单-단】tídān(명)선하증권. 비엘(B/L).

【提到-도】tídào(동)언급하다.

【提灯-등】tídēng(명)제등.

【提调-조】tídiào **1**(동)지휘 조정하다. **2**(명)조정관.

*【提纲-강】tígāng (명)(글·발언·학습 등의) 요강. 대강. (연구논문·토론의) 발제.

【提纲挈领-강설령】tí gāng qiè lǐng〈成〉문제의 요점을 집어내다.

★【提高-고】tí// gāo(동)향상시키다. 높이다. ◇考试成绩~到95分以上很不容易/시험성적을 95점 이상으로 높이는 것은 정말 쉽지 않다. (同)〔升 shēng 高〕, (反)〔降低 jiàngdī〕

☆【提供-공】tígōng (동)제공하다. ◇~援助/원조를 제공한다. ◇为旅客~方便/여객에게 편의를 제공한다.

【提灌-관】tíguàn (동)(양수기 따위로) 물을 퍼올려 관개(灌溉)하다.

【提行-행】tí// háng (동)행을 바꾸다.

【提盒-합】tíhé (명)(손잡이가 달린) 요리 운반 가방.

【提花-화】tíhuā (~儿)(명)〈紡〉자카드(Jacquard)로 도드라지게 짠 무늬.

【提货-화】tí// huò (동)화물을 (창고에서) 찾다. 출고하다.

【提价-가】tí// jià **1**(同)〔出 chū 价〕 **2**(동)값을 올리다. (同)〔涨 zhǎng 价〕, (反)〔降 jiàng 价〕

【提交-교】tíjiāo (동)제출하다. 회부하다. ◇向学会~了论文/학회에 논문을 제출했다. ◇把问题~董事会/문제를 이사회에 회부한다.

【提蓝-람】tílán(명)바구니.

*【提炼-련】tíliàn (동)정련하다. 추출하다. ◇石油~完了/석유를 다 추출해냈다.

【提梁-량】tíliáng (~儿)(명)(주전자·바구니·손가방 따위의) 손잡이.

【提名-명】tí// míng (동)지명하다. ◇他被~为代表/그가 대표로 지명되었다.

【提起-기】tíqǐ (동)**1**언급하다. **2**가다듬다. ◇~精神来/정신을 가다듬었다. **3**제기하다.

☆【提前-전】tíqián (동)(예정된 시간이나 기한을) 앞당기다. ◇~完成了任务/앞당겨 임무를 완수했다. (同)〔提早 zǎo〕, (反)〔缓期 huǎnqī〕

【提挈-설】tíqiè〈文〉**1**인솔하다. 이끌다. **2**(轉)(후배를) 돌보다. 보살피다.

【提亲-친】tí// qīn(동)중매인이 혼담을 꺼내다.

【提琴-금】tíqín (동)〈音〉바이올린·비올라·첼로 따위 악기의 총칭(總稱).

【提请-청】tíqǐng (동)(공식으로) 제청하다. 요청하다. ◇~上级批准/상부의 허가를 제청했다.

*【提取-취】tí// shén **1**(맡긴 돈이나 물건을) 찾다〔인출하다〕. ◇~存款/예금을 인출한다. **2**추출하다.

【提神-신】tí// shén (동)기운을 내다. 정신을 가다듬다.

【提审-심】tíshěn (동)〈法〉**1**범인을 출두시켜 심문하다. 재판하다. **2**상급 법원이 아래 법원의 미결사건을 심판한다.

*【提升-승】tíshēng (동)**1**승진시키다. ◇由副厂长~为厂长/부공장장에서 공장장으로 진급되었다. (同)〔擢 zhuó 升〕, (反)〔贬职 biǎnzhí〕 **2**(권양기 따위로) 끌어올리다. ◇~设备/권양(卷扬) 설비.

*【提示-시】tíshì (동)제시하다. 힌트를 주다. ◇向学生~上课的要点/학생에게 수업의 요점을 제시하다.

【提手-수】tíshǒu (~儿)재방변〔손수변〕'扌'한자 부수. (同)〔提手旁 páng〕

【提头儿-두아】tí// tóur (동)말을 꺼내다.

*【提问-문】tíwèn (명)(동)질문 (하다). 〔주로 교사가 학생에게 묻는 것을 말함〕(反)〔回答 huídá〕

【提箱-상】tíxiāng(명)여행용 소형 가방.

【提携-휴】tíxié (동)**1**(아이를) 손잡고 걷다. 〈喩〉(후진을) 돌보다. 이끌다. ◇感

谢您的～/이끌어 주신 것에 대해 감사를 드립니다. 2협력하다.

【提心吊胆―심조담】tí xīn diào dǎn〈成〉마음이 조마조마하다. (同)〔悬 xuán 心吊胆〕, (反)〔若无其事 ruò wú qí shì〕

*【提醒―성】tí// xǐng 통일깨우다. ◇如果我忘了，请你～我一下/만일 내가 잊어버리면 당신이 좀 일깨워주세요.

【提选―선】tíxuǎn 통(좋은 것을) 고르다. 숙아내다.

【提讯―신】tíxùn 통〈法〉범인을 구류처에서 출두시켜 신문하다.

*【提要―요】tíyào 1통요점을 끌어내 적요(摘要)를 만들다. 2명요점. 개요.

*【提议―이】tíyì 1통제의하다. ◇到农村去参观, 我～过好几次了/난 농촌에 가서 참관하자고 여러 번 제의했었다. 비교提议:提醒 상대방의 주의를 환기시키려고 할 경우 "提议"를 쓰지 않는다. ◇老师一(×提议)提醒, 我突然明白了/선생님이 일깨워주시자 난 별안간 깨달았다. 2명제의. ◇他的～值得重视/그의 제의는 중시할 만하다.

*【提早―조】tízǎo 통(예정보다 시간을) 앞당기다. ◇～出发/시간을 앞당겨 출발한다.

【提制―제】tízhì 통정제하다. 추출하여 만들다.

【提子―자】tí·zi (同)〔提 8〕

☆【题·題】页部 | tí
9画 | 제목 제

1명표제. 제목. ◇命～/명제. 비교题:标题 문장의 표제를 나타낼 때는 "题"를 쓰지 않는다. ◇我看到的文章(×题)标题是'我的中国老师'/내가 본 글의 제목은 '나의 중국 선생님'이다. 2명(轉)문제. 연습문제. 시험문제. ◇这道～我没答对/이 문제는 내가 맞게 대답하지 못했다. 3통제목을 쓰다. 서명하다. ◇～诗一首/시 한 수를 쓰다. 4(Tí)명성(姓).

【题跋―발】tíbá 명서문과 발문.

【题壁―벽】tíbì 통벽에 시문을 쓰다.

*【题材―재】tícái 명제재. ◇～新颖/제재가 참신하다.

【题词―사】tící 명1(글의) 머리말. 서문. 2기념이나 격려의 글.

【题额―액】tí'é 1통편액(扁額)에 글을 쓰다. 2명글을 쓴 편액(扁額).

【题花―화】tíhuā 명책·신문 따위의 표제 앞의 장식하는 도안.

【题记―기】tíjì 명책의 머리말.

【题解―해】tíjiě 1통해제(解題). 2서적이나 작품의 저자·저작 유래·내용·체재 따위를 해설한 것. 3특정 분야에 관한 문제들의 상세한 해설을 모은 책.

【题名―명】tí// míng 1통이름을 쓰다. 서명하다. 2(tímíng)명작품의 이름. 3(tímíng)명기념으로 써서 남기는 이름. 서명.

☆【题目―목】tí·mù 명1제목. 표제. 테마. ◇我讲演的～是《当今社会的价值观危机》/나의 강연의 제목은 《오늘날 사회의 가치관 위기》이다. 2(연습·시험) 문제. ◇这次考试的～不太多/이번 시험의 문제는 그리 많지 않다.

【题签―첨】tí// qiān 1통책표지에 책이름을 쓰다. 2명선장본(線裝本)의 표지에 붙여 책명을 쓰는 종이 조각.

【题诗―시】tí// shī 통(그림·벽 따위에) 시를 쓰다.

【题写―사】tíxiě 통(제목 따위를) 쓰다.

【题旨―지】tízhǐ 명1글 제목의 의미〔뜻〕. 2작품 주제의 뜻.

【题字―자】tí// zì 1통기념으로 글을 몇 자 쓰다. 2명기념으로 몇 자 적은 글.

【鱼是】鱼部 | tí
9画 | 메기 제
명〈魚介〉멸치.

tǐ

*【体·體】亻部 | tǐ
5画 | 몸 체

1명몸. 신체. ◇上～/상체. 2명물체. ◇液～/액체. 3명서체. 체재. 스타일. ◇你写的什么～?/당신은 무슨 서체로 쓴 거예요? 4통체험하다. 체득하다. ◇身～力行/몸소 체험하고 힘써 실행한다. 5명체제. 6명〈言〉상(相), 애스펙트(aspect). ⇒tī

【体裁―재】tǐcái 명양식. 장르.

**【体操―조】tǐcāo 명〈體〉체조.

【体察―찰】tǐchá 1통체험과 관찰. 2통자세히 관찰하다.

【体词―사】tǐcí 명〈言〉체언(體言).

【体大思精―대사정】tǐ dà sī jīng〈成〉(대작의) 구상이 웅대하고 내용이 치밀하다.

【体罚―벌】tǐfá 명통체벌(하다).

【体高―고】tǐgāo 명신장.

【体格―격】tǐgé 명1체격. 2(사람·동물의) 체형.

☆【体会―회】tǐhuì 1명체험. ◇我的～没你的深/나의 체험은 너보다 깊이가 없다. 2통체득하다. 체험하여 터득하다. ◇我也～过作继母的难处/나도 계모의 애로를 체험했었다. 비교体会:体验 "体会"는 이성적인 인식에 쓰여 "含义", "道理", "精神", "指示" 등을 목적어로 취하며, "体验"은 감성적인 인식에 쓰여 "生活", "爱情", "处境" 등을 목적어로 취한다. ◇(×体会)体验了一年的部队生活/부대 생

활을 1년째 체험하고 있다. 비교体会:认识:意识 ①"体会"에는 인식한다는 뜻이 없다. ◇听了他的解释, 我才(×体会)认识到自己错了/그의 설명을 듣자, 난 그제야 내가 잘못했음을 알았다. ②"体会"는 인지하다는 뜻은 없다. ◇他已经(×体会)意识到工作中的缺点了/그는 이미 업무상의 잘못을 알아차렸다.

☆【体积－적】tǐjī 명체적.

【体检－검】tǐjiǎn 〈略〉'体格检查'(신체 검사)의 준말.

✳✳【体力－력】tǐlì 명체력. ◇增强～/체력을 증강하다.

【体力劳动－력노동】tǐlì láodòng 명육체노동.

【体例－례】tǐlì 명1글의 구성 형식. 2(저작이나 글의) 격식. 체제. 형식.

✳【体谅－량】tǐ·liàng 통알아주다. 양해하다. 이해하다. ◇充分～人家的困难/다른 사람의 어려움을 충분히 이해하다. 비교体谅:原谅 용서를 비는 경우에는 "体谅"을 쓰지 않는다. ◇今天早晨突然肚子疼, 所以来晚了, 请你(×体谅)原谅/오늘 아침 갑자기 배가 아파서 늦게 왔는데 용서해 주세요.

【体貌－모】tǐmào 명자태와 용모.

✳✳【体面－면】tǐ·miàn 1명체면. 체통. 면목. ◇可不能做那种有失～的事儿/그런 체면이 안 서는 일은 해서는 안 된다. 2형떳떳하다. 어엿하다. 면목이 서다. ◇不～的行为/떳떳하지 않은 행위. ◇他做的事不怎么～/그가 한 일은 그리 떳떳하지 않다. (同)〔光荣 guāngróng〕, (反)〔耻辱 chǐrǔ〕3형(얼굴 또는 모양이) 아름답다. 보기 좋다. ◇他今天穿得很～/그는 오늘 멋지게 차려 입었다.

【体念－념】tǐniàn 통(남의 입장이 되어) 이해하다. 양해하다.

【体魄－백】tǐpò 명신체와 정신.

【体腔－강】tǐqiāng 명〈生理〉체강.

【体式－식】tǐshì 명1문자 형식. 자체(字體). 2〈文〉(同)〔体裁 cái〕

【体态－태】tǐtài 명자태. 몸매.

【体坛－단】tǐtán 명체육계.

✳【体贴－첩】tǐtiē 통자상하게 돌보다. 세심히 배려해 주다. ◇同学们个个个～班上的这个残疾儿童/급우들은 모두들 반의 그 장애 아동을 세심히 배려해 준다.

【体统－통】tǐtǒng 명체통. 체면. 면목.

【体位－위】tǐwèi 명자세. 체위.

【体味－미】tǐwèi 통세심히 체험하다. 직접 음미하다.

✳✳【体温－온】tǐwēn 명체온.

【体温表－온표】tǐwēnbiǎo (同)〔体温计 jì〕

【体无完肤－무완부】tǐ wú wán fū〈成〉1만신창이가 되다. 2〈喩〉논점이 여지없이 논박당하거나 글이 매우 많이 첨삭된 상태를 가리킴.

【体惜－석】tǐxī 통이해하고 아끼다.

☆【体系－계】tǐ·xì 명체계. 체제. ◇思想～/사상체계.

✳✳【体现－현】tǐxiàn 통구현하다. ◇这个提案～了发展中国家的利益和要求/이 제안은 개발도상국의 이익과 요구를 구현하였다. 비교体现:表现 정신을 표현하는 경우에 "体现"을 쓰지 않는다. ◇在乒乓球比赛, 她(×体现)表现了敢打敢拼的精神/탁구 경기에서 그녀는 필사적으로 싸우는 정신을 보여줬다.

【体形－형】tǐxíng 명1(사람·동물의) 체형. 비교体形:身材 양자 모두 체격을 나타내지만 "体形"은 몸 전체의 모양에 비중을 두며, 키·몸매와 관련되는 경우에 쓰이지 않는다. ◇她是一位漂亮的姑娘, 不但容貌秀丽(×体形)身材也很苗条/그녀는 아름다운 아가씨로 용모가 수려할 뿐아니라 몸매도 날씬하다. 2(기계·기구의) 형태.

【体型－형】tǐxíng 명체형. 인체의 유형.

【体恤－휼】tǐ·xù 통그 입장이나 처지가 되어 생각해 주다.

【体循环－순환】tǐxúnhuán 명〈生理〉체순환. 대순환.

【体验－험】tǐyàn 명통체험(하다).

【体液－액】tǐyè 명〈生理〉체액.

★【体育－육】tǐyù 명1체육. ◇应该多参加一些～活动/체육활동에 더 많이 참여해야 한다. 2스포츠. ◇爱好～/스포츠를 좋아하다.

☆【体育场－육장】tǐyùchǎng 명운동장.

☆【体育馆－육관】tǐyùguǎn 명체육관.

【体育运动－육운동】tǐyù yùndòng 명체육운동.

✳【体质－질】tǐzhì 명체질. 체력. ◇各人的～不同, 对疾病的抵抗力也不同/개인의 체질이 다르면 질병에 대한 저항력도 다르다.

✳【体制－제】tǐzhì 명1(국가·기관·기업 등의) 체제. 제도. ◇管理～/관리체제. 2(시나 글의) 체재. 형식. 격식.

✳【体重－중】tǐzhòng 명체중.

tì

✳【剃】刂部 tì 7画 털깎을 체

통(면도로 머리·수염 따위를) 깎다. ◇～胡子/수염을 깎다.

【剃刀－도】tìdāo 명면도칼.

【剃度－도】tìdù 통〈佛〉머리를 깎고 중이

되다. (同)〔出家 chūjiā〕,(反)〔还俗 huánsú〕

【剃光头－광두】tì guāngtóu 동머리를 빡빡 밀어버리다.〈喩〉경기에서 한 점도 득점하지 못하거나 시험에서 한 문제도 맞추지 못하다.

【剃头－두】tì// tóu 동이발하다.

【涕】 氵部│tì
7画│눈물 체
명1눈물. ◇痛哭流～/통곡하며 눈물을 흘리다. 2콧물.

【涕泪－루】tìlèi 명1눈물. 2콧물과 눈물.

【涕零－령】tìlíng 동눈물을 흘리다.

【绨·綈】 纟部│tì
7画│두터운비단 제
명〈紡〉깁.

【屉(屜)】 尸部│tì
5画│언치 체
명1여러 층으로 쌓을 수 있는 납작한 시루〔찜통〕. 2(침대나 의자의) 찰탁식 스프링 매트리스. 3〈方〉서랍.

【屉子－자】tì·zi 명1(몇개의 층으로 된) 찜통. 시루. 2(침대나 의자 등의) 떼어낼 수 있는 쿠션 부분. 3〈方〉서랍.

【倜】 亻部│tì
8画│높이들 척

【倜然－연】tìrán 형〈文〉1특출하다. 2관계를 멀리하다.

【倜傥－당】tìtǎng 형〈文〉호방하다. 소탈하다. (同)〔跌宕 diēdàng〕,(反)〔拘束 jūshù〕

【惕】 忄部│tì
8画│두려워할 척
동조심하다. 주의하다.

【惕厉－려】tìlì 동두려워하다. 경계하다.

【惕励－려】tìlì (同)〔惕厉 lì〕

☆【替】 日部│tì
8画│바꿀 체
1동대신하다. 대리하다. ◇你歇会儿，我～你干/당신은 좀 쉬세요. 제가 대신할게요. ◇今天老王没来，谁～他?/오늘 왕씨가 오지 않았는데 누가 대신 하겠소? 2개…을〔를〕 위하여. …때문에. ◇～别人买火车票/다른 사람을 위해 기차표를 산다. ◇别～我担心/나때문에 걱정하지 마세요. 3동〈文〉쇠퇴하다. ◇兴～/흥이 사라지다.

【替班－반】tì// bān (～儿)동근무를 대신하다.

【替补－보】tìbǔ 동대체 보충하다. ◇～员/후보(선수). 예비인원.

*【替代－대】tìdài (同)〔代替〕

【替工－공】tì// gōng (～儿)1동일을 대신하다. ◇明天我有事，请你给我替一下工/

내일 제가 일이 있으니 당신이 대신 근무 좀 해 주세요. 2명대신 일하는 사람.

*【替换－환】tì·huàn 동1교대하다. 교체하다. 바꾸다. ◇你去～他一下/네가 잠시 그와 교대해라. 2갈아 입다. ◇～衣服/옷을 갈아 입다.

【替身－신】tìshēn (～儿)동1남을 대신하여 죄를 받는 사람. (反)〔正 zhèng 身〕

【替…说话－…설화】tì…shuōhuà〈口〉…를 위해 말해주다. …를 감싸주다. ◇要不是你替我说话，他们不会放过我的/만일 당신이 나를 감싸주지 않았으면 그들은 나를 놓아주지 않았을 거예요. 2…의 입장에서 말하다. ◇你在会议上可得替咱们说说话/당신은 회의에서 꼭 우리의 입장에서 말을 해 주세요.

【替死鬼－사귀】tìsǐguǐ 명남을 대신하여 죄를 받거나 죽은 희생자.

【替罪羊－죄양】tìzuìyáng 명속죄양.

【嚏】 口部│tì
14画│재채기 체
동〈文〉재채기하다.

【嚏喷－분】tì·pen 명재채기.

天 961	添 965	黇 965	田 965	恬 965
甜 966	填 966	舔 966	殄 966	觍 966
腆 966	靦 967	掭 967		

tiān

★【天】 大部│tiān
1画│하늘 천
1명하늘. 공중. ◇飞机飞上了～/비행기가 하늘로 날아 갔다. 2명꼭대기에 있거나 공중에 설치된 것. 3명하루. 날. 일(日). ◇昨～/어제. ◇一～转眼就过去了/하루가 깜짝할새 지나갔다. 4명낮. ◇白～/낮 시간. 5(～儿)명하루 중의 일정한 시간. ◇～不早啦/시간이 이르지 않다. ◇看样子有三更～了/보아하니 삼경은 된 듯하다. 6명계절. ◇秋～/가을. ◇我怕过冷～/난 겨울을 보내는 게 무섭다.〔추위를 많이 탄다〕 7명날씨. 기후. ◇～逐渐冷起来了/날씨가 점점 추워진다. 8명타고난. 천부의. 천성의. 9명자연(의). 천연(의). ◇他有靠～吃饭的思想/그는 자연을 의지해 먹고 살겠다는 사고를 갖고 있다. 10명하느님. 하늘. ◇～意/하늘의 뜻. 조물주의 뜻. 11명하늘. 천국. 천당. ◇归～/천당으로 가다. 죽다.

【天安门－안문】Tiān'ānmén 명(북경의) 천안문.

【天崩地裂－붕지렬】tiān bēng dì liè〈成〉1

대변동. 중대한 사변. **2**천지가 무너질 듯 한 큰 소리.

【天边-변】 tiānbiān (~儿) 명**1**몹시 먼 곳. 아득히 먼 곳. **2**하늘 끝.

【天兵-병】 tiānbīng 명**1**신화속의 군사. **2**우수한 군대. 무적의 군대. **3**옛날, 황제의 군대.

【天禀-품】 tiānbǐng 명타고난 자질. 천성.

【天波-파】 tiānbō 명⟨物⟩공중파.

【天才-재】 tiāncái 명1**타고난 재능. 천부적 자질. ◇~是不是生下来就有的?/재주는 날 때부터 생겼는가? **2**천재. ◇我们发现了一个~/그는 천재 한 명을 발견했다.

【天差地远-차지원】 tiān chā dì yuǎn ⟨成⟩천양지차. (同)〔天悬地隔 tiān xuán dì gé〕, (反)〔不相上下 bù xiāng shàng xià〕

*【天长地久-장지구】 tiān cháng dì jiǔ ⟨成⟩영원히 변치 않다. 〔대부분 애정을 형용함〕(同)〔地久天长〕, (反)〔一朝一夕 yī zhāo yī xī〕

【天长日久-장일구】 tiān cháng rì jiǔ ⟨成⟩오랜 세월(이 흐르다).

【天车-차】 tiānchē 명천장 기중기.

【天秤座-칭좌】 tiānchèngzuò 명⟨天⟩천칭자리. 저울자리.

【天窗-창】 tiānchuāng 명**1**(~儿)천창. 지붕창. **2**(同)〔开 kāi 天窗〕

【天道-도】 tiāndào 명**1**옛날, 천지 자연의 이치. **2**⟨方⟩날씨.

【天敌-적】 tiāndí 명⟨生⟩천적.

【天底下-저하】 tiāndǐ·xia 명하늘아래. 천하. 이세상.

*【天地-지】 tiāndì 명**1**천지. 하늘과 땅. **2**⟨喩⟩세상. 세계. 경지. 〔사람의 활동 범위를 나타냄〕◇别有~/별천지다. **3**지경. 상태. ◇不料走错一步竟落到这般~/생각지도 않게 한발 잘못 내디딘 것이 이 지경까지 전락되었다.

【天地头-지두】 tiāndìtóu 명책장의 아래 위의 공백. 〔윗쪽의 공백을 '天头'라 하며 아래쪽의 공백을 '地头'라 함〕

【天帝-제】 tiāndì 명상제. 하느님.

【天电-전】 tiāndiàn 명⟨電⟩공중방전.

【天顶-정】 tiāndǐng 명**1**하늘. **2**⟨天⟩천정. 천정점.

【天鹅-아】 tiān'é 명⟨鳥⟩백조류의 총칭.

【天鹅绒-아융】 tiān'éróng 명⟨紡⟩빌로도.

【天翻地覆-번지복】 tiān fān dì fù ⟨成⟩**1**몹시 변화가 크다. (同)〔地覆天翻〕, (反)〔一成不变 yī chéng bù biàn〕 **2**뒤죽박죽이 되다. 매우 소란스럽다.

【天方-방】 Tiānfāng 명⟨地⟩'阿拉伯'(아라비아)의 옛 이름.

【天分-분】 tiān·fèn 명선천적인 자질.

【天府之国-부지국】 tiān fǔ zhī guó ⟨成⟩토지가 비옥하고 자원이 풍부한 지역. 보통 사천성(四川省)을 가리킴.

【天赋-부】 tiānfù 형**1**천부적인. 선천적인. 타고난 것. **2**명타고난 자질. 천성.

【天干-간】 tiāngān 명(간지의) 천간. 십간.

【天罡-강】 tiāngāng 명⟨天⟩**1**북두칠성. **2**북두칠성의 자루처럼 보이는 부분.

【天高地厚-고지후】 tiān gāo dì hòu ⟨成⟩**1**(은혜가, 의리가) 지극히 높고 두텁다. **2**사물의 복잡함. ◇不知~/세상 물정을 모른다.

【天各一方-각일방】 tiān gè yī fāng ⟨成⟩서로 멀리 떨어져 만나기 힘들다.

【天公-공】 tiāngōng 명우주 만물의 주재자. 하느님.

【天公地道-공지도】 tiān gōng dì dào ⟨成⟩지극히 공평하다〔공정하다〕.

【天宫-궁】 tiāngōng 명하늘.

【天沟-구】 tiāngōu 명⟨建⟩(지붕의) 낙수. 홈통.

【天光-광】 tiānguāng 명**1**날. 시간. **2**⟨方⟩새벽. **3**하늘의 빛. 햇빛.

【天国-국】 tiānguó 명**1**⟨宗⟩천국. 하늘 나라. 천당. **2**이상적인 세계.

【天河-하】 tiānhé 명은하수. 은하.

【天候-후】 tiānhòu 명날씨. 일기.

【天花-화】 tiānhuā 명**1**⟨醫⟩천연두. **2**옥수수의 수꽃.

【天花板-화판】 tiānhuābǎn 명천장.

【天花乱坠-화란추】 tiān huā luàn zhuì ⟨成⟩⟨喩⟩말하는 것이 생동감이 있는 듯하다. 〔과장하거나 비현실적인 말을 가리킴〕

【天荒地老-황지노】 tiān huāng dì lǎo ⟨成⟩오랜 세월이 흐르다.

【天皇-황】 tiānhuáng 명**1**천자. 황제. **2**일본의 천황.

【天昏地暗-혼지암】 tiān hūn dì àn ⟨成⟩**1**온 하늘 땅이 캄캄하다. (同)〔昏天黑地 hūn tiān hēi dì〕, (反)〔天朗气清 tiān lǎng qì qīng〕 **2**정치가 부패하거나 사회가 혼란하다. (同)〔昏天黑地〕, (反)〔尧天舜日 Yáo tiān Shùn rì〕 **3**굉장하다. 대단하다.

【天火-화】 tiānhuǒ 명천화. 뇌화(雷火).

【天机-기】 tiānjī 명**1**하늘의 뜻. **2**누설해서 안되는 중요한 기밀.

【天极-극】 tiānjí **1**명⟨天⟩천극. **2**(同)〔天际 jì〕

【天际-제】 tiānjì 명하늘의 끝. 하늘가.

【天骄-교】 tiānjiāo 명**1**옛날, 한민족(漢民族)이 흉노족(匈奴族)의 왕(王)을 일컫던 말. **2**⟨轉⟩소수 민족의 군주(君主).

【天经地义-경지의】 tiān jīng dì yì ⟨成⟩절

대 불변의 진리. (同)〔颠扑不破 diān pū bùpò〕, (反)〔大谬不然 dà miù bù rán〕

【天井－정】tiānjǐng 圐1안채와 사랑채 사이의 마당. (轉)주택의 뜰의 통칭. 2구식(舊式)집에서 채광을 위해 지붕에 낸 구멍.〔'天井'에 맞춰 땅에 빗물을 빼기 위해 구덩이를 판 것은 '天井沟gōu'라고 함〕

＊＊【天空－공】tiānkōng 圐하늘. 공중. ◇烟花冲向～/불꽃이 하늘을 향해 솟아 올랐다. (同)〔天上 shàng〕, (反)〔地面 dìmiàn〕

【天籁－뢰】tiānlài 圐자연의 소리.

【天蓝－람】tiānlán 圐하늘빛. 하늘색.

【天狼星－랑성】tiānlángxīng 圐〈天〉천랑성. 시리우스(Sirius).

【天老儿－노아】tiān·laor 圐(선천성) 백인(白人).

【天老爷－노야】tiānlǎo·yé 圐하느님. (同)〔老天爷〕

【天理－리】tiānlǐ 圐1송대 이학(宋代理學)의 도덕 규범. 2자연의 이치. 자연의 법칙.

【天良－량】tiānliáng 圐(타고난) 양심.

【天亮－량】tiān liàng 동이 트다. 날이 밝다. (同)〔天明 míng〕, (反)〔天黑 hēi〕

【天灵盖－령개】tiānlínggài 圐〈生理〉두정골.

【天伦－륜】tiānlún 圐〈文〉천륜.

【天罗地网－라지망】tiān luó dì wǎng 〈成〉빈틈없는 포위망을 치다.

【天马行空－마행공】tiān mǎ xíng kōng 〈成〉문재(文才)가 호방 표일하다.

【天门－문】tiānmén 圐1천궁의 문. 2제왕이 거처하는 궁궐의 문. 3도가(道家)에서의 마음. 4양의 정간.

【天明－명】tiān míng (同)〔天亮 liàng〕

【天命－명】tiānmìng 圐1하늘의 뜻. 2타고난 운명. 3자연의 법칙.

【天幕－막】tiānmù 圐1대지를 덮고 있는 하늘. 2〈演〉(무대의) 하늘 배경막.

【天哪－나】tiān na 〈口〉하느님. 맙소사.〔놀랍고, 초조하고, 비분(悲憤)의 기분을 강하게 나타내는 감탄사〕◇～, 这可怎么办呢?/맙소사! 이거 어떻게 하지? (同)〔我的天啊 wǒ de tiān a〕

【天南地北－남지북】tiān nán dì běi 〈成〉1아득히 멀리 떨어져 있다. 2한담하다.

【天南海北－남해북】tiānnán hǎiběi 1온 나라. 전국곳곳. 2잡담하다.

【天年－년】tiānnián 圐1천수. 2수확. 작황. 3시대. 세월. 세상.

【天怒人怨－노인원】tiān nù rén yuàn 〈成〉죄질이 나빠 여론이 비등하다. (反)〔万姓胪欢 wàn xìng lú huān〕

【天棚－붕】tiānpéng 圐1천장. 2차양(遮陽), (햇빛을 가리기 위한) 천막.

【天平－평】tiānpíng 圐천평칭(天平秤).

★【天气－기】tiānqì 圐1일기. 날씨. ◇初春～, 早晨还有些凉意/초봄 날씨는 아침엔 아직 약간 싸늘하다. 비교天气:气候 어떤 지역의 기류·위도·지형 등 기상 상황에는 "天气"를 쓰지 않는다. ◇我非常喜欢中国南方四季如春的(×天气)气候/난 중국 남쪽의 사계절이 봄 같은 날씨를 대단히 좋아한다. 2시간. 때. ◇～不早了, 快回家吧!/시간이 늦었으니, 빨리 집에 돌아가자!

【天气图－기도】tiānqìtú 圐〈天〉기상도.

【天气预报－기예보】tiānqì yùbào 圐일기 예보.

【天堑－참】tiānqiàn 圐천연의 요새.

【天桥－교】tiānqiáo 圐1육교. 2〈體〉양쪽 사다리에 다리가 있는 체조 도구.

【天琴座－금좌】tiānqínzuò 圐〈天〉거문고 자리.

【天青－청】tiānqīng 圐〈色〉감색.

【天穹－궁】tiānqióng 圐하늘. 창공.

【天球－구】tiānqiú 圐〈天〉천구.

【天球仪－구의】tiānqiúyí 圐〈天〉천구의.

【天趣－취】tiānqù 圐자연의 흥취. 작품의 운치.

【天阙－궐】tiānquè 圐1(왕이 사는) 궁궐. 서울. 2천문(天門).

＊【天然－연】tiānrán 圐혱자연의. 천연의. (同)〔自 zì 然〕, (反)〔人工 réngōng〕

【天然免疫－연면역】tiānrán miǎnyì 圐〈醫〉자연 면역.

＊＊【天然气－연기】tiānránqì 圐천연 가스.

【天壤－양】tiānrǎng 圐〈文〉1하늘과 땅. 2〈喩〉차이가 대단히 심함. 매우 멀리 떨어져 있음.

【天日－일】tiānrì 圐하늘과 태양. 〈喩〉광명. 새세상. 밝은 세상.

＊【天色－색】tiānsè 圐하늘. 빛〔색〕. 일기.

＊【天上－상】tiānshàng 圐천상. 하늘.

【天神－신】tiānshén 圐천신.

＊【天生－생】tiānshēng 圐혱타고나다. 선천적(이다). ◇本事不是～的/능력은 선천적인 것이 아니다.

【天时－시】tiānshí 圐1철. 절기. 2기후. 3시기. 기회.

【天使－사】tiānshǐ 圐1옛날, 황제가 파견한 사신. 2〈宗〉천사.

【天授－수】tiānshòu 圐하늘에서 내려 줌. 천부.

【天书－서】tiānshū 圐1신선이 쓴 책이나 편지. 2〈喩〉난해한 문자나 글. 3고대, 황제의 조서.

【天数－수】tiānshù 圐타고난 팔자〔운수〕. 숙명.

＊【天堂－당】tiāntáng 圐1〈宗〉극락. 천당.

(反) 〔地獄 dìyù〕 **2**〈喩〉지상낙원. (同) 〔乐土 lètǔ〕, (反) 〔地獄〕

【天梯-제】 tiāntī 매우 높은 사다리. 〔주로 높은 건물에 설치됨〕

【天体-체】 tiāntǐ 명〈天〉천체.

【天天-천】 tiāntiān (~儿)명매일. 날마다. ◇不管刮风下雨，～都很早起来打太极拳/바람이 부나 비가 오나 날마다 일찍 일어나서 태극권을 한다.

【天条-조】 tiāntiáo 명하늘이 정한 계율.

【天庭-정】 tiāntíng 명**1**(관상에서) 양미간. **2**신화 속에 하느님이 사는 곳. **3**제왕〔임금〕이 사는 곳.

【天头-두】 tiāntóu 명책장 윗공백.

【天外-외】 tiānwài 명**1**우수 이외의 곳. **2**매우 높고 먼 곳. 먼 하늘 저쪽.

【天王-왕】 tiānwáng 명**1**천자(天子). **2**태평천국(太平天国)의 지도자. 홍수전(洪秀全)의 칭호. **3**(신화나 전설의) 천신.

【天王星-왕성】 tiānwángxīng 명〈天〉천왕성.

【天网恢恢-망회회】 tiān wǎng huī huī〈成〉하늘의 법망이 성긴 듯하나 죄인은 그 벌을 면치 못한다. (同)〔难逃法网 nán táo fǎ wǎng〕, (反)〔逍遥法外 xiāo yáo fǎ wài〕

*【天文-문】 tiānwén 명천문. (反)〔地理 dìlǐ〕

【天文单位-문단위】 tiānwén dānwèi(jùlí) 명〈天〉천문 단위 (AU).

【天文馆-문관】 tiānwénguǎn 명천문관. 〔천문 지식의 보급을 위한 문화 교육 기구〕

【天文数字-문수자】 tiānwén shùzì 명천문학적 숫자.

【天文台-문대】 tiānwéntái 명〈天〉천문대.

【天文望远镜-문망원경】 tiānwénwàngyuǎnjìng 명천체 망원경.

【天文学-문학】 tiānwénxué 명천문학.

【天文钟-문종】 tiānwénzhōng 명천문시계.

*【天下-하】 tiānxià 명**1**전국. 세상. ◇现在～还不太平/지금 세상은 평화롭지 않다. **2**국가 정권. 통치권. ◇今天的～是人民的/오늘의 정권은 국민의 것이다.

【天仙-선】 tiānxiān 명**1**선녀. **2**〈喩〉미녀. (同)〔美女 měinǚ〕

【天险-험】 tiānxiǎn 명천연 요새.

*【天线-선】 tiānxiàn 명〈電〉안테나.

【天香国色-향국색】 tiān xiāng guó sè〈成〉목련이 아름답다. 〈喩〉절세미인. (同)〔国色天香〕

【天象-상】 tiānxiàng 명**1**천체 현상. **2**기후 현상.

【天象仪-상의】 tiānxiàngyí 명천상의. 플라네타륨(planetarium).

【天晓得-효득】 tiān xiǎo·de 하늘이나 알지 누가 알겠는가.

【天蝎座-갈좌】 tiānxiēzuò 명〈天〉전갈자리.

【天性-성】 tiānxìng 명천성. 타고난 성격.

【天幸-행】 tiānxìng 명천만다행.

【天旋地转-선지전】 tiān xuán dì zhuǎn〈成〉**1**매우 큰 변화가 일어나다. **2**정신이 아찔하고 머리가 빙빙 돌다. **3**거칠게 다투다.

【天悬地隔-현지격】 tiān xuán dì gé (同)〔天差 chā 地远〕

【天涯-애】 tiānyá 명하늘가. 〈喩〉땅끝. 아득히 먼 곳. (同)〔天际 jì〕, (反)〔眼前 yǎnqián〕

【天涯海角-애해각】 tiān yá hǎi jiǎo〈成〉이세상 끝. 피차 떨어진 곳이 아주 멀다. (同)〔海角天涯〕, (反)〔咫尺之遥 zhǐ chǐ zhī yáo〕

【天阉-엄】 tiānyān 명선천적인 고자.

【天衣无缝-의무봉】 tiān yī wú fèng〈成〉흠잡을 데 없다. 완전 무결하다. (同)〔无懈可击 wú xiè kě jī〕, (反)〔破绽百出 pò zhàn bǎi chū〕

【天意-의】 tiānyì 명하늘의 뜻.

【天鹰座-응좌】 tiānyīngzuò 명〈天〉독수리자리.

【天有不测风云-유불측풍운】 tiān yǒu bù cè fēngyún〈諺〉세상일이란 변화막측하다. 예상하기 어렵다.

【天宇-우】 tiānyǔ 명**1**하늘. **2**〈文〉(同)〔天下 xià〕

【天渊-연】 tiānyuān 명하늘과 깊은 못. 현격한 차이.

【天灾-재】 tiānzāi 명천재. 자연 재해. (反)〔人祸 rénhuò〕

【天灾人祸-재인화】 tiān zāi rén huò〈成〉천재와 인재(人災).

【天葬-장】 tiānzàng 명조장(鸟葬).

【天造地设-조지설】 tiān zào dì shè〈成〉자연 그대로이다. 이상적이다. 아름답고 적절하다.

☆【天真-진】 tiānzhēn 형**1**천진하다. 순진하다. 꾸밈없다. ◇～活泼的女孩子/순진하고 발랄한 여자아이. **2**유치하다. 단순하다. ◇这种想法过于～/이런 생각은 지나치게 단순하다.

【天职-직】 tiānzhí 명**1**천직. **2**마땅히 해야 할 직분.

【天轴-축】 tiānzhóu 명**1**〈機〉선축(線軸) 라인샤프트(line shaft). **2**〈天〉천구(天球)의 중심축.

【天诛地灭-주지멸】 tiān zhū dì miè〈成〉천벌을 받다. 〔주로 다짐 때 쓰임〕

【天竺-축】 Tiānzhú 명〈地〉천축. 인도의 옛

이름.
【天主－주】tiānzhǔ [명]〈宗〉(기독교의) 천주. 하나님.
⁑【天主教－주교】Tiānzhǔjiào [명]〈宗〉천주교. 카톨릭교.
【天姿国色－자국색】tiān zī guó sè〈成〉절세미인.
【天资－자】tiānzī [명]타고난 자질. 천부의 소질.
【天子－자】tiānzǐ [명]천자. 황제. (同)〔帝王 dìwáng〕, (反)〔百姓 bǎixìng〕
【天字(第)一号－자(제)일호】tiān zì (dì) yī hào〈成〉천하제일.
【天足－족】tiānzú [명]전족(纏足)하지 않은 자연 그대로의 발.
【天尊－존】tiānzūn [명]**1**도교(道教)에서 신선에 대한 존칭. **2**〈佛〉부처님.
【天作之合－작지합】tiān zuò zhī hé〈成〉하늘이 맺어준 인연.

☆【添】氵部 8画 | tiān 더할 **첨**
[동]**1**보태다. 더하다. 첨가하다. ◇给您～了不少麻烦/당신께 적잖은 불편을 끼쳐 드렸습니다. [비교]添:增加 체중의 증가에는 "添"을 쓰지 않는다. ◇我这个月体重(×添)增加到八十公斤/난 이번 달에 체중이 80키로까지 늘어났다. **2**〈方〉아이가 태어나다. 식구가 늘다. ◇他家已经～了个女儿了/그 집은 딸을 낳았다.
【添补－보】tiān·bu [동](용품이나 의류 등을) 보충하다. 보태다. (同)〔增加 zēngjiā〕, (反)〔减少 jiǎnshǎo〕
【添仓－창】tiān// cāng (同)〔填 tián 仓〕
【添丁－정】tiān// dīng [동]옛날, 아들을 낳다.
【添加剂－가제】tiānjiājì [명]〈化〉첨가제.
【添乱－란】tiān// luàn [동]폐를 끼치다. 귀찮게 하다.
【添麻烦－마번】tiān má·fan 폐를 끼치다. (同)〔添乱 luàn〕
【添箱－상】tiān// xiāng **1**[동]옛날, 결혼식 때 신부에게 선물을 주다. **2**(tiānxiāng) [명]옛날, 결혼식 때 친척이나 친구들이 신부에게 보내는 선물. 축의금.
【添油加醋－유가초】tiān yóu jiā cù〈成〉없는 내용을 보태어 말하다. (同)〔添枝 zhī 加叶〕
【添枝加叶－지가엽】tiān zhī jiā yè〈成〉보태어 말하다.
【添置－치】tiānzhì [동]추가 구입하다.
【添砖加瓦－전가와】tiān zhuān jiā wǎ〈成〉(국가·사회에) 미력이나마 이바지하다.

【黇】黄部 5画 | tiān 누른빛 **첨**
【黇鹿－록】tiānlù [명]〈動〉(유럽산) 담황갈색 사슴.

tián

☆【田】田部 0画 | tián 밭 **전**
1[명]밭. 논. **2**[명]광석이 매장된 지대. **3**[동]〈文〉사냥하다. **4**(Tián)[명]성(姓).
【田产－산】tiánchǎn [명]전답(田地) 부동산. 토지재산.
【田畴－주】tiánchóu [명]〈文〉**1**전지(田地). 논밭. **2**벌판.
⁑【田地－지】tiándì [명]**1**논밭. 경작지. **2**〈轉〉지경. 처지. ◇想不到他会落到这步～!/그가 이 지경까지 전락될 줄 생각지도 못했다.
【田赋－부】tiánfù [명]지조(地租). 전조(田租).
【田埂－갱】tiángěng [명]논두렁. 논두둑.
【田鸡－계】tiánjī [명]**1**〈鳥〉뜸부기. **2**〈動〉개구리의 통칭.
【田家－가】tiánjiā [명]농가.
*【田间－간】tiánjiān [명]**1**경작지. **2**농촌.
【田间管理－간관리】tiánjiān guǎnlǐ [명]경작지 관리.
【田径赛－경새】tiánjìngsài [명]〈體〉육상 경기(시합).
【田径运动－경운동】tiánjìng yùndòng [명]〈體〉육상 운동.
【田坎－감】tiánkǎn [명]**1**논밭의 이랑. **2**두렁.
【田猎－렵】tiánliè [명][동]〈文〉사냥(하다).
【田垄－롱】tiánlǒng [명]논두렁.
【田螺－라】tiánluó [명]〈魚介〉우렁이.
【田亩－묘】tiánmǔ [명]논밭. 전지(田地).
【田契－계】tiánqì [명]땅문서. 토지권리증.
【田赛－새】tiánsài [명]〈體〉필드(field)경기.
【田舍－사】tiánshè [명]**1**논밭과 집. **2**농촌의 집. 촌가. **3**(同)〔田家 jiā〕
【田鼠－서】tiánshǔ [명]〈動〉두더지. 들쥐.
【田头－두】tiántóu [명]**1**전지(田地)의 관리인. **2**밭머리. 논두렁. **3**논밭의 가. 들.
☆【田野－야】tiányě [명]들판. 들.
【田野工作－야공작】tiányě gōngzuò (同)〔野外 wài 工作〕
【田园－원】tiányuán [명]전원. 농촌.
【田园诗－원시】tiányuánshī [명]전원시.
【田庄－장】tiánzhuāng [명]**1**부자가 소유한 전지(田地)와 장원(庄園). **2**〈方〉농촌.

【恬】忄部 6画 | tián 편안할 **첨**
[형]〈文〉**1**편안하다. 고요하다. **2**개의치 않다. 태연하다. ◇～不为怪/태연하게 별로 이상하게 여기지 않다.
【恬不知耻－불지치】tián bù zhī chǐ〈成〉나쁜 짓을 하고도 수치를 모르고 태연하다. (同)〔厚颜无耻 hòu yán wú chǐ〕

T

【恬淡－담】 tiándàn 働1세속적인 물욕이 없다. 사리 사욕이 없다. 2조용하다. 편안하다.

【恬静－정】 tiánjìng 働평안하고 고요하다.

【恬然－연】 tiánrán 働개의치 않는 모양.

【恬适－적】 tiánshì 働〈文〉평안하고 조용하다.

☆【甜】 舌部 | 甘部 | tián
5画 | 6画 | 달 첨
働1(맛이) 달다. ◇这西瓜好～哪!/이 수박은 무척 달구나. 2〈轉〉말을 달콤하게 하다. ◇话说得很～/말하는 것이 아주 달콤하다. 3(생활이) 즐겁다. 행복하다. 기분좋다. ◇小俩口儿的生活很～/젊은 부부의 생활이 아주 행복하다. 旧교甜:愉快 단음절 "甜"은 부사로 쓰지 않는다. ◇她很(×甜)愉快地说着/그녀는 즐겁게 이야기하고 있다.

【甜菜－채】 tiáncài 働〈植〉사탕무우.

【甜点－점】 tiándiǎn 働맛이 단 디저트.

【甜活儿－활아】 tiánhuór 働힘은 적게 들고 보수는 많은 일. (反)〔苦 kǔ 活儿〕

【甜瓜－과】 tiánguā 働〈植〉참외.

【甜津津(的)－진진(적)】 tiánjīnjīn(·de) 働달콤하다. 아주 달다.

【甜美－미】 tiánměi 働1달콤하다. 감미롭다. (同)〔甘 gān 美〕, (反)〔苦涩 kǔsè〕 2유쾌하다. 행복하다. ◇～的生活/행복한 생활. (同)〔甜蜜 mì〕, (反)〔痛苦 tòngkǔ〕

【甜蜜－밀】 tiánmì 働달콤하다. 행복하다. ◇孩子们笑得那么～/아이들은 저렇듯 행복하며 웃고 있다.

【甜面酱－면장】 tiánmiànjiàng 働단맛이 나는 된장.

【甜品－품】 tiánpǐn 働단맛의 간식.

【甜食－식】 tiánshí 働단맛의 식품.

【甜水－수】 tiánshuǐ 働마시기에 적합한 물. (反)〔苦 kǔ 水〕

【甜丝丝－사사】 tiánsīsī 働1달콤하다. 달짝지근하다. 2행복하다. 유쾌하다. 흐뭇하다.

【甜头－두】 tián·tou (～儿)働1단 맛. 2(사물의) 묘미. 맛. 좋은 점. 이득. ◇他尝到了读书的～/그는 독서의 묘미를 맛보았다.

【甜笑－소】 tiánxiào 働천진한 웃음.

【甜言蜜语－언밀어】 tián yán mì yǔ 〈成〉감언이설. 달콤한 말. (同)〔花言巧语 huā yán qiǎo yǔ〕

【甜滋滋－자자】 tiánzīzī (同)〔甜丝 sī 丝〕

☆【填(塡)】 土部 | tián
10画 | 메울 전
働1채우다. 메우다. ◇～井/우물을 메우다. ◇坑没填满, 又～上了一些土/구덩이가

다 메워지지 않아서 또 약간의 흙을 더 채웠다. 旧교填:添 원래 있는 것에 더할 때는 "填"을 쓰지 않는다. ◇老人往炉火里(×填)添了一块煤/노인은 난로에 석탄 하나를 더 집어 넣었다. 2보충하다. 3(기입란·공란 등에) 기입하다. ◇别～错日期/날짜를 잘못 기입하지 마세요.

【填饱－포】 tiánbǎo 働배불리 먹다.

【填报－보】 tiánbào 働(문서에 필요 사항을) 기입하여 보고하다.

【填表－표】 tiánbiǎo 働표에 기입하다.

*【填补－보】 tiánbǔ 働(빈 부분을) 메우다. 보충하다. ◇～精神上的空虚/정신적인 공허함을 메우다.

【填仓－창】 tián// cāng 働음력 정월 25일에 곡식 창고를 채우고 풍작을 기원하다.

【填充－충】 tiánchōng 1働(어떤 공간을) 메우다. 채워넣다. 2働(시험의) 괄호 넣기(문제).

【填词－사】 tián// cí 働사(詞)의 격률(格律)에 따라 사(詞)를 짓다.

【填方－방】 tiánfāng 働〈土〉(토목공사 시공에서 메우는) 입방으로 계산하는 흙과 돌의 체적.

【填房－방】 tián·fang 1働재취(再娶)로 가다. 후처로 들어가다. 2(tiánfang)働재취(再娶). 후처(後妻).

【填空－공】 tiánkòng 1働빈 자리〔직위〕를 메우다. 2(同)〔填充 chōng〕

【填料－료】 tiánliào 働(콘크리트·고무·플라스틱 따위에) 섞어넣는 재료. 충전물(充填物).

【填塞－색】 tiánsè 働메우다. (反)〔挖掘 wājué〕

*【填写－사】 tiánxiě 働(일정한 양식에) 써넣다. 기입하다. ◇～履历表/이력서를 작성하다.

【填鸭－압】 tiányā 1働오리를 강제 사육시키다. 2働강제 사육한 오리.

【填鸭式－압식】 tiányāshì 働주입식. ◇～教育/주입식 교육.

tiǎn

【舔】 舌部 | tiǎn
8画 | 핥을 첨
働핥다. ◇猫～爪子/고양이가 발톱을 핥다.

【殄】 歹部 | tiǎn
5画 | 끊어질 진
働다 없애 버리다. ◇暴～天物/하늘이 내린 물건을 마구 없앤다.

【覥見·覥】 见部 | tiǎn
8画 | 부끄러워할 전

(동)1⟨文⟩부끄러워하다. 2뻔뻔스럽게 굴다.
【觍颜-안】tiǎnyán 1⟨동⟩부끄러운 표정을
짓다. 2(同)〔厚 hòu 颜〕

【腆】月部 tiǎn
8画 두터울 전
1⟨형⟩풍성하다. 2⟨동⟩⟨方⟩(배·가슴을 쑥)
내밀다. ◇～着胸脯/가슴을 쑥 내밀다.

【觍·靦】见部 tiǎn
8画 부끄러워할 전
1⟨형⟩⟨文⟩사람의 얼굴을 형용함. ◇～然人
面/사람의 얼굴 모습이다. 2(同)〔觍 tiǎn〕
⇒miǎn

tiàn

【掭】扌部 tiàn
8画 묻힐 첨
(동)1(먹을 묻혀) 붓끝을 고르다. 2⟨方⟩돋
우다.

tiāo

【佻】亻部 tiāo
6画 경박할 조
(형)경박하다. 경망스럽다.
【佻薄-박】tiāobó (형)⟨文⟩경박하다.
【佻巧-교】tiāoqiǎo (형)⟨文⟩1경박하고 교
활하다. 2(필치가) 가볍고 자질구레하다.
【佻㒓-달】tiāotà (형)⟨文⟩경박하다. 가볍
다. 경솔하다.

☆【挑】扌部 tiāo
6画 멜 조
1(동)고르다. 선택하다. ◇～个好日子举行
婚礼/좋은 날을 택일하여 혼례를 치르다.
[비교]挑:选 ①"挑"는 구어체에 주로 쓰여
문어체에는 잘 쓰이지 않는다. ◇他们在
(×挑)选代表/그들은 대표를 고르고 있
다. ②"选"은 동사 목적어를 취할 수 없
다. ◇他喜欢(×选)挑穿/그는 입는 것을
고르기 좋아한다. 2(동)끄집어내다. 솎아내
다. ◇他讲的话你就别～错儿了/그가 말
한 것에 대해 당신은 트집잡지 말아요. 3
(동)⟨멜대로⟩어깨에 메다. ◇帮助老人～
了几桶水/노인을 도와 물 몇 통을 메
주었다. 4(～儿)⟨양⟩짐. 〔멜대로 메는 짐
을 세는 데 쓰임〕◇五～菠菜卖了一百多
元/시금치 다섯 짐을 백여 원에 팔았다.
⇒tiǎo
【挑刺儿-자아】tiāo// cìr (동)(일부러 언행
에서) 흠을 들추어내다. 탈잡다.
【挑肥拣瘦-비간수】tiāo féi jiǎn shòu
⟨成⟩이로운 것을 이것저것 가리다. (同)
〔挑精拣肥 tiāo jīng jiǎn féi〕, (反)〔人弃
我取 rén qì wǒ qǔ〕

【挑夫-부】tiāofū (명)짐꾼.
【挑拣-간】tiāojiǎn (동)고르다. 선택하다.
【挑脚-각】tiāo// jiǎo (동)(옛날, 직업적으
로) 짐을 운반하다.
【挑三拣四-삼간사】tiāo sān jiǎn sì (同)
〔挑肥 féi 拣瘦 shòu〕
【挑食-식】tiāoshí (동)편식하다.
【挑剔-척】tiāo·tī (동)(결점·잘못 따위를)
들추다. 트집 잡다〔책망하다〕. 2(명)가리는
것이 많다. 까다롭다. ◇她比较～/그녀는
까다로운 사람이다.
✦✦【挑选-선】tiāoxuǎn (동)고르다. 선택하다.
◇教师～了几个同学担任剧中的角色/선생
님은 학생 몇명을 골라 극중의 배역을 맡
겼다. [비교]挑选:挑剔:选择 ①"挑选"은
남을 흠잡는 데에 쓰이지 않는다. ◇不要
专门(×挑选)挑剔别人的毛病/남의 잘못
을 일부러 트집잡지 마라. ②"选择"는 추
상적인 목적어를 취할 수 있으나 "挑选"
은 그러지 못한다. ◇他(×挑选)选择了
自己喜爱的专业/그는 자기가 좋아하는 전
공을 선택했다.
【挑眼-안】tiāo// yǎn ⟨方⟩(주로 불공평
이나 무례한 행위에 대해) 결함을 들추
다. 트집 잡다.
【挑字眼儿-자안아】tiāo zìyǎnr ⟨喻⟩말꼬
리를 잡(아 비꼬아 불평하)다.
【挑子-자】tiāo·zi (명)(멜대로 메는) 짐.
【挑嘴-취】tiāozuǐ (동)편식하다. (同)〔挑食
shí〕

tiáo

★【条·條】攵部 tiáo
4画 가지 조
1(～儿)(명)가늘고 긴 가지. ◇枝～/나뭇가
지. 2(～儿)(명)폭이 좁고 긴 물건. 가늘고
긴 것. 작은 종이 조각. ◇面～儿/가락
국수. ◇便～儿/쪽지. 3(～儿)(명)가늘고
긴 천조각이나 테이프. ◇花～儿布/줄무
늬의 천. 4(명)조. 낱낱의 조목. 5(명)순서.
질서. 조리(條理). ◇院长的报告有～有理
/원장의 보고는 조리가 있다. 6(양)a)가늘
고 긴 것. ◇一～毛巾/수건 하나. ◇两～
人命/두 목숨. ◇一～心/한마음. [비교]条:
根 "羽毛"의 양사로는 "条"를 쓰지 않는
다. ◇他给了我一(×条)根羽毛/그는 내
게 깃털 하나를 주었다. b)여러 개가 모
여 하나로 된 것에 쓰임. ◇一～肥皂/(두
토막으로 연결된) 비누 한 개. ◇一～香
烟/담배 한 보루. c)항목·조목 등에 대
해 쓰임. ◇四～建议/네 가지 건의. ◇一
～消息/소식 한 가닥.
【条案-안】tiáo'àn (명)가늘고 긴 책상. 장

T

식용 타자.

【条播－파】tiáobō 圐動〈農〉줄파종(하다).

【条畅－창】tiáochàng 圐〈文〉(말이나 글이) 조리있고 유창하다. (反)〔紊乱 wěn luàn〕

【条陈－진】tiáochén 1動조목별로 진술하다. 2名조목별로 쓴 진술서.

【条分缕析－분루석】tiáo fēn lǚ xī〈成〉치밀하고 명확하게 분석하다.

【条幅－폭】tiáofú 名(세로로 된 글씨나 그림의) 족자.

【条贯－관】tiáoguàn 名조리. 체계.

【条规－규】tiáoguī (同)〔條例 lì〕

【条几－기】tiáojī (同)〔条案 ān〕

★【条件－건】tiáojiàn 名1여건. 형편. ◇既然没有~, 工厂就不要再扩大了/여건이 안 된다니 공장을 더 확장하지 말라. 比교条件:环境 장소로서의 환경에는 "条件"을 쓰지 않는다. ◇那儿的(×条件)环境拥挤/그 곳의 공간이 비좁다. 2(요구하는) 조건. 수준. ◇他干工作从不讲任何~/그는 일을 할 때 어떤 조건도 따진 적이 없다. 3(상태로서의) 조건. 사정. ◇这里的住宿~比较好/이 곳의 기숙사의 조건이 비교적 좋다.

【条件刺激－건자격】tiáojiàn cìjī 名〈生理〉조건 자극.

【条件反射－건반사】tiáojiàn fǎnshè 名〈生理〉조건 반사.

*【条款－관】tiáokuǎn 名(문수·계약 따위의) 조항. 규정.

*【条理－리】tiáolǐ 名조리. 사리.

【条例－례】tiáolì 名조례. 규정. 조항.

【条令－령】tiáolìng 名〈軍〉(간명한 조문으로 정리된 군대 행동의) 수칙. 규칙.

【条目－목】tiáomù 名조목. 항목. 세목.

【条绒－융】tiáoróng 名〈紡〉코르덴.

【条条－조】tiáotiáo 圐조목마다. 조목조목.

【条条框框－조광광】tiáo·tiao kuàngkuàng〈喩〉사람을 속박시키는 규제나 제한들. 〈喩〉굴레. 속박〔제약〕.

*【条文－문】tiáowén 名〈法〉법규 등의 조목 내용.

【条纹－문】tiáowén 名줄무늬.

☆【条约－약】tiáoyuē 名조약. ◇这个~是去年签订的/이 조약은 작년에 체결한 것이다.

*【条子－자】tiáo·zi 名1가늘고 긴 물건. 2쪽지. 3〈方〉막대형 금괴.

【鲦·鰷(鲦)】 魚部｜tiáo 7画｜피라미 조
名〈魚介〉피라미.

【迢】 辶部｜tiáo 5画｜멀 초, 높을 초
【迢迢－초】tiáotiáo 圐(길이) 매우 멀다.

【迢远－원】tiáoyuǎn 圐아득하게 멀다.

【岧】 山部｜tiáo 5画｜높을 초
【岧岧－초】tiáotiáo 圐〈文〉높은 모양.
【岧峣－요】tiáoyáo 圐〈文〉산이 높은 모양.

【笤】 竹部｜tiáo 5画｜비 소
【笤帚－추】tiáo·zhou 名비. 빗자루.

【调·調】 讠部｜tiáo 8画｜고를 조
1圐고르다. 적당하다. ◇风~雨顺/날씨가 좋다. 2動고루 섞다. ◇牛奶里加点糖~一下/우유에 설탕을 타서 좀 저어라. 3動중재하다. 조정하다. 4動놀리다. 희롱하다. 5動부추기다. ⇒diào

【调拨－발】tiáobō (同)〔挑拨〕⇒diàobō

【调处－처】tiáochǔ 動중재하다. (同)〔调停 tíng 1〕

【调幅－폭】tiáofú 名〈物〉진폭 변조.

【调羹－갱】tiáogēng 名국자.

*【调和－화】tiáo·hé 1圐(배합이) 알맞다. 어울리다. ◇色彩~/색채가 어울리다. 2動중재하다. 화해 시키다. ◇从中~/중간에서 화해시키다. 3動타협하다. 양보하다. 〔주로 부정문에 쓰임〕◇他认为在这个原则问题上没有~的余地/그는 이 원칙적인 문제에 있어서 타협의 여지가 없다고 생각한다.

【调护－호】tiáohù 名動몸조리·간호(하다).

【调剂－제】tiáo// jì 動조제하다.

*【调节－절】tiáojié 名動조절하다. 조정하다. ◇~生活/생활리듬을 조절한다. ◇~人员/인원을 조정한다.

【调价－가】tiáo// jià 動가격을 조정하다. 〔가격 인상·인하를 포함함〕

【调教－교】tiáojiào 名動1(어린이를) 교육하다. 훈육(하다). 2(짐승을) 길들이다. 훈련하다.

*【调节－절】tiáojié 名動조절(하다). 조정(하다). ◇~室温/실내온도를 조절하다. ◇市场~/시장조절.

*【调解－해】tiáojiě 名動조정(하다). 중재(하다). ◇两家闹纠纷二十多年了, 从没找人~过/두 집안의 분규가 이미 20여년이 지났지만 한 번도 남에게 중재를 요청해 본 적이 없다. 比교调解:调和 "调解"는 양보, 타협의 뜻이 없다. ◇这场斗争是不可(×调解)调和的/이 투쟁은 타협할 수 없다.

【调经－경】tiáojīng 動〈中醫〉월경 불순을 치료하다.

【调侃－간】tiáokǎn 動희롱〔조롱〕하다. 비웃다.

【调理－리】tiáo·lǐ 動1몸조리하다. 2돌보

다. 관리하다. **3**버릇을 가르치다.
【调料－료】tiáoliào (同)〔作 zuò 料〕
【调弄－롱】tiáonòng ㊍**1**희롱하다. **2**정리하다. 조정하다. **3**사주하다. (同)〔调唆 suō〕
【调配－배】tiáopèi ㊍(안료·약물 따위를) 고루 섞다. 배합하다.
⁑【调皮－피】tiáopí **1**㊍짓궂다. 개구장이다. ◇这几个孩子显得特别～/이 몇명의 아이들은 유난히 짓궂었다. (同)〔顽 wán 皮〕 **2**㊌말을 잘 듣지 않다. 다루기 어렵다. ◇～牲口/다루기 어려운 가축. **3**㊍잔머리를 굴리다. 요령을 부리다.
【调频－빈】tiáopín ㊔〈物〉주파수 변조. 에프 엠(FM).
【调情－정】tiáoqíng ㊍(남녀간에) 속삭이다. 시시덕거리다.
【调色－색】tiáoshǎi ㊍〈美〉색을 배합하다.
【调摄－섭】tiáoshè (同)〔调养 yǎng〕
【调试－식】tiáoshì ㊍〈電子〉(컴퓨터의) 디버그(debug).
【调唆－사】tiáo·suō ㊍부추기다. 사주하다.
【调停－정】tiáo·tíng ㊍**1**조정하다. 중재하다. **2**〈早白〉보살피다. 배치하다.
【调味－미】tiáo//wèi ㊍(요리의) 맛을 내다. 맛을 조절하다.
【调戏－희】tiáo·xì ㊍(부녀자를) 희롱하다.
【调笑－소】tiáoxiào ㊍놀리다. 비웃다.
【调协－협】tiáoxié ㊍절충하다. 타협하다.
【调谐－해】tiáoxié **1**㊌조화롭다. 어울리다. **2**㊍〈電〉동조하다.
【调谑－학】tiáoxuè ㊍비웃다.
【调养－양】tiáoyǎng ㊍몸조리하다.
【调匀－균】tiáoyún ㊌알맞다. 고르다.
☆【调整－정】tiáozhěng ㊔㊍조정〔조절〕(하다). ◇～物价/물가를 조절하다. ◇～生产计划/생산계획을 조절한다. 비교 调整:调理:调剂 ①"调整"에는 돌보고 관리의 뜻이 없다. ◇他很会(×调整)调理牲口/그는 가축을 아주 잘 기른다. ②"调整"에는 몸조리와 간호의 뜻은 없다. ◇他的病刚好, 还需要好好(×调整)调理一下儿/그의 병은 금방 나았기 때문에 한동안 몸조리를 잘 해야 한다. ③"调整"에는 갖고 있는 쪽이 없거나 부족한 쪽에 융통한다는 뜻은 없다. ◇棉花种儿不够时, 两村可以(×调整)调剂一下/목화씨가 모자라면 두 마을끼리 조절할 수 있다.
【调制－제】tiáozhì **1**㊍조제하다. 재료를 배합하여 제조하다. ◇～鸡尾酒/칵텔을 만들다. **2**㊔〈物〉변조(變調). ◇～调节器/(컴퓨터 등의) 모뎀.
【调治－치】tiáozhì ㊍몸조리하다. 요양 치료하다.
【调资－자】tiáo// zī ㊔**1**임금 조정. **2**임금을 조정한다.
【调嘴学舌－취학설】tiáo zuǐ xué shé〈成〉남의 흉을 보며 말썽을 일으키다.

tiǎo

*【挑】扌部 6画 | tiǎo 멜 **조**
1㊍(막대기 따위로) 쳐들다. 받치다. 들어올리다. ◇把帘子～起来/(막대기 따위로) 문발을 받쳐 놓다. **2**㊍(막대기나 끝이 뾰족한 것으로) 후비다. 돋우다. 끄집어 내다. ◇火～/불꽃이 오를 수 있게 후비다. **3**㊍크로스 스티치(cross stitch)를 놓다. 십자수(十字綉)를 놓다. **4**㊍충동질하다. 부추기다. 자극하다. ◇～是非/시비를 걸다. (同)〔挑拔 bō〕 **5**㊔좌도(左挑)'丿'. 한자의 필획의 하나. ⇒tiāo
*【挑拨－발】tiǎobō ㊍충동질하다. 이간시키다. (同)〔离间 líjiàn〕, (反)〔撮合 cuō he〕
【挑拨离间－발리간】tiǎo bō lí jiàn〈成〉이간시키다.
【挑大梁－대량】tiǎo dàliáng **1**〈演〉비중이 큰 연기를 하다. 주연하다. **2**〈俗〉중요한 역할을 담당하다. 크게 한몫하다. ◇小字辈～/신참이 큰 역할을 하다.
【挑灯－등】tiǎo// dēng ㊍**1**등불의 심지를 돋우다. **2**등을 높이 걸다.
⁑【挑动－동】tiǎodòng ㊍**1**야기시키다. 불러일으키다. **2**부추기다. 선동하다.
【挑逗－두】tiǎodòu ㊍집적거리다. 꼬드기다.
【挑花－화】tiǎohuā ㊔㊍십자수(十字綉)(를 놓다). 크로스 스티치(를 놓다).
【挑弄－롱】tiǎonòng ㊍**1**(同)〔挑拨 bō〕 **2**희롱하다.
【挑起－기】tiǎoqǐ ㊍**1**부추기다. **2**(장대 따위에) 내걸다.
【挑唆－사】tiǎo·suō ㊍이간질하다. (同)〔调 tiáo 唆〕
【挑头－두】tiǎo// tóur ㊍선두에 서다. 앞장서다.
*【挑衅－흔】tiǎoxìn ㊔㊍(빌미로) 도발(하다). ◇进行武装～/무장 도발하다.
*【挑战－전】tiǎo// zhàn ㊍**1**적에게 싸움을 걸다. **2**(적·일·기록갱신 따위에) 도전하다. (同)〔搦 nuò 战〕

tiào

【眺】目部 6画 | tiào 바라볼 **조**
㊍바라보다. 전망〔조망〕하다. ◇远～/멀리 바라보다.

T

【眺望－망】tiàowàng [동]멀리 바라보다. 전망하다.

★【跳】足部 6画 tiào 뛸 도

[동]1펄쩍 뛰다. 도약하다. ◇他成功地～过了二米三十九/그는 2미터 39를 뛰어 넘는 데 성공했다. 2(물체가 탄력에 의해) 튀어 오르다. 3(심장 등이) 뛰다. (눈꺼풀이) 실룩거리다. 떨리다. ◇他感到心砰砰地～着/그는 가슴이 벌렁거리는 것을 느꼈다. ◇眼皮～了好一会儿/눈꺼풀이 한참동안 떨렸다. 4(차례나 순서를) 건너뛰다. ◇你怎么念的, 一下子～过去两行?/한꺼번에 두 줄을 뛰어 넘으면서, 글을 어떻게 읽는 거야?

【跳班－반】tiào// bān [동]월반(越班)하다. ◇从小学到高中, 他跳过三次班/그는 초등학교부터 고등학교까지 모두 세 차례나 월반했다. (同)〔跳级 jí〕

【跳板－판】tiàobǎn [명]1발판. 2(수영장의) 뜀판. (同)〔跳台 tái〕 3널뛰기. 〔한국의 민속놀이〕

【跳布扎－포찰】tiào bùzhá 명절날 신불 마귀 등으로 분장하여 경을 읽고 춤을 추는 라마교의 풍습. (同)〔打鬼 dǎguǐ〕〔跳神 shén〕

【跳槽－조】tiàocáo [동]1말이 다른 구유에 뛰어들다. 2〈喻〉직업을 바꾸다.

⁑【跳动－동】tiàodòng [동](심장이) 뛰다. 두근거리다. ◇心脏再也没有～过/심장이 다시는 뛰지 않았다. [비교]跳动:跳跃:激动 ①"跳动"에는 높은 곳으로 가거나 멀리 뛰다라는 뜻은 없다. ◇人们欢呼着, (×跳动)跳跃着/사람들이 환호하고 깡충깡충 뛰고 있다. ②마음의 상태를 형용할 때는 "跳动"을 쓰지 않는다. ◇我(×跳动)激动的心情, 久久不能平静/나의 흥분된 마음은 오래도록 가라앉힐 수 없었다.

*【跳高－고】tiàogāo (～儿)[명]높이뛰기.

【跳行－행】tiào// háng [동]1책의 행(行)을 건너뛰다. 2행갈이 하다. 3전업하다. 직업을 바꾸다. (同)〔改 gǎi 行〕

【跳河－하】tiào// hé [동]강에 투신 자살하다.

【跳级－급】tiào// jí [동]월반(越班)하다. (同)〔跳班 bān〕

【跳脚－각】tiào// jiǎo (～儿)[동]발을 동동 구르다.

【跳栏－란】tiàolán [명]〈體〉1'跨 kuà 栏'(허들 경기)의 구칭. 2(마술 따위의) 장애물 비월 경기. 3장애물 경기의 장애물.

【跳梁－량】tiàoliáng [동]미친듯이 날뛰다. 발호하다. (同)〔跳踉 liáng〕

【跳梁小丑－량소축】tiàoliáng xiǎochǒu 〈成〉이리저리 날뛰며 풍파를 일으키는 비열한 소인배.

【跳楼－루】tiào// lóu [동](죽이려고) 높은 건물에서 뛰어내리다.

【跳马－마】tiàomǎ [명]〈體〉뜀틀.

【跳门坎儿－문감아】tiào ménkǎnr 변덕스럽게 여기 저기 손을 대다.

【跳皮筋儿－피근아】tiào píjīnr [명]고무줄 넘기놀이.

【跳棋－기】tiàoqí [명]다이아몬드 게임.

【跳伞－산】tiào// sǎn [동]낙하산으로 뛰어내리다. 스카이 다이빙하다.

【跳神－신】tiào// shén [명]1무당이 신이 지피는 것. 〔귀신을 몰아 내고 병을 치료할 수 있는 것으로 믿음〕 2〔跳布扎 bùzhā〕

【跳绳－승】tiàoshéng [명]줄넘기.

【跳水－수】tiàoshuǐ [명]〈體〉다이빙.

【跳水池－수지】tiàoshuǐchí [명]〈體〉다이빙 경기용 수영장.

【跳台－태】tiàotái [명]스타트대. 점프대.

★【跳舞－무】tiào// wǔ 1[동]춤을 추다. ◇她们一边跳着舞一边交谈着/그녀들은 춤을 추면서 이야기를 하고 있다. 2사교춤을 추다.

【跳箱－상】tiàoxiāng [명]〈體〉1뜀틀. 2뜀틀 경기.

【跳鞋－혜】tiàoxié (同)〔钉 dīng 鞋〕

*【跳远－원】tiàoyuǎn (～儿)〈體〉[명]멀리뛰기.

*【跳跃－약】tiàoyuè [동]도약하다. 점프하다.

【跳蚤－조】tiào·zao [명]벼룩. (同)〔虼 gè 蚤〕〔跳虱 shī〕

【跳蚤市场－조시장】tiào·zao shìchǎng [명] 벼룩시장.

【跳闸－갑】tiào// zhá [동]스위치선로가 끊기다.

【粜·糶】米部 5画 tiào 쌀팔 조

[동]양식을 팔다.

tiē

【帖】巾部 5画 tiē 휘장 첩

1[동]복종하다. 순종하다. ◇服～/순종하다. 2[형]알맞다. 타당하다. ⇒tiě, tiè

☆【贴·貼】贝部 5画 tiē 붙을 첩

1[동]붙이다. ◇～照片/사진을 붙이다. ◇◇教室里～着世界地图/교실에 세계지도가 붙여져 있다. 2[동]바짝 붙다. 가까이하다. ◇这孩子紧紧～在妈妈身边/이 아이는 엄마 곁에 바짝 달라 붙어 있다. 3[동]금전적으로 보태주다. ◇我每月～他十块钱/나는 매달 그에게 10원씩 보태준다. 4[명]보조금. ◇车～/교통 보조금. 5[양]장.

T

매.〔고약 따위를 세는 말〕◇一～膏药十块钱/고약 하나에 10원이다. **6**(同)〔贴 tiē **1, 2**〕

【贴边一변】tiē// biān **1**(통)(길 따위를) 가로 붙다. 가장자리로 붙어서 걷다. **2**(통)사실에 가깝다. 일정한 수준에 근접하다. **3**(명)(tiēbiān)의복의 기선을 두른 천.

【贴饼子一병자】tiēbǐng·zi (명)옥수수 가루나 좁쌀 가루를 이겨서 남비에 붙여 납작하게 익힌 빵.

【贴补一보】tiē·bǔ (통)**1**(경제적으로) 도와주다. 보조해 주다. ◇他每月～父母二百元/그는 매달 부모에게 2백원을 보조해 주고 있다. **2**(저축했던 물자를 생활에)보태다.

【贴花一화】tiēhuā (同)〔贴画 huà **2**〕

【贴画一화】tiēhuà (同)**1**벽에 붙이는 포스터 따위의 그림. **2**성냥갑 위의 그림.

【贴换一환】tiē·huàn (통)옛날, 중고품에 웃돈을 얹어 새것과 바꾸다.

【贴己一기】tiējǐ **1**(형)격의 없다. 가깝다. 다정하다. ◇她对我说了不少～话/그는 내게 격의없는 말을 많이 했다. **2**(형)집안 식구가 개인적으로 모은 재물. ◇～钱/쌈지돈.

【贴金一금】tiē// jīn (통)**1**(신불상에) 금박을 입히다. **2**(喩)제 자랑하다. 미화하다. ◇别往自己脸上～/자신을 미화하지 마라.

【贴近一근】tiējìn **1**(통)들러붙다. 접근하다. (同)〔挨 āi 近〕, (反)〔远离 yuǎnlí〕**2**(형)가깝다. 친하다.

【贴切一절】tiēqiè (형)딱 맞다. 적절하다.

【贴身一신】tiē// shēn (～儿)(통)**1**(옷이) 몸에 붙다. **2**(의복이) 몸에 맞다. ◇这件衣服你穿很～/이 옷을 당신이 입어보니 몸에 딱 맞네요. **3**늘 곁에 따라 다니다.

【贴水一수】tiēshuǐ **1**(명)(통)두 화폐의 교환차액(을 지급하다). **2**(명)프리미엄.

【贴题一제】tiētí (형)제목과 부합하다〔어울리다〕.

【贴息一식】tiē xī (명)(통)〈經〉어음 할인료(를 지불하다).

【贴现一현】tiēxiàn (명)(통)〈經〉어음 할인(하다).

【贴心一심】tiēxīn (형)친하다. 격의없다.

【萜】 艹部 | tiē
　　　 8画 | 테르펜 **첩**
〈化〉테르펜(terpenes).

tiě

【帖】 巾部 | tiě
　　　 5画 | 휘장 **첩**
1(명)초대장. 청첩장. ◇请～/청첩장. **2**(명)

옛날, 결혼을 하거나 의형제를 맺을 때 교환하던 사주(四柱)를 적은 첩책. ◇庚～/사주 단자. **3**(명)쪽지. 메모지. ◇字～儿/글쪽지. 메모지. **4**(량)〈方〉첩. ◇一～药/약 한 첩. ⇒tiē, tiě

【帖子一자】tiě·zi (同)〔帖 **1, 2, 3**〕

【铁·鐵】 钅部 | tiě
　　　　 5画 | 쇠 **철**
1(명)쇠. 철(Fe). ◇～钉/쇠못. ◇～锅/철솥. **2**(명)철제의 무기. ◇手无寸～/아무 무기도 갖고 있지 않다. **3**(형)(쇠처럼) 단단하다. ◇～拳/강철 같은 주먹. **4**(형)난폭하다. 냉혹하다. ◇在～的事실面前, 罪犯不得不低下了头/범인은 명백한 사실 앞에서 고개를 숙일 수 밖에 없었다. **5**(형)확고부동하다. **6**(형)표정이 엄숙하다〔근엄하다〕. ◇他～着个脸, 没有一丝笑容/그는 표정이 엄숙하며 전혀 웃지 않았다. **7**(Tiě)(명)성(姓).

【铁案如山一안여산】tiě àn rú shān〈成〉증거가 확실하여 뒤집을 수 없는 사건〔사안〕.

【铁板一판】tiěbǎn (명)**1**철판. **2**(音)옛 타악기의 일종.

【铁板钉钉一판정정】tiěbǎn dìng dīng〈喩〉기정사실. ◇今天的蓝球赛, 乙队穩胜已是～/오늘의 농구시합에서 을팀이 이기는 것이 기정사실이다.

【铁板一块一판일괴】tiěbǎn yī kuài〈俗〉철판 덩어리. 〈喩〉단단해서 깨어지지 않다.

【铁笔一필】tiěbǐ (명)**1**등사판용의 철필. **2**조각용 칼.

【铁壁铜墙一벽동장】tiě bì tóng qiáng (同)〔铜 tóng 墙铁壁〕

【铁饼一병】tiěbǐng (명)〈體〉**1**원반. **2**원반 던지기.

【铁蚕豆一잠두】tiěcándòu (명)껍질째로 볶은 잠두〔누에콩〕.

【铁杵磨成针一저마성침】tiě chǔ mó chéng zhēn 꾸준히 노력하면 언젠가는 뜻이 이루어질 수 있다.

【铁窗一창】tiěchuāng (명)**1**쇠로 된 창. 철창. **2**(喩)감옥.

【铁搭一탑】tiědā (명)〈方〉쇠써레. 〔안쪽으로 약간 굽은 3～6개의 써렛발이 있음〕

【铁打一타】tiědǎ 쇠로 만든 것. 〈喩〉견고하다. 튼튼하다. 굳세다.

*【铁道一도】tiědào (명)철도.

【铁定一정】tiědìng (형)고정되어 변하지 않다.

*【铁饭碗一반완】tiěfànwǎn (명)〈喩〉(면직될 염려가 없는) 확실하고 든든한 직장〔직업〕.

【铁杆一간】tiěgǎn (～儿)(형)**1**틀림없는. 확고한. **2**완고한.

【铁工一공】tiěgōng (명)**1**대장간 일. 철공일. **2**철공. 대장장이.

【铁公鸡－공계】tiěgōngjī 图구두쇠. 노랭이.

【铁轨－궤】tiěguǐ 图철도의 레일.

【铁汉－한】tiěhàn 图의지가 강한 사람.

【铁合金－합금】tiěhéjīn 图〈冶〉철합금.

【铁画－화】tiěhuà 图철화(를 만드는 공예).

【铁环－환】tiěhuán 图굴렁쇠.

【铁活－활】tiěhuó 图1건물 또는 기물의
각종 철제품. 2철공 일.

【铁蒺藜－질려】tiějí·li 图마름쇠.

【铁甲－갑】tiějiǎ 图1갑옷. 철갑옷. 2두꺼
운 강판으로 댄 자동차나 배의 외각.

【铁甲车－갑차】tiějiǎchē 图〈軍〉장갑차.

【铁将军－장군】tiějiāngjūn 图자물쇠. ◇
～把门/자물쇠로 문을 잠갔다.

【铁匠－장】tiě·jiang 图철공. 대장장이.

【铁脚板－각판】tiějiǎobǎn （～儿)图무쇠
다리. 잘 걷는 사람.

【铁军－군】tiějūn 图무적의 군대.

☆【铁路－로】tiělù 图철도.

【铁马－마】tiěmǎ 图철갑으로 무장한 기병.

【铁门－문】tiěmén 图1철문. 2쇠창살문.

【铁面无私－면무사】tiě miàn wú sī〈成〉인
정에 구애됨이 없이 공평 무사하다. (反)
〔徇私舞弊 xùn sī wú bì〕.

【铁皮－피】tiěpí 图1철판. 2양철판. 함석(판).

【铁片－편】tiěpiàn 图얇은 철판.

【铁骑－기】tiěqí 图〈文〉강한 기병.

【铁器时代－기시대】tiěqì shídài 图〈史〉철
기 시대.

【铁锹－초】tiěqiāo 图삽. 가래.

【铁桥－교】tiěqiáo 图철교.

【铁青－청】tiěqīng 图(공포·분노·병으로 얼
굴이) 새파랗다. ◇外面刺耳的声音把孩子
吓得脸色发～/밖의 고막이 찢어질 듯한 소
리가 아이를 새파랗게 질리게 했다.

【铁球－구】tiěqiú 图1〈體〉포환(砲丸). 2노
인들이 혈액 순환을 위하여 손에 쥐고 굴
리던 쇠공.

【铁拳－권】tiěquán 图철권.

【铁人－인】tiěrén 图〈喩〉철인. 체력이〔의
지가〕특별히 강한 사람.

【铁纱－사】tiěshā 图눈이 가는 철망.

【铁砂－사】tiěshā 图1〈礦〉사철(砂鐵). 2
(엽총의) 산탄. 3(주물의 원료로 쓰이
는) 철가루.

【铁石心肠－석심장】tiě shí xīncháng〈成〉
철석같이 냉정하고 무정한 마음씨.

【铁树－수】tiěshù 图1〈口〉〈植〉소철. 2
〈動〉흑산호(黑珊瑚).

【铁树开花－수개화】tiěshù kāi huā〈成〉
실현될 가망이 매우 적은 일.

【铁水－수】tiěshuǐ 图녹은 쇳물.

【铁丝－사】tiěsī 图철사. 철선.

【铁丝网－사망】tiěsīwǎng 图1철망. 2〈軍〉
철조망.

【铁算盘－산반】tiěsuàn·pán 图1계산이 정
확한 것. 확실한 계산. 2계산에 밝은 사람.

【铁索－삭】tiěsuǒ 图철사로 꼬아서 만든 줄.

【铁索桥－삭교】tiěsuǒqiáo 图현수교.

【铁塔－탑】tiětǎ 图1철탑. 2〈電〉(고압선용
의) 철탑.

【铁蹄－제】tiětí 图〈喩〉백성을 유린하는
폭거.

【铁条－조】tiětiáo 图쇠꼬챙이.

【铁腕－완】tiěwàn 图1강력한 수단〔방법〕.
2강력한 지배.

【铁锨－흔】tiěxiān 图삽.

【铁心－심】tiě// xīn 1图굳게 결심하다. 2(tiě-
·exīn)图〈電〉철심.

【铁锈－수】tiěxiù 图쇠에 스는 녹.

【铁血－혈】tiěxuè 图강인한 의지와 희생정
신을 가진.

【铁证－증】tiězhèng 图확증.

tiè

【帖】 巾部 tiè
　　　 5画 휘장 첩
图글씨본. 그림본. ◇碑～/비첩. ⇒tiē, tiě

tīng

【厅·廳】 厂部 tīng
　　　　 2画 마루 청
图1큰방. ◇大～/대청. 2청. 〔중앙 행정
기관의 한 부서〕◇办公～/사무국. 3청.
〔성(省) 산하 기관의 하나〕◇教育～/
(성·특별시의) 교육청.

【厅房－방】tīngfáng 图〈方〉넓은 방. 대청. 홀.

【厅事－사】tīngshì 图(관공서의) 홀. 대청.

【厅堂－당】tīngtáng 图대청.

★**【听·聽】** 口部 tīng
　　　　 4画 들을 청
1图귀기울여 듣다. ◇～, 好象有人敲门/
들어 보세요, 누군가 문을 두드리는 것
같아요. ◇请～一下电话/전화 좀 받아 보
세요. 比교听:听见:闻 ①“听”의 목적어
는 반드시 귀를 통해서 소리를 들을 수
있는 것이어야 한다. ◇你们没(×听)听
说他们结婚吗?/당신들은 그들이 결혼한
다는 얘기를 듣지 못했어요? ②“听”은 4
자로 되는 문어에는 잘 쓰이지 않는다.
◇闻风而动/소식을 듣고 바로 행동에 옮
긴다. 2图(남의 의견·충고·따위를) 듣고
따르다. 복종하다. ◇我劝他, 他不～/내
가 그에게 충고했지만 그는 듣지 않았다.
◇对批评～不进去/비평에 대해 받아들이
지 않았다. 3图다스리다. 4(舊讀 tìng)图

…하는 대로 내맡기다. ◇～任/마음대로 하게 하다. **5**〈方〉[양]통. 깡통. 캔. 〔깡통을 세는 단위〕 ◇他买了一～饼干/그는 과자 한 통을 샀다.

【听便－편】tīng∥biàn [동]좋을 대로 하다. ◇明天你去不去，～/내일 가는지 여부는 좋을대로 하세요.

【听不进去－불진거】tīng bu jìnqù 귀에 들어 오지 않다. 귀담아 듣지 않다. ◇你的话我～!/네 말은 귀에 들어오지 않는다. (反)〔听得 de 进去〕

【听不下去－불하거】tīng bu xiàqù 더이상 듣고 있을 수 없다. (말을) 더 이상 참을 수 없다. ◇他一直在骂我，我实在～了/그가 계속 나를 욕해서 난 정말 더 이상 참을 수 없었다.

【听差－차】tīngchāi **1**[동]심부름을 하다. **2**[명]사환. 급사.

【听从－종】tīngcóng [동]따르다. 복종하다. (同)〔服 fú 从〕, (反)〔违抗 wéikàng〕

【听得进去－득진거】tīng de jìnqù 귀담아 듣다. (말을) 받아들이다. ◇他真有两下子，什么话都～/그는 대단하다, 무슨 말이든 다 귀담아 듣는다. (反)〔听不 bu 进去〕

【听懂－동】tīngdǒng [동]알아듣다.

【听而不闻－이불문】tīng ér bù wén 〈成〉듣고도 못 들은 척하다. (同)〔充耳不闻 chōng ěr bù wén〕, (反)〔洗耳恭听 xǐ ěr gōng tīng〕

【听风是雨－풍시우】tīng fēng shì yǔ 바람 소리를 듣고 비가 온다고 생각하다. 약간의 소문만 듣고 진짜로 믿다.

【听骨－골】tīnggǔ [명]〈生理〉청골.

【听喝－갈】tīng∥hè (～儿)[동]분부를 듣다. 남이 시키는 대로만 하다.

【听候－후】tīnghòu [동](상부의 결정이나 명령을) 기다리다. ◇～分配/배치를 기다리다.

*【听话－화】tīng∥huà [동]말을 듣다. 순종하다. ◇～，做功课去/말들어라, 공부하러 가거라.

【听话儿－화아】tīng∥huàr [동](다른 사람의) 대답을 기다리다. ◇你的要求我们正在研究，过几天～吧/당신의 요구는 우리가 현재 검토 중이니 며칠 후에 대답해 드리죠.

★【听见－견】tīng∥·jiàn [동](소리로) 들리다. ◇我～有人敲门/난 누군가 문을 두드리는 것을 들었어요. [비교]听见:听说:听 ①"听见"의 목적어는 소리와 상관 있는 것이어야 한다. ◇他(×听见)听说老师生病了/그는 선생님이 아프다고 들었다. ② "听见"은 정도보어를 갖지 않는다. ◇我(×听见)听得很清楚/난 똑똑히 들었다.

【听见风，就是雨－견풍，취시우】tīng·jiàn fēng, jiù·shi yǔ (同)〔听风是雨〕

☆【听讲－강】tīng∥jiǎng **1**[동]강연이나 강의를 듣다. ◇上课的时候，大家要专心～/수업할 때 모두들 열심히 강의를 들어야 한다. **2**듣기에. (同)〔听说 shuō〕

【听进－진】tīngjìn [동]귀담아 듣다.

【听觉－각】tīngjué [명]〈生理〉청각.

【听课－과】tīng∥kè [동]수업을 듣다.

【听力－력】tīnglì [명]청취력.

【听命－명】tīngmìng [동]**1**운명에 맡기다. **2**명령에 따르다.

【听凭－빙】tīngpíng [동]마음대로 하게 하다.

【听其自然－기자연】tīng qí zìrán 〈成〉되어가는 대로 내버려두다.

*【听取－취】tīngqǔ [동]청취하다. 듣다. ◇～工作报告/업무보고를 듣는다.

【听任－임】tīngrèn (同)〔听凭 píng〕, (反)〔管束 guǎnshù〕

【听神经－신경】tīngshénjīng [명]〈生理〉청신경.

【听审－심】tīng∥shěn [동]재판을 기다리다.

【听事－사】tīngshì **1**[동]〈文〉(옛날, 임금 등이) 보고를 듣고 정사를 펴다. **2**[명]〈文〉(관공서의) 대청.

★【听说－설】tīng∥shuō [동]**1**듣는 바로는〔듣자니, 듣건대〕…이라 한다. ◇你～过李一这个人没有?/이일이라는 사람을 들어 보셨어요? ◇我听人说她到南方去了/듣자니 그녀는 남쪽으로 갔다고 한다. **2**〈方〉순종하다. 말을 잘 듣다.

【听讼－송】tīngsòng [동]〈文〉사건을 심의하다.

【听天由命－천유명】tīng tiān yóu mìng 〈成〉(능동적으로 노력하지 않고) 운명을 하늘에 맡기다. (反)〔事在人为 shì zài rén wéi〕

【听筒－통】tīngtǒng **1**(同)〔耳 ěr 机〕 **2**(同)〔听诊器 zhěn qì〕

【听闻－문】tīngwén 〈文〉[명]들은 것〔내용〕.

★【听写－사】tīngxiě [명][동]받아쓰기(를 하다).

【听信－신】tīng∥xìn (～儿)[동]소식을 기다리다.

【听信－신】tīngxìn [동]**1**곧이 듣다. **2**회답을 기다리다.

【听阈－역】tīngyù [명]〈生理〉가청 한계.

【听诊－진】tīngzhěn [명][동]〈醫〉청진(하다).

【听诊器－진기】tīngzhěnqì [명]청진기.

【听证－증】tīngzhèng [동]증언을 듣다. ◇～会/청문회.

【听政－정】tīngzhèng [동](옛날, 임금이) 정무를 보다.

【听之任之－지임지】tīng zhī rèn zhī 〈成〉방임하다. 그대로 내버려두다.

*【听众－중】tīngzhòng [명]청중. 청취자.

T

【听装一장】tīngzhuāng 통강통으로 포장하다. ◇〜啤酒/캔맥주.

**【听子一자】tīng·zi 명강통.

【烃·烴】 火部 5画 | tīng 탄화수소 명

명〈化〉탄화수소.

【烃基一기】tīngjī 명〈化〉알킬기. 탄화수소기.

【桯】 木部 7画 | tīng 자루 명

명1(~子) (송곳 등의) 자루. 손잡이. 2 (옛날, 침대 앞에 놓았던) 작은 탁자.

【桯子一자】tīng·zi 명1(송곳 따위의) 손잡이. 자루. 2장다리.

tíng

【廷】 廴部 4画 | tíng 조정 명

명조정(朝廷). ◇宮〜/궁정.

【庭】 广部 6画 | tíng 뜰 명

명1대청. 홀. ◇大〜广众/많은 사람이 모인 공공 장소. 2(앞) 뜰. ◇前~后院/앞뜰과 뒤뜰. 3법정. ◇民~/민사 법정.

【庭除一제】tíngchú 명정원. 뜰.

【庭审一심】tíngshěn 명법정심의.

【庭园一원】tíngyuán 명정원.

【庭院一원】tíngyuán 명뜰.

【莛】 艹部 6画 | tíng 풀줄기 명

명(~儿)초본 식물의 줄기.

【蜓】 虫部 6画 | tíng 그리마 연

(同)〔蜻qíng蜓〕

【霆】 雨部 6画 | tíng 천둥소리 명

명(심한) 천둥(소리). 벼락.

【亭】 亠部 7画 | tíng 정자 명

1명정자. 2명정자 모양의 작은 건축물. 박스(box). ◇邮yóu〜/간이 우체국이나 출장소. 3형알맞다. 적당하다.

【亭亭一정】tíngtíng 형〈文〉1높이 우뚝 솟은 모양. 2(同)〔婷婷 tíng〕

【亭亭玉立一정옥립】tíng tíng yù lì〈成〉미녀의 몸매나 꽃이 날씬한 모양.

【亭午一오】tíngwǔ 명〈文〉정오.

【亭匀一윤】tíngyún (同)〔停 tíng 匀〕

**【亭子一자】tíng·zi 명정자.

【亭子间一자간】tíng·zijiān 명〈方〉다락방. 골방.

★【停】 亻部 9画 | tíng 머무를 명

1통멈추다. 정지하다. ◇〜下工作/일을

멈추다. ◇他不~地写着/그는 쉬지 않고 쓰고 있다. 비교停:停止 "停"의 동사 목적어는 단음절만 가능하다. ◇那家商店十点钟(×停)停止营业/그 가게는 10시에 영업이 끝난다. 2통머물다. 체류하다. ◇我在杭州~了五天/나는 항주에서 5일간 머물렀다. 3통주차하다. 정박하다. ◇汽车~在哪儿?/차를 어디에 주차했어요? ◇船~在江心/배가 강 한가운데 정박해 있다. 4통끝내다. ◇〜妥/끝내다. 5(~儿)명(전체 중의 일부) 몫. 할. 분.

【停摆一파】tíng//bǎi 통1시계의 추가 멎다. 2중지하다.

【停办一판】tíngbàn 통운영을 중지하다. (同)〔停闭 bì〕, (反)〔开 kāi 办〕

【停闭一폐】tíngbì 통폐쇄하다.

【停表一표】tíngbiǎo 명〈體〉스톱 위치(stop watch). (同)〔马 mǎ 表〕

*【停泊一박】tíngbó 통정박하다. (배가 부두에) 머물다. ◇码头上~着我们的货船/부둣가에 우리의 화물선이 정박해 있다.

【停产一산】tíng//chǎn 통생산을 중지하다. 조업을 중단하다.

【停车一거】tíng//chē 통1정차하다. 2주차하다. ◇〜场/주차장. 3기계가 멎다.

【停当一당】tíng·dang 형끝나다. ◇他已收拾~/그는 이미 다 치웠다.

【停电一전】tíng//diàn 통정전되다.

*【停顿一돈】tíngdùn 통1중지되다. 잠시 중단되다. ◇生产陷于~状态/생산이 잠시 중단된 상황이다. 2(말을) 잠깐 멈추다. ◇他~了一下, 又继续往下说/그는 잠시 멈췄다가, 또다시 계속해서 말했다.

【停放一방】tíngfàng 통(차량을 잠깐) 세워 두다. 주차하다.

【停付一부】tíngfù 통지불을 정지하다.

【停工一공】tíng//gōng 통조업을 중단한다. 공사를 중지하다. (同)〔开 kāi 工〕

【停航一항】tínghǎng 통(배가, 비행기가) 운항을 정지하다. 휴항하다.

【停火一화】tíng//huǒ 통휴전하다. (反)〔开 kāi 火〕

【停刊一간】tíng//kān 통정간하다. (反)〔复 fù 刊〕

【停靠一고】tíngkào 통(차량·기차가) 머물다. 정거하다. (배가 부두에)

【停课一과】tíng//kè 통휴강하다. ◇那天学校~了/그날 학교는 휴강했다. (反)〔复 fù 课〕

【停灵一령】tínglíng 통(매장하기 전) 영구를 잠시 안치하다.

**【停留一류】tíngliú 통머물다. 묵다. 멈추다. ◇不能~在目前的水平上/현재의 수준에서 멈출 수는 없다.

【停食一식】tíng//shí 통체하다.

【停手一수】tíng// shǒu 통일손을 멈추다.
일을 중단하다.

【停妥一타】tíngtuǒ (同)〔停当·dɑng〕

【停息一식】tíngxī 통멈추다.

【停歇一헐】tíngxiē 통1폐업하다. 2멈추다.
3(멈추고) 쉬다.

【停学一학】tíng// xué 통휴학하다.

【停业一업】tíng// yè 통1휴업하다. 2폐업
하다. (同)〔歇 xiē 业〕, (反)〔开 kāi 业〕

【停匀一윤】tíngyún 형(모양, 가락 등이)
균형이 잡히다.

【停战一전】tíng// zhàn 통휴전하다.

【停诊一진】tíngzhěn 통휴진하다.

【停职一직】tíng// zhí 통정직 처분하다.

☆【停止一지】tíngzhǐ 통(하다가 중간에서)
정지시키다. 중지시키다. 멎다. ◇～罢工
/파업을 중지하다. ◇病人的呼吸～了/환
자의 호흡이 멎었다. (同)〔罢休 bàxiū〕,
(反)〔进行 jìnxíng〕 비교停止:停留:结
束:中断 ①어떤 곳에서 잠시 머무를 때
는 "停止"를 쓰지 않는다. ◇我在香港一
天也没(×停止)停留/난 홍콩에서 하루도
머물지 않았다. ②어떤 활동이 예정대로
끝마치는 경우에는 "停止"를 쓰지 않는
다. ◇演出(×停止)结束后, 我们到后台去
看他/공연이 끝난 뒤 우리는 무대 뒤로
그를 보러 갔다. ③관계가 중단되는 경우
에는 "停止"를 쓰지 않는다. ◇我来到中
国以后, 我和男朋友的联系(×停止)中断
了/내가 중국에 온 후에 남자친구와 연
락이 끊어졌다.

＊【停滞一체】tíngzhì 통정체하다. ◇～不前/
정체되어 앞으로 나아가지 못하다. (反)
〔进行 jìnxíng〕

【葶】 艹部 tíng
　　　　 9画 꽃다지 정

【葶苈一력】tínglì 형〈植〉두루미냉이.

【婷】 女部 tíng
　　　　 9画 예쁠 정

【婷婷一정】tíngtíng 형〈文〉(여자나 꽃이)
아름다운 모양.

tǐng

★【挺】 扌部 tǐng
　　　　 6画 곧을 정

1형꼿꼿하다. ◇笔～地立着/꼿꼿하게 서
있다. 2통(몸이나 몸의 일부분을) 곧게
펴다. ◇他走路从没～过腰/그는 길을 걸
을 때 허리를 펴본 적이 없다. ◇背～得
不直/등이 똑바로 펴지 않았다. 3통지탱
하다. 버티다. ◇他有病还硬～着/그는 병
이 심한데도 억지로 버텼다. 4형특출하
다. 뛰어나다. ◇～英/재주가 뛰어나다.

5부매우. 아주. 대단히. ◇～好/매우 좋
다. ◇她的身体～结实 jiēshi/그녀의 몸은
아주 튼튼하다. 6양정. 자루. 〔총을 세는
양사〕◇数～机关枪/기관총 몇 정.

＊【挺拔一발】tǐngbá 형1우뚝하다. 2다부지
고 힘이 있다.

【挺括一괄】tǐng·guā 형(의복이) 빳빳하
고 구김이 없다. (同)〔笔 bǐ 挺〕, (反)〔皱
巴 zhòubā〕

【挺进一진】tǐngjìn 통앞으로 나아가다.
(反)〔退缩 tuìsuō〕

【挺举一거】tǐngjǔ 명〈體〉(역도 경기의)
용상(聳上).

＊【挺立一립】tǐnglì 통우뚝 서다. (同)〔直
zhí 立〕, (反)〔倒塌 dǎotā〕

【挺身一신】tǐng// shēn 통몸을 곧게 펴다.
앞장 서다.

【挺身而出一신이출】tǐng shēn ér chū 〈成〉
위험한 일에 떨쳐 나서다. (反)〔退缩不
前 tuì suō bù qián〕

【挺尸一시】tǐng// shī 통1시체가 경직하다.
2자빠져서 자다.

【挺脱一탈】tǐngtuō 형〈方〉1힘있다. 튼튼
하다. 2(옷이) 빳빳하다.

【挺胸一흉】tǐng// xiōng 통가슴을 펴다.

【挺秀一수】tǐngxiù 형(몸매나 나무 따위
가) 미끈하다. 늘씬하고 아름답다.

【梃】 木部 tǐng
　　　　 6画 막대기 정

1형〈文〉막대. 곤봉. 2(～子)명설주. ◇
门～/문설주. 3(～儿)명〈方〉화경(花梗).
꽃자루. 꽃꼭지. ◇独～儿/꽃이 한 송이
로 된 꽃자루. ⇒tìng

【梃子一자】tǐng·zi 명설주. (문이나 창문
의) 양측의 기둥.

【铤·鋌】 钅部 tǐng
　　　　　 6画 달릴 정

형〈文〉빨리 걷는 모양.

【铤而走险一이주험】tǐng ér zǒu xiǎn 〈成〉
갈 길이 없어 위험을 무릅쓰다.

＊【艇】 舟部 tǐng
　　　　 6画 거룻배 정

명1보트. 2폭이 좁고 길이 긴 배.

tìng

【梃】 木部 tìng
　　　　 6画 막대기 정

1통돼지를 죽인 뒤, 뒷다리에 낸 홈자리
를 따라 쇠꼬챙이로 살과 가죽 사이를 쑤
셔 공기를 불어넣다. 2명'梃 1'하는 데 쓰
는 쇠꼬챙이. ⇒tǐng

恫 976　通 976　嗵 978　仝 978　砼 978

同 980	峝 980	峒 980	桐 980	铜 981
酮 981	佟 981	彤 981	童 981	曈 981
瞳 981	恫 981	筒 981	统 982	捅 982
桶 982	囲 982	衕 982	通 982	痛 982

tōng

【恫(痌)】 忄部 6画 | tōng | 상심할 **통**

〔형〕〔동〕〈文〉병. 아프다.

【恫瘝在抱-관괌포】 tōng guān zài bào 〈成〉남의 고통을 자기일처럼 여기다.

★【通】 辶部 7画 | tōng | 통할 **통**

1〔동〕(막힌 것이 없이) 통하다. 관통하다. 뚫리다. ◇路～了/길이 개통되었다. ◇开开门,～～风/공기가 통하게 문을 열어라. **2**〔동〕(도구를 사용하여) 꿰뚫다. 통하게 하다. ◇通完下水道, 累了一身汗/하수도를 다 뚫고 나니 온몸에 땀 투성이다. **3**〔동〕(길이) 통하다. ◇这条高速公路一直一到北京/이 고속도로는 북경까지 쭉 통한다. **4**〔동〕서로 왕래하다. 교류하다. ◇～消息/소식을 주고 받다. ◇你和老师～过信吗?/넌 선생님과 편지로 연락을 했었니? **5**〔동〕알리다. ◇～了三分钟电话, 花了一百多块/3분 통화해서 100여원 썼다. **6**〔동〕알다. ◇不～人情/인정머리가 없다. **7**〔동〕통달하다. 정통하다. ◇精～英语/영어를 잘 안다. ◇～医学/의학에 정통하다. **8**〔동〕깨닫다. 납득하다. ◇这样做我搞不～/이렇게 하니 난 이해하지 못하겠다. **9**〔동〕(뜻이) 통하다. ◇把不通的句子都改～了/매끄럽지 않는 문구를 모두 통하게 고쳤다. **10**〔동〕통. 어떤 방면에 정통한 사람. ◇万事～/모든 일에 정통한 사람. **11**〔형〕보편적인. 보통의. 일반적인. **12**〔형〕온. 모든. 전체의. ◇～夜/밤샘하다. **13**〔양〕〈文〉통. 〔문서(文書)〕나 전보를 세는 단위〕◇一～电报/전보 한통. **14**(Tōng)〔명〕성(姓). ⇒tòng

*【通报-보】 tōngbào **1**〔동〕〔명〕(상부에서 아래 부서에) 통보하다. 또는 그 통보서. ◇～表扬/표창을 통보하다. **2**〔명〕과학 연구의 성과를 알리는 정기 간행물. ◇科学～/과학 소식. **3**〔동〕(상급자·주인에게) 보고하다. 알리다.

【通病-병】 tōngbìng 〔명〕통폐.

【通才-재】 tōngcái 〔명〕다재 다능한 사람.

**【通常-상】 tōngcháng 〔명〕〔형〕일반(적인). 보통. ◇我～在晚间不外出/나는 보통 저녁때는 외출을 하지 않는다. ◇星期六～没有课/토요일은 보통 수업이 없다. [비교]通常: 平常 사람을 형용할 때는 "通常"을 쓰지 않는다. ◇他可不是个(×通常)平常的人/그는 보통 사람은 아니다.

【通畅-창】 tōngchàng 〔형〕**1**잘 통하다. 원활하다. ◇环城路～/도시 순환도로 교통이 원활하다. (同)〔畅通〕, (反)〔堵塞 dǔsè〕 **2**(글이나 생각이) 유창하다. (同)〔流畅 líúchàng〕, (反)〔艰涩 jiānsè〕

【通车-차】 tōng// chē 〔동〕**1**(철도나 도로가) 개통하다. **2**차가 다니다.

【通彻-철】 tōngchè 〔동〕통달하다.

【通称-칭】 tōngchēng **1**〔동〕일반적으로 …라고 부르다. **2**〔명〕통칭.

【通达-달】 tōngdá 〔동〕**1**정통하다. ◇～人情/인지상정을 잘 안다. (同)〔开 kāi 通〕, (反)〔保守 bǎoshǒu〕 **2**막힘이 없이 통하다.

*【通道-도】 tōngdào 〔명〕통로.

【通敌-적】 tōng// dí 〔동〕적과 내통하다.

【通电-전】 tōngdiàn 〔동〕전류가 통하다.

【通电-전】 tōng// diàn **1**〔동〕(정치적 주장을 담은) 전보를 치고 공개하다. **2**〔명〕정치적 주장을 담은 전보.

【通牒-첩】 tōngdié 〔명〕(외교문서의) 통첩.

【通都大邑-도대읍】 tōng dū dà yì 〈成〉교통이 편리한 대도시. (反)〔穷乡僻壤 qióng xiāng pì rǎng〕

【通读-독】 tōngdú 〔동〕통독하다.

【通分-분】 tōng// fēn 〈數〉〔동〕통분하다.

*【通风-풍】 tōng// fēng 〔동〕**1**통풍시키다. 공기를 통하게 하다. ◇～设备/통풍시설. **2**소식을 누설하다. ⇒tōngfēng

【通风-풍】 tōngfēng **1**〔명〕공기가 유통되다. **2**〔명〕환기. ⇒tōng// fēng

【通风报信-풍보신】 tōng fēng bào xìn 〈成〉상대측에 기밀을 누설하다.

*【通告-고】 tōnggào **1**〔동〕일반에게 알리다. 널리 통지하다. **2**〔명〕공고문. 포고.

【通共-공】 tōnggòng 〔부〕모두. 도합.

【通古斯-고사】 Tōnggǔsī 〔명〕〈民〉퉁구스족.

【通观-관】 tōngguān 〔동〕전반적〔총체적〕으로 보다.

【通国-국】 tōngguó 〔명〕전국.

★【通过-과】 tōng// guò 〔동〕**1**(한쪽에서 다른 한쪽으로) 건너가다. 경유하다. ◇代表们～大厅进人会场/대표들은 홀을 나가 대회장에 들어갔다. (同)〔穿过〕 [비교]通过: 经过 어떤 곳을 지나갈 때는 "路过" 또는 "经过"를 쓴다. ◇我(×通过)经过那个地方看到了地上插的牌子/난 그 곳을 지날 때 땅에 꽂힌 팻말을 보았다. **2**(의안 등이) 통과되다. 채택되다. 가결되다. ◇～了议案/의안을 통과되었다. ◇她～了人学考试/그녀는 입학시험을 통과했다.

【通过－과】 tōngguò 동1…을〔를〕 통하다. …에 의하다. …을〔를〕 거치다. ◇～讨论取得了一致/토론을 통해 의견의 일치를 보았다. ◇～老张介绍，我认识了她/장씨의 소개를 통해 나는 그녀를 알게 되었다. 2(관련 조직이나 사람의) 동의나 허락을 얻다. ◇这事不～他恐怕不行/이 일은 그의 동의를 얻지 않으면 아마도 안될 것이다.

＊【通航－항】 tōngháng 1명항공로·해로의 개통. 2동취항하다. 항해하다. ◇北京与首坞尔之间～了/북경과 서울 사이엔 이미 취항되었다.

【通好－호】 tōnghǎo 동〈文〉친선 왕래하다. (反)〔交恶 jiāowù〕

＊【通红－홍】 tōnghóng (又讀 tònghóng) 형새빨갛다. ◇她羞得满脸～/그녀는 부끄러움으로 얼굴은 온통 새빨개졌다.

【通话－화】 tōng//huà 동1(전화) 통화하다. 2(tōnghuà) (서로 통하는 말로) 이야기하다.

【通婚－혼】 tōng//hūn 동혼인 관계를 맺다.

【通货－화】 tōnghuò 명〈經〉통화. 화폐.

【通货贬值－화폄치】 tōnghuò biǎnzhí 명〈經〉화폐 평가 절하.

＊【通货膨胀－화팽창】 tōnghuò péngzhàng 명〈經〉통화팽창. 인플레이션.

【通缉－집】 tōngjī 동지명 수배(하다). ◇～逃犯/도주한 범인을 지명수배한다.

【通家－가】 tōngjiā 〈文〉1동두 집안이 한 집안처럼 친하게 지내다. 2명전문가.

【通假－가】 tōngjiǎ 명한자(漢字)의 통용(通用)과 가차(假借).

【通奸－간】 tōng//jiān 동간통하다.

【通解－해】 tōngjiě 동〈文〉이해하다. 통달하다.

【通经－경】 tōng//jīng 동1〈中醫〉(약이나 침구치료로) 월경을 순조롭게 하다. 2〈文〉유가경전에 통달하다.

【通栏－난】 tōnglán 명(신문 등의) 전단. 전면. ◇～广告/(신문의) 전면광고.

【通力－력】 tōnglì 동힘을 합하다.

【通例－례】 tōnglì 명1통례. 관례. 2〈文〉보통의 규칙.

【通连－련】 tōnglián …와 연결되어 통하다.

【通联－련】 tōnglián 명통신 연락.

【通亮－량】 tōngliàng 형매우 밝다.

【通令－령】 tōnglìng 1명동문 명령(同文命令). 2동동문 명령을 각처에 보내다.

【通路－로】 tōnglù 명1통로. 2경로.

【通路子－로자】 tōng lù·zi 동길을 뚫다. ◇那件事，他已通好路子了/그 일에 대해서는 그가 이미 길을 다 뚫어 놓았다.

【通论－론】 tōnglùn 명1조리가 제대로 선 이야기. 2통론.

【通名－명】 tōngmíng 1동성명하다. 이름을 대다. 2명통칭.

【通明－명】 tōngmíng 형매우 밝다.

【通年－년】 tōngnián 명1년 내내. 1년 동안. (同)〔一年到头 yī nián dào tóu〕, 〔整年 zhěngnián〕

【通盘－반】 tōngpán 명전체. 전부. 전반. ◇～安排/전반적으로 배치하다.

【通票－표】 tōngpiào 명(여러 교통수단을 이용할 수 있는) 전구간 표. 통용표.

【通铺－포】 tōngpù 명(여관·기숙사 등의) 이어져 여럿이 잘 수 있는 잠자리.

【通气－기】 tōng//qì 동1공기를 통하게 하다. 환기하다. 2연락을 취하다.

【通窍－규】 tōng//qiào 동사리에 밝다.

【通情达理－정달리】 tōng qíng dá lǐ 〈成〉사리에 밝다. 합리적이다. (反)〔不近人情 bù jìn rén qíng〕

【通衢－구】 tōngqú 명사통 팔달의 도로. (同)〔康 kāng 衢〕, (反)〔小径 xiǎojìng〕

【通权达变－권달변】 tōngquán dábiàn 정세의 변화에 밝게 융통성있게 대응하다. (同)〔随机应变 suí jī yìng biàn〕, (反)〔胶柱鼓瑟 jiāo zhù gǔ sè〕

【通人－인】 tōngrén 명〈文〉학식·고금에 깊이 통달한 사람.

【通融－융】 tōng·róng 동1융통하다. 변통하다. (反)〔为难 wéinán〕 2잠시 돈을 빌리다〔차용하다〕. ◇我想跟你～二千元/너한테 2천원을 융통 좀 하려고 하는데.

＊【通商－상】 tōng//shāng 동통상하다. ◇订立～条约/통상 조약을 체결하다.

【通身－신】 tōngshēn 명전신. 온몸.

【通史－사】 tōngshǐ 명통사. (反)〔断 duàn 代 dài 史〕

【通式－식】 tōngshì 명〈化〉화학식.

【通事－사】 tōngshì 명역관의 옛이름.

【通书－서】 tōngshū 1(同)〔历 lì 书〕 2명남자 집에서 여자 집에 결혼날짜를 알리는 문서.

＊【通顺－순】 tōngshùn 형(글이) 문법에 맞고 조리가 서 있다. 매끄럽다. ◇这个句子不～/이 문장은 매끄럽지 않다.

＊【通俗－속】 tōngsú 형통속적이다. ◇拿一句～的话来讲/통속적인 말로 이야기하다. (同)〔浅 qiǎn 俗〕, (反)〔深奥 shēn'ào〕

【通体－체】 tōngtǐ 명1전부. 전체. 2전신. 혼신.

【通天－천】 tōngtiān 형1(하늘에 닿을 만큼) 엄청나게 크다. 2고위층과 직접 선에 닿을 수 있다.

【通条－조】 tōngtiáo 명1부젓가락. 2〈軍〉꽂을대.

【通通一통】tōngtōng (早)모두. 전부.

【通同一동】tōngtóng (동)한패가 되다. 결탁하다. (同)〔串 chuàn 通〕

【通统一통】tōngtǒng (同)〔通通〕

【通途一도】tōngtú (명)〈文〉큰길. 대로.

【通脱一탈】tōngtuō (文)사리에 밝고 대범하다.

【通宵一소】tōngxiāo (명)(동)밤샘(하다). 철야(하다).

【通晓一효】tōngxiǎo (동)통달하다.

【通心粉一심분】tōngxīnfěn (명)마카로니(이macaroni).

**【通信一신】tōng//xìn 1(동)편지 왕래하다. ◇他们早就通开信了/그들은 벌써부터 편지를 주고 받고 있다. (비교)通信:通讯 뉴스로 보도하는 기사에는 "通信"을 쓰지 않는다. ◇这是一篇报道京剧演员的(×通信)通讯/이것은 경극 배우를 보도하는 기사다. 2(동)(전파·광파 등으로) 통신하다. ◇数字~/디지털 통신. 3(tōngxìn) (명)통신. 서신왕래.

【通信兵一신병】tōngxìnbīng (명)〈軍〉통신병.

【通信卫星一신위성】tōngxìn wèixīng (명)통신위성.

【通信员一신원】tōngxìnyuán (명)공문배달직원.

*【通行一행】tōngxíng (동)1다니다. 통행하다. ◇自由~/자유로이 통행하다. ◇此巷不~/이 골목은 막다른 골목이다. 2통용되다. 보편적으로 행해지다. ◇这是全国~的办法/이것은 전국에서 통용되는 방법이다. (同)〔通用 yòng〕

【通行证一행증】tōngxíngzhèng (명)1통행증. 2출입증.

【通宿一숙】tōngxiǔ (명)(동)하룻밤(새다).

☆【通讯一신】tōngxùn 1(동)(통신장비로) 통신하다. ◇无线电~/무선통신. 2(명)뉴스보도. 통신문. 기사. ◇给报社写篇~/신문사에 기사를 써 준다.

【通讯处一신처】tōngxùnchù (명)연락처. 통신 주소. ◇这是我的电子邮件~/이것은 저의 전자우편 통신 주소(ID)이다.

*【通讯社一신사】tōngxùnshè (명)〈播〉통신사.

【通讯网一신망】tōngxùnwǎng (명)통신망. ◇韩国已建成了光缆~/한국은 이미 광케이블 통신망을 구축했다.

【通讯员一신원】tōngxùnyuán (명)특약 기고자. 특약 리포터.

【通夜一야】tōngyè (同)〔通宵 xiāo〕

【通译一역】tōngyì 1(명)통역하다. 2(명)(옛날의) 통역(관).

*【通用一용】tōngyòng (명)1통용하다. ◇国际会议~的语言/국제회의에서 통용되는 언어. 2(발음이 같고 모양이 다른 두 개의

한자를) 통용하다.

【通邮一우】tōngyóu (동)우편으로 왕래하다.

【通则一칙】tōngzé (명)통칙. 일반적인 규칙.

★【通知一지】tōngzhī 1(동)통지하다. 알리다. ◇星期日去郊游，~学生了吗?/일요일에 소풍간다고 학생들에게 통지했나요? 2(명)통지. 알림. ◇写个~吧/알림을 하나 써라.

【通知单一지단】tōngzhīdān (명)통지서.

【嗵】
口部 / 10画 / 뛰는소리 **통**

(의)통탕거리는 소리. ◇心~~直跳/가슴이 쿵쾅쿵쾅 방망이질한다.

tóng

【仝】
人部 / 3画 / 한가지 **동**

1'同 tóng'과 같음. 2(Tóng)(명)성(姓).

【砼】
石部 / 5画 / 콘크리트 **동**

(명)콘크리트. (同)〔混 hùn 凝土〕

☆【同】
口部 / 4画 / 한가지 **동**

1(명)같다. ◇~岁/동갑나이. (비교)同:相同 并且 ①"同"은 단독으로 술어로 쓰이지 않는다. ◇两本书的页数(×同)相同/두 권의 책의 쪽수가 똑같다. ②"同"은 동사 또는 형용사를 연결하지 않는다. ◇跑(×同)和跳他都喜欢/달리기와 뛰는 것 그는 모두 좋아한다. ③"同"은 절의 접속을 하지 않는다. ◇他对我很热情(×同)并且照顾我很周到/그는 내게 친절했고 또한 세심히 보살펴 주었다. 2(동)…와(과) 같다. ◇~下/아래와 같다. 3함께(…하다). 같이(…하다). ◇和他们~吃~住~劳动/그들과 같이 먹고 같이 자고 같이 일한다. 4(개)…와(과). 〔동작의 대상을 이끌어냄〕◇去不去旅游，等我~爱人商量一下再决定吧/관광가는지 여부는 아내와 상의한 다음 결정하겠다. 5(개)…와(과). 〔비교의 대상을 끌어냄〕◇你长得~她一样漂亮/너는 그녀와 똑같이 예쁘게 생겼다. 6(개)〈方〉…에게. …를 위해. ◇照片儿我一直~你保存着/내가 너대신 사진을 줄곧 보존하고 있다. 7(접)…와. 〔병렬관계의 접속에 사용하되, 명사·대명사 또는 명사화된 단어에만 쓰임〕◇明天老师~学生们一起去参观故宫/내일 선생님은 학생들과 같이 고궁을 견학하러 간다. 8(Tóng)(명)성(姓). ⇒tòng

【同案犯一안범】tóng'ànfàn (명)〈法〉공범.

【同班一반】tóngbān 1(명)동급생. 같은반. ◇~同学/동기. 2(tóng//bān)(동)동급생이다.

＊【同伴-반】 tóngbàn (～儿)圏동행자. 동료. 짝. ◇他进城时找了个～儿/그는 시내로 가면서 동행자를 찾았다.

＊【同胞-포】 tóngbāo 圏1겨레. 동포. ◇告全国-书/전국 동포들에게 알리는 글. 2같은 핏줄. 친 형제. ◇～姐妹/친자매.

【同辈-배】 tóngbèi (～儿)圏동년배.

【同病相怜-병상련】 tóng bìng xiāng lián 〈成〉동병 상련.

＊【同步-보】 tóngbù 1圏〈物〉동기(同期). ◇～电动机/동기 전동기. 2동시성. 함께.

【同仇-구】 tóngchóu 圏공동의 원수.

【同仇敌忾-구적개】 tóng chóu dí kài 〈成〉공동의 적에 대하여 함께 적개심을 불태우다. (反)〔同室操戈 tóng shì cāo gē〕

【同窗-창】 tóngchuāng 1圏같은 학교에서 함께 배우다. 2圏동창(생).

【同床异梦-상이몽】 tóng chuáng yì mèng 〈成〉동상이몽이다. (反)〔同心同德 tóng xīn tóng dé〕

【同道-도】 tóngdào 圏1같은 길. 2뜻을 같이하는 사람. 동지. 3같은 업종에 있는 사람.

＊【同等-등】 tóngděng 圏동등하다. (同)〔等同〕, (反)〔不 bù 等〕

【同等学力-등학력】 tóngděng xuélì 圏같은 학력.

【同调-조】 tóngdiào 圏동조자. 동지.

【同恶相济-악상제】 tóng è xiāng jì 〈成〉악인끼리 서로 도와 나쁜 짓을 하다.

【同房-방】 tóng∥fáng 圏1같은 집에 살다. 2부부가 동침하다.

【同房-방】 tóngfáng 圏친동기. 동기. 종친.

【同甘共苦-감공고】 tóng gān gòng kǔ 〈成〉동고 동락하다. (同)〔休戚与共 xiū qī yú gòng〕, (反)〔分道扬镳 fēn dào yáng biāo〕

【同感-감】 tónggǎn 圏동감.

【同庚-경】 tónggēng 圏동갑(이다).

【同工同酬-공동고】 tóng gōng tóng chóu (민족, 성별, 나이를 따지지 않고) 동등한 대우를 하다.

【同工异曲-공이곡】 tóng gōng yì qǔ (同)〔异曲同工〕

【同归于尽-귀어진】 tóng guī yú jìn 〈成〉함께 멸망하다. 공멸하다.

＊【同行-행】 tóngháng 圏1업종이 같다. ◇他俩～/그들 둘은 업종이 같다. 2圏업종이 같은 사람.

【同好-호】 tónghào 圏동호인.

【同化-화】 tónghuà 圏1동화(하다). 2(언어) 동화(하다). 그 예로, "难免"nánmiǎn의 nán의 n이 뒤의 m의 영향을 받아 nám으로 발음함.

【同伙-화】 tónghuǒ 1패거리에 들다. 한통속이 되다. 2한동아리. (나쁜 의미의) 동료. 한패.

【同居-거】 tóngjū 圏1동거하다. 2(부부가) 같이 살다.

＊【同类-류】 tónglèi 圏같은 종류. 같은 무리. ◇～案件/동류 사건. ◇～相从/같은 무리끼리 따르다. (反)〔异 yì 娄〕

【同僚-료】 tóngliáo 圏동료.

【同龄-령】 tónglíng 圏나이가 같거나 비슷하다.

【同流合污-류합오】 tóng liú hé wū 〈成〉나쁜 사람과 어울려 못된 짓을 하다. (反)〔洁身自好 jié shēn zì hǎo〕

【同路-로】 tóng∥lù 같은 길을 함께 가다.

【同路人-로인】 tónglùrén 圏1길동무. 동행인. 2(혁명의) 동조자. 동반자.

【同门-문】 tóngmén 圏동문 (수학하다).

＊【同盟-맹】 tóngméng 圏동맹(하다). ◇两国的军事～是哪年建立的?/두 나라의 군사동맹은 어느 해에 맺었는가?

【同盟国-맹국】 tóngméngguó 圏동맹국.

【同盟军-맹군】 tóngméngjūn 圏동맹군.

【同名-명】 tóngmíng 圏이름이 같다.

【同谋-모】 tóngmóu 1圏(나쁜 일을) 공동으로 모의하다. 2圏공모자. 공범.

＊【同年-년】 tóngnián 1圏같은 해. 그 해. ◇～十月完工/같은 해 10월에 완공되다. 2圏圏〈方〉동갑(이다). (同)〔同岁 suì〕

＊【同期-기】 tóngqī 1圏같은 시기. ◇～生产/같은 시기에 생산하다. 2圏기를 같이하다. 동기다. ◇他和哥哥～毕业/그는 형과 동기 졸업이다.

☆【同情-정】 tóngqíng 圏1동정하다. ◇大家很～你的不幸遭遇/여러 사람들이 너의 불행을 동정한다. 2찬성하다. 동조하다. ◇我们～支持该国人民的正义斗争/우리는 그 나라 국민들의 정의투쟁을 찬성하고 지지한다.

【同人-인】 tóngrén 圏동료. 같은 업종의 사람.

【同仁-인】 tóngrén (同)〔同人〕

【同上-상】 tóngshàng 圏위와 같음.

【同声-성】 tóngshēng 圏목소리를 함께 내어 말하다. 이구동성으로 말하다.

【同声相应, 同气相求-성상응, 동기상구】 tóng shēng xiāng yìng, tóng qì xiāng qiú 〈成〉의견을 같이하는 사람끼리 투합하다. 뜻이 같은 사람끼리 모이다.

★【同时-시】 tóngshí 1圏동시. 같은 시기. ◇学习英语的～, 我还打算学点法语/영어를 배우는 동시에 불어도 좀 배울까 한다. 2圏동시에. ◇这对李生兄弟～考上了大学/이 쌍둥이 형제가 동시에 대학에

합격했다. 비교同时:就 "同时"가 쓰인 문장이라면 주어는 반드시 같은 종류의 사람이거나 사물이어야 한다. ◇感冒流行起来的时候, 有的学校(×同时)就停课了/감기가 유행되기 시작할 때 일부 학교에서는 휴강했다. 3접또한. ◇他俩是同学, ~还是夫妻/두 사람은 동창생이자 또한 부부간이다. (反) 〔先后 xiānhòu〕

*【同事—사】 tóng∥shì 1동함께 일하다. 같은 직장에서 일하다. ◇他俩是~多年的老朋友了/그들 둘은 오랫동안 같이 일해온 옛친구이다. 비교同事(tóngshì):共事 "同事"는 단독으로 술어로 쓰이지 않는다. ◇我和他在一个学校(×同事)共事/나와 그는 같은 학교에서 일한다. 2(tóngshì) 명동료. 비교同事(tóngshì):同志 "同事"는 "동료" 외에 일반적인 호칭으로 쓰이지 않는다. ◇劳驾, 胡兰琴(×同事)同志家在这儿吗?/실례합니다. 호란금 동지의 집이 여기입니까?

【同室操戈—실조과】 tóng shì cāo gē 〈成〉같은 편끼리 싸우다. 내분이 일어나다. (反) 〔同仇敌忾 tóng chóu dí kài〕

【同岁—수】 tóngsuì 동동갑이다. 나이가 서로 같다.

【同位素—위소】 tóngwèisù 명〈化〉동위원소.

【同位语—위어】 tóngwèiyǔ 명〈言〉동격어 (同格语).

☆【同屋—옥】 tóngwū 1동같은 방이나 같은 집에 살다. 2명동숙자(同宿者). 동숙인.

【同喜—희】 tóngxǐ(tóngxi) 나 역시 축하드립니다.

【同乡—향】 tóngxiāng 명한 고향(사람). 동향.

【同心—심】 tóng∥xīn 동마음을 합치다. (同) 〔一 yī 心〕, (反) 〔异 yì 心〕

【同心同德—심동덕】 tóng xīn tóng dé 〈成〉한마음 한뜻이 되다. 일심동체이다. (同) 〔一 yī 心一德〕, (反) 〔离 lí 心离德〕

【同心协力—심협력】 tóng xīn xié lì 〈成〉일치 단결하다.

【同心圆—심원】 tóngxīnyuán 명〈数〉동심원.

【同行—행】 tóngxíng 동함께 길을 가다. 동행하다. ◇一路~/함께 길을 가다.

【同性—성】 tóngxìng 1동동성이다. ◇~恋/동성연애. (反) 〔异 yì 性〕 2명같은 성질.

【同性恋爱—성연애】 tóngxìng liàn'ài 명동성 연애.

【同姓—성】 tóngxìng 명동성. 같은 성씨. ◇~同名/동성동명.

★【同学—학】 tóngxué 1명동창. 학우. 동급생. ◇班上来了两个新~/학급에 새 학우 둘이 왔다. 2명교사가 학생을 부를 때 쓰는 말. ◇站在后排的那位~, 你唱个歌好吗?/뒷줄에 앉은 학생, 한번 노래를 부를

수 없겠어요? 3(tóng∥xué)동같은 학교에서 배우다.

☆【同样—양】 tóngyàng 형같다. 마찬가지다. ◇他在马拉松比赛中, ~取得了好成绩/그는 마라톤 경기에서도 마찬가지로 좋은 성적을 거두었다. 주의a)'同样'은 '不'의 수식을 받을 수 없다. (×)完全不同样 (완전히 다르다) →完全不一样 b)정도부사의 수식을 받을 수 없다. (×)很同样 (매우 같다) →完全相同 c)"同样"은 관형어로만 쓰이고 술어로는 쓰이지 못한다. (×)分数同样 (점수가 같다) →分数一样. (同) 〔一样 yīyàng〕, (反) 〔异样 yīyàng〕

【同业—업】 tóngyè 명1같은 업종. 2업종이 같은 사람.

【同业公会—업공회】 tóngyè gōnghuì 명옛날, 동업 조합. 길드.

【同一—일】 tóngyī 형같다. 동일하다. ◇~形式/동일한 형식.

【同义词—의사】 tóngyìcí 명〈言〉동의어. 유의어. (反) 〔反义词 fǎnyìcí〕

★【同意—의】 tóngyì 동동의하다. 찬성하다. ◇我很~你的看法/나는 당신의 견해에 매우 찬성한다. (同) 〔赞成 zànchéng〕, (反) 〔反对 fǎnduì〕 비교同意:拥护 "同意"는 "工作", "政策" 등을 목적어로 쓰이지 않는다. ◇老百姓(×同意)拥护和支持干部的工作/백성들은 간부의 일을 옹호하고 지지한다.

【同音词—음사】 tóngyīncí 명〈言〉동음어.

★【同志—지】 tóngzhì 1명동지. 뜻을 같이 하는 사람. ◇他是我们的~/그는 우리의 동지이다. 2중국인이 흔히 쓰는 일반 호칭. ◇~, 去邮局往哪走?/여보세요, 우체국에 가려면 어디로 가야 하나요?

【同舟共济—주공제】 tóng zhōu gòng jì 〈成〉힘을 함께 어려움을 극복하다. (同) 〔风雨同舟 fēng yǔ tóng zhōu〕, (反) 〔分道扬镳 fēn dào yáng biāo〕

【同宗—종】 tóngzōng 명동족. 동성 동본.

【同族—족】 tóngzú 명동족.

【蒿】 艹部 tóng 6画 쑥갓 동

【蒿蒿—고】 tónghāo 명〈植〉쑥갓.

【峒】 山部 tóng 6画 동굴 동
지명에 쓰이는 글자.

【桐】 木部 tóng 6画 오동나무 동
명〈植〉1오동나무. (同) 〔泡 pāo 桐〕 2유동(油桐). 기름오동. (同) 〔油桐〕 3벽오동. (同) 〔梧桐〕

【桐油—유】 tóngyóu 명유동(油桐) 나무의 씨에서 짠 기름.

☆【铜·銅】钅部 6画 │ tóng 구리 **동**
　名〈化〉동. 구리(Cu).
【铜版－판】tóngbǎn 名〈印〉동판.
【铜版画－판화】tóngbǎnhuà 名동판화.
【铜币－폐】tóngbì 名동전.
【铜活－활】tónghuó 名1동세공품. 동제품. 2동세공품이나 동제품을 수리·제작하는 일.
【铜匠－장】tóng·jiang 名구리 기물을 제작하는 사람.
【铜筋铁骨－근철골】tóng jīn tiě gǔ〈成〉강건한 신체. (反)〔弱不禁风 ruò bù jīn fēng〕
【铜镜－경】tóngjìng 名〈考古〉구리 거울.
【铜绿－록】tónglǜ 名〈化〉동록. 동청. 〔염료나 꽃불 제작에 쓰임〕
【铜模－모】tóngmú 名〈印〉자형(字型).
【铜牌－패】tóngpái 名동메달.
【铜器－기】tóngqì 名청동기.
【铜器时代－기시대】tóngqì shídài 名〈史〉청동기 시대.
【铜钱－전】tóngqián 名동전. 엽전.
【铜墙铁壁－장철벽】tóng qiáng tiě bì〈成〉철옹성. 견고하여 깨뜨리기 어려운 것. (同)〔铁壁铜墙〕
【铜丝－사】tóngsī 名구리 철사.
【铜臭－취】tóngxiù 名동전에서 나는 악취. 돈 냄새.〈轉〉돈밖에 모르는 사람.
【铜锈－수】tóngxiù (同)〔铜绿〕
【铜元－원】tóngyuán (同)〔铜圆〕
【铜圆－원】tóngyuán 名청말(清末)부터 항일 전쟁 이전까지 통용되었던 동전.
【铜子儿－자아】tóngzǐr (同)〔铜圆〕

【酮】西部 6画 │ tóng 케톤 **동**
　名〈化〉케톤(ketone).〔유기 화합물의 일종〕

【仝】亻部 5画 │ Tóng 성 **동**
　名성(姓).

【彤】彡部 4画 │ tóng 붉은칠 **동**
　1名〈文〉붉은 빛(의). 2(Tóng)名성(姓).
【彤云－운】tóngyún 名1햇빛을 받아 붉게 빛나는 구름. 2(눈이 내리기 전의) 짙은 먹구름.

【童】立部 7画 │ 아이 **동**
　1名어린이. 아이. ◇儿~/어린이. 2形혼의. ◇~男~女/숫총각과 숫처녀. 3名옛날, 미성년의 하인. 4形벗어지다. 5(Tóng)名성(姓).
【童便－변】tóngbiàn 名〈中醫〉12세 이하의 건강한 사내아이의 소변. 〔토혈이나 통증 완화에 유효〕

【童工－공】tónggōng 名미성년 노동자.
【童话－화】tónghuà 名동화.
【童蒙－몽】tóngméng 名〈文〉철부지 아이.
*【童年－년】tóngnián 名어린 시절. (同)〔幼 yòu 年〕,(反)〔老 lǎo 年〕
【童牛－우】tóngniú 名〈文〉송아지.
【童仆－복】tóngpú 名〈文〉어린 종. 동복.
【童山－산】tóngshān 名민둥산. (同)〔秃岭 tūlǐng〕,(反)〔青 qīng 山〕
【童声－성】tóngshēng 名(변성기 이전의) 아이 목소리.
【童心－심】tóngxīn 名동심. 천진한 마음.
【童星－성】tóngxīng 名유명한 배우. 또는 어린 선수.
【童颜鹤发－안학발】tóng yán hè fà〈成〉백발 홍안. (同)〔鹤发童颜〕(反)〔未老先衰 wèi lǎo xiān shuāi〕
【童养媳－양식】tóngyǎngxí 名민며느리.
【童谣－요】tóngyáo 名동요. (숫처녀의) 정조.
【童贞－정】tóngzhēn 名동정.
【童真－진】tóngzhēn 形애처럼 천진스럽다.
【童装－장】tóngzhuāng 名아동복.
【童子－자】tóngzǐ 名동자. 사내아이.
【童子鸡－가계】tóngzǐjī 名〈方〉영계. 햇닭. (同)〔笋 sǔn 鸡〕

【曈】日部 12画 │ tóng 해뜰 **동**
【曈昽－롱】tónglóng 形〈文〉동트다. 날이 새다.
【曈曈－동】tóngtóng 形〈文〉1동틀 때 해의 밝은 모양. 2눈동자가 반짝이는 모양.

【瞳】目部 12画 │ tóng 눈동자 **동**
　名〈生理〉눈동자. 동공.
【瞳孔－공】tóngkǒng 名〈生理〉동공. (同)〔瞳人〕
【瞳人－인】tóngrén (~儿)名(동공) 속의 그림자. (同)〔瞳仁〕
【瞳仁－인】tóngrén (同)〔瞳人〕

tǒng

【侗】亻部 6画 │ tǒng 미련할 **통**
　→〔优 lǒng 侗〕

【筒(箇)】竹部 6画 │ tǒng 통 **통
　名1크고 두터운 대나무 통. ◇竹~/대나무 통. 2통. 원통. ◇笔~/필통. 3(~儿)(옷·신발 따위의) 통 모양으로 된 부분. ◇袖~儿/소매통.
【筒裤－고】tǒngkù 名일자(一字) 바지.
【筒裙－군】tǒngqún 名타이트 스커트.

【筒瓦-자】tǒngwǎ ❸통기와.
【筒子-자】tǒng·zi ❸통.

【统·統】 纟部 tǒng
6画 합칠 통
1❸계통. 사물 간의 연속적인 관계. ◇血
~/혈통. 2❸총괄하다. 3❸통솔하다. 통치
하다. ◇由他一管/그가 통솔하다. 4❹모
두. 다. 5(同)〔筒 tǒng 3〕
【统舱-창】tǒngcāng ❸배의 3등 선실.
【统称-칭】tǒngchēng ❸총칭(하여 부
르다).
*【统筹-주】tǒngchóu ❸총체적으로 계획
을 세우다.
【统筹兼顾-주겸고】tǒng chóu jiān gù
〈成〉많은 일을 총체적으로 계획하다.
(反)〔顾此失彼 gù cǐ shī bǐ〕
【统共-공】tǒnggòng ❹합계하여. 통틀어.
【统购-구】tǒnggòu ❸국가가 중요한 생활
물자를 일괄 수매〔매입〕하다.
【统购统销-구통소】tǒnggòu tǒngxiāo (전
에 중국정부가 실시한 정책) 일괄 구입·
일괄 판매.
**【统计-계】tǒngjì ❸❸통계〔합산〕(하다).
◇~出席人数/출석 인원을 통계내다. ◇
据不完全~/불완전 통계에 근거하다.
【统计学-계학】tǒngjìxué ❸통계학.
【统括-괄】tǒngkuò ❸총괄하다.
【统考-고】tǒngkǎo ❸(중국의)'统一考
试'(전국 통일 대학 입학 시험)의 준말.
【统领-령】tǒnglǐng 1❸통솔하다. 2❸통솔
장교. 지휘관.
【统摄-섭】tǒngshè ❸일괄 관할하다. (同)
〔统辖 xiá〕
【统属-속】tǒngshǔ ❸소속하다.
【统帅-수】tǒngshuài 1❸(전국 군대를
통솔하는) 원수. 2❸통솔하다. (同)〔统
率 shuài〕
【统率-솔】tǒngshuài ❸통솔하다.
**【统统-통】tǒngtǒng ❹모두. 전부. (同)
〔通 tǒng 通〕
【统辖-할】tǒngxiá ❸관할하다.
【统销-소】tǒngxiāo ❸(정부 기관에 의
한) 일괄 판매.
☆【统一-일】tǒngyī 1❸통일. 2❸일치시키
다. 통일하다. ◇~思想/사상을 통일하
다. ◇他们正在~着意见/그들은 지금 의
견을 통일하는 중이다. (反)〔分裂 fēnli-
è〕3❸일치한. 단일한. 통일적인. ◇两个
人的看法很~/두 사람의 견해는 일치한
다. (反)〔分歧 fēnqí〕
【统一体-일체】tǒngyītǐ ❸〈哲〉통일체.
【统一战线-일전선】tǒngyī zhànxiàn ❸
(몇 정당이 정치 목적으로 만든) 연합
전선.

*【统战-전】tǒngzhàn 중국 정부가 대만을
수복하려고 펴는 정책. (同)〔统一战线〕
【统制-제】tǒngzhì ❸통제하다.
☆【统治-치】tǒngzhì ❸❸통치〔지배〕(하다).
◇统治者以残酷的手段~着人民/통치자는
잔혹한 수단으로 국민을 통치하고 있다.
【统治阶级-치계급】tǒngzhì jiējí ❸지배계급.

【捅(樋)】 扌部 tǒng
7画 찌를 통
❸1(손이나 막대기의 끝으로) 쿡쿡 찌르
다. 푹 찌르다. ◇在硬纸盒上~了个洞/두
꺼운 종이상자를 찔러 구멍을 냈다. 2치
다. 건드리다. 3들추어내다.
【捅咕-고】tǒng·gu ❸1만지다. 접촉하다.
2선동하다. 부추기다.
【捅娄子-루자】tǒng lóu·zi ❸문제를 일으키다.
【捅马蜂窝-마봉와】tǒng mǎfēngwō 벌집
을 쑤시다. 화를 자초하다.

☆【桶】 木部 tǒng
7画 통 통, 되 용
❸(물건을 담는 둥근) 통. 초롱. ◇水~/
물통.

tòng

【同】 囗部 tòng
4画 한가지 동
(同)〔胡 hú 同〕⇒tóng
【衕】 行部 tòng
6画 거리 동
(同)〔衕 hú·tòng〕
【通】 辶部 tòng
7画 통할 통
(~儿)❸(동작의 횟수를 나타내는) 번.
차례. ◇发了一~牢骚/한 차례 신경질을
부렸다. ⇒tōng
【通红-홍】tònghóng '通红 tōnghóng'의
우독(又讀).

☆【痛】 疒部 tòng
7画 아플 통
1❸아프다. ◇觉得很~/아프게 느껴진다.
◇胃~/위가 아프다. 2❸슬퍼하다. ◇悲
~/비통해 하다. 3❹심하게. 실컷. ◇~
感/통감하다. ◇到酒馆去~饮一次/술집
에 가서 거하게 한잔하다.
【痛不欲生-불욕생】tòng bù yù shēng 〈成〉
너무도 슬픈 나머지 죽고 싶은 생각뿐이
다. (同)〔悲痛欲绝 bēi tòng yù jué〕,
(反)〔欣喜若狂 xīn xǐ ruò kuáng〕
【痛斥-척】tòngchì 1❸심하게 나무라다.
2❸호된 질책. 통렬한 비난.
【痛楚-초】tòngchǔ ❸(심적인) 고통. 쓰
라림.
【痛处-처】tòngchù ❸약점. 아픈 곳. ◇

他的话触到了我的～/그의 말은 내 아픈
곳을 찔렀다.

【痛打－타】tòngdǎ 통몹시 때리다. 호되게
패다.

【痛悼－도】tòngdào 통몹시 슬퍼하다. 몹
시 애석하게 여기다.

【痛定思痛－정사통】tòng dìng sī tòng 〈成〉
고통이 진정된 다음, 이를 회상하여 교훈
을 얻다.

【痛感－감】tònggǎn 1통통감하다. 2명통증.

＊【痛恨－한】tònghèn 통몹시 증오하다. (同)
[痛恶 wù], (反)[热爱 rèài]

【痛悔－회】tònghuǐ 통몹시 후회하다.

【痛击－격】tòngjī 통호되게 공격하다.

【痛经－경】tòngjīng 명〈醫〉생리통.

【痛觉－각】tòngjué 명〈生理〉통각.

【痛哭－곡】tòngkū 통통곡하다.

☆【痛苦－고】tòngkǔ 1명고통. 아픔. ◇她内
心的～, 一般人是体会不到的/그녀의 마음
속에 고통은 일반사람이 이해할 수 없는
것이다. 2형고통스럽다. 괴롭다. ◇感到很
～/고통스럽게 느껴진다. ◇～的表情/고
통스런 표정. (同)[痛楚 chǔ], (反)[高兴
gāoxìng] 비교痛苦:艰苦 정신적인 고통
이 아닌 경우에는 "痛苦"를 쓰지 않는다.
◇那里的工作十分(×痛苦)艰苦/거기의
일은 몹시 고달프다.

★【痛快－쾌】tòng·kuài 1형통쾌하다. 흐뭇
하다. 기분좋다. ◇看见麦子堆成了山, 心
里真～/보리가 산 같이 쌓인 것을 보니
마음이 흐뭇하다. 2형(성격이) 시원스럽
다. 솔직하다. ◇这人～, 心里有什么就说
什么/이 사람은 시원시원해서 생각한 대
로 말을 한다. 비교痛快:直爽 "性格"를
형용할 때는 "痛快"를 쓰지 않는다. ◇他
的性格很(×痛快)直爽/그의 성격은 시원
시원하다. 3통마음껏 하다. ◇玩个～/마
음껏 놀자.

【痛切－절】tòngqiè 형무척 비통하다.

【痛恶－오】tòngwù 통몹시 미워하다.

【痛惜－석】tòngxī 통몹시 애석하다.

【痛心－심】tòngxīn 형몹시 마음 아파하다.
(同)[寒 hán 心], (反)[高兴 gāoxìng]

【痛心疾首－심질수】tòng xīn jí shǒu 〈成〉
슬픔[고통·원망]이 극에 달하다.

【痛痒－양】tòngyǎng 명1고통. 2〈喩〉중요한
일. 요긴한 일. ◇不关～/중요하지 않다.

【痛痒相关－양상관】tòng yǎng xiāngguān
〈成〉이해 관계가 밀접하다.

tōu

☆【偷】 亻部 tōu
9画 훔칠 투

1통몰래 훔치다. ◇不知谁～了办公室的
录音机/누가 사무실의 녹음기를 훔쳤는
지 모르겠다. ◇钱包被人～去了/지갑을
도둑 맞았다. 2(～儿)명도둑. 3형몰래.
살짝. ◇他干活从没～过懒/그는 일할 때
몰래 게으름을 피운 적이 없다. ◇～～
地溜走了/몰래 빠져나가다. 4틈[시간]
을 내다. 5통목전의 편안함에 빠져 대강
대강하다.

【偷安－안】tōu'ān 통눈앞의 안일을 꾀하
다. (同)[苟生 shēng], (反)[发愤 fāfèn]

【偷盗－도】tōudào 통도둑질을 하다.

【偷渡－도】tōudù 통밀입국(하다).

【偷工减料－공감료】tōu gōng jiǎn liào
〈成〉품이나 재료를 덜들여 일을 날리다.
일을 부실하게 하다.

【偷换－환】tōuhuàn 통몰래 바꾸다.

【偷鸡摸狗－계모구】tōu jī mō gǒu 〈成〉닭
이나 개를 훔치는 등 하찮은 도둑질을 일
삼다. 1줌 도둑질. 2남자가 다른 여자와
남몰래 정을 통하다. 남자의 여자 관계가
문란하다.

【偷看－간】tōukàn 통훔쳐 보다.

【偷空－공】tōu kòng (～儿) 시간을[틈을] 내다.

【偷懒－라】tōu//lǎn 통게으름 피우다. (同)
[懒惰 duò], (反)[勤劳 qínláo]

【偷梁换柱－량환주】tōu liáng huàn zhù
〈成〉일의 내용이나 본질을 몰래 바꾸어
넣다. 알맹이를 바꿔치다.

【偷巧－교】tōu//qiǎo (同)[取 qǔ 巧]

＊【偷窃－절】tōuqiè 통도둑질하다.

【偷情－정】tōu//qíng 통남녀가 몰래 정을
통하다. 밀통하다.

【偷生－생】tōushēng 통구차하게 살아 남다.

【偷手－수】tōushǒu 통(자신의) 모든 재주
를 보여 주지 않다.

【偷税－세】tōu//shuì 통(고의로) 탈세하다.

【偷天换日－천환일】tōu tiān huàn rì 〈成〉
진상을 크게 왜곡하여 사람을 속이다.

【偷听－청】tōutīng 통몰래 엿듣다.

☆【偷偷－투】tōutōu (～儿)통몰래 하는 모
양. ◇这些孩子～地抽烟/이 아이들은 몰
래 담배를 피운다. (同)[悄悄 qiāoqiāo],
(反)[公开 gōngkāi]

【偷偷摸摸－투모모】tōu·toumōmō 남몰래.
(同)[鬼鬼祟祟 guǐguǐ suì suì], (反)[堂
堂正正 táng táng zhèng zhèng]

【偷袭－습】tōuxí 통기습하다. 불시에 공격
하다.

【偷闲－한】tōu//xián 통1틈을 내다. 짬을
내다. 2〈方〉게으름을 피우다.

【偷眼－안】tōuyǎn 통몰래 훔쳐 보다.

【偷营－영】tōu//yíng 통적의 진영을 기습
하다.

T

【偷嘴－취】tōu// zuǐ [동]훔쳐 먹다.

tóu

★【头·頭】 大部 2画 | tóu 머리 **두**

1[명]머리. ◇把～抬高一点儿/머리를 좀 높게 쳐들어라. [비교]头:头脑 ①"头"는 두뇌나 지능에 쓰이지 않는다. ◇他虽然病了，但(×头)头脑很清醒/그는 비록 병에 걸렸지만 머리는 명석하다. ②"头"는 "聪明" 등 추상적 형용사를 술어로 잘 쓰이지 않는다. ◇他(×头)很聪明/그는 머리가 좋다. **2**[명]머리모양. ◇剃～/이발하다. **3**(～儿)[명]물체의 꼭대기나 제일 앞부분. 가장자리. ◇笔～/펜촉. **4**(～儿)[명]일의 시작이나 끝. ◇话～儿/말머리. 화제. **5**(～儿)[명]쪼가리. 꽁다리. 〔물건의 쓰고 남은 부분〕 ◇铅笔～/몽당연필. **6**(～儿)[명]두목. 우두머리. **7**(～儿)[명]방면(方面). 측(側). 편. **8**[형]제일(第一)의. ◇～奖/특상. **9**[형]첫번째. ◇～车/첫차. **10**〈方〉[접두](수량사 앞에 쓰여) 순서가 처음인 것을 나타냄. ◇～一个星期/첫 한 주일. **11**[접두]〈方〉('年'·'天'의 앞에 쓰여) 시간이 지난 것을 나타냄. ◇～年/작년. **12**[개]임박하다. ◇～二点他就走了/그는 2시가 되기 전에 벌써 떠났다. **13**…정도. 대략. 〔두 숫자의 사이에 쓰여 대략의 숫자를 나타내며 많지 않음을 나타냄〕 ◇四～六千/4천에서 6천정도. **14**[양] a)마리. 〔가축을 세는 단위〕 ◇一～猪/돼지 한 마리. b)(마늘을 세는) 단위. ◇剥了几～蒜/마늘 몇 통을 까다. [접미] **15**(～儿)a)명사의 뒤에 쓰임. ◇石～/돌. ◇罐～/통조림. b)동사 뒤에 쓰여 추상명사를 만들며 그 동작을 할 가치가 있음을 나타낸다. ◇这场电影真有看～儿/이번 영화는 정말 볼만하다. c)형용사 뒤에 명사가 된다. ◇吃了不少苦～儿/고생을 많이 했다. **16**방위사(方位詞)의 뒤에 쓰임. ◇里～/안. ◇外～/밖.

【头把交椅－파교의】tóubǎ jiāoyǐ 〈喩〉제1인자. 최고 책임자.

【头版－판】tóubǎn [명](신문의) 제1면.

【头筹－주】tóuchóu [명]1위. 1등.

【头寸－촌】tóucùn [명]〈商〉**1**은행의 지불준비금. **2**자금 유통. 자금.

【头等－등】tóuděng [명][형]제1등(의). 최고(의). ◇～舱/(여객선의) 특실. (同)〔一yī 等〕, (反)〔末 mò 等〕

【头顶－정】tóudǐng [명]머리꼭대기. (反)〔脚底 jiǎodǐ〕

☆【头发－발】tóu·fa [명]머리털. 두발.

【头伏－복】tóufú [명]초복(初伏). (同)〔初伏〕

【头骨－골】tóugǔ [명]〈生理〉두(개)골.

【头号－호】tóuhào **1**[명][형]가장 큼〔큰〕. 최대(의). **2**[형]가장 좋은.

【头昏脑胀－혼뇌장】tóu hūn nǎo zhàng 〈成〉머리가 어질어질하다.

【头家－가】tóujiā [명]**1**도박꾼을 모아 개평을 뜨는 사람. **2**(노름판에서) 선. **3**(노름판에서) 자신의 왼쪽에 앉은 사람. **4**〈方〉주인.

【头奖－장】tóujiǎng [명](추첨·제비뽑기 따위의) 일등상.

【头角－각】tǒujiǎo [명](청년의 기개·재능의) 두각.

【头巾－건】tóujīn [명]**1**(고대의) 두건. **2**스카프.

【头颈－경】tóujǐng [명]〈方〉목. (同)〔脖子 bó·zi〕

【头盔－괴】tóukuī [명]헬멧.

【头里－리】tóu·li [명]**1**앞. 전방. ◇你～走，我就跟上/네가 앞장 서라. 내가 곧 따라가마. **2**사전(事前). ◇有话得～说/할 말 있으면 사전에 말해라. **3**〈方〉전. 이전.

【头脸－검】tóuliǎn [명]**1**면모. 얼굴. **2**체면. 면목.

【头领－령】tóulǐng [명]〈早白〉두목. 우두머리.

【头颅－로】tóulú [명]머리.

【头路－로】tóulù [명]〈方〉**1**가리마. **2**실마리. 단서. 두서. **3**연줄. 직업.

【头路－로】tóulù [명][형]〈俗〉제1급(의). 최상(의).

【头马－마】tóumǎ [명]선두에 서서 달리는 말.

【头面－면】tóu·mian [명]옛날, (부녀자의) 머리장식의 총칭.

【头面人物－면인물】tóumiàn rénwù 〈成〉거물. 세도가. 유력자. (同)〔知名人士 zhīmíng rénshì〕, (反)〔无名小卒 wúmíng xiǎozú〕

【头目－목】tóu·mù [명]〈貶〉두목. 수령.

【头难－난】tóunán [형]〈方〉일이란 처음이 어렵다.

⁑【头脑－뇌】tóunǎo [명]**1**두뇌. ◇别看他年岁小，～却很灵活/그는 나이는 어려도 머리는 매우 좋다. [비교]头脑:头 인체의 머리부분은 "头脑"라고 하지 않는다. ◇一起床就感到(×头脑)头有点疼/침대에서 일어나자 머리가 좀 아프다고 느껴졌다. **2**실마리. 갈피. ◇东一句，西一句，让人摸不着 zháo～/이말 저말 횡설수설하는 바람에 갈피를 잡을 수 없다. **3**〈口〉수뇌. 지도자.

【头年－년】tóunián [명]**1**첫해. **2**〈方〉지난해. 작년.

【头皮－피】tóupí [명]두피.

【头破血流－파혈류】tóu pò xuè liú〈成〉머리가 깨지고 피가 흐르다.

【头前－전】tóuqián **1**〈명〉선두. 앞. **2**〈부〉전에.

【头钱－전】tóuqián〈명〉개평.

【头人－인】tóurén〈명〉(중국 서남방 소수민족의) 수령. 추장.

【头晌－상】tóushǎng〈명〉〈方〉오전.

【头生－생】tóushēng〈명〉**1**초산(初産). **2**(～儿)첫아이.

【头绳－승】tóushéng〈명〉**1**(～儿)댕기. 리본. **2**〈方〉털실.

【头饰－식】tóushì〈명〉머리에 쓰는 장식품.

【头胎－태】tóutāi (同)〔头生〕

【头套－투】tóutào〈명〉가발.

【头疼－통】tóuténg **1**〈명〉두통. **2**〈명〉머리가 아프다.

【头疼脑热－통뇌열】tóu téng nǎo rè〈喩〉대수롭지 않은 잔병. 가벼운 감기기운.

【头天－천】tóutiān〈명〉**1**첫날. **2**〈方〉전날. 어제.

【头痛－통】tóutòng **1**〈명〉두통. **2**〈명〉골머리를 썩다.

【头痛医头, 脚痛医脚－통의두, 각통의각】tóu tòng yī tóu, jiǎo tòng yī jiǎo〈成〉문제를 근본적으로 해결하지 않고 지엽적인 점만을 대처하다.

【头头儿－두아】tóu·tour〈명〉〈口〉두목. 우두머리. 팀장. 대장.

【头头是道－두시도】tóu tóu shì dào〈成〉말이나 행동이 하나하나 지당하다. (反)〔漏洞百出 lòu dòng bǎi chū〕

【头陀－타】tóutuó〈명〉〈佛〉두타. 행각승.

【头先－선】tóuxiān〈명〉〈方〉**1**처음. 이전. **2**앞. **3**방금.

【头衔－함】tóuxián〈명〉감투.

【头像－상】tóuxiàng〈명〉두상.

【头胸部－흉부】tóuxiōngbù〈명〉〈動〉(갑각류의) 두흉부.

【头绪－서】tóuxù〈명〉단서. 실마리.

【头雁－연】tóuyàn〈명〉떼의 맨 앞에서 나는 기러기.

【头羊－양】tóuyáng〈명〉맨 앞에 서서 무리를 이끄는 양.

【头油－유】tóuyóu〈명〉머릿기름.

【头晕－훈】tóuyūn〈명〉머리가 어지럽다.

【头重脚轻－중각경】tóu zhòng jiǎo qīng〈成〉머리가 무겁고 다리가 힘이 없다. 기초가 튼튼하지 못하다.

＊【头子－자】tóu·zi〈명〉〈貶〉우두머리. 보스.

☆【投】扌部 tóu
4画 던질 투

1〈동〉던지다. ◇～手榴弹/수류탄을 던진다. ◇～了五个三分球/3점슛 5개를 골인시켰다. 비교投:扔 아무렇게나 던질 때는

"投"를 쓰지 않는다. ◇进门一看, 鞋, 袜子, 衣服(×投)扔了一地/집에 들어와보니 신발, 양말, 옷이 온 바닥에 던져져 있다. **2**〈동〉집어넣다. 투입하다. ◇人们正在～着票/사람들은 투표를 하는 중이다. **3**〈동〉뛰어들다. 몸을 던지다. ◇他想～河自杀/그는 강에 투신 자살하려 한다. **4**〈동〉(그림자·광선 따위가) 비치다. (눈길 따위를) 던지다. ◇投影仪坏了, ～不了影子/영사기가 고장나 투영이 되지 않는다. **5**〈동〉(편지·원고 따위를) 부치다. 보내다. ◇他给报社～了稿/그는 신문사에 원고를 보냈다. ◇～信/편지를 보내다. **6**〈동〉찾아가다. 참가하다. ◇～了几个朋友, 都不肯帮忙/친구를 몇명 찾아갔지만 모두 도우려 하지 않는다. **7**〈동〉서로 맞다. 영합하다. ◇你的话, ～了他的脾气/너의 말이 그의 성질과 맞아들었다. **8**…(무렵)에 이르다. …하기 직전이다. ◇～老/노년이 되다. ◇～暮/황혼에 이르다.

【投案－안】tóu//àn〈동〉자수(自首)하다.

【投保－보】tóu//bǎo〈동〉보험에 가입하다.

【投奔－분】tóubèn〈동〉(의탁할 곳을) 찾아가다. (몸을) 의탁하다.

【投笔从戎－필종융】tóu bǐ cóng róng〈成〉(문인이) 붓을 내던지고 종군하다.

【投畀豺虎－비시호】tóu bì chái hǔ〈成〉(나쁜 놈을) 늑대와 호랑이가 잡아 먹도록 내던지다. 〔악인에 대한 증오의 감정의 표현〕

【投鞭断流－편단류】tóu biān duàn liú〈成〉정예부대가 많다.

＊【投标－표】tóu//biāo〈동〉입찰하다.

＊【投产－산】tóu//chǎn〈동〉생산에 들어가다. 가동하다. ◇化肥厂已建成～/화학 비료 공장이 이미 세워져 생산에 들어갔다.

【投诚－성】tóuchéng〈동〉귀순하다. 항복하다.

【投弹－탄】tóu//dàn〈동〉수류탄 따위를 투척하다. 투하하다.

【投敌－적】tóudí〈동〉적에게 투항하다. 변절하다.

【投递－체】tóudì〈동〉(공문·서신 따위를) 배달하다.

【投递员－체원】tóudìyuán〈명〉우편 집배원.

＊【投放－방】tóufàng〈동〉**1**던지다. 던져 넣다. ◇～鱼饵/미끼를 던지다. **2**(인력·자금 따위를) 투자(투입)하다. ◇为兴修水利, ～了大量劳力/수리 건설을 위해 대량의 노동력을 투입했다. **3**(시장에 상품을) 내놓다. 공급하다. ◇夏令商品已～市场/여름 상품은 이미 시장에 출하되었다.

【投稿－고】tóu//gǎo〈동〉투고하다.

【投工－공】tóu//gōng〈동〉노동력을 투입하다. 작업일이 필요하다.

T

【投合－합】tóuhé 통1(성격이) 잘 맞다. ◇他跟李小姐谈得很～/그는 이양과 얘기를 했더니 매우 의기투합했다. 2(요구 따위를) 만족시키다. 맞추다. (同)〔迎 yíng 合〕, (反)〔冒犯 màofàn〕

【投河－하】tóu// hé 통(자살하려고) 강에 뛰어들다.

【投壶－호】tóuhú 몡투호. 〔병 속에 화살 던져 넣기를 하여 진 쪽이 벌주를 마시는 놀이〕

【投缳－환】tóuhuán 통〈文〉(죽으려고) 목을 매달다.

【投簧－황】tóuhuáng 통1열쇠가 자물쇠에 딱 들어맞다. 2〈喩〉(방법이 현실에 맞아) 효과를 거두다.

**【投机－기】tóují 1통의기 투합하다. ◇我们一路上谈得很～/우리는 오면서 쭉 이야기를 했는데 의기투합했다. 2(tóujī) 몡투기(하다).

【投机取巧－기취교】tóují qǔqiǎo 기회를 틈타 교묘하게 이득을 취하다.

*【投机倒把－기도파】tóují dǎobǎ (매점매석 등을 통해) 투기하여 폭리를 취하다.

【投井－정】tóujǐng 통(죽으려고) 우물에 뛰어들다.

【投井下石－정하석】tóu jǐng xià shí 〈成〉남의 어려움을 틈타 해치다. (同)〔落井下石 luò jǐng xià shí〕, (反)〔从井救人 cóng jǐng jiù rén〕

【投军－군】tóujūn 통옛날, 군에 들어가다.

【投考－고】tóukǎo 통(시험 따위에) 응시하다.

【投靠－고】tóukào 통(남에게) 몸을 의탁하다.

【投篮－람】tóu// lán 〈體〉1통(농구에서) 슛하다. 2(tóulán) 몡(농구의) 슛.

【投料－료】tóuliào 통재료를 투입하다.

*【投票－표】tóu// piào 1통투표하다. ◇我投了他一票/나는 그에게 한 표를 던졌다. 2(tóupiào) 몡투표.

【投契－계】tóuqì 통(의기가) 투합하다. 마음이 맞다.

【投枪－창】tóuqiāng 1몡투창. 표창. 2통(tóu qiāng) 창을 던지다.

【投亲－친】tóu// qīn 통친척에게 몸을 의탁하다.

☆【投入－입】tóurù 통1들어가다. 시작하다. ◇～生产/생산에 들어간다. ◇新机场已正式～使用/새 공항은 이미 사용하기 시작했다. 2투입하다. 넣다. ◇少～多产出/적게 투입하여 많이 생산해낸다. 3(어떤 일에) 몰입하다. ◇他演这个角色很～/그는 이 역할에 매우 몰입한다.

【投射－사】tóushè 통1(목표를 향해) 내던지다. 2(그림자·빛 따위가) 비치다.

【投身－신】tóushēn 통투신하다. 헌신하다. (反)〔抽 chōu 身〕

【投生－생】tóu// shēng (同)〔投胎 tāi〕

【投师－사】tóu// shī (사는 곳을 떠나) 스승에게 가서 가르침을 받다.

【投鼠忌器－서기기】tóu shǔ jì qì 〈成〉나쁜 놈을 혼내주고 싶어도 손해를 볼까봐 못하다.

【投诉－소】tóusù 통(공무원의 부정 등을) 제보하다. (행정 등 불편함을) 신고하다. ◇～电话/제보 전화.

【投宿－숙】tóusù 통투숙하다.

【投胎－태】tóu// tāi 통환생하다.

【投桃报李－도보리】tóu táo bào lǐ 〈成〉우호적인 관계를 유지하며 내왕하다.

**【投降－항】tóuxiáng 몡통항복(하다). ◇他～了敌人/그는 적에게 항복했다. (同)〔降服 fú〕, (反)〔受 shòu 降〕

【投效－효】tóuxiào 통〈文〉진해서 봉사하다.

【投药－약】tóuyào 통투약하다.

【投医－의】tóu// yī 통의사에게 진찰받다.

【投影－영】tóuyǐng 1통투영되다. 2몡투영. 투영된 그림자.

【投映－영】tóuyìng 통투영되다.

【投缘－연】tóuyuán 통(처음 만난 사람끼리) 의기 투합하다. (同)〔投机 jī〕, (反)〔反目 fǎnmù〕

*【投掷－척】tóuzhì 통던지다. 투척하다.

*【投资－자】tóu// zī 1통투자하다. ◇决定～建厂/투자하여 공장을 세우기로 결정했다. 2몡투자(금).

【骰】 骨部 | tóu
4画 | 주사위 **투**

【骰子－자】tóu·zi 몡〈方〉주사위.

tòu

☆**【透】** 辵部 | tòu
7画 | 통할 **투**

1통(액체·광선 따위가) 스며들다. 침투하다. 통하다. 통하다. ◇这儿～水/여기가 물이 스며들었다. ◇打开车窗～～气/차 문을 열어 공기를 유통시키자. 2통몰래 알리다. (정보를) 흘리다. (비밀을) 누설하다. ◇只听他～了一句半句的, 详细情况还不清楚/그가 흘려준 한두 마디만 들었지, 자세한 상황은 아직 잘 모른다. 3몡철저하다. 완전하다. 〔보어로 쓰여 이치·상황을 이해나 인식이 철저하고 확실함을 나타냄〕◇把道理讲～了, 孩子是能接受的/이치를 분명하게 말하면 아이는 받아들일 수 있을 것이다. 4몡충분하다. 너무 …하다. 〔형용사와 일부 동사의 보어

로 쓰여 정도나 상태가 지나침을 나타
냄〕 ◇树上的苹果都熟~了/나무의 사과
가 너무 익었다. 5통나타내다〔나타나다〕.
…처럼 보이다. 〔주로 '透着'의 형태로
쓰임〕 ◇脸上~出幸福的微笑/얼굴에 행
복한 미소가 어려있다.

*【透彻-철】tòuchè 휑투철하다. (사리가)
밝고 확실하다. (反)〔模糊 móhu〕

【透底-저】tòudǐ 진상을 알려 주다.

【透顶-정】tòudǐng 통〔貶〕극도에 이르다.
◇糊涂~/지극히 멍청하다.

【透风-풍】tòu//fēng 통1바람이 통하다.
2바람을 쐬다. 바람에 말리다. 3비밀이
새다.

【透过-과】tòu·guo 통통과하다. 통하다.

【透汗-한】tòuhàn 흠뻑 난 땀.

【透河井-하정】tòuhéjǐng 몡강으로 통해
있는 우물.

【透话-화】tòu//huà 말을 흘리다. ◇他~
要去留学/그는 유학 갈 거라는 말을 흘
렸다.

【透镜-경】tòujìng 몡〔物〕렌즈.

【透亮-량】tòu·liàng 휑1밝다. (同)〔光
guāng 亮〕, (反)〔黑暗 hēi'àn〕2명백하
다. 분명하다.

【透亮儿-량아】tòu//liàngr 통빛이 들다.
빛이 새다. ◇车窗~/차 창쪽에서 빛이
들었다.

【透漏-루】tòulòu 새다. 누설하다. 알려
지다. 드러나다.

【透露-로】tòulù 통(소식이나 진상이) 드
러나다. 누설하다. ◇事件~出来了/사건
이 드러났다. (同)〔表 biǎo 露〕, (反)〔隐
瞒 yīnmán〕

**【透明-명】tòumíng 휑투명하다. ◇这件衣
服太~了/이 옷은 너무 비친다. (反)〔浑
浊 húnzhuó〕

【透辟-벽】tòupì 휑투철하다. 철저하다.
(反)〔模糊 móhu〕

【透平(机)-평(기)】tòupíng(jī) 몡터빈
(turbine).

【透气-기】tòu//qì (~儿)통1(공기가) 통
하다. 공기를 유통시키다. 2숨을 내쉬다.
3(소식을) 알리다.

【透墒-상】tòushāng 휑〔農〕토양속의 수
분이 발하거나 작물이 성장하는 데 충
분하다.

【透视-시】tòushì 1몡〔美〕투시도법. 2몡
〔醫〕투시. 엑스선 투시 검사. 3휑(사물
의 본질을) 꿰뚫어 보다.

【透视图-시도】tòushìtú 몡〔美〕투시도.

【透雨-우】tòuyǔ 몡땅을 충분히 적셔준
비. (同)〔饱 bǎo 雨〕, (反)〔小 xiǎo 雨〕

【透支-지】tòuzhī 1몡〔經〕당좌 대월. 2몡

적자(赤字)가 되다. (反)〔盈余 yíngyú〕
3몡통(옛날의) 가불(하다).

tū

*【凸】丨部 tū
　4画 뾰족할 철
휑볼록하다. (反)〔凹 āo〕

【凸版-판】tūbǎn 몡〔印〕볼록판.

【凸轮-륜】tūlún 몡〔機〕캠(cam).

【凸面镜-면경】tūmiànjìng 몡볼록 거울.

【凸透镜-투경】tūtòujìng 몡〔物〕볼록 렌즈.

*【秃】禾部 tū
　2画 대머리 독
휑1머리가 벗어지다. 2(새나 짐승의 머
리나 꼬리에) 털이 없다. ◇~尾巴/꼬
리가 없다. 3(나무에 잎이 떨어져) 앙
상하다. (산이) 벌거숭이이다. ◇光~~
的山/민둥민둥한 산. 4(뾰족한 물건의
끝이 닳아) 무디어지다. 미어지다. ◇笔
尖~了/붓끝이 닳아 모자라졌다. 5불완
전하다. ◇这篇文章煞尾显得有点~/이
글은 결론 부분이 좀 불완전하게 보인
다.

【秃笔-필】tūbǐ 몡1모지랑붓. 2졸필.

【秃疮-창】tūchuāng 몡〔方〕〔醫〕독창.

【秃顶-정】tūdǐng 1통머리가 벗겨져 있
다. (tūdǐng)몡대머리.

【秃噜-로】tū·lu 1통풀어지다. 떨어지다.
2통질질 끌다. 3휑지나치다. 4통말을 실
수하다.

【秃瓢-표】tūpiáo (~儿)몡대머리.

【秃头-두】tū//tóu 통머리에 모자를 쓰지
않다.

【秃头-두】tūtóu 몡대머리. 빡빡 깎은 머
리. (同)〔光 guāng 头〕

【秃子-자】tū·zi 몡1대머리(인 사람). 2
〔罵〕까까중년. 3〔方〕독창. (同)〔秃疮〕
〔黄鲜 huángxuǎn〕

【突】穴部 tū
　4画 갑작스러울 돌
1통뚫다. 돌진하다. ◇~破/돌파하다. 2
뫙갑자기. 돌연. ◇~变/돌변하다. 3휑두
드러지다. ◇~出/돌출하다. 4몡고대(古
代)의 굴뚝. 연돌.

【突变-변】tūbiàn 1몡통돌변(하다). 격변
(하다). ◇神色~/기색이 돌변하다. 2몡
〔哲〕질적 변화. 비약.

【突出-출】tū//chū 통돌파하다. 뚫고 나
가다. ◇~重围/겹겹 포위망을 뚫고 나
가다.

☆【突出-출】tūchū 1통돌출하다. 툭 튀어나
오다. ◇他的眼珠~得很厉害/그의 눈은
많이 튀어나왔다. (同)〔突起 qǐ〕, (反)

〔凹陷 āoxiàn〕 2[형]두드러지다. 뛰어나다. ◇他是个很～的学生/그는 매우 뛰어난 학생이다. 3[동]부각시키다. ◇～重点/요점을 부각시킨다.
【突飞猛进－비맹진】tū fēi měng jìn 〈成〉(사업이나 학문 등이) 신속하게 발전하다. (反)〔一落千丈 yīluò qiān zhàng〕
☆【突击－격】tūjī 1[명][동]돌격(하다). ◇～队/돌격대. 2[동]단기간에 총력을 기울여 성과를 얻다. 벼락치기로 하다. ◇连续～了两个晚上才把稿子写完/연속 이틀 저녁을 벼락치기로 써서야 원고를 다 썼다.
【突进－진】tūjìn [명][동]돌진(하다). (同)〔猛 měng 进〕, (反)〔渐 jiàn 进〕
【突厥－궐】Tūjué [명]〈民〉돌궐족.
⁑【突破－파】tūpò [동]1돌파하다. ◇～包围圈/포위권을 돌파하다. 2(어려움·한계 등을) 타파하다. 타개하다. ◇这个难关怎么也～不了/이 난관은 아무리 해봐도 타개할 수 없다.
【突起－기】tūqǐ 1[동]갑자기 발생하다. 2[동]우뚝 솟다. 3[명]〈醫〉(종기 따위와 같은) 돌기.
★【突然－연】tūrán 1[형]갑작스럽다. 의외이다. ◇你提的这个问题太～了/네가 제기한 문제는 너무 뜻밖이다. 2[부]갑자기. 별안간. ◇傍晚天气～变了/저녁에 날씨가 갑자기 변했다. (同)〔骤 zhòu 然〕, (反)〔逐渐 zhújiàn〕
【突如其来－여기래】tū rú qí lái 〈成〉갑자기 발생하다.
【突突－돌】tūtū [의]1두근두근. 〔심장이 뛰는 소리〕 ◇心～直跳/심장이 두근두근 마구 뛴다. 2두두두. 〔오토바이 등의 시동소리〕
【突围－위】tū//wéi [동]포위를 뚫다. (反)〔包 bāo 围〕
【突兀－올】tūwù [형]1우뚝하다. 2갑작스럽다. 뜻밖이다.
【突袭－습】tūxí [명][동]급습(하다). 기습(하다).

tú

☆【图·圖】 口部 5画 tú 그림 **도**

1[명]그림. 회화. ◇地～/지도. ◇看着书上的四幅～, 写一篇短文/책의 4개 그림을 보면서 짧은 글을 쓰다. 2[동]도모하다. 꾀하다. ◇力～/힘써 도모하다. 3[동]바라다. 희망하다. ◇～省钱, 她常常自己做饭/그녀는 돈을 절약하려고 자주 직접 밥을 지었다. 4[명]의도. 계획. ◇宏～/원대한 계획.
*【图案－안】tú'àn [명]도안.
【图板－판】túbǎn [명]제도판.
*【图表－표】túbiǎo [명]도표.
【图谶－참】túchèn [명]도참.
【图存－존】túcún [동]살길을 강구하다.
【图钉－정】túdīng (～儿)[명]압정. 압핀.
⁑【图画－화】túhuà [명]1그림. 2한 장면.
【图画文字－화문자】túhuà wénzì [명]그림문자. (同)〔象形文字〕
【图籍－적】tújí [명]〈文〉국가 영토 지도와 호적.
【图记－기】tújì 1(同)〔图章〕 2[명]간단한 그림으로 표식한 기호.
【图鉴－감】tújiàn [명]도감.
【图解－해】tújiě [명][동]도해(하다).
【图景－경】tújǐng [명]1그림 속의 경치. 광경. 2묘사하거나 상상속의 경관.
【图例－례】túlì [명](도표 기호의) 범례.
【图谋－모】túmóu 1[동](나쁜 일을) 꾀하다. ◇～私利/사리사욕을 꾀하다. 2[명]계책. 계략.
*【图片－편】túpiàn [명]사진. 그림.
【图穷匕首见－궁비수견】tú qióng bǐshǒu xiàn 〈成〉마지막에 가서 진상이나 진면목이 드러나다. (同)〔图穷匕见〕
【图书－서】túshū [명]1그림과 서적. 2서적. ◇～资料/도서자료.
★【图书馆－서관】túshūguǎn [명]도서관.
【图说－설】túshuō [명]도해 설명서. 〔주로 서명으로 쓰임〕
【图腾－등】túténg [명]〈史〉토템(totem).
【图文并茂－문병무】túwén bìng mào 그림이나 글이 풍부하고 훌륭하다.
【图像－상】túxiàng [명](그리거나 촬영된) 형상. 영상.
*【图形－형】túxíng [명]1도형. 2〈數〉기하도형(의 준말).
【图样－양】túyàng [명]도안. 도면. 설계도.
【图章－장】túzhāng [명]1도장. 2인영(印影). 찍어 놓은 인장의 흔적.
*【图纸－지】túzhǐ [명]설계도. 도면. 청사진.

☆【涂·塗】 氵部 7画 tú 바를 **도**

1[동](칠 등을) 바르다. 칠하다. ◇她丰满的嘴唇上～着口红, 闪闪发亮/그녀는 도톰한 입술에 립스틱을 발라 윤기가 흐른다. 2[동]엉망으로 쓰다. 엉망으로 그리다. ◇他把本子～得太脏了/그는 노트를 엉망으로 써서 너무 지저분하다. 3[동]지우다. ◇把那个字～掉/그 글자를 지워라. 4[명]진흙. 진창. 5[명]길. 6[명]간석지. (同)〔海涂〕 7(Tú)[명]성(姓).
【涂改－개】túgǎi [동]글자를 지우고 다시 쓰다.
【涂料－료】túliào [명]도료.
【涂抹－말】túmǒ [동]1칠하다. 바르다. 2어

T

지러이 걸겨 쓰다. ◇信笔～抹/붓 가는 대로 마구 쓰다.

【涂饰－식】túshì 1명통도식(하다). 칠(하다). 2명통〈진흙을〉바르다.

【涂炭－탄】tútàn 〈文〉1명진흙이나 숯불 속. 2명통〈喩〉도탄(에 빠지다). ◇～百姓/백성을 도탄에 빠지게 한다.

【涂写－사】túxiě 통마구 쓰다.

【涂鸦－아】túyā 통악필이다.〔주로 자신의 글을 낮추어서 말할 때〕

【涂乙－을】túyǐ 명〈文〉〈글을〉뜯어고치다.

【涂脂抹粉－지말분】tú zhī mǒ fěn 〈成〉입술 연지나 분을 칠하다.〔주로 추악한 일을 보기 좋게 꾸미는 것을 비유함〕

【途】 辶部 tú
7画 길 도
명길. 도로.

【途程－정】túchéng 명거리. 노정. 과정.〔주로 비유에 쓰임〕◇半～而废/도중에 포기하다.

【途次－차】túcì 명〈文〉여행길에 투숙하는 곳. 숙박지.

【途经－경】tújīng 통경유하다.

＊＊【途径－경】tújìng 명길. 방도. ◇寻找解决问题的～/문제 해결의 방법을 찾다.

【荼】 艹部 tú
7画 씀바귀 도
명1〈植〉씀바귀. 2〈植〉'茅 máo 草'(띠)의 흰 꽃.

【荼毒－독】túdú 명통〈文〉해독(을 끼치다).

【荼蘼－미】túmí (同)〔酴 tú 醾〕

【酴】 酉部 tú
7画 술밑 도
명술 누룩. 효모(酵母).

【酴醾－미】túmí 명1古書에서 잘 빚은 술을 가리킴. 2(同)〔荼蘼 túmí〕

【徒】 彳部 tú
7画 무리 도
1통걸어가다. 걷다. ◇～步/도보하다. 2형빈. 맨. ◇～手/맨손. 3부단지 …밖에. ◇～托空言/말만 하고 실천하지 않는다. 4부괜히. 헛되이. ◇～劳/헛수고를 하다. 5명제자. 학생. ◇学～/견습공. 6명신도. ◇信～/신도. 7명〈貶〉패거리. ◇党～/도당. 8명〈貶〉…꾼. ◇酒～/술꾼. 9명〈文〉징역. 도형(徒刑). 10(Tú)명성(姓).

【徒步－보】túbù 명통도보(하다).

＊＊【徒弟－제】tú·dì 명도제. 제자. 견습공. (同)〔学 xué 徒〕, (反)〔师傅 shīfu〕

【徒工－공】túgōng 명견습공. (同)〔学徒工〕

【徒劳－로】túláo 통헛수고를 하다.

【徒劳无功－로무공】tú láo wú gōng 〈成〉성과가 없어 헛수고가 되다. (同)〔劳而无功 láo ér wú gōng〕, (反)〔卓有成效 zhuó yǒu chéng xiào〕

【徒然－연】túrán 부1쓸데없이. 헛되이. 2단지. 다만. (同)〔仅 jǐn 仅〕〔只是 zhǐ shì〕

【徒涉－섭】túshè 통걸어서 강을 건너다.

【徒手－수】túshǒu 명빈손. 맨손.

【徒孙－손】túsūn 명제자의 제자.

【徒托空言－탁공언】tú tuō kōng yán 〈成〉말만 하고 실천하지 않다. (同)〔空口白话 kōng kǒu bái huà〕, (反)〔身体力行 shēn tǐ lì xíng〕

【徒刑－형】túxíng 명〈法〉징역.

【徒有虚名－유허명】tú yǒu xū míng 〈成〉헛된 이름뿐이다. 한갓 이름뿐. (同)〔徒有其 qí 名〕〔名不符实 míng bù fú shí〕, (反)〔名不虚传 míng bù xū chuán〕

【徒子－자】túzǐ 명제자.

【徒子徒孙－자도손】túzǐ túsūn 〈成〉〈貶〉제자와 손제자. 일파를 계승한 사람. 한패. 동아리.

【屠】 尸部 tú
8画 잡을 도
1통〈가축을〉도살하다. 잡다. 2통〈轉〉대량 학살. 3(Tú)명성(姓).

【屠城－성】túchéng 통성지를 함락시킨 후 성안의 주민을 학살하다.

【屠刀－도】túdāo 명도살용 칼붙이.

【屠夫－부】túfū 명백정.

【屠户－호】túhù 명백정.

【屠戮－륙】túlù 통〈文〉도살하다. (同)〔屠杀〕

＊【屠杀－살】túshā 통대량 학살하다.

【屠苏－소】túsū 명고대의 술이름.

【屠宰－재】túzǎi 통〈가축을〉도살하다.

【屠宰场－재장】túzǎichǎng 명도살장.

tǔ

☆【土】 土部 tǔ
0画 흙 토
1명흙. 진흙. ◇一把～/흙 한줌. ◇用～把种子盖上/흙으로 씨앗을 덮었다. 2명땅. 토지. ◇～完整，不失寸～/영토의 완전함을 지켜, 조금의 땅도 잃지 않겠다. 3명토착의. 그 지방 고유의. 토속적이다. ◇这是我们家乡的～政策/이것은 우리 고향의 고유한 정책이다. 4형(중국) 재래식의. 전통적인. 전래의. ◇～法/재래식 방법. ◇～枪～炮/재래식 엽총과 대포. 5형촌스럽다. 시류에 맞지 않다. ◇在这个班的女同学中，她穿得最～/이 반의 여자급우들 중 그녀가 가장 촌스럽게 입었다. 6명가공〔정제〕하지 않은 아편. ◇烟～/정제하지 않은 아편. 7(Tǔ)명성(姓).

【土坝―파】tǔbà 图흙으로 쌓은 제방〔둑〕.

【土邦―방】tǔbāng 图아시아·아프리카 영국의 식민지 시기에 독립의 형식으로 존재했던 정권. 한 나라 안에 몇몇 원주민 연방이 있음.

【土包子―포자】tǔbāo·zi 图시골뜨기. 촌뜨기.

【土崩瓦解―붕와해】tǔ bēng wǎ jiě〈成〉산산이 부서지다. 완전히 붕괴되다.

【土鳖―별】tǔbiē (同)〔地鳖 dì biē〕

【土布―포】tǔbù 图〔紡〕수직기〔수공〕로 짠 무명. (反)〔洋 yáng 布〕

【土层―층】tǔcéng 图토(양)층. 흙의 층.

【土产―산】tǔchǎn 1图토산의. 그 지방에서 나는. 2图토산품. 지방 특산품.

☆【土地―지】tǔdì 1图땅. 토지. 전답. ◇这儿不少～被非法占用了/이곳의 적잖은 토지가 불법 점용되었다. 비교土地:地方 "土地"는 넓은 공간 개념으로서 좁은 공간에는 잘 쓰이지 않는다. ◇屋子里摆满了东西, 没有(×土地)地方放冰箱了/집안에 물건들로 꽉 차서 냉장고를 놓을 곳이 없다. 2图영토. 국토. ◇中国～辽阔, 资源丰富/중국은 국토가 광활하고 자원이 풍부하다. ⇒tǔ·di

【土地―지】tǔ·di 图토지신. ⇒tǔdì

【土地改革―지개혁】tǔdì gǎigé 图토지 개혁.

☆【土豆―두】tǔdòu〈口〉〈植〉감자. (同)〔马铃薯 mǎlíngshǔ〕

【土堆儿―퇴아】tǔduīr 图흙토더미. '土'.

【土法―법】tǔfǎ 图재래식 방법. ◇～打井/재래식 방법으로 우물을 판다. (反)〔洋 yáng 法〕

【土方―방】tǔfāng 图1토목 공사를 할 때 흙의 체적 단위. 2(略)토목 공사.

【土方―방】tǔfāng (～儿)图한방에 있어서의 민간 전래 요법에 의한 처방.

【土肥―비】tǔféi 图퇴비. 두엄.

【土匪―비】tǔfěi 图지방의 무장한 도적떼.

【土粉子―분자】tǔfěn·zi 图〔方〕벽에 바르는 횟가루.

【土蜂―봉】tǔfēng 图〈虫〉땅벌.

【土改―개】tǔgǎi 图〈略〉토지 개혁.

【土岗―강】tǔgǎng 图나즈막한 언덕.

【土谷祠―곡사】tǔgǔcí 图신주를 모시는 사당. 수호신의 사당.

【土棍―곤】tǔgùn 图지방의 불량배〔건달〕.

【土豪―호】tǔháo 图토호. 지방 호족.

【土豪劣绅―호열신】tǔháo lièshēn 图토호와 악질 지주.

【土话―화】tǔhuà 图본토박이 말. 사투리. (同)〔土语 yǔ〕, (反)〔官 guān 话〕

【土皇帝―황제】tǔhuángdì 图지방의 유력자. 지방 군벌.

【土黄―황】tǔhuáng 图황토색.

【土货―화】tǔhuò 图토산품. 지방산물.

【土籍―적】tǔjí 图(대대로 오랫동안 거주해 온) 본적. (同)〔原 yuán 籍〕, (反)〔客 kè 籍〕

【土家族―가족】Tǔjiāzú 图〈民〉토가족.〔중국 소수 민족의 하나. 주로 호남성(湖南省)·호북성(湖北省) 등지에 거주하며 대부분 농업에 종사함〕

【土炕―항】tǔkàng 图온돌. 방구들.

【土块―괴】tǔkuài 图흙덩이.

【土霉素―매소】tǔméisù 图〈药〉옥시테트라사이클린. 테라마이신.

【土木―목】tǔmù 图토목 공사.

【土木工程―목공정】tǔmù gōngchéng 图토목 공사.

【土牛―우】tǔniú 图제방보수를 위해 제방 위에 쌓아둔 흙 가마니. (높이 쌓은) 흙더미.

【土偶―우】tǔ'ǒu 图토우(인).

【土坯―배】tǔpī 图진흙으로 만든 벽돌. 흙벽돌.

【土坪―평】tǔpíng 图1흙을 쌓아 올려 나무를 심은 둑. 2나무를 심은 둑으로 둘러싸인 곳.

【土气―기】tǔqì 1图촌스러운 모양새. 촌티. 2图촌스럽다. 세련되지 못하다.

**【土壤―양】tǔrǎng 图토양. ◇～好, 产量自然就高/토양이 좋으면 생산량이 높아지기 마련이다.

【土人―인】tǔrén 图원주민. 토착인. 본토박이.

【土色―색】tǔsè 图토색. 흙빛.

【土生土长―생토장】tǔ shēng tǔ zhǎng〈成〉그 지방에서 나고 자라다.

【土石方―석방】tǔshífāng 图흙·모래·돌 따위의 1세제곱 미터.

【土司―사】tǔsī 图1图(元)·명(明)·청(清) 시대의 서남지역 소수 민족의 세습 족장(제도). 2토스트(toast). 3명청(明清)시대의 안무사.

【土特产―특산】tǔtèchǎn 图지방 특산물. 토산품.

【土围子―위자】tǔwéi·zi 图1흙담을 둘러친 곳. 마을을 둘러친 방어용 흙담. 2지방의 독립 왕국. 3완강한 반(反)혁명 세력.

【土温―온】tǔwēn 图〈农〉토양의 온도.

【土物―물】tǔwù 图지방 산물. 토산물. (同)〔土产 chǎn〕

【土戏―희】tǔxì 图1'土家族'의 전통극.〔호북성(湖北省) 일대에 유행함〕2'壮 zhuàng 族'의 전통극 중의 한 가지.〔운남성(雲南省) 일대에 유행함〕

【土星―성】tǔxīng 图〈天〉토성.

【土腥气―성기】tǔ·xīngqì 图흙내. 흙냄새.

【土腥味儿－성미아】tǔxīngwèir (同)〔土腥气 qì〕
【土性－성】tǔxìng [명]토양의 성질. 토질.
【土洋结合－양결합】tǔ yáng jiéhé 재래 방법과 외래 방법을 결합하다.
【土仪－의】tǔyí 〈文〉[명]옛날, 선물용 토산품.
【土音－음】tǔyīn [명]본토박이 말씨. 본토박이 발음.
【土语－어】tǔyǔ (同)〔土话 huà〕
【土葬－장】tǔzàng [명][동]토장(하다). 토매(하다).
【土纸－지】tǔzhǐ [명](수공업으로 만든) 재래식 종이.
【土质－질】tǔzhì [명]토질.
【土著－저】tǔzhù [명]본토박이. 원주민. 토착민. 〔'客民'(타관 사람)과 상대되는 말〕
【土专家－전가】tǔzhuānjiā [명]정규 교육을 받지 않은 어떤 분야의 전문가.
【土族－족】Tǔzú [명]〈民〉토족. 〔중국 소수 민족의 하나. 주로 청해성(青海省)·감숙성(甘肃省) 일대에 거주함〕

☆【吐】 口部 3画 | tǔ 토할 **토**
[동](반사적으로)**1**토하다. 흘리다. ◇～口水/침을 흘리다. **2**(입 또는 이음매에서) 길게 내뻗다. 나오다. ◇蚕正～着丝呢/누에가 실을 토하는 중이다. ◇种子～出了小芽/씨앗에서 새싹이 나왔다. **3**말하다. ◇他向老朋友～了实情/그는 친한 친구에게 사실을 말했다. **4**(할 수 없이 불법차지한 것을) 돌려주다. ⇒tù
＊【吐翠－취】tǔcuì [명]〈文〉비취색이 나타나다.
【吐蕃－번】Tǔfān [명]〈民〉토번.
【吐故纳新－고납신】tǔ gù nà xīn 〈成〉진부한 것을 버리고 새롭고 좋은 것을 받아들이다. 신진대사를 하다.
【吐话－화】tǔ//huà (～儿)[동]말을 하다. 발언하다.
【吐口－구】tǔ//kǒu [동](사정이나 요구 따위를) 말하다.
【吐露－로】tǔlù [동](사실이나 심정 따위를) 토로하다. (同)〔吐口 kǒu〕, (反)〔隐瞒 yǐnmán〕
【吐气－기】tǔ//qì **1**[동]마음에 쌓인 울분을 토로하다. **2**(tǔqì)[명]〈語〉송기음(送氣音).
【吐弃－기】tǔqì [동]뱉어버리다. 버림받다. (同)〔唾 tuò 弃〕
【吐属－속】tǔshǔ [명]〈文〉말투.
【吐丝－사】tǔ·sī [동](누에가 고치를 지으려고) 실을 토하다.
【吐穗－수】tǔ//suì (～儿)[동]이삭이 패다.
【吐絮－서】tǔxù [동]목화 다래가 익어 흰솜이 터지다.
【吐谷浑－욕혼】Tǔyùhún [명]〈史〉토욕혼.

【钍·釷】 钅部 3画 | tǔ 토륨 **토**
[명]〈化〉토륨(Th).

tù

【吐】 口部 3画 | tù 토할 **토**
[동]**1**구토하다. 게우다. ◇～奶/젖을 토하다. ◇病人不断地～/환자는 계속 구토했다. **2**〈喻〉(착복한 것을) 다시 내놓다. ⇒tǔ
【吐沫－말】tù·mo [명]침.
【吐血－혈】tù// xiě **1**[동]피를 토하다. **2**(tùxiě) [명]토혈. 상혈.
【吐泻－사】tùxiè [명]구토와 설사.

☆【兔(兎)】 刀部 6画 | tù 토끼 **토**
[명]〈動〉토끼.
【兔唇－순】tùchún [명]〈醫〉언청이.
【兔毫－호】tùháo [명]**1**토끼털. **2**토끼털로 만든 붓.
【兔起鹘落－기골락】tù qǐ hú luò 〈成〉**1**민첩하다. 날쌔다. **2**서예가의 붓이 민첩하고 힘차다. 글을 쓸 때 일사천리이다.
【兔儿爷－아야】tùryé [명]중추절에 달에 제사 지내거나, 어린이가 장남감으로 가지고 노는, 남자옷을 입힌 토끼 머리에 사람 몸을 한 진흙 인형.
【兔死狗烹－사구팽】tù sǐ gǒu pēng 〈成〉성사한 후 그 일을 위해 애쓴 사람을 저버리다.
【兔死狐悲－사호비】tù sǐ hú bēi 〈成〉동류(同類)의 불행한 처지를 서러워하다.
【兔脱－탈】tùtuō [동]〈文〉도망치다. 꽁무니를 빼다.
【兔崽子－자자】tùzǎi·zi [명]토끼 새끼. 개자식.
【兔子－자】tù·zi [명]〈動〉토끼.

【堍】 土部 8画 | tù 다리끝 **토**
[명]'桥'(다리)의 양쪽 근처. 다리 옆.

【菟】 艹部 8画 | tù 새삼 **토**
【菟丝子－사자】tùsīzǐ [명]〈植〉새삼.

tuān

【湍】 氵部 9画 | tuān 여울 **단**, 빠를 **단**
〈文〉**1**[형]물살이 세다. **2**[명]급류.
【湍急－급】tuānjí [형]물살이 세다.
【湍流－류】tuānliú [명]〈文〉급류.

T

tuán

☆【团·團】口部 tuán
3画 │ 둥글 **단**

1형둥글다. 2(~儿)형(둥글게 만든) 덩어리. ◇纸~儿扔了一地/종이뭉치를 땅에 어지럽게 버렸다. 3형둥글게 만들다. 둥글게 빚어 뭉치다. ◇~泥球/흙덩어리를 둥글게 만들다. ◇母亲把面~了一~儿, 放在碗里/어머니는 밀가루를 둥글게 반죽해 그릇에 넣었다. 4동함께 모이다. 5형단체. 집단. ◇代表~/대표단. 6명〈軍〉연대. ◇第四~/제4연대. 7형청소년의 정치 조직. ◇共青~/공산주의 청년단. 8명옛날, (중국의) 향(鄉)에 해당하는 일부 지역의 행정 기관. 9형뭉치. 덩이. 〔덩어리진 것을 세는 단위〕◇一~棉花/솜 한 뭉치. ◇一~混乱/한 바탕 혼란.

【团拜-배】tuánbài 1동한데 모인 곳에서 서로 신년 축하를 하다. 2명단체 신년하례.

【团部-부】tuánbù 명연대 본부.

【团丁-정】tuándīng 옛날, 민간의 의용병.

【团队-대】tuánduì 명단체. 팀. 동아리.

【团粉-분】tuánfěn 명녹두로 만든 전분.

【团伙-화】tuánhuǒ 명불법 행위를 하는 소집단. ◇打击流氓 liúmáng~/깡패집단을 단속하다.

★【团结-결】tuánjié 1형동단합(하다, 시키다). 결속(하다, 시키다). (反)〔分裂 fēnliè〕◇只要大家~得紧, 什么困难也不怕/모두가 단합하기만 한다면 어떤 어려움도 두렵지 않다. 回교团结:配合:结合 "团结"는 사람의 단합 외에 사물간의 결합에는 쓰이지 않는다. ◇工业和农业要(×团结)配合/공업과 농업은 조화를 이뤄야 한다. ◇理论(×团结)结合实际, 才能搞好工作/이론과 실제가 결합해야지 일을 잘 해낼 수 있다. 2형화목하다. 사이가 좋다. ◇他们几个很~/그들 몇은 매우 화목하다.

*【团聚-취】tuánjù 동1한자리에 모이다. 〔주로 가족이 헤어졌다 다시 만날 때 씀〕◇我们一家~在一起共赏明月/우리 집 식구들이 한자리에 모여 함께 밝은 달을 감상한다. (同)〔团圆 yuán〕〔聚集 jí〕, (反)〔离别 líbié〕2단합하여 모이다.

【团圞-란】tuánluán 1형〈文〉달이 둥글다. 2동(부부·혈육이) 다시 모이다.

【团弄-롱】tuán·nong 동〈方〉1손으로 둥글게 뭉치다. 2좌우지하다. 속이다. (同)〔抟 tuán 弄〕

【团脐-제】tuánqí 명암케의 둥근 배딱지 〔복갑(腹甲)〕. (同)〔尖 jiān 脐〕

【团扇-선】tuánshàn 명둥근 부채.

**【团体-체】tuántǐ 명단체. ◇二十几个青年组成了一个小小的文艺~/스무여 명 청년들이 자그마한 예술단체를 만들었다. 回교团体:小组 임시로 만든 경우에는 "团体"를 쓰지 않는다. ◇老师把我们分成了几个(×团体)小组/선생님은 우리를 몇 개의 조로 나누었다.

【团体操-체조】tuántǐcāo 명매스 게임 (mass game).

【团团-단】tuántuán 1형둥그란 모양. 2부겹겹이. 빈틈없이. 3부빙빙. 뱅뱅. 빙글빙글. 뱅글뱅글.

【团团转-단전】tuántuánzhuàn 이리 뛰고 저리 뛰다. 쩔쩔매다. 허둥지둥하다. ◇急得~/급해서 쩔쩔매다.

【团委-위】tuánwěi 명〈略〉'中国共产主义青年团委员会'(중국 공산주의 청년단 위원회)의 준말.

【团音-음】tuányīn 명〈言〉단음. (同)〔尖 jiān 团音〕, (反)〔尖 jiān 音〕

【团鱼-어】tuányú 명〈動〉자라.

**【团员-원】tuányuán 명1단원. ◇这个访问团团长一人~三人组成/이 방문단은 단장 한 사람, 단원 세 사람으로 구성되었다. 2중국 공산주의 청년단 단원.

*【团圆-원】tuán·yuán 1동흩어진 가족이 다시 모이다. 온가족이 단란하게 지내다. ◇全家~/가족이 한데 모이다.(同)〔团聚 jù〕, (反)〔分别 fēnbié〕2동둥글다.

【团圆节-원절】Tuányuán Jié 명추석. 중추절. (同)〔中秋(节)〕

【团章-장】tuánzhāng 명단(團)의 규약. 〔보통 공산주의 청년단의 규약을 가리킴〕

**【团长-장】tuánzhǎng 명1단장. 2〈軍〉연대장.

【团子-자】tuán·zi 명경단.

【抟·摶】扌部 tuán
4画 │ 뭉칠 **단**

동1〈文〉맴돌다. 선회하다. (同)〔盘旋〕2둥글게 빚다. 뭉치다.

【抟弄-롱】tuán·nong (同)〔团弄〕

tuǎn

【疃】田部 tuǎn
12画 │ 짐승발자국 **탄**

명촌. 부락. 〔지명에 많이 쓰임〕◇柳~/유탄. 〔산동성에 있는 지명〕

tuī

【忒】弋部 心部 tuī
4画 3画 │ 틀릴 **특**

(형)〈方〉매우. 몹시. ◇这屋子～小, 挤不下/이 방은 너무 작아서 비집고 들어갈 수가 없다. ⇒tēi

★【推】扌部 | tuī
8画 | 밀 추, 밀 퇴

(동)1밀다. 밀치다. ◇～了他一下/그를 한번 밀쳐내다. ◇把门～开/문을 밀어서 열다. 2(맷돌에) 갈다. ◇她～了三斗麦子/그녀는 보리 서 말을 갈았다. 3(기계로 밀어) 빡빡 깎다〔자르다〕. ◇他曾～过光头/그는 머리를 빡빡으로 깎은 적이 있다. 4(일을) 추진시키다. 확장하다. ◇这个人物的出场把剧情～向了高潮/이 인물의 출현으로 연극이 절정에 이르렀다. 5추정〔추론〕하다. ◇从已知的事实～出了判断/이미 알고 있는 사실로 판단을 추정했다. 6사양하다. ◇～辞/거절하다. 7책임을 전가하다. 핑계대다. ◇不要把重担子～给人家/무거운 짐을 남에게 전가하지 말아라. 8연기하다. 미루다. ◇开会日期往后～几天/개회 날짜를 몇일 뒤로 연기하다. 9높이 평가하다. 추켜주다. 10추천하다. 추대하다. ◇选代表, 我们全～他/대표를 뽑는 데 우리는 모두 그를 추천했다.

【推本溯源－본소원】tuī běn sù yuán〈成〉근본을 캐고 근원을 따지다. (反)〔浮光掠影 fú guāng lüè yǐng〕

【推波助澜－파조란】tuī bō zhù lán〈成〉(주로 좋지 않은 사태에 대하여) 파란을 더 크게 일게 하다. 부채질하다. 선동하다. (同)〔推涛作浪 tuī tāo zuò làng〕, (反)〔排难解纷 pái nán jiě fēn〕

＊【推测－측】tuīcè (동)추측하다. 헤아리다.

【推陈出新－진출신】tuī chén chū xīn〈成〉(주로 문화 유산 따위의 계승을 가리켜) 옛것에서 쓸모없는 것은 버리고 좋은 점을 찾아내 새롭게 발전시키다. (同)〔破旧立新 pò jiù lì xīn〕, (反)〔陈陈相因 chén chén xiāng yīn〕

【推诚－성】tuīchéng (동)정성껏 대하다.

【推诚相见－성상견】tuī chéng xiāng jiàn〈成〉진지하게 사람을 대하다. (同)〔开诚相见 kāi chéng xiāng jiàn〕, (反)〔尔虞我诈 ěr yú wǒ zhà〕

＊＊【推迟－지】tuīchí (동)미루다. 연기하다. ◇这个会议～几天开/이 회의는 몇일 연기하여 개최하다. (同)〔延 yán 迟〕, (反)〔提前 tíqián〕

【推崇－숭】tuīchóng (명)(동)숭배(하다). 추앙(하다).

＊【推辞－사】tuīcí (동)(임명·요청·선물 따위를) 사퇴하다. 거절하다. 사양하다. ◇我对你的邀请, 从来没有～过/난 당신의 초

청을 거절해 본 적이 없다. (同)〔推却 què〕, (反)〔接受 jiēshòu〕 [비교]推辞:谢绝 "推辞"는 사람을 목적어로 취하지 않는다. ◇我(×推辞)谢绝了记者/난 기자를 거절했다.

【推戴－대】tuīdài (동)〈文〉추대하다.

【推宕－탕】tuīdàng (동)어떤 일을 핑계삼아 지연시키다. 질질 끌다.

【推导－도】tuīdǎo (동)추론해내다.

【推倒－도】tuī//dǎo (동)1밀어서 넘어뜨리다. 2(同)〔推翻 fān〕

【推定－정】tuīdìng (동)1추정하다. 2단정하다.

☆【推动－동】tuī//dòng 1(동)밀고 나아가다. 촉진하다. ◇这项新发明, ～了生产/이 발명은 생산을 촉진시켰다. [비교]推动:调动:推进 ①"推动"에는 이끌어낸다는 뜻은 없다. ◇这项政策(×推动)调动了他的积极性/이 정책은 그의 의욕을 이끌어 냈다. ②"推动"은 결과 보어를 갖지 않는다. ◇把我国的科学技术(×推动)推进到一个新的水平/우리나라의 과학기술을 새로운 수준으로 끌어올리다. 2(명)추진. 촉진.

【推断－단】tuīduàn (명)추정(하다).

【推度－도】tuīduó 헤아리다. 추측하다.

＊＊【推翻－번】tuī//fān (동)1(기존의 정권을) 뒤집어 엎다. 전복시키다. ◇农民战争～过封建王朝的统治/농민전쟁은 봉건왕조의 통치를 뒤집어 엎었다. (同)〔打倒 dǎdǎo〕, (反)〔扶植 fúzhí〕 [비교]推翻:打倒 "推翻"은 "教条主义", "封建迷信" 등을 목적어로 취하지 않는다. ◇(×推翻)打倒教条主义/교조주의를 타파하다. 2(이미 결정된 안건을) 뒤집다. 번복하다. ◇～决定/결정을 번복하다. (同)〔否定 fǒudìng〕

【推服－복】tuīfú (동)〈文〉탄복하다. 칭찬하고 감탄하다.

☆【推广－광】tuīguǎng (동)보급하다. 확장하다. ◇～优良品种/우량품종을 널리 보급하다. [비교]推广:普及 "推广"은 동사이므로 형용사를 수식하는 부사어인 "越来越"와 결합하지 않는다. 다음 예문은 형용사나로 쓰이는 "普及"를 써야 함. ◇家用个人电脑在中国越来越(×推广)普及了/퍼스널컴퓨터는 중국에서 더욱 더 보급되고 있다.

【推回－회】tuīhuí (동)돌려보내다.

【推及－급】tuījí (동)미치다. 미치게 하다.

【推己及人－기급인】tuī jǐ jí rén〈成〉입장을 바꾸어 생각하다. (同)〔设身处地〕

【推见－견】tuījiàn (동)미루어 짐작하다.

＊＊【推荐－천】tuījiàn (동)추천하다. ◇他把我～给他们了/그는 나를 그들에게 추천해주었다.

T

【推襟送抱—금송포】tuī jīn sòng bào 〈成〉흉금을 털어놓고 사람을 대하다.

＊＊【推进—진】tuījìn 통1촉진하다[시키다]. 끌어올리다. ◇把科学技术~到新的水平/과학기술을 새로운 수준으로 끌어올렸다. 2(전선이나 군대가) 앞으로 전진하다.

【推究—구】tuījiū 통(원인·이치 따위를) 탐구하다. 규명하다.

【推举—거】tuījǔ 1통추천하다. 2명〈體〉(역도 경기의) 밀어올리기.

【推开—개】tuī//kāi 통1밀어서 열다. 2(회)피하다. 3밀어내다. 밀어젖히다.

＊【推理—리】tuīlǐ 명통추리(하다).

【推力—력】tuīlì 명미는 힘.

＊【推论—론】tuīlùn 명통추론(하다).

【推拿—나】tuīná 명통〈中醫〉안마(하다). 지압(하다). (同)〔按摩 ànmó〕

【推敲—고】tuīqiāo 통퇴고하다. 자구(字句)를 다듬다. ◇文章写完后, 他一句一句地~着/그는 글을 다 쓴 후에 한 마디 마디씩 다듬고 있다.

【推求—구】tuīqiú 통탐구하다. 깊이 파다.

【推却—각】tuīquè 통거절하다. ◇我无法~他的好心/그의 호의를 거절할 수 없었다. (同)〔推辞 cí〕 旦回推却:推辞 "推却"는 "提拔", "提升" 등을 목적어로 쓰이지 않는다. ◇他(×推却)推辞了公司的提拔/그는 회사의 발탁을 사양했다.

【推让—양】tuīràng 통(이익·직위 따위를) 양보하다. 사양하다.

【推三阻四—삼조사】tuī sān zǔ sì 〈成〉여러가지 핑계를 대어 회피하다. (反)〔欣然允诺 xīn rán yǔn nuò〕

【推事—사】tuīshì 명〈法〉옛날, 판사를 일컫던 말.

＊【推算—산】tuīsuàn 통추산하다. ◇日食发生的时间可以~出来/일식이 발생하는 시간은 추산이 가능하다.

【推涛作浪—도작랑】tuī tāo zuò làng 〈成〉파란을 일으키다. 〔부정적으로 쓰임〕

【推头—두】tuī//tóu 통머리를 빡빡 밀다. 이발하다.

【推土机—토기】tuītǔjī 명불도저(bulldozer). 그레이더(grader).

【推托—탁】tuītuō 통핑계를 대서 거절하다. (反)〔答应 dāying〕

【推脱—탈】tuītuō 통(책임을)(同)〔推卸 xiè〕

【推委—위】tuīwěi 통책임을 전가[회피]하다.

【推诿—위】tuīwěi (同)〔推委 wěi〕

【推问—문】tuīwèn 통죄인을 심문하다.

【推想—상】tuīxiǎng 명통추론(하다). 추측(하다).

＊【推销—소】tuīxiāo 통판로를 확장하다. 판촉하다. ◇~商品/상품을 판촉하다. ◇

~员/판촉사원. (反)〔收购 shōugòu〕

【推卸—사】tuīxiè 통(책임을) 회피하다. 책임을 남에게 밀다. (反)〔承担 chéngdān〕

【推谢—사】tuīxiè 통사양하다. 핑계로 거절하다.

【推心置腹—심치복】tuī xīn zhì fù 〈成〉성의껏 남을 대하다.

＊【推行—행】tuīxíng 통확대 실시하다. 보급하다. ◇~生产责任制/생산 책임제를 확대 실시하다.

【推许—허】tuīxǔ 통받들어 칭찬하다. 높게 평가하다.

＊【推选—선】tuīxuǎn 통추천하다. 뽑다.

【推延—연】tuīyán (同)〔推迟 chí〕

【推演—연】tuīyǎn 통〈文〉추정 연역하다.

【推移—이】tuīyí 통추이하다. 변천하다. 변화하다. (反)〔后退 hòutuì〕

【推知—지】tuīzhī 통미루어 알다. 추측하다.

【推重—중】tuīzhòng 통받들어 존중하다. 높이 평가하다.

【推子—자】tuī·zi 명이발기. 〔주로 머리를 밀때 쓰임〕

【推】艹部 tuī
    11画 익모초 퇴
명〈植〉익모초.

tuí

【颓·頹】页部 tuí
    7画 무너질 퇴
1통무너져 내려앉다. 2통(정신·정력·국운 따위가) 기울다. 쇠퇴하다. 3형원기[활기]가 없다. 맥이 빠지다.

【颓败—패】tuíbài 통쇠락하다. 부패하다.

【颓放—방】tuífàng 형〈文〉의욕을 잃고 방종하다.

【颓废—폐】tuífèi 형의기 소침하다. 퇴폐적이다. (同)〔颓放 fàng〕, (反)〔振作 zhènzuò〕

【颓风—풍】tuífēng 명퇴폐한 풍속. 기풍.

【颓靡—미】tuímǐ (同)〔颓丧 sàng〕

【颓然—연】tuírán 형〈文〉1낙담한[실망한] 모양. 풀이 죽은 모양. 2흥이 깨어진 모양. (反)〔兴奋 xīngfèn〕

【颓丧—상】tuísàng 형맥이 빠지다. 풀이 죽다. 의기 소침하다.

【颓势—세】tuíshì 형〈文〉쇠퇴하여 가는 형세.

【颓唐—당】tuítáng 1형맥이 빠지다. 의기소침하다. 2정신이 쇠퇴하다.

tuǐ

★【腿】月部 tuǐ
    9画 다리살 퇴

®1〈生理〉다리. ◇他～长/그는 다리가 길다. 2(～儿)(물건의) 다리. ◇床～/침대다리. ◇这把椅子缺～儿/이 의자는 다리가 하나 없다. 3소금에 절인 돼지 다리.

【腿带—대】tuǐdài (～儿)®대님. 바짓가랑이 끝을 매는 끈.

【腿肚子—두자】tuǐdù·zi ®〈口〉장딴지.

【腿脚—각】tuǐjiǎo ®1다리. 2걷는 힘.

【腿腕子—완자】tuǐwàn·zi ®발목.

【腿子—자】tuǐ·zi ®1〈方〉(同)〔腿〕2남의 앞잡이.

tuì

【蜕】 虫部 │ tuì
7画 │ 허물 태

1®(뱀·매미 따위가) 허물을 벗다. 2®(뱀·곤충 따위의) 허물. ◇蛇～/뱀 허물. 3®새가 털갈이를 하다.

【蜕变—변】tuìbiàn ®1(사람이나 사물이) 탈바꿈하다. 2쇠락하여 변하다. (同)〔衰shuāi 变〕

【蜕化—화】tuìhuà ®(곤충이) 허물을 벗다. 탈피하다.

【蜕皮—피】tuì//pí ®(파충류·곤충류 따위가) 허물을 벗다. 탈피하다.

★【退】 辶部 │ tuì
6画 │ 물러날 퇴

®1물러서다. 후퇴〔퇴각〕하다. ◇车子来了，他吓得～了/차가 오자 그는 놀라서 뒤로 한 걸음 물러섰다. (同)〔进 jìn〕2뒤로 밀다. 물리치다. ◇～敌/적을 물리치다. 3(장소·관직 따위에서) 물러나다. 탈퇴하다. ◇～伍/제대하다. ◇不知什么原因，他～了学/어떤 원인지 모르지만 그는 퇴학했다. 比较退:不当 "退"는 사람을 목적어로 취하지 않는다. ◇考上大学以后，我就(×退了)不当新闻记者了/대학시험에 합격하자 난 신문기자를 그만 두었다. 4(열 따위가) 떨어지다. 내리다. ◇孩子刚～了烧/아이는 금방 열이 내렸다. 5(산 물건을) 무르다. 반환하다. ◇～货/물건을 무르다. ◇后天临时有任务，把机票～了吧/모레 갑자기 일이 생겼으니 비행기표를 물러요. 6(제의·신청 따위를) 철회하다. 취소하다. ◇他想把这门亲事～掉/그는 이 혼사를 취소하고자 한다.

【退避—피】tuìbì ®물러나 피하다.

【退避三舍—피삼사】tuìbì sān shè〈成〉양보하며 남과 다투지 않다.

【退兵—병】tuì//bīng ®1군대를 철수하다. 퇴각하다. (同)〔撤 chè 兵〕, (反)〔进 jìn 兵〕2적을 격퇴하다〔철퇴시키다〕.

＊【退步—보】tuìbù 1®쳐지다. 후퇴하다. (同)〔后 hòu 退〕, (反)〔进 jìn 步〕2®양보하다. 3(tuìbù)®빠져나갈 구멍. ◇留个～/빠져나갈 구멍을 남겨둔다.

【退场—장】tuì//chǎng 1®퇴장하다. 2(tuìchǎng)®퇴장. (同)〔下 xià 场〕, (反)〔入 rù 场〕

【退潮—조】tuì//cháo 1®조수가 빠지다. 2(tuìcháo)®썰물. (同)〔落 luò 潮〕, (反)〔涨 zhǎng 潮〕

＊【退出—출】tuìchū ®1물러나다. 퇴장하다. 2(조직 따위에서) 탈퇴하다. (反)〔参加 cānjiā〕

【退佃—전】tuì//diàn ®지주가 빌려준 농지를 회수하다.

【退掉—도】tuìdiào ®되돌려주다. 반환하다. 무르다.

【退股—고】tuì//gǔ ®1주식을 빼다. 자본금을 회수하다. 2공동 사업에서 손을 떼다.

【退后—후】tuìhòu ®후퇴하다. 물러서다.

【退化—화】tuìhuà ®®1(기능·조직이) 퇴화(하다). 2타락(하다). 악화(하다). (反)〔进 jìn 化〕

＊【退还—환】tuìhuán ®반환하다. 돌려주다. ◇她把礼物～给男朋友/그녀는 선물을 남자친구(애인)에게 돌려 주었다. (同)〔退回 huí〕, (反)〔借用 jièyòng〕

【退换—환】tuìhuàn ®산 물건을 딴 물건으로 바꾸다. ◇书有缺页可以～/책에 낙장이 있으면 바꿀 수 있다.

【退回—회】tuìhuí ®1되돌리다. 반송하다. 2되돌아가다. 되돌아오다.

【退汇—회】tuìhuì ®송금환을 송금자에게 돌려주기.

【退婚—혼】tuì//hūn ®파혼하다.

【退火—화】tuì//huǒ〈机〉1®금속 도구가 열을 받아 본래의 강도가 약해지다. 2(금속·유리 제품의 내부 변형을 바로잡기 위해) 가열했다가 서서히 식히다. 설 담금. 소둔(燒鈍)을 하다.

【退伙—화】tuì//huǒ ®1'帮会'(비밀결사 조직)를 탈퇴하다. (反)〔入 rù 伙〕2식당에서 식사하지 않는다.

【退居—거】tuìjū ®1일선에서 물러나다. 2은거하다.

【退路—로】tuìlù ®1퇴각로. 2물러설 여지. 빠져나갈 구멍.

【退赔—배】tuìpéi ®®(부정한 수단으로 취득한 것을) 반환(하다). 배상(하다).

【退票—표】tuì//piào ®표를 무르다. 표를 돈으로 환불받다.

【退票—표】tuì//piào ®1(어음의) 지불 거절. 2부도(어음).

【退坡—파】tuì//pō ®(곤란에 부딪쳐) 마

음이 약해지다. 쇠퇴하다.

【退亲－친】tuì//qīn (同)〔退婚 hūn〕, (反)〔定婚 dìnghūn〕

【退却－각】tuìquè 통1(군대가) 퇴각하다. 2위축되어 물러서다. (同)〔退后 hòu〕, (反)〔前进 qiánjìn〕

【退让－양】tuìràng 통1물러서다. 2양보하다. ◇原則問題, 決不能～/원칙적인 문제에 있어서 결코 양보할 수 없다. (同)〔让步 bù〕, (反)〔争夺 zhēngduó〕

【退热－열】tuì//rè 통1열이 내리다. 2더위가 가시다.

【退色－색】tuì//shǎi 통퇴색하다. 빛이 바래다. (反)〔增 zēng 色〕

【退烧－소】tuì//shāo 통열이 내리다. ◇他吃了药～了/그는 약을 먹고 열이 내려갔다. (同)〔退热 rè〕, (反)〔发 fā 烧〕

【退守－수】tuìshǒu 통물러나 지키다.

【退缩－축】tuìsuō 통뒷걸음질치다. 위축되다. (反)〔向前 xiàngqián〕

【退堂鼓－당고】tuìtánggǔ 명옛날, 관리들의 퇴청을 알리던 북. (喩)물러서다. ◇我碰到困难也决不会打～/나는 어려움을 부딪쳐도 물러서지 않을 것이다.

【退位－위】tuì//wèi 통왕위에서 물러서다. 자리에서 물러나다. (同)〔逊 xùn 位〕, (反)〔即 jí 位〕

【退伍－오】tuì//wǔ 통제대하다. 퇴역하다. (反)〔入 rù 伍〕

【退席－석】tuì//xí 통(연회나 회의 중간에) 자리를 뜨다. 퇴장하다. (反)〔入 rù 席〕

【退行－행】tuìxíng 명퇴화(하다).

**【退休－휴】tuìxiū 명통(略)(정년이나 상해로 인하여) 퇴직(하다).

【退休金－휴금】tuìxiūjīn 명퇴직금.

【退学－학】tuì//xué 통1퇴학하다. 2퇴학처분을 내리다. 3(tuìxué)명퇴학(처분). ‖(反)〔入 rù 学〕

【退押－압】tuì//yā 통(略)보증금〔저당물〕을 되돌려주다.

【退役－역】tuì//yì 통1제대하다. 퇴역하다. (反)〔服 fú 役〕2무기가 낡아 사용하지 않다. 3(운동 선수가) 은퇴하다.

【退隐－은】tuìyǐn 통(略)퇴직하여 은거하다.

【退职－직】tuì//zhí 통퇴직하다. 사직하다. (同)〔离 lí 职〕, (反)〔就 jiù 职〕

【退走－주】tuìzǒu 통뒤로 물러나다. 퇴각하다.

【煺】火部 tuì 튀할 퇴
통이미 잡은 돼지나 닭 등을 끓는 물에 넣어 털을 뽑다.

【褪】衤部 tuì 9画 벗을 퇴
통1(옷을) 벗다. 2(새나 짐승이) 털갈이하다. ⇒tùn

tūn

**【吞】口部 tūn 4画 삼킬 탄
통1(통째로) 삼키다. ◇一口～了饺子/한 입에 만두를 삼켰다. 2(轉)(부정한 수단으로) 점유하다. 횡령하다. ◇他私～了不少救济款/그는 적지 않은 구호금을 횡령했다.

【吞并－병】tūnbìng (同)〔并吞〕

【吞剥－박】tūnbō 통병탄 착취하다.

【吞服－복】tūnfú 통꿀꺽 삼키다.

【吞金－금】tūn//jīn 통(자살하려고) 금을 삼키다. 〔옛날, 부녀자의 자살 방법의 하나〕

【吞灭－멸】tūnmiè 통병탄하여 멸망시키다.

【吞没－몰】tūnmò 통1횡령하다. 착복하다. 2(큰 물에) 삼켜 버리다. 침몰하다.

【吞声－성】tūn//shēng 통(文)소리를 죽여 울다.

【吞食－식】tūnshí 통꿀꺽 삼키다. 통째로 먹다.

【吞噬－서】tūnshì 통1삼키다. 통째로 먹다. 2병탄하다.

【吞吐－토】tūntǔ 1통삼키고 내뱉다. (喩)(대량으로) 드나들다. 출입하다. ◇港口～量/항구의 물동량. 2형(말이나 글이) 분명하지 않다. 애매모호하다.

【吞吞吐吐－탄탄토토】tūntūntǔtǔ 통우물쭈물하다. 더듬거리다. ◇有话说清楚, 不要～/할 말이 있으면 똑똑히 해야지 우물쭈물하지 말아요. (同)〔支支吾吾 zhī zhī wú wú〕, (反)〔爽爽快快 shuǎng shuǎng kuài kuài〕

【吞下去－하거】tūnxiàqù 통1넘기다. 삼키다. 2병탄하다. 3말을 얼버무리다. 말끝을 흐리다. ◇他最后一句话给～了/그의 마지막 말끝을 흐렸다.

【吞咽－연】tūnyàn (同)〔吞食 shí〕

tún

*【屯】一部 tún 3画 진칠 둔
1통모으다. 비축하다. 2통(軍)주둔하다. ◇～兵/군대를 주둔시키다. 3명마을. 〔주로 마을 이름으로 쓰임〕

【屯兵－병】tún//bīng 통군대를 주둔시키다.

【屯集－집】túnjí (同)〔屯聚〕

【屯聚－취】túnjù 통(사람 등을) 모으다.

【屯垦一간】 túnkěn 〔動〕주둔하여 개간하다.
【屯落一락】 túnluò 〔動〕〈方〉촌락. 마을. (同)〔屯子〕
【屯扎一찰】 túnzhā 〔動〕주둔하다.
【屯子一자】 tún·zi 〔名〕〈方〉촌. 부락.

【囤】 口部 | tún
4画 | 곳집 돈
〔動〕쌓아두다. 비축하다.
【囤积一적】 túnjī 〔動〕매점하다.
【囤积居奇一적거기】 tún jī jū qí 〈成〉매점하여 투기하다.
【囤聚一취】 túnjù 〔動〕(물건을) 저장해 두다. 모아두다.

【饨·飩】 饣部 | tún
4画 | 만두 돈
(同)〔馄 hún 饨〕

【魨·魨】 鱼部 | tún
4画 | 복 돈
〔名〕〈魚〉복어. (同)〔河豚〕

【豚】 月部 | tún
7画 | 돼지 돈
〔名〕〈動〉1새끼 돼지. 2돼지.

【臀】 月部 | tún
13画 | 볼기 둔
〔名〕〈生理〉엉덩이. 볼기. (同)〔屁股 pìgu〕
【臀尖一첨】 túngǔ 〔名〕돼지 엉덩이살.
【臀鳍一기】 túnqí 〔名〕(물고기의) 배지느러미.
【臀疣一우】 túnyóu 〔名〕원숭이 엉덩이의 두텁고 딱딱한 살갗. 〔털이 나지 않는 붉은 부분〕

tǔn

【汆】 人部 | 水部 | tǔn
4画 | 2画 | 뜰 탄
〔動〕1〈方〉물 힘이 물건을 밀어 올리다. ◇木板在水上～/판자가 물 위에 뜨다. 2〈方〉(기름에) 볶다. 튀기다. ◇油～馒头/기름에 튀긴 만두.

tùn

【褪】 衤部 | tùn
9画 | 벗을 퇴
〔動〕1(팔이나 다리를 오므려 옷 따위를) 벗다. ◇～下一只袖子/한 쪽 소매를 벗다. 2〈方〉(소매 안에) 슬그머니 숨기다. ◇袖子里～着一封信/소매 안에 편지 한 통을 숨기다. ⇒tuì
【褪去一거】 tùnqù 〔動〕(옷 따위를) 벗다. 벗어버리다.
☆【褪套儿一투아】 tùn// tàor 〔動〕1〈方〉(몸을 속박한 것을) 벗다. 올가미를 벗어나다. 2〈喩〉책임을 벗어나다[회피하다].

tuō

☆【托(4,5託)】 扌部 | tuō
3画 | 맡길 탁
1〔動〕받치다. 고이다. 받쳐들다. ◇两手～着下巴/두손으로 턱을 받친다. 2(~儿)〔名〕받침. 깔개. ◇茶～儿坏了/찻잔 받침이 망가졌다. 3〔動〕(바탕을 뒤를 받쳐) 두드러지게 하다. 4〔動〕위탁하다. 부탁하다. 맡기다. ◇请假的事儿已～了他了/휴가 내는 일은 이미 그에게 모두 맡겼다. 5〔動〕핑계대서 회피하다. 6〔動〕의뢰하다. 7〔量〕〈音〉도르(torr). 〔진공 관계에 쓰이는 압력의 단위. 1/760 기압과 같음〕
【托保一보】 tuō//bǎo 〔動〕보증을 의뢰[부탁]하다.
【托庇一비】 tuō//bì 〔動〕(윗사람이나 유력자에게) 비호를 받다. 도움을 받다.
【托病一병】 tuōbìng 〔動〕병을 핑계삼다.
【托词一사】 tuōcí 〔動〕구실(을 붙이다). 핑계(삼다).
【托辞一사】 tuōcí (同)〔托词 cí〕
**【托儿所一아소】 tuō'érsuǒ 〔名〕탁아소.
【托福一복】 tuō//fú 〔動〕〈套〉덕을 입다. ◇托您的福, 他这次总算考上研究所了/당신 덕을 입어 이번에 대학원에 합격했다.
【托福一복】 tuōfú 〔名〕토플(TOEFL). ⇒tuō//fú
【托付一부】 tuō·fù 〔動〕부탁하다.
【托孤一고】 tuōgū 〔動〕임종때 자식을 부탁하다.
【托故一고】 tuōgù 〔動〕핑계삼다. 구실을 만들다.
【托管一관】 tuōguǎn 〔名〕〈政〉신탁 통치(하다). 위임 통치(하다).
【托管地一관지】 tuōguǎndì 〔名〕〈政〉신탁 통치 지역.
【托疾一질】 tuōjí 〔動〕〈文〉병을 핑계삼다.
【托拉斯一랍사】 tuōlāsī 〔名〕〈經〉트러스트(trust).
【托梦一몽】 tuō//mèng 〔動〕(친족이나 벗이) 현몽하여 당부하다.
【托名一명】 tuōmíng 〔動〕1남의 명성의 덕을 입다. 남의 명의를 이용하다. 2남의 이름을 사칭하다.
【托偶一우】 tuō'ǒu 1〔名〕인형. 꼭두각시. 2〔動〕인형을 부리다. 꼭두각시를 조종하다.
【托派一파】 Tuōpài 〔名〕'托洛茨基派'(트로츠키파)의 준말.
【托盘一반】 ㅌ tuōpán 〔名〕쟁반.
【托腔一강】 tuōqiāng 〔動〕〔호금(胡琴), 해금과 비슷함)으로〕 노래의 박자를 맞추다.
【托情一정】 tuō//qíng (同)〔托人 rén 情〕
【托儿一아】 tuōr 〔名〕남의 꾀임에 빠진 사람.

T

【托人情－인정】tuō rénqíng 청탁하다. 사정하다.

【托身－신】tuōshēn 图몸을 의탁하다.

【托生－생】tuōshēng 图〈佛〉탁생하다. (사람이나 고등 동물이) 환생하다.

【托收－수】tuōshōu 图〈經〉(은행에 의뢰하여 상품 대금을) 위탁 징수하다.

【托熟－숙】tuōshú 图서로 친하여 스스럼이 없다.

【托运－운】tuōyùn 图운송을 위탁하다. 탁송하다. ◇～单/탁송장.

【托纸－지】tuōzhǐ 밑에 대는 종이.

【托子－자】tuō·zi 图(물건을 아래에서 받치는) 받침. 받침대.

【饦·飥】 饣部 | tuō
3画 | 떡 **탁**
(同)〔饦饽 bó 饦〕

☆【拖】 扌部 | tuō
5画 | 끌 **타**

图1질질 끌다. 잡아당기다. ◇把箱子从床底下～出来/상자를 침대 밑에서 끌어내다. 2(몸 뒤로) 늘어뜨리다. 드리우다. ◇围巾一到地上去了/목도리가 땅에 끌렸다. 3(시간을) 끌다. 지연시키다. ◇再～就太晚了/더 미루면 너무 늦는다.

【拖把－파】tuōbǎ (긴 자루가 달린) 대걸레. 몹(mop).

【拖驳－박】tuōbó 图예인선에 의해 끌리는 배.

【拖布－포】tuōbù (同)〔拖把 bǎ〕

【拖车－차】tuōchē 图트레일러.

【拖船－선】tuōchuán 1(同)〔拖轮 lún〕 2图예인선에 의해 끌려가는 목선(木船).

【拖带－대】tuōdài 图1끌어 당기다. 견인하다. 2관련되다. 연루되다.

【拖宕－탕】tuōdàng (同)〔拖延 yǎn〕

【拖粪－분】tuōfèn 〈方〉자루 걸레.

【拖后腿－후퇴】tuō hòutuǐ 뒷다리를 잡아당기다. 〈轉〉못하게 방해하다. (同)〔拉 lā 后腿〕, (反)〔鼓干劲 gǔ gànjìn〕

【拖拉－랍】tuōlā 图(일을) 질질 끌다. (同)〔拖沓 tà〕, (反)〔爽快 shuǎngkuài〕

＊＊【拖拉机－랍기】tuōlājī 图트랙터(tractor).

【拖拉斯－랍사】tuōlāsī 图〈經〉트러스트(trust).

【拖累－루】tuōlěi 图1연루되다. 2누를 끼치다.

【拖轮－륜】tuōlún 图예인선(曳引船).

【拖泥带水－니대수】tuō ní dài shuǐ 〈成〉(말이나 글 등이) 일을 질질 끌다. 말을 시원하게 못하다. (同)〔拖拖拉拉 tuō tuō lā lā〕, (反)〔干脆利落 gān cuì lì luò〕

【拖欠－흠】tuōqiàn 图날짜를 끌며 빚을 갚지 않다.

【拖沓－답】tuōtà 图꾸물대다. (同)〔冗长 r-

ǒngcháng〕, (反)〔简洁 jiǎnjié〕

【拖网－망】tuōwǎng 图저인망(底引網). 저예망(底曳網).

【拖鞋－혜】tuōxié 图슬리퍼(slipper).

＊【拖延－연】tuōyán 图끌다. 연기하다. 지연하다. ◇交稿日期～了好多天了/원고 제출일이 여러날 지연되었다. (同)〔延宕 dàng〕, (反)〔抓紧 zhuājǐn〕

【拖曳－예】tuōyè 图끌고 가다. 견인하다.

★【脱】 月部 | tuō
7画 | 벗을 **탈**

1图(털이) 빠지다. (피부가) 벗겨지다. ◇背上～了一层皮/등에 피부가 한 꺼풀 벗겨졌다. ◇头发差不多快～光了/머리카락이 거의 다 벗겨졌다. 2图벗다. ◇～帽子/모자를 벗다. ◇～袜子/양말을 벗다. 비교脱:摘 "眼镜"은 "脱"의 목적어로 쓰이지 않는다. ◇他把眼镜 (×脱)摘下来了/그는 안경을 벗었다. 3图이탈하다. 벗어나다. 모면하다. ◇好不容易才～了身/어렵게 겨우 빠져나왔다. 4图빠지다. 누락하다. ◇这一行～了一个字/이 행에 글자가 하나 빠졌다. 5图〈文〉소홀하다. ◇疏～/소홀하다. 6图〈文〉만약…이라면. ◇～有不测/만일 예측하지 못한 일이 있다면. 7(Tuō)图성(姓).

【脱靶－파】tuō//bǎ 1图과녁을 벗어나다. 2(tuōbǎ) 图(과녁을) 빗나감. 어긋남.

【脱班－반】tuō//bān 图1(열차 등이) 연착하다. ◇火车～了两个小时/기차가 2시간이나 연착했다. (同)〔误点 wùdiǎn〕, (反)〔正点 zhèngdiǎn〕2출근시간에 늦다. 지각하다.

【脱产－산】tuō//chǎn 图작업 현장을 떠나다. 일시 휴직하다. 〔그리하여 행정, 당의 일 또는 학습을 하다〕

【脱档－당】tuōdàng 图(어떤 상품의 생산이나 공급이) 품절이 되다.

【脱掉－도】tuōdiào 图1벗어버리다. 2빠져버리다. 가시다.

【脱发－발】tuōfà 1图탈모. 2图탈모하다. 머리털이 빠지다.

【脱肛－항】tuō//gāng 〈醫〉1图탈장하다. 2(tuōgāng)图탈장.

【脱稿－고】tuō//gǎo 图탈고하다.

【脱钩－구】tuō//gōu 图연결을 풀다〔끄르다〕. 관계를 끊다. ◇他们已跟那个皮包公司脱了钩/그들은 이미 그 유령회사와 관계를 끊었다.

【脱轨－궤】tuō//guǐ 图탈선하다.

【脱货－화】tuōhuò 图상품이 매진되다. 품절되다.

【脱缰之马－강지마】tuō jiāng zhī mǎ 〈成〉고삐 풀린 말. 속박을 받지 않고 사

는 사람.

【脱胶－교】tuō// jiāo 통1(아교·풀로 붙인 곳이) 떨어지다. 벌어지다. 2〈化〉고무질을 뽑아내다〔추출하다〕.

【脱节－절】tuō// jié 통1〈醫〉관절이 빠지다. 2〈喩〉연관성을 잃다.

【脱臼－구】tuō// jiù (同)〔脱位 wèi〕

【脱口－구】tuōkǒu 통(엉겁결에) 입을 잘못 놀리다.

【脱口而出－구이출】tuō kǒu ér chū 〈成〉입에서 나오는 대로 말하다. (同)〔冲 chōng 口而出〕, (反)〔守口如瓶 shǒu kǒu rú píng〕

☆【脱离－리】tuōlí 통이탈하다. 떠나다. 관계를 끊다. ◇这个计划～了实际/이 계획은 현실에서 이탈했다. ◇～危险/위험에서 벗어나다. (反)〔加入 jiārù〕

【脱粒－립】tuō// lì 통〈農〉탈곡하다.

【脱粒机－립기】tuōlìjī 탈곡기.

【脱漏－루】tuōlòu 명통(글자가) 누락(하다).

【脱略－략】tuōlüè 1통〈文〉방임하다. 거만하다. 무절제하다. 2통(글귀가) 빠지다. 생략되다.

＊【脱落－락】tuōluò 통1떨어지다. 빠지다. ◇牙齿～/이가 빠지다. 2글자가 누락되다.

【脱盲－맹】tuō// máng 통〈略〉문맹에서 벗어나다.

【脱毛－모】tuō// máo 1통털이 빠지다. 털갈이하다. 2(tuōmáo)명(새나 짐승의) 털갈이. 탈모.

【脱帽－모】tuōmào 통〈敬〉모자를 벗다.

【脱模－모】tuōmú 통〈冶〉주형(鑄型)을 떼어내다. 거푸집에서 뽑다.

【脱坯－배】tuō// pī (틀에 넣어) 흙벽돌을 만들다. 흙벽돌을 찍다.

【脱皮－피】tuō// pí 통(껍질〔허물〕을 벗다.

【脱期－기】tuō// qī 통(정기 간행물이) 예정보다 늦게 출판되다. 기한이 지나다.

【脱色－색】tuō// sè 통1탈색하다. 2빛이 바래다.

【脱涩－삽】tuō// sè 통(감의) 떫은 맛을 빼다〔없애다〕.

【脱身－신】tuō// shēn 통몸을 빼다. 빠져 나가다. (同)〔抽 chōu 身〕

【脱手－수】tuō// shǒu 통1손에서 벗어나다. 놓치다. ◇稿子已～了/원고는 이미 탈고했다. 2손을 떼다. 팔아 버리다.

脱水－수】tuō// shuǐ 1통탈수되다. 2명〈方〉(논에 물이 말라) 물이 없게 되다. 3(tuōshuǐ) 명탈수(증상).

兑俗－속】tuōsú 통속되지 않다. 형식적·세속적인 예절을 벗어나다. (反)〔庸 yōng 俗〕

【脱胎－태】tuō// tāi 1통태어나다. 모양을 달리하여 다시 태어나다. 2명〈工〉탈태. 〔칠기(漆器)제조의 한 방법〕

【脱胎换骨－태환골】tuō tāi huàn gǔ 〈成〉환골 탈태. 입장과 관점을 철저히 바꾸다.

【脱逃－도】tuōtáo 통탈주하다. 도주하다.

【脱兔－토】tuōtù 명달아나는 토끼.

【脱位－위】tuō// wèi 1통〈醫〉탈구하다. 2(tuōwèi) 명탈구. 탈골. 뺌. (同)〔脱臼 jiù〕

【脱误－오】tuōwù 1통탈자와 오자. 2통빠지다. 누락하다〔되다〕.

【脱险－험】tuō// xiǎn 통위험을 모면하다. (同)〔出 chū 险〕, (反)〔遇 yù 险〕

【脱销－소】tuō// xiāo 통매진되다. 품절되다.

【脱卸－사】tuōxiè 통책임을 벗어나다.

【脱氧－양】tuōyǎng 명통〈化〉탈산(脱酸) (하다).

【脱颖－영】tuōyīng 통〈文〉자루 속에 든 송곳 끝이 삐져 나오다.

【脱颖而出－영이출】tuō yǐng ér chū 〈成〉재능이 밖으로 나타나다. 두각을 나타내다. (反)〔湮没无闻 yān mò wú wén〕

【脱羽－우】tuōyǔ 통〈새가〉털갈이하다.

【脱脂－지】tuō// zhī 통탈지하다.

【脱脂棉－지면】tuōzhīmián 명탈지면.

tuó

＊＊【驮·馱】 马部｜tuó
　　　　　 3画｜실을 태, 짐 타
통(가축의) 등에 짐을 지우다. ◇这匹马～回来二百斤粮食/이 말은 식량 2백 근을 싣고 돌아왔다. ⇒duò

【驮轿－교】tuójiào 명노새의 등에 가마를 얹은 여행용 가마.

【驮马－마】tuómǎ 명짐말.

【陀】 阝部｜tuó
　　　 5画｜비탈질 타
명높지 않은 산. 언덕.

【陀螺－라】tuóluó 명팽이.

【坨】 土部｜tuó
　　　 5画｜덩어리질 타
1통(국수나 면 따위가) 삶은 뒤 덩어리지다. ◇面条～了/국수가 덩어리져 붙었다. 2(～儿)명덩어리. ◇粉～儿/가루가 덩어리진 것.

【坨子－자】tuó·zi 명(둥근) 덩어리.

【驼·駝】 马部｜tuó
　　　　　 5画｜곱사등이 타
1명〈動〉낙타. 2통(등이) 굽다.

【驼背－배】tuóbèi 명곱사등이.

【驼峰－봉】tuófēng 명1낙타 등의 육봉. 2〈交〉험프.

【驼鹿－록】tuólù 명〈動〉엘크(elk). 큰 사슴.

T

【驼绒一융-】 tuóróng 명1낙타털. 2낙타털로
짠 천.

【驼色一색】 tuósè 명〈色〉낙타색. 엷은 다
갈색.

【驼子一자】 tuó·zi 명1〈動〉낙타. 2〈喩〉곱사
등이.

【柁】 木部 | tuó
5画 | 키 타

명〈建〉들보. ⇒duò '舵'

【砣(¹铊)】 石部 | tuó
5画 | 추 타

1명천칭〔천평〕의 분동. 2명돌절굿공이.
돌로 된 롤러. 3동갈아서 옥 따위를 세공
하다.

【砣子一자】 tuó·zi 명옥기(玉器)를 가는 숫돌.

【鸵·鴕】 鸟部 | tuó
5画 | 타조 타

명〈鳥〉타조.

【鸵鸟一조】 tuóniǎo 명〈鳥〉타조.

【鸵鸟政策一조정책】 tuóniǎo zhèngcè 명눈
가리고 아웅하기.

【跎】 足部 | tuó
5画 | 헛디딜 타

→[蹉 cuō 跎]

【橐(槖)】 木部 | tuó
12画 | 전대 탁

의저벅저벅. 뚜벅뚜벅.〔발자국 소리〕

【橐驼一타】 tuótuó 명〈文〉〈動〉낙타.

tuǒ

*【妥】 爪部 | 女部 | tuǒ
3画 | 4画 | 온당할 타

1형타당하다. 적당하다. ◇这样处理, 恐
怕不～/이렇게 처리하면 타당하지 않은
것 같다. 2동사 뒤에서 보어로 쓰여 완
결·완성 등을 나타냄. ◇事已办～/일은
이미 제대로 처리하였다.

【妥便一편】 tuǒbiàn 형적당하고 편하다. 알
맞고 간편하다.

*【妥当一당】 tuǒ·dang 형알맞다. 합당하다.
적절하다. (同)〔得 dé 当〕, (反)〔失 shī 当〕

【妥靠一고】 tuǒkào 형확실하고 믿음직하다.

*【妥善一선】 tuǒshàn 형알맞다. 적절하다.
◇问题比较复杂, 需要～处理/문제가 복
잡하니 적절하게 처리할 필요가 있다.

【妥实一실】 tuǒshí 형확실하다. 믿음직하다.

【妥帖一첩】 tuǒtiē 형알맞다. 적합하다. (同)
〔稳 wěn 妥〕, (反)〔不 bù 妥〕

【妥贴一첩】 tuǒtiē (同)〔妥贴 tiē〕

*【妥协一협】 tuǒxié 1동타협하다. 2명타협.

【庹】 广部 | tuǒ
8画 | 다섯자 탁

1양발. 〔두 팔을 벌린 길이. 약 5척(尺)
에 해당함〕◇一～/한 발. 2(Tuǒ)명성
(姓). ⇒tà

【椭·橢】 木部 | tuǒ
8画 | 둥글고 길쭉할 타

*【椭圆一원】 tuǒyuán 명〈數〉1타원. 2타원체.

【椭圆体一원체】 tuǒyuántǐ 명〈數〉타원체.

tuò

【拓】 扌部 | tuò
5画 | 넓힐 척, 박을 탁

1동개척하다. 개간하다. 확장하다. 2(Tuò)
명성(姓).

【拓荒一황】 tuòhuāng 동황무지를 개간하다.

【拓宽一관】 tuòkuān 동개간하여 확장하다
〔넓히다〕.

【拓展一전】 tuòzhǎn 동넓히다. 확장하다.

【唾】 口部 | tuò
8画 | 침 타

1명침. 타액. 2동침뱉다. 3동(욕을) 내뱉
다. 〈喩〉멸시하다. 경멸하다.

【唾骂一매】 tuòmà 동멸시하며 욕하다.

【唾面自干一면자건】 tuò miàn zì gān 〈成〉
얼굴에 침을 뱉어도 저절로 마르기를 기
다리다. 인내심이 매우 강하다. (反)〔忍
无可忍 rěn wú kě rěn〕

*【唾沫一말】 tuò·mo 명침. 타액. ◇馋 chán 得
他直咽～/먹고 싶어서 계속 침을 삼켰다.

【唾弃一기】 tuòqì 동깔보고 싫어하다.

【唾手可得一수가득】 tuò shǒu kě dé 〈成〉쉽
게 손에 넣을 수 있다.

【唾液一액】 tuòyè 명타액. (同)〔唾掌可得
tuò zhǎng kě dé〕, (反)〔来之不易 lái
zhī bù yì〕

【唾液腺一액선】 tuòyèxiàn 명〈生理〉타액선.

【唾余一여】 tuòyú 명〈喩〉하찮은 의견이나
말.

W

wā

【凹】山部 ｜ wā
3画 ｜ 오목할 요
'洼'와 같은 뜻으로, 지명에 쓰임. ⇒āo

☆【挖】扌部 ｜ wā
6画 ｜ 우벼낼 알
(動)1파다. 우비다. ◇〜白薯/고구마를 파내다. ◇〜耳朵/귀를 우비다. (同)〔掘 jué〕, (反)〔填 tián〕2〔方〕손톱으로 잡다〔집다〕.

【挖补―보】wābǔ (動)잘못된〔망가진〕 부분을 도려내어 고치다.

【挖方―방】wāfāng (名)〈工〉토목 공사에서, 파낸 흙이나 돌을 입방미터로 계산하는 단위.

*【挖掘―굴】wājué (動)파다. 캐다. ◇〜地下宝藏/지하 자원을 캐다. (同)〔发 fā 掘〕, (反)〔填塞 tiánsè〕

【挖空心思―공심사】wā kōng xīnsī 〈成〉〈貶〉온갖 궁리를 짜내다. (同)〔绞尽脑汁 jiǎo jìn nǎo zhī〕, (反)〔无所用心 wú suǒ yòng xīn〕

【挖苦―고】wā·ku (動)비꼬다. 빈정대다.

【挖潜―잠】wāqián (動)잠재력을 발굴하다.

【挖墙脚―장각】wā qiángjiǎo 〈口〉담벽 밑을 파다. 일을 망치다. 〈喩〉실각시키다. (同)〔拆台 chāi/tái〕

【挖肉补疮―육보창】wā ròu bǔ chuāng 〈成〉살을 도려내어 상처에 붙이다. 눈 앞의 일에만 급급하다.

【洼·窪】氵部 ｜ wā
6画 ｜ 도랑 와
1(形)움푹 패여 있다. 지대가 낮다. ◇这地太〜/이 땅은 너무 움푹 들어가 있다. (同)〔凹 āo〕, (反)〔凸 tū〕2(〜儿)(名)움푹 파인 곳. ◇水〜儿/물이 고여 있는 웅덩이.

【洼地―지】wādì (名)저지대. (同)〔低 dī 地〕, (反)〔高 gāo 地〕

【洼陷―함】wāxiàn (動)움푹 꺼져 들어가다. (同)〔凹 āo 陷〕, (反)〔凸起 tūqǐ〕

【哇】口部 ｜ wā
6画 ｜ 음란한 소리 와
(嘆)1앙앙. 엉엉. 〔울음 소리〕◇打得孩子〜〜直哭/애를 때려서 애가 엉엉하고 운다. 2왝. 〔토하는 소리〕◇〜的一声把刚吃的东西全吐了/왝하는 소리와 함께 금방 먹은 것을 전부 토해냈다. ⇒·wa

【哇啦―라】wālā (擬)와글와글.와자지껄. 〔떠들어 대는 소리〕(同)〔哇啦哇啦〕

【哇哇―와】wāwā (擬)1옹알옹알. 〔어린 아이가 말을 배울 무렵에 내는 소리〕2옹아. 까악까악. 〔어린 아이 또는 까마귀의 울음 소리〕3엉엉. 〔크게 우는 소리〕

【蛙(鼃)】虫部 ｜ wā
6画 ｜ 개구리 와
(名)〈動〉개구리. ◇青〜/청개구리.

【蛙泳―영】wāyǒng (名)〈體〉평영. 개구리헤엄. (同)〔蛙式 shì 游 yóu 泳〕

wá

【娃】女部 ｜ wá
6画 ｜ 아름다울 왜
(名)1(〜儿)갓난 아기. ◇女〜儿/여자 아기. 2〈方〉동물의 새끼. ◇鸡〜/병아리.

**【娃娃―왜】wá·wa (名)(갓난)아기. ◇胖〜/포동포동한 아기.

【娃娃生―왜생】wá·washēng (名)〈演〉아역.

【娃娃鱼―왜어】wá·wayú (名)〈動〉큰 도룡뇽의 속칭. (同)〔大鲵 dàní〕

★【娃子―자】wá·zi (名)1〈方〉(갓난)아이. 2〈方〉동물의 갓난 새끼. 3옛날, 양산(凉山) 등의 소수 민족 지역의 노예.

wǎ

**【瓦】瓦部 ｜ wǎ
0画 ｜ 질그릇 와
(名)1기와. 2〈略〉〈電〉'瓦特'(와트, W)의 준말. ⇒wà

【瓦当―당】wǎdāng (名)기와의 마구리.

【瓦房―방】wǎfāng (名)기와집.

【瓦釜雷鸣―부뢰명】wǎ fǔ léi míng 〈成〉솥이 우뢰처럼 들리다. 덕 없고 능력 없는 사람이 높은 자리를 차지하다.

【瓦工―공】wǎgōng (名)1기와장이의 일〔작업〕. 2기와장이.

【瓦灰―회】wǎhuī (名)〈色〉짙은 회색.

【瓦匠―장】wǎ·jiang (同)〔瓦工 gōng 2〕

*【瓦解―해】wǎjiě (動)1와해하다. 붕괴하다. ◇土崩〜/완전히 와해되다. 2와해시키다. ◇〜敌人/적을 와해시키다. (同)〔分裂 fēnliè〕, (反)〔统一 tǒngyī〕

【瓦蓝―람】wǎlán (名)〈色〉짙은 남색.

【瓦楞―릉】wǎléng (同)〔瓦垄 lǒng〕

【瓦砾―력】wǎlì (名)기와와 자갈. 쓸모없는

물건.

【瓦垄一롱】wǎlǒng (～儿)㉙죽 늘어선 물결 모양의 기왓고랑. (同)〔瓦楞 léng〕

【瓦圈一권】wǎquān ㉙(자전거 바퀴의)림 (rim).

【瓦全一전】wǎquán ㉕절개를 굽혀 구차하게 목숨을 부지하다. (反)〔玉碎 yùsuì〕

【瓦斯一사】wǎsī ㉙가스(gas).

【瓦特一특】wǎtè ㉙㉕⟨音⟩⟨物⟩⟨電⟩와트 (watt). 공률(工率)·전력(電力)의 단위. ◇千～/킬로 와트.

【瓦特小时计一특소시계】wǎtèxiǎoshíjì ㉙전력계(電力計).

【瓦头一두】wǎtóu ㉙기와 막새.

wà

【瓦】瓦部 | wà
0画 | 질그릇 **와**

㉕(지붕 위에) 기와를 이다. ⇒wǎ

【瓦刀一도】wàdāo ㉙기와를 이을 때 쓰는 흙손.

【袜·襪(韤)】衤部 | wà
5画 | 버선 **말**

㉙양말. ◇尼龙～/나일론 양말.

【袜船一선】wàchuán ㉙⟨方⟩덧버선.

【袜套一투】wàtào (～儿)㉙덧양말. 덧버선.

【袜筒一통】wàtǒng (～儿)㉙양말목. 버선목.

＊【袜子一자】wà·zi ㉙양말.

【腽(膃)】月部 | wà
9画 | 해구 **올**

【腽肭一납】wànà ㉕⟨文⟩비대하다. 뚱뚱하다.

【腽肭脐一납제】wànàqí ㉙⟨中醫⟩해구신(海狗腎).

【腽肭兽一납수】wànàshòu ㉙⟨動⟩물개.

·wa

☆【哇】口部 | ·wa
6画 | 음란한소리 **와**

㉤'啊'가 앞의 'u, ao, ou'의 음의 영향을 받아 음이 변한 것으로, 문 말에 쓰여 찬탄, 놀람, 명령, 의문, 긍정 등 어기를 나타냄. ◇你买的衣服多好～/네가 산 옷은 정말 좋구나. ⇒wā

wāi

☆【歪】一部 止部 | wāi
8画 5画 | 기울 **왜**

1㉕비뚤어지다. 비딱하다. 비스듬하다. (同)〔斜 xié〕, (反)〔正 zhèng〕◇帽子戴得～～的/모자를 비딱하게 썼다. 2㉕그릇되다. 바르지 못하다. ◇不能听他的, 他

尽出～点子/그는 나쁜 생각만 하니 그의 말을 들어서는 안 돼.

【歪才一재】wāicái ㉙나쁜 데 쓰이는 재주.

【歪缠一전】wāichán ㉕어거지를 쓰다. 치근거리다. 귀찮게 달라붙다.

【歪打正着一타정착】wāi dǎ zhèng zháo (～儿)⟨成⟩모로 쳐도 바로 맞다. 요행히 성공하다.

【歪道一도】wāidào (～儿)㉙1사도(邪道). 올바르지 않은 길. 2나쁜 생각.

【歪风一풍】wāifēng ㉙비뚤어진 풍토. ◇要刹住了浪费的～/낭비하는 잘못된 풍토를 막자.

【歪理一리】wāilǐ ㉙생억지. 억지 이치. (反)〔正 zhèng 理〕

【歪门邪道一문사도】wāi mén xié dào ㉙사도(邪道). 음흉한 생각.

【歪七扭八一칠뉴팔】wāi qī niǔ bā 휘어져 뒤틀린 모양.

＊【歪曲一곡】wāiqū ㉕왜곡하다. ◇你不要～了我的意思/내 뜻을 왜곡하지 마세요.

【歪歪扭扭一왜뉴뉴】wāiwāiniǔniǔ ㉙비뚤비뚤하다. ◇小弟把字写得～的/남동생이 글씨를 삐뚤삐뚤하게 썼다. (同)〔歪七 qī 扭八 bā〕, (反)〔正正规规 zhèng zhèng guī guī〕

【歪斜一사】wāixié 1㉕비뚤어지다. 일그러지다. 2㉕비뚤다. 일그러져 있다. (同)〔倾 qīng 斜〕, (反)〔笔直 bǐzhí〕

【喴】口部 | wāi
9画 | 사람부르는소리 **왜**

㉤(사람을 부를 때 쓰는) 이봐요. 여보세요. ◇～, 你去哪儿?/이봐, 너 어디가?

【呙·喎】口部 | wāi
7画 | 입비뚤어질 **와**

㉕(입이) 비뚤다.

【呙斜一사】wāixié ㉕(입이나 눈이) 비뚤다.

wǎi

【捼】扌部 | wǎi
9画 | 접질릴 **왜**

㉕⟨方⟩(국자나 바가지로) 뜨다. 떠내다. ◇从水缸里～了一瓢水/물항아리에서 물 한 바가지를 퍼내다. (同)〔舀 yǎo〕

【崴(³踂)】山部 | wǎi
9画 | 평평하니할 **외**

1㉙산길이 울퉁불퉁하다. 2㉙(산이나 하천이) 굽이. ◇주로 지명에 쓰임〕◇海参～/블라디보스톡의 다른 이름. 3㉕(발을) 삐다. ◇把脚～了/발을 삐었다. ⇒wēi

【崴泥一니】wǎi//ní ㉕수렁에 빠지다. 곤경에 처하다.

【崴子一자】wǎi·zi ㉙⟨方⟩(산이나 강의) 굽

이. 〔주로 지명에 쓰임〕

wài

★【外】夕部 | wài
2画 | 바깥 **외**

1웹밖. 바깥. ◇~表/외모. ◇~国/외국.
(反)〔内 nèi〕〔里 lǐ〕 **2**웹딴 데(의). 딴
고장(의). 다른 곳(의). ◇~地/외지.
지방. **3**웹외국. ◇对~贸易/대외 무역. **4**
接투친척 관계를 나타내는 명사 앞에 와
외척(外戚)임을 나타냄. ◇~孙/외손주. **5**
웹소원하다. 낯설다. ◇~人/외부인. ◇
见~/타인 취급하다. **6**부또한. 게다가.
◇~加/그 외에 더하다. **7**…밖에. …외
에. ◇除~/제외하다. **8**웹정식이 아니다.
비공식적이다. ◇~传/외전. 별전. **9**웹
〈演〉늙은 남자 역(役). 영감역.
【外币-폐】wàibì 웹외국 화폐.
★【外边-변】wài·biān 웹**1**(~儿)밖. 바깥
(쪽). ◇咱们到~去谈, 好不好?/우리 밖
에 나가 이야기하는 것이 어떻겠어요? **2**
외지. 딴 지방. 타향. ◇我父亲在~工作,
一年只能回来两三次/나의 아버지가 타지
방에서 일하시는데 1년에 단지 두세 번
돌아오실 수 있다. (同)〔外地 dì〕, (反)
〔本地 běndì〕**3**표면. 겉. 거죽. ◇~湿了
没关系, 里面是用塑料包着的/안쪽은 비
닐封으로 싸여져 있으니 바깥쪽은 젖어
도 괜찮다.
*【外表-표】wàibiǎo 웹겉 모양. 외모. ◇事
物的~/사물의 겉 모양. (同)〔外面 mià-
n〕, (反)〔内部 nèibù〕
【外宾-빈】wàibīn 웹외국 손님.
*【外部-부】wàibù 웹**1**외부. **2**표면. 겉면.
【外埠-부】wàibù 웹다른 (지방의) 도시.
(反)〔本 běn 埠〕
【外财-재】wàicái 웹부수입. 뜻밖의 수입.
(同)〔外快 kuài〕
【外场-장】wàichǎng 웹웹처세(에 능하
다). 사교(가 능하다). ◇他是个~人儿/
그는 처세에 능한 사람이다.
【外钞-초】wàichāo 웹외국 지폐.
*【外出-출】wàichū 웹외출하다. 출타하다.
◇她有事~, 我没见到她/그녀는 일이 있
어 외출해서 난 그녀를 만나지 못했다.
(同)〔出外〕, (反)〔回来 huílái〕
【外带-대】wàidài **1**웹'外胎'(타이어)의 통
칭(通称). **2**웹(~着)게다가. 더구나. 또
한. 뿐만 아니라. ◇妈妈要买菜, 烧饭, ~
要管孩子/어미 너는 장을 보고 밥을 하
고 게다가 애를 봐야 한다.
【外道-도】wàidào 웹〈佛〉외도.
【外道-도】wài·dao 웹(예절을 차려) 서먹

서먹하다〔스스럽다〕.
【外敌-적】wàidí 웹외적.
☆【外地-지】wàidì 웹외지. 지방. 타향. ◇他
到~旅游去了/그는 지방으로 여행을 떠
났다. (同)〔异 yì 地〕, (反)〔本 běn 地〕
*【外电-전】wàidiàn 웹외신.
【外调-조】wàidiào **1**웹(물자를) 다른 곳으
로 보내다. (인원을) 타지로 발령내다. **2**
웹웹외부 조사(를 하다).
【外耳-이】wài'ěr 웹〈生理〉외이. 겉귀. (反)
〔内 nèi 耳〕
【外耳道-이도】wài'ěrdào 웹〈生理〉외이도.
외청도(外聽道).
【外耳门-이문】wài'ěrmén 웹〈生理〉겉귀문.
귓바퀴.
【外藩-번】wàifān 웹봉토를 소유한 제후
나 왕(의 영지). 대개 왕조의 속국을 가
리킴.
【外分泌-분비】wàifēnmì 웹〈生理〉외분비.
【外稃-부】wàifū 웹〈植〉(밀이나 보리 등
의) 겉껍데기.
【外敷-부】wàifū **1**웹〈醫〉(고약 따위를)
바르다〔붙이다〕. (反)〔内服 nèifu〕**2**웹외
용약.
【外感-감】wàigǎn 웹**1**외감. 외부 감각. **2**
〈中醫〉a)감기. 고뿔. b)감기나 서기(暑
氣)에 노출되는 일.
【外港-항】wàigǎng 웹외항. (反)〔内 nèi 港〕
【外公-공】wàigōng 웹〈方〉외조부. (同)
〔外祖父 wàizǔfù〕
【外功-공】wàigōng (~儿)웹근육·뼈를 단
련하는 무술이나 기공. (反)〔内 nèi 功〕
【外骨骼-골격】wàigǔgé 웹〈生理〉외골격.
겉뼈대.
*【外观-관】wàiguān 웹외관. ◇这套家具~
典雅/이 가구의 외관은 우아하다.
★【外国-국】wàiguó 웹외국. ◇熊猫是中国的
一种珍贵的动物, ~没有/팬더곰은 중국의
진귀한 동물로서 외국에는 없다. (同)
〔异 yì 国〕, (反)〔本 běn 国〕
【外国语-국어】wàiguóyǔ 웹외국어.
【外海-해】wàihǎi 웹〈地〉외해(外海).
*【外行-행】wàiháng 웹(어떤 일에) 문외
한이다. 생무지이다. ◇我对股票很~/나
는 증권에 대해 완전히 문외한이다. (反)
〔内 nèi 行〕**2**문외한. 비전문가. 아마추
어. (反)〔行家 jiā〕
【外号-호】wàihào (~儿)웹별명.
【外话-화】wàihuà 웹〈方〉남 대하듯 하는
서름서름한 말.
【外踝-과】wàihuái 웹〈生理〉바깥 복사뼈.
【外患-환】wàihuàn 웹외환. 〔외부세력의
침략〕(同)〔外祸 huò〕, (反)〔内 nèi 患〕
*【外汇-회】wàihuì 웹외국환. ◇~储备/외

화 비축.

【外货一화】wàihuò 명외국 상품.

【外祸一화】wàihuò 명외국의 침략.

【外籍一적】wàijí 명외국 국적.

【外寄生一기생】wàijìshēng 명〈生〉외부 기생.

【外加一가】wàijiā 통거기다 다시 더하다.
◇点了三菜一汤、一两瓶啤酒/요리 세 개
와 탕 하나를 시켰고, 거기다 맥주 두 병
을 더 시켰다.

【外家一가】wàijiā 명1외가. 2〈方〉친정집. 3
〈文〉장인·장모댁. 4옛날, 첩의 집.

【外间一간】wàijiān 명1(~儿)바깥 방. 2
〈文〉바깥 세상. 세간(世間). 외부.

☆【外交一교】wàijiāo 명외교. ◇中国已和一百
多个国家建立了~关系/중국은 이미 백여
국가와 외교관계를 맺고 있다. (同)〔外
事 shì〕, (反)〔内政 nèizhèng〕

【外交辞令一교사령】wàijiāo cílìng 명외교
적 언사.

【外交特权一교특권】wàijiāo tèquán 명외교
면책특권.

【外交团一교단】wàijiāotuán 명(해당 주재
국의) 외교단.

**【外界一계】wàijiè 명외계. 외부. ◇最近、~
有很多关于这方面的报道/최근 외부에서
이에 관련된 보도가 많다. ◇~舆论/외부
여론.

【外景一경】wàijǐng 명〈演〉오픈세트(ope-
nset). 로케이션으로 촬영한 장면. (反)
〔内 nèi 景〕

【外舅一구】wàijiù 명〈文〉장인. (同)〔岳父
yuèfù〕

**【外科一과】wàikē 명〈醫〉외과.

【外客一객】wàikè 명1낯선 손님. 교제가 그
다지 깊지 않은 손님.

【外寇一구】wàikòu 명외적. 외국의 침략자.

【外快一쾌】wàikuài 명부수입. ◇那个科长
捞 lāo 了不少~、看样子保不住了/그 과
장이 적잖은 부수입을 올려서 이번에 잘
걸릴 것 같다. (同)〔外水 shuǐ〕

【外来一래】wàilái 통밖에서부터 오다. (反)
〔固有 gùyǒu〕

【外来户一래호】wàiláihù 명외지에서 들어
와 살고 있는 사람.

【外来语一래어】wàiláiyǔ 명〈言〉외래어.

*【外力一력】wàilì 명〈物〉외력. (反)〔内 nèi 力〕

*【外流一류】wàiliú 명(사람이나 부 등이)
다른 지역이나 국외로 빠져나가다. ◇人
才~/인재 유출.

【外路一로】wàilù 명형다른 지방(의). 외지
(에서 온).

【外轮一륜】wàilún 명외국 기선.

【外贸一무】wàimào 명〈略〉'对外贸易'(대외
무역)의 준말.

【外貌一모】wàimào 명외모. 외관.

【外面一면】wàimiàn (~儿)명겉모양. 볼품.

☆【外面一면】wài·mian 명바깥. 밖. ◇把椅子
搬到~去/의자를 바깥으로 옮겨라. (同)
〔外边 biān〕, (反)〔内部 nèibù〕

【外面儿光一면아광】wàimiànrguāng 1명겉
치레. 2명겉만 번지르르하다. 빛 좋은 개
살구다. ◇做事要讲效果、不能只求~/일
할 때는 효과를 중시해야지 겉치레만 추
구해서는 안 된다.

*【外婆一파】wàipó 명외할머니. (同)〔外祖母
wàizǔmǔ〕

【外戚一척】wàiqī 명외척. 〔제왕의 어머니
또는 처의 친척〕

【外气一기】wài·qi 〈方〉통서먹서먹하다. 스
스럽다.

【外强中干一강중간】wài qiáng zhōng gān
〈成〉겉은 강해 보이나 속은 취약하다.
(同)〔色厉内荏 sè lì nèi rěn〕, (反)〔绵里
藏针 mián lǐ cáng zhēn〕

【外侨一교】wàiqiáo 명(국내에 거주하는)
외국인.

【外勤一근】wàiqín 명1외근. 2외근자. 외근
하는 사람. (反)〔内 nèi 勤〕

【外人一인】wàirén 명1남. 타인. 제삼자.
(反)〔亲属 qīnshǔ〕 2외부인. 3외국인.

【外伤一상】wàishāng 명〈醫〉외상. (反)〔内
nèi 伤〕

【外商一상】wàishāng 명외국 상인.

【外肾一신】wàishèn 명〈生理〉(남성의) 불
알. 고환. (同)〔睾丸 gāowán〕

【外生殖器一생식기】wàishēngzhíqì 명〈生
理〉외생식기. 외음부(外陰部).

【外甥一생】wài·sheng 명1생질. 2남편 누이
의 아들. 3〈方〉외손자.

【外甥女一생녀】wài·shengnǚ (~儿)명1생
질녀. 2〈方〉외손녀. 3남편 누이의 딸.

【外史一사】wàishǐ 명〔정사가 아닌
야사(野史)·개인의 기록·소설류〕

*【外事一사】wàishì 명1외교 업무. 섭외 업
무. ◇~机关/섭외부처. (同)〔外交 jiāo〕,
(反)〔内 nèi 事〕 2남의 일. 바깥 일. 가사
나 개인 일 이외의 일.

*【外手一수】wàishǒu (~儿)명(차를 몰거나
기계를 조종할 때의) 오른쪽. 바른쪽.

【外首一수】wàishǒu 〈方〉(同)〔外头 tou〕

【外水一수】wàishuǐ 명1부수입. 2뇌물. 부
당하게 받은 돈.

【外孙女一손녀】wàisūn·nǚ (~儿)명외손녀.

【外孙子一손자】wàisūn·zi 명외손자.

【外胎一태】wàitāi 명(자동차 등의) 타이
어. (同)〔外带 dài〕

【外逃一도】wàitáo 통외지〔국〕로 도망치다.

【外套一투】wàitào (~儿)명1외투. 오버코

드(overcoat). **2**반코트.

【外听道－청도】wàitīngdào　명〈生理〉외청
도. (同)〔外耳 ěr道〕

＊【外头－두】wài·tou　명밖. 바깥. 바깥쪽.
(同)〔外边 biān〕

【外围－위】wàiwéi　명주위. 외곽. (同)〔周
zhōu围〕, (反)〔核心 héxīn〕

【外文－문】wàiwén　명외국어. (同)〔外语 y-
ǔ〕, (反)〔中 zhōng文〕

【外屋－실】wàiwū　명밖으로 통하는 방.

【外侮－모】wàiwǔ　명외국의 침략과 압박.

【外务－무】wàiwù　명**1**직무 밖의 일. **2**외교
사무.

【外骛－무】wàiwù　동〈文〉**1**신분에 어울리
지 않는 일을 하다. **2**전념하지 않다. 마
음이 다른 곳에 가 있다.

【外弦－현】wàixián　명'胡琴'(호금)의 가는
바깥 줄.

【外县－현】wàixiàn　명타현(他縣). 다른 현.

【外线－선】wàixiàn　명**1**〈軍〉포위선. **2**(전
화 따위의) 외선. (反)〔内 nèi线〕

【外乡－향】wàixiāng　명타향. 딴 고장.

【外向－향】wàixiàng　형**1**외향적이다. ◇她
性格~/그녀는 성격이 외향적이다. **2**명수
출지향. ◇~型经济/수출지향적인 경제.

【外销－소】wàixiāo　명동국외 판매(하다).
수출(하다). (反)〔内 nèi销〕

【外心－심】wàixīn　명**1**(결혼한 사람이 다
른 사람을 사랑해서 생긴) 딴 마음. 두
마음. (同)〔二 èr心〕, (反)〔忠 zhōng心〕
2〈數〉외심.

＊【外形－형】wàixíng　명외형.

【外姓－성】wàixìng　명**1**타성(他姓). 다른
성. **2**성이 다른 사람.

【外延－연】wàiyán　명〈論〉외연. (反)〔内涵
nèihán〕

【外扬－양】wàiyáng　동밖으로 소문을 퍼뜨
리다.

【外洋－양】wàiyáng　명**1**외국. 해외. **2**외국
화폐. **3**원양. ◇~渔船/원양어선.

＊【外衣－의】wàiyī　명겉옷. 상의. 코트. 〈轉〉
탈. 허울. ◇披着正人君子的~/성인군자
의 탈을 쓴다. (反)〔内 nèi衣〕

【外溢－일】wàiyì　동**1**외부〔국외〕로 유출하
다. **2**밖으로 넘치다.

【外因－인】wàiyīn　명〈哲〉외인. 외적 원인
〔요인〕. (反)〔内 nèi因〕

★【外语－어】wàiyǔ　명외국어.

【外域－역】wàiyù　명〈文〉외국.

【外遇－우】wàiyù　명외도. 〔부부 이외의
남녀의 성관계〕◇有~/바람피우다.

【外圆内方－원내방】wài yuán nèi fāng
〈成〉같은 둥글지만 속은 네모지다. 겉으
로는 속이 없어 보이나 속은 야무지다.

【外援－원】wàiyuán　명외부의 원조.

【外在－재】wàizài　명동외재(하다). (反)
〔内 nèi在〕

【外债－채】wàizhài　명외채. (反)〔内 nèi债〕

【外展神经－전신경】wàizhǎn－shénjīng　명
〈生理〉외전(外轉) 신경.

【外长－장】wàizhǎng　명〈略〉'外交部长'(외
무부 장관)의 준말.

【外罩－조】wàizhào　(~儿)명**1**겉옷. 덧옷.
2물건의 덮개. 커버.

【外痔－치】wàizhì　명〈醫〉외치. 수치질.

【外传－전】wàizhuàn　명정사(正史)외의 전기.

＊【外资－자】wàizī　명외자. 외국자본. ◇吸
收~/외자를 흡수한다.

【外子－자】wàizǐ　명〈文〉우리집 양반. 〔아
내가 남에게 자기 남편을 일컫는 말〕
(反)〔内 nèi子〕

【外族－족】wàizú　명**1**외가 일족. **2**외국인.
3이민족. 타족.

＊【外祖父－조부】wàizǔfù　명외조부. (同)〔外
公 gōng〕

＊【外祖母－조모】wàizǔmǔ　명외조모. (同)
〔外婆 pó〕

┌─────────────────────────────┐
│弯1005　湾1006　塆1006　剜1006　蜿1006 │
│豌1006　丸1006　刓1006　玩1006　顽1007 │
│完1007　烷1008　宛1008　惋1008　婉1008 │
│琬1008　碗1008　莞1008　脘1008　皖1008 │
│挽1008　晚1008　绾1009　万1009　腕1010 │
│蔓1011   │
└─────────────────────────────┘

wān

☆【**弯·彎**】弓部　wān
6画　당길 만

1형구부러져 있다. ◇累累的果实把树枝都
压~了/주렁주렁 매달린 과실이 나뭇가지
를 다 구부러뜨렸다. (同)〔曲 qǔ〕, (反)
〔直 zhí〕**2**동굽히다. 구부리다. ◇老~着
腰干活, 腰都酸了/허리를 구부리고 계속
일을 해 허리가 시큰거린다. **3**명(~儿)굽
어 있는 부분. 모퉁이. ◇~儿太大, 得稍
微直一直/굽어진 곳이 너무 심하니 좀 곧
게 펴야겠다. **4**동〈文〉(활시위를) 당기다.

【弯度－도】wāndù　명굴곡도. 굽은 정도.

【弯弓－궁】wāngōng　(~儿)동활시위를 당
기다.

【弯路－로】wānlù　명**1**굽은 길. 우회로. (同)
〔弯道 dào〕, (反)〔直 zhí 路〕**2**(일이나
학업에서) 헛되이 시간을 낭비함.(同)
〔弯道 dào〕, (反)〔近 jìn路〕

＊＊【弯曲－곡】wānqū　형꼬불꼬불하다. ◇~的
山间小路/꼬불꼬불한 작은 산길. (同)

〔曲折 qūzhé〕, (反)〔笔直 bǐzhí〕

【弯腰-요】 wān//yāo 图1허리를 구부리다. 2허리를 굽혀 절〔인사〕하다.

【弯子-저】 wān·zi 图구부려져 꺾인 곳. (同)〔弯儿〕

＊【湾・灣】 氵部 | wān
9画 | 물굽이 만
1图물굽이. ◇河~/강의 물굽이. 2图만. 후미. ◇港~/항만. 3图배를 정박시키다. ◇把船~在那边/배를 저쪽에 정박시키다.

【湾泊-박】 wānbó 图정박(停泊)하다.

【壪・壪】 土部 | wān
9画 | 산모퉁이땅 만
图산골짜기의 좁은 평지.〔주로 지명으로 쓰임〕

【剜】 刂部 | wān
8画 | 깎을 완
图(칼 따위로) 도려 내다.

【剜肉医疮-육의창】 wān ròu yī chuāng 〈成〉살을 도려내어 상처에 메우다. 부득이 고육지책을 쓰다.

【蜿】 虫部 | wān
8画 | 꿈틀거릴 원
【蜿蜒-연】 wānyán 图1(뱀 따위가) 꿈틀거리며 기어 가는 모양. 2〈轉〉(산・강・길 등이) 구불구불하다.

【豌】 豆部 | wān
8画 | 콩 완
【豌豆-두】 wāndòu 图〈植〉완두.

wán

＊＊【丸】 丿部 | 、部 | wán
2画 | 2画 | 둥글 환
1(~儿)图작고 둥근 물건. ◇弹~/탄환. 2图환약(丸药). 3양환. 알.〔환약을 세는 단위〕

【丸剂-제】 wánjì 图〈藥〉환약(丸药). 알약.

【丸药-약】 wányào 图〈藥〉환약. 알약.

【丸子-자】 wán·zi 图(고기나 생선의) 완자.

【刓】 刂部 | wán
4画 | 끊을 완
图1〈文〉깎다. 2(칼 따위로) 도려 내다.

★【玩（¹⁻³頑, ⁴⁻⁶翫）】 王部 | wán
4画 | 구경 완
1(~儿)图장난하다. 놀다. ◇孩子们都喜欢~儿/아이들은 모두 놀기 좋아한다. ◇我们在青岛~了几天/우리는 청도에서 며칠 놀았다. 2(~儿)图놀이나 게임을 하다. ◇瞧! 你女儿正在那边~儿着篮球呢/봐! 네 딸이 지금 저기에서 농구하고 있어. 3(~儿)图(수단 등을) 농하다. 부리다. ◇他根本不是个商人, 他跟我~儿了个花招儿/그는 정말 상인도 아니야, 나에게

속임수를 썼어. 4图깔보다. 경시하다. ◇~弄/놀리다. 5图구경하다. 감상하다. 6图감상품. ◇古~/골동품.

【玩忽-홀】 wánhū 图소홀히 하다. 경시하다. (同)〔忽视 shì〕, (反)〔认真 rènzhēn〕

【玩火自焚-화자분】 wán huǒ zì fén 〈成〉불장난을 하다가 스스로 타서 죽다. 자업자득.

＊【玩具-구】 wánjù 图장난감. 완구. ◇~汽车/장난감 자동차.

【玩乐-락】 wánlè 图유흥. 유희. 오락.

＊【玩弄-롱】 wánnòng 图1가지고 놀다. 만지작거리다. ◇~手枪/총을 가지고 놀다. 2희롱하다. 농락하다. ◇~女性/여성을 희롱하다. 3(수단・재간을) 쓰다. 부리다. ◇~种种阴谋诡计/온갖 음모와 계책을 쓰다.

【玩偶-우】 wán'ǒu 图장난감 인형.

【玩皮-피】 wánpí (同)〔顽 wán 皮〕

【玩儿不转-아불전】 wánr·bu zhuàn 방법이 없다. 대처하지 못하다. ◇他这点儿小事都~/그는 이 정도 일도 대처하지 못해.

【玩儿得转-아득전】 wánr·de zhuàn 방법이 있다. 대처할 수 있다.

【玩儿命-아명】 wánrmìng 图목숨을 가볍게 여기다. 무모하게 행동하다.

【玩儿票-아표】 wánr//piào 图옛날, 취미로 연극을 하다.

【玩儿完-아완】 wánrwán 图〈俗〉1망치다. 못쓰게 되다. 2죽다.

【玩赏-상】 wánshǎng 图감상하다. 보고 즐기다.

【玩世不恭-세불공】 wán shì bù gōng 〈成〉세상을 우습게 보며 냉소적인 태도를 취하다.

【玩耍-솨】 wánshuǎ 图까불다. 장난하다. ◇孩子们在大树底下~/아이들은 큰 나무 아래에서 놀고 있다.

【玩味-미】 wánwèi 图(뜻을) 잘 생각해보다. 깊이 새겨보다〔음미하다〕.

【玩物-물】 wánwù 图감상품. 노리개.

【玩物丧志-물상지】 wán wù sàng zhì 〈成〉개인 취미에 빠지다가 추구해야 할 목표를 상실하다.

＊＊【玩笑-소】 wánxiào 图图농담(하다). ◇他这是~, 你别认真/그가 농담하는 것이니 심각하게 여기지 마세요.

＊【玩意儿-의아】 wányìr 图1장난감. 완구. ◇布娃娃一类的~到处都有卖的/헝겊인형 같은 장난감은 어디서나 판다. 2(연극・요술・만담 따위의) 오락. 기예. 곡예. 3물건. 것. ◇我早知道那个不是个好~/나는 그것이 좋지 않다는 걸 벌써 알았소. (同)〔玩艺 ·yì 儿〕

【玩艺儿－예야】wán·yìr〈同〉〔玩意 yì 儿〕

【顽·頑】 页部 wán
　　4画 완고할 완
圈1미련하다. 어리석다. 우둔하다. 2완고
하다. 고집스럽다. 3(어린애가) 짓궂다.
장난이 심하다. 4'玩 wán 1, 2, 3'과 통용.

【顽敌－적】wándí 圈완강한 적.

【顽钝－둔】wándùn 圈〈文〉1우둔하다. 미련
하다. 〈同〉〔愚笨 yúbèn〕2기개가 없다. 3
(날이) 무디다. 날카롭지 않다.

【顽梗－경】wángěng 圈고집스럽다.

＊＊【顽固－고】wángù 圈1완고하다. 고집세다.
◇他只坚持自己那老一套，而且相当～/그
가 낡은 방식만 고집하고 있고 게다가 아
주 완고하다. 2(정치적인 입장이) 보수
적이다. (反)〔开通 kāitōng〕3제압하거
나 변화하기 어렵다. 질기다. ◇这种病很
～，要根治不容易/이 병은 치료하기 어려
워 병을 완전히 치료하기는 어렵다.

【顽健－건】wánjiàn 圈〈文〉〈謙〉자신의 몸
이 건강함을 낮추어 이르는 말.

【顽抗－항】wánkàng 圐완강하게 저항하다.
집요하게 버티다. (反)〔投降 tóuxiáng〕

【顽劣－열】wánliè 圈고집세고 무지하다.
뺀질거리면 불복하다.

【顽皮－피】wánpí 圈(아이들이) 장난이 심
하다. 개구쟁이다.

＊＊【顽强－강】wánqiáng 圈꿋꿋하다. 억세다.
◇他很～，没有向困难低过头/그는 꿋꿋하
여 어려움 앞에 머리를 숙여 본 적이 없
다. (同)〔刚 gāng 强〕, (反)〔脆弱 cuìruò〕

【顽石点头－석점두】wánshí diǎntóu〈成〉
설법을 듣고 돌도 고개를 끄덕이다. 설득
력이 있다.

【顽童－동】wántóng 圕장난꾸러기. 개구쟁이.

【顽症－증】wánzhèng 圕고질병. (同)〔痼疾
gùjí〕, (反)〔微恙 wēiyàng〕

★【完】 宀部 wán
　　4画 완전할 완
1圈온전하다. 완전히 갖추어져 있다. ◇
～好/온전하다. 2圐동사 뒤에 쓰여 결과
보여를 나타냄. a)완료, 완결을 나타냄. ◇
你办。了手续，就马上来找我/수속이 다
끝나면 즉시 나를 찾아라. b)남김 없이
써버린 것을 나타냄. ◇咖啡已经喝～了,
下午我去买一瓶/커피를 벌써 다 먹어서
오후에 한 병 사러 갈 것이다. 3圐완성하
다. 마치다. ◇～工/일을 마치다. 4圐(세
금을) 납부하다. 5(Wán)圕성(姓).

＊【完备－비】wánbèi 圈완비되어 있다. 모두
갖추다. ◇指出不～之处/완전하지 못한
곳을 지적했다.

＊【完毕－필】wánbì 圐끝내다. 완료하다. ◇
第一期工程已经～/제1기 공사는 이미 끝

났다. (同)〔完结 jié〕, (反)〔开始 kāishǐ〕

【完璧归赵－벽귀조】wán bì guī Zhào〈成〉
원래의 물건을 손상 없이 원주인에게 되
돌려주다.

★【完成－성】wán//chéng 圐완성하다. (예정
대로) 끝내다. 완수하다. ◇他的论文～了
/그의 논문은 끝났다.

＊【完蛋－단】wán//dàn 圐끝장나다. 실패하
다. ◇要是银行不借钱，我们就～了/만일
은행이 돈을 빌려주지 않으면 우리는 끝
장이다.

【完稿－고】wán//gǎo 圐탈고하다.

【完工－공】wán//gōng 圐완공하다. 공사를
끝마치다. 일을 끝내다.

【完好－호】wánhǎo 圈성하다. 완전하다.
더할 나위없이 좋다.

【完婚－혼】wán//hūn 圐혼례식을 마치다.
장가〔시집〕가게 하다. 〔주로 윗사람이
아래 사람에게 아내를 얻어 주는 경우를
이름〕

【完结－결】wánjié 圐끝나다. 완결되다.

【完聚－취】wánjù 圐〈文〉1(흩어져 살던) 가
족이 함께 모이다. 2전부 한 곳에 모이다.

【完竣－준】wánjùn 圐(공사나 일정 규모의
작업이) 완성되다. 준공되다.

【完粮－량】wán//liáng 圐조세를 완납하다.

【完了－료】wánliǎo 圐1끝장나다. 다했다.
망했다. ◇我～，一个晚上失去了所有财产
/난 끝장이다. 하룻밤에 모든 재산을 다
잃었다. 2끝나다. 마무리되다. ◇我的事
都～/내 일이 모두 마무리되었다.

【完满－만】wánmǎn 圈원만하다. (同)〔圆
yuán 满〕, (反)〔欠缺 qiànquē〕

【完美－미】wánměi 圈완전무결하다.

★【完全－전】wánquán 圈1완전하다. 충분하
다. ◇你回答得很～/그는 완벽하게 대답
했다. 2완전히. 전혀. 전적으로. ◇我～同
意你的看法/나는 너의 생각에 전적으로
동의한다. ◇他的病～好了/그의 병은 완
전히 나았다. 圌교完全:全部 "完全"은 관
형어로 쓰이지 않는다. ◇他的(×完全)
全部牙齿又白又亮/그의 모든 이빨은 하
얗고 반짝인다.

【完全小学－전소학】wánquán xiǎoxué 圕6
년제 초등학교. 초급과 고급과정이 없는
'小学'(초등학교).

【完人－인】wánrén 圕결점이 없는 완벽한
사람.

＊【完善－선】wánshàn 1圈완벽하다. 온전하
다. ◇这家饭店的管理系统很～/이 호텔의
관리시스템은 완벽하다. (同)〔完美 měi〕,
(反)〔欠缺 qiànquē〕2圐완벽하게 하다.

【完事－사】wán//shì 圐일을 끝내다. 일이
완결되다.

【完税一세】wán//shuì 통세금을 완납하다.
【完小一소】wánxiǎo (同)〔完全 quán 小学〕
☆【完整一정】wánzhěng 형완전히 갖추어져 있다. 완벽하다. ◇这些资料很~, 我们一定要保管好/이 자료들은 완벽하므로 우리는 꼭 잘 보관해야 한다.

【烷】火部 | wán
7画 | 탄화수소 완
【烷烃一정】wántīng 명〈化〉파라핀.

wǎn

【宛】宀部 | wǎn
5画 | 어슴푸레할 완
1형굽다. 구부러지다. 구부정하다. 2부〈文〉완연히. 마치. 흡사. 꼭. ◇音容~在/그 목소리와 모습이 들리고 보이는 듯하다. 마치 살아 있는 것 같다. 3(Wǎn)명성(姓).
【宛然一연】wǎnrán 부〈文〉마치. 흡사. 완연히.
【宛如一여】wǎnrú 통마치〔흡사〕…같다.
【宛若一약】wǎnruò (同)〔宛如 rú〕
【宛似一사】wǎnsì (同)〔宛如 rú〕
【宛转一전】wǎnzhuǎn 1통잠자리에서 이리저리 몸을 뒤척이다. 2(同)〔婉 wǎn 转〕

【惋】忄部 | wǎn
8画 | 한할 완
통〈文〉슬퍼하다. 한탄하다. ◇叹tàn~/한탄하다.
*【惋惜一석】wǎnxī 통(남의 불행에 대해서) 슬퍼하고 안타까워하다. ◇大家对他英年早逝深感~/모두들 그가 한창 때 죽어서 몹시 안타까워한다. 비교惋惜:遗憾 한이 되어서 애석할 때는 "惋惜"를 쓰지 않는다. ◇这么好的节目我没看到, 真是(×惋惜)遗憾极了/내가 이렇게 좋은 프로그램을 보지 못한 것이 참으로 유감이다.

【婉】女部 | wǎn
8画 | 예쁠 완
형1(말이) 정중하다. 완곡하다. ◇~言相劝/완곡한 말로 충고하다. 2〈文〉유순하다. 온유하다. 3〈文〉아름답다.
【婉词一사】wǎncí (同)〔婉辞 cí 1〕
【婉辞一사】wǎncí 1명완곡한 말. (同)〔婉言 yán〕 2통완곡하게 사양하다. ◇他~了对方的礼物/그는 상대방의 선물을 완곡하게 사양했다.
【婉丽一려】wǎnlì 형얌전하고 아름답다.
【婉商一상】wǎnshāng 통완곡하게 상의하다.
【婉顺一순】wǎnshùn 형온순하다. 유순하다.
【婉娈一만】wǎnluán 형〈文〉(여자가 말이나 용모가) 유순하다. 얌전하다.
【婉谢一사】wǎnxiè 통완곡하게 거절하다.

【婉言一언】wǎnyán 형완곡한 말. 에둘러 부드럽게 하는 말. (反)〔直 zhí 言〕
【婉约一약】wǎnyuē 형〈文〉완곡하고 함축성이 있다. (反)〔豪放 háofàng〕
【婉转一전】wǎnzhuǎn 형1(말의 표현이) 완곡하다. 은근하다. (同)〔委 wěi 婉〕, (反)〔直截 zhíjié〕 2(노래 소리 따위가) 구성지다.

【琬】王部 | wǎn
8画 | 옥 완
〈文〉명아름다운 옥.

★【碗(椀,盌)】石部 | wǎn
8画 | 그릇 완
명1공기. 사발. 2가운데가 사발처럼 생긴 것.

【莞】艹部 | wǎn
7画 | 골 관
【莞尔一이】wǎn'ěr〈文〉미소짓다.

【脘】月部 | wǎn
7画 | 중완 완
명〈中醫〉위(胃)안.

【皖】白部 | Wǎn
7画 | 땅이름 환
명〈地〉안휘성(安徽省)의 다른 이름.

∗∗【挽(³,⁴輓)】扌部 | wǎn
7画 | 당길 만
1통당기다. 끌다. ◇~弓/활을 당기다. 2통만회하다. 3통(옷을) 걷어 붙이다. ◇~起袖子/소매를 걷어 올린다. 4통(차량이나 수레를) 끌다. ◇~车/수레를 끌다. 5(죽은 사람을) 애도하다. ◇~联/애도하는 대련. 6'绾 wǎn'과 통용.
【挽词一사】wǎncí 명만사. 〔죽은 이를 애도하는 노래〕 (同)〔挽歌 gē〕
【挽歌一가】wǎngē 명만가. (同)〔挽词 cí〕
【挽回一회】wǎnhuí 통1만회하다. 돌이키다. 2(이권 등을) 회수하다. 거두다. ◇话已说出无法~/말이 이미 나갔으니 거둘 수는 없다.
∗∗【挽救一구】wǎnjiù 통(위험에서) 구해내다. 구제하다. ◇李大夫的高超医术~过许多危重病人/이 의사는 뛰어난 의술로 위독한 환자를 많이 구해냈다. (反)〔迫害 pòhài〕
【挽具一구】wǎnjù 명소·말 따위의 몸에 씌워 수레를 끌게 하는 기구.
【挽联一련】wǎnlián 명(죽은 사람을) 애도하는 대련.
【挽留一류】wǎnliú 통만류하다. 말리다.

★【晚】日部 | wǎn
7画 | 늦을 만
1명밤. (보통 저녁 6시 이후) ◇昨~/어제 저녁. (同)〔夕 xī〕, (反)〔早 zǎo〕 2형늦은. 말기의. ◇~唐/당나라 말기. (同)〔迟 chí〕, (反)〔早 zǎo〕 3형(정해진 시간

보다) 늦다. ◇今年春天来得较~/올해는 비교적 봄이 늦게 왔다. **4**匓(세대나 순서가) 늦은. 뒤의. 나중의. ◇~辈/후배. (同)〔后 hòu〕**5**匓옛날, 선배에 대해 후배가 자칭(自称)으로 쓰던 말. **6**(Wǎn)匓성(姓).

【晚安-안】wǎn'ān〈套〉안녕히 계십시오. 〔밤에 하는 인사〕(反)〔早安 zǎo'ān〕

【晚半天儿-반천아】wǎnbàntiānr 匓〈口〉늦은 오후. 땅거미질 무렵. (同)〔晚半响 shǎng〕

∗∗【晚报-보】wǎnbào 匓석간 신문.

【晚辈-배】wǎnbèi 匓후배. (同)〔小 xiǎo 辈〕, (反)〔长 zhǎng 辈〕

∗【晚餐-찬】wǎncān (同)〔晚饭 fàn〕

【晚场-장】wǎnchǎng 匓(연극·영화·경기의) 야간 공연〔경기〕. (同)〔夜 yè 场〕

【晚车-차】wǎnchē 匓밤차. (反)〔早 zǎo 车〕

【晚春-춘】wǎnchūn 匓늦봄.

【晚稻-도】wǎndào 匓모내기철이 늦어졌거나 성장기가 비교적 길고, 숙성기가 비교적 늦은 벼. (反)〔早 zǎo 稻〕

【晚点-점】wǎn//diǎn 匓(차·선박·비행기 따위가) 연착하다. ◇飞机~三十分钟/비행기가 30분 연착(연발)됐다. (同)〔误 wù 点〕, (反)〔准 zhǔn 点〕

★【晚饭-반】wǎnfàn 匓저녁밥. (同)〔晚餐 cān〕

★【晚会-회】wǎnhuì 匓밤 모임. 공연. ◇圣诞~/크리스마스 파티.

【晚婚-혼】wǎnhūn **1**匓동만혼(하다). 〔결혼할 시기가 지났음에도 결혼을 미룸〕(反)〔早 zǎo 婚〕

【晚间-간】wǎnjiān 匓밤. (同)〔晚上 shàng〕, (反)〔早晨 zǎochén〕

【晚节-절】wǎnjié 匓**1**만년의 절개. **2**만년.

【晚近-근】wǎnjìn 匓요 몇년. 근년.

【晚景-경】wǎnjǐng 匓**1**저녁 경치. **2**만년의 형편〔처지〕.

【晚境-경】wǎnjìng 匓만년의 형편.

∗【晚年-년】wǎnnián 匓만년. 늘그막. (同)〔晚岁 suì〕, (反)〔童 tóng 年〕

【晚娘-낭】wǎnniáng 匓〈方〉계모. (同)〔继母 jìmǔ〕

【晚期-기】wǎnqī 匓후기. 말기. ◇这是巴金的~作品/이것은 파금의 후기 작품이다. ◇~肺癌/폐암 말기. (同)〔后 hòu 期〕, (反)〔早 zǎo 期〕

【晚秋-추】wǎnqiū 匓**1**늦가을. **2**(同)〔晚秋作物 zuòwù〕

【晚秋作物-추작물】wǎnqiū zuòwù 匓늦가을 작물.

★【晚上-상】wǎn·shang 匓저녁. 밤. ◇一连几个~都没有睡好/연이어 며칠 밤잠을

폭 잘 수 없었다. (同)〔晚间 jiān〕, (反)〔早 zǎo 上〕

【晚生-생】wǎnshēng 匓〈谦〉만생. 〔옛날, 후배가 선배에 대해 스스로를 낮추어 이르는 말〕

【晚世-세】wǎnshì 匓〈文〉근세.

【晚熟-숙】wǎnshú **1**동늦게 여물다. **2**동늦게 성숙하다. **3**匓만숙종. 만종.

【晚霜-상】wǎnshuāng 匓늦서리.

【晚霞-하】wǎnxiá 匓저녁놀.

【晚育-육】wǎnyù 동(결혼 뒤에) 출산을 늦추다.

【晚造-조】wǎnzào 匓〈农〉후작(后作). 수확이 늦은 작물.

【绾·綰】 纟部 wǎn / 8画 읽을 관
동끈에 고를 지어 매다. ◇把头发~起来/머리를 둥글게 묶다〔틀다〕.

wàn

★【万·萬】 一部 wàn / 2画 일만 만
1㊀만. ◇五~六(千)/5만 6천. **2**匓〈喩〉매우 많은. ◇~事~物/수많은 사물. **3**吊아주. 전혀. 〔'不', '勿' 등 부정부사 앞에 와서 부정을 강조함〕 ◇今后~不能这样做了, 太危险了/너무 위험하니 앞으로 절대로 그렇게 해서는 안 된다. **4**(Wàn)匓성(姓). ⇒mò

【万般-반】wànbān **1**匓만반. 온갖 것. **2**吊아무리 해도. 전혀.

【万变不离其宗-변불리기종】wàn biàn bù lí qí zōng〈成〉아무리 변해도 본질은 변하지 않는다.

【万不得已-불득이】wàn bù dé yǐ〈成〉만부득이. (同)〔迫不得已 pò bù dé yǐ〕, (反)〔心甘情愿 xīn gān qíng yuàn〕

【万代-대】wàndài 匓만대. 오랜 동안.

【万端-단】wànduān 匓匓여러 가지(이다). ◇变化~/변화가 많다.

【万恶-악】wàn'è **1**匓극악 무도하다. **2**匓온갖 죄악.

【万儿八千-아팔천】wàn·er —bāqiān 만 개 가량. 만 개쯤.

【万方-방】wànfāng〈文〉**1**匓전국 각지. 세계 각지. **2**匓〈자태ㆍ〉여러가지 모양이다.

∗∗【万分-분】wànfēn 吊**1**극히. 매우. ◇~抱歉/대단히 미안하다.

【万福-복】wànfú **1**匓옛날, 부녀들의 인사(자세). 〔가볍게 쥔 두손을 가슴 앞에서 아래위로 흔들면서 머리를 살짝 숙여 절함〕**2**匓만복. 많은 복.

∗∗【万古长青-고장청】wàngǔ cháng qīng〈成〉

W

영원히 봄날의 초목처럼 푸르르다. 변함
없이 잘 되다. ◇两国友谊~/양국의 친선
이 계속 돈독하다.

【万贯-관】 wànguàn 圈만관의 동전. 거액
의 재산.

【万国-국】 wànguó 圈세계 각국.

【万户侯-호후】 wànhùhóu 圈만호후. 1만
호(戶)의 조세를 받는 제후(諸侯).

【万花筒-화통】 wànhuātǒng 圈1만화경. 2
〈喩〉인생의 변화 무상함.

【万机-기】 wànjī 圈국가 원수가 보살피는
여러가지 일.

【万劫不复-겁불복】 wàn jié bù fù 〈佛〉
〈成〉영원히 돌이킬 수 없다. 영원히 만회
할 수 없다.

【万金油-금유】 wànjīnyóu 圈1〈藥〉만금유.
2〈喩〉어느 것이나 할 줄 알지만 특별히
잘 하는 것이 없는 사람.

【万籁-뢰】 wànlài 圈각종의 소리.

【万马齐喑-마제음】 wàn mǎ qí yīn 〈成〉만
필의 말이 한 마리도 울지 않다. 모든 사
람이 탄압이 두려워 침묵을 지키다.

【万民-민】 wànmín 圈백성.

【万难-난】 wànnán 1圈여러 가지 어려움.
온갖 곤란. 2圈〈文〉(…하기) 극히 곤란
하다. ◇~照办/그대로 처리하기가 극히
곤란하다.

【万能-능】 wànnéng 圈1만능이다. 모든 일
을 잘 하다. 2용도가 다양하다.

【万年-년】 wànnián 圈만년. 아주 오랜 세월.

【万年历-년력】 wànniánlì 圈만년력.

【万千-천】 wànqiān 寅1수많은. 2(주로 추
상적인 것이) 다양함.

【万顷-경】 wànqǐng 圈면적이 넓다.

【万全-전】 wànquán 圈만전하다. 조금도
빠진 것이 없다. 아주 안전하다.

【万人空巷-인공항】 wàn rén kōng xiàng
〈成〉집집마다 모두 거리로 나와 환호하
며 환영하다.

【万世-세】 wànshì 圈매우 긴 세월.

【万事-사】 wànshì 圈만사.

【万事俱备, 只欠东风-사구비, 지흠동풍】 wàn
shì jù bèi, zhǐ qiàn dōng fēng 〈成〉모든
것이 다 갖춰졌으나 중요한 조건 하나가
모자라다.

【万事通-사통】 wànshìtōng 圈깊이는 없으
나 박식한 사람.

【万寿无疆-수무강】 wàn shòu wú jiāng
〈成〉만수 무강.

【万水千山-수천산】 wàn shuǐ qiān shān 매
우 많은 산과 강.

【万死-사】 wànsǐ 围만 번 죽다. 〔생명의
위협을 가리킴〕

**【万岁-세】 wànsuì 圈1오래 삶. 2옛날, 신

하와 백성들의 황제에 대한 칭호.

**【万万-만】 wànwàn 1寅억(亿). 아주 많은
수. 2厚결코. 절대로. ◇那是~不行的/그
건 결코 안 된다. (同)〔绝对 juéduì〕〔无
论如何 wúlùn rúhé〕比교万万:绝对:千万
①"万万"은 "想不到", "没想到", "不可",
"不能", "不要" 앞에서만 쓰인다. ◇我
(×万万)绝对不去他那儿/난 절대로 그에
게는 가지 않겠다. ②"万万"은 긍정문에
쓰이지 않는다. ◇你(×万万)千万要当心
/너 절대로 조심해야 한다.

【万无一失-무일실】 wàn wú yī shī 〈成〉만
에 하나의 실수도 없다.

【万物-물】 wànwù 圈만물.

【万象-상】 wànxiàng 圈만상. 온갖 사물이
나 그 형상.

【万幸-행】 wànxìng 圈천만 다행(이다).

**【万一-일】 wànyī 1寅만분의 일. 극히 적
은 일부분. 2圈만에 하나. 만일. 〔'防',
'备', '怕' 등의 목적어가 됨〕◇做事要考
虑周全, 不怕一万, 就怕~/일을 할 때는
빈틈없이 고려해야 한다. 만 가지 일은
두렵지 않으나 그저 만일이 걱정이다.
3圈혹시. 만약. 〔주로 여의치 않은 일에
쓰임〕◇~有人找我, 就请他留个条/만일
누가 날 찾으면 쪽지를 남겨 놓으라고
하세요.

【万有引力-유인력】 wàn yǒu yǐnlì 圈〈物〉
만유 인력. ◇~定律/만유 인력의 법칙.
(同)〔引力〕

*【万元户-원호】 wànyuánhù 圈〈중화 인민
공화국에서〉개방개혁 후 연간 수입이 1
만원(元)을 넘는 가구.

【万丈-장】 wànzhàng 圈매우 높거나 깊은
것의 형용.

【万众-중】 wànzhòng 圈대중. 만민.

【万众一心-중일심】 wànzhòng yīxīn 〈成〉
모든 사람이 한마음으로 하다. (同)〔一
心同德 tóng xīn tóng dé〕, (反)〔一盘散沙
yī pán sǎn shā〕

【万状-장】 wànzhuàng 圈만상. 온갖 모양.

【万紫千红-자천홍】 wàn zǐ qiān hóng 〈成〉
색깔이 다채로운 모양. (同)〔百花齐放 bǎi
huā qí fàng〕, (反)〔一花独放 yī huā dú f-
àng〕

【腕】 月部 wàn
8画 팔 완
(~儿)圈〈生理〉손목. ◇我们较量一下~
力的大小/우리 팔힘을 겨루어 보자.

【腕骨-골】 wàngǔ 圈〈生理〉완골.

【腕力-력】 wànlì 圈완력. 팔의 힘.

【腕子-자】 wàn·zi 圈팔목. 발목.

【腕足-족】 wànzú 圈〈動〉(낙지나 오징어
따위의) 발.

【蔓】 艹部 | wàn
11画 | 덩굴 만
(～儿)图(식물의) 덩굴. 넝쿨. ⇒mán, màn

wāng

【汪】 氵部 | wāng
4画 | 깊고 넓을 왕
1형〈文〉물이 깊고 넓은 모양. 2통(물이) 고여 있다. ◇路上～了一些水/길에 물이 조금 괴었다. 3명〈方〉물 웅덩이. 4(～儿) 양고여 있는 액체를 세는 양사. ◇一～血 xiě/질퍽한 피. 5의왕왕. 멍멍.〔개 짖는 소리〕6(Wāng)图성(姓).
【汪汪－왕】 wāngwāng 형1물이 가득찬 모양. 수면이 광활하다. 2물방울이 넘치는 모양. 눈물이 그렁그렁한 모양.
*【汪洋－양】 wāngyáng 형1물이 넓고 큰 모양. ◇～大海/망망 대해. (反)〔涓滴 juān dī〕2〈文〉도량이 넓은 모양. ◇～大度/아주 넓고 큰 도량.
【汪子－자】 wāng·zi (同)〔汪 4〕

wáng

*【亡】 亠部 | wáng
1画 | 죽을 망
1통달아나다. 逃～/도망하다. 2통잃다. ◇～失/잃어버리다. 3통죽다. ◇死～/사망하다. 4형죽은. 사망한. ◇～友/고인이 된 친구. 5통멸망하다. 멸망시키다.
【亡故－고】 wánggù 통동사망(하다). (同)〔死 sǐ 亡〕, (反)〔生存 shēngcún〕
【亡国－국】 wáng//guó 통나라를 멸망시키다. 나라가 망하다.
【亡国－국】 wángguó 명망국.
【亡国奴－국노】 wángguónú 명나라를 잃은 백성.
【亡魂－혼】 wánghún 명망혼. 망령.
【亡魂丧胆－혼상담】 wáng hún sàng dǎn 〈成〉혼비 백산하다. 간담이 서늘하다.
【亡灵－령】 wánglíng 명망령.
【亡命－명】 wángmìng 통1도망하다. 2(악당이) 목숨을 걸다.
【亡失－실】 wángshī 통〈文〉망실하다. 잃어버리다.
【亡羊补牢－양보뢰】 wáng yáng bǔ láo 〈成〉소 잃고 외양간 고치다. (反)〔曲突徒薪 qū tū xǐ xīn〕

*【王】 王部 | wáng
0画 | 임금 왕
1명왕. 군주(君主). ◇国～/국왕. 2명우두머리. 수령. 3형〈文〉큰. 제일의. 연장의. 4형가장 강력한. 5(Wáng)명성(姓).

【王八－팔】 wáng·ba 명1〈俗〉〈動〉거북이나 자라의 속칭. 2오쟁이진 남편. 3옛날에 기원(妓院)의 남자 주인.
【王朝－조】 wángcháo 명1조정. 2왕조.
【王储－저】 wángchǔ 명왕세자. 황태자.
【王道－도】 wángdào 명왕도. (同)〔霸 bà道〕
【王法－법】 wángfǎ 명1(봉건시대의) 국법. 나라법. 2정책과 법령.
【王府－부】 wángfǔ 명옛날, 황족〔왕족〕의 저택.
【王公－공】 wánggōng 명1왕작과 공작. 2가장 높은 벼슬아치.
【王宫－궁】 wánggōng 명왕궁.
【王冠－관】 wángguān 명왕관.
*【王国－국】 wángguó 명1왕국. 2(어떤 영역의) 천국. ◇北京是自行车的～/북경은 자전거 천국이다.
【王侯－후】 wánghóu 명왕과 제후. 지위가 높은 벼슬아치.
【王后－후】 wánghòu 명왕후. 왕비.
【王蕙－혜】 wánghuì 명〈植〉대싸리.
【王浆－장】 wángjiāng 명로열 젤리. (同)〔蜂王浆 fēngwángjiāng〕
【王母娘娘－모낭낭】 Wángmǔ niáng·niang 명〈俗〉서왕모.
【王牌－패】 wángpái 명1(트럼프의) a)킹 카드. b)으뜸 패. 2〈喩〉제일인자. 3비장의 수단.
【王室－실】 wángshì 명1왕실. 왕가. 2조정. 국가.
【王水－수】 wángshuǐ 명〈化〉왕수.
【王孙－손】 wángsūn 명왕손. 귀족의 자손.
【王位－위】 wángwèi 명왕위.
【王爷－야】 wáng·ye 명봉건 시대, 왕의 작위를 가진 사람에 대한 존칭.
【王子－자】 wángzǐ 명왕자.
【王族－족】 wángzú 명왕족.

wǎng

**【网・網】 冂部 | wǎng
4画 | 그물 망
1명그물. ◇鱼～/어망. 2명그물처럼 생긴 것. 그물 모양의 것. ◇蜘蛛～/거미줄. 3명망. 그물처럼 된 조직이나 계통. ◇通信～/통신망. 4통그물질을 치다. ◇～着一条鱼/그물로 고기를 한 마리 잡았다.
【网点－점】 wǎngdiǎn 명(각 지역에 분설된 상업, 서비스) 지점. ◇那家公司在各大城市都有商业～/그 회사는 대도시에 모두 영업지점이 있다.
【网兜－두】 wǎngdōu 명망태기. 그물 자루.
【网纲－강】 wǎnggāng 명벼리.
【网巾－건】 wǎngjīn 명헤어세트.

W

【网开三面-개삼면】wǎng kāi sān miàn 〈成〉그물의 세 면을 터 놓다. 잘못을 범한 사람에게 반성할 길을 열어 놓다. (反)〔严惩不贷 yáng chéng bú dài〕

【网篮-람】wǎnglán 〈명〉윗면에 그물 덮개가 있는 여행용 또는 쇼핑용 손 바구니.

【网罗-라】wǎngluó 1〈명〉망라. 고기 잡는 그물과 새 잡는 그물. 〈喩〉속박. 굴레. 2〈통〉〈轉〉망라하다. 긁어 모으다. ◇~人才/인재를 망라하다.

【网络-락】wǎngluò 〈명〉1그물 모양의 것. 2(각지에 분포되는) 조직. 체인. 망. ◇电脑通讯~/PC통신망. 3〈電〉회로망.

【网膜-막】wǎngmó 〈명〉〈生理〉1대망(막). 2망막.

☆【网球-구】wǎngqiú 〈명〉〈體〉1테니스. 2테니스공.

【网眼-안】wǎngyǎn (~儿)〈명〉그물눈. 그물코. (同)〔网目 mù〕

【网子-자】wǎng·zi 〈명〉그물모양의 것. 〔부녀자들이 머리를 묶어 올릴 때 쓰는 것〕

【罔】 冂部 wǎng 6画 없을 **망**
1〈文〉〈통〉가리다. 덮다. ◇欺~/속이다. 2〈文〉없다. 아니다. ◇药石~效/치료에 효과가 없다.

【罔替-체】wǎngtì 〈통〉〈文〉변함없다.

【惘】 忄部 wǎng 8画 경황없을 **망**
〈형〉실망한 모양. ◇怅~/실의에 빠져 멍하다.

【惘然-연】wǎngrán 〈형〉실의에 빠진 모양.

【辋·輞】 车部 wǎng 8画 바퀴테 **망**
〈명〉바퀴테. 수레바퀴의 테두리쇠.

【魍】 鬼部 wǎng 8画 산도깨비 **망**
【魍魉-량】wǎngliǎng 〈명〉(전설에 나오는) 괴물.

★【往】 彳部 wǎng 5画 옛 **왕**
1〈통〉가다. ◇~来/왕래하다. 2〈개〉…(쪽)으로. 〔동작의 이동방향을 나타냄〕 ◇去邮局先~前走, 到十字路口再~右拐/우체국에 가려면 우선 앞으로 가서 네거리에서 다시 우측으로 도세요. ◇这列车开~釜山/이 기차는 부산행입니다. 주의'往'은 처소사와 결합하므로 뒤에 사람이나 사물이 올 때는 처소사가 있어야 한다. ◇大家~我这儿看, 不要闭眼, 要拍照了/사진을 찍으니 모두들 눈을 감지 말고 나를 보세요. 3〈명〉방식이나 정도를 나타냄. ◇事情还是多~坏处想想, 不能总是~好处想/일은 나쁜 쪽으로도 생각을 해야지 언제나 좋은 쪽으로 생각해서는 안 된다. 4〈형〉

지난. 과거의. ◇~年/왕년.

*【往常-상】wǎngcháng 〈명〉평소. 어느 때. ◇他比~回来得晚/그는 어느 때보다 늦게 돌아왔다.

*【往返-반】wǎngfǎn 〈통〉왕복하다. 왔다갔다 하다. (同)〔往覆 fù〕, (反)〔单程 dānchéng〕

【往复-복】wǎngfù 〈통〉1왕복하다. 2왕래하다. 오가다.

【往还-환】wǎnghuán 〈통〉왕래하다. 교제하다.

**【往来-래】wǎnglái 1〈통〉오가다. 왕래하다. ◇街上~的人不少/거리에 오가는 사람이 적지 않다. 2〈통〉교제하다. 사귀다. ◇我跟他没有什么~/나는 그와 아무런 교제도 없다.

*【往年-년】wǎngnián 〈명〉왕년. 옛날. 이전. ◇今年粮食产量超过了~/올해 식량 생산량은 예년을 초과했다.

*【往日-일】wǎngrì 〈명〉옛날. 지난날. ◇现在的情况跟~不同了/현재의 상황은 이전과는 달라졌다. (同)〔往昔 xī〕, (反)〔此后 cǐ hòu〕

*【往时-시】wǎngshí 〈명〉이전. 옛날. 왕년.

*【往事-사】wǎngshì 〈명〉지난 일. ◇回忆~/옛일을 회상하다.

☆【往往-왕】wǎngwǎng 〈부〉흔히. 늘. 곧잘. ◇有雾的时候, 班机~被取消/안개가 낄 때 정기노선 비행기가 자주 취소된다. 비교往往:常常 비규칙적인 동작의 반복에는 "往往"을 쓰지만 일정한 규칙성을 가진 상황에는 쓰이지 않는다. ◇希望你能(×往往)常常来/네가 자주 오기를 바란다.

【往昔-석】wǎngxī 〈명〉옛날. 일찍이.

【枉】 木部 wǎng 4画 굽을 **왕**
1〈형〉구부러져 있다. 바르지 않다. ◇矫~过正/교왕 과직. 잘못을 바로잡으려다 너무 지나쳐 오히려 나쁘게 되다. 2〈통〉구부리다. 3〈형〉억울하다. 원통하다. ◇冤~/원통하다. 4〈부〉헛되이. 부질없이.

【枉法-법】wǎngfǎ 〈통〉법을 구부리다.

【枉费-비】wǎngfèi 〈통〉낭비하다. 허비하다.

【枉费心机-비심기】wǎng fèi xīn jī 〈成〉쓸데없이 마음을 쓰다.

【枉顾-고】wǎnggù (同)〔枉驾 jià〕

【枉驾-가】wǎngjià 〈통〉〈文〉〈敬〉왕림하다.

【枉然-연】wǎngrán 〈형〉헛되다. 보람없다. 헛수고다.

【枉死-사】wǎngsǐ 〈통〉한을 품고 죽다.

【枉自-자】wǎngzì 〈부〉헛되이. 보람없이.

wàng

【旺】 日部 wàng 4画 왕성할 **왕**

웹1(기운이나 세력이) 왕성하다. 한창하다. ◇花开得正～/꽃이 한창 활짝 피었다. **2**많다. ◇新打的井, 水～极了/새로 판 우물에 물이 철철 넘친다.

【旺季一계】wàngjì 웹(거래 등의) 성수기. (同)〔旺月 yuè〕, (反)〔淡 dàn 季〕

【旺盛一성】wàngshèng 웹(기운이나 세력이) 왕성하다. ◇他精力～/그는 정력이 넘치다. ◇～的生命力/왕성한 생명력. (同)〔兴 xīng 盛〕, (反)〔衰落 shuāiluò〕 [비교] 旺盛:活跃 문화 활동에는 "旺盛"이라고 하지 않는다. ◇各方面的文化活动, 在那个学校都很(×旺盛)活跃/각종 문화 활동이 그 학교에서는 몹시 활발하다.

【旺销一소】wàngxiāo 통물건이 잘 팔리다.

【旺月一월】wàngyuè 웹장사가 잘되는 달. 성수기. (反)〔淡 dàn 月〕

☆【望】 王部 | 月部 | 볼 **망**
　　　　 7画 | 7画

1통(멀리) 바라보다. 먼 데를 보다. ◇回头往窗外～/고개를 돌려 창밖을 바라보다. **2**통방문하다. 찾아뵙다. ◇拜～/방문하다. **3**통바라다. 희망하다. ◇～准时到会/정시에 회의에 참석하시길 바랍니다. **4**웹명망. 명성(있는 사람). ◇一乡之～/한 고을의 명망 있는 사람. **5**통원망하다. ◇怨～/원망하다. **6**웹간판. 표지. ◇酒～/술집 간판. **7**꽤～을 향하여. ◇～他笑了笑/그에게 미소를 지었다. **8**웹〈文〉(나이가) 근접하다. ◇～六之年/60세 가까이 되다. **9**웹보름달. **10**웹보름날. 음력 15일. **11**(Wàng)웹(姓).

【望板一판】wàngbǎn 웹〈建〉산자널. 〔지붕을 만들 때 쓰는 나무판자〕

【望尘莫及一진막급】wàng chén mò jí 〈成〉앞 사람이 일으키는 먼지만 바라볼 뿐이다. 발 밑에도 못 따라가다. ◇他的水平, 其它人都是～/그의 수준은 다른 사람들이 모두 발 밑에도 못 따라간다. (反)〔迎头赶上 yíng tóu gǎn shàng〕

【望穿秋水一천추수】wàng chuān qiū shuǐ 〈成〉매우 간절히 기다리다. 눈이 빠지도록 기다리다. 〔秋水:〈喩〉눈〕

【望而却步一이각보】wàng ér què bù 〈成〉(위험하거나 힘이 못미칠 때) 뒤로 물러서다. (同)〔望而止步 wàng ér zǐ bù〕, (反)〔勇往直前 yǒng wǎng zhí qián〕

【望而生畏一이생외】wàng ér shēng wèi 〈成〉보기만 해도 두렵다.

【望风一풍】wàng//fēng 통(몰래) 망을 보다. 동정을 살피다.

【望风而逃一풍이도】wàng fēng ér táo 〈成〉소문만 듣고도 질겁하여 달아나다. (同)〔望风披靡 wàng fēng pī mǐ〕, (反)〔穷追猛打 qióng zhuī měng dǎ〕

【望风披靡一풍피미】wàng fēng pī mǐ 〈成〉(군대가 전투의지를 잃어) 소문만 듣고도 뿔뿔이 흩어지다.

【望风扑影一풍박영】wàng fēng pū yǐng 〈成〉바람이나 구름 잡는 격이다. 아무런 근거도 없이 되는 대로 행동하다.

【望楼一루】wànglóu 웹망루. 멀리까지 바라볼 수 있는 대(臺).

【望梅止渴一매지갈】wàng méi zhǐ kě 〈成〉매실을 상상하며 갈증을 풀다. 공상에 의해 자기 만족을 하다.

【望门一문】wàngmén 웹명망이 높은 집안.

【望门寡一문과】wàngménguǎ 웹망문 과부. 〔정혼한 남자가 죽어서 그대로 수절하는 과부〕

【望其项背一기향배】wàng qí xiàng bèi 〈成〉앞 사람의 목덜미와 등이 바라보이다. 남과 겨룰 수 있다.

【望日一일】wàngrì 웹보름달. 음력 매달 15일. (反)〔朔 shuò 日〕

【望文生义一문생의】wàng wén shēng yì 〈成〉글자만으로 억측하여 뜻을 오해하다.

【望闻问切一문문절】wàng wén wèn qiè 〈中医〉4진(四诊). 〔환자의 병세를 보고, 듣고, 문고, 맥을 짚어 보는 것〕

【望眼欲穿一안욕천】wàng yǎn yù chuān 〈成〉뚫어지게 바라보다. 간절히 기다리다.

【望洋兴叹一양흥탄】wàng yáng xīng tàn 〈成〉힘이 미치지 못함을 탄식하다. 자신의 능력부족을 개탄하다.

*【望远镜一원경】wàngyuǎnjìng 웹망원경.

【望月一월】wàngyuè 웹보름달. (同)〔满 mǎn 月〕, (反)〔缺 quē 月〕

【望子成龙一자성룡】wàng zǐ chéng lóng 〈成〉자식이 훌륭한 인물이 되기를 바라다.

【望子一자】wàng·zi 웹주점 등의 문전에 대나무에 걸어 세워 놓는 간판.

【望族一족】wàngzú 웹명망있는 집안. (同)〔华 huá 族〕, (反)〔寒 hán 族〕

【妄】 女部 | 망령될 **망**
　　　　 3画

1웹망령되다. 터무니없다. ◇狂～/분별없다. 망령스럽다. **2**웹함부로. 멋대로. ◇～作主张/함부로 주장하다.

【妄称一칭】wàngchēng 통되는 대로 말하다.

【妄动一동】wàngdòng 통망동하다. 경솔하게 행동하다. (同)〔妄举 jǔ〕, (反)〔慎行 shènxíng〕

【妄断一단】wàngduàn 통경솔하게 결론을 내리다.

【妄念一념】wàngniàn 웹망령된 생각.

【妄求一구】wàngqiú 통무리하게 요구하다.

【妄取一취】wàngqǔ 통허락없이 함부로 사

wàng~wēi 1014 [HSK] 甲(★)丙(☀) 乙(☆)丁(＊)

【妄人—인】wàngrén 图〈文〉무지하고 사리를 분별치 못하는 사람.

【妄说—설】wàngshuō 图함부로 말하다. 허튼 소리를 하다. (同)〔瞎 xiā 说〕, (反)〔慎言 shènyán〕

*【妄图—도】wàngtú 图…하려고 망상하다. ◇匪徒～逃窜 táocuàn/비적이 감히 도망치려하다.

【妄为—위】wàngwéi 图제멋대로 하다. 함부로 행동하다.

【妄下雌黄—하자황】wàng xià cíhuáng〈成〉함부로 문자를 고치다. (同)〔雌黄〕

*【妄想—상】wàngxiǎng 图망상(하다). 공상(하다). ◇～挽回败局/패한 국면을 만회하려는 망상을 하다.

【妄言—언】wàngyán 图图망언(을 하다). (同)〔妄语 yǔ〕, (反)〔实话 shíhuà〕

【妄语—어】wàngyǔ 图图망언(을 하다). (同)〔妄言 yán〕

【妄自菲薄—자비박】wàng zì fěibó〈成〉함부로 자신을 비하하다. (同)〔自轻自贱 zì qīng zì jiàn〕, (反)〔妄自尊大 wàng zì zūn dà〕

【妄自尊大—자존대】wàng zì zūn dà〈成〉주제넘게 잘난 체하다. (同)〔自高自大 zì gāo zì dà〕, (反)〔妄自菲薄 wàng zì fěi bó〕

★【忘】心部 wàng 3画 잃어버릴 망

图잊다. ◇我永远也～不了离家的那一天/나는 집을 떠난 그 날을 영원히 잊을 수 없다. (反)〔记 jì〕 主意밑'忘'은 단독으로 쓰이지 않고 뒤에 기타성분이 붙는다. 예컨대, '忘了(잊었다)', '没忘过(잊은 적이 없다)', '忘不了(잊을 수 없다)', 我的雨伞～在你这儿了(내 우산을 너 있는 데에 두고 왔어)', 등으로 쓰인다.

【忘本—본】wàng//běn 图근본을 잊다.

【忘不了—불료】wàng·bu liǎo 잊을 수 없다. 잊혀지지 않는다. (反)〔忘得 de 了〕

【忘掉—도】wàng/diào 图잊어버리다. 망각하다. (同)〔忘记 jì〕

【忘恩负义—은부의】wàng ēn fù yì〈成〉배은 망덕하다. (同)〔恩将仇报 ēn jiāng chóu bào〕, (反)〔感恩图报 gǎn ēn tú bào〕

【忘乎所以—호소이】wàng hū suǒ yǐ〈成〉너무 흥분하거나 우쭐하여 자기 주제를 잊어버리다. (同)〔忘其 qí 所以〕, (反)〔谦虚谨慎 qiān xū jǐn shèn〕

【忘怀—회】wànghuái 图잊다.

☆【忘记—기】wàngjì 图1잊어버리다. ◇我永不会～我们初次见面的那一天/나는 우리가 처음 만난 그날을 영원히 잊지 못할 것이다. 2소홀히 하다. 깜박 잊다. ◇～

了带笔记本/필기노트를 잊고 안 가지고 왔다. (同)〔忘掉 diào〕〔忘却 què〕, (反)〔记得 jìde〕 比교忘记:忘 결과보어의 앞에는 "忘记"를 쓰지 않는다. ◇多年不用, 学过的法语都(×忘记)忘光了/여러해 동안 쓰지 않자 배운 불어도 몽땅 잊어버렸다.

【忘年交—년교】wàngniánjiāo〈成〉나이 차이를 초월하여 친하게 사귐.

【忘情—정】wàngqíng 图1(주로 부정문에 쓰여) 무감각하다. 2감정을 억누를 수 없다.

*【忘却—각】wàngquè 图망각하다. 잊어버리다. (同)〔忘怀 huái〕〔忘记 jì〕

【忘我—아】wàngwǒ 图헌신하다. 자신을 희생하다. (同)〔无私 wúsī〕, (反)〔自私 zìsī〕

【忘形—형】wàngxíng 图1(우쭐대거나 흥분한 나머지) 자기 주제를 잊어버리다.

【忘性—성】wàng·xing 图건망증.

危 1014	委 1015	逶 1015	魏 1015	威 1015
葳 1015	偎 1015	煨 1015	微 1015	为 1016
违 1017	围 1017	圩 1017	桅 1018	惟 1018
唯 1018	帷 1018	维 1018	嵬 1018	伪 1019
伟 1019	苇 1019	纬 1019	尾 1019	娓 1020
艉 1020	委 1020	逶 1020	萎 1020	瘘 1020
鲔 1021	猥 1021	卫 1021	为 1022	未 1022
味 1023	位 1023	畏 1024	喂 1024	胃 1024
谓 1024	猬 1024	尉 1024	蔚 1024	慰 1024
魏 1025

wēi

【危】刀部 巳部 wēi 4画 4画 위태할 위

1图图위험(하다). 위태(롭다). ◇～难/위험과 재난. (反)〔安 ān〕 2图위태롭게 하다. 해치다. 3图위독하다. ◇～/죽음에 임박하다. 4图〈文〉높다. 5图〈文〉단정하다. 바르다. ◇正襟～坐/옷깃을 여미고 단정하게 앉다. 6图〈天〉28수(宿)의 하나. 7(Wēi)图성(姓).

【危城—성】wēichéng 图〈文〉1성벽이 높은 성. 2포위공격을 받아 곧 함락되려는 성.

【危殆—태】wēidài 图〈文〉(생명이나 사태가) 위태롭다. 위급하다.

【危笃—독】wēidǔ 图〈文〉위독하다.

☆【危害—해】wēihài 图해를 끼치다. 해치다. ◇～国际和平及安全/국제 평화와 안전에 해를 끼치다. (同)〔祸害 huò·hai〕, (反)〔造福 zàofú〕

【危机—기】wēijī 图1위기. 2〈經〉경제 공황. ◇能源～已引起全世界的关注/에너지 위기는 이미 전세계의 주목을 끌고 있다.

【危及—급】wēijí 图위험이 …에 미치다.

*【危急—급】wēijí 图위급하다. 급박하다. ◇

情況十分～/상황이 아주 위태롭다. (反)
〔安全 ānquán〕

【危局－국】wēijú 명위험한 국면. (反)〔优
势 yōushì〕

【危惧－구】wēijù 동두려워하다.

【危楼－루】wēilóu 명〈文〉매우 높은 건물.

【危难－난】wēinàn 명위험과 재난.

【危浅－천】wēiqiǎn 형〈文〉(생명이) 위독하다.

【危如累卵－여루란】wēi rú lěi luǎn 〈成〉쌓
아 올린 계란과 같이 몹시 위태롭다.
(同)〔危在旦夕 wēi zài dàn xī〕, (反)〔安
如磐石 ān rú pán shí〕

【危亡－망】wēiwáng 명위급존망. 죽느냐
사느냐 하는 위기.

★【危险－험】wēixiǎn 명형위험(하다). ◇冒
生命～/생명의 위험을 무릅쓰다. ◇～人
物/위험 인물. (同)〔危恶 è〕, (反)〔安全
ānquán〕 비교危险:险峻 산세가 험난한
것에는 '危险'이라 하지 않는다. ◇那是
一座(×危险)险峻的山峰，很少有人爬上
去/그것은 험준한 산 봉우리라 올라가는
사람이 드물다.

【危言耸听－언용청】wēi yán sǒng tīng 〈成〉
일부러 놀랄 만한 말을 하여 사람을 놀라
게 하다.

【危在旦夕－재단석】wēi zài dàn xī 〈成〉위
험이 눈앞에 닥쳤다. ⇒wǎi.

【危重－중】wēizhòng 형(병세가) 위독하다.
(同)〔危险 xiǎn〕, (反)〔安康 ānkāng〕

【危坐－좌】wēizuò 동〈文〉단정히 앉다.

【委】 禾部 女部 wēi
　　　 3画 3画 맡을 위 ⇒wěi

【委蛇－사】wēiyí 1형꾸불꾸불한 모양. 2동
따르다. 복종하다.

【逶】 辶部 wēi
　　　 8画 비틀거릴 위

【逶迤－이】wēiyí 형〈文〉(도로·강물 등이)
꾸불꾸불 길게 계속되는 모양.

【巍】 山部 wēi
　　　 17画 높을 외

형높고 큰 모양.

【巍峨－아】wēi'é 형산이나 건물이 높고 우
뚝 솟은 모양.

【巍然－연】wēirán 형1우뚝한 모양. 2(인물
이) 우뚝 선 모양.

【巍巍－외】wēiwēi 형높고 큰 모양.

【威】 戈部 女部 wēi
　　　 5画 6画 위엄 위

1명위세. 존엄. 위력. ◇～严/위엄. 2동위
협하다. 으르다.

【威逼－핍】wēibī 동위압하다. ◇那个人～
小李跟他走/그 사람은 자기를 따르라고
왕군을 위압했다.

*【威风－풍】wēifēng 1명위풍. 위엄. ◇～凛

凛/위풍 당당하다. 2형위풍이 있다. (反)
〔猥琐 wěisuǒ〕

【威吓－하】wēihè 동위협하다. 으르다.

*【威力－력】wēilì 명위력. ◇原子弹的～很大
/원자폭탄의 위력은 대단하다.

【威名－명】wēimíng 명대단한 힘 또는 무공
으로 이름을 날리는 사람. 명망있는 이름.

【威迫－박】wēipò 동협박하다. 위압하다.

【威权－권】wēiquán 명권위. 위력과 권세.

【威慑－섭】wēishè 동무력으로 위협하다.

【威士忌－사기】wēishìjì 명위스키(whisky).

【威势－세】wēishì 명위세.

*【威望－망】wēiwàng 명위엄과 명망. 위신.
◇他在文学界享有很高的～/그는 문학계
에서 높은 명망을 누리고 있다.

【威武－무】wēiwǔ 1명권세와 무력. 2형위
엄있고 씩씩하다.

*【威胁－협】wēixié 명동위협(하다).◇～世界
和平/세계평화를 위협한다.

【威信－신】wēixìn 명위신. 신망.

【威严－엄】wēiyán 1형으리으리하다. 위엄
있다. 2명위엄. 위풍.

【威仪－의】wēiyí 명위의. 엄숙한 용모와 장
중한 태도.

【嵬】 山部 wēi
　　　 9画 평평치아니할 외
⇒wǎi

【嵬嵬－외】wēiwéi 형〈文〉산이 높고 험하다.

【偎】 亻部 wēi
　　　 9画 사랑할 외
동(몸을) 바짝 붙이다.

【偎傍－방】wēibàng 동품속에 의지하다.

【偎依－의】wēiyī 동바짝 달라붙다.

【煨】 火部 wēi
　　　 9画 불에묻어구울 외
동1뭉근한 불에 익히다. 2(잿불 속에 묻
어) 굽다. ◇～白薯/고구마를 잿불에 넣
어 굽다.

【微】 亻部 wēi
　　　 10画 작을 미

1형작다. 잘다. ◇暖风～～地吹着，令我
陶醉/살며시 부는 따뜻한 바람이 나를
취하게 한다. 2양〈度〉미크론(∏micron).
(기본 단위의) 100만분의 1. 3동쇠하다.
떨어지다. ◇衰～/쇠미하다. 4형미묘하다.

【微波－파】wēibō 명〈物〉극초단파. 마이크
로웨이브(microwave).

【微薄－박】wēibó 형매우 적다. 근소하다.

*【微不足道－불족도】wēi bù zú dào 〈成〉하
찮아서 말할 가치도 없다. ◇～的损失/미
약한 손실. (同)〔无足轻重 wú zú qīng zh-
òng〕, (反)〔举足轻重 jǔ zú qīng zhòng〕

【微词－사】wēicí 명〈文〉외두른 비판. (反)
〔赞辞 zàn cí〕

【微辞一辞】wēicí〔同〕〔微词 cí〕

【微风一풍】wēifēng 图1미풍. 산들바람. (反)〔狂 kuáng 风〕2(기상학에서) 3급의 바람.

【微服一복】wēifú 图〈文〉미복하다. 사복을 입다.

*【微观一관】wēiguān 图〈物〉미시적. (反)〔宏 hóng 观〕

【微观世界一관세계】wēiguān shìjiè 图미시적 세계. 〔분자·원자·전자 등 미시적 물체의 영역〕

【微乎其微一호기미】wēi hū qí wēi〈成〉매우 미세하다. (反)〔数不胜数 shǔ bù shèng shǔ〕

【微贱一천】wēijiàn 图미천하다. (신분이) 낮다. (同)〔低 dī 贱〕, (反)〔尊贵 zūnguì〕

【微利一리】wēilì 图조그마한 이익.

【微粒一립】wēilì 图〈物〉미립자.

【微量元素一량원소】wēiliàng yuánsù 图〈化〉미량 원소.

【微茫一망】wēimáng 图〈文〉어슴푸레하다.

【微妙一묘】wēimiào 图미묘하다.

【微末一말】wēimò 图미세하다. 사소하다.

【微弱一약】wēiruò 图미약하다. 가냘프다. ◇呼吸~/호흡이 약하다. (同)〔虚弱 xūruò〕, (反)〔雄厚 xiónghòu〕

【微生物一생물】wēishēngwù 图미생물. 세균.

【微调一조】wēitiáo 图미조정(微调整).

【微微一미】wēiwēi 1图조금. 약간. ◇~一吸/살짝 빨다. ◇~一笑/살짝 웃다. (同)〔浅浅 qiǎnqiǎn〕, (反)〔深深 shēnshēn〕 圈교微微:轻轻 “微微”는 동사 “打”를 수식하지 않는다. ◇她在爸爸的背上(×微微)轻轻打了一下/그녀는 아빠의 등을 가볍게 한 대 때렸다. 2图미세하다. (同)〔微小 xiǎo〕

【微细一세】wēixì 图미세하다. (同)〔细微〕

**【微小一소】wēixiǎo 图아주 작다. ◇~的希望/아주 작은 소망. (同)〔细 xì 小〕, (反)〔巨大 jùdà〕

☆【微笑一소】wēixiào 图图미소(짓다). ◇孩子的~很招人喜爱/아이의 미소는 매우 귀엽다. ◇他~着点了点头/그는 미소지으며 고개를 끄덕였다.

【微行一행】wēixíng 图미행하다. 암행하다.

【微型一형】wēixíng 图소형(小型). ◇~电路/마이크로(micro) 회로. (同)〔小 xiǎo 型〕, (反)〔巨 jù 型〕

【微血管一혈관】wēixuèguǎn 图〈生理〉모세혈관.

【微言大义一언대의】wēi yán dà yì〈成〉함축된 말 속의 깊은 이치.

【微音器一음기】wēiyīnqì 图〈电〉마이크로폰. 마이크.

---

wéi

★【为·爲】 丶部 | wéi
3画 | 할 위

图1하다. 〔주로 4字 구조에 쓰임〕 ◇大有可~/발전의 여지가 많이 있다. ◇尽力而~/최선을 다하다. 2…이 되다. …으로 삼다. a)주로 ‘选…为…’나 ‘拜…为…’, ‘被选为…’ 등으로 쓰임. ◇选他一议员/그를 의원으로 선출했다. ◇被选~代表/대표로 선발되다. ◇青年演员拜老艺人~师/젊은 배우들은 나이든 예능인을 스승으로 모셨다. b)‘以…为…’의 격식으로 쓰임. ◇以这件事为例, 再加以说明, 就可以了/이 일을 예로 삼아 거기에다 설명을 하면 된다. 3…으로 변하다. …되다. ◇变不利~有利/불리한 것을 유리하게 만들다. 4…이(가)…이다. ◇练习会话, 四个人~一组/회화 연습은 4명이 한 조이다. (同)〔是 shì〕5비교문에 쓰임. 〔뒤에 1음절 형용사목적어가 옴〕◇朋友之间友情~重, 不要为一点小事伤了和气/친구 사이의 우정이 소중하니 사소한 일로 감정이 상하지 않도록 해라. 6囯…에 의해서 …가 되다. 〔주로 ‘为+명사+所+동사’의 격식으로 쓰임〕◇你要有主见, 不要~他的甜言蜜语所迷惑/네가 주견이 있어야지, 그의 달콤한 말에 미혹되지 마라. 7囯〈文〉(의문의 뜻으로 주로 ‘何’와 함께 쓰여) 어찌 …하느냐〔할 것인가〕? 8囯 단음절 형용사 뒤에 쓰여, 정도·범위를 나타내는 부사를 만듦. ◇大~高兴/아주 기뻐하다. 9囯정도를 나타내는 단음절 부사 뒤에 붙어서 어기를 강화시킴. ◇极~重大/극히 중대하다. ⇒wèi

【为非作歹一비작대】wéi fēi zuò dǎi〈成〉온갖 나쁜 짓을 저지르다. (同)〔胡作非为 hú zuò fēi wéi〕, (反)〔循规蹈矩 xún guī dǎo jù〕

【为富不仁一부불인】wéi fù bù rén〈成〉착취로 치부한 자는 마음씨가 모질다.

【为力一력】wéilì 图힘을 다하다〔쓰다〕. 힘써 도와주다.

**【为难一난】wéinán 图1난처하다. 곤란하다. ◇你这样做, 叫我很~/네가 이렇게 하면 나를 난처하게 만든다. 圈교为难:困难 사람을 난처하게 한다는 경우에는 ‘为难’을 써야 한다. ◇我的要求使妈妈很(×困难)为难/내 요구는 엄마를 난처하게 했다. 2괴롭히다. 못살게 굴다. ◇为这事儿我没~过谁/나는 이 일로 아무도 괴롭힌 적이 없다.

*【为期一기】wéiqī 图…을 기한으로 하다.

◇会议~三天/3일을 기한으로 하는 회의.

【为人一인】wéirén 몡사람 됨됨이. 인품.

【为生一생】wéishēng 동생업으로 하다.

【为时一시】wéishí 몡시간. 때. 시기.

【为时过早一시과조】wéi shí guò zǎo 〈成〉시기 상조.

✷✷【为首一수】wéishǒu 두목으로서. 우두머리로서. ◇犯罪团伙的~分子已补抓获/범죄집단의 두목이 이미 붙잡혔다.

【为数一수】wéishù 그 수량.

【为所欲为一소욕위】wéi suǒ yù wéi 〈成〉하고 싶은 대로 하다. 방자하게 굴다. (反)〔循规蹈矩 xún guī dǎo jù〕

【为伍一오】wéiwǔ 동동료〔한패〕가 되다. 동반자로 삼다.

✷✷【为止一지】wéizhǐ (주로 시간·진도 따위에 쓰여) …까지이다. ◇到目前为~, 报名的人已超过一千/현재까지 신청자는 이미 천 명이 넘었다.

【违·違】辶部 wéi
4画 어길 **위**
동1어기다. 위반하다. 2헤어지다. 떨어지다. ◇久~/오래간만입니다.

【违碍一애】wéi'ài 동위정자의 뜻을 거슬리다.

【违拗一요】wéi'ào 동(고의로) 상사·선배의 뜻을 거스르다. (同)〔违连 wǔ〕, (反)〔听从 tīngcóng〕

✷✷【违背一배】wéibèi 동어기다. 그러지다. ◇~自己的诺言/자신의 약속을 어기다.

✷【违法一법】wéi//fǎ 동위법하다. 법을 어기다. ◇~乱纪/법을 어기고 기강을 어지럽히다. (同)〔犯 fàn 法〕, (反)〔守 shǒu 法〕

☆【违反一반】wéifǎn 동(법규·규정 따위를) 위배하다. ◇我决不做与~原则的事/나는 원칙에 위배되는 일을 결코 안 한다. (同)〔触犯 chùfàn〕, (反)〔符合 fúhé〕

✷【违犯一범】wéifàn 동위반하다. ◇~宪法/헌법을 위반하다.

【违和一화】wéihé 동〈婉〉병을 앓다.

【违禁一금】wéijìn 동금령을 어기다.

【违抗一항】wéikàng 동거스르다. 거역하다. (反)〔遵从 zūncóng〕

【违例一례】wéilì 동규칙에 어긋나다〔위반되다〕.

【违忤一오】wéiwǔ 동〈文〉거스르다. 거역하다.

【违误一오】wéiwù 동명령을 어겨 지연시키다. 〔공문서에 사용함〕

【违心一심】wéixīn 동본심에 어긋나다.

【违约一약】wéi//yuē 동약속을 어기다. 위약하다. (同)〔背 bèi 约〕, (反)〔守 shǒu 约〕

【违章一장】wéi//zhāng 동법규를 위반하다.

【围·圍】口部 wéi
4画 에워쌀 **위**
1동둘러싸다. 빙 두르다. ◇看熊猫表演的

人把场地~得水泄不通/팬더의 공연을 구경하는 사람들이 공연장을 물샐틈 없이 에워쌌다. 2명둘레. 주위. 3명물체의 주위의 길이. ◇腰~/허리둘레 치수. 4명집게뼘. 〔엄지손가락과 집게손가락을 벌린 길이로, 다섯 치〔寸〕에 해당함〕 5명아름. 〔두 팔로 안은 만큼의 길이〕

【围脖儿一발아】wéibór 명〈方〉목도리. 머플러. 〔同〕〔围巾 jīn〕

【围捕一포】wéibǔ 동포위하여 잡다.

【围场一장】wéichǎng 명(옛날, 주위를 둘러 막은) 황제나 귀족전용 사냥터.

【围城一성】wéi//chéng 1동도시를〔성을〕포위하다. 2(wéichéng)명포위된 도시〔성〕.

✷【围攻一공】wéigōng 명포위 공격(하다). ◇他在会上多次遭到~/그는 회의에서 여러번 공격을 받았다.

【围击一격】wéijī (同)〔围攻 gōng〕

【围歼一섬】wéijiān 동포위 섬멸하다.

【围剿一초】wéijiǎo 동포위 토벌하다.

✷【围巾一건】wéijīn 명목도리. 스카프.

【围垦一간】wéikěn 동〈農〉간척하다.

【围困一곤】wéikùn 동〈軍〉적을 포위하여 곤경에 빠뜨리게 하다. (同)〔包 bāo 围〕, (反)〔解 jiě 围〕

【围猎一렵】wéiliè 동포위하고 몰아서 사냥하다.

【围拢一롱】wéilǒng 동에워싸다. 사방으로 한 곳으로 모여들다. 빙 둘러 싸다.

【围屏一병】wéipíng 명병풍.

✷【围棋一기】wéiqí 명바둑.

【围墙一장】wéiqiáng 명엔담. 둘러싼 담.

【围裙一군】wéiqún 명앞치마.

☆【围绕一요】wéirào 동1둘러싸다. 주위〔둘레〕를 돌다. ◇飞机~着出事地点盘旋/비행기가 사고지점 주위를 빙빙 돌고 있다. 2(시간이나 일 또는 문제를) 둘러싸다. ◇~中心任务安排其他工作/핵심 임무를 중심으로 기타 업무를 배정한다.

【围魏救赵一위구조】wéi Wèi jiù Zhào 〈成〉포위군의 근거지를 공격하여 아군의 포위를 풀게 만들다.

【围桌一탁】wéizhuō 명탁자 앞에 둘러친 테이블 보.

【围子一자】wéi·zi 1명(돌이나 흙으로 쌓은) 보루〔담〕. 2명저습지(低湿地)를 둘러싼 제방(堤防). (同)〔圩 wéi 子〕3(同)〔帷 wéi 子〕

【围嘴儿一취아】wéizuǐr 명(유아용의) 턱받이.

【圩】土部 wéi
3画 방축 **우**
명1저습지를 둘러 쌓은 제방. 2제방(堤防)으로 둘러싸인 토지.

【圩田一전】wéitián 명둑으로 둘러싸인 논밭.

【圩垸－완】wéiyuàn 명(하천·호수에 가까운) 저지대를 둘러싸고 있는 제방.

【圩子－자】wéi·zi 명1저지대를 둘러싼 제방. 2(촌락을 둘러싼) 울 같은 것.

【桅】 木部 | wéi
6画 | 돛대 외
명돛대. ◇船～/돛대.

【桅灯－등】wéidēng 1명돛대 위에 단 신호등. 2(同)〔马 mǎ 灯〕

*【桅杆－간】wéigān 명돛대.

【桅樯－장】wéiqiáng (同)〔桅杆 gān〕

【惟】 忄部 | wéi
8画 | 오직 유
1(부)다만. 홀로. ◇～一/유일하다. 2(접)그러나. ◇他学习很好，～身体稍差/그는 공부는 잘하지만 건강이 좀 나쁘다. 3조〈文〉연월일(年月日) 앞에 오는 문어조사(文語助詞). ◇～二月既望/때는 2월 16일. 4동생각하다. ◇思～/사유 (하다). 〔지금은 주로 '思维'로 씀〕

*【惟独－독】wéidú (부)다만. ◇别的事还可以放一放，～这件事必须赶快做/다른 일은 제쳐두어도 상관없지만 유독 이 일은 반드시 빨리 처리해야 한다.

【惟恐－공】wéikǒng 동다만 …일까봐 걱정이다. ◇晚会都进行一个多小时了，我～你不来，耽误了表演/저녁 공연이 벌써 1시간 남짓 진행됐는데 나는 다만 네가 오지 않아 공연에 지장을 줄까봐 걱정했다.

【惟利是图－리시도】wéi lì shì tú〈成〉오로지 이익만 꾀하다.

【惟妙惟肖－묘묘초】wéi miào wéi xiào〈成〉모방이나 묘사가 실제와 아주 가깝다.

【惟命是听－명시청】wéi mìng shì tīng〈成〉시키는 대로 다 하다. 절대 복종하다.

【惟其－기】wéiqí (접)〈文〉…때문에.

【惟我独尊－아독존】wéi wǒ dú zūn〈成〉유아독존.

*【惟一－일】wéiyī (형)유일한. 오직 하나뿐인. ◇他是我～的亲人/그는 나의 유일한 가족이다.

【唯有－유】wéiyǒu 1(부)단지 …만이. ◇大家都来了，～小李没参加这个活动/모두들 왔는데 이군만 이 행사에 참석치 않았다. 2(접)…이어야만. 〔'才'와 결합하여 앞의 내용이 뒷내용의 유일 조건임을 나타냄〕 ◇～努力学习才能取得好成绩/열심히 공부해야만이 좋은 성적을 얻을 수 있다.

【唯】 口部 | wéi
8画 | 오직 유
(同)〔惟 wéi 1〕

【唯物辩证法－물변증법】wéiwù biànzhèngfǎ 명〈哲〉유물변증법.

*【唯物论－물론】wéiwùlùn 명〈哲〉유물론.

【唯物史观－물사관】wéiwù- shǐguān 명〈史〉유물사관.

*【唯物主义－물주의】wéiwù zhǔyì 명〈哲〉유물주의.

【唯心论－심론】wéixīnlùn 명〈哲〉유심론. 관념론.

【唯心史观－심사관】wéixīn shǐguān 명〈史〉유심사관.

*【唯心主义－심주의】wéixīn zhǔyì 명〈哲〉유심주의.

【帷】 巾部 | wéi
8画 | 휘장 유
명막. 휘장. 장막.

【帷幔－만】wéimàn (同)〔帷幕 mù〕

【帷幕－막】wéimù 명막. 휘장. 장막.

【帷幄－악】wéiwò 명〈文〉군막(軍幕). 군용 텐트.

【帷子－자】wéi·zi 명장막. 휘장.

【维·維】 纟部 | wéi
8画 | 맬 유
1동잇다. 연결하다. ◇～系/관계를 유지하다. 2동유지하다. 보존하다. ◇～持/유지하다. 3동생각하다. 사고하다. 〔惟 wéi 3과 통용〕 4(Wéi) 명성(姓).

*【维持－지】wéichí 동1유지하다. ◇～一家人吃穿是不容易的/한 가족을 먹여살리는 일은 쉬운 것이 아니다. 2보호하다. ◇亏他暗中～，才得以平安无事/그가 암암리에 지켜준 덕분에 아무 일도 없을 수가 있었다.

☆【维护－호】wéihù 동지키다. 옹호하다. ◇大家努力～世界和平/모두들 세계평화를 옹호하려고 노력한다. (同)〔保 bǎo 护〕, (反)〔触犯 chùfàn〕

【维纶－론】wéilún 명〈纺〉비닐론(Vinylon).

【维棉布－면포】wéimiánbù 명〈纺〉비닐론과 면(綿)의 혼방 섬유로 짠 천.

*【维生素－생소】wéishēngsù 명비타민.

【维他命－타명】wéitāmìng (同)〔维生 shēng 素〕

【维吾尔族－오이족】Wéiwú'ěrzú 명〈民〉위구르족. 중국 신강(新疆) 자치구에 거주하는 소수 민족의 하나.

【维系－계】wéixì 동(관계를) 유지하다. 잡아매다.

【维新－신】wéixīn 1동유신하다. 정치를 새롭게 하다. 2명유신.

*【维修－수】wéixiū 동(기계 따위를) 손질하다. 수리하여 유지하다. ◇～汽车/자동차를 수리하다.

【维族－족】Wéizú (同)〔维吾 wú 尔族〕

【嵬】 山部 | wéi
9画 | 산뾰족할 외
명〈文〉높고 크다. 우뚝하다.

W

【嵬嵬－외】wéiwéi 웹〈文〉높고 큰 모양.

wěi

【伪·僞】 亻部 | wěi
4画 | 거짓 위
1웹거짓(의). 가짜의. (反)〔真 zhēn〕
◇～钞/위조 지폐. 2웹비합법적인. ◇～
政府/비합법적인 정부. 괴뢰 정부.
【伪钞－초】wěichāo 웹위조 지폐. 가짜 돈.
【伪君子－군자】wěijūnzǐ 웹위선자. (反)〔真
zhēn 君子〕
【伪善－선】wěishàn 웹위선적이다. (反)〔真
诚 chéng〕
【伪书－서】wěishū 웹거짓으로 진본처럼
꾸민 책.
【伪托－탁】wěituō 통(저술·작품에서) 남
의 이름을 빌다.
*【伪造－조】wěizào 웹통위조(하다). 날조
(하다). ◇～证件/증명서를 위조한다. ◇
～历史/역사를 날조한다.
【伪证－증】wěizhèng 웹〈法〉위증.
【伪装－장】wěizhuāng 1웹통가장(하다). 2
웹통〈軍〉위장(하다).
【伪足－족】wěizú 웹〈生〉위족. 헛발.
【伪作－작】wěizuò 웹위작.

【伟·偉】 亻部 | wěi
4画 | 클 위
웹1위대하다. ◇～雄/웅장하다. 2뛰어나
다. 훌륭하다.
【伟岸－안】wěi'àn 1웹위용이 있다. 장대하
다. 2웹위용. ‖(同)〔魁梧 kuí·wú〕, (反)
〔瘦小 shòuxiǎo〕
★【伟大－대】wěidà 웹위대하다. ◇～的胜利
/위대한 승리. (反)〔藐小 miǎoxiǎo〕 비교
伟大:巨大 "伟大"는 물체나 비용 등의
규모나 수량이 클 경우에 쓰이지 않는
다. ◇(×伟大)巨大的厂房矗立在荒野上/
거대한 공장건물이 허허벌판에 우뚝 서
있다.
【伟绩－적】wěijì 웹위대한 업적〔공적〕.
【伟力－력】wěilì 웹위력. 거대한 힘.
【伟论－론】wěilùn 웹탁월한 이론.
【伟人－인】wěirén 웹위인. 위대한 사람.
(反)〔庸 yōng 人〕
【伟业－업】wěiyè 웹위업. 위대한 업적.

【苇·葦】 艹部 | wěi
4画 | 갈대 위
웹〈植〉갈대.
【苇箔－박】wěibó 웹갈대발.
【苇荡－탕】wěidàng 웹갈대가 서식하는 얕
은 호수.
【苇塘－당】wěitáng 웹갈대밭.
【苇子－자】wěi·zi 웹〈植〉갈대.

【纬·緯】 纟部 | wěi
4画 | 씨 위
웹1씨. 씨실. 직물의 가로 짜인 실이나
선(線). (反)〔经 jīng〕경·/직물의 날
과 씨. 2〈地〉위도(緯度). ◇南～/남위.
3위서(緯書).
【纬度－도】wěidù 웹〈地〉위도. (反)〔经 jī
ng 度〕
【纬纱－사】wěishā 웹〈紡〉씨실.
【纬书－서】wěishū 웹위서.
【纬线－선】wěixiàn 웹1〈紡〉(방적 때의) 씨
실. 2〈地〉위선.

*【尾】 尸部 | wěi
4画 | 꼬리 미
1웹꼬리. ◇虎头蛇～/용두사미. 2〈天〉
미수(尾宿). 28수(宿)의 하나. 3웹끝.
말단. ◇从头到～/처음부터 끝까지. 4웹
중요 부분 이외의 것. ◇事情该收～了/일
을 마무리할 때가 되었다. 5웹물고기를
세는 양사. ◇一～鱼/물고기 한 마리. ⇒
yǐ
☆【尾巴－파】wěi·ba 웹1〈生〉꼬리. 꽁지. ◇
猴子～/원숭이 꼬리. 2(물건의) 꼬리 부
분. 끝. ◇飞机～/비행기의 꼬리. 3(일
따위의) 뒤끝. ◇彻底平反冤案, 不要留～
/억울한 사건을 철저히 바로 잡고 뒤끝
을 남기지 말아라. 4미행자. ◇甩掉～/미
행을 따돌리다. 5추종자. ◇你为什么老做
别人的～, 难道自己一点主见也没有?/당
신은 어째서 늘 남의 추종자만 되는 것입
니까, 그래 자신의 주관이 하나도 없단
말입니까?
【尾大不掉－대불도】wěi dà bù diào 〈成〉하
부 조직이 비대하여 지휘·지도가 어렵다.
(反)〔如臂使指 rú bì shǐ zhǐ〕
【尾灯－등】wěidēng 웹(자동차·열차의) 미등.
【尾骨－골】wěigǔ 웹〈生理〉꼬리뼈.
【尾花－화】wěihuā 웹(신문이나 책에서 글
의 말미의 빈곳에 넣는) 컷.
【尾鳍－기】wěiqí 웹꼬리지느러미.
【尾欠－흠】wěiqiàn 웹통일부 미상환분이
있다.
【尾声－성】wěishēng 웹1남곡(南曲)·북곡
(北曲)에서 마지막으로 연주되는 곡〔가
락〕. 2〈音〉코다(coda). 결미. 3(문학 작
품의) 종장. 에필로그. 4〈轉〉(사건〔활동〕
의) 종결단계. (同)〔末 mò 尾〕, (反)〔前
奏 qiánzòu〕
【尾数－수】wěishù 웹1〈數〉소숫점 이하의
수. 2(결산 장부상의) 우수리. 3끝자리수.
【尾随－수】wěisuí 통뒤를 따르다. 뒤따라
가다. (反)〔超前 chāoqián〕
【尾蚴－유】wěiyòu 웹〈虫〉흡충류의 유충.
【尾追－추】wěizhuī 통뒤쫓다. (反)〔逃走 t-

W

áozǒu]

【尾子—자】wěi·zi 〈방〉1(일·사물의) 끝부분. 끄트머리. 2(계산상의) 나머지. 우수리.

【娓】女部 | wěi
　　　7画 | 아름다울 미

【娓娓—미】wěiwěi 〈형〉(이야기가) 흥미 진진하다. 감칠맛이 있다. ◇她说的故事～大家都不走/그녀가 말한 이야기가 감칠맛이 있어 모두들 자리를 뜨지 않았다.

【艉】舟部 | wěi
　　　7画 | 고물 미
〈명〉(배의) 고물.

【委】禾部 | 女部 | wěi
　　　3画 | 5画 | 맡을 위
1〈동〉(일을) 맡기다. 위임하다. ◇～托/위탁한다. ◇党～/당위원(회). 2〉포기하다. 버리다. ◇～弃/저버리다. 3〈동〉(죄 따위를) 전가시키다. 덮어 씌우다. ◇～过/실수를 전가시키다. 4〈명〉위원(회). 5〉꾸불꾸불하다. 6〈동〉〈문〉쌓이다. ◇～积/쌓아 올리다. 7〈명〉〈문〉(물의) 하류(下流). 말미(末尾). ◇穷源竟～/사물의 근원과 그 결말을 밝혀내다. 8〈동〉시들다. 풀이 죽다. 9〈부〉〈문〉확실히. 틀림없이. ◇～系实情/확실히 사실이다. ⇒wēi

【委顿—돈】wěidùn 〈형〉지치다. 쇠하다.

【委过—과】wěiguò 〈동〉잘못을 남에게 전가하다. (同)〔诿 wěi 过〕

【委决不下—결불하】wěi jué bù xià 주저하여 결단을 내리지 못하다.

【委靡—미】wěimǐ 〈형〉기운이 없다. 맥이 빠지다.

【委靡不振—미불진】wěi mǐ bù zhèn 〈成〉풀이 죽어 처지다.

【委派—파】wěipài 〈동〉임명 파견하다. (反)〔罢免 bàmiǎn〕

【委曲—곡】wěiqū 1〈형〉(곡조·도로 등이) 구불구불하다. 2〈명〉(상황의) 내력. 경위.

【委曲求全—곡구전】wěi qū qiú quán 〈成〉자기 주장을 잠시 굽혀 전체의 일이 잘 되게 하다. (反)〔宁死不屈 níng sǐ bù qū〕

＊＊【委屈—굴】wěi·qu 1〈형〉(억울한 죄나 부당한 대우를 받아) 억울하다. 원망스럽다. ◇孩子～地向大人诉说事情的经过/애는 억울해하며 어른에게 자초지종을 하소연한다. 비교委屈:冤枉 "委屈"는 보어로 쓰지 않는다. ◇她的儿子死得太(×委屈)冤枉了/그녀의 아들은 너무 억울하게 죽었다. 2〈동〉억울하게 하다. 억울한 일을 당하게 하다. ◇不能再呆在这儿继续～下去了/여기서 더이상 억울한 일을 당하며 있을 수 없다.

【委任—임】wěirèn 1〈동〉위임하다. 맡기다. (同)〔任命 mìng〕, (反)〔撤职 chèzhí〕 2〈동〉

〈史〉신해(辛亥)혁명부터 중화 인민 공화국 성립 이전까지 있었던 중국의 말단 문관(文官).

【委身—신】wěishēn 〈동〉〈文〉(부득이 하여) 몸을 맡기다.

【委实—실】wěishí 〈부〉확실히. 실제로.

【委琐—쇄】wěisuǒ 〈文〉1〉작은 일에 구애되다. 2(同)〔猥 wěi 琐〕

＊＊【委托—탁】wěituō 〈동〉부탁(하다). 맡기다. ◇～他负责这项工作/그에게 이 일을 책임지도록 맡겼다. 비교委托:嘱咐 자신의 일을 남에게 부탁하여 처리하는 것이 아니면 "委托"를 쓰지 않는다. ◇第二天我给女儿打了个电话，(×委托)嘱咐她好好休息/이튿날 난 딸에게 전화를 해 푹 쉬라고 당부했다.

【委婉—완】wěiwǎn 〈형〉(말이) 완곡하다. (同)〔婉转 zhuǎn〕, (反)〔直截 zhíjié〕

☆【委员—원】wěiyuán 1〉위원. 2〉옛날, 특별 임무를 띠고 파견된 관리.

【委员会—원회】wěiyuánhuì 〈명〉위원회.

【委罪—죄】wěizuì 〈동〉죄를 남에게 덮어 씌우다. (同)〔诿 wěi 罪〕

【诿·諉】讠部 | wěi
　　　8画 | 핑계할 위
〈동〉(책임이나 잘못 등을) 남에게 덮어 씌우다. ◇推～/책임을 남에게 떠넘기다.

【诿过—과】wěiguò 〈동〉잘못을 남에게 전가하다. (同)〔委 wěi 过〕

【诿卸—사】wěixiè 〈동〉책임을 회피하다.

【诿罪—죄】wěizuì 〈동〉죄를 남에게 전가하다. (同)〔委 wěi 罪〕

【萎】艹部 | wěi
　　　8画 | 이울 위
1〈동〉(식물이) 시들다. ◇～谢/시들어 떨어지다. 2쇠하다. 시들해지다. 〔구어에서는 'wēi'라고 발음함〕 ◇价钱～下来了/가격이 내렸다.

【萎落—락】wěiluò 〈동〉1시들어 떨어지다. 2쇠하다. 기울다.

【萎靡—미】wěimǐ 〈형〉원기가 없다. 맥이 빠지다. (同)〔委靡〕, (反)〔振奋 zhènfèn〕

【萎蔫—언】wěiniān 〈동〉물기 부족으로 식물이 시들다. (同)〔枯 kū 萎〕, (反)〔盛开 shèngkāi〕

【萎缩—축】wěisuō 〈동〉1(식물이) 시들어 오그라들다. (몸이) 위축되다. 2(경제가) 쇠퇴하다. 활기를 잃다. ◇最近东南业地区经济～/근래 동남아지역 경제가 활기를 잃었다. (同)〔凋敝 diāobì〕, (反)〔繁荣 fánróng〕

【萎谢—사】wěixiè 〈동〉시들어 떨어지다.

【痿】疒部 | wěi
　　　8画 | 습병 위

卫生间

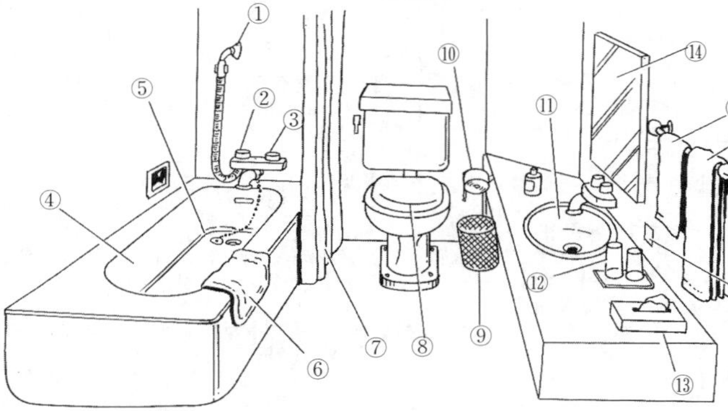

①莲蓬头 liánpengtóu
②水龙头 shuǐlóngtóu
③热水龙头 rèshuǐ lóngtóu
④浴缸 yùgāng
⑤浴缸塞子 yùgāng sāizi
⑥地巾 dìjīn
⑦塑料帘子 sùliào liánzi
⑧抽水马桶 chōushuǐ mǎtǒng
⑨纸篓儿 zhǐlǒur
⑩卫生纸 wèishēngzhǐ
⑪洗脸池 xǐliǎnchí
⑫玻璃杯 bōlibēi
⑬擦手纸 cāshǒuzhǐ
⑭镜子 jìngzi
⑮洗浴巾 xǐyùjīn
⑯浴巾 yùjīn
⑰插座 chāzuò

[명]〈中醫〉신체의 한 부분이 위축하여 기능을 상실하는 병.

【鲔·鮪】 鱼部 6画 | wěi 상어 **유**

[명]〈魚介〉**1**다랑어. 참치. **2**고서(古書)에서는 '鲟 xún 鱼'(철갑상어)를 가리킴.

【猥】 犭部 9画 | wěi 더러울 **외**

[형]**1**잡다하다. **2**천하다. 상스럽다.

【猥词—사】wěicí (同)〔猥辞 cí〕

【猥辞—사】wěicí [명]저속한 말. 음란한 말.

【猥獕—쵀】wěicuī [형]〈早白〉몰골 사납다.

【猥劣—열】wěiliè [형]〈文〉비열하다.

【猥陋—루】wěilòu [형]〈文〉야비하다.

【猥琐—쇄】wěisuǒ [형](용모·거동이) 곰상스럽다. (反)〔英俊 yīngjùn〕

【猥亵—설】wěixiè **1**[형](언행이) 외설하다. 음란하다. **2**[동]외설행위를 하다.

wèi

【卫·衛】 卩部 1画 | wèi 막을 **위**

1[동]지키다. 방위하다. ◇保家~国/집을 지키고 나라를 지킨다. **2**[명]〈史〉명대(明代)에 요충에 설치한 군영(軍營). **3**(Wèi) [명]〈地〉주대(周代)의 나라 이름. **4**성(姓).

【卫兵—병】wèibīng [명]〈軍〉경비병.

【卫道—도】wèidào [동]낡은 가치체계를 지키다. 전통적인 사상을 옹호하다.

【卫队—대】wèiduì [명]〈軍〉경비대. 경호대.

【卫护—호】wèihù [동]보호하다. 지키다. (同)〔保 bǎo 护〕, (反)〔损害 sǔnhài〕

【卫冕—면】wèimiǎn [동]〈體〉타이틀 방어에 성공하다. 챔피온 자리를 지키다.

☆【卫生—생】wèishēng **1**[형]청결하다. 위생적이다. ◇这个食堂很~/이 식당은 매우 위생적이다. [비교]卫生:干净 질병예방과 건강과 관련 없는 것에는 "卫生"을 쓰지 않는다. ◇那条路不(×卫生)干净/그 길이 깨끗하지 않다. **2**[명]위생. 청결. ◇四周都是沙漠, 喝水都很困难, 哪还讲得了~/사방이 모두 사막이라 물 마시는 것조차 어려운데 어찌 위생을 따질 수 있겠소.

【卫生带—생대】wèishēngdài [명]생리대. (同)〔卫生棉 mián〕

【卫生间—생간】wèishēngjiān [명](여관·호텔·주택 등에서) 세면실. 화장실. 〔위생설비가 갖추어진 방〕

【卫生裤—생고】wèishēngkù [명]〈方〉내복 바지. (同)〔绒 róng 裤〕

【卫生球—생구】wèishēngqiú (~儿)[명]〈化〉공모양의 나프탈린.

【卫生设备—생설비】wèishēng shèbèi [명]위생시설. 〔수세식 변기 욕조·세면기 등을 말함〕

【卫生衣－생의】wèishēngyī 图〈方〉메리야스. 내복. (同)〔绒 róng 衣〕

【卫生员－생원】wèishēngyuán 图(단기 의료교육을 받은) 위생병.

【卫生纸－생지】wèishēngzhǐ 图1화장지. 휴지. 2위생대 안쪽에 덧대는 종이 패드.

【卫士－사】wèishì 图1〈军〉근위병. 호위병. 2경호원.

【卫戍－수】wèishù 图(주로 수도를) 병력으로 지키다.

☆【卫星－성】wèixīng 图1〈天〉위성. ◇木星有几个~?/목성은 몇 개의 위성이 있나요? 2위성처럼 다른 중심적인 것의 주위에 위치한 것. ◇~城市/위성 도시.

【卫星城－성성】wèixīngchéng 图위성 도시.

★【为·爲】 丶部 wèi
3画 할 위

1图〈文〉돕다. 2劢…을 위하여. …을 대신하여. ◇我~他办了点儿事儿, 心里很痛快/나는 그를 위해 일처리를 좀 해주니 가슴이 후련하다. (同)〔给 gěi〕, 〔替 tì〕 团团为:对 동작행위의 대상에 쓰일 때는 '…을[로] 향하다', '…에게'의 뜻이 있으면 '为'를 쓰지 않는다. ◇研究中国社会的发展, (×为)对周围国家很重要/중국 사회의 발달을 연구하는 것은 주변 국가에게 무척 중요하다. 3劢…때문에. ◇~我们的友谊干杯!/우리의 우정을 위해 건배합시다! 〔목적을 나타냄〕 4劢…때문에. ◇~何?/왜? ⇒wéi

【为此－차】wèicǐ 웹이 때문에. 이를 위하여. ◇~而作种种努力/이것 때문에 많은 노력을 기울였다.

【为的是－적시】wèi·deshì …를 위해서다. ◇他打工~妹妹能继续上大学/그가 아르바이트하는 것은 여동생이 계속 대학을 다닐 수 있게 하기 위해서이다.

【为…而…－이…】wèi…ér… …을 위하여 …하다. 〔'为'는 목적이나 원인을 나타냄〕 ◇~世界的和平一/奋斗终身/세계의 평화를 위해 평생 분투하겠다.

＊【为何－하】wèihé 무엇 때문에. 왜. ◇~一言不发?/왜 한 마디도 하지 않아요?

【为虎傅翼－호전익】wèi hǔ fù yì〈成〉범에게 날개를 달아주다. 악당을 도와 그 위세를 더해주다.

【为虎作伥－호작창】wèi hǔ zuò chāng〈成〉나쁜 사람의 앞잡이가 되어 나쁜 짓을 하다.

★【为了－료】wèi·le 劢1…을 위하여. 〔동작행위의 목적이나 동기를 나타냄〕 ◇~学好汉语, 他想了不少办法/그는 중국어를 잘 배우기 위해서 많은 방법을 강구했다.

2…때문에. ◇大家都~你考上大学而高兴/사람들은 모두 네가 대학에 합격한 것을 기뻐하고 있다. 团团为了:因为 "为了…"는 문두에 잘 쓰이지 않는다. ◇(×为了)因为天气不好, 路上行人很少/날씨가 좋지 않기 때문에 길에는 사람이 별로 없다.

【为…起见－…기견】wèi…qǐjiàn …하기 위하여. …을 목적으로. ◇~方便大家借阅起见, 阅览室延长了开放时间/여러 사람들의 열람편의를 위해서 열람실의 개방시간을 연장하였다.

【为人作嫁－인작가】wèi rén zuò jià〈成〉남의 시집 갈 옷을 짓다. 헛되이 남 좋은 일을 하다.

★【为什么－십마】wèi shén·me 떼무엇 때문에. 왜. 〔원인 또는 목적을 물음〕 ◇你~没来?/넌 어째서 오지 않았니? ◇我不知道~, 心里直害怕/무엇 때문인지 모르지만, 난 마음속에서 계속 두려움을 느꼈다.

【为渊驱鱼, 为丛驱雀－연구어, 위총구작】wèi yuān qū yú, wèi cóng qū què〈成〉자기에게 불리하게 만들다. 자기 편이 될 수 있는 사람도 적으로 몰아주다.

【为…着想－…착상】wèi…zhuóxiǎng …를 생각해주다. …을 위하다. ◇我也是为你着想/나도 너를 위해 생각해 준 것이다.

【为着－착】wèi·zhe 劢…을 위하여.

☆【未】 木部 wèi
1画 아닐 미

1图아직 …하지 않다. ◇墨迹~干, 对方就撕毁了合同/먹물이 마르기도 전에 상대방이 계약을 파기했다. (同)〔没 méi〕, (反)〔已 yǐ〕 2图…이 아니다. ◇~便/~하기 곤란하다. ◇~知可否/가부를 모르겠다. 3图12지지(地支)의 여덟째. →〔干 gān 支〕

＊＊【未必－필】wèibì 图반드시 …한 것은 아니다. 꼭 …이라고는 할 수 없다. 〔뒤에 '就'와 자주 연용함〕 ◇虽然这盘棋形势对你不利, 但也~就输给他/이번 바둑 형세는 네게 불리하지만 그에게 꼭 진다고는 할 수 없다. (反)〔必然 rán〕

【未便－편】wèibiàn …하기 불편하다. …하기 힘들다. ◇~立即答复/금방 대답하기 곤란하다.

【未卜先知－복선지】wèi bǔ xiān zhī〈成〉점을 치지 않고 앞일을 알다. 선견지명이 있다.

【未曾－증】wèicéng 图일찍이 …해본 적이 없다. ◇~听说过/들어본 적이 없다. 〔'没有'의 부정형임〕 (同)〔不 bù 曾〕, (反)〔曾经 jīng〕

【未尝－상】wèicháng 图1일찍이 …한 적이 없다. 〔주로 문어에 씀〕 ◇~参观过深圳

特区的人，值得去看看/심천특구를 아직 견학치 못한 사람은 가볼 만하다. **2**(결코)…이 아니다. 〔'不'나 '没有' 등 부정 부사 앞에 쓰여 2중부정 형식으로 긍정을 나타내고 어기가 완곡해짐〕◇你的文章写得不错，也～没有缺点/너는 글을 잘 썼지만 결점이 없는 것은 아니다.

【未婚夫－혼부】wèihūnfū 〖명〗(남자)약혼자.

【未婚母亲－혼모친】wèihūn mǔqīn 미혼모.

【未婚妻－혼처】wèihūnqī 약혼녀.

【未几－기】wèijǐ 〈文〉**1**〖머지 않아. 이윽고. ◇他～就离京出国了/그는 이윽고 북경을 떠나 출국했다. (同)〔不 bù 久〕**2**〖많지 않다. ◇不多 duō〕

【未竟－경】wèijìng 〖형〗미완의.

【未决犯－결범】wèijuéfàn 〖명〗〈法〉미결수.

【未可厚非－가후비】wèi kě hòu fēi 〈成〉〔결점은 있으나 바좉을 수 있다.

☆【未来－래】wèilái 〖명〗**1**조만간. 〔곧 도래할 시간을 가리킴〕◇～的几天天气可能有变化/며칠은 날씨가 달라질지 모른다. **2**미래. ◇这就是她～的丈夫/이 사람은 바로 장래 그녀의 남편이다. (同)〔将 jiāng 来〕, (反)〔过去 guòqù〕

【未了－료】wèiliǎo 〖동〗아직 끝나지 않다. ◇这有道手续～/아직 수속 하나가 끝나지 않았다.

☆【未免－면】wèimiǎn 〖부〗**1**아무래도 …을 면치 못하다. …인 듯하다. 〔앞에서 제시하는 상황이 알맞지 않아 완곡한 비평의 의미가 내포되어 있음. '太', '有点', '有些' 등과 호응됨〕◇你们的要求～有点过分/너희들의 요구는 좀 지나친 듯하다. 〖주의〗'未免' 앞에는 '可能'을 쓰지 않음. ◇我看的这本书生词太多，(×可能)未免太难了/내가 본 이 책은 새단어가 너무 많아 너무 어려운 것 같다. 〖비교〗未免:以免:难免 ①"未免"은 접속사로 쓰이지 않는다. ◇外边很冷，你出去的时候多穿一点(×未免)以免感冒/밖에 날씨가 추우니 네가 나갈 때 감기걸리지 않게 옷을 더 입어라. ②피할 수 없는 경우에는 "未免"을 쓰지 않는다. ◇如果你每天不来上课(×未免)难免不及格/네가 매일 수업에 나오지 않는다면 F학점을 피할 수 없다. **2**꼭(불가피하게)…하다. ◇如此教学，～要误人子弟/그렇게 가르치면 남의 자식을 망칠 수 밖에 없다. (同)〔不 bù 免〕

【未能免俗－능면속】wèi néng miǎn sú 〈成〉아직 관습에서 벗어나지 못하다. 속되다.

【未然－연】wèirán 아직 …은 아니다.

【未时－시】wèishí 〖명〗미시. 오후 1시부터 3시까지의 시각.

【未始－시】wèishǐ (同)〔未尝 cháng〕

【未遂－수】wèisuì 〖동〗(목적을) 이루지 못하다.

【未亡人－망인】wèiwángrén 〖명〗〈文〉미망인. 〔과부의 자칭〕

【未详－상】wèixiáng 〖형〗분명하지 않다.

【未央－앙】wèiyāng 〈文〉아직 다하지 않다.

【未雨绸缪－우주료】wèi yǔ chóumóu 〈成〉비가 오기 전에 창문을 수리하다. 사전에 문제 발생에 대비하다. (同)〔防患未然 fáng huàn wèi rán〕, (反)〔临渴掘井 lín kě jué jǐng〕

【未知数－지수】wèizhīshù 〖명〗〈數〉미지수. (反)〔已 yǐ 知数〕

∗∗【味】 口部 | wèi
5画 | 맛 **미**

1(～儿)〖명〗맛. ◇这糖有巧克力～儿/이 사탕은 초콜릿 맛이 난다. **2**(～儿)〖명〗냄새. ◇香～儿/향내. **3**〖묘미. 의미. 흥취. 정취. **4**〖명〗음식. 요리. ◇山珍海～/산해진미. **5**〖동〗음미하다. 맛보다. ◇体～/자세히 체득하다. **6**〖양〗〈中醫〉가지. 〔약품의 종류를 세는 단위〕◇这个方子共有七～药/이 처방에는 모두 일곱 가지 약이 들어 있다.

☆【味道－도】wèi·dao 〖명〗**1**맛. ◇感冒的时候吃东西没有～/감기 걸렸을 때 음식을 먹으면 맛이 느껴지지 않는다. **2**느낌. 기분. 마음. ◇读完这部小说，心里有种说不出来的～/이 소설을 다 읽고나니 말로 표현할 수 없는 기분이 든다. **3**흥취. 흥미. 재미. ◇这个连续剧越看越有～/이 연속극은 보면 볼수록 재미가 있다. **4**〈方〉냄새. ◇他身上有一股难闻的～/그의 몸에서 이상한 냄새가 난다.

【味精－정】wèijīng 〖명〗〈化〉화학 조미료. (同)〔味素 sù〕

【味觉－각】wèijué 〖명〗〈生理〉미각.

【味蕾－뢰】wèilěi 〖명〗〈生理〉미뢰. 맛봉오리.

【味儿－아】wèir 〖명〗**1**맛. ◇你尝尝这四川饭店的辣～/이 사천호텔의 매운 맛 좀 보시오. **2**냄새. ◇名酒五粮液的～很香/명주 '오량액'의 냄새는 향기롭다.

【味同嚼蜡－동작랍】wèi tóng jiáo là 〈成〉맛이 밀랍 씹는 듯하다. (말·글 등이) 무미 건조하다. (同)〔枯燥无味 kū zào wú wèi〕, (反)〔妙趣横生 miào qù héng shēng〕

★【位】 亻部 | wèi
5画 | 위치 **위**

1〖명〗있는 곳. 위치. ◇请大家各就各～，会议马上就开始了/회의가 곧 시작되니 모두 각자 자리에 착석하시기 바랍니다. **2**〖명〗지위. 직위. ◇名～/명예와 지위. **3**〖명〗임금 자리. ◇即～/즉위하다. **4**〖명〗〈數〉(수의) 자리. ◇百～/백 자리. **5**〖명〗분. 명. 〔사람에 쓰일 때 '位' 앞에 '诸', '各', '列' 등이 쓰임〕◇各～同学/학우

여러분. ◇诸～老师/여러 선생님들. |비교|
位:个 ①"位" 앞에 "诸", "各", "列" 등의
단어를 붙여 초면이나 윗사람에게 쓰인
다. ◇对来参加考试的各(×个)位先生, 他
招待得很周到/시험에 참가한 모든 분을
그는 세심히 대접해 주었다. ②"人" 앞에
는 "位"를 쓰지 않는다. ◇这里有两(×
位)个人/여기 두 사람이 있다. **6**몡순서
에 따라 배열된 숫자를 나타냄. ◇计算器
上显示出十一数字/계산기에 10자리 숫자
가 나타났다. **7**(Wèi)몡성(姓).

【位觉－각】wèijué 몡평형 감각.

【位能－능】wèinéng 몡〈物〉위치 에너지. (同)
〔势 shì 能〕

【位移－이】wèiyí 몡〈物〉변위.

＊＊【位于－어】wèiyú 통…에 위치하다. ◇语言
文化大学～北京西北郊/언어 문화 대학은
북경의 서북쪽 교외에 위치하고 있다. |비교|
位于:在 "位于"는 일반적으로 국가, 지
역, 산하, 도시, 대형 건축물 등이 자리한
위치를 말하며 가옥, 조직기관 등에는 쓰
이지 않는다. ◇我们的房子(×位于)在乡
下/우리집은 시골에 있다.

☆【位置－치】wèi‧zhi 몡**1**위치. ◇在地图上找
出西安的～/지도에서 서안의 위치를 찾
아라. **2**(추상적인) 지위. 위치. ◇《红楼
梦》在中国文学史上占有重要/《홍루몽》
은 중국 문학에서 중요한 위치를 차지하
고 있다. **3**직위.

【位子－자】wèi‧zi 몡좌석.

＊【畏】 田部 | wèi
4画 | 두려울 **외**
통**1**두려워하다. ◇大无～/조금도 두려워
하지 않다. **2**탄복하다. ◇敬～/경외하다.

【畏避－피】wèibì 통두려워서 피하다.

【畏忌－기】wèijì 통두려워하며 의심하다.

＊【畏惧－구】wèijù 통두려워하다. ◇无所～/
무서워하는 것이 없다. (同)〔惧怕 pà〕,
(反)〔勇敢 yǒnggǎn〕

【畏难－란】wèinán 통곤란을 두려워하다.

【畏怯－겁】wèiqiè 통두려워하여 겁을 내다.
(反)〔勇敢 yǒnggǎn〕

【畏首畏尾－수외미】wèi shǒu wèi wěi 〈成〉
의심이나 우려가 지나치다. (反)〔无所畏
惧 wú suǒ wèi jù〕

【畏缩－축】wèisuō 통위축하다. 무서워 움
츠리다. 주눅들다.

【畏途－도】wèitú 몡〈文〉위험한 길. 〈喩〉무
서운 일.

【畏葸－사】wèixǐ 통〈文〉두려워하다. 무서
워하다.

【畏友－우】wèiyǒu 몡존경하는 벗.

【畏罪－죄】wèizuì 통(죄를 짓고) 벌 받을
것을 두려워하다.

＊【喂(²餵, ³餧)】 口部 | wèi
9画 | 먹일 **위**
1감야. 이봐요. 여보세요. 〔부르는 소리〕
◇～, 你的钥匙掉了!/이봐요, 당신 열쇠
가 떨어졌어요! ◇～, 你找谁?/여보세요,
누굴 찾으십니까? **2**통(동물에게) 먹이를
주다. 〔2중 목적어를 가질 수 있다〕 ◇我
家的猫一天～两次/우리집 고양이는 하루
에 2번 먹이를 준다. ◇孩子～了猫一条鱼
/애가 고양이에게 생선 한 마리를 먹였
다. **3**통(사람에게 음식을) 먹여주다. ◇
上午给孩子～过奶了吗?/오전에 애에게 젖
을 먹였느냐?

【喂食－식】wèi/shí 통**1**(사람에게) 음식을
먹이다. **2**(동물에게) 먹이를 먹이다.

【喂养－양】wèiyǎng 통**1**(아이를) 양육하
다. **2**(동물을) 먹여 키우다. 사육하다.

☆【胃】 田部 | 月部 | wèi
4画 | 5画 | 밥통 **위**
몡**1**〈生理〉위. **2**〈天〉이십팔수의 하나.

【胃口－구】wèikǒu 몡식욕. 입맛. 〈喩〉기호.
흥미.

【胃酸－산】wèisuān 몡〈生理〉위산.

【胃液－액】wèiyè 몡〈生理〉위액.

【谓・謂】 讠部 | wèi
9画 | 이를 **위**
1통말하다. 알리다. ◇所～/소위. 이른바.
2통…라고 부르다〔일컫다〕. ◇称～/칭호.
호칭.

【谓语－어】wèiyǔ 몡〈言〉술어.

【猬(蝟)】 犭部 | wèi
9画 | 고슴도치 **위**
몡〈動〉고슴도치. ◇刺～/고슴도치.

【猬集－집】wèijí 통〈文〉군집하다.

【尉】 寸部 | wèi
8画 | 벼슬이름 **위**
몡**1**옛날의 관직 이름. ◇太～/위관. **2**
〈軍〉위관(尉官). **3**(Wèi)성(姓). ⇒yù

【尉官－관】wèiguān 몡〈軍〉위관.

【蔚】 艹部 | wèi
11画 | 제비쑥 **위**
〈文〉몡**1**무성하다. 번성하다. **2**무늬가 아
름답다.

【蔚蓝－람】wèilán 몡〈色〉쪽빛. 짙은 남빛.

【蔚起－기】wèiqǐ 통〈文〉흥기하다.

【蔚然－연】wèirán 휑매우 무성하다. 왕성
하다.

【蔚然成风－연성풍】wèirán chéng fēng
〈成〉널리 퍼지고 유행하되다. 사회 일반에
풍미하다.

【蔚为大观－위대관】wèi wéi dà guān 〈成〉
(문물 따위가) 다채롭고 풍부하다.

【慰】 心部 | wèi
11画 | 위로할 **위**

⑤1위로하다. 2안심하다. 마음을 놓다.

【慰藉-자】wèijiè 图⑤〈文〉위로(하다). 안심(시키다). (同)〔安 ān 慰〕

【慰劳-로】wèiláo ⑤위로하다.

【慰勉-면】wèimiǎn ⑤〈文〉위로하고 격려하다.

＊＊【慰问-문】wèiwèn 图⑤(위문)하다. ◇各位辛苦了，我们特来～你们/여러분 수고하셨습니다. 우리는 특별히 여러분을 위문하러 왔습니다.

【慰唁-언】wèiyàn ⑤(유가족을) 조문하다.

【魏】 鬼部 | Wèi
8画 | 위나라 **위**

图1〈史〉위. 〔주대(周代)의 나라 이름〕 2〈史〉위. 〔삼국(三国)의 하나(220～265)로 조비(曹丕)가 세운 나라〕 3〈史〉북위(北魏). 4성(姓).

温 1025	瘟 1026	文 1026	纹 1028	蚊 1028
闻 1028	刎 1028	吻 1028	紊 1028	稳 1028
问 1029	璺 1030			

---

wēn

＊＊【温】 氵部 | wēn
9画 | 따뜻할 **온**

1囫따뜻하다. ◇我喜欢喝～开水/나는 미지근한 물을 마시기 좋아한다. 비교温:暖和 "温"은 "又…又…"의 형식으로 쓰이지 않는다. ◇这件大衣穿在身上又(×温)暖和又舒服/이 외투는 몸에 걸치면 따뜻하고 또 편안하다. 2图온도. ◇降～/온도가 내려간다. ◇升～/온도가 올라간다. 3⑤데우다. ◇水已经凉了，～一下儿再洗脸/물이 이미 식었으니 좀 데워서 세수해라. 4⑤(배운 것을) 복습하다. ◇我～了一遍，还想再～一遍/나는 한 번 복습했는데 다시 한 번 복습하려고 한다. 5⑤〈中医〉(사람이나 동물의) 열병. 급성 전염병. 6囫온화하다. 온순하다. ◇～情/온정. 7(Wēn)图성(姓).

【温饱-포】wēnbǎo 图의식이 풍족함. (反)〔饥寒 jīhán〕

【温标-표】wēnbiāo 图〈物〉온도 눈금.

【温差-차】wēnchā 图온도차(温度差).

【温床-상】wēnchuáng 图1〈農〉(식물 재배용) 온상. 2온상. 〔악당·나쁜 일·나쁜 사상에 유리한 환경을 비유함〕◇拜金主义思想的～/배금주의사상의 온상.

【温存-존】wēncún 图⑤1(주로 이성에게) 정성껏 대하다. 잘 해주다. 2온순하다. 부드럽다. (反)〔粗暴 cūbào〕

＊＊【温带-대】wēndài 图온대(지방).

☆【温度-도】wēndù 图온도. ◇～的高低对农作物影响很大/온도의 고저는 농작물에 영향을 크게 미친다. 비교温度:体温 "温度"는 사람의 체온에는 쓰이지 않는다. ◇我今天的(×温度)体温三十九度五/오늘 내 체온은 39.5도이다.

＊【温度计-도계】wēndùjì 图온도계.

【温故知新-고지신】wēn gù zhī xīn〈成〉옛 것을 다시 익혀 새롭게 알다. 과거에서 현재를 이해하다. 온고지신.

＊【温和-화】wēnhé 图1(기후가) 온화하다. 따스하다. ◇昆明气候～，四季如春/곤명의 기후는 따뜻해 4계절이 봄과 같다. (同)〔和暖 nuǎn〕, (反)〔炎热 yánrè〕 2(성품·태도가) 온화하다. 부드럽다. ◇～的目光/온화한 눈빛. (同)〔温柔 róu〕, (反)〔粗暴 cūbào〕

【温厚-후】wēnhòu 图1온후하다. 따뜻하고 너그럽다. 2풍족하다.

【温和-화】wēn·huo 图1(날씨가) 따뜻하다. 2(성격이) 온순하다.

【温居-거】wēn//jū ⑤이사한 사람을 방문하여 이사를 축하해주다.

【温觉-각】wēnjué 图〈生理〉온각.

【温良-량】wēnliáng 图온순하다. 유순하다.

☆【温暖-난】wēnnuǎn 1图따뜻하다. 따스하다. ◇中午的海水很～/정오의 바닷물은 따뜻하다. (同)〔暖和 huo〕, (反)〔寒冷 hánlěng〕 2⑤따뜻하게 하다. ◇他的一回话～了我的心/그의 말 한 마디가 나의 마음을 따뜻하게 했다.

【温情-정】wēnqíng 图온정. 따뜻한 인정.

【温情脉脉-정맥맥】wēnqíng mòmò〈成〉(사람 또는 사물에 대해) 따뜻한 정감이 넘쳐 흐르다. (同)〔脉脉含情 mò mò hán qíng〕, (反)〔无情无义 wú qíng wú yì〕

【温泉-천】wēnquán 图온천.

＊【温柔-유】wēnróu 图부드럽다. 따뜻하고 상냥하다. ◇性格～/성격이 부드럽다. (同)〔温和 hé〕, (反)〔粗暴 cūbào〕

【温润-윤】wēnrùn 图1온화하다. 2온난하고 습하다.

【温室-실】wēnshì 图온실.

【温顺-순】wēnshùn 图온순하다. (同)〔柔róu 顺〕, (反)〔倔强 juéqiáng〕

【温汤-탕】wēntāng 图1따뜻한 물. 2〈文〉온천.

【温吞-탄】wēn·tūn (同)〔温暾·tūn〕

【温暾-돈】wēn·tūn 图〈方〉1(액체 따위가) 미지근하다. 2(말이나 글이) 명쾌하지 않다.

【温文尔雅-문이아】wēn wén ěr yǎ〈成〉태도가 온화하고 거동이 점잖다. (同)〔文质彬彬 wén zhì bīn bīn〕, (反)〔粗里粗气 cū lǐ cū qì〕

【温习-습】wēnxí ⑤복습하다.

【温馨—형】wēnxīn 웹포근하다. 따사롭다.
【温血动物—혈액동물】wēnxuè dòngwù 웹〈動〉
온혈 동물.
【温驯—순】wēnxùn 웹온순하고 말을 잘 듣다.

【瘟】 扩部
9画 염병 온

1웹〈中醫〉급성 전염병. 2웹(연극 따위
가) 쥘맛이 없다. 무미 건조하다.
【瘟病—병】wēnbìng 웹〈中醫〉급성 열병의
총칭.
【瘟神—신】wēnshén 웹역귀(疫鬼). 〔역병
을 일으킨다는 귀신〕
*【瘟疫—역】wēnyì 웹〈醫〉유행성 급성 전염병.
【瘟疹—진】wēnzhěn 웹〈中醫〉(성홍열・발진
티푸스 따위와 같이) 몸에 발진을 수반
하는 급성 전염병.

wén

*【文】 文部
0画 글월 문

1웹문자. 글자. ◇甲骨～/갑골 문자. 2웹
말. 언어. ◇中～/중국어. ◇法～/불어. 3
웹문장. 글. ◇应用～/응용문. 4웹글 말.
문어체. ◇不～不白/문어체도 아니고 백
화체도 아니다. 5웹문화. 문명. 6웹문과.
◇他在大学里是学～的/그는 대학에서 문
과를 전공했다. 7웹옛날의, 의식. 의례.
◇虚～/허례. ◇繁～缛节/번잡한 예절. 8
(무(武)와 상대적인) 문. (反)〔武 wǔ〕
◇～武大臣/문무 대신. 9웹점잖다. 부드
럽다. ◇～气/점잖은 기. 10웹자연계의 어떤
현상. ◇天～/천문. 11웹문신(文身)하다.
◇～了双颊/두 뺨에 문신을 새기다. 12
(舊讀 wèn)웹덮어 숨기다. 13앱문. 〔옛
날, 동전을 세는 화폐 단위〕◇一～钱/1
문. 14(Wén)웹성(姓).
【文本—본】wénběn 웹문서.
【文笔—필】wénbǐ 웹문필.
【文不对题—불대제】wén bù duì tí 〈成〉글
내용이 제목에서 벗어나 있다.
【文不加点—불가점】wén bù jiā diǎn 〈成〉
글이 더 손댈 곳이 없이 완벽하다.
【文才—재】wéncái 웹문재. 글재주. (反)
〔武艺 wǔyì〕
【文采—채】wéncǎi 1웹화려한 색채. 2웹예
술적 재능. 3웹(글이나 옷이) 화려하고
아름답다.
【文场—장】wénchǎng 웹1〈演〉중국 전통극
반주의 관현악 부문. 2〈演〉광서(廣西)
계림(桂林)과 유주(柳州) 일대에서 유행
하는 곡예(曲藝)의 일종.
【文抄公—초공】wénchāogōng 웹〈諷〉남의
문장의 표절자. 글도적.

【文丑—축】wénchǒu (～儿)웹〈演〉익살꾼.
어릿광대.
【文词—사】wéncí (同)〔文辞 cí〕
【文辞—사】wéncí 웹1언어구사. 2글. (同)
〔文词 cí〕
【文从字顺—종자순】wén cóng zì shùn 〈成〉
문맥이 잘 통하고 어휘의 구사가 적절하
다. (反)〔佶屈聱牙 jíqū áoyá〕
【文旦—단】wéndàn 웹〈方〉〈植〉유자. (同)
〔柚子 yòu・zi〕
【文牍—독】wéndú 웹1(공문・서안 따위와
같은) 공문서의 총칭. 2옛날, 문서 기초
를 담당하던 관리.
【文法—법】wénfǎ 웹1〈言〉문법. 2글쓰는
법. 3옛날, 성문법.
【文房—방】wénfáng 웹1서재. 글방. 2옛날,
문서 담당 부서.
【文房四宝—방사보】wénfáng sìbǎo 〈成〉문
방 사우(四友—붓, 묵, 종이, 벼루).
【文风—풍】wénfēng 웹문풍.
【文稿—고】wéngǎo 웹(글의) 초고.
【文告—고】wéngào 1웹문서로 통고하다. 2
웹공문서.
【文蛤—합】wéngé 웹〈魚介〉대합. 〔蛤蜊
gé・lì〕
【文工团—공단】wéngōngtuán 웹(중국군의)
예술단.
【文官—관】wénguān 웹문관. (反)〔武 wǔ 官〕
【文过饰非—과식비】wén guò shì fēi 〈成〉잘
못을 감추다. (同)〔涂脂抹粉 tú zhī mǒ
fěn〕, (反)〔负荆请罪 fù jīng qǐng zuì〕
【文豪—호】wénháo 웹문호.
★【文化—화】wénhuà 웹1문화. ◇巴黎是一座
～城市/파리는 문화도시이다. 2학력. ◇
～水平不高/학력이 높지 않다.
【文化宫—화궁】wénhuàgōng 웹(시민) 문
화궁. 〔규모도 크고 설비도 비교적 훌륭
한 문화 오락 센터. 보통 영화관・강당・도
서관 등이 설치되어 있음〕
【文化馆—화관】wénhuàguǎn 웹문화관. 〔대
중 문화활동을 위하여 설립된 기구로서,
대중들의 문예・오락 활동 장소로도 쓰임〕
【文化人—화인】wénhuàrén 웹1항일 전쟁
전후에 문화 활동에 종사한 사람. 2지식인.
【文火—화】wénhuǒ 웹약한 불. 뭉근한 불.
(同)〔弱 ruò 火〕, (反)〔猛 měng 火〕
【文集—집】wénjí 웹문집.
☆【文件—건】wénjiàn 웹1공문서. 서류. 문
서. ◇～编号/문서 번호. 2(정치 이론이
나 시사에 관한) 문헌. 논문.
【文教—교】wénjiào 웹문화와 교육.
【文静—정】wénjìng 웹(성격・행동 등이)
점잖다. 차분하다.
【文句—구】wénjù 웹문구. 글귀. 문장.

【文具-구】wénjù 圐문구.

【文科-과】wénkē 圐문과. (反)〔理lǐ科〕

【文库-고】wénkù 圐1총서. 2서고(書庫).

【文侩-쾌】wénkuài 圐(시류에 편승해서) 글재주를 부리어 잘 처세하는 사람.

【文理-리】wénlǐ 圐1문맥. 글의 조리. 2과(文科)와 이과(理科).

*【文盲-맹】wénmáng 圐문맹(자). ◇据计算，该国百分之十的人是~/계산에 따르면 이 나라의 10%의 사람은 문맹인이다.

【文庙-묘】wénmiào 圐공자(孔子)를 모신 사당.

☆【文明-명】wénmíng 1圐문명. 문화. ◇创造~/문명 창조. ◇毁灭~/문명을 말살한다. 2圐현대적인. 신식의. ◇~结婚/신식 결혼. (反)〔野蛮 yěmán〕

【文墨-묵】wénmò 圐1글을 짓는 일. 2지식인. 인텔리.

【文痞-비】wénpǐ 圐문장을 농하여 시비를 곡해하는 문인.

*【文凭-빙】wénpíng 圐1옛날, 증명을 위해 관공서에서 작성한 문서. 2졸업 증서.

【文气-기】wénqì 圐1글의 기세. 2글의 일관성.

【文气-기】wén·qi 圐얌전하다.

【文契-계】wénqì 圐부동산 매매 계약서.

*【文人-인】wénrén 圐문인. 작가. (反)〔武wǔ人〕

【文弱-약】wénruò 圐점잖고 연약하다.

【文身-신】wénshēn 圐문신.

【文饰-식】wénshì 圐1수식하다. 겉치레하다. 꾸미다. 2(잘못을) 둘러대다. 숨기다.

【文书-서】wénshū 圐1문서.〔서신·계약서·공문서 따위〕2서기. 문서 담당자.

【文思-사】wénsī 圐작문의 구상.

【文坛-단】wéntán 圐문단. 문학계.

【文体-체】wéntǐ 圐1문체. 2〈略〉문화·오락·체육과.

【文恬武嬉-첨무희】wén tián wǔ xī 〈成〉문관은 안일을 탐하고 무관은 놀이에 몰두하다.

【文玩-완】wénwán 圐(골동품 따위의) 완상용 기물.

【文武-무】wénwǔ 圐1학문과 무예. 2문인과 무인. 3문관과 무관.

☆【文物-물】wénwù 圐문물. 문화재. ◇出土~/문화재 출토.

【文戏-희】wénxì 圐〈演〉(중국 전통극에서) 노래나 대사를 위주로 한 극. (反)〔武wǔ戏〕

*【文献-헌】wénxiàn 圐문헌. ◇引用~/문헌을 인용한다.

【文选-선】wénxuǎn 圐선집.〔주로 책명에 쓰임〕

★【文学-학】wénxué 圐문학. ◇大众~/대중문학.

★【文学家-학가】wénxuéjiā 圐문학가.

【文学语言-학어언】wénxué yǔyán 圐1〈言〉표준 문어(文語). 2문학 작품에 쓰이는 언어.

*【文雅-아】wényǎ 圐(말·행동 따위가) 상냥하고 예절바르다. ◇举止~/행동이 점잖다. (同)〔文气qì〕, (反)〔粗鲁 cūlǔ〕

*【文言-언】wényán 圐문언.〔'五四运动'(오사운동) 이전에 통용되던 고대 한어(漢語)를 기초로 한 글말〕(同)〔古语 gǔyǔ〕, (反)〔白话 báihuà〕

【文艺-예】wényì 圐문예. ◇~复兴/문예 부흥.

【文艺复兴-예부흥】wényì fùxīng 圐〈史〉문예 부흥. 르네상스(Renaissance).

【文艺批评-예비평】wényì pīpíng 圐문예 비평.

【文艺学-예학】wényìxué 圐문예학. 문학 과학.

【文艺语言-예어언】wényì yǔyán (同)〔文学 xué 语言〕

【文娱-오】wényú 圐문화 활동과 오락. 레크레이션(recreation).

【文责-책】wénzé 圐저자가 자신의 책의 내용에 대하여 져야 하는 책임.

【文摘-적】wénzhāi 圐다이제스트.

★【文章-장】wénzhāng 圐1글. ◇~不长, 但很有分量/글은 길지 않지만 무게가 있다. 2저작. 저술. 3내포된 뜻. 속뜻. 꿍꿍이(셈).〔'有'와 호응함〕◇你听听他这话里有没有~?/그의 말속에 꿍꿍이가 있는지 들어봐라. 4(무엇을 만드는) 거리. …할 일. ◇在中国推行承包制大有~可做/중국에서의 도급제 보급에는 할 일이 많다.

【文职-직】wénzhí 圐문관의 직책. (反)〔武职 wǔzhí〕

【文治-치】wénzhì 圐〈文〉문치. (反)〔武功 wǔgōng〕

【文质彬彬-질빈빈】wén zhì bīnbīn 〈成〉우아하면서도 소박하다. 고상하면서도 예의가 있다. (同)〔温文尔雅 wēn wén ěr yǎ〕, (反)〔粗里粗气 cū lǐ cū qì〕

【文绉绉-추추】wénzhōuzhōu (~的)圐학자티가 나고 의젓하다.〔주로 비꼬는 말로 쓰임〕

☆【文字-자】wénzì 圐1(언어를 기록하는) 문자. 글자. 2글. ◇~清通/글이 매끄럽다.

【文字学-자학】wénzìxué 圐〈言〉문자학.

【文字狱-자옥】wénzìyù 圐필화. 글로 인한 투옥.

【文宗-종】wénzōng 圐〈文〉문종. 만인에게 존경받는 문장의 대가.

W

【纹·紋】 纟部 4画 wén 무늬 문

명**1**무늬. **2**(~儿)(무늬 모양의) 주름. 균열. 잔금. ◇波~/파문. ◇皱~/주름살. ⇒wén '墨'

【纹理一리】 wénlǐ 명무늬. 결.

【纹路一로】 wén·lu (~儿)명주름. 무늬. (同)〔纹缕儿·lǚr〕

【纹缕一루】 wén·lǚ (~儿)(同)〔纹路 lu〕

【纹饰一식】 wénshì 명(기물에 새겨진) 무늬.

【纹丝不动一사불동】 wén sī bù dòng 〈成〉조금도 움직이지 않다.

【纹银一은】 wényín 명옛날, 질이 좋은 은괴(銀塊).

【蚊】 虫部 4画 wén 모기 문

명〈虫〉모기. ◇消灭~蝇/모기와 파리를 박멸하자.

【蚊虫一충】 wénchóng 명〈虫〉모기. (同)〔蚊子 zi〕

【蚊香一향】 wénxiāng 명모기향.

【蚊帐一장】 wénzhàng 명모기장.

**【蚊子一자】 wén·zi 명〈虫〉모기.

☆【闻·聞】 门部 耳部 6画 3画 wén 들을 문

1통들리다. 〔'了', '着', '过' 및 보어를 가질 수 없으며 중첩하여 쓰지 않음〕◇听而不~/들어도 들리지 않다. **2**명소식. ◇新~/뉴스. **3**형〈文〉유명하다. 저명하다. **4**명평판. 명성. **5**통냄새를 맡다. ◇你~一下豆腐坏了没有?/두부가 상했는지 맡아 봐라. ◇我~到烟味儿了/난 탄 냄새를 맡았다. **6**(Wén)명성(姓).

【闻达一달】 wéndá 명〈文〉유명하다.

【闻风而动一풍이동】 wén fēng ér dòng 〈成〉소문을 듣고 바로 움직이다.

【闻风丧胆一풍상담】 wén fēng sàng dǎn 〈成〉소문을 듣고 몹시 놀라다.

【闻过则喜一과칙희】 wén guò zé xǐ 〈成〉남의 비판을 기꺼이 받아들이다. (同)〔从谏如流 cóng jiàn rú liú〕, (反)〔充耳不闻 chōng ěr bù wén〕

【闻鸡起舞一계기무】 wén jī qǐ wǔ 〈成〉뜻을 품은 자가 때에 맞춰 분발하다.

【闻名一명】 wénmíng **1통존함〔명성〕을 듣다. ◇不如见面/(초면의 인사말로) 존함은 익히 들었습니다만 직접 뵙게 되니 반갑습니다. **2**형유명하다. ◇西湖是~的风景区/서호는 유명한 관광지이다. ◇埃菲尔铁塔~世界/에펠탑은 세계적으로 유명하다. (同)〔出 chū 名〕, 〔无 wú 名〕

【闻人一인】 wénrén 명**1**유명인사. **2**(Wénrén)복성(複姓).

【闻所未闻一소미문】 wén suǒ wèi wén 금시

초문. (同)〔见 jiàn 所未见〕, (反)〔不足为奇 bù zú wéi qí〕

wěn

【刎】 刂部 4画 wěn 목자를 문

통목을 베다. ◇自~/스스로 목을 베어 죽다.

【刎颈交一경교】 wěnjǐngjiāo 명문경지교. 생사(生死)를 같이 할 정도의 교제. (同)〔刎颈之 zhī 交〕

**【吻(脗)】 口部 4画 wěn 입술 문

1명입술. ◇接~/키스하다. **2**통입맞춤하다. 키스하다. **3**명(동물의) 주둥이. 부리.

【吻合一합】 wěnhé 통**1**(일이) 완전히 일치하다. (同)〔符 fú 合〕, (反)〔相左 xiāngzuǒ〕 **2**(파열된 장기를) 연결시키다.

【吻兽一수】 wěnshòu 명〈建〉(중국식 건축의) 용마루 끝에 붙인 동물 형상의 조각물.

【紊】 文部 糸部 6画 wěn 〔舊讀 wèn〕 어지러울 문

형어지럽다. 문란해지다. ◇有条不~/조리가 서 있다. 질서 정연하다.

【紊乱一란】 wěnluàn 형문란하다. (同)〔纷 fēn 乱〕, (反)〔整齐 zhěngqí〕

☆【稳·穩】 禾部 9画 wěn 편안할 온

1형안정되어 있다. 움직이지 않다. 견실하다. ◇时局不~/시국이 안정되지 못하다. **2**형신중하다. 듬직하다. ◇态度很~/태도가 매우 신중하다. **3**형확실하다. 틀림없다. ◇我们赢这场球, 十拿九~/우리가 이번 구기시합에 십중팔구 이긴다. **4**통안심시키다. 잡아 두다. ◇你先~住他, 别让他跑了/그가 달아나지 않도록 우선 잡아두시오.

【稳便一편】 wěnbiàn 형**1**온당하고 편리하다. **2**〈早白〉형편대로 하다.

【稳步一보】 wěnbù 명신중한 걸음. ◇产量~上升/생산량이 안정적으로 늘고 있다.

【稳操胜券一조승권】 wěn cāo shèng quàn 〈成〉승리를 확신하다. (同)〔稳操胜算 suàn〕

【稳产一산】 wěnchǎn 명안정 생산.

*【稳当一당】 wěn·dang 형**1**온당하다. 타당하다. ◇~的办法/타당한 방법. **2**튼튼하다. 든든하다. ◇把梯子放~/사다리를 튼튼하게 놓다.

☆【稳定一정】 wěndìng **1**형안정되어 있다. ◇不~的国际金融市场/불안정한 국제 금융시장. (反)〔变动 biàndòng〕 **2**통안정시키다. 가라앉히다. ◇~物价/물가를 안정시

키다. **3**명형〈化〉안정(하다).
【稳定平衡－정형형】wěndìng pínghéng 명
〈物〉안정 평형.
【稳固－고】wěngù 형1튼튼하다. 견실하다.
◇地位～/위치가 튼튼하다. **2**동견고하게
하다. 안정시키다. (同)〔巩 gǒng 固〕,
(反)〔动摇 dòngyáo〕
【稳健－건】wěnjiàn 형1믿음직하다. 침착하
고 있다. **2**신중하다.
【稳练－련】wěnliàn 형침착하고 노련하다.
【稳婆－파】wěnpó 명산파. 조산원.
【稳如泰山－여태산】wěn rú Tài Shān (同)
〔安 ān 如泰山〕, (反)〔岌岌可危 jí jí kě w
ēi〕
*【稳妥－타】wěntuǒ 형온당하다. 안전하다.
확실하다. ◇我看这样更～/내가 보기
엔 이렇게 하는 것이 더 온당하다. (同)
〔妥帖 tiē〕, (反)〔不妥 tuǒ〕
【稳扎稳打－찰은타】wěn zhā wěn dǎ 〈成〉
1진을 굳게 치고 확실한 방법으로 싸우
다. **2**확실한 방법으로 일을 해 나가다.
(同)〔脚踏实地 jiǎo tà shí dì〕, (反)〔轻举
妄动 qīng jǔ wàng dòng〕
【稳重－중】wěnzhòng 형(언어·태도가) 신
중하다. 듬직하다. ◇为人～/사람됨이 듬
직하다. (同)〔稳健 jiàn〕, (反)〔轻浮 qī
ngfú〕

wèn

★【问·問】门部 口部 wèn
　　　　3画 3画 물을 **문**
동**1**묻다. 〔중목적어를 가질 수 있음〕◇
～路/길을 묻다. ◇学生～老师问题/학생
이 선생님에게 의문사항을 묻다. 주의a)
질문의 대상을 개사로 이끌 때는 '向'을
쓰고 '对'는 쓰지 않는다. ◇他(×对)向
主人问/그는 주인에게 물었다. b)어떤
사람에게 요구가 있을 때는 '要求','请'
을 쓰고 '问'은 쓰지 않는다. ◇他(×问)
要求她做他的妻子/그는 그녀에게 자기의
아내가 되어 달라고 요청했다. **2**안부를
묻다. ◇她向我父母～了好/그녀는 내 부
모에게 안부를 물었다. 주의'问好'는 'V+
O' 구조이므로 '向+사람+问好'나 '问+
사람+好'로 쓰인다. **3**심문하다. ◇他决
定亲自～～犯罪的经过/그는 범죄의 경과
를 직접 심문하기로 했다. **4**따지다. ◇只
图便宜, 不～好坏, 容易上当/싼 것만 따
지고 좋고 나쁨을 따지지 않으면 사기당
하기 쉽다. **5**개…에게. ◇我～他借两本
书/나는 그에게서 책 두 권을 빌렸다. **6**
(Wèn)명성(姓).
【问安－안】wèn//ān 동문안 드리다. 안부를

묻다. (同)〔问好 hǎo〕
【问案－안】wèn//àn 동사건을 심문하다.
【问卜－복】wènbǔ 동(의문을 풀기 위해) 점
을 치다.
【问长问短－장문단】wèn cháng wèn duǎn
〈成〉자세히 묻다.
*【问答－답】wèndá **1**명물음과 대답. **2**동질
의·응답하다.
【问道于盲－도어맹】wèn dào yú máng 소
경에게 길을 묻다. 문외한에게 문의하다.
【问鼎－정】wèndǐng 동〈喩〉제위(帝位)〔남
의 지위〕를 노리다. ◇客队失去了～冠军
的机会/원정팀은 우승을 노리는 기회를
놓쳤다.
【问寒问暖－한문난】wèn hán wèn nuǎn
〈成〉남에게 관심을 가지다. (同)〔嘘 shī
寒问暖〕, (反)〔冷若冰霜 lěng ruò bīng
shuāng〕
★【问好－호】wèn//hǎo 동안부를 묻다. 〔'向',
'代', '替' 등과 호응하고, '对'를 쓰지 않
는다〕◇请代我向你父亲～/나를 대신해
아버님께 안부를 전해주십시오.
【问号－호】wènhào 명1〈言〉물음표. '?' **2**
의문.
☆【问候－후】wènhòu 동안부를 묻다. 문안
드리다. (同)〔问好 hǎo〕
【问津－진】wènjīn 동가격·상황 등을 묻다.
◇房价昂贵, 无人～/집 값이 너무 비싸
서 가격 묻는 자가 없다. 〔주로 부정문에
쓰임〕
【问难－난】wènnàn 동논란하다. 토론하다.
〔주로 학술 연구 등에서 쓰임〕
*【问世－세】wènshì **1**동책이 출판되다. ◇这
本词典于1978年～/이 사전은 1978년에
출판되었다. **2**(상품을) 시장에 내놓다.
(同)〔面市 miànshì〕
【问事处－사처】wènshìchù 명안내소. (同)
〔询 xún 问所 suǒ〕
★【问题－제】wèntí 명1(해답·해석 등이 필요
한) 의문사항. 질문. ◇我提个～行吗?/제
가 질문해도 되겠습니까? ◇考卷的～真
不少/문제지의 문제가 꽤 많군. **2**(연구·
토론하여 해결해야 할) 문제. ◇这如何
防止还是个～/이것을 어떻게 방지해야
하는지 아직도 문제다. **3**중요한 일〔점〕.
◇关键～之处. **4**사고나 곤란한 일. ◇
小孩子过马路要有大人领着, 不然会出
～/어린애가 길을 건널 때는 어른이 데
리고 가야지 그렇지 않으면 사고가 날 것
이다.
【问心－심】wènxīn 동스스로 양심에 묻다.
【问心无愧－심무귀】wèn xīn wú kuì 양심
에 부끄러움이 없다. (同)〔无愧衾枕 wú
kuì qīn zhěn〕, (反)〔问心有愧 yǒu kuì〕

W

【问讯－신】wènxùn [동]1묻다. 2안부를 묻다. (同)〔问候 hòu〕 3〈佛〉승려가 합장하고 절하다.
【问罪－죄】wènzuì [동]죄를 묻다. 성토하다. (反)〔请 qǐng 罪〕
【璺(纹)】王部 14画 wèn 옥깨어질 **문**
[명](유리그릇·도자기 따위에 간) 금. 흠(집). 틈. ⇒'纹' wén

wēng

⁑【翁】羽部 4画 wēng 늙은이 **옹**
[명]1노인. ◇渔～/늙은 어부. (同)〔叟 sǒu〕, (反)〔童 tóng〕 2아버지. 3시아버지. ◇～姑/시부모. 4장인. ◇～婿/장인과 사위. 5(Wēng)[명]성(姓).
【翁仲－중】wēngzhòng [명]옛날, 동상(銅像)이나 석상(石像) 따위를 일컫던 말.
【嗡】口部 10画 wēng 벌레소리 **옹**
[의]붕붕. 앵앵. 〔곤충 따위가 날개치는 소리〕 ◇蜜蜂～～地飞/꿀벌이 붕붕거리며 날다.
【嗡子－자】wēng·zi [명]〈音〉호금(胡琴)의 일종. (同)〔京二胡 jīng'èr hú〕
【鞥】革部 10画 wēng 장화 **옹**
[명]〈方〉장화목.
【鞥靴－화】wēngxuē [명]〈方〉솜이 든 방한용(防寒用) 장화.

wèng

【瓮(甕, ¹罋)】瓦部 4画 wèng 독 **옹**
1[명]독. 항아리. ◇水～/물독. 2(Wèng)[명]성(姓).
【瓮城－성】wèngchéng [명]옹성.
【瓮声瓮气－성옹기】wèng shēng wèng qì 목소리가 걸걸하다. (同)〔闷 mēn 声闷气〕, (反)〔尖 jiān 声尖气〕
【瓮中之鳖－중지별】wèng zhōng zhī biē 〈成〉독 안에 든 쥐.
【瓮中捉鳖－중착별】wèng zhōng zhuō biē 〈成〉독 안에 든 자라를 잡다. 자신있다.
【齆】鼻部 10画 wèng 코막힐 **옹**
【齆鼻儿－비아】wèngbír 1[동]코가 메어 코맹맹이 소리를 하다. 2[명]코맹맹이.

wō

【倭】亻部 8画 Wō 나라이름 **왜**
[명]왜(국). 〔고대 일본(日本)을 일컫는 말〕
【倭瓜－과】wōguā [명]〈方〉호박. (同)〔南 nán 瓜〕
【倭寇－구】Wōkòu [명]〈史〉왜구.
【踒】足部 8画 wō 삘 **왜**
[동](팔·다리 따위를) 삐다. 접질리다.
【涡·渦】氵部 7画 wō 소용돌이 **와**
[명]소용돌이. ◇水～/(물의) 소용돌이.
【涡电流－전류】wōdiànliú (同)〔涡流 3〕
【涡流－류】wōliú [명] 1〈物〉와류. 맴돌이. 2소용돌이. 3〈物〉맴돌이 전류. (同)〔涡电 diàn 流〕
【涡轮机－륜기】wōlúnjī [명]〈機〉터빈(turbine).
【莴·萵】艹部 7画 wō 상치 **와**
【莴苣－거】wō·jù [명]〈植〉양상치.
【莴笋－순】wōsǔn [명]〈植〉상치.
*【窝·窩】穴部 7画 wō 움 **와**
1[명](새·곤충·짐승 따위의) 집. 보금자리. 둥지. 굴. ◇屋子乱得像猪～/방이 어지러워 돼지우리 같다. ◇蚂蚁～/개미굴. 2[명]소굴. ◇贼～/도적 소굴. 3(～儿)[명]〈方〉〈喻〉(사람·물체가 차지하는) 자리. 곳. ◇钢琴一买来就放在那儿, 没动过～/피아노를 사올 때 그곳에 놓고 자리를 옮기지 않았다. 4(～儿)[명]움푹 파인 곳. ◇酒～儿/보조개. 5[동](장물이나 범인 따위를) 은닉하다. 숨기다. 6[동]움츠리다. 움직이지 않다. ◇把头～在衣领里/머리를 옷깃 속으로 움츠렸다. 7[동]쌓이다. 〔능력·울화 따위가 발휘〔발산〕되지 못하는 것을 말함〕 ◇～了一肚子火没处发/울화가 가득 찼지만 발산할 곳이 없다. 8[동]굽히다. 구부리다. ◇照片全～坏了/사진이 전부 구겨져 못쓰게 됐다. 9[양]배. 〔동물이 새끼를 낳거나 알을 까는 횟수를 세는 말〕 ◇一～猪/새끼를 가진 돼지.
【窝憋－별】wō·bie [형]1〈方〉(여의치 않는 일이 있어) 답답하다. 울적하다. (同)〔烦闷 fánmèn〕
【窝藏－장】wōcáng [동](장물이나 범인을) 숨기다. 은닉하다. (反)〔告发 gàofā〕
【窝工－공】wō//gōng [동](인력의 배치나 자재공급 등이 적절하지 않아) 일이 정체되다. 할 일이 없다.
【窝火－화】wō//huǒ (～儿)[동]울화가 쌓이다. 화가 치밀다.
【窝家－가】wōjiā [명]범죄자·장물을 은닉해

주는 사람〔집〕. (同)〔窝主 zhǔ〕
【窝里横―리횡】wō·lǐhèng 집에서만 큰소리를 치다.
*【窝囊―낭】wō·nang 図1(억울한 일을 당해) 분하다. 울컥하다. ◇受～气/억울한 일을 당하다. (反)〔痛快 tòngkuài〕2무능하다. ◇这个人真～/이 사람은 참 무능하다.
【窝囊废―낭폐】wō·nangfèi 図〈方〉〈貶〉칠칠치〔야무지지〕못한 녀석. 못난이.
【窝棚―붕】wō·peng 図움막. (공사장 따위에서의) 가건물.
【窝铺―포】wōpù (同)〔窝棚 ·peng〕
【窝头―두】wōtóu 図옥수수 가루 등 잡곡 가루를 반죽하여 원뿔꼴로 쪄낸 것.
【窝心―심】wōxīn 図〈方〉울분이 쌓이다. 불만을 풀 길이 없다.
【窝脏―장】wō//zāng 图장물을 은닉하다.
【窝主―주】wōzhǔ 図범법자·장물을 감추어 주는 자〔집〕. (同)〔窝家 jiā〕

【蜗·蝸】 虫部 wō
7画 달팽이 와
図〈動〉달팽이. (同)〔蜗牛 niú〕
【蜗杆―간】wōgān 図〈機〉(원동기의) 웜(worm).
【蜗居―거】wōjū 図〈文〉누추한 집.〔자신의 집의 겸칭〕(同)〔蜗舍 shè〕, (反)〔华 huá居〕
【蜗轮―륜】wōlún 図〈機〉웜휠(worm wheel). 웜기어(worm gear).
【蜗牛―우】wōniú 図〈動〉달팽이.
【蜗旋―선】wōxuán 図나선(螺旋).

【喔】 口部 wō
9画 닭울음소리 악
図꼬끼오.〔닭 우는 소리〕

wǒ

★【我】 戈部 wǒ
3画 나 아
때1나. 저. ◇他爱～, ～也爱他/그는 나를 사랑하고, 나도 그를 사랑한다. 2우리(들). (복수로도 쓰임)◇形势对～有利, 对敌不利/형세가 우리에게 유리하고 적에게 불리하다. 3자기. 자신. ◇忘～劳动/헌신적인 노동.
【我的妈呀―적마야】wǒ·de·ma·ya〈口〉엄마야. 아이구머니나.〔놀라움과 두려움을 나타내는 감탄사. 주로 어린이와 젊은 여성이 씀〕◇～, 你听听是什么声音/엄마야, 이게 무슨 소린가 좀 들어봐.
【我的天―적천】wǒ·de tiān〈口〉맙소사. 아이고. ◇～, 你告起我来了/맙소사, 네가 나를 고소하다니. →〔天哪 na〕
【我的姓儿倒着写―적성아도착사】wǒ·de xìngr dào·zhe xiě〈口〉내 성을 갈겠다. 내

손에 장을 지진다. ◇我不扒他一层皮, ～/내가 그의 껍질을 한 꺼풀을 벗겨내지 못하면 내 성을 갈겠다.
【我的意思是说―적의사시설】wǒ·de yì·si shì shuō〈口〉내 말 뜻은.〔앞문장에 이어서 뒷문장을 강조함〕◇我也许用词不当, ～, 还请各位多多包涵/제가 어쩌면 말을 잘못 했어요. 제 말 뜻은 여러분께서 아량으로 용서해 주시기를 바랍니다.
【我方―방】wǒfāng 図우리 편〔측〕.
【我敢说―감설】wǒ gǎn shuō〈口〉내가 감히 말하다. ◇～, 世上都知道你的卑鄙/내가 감히 말하건대, 세상 사람 모두가 네 비열함을 안다.
【我就不信―취불신】wǒ ·jiu bù xìn〈口〉난 결코 믿지 않는다. ◇咱们外边去, ～治不服你/우리 밖으로 가자. 내가 널 제압하지 못한다고 난 결코 믿지 않는다.
★【我们―문】wǒ·men 때우리(들). ⇒〔咱 zán 们〕
【我说呢―설니】wǒ shuō ·ne〈口〉그럼 그렇지. 내가 뭐라고 그랬어. ◇那小子是小偷啊, ～, 他的行动很诡异/그 남자가 도둑이라고. 그럼 그렇지. 그의 행동이 수상했어.
【我行我素―행아소】wǒ xíng wǒ sù 누가 뭐라고 하든 내 식으로 하다.

wò

【沃】 氵部 wò
4画 기름질 옥
1图(물을) 대다. (물을) 붓다. 2図(땅이) 비옥하다. 걸다. ◇肥～/비옥하다. (同)〔肥 féi〕, (反)〔瘠 jí〕3(Wò)図성(姓).
【沃野―야】wòyě 図기름진 평야.

【肟】 月部 wò
3画 옥심 오
図〈化〉옥심(oxime).

**【卧(臥)】 臣部 wò
2画 누울 와
1图눕다. 자다. ◇这病需要～床/이 병은 침대에 누워 있어야 한다. 2图〈方〉(어린 애를) 누이다. ◇把小孩～在炕上/아이를 온돌에 누인다. 3图(새나 짐승이) 배를 깔고 엎드리다(웅크리다). ◇门口～着几只狗/현관에 개 몇마리가 엎드리고 있다. 4图수면용(의). 5図침대. 6图〈方〉수란(水卵)을 뜨다. 달걀을 깨뜨려 끓는 물에 넣고 익히다.
【卧病―병】wòbìng 图와병하다. 앓아 눕다. (同)〔生 shēng 病〕, (反)〔痊愈 quányù〕
【卧车―차】wòchē 図1침대차. 2승용차. 세단차.

W

【卧床－상】wòchuáng **1**[명]침대. 침상. **2**[동]침대에 눕다. ◇卧床不起/중병에 걸려 일어나지 못한다.

【卧底－저】wòdǐ [동](내통하기 위하여 미리) 잠입하다〔숨어들다〕.

【卧房－방】wòfáng [명]침실. (同)〔卧室 shì〕

【卧轨－궤】wòguǐ [동](자살을 하거나 열차의 통행을 막기 위해) 철로에 가로 눕다.

【卧果儿－과아】wò//guǒr 〈方〉**1**[동]수란(水卵)을 뜨다. **2**(wòguǒr)[명]수란.

【卧具－구】wòjù [명]침구. 〔주로 열차나 선박 등의 승객용 침구를 말함〕

【卧铺－포】wòpù [명](기차나 여객선 따위의) 침대 자리.

*【卧室－실】wòshì [명]침실. (同)〔卧房 fáng〕

【卧榻－탑】wòtà [명]〈文〉침대.

【卧薪尝胆－신상담】wò xīn cháng dǎn 〈成〉와신 상담(하다).

☆【握】扌部 9画 wò 쥘 **악**

[동]**1**(손에) 쥐다〔잡다〕. ◇手肿得都～不住笔了/손이 부어서 펜을 쥘 수 없다. **2**장악하다.

【握别－별】wòbié [동]악수하고 헤어지다.

【握力－력】wòlì [명]손아귀힘.

【握拳－권】wò//quán [동]주먹을 쥐다.

★【握手－수】wò//shǒu [동]악수하다. 손을 잡다. ◇主人和我握了～, 然后把我领进了会客室/주인은 나와 악수를 하고 나서 나를 데리고 응접실로 들어갔다.

【幄】巾部 9画 wò 장막 **악**

[명]〈文〉장막(帳幕). ◇帷～/진중(陣中)에 치는 장막.

【龌·齷】齿部 9画 wò 속좁을 **악**

【龌龊－착】wòchuò [형]**1**더럽다. 지저분하다. (同)〔肮脏 āngzāng〕, (反)〔干净 gānjìng〕 **2**쩨쩨하다. 도량이 좁다. **3**〈文〉(인품이) 저열하다.

【硪】石部 7画 wò 산우뚝할 **아**

(～儿)[명]달구. ◇打～/달구질하다.

【斡】斗部 10画 wò 돌 **알**

[동]〈文〉빙빙〔빙글빙글〕 돌다.

【斡旋－선】wòxuán [동](남의 일을) 알선하다. 주선하다.

兀 1032	乌 1032	呜 1033	钨 1033	污 1033
圬 1033	巫 1033	诬 1033	屋 1033	恶 1033
无 1034	芜 1038	毋 1038	吾 1038	唔 1038
梧 1038	鼯 1038	吴 1038	蜈 1039	鹀 1039
午 1039	忤 1039	五 1039	伍 1040	捂 1040
怃 1040	庑 1040	妩 1040	武 1040	鹉 1041
侮 1041	舞 1041	兀 1041	杌 1041	乌 1042
坞 1042	勿 1042	芴 1042	物 1042	务 1042
雾 1043	戊 1043	误 1043	悟 1043	焐 1043
晤 1043	痦 1043	寤 1043	恶 1043	婺 1043
骛 1043	鹜 1043	鋈 1043		

wū

【兀】兀部 0画 wū 우뚝할 **올**

【兀秃－독】wū·tu (同)〔乌涂 wū·tu〕⇒wù

【乌·烏】丿部 3画 wū 까마귀 **오**

1[명]까마귀. **2**[형]검은. 흑색의. ◇～发/검은 머리칼. **3**〈文〉[대]어찌. 어떻게. 어찌. 〔주로 반문(反問)에 쓰임〕 **4**(Wū)[명]성(姓). ⇒wù

【乌飞兔走－비토주】wū fēi tù zǒu 〈成〉세월이 빨리 흘러가다.

【乌龟－귀】wūguī [명]**1**〈動〉거북. **2**오쟁이진 남편을 욕하는 말.

【乌合之众－합지중】wū hé zhī zhòng 〈成〉오합지졸.

【乌黑－흑】wūhēi [형]새까맣다. (同)〔漆 qī 黑〕, (反)〔雪白 xuěbái〕

【乌呼－호】wūhū (同)〔呜 wū 呼〕

【乌金－금】wūjīn [명]〈礦〉석탄.

【乌桕－구】wūjiù [명]〈植〉오구목. (同)〔乌树 shù〕

【乌拉－랍】wūlā [명]**1**중국 서장(西藏)의 민주개혁 이전에 농노(農奴)가 관청이나 주인을 위해 해야 했던 노역(勞役). **2**'乌拉'를 하는 사람. ‖(同)〔乌喇 lā〕⇒wù·la

【乌鳢－례】wūlǐ [명]〈魚介〉가물치.

【乌亮－량】wūliàng [형]검고 윤기가 나다.

【乌溜溜－류류】wūliūliū (～的)[형]새까맣고 또렷또렷하다.

【乌龙茶－룡차】wūlóngchá [명]오룡차.

【乌梅－매】wūméi [명]〈中醫〉오매.

【乌木－목】wūmù [명]**1**〈植〉흑단(黑檀). **2**흑단의 목재. **3**단단하고 무거운 검은색의 목재.

【乌七八糟－칠팔조】wūqībāzāo [형]엉망진창이다. (同)〔乱 luàn 七八糟〕

【乌纱帽－사모】wūshāmào [명]**1**오사모. 사모(紗帽). **2**〈喻〉관직.

【乌涂－도】wū·tu [형]**1**(물이나 술 따위가) 미지근하다. **2**우유부단하다. 우물거리다. (同)〔兀秃 wū·tu〕

【乌托邦－탁방】wūtuōbāng [명]유토피아.

*【乌鸦－아】wūyā [명]〈鳥〉까마귀.

【乌烟瘴气－연장기】wū yān zhàng qì 난장판을 이루다. (反)〔风清弊绝 fēng qīng bì jué〕

W

【乌油油一유유】wūyōuyōu (∼的)圈검고 반지르하다.

【乌有一유】wūyǒu 〈文〉어찌 …한 일이 있을 수 있겠는가.

【乌鱼蛋一어단】wūyúdàn 圐오징어 난소의 복면(腹面)의 선체(腺體). 〔식품으로 쓰임〕

∗【乌云一운】wūyún 圐1검은 구름. (同)〔黑 hēi 云〕 2〈喩〉어둡거나 열악한 형세. 3〈喩〉여인의 검은 머리.

【乌贼一적】wūzéi 圐〈魚介〉오징어.

【乌鲗一즉】wūzéi (同)〔乌贼 zéi〕

【呜·嗚】口部 wū 4画 탄식할 오

@빵빵. 부웅. 〔기적이나 경적소리〕◇∼的一声, 一辆汽车飞驰过去/자동차 한 대가 붕붕하며 쏜살같이 지나갔다.

【呜呼一호】wūhū 1圐〈文〉아아. 〔슬픔을 나타낼 때 내는 소리〕 2圐죽다.

【呜呼哀哉一호애재】wūhū—āizāi 1아아, 슬프도다. 〔제문(祭文)에 쓰이는 감탄구〕 2죽다. 끝장나다.

【呜咽一열】wūyè 1圐오열하다. 목메어 울다. 2圐(물소리나 악기소리가) 구성지다. 처량하다.

【钨·鎢】钅部 wū 4画 옹솟 오

圐〈化〉텅스텐.

∗∗【污(汚,汙)】氵部 wū 3画 더러울 오

1圐더러운 물. 탁한 것. 2圐더럽다. 불결하다. 3圐부정하다. 청렴하지 못하다. ◇贪官∼吏/탐관 오리. 4圐더럽히다. 더러워지다. ◇玷∼/더럽히다.

【污点一점】wūdiǎn 圐1(옷에 묻은) 때. 2오점. 명예롭지 못한 일.

【污垢一구】wūgòu 圐(사람이나 물체 표면의) 때.

【污痕一흔】wūhén 圐얼룩.

【污秽一예】wūhuì 〈文〉1圐더럽다. 불결하다. (同)〔肮脏 āngzāng〕, (反)〔干净 gānjìng〕 2圐오물.

∗【污蔑一멸】wūmiè 圐1중상하다. 2명예나 명성을 더럽히다. (同)〔污辱 rǔ〕, (反)〔增光 zēngguāng〕

【污泥浊水一니탁수】wū ní zhuó shuǐ 진부하고 부패한 것.

☆【污染一염】wūrǎn 〈環保〉1圐오염시키다. 오염되다. ◇这条河已为该厂的废水所∼/이 강은 저 공장의 폐수로 오염되었다. (反)〔净化 jìnghuà〕 2圐오염. ◇环境∼/환경 오염.

【污辱一욕】wūrǔ 圐1모욕하다. 모독하다. (同)〔侮 wǔ 辱〕 2더럽히다. 욕보이다.

【污浊一탁】wūzhuó 1圐(물·공기 등이) 더

럽고 혼탁하다. (同)〔浑 hún 浊〕, (反)〔洁白 jiébái〕 2圐더러운 것.

【圬(杇)】土部 wū 3画 흙손 오

〈文〉1圐흙손. (同)〔抹 mǒ 子〕 2圐흙손으로 바르다. 흙손질하다.

【圬工一공】wūgōng 圐옛날, 미장이(일). (同)〔瓦 wǎ 工〕

【巫】工部 wū 4画 무당 무

圐1무당. 박수. ◇小∼见大∼/임자를 만나다. 2(Wū)성(姓).

∗【巫婆一파】wūpó 圐무당. 마녀.

【巫神一신】wūshén 圐무당. (同)〔巫师 shī〕

【巫师一사】wūshī 圐박수.

【诬·誣】讠部 wū 7画 속일 무

圐모함하다. 없는 일을 있는 것처럼 말하다.

【诬告一고】wūgào 圐무고(하다). (同)〔诬陷 xiàn〕, (反)〔救援 jiùyuán〕

【诬害一해】wūhài 圐모함하다.

【诬赖一뢰】wūlài 圐생사람 잡다. 모함하다.

∗∗【诬蔑一멸】wūmiè 圐무고(중상)하다. 비방(하다). ◇∼不实之词/거짓으로 비방하다.

【诬枉一왕】wūwǎng 圐(죄없는 사람에게) 죄를 뒤집어 씌우다.

∗【诬陷一함】wūxiàn 圐모함하다. ◇遭人∼/남에게 모함 당하다.

【诬栽一재】wūzāi 圐훔친 물건을 남의 집에 가져다 놓고 그에게 죄를 덮어씌우다.

☆【屋】尸部 wū 6画 집 옥

圐1가옥. 집. ◇一座小∼/작은 집 한 채. 2방. 거실. ◇外∼/바깥 방. 비교건물을 가리킬 경우에는 '屋子'를 쓰지 않는다. ◇那儿的(×屋子)房子是他去年买的/거기의 집은 그가 작년에 산 것이다.

【屋顶一정】wūdǐng 圐1지붕. 2옥상.

【屋顶花园一정화원】wūdǐng huāyuán 圐옥상 정원.

【屋脊一척】wūjǐ 圐〈建〉용마루.

【屋架一가】wūjià 圐〈建〉트러스(truss).

【屋里人一리인】wū·li·rén 圐〈方〉아내. 집사람. (同)〔屋里的 ·de〕

【屋面一면】wūmiàn 圐〈建〉지붕.

【屋上架屋一상가옥】wū shàng jià wū 지붕 위에 지붕을 더한다. 필요 없이 중복하다.

【屋檐一첨】wūyán 圐처마.

【屋宇一우】wūyǔ 圐〈文〉가옥. 집.

★【屋子一자】wū·zi 圐방. ◇三间∼/방 세 간. (同)〔房间 fángjiān〕

【恶·惡】心部 wū 6画 악할 악, 미워할 오

〈文〉1덴어찌. 어떻게. 2圐오오. 아. 아니.

◇~! 是何言也/아니! 이게 무슨 말인가.
⇒ㅊ, ㅎ, wù

wú

☆【无・無】无部 wú
0画 없을 무

1動없다. ◇白璧~瑕/완전 무결하다. (反)〔有 yǒu〕 2動…이 아니다. …하지 않다. ◇~须/할 필요 없다. 3…을 막론하고. …에 관계 없이. ◇事~大小, 都有人负责/일의 크고 작음을 막론하고 다 책임지는 사람이 있다. 4(同)〔毋 wù〕⇒mó

＊＊【无比-비】wúbǐ 形비할 바 없다. ◇~的优越性/비할 바 없는 우월성. ◇核武器的威力~/핵무기의 위력은 비할 바 없다.

【无边-변】wúbiān 形끝없다. 한없이 넓다.

【无病呻吟-병신음】wú bìng shēnyín 〈成〉1아픈 데도 없는데 신음하다. 2문예 작품에서 진실성이 없이 괜히 심각한 체하거나 애상에 젖는 것.

【无补-보】wúbǔ 動무익하다.

【无不-불】wúbù …하지 않는 것이 없다. 예외없이 …하다. ◇在座的人~闻之吃惊/앉아 있는 사람들이 이를 듣고 놀라지 않는 사람이 없었다.

＊【无产阶级-산계급】wúchǎn jiējí 名무산계급. 프롤레타리아트 (독 Proletariat).

【无产阶级专政-산계급전정】wúchǎn jiēzhèng 名〈政〉프롤레타리아 독재.

【无产者-산자】wúchǎnzhě 名무산자. 프롤레타리아.

【无常-상】wúcháng 形무상하다. 늘 변하다.

＊【无偿-상】wúcháng 名形〈法〉무상(의). ◇提供~经济援助/무상의 경제 지원을 제공한다. (同)〔义务 yìwù〕, (反)〔有 yǒu偿〕

【无成-성】wúchéng 성사되지 않다. (反)〔有 yǒu成〕

＊【无耻-치】wúchǐ 形염치없다. ◇你怎么能说出这种~的话?/당신은 어쩌 이런 염치 없는 말을 할 수 있소? (同)〔可 kě耻〕, (反)〔知 zhī耻〕比교无耻:丢人 신분·체면이 손상되는 경우에는 "无耻"을 쓰지 않는다. ◇我不能再说了, 越说越(×无耻)丢人/난 더 이상 얘기하지 않겠다. 말하면 할수록 창피하다.

＊【无从-종】wúcóng …할 방도가 없다. …할 길이 없다. ◇我们不了解情况, ~答复这类问题/우리는 상황을 잘 알지 못해서 이런 문제에 대답할 길이 없다.

【无大无小-대무소】wú dà wú xiǎo 1대소를 막론하고. 크고 작음의 구별 없이. 2버릇없이 굴다.

【无敌-적】wúdí 形무적이다.

【无底洞-저동】wúdǐdòng 名끝없이 깊은 굴. 밑빠진 독.

【无地自容-지자용】wú dì zì róng 〈成〉부끄러워 쥐구멍에라도 들어 가고 싶다. (同)〔汗颜无地 hàn yán wú dì〕, (反)〔恬不知耻 tián bù zhī chǐ〕

【无的放矢-적방실】wú dì fàng shǐ 과녁없이 활을 쏘다. (말이나 행동에) 목적이 없다. (反)〔有 yǒu的放矢〕

【无动于衷-동어충】wú dòng yú zhōng 〈成〉마음에 동요가 전혀 없다. ◇跟他说了半天, 他还是~/그에게 한참 얘기했는데도 그는 전혀 반응이 없다. (同)〔东风吹马耳 dōng fēng chuī mǎ ěr〕, (反)〔热情洋溢 rè qíng yáng yì〕

【无度-도】wúdù 形무절제하다.

【无端-단】wúduān 副까닭없이. 실없이. ◇~生事/까닭없이 말썽을 일으킨다. (同)〔无故 gù〕, (反)〔有因 yǒuyīn〕

【无恶不作-악부작】wú è bù zuò 〈成〉온갖 못된 짓을 다하다.

＊＊【无法-법】wúfǎ 動(…할) 방법이〔방도가〕없다. …할 수 없다. ◇他俩的汉语水平是~相比的/그들 두 사람의 중국어 수준은 막상막하다. ◇~解脱的困境/벗어날 수 없는 어려움.

【无法无天-법무천】wú fǎ wú tiān 무법천지. (同)〔胆大妄为 dǎn dà wàng wéi〕, (反)〔安分守己 ān fèn shǒu jǐ〕

【无方-방】wúfāng 形방법이 제대로 맞지 않다. (反)〔有 yǒu方〕

【无妨-방】wúfáng 形무방하다. 지장없다. 괜찮다. ◇你这么棒的身体, 别说跑五千米, 就是跑一万米也~/당신은 몸이 이렇게 튼튼하니 5천미터 달리기는 말할 것도 없고 만미터도 무방하다.

＊【无非-비】wúfēi 副단지 …에 불과하다. 고작 …이다. ◇那里什么东西都有, ~贵一点儿/거기에는 뭐든지 다 있지만 단지 비쌀 뿐이다. (同)〔不过 búguò〕〔不外乎 bù wài hū〕比교无非:一定:不过 ①틀림없는 경우에는 "无非"를 쓰지 않는다. ◇不管天气好不好, 我(×无非)一定要去/날씨가 좋든 나쁘든 난 꼭 가야 한다. ②"无非"는 역접에는 쓰이지 않는다. ◇他说的是对的, (×无非)不过口气太强/그가 한 말은 맞지만 말투가 너무 퉁명스럽다.

【无风不起浪-풍불기랑】wú fēng bù qǐ làng 아니 땐 굴뚝에 연기 나랴?

【无缝钢管-봉강관】wúfèng gāngguǎn 名〈機〉이음매없는 강관.

【无缝可钻-봉가찬】wúfèng kězuān 뚫고 들어갈 (빈)틈이 없다.

【无干-간】wúgān 動관계 없다.

【无功受禄－공수록】 wú gōng shòu lù 공로도 없는데 상을 받다. (反)〔当之无愧 dāng zhī wú kuì〕

【无辜－고】 wúgū **1**웹무고하다. 죄가 없다. **2**웹무고한 사람.

【无故－고】 wúgù (웹)이유없이. 까닭없이.

【无怪－괴】 wúguài 이상할 것이 없다. …인 것은 당연하다.

【无关－관】 wúguān 통관계가 없다. 상관없다. ◇那件事与他～/그 일은 그와는 관련 없다. (同)〔无涉 shè〕, (反)〔有 yǒu 关〕

【无轨电车－궤전차】 wúguǐ－diànchē 명무궤도 전차.

【无何－하】 wúhé〈文〉**1**머지 않다. **2**아무 일도 없다. 아무렇지도 않다.

【无后坐力炮－후좌력포】 wúhòuzuòlìpào 명〈軍〉무반동포.

【无花果－화과】 wúhuāguǒ 명〈植〉무화과.

【无华－화】 wúhuá 웹화려한 색채가 없다.

【无机－기】 wújī 명웹〈化〉무기(의). (反)〔有 yǒu 机〕

【无机肥料－기비료】 wújī féiliào 명무기(질) 비료.

【无机化合物－기화합물】 wújī huàhéwù〈化〉무기 화합물.

【无机化学－기화학】 wújī huàxué 명〈化〉무기 화학.

【无稽－계】 wújī 웹허황하다.

【无及－급】 wújí 통미치지 못하다.

【无几－기】 wújǐ 웹얼마 되지 않다.

【无脊椎动物－척추동물】 wújǐzhuī－dòngwù 명〈動〉무척추동물.

【无记名投票－기명투표】 wújìmíng－tóupiào 명무기명 투표.

【无际－제】 wújì 웹(넓어서) 끝이 없다.

【无济于事－제어사】 wú jì yú shì〈成〉일에 아무 도움이 되지 않다.

【无价之宝－가지보】 wú jià zhī bǎo〈成〉아주 진귀한 보물.

【无坚不摧－긴불최】 wú jiān bù cuī〈成〉이 세우다.

【无间－간】 wújiàn〈文〉**1**웹틈[간격]이 없다. **2**웹끊임없다. **3**통분별하지 못하다.

【无疆－강】 wújiāng 웹〈文〉무강하다. 끝이 없다.

【无尽无休－진무휴】 wú jìn wú xiū〈成〉〈貶〉끝[한]이 없다.

【无精打采－정타채】 wú jīng dǎ cǎi〈成〉의기 소침하다. (同)〔没 méi 精打采〕, (反)〔精神抖擞 jīng shén dǒu sǒu〕

【无拘无束－구무속】 wú jū wú shù〈成〉구속되는 바가 없다. 마음대로이다.

【无可非议－가비의】 wú kě fēi yì〈成〉나무랄 데가 없다.

【无可厚非－가후비】 wú kě hòu fēi〈成〉크게 비난할 정도는 아니다.

＊＊【无可奈何－가내하】 wú kě nàihé〈成〉어찌할 도리가 없다. 방법이 없다. ◇这孩子太调皮了, 我真是～/이 애는 너무 까불어서 나는 정말 어쩔 수 없다. ◇我们～只得应允/우리는 어쩔 수 없이 허락했다. 비교无可奈何:不得不 당위성·필연성의 경우에는 "无可奈何"를 쓰지 않는다. ◇他是我好朋友, 明天生日我(×无可奈何)不得不去/그가 내 친한 친구라서 내일 생일 때 꼭 가야만 한다.

【无可不可－가불가가】 wú kě wú bù kě〈成〉아무래도 좋다.

【无孔不入－공불입】 wú kǒng bù rù〈成〉〈貶〉온갖 수단을 다 쓰다.

【无愧－괴】 wúkuì 웹부끄럽지 않다. (反)〔有 yǒu 愧〕

【无赖－뢰】 wúlài **1**웹횡포를 부리다. **2**무뢰한. (同)〔无赖汉 hàn〕

＊【无礼－례】 wúlǐ 웹무례하다. 버릇없다. (同)〔失 shī 礼〕, (反)〔有 yǒu 礼〕

＊【无理－리】 wúlǐ 웹억지를 부리다. (反)〔有 yǒu 理〕

【无理取闹－리취뇨】 wú lǐ qǔ nào〈成〉까닭없이 남과 다투다.

【无理式－리식】 wúlǐshì 명〈數〉무리식.

【无理数－리수】 wúlǐshù 명〈數〉무리수.

【无力－력】 wúlì **1**힘이 없다. 무기력하다. **2**(추상적인) 힘이 없다. 능력이 없다. (同)〔不 bù 力〕, (反)〔有 yǒu 力〕

【无量－량】 wúliàng 웹무량하다. 무한하다.

＊【无聊－료】 wúliáo 웹**1**무료하다. 심심하다. ◇整天呆在家里, 他感到～透了/하루 종일 집에 있자니 지루해 죽겠다. **2**(저작·언행이) 무의미하다. 시시하다. 너절하다. ◇看他那种～的样子, 使人厌烦/저 너절한 그의 꼴 좀 봐. 혐오스러워.

☆【无论－론】 wúlùn 젭…한다 하더라도. …을 막론하고. 〔앞절의 '无论' 뒤에는 의문대명사(什么, 怎么, 多少, 哪 등)나 긍정부정꼴 (V+不+V) 또한 선택관계(～还是～)를 쓰며, 뒷절에는 '都'나 '也'가 옴. 조건이 다르지만 결과가 같음을 나타냄〕 ◇～任务怎么艰巨, 也要把它完成/임무가 아무리 어렵다 하더라도 반드시 완수해야 한다. ◇明天～是好天还是坏天, 也要去香山/내일 날씨가 좋든 나쁘든 간에 향산에 갈 것이다.

＊＊【无论如何－론여하】 wúlùn rúhé 어쨌든. 어떻게 해서라도. ◇我们～得把丢失的文件找到/우리는 어떻게 해서라도 잃어버린 문서를 찾아야 한다.

【无米之炊－미지취】 wú mǐ zhī chuī〈成〉아

W

무리 재간이 있는 사람도 필요한 조건 없이는 일할 수 없다.

【无冕之王-면류왕】 wúmiǎn zhī wáng 명 어느 분야의 권위자. 〈喩〉신문 기자.

【无名-명】 wúmíng 명〈文〉1이름났다. (同)〔无闻 wén〕, (反)〔著 zhù 名〕 2까닭없다. 알 수 없다.

【无名氏-명씨】 wúmíngshì 명무명씨.

【无名帖-명첩】 wúmíngtiě 명(협박·공갈하는) 익명의 쪽지.

【无名小卒-명소졸】 wú míng xiǎo zú 무명소졸. (同)〔无名之辈 wú míng zhī bèi〕, (反)〔知名人士 zhī míng rén shì〕

【无名指-명지】 wúmíngzhǐ 명무명지. 약손가락.

【无名肿毒-명종독】 wúmíng zhǒngdú 명〈中醫〉원인 불명의 종기.

【无明火-명화】 wúmínghuǒ 명〈佛〉불같은 분노.

【无乃-내】 wúnǎi (어찌) …하지 않은가? …이 아니겠는가? ◇~不可乎?/불가하지 않겠는가? (同)〔岂 qǐ 不是〕

【无奈-내】 wúnài 〈文〉1어찌할 도리가 없다. 부득이하다. 할 수 없다. ◇他出于~, 只得表示同意/그는 어찌할 수 없이 동의를 표했다. (同)〔无可 kě 奈何〕2유감스럽게도. 아쉽게도. 〔유감의 뜻을 지님〕 ◇他本想来的, ~临时有会, 来不了了/그는 원래 오려 했으나 유감스럽게도 임시로 회의가 생겨 올 수 없게 되었다. (同)〔可惜 kěxī〕

【无奈何-내하】 wú nài//hé 1(사람·사물에 대해) 어쩔 도리가 없다. 달리 방법이 없다. 2할 수 없다. (同)〔无可 kě 奈何〕

【无能-능】 wúnéng 형무능하다. (反)〔能干 nénggàn〕

*【无能为力-능위력】 wú néng wéi lì 일을 추진시킬 힘이 없다. ◇这事我~/이 일은 내가 추진시킬 능력이 없다. (同)〔鞭长莫及 biān cháng mò jí〕, (反)〔无所不能 wú suǒ bù néng〕

【无宁-녕】 wúnìng (同)〔毋 wú 宁〕

【无期-기】 wúqī 형무기한의. 기한이 없는.

【无期徒刑-기도형】 wúqī túxíng 명〈法〉무기 징역.

【无奇不有-기불유】 wú qí bù yǒu 별의별 것이 다 있다.

【无前-전】 wúqián 형1무적이다. 견줄 사람이 없다. 2전례가 없다.

【无亲无故-친무고】 wú qīn wú gù 친척도 친구도 없다. 고독하다.

**【无情-정】 wúqíng 형1무정하다. 2봐주지 않다. 엄연하다. ◇事实是~的/사실은 엄연한 것이다. (同)〔薄 bó 情〕, (反)〔多du-ō情〕

*【无情无义-정무의】 wú qíng wú yì 무정하다. (同)〔冷酷无情 lěng kù wú qíng〕, (反)〔一往情深 yī wǎng qíng shēn〕

*【无穷-궁】 wúqióng 형무한하다. 무궁하다. 끝이 없다. ◇~的烦恼和忧虑/끝이 없는 번민과 근심.

【无穷大-궁대】 wúqióngdà 명〈數〉무한대. (同)〔无限 xiàn 大〕

【无穷小-궁소】 wúqióngxiǎo 명〈數〉무한소. (同)〔无限 xiàn 小〕

【无缺-결】 wúquē 형흠이 없다. ◇完美~/완벽하다.

【无任-임】 wúrèn 〈文〉부…해 마지 않다.

【无日-일】 wúrì 하루도 빠짐 없다.

【无如-여】 wúrú (同)〔无奈 nài〕

【无伤大雅-상대아】 wú shāng dàyǎ 〈成〉큰 지장이 없다.

【无上-상】 wúshàng 형무상의. 최고의.

【无神论-신론】 wúshénlùn 명〈哲〉무신론.

【无声-성】 wúshēng 형소리가 없다.

【无声片-성편】 wúshēngpiàn 명〈撮〉무성 영화.

【无声无臭-성무취】 wú shēng wú xiù 〈成〉소리도 냄새도 없다. 세상에 이름이 알려지지 않다. (同)〔默默无闻 mò mò wú wén〕, (反)〔大名鼎鼎 dà míng dǐng dǐng〕

【无时无刻-시무각】 wú shí wú kè 〈成〉(일반적으로 뒤에 '不'를 붙여) 시시각각. 무시로. 항상. 늘. ◇学生们~不在想念着生病的老师/학생들은 시시각각 앓고 있는 선생님을 그리워하고 있다.

【无事不登三宝殿-사불등삼보전】 wú shì bù dēng sānbǎodiàn 〈成〉찾아 오는 데는 반드시 까닭이 있다. ◇平时不见他来, 今天来找我肯定是~/평소 나를 찾지도 않는 사람이 오늘 오는 데는 틀림없이 부탁할 일이 있어서이다.

【无事生非-사생비】 wú shì shēng fēi 평지 풍파를 일으키다. 공연히 말썽을 피우다. (同)〔造谣生事 zào yáo shēng shì〕, (反)〔息事宁人 xī shì níng rén〕

【无视-시】 wúshì 동무시하다. 업신여기다. (同)〔漠 mò 视〕, (反)〔正 zhèng 视〕

☆【无数-수】 wúshù 형1무수하다. 셀 수 없이 많다. ◇天上有~的星星/하늘에는 무수히 많은 별들이 있다. (反)〔点滴 diǎn dī〕2확실히 알지 못하다. ◇能否赢这场球, 教练心中也~/이번 축구시합에 이길 수 있는지 코치는 장담할 수 없었다.

【无双-쌍】 wúshuāng 형무쌍하다. 둘도 없다. (同)〔无两 liǎng〕, (反)〔有偶 yǒuǒu〕

【无霜期-상기】 wúshuāngqī 명〈天〉서리 없는 계절.

【无私—사】 wúsī 〔형〕사심이 없다. (同)〔忘我 wàngwǒ〕, (反)〔自 zì 私〕

【无私有弊—사유폐】 wú sī yǒu bì 공명 정대하나 도리어 남의 의심을 받기 쉽다.

【无损—손】 wúsǔn 손상됨이 없다.

【无所不为—소불위】 wú suǒ bù wéi 〈成〉〈貶〉무슨 짓이나 다 한다.

【无所不用其极—소용기극】 wú suǒbù yòng qí jí 〈成〉〈貶〉나쁜 짓을 하는 데 모든 극악한 수단을 다 쓰다.

【无所不在—소불재】 wú suǒ bù zài 〈成〉어디나 다 있다.

【无所不至—소불지】 wú suǒ bù zhì 〈成〉1어디에나 미치다. 2〈貶〉못하는 것이 없다.

【无所措手足—소조수족】 wú suǒ cuò shǒu zú 〈成〉손발을 어디 놓아야 할지 모르다. 어쩔 줄 모르다. 당황하다.

【无所事事—소사사】 wú suǒ shì shì 〈成〉아무 일도 하지 않다. (反)〔日不暇给 rì bù xiá jǐ〕

【无所适从—소적종】 wú suǒ shì cóng 〈成〉누구를 따라야 할지 모르다. ◇两个老师争论不休, 学生们～/두 교사가 계속 논쟁을 벌이자 학생들은 누구를 따라야 할지 몰랐다.

∗∗【无所谓—소위】 wúsuǒwèi 1(…라고까지는) 말할 수 없다. ◇都是一家人, ～你的我的/모두 한 식구니 네것 내것이라고 할 것 없다. 2상관〔관계〕없다. 아무래도 좋다. ◇我住哪一间都～/나는 어느 방에 묵든 상관없다.

【无所用心—소용심】 wú suǒ yòng xīn 〈成〉어떤 일에도 관심을 두지 않고 신경을 쓰지 않다. (反)〔煞费苦心 shā fèi kǔ xīn〕

∗【无所作为—소작위】 wú suǒ zuòwéi 〈成〉아무런 성과가 없다. (同)〔碌碌无为 lù lù wú wéi〕, (反)〔大有作为 dà yǒu zuò wéi〕

【无题—제】 wútí 〔명〕무제(의).

【无条件—조건】 wútiáojiàn 〔명〕무조건의.

【无头案—두안】 wútóu'àn 〔명〕실마리를 잡을 수 없는 사건.

【无头告示—두고시】 wútóu-gào·shi 〔명〕1뜻이 분명하지 않은 공시. 2요령없이 형식에 치우친 문장.

【无往不利—왕불리】 wú wǎng bù lì 〈成〉모든 것이 다 순조롭다. (同)〔万事亨通 wàn shì hēng tōng〕, (反)〔艰难曲折 jiān nán qū zhé〕

【无往不胜—왕불승】 wú wǎng bù shèng 〈成〉가는 곳마다 승리하다. (同)〔所向披靡 suǒ xiàng pī mí〕, (反)〔一触即溃 yī chù jí kuì〕

【无妄之灾—망지재】 wú wàng zhī zāi 뜻밖의 재난.

【无望—망】 wúwàng 〔형〕희망〔가망〕이 없다. (反)〔有 yǒu 望〕

∗【无微不至—미불지】 wú wēi bù zhì 〈成〉보살핌이 극히 세밀하다. ◇服务员对我们照顾得～/종업원이 우리에 대해 미세한 것까지 신경써줬다. (同)〔体贴入微 tǐ tiē rù wēi〕, (反)〔漠不关心 mò bù guān xīn〕

【无为—위】 wúwéi 〔명〕무위.

【无味—미】 wúwèi 〔형〕1맛이 없다. 2흥미〔재미〕가 없다. (同)〔乏 fá 味〕, (反)〔有 yǒu味〕

【无畏—외】 wúwèi 〔형〕두려워하지 않다.

【无谓—위】 wúwèi 〔형〕의미〔가치〕가 없다. ◇不作～的牺牲/가치없는 희생을 하지 않는다.

【无…无…—…무…】 wú…wú… …도 없고〔아니고〕…도 없다〔아니다〕. 〔두 개의 뜻이 같거나 비슷한 말의 앞뒤에 쓰여 없다는 뜻을 강조함〕◇～缘～故/이유도 까닭도 없다.

【无物—물】 wúwù 〔형〕내용이 없다. ◇他今天的报告言之～/그의 오늘의 연설은 내용이 없다.

【无误—오】 wúwù 〔형〕틀림없다. (同)〔正确 zhèngquè〕, (反)〔错 cuò 误〕

【无息—식】 wúxī 〔명〕무이자.

【无隙可乘—극가승】 wú xì kě chéng 〈成〉파고들 빈틈이 없다.

【无瑕—하】 wúxiá 〔동〕완벽하여 결함이 없다.

【无暇—가】 wúxiá 〔동〕여가가 없다. 틈〔짬·겨를〕이 없다. ◇他～过问那件事/그는 그 일을 간여할 겨를이 없다. (同)〔不 bù 暇〕, (反)〔空闲 kōngxián〕

☆【无限—한】 wúxiàn 〔형〕한이 없다. 끝이 없다. ◇～光明的未来/무한히 밝은 미래. (同)〔无度 dù〕, (反)〔有 yǒu 限〕

【无限公司—한공사】 wúxiàn gōngsī 〔명〕〈經〉합명(合名)회사. (反)〔有 yǒu 限公司〕

∗∗【无线电—선전】 wúxiàndiàn 〔명〕1무선 전신. 2'无线电收音机'(라디오 수신기)의 통칭.

【无线电台—선전대】 wúxiàn-diàntái 〔명〕〈遞〉무선 전신국.

∗【无效—효】 wúxiào 〔형〕효력이 없다. ◇证件～/증명서가 무효이다. ◇修理～/수리가 효과가 없다. (同)〔无用 yòng〕, (反)〔有 yǒu 效〕

【无懈可击—해가격】 wú xiè kě jī 〈成〉빈틈없다. 완벽하다. (同)〔天衣无缝 tiān yī wú fèng〕, (反)〔破绽百出 pò zhàn bǎi chū〕

【无心—심】 wúxīn 1〔동〕…할 마음이 없다. 2〔동〕아무 다른 뜻이 없다. 무심코 하다. (同)〔无意 yì〕, (反)〔一 yī 心〕

【无行—행】 wúxíng 〔형〕행실이 나쁘다.

【无形—형】 wúxíng 1〔명〕무형의. 눈에 보이지 않는. (反)〔有形 xíng〕2〔무〕알게 모르

게. (同)〔无形中 zhōng〕

【无形损耗－형손모】wúxíng sǔnhào 图〈經〉눈에 보이지 않는 손실. 과학 기술의 발전으로 고정자산의 가치가 감소하는 것. (同)〔精神 jīngshén 损耗〕

【无形中－형중】wúxíngzhōng 图알게 모르게.

【无性生殖－성생식】wúxìng shēngzhí 图〈生〉무성 생식.

【无须－수】wúxū 图…할 필요가 없다. ◇对这件事你～操心/이 일에 대해 당신이 신경을 쓸 필요가 없다. (同)〔不 bù 须〕, (反)〔必 bì 须〕

【无需－수】wúxū (同)〔无须 xū〕

【无烟火药－연화약】wúyān huǒyào 图〈化〉무연 화약.

【无烟煤－연매】wúyānméi 图무연탄. (同)〔硬 yìng 煤〕

【无恙－양】wúyàng 图〈文〉병〔탈〕이 없다.

【无业－업】wúyè 图1직업이 없다. 2재산이 없다.

【无遗－유】wúyí 图남김이 없다.

**【无疑－의】wúyí 图의심할 바가 없다. …임에 틀림없다. ◇他～是对的/그는 의심할 여지 없이 옳다. (反)〔可 kě 疑〕

【无已－이】wúyǐ 图〈文〉1끝이 없다. 2부득이하다. (同)〔不得已 bùdéyǐ〕

【无以复加－이복가】wú yǐ fù jiā〈成〉이 이상 더할 것이 없다.

【无艺－예】wúyì 图〈文〉1준칙이 없다. ◇用人～/사람을 선발하는 데에 기준이 없다. 2한도가 없다.

【无益－익】wúyì 图무익하다. (反)〔有 yǒu 益〕

*【无意－의】wúyì 1图…할 생각이 없다. ◇他～去广州旅游/그는 광주 관광할 생각이 없다. 2图뜻밖에. 본의 아니게.

【无意识－의식】wúyì·shí 图图무의식(의). (反)〔有 yǒu 意识〕

【无翼鸟－익조】wúyìniǎo 图〈鸟〉키위(kiwi).

【无垠－은】wúyín 图〈文〉광대무변하다.

【无影灯－영등】wúyǐngdēng 图무영등.

【无庸－용】wúyōng (同)〔毋 wú 庸〕

【无余－여】wúyú 图남는 것이 없다.

【无与伦比－여륜비】wú yǔ lún bǐ〈成〉더불어 비교할 것이 없다.

【无援－원】wúyuán 图원조가 없다.

【无缘－연】wúyuán 1图인연이 없다. 2(同)〔无从 cóng〕

【无源之水, 无本之木－원지수, 무본지목】wú yuán zhī shuǐ, wú běn zhī mù〈成〉근본이 없는 사물.

【无政府主义－정부주의】wúzhèngfǔ zhǔyì 图〈政〉무정부주의.

*【无知－지】wúzhī 图무지하다. ◇～妄做/아무것도 모르면서 마구 행하다. (反)〔明

理 mínglǐ〕

【无中生有－중생유】wú zhōng shēng yǒu〈成〉없는 일을 날조하다. (同)〔向壁虚构 xiàng bì xū gòu〕, (反)〔有根 gēn 有据 jù〕

【无足轻重－족경중】wú zú qīng zhòng〈成〉시시하다. 중요하지 않다. (同)〔微不足道 wēi bù zú dào〕, (反)〔举足 jǔ 足轻重 zú qīng zhòng〕

【无阻－조】wúzǔ 图지장이 없다.

【**芜·蕪】** ＃部 wú 4画 황무지 무
〈文〉1图잡초가 무성하다. 2图초원. 잡초가 무성한 곳. 3图〈喩〉(글이) 난잡하다.

【芜鄙－비】wúbǐ 图(글이) 난잡하고 천박하다.

【芜秽－예】wúhuì 图잡초가 무성하다.

【芜菁－정】wújīng 图〈植〉1순무. 무청. 2순무의 뿌리.

【芜劣－렬】wúliè 图(글이) 형편없다.

【芜杂－잡】wúzá 图(글이) 난잡하다. 조리가 없다.

【**毋】** 毋部 wú 0画 말 무
1图〈文〉…하지 말라. ◇宁缺～滥/차라리 부족할망정 아무거나 마구 쓰지 않다. (同)〔不要 bùyào〕2(Wú)图성(姓).

【毋宁－녕】wúnìng 图…만 못하다. 차라리 …하는 편이 낫다. (同)〔不如 bùrú〕

【毋庸－용】wúyōng …할 필요가 없다. (同)〔无须 wúxū〕

【**吾】** 口部 wú 4画 나 오
1图〈文〉나. 우리. 〔주로 주어나 관형어로 쓰임〕◇～国/우리나라. 2(Wú)图성(姓).

【吾辈－배】wúbèi 图〈文〉우리들. (同)〔我们 wǒ·men〕

【吾侪－제】wúchái〈文〉图우리들.

【吾人－인】wúrén〈文〉图우리들.

【**唔】** 口部 wú 7画 글읽는 소리 오
⇒呵 yī 唔

【**梧】** 木部 wú 7画 오동 오

*【梧桐－동】wútóng 图〈植〉벽오동.

【**鼯】** 鼠部 wú 7画 박쥐 오

【鼯鼠－서】wúshǔ 图〈动〉날다람쥐.

【**吴·吳】** 口部 Wú 4画 오나라 오
图1주(周)나라 때의 나라명. 2삼국시대(三國時代)때 손권이 세운 나라의 이름. 3〈地〉강소성(江蘇省) 남부와 절강성(浙江省) 북부 일대. 4성(姓).

【吴牛喘月－우천월】wú niú chuǎn yuè

〈成〉자라 보고 놀란 가슴 솥뚜껑 보고 놀란다.

【吴语－어】wúyǔ 명상해(上海), 강소성(江蘇省) 남부, 절강성(浙江省) 북부 일대의 방언.

【吴茱萸－수유】wúzhūyú 명〈植〉오수유.

【蜈】虫部 | wú
7画 | 지네 오

【蜈蚣－공】wú·gōng 명〈虫〉지네.

【鹀·鵐】鸟部 | wú
7画 | 멧새 무
명〈鳥〉참새과. 멧새속의 총칭.

wǔ

【午】十部 | wǔ
2画 | 낮 오
명1오. 〔12지지(地支)의 일곱 번째〕2오시(午時). 〔옛날, 낮 11시~1시까지의 시간을 말함〕

【午餐－찬】wǔcān （同）〔午饭 fàn〕

★【午饭－반】wǔfàn 명점심밥. ◇明天我们去北京饭店吃~, 好吗?/내일 우리 북경호텔에 가서 점심 먹을까?

【午后－후】wǔhòu 명오후. （同）〔下 xià 午〕

【午间－간】wǔjiān 명정오경. 점심 때.

【午觉－각】wǔjiào 명낮잠.

【午前－전】wǔqián 명오전. （同）〔上 shàng 午〕

【午时－시】wǔshí 명오시. 〔옛날, 오전 11시에서 오후 1시 사이〕

【午睡－수】wǔshuì 명통낮잠(을 자다).

【午休－휴】wǔxiū 명통점심식사 후의 휴식(을 취하다).

【午夜－야】wǔyè 명한밤중. 자정 전후의 시간. （同）〔半 bàn 夜〕

【忤(牾)】忄部 | wǔ
4画 | 거스를 오
통거스르다. 거역하다. ◇与人无~/남에게 거슬리지 않다.

【忤逆－역】wǔnì 통불효하다. （反）〔孝顺 xiàoshùn〕

★【五】一部 | 二部 | wǔ
3画 | 2画 | 다섯 오
�getNumber5. 다섯.

【五倍子－배자】wǔbèizǐ 명〈中藥〉오배자. （同）〔五楢 bèi 子〕

【五彩－채】wǔcǎi 명오색. 여러가지 색.

【五大三粗－대삼조】wǔ dà sān cū 체격이 튼실하다.

【五方－방】wǔfāng 명동·서·남·북과 중앙. 각지.

【五方杂处－방잡처】wǔfāng zá chù 〈成〉각지에서 온 사람들이 모여 살다.

【五分制－분제】wǔfēnzhì 명5점 만점제.

【五更－경】wǔgēng 명1저녁부터 새벽까지의 시간. 2새벽.

【五古－고】wǔgǔ 명〈略〉오언 고시.

【五谷－곡】wǔgǔ 명오곡.

【五官－관】wǔguān 명오관. 용모. 생김새.

【五光十色－광십색】wǔ guāng shí sè 〈成〉울긋불긋 아름답다. 다양하다.

【五行八作－행팔작】wǔ háng bā zuō 〈成〉각종의 직업.

【五湖四海－호사해】wǔ hú sì hǎi 〈成〉전국 각지.

【五花八门－화팔문】wǔ huā bā mén 〈成〉형형 색색이다. 다양하다.

【五花大绑－화대방】wǔ huā dà bǎng 〈成〉목을 묶은 오랏줄을 뒤로 돌려 뒷짐 결박을 짓다.

【五花肉－화육】wǔhuāròu 명삼겹살.

【五黄六月－황육월】wǔ huáng liùyuè 〈成〉음력 오뉴월의 날씨가 무더운 때.

【五荤－훈】wǔhūn 명오훈채(五荤菜).

【五角大楼－각대루】Wǔjiǎo Dàlóu 명펜타건(Pentagon). 미국 국방성 건물.

【五金－금】wǔjīn 명1〈礦〉금(金)·은(銀)·동(銅)·석(錫)·철(鐵) 등 다섯 가지 금속. 2철물. ◇~店/철물점.

【五经－경】Wǔ Jīng 명〈書〉오경. 〔역(易)·서(書)·시(詩)·예(禮)·춘추(春秋)의 다섯 가지 유가(儒家) 경서〕

【五绝－절】wǔjué 명〈略〉오언절구.

【五劳七伤－로칠상】wǔ láo qī shāng 〈成〉〈中醫〉신체가 허약하고 병이 많은 것. 갖가지 질병.

【五雷轰顶－뢰굉정】wǔ léi hōng dǐng 〈成〉청천에 날벼락. 아닌 밤중에 홍두깨.

【五里雾－리무】wǔlǐwù 명미궁. 오리무중.

【五粮液－량액】wǔliángyè 명四川宜宾에 나는 다섯 가지 곡물로 빚은 50도의 유명한 술.

【五律－율】wǔlù 명〈略〉오언율시.

【五伦－륜】wǔlún 명오륜.

【五内－내】wǔnèi 명〈文〉오장.

【五日京兆－일경조】wǔ rì jīngzhào 〈成〉삼일 천하.

【五色－색】wǔsè （同）〔五彩 cǎi〕

【五十步笑百步－십보소백보】wǔshí bù xiào bǎi bù 〈成〉오십보 백보.

【五四运动－사운동】Wǔ－Sì Yùndòng 명〈史〉5·4운동. 〔1919년 5월 4일 중국 북경의 학생들을 중심으로 일어난 반제·반봉건주의 운동〕

【五体投地－체투지】wǔ tǐ tóu dì 〈成〉온몸을 바닥에 대고 하는 절. 지극히 숭배하다. （同）〔顶礼膜拜 dǐng lǐ mó bài〕, （反）

①南拳 nánquán
②太极拳 tàijíquán
③气功 qìgōng
④枪术 qiāngshù
⑤剑术 jiànshù

〔嗤之以鼻 chī zhī yǐ bí〕

【五味－미】wǔwèi 閏단맛·쓴맛·신맛·매운맛·짠맛의 다섯 가지 맛. 여러 가지 맛.

【五线谱－선보】wǔxiànpǔ 閏〈音〉오선보.

【五香－향】wǔxiāng 閏(중국 요리에 쓰이는) 다섯 가지 향료. 즉 산초(山椒)·회향(茴香)·계피(桂皮)·팔각(八角)·정향(丁香).

【五星红旗－성홍기】Wǔxīng-Hóngqí 중화인민공화국 국기.

【五刑－형】wǔxíng 閏중국 고대의 다섯가지 주요 형벌.

【五行－행】wǔxíng 閏〈哲〉오행.

【五言诗－언시】wǔyánshī 閏오언시.

【五颜六色－안육색】wǔ yán liù sè〈成〉색깔이 다채로워 화려한 모양.

【五一劳动节－일노동절】Wǔ-Yī Láodòng Jié 閏노동절. 메이데이.

【五音－음】wǔyīn 閏오음.

【五月节－월절】Wǔyuè Jié 閏〈俗〉단오절.

【五岳－악】Wǔ Yuè 閏오악. 중국의 오대(五大) 명산.

【五脏－장】wǔzàng 閏오장.

【五指－지】wǔzhǐ 閏다섯 손가락.

【五中－중】wǔzhōng 閏〈文〉오장(五臟).

【五洲－주】wǔzhōu 閏세계 각지. 전세계.

【五子棋－자기】wǔzǐqí 閏(바둑의) 오목.

【伍】亻部 4画 | 다섯 오
1閏고대 중국의 군대 편제의 최소 단위. 5명으로 이루어짐. 군대. ◇入～/입대하다. 2閏동료. 한동아리. 3㊀'五'의 갖은자. 4(Wǔ)閏성(姓).

【伍的－적】wǔ·de ㊀〈方〉등등. 따위.

【捂(搗)】扌部 7画 | 거스릴 오
동(손바닥으로) 덮어 가리다. ◇用手帕～了一下儿鼻子/손수건으로 코를 가렸다. (同)〔蒙 méng〕, (反)〔揭 jiē〕

【捂盖子－개자】wǔ gài·zi〈喩〉문제 또는 사건 따위를 덮어 못 밝히게 하다.

【捂捂盖盖－오개개】wǔwǔgàigài〈方〉기를 쓰고 감추다.

【怃·憮】忄部 4画 | 어루만질 무
〈文〉1동사랑하다. 2閏멍하다. 실의에 빠진 모양.

【怃然－연】wǔrán 閏〈文〉실망한 모양.

【庑·廡】广部 4画 | 문간방 무
閏〈文〉곁채. 거느림채. 행랑.

【妩·嫵(娬)】女部 4画 | 예쁠 무

【妩媚－미】wǔmèi 閏(여자·꽃·나무 등이) 어여쁘다. 곱다.

【武】弋部 止部 wǔ | 건장할 무
1閏무력. ◇～力/무력. 2閏무술. 무예. ◇～术/무술. 3閏용감하다. ◇威～/위풍이 당당하다. 4閏〈文〉반보(半步). 발걸음. 5(Wǔ)閏성(姓).

【武把子－파자】wǔbǎ·zi 閏〈演〉1(중국 전통극의) 무술 전문 배우의 기예. 2중국 전통극에서 격투를 연기하는 배역.

【武备－비】wǔbèi 閏〈文〉군비(軍備).

【武场－장】wǔchǎng 閏〈演〉중국 전통극의 반주의 타악기 부분. (反)〔文 wén 场〕

【武丑－축】wǔchǒu (～儿)閏〈演〉(중국 전통극에서) 무술을 하는 광대.

【武打－타】wǔdǎ 閏〈演〉(중국 전통극에서의) 격투.

【武旦－단】wǔdàn 閏〈演〉(중국 전통극의) 여자 무사 역.

【武断－단】wǔduàn 1동독단하다. 자기 멋대로 판단하다. (反)〔审慎 shěnshèn〕2閏독단적이다. ◇你这样有点儿～/당신이 이렇게 하면 좀 독선적이다. 3동권세를 등에 업고 자기 멋대로 시비를 판단하다.

【武夫一부】wǔfū 圏1용감한 사람. 2군인.

【武工一공】wǔgōng 圏〈演〉무술 연기.

【武功一공】wǔgōng 圏1군사상의 공적. 2무술. 3(同)〔武工 gōng〕

【武官一관】wǔguān 圏1〈軍〉장교. (同)〔武将 jiàng〕, (反)〔文 wén 官〕2〈外交〉무관. 〔외교관의 하나〕

【武行一행】wǔháng 圏〈演〉중국 전통극의 무술 전문 배우.

【武火一화】wǔhuǒ 圏(요리할 때의) 센 불. (同)〔猛 měng 火〕, (反)〔文 wén 火〕

【武将一장】wǔjiàng 圏장교. 장성.

【武库一고】wǔkù 圏〈軍〉무기고.

*【武力一력】wǔlì 圏1무력. 2군사력. ◇～镇压/무력으로 진압하다.

【武庙一묘】Wǔmiào 圏1관우(關羽)를 모신 사당. 2관우와 악비(岳飛)를 함께 모신 사당.

☆【武器一기】wǔqì 圏1무기. 병기. 2투쟁의 도구.

【武人一인】wǔrén 圏군인. (同)〔军 jūn 人〕

【武生一생】wǔshēng 圏〈演〉중국 전통극의 남자 무사역.

【武士一사】wǔshì 圏1고대 궁정을 수비하던 사병. 2무사.

【武士道一사도】wǔshìdào 圏무사도.

☆【武术一술】wǔshù 圏무술.

【武戏一희】wǔxì 圏〈演〉무술극. (反)〔文 wén 戏〕

【武侠一협】wǔxiá 圏무협.

【武艺一예】wǔyì 圏무예.

【武职一직】wǔzhí 圏무관직. (反)〔文 wén 职〕

＊＊【武装一장】wǔzhuāng 1圏무장. 군사 장비. ◇解除～/무장을 해제시킨다. 2圐무장하다. ◇这点武器～不了一个团/이 무기로는 1개 연대를 무장시킬 수 없다. 3圏부대〔군대〕.

【武装部队一장부대】wǔzhuāng bùduì 圏군대.

【武装力量一장역량】wǔzhuāng lìliàng 圏〈軍〉군사력.

【鹉・鵡】鸟部 wǔ
8画 앵무새 무
(同)〔鹦 yīng 鹉〕

【侮】亻部 wǔ
7画 업신여길 모
圐경멸하다. 모멸하다. ◇欺～/업신여기다.

【侮慢一만】wǔmàn 圐업신여기다. 모욕하다. (反)〔敬重 jìngzhòng〕

【侮蔑一멸】wǔmiè 圏圐모멸(하다). 경멸(하다).

＊＊【侮辱一욕】wǔrǔ 圏圐모욕(하다). ◇请你不要当众～别人/대중 앞에서 남을 모욕하지 마시오.

*【舞】丿部 外部 wǔ
13画 8画 춤출 무
1圏춤. 무용. ◇芭蕾～/발레. 2圐춤추다. ◇载歌载～/노래하며 춤추다. 3圐손에 들고 춤추다. ◇剑/칼춤을 추다. 4圐휘두르다. ◇岁数大了, ～不了大刀了/나이가 많아 큰 칼을 휘두를 수 없다. 5圐(재주・꾀 따위를) 부리다. 마음껏 발휘하다. 6圐〈方〉…하다. ◇每家出个人, 这事就～起来了/집집마다 한 사람씩 보내다면 이 일은 성사될 수 있을 것이다. (同)〔搞 gǎo〕〔弄 nòng〕

【舞伴一반】wǔbàn (～儿)圏춤 상대.

【舞弊一폐】wǔbì 圏圐부정한 짓(을 하다).

【舞步一보】wǔbù 圏〈舞〉춤의 스텝.

【舞场一장】wǔchǎng 圏무도장. 댄스홀.

【舞池一지】wǔchí 圏댄스홀의 스테이지.

＊＊【舞蹈一도】wǔdǎo 圏圐춤(추다). 무용(하다).

【舞动一동】wǔdòng 圐1휘두르다. 내젓다. 2흔들리다.

＊＊【舞会一회】wǔhuì 圏무도회.

【舞剧一극】wǔjù 圏〈舞〉(발레 따위의) 무용극.

【舞弄一롱】wǔnòng 圐1휘두르다. 내젓다. 2〈方〉…을 하다. 만들다.

【舞女一녀】wǔnǚ 圏무희(舞姬). 댄서.

【舞曲一곡】wǔqǔ 圏〈音〉무곡. 댄스 뮤직.

*【舞台一대】wǔtái 圏무대. ◇～艺术/무대 예술.

*【舞厅一청】wǔtīng 1圏무용 연습장. 2댄스홀. 나이트 크럽. (同)〔舞场 chǎng〕

【舞文弄墨一문롱묵】wǔ wén nòng mò 〈成〉1법조문을 왜곡하여 부정을 저지르다. 2글재주를 부리다. 2〔舞文弄法 fǎ〕

【舞艺一예】wǔyì 圏춤 솜씨.

【舞姿一자】wǔzī 圏춤추는 자태.

wù

【兀】兀部 wù
8画 우뚝할 올
1圏〈文〉높이[우뚝] 솟다. ◇突～/우뚝 솟다. 2圏산이 민둥민둥한 모양. 머리가 번번하게 벗겨진 모양. ⇒wū

【兀傲一오】wù'ào 圏〈文〉거만하다. 자만심을 갖다.

【兀鹫一취】wùjiù 圏〈鳥〉독수리.

【兀立一립】wùlì 圐곧추 솟다.

【兀臬一얼】wùniè (同)〔机陧 wùniè〕

【兀自一자】wùzì 圔〈方〉아직. 여전히.

【杌】木部 wù
3画 걸상 올
圏(등받이가 없는 네모난) 작은 걸상.

【杌凳一등】wùdèng (～儿)(同)〔杌子・zi〕

【杌陧－얼】wùniè 명〈文〉(형세·국면·마음 따위가) 불안하다. (同)〔兀臬 wùniè〕

【杌子－자】wù·zi 명등받이가 없는 네모난 작은 걸상.

【乌·烏】 ノ部 wù 3画 까마귀 오

⇒wū

【乌拉－랍】wù·la 명방한화의 일종. ⇒wūlā

【乌拉草－랍초】wù·lācǎo 명〈植〉중국 동북 지방에 나는 방동사니과의 다년생 초본 의 일종.

【坞·塢(隖)】 土部 wù 4画 산언덕 오

명1사면이 높고 가운데가 움푹 들어간 곳. ◇山~/산간의 평지. 2주위가 높아 바람을 막아주는 건축물. ◇船~/선거 (船渠). 도크. 3〈文〉방어용 건축물.

*【勿】 勹部 wù 2画 없을 물

부1…하지 말라. (同)〔不要 bùyào〕◇请 ~喧哗 xuānhuá/떠들지 마시오.

【勿谓言之不预－위언지불예】wù wèi yán zhī bù yù 〈成〉먼저 일러주지 않았다고 말하지 말라.

【芴】 艹部 wù 4画 순무 물

명〈化〉플루오렌(fluorene).

*【物】 牛部 wù 4画 만물 물

명1물건. 것. ◇万~/만물. ◇读~/도서. 2(자기 이외의) 다른 사람. 환경. ◇待人 接~/처세하다. 3내용. 실질. ◇空洞无~ /텅 비어서 내용이 없다.

【物产－산】wùchǎn 명물산. 산물.

【物故－고】wùgù 동〈文〉작고하다. 사망하다. (同)〔去世 qùshì〕

【物候－후】wùhòu 명생물의 주기적 현상과 기후와의 관계.

【物化－화】wùhuà 〈文〉동〈轉〉죽다. (同) 〔去世 qùshì〕

【物化劳动－화노동】wùhuà láodòng 명〈經〉 물질화된 노동.

【物换星移－환성이】wù huàn xīng yí 〈成〉 계절이 변하고 세월이 지나가다. (同) 〔星移物换〕

【物极必反－극필반】wù jí bì fǎn 〈成〉사물 의 발전이 극에 달하면 반드시 반전된다.

☆【物价－가】wùjià 명물가. ◇~稳定/물가 안정. ◇~波动/물가 파동.

【物价指数－가지수】wùjià zhǐshù 명〈經〉물 가 지수.

【物件－건】wùjiàn 명물건. 물품.

【物镜－경】wùjìng 명〈物〉대물 렌즈. (同) 〔接 jiē 物镜〕

★【物理－리】wùlǐ 명1물질내에 내재하는 법 칙. 2물리(학).

【物理变化－리변화】wùlǐ biànhuà 명〈物〉물 리(적) 변화.

【物理量－리량】wùlǐliàng 명〈物〉물리적인 양.〔중량·질량·속도·시간·전압 따위〕

【物理疗法－리요법】wùlǐ liáofǎ 명〈醫〉물 리 요법. (同)〔理疗〕

【物理性质－리성질】wùlǐ xìngzhì 명〈物〉물 리적인 성질.

【物理学－리학】wùlǐxué 명〈物〉물리학.

【物理诊断－리진단】wùlǐ zhěnduàn 명〈醫〉 (청진기·손·망치로 하는) 물리 진단.

*【物力－력】wùlì 명물자.

**【物品－품】wùpǐn 명물품.

【物情－정】wùqíng 명물정.

【物色－색】wùsè 명물색하다.

【物伤其类－상기류】wù shāng qí lèi 〈成〉 〈貶〉동류의 불행을 슬퍼하다. 과부가 과 부 슬픔 안다.

【物事－사】wùshì 명1〈文〉일. 사정. 2〈方〉 물건. 물품.

**【物体－체】wùtǐ 명〈物〉물체.

【物外－외】wùwài 명〈文〉세상의 밖.

【物象－상】wùxiàng 명동물이나 기물(器 物) 등이 환경의 변화에 반응하여 나타 내는 현상.

【物像－상】wùxiàng 명〈物〉물상. 사물의 영상(映像).

【物以类聚－이류취】wù yǐ lèi jù 〈成〉끼리 끼리 모인다.

【物议－의】wùyì 명물의. 남들의 나무람.

【物欲－욕】wùyù 명물욕.

【物证－증】wùzhèng 명〈法〉물증.

☆【物质－질】wùzhì 명물질. (反)〔精神 jīngsh-ēn〕

【物质损耗－질손모】wùzhì sǔnhào (同)〔有 yǒu 形损耗〕

【物种－종】wùzhǒng 명〈生〉종(species).

【物主－주】wùzhǔ 명물건의 주인. 소유주.

**【物资－자】wùzī 명물자. ◇~供应站/물자 배급소.

【务·務】 夂部 力部 wù 2画 3画 힘쓸 무

1명일. 업무. 임무. ◇任~/임무. ◇公~/ 공무. 2동종사하다. ◇~农/농업에 종사 한다. 3명〈옛날의〉세관. 4부꼭. 아무쪼 록.◇~使大家明了这一点/이 점을 여러 분들이 모두 반드시 알아 주시기 바랍니 다. 5(Wù)명성(姓).

*【务必－필】wùbì 부아무쪼록. 꼭. 필히. ◇ 你~在本周内去看望他一次/그를 이번 주 일 안에 반드시 문병하러 가세요. (同) 〔务须 xū〕, (反)〔不 bù 必〕

W

【务农一농】wùnóng 동농업에 종사하다.

【务期一기】wùqī 반드시.

【务求一구】wùqiú 동꼭 …할 것을 바라다.

【务实一실】wùshí 동1구체적인 사업에 힘쓰다. 2실제적인 것을 중요시하다. (反)〔务虚 xū〕

【务须一수】wùxū (同)〔务必 bì〕

【务虚一허】wù/xū 동정책·사상·이론의 연구·토론에 힘쓰다. (反)〔务实 shí〕

【务正一정】wùzhèng 동정당한 직업에 종사하다.

☆【雾·霧】雨部│wù │5画│안개 무
명1안개. 2안개 같은 미세한 물방울. ◇喷～器/분무기.

【雾霭一애】wù'ǎi 명안개.

【雾沉沉一심심】wùchénchén (～的)형안개가 짙다.

【雾茫茫一망망】wùmāngmāng (～的)형짙은 안개가 아득하다. (同)〔雾蒙 mēng 蒙〕

【雾气一기】wùqì 명안개.

【雾凇一송】wù·sōng 명수빙(樹氷).

【戊】弋部│wù │1画│다섯째천간 무
명십간(十干)의 다섯 번째. →〔干 gān 支〕

∗∗【误·誤(悮)】讠部│wù │7画│그릇할 오
1동틀리다. 잘못하다. ◇～把友谊当爱情/우정을 사랑으로 잘못 여기다. 2명실수. 잘못. 3동지장을 주다. 그르치다. 4동해를 끼치다. 상처를 주다. 5부잘못하여. 우연히. 뜻밖에.

∗【误差一차】wùchā 명〈數〉오차.

【误场一장】wù//chǎng 동〈演〉배우가 등장해야 할 때 무대에 나오지 않다.

【误导一도】wùdǎo 1동잘못 인도하다. 오도하다. 2명잘못된 인도[지도].

【误点一점】wù//diǎn 동연착하다. 늦게 도착하다. (同)〔晚 wǎn 点〕, (反)〔正 zhèng 点〕

【误工一공】wù//gōng 동일을 더디게 하다.

☆【误会一회】wùhuì 명동오해(하다). ◇消除～/오해를 없앤다.

∗【误解一해】wùjiě 명동오해(하다). ◇去和他谈谈, 以免引起～/가서 그와 이야기해봐라, 오해를 불러 일으키지 말고

【误期一기】wù//qī 동예정 기한을 어기다.

【误杀一살】wùshā 명동〈法〉과실 치사(하다). (反)〔故杀 gùshā〕

【误伤一상】wùshāng 명동〈法〉과실 상해(하다).

【误事一사】wù//shì 동일을 그르치다. 지장을 초래하다.

【误诊一진】wùzhěn 1명동오진(하다). 2동진료 시기를 놓치다.

∗【悟】忄部│wù │7画│깨달을 오
동이해하다. 깨닫다. ◇～出其中的道理/그 안의 도리를 깨닫다.

【悟彻一철】wùchè 동철저히 깨닫다.

【悟道一도】wùdào 동〈佛〉이치·철리를 깨닫다.

【悟性一성】wù·xing 명오성. 이해.

【焐】火部│wù │7画│데울 오
동다습게 하다. 녹이다. ◇用热水袋～一～手/따뜻한 물주머니로 손을 녹이다.

【晤】日部│wù │7画│밝을 오
동만나다. 면회하다. ◇请来～谈/만나서 이야기해 봅시다.

【晤面一면】wùmiàn 동면회하다. (同)〔晤会 huì〕

【晤谈一담】wùtán 동면담하다.

【痦】疒部│wù │7画│사마귀 오
【痦子一자】wù·zi 명사마귀. 흑자.

【寤】宀部│wù │11画│잠깰 오
동1〈文〉잠에서 깨어나다. ◇～寐 mèi 思之/자나 깨나 생각하다. (同)〔醒 xǐng〕, (反)〔寐 mèi〕 2깨닫다. (同)〔悟 wù〕

【恶·惡】心部│wù │6画│악할 악, 미워할 오
동싫어하다. 미워하다. 증오하다. ◇深～痛绝/대단히 싫어하다. (同)〔厌 yàn〕, (反)〔好 hào〕 ⇒è, è, wū

【婺】女部│wù │9画│별이름 무
명1〈地〉무강(婺江). 강서성(江西省)에 있는 강 이름. 2명〈地〉무주(婺州). 지금의 절강성(浙江省) 금화(金華) 일대.

【婺剧一극】wùjù 명〈演〉절강성(浙江省) 금화(金華) 지방의 희곡.

【婺绿一록】wùlǜ 명녹차의 일종. 〔'西婺源' 지방에서 생산됨〕

【骛·騖】马部│wù │9画│달릴 무
〈文〉동1질주하다. 마구 달리다. ◇时光若～/세월은 유수같다. 2추구하다. 바라다. ◇好高～远/실제와 맞지 않게 턱없이 높고 먼 것을 추구하다.

【鹜·鶩】鸟部│wù │9画│집오리 목
명〈文〉〈鳥〉오리. ◇趋之若～/오리처럼 떼를 지어 달려가다. (보통 부정적인 뜻으로) 떼지어 우르르 몰려 가다.

【鋈】金部│wù │7画│은올릴 옥
〈文〉1명백동(白銅). 2동(백동)도금하다.

X

xī

【夕】 夕部 | xī
0画 | 저녁 석

명1저녁때. 해질녘. ◇朝令～改/이랬다 저랬다하다. (同)〔昏 hūn〕, (反)〔晨 chén〕 2밤. ◇前～/전야.

【夕烟－연】 xīyān 명저녁 아지랑이. 이내.
【夕阳－양】 xīyáng 명〈文〉석양. 저녁 해. (同)〔残 cán 阳〕, (反)〔旭日 xùrì〕
【夕照－조】 xīzhào 명석양. 저녁 햇빛.

【矽】 石部 | xī
0画 | 석비례 석

명〈化〉'硅'(규소, Silicon)의 구칭.
【矽肺－폐】 xīfèi 명〈醫〉규폐증. (同)〔硅 guī 肺〕
【矽钢－강】 xīgāng 명〈冶〉규소강. (同)〔硅 钢〕

【兮】 八部 | xī
2画 | 어조사 혜

조〈文〉고대 시가(詩歌)에 쓰이던 조사 (助詞)로서, 현대 중국어의 '啊'에 해당 함. ◇风萧萧～易水寒, 壮士一去～不复还 /바람은 쓸쓸히 불고 역수강은 찬데, 장 사 한 번 가면 다시 못오리.

☆【吸】 口部 | xī
3画 | 마실 흡

동1(액체·기체를) 들이 마시다. 빨아들 이다. ◇他深深地～了几口新鲜空气/그는 신선한 공기를 몇 번 깊이 들이마셨다. 비교吸:吮 shǔn "吸"는 아이가 젖을 빠 는 것을 표현할 때 쓰이지 않는다. ◇那 个婴儿在拼命地(×吸)吮乳/그 갓난아이 가 젖을 열심히 빨고 있다. 2흡수하다. ◇粉笔能～墨水/분필은 잉크를 빨아들

일 수 있다. (同)〔拔 bá〕, (反)〔灌 guàn〕 비교吸:渗:着 액체가 천천히 땅속으로 스 며드는 것에는 "吸"을 쓰지 않는다. ◇大 雨过后, 积水渐渐地(×吸)渗进地面/큰 비 가 내린 후 고인물이 천천히 땅속으로 스 며들었다. 3끌어당기다. ◇～铁石/지남석. 자석.

【吸尘器－진기】 xīchénqì 명진공 청소기.
＊【吸毒－독】 xī//dú 통마약을 흡입하다.
【吸附－부】 xīfù 통흡착(하다). (反)〔排 斥 páichì〕
【吸力－력】 xīlì 명인력. 흡인력.
【吸溜－류】 xī·liu 통1(입으로) 훌쩍거리며 마시다. 2코로 들이마시다.
【吸墨纸－묵지】 xīmòzhǐ 명흡묵지. 압지.
【吸盘－반】 xīpán 명1〈動〉흡반. 빨판. 2 (기중기에 쓰이는 자석·진공) 빨판.
＊【吸取－취】 xīqǔ 통흡수하다. 받아들이다. ◇在实践中他～了许多有益的知识/그녀는 실천을 통해 유익한 지식을 많이 얻었다.
【吸食－식】 xīshí 통(음식이나 유독물질 따 위를) 입으로 들이마시다.
☆【吸收－수】 xīshōu 통1흡수하다. 빨아들이 다. ◇植物～二氧化碳/식물은 이산화탄 소를 빨아들인다. 2(조직 혹은 단체가 개 인을 구성원으로서) 받아들이다. ◇学会 ～他为正式成员/학회에서 그를 정식 회 원으로 받아들였다.
【吸吮－연】 xīshǔn 통빨아먹다. 빨아들이 다. 〔주로 비유적으로 쓰임〕
【吸铁石－철석】 xītiěshí 명자석.
【吸血鬼－혈귀】 xīxuèguǐ 명흡혈귀.
☆【吸烟－연】 xī//yān 통담배를 피우다. (同) 〔抽 chōu 烟〕
☆【吸引－인】 xīyǐn 통(관심을) 끌다. 매료시 키다. ◇电视连续剧"包青天"很～观众/TV 연속극 "포청천"은 시청자를 매료시켰다. (反)〔排斥 páichì〕 비교吸引:引起:招引 ①남의 주의를 끌게 할 때는 "吸引"을 쓰 지 않고, "引起"는 목적어도 갖지 않는다. ◇我们给食堂提的意见, 没(×吸 引)引起负责人的重视/우리가 식당에 제 의한 의견은 책임자의 관심을 불러 일으 키지 못했다. ②향기·냄새 등이 관심을 끌 때는 "吸引"을 쓰지 않는다. ◇那儿的 花香(×吸引)招引了不少游客/거기의 꽃 향기가 많은 관광객의 관심을 끌었다.

★【西】 西部 | xī
0画 | 서쪽 서

1[명]서쪽. ◇夕阳~下/석양이 서쪽으로 기울다. (反)〔东 dōng〕 **2**[명][형]서양(의). ◇~服/양복. ◇~餐/양식. (反)〔中 zhōng〕 **3**(Xī)[명]성(姓).

【西半球－반구】xībànqiú [명]〈地〉서반구.

☆【西北－북】xīběi [명]**1**서북쪽. **2**(Xīběi) 중국의 서북 지역.

★【西边－변】xī·bian (~儿)[명]서쪽.

☆【西部－부】xībù [명]서부.

☆【西餐－찬】xīcān [명]양식. (反)〔中 zhōng 餐〕

【西点－점】xīdiǎn [명]서양 과자.

☆【西方－방】xīfāng [명]**1**서쪽. ◇~有一片晚霞/서쪽에 노을이 졌다. (反)〔东 dōng 方〕 **2**(Xīfāng) 서양. ◇~的很多生活习惯与东方不同/서양의 많은 생활관습이 동양과 다르다. (同)〔西洋 yáng〕 **3**〈佛〉서방 정토. (同)〔西方净土 jìngtǔ〕

【西非－비】XīFēi [명]〈地〉서아프리카.

【西风－풍】xīfēng [명]**1**가을 바람. **2**서구풍. 서구풍습. 문화. **3**날로 몰락하는 부패세력. (反)〔东 dōng 风〕

⁑【西服－복】xīfú [명]양복. (同)〔西装 zhuāng〕, (反)〔中装 zhōngzhuāng〕

西服

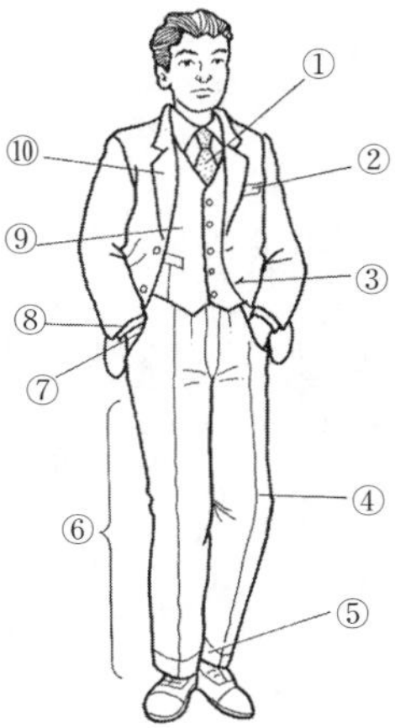

①领带 lǐngdài
②手巾袋 shǒujīndài
③扣眼儿 kòuyǎnr
④裤线 kùxiàn
⑤挽脚儿 wǎnjiǎor
⑥裤腿儿 kùtuǐr
⑦裤兜儿 kùdōur
⑧袖口 xiùkǒu
⑨背心儿 bèixīnr
⑩平驳领 píngbólǐng

【西宫－궁】xīgōng [명]황제의 비빈(妃嬪)의 거처.

☆【西瓜－과】xīguā [명]수박.

☆【西红柿－홍시】xīhóngshì [명]토마토.

【西葫芦－호로】xīhú·lu [명]호박.

【西画－화】xīhuà (同)〔西洋画〕

【西历－력】xīlì [명]**1**⇒〔公 gōng 元〕 **2**⇒〔阳 yáng 历〕 (同)〔公 gōng 历〕, (反)〔农 nóng 历〕

【西门－문】Xīmén [명]복성(復姓).

【西门子－문자】xīménzǐ [명]〈音〉〈電〉지멘스.

【西面－면】xīmiàn [명]서쪽.

☆【西南－남】xīnán [명]**1**서남(간, 쪽). **2**중국의 서남 지역.

【西南非(洲)－남비(주)】XīnánFēi(zhōu) [명]〈地〉서남 아프리카.

【西欧－구】Xī Ōu [명]서구. 서유럽.

【西晒－쇄】xīshài [동]오후에 서쪽에서 햇볕이 비쳐들다.

【西施－시】Xīshī [명]〈人〉서시. (춘추시대의 월나라의) 미인.

【西式－식】xīshì [명]서양식.

【西天－천】xītiān [명]**1**(Xītiān) 인도의 다른 이름. **2**(불교도가 가리키는) 극락세계.

【西王母－왕모】Xīwángmǔ [명]〈人〉서왕모. 〔중국 고대 신화에 나오는 선녀〕 (同)〔王母娘娘 Wángmǔ niáng·niang〕

☆【西西－서】xīxī [양]〈音〉〈度〉입방 센티미터 (cubic centimetre, c.c.).

【西学－학】xīxué [명]청말(清末)에 서양의 학문을 일컫던 말. (同)〔新 xīn 学〕, (反)〔中 zhōng 学〕

【西亚－아】Xī Yà [명]서아시아.

【西洋－양】Xīyáng [명]서양.

【西洋画－양화】xīyánghuà [명]서양화.

【西药－약】xīyào [명]양약. (反)〔中 zhōng 药〕

⁑【西医－의】xīyī [명]**1**서양 의학. **2**양의사. (反)〔中 zhōng 医〕

【西域－역】Xīyù [명]〈地〉서역. 〔한대에, 옥문관(玉門關) 서쪽의 신강 및 중앙아시아 각지의 총칭〕

【西元－원】xīyuán [명]서기. (同)〔公 gōng 元〕

【西乐－악】xīyuè [명]서양 음악. (反)〔国 guó 乐〕

【西崽－자】xīzǎi [명]〈貶〉서양인이 고용하고 있는 중국하인.

【西藏－장】Xīzàng [명]〈地〉티베트.

【西装－장】xīzhuāng (同)〔西服 fú〕

【西子－자】Xīzǐ (同)〔西施 shī〕

【恓】 忄部 6画 xī 애쓸 **서**

【恓惶－황】xīhuáng [형]〈文〉당황하다. 허둥대다.

【恓恓－서】xīxī [형]〈文〉적막하다.

【栖】 木部 6画 xī 쉴 **서**

→〔栖栖〕⇒qī

【栖栖－서】xīxī 웹〈文〉불안정한 모양.

【牺·犧】 牛部｜xī
6画｜희생 희
圓〈文〉옛날, 제사에 쓰인 희생(牺牲). ◇
～牛/희생용 소.

☆【牺牲－생】xīshēng 1圓희생. 옛날, 제물용 가축. 2圖〈정의를 위해〉희생하다. ◇他～在战场上/그는 전쟁에서 희생되었다. 凹교牺牲:死去:死亡 ①병이나 박해, 기근으로 사망하는 경우에는 "牺牲"를 쓰지 않는다. ◇被车撞的那个人(×牺牲)死去了/차에 치인 그 사람은 죽었다. ②죽음을 객관적 중성적으로 기술할 때는 "牺牲"을 쓰지 않는다. ◇敌人来了两个营, 结果(×牺牲)死亡了一大半/적이 2대대나 왔지만 결국 절반이 사망했다. 3圖손해 보다. 버리다. ◇宁可～自己的利益, 也不能让大家吃亏/자신의 이익을 버릴지언정 모두가 손해나게 할 수 없다.

【牺牲节－생절】Xīshēng Jié (同)〔宰 Zǎi 牲节〕

【牺牲品－생품】xīshēngpǐn 圓희생물.

【舳】 舟部｜xī
6画｜의장품 서
→〔舳装〕

【舳装－장】xīzhuāng 圓1의장품(舳装品). 2의장(舳装).

【希】 巾部｜xī
4画｜바랄 희
1圖희망하다. 바라다. ◇～准时出席/정각에 출석해 주시기 바랍니다. 2圖드물다. 적다. 진귀하다. ◇～奇/희귀하다.

【希罕－한】xī·han 1圖희한하다. 드물다. ◇显着～/희한하게 보인다. 2圖소중히 다. 진귀하게 여기다. ◇～花儿/꽃을 귀하게 여기다. 3(～儿)圓진품. (同)〔稀罕〕

【希冀－기】xījì 圖〈文〉간절히 바라다.

【希腊字母－랍자모】Xīlà zìmǔ 圓그리스 문자.

【希奇－기】xīqí (同)〔稀奇〕, (反)〔普通 pǔtōng〕

【希少－소】xīshǎo (同)〔稀 xī 少〕

【希世－세】xīshì 웹세상에 (보기) 드물다.

【希图－도】xītú 圖꾀하다. 의도하다.

★【希望－망】xīwàng 1圖바라다. 희망하다. ◇他～他的孩子将来当飞行员/그는 자기 애가 장래 비행사가 되길 바란다. 凹교希望:盼望 "希望"은 일반적인 바람이고 "盼望"은 간절한 바람이란 점에 차이가 있다. ◇老母天天(×希望)盼望儿子回来/노모는 매일 아들이 돌아오기를 간절히 바란다. 2圓가망성. 장래성. ◇看来, 这孩子很有～/이 애는 장래성이 있어 보인다. 3圓소망. 바람. ◇你想当教师的～不难实现/교사가 되겠다는 너의 소망은 이뤄지기가 어렵지

않다. 4圓희망의 대상. ◇青年人是祖国的未来和～/청년은 조국의 미래와 희망이다. 凹교希望:要求:愿望 ①구체적인 요구에는 "希望"을 쓰지 않는다. ◇这是同学们的一致(×希望)要求/이것은 학우들의 한결같은 요구이다. ②장래에 어떤 목적이 이루어지기를 바라는 경우에는 "希望"을 쓰지 않는다. ◇两国领导人在会谈中都表示了加强友好合作的(×希望)愿望/양국의 지도자가 회담에서 친선 협력이 강화되기를 바라는 희망을 표명했다. ③윗사람이 아랫사람에게 단체 또는 조직이 개인에게 장중하고 간절한 기대를 나타낼 때는 "希望"을 쓰지 않는다. ◇他没有辜负祖国和人民的(×希望)期望/그는 조국과 국민의 기대를 저버리지 않았다.

【希有－유】xīyǒu (同)〔稀少 xīshǎo〕

【唏】 口部｜xī
7画｜탄식할 희
圖〈文〉탄식하다.

【唏嘘－허】xīxū (同)〔歔歙〕

【歙】 欠部｜xī
7画｜한숨쉴 희
→〔歔歙〕

【歔歙－허】xīxū 圖〈文〉흐느껴 울다. (同)〔唏嘘〕

＊＊【稀】 禾部｜xī
7画｜드물 희
1圖드물다. 적다. ◇物以～为贵/사물은 드문 것을 귀하게 여긴다. (同)〔希 xī〕 凹교稀:少 한정된 공간내 인원의 많고 적음을 "密" 또는 "稀"라고 하지 않는다. ◇今天车里的人怎么这么(×稀)少?/오늘 차안에 사람이 왜 이렇게 적지? 2圖성기다. 드문드문하다. ◇他的头发越来越～了/그는 머리숱이 점점 더 빠진다. (同)〔疏 shū〕, (反)〔密 mì〕 3웹(농도가) 진하지 않다. 묽다. ◇水泥和得太～/시멘트가 너무 묽게 섞였다. (反)〔浓 nóng〕, (同)〔薄 báo〕 4웹멀건 것. 묽은 것. ◇糖～/물엿. 5圖아주. 몹시. 〔烂·松·糟 따위의 형용사 앞에 쓰여 그 정도가 심함을 나타냄〕◇～松/헤이하다. (同)〔很 hěn〕

【稀巴烂－파란】xī·bàlàn (同)〔稀烂 làn〕

【稀薄－박】xībó 웹(공기·안개 따위가) 엷다. 희박하다. (同)〔淡 dàn 薄〕, (反)〔浓厚 nónghòu〕

【稀饭－반】xīfàn 圓(쌀이나 조 따위로 쑨) 죽.

【稀罕－한】xī·han (同)〔希 xī 罕〕

【稀客－객】xīkè 圓드물게 오는 귀한 손님. (反)〔常 cháng 客〕

【稀烂－란】xīlàn 웹1(너무 삶아서) 흐물흐물하다. 질퍽질퍽하다. 2(깨어져서) 박

살나다. 산산조각나다.

【稀朗－랑】xīlǎng 통(등불이나 별빛이)
드문드문하게 빛나다.

【稀里糊涂－리호도】xī·lihútú 형흐리터분
하다. 흐지부지하다. (同)〔糊里糊涂〕, (反)
〔耳聪目明 ěr cōng mù míng〕

【稀哩花啦－리화랍】xī·lihuālā 1의주룩주
룩. 달그락 달그락. 짤그락 짤그락. 〔빗소
리나 건물이 무너지는 소리〕 2의박살나다.

【稀里马虎－리마호】xī·limǎ·hu 형대강대
강하다. 건성으로 하다. ◇念书可不能～
的/책을 건성으로 읽어서는 안 된다.

【稀料－료】xīliào 명〈化〉신나.

【稀溜溜－류류】xīliūliū 형(～的, ～儿的)
(죽이나 탕(湯)따위가) 묽다. 멀겋다.

【稀奇－기】xīqí 형진기[희귀]하다. 드물다.
(同)〔希 xī 奇〕, (反)〔普通 pǔtōng〕

【稀少－소】xīshǎo 형회소하다. 드물다.
(同)〔希 xī 少〕, (反)〔繁多 fánduō〕

【稀疏－소】xīshū 형성글다. 드문드문하다.
간격이 뜨다. (同)〔落落 luò〕, (反)〔浓密
nóngmì〕

【稀松－송】xīsōng 형1헐이하다. 나태하다.
◇～作风/태도가 해이하다. (同)〔松散 s-
ǎn〕, (反)〔紧密 jǐnmì〕2형편없다. 3대
수롭지 않다.

【稀稀拉拉－희희랍랍】xī·xilālā 형드문드문
하다. 성기다. (同)〔稀稀落落 luòluò〕,
(反)〔密密麻麻 mì mì má má〕

【稀有－유】xīyǒu 형드물다. 회소하다. (同)
〔希 xī 有〕, (反)〔普通 pǔtōng〕

【稀有金属－유금속】xīyǒu jīnshǔ 명〈化〉
회소 금속.

【稀有元素－유원소】xīyǒu yuánsù 명〈化〉
회유 원소.

【稀糟－조】xīzāo 형〈方〉엉망진창이다. 아
주 형편없다.

【析】木部 | xī
　　　　4画 | 나눌 석
통1나누다. 가르다. 흩어지다. 2분석하다.
해석하다. 풀다. 3(Xī)성(姓).

【析出－출】xīchū 통1분석해 내다. 2〈化〉
추출하다.

【析居－거】xījū 통〈文〉분가하다.

【析疑－의】xīyí 통〈文〉의혹을 풀다.

【淅】氵部 | xī
　　　　8画 | 쌀일 석
통〈文〉쌀을 씻다.

【淅沥－력】xīlì 의펄펄. 주룩주룩. 우수수.
산들산들. 솔솔. 〔눈·비·낙엽 소리〕

【淅淅－석】xīxī 의살랑살랑. 솔솔. 〔바람
소리〕

【晰(晳)】日部 | xī
　　　　　8画 | 분석할 석

형분명하다. 똑똑하다. ◇明～/명석하다.

【蜥】虫部 | xī
　　　　8画 | 도마뱀 석
(同)〔蜥蜴〕

【蜥蜴－척】xīyì 명도마뱀.

【昔】日部 | xī
　　　　4画 | 옛 석
명옛날. 옛적. ◇今胜于～/지금이 옛날보
다 낫다. (同)〔往 wǎng〕, 〔今 jīn〕

【昔年－년】xīnián 명〈文〉왕년. 이전.

【昔日－일】xīrì 명옛날. 이전.

【惜】忄部 | xī
　　　　8画 | 아낄 석
통1소중히 여기다. 아끼다. ◇～寸阴/시
간을 아끼다. 2유감으로 여기다. 애석하
게 여기다. 3아까워하다. 아쉬워하다. ◇
～别/헤어짐을 아쉬워하다.

【惜别－별】xībié 통헤어짐을 아쉬워하다.

【惜福－복】xīfú 통자기 신분에 맞지 않는
사치를 삼가다.

【惜老怜贫－노련빈】xī lǎo lián pín〈成〉
노인과 가난한 사람들을 가엾게 여기다.

【惜力－력】xīlì 통힘을 아끼다. (反)〔卖 m-
ài 力〕

【惜墨如金－묵여금】xī mò rú jīn〈成〉먹
을 아끼기를 금같이 하다. 함부로 글이나
편지를 쓰지 않다.

【惜售－수】xīshòu 통파는 것을 아까워하
다.

【惜阴－음】xīyīn 통시간을 아끼다.

【息】自部 心部 | xī
　　　　4画 6画 | 숨쉴 식
1명숨. 호흡. ◇喘 chuǎn～/헐떡거리다.
2명소식. ◇信～/소식. 3통그치다. 그만
두다. ◇～怒/노여움을 거두다. 4통쉬다.
휴식하다. ◇作～时间表/작업·휴식 시간
표. 5통늘다. 낳다. ◇生～/번식하다. 6
명이자. ◇年～/연리. 7명〈文〉자식. ◇
子～/자식. 8(Xī)명성(姓).

【息肩－견】xījiān 통〈文〉어깨에서 책임〔짐〕
을 벗다.

【息怒－노】xīnù 통노여움을 거두다. (同)
〔消气 xiāoqì〕, (反)〔发 fā 怒〕

【息事宁人－사녕인】xī shì níng rén〈成〉
1분쟁을 조정하여 다툼을 그치게 하다. 2
서로 양보하여 일을 원만히 해결하다.
(反)〔无事生非 wú shì shēng fēi〕

【息讼－송】xīsòng 통소송을 취하하다.

【息息相关－식식상관】xī xī xiāng guān〈成〉
서로 밀접한 관계가 있다.

【息影－영】xīyǐng 통〈文〉은퇴하여 한가로
이 살다.

【息止－지】xīzhǐ 통정지하다. ◇永不～地
工作/영원히 그치지 않고 일하다.

*【熄】火部 10画 xī 불끌 **식**
[동](불을) 끄다. (불이) 꺼지다. ◇火势已～/불길이 이미 꺼졌다. (同)〔灭 miè〕, (反)〔燃 rán〕

【熄灯－등】xī∥dēng [동]불을 끄다. 등불을 끄다.

【熄火－화】xī∥huǒ [동]**1**불이 꺼지다. **2**불을 끄다. (同)〔熄灭 miè〕, (反)〔点火 diǎnhuǒ〕

*【熄灭－멸】xīmiè [동](불을) 끄다. (불이) 꺼지다. ◇按作息时间电灯七点钟应该全部～/일과시간에 따라 7시에 전등을 전부 꺼야 한다.

【奚】爪部 6画 大部 7画 xī 어찌 **해**
1[대]〈文〉왜. 어째서. **2**[대]〈文〉무엇. **3**[대]어디. **4**(Xī)[명]성(姓).

【奚落－락】xīluò [동]심한 말로 남의 단점을 들춰내다. 놀리다. 비웃다.

*【溪】氵部 10画 xī 시내 **계**
(舊讀 qī)[명]**1**시내. **2**골짜기.

【溪涧－간】xījiàn [명]산골짜기에 흐르는 시내.

【蹊】足部 10画 xī 길 **혜**
〈文〉[명]작은 길. 오솔길.

【蹊径－경】xījìng [명]〈文〉좁은 길. 오솔길.

【谿】谷部 10画 xī 시내 **계**
1[명]계곡물. 시내. (同)〔溪 xī〕 **2**(同)〔勃 bó 谿〕

【谿壑－학】xīhè [명]〈文〉골짜기. 계곡.

【谿刻－각】xīkè [형]〈文〉각박하다.

【鼷】鼠部 10画 xī 쥐 **혜**
→〔鼷鼠〕

【鼷鼠－서】xīshǔ [명]〈動〉생쥐. (同)〔小家鼠〕

【悉】釆部 4画 心部 7画 xī 알 **실**
[동]**1**다하다. ◇～心/온 마음을 다하다. **2**알다. ◇熟～/자세히 알다.

【悉数－수】xīshǔ [동]〈文〉빠짐없이 열거하다.

【悉数－수】xīshù [명]〈文〉전수(全數). 전액.

【悉心－심】xīxīn [동]마음을 다하다. 심혈을 기울이다. ◇经她的～照料，我的病很快就好了/그녀의 정성어린 보살핌으로 내 병은 얼마 안 되서 나았다. (同)〔一 yī 心〕, (反)〔无 wú 心〕

【窸】穴部 11画 xī 바람소리 **실**
(同)〔窸窣〕

【窸窣－솔】xīsū [의]바스락바스락.

【蟋】虫部 11画 xī 귀뚜라미 **실**
→〔蟋蟀〕

【蟋蟀－솔】xīshuài [명]귀뚜라미. (同)〔促织 cùzhī〕〈方〉〔蛐蛐儿 qū·qur〕

【犀】尸部 9画 牛部 8画 xī 물소 **서**
[명]코뿔소. 무소.

【犀角－각】xījiǎo [명]무소뿔.

【犀利－리】xīlì [형]〈文〉(무기·말 등이) 날카롭다. 예리하다. (同)〔锋 fēng 利〕, (反)〔和缓 héhuǎn〕

【翕】羽部 6画 xī 합할 **흡**
〈文〉**1**[형]따르다. 화합하다. **2**[동]수렴하다. (한곳으로) 모으다.

【翕动－동】xīdòng [동]〈文〉(입술 따위를) 벌렸다 닫았다 하다.

【翕然－연】xīrán [형]〈文〉**1**말과 행동이 일치하는 모양. **2**안정하다.

⁑【锡·錫】钅部 8画 xī 주석 **석**
1[명]〈化〉주석(Sn). **2**[동]〈文〉하사하다. 베풀어주다. **3**(Xī)[명]성(姓).

【锡匠－장】xī·jiang [명]주석 세공인.

【锡镴－랍】xī·la [명]〈方〉**1**주석(朱錫)과 납의 합금. 땜납. (同)〔焊 hàn 锡〕 **2**〈化〉주석(Sn).

【锡杖－장】xīzhàng [명]〈佛〉석장. 중이 짚고 다니는 지팡이.

【锡纸－지】xīzhǐ [명]은종이.

【嘻】口部 12画 xī 탄식할 **희**
1[감]〈文〉아. 〔놀라거나 탄식·분노·경멸을 나타내는 소리〕 **2**[의]히쭉히쭉(웃다).

【嘻皮笑脸－피소검】xī pí xiào liǎn 〈成〉히히거리다. 히죽거리다.

【嘻嘻哈哈－희합합】xīxī hāhā **1**[의]허허하하. 하하하하. 〔거리낌없이 소리내어 웃는 모양〕(同)〔乐呵呵 lèhēhē〕, (反)〔哭哭啼啼 kū·kutítí〕 **2**엄숙하고 진지하지 않다.

【嬉】女部 12画 xī 희롱 **희**
[동]〈文〉장난치다. 즐기다.

【嬉闹－뇨】xīnào [동]장난하며 떠들어대다.

【嬉皮士－피사】xīpíshì [명]〈音〉히피(hippie).

【嬉皮笑脸－피소검】xī pí xiào liǎn (同)〔嘻 xī 皮笑脸〕, (反)〔一本正经 yī běn zhèng jīng〕

【嬉戏－희】xīxì [동]〈文〉놀다. 장난하다.

【嬉笑－소】xīxiào [동]장난하며 히히거리다. 낄낄거리고 웃다.

【熹】灬部 12画 xī 밝을 **희**
〈文〉**1**[동]날이 밝다. 동이 트다. **2**[형]밝다.

X

【熹微―미】xīwēi 휑〈文〉1희미하다. 2날이 새다. 밝다.

【熙】灬部 | xī
10画 | 빛날 희
휑〈文〉1밝다. 2화목하고 즐겁다. ◇众人～/많은 사람들이 기뻐하다. 3흥성하다.

【熙和―화】xīhé 휑〈文〉1화목하고 즐겁다. 2따뜻하다.

【熙来攘往―래양왕】xī lái rǎng wǎng (同)〔熙熙攘攘〕, (反)〔冷冷清清 lěng lěng qīng qīng〕

【熙攘―양】xīrǎng 휑왕래가 빈번하다.

【熙熙攘攘―희양양양】xī xī rǎng rǎng 〈成〉오가는 사람이 북적대다.

【膝】月部 | xī
11画 | 무릎 슬
휑무릎.

*【膝盖―개】xīgài 휑〈俗〉무릎. (同)〔膝头〕

【膝盖骨―개골】xīgàiǔ 휑〈生〉슬개골. 종지뼈. (同)〔髌 bìn 骨〕

【膝下―하】xīxià 휑슬하.

【膝痒搔背―양소배】xī yǎng sāo bèi 〈成〉무릎이 가려운데 등을 긁다. 말하는 것이 헛다리를 짚다. 처세에 요령없다.

【羲】羊部 | xī
10画 | 기운 희
휑성(姓).

xí

【习·習】乙部 | xí
2画 | 익힐 습
1동배우다. 익히다. ◇修文～艺/학문과 무예를 연마하다. 2동익숙하다. 능하다. ◇～见/눈에 자주 띄다. 3휑습관. 관습. ◇恶～/악습. 4(Xí)휑성(姓).

【习非成是―비성시】xí fēi chéng shì 〈成〉나쁜 일도 익숙해지면 옳은 것으로 여겨지다. (反)〔正本清源 zhèng běn qīng yuán〕

★【习惯―관】xíguàn 1휑습관. 버릇. ◇随地吐痰的～必须改正/아무곳에다 침을 뱉는 습관은 반드시 고쳐야 한다. 주의"习惯"은 "继续"의 수식을 받지 않는다. ◇老李至今还(×继续)保持着这个习惯/이씨는 지금까지도 그 습관을 가지고 있다. 2동습관[버릇]이 되다. 익숙해지다. ◇他～早睡早起/그는 일찍 자고 일찍 일어나는 데 습관됐다. 비교习惯:熟悉 ①"习惯"은 사람을 목적어로 취하지 않는다. ◇孩子们已经(×习惯)熟悉这位阿姨了/아이들은 이미 이 아줌마를 알고 있다. ②상황을 충분히 파악하는 경우에는 "习惯"을 쓰지 않는다. ◇他很快就(×习惯)熟悉了山区的情况/그는 얼마 안되서 산악지역의 상황을 잘 알게 되었다.

【习惯法―관법】xíguànfǎ 휑〈法〉관습법.

【习见―견】xíjiàn 동〈文〉눈에 자주 띄다. 흔히 보다. (同)〔多 duō 见〕, (反)〔少 shǎo 见〕

【习气―기】xíqì 휑〈貶〉(나쁜) 습성〔버릇〕.

【习染―염】xírǎn 동1(나쁜 습관에) 물들다. 2휑나쁜 습관. (反)〔戒除 jièchú〕

【习尚―상】xíshàng 휑풍습.

*【习俗―속】xísú 휑습관과 풍속.

*【习题―제】xítí 휑연습문제.

【习习―습】xíxí 혱솔솔. 〔바람이 가볍게 부는 모양〕

【习性―성】xíxìng 휑습성.

【习焉不察―언불찰】xí yān bù chá 〈成〉어떤 일에 익숙해져서 그 속에 무슨 문제가 있는지 깨닫지 못하다.

【习以为常―이위상】xí yǐ wéi cháng 〈成〉일을 자주 해서 당연지사가 되다. (反)〔闻所未闻 wén suǒ wèi wén〕

【习用―용】xíyòng 동 사용하다.

【习与性成―여성성】xí yǔ xìng chéng 〈成〉습관이 성격을 만들어내다.

【习字―자】xízì 동글씨를 익히다.

【习作―작】xízuò 휑동습작(하다).

【席(蓆)】广部 | 巾部 | xí
7画 | 7画 | 자리 석
1휑자리. ◇女人们正在场里, 院里编着～/여자들은 지금 공터와 마당에서 자리를 짜고 있다. 2휑(앉는) 좌석. ◇人～/착석하다. ◇她的音乐会, 场场座无虚～/그녀의 음악회는 공연마다 꽉 찼다. 3휑(국회의) 의석. ◇这次议员选举民主党占了七十～/이번 의원 선거에서 민주당이 70석을 차지했다. 4휑연회석. 술자리. ◇摆了两桌～/두 상을 차려 놓았다. 5양자리. 상. 〔술자리 따위를 세는 단위〕◇那～酒特意为你摆下的/그 술자리는 특별히 너를 위해 마련한 것이다. 6(Xí)휑성(姓).

【席不暇暖―불가난】xí bù xiá nuǎn 〈成〉자리에 앉을 새도 없이 바쁘다.

【席次―차】xící 휑좌석〔자리〕의 순서.

【席地―지】xídì 동바닥에 자리를 깔다.

【席卷―권】xíjuǎn 동석권하다. 휩쓸다. ◇托福考试热～了全国/토플시험붐이 전국을 휩쓸었다.

【席面―면】xímiàn 휑1연회석. 연회장의 상 위에 차린 요리.

【席篾―멸】xímiè 휑(자리·바구니 따위를 짜기 위해) 잘게 쪼갠 수숫대·갈대·참대.

*【席位―위】xíwèi 휑1(국회의) 의석. 2(모임·연회 따위의) 좌석의 위치〔서열〕.

【席子―자】xí·zi 휑〈方〉거적·삿자리·돗자

리 따위의 통칭.

【袭·襲】 戈部 6画 | 衣部 5画 | xí 인할 **습**

1[동]습격하다. 덮치다. ◇偷～/기습하다. **2**[동]답습하다. 관례 등에 그대로 따르다. ◇抄～/그대로 베끼다. **3**[양]〈文〉벌. ◇一～棉衣/솜옷 한 벌. **4**(Xí)[명]성(姓).

⁑【袭击－격】xíjī [명][동]습격(하다). 기습(하다).

【袭取－취】xíqǔ [동]**1**기습하여 빼앗다. **2**본따다.

【袭扰－요】xírǎo [동]기습 교란하다.

【袭用－용】xíyòng [동](옛것을) 그대로 답습하여 쓰다. (同)〔蹈 dǎo 袭〕, (反)〔创新 chuàngxīn〕

【袭占－점】xízhàn [동]기습하여 점령하다.

【媳】 女部 10画 | xí 며느리 **식**

[명]며느리.

⁑【媳妇－부】xífù [명]**1**며느리. ◇他遇上了个孝顺～/그는 효도하는 며느리를 얻었다. (同)〔儿媳妇(儿)〕 **2**손 아래 친척의 아내. ◇侄～/질부.

【媳妇儿－부녀】xí·fur [명]〈方〉**1**처. 아내. **2**색시. 새댁.

【隰】 阝部 14画 | xí 진펄 **습**

[명]〈文〉**1**저습한 곳. **2**새로 개간한 땅. **3**(Xí)성(姓).

【檄】 木部 13画 | xí 과격할 **격**

1[명]격문. ◇～告天下/격문으로 천하에 알리다. **2**[동]〈文〉격문으로 알리거나 성토하다.

【檄书－서】xíshū (同)〔檄文 wén〕

【檄文－문】xíwén [명]격문. (同)〔檄书〕

xǐ

★**【洗】** 氵部 6画 | xǐ 씻을 **세**

1[동]씻다. ◇把手～干净再吃饭/손을 깨끗이 씻고 나서 밥을 먹어라. [비교]洗:拖 대걸레로 바닥을 닦는 경우에는 "洗"를 쓰지 않는다. ◇宿舍的地板每天(×洗)拖一遍/기숙사의 바닥은 매일 한 번씩 닦는다. **2**[명]세례. ◇领～/세례를 받다. **3**[동]누명을 벗다. 수치를 씻다. ◇～冤/누명을 벗다 **4**[동]제거하다. 없애다. 숙청하다. ◇清～/숙청하다. **5**[동]몰살하다. **6**[동](사진을) 현상하다. ◇我去照相馆～了三张相片/나는 사진관에 가서 사진 3장을 현상했다. **7**[동](카드패를) 섞다. ◇牌已经～了/카드는 이미 다 섞었다. **8**[명]붓을 씻는 그릇.

【洗尘－진】xǐchén [동]잔치를 베풀어 먼 데서 온 사람을 환영하다.

*【洗涤－척】xǐdí [동]세척하다. 더러운 것을 씻어 버리다.

【洗耳恭听－이공청】xǐ ěr gōng tīng 〈成〉귀를 씻고 경청하다. (反)〔充耳不闻 chōng ěr bù wén〕

【洗碱－감】xǐ jiǎn 소금기를 씻어내다.

【洗劫－겁】xǐjié [동](한 지역 혹은 한 집안의 재물을) 깡그리 약탈하다.

【洗礼－례】xǐlǐ [명]**1**시련. **2**〈喻〉세례.

【洗练－련】xǐliàn [형](언행·글·기예 등이) 세련되다. (同)〔凝 níng 练〕, (反)〔冗长 rǒngcháng〕

【洗三－삼】xǐ//sān [명]옛날, 태어난 지 사흘만에 아기를 목욕시키고 친척 등을 불러 축하연을 벌이다.

【洗手－수】xǐ//shǒu [동]**1**손을 씻다. **2**〈喻〉어떤 직업을 그만두다.

【洗手间－수간】xǐshǒujiān [명]화장실. (同)〔厕 cè 所〕

【洗漱－수】xǐshù [명]세면.

【洗刷－쇄】xǐshuā [동]**1**물로 씻다. 씻어 깨끗하게 하다. **2**(누명·치욕 따위를) 깨끗이 벗다. 씻다.

【洗心革面－심혁면】xǐ xīn gé miàn 〈成〉마음을 고쳐 먹고 잘못을 고치다. 개과천선하다. (同)〔痛改前非 tòng gǎi qián fēi〕, (反)〔死不改悔 sǐ bù gǎi huǐ〕

【洗雪－설】xǐxuě [동](원한·치욕·죄명을) 씻다.

【洗衣粉－의분】xǐyīfěn [명]가루비누.

☆【洗衣机－의기】xǐyījī [명]세탁기.

【洗印－인】xǐyìn [명][동](필름의) 현상과 인화(를 하다).

★【洗澡－조】xǐ// zǎo [동]목욕하다. ◇水不冷不热，洗了个痛快澡/물이 온도가 적절해서 기분 좋게 목욕을 했다.

【洗濯－탁】xǐzhuó [동]세척하다.

【铣·銑】 钅部 6画 | xǐ 분쇠 **선**

[동]프레이즈반으로 쇠를 깎다. ⇒xiǎn

【铣床－상】xǐchuáng [명]〈機〉프레이즈반.

【铣工－공】xǐgōng [명]**1**프레이즈반 작업. **2**프레이즈반공.

【玺·璽】 玉部 5画 | xǐ 옥새 **새**

[명]제왕의 도장. ◇玉～/옥새.

【徙】 彳部 8画 | xǐ 옮길 **사**

[동]옮기다. 이사하다. ◇迁～/옮기다.

【徙倚－의】xǐyǐ [동]〈文〉배회하다.

【屣】 尸部 11画 | xǐ 삼신 **사**

〈명〉〈文〉신발.

* 【喜】 士部 口部 xǐ
9画 9画 기쁠 희

1〈동〉기뻐하다. 즐겁다. ◇儿子考上了大学, 妈妈笑在脸上, ～在心里/아들이 대학에 합격하자, 엄마는 웃음 꽃이 피고 마음속으로 기뻐하고 있다. (同)〔乐 lè〕, (反)〔悲 bēi〕 2〈명〉경사스러운 일. ◇贺～/경사를 축하하다. (反)〔丧 sàng〕 3〈명〉〈口〉임신. 4〈동〉좋아하다. ◇我看你是～新厌旧/내가 보기엔 너는 젊은 여자만 좋아하고 조강지처를 등한시하는 것이다. (同)〔爱 ài), (反)〔厌 yàn〕 比较喜:高兴 "喜"는 2음절 단어를 목적어로 취하지 않는다. ◇他出版了一部长篇小说, 你(×喜)高兴什么?/그가 장편소설을 하나 냈는데 네가 뭘 그리 기뻐하냐? 5〈동〉생물이 어떤 환경에 적응하다.

** 【喜爱―애】 xǐ'ài 〈동〉(취미로서) 좋아하다. 호감을 가지다. 흥미를 느끼다. ◇他～打篮球/그는 농구를 하는 걸 좋아한다. ◇他～他的小孙子/그는 작은 손자를 사랑한다. (同)〔喜好 hǎo〕, (反)〔讨厌 tǎoyàn〕 比较喜爱:喜欢 한 국가에 대한 호감에는 "喜爱"를 쓰지 않는다. ◇他们都(×喜爱)喜欢韩国/그들은 모두 한국을 좋아한다.

【喜报―보】 xǐbào 〈명〉기쁜 소식. 희소식. 낭보.

【喜冲冲―충충】 xǐchōngchōng (～的)〈형〉기뻐 어쩔줄 모르다. 뛸듯이 기쁘다. (同)〔喜滋滋 zīzī〕, (反)〔悲切切 bēiqiè〕

【喜出望外―출망외】 xǐ chū wàng wài 뜻밖의 기쁜 일로 신나다. (同)〔大喜过望 dà xǐ guò wàng〕, (反)〔悲从中来 bēi cóng zhōng lái〕

【喜果―과】 xǐguǒ (～儿)〈명〉1옛날, 약혼이나 혼례때 하객들에게 내놓는 건과. 〔땅콩·대추·밤·살구 따위〕 2〈方〉(애기를 낳을 때 쓰이는) 빨간색으로 물들인 찐 계란. (同)〔红蛋〕

【喜好―호】 xǐhào (同)〔喜爱 ài〕

★【喜欢―환】 xǐ·huan 1〈동〉좋아하다. 애호하다. ◇他～文学, 我～数学/그는 문학을 좋아하고, 나는 수학을 좋아한다. 2즐거워하다. ◇喜欢欢欢过春节/아주 즐겁게 설을 보내다. (同)〔高兴 gāoxìng〕, (反)〔悲哀 bēiāi〕 比较喜欢:喜悦 "心情", "闷心", "神情" 등 추상적인 사물에는 "喜悦"를 쓰고, "喜欢"의 대상은 대개 구체적인 사람 또는 사물이다. ◇我们怀着(×喜欢)喜悦的心情看了话剧/우리는 기쁜 마음으로 연극을 봤다.

【喜酒―주】 xǐjiǔ 〈명〉결혼 축하술.

【喜剧―극】 xǐjù 〈명〉희극. (反)〔悲 bēi 剧〕

【喜乐―락】 xǐlè 〈명〉기쁨과 즐거움.

【喜联―련】 xǐlián 〈명〉혼례 때 내붙이는 대련.

【喜马拉雅山―마랍아산】 Xǐmǎlāyǎ shān 〈명〉히말라야 산맥.

【喜眉笑眼―미소안】 xǐ méi xiào yǎn 〈成〉희색이 만면하다. (同)〔喜笑颜开 xǐ xiào yán kāi〕, (反)〔愁眉苦脸 chóu méi kǔ liǎn〕

【喜怒无常―노무상】 xǐ nù wú cháng 〈成〉기쁨과 노여움이 쉽게 바뀌다. 감정의 변화가 심하다.

【喜气―기】 xǐqì 〈명〉기쁨. 희색. (同)〔喜色 sè〕, (反)〔怒 nù 气〕

【喜气洋洋―기양양】 xǐ qì yáng yáng 〈成〉기쁨에 넘치다. (同)〔春风满面 chūn fēng mǎn miàn〕, (反)〔怒气冲冲 nù qì chōng chōng〕

【喜钱―전】 xǐ·qian 〈명〉옛날, 경사가 있는 집에서 희사하던 돈.

【喜庆―경】 xǐqìng 1〈형〉경사스럽다. 2〈명〉경사. 기쁨. 경사스러운 일.

* 【喜鹊―작】 xǐ·que 〈명〉〈鸟〉까치. 〔까치가 울면 좋은 일이 있다고 믿었던 데서 유래함〕 (同)〔喜雀〕

【喜人―인】 xǐrén 〈형〉만족스럽다. 고무적이다. ◇形势～/상황이 고무적이다. (同)〔可 kě 人〕, (同)〔恼 nǎo 人〕

【喜色―색】 xǐsè 〈명〉희색. 기쁜 표정.

* 【喜事―사】 xǐshì 〈명〉1기쁜 일. 경사스러운 일. (同)〔吉 jí 事〕, (反)〔丧 sàng 事〕

【喜糖―당】 xǐtáng 〈명〉약혼식이나 결혼식 때에 나누어주는 사탕.

【喜闻乐见―문락견】 xǐ wén lè jiàn 〈成〉즐겨 듣고 즐겨 보다. 사람들에게 환영받다. (反)〔骇人听闻 hài rén tīng wén〕

【喜笑颜开―소안개】 xǐ xiào yán kāi 〈成〉희색이 만면하다. 함박 웃음을 짓다.

【喜新厌旧―신염구】 xǐ xīn yàn jiù 〈成〉새로운 것을 좋아하고, 자기 아내(남편)에 대한 사랑이 식다.

【喜信―신】 xǐxìn 〈명〉기쁜 소식. 희소식.

【喜形于色―형어색】 xǐ xíng yú sè 〈成〉기쁨이 얼굴에 나타나다.

【喜幸―행】 xǐxìng 〈형〉〈文〉기쁘다. 즐겁다.

* 【喜讯―신】 xǐxùn 〈명〉희소식. (同)〔佳音 jiāyīn〕, (反)〔噩耗 èhào〕

【喜洋洋―양양】 xǐyángyáng 〈형〉싱글벙글하다.

【喜雨―우】 xǐyǔ 〈명〉단비. (同)〔甘霖 gānlín〕, (反)〔苦 kǔ 雨〕

** 【喜悦―열】 xǐyuè 1〈명〉희열. 기쁨. ◇胜利的～使他激动万分/승리의 기쁨으로 그는 몹시 흥분했다. (同)〔高兴 gāoxìng〕, (反)〔悲哀 bēiāi〕 2〈형〉기쁘다. 즐겁다. 유쾌하다. ◇他满怀～的心情走上领奖台/그는 가슴 가득한 기쁜 마음으로 시상대로

X

올라갔다. [비교]喜悦:高兴 "喜悦"는 술어로 쓰이지 않는다. ◇这好消息使他(×喜悦)高兴得跳起来/그는 그 좋은 소식에 기뻐서 뛰었다.

【喜滋滋(的)－자자(적)】xǐzīzī(de) [형]내심 즐거워하다. ◇听到儿子立功的消息, 她心里～的/그녀는 아들이 공을 세운 소식을 듣고 내심 즐거워했다.

【喜子－자】xǐ·zi [명]갈거미.

【禧(釐)】礻部 12画 xǐ 복 **희**

[명]복. 행복.

【卌】十部 3画 xì 네십 **사**

[수]40. 사십.

xì

☆【戏·戲】又部 4画 戈部 2画 xì 희롱 **희**

1[명]놀이. 장난. 유희. ◇儿～/아이들 놀이. **2**[동]놀다. 장난치다. 농담하다. ◇鲤鱼～水/잉어가 물에서 놀고 있다. **3**[명]중국 전통극. 곡예. ◇这出～演了两个半小时/이 전통극은 2시간 반이나 공연했다.

【戏班－반】xìbān (～儿)[명]전통극단.

【戏报子－보자】xìbào·zi [명]옛날, 전통극 포스터. 극장 공연 광고.

【戏本－본】xìběn [명]중국 전통극 각본. 극본.

【戏出儿－출아】xìchūr [명]극의 어떤 장면을 본딴 그림이나 인형.

【戏词－사】xìcí (～儿)[명]희곡의 가사와 대사의 총칭.

【戏单－단】xìdān (～儿)[명]희곡의 프로그램.

【戏法－법】xìfǎ (～儿)[명]요술. 마술.

⁑【戏剧－극】xìjù [명]**1**극. 연극. **2**각본. 대본.

【戏迷－미】xìmí [명]전통극광.

【戏目－목】xìmù [명]연극의 프로그램.

【戏弄－롱】xìnòng [동]희롱하다. 놀리다.

【戏曲－곡】xìqǔ [명]**1**중국의 전통극. 경극(京劇). 곤곡(昆曲) 따위. **2**문학 형식의 하나로, 잡극(雜劇)과 전기(傳奇)중의 창사(唱詞).

【戏耍－솨(사)】xìshuǎ (同)〔戏弄〕

【戏台－대】xìtái [명]연극 무대.

【戏文－문】xìwén [명]**1**남송(南宋)의 희곡(戲曲). (同)〔南戏〕 **2**희곡.

【戏侮－모】xìwǔ [동]희롱하며 모욕하다.

【戏谑－학】xìxuè [동]재담으로 사람을 웃기다.

【戏言－언】xìyán [동]농담으로 말하다.

【戏衣－의】xìyī [명]중국 전통주의 무대 의상.

【戏园子－원자】xìyuán·zi [명]극장.

【戏院－원】xìyuàn (同)〔戏园子〕

【戏装－장】xìzhuāng (同)〔戏衣 yī〕

【戏子－자】xì·zi [명]전통극. 광대.

★【系·係】糸部 1画 xì 이을 **계**

1[명]계통. 계열. ◇直～亲属/직계친족. **2**[명]단과대학의 학과. ◇中文～/중문학과. **3**[명]〈地質〉계. 〔연대구분(年代區分)의 단위〕 **4**[동]맺다. 관련되다. 달려 있다. ◇名誉所～/명예와 관련되다. **5**[동]마음에 걸리다. 근심하다. ◇～念/근심하다. **6**[동]매달아 내리다. 달아올리다. **7**[동]동여매다. ◇～马/말을 매다. **8**[동]구금하다. **9**[동]〈文〉…이다. ◇王刚～北京人/왕강은 북경사람이다.

【系词－사】xìcí [명]**1**〈論〉계사(係辭). 코플러(copula). **2**〈言〉계사. 〔현대중국어의 '是' 따위〕

【系缚－박】xìfù [동]〈文〉속박하다.

【系恋－련】xìliàn [동]그리워하다.

＊【系列－렬】xìliè [명]관련되고 세트를 이룬 일련의 사물. 계열. ◇～产品/계열 제품.

【系念－념】xìniàn [동]〈文〉근심하다. 괘념하다. 걱정하다.

【系数－수】xìshù [명]**1**〈數〉계수. **2**〈物〉계수.

☆【系统－통】xìtǒng **1**[명]체계. 시스템. ◇教育～/교육체계. **2**[형]체계적이다. ◇这份改革报告, 写得很～, 也很全面/이 개혁보고서는 매우 체계적이고도 총체적으로 쓰여졌다. [비교]系统:正规 규정대로 대학에 가면 "系统"을 쓰지 않는다. ◇我没有(×系统)正规地上大学/나는 정상적으로 대학을 다니지 않았다.

【系统性－통성】xìtǒngxìng [명]체계성.

★【细·細】纟部 5画 xì 가늘 **세**

[형]**1**가늘다. 잘다. ◇这根绳子太～, 买一根粗一点儿的来/이 끈은 너무 가느니 좀 굵은 것으로 사오시오. **2**(알이) 곱다. 미세하다. ◇～沙/잔모래. **3**(소리가) 약하다〔가늘다〕. ◇嗓音～/목소리가 가늘다. **4**(세공된 것이) 정교하다. 정밀하다. ◇席编得很～/자리를 정교하게 짰다. (同)〔精 jīng〕, (反)〔粗 cū〕 **5**자세〔상세〕하다. 치밀하다. ◇他心不～, 不能做秘书工作/그는 꼼꼼하지 못해 비서업무를 할 수 없다. (同)〔详 xiáng〕, (反)〔略 lüè〕 [비교]细:仔细 "细"는 부사어로 쓸 때 보통 단음절 동사만 수식한다. ◇大家再(×细)仔细检查一下/모두 다시 한번 자세히 검사해 보세요. **6**(일 등이) 작다. 미세하다. ◇～节/자세한 내역. **7**〈方〉(나이가) 어리다.

⁑【细胞－포】xìbāo [명]〈生〉세포.

【细别－별】xìbié **1**[명]미세한 차이. **2**[동]자세히 구별하다.

X

【细部—부】xìbù 图세부.

【细菜—채】xìcài 图어떤 지역에서 특정계절에 공급량이 딸리는 채소.

【细长—장】xìcháng 圐가늘고 길다. 호리호리하다. ◇他总爱把铅笔削得～的/그는 연필을 언제나 가늘고 길게 깎는다.

【细大不捐—대불연】xì dà bù juān 〈成〉크고 작은 것을 불문하고 하나도 버리지 않다.

【细发—발】xì·fa 圐〈方〉꼼꼼하다.

【细高挑儿—고도아】xìgāotiǎor 圐〈方〉날씬하고 키가 큰 몸매.

【细工—공】xìgōng 图(수공예에서) 공들여 만든 세공.

【细故—고】xìgù 图하찮은 일. 지엽적인 일.

【细活—활】xìhuó (～儿)图세공. 섬세한 일. (농촌에서) 기술적인 일. (同)〔细工〕

*【细节—절】xìjié 图자세한 내역. 세부 사항. (同)〔末 mò 节〕, (反)〔大 dà 节〕

【细究—구】xìjiū 图상세히 연구하다.

☆【细菌—균】xìjūn 图균.

【细菌武器—균무기】xìjūn wǔqì 图〈軍〉세균 병기. (同)〔生物武器〕

【细粮—량】xìliáng 图쌀과 밀가루. (反)〔粗粮 cūliáng〕

【细目—목】xìmù 图세목. 상세한 항목. (同)〔子 zǐ 目〕, (反)〔总 zǒng 目〕

【细嫩—눈】xìnèn 圐살결이 곱다〔보드랍다〕.

【细腻—이】xì·nì 圐1결이 곱고 매끄럽다. (同)〔滑 huá 腻〕, (反)〔粗糙 cūcāo〕 2(묘사나 표현이) 섬세하다. (同)〔细致 x-ìzhì〕, (反)〔粗疏 cūshū〕

【细巧—교】xìqiǎo 圐섬세하다. 정교하다. (同)〔小 xiǎo 巧〕, (反)〔粗笨 cūbèn〕

【细情—정】xìqíng 图자세한 사정. 상세한 내막.

【细软—연】xìruǎn 圐휴대에 편리한 귀중품.

【细润—윤】xìrùn 圐결이 곱고 윤이 나다.

【细弱—약】xìruò 圐가냘프다. 연약하다. (同)〔纤 xiān 细〕, (反)〔粗实 shí〕

【细纱—사】xìshā 图〈紡〉정밀하게 짠 가느다란 면사.

【细水长流—수장류】xì shuǐ cháng liú 〈成〉가는 물줄기가 길게 흐른다. 1돈이나 물건을 아껴가며 오래 오래 쓰다. 2조금씩 날마다 끈기있게 해나가다. (反)〔大手大脚 dà shǒu dà jiǎo〕

【细碎—쇄】xìsuì 圐자잘하다.

【细条—조】xìtiáo (同)〔细挑〕

【细挑—도】xì·tiao 圐날씬하다.

【细微—미】xìwēi 圐미세하다. 자잘하다. (同)〔细小 xiǎo〕, (反)〔巨大 jùdà〕

*【细小—소】xìxiǎo 圐사소하다. 매우 작다. ◇～的事情/사소한 일.

☆【细心—심】xìxīn 圐세심하다. 주의깊다. 면밀하다. (同)〔精 jīng 心〕, (反)〔粗 cū 心〕

【细则—칙】xìzé 图세칙. (反)〔总纲 zǒng gāng〕

【细针密缕—침밀루】xì zhēn mì lǚ 〈成〉바느질이 꼼꼼하다. (일하는 것이) 주도 면밀하다. (同)〔精雕细刻 jīng diāo xì kè〕, (反)〔粗制滥造 cū zhì làn zào〕

【细枝末节—지말절】xì zhī mò jié 〈成〉지엽적인 문제. 자질구레한 일. 사소한 일.

**【细致—치】xì·zhì 圐1섬세하다. 치밀하다. ◇分析～/분석이 치밀하다. 2정교하다. (同)〔细腻 nì〕, (反)〔粗疏 cūshū〕

【细作—작】xì·zuò 图간첩. 염탐꾼.

【隙】 阝部 xì
　　　 10画 틈 극

图1(갈라진) 틈. 벌어져 사이가 난 곳. 2(공간·시간적으로) 빈 곳. ◇空～/빈자리. 여유시간. 3틈. 틈 탈 기회. 4(감정의)금. 틈.

【隙地—지】xìdì 图공지. 빈 터. ◇在路旁～种树/길옆 빈터에 나무를 심다.

虾 1053	瞎 1053	匣 1054	狎 1054	柙 1054
侠 1054	峡 1054	狭 1054	遐 1054	瑕 1054
暇 1054	霞 1054	辖 1055	下 1055	吓 1059
唬 1059	夏 1059	厦 1059	鲦 1059	

xiā

**【虾·蝦】 虫部 xiā
　　　　　 3画 두꺼비 하

图새우.

【虾兵蟹将—병해장】xiā bīng xiè jiàng 〈成〉민간 전설에 나오는 용왕(龍王)의 장병(將兵);오합지졸.

【虾米—미】xiā·mi 图1말린 새우살. 2〈方〉작은 새우.

【虾皮—피】xiāpí 图(쪄서) 말린 작은 새우. (同)〔虾米皮〕

【虾仁—인】xiārén (～儿)图껍질을 벗긴 새우살.

【虾子—자】xiāzǐ 图새우알.

【虾子—자】xiā·zi 图〈方〉새우.

**【瞎】 目部 xiā
　　　 10画 애꾸눈 할

1图눈이 멀다. 장님이 되다. ◇他～了一只眼/그는 한 쪽 눈이 멀었다. 비교瞎:盲 시각을 잃은 사람은 "瞎人"이라고 하지 않는다. ◇他领着两个(×瞎人)盲人过马路/그는 맹인 두 사람을 인도해 길을 건너고 있다. 2图무턱대고. 마구 잡이로. 괜히. 함부로. ◇～说/마구 지껄이다. ◇

X

别～着急，离开车时间还有四十分钟呢/발차시간에서 아직 40분 남았으니 괜히 조급해 하지마. **3**동(포탄이) 불발하다. ◇～炮/불발탄. **4**동〈方〉작물의 씨앗이 싹이 트지 않다. 농작물의 열매가 여물지 않다. **5**동못쓰게 되다. 손실되다. ◇一场冰雹了不少庄稼/한차례 우박으로 농작물이 적잖게 손실되었다. **6**동두서가 없다. 어지럽다. ◇线绕～了/실을 감다가 엉켰다.

【瞎掰－반】xiābāi 동〈方〉**1**헛수고하다. **2**함부로 말하다.

【瞎扯－차】xiāchě 동마구 지껄이다. 함부로 말하다.

【瞎吹－취】xiāchuī 동허풍 떨다.

【瞎话－화】xiāhuà 명거짓말. (同)〔假 jiǎ 话〕, (反)〔真 zhēn 话〕

【瞎火－화】xiāhuǒ **1**명불발탄. **2**동(탄약이) 불발하다.

【瞎奶－내】xiānǎi 명**1**함몰유두(陷没乳頭). **2**젖이 안 나오는 유두(乳頭).

【瞎闹－뇨】xiānào 형쓸데없이 하다. 마구 하다.

【瞎炮－포】xiāpào 명불발탄. (同)〔哑炮〕

【瞎说－설】xiāshuō 동말을 함부로 하다. (同)〔胡 hú 说〕, (反)〔谨言 jǐn yán〕

【瞎眼－안】xiāyǎn **1**명장님. **2**(xiā// yǎn) 동눈이 멀다.

【瞎诌－초】xiāzhōu 동〈方〉엉터리로 지어낸 이야기를 하다. 허튼 소리하다.

【瞎抓－조】xiāzhuā 동닥치는 대로 하다.

【瞎子－자】xiā·zi 명**1**장님. **2**〈方〉속이 덜 찬 열매.

xiá

【匣】匚部│xiá
 5画│레 **갑**
 (～儿, ～子)명갑. 작은 상자. ◇木～/목갑.

【匣子－자】xiá·zi 명갑. 함. 작은 상자.

【狎】犭部│xiá
 5画│친압할 **압**
 명무람없다. 스스럼없다. 친하다 하여 버릇없이 굴다.

【狎妓－기】xiájì 동기생을 데리고 놀다

【狎昵－닐】xiánì 명무람없이 버릇없게 굴다.

【柙】木部│xiá
 5画│우리 **합**
 명짐승 우리. 〔옛날, 중죄인을 가두는 데에도 쓰였음〕

【侠·俠】亻部│xiá
 6画│협기 **협**
 명**1**협객. ◇武～/무협. **2**의협심이 있는 행동.

【侠肝义胆－간의담】xiá gān yì dǎn 의협

심을 가지고 남을 돕다.

【侠客－객】xiákè 명협객.

【侠义－의】xiáyì 형의협심이 강하다.

*【峡·峽】山部│xiá
 6画│산골 **협**
 명골짜기. 협곡.

*【峡谷－곡】xiágǔ 명골짜기. 계곡.

【狭·狹】犭部│xiá
 6画│좁을 **협**
 형좁다. (同)〔窄 zhǎi〕, (反)〔广 guǎng〕

*【狭隘－애】xiá'ài **1**폭이 좁다. ◇胡同～/골목이 좁다. (同)〔狭窄 zhǎi〕, (反)〔宽阔 kuānkuò〕 **2**(도량·식견 등이) 좁다. ◇眼光～/안목이 좁다. (同)〔狭小 xiǎoxiǎo〕, (反)〔广 kuānguǎng〕

【狭长－장】xiácháng 형(폭이)좁고 길다.

【狭路相逢－로상봉】xiá lù xiāng féng 〈成〉원수가 외나무 다리에서 만나다.

【狭小－소】xiáxiǎo 형좁고 작다. (범위나 도량 등이) 작다.

【狭义－의】xiáyì 명좁은 의미. (反)〔广 guǎng 义〕

*【狭窄－착】xiázhǎi 형**1**좁다. **2**(도량·견식 등이) 좁고 한정되다.

【遐】辶部│xiá
 9画│멀 **하**
 〈文〉형**1**멀다. (同)〔远 yuǎn〕, (反)〔迩 ěr〕 **2**길다. 오래다.

【遐迩－이】xiá'ěr 명〈文〉먼 곳과 가까운 곳. 원근.

【遐龄－령】xiálíng **1**명고령. **2**동장수하다.

【遐思－사】xiásī 동멀리 있는 사람을 그리워하다. 멀리 생각하다.

【遐想－상】xiáxiǎng 동멀리 있는 것을 생각하다.

【瑕】王部│xiá
 9画│옥티 **하**
 명옥의 티. 흠. (同)〔疵 cī〕, (反)〔瑜 yú〕

【瑕不掩瑜－불엄유】xiá bù yǎn yú 〈成〉단점이 장점을 가릴 정도는 아니다. 단점보다 장점이 더 많다.

【瑕疵－자】xiácī 명흠. 흠집. 단점. 하자. (同)〔短处 duǎnchu〕, (反)〔长处 chángchu〕

【瑕玷－점】xiádiàn 명〈文〉잘못. 오점.

【瑕瑜互见－유호견】xiá yú hù jiàn 〈成〉장단점이 다 있다.

【暇】日部│xiá
 9画│한가할 **가**
 명여가. 짬. 틈. ◇无～兼顾/같이 돌볼 겨를이 없다.

*【霞】雨部│xiá
 9画│놀 **하**
 명놀.

【霞光－광】xiáguāng 圏놀 빛.

【辖·轄】车部 xiá
10画 다스릴 할
1圏바퀴를 축에 고정시키는 쐐기. 2동관할하다. 관리하다. ◇直～/직접 관할하다.
【辖区－구】xiáqū 圏관할 구역.
【辖制－제】xiázhì 동감독하다. 단속하다. (同)〔束缚 shùfù〕, (反)〔纵容 zòngróng〕

xià

★【下】一部 卜部 xià
2画 1画 아래 하
1圏아래. 밑. ◇月光～/달빛 아래. ◇楼～停靠一辆出租汽车/건물아래 택시 한 대가 서 있다. (反)〔上 shàng〕2혱저급. 등급이 아래인 것. ◇～级/하급(자). 3圏나중. 다음. ◇～一年/내년. ◇～星期/다음 주. (反)〔上 shàng〕4아래쪽으로. 5…아래. …하에. 〔일정한 범위·상황·조건에 속함을 나타냄〕◇在老师和同学们的帮助～，他的学习进步很快/선생님과 반 친구들의 도움하에 그의 공부는 빠르게 향상되었다. 6…때〔시절〕. ◇年～/연말 연시. 7…측. …곳. 〔수사(數詞)뒤에 쓰여 방면이나 방위를 나타냄〕◇往四～一看/사방을 둘러보다. ◇两～都同意/양측이 모두 동의했다. 8圏(위쪽에서 아래로) 내려가다. ◇上山容易～山难/산을 오르는 것은 쉽지만 내려가는 것은 어렵다. (反)〔上 shàng〕9동(비·눈 따위가) 내리다. ◇去年冬天共～了三场大雪/작년 겨울에 큰 눈이 모두 3번 내렸다. (同)〔降 jiàng〕10동(문서·명령 따위를) 하달하다. 내리다. ◇县里已经向乡里～过通知了/현에서는 이미 향으로 통지를 하달했다. 11동(…로) 가다. ◇我从来没～过乡，不知道农村是什么样子/난 한번도 시골에 간 적이 없어서 농촌은 어떤지 잘 모른다. 12동퇴장하다. ◇南京队的八号中途没～过场/남경팀의 8번 선수는 도중에 퇴장한 적이 없다. ◇那个国家的总统～台了/그 나라의 대통령은 대통령직을 떠났다. 13동넣다. 치다. 뿌리다. ◇～种/씨를 뿌리다. 14동두다. ◇～围棋/바둑을 두다. 15동벗기다. 빼다. (과일 따위를) 따다. ◇把敌人的枪～了/적의 총을 빼앗다. 16동(결정·판단 따위를) 내리다. 내다. ◇老师给这个词～了个定义/선생님은 이 단어에 정의를 내렸다. 17동사용하다. (자본·노동력·시간 따위를) 들이다. ◇为学好汉语，他～了很多工夫/그는 중국어를 배우기 위해 많은 심혈을 기울였다. (同)〔用 yòng〕18동(동물이)새

끼를 낳다. 알을 낳다. ◇母猪～小猪/어미돼지가 새끼를 낳다. (同)〔生 shēng〕19동쳐서 함락시키다. ◇连～数城/여러 도시를 계속 함락시켰다. 20동양보하다. 물러서다. ◇相持不～/서로 버티며 양보하지 않다. 21동(일·수업 따위가) 파하다. 마치다. ◇妈妈每天下午四点～班/엄마는 매일 오후 4시에 퇴근한다. (反)〔上 shàng〕22동(…에) 모자라다. 미달하다. 〔부정문에 쓰임〕◇参加大会的不～三千人/대회에 참가한 사람은 삼천 명은 족히 될 것이다. 23(～儿)양번. 회. 〔동작의 횟수를 나타냄〕◇钟响了八～/종이 8번 울렸다. ◇他指了我一～/그는 날 한번 가리켰다. ◇我点了两～头/난 머리를 두어 번 끄덕였다. 24(～儿)'两' '儿'의 뒤에 쓰여 능력·기능을 나타냄. ◇他真有两～子/그는 정말 능력이 대단하구나.

【下】// xià 동사 뒤에 와서 아래와 같은 방법·결과보어로 쓰임. 1위에서 아래로 움직이는 것을 나타냄. ◇把书包放～/책가방을 내려놓아라. ◇奶奶伤心地流～眼泪/할머니는 가슴아프게 눈물을 흘렸다. 2동작의 완성이나 결과, 또는 그 결과가 남아 있음을 나타냄. ◇留～地址/주소를 남기다. ◇攻～难关/난관을 극복하다. 3(공간이) 수용하거나 받아들일 여지가 있음을 나타냄. ◇这间屋子太小，睡不～六个人/이 방은 너무 작아 6명이 잘 수 없다.

【下巴－파】xià·ba 圏1아래턱(下頷)의 통칭. 2턱(頰)의 통칭. ‖(同)〔下巴颏儿〕
【下巴颏儿－파해아】xià·bakēr 圏(아래)턱의 통칭. (同)〔下巴〕
【下摆－파】xiàbǎi 圏옷의 가장 아랫도리.
☆【下班－반】xià// bān (～儿)동퇴근하다. ◇临时有事，～晚了/갑자기 일이 있어서 퇴근을 늦게 했어. (反)〔上 shàng班〕
【下板儿－판아】xià// bǎnr 동영업을 개시하다.
【下半场－반장】xiàbànchǎng 圏(시합 등의) 후반전. (反)〔上半场〕
【下半旗－반기】xià bànqí 반기를 달다.
【下半晌－반향】xiàbànshǎng 圏〈俗〉오후. (同)〔下午〕
【下半天－반천】xiàbàntiān (～儿)圏오후. (同)〔下午〕
【下半夜－반야】xiàbànyè 圏밤 12시 이후. (同)〔后半夜儿〕
【下辈－배】xiàbèi 圏1(～儿)자손. (同)〔后 hòu 辈〕, (反)〔上 shàng 辈〕2(～儿)(가족 중의) 아래 젊은 세대.
【下辈子－배자】xiàbèi·zi 圏내세. (反)〔上

shàng 辈子〕

【下本儿－본아】xià∥běnr [동]자본을 들이다. 투자하다.

【下笔－필】xià∥bǐ [동]붓을 대다. (글이나 그림을) 쓰거나 그리기 시작하다. (反)〔搁 gēi 笔〕

★【下边－변】xià·bian (～儿)[명]아래. 아래쪽. 밑.

【下不来－불래】xià·bu lái 1내려올 수 없다. 2난처해지다. 곤혹을 느끼다. ◇他的一句话把李小姐说得脸上～/그의 한 마디가 이양을 곤혹스럽게 했다.

【下不为例－불위례】xià bù wéi lì 〈成〉이후로는 이와 같이 하지 않는다. 이번에 한하여 봐주다.

【下操－조】xià∥cāo [동]1훈련을〔체조를〕하다. (同)〔上 shàng 操〕 2(훈련·체조가) 끝나다. (同)〔收 shōu 操〕, (反)〔上 shàng 操〕

【下策－책】xiàcè [명]하책. 서투른 계책. (同)〔拙计 zhuōjì〕, (反)〔上策 xiàcè〕

【下层－층】xiàcéng [명](조직·계층 등의) 하층. 밑바닥. ◇他到公司～去劳动/그는 회사의 말단자리에 가서 일한다. (同)〔底 dǐ 层〕, (反)〔上 shàng 层〕

【下场－장】xià∥chǎng [동]1(배우나 운동선수가) 퇴장하다. (同)〔退 tuì 场〕, (反)〔上 shàng 场〕 2(옛날, 과거(科擧)에서) 시험장에 들어가 시험을 치다.

【下场－장】xià·chang [명]〈貶〉결말. 말로. ◇欺压老百姓的决没有好～/백성을 못살게 구는 자에게는 결코 좋은 결말이 없다.

【下场门－장문】xiàchǎngmén [명]배우가 퇴장하는 출입구.〔무대의 왼쪽에 있음〕(反)〔上场门 shàngchǎngmén〕

【下车伊始－차이시】xià chē yī shǐ 관리가 임지에 와서 얼마 안 되다.

【下乘－승】xiàchéng [명]1〈佛〉소승(小乘). 2(문학·예술 따위의) 졸작. (同)〔下品 pǐn〕, (反)〔上 shàng 乘〕

【下处－처】xià·chu [명]여인숙. 여관. 임시로 숙박하는 곳.

【下船－선】xià∥chuán [동]1배에서 내리다. 상륙하다. 2〈方〉배에 타다.

【下存－존】xiàcún [동](예금 등이) 남다.

*【下达－달】xiàdá [동]하달하다. (反)〔上 shàng 达〕

【下蛋－단】xià∥dàn [동]알을 낳다.

【下等－등】xiàděng [형]하등의. 하급의. (同)〔低 dī 等〕, (反)〔上 shàng 等〕

【下地－지】xià∥dì [동]1밭에 나가다. 들에 일 나가다. 2(환자가) 병상 신세에서 벗어나다. 3〈方〉애가 막 태어나다.

【下第－제】xiàdì 1[형]〈文〉하등의. 질이 낮은. 2[동](과거에서) 낙방하다. (同)〔落 luò 第〕, (反)〔及 jí 第〕

【下店－점】xià∥diàn [동]여관에 들다. 투숙하다.

【下跌－질】xiàdiē [동]떨어지다. (同)〔下降 jiàng〕, (反)〔上涨 shàngzhǎng〕

【下定－정】xià∥dìng [동]1신랑집에서 신부집으로 납폐를 보내다. 2구매나 임대시 계약금을 미리 내다.

【下碇－정】xià∥dìng [동]닻을 내리다. 정박하다.

【下颚－악】xià'è [명]아래턱.

【下凡－범】xià∥fán [동](신선이) 속세에 내려오다.

【下饭－반】xià∥fàn 1[동]밥의 반찬으로 삼다. 2[형]밥 반찬으로 좋다.

*【下放－방】xiàfàng [동]1(하급기관에) 권한을 분산·이관하다. 2(사상교육 강화를 위해 간부나 지식인을) 공장·농촌·광산 등지로 내려 보내다.

【下风－풍】xiàfēng [명]1바람이 불어가는 쪽. (反)〔上 shàng 风〕 2〈轉〉(전쟁·경기 등에서의) 불리한 위치〔처지〕. 열세. ◇今天客队外在～/오늘 원정팀이 열세에 처해있다. (同)〔劣势 lièshì〕, (反)〔上 shàng 风〕

【下岗－강】xià∥gǎng [동]1(경비·보초 등) 일터를 잠시 떠나다. 2실직하다. ◇最近上海有意不少～职工/최근 상해에서 적잖은 실직 노동자가 생겼다.

【下工－공】xià∥gōng [동](노동자가) 일을 끝내다. (同)〔放 fàng 工〕, (反)〔上 shàng 工〕

【下工夫－공부】xià gōng·fu 공을 들이다. 힘쓰다. 노력하다.

【下海－해】xià∥hǎi [동]1(어부가) 바다에 나가다. 2옛날, 아마추어 배우가 직업 배우로 되다. 프로로 전향하다. 3(창녀나 무녀 등) 업종에 종사하다. 4원래의 직업을 포기하고 장사를 하다.

【下颔－함】xiàhé [명]아래턱. (同)〔下颚 è〕〔下巴 ba〕

【下怀－회】xiàhuái [명]〈謙〉제 마음. 저의 생각.

*【下级－급】xiàjí [명]하급(자). 부하. 하부(기관). ◇～组织/하부 조직. (同)〔下面 miàn〕, (反)〔上 shàng 级〕

【下家－가】xiàjiā [명]1(～儿)('打牌' '行酒令儿' 등의 놀이에서) 다음에 패를 내놓을 사람. 다음 차례. (同)〔下手 shǒu〕, (反)〔上 shàng 家〕 2〈方〉〈謙〉저의 집.

【下贱－천】xiàjiàn [형]1비천하다. (同)〔低 dī 贱〕, (反)〔高贵 gāoguì〕 2〈罵〉쌍스럽고 음탕하다.

X

【下江—강】xiàjiāng 圀양자강의 하류지방.

＊＊【下降—강】xiàjiàng 圐줄어들다. 떨어지다. 낮아지다. (同)〔下落 luò〕, (反)〔上升 shàngshēng〕

【下脚—각】xiàjiǎo 1圀(원료를 가공하고 난 후의) 지저깨비. 끄트러기. 2(xià// jiǎo)(~儿)圐발을 디디다.

【下脚货—각화】xiàjiǎohuò 圀팔다 남은 좋지 않은 물건.

【下界—계】xiàjiè 1圐신선이 인간 세상에 내려오다. (同)〔凡间 fánjiān〕, (反)〔上 shàng界〕2(xiàjiè)圀인간세상.

【下劲—경】xià// jìn 힘껏 노력하다. (同)〔下工夫 gōngfu〕

【下酒—주】xià// jiǔ 圐1(안주를 곁들여) 술을 마시다. 2(안주가) 술맛을 돋구다.

★【下课—과】xià// kè 圐수업이 끝나다. (反)〔上 shàng课〕

【下款—관】xiàkuǎn (~儿)圀(서화나 편지의) 휘호자 또는 작성자의 낙관. (反)〔上 shàng款〕

★【下来—래】xià// lái 圐1내려오다. ◇你坐错车了, 快~吧/너 차를 잘못 탔어, 어서 내려라. 2(제품·과일 따위가) 나오다. 수확하다. ◇西瓜已经~半个月了/수박이 나온 지 벌써 3달째이다.

【下来—래】// ·xià// lái 1동사 뒤에 쓰여서 동작이 높은 곳에서 낮은 곳으로 또는 먼 곳에서 가까운 곳으로 행해짐을 나타냄. ◇爷爷从楼上走~了/할아버지는 윗층에서 걸어 내려왔다. 2동사 뒤에 쓰여서 동작이 과거로부터 현재까지 계속되거나 처음부터 끝까지 지속됨을 나타냄. ◇这把宝剑是祖父传~的/이 검은 조부때부터 전해온 것이다. 回교下来:着 동작 또는 상태가 지속될 때는 "下来"를 쓰지 않는다. ◇他的信我到现在还保留(×下来)着/그의 편지를 난 지금까지도 가지고 있다. 3동사 뒤에 쓰여서 동작의 완료 또는 결과를 나타냄. ◇汽车停~了/차가 멈췄다. 回교下来:出来 동작이 사물로 하여금 무에서 유로, 숨겨진 것에서 드러나 보이는 것으로 될 때는 "下来"를 쓰지 않는다. ◇这个消息报上已经登(×下来)出来了/이 소식은 이미 신문에 기재되었다. 4형용사 뒤에 쓰여 어떤 상태가 심해지거나 발전함을 나타냄. ◇从上个月开始, 这个班的纪律就松弛~了/그 반의 기율은 지난 달부터 해이해졌다. 回교下来:起来 "下来" 앞에는 통상 강에서 약해지는 형용사가 온다. ◇中国学英语的人一天比一天多(×下来)起来了/중국에 영어를 배우는 사람이 하루가 다르게 많아지고 있다.

【下里巴人—리파인】xià lǐ bā rén 통속적인 문학 예술 작품. (反)〔阳春白雪 yángchūn bái xuě〕

【下联—련】xiàlián (~儿)圀대련(對聯)의 뒷구절. (反)〔上 shàng联〕

＊＊【下列—열】xiàliè 圐다음에 열거하다.

＊【下令—령】xià// lìng 圐명령을 내리다.

【下流—류】xiàliú 1圀하류. (同)〔下游 yóu〕, (反)〔上 shàng流〕2圀낮은 지위. 3圐쌍스럽다. 천하다. (同)〔下作 zuò〕, (反)〔端方 duānfāng〕

＊【下落—락】xiàluò 1圀행방. 소재. ◇~不明/행방불명. 2圐떨어지다. ◇伞兵缓缓~/낙하산병이 서서히 낙하하고 있다.

【下马—마】xià// mǎ 圐(일·계획 사업 등이) 도중에 포기하거나 그만두다. ◇由于资金不足, 一批建设项目将要~/자금부족으로 건설프로젝트를 중지하려 한다. (反)〔上 shàng马〕

【下马看花—마간화】xià mǎ kàn huā 〈成〉말에서 내려 꽃을 보다. 일선에 가서 깊이 조사연구하다. 〈喩〉(反)〔走马看花 zǒu mǎ kàn huā〕

【下马威—마위】xiàmǎwēi 초장에 호된 맛을 보여주다.

☆【下面—면】xià·mian (~儿)圀1아래. 밑. ◇桌子~/탁자 아래. (同)〔下边 biàn〕, (反)〔上 shàng面〕2다음. ◇请按次序看病, ~是小刘/순서대로 진찰받으세요. 그 다음은 유군입니다. 3하급자. 아래부서. ◇领导同志应该常去~了解情况, 指导工作/간부는 항상 아래부서에 가서 상황을 파악하고 업무를 지도해야 한다. (同)〔下级 jí〕, (反)〔上 shàng级〕

【下奶—내】xià// nǎi 圐젖이 잘 나오도록 하다.

【下品—품】xiàpǐn 圀하등품.

【下聘—빙】xiàpìn (同)〔下定 1〕〔下乘 xiàchéng〕, (反)〔上聘 shàngpìn〕

【下坡路—파로】xiàpōlù 圀1내리막길. 2〈喩〉몰락. 멸망의 길. (反)〔上坡路 shàngpōlù〕

【下棋—기】xià// qí 圐장기를 두다. 바둑을 두다.

【下欠—흠】xiàqiàn 1圐빚이 남아 있다. 2圀밀린 빚. 남은 빚.

【下情—정】xiàqíng 圀1민정(民情). 아랫사람들의 사정. (反)〔上 shàng情〕

★【下去—거】xià// ·qù 圐(위에서 아래로) 내려가다. ◇他~没多久, 你去楼下找他吧/그가 내려간 지 잠깐밖에 안 되었으니 아래층으로 가서 그를 찾아보시오.

★【下去—거】// ·xià// ·qù 1동사 뒤에 쓰여서 동작이 높은 곳에서 낮은 곳으로 또는 가까운 곳에서 먼 곳으로 행해짐을 나

타냄. ◇他把石头从山上推～了/그는 돌을 산에서 밀어내렸다. **2**동사 뒤에 쓰여서 상황이 계속 이어짐을 나타냄. ◇汉语再难学, 我们也要学～/중국어가 아무리 배우기 어려워도 우리는 계속 배워야 한다. **3**형용사 뒤에 쓰여서 정도가 더욱 심해짐을 나타냄. ◇天气再冷～, 就不能在室外工作了/날씨가 계속 추워지면 실외에서 일할 수 없게 된다.

【下人—인】xiàrén [명]**1**하인. (同)〔仆 pú 人〕, (反)〔主 zhǔ 人〕 **2**자녀나 손자손녀 등 손 아랫사람.

【下三烂—삼란】xiàsānlàn 〈方〉**1**[동]비천하다. **2**[명]천하고 장래성이 없는 사람. (同)〔下三滥〕

【下身—신】xiàshēn **1**[명]하반신. 아랫도리. **2**[명]〈轉〉음부(陰部). (同)〔阴部 yīnbù〕 **3**(～儿)[명]바지.

【下神—신】xià//shén [동](무당 등이) 신내리다. (同)〔跳 tiào 神〕

【下生—생】xiàshēng [동]태어나다.

【下剩—잉】xiàshèng [동]남다. 남기다.

【下士—사】xiàshì [명]〈軍〉하사(下士).

【下世—세】xià//shì [동]세상을 떠나다.

【下世—세】xiàshì [명]내생. 내세. (同)〔去 qù 世〕, (反)〔诞生 dànshēng〕

【下手—수】xiàshǒu (～儿)**1**[명]아랫자리. 말석. **2**(同)〔下家〕 **3**[명]조수. **4**[동]손을 쓰다. 착수하다. ◇无法～/손을 쓸 수 없다. ◇他们早就～了/그들은 벌써 착수했다구.

【下首—수】xiàshǒu (同)〔下手(儿)〕, (反)〔上 shàng 首〕

【下属—속】xiàshǔ [명]부하. 아랫사람. (同)〔下级 jí〕, (反)〔上司 shàngsī〕

【下水—수】xià//shuǐ [동]**1**(배를) 진수시키다. 물에 넣어 띄우다. (同)〔顺 shùn 水〕, (反)〔上 shàng 水〕 **2**(방직물·섬유 등을) 물에 담그어 수축시키다. **3**〈喻〉나쁜 짓을 하다. ◇拖人～/사람을 나쁜 길로 유인하다.

【下水—수】xiàshuǐ [동]하류로 내려가다.

【下水—수】xià·shui [명](식용 가축의) 내장.

【下水道—수도】xiàshuǐdào [명]하수도. (反)〔上 shàng 水道〕

【下榻—탑】xiàtà [동]묵다. 숙박하다.

*【下台—대】xià//tái [동]**1**무대 혹은 연단에서 내려오다. (同)〔下场 chǎng〕, (反)〔上 shàng 台〕 **2**공직에서 물러나다. 정권을 넘겨주다. 하야하다. **3**(논쟁 등에서) 곤경〔궁지〕에서 벗어나다. 〔주로 부정문에 쓰임〕 ◇他这句话使我下不了台/그의 그 말은 나를 궁지로 몰아 넣었다.

【下体—체】xiàtǐ [명]**1**〈文〉하체. 하반신. (同)〔下身〕 **2**〈文〉음부. (同)〔阴部 yīnbù〕

【下同—동】xiàtóng 아래와 같다.

【下头—두】xià·tou [명]**1**아래. 밑. **2**하급자. 아래 부서.

【下晚儿—만아】xiàwǎnr [명]해질녘. 황혼.

【下文—문】xiàwén [명]**1**아래〔다음, 뒷〕 문장. (同)〔后 hòu 文〕, (反)〔上 shàng 文〕 **2**일의 진전 또는 결과. ◇叫你办的事怎么还没有～?/너에게 시킨 일이 왜 아직 결과가 없어?

【下问—문】xiàwèn [동]하문하다. (자기보다 나이·학문·지위가 낮은 사람에게) 묻다.

★【下午—오】xiàwǔ [명]오후.

【下下—하】xiàxià **1**[형]가장 나쁜. 가장 형편없는. **2**[명]다음다음. ◇～星期/다음다음 주. (反)〔上上 shàngshàng〕

【下弦—현】xiàxián [명]〈天〉하현. (反)〔上弦〕

【下限—한】xiàxiàn [명]하한. (反)〔上 shàng 限〕

【下陷—함】xiàxiàn [동]함몰하다. 움패다.

【下泄—설】xiàxiè (同)〔下泻〕

【下泻—사】xiàxiè [동]**1**물이 흘러내리다. **2**설사하다.

【下行—행】xiàxíng [동]**1**(열차 따위가) 하행하다. 내려가다. **2**(배가) 상류에서 하류로 내려가다. **3**(공문서를) 하달하다.

【下学—학】xià//xué [동]학교가 파하다. (同)〔放 fàng 学〕, (反)〔上 shàng 学〕

⁑【下旬—순】xiàxún [명]하순.

【下腰—요】xiàyāo **1**[동]허리를 굽히다. ◇她～抱起孩子/그녀는 허리를 굽혀 애를 안았다. **2**[명]윗몸을 힘껏 뒤로 젖히는 무예의 일종.

【下药—약】xià//yào [동]**1**투약하다. 약을 쓰다. **2**독약을 넣다.

【下野—야】xià//yě [동]하야하다. 관직에서 물러나다. (同)〔下台 tái〕, (反)〔上 shàng台〕

【下议院—의원】xiàyìyuàn [명]하원.

【下意识—의식】xiàyìshí [명]잠재 의식.

⁑【下游—유】xiàyóu [명]**1**하류. ◇～有一条船翻了/하류에서 배 한 척이 뒤집혔다. (同)〔下流 liú〕, (反)〔上 shàng 流〕 **2**〈喻〉꼴찌. ◇他的成绩一直都处于全班～/그의 성적은 줄곧 반에서 꼴찌이다. [비교]下游:差 "下游"는 "越来越" 뒤에 쓰지 않는다. ◇他最近在球队里的表现越来越(×下游)差/그는 최근에 팀에서의 성적이 점점 나빠진다.

【下葬—장】xià//zàng [동]매장하다.

【下肢—지】xiàzhī [명]하체.

【下中农—중농】xiàzhōngnóng [명]하층 중농.

【下种—종】xià//zhǒng [동]씨를 뿌리다. 파종하다. (同)〔播种 bō//zhǒng〕

【下箸—저】xià//zhù [동]젓가락으로 음식을

집다.

【下装－장】xià//zhuāng 통(배우가) 무대 의상을 벗다. 메이크업을 지우다. (同)〔卸 xiè 装〕, (反)〔上 shàng 装〕

【下坠－추】xiàzhuì 통1추락하다. 아래로 떨어지다. 2〈醫〉(임산부가) 출산 기미가 있다. (대장염 또는 이질 환자가) 배가 무지근하며 마려움을 느끼다.

【下子－자】xià//zǐ 통1씨를 뿌리다. 2산란하다.

【下子－자】xià·zi 양번. 차례. ◇打了孩子几～/애를 몇대 때렸다.

【下作－작】xià·zuo 1형(비) 천하다. 쌍스럽다. (同)〔下流 liú〕 2형〈方〉(음식을 먹는 모습이) 게걸스럽다. 3형〈方〉조수.

☆【吓·嚇】口部 xià　3画 │ 얼를 하

통놀랍다. 깜짝 놀라게 하다. ◇他在我背后大喊一声，～了我一跳/그가 뒤에서 고함을 쳐서 내가 깜짝 놀랐다. ⇒hè

【吓唬－호】xià·hu 통〈口〉두렵게 하다. 위협하다.

【吓人－인】xià//rén 통남을 놀라게 하다.

【唬】口部 xià　8画 │ 웅얼거릴 호
⇒hǔ

★【夏】夂部 xià　7画 │ 여름 하

1명여름. ◇初～/초여름. 2(Xià)명하. 〔중국 전설상의 최초의 왕조〕3중국(中國)의 옛 이름. ◇华～/중국. 4(Xià)명성(姓).

【夏布－포】xiàbù 명〈紡〉모시.

＊＊【夏季－계】xiàjì 명여름(철).

【夏历－력】xiàlì 명음력. 구력(舊曆). (同)〔农 nóng 历〕, (反)〔公 gōng 历〕

【夏粮－량】xiàliáng 명여름 작물.

【夏令－령】xiàlìng 명1여름철 날씨. 2(同)〔夏季 jì〕

【夏令时间－령시간】xiàlìng shíjiān 명여름 근무시간. 서머 타임.

【夏令营－령영】xiàlìngyíng 명여름 청소년 캠프.

【夏眠－면】xiàmián 명하면. 여름잠.

【夏收－수】xiàshōu 명여름철의 수확.

★【夏天－천】xiàtiān 명여름. (同)〔夏季 jì〕, (反)〔冬 dōng 天〕

【夏衣－의】xiàyī 명여름철 옷. 하복.

【夏至－지】xiàzhì 명하지.

【夏至点－지점】xiàzhìdiǎn 명〈天〉하지점.

【夏至线－지선】xiàzhìxiàn 명〈天〉하지선. 북회귀선.

【夏装－장】xiàzhuāng 명여름옷. 하복. (同)〔夏衣〕

【厦(廈)】厂部 xià　10画 │ 집 하
→〔厦门〕⇒shà

【厦门－문】Xiàmén 명〈地〉복건성(福建省)의 항구도시. 아모이(Amoy).

【罅】缶部 xià　11画 │ 틈 하
명〈文〉틈새. 질그릇의 깨진 금.

【罅漏－루】xiàlòu 명〈文〉갈라진 틈. 틈새. 누락. 빠짐.

【罅隙－극】xiàxì 명〈文〉갈라진 틈. 틈새.

xiān

【仙(僊)】亻部 xiān　3画 │ 신선 선
명선인. 신선. (反)〔凡 fán〕

【仙丹－단】xiāndān 명단약. 〔먹으면 선인이 된다는 영약〕

【仙姑－고】xiāngū 명1선녀. 2여도사. (同)〔道 dào 姑〕

【仙鹤－학】xiānhè 명1두루미. 2(신화·전설에서) 신선이 기르는 흰 학.

【仙后座－후좌】xiānhòuzuò 명〈天〉카시오페이아(Cassiopeia) 자리.

【仙境－경】xiānjìng 명선경. 선계. 〈喩〉경치가 아름답고 조용한 곳.

＊【仙女－녀】xiānnǚ (～儿) 명선녀.

【仙人－인】xiānrén 명선인. 신선. (同)〔神 shén 仙〕, (反)〔凡 fán 人〕

【仙人掌－인장】xiānrénzhǎng 명〈植〉선인장.

【仙山琼阁－산경각】xiān shān qióng gé 〈成〉신선이 산다는 환상적인 누각；몽환경.

【仙逝－서】xiānshì 통서거하다.

【仙子－자】xiānzǐ 명1선인(仙人). 신선. 2선녀.

【氙】气部 xiān　3画 │ 크세논 선
명〈化〉크세논(Xe).

【籼(秈)】米部 xiān　3画 │ 벼 선

【籼稻－도】xiāndào 명메벼.

【籼米－미】xiānmǐ 명멥쌀.

★【先】儿部 xiān　4画 │ 먼저 선

1【名】앞. 앞장. 선두. ◇～例/선례. (同)
[前 qián], (反) [后 hòu] 2【副】우선. 먼
저. 앞서. ◇我们～复习旧课, 然后讲新课
/우리는 먼저 지난 과를 복습하고 나서
새로운 과를 해석한다. 此교先:前 ①
"先"은 시간을 나타내는 수량사 앞에 쓰
지 않는다. ◇寒假的(×先)前十天, 我过
得非常愉快/겨울방학의 전 10일은 난 매
우 즐겁게 보냈다. ②"比"자문의 일반형
식은 'A－比－B－형용사－수량사'이다.
이런 "比"자문에서는 형용사술어이어야
하는데, "先"을 쓸 수 없다. ◇哥哥比我
(×先)早三年大学毕业/오빠는 나보다 3
년 일찍 대학을 졸업했다. 3【名】조상. 선
조. 윗대. ◇～人/선조. 4【敬】죽은 사
람에 대한 경칭. ◇～然/선열. 5【口】
이전. ◇小王的技术比～强多了/왕군의 기
술은 전보다 훨씬 나아졌다. 6(Xiān)【名】
성(姓).

【先辈－배】xiānbèi【名】1선배. (同) [先人 ré-
n], (反) [后 hòu 辈] 2선열. 선구자.

【先不先－불선】xiān·buxiān 【副】〈方〉무엇
보다 먼저. [이유를 설명할 때에 쓰임]

【先导－도】xiāndǎo 1【名】선도(하다). 앞
서서 인도하다. 2【名】안내자.

【先睹为快－도위쾌】xiān dǔ wéi kuài
〈成〉다른 사람보다 먼저 읽어보고 싶어
하다.

【先端－단】xiānduān 【名】〈植〉(잎·꽃·열매
등의) 끝.

【先发制人－발제인】xiān fā zhì rén 〈成〉
기선을 제압하다. (反) [后发制人 hòu fā
zhì rén]

＊【先锋－봉】xiānfēng 【名】선봉(부대). 선봉
장. ◇他工作积极肯干, 起到了～作用/그
는 의욕적으로 일해 선봉장 역할을 했다.

【先锋队－봉대】xiānfēngduì 【名】선봉대. 전
위부대.

【先河－하】xiānhé 【名】〈喩〉(일의) 시작. 처
음. 먼저 제창된 사물.

☆【先后－후】xiānhòu 1【名】선후. 앞뒤. ◇请
大家按～顺序排队买票/모두들 앞뒤 순서
대로 줄서서 표를 사세요. (反) [同时 tó-
ngshí] 此교后:前后 위치상 앞뒤를
가리킬 때는 "先后"를 쓰지 않는다. ◇看
电影时, 他们两个人不停地说话, 引起(×
先后)前后观众的反感/그들 두 사람은 영
화볼 때 계속 말을 해서 앞뒤에 있는 관
객의 반감을 샀다. 2【副】뒤이어. 계속. 연
이어. 잇따라. ◇在交易会上, ～有七十二
个单位与我厂签订了购销合同/교역회에서
연이어 72개 회사가 우리 공장과 구입,
판매계약을 체결했다.

【先见之明－견지명】xiān jiàn zhī míng

〈成〉선견지명.

☆【先进－진】xiānjìn 1【形】선진적이다. (기술·
지위 등이 남보다) 앞서가다. ◇这种空
调机是新产品, 比较～/이 에어컨은 신제
품으로 (기술이) 앞선 편이다. (反) [落
后 luòhòu] 此교先进:进步 예전보다 나
아지는 경우에는 "先进"을 쓰지 않는다.
◇我这学期(×先进)进步了, 各科成绩都是
优秀/난 이번 학기에 성적이 올라 각 과
목의 성적이 다 우수하다. 2【名】앞선 사람.
선거적인 모범[인물].

【先决－결】xiānjué 먼저 해결해야 하다.

【先觉者－각자】xiānjuézhe 【名】선각자.

【先君子, 后小人－군자, 후소인】xiān jūnzǐ,
hòu xiǎorén 〈諺〉처음에는 군자, 나중
에는 소인;처음에는 신사처럼 행동했던
사람이 후에는 치사하게 행동하다.

【先来后到－래후도】xiān lái hòu dào (～
儿) 선착순.

【先礼后兵－례후병】xiān lǐ hòu bīng 〈成〉
먼저 예로써 하되 안 될 때는 무력을 행
사하다;처음에는 예의를 차리다가 안 될
때에는 강경한 수단을 사용하다.

【先例－례】xiānlì 【名】선례. 전례.

【先烈－열】xiānliè 【名】선열.

【先期－기】xiānqī 【副】기한전에. 예정기일보
다 먼저.

＊【先前－전】xiānqián 【副】이전. 앞서. 종전.
(同) [过去 guòqù], (反) [今后 jīnhòu]

【先遣－견】xiānqiǎn 【動】먼저 파견하다. ◇
～队/선발대.

【先秦－진】Xiān Qín 【名】〈史〉선진. [일반적
으로 춘추 전국 시대를 가리킴]

【先驱－구】xiānqū 1【動】선도하다. [주로 추
상적으로 사용됨] 2【名】선구자. 선각자.

【先人－인】xiānrén 【名】1선조. 2돌아가신 부
친. (同) [先父 fù]

【先容－용】xiānróng 【動】사전에 소개·추천
해 두다.

【先入为主－입위주】xiān rù wéi zhǔ 〈成〉
선입관에 사로잡히다.

【先声－성】xiānshēng 【名】예고. 전조. 서곡.

【先声夺人－성탈인】xiān shēng duó rén
〈成〉먼저 기세를 올려 상대방을 압도하다.

★【先生－생】xiān·sheng 【名】1학교·대학의 선
생님. ◇这位～姓王, 是北京师范大学历史
系教授/이 선생님은 왕씨인데 북경사범
대학 역사학과 교수이다. (同) [老师 lǎo-
shī], (反) [学生 xuésheng] 2지식인에
대한 호칭. 3남편. 바깥양반. 그이. [대
만, 마카오 등지에서 남편에 대한 호칭으
로 직접 부를 때는 쓰지 않음] ◇这是我
家～, 在大韩航空工作/이 사람은 저의 집
남편으로 대한항공에 다닙니다. →[爱 ài

X

人〕 4〈方〉의사. ◇孩子病了, 快去请个 ~ 吧/애가 아프니 어서 의사선생님을 모셔 오시오. (同)〔医 yī 生〕 5옛날, 상점의 회계원〔출납원〕. ◇在商号当~/상점에서 회계를 담당하다. 6옛날, 점쟁이·관상쟁이·지관(地官) 등에 대한 호칭. ◇风水 ~/풍수가.

【先世一세】xiānshì 图선조. 조상. (同)〔祖先〕

【先是一시】xiān·shì 粵처음에서.

【先手一수】xiānshǒu 图(바둑·장기에서) 선수.

【先天一천】xiāntiān 图®1선천(적인). (反)〔后 hòu 天〕2〔哲〕선험적(인).

【先天不足一천불족】xiān tiān bù zú〈成〉선천적으로 몸이 허약하다;사물의 밑바탕이 약하다.

【先天性免疫一천성면역】xiāntiānxìng miǎnyì 图〈醫〉선천성 면역.

【先头一두】xiāntóu 图1선두. 맨 앞. 2(~ 儿)(시간적으로) 이전. 앞서. 먼저. 3(공간적으로) 앞. 전방.

【先贤一현】xiānxián 图〈文〉전대(前代)의 현인.

【先小人, 后君子一소인, 후군자】xiānxiǎorén, hòujūnzǐ〈諺〉처음에는 소인. 나중에는 군자. 처음부터 후에 말썽이 나지 않도록 조건 등을 확실히 해 두다.

*【先行一행】xiānxíng 1图선행하다. 먼저 가다. 2粵먼저. 미리. 우선.

【先行官一행관】xiānxíngguān 图(옛날의 희곡이나 소설에서) 선발대의 지휘관. 〈喩〉견인차. ◇铁路运输是经济的~/철도 운송은 경제의 견인차이다.

【先行者一행자】xiānxíngzhě 图선구자.

【先意承志一의승지】xiān yì chéng zhì〈成〉부모의 뜻을 미리 헤아리고, 그 뜻을 받들어 일을 처리하다.

【先斩后奏一참후주】xiān zhǎn hòu zòu 먼저 사형집행을 하고 나중에 황제에게 보고하다. 〈轉〉우선 일처리를 끝낸 후 상부에 추인을 받다.

【先兆一조】xiānzhào 图조짐. 전조. 징조.

【先哲一철】xiānzhé 图선현.

【先知一지】xiānzhī 图1선각자. 2예언자.

【先祖一조】xiānzǔ 图〈文〉돌아가신 조부.

【纤·纖】纟部 xiān
　　　　　　3画 가늘 섬
®가늘다. ◇~尘/잔 먼지. (同)〔细 xì〕, (反)〔粗 cū〕⇒qiàn

【纤长一장】xiāncháng ®가늘고 길다.

【纤尘一진】xiānchén ®잔 먼지.

【纤度一도】xiāndù 图〈紡〉실의 굵기를 나타내는 치수.

【纤毫一호】xiānháo 图〈喩〉매우 미세한 부분.

【纤毛一모】xiānmáo 图〈生理〉섬모.

【纤巧一교】xiānqiǎo ®(만듦새가) 정교하다. (反)〔粗壮 cūzhuàng〕

【纤柔一유】xiānróu ®(여자의 몸이) 가늘고 연약하다.

【纤弱一약】xiānruò ®가냘프고 약하다. (同)〔细 xì 弱〕, (反)〔粗实 cūshí〕

☆【纤维一유】xiānwéi 图섬유.

【纤维板一유판】xiānwéibǎn 图섬유판.

【纤维植物一유식물】xiānwéi zhíwù 图섬유 작물.

【纤悉一실】xiānxī ®〈文〉상세하다. 자세하다.

【纤细一세】xiānxì ®섬세하다. 매우 가늘다. (同)〔细弱 ruò〕, (反)〔粗实 cūshí〕

【纤纤一섬】xiānxiān ®〈文〉호리호리하고 낭창낭창한 모양.

【纤小一소】xiānxiǎo ®가늘다. (同)〔细 xì 小〕, (反)〔粗壮 cūzhuàng〕

☆【掀】扌部 xiān
　　　　　　8画 손으로 젖힐 흔
图1(손으로) 들어 열다. 젖히다. ◇我端着东西呢, 请帮我～帘子／난 물건을 들고 있으니 제 대신 발 좀 젖혀주세요. (同)〔揭 jiē〕, (反)〔盖 gài〕 **비교**掀:揭 벽에 붙은 것에는 "掀"을 쓰지 않는다. ◇这张布告在墙上贴了一个月了, (×掀)揭下来吧／이 공고는 벽에 한 달이나 붙어 있었다. 떼어내라. 2솟구쳐 오르다. ◇海面上又～起大浪来了／바다에 또 큰 파도가 일기 시작했다. (同)〔撩 liāo〕, (反)〔垂 chuí〕

【掀风鼓浪一풍고랑】xiān fēng gǔ làng〈成〉풍파를 일으키다. 남을 부추켜 말썽을 일으키다. (同)〔煽风点火 shān fēng diǎn huǒ〕, (反)〔息事宁人 xī shì níng rén〕

【掀开一개】xiān·kāi 图젖히다. 들어 올리다. ◇我～窗帘往外一看, 雪有半尺厚了／내가 커튼을 젖히고 밖을 보니 눈이 반자나 쌓였다.

*【掀起一기】xiānqǐ 图1들어 올리다. 열다. 열어 젖히다. ◇我把锅盖～来了/나는 솥을 들어올렸다. 2물결치다. 일다. ◇大海～了巨浪/바다에 거대한 파도가 넘실거린다. 3불러 일으키다. ◇～增产节约运动新高潮/증산절약운동의 새로운 피치를 올리다.

【锨·锨】钅部 xiān
　　　　　　8画 가래 흔
图〈農〉가래.

☆【鲜·鮮】鱼部 xiān
　　　　　　6画 빛날 선
1®신선하다. 싱싱하다. ◇这肉很～, 请买二斤去吧/이 고기는 신선하니 두 근

사가세요. 比較鮮:碧绿 "绿草", "树木"는 "鲜"으로 묘사하지 않는다. ◇春天的时候, 河边的野花, 绿草, 树木都(×鲜)碧绿/봄에 강가의 들꽃, 파란 잔디, 나무 모두 파릇하다. 2形(색채가) 선명하다. ◇~艳/색이 산뜻하고 아름답다. (反)〔暗àn〕 3形맛있다. ◇这汤做得很~/이 국은 맛있게 만들었다. 4名물품. ◇时~/제철의 물품. 5名생선. ◇鱼~/수산물. 6(Xiān)名성(姓). ⇒〔朝鲜 cháoxiǎn〕

【鲜卑-비】xiānbēi 名고대의 몽고 퉁구스계의 유목 민족.

【鲜果-과】xiānguǒ 名신선한 과일.

*【鲜红-홍】xiānhóng 名선홍색. ◇变得~/새빨갛게 변했다.

☆【鲜花-화】xiānhuā 名생화. ◇~盛开/싱싱한 꽃들이 활짝 폈다.

【鲜货-화】xiānhuò 名신선한 식료품.

【鲜亮-량】xiān·liang 形〈方〉1선명하다. 2예쁘다. ◇长得~/예쁘게 생겼다.

【鲜美-미】xiānměi 形1대단히 맛이 좋다. 2〈文〉(화초 등이) 싱싱하고 아름답다.

*【鲜明-명】xiānmíng 形1(색채가) 선명하다. ◇这幅电影广告的色彩很~/이 영화 포스터의 색깔은 참 선명하다. 比較鲜明: 清楚 사물의 뚜렷한 윤곽을 나타낼 때는 "鲜明"을 쓰지 않는다. ◇远处的万里长城很(×鲜明)清楚/멀리 있는 만리장성이 뚜렷이 보인다. 2(사물의 구별이) 명확하다. 뚜렷하다. ◇请你把观点说得~一些/관점을 좀 더 뚜렷이 말하세요. (同)〔明朗 míngláng〕, (反)〔含糊 hánhu〕

【鲜嫩-눈】xiānnèn 形신선하고 연하다.

**【鲜血-혈】xiānxuè 名선혈.

【鲜妍-연】xiānyán 形(빛깔이) 선명하고 곱다.

**【鲜艳-염】xiānyàn 形(색이) 산뜻하고 아름답다. ◇穿上那条~的裙子, 使她显得更美丽了/그 산뜻하고 아름다운 치마를 입으니 그녀는 더 아름답게 보인다. (同)〔艳丽 lì〕, (反)〔暗淡 àndàn〕

【鲜于-우】xiānyú 名복성(復姓).

xián

【闲·閑】 門部 xián
4画 한가할 한

1形한가하다. 할 일이 없다. ◇给我找点儿事干吧, 再一就~出病来了/나에게 일 좀 주세요. 더 이상 할 일이 없으면 병나겠어요. (同)〔空 kōng〕, (反)〔忙 máng〕 2動쓰지 않고 놀려두다. ◇这个饭店没有~房间/그 호텔은 빈 방이 없다. 3名틈. 짬. 여가. ◇农~/농한기. 4形관계가 없

다. 쓸데없다. ◇少管~事/남의 일에 참견 마시오. ⇒〔開〕jiān〔间〕jiān

【闲扯-차】xiánchě 動잡담하다.

【闲荡-탕】xiándàng (同)〔闲逛 guàng〕

【闲工夫-공부】xiángōng·fu (~儿)名한가한 틈. 비어있는 시간.

【闲逛-광】xiánguàng 動할 일 없이 돌아다니다.

**【闲话-화】xiánhuà 1(~儿)名잡담. 한담. 쓸데 없는 말. ◇~少说, 讨论具体问题吧/쓸데 없는 말은 그만 늘어놓고 구체적인 문제를 토의합시다. 2名남의 뒷말. 험담. ◇邻居对他的~很多/그에 대한 이웃의 험담이 많다. 3名〈文〉한담하다.

【闲居-거】xiánjū 動하는 일 없이 집에 한가로이 있다.

【闲磕牙-개아】xiánkēyá (儿)動한담하다.

【闲空-공】xiánkòng (~儿)名틈. 짬. (同)〔空闲〕, (反)〔忙时 mángshí〕

【闲聊-료】xiánliáo 動한가하게 잡담하다. 한담하다.

【闲篇-편】xiánpiān (~儿)名〈方〉잡담. 여담.

【闲气-기】xiánqì 名(하찮은 일로 내는) 노기. 공연한 분노.

【闲钱-전】xiánqián 名(생활비에 쓰고) 남는 돈.

【闲情逸致-정일치】xián qíng yì zhì 〈成〉한가로운 마음과 편안한 정취.

【闲人-인】xiánrén 名1한가한 사람. 일없이 노는 사람. (反)〔忙 máng 人〕 2불일이 없는 사람. ◇~免进/관계자외 출입 금지.

【闲散-산】xiánsǎn 形1한가하고 여유롭다. 2(사람이나 자재가) 놀고 있다. 남아돌다.

【闲事-사】xiánshì 名자기와 상관없는 일. 쓸데없는 일. ◇少管~/쓸데없는 일에 관여하지 마. (同)〔小事 xiǎoshì〕 (反)〔要事 yàoshì〕

【闲适-적】xiánshì 形한적하다. 한가하고 편안하다.(同)〔闲逸 yì〕, (反)〔烦闷 fánmèn〕

【闲书-서】xiánshū 名〈文〉심심풀이로 읽는 책.

【闲谈-담】xiántán 名잡담(하다). 한담(하다). ◇休息室里, 几个教师正在天南地北地~看/휴게실내의 교사 몇몇이 이것저것 잡담을 늘어놓고 있다. (同)〔聊 liáo 天(儿)〕

【闲暇-가】xiánxiá 名틈. 짬. 여가.

【闲心-심】xiánxīn 名한가로운 마음.

【闲雅-아】xiányǎ (同)〔娴 xián 雅〕

【闲言碎语-언쇄어】xián yán suì yǔ 쓸데

없는 말. 근거 없는 말.

【闲员－원】xiányuán 图유휴인력.

【闲云野鹤－운휴학】xiān yún yě hè〈成〉아무런 구속도 없이 자유롭게 노닐다. 〔옛날, 은사나 도사를 가리킴〕

【闲杂－잡】xiánzá 图일정한 직무가〔직업이〕없는.

【闲章－장】xiánzhāng (～儿)图(이름이나 직업과는 관계없이) 성구(成句)나 시문의 한 구절을 새긴 도장.

【闲职－직】xiánzhí 图한직. (反)〔实 shí 职〕

【闲置－치】xiánzhì 图쓰지 않고 놔두다.

【娴(嫻)】女部 9画 익힐 한
图〈文〉1우아하다. 아담하다. ◇～静/얌전하다. 2숙달되다. 익숙하다. ◇～熟/익숙하다.

【娴静－정】xiánjìng 图(성격이) 차분하다. 얌전하다.

【娴熟－숙】xiánshú 图능숙하다. 숙달되어 있다. (同)〔熟练 liàn〕, (反)〔生疏 shēngshū〕

【娴雅－아】xiányǎ 图〈文〉정숙하다. 우아하다.〔주로 여자를 형용하는 말로 쓰임〕

【痫(癇)】疒部 7画 간기 간
图〈醫〉간질. (同)〔癎 diān 痫〕

【弦(²絃)】弓部 5画 활시위 현
图1활시위. ◇拉紧～以后才能发出箭/활시위를 팽팽하게 끌어 당긴 후에야 활을 쏠 수 있다. 2(～儿)악기의 줄. ◇二胡上有两根～/이호는 줄이 둘이다. 3〈方〉시계의 태엽. ◇闹种上～了吗?/자명종의 태엽을 감았나? 4〈數〉현. 5〈數〉옛날, 직각 삼각형의 사변(斜邊)을 일컫는 말.

【弦歌－가】xiángē 图현악에 맞추어 노래부르다.

【弦外之音－외지음】xián wài zhī yīn 말의 숨은 뜻. 언외의 의미.

【弦子－자】xián·zi 图〈音〉'三弦(儿)'(삼현금)의 통칭.

【舷】舟部 5画 뱃전 현
图뱃전.

【舷窗－창】xiánchuāng 图배 양쪽의 둥근 창문.

【舷梯－제】xiántī 图(비행기·배 따위의) 트랩.

【贤·賢】贝部 4画 어질 현
1图현명하다. 어질고 덕이 있다. 재능이 있다. ◇～明/현명하다. 2图현명한 사람. 재능 있는 사람. ◇圣～/성현. 3图〈敬〉

옛날, 동년배(同年輩)나 손아랫 사람에 대해 쓰던 경칭.

【贤达－달】xiándá 图현명하고 사리에 통달한 사람. 재능·덕행을 겸비한 사람.

【贤德－덕】xiándé 1(同)〔贤慧〕2图어진 덕행.

*【贤惠－혜】xiánhuì (同)〔贤慧〕

【贤慧－혜】xiánhuì 图(여자가) 어질고 덕행이 있다.

【贤劳－로】xiánláo 图〈文〉공무(公務)에 힘쓰다.

【贤良－량】xiánliáng 1图어질고 재주있다. 2图어질고 재주있는 자.

【贤路－로】xiánlù 图〈文〉능력 있는 사람을 등용하는 길.

【贤明－명】xiánmíng 图현명하다.

【贤能－능】xiánnéng 图어질고 재주 있는 사람.

【贤契－계】xiánqì 图〈文〉〈敬〉제자나 친구의 아들에 대한 경칭.

【贤人－인】xiánrén 图현인.

【贤淑－숙】xiánshū 图〈文〉현명하고 정숙하다.

【贤哲－철】xiánzhé 图재능이 있고 식견이 높은 사람.

【涎】氵部 6画 침 연
图입 밖으로 흘러나오는 침. 군침. ◇口角流～/(입에서) 침을 흘리다.

【涎皮赖脸－피뢰검】xián pí lài liǎn〈成〉뻔뻔스럽다. 철면피이다. 낯가죽이 두껍다.

【涎水－수】xiánshuǐ 图〈方〉침. 군침.

【涎着脸－착검】xián·zhe liǎn (～儿)〈方〉뻔뻔스럽게〔밉살스럽게〕굴다.

【挦·撏】扌部 6画 가질 잠
图(털을) 잡아당겨 뽑다. 찢다.

**【咸(鹹)】戈部 口部 5画 6画 짤 함
1图〈文〉모두. ◇～受其益/모두 그 덕을 보았다. 2图(맛이) 짜다. ◇～鱼/절인 생선. (反)〔淡 dàn〕3(Xián)图성(姓).

【咸菜－채】xiáncài 图소금절이.

【咸津津－진진】xiánjīnjīn (～的)(～儿的)图(맛이) 약간 짜다.

【咸水湖－수호】xiánshuǐhú 图염수호. 짠물 호수.

【咸盐－염】xiányán 图식염.

*【衔(啣)】彳部 8画 명함 함
1图입에 물다. 머금다. ◇燕子～泥/제비가 진흙을 물다. 2图마음에 품다. ◇～恨/마음에 원한을 품다. 3图명령을 받다〔받들다〕. ◇～命/명을 받다. 4图〈文〉연

결하다. **5**⟨명⟩직함. 관직명. ◇学～/학위.

【衔恨－한】xiánhèn ⟨명⟩마음에 원한을 품다. ◇～而死/한을 품고 죽다. (同)〔怀huái 恨〕, (反)〔友好 yǒuhǎo〕

*【衔接－접】xiánjiē ⟨동⟩접속하다. 연결하다.

【衔枚－매】xiánméi ⟨동⟩〈文〉1(옛날 행군할 때 소리내는 것을 막기 위해) 입에 하무를 물리다. 2입을 다물다.

【衔命－명】xiánmìng ⟨동⟩〈文〉명을 받들다.

【衔冤－원】xiányuān ⟨동⟩억울한 죄를 뒤집어 쓰다. (同)〔含 hán 冤〕, (反)〔申 shēn 冤〕

【嫌】 女部│xián
10画│혐의 **혐**

1⟨명⟩의심. 혐의. ◇避～/혐의를 피하다. **2**⟨명⟩원한. 앙심. ◇挟～报复/원한을 품고 보복하다. **3**⟨동⟩싫어하다. ◇大家都～他说话 罗唆/모두가 그가 말이 많아 싫어한다. (同)〔厌 yàn〕, (反)〔爱 ài〕

【嫌弃－기】xián qì ⟨동⟩싫어하여 가까이 하지 않다.

【嫌恶－오】xiánwù ⟨동⟩싫어하다. 미워하다. (同)〔讨厌 tǎoyàn〕, (反)〔喜欢 xǐhuan〕

*【嫌疑－의】xiányí ⟨명⟩의심. 혐의.

【嫌疑犯－의범】xiányífàn ⟨명⟩〈法〉용의자.

〔嫌怨－원〕xiányuàn ⟨명⟩원한. 원망.

【嫌憎－증】xiánzēng ⟨동⟩미워하다.

xiǎn

【铣·銑】 钅部│xiǎn
6画│분쇠 **선**

(同)〔铣铣〕⇒xǐ

【铣铁－철】xiǎntiě ⟨명⟩선철. 무쇠.

【险·險】 阝部│xiǎn
7画│험할 **험**

1⟨형⟩(지세가) 험하다. **2**⟨명⟩요충(지). 요새. ◇天～/천연의 요충지. **3**⟨형⟩위험(하다). ◇这孩子总是干～事/이 아이는 늘 위험한 일만 한다. (同)〔危 wēi〕, (反)〔安 ān〕 **4**⟨형⟩음험(하다). ◇阴～/음험하다. **5**⟨부⟩하마터면. 아슬아슬하게. 자칫하면. ◇～遭不幸/하마터면 큰일 날 뻔하다.

【险隘－애】xiǎn'ài ⟨명⟩요충(지). 요새.

【险地－지】xiǎndì ⟨명⟩**1**험한 곳. 요해(지). **2**위험한 경지.

【险恶－악】xiǎn'è ⟨형⟩**1**(지세나 상황이) 험악하다. 위험하다. (同)〔危 wēi 险〕, (反)〔平安 píng'ān〕**2**사악하다. 음험하다. (同)〔恶毒 dú〕, (反)〔善良 shànliáng〕

【险峰－봉】xiǎnfēng ⟨명⟩험준한 산봉우리.

【险工－공】xiǎngōng ⟨명⟩위험한 공사. 난공사.

【险固－고】xiǎngù ⟨형⟩험하고 견고하다.

【险乎－호】xiǎn·hū (同)〔险些(儿)〕

【险峻－준】xiǎnjùn ⟨형⟩험준하다. (同)〔巉

chán 峻〕, (反)〔平缓 pínghuǎn〕

【险情－정】xiǎnqíng ⟨명⟩위험한 사태.

【险胜－승】xiǎnshèng ⟨명⟩⟨동⟩신승(하다).

【险滩－탄】xiǎntān ⟨명⟩위험한 여울.

【险巇－희】xiǎnxī ⟨문⟩〈文〉산길이 험하다.

【险象－상】xiǎnxiàng ⟨명⟩위험한 현상.

【险些－사】xiǎnxiē (～儿)⟨부⟩자칫하면. 하마터면. 아슬아슬하게도. ◇那个小孩刚才～给自行车撞上/그 아이는 방금 하마터면 자전거에 부딪칠 뻔했다.

【险要－요】xiǎnyào ⟨형⟩(지세가) 험요하다.

【险诈－사】xiǎnzhà ⟨형⟩음험하고 간사하다. (同)〔奸 jiān 险〕, (反)〔诚实 chén·shí〕

【险症－증】xiǎnzhèng ⟨명⟩위험한 병의 증세. (反)〔微恙 wēiyàng〕

【险阻－조】xiǎnzǔ ⟨형⟩(길이) 험해 다니기 곤란하다.

*【显·顯】 日部│xiǎn
5画│높을 **현**

1⟨형⟩똑똑하다. 뚜렷하다. ◇药刚吃了一剂, 效果还不很～/약을 방금 한 제 먹었는데도 효과가 뚜렷하게 보이지 않는다. **2**⟨동⟩보이다. 나타내다. 드러나 보이다. ◇他到处大～身手/그는 가는 곳마다 자신의 기량을 마음껏 과시했다. (同)〔露 lù〕, (反)〔遮 zhē〕 **3**⟨형⟩명성이 있다. 지위가 높다. ◇～赫/혁혁하다. (同)〔高 gāo〕, (反)〔卑 bēi〕

【显摆－파】xiǎn·bai ⟨동⟩자랑하고 뽐내다.

【显出－출】xiǎnchū ⟨동⟩나타내다. 드러나다. ◇在她面前, 他从来没～过不高兴的样子/그는 여지껏 그녀 앞에서 언짢은 기색을 보인다.

☆【显达－달】xiǎndá ⟨동⟩입신 출세하다.

☆【显得－득】xiǎn·de ⟨동⟩…하게 보이다. …인 것처럼 보이다. ◇小伙子～很不懂礼貌/젊은이가 너무 예의없어 보인다.

【显贵－귀】xiǎnguì **1**⟨형⟩지위가 높고 귀하다. **2**⟨명⟩높은 지위에 있는 사람. (同)〔显达 dá〕, (反)〔卑贱 bēijiàn〕

【显赫－혁】xiǎnhè ⟨형⟩(권세·명성 등이) 찬란하다. 혁혁하다.

【显花植物－화식물】xiǎnhuā- zhíwù ⟨명⟩〈植〉현화식물.

【显豁－활】xiǎnhuò ⟨형⟩명백하다. 분명하다.

【显见－견】xiǎnjiàn ⟨형⟩분명히 알다. 똑똑하게 보이다.

【显灵－령】xiǎn// líng ⟨동⟩신통력을 발휘하다.

【显露－로】xiǎnlù ⟨동⟩밖으로 드러내다. 나타내다. 드러나다. (同)〔显现 xiàn〕, (反)〔掩盖 yǎngài〕

【显明－명】xiǎnmíng ⟨형⟩뚜렷하다. ◇～的对比/뚜렷한 대조. (同)〔显豁 huò〕, (反)〔隐晦 yǐnhuì〕

X

【显目—목】xiǎnmù (同)〔显眼 yǎn〕

【显能—능】xiǎn// néng 통능력을 뽐내다.

☆【显然—연】xiǎnrán 형틀림없다. 분명하다.
◇他这次考试考得非常好, ～是认真复习了/그는 이번 시험도 잘 봤는데 복습을 잘한 것임에 틀림없다.

【显荣—영】xiǎnróng 형〈文〉출세하다. 영달하다.

【显圣—성】xiǎn// shèng 통현귀한 사람의 신령이 나타나다.

**【显示—시】xiǎn·shì 통분명하게 나타내다. 보이다. ◇他写的东西, 从来没向人～过/그는 쓴 글을 여지껏 남에게 분명히 보여준 적이 없다. 比교显示:表现 사람의 정신, 인품의 표출은 "显示"라고 하지 않는다. ◇她在敌人面前(×显示)表现了顽强不屈的精神/그녀는 적군 앞에서 완강하고 굴하지 않는 정신을 보였다.

*【显微镜—미경】xiǎnwēijìng 명현미경.

【显现—현】xiǎnxiàn 통드러나다.

【显像管—상관】xiǎnxiàngguǎn 명〈電子〉수상관. 브라운관. 키네스코프(kinescope).

【显形—형】xiǎn// xíng 통정체를 드러내다. 가면이 벗겨지다. 진상이 밝혀지다.

【显学—학】xiǎnxué 명〈文〉저명한 학설〔학파〕.

【显眼—안】xiǎnyǎn 형눈에 띄다. 시선을 끌다.

【显扬—양】xiǎnyáng 통**1**표창하다. **2**명성을 세상에 드러내다.

【显要—요】xiǎnyào **1**형지위가 높아 요직에 앉아 있다. **2**명요직. 벼슬아치.

【显耀—요】xiǎnyào 통**1**(명성이) 높다. (세력이) 크다. **2**뽐내다. 과시하다.

【显影—영】xiǎn// yǐng 통(필름을) 현상하다.

【显证—증】xiǎnzhèng 명〈文〉뚜렷한 증거. 확증.

☆【显著—저】xiǎnzhù 형현저하다. 뚜렷하다. 두드러지다. ◇这几年, 我的家乡有了～的变化/요몇년 나의 고향에서 뚜렷한 변화가 있었다. 比교显著:明显 ①"显著"는 "意见", "例子" 등 단어와 결합하지 않는다. ◇我的意见已非(×显著)明显/나의 의견은 매우 명확하다. ②목표, 사실 등이 뚜렷한 경우에는 "显著"를 쓰지 않는다. ◇事实非常(×显著)明显, 他就是不喜欢我/사실은 매우 분명하다. 그는 날 좋아하지 않는다.

【鲜·鮮】鱼部│xiǎn
6画│빛날 **선**
형적다. 드물다. ◇～见/드물게 보이다.

【蘚·蘚】艹部│xiǎn
14画│이끼 **선**
명이끼.

xiàn

【岘·峴】山部│xiàn
4画│고개 **현**
명작고 험한 산.

**【现·現】王部│xiàn
4画│보일 **현**
1명현재. 지금. ◇～役/현역. **2**부즉흥적으로. 그 자리에서. ◇～编～唱/즉흥적으로 가사나 곡조를 지어서 노래부르다. **3**명현재 가지고 있는. 실존하는. ◇～金/현금. **4**명현금. ◇兑～/(어음이나 수표를) 현금으로 바꾸다. **5**통드러나다. ◇～原形/정체를 드러내다. (同)〔露 lù〕, (反)〔遮 zhē〕⇒见 jiàn

*【现场—장】xiànchǎng 명**1**(사건의) 현장. ◇事故的～/사고현장. **2**(생산 시험 따위의) 작업 현장. ◇～危险/작업현장이 위험하다.

*【现成—성】xiànchéng (～儿)형이미 되어 있다. 이전부터 갖추어져 있다. ◇环境～/환경이 이미 갖추어져 있다.

【现成饭—성반】xiànchéngfàn 명지어놓은 밥. 불로 소득. ◇他就是老吃～/그는 늘 해놓은 것만 누린다.

【现成话—성화】xiànchénghuà 명(국외자의) 무책임한 발언〔비평〕.

【现出—출】xiànchū 통나타나다. 나타내다. ◇雨过天晴, 天边～了一道美丽的彩虹/비온 뒤 날이 개자 하늘가에 아름다운 무지개가 나타났다.

【现存—존】xiàncún 통현존하다.

【现大洋—대양】xiàndàyáng (同)〔洋 yáng〕

★【现代—대】xiàndài 명현대. ◇～汉语/현대 중국어. (反)〔古代 gǔdài〕比교现代:当代:现在 ①문학·역사 등의 "现代"는 5·4운동부터 1949년의 기간을 말한다. ◇这本书的作者是(×现代)当代著名作家蒋子龙/이 책의 작가는 당대 저명한 작가인 장자룡이다. ②"现代"가 정하는 연대의 범위는 비교적 넓어서 '오늘날의 젊은이'에는 적합하지 않다. ◇(×现代)现在的青年人是九十年代的青年人, 跟我们那个时候可不一样/지금의 젊은이는 90년대의 젊은이라서 우리 그때와는 전혀 틀리고.

☆【现代化—대화】xiàndàihuà 명통현대화(하다).

【现代戏—대희】xiàndàixì 명〈演〉현대극.

【现话—화】xiànhuà 명〈方〉상투적인 말. 케케묵은 상투어. (同)〔废 fèi 话〕

【现货—화】xiànhuò 명〈商〉현품. 현물.

【现今—금】xiànjīn 명현재. (同)〔今天 tiān〕, (反)〔过去 guòqù〕

★【现金－金】xiànjīn 图**1**현금. **2**은행 금고에 보존되어 있는 화폐. 은행 준비금.

【现局－国】xiànjú 图현재의 국면. 현재의 상황.

【现款－款】xiànkuǎn 图현금.

【现买现卖－매매매】xiànmǎi xiànmài **1** 현금으로 매매하다. **2**그 자리에서 사서 그 자리에서 팔다. **3**남의 지식이나 의견 등을 듣고 바로 다른 사람에게 말하다.

＊【现钱－전】xiànqián 图현금.

【现任－임】xiànrèn **1**동현재 …를〔을〕 담당하고 있다. **2**图현직의. 현임의.

【现如今－여금】xiànrújīn 图지금. 현재.

【现身说法－신설법】xiàn shēn shuō fǎ〈成〉〈佛〉부처가 갖가지 모습으로 인간 세상에 나타나 설법(說法)하다; 자기의 경험을 예로 들어 설명하다.

【现时－시】xiànshí 图현재. 지금.

☆【现实－실】xiànshí **1**图현실. ◇我来中国学习的理想已经变成了~/내가 중국에 와 공부하겠다는 꿈은 이미 현실로 이루어졌다. (同)〔实际 jì〕, (反)〔空洞 kòngdòng〕 **2**图현실적이다. ◇你们的要求是不~的/너희들의 요구는 비현실적이다.

【现实主义－실주의】xiànshí zhǔyì 图현실주의. 리얼리즘.

【现世－세】xiànshì **1**图〈佛〉현세. 이승. 금생(今生). (同)〔今 jīn 世〕, (反)〔前 qián 世〕 **2**图창피를 당하다. 망신하다.

【现世报－세보】xiànshìbào 나쁜 일을 하면 현생에서 죄를 받는다.

【现势－세】xiànshì 图현재의 정세.

【现下－하】xiànxià 图현재. 목전.

【现…现…】xiàn…xiàn…… …하려고 할 때. 즉석에서 …하다.〔어떤 목적을 위해 그 자리에서 행동을 하는 것을 나타냄〕◇现吃现做/먹으려고 할 때 즉석에서 만든다. 그때 그때 임시 변동하다.

☆【现象－상】xiànxiàng 图현상. ◇打雷, 打闪是一种自然~/천둥이 치고 번개가 치는 것은 자연 현상이다.

＊【现行－행】xiànxíng 囹현행의.

【现行法－행법】xiànxíngfǎ 图현행법.

【现行犯－행범】xiànxíngfàn 图현행범.

【现形－형】xiàn//xíng 동정체가 드러나다. 진상이 폭로되다.

【现眼－안】xiàn//yǎn 동사람들 앞에서 체면을 잃다. 창피를 당하다. ◇这回差点儿现了眼, 以后可得小心/이번에 하마터면 추태를 보일 뻔했으니 앞으로 정말 조심해야 겠다.

【现洋－양】xiànyáng 图(옛날의) 현금 은화. (同)〔现大 dà 洋〕

【现役－역】xiànyì 图〈军〉현역.

★【现在－재】xiànzài 图지금. 이제. 현재. ◇~很热/지금은 매우 덥다. ◇~的年青人和以前不同/지금의 젊은이는 예전과 다르다. (同)〔目前 mùqián〕, (反)〔将来 jiānglái〕

【现职－직】xiànzhí 图현직.

＊【现状－상】xiànzhuàng 图현상. ◇~有利/현상태가 유리하다.

☆【县·縣】 厶部 | xiàn
　　　　　　5画 | 골 **현**
图현.〔지방 행정 구획의 단위〕

＊＊【县城－성】xiànchéng 图현정부 소재지.

【县份－분】xiàn·fèn 图현. 현성.〔고유 명사 뒤에 연용(連用)할 수 없음〕

【县志－지】xiànzhì 图현지(縣志). 한 현(縣)의 역사·지리·풍속·인물·산물 등을 기재한 책.

【县治－치】xiànzhì 图옛날, 현정부의 소재지.

＊【限】 阝部 | xiàn
　　　　　6画 | 한정 **한**
1图한도(限度). 한정된 범위. ◇期~/기한. **2**동범위를 정하다. 제한하다. 한정하다. ◇人数不~/사람 수에는 제한이 없다. **3**图〈文〉문지방. 문턱. ◇户~/문지방.

【限定－정】xiàndìng 동(수량·범위·기한 등을) 한정하다.

【限度－도】xiàndù 图한도. 한계. ◇超过~/한계를 넘는다.

【限额－액】xiàn'é 图한도액. 규정액.

【限界－계】xiànjiè 图한계.

【限量－량】xiànliàng **1**동양을 한정하다. 제한하다. ◇前途不可~/앞날이 창창하다. **2**图한도.

【限令－령】xiànlìng **1**동기한부로 명령을 실행시키다. **2**图기한내 실행해야 하는 명령.

＊【限期－기】xiàn//qī **1**동기일을 정하다. ◇~报到/기일내에 접수를 하다. **2**(xiànqī) 图지정 기일. ◇~已满/지정 기일이 다되다.

【限于－어】xiànyú 동(…에) 한하다. …에 제한되다. …에 제약받다. ◇~水平/수준 제한.

【限止－지】xiànzhǐ 图동제한(하다).

☆【限制－제】xiànzhì **1**동제한하다. 한정하다. ◇大会发言要~时间/대회 발언은 시간을 제한해야 한다. **2**图제한. 한정. ◇八小时以外的活动, ~不要太严/8시간 이외의 활동을 너무 엄격하게 제한해서는 안된다.

【线·線】 纟部 | xiàn
　　　　　　5画 | 실 **선**
1(~儿)图줄. 선. ◇~不够长/선이 짧다. **2**图〈数〉선. ◇曲~/곡선. **3**图실처럼 가

늘고 긴 것. ◇老师在黑板上画了一条~/
선생님이 칠판에 선 하나를 그렸다. **4**명
교통 노선. ◇这是慢车, 全~每个站都停
车/이것은 완행열차로 전 노선의 모든
역에 다 정차한다. **5**명(사상적·정치적)
노선. ◇上纲上~/정치적 강령·노선의
수준에서 판단(비판)하다. **6**명경계선.
不允许越过国境~/국경선을 넘는 것을
허용하지 않는다. **7**명〈喩〉(상황·상태 따
위의) 한계. ◇死亡~/사경(死境). **8**명
실마리. ◇眼~/스파이. **9**양가닥. 줄기.
[추상적인 사물을 세는 양사. ‘一’와 함
께 쓰여 아주 작음을 나타냄] ◇他在绝
望中看到了一~希望/그는 절망 속에서
한가닥 희망을 보았다.

【线材―재】**xiàncái** 명철사같은 금속재료.
【线春―춘】**xiànchūn** 명기하학 무늬가 있
는 견직물. 주로 봄 옷감으로 쓰임.
【线段―단】**xiànduàn** 명〈數〉선분(線分).
【线桄子―광자】**xiànguàng·zi** 명**1**(재봉에
서 쓰이는) 실패. **2**실꾸리.
【线规―규】**xiànguī** 명〈機〉와이어 게이지
(wire gauge).
【线脚―각】**xiànjiǎo** 명〈方〉꿰멘 자리. 솔기.
*【线路―로】**xiànlù** 명**1**〈電〉(전기)회로. ◇
收音机~出了故障, 不响了/라디오 회로
에 고장이 나서 소리가 나지 않는다. **2**
〈交〉(버스 등) 노선(路線).
【线呢―니】**xiànní** 명〈紡〉면 나사(羅紗).
【线坯子―배자】**xiànpī·zi** 명〈紡〉(대강 뽑
은) 굵은 솜실. 슬라이버(sliver).
【线圈―권】**xiànquān** 명〈電〉코일.
*【线索―삭】**xiànsuǒ** 명**1**실마리. 단서. **2**(소
설·각본 등의) 줄거리. 플롯(plot).
【线毯―담】**xiàntǎn** 명**1**면실로 짠 깔개. **2**
면모포.
【线膛―당】**xiàntáng** 명〈軍〉(총·포의) 강
선(腔線).
【线条―조】**xiàntiáo** 명**1**〈美〉(회화에서의)
선. **2**(인체·공예품의) 윤곽의 선.
【线头―두】**xiàntóu** (~儿)명실의 끝. 실
마리.
【线香―향】**xiànxiāng** 명선향.
【线形动物―형동물】**xiànxíng dòngwù** 명
〈動〉선형 동물. 원형 동물.
【线衣―의】**xiànyī** 명메리야스의 셔츠.
【线轴儿―축아】**xiànzhóur** 명(실이 감겨져
있는) 실톳[보빈(bobbin)].
【线装―장】**xiànzhuāng** 명선장. [책 장정
법의 하나]

【宪·憲】 宀部 | xiàn
6画 | 법 헌
명**1**법령(法令). **2**헌법(憲法). ◇立~/헌
법을 제정하다.

【宪兵―병】**xiànbīng** 명〈軍〉헌병.
【宪法―법】xiànfǎ** 명〈法〉헌법.
【宪警―경】xiànjīng** 명헌병과 경찰.
【宪章―장】**xiànzhāng** **1**동〈文〉보고 배우
다. **2**명〈文〉전장 제도(典章制度). **3**명헌장.
【宪政―정】**xiànzhèng** 명〈政〉입헌 정치.

**【陷】 阝部 | xiàn
8画 | 빠질 함
1명함정. **2**동빠지다. 빠뜨리다. ◇一辆卡
车~在泥坑里了/화물차 한 대가 구덩이
에 빠졌다. **3**동움푹 패이다〔꺼지다〕. ◇
你怎么这么瘦？两颊都~下去了/너 왜 이
렇게 말랐니? 두 볼이 쑥 들어갔다. (同)
〔凹 āo〕, (反)〔凸 tū〕 **4**동모함하다.
诬~/무고(誣告)하여 죄를 씌우다. (反)
〔救 jiù〕 **5**동함락하다. ◇失~/함락되다.
6명결점. 결함. ◇缺~/결함.
*【陷害―해】**xiànhài** 동모함하여 해치다.
(同)〔诬 wū 陷〕, (反)〔拯救 zhěngjiù〕
【陷阱―정】**xiànjīng** 명**1**함정. **2**계략.
【陷坑―갱】**xiànkēng** (同)〔陷阱〕
【陷落―락】**xiànluò** 동**1**땅이 함몰하다. 꺼지다.
(同)〔凹 āo 陷〕, (反)〔鼓起 gǔqǐ〕 **2**(同)
〔陷入〕 **3**점령하다. 함락되다. (同)〔沦
lún 陷〕, (反)〔光复 guāngfù〕
*【陷入―입】**xiànrù** **1**동(불리한 상황에) 빠
지다. ◇~重围/겹겹이 포위되다. **2**〈喩〉
몰두하다. 열중하다. ◇~沉思
/깊은 생각에 잠겼다.
【陷身―신】**xiànshēn** 동(불리한 입장·함정
따위에) 몸이 빠지다. (反)〔脱身 tuō shēn〕
【陷于―어】**xiànyú** 동〈文〉(…에) 빠지다.
◇~孤立/고립에 빠지다.
【陷阵―진】**xiànzhèn** 동적진을 함락시키
다. 적진에 돌입하다.

*【馅·餡】 饣部 | xiàn
8画 | 떡소 함
(~儿, ~子)명(만두 따위에 넣는) 소.
◇饺 jiǎo 子~儿/교자 소.
【馅儿饼―아병】**xiànrbǐng** 명반죽한 밀가
루를 얇게 펴서 속에 고기나 야채를 섞은
소를 넣어 굽거나 기름에 튀긴 식품.

【羡·羨】 羊部 | xiàn
6画 | 넘칠 선
1동부러워하다. 새암하다. ◇歆~/부러워
하다. **2**〈文〉나머지. **3**(Xiàn)성(姓).
☆【羡慕―모】**xiànmù** 동부러워하다. 부럽다.
◇她来中国才两年多, 就能说一口流利的
汉语, 我不知道~过她多少次/그녀가 중
국에 온 지 2년여 만에 유창한 중국어를
할 수 있어서 나는 그녀를 얼마나 부러워
했는지 모른다.

☆【献·獻】 犬部 | xiàn
9画 | 드릴 헌

X

【动】1바치다. 올리다. ◇~旗/기(旗)를 바치다. 2(사회나 국가를 위하여) 자신을 바치다. ◇贡~/공헌하다. 3나타내다. ◇~技/기예를 보여주다.

【献宝―보】xiàn//bǎo 【动】1보물을 바치다. 2〈喻〉귀중한 경험이나 의견을 제공하다. 3〈喻〉소중한 것을 남에게 보여주다.

【献策―책】xiàn//cè 【动】계책을 올리다.

【献丑―축】xiàn//chǒu〈謙〉서투른 재주를 보여드리겠습니다. 〔자신의 기예나 작품을 남에게 보여줄 때 쓰는 말〕

【献词―사】xiàncí 【명·동】축사(를 하다).

【献花―화】xiàn//huā 【동】헌화하다. 꽃을 바치다.

【献计―계】xiàn//jì 〔同〕〔献策 cè〕

【献技―기】xiàn//jì 【동】기예를 보여 주다.

【献礼―례】xiàn//lǐ 【동】축하 선물을 드리다. ◇向国庆~/건국기념일에 축하 선물을 드린다.

【献媚―미】xiàn//mèi 【동】아양떨다. 아첨하다.

【献旗―기】xiàn//qí 【동】기(旗)를 바치다. 기(旗)를 수여하다.

【献芹―근】xiànqín 〈謙〉보잘 것 없는 것을 바치다. 소견을 드립니다.

*【献身―신】xiàn//shēn 【동】헌신하다. 〔同〕〔捐生 juānshēng〕, 〔反〕〔惜命 xīmìng〕

【献殷勤―은근】xiàn yīnqín 아첨하다. 환심을 사기 위해 받들어 모시다.

【腺】 月部 xiàn
9画 샘구멍 선
【명】〈生理〉선. 샘.

【霰】 雨部 xiàn
12画 싸락눈 선
【명】싸라기눈.

xiāng

☆【乡·鄉】 乙部 xiāng
2画 시골 향
【명】1시골. 촌. ◇下~/시골로 내려가다. 〔同〕〔郊 jiāo〕, 〔反〕〔城 chéng〕 2고향. ◇回~务农/귀향하여 농사짓다. 3향. 〔중국 행정 구역 단위의 하나로 '县 xiàn'의 아래〕

【乡巴佬―파로】xiāng·bǎlǎo 【명】〈貶〉시골뜨기. 촌놈. (同)〔乡下 xià 佬儿〕

【乡愁―수】xiāngchóu 【명】향수.

✽【乡村―촌】xiāngcūn 【명】시골. 촌락. (同)〔农 nóng 村〕, (反)〔城市 chéngshì〕

【乡间―간】xiāngjiān 【명】시골. 마을. 촌.

【乡井―정】xiāngjǐng〈文〉고향. 향리.

【乡里―리】xiānglǐ 【명】1마을. 고향. 2동향〔같은 고향〕사람.

【乡僻―벽】xiāngpì 【형】(도시에서 멀리 떨어져) 외지다. 촌구석이다.

*【乡亲―친】xiāngqīn 【명】1한 고향 사람. ◇我们俩是~, 从小在一起长大的/우리 둘은 동향인인데 어릴 적부터 같이 자랐다. 2시골 사람. 〔농촌 현지인에 대한 호칭〕 농촌 주민 여러분. ◇~们, 告诉你们一个好消息!/농촌 주민 여러분, 희소식을 알려 드립니다.

【乡曲―곡】xiāngqū〈文〉벽촌. 시골 구석. 촌구석.

【乡绅―신】xiāngshēn 【명】시골 유지.

【乡试―식】xiāngshì 【명】향시. 〔명·청대에 3년마다 각 성(省)에서 실시되는 과거 시험〕

【乡思―사】xiāngsī 【명】고향 생각.

【乡谈―담】xiāngtán 【명】(고향)사투리.

【乡土―토】xiāngtǔ 【명】향토. 고향.

☆【乡下―하】xiāng·xia 【명】시골. 농촌.

【乡谊―의】xiāngyì 【명】한 고향 우정.

【乡音―음】xiāngyīn 【명】고향 사투리.

【乡愿―원】xiāngyuàn 【명】〈文〉마을의 신망을 얻기 위해 선량을 가장하는 사람. 외관으로는 점잖아 보이나, 실제로는 세인을 속이고 명예를 얻으려는 자.

【乡镇―진】xiāngzhèn 【명】1행정 구획으로서의 향(乡)과 읍. 2규모가 작은 지방 도시.

☆【相】 木部 目部 xiāng
5画 4画 서로 상
1【부】서로. 함께. ◇理论必须与实践~结合/이론은 반드시 실행과 서로 합쳐져야 한다. 2〈轉〉동사의 앞에 쓰여 상대방에게 행해지는 동작을 나타냄. ◇我们对各国专家都以朋友~称/우리는 각국 전문가를 모두 친구로 어울린다. 3【동】(마음에 드는지 어떤지) 직접 자기눈으로 보다. ◇这件衣服她~不中/이 옷은 그녀가 마음에 안들어 한다. 4(Xiāng)【명】성(姓). ⇒xiàng

【相爱―애】xiāng'ài 【동】서로 사랑하다. ◇他俩在大学曾经~过, 后来女方变了心/그들 둘은 대학에서 일찍이 서로 사랑했었는데 나중에 여자가 변심했다.

【相安―안】xiāng'ān 【형】서로 다툼이 없다.

【相安无事―안무사】xiāng ān wú shì 〈成〉서로 다툼없이 화목하게 지내다.

【相帮―방】xiāngbāng 【동】〈方〉돕다.

*【相比―비】xiāngbǐ 【동】(양쪽을) 비교하다.

＊【相差－차】xiāngchà 통서로 차이가 나다.

【相称－칭】xiāngchèn 통서로 어울리다. ◇这副眼镜你很～/이 안경은 당신과 잘 어울린다.

【相成－성】xiāngchéng 통서로 보충하다. 서로 보완하다.

【相持－지】xiāngchí 통대치하다. 서로 대립하다.

【相处－처】xiāngchǔ 통함께 살다. 생활이나 일을 함께 하다.

【相传－전】xiāngchuán 통1전해지고 있다. 전해지는 바에 의하면 …라고 한다. 2전수하다. 대대로 전하다.

☆【相当－당】xiāngdāng 1형비슷하다. 필적하다. ◇水平／수준이 비슷하다. 2형적합하다. 합당하다. 알맞다. ◇他去香港一年多了, 到现在还没找到～的工作/그는 홍콩에 간 지 1년이 넘었는데 지금까지도 적합한 직업을 구하지 못했다. 3부꽤. 상당히. 퍽. ◇他汉语说得～好/그는 중국어를 상당히 잘한다.

【相得益彰－득익창】xiāng dé yì zhāng 〈成〉서로를 보완하여 더 좋은 결과[효과]를 얻다.

＊【相等－등】xiāngděng 형(수량·정도 등이) 같다. 동등하다.

【相抵－저】xiāngdǐ 통1상쇄하다. 2서로 저촉되다.

＊＊【相对－대】xiāngduì 1통서로 대립하다. 대비되다. 2형상대적이다. (反)〔绝 jué 对〕3부비교적. 상대적으로. ◇股票市场～稳定/증권시장은 상대적으로 안정되어 있다.

【相对真理－대진리】xiāngduì zhēnlǐ 명상대적 진리.

【相烦－번】xiāngfán 통번거롭게 하다. 부탁하다.

☆【相反－반】xiāngfǎn 통상반되다. 반대되다. ◇今天的天气跟电台预报的完全～/오늘 날씨는 방송에서 예보한 것과 완전히 상반된다. (同)〔相左 zuǒ〕, (反)〔相同 tóng〕

【相反相成－반상성】xiāng fǎn xiāng chéng 〈成〉상반되는 것도 서로 같은 점이 있다.

【相仿－방】xiāngfǎng 형대체로 비슷하다. 비슷비슷하다.

【相逢－봉】xiāngféng 명통상봉(하다). ◇第二年, 我们又在北京～了/이듬해, 우리는 또 북경에서 만났다. (同)〔相会 huì〕, (反)〔分别 fēnbié〕

＊【相符－부】xiāngfú 형서로 일치하다. 서로 부합되다. ◇完全～/완전히 일치한다.

【相辅而行－보이행】xiāng fǔ ér xíng 〈成〉서로 보완하여 병진(垃進)하다.

【相辅相成－보상성】xiāng fǔ xiāng chéng 〈成〉서로 보완하여 일을 이루다.

【相干－간】xiānggān 명통관계(하다). 상관(하다). 〔주로 부정문에 많이 쓰임〕◇这事跟他不～/이 일은 그와 상관없다.

【相隔－격】xiānggé 통(시간·거리가) 서로 떨어져 있다.

＊【相关－관】xiāngguān 통관련되다. (同)〔相干 gān〕, (反)〔无关 wúguān〕

【相好－호】xiānghǎo 1통서로 친하다. 사이가 좋다. ◇他们几个从小就～/그들 몇 사람은 어릴 때부터 친했다. (同)〔要好 yàohǎo〕, (反)〔反目 fǎnmù〕비교相好:友好 "相好"는 부사어로 쓰이지 않는다. ◇他们都(×相好)友好地生活在一起/그들은 사이좋게 함께 살고 있어요. 2명연인. 애인. 3명통연애(하다). 〔대개는 불륜의 관계의 경우〕◇这对男女～了一场, 最后还是分手了/그 남녀는 한동안 연애하다가 결국은 역시 헤어졌다.

☆【相互－호】xiānghù 명형상호(의). 서로(의). ◇各国之间的援助是～的/각 국가 간의 원조는 상호적인 것이다.

【相会－회】xiānghuì 통(서로) 만나다.

＊【相继－계】xiāngjì 통연달다. 잇달다.

【相间－간】xiāngjiàn 부번갈아. 간격으로.

＊【相交－교】xiāngjiāo 통1교차하다. 엇갈리다. ◇两线～于一点/두 선이 한 점에 교차되다. 2교제하다. 사귀다.

【相近－근】xiāngjìn 형비슷하다. 큰 차이 없다.

【相敬如宾－경여빈】xiāng jìng rú bīn 〈成〉부부끼리 서로 손님처럼 존경하며 살다.

【相距－거】xiāngjù 통서로 떨어진 거리.

【相看－간】xiāngkàn 통1선을 보다. 2주시하다. 3대우하다.

【相礼－례】xiānglǐ (同)〔裏 xiāng 礼〕

【相连－련】xiānglián 통연결되다. 서로 이어지다.

【相瞒－만】xiāngmán 통속이다.

【相配－배】xiāngpèi 형서로 어울리다. 걸맞다.

【相亲－친】xiāngqīn (同)〔相 xiāng 看〕

【相去－거】xiāngqù 명거리. 차이.

【相劝－권】xiāngquàn 통만류(설득)하다. ◇好言～/좋은 말로 만류한다.

【相让－양】xiāngràng 통양보하다. 사양하다.

【相扰－요】xiāngrǎo 통1서로 폐를 끼치다. 2(套)폐를 끼치다.

【相忍为国－인위국】xiāng rěn wèi guó 〈成〉국가의 이익을 위하여 인내하고 양보하다.

【相商－상】xiāngshāng 통상의하다.

【相生相克一생상극】xiāngshēng xiāngkè 圏상생 상극.

*【相识一식】xiāngshí 1동서로 알다. 안면이 있다. ◇～多年/서로 안 지 여러해 되다. 2圏〈文〉서로 아는 사이. 지인(知人). ◇老～/오래 알고 지내는 사람.

【相率一솔】xiāngshuài 동잇따르다. 연잇다.

【相思一사】xiāngsī 동(남녀가) 서로 사모하다. 그리워하다.

☆【相似一사】xiāngsì 동닮다. ◇这俩人长得很～, 好像是兄弟俩/그 두 사람은 생긴 것이 닮았는데 형제간 같다.

【相似形一사형】xiāngsìxíng 圏〈數〉닮은꼴.

【相提并论一제병론】xiāng tí bìng lùn 〈成〉(성질이 다른 것을) 함께 논하다.〔주로 부정문에 많이 쓰임〕

*【相通一통】xiāngtōng 동상통하다. 서로 통하다.

☆【相同一동】xiāngtóng 형서로 같다. 똑같다. ◇这几个老年人有着～的经历/그 몇몇 노인은 똑같은 경력을 갖고 있다. (同)〔相等 děng〕, (反)〔相反 fǎn〕

【相投一투】xiāngtóu 동(사고·감정 등이) 서로 맞다. 의기 투합하다. (同)〔投合 hé〕, (反)〔反目 fǎnmù〕

【相向一향】xiāngxiàng 동상대방을 향하다.

【相像一상】xiāngxiàng 동서로 닮다.

★【相信一신】xiāngxìn 동믿다. ◇这个人从来就没～过你和我, 只～他自己/그 사람은 여지껏 너와 나를 믿은 적이 없고 자기 자신만 믿었다. (同)〔坚信 jiānxìn〕, (反)〔怀疑 huáiyí〕

【相形一형】xiāngxíng 동서로 비교하다.

【相形见绌一형견출】xiāng xíng jiàn chù 〈成〉(다른 것과) 비교하면 확실히 못한 것이 드러나다.

【相沿一연】xiāngyán 동답습하다. 옛것을 그대로 따르다.

【相依一의】xiāngyī 동서로 의지하다.

【相依为命一의위명】xiāng yī wéi mìng 〈成〉서로 의지하며 살아나가다.

【相宜一의】xiāngyí 형적절하다. 적합하다. (同)〔适 shì 宜〕, (反)〔不 bù 宜〕

*【相应一응】xiāngyīng 조동마땅히 …해야 한다.〔옛날, 공문서 용어임〕

【相应一응】xiāngyìng 동상응하다. 서로 호응하다. ◇前后不～/앞뒤가 맞지 않는다.

【相映一영】xiāngyìng 동서로 어울려 서로 돋보이게 하다.

【相映成趣一영성취】xiāng yìng chéng qù 〈成〉(대비되는 것끼리) 서로 어울려 아름다운 운치를 더하다.

【相与一여】xiāngyǔ 1동사귀다. 교제하다.

2부서로. 함께. 3동벗. 친구.

【相约一약】xiāngyuē 동(서로) 약속하다.

【相知一지】xiāngzhī 1동서로 잘 알다. 2圏지기.

【相中一중】xiāngzhòng 동보고 마음에 들다. 보고 정하다.

【相左一좌】xiāngzuǒ 동1길이 어긋나다. 2〈文〉(의견이) 일치하지 않다.

【厢(廂)】厂部 9画 월랑 **상** xiāng
圏1곁채. 옆채.〔본채 정면의 좌우에 있는 집채〕◇东～/동편 곁채. 2(～儿)(기차나 자동차의) 사람이나 화물을 싣는 곳. ◇车～儿/차간. 3성 밖으로 이어져 있는 거리〔구역〕. ◇关～/성문밖 거리. 4〈早白〉부근. 언저리. 방면. ◇这～/이쪽.

【厢房一방】xiāngfáng 圏곁채.

【湘】氵部 9画 물심강 **상** xiāng
圏〈地〉1상강(湘江).〔광서(廣西)에서 발원하여 호남성(湖南省)으로 흘러 들어가는 강〕2호남성(湖南省)의 다른 이름.

【箱】竹部 9画 상자 **상 xiāng
圏1궤. (자물쇠가 달린) 상자. ◇木～/나무 상자. 2상자같이 생긴 것. ◇镜～/화장품 상자.

【箱底一저】xiāngdǐ (～儿)圏1상자의 밑. 2평소 잘 쓰지 않는 재물.

【箱笼一롱】xiānglǒng 圏(여행용) 트렁크.

☆【箱子一자】xiāng·zi 圏상자. 트렁크.

★【香】香部 0画 향기 **향** xiāng
圏1향기롭다. ◇～水/향수. (同)〔芳 fāng〕, (反)〔臭 chòu〕2형(음식이) 맛이 좋다. ◇您做的每个菜都很～/당신이 만든 것은 어떤 요리든 맛있다. 3형식욕이 나다. ◇这孩子吃什么都很～/이 애는 아무거나 잘 먹는다. 4형달콤하다. ◇～～地睡上一觉/달콤하게 한 잠 잤다. 5형인기있다. 환영받다. (同)〔热 rè〕, (反)〔冷 lěng〕6형향료. ◇檀～/단향. 7형향기. ◇蚊～/모기향. ◇这种～的气味儿可以熏蚊子/이 향의 냄새는 모기를 쫓을 수 있다. 8(Xiāng)圏성(姓).

【香案一안】xiāng'àn 圏향안. 향상(香床). 옛날, 향로 등을 올려 놓는 탁자.

【香槟酒一빈주】xiāngbīnjiǔ 圏샴페인.

【香波一파】xiāngbō 圏샴푸.

【香菜一채】xiāngcài 圏〈植〉고수. 중국 파슬리. (同)〔芫荽 yán·sui〕

☆【香肠一장】xiāngcháng (～儿)圏중국식 소시지.

【香椿一춘】xiāngchūn (同)〔椿 chūn〕

【香肚—두】xiāngdǔ 몡돼지 방광 순대. 〔돼지의 방광에 다진 고기와 조미료 등을 넣어 만든 식품〕

【香榧—비】xiāngfěi 몡〈植〉비자나무의 통칭.

【香馥馥—복복】xiāngfùfù (～的)휑향기가 짙은 모양.

【香干—간】xiānggān (～儿)몡훈제 말린 간두부.

【香港—항】xiānggǎng 몡홍콩.

【香菇—고】xiānggū 몡〈植〉표고버섯.

【香菰—고】xiānggū (同)〔香菇〕

【香瓜—과】xiāngguā (同)〔甜 tián 瓜〕

【香花—화】xiānghuā 몡1향기로운 꽃. 2사람들에게 유익을 주는 말이나 글.

【香灰—회】xiānghuī 몡향이 다 타고난 후에 남은 재.

【香火—화】xiānghuǒ 몡1신불에 올리는 향이나 촛불. 2절·사원에서 향촉을 관리하는 사람. 3담배.

【香火—화】xiānghuǒ (～儿)몡타오르는 향불.

★【香蕉—초】xiāngjiāo 몡바나나.

【香精—정】xiāngjīng 몡엣센스(essence).

【香客—객】xiāngkè 몡(절이나 사당에의) 참배인.

【香料—료】xiāngliào 몡향료.

【香炉—로】xiānglú 몡향로.

【香喷喷—분분】xiāngpēnpēn 휑향기가 짙은 모양. (同)〔喷喷香〕, (反)〔臭烘烘 chòuhōnghōng〕

【香片—편】xiāngpiàn (同)〔花 huā 茶〕

【香蒲—포】xiāngpú 몡〈植〉향포. 부들.

【香水—수】xiāngshuǐ (～儿)몡향수.

【香甜—첨】xiāngtián 휑1맛이 있고 달다. 2(잠이) 달다. (잠이) 달콤하다.

*【香味—미】xiāngwèi 몡향기.

**【香烟—연】xiāngyān 몡1향불의 연기. 2자손이 조상에게 제사지내는 것. 3담배.

【香艳—염】xiāngyàn 휑(소설이나 영화 등이) 선정적이다.

【香胰子—이자】xiāngyí·zi (同)〔香皂 zào〕

【香油—유】xiāngyóu 몡참기름.

☆【香皂—조】xiāngzào 몡세수비누.

【香泽—택】xiāngzé 몡1〈文〉머리에 바르는 향유(香油). 2향기.

【香烛—촉】xiāngzhú 몡향촉. 신불이나 조상에게 바치는 향이나 양초.

【襄】⸌一部　xiāng　15画　도울 양
　1동〈文〉돕다. 찬성하다. ◇共～义举/함께 의거를 돕다. 2(Xiāng)몡성(姓).

【襄礼—례】xiānglǐ 1동(혼례·상사·제사 때) 주재자를 도와 의식을 진행하다. 2몡(혼례·상사·제사 때) 주재자를 도와 의식을 진행시키는 사람.

【襄理—리】xiānglǐ 몡(규모가 큰 은행이나 기업의) 부지배인.

【襄助—조】xiāngzhù 동〈文〉찬조하다. 돕다.

*【镶·鑲】⸌钅部　xiāng　17画　서두를 양
　동1끼워 넣다. 상감(象嵌)하다. ◇～牙/의치를 하다. 2가선을 두르다. ◇～边(儿)/가에 테를 두르다.

【镶边—변】xiāng// biān 동가에 테를 두르다.

【镶嵌—감】xiāngqiàn 동끼워 넣다. 상감하다.

【镶牙—아】xiāng// yá 동의치를 하다. 이를 해 넣다.

xiáng

【详·詳】⸌讠部　xiáng　6画　자세할 상
　1휑상세하다. 소상하다. ◇～谈/자세히 이야기하다. (同)〔细 xì〕, (反)〔略 lüè〕2동자세히 설명하다. ◇内～/속에(본문에) 상술하다. 3휑(내용이) 자세하다. 확실하다. ◇生卒年不～/생졸 연도가 확실하지 않다.

【详尽—진】xiángjìn 휑자세하고 누락이 없다.

【详密—밀】xiángmì 휑세밀하다.

【详明—명】xiángmíng 휑상세하고 분명하다.

【详情—정】xiángqíng 몡상세한 상황. (同)〔端 duān 详〕, (反)〔概况 gàikuàng〕

【详实—실】xiángshí (同)〔翔 xiáng 实〕

【详悉—실】xiángxī 1동상세하게 알고 있다. 2휑상세하고 빠짐 없다.

☆【详细—세】xiángxì 휑꼼꼼하다. 자세하다. ◇张老师的课我作了～的笔记/나는 장선생님의 수업을 상세하게 필기했다. (同)〔详尽 jìn〕, (反)〔简略 jiǎnlüè〕

【祥】⸌礻部　xiáng　6画　상서 상
　1휑상서롭다. ◇吉～/상서롭다. (同)〔吉 jí〕, (反)〔凶 xiōng〕2(Xiáng)몡성(姓).

【祥瑞—서】xiángruì 몡상서. 길조. (同)〔吉兆 jízhào〕, (反)〔凶兆 xiōngzhào〕

【翔】⸌羊部 羽部　xiáng　6画 6画　날개 상
　동빙빙 돌며 날다. ◇飞～/비상하다.

【翔实—실】xiángshí 휑상세하고 확실하다.

【降】⸌阝部　xiáng　6画　항복할 항, 내릴 강
　동1항복하다. 투항하다. ◇～将/항복한 장군. (反)〔战 zhàn〕2굴복시키다. 길들이다. 제압하다. (同)〔伏 fú〕⇒jiàng

【降表—표】xiángbiǎo 몡〈文〉항복의 뜻을 알리는 글.

X

【降伏－복】xiáng//fú [동]굴복시키다. 복종시키다. 길들이다. ◇没有使过牲口的人，连个毛驴也～不了/가축을 부려보지 못한 사람은 당나귀조차 길들이지 못한다.
【降服－복】xiángfú [동]항복하다. 투항하다. (同)〔降顺 shùn〕, (反)〔受 shòu 降〕
【降龙伏虎－용복호】xiáng lóng fú hǔ 〈成〉(법력으로) 용을 굴복시키고 범을 제압하다. 강대한 세력을 굴복시키다.
【降顺－순】xiángshùn [동]항복〔굴복〕하여 순종하다.

xiǎng

【享】亠部 6画 | xiǎng 누릴 **향**
[동](혜택 등을) 누리다. 향유하다. ◇～用/사용하여 혜택을 누리다.
*【享福－복】xiǎng//fú [동]복을 누리다. 행복하게 살다. ◇享了一辈子福/한평생 복을 누리다. (同)〔纳 nà 福〕, (反)〔劳碌 láolù〕
*【享乐－락】xiǎnglè [명][동]향락(하다). 〔주로 부정적 의미로 쓰임〕
【享年－년】xiǎngnián [명]〈敬〉향년.
☆【享受－수】xiǎngshòu [동]누리다. (정신적·물질적) 만족을 얻다. ◇他在上大学时没～过助学金/그는 대학시절 장학금을 받은 적이 없다. (反)〔吃苦 chīkǔ〕 [비교]享受:消受:忍受:遭受 ①"享受"는 피동 형태로 잘 안 쓰인다. ◇无福(×享受)消受/누리는 복도 없다. ②고통·불행 등에는 "享受"를 쓰지 않는다. ◇(×享受)忍受痛苦/고통을 견디다. ③실패·손상 등의 경우에는 "享受"를 쓰지 않는다. ◇(×享受)遭受失败/패배를 당했다.
【享用－용】xiǎngyòng [동]사용하여 혜택을 누리다.
*【享有－유】xiǎngyǒu [동](권리·명예 따위를) 누리다. ◇在这一地区，他曾～过很高的威望/그는 이 지역에서 일찍이 높은 명망을 누린 적이 있다.
★【响·響】口部 6画 | xiǎng 소리 **향**
1(～儿)[명]울림. 메아리. (同)〔声 shēng〕 2[동]소리를 내다. 소리가 나다. 울리다. ◇ 钟～了/(시계의) 종이 울렸다. 3[동]소리가 나게 하다. ◇～枪/총을 쏘다. 4[형]소리가 크다. 우렁차다. ◇号声真～/나팔소리가 정말 우렁차다. (同)〔高 gāo〕, (反)〔轻 qīng〕 5[동]메아리치다. 반향(反響)하다. ◇～应/호응하다. ◇影～/영향(을 주다)
【响鼻－비】xiǎngbí (～儿)[명](말·노새 따위의) 크게 쉬는 콧숨소리.
【响彻－철】xiǎngchè [동]소리가 드높이 울려 퍼지다.
【响当当－당당】xiǎngdāngdāng [형]1(소리가) 잘 울리는 모양. 2〈喻〉뛰어나다. 유명하다.
【响动－동】xiǎng·dong (～儿)[명]기척. 동정. ◇夜很静，什么～也没有/밤이 조용해 아무 기척도 없다.
【响度－도】xiǎngdù [명]〈物〉음의 강약. 음량.
【响遏行云－갈행운】xiǎng è xíng yún 〈成〉노래 소리가 우렁차게 울려 퍼지다.
【响箭－전】xiǎngjiàn [명]우는 화살. 효시(嚆矢).
⁑【响亮－량】xiǎngliàng [형](소리가) 우렁차다. ◇他回答得很～/그는 우렁차게 대답했다. (同)〔嘹亮 liáoliàng〕
【响马－마】xiǎngmǎ [명]옛날, 북방(北方)의 마적이나 노상 강도.〔그들이 약탈을 하기 전에 먼저 '响箭'을 쏘았던 데서 유래함〕
【响器－기】xiǎngqì [명](징·북·꽹과리 따위의) 타악기의 총칭.
【响晴－청】xiǎngqíng [형]하늘이 맑고 구름 한 점 없다. 쾌청하다. (同)〔晴朗 lǎng〕, (反)〔阴沉 yīnchén〕
【响儿－아】xiǎngr [명]〈方〉소리. 울림.
*【响声－성】xiǎng·sheng [명]소리.
【响头－두】xiǎngtóu [명]소리가 날 만큼 머리를 땅에 부딪쳐 하는 큰 절. ◇叩 kòu 了一个～/머리를 땅에 부딪쳐 절을 했다.
【响尾蛇－미사】xiǎngwěishé [명]방울뱀.
【响音－음】xiǎngyīn [명]유성음.
☆【响应－응】xiǎngyìng [명][동]호응(하다). 응답(하다).
【饷·餉】饣部 6画 | xiǎng 먹일 **향**
1[동]〈文〉술과 음식. 2[명]〈口〉병사의 급료.
【饷银－은】xiǎngyín [명]군대의 급여.
★【想】心部 9画 | xiǎng 생각할 **상**
1[동]생각하다. 사색하다. ◇你怎么不说话? 在～什么?/너는 왜 말이 없어? 뭘 생각하고 있니? 2[동]추측하다. 예상하다. ◇你～今天的比赛我能赢 yíng 吗?네가 보기에 오늘 시합에서 내가 이길 것 같니? 3[조동]…하고 싶어 하다. …할까 하다. …할 작정이다. ◇我本～早点来，没～到交通堵塞 dǔsè 得这么厉害/나는 원래 일찍 오고 싶었는데 교통마비가 이렇게 심할 줄 몰랐어. 4[동]그리워하다. 사모하다. ◇我们很～你/우리는 네가 보고 싶어.
【想必－필】xiǎngbì [동]반드시 …일거라고 생각하다. ◇他出国留学的事～你知道/그가 외국으로 유학가는 일은 당신이 틀림

없이 알고 있을 것이라 생각했다.

【想不到—불도】xiǎng·bu dào 미처 생각하지 못하다. ◇真～会在这儿见到你/여기서 당신을 뵙게 될 줄 정말 몰랐습니다. (同)〔出乎意料 chū hū yì liào〕

【想不开—불개】xiǎng·bu kāi (여의치 않은 일에 대해) 생각을 떨쳐버리지 못하다. 단념하지 못하다.

【想不起来—불기래】xiǎng·bu qǐ lái 생각나지 않다. (기억이) 떠오르지 않다. ◇他的地址我现在～/그의 주소는 지금 생각이 안 나는데요. (反)〔想得起来〕

【想出来—출래】xiǎngchūlái 생각해내다. ◇这主意是谁～的?/이 아이디어를 누가 생각했느냐?

【想当然—당연】xiǎng dāngrán (주관적인 판단으로) 응당 그럴 것이라고 생각하다.

【想到哪儿去了—도나아거료】xiǎngdào nǎr qù le 무슨 그런 생각하세요. **1**상대방이 사실 또는 화자의 의도를 오해해 화자가 완곡하게 그것을 부정하는 말. ◇妈, 你～/엄마, 무슨 생각을 하시는 거예요. **2**상대방의 판단이 화자의 허를 찔렀을 때 화자가 둘러댈 때 쓰임. ◇她急忙掩饰自己说"你～"/그녀는 급히 자신을 숨기며 "무슨 그런 생각을 하세요"라고 말했다.

【想得倒好—득도호】xiǎng de dào hǎo (同)〔想得倒美 měi〕

【想得倒美—득도미】xiǎng de dào měi 꿈 같은 생각이다. 〔상대방이 말하는 일은 간절한 꿈일 뿐 실현될 수 없음을 지적하다. 상대방을 비웃어 깨닫게 하려는 것〕 ◇他想出国留学? ～, 这次还轮不到他呢/그가 외국으로 유학 가려고? 꿈같은 생각이다. 이번 그의 차례가 되지도 않았는데.

【想得到—득도】xiǎng·bu dào 생각〔예상〕할 수 있다. 〔주로 반문(反問)의 문장에 쓰임〕 (反)〔想不到〕

【想得开—득개】xiǎng·de kāi 넓게 생각하다. (여의치 않은 일을) 마음에서 털어버리다.

☆【想法—법】xiǎngfǎ [동]방법을 강구하다. ◇妈妈让叔叔～给我找个工作/어머니는 삼촌에게 내 일자리를 알아봐 달라고 하였다.

【想法—법】xiǎng·fa [명]생각. 의견. ◇这个～很好/이 의견은 괜찮다.

*【想方设法—방설법】xiǎng fāng shè fǎ 〈成〉온갖 방법을 강구하다. 갖은 궁리를 다하다. (同)〔千方百计 qiān fāng bǎi jì〕, (反)〔束手无策 shù shǒu wú cè〕

【想见—견】xiǎngjiàn [동]짐작하여 알다. 추측해서 알다.

【想开点—개점】xiǎngkāi diǎnr (걱정·조이는 일 등을) 털어버리다. 낙천적으로 생각하다. ◇爸, 您～, 病一定会好的/아빠, 낙천적으로 생각하세요. 병은 꼭 나을 거예요.

【想来—래】xiǎnglái [부]생각해 보니. 생각건대.

【想来想去—래상거】xiǎnglái xiǎngqù 이리저리 생각해 보다.

☆【想念—념】xiǎngniàn [동]그리워하다. ◇他终于回到了～很久的故乡/그는 오래도록 그리워하던 고향에 드디어 돌아왔다. (反)〔忘记 wàngjì〕 [비교]想念:思念:怀念:惦念 ①"想念" 뒤에는 수량사가 올 수 없다. ◇他在窗前(×想念)思念了一阵/그는 창 앞에서 한참동안 상념에 젖었다. ②죽은 사람을 그리워할 경우에는 "想念"을 쓰지 않는다. ◇他很(×想念)怀念已故世的父亲/그는 이미 돌아가신 부친을 몹시 그리워한다. ③걱정이 있을 경우에는 "想念"을 쓰지 않는다. ◇他很(×想念)惦念女朋友的病/그는 애인의 병을 매우 걱정하고 있다.

【想儿—아】xiǎngr [명]〈方〉희망.

【想入非非—입비비】xiǎng rù fēi fēi 〈成〉비현실적인 생각에 빠지다. 허황된 생각을 하다. (同)〔胡思乱想 hú sī luàn xiǎng〕, (反)〔脚踏实地 jiǎo tà shí dì〕

【想头—두】xiǎng·tou [명]**1**생각. ◇我有这样一个～, 你看行不行?/내가 이런 생각을 하는데 네가 보기에 어때? **2**희망.

【想望—망】xiǎngwàng **1**[명][동]희망(하다). 기대(하다). **2**[동]〈文〉앙모하다.

☆【想象—상】xiǎngxiàng [명][동]상상(하다). ◇汽车要是滚下山去, 后果是不可～的/자동차가 만일 산아래로 굴러 떨어진다면 그 결과는 상상할 수 없다. [비교]想像:幻想:认为 ①실현되기 힘든 생각은 "幻想" 또는 "空想"이라고 해야 한다. ◇今天学习汉语, 明天就能当翻译, 这只是一种(×想像)幻想/오늘 중국어를 배우고 내일 바로 통역이 될 수 있다는 건 환상이다. ②사물에 대해 어떤 판단을 내릴 때는 "想像"을 쓰지 않는다. ◇在我们国家里, 我不(×想像)认为毕业后马上能找到工作/난 우리나라에서 졸업 후 금방 직업을 찾을 수 있다고는 생각하지 않는다.

【鲞·鯗】 鱼部 6画 | xiǎng 어포 **상**

[명]건어.

【鲞鱼—어】xiǎngyú [명]말린 물고기.

xiàng

★【向·嚮】 丿部 5画 | xiàng 향할 **향**

X

1명방향. ◇风~/풍향. 2동…쪽을 향하다. ◇三个人面~墙站了很久/세 사람은 벽을 향해 한참 서 있었다. 3동〈文〉근접하다. 다가가다. ◇~晓雨止/날 샐 무렵에 비가 그쳤다. 4동편들다. 두둔하다. ◇妈妈~着小女儿/어머니는 막내딸의 역성을 든다. 5게…로. …을 향하여. 〔동작의 방향을 가리킴〕◇~东看/동쪽을 향해 보다. ◇他把车~火车站/그는 차를 기차역을 향해 몰았다. (同)〔朝 cháo〕, (反)〔背 bèi〕6무처음부터 지금까지. 이전부터 죽. ◇~有研究/여지껏 연구해왔다. 7(Xiàng)명성(姓).

【向背一배】xiàngbèi 图지지와 반대.
【向壁虚构一벽허구】xiàng bì xū gòu 〈成〉면벽하여 제멋대로 상상하다. 근거없이 터무니없는 생각을 하다. (同)〔无中生有 wú zhōng shēng yǒu〕, (反)〔有根有据 yǒu gēn yǒu jù〕
✻【向导一도】xiàngdǎo 1동길을 안내하다. (同)〔带路 dàilù〕2명길 안내(자). 향도. ◇登山队请了一位猎人当~/등반대는 사냥꾼을 길 안내자로 모셨다.
【向火一화】xiàng//huǒ 〈方〉불을 쬐다.
✻【向来一래】xiànglái 무종래로. 여태까지. ◇这个人~办事认真，从不马虎/그 사람은 일을 착실하게 하여 여지껏 건성으로 하지 않았다. (同)〔从 cóng 来〕〔一向〕
【向例一례】xiànglì 1명관례. 전례. (同)〔惯例 guànlì〕, (反)〔特例 tèlì〕2무습관적으로. 관례대로.
【向量一량】xiàngliàng 图〈數〉〈物〉벡터.
【向日一일】xiàngrì 图〈文〉이전. 예전.
【向日葵一규】xiàngrìkuí 图해바라기.
【向上一상】xiàngshàng 图동향상(하다). 발전(하다).
【向使一사】xiàngshǐ 접〈文〉만약. (同)〔假如 rúguǒ〕
✻【向往一왕】xiàngwǎng 동동경하다. 그리워하다. ◇~着美好的未来/아름다운 미래를 동경하고 있다.
【向心力一심력】xiàngxīnlì 图〈物〉구심력.
【向学一학】xiàngxué 图학문에 뜻을 두다.
【向阳一양】xiàngyáng 图햇볕이 잘 들다. 남향(南向)하다. (同)〔朝 cháo 阳〕, (反)〔背阴 bèiyīn〕
【向隅一우】xiàngyú 图〈文〉고립되다. 따돌림을 받다.
【向隅而泣一우이읍】xiàng yú ér qì 〈成〉따돌림을 받아 괴로운 지경에 빠지다.
【向着一착】xiàng·zhe 동1동향하다. ◇葵 kuí 花~太阳/해바라기는 태양을 향하고 있다. 2〈口〉두둔하다. 역성들다. ◇爸爸一直~你，可是你也没赢/아버지는 계속 너

를 편들었지만 너는 이기지 못했다.

✻✻【巷】已部 xiàng 6画 거리 항
图골목. ◇一条小~/작은 골목 하나. ⇒hàng
【巷战一전】xiàngzhàn 图시가전.
【巷子一자】xiàng·zi 〈方〉图골목길.

☆【项·項】工部 页部 xiàng 6画 3画 항목 항
1명목덜미. 2명항목. 조목. ◇三~任务/3가지 임무. ◇五~研究成果/다섯 가지 연구 성과. 3명〈略〉돈. 금액. ◇用~/비용. 4명〈數〉항. 5(Xiàng)명성(姓).
【项背一배】xiàngbèi 图〈사람의〉뒷모습.
✻【项链一련】xiàngliàn 图목걸이.
☆【项目一목】xiàngmù 图항목. 사항. 계획사업. 아이템. ◇这是属于自筹资金的基本建设/이것은 자체 조달 자금에 속해있는 기본 건설 계획 사업이다. 比较项目:节目 공연의 항목은 "节目"라고 한다. ◇昨天的音乐会上都有什么(×项目)节目？ 어제의 콘서트에서는 어떤 프로그램이었어요?
【项圈一권】xiàngquān 图목걸이.
【项庄舞剑，意在沛公一장무검，의재패공】Xiàng Zhuāng wǔ jiàn, yì zài Pèi Gōng 〈成〉항장이 검무를 추는 것은 유방(劉邦)을 죽이려는 데 목적이 있다;진짜 목적은 다른 데 있다.〔겉으로는 명목을 내세우지만 속셈은 남을 공격하는 것을 비유함〕

【相】木部 目部 xiàng 5画 4画 서로 상
1(~儿)명외모. 용모. ◇可怜~/가련한 몰골. 2명물체의 외관. 겉모양. ◇月~/달의 모양. 3명자세. 자태. 모습. 4명〈物〉(음파·광파·전류 등의) 위상(位相). 페이즈(phase). ◇调~/위상조정. 5명〈地質〉상(相). 층상(層相). 6명〈化〉상(相). 물리적·화학적으로 균질(均質)한 물질의 부분. ◇水蒸气，水和冰是同一物质的三个~/수증기, 물과 얼음은 같은 물질의 3가지 상이다. 7명〈사물의 외관으로〉판단하다. 8동보조하다. 거들다. ◇吉人天~/착한 사람은 하늘이 돕는다. 9명재상(宰相). ◇丞~/승상. 10명상.〔명사 뒤에 붙어서 내각 각료임을 나타냄〕◇文化~/문화상. 11명결혼식 때 주인을 도와 손님을 접대하는 사람. 들러리. ◇傧 bīn~/결혼식 들러리. 12(xiàng)명성(姓). ⇒xiāng
【相册一책】xiàngcè 图사진첩. 앨범.
【相公一공】xiàng·gong 图1〈敬〉(옛날, 아내가 남편에 대한 경칭) 서방님. 2(옛날, 희곡이나 소설에 나타나는) 젊은 선비.
【相机一기】xiàngjī 1图사진기. 카메라. (同)

〔照 zhào 相机〕2동기회를 보다.
【相里一리】Xiànglǐ 명복성(復姓).
【相貌一모】xiàngmào 명용모.
【相面一면】xiàng//miàn 동관상을 보다.
【相片儿一편아】xiàngpiānr (同)〔相片〕
**【相声一성】xiàng·sheng 명재담. 만담.
【相书一서】xiàngshū 명〈方〉성대모사. (同)〔口技〕
【相术一술】xiàngshù 명관상술.

☆【**象**】刀部│家部│xiàng
　　　9画│4画│코끼리 **상**
　1명코끼리. **2**명형상. 모양. ◇气～/기상. ◇印～/인상. **3**동모방하다. 흉내내다. ◇～形/상형.
*【象棋一기】xiàngqí 명중국식 장기.
【象声词一성사】xiàngshēngcí 명의성어.
【象形一형】xiàngxíng 명(실물의 형태를 본 뜬) 상형. 〔육서(六書)의 하나〕
【象形文字一형문자】xiàngxíng wénzì 명상형문자.
【象牙一아】xiàngyá 명상아. 코끼리 이빨.
【象牙之塔一아지탑】xiàngyá zhī tǎ 명상아탑. 〔현실과 동떨어져 활동하는 문학·예술가의 세계〕
【象牙质一아질】xiàngyázhì (同)〔牙质〕
【象眼儿一안아】xiàngyǎnr 명〈方〉마름모꼴.
**【象征一징】xiàngzhēng 명상징(하다). ◇鸽子是和平的～/비둘기는 평화의 상징이다. ◇在中国, 红色~革命/중국에서 붉은 색은 혁명을 상징한다. 비교象征:特征 사물의 특징을 나타낼 때는 "象征"을 쓰지 않는다. ◇这个人的(×象征)特征表明他可能是山东省的农民/이 사람의 특징은 그가 산동성의 농민일 수 있다는 것을 입증한다.

★【**像**】亻部│xiàng
　　　11画│형상 **상**
　1명초상. ◇画～/초상화를 그리다. **2**동닮다. 비슷하다. ◇她长得很～妈妈/그녀는 엄마를 꼭 닮았다. **3**동마치…와 같다. 〔'似的/一样/一般' 등 어휘와 호응하여 사용된다〕 ◇我～在哪儿见过他似的, 可是又想不起来了/나는 그를 어디선가 만난 것 같지만 생각나질 않는다. **4**동…와 같다. 〔예를 들 때 쓰임〕 ◇～大熊猫, 金丝猴都是国家一类保护动物/팬더곰과 털원숭이 같은 동물은 모두 국가의 1급 보호동물이다.
【像(个)样子一(개)양자】xiàng(ge)yàngzi 그럴듯하다. 형태를 갖추다. 〔일정한 수준에 도달하여 만족스럽다〕 ◇他们吃的才渐渐～/그들이 먹는 것이 이제야 점차 그럴듯해졌다. (反)〔不像样子〕

【像话一화】xiàng//huà 형(말이나 행동이) 이치에 맞다. 말이 되다. 〔주로 반어문에 쓰임〕◇他这说说还～/그가 그렇게 말하는 것은 말도 안 돼.
【像煞有介事一살유개사】xiàng shà yǒu jiè shì 〈方〉있을 법하다. 그럴듯하다.
*【像样一양】xiàng//yàng (～儿)형어느 정도 수준에 도달하다. 남앞에 내놓을 만하다. ◇字写得挺～/글씨 쓴 것이 아주 그럴 듯하다. (同)〔像样儿〕
【像…一样一일양】xiàng…yīyàng 동마치…인 것 같다. ◇那只猴子把帽子扣在脑袋上, 像人一样/그 원숭이가 모자를 머리에 썼더니 마치 사람과 같다.
【像章一장】xiàngzhāng 명사람의 상(像)이 들어 있는 금속이나 플라스틱제 배지.

【**橡**】木部│xiàng
　　　11画│상수리 **상**
　명**1**고무나무. 고무. **2**도토리나무. 상수리나무. 떡갈나무.
*【橡胶一교】xiàngjiāo 명고무. 생고무.
【橡胶树一교수】xiàngjiāoshù 명고무나무.
*【橡皮一피】xiàngpí 명**1**(同)〔橡擦〕**2**고무. 유화(硫化)고무의 통칭. (同)〔橡胶 jiāo〕
【橡皮膏一피고】xiàngpígāo 명반창고.
【橡皮筋一피근】xiàngpíjīn (～儿)명고무밴드.
【橡皮泥一피니】xiàngpíní 명고무찰흙. 〔아이들이 만들기 놀이 때 쓰는 재료〕
【橡皮圈一피권】xiàngpíquān (～儿)명**1**고무 튜브. **2**(포장에 사용하는) 고무줄(밴드).
【橡皮(图)章一피(도)장】xiàngpí(tú)zhāng 명고무 도장.
【橡皮线一피선】xiàngpíxiàn 명피복선.
【橡实一실】xiàngshí 명〈植〉상수리.

X

xiāo

【**肖**】小部│Xiāo
　　　4画│같을 **초**
　명성(姓). 〔'萧'의 속자〕⇒xiào
【削**】刂部│xiāo
　　　7画│깎을 **삭**

動(껍질을) 벗기다. 깎다. ◇~铅笔/연필을 깎다. ⇒xuē

【消】 氵部 │ xiāo
7画 │ 꺼질 **소**

1動사라지다. 없어지다. 가라앉다. ◇都三天了, 胳膊仍~不了肿/벌써 3일 됐는데 팔의 부기가 여전히 가라앉지 않는다. (同)〔败 bài〕, (反)〔长 zhǎng〕 **2**動제거하다. 몰아내다. 없애다. ◇伤口~了炎才能出院/상처의 염증이 없어져야 퇴원할 수 있다. ◇碗~过毒了, 可以用/그릇은 소독됐으니 써도 된다. 比较消:消除 "消"는 2음절 목적어를 취하지 않는다. ◇这本小说一定能帮助你(×消)消除烦恼/이 소설은 분명히 당신의 고민을 해소해 줄 수 있을 거예요. **3**動소일하다. (시간을) 보내다. ◇~夏/피서하다. **4**動〈方〉필요로 하다. 수요하다.〔앞에 항상 '不', '只', '何' 등이 붙음〕不~说/말할 필요도 없다.

【消沉】 xiāochén 形의기소침하다. 풀이 죽다. ◇意志~/의기소침하다. (同)〔低 dī 沉〕, (反)〔高昂 gāoáng〕

【消除】 xiāochú 動제거하다. 해소하다. 퇴치하다. ◇~误解/오해를 풀다. ◇~病虫害/병충해를 퇴치하다. 比较消除:破除:清除:扫除:解除 ①잘못된 제도·관습을 타파할 경우에는 "消除"를 쓰지 않는다. ◇(×消除)破除迷信/미신을 타파하다. ②잘못된 사회현상이나 숨어있는 적을 숙청하는 경우에는 "消除"를 쓰지 않는다. ◇(×消除)清除内奸/내통자를 숙청한다. ◇~官倒/관리의 매점매석을 뿌리뽑자. ③더러운 것을 쓸 때는 "消除"를 쓰지 않는다. ◇(×消除)扫除垃圾 lājī/쓰레기를 쓸어버리다. ④속박·금기 등을 해제하는 경우에는 "消除"를 쓰지 않는다. ◇(×消除)解除宵禁/통금을 해제하다. ◇(×消除)解除束缚 shùfù/속박에서 벗어나게 한다.

【消毒】 xiāo// dú 動소독하다.

【消防】 xiāofáng 動소방. ◇~队/소방대.

☆**【消费】** xiāofèi 動소비(하다). ◇这样~下去不得了 liǎo/이렇게 소비해 나간다면 큰 일이다. (反)〔生产 shēngchǎn〕

【消费合作社】 xiāofèi hézuòshè 名구매조합. 소비조합.

【消费基金】 xiāofèi jījīn 名〈經〉소비기금.

【消费资料】 xiāofèi zīliào 名〈經〉소비재. 생활수단.

∗**【消耗】** xiāohào 動(정신·힘·물자 따위를) 소모하다. ◇造纸工业每年要~大量木材/제지업은 매년 대량의 목재를 소

비한다. ◇~体力/체력을 소모하다. (同)〔耗费 fèi〕, (反)〔积聚 jījù〕 比较消耗:浪费 낭비하는 경우에는 "消耗"라고 하지 않는다. ◇请大家注意节约, 不要(×消耗)浪费一滴水/모두 절약에 힘써 물 한 방울이라도 낭비하지 말자.

☆**【消化】** xiāo·huà 名動소화(하다). ◇刚吃完饭, ~一会儿再去看书/밥을 막 다 먹었으니 잠시 소화시키고 나서 가서 공부해라.

【消魂】 xiāohún (同)〔销 xiāo 魂〕

【消火】 xiāohuǒ 動불을 끄다. 소화하다. ◇~栓 shuān/소화전.

∗**【消极】** xiāojí 形**1**부정(否定)적인. ◇~影响/부정적인 영향. **2**소극적이다. ◇~情绪/소극적인 생각. (反)〔积极 jījí〕

【消解】 xiāojiě (同)〔消释 shì〕

【消弭】 xiāomǐ 動제거하다. 없애다.

☆**【消灭】** xiāomiè 動**1**사라지다. 없어지다. 멸망하다. ◇恐龙已经~好多万年了/공룡이 이미 사라진 지 몇만 년이 되었다. (同)〔消亡 wáng〕, (反)〔产生 chǎnshēng〕 **2**없애다. 소멸시키다. ◇~文盲/문맹을 퇴치하다. (同)〔剪除 jiǎnchú〕, (反)〔扶植 fúzhí〕 比较消灭:消除 "成见", "光泽", "雾气" 등은 "消灭"의 목적어로 쓰이지 않는다. ◇他们俩(×消灭)消除了成见/그들 두 사람은 선입견을 버렸다.

【消泯】 xiāomǐn (同)〔消灭〕

【消磨】 xiāomó 動**1**(정력이나 의지를) 소모하다. **2**(시간 등을) 헛되이 보내다.

【消气】 xiāo//qì 動노여움을 가라 앉히다. 화가 풀리다. ◇这会儿妈妈已消了气/지금쯤 어머니는 화가 이미 풀렸다. (同)〔解 jiě 气〕, (反)〔生 shēng 气〕

【消遣】 xiāoqiǎn 名動심심풀이(하다). 소일(하다).

【消溶】 xiāoróng (同)〔消融〕

【消融】 xiāoróng 動(얼음이나 눈이) 녹다.

【消散】 xiāosàn 動소산하다. 흩어져 사라지다.

【消声】 xiāoshēng 名動소음 제거(하다). ◇~器/소음 장치.

∗**【消失】** xiāoshī 動사라지다. 없어지다. 소실되다. ◇脸上的笑容~了/얼굴의 미소가 사라졌다.

★**【消食】** xiāo// shí (~儿)動먹은 것을 소화하다.

【消逝】 xiāoshì 動사라지다. 없어지다.

【消释】 xiāoshì 動**1**녹다. **2**(미움·의심·고통 등이) 풀리다. 없어지다.

【消受】 xiāoshòu 動**1**누리게 되다.〔보

통 부정적인 표현에 많이 쓰임〕◇她是
无福~/그 여자는 누릴 복이 없었다.
(反)〔发福 fāfú〕**2**참고 견디다.

【消瘦－수】xiāoshòu 동(몸이) 여위다. 수
척해지다.

【消暑－서】xiāo// shǔ 동**1**피서하다. 더위
를 가시게 하다. **2**(음식·약으로) 더위를
삭이다. ◇喝绿豆汤可以~/녹두탕을 마
시면 더위를 삭일 수 있다.

【消损－손】xiāosǔn 동**1**점점 감소하다〔적
어지다〕. **2**소모되어 잃다.

【消停－정】xiāo·ting **1**형〈方〉평온하다. 조
용히 하다. **2**형멈추다. 쉬다.

【消退－퇴】xiāotuì 동점점 없어지다.

【消亡－망】xiāowáng 동없어지다. 소멸하
다. 멸망하다.

★**【消息－식】**xiāo·xi 명**1**소식. 정보. 뉴스.
◇你过来, 我告诉你一个好~/너 이리 와
봐. 좋은 소식 하나 알려줄게. **2**기별. 소
식. 편지. ◇与家人失散了十多年的儿子有
~了/식구들과 헤어진 지 십여 년이 된
아들에게서 소식이 왔다.

【消息儿－식아】xiāo·xir(특별히 고안
하여 숨겨놓은) 비밀장치.

【消夏－하】xiāoxià 동피서하다.

【消闲－한】xiāoxián 동**1**심심풀이로 시간
을 보내다. 한가한 시간을 보내다. **2**한가
롭다. 여유있다.

【消歇－헐】xiāoxiē 동〈文〉멈추다. 멎다.

【消炎－염】xiāo// yán 동〈醫〉소염하다.

【消夜－야】xiāoyè **1**명〈方〉밤참. 야식. **2**
동야식(밤참)을 먹다.

【消长－장】xiāozhǎng 명증감.

【宵】宀部 xiāo
7画 밤 소, 작을 소
명밤. ◇春~/춘야(春夜). 봄철의 밤.

【宵旰－간】xiāogàn(同)〔宵衣旰食〕

【宵禁－금】xiāojìn 명야간 통행 금지.

【宵小－소】xiāoxiǎo 명〈文〉도둑. 밤도둑.

【宵衣旰食－의간식】xiāo yī gàn shí 동날이
새기 전에 옷을 입고, 해 진 다음에야 겨
우 식사하다〔침식을 잊고 일에 열중하다.

【逍】辶部 xiāo
7画 노닐 소
→〔逍遥〕

【逍遥－요】xiāoyáo 동소요하다. 이리저리
거닐다. 유유히 지내다.

【硝】石部 xiāo
7画 망초 초
1명〈礦〉초석(硝石). **2**명(박초나 망초로)
가죽을 무두질하다.

【硝石－석】xiāoshí 명〈礦〉초석. 질산칼륨.

【硝酸－산】xiāosuān 명〈化〉질산.

【硝烟－연】xiāoyān 명초연. 화약연기.

【硝盐－염】xiāoyán(同)〔土 tǔ 盐〕

***【销·銷】**钅部 xiāo
7画 녹일 소
1동금속을 녹이다.(同)〔熔 róng〕,(反)
〔凝 níng〕**2**동제거하다. 취소하다. 철회
하다. ◇撤~/취소하다. 철회하다. **3**동팔
다. ◇畅~/잘 팔리다. **4**동소비하다. ◇
花~/비용.(同)〔售 shòu〕,(反)〔购 gòu〕
5명핀(pin). **6**명(기계·기구의) 물림새〔플
러그〕를 끼우다.

【销案－안】xiāo// àn 동소송을 취하하다.
(反)〔立案 lì// àn〕

【销场－장】xiāochǎng 명〈方〉상품의 판로.
(同)〔销路 lù〕

【销钉－정】xiāodīng(同)〔销子 zi〕

***【销毁－훼】**xiāohuǐ 동소각하다. 불살라버
리다. ◇这些证据不应该~/이 증거들은
소각해서는 안 된다.

【销魂－혼】xiāohún 동(너무 슬퍼거나 기
뻐서) 혼이 나가다. 넋을 잃다.

【销假－가】xiāo// jià 동휴가를 마치고 돌
아와 상사에게 보고하다.(反)〔请 qǐng 假〕

***【销路－로】**xiāolù 명(상품의) 판로. ◇~不
畅/잘 팔리지 않다. 판매가 순조롭지 않다.

【销纳－납】xiāonà 명(쓰레기나 폐품 등
을) 소각하고 수거하다.

【销声匿迹－성닉적】xiāo shēng nì jì〈成〉
모습을 감추다.(反)〔抛头露面 pāo tóu
lù miàn〕

【销蚀－식】xiāoshí 동부식하다.

***【销售－수】**xiāoshòu 동팔다. 판매하다.(同)
〔出 chū 售〕,(反)〔购买 gòumǎi〕

【销歇－헐】xiāoxiē(同)〔消 xiāo 歇〕

【销行－행】xiāoxíng 동판매하다. 팔리다.

【销赃－장】xiāo// zāng 동장물을 처분하다.

【销子－자】xiāo·zi 명물림새. 잠그개.(너
트 등의) 풀림 방지핀.

【霄】雨部 xiāo
7画 하늘 소
명**1**구름. **2**하늘.

【霄汉－한】xiāohàn 명〈文〉하늘.

【霄壤－양】xiāorǎng 명하늘과 땅.

【枭·梟】木部 xiāo
4画 머리베어달 효
1(同)〔鸺鹠 xiūliú〕**2**형〈文〉사납고 힘이
세다. 용맹스럽다. **3**명우두머리. 두목. **4**
명(옛날) 소금 밀매업자. **5**동〈文〉목을
베어 매달다.

【枭将－장】xiāojiàng 명용맹한 장수.

【枭首－수】xiāoshǒu 명효수(하다).

【枭雄－웅】xiāoxióng 명〈文〉횡포한 야심
가. 괴수.

【哓·嘵】口部 xiāo
6画 두려워할 효

【哓哓－효】xiāoxiāo 〈文〉1논쟁하는 소리를 형용함. ◇～不休/논쟁이 그치지 않다. 2새가 놀라 내는 소리.

【骁・驍】 马部 6画 날랠 효
형용맹하다. 사납고 날래다. ◇～将/용맹한 장수.

【骁将－장】xiāojiàng 명용맹한 장수.
【骁骑－기】xiāoqí 명〈文〉용맹한 기병.
【骁勇－용】xiāoyǒng 형〈文〉용맹하다.

【鸮・鴞】 鸟部 5画 솔개 효
명〈鳥〉올빼미과의 새의 총칭.

【萧・蕭】 艹部 8画 쑥 소
1명쑥. 2명쓸쓸하다. 처량하다. 3(Xiāo)명성(姓).

【萧然－연】xiāorán 형〈文〉1썰렁하다. 적막하다. 2허전하다. 텅비다.
【萧瑟－슬】xiāosè 1명〈文〉솨솨. 휘휘. 〔바람이 쓸쓸하게 부는 소리〕 2명(풍경이)쓸쓸하다. 처량하다.
【萧条－조】xiāotiáo 1명적막하다. 스산하다. 쓸쓸하다. (反)〔繁华 fánhuá〕 2명형〈經〉불경기(이다). 불황(이다). ◇近来东亚的经济～/최근 동아시아의 경제가 불황에 처해 있다. (同)〔凋敝 diāobì〕, (反)〔蓬勃 péngbó〕

【潇・瀟】 氵部 11画 빗소리 소
형〈文〉물이 깊고 맑다.

【潇洒－쇄】xiāosǎ 형(모습・행동 따위가)말쑥하고 세련되다. 자연스럽고 대범하다. 스마트하다. (同)〔洒脱 tuō〕, (反)〔拘谨 jūjǐn〕
【潇潇－소】xiāoxiāo 형1비・바람이 세찬 모양. 2이슬비가 내리는 모양.

【箫・簫】 竹部 8画 퉁소 소
명〈音〉소. 봉소. 퉁소.

【嚣・囂】 口部 15画 시끄러울 효
형시끄럽다. 소란스럽다. ◇叫～/왁자지껄 떠들다.

【嚣杂－잡】xiāozá 동왁자지껄 떠들다.
【嚣张－장】xiāozhāng 동(나쁜 세력・사악한 기운 따위가)날뛰다. 횡행하다.

xiáo

【淆】 氵部 8画 요란할 효
동뒤섞다. ◇混～/뒤섞이다.
【淆惑－혹】xiáohuò 형〈文〉미혹시키다.

【淆乱－란】xiáoluàn 1형〈文〉난잡하다. 어지럽다. 2동어지럽히다. 혼란시키다.
【淆杂－잡】xiáozá 형명〈文〉혼잡(하다).

xiǎo

★【小】 小部 0画 작을 소
1형작다. (나이가) 어리다. 좁다. ◇～河/작은 강. ◇声音太～, 听不清楚/소리가 너무 작아 똑똑히 들을 수 없다. (反)〔大 dà〕 2부잠깐. 짧은 시간. ◇～住两天就走/며칠 잠시 묵고 간다. (同)〔暂 zàn〕, (反)〔长 cháng〕 3부약간. 조금. ◇～有才干/재간이 좀 있다. 4동근접하다. 5형(형제・자매의 서열에서) 맨 끝의. 가장 어린. 막내인. ◇这是我的大弟弟, 那是我的～妹妹/얘는 내 큰 동생이고, 쟤는 내 막내 누이동생이다. (同)〔季 jì〕, (反)〔大 dà〕 6명나이 어린 사람. 어린이. ◇上有老, 下有～/위로는 노인이 있고, 아래에는 아이들이 있다. 7접두〈謙〉자기나 자기와 관계있는 사람 또는 사물들에 대한 겸칭. ◇请帮～弟一把吧/저를 한 번 도와주시죠. (同)〔敝 bì〕, (反)〔大 dà〕
【小把戏－파희】xiǎobǎxì 명〈方〉어린이.
【小白菜－백채】xiǎobáicài (～儿)명(同)〔青 qīng 菜〕
【小白脸儿－백검아】xiǎobáiliǎnr 명미소년. 핸섬보이.
【小百货－백화】xiǎobǎihuò 명일용 잡화.
【小班－반】xiǎobān (～儿)명유치원의 유아반. 〔3살부터 4살까지〕
【小半－반】xiǎobàn (～儿)명절반이 안되는 부분.
【小报－보】xiǎobào 명소형 신문.
【小报告－보고】xiǎobàogào 명타인의 행동을 상사에게 보고하기.
【小辈－배】xiǎobèi (～儿)명손아랫 사람. 후배. (同)〔晚 wǎn 辈〕, (反)〔长 zhǎng 辈〕
【小本经营－본경영】xiǎo běn jīng yíng 〈成〉조그만 장사.
**【小便－변】xiǎobiàn 1명동소변(보다). 오줌(누다). 2명남자나 여자의 생식기.
【小辫儿－변아】xiǎobiànr 명1짧은 땋은 머리. 2면발.
【小辫子－변자】xiǎobiàn·zi 명1(同)〔小辫儿〕 2약점. 꼬리. ◇你得小心, 别让他抓住～/조심해야 돼. 그에게 약점을 잡히지 말구.
【小不点儿－불점아】xiǎn·budiǎnr 1형〈方〉아주 조그마한. (同)〔一丁点儿 yī dīng diǎn ěr〕, (反)〔硕大无朋 shuò dà wú péng〕 2명꼬마.

【小菜一碟】xiǎocài 图1(～儿)간단한 요리. 2쉬운 일. 식은 죽 먹기. 누워서 떡 먹기. 3〈方〉반찬.

【小差一差】xiǎochāi (同)〔开 kāi 小差(儿)〕

【小产一산】xiǎochǎn 图통유산(하다).

【小吃一흘】xiǎochī 图1간식. 2(음식점에서 파는) 명절 음식. 3(양식의) 전채(前菜). 오르되브르.

【小吃店一흘점】xiǎochīdiàn 图분식점.

【小丑一축】xiǎochǒu (～儿)图1어릿광대. 2남을 웃기는 언행을 하는 사람. 3소인(小人).

【小葱一총】xiǎocōng (～儿)图실파.

【小聪明一총명】xiǎocōng·ming 图〈貶〉잔꾀. 잔재주. ◇耍 shuǎ～/잔꾀를 부리다.

【小道儿消息一도아소식】xiǎodàor xiāo·xi 图주어 들은 소식. 소문. 풍문.

【小弟一제】xiǎodì 图1막내 아우. 2소생. 저.〔친구 혹은 친한 사람에게 자기를 낮추는 말〕

【小调一조】xiǎodiào 图민간에 유행하는 각종 곡조.

【小动作一동작】xiǎodòngzuò 图(단체나 개인에게) 수작. 불법행위. ◇你别在背后搞～/뒷전에서 수작을 부리지 마.

【小豆一두】xiǎodòu (同)〔赤 chì 小豆〕

【小肚鸡肠一두계장】xiǎo dù jī cháng 도량이 좁다. ◇他是～, 别跟他计较/그는 밴댕이 속이니 그에게 따지지 말자. (反)〔豁达大度 huò dá dà dù〕

【小肚子一두자】xiǎodù·zi 图아랫배.

【小队一대】xiǎoduì 图소대.

【小恩小惠一은소혜】xiǎo ēn xiǎo huì〈成〉작은 선심.

【小儿一아】xiǎo'ér 图1아동. 2〈謙〉내 자식.

【小儿麻痹症一아마비증】xiǎo'ér mábìzhèng 图〈醫〉소아마비(증).

【小贩一판】xiǎofàn 图소상인. 행상인.

【小纺一방】xiǎofǎng 图얇은 견직물.

【小费一비】xiǎofèi 图팁. (同)〔小帐 zhàng〕

【小分队一분대】xiǎofēnduì 图소수 정예팀.

【小粉一분】xiǎofěn (同)〔淀粉 fěn〕

【小腹一복】xiǎofù (同)〔小肚子 dùzi〕

【小钢炮一강포】xiǎogāngpào 图1〈俗〉소형 대포. 2〈喩〉강직하고 거리낌 없이 말하는 젊은이.

【小工一공】xiǎogōng (～儿)图막노동꾼. 허드레 일꾼.

【小姑儿一고아】xiǎogǔr 图1(손아래) 시누이. (同)〔小姑子〕2작은 고모.

【小姑子一고자】xiǎo·gū·zi 图남편의 누이동생. 시누이.

【小褂一패】xiǎoguà (～儿)图중국식 적삼.

【小广播一광파】xiǎoguǎngbō 图통유언 비어를 퍼뜨리다. 소문을 흘리는 사람.

*【小鬼一귀】xiǎoguǐ 图1저승 사자. 2꼬마.〔어린애를 친밀하게 부르는 말〕

★【小孩儿一해아】xiǎoháir 图1어린애. ◇这～很聪明/이 아이는 영특하네. (同)〔孩子 zi〕, (反)〔老人 lǎorén〕2자녀.

【小寒一한】xiǎohán 图소한.〔24절기의 하나〕

【小号一호】xiǎohào 图1작은 사이즈. 2트럼펫. 3〈謙〉자기 상점에 대한 겸칭.

【小户一호】xiǎohù 图1가난한 집안. (同)〔小家 jiā〕, (反)〔大 dà 户〕2식구가 적은 가정. (反)〔大 dà 户〕

【小花脸一화검】xiǎohuāliǎn 图중국 희곡 중의 어릿광대 역.

【小黄鱼一황어】xiǎohuángyú 图참조기.

【小惠一혜】xiǎohuì 图작은 은혜.

☆【小伙子一화자】xiǎohuǒ·zi 图젊은이. 총각. ◇那个～爱上了荷花姑娘/그 총각은 연꽃아가씨를 사랑하게 되었다. (同)〔青年男子 qīngnián nánzǐ〕

【小家碧玉一가벽옥】xiǎojiā bìyù 图서민 집안의 묘령의 미녀.

【小家伙一가화】xiǎojiā·huo 图(어린이에 대한 호칭) 녀석. 자식. 놈.

【小家鼠一가서】xiǎojiāshǔ 图생쥐.

【小家庭一가정】xiǎojiātíng 图핵가족. (反)〔大 dà 家庭〕

【小家子气一가자기】xiǎojiā·ziqì 图옹졸하다. 옹색하다.

【小建一건】xiǎojiàn 图(음력의) 작은 달.〔29일까지만 있는 달〕(同)〔小尽 jìn〕

【小将一장】xiǎojiàng 图옛날 장군. 젊은 장군.

【小脚一각】xiǎojiǎo (～儿)图전족.

【小节一절】xiǎojié 图1사소한 일. 자질구레한 일. ◇不拘～/사소한 일에 얽매이지 않다. (同)〔末 mò 节〕, (反)〔大 dà 节〕2〈音〉소절. 마디.

【小结一결】xiǎojié 图통중간 결론(을 짓다).

★【小姐一저】xiǎo·jiě 图1옛날, (주인집) 아가씨. ◇～的大衣忘记带走了/아기씨의 외투를 갖고 가는 것을 잊어버렸다. 2아가씨. 양. 미스(Miss). ◇～, 我没有笔, 借给我好吗?/아가씨, 내가 펜이 없는데 제게 빌려주시겠습니까?

【小解一해】xiǎojiě 图통소변(보다).

【小襟一금】xiǎojīn 图중국옷의 (옷)섶.

【小尽一진】xiǎojìn (同)〔小建〕

【小九九一구구】xiǎojiǔjiǔ (～儿)图1구구단. 2속셈.

【小舅子一구자】xiǎojiù·zi 图손아래 처남.

【小开一개】xiǎokāi 图〈方〉사장의 아들.

【小楷一해】xiǎokǎi 图1해서체로 작은 글씨. 2로마자의 인쇄체 소문자.

【小看一간】xiǎokàn 동〈口〉얕보다. 깔보다. (同)〔轻视 qīngshì〕

【小康一강】xiǎokāng 형그런대로 먹고 살다. 중류정도의 생활수준이다.

【小可一가】xiǎokě 1명〈早白〉소생. 저. 〔자신을 낮추어 이르는 말〕 2형사소하다. 보잘것 없다.

【小老婆一노파】xiǎolǎo·po 명첩. (同)〔小的〕

【小礼拜一예배】xiǎolǐbài 명2주일에 3일 쉴 때, 하루만 쉬는 일요일. 또는 2주일에 하루만 쉬는 경우에, 쉬지 않는 일요일을 가리킴.

【小两口一량구】xiǎoliǎngkǒu (~儿)젊은 부부.

【小量一량】xiǎoliàng 명소량. (同)〔少 shǎo 量〕, (反)〔大 dà 量〕

【小绺一류】xiǎoliǔ 명〈方〉소매치기. (同)〔扒手〕

【小龙一룡】xiǎolóng 명12지(十二支)중의 사(巳), 즉 뱀띠.

【小炉儿匠一로아장】xiǎolúrjiàng 명땜장이.

【小萝卜一라복】xiǎoluó·bo 명무우의 한 품종. 〔뿌리는 가늘고 길며 겉은 선홍색이고 속은 흰색인 짧은 무우〕

【小锣一라】xiǎoluó (~儿)명소라. 꽹과리보다 작은 징.

☆【小麦一맥】xiǎomài 명밀.

【小卖一매】xiǎomài 명1(식당에서의) 간단한 요리. 2그자마한 장사.

【小卖部一매부】xiǎomàibù 명1(영화관·공원 따위의) 매점. 2간이 식당. 스낵 바.

【小满一만】xiǎomǎn 명소만. 〔24절기의 하나〕

【小猫熊一묘웅】xiǎomāoxióng 명레서 팬더. (同)〔小熊猫〕

【小毛一모】xiǎomáo (~儿)명털이 짧은 모피.

【小帽一모】xiǎomào (同)〔瓜 guā 皮 pí 帽〕

☆【小米一미】xiǎomǐ (~儿)명좁쌀.

【小米面一미면】xiǎomǐmiàn 명좁쌀 가루.

【小名一명】xiǎomíng 명아명(兒名). (同)〔乳 rǔ 名〕, (反)〔大 dà 名〕

【小拇哥一무가아】xiǎo·mugēr 명〈方〉새끼 손가락.

【小拇指一무지】xiǎo·muzhǐ 명〈口〉새끼 손가락. (同)〔小拇哥儿〕

【小鲵一예】xiǎoní 명도롱뇽.

【小年一년】xiǎonián 명1음력 12월이 29일인 해. 2음력 12월 23일〔옛날에는 이 날 부뚜막신에게 제사를 지냈음〕→〔祭 jì 灶〕3과일이 적게 열리거나 대나무 등이 잘 크지 않는 해. (反)〔大 dà 年〕

【小年夜一년야】xiǎoniányè 명섣달 그믐날의 전날. (同)〔小除 chú 夕〕

【小妞儿一뉴아】xiǎoniūr 명여자 아이.

【小农一농】xiǎonóng 명소농.

【小女一녀】xiǎonǚ 명〈謙〉(남에게 자기 자식을 말할 때) 딸아이.

【小跑一포】xiǎopǎo (~儿)명동종종걸음 (치다).

☆【小朋友一붕우】xiǎopéng·you 명1어린이. ◇这些是~们的玩具/이것들은 어린애들의 장난감이다. 2꼬마 친구. 〔어린이에 대한 호칭〕◇~, 去乐天百货大楼坐几路车?/꼬마야, 롯데백화점에 가려면 몇 번 버스를 타니?

【小品一품】xiǎopǐn 명소품. 간단한 잡문 (雜文)·수필·평론 따위.

【小品文一품문】xiǎopǐnwén 명소품문.

【小气一기】xiǎo·qi 형1인색하다. 곰상스럽다. ◇~鬼/노랭이. 속 좁은 놈. (同)〔吝 啬 lìnsè〕, (反)〔大方 dàfang〕2〈方〉도량이 좁다. 옹졸하다.

【小气候一기후】xiǎoqìhòu 명1〈天〉(어떤 큰 지역의 기후내에 부분 지역의) 특수한 기후. 2(어떤 범위가 큰 정치·경제 등 환경·여건 하에) 특정 지역(기관)의 특수한 환경·여건.

【小汽车一기차】xiǎoqìchē 명승용차.

【小器作一기작】xiǎoqìzuō 명경질목(硬質木)으로 만든 가구나 목기를 제작하거나 수리하는 곳.

【小憩一게】xiǎoqì 명잠깐 쉼.

【小前提一전제】xiǎoqiántí 명〈論〉소전제.

【小钱一전】xiǎoqián (~儿)명1청(淸)대에 쓰이던 동전. 2적은 돈. 3옛날에 뇌물로 건네던 소액의 돈.

【小瞧一초】xiǎoqiáo 동〈方〉깔보다. (同)〔小看 kàn〕

【小巧一교】xiǎoqiǎo 형작고 정교하다. (同)〔细 xì 巧〕, (反)〔粗笨 cūbèn〕

【小巧玲珑一교령롱】xiǎo qiǎo líng lóng〈成〉정밀하고 정교하다. (反)〔大而无当 dà ér wú dāng〕

【小青年一청년】xiǎo qīng nián (스무살 가량의) 젊은이.

【小青瓦一청와】xiǎoqīngwǎ 명보통의 중국식 기와.

【小秋收一추수】xiǎoqiūshōu 명농민들이 가을철 야생식물에 대한 채집.

【小曲儿一곡아】xiǎoqǔr (同)〔小调 diào〕

【小圈子一권자】xiǎoquān·zi 명1좁은 생활 범위. 2(개인의 이익을 위한) 소집단.

【小儿一아】xiǎor 명1유년시대. 어린 시절. 2어린 사내아이.

【小人一인】xiǎorén 명1〈謙〉소인. 〔남이나 윗사람에 대한 자기의 겸칭〕(反)〔君子 jūnzǐ〕2소인배.

【小人儿一인아】xiǎorénr 명〈方〉젊은이. 〔연

장자가 미성년자에 대한 애칭]

【小人儿书-인아서】xiǎorénrshū 團장정한 손바닥 크기의 중국식 만화책. (同)〔连环画 lián huán huà〕

【小人物-인물】xiǎorénwù 團보잘것 없는 사람. (反)〔大 dà 人物〕

【小日子-일자】xiǎorì·zi 團적은 식구의 살림살이.

【小商品-상품】xiǎoshāngpǐn 團일용잡화.

【小商品经济-상품경제】xiǎo shāngpǐn jīngjì 團〈經〉(개인이 하는 수공업 중심의) 소상품 경제.

【小晌午-향우】xiǎoshǎng·wu 團〈方〉정오 가까운 시간.

【小舌-설】xiǎoshé (~儿)團목젖.

【小生-생】xiǎoshēng 團1중국 전통극의 젊은 남자역. 2〈早白〉소생. 저. 〔젊은 선비가 자칭하는 말〕

【小生产-생산】xiǎoshēngchǎn 團소규모의 생산.

【小生意-생의】xiǎoshēng·yi 團작은 장사.

【小声儿-성아】xiǎoshēngr 團작은〔낮은〕소리.

★【小时-시】xiǎoshí 圓시간. ◇两个半～/두 시간 반. ◇一个～零五分钟/1시간 5분. (同)〔钟头 zhōngtóu〕〔'钟头'는 구어에 쓰이므로 '个'를 생략할 수 없다〕

【小时候-시후】xiǎoshí·hou (~儿)團어렸을 때.

【小食-식】xiǎoshí 團1간식. 2군것질.

【小市-시】xiǎoshì (~儿)團고물이나 자질구레한 잡화 따위를 파는 장터.

【小市民-시민】xiǎoshìmín 團소시민.

【小试-시】xiǎoshì 動〈文〉조금 시험해 보다. ◇～锋芒/〈成〉솜씨를 조금 시험해 보다.

【小视-시】xiǎoshì 動경시하다. (同)〔轻qīng 视〕, (反)〔重 zhòng 视〕

【小手工业者-수공업자】xiǎoshǒugōngyè-zhě 團소규모 수공업자.

【小手小脚-수소각】xiǎo shǒu xiǎo jiǎo 1〈成〉인색하다. 옹색하다. (反)〔大手大脚 dà shǒu dà jiǎo〕2(일하는 것이) 조심스럽다. 곰상스럽다.

【小叔子-숙자】xiǎo·shū·zi 團시동생.

【小暑-서】xiǎoshǔ 團소서. 〔24절기의 하나〕

＊【小数-수】xiǎoshù 團〈數〉소수.

＊【小数点-수점】xiǎoshùdiǎn 團〈數〉소숫점.

【小水-수】xiǎo·shui 團〈中醫〉소변.

☆【小说-설】xiǎoshuō (~儿)團소설.

【小算盘-산반】xiǎosuàn·pan (~儿)團얄팍한 이해 타산.

【小摊-탄】xiǎotān 團작은 노점.

＊【小提琴-제금】xiǎotíqín 團바이올린.

【小题大做-제대주】xiǎo tí dà zuò 〈成〉하찮은 일로 흥감 떨다. 침소봉대.

【小偷-투】xiǎotōu (~儿)團좀도둑.

【小腿-퇴】xiǎotuǐ 團종아리.

【小我-아】xiǎowǒ 團〈哲〉소아. (同)〔个人 gèrén〕, (反)〔大 dà 我〕

【小巫见大巫-무견대무】xiǎo wū jiàn dà wū 〈成〉선 무당이 큰 무당을 만나다;대단한 인물 앞에서 갑자기 초라해지다.

【小五金-오금】xiǎowǔjīn 團(건축·가구용의 못·나사·철사·고리·경첩·용수철 따위의) 철물.

【小媳妇-식부】xiǎoxí·fu (~儿)團1어린 아내. 2〈喩〉부림을 당하거나 괴롭힘을 당한 자.

【小戏-희】xiǎoxì (~儿)團(소수의 인원으로 연출하는) 소규모 중국 전통극.

【小先生-선생】xiǎoxiān·sheng 團교사 대신에 학우를 지도하는 우수한 학생. 한편으로 선생에게 배운 것을 다시 남에게 가르치는 사람.

【小线儿-선아】xiǎoxiànr 團〈方〉무명실로 꼬아 만든 가는 끈.

【小小不言-소불언】xiǎoxiǎo bù yán 〈口〉하찮아 말할 가치도 없다.

【小小子-소자】xiǎoxiǎo·zi (~儿)團〈口〉어린 사내아이.

【小鞋-혜】xiǎoxié (~儿)團은근히 사람을 못살게 구는 수법. ◇我是不怕他给我～穿的/그가 내게 못살게 굴어도 나는 두렵지 않다.

【小写-사】xiǎoxiě 團1알파벳 소문자. 2한자 숫자의 보통 글씨체. 〔一, 二, 三 등〕(反)〔大 dà 写〕

☆【小心-심】xiǎo·xīn 動조심하다. 주의하다. ◇～火车!/기차 조심! ◇你再迟 chí 到，～我不让你进教室/네가 또 지각하면 교실에 들여보내지 않을테니 주의해. (同)〔当 dāng 心〕, (反)〔大意 dàyì〕

【小心眼儿-심안아】xiǎoxīnyǎnr 1團마음이 좁다. 속이 좁다. 2團잔머리.

＊【小心翼翼-심익익】xiǎo xīn yì yì 1〈成〉엄숙하고 경건하다. 2행동이 신중하다. 주의 깊다.

【小行星-행성】xiǎoxíngxīng 團〈天〉소행성.

＊【小型-형】xiǎoxíng 團소형의. 소규모의. (同)〔微 wēi 型〕, (反)〔大 dà 型〕

【小性儿-성아】xiǎoxìngr 團〈方〉작은 일에 발끈하는 성미. 앵돌아지는 성격.

【小熊猫-웅묘】xiǎoxióngmāo (同)〔小猫熊〕

【小熊座-웅좌】xiǎoxióngzuò 團〈天〉작은 곰자리.

【小修-수】xiǎoxiū 團(기계 등의) 소규모 수리.

X

☆【小学－학】xiǎoxué 圆1초등학교. 2〈文〉소
　학.〔문자(文字)·훈고(訓詁)·성운(聲韻)
　에 관한 학문의 총칭〕

*【小学生－학생】xiǎoxuéshēng 圆초등학생.

【小学生－학생】xiǎo xué·sheng 圆1어린
　학생. 2〈方〉나이 어린 소년.

【小雪－설】xiǎoxuě圆소설.〔24절기의 하나〕

【小样－양】xiǎoyàng 1圆(신문 토막기사
　의) 교정고. 2圆견본. 샘플. 3圆쫀쫀하
　다. 옹졸하다.

【小业主－업주】xiǎoyèzhǔ 圆소기업주.

【小夜曲－야곡】xiǎoyèqǔ 圆〈音〉소야곡. 세
　레나데.

【小衣－의】xiǎoyī (～儿)圆〈方〉속바지. 팬
　티.

【小衣裳－의상】xiǎoyī·shang 圆1속곳곳.
　2어린이 옷.

【小姨子－이자】xiǎoyí·zi 圆1처제. 2작은
　이모.

【小意思－의사】xiǎoyì·si 圆촌지(寸志). 성
　의. 작은 성의의 표시.〔남에게 보내는
　자신의 선물을 겸손하게 일컫는 말〕

【小引－인】xiǎoyǐn 圆(시·문 앞의) 짧은
　머리말.

【小影－영】xiǎoyǐng 圆(同)〔小照 zhào〕

【小雨－우】xiǎoyǔ 圆가랑비. (同)〔微 wēi
　雨〕,〔反〕〔大 dà 雨〕

【小月－월】xiǎoyuè 圆작은 달.

【小月－월】xiǎo·yuè (同)〔流产 liúchǎn〕

【小灶－조】xiǎozào (～儿)1圆(기관의 구
　내식당 또는 식당에서 간부·장교가 먹
　는) 특별요리. 2圆특수한 대우를 받다.

【小帐－장】xiǎozhàng 圆팁.

【小照－조】xiǎozhào 圆소형 독사진.

【小指－지】xiǎozhǐ (同)〔小拇·mu 指〕

【小注－주】xiǎozhù 圆할주(割注). 본문
　사이에 들어가는 주석.

【小传－전】xiǎozhuàn 圆간단한 전기(傳記).

【小篆－전】xiǎozhuàn 圆소전.〔한자 서체
　의 하나〕

【小资产阶级－자산계급】xiǎo zīchǎn jiējí
　圆소자산 계급. 소부르즈와.

*【小子－자】xiǎozǐ 圆1〈文〉어린 사람. 2
　〈謙〉저. 소인.〔자신의 겸칭〕

*【小子－자】xiǎo·zi 圆1사내아이. ◇大～/
　장남. ◇他家有个三岁的胖～, 特别讨人喜
　欢/그에게는 3살짜리 토실토실한 애가
　있는데 유난히 귀여움을 받는다. 2놈. 녀
　석.〔경멸의 의미를 내포한다〕◇这～真
　坏!/그놈은 정말 못 됐어! ◇～, 等着瞧
　吧!/이 녀석, 두고보자!

【小卒－졸】xiǎozú 圆졸병. 병졸.

⁕【小组－조】xiǎozǔ 圆(업무·학습 등 목적
　으로 만든) 조. 팀. 소그룹.

【小坐－좌】xiǎozuò 圖잠시 앉다.

【晓·曉】日部 xiǎo
　　　　　6画　새벽 효
1圆새벽. ◇破～/새벽. 동이 트다. 2圆알
　다. 3圖(다른 사람에게) 알게 하다. 알리다.

【晓畅－창】xiǎochàng 1圖정통하다. 통달
　하다. ◇～军事/군사에 정통하다. (同)
　〔精通 jīngtōng〕2圆(글이) 명쾌하다.
　(同)〔通 tōng 顺〕,〔反〕〔艰涩 jiānsè〕

☆【晓得－득】xiǎo·de 圖알다. ◇人人都～, 你
　是电影明星/당신이 영화배우라서 누구나
　다 알고 있다. (同)〔知道〕

【晓示－시】xiǎoshì 圖분명하게 알려주다.

【晓谕－유】xiǎoyù (同)〔晓示〕

xiào

【肖】小部 xiào
　　　4画　같을 초
　圖닮다. 본뜨다. ◇酷～/몹시 닮다. ⇒xiāo

*【肖像－상】xiàoxiàng 圆초상화. 사진.

【肖像画－상화】xiàoxiànghuà 圆초상화.

【孝】耂部 子部 xiào
　　　3画 4画　효도 효
1圆효도. ◇尽～/효도를 다 한다. 2圂효
　성스럽다. ◇～子/효자. 3圆상례(喪禮).
　4圆상복(喪服). ◇穿～/상복을 입다. 5
　(Xiào)圆성(姓).

【孝道－도】xiàodào 圆효도.

【孝服－복】xiàofú 圆1상복. 2상중(喪中).

【孝敬－경】xiàojìng 圖1웃어른을 섬기다.
　2(웃어른에게) 물건을 드리다.

【孝幔－만】xiàomàn 圆〈文〉관(棺) 앞에
　치는 휘장(揮帳).

*【孝顺－순】xiào·shùn 圂효성스럽다.

【孝心－심】xiàoxīn 圆효심.

【孝衣－의】xiàoyī (同)〔孝服〕

【孝子－자】xiàozǐ 圆1효자. (反)〔逆子 nì-
　zi〕2친상(親喪)중인 상제.

【孝子贤孙－자현손】xiào zǐ xián sūn 〈成〉
　효성스럽고 현명한 자손.

【哮】口部 xiào
　　　7画　성낼 효
1圆(천식 따위로) 숨차다. 쌕쌕거리다.
　◇～喘/천식. 2圆울부짖다. ◇咆～/포효
　하다.

【哮喘－천】xiàochuǎn 圆〈醫〉천식(喘息).

【校】木部 xiào
　　　6画　학교 교
　圆1학교. 2영급(領級) 장교. ◇中～/중
　령. ⇒jiào

【校风－풍】xiàofēng 圆교풍.

【校服－복】xiàofú 圆교복.

【校官－관】xiàoguān 圆〈軍〉영관(領官).

【校规—규】xiàoguī 명교칙. 학교의 규칙.

【校花—화】xiàohuā 명학교에서 제일 아름다운 여학생.

*【校徽—휘】xiàohuī 명학교의 배지.

【校刊—간】xiàokān 명학교의 간행물.

【校庆—경】xiàoqìng 명개교기념일.

【校舍—사】xiàoshè 명학교의 기숙사.

【校训—훈】xiàoxùn 명교훈.

【校友—우】xiàoyǒu 명동창. 동문.

*【校园—원】xiàoyuán 명교정(校庭).

☆【校长—장】xiàozhǎng 명1(초등·중·고교의) 교장. 2(대학의) 총장.

【效·効】 攵部 | xiào
6画 | 본받을 효

1명효과. 효력. 효능. ◇功~/효능. 효과. 2동본받다. 흉내내다. ◇上行下~/成 윗사람이 하는 대로 아랫사람이 따라하다. 윗물이 맑아야 아랫물도 맑다. 3동힘을 다하다. 진력하다. (힘이나 목숨을) 바치다. 공헌하다. ◇~力/효력.

【效法—법】xiàofǎ 동모방하다. 남을 흉내내다.

【效仿—방】xiàofǎng 동흉내내다. 모방하다. 본받다.

☆【效果—과】xiàoguǒ 명효과. ◇这种药我吃过, 根本没有~/이 약을 먹어봤는데 전혀 효과가 없다. 주의'效果'는 주로 '好', '坏', '大', '小' 등의 형용사와 호응하며, '高', '低'와는 호응하지 않음. ◇效果很(×高)好/효과가 좋다.

【效劳—로】xiào// láo 동힘을 다하다. ◇为国~/나라를 위하여 힘을 다한다.

【效力—력】xiào// lì (同)〔效劳〕

*【效力—력】xiàolì 동힘을 다하다. ◇他一直为增长出口而~/그는 줄곧 수출증대를 위해 힘을 쏟아 부었다.

☆【效率—율】xiàolǜ 명효율. 능률. 능률 ◇用电脑设计比一般设计~高得多/컴퓨터로 디자인하는 것은 일반 디자인보다 효율이 훨씬 높다.

【效命—명】xiào// mìng 동목숨을 바치다.

【效能—능】xiàonéng 명효능. 효과. 효력.

【效颦—빈】xiàopín (同)〔东 dōng 施 shī 效颦〕

【效死—사】xiàosǐ 동목숨 바쳐 일하다. 목숨을 걸고 다하다. (反)〔惜命 xīmìng〕

【效验—험】xiàoyàn 명효험. 효과. 보람.

*【效益—익】xiàoyì 명효과와 이익. ◇~工资/월급 기본급 외의 성과급.

【效尤—우】xiàoyóu 동나쁜 줄 알면서도 남이 하는 대로 따라하다.

【效忠—충】xiàozhōng 동충성을 다하다.

★【笑】 竹部 | xiào
4画 | 웃을 소

동1웃다. ◇你们~什么?/너희들 왜 웃어? (同)〔乐 lè〕, (反)〔苦 kǔ〕2비웃다. 조소하다. ◇大家别~小李, 他是刚开始学习汉语/모두들 이군을 비웃지마. 이제 막 중국어를 배우기 시작했어. (同)〔讥 jī〕

【笑柄—병】xiàobǐng 명웃음 거리. (同)〔笑话 huà〕, (反)〔佳话 jiāhuà〕

【笑哈哈—합합】xiàohāhā 동소리를 내어 웃는 모양. 기분 좋게 웃는 모양.

【笑呵呵—가가】xiàohēhē 형허허 웃는 모양.

☆【笑话—화】xiào·hua 1명웃음거리. 우스갯소리. ◇这老头挺幽默, 常给大家讲一~/그 노인은 유모스러워 자주 모두들에게 우스갯소리를 해준다. 2동비웃다. 조롱하다. ◇虽然他多次遭到失败, 但没有人~他/그는 여러번 실패를 했지만 그를 비웃는 사람은 었다. (同)〔耻 chǐ 笑〕, (反)〔赞扬 zànyáng〕

【笑话—화】xiào huà 농담 마세요. 웃기지 마세요. ◇听说你要结婚了一~! 我连对象也还没有呢, 结什么婚?/듣자니 결혼 하신다고요. —농담 마세요! 상대도 아직 없는데 무슨 결혼이에요?

【笑剧—극】xiàojù 명〈演〉소극. 익살광대극. (同)〔闹 nào 剧〕

【笑噱—갹】xiàojué 동〈文〉크게 웃다.

【笑里藏刀—리장도】xiào lǐ cáng dāo 〈成〉겉으로는 웃으면서도 속으로는 해칠 생각을 하다. (同)〔口密腹剑 kǒumì fù jiàn〕, (反)〔佛口佛心. fó kǒu fó xīn〕

【笑脸—검】xiàoliǎn (~儿)명웃는 얼굴. 웃음 띤 얼굴.

【笑料—료】xiàoliào 명우스개 거리.

【笑骂—매】xiàomà 동1비웃고 욕하다. 2농담으로 욕하다.

【笑貌—모】xiàomào 명웃음 띤 얼굴.

【笑眯眯—미미】xiàomīmī (~的)형빙그레 웃는 모양.

【笑面虎—면호】xiàomiànhǔ 명겉은 착한 듯하지만 속은 음흉한 사람.

【笑纳—납】xiàonà 동〈套〉웃으며 받아주다. 〔남에게 선물을 보낼 때 쓰는 말〕

*【笑容—용】xiàoróng 명웃는 얼굴. (同)〔笑颜 yán〕, (反)〔愁 chóu 容〕

【笑谈—담】xiàotán 명1웃음거리. ◇传为~/웃음거리로 전해지다. 2우스운 이야기. 우스갯소리.

【笑纹—문】xiàowén 명웃을 때 얼굴에 생

기는 주름.
【笑涡—와】xiàowō (同)〔笑窝〕
【笑窝—와】xiàowō (～儿)㊔보조개.
【笑嘻嘻—희희】xiàoxīxī (～的)㊗미소짓다. 해죽이 웃다. ◇小姑娘不说话，只是～地望着我/처녀는 말없이 그저 미소지으며 나를 바라보고 있다. (同)〔笑哈哈 xiàohāhā〕, (反)〔悲切切 bēiqiēqiē〕
【笑颜—안】xiàoyán ㊔웃는 얼굴.
【笑靥—엽】xiàoyè ㊔**1**〈文〉보조개. **2**웃는 얼굴.
【笑吟吟—음음】xiàoyínyín (～的)㊗싱글벙글 웃는 모양.
【笑影—영】xiàoyǐng ㊔웃는 표정.
【话语—어】xiàoyǔ ㊔웃으며 환담하다.
【笑逐颜开—축안개】xiào zhú yán kāi〈成〉얼굴에 웃음꽃이 활짝 피다. (同)〔笑容可掬 xiào róng kě jū〕, (反)〔愁容满面 chóu róng mǎn miàn〕

【啸·嘯】 口部 8画 | xiào 휘파람 **소**

1㊍휘파람을 불다. ◇登高长～/높은 곳에 올라 휘파람을 길게 내불다. **2**㊍(짐승·새 따위가) 길게 울다. ◇虎～/호랑이가 길게 포효하다. **3**㊔물·바람 따위의 소리. ◇风～/바람이 솨솨 불다. **4**㊔바람. 비행기·총알 따위가 날아갈 때 내는 소리. ◇枪弹的～声/총알이 핑핑 날아가는 소리.
【啸傲—오】xiào'ào ㊗〈文〉유유자적하다. 세속을 벗어나 자유롭게 지내다. 〔은자의 생활을 가리킴〕
【啸聚—취】xiàojù ㊍〈文〉(주로 도적 따위가) 서로를 불러 모으다. 패거리를 규합하다.
【啸鸣—명】xiàomíng **1**㊍높고 길게 울다. **2**㊔높고 긴 소리.

X

xiē

★【些】 一部 7画 二部 6画 | xiē 적을 **사**

㊣1약간. 몇. 〔부정(不定)의 적은 수량을 나타냄〕◇老师，对不起，我还有一～问题要问/선생님 죄송합니다. 제가 아직 몇 가지 문제를 더 여쭤볼 게 있습니다. 비교 些:几:几个 ①"些"는 일반적으로 기타 양사와 더불어 쓰지 않는다. ◇我去买(×些)几斤苹果/내가 사과를 몇 근 사올게. ②얼마간의 시간 이전 경우에는 "时候", "年", "日子", "天"의 앞에 "前些"를 쓸 수 있으나 "星期" 앞에는 쓸 수 없다. ◇前(×些)几个星期他回国了/몇주 전에 그는 귀국했다. **2**'好'·'这么'·'那么' 뒤에 붙어 수량이 많음을 나타낸다. ◇您别看有这么～人吃饭，小说也得有五百公斤/이만한 사람들이 밥을 먹은 것을 얕보지 마. 자그마치 5백킬로는 있어야 돼. **3**조금. 얼마쯤. 〔형용사 뒤에 놓여서 '약간'의 뜻을 나타냄〕◇我听不太懂，请您说得慢～/잘 못 알아듣겠으니 좀 천천히 말해주세요.
【些个—개】xiē·ge ㊣〈口〉좀. 약간.
【些微—미】xiēwēi **1**㊗약간의. 조금의. **2**㊖조금. 약간.
【些小—소】xiēxiǎo ㊗**1**사소한. 약간의. **2**적다. 작다.
【些须—수】xiēxū ㊗〈早白〉약간. 적이.
【些许—허】xiēxǔ (同)〔些须 xū〕〔些微 wēi〕, (反)〔许多 duō〕
【些子—자】xiē·zi ㊣〈方〉조금. 약간. 적이.

【揳】 扌部 9画 | xiē 헤아릴 **혈**

㊍(못이나 쐐기를) 박다.

【楔】 木部 9画 | xiē 문설주 **설**

(～儿)㊔쐐기. ⇒〔楔〕
【楔形文字—형문자】xiēxíng wénzì ㊔설형문자. 쐐기 문자.
【楔子—자】xiē·zi ㊔**1**쐐기. **2**(대)나무 못. **3**근대소설의 본문 전에 제시된 짧은 글. 희곡의 서막이나 막간에 들어가는 단락.

☆【歇】 欠部 9画 | xiē 쉴 **헐**

1㊍쉬다. 휴식하다. ◇干累了就～一会儿/일하다가 지치면 잠시 쉬어라. **2**㊍그만두다. 멈추다. ◇～工/폐업하다. (同)〔罢 bà〕, (反)〔开 kāi〕 **3**㊍〈方〉자다. **4**㊔잠깐. 잠시. ◇过了一～/잠시 지났다.
【歇鞍—안】xiē//ān ㊍〈方〉일을 멈추고 쉬다.
【歇班—반】xiē//bān (～儿)㊍비번이 되다.
【歇顶—정】xiē//dǐng ㊍(정수리 부분의 머리털이) 빠지다.
【歇乏—핍】xiē//fá ㊍잠깐 휴식하다.
【歇伏—복】xiē//fú ㊍〈俗〉여름 한더위 때 일을 쉬다.
【歇工—공】xiē//gōng ㊍일을 쉬다. 폐업하다. (同)〔停 tíng 工〕, (反)〔开 kāi 工〕
【歇后语—후어】xiēhòuyǔ ㊔〈言〉헐후어. 두 부분으로 이루어져 있고, 앞부분으로

뒷부분을 암시하는 관용어. 예를 들면, '泥菩薩过江'(진흙으로 만든 보살이 강을 건너)로 '自身难保'(자신을 보전하기도 어렵다)를 암시하는 것 등.

【歇肩―견】xiē// jiān 图어깨의 짐을 내려 놓고 잠시 쉬다.

【歇脚―각】xiē// jiǎo 图(길을 가다가) 잠시 쉬다.

【歇凉―량】xiē// liáng 图〈方〉더위를 식히며 쉬다.

【歇气―기】xiē// qì 图(일을 멈추고) 좀 쉬다.

【歇响―향】xiē// shǎng 점심식사 후 잠시 쉬다. 낮잠을 자다.

【歇手―수】xiēshǒu 图일손을 멈추다. (同)〔住 zhù 手〕, (反)〔上 shàng 手〕

【歇斯底里―사저리】xiēsīdǐlǐ 图히스테리(를 부리다).

【歇宿―숙】xiēsù 图숙박하다. 묵다.

【歇腿―퇴】xiē// tuǐ (~儿)图〔歇脚〕

【歇息―식】xiē·xi 图1쉬다. 휴식하다. 2숙박하다.

【歇夏―하】xiē// xià 图한여름에 일을 쉬다.

【歇闲―한】xiēxián 图〈方〉휴식하다.

【歇心―심】xiē// xīn 图1마음을 편안히 갖다. 2〈方〉단념하다.

【歇业―업】xiē// yè 图1휴업하다. (同)〔停 tíng 业〕, (反)〔开张 kāizhāng〕 2폐업하다. 영업을 정지하다.

【歇枝―지】xiēzhī 图〈農〉과일수확이 좋은 이듬해나 그 후 몇 해 동안 과일이 제대로 열리지 않는다.

【蝎(蠍)】虫部 xiē 9画 전갈 갈

图〈動〉전갈.

【蝎虎―호】xiēhǔ 1(同)〔壁 bì 虎〕 2图〈方〉지독하다. 악랄하다. →〔厉 lì 害〕

【蝎子―자】xiē·zi 图〈動〉전갈.

xié

【叶】口部 xié 2画 화할 協

图조화하다. 화합하다. ⇒yè

【协·協】十部 xié 4画 맞을 協

图1〈文〉조화하다. 화합하다. 어울리다. 2합하다. 한데 모으다. ◇～力/협력하다. 3협력하다. 돕다. ◇～理/협력하여 일을 처리하다.

【协办―판】xiébàn 图협력하여 처리하다.

【协定―정】xiédìng 1图협정. ◇由于对方撕毁 sīhuǐ～、两国关系日趋紧张/상대국가에서 협정을 파기했기 때문에 양국관계가 나날이 긴장되고 있다. 2图협상하여

(협정을) 맺다.

【协和―화】xiéhé 图어울리게 하다. 화합시키다.

**【协会―회】xiéhuì 图협회.

【协理―리】xiélǐ 1图협력하여 일을 처리하다. 2图회사·은행에서 사장·행장 등의 일을 돕는 사람. 부사장. 행장대리.

【协理员―리원】xiélǐyuán (同)〔政 zhèng 治协理员〕

【协力―력】xiélì 图图협력(하다).

*【协商―상】xiéshāng 图图협상(하다). 협의(하다).

**【协调―조】xiétiáo 图1조화롭다. 2적절하게 조절하다. ◇～产销关系/생산과 판매를 적절히 조절한다.

【协同―동】xiétóng 图협동하다. 협력하다. (反)〔单独 dāndú〕

*【协议―의】xiéyì 1图图협의(하다). 협상(하다). 2图합의(서).

【协约―약】xiéyuē 图图협약(하다).

**【协助―조】xiézhù 图图협조하다. ◇许多部门～我们拍摄这部电视连续剧/많은 부서에서 우리가 이 TV연속극을 촬영하도록 협조해줬다. 〔비교〕协助:帮助:帮助:"协助"는 주로 전투·작업 활동에 쓰이지만 사상과 학습 쪽에는 쓰이지 않는다. ◇在大家的(×协助)帮助下、他的学习进步很大/모두의 도움으로 그의 학업은 크게 향상됐다.

【协奏曲―주곡】xiézòuqǔ 图협주곡.

**【协作―작】xiézuò 图협력하다. 제휴하다. ◇在生产上我们互相～/생산에 있어 우리는 서로 협력하다.

【胁·脅】月部 xié 4画 갈비 脅

1图옆구리. ◇两～/양 옆구리. 2图협박하다. 위협하다. ◇威 wēi～/위협하다.

【胁持―지】xiéchí (同)〔挟 xié 持〕

【胁从―종】xiécóng 图협박에 못 이겨 남을 따라 나쁜 짓을 하다.

【胁肩谄笑―견첨소】xié jiān chǎn xiào 〈成〉어깨를 움츠리며 아양을 떨다.

【胁迫―박】xiépò 图협박하다. 위협하다.

*【邪】牙部 阝部 xié 2画 4画 간사 사

1图부정하다. 사악하다. 그릇되다. ◇改～归正/그릇된 것을 고쳐 바른 것으로 돌아가다. (同)〔歪 wāi〕, (反)〔正 zhèng〕 2图이상[괴상]하다. ◇～门儿/이상하다. 3图〈中醫〉질병을 일으키는 환경 요인. ◇风～/감기. 4图재앙. ⇒yé

【邪财―재】xiécái 图〈方〉부정축재.

【邪道―도】xiédào (~儿)图올바르지 못한 길. (同)〔邪路 lù〕, (反)〔正 zhèng 道〕

【邪恶―악】xié'è 图사악하다. (反)〔善良 shànliáng〕

【邪乎—呼】xié·hu 웹**1**굉장하다. **2**지독하다.

【邪路—로】xiélù 웹그릇된 길.

【邪门儿—문아】xiéménr 웹이상〔괴상〕하다.

【邪门歪道—문왜도】xié mén wāi dào 정당하지 못된 길.

【邪魔—마】xiémó 웹요귀. 악마.

【邪念—념】xiéniàn 웹사악한 생각.

【邪气—기】xiéqì(又讀 xiáqì) 웹**1**부정한 풍토. (反)〔正 zhèng 气〕 **2**〔中醫〕(인체의 정기와 상충되는) 발병요소.

【邪说—설】xiéshuō 웹악성 루머. 위해성 유언비어.

【邪祟—수】xiésuì 웹악령. 요사스러운 사물.

【邪心—심】xiéxīn 웹사악한 마음.

【邪行—행】xiéxíng 웹부정행위.

【邪行—행】xié·xing 웹〈貶〉매우 심하다.

【挟·挾】 扌部 xié 6画 낄 협

웹**1**겨드랑이 밑에 끼다. **2**(세력을 믿고) 협박하다. ◇~制/협박하다. **3**(원한 따위를) 마음에 품다. ⇒jiā '夹'

*【挟持—지】xiéchí 웹**1**(주로 나쁜 사람이 선량한 사람을) 양 옆에서 겨드랑이 밑에 팔을 넣어 꼼짝못하게 하다. **2**협박하다.

【挟嫌—혐】xiéxián 웹원한을 품다.

【挟制—제】xiézhì 웹(세력 또는 남의 약점을 악용하여) 협박하다.

【谐·諧】 讠部 xié 9画 화할 해

1웹조화되다. 어울리다. ◇和~/잘 어울리다. **2**웹(일이) 잘 타협되다. 제대로 처리되다. **3**웹익살스럽다. ◇~谑/해학적이다.

【谐和—화】xiéhé 웹어울리다. 조화되다. (同)〔和谐〕

【谐剧—극】xiéjù (同)〔喜 xǐ 剧〕

【谐美—미】xiéměi 웹(언사 따위가) 조화롭고 듣기에 아름답다.

【谐声—성】xiéshēng (同)〔形 xíng 声〕

【谐调—조】xiétiáo 웹조화가 잘 되다.

【谐戏—희】xiéxì 웹익살떨다.

【谐谑—학】xiéxuè 웹웹해학(적이다).

【谐音—음】xiéyīn 웹한자의 음이 같거나 닮은 것.

【谐振—진】xiézhèn 웹〈物〉공명(共鳴).

【偕】 亻部 xié 9画 함께 해

웹같이. 함께. ◇百年~老/백년해로.

【偕老—로】xiélǎo 웹해로하다. (부부가) 함께 늙어가다.

【偕同—동】xiétóng 웹다른 사람과 같이 (어디를) 가다.

☆【斜】 斗部 xié 7画 빗길 사

웹기울다. (同)〔偏 piān〕, (反)〔正 zhèng〕

【斜晖—휘】xiéhuī 웹〈文〉저녁 햇빛. (同)〔夕晖 xīhuī〕, (反)〔朝晖 zhāohuī〕

【斜楞—릉】xié·leng 웹기울이다. 비스듬히 하다.

【斜路—로】xiélù 웹잘못된 길.

【斜率—률】xiélù 웹〈数〉경사도.

【斜面—면】xiémiàn 웹〈物〉사면.

【斜坡—파】xiépō 웹비탈. 경사.

【斜射—사】xiéshè 웹빛이 비스듬히 비쳐들다.

【斜视—시】xiéshì **1**웹사팔뜨기. **2**웹곁눈질하다.

【斜纹—문】xiéwén 웹**1**〈紡〉능직(綾織). **2**(~儿)능직의 방식으로 짠 직물.

【斜纹布—문포】xiéwénbù 웹〈紡〉능직(綾織)의 방식으로 짠 천.

【斜象眼儿—상안아】xié·xiàngyǎnr 웹〈方〉마름모.

【斜眼—안】xiéyǎn 웹**1**사시(斜視). (同)〔侧目 cèmù〕, (反)〔正 zhèng 眼〕 **2**(~儿)사팔뜨기 눈. **3**(~儿)사팔뜨기.

【斜阳—양】xiéyáng 웹석양. 저녁 해. (同)〔夕 xī 阳〕, (反)〔朝 zhāo 阳〕

【颉·頡】 页部 xié 6画 날 힐

1웹새가 날아 오르다. **2**(Xié)웹성(姓).

【颉颃—항】xiéháng **1**〈文〉웹새가 오르내리며 날다. **2**웹우열을 가리기 어렵다. 막상막하하다.

【携】 扌部 xié 10画 끌 휴

웹**1**(손에) 지니다. 휴대하다. **2**손을 잡다. ◇手~手/손을 잡다.

*【携带—대】xiédài 웹**1**휴대하다. 몸에 지니고 다니다. **2**인솔하다. 동반하다. 거느리다. ◇~家眷 juàn/가족을 거느리다. ◇~行李/짐을 휴대하다. **3**돌보아 주다. 이끌어 주다.

【携贰—이】xié'èr 웹〈文〉딴 마음을 품다.

【携手—수】xié//shǒu 웹**1**손에 손을 잡다. **2**제휴하다. 합작하다.

★【鞋】 革部 xié 6画 신 혜

웹신발. ◇皮~/가죽 구두. ◇拖~/슬리퍼.

【鞋拔子—발자】xiébá·zi 웹구둣주걱.

【鞋帮—방】xiébāng (~儿)웹구두의 양측 면부.

【鞋带—대】xiédài 웹구두끈.

【鞋底—저】xiédǐ (~儿)웹구두창.

【鞋粉—분】xiéfěn 웹(가루로 된) 구두약.

【鞋匠—장】xié·jiang 웹제화공.

【鞋脸—검】xiéliǎn 웹구두의 잔등. 신발의 코.

【鞋油—유】xiéyóu 웹구두약.

【鞋子—자】xié·zi 웹신발.

xiě

★【写·寫】 一部 | xiě 3画 | 글씨쓸 **사**

동1〔글씨를〕 쓰다. ◇门上~着'闲人免进' 呢, 就不要进去了/문에 '관계자외 출입금지'라고 쓰여있으니 들어가지 마. 2글을 쓰다. ◇他一个月就~了三篇小说/그는 1개월만에 3편의 소설을 썼다. 3묘사하다. ◇~景/경치를 묘사하다. 4그림을 그리다. ◇~生/사생하다. ⇒xiè

【写本－본】 xiěběn 명사본.

【写法－법】 xiěfǎ 명1글 쓰는 법. 2글씨 쓰는 법.

【写景－경】 xiě// jǐng 동경치를 묘사하다.

【写生－생】 xiěshēng 동〈美〉사생(하다). 스케치(하다).

【写实－실】 xiěshí 동있는 그대로를 쓰다.

【写意－의】 xiěyì 동〈美〉회화(繪畫)에서, 사물의 형태보다도 그 정신을 살려내어 그리는 일. →[工笔 gōngbǐ] ⇒xièyì

【写照－조】 xiězhào 동1초상을 그리다. 2사실대로 묘사하다.

【写真－진】 xiězhēn 1동사람의 모습을 그리다. 2명초상화. 3명사실대로의 묘사.

【写字台－자대】 xiězìtái 명사무용 책상.

＊＊【写作－작】 xiězuò 동1글을 짓다. 창작하다. 2명〔문예〕작품. 창작.

☆【血】 血部 | xiě 0画 | 피 **혈**

명〈口〉피. ◇流了一点~/피를 조금 흘렸다. ⇒xuè

【血糊糊－호호】 xiěhūhū (~的)피투성이이다.

【血淋淋－림림】 xiělínlín (~的)형1피가 뚝뚝 떨어지는 모양. 2뼈에 사무치는. 섬뜩한. ◇~的事实/섬뜩했던 사실. ◇~的教训/뼈에 사무치는 교훈.

【血晕－훈】 xiěyùn 명멍.

xiè

【写·寫】 一部 | xiè 3画 | 글씨쓸 **사**

(同)〔写意〕

【写意－의】 xièyì 형〈方〉편안하다. 기분이 상쾌하다.

＊【泻·瀉】 氵部 | xiè 5画 | 쏟을 **사**

동1내리퍼붓다. 쏟다. 2설사하다.

【泻肚－두】 xiè// dù 동설사하다.

【泻湖－호】 xièhú 명〈地質〉석호.

【泻药－약】 xièyào 명설사약.

＊【泄(洩)】 氵部 | xiè 5画 | 샐 **설**

동1(액체나 기체를) 배출하다. 흘려보내다. 왈칵 흘러 내리다. ◇排~/배출하다. 2(비밀·소식 따위가) 누설되다. 새다. 드러나다. ◇~密/비밀을 누설하다. 3(밖으로) 발산하다. (울분 따위를) 풀다. ◇~愤/울분을 터뜨리다.

【泄底－저】 xiè// dǐ 동(비밀·내막을) 드러내다. 폭로하다.

【泄愤－분】 xiè// fèn 동울분을 터뜨리다.

【泄恨－한】 xiè// hèn (同)〔泄愤 fèn〕

【泄洪－홍】 xièhóng 동(물이 불어) 댐의 수문을 열어 배수하다. (反)〔蓄洪 xùhóng〕

【泄劲－경】 xiè// jìn (~儿)동김새다. 낙담하다. ◇努力赶上去, 别~/낙담하지 말고 열심히 매진하시오.

【泄漏－루】 xièlòu 동1(액체나 기체가) 새다. 빠져나가다. ◇管道破裂, 石油大量~/관이 파열되어 석유가 대량으로 새었다. 2(비밀·정보를) 누설하다. (同)〔泄露 lòu〕, (反)〔保守 bǎoshǒu〕

＊【泄露－로】 xièlòu (同)〔泄漏 lòu〕

【泄密－밀】 xiè// mì 동비밀을 누설하다. (同)〔失 shī 密〕, (反)〔保 bǎo 密〕

＊【泄气－기】 xiè// qì 1동기가 죽다. 낙심하다. ◇遇到困难也不要悲观~/어려움이 닥쳐도 비관해서 낙담하지 마시오. (同)〔泄劲 jìn〕, (反)〔鼓劲 gǔjìn〕 2(비웃는 투로) 재주가 없다. ◇这点小故障排除不了, 你也太~了/요만한 고장도 수리하지 못하다니 너 참 재주가 없다.

【泄殖腔－식강】 xièzhíqiāng 명〈動〉배설강.

＊＊【卸】 卩部 | xiè 7画 | 벗을 **사**

동1짐을 내리다〔부리다〕. ◇不要着急, 车停了再~货/서두르지 말고 차가 서거든 짐을 내려. (反)〔装 zhuāng〕 2(입거나 바른 것을) 지우다. ◇~装/화장을 지우다. 3수레에 맨 가축을 풀다〔벗기다〕. ◇先~了牲口, 再一车上的东西/먼저 소(말)을 풀고나서 마차에 있는 물건을 내리시오. 4분해하다. 풀다. 뜯어내다. ◇~了螺丝再~零件/나사를 풀고나서 부속품을 분해하시오. (同)〔拆 chāi〕, (反)〔安 ān〕 5그만두다. ◇~任/해임되다.

【卸包袱－포복】 xièbāo·fu 동정신적 부담을 벗다. 자신과 연루된 것을 버리다. ◇对那件事, 他已卸了思想包袱/그 일에 대해 그는 이미 정신적 부담을 벗다.

【卸车－거】 xiè// chē 동수레에서 짐을 내리다. (反)〔装 zhuāng 车〕

【卸货－화】 xiè// huò 동짐을 (배·차 따위

에서) 내리다.

【卸肩—견】xièjiān (同)〔卸责〕

【卸磨杀驴—마살려】xiè mò shā lǘ 〈成〉가루를 다 빻고나서 당나귀를 죽이다. 토사구팽. 목적을 달성 후 애쓴 사람을 없애 버린다.

【卸任—임】xiè// rèn 图(관리가) 해임되다. (同)〔卸职 zhí〕, (反)〔上任 shàngrèn〕

【卸责—책】xièzé 图책임을 회피하다. 남에게 책임을 전가하다.

【卸妆—장】xiè// zhuāng 图1장신구를 풀다. 2화장을 지우다.

【卸装—장】xiè// zhuāng 图배우가 무대의상을 벗거나 화장을 지우다. (同)〔下 xià 装〕, (反)〔上 shàng 装〕

* 【屑】尸部 xiè
7画 | 가루 설
1图부스러기. 찌끼. ◇木~/나무 부스러기. 톱밥. 2图하찮다. 시시하다. ◇琐~/사소하다. 3图…할 가치가 있다고 여기다. 〔부정문의 형식으로 쓰임〕◇不~一顾/일고의 가치도 없다.

【械】木部 | xiè
7画 | 틀 계
图1기계. 기기. 2무기. 병기. 3〈文〉(옛날, 쇠고랑·차꼬·칼 따위의) 형구(刑具).

【械斗—투】xièdòu 图무기를 들고 패싸움을 하다.

【亵·褻】亠部 衣部 xiè
10画 6画 | 더러울 설
1图얕보다. 깔보다. ◇~渎/얕보고 깔보다. 2图음란하다. 추잡하다. ◇猥 wěi~/음탕하다.

【亵渎—독】xièdú 图〈文〉얕보다. 깔보다.

【谢·謝】讠部 | xiè
10画 | 사례할 사
1图(…에게) 감사(하다). 〔뒤에 감사의 대상인 목적어를 직접 가질 수 있다〕◇这件事不知道该~谁, 他们做了好事从来不留姓名/그들은 좋은 일을 하고 여지껏 성명을 남기지 않아 이 일을 누구에게 감사해야 할지 모르겠다. ◇~~/你/감사합니다. 2图사례해서 또는 한턱을 내서 감사를 표시하다. 3图잘못을 시인하다. ◇~罪/사죄하다. 4图거절「사양」하다. ◇~绝/사양하다. 5图(꽃·잎 따위가) 지다. 시들다. ◇这是什么花儿? 开了两个月了, 还从没~过呢/이게 어떤 꽃이야? 핀 지 2개월이나 되었는데도 지지 않았으니 말이야. (同)〔败 bài〕, (反)〔放 fàng〕〔开 kāi〕6(Xiè)图성(姓). ◇~丘/복성(複姓).

【谢病—병】xièbìng 图〈文〉병을 구실삼다. ◇~辞官/병을 구실삼아 사직했다.

【谢步—보】xièbù 图답례로 방문하다. (同)〔回拜道谢 huí bài dào xiè〕

【谢忱—침】xièchén 图사의. 감사의 뜻.

【谢词—사】xiècí 图사례나 감사의 말.

【谢恩—은】xiè// ēn 图은혜에 감사하다. 〔주로 신하가 군주에 대한 사은을 가리킴〕

* 【谢绝—절】xièjué 图사양하다. 사절하다.

【谢客—객】xiè// kè 图1손님을 사절하다. 2손님에게 감사의 말을 하다.

【谢幕—막】xiè// mù 图(폐막 후에 관중의 요청에 의해 배우가 무대에 나와) 답례인사를 하다.

【谢却—각】xièquè 图사절하다.

【谢世—세】xièshì 图〈文〉세상을 떠나다. (同)〔去 qù 世〕, (反)〔诞生 dànshēng〕

【谢天谢地—천사지】xiè tiān xiè dì 〈成〉고맙기 그지없다. ◇只要他不再来找麻烦, 我就~了/그가 더이상 귀찮게 굴지 않는다면 고맙기 그지없지.

【谢帖—첩】xiètiě 图옛날, 선사품에 대한 감사편지.

【谢孝—효】xiè// xiào 图(탈상 후에) 조문객에게 사의를 표하다.

★【谢谢—사】xiè·xie (…에게) 감사하다. 〔대상목적어나 절을 가질 수 있다〕◇~老师/선생님 감사합니다. ◇~你的热情款待/당신의 후한 대접에 감사드립니다.
비교谢谢:谢 ①"谢谢" 뒤에는 보어를 갖지 않는다. ◇我应该好好(×谢谢)谢一下儿他/난 그에게 톡톡히 한턱내서 고맙다는 인사를 해야겠다. ②"谢谢"는 시태조사 "过"를 갖지 않는다. ◇我刚才已经(×谢谢)谢过司机师傅了/난 조금 전에 이미 기사아저씨에게 감사하다고 했다.

【谢意—의】xièyì 图사의. 감사의 뜻.

【谢罪—죄】xiè// zuì 图사죄하다.

【解】角部 | xiè
6画 | 풀릴 해
1图〈口〉알다. 이해하다. 2图곡마 기예. 3(Xiè)图성(姓). 4〈地〉解迟〔산서성의 호수명〕⇒jiě, jiè

【解数—수】xièshù 图무술의 자세나 폼. 수단. 솜씨.

【澥】氵部 | xiè
13画 | 바다 해
图1(풀·아교 상태의 것이) 묽어지다. 끈기가 약해지다. 2〈方〉(풀 따위에) 물을 타서 묽게 만들다.

【懈】忄部 | xiè
13画 | 게으를 해
图게을리하다. 태만하다.

【懈怠—태】xièdài 图게으름피우다. 태만하다. ◇对工作尽心竭 jié 力, 从不~/전력투구하여 일을 하며 여지껏 태만하지 않았

다. (同)〔懒惰 dàiduò〕, (反)〔努力 nǔlì〕
【懈气-气】xièqì 힘이 빠지다. 맥이 풀리다.

【邂】 辶部 | xiè
13画 | 만날 **해**
→〔邂逅〕

【邂逅-후】xièhòu 통〈文〉해후하다. 맞닥뜨리다.

【獬】 犭部 | xiè
13画 | 해태 **해**
→〔獬豸〕

【獬豸-치】xièzhì 명해태.〔시비와 선악을 분별하며, 사람 사이에 싸움이 벌어지면 악인을 뿔로 떠받는다 함〕

【蟹】 虫部 | xiè
13画 | 게 **해**
명〈動〉게. ◇螃~/게.

【蟹粉-분】xièfěn 명〈方〉게살.
【蟹黄-황】xièhuáng (~儿)명게 뱃속의 난소와 소화선.
【蟹獴-몽】xièměng 명〈動〉몽구스(mongoose)의 일종.
【蟹青-청】xièqīng 명게껍질 같은 푸른 색을 띤 회색.

【薤】 艹部 | xiè
13画 | 부추 **해**
명1〈植〉염교. 2염교의 인경(鳞茎).

【燮(爕)】 火部 | xiè
15画 | 화할 **섭**
1통〈文〉조화하다. 2(Xiè)명성(姓).

心1089	芯1092	忻1092	欣1092	辛1092
锌1093	新1093	薪1094	歆1094	鑫1094
囟1094	芯1094	信1095	衅1096	焮1096

---

xīn

★【心】 心部 | xīn
0画 | 마음 **심**
명1(사람의) 심장. (동물의) 염통. ◇这是鸡~, 可以吃, 不要扔掉/이것은 닭의 염통으로 먹을 수 있으니 버리지 마라. 2마음. 생각. 간담. ◇孩子发高烧不退, 全家人都放不下~/애가 고열이 내리지 않아 전집안 식구가 마음을 놓을 수 없다. ◇他现在~很乱/그는 지금 생각이 매우 어수선하다. ◇谈~/마음 속 이야기를 한다. ◇~冷了半栽/간담이 써늘해진다. 3(사물의) 중심. 핵심. ◇江~/강 복판. 4〈天〉이십팔수(二十八宿)의 하나.

**＊【心爱-애】xīn'ài 진심으로 사랑하는. 애지중지하는.〔①관형어로 쓰이며 뒤에 '的'를 쓴다. ②형용사로서 목적어를 취

할 수 없다〕 ◇~的女儿/사랑하는 딸.
비교心爱:可爱:钟爱 ①"心爱"는 사람 또 사물만 형용할 수 있으나 장소에는 쓰이지 않는다. ◇我真不舍得离开(×心爱)可爱的家乡/난 정말 정든 고향을 떠나기가 아쉽다. ◇"心爱"는 목적어를 취하지 않는다. ◇他(×心爱)钟爱他的女儿/그는 그의 딸을 지극히 사랑한다.
【心安理得-안리득】xīn ān lǐ dé〈成〉꺼림칙한 데 없이 마음이 편하다. (反)〔忐忑不安 tǎn tè bù ān〕
【心包-포】xīnbāo 명〈生理〉심낭(心囊).
【心病-병】xīnbìng 명1화병. 울화병. 2말 못할 사연. 속사정. 아픈 곳. ◇你的话说在小她的~上了/네 말이 창양의 아픈 곳을 찔렀다.
【心不在焉-불재언】xīn bù zài yān〈成〉마음이 딴 데 가 있다. 정신이 산란하다. (同)〔魂不守舍 hún bù shǒu shě〕, (反)〔专心致志 zhuān xīn zhì zhì〕
【心材-재】xīncái 명심재.〔나무 줄기의 목질부의 내층〕
【心裁-재】xīncái 명구상. 발상.
【心肠-장】xīncháng 명1마음씨. ◇不知道他怀着什么~/그가 어떤 마음인지 모르겠다. ◇~硬/강심장이다. 눈물도 없다. ◇~软/마음이 약하다. 2흥미. 기분. ◇弟弟就要考试了, 没~去看小说/남동생이 곧 시험을 보게 되어 소설을 볼 기분이 안 난다.
【心潮-조】xīncháo 명마음의 일렁임. 감정의 기복.
【心驰神往-치신왕】xīn chí shén wǎng〈成〉마음이 쏠리다〔끌리다〕.
【心传-전】xīnchuán 1통〈佛〉경전에 의하지 않고 이심 전심으로 불법을 전수하다. 2명대대로 전해지는 학설.
【心慈手软-자수연】xīn cí shǒu ruǎn〈成〉마음이 어질고 모질지 못하다. (反)〔心狠手辣 xīn hěn shǒu là〕
【心胆-담】xīndǎn 명1심장과 쓸개. 2의지와 담력.
☆【心得-득】xīndé 명1체득. 깨달음. 업무·학습 등을 통해 터득 또는 깨닫게 되는 지식. 기술. 인식 등.
【心底-저】xīndǐ 명1마음속. 2(~儿)마음씨.
【心地-지】xīndì 명1심지. 마음씨. 2마음. 심정.
【心电图-전도】xīndiàntú 명〈醫〉심전도.
【心毒-독】xīn dú 마음씀이 잔인하다.
【心烦-번】xīnfán 명짜증나다. 답답하다.
【心房-방】xīnfáng 명1〈生理〉심방. 2가슴.
【心扉-비】xīnfēi 명마음의 문. ◇叩 kòu 人~/사람의 마음의 문을 두드리다.

X

【心服一복】xīn//fú 〔동〕심복하다. (同)〔腹 fú 心〕, (反)〔外人 wàirén〕

【心服口服一복구복】xīn fú kǒu fú〈成〉말뿐 아니라 마음으로도 진정 승복하다.

【心浮一부】xīn//fú〔동〕마음이 들뜨다.

【心腹一복】xīnfù 〔명〕심복.

【心腹话一복화】xīn·fùhuà 〔명〕마음속의 말.

【心腹之患一복지환】xīnfù zhī huàn〈成〉내부에 잠복해 있는 화근.

【心甘一감】xīngān 〔동〕달가워하다. ◇死也 ～/죽어도 달갑게 죽겠다.

【心甘情愿一감정원】xīn gān qíng yuàn〈成〉기꺼이 하다. (同)〔甘心情愿〕, (反)〔迫不得已 pò bù dé yǐ〕

【心肝一간】xīngān 〔명〕1양심. 정의감. 2(～儿)애지중지하는 사람에 대한 호칭.

【心广体胖一광체반】xīn guǎng tǐ pán〈成〉마음이 편안하고 신수(身手)가 훤하다. (反)〔心劳日拙 xīn láo rì zhuó〕

【心寒一한】xīn hán 실망하여 마음이 슬퍼지다.

【心黑一흑】xīn hēi 속이 검다. 음흉하다.

【心狠手辣一한수랄】xīn hěn shǒu là 마음이 독하고 수법이 악랄하다. (同)〔心黑手辣 xīn hēi shǒu là〕, (反)〔心慈手软 xīn cí shǒu ruǎn〕

【心花怒放一화노방】xīn huā nù fàng〈成〉몹시 기뻐 어쩔 줄 모르다. (同)〔大喜过望 dà xǐ guò wàng〕, (反)〔痛不欲生 tòng bù yù shēng〕

【心怀一회】xīn huái 1〔동〕마음에 품다. 2〔명〕심정. 품은 생각.

【心慌一황】xīn huāng 당황하다. (同)〔慌张 zhāng〕, (反)〔镇静 zhènjìng〕

【心慌意乱一황의란】xīn huāng yì luàn〈成〉당황하여 어찌할 바를 모르다. (同〔六神无主 liù shén wú zhǔ〕, (反)〔镇静自若 zhèn zì ruò〕

【心灰意懒一회의라】xīn huī yì lǎn〈成〉의기소침하다. (同)〔心如死灰 xīn rú sǐ huī〕, (反)〔生气勃勃 shēng qì bó bó〕

【心火一화】xīn huǒ〈中醫〉짜증나고 목타고 맥박이 빠르는 등) 열이 많은 증상.

【心机一기】xīnjī 〔명〕마음. 생각. 꾀. ◇他很有～/그는 생각이 깊은 사람이다.

【心肌一기】xīnjī 〔명〕〈生理〉심근(心筋).

【心急一급】xīn jí〔동〕초조하다. 애타다. (反)〔笃定 dǔdìng〕

【心急火燎一급화료】xīn jí huǒ liǎo〈成〉마음이 불붙는 듯 초조하다. (同)〔心急如火 xīn jí rú huǒ〕, (反)〔从容不迫 cóng róng bù pò〕

【心计一계】xīnjì 〔명〕계책. 심산. 지모.

【心迹一적】xīnjì 〔명〕마음속.

【心悸一계】xīnjì 1〔명〕〈醫〉심계항진(心悸亢进). 2〔동〕〈文〉두려워하다. 무서워하다.

【心尖一첨】xīnjiān 〔명〕1〈生理〉심첨(心尖). 심장의 선단부. 2마음속. 심중. 3〈方〉(～儿)눈에 넣어도 아프지 않는 사람.

【心焦一초】xīnjiāo 〔형〕애타다. 초조하다. 안달하다. (同)〔焦心〕, (反)〔笃定 dǔdìng〕

【心劲一경】xīnjìn (～儿)〔명〕1생각. 마음. 2명석함. 3흥미. 의욕.

【心惊胆战一경담전】xīn jīng dǎn zhàn〈成〉무서워서 벌벌 떨다. (同)〔胆战心惊 dǎn zhàn xīn jīng〕, (反)〔泰然自若 tài rán zì ruò〕

【心惊肉跳一경육도】xīn jīng ròu tiào 두려워 가슴이 두근거리다.

【心境一경】xīnjìng 〔명〕심경. 심정. 기분. ◇～不佳/기분이 안 좋다.

【心静一정】xīnjìng 〔형〕마음이 평온하다.

【心坎一감】xīnkǎn (～儿)〔명〕1명치. 2마음속. 깊은 곳. ◇她的话说到我～上了/그녀의 말이 내 마음속까지 와 닿았다.

【心口一구】xīnkǒu 〔명〕명치.

【心口如一一구여일】xīn kǒu rú yī〈成〉생각하는 것과 말하는 것이 일치하다. 표리 없이 정직하다. (同)〔表里如一 biǎo lǐ rú yī〕, (反)〔心口不一 xīn kǒu bù yī〕

【心宽一관】xīnkuān 〔형〕마음이 느긋하다. 낙천적이다.

【心旷神怡一광신이】xīn kuàng shén yí〈成〉마음이 느긋하고 즐겁다.

【心劳日拙一로일졸】xīn láo rì zhuó〈成〉온갖 수단을 다 해봐도 갈수록 더 악화되다. (反)〔心广体胖 xīn guǎng tǐ pàng〕

＊＊【心理一리】xīnlǐ 〔명〕1(사람의 감각·지각·사유 등을 종합한) 심리. 2(사람의 사고·감정 등의) 심리(상태). ◇我一眼便看出了你的～/난 한 눈에 당신의 마음을 간파했다.

【心理学一리학】xīnlǐxué 〔명〕심리학.

【心里一리】xīn·li 〔명〕1(물리적인) 가슴속. ◇上船后不久，我就感到～难受/배를 탄 후 오래지 않아 나는 속이 불편했다. 2(추상적인) 마음속. 심중. ◇他永远活在我～/그는 영원히 내 마음속에 살아있다. (同)〔心内 nèixīn〕, (外表 wàibiǎo〕 비교心里:心坎 마음속의 깊은 곳은 "心里"를 쓰지 않으며 "打中"의 목적어로도 쓰지 않는다. ◇他的话打中了我的(×心里)心坎/그의 말이 내 심금을 울렸다.

【心里没底一리몰저】xīnlǐ méi dǐ 모르다. ◇我们对这个案件～儿/우리는 이 형사사건에 대해 자신없다. ◇叫我登台演戏，我～啦/나에게 무대에 올라 연기를 하라니,

난 자신이 없다. ‖(反)〔心里有 yǒu 底〕
【心里有底－리유저】xīnli yǒu dǐ **1**속으로 알고 있다. 생각이 있다. ◇我～, 知道怎样才能成为翻译员/난 어떻게 하면 번역사가 될 수 있는지 속으로 알고 있다. **2** 속으로 확신〔자신〕하다.〔충분한 준비로 성공할 확실한 근거가 있고 자신이 있다〕 ◇我～, 工程如期完成不成问题/난 공사가 기한내에 완성되는 데는 문제가 없다고 속으로 확신한다. ‖(反)〔心里没 méi 底〕
*【心灵－령】xīnlíng **1**[명]마음. 정신. 영혼. ◇眼睛是～的窗户/눈은 영혼의 창이다. **2** (xīn líng)[동]영리하다. 두뇌가 명석하다.
【心灵手巧－령수교】xīn líng shǒu qiǎo 〈成〉영리하고 손재주도 있다. (反)〔笨手笨脚 bèn shǒu bèn jiǎo〕
【心领－령】xīnlǐng [동]**1**깊이 이해하다. **2** 〈套〉그 호의만은 감사히 받겠습니다.〔남의 선물·초대 등을 사양할 때 하는 말〕
【心领神会－령신회】xīn lǐng shén huì 〈成〉(상대가 말하기도 전에) 마음속으로 깨닫고 이해하다.
【心路－로】xīnlù (～儿)[명]**1**기지. 계책. **2** 도량. **3**마음씨. **4**생각.
【心律－률】xīnlǜ [명]〈醫〉심박의 리듬.
【心率－률】xīnlǜ [명]〈醫〉심장 박동수.
【心满意足－만의족】xīn mǎn yì zú 〈成〉매우 만족해〔흡족해〕하다. (同)〔称心如意 chēng xīn rú yì〕, (反)〔大失所望 dà shí suǒ wàng〕
【心明眼亮－명안량】xīn míng yǎn liàng 〈成〉사물을 관찰하여 시비를 분명히 가리다. 통찰력이 뛰어나다.
*【心目－목】xīnmù [명]**1**심중. 마음속. 안. **2** 생각. 견지.
【心平气和－평기화】xīn píng qì hé 〈成〉태도가 온화하다. (同)〔平心静气 píng xīn jìng qì〕, (反)〔气急败坏 qì jí bài huài〕
【心魄－백】xīnpò [명]마음.
【心气－기】xīnqì (～儿)[명]**1**마음씨. 심보. **2**기개. 패기. **3**심기. 기분. 심정. **4**도량.
【心窍－규】xīnqiào [명](인식·추리를 하는 기능을 가진) 마음.
【心切－절】xīn qiè 마음이 절실하다. 절실하게 느끼다.
☆【心情－정】xīnqíng [명]심정. 마음. 기분. ◇他近来～不大好/그는 요즘 기분이 그리 좋지 않다.
【心曲－곡】xīnqū [명]**1**마음의 깊은 속. **2**걱정거리.
【心软－연】xīn ruǎn 마음이 여리다. 정에 무르다. ◇他心太软了, 办不了事/그는 마음이 너무 약해 일을 제대로 처리 못한다. (反)〔心硬 xīnyìng〕
【心上人－상인】xīn·shàngrén [명]마음에 둔 사람. 사랑하는 사람.
【心神－신】xīnshén [명]**1**마음. 정신. **2**정신 상태. ◇～不定/좌불안석하다.
【心神不定－신불정】xīnshén bùdìng 안절부절 못하다.
【心声－성】xīnshēng [명]마음속에서 우러나오는 말.
【心盛－성】xīn shèng 의욕이 높다.
⁑【心事－사】xīn·shi [명]심사. 걱정거리. 시름. ◇我的～, 妈妈猜不着哟!/나의 심사(心事)를 엄마는 맞추시지 못할 거예요.
【心室－실】xīnshì [명]〈生理〉심실.
【心术－술】xīnshù [명]**1**심술. 심보. **2**계략. 지모.
【心数－수】xīnshù [명]지모.
⁑【心思－사】xīn·si **1**[명]생각. 염두. ◇你的～被人看透了/네 심사를 남이 알아차렸다. **2**[명]머리. 신경. ◇费～/신경이 많이 쓰인다. ◇挖空～/온갖 머리를 짜내다. ◇哪个母亲不希望儿女在学习上多用点儿～?/자녀가 공부에 좀 더 머리를 쓰는 것은 어느 부모가 바라지 않겠는가? **3**[명](하고 싶은) 심정. 기분. ◇这两天我没有一点～看书/나는 요며칠 책 볼 기분이 조금도 안 난다. [비교]心思:心情 "心思"는 주로 "没有"와 함께 쓰인다. ◇最近她的(×心思)心情很不好/최근 그녀의 마음이 편치 않다.
【心酸－산】xīn suān [형]슬프다. 마음이 쓰리다.
【心算－산】xīnsuàn [명][동]암산(하다).
【心髓－수】xīnsuǐ [명]내심. 마음 속.
*【心疼－통】xīnténg [동]**1**몹시 아끼다. 몹시 귀여워하다. **2**애석해하다. 아까워하다.
【心田－전】xīntián [명]마음속. 마음씨.
【心跳－도】xīntiào [동]가슴이 뛰다.
*【心头－두】xīntóu [명]마음속. 마음. ◇她看完来信, ～不禁涌 yǒng 起一股思念之情/그녀는 답장을 다 읽고 마음속에 자기도 모르게 한가닥 그리움이 솟아올랐다. [비교]心头:心里 "心头"는 동사 "思念"의 목적어로 쓰이지 않는다. ◇我(×心头)心里十分思念生病的母亲/난 마음속으로 병을 앓고 계신 어머니가 몹시 그립다.
【心窝儿－와아】xīnwōr [명]**1**명치. 심장이 있는 가슴 부분. **2**마음속.
【心无二用－무이용】xīn wú èr yòng 〈成〉(딴 데 정신팔지 않고) 오로지 한 가지 일에 전심하다.
【心细－세】xīn xì 세심하다. 꼼꼼하다.
【心弦－현】xīnxián [명]심금.
【心心念念－심념념】xīn xīn niàn niàn 〈成〉자나깨나 생각하다.
【心心相印－심상인】xīn xīn xiāng yìn

〈成〉서로 마음이 통하다. 생각이 일치하다. (反)〔格格不入 gé gé bù rù〕

【心性―성】xīnxìng 圐심성. 마음씨.

【心胸―흉】xīnxiōng 圐1마음 깊은 곳. 가슴속. 2도량. 3포부. 뜻.

【心秀―수】xīnxiù 圐(드러내지만 않을 뿐) 영리하고 주관이 있다. ◇别看他不出声儿, 可是～/그는 아무말 않지만, 마음속에는 생각이 있다.

【心虚―허】xīn xū 1(잘못이 있어 마음이) 켕기다. 제발 저리다. 2자신이 없다. (同)〔胆怯 dǎn qiè〕, (反)〔胆壮 dǎnzhuàng〕

【心绪―서】xīnxù 圐마음. 기분. 심정.

*【心血―혈】xīnxuè 圐심혈.

【心血来潮―혈래조】xīn xuè lái cháo 〈成〉문득 어떤 생각이 떠오르다. 불현듯 영감이 스치다. (反)〔深思熟虑 shēn sī shú lǜ〕

*【心眼儿―안아】xīnyǎnr 1圐내심. 마음속. 2圐심보. 마음씨. ◇没安好～/좋은 마음씨를 갖고 있지 않다. 3圐지혜. 슬기. 판단력. ◇有～/판단력이 있다. 지혜가 있다. 4圐속좁다. 옹졸하다.

【心仪―의】xīnyí 〈文〉마음속으로 흠모하다. 경모하다.

*‡【心意―의】xīnyì 圐1성의. 마음. 2의사. 생각. ◇我们语言不通, 只好用手势表达～/우리는 말이 안 통해 손짓으로 의사를 나타낼 수 밖에 없었다.

【心音―음】xīnyīn 圐심장의 고동.

【心硬―경】xīn yìng 마음이 모질다. (反)〔心软 ruǎn〕

【心有灵犀一点通―유령서일점통】xīn yǒu líng xī yī diǎn tōng 〈成〉서로 마음이 통하다.

【心有余悸―유여계】xīn yǒu yú jì 〈成〉위험이 지나갔는데도 가슴이 여전히 두근거리다.

【心余力绌―여력출】xīn yú lì chù 마음은 있지만 힘이 모자라다.

【心猿意马―원의마】xīn yuán yì mǎ 〈成〉(원숭이나 말이 날뛰듯) 마음이 산만하고 들뜨다. 마음이 싱숭생숭하다. (反)〔全神贯注 quán shén guàn zhù〕

*【心愿―원】xīnyuàn 圐소망. 염원.

【心悦诚服―열성복】xīn yuè chéng fú 〈成〉진심으로 기쁘게 승복하다. (反)〔心忧未甘 xīn yōu wèi gān〕

☆【心脏―장】xīnzàng 圐1〈生理〉심장. 2중심부. 심장부. ◇首都是一个国家的～/수도는 한 나라의 심장부이다.

【心脏病―장병】xīnzàngbìng 圐심장병.

【心窄―착】xīn zhǎi 속좁다. 옹졸하다. (同)〔心狭 xiá〕, (反)〔大量 dàliàng〕

【心照―조】xīnzhào 圐(상대가 말로 하지

않더라도) 감을 잡다.

【心直口快―직구쾌】xīn zhí kǒu kuài 〈成〉성격이 올곧아 입바른 소리를 잘하다. (同)〔快嘴快舌 kuài zuǐ kuài shé〕, (反)〔拐变抹角 guǎi wān mō jiǎo〕

【心志―지】xīnzhì 圐심지. 의지.

*【心中―중】xīnzhōng 圐심중. 마음속. ◇牢记～/마음속에 깊이 새기다.

【心中有数―중유수】xīn zhōng yǒu shù 〈成〉승산이 있다. 자신이 있다. (同)〔胸中有数 xiōng zhōng yǒu shù〕, (反)〔心中无数 xīn zhōng wú shù〕

【心重―중】xīn zhòng 걱정이 태산이다.

【心子―자】xīn·zi 圐1(물체의) 중심. 속. 핵. 2〈方〉(식용으로 하는 동물의) 염통.

【心醉―취】xīnzuì 圐심취하다. 도취되다.

【芯】艹部 xīn
4画 골풀 심
1圐〈植〉껍질을 벗긴 골풀〔등심초〕. 2(同)〔灯 dēng 芯〕⇒xìn

【忻】忄部 xīn
4画 기쁠 흔
1'欣 xīn'과 통용. 2(Xīn)圐성(姓).

【欣(訢)】斤部 欠部 xīn
4画 4画 기쁠 흔
圐기쁘다. 흐뭇하다. (同)〔欢 huān〕, (反)〔悲 bēi〕

【欣忭―변】xīnbiàn 圐〈文〉기뻐하다.

【欣然―연】xīnrán 嗄〈文〉기꺼이. 쾌히. 흔쾌히. 선뜻. (同)〔欢 huān 然〕, (反)〔凄凄 qī qī 然〕

*‡【欣赏―상】xīnshǎng 圐1감상하다. ◇两位诗友一边～着窗外的雪景, 一边饮酒作诗/두 명의 시우가 창밖의 설경을 감상하면서 술을 마시며 시를 짓고 있다. 2높이 사다. 높이 평가하다. ◇老师十分～这诗的独特风格/선생님은 이 시의 독특한 풍격을 높이 평가했다.

【欣慰―위】xīnwèi 圐기쁘고 위안이 되다.

【欣喜―희】xīnxǐ 圐기뻐하다. 즐거워하다. (同)〔高兴 gāoxìng〕, (反)〔惨痛 cǎntòng〕

【欣羡―선】xīnxiàn 圐〈文〉부러워하다.

【欣欣―흔】xīnxīn 圐1기뻐하는 모양. 2(초목이) 쑥쑥 자라는 모양.

*【欣欣向荣―흔향영】xīn xīn xiàng róng 〈成〉초목이 무럭무럭 자라다; (사업이) 일취월장하다. (同)〔蒸蒸日上 zhēngzhēng rì shàng〕, (反)〔气息奄奄 qì xī yān yān〕

【欣幸―행】xīnxìng 圐기쁘고 다행스럽다.

【辛】辛部 xīn
0画 매울 신
1圐맵다. (同)〔辣 là〕 2圐고생스럽다. 힘들다. ◇～勤/근면하다. 3圐圐고통(스

럽다). ◇~酸/슬프고 괴롭다. **4**명신. 천간(天干)의 여덟 번째.→[干 gān 支] **5**(Xīn)명성(姓).

【辛迪加─적가】xīndíjiā 명〈音〉〈經〉신디케이트(syndicate).

【辛亥革命─해혁명】Xīnhài Gémìng 명〈史〉(손문(孙文)이 1911년 10월 10일에 일으키는) 신해 혁명.

★【辛苦─고】xīnku **1**형〔수고〕(하다). ◇你什么时候像我这么~过/너는 언제 나처럼 이렇게 고생한 적이 있니? (同)〔辛劳 láo〕, (反)〔舒服 shūfu〕 **2**형고생스럽다. 수고롭다. 고달프다. **3**〔套〕수고했습니다. 수고하십니다.〔남에게 일을 부탁하거나 노고를 위로할 때 쓰는 인사말〕◇晚上十点半, 还得~你来一趟 tàng/밤 10시 반에 수고스럽지만 한 번 오셔야겠습니다. 〔비교辛苦:艰苦 "生活"는 "辛苦"를 술어로 쓰이지 않는다. ◇山区的生活还是很(×辛苦)艰苦的/산악지역의 생활은 아직도 참 고달프다.

【辛辣─랄】xīnlà 형**1**(맛이) 얼얼하게 맵다. (反)〔甘美 gānměi〕 **2**(말·글 따위가) 신랄하다.

【辛劳─노】xīnláo 동애쓰다. 고생하다.

∗∗【辛勤─근】xīnqín 형부지런하다. 근면하다. ◇这些钱是农民用~的汗水换来的/이 돈은 농민이 땀흘려서 번 돈이다. 〔비교辛勤:勤劳 "辛勤"은 술어로 쓰이지 않는다. ◇我们的人民(×辛勤)勤劳勇敢/우리 국민은 근면하고 용감하다.

【辛酸─산】xīnsuān **1**형(맛이) 맵고 심. **2**형슬프고 괴롭다.

【辛辛苦苦─신고고】xīnxīnkǔkǔ 형매우 수고로운〔고생스러운〕모양.

∗【锌·锌】⽓部 xīn
　　　　7画 아연 신
명〈化〉아연(Zn).

【锌版─판】xīnbǎn 명아연판.

★【新】斤部 xīn
　　　9画 새 신
1형새롭다. ◇我们大学毕业了, ~的生活就要开始了/우리는 대학을 졸업하여 이제 새로운 생활이 곧 시작될 것이다. (反)〔旧 jiù〕〔老 lǎo〕 **2**형새롭게 하다. ◇这出戏让人耳目一~/이 전통극은 이목을 일신시켰다. **3**형새. 아직 쓰지 않은. ◇~笔/새 붓. (反)〔旧 jiù〕 **4**명새 사람. 새 것. ◇推陈出~/낡은 것을 버리고 새 것을 창조하다. **5**형신혼의. ◇~娘/신부. ◇~郎/신랑. **6**분금방. 새로이. ◇邮局旁边~建了一个百货大楼/우체국 옆에 새로 백화점을 지었다. (同)〔刚 gāng〕, **7**(Xīn)명성(姓).

【新潮─조】xīncháo 명새로운 풍조〔경향〕.

∗【新陈代谢─진대사】xīnchén dàixiè 명동신진대사(하다).

【新春─춘】xīnchūn 명신춘.〔음력 정월 초하루부터 10일이나 20일까지〕

【新大陆─대륙】Xīn Dàlù 명〈地〉신대륙. 미주(美洲)의 다른 이름.

∗【新房─방】xīnfáng 명신방. (同)〔闹房〕

【新妇─부】xīnfù 명신부. 새색시.

【新官上任三把火─관상임삼파화】xīnguān shàngrèn sān bǎ huǒ〈諺〉새로 부임한 관리가 능력을 과시하기 위해 반짝 개혁에 열을 올리다.

【新贵─귀】xīnguì 명새로 득세한 관리.

【新欢─환】xīnhuān 명새 애인. 새 정부(情夫).

【新婚─혼】xīnhūn 명형신혼(의). 갓 결혼(한). ◇~夫妇/신혼부부.

【新纪元─기원】xīn jìyuán 명신기원.

【新交─교】xīnjiāo **1**동새로 사귀다. **2**명새로 사귄 벗. 새 친구.

∗【新近─근】xīnjìn 명최근. 요즈음. ◇他家~才搬到这里/그의 집은 최근에야 여기로 이사왔다. (同)〔最 zuì 近〕, (反)〔老早 lǎozǎo〕

【新居─거】xīnjū 명새집. 새로 이사한 집. (反)〔旧 jiù 居〕

∗【新郎─랑】xīnláng 명신랑. (反)〔新娘 niáng〕

【新民主主义─민주주의】xīn mínzhǔzhǔyì 명신민주주의.

【新民主主义革命─민주주의혁명】xīn mínzhǔzhǔyì gémìng 명신민주주의 혁명.

★【新年─년】xīnnián 명신년. 새해. ◇~好!/새해 복 많이 받으십시오!

∗【新娘─랑】xīnniáng 명신부.

【新奇─기】xīnqí 명신기하다. 새롭다.

【新巧─교】xīnqiǎo 형참신하고 치밀하다. ◇他的构思~/그의 구상이 참신하고 치밀하다.

【新区─구】xīnqū 명〈略〉'新解放区'(신해방구)의 준말.

∗【新人─인】xīnrén 명**1**새 시대의 인물. 참신한 인성을 가진 사람. ◇新中国成立后, 社会上出现了许多~新事/신중국 성립 후 사회에 새시대 사람과 새로운 많이 나타났다. **2**신진. 신인. ◇你离开的这几年, 学校又来了不少~/네가 떠나간 요 몇년 동안 학교에 신진이 또 많이 왔다. **3**신랑 신부.〔특히 신부〕**4**신임자. **5**잘못을 고치고 새 사람이 된 사람.

【新任─임】xīnrèn 명**1**신임. **2**신임 관리.

∗∗【新生─생】xīnshēng **1**형갓 태어난. 새로 출현한. ◇那个~婴儿得肺 fèi 炎了/갓 태어난 그 신생아가 폐렴에 걸렸다. **2**명새

생명. ◇许多失足青年, 决心认真改造, 争取早日获得~/많은 비행청소년들이 착실하게 마음잡고 하루 빨리 새 사람이 되려고 노력하고 있다. **3**명신입생. ◇~一到, 学校就忙得不可开交/신입생이 오자마자 학교는 눈코뜰새없이 바빴다.

【新诗—시】 xīnshī 명5.4운동 이후의 백화시(白話詩). (反)〔旧诗 jiùshī〕

【新石器—석기】 Xīnshíqì 명〈考古〉신석기 시대.

*【新式—식】 xīnshì 명신식. 신형. ◇~婚礼/신식 결혼식. (同)〔时 shí 式〕, (反)〔老 lǎo 式〕

【新手—수】 xīnshǒu 명초심자. 풋나기. 신참. (同)〔生 shēng 手〕, (反)〔老 lǎo 手〕

【新书—서】 xīnshū 명**1**새로운 책. **2**신간서적. 새로 나온 책.

【新文化运动—문화운동】 xīnwénhuà yùndòng 명(1919年 5月 4日에 북경대 학생 중심으로 일어키는 5·4운동 전후에 있었던) 신문화운동.

【新文学—문학】 xīnwénxué 명(5·4운동 이후 반제반봉건을 내용으로 하는 白话) 신문학.

★【新闻—문】 xīnwén 명**1**뉴스. ◇大学毕业后, 他成了一名~记者/그는 대학 졸업후 취재기자가 되었다. **2**신기한 일. 새 소식. ◇你把城里的~给大伙儿听听/너는 모두에게 도시의 새 소식을 좀 들려주어라. (反)〔旧 jiù 闻〕

【新闻工作者—문공작자】 xīnwén gōngzuò-zhě 명저널리스트(journalist).

【新闻公报—문공보】 xīnwén gōngbào 명〈播〉신문·방송을 통한 성명(聲明).

【新闻纸—문지】 xīnwénzhǐ 명**1**신문의 옛 명칭. **2**신문 용지.

【新媳妇儿—식부아】 xīnxí·fur (同)〔新娘 niáng〕

【新禧—희】 xīnxǐ 명새해에 만복이 깃드시기를 빕니다. 〔새해 인사말로 쓰임〕 ◇恭贺~/새해에 만복이 깃드시기 빕니다.

☆【新鲜—선】 xīn·xiān 명**1**신선하다. 싱싱하다. ◇早晨上市的西红柿最~/새벽에 시장에 나온 토마토가 가장 싱싱하다. (反)〔腐败 fǔbài〕 **2**(꽃송이가) 싱싱하다. **3**(공기가) 신선하다. ◇早晨起来散散步, 呼吸~空气, 对身体有好处/새벽에 일어나 산책하며 신선한 공기를 들이마시면 건강에 좋다. (反)〔浑浊 húnzhuó〕 **4**(사물이) 새롭다. 신기하다. 보기 드물다. ◇信用卡在我们这里还算是~事物/신용카드는 우리한테 그래도 신기한 물건이다. (同)〔希罕 xīhǎn〕, (反)〔普通 pǔtōng〕

*【新兴—흥】 xīnxīng 형신흥의. ◇~工业国/신흥공업국.

【新星—성】 xīnxīng 명**1**〈天〉신성. **2**새로운 스타. 신예.

*【新型—형】 xīnxíng 명신형. 신식. ◇~知识分子/새 지식인. ◇~农业机 비행기.

【新秀—수】 xīnxiù 명신예. 이제 두각이 막 나타난 뛰어난 인재.

【新医—의】 xīnyī 명서양 의학.

【新异—이】 xīnyì 형신기하다.

*【新颖—영】 xīnyǐng 형참신하다. 기발하다. ◇款式~/디자인이 참신하다. (反)〔古老 gǔlǎo〕

【新雨—우】 xīnyǔ 명**1**이른 봄비. **2**새로운 벗.

【新月—월】 xīnyuè 명**1**초승달. **2**〈天〉삭월(朔月).

【新张—장】 xīnzhāng 명통신장 개업(하다).

【新正—정】 xīnzhēng 명음력 정월.

【新作—작】 xīnzuò 명새로운 작품.

【薪】 艹部 xīn
13画 | 섶 신
명**1**땔나무. 장작. **2**봉급. 월급. ◇发~/급료를 주다.

【薪俸—봉】 xīnfèng 명봉급. 월급. (同)〔工资 gōngzī〕

【薪给—급】 xīnjǐ (同)〔薪俸 fèng〕

*【薪金—금】 xīnjīn 명봉급. 월급. (同)〔薪水 shuǐ〕〔工资 gōngzī〕

【薪尽火传—진화전】 xīn jìn huǒ chuán 〈成〉땔나무가 다 타면 불길이 다른 땔나무에 옮겨 붙어 불이 영원히 꺼지지 않다;스승의 학예를 제자에게 대대로 전수하다.

【薪水—수】 xīn ·shui 명봉급. 월급. (同)〔工资〕

【薪炭林—탄림】 xīntànlín 명〈林〉신탄림.

【歆】 音部 | 欠部 | xīn
4画 | 9画 | 먹일 흠
통〈文〉부러워하다. ◇~羡/부러워하다.

【歆慕—모】 xīnmù 통〈文〉부러워하다. (同)〔羡慕〕

【歆羡—선】 xīnxiàn 통〈文〉부러워하다.

【鑫】 金部 xīn
16画 | 기쁠 흠
형많은 돈이 들어오다. 흥하다. 〔주로 인명 등에 쓰임〕

xìn

【囟(顖)】 丿部 | 口部 | xìn
5画 | 3画 | 정수리 신
(同)〔囟门〕

【囟门—문】 xìnmén 명(갓난아이의 머리 위에 있는) 숫구멍. 숨구멍.

【芯】 艹部 | xìn
4画 | 골풀 심

→〔芯子〕 ⇒xīn

【芯子―자】 xìn·zi 명 1(물건의) 심. (양초·
폭죽 따위의) 심지. 2뱀의 혀.

★【信】 亻部 xìn
7画 믿을 신

1형확실하다. 믿을 만하다. 2명신용. 성
실. ◇守~/신용을 지킨다. 3동믿다. 신
용하다. ◇你说的这些话我都~/난 네가
말한 그 말을 다 믿는다. 4동(종교를)
믿다. 신봉하다. ◇他~了一辈子基督教/
그는 평생 기독교를 믿었다. 5동…에 맡
기다. ◇~口开河/입에서 나오는 대로
지껄여대다. 6명편지. ◇这封~是从北京
寄来的/이 서신은 북경에서 부친 것이다.
7(~儿)명소식. ◇你给我家带个~儿去/
우리집에 소식을 전해주시오. 8명(탄환
의) 신관(信管). 9'芯 xìn'과 통용. 10(X-
ìn)명성(姓).

【信笔―필】 xìnbǐ 동붓 가는 대로 쓰다.

【信步―보】 xìnbù 동발길 가는 대로 걷다.

【信不过―불과】 xìn·bu guò 믿을 수 없다.
신뢰가 가지 않는다. ◇他这个人~/그는
믿을 수 없다.

【信不信由你―불신유니】 xìn bu xìn yóu
nǐ 당신이 믿거나 말거나. 〔화자가 확실
한 사실임을 강조함〕◇~, 这个问题我
一个人就可以解决/네가 믿거나 말거나
이 문제는 나 혼자서 해결할 수 있어.

【信不着―불착】 xìn bu zháo (同)〔信不过
guò〕

【信差―차】 xìnchāi 명 1우편 집배원의 구
칭. 2파발꾼.

【信从―종】 xìncóng 동믿고 따르다.

*【信贷―대】 xìndài 명신용대출.

【信得过―득과】 xìn·de guò 믿을 수 있다.
신뢰가 가다.

【信得着―득착】 xìn de zháo (同)〔信得过
guò〕

【信而有征―이유정】 xìn ér yǒu zhēng 〈成〉
신용할 수 있을 뿐 아니라 증거도 있다.

【信风―풍】 xìnfēng 명무역풍.

★【信封―봉】 xìnfēng (~儿)명편지 봉투.

【信奉―봉】 xìnfèng 동(종교 따위를) 신봉
하다. 믿다.

【信服―복】 xìnfú 동믿고 탄복하다.

【信鸽―합】 xìngē 명〈鳥〉전서구(傳書鳩).

【信函―함】 xìnhán 명편지. 우편물.

＊＊【信号―호】 xìnhào 명신호. ◇飞机过来了,
快发个~/비행기가 온다. 빨리 신호를
보내.

【信号弹―호탄】 xìnhàodàn 명신호탄.

【信号灯―호등】 xìnhàodēng 명신호등.

【信号枪―호창】 xìnhàoqiāng 명신호총.

【信笺―전】 xìnjiān 명편지지. (同)〔信纸
zhǐ〕

*【信件―건】 xìnjiàn 명우편물. (同)〔信札 zá〕

【信据―거】 xìnjù 명확실한 증거.

【信口雌黄―구자황】 xìn kǒu cíhuáng 〈成〉
사실을 무시하고, 입에서 나오는 대로 함
부로 지껄이다. (同)〔信口开河 xìn kǒu
kāi hé〕, (反)〔有根有据 yǒu gēn yǒu jù〕

【信口开河―구개하】 xìn kǒu kāi hé 〈成〉
입에서 나오는 대로 지껄여대다.

*【信赖―뢰】 xìnlài 명신뢰(하다). ◇他是
个值得~的朋友/그는 믿을 만한 친구다.

【信马由缰―마유강】 xìn mǎ yóu jiāng
〈成〉말을 타고 목적없이 몰아가다. 마음
대로 하도록 내버려 두다.

＊＊【信念―념】 xìnniàn 명신념. ◇他的~不改
变/그의 신념은 바뀌지 않는다.

【信皮儿―피아】 xìnpír 명〈口〉편지 봉투.
(同)〔信封 fēng 儿〕

【信儿―아】 xìnr 명소식. 통지. 전언.

【信瓤儿―양아】 xìnrángr 명〈方〉(봉투에
대하여) 봉투 속의 편지.

＊＊【信任―임】 xìnrèn 명신임(하다). ◇过
去我是~过你, 然而你却欺骗 qīpiàn 了
我/전에 너를 신임했었는데 너는 오히려
나를 속였다. (同)〔相 xiāng 信〕, (反)
〔生疑 shēngyí〕 비교信任:相信 ①"信
任"의 대상은 사람 또는 단체·기관 등이
고, 이유, 말 등에는 쓰이지 않는다. ◇我
(×信任)相信你的话/난 당신의 말을 믿
는다. ②"信任"은 목적절을 취하지 않는
다. ◇我(×信任)相信这件事是真的/난 이
일이 진짜라고 믿는다.

【信任投票―임투표】 xìnrèn tóupiào 명신
임 투표.

【信赏必罚―상필벌】 xìn shǎng bì fá 〈成〉
신상 필벌; 상벌을 분명히 하다. (同)〔赏
罚分明 shǎng fá fēn míng〕, (反)〔赏罚
不明 shǎng fá bù míng〕

【信石―석】 xìnshí 명〈藥〉비상. 산지인 강
서(江西)성 '信州'라는 지명에서 유래됨.
(同)〔砒霜 chéngshí〕, (反)〔狡猾 jiǎohuá〕

【信实―실】 xìnshí 명신용이 있고 성실하다.

【信史―사】 xìnshǐ 명〈文〉확실한 역사적 사실.

【信使―사】 xìnshǐ 명사절. 통신사.

【信士―사】 xìnshì 명 1남성 불교 신자. 2성
실한 사람.

【信誓旦旦―서단단】 xìn shì dàn dàn 〈成〉
맹세가 진실하여 믿을 만하다.

【信手―수】 xìnshǒu 동손길 닿는 대로 발
하다. ◇~拿来/손이 가는 대로 가져온다.
〔단독으로 술어로 쓰이지 않는다〕

【信手拈来―수점래】 xìn shǒu niān lái 〈成〉
손가는 대로 가져오다. 〔글을 쓸 때 막힘
없이 어휘를 가져다 씀의 형용〕

【信守－수】xìnshǒu 動성실히 지키다. (同)〔恪 kè守〕, (反)〔破坏 pòhuài〕

【信宿－숙】xìnsù 動動〈文〉이틀 밤(을 연달아 머무르다).

【信条－조】xìntiáo 名신조. 모토(motto).

【信筒－통】xìntǒng 名우체통. (同)〔邮 yóu 筒〕

【信徒－도】xìntú 名신도. 신자.

【信托－탁】xìntuō 名1신탁하다. 2남을 믿어 업무를 맡기다.

【信望－망】xìnwàng 名신망.

【信物－물】xìnwù 名증거물. 증표.

**【信息－식】xìnxī 名1소식. 기별. 뉴스. ◇数月来一直没有得到有关他的～/수개월 동안 그와 관련된 소식을 계속 듣지 못했다. 2정보.

【信息论－식론】xìnxīlùn 名정보 이론.〔정보의 전달 방식과 처리에 관한 기초이론〕

【信箱－상】xìnxiāng 名1우체통. ◇食堂门口有一个～, 寄信很方便/식당입구에 우체통이 있어 편지 부치기 편리하다. 2사서함. 우편함. ◇他把信投进了2号～/그는 편지를 2번 사서함에 넣었다.

☆【信心－심】xìnxīn 名자신. 확신. 신념. 자신감. ◇他对自己的未来充满了～/그는 자기의 미래에 자신감으로 충만하다. ◇遇到失败和挫折 cuòzhé, 也决不能丧失～/실패하고 좌절당해도 결코 자신감을 잃어서는 안 된다. 比较信心:自信:决心:思想 ①"信心"은 부정적으로는 잘 안 쓰인다. ◇他太(×信心)自信了/그가 너무 자신만만하다. ②"信心"은 동사 "下"의 목적어로 쓰지 않는다. ◇我下(×信心)决心学好汉语/난 중국어를 제대로 배우기로 결심했다. ③"为人民服务"는 "信心"의 관형어로 쓰이지 않는다. ◇我们有为人民服务的(×信心)思想/우리는 국민을 위해 봉사하려는 생각이 있다.

*【信仰－앙】xìnyǎng 1動(주장·주의·종교를) 믿다. ◇前几天他认识 rènshi 了一个～天主教的朋友/며칠 전 그는 천주교를 믿는 한 친구를 사귀었다. 比较信仰:信任 "信仰"의 대상은 주로 위인이고, 일반 사람은 아니다. ◇老师是个很正直的人, 我们很(×信仰)信任他/선생님은 무척 정직한 사람이라 우리는 그를 신임한다. 2名신조. 신앙. ◇政府十分尊重少数民族的风俗习惯和～/정부는 소수민족의 풍속습관과 신앙을 매우 존중한다. 比较信仰:信念 확실히 믿는 신조의 경우에는 "信仰"을 쓰지 않는다. ◇为人民服务是我坚定不移的(×信仰)信念/국민을 위해 봉사하는 것은 나의 확고부동한 신념이다.

【信义－의】xìnyì 名신의.

【信意－의】xìnyì 動임의로 하다. 마음대로 하다.

*【信用－용】xìnyòng 1名動신용-(하다). ◇不守～的人是得不到尊重的/신용을 지키지 않는 사람은 존중받을 수 없다. ◇讲～/신용을 중요시하다. 2名〈經〉신용. ◇这种～卡是中国银行发行的/이 신용카드는 중국은행이 발행한 것이다.

【信用贷款－용대관】xìnyòng dàikuǎn 名신용 대출.

【信用合作社－용합작사】xìnyòng hézuòshè 名신용조합.

【信用卡－용가】xìnyòngkǎ 名신용카드. 크레딧카드.

【信用证－용증】xìn·yongzhèng (同)〔信用状 zhuàng〕

【信用状－용장】xìn·yongzhuàng 名〈經〉신용장. L/C(Letter of Credit).

*【信誉－예】xìnyù 名신용과 평판. ◇～卓著/신망이 매우 높다.

【信札－찰】xìnzhá 名편지. 서찰.

【信纸－지】xìnzhǐ 名편지지.

【衅·釁】血部 | xìn
5画 | 틈 흔
名틈. 간격. 불화. 다툼. ◇寻 xún～/불화를 일으키다.

【衅端－단】xìnduān 名〈文〉분쟁의 원인. 싸움의 발단.

【焮】火部 | xìn
8画 | 구울 흔
動1불이 활활 타오르다. 작열하다. 2〈方〉(충분히 곪기 전에 짜서) 종기가 덧나다.

xīng

*【兴·興】八部 | xīng
4画 | 일어날 흥
1動유행하다. 성행하다. ◇现在已经不～这种式样了/지금은 이미 이런 스타일은 유행하지 않는다. 2動성하게 하다. 3動(사업 등을) 일으키다. 창설하다. 4動일어나다. 5動〈方〉허락하다.〔주로 부정할 때 쓰임〕◇说话要有根据, 不～胡说/말은 근거있게 해야지, 함부로 말해서는 안 된다. 6〈方〉…일지(도) 모르다. 7(Xīng)名성(姓). ⇒xìng

*【兴办－판】xīngbàn 動창립하다. 일으키다. ◇～企业/기업을 창설하다.

【兴兵－병】xīngbīng 動군사를 일으키다.
(同)〔起qǐ兵〕, (反)〔息 xī 兵〕

☆【兴奋－분】xīngfèn 動1흥분하다. 감격하
다 ◇为这件事他～了好几天了/그는 이
일로 꽤 여러날 흥분했다. (反)〔颓然 tuí-
rán〕2흥분시키다.

【兴风作浪－풍작랑】xīng fēng zuò làng
〈成〉풍파를 일으키다. 분쟁을 일으키다.
(反)〔息事宁人 xī shì níng rén〕

〔兴革－혁〕xīnggé 명창설과 혁파.

【兴工－공】xīnggōng 動토목 공사를 일으
키다. 착공하다.

*〔兴建－건〕xīngjiàn 動건설하다. 건축하
다.〔주로 대규모의 건설을 가리킴〕

【兴利除弊－리제폐】xīng lì chú bì 〈成〉
유리한 사업을 일으키고 폐단을 없애다.

〔兴隆－륭〕xīnglóng 형번창하다.

*〔兴起－기〕xīngqǐ 動1일어나다. 세차게 일
어나다. ◇各地～绿化热潮/각지에서 녹화
열기가 일어났다. (反)〔衰亡 shuāiwá-
ng〕2〈文〉감동하여 일어나다.

〔兴盛－성〕xīngshèng 형번창하다. ◇祝事
业～/사업이 번창하기를 빕니다.(同)〔兴
隆 lóng〕, (反)〔衰败 shuāibài〕

【兴师－사】xīng// shī 動〈文〉출병하다.

【兴师动众－사동중】xīng shī dòng zhòng
〈成〉많은 사람을 동원하여 어떤 가치없
는 일을 하다.〔주로 부정적으로 쓰임〕

〔兴衰－쇠〕xīngshuāi 명성쇠. 흥패.

〔兴叹－탄〕xīngtàn 動〈文〉감탄하다.

〔兴亡－망〕xīngwáng 명흥망.

*〔兴旺－왕〕xīngwàng 형번창하다. 왕성하
다. 흥성하다. ◇生意真～/장사가 정말
번창하다.

【兴修－수】xīngxiū 動건조하다. 축조하다.

【兴许－허】xīngxǔ 통〈方〉혹시 (…일지도
모른다). ◇你问问老王, 他～知道/왕씨에
게 물어보세요. 그가 혹시 알지 모릅니다.

【兴学－학】xīngxué 動학교를 세우다. 교
육 사업을 진흥하다.

【兴妖作怪－요작괴】xīng yāo zuò guài 〈成〉
나쁜 사람들이 잘못된 주장을 퍼뜨리다.

*【星】日部 | xīng
　　　 5画 | 별 성
명1별. ◇月明～稀/〈成〉달이 밝아 별이
드물다.〔큰 인물에 압도되어 다른 이가
빛을 발하지 못하다. 2〈天〉우주 안에 존
재하는 물체. 3별 모양의 것. 장군(將軍)
표지〔직위〕. ◇五～红旗/오성 홍기. ◇将
～/장성. 4(～儿)부스러기. 방울. 흐트러
지고 작은 것. ◇火～儿/불씨. 5인기배
우. 가수. ◇歌～/인기 가수. 6(저울대
의) 저울눈. ◇定盘～/저울추를 달았을
때 수평을 이루는 대저울의 첫째 눈금. 7

성성(星星). 이십팔수(宿)의 하나. 8스
타. ◇歌～/유명가수.

【星等－등】xīngděng 명〈天〉광도 계급.

【星斗－두】xīngdǒu 명별.

【星汉－한】xīnghàn (同)〔星河 hé〕

【星号－호】xīnghào 명별표. '∗'.〔주로
각주(脚注)나 단락 구분에 쓰임〕

【星河－하】xīnghé 명〈天〉은하.

【星火－화】xīnghuǒ 명1매우 작은 불. 2성
회. 별똥별의 불꽃〔불빛〕.

【星火燎原－화료원】xīnghuǒ liáo yuán (同)
〔星星之火, 可以燎原〕

【星际－제】xīngjì 명〈天〉
별과 별 사이. 성간(星间).

【星空－공】xīngkōng 명별이 총총한 하늘.

【星罗棋布－라기포】xīng luó qí bù 〈成〉별
이 바둑알처럼 늘어서다;별이 쏟아지듯
하다.

★【星期－기】xīngqī 명1주. ◇上～/지난 주.
2요일. ◇～一/월요일. ◇～日/일요일.
(同)〔星期天〕

★【星期日－기일】xīngqīrì 명일요일. (同)
〔礼拜 lǐbài 天〕

【星球－구】xīngqiú 명별.

【星散－산】xīngsàn 動〈文〉산산이〔뿔뿔이〕
흩어지다. (同)〔云 yún 散〕, (反)〔云集
yúnjí〕

【星术－술】xīngshù 명점성술.

【星体－체】xīngtǐ 명〈天〉천체(天體).

【星图－도】xīngtú 명〈天〉성도. 항성도(恒
星圖).

【星团－단】xīngtuán 명〈天〉성단.

【星系－계】xīngxì 명〈略〉〈天〉'恒星系'(항성
계)의 준말.

【星相－상】xīngxiàng 명점성과 관상.

【星象－상】xīngxiàng 명〈天〉성상.

【星星－성】xīngxīng 명(별처럼 아주 작
은) 점.

☆【星星－성】xīng·xing 명별.

【星星之火, 可以燎原－성지화, 가이료원】xī-
ng xīng zhī huǒ, kě yǐ liáo yuán 〈成〉작
은 불똥 하나가 온 들판을 태워버릴 수
있다. 새로 생겨난 사물이 미약하더라도
머지않아 큰 발전을 이룰 수 있다.〔주로
혁명의 기운과 발전과 관련하여 씀〕

【星宿－수】xīngxiù 명별자리.

【星移斗转－이두전】xīng yí dǒu zhuǎn 1
계절이 바뀌다. 2시간이 지나가다.

【星云－운】xīngyún 명〈天〉성운.

【星子－자】xīngzi 명별.

【星座－좌】xīngzuò 명〈天〉성좌. 별자리.

【惺】忄部 | xīng
　　 9画 | 깰 성
1형현명하다. 똑똑하다. 2동깨닫다.

X

【惺忪－송】xīngsōng 혱잠에서 막 깨어나 정신이 멍한 모양. ◇睡眼～/졸리는 눈.

【惺惺－성】xīngxīng 1혱머리가 맑다. 의식이 또렷하다. 2혱총명하다. 3혱총명한 사람. 4혱진심의 체하다. (同)〔假 jiǎ 惺惺〕

【惺惺作态－성작태】xīngxīng zuò tài〈成〉마음에도 없는 말이나 행동을 하다. …인〔하는〕체하다.

【猩】犭部 xīng
9画 성성이 성

명〈動〉성성이.

【猩红－홍】xīnghóng 혱선홍색.

【猩红热－홍열】xīnghóngrè 혱〈醫〉성홍열.

【猩猩－성】xīng·xing〈動〉성성이. 오랑우탄.

*【腥】月部 xīng
9画 날고기 성

명1(육류나 어류의) 날고기. 2비린내. ◇放些料酒去去～/정종을 좀 넣어 비린내를 없애라.

【腥臭－취】xīngchòu 혱비린내가 나다.

【腥风血雨－풍혈우】xīng fēng xuè yǔ 피비린내나는 참혹한 도살광경.

【腥气－기】xīng·qi 1혱비린내. 2혱비리다. 비린내가 나다. ◇你闻闻这鱼, 多～/이 생선이 얼마나 비린지 냄새를 맡아봐.

【腥臊－소】xīngsāo 통비리고 지리다.

【腥膻－산】xīngshān 통비리고 노린내가 나다.

xíng

*【刑】刂部 xíng
4画 형벌 형

명1〈法〉형벌. ◇死～/사형. 2(범인에게 가하는) 처벌. 처형. ◇受～/형벌을 받다. 고문을 당하다. 3(Xíng)성(姓).

*【刑场－장】xíngchǎng 혱형장.

【刑罚－벌】xíngfá 명〈法〉형벌.

【刑法－법】xíngfǎ 명〈法〉형법.

·【刑法－법】xíng·fa 명체형(體刑). ◇动～/체형을 가하다.

【刑房－방】xíngfáng 명1형방. 〔형사소송 사건의 서류를 취급하는 관리〕 2(불법적인) 체벌을 가하는 방.

【刑具－구】xíngjù 명형구.

【刑律－률】xínglǜ 명〈法〉형법.

【刑名－명】xíngmíng 명〈文〉1법률. 2형벌의 이름. 3청대(清代)에 형법 또는 재판 사무에 관한 일을 주관하던 사람.

【刑期－기】xíngqī 명형기.

【刑辱－욕】xíngrǔ 통〈文〉형벌을 가하여 모욕하다.

*【刑事－사】xíngshì 명〈法〉형사.

【刑讯－신】xíngxùn 통명고문하여 취조하

다. 고문 취조.

【邢】阝部 xíng
4画 나라이름 형

명성(姓).

*【形】彡部 xíng
4画 형상 형

1명형태. 모양. ◇圆～/원형. 2명형체. 실체. ◇有～/형체가 있다. 3통나타나다. 나타내다. ◇喜不～于色/기쁨이 얼굴에 나타나지 않다. 4통비교하다. 대조하다. ◇相～之下/비교〔대비〕해 보면.

【形变－변】xíngbiàn 명〈物〉변형.

☆【形成－성】xíngchéng 통형성하다. 이루다. ◇你写字的姿势不对, ～习惯就不好了/너는 글씨 쓰는 자세가 옳지 않은데 습관되면 나쁘다.

【形单影只－단영척】xíng dān yǐng zhī〈成〉홀로 고독한 모습. (同)〔形影相吊 xíng yǐng xiāng diào〕, (反)〔成群结队 chéng qún jié duì〕

*【形而上学－이상학】xíng'érshàngxué 명〈哲〉형이상학.

【形格势禁－격세금】xíng gé shì jìn〈成〉상황이나 환경의 제약을 받다.

【形骸－해】xínghái 명〈文〉사람의 몸뚱이.

【形迹－적】xíngjì 명1행동 거지. 거동. 기색. 기미. ◇～可疑/거동이 의심스럽다. 2흔적. 3격식. 예절.

☆【形容－용】xíngróng 1명모습. 용모. ◇几年过去了, 他的～并没有多大变化, 所以我一眼就认了出来/몇 년이 지났지만 그의 모습은 많이 달라지지 않아 나는 한 눈에 알아보았다. 2통형용하다. 묘사하다. ◇北京的夜景美丽得令人难以～/북경의 야경은 형용할 수 없을 정도로 아름답다.

【形容词－용사】xíngróngcí 명〈言〉형용사.

【形声－성】xíngshēng 명〈言〉형성. '六书'의 하나. 이는 형태와 소리가 결합된 한 자를 뜻함. 그 예로, 形旁인 '氵'와 声旁인 '工'이 결합되면 '江'이 된다. 전체 한자에서 형성자는 80%를 차지하고 있다.

【形胜－승】xíngshèng 혱지세가 빼어나다. ◇～之地/지세가 빼어난 땅.

☆【形式－식】xíngshì 명(추상적인) 형식. ◇要用什么～欢送退休的老师才好呢?/어떤 형식으로 퇴직하는 선생님을 환송해 드려야 할까? 비교形式:式样 옷의 모양에는 "形式"를 쓰지 않는다. ◇我买了一件中国(×形式)式样的上衣/난 중국식 상의 한 벌을 샀다.

【形式逻辑－식라집】xíngshì luó·jí 명〈論〉형식 논리.

【形式主义－식주의】xíngshì zhǔyì 명형식주의.

☆【形势一세】 xíngshì 图1(주로 군사 방면에서 본) 지세(地勢). ◇这个地方的~对我军很有利/이 곳의 지세는 아군에게 유리하다. 2정세(情勢). 형편. ◇给我们讲国际~/우리에게 국제정세를 설명해주다.

【形势逼人一세핍인】 xíng shì bī rén 〈成〉상황상 어쩔 도리가 없다.

【形似一사】 xíngsì 圐모습〔모양〕이 닮다. (同)〔貌 mào 似〕, (反)〔酷 kù 似〕

**【形态一태】 xíngtài 图1(사물의) 형태. ◇意识~/이데올로기. ◇水有三种~, 液态, 固态, 气态/물은 액체, 고체, 기체의 3가지 형태가 있다. 2(생물의) 형태. ◇这些演员~各异/이들 배우의 형태는 가지각색이다. 3〈言〉단어(單語)의 어형(語形)변화 형식.

【形态学一태학】 xíngtàixué 图1〈生〉형태학. 2〈言〉형태론.

【形体一체】 xíngtǐ 图1신체. 2형체. 형상과 구조.

☆【形象一상】 xíngxiàng 1图(구체적인) 형상. 형태. ◇不知他将以什么样的~出现/그가 앞으로 어떤 모습으로 나타날지 궁금하다. 2图(문학 작품에서의 인물의 모습·성격 등) 형상. 이미지(image). ◇人物~的塑造 sùzào 是文学创作的首要问题/인물형상의 묘사는 문학창작의 가장 중요한 문제이다. 3图구체적이다. 박진감 넘치다. ◇他讲得很~/그는 박진감 넘치게 설명했다.

【形象思维一상사유】 xíngxiàng sīwéi 형상을 통한 사유.

【形销骨立一소골립】 xíng xiāo gǔ lì 〈成〉피골이 상접하다. (同)〔皮包骨头 pí bāo gǔ tou〕, (反)〔脑满肠肥 nǎo mǎn cháng féi〕

【形形色色一색색】 xíng·xingsèsè 图가지각색의.

【形影不离一영불리】 xíng yǐng bù lí 〈成〉그림자처럼 따라 다니다. 매우 사이가 좋다.

【形影相吊一형상조】 xíng yǐng xiāng diào 〈成〉찾아 주는 사람이 없어 고독하다.

【形制一제】 xíngzhì 图(기물이나 건축물의) 형상과 구조.

☆【形状一상】 xíngzhuàng 图형태·모습. 물체의 외관. ◇凤梨和苹果~不同/파인애플과 사과의 형태는 다르다.

*【型】 土部 │ xíng
6画 │ 꼴 형

图1모형(模型). 주형(鑄型). ◇砂~/모래주형. 2유형. 양식. ◇脸~/얼굴형. ◇你的血型是什么~的?/너의 혈액형이 뭐니?

【型钢一강】 xínggāng 图〈冶〉형강.

*【型号一호】 xínghào 图(기계·농기구의) 규격·용도·치수 따위. ◇品种多样, ~齐

全/품종이 다양하고 사이즈별로 다 갖춰져 있다.

【型砂一사】 xíngshā 图〈機〉주형사. (同)〔造 zào 型砂〕

【型心一심】 xíngxīn 图〈冶〉심형(心型).

【行】 彳部 │ xíng
3画 │ 다닐 행

1圐가다. ◇步~/보행하다. 2图〈文〉길. 3图图여행(의). ◇~程/여정. 4图图이동식(의). 임시(의). ◇商~/행상. 5图유통〔유행〕하다. 널리 퍼뜨리다. ◇~销/상품을 내어 팔다. 6圐하다. 행하다. ◇这里不能~车/여기는 차를 운행할 수 없다. ◇他过去~过医, 现在当干部了/그는 전에 의사였는데 지금은 간부가 되었다. 7圐(단음절 부사와 쌍음절 동사 사이에 쓰여)…한 행위를 하다. ◇日期另~通知/날짜는 별도로 알려드리겠습니다. 8〈舊讀 xìng〉图품·품행. 9图행위. 8〈舊讀 xìng〉图품·품행. 9图행위. 괜찮다. 충분하다. ◇随便做点吃的就~了/편할 대로 먹을 것을 만들면 돼. 단독으로 저지를 나타낼 때 "了"를 쓴다. ◇~了! 别喝了, 再喝就醉了/그만! 이제 마시지마. 더 마시면 취해. 吡교行:允许 "行"은 형용사로 뒤에 목적어를 취하지 않는다. ◇这条大街不(×行)允许骑自行车!/이 도로는 자전거통행이 허가되지 않았다. 10图유능하다. 훌륭하다. 대단하다. ◇爷爷真~, 八十二岁了还能舞剑/할아버지는 정말 대단하다. 82세인데도 검무를 잘 춘다. 11图〈文〉머지않아. ◇~及半岁/곧 반 년이 된다. (同)〔将要〕 12图성(姓)씨. ⇒háng, hàng, héng

【行不通一불통】 xíng·bu tōng 통하지 않다. 실행할 수 없다. ◇跟他说也~/그와 얘기해도 안 통한다.

【行藏一장】 xíngcáng 图〈文〉1진퇴. 처신. 2내력. 행적. 비밀. 내막.

【行车一차】 xíngchē 圐차가 다니다. (차량을) 운행하다. 차량을 통과시키다.

*【行程一정】 xíngchéng 图1노정. 여정. 2진행과정. ◇历史发展~/역사의 발전과정.

【行船一선】 xíngchuán 圐항해하다. 배가 다니다.

【行刺一자】 xíngcì 圐암살하다.

【行道一도】 xíngdào 圐자기의 정치적 주장을 실행하다.

【行道树一도수】 xíngdàoshù 图가로수.

☆【行动一동】 xíngdòng 1圐걷다. 움직이다. 나다니다. ◇病刚好一点儿, 不宜~/병이 이제 막 좀 나아져서 나다녀서는 안 된다. 2图행동하다. 활동하다. ◇不管天气有没有变化, 都要按计划~/날씨가 변하건 안 하건 계획대로 행동해야 한다. 3图

행위. 행동. ◇人的～是受思想支配的/사람의 행동은 사고의 지배를 받는다. 비교 行动:动作 "行动"은 구체적인 동작이 아니라 개인 또는 조직의 행동을 뜻하는 추상명사이다. ◇在体操比赛中, 我看有一个人的(×行动)动作很不熟练/체조대회에서, 나는 한 사람의 동작이 익숙하지 않음을 발견했다.

【行都-도】xíngdū 粤임시 수도.

【行方便-방편】xíng fāng·bian 편의를 봐 주다. ◇他要报名, 你就给个方便吧/그가 접수하는 데 편의를 좀 봐 주세요.

【行房-방】xíng// fáng 통부부가 동침하다.

【行宫-궁】xínggōng 粤(왕의 서울 외의 임시) 행궁.

【行好-호】xíng// hǎo 통가엾게 여겨 베풀다. 불쌍히 생각하여 봐주다.

【行贿-회】xíng// huì 통뇌물을 쓰다.

【行迹-적】xíngjì 粤행방. 자취. 행적.

【行将-장】xíngjiāng 倒〈文〉바야흐로. 이윽고.

【行将就木-장취목】xíngjiāng jiù mù〈成〉죽을 날이 가깝다. (同)〔风烛残年 fēng zhú cán nián〕, (反)〔风华正茂 fēng huá zhèng mào〕

【行脚-각】xíngjiǎo 粤여기저기 돌아다니다. 중이 수행을 위하여 곳곳을 다니다.

【行劫-겁】xíngjié 粤강탈하다. 약탈하다.

【行进-진】xíngjìn 통〈軍〉행진하다.

【行经-경】xíngjīng 1통粤월경(月經)(하다). 생리(가 시작되다). 2통(여행 도중 어느 지점을) 통과하다. 지나다. ◇火车从北京开出, ～天津抵达上海/기차가 북경을 출발하여 천진을 경유하여 상해에 도착했다.

*【行径-경】xíngjìng 粤〈貶〉(주로 나쁜) 행실. 행위. ◇揭露 jiēlù～/행위를 폭로하다. ◇欺骗的～/기만적 행위.

*【行军-군】xíng// jūn 통〈軍〉행군하다.

【行军床-군상】xíngjūnchuáng 粤야전 침대.

【行乐-락】xínglè 통〈文〉즐겁게 놀다. 행락하다.

【行了-료】xíng le 됐다. 1만족을 나타내다. ◇我这样～/난 이만하면 됐다. 2상대방의 의견·태도에 동의하지 않음을 나타내다. ◇～! 就到此为止罢!/됐다! 여기까지만 해라! 3화자의 포기나 체념을 나타내다. ◇我不相信这个社会…～! 这都是没办法的事/난 이 사회를 믿지 않는다. …됐다! 어쩔 수 없는 일이다.

【行礼-례】xíng// lǐ 통1경례하다. 인사하다. 2(方)선물하다.

☆【行李-리】xíng·li 粤짐. 행장. 화물. ◇捆好了/짐을 다 꾸렸다. ◇～丢失了/짐을 분실했다. ◇～车厢/수하물칸.

【行李架-리가】xíng·lijià 粤(열차 등의) 시렁.

【行李卷儿-리권아】xíng·lijuǎnr 粤침낭. 슬리핑 백.

【行猎-렵】xíngliè〈文〉사냥하다.

【行令-령】xínglìng 粤술자리에서 술을 권하는 놀이를 하다.

【行旅-려】xínglǚ 粤1여행. 2여행자.

【行囊-낭】xíngnáng 粤〈文〉여행용 자루.

【行期-기】xíngqī 粤출발 날짜.

【行乞-걸】xíngqǐ 粤구걸하다. 동냥하다.

【行窃-절】xíngqiè 통훔치다. 도둑질하다.

**【行人-인】xíngrén 粤행인. 통행인. ◇公路上～稀 xī 少/도로에 행인이 드물다.

【行人情-인정】xíng rénqíng 길흉사에 인사를 차리다.

【行若无事-약무사】xíng ruò wú shì〈成〉아무일도 없는 것처럼 행동하다. (同)〔若无其事 ruò wú qí shì〕, (反)〔惊慌失措 jīng huāng shī cuò〕

【行色-색】xíngsè 粤출발때 모양이나 분위기.

【行善-선】xíng// shàn 통선행을 하다. 좋은 일을 하다. (反)〔作恶 zuò//è〕

【行商-상】xíngshāng 粤행상. 도부 장수. (反)〔坐商 zuòshāng〕

【行尸走肉-시주육】xíng shī zǒu ròu〈成〉살아 걸어다니는 송장. 하는 일 없이 지내는 무능한 인간.

【行时-시】xíngshí 통유행하다. 인기가 있다.

*【行使-사】xíngshǐ 통(직권 따위를) 행사하다. ◇～国家主权/국가의 주권을 행사한다.

**【行驶-사】xíngshǐ 통(차·배 따위가) 다니다. 운행하다. 운항하다. ◇安全～/안전운행.

【行事-사】xíngshì 1粤행위. 2통실행하다. 일을 보다〔처리하다〕. ◇看人脸色～/남의 눈치를 보고 일처리하다.

【行书-서】xíngshū 粤한자 서체(書體)의 하나.

【行署-서】xíngshǔ (同)〔行政 zhèng 公署〕

【行述-술】xíngshù 粤행장(行狀).

【行头-두】xíng·tou 粤1〈演〉무대 의상과 소도구. 2〈轉〉(해학적 표현) 치장. 옷차림.

**【行为-위】xíngwéi 粤행위. ◇～不端/행위가 단정치 않다. ◇揭露不法～/불법행위를 폭로하다. 비교行为:行动:礼节 ① "行为"는 구체적인 동작에 쓰이는 "敏捷"를 술어로 쓰이지 않는다. ◇他们(×行为)行动非常敏捷 mǐnjié, 只半个小时便赶到灾难现场/그들의 행동은 매우 신속해 30분만에 재난현장에 도착했다. ② 구어체에서는 "握手", "鞠躬"을 "行为"라

X

고 말하지 않는다. ◇我认为每个人都应讲究鞠躬这种(×行为)礼节/난 모든 사람이 허리숙여 인사를 하는 이 예절을 중시해야 한다고 생각한다.

【行文-문】xíng// wén 통1글을 짓다. 2공문을 보내다.

【行销-소】xíngxiāo 통(각처에) 상품을 내어 팔다.

＊＊【行星-성】xíngxīng 명〈天〉행성. 혹성.

【行刑-형】xíng//xíng 명〈法〉형을 집행하다. 〔특히 사형의 경우를 가리킴〕

【行凶-흉】xíng// xiōng 통사람을 해치다. 살해하다.

【行医-의】xíng// yī 통(주로 개인이 하는 병원에서) 의사 노릇을 하다.

【行营-영】xíngyíng 명(최고 지휘관의) 야전사령부.

【行辕-원】xíngyuán (同)〔行营 yíng〕

【行云流水-운류수】xíng yún liú shuǐ〈成〉(떠다니는 구름과 흐르는 물처럼 글이) 막힘없이 자연스럽다.

【行者-자】xíngzhě 명1〈文〉통행인. 2〈佛〉행자. 〔불교의 수행자〕

＊＊【行政-정】xíngzhèng 명1행정. ◇政府部门属于国家～机关/정부부처는 국가행정기관에 속한다. 2(기관·기업·단체 따위의) 관리·운영. ◇这些物品都要从～费用里开支/이 물품은 모두 관리비에서 지출해야 한다.

【行政公署-정공서】xíngzhèng gōngshǔ 명1(중화인민공화국 초기의) 지방행정기관. 2중국의 일부 성(省) 인민위원회가 설치한 파출(派出)기관.

【行政区-정구】xíngzhèngqū 명행정구.

【行止-지】xíngzhǐ 명〈文〉1행방. 종적. 2품행. 행동 거지.

【行装-장】xíngzhuāng 명행장. 여장.

【行状-장】xíngzhuàng 명행장. 〔죽은 이의 가족이 그 생전의 언행을 기록한 글〕

【行踪-종】xíngzōng 명행방. 종적. 〔주로 현재 머무르고 있는 곳을 가리킴〕

【行走-주】xíngzǒu 통걷다.

【饧·餳】饣部 3画 | xíng 엿 당

1명〈文〉물엿. 2통(엿이나 밀가루 반죽 등이) 무르다. 3통(정신이 몽롱하여) 눈이 게슴츠레해지다.

xǐng

【省】目部 4画 | 小部 6画 | xǐng 살필 성, 생략할 생

통1반성하다. 자성(自省)하다. ◇反～/반성하다. 2(부모나 웃어른의) 안부를 여쭈다. ◇回家～亲/부모님께 안부를 여쭙다. 3깨닫다. 알아차리다. ⇒shěng

【省察-찰】xǐngchá 명성찰(하다). 반성(하다).

【省墓-묘】xǐngmù 통〈文〉성묘하다.

【省亲-친】xǐngqīn 통귀성(歸省)하여 부모님의 안부를 묻다.

【省视-시】xǐngshì 통찾아뵙다.

【省悟-오】xǐngwù 통각성하다. 깨닫다.

☆【醒】酉部 9画 | xǐng 술깰 성

1통(취기·마취 따위에서) 깨다. ◇病人十点钟前～过, 后来又昏迷过去了/환자가 10시 전에 깼었는데 나중에 또 혼수상태에 빠졌다. 2통잠에서 깨다. ◇孩子只睡了一个小时就～了/아이가 1시간만 자고 깼다. ◇别睡了, ~~吧!/자지마. 좀 깨! (反)〔睡 shuì〕 3통(망상이나 미몽에서) 깨어나다. 각성하다. ◇如果不是你指点, 我还~不过味儿来呢/만일 네가 일깨워주지 않았으면 나는 아직도 몰랐을거야. 4통분명하다. ◇～目/두드러지다.

【醒盹儿-돈아】xǐng// dǔnr 통〈方〉선잠(을) 깨다.

【醒过来-과래】xǐng·guo·lai 통깨어나다. 정신이 들다. ◇他躺了一会儿就～了/그는 좀 누웠더니 곧 깨어났다. 〔정상상태로 돌아옴〕

【醒豁-활】xǐnghuò 형(의사·생각·말 따위가) 의미가 명백하다. 분명하다.

【醒酒-주】xǐng// jiǔ 통술이 깨다.

【醒木-목】xǐngmù 명설화자가 청중의 주의를 끌기 위해 책상을 두들길 때 쓰는 나무 토막.

【醒目-목】xǐngmù 통(글이나 그림 등이) 눈에 띄다. 두드러지다.

【醒脾-비】xǐngpí 통1심심풀이하다. 눈요기가 되다.〔소설이나 그림에 대하여 쓸 때가 많음〕2조롱하다. 놀리다.

【醒悟-오】xǐngwù 통깨닫다. 제 정신이 들다. (同)〔清 qīng 醒〕, (反)〔麻醉 mázuì〕

【醒眼-안】xǐngyǎn 통〈方〉눈에 띄다. 시선을 끌다.

【擤(揨)】扌部 14画 | xǐng 코풀 형

통코를 풀다. ◇～鼻涕/코를 풀다.

xìng

【兴·興】八部 xìng 일어날 흥

명흥(미). 흥취. 재미. ◇豪～/커다란 흥취. ◇雅～/아취. ⇒xīng

【兴冲冲(的)-충충(적)】xìngchōngchōng

(de) 뼹신이 나다. 기분이 몹시 좋다. (反)〔气 qì 冲冲〕

＊＊【兴高采烈-고채렬】xìng gāo cǎi liè〈成〉매우 기쁘다. 신바람나다. 기뻐 어쩔줄 모르다. ◇人们~地参加祝捷大会/사람들은 신바람나며 승리축하대회에 참석했다. ◇孩子们听说去动物园都~/애들은 동물원에 간다는 말을 듣고 모두 아주 신났다. (同)〔欢天喜地 huān tiān xǐ dì〕, (反)〔痛器流涕 tòng kū liú tì〕

【兴会-회】xìnghuì 뼹 (우연히 이는) 흥. 감흥. ◇乘一时的~, 信手写了这首诗/순간 흥에 겨워 손가는 대로 이 시를 썼다.

☆【兴趣-취】xìngqù 뼹흥미. 관심. 취미. ◇我对跳舞不感~/나는 춤에 흥미없다. ◇他的~不是在功课上, 而是在打篮球上/그의 관심은 공부가 아니고 농구이다.

【兴头-두】xìng·tou 1뼹흥. 마음에 당김. 2뼹〔方〕유쾌하다. 즐겁다. 기쁘다.

【兴头儿上-두아상】xìngtóur·shang 흥이 절정에 달할 무렵. 신바람이 날 때. ◇大家正在~, 你别泼 pō 冷水/다들 신바람 나고 있는데 찬물을 끼얹지 마.

【兴味-미】xìngwèi 뼹흥미. 흥취.

【兴致-치】xìngzhì 뼹흥미. 재미.

＊【杏】木部│xìng
　　3画│은행 행
뼹〈植〉1살구나무. 2(~儿)살구.

【杏红-홍】xìnghóng 뼹〈色〉붉은 빛이 강한 오렌지색.

【杏黄-황】xìnghuáng 뼹〈色〉살구 빛.

【杏仁-인】xìngrén (~儿)뼹행인.

【杏眼-안】xìngyǎn 뼹여성의 아름다운 동그란 눈.

【杏子-자】xìng·zi〈方〉뼹살구.

☆【性】忄部│xìng
　　5画│성품 성
1뼹성격. 기질. ◇个~/개성. 2뼹(물질의) 성질. 성능. ◇弹~/탄성. 3뼹(의식이나 감정상의) 경향. 특성. ◇排他~/배타성. ◇重要~/중요성. 4뼹뼹생식(의). 성(의). ◇~器官/생식 기관. 5뼹성별. 뼹男~/남성. 女~/여성. 6뼹〈言〉성(gender). ◇阳~/남성. ◇阴~/여성. ◇中~/중성. 7뼹화내다. 분노하다. 8뼹〈文〉생명성.

【性爱-애】xìng'ài 뼹성애.

＊＊【性别-별】xìngbié 뼹성별.

【性病-병】xìngbìng 뼹성병.

【性感-감】xìnggǎn 뼹성적 매력. 섹시함.

☆【性格-격】xìnggé 뼹성격. ◇他是个~开朗的人/그는 성격이 명랑한 사람이다. ◇父亲了解女儿的~, 知道她决定的事, 是轻易不会改变的/아버지는 딸의 성격을 알아 딸이 결정한 일이 쉽사리 바뀔 리가

없다는 것을 알고 있다.

【性激素-격소】xìngjīsù 뼹〈生理〉성 호르몬.

【性急-급】xìngjí 뼹성급하다. (同)〔急性〕, (反)〔耐心 nàixīn〕

【性交-교】xìngjiāo 뼹뼹성교(하다).

【性灵-령】xìnglíng 뼹〈文〉인간의 정신이나 정감.

＊【性命-명】xìngmìng 뼹목숨. 생명. ◇牺牲~/목숨을 잃다.

【性命交关-명교관】xìngmìng jiāoguān〈成〉생사 존망이 걸리다.

＊＊【性能-능】xìngnéng 뼹기능. ◇检测~/기능검사.

【性气-기】xìngqì 뼹성격. 기질. 성질. 성미. 성깔.

【性器官-기관】xìngqìguān 뼹생식기. (同)〔生殖器〕

＊【性情-정】xìng·qíng 뼹성격. 성질. 성미. ◇~变了/성격이 변했다. ◇~软弱/성격이 연약하다.

【性腺-선】xìngxiàn 뼹〈生理〉성선. 생식선.

【性行-행】xìngxíng 뼹성격과 행실.

【性欲-욕】xìngyù 뼹성욕.

☆【性质-질】xìngzhì 뼹성질. 기질. ◇这两种东西~是完全不同的/이 두 가지의 성질은 전혀 다르다.

【性状-상】xìngzhuàng 뼹성질과 형상.

【性子-자】xìng·zi 1성질. 2(술·약 따위의) 강도. 자극 정도.

★【姓】女部│xìng
　　5画│성 성
1뼹성(씨). ◇~名/성명. ◇您贵~?/당신의 성씨는 어떻게 되십니까? 2뼹성이 …이다. …을 성으로 하다. ◇你~什么?/당신의 성은 무엇입니까?

☆【姓名-명】xìngmíng 뼹성명. ◇工作证上写着他的~, 年龄和职业/신분증명서에 그의 성명, 나이, 직업이 써있다.

【姓氏-씨】xìngshì 뼹성씨.

【幸(倖)】土部│xìng
　　　　　　5画│다행 행
1뼹행복. 행운. ◇荣~/영광스럽다. 2뼹뼹행복해서 기뻐하다. ◇庆~/기뻐하다. 3뼹〈文〉바라다. 원하다. ◇~勿推却/거절하지 마시기 바랍니다. 4뼹다행히. ◇~亏/다행히도. 5뼹뼹〈文〉총애(하다). ◇~臣/총신. 6뼹옛날, 임금이 행차하다. ◇巡~/임금이 순행하다. 7(Xìng)뼹성(姓).

【幸臣-신】xìngchén 뼹〈貶〉총신(寵臣).

【幸存者-존자】xìngcúnzhě 뼹요행히도 살아 남은 사람.

【幸而-이】xìng'ér (同)〔幸亏 kuī〕

★【幸福-복】xìngfú 뼹뼹행복(하다). ◇我们今天的~是来之不易的/우리의 오늘날

행복은 쉽게 얻은 것이 아니다. ◇幸幸福福地过一辈子/아주 행복하게 한평생 지내다. (反)〔痛苦 tòngkǔ〕

☆【幸好-호】xìnghǎo (副)다행히. 운좋게. ◇~你来了, 不然这还真不好办/다행히 네가 왔으니 망정이지 그렇지 않았으면 이 일은 정말 처리하지 못했을 것이다. (同)〔幸亏 kuī〕

【幸会-회】xìnghuì 〈套〉이렇게 뵙게 되어서 영광입니다.

【幸进-진】xìngjìn (동)〈文〉요행으로 관리가 되거나 승진하다.

*【幸亏-휴】xìngkuī (副)다행히도. 운좋게. 〔자주 "不然, 否则, 要不"나 "才, 总算" 등과 호응한다〕 ◇~你提醒我, 不然就要误事了/다행히 네가 나를 일깨워주었으니 망정이지 그렇지 않았으면 일을 그르칠 뻔했다. (同)〔幸而〕〔幸好〕

【幸免-면】xìngmiǎn (동)요행으로 모면하다.

【幸甚-심】xìngshèn (형)〈牘〉매우 다행이다.

【幸事-사】xìngshì (명)다행스러운 일. 기쁜 일. (反)〔灾祸 zāihuò〕

【幸喜-희】xìngxǐ (同)〔幸亏 kuī〕

*【幸运-운】xìngyùn 1(명)행운. ◇~来临了/행운이 왔다. ◇得到~/행운을 잡았다. 2(형)운이 좋다. ◇买彩卷得了头等奖, 真是~/복권을 사서 1등에 당첨되어 정말 운이 좋다. (同)〔走运 zǒuyùn〕, (反)〔背运 bèiyùn〕

【幸运儿-운아】xìngyùn'ér (명)행운아.

【幸灾乐祸-재락화】xìng zāi lè huò 〈成〉남이 당하는 재난을 꼴 좋다고 여기다.

【悻】 忄部 | 8画 | 성낼 행

【悻然-연】xìngrán (형)성내는 모양.

【悻悻-행】xìngxìng (형)분노하다.

【荇(莕)】 艹部 | xìng | 6画 | 노랑머리 연꽃 행

【荇菜-채】xìngcài (명)〈植〉노랑머리 연꽃.

xiōng

**【凶(兇)】 凵部 | 2画 | 흉할 흉

1(형)불길(하다). 불행(하다). ◇他家接连发生几起~事/그의 집에 연달아 몇가지 불행한 일이 일어났다. ◇吉~难定/길흉은 판정하기 어렵다. (反)〔吉 jí〕 2(형)작황이 나쁘다. 흉작이다. ◇~年/흉년. (反)〔丰 fēng〕 3(형)흉악하다. 사납다. ◇穷~极恶/극악 무도하다. ◇这个人生起气来样子真~, 把孩子都吓哭了/그 사람의 화내는 모습이 정말 험악해서 애가 놀라 울었다. 4(형)설치다. 모질다. 지독하다.

◇这阵子她闹得真~, 谁的话也听不进去/요즘 그녀는 너무 설쳐대어 아무도 듣지 않는다. 5(명)살인[살상] 행위. 몹쓸 짓. ◇这歹徒正要行~, 当场被公安人员抓获/그 악한이 막 살인하려고 하다가 그자리에서 공안요원에게 붙잡혔다. 6(명)흉악한 놈. ◇元~/원흉.

【凶暴-폭】xiōngbào (형)(성격·행동이) 흉포〔흉악〕하다. (同)〔凶残 cán〕, (反)〔善良 shànliáng〕

【凶残-잔】xiōngcán (명)흉악하고 잔인하다.

*【凶恶-악】xiōng'è (형)(용모 따위가) 험악하다. ◇他瞪着双眼站在门口, 样子~得很/그는 두눈을 부릅뜨고 문입구에 서있는데 모습이 아주 험악하다. (同)〔凶狠 hěn〕, (反)〔驯良 xùnliáng〕 比较凶恶:凶狠 "手段", "手法" 등 "凶恶"로 형용하지 않는다. ◇这人的手法最(×凶恶)凶狠/이 사람의 수법이 가장 악랄하다.

【凶犯-범】xiōngfàn (명)흉악범. 살인범.

【凶服-복】xiōngfú (명)〈文〉상복(喪服).

【凶悍-한】xiōnghàn (형)우악하다.

【凶耗-모】xiōnghào (명)흉보(凶報).

*【凶狠-한】xiōnghěn (형)(성격·행위가) 흉악하다. 잔혹하다. ◇~的豺狼/흉악한 악당.

【凶横-황】xiōnghèng (형)포악하다.

【凶狂-광】xiōngkuáng (동)포악하게 날뛰다.

*【凶猛-맹】xiōngměng (형)(기세·힘 따위가) 무시무시하다. 사납다. ◇来势~/밀려오는 기세가 사납다.

【凶年-년】xiōngnián (명)흉년. (同)〔荒 huāng 年〕, (反)〔丰 fēng 年〕

【凶虐-학】xiōngnüè (명)흉포하고 잔인하다.

【凶气-기】xiōngqì (명)험악한 기색. 살기.

【凶器-기】xiōngqì (명)흉기.

【凶杀-살】xiōngshā (동)(사람을) 살해하다.

【凶煞-살】xiōngshà (명)흉폭한 귀신.

【凶神-신】xiōngshén (명)흉신. 악마. 악귀. 〈喩〉흉폭한 놈.

【凶手-수】xiōngshǒu (명)살인범.

【凶死-사】xiōngsǐ (명)살해되다. 자살하다.

【凶险-험】xiōngxiǎn (형)1(정세가) 아주 위험하다. 위태하다. 위독하다. ◇病重 wēizhòng〕, (反)〔安康 ānkāng〕 2음흉하다.

【凶相-상】xiōngxiàng (명)험악한 인상.

【凶相毕露-상필로】xiōng xiàng bì lù 〈成〉흉폭한 몰골이 여지없이 드러나다. (同)〔穷凶极恶 qióng xiōng jí è〕, (反)〔和蔼可亲 hé ǎi kě qīn〕

【凶信-신】xiōngxìn (~儿)(명)불길한 소식. 흉보. 부고. (同)〔凶耗 hào〕, (反)〔喜讯 xǐxùn〕

【凶焰-염】xiōngyàn (명)흉악한 기세.

X

【凶宅一택】xiōngzhái 图(살인이나 자살사건이 있었던) 불길한 집. 흉가.

【凶兆一조】xiōngzhào 图나쁜 조짐. (反)〔吉 jí 兆〕

【讻・訩】讠部 xiōng 4画 떠들썩할 흉

图〈文〉와자지껄하다. 떠들썩하다.

【讻讻一흉】xiōngxiōng 图〈文〉와자지껄한 모양. 뒤숭숭한 모양.

【匈】勹部 xiōng 4画 가슴 흉

1图〈文〉가슴. (同)〔胸〕 **2**→〔匈奴〕

【匈奴一노】Xiōngnú 图〈民〉흉노. 〔동아시아의 고대 북방 민족의 하나〕

【洶(洶)】氵部 xiōng 4画 용솟음할 흉

图〈文〉물이 용솟음치다.

【洶洶一흉】xiōngxiōng 图〈文〉**1**파도 소리의 형용. **2**〈貶〉기세가 험악하고 맹렬한 모양. **3**와자지껄한 모양.

*【洶涌一용】xiōngyǒng 图(물이) 세차게 위로 치솟다. 용솟음치다. ◇波涛~/파도가 거칠게 일다.

【洶涌澎湃一용팽배】xiōng yǒng péng pài 〈成〉힘있게 치는 모양. 기세가 세차서 막을 수 없다.

☆【胸(胷)】月部 xiōng 6画 가슴 흉

图**1**가슴. 흉부. ◇这几天我总~疼/나는 요며칠 가슴이 늘상 아프다. **2**(의식·견문·도량 등을 나타내는) 마음. 심중. ◇心~/포부. 마음속.

【胸部一부】xiōngbù 图흉부. 가슴.

【胸次一차】xiōngcì 图〈文〉가슴속. 심지.

【胸骨一골】xiōnggǔ 图〈生理〉가슴뼈. 흉골.

*【胸怀一회】xiōnghuái **1**图마음에 담아두다. 가슴에 품다. **2**图도량. 생각. **3**图가슴.

【胸襟一금】xiōngjīn 图**1**포부. 도량. ◇~开阔/도량이 넓다. **2**가슴속. 심정. **3**흉부의 옷깃. ◇~上戴着一朵大红花/가슴의 옷깃에 한송이 붉은 꽃이 달려있다.

【胸口一구】xiōngkǒu 图〈生理〉명치.

【胸廓一곽】xiōngkuò 图〈生理〉흉곽. (同)〔胸腔〕

【胸膜一막】xiōngmó 图〈生理〉흉막. 늑막.

【胸脯一포】xiōngpú (~儿)图〈口〉가슴. 흉부.

【胸鳍一기】xiōngqí 图(물고기의) 가슴지느러미.

【胸腔一강】xiōngqiāng 图〈生理〉흉강.

【胸墙一장】xiōngqiáng 图〈軍〉흉장. 흉벽.

*【胸膛一당】xiōngtáng 图가슴. ◇他解开上衣扣子, 露出黝黑的~/그는 상의 단추를 풀자 거무스레한 가슴이 드러났다.

【胸围一위】xiōngwéi 图가슴 둘레.

【胸无点墨一무점묵】xiōng wú diǎn mò 〈成〉머리 속에 든 것이 없다. 일자무식이다. (同)〔不识一丁 bù shí yī dīng〕, (反)〔满腹经纶 mǎn fù jīnglún〕

【胸像一상】xiōngxiàng 图흉상.

【胸臆一억】xiōngyì 图품고 있는 생각. 의중. ◇倾吐~/속생각을 토로한다.

【胸有成竹一유성죽】xiōng yǒu chéng zhú 〈成〉사전에 복안을 가지고 있다. (同)〔成竹在胸 chéngzhúzàixiōng〕, (反)〔胸中无数 xiōngzhōngwúshù〕

【胸章一장】xiōngzhāng 图흉장.

【胸中无数一중무수】xiōng zhōng wú shù 〈成〉(사전지식의 부족으로) 자신이 없다. (同)〔心中无数 xīnzhōngwúshù〕, (反)〔胸中有数 xiōngzhōngyǒushù〕

【胸中有数一중유수】xiōng zhōng yǒu shù 〈成〉사전지식을 갖춰서 잘 해낼 자신이 있다. (同)〔心中有数 xīnzhōngyǒushù〕, (反)〔胸中无数 xiōngzhōngwúshù〕

【胸椎一추】xiōngzhuī 图〈生理〉흉추.

*【兄】口部 儿部 xiōng 2画 3画 형 형

图**1**형. ◇父~/아버지와 형. ◇有两三年没见到胞 ~了/2·3년동안 친형을 못만났다. (同)〔哥 gē〕, (反)〔弟 dì〕 **2**친척중에 동년배나 연장자에 대한 호칭. ◇我去火车站接表 ~/나는 사촌형을 마중하려고 기차역에 간다. **3**〈敬〉(남자들의) 같은 또래에 대한 존칭. ◇老~的才华真是名不虚传/노형의 재주는 정말 명불허전이군요.

【兄弟一제】xiōngdì 图**1**형과 동생. **2**형제. ◇~国家/형제국가. ◇他家~俩的长相非常像/그들 두 형제의 생김새가 무척 비슷하다.

☆【兄弟一제】xiōng·di 图**1**아우. 동생. **2**동생. 〔자기보다 나이 어린 남자를 친근하게 부르는 말〕 **3**图〈謙〉저. (남자가) 자기 동년배나 다른 사람에게 자신을 낮추어 하는 말. ◇~我刚到这里, 请多关照/제가 여기에 막 왔으니 잘 봐주시기 바랍니다.

【兄弟阋墙一제혁장】xiōngdì xì qiáng 〈成〉형제간에 다투다;내부 분쟁을 일으키다. 동족상잔.

【兄长一장】xiōngzhǎng 图〈敬〉형. 형님. 〔남자 친구에 대한 경칭〕

xióng

☆【雄】隹部 xióng 4画 수컷 웅

1图图수컷(의). ◇~鸡/수탉. (同)〔公 gōng〕, (反)〔雌 cí〕 **2**图씩씩한. 기백이

있는. ◇～伟/웅장하다. 3 형강력한. 강대한. ◇～兵/정예부대.

【雄辩─변】xióngbiàn 1 형웅변. 2 형설득력 있다. ◇事实─地说明了这一点/사실은 이 점을 설득력있게 말해준다.

【雄兵─병】xióngbīng 명정예 부대. 강력한 군대. (同)〔雄师 xióngshī〕, (反)〔残兵 cán bīng〕

【雄才大略─재대로〕xióng cái dà lüè〈成〉뛰어난 재능과 원대한 계략.

【雄大─대】xióngdà 형(기백이) 대단하다.

【雄风─풍】xióngfēng 명1 강풍. 2 위풍.

【雄蜂─봉】xióngfēng 명수벌.

【雄关─관】xióngguān 명험준한 요충지.

*【雄厚─후】xiónghòu 형(인력·물자 따위가) 풍부하다. 탄탄하다. ◇技术力量～/기술진이 탄탄하다. ◇～的资金/충분한 자금. (反)〔薄弱 bóruò〕

【雄花─화】xiónghuā 명〔植〕수꽃. (反)〔雌花 cí huā〕

【雄黄─황】xiónghuáng 명〔矿〕〔석〕웅황 (As₂O₃).

【雄黄酒─황주】xiónghuángjiǔ 명웅황 가루와 창포뿌리를 잘게 썰어 넣어 빚은 술. 〔단오절에 음용함〕

【雄浑─혼】xiónghún 형(시문의 기세가) 웅장하다. (필력이) 군건하다. (同)〔浑厚 húnhòu〕, (反)〔纤巧 xiānqiǎo〕

【雄鸡─계】xióngjī 명수탉. (同)〔公鸡〕

【雄健─건】xióngjiàn 형씩씩하다. (同)〔苍劲 cāngjìn〕, (反)〔稚嫩 zhìnèn〕

【雄劲─경】xióngjìng 형힘차다.

【雄赳赳─규규〕xióngjiūjiū 형(─的)기운차고 씩씩하다. (同)〔气昂昂 qì'áng'áng〕, (反)〔灰溜溜 huīliūliū〕

【雄蕊─예】xióngruǐ 명〔植〕수술. (反)〔雌蕊 círuǐ〕

【雄师─사】xióngshī 명정예부대.

【雄图─도】xióngtú 명웅대한 계획.

【雄威─위】xióngwēi 형웅장하고 위엄이 있다.

☆【雄伟─위】xióngwěi 형1 웅장하다. ◇节日的夜晚，天安门城楼显得更加～壮丽/명절밤의 천안문 성채는 더욱더 웅장하고 아름답게 보인다. 2 우람하다.

【雄心─심】xióngxīn 명웅지. 원대한 포부.

【雄心壮志─심장지】xióngxīn zhuàngzhì 원대한 이상과 포부.

【雄性─성】xióngxìng 명수컷.

【雄鹰─응】xióngyīng 명〈鸟〉독수리.

【雄主─주】xióngzhǔ 명뛰어난 군주.

*【雄壮─장】xióngzhuàng 형1 웅장하다. 힘차다. ◇～的步伐/힘찬 발걸음. 2 건장하다. ◇身材～/몸짓이 건장하다.

【雄姿─자】xióngzī 명웅장한 자태.

*【熊】灬部 xióng
　　10画 곰 웅
1 명〈动〉곰. 2 명〈方〉야단치다. 나무라다. 꾸짖다. ◇他～了他一顿/그를 한바탕 꾸짖었다. 3 형겁많고 나약하다. 무능하다. ◇你也真～，一上阵就败了下来/넌 참 무능해. 출진하자마자 패하다니. 4(Xióng)성(姓).

【熊包─포】xióngbāo 명무능한 사람. 밥통.

☆【熊猫─묘】xióngmāo 명〈动〉팬더(panda).

【熊熊─웅】xióngxióng 형불이 활활 타오르는 모양.

xiū

【休】亻部 xiū
　　4画 쉴 휴
1 동정지하다. 그만두다. (同)〔停 tíng〕 2 동쉬다. 휴식하다. ◇退～/(정년) 퇴직하다. (同)〔息 xī〕, (反)〔作 zuò〕 3 동잠시 쉬다〔그만두다〕. ◇～学/휴학하다. ◇～会/정회하다. 4 동아내를 쫓아내다. 이혼하다. 5 부금지나 만류를 나타냄. ◇～得无理/무례하게는 안돼. 〔주로 早期白话〕

【休会─회】xiū//huì 동휴회하다.

【休假─가】xiū//jià 동휴가를 보내다. ◇休了一个月假/1개월 휴가를 보냈다.

【休克─극】xiūkè 1 명〔医〕가사상태. 쇼크(shock). 2 동쇼크를 일으키다.

【休眠─면】xiūmián 명〈生〉동면(하다).

【休戚─척】xiūqī 명기쁨과 슬픔.

【休戚与共─척여공〕xiū qī yǔ gòng〈成〉기쁨과 슬픔을 함께 하다. 동고동락하다. (同)〔同甘共苦 tóng gān gòng kǔ〕, (反)〔分道扬镳 fēn dào yáng biāo〕

【休憩─게】xiūqì 동쉬다. 휴식하다.

★【休息─식】xiū·xi 동명1 휴식하다(하다). ◇走了半天了，～一吧！/한참을 걸었으니 좀 쉬자. 2 휴업(하다). ◇学校一般都～礼拜六和礼拜天，工厂就不同了，我们厂～礼拜一和礼拜二/학교에서는 보통 토·일요일을 쉬지만 공장은 다르다. 우리 공장은 월·화요일을 쉰다.

【休闲─한】xiūxián 동1 한가하게 지내다. 2〈农〉(경작지를) 놀려 묵히다.

【休想─상】xiūxiǎng 꿈도 꾸지 마라. …은 결코 있을 수 없는 일이다. ◇你要骗人，～!/네가 남을 속일려고 해. 꿈꾸지마!

【休学─학】xiū//xué 동휴학하다.

*【休养─양】xiūyǎng 1 동명휴양(하다). 요양(하다). ◇他到北戴河一去了/그는 북대하로 휴양하러 갔다. 2 동(국가나 국민의 경제력을) 회생하다.

【休养生息─양생식】xiūyǎng shēngxī〈成〉

(나라가 전쟁이나 큰 변혁이 있은 후에)
국민의 부담을 줄이고 생활을 안정시켜
활력을 회복하게 하다. (同)〔与民休息 yǔ
mín xiū xī〕, (反)〔劳民伤财 láo mín
shāng cái〕

【休业―업】xiū／yè 동1휴업〔휴점〕하다. 2
(한 단계의 학습을) 마치다. 끝내다.

【休战―전】xiū／zhàn 1휴전하다. 정전
하다. 2(xiūzhàn)명휴전. 정전. (反)〔交
战 jiāo zhàn〕

【休整―정】xiūzhěng 동(군대를) 쉬게 하
여 재정비하다.

【休止―지】xiūzhǐ 동중지하다. 멈추다.

【休止符―지부】xiūzhǐfú 명〈音〉(악보 중
의) 쉼표.

【咻】口部│xiū
6画│지껄일 휴

【咻咻―휴】xiūxiū 의1식식.〔콧숨쉬는 소
리〕2쌕쌕.〔동물의 울음 소리〕

【鸺・鵂】鸟部│xiū
6画│수리부엉이 휴

【鸺鹠―류】xiūliú 명〈鳥〉올빼미과(科)의
총칭. (同)〔枭 xiāo〕

☆【修】亻部│xiū
7画│닦을 수

1동꾸미다. 장식하다. ◇～辞/수사. 2동
수리하다. ◇他一天才～了一台收音机/그
는 하루만에야 라디오 1대를 수리했다. 3
동(글을) 쓰다. (책을) 편찬하다. ◇～史
/역사책을 편찬하다. 4동(학문·품행 등
을) 닦다. 학습하다. 연구하다. ◇～养/수
양하다. 5동(종교인이) 수행(修行)하다.
도를 닦다. ◇～炼/수련하다. 6동건설하
다. 부설하다. 건조(建造)하다. ◇从北京
到天津～了一条高速公路/북경에서 천진까
지 고속도로를 부설했다. 7동깎다. 정돈하
다. ◇这把剪刀不好使，～不齐头
发/이 가위는 쓰기에 좋지 않아 머리카락
을 잘 깎을 수 없다. 8형〈文〉길다. ◇～竹
/길게 자란 참대 숲. 9(Xiū)명성(姓).

【修补―보】xiūbǔ 1명동손질(하다). 보수
(하다). 2동(醫)단백질을 보충하다.

【修长―장】xiūcháng 형늘씬하다. ◇身材
～/몸매가 늘씬하다.

【修辞―사】xiūcí 명〈言〉수사. 레토릭(rheto-
ric).

【修辞格―사격】xiūcígé 명〈言〉수사 방식.

【修辞学―사학】xiūcíxué 명〈言〉수사학.

【修道院―도원】xiūdàoyuàn 명〈宗〉수도원.

*【修订―정】xiūdìng 동(서적이나 계획을)
수정하다. 개정하다. ◇～本/수정본. ◇
～作品/작품을 수정하다.

【修短―단】xiūduǎn 명〈文〉긴 것과 짧은
것. 길이.

*【修复―복】xiūfù 동1(건물을) 수리하여
복구하다. ◇把铁路～了/철도를 복구시
켰다. (同)〔修理 lǐ〕, (反)〔损坏 sǔnhuà-
i〕 2〈醫〉재생하다. 회복하다.

☆【修改―개】xiūgǎi 동바로잡아 고치다. (글·
계획을) 개정하다. ◇～稿子/원고를 고
치다. ◇这篇毕业论文写得不错，但有些地
方还需要很好地～～/이 졸업논문은 잘
썼지만 잘 고쳐야 할 부분이 있다.

【修盖―개】xiūgài 동(집을) 짓다.

【修函―함】xiūhán 〈方〉편지를 쓰다.

【修好―호】xiū／hǎo 동1(국가간에) 우호
관계를 수립하다. (反)〔反目 fǎnmù〕 2
선행을 쌓다.

【修剪―전】xiūjiǎn 동(나뭇가지·손톱 등
을) 가위질하여 다듬다. 전지(剪枝)하다.

**【修建―건】xiūjiàn 동짓다. 부설하다. ◇
～学校/학교를 짓다. ◇～桥梁/교량을 부
설하다.

【修脚―각】xiū／jiǎo 동발톱을 깎거나 발
의 티눈을 없애다.

【修旧利废―구리폐】xiū jiù lì fèi 〈成〉낡은
것을 수리하고 폐품을 이용한다.

【修浚―준】xiūjùn 동준설하다.

☆【修理―리】xiūlǐ 동1수리하다. 수선하다.
◇冰箱坏了，我得去请人～～/냉장고가 망
가져서 수리할 사람을 부르러 가야 한다.
비교修理：修 도로와 하수구 등의 보수에
는 "修理"를 쓰지 않는다. ◇区政府派人
来(×修理)修这水沟/구청에서는 사람을
보내 이 하수구를 수리하게 했다. 2가위
질하여 다듬다. ◇他一口气～了几十棵果
树/그는 단숨에 10그루의 과수를 가위질
로 다듬었다.

【修炼―련】xiūliàn 명(불교·도교 등에
서) 수련하다.

【修面―면】xiū／miàn (同)〔刮 guā 脸〕

【修明―명】xiūmíng 형〈文〉(정치가) 깨끗
하고 공정하다.

【修女―녀】xiūnǚ 명〈宗〉수녀.

【修配―배】xiūpèi 명동수리·조립(하다).

【修葺―즙】xiūqì 동건축물을 보수하다.

【修缮―선】xiūshàn (同)〔修理 1〕

【修身―신】xiūshēn 명동수신(하다).

【修史―사】xiūshǐ 동〈文〉역사를 편찬하다.

【修士―사】xiūshì 명〈宗〉수사. 수도사.

【修饰―식】xiūshì 동1꾸미다. 장식하다. 2
멋을 부리다. 몸치장을 하다. 3손질을 하
다. 잘 고치다. ◇你把这篇稿子再～一下/
이 원고를 다시 손질하시오.

【修书―서】xiū／shū 동1〈文〉서적을 편찬
하다. 저작하다. 2편지를 쓰다.

【修仙―선】xiū／xiān 동신선이 되는 도를
닦다.

【修行一행】xiū·xíng 통(불교나 도교에서) 도를 닦다. 수행하다.

☆【修养一양】xiūyǎng 1명교양·수양(하다). ◇这人有～, 从不和人争吵/그 사람은 교양이 있어 여지껏 남과 다투지 않았다. 2명소양. 소질. 〔이론, 지식, 예술, 사상 방면의 상당한 수준을 가리킴〕◇他是一个很有～的艺术家/그는 상당한 소양을 갖춘 예술가이다.

【修业一업】xiūyè 통수업(하다). 학업을 닦다.

【修造一조】xiūzào 통1수리·제조하다. 2짓다.

【修整一정】xiūzhěng 통손질하다. 수리하다.

＊＊【修正一정】xiūzhèng 통수정하다. ◇把错误的地方～了之后, 尽快送到打印室/잘못된 곳을 고친 후 되도록 빨리 인쇄실로 보내라. 비교修正:修改 제대로 고치지 않은 경우에는 "修正"을 쓰지 않는다. ◇剧本(×修正)修改后, 让人感到有些失真/극본을 고친 후 사실과 좀 동떨어진 것처럼 느껴진다.

＊＊【修筑一축】xiūzhù 통(토목공사를 하여) 세우다. 축조하다. ◇～码头/부두를 세우다.

【羞(羞)】羊部 4画 부끄러워할 수

1형부끄럽다. 창피하다. ◇害～/부끄러워하다. ◇～得低下了头/수줍어 고개를 떨궜다. 2통부끄럽게 하다. 창피하게 하다. 3명치욕. 부끄러움. ◇遮～/치욕을 감추다. 4통수치심을 느끼다. 5명진미. 맛있는 음식.

【羞惭一참】xiūcán 형부끄러워하다. (同)〔羞愧 kuì〕, (反)〔无愧 wúkuì〕

＊【羞耻一치】xiūchǐ 명수치. 치욕. ◇不知～/수치를 모르다. (同)〔可耻 kěchǐ〕, (反)〔光荣 guāngróng〕

【羞答答一답답】xiūdādā (～的)형(주로 여자아이가) 부끄러워하거나 수줍은 모양.

【羞愤一분】xiūfèn 명수치와 분노.

【羞口一구】xiūkǒu 형말하기 어렵다〔부끄럽다〕.

【羞愧一괴】xiūkuì 통창피하다.

【羞赧一란】xiūnǎn 형〈文〉수줍어 얼굴을 붉히다.

【羞怯一겁】xiūqiè 형부끄러워 머뭇머뭇하다.

【羞人一인】xiū//rén 형쑥스러워하다.

【羞人答答一인답답】xiūréndādā (～的)형스스로 부끄러워하는 모양.

【羞辱一욕】xiūrǔ 1명치욕. 모욕. 2통치욕을 주다. 모욕하다.

【羞臊一소】xiūsào 통수줍어하다. 부끄러워하다.

【羞涩一삽】xiūsè 형쑥스러워 망설이다.

【羞恶一오】xiūwù 통〈文〉(나쁜 짓을) 부끄러이 여겨 미워하다.

【羞与为伍一여위오】xiū yǔ wéi wǔ 〈成〉(어떤 사람과) 같이 일하는 것이 창피하다.

xiǔ

【朽】木部 2画 썩을 후

통1썩다. 부패하다. ◇这根柱子～了/이 기둥이 썩었다. ◇永垂不～/길이 빛나다. (同)〔烂 làn〕 2(일이) 쇠퇴하다. (사람이) 쇠하다. ◇老～/늙어 쇠해지다. (同)〔衰 shuāi〕, (反)〔壮 zhuàng〕

【朽败一패】xiǔbài 형부패하다. (反)〔不朽 bùxiǔ〕

【朽坏一괴】xiǔhuài 통썩어 부서지다.

【朽烂一란】xiǔlàn 통썩어 문드러지다.

【朽迈一매】xiǔmài (同)〔老 lǎo 朽 1〕

【朽木一목】xiǔmù 명썩은 나무. 〈喩〉쓸모 없는 사람.

【宿】宀部 8画 묵을 숙

양밤을 단위로 날수를 세는 데 쓰임. ◇住了一～/하룻밤 묵었다. ⇒sù, xiù

xiù

【秀】禾部 2画 빼어날 수

1통벼꽃이 피다. 이삭이 패다. 2명(벼 따위의) 이삭. 3형(모습이) 수려하다. 아름답다. 4형똑똑하다. 5형우수하다. 6명우수한 인재.

【秀才一재】xiù·cɑi 명1수재.〔명청(明清)대의 생원의 통칭〕 2선비. 수재. ◇在这个偏僻的山沟里, 高中毕业生就称得上～了/이 외진 산골짜기에서 고등학교 졸업생은 수재라 할 수 있다.

＊【秀丽一려】xiùlì 형수려하다. 아름답다. ◇容貌～/용모가 수려하다. (同)〔秀美 měi〕, (反)〔丑陋 chǒulòu〕

【秀美一미】xiùměi 형뛰어나게 아름답다.

【秀媚一미】xiùmèi 형자태가 아름답고 매력적이다.

【秀气一기】xiù·qi 형1청수하다. 말쑥하다. (同)〔清 qīng 秀〕(俗 sú 气〕 2(언행이) 점잖다. 3(물건이) 정교하다.

【秀色可餐一색가찬】xiù sè kě cān 〈成〉(여자의 용모나 자연의 경치가) 넋을 잃게 할 만큼 매우 아름답다.

【秀外慧中一외혜중】xiù wài huì zhōng 〈成〉용모가 빼어나고 자질도 총명하다.

【秀雅一아】xiùyǎ 형수려하고 우아하다.

【秀逸一일】xiùyì 형수려하고 소탈하다. 뛰

X

어나다. ◇书法~/서법이 뛰어나다.

【绣(繡)】 纟部 7画 xiù 수 **수**
1⟨동⟩수놓다. 자수(刺繡)하다. ◇刺~/자수하다. 2⟨명⟩자수품. ◇湘~/호남성(湖南省) 장사(長沙)의 자수.
【绣房―방】xiùfáng ⟨명⟩옛날, 젊은 여자의 방.
【绣花―화】xiù∥huā　(~儿)⟨동⟩(도안이나 무늬 등을) 수놓다.
【绣花鞋―화혜】xiùhuāxié ⟨명⟩수놓은 신발.
【绣花枕头―화침두】xiùhuā zhěn·tou 〈歇〉외모는 그럴듯하나, 실제로는 재능과 학식이 없는 사람. 빛 좋은 개살구. (同)〔虚有其表 xū yǒu qí biǎo〕, (反)〔真才实学 zhēn cái shí xué〕
【绣球―구】xiùqiú ⟨명⟩수놓은 공 모양의 장식물.
【绣像―상】xiùxiàng ⟨명⟩1수 놓아 만든 신불이나 사람 따위의 형상. 2옛날, 세밀화로 그린 인물화.
【绣鞋―혜】xiùxié ⟨명⟩(여자가 신는) 수놓은 신. 꽃신.

【锈·鏽】 钅部 7画 xiù 녹 **수**
1⟨명⟩녹. ◇这把刀好几年没用, 都长~了/이 칼을 여러해 쓰지 않아 녹이 슬었다. 2⟨동⟩녹슬다. ◇这刀经常用, 从没~过/이 칼은 자주 써서 여지껏 녹이 슨 적이 없다.
【锈斑―반】xiùbān ⟨명⟩금속의 녹슨 얼룩. ◇刀上生了~/칼에 녹슨 얼룩이 생겼다.
【锈病―병】xiùbìng ⟨명⟩〈農〉수병. 녹병(綠病).
【锈蚀―식】xiùshí ⟨동⟩(금속이) 녹슬어 부식되다.

【袖】 衤部 5画 xiù 소매 **수**
1(~儿)⟨명⟩소매. ◇短~/짧은 소매. 2⟨동⟩소매 속에 집어 넣다. ◇~手旁观/수수 방관하다.
【袖标―표】xiùbiāo ⟨명⟩완장. ◇带上~/완장을 차다.
【袖管―관】xiùguǎn ⟨명⟩〈方〉소매.
【袖箭―전】xiùjiàn ⟨명⟩옛날, 소매 속에 감추었다가 용수철 장치로 발사하는 화살 모양의 옛 무기.
【袖口―구】xiùkǒu (~儿)⟨명⟩소맷부리.
【袖手旁观―수방관】xiù shǒu páng guān 〈成〉수수 방관하다. (同)〔冷眼旁观 lěng yǎn páng guān〕, (反)〔见危授命 jiàn wēi shòu mìng〕
【袖筒―통】xiùtǒng (~儿)⟨명⟩소매.
【袖章―장】xiùzhāng ⟨명⟩완장.
【袖珍―진】xiùzhēn ⟨형⟩소형의. 포켓형의. (反)〔大型 dàxíng〕
*【袖子―자】xiù·zi ⟨명⟩소매.

【臭】 自部 4画 xiù 냄새 **취**
1⟨명⟩냄새. 2⟨명⟩냄새를 맡다. (同)〔嗅 xiù〕⇒chòu

*【嗅】** 口部 10画 xiù 맡을 **후**
⟨동⟩냄새를 맡다. ◇小狗在他腿上~来~去/강아지가 그의 다리에서 이리저리 냄새를 맡고 있다.
【嗅觉―각】xiùjué ⟨명⟩〈生理〉후각. ◇~灵敏/후각이 민감하다.
【嗅神经―신경】xiùshénjīng ⟨명⟩〈生理〉후신경.

【宿】 宀部 8画 xiù 묵을 **숙**
⟨명⟩〈天〉성수. 진수. ◇二十八~/28수 ⇒sù xiǔ

xū

【戌】 戈部 2画 xū 열한째지지 **술**
⟨명⟩술. 〔십이지(十二支)의 열한 번째. 띠로는 '개'〕
【戌时―시】xūshí 〔저녁 7시~9시〕

【须·鬚】 彡部 6画 頁部 3画 xū 기다릴 **수**
1⟨조⟩⟨동⟩반드시 …해야 한다. ◇必~/반드시. ◇务~/반드시. 꼭. ◇这种事情~老张去办/이 일은 장씨가 처리해야 한다. 2⟨동⟩〈文〉기다리다. 3⟨명⟩수염. ◇~发/수염과 머리카락. 4⟨명⟩(동물의 촉수(觸鬚). 식물의 화수(花鬚) 따위의) 수염 모양의 것. ◇花~/꽃술. ◇这是玉米~, 你见过? /이것은 옥수수 수염인데 넌 본 적 있니? 5(Xū)⟨명⟩성(姓).
【须发―발】xūfà ⟨명⟩수염과 머리털.
【须根―근】xūgēn ⟨명⟩〈植〉수근. 수염뿌리.
【须眉―미】xūméi ⟨명⟩1수염과 눈썹. (反)〔裙钗 qúnchāi〕 2남자. ◇堂堂~/당당한 남자.
【须弥座―미좌】xūmízuò ⟨명⟩〈佛〉불좌.
【须生―생】xūshēng (同)〔老 lǎo 生〕
【须要―요】xūyào ⟨동⟩반드시 …해야 한다. ◇过马路~走横道线/길 건너갈 때 반드시 횡단보도로 건너야 한다.
【须臾―유】xūyú ⟨명⟩〈文〉순간. 잠시.
*【须知―지】xūzhī 1⟨동⟩반드시 알아야 한다.

◇~胜利来之不易/승리를 쉽게 얻은 것이 아님을 반드시 알아야 한다. 2명주의 사항. ◇游览~/관광시 주의사항. ◇考试~/수험준칙.

【须子-子】xū·zi 명〈植〉수염뿌리. 수근.

【胥】疋部 月部 xū
4画 5画 서리 서
1명〈文〉옛날, 하급 관리. 2〈文〉@모두. 다. ◇万事~备/모든 일이 다 준비되다. 3(Xū)명@성(姓).

*【虚】虍部 xū
5画 빌 허
1명공허하(空虚). 텅빈 곳. ◇~浮/비현실적이다. (同)〔空 kōng〕, (反)〔实 shí〕 2명통비(우)다. 3@자신이 없다. 조마조마하다. 4@헛되이. 쓸데없이. 5명@거짓(의). 허위(의). ◇~伪/허위(적이다). (反)〔实 shí〕 6@겸허하다. 자기를 비워 낮추다. ◇谦~/겸허하다. (同)〔骄 jiāo〕 7@허약하다. ◇气~/기가 약하다. (同)〔亏 kuī〕 8@(방침·정책 등에 대한) 이치. 법칙. ◇政治理论 학습에 힘쓰다 9명〈天〉허수(虚宿). 이십팔수(二十八宿)의 하나.

【虚报-보】xūbào 명통거짓(허위) 보고(하다). ◇~成绩/실적을 허위 보고한다.

【虚词-사】xūcí 명1〈言〉(중국어에서는 부사, 전치사, 접속사, 조사, 감탄사, 의성어 등이 포함되는) 허사. (反)〔实 shí 词〕 2〈文〉과장되고 부실한 글.

【虚辞-사】xūcí 명거짓말. 빈말.

【虚度-도】xūdù 통(세월을) 헛되이 보내다. 한 일 없이 시간만 보낸다.

【虚浮-부】xūfú @착실하지 않다. 비현실적이다. (同)〔飘 piāo 浮〕, (反)〔实在 shízài〕

【虚构-구】xūgòu 통상상으로 꾸며내다. 픽션으로 쓰다. (同)〔虚造 zào〕, (反)〔真实 zhēnshí〕

【虚汗-한】xūhàn 명(쇠약증이나 질병에 의한) 식은 땀.

【虚怀若谷-회약곡】xū huái ruò gǔ 〈成〉겸허한 마음이 산골짜기 만큼 깊다. 대단히 겸허하여 남의 말에 귀를 기울이다. (同)〔不耻下问 bù chǐ xià wèn〕, (反)〔目空一切 mù kōng yīqiè〕

【虚幻-환】xūhuàn @가공의. 비현실적인. 허황된. (同)〔子 zǐ 虚〕, (反)〔真实 zhēnshí〕

【虚火-화】xūhuǒ 명〈中医〉허화. 허열.

*【虚假-가】xūjiǎ 명@허위(의). 거짓(의). ◇~现象/실제와 맞지 않는 현상. ◇做学问要老老实实, 不能有半点~/학문을 착실하게 해야지 한치의 거짓이 있어서는

안 된다. (同)〔虚伪 wěi〕, (反)〔真实 zhēnshí〕

【虚惊-경】xūjīng 통실없이 놀라다. 괜히 놀라다.

【虚空-공】xūkōng @텅 비다. 공허하다.

【虚夸-과】xūkuā 통과장하다. 허풍치다. (同)〔浮 fú 夸〕, (反)〔实在 shízài〕

【虚礼-례】xūlǐ 명허례.

【虚名-명】xūmíng 명허명. 실력이 없는 명성. (反)〔实学 shíxué〕

【虚拟-의】xūnǐ 1통가정하다. 가설하다. 2명@가공적인 이야기(를 지어내다.)

【虚胖-반】xūpàng @뒤룩뒤룩(퉁퉁하게) 살만 찌다.

【虚飘飘-표표】xūpiāopiāo (~的)@발이 땅에 붙어있지 않는 것처럼 느끼다. 걸음이 흔들리는 모양. ◇喝了点酒, 走路觉得两腿~的/술을 좀 마셨더니 길을 걸을 때 두 다리가 비틀거린다.

【虚荣-영】xūróng 명허영. 헛된 영화.

*【虚弱-약】xūruò @1허약하다. 쇠약하다. ◇爷爷近来的身体越来~了/요즘 할아버지의 건강은 더 허약해졌다. (同)〔软 ruǎn 弱〕, (反)〔健壮 jiànzhuàng〕

【虚设-설】xūshè 통(기구·직책을) 전시용으로 만들다.

【虚实-실】xūshí 명1허와 실. 2내부 사정. 내실. ◇不了解~/내부사정을 모르다.

【虚数-수】xūshù 명1〈数〉허수. 2실재하지 않는 수. (反)〔实 shí 数〕

【虚岁-세】xūsuì 명('만'으로 계산하지 않은) 달력 나이. [태어난 해를 한 살로 함] (反)〔足岁 zúsuì〕

【虚套子-투자】xūtào·zi 명형식적인 격식. 허례.

【虚土-토】xūtǔ 명〈方〉갈아 엎어 부드러워진 흙.

【虚脱-탈】xūtuō 명통1〈医〉탈수(하다). 2허탈(상태에 이르다).

【虚妄-망】xūwàng 명@허망(한). 허위(의). 날조(된). (同)〔荒诞 huāngdàn〕, (反)〔确凿 quèzáo〕

*【虚伪-위】xūwěi 명@진실(하지 못하다). 위선(적이다). ◇这个人太~了/그 사람은 정말 위선적이다. ◇他对人实在, 没有一点~/그는 조금도 가식없이 남을 진실하게 대한다. (同)〔虚假 jiǎ〕, (反)〔真诚 zhēnchéng〕

【虚位以待-위이대】xū wèi yǐ dài 〈成〉자리를 비워두고 기다린다.

【虚文-문】xūwén 명1실행되지 않아 사문화된 법규나 규정. 2허례.

【虚无-무】xūwú 명道家에서 말하는 '도'의 본체는 없는 곳이 없고 현상으로는

보이지 않는 것.

【虚无缥缈一무표묘】xū wú piāo miǎo〈成〉
허무 맹랑하다. 뜬구름 잡듯이 헛되다.

【虚无主义一무주의】xūwú zhǔyì 图〈哲〉
허무주의. 니힐리즘.

【虚线一선】xūxiàn 图점선. 파선(破線).

【虚像一상】xūxiàng 图〈物〉허상.

☆【虚心一심】xūxīn 图겸허하다. 겸손하다.
◇~学习别人的长处/남의 장점을 겸허하
게 배우다. ◇~听取别人的意见/남의 의
견을 겸허하게 받아들이다. (同)〔谦 qiān
虚〕, (反)〔骄傲 jiāo'ào〕

【虚悬一현】xūxuán 图1결원이 나다. 자리
가 비다. 2공상하다.

【虚应故事一응고사】xū yìng gùshì〈成〉형
식적으로 일을 대강 해치우다. (同)〔敷
衍了事 fū yǎn liǎo shì〕, (反)〔全力以赴
quán lì yǐ fù〕

【虚有其表一유기표】xū yǒu qí biǎo〈成〉
허정하다. 겉만 번지르르하다. 빛 좋은
개살구. (同)〔绣花枕头 xiùhuā zhěntou〕,
(反)〔真才实学 zhēn cái shí xué〕

【虚与委蛇一여위사】xū yǔ wēiyí〈成〉건성
으로만 상대에게 맞장구치다.

【虚造一조】xūzào 图날조하다.

【虚张声势一장성세】xū zhāng shēngshì
〈成〉허세를 부리다. 허장 성세하다.

【虚症一증】xūzhèng 图〈中医〉허증.

【虚字一자】xūzì 图허자. 〔고대문법에서,
구체적인 의미없이 문법적 기능만 하는
글자, 지금의 허사에 해당됨〕

【墟】土部 xū
　11画 터 허
图폐허. ◇废~/폐허.

【嘘】口部 xū
　11画 내불 허
1图천천히 숨을 내쉬다. ◇~气/숨을 내
쉬다. 2图탄식하다. 한숨짓다. ◇仰天而
~/하늘을 보며 탄식하다. 3图(불이나
김에) 데다. 4图데우다. 덥히다. 5图
〈方〉조용하! 쉬! 〔제지(制止)·내쫓음을
나타냄〕注意이 때 발음은 대개 'shī'라
고 함. 6图〈方〉쉬쉬〔우우〕하는 소리를
내어 제지하거나 쫓다. ⇒shī

【嘘寒问暖一한문난】xū hán wèn nuǎn〈成〉
남의 생활을 따뜻이 보살펴주다. (同)
〔问寒问暖 wèn hán wèn nuǎn〕, (反)〔冷
若冰霜 lěng ruò bīng shuāng〕

**【需】雨部 xū
　6画 구할 수
1图필요하다. 요구되다. ◇我想买一套家
具, 急~两千元钱/나는 가구 한 세트를
사려고 하는데 2천원이 급히 필요하다.
◇一台轿子~四个人抬/가마 하나를 들려

면 네 사람이 필요하다. 2图필수품. 수
요. ◇军~/군수 물자.

*【需求一구】xūqiú 图수요. 요구. ◇满足消
费者的~/소비자의 수요를 만족시키다.
◇人们对商品的~越来越高/사람들은 상
품에 대한 요구는 갈수록 높아진다.

【需索一색】xūsuǒ〈方〉图(재물을) 요구하
다. 청구하다.

★【需要一요】xūyào 1图요구되다. 필요로 하
다. ◇我们这里的工作非常~你/우리 이
곳의 업무에는 네가 매우 필요하다. ◇他
~一本汉英词典/그는 중영사전이 한 권
필요하다. 比较需要:愿意 기꺼이 어떤
일을 하는 경우에는 "需要"를 쓰지 않는
다. ◇谁(×需要)愿意给我做工? 一个月
工钱三百块/누가 날 위해 일할 사람 있
소? 한 달에 월급이 300원이요. 2图필요.
요구. ◇不能只顾自己的~/자기의 요구
만 생각해서는 안 된다. ◇保证人民吃穿
的基本~/국민의 의식의 기본요구를 보
장하다.

xú

【徐】彳部 xú
　7画 천천히할 서
1图〈文〉서서히. 느릿느릿하게. ◇~步/
천천히 걷다. ◇清风~来/바람은 부드럽
게 불다. (同)〔慢 màn〕, (反)〔疾 jí〕2
(Xú)图성(姓).

【徐缓一완】xúhuǎn 图느릿하다.

【徐图一완】xútú 图〈文〉(어떤 일을) 서서
히 도모하다.

*【徐徐一서】xútú 图〈文〉천천히. 서서히. 느
릿느릿. (同)〔慢慢 mànmàn〕, (反)〔匆
匆 cōngcōng〕

xǔ

☆【许·許】讠部 xǔ
　4画 허락할 허
1图칭찬하다. 찬양하다. ◇赞~/칭찬하다.
2图(남에게 어떤 것을 주거나 어떤 일을
해줄 것을 미리) 약속하다. 승낙하다. ◇
爷爷对我~了明年/明年给我买一辆自行车/
아버지는 내년 내게 자전거를 사주겠다고
약속했다. 3图(여자가) 약혼하다. ◇姑娘
~了人了/아가씨가 약혼을 했다. 4图허가
하다. 승낙하다. ◇礼堂里不~吸烟/강당
에서는 흡연금지이다. 5图아마도. 혹시.
◇自行车是小王骑走了/자전거를 아마
왕군이 타고 갔는지 모른다. ◇有人敲门,
~是哥哥回来了/누가 문을 두드리는데 아
마 형이 돌아왔을지 모른다. 6图성(姓).

★【许多—다】xǔduō 웹많은. 허다한. ◇我们有~年没见面了/우리는 여러해 못만났다. ◇几年不见了, 你好像老了~/몇년 못만났는데 너는 많이 늙은 것 같다. (同)〔好hǎo多〕 [비교]许多:很多 "许多"는 술어로 쓰이지 않는다. ◇因为她要做的工作(×许多)很多, 不能照顾那个孩子/그녀는 해야 할 일이 많아서 그 아이를 돌볼 수 없다.

【许婚—혼】xǔhūn 图(여자 쪽에서 남자 쪽의) 청혼을 받아들이다.

【许久—구】xǔjiǔ 웹(시간이) 매우 오래다. (同)〔长cháng久〕, (反)〔短暂 duǎnzàn〕

*【许可—가】xǔkě 图허가(하다). 승낙(하다). ◇未经~, 不得动用/허가를 받지 않으면 사용해서는 안 된다. (同)〔准zhǔn许〕, (反)〔禁止 jīnzhǐ〕

【许可证—가증】xǔkězhèng 图허가증.

【许诺—락】xǔnuò 图허락하다. 승낙하다.

【许配—배】xǔpèi 图어른이 여자의 배우자를 정하다.

【许是—시】xǔshì …일지도 모른다. 아마 …일 것이다.

【许愿—원】xǔ//yuàn 图1신불에게 소원을 빌다. 2〈俗〉(사전에 상대방에게 이익을 베풀 것을) 약속하다.

【许字—자】xǔzì (同)〔许婚〕

【浒・滸】 氵部 xǔ 6画 물가 호
지명에 쓰이는 글자. ⇒hǔ

【栩】 木部 xǔ 6画 상수리나무 허

【栩栩—허】xǔxǔ 图활발하고 생동감 있다.

xù

【旭】 日部 xù 2画 아침해 욱
图1〈文〉아침 햇빛. ◇朝~/아침 햇살. 2(Xù)성(姓).

【旭日—일】xùrì 图아침 해. (同)〔朝zhāo日〕, (反)〔落luò日〕

【旭日东升—일동승】xù rì dōng shēng 〈成〉동쪽 하늘에 해가 떠오르다. 기세가 왕성한 모습. (反)〔夕阳西下 xīyáng xīxià〕

【序】 广部 xù 4画 차례 서
1图순서. 차례. ◇顺~/순서. 2图순서를 정하다. ◇~齿/연령순. 3图처음의. 개시전의. ◇~幕/서막. 4图서문(序文). ◇写一篇~/서문 한편을 쓰다.

【序跋—발】xùbá 图서문과 발문.

【序齿—치】xùchǐ 1图연령순. 2图나이 순서로 차례를 정하다.

【序列—렬】xùliè 图서열.

【序目—목】xùmù 图(책의) 서문과 목차.

【序幕—막】xùmù 图1(연극의) 서막. 2〈喩〉중대한 사건의 시작. (同)〔序曲 qǔ〕, (反)〔尾声 wěishēng〕

【序曲—곡】xùqǔ 图1〈音〉서곡. 전주곡. 2일이나 행동의 발단.

【序数—수】xùshù 图〈數〉서수. →〔基 jī 数〕

【序文—문】xùwén 图서문. (同)〔叙xù文〕

*【序言—언】xùyán 图서문. 서언. (同)〔叙xù言〕

【叙・敍】 又部 xù 7画 차례 서
图1말하다. ◇闲言少~/쓸데없는 이야기는 많이 하지 않는다. 2서술하다. ◇~事/글로 일의 경위를 서술하다. 3(등급이나 위계를) 평정(評定)하다. ◇~功/공로를 평가하다.

【叙别—별】xùbié 图이별의 말을 나누다. 작별을 고하다.

【叙功—공】xùgōng 图〈文〉공적을 평정(評定)하다.

【叙旧—구】xù//jiù 图(친구간에) 옛일을 이야기하다. 추억담을 나누다.

【叙事—사】xùshì 图일의 경위를 서술하다.

【叙事诗—사시】xùshìshī 图서사시.

**【叙述—술】xùshù 图图서술(하다). 설명(하다).

【叙说—설】xùshuō 图순서대로 서술하다. 구술하다.

*【叙谈—담】xùtán 图마음대로 이야기를 하다. ◇找个时间, 大家好好儿~/시간을 내서 모두들 잘 이야기해 보시오.

【叙文—문】xùwén 图서문.

【叙言—언】xùyán 图서언.

【叙用—용】xùyòng 图(관리에) 임용하다.

【恤(卹)】 忄部 xù 6画 근심할 휼
图1〈文〉걱정하다. 우려하다. 2가엾게 여기다. 동정하다. ◇体~/(당사자의 입장이 되어) 이해하고 동정하다. 3(물품으로 가난한 사람을) 구제하다. ◇~金/보조금. ◇抚~/무휼하다.

【恤金—금】xùjīn 图(정부가 순직한 공무원이나 군인의 유족에게 지급하는) 보상금. 보조금. (同)〔抚fǔ恤金〕

【恤衫—삼】xùshān 图〈方〉셔츠(shirts).

【畜】 田部 xù 5画 짐승 축
图(가축을) 기르다. 치다. 방목하다. ◇~养/기르다.

【畜产—산】xùchǎn 图축산.

*【畜产品—산품】xùchǎnpǐn 图축산품.

*【畜牧—목】xùmù 图图목축(하다). ◇~业

/목축업.

【畜养－양】xùyǎng 屠(동물을) 기르다. 치다. ◇～牲口/가축을 치다.

*【蓄】 艹部 10画 쌓을 **축** xù
屠1저장하다. 모아두다. 여투다. ◇储～/저축하다. (同)〔储 chǔ〕, (反)〔支 zhī〕 2(머리 등을) 깎지 않고 기르다.

【蓄电池－전지】xùdiànchí 屠〈電〉축전지.

【蓄洪－홍】xùhóng 屠저수지. (反)〔泄洪 xièhóng〕

【蓄积－적】xùjī 모아두다. 축적하다.

【蓄谋－모】xùmóu 屠오랫동안 음모를 꾸미다.

【蓄念－념】xùniàn 屠오래 전부터 마음에 품어 오다. 오래 전부터 염원하다.

【蓄养－양】xùyǎng 屠(힘 따위를) 축적하고 기르다.

【蓄意－의】xùyì 1屠(오래 전부터) 음모를 꾸미다. 모략을 품다. 2屠저의. 속마음.

【蓄志－지】xùzhì 屠늘상 품어온 뜻. 숙원(宿願).

【勖(勗)】 力部 9画 힘쓸 **욱** xù
屠〈文〉격려하다. 북돋다.

【勖励－려】xùlì 屠〈文〉고무하다. 격려하다.

【勖勉－면】xùmiǎn 屠〈文〉격려하다.

【绪·緒】 纟部 8画 실마리 **서** xù
1屠실마리. 단서. (일의) 시초. 처음. 2屠屠잔여(의). 나머지(의). 3屠기분. 마음. 느낌. ◇情～/정서. 4屠사업. 5(Xù)屠성(姓).

【绪论－론】xùlùn 屠(학술논문·저서 따위의) 서론.

【绪言－언】xùyán 屠(서적의) 머리말. 서론.

*【续·續】 纟部 8画 이을 **속** xù
1屠이어지다. 계속되다. ◇继～/계속하다. 2屠(보충하여) 잇다. ◇～编/속편. 3屠더 채워 넣다. 보태다. ◇壶里的水是刚～的/주전자의 물은 금방 부은 것이다. 4(Xù)屠성(姓).

【续貂－초】xùdiāo 屠하찮은 것이 훌륭한 것의 뒤를 잇다. 〔주로 다른 사람의 책을 이어 쓰는 경우에 쓰는 말〕

【续航－항】xùháng 屠屠항속(하다).

【续航力－항력】xùhánglì 屠항속력.

【续假－가】xù//jià 屠휴가를 연장하다.

【续弦－현】xù//xián 屠후처를 얻다.

【酗】 酉部 4画 주정할 **후** xù
屠술을 절제없이 마시다. 술주정하다.

*【酗酒－주】xùjiǔ 屠주정하다. 술에 심하게 취하다.

【婿(壻)】 女部 9画 사위 **서** xù
屠1사위. ◇翁～/장인과 사위. 2남편. ◇夫～/남편.

【絮】 糸部 6画 솜 **서** xù
1屠(씨를 뺀) 솜. ◇被～/이불솜. 2屠옛날, 거친 풀솜. 헌 풀솜. 3屠솜 같은 것. ◇柳～/버들개지. 4屠(옷·이불 따위에) 솜[풀솜]을 두다. ◇～棉袄/솜옷에 솜을 두다. 5屠말이 많다[장황하다]. 뇌고 뇌다. ◇～叨/수다스럽다. 6屠지겹다. 싫증나다. 물리다.

*【絮叨－도】xù·dāo 屠말이 많다. 수다스럽다. ◇他说话太～了/그는 너무 말이 많다. ◇老人～起来没个完/노인은 수다떨면 끝이 없다. (同)〔唠 láo 叨〕, (反)〔沉默 chénmò〕

【絮烦－번】xù·fan 屠귀찮다. 지겹다. 싫증나다.

【絮聒－괄】xùguō 1(同)〔絮叨·dāo〕 2屠사람을 귀찮게 하다. 번거롭게 하다.

【絮棉－면】xùmián 屠(이불·옷 따위에) 두는 솜.

【絮窝－와】xù//wō 屠새가 둥지를 치다.

【絮絮－서】xùxù 屠재잘거리다. ◇～不休/쉬지 않고 수다떨다.

【絮语－어】xùyǔ 〈文〉1屠수다 떨다. 재잘거리다. 2屠수다. 잔소리.

xuān

【轩·軒】 车部 3画 초헌 **헌** xuān
1〈文〉屠높다. ◇～敞/높고 널찍하다. 2屠창문이 있는 복도나 방. 3屠(옛날, 대부 이상이 타던) 수레. 4屠〈文〉창문. 문. 5(Xuān)屠성(姓).

【轩昂－앙】xuān'áng 屠1당당하다. 기개가 드높다. 2높고 크다. ◇佛殿～/불전이 높고 크다. (反)〔猥琐 wěisuǒ〕

【轩敞－창】xuānchǎng 屠(건물이) 널찍하고 높다. (同)〔宽 kuān 敞〕, (反)〔逼仄 bīzè〕

【轩然大波－연대파】xuānrán dàbō 〈成〉큰 물의. 큰 분쟁.

【轩轾－지】xuānzhì 屠'轩'(수레 앞의 높은 부분)과 '轾'(수레 앞의 낮은 부분). 고저. 우열의 비유.

【宣】 宀部 6画 베풀 **선** xuān
1屠선언하다. 발표하다. ◇心照不～/마음속으로 이미 알고 있어, 공개할 필요가

없다. 2동물길을 트다. 배수구를 내다. ◇～泄/배수하다. 3(Xuān)명〈地〉안휘성(安徽省) 선성현(宣城縣). 또는 운남성(雲南省)의 선위현(宣威縣). 4동화선지. ◇虎皮～/범가죽 무늬의 선지. 5(Xuān)명성(姓).

☆【宣布-포】xuānbù 동선포하다. 선언하다. 발표하다. ◇～命令/명령을 내리다. ◇～消息/소식을 선포하다 ◇～无效/무효를 선포하다. (同)〔宣告 xuāngào〕, (反)〔撤销 chèxiāo〕

＊【宣称-칭】xuānchēng 동공공연히 말하다. 주장하다. ◇～自己的意见总是正确的/자신의 의견이 옳다고 주장하다. (同)〔声 shēng 称〕

☆【宣传-전】xuānchuán 1동홍보하다. 널리알리다. ◇小学的同学们上街～新的交通规则/초등학교 급우들이 거리에 나가 새교통 규칙을 널리 알렸다. 비교宣传:告诉 한 가지 일을 다른 사람에게 말해줄 때는 "宣传"을 쓰지 않는다. ◇老师(×宣传)告诉我说，"新出版了一本《中韩词典》"/선생님이 내게 알려 주셨다. "신간《중한사전》이 출간됐다." 2동홍보. ◇口头～太多，收效不大/말로 홍보하는 것이 너무 많아서, 효과가 적다.

【宣传画-전화】xuānchuánhuà 명포스터 (poster).

【宣传品-전품】xuānchuánpǐn 명홍보물.

☆【宣读-독】xuāndú 동(포고문·성명서 따위를 대중 앞에서) 소리를 내어 낭독하다. ◇～判决书/판결문을 낭독하다.

＊【宣告-고】xuāngào 동선고하다. 언도하다. 알리다. ◇～生效/효력이 발생함을 선포하다. ◇经过重新审理，法院正式～他无罪/법원에서 재심을 통해 그가 무죄임을 정식으로 선포하였다. 비교宣告:颁布:宣布 ①"宣告"는 명사 목적어를 갖지 않는다. ◇政府(×宣告)颁布了一项新的森林法/정부는 새 산림법을 반포하였다. ②강제성을 띤 일에는 "宣告"를 쓰지 않는다. ◇他向村民们(×宣告)宣布，未经允许，不得进山/그는 허가를 받지 않으면 입산할 수 없다고 마을사람들에게 선포했다. ③"宣告"는 장중한 뜻이 담겨 있어서 일상생활의 작은 일에는 쓰지 않는다. ◇书法小组(×宣告)宣布成立/서예부의 성립을 선포한다.

【宣讲-강】xuānjiǎng 동홍보하고 설명하다.
【宣教-교】xuānjiào 동홍보하고 교육하다.
【宣明-명】xuānmíng 동분명하게 알리다.
【宣判-판】xuānpàn 동〈法〉판결을 언도하다.
【宣示-시】xuānshì 동(널리) 선포하여 알리다. 공언하다. (反)〔暗 àn 示〕

＊【宣誓-서】xuān//shì 동선서하다. 맹세하다.

【宣泄-설】xuānxiè 동1물길을 트다. 배수하다. 2새나가다. 누설되다. 누설하다. 3화나 울분을 풀다〔털어 놓다〕. (同)〔发 fā 泄〕, (反)〔郁积 yùjī〕

【宣叙调-서조】xuānxùdiào 명〈音〉레치타티보(이recitativo). 서창(敍唱).

＊【宣言-언】xuānyán 명선언(하다). ◇和平与裁军～/평화와 군축선언. ◇那个著名的～就是他起草的/그 유명한 선언이 바로 그가 기초한 것이다.

＊【宣扬-양】xuānyáng 동1널리 홍보하다. 〔긍정적인 뜻으로 쓰임〕2말을 퍼뜨리다. 떠벌리다. 〔부정적인 뜻으로 쓰임〕◇～自己的成绩/자신의 성적을 떠벌이다.

【宣战-전】xuān//zhàn 동1선전 포고하다. 2격렬한 투쟁을 벌이다.

【宣召-소】xuānzhào 동임금이 신하를 불러서 만나다.

【宣纸-지】xuānzhǐ 명화선지.

【萱(蕿)】 艹部 xuān
9画 원추리 훤

명〈植〉원추리. 훤초.

【萱草-초】xuāncǎo 명〈植〉원추리. 망우초.
【萱堂-당】xuāntáng 〈文〉남의 모친의 존칭.

【揎】 扌部 xuān
9画 걷을 선

동1소매를 걷어올리다. ◇～拳捋袖/〈成〉소매를 걷어붙이고 팔뚝을 드러내다. 싸움 태세를 취하다. 2〈方〉손으로 밀다. ◇～开大门/대문을 손으로 밀어서 열다. 3〈方〉떼리다. 치다. ◇～了他一拳/그를 한 주먹 치다.

【喧(誼)】 口部 xuān
9画 떠들썩할 훤

형1시끄럽다. 떠들썩하다. 소란하다. ◇锣鼓～天/징소리·북소리가 하늘까지 요란하게 울리다.

【喧宾夺主-빈수주】xuān bīn duó zhǔ 〈成〉떠들어대는 손님이 주인처럼 행세하다. 주객이 전도되다. (同)〔反客为主 fǎn kè wéi zhǔ〕, (反)〔客随主便 kè suí zhǔ biàn〕

【喧哗-화】xuānhuá 1형떠들썩하다. 시끌시끌하다. 2동떠들다. 떠들어대다.

【喧闹-뇨】xuānnào 동떠들썩하다. 왁자지껄하다. (同)〔喧哗 huá〕, (反)〔安静 ānjìng〕

【喧嚷-양】xuānrǎng 동큰 소리로 떠들어대다.

【喧扰-요】xuānrǎo 동시끄럽게 소란 피우다.

【喧腾-등】xuānténg 형시끌벅적하다. 왁자하다. 흥청거리다.

【喧阗-전】xuāntián 형〈文〉떠들썩하게 북

적이다.

【喧嚣－효】xuānxiāo **1**〈형〉시끄럽다. 소란스럽다. **2**〈동〉떠들어대다. 시끄럽게 굴다.

【暄】 日部 ｜ xuān
9画 ｜ 마를 **훤**

1〈형〉〈文〉(햇빛이) 따뜻하다. 따스하다. ◇寒～/날씨의 춥고 따뜻함에 관련한 인사말(을 하다). **2**〈형〉〈方〉말랑말랑하다. 폭신폭신하다.

【暄腾－등】xuān·teng〈형〉〈方〉말랑말랑하다.

xuán

【玄】 ⼇部｜玄部｜xuán
3画 ｜ 0画 ｜ 검을 **현**

1〈형〉검붉다. (同)〔黑 hēi〕, 〔白 bái〕 **2**〈형〉심원하다. 오묘하다. ◇～妙/오묘하다. **3**〈형〉〈口〉허황되다. 터무니없다. ◇这话真～/이 말은 정말 허황된다.

【玄奥－오】xuán'ào〈형〉심오하다. ◇道理浅显, 并不～/이치가 알기 쉽고 결코 심오하지 않다.

【玄乎－호】xuán·hu〈형〉심오하여 알기 어렵다. 종잡을 수 없다. ◇他说得太～了, 天下哪有这种事/그의 말은 너무 종잡을 수 없어. 세상에 어디 그런 일이 있겠어!

【玄狐－호】xuánhú〈動〉은호.

【玄机－기】xuánjī〈형〉현기. (도가에서) 현묘한 이치.

【玄妙－묘】xuánmiào〈형〉오묘하다. 심오하다.

【玄青－청】xuánqīng〈명〉짙은 검정색.

【玄孙－손】xuánsūn〈명〉현손. 고손(高孫).

【玄武－무】xuánwǔ〈명〉**1**거북. **2**현무. 도교에서 받드는 북방의 신. **3**〈天〉현무. 28수(宿) 가운데 북방의 7수를 일컫는 말.

【玄想－상】xuánxiǎng〈명〉환상.

【玄虚－허】xuánxū〈동〉현실을 호도하다.

【玄学－학】xuánxué〈명〉〈哲〉현학. 도가(道家)의 학문.

【玄远－원】xuányuǎn〈형〉〈文〉(말·이치 따위가) 심원하다.

【玄之又玄－지우현】xuán zhī yòu xuán〈成〉매우 심오하여 헤아릴 수 없다.

【悬·懸】 心部 ｜ xuán
7画 ｜ 달 **현**

1〈동〉매달다. 걸어 놓다. (同)〔挂 guà〕 **2**〈동〉(공개적으로) 게시(揭示)하다. ◇～赏/상을 걸다. **3**〈동〉(높이) 들다. 올리다. **4**〈동〉걱정하다. 우려하다. ◇～念/염려하다. **5**〈형〉가공(架空)적이다. 근거가 없다. ◇～拟/꾸며대다. (同)〔瞎 xiā〕 **6**〈형〉멀리 떨어져 있다. 차이가 크다. ◇～隔/현격하다. **7**〈형〉〈方〉위험하다. (同)〔危 wēi〕, (反)〔安 ān〕

【悬案－안】xuán'àn〈명〉현안. 미해결 안건.

【悬臂－비】xuánbì〈명〉〈機〉(기중기의) 지브(jib).

【悬揣－췌】xuánchuǎi〈동〉어림짐작하다.

【悬浮－부】xuánfú〈物〉(콜로이드 미립자가) 부유상태에 있다.

【悬隔－격】xuángé〈형〉멀리 떨어져 있다.

＊【悬挂－괘】xuánguà〈동〉걸다. 걸어놓다. 매달다. ◇～国旗/국기를 걸다. ◇圣诞树上上下下～着亮晶晶的花彩/크리스마스트리의 위에서 아래까지 반짝반짝 빛나는 조화가 매달려 있다.

【悬乎－호】xuán·hu〈형〉〈方〉위험하다.

【悬空－공】xuánkōng〈동〉허공에 떠있다. 생길 곳이 없다. ◇资金还～着, 说建房的事也只是空谈/자금이 아직 생길 곳이 없으니 집짓는 일은 단지 공론일 뿐이다.

【悬梁－량】xuánliáng〈동〉들보에 끈을 매어 목을 매다.

【悬铃木－령목】xuánlíngmù〈명〉〈植〉플라타너스.

【悬拟－의】xuánnǐ〈동〉(사상으로) 꾸며대다. 만들어내다.

＊【悬念－념】xuánniàn〈동〉**1**염려하다. 걱정하다. **2**(연극·영화 작품 따위를 보며 등장인물의 운명에 대해) 마음을 졸이다. 애태우다. ◇一篇充满～的侦探小说/긴장감이 감도는 탐정소설. ◇这部片子使观众自始至终处于～之中/이 영화는 관객을 시종 마음졸이게 했다.

【悬赏－상】xuán//shǎng〈동〉상을 내걸다. 현상하다.

【悬殊－수】xuánshū〈동〉큰 차가 있다. 현격하게 다르다. ◇贫富～/빈부격차.

【悬索桥－삭교】xuánsuǒqiáo〈명〉현수교(懸垂橋). 조교(吊橋).

【悬梯－제】xuántī〈명〉〈軍〉(헬리콥터 따위에서 내리뜨리는) 줄사다리.

【悬腕－완】xuán//wàn〈동〉(붓으로 큰 글씨를 쓸 때) 팔꿈치를 들고 운필하다.

【悬望－망】xuánwàng〈동〉마음을 졸이며 기대하다. 염려하다.

【悬想－상】xuánxiǎng〈동〉근거없이 상상하다. 공상하다.

【悬心－심】xuán//xīn〈동〉걱정하다. 마음에 걸리다. ◇晚回去得给家里打个电话, 免得家里～/늦게 가거든 집으로 전화 해야지, 집에서 걱정하지 않게.

【悬心吊胆－심조담】xuán xīn diào dǎn〈成〉매우 걱정하다. 마음을 졸이다. (同)〔提心吊胆 tí xīn diào dǎn〕, (反)〔行若无事 xíng ruò wú shì〕

＊【悬崖－애】xuányá〈명〉낭떠러지. 벼랑. ◇～绝壁/깎아지른 듯한 절벽.

【悬崖勒马－애륵마】xuányá lè mǎ〈成〉낭

떠러지 끝에 걸린 말의 고삐를 잡아 당기다. 파멸 직전에서야 정신을 차리고 돌아서다. (反)〔死不改悔 sǐ bù gǎi huǐ〕

【悬雍垂-옹수】xuányōngchuí 몧〈生理〉목젖.
【悬浊液-탁액】xuánzhuóyè 몧현탁액.

＊【旋】方部 | xuán
7画 | 돌릴 **선**

1통빙빙 돌다. 회전하다. ◇～绕/회전하다. 2통되돌아가다. 회전하다. 3(～儿)명원. 회전. ◇老鹰在空中一个～儿一个～儿地转了半天/매가 공중에서 원을 그리면서 한참동안 돌았다. 4(～儿)몧(머리의) 가마. ◇头顶上有两个～儿/머리꼭지에 쌍가마가 있다. 5목〈文〉오래지 않아. 이윽고. 이어. 곧. 6(Xuán)몧성(姓). ⇒xuàn

【旋即-즉】xuánjí 목뒤이어. 곧. 얼마 안 있어.
＊【旋律-율】xuánlǜ 몧〈音〉선율. 멜로디.
【旋绕-요】xuánrào 통회전하다. 빙빙 돌다.
【旋塞-색】xuánsāi 몧꼭지. 코크(cock). 전(栓).
【旋梯-제】xuántī 몧회전 사다리.
【旋涡-와】xuánwō 몧1(～儿)소용돌이. 2〈喩〉연루시키는 일. 얽걸들기.
【旋翼-익】xuányì 몧(헬리콥터) 회전익.
【旋凿-착】xuánzáo 몧드라이버.
【旋踵-종】xuánzhǒng 몧〈文〉발꿈치를 돌리는 사이. 눈 깜박할 사이. 순식간에. ◇～即逝/잠깐 사이에 사라지다.
＊＊【旋转-전】xuánzhuǎn 통빙빙 회전하다. 선회하다. ◇順时针方向～/시계바늘 방향으로 돌다.
【旋转乾坤-전건곤】xuán zhuǎn qiánkūn 〈成〉천하의 형세를 일변시키다. 자연을 개조하는 사람의 큰 힘.
【旋子-자】xuán·zi 몧바퀴. 원. 동그라미. ◇蝙蝠见了火光惊飞起来, 打了几个～, 消失在黑暗中/박쥐는 불빛을 보자 놀라 날아오르며 여러 번 돌다가 어둠속으로 사라져 버렸다.

【漩】氵部 | xuán
11画 | 소용돌이 **선**

몧소용돌이.
【漩涡-와】xuánwō 몧소용돌이.

xuǎn

☆【选·選】辶部 | xuǎn
6画 | 선택 **선**

1통골라 뽑다. 선택하다. ◇那么多演员, 导演偏偏～上了她/많고 많은 배우 중에서 감독은 군이 그녀를 뽑았다. 2통선거하다. 선발하다. ◇你～谁?－我～他/너는 누굴 뽑을거니?－나는 그를 뽑을 거야. 3몧골라 뽑힌 사람, 또는 정선된 것. ◇人～/입후보자. 4몧선별하여 하나로 합한 것. ◇文～/문선. ◇作品～/작품선.

＊【选拔-발】xuǎnbá 통(인재를) 선발하다. ◇～人才/인재를 선발하다.
【选本-본】xuǎnběn 몧다이제스트판.
【选材-재】xuǎn//cái 통1적합한 인재를 뽑다. 2알맞은 재료나 소재를 선택하다.
【选调-조】xuǎndiào 통인원을 골라 전근시키다〔이동 배치하다〕.
＊【选定-정】xuǎndìng 통결정하다. 정하다. ◇～日期/일시를 결정하다.
【选读-독】xuǎndú 통발췌하여 읽다.
【选购-구】xuǎngòu 통(마음대로) 골라서 사다.
【选集-집】xuǎnjí 몧선집.
☆【选举-거】xuǎnjǔ 통선거(하다). 선출(하다). ◇在会上, ～了三名工会干部/회의에서 노조간부 3명을 선출했다. ◇人们～他当厂长/사람들은 그를 공장장으로 선출했다.
【选举权-거권】xuǎnjǔquán 몧선거권.
【选矿-광】xuǎnkuàng 몧(통)〈礦〉선광(하다).
【选录-록】xuǎnlù 통(글을) 골라서 수록하다.
＊【选民-민】xuǎnmín 몧유권자. 선거인.
【选派-파】xuǎnpài 통뽑아서 파견하다.
【选票-표】xuǎnpiào 몧투표 용지.
【选区-구】xuǎnqū 몧선거구.
【选曲-곡】xuǎnqǔ 몧(통)선곡(하다).
【选取-취】xuǎnqǔ 통골라서 취하다. 선택하다. ◇经过认真考虑, 他～了自学的方式/그는 진지하게 생각하고나서 독학 방식을 선택했다.
【选任-임】xuǎnrèn 통선임하다.
【选手-수】xuǎnshǒu 몧선수. ◇乒乓球～/탁구선수.
【选送-송】xuǎnsòng 통선발하여 추천하다.
＊【选修-수】xuǎnxiū 통선택하여 이수하다. ◇我～的是俄语/내가 선택한 과목은 러시아어이다. (反)〔必修 bìxiū〕
＊【选用-용】xuǎnyòng 통선택하여 사용하다.
☆【选择-택】xuǎnzé 통선택하다. ◇～对象/결혼 상대를 고르다. ◇这个专业～得很好, 很适合他的特点/그 전공을 잘 선택했다. 그의 특성에 알맞다.
【选种-종】xuǎn//zhǒng 〈農〉통(가축이나 식물의) 우량품종을 고르다.
【选中-중】xuǎnzhòng 통선택하다. 골라내다. ◇(…하기로) 결정하다. 정하다. ◇她最后～了那种料子/그녀는 마지막에 그 옷감으로 결정했다.

【烜】火部 | xuǎn
6画 | 빛날 **훤**

〈文〉®(기세가) 성대하다.
【烜赫－혁】xuǎnhè ®〈文〉명성이나 세력이 크다.

【癣·癬】 疒部 14画 | xuǎn 음 선
®〈醫〉사상균에 의해 생기는 피부병의 총칭. ◇脚～/무좀.

xuàn

【券】 刀部 6画 | xuàn 엄쪽 권
(同)〔拱 gǒng 券〕⇒quàn

【炫(²衒)】 火部 5画 | xuàn 빛날 현
〈文〉®1(강한 빛이) 눈을 부시게 하다. 2자랑하다. 과시하다. ◇自～其能/자기 재능을 자랑하다.
【炫目－목】xuànmù ®눈부시게 하다.
【炫弄－농】xuànnòng ®자랑하다. 과시하다. ◇～技巧/기교를 과시하다.
【炫示－시】xuànshì ®(남 앞에서 자신의 훌륭한 점을) 자랑하다. 과시하다. 뽐내다. ◇他有才华, 但从不在人前～/그는 재능이 있지만 여지껏 남앞에서 뽐내지 않았다.
【炫耀－요】xuànyào ®1(눈부시게) 비치다〔빛나다〕. 2뽐내다.
【炫鬻－육】xuànyù ®〈文〉뽐내다.

【眩】 目部 5画 | xuàn 아찔할 현
〈文〉®1눈이 어질어질하다. ◇头晕 yūn 目～/머리가 어지럽고 눈이 침침하다. 2®미혹되다. 현혹되다. ◇～于名利/명리에 현혹되다.
【眩晕－훈】xuànyùn ®현기증이 나다. 어질어질하다. ◇突然一阵～, 差一点儿摔倒 shuāidǎo/갑자기 한바탕 현기증이 나서 하마터면 자빠질 뻔했다.

【绚·絢】 纟部 6画 | xuàn 고울 현
®(무늬가 있어) 화려하다.
【绚烂－란】xuànlàn ®현란하다. 찬란하다.
【绚丽－려】xuànlì ®화려하고 아름답다. 눈부시게 아름답다.

【旋(鏇)】 方部 7画 | xuàn 돌릴 선
1(～儿)®소용돌이치는 모양. 도는〔회전하는〕 모양. ◇～风/회오리 바람. 2®(선반(旋盤)등으로) 회전시키며 깎다. 3(同)〔旋²〕4®〈方〉그자리에서 즉시. 즉각. ◇～用－买/쓸 때 바로 쓰다. ⇒xuán
【旋风－풍】xuànfēng ®회오리 바람.
【旋子－자】xuàn·zi ®1구리로 만든 쟁반.

술을 데우는 데 쓰는 그릇. 2한 발을 축으로 몸을 빙 돌리는 구극(舊劇)의 무술 동작의 하나.

【渲】 氵部 9画 | xuàn 바림 선
®선염법.
【渲染－염】xuànrǎn 1®〈美〉선염. 2®(사실을) 과장하다.

【楦(楥)】 木部 9画 | xuàn 신골 원
1(～子, ～头)®골. 〔신발이나 모자를 만들 때 쓰는 나무틀〕 ◇鞋～/신발의 골. 2®골을 끼워서 크게 하다〔늘리다〕. ◇新缂的鞋要～～/새 구두는 골을 끼워서 넓혀야 한다. 3®〈方〉(짚이나 종이 따위로) 틈새에 쟁여 넣다.
【楦子－자】xuàn·zi ®(모자나 신발의) 골.

【碹】 石部 9画 | xuàn 둥글게싼벽 선
1®(교량·배수로 따위의) 건축공사에서 아치형 부분. 2®(벽돌·돌 따위로) 아치형의 건조물을 쌓아 만들다.

xuē

【削】 刂部 7画 | xuē 깎을 삭, 빼앗을 삭
1®깎다. 삭제하다. ◇删～/(문자를) 삭제하다. 2®빼앗다. 약탈하다. ◇剥 bō～/착취하다. 3®마르다. 여위다. ◇瘦～/여위다. 주의합성어(合成語)에서만 'xuē'로 발음함. ⇒xiāo
【削壁－벽】xuēbì ®(깎아지른 듯한) 절벽. ◇悬崖～～/〈成〉깎아지른 듯한 벼랑. 험준한 산세.
【削发－발】xuē//fà ®머리를 깎고 출가하다. (同)〔落 luò 发〕, (反)〔还俗 huánsú〕
【削价－가】xuējià ®값을 내리다. 가격을 인하하다. (同)〔降 jiàng 价〕, (反)〔涨 zhǎng 价〕
＊【削减－감】xuējiǎn ®삭감하다. 줄이다. ◇～军费/군비를 줄이다. (同)〔减削〕, (反)〔增加 zēngjiā〕
【削平－평】xuēpíng ®〈文〉소멸하다. 평정하다.
＊【削弱－약】xuēruò ®약화시키다. ◇～敌人的力量/적의 힘을 약화시키다. (同)〔减 jiǎn 弱〕, (反)〔加强 jiāqiáng〕
【削足适履－족적리】xuē zú shì lǚ〈成〉발을 깎아 신발에 맞추다. 남의 방법을 억지로 적용하다.

【靴(鞾)】 革部 4画 | xuē 신 화
(～子)®장화. 부츠(boots). ◇马～/승

마용 장화.

【靴勒－요】xuēyào〔~儿〕명장화의 목.

＊【靴子－자】xuē·zi 명부츠. 장화.

【薛】十部 13画　나라이름 설
명성(姓).

xué

＊【穴】穴部 0画　구멍 혈
명1동굴. 구멍. 소굴. ◇洞~/동굴. 2동물의 굴. ◇虎~/호랑이 굴. 3묘혈(墓穴). ◇墓~/묘혈. (同)〔窟 kū 窿〔儿〕〕4〈中醫〉혈. 경혈(經穴). 5(Xué)성(姓).

【穴播－파】xuébō 〈農〉점파(点播). 〔구멍을 파서 씨를 심는 방식〕

【穴道－도】xuédào 명〈中醫〉(침구의) 혈. 경혈. 급소.

【穴居野处－거야처】xué jū yě chǔ〈成〉동굴 속에서 살거나 황야에서 생활하다. 원시적인 생활을 하다.

【穴位－위】xuéwèi 명1〈中醫〉혈. 경혈(經穴). 2묘혈자리.

★【学・學】子部 5画　배울 학
1동배우다. 공부하다. ◇我~外语困难很大, ~不下去了/나는 외국어를 배우는 데 어려움이 많아 이제 계속 배울 수 없다. ◇我~汉语~了三年了/나는 중국어를 3년째 배우고 있다. (同)〔攻 gōng〕, (反)〔教 jiāo〕2동흉내내다. 모방하다. ◇那个男孩躲在楼后~猫叫/그 사내애는 나무 뒤에 숨어서 고양이 울음소리를 흉내내고 있다. 3명학문. 학술. ◇王教授博~多能/왕교수는 박식하고 다재다능하다. 4명학문분야. ◇社会~/사회학. 5명학교. ◇人~/입학하다. (同)〔校 xiào〕

【学报－보】xuébào 명학보.

【学部－부】xuébù 명청대(淸代) 말기에 전국의 교육 사무를 관장하던 기관. 〔현재의 '教育部'에 해당됨〕

【学潮－조】xuécháo 명학생 운동. 학원 소동.

【学而不厌－이불염】xué ér bù yàn〈成〉배워 싫증내지 않다. (同)〔好学不倦 hào xué bù juàn〕, (反)〔浅尝辄止 qiān cháng zhézhǐ〕

【学阀－벌】xuéfá 명교육계나 학술계를 좌지우지하는 사람.

☆【学费－비】xuéfèi 명1학비. 2수업료.

【学分－분】xuéfēn 명학점.

【学风－풍】xuéfēng 명학풍.

【学府－부】xuéfǔ 명학부. 〔고등교육을 실시하는 학교〕

【学富五车－부오차】xué fù wǔ chē〈成〉(책을 많이 읽어) 학식이 풍부하다. (同)〔博览群书 bó lǎn qún shū〕, (反)〔胸无点墨 xiōng wú diǎn mò〕

【学棍－곤】xuégùn 명학술계의 독선자.

【学好－호】xuéhǎo 동1잘 배우다. 배워 체득하다. 마스터하다. ◇我一定要~汉语/나는 중국어를 꼭 마스터할 것이다. 2(xué/hǎo)바른 것을 배우다.

＊＊【学会－회】xuéhuì 1동습득하다. 마스터하다. ◇~多种外国语/여러가지 외국어를 마스터하다. 2명학회. 학술단체.

【学籍－적】xuéjí 명〈教〉학적.

【学监－감】xuéjiān 명옛날, 학감.

【学界－계】xuéjiè 명학계. 교육계.

【学科－과】xuékē 명1(학문의 성질에 따라 나눈) 학문 분야. 2학과목. 3(군사・체육 훈련에서)이론 과목.

【学理－리】xuélǐ 명학문상의 원리나 법칙.

【学力－력】xuélì 명학문의 실력.

＊【学历－력】xuélì 명학력. ◇招聘有大学~的人员/대학학력소지자를 모집한다.

【学龄－령】xuélíng 명취학 연령.

【学名－명】xuémíng 명1학명. 학문상의 명칭. 2(~儿)아이가 초등학교에 들어갈 때 지어주는 정식 이름. (同)〔大 dà 名〕, (反)〔小 xiǎo 名〕

＊＊【学年－년】xuénián 명학년. ◇一~共分两个学期/한 학년은 모두 두 학기가 있다.

【学派－파】xuépài 명학파.

☆【学期－기】xuéqī 명학기. ◇新~开始了, 学生们都返回了学校/신학기가 시작되어 학생들이 모두 학교로 돌아왔다.

【学前教育－전교육】xuéqián jiàoyù 명취학전 교육. (同)〔幼 yòu 儿教育〕

【学前期－전기】xuéqiánqī 명3세부터 입학까지의 기간. 취학전 시기.

【学人－인】xuérén 명학자.

【学舌－설】xué//shé 동1남의 말을 흉내내다. 〔주견없이 다른 사람의 말을 따라함을 비유〕 ◇鹦鹉~/앵무새가 말을 흉내내다. 2입이 가볍다.

★【学生－생】xué·sheng 명1학생. ◇他是北京大学的~/그는 북경대학의 학생이다. (反)〔老师 lǎoshī〕2선생이나 선배에게 배우는 사람. 학생. ◇在您面前我永远是个~/당신 앞에서 나는 영원히 학생이다. 3〈方〉남자 어린이. 사내 아이.

【学生装－생장】xué·shengzhuāng 명학생복.

【学识－식】xuéshí 명학식. 학문과 식견. ◇~渊博/학식이 깊고 넓다.

＊【学时－시】xuéshí 명양수업 시간. 〔초등, 중・고등에서는 45~50분〕

【学士－사】xuéshì 명1학문을 연구하는 사

람. 학자. ◇文人～/문인 학사. **2**학사. 대학 졸업자.

【学塾—숙】xuéshú 圏사숙(私塾). 서당.

☆【学术—술】xuéshù 圏학술. ◇这篇文章在～界引起了很大的反响/이 문장은 학술계에서 반향을 많이 일으켰다. 田교学术: 学问 "学术"은 "深", "浅"으로 형용하지 않는다. ◇这个老人(×学术)学问很深/이 노인은 학문이 깊다.

**【学说—설】xuéshuō 圏학설.

【学堂—당】xuétáng 圏학당. 〔학교의 구칭〕

【学童—동】xuétóng 圏취학아동.

【学徒—도】xuétú 圏도제. 견습공. 실습생. (同)〔徒弟 túdì〕, (反)〔师傅 shīfu〕

【学徒工—도공】xuétúgōng 圏견습공.

**【学位—위】xuéwèi 圏학위.

☆【学问—문】xué·wen 圏**1**학문. ◇语言学是一门研究语言的～/언어학은 언어를 연구하는 하나의 학문이다. **2**학식. 지식. ◇这个人～很大/이 사람의 학문이 대단하다. ◇～的大小看得出来/학식의 정도는 알아낼 수 있다.

★【学习—습】xuéxí 圏圖학습(하다). 공부(하다). ◇上高中的时候, 我～过英语, 现在已经忘光了/나는 고등학교 때 영어를 배운 적이 있는데 지금은 벌써 싹 잊어버렸다. (反)〔教授 jiàoshòu〕

【学衔—함】xuéxián 圏학위.

★【学校—교】xuéxiào 圏학교. ◇高等～/전문대학이나 대학.

【学养—양】xuéyǎng 圏〈文〉학문과 수양.

【学业—업】xuéyè 圏학업.

【学友—우】xuéyǒu (同)〔同 tóng 学〕

**【学员—원】xuéyuán 圏대학교, 중고등학교, 초등학교 외의 학교에서 배우는 사람. (反)〔教师 jiàoshī〕

★【学院—원】xuéyuàn 圏(단과)대학.

【学长—장】xuézhǎng 圏**1**선배. **2**옛날, 대학의 학과장.

**【学者—자】xuézhě 圏학자.

**【学制—제】xuézhì 圏학제.

【学子—자】xuézǐ 圏〈文〉학생.

【踅】足部
7画 | xué
건너지를 **혈**
圖왔다갔다하다. 서성거리다.

X

【踅摸—모】xué·mo 圖〈方〉찾다. (同)〔寻找〕 ◇想到旧书店～两本书/고서점에 가서 책 두 권을 찾고 싶다.

【踅子—자】xué·zi 圏삿자리나 수숫대로 엮은 장석으로 둘러친 곡물 저장소.

【噱】口部
13画 | xué
껄껄웃을 **각**
圖〈方〉웃다. ⇒jué

【噱头—두】xuétóu 〈方〉**1**圏익살. 우스개.

◇相声演员～真多/만담배우는 익살이 참 많다. **2**圏술수. ◇摆～/술수를 부리다. **3**圏익살스럽다. 우습다.

xuě

★【雪】雨部
3画 | xuě
눈 **설**

1圏눈. ◇前几天这儿下了一场大～/며칠전 여기에 한바탕 폭설이 내렸다. ◇积～ 一直到第二年的春天才化/쌓인 눈은 다음해 봄이 되어야 녹는다. **2**圏(눈처럼) 희다. ◇～白/눈처럼 희다. (同)〔白 bái〕, (反)〔黑 hēi〕 **3**圖(치욕·원한·울분 따위를) 씻다. 풀다. ◇～耻/설욕하다. (同)〔洗 xǐ〕, (反)〔蒙 mēng〕 **4**(Xuě)圏성(姓).

*【雪白—백】xuěbái 圏눈처럼 희다. (同)〔纯白 chúnbái〕, (反)〔乌黑 wūhēi〕

【雪豹—표】xuěbào 圏〈動〉스노 레오파드(snow leopard).

【雪暴—포】xuěbào 圏눈보라. 폭설.

【雪崩—붕】xuěbēng 圏눈사태.

【雪耻—치】xuěchǐ 圏치욕을 씻다. 설욕하다. ◇报仇～/원수를 갚고 치욕을 씻다.

【雪糕—고】xuěgāo (同)〔冰 bīng 激凌〕

【雪恨—한】xuě//hèn 圖원한을 씻다.

**【雪花—화】xuěhuā 圏눈송이.

【雪花膏—화고】xuěhuāgāo 圏화장용 크림. 배니싱 크림(vanishing cream).

【雪茄—가】xuějiā 圏〈音義〉시가(cigar).

【雪里红—리홍】xuělǐhóng 圏〈植〉갓. 〔늦가을부터 이른 겨울 사이에 나는 채소〕

【雪里蕻—리홍】xuělǐhóng (同)〔雪里红〕

【雪连纸—련지】xuěliánzhǐ 圏주로 편지·공문서·초대장 따위에 쓰는, 한 면만 광택이 있는 종이의 일종.

【雪亮—량】xuěliàng 圏(눈처럼) 반짝반짝 빛나다. (同)〔光 guāng 亮〕, (反)〔暗淡 àndàn〕

【雪盲—맹】xuěmáng 圏〈醫〉설맹.

【雪泥鸿爪—니홍조】xuění hóngzhǎo 圏옛날을 상기시키는 흔적.

【雪片—편】xuěpiàn 圏눈송이.

【雪橇—취】xuěqiāo 圏(개나 말 따위가 끄는) 썰매.

【雪青—청】xuěqīng 圏〈色〉연자주빛.

【雪球—구】xuěqiú 圏눈동이.

【雪人—인】xuěrén 圏눈사람.

【雪山—산】xuěshān 圏설산. 〔일년내내 눈으로 덮인 산〕

【雪上加霜—상가상】xuě shàng jiā shuāng 〈成〉엎친 데 덮치다. 설상가상이다. (反)〔锦上添花 jǐn shàng tiān huā〕

【雪糁—삼】xuěshēn (～儿)圏〈方〉싸라기눈.

싸락눈.

【雪条－조】xuětiáo 몡〈方〉아이스케이크.

【雪线－선】xuěxiàn 몡설선. 높은 산 따위에서 만년설이 시작하는 경계선.

【雪冤－원】xuě// yuān 통억울함을 씻다. (反)〔蒙冤 méng//yuān〕

【雪原－원】xuěyuán 몡설원.

【雪中送炭－중송탄】xuě zhōng sòng tàn 〈成〉남이 어려울 때 도움을 주다. 필요한 원조를 적시에 제공하다. (同)〔救苦救难 jiù kǔ jiù nàn〕, (反)〔趁火打劫 chèn huǒ dǎ jié〕

【雪子－자】xuězǐ (～儿)몡〈方〉싸라기눈.

【鳕·鱈】鱼部 | xuě
12画 | 대구 설

몡〈魚介〉대구.

xuè

【血】血部 | xuè
0画 | 피 혈

1몡 ◇～液凝固了/피가 응고되었다. 2몡혈연의. 한 조상에서 나온. ◇～亲/육친. 3몡〈喩〉강렬하다. 뜨겁다. ◇～性/혈기. ⇒xiě

【血癌－암】xuè'ái 백혈병.

【血案－안】xuè'àn 몡유혈사건. 살인사건.

【血本－본】xuèběn 몡밑천. 원금.

【血崩－붕】xuèbēng 몡〈中醫〉자궁 출혈의 일종.

【血沉－침】xuèchén 몡〈醫〉혈침.

【血仇－구】xuèchóu 몡친족이 살해되어 생긴 원한.

【血防－방】xuèfáng 몡〈略〉'吸血虫病预防'(주혈 흡충병 예방)의 준말.

【血粉－분】xuèfěn 몡혈분. 〔사료나 비료로 쓰임〕

＊＊【血管－관】xuèguǎn 몡〈生理〉혈관.

【血光之灾－광지재】xuè guāng zhī zāi 피살의 재난. 죽은 자가 피묻어서 극락으로 갈 수 없다는 재앙.

【血海深仇－해심구】xuèhǎi shēnchóu 〈成〉피맺힌 깊은 원한. (同)〔切骨之仇 qiè gǔ zhī chóu〕, (反)〔大恩大德 dà ēn dà dé〕

＊＊【血汗－한】xuèhàn 몡피땀. 힘들여 한 노동. ◇～钱/피땀 흘려 번 돈.

【血红－홍】xuèhóng 몡핏빛. 선홍색.

【血红蛋白－홍단백】xuèhóng dànbái 몡〈生理〉혈색소. 헤모글로빈.

【血迹－적】xuèjì 몡핏자국.

【血浆－장】xuèjiāng 몡〈生理〉혈장.

【血口喷人－구분인】xuè kǒu pēn rén 〈成〉악의에 찬 말로 남을 중상하다.

【血库－고】xuèkù 몡〈醫〉혈액 은행.

【血亏－휴】xuèkuī 몡〈中醫〉혈허. 빈혈증.

【血泪－루】xuèlèi 몡1피눈물. 2〈喩〉비참한 처지.

【血路－로】xuèlù 몡혈로.

【血脉－맥】xuèmài 몡1혈관. 혈액순환. 2혈통.

【血泊－박】xuèpō 몡피바다.

【血气－기】xuèqì 몡1정력. 2혈기.

【血亲－친】xuèqīn 몡육친(肉親).

【血清－청】xuèqīng 몡〈生理〉혈청.

【血球－구】xuèqiú 몡혈구.

【血肉－육】xuèròu 몡1피와 살. 2혈육. 3〈喩〉극히 친밀한 관계.

【血肉相连－육상련】xuèròu xiānglián 〈喩〉혈연 관계로 이어져 있다. (反)〔漠不相关 mò bù xiāng guān〕

【血色－색】xuèsè 몡혈색. 핏기.

【血色素－색소】xuèsèsù (同)〔血红蛋白〕

【血书－서】xuèshū 통혈서(를 쓰다).

【血栓－전】xuèshuān 몡〈醫〉혈전.

【血水－수】xuèshuǐ 몡흘러나온 묽은 피.

【血糖－당】xuètáng 몡〈醫〉혈당.

【血统－통】xuètǒng 몡혈통.

【血统工人－통공인】xuètǒng gōngrén 몡노동자 가정출신의 노동자.

【血污－오】xuèwū 몡피얼룩.

【血吸虫－흡충】xuèxīchóng 몡주혈 흡충.

【血洗－세】xuèxǐ 통대량으로 살육하다.

【血小板－소판】xuèxiǎobǎn 몡〈生理〉혈소판. 피터.

【血腥－성】xuèxīng 몡피비린내 나는.

【血型－형】xuèxíng 몡〈生理〉혈액형.

【血性－성】xuèxìng 몡혈기. 기개.

【血循环－순환】xuèxúnhuán 몡〈生理〉혈액순환.

＊【血压－압】xuèyā 몡〈生理〉혈압.

☆【血液－액】xuèyè 몡〈生理〉혈액. ◇病人的～已经化验出来了/환자의 혈액의 화학실험결과가 이미 나왔다. ◇血液：心血 ①"血液"는 "献", "输" 등 어떤 단음절 동사와 함께 쓰이지 않는다. ◇必须马上给病人输(×血液)血/반드시 곧 환자에게 수혈해야 한다. ②사람의 정신 또는 정력은 "血液"로 형용하지 않는다. ◇她为我们操了一辈子的心, 付出了很多(×血液)心血/그녀는 우리를 위해 평생을 마음 고생하고 많은 심혈을 기울였다.

【血衣－의】xuèyī 몡피묻은 옷.

【血印－인】xuèyìn 몡핏자국. 혈흔.

【血缘－연】xuèyuán 몡혈연. 혈통.

【血晕－훈】xuèyùn 몡〈中醫〉혈훈.

【血债－채】xuèzhài 몡사람을 죽인 죄업.

【血战－전】xuèzhàn 1몡혈전. 격전. 2통피비린내나게 싸우다.

【血肿－종】xuèzhǒng 몡〈醫〉혈종.

X

【血渍一지】xuèzì 옝핏자국. 혈흔.

【谑·謔】 讠部 9画 xuè 농할 학

동〈文〉희롱하다. 농담하다. ◇戏～/익살부리다.

【谑而不虐一이불학】xuè ér bù nüè〈成〉농담을 하되 도가 넘지 않게 하다.

xūn

【勋·勛】 力部 7画 xūn 공 훈

옝공훈. 공적. ◇～业/공업.

【勋绩一적】xūnjì 옝공적.

【勋爵一작】xūnjué 옝1작. 봉건 시대에 공적에 따라 내린 작위. 2(영국 귀족의) 명예 칭호의 하나. 나이트(knight). 경(卿).

【勋劳一로】xūnláo 옝공로. 공적.

【勋业一업】xūnyè 옝공업(功業). 공적이 현저한 사업. ◇不朽的～/불후의 공업.

【勋章一장】xūnzhāng 옝훈장.

＊【熏(燻)】 灬部 10画 xūn 연기낄 훈

1동(연기·기체 따위로) 그슬리다. 2옝(식품의) 훈제. 3동따뜻한 바람이 불다. ◇～风/훈풍.

【熏风一풍】xūnfēng 옝〈文〉(동)남풍. 훈풍.

【熏沐一목】xūnmù 동분향하고 목욕하다.

【熏染一염】xūnrǎn 동(악습에) 물들다. (사상이나 행위가) 나쁜 영향을 받다.

【熏陶一도】xūntáo 동훈도되다. (사상이나 행위가) 좋은 영향을 받다.

【熏蒸一증】xūnzhēng 혱찌는 듯이 덥다. 무덥다.

【熏制一제】xūnzhì 옝훈제.

【薰】 艹部 14画 xūn 향초 훈

1옝〈文〉향초. 〈轉〉풀이나 화초의 향기. 2⇒〔熏〕

【薰犹不同器一유불동기】xūn yóu bù tóng qì〈喩〉향기나는 풀과 악취나는 풀은 같은 꽃병에 있을 수 없다. 좋은 것과 나쁜 것은 같은 곳에 처할 수 없다.

【醺】 酉部 14画 xūn 취할 훈

동술에 취하다. ◇醉～～/거나하게 취하다.

xún

【旬】 勹部 4画 日部 2画 xún 열흘 순

옝1 10일간. ◇上～是指一个月的前十天/상순은 한달의 앞 10일을 가리킨다. 2순. 10년. ◇那个地区有个长寿村, 年过九～的

老人很多/그 지역에 장수촌이 있는데 90세가 넘은 노인이 많다.

【旬刊一간】xúnkān 옝순간.

【旬日一일】xúnrì 옝10일간.

【询·詢】 讠部 6画 xún 물을 순

동묻다. 의견을 구하다. ◇查～/조회하다. 알아보다.

【询查一사】xúnchá 동물어서 조사하다.

＊＊【询问一문】xúnwèn 동질문하다. 문의하다. ◇校长常来我们学生宿舍, ～我们生活上有什么困难/교장은 우리 학생기숙사에 자주 와서 생활면에 어려움이 없냐고 묻는다. ◇向经理～公司的情况/사장에게 회사의 형편을 알아보다. (反)〔回答 huídá〕

【荀】 艹部 6画 xún 풀이름 순

옝성(姓).

【巡】 辶部 3画 xún 돌 순

1동두루 돌아다니다. 순찰하다. ◇～夜/야간순찰을 하다. 2양번. 바퀴. 순배. ◇酒过三～/술이 세 순배 돌았다.

【巡捕一포】xúnbǔ 옝1(19세기 중국 상해 등지의) 외국 조계(租界) 지역 안의 경찰관. 2옝청대(清代) 총독(總督)·순무(巡撫) 등 지방 장관의 경호를 맡았던 관리.

【巡捕房一포방】xúnbǔfáng 옝중화 인민공화국 성립 이전, 외국 조계의 경찰서.

【巡查一사】xúnchá 동순찰하다.

【巡风一풍】xúnfēng 동망을 보다.

【巡抚一무】xúnfǔ 옝1명대(明代)에 임시로 지방에 파견되어 민정·군정을 살피던 대신. 2청대(清代)의 지방 행정 장관.

【巡航一항】xúnháng 동순항하다.

【巡回一회】xúnhuí 동(일정한 경로를 따라) 순회하다.

【巡警一경】xúnjǐng 옝옛날 순경.

【巡礼一례】xúnlǐ 동1성지(聖地)를 순례하다. 2명승고적을 찾아 다니다.

＊【巡逻一라】xúnluó 동순찰하다. ◇有专人值夜～/전담숙직·순찰이 있다. ◇执行～任务/순찰임무를 집행하다.

【巡哨一초】xúnshào 동순찰하다.

【巡视一시】xúnshì 동순시하다. 순찰하며 다니다.

【巡天一천】xúntiān 동하늘을 떠돌아 노닐다.

【巡行一행】xúnxíng 동순행하다. 순회하다.

【巡幸一행】xúnxìng 옝순행하다. 옛날, 임금이 각지를 돌아다니며 시찰하다.

【巡洋舰一양함】xúnyángjiàn 옝〈軍〉순양함.

【巡夜一야】xúnyè 옝야간 순찰을 하다.

【巡弋一익】xúnyì 동(군함이) 순항(巡航)

하다.

【巡游－유】xúnyóu 動1할 일 없이 돌아다니다. 2순찰하다.

【巡诊－진】xúnzhěn 名動순회 진료(하다).

∗∗【寻・尋】⸢ヨ部⸣ ⸢寸部⸣ xún
3画 3画 찾을 심

1名〈度〉심.〔옛날의 길이 단위. 1심(尋)은 8척(尺)임〕2動찾다. ◇～求/추구하다. 3(Xún)名성(姓).

【寻查－사】xúnchá 動찾다. ◇～失散的亲人/이산가족을 찾다.

【寻常－상】xúncháng 形평범하다. 예사롭다. ◇发明这种东西, 确实不是～事/이런 것을 발명하는 것은 정말 평범한 일이 아니다. (同)〔平 píng 常〕, (反)〔特别 tèbié〕

【寻短见－단견】xún duǎnjiàn 動자살하다.

【寻访－방】xúnfǎng 動수소문하다.

【寻根究底－근구저】xún gēn jiū dǐ〈成〉원인을 자세히 캐다. 꼬치꼬치 따져묻다. (同)〔追 zhuī 根究底〕, (反)〔浮光掠影 fú guāng lüè yǐng〕

【寻花问柳－화문류】xún huā wèn liǔ〈成〉기생집에 출입하다.

【寻机－기】xúnjī 動기회를 찾다. ◇～报复/기회를 보아 보복하다.

【寻开心－개심】xún kāixīn〈方〉놀리다. 장난하다.

【寻觅－멱】xúnmì 動찾다. 찾아보다.

【寻摸－모】xún·mo 動물색하다. 찾다.

∗【寻求－구】xúnqiú 動찾다. 추구하다. ◇～真理/진리를 추구하다.

【寻事－사】xúnshì 動일부러 시비를 걸다. 일부러 말썽을 피우다.

【寻思－사】xún·si 動깊이〔곰곰이〕생각하다. 여러모로 궁리하다.

【寻死－사】xún// sǐ 動자살하다. 자살을 기도하다.

【寻死觅活－사멱활】xún sǐ mì huó〈成〉죽자살자 하며 소란을 피우다.

【寻索－색】xúnsuǒ 動찾다.

【寻味－미】xúnwèi 動뜻을 깊이 음미하다.

【寻隙－극】xúnxì 動트집을 잡아 시비를 걸다.

【寻衅－흔】xúnxìn 動고의적으로 시비를 걸다. 도발하다.

【寻章摘句－장적구】xún zhāng zhāi jù〈成〉글을 읽을 때 내용과는 관계없이 미사여구만을 베끼다. (글에) 독창성이 없다.

☆【寻找－조】xúnzhǎo 動찾다. ◇～对象/애인을 구하다. ◇～理由/이유를 찾다. ◇到各地～过多少次, 至今仍无下落/각지를 다니며 여러번 찾았지만 지금도 행방을 모른다.

【鲟・鱘】⸢鱼部⸣ xún
6画 철갑상어 심

名〈魚介〉용철갑상어.

【循】⸢彳部⸣ xún
9画 좇을 순

動(규칙·순서 따위를) 따르다. 좇다. ◇因～/인습에 따르다.

【循规蹈矩－규도구】xún guī dǎo jǔ〈成〉규범을 따르다.

∗∗【循环－환】xúnhuán 名動순환(하다). ◇经常锻炼身体, 可以促进血液～/항상 신체를 단련하면 혈액순환을 촉진시킬 수 있다.

【循环论－환론】xúnhuánlùn 名순환론.

【循环论证－환론증】xúnhuán lùnzhèng 名〈論〉순환논증.

【循环赛－환새】xúnhuánsài (同)〔联 lián 赛〕

【循环系统－환계통】xúnhuán xìtǒng 名〈生理〉순환계통.

【循例－례】xún// lì 動관례를 따르다. ◇～办理/전례에 따라 처리하다.

【循序－서】xúnxù 動순서를 따르다.

∗【循序渐进－서점진】xúnxù jiànjìn〈成〉차근차근 앞으로 나아가다. (학습이나 일 따위를) 한걸음 한걸음 진척시키다.

【循循善诱－순선유】xúnxún shàn yòu〈成〉짜임새 있게 남을 잘 가르치다.

xùn

∗【训・訓】⸢讠部⸣ xùn
3画 가르칠 훈

1動가르치고 타이르다. 훈계하다. ◇教～/교훈. 2名훈계. 교훈. ◇家～/가훈. 3훈련. ◇军～/군사훈련. 4名준칙. 모범. 표준. 5名자구(字句)의 해석. ◇～诂/훈고.

【训斥－척】xùnchì 動훈계하다. 나무라다.

【训词－사】xùncí 名훈화(訓話).

【训导－도】xùndǎo 動훈도하다. 가르쳐 이끌다.

【训迪－적】xùndí 動〈文〉가르쳐 깨우치다.

【训诂－고】xùngǔ 名고문 자구에 대한 해석. 훈고.

【训话－화】xùn// huà 1動훈시하다. 2(xùnhuà) 名훈시.

【训海－회】xùnhuì 動〈文〉가르쳐 깨우치다. 훈시하다.

【训诫－계】xùnjiè 1動훈계하다. 타일러서 경계하다. 2名〈法〉훈계.

☆【训练－련】xùnliàn 名動훈련(하다). ◇要让熊猫上台表演, 还得再～～/팬더를 무대에 올려 연기시키려면 좀 더 훈련시켜야 한다. ◇这些警犬都受过很好的～/이 경찰견들은 모두 훈련을 잘 받았다.

【训令－령】xùnlìng 名訓令(하다).

【训示－시】xùnshì 名훈시. 지시.

【训育－육】xùnyù 名훈육. 옛날, 학교에서

의 도덕 교육.

【训喻－유】xùnyù 동〈文〉가르쳐 깨우치다. 가르쳐 타이르다.

* **【讯·訊】** 讠部 | xùn
3画 | 물을 **신**

1동묻다. 물어 밝히다. ◇问～/묻다. 2동심문하다. 취조하다. ◇审～/심문하다. 3명소식. 편지. ◇他爱人闻～, 急急忙忙赶到医院/그의 처는 소식을 듣고 황급히 병원으로 달려갔다.

【讯号－호】xùnhào 명신호.

【讯实－실】xùnshí 동심문 결과 사실임을 알아내다.

【讯问－문】xùnwèn 동심문〔취조〕하다. ◇～案件/소송사건을 심문하다. (同)〔审 shěn 问〕, (反)〔回答 huídá〕

【汛】 氵部 | xùn
3画 | 조수 **신**

명계절에 따른 하천의 물이 불어남. ◇桃花～/봄에 얼음이 녹아 불어나는 물.

【汛期－기】xùnqī 명(하천 따위가) 정기적으로 물이 불어나는 시기.

【迅】 辶部 | xùn
3画 | 빠를 **신**

형빠르다. ◇～跑/빨리 달리다. (同)〔快 kuài〕, (反)〔慢 màn〕

【迅步－보】xùnbù 〈方〉명빠른 발걸음.

【迅即－즉】xùnjí 뷔즉시. 곧.

【迅急－급】xùnjí (同)〔迅速 sù〕

【迅疾－질】xùnjí 형신속하다.

【迅捷－첩】xùnjié (同)〔迅速〕

【迅雷不及掩耳－뢰불급엄이】xùn léi bù jí yǎn ěr 〈成〉사건이 돌발적이어서 미처 대처하지 못하다.

【迅猛－맹】xùnměng 형빠르고 맹렬하다. 날쌔고 사납다.

☆【迅速－속】xùnsù 형신속하다. 매우 빠르다. ◇这几年来, 农村的文艺, 体育事业发展得很～/요 몇년 사이에 농촌의 문예, 체육사업이 신속하게 발전하였다. ◇～作出决定/신속히 결정을 내리다. (同)〔迅疾 xùnjí〕, (反)〔缓慢 huǎnmàn〕

【驯·馴】 马部 | xùn
3画 | 길들 **순**

1형온순하다. 얌전하다. ◇温～/온순하다. 2동길들이다. ◇善于～虎/호랑이를 잘 다루다.

【驯服－복】xùnfú 1형(동물이) 온순하다. 말을 잘 듣다. ◇猫是很～的/고양이는 온순하게 하다.

【驯化－화】xùnhuà 동(야생 동물을) 길들이다.

【驯良－량】xùnliáng 형얌전하다. 온순하다. 다소곳하다.

【驯鹿－록】xùnlù 명〈動〉순록.

【驯熟－숙】xùnshú 1형길들여져 충분히 온순하다. 2형숙달하다.

【驯顺－순】xùnshùn 형유순하다. 사람을 잘 따르다.

【驯养－양】xùnyǎng 동(야생동물을) 길러 길들이다.

【逊·遜】 辶部 | xùn
6画 | 겸손할 **손**

1동(제왕의 자리를) 양위하다. ◇～位/임금자리를 물려주다. 2형겸허하다. 자기를 낮추다. ◇谦～/겸손하다. 3형〈文〉못하다. 뒤떨어지다. ◇稍～一筹/약간 뒤떨어지다.

【逊色－색】xùnsè 1형뒤떨어지다. 다른 것만 못하다. ◇并不～/결코 뒤떨어지지 않다. (反)〔出 chū 色〕2명손색. ◇毫无～/조금도 손색이 없다.

【徇(狥)】 彳部 | xùn
6画 | 좇을 **순**

동1〈文〉따르다. 좇다. 굴종하다. ◇～私/정때문에 불법 행위를 저지르다. 2대중에게 공개적으로 표시하다. 3…을 위하여 목숨을 바치다.

【徇情－정】xùnqíng (同)〔徇私 sī〕

【徇私－사】xùnsī 동사사로운 정에 얽매이다. (同)〔徇情 qíng〕, (反)〔秉公 bǐnggōng〕

【徇葬－장】xùnzàng (同)〔殉 xùn 葬〕

【殉(徇)】 歹部 | xùn
6画 | 바칠 **순**

동1순사(殉死)하다. 2매장하다. 3…에 몸을 바치다. ◇为…에 목숨을 바치다. ◇为难/국난을 당해 순국하다. ◇以身～职/순직하다.

【殉国－국】xùn∥guó 동순국하다.

【殉节－절】xùn∥jié 동1순절하다. 2옛날, 여자가 정절을 지켜 죽다. 3옛날, 아내가 남편을 따라 죽다.

【殉难－난】xùn∥nàn 동국난을 당해 목숨을 바치다. ◇他是在抗战中～的/그는 항전 중에 순국했다.

【殉情－정】xùnqíng 동옛날, 사랑을 위하여 죽다.

【殉葬－장】xùnzàng 동순장하다.

【殉职－직】xùn∥zhí 동순직하다. ◇在爆破施工中他不幸～/그는 폭파작업 중에 불행하게도 순직했다.

【巽】 八部 | xùn
10画 | 부드러울 **손**

명팔괘의 하나. '☴'모양의 괘. 바람을 상징함.

【蕈】 艹部 | xùn
12画 | 버섯 **심**

명〈植〉버섯.

Y

yā

【丫】八部 | yā
1画 | 두갈래질 **아**
图1아귀. 가장귀. ◇枝~/가장귀. 2소녀. 계집아이.

【丫巴儿－파아】yā·bar 图〈方〉아귀. 물건의 갈라진 곳. ◇树~/가장귀.

【丫杈－차】yāchà (同)〔桠 yā 杈〕〔丫叉 chà〕

【丫鬟－환】yā·huan 图옛날, 계집종.

【丫髻－계】yājì 图옛날, 머리를 위로 빗어 올려 귀 뒤에서 두 개의 뿔처럼 둥글게 매단 여자 아이들의 머리.

【丫头－두】yā·tou 图1계집애.〔여자아이를 친하게 부르는 말〕2계집종. 시녀.

☆【压(壓)】厂部 | yā
4画 | 누를 **압**
图1(위에서 세게) 내리 누르다. ◇用力~ ~, 把白菜里的水挤出来/힘껏 눌러서 배추 속의 물기를 짜내라. 2압도하다. …보다 낫다〔우수하다〕. ◇才不~众/재주가 남을 압도하지 못하다. 3안정시키다. 가라앉히다. 참다. ◇他喝点儿水~一~/그는 딸꾹질을 심하게 하는데 물을 마시게 하여 가라앉혀 해라. ◇~不住火儿/화를 참지 못했다. 4억압하다. 억누르다. ◇不要以势~人/권세로 남을 억압하지 마라. 5접근하다. 다가오다. ◇敌人~过来了/적이 다가왔다. 6내버려두다. 묵혀두다. ◇上级下达的这个文件~了很长时间才传达/상급에서 하달한 그 서류를 장시간 두고서야 전달했다. 7도박에서 돈을 걸다.

【压宝－보】yā//bǎo 图1야바위 노름을 하다. 2(yābǎo)图야바위. (同)〔押 yā 宝〕

【压场－장】yā//chǎng 图1상황을 통제하다. 분위기를 휘어잡다. ◇他说话没人听, 压不住场/그는 분위기를 휘어잡지 못해 아무도 그의 말을 듣지 않았다. 2마지막 압권이다. ◇~戏/마지막 압권 전통극.

【压秤－칭】yāchèng 图1무겁다. 무게가 나

가다.〔주로 부피에 대하여 말함〕2무게를 달 때 일부러 적게 나오게 한다.

【压倒－도】yā//dǎo 图압도하다. 능가하다.

【压低－저】yādī 图낮추다. 줄이다.

【压服－복】yā//·fú 图힘으로 굴복시키다. 눌러 복종시키다.

【压价－가】yā//jià 图값을 강제로 깎다〔내리다〕. (同)〔杀 shā 价〕, (反)〔抬 tái 价〕

【压惊－경】yā//jīng 图음식을 대접하면서 놀란 사람을 진정시키다〔위로하다〕.

【压境－경】yājìng 图국경선까지 밀어닥치다.

【压卷－권】yājuàn 图〈文〉압권.

**【压力－력】yālì 图압력. ◇~太小, 气打不进去/압력이 너무 약해 공기가 들어가지 않는다. 2(추상적인 의미의) 압력. ◇外交~/외교적 압력. ◇军事~/군사 압력. 3부담. ◇交通~/교통 부담.

【压路机－로기】yālùjī 图〈機〉로드 롤러(road roller).

☆【压迫－박】yāpò 图압박(하다). 억압(하다). ◇反抗~/억압에 반항하다.

【压气－기】yā//qì (~儿)图화를 가라앉히다.

【压强－강】yāqiáng 图〈物〉단위 면적당 받는 압력.

【压青－청】yāqīng 图〈農〉풀거름을 만들다.

【压岁钱－세전】yāsuìqián 图(구정 때 어른이 아이에게 주는) 세뱃돈.

**【压缩－축】yāsuō 图1압축하다. ◇怎么才能~得更小点?/어떻게 해야 더 좀 작게 압축할 수 있습니까? (反)〔膨胀 péngzhàng〕2(인원·경비 등을) 줄이다. 축소하다. 삭감하다. ◇文章的篇幅~后, 显得精炼多了/문장의 편폭을 줄이고 나서 훨씬 간결해져 보인다. (同)〔减缩 jiǎnsuō〕, (反)〔扩充 kuòchōng〕

【压缩空气－축공기】yāsuō kōngqì 图압축 공기.

【压台戏－대희】yātáixì (同)〔大 dà 轴子〕

【压条－조】yā//tiáo 〈農〉1图휘묻이를 하다. 2(yātiáo)图휘묻이. (同)〔压枝 zhī〕

【压痛－통】yātòng 图〈醫〉압통.

【压延－연】yāyán 图〈工〉압연(하다).

*【压抑－억】yāyì 图图억압(하다). 압박(하다). ◇~感/억압감. (反)〔舒畅 shūchàng〕

*【压韵－운】yā//yùn 图압운하다. (同)〔押韵〕

【压榨－착】yāzhà 動1눌러 짜다. 2〈喩〉착취하다. 수탈하다.

∗【压制－제】yāzhì 1名動억제(하다). ◇我尽量～自己的感情/나는 최대한 자신의 감정을 억제하고 있다. 2動눌러서 만들다. ◇～砖坯/벽돌을 눌러서 찍어내다.

【压轴戏－축희】yāzhòuxì 중국 전통극에서 마지막 부분. 〈喩〉마지막 백미가 되는 사건. (同)〔压轴子〕

【压轴子－축자】yāzhòu·zi 名動(중국 전통극 공연에서) 끝에서 두 번째 프로그램 (에 배열하다).

★【呀】 口部 yā
　4画 입벌릴 하
1感아!야!〔감탄·놀람을 나타냄〕◇～, 下雪了!/아! 눈이다! ◇～, 仓库着火了/아! 창고에 불이 났어. 2의삐걱. 삐거덕. ◇门～的一声开了/문이 삐걱하고 열렸다. ⇒ya

【鸦·鵶】 鸟部 yā
　4画 검을 아
名〈動〉까마귀.

∗【鸦片－편】yāpiàn 名〈藥〉아편. (同)〔阿芙蓉 āfúróng〕〔大烟 dàyān〕

【鸦片战争－편전쟁】Yāpiàn Zhànzhēng 名〈史〉아편 전쟁. 영국이 중국에 반입·판매한 아편으로 인하여 영국과 청(清)나라 사이에 일어난 전쟁(1840~1842).

【鸦雀无声－작작성】yā què wú shēng〈成〉몹시 조용〔고요〕하다. (反)〔沸反盈天 fèi fǎn yíng tiān〕

【雅】 牙部 隹部 yā
　8画 4画 맑을 아
‘鸦'와 통용. ⇒yǎ

【雅片－편】yāpiàn (同)〔鸦 yā 片〕

∗∗【押】 扌部 yā
　5画 눌러놓을 압
1動저당하다. 저당잡히다. ◇抵～/저당(잡히다). ◇～了二十块钱才把船租出来/20원을 저당잡혀 겨우 배를 세냈다. 2動(사람을) 구속하다. ◇公安局～了一个斗殴伤人的青年人/공안국에서 폭행청년을 구속했다. 3動호송하다. ◇上个月我～了一批猪去深圳/나는 지난달 돼지를 심천까지 호송했다. 4動‘压'와 같음.〔‘押宝', ‘押队', ‘押韵' 등에 쓰임〕5動名(공문·계약서에) 서명(하다). 수결(하다). 6名성(姓).

【押宝－보】yā//bǎo (同)〔压 yā 宝〕

【押车－차】yā//chē 動(짐을 실은) 차를 호송하다.

【押当－당】yā//dàng 1動물건을 저당잡히고 돈을 빌다. (同)〔典 diǎn 当〕, (反)〔赎 shú 当〕2(yādàng)名소규모의 전당포.

【押队－대】yā//duì 動(대오 뒤에서) 앞의 부대를 독려하거나 감독하다. (同)〔压

yā 队〕

【押解－해】yājiè 動1(범인을) 압송하다. 2(同)〔押运 yùn〕

【押金－금】yājīn 名1보증금. 2담보금. (同)〔押款 kuǎn〕

【押款－관】yā//kuǎn 動화물이나 유가증권 따위를 담보로 하여 은행에서 돈을 빌다. ⇒yākuǎn

【押款－관】yākuǎn 名1〈法〉담보(부) 대부. 2선불금. ⇒yā//kuǎn

【押送－송】yāsòng 動1(죄인·포로 등을) 압송하다. 2(화물을) 호송하다. (同)〔押运 yùn〕

【押头－두】yā·tou 名〈方〉담보물. 전당물.

【押尾－미】yāwěi 名서류·계약서의 말미에 하는 서명〔날인〕.

【押运－운】yāyùn 動(화물을) 호송하다.

【押韵－운】yā//yùn 動(시가의 끝자에) 압운하다. (同)〔压 yā 韵〕

【押租－조】yāzū 名(옛날, 토지의 가옥을 빌릴 때의) 보증금.

【鸭·鴨】 鸟部 yā
　5画 집오리 압
名〈動〉오리.

【鸭蛋青－단청】yādànqīng 名(오리알 같이) 엷은 푸른 색.

【鸭蛋圆－단원】yādànyuán (～儿)名〈方〉타원(형). (同)〔椭 tuǒ 圆〕

【鸭黄－황】yāhuáng 名〈方〉〈動〉(갓 깬) 오리 새끼.

【鸭儿梨－아리】yārlí 名〈植〉하북(河北)에서 나는 배의 한 품종.〔오리알처럼 모양이 둥금〕

【鸭绒－융】yāróng 名가공한 오리털.

【鸭舌帽－설모】yāshémào 名헌팅 캡. 사냥모자.

鸭舌帽

帽檐儿 màoyánr

∗【鸭子－자】yā·zi 名〈口〉〈鸟〉오리.

【鸭子儿－자아】yāzǐr 名오리알. (同)〔鸭蛋 dàn〕

【鸭嘴笔－취필】yāzuǐbǐ 名가막부리. 오구(烏口). 강필.

【鸭嘴兽－취수】yāzuǐshòu 名〈動〉오리너구리.

【哑·啞】 口部 yā
　6画 벙어리 아

Y

'呀'와 통용. ⇒yǎ
【哑哑—아】yāyā [의]1깍깍. 〔까마귀의 울음 소리〕 2옹알옹알. 〔어린 아이가 말 배우기 시작할 때 내는 소리〕

【桠·椏(枒)】 木部 6画 | yā 바귀 아
[명]가장귀. ◇树～/나무의 가장귀.
【桠杈—차】yāchà 1[명](나뭇가지의) 가장귀. 2[형]가장귀진. (同)〔丫 yā 杈〕〔丫叉 chà〕

yá

☆【牙】 牙部 0画 | yá 어금니 아
[명]1이. ◇门～/앞니. ◇孩子长～了/아이가 이가 났다. ◇～疼不算病, 疼起来真要命/치통은 병이라고 할 수 없지만 아프기 시작하면 정말 죽을 지경이다. ◇虎～/송곳니. (同)〔尖牙〕 2상아(象牙). ◇～筷(子)/상아 젓가락. 3모양이 이처럼 생긴 물건. ◇这把锯的～很密/이 톱니는 빽빽하다. 4(Yá)성(姓).
【牙碜—참】yá·chen [형]1(음식물에 모래같은 것이 섞여) 지금거리다. 2〈喻〉(말투가 저속하여) 듣기에 거북하다.
⁑【牙齿—치】yáchǐ [명]이. 치아.
【牙床—상】yáchuáng [명]1〈生理〉잇몸. 2상아 장식이 있는 침대. 〈轉〉아름답게 장식된 침대.
【牙雕—조】yádiāo [명]상아 조각(품).
【牙粉—분】yáfěn [명]가루 치약.
⁑【牙膏—고】yágāo [명]치약.
【牙根—근】yágēn [명]〈生理〉이뿌리. 이촉.
【牙垢—구】yágòu [명]이똥. (同)〔牙花 huā〕
【牙关—관】yáguān [명]아관.
【牙行—행】yáháng [명](옛날의) 중매업(자).
【牙花—화】yáhuā [명]〈方〉1이똥. 2잇몸.
【牙花子—화자】yáhuā·zi (同)〔牙花 huā〕
【牙具—구】yájù [명]이빨을 닦거나 입 안을 헹구는 도구.
【牙科—과】yákē [명]〈醫〉치과.
【牙口—구】yá·kou [명]1(이빨 수로 알 수 있는) 가축의 나이. 2(～儿)노인의 음식씹는 힘.
【牙轮—륜】yálún [명]톱니바퀴. (同)〔齿 chí 轮〕
【牙牌—패】yápái (同)〔骨 gǔ 牌〕
【牙婆—파】yápó [명]옛날, 인신 매매를 직업 삼아 하던 여자.
【牙签—첨】yáqiān (～儿)[명]이쑤시개.
【牙石—석】yáshí 1[명]치석. 2(同)〔缘 yuán 石〕
☆【牙刷—쇄】yáshuā (～儿)[명]칫솔.
【牙牙—아】yáyá [의]〈文〉옹알옹알. 〔어린 아이가 말 배우기 시작할 때 내는 소리〕
【牙医—의】yáyī [명]치과 의사.
【牙龈—은】yáyín [명]잇몸. (同)〔齿 chí 龈〕
【牙质—질】yázhì [명]1상아로 만든 것. 상아제. 2〈生理〉(치아의) 법랑질(琺瑯質). 에나멜질.
【牙子—자】yá·zi [명]1〈口〉책상·의자 따위 가구류의 가장자리의 조각 장식, 또는 돌출부. 2(옛날의) 중매인. 거간꾼.

⁑【芽】 艹部 4画 | yá 싹 아
[명]1(～儿)식물의 싹. ◇土豆上的～有毒, 不能吃/감자의 싹에 독이 있어 먹어서는 안된다. 2(～儿)〈轉〉싹 모양의 것. ◇肉～/(상처가 치료된 뒤에 새로 나오는) 새살.
【芽茶—차】yáchá [명]어린 싹에서 따낸 질이 좋은 차. 〔'雀舌'·'鹰爪' 따위가 유명함〕
【芽豆—두】yádòu [명]물에 담가 싹이 난 잠두콩. 〔반찬으로 씀〕
【芽接—접】yájiē [명]〈植〉눈접. 〔접목 방법 중의 하나〕
【芽体—체】yátǐ [명]〈生〉싹움.
【芽眼—안】yáyǎn [명]〈植〉(감자 따위의) 눈.

【蚜】 虫部 4画 | yá 벌레 아
[명]〈虫〉진딧물. ◇烟～/담배잎 진드기.
【蚜虫—충】yáchóng [명]〈虫〉진딧물.

【涯】 氵部 8画 | yá 물가 애
[명]물가. ◇天～海角/하늘가와 바다끝. 〈喻〉아무리 먼 곳.
【涯际—제】yájì [명]〈文〉한계. 끝.

*【崖(厓,崕)】 山部 8画 | yá 낭떠러지 애
(又讀 ái)[명]1벼랑. 절벽. ◇山～/절벽. 2가장자리. 끝.
【崖刻—각】yákè [명]바위 벼랑에 새긴 글자.
【崖略—략】yálüè [명]〈文〉대략. 개략.

【睚】 目部 8画 | yá 눈가 애
[명]〈文〉눈꼬리. 눈초리.
【睚眦—자】yázì [명]〈文〉화가 나 부릅뜬 눈. 〈轉〉사소한 원한[원망].
【睚眦必报—자필보】yázì bì bào 〈成〉하찮은 원한이라도 꼭 갚다. 〈喻〉몹시 도량이 좁다.

【衙】 彳部 10画 | yá 마을 아
[명]아문(衙門). 옛날의 관공서. 관아.
【衙门—문】yá·men [명]관아. 옛날, 관공서.
【衙内—내】yánèi [명]금위(禁衛). 〔당대(唐代) 궁궐을 지키던 관리. 고관의 자제로 충원되었음〕
【衙役—역】yá·yi [명]아역. 관아(官衙)에 소속된 고용인.

yǎ

*【哑·啞】 口部 6画 yǎ 벙어리 아
1图벙어리. ◇聋~/농아. 2图목이 잠겨 말이 잘 안 나오다. ◇嗓子都喊~了/너무 소리를 질러 목이 다 쉬었다. (同)〔嘶 sī〕, (反)〔亮 liàng〕3图(포탄 따위가) 불발하다. ⇒yā
【哑巴一파】yǎ·ba 图벙어리.
【哑巴亏一파휴】yǎ·bakuī 图남에게 말못할 손해. 〔吃~/말못할 손해를 입다.
【哑场一장】yǎ//chǎng 1图장내에 침묵이 흐르다. 〔회의 따위에서 아무도 발언하지 않는 것을 말함〕2(yǎchǎng) 图침묵이 흐르는 장면. (同)〔冷场 lěngchǎng〕
【哑铃一령】yǎlíng 〈體〉아령.
【哑谜一미】yǎmí 图1수수께끼. 2〈喩〉난해한 일.
【哑炮一포】yǎpào 图〈俗〉불발탄.
【哑然一연】yǎrán 图〈文〉1적막하다. 적막하다. ◇~无声/적막하고 조용하다. 2아연하다. 〔입이 떡 벌어지다〕3웃음 소리의 형용.
【哑语一어】yǎyǔ (同)〔手 shǒu 语〕
【哑子一자】yǎ·zi (同)〔哑巴·ba〕

【痖·瘂】 疒部 6画 yǎ 벙어리 아
'哑yǎ'와 통용.

【雅】 牙部 隹部 8画 4画 yǎ 맑을 아
1图〈文〉규범에 맞다. 정통적이다. 2图상하다. 우아하다. ◇你这房间的布置~得很/이 방의 장식이 아주 고상하다. (反)〔俗 sú〕3(Yǎ)图아. 〔서주(西周) 때의 조정(朝廷)의 음악. 시경(詩經) 육의(六義) 가운데 하나로 '小雅'와 '大雅'가 있음〕4〈敬〉상대방의 언동을 높여 말할 때 앞에 붙이는 말. 5图〈文〉친분. ◇无一日之~/하루의 친분도 없다. 면식이 없다. 6图평소. 원래. ◇~善鼓琴/평소에 거문고를 잘 타다. 7图매우. 대단히. ◇~以为美/매우 아름답다고 생각하다. ⇒yá
【雅观一관】yǎguān 图(행동이나 겉모양이) 우아하다. 보기 좋다. 〔주로 부정문에 사용함〕
【雅号一호】yǎhào 图1〈敬〉아호. 2(약간 비웃는 투) 별명. 별호.
【雅教一교】yǎjiào 图〈牘〉〈敬〉훌륭한 가르침.
【雅静一정】yǎjìng 图1(분위기나 색 따위가) 우아하고 고요하다. 2점잖다. 고상하다.
【雅量一량】yǎliàng 图1아량. 포용력. (同)〔大 dà 量〕, (反)〔小 xiǎo 量〕2큰 주량. (同)〔海 hǎi 量〕

【雅趣一취】yǎqù 图우아한 정취.
【雅人一인】yǎrén 图풍아한 사람.
【雅士一사】yǎshì 图풍아한 선비.
【雅俗共赏一속공상】yǎ sú gòng shǎng〈成〉문예작품이 훌륭하면서도 알기 쉬워 누구나 다 감상할 수 있다.
【雅兴一흥】yǎxìng 图고아한 흥취.
【雅驯一순】yǎxùn 图〈文〉(문사가) 전아(典雅)하다.
【雅意一의】yǎyì 图〈文〉1고상한 마음. 2〈敬〉상대의 생각을 높여 이르는 말.
【雅正一정】yǎzhèng 1图〈文〉모범적이다. 2图〈文〉정직하다. 3图〈套〉지도를 바랍니다. 〔자신의 시문·그림 등을 남에게 보낼 때 지도를 구하는 말〕
【雅致一치】yǎ·zhì 图(의복·기물·건물 따위가) 품위 있다. 고상하다. (同)〔高 gāo 雅〕, (反)〔俗气 súqì〕
【雅座一좌】yǎzuò 图요리집·술집 따위의 특별히 아담하게 꾸며 놓은 특실.

yà

*【轧·軋】 车部 1画 yà 아슬 알
1图(롤러 따위로) 밀다. 깔아 뭉개다. ◇被车~伤/차에 깔려 부상을 당했다. 2图배제하다. 밀어 제치다. ◇倾~/서로 배척하다. 3图덜그럭. 달달. 덜거덩. 〔기계가 움직일 때 나는 소리 따위〕4(Yà)图성(姓). ⇒gá, zhá
【轧场一장】yàcháng 图방앗간.
【轧道机一도기】yàdàojī 图〈方〉로드 롤러. (同)〔压路机 yālùjī〕
【轧花机一화기】yàhuājī 图〈機〉조면기(繰綿機). (同)〔轧棉 mián 机〕

【亚·亞】 一部 二部 5画 4画 yà 버금 아
1图다음가다. 뒤떨어지다. ◇他的技术不~于你/그의 기술은 너에게 뒤떨어지지지 않는다. 2图제 2의. 다음가는. 3图〈化〉원자가(原子价)가 낮은. ◇硫酸~铁/황산 제일철(FeSO₄) 4(Yà)图〈音〉〈略〉'亚(细亚)洲'(아시아 주)의 준말.
【亚当一당】Yàdāng 图〈音〉〈人〉아담(Adam).
**【亚军一군】yàjūn 图(운동 경기의) 준우승(자). ◇他在百米赛跑中得了~/그는 백 미터 경기에서 준우승을 차지했다.
【亚麻一마】yàmá 图〈植〉아마. 2〈纺〉아마포.
【亚热带一열대】yàrèdài 图〈地〉아열대.
【亚洲一주】Yàzhōu 图〈略〉〈地〉아시아 주.

【揠·挜】 扌部 6画 yà 흔들 아
图〈方〉물건을 남에게 억지로 안기다. 강

매하다.

【娅·婭】 女部 6画 | yà 동서 아
(同)〔姻 yīn 娅〕

【氩·氬】 气部 6画 | yà
图〈化〉아르곤(Ar).

【讶·訝】 讠部 6画 | yà 맞을 아
图〈文〉놀라다. 의아해 하다. 괴이쩍게 여기다. ◇惊~/놀라다.

【迓】 辶部 4画 | yà 맞을 아
图〈文〉마중 나가다. ◇迎~/영접하다.

【砑】 石部 4画 | yà 연 아
图(돌로 가죽·천 따위를 문질러서) 윤을 내다. ◇把牛皮~光/소가죽을 광내다.

【揠】 扌部 9画 | yà 잡아뽑을 알
图〈文〉뽑다.

【揠苗助长－묘조장】 yà miáo zhù zhǎng 〈成〉(모가 늦게 자란다고) 모를 뽑아 늘리다. 일을 서두르다 오히려 그르치다. (同)〔拔苗助长 bá miáo zhù zhǎng〕, (反)〔水到渠成 shuǐ dào qú chéng〕

·ya

★【呀】 口部 4画 | ·ya 입벌릴 하
图앞음절의 끝모음이 a, e, i, o, ü로 끝난 경우에 그 영향으로 '啊·a'음이 변하여 된 어조사. 1문말에 쓰여 의문을 나타냄. ◇你怎么没去开会~?/너 왜 회의에 가지 않았어? 2문말에 쓰여 찬탄을 나타냄. ◇这是多好的机会~!/이것이 얼마나 좋은 기회인가! 3화제를 제시할 때 쓰임. ◇他~, 能说会道, 真不好对付/그는 말이야, 말을 너무 잘해 정말 상대하기 힘들어. 4사물의 나열에 쓰임. ◇排球~, 篮球~, 足球~, 他样样都爱玩/그는 배구, 농구, 축구를 다 잘한다. ⇒ yā

yān

＊＊【淹(渰)】 氵部 8画 | yān 담글 엄
1图물에 잠기다. 침수하다. ◇庄稼遭水~了/농작물이 침수되었다. 2图(피부가 땀에 젖어서) 가렵거나 아프다. ◇胳肢窝被汗~得难受/겨드랑이가 땀에 진물러 견딜 수 없다. 3图〈文〉넓다. 4图〈文〉오랫동안 머무르다. 꾸물거리다. (同)〔久 jiǔ〕

【淹博－박】 yānbó 图〈文〉박식하다.

【淹灌－관】 yānguàn 图〈農〉물을 넣어 두어 작물의 뿌리가 흡수하도록 하는 관개법.

【淹留－류】 yānliú 图〈文〉장기 체류하다.

＊【淹没－몰】 yānmò 图1물에 잠기다. 침수되다. ◇洪水~了整个矿井/홍수가 광산의 수갱을 모두 물에 잠기게 했다. (同)〔沉 chén 没〕, (反)〔漂浮 piāofú〕 2〈喩〉파묻히다. ◇他的讲话被欢呼声~了/그의 말은 환호 소리에 파묻혔다. 回교淹没：遮住 가려지는 경우에는 "淹没"를 쓰지 않는다. ◇我们的视线被大雾(×淹没)遮住了/우리들의 시선은 안개로 인해 가려졌다.

【阉·閹】 门部 8画 | yān 고자 엄
1图거세(去势)하다. 불까다. 2图〈文〉환관. 내시.

【阉割－할】 yāngē 图1거세하다. 불까다. 2〈喩〉문장이나 이론의 중요한 내용을 빼다.

【阉人－인】 yānrén 图거세한 사람. 〈轉〉환관. 내시.

【阉寺－사】 yānsì 图〈文〉환관. 내시.

【腌(醃)】 月部 18画 | yān 절일 엄
图(소금·설탕·간장·술 따위에) 절이다. ⇒ā

【腌渍－지】 yānzì 图담그다. 절이다.

【恹·懕(厭)】 忄部 6画 | yān 편안할 염

【恹恹－염】 yānyān 图〈文〉병으로 지친 모양.

【咽(嚥)】 口部 6画 | yān 목구멍 인
图〈生理〉인두(咽頭). ⇒yàn, yè

【咽喉－후】 yānhóu 图1〈生理〉인두(咽頭)와 후두(喉头). 2〈喩〉요충지.

【咽头－두】 yāntóu 图〈生理〉인두.

＊＊【烟(煙,⁴菸)】 火部 6画 | yān 연기 연
1(~儿)图연기. 2图연기와 비슷한 것. ◇~霞/구름과 안개. 3图연기로 눈이 맵다. ◇~得睁不开眼了/연기가 매워서 눈을 뜰 수가 없다. 4图〈植〉담배. 연초. ◇烤~/담

배잎을 건조시키다. **5**똉담배. ◇抽支~/담배 한 대 피우다. **6**똉아편. **7**(~子)똉그을음. ◇松~/소나무 그을음. ⇒yīn

【烟霭—애】yān'ǎi 똉〈文〉운무(云霧). 구름과 안개.

【烟波—파】yānbō 똉안개가 드리운 듯한 파도.

*【烟草—초】yāncǎo 똉〈植〉연초. 담배.

【烟尘—진】yānchén 똉**1**먼지와 연기. **2**봉화의 연기와 전쟁터의 먼지. 〈喩〉전쟁. **3**사람이 북적대는 곳.

**【烟囱—총】yāncōng 똉〈方〉굴뚝. 연돌.

【烟袋—대】yāndài 똉담뱃대.

【烟蒂—체】yāndì 똉담배 꽁초.

【烟斗—두】yāndǒu 똉**1**담뱃대. **2**아편을 넣어 피우는 대통.

【烟斗丝—두사】yāndǒusī 똉살담배. 각연초.

【烟膏—고】yāngāo 똉아편으로 만든 고약.

【烟鬼—귀】yānguǐ 똉아편쟁이. 골초.

【烟海—해】yānhǎi 똉안개 자욱한 큰 바다.

【烟花—화】yānhuā 똉**1**아름다운 봄 경치. **2**기생. 창녀. **3**(同)〔烟火·huo〕

【烟灰—회】yānhuī 똉담뱃재.

【烟火—화】yānhuǒ 똉**1**연기와 불. ◇动~/불을 지피다. 취사(炊事)하다. **2**(특히 도교에서의) 화식(火食). 불에 익히거나 구운 일반 사람의 음식. **3**전쟁. **4**옛날, 조상께 제사 드리는 일. 〈喩〉후세(后世). ◇绝了~/대가 끊기다.

【烟火—화】yān·huo 똉불꽃.

【烟火食—화식】yānhuǒshí 똉불에 익힌 음식.

【烟具—구】yānjù 똉흡연 도구. 아편 도구.

*【烟卷儿—권아】yānjuǎnr 똉궐련.

【烟煤—매】yānméi 똉역청탄. 유연탄.

【烟幕—막】yānmù 똉**1**〈軍〉(연막탄으로 만든) 연막. **2**〈農〉연무(烟霧). 〔방충 및 상해 방지에 쓰임〕 **3**〈喩〉연막. 속셈을 숨긴 말이나 행동. ◇他以和解为~来接近小李/그는 화해를 연막으로 쳐 이양에게 접근했다. (同)〔假象 jiǎxiàng〕, (反)〔真象 zhēnxiàng〕

【烟幕弹—막탄】yānmùdàn 똉**1**〈軍〉연막탄. **2**〈喩〉속셈을 숨긴 행동이나 말.

【烟农—농】yānnóng 똉담배 경작농.

【烟屁股—비고】yānpì·gu 똉담배 꽁초. (同)〔烟头 tóu〕

【烟色—색】yānsè 똉담배 색깔 같은 고동색.

【烟丝—사】yānsī 똉살담배. 썬담배.

【烟筒—통】yān·tong 똉연통. 굴뚝.

【烟头—두】yāntóu 똉담배 꽁초.

*【烟雾—무】yānwù 똉연기와 안개. 수증기. 스모그(smog).

【烟霞—하】yānxiá 똉안개 구름.

【烟霞癖—하벽】yānxiápǐ 똉〈文〉**1**산수(山水)

에서 노니는 것을 즐기는 버릇. **2**아편 중독.

【烟消云散—소운산】yān xiāo yún sàn〈成〉연기나 구름같이 사라지다. 형체도 없이 사라지다. (反)〔风起云涌 fēng qǐ yún yǒng〕

【烟叶—엽】yānyè 똉담배잎. 잎담배.

【烟瘾—은】yānyǐn 똉담배 중독. 옛날, 아편 중독.

【烟雨—우】yānyǔ 똉안개비.

【烟柱—주】yānzhù 똉연기 기둥. (화재 때) 높이 치솟는 연기.

【烟子—자】yān·zi 똉그을음.

【烟嘴儿—취아】yānzuǐr 똉궐련 물부리. 담배 파이프.

【胭(臙)】月部 yān
6画 연지 **연**
똉연지(胭脂).

【胭红—홍】yānhóng 똉〈色〉연지처럼 빨간 색.

【胭脂—지】yān·zhī 똉연지.

【殷】殳部 yān
6画 음성할 **은**
똉〈文〉〈色〉검붉은 색. 암홍색. ⇒yīn

【殷红—홍】yānhóng 똉〈色〉검붉은 색.

【阏·閼】门部 yān →è
8画 막을 **알**

【阏氏—씨】yānzhī 똉한(漢) 시대에 흉노족(匈奴族)이 군주(君主)의 정실(正室)을 칭하던 말.

【焉】灬部 yān
7画 어디 **언**
〈文〉**1**연기에. 이보다. ◇乐莫大~/이보다 더 큰 즐거움은 없다. **2**⑪어디. 어째서. 무엇. 누구. 〔반문(反問)의 문장에 주로 사용함〕◇不入虎穴, ~得虎子?/호랑이 굴에 들어가지 않고서야, 어찌 호랑이를 잡겠는가? **3**쩹이에. 비로소. ◇必知乱之所自起, ~能治之/난이 일어난 원인을 알아야, 비로소 그것을 다스릴 수 있다. **4**ⓜ어기(語氣)조사. ◇有厚望~/큰 희망이 있구나.

【鄢】阝部 Yān
11画 땅이름 **언**
똉성(姓).

【嫣】女部 yān
11画 예쁠 **언**
똉〈文〉(용모가) 아리땁다.

【嫣红—홍】yānhóng 똉〈文〉〈色〉고운 빨간빛.

【嫣然—연】yānrán 똉〈文〉아리땁다. 아름답다.

【湮】氵部 yān
19画 빠질 **인**
통〈文〉**1**묻히다. 파묻다. **2**막히다.

【湮灭—멸】yānmiè (同)〔湮没 mò〕

〔湮没一몰〕yānmò 〈동〉매몰되다. 묻다. (同)〔埋 mái 没〕, (反)〔起用 qǐyòng〕

【燕】 灬部 | Yān
12画 | 연나라 연
〈명〉1〈史〉주대(周代)의 나라 이름. 지금의 하북성(河北省) 북부(北部)와 요녕성(遼寧省) 남부 지역. 〈轉〉'北京'의 다른 이름. 2〈地〉하북성 북부 지방. 3성(姓). ⇒ yàn

yán

【延】 廴部 | yán
4画 | 미칠 연
1〈동〉잡아 늘이다. ◇蔓~/만연하다. 2〈동〉(시간을) 끌다. 연기하다. ◇迟~/지연하다. (反)〔促 cù〕 3〈동〉〈文〉초빙하다. ◇~医/의사를 부르다. 4〈Yán〉〈명〉성(姓).
☆〔延长一장〕yáncháng 〈동〉연장하다. ◇老师总是准时下课, 从没~过一分钟/선생님은 언제나 정시에 수업을 끝내는 데 여지껏 1분도 연장한 적이 없다. ◇经常锻炼身体, 可以~寿命/항상 신체단련을 하면 수명을 연장시킬 수 있다. (反)〔缩短 suōduǎn〕
〔延迟一지〕yánchí 〈동〉연기하다. 미뤄지다.
〔延宕一탕〕yándàng 〈동〉(날짜를) 질질 끌다. 오래 걸리다. (同)〔拖延 tuōyán〕, (反)〔赶紧 gǎnjǐn〕
〔延搁一각〕yángē 〈동〉(시간을) 질질 끌다. 지체하다.
＊〔延缓一완〕yánhuǎn 〈동〉늦추다. 연기하다. ◇~工作进度/작업 진도를 늦추다. (同)〔延迟 chí〕, (反)〔提前 tíqián〕
〔延颈企踵一경기종〕yán jǐng qǐ zhǒng 〈成〉목을 길게 빼고 발돋움하며 기다리다. 학수 고대하다. (同)〔延颈举 jǔ 踵〕
〔延揽一람〕yánlǎn 〈동〉끌어들이다. 초빙하다. ◇~人材/인재를 끌어들이다.
〔延纳一납〕yánnà 〈동〉〈文〉접대하다.
〔延年益寿一년익수〕yán nián yì shòu 〈成〉오래도록 장수하다.
〔延聘一빙〕yánpìn 〈동〉초빙하다.
＊〔延期一기〕yán//qī 〈동〉연기하다. ◇要求~十年偿还债务/채무상환을 10년 연기할 것을 요구했다.
〔延请一청〕yánqǐng 〈동〉(임시로) 초빙하다.
〔延烧一소〕yánshāo 〈동〉불길이 번져 나가다.
＊〔延伸一신〕yánshēn 〈동〉1뻗어 나가다. 연장하다. ◇铁路一直~到海边/철도가 해변까지 뻗어 나갔다. 2(의미가) 확대되다.
〔延髓一수〕yánsuǐ 〈명〉〈生理〉연수. 숨골.
〔延误一오〕yánwù 〈동〉질질 끌어 시기를 놓치다.

〔延性一성〕yánxìng 〈명〉〈物〉연성.
＊〔延续一속〕yánxù 〈명〉〈동〉지속(하다). 연장(하다). ◇不能让这种状况一下去/이런 상황이 지속되게 해서는 안 된다. (同)〔继 jì 续〕, (反)〔终止 zhōngzhǐ〕
〔延展一전〕yánzhǎn 〈동〉(금속을) 펴넓히다.

【蜒】 虫部 | yán
6画 | 지차리 연
〔蜒蚰一유〕yányóu 1〈명〉〈方〉〈动〉활유. 토와. 괄태충. (同)〔蛞蝓 kuòyú〕 2(同)〔蚰 yóu 蜒〕〔海 hǎi 蜒〕

【筵】 竹部 | yán
6画 | 자리 연
〈명〉술자리. 주연. ◇喜 xǐ~/축하연.
〔筵席一석〕yánxí 〈명〉연회석. 〈轉〉술자리. 주연.

＊＊【严・嚴】 一部 | yán
6画 | 엄할 엄
1〈형〉빈틈없다. ◇外出时, 他总是把窗户关紧得~~的/그는 외출할 때 창문을 언제나 꼭꼭 닫는다. (反)〔松 sōng〕 2〈형〉엄하다. ◇他对孩子管教得很~/그는 애를 매우 엄하게 다스린다. ◇纪律很~/기율이 엄하다. (反)〔宽 kuān〕 3〈형〉심하다. ◇~冬/엄동. 4〈명〉아버지. 부친. ◇家~/우리 아버지. 5〈Yán〉〈명〉성(姓).
〔严办一판〕yánbàn 〈동〉엄벌에 처하다.
〔严惩一징〕yánchéng 〈동〉엄중히 처벌하다. (同)〔严办 bàn〕, (反)〔宽大 kuāndà〕
〔严词一사〕yáncí 〈명〉정색해서 하는 말.
〔严冬一동〕yándōng 〈명〉엄동. (同)〔隆 lóng 冬〕, (反)〔炎夏 yánxià〕
〔严防一방〕yánfáng 〈동〉엄중히 경계하다. 예방하다. ◇~事故发生/사고 발생을 예방한다.
☆〔严格一격〕yángé 〈형〉엄하다. 엄격하다. ◇~的规定/엄한 규정. ◇老师对我们要求很~/선생님은 우리에 대한 요구가 엄격하다. (同)〔严明 míng〕, (反)〔松弛 sōngchí〕 [비교]严格:严厉 ①호되다는 경우에는 "严格"를 쓰지 않는다. ◇他觉得法院的判决太(×严格)严厉了/그는 법원의 판결이 너무 매정하다고 느꼈다. ②날씨는 "严格"로 표현하지 않는다. ◇哈尔滨的冬天比较(×严格)寒冷/하얼빈의 겨울은 비교적 춥다.
＊〔严寒一한〕yánhán 〈형〉추위가 심하다. ◇南方天气还很暖和, 而北方已是~的天气了/남쪽은 날씨가 아직 따뜻한데 북쪽은 벌써 추운 겨울이다. (同)〔酷 kù 寒〕, (反)〔炎热 yánrè〕 [비교]严寒:寒冷 "严寒"은 정도부사의 수식을 받지 않는다. ◇下了一场大雪, 天气更加(×严寒)寒冷/큰 눈이 한번 온 후 날씨가 더욱 추워졌다.

Y

【严紧－긴】yán·jǐn 휑1(꽉 끼어) 빈틈이 없다. 2엄격하다.

【严谨－근】yánjǐn 휑1꼼꼼하다. 신중하다. ◇他办事／그는 일처리를 꼼꼼하게 하다. 2치밀하다. 빈틈없다. ‖(反)〔松散 sōngsàn〕

∗∗【严禁－금】yánjìn 통엄금하다. ◇～吸烟／흡연을 엄금하다.

∗【严峻－준】yánjùn 휑1준엄하다. 엄하다. ◇～的教训／준엄한 교훈. 2심각하다. ◇形势～／정세가 심각하다.

【严酷－혹】yánkù 휑1뼈저리다. 엄격하다. 2비혹하다. 잔인하다. ◇～的现实／냉혹한 현실.

∗∗【严厉－려】yánlì 휑준엄하다. 매섭다. ◇爸爸平时对他十分～／아버지는 그에게 매우 엄하다. 田교严厉:紧张 "气氛"을 형용할 때는 "严厉"를 쓰지 않는다. ◇会场上的气氛很(×严厉)紧张／회의장의 분위기가 긴장되어 있다.

【严令－령】yánlìng 통엄하게 명령하다.

∗∗【严密－밀】yánmì 휑1(사물의 결합·구성이) 빈틈없다. 치밀하다. ◇瓶子盖得很～／병을 매우 단단히 막았다. 2엄밀하다. ◇消息封锁得很～／소식은 단단히 봉쇄되어 있다. 3통엄격하게 하다.

【严明－명】yánmíng 1휑엄정하다. ◇赏罚～／상벌이 엄정하다. (反)〔偏私 piānsī〕 2통엄정하게 하다.

【严命－명】yánmìng 1명엄명(하다). 2통아버지의 명령.

【严实－실】yán·shi 휑〈方〉1빈틈없다. ◇门关得～／문을 꽉 닫았다. 2잘 숨겨져 있다.

【严守－수】yánshǒu 통1엄수하다. 2엄격하게 지키다.

【严丝合缝－사합봉】yánsī héfèng 빈틈 없이 꼭 들어맞다.

☆【严肃－숙】yánsù 1휑엄숙하다. ◇他是个很～的人，平时很少见他开玩笑／그는 근엄한 사람으로 평소에 농담하는 일이 거의 없다. 田교严肃:真挚 사람의 감정에 "严肃"를 쓰지 않는다. ◇他这种(×严肃)真挚的感情，深深地打动了我／그의 이런 진실한 감정이 나를 깊이 감동시켰다. 2휑엄하다. ◇～处理／엄하게 처리하다. 3통엄하게 적용시키다. ◇～党纪／당기율을 엄하게 적용시키다.

【严刑－형】yánxíng 명엄형.

【严阵以待－진이대】yán zhèn yǐ dài 〈成〉진용을 갖추고 적을 기다리다.

【严整－정】yánzhěng 휑1매우 정연하다. ◇军容～／부대진용이 정연하다. (反)〔凌乱 língluàn〕2치밀하다.

【严正－정】yánzhèng 휑엄정하다.

☆【严重－중】yánzhòng 휑심각하다. 중대하다. ◇他伤得很～／그는 심하게 다쳤다. ◇这样带来了～的后果／이렇게 함으로써 심각한 결과를 가져왔다. (同)〔深 shēn 重〕, (反)〔轻微 qīngwēi〕田교严重:重要 중대한 사건이나 영향이 있는 사람과 일에는 "严重"을 쓰지 않는다. ◇我感到近代历史很(×严重)重要／난 근대사가 매우 중요하다고 느꼈다.

【妍（姸）】 女部 yán
4画 | 고울 연

휑〈文〉아름답다. 예쁘다. (反)〔媸 chī〕◇百花争～／〈成〉온갖 꽃이 아름다움을 다투다. (同)〔美 měi〕, (反)〔媸 chī〕

【妍媸－치】yánchī 명아름다움과 추함.

【芫】 ++部 yán ⇒yuán
4画 | 풀 원

【芫荽－유】yán·suī 명〈植〉고수. (同)〔香菜 xiāng cài〕

【研（硏）】 石部 yán
4画 | 연구할 연

통1갈다. ◇把药～成粉／약을 분말로 갈다. 2연구하다. 탐구하다. ◇钻～／깊이 연구하다. ⇒yàn

【研读－독】yándú 통천념하며 읽다.

★【研究－구】yánjiū 통1연구(하다). ◇～科学／과학을 연구하다. 2검토(하다). 논의(하다). ◇这些问题正在～／이 문제는 현재 검토 중이다.

∗∗【研究生－구생】yánjiūshēng 명대학원생.

∗【研究所－구소】yánjiūsuǒ 명1연구소. 2대학원. 〔주로 대만(臺灣)에서 쓰이며, 중화 인민 공화국에서는 '研究生院'이라 함〕

【研究员－구원】yánjiūyuán 명연구 기관의 연구원.

【研磨－마】yánmó 통1갈다. 2연마하다. 갈고 닦다.

【研讨－토】yántǎo 통연구 토론하다. 깊이 탐구하다. ◇学术～会／학술토론회. 학술대회.

【研习－습】yánxí 통연구 학습하다.

∗∗【研制－제】yánzhì 통연구 제작하다. ◇～新产品／신제품을 연구 제작하다.

∗【言】 言部 yán
0画 | 말씀 언

1명말. 언어. ◇名～／명언. ◇～行不一／언행이 일치하지 않다. ◇这个人说起话来，总是～不搭后语／그 사람은 언제나 앞뒤가 맞지 않는다. 田교言:话 "言"은 동사 "听"의 목적어로 쓰이지 않는다. ◇船夫听了他的(×言)话，就让他上了船／뱃사공은 그의 말을 듣고 그를 배에 태웠다. 2통말하다. ◇胡～乱语／허튼소리를 하다. ◇茶话会上，大家畅所欲～，十分愉快／모두들 다과회에서 마음 털어놓고 말하고 아주 즐거웠다. **3**몡한자(漢字)의 한 글자. ◇五～诗/오언시. **4**(Yán)몡성(姓).

【言必有中－필유중】yán bì yǒu zhòng 〈成〉말하기만 하면 정곡을 찌르다.

【言不及义－불급의】yán bù jí yì 〈成〉허튼 말만 할 뿐 이치에 맞는 말은 하지 않다. (同)〔不着边际 bù zhuó biān jì〕, (反)〔言之有物 yán zhī yǒu wù〕

【言不尽意－부진의】yán bù jìn yì 〈成〉마음의 뜻을 다 나타내지 못하다. 〔주로 편지의 끝에 쓰임〕

【言不由衷－불유충】yán bù yóu zhōng 〈成〉진심에서 우러나온 말이 아니다. 속에 없는 소리를 하다. (同)〔心口不一 xīn kǒu bù yī〕, (反)〔心口如一 xīn kǒu rú yī〕

【言出法随－출법수】yán chū fǎ suí 〈成〉공포되면 곧 법대로 집행하다. (反)〔朝令夕改 zhāo lìng xī gǎi〕

【言传－전】yánchuán 통말로 전하다.

【言传身教－전신교】yán chuán shēn jiào 〈成〉말과 행동으로 모범을 보이다.

【言词－사】yáncí 몡언사. 말.

【言辞－사】yáncí (同)〔言词 cí〕

【言多语失－다어실】yán duō yǔ shī 〈成〉말이 많으면 실수도 하기 마련이다.

【言归于好－귀어호】yán guī yú hǎo 〈成〉다시 사이가 좋아지다. (反)〔动刀动枪 dòng dāo dòng qiāng〕

【言过其实－과기실】yán guò qí shí 〈成〉말이 과장되어 실제와 동떨어지다. (同)〔过甚其词 guò shèn qí cí〕, (反)〔恰如其分 qià rú qí fèn〕

【言和－화】yánhé 통화해하다. 강화(講和)하다. (同)〔讲和 jiǎng hé〕, (反)〔顶牛 dǐng//niú〕

【言欢－환】yánhuān 통〈文〉즐겁게 이야기하다.

【言简意赅－간의해】yán jiǎn yì gāi 〈成〉말은 간결하나 요점이 있다. (同)〔简明扼要 jiǎn míng è yào〕, (反)〔拖泥带水 tuō ní dài shuǐ〕

【言教－교】yánjiào 통말로 가르치다.

【言近旨远－근지원】yán jìn zhǐ yuǎn 〈成〉말은 평이하나 뜻은 깊다.

【言路－로】yánlù 몡〈文〉언로. 정부에 대해 진언할 수 있는 길.

*【言论－론】yánlùn 몡언론. ◇～自由/언론 자유.

【言情－정】yánqíng 통사랑을 묘사하다.

【言人人殊－인인수】yán rén rén shū 〈成〉사람에 따라 말이 다르다. 서로 의견이 다르다. (同)〔莫衷一是 mò zhōng yī shì〕, (反)〔异口同声 yì kǒu tóng shēng〕

【言声－성】yánshēng 통목소리를 내다. 말하다.

【言说－설】yánshuō 통말하다. 이야기하다.

【言谈－담】yántán 몡언사. 말. 말씨.

【言听计从－청계종】yán tīng jì cóng 〈成〉어떤 말이나 계획을 다 받아들이다. (어떤 사람을) 매우 신임하다.

【言外之意－외지의】yán wài zhī yì 〈成〉언외의 뜻. 암시하는 말.

【言为心声－위심성】yán wéi xīn shēng 〈成〉말은 마음의 표현이다. 사람의 생각은 말로 드러난다.

【言行－행】yánxíng 몡언행. 말과 행동.

【言犹在耳－유재이】yán yóu zài ěr 〈成〉말이 아직도 귀에 쟁쟁하다.

*【言语－어】yányǔ 몡통말(하다). ◇～粗鲁/말이 거칠다. ◇老师问你话，你怎么不～?/선생님께서 묻고 계시는데 왜 말하지 않는 거야? 〔비교〕言语:语言 언어의 종류는 “言语”라고 하지 않는다. ◇那个国家有三种(×言语)语言:法语，荷兰语，德语/그 나라에는 불어, 네델란드어, 독일어 3가지 언어가 있다.

【言喻－유】yányù 통비유하다. (同)〔比 bǐ 喻〕

【言责－책】yánzé 몡**1**옛날, 군주에게 신하가 진언(進言)하는 책임. **2**말에 대한 책임.

【言者无罪, 闻者足戒－자무죄, 문자족계】yánzhě wú zuì, wénzhě zú jiè 〈成〉말하는 사람에게는 잘못이 없고, 듣는 사람이 경계로 삼아야 한다.

【言重－중】yánzhòng 몡〈謙〉말이 지나치다. 〔칭찬을 받았을 때 겸손하여 하는 말〕

【言状－상】yánzhuàng 통말로 형용하다 〔나타내다〕.

☆【沿(沿)】氵部 yán
5画 좇을 연

1몡가장자리. 변두리. ◇河～上鲜花盛开/강변에 탐스러운 꽃들이 활짝 피었다. **2**통(과거 방법, 규칙, 양식 등을) 따르다. 답습하다. ◇～袭/답습하다. **3**통옷에 가선[테]을 두르다. ◇衣服上的边儿—得很漂亮/옷 테두리를 예쁘게 둘렀다. **4**개…을 따라(서). ◇～着铁路走十分钟就是火车站/철도를 따라서 10분 가면 기차역이다.

*【沿岸－안】yán'àn **1**몡연안. 강·호수·바닷가에 연한 지역. **2**(yán//àn)통물가를 따라가다.

【沿儿－변아】yán biānr **1**테두리를 두르다. 레이스를 대다. **2**(yánbiānr)몡가선. 테두리. 레이스.

【沿革－혁】yángé 몡연혁. 변화 발전의 역정.

*【沿海－해】yánhǎi 몡연해. 바다에 인접한 지역. ◇～城市/연해 도시. ◇～地区/연해 지역. (反)〔内陆 nèilù〕

【沿江一강】yánjiāng 图강가에 인접한 지역.
【沿街一가】yánjiē 图도로변.
【沿例一례】yán//lì 图전례에 따르다.
【沿路一로】yánlù 图길을 따르다.
【沿条儿一조아】yántiáor 图바이어스 테이프(bias tape). 테두리를 두르는 데 쓰는 가늘고 긴 천.
*【沿途一도】yántú (同)〔沿路 lù〕.
【沿袭一습】yánxí 图답습하다. 구습을 좇다. (同)〔因 yīn 袭〕, (反)〔创新 chuàngxīn〕.
【沿线一선】yánxiàn 图철도·도로·노선 등의) 선로에 인접한 지역.
【沿用一용】yányòng 图(과거의 방법·제도·법령 따위를) 답습하다.
【沿着一착】yán·zhe …을(에) 따라서〔끼고〕.

【岩(巖)】山部 | yán
5画 | 바위 암
图1암석. ◇花岗~/화강암. 2바위가 돌출한 높은 산. 바위로 이루어진 벼랑. ◇七星~/칠성암.〔광서(廣西)에 있음〕
【岩层一층】yáncéng 图〈地質〉암층.
【岩洞一동】yándòng 图바위 굴.
【岩浆一장】yánjiāng 图〈地質〉암장. 마그마(magma).
【岩溶一용】yánróng 图〈地質〉카르스트(독 karst).
*【岩石一석】yánshí 图암석.
【岩心一심】yánxīn 图〈地質〉코어(core).〔시추기로 지층 속에서 추출한 원통형의 암석의 표본〕
【岩盐一염】yányán 图〈礦〉돌소금.

【炎】火部 | yán
4画 | 불꽃 염
1图(날씨가) 무덥다. 뜨겁다. (同)〔热 rè〕, (反)〔寒 hán〕 2图염. 염증. ◇发~/염증을 일으키다. ◇肠胃~/위장염. 3〈喩〉권력. 권세. 4(Yán)"炎帝 Yándì"를 말함.
【炎帝一제】Yándì 图염제. (同)〔炎黄 huáng〕
【炎黄一황】Yán-Huáng 图염제(炎帝)와 황제(黄帝). 중국 고대 전설의 두 제왕(帝王)으로, 중국인의 시조로 일컬어짐.
【炎凉一량】yánliáng 图염량. 더위와 서늘함. 2〈喩〉사람을 대하는 따뜻한 태도와 쌀쌀한 태도. ◇他刚从大学毕业, 还感觉不到世态~/그는 갓 대학졸업해서 아직 세태를 잘 모르고 있다.
*【炎热一열】yánrè 图(날씨가) 무덥다. 찌는 듯하다. ◇~的暑天/무더운 여름날. (同)〔酷 kù 热〕, (反)〔严寒 yánhán〕
【炎日一일】yánrì 图무더운 날. (同)〔烈 liè 日〕, (反)〔落 luò 日〕
【炎暑一서】yánshǔ 图1무더운 여름. 2더위. ◇~逼人/더위가 사람이 숨못쉴 정도이다.
【炎夏一하】yánxià 图무더운 여름. 한여름.

(同)〔炎暑 shǔ〕, (反)〔寒冬 hándōng〕
【炎炎一염】yányán 图1햇빛이 쨍쨍 내리쬐는 모양. 2불이 활활 타오르는 모양.
【炎症一증】yánzhèng 图〈醫〉염증.

☆【盐·鹽】皿部 | yán
5画 | 소금 염
图1소금. ◇加点儿~/소금을 좀 넣어라. 2〈化〉염.
【盐巴一파】yánbā 图〈方〉소금.
【盐场一장】yánchǎng 图제염소.
【盐池一지】yánchí 图〈地〉함수호(鹹水湖). 짠물 못.
【盐湖一호】yánhú 图〈地〉함수호.
【盐花一화】yánhuā 图1(~儿) 图소금. 2〈方〉소금쩍. 미역 등의 표면에 돋은 소금버캐.
【盐碱地一감지】yánjiǎndì 图알칼리성 토지.
【盐井一정】yánjǐng 图염정. 소금물이 나는 우물.
【盐卤一로】yánlǔ 图간수.
【盐汽水一기수】yánqìshuǐ 图염분을 함유한 탄산수.
【盐泉一천】yánquán 图식염천. 염류천.
【盐霜一상】yánshuāng 图소금쩍. 소금버캐.
【盐酸一산】yánsuān 图〈化〉염산. (同)〔氢氯酸 qīnglǜsuàn〕
【盐滩一탄】yántān 图염전.
【盐田一전】yántián 图염전.
【盐土一토】yántǔ 图염분이 있는 땅.
【盐坨子一타자】yántuó·zi 图노천에 쌓아 둔 소금 더미.
【盐枭一효】yánxiāo 图옛날, 소금 밀매자.〔흔히 무장을 했음〕
【盐煮笋一자순】yánzhǔsǔn 图소금물에 넣어 끓여 익힌 죽순.

【阎·閻(閆)】门部 | yán
8画 | 이문 염
图1〈文〉골목의 문. 마을 어귀에 세운 문. 2(Yán)성(姓).
【阎罗一라】Yánluó 图〈略〉〈佛〉염라 대왕.〔'阎魔阎罗(Yama raja)'의 준말〕(同)〔阎王 wáng〕〔阎王爷 yé〕
【阎王一왕】Yán·wang 1(同)〔阎罗 luó〕 2图〈喩〉성질이 포악한 사람.

【颜·顏】页部 | yán
9画 | 얼굴 안
图1얼굴. ◇容~/용모. 모습. 2면목. ◇无~见人/사람들을 볼 낯이 없다. 3색. ◇五~六色/가지각색. 4(Yán)성(姓).
【颜料一료】yánliào 图도료. 물감.
【颜面一면】yánmiàn 图1얼굴. 2체면. ◇顾全~/체면을 중히 여기다.
★【颜色一색】yánsè 图1색채. 색깔. ◇彩虹有七种~/무지개는 일곱가지 색이 있다.

Y

2용모. 생김새. **3**얼굴의 표정. ◇現出差愧的～/부끄러운 표정을 지었다. **4**〈俗〉(남에게 내보이는) 무서운 기색. ◇給他一点～看看/그에게 본때를 보여줘라.
【顔体―체】yántǐ (同)〔顔字〕

【檐(簷)】木部│13画│처마 첨
　㉖**1**(～儿)처마. ◇房～/처마. ◇廊～/복도의 처마. **2**(～儿)차양. 챙. ◇帽～儿/모자의 차양.
【檐沟―구】yángōu ㉖〈建〉낙수받이.
【檐口―구】yánkǒu ㉖처마끝.
【檐溜―류】yán·liu ㉖낙숫물.
【檐子―자】yán·zi ㉖〈口〉처마.

yǎn

【奄】大部│5画│문득 엄
　1㊅〈文〉덮다. 씌우다. ◇～有四方/사방을 둘러 싸다. **2**㊓〈文〉갑자기. 돌연히.
【奄忽―홀】yǎnhū ㊓〈文〉홀연히. 빨리.
【奄然―연】yǎnrán ㊓〈文〉즉시. 갑자기.
【奄奄―엄】yǎnyān(又讀 yānyān)㊒숨이 곧 끊어질 듯하다.

*【掩(揜)】扌部│8画│가릴 엄
　㊅**1**가리다. 덮어 가리다. ◇～口而笑/입을 가리고 웃다. (同)〔藏 cáng〕, (反)〔显 xiǎn〕 **2**닫다. ◇虚～着房门/방문을 잠그지 않고 닫아 두다. **3**〈方〉(사이에)끼다. ◇小心门～了手/문에 손이 끼지 않도록 조심해라. **4**〈文〉허술한 틈을 타 습격하다.
【掩鼻―비】yǎn//bí ㊅코를 막다. (더러운 물건이나 추악한 행위를 보고) 혐오하다.
【掩蔽―폐】yǎnbì **1**㊅엄폐하다. 차폐하다.〔주로 군사 용어로 사용함〕(同)〔隐藏 yǐncáng〕, (反)〔暴露 bàolù〕 **2**㉖엄폐물. 은신처.
【掩蔽部―폐부】yǎnbìbù ㉖〈軍〉엄폐부.〔적의 포탄을 막기 위한 지하 참호〕
【掩藏―장】yǎncáng ㊅숨기다.
【掩耳盗铃―이도령】yǎn ěr dào líng〈成〉귀 막고 방울을 훔치다. 눈가리고 아웅하다.
【掩盖―개】yǎngài ㊅1**덮다. 씌우다. ◇大雪～着田野/큰 눈이 들판을 가득 덮고 있다. (同)〔遮 zhē 盖〕, (反)〔显露 xiǎnlù〕 **2**덮다. 숨기다. ◇～罪行/범행을 감추다. (同)〔遮 zhē 掩〕, (反)〔暴露 bàolù〕
【掩护―호】yǎnhù〈軍〉1**㉖㊅엄호(하다). ◇用身体～战友/몸으로 전우를 엄호한다. **2**㊅몰래 숨겨 주다. ◇他曾多次～过示威群众/그는 여러번 시위군중을 숨겨준 적

이 있다. **3**㉖엄폐물. ◇依靠那片竹林作～, 对敌人进行了一次漂亮的伏击/그 대나무 숲을 엄폐물로 삼아 적에게 멋진 매복 공격을 한번 하였다.
【掩埋―매】yǎnmái ㊅묻다. 매장하다. (同)〔埋 mái 藏〕
【掩人耳目―인이목】yǎn rén ěr mù〈成〉세상 사람의 이목을 가리다.
【掩杀―살】yǎnshā ㊅〈文〉기습하다. ◇～过来/갑자기 쳐들어 오다.
*【掩饰―식】yǎnshì ㊅(결점·실수 따위를) 숨기다. 감추다. ◇～错误/잘못을 숨기다. ◇～不住内心的喜悦/마음속의 기쁨을 감추지 못했다.
【掩体―체】yǎntǐ ㉖〈軍〉벙커(bunker). 엄폐호.
【掩眼法―안법】yǎnyǎnfǎ ㉖남의 눈을 속이는 방법. 속임수.
【掩映―영】yǎnyìng ㊅서로 드러나 보이지 않으면서 서로 돋보이게 하다.

【罨】罒部│8画│덮을 엄
　〈文〉**1**㉖(새나 물고기를 잡는) 그물. **2**㊅덮다. 씌어씌우다. ◇拿湿布～在伤口上/젖은 천으로 상처에 덮다.

【俨·儼】亻部│7画│공경할 엄
　〈文〉**1**㊒엄숙하다. **2**㊓흡사. …와 같다.
【俨然―연】yǎnrán ㊒**1**위엄이 있다. 장엄하다. **2**가지런하다. **3**흡사 …와 같다. ◇他说起话来～是个干部/그가 말하는 것 보니 흡사 간부와 같다.
【俨如―여】yǎnrú ㊒흡사 …와 같다.

【弇】廾部│6画│덮을 감
　〈文〉㊅덮다. 가리다.
【弇陋―루】yǎnlòu ㊒〈文〉견문이 얕다.

【衍】亻部│6画│넓을 연
　〈文〉**1**㊅널리 퍼지다. 발휘하다. ◇敷～/건성으로 대하다. **2**㊅(자구(字句)가) 넘치다. **3**㉖(又)낮고 평탄한 토지[땅]. **4**㉖습지. (同)〔沼泽 zhǎozé〕
【衍变―변】yǎnbiàn ㊅변천하다. (同)〔演 yǎn 变〕
【衍射―사】yǎnshè ㉖㊅〈物〉회절(回折)(하다). (同)〔绕 rào 射〕
【衍生―생】yǎnshēng ㊅**1**파생하다. **2**변천하여 생기다.
【衍文―문】yǎnwén ㉖(필사·판각·조판이 잘못되어) 더 들어간 글자나 글귀.

【厣·厴】厂部│9画│조개껍질 엄
　㉖**1**고등의 복부 딱지. **2**〈方〉게의 배딱지.

【魇·魘】 厂部 | 鬼部 | yǎn
13画 | 6画 | 잠꼬대할 염
（동）1가위 눌리다. 악몽에 시달리다. 2〈方〉
잠꼬대를 하다.

【偃】 亻部 | 자빠질 언
9画
（동）1〈文〉뒤로 자빠지다. ◇~卧/드러눕다.
2〈文〉그만두다. 그치다.
【偃旗息鼓－기식고】 yǎn qí xī gǔ〈成〉깃발
을 내리고 북치기를 멈추다. 휴전하다.
(反)〔大张旗鼓 dà zhāng qí gǔ〕
【偃武修文－무수문】 yǎn wǔ xiū wén〈成〉
휴전하고 문교(文教)에 힘쓰다.

☆【眼】 目部 | 눈 안
6画
（명）1눈. ◇双~的视力都在1.0以上，才能参
加这项工作/두 눈의 시력이 1.0이상 이어
야만 그 일을 할 수 있다. 2구멍. ◇针~
/바늘귀. ◇耳朵~儿/귓구멍. 3〈~儿〉중
요한 부분. ◇节骨~儿/요점. （양）4우물에
쓰임. ◇学校最近打了一~井/학교에서 최
근 우물 하나를 팠다. 5수사와 결합하여
보여가 되어 보는 횟수를 나타냄. ◇昨晚
的节目没意思，我只看了一~就走了/어제
프로그램이 재미가 없어서 한 번 쓱 보고
는 가버렸다. 비교眼:遍 눈으로 책을 읽
는 횟수에는 "眼"을 쓰지 않는다. ◇这本
书我已看了四(×眼)遍了/이 책이 내가
이미 네 차례 읽었다.
【眼巴巴－파파】 yǎnbābā （형）1눈이 빠지게
기다리는 모양. 2뜻대로 되지 않는 것을
안타깝게 바라보는 모양.
【眼白－백】 yǎnbái （명）〈方〉(눈알의) 흰자위.
【眼波－파】 yǎnbō （명）초롱초롱 맑은 눈.〔주
로 여자에게 쓰임〕
【眼馋－참】 yǎnchán （동）보고 탐내다. 눈독
들이다.
【眼眵－치】 yǎnchī （명）눈곱.
【眼底－저】 yǎndǐ （명）1〈生理〉안저. 눈 속. 2
안중(眼中). 눈 속.
【眼底下－저하】 yǎn dǐ·xia （명）1눈앞. 2목전.
당장. ◇这事得马上去办/지금의 일은
당장 가서 처리해야 한다.
【眼点－점】 yǎndiǎn （명）〈生〉안점.
【眼福－복】 yǎnfú （명）보는 복. ◇你能看上这
部电影，~不浅/네가 이 영화를 볼 수 있
다는 게 보는 복이 많다는 것이다.
【眼高手低－고수저】 yǎn gāo shǒu dī〈成〉
눈만 높고 재능은 없다.
【眼格－격】 yǎngé （명）〈方〉시야(视野). (同)
〔眼界 jiè〕
★★【眼光－광】 yǎnguāng （명）1눈길. 시선. ◇大
家的~都集中到他身上/모두의 시선이 그
에게 집중되다. 2안목. 식견. 관찰력.

◇这辆车挑得好，你真有~/이 차는 참 잘
골랐어요, 당신은 정말 안목이 있군요. 3
관점. 시각. ◇用发展的~看问题/발전의
관점으로 문제를 보다.
【眼黑－흑】 yǎnhēi （명）〈方〉(눈알의) 까만자.
【眼红－홍】 yǎnhóng （형）1샘이 나다. 부럽다.
◇他要出国，你就~了吧/그가 출국하려
니까 네가 샘나는 거지. 2화가 치밀다.
【眼花－화】 yǎnhuā （형）눈이 침침하다〔뿌옇
다〕. 눈앞이 가물가물하다.
【眼花缭乱－화료란】 yǎn huā liáo luàn〈成〉
눈이 어지럽다. 눈부시다.
【眼犄角儿－기각아】 yǎnjījiǎor （명）〈方〉눈초
리 또는 눈구석. (同)〔眼角 jiǎo〕
【眼疾手快－질수쾌】 yǎn jí shǒu kuài (同)
〔手疾眼快〕, (反)〔慢条斯理 màn tiáo sī lǐ〕
【眼尖－첨】 yǎnjiān （형）눈이 날카롭다.
【眼睑－검】 yǎnjiǎn （명）〈生理〉눈꺼풀.
【眼见－견】 yǎnjiàn （부）곧. 바야흐로. ◇~
就要下雪了/곧 눈이 내릴 것이다.
【眼见得－견득】 yǎnjiàn·de〈方〉확실하게.
눈으로 보고도. 〔주로 상황이 좋지 않은
경우에 사용함〕
【眼角－각】 yǎnjiǎo （명）눈초리 또는 눈구석
의 통칭. 〔'内眦'(눈초리)를 '大眼角', '小
眦'(눈구석)를 '小眼角'라 함〕
【眼睫毛－첩모】 yǎnjiémáo （명）〈口〉속눈썹.
【眼界－계】 yǎnjiè （명）시야. ◇大开~/견문을
크게 넓혔다. 〈转〉견문. 식견. (同)〔眼格〕
☆【眼镜－경】 yǎnjìng （명）안경. ◇戴 dài~/안
경을 쓰다. ◇摘下~/안경을 벗다.
【眼镜蛇－경사】 yǎnjìngshé （명）〈動〉코브라.
★【眼睛－정】 yǎn·jing （명）눈. ◇她那双~十分
动人/그녀의 두 눈은 몹시 매혹적이다.
비교眼睛:眼光 "眼睛"은 형용사 "锐利"
의 수식을 받지 않는다. 사물을 관찰하는
능력에는 "眼睛"을 쓰지 않는다. ◇要用
锐利的(×眼睛)眼光来观察事物/날카로운
안목으로 사물을 관찰해야 한다.
∗【眼看－간】 yǎnkàn （부）1곧. 금세. 삽시간에.
◇暴风雨~就要来了/폭풍우가 곧 밀어닥
칠 것 같다. 2(대개 '眼看着'의 형태로)
빤히 보면서. 눈뜬 채로. ◇这么重要的事,
我怎么能~着不管?/이렇게 중요한 일인
데, 내가 어떻게 빤히 보면서 상관하지
않을 수 있느냐?
【眼科－과】 yǎnkē （명）〈醫〉안과.
【眼眶－광】 yǎnkuàng （명）눈언저리. 눈주변.
☆【眼泪－루】 yǎnlèi （명）눈물. ◇哭有什么用, ~
是洗刷不掉耻辱的/울어봐야 무슨 소용있
나. 눈물은 치욕을 씻어버릴 수 없다.
【眼离－리】 yǎnlí （동）〈方〉잘못 보다. 헛보다.
∗【眼力－력】 yǎnlì （명）1시력. ◇~越来越差了/
시력이 갈수록 나빠진다. 2안목. ◇他的

~不错，找到了一个好帮手/그는 안목이 있어 훌륭한 조수를 찾았다.

【眼力见儿－력견아】 yǎn·lìjiànr 명〈方〉눈썰미.

【眼帘－렴】 yǎnlián 명(문학적 묘사에서) 눈. 시야(視野).

【眼眉－미】 yǎnméi 명〈方〉눈썹.

【眼面前－면전】 yǎn·miànqián (~儿)〈方〉1 명눈앞. 2보통의. 흔한.

【眼明手快－명수쾌】 yǎn míng shǒu kuài 〈成〉눈치와 동작이 재빠르다. 매우 기민하다. (同)〔眼尖 jiān 手快〕

【眼目－목】 yǎnmù 명1눈. 시선. 2〈轉〉밀정. 정보원.

【眼泡－포】 yǎnpāo (~儿)명윗눈까풀. (同)〔上 shàng 眼皮 pí〕

【眼皮－피】 yǎnpí (~儿)명눈꺼풀. ◇~上被蚊子咬了一个包/모기에 물려서 눈꺼풀에 혹이 났다.

【眼皮底下－피저하】 yǎnpí dǐ·xià 명1눈앞. 2목전. 당장. 코앞. (同)〔眼底下〕

☆【眼前－전】 yǎnqián 명1(공간적인) 눈앞. ◇~是一望无际的大草原/눈앞에는 끝없이 넓게 펼쳐진 대초원이다. 2(시간적인) 눈앞. 현재. 목전. 당면. ◇不能只顾~, 不管将来/눈앞만 신경쓰고 장래를 생각하지 않으면 안 된다. (同)〔目 mù 前〕

【眼前亏－전휴】 yǎnqiánkuī 명눈앞의 손실. 바로 닥칠〔받을〕 손해.

【眼浅－천】 yǎnqiǎn 형생각이 얕다. 식견이 부족하다.

【眼球－구】 yǎnqiú 명〈生理〉안구.

【眼圈－권】 yǎnquān (~儿)명눈가. 눈언저리. (同)〔眼眶 kuàng〕

【眼热－열】 yǎnrè 동부러워하다. 몹시 가지고 싶어 하다.

*【眼色－색】 yǎnsè 명1눈짓. ◇妻子向我递了个~, 示意该告辞了/아내는 나에게 작별 인사할 때가 됐다고 눈짓을 보냈다. 2눈썰미. 눈치. ◇做买卖要多长~/장사를 하려면 눈썰미가 있어야 한다. ◇看某人的~行事/어떤 사람의 눈치를 보며 일하다.

【眼梢－소】 yǎnshāo 명〈方〉눈초리.

*【眼神－신】 yǎnshén 명1눈매. 눈빛. ◇人们都用异样的~看着他/사람들은 이상한 눈빛으로 그를 쳐다보고 있다. 2(~儿)시력. ◇我~不好, 天一黑就看不清了/나는 시력이 나빠서, 날만 어두워지면 잘 보이지 않는다.

【眼神－신】 yǎn·shen (同)〔眼色 sè〕

【眼生－생】 yǎnshēng 형눈에 설다. (反)〔眼熟 shú〕

【眼时－시】 yǎnshí〈方〉명지금. 이제. (同)〔目前 mùqián〕

【眼屎－시】 yǎnshǐ 명〈方〉눈곱. (同)〔眼眵〕

【眼熟－숙】 yǎnshú 형눈에 익숙하다. 낯익다. (反)〔眼生 shēng〕

【眼跳－도】 yǎntiào 동(눈이 피로할 때) 눈꺼풀이 파르르 떨리다. 〔중국인이 불행의 징조로 여겨짐〕

【眼窝－와】 yǎnwō (~儿)명눈구멍.

*【眼下－하】 yǎnxià 명지금. 현재. ◇~正是秋收大忙季节/지금은 가을 수확이 한창인 계절이다.

【眼线－선】 yǎnxiàn 명1(화장때) 아이 라인 (eye line). 2정보원. 밀정.

【眼影－영】 yǎnyǐng 명(화장때) 아이 섀도 (eye shadow).

【眼晕－훈】 yǎnyùn 동눈이 어질어질하다. 현기증이 나다.

【眼睁睁－정정정】 yǎnzhēngzhēng 부눈을 멀뚱멀뚱 뜨고. (눈으로) 빤히 보면서. ◇他~让那个女人拿走工作证/그는 그 여자가 신분증을 가져간 것을 빤히 보고 있었다.

【眼中钉－중정】 yǎnzhōngdīng 명〈喩〉눈엣가시. 〔방해가 되는 사람〕 (反)〔好朋友 hǎopéngyou〕

【眼珠子－주 주자】 yǎnzhū·zi 명〈口〉1눈 알. (同)〔眼珠儿〕 2〈喩〉가장 사랑하는 사람.

【眼拙－졸】 yǎnzhuō〈套〉눈 총기가 없다. 몰라보다.

☆【演】 氵部 yǎn
11画 펼 연
동1천천하다. 진화하다. ◇~进/진보하다. 2발표하다. ◇~说/연설하다. 3(엄격하게) 연습하다. 훈련하다. 4공연하다. 연기하다. (…의 역으로) 분장하다. ◇~电影/영화를 상영하다.

*【演变－변】 yǎnbiàn 동변천하다. ◇宇宙间一切事物都是不断~的/우주의 모든 사물은 끊임없이 변천한다.

【演播－파】 yǎnbō 명(텔레비전 방송국에서) 공연·방송하다. ◇~室/스튜디오(studio).

*【演唱－창】 yǎnchàng 동무대에서 노래하다. 가극을 연출하다. ◇~会/가요대회.

★【演出－출】 yǎnchū 명동공연(하다). 상연(하다). ◇这场~很精彩/그 공연은 매우 멋있다. ◇剧场休息一刻钟以后, 又~了两幕/극장은 15분 휴식 후 또 두 막을 공연했다.

【演化－화】 yǎnhuà 명동변천(하다).

【演技－기】 yǎnjì 명연기. ◇她的~好极了/그녀의 연기가 훌륭하다.

*【演讲－강】 yǎnjiǎng 명동강연(하다). 연설(하다). ◇~比赛/웅변대회.

【演进－진】 yǎnjìn 명변천·진화하다. 발전하다.

【演练－련】 yǎnliàn 명동훈련(하다).

【演示－시】 yǎnshì 명동실험·실물·도표로 사

물의 발전과정을 보이다.

**[演说—설] yǎnshuō 图연설(하다). ◇结束～/연설을 마친다.

*[演算—산] yǎnsuàn 图원리와 공식에 의거하여 계산하다. ◇～习题/연습문제를 풀다.

[演武—무] yǎnwǔ 图무예(武艺)를 닦다.

*[演习—습] yǎnxí 图(군사·소방 등) 훈련(하다). ◇实弹～/실탄 훈련.

[演戏—희] yǎn//xì 图**1**중국전통극을 상연하다. 연기하다. **2**〈喩〉(사실을) 꾸며내다. 연극하다.

[演义—의] yǎnyì **1**图연의 소설. 역사적 사실을 각색하여 소설화한 것. **2**图사실을 부연 설명하다.

[演绎—역] yǎnyì 图图〈論〉연역(하다). ◇～法/연역법. (反)[归纳 guīnà]

☆**[演员—원]** yǎnyuán 图배우. 연기자.

*[演奏—주] yǎnzòu 图图연주(하다). ◇～小提琴/바이올린을 연주하다.

【缤·繽】 纟部 yǎn 11画 길 연, 당길 인
图〈文〉늘이다. 연장하다.

【鼹(鼴)】 鼠部 yǎn 10画 두더지 언
[鼹鼠—서] yǎnshǔ 图〈動〉두더지.

yàn

【厌·厭】 厂部 yàn 4画 싫을 염
图**1**만족하다. ◇贪得无～/욕심이 한이 없다. **2**물리다. 싫증나다. ◇看～了/싫증나도록 보았다. **3**싫어하다. 미워하다. ◇～恶/싫어하다. (同)[恶 wù], (反)[喜 xǐ]

[厌烦—번] yànfán 图싫증내다. 짜증나다.

[厌倦—권] yànjuàn 图물려서 싫증나다. ◇整天坐办公室, 早就～了/하루 종일 사무실에 앉아 있자니 난 벌써 싫증이 났다. (反)[起劲 qǐjìn]

[厌弃—기] yànqì 图싫어서 버리다.

[厌世—세] yànshì 图图염세(하다).

**[厌恶—오] yànwù 图혐오하다. ◇大家都～他/모두가 그를 혐오한다. ◇我～大城市的生活, 很想搬到乡下去住/나는 대도시의 생활이 싫어 시골로 이사해 살고 싶다. (同)[讨厌 tǎo yàn], (反)[喜爱 xǐ ài] 비교厌恶:讨厌 "厌恶"은 좀 가볍다. ◇他爱哭, 小朋友们都(×厌恶)讨厌她/그가 잘 울어서 아이들은 그를 싫어한다.

[厌战—전] yànzhàn 图전쟁을 혐오하다.(反)[好 hào 战]

【餍·饜】 厂部 食部 yàn 13画 6画 물릴 염
图〈文〉**1**배불리 먹다. 포식하다. **2**만족하다.

[餍足—족] yànzú 图〈文〉만족하다.

☆【咽(嚥)】 口部 yàn 6画 목구멍 연
图(목구멍으로) 꿀꺽 삼키다. ◇～了一口水/물 한모금 삼켰다. ◇话到嘴边, 又～回去了/말이 목구멍까지 나왔다 도로 삼켰다. (同)[吞 tūn], (反)[吐 tǔ] ⇒ yān, yè

[咽气—기] yàn//qì 图숨을 거두다. 죽다.

【谚·諺】 讠部 yàn 9画 상말 언
图속담. 속어. ◇古～/옛 속담.

[谚语—어] yànyǔ 图속어. 속담.

【研(研)】 石部 yàn 4画 갈 연
'砚 yàn'과 통용. ⇒yán

【砚·硯】 石部 yàn 4画 벼루 연
图**1**벼루. **2**〈轉〉옛날, 동문. 동창. ◇～兄/옛날, 연상의 동창.

[砚池—지] yànchí 图벼루. (同)[砚台·tai]

[砚滴—적] yàndī 图연적(砚滴). (同)[砚水壶儿 yànshuǐhúr]

[砚台—대] yàn·tai 图벼루.

【艳·艳(豔)】 色部 yàn 4画 고울 염
1图(색채가) 곱다. 화려하다. ◇这布的色太～了, 有没有素一点的?/이 천의 무늬와 색깔은 너무 튀는데 좀 점잖은 것 있어요? (反)[素 sù] **2**图남녀의 정사에 관한. ◇～情/애정. **3**图〈文〉부러워하다. 선망하다. ◇～羡/흠모하다.

[艳福—복] yànfú 图여복.

[艳丽—려] yànlì 图화려하고 아름답다. (同)[浓 nóng 艳], (反)[淡雅 dànyǎ]

[艳情—정] yànqíng 图(남녀간의) 연정.

[艳诗—시] yànshī 图연애시.

[艳史—사] yànshǐ 图남녀의 사랑 이야기. 로맨스.

[艳羡—선] yànxiàn 图몹시 부러워하다.

[艳阳—양] yànyáng 图**1**밝은 해. **2**화창한 풍광.

【宴】 宀部 yàn 6画 잔치 연
1图(손님을 청해서) 연회(酒宴)를 베풀다. ◇～客/손님을 초대하여 잔치를 베풀다. **2**图연회. 향연. ◇盛～/성대한 연회. **3**图안락하다. 편안하다. ◇～乐 lè/안락하다.

[宴安鸩毒—안짐독] yàn ān zhèn dú 〈成〉향락을 탐닉하면 술은 짐독을 마시는 것과 같다. 안일에 빠지면 큰 해를 입는다.

[宴尔—이] yàn·ěr 图图〈文〉안락(하다). 〈轉〉신혼. (同)[燕 yàn 尔]

【宴贺－하】yànhè 동〈文〉축하연을 베풀다.

★【宴会－회】yànhuì 명연회. ◇这个～是为了招待文艺界的知名人士而举行的/이 연회는 문예계의 저명인사를 대접하려고 개최하는 것이다.

*【宴请－청】yànqǐng 동연회를 베풀어 손님을 환대하다. ◇～外宾/잔치에 외빈을 환대하다.

*【宴席－석】yànxí 명연회석.

【堰】 土部│yàn
　　　9画│방죽 언
명댐. 방죽.

【唁】 口部│yàn
　　　7画│위문할 언
동조문하다. 조상하다. ◇吊～/조문하다.

【唁电－전】yàndiàn 명조전(吊電). (反)〔贺电 hèdiàn〕

【唁函－함】yànhán 명애도의 편지.

*【验·驗(驗)】 马部│yàn
　　　　　　　7画│시험할 험
1동조사하다. 검사하다. ◇～货/상품을 검사하다. ◇～血/피를 검사하다. ◇试～/시험하다. 2명효과가 있다. ◇屡试屡～/여러 번 시험해도 늘 효과가 있다. 3명(예기한) 효과. 효력. ◇效～/효험.

【验方－방】yànfāng 명〈醫〉잘 듣는 처방.

【验关－관】yàn//guān 동세관 검사를 하다(받다).

【验光－광】yàn//guāng 동시력을 검사하다. 안경의 도수를 검사하다.

【验看－간】yànkàn 동검사하다. 확인하다. ◇～护照/여권을 확인하다.

【验墒－상】yàn//shāng 동〈農〉토양의 습도를 검사하여 측정하다.

【验尸－시】yàn//shī 동검시하다. 2(yànshī)명검시.

*【验收－수】yànshōu 동검수하다. ◇大桥竣工～后才能交付使用/대교는 준공검수 후에야 사용할 수 있다.

【验算－산】yànsuàn 명동검산(하다).

*【验证－증】yànzhèng 동검증하다. ◇～数据/데이터를 검증하다.

【晏】 日部│yàn
　　　6画│편안할 안
1형늦다. ◇～起/늦게 일어나다. 2형안락하다. 안일하다. (同)〔宴 yàn 3〕 3(Yàn)명성(姓).

【晏驾－가】yànjià 동(왕이) 붕어하다.

【雁(鴈)】 厂部│隹部│yàn
　　　　　10画│4画│기러기 안
명〈鳥〉기러기.

【雁过拔毛－과발모】yàn guò bá máo 〈成〉날아가는 기러기의 털을 뽑다. 자빠져도 그냥은 일어나지 않다.

【雁行－행】yànháng 명(줄지어 날아가는) 기러기의 행렬. 〈轉〉형제의 총칭.

【赝(贋)】 厂部│yàn
　　　　　14画│위조할 안
형〈文〉가짜(의). 거짓(의). (同)〔假 jiǎ〕, (反)〔真 zhēn〕.

【赝本－본】yànběn 명위조 서화(書畵).

【赝币－폐】yànbì 명〈文〉위조 화폐. 〔주로 동전을 가리킴〕

【赝鼎－정】yàndǐng 명위조한 세발 솥. 〈喩〉위조품.

【赝品－품】yànpǐn 명위조품. 가짜 물건.

【焱】 火部│yàn
　　　8画│불꽃 염
명〈文〉불꽃. 〔주로 인명에 쓰임〕

【焰(燄)】 火部│yàn
　　　　　8画│불꽃 염
명불꽃. 화염. ◇火～/화염.

【焰火－화】yànhuǒ 명불꽃. 꽃불. (同)〔烟 yān 火〕

【焰口－구】yàn·kou 명〈佛〉아귀의 이름. 〔입에서 불길을 뿜는다고 함〕

【焰心－심】yànxīn 명〈化〉불꽃심.

【酽·釅】 酉部│yàn
　　　　　7画│술과초맛준할 염
형(차나 술의 맛이) 진하다. ◇墨磨得～的/먹을 진하게 갈 수 있다.

【燕(¹鷰²醼燕)】 灬部│yàn
　　　　　　　12画│제비 연
(～儿)1명〈鳥〉제비. 2(同)〔宴 yàn〕⇒Yān

【燕尔－이】yàn'ěr (同)〔宴 yàn 尔〕

【燕麦－맥】yànmài 명〈植〉귀리.

【燕雀－작】yànquè 명〈鳥〉되새.

【燕雀处堂－작처당】yàn què chǔ táng 〈成〉집에 둥우리를 지은 제비와 참새가 집에 불이 났는데도 안전한 줄로 안다. 안일함에 빠져 화가 닥쳐올 줄 모른다.

【燕尾服－미복】yànwěifú 명연미복.

【燕窝－와】yànwō 명제비집.

**【燕子－자】yàn·zi 명〈鳥〉제비.

yáng

【央】 大部│yáng
　　　2画│가운데 앙
1동간청하다. 부탁하다. ◇我～你一件事/네게 부탁 하나 하겠다. 2명중앙. 중심. ◇中～/중앙. 3동〈文〉완료하다. 끝나다.

Y

◇夜未～/날이 아직 밝지 않았다.

【央告一고】 yāng·gao 통애원하다. 조르다.

【央及一급】 yāng·ji〔同〕〔央求 qiú〕

【央求一구】 yāngqiú 통간청하다. 애원하다.

【央托一탁】 yāngtuō 통부탁하다. 의뢰하다.

【央中一중】 yāngzhōng 통〈文〉〈牘〉중개를 부탁하다.

【泱】 氵部 | yāng
5画 | 물이깊고넓을 앙

【泱泱一앙】 yāngyāng 형〈文〉1수면이 넓은 모양. (同)〔浩浩 hàohào〕, (反)〔涓涓 juānjuān〕 2기백이 대단하다.

【殃】 歹部 | yāng
5画 | 재앙 앙

1명화. 재난. 재앙. ◇灾～/재앙. (反)〔福 fú〕 2통해를 끼치다. ◇祸国～民/〈成〉나라를 그르치고 백성에게 해를 끼치다. (同)〔祸 huò〕, (反)〔救 jiù〕

【殃及池鱼一급지어】 yāng jí chí yú〈成〉까닭없이 화를 당하다.

【秧】 禾部 | yāng
5画 | 모 앙

1(～儿)명(식물의) 모. 모종. ◇黄瓜～儿/오이 모종. 2명볏모. ◇插～/모를 심다. 3명(일부 식물의 모종으로 쓰는) 줄기. 대. ◇白薯～/고구마 싹〔모종〕. 4명갓난 동물의 새끼. 5통〈方〉재배하다. 기르다. ◇～几棵树/나무를 몇 그루 가꾸다.

【秧歌一가】 yāngge 명북부지역 농촌에서 유행하는 춤.

【秧歌剧一가극】 yānggejù 명〈演〉'秧歌'의 형식을 빌어 연출하는 가극.

【秧龄一령】 yānglíng 명〈農〉모가 모판에서 자라는 시간.

【秧苗一묘】 yāngmiáo 명모. 모종.

【秧田一전】 yāngtián 명1못자리. 2모내기 한 논.

【秧子一자】 yāng·zi 명1(식물의) 모. 모종. 2(일부 식물의 모종으로 쓰는) 줄기. 대. 3갓난 동물 새끼.

【鸯·鴦】 鸟部 | yāng
5画 | 암원앙새 앙

⇒〔鸳 yuān 鸯〕

yáng

【扬·揚】 扌部 | yáng
3画 | 들 양

1통높이 올리다. 치켜들다. ◇他一～手, 把一包东西扔给了我/그는 손을 높이 들고 꾸러미 하나를 나에게 던졌다. 2통키질하다. ◇麦子太湿, ～不干净/밀이 너무 젖어서 깨끗하게 키질할 수 없다. 3통널리 세상에 알리다. ◇他想夺个冠军, ～～

名/그는 우승하여 이름을 떨치려고 한다. 4형용모가 잘 생기다. ◇其貌不～/용모가 잘생기지 않다. 5(Yáng)명〈地〉강소성(江蘇省) 양주(扬州). 6(Yáng)명성(姓).

【扬长一장】 yángcháng 형아무렇지도 않은 듯이 훌쩍 떠나는 모습.

【扬长避短一장피단】 yáng cháng bì duǎn〈成〉장점을 살리고 단점을 삼가다.

【扬场一장】 yáng//cháng 통〈農〉풍구나 넉가래 따위로) 마당질하다. 풍구질하다. 넉가래질하다.

【扬程一정】 yángchéng 명양정. 펌프가 물을 끌어 올리는 높이. 〔통상 미터(meter)로 계산함〕

【扬帆一범】 yáng//fān 통(돛을 올려) 출범하다.

【扬幡招魂一번초혼】 yáng fān zhāo hún〈成〉만장을 내걸어 죽은 자의 영혼을 부르다. 몰락한 것을 되살아나게 하다.

【扬花一화】 yáng//huā 통〈農〉(벼·밀·수수 등의 작물이 꽃피어) 꽃가루가 흩날리다.

【扬厉一려】 yánglì 통〈文〉발휘하다.

【扬眉吐气一미토기】 yáng méi tǔ qì〈成〉억압 당한 것을 떨치고 기를 펴다. 활개를 치다. (同)〔仰首伸眉 yáng shǒu shēn méi〕, (反)〔忍气吞声 rěn qì tūn shēng〕

【扬名一명】 yáng//míng 통명성을 떨치다. ◇～天下/세상에 이름을 날리다.

【扬旗一기】 yángqí 명(철도용) 완목(腕木) 신호기.

【扬弃一기】 yángqì 1통〈義〉〈哲〉지양(止揚). 아우프헤벤(독 Aufheben) 2통포기하다. 버리다. (同)〔抛 pāo 弃〕

【扬琴一금】 yángqín 명〈音〉양금. (同)〔洋 yáng 琴〕

【扬清激浊一청격탁】 yáng qīng jī zhuó (同)〔激浊扬清〕

【扬榷一각】 yángquè 통〈文〉요점을 들어 논술하다.

【扬声器一성기】 yángshēngqì 명확성기. 스피커.

【扬水站一수참】 yángshuǐzhàn 명양수장.

【扬汤止沸一탕지비】 yáng tāng zhǐ fèi〈成〉끓는 물을 퍼냈다 다시 부어 식혀서 끓는 것을 막으려 들다. 임시 방편으로 문제를 근본적으로 해결하지 못하다. (反)〔釜底抽薪 fǔ dǐ chōu xīn〕

【扬威一위】 yángwēi 통뽐내다. 위세를 떨치다.

【扬言一언】 yángyán 통큰소리치다. 〔흔히 부정적으로 쓰임〕

【扬扬一양】 yángyáng 형의기 양양하다. (同)〔洋 yáng 洋〕

【扬子鳄一자악】 yángzǐ'è 명〈動〉양자강 악어.

【杨·楊】 木部 3画 yáng 왕버들 양

圐1〈植〉백양나무. 사시나무. 2(Yáng) 성(姓).

【杨柳－류】 yángliǔ 圐〈植〉1백양나무와 버드나무. 2버드나무. (同)〔柳树 shù〕

【杨梅－매】 yángméi 圐1〈植〉양매. 소귀나무. 2소귀나무의 열매. 3〈方〉딸기. 4〈方〉매독.

【杨梅疮－매창】 yángméichuāng 圐〈方〉〈醫〉매독.

*【杨树－수】 yángshù 圐〈植〉백양나무. 사시나무.

【飏·颺】 风部 3画 yáng 날릴 양

圐(바람에) 휘날리다. 나부끼다.

【疡·瘍】 疒部 3画 yáng 머리헐 양

圐〈醫〉궤양. 종기. 부스럼. 뾰루지. ◇溃 ～/궤양.

*【阳·陽】 阝部 4画 yáng 볕 양

1圐〈哲〉양. ◇阴－二气/음·양의 두 기운. (反)〔阴 yīn〕 2圐태양. ◇太～/태양. 3圐산의 남쪽. 강의 북쪽. ◇衡～/형양. 형산(衡山)의 남쪽에 있는 현(县)이름. 4圐돌출되어 있다. 5圐노출되어 있다. 표면적이다. 6圐살아가는 사람 또는 현세(现世)에 관련된. ◇～间/현세. 7圐〈物〉양. 플러스. 8圐남성의 생식기. ‖(反)〔阴 yīn〕 9(Yáng)圐성(姓).

【阳春－춘】 yángchūn 圐봄. 봄날. (反)〔寒冬 hándōng〕

【阳春白雪－춘백설】 yáng chūn bái xuě 〈成〉전국(战国)시대 초(楚)나라의 고상하고 아름다운 가곡(歌曲)의 이름. 통속적이 아니고 고상한 문학 또는 예술 작품. (反)〔下里巴人 xià lǐ bā rén〕

【阳电－전】 yángdiàn 圐〈物〉양전기.

【阳奉阴违－봉음위】 yáng fèng yīn wéi 〈成〉겉으로는 따르는 체하나 뒤로는 딴짓하다.

【阳沟－구】 yánggōu 圐개거(开渠). 명거(明渠). 개수로(开水路). (反)〔阴 yīn 沟〕

【阳关道－관도】 yángguāndào 〈成〉양관(阳关). 〔옛날, 서역(西域)으로 통하는 요충이었음〕〈转〉통행이 편리한 대로. 〈喩〉양양한 전도. (同)〔阳关大 dà 道〕, (反)〔独木桥 dúmùqiáo〕

☆【阳光－광】 yángguāng 圐햇빛. ◇～充足/볕이 충분하다.

【阳极－극】 yángjí 圐〈物〉양극. (同)〔正zhèng 极〕, (反)〔阴 yīn 极〕

【阳间－간】 yángjiān 圐현세(现世). 이승.

（同）〔阳世 shì〕, (反)〔阴 yīn 间〕

【阳狂－광】 yángkuáng (同)〔佯 yáng 狂〕

【阳离子－리자】 yánglízǐ 圐〈物〉양이온. (同)〔正 zhèng 离子〕, (反)〔阴 yīn 离子〕

【阳历－력】 yánglì 圐양력. 태양력. (同)〔公 gōng 历〕, (反)〔阴 yīn 历〕

【阳面儿－면아】 yángmiànr 圐(건축물 등의) 햇빛 쪽을 향한 면.

【阳平－평】 yángpíng 圐〈言〉중국어 성조(声调)의 하나. 제 2성.

【阳畦－휴】 yángqí 圐〈农〉양지 바른 곳에 만든 못자리.

【阳伞－산】 yángsǎn 圐양산. (同)〔旱 hàn 伞〕

【阳世－세】 yángshì 圐현세. 이 세상.

【阳寿－수】 yángshòu 圐수명.

【阳燧－수】 yángsuì 圐옛날, 햇빛을 이용하여 불을 일으키던 거울 모양 동제(铜制)의 도구.

【阳台－대】 yángtái 圐발코니. 베란다.

【阳痿－위】 yángwěi 圐〈醫〉음위(阴萎). 남성 성교 불능증. 임포텐츠(도 Impotenz).

【阳文－문】 yángwén 圐양각(阳刻)한 문자나 도안. (同)〔朱 zhū 文〕, (反)〔阴 yīn 文〕

【阳性－성】 yángxìng 圐1〈言〉(문법상의) 남성. 2〈醫〉(투베르쿨린 반응에서) 양성. 3〈物〉(전극·화학시험지·세균 실험 따위의) 플러스. 양성.

【阳性植物－성식물】 yángxìng zhíwù 圐〈植〉양지 식물. (同)〔喜光 xǐguāng 植物〕

【阳韵－운】 yángyùn 圐〈言〉고대중국어 운모(韵母)의 하나로, 운미(韵尾)가 '-m, -n, -ng'인 것을 가리킴.

【阳宅－택】 yángzhái 圐(음양가(阴阳家)가 말하는) 사람이 사는 집. 주택. 〔'阴 yīn 宅'(묘지)에 상대되는 말임〕

★【羊】 羊部 0画 yáng 양 양

圐1〈动〉양. 2(Yáng)성(姓).

【羊肠线－장선】 yángchángxiàn 圐〈醫〉양의 창자로 만든 장선(肠线).

【羊肠小道－장소도】 yáng cháng xiǎo dào 〈成〉꼬불꼬불한 오솔길.〔주로 산길을 말함〕 (反)〔阳关大道 yáng guān dà dào〕

【羊肚儿手巾－두아수건】 yángdǔr shǒujīn 圐〈方〉수건. (同)〔毛 máo 巾〕

【羊羔－고】 yánggāo 圐1새끼 양. 2옛날, 분주(汾州)에서 빚어만든 명주(名酒).

【羊羹－갱】 yánggēng 圐양갱.

【羊工－공】 yánggōng 圐고용된 양치기.

【羊倌－관】 yángguān (～儿)圐양치기.

【羊毫－호】 yángháo 圐양털로 만든 붓.

【羊角－각】 yángjiǎo 圐1양의 뿔. 2〈文〉회오리 바람.

【羊角风－각풍】 yángjiǎofēng 圐〈醫〉지랄

병. 간질.
【羊毛一모】 yángmáo 图양모. 양털.
【羊膜一막】 yángmó 图〈生理〉양막. 모래집.
【羊皮纸一피지】 yángpízhǐ 图**1**양피지. **2**황
　산지. 유산지.
【羊绒一융】 yángróng 图〈紡〉캐시미어(cash-
　mere).
【羊水一수】 yángshuǐ 图〈生理〉양수.
【羊癎风一간풍】 yángxiánfēng (同)〔羊角 ji-
　ǎo 风〕

【佯】 亻部｜yáng
　　　　6画｜거짓 양
　動가장하다. 거짓으로 꾸미다.
【佯攻一공】 yánggōng 图動〈軍〉양동 작전
　(을 펴다). 거짓 공격(을 하다).
【佯狂一광】 yángkuáng 動〈文〉미친 척하다.
　(同)〔阳 yáng 狂〕
【佯言一언】 yángyán 图動〈文〉거짓말(하다).
【佯装一장】 yángzhuāng 動(…인 것처럼)
　가장하다.

【洋】 氵部｜yáng
　　　　6画｜큰바다 양
　1图성대하다. 가득하다. **2**图큰바다. **3**图
　圈외국(의). ◇～玩意儿/외제 (反)〔土 tǔ〕 **4**图(근대적인 또는 서구적인) 것. ◇
　～办法/서구식 방법. (反)〔土 tǔ〕 **5**图옛
　날의 은화. ◇罚～一百元/은화 100원의
　벌금을 물리다.
【洋白菜一백채】 yángbáicài 图〈俗〉〈植〉양
　배추. 캐비지.
【洋布一포】 yángbù 图〈紡〉캘리코(calico).
　(反)〔土 tǔ 布〕
【洋财一재】 yángcái 图외국인과의 거래로 번
　재물. ◇发～/뜻밖에 번 돈. (喩)횡재한다.
【洋场一장】 yángchǎng 图옛날, 조계지(租
　界地)의 다른 이름. 〔보통 ‘上海’를 가리
　켰음〕
【洋车一차】 yángchē 图〈略〉〈俗〉인력거. (同)
　〔人力车 rénlìchē〕
【洋瓷一자】 yángcí 图〈口〉법랑 그릇.
【洋葱一총】 yángcōng 图〈植〉양파.
【洋缎一단】 yángduàn 图〈紡〉공단.
【洋房一방】 yángfáng 图〈俗〉양옥. 서양식
　가옥.
【洋橄榄一감람】 yánggǎnlǎn 图〈植〉‘油 yóu
　橄榄’(올리브)의 다른 이름.
【洋镐一호】 yánggǎo 图곡괭이.
【洋鬼子一귀자】 yángguǐ·zi 图〈罵〉서 양놈.
　양키. 〔서양인을 낮추어 일컫는 말〕
【洋行一행】 yángháng 图**1**(지난날 중국에
　있었던) 외국인 상사(商社). **2**전문적으
　로 외국 상인과 거래하는 상점.
【洋红一홍】 yánghóng 图**1**〈染〉(카민·폭신
　따위의) 홍색 염료. **2**〈色〉도홍색(桃紅

色). 연분홍빛.
【洋灰一회】 yánghuī 图〈俗〉시멘트.
【洋火一화】 yánghuǒ 图〈口〉성냥. (同)〔火
　huǒ 柴〕
【洋货一화】 yánghuò 图양품. 서양 상품. 외
　국 제품. (反)〔国 guó 货〕
【洋碱一감】 yángjiǎn 图〈方〉비누. (同)〔肥
　皂 féizào〕
【洋流一류】 yángliú 图〈地〉해류. (同)〔海 h-
　ǎi 流〕
【洋码子一마자】 yángmǎ·zi 图〈方〉아라비아
　숫자.
【洋奴一노】 yángnú 图외국인을 숭배하는 사람.
【洋盘一반】 yángpán 图〈方〉촌놈. 시골뜨기.
　문외한. 시중의 사정과 유행에 대하여 잘
　모르는 사람.
【洋气一기】 yáng·qì 图圈〈貶〉서양식(의).
　서양풍(의). (反)〔土 tǔ 气〕
【洋钱一전】 yángqián 图〈口〉옛날의 은화.
　〔처음에는 멕시코에서 수입했던 데서 유
　래됨〕
【洋琴一금】 yángqín (同)〔扬 yáng 琴〕
【洋人一인】 yángrén 图옛날, 외국인을 일컫
　던 말. ◇西～/서양인.
【洋嗓子一상자】 yángsǎng·zi 图(성악에서)
　서양식 발성법으로 내는 목소리.
【洋纱一사】 yángshā 图**1**옛날, 수제 면사에
　대하여) 기계로 짠 면사. **2**(서)양사. 〔옛
　날, 가볍고 가는 면사로 짠 천으로, 주로
　손수건·모기장·여름옷 따위를 만드는 데
　쓰였음〕
【洋铁一철】 yángtiě 图〈俗〉(서)양철.
【洋娃娃一왜왜】 yángwá·wa 图서양 인형.
【洋文一문】 yángwén 图〈俗〉‘外 wài 文’(외
　국어)의 구칭(舊稱).
【洋务一무】 yángwù 图**1**청말(清末), 외국
　을 모방하는 사무. **2**(홍콩 등지에서의)
　외국인 상대 서비스업.
【洋相一상】 yángxiàng 图꼴불견. 추태. ◇
　出～/추태를 보이다.
【洋洋一양】 yángyáng **1**圈가득하다. 풍부하
　다. 성대하다. (反)〔点滴 diǎndī〕 **2**(同)
　〔扬 yáng 扬〕
【洋洋大观一양대관】 yáng yáng dà guān
　〈成〉사물이 풍부하고 다채롭다.
【洋洋得意一양득의】 yáng yáng dé yì 〈成〉
　득의 양양하다.
【洋洋洒洒一양쇄쇄】 yáng yáng sǎ sǎ 〈成〉
　1말이나 글이 호방하여 거침이 없다. **2**규
　모나 기세가 성대하다.
【洋溢一일】 yángyì 動충만하다. 가득 차고
　넘치다.
【洋油一유】 yángyóu 图〈方〉석유. 등유. (同)
　〔煤 méi 油〕

【洋芋-우】yángyù〈植〉고구마. (同)〔马铃薯 mǎlíngshǔ〕

【洋装-장】yángzhuāng 图1양장. (同)〔西服 xīfú〕2(책의) 양장.

【徉】 彳部 | yáng
　　6画 | 노닐 양
　图(同)〔徜 cháng 徉〕

【蛘】 虫部 | yáng
　　6画 | 바구미 양
　图〈方〉〈虫〉(~儿)바구미. 쌀벌레.

yǎng

☆【仰】 亻部 | yǎng
　　4画 | 우러러볼 앙
1图머리를 쳐들다. 위로 올려다 보다. ◇我~起头，望着满天的星星/나는 머리를 쳐들고 하늘 가득한 별을 바라보고 있다. (同)〔昂 áng〕, (反)〔俯 fǔ〕2图우러러보다. ◇敬~/경모하다. 3图의지하다. 기대다. (同)〔倚 yǐ〕4〈牍〉옛날, 공문(公文)에 쓰이던 용어로 상급 기관에 보내는 공문에서는 '请·祈·恳' 등의 말 앞에 놓아 공경을 나타내고, 하급 기관에 보내는 공문에서는 명령을 표시함. 5(Yǎng)图성(姓).

【仰八叉-팔차】yǎng·bāchā 图뒤로 벌렁 자빠진 자세.

【仰承-승】yǎngchéng 图〈文〉1의존하다. 의뢰하다. 기대다. 2〈敬〉상대방의 뜻을 따라 받들다.

【仰给-급】yǎngjǐ 图(남의) 공급〔도움〕에 의존하다.

【仰角-각】yǎngjiǎo 图〈數〉앙각.

【仰壳-각】yǎngké 图뒤로 벌렁 나자빠지다. 반듯이 눕다. (同)〔后 hòu 仰壳〕

【仰赖-뢰】yǎnglài 图의지하다. (同)〔依 yī 赖〕, (反)〔自立 zìlì〕

【仰面-면】yǎng//miàn 图얼굴을 위로 향하다.

【仰慕-모】yǎngmù 图경모하다.

【仰人鼻息-인비식】yǎng rén bí xī〈成〉남의 눈치를 살피다. (同)〔俯仰由人 fǔ yǎng yóu rén〕, (反)〔独立自主 dú lì zì zhǔ〕

【仰韶文化-소문화】Yǎngsháo wénhuà 图〈史〉앙소 문화. 〔중국 황하유역의 신석기 문화로 河南에 있음〕

【仰视-시】yǎngshì 图우러러 보다.

【仰天-천】yǎng//tiān 图하늘을 우러러 보다.

【仰望-망】yǎngwàng 图1우러러 보다. 2〈文〉삼가 바라다. (同)〔仰视 shì〕, (反)〔俯瞰 fǔkàn〕

【仰卧-와】yǎngwò 图얼굴을 위로 하고 눕다.

【仰泳-영】yǎngyǒng 图〈體〉배영. 등헤엄.

【仰仗-장】yǎngzhàng 图기대다. 의존하다. ◇此事还得~各位相助/이 일은 여러분이 많이 도와주셔야 합니다.

☆【养·養】 羊部 | yǎng
　　3画 | 기를 양
1图기르다. 키우다. 양육하다. 부양하다. ◇我一个人工作，~了家，哪还有什么钱呢?/나 혼자 일해서 가족을 부양하는데 무슨 돈이 있겠는가? 2图(가축이나 화초 따위를) 기르다. 치다. ◇退休后，闲着没事，他想~~鸟，~~花，过过闲日子/퇴직하고 나서 한가하니 그는 새를 기르고, 꽃 재배나 하며 한가하려고 한다. 比교 养:栽 화초를 제외한 식물의 재배에는 "养"을 쓰지 않는다. ◇他(×养)栽着葡萄和橄榄树/그는 포도와 올리브 나무를 재배하고 있다. 3图(자식을) 낳다. 출산하다. ◇上个月她女儿~了个白胖小子/지난달 그녀의 딸은 희고 포동포동한 사내아이를 낳았다. 4图데려다 기름. ◇~子/양자. 5图몸에 베다. ◇~成良好的习惯/양호한 습관이 몸에 배다. 6图휴양하다. 요양하다. ◇前几年，他得了肺结核，去疗养院~过病/몇 년 전 그는 폐결핵에 걸려 요양원에 가서 요양한 적이 있다. 7图图수양(修養)(하다). 8图보수하다. 9图(머리를) 기르다. 10图돕다. ◇以农~牧，以牧促农/농업으로 목축업을 돕고, 목축업으로 농업을 촉진시키다.

【养兵-병】yǎng/bīng 图군인을 양성하다.

【养病-병】yǎng//bìng 图(병때문에) 요양하다. ◇他的心脏病又发作了，正在家~着病呢/그는 심장병이 또 발작하여 집에서 요양하고 있다.

**【养成-성】yǎngchéng 图습관되다. 몸에 베다. ◇抽烟喝酒~了习惯，戒起来就难了/술 담배가 습관이 되면 끊기 힘들게 된다.

【养地-지】yǎng//dì〈農〉(비료를 주거나 윤작(輪作)을 하여) 지력을 기르다.

*【养分-분】yǎngfèn 图자양분. 영양분.

【养父-부】yǎngfù 图양아버지. (反)〔生 shēng 父〕

【养虎遗患-호유환】yǎng hǔ yí huàn〈成〉호랑이를 키워서 후환을 입다. 적을 살려 두어 후환을 남기다. (同)〔斩草留根 zhǎn cǎo liú gēn〕, (反)〔斩草除根 zhǎn cǎo chú gēn〕

【养护-호】yǎnghù 图1(건축물·기계 따위를) 보수하다. 정비하다. 2양호하다.

*【养活-활】yǎng·huo 图〈口〉1먹여 살리다. 부양하다. ◇他还要~老母亲/그는 노모 또한 부양해야 한다. 2(동물을) 사육하다. 키우다. ◇他家~了上百头肥猪/그의 집에는 몇백 마리의 돼지를 길렀다. 3낳다.

【养家-가】 yǎng//jiā 동가족을 부양하다.
【养老院-노원】 yǎnglǎoyuàn 명양로원.
【养廉-렴】 yǎnglián 동〈文〉청렴 결백한 자질·품행을 기르다.
＊【养料-료】 yǎngliào 명자양물. 양분. ◇~过多，会导致植物枯萎/양분이 과다하면 식물이 시들게 된다.
【养路-로】 yǎng//lù 동철도나 도로를 보수하다.
【养母-모】 yǎngmǔ 명양모. (反)〔生 shēng 母〕
【养女-녀】 yǎngnǚ 명양녀.
【养气-기】 yǎngqì 동〈文〉1수양을 쌓다. 2기를 모으다.〔도가(道家)의 수련 방법의 하나〕
【养人-인】 yǎngrén 형(음식물이) 몸에 이롭다. 영양 가치가 있다.
【养伤-상】 yǎng//shāng 동부상되어 요양하다.
【养神-신】 yǎng//shén 동정신을 수양하다. 휴양[정양]하다. (反)〔劳 láo 神〕
【养生-생】 yǎngshēng 동양생(養生)하다. 보양하다.
【养媳妇-식부】 yǎngxífù 명민며느리. (同)〔童养媳 tóng yǎng xí〕
【养性-성】 yǎngxìng 동천성을 함양하다.
【养痈成患-옹성환】 yǎng yōng chéng huàn〈成〉내버려 둔 종기가 큰 병이 되다. 화근을 제거하지 않아 후환을 입다. (同)〔养痈遗 yí 患〕
＊【养育-육】 yǎngyù 명양육(하다). ◇~子女/자녀를 양육하다. ◇~之恩/길러주신 은혜.
＊【养殖-식】 yǎngzhí 동양식하다.
【养子-자】 yǎngzǐ 명양자. 의자(義子). ◇~有权继承养父的遗产/양자는 양아버지의 유산을 받을 권리가 있다.
【养尊处优-존처우】 yǎng zūn chǔ yōu〈成〉〈貶〉(고생을 모르고) 부유한 생활을 누리다. (反)〔千辛万苦 qiān xīn wàn kǔ〕

＊【氧】 气部 | yǎng 6画 | 산소 양
명〈化〉산소(O₂). (同)〔氧气 qì〕
【氧割-할】 yǎnggē 명산소 아세틸렌 절단.
＊＊【氧化-화】 yǎnghuà 명〈化〉산화. ◇~作用/산화 작용.
【氧化剂-화제】 yǎnghuàjì 명〈化〉산화제.
＊＊【氧气-기】 yǎngqì 명〈化〉산소.
【氧炔吹管-결취관】 yǎngquē chuīguǎn 명산소 아세틸렌 용접기.

＊【痒·癢】 疒部 | yǎng 6画 | 가려울 양
형가렵다. 간지럽다. ◇浑身发~/전신이 간지럽다. ◇怕~/간지럼을 잘 타다.

【痒痒-양】 yǎng·yang 형〈口〉가렵다.

yàng

【怏】 忄部 | yàng 5画 | 원망할 앙
【怏然-연】 yàngrán 형〈文〉1뽐내는 모양. 2불쾌한 모양.
【怏怏-앙】 yàngyàng 형불만족스럽거나 기분이 나쁜 모양.

【恙】 羊部 | 心部 | yàng 4画 | 6画 | 병 양
명〈文〉질병. 병. 탈. ◇安然无~/무사하여 평안하다.

☆【样·樣】 木部 | yàng 6画 | 모양 양
(~儿)1명모양. 꼴. 형상(形状). ◇她那个~儿, 花里胡哨的, 看了叫人恶心/그녀의 그 꼴은 너무 야해 보여 혐오감을 준다. 2명사람의 모습 또는 표정·안색. ◇几年没见, 他还是那个~儿/몇년을 못 만났지만 그는 여전히 그 모습이다. 3명본보기. 견본. 표본. ◇货~/물건의 견본. 4명종류. 형태. ◇动物园有各种各~的动物/동물원에는 갖가지 동물이 있다. 비교样: 种 사물의 성질의 경우에는 "样"을 쓰지 않는다. ◇他们是另一(×样)种民族/그들은 또 다른 민족이다. 5명형세. 추세. ◇看~儿我们队今天要输/형세를 보자니 오늘 우리가 질 것 같다.
【样板-판】 yàngbǎn 명1판자 모양의 견본. 2(공업용의) 형판(型板). 3〈喩〉(따라 배우는) 모범. 본보기.
【样本-본】 yàngběn 명1목록. 카탈로그. 2〈印〉인쇄 견본.
【样机-기】 yàngjī 명1(비행기의) 원형. 2명본보기 기계.
＊【样品-품】 yàngpǐn 명견본(품). ◇服装~/의상 견본.
【样式-식】 yàngshì 명꼴. 형식. 모양.
【样张-장】 yàngzhāng 명〈印〉1명교정지. 2견본쇄. 교정쇄.
★【样子-자】 yàng·zi 명1모양. 꼴. 형태. ◇看上去, 他好像只有五十来岁的~, 其实他已经七十二岁了/보기에 50여 세 밖에 안 보이지만 사실 그는 벌써 72세가 되었다. 2표정. 모습. ◇看他那高兴的~/그의 그 기뻐하는 모습을 봐라. ◇一副公正的~/공정한 모습. 3견본. 샘플. ◇给我个~照着做/따라 만들 수 있게 견본을 주세요. 4〈口〉형세. 되어가는 형편. 〔상황에 대한 추측이나 짐작을 나타냄〕◇天黑沉沉的, 像是要下雨的~/날이 어둠침침해서 비가 올 것 같다.

【漾】 氵部 | yàng
11画 | 물결출렁거릴 **양**

1동물결이 출렁대다. ◇荡～/(물결이) 출렁대다. 2동(물이) 넘쳐 흐르다. ◇碗里的汤快～出来了/그릇 속의 국물이 넘칠 것만 같다. ◇他脸上～出了笑容/그의 얼굴에 웃음이 넘쳐 흘렀다. 3명〈方〉작은 호수. 못.

【漾奶―내】 yàng//nǎi 동젖먹이가 먹은 젖을 토하다.

幺1143	吆1143	夭1143	妖1143	约1143
要1143	腰1143	邀1144	爻1144	尧1144
侥1144	肴1144	姚1144	珧1144	窑1144
谣1144	遥1144	摇1145	徭1145	瑶1145
鳐1146	杳1146	咬1146	舀1146	窈1146
疟1146	药1146	要1147	钥1149	鹞1149
鹩1149	燿1149	曜1149	耀1149	

yāo

【幺(么)】 幺部 | yāo
0画 | 작을 **요**

1수숫자 '一' 대신 쓰이는 글자. 〔이것은 단독으로 쓰이고 수사(數詞)나 양사(量詞)와는 결합될 수 없음. 옛날에는 주사위나 골패의 일점을 '幺'라고 했으며, 지금은 전화 번호·가옥 호수 등을 말할 때 '一' 대신 자주 쓰임. 또, '一'와 '七'을 혼동하지 않기 위해서도 쓰임〕 2형〈方〉항렬상 가장 낮은. ◇～叔/막내 숙부. ◇～妹/막내 여동생. 3형가늘다. 작다. ◇～小/작다. 4(Yāo)명성(姓). ⇒幺,má·ma '吗''嘛'·me

【幺蛾子―아자】 yāo'é·zi 명〈方〉나쁜 생각.

【幺么―마】 yāomó 형〈文〉미세한. 힘이 없고 하찮은. 쓸모없는.

【吆】 口部 | yāo
3画 | 애통하는소리 **요**

동크게 소리치다.

【吆喝―갈】 yāo·he 동소리치다. 큰 소리로 외치다. 〔물건을 팔거나, 가축을 몰거나, 큰 소리로 사람을 부르는 경우〕

【吆五喝六―오갈육】 yāo wǔ hè liù 〈成〉('划huá拳'놀이를 하면서) 5야 6이야 하며 도박판에서 주사위의 눈 수를 부르다.

【夭(殀)】 大部 | yāo
1画 | 일찍죽을 **요**

1동요절하다. ◇寿～/장수와 요절. (同)〔死 sǐ〕, (反)〔活 huó〕2형초목이 우거진 모양. ◇～桃秾李/어여쁜 신부.

【夭矫―교】 yāojiǎo 형〈文〉힘있게 구부러져 있는 모양.

【夭亡―망】 yāowáng (同)〔夭折 zhé〕

【夭折―절】 yāozhé 동1요절하다. (同)〔夭亡 wáng〕, (反)〔寿终 shòuzhōng〕2〈喩〉일이 중도에서 실패하다.

【妖】 女部 | yāo
4画 | 요괴로울 **요**

1명요괴. 귀신. 2동요사하다. 사악하다. 3형(주로 여자들의 복장·태도 따위가) 요란하다. 괴이하다. ◇～里～气/요염하다. 4형화려하고 예쁘다.

【妖风―풍】 yāofēng 명신화에서 요괴가 일으킨다는 바람. 〈轉〉사악한 기풍.

*【妖怪―괴】 yāo·guài 명요괴.

【妖精―정】 yāo·jing 명1요괴. 2〈喩〉요사스럽고 요염한 여자.

【妖媚―미】 yāomèi 형요염하고 성적 매력이 있다.

【妖魔―마】 yāomó 명요괴.

【妖魔鬼怪―마귀괴】 yāo mó guǐ guài 〈成〉요괴와 악마. 가지 각색의 사악한 세력.

【妖孽―얼】 yāoniè 명〈文〉1괴이하고 불길한 일. 2요괴와 악마. 3〈喩〉악당들.

【妖娆―요】 yāoráo 형화려하고 예쁘다.

【妖物―물】 yāowù 명요물.

【妖言―언】 yāoyán 명요사스러운 말.

【妖艳―염】 yāoyàn 형요염하고 경박하다. ◇忽然从门外走进来一个～的女人/갑자기 문 밖에서 요염한 여인이 걸어 들어 왔다.

【妖冶―야】 yāoyě 요염하도록 아름답다.

【约·約】 纟部 | yāo
3画 | 간략할 **약**

동〈口〉저울로 (무게를) 달다. ◇给我～一斤猪肉/돼지고기 한 근만 달아 주세요. ⇒yuē

【要】 西部 | yāo
3画 | 구할 **요**

1동요구하다. 2동강요하다. 3'邀'와 통용. 4(Yāo)명성(姓). ⇒yào

【要功―공】 yāo//gōng 동남의 공을 가로채다. (同)〔邀 yāo 功〕

【要击―격】 yāojī 동요격하다. (同)〔邀 yāo 击〕

【要买―매】 yāomǎi (同)〔邀 yāo 买〕

★【要求―구】 yāoqiú 동요구(하다). ◇～增加工资/월급을 올려줄 것을 요구했다. ◇满足他的～/그의 요구를 만족시켰다. 비교要求:提出 "要求"는 "条件"의 목적어로 쓰이지 않는다. ◇他对老师(×要求)提出了一个条件/그는 선생님에게 조건을 하나 제시했다.

【要挟―협】 yāoxié 동약점을 잡아 강요하다.

☆【腰】 月部 | yāo
9画 | 허리 **요**

1명허리. ◇弯～/허리를 굽히다. 2명바지의 허리 부분. ◇红裤子绿～/붉은 바지의 푸른 허리 둘레. 3명허리에 차는 주머니.

호주머니. ◇我～里还有些钱/내 호주머니에 돈이 좀 있다. **4**圐사물의 중간 부분. ◇山～/산중턱. **5**圐중간 부분이 협소하여 허리같이 생긴 지세(地势). ◇～海/해협. **6**(Yāo)圐성(姓).

【腰板儿－판아】yāobǎnr 圐**1**사람의 허리와 등.〔자세에 대하여 말함〕**2**체격.

【腰包－포】yāobāo 圐허리에 차는 돈주머니. 전대.

【腰缠万贯－전만관】yāo chán wàn guàn〈成〉몹시 부유하다.

【腰带－대】yāodài 圐허리띠.

【腰杆子－간자】yāogǎn·zi 圐**1**허리. **2**〈喩〉후원. 뒷받침. 뒷배경.

【腰鼓－고】yāogǔ 圐**1**〈音〉허리에 차고 양쪽을 두드리는 원주 모양의 북. **2**'腰鼓'를 치며 추는 무용의 일종.

【腰果－과】yāoguǒ 圐**1**〈植〉캐슈(cashew). **2**캐슈 너트(cashew nut).

【腰花－화】yāohuā (～儿)圐(돼지나 양의)콩팥요리.〔돼지나 양의 콩팥에 잘게 칼집을 낸 것〕

【腰身－신】yāo·shēn 圐**1**허리둘레. **2**(옷의)허리 품.

【腰围－위】yāowéi 圐**1**(양장의)허리 품. 웨이스트(waist). **2**허리를 묶는 띠.

【腰眼儿－안아】yāoyǎnr 圐**1**등허리. **2**〈喩〉중요한 곳. 급소.

【腰斩－참】yāozhǎn **1**圐圓요참(하다).〔허리를 베어 몸을 두 도막 내는 옛 형벌〕**2**圓〈喩〉두 동강을 내다. 무산시키다.

【腰椎－추】yāozhuī 圐〈生理〉요추.

【腰子－자】yāo·zi 圐〈口〉〈生理〉콩팥. (同)〔肾 shèn〕

*【邀】辶部 yāo
13画 맞을 **요**
圓**1**초청하다. 초대하다. ◇～了几个朋友来玩/친구 몇 명에게 놀러오라고 초대했다. **2**〈文〉얻다. 받다. **3**가로 막다.

【邀宠－총】yāochǒng 圓환심을 사려고 애쓰다.

【邀功－공】yāogōng 圓남의 공로를 가로채다.

【邀击－격】yāojī 圐圓요격(하다).

【邀集－집】yāojí 圓사람을 초청하여 모으다.

【邀买－매】yāomǎi 圐(남의 환심을) 사다. 매수하다. (同)〔收 shōu 买〕

☆【邀请－청】yāoqǐng 圐圓초청〔초빙〕(하다). ◇～代表团来中国访问/대표단이 한국을 방문하도록 초청했다. ◇接受～/초대를 수락하다. (同)〔邀约 yuē〕, (反)〔驱逐 qūzhú〕

【邀请赛－청새】yāoqǐngsài 圐〈體〉초청 경기.

【邀约－약】yāoyuē 圓초대하다. (同)〔约 yuē 请〕

yáo

【爻】丿部 爻部 yáo
3画 0画 괘이름 **효**
圐효.〔8괘에서 가로그은 획 '—'는 '阳爻'(양효)이고, '－－'는 '阴爻'(음효)임〕

【尧·堯】兀部 Yáo
3画 요임금 **요**
1圐중국 전설상의 옛 황제의 이름. **2**圐성(姓).

【尧舜－순】Yáo Shùn 圐**1**〈人〉요와 순. **2**(yáo shùn)〈轉〉성인(聖人). (反)〔桀纣 Jié Zhòu〕

【尧天舜日－천순일】Yáo tiān Shùn rì〈成〉태평 성대.

【侥·僥】亻部 yáo
6画 난장이 **요**
(同)〔僬 jiāo 侥〕⇒jiǎo

【肴(餚)】月部 yáo
4画 반찬 **효**
圐〈文〉생선·육류 등의 요리. ◇酒～/술안주.

【肴馔－찬】yáozhuàn 圐〈文〉잔치 음식. 잘 차린 음식.

【姚】女部 Yáo
6画 어여쁠 **요**
圐성(姓).

【珧】王部 yáo
6画 조개이름 **요**
圐〈魚介〉살조개.

**【窑(窯,窰)】穴部 yáo
6画 오지그릇 **요**
圐**1**(기와나 도기를 굽는) 가마. ◇砖～/벽돌 가마. **2**탄갱(炭坑). ◇煤～/탄갱. **3**동굴 집. **4**〈方〉기루(妓樓).

【窑洞－동】yáodòng 圐동굴집. 혈거.

【窑姐儿－저아】yáojiěr 圐〈方〉창녀. 기생.

【窑坑－갱】yáokēng 圐도기용 흙을 파내는 구덩이.

【窑子－자】yáo·zi 圐〈方〉기생집. 기루.

【谣·謠】讠部 yáo
10画 노래 **요**
圐**1**노래. 가요. ◇民～/민요. **2**소문. 풍설. 낭설. ◇造～/헛소문을 퍼뜨리다.

【谣传－전】yáochuán **1**圓헛소문을 전하다. **2**圐풍문. 루머.

**【谣言－언】yáoyán 圐풍설. 헛소문. ◇散布～/헛소문을 퍼뜨리다.

【谣诼－착】yáozhuó〈文〉**1**圓헛소문을 퍼뜨려 중상하다. **2**圐루머.

【遥】辶部 yáo
10画 멀 **요**
圐멀다. 아득하다. ◇千里之～/천리 멀리.

천리나 먼 곳에서. ◇路～/길이 멀다.
(同)〔远 yuǎn〕, (反)〔近 jìn〕
【遥测－측】yáocè 图원격 계측. 원격 측정.
【遥感－감】yáogǎn 图〈電子〉원격 탐지.
＊【遥控－공】yáokòng 图원격 조작. 리모트
콘트롤(remote control). ◇电视～/텔레
비전 리모컨. ◇～无人驾驶飞机/무인 원
격 조정 비행기.
【遥望－망】yáowàng 图멀리 바라보다.
【遥相呼应－상호응】yáoxiāng hūyìng 멀리
서로 호응하다.
【遥想－상】yáoxiǎng 图1(먼 미래를) 상상
하다. 2(먼 과거를) 회상하다.
【遥遥－요】yáoyáo 图(시간이나 거리 따위
가) 아득하게 먼 모양.
＊【遥远－원】yáoyuǎn 图아득히 멀다. 요원
하다. ◇路途～/길이 아득히 멀다. ◇听
着这悠扬的笛声, 引起了他对～的往事的
回忆/그 은은한 피리소리를 듣고 그는
아득히 먼 지난 일이 회상되었다.

☆【摇】扌部 | yáo
　　 12画 | 흔들 요
图(옆으로) 흔들다. ◇～扇子/부채질하
다. ◇小狗～着尾巴跑了/강아지가 꼬리
를 흔들며 도망갔다.
＊【摇摆－파】yáobǎi 1图흔들거리다. ◇柳枝
迎风～/버드나무 가지가 바람에 흔들린
다. (同)〔摆动 dòng〕, (反)〔平稳 píngwěn〕
回凰摇摆:摇:颠簸:飞舞 ①"头"는 "摇摆"
의 목적어로 쓰이지 않는다. ◇大夫(×
摇摆)摇头说 "你的病没办法治"/의사는
머리를 저으며 말했다. "당신의 병은 고
칠 수 없소." ②아래 위로 뒤흔들리는 경
우에는 "摆摆"로 표현하지 않는다. ◇路
不平, 汽车(×摇摆)颠簸得厉害/길이 평
탄하지 않아 차가 심하게 요동친다. ③휘
날리는 경우에는 "摇摆"를 쓰지 않는다.
◇雪花在空中(×摇摆)飞舞/눈꽃이 공중
에서 휘날린다.
【摇车－차】yáochē 图요람(搖籃).
【摇唇鼓舌－순고설】yáo chún gǔ shé 〈成〉
솜씨 있게 떠벌이는 모양.
【摇荡－탕】yáodàng 图흔들흔들 움직이다.
흔들리다.
【摇动－동】yáodòng 图흔들다. 흔들어 움
직이게 하다. (同)〔摇晃 ·huang〕
【摇动－동】yáodòng 1(同)〔摇摆〕 2图图동
요(하다, 되다). ⇒yáo//dòng
【摇滚乐－곤악】yáogǔnyuè 图록(rock)음
악. 록큰롤(rock and roll).
【摇撼－감】yáo·hàn 图(나무·기둥·건물 따
위를) 뒤흔들다.
＊【摇晃－황】yáo·huàng 图흔들리다. 흔들흔
들하다. ◇灯光～/등불이 흔들린다. ◇地

震时大楼都～了/지진때 빌딩이 다 흔들
렸다.
【摇篮－람】yáolán 图1요람. 2〈轉〉문화나
운동 따위의 발상지.
【摇篮曲－람곡】yáolánqǔ 图자장가.
【摇耧－루】yáo//lóu 파종기의 손잡이를
흔들어 씨가 땅에 골고루 뿌려지게 하다.
【摇蜜－밀】yáo//mì 图(원심분리기로) 꿀을
벌집에서 분리하다.
【摇旗呐喊－기납함】yáo qí nà hǎn 〈成〉옛
날, 전장에서 뒤에서 기를 흔들고 함성을
올려 주다. 응원하다.
【摇钱树－전수】yáoqiánshù 图신화 속에
흔들면 돈이 떨어진다는 나무. 〈喩〉돈줄.
돈이 되어주는 사람이나 물건.
【摇身一变－신일변】yáo shēn yī biàn 〈成〉
〈貶〉(신괴소설(神怪小說)에서 사람이나
귀신이) 몸을 흔들면 곧 모습을 바꾸다.
〈轉〉사람의 태도·말·행동 등이 갑자기
크게 바꾸다.
【摇手－수】yáo//shǒu 1图손을 내젓다. 〔거
부의 뜻을 나타냄〕 2(yáoshǒu)图(기계의
바퀴 따위를 돌릴 때 잡는) 손잡이.
【摇头－두】yáo//tóu 图(부정·거부의 뜻으
로) 고개를 젓다.
【摇头摆尾－두파미】yáo tóu bǎi wěi 〈成〉기
뻐서 어쩔줄 모르다. 경망스럽다.
【摇头晃脑－두황뇌】yáo tóu huàng nǎo 〈成〉
자아도취에 빠지다. 잘난 체하다.
【摇尾乞怜－미걸령】yáo wěi qǐ lián 〈成〉상
대의 환심을 사려고 아첨하다.
【摇摇欲坠－요욕추】yáo yáo yù zhuì 〈成〉
흔들흔들하여 곧 떨어질 것 같다. 위태하
다. (同)〔岌岌可危 jí jí kě wēi〕, (反)〔稳
如泰山 wěn rú Tài Shān〕
【摇曳－예】yáoyè 图흔들리다. 하늘거리다.
【摇椅－의】yáoyǐ 图흔들 의자.

【徭(傜)】彳部 | yáo
　　　　 10画 | 역사 요
图요역(徭役). 부역(賦役).
【徭役－역】yáoyì 图요역(徭役). 부역.

【瑶】王部 | yáo
　　 10画 | 아름다운옥 요
1图〈文〉아름다운 옥(玉). 2图아름답다.
진귀하다. ◇～浆/미주(美酒).
【瑶池－지】Yáochí 图전설에서 서왕모(西
王母)가 산다는 곳.
【瑶族－족】Yáozú 图〈民〉요족. 〔중국 소수
민족의 하나. 주로 광서 장족 자치구(廣
西壯族自治區)·호남(湖南)·운남(雲南)·
광동(廣東)·귀주(貴州) 등지에 분포함〕

【鳐·鰩】鱼部 | yáo
　　　 10画 | 날치 요
图〈魚介〉가오리.

Y

yǎo

【杳】木部 4画 │ yǎo
아득할 묘
형〈文〉묘연하다. 아득하게 멀다. ◇～无
踪迹/종적이 묘연하다.

【杳渺－묘】yǎomiǎo 형〈文〉멀리 떨어져 아
득하다.

【杳如黄鹤－여황학】yǎo rú huáng hè〈成〉
가버린 사람·사물의 행방이 묘연하다.

☆【咬(齩)】口部 6画 │ yǎo
물 교
동1물다. ◇嘴里～着馒头/입에 만두를 씹
고 있다. ◇猫把老鼠～死了/고양이가 쥐
를 물어 죽였다. 2(톱니 바퀴 등이) 맞물
리다. ◇螺丝母勘 yǐ 了, ～不住/너트가
무디어져서 맞물리지 않는다. 3(개가)
짖다. ◇鸡叫狗～/닭이 울고 개가 짖다.
4(비난이나 심문을 받을 때) 무고한 사
람을 연루시키다. 언 걸 먹게 하다. ◇他
不光～我, 还～了别人/그는 나를 무고했
을 뿐만 아니라 다른 사람까지 무고했다.
5〈方〉옻이 오르다. ◇我最怕漆～/나는
옻을 가장 잘 탄다. 6글자를 정확히 발음
하다. 7바짝 따라붙다.

【咬定－정】yǎodìng 동단언하다. 잘라 말하
다. ◇她一口～是我拿走的/그 여자는 내
가 가져갔다고 잘라 말했다.

【咬耳朵－이타】yǎo ěr·duo〈口〉귀엣말을
하다.

【咬群－군】yǎo//qún〈口〉1가축들이 서로
싸우다. 2〈喩〉주위 사람과 자주 싸우다.

【咬舌儿－설아】yǎo shér 1형혀가 잘 돌지
않다. 2(yǎoshér)명혀짤배기. 혀가 잘 돌
지 않는 사람.

【咬文嚼字－문작자】yǎo wén jiáo zì〈成〉어
려운 문자를 써서 학문이 있는 체하다.

【咬牙－아】yǎo yá 1(매우 화가 나거나 고
통으로) 이를 악물다. 2(자면서) 이를
갈다.

【咬牙切齿－아절치】yǎo yá qiè chǐ〈成〉(격
분하여) 이를 (부득부득) 갈다. 몹시 화
를 내다. (同)〔切齿痛恨 qiè chǐ tòng hè
n〕, (反)〔衷心爱戴 zhōng xīn ài dài〕

【咬字儿－자아】yǎozìr 동〈웅글이나 가사 또
는 희곡의 대사를) 똑똑한 발음으로 읽
거나 노래하다.

【咬字眼儿－자안아】yǎo zìyǎnr 말꼬리를
잡다. 말꼬리를 물고 늘어지다.

【舀】爪部 6画 │ 臼部 4画 │ yǎo
절구확긁어낼 요
동(국자 따위로) 뜨다. 푸다. ◇～了一瓢
水/물 한 바가지를 떴다.

【舀子－자】yǎo·zi 명국자·바가지 따위의
총칭.

【窈】穴部 5画 │ yǎo
고요할 요
형1심오하다. 심원하다. 2어둡다. 어두
컴컴하다.

【窈窕－조】yǎotiǎo 형〈文〉1여인이 정숙하
고 곱다. 2(궁궐이나 산골짜기 따위가)
깊숙하고 조용하다.

yào

【疟·瘧】疒部 3画 │ yào
학질 학
명〈俗〉학질. 말라리아.

【疟子－자】yào·zi 명〈俗〉학질. 말라리아.

★【药·藥】艹部 6画 │ yào
구리때잎약 약
1명약. ◇你吃过～了吗?/너 약 먹었니?
◇这种～得有大夫处方才能买/이런 약은
의사의 처방이 있어야만 살 수 있다. 2명
(일정한 작용을 하는) 화학 물질. ◇火
/화약. ◇杀虫～/살충제. 3동〈文〉약으로
치료하다. ◇不可救～/(아무리 해도) 구
제불능이다. 4동독살하다. ◇～老鼠/약을
놓아 쥐를 잡다.

*【药材－재】yàocái 명약재. 약종.

【药草－초】yàocǎo 명약초.

【药叉－차】yàochā (同)〔夜 yè 叉〕

【药典－전】yàodiǎn 명〈藥〉약전. 약국방(藥
局方)

【药店－점】yàodiàn 명약방. 약국.

⁑【药方－방】yàofāng 명〈藥〉1처방. ◇开～/
처방을 쓰다. 2처방전. 약방문.

【药房－방】yàofáng 명1약방. 〔대개 양약
(洋藥)을 파는 곳을 가리키며, 한약을 파
는 곳은 '药铺'라 함〕2(병원이나 진료소
내의) 약국.

【药粉－분】yàofěn 명가루약.

【药膏－고】yàogāo 명〈藥〉연고.

【药罐子－관자】yàoguàn·zi 명1약탕관. 2병
에 자주 걸려 약을 자주 복용하는 사람.

【药衡－형】yàohéng 명약용 온스. 〔영미
(英美)의 조제 도량법(調劑度量法)〕

【药剂－제】yàojì 명약제.

【药酒－주】yàojiǔ 명약주. 약술.

【药理－리】yàolǐ 명〈藥〉약리.

【药力－력】yàolì 명약효.

【药棉－면】yàomián 명탈지면. (同)〔脱脂
棉 tuō zhī mián〕

【药面－면】yàomiàn (～儿)명가루약.

【药捻儿－넘아】yàoniǎnr 명1도화선. 심지.
2(同)〔药捻子·zi〕

【药捻子－넘자】yàoniǎn·zi 명〈醫〉심(心).

[외과 치료에서 상처에 박아 넣는 약을 바른 가제]

【药农-농】yàonóng 몡약초 재배를 주업(主業)으로 하는 농민.

【药片-편】yàopiàn (~儿)몡〈藥〉정제. 알약.

**【药品-품】yàopǐn 몡약품.

【药铺-포】yàopù 몡한약방. 〔양약을 함께 파는 경우도 있음〕

【药石-석】yàoshí 몡〈文〉약과 침. 〈轉〉충고.

**【药水-수】yàoshuǐ 몡물약.

【药筒-통】yàotǒng 몡〈軍〉약협(藥莢).

【药丸-환】yàowán (~儿)몡환약. 알약.

【药味-미】yàowèi 1〔한약 제조 때 쓰이는〕 한약재의 총칭. 2(~儿) 약의 냄새나 맛.

**【药物-물】yàowù 몡약물. 약품. ◇这种~对人体无副作用/이 약품은 인체에 부작용이 없다.

【药械-계】yàoxiè 몡(농업·임업 등) 약물 살포 기계.

【药性-성】yàoxìng 몡약의 성질.

【药引子-인자】yàoyǐn·zi 몡〈中醫〉주약(主藥)에 더하여 효과를 높이는 보조약.

【药疹-진】yàozhěn 몡〈醫〉(약에 대한 과민반응으로 인해 생긴) 약진.

★【要】西部 yào
　　　 3画 구할 요, 하고자할 요

1혱중요하다. 요긴하다. ◇~事/중요한 일. ◇紧~/긴요하다. 2몡요점. 요지. ◇择~记录/요점을 골라 기록하다. 3동필요로 하다. 갖고 싶다. (요리 등) 시키다. ◇这双鞋我还~呢/이 신발 한 켤레가 난 아직 필요하다. ◇我~了两个菜/난 요리 두 개를 시켰다. 4동달라고 하다. 청구하다. ◇向他~帐/그에게 돈을 청구한다. ◇哥哥跟弟弟~书/형은 동생에게 책을 달라고 했다. 5동부탁하다. ◇有位朋友~我陪他去香山游览/어떤 친구가 자기와 함께 향산으로 구경가자고 나에게 부탁했다. 6조동…하려고 하다. 〔의지를 나타냄〕 ◇我还有几句话~说/난 아직 할 말이 남았다. 비교要:会:用 ①어떤 일에 대한 확신을 가질 때는 "要"를 쓰지 않는다. ◇如果我有困难的话, 他(×要)会帮我解决/만일 내게 문제가 생기면 그가 날 도와 해결해 줄 것이다. ②명령문이 아니면 "要"를 쓰지 않는다. ◇圣诞节的时候, 我们不(×要)用上课/크리스마스때 우리는 수업할 필요가 없다. 주의부정형은 '不想'이나 '不愿'을 쓴다. 7조동마땅히 …해야 한다. 〔당위성을 나타냄〕 ◇借东西~还/물건을 빌렸으면 돌려 줘야 한다. ◇这个问题~仔细考虑/이 문제는 잘 생

각해 봐야 한다. 주의부정형은 '不用'이나 '不必', '不要'를 쓴다. ◇那件事你不用去问他/그 일은 그에게 물어볼 필요가 없다. 단, '不要'는 금지를 나타내는 명령문에만 쓰이므로 평서문에는 쓰지 않는다. ◇不要麻痹 bì 大意/방심해서는 안 된다. 8동소요되다. 걸리다. ◇我做件上衣~多少布/내 윗옷을 만드는 데 천이 얼마나 소요되는가? ◇由北京到天津坐飞机~两个小时/북경에서 천진까지 비행기로 두 시간이 걸린다. 9조동막 …하려 하다. …할 것이다. 〔대개 문장 끝에 '了'와 함께 쓰임〕 ◇天~黑了, 快走吧!/날이 곧 저물 것이니 빨리 가자! ◇他快~回来了!/그는 곧 돌아올 것이다. 10조동비교하는 문장에 쓰임. 〔'要'를 생략할 수도 있음〕 ◇屋里热, 树阴底下~凉快些/방안은 덥고, 나무 그늘 아래는 더 시원하다. 11조동(습관적으로) …하다. …하는 것은 습관으로 하다. ◇每天下午都要踢一个小时足球/매일 오후마다 1시간씩 축구를 하곤 한다. 주의'要'는 의지나 필요를 나타낼 때 미래시제에 쓰이지만 '…하는 습관이 있다' 는 용법으로 쓰일 때는 과거에서 현재까지의 일상적인 행위를 나타낸다. ◇我每天都要去公园打太极拳, 结果, 身体比以前好多了/나는 날마다 공원에 가서 태극권을 해서 건강이 예전보다 훨씬 좋아졌다. 12접만약. 만일 …하면. ◇明天~天晴, 我们就去春游/내일 날씨가 맑으면 우리는 봄나들이 갈 것이다. 13접…하든가, 혹은 …하든가. …하든지, 아니면 …하든지. 〔'就'와 연용하여 선택을 나타냄〕 ◇~就去跳舞, ~就去听音乐, 别再犹豫了/춤을 추러 가든지 음악을 들으러 가든지 더이상 우물쭈물하지 말아요.

【要隘-애】yào'ài 몡요충지 [要地]. ◇防守~/요충을 지키다.

【要案-안】yào'àn 몡중대한 사건. 중요한 사건.

**【要不-불】yàobù 접1만일 그렇지 않으면. ◇我得马上走, ~就赶不上火车了/난 지금 곧 가야 한다. 그렇지 않으면 기차를 놓치게 된다. (同)〔否则 fǒuzé〕〔要不然 rán〕 2…하거나, …하거나. …하든지, …하든지. 〔두 가지 중에서 그 어느 하나를 선택함을 나타냄〕 ◇今天的会得去一个人, ~你去, ~我去/오늘 회의는 네가 가든 내가 가든 한 사람이 가야 한다. (同)〔或者 huòzhě〕

【要不得】yào·bu·de 1받아서 안 되다. ◇这份礼物~/이 선물은 받아서는 안 된다. 2(사람이나 사물이 좋지 않아) …해서는 안 된다. ◇你这种想法~/당신의 이런

그런 생각을 해서는 안돼요.

【要不然－불연】yào·burán〔同〕〔要不〕

【要不是－불시】yàobùshì 접만약 …이 아니었다면. ◇～下雨，我们早就出门了/비가 오지 않았다면 우리는 벌써 출발했을 것이다. 比较要不是:要不 뒷문장이 앞의 정문에 거론된 상황과 반대되는 상황이 아니라면 "要不是"보다는 "要不"，"要不然"을 써야 한다. ◇到外面去一定要穿大衣,(×要不是)要不会冻坏的/밖에 나가면 꼭 외투를 입어야 한다. 그렇지 않으면 추위에 떨 것이다.

【要不(怎么)说－불(즘마)설】yào bu (zěnme) shuō〔口〕그렇지 않으면 어떻게 …라고 할 수 있겠는가? 〔사실이 이렇지 않으면 이렇지 않았을 것이라고 자신의 판단이 정확하다고 강조하다〕◇我正想你，你就来了，～是前世的缘份呢/내가 당신을 그리워하고 있었는데 마침 오셨군요，그렇지 않으면 어떻게 전생의 인연이랄 수 있겠어요.

【要冲－충】yàochōng 명요충지. 요충.

【要道－도】yàodào 명1중요 도로. 2중요한 이치나 방법.

【要得－득】yàodé 형〔套〕〈方〉좋다. 훌륭하다.

【要地－지】yàodì 명1요지. 요충. 2직책이 높은 자리.

【要点－점】yàodiǎn 명1(말이나 글의) 중요한 곳. 요점. ◇抓住～/요점을 파악하다. 2(군사적인) 중요한 거점. ◇战略～/전략적 거점.

【要端－단】yàoduān〔同〕〔要点 diǎn〕

【要犯－범】yàofàn 명중요한 범인. 중범.

【要饭－반】yào//fàn 통1재물을 구걸하다. 2빌어 먹다. 걸식하다. (同)〔讨 tǎo 饭〕

【要害－해】yàohài 명1(신체의) 급소. 2중요한 부분. (군사상의)

【要好－호】yàohǎo 형1사이가 좋다. 가깝게 지내다. ◇他们俩从小就很～/그들 두 사람은 어렸을 때부터 사이가 좋다. (同)〔相 xiāng 好〕，(反)〔不和 bùhé〕2진취심이 강하다. ◇这孩子很～/이 아이는 매우 진취심이 강하다.

【要好看－호간】yào hǎokàn (～儿)망신시키다. ◇你这样说还不要我的好看/네가 이렇게 말하면 날 망신시키는 게 아냐.

【要谎－황】yào//huǎng 통(손님에게) 바가지를 씌우다.

【要价－가】yào//jià (～儿)팔 값을 부르다. (同)〔开 kāi 价〕，(反)〔出 chū 价〕2통대가를 요구하다.

【要价还价－가환가】yào jià huán jià 1(값을) 흥정하다. 2(담판 등에서) 조건을 따지다. (同)〔讨 tǎo 价还价〕

【要件－건】yàojiàn 명1중요한 서류. 2중요한 조건.

【要津－진】yàojīn 명1중요한 나루터. 2〈喩〉요직.

☆**【要紧－긴】**yàojǐn 명1중요하다. 긴요하다. ◇他家里有～的事，今天没有来上课/그는 집에 중요한 일이 생겨서 오늘 수업에 안 왔다. 2심하다. ◇他的伤不～，没伤着骨头/그는 상처가 심하지 않다. 뼈를 다치지 않았다. 比较要紧:严重 "要紧"은 부로 쓰지 않는다. ◇他病得很(×要紧)严重/그는 병이 심하게 걸렸다. 3〈方〉급하다. ◇我～进城，来不及和他细说/급하게 시내로 들어오느라고, 그와 자세히 이야기할 시간이 없었다.

【要诀－결】yàojué 명비결(秘訣).

【要领－령】yàolǐng 명1요점. 2(체육이나 군사 훈련의) 요령. ◇掌握～/동작의 요령을 파악하다.

【要略－략】yàolüè 명요약. 줄거리. 개요.

＊**【要么－마】**yào·me 접…하든지 …또는 …하다. 〔둘 이상의 사항을 나열하여 양자택일을 나타냄〕◇他来，～我去，我们总得碰个头/그가 오든지 내가 가든지 우리 어쨌든 한번 만나야 한다.

【要面子－면자】yào miàn·zi 통체면을 중히 여기다.

＊**【要命－명】**yào//mìng 1통목숨을 빼앗다. 생명을 잃게 하다. ◇一场重病，差点儿要了命/중병으로 하마터면 죽을 뻔했다. 2형심하다. 죽을 지경이다. ◇热得～/더워서 죽을 지경이다. (同)〔要死 sǐ〕3통남을 난처하게 하다. 질리게 하다. 애태우게 하다. 〔초조하거나 원망이 있을 때 씀〕◇真～，车胎又没气了/정말 죽겠군，차바퀴의 바람이 또 빠졌어.

【要目－목】yàomù 명중요한 항목.

【要强－강】yàoqiáng 형승부욕이 강하다.

【要人－인】yàorén 명요인. 요직에 있는 사람.

【要塞－새】yàosài 명요새.

【要事－사】yàoshì 명중요한 일. 중요한 사항. (同)〔正 zhèng 事〕，(反)〔细 xì 事〕

★**【要是－시】**yào·shi 접만일 …이라면. 만약 …하면. 〔구어에서는 조사 '的话'와 어울려 쓰임〕◇～下雨怎么办?/만일 비가 오면 어떻게 해요? ◇～有人打电话找我的话，就说我进城去了/만일 누가 전화로 나를 찾으면 내가 시내에 갔다고 하세요.

【要死要活－사요활】yàosǐ yàohuó〈方〉필사적으로. 죽기 살기로.

＊**【要素－소】**yàosù 명요소. 요인.

【要图－도】yàotú 명중요한 계획.

【要闻－문】yàowén 명중대한 뉴스. 중요한 기사.

【要我说－아설】yào wǒ shuō (同)〔依 yī 我说〕

【要务－무】yàowù 몡〈文〉중요한 일.

【要言不烦－언불번】yào yán bù fán 〈成〉말이 잘 요약되어 간단 명료하다. (同)〔简明扼要 jiǎn míng è yào〕, (反)〔拖泥带水 tuō ní dài shuǐ〕

【要义－의】yàoyì 몡요지(要旨).

【要知道－지도】yào zhī dao 짚고 넘어가야 할 것은. 알아야 할 것은.〔삽입어로 쓰임. 상대방의 주의를 환기시킴〕◇～, 同情不等于爱情/짚고 넘어가야 할 것은 동정은 사랑이 아니라는 것이다.

【要职－직】yàozhí 몡요직. (反)〔闲 xián 职〕

【要旨－지】yàozhǐ 몡요지.

【要子－자】yào·zi 몡1매끼.〔벼·보리를 묶는데 사용함〕2포장용 끈.

【钥·鑰】 钅部 | yào
4画 | 열쇠 약
몡열쇠. (反)〔锁 suǒ〕

∗∗【钥匙－시】yào·shi 몡열쇠.

【勒】 革部 | yào
5画 | 목화목 요
몡(～儿)장화나 양말의 목. ◇高～靴子/장화.

【鹞·鷂】 鸟部 | yào
10画 | 새매 요
몡〈鳥〉새매.

【鹞鹰－응】yàoyīng 몡〈鳥〉새매의 통칭(通稱).

【鹞子－자】yào·zi 몡1〈鳥〉새매의 통칭(通稱). 2〈方〉연.

【耀】 火部 | yào
14画 | 빛날 요
(同)〔耀 yào〕

【曜】 日部 | yào
14画 | 빛날 요
〈文〉1몡햇빛. 2동비치다. 비추다. 3몡요일.〔일월(日月)과 화·수·목·금·토의 오성(五星)을 합쳐 칠요(七曜)라 함〕

【耀】 小部 | 羽部 | yào
17画 | 14画 | 빛날 요
1동(빛이) 강하게 비치다. ◇～照～/(빛이) 강하게 비치다. 2동뽐내다. 과시하다. ◇～武扬威/무용과 위세를 떨치다. 3몡찬란한 빛. 빛줄기. 4몡영광스럽다. ◇荣～/영광스럽다.

【耀斑－반】yàobān 몡〈天〉태양면 폭발.

【耀目－목】yàomù 동〈文〉눈부시다.

【耀武扬威－무양위】yào wǔ yáng wēi 〈成〉힘을 과시하며 위세를 부리다.

∗【耀眼－안】yàoyǎn 혱눈부시다.

yē

【耶】 耳部 | 阝部 | yē
2画 | 6画 | 어조사 야
음역자. ⇒yé

【耶和华－화화】Yēhéhuá 몡〈音〉〈宗〉여호와.〔성서의 하나님〕

【耶稣－소】Yēsū 몡〈宗〉예수.

【耶稣教－소교】Yēsūjiào 몡〈宗〉예수교.

【倻】 亻部 | yē
8画 | 가야 야
⇒〔伽 jiā 倻琴〕

【椰】 木部 | yē
8画 | 야자나무 야
몡〈植〉야자(수).

【椰雕－조】yēdiāo 몡〈美〉야자 열매에 조각하는 것.

【椰蓉－용】yēróng 몡〈方〉야자 열매의 속살을 부순 것.

【椰子－자】yē·zi 몡〈植〉1야자수. 2야자나무 열매.

【掖】 扌部 | yē
8画 | 낄 액
동1(호주머니나 좁은 곳에) 쑤셔 넣다. 끼워 넣다. 겨드랑이 밑에 끼다. ◇把纸条从门缝里～进去/종이 쪽지를 문틈으로 끼워 넣다.

【噎】 口部 | yē
12画 | 목멜 열
동1음식이 목에 메다. ◇吃得太快，～着了/너무 빨리 먹어서 목이 메었다. 2맞바람이 거세어 호흡이 곤란하다. 3〈方〉말을 가로막다. 말 허리를 꺾다. ◇他一句话就把她给～回去了/그는 한마디 말로 그녀의 입을 봉해버렸다.

yé

【爷·爺】 父部 | yé
2画 | 아비 야
몡1〈方〉아버지. 2〈方〉할아버지. 3아저씨. 선생님. 영감님.〔연장자의 남자에 대한 경칭〕◇大～dà·ye/큰아버지. 아저씨. 4.주인 어른. 어르신네. 나리.〔옛날, 관료·지주(地主)·주인(主人)에 대한 경칭〕◇老～/어르신. 어른. 나리 마님. 5신(神)에 대한 호칭. ◇阎王～/염라 대왕.

【爷们－문】yé·men 몡〈方〉1남자.〔단수로

쓰일 때도 있음〕**2**남편.

【爷们儿―문아】 yé·menr **1**(同)〔爷儿们〕 **2**남자들 사이 서로 부르는 호칭.

【爷儿―아】 yér 명〈口〉세대(世代)가 다른 손위 남자와 손아래 남녀를 함께 부르는 말.〔부자(父子)·숙질(叔侄)·조손(祖孫) 따위로 뒤에 보통 수량사가 따름〕

【爷儿们―아문】 yér·men 명〈口〉손위 남자와 손아래 남자를 함께 일컫는 말.

☆【爷爷―야】 yé·ye 명**1**할아버지. 조부. **2**할아버지와 동년배의 남자에 대한 경칭.

【邪】 牙部 ⎮阝部 ⎮ yé
2画 ⎮4画 ⎮ 간사할**사**, 그런가 **야**
1(同)〔莫 mò 邪〕 **2**'耶'와 통용. ⇒xié

【耶】 耳部 ⎮阝部 ⎮ yé
2画 ⎮6画 ⎮ 어조사 **야**
조〈文〉의문의 어기를 나타냄. ◇是~非~?/옳은가? 그런가? ⇒yē

【揶】 扌部 ⎮ yé
8画 ⎮ 희롱할 **야**

【揶揄―유】 yéyú 통〈文〉야유하다. 조롱하다.

yě

★【也】 乙部 ⎮ yě
2画 ⎮ 어조사 **야**, 잇기 **야**
조〈文〉**1**판단이나 설명의 어기를 표시. ◇非不能~, 是不为~/할 수 없는 것이 아니랴, 하지 않는 것이지. **2**의문이나 반문의 어기를 표시. ◇是可忍~, 孰不可忍~?/이것을 참을 수 있다면 어느 것을 참지 못할까? **3**문장 가운데서 잠깐 멈추는 어기를 표시. ◇大道之行~, 天下为公/대도를 행함이여, 천하가 두루 공평해지도다. 児**4**…도. (…해)도.〔범위를 나타냄〕◇我妹妹~是售货员/내 여동생도 판매원이다. 비교也:都 "也" 뒤에는 대개 부정형식이다. 긍정형식은 주로 "都"를 쓴다. ◇你再说, 我(×都)~不去/네가 아무리 말해도 나는 가지 않겠다. ◇她父亲把什么, (×都)都卖了, 債还是还不清/그녀의 아버지는 모든 걸 팔았지만 빚을 다 갚지 못했다. **5**…도 (하고) …도 (하다).〔앞뒤로 병용해서 두 사물이 같음을 나타냄〕◇你去我~去, 你不去我~不去/네가 가면 나도 가고, 네가 안가면 나도 안 간다. **6**(…한다) 해도. …일지라도.〔'虽然'이나 '即使'와 어울려 쓰며 역접이나 양보를 나타냄〕◇虽然下起了大雨, 我们~要按时出发/비록 폭우가 내리지만 그래도 우리는 제시간에 출발해야 한다. **7** '什么', '谁'와 호응하여 범위를 나타냄. ◇我问了好几个人, 谁~不知他去哪儿了/나는 여러 사람에 물어 보았는데 그

가 어디에 갔는지 아무도 모른다. **8**'再+형용사+(…)也'의 형식으로 쓰여 정도를 나타냄. ◇冬天的早晨, 天再冷, 我~要出来跑跑步/나는 겨울 아침에 날씨가 아무리 추워도 나와서 조깅을 한다. **9**간혹 '连'과 호응하여 주로 부정문에 쓰임. '也'는 '都'로 바꿔 쓰기도 함. ◇街上连一个行人也没有/거리에 행인 한 사람도 안 보인다. ◇这么冷的天, 怎么连扣儿都不系?/이렇게 추운 날씨에 어째서 단추도 채우지 않았어? **10**완곡한 어기를 나타냄. ◇你不想去, ~只好随它去了/네가 가기 싫으니 내버려 둘 수밖에.

【也罢―파】 yěbà **1**(체념·결단·승락을 나타낼 때) 좋다. 알았어. ◇这次不去~, 下次可一定要让我去/이번엔 안 가도 좋아. 다음 번에 꼭 나를 보내줘야 한다. **2**조…(하)든 …(하)든. …라도 …라도.〔두 개 또는 여러 개를 중복해서 사용한다〕◇你去~, 不去~, 反正是一样/네가 가든지 안 가든지 어쨌든 똑같다.

【…也不是, …也不是―야불시, …야불시】 …yě bù shì, …yě bù shì 〈口〉…도 아니고(못하고) …도 아니(못하)다. ◇站~, 坐~/그는 안달이 나서 안절부절했다.

【…也好, …也好―호, …야호】 yě hǎo …yě hǎo …하든 …하든. …하더라도 …하더라도.〔나열하는 사물 뒤에 쓰며 어떤 상황하에서도 결과는 결국 같음을 나타낸다〕◇你答应~, 不答应~, 反正得去一趟/네가 승락하든 안 하든 아무튼 한 번 갔다와야 한다. a)자주 '无论', '不管'과 호응하여 쓰인다. ◇不管生男孩儿~, 生女孩儿~, 我都会高兴的/사내를 낳든 여자애를 낳든 나는 기분이 좋을 거야. b)자주 '也'나 '都'와 호응하여 쓰인다. ◇吃的~, 穿的~, 他什么也不讲究/음식이든 옷이든 그는 무엇이든 따지지 않는다.

【也是―시】 yě shì 〈口〉맞다. 옳다. 지당하다. ◇你说的~这样事情就变得很简单/네 말이 맞아, 이러면 일이 아주 간단해져. (同)〔倒 dào 也是〕, (同)〔可 kě 也是〕

★【也许―허】 yěxǔ 튄아마. 혹시. ◇~我不该告诉他的/아마도 내가 그에게 가르쳐 주지 말았어야 했어.

【冶】 冫部 ⎮ yě
5画 ⎮ 녹일 **야**
1통야금하다. 제련하다. **2**통〈文〉요염하다. 화려하게 치장하다. **3**(Yě)명성(姓).

＊＊【冶金―금】 yějīn 명통야금(하다). ◇~工业/야금 공업.

＊【冶炼―련】 yěliàn 통제련하다.

【冶容―용】 yěróng 〈文〉**1**통요염하게 용모를 가다듬다. ◇~修丽/용모를 예쁘게 가다듬

다. **2**형요염한 용모. 진하게 화장한 얼굴.
【冶艳－염】 yěyàn 형〈文〉요염하고 아름답다.
【冶游－유】 yěyóu 통〈文〉남녀가 봄이나 명절에 야외로 나와 놀다. 〈轉〉화류계에서 놀다. 기녀와 놀다.

* **【野(埜, 壄)】** │里部│yě
　　　　　　　　　│4画│들 야

1형야외. 들. ◇旷～/광야. **2**형한계. 범위. ◇视～/시야. ◇分～/분야. **3**형재야(在野). 민간. 야당. ◇下～/관직에서 물러나다. (反)〔朝 cháo〕**4**형야생의. (反)〔家 jiā〕**5**형무례하다. 버릇없다. 상스럽다. 난폭하다. 야비하다. ◇这人太～, 不懂礼貌/그 사람은 너무 상스러워 예의를 모른다. (同)〔粗 cū〕, (反)〔文 wén〕**6**형방자하다. 제멋대로이다. ◇这孩子玩了一个暑假, 心都～了/그 애는 여름방학 내내 놀아서 마음이 잡히지 않게 되었다.
【野菜－채】 yěcài 형식용할 수 있는 야생식물. 산나물.
【野餐－찬】 yěcān **1**통야외에서 식사를 하다. **2**형야외에서 하는 식사.
【野草－초】 yěcǎo 형들풀. 야생 풀.
【野炊－취】 yěchuī 통야외에서 취사하다.
【野地－지】 yědì 형들판. 들. 황야.
【野果(子)－과(자)】 yěguǒ(·zi) 형야생의 과실.
【野火－화】 yěhuǒ 형들불. 들판을 태우는 불. 들에서 나는 불.
【野鸡－계】 yějī 형**1**〈鳥〉꿩. **2**〈轉〉옛날, 거리의 창녀. 매춘부. **3**〈轉〉무허가. ◇～汽车/무허가 자동차.
【野景－경】 yějǐng 형야외의 경치.
【野马－마】 yěmǎ 형〈動〉야생마.
* 【野蛮－만】 yěmán 형**1**야만스럽다. 미개하다. (反)〔文雅 wényǎ〕**2**잔인하다. 난폭하다. ◇遭受～的虐待/잔인한 학대를 받다.
【野猫－묘】 yěmāo 형**1**들고양이. 도둑고양이. **2**〈方〉야생 토끼.
【野牛－우】 yěniú 형〈動〉들소.
【野禽－금】 yěqín 형야생조류. 들새.
【野人－인】 yěrén 형**1**야인. 평민. **2**미개인. **3**거친 사람.
* 【野生－생】 yěshēng 형통야생(하다). ◇～植物/야생 식물. (反)〔家养 jiāyǎng〕
【野食儿－식아】 yěshír 형**1**들짐승〔금수〕의 먹이. **2**〈轉〉본분 외에 얻은 소득.
【野史－사】 yěshǐ 형야사. (反)〔正 zhèng 史〕
* 【野兽－수】 yěshòu 형야수. 산〔들〕짐승.
【野兔－토】 yětù 형〈動〉산토끼.
* 【野外－외】 yěwài 형야외. ◇在～工作/야외에서 일하다.
【野外工作－외공작】 yěwài gōngzuò 형야외에서 행하는 조사·측량·탐사·발굴 따위

의 일. (同)〔田野工作〕
【野味－미】 yěwèi 형사냥한 짐승.
* 【野心－심】 yěxīn 형야심. 야망. ◇他抱着冠军的～/그는 일등할 야망을 품고 있다.
【野心勃勃－심발발】 yě xīn bó bó 〈成〉야심만만하다.
【野心家－심가】 yěxīnjiā 형야심가.
【野性－성】 yěxìng 형거친 성미.
【野鸭－압】 yěyā 형〈鳥〉물오리.
【野营－영】 yěyíng 형야영(하다).
【野战－전】 yězhàn 형〈軍〉야전.
【野战军－전군】 yězhànjūn 형〈軍〉야전군.
【野猪－저】 yězhū 형〈動〉산돼지. 멧돼지.

yè

【叶·葉】 │口部│yè
　　　　　　　│2画│잎 엽, 성 섭

1(～儿)형초목의 잎. (反)〔根 gēn〕**2**형잎 모양으로 생긴 것. ◇百～窗/블라인드. ◇一～扁舟/쪽배 한 척. **3**(同)〔页 yè〕**4**형세대(世代). 시대. ◇十九世纪中～/19세기 중엽. ◇清朝末～/청조 말기. **5**(Yè)형성(姓). ⇒xié
【叶柄－병】 yèbǐng 형〈植〉잎꼭지.
【叶公好龙－공호룡】 Yè Gōng hào lóng 〈成〉좋아한다고 하나 실제로는 좋아하지 않다.
【叶绿素－록소】 yèlǜsù 형〈植〉엽록소.
【叶绿体－록체】 yèlǜtǐ 형〈植〉엽록체.
【叶轮－륜】 yèlún 형〈機〉(선풍기·원심 펌프 따위의) 날개바퀴.
【叶落归根－락귀근】 yè luò guī gēn 〈成〉잎은 떨어져서 뿌리로 돌아간다. 객지에 사는 이는 결국은 고향으로 돌아간다. (反)〔离乡背井 lí xiāng bèi jǐng〕
【叶脉－맥】 yèmài 형〈植〉잎맥.
【叶片－편】 yèpiàn 형**1**〈植〉잎사귀. 잎의 편평한 곳. **2**〈機〉(풍차·추진기 따위의) 날개.
【叶鞘－초】 yèqiào 형〈植〉엽초.
【叶肉－육】 yèròu 형〈植〉엽육.
【叶序－서】 yèxù 형〈植〉엽서. 잎차례. 〔잎이 나기 가지에 달리는 차례〕
【叶芽－아】 yèyá 형〈植〉엽아. 잎눈.
【叶枝－지】 yèzhī 형〈植〉도장지(徒長枝). **1**과일나무의 잎만 자라고 과실(果實)을 맺지 않는 가지. **2**목화(木花)의 잎만 자라고 목화씨가 나지 않는 가지.
☆【叶子－자】 yè·zi 형**1**〈植〉잎사귀. **2**트럼프. **3**찻잎.
【叶子烟－자연】 yè·ziyān 형잎담배.

【业·業】 │业部│yè
　　　　　　　│0画│일할 업

1형업종. 업. ◇农～/농업. ◇工～/공업. **2**형직업. ◇就～/취업 (하다). **3**형학업.

◇毕～/졸업(하다). 4명사업. ◇创～/창업하다. 5명재산. 부동산. ◇家～/가산. 6명〈佛〉업. 죄업(罪業). 7명…을 업으로 하다. 종사하다. ◇～农/농사를 짓다. 8명(yè)이미. 벌써. 9(Yè)성(姓).

【业海一해】yèhǎi 명〈佛〉업해. 바다처럼 넓고 큰 업보(業報)의 세계.

【业绩一적】yèjì 명업적.

【业经一경】yèjīng 명〈文〉이미. 벌써. 〔주로 공문에 쓰임〕

【业师一사】yèshī 명은사. 스승. 사부.

☆【业务一무】yèwù 명업무. 일. 실무. ◇办理信托投资～/신탁 투자 업무를 취급하다. ◇～能力/업무 능력.

【业已一이】yèyǐ 명이미. 벌써. 〔공문에 많이 쓰임〕

☆【业余一여】yèyú 명1여가의. 근무 시간 외의. ◇他三年来利用～时间翻译了一部长篇小说/그는 3년 동안 여가시간을 이용해서 장편소설 한 권을 번역했다. 2아마추어의. 초심자의. ◇～剧jù团/아마추어 극단. ◇～作者/아마추어 작가. ◇～演员/아마추어 배우.

【业余教育一여교육】yèyú jiàoyù 명성인 교육. 업무외 교육.

【业障一장】yèzhàng 명1〈佛〉죄업. 불도 수행에 방해가 되는 죄업. 2〈罵〉애물.

【业主一주】yèzhǔ 명기업주.

【邺·鄴】
业部 阝部 Yè
2画 5画 땅이름 업
명1〈地〉하남성(河南省) 안양현(安阳县) 북쪽의 옛 지명. 2성(姓).

【曳(拽,抴)】
日部 yè
2画 당길예, 끌 열
동끌다. ◇弃甲～兵/〈成〉갑옷을 벗어 버리고 무기를 질질 끌면서 도망하다.

【曳光弹一광탄】yèguāngdàn 명〈军〉예광탄.

★【页·頁】
页部 yè
0画 머리 혈
1명(책 따위의) 한 면(面). 쪽. ◇插～/사진이나 도표 등이 삽입된 쪽. 2양쪽. 면(面). ◇这本书共为二百五十～/이 책은 총 250쪽이다.

【页码一마】yèmǎ 명(～儿)쪽수.

【页数一수】yèshù 명(同)〔页码 mǎ〕

【页心一심】yèxīn 명〈印〉1판면. 2판심. 판구. (同)〔版 bǎn心〕

Y ★【夜】
亠部 夕部 yè
6画 5画 밤 야
1명밤. 심야. ◇三天三～/사흘 밤낮. (反)〔日 rì〕2동날이 어두워지다. 밤이 되다.

*【夜班一반】yèbān 명야근. ◇值～/밤당번을 서다. (同)〔白 bái 班〕

【夜半一반】yèbàn 명한밤중. (同)〔半夜〕

【夜不闭户一불폐호】yè bù bì hù 〈成〉밤에 도 문을 닫지 않다. 치안이 잘 된 사회.

【夜餐一찬】yècān 명야찬. 밤참. 야식.

【夜叉一차】yè·chā 명〈佛〉야차. 〔불교의 악귀〕〈喩〉용모가 험상궂은 사람. 두억시니.

【夜长梦多一장몽다】yè cháng mèng duō 〈成〉밤이 길면 꿈이 많다. 일을 길게 끌면 변화가 생기기 마련이다.

【夜场一장】yèchǎng 명(연극 등의) 야간 상연. (同)〔晚 wǎn 场〕

【夜车一차】yèchē 명1야간 열차. 2밤에 일하거나 공부하는 것. ◇他晚上老是开～/그는 밤에 자주 밤새 일한다.

【夜大学一대학】yèdàxué 명야간 대학.

【夜饭一반】yèfàn 명〈方〉저녁밥. (同)〔晚 wǎn 饭〕

【夜工一공】yègōng 명밤일. 야간 작업.

【夜光表一광표】yèguāngbiǎo 명야광 시계.

【夜壶一호】yèhú 명(남자용의) 요강. (同)〔便 biàn 壶〕

＊＊【夜间一간】yè·jiān 명야간. 밤사이. (同)〔夜里 lǐ〕, (反)〔白天 báitiān〕

【夜景一경】yèjǐng 명야경. 밤 정경.

【夜来一래】yèlái 명〈文〉1어제. 2야간.

【夜阑一란】yèlán 명〈文〉심야. 한밤중.

【夜郎自大一랑자대】Yèláng zìdà 〈成〉세상 넓은 줄 모르고 제 잘났다고 뽐내다. 우물 안의 개구리. (同)〔妄自尊大 wàng zì zūn dà〕, (反)〔虚怀若谷 xū huái ruò gǔ〕

☆【夜里一리】yè·li 명밤중.

【夜盲一맹】yèmáng 명〈醫〉야맹증.

【夜猫子一묘자】yè māo·zi 명〈方〉1〈動〉올빼미. 2〈喩〉밤 늦게 자는 사람.

【夜明珠一명주】yèmíngzhū 명야광주.

【夜幕一막】yèmù 명밤의 장막.

【夜色一색】yèsè 명밤의 정경.

【夜市一시】yèshì 명밤장. 야시.

☆【夜晚一만】yèwǎn 명밤. 야간.

【夜消一소】yèxiāo (同)〔夜宵(儿) xiāo(r)〕

【夜宵一소】yèxiāo (～儿)명야참. 밤참. (同)〔夜消 xiāo〕

【夜校一교】yèxiào 명야학. 야간 학교. (同)〔夜学 xué〕

【夜以继日一이계일】yè yǐ jì rì 〈成〉밤낮없이.

【夜莺一앵】yèyīng 명〈鳥〉밤꾀꼬리. 나이팅게일.

【夜游神一유신】yèyóushén 명미신·전설 중의 밤에 사람의 선악을 알아보며 돌아다닌다는 신. 〈喩〉밤 늦도록 쏘아다니기를 좋아하는 사람.

【夜战一전】yèzhàn 명1〈军〉야전. 야간 전투. 2〈喩〉철야 작업.

【夜总会一총회】yèzǒnghuì 명나이트 클럽.

【夜作一작】yèzuò 명야간 작업. 밤일.

*【液】 氵部 8画 | yè 즙 **액**

[명]액체. 액. ◇血 xuè～/혈액. ◇溶～/용액.

【液果－과】yèguǒ [명]즙이 많거나 살이 많은 과일.

【液化－화】yèhuà [동]**1**〈物〉액화하다. **2**〈醫〉액화하다.

【液晶－정】yèjīng [명]〈物〉액정.

【液泡－포】yèpào [명]〈生〉액포(液胞).

【液态－태】yètài [명]〈化〉액상(液狀). 액태.

⁂【液体－체】yètǐ [명]〈化〉액체.

【液压机－압기】yèyājī [명]수압기. 수압 프레스.

【掖】 扌部 8画 | yè 낄 **액**

[동]사람을 손으로 부축하다. ◇扶～/부축하다. ⇒yē

【掖县－현】Yè Xiàn [명]〈地〉산동성에 있는 지명.

【腋】 月部 8画 | yè 겨드랑이 **액**

[명]**1**〈生理〉겨드랑이. **2**〈植〉잎겨드랑이. 엽액(葉腋).

【腋臭－취】yèchòu [명]〈生理〉액취. 암내.

【腋毛－모】yèmáo [명]〈生理〉액모. 겨드랑이에 난 털.

【腋窝－와】yèwō [명]〈生理〉겨드랑이.

【腋芽－아】yèyá [명]〈植〉액아. 잎자루에서 나오는 싹. (同)〔侧 cè 芽〕

【靥·靨】 厂部 13画 | yè 보조개 **엽**

[명]보조개. ◇酒～/보조개.

【咽】 口部 6画 | yè 목구멍 **인**, 삼킬 **연**, 목멜 **열**

[동]오열하다. 목이 메다. ◇哽～/오열하다. ⇒yān, yàn

【烨·燁(爗)】 火部 6画 | yè 번쩍거릴 **엽**

〈文〉**1**[명]불빛. 햇빛. **2**[형](불빛이) 찬란하다.

【晔·曄】 日部 6画 | yè 빛날 **엽**

[명]〈文〉빛. (同)〔光 guāng〕

【谒·謁】 讠部 9画 | yè 아뢸 **알**

[동]알현하다. ◇拜～/배알하다.

★【谒见－현】yèjiàn [동]알현하다.

yī

★【一】 一部 0画 | yī 한 **일**

1[수]일. 하나. ◇～加五等于六/1 더하기 5는 6이다. **2**[수]일일이. 하나하나.〔중첩해서 쓰여 부사어가 됨〕◇把学校的情况～～做了介绍/학교의 상황을 일일이 소개했다. **3**[수]'一+量+一+量+的'구조로 쓰여 관형어가 됨. ◇橱窗里挂着～件～件的衣服/진열장에 옷이 한 벌 한 벌씩 걸려있다. [주의]'一+量+量'구조로 쓰일 때는 '的'를 쓰지 않는다. ◇一个个孩子全考上了大学/애들이 모두 대학에 합격했다. **4** 숫자를 나타내지 않는 '一'의 파생용법. a)[대]매. 각. …마다.〔뒤에 수량구가 따른다〕◇～个人一辆自行车/사람마다 자전거 한 대씩. b)[형]온통. 완전히.〔묘사할 때 쓰임〕◇～头汗/온통 땀 투성이 얼굴. c)[부]①동사나 형용사 앞에 쓰여 동작이 바로 시작됨을 나타냄. ◇医生～检查, 果然是心脏病/의사가 검사하니 과연 심장병이었다. ②'一…就…'의 구조로 쓰여 두 가지 일이 이어서 발생함을 나타냄. ◇他～说我就明白了/그가 말하자마자 나는 이해했다. ③'一…就…'의 구조로 쓰여 앞의 조건과 뒤의 결과를 나타낸다. ◇我～喝酒就脸红/나는 술마시기만 하면 얼굴이 빨개진다. ④동작이 일단 발생하면 곧 어느 정도에 이르거나 어떤 결과가 생김을 나타냄. ◇他爱人～走就两年/그의 처는 갔다 하면 2년이다. 1음절 중첩 동사 사이에 쓰여 동작의 짧음을 나타내거나 한번 시도해 봄을 나타냄. ◇每天早上跑～跑, 对身体有好处/매일 아침 달리기를 좀 하면 건강에 좋다. 'V+一+동량사'구조로 쓰여 우선 어떤 동작을 해봄을 나타냄. ◇她～脚把球踢飞了/그녀는 한 발로 공을 차 날려 버렸다. **5**[형]같다. ◇这不是～码事/이게 같은 것이 아닌가. **6**[명]또한. ◇番茄～名西红柿/토마토는 또한 西红柿이라 한다.

【一把手－파수】yī bǎ shǒu [명]**1**(모임이나

Y

활동에 참가하는 일원으로서의) 한 사람. **2**〈喩〉재능이 있는 사람. 솜씨 있는 사람. **3**(同)〔第 dì 一把手〕

【一把死拿－파사나】yībǎ sǐ ná (～儿)〈方〉융통성이 없다. 고집 불통이다.

【一把抓－파조】yī bǎ zhuā [동]**1**무슨 일이든 자기가 모두 관장하려 들다. **2**일의 경중을 무시하고 한꺼번에 하다.

【一败涂地－패도지】yī bài tú dì 〈成〉참담하게 패배하다. (反)〔旗开得胜 qí kāi dé shèng〕

★【一般－반】yībān **1**[형]같다. 비슷하다. ◇兄弟俩～高/형제 둘이 키가 같다. ◇她有一双像秋水～的眼睛/그녀는 호수같이 맑은 눈매를 가졌다. (同)〔一样 yàng〕, (反)〔不同 bùtóng〕 **2**[수량]한 가지. 일종. 3[형]보통이다. 일반적이다. ◇她没有～女人的小心眼/그녀는 보통여자처럼 속이 좁지 않다. (同)〔普通 pǔtōng〕, (反)〔特殊 tèshū〕 [비교]一般:一定 일반적인 상황을 설명할 때는 "一般"을 쓰고, 확실하다고 믿는 것에는 "一定"을 쓴다. ◇刚参加工作, (×一定)一般都有一些困难, 那是(×一般)一定的/일을 막 시작하면 대개 어려움이 생기기 마련이다. 그것은 틀림없을 것이다.

【一般见识－반견식】yībān jiànshi 〈成〉자기보다 못한 사람과 다투다. ◇你别跟他～/그처럼 교양없는 사람과 다투지 마.

【一般来说－반래설】yībān lái shuō 일반적으로 말해서. ◇～, 这儿很难找到工作/일반적으로, 여기서 일자리를 찾기 힘들다.

【一斑－반】yībān [명]표범의 무늬 하나.〈喩〉사물의 일부분. (反)〔全豹 quánbào〕

【一板一眼－판일안】yī bǎn yī yǎn **1**〈喩〉언어·행동에 조리있다. (同)〔有板有眼 yǒu bǎn yǒu yǎn〕, (反)〔荒腔走板 huāng qiāng zǒu bǎn〕

☆【一半－반】yībàn (～儿)[명]반. 절반. ◇分给他们～, 咱们有～也就够了/그들에게 반을 나누어 주어라, 우리들은 반만 있으면 충분하다.

【一…半…－…반…】yī… bàn… 동의어 또는 의미가 비슷한 단어의 앞에 쓰여서 많지 않음을 나타냄. ◇～星～点儿/극히 적다.

【一半天－반천】yī bàn tiān [명]하루나 이틀.

【一包在内－포재내】yī bāo zài nèi 전부 포함되어 있다.

*【一辈子－배자】yībèi·zi [명]한평생. 일생. ◇这工作我准备干它～/이 일은 난 한 평생을 할 생각이다.

【一本万利－본만리】yī běn wàn lì 〈成〉적은 밑천으로 큰 이익을 보다.

【一本正经－본정경】yī běn zhèng jīng 〈成〉진지하다. 정색을 하다. (同)〔正经八百 zhèng jīng bā bǎi〕, (反)〔嬉皮笑脸 xī pí xiǎo liǎn〕

【一鼻孔出气－비공출기】yī bíkǒng chū qì 〈贬〉한통속이다.

【一笔勾销－필구소】yī bǐ gōuxiāo 〈成〉빚 따위를 일시불로 갚다. 완전히 말소하다.

【一笔抹杀－필말살】yī bǐ mǒshā 〈成〉〈贬〉성과나 장점을 전부 부정하다.

【一臂之力－비지력】yī bì zhī lì 〈成〉조그마한 힘. 보잘것 없는 힘.

☆【一边－변】yībiān (～儿)**1**[명]한쪽. 한편. 한면. ◇大楼的～是花园, 另～是网球场/빌딩의 한쪽은 화원이고, 다른 한쪽은 테니스장이다. **2**[명]옆. 곁. ◇我们打篮球, 他坐在～看书/우리는 농구를 하고 그는 옆에서 책을 읽고 있다. **3**[접]한편으로 …하면서 (…하다). ◇他～听着, ～点头/그는 들으면서 고개를 끄덕 했다. [비교]一边:一边:既…又:越…越 ①부사 "一边"은 동사 "是"와 형용사를 수식하지 않는다. ◇他(×一边)既是我的老师, (×一边)又是我的朋友/그는 나의 선생님인 동시에 또 나의 친구다. ②정도가 심화되는 경우에는 "一边"을 쓰지 않는다. ◇买票的人很多, 我们(×一边)越看手表, (×一边)越着急/표를 사는 사람이 많아서 우리는 시계를 보면 볼 수록 더욱 조급해진다. **4**[형]같다. ◇两人～高/두 사람은 키가 똑같다.

【一边倒－변도】yī biān dǎo 한쪽으로 쏠리다. (同)〔一面倒〕

【一并－병】yībìng [부]같이. 합해서. ◇～办理/같이 처리하다.

【一波三折－파삼절】yī bō sān zhé 〈成〉**1**글의 전개가 기복이 많다. **2**(일이) 파란 만장하다. (同)〔艰难曲折 jiān nán qū zhé〕, (反)〔一帆风顺 yī fān fēng shùn〕

【一波未平, 一波又起－파미평, 일파우기】yībō wèi píng, yī bō yòu qǐ 〈成〉어려운 일이 숨돌릴 새 없이 일어나다.

【一…不…－…불…】yī…bù… **1**…하면〔하여〕…(하지)않다.〔두 개의 동사 앞에 행동이나 상태가 일단 발생하면 변하지 않는 것을 나타냄〕◇一去不返/한번 가면 다시 돌아오지 않다. **2**…도 …(하지)않다.〔각각 명사와 동사 앞에 쓰여 강조 또는 과장을 나타냄〕◇一言不发/한 마디도 하지 않다.

【一不做, 二不休－불주, 이불휴】yī bù zuò, èr bù xiū 〈成〉일단 손댄 일은 끝까지 하다.

【一步登天－보등천】yī bù dēng tiān 〈成〉갑자기 출세하다. (同)〔平 píng 步登天〕, (反)〔一落千丈 yī luò qiān zhàng〕

【一步一个脚印儿－보일개각인아】yī bù yī

gè jiǎoyìnr〈喩〉한 걸음씩 착실하게 나아가다. 일 처리가 꼼꼼하다.

【一差二错－차일착】yī chā èr cuò〈成〉한번 어그러지고 두 번 틀어지고. 일어날 수 있는 사고 또는 실수.

【一刹那－찰나】yīchànà 찰나. 눈깜짝할 사이.

【一场空－장공】yī chǎng kōng (희망이나 노력이) 수포로 돌아가다.

【一倡百和－창백화】yī chàng bǎi hè〈成〉한 사람의 제창에 많은 사람이 동조하다.

【一唱一和－창일화】yī chàng yī hè〈成〉〈貶〉한 편에서 노래 부르면, 한 편에서 화답하다. 맞장구를 치다.

【一朝天子一朝臣－조천자일조신】yī cháo tiānzǐ yī cháo chén〈諺〉천자가 바뀌면 신하도 모조리 바뀐다. 정권이 바뀌면 각료도 모두 바뀐다.

【一尘不染－진불염】yī chén bù rǎn〈成〉1〈佛〉인품이 고상하여 전혀 속세에 때묻지 않다. 2(환경이) 매우 깨끗하다.

【一成不变－성불변】yī chéng bù biàn〈成〉한 번 정해지면 변하지 않는다. 고정 불변이다. (同)〔静止不变 jìng zhǐ bù biàn〕, (反)〔天翻地覆 tiān fān dì fù〕

【一程子－정자】yīchéng·zi〈方〉한때. 한동안.

【一筹莫展－주막전】yī chóu mò zhǎn〈成〉어찌해 볼 도리가 없다. 속수 무책이다. (同)〔束手无策 shù shǒu wú cè〕, (反)〔千方百计 qiān fāng bǎi jì〕

【一触即发－촉즉발】yī chù jí fā〈成〉위기 일발.

【一触即溃－촉즉궤】yī chù jí kuì〈成〉한번 부딪치면 곧 무너지다. 맥없이 패하다. (同)〔不堪一击 bù kān yī jī〕, (反)〔所向无敌 suǒ xiàng wú dí〕

【一锤定音－추정음】yī chuí dìng yīn〈成〉징을 한 번 쳐서 가락을 정하다. 〈喩〉어떤 사람의 한 마디로 최후의 결판이 나다. (同)〔一槌 chuí 定音〕

【一锤子买卖－추자매매】yī chuí·zi mǎi·mai (뒤를 생각지 않는) 한 번 보고 말 장사.

【一从－종】yīcóng …부터. (同)〔自 zì 从〕

【一蹴而就－축이취】yī cù ér jiù〈成〉단번에 성공하다〔쉽게 이루거나 달성하다〕. (反)〔难于登天 nán yú dēng tiān〕

【一搭两用儿－탑량용아】yī dā liǎng yòngr 하나를 두 가지 용도로 쓰다.

**【一带－대】yīdài〈量〉일대. ◇他是这～出名的猎手/그는 이 일대의 유명한 사냥꾼이다.

*【一旦－단】yīdàn〈早〉1하룻동안. 잠시. 잠깐. 2어느 때. 일단. 어느날. a)어느날 갑자기. 〔이미 일어난 갑작스런 상황을 나타냄〕◇他们多年相处, 一朝～分别, 不免思念/

그들은 몇 년간 사귀다가 어느날 갑자기 헤어졌으니 아쉬움이 남는 것은 당연하다. 比교─旦：一下子 짧은 시간 또는 의외를 나타낼 때는 "一旦"을 쓰지 않는다. ◇他们(×一旦)一下子热闹起来了/그들은 금새 시끌벅적해졌다. b)만일 언제〔어느날〕. 〔아직 일어나지 않은 가정적 상황을 나타냄〕◇油库～失火, 就会引起爆炸/언제 유류창고가 불이 나면 폭발할 것이다.

【一刀两断－도량단】yī dāo liǎng duàn〈成〉한 칼에 두 동강이를 내다. (反)〔藕断丝连 ǒu duàn sī lián〕

☆【一道－도】yīdào (～儿)〈부〉같이. ◇我们～走吧/우리 같이 가자. ◇～工作/같이 일하다.

【一得之功－득지공】yī dé zhī gōng〈成〉보잘 것 없는 작은 공로〔성과〕.

【一得之愚－득지우】yī dé zhī yú〈成〉〈謙〉우견(愚見).

【一点点儿－점점아】yīdiǎndiǎnr 〈수량〉아주 조금. 아주 약간.

★【一点儿－점아】yīdiǎnr 1〈수량〉조금. 약간. 좀. 〔'比'를 쓰는 비교문에서 형용사 술어 뒤에 쓰여 보어가 되거나, 정태보어 뒤에 쓰여 구체적인 정도나 차이를 나타냄〕◇今天比前几天冷～/오늘은 며칠 전 보다 좀 춥다. ◇他比我学习得好～/그는 나보다 공부를 좀 잘한다. 主의'没'有'를 쓰는 비교문에서는 '一点儿'을 쓰지 않음. ◇他的年龄没有我哥哥的年龄大(×一点儿)/그의 나이는 내 형의 나이 만큼 많지 않다. 2정도가 작음을 나타냄. 〔명사 앞에 쓰여 관형어가 됨〕◇我学过～汉语, 但是都忘了/나는 중국어를 조금 배웠었는데 모두 잊어 버렸다. 3명령문의 술어 앞에 쓰여 정도가 심하지 않음을 나타냄. 〔'一'는 생략할 수 있음〕◇快～走, 要迟到了!/좀 빨리 가자, 지각하겠어! 4'V+得+정도보어' 구조에서는 정도보어 뒤에 쓰임. ◇你明天能来得早～吗?/내일 좀 일찍 올 수 있니? 5형 '不', '没'앞에 쓰여 전체부정을 나타냄. ◇昨天的作业他一～没做/그는 어제 숙제를 조금도 하지 않았다.

【一丁点儿－정점아】yīdīngdiǎnr 〈수량〉아주 조금. (同)〔小 xiǎo 不点儿〕, (反)〔硕大无朋 shuò dà wú péng〕

★【一定－정】yīdìng 1〈형〉정해진. 일정한. ◇按照～的规格进行生产/규격에 따라 생산을 한다. 2〈형〉고정 불변의. 필연적인. ◇文章的深浅跟篇幅的长短, 并没有～关系/문장의 깊이는 편폭의 장단과 필연적인 관계가 없다. 3〈부〉반드시. 꼭. 어떤 일이 있더라도. 틀림없이. ◇我们的目的～能够达到/우리의 목적은 반드시 달성할 수 있다.

◇六点前我～回家/6시 전에 난 꼭 집에 간다. 비교 一定:总是:总得 ①늘 나타나는 상황은 "一定"을 쓰지 않는다. ◇那个同学(×一定)总是迟到, 真没办法/저 학생은 늘 지각한다. 정말 어쩔 도리가 없다. ②대략적인 예측은 "一定"을 쓰지 않는다. ◇台风来的时候, 损失很大, (×一定)总得死七八个人/태풍이 왔을 때 손실이 커 대개 7,8명이 죽는다. 4영특정하다. ◇～的文化是～社会的政治和经济的反映/특정한 문화는 특정한 사회의 정치와 경제의 반영이다. 5영어느 정도의. 상당한. 꽤. ◇水平有～的提高/수준이 상당히 향상되었다.

【一定之规─정지규】yīdìng zhī guī 일정한 규칙. (喩)이미 정해진 생각.

【一动一动─동일동】yīdòng (～儿)툭하면. 걸핏하면. ◇～就器/걸핏하면 운다.

*【一度─도】yī dù 1일 회(1回). 한 번. ◇一年～的春节又到了/일 년에 한 번 있는 설날이 또 다가왔다. 2한 때. 한동안. ◇他～休学/그는 한 동안 휴학했었다.

【一端─단】yī duān 영1(물건의) 한 쪽. 한 끝. 2.(일의) 한 면(面).

【一…而…─이…이…】yī…ér… (각각 동사 앞에 붙어서) 앞의 동작의 결과가 즉시 발생함을 나타냄. ◇一扫而光/말끔히 쓸어버리다. ◇一怒而去/화가 나서 나가버렸다.

【一而再, 再而三─이재, 재이삼】yī ér zài, zài ér sān 〈成〉몇번이고 되풀이하여.

【一二─일이】yī'èr 한두 개. 약간. 조금. ◇略知～/약간 압니다. 〔겸손한 말〕

【一…二…─일…이…】yī…èr… 완전히 …하다. 〔2음절 형용사 앞에 쓰여서 그 의미를 강조함〕◇他把饭菜吃了个一干二净/그는 요리를 남김 없이 먹어 치웠다.

【一发─발】yīfā 영1점점. 더욱 더. ◇他不来, 这件事～难办了/그가 안 오면 이 일은 더욱 처리하기가 어렵다. 2함께. 한꺼번에.

【一发千钧─발천균】yī fà qiān jūn 〈成〉한 가닥의 머리털에 3만 근이나 되는 무거운 물건이 매달려 있다. 위기 일발. (同)〔千钧一发〕

*【一帆风顺─범풍순】yī fān fēng shùn 〈成〉순풍에 돛을 달다. 일이 순조롭게 진행되다. (同)〔顺水行舟 shùn shuǐ xíng zhōu〕, (反)〔一波三折 yī bō sān zhé〕

【一反常态─반상태】yī fǎn cháng tài 〈成〉평소의 태도와 판이하다. 태도를 싹 바꾸다.

☆【一方面…一方面…─방면…일방면…】yīfāngmiàn…yīfāngmiàn… 쪹한편으로 …하면서〔하다〕. 〔주로 추상적인 묘사에 쓰인

다. 뒤에는 '又', '也', '还'와 호응한다〕◇～要照顾孩子, ～又要照顾老人, 她很辛苦/그녀는 애 보랴 노인 돌보랴 고생이 많다. 비교一方面…一方面:一边…一边 두 가지 동작이 동시에 진행될 때는 "一方面…一方面"을 쓰지 않는다. ◇他们(×一方面)一边走, (×一方面)一边谈/그들은 가면서 이야기 나눈다.

【一分为二─분위이】yī fēn wéi 1〈哲〉어떤 사물에든 대립되는 양면이 있다는 말. 2두 측면에서 관찰하고 생각하다.

【一风吹─풍취】yīfēngchuī (同)〔一笔勾销 yī bǐ gōuxiāo〕

*【一概─개】yīgài 쪹전부. 모두. 일률적으로. ◇过期～作废/기한이 지나면 모두 폐기한다.

*【一概而论─개이론】yīgài ér lùn 〈成〉획일적으로 논하다. 〔주로 부정문에 쓰임〕◇人各有各的个性, 不能～/사람마다 제 나름대로 개성이 있는데 획일적으로 논하면 안 된다.

【一干─간】yīgān (어떤 사건과 관계가 있는) 모든 사람.

*【一干二净─간이정】yī gān èr jìng 〈成〉깨끗이. 모조리. 깡그리. ◇把地扫得～/바닥을 깨끗이 청소했다.

【一个─개】yī·ge 䧺영하나. 〔수사 '一'와 양사 '个'가 결합한 수량사 형태로 명사 앞에서 관형어가 되어 사물의 수량을 나타낸다〕◇～孩子/애 한 명. ◇～苹果/사과 하나. 주의임의로 가리키는 사람이나 사물에는 '一个'의 수식을 받지 않는다. ◇他一见到(×一个)姑娘就很紧张/그는 처녀만 보면 긴장된다. 비교一个:一件 "事情"의 양사는 "一件"을 쓴다. ◇她做了(×一个)一件愚蠢的事情/그녀는 어리석은 짓을 하나 하였다.

【一个巴掌拍不响─개 파장박불향】yī·ge bāzhang pāi·bù xiǎng 〈諺〉외손뼉은 울지 못한다. 싸움은 한 쪽의 잘못으로 일어나지 않는다.

*【一个劲儿─개경아】yī·gejìnr 계속. 시종일관. 줄곧. 한결같이. ◇大风～地刮/폭풍이 계속 불고 있다. 비교一个劲儿:一个心眼儿:痛痛快快 一股脑儿 ①"一个劲儿"는 술어로 쓰이지 않는다. ◇他总是(×一个劲儿)一心眼儿, 很诚实/그는 사람을 대할 때는 늘 같은 마음으로 대하고 성실하다. ②"一个劲儿"는 "了"가 있는 동사 술어문에 쓰이지 않는다. ◇我(×一个劲儿)痛痛快快骂了他一顿/나는 실컷 그를 한바탕 욕했다. ③동사가 결과보어를 가지면 "一个劲儿"을 쓰지 않는다. ◇我(×一个劲儿)一股脑儿地把包子都吃完了/

난 만두를 몽땅 먹어 치웠다.

【一个萝卜一个坑儿-개라복일개항아】yī·ge luó·bo yī·gě kēngr〈諺〉수가 정해져 있어서 융통이 불가능하다. 각자 자기 책무나 직책이 있다.

【一个心眼儿-개심안아】yī·ge xīnyǎnr **1**한 마음으로. **2**고지식하다. 융통성이 없다.

★【一共-공】yīgòng 몡뭐합계하여 전부. 모두. ◇~多少人?/모두 몇 사람인가?

【一股劲儿-고경아】yīgǔjìnr 뭐단숨에. 한 달음에.

【一股脑儿-고뇌아】yīgūnǎor 뭐완전히. 남김없이. (同)〔通 tōng 通〕 비교一股脑儿: 一个劲儿 연속되는 것에는 "一股脑儿"를 쓰지 않는다. ◇雨一个劲儿(×一股脑儿)地下, 地上到处积满了水/비가 계속 내려서 땅의 도처에 물이 홍건이 고였다.

【一鼓作气-고작기】yī gǔ zuò qì〈成〉단숨에 일을 해치우다.

*【一贯-관】yīguàn 똉일관되다. ◇~政策/일관된 정책. (反)〔偶尔 ǒu'ěr〕 비교一贯:一直 "一贯"은 수식하는 동작은 과거부터 현재까지이며 미래는 나타낼 수 없다. ◇照这样的速度(×一贯)一直写下去, 年底一定能完稿/이런 속도로 계속 써 나간다면 연말에는 꼭 탈고할 수 있다.

【一棍子打死-곤자타사】yī gùn·zi dǎ sǐ 일격에 해치우다.〈轉〉(분석하지 않고) 전면 부정하다.

【一锅端-과단】yī guō duān 남비째 가져오다.〈轉〉몽땅 없애다. 각기 할 것을 다하다.

【一锅粥-과죽】yī guō zhōu 한 냄비의 죽.〈喩〉뒤범벅. 뒤죽박죽.

【一锅煮-과자】yī guō zhǔ〈喩〉구별하지 않고 마구 처리하다.

【一国三公-국삼공】yī guó sān gōng〈成〉한 나라에 세 임금. 구구한 의견. 권력이 분산되다. (反)〔一统天下 yītǒng tiānxià〕

【一呼百应-호백응】yī hū bǎi yìng〈成〉한 사람의 제창에 많은 사람이 동조하다. 호응하는 사람이 많음의 비유.

【一忽儿-홀아】yīhūr〈方〉(同)〔一会 huì 儿〕

【一晃-황】yīhuǎng(~儿)통빛을치다. 얼핏 (스치다).

【一晃-황】yīhuàng 뭐어느덧. 어느새.

★【一会儿-회아】yīhuìr **1**잠시. 잠깐. ◇请等~/잠시 기다리세요. 주의a)동목구조에서 목적어가 일반명사이면 '一会儿'은 그 목적어 앞에 온다. ◇谈一会儿话/잠시 이야기하다. b)동사중첩 뒤에는 시간보어인 '一会儿'을 쓰지 않는다. ◇我们出去玩玩(×一会儿)好吗?/우리 좀 놀러 나갈래? c)목적어가 사람이거나 인칭대명사

이면 '一会儿'은 목적어 앞·뒤에 다 올 수 있음. ◇你等小王一会儿=你等一会儿小王/너 미스 왕을 잠시 기다려. **2**지속성이 없는 동작의 동사 뒤에 쓰여 말하는 시간까지의 지나간 시간을 나타냄. ◇他出去~了/그는 나간 지 좀 되었다. **3**두 개의 뜻이 상반되는 말 앞에 쓰여 두 가지의 상황이 바뀌어 나타나는 것을 나타냄. ◇天气~晴~阴/날씨가 개였다 흐렸다 한다.

【一己-기】yījǐ 똉자기. 자신. 자기 한 몸. (同)〔个人 gèrén〕, (反)〔大众 dàzhòng〕

*【一技之长-기지장】yī jì zhī cháng〈成〉(개인적) 특기.

【一家人-가인】yījiārén 똉한 집안 식구.

【一家之言-가지언】yī jiā zhī yán〈成〉일가견. 권위자의 독자적인 견해나 논설.

【一见如故-견여고】yī jiàn rú gù〈成〉처음 만난 사람끼리 십년지기처럼 친해지다. 처음 만남에서 의기 투합하다. (同)〔倾盖如故 qīng gài rú gù〕, (反)〔白头如新 bái tóu rú xīn〕

【一见钟情-견종정】yī jiàn zhōngqíng〈成〉남녀가 첫눈에 반하다.

【一箭双雕-전쌍조】yī jiàn shuāng diāo〈成〉일석 이조. 일거 양득. (同)〔一举两得 yī jǔ liǎng dé〕

【一经-경】yījīng 뭐일단〔한번〕…하면…. 하자마자.

【一径-경】yījìng 뭐**1**똑바로. 곧장. **2**줄곧. 계속.

★【一…就…-…취…】yī…jiù… **1**…하면 곧.〔하나의 행동이나 상황이 곧바로 뒤이어 일어남을 나타냄〕◇一学就会/배우면 곧 알다. ◇这情况她一看就明白了/이 상황을 그녀가 보고 곧 이해했다. **2**…하기만 하면 …하다.〔어떤 조건이 구비되면 반드시 어떠한 결과가 생김을 나타냄〕◇一说就成/말하기만 하면 이루어진다. ◇我一教他就会了/내가 가르치기만 하면 바로 할 줄 안다.

*【一举-거】yījǔ **1**일거. 한 번의 동작. ◇多此~/부질 없는 짓을 하다. **2**뭐일거에. 단번에. ◇~捣毁敌人的巢穴 cháoxué/일거에 적의 소굴을 괴멸시켰다.

【一举两得-거량득】yī jǔ liǎng dé〈成〉일거양득.

【一蹶不振-궐불진】yī jué bù zhèn〈成〉한 번 넘어져서 다시 일어나지 못하다. 한번의 실패로 재기하지 못하다. (反)〔东山再起 dōng shān zài qǐ〕

【一刻-각】yīkè 똉**1**잠시. 잠깐. **2**15분.

【一空-공】yīkōng 아무 것도 없다. 텅 비다. 전무하다.

【一孔之见－공지견】yī kǒng zhī jiàn〈成〉구멍을 통해 보는 것 같은 좁은 식견.〔겸양어(謙讓語)로 많이 쓰임〕(同)〔井蛙之见 jǐng wā zhī jiàn〕, (反)〔远见卓识 yuǎn jiàn zhuó shí〕

【一口－구】yīkǒu 1[형](말의 억양이나 발음 따위가) 순수한. 순. ◇他说～流利的中国话/그는 중국어를 유창하게 한다. 2[부]일언지하에. 한 마디로. ◇他～拒绝了/그는 한 마디로 딱 잘라 거절했다. 3식구수를 나타냄.〔관형어로 쓰이며 '的'를 쓰지 않음〕 ◇父母都去世了, 现在只剩我～人/부모님은 모두 돌아가시고 현재 나 혼자만 남았다.

⁑【一口气－구기】yī kǒu qì (～儿)1한숨. ◇只要他还有～, 就要尽力抢救/그가 한 숨이라도 붙어 있으면 전력을 다해 구조해야 한다. 2단숨에. ◇～跑到家/단숨에 집까지 뛰어 갔다.

★【一块儿－괴아】yīkuàir 1[명]같은 곳. ◇他俩过去在～上学, 现在又在～工作/그들 두 사람은 옛날 같은 곳에서 공부했고, 지금은 또 같은 곳에서 일하고 있다. 2[부]함께. 같이. ◇这个问题最好～研究/이 문제는 되도록이면 같이 연구하는 것이 좋다.

【一来二去－래이거】yī lái èr qù〈成〉내왕·접촉이 계속되는 가운데〔시간이 흐르면서〕. 차츰차츰. ◇我和小王工作上经常接触, ～成了要好的朋友/나는 미스 왕과 업무상 자주 만나는 가운데 친한 친구가 되었다.

【一览－람】yīlǎn [명]일람. 편람.

【一览表－람표】yīlǎnbiǎo [명]일람표.

【一揽子－람자】yīlǎn·zi [형]일괄의. 전부의.

【一劳永逸－로영일】yī láo yǒng yì〈成〉한번 고생으로 영원히 편해지다.

【一力－력】yīlì [명]온 힘. 전력.

【一例－례】yīlì [부]일률적으로.

⁑【一连－련】yīlián [부]계속해서. 연이어. ◇今天～运到了四五批货/오늘 잇따라 네·다섯 번의 화물이 도착했다.

【一连串－련천】yīliánchuàn [형]일련의. 계속 이어지는.

【一连气儿－련기아】yīliánqìr (同)〔一连〕

【一了百了－료백료】yī liǎo bǎi liǎo〈成〉한 가지 중요한 일이 끝나면 나머지 모든 일이 다 정리된다. 1중요 사항이 해결되면 나머지도 따라서 해결된다. 2한번 죽으면 모든 일이 끝이다.

【一鳞半爪－린반조】yī lín bàn zhǎo〈成〉용의 비늘 한 조각과 발톱 반쪽. 사물의 극히 작은 일부분이나 단편적인 것. (同)〔东鳞西爪 dōng lín xī zhǎo〕, (反)〔完整无缺 wán zhěng wú quē〕

【一零儿－령아】yīlíngr [명]〈方〉나머지. 우수리. 자투리. 부스러기. (同)〔零头 tóu〕

【一流－류】yīliú [명]1같은 부류. 동류. 2일류.

【一溜儿－류아】yīliùr 1[명]부근. 근처. 2[수량]일렬. 한 줄로 늘어선 것.

【一溜歪斜－류왜사】yīliù- wāixié〈方〉비틀거리며 걷다.

【一溜烟－류연】yīliùyān (～儿)연기처럼 재빨리.

【一路－로】yīlù 1[명]가는〔오는〕 길 내내. 2[명]동류. 같은 부류. 3[부]함께. 모두. 4[부]〈方〉계속해서.

⁑【一路平安－로평안】yī lù píngān〈成〉가시는 길 평안하시길 빕니다.

⁑【一路顺风－로순풍】yī lù shùn fēng〈成〉1가시는 길이 순조로우시길 빕니다. 2하는 일이 모두 순조롭다〔순조로우시길 빕니다〕.

*【一律－률】yīlǜ 1[형]일률적이다. 한결같다. ◇千篇～/〈成〉천편 일률적이다. 2[부]일률적으로. 한 가지로. ◇每个人应该～平等/모든 사람은 평등해야 한다.

【一落千丈－락천장】yī luò qiān zhàng〈成〉일순간에 천장이나 떨어지다. (명예·지위·시세 따위가) 급격히 전락하다. (反)〔一步登天 yī bù dēng tiān〕

【一马当先－마당선】yī mǎ dāng xiān〈成〉전쟁터에서 말을 채찍질하여 맨 앞에 나서서 돌격하다. 앞장서다.

【一马平川－마평천】yī mǎ píngchuān〈成〉말이 마음껏 달릴 수 있는 드넓은 평지. (反)〔高低不平 gāo dī bù píng〕

【一脉相传－맥상전】yī mài xiāng chuán〈成〉한 계통으로 이어 내려오다.〔혈통이나 유파 따위에 대하여 씀〕(同)〔一脉相承 chéng〕

*【一毛不拔－모불발】yī máo bù bá〈成〉털 한 가닥도 안 뽑힌다. 지독하게 인색하다. (反)〔博施济众 bó shī jì zhòng〕

【一面－면】yī miàn 1(～儿)[명](물체의) 한 면. 2[명]한 방면. 한 측면. 3[접]…하면서 …하다.〔두 가지 이상 동작이 동시에 진행됨을 나타내며 문어에 씀〕 ◇他～听, ～应, ～扣衣服/그는 들으면서 대꾸하며 옷 단추를 잠궜다.

【一面儿理－면아리】yīmiànrlǐ 어느 한쪽만의 이치.

【一面之词－면지사】yī miàn zhī cí〈成〉어느 한쪽만의 주장.

【一面之交－면지교】yī miàn zhī jiāo〈成〉한번 만나 얼굴이나 아는 사이.

【一鸣惊人－명경인】yī míng jīng rén〈成〉(새가) 한번 울면 사람을 놀라게 한다. 평범한 사람이 한번 일에 손을 대면 놀라

울 정도로 훌륭하게 해내다.

【一命呜呼―명오호】yī mìng wūhū 〈成〉일
순간 한 목숨 사라지다. 죽다. 〔해학·풍
자적인 뜻이 포함됨〕

【一模一样―모일양】yī mú yī yàng 〈成〉모
양 똑같다. (同)〔毫无二致 háo wú èr
zhì〕, (反)〔迥然不同 jiǒng rán bù tóng〕

【一木难支―목난지】yī mù nán zhī 〈成〉나
무 한 그루로도 지탱하기 어렵다. (큰 일
따위를) 혼자서는 감당할 수가 없다.

【一目了然―목료연】yī mù liǎorán 〈成〉일
목 요연하다. (反)〔雾里看花 wù lǐ kàn
huā〕

【一目十行―목십행】yī mù shí háng 〈成〉10
행을 한 눈에 읽다. 책을 읽는 속도가 매
우 빠르다.

【一年到头―년도두】yī nián dào tóu (〜
儿)일년 내내.

【一年生―년생】yīniánshēng 〈植〉일년생.
한해 살이.

【一念之差―념지차】yī niàn zhī chā 〈成〉
생각 하나의 잘못(으로 나쁜 결과를 가
져옴).

【一诺千金―낙천금】yī nuò qiān jīn 〈成〉한
번 한 약속은 천금과 같다. (同)〔言而有
信 yán ér yǒu xìn〕, (反)〔出尔反尔 chū ě
r fǎn ěr〕

【一拍即合―박즉합】yī pāi jí hé 〈成〉한 박
자에 들어맞다. (서로의 의견이) 단번에
일치하다. 〔부정적으로 많이 쓰임〕 (反)
〔方枘圆凿 fāng ruì yuán záo〕

【一盘棋―반기】yī pán qí 1장기〔바둑〕한
판. 2〈喩〉전체가 하나로 연계되는 것.

【一盘散沙―반산사】yī pán sǎn shā 〈成〉
쟁반에 흩어진 모래. 결속력이 결여된 오
합지중. (反)〔团结一致 tuánjié yī zhì〕

**【一旁―방】yīpáng (同)〔旁边 biān〕

【一偏―편】yīpiān 한쪽으로 치우친. 편향
된.

【一片冰心―편빙심】yī piàn bīng xīn 〈成〉
명예나 부를 초월한 얼음 같은 순수한
마음.

【一瞥―별】yīpiē 1홀끗 한 번 보다. 2일
별. 한 번 눈으로 쓱 바라본 간단한 개관.

【一贫如洗―빈여세】yī pín rú xǐ 〈成〉씻은
듯이 가난하다. 가진 것이 하나도 없을 만
큼 가난하다. (同)〔一无所有 yī wú suǒ yó
u〕, (反)〔腰缠万贯 yāo chán wàn guàn〕

【一品锅―품과】yīpǐnguō 1火锅(신선로)
와 비슷하게 생긴, 음식을 끓이는 일종의
솥. 2위와 같은 것에 닭고기·오리고기·
돼지 허벅다리 고기 따위와 버섯을 넣고
함께 끓인 요리.

【一品红―품홍】yīpǐnhóng 〈植〉포인세터

아(poinsettia). 성성목.

【一暴十寒―폭십한】yī pù shí hán 〈成〉하
루 햇볕을 쪼이고 열흘 식히다. 꾸준히
하지 못하고 곧 그만두다. (反)〔持之以
恒 chí zhī yǐ héng〕

☆【一齐―제】yīqí 일제히. 동시에. ◇队伍
〜出动/대오가 일제히 출동했다.

★【一起―기】yīqǐ 1한 곳. 같은 곳. ◇坐在
〜/같이 앉아 있다. 2같이. 함께. ◇我
不跟他〜走/나는 그와 같이 가지 않겠다.
(同)〔一同 yītóng〕, (反)〔单独 dāndú〕 3
합해서. 모두해서. ◇这几件东西〜多少
钱?/이 물건들은 모두 얼마입니까?

【一气―기】yīqì 1(〜儿)단숨에. 단번에.
2잠시. 한바탕. 3〈貶〉한 패. 한통속.

【一气呵成―기가성】yīqì hē chéng 〈成〉일
을 단숨에 1막힘없이 글을 지어
내다. (反)〔零敲碎打 líng qiāo suì dǎ〕2
단숨에 일을 해치우다.

【一窍不通―규불통】yī qiào bù tōng 〈成〉한
구멍도 뚫리지 않다. 아무것도 모르다.
(反)〔无所不知 wú suǒ bù zhī〕

★【一切―절】yīqiè 1일체의. 모든. ◇克服
〜困难/모든 어려움을 극복하다. 2일
체. 모두. 온갖 것. ◇这里〜都好, 请放心
/여기는 모든 것이 다 좋으니 마음 놓으
십시오.

【一穷二白―궁이백】yī qióng èr bái 〈成〉바
탕도 없는 백지 상태다.

【一丘之貉―구지학】yī qiū zhī hé 〈成〉〈貶〉
한 언덕에 사는 담비. 한통속의 나쁜 놈.

【一人得道, 鸡犬升天―인득도, 계견승천】yī
rén dé dào, jī quǎn shēng tiān 〈諺〉
〈貶〉한 사람이 도를 깨치면 그가 기르던
닭이나 개까지도 승천한다. 한 사람이 득
세하면 주변 사람도 그 덕을 본다.

【一任―임】yīrèn (同)〔听 tīng任〕

【一仍旧贯―잉구관】yī réng jiù guàn 〈成〉
완전히 옛 관례를〔방법을〕따르다. (同)
〔因循守旧 yīn xún shǒu jiù〕, (反)〔破旧
立新 pò jiù lì xīn〕

【一日千里―일천리】yī rì qiān lǐ 〈成〉하루
에 천 리를 달리다. 몹시 빠르게 발전하
다. 〔老牛破车 lǎo niú pò chē〕

【一日三秋―일삼추】yī rì sān qiū 〈成〉(그
리움이 절실하여) 하루가 삼 년 같다.

【一日之雅―일지아】yī rì zhī yǎ 〈成〉불과
하루의 사귐. 별로 깊지 않은 교분.

【一如―여】yīrú …와 똑같다.

【一如既往―여기왕】yīrú jìwǎng 〈成〉지난
날과 다름 없다. ◇他们俩的交情〜/그들
둘의 교분은 전과 다름이 없다.

【一色―색】yīsè 1일색이다. 2(양식 따위
가) 완전히 같다.

【一霎一삽】yīshà 图〈早白〉삽시간. 순식간.

*【一身一신】yīshēn 1图일신. 한 사람. ◇独自~/혼자 몸. 2图온몸. 전신. ◇~是汗/온몸에 땀이다. 3(~儿)수량(의복) 한 벌. ◇~工作服/작업복 한 벌.

【一身两役一신량역】yī shēn liǎng yì〈成〉일인 이역을 하다.

【一身是胆一신시단】yī shēn shì dǎn〈成〉몹시 대담하다. (同)〔浑 hún 身是胆〕, (反)〔胆小如鼠 dǎn xiǎo rú shǔ〕

【一神教一신교】yīshénjiào 图〈宗〉일신교. (反)〔多 duō 神教〕

☆【一生一생】yīshēng 图일생. 평생. (同)〔一辈子 yībèi·zi〕

【一失足成千古恨一실족성천고한】yī shīzú chéng qiāngǔ hèn〈諺〉한번 발을 잘못 내디디면 천추의 한이 된다. 한번 잘못으로 평생을 후회하다.

☆【一时一시】yīshí 1图한때. 한 시기. 한동안. ◇只凭~的热情, 是不能把工作做好的/한때의 의욕만으로 일을 잘 할 수 없다. 2图잠시. 일시(一时). ◇这是~的和表面的现象/이것은 일시적이고 피상적인 현상이다. 비교一时:很快 속도가 빠르고 동작이 짧은 시간내 완성되면 “一时”를 쓰지 않는다. ◇他们(×一时)很快准备好了一顿饭给客人吃/그들은 빨리 밥 한 끼를 준비하여 손님에게 드시게 했다. 3갑자기. 얼른. ◇~想不起来/얼른 생각이 나지 않는다. ◇~高兴, 写了两首诗/일시적인 기쁨으로 시 두 수를 지었다. 4때로는 …(하고), 때로는 …(하다). ◇~好, ~坏, 病情一直很不稳定/병세가 좋았다 나빴다 계속 안정되지 못하고 있다. (同)〔时而 shí ér〕

【一时半会儿一시반회아】yī shí bàn huìr 잠깐 동안. 단기간.

【一时一刻一시일각】yī shí yī kè 시시각각. 언제나. (同)〔每每 时每刻〕, (反)〔天长地久 tiān cháng dì jiǔ〕

【一世一세】yīshì 图1일생(一生). 한평생. 2일대(一代). 당대. 그 시대.

【一事一사】yīshì 图〈方〉업무상 관계가 있고 같은 계통에 속하는 것.

【一事无成一사무성】yī shì wú chéng〈成〉한 가지의 일도 이루지 못하다. 아무 일도 성공하지 못하다.

【一视同仁一시동인】yī shì tóng rén〈成〉누구에게나 차별 없이 대하다. (反)〔厚此薄彼 hòu cǐ bó bǐ〕

*【一手一수】yīshǒu 1(~儿)图(솜씨·기능·기예의) 하나. 한 가지. ◇他有~好手艺/그는 손 재주가 뛰어나다. 2图재주. 솜씨. ◇这个篮球队在防守上很有~/이 농

구팀은 수비 능력이 뛰어나다. 3(~儿)图(한 가지) 수법. 계략. ◇你可不能跟我来这一/너는 내게 이런 수법을 써먹으면 안 된다. 4图무혼자(서). 단독(으로). ◇这是他~造成的错误/혼자 저지른 잘못이다. 비교一手:亲手 “一手”는 “干活”의 부사어로 쓰이지 않는다. ◇我心爱的外祖母(×一手)亲手干活儿/내 사랑하는 외할머니는 손수 일을 하신다.

【一手一足一수일족】yī shǒu yī zú〈成〉한두 사람의 미약한 힘.

【一手遮天一수차천】yī shǒu zhē tiān〈成〉한 손으로 하늘을 가리다. 권세를 믿고 대중의 이목을 속여 진상을 은폐하다.

【一水儿一수아】yīshuǐr 图〈方〉(복장·장식물 등이) 한결같은. 일률적인.

【一顺儿一순아】yīshùnr (방향이나 순서가) 가지런히. 한 줄로.

【一瞬一순】yīshùn 图순식간. 눈 깜짝할 사이.

【一丝一사】yīsī 수량한 오라기. 한 가닥.

【一丝不苟一사불구】yī sī bù gǒu〈成〉조금도 소홀히 하지 않다. 조금도 빈틈이 없다. (反)〔漫不经心 màn bù jīng xīn〕

【一丝不挂一사불괘】yī sī bù guà〈成〉실 한 오라기도 걸치지 않다.

【一丝一毫一사일호】yī sī yī háo〈成〉조금도. 털끝만큼도. 추호도.

【一死儿一사아】yīsǐr〈方〉한사코. 기어코.

【一似一사】yīsì (同)〔一如 rú〕

【一塌刮子一탑괄자】yītāguā·zi〈方〉1모두. (同)〔通 tōng 通〕 2모두 합쳐서.

【一塌糊涂一탑호도】yītāhútú 엉망진창이 되다. 뒤죽박죽이다. (反)〔十全十美 shí quán shí měi〕

【一潭死水一담사수】yī tán sǐshuǐ 깊은 못의 고인 물. 〈喩〉침체 상태〔국면〕.

【一体一체】yītǐ 图1일체. 한 덩어리. 2전부. 전체.

【一天一천】yī tiān 1하루. 1일. 2하루 낮. 3어느날. 〔‘有一天’의 뜻임〕 4〈方〉(하루) 종일. 온 종일.

【一天到晚一천도만】yī tiān dào wǎn〈成〉아침부터 밤까지. 온 종일. ◇~忙个不停/하루 종일 쉴 새 없이 바쁘다. (同)〔整 zhěng 天〕〔成 chéng 天〕

【一条龙一조룡】yītiáolóng 1용 한 마리. 〈喩〉긴 행렬. 장사진. ◇十字路口的许多汽车排成~/사거리의 많은 자동차가 장사진을 이루고 있다. 2〈喩〉생산 라인.

【一条藤儿一조등아】yītiáoténgr〈方〉한통속.

【一条心一조심】yī tiáo xīn 한마음. 같은 뜻.

☆【一同一동】yītóng 图같이. 함께. ◇~出发/함께 출발한다.

【一统一통】yītǒng 图통일하다.

Y

【一通一통】yītòng (～儿)量한 번. 한 바탕. ◇他们俩吵了～/그들 둘이 한 바탕 입씨름했다.

＊【一头一두】yītóu 1…하면서 …하다. ◇她～说，～笑，弄不清她说的是真话，还是开玩笑/그녀는 웃으면서 말하는데 그녀의 말이 참말인지 농담인지 분간할 수 없다. 2量곧장. ◇他一钻进了出租汽车，让司机快点儿往机场开/그는 택시에 곧장 들어가 운전기사에게 비행장으로 빨리 가라고 하였다. 3量갑자기. 뜻하지 않게. ◇正要走出电影院，～碰见了中学时的一个老同学/막 극장에서 나오다가 뜻하지 않게 중학교 때 옛 동창과 마주쳤다. 4量곤두박이로. ◇他回到家里，～倒在床上便睡着了/그는 집에 돌아와 침대에 벌렁 눕자마자 잠들었다. 5(～儿)量한 쪽(끝). ◇扁担的～挑着篮子，另一～挂着水罐/멜대의 한쪽 끝에는 바구니를 달아 메고 다른 한쪽 끝에는 물통을 달아 멨다. 6量머리 하나의 높이. ◇他比我高～/그는 나보다 머리 하나 만큼 키가 크다. 7(～儿)量같은 편. ◇昨天玩牌，我们俩是～/어제 카드놀이를 할 때 우리 두 사람이 같은 편이었다. 8量[方]함께. ◇他们是～来的/그들은 함께 왔다.

【一头儿沉一두아침】yītóuchén [方]1器서랍이 한 쪽에만 있는 사무용 책상. 2편들다. 역성 들다.

【一团和气一단화기】yī tuán héqì 화기 애애하다. (轉)(원칙없이) 그저 좋게 지내다. 두리뭉실하다.

【一团漆黑一단칠흑】yī tuán qīhēi (同)〔漆黑一团〕, (反)〔光芒万丈 guāng máng wàn zhàng〕

【一团糟一단조】yītuánzāo 엉망이다. 뒤죽박죽이다.

【一退六二五一퇴육이오】yī tuì liù èr wǔ 주산 구구법의 하나. 〔1을 16으로 나누면 0.0625가 됨〕(轉)책임을 회피〔전가〕하다. 일에서 손을 털다.

【一网打尽一망타진】yī wǎng dǎ jìn 〈成〉일망 타진하다. 한꺼번에 모조리 잡다.

【一往情深一왕정심】yī wǎng qíng shēn 〈成〉(사람이나 물건에) 흠뻑 반하다. (反)〔无情无义 wú qíng wú yì〕

【一往无前一왕무전】yī wǎng wú qián 〈成〉(어려움을 두려워하지 않고) 용감하게 나아가다. (同)〔勇往直前 yǒng wǎng zhí qián〕, (反)〔畏缩不前 wèi suō bù qián〕

【一望无际一망무제】yī wàng wú jì 〈成〉끝없이 넓다.

【一味一미】yīwèi 量그저. 오로지. 외 으

로. 어디까지나. ◇～推托/그저 미루기만 하다. 注의ʻ专 zhuān 门ʼ과는 달리 부정적인 문맥에서 쓰임.

【一文不名一문불명】yī wén bù míng 〈成〉무일푼이다.

【一窝蜂一와봉】yīwōfēng 한 떼의 벌들. 벌집을 쑤신 것 같은 소란. ◇那些人～地诵来/그 사람들은 벌떼처럼 몰려왔다.

【一无一무】yīwú 하나도[조금도] 없다. 전혀 없다. ◇～所知/아는 바가 전혀 없다.

【一无是处一무시처】yī wú shì chù 〈成〉하나도 옳은 곳이 없다. 맞는 것이 하나도 없다. (反)〔无可指责 wú kě zhī zé〕

【一无所有一무소유】yī wú suǒ yǒu 가진 것이 하나도 없다. ◇这个赌徒终于输得～/그 도박꾼은 마침내 몽땅 잃었다. (同)〔身无分文 shēn wú fēn wén〕, (反)〔应有尽有 yīng yǒu jìn yǒu〕

【一五一十一오일십】yī wǔ yī shí 〈成〉처음부터 끝까지. 낱낱이. 일일이. (同)〔元元本本 yuányuán běnběn〕, (反)〔掐头去尾 qiā tóu qù wěi〕

【一物降一物一물강일물】yī wù xiáng yī wù 〈諺〉하나가 다른 하나를 제압하다. 뛰는 놈 위에 나는 놈이 있다.

【一息尚存一식상존】yī xī shàng cún 〈成〉아직 목숨이 붙어 있다.

【一席话一석화】yī xí huà (상대에게) 한 말들.

＊＊【一系列一계열】yīxìliè 일련의. ◇改革使这个厂发生了～变化/개혁으로 그 공장이 일련의 변화가 일어났다.

＊【一下一하】yīxià (～儿)量1한 번. 조금. 〔동사 뒤에 보어로 쓰여 시간적으로 짧거나 어떤 동작을 시도해본다는 것을 나타냄〕◇打听～/좀 알아보다. ◇商量～/상의하다. 注의a)소리내는 횟수에는 ʻ一下ʼ를 쓰지 않는다. ◇他站起来，"哎呀"(×一下)一声就走了/그는 일어나서 아이구 하며 가 버렸다. b)동작의 방향이나 결과를 나타낼 때는 ʻ一下ʼ를 쓰지 않는다. ◇她就让他坐(×一下)下休息休息/그녀는 그에게 앉아서 쉬게 했다. c)어떤 일을 해본다는 것을 나타낼 때는 ʻ一下ʼ를 써야 한다. ◇我来自我介绍～，我姓王/제 소개를 한번 하겠습니다. 저는 왕씨입니다. 2갑자기. 순간. 단번에. ◇老师一来，教室里～静下来了/선생님이 오자 교실 안이 순간 조용해졌다.

☆【一下子一하자】yīxià·zi 量당장. 갑자기. ◇天～冷了/날씨가 갑자기 추워졌다.

【一线一선】yīxiàn 1器일선. 제일선. 2器최전방. 3수량한 가닥.

【一相情愿一상정원】yī xiāng qíng yuàn

〈成〉(양쪽이 관계된 일에서 상대를 고려하지 않고) 일반적이다. (反)〔两相情愿 liǎng xiāng qíngyuàn〕

✻【一向一향】yīxiàng **1**명요즘. 근간. 근래. 최근. 〔주로 '这'와 함께 쓰임〕◇这~进步不小吧?/최근 많이 향상되었죠? **2**명지난 한때. ◇前~雨水多/지난 번 비가 많이 왔다. **3**부(이전부터 오늘까지) 줄곧. 내내. ◇他对工作~认真/그는 일에 대해 줄곧 열심이다. 비교一向:一直:正 ①"一向"은 변화가 없는 행위나 습관을 강조한다. "一直"은 동작상태의 연속성을 강조한다. ◇他从早上(×一向)一直打网球/그는 아침부터 계속 테니스를 치고 있다. ②"一向"은 현재만을 한정해서 말하지 않는다. ◇我到他家时, 他(×一向)正看着书/내가 그의 집을 갔을 때 그는 책을 보는 중이었다.

【一小撮一소촬】yīxiǎocuō **1**양(~儿)한 움큼. 한 줌. **2**명극소수의.

【一小儿一소아】yīxiǎor 〈方〉어려서부터.

【一笑置之一소치지】yī xiào zhì zhī〈成〉일소(一笑)에 부치다. 웃어 넘기다.

★【一些一사】yīxiē 수량 **1**약간. 얼마간(의). 〔일정하지 않은 수량〕◇这些活儿你做不完, 分~给我/이 일을 다 할 수 없으면 약간 내게 나누어 주세요. **2**몇 가지. 〔한 종류나 한번에 그치지 않음을 나타냄〕◇他曾担任过~重要的职务/그는 이전에 몇 가지 중요한 직책을 맡은 적이 있다. **3**형용사나 동사 등의 뒤에 위치해 '약간'의 뜻을 나타낸다. ◇好~/좀 좋아졌다. ◇留神~/좀 주의하다.

【一泻千里一사천리】yī xiè qiān lǐ〈成〉일사천리. **1**물이 힘차게 멀리까지 흘러가다. **2**일이 순조롭게 진행되다. **3**글·구변이 거침없다.

【一蟹不如一蟹一해불여일해】yī xiè bùrú yī xiè〈成〉갈수록 더 못하다.

✻【一心一심】yīxīn **1**동마음을 같이하다. 마음이 일치하다. ◇全国~/전국민이 한마음이다. (同)〔齐 qí 心〕,〔二 èr 心〕**2**명한마음. 한뜻. 오로지. ◇他~想上大学/그는 오로지 대학에 가고 싶어한다. (同)〔专 zhuān 心〕, (反)〔无 wú 心〕

【一心一德一심일덕】yī xīn yī dé〈成〉한마음 한뜻이 되다. (同)〔同心同德 tóng xīn tóng dé〕, (反)〔离心离德 lí xīn lí dé〕

【一心一意一심일의】yī xīn yī yì〈成〉전념하여. 일념으로. ◇全心全意 quán xīn quán yì〕, (反)〔三心二意 sān xīn èr yì〕

【一星半点儿一성반점아】yīxīngbàndiǎnr 아주 조금. 약간.

【一星儿一성아】yīxīngr (同)〔一星半 bàn 点儿〕

【一行一행】yīxíng 명일단. 일행. ◇参观团~/참관단 일행. (同)〔一群 qún〕

【一言蔽之一언폐지】yī yán bì zhī〈成〉한마디로 개괄하다.

【一言既出, 驷马难追一언기출, 사마난추】yī yán jì chū, sì mǎ nán zhuī〈成〉한번 입 밖에 낸 말은 사두 마차로도 따라잡을 수 없다. 한번 입 밖에 낸 말은 다시 주워담을 수 없다. 〔약속을 꼭 지켜야 한다는 뜻〕

【一言堂一언당】yī yán táng **1**옛날, 편액(扁額)에 써서 상점의 문 위에 걸어 '에누리 없음'을 나타내던 글. **2**(남의 의견을 들으려 하지 않고) 자기 말만을 고집하다. 비민주적이다. (反)〔群言堂 qúnyántáng〕

【一言为定一언위정】yī yán wéi dìng〈成〉(말)한 마디로 정하다. 딴 말 없기다. (同)〔说一不二 shuō yī bù èr〕, (反)〔出尔反尔 chū ěr fǎn ěr〕

【一言以蔽之一언이폐지】yī yán yǐ bì zhī (同)〔一言蔽之〕

【一氧化碳一양화탄】yīyǎnghuàtàn 명〈化〉일산화탄소.

★【一样一양】yīyàng **1**형같다. 동일하다. ◇我买的伞和你的~/내가 산 우산은 네 것과 같다. ◇谁去都~/누가 가든 다 같다. (同)〔相同 xiāngtóng〕, (反)〔两 liǎng 样〕**2**형흡사하다. 비슷하다. ◇过着牛马~的生活/마소와 같은 생활을 하다. **3**跟(和, 如同, 像, 好像)…一样'의 구조로 쓰이며 비유에 쓴다. ◇车在高速公路上行驶像飞~/차가 고속도로에서 나는 것처럼 질주하고 있다.

【一…要…上(到)…—…요…상(도)】yī…yào…shàng(dào)〈口〉…하면 얼마나 더…해야 하는지. 〔동작이 한번 발생하면 긴 시간 지속됨을 나타냄〕◇女朋友来信说结婚的事再等等等, 不知这一等要等上几年/여자 친구가 답장에 결혼문제를 좀 더 기다려 보자고 썼는데 이렇게 기다리면 몇 년을 더 기다려야 할지 모른다.

☆【一…也…一…야…】yī…yě… **1**부정문에 쓰여 강조를 나타냄. ◇他一个汉字也不认识/그는 중국어를 한 자도 모른다. 주의一…也…' 구조는 목적어를 강조하므로 목적어는 '一'와 '也' 사이에 위치해야 함. ◇我来中国的时候一句汉语也不会说(×汉语)/내가 중국에 왔을 때 중국어를 한마디도 할 줄 몰랐다. **2**주어나 목적어를 강조할 때 '一' 앞에 '连'을 씀. ◇都快八点了, 连一个人也没来/벌써 8시가 되어 가는데 한 사람도 오지 않았다. 주의부사어를 강조할 때는 '一' 앞에 '连'을 쓰지 않

음. ◇我没穿大衣，但(×连)一点儿也不觉得冷/나는 외투를 입지 않았지만 조금도 춥지 않다.

【一叶蔽目―엽폐목】 yī yè bì mù 〈成〉나뭇잎 하나가 눈을 가리다. 문제의 일부만 보고 전체를 보지 못하다. 일시적인 현상에 미혹되어, 근본적인 문제를 못 보다.

【一叶知秋―엽지추】 yī yè zhī qiū 〈成〉나뭇잎 하나가 떨어지는 것을 보고 가을이 왔음을 알다. 작은 징조로 장래의 정세의 변화를 미리 짐작하다.

**【一一―일일】 yīyī 하나하나. 일일이. ◇没时间―介绍/일일이 소개할 시간이 없다. ◇～记在心里/하나하나 마음속에 기억하다.

【一…一…―일…일…】 yī…yī… 1동의어·유의사·반의어 앞에 쓰여 전체 또는 수량이 적음을 나타낸다. ◇他一心一意想当一个作家/그는 오로지 작가를 하고 싶어한다. ◇～草～木/풀 한 포기 나무 한 그루도. 2a)반대되는 명사 앞에 쓰여 사물의 대비를 나타냄. ◇～薰 xūn ～莸 yóu/좋고 나쁨에 차이가 있음. b)관련되는 명사 앞에 쓰여 관계가 같다. ◇～本～利/본전과 이자가 같다. 3유의 동사 앞에 쓰여 연속되는 동작을 나타냄. ◇～瘸 qué～拐 guǎi/절룩절룩 걷다. 4대비되는 동사 앞에 각각 쓰여 두 동작이 잘 어울리거나 교체되어 나타남을 나타냄. ◇他们俩经常一问一答地练习会话/그들 두 사람은 자주 서로 묻고 대답하며 회화를 연습한다. 5상반된 방위사나 형용사 앞에 쓰여 상반된 방위나 상황을 나타냄. ◇她跑得上气不接下气, 胸脯一上一下不住地起伏着/그녀는 뛰어서 숨이 차 가슴이 계속 벌렁벌렁 뛰고 있다. ◇一长一短/하나는 길고 하나는 짧다. 6양사 앞에 각각 쓰여 차례대로 진행됨을 나타냄. ◇一遍一遍地试验着/계속해서 실험하고 있다.

【一衣带水―의대수】 yī yī dài shuǐ 〈成〉한 줄기 옷의 띠처럼 좁은 강이나 바다. 매우 가까운 거리에 있는 이웃(나라)를 나타냄.

【一意孤行―의고행】 yī yì gū xíng 〈成〉남의 의견을 듣지 않고 자기의 생각대로만 하다. 독선적이다. (同)〔孤行己见 gū xíng jǐ jiàn〕, (反)〔从善如流 cóng shàn rú liú〕

【一应―응】 yīyīng 휑모든. ◇～俱全/모든 것이 다 갖추었다.

【一隅―우】 yīyú〈文〉1휑구석. 2휑한쪽으로 치우친다.

【一隅三反―우삼반】 yī yú sān fǎn 〈成〉한 가지 일로 다른 것을 미루어 알다. 하나를 보고 열을 안다. (同)〔举 jǔ 一反三〕

【一语道破―어도파】 yī yú dào pò 〈成〉한마디로 정곡을 찌르다.

【一语破的―어파적】 yī yǔ pò dì 〈成〉한마디로 갈파하다. 한마디로 정곡을 찌르다.

【一元化―원화】 yīyuánhuà 휑동일원화(하다).

【一元论―원론】 yīyuánlùn 휑〈哲〉일원론. 모니즘(monism). 싱글러리즘.

【一再―재】 yīzài 휑여러차례. 거듭. ◇经过～申请, 他才得到一份奖学金/그는 여러 번 신청해서야 장학금을 받았다.

【一…再…―…재…】 yī…zài… …하고 또…하다. 〔동일한 단음절 동사를 써서 반복을 뜻함〕 ◇一错再错/틀리고 또 틀리다.

【一早―조】 yīzǎo 휑(～儿)1〈口〉이른 아침. 2이전. 옛날. ◇这是他现在的表现呢, 还是～就如比呢?/이것은 그녀의 지금의 태도이니, 아니면 예전부터 그랬니?

【一朝―조】 yīzhāo 휑1하루아침. 일시. 한때. 2(앞으로의) 어느 날. (同)〔一旦 dàn〕

【一朝一夕―조일석】 yī zhāo yī xī 〈成〉일조일석. 짧은 시간. (反)〔千秋万代 qiān qiū wàn dài〕

【一针见血―침견혈】 yī zhēn jiàn xiě 〈成〉한마디로 급소를 찌르다. (同)〔一语破的 yī yǔ pò dì〕, (反)〔言不及义 yán bù jí yì〕

【一枕黄粱―침황량】 yī zhěn huángliáng (同)〔黄粱梦〕

【一阵―진】 yīzhèn (～儿)수량한바탕. 일회. 〔동작이나 상황이 계속되는 시간〕 ◇～枪声/한바탕 총소리. ◇脸上红～, 白～/얼굴이 붉었다가 희었다가 하다.

【一阵风―진풍】 yīzhènfēng 1동작이 빠른 모습. 2〈喩〉하는 일이 오래가지 못함.

【一知半解―지반해】 yī zhī bàn jiě 〈成〉알 똥말똥하다. 수박 겉핥기. (同)〔似懂非懂 sì dǒng fēi dǒng〕, (反)〔融会贯通 róng huì guàn tōng〕

★【一直―직】 yīzhí 1위똑바로. 곧바로. ◇～走/똑바로 가다. ◇～往西走/서쪽으로 곧바로 가다. 2위계속해서. 연속해서. 내리. 줄곧. ◇我～在等你/난 줄곧 너를 기다렸다. ◇我们～配合得很好/우리는 줄곧 잘 협력해 왔다. (反)〔间或 jiànhuò〕 3범위를 강조할 때 씀. ◇全村老人～到小孩都非常亲切/마을 전체의 노인에서부터 어린 아이까지 모두 무척 친절하다.

【一纸空文―지공문】 yī zhǐ kōng wén 〈成〉효력이 없는 문서 조각.

【一致―치】 yīzhì 1휑휑일치(하다). ◇意见～/의견이 일치하다. 2위함께. 한결같이. ◇讨论会上大家～同意他的意见/토론회에서 그의 의견에 모두 동의했다.

【一掷千金―척천금】 yī zhì qiān jīn 〈成〉거액을 쾌척하다. (同)〔千金一掷 qiān jīn

yī zhì], (反)〔精打细算 jīng dǎ xì suàn〕

【一转眼－전안】yízhuǎnyǎn 图눈 깜짝할 사이. 삽시간. (同)〔一眨 zhǎ 眼〕

【一准－준】yīzhǔn 图꼭. 반드시.

【一字长蛇阵－자장사진】yī zì chángshézhèn 길게 늘어서서 장사진을 이룬 것.

【一字千金－자천금】yī zì qiān jīn 〈成〉일자천금. 문자나 시문이 더없이 훌륭하다.

【一字一板－자일판】yī zì yī bǎn 〈成〉한 마디 한 마디가 분명하다. (말이) 또박또박하고 조리있다.

【一总－총】yīzǒng 图(～儿)1총계. 합계. 도합. 2모두. 전부.

【伊】 亻部 | yī
4画 | 저 이

1조〈文〉문장의 앞에 또는 문장의 중간에 쓰여 어조(語調)를 고르는 말. ◇～谁之力?/(대체) 누구의 힘인가? 2때그. 그 여자. 〔5·4운동 전후의 문학작품에는 '伊'을 써서 여성을 가리켰으나 후에 '她'로 바꾸어 쓰게 됨〕3(Yī)图성(姓).

【伊甸园－전원】Yīdiànyuán 图에덴(Eden). 에덴 동산.

【伊人－인】yīrén 图〈文〉그 사람. 그녀. 〔주로 여성을 가리킴〕

【伊始－시】yīshǐ 图〈文〉그 시초.

**【伊斯兰教－사란교】Yīsīlánjiào 图〈宗〉이슬람교. 회교(回教).

【伊斯兰教历－사란교력】Yīsīlánjiàolì 图〈天〉이슬람력. 회교력(回教曆).

【伊于胡底－어호저】yī yú hú dǐ 〈成〉어느 지경까지 갈지 알 수가 없다. 〔바람직하지 않은 일의 발전에 대하여 씀〕

【咿(呀)】 口部 | yī
6画 | 글읽는소리 이

【咿唔－오】yīwú 图이오. 〔글 읽는 소리〕

【咿呀－아】yīyā 의1삐걱삐걱. 〔노 젓는 소리〕2응알응알. 〔아이가 말을 배우는 소리〕

【衣】 衣部 | yī
0画 | 옷 의

图1옷. 의복. ◇上～/상의. ◇内～/내의. 2커버. 씌우개. ◇炮～/대포 커버. 3〈生理〉포의(胞衣). (同)〔胞 bāo 衣〕4(Yī)성(姓).

【衣摆－파】yībǎi 图옷의 아래자락.

【衣包－포】yībāo 图옛날, 죽은 사람을 제사 지낼 때 불사르는 종이옷·종이돈이 따위를 넣는 종이 자루.

【衣胞－포】yī·bao 图〈生理〉포의(胞衣). (同)〔胞 bāo 衣〕

【衣钵－발】yībō 图〈佛〉스승이 제자에게 전수하는 가사와 바리때. 〈轉〉스승으로부터 전수받은 학술·기능 따위.

【衣不解带－불해대】yī bù jiě dài 〈成〉밤낮으로 고생하며 편안히 쉴 수 없다.

【衣兜－두】yīdōu (～儿)图호주머니.

★【衣服－복】yī·fu 图옷. 의복. ◇我还没穿过这种新潮的～/나는 아직 이런 최신 유행 의상을 입어 본 적이 없다.

【衣冠楚楚－관초초】yīguān chǔchǔ 〈成〉옷차림이 깔끔하고 맵시있다. (反)〔衣冠了鸟 yī guān liǎo niǎo〕

【衣冠禽兽－관금수】yīguān qínshòu 〈成〉〈貶〉금수같은 비열한 인간. 사람 탈을 쓴 짐승.

【衣冠冢－관총】yīguānzhǒng 图죽은 사람의 의관을 묻은 무덤. (同)〔衣冠墓 mù〕

【衣架－가】yījià 图1(～儿)옷걸이. 2옷맵시. 옷걸이. ◇他的～好, 穿上西装特别精神/그는 옷걸이가 좋아서 양복을 입으면 훤해 보인다.

【衣襟－금】yījīn 图옷의 앞섶.

【衣料－료】yīliào 图(～儿)옷감.

【衣帽间－모간】yīmàojiān 图(호텔·극장 등 공공 장소에서의) 옷 맡기는 곳.

*【衣裳－상】yī·shang 图〈口〉옷. 의복. (同)〔衣服 fu〕

【衣食－식】yīshí 图의식.

【衣食住行－식주행】yī shí zhù xíng 의식주 및 교통. 즉 생활상 없어서는 안되는 것.

【衣物－물】yīwù 图옷과 신변용품.

【衣鱼－어】yīyú 图〈虫〉반대좀.

【衣装－장】yīzhuāng 图1치장. 2옷과 짐.

【衣着－착】yīzhuó 图차림새. 〔몸에 걸치는 것 일체를 가리킴〕

【依】 亻部 | yī
6画 | 의지할 의

图1의지하다. ◇唇齿相～/〈成〉서로 의지하는 밀접한 관계에 있다. 2따르다. 좇다. 순종하다. ◇我怎么劝他还是不～/내가 어떻게 충고해도 그는 여전히 따르지 않는다. 3게…에 의해서. …대로. …따라. ◇～法惩处/법에 따라 처벌하다. ◇～我看, 这样办可以/내가 보기엔 이렇게 처리하면 된다. 4(Yī)图성(姓).

【依傍－방】yībàng 图1의지하다. 기대다. (同)〔依靠 kào〕2(예술·학문·문장을) 모방하다.

*【依次－차】yīcì 图순서에 따르다. ◇主席团成员～入座/의장단 구성원이 차례대로 입석하다.

【依从－종】yīcóng 图(다른 사람의 의견이나 생각을) 따르다.

【依存－존】yīcún 图빌붙어 생존하다.

【依法－법】yīfǎ 图법에 의거하다. ◇～惩办/규률에 의거하여 처벌하다.

【依附－부】yīfù 图1붙다. (反)〔独立 dúlì〕2빌붙다. 종속하다.

【依归-귀】yīguī **1**團출발점과 귀착점. **2**動의지·의탁하다.

＊＊【依旧-구】yījiù 動예전대로이다. ◇天渐渐凉了，他～穿着一件衬衫/날씨가 점점 서늘해지는데 그는 여전히 샤쓰 하나만 입고 있다.

＊＊【依据-거】yījù **1**動의거하다. 근거로 삼다. ◇～这张照片，公安人员很快就建住了罪犯/공안요원은 이 사진을 근거하여 범인을 곧 체포했다. 比較依据:依靠 있는 사람 또는 사물에는 '依据'를 쓰지 않는다. ◇孤儿早就失去了生活的(×依据)依靠/고아는 일찍이 생활의 근거를 잃어버렸다. **2**團근거. 바탕. 증거. ◇你说他贪污了公款，～在那里?/네가 그가 공금을 횡령했다고 하는데 증거가 어디 있니?‖(同)〔根 gēn 据〕

☆【依靠-고】yīkào **1**動의지하다. 기대다. ◇他从小就没～过别人/그는 어릴 때부터 남에게 의지한 적이 없다. 比較依靠:靠:依仗:通过:依据 ①신체가 어떤 곳에 기대어 있는 경우에는 "依靠"를 쓰지 않는다. ◇他把背(×依靠)靠着树休息/그는 나무에 등을 기대고 쉬고 있다. ②남의 세력에 기대어 나쁜 짓을 하는 경우에는 "依靠"를 쓰지 않는다. ◇他(×依靠)依仗父亲是个绅士，到处横行霸道/그는 아버지가 지방 유지라는 것을 믿고 가는 곳마다 잔악무도한 짓을 했다. ③사람 또는 사물을 매개 또는 수단으로 해 목적에 도달하는 것은 "依靠"라고 하지 않는다. ◇这小说是(×依靠)通过一个小女孩的眼睛来表现这个社会的/이 소설은 한 여자 아이의 눈을 통해 이 사회를 묘사한 것이다. ④어떤 사물이 언어 행동의 기준이 되는 경우에는 "依靠"를 쓰지 않는다. ◇住在城里还是住在山区，这要(×依靠)依据各人的情况/도시에 살아야 할지 아니면 산에 살지는 사람들 각자 상황에 따라야 한다. **2**團의지가 되는 사람이나 물건. ◇父母双亡，两个孩子生活上失去了～/부모가 죽자 두 애는 생계 의지할 곳을 잃게 되었다.

＊【依赖-뢰】yīlài 動**1**의지하다. 기대다. ◇不～别人/남에게 의지하지 않는다. (同)〔仰 yǎng 赖〕, (反)〔自立 zìlì〕 **2**(事物이나 현상이 서로) 의존하다. ◇市场机制和消费需求是互相～的/시장 기능과 소비수요는 서로 의존적이다.

【依恋-련】yīliàn 動이별하기 아쉬워하다. 그리워하다.

【依你所见-니소견】yī nǐ suǒ jiàn 〈口〉당신의 견해로는. 당신이 보시기에. 〔문제에 대해 상대방의 의견을 구하는 말〕 ◇

～，何时决定为好呢?/당신의 견해로는 언제 결정하는 게 좋겠습니까?

【依凭-빙】yīpíng **1**動의지로 삼다. **2**團근거. 증거.

＊【依然-연】yīrán 形이전과 다름이 없다. ◇湖边的景色～/호숫가의 경치가 예전 그대로이다.

【依然如故-연여고】yī rán rú gù〈成〉예전 그대로이다. 여전하다. (同)〔静止不变 jìng zhǐ bù biàn〕, (反)〔面目全非 miàn mù quán fēi〕

【依顺-순】yīshùn 動따르다. 복종하다. (同)〔依从 cóng〕, (反)〔违抗 wéikàng〕

【依随-수】yīsuí 動(남의 말을) 따르다. 좇다. 추종하다.

【依托-탁】yītuō **1**(同)〔依靠 kào〕 **2**動(어떤 목적을 위해) 명분으로 삼다.

【依偎-외】yīwēi 動다정하게 기대다.

【依违-위】yīwéi 動〈文〉단호하게 결정하지 못하다. 우유부단하다.

【依我看-아간】yī wǒ kàn〈口〉내가 보기에는. 내 생각으로는. 〔삽입어로 쓰임〕 ◇天儿都这么晚了，～就先让他回家吧?/날도 이렇게 늦었는데 내 생각엔 그를 먼저 집에 보내는 게 좋겠다.

【依我说-아설】yī wǒ shuō〈口〉내가 보기엔. 내가 생각하기엔. ◇～，你就告诉他算了/내가 보기엔, 네가 그에게 알려 주는 게 낫겠다. (同)〔要 yào 我说〕

【依稀-희】yīxī 形희미하다. 어렴풋하다.

【依循-순】yīxún 動좇다. 준수하다.

【依样葫芦-양호로】yī yàng húlú〈成〉(아무런 창의성이 없이) 단순히 모방만 하다.

【依依-의】yīyī 動**1**〈文〉(가는 나뭇가지가 바람에 흔들리는 모양. **2**아쉬워하거나 섭섭해 하는 모양.

【依允-윤】yīyǔn 動따르다. 승낙하다.

【依仗-장】yīzhàng 動(세력을) 믿다. 의지하다.

＊＊【依照-조】yīzhào 動…에 따라 하다. …에 의하다. ◇～他的指示/그의 지시에 따르다. ◇～情况而定/상황에 따라 한다.

【依重-중】yīzhòng 動團의지(하다).

【铱·銥】钅部 yī　6画 이리듐 의　團〈化〉이리듐(Ir).

＊【医·醫】匚部 yī　5画 의원 의　**1**團의사. ◇军～/군의관. ◇牙～/치과 의사. ◇～生不少，良～不多/의사는 많지만 명의는 적다. **2**團의술. 의술. ◇李大夫用中西～相结合的办法治好了他的病/이 의사는 한의학과 서양의학을 같이 결합한 방법으로 그의 병을 고쳤다. **3**動치료하

다. ◇癌很难~/암은 치료하기 어렵다.

【医道一도】 yīdào 图의술.

【医护一호】 yīhù 图의료와 간호.

【医家一가】 yījiā 图의술가.

【医科一과】 yīkē 图의과.

【医理一리】 yīlǐ 图의학상의 이론.

∗∗【医疗一료】 yīliáo 图의료. ◇~工作/의료 업무. ◇~设备/의료 시설. ◇这家医院的~技术很不错/그 병원의 의료 기술은 훌륭하다. 比较医疗:治疗 "医疗"는 술어로 쓰이지 않고, 목적어를 갖지 않는다. ◇他陪父亲去上海(×医疗)治疗心脏病/그는 아버지를 모시고 상해에 심장병을 치료하러 갔다.

★【医生一생】 yīshēng 图의사. ◇他是这一带有名的~/그는 이 일대에서 유명한 의사이다.

【医师一사】 yīshī 图주치의. 전문의.

【医士一사】 yīshì 图의료사. 〔중등 의학 교육을 받거나 동등한 자격을 갖춘 후 면허를 취득한 의료인〕

【医书一서】 yīshū 图의학 관계 서적. 〔주로 한의학(漢醫學)서적을 가리킴〕

【医术一술】 yīshù 图의술.

∗【医务一무】 yīwù 图의무. 의료 업무. ◇~工作者/의무〔의료〕 종사자.

☆【医务室一무실】 yīwùshì 图(학교나 직장의) 의무실. 보건실.

☆【医学一학】 yīxué 图의학.

∗【医药一약】 yīyào 图치료와 약품. ◇~常识/의약 상식.

★【医院一원】 yīyuàn 图병원.

∗【医治一치】 yīzhì 图치료하다. ◇~战争创伤/전쟁 상처를 치료하다. (同)〔医疗 liáo〕

【医嘱一촉】 yīzhǔ 图의사의 지시.

∗【壹(弌)】 土部 yī　9画　한 일
㊜'一'의 갖은자. 장부나 문서에서 많이 쓰임.

【揖】 扌部 yī　9画　읍할 읍
图〈文〉읍(하다). 〔두 손을 올려 얼굴 앞으로 들고 허리를 앞으로 공손히 구부렸다 펴면서 손을 내리는 절〕

【揖让一양】 yīràng 〈文〉图읍하는 동작과 사양하는 동작. 〔손님과 주인의 상견(相見)의 예〕

【噫】 口部 yī　13画　한탄할 의
㊜1〈文〉아아! 〔비통이나 탄식을 나타냄〕 2어! 〔놀라움을 나타냄〕 ◇~, 他今天怎么来了?/어! 그 사람이 오늘 왜 왔지?

【噫嘻一희】 yīxī ㊜〈文〉아! 〔비통이나 탄식을 나타냄〕

yí

【仪·儀】 亻部 yí　3画　거동 의
1图사람의 외모. 용모. 풍모. ◇威~/위엄 있는 용모. 2图의식. ◇行礼如~/의식대로 예를 행하다. 3图예물. 선물. ◇贺~/축하 선물. 4图〈文〉기울다. 쏠리다. ◇心~已久/마음이 기운 지 오래다. 5图계기(計器). ◇航空~器/항공 계기. 6(Yí)图성(姓).

∗∗【仪表一표】 yíbiǎo 1图풍채. 용모. ◇这小伙子~堂堂, 举止大方, 很招人喜欢/그 젊은이는 풍채가 당당하고 대범하게 행동해 사람들의 호감을 샀다. 2图(온도·기압·전기량·혈압 따위를 측정하는) 계기. 미터(meter). ◇这些~都很精密, 使用时要特别小心/이 계기들은 모두 정밀하여 사용할 때 특별히 조심해야 한다.

☆【仪器一기】 yíqì 图계기. ◇这是一家专门生产~的工厂/이곳은 계기를 전문으로 생산하는 공장이다.

【仪容一용】 yíróng 图용모.

∗∗【仪式一식】 yíshì 图의식. ◇授勋~/훈장 수여식.

【仪态一태】 yítài 图〈文〉자태. 몸가짐.

【仪仗一장】 yízhàng 1图옛날에, 제왕·관리 등이 외출할 때 호위병이 소지한 깃발, 부채, 우산, 병기 등. 2图의장대가 지닌 무기나 의장기 따위.

【仪仗队一장대】 yízhàngduì 图〈軍〉의장대.

【夷】 大部 yí　3画　오랑캐 이
1图〈文〉평탄하다. 2图〈文〉평안하다. 평온하다. ◇化险为~/위험한 상태를 안정〔평온〕하게 하다. 3图〈文〉图(건축물 따위를) 파괴하여 평평하게 하다. ◇~为平地/파괴하여 폐허로 만들다. 4图〈文〉소멸시키다. ◇~族/종족을 멸하다. 5图옛날, 중국 동쪽의 민족을 일컫던 말. 6图외국(인). 오랑캐. ◇华~杂处/한족(漢族)과 이민족이 한 곳에 섞여 살다.

【咦】 口部 yí　6画　놀랄 이
㊜아이. 어. 〔놀람을 나타냄〕 ◇~, 你怎么还没走?/어, 너 왜 아직 안갔어?

∗∗【姨】 女部 yí　6画　이모 이
图1이모. 2처의 자매. ◇小~子/처제.

【姨表一표】 yíbiǎo 图이종 사촌.

【姨父一부】 yí·fu 图(同)〔姨夫 fu〕

【姨夫一부】 yí·fu (同)〔姨父 fu〕

【姨姥姥一로로】 yílǎo·lao 图이모 할머니.

【姨妈―마】yímā 图〈口〉결혼한 이모.
【姨母―모】yímǔ 图이모.
【姨奶奶―내내】yínǎi·nai 图1이모 할머니.
2(同)[姨太 tài tài]
【姨娘―낭】yí·niáng 图1옛날, 아버지의 첩
에 대한 호칭. 2이모. (同)[姨母 mǔ]
【姨儿―아】yír〈方〉(同)[姨母 mǔ]
【姨太太―태태】yítài·tai 图〈口〉첩(妾).(同)
[姨娘·niáng]
【姨丈―장】yízhàng (同)[姨夫 fu]

【胰】月部 yí
　　6画 등심 이
图〈生理〉이자. 췌장.〔膵 cuì 脏은 구칭
(舊稱)〕
【胰岛素―도소】yídǎosù 图〈生化〉인슐린
(insulin).
【胰腺―선】yíxiàn 图〈生理〉췌장.
【胰液―액】yíyè 图〈生理〉췌액(膵液).
【胰子―자】yí·zi 图1〈口〉(돼지나 양 등의)
췌장. 2〈方〉비누.

【怡】忄部 yí
　　5画 기뻐할 이
图〈文〉기쁘다. 유쾌하다. ◇心旷 kuàng
神~/마음이 탁 트이고 기분이 좋다.
【怡然―연】yírán 图즐거워하는 모양. 기뻐
하는 모양. (反)[凄 qī 然]

【饴·飴】饣部 yí
　　5画 엿 이
图엿. ◇高梁~/수수엿.
【饴糖―당】yítáng 图엿.

【贻·貽】贝部 yí
　　5画 줄 이
图〈文〉1선사하다. 증정하다. ◇~赠/선사
하다. (同)[送 sòng], (反)[讨 tǎo] 2(뒤
에) 남기다. 전하다. ◇~患/후환을 남기다.
【贻害―해】yíhài 图해독을 남기다.
【贻人口实―인구실】yí rén kǒushí〈成〉남에
게 구실을 주다.
【贻误―오】yíwù 图(나쁜 영향을 끼칠) 잘
못을 남기다.
【贻笑大方―소대방】yíxiào dàfāng〈成〉전
문가들의 비웃음을 사다.

【宜】宀部 yí
　　5画 마땅할 의
1图적합하다. 알맞다. 2副마땅히.〔주로
부정문에 쓰임〕◇对孩子不~要求过高/아
이들에게 너무 높은 기준으로 요구하면 안
된다. 3图〈文〉당연하다. 4(Yí)图성(姓).
【宜人―인】yírén 图남에게 좋은 느낌을 주
다. 사람의 마음에 들다.

【颐·頤】页部 yí
　　7画 턱 이
1图〈文〉턱. ◇支~/턱을 괴다. 2图〈文〉수
양하다. 휴양하다. ◇~神/정신을 수양하

다. 3(Yí)图성(姓).
【颐养―양】yíyǎng 图〈文〉보양하다. 양생하다.
【颐指气使―지기사】yí zhǐ qì shǐ〈成〉턱 끝
이나 얼굴 빛으로 사람을 부리다.〈轉〉권
력자의 오만한 태도. (反)[和颜悦色 hé y-
án yuè sè]

☆【移】禾部 yí
　　6画 옮길 이
图1이동하다. 옮기다. ◇把桌子~到那边
去/상을 저쪽으로 옮겨라. 2변하다. 바뀌
다. ◇他的立场坚定不~/그의 입장은 확
고부동하다.
☆【移动―동】yídòng 图图이동(하다). ◇工人
们一了站牌/노동자들이 버스정거장 표시
판을 옮겼다. (同)[挪 nuó 动], (反)[固
定 gùdìng]
【移防―방】yífáng 图주둔지를 옮기다.
【移风易俗―풍역속】yí fēng yì sú〈成〉낡은
풍속·관습을 고치다.
【移花接木―화접목】yí huā jiē mù〈成〉꽃
을 이식하거나 나무를 접목하다. 교묘한
수단을 써서 살짝 바꾸다.
【移交―교】yíjiāo 图1양도하다. 넘겨주다.
2사무를 인계하다.
【移解―해】yíjiè 图〈文〉범인을 (법원으로)
이송하다.
【移居―거】yíjū 图거주지를 옮기다.
*【移民―민】yí//mín 1图이민하다. ◇~到海
外/해외로 이민가다. 2(yímín)图이민.
【移山倒海―산도해】yí shān dǎo hǎi〈成〉
산을 옮기고 바다를 뒤집어 엎다. 자연을
정복하는 사람의 힘이 대단함을 형용함.
【移师―사】yíshī 图군대를 이동시키다.
【移译―역】yíyì 图图번역(하다).
【移易―역】yíyì 图〈文〉변경하다. 바꾸다.
【移用―용】yíyòng 图(자금 등을) 전용하다.
【移植―식】yízhí 图1옮겨 심다. 2〈醫〉이식
하다.
【移樽就教―존취교】yí zūn jiù jiào〈成〉
〈謙〉술잔을 들고 다른 사람에게 가서 가
르침을 청하다. 스스로 가르침을 청하다.

【遗·遺】辶部 yí
　　9画 남을 유
1图잃다. 분실하다. 2图분실물. ◇路不拾
~/〈成〉길에 떨어진 물건은 줍지 않다.
태평 성세. 3图빠뜨리다. 누락하다. ◇~
忘/잊다. 4图남기다. ◇不~余力/여력을
남기지 않다. 있는 힘을 다하다. 5图죽은
사람이 남긴 것. 6图(자기도 모르게 대
변·소변·정액 따위를) 누다. 싸다. ⇒wèi
**【遗产―산】yíchǎn 图〈法〉유산.
【遗臭万年―취만년】yí chòu wàn nián〈成〉
악명을 후세에 남기다. (同)[臭名远扬
chòu míng yuǎn yáng], (反)[流芳百世

liú fāng bǎi shì]

*【遗传－전】yíchuán 图图〈生〉유전(하다).

【遗传工程－전공정】yíchuán gōngchéng 图〈生〉유전공학.

【遗传学－전학】yíchuánxué 图유전학.

【遗存－존】yícún 1图남기다. 2图유물.

【遗毒－독】yídú 1图남긴 해악. 2图해악을 남기다[끼치다].

〔遗风－풍〕yífēng 图유풍. 유습.

【遗腹子－복자】yífùzǐ 图유복자.

【遗稿－고】yígǎo 图유고.

【遗孤－고】yígū 图부모가 없는 고아.

【遗骸－해】yíhái 图유해. 유체.

*【遗憾－감】yíhàn 1图유감. 한. ◇如果这次见不到他，将成为终生的～/이번에 만일 그를 만나지 못하면 평생의 한이 될 것이다. 2图图유감스럽다. ◇对此我们深感～/이것에 대해 우리는 심히 유감스럽다. (反)〔满意 mǎnyì〕

【遗恨－한】yíhèn 图여한.

【遗患－환】yíhuàn 图图후환(을 남기다).

【遗祸－화】yíhuò 图남에게 화를 끼치다.

【遗迹－적】yíjì 图유적.

【遗教－교】yíjiào 图임종시에 남긴 교훈. 유훈.

【遗精－정】yí//jīng〈醫〉1图图유정하다. 2图(yíjīng)유정.

【遗老－로】yílǎo 图1전조(前朝)의 유신(遗臣). 2〈文〉세상사에 경험이 많은 노인.

**【遗留－류】yíliú 图남겨놓다. 남기다. 남아 있다. ◇解决～问题/남겨진 문제를 해결하다. ◇许多历史遗迹一直～到现在/많은 역사 유적이 지금까지 남겨져 있다.

【遗漏－루】yílòu 1图빠뜨리다. 누락하다. 2图누락.

【遗民－민】yímín 图유민.

【遗墨－묵】yímò 图(죽은 사람이) 남긴 필적.

【遗尿－뇨】yí/niào〈醫〉1图图잠결에 오줌을 지리다. 2图(yíniào)유뇨증. 야뇨증.

【遗篇－편】yípiān 图고인이 남긴 시문(詩文).

【遗弃－기】yíqì 1图(물건 등을) 내버리다. 포기하다. (同)[抛 pāo 弃] 2图〈法〉(보호할 의무가 있는 가족 등을) 유기하다. (反)〔收养 shōuyǎng〕

【遗缺－결】yíquē 图결원. 빈자리.

【遗容－용】yíróng 图1사후의 용모. 죽은 뒤의 모습. 2(同)〔遗像 xiàng〕

【遗少－소】yíshào 图전 왕조에 충성을 지키며 새 왕조에 협조하지 않는 젊은이.

*【遗失－실】yíshī 图분실하다. 잃어버리다. ◇他～了一张收据/그는 영수증 1장을 분실했다.

【遗矢－시】yíshǐ 图〈文〉대변을 보다.

【遗事－사】yíshì 图유사. 전대(前代)나 선인의 사적(事蹟).

【遗书－서】yíshū 图1저자의 사후에 출판된 저서. 2유서. 3〈文〉흩어져 잃어버린 책.

【遗属－속】yíshǔ 图유가족. (同)〔遗族 zú〕

【遗孀－상】yíshuāng 图과부.

*【遗体－체】yítǐ 图1(존경하는 사람의) 유해. 2동식물이 죽은 뒤 남은 몸체.

【遗忘－망】yíwàng 图잊어 버리다. (同)〔忘记 jì〕, (反)〔记得 jìde〕

【遗闻－문】yíwén 图훗날까지 사람들 입에 오르내리는 이야깃거리.

【遗物－물】yíwù 图유물. 유품.

【遗像－상】yíxiàng 图(죽은 사람의) 생전의 사진이나 초상.

【遗训－훈】yíxùn 图유훈.

【遗言－언】yíyán 图유언. (同)〔遗嘱 zhǔ〕

【遗业－업】yíyè 图1선인이 남긴 사업. 2유산.

【遗愿－원】yíyuàn 图생전에 이루지 못한 뜻.

【遗照－조】yízhào 图생전의 사진.

*【遗址－지】yízhǐ 图유적. 옛터.

【遗志－지】yízhì 图고인이 생전에 이루지 못한 뜻.

【遗嘱－촉】yízhǔ 1图图유언(하다). 2图언장.

【遗族－족】yízú 图유족. (同)〔遗属 shǔ〕

【疑】⼔部 疋部 yí
12画 9画 의심할 의

1图의심하다. 믿지 못하다. (反)〔信 xìn〕2图图의심스러운(것). 해결할 수 없는(것). ◇～问/의문.

【疑案－안】yí'àn 图1증거가 불충분하여 판결이 어려운 사건. 2확정하기 어려운 사건.

【疑兵－병】yíbīng 图적을 속이기 위한 가짜 군사.

【疑点－점】yídiǎn 图의문점.

【疑窦－두】yídòu 图〈文〉의혹. 의심스러운 점.

*【疑惑－혹】yíhuò 1图图의혹. 의심. ◇～不解/의혹이 풀리지 않다. (同)〔疑问 yíwèn〕2图图의혹하다. …이 아닌가 의심하다. ◇这里的人相信鬼，然而她却感到～/이곳 사람들은 귀신을 믿지만 그녀는 오히려 의심했다. 比교疑惑:误解 ①정확하지 않은 이해에는 "疑惑"을 쓰지 않는다. ◇我没有讥笑你的意思，你千万别(×疑惑)误解我/난 당신을 비웃는 뜻은 없으니 절대 날 오해하지 말아요. ②믿지 못해 의심이 생기는 경우에는 "疑惑"을 쓰지 않는다. ◇谁也不(×疑惑)怀疑这项工程能按时完工/이 공사가 기한내 완공 되는 걸 아무도 의심하지 않았다.

【疑忌－기】yíjì 1图图의심하여 시샘하다. 2图시의심(猜疑心).

【疑惧－구】yíjù 图图의구심(을 갖다).

【疑虑－려】yílù 图图의심하여 걱정(하다).

*【疑难－难】yínán 형어려워서 처리하기 힘들다. 판단하기 어렵다. ◇~杂症/진단하기 어렵거나 치료가 힘든 병.

【疑神疑鬼－신의귀】yí shén yí guǐ〈成〉괜히 이것저것 의심하다. 의심이 심하다.

【疑似－사】yísì 형애매 모호하다. 확실성이 없다.

【疑团－단】yítuán 명의혹.

☆【疑问－문】yíwèn 명의문. ◇我心中的这个~一直没有消除/내 마음 속의 이 의문은 줄곧 풀리지 않았다. 비교疑问:问题:怀疑 ①"疑问"은 연구토론의 대상으로 쓰이지 않는다. ◇他们之间还有许多(×疑问)问题需要共同探讨一下了/그들 사이에 아직 공동으로 토론할 필요가 있는 많은 문제가 있다. ②"疑问"은 동사가 아니므로 목적어를 갖지 않는다. ◇大家都(×疑问)怀疑他做不到/모두들 그가 해내지 못하지 않을까 의심했다.

【疑问句－문구】yíwènjù 명〈言〉의문문.

**【疑心－심】yíxīn 1명불신. ◇这个人~真大, 几乎谁都不相信/그 사람은 불신이 정말 커서 거의 아무도 안 믿는다. 2동불신하다. 의심하다. …이 아닌가 하고 생각하다. ◇对我们家的保姆, 我从来没~过/나는 우리집의 보모를 여지껏 불신해본 적이 없다.

【疑心病－심병】yíxīnbìng 명불신하는 병.

【疑义－의】yíyì 명의심스러운 점.

【疑云－운】yíyún 명〈喩〉의혹.

【疑阵－진】yízhèn 명적을 현혹시키기 위한 포진. 가짜 진지.

【彝】彑部 Yí
15画 법 이

【彝剧－극】yíjù 명이족(彝族)의 전통극의 하나.

**【彝族－족】Yízú 명〈民〉이족. 〔주로 四川, 云南, 贵州와 广西에 분포되어 있는 중국 소수 민족의 하나〕

yǐ

**【乙】乙部 yǐ
0画 둘째천간 을

1명을. 십간(十干)의 둘째. 2수(배열 순서의) 두 번째. ◇~级/제 2급의. ◇~等/2등의. 3명일(一). 〔상용문에서는 '一'를 '乙'로 쓰는 경우가 있음〕◇本合同甲乙各执一纸为凭/이 계약서는 갑·을이 각각 한 통씩 가짐으로써 증거로 삼는다. 4명〈音〉중국 고유 음표의 하나. 5명〉乙자모양의 기호. 'ㄥ'〔옛날 책을 읽다가 멈추는 곳이나 삭제·첨가하는 곳 또는 단락이 끝나는 부분에 썼음〕◇钩~/'乙'자

부호를 쓰다. 6(Yǐ)성(姓).

【乙部－부】yǐbù 명사부(史部).

【乙种粒子－종립자】yǐzhǒng lìzǐ 명〈物〉베타 입자.

【乙种射线－종사선】yǐzhǒng shèxiàn 명〈物〉베타선(beta線).

【乙状结肠－상결장】yǐzhuàng-jiécháng 명〈生理〉에스상 결장(S状結腸).

【钇·釔】钅部 yǐ
1画 이트륨 을
명〈化〉이트륨(Y).

☆【已】已部 yǐ
0画 그칠 이

1동그치다. 멈추다. ◇争论不~/쟁론이 그치지 않다. (同)〔休 xiū〕2부이미. 벌써. ◇问题~解决/문제는 이미 해결되었다. ◇雨季~过/우기가 이미 지났다. 3부〈文〉조금 후에. 얼마있다가. ◇~忽不见/조금 뒤 갑자기 보이지 않다. 4부〈文〉너무. 극히. 심히. ◇不为~甚/너무 심하지 하지 않다.

【已而－이】yǐ'ér〈文〉1접얼마 안 있어. 2그만두다. 그만 두다.〔算了 suàn·le〕

★【已经－경】yǐ·jing 부1이미. 벌써.〔사건이 발화 시간 이전에 끝나 있음을 나타냄〕a)말하는 시간을 가리킴. ◇天~黑了/날이 이미 어두워졌다. b)수량사가 있을 경우 동사 앞에 쓰이고 부정사가 올 때는 수량사 뒤에 쓸 수 있음. ◇他~去过三次了/그는 벌써 3번째 갔었다. ◇父子~八年没见面了/부자가 이미 8년째 못 만났다. 2시간이 흘렀거나 어느 시점에 이르렀음을 나타낸. ◇她今年~二十八岁了, 还没结婚/그녀는 올해 벌써 28세가 되었는데 아직 결혼하지 않았다. ◇~天津了, 下一站就是北京/천진에 이르렀는데 다음 역은 북경이다.

【已决犯－결범】yǐjuéfàn 명〈法〉기결수.

【已然－연】yǐrán 1(同)〔已经 jing〕2이미 이러하다.

【已往－왕】yǐwǎng 명이전. 과거. ◇今天的农村跟~大不一样/오늘의 농촌은 이전과 크게 다르다.

【已知数－지수】yǐzhīshù 명〈数〉기지수.

☆【以】人部 yǐ
2画 까닭 이

1개…로써. …로서. …을 가지고. ◇我~老朋友的身份对你说几句话/내가 옛친구로서 네게 몇 마디 하겠다. ◇~少胜多/적은 수로 큰 수를 이긴다. 2개…에 따라서. …대로. ◇~次就座/순서대로 입석하다. (同)〔按 àn〕〔根据 gēnjù〕3개…때문에. …으로 인해서. ◇我~有你这样的朋友而感到骄傲/나는 너같은 친구가 있어

서 자부심을 느낀다. **4**졥…하도록. …하기 위해서. 〔복문의 뒷절 앞에 쓰여 목적을 나타냄〕◇广泛开展科学实验活动, ～促进现代技术的发展/광범위한 과학 실험을 함으로써 현대 기술의 발전을 촉진시킨다. **5**젠…에게 …을 주다. 〔'给…以'처럼 씀〕◇给灾区人民～大量的急需物资/재해지역 국민에게 긴급히 필요한 물자를 대량으로 보낸다. **6**젠…을 …으로 여기다. 〔'以…为' 격식을 씀〕◇～总体设计问题为中心展开了热烈讨论/전체 설계 문제를 둘러싸고 열띤 토론을 하였다. **7**젠〈文〉…때에. ◇中华人民共和国～1949年10月1日宣告成立/중화인민공화국은 1949년 10월 1일에 건국을 선포하였다. (同)〔于 yú〕〔在 zài〕**8**1음절 방위사 앞에 쓰여 시간, 방위, 수량의 한계를 나타냄. ◇～前/이전. ◇长江～南/양자강 이남. ◇三十岁～下/30세 이하.

【以暴易暴—폭이폭】yǐ bào yì bào〈成〉난폭한 자가 난폭한 자를 대신한다. 사람은 같았지만 달라진 게 없다.

＊【以便—편】yǐbiàn …(하기에 편리)하도록. …하기 위하여. ◇请把地址留下来, ～今后联系/앞으로 연락할 수 있도록 주소를 남겨 놓으시기 바랍니다.

【以次—차】yǐcì **1**⒜순서대로. 차례로. **2**젱다음의. 아래의. 이하의.

【以德报怨—덕보원】yǐ dé bào yuàn〈成〉덕으로 원한을 갚다. (反)〔以怨报德〕

【以毒攻毒—독공독】yǐ dú gōng dú〈成〉독으로써 독을 제어하다. 〈轉〉악인을 물리치는 데 다른 악인을 쓴다.

【以讹传讹—와전와】yǐ é chuán é〈成〉헛소문이 꼬리를 물고 번져 가다.

【以…而论—…이론】yǐ…ér lùn …에 대해서 논하다. ◇以我个人而论, 是无法完成这项艰巨任务的/나 개인을 놓고 볼 때 이 힘든 임무를 완수할 수 없다. (同)〔以…来 lái 说 shuō〕

【以攻为守—공위수】yǐ gōng wéi shǒu〈成〉공격이 최선의 수비라 여기다.

★【以后—후】yǐhòu 명**1**(과거의 사건) 그 후. ◇他去年给我来过一封信, ～一直没来信/그는 작년에 내게 편지 한 통 했었고 그 후 줄곧 보내지 않았다. **2**(미래의 사건) 다음에. ◇我的事一再说吧/그의 일은 다음에 얘기하자. (同)〔此 cǐ 后〕, (反)〔以前 qián〕

【以还—환】yǐhuán〈文〉과거의 어떤 시기 이후.

☆【以及—급】yǐjí 젭및. 그리고. 과〔와〕. ◇他买了一台电冰箱～其它杂七杂八的东西/그는 냉장고 한 대 그리고 기타 잡다한

물건을 샀다. 比较以及:并且 "以及"는 병렬된 절을 연결시키지만 복문에서 접속사로 쓰이지는 않는다. ◇离开前我们向他们告别, (×以及)并且跟他们照了张相/떠나기 전 우리는 그들에게 이별을 고하고, 그리고 그들과 함께 사진을 찍었다.

【以己度人—기도인】yǐ jǐ duó rén〈成〉자기의 생각으로 남의 형편을 헤아리다.

【以近—진】yǐjìn 명〈交〉(철로 등에서 어느 정거장) 보다 가까운 곳. (反)〔以远 yuǎn〕

【以儆效尤—경효우】yǐ jǐng xiào yóu〈成〉일벌 백계하다.

☆【以来—래】yǐlái 명이래. 동안. ◇建国～/건국이래. 比较以来:以前:以后 ①"以来"가 나타내는 시간은 현재보다 이르면 안 된다. ◇她的丈夫几年(×以来)以前死了, 留给她很多钱/그녀의 남편은 몇년 전에 죽었고 그녀에게 많은 돈을 남겼다. ②"以来"는 과거의 시간부터 현재까지만 나타내고 그때 이후는 "以来"를 쓰지 않는다. ◇他从那(×以来)以后, 不多说话了/그는 그때 이후로는 말수가 적었다.

【以邻为壑—인위학】yǐ lín wéi hè〈成〉이웃 나라를 자국에 내린 홍수를 빼내는 수로로 삼다. 화를 남에게 전가시키다.

【以卵击石—란격석】yǐ luǎn jī shí〈成〉달걀로 바위를 치다. 자살행위를 하다. (同)〔以卵投 tóu 石〕

【以卵投石—란투석】yǐ luǎn tóu shí (同)〔以卵击 jī 石〕

【以貌取人—모취인】yǐ mào qǔ rén〈成〉외모로 사람을 평가하다.

＊【以免—면】yǐmiǎn …하지 않도록. …않기 위해서. ◇大脑炎流行季节, 小孩少到公共场所去, ～传染疾病/유행성 B형 뇌염이 유행하는 계절에는 어린이는 전염병에 감염되지 않도록 공공 장소에 덜 가도록 하세요. (同)〔省得 shěngde〕

☆【以内—내】yǐnèi 명이내. …의 안쪽. ◇今年～/금년 이내. (反)〔以外 yǐwài〕

【以期—기】yǐqī〈文〉…을 목적으로 하여.

★【以前—전】yǐqián 명이전. ◇～他当过理发员/이전에 그는 이발사였었다. (反)〔以后 hòu〕

☆【以上—상】yǐshàng 명**1**이상. ◇五十人～/오십 명 이상. **2**위에서 말한 것. 상기한 것. ◇～的几点建议/이상은 저의 몇 가지 건의 사항입니다.

【以身试法—신식법】yǐ shēn shì fǎ〈成〉공공연하게 법률을 어기려 하다. (反)〔奉公守法 fèng gōng shǒu fǎ〕

＊【以身作则—신작칙】yǐ shēn zuò zé〈成〉솔선 수범하다. 몸소 모범을 보이다.

☆【以外—외】yǐwài 명이외. ◇一百公里～/백

길로 이외. ◇除过～还有事要麻烦你/이 것 외에 아직 또 당신께 부탁할 일이 있다. (反)〔以内 nèi〕

*【以往一왕】yǐwǎng 몡과거. ◇今年的收成比一哪年都好/올해의 수확은 과거 어떤 해보다 더 잘 됐다.

★【以为一위】yǐwéi 통1생각하다. 여기다. 2잘못 알다. ◇原来是你啊, 我还～是谁呢/누군가 했더니 너였구나.

【以…为……위…】yǐ…wéi …을 …(으)로 삼다. …을 …(으)로 여기다. ◇不能以出身成份为定罪量刑的依据/출신성분을 가지고 죄의 형량을 정해서는 안 된다.

☆【以下一하】yǐxià 몡1이하. 어느 한도의 아래. ◇南极的气温终年在零度～/남극의 기온은 일년내내 영하 이하이다. ◇随地吐痰者, 处以十元～罚款/아무데나 가래침을 뱉는 자는 10원 이하의 벌금에 처한다. (주로 다음의 말). 2그 다음의. ◇教学工作就说到这里, ～谈谈科研工作/교학업무는 여기까지만 말하고 다음은 과학연구 업무에 대해서 이야기 합시다.

【以眼还眼, 以牙还牙一안환안, 이아환아】yǐ yǎn huán yǎn, yǐ yá huán yá〈成〉눈에는 눈, 이에는 이.

【以一当十一일당십】yǐ yī dāng shí〈成〉한 사람이 열 사람을 상대하다. 용감하게 적과 잘 싸우다.

【以逸待劳一일대로】yǐ yì dài láo〈成〉쉬면서 힘을 길렀다가 멀리서 온 피로한 적군을 치다.

【以远一원】yǐyuǎn 몡〈交〉(철로 등에서 어느 정거장 보다) 먼곳. (反)〔以近 jìn〕

【以怨报德一원보덕】yǐ yuàn bào dé〈成〉은혜를 원수로 갚다. (同)〔恩将仇报 ēn jiāng chóu bào〕, (反)〔以德报怨 yǐ dé bào yuàn〕

*【以至一지】yǐzhì 1…까지. …에 이르기까지. ◇重要的文章必须认真修改, 两遍, 三遍, ～更多遍/중요한 글은 두세 번에서 여러 번까지 잘 수정해야 한다. 2…로 하여. …때문에. 〔아래 문두에 놓여져 앞 문장의 동작때문에 생긴 결과를 나타냄〕◇他非常用心地写生, ～野地里刮起风沙来也不理会/그는 열심히 사생을 하고 있어 들판에서 먼지 바람이 불어도 신경 쓰지 않았다.

*【以至于一지어】yǐzhìyú (同)〔以至〕

*【以致一치】yǐzhì (결국)…이〔으로〕 되다. …을〔를〕 가져오다. 〔주로 나쁜 결과에 쓰임〕◇因为他不注意饮食卫生, ～经常得病/그는 음식 청결에 조심하지 않기 때문에 자주 병에 걸렸다. 비교以至:一致 "以至"는 단문에서 주어와 술어를 연결

하지 않는다. ◇我们(×以至)一致同意选他作班长/우리는 그를 반장에 선출하기로 만장일치로 동의했다.

【以子之矛, 攻子之盾一자지모, 공자지순】yǐ zǐ zhī máo gōng zǐ zhī dùn〈方〉당신의 창으로 당신의 방패를 찔러 보시오. 상대방의 논거로 상대방을 반박하다. 상대방을 자기 모순에 빠뜨리다.

【苡】 艹部 4画 율무 이
몡〈植〉율무.
【苡仁一인】yǐrén (同)〔薏 yì 米〕

【矣】 厶部 矢部 5画 2画 어조사 의
조〈文〉1(문장의 끝에 쓰여) 완료를 나타냄. ◇悔之晚～/후회해도 늦었다. (同)〔了 le〕 2감탄을 나타냄. ◇大～哉/크구나!

【尾】 尸部 4画 꼬리 미
(～儿)몡〈俗〉말총. ◇马～罗/말 꼬리 털로 만든 먼지떨이. ◇三～儿/미각이 셋 달린 암귀뚜라미. ⇒wěi

【迤(迤)】 辶部 5画 갈 이
…(쪽)으로. (同)〔往 wǎng〕〔向 xiàng〕◇天安门～西是中山公园/천안문의 서쪽으로 중산 공원이 있다.
【迤迤一리】yǐlǐ 형〈文〉구불구불 이어진 모양.

【酏】 酉部 4画 맑은죽 이
(又讀 yí)
몡〈药〉엘릭서 (라 elixir).
【酏剂一제】yǐjì 몡〈药〉엘릭서(라 elixir).

【蚁·蟻(螘)】 虫部 3画 개미 의
몡1〈虫〉개미. 2(Yǐ)성(姓).

**【倚】 亻部 8画 기댈 의
통1(몸을) 기대다. ◇有两个青年相～着, 坐在公园的长椅上/두 청년이 공원 벤치에 서로 기대고 앉아 있다. 2(세력·권세 따위에) 의지하다. 빌붙다. ◇～势欺人/권세를 믿고 남을 업신여기다. 3〈文〉편벽되다. 치우치다. 기울어지다. ◇不偏不～/치우치지 않다.
【倚傍一방】yǐbàng 통기대다. 의지하다.
【倚靠一고】yǐkào 통1의지하다. 2(몸을) 기대다.
【倚赖一뢰】yǐlài 통의존하다. 기대다. (同)〔依 yī 赖〕
【倚老卖老一로매로로】yǐ lǎo mài lǎo〈成〉나이를 내세워 관록을 자랑하려 들다.
【倚马可待一마가대】yǐ mǎ kě dài〈成〉전쟁에 나가는 말에 기대고서도 긴 글을 지을 수 있다. 문재(文才)가 뛰어나 글을 빨리

잘 짓다. (同)〔倚马千 qiān 言〕
【倚马千言－마천언】yǐ mǎ qiān yán →〔倚马可待〕
【倚仗－장】yǐzhàng 图(타인의 세력이나 유리한 조건에) 의지하다. 기대다.
【倚重－중】yǐzhòng 图믿고 신뢰하다. 중히 여기며 의지하다.

【椅】木部 yǐ
　　　 8画 의나무 의
图의자. ◇藤～/등나무 의자.
【椅披－피】yǐpī 图의자 등에 걸치는 자수를 놓은 커버.
★【椅子－자】yǐ·zi 图의자. ◇我喜欢坐～，不喜欢坐沙发/나는 의자에 앉는 것을 좋아하고 소파에 앉는 것은 싫어한다.

【齮·齮】齿部 yǐ
　　　 8画 깨물 의
图〈文〉깨물다. 갉다.
【齮齕－흘】yǐhé 图〈文〉1물어 뜯다. 갉아 먹다. 2남의 재능을 시기하여 헐뜯다.

yì

【刈】刂部 yì
　　　 2画 벨 예
图(풀이나 곡식 따위를) 베다. ◇～草/풀을 베다.

【艾】艹部 yì
　　　 2画 쑥 애
〈文〉1(同)〔乂 yì〕2图징벌하다. 처벌하다.

【义·義】丶部 yì
　　　　 2画 뜻 의
图1의. 정의(正義). ◇～道/도의. 2정의나 공익에 부합될 일. ◇～举/의거. 3의리. 정의. 우의. ◇忘恩负～/배은 망덕하다. 4의리의 관계. ◇～父/의부. (反)〔亲 qīn〕5(인체에 있어서) 인공적인 것. ◇～齿/의치. 6뜻. 의미. ◇字～/글자의 뜻. 7(Yì)성(姓).
【义不容辞－불용사】yì bù róng cí 〈成〉도의상 사양할 수 없다. 도의상 하지 않을 수 없다. (同)〔当仁不让 dāng rén bù ràng〕，(反)〔百般推委 bǎi bān tuī wěi〕
【义仓－창】yìcāng 图〈史〉의창.
【义齿－치】yìchǐ 图의치.
【义地－지】yìdì 图1(옛날의) 빈민을 위해 조성한 공동 묘지. 2타향에 사는 개인 또는 단체가 공동 출자하여 만든 묘지.
【义愤－분】yìfèn 图의분.
【义愤填胸－분전흉】yìfèn tián xiōng 〈成〉의분이 가슴에 가득하다.
【义愤填膺－분전응】yìfèn tián yīng (同)〔义愤填胸 xiōng〕
【义和团－화단】Yìhétuán 图〈史〉의화단. 〔19

세기말 중국 북부 민중들이 제국주의 침략을 반대하는 단체〕
【义和团运动－화단운동】Yìhétuán Yùndòng 图〈史〉의화단 운동.
【义举－거】yìjǔ 图의거.
【义军－군】yìjūn 图의병.
【义理－리】yìlǐ 图언론이나 글의 내용과 이치.
【义卖－매】yìmài 图자선시. 바자(bazaar).
【义旗－기】yìqí 图의병의 군기.
【义气－기】yì·qi 图1의기. 의협심. 2图정의감이 강하다. 의협심이 있다.
【义师－사】yìshī 图정의를 위하여 일어난 군사. 의병. (同)〔义军 jūn〕
【义士－사】yìshì 图의인. 의사(義士). (同)〔义人 rén〕
【义塾－숙】yìshú 图공익을 위하여 의연금으로 설립한 교육 기관. (同)〔义学 xué〕
【义无反顾－무반고】yì wú fǎn gù 〈成〉정의를 위해 뒤돌아보지 않고 용감하게 나아가다.
✻✻【义务－무】yìwù 1图의무. (反)〔权 quán 利〕2图图무보수(의). 봉사(의). ◇～演出/무료 공연. ◇～劳动/노동봉사. (同)〔无偿 wúcháng〕，(反)〔有偿 yǒucháng〕3图도의상의 책임. ◇我们有～帮助学习较差的同学/우리는 성적이 떨어지는 학생을 도와 줄 책임이 있다.
【义务兵－무병】yìwùbīng 图의무병.
【义务兵役制－무병역제】yìwù bīngyìzhì 图의무 병역제.
【义务教育－무교육】yìwù jiàoyù 图〈教〉의무 교육.
【义务劳动－무노동】yìwù láodòng 图근로 봉사.
【义项－항】yìxiàng 图의항.
【义形于色－형어색】yì xíng yú sè 〈成〉의분이 얼굴에 나타나다.
【义学－학】yìxué (同)〔义塾 shú〕
【义演－연】yìyǎn 图자선 공연.
【义勇－용】yìyǒng 图정의를 위해 싸우는 의용.
【义勇军－용군】yìyǒngjūn 图(중국 항일 전쟁 때 만든 항일 무장세력) 의용군.
【义战－전】yìzhàn 图정의의 싸움.
【义正词严－정사엄】yì zhèng cí yán 〈成〉이치가 바르고 말이 엄정하다.
【义诊－진】yìzhěn 1공개적으로 기금을 모아 병원을 설립하여 무료로 진료해주는 것. 2의사가 행하는 무료 봉사 진료.
【义肢－지】yìzhī 图〈醫〉의수와 의족.
【义冢－총】yìzhǒng 图옛날, 의총.

【议·議】讠部 yì
　　　　 3画 의논할 의
1图의견. 주장. ◇提～/제의(하다). 2图

상의하다. 토론하다. ◇～会/의회. ◇这件事大家先～一～/이 일은 모두가 먼저 의논해 보자. **3**[동]비평하다. 비난하다. ◇无可非～/나무랄 데가 없다.

*【议案－안】yì'àn [명]안건.
*【议程－정】yìchéng [명]의사 일정.
【议定－정】yìdìng [동]상의하여 결정하다.
*【议定书－정서】yìdìngshū [명]협정서.
【议和－화】yìhé [명][동]평화교섭(을 하다). (同)〔媾 gòu 和〕, (反)〔开战 kāizhàn〕
⁑【议会－회】yìhuì [명]**1**입법부. 의회. **2**일부 국가의 최고 권력 기구. ‖ (同)〔国 guó 会〕
【议会制－회제】yìhuìzhì (同)〔代 dài 议制〕
【议价－가】yì//jià **1**[동]가격을 흥정하다. **2**(yìjià)[명]협의 가격.
【议决－결】yìjué [동]의결하다.
☆【议论－론】yìlùn **1**[동]의론하다. 쑤군거리다. 왈가왈부하다. ◇～纷纷/의론이 분분하다. **2**[명](사람·사물에 대한) 평가. 하마평. ◇群众对他的～很多/군중은 그에 대한 말이 많다.
【议事－사】yìshì [동]공무를 논의하다.
【议事日程－사일정】yìshì rìchéng (同)〔议程〕
【议题－제】yìtí [명]의제.
【议席－석】yìxí [명]의석.
*【议员－원】yìyuán [명]의원. ◇市～/시 의원. ◇国会～/국회 의원.
【议院－원】yìyuàn [명](同)〔议会 huì〕
【议长－장】yìzhǎng [명]의장.

★【亿·億】亻部 1画 | yì | 억 **억**
[수]**1**억. ◇中国是十二～人口的国家/중국은 12억 인구의 국가이다. **2**고대는 10만.
*【亿万－만】yìwàn [명][형]억만(의). 셀 수 없이 많은. ◇全国～人民/전국의 무수한 국민.
【亿万斯年－만사년】yì wàn sī nián 〈成〉끝없이 긴 세월. (同)〔千秋万代 qiān qiū wàn dài〕, (反)〔一朝一夕 yī zhāo yī xī〕

*【忆·憶】忄部 1画 | yì | 기억할 **억**
[동]**1**(옛날을) 떠올리다. 회상하다. ◇回～/회상하다. **2**기억하다. ◇记 jì～/기억하다. (同)〔记 jì〕, (反)〔忘 wàng〕
【忆想－상】yìxiǎng [동]회상하다. 상기하다.

【艺·藝】艹部 1画 | yì | 재주 **예**
[명]**1**기술. 기예. ◇工～/공예. **2**예능. 예술. ◇文～/문예. **3**〈文〉준칙. 한도. ◇贪贿无～/재물욕에 한도가 없다.
【艺林－림】yìlín [명]**1**(문학) 예술계. **2**문예 도서를 모아둔 곳.
【艺龄－령】yìlíng [명]예술인의 예술 활동에 종사한 햇수.
【艺名－명】yìmíng [명]예명.
【艺人－인】yìrén [명]**1**연예인.〔演员 yǎnyuán〕 **2**수공예종사자.
★【艺术－술】yìshù **1**[명]예술. **2**[명]독창적인 방법이나 기술. ◇领导～/지도 방법. **3**[형]예술적이다. 미적 감각이 풍부하다. ◇这个房间布置得很～/이 방은 예술적으로 꾸며졌다.
【艺术家－술가】yìshùjiā [명]예술가.
【艺术品－술품】yìshùpǐn [명]예술품.〔일반적으로 조형 미술 작품을 가리킴〕
【艺术体操－술체조】yìshù tǐcāo [명]〈體〉신체조. 리듬체조. (同)〔韵律 yùnlǜ 体操〕
【艺术性－술성】yìshùxìng [명]예술성.
【艺徒－도】yìtú [명]〈方〉견습공.
【艺苑－원】yìyuàn [명]문학예술계.

【呓·囈】口部 4画 | yì | 잠꼬대 **예**
[명]잠꼬대. ◇梦 mèng～/잠꼬대(를 하다).
【呓语－어】yìyǔ [명][동]잠꼬대〔헛소리〕(하다).

【弋】弋部 0画 | yì | 주살 **익**
1[명][동]〈文〉주살(로 새를 쏘다). **2**(Yì)[명]성(姓).
【弋获－획】yìhuò [동]〈文〉**1**(주살로) 쏴서 잡다. **2**(도적 등을) 체포하다.

【屹】山部 3画 | yì | 쭈뼛할 **흘**
[형]〈文〉(산봉우리가) 우뚝 솟은 모양. 우뚝 서서 움직이지 않는 모양. ⇒gē
【屹立－립】yìlì [동]우뚝 솟다.
【屹然－연】yìrán [형]우뚝 솟은 모양.

【译·譯】讠部 5画 | yì | 번역할 **역**
[동]번역〔통역〕하다. ◇口～/통역.
【译本－본】yìběn [명]번역문.
【译笔－필】yìbǐ [명]번역의 품격 또는 질.
【译名－명】yìmíng [명]번역명.
【译文－문】yìwén [명]역문.
【译意风－의풍】yìyìfēng [명](동시 통역용) 이어폰.
【译音－음】yìyīn [명][동]음역(하다).
【译员－원】yìyuán [명]통역사. (同)〔翻译人员 fān yì rén yuán〕
【译制－제】yìzhì [명][동]더빙(dubbing)(하다).
【译制(影)片－제(영)편】yìzhì(yǐng)piàn [명]더빙한 영화.
【译作－작】yìzuò [명]번역 작품.

【绎·繹】纟部 15画 | yì | 당길 **역**
[동]〈文〉**1**(사물의) 두서를 잡다. 실마리를 찾아내다. ◇寻～/깊이 연구하다.

【驿·驛】马部 5画 | yì | 역말 **역**
[명]역참. 역. 〔오늘날에는 지명에 흔히 쓰

임] ◇龙泉~/〈地〉(사천성의) 용천суф.

【驿道一도】 yìdào 몜(옛날의) 역로(驿路).

【驿站一참】 yìzhàn 몜(옛날의) 역참. 역.

* 【亦】 ┬部 | yì
4画 | 또한 역

1몜〈文〉…도. …도 또한. 〔'也'와 뜻이 같으며 서면이나 고대 중국어에 쓰임〕 ◇事情虽小，~应认真处理/일은 사소하지만 역시 진지하게 처리해야 한다. 2(Yì)몜성(姓).

【亦步亦趋一보역추】 yì bù yì qū〈成〉남이 걸으면 걷고 남이 뛰면 뛰다. 맹목적으로 남을 따르다. 남의 장단에 춤을 추다.

【奕】 大部 | yì
6画 | 겹칠 혁

1몜〈文〉성대하다. 2(Yì)성(姓).

【奕奕一혁】 yìyì 휑활기 있다. 생생하다.

【弈】 廾部 | yì
6画 | 바둑 혁

〈文〉1몜바둑. 2동바둑을 두다. ◇对~/대국하다. (同)〔下棋 xiàqí〕

* 【异(異)】 巳部 | 廾部 | yì
3画 | 3画 | 다를 이

1휑다르다. ◇大同小~/〈成〉대동 소이하다. 2휑이상하다. 기이하다. ◇~香/특이한 향기. 3동괴이하게 여기다. 놀라다. ◇惊~/놀라고 이상히 여기다. 4휑다른. ◇~日/다른 날. 5동헤어지다. ◇离~/이혼하다.

【异邦一방】 yìbāng 몜이국. 이역.

【异彩一채】 yìcǎi 몜이채. 특별한 광채. 〈喩〉비범한 재능.

☆【异常一상】 yìcháng 1휑이상하다. 심상치 않다. ◇这里最后发生了一起~案件/이곳에 최근 심상치 않은 사건이 발생했다. (反)〔正 zhèng 常〕 2튀특히. 대단히. 몹시. ◇听到这个喜讯，他~地激动/그는 그 희소식을 듣고 몹시 흥분했다.

【异词一사】 yìcí (同)〔异言 yán〕

【异地一지】 yìdì 몜타향. (同)〔外 wài 地〕, (反)〔本 běn 地〕

【异读一독】 yìdú 몜〈言〉같은 문자를 둘 이상의 음(音)으로 달리 읽을 수 있는 것.

【异端一단】 yìduān 몜이단. 〔옛날, 정통(正统)적인 사상이나 교의(教义)에서 벗어남을 이르던 말〕 (反)〔正统 zhèngtǒng〕

【异国一국】 yìguó 몜〈文〉타국. 외국. (同)〔外 wài 国〕, (反)〔本 běn 国〕

【异乎一호】 yìhū 휑(…와) 다르다.

【异乎寻常一호심상】 yì hū xún cháng〈成〉여느 때와 다르다. 심상치 않다. (反)〔平淡无奇 píng dàn wú qí〕

【异化一화】 yìhuà 1동이화(異化)하다. 2동〈哲〉이화하다. 소외(疏外)하다. 3몜〈言〉이화. 이화작용.

【异化作用一화작용】 yìhuà zuòyòng 몜〈生〉〈言〉이화 작용.

【异己一기】 yìjǐ 몜정치적 입장·문제에서 전혀 다른 사람. 반체제인사. (同)〔持不同政见者〕

【异军突起一군돌기】 yì jūn tū qǐ〈成〉새로운 파벌이나 세력이 돌연 나타나다.

【异口同声一구동성】 yì kǒu tóng shēng〈成〉이구 동성. 여러 사람의 말이 모두 같다. (同)〔众口一辞 zhòng kǒu yī cí〕, (反)〔莫衷一是 mò zhōng yī shì〕

【异类一류】 yìlèi 몜1이류. 2외족(外族). 다른 겨레. (反)〔同 tóng 类〕 3동식물(动植物)의 다른 종류.

【异曲同工一곡동공】 yì qǔ tóng gōng〈成〉곡은 달라도 교묘한 솜씨는 똑같다. 방법은 다르나 효과는 같다.

【异趣一취】 yìqù 몜동다른 취미(를 가지다).

【异日一일】 yìrì 몜〈文〉1훗날. 2지나간 날. 이전.

【异体一체】 yìtǐ 몜이체.

【异体字一체자】 yìtǐzì 몜〈言〉이체자. (反)〔正 zhèng 体字〕

【异同一동】 yìtóng〈文〉1서로 다른 점과 같은 점. 차이. 2이의.

【异味一미】 yìwèi 몜1진미. 별미. 2이상한 냄새. ◇这菜只有~，不能再吃/이 반찬이 이상한 냄새가 나니 먹어서는 안 된다.

【异物一물】 yìwù 몜1이물질. 2〈文〉죽은 사람. 3기이한 물건.

【异乡一향】 yìxiāng 몜이향. 타향. (同)〔外 wài 乡〕, (反)〔本 běn 乡〕

【异香一향】 yìxiāng 몜특이한 향기. (反)〔奇臭 qíchòu〕

【异想天开一상천개】 yì xiǎng tiān kāi〈成〉기상 천외. 생각이나 착안이 비현실적이고 기발하다.

【异心一심】 yìxīn 몜딴 마음. 반역심. (同)〔二 èr 心〕, (反)〔忠 zhōng 心〕

【异性一성】 yìxìng 몜1이성. 2다른 성질. (反)〔同 tóng 性〕

【异姓一성】 yìxìng 몜다른 성(姓).

【异言一언】 yìyán 몜이의. 반대 의견.

【异样一양】 yìyàng 1몜차이. 다른 점. (同)〔两 liǎng 样〕, (反)〔一 yī 样〕 2휑이상하다. 색다르다. 특별하다. (反)〔正常 zhèngcháng〕

【异议一의】 yìyì 몜이의. 다른 의견.

【异域一역】 yìyù 몜이역. 외국.

【异族一족】 yìzú 몜이족. 다른 민족.

【抑】 扌部 | yì
4画 | 누를 억

1동누르다. 억압하다. ◇压~/억압하다. (同)〔压 yā〕 2졥〈文〉혹은. 그렇지 않으

면. ◇求之欤，～与之欤?/요구한 것인가, 아니면 준 것인가? (同)〔或是 huòshì〕3 쥅〈文〉그러나. 다만. (同)〔可是 kěshì〕4 쥅〈文〉게다가. …뿐만 아니라. 또한. (同)〔而且 érqiě〕

【抑或一혹】yìhuò 쥅〈文〉혹은. 또는.

【抑扬一양】yìyáng 쥉억양. 음성의 고저(高低). (同)〔跌宕 diēdàng〕, (反)〔呆滞 dāizhì〕

【抑扬顿挫一양돈좌】yìyáng dùncuò〈成〉소리의 고저·기복과 휴지(休止)·곡절(曲折). 소리의 고저·곡절이 어울려 리드미컬하다.

【抑郁一울】yìyù 쥉(불만을 호소할 수 없어) 울적하다. 번민하다.

【抑止一지】yìzhǐ 쥉억제하다.

**【抑制一제】yìzhì 1쥉〈生理〉억제. 억압. 2쥉억제하다. 억누르다. ◇～着内心的不满/내심의 불만을 억누르고 있다.

【邑】 邑部 0画 고을 읍
쥉1읍. (고대(古代)의) 도시. ◇城～/성읍. 도시. 2⟨縣⟩(현)의 다른 이름.

【挹】 扌部 7画 뜰 읍
쥉〈文〉1푸다. 뜨다. ◇～彼注兹/저쪽에서 퍼서 이쪽에 붓다. 조절하여 평균화하다. (同)〔舀 yǎo〕2잡아 당기다. 끌어 당기다.

【挹取一취】yìqǔ 쥉〈文〉푸다. 뜨다. (同)〔舀 yǎo〕

【挹注一주】yìzhù 쥉〈文〉〈喩〉여유있는 데서 떼어내어 부족한 곳을 보충하다.

【役】 彳部 4画 일 역
1쥉육체 노동. ◇劳～/노역. 2쥉병역. ◇服～/군 복무하다. ◇退～/퇴역하다. 3쥉부리다. 일을 시키다. ◇奴～/노예처럼 부리다. 4쥉옛날, 잡역부. 사환. 심부름꾼. ◇仆～/하인. 5쥉전쟁.

【役畜一축】yìchù 쥉역축. (同)〔力 lì 畜〕

【役龄一령】yìlíng 쥉〈軍〉병역 연령.

【役使一사】yìshǐ 쥉(가축이나 사람을) 부리다. 일을 시키다.

【疫】 疒部 14画 돌림병 역
쥉급성 전염병. ◇瘟～/급성 전염병. ◇鼠 shǔ～/페스트.

【疫病一병】yìbìng 쥉돌림병.

【疫苗一묘】yìmiáo 쥉〈醫〉왁친.

【疫情一정】yìqíng 쥉전염병 발생 상황.

【毅】 殳部 11画 군셀 의
쥉(의지 등이) 군세다. 과단성 있다. ◇刚～/강직하다.

*【毅力一력】yìlì 쥉군센 의지. 끈기. ◇学习没有～是不行的/배움은 끈기가 없으면 안 되는 것이다.

*【毅然一연】yìrán 쥊의연히. 결연히. 단호하게. ◇～献身祖国的科学事业/조국의 과학사업에 의연히 헌신하다.

【诣·詣】 讠部 6画 이를 예
〈文〉1쥉가다. 다다르다. 2쥉찾아 뵙다. 가서 배알하다. ◇～烈士墓参谒/열사의 묘를 찾아 참배하다. 3쥉(학문·기술 따위가 도달한) 깊은 경지. 조예.

【鮨·鮨】 鱼部 6画 다랑어 예, 젓 지
쥉〈魚介〉다랑어.

【勩·勩】 力部 9画 수고로울 예·이
1쥉〈文〉수고롭다. 고생스럽다. 2쥉(기물(器物)의 모서리나 끝이) 닳아 없어지다.

**【易】 日部 4画 쉬울 이, 바꿀 역
1쥉쉽다. 수월하다. ◇轻～/수월하다. (反)〔难 nán〕2쥉온화하다. 부드럽다. ◇平～近人/온화하여 가까이하기 쉽다. 3쥉〈文〉얕보다. 4쥉바꾸다. 고치다. 갈다. ◇移风～俗/풍속을 고치다. (同)〔改 gǎi〕5쥉교역하다. 맞바꾸다. ◇贸～/무역(하다). 6(Yì)쥉성(姓).

【易拉罐一랍관】yìlāguàn (당겨서 여는 음료수) 깡통. 캔.

【易货贸易一화무역】yìhuò màoyì 쥉〈貿〉구상 무역. 물물교환 무역.

【易如反掌一여반장】yì rú fǎn zhǎng〈成〉손바닥을 뒤집는 것처럼 쉽다. 식은 죽 먹기다. (同)〔轻而易举 qīng ér yì jǔ〕, (反)〔难上加难 nán·shàng jiānán〕

【易手一수】yìshǒu 쥉(정권·재산 등의) 소유자가 바뀌다.

【易于一어】yìyú …하기 쉽다. 쉽게 …할 수 있다. (同)〔容 róng 易〕, (反)〔难 nán 于〕

【易帜一치】yì zhì 쥉나라나 군대가 깃발을 바꿔 달다. 정권이 달라지거나 적에게 투항하다.

【蜴】 虫部 8画 도마뱀 척
(同)〔蜥 xī 蜴〕

【翌】 羽部 5画 이튿날 익
〈文〉(올해나 오늘의) 다음. 이듬. ◇～年/다음해. 이듬해.

【翌日一일】yìrì 쥉〈文〉다음날. 익일.

【翊】 立部 5画 도울 익
쥉〈文〉돕다. 보좌하다. ◇辅 fǔ～/보좌하다.

【熠】火部　11画　yì　빛날 습
⟨형⟩⟨文⟩밝게 빛나다.
【熠熠－습】yìyì ⟨형⟩⟨文⟩밝게 빛나다.

【谊・誼】讠部　8画　yì　옳을 의
⟨명⟩우정. 친선. ◇友～/친선. ◇情～/교분.

【益】皿部　5画　yì　더할 익
1⟨명⟩이익. ◇利～/이익. ◇这样做对个人、对国家都是有害无～/이렇게 하는 것은 개인이나 국가에 모두 유해무익하다. 2⟨형⟩이롭다. 유익하다. ◇良师～友/훌륭한 스승과 도움되는 친구. (反)〔害 hài〕 3⟨동⟩늘어나다. 증진하다. 더하다. ◇增～/증가하다. (同)〔增 zēng〕, (反)〔减 jiǎn〕 4⟨부⟩더욱. ◇多多～善/다다익선. 많을수록 더욱 좋다. ◇他对自己的工作总是精～求精/그는 자기의 업무를 언제나 더 잘 하려고 애쓴다. 5⟨Yì⟩⟨명⟩성(姓).
【益虫－충】yìchóng ⟨명⟩⟨虫⟩익충. 이로운 벌레. (反)〔害 hài 虫〕
【益处－처】yì・chu ⟨명⟩이익. 좋은〔유익한〕 점. (同)〔好 hǎo 处〕, (反)〔害 hài 处〕
【益发－발】yìfā ⟨부⟩더욱. 한층 더.
【益母草－모초】yìmǔcǎo ⟨명⟩⟨植⟩익모초. (同)〔茺蔚 chōngwèi〕
【益鸟－조】yìniǎo ⟨명⟩익조. 이로운 새. (反)〔害 hài 鸟〕
【益友－우】yìyǒu ⟨명⟩이로운 벗. 좋은 벗. 도움되는 친구. (同)〔良 liáng 友〕, (反)〔损 sǔn 友〕

【溢】氵部　10画　yì　넘칠 일
1⟨동⟩(물이) 넘치다. ◇河水四～/강물이 사방으로 넘쳐흐르다. 2⟨동⟩(정도를) 지나치다.
【溢洪道－홍도】yìhóngdào ⟨명⟩⟨土⟩여 수로 (餘水路). 방수로.
【溢美－미】yìměi ⟨형⟩⟨文⟩과찬하다.
【溢于言表－어언표】yì yú yán biǎo (감정이) 말이나 표정에 드러나다.

【缢・縊】纟部　10画　yì　목맬 의
⟨동⟩⟨文⟩목매어 죽다. ◇自～/목을 매고 자살하다.

【镒・鎰】钅部　10画　yì　중량이름 일
⟨양⟩일.〔옛날 중량의 단위로, 20량(两)임. 일설에는 24량이라고도 함〕

【鹢・鷁】鸟部　10画　yì　새이름 익
⟨명⟩(옛날 책에 나오는 해오라기 비슷한) 큰 물새.

【螠】虫部　10画　yì　벌레이름 의
⟨명⟩⟨動⟩개불. 의충.益

【逸】辶部　8画　yì　달아날 일
1⟨형⟩안일하다. 편안하다. ◇安～/안일하다. 2⟨동⟩달아나다. ◇逃～/도주하다. (同)〔逃 táo〕 3⟨동⟩은둔하다. ◇隐～/은일하다. (同)〔隐 yǐn〕 4⟨동⟩흩어져 없어지다. 5⟨형⟩뛰어나다. 탁월하다.
【逸乐－락】yìlè ⟨동⟩놀며 즐기다. 안락하게 지내다.
【逸民－민】yìmín ⟨명⟩⟨文⟩일민. 은자.
【逸事－사】yìshì ⟨명⟩⟨文⟩일사. 세상에 드러나지 아니한 사적.
【逸闻－문】yìwén ⟨명⟩⟨文⟩일화.
【逸豫－예】yìyù (同)〔逸乐 lè〕

【意】音部　4画　心部　9画　yì　뜻 의
1⟨명⟩생각. 뜻. ◇同～/동의하다. 2⟨형⟩마음. 염원. 소망. ◇满～/만족하다. 3⟨명⟩예상 (하다). 짐작(하다). ◇出其不～/예기치 않다.
【意表－표】yìbiǎo ⟨명⟩생각 밖.
【意会－회】yìhuì ⟨동⟩마음으로 깨닫다.
★【意见－견】yì・jiàn ⟨명⟩1의견. ◇提出～/의견을 제시하다. ◇交换～/의견을 교환하다. 비교意见:建议 주장을 펼 때는 "意见"을 쓰지 않는다. ◇我打算用你提的(×意见)建议解决这个问题/난 당신이 제의한 건의 사항으로 이 문제를 해결할 생각이다. 2의. 불만. ◇大家对他有很多～/모두들 그에게 불만이 많다. ◇有～就当面提，不要背后乱议论/불만이 있다면 면전에서 말해야지, 뒷전에서 함부로 쑥덕거리지 마라.
【意匠－장】yìjiàng ⟨명⟩경지. (시문·회화 등의) 구상(構想). 창안. 고안.
【意境－경】yìjìng ⟨명⟩(문학·예술 작품에 표현된) 정취. 경지.
＊【意料－료】yìliào ⟨명⟩⟨동⟩예상(하다). 짐작(하다). ◇～不到的事/예상 밖의 일. ◇出乎～/뜻밖이다.
【意念－념】yìniàn ⟨명⟩생각. 관념.
【意气－기】yìqì ⟨명⟩1의지. 기개. 2지향과 성격. 3(치우친) 감정. 기분.
【意气风发－기풍발】yì qì fēng fā ⟨成⟩의욕에 가득차 있는 모양. (同)〔生气勃勃 shēng qì bó bó〕, (反)〔萎靡不振 wěi mí bù zhèn〕
【意气用事－기용사】yì qì yòng shì ⟨成⟩기분대로 일을 처리하다.
【意趣－취】yìqù ⟨명⟩정취와 취향.
＊【意识－식】yìshí 1⟨명⟩의식. ◇宗教～/종교 의

식. 2[동]의식하다. 인지하다. 깨닫다. 〔흔히 '到'와 함께 쓰임〕 ◇他充分~到将会遇到的困难/그는 곧 닥칠 어려움을 충분히 깨달았다. [비교]意识:认识 어떤 이론·개념 등에 대한 인지에는 "意识"을 쓰지 않는다. ◇她对革命的(×意识)认识太不清楚/그녀는 혁명에 대한 의식이 분명하지 않다.

【意识形态—식형태】yìshí xíngtài [명]이데올로기(독 Ideologie). 관념 형태.

★【意思—사】yì·si [명]1(문자가 갖고 있는) 의미. 생각. 뜻. ◇你是不是有~跟她见见面?/당신은 그녀와 만나 볼 생각이 있는 것 아닙니까? [비교]意思:意见:兴趣 ①개인적인 견해, 주장에는 "意思"를 쓰지 않는다. ◇我们很重视个人的(×意思)意见/우리는 개인의 의견을 매우 중시한다. ②사람의 취미에는 "意思"라고 하지 않는다. ◇我对这本书很有(×意思)兴趣/난 이 책에 흥미가 있다. 2의견. 소망. ◇我的~是跟他一起去/내 의견은 그와 같이 가는 것이다. 3(선물에 담겨져 있는) 감사의 표시. 성의. ◇这是我从家乡给你带来的土特产, 一点小~, 请不要推辞/이것은 당신에게 드리려고 고향에서 갖고 온 토산품으로 작은 성의이니 사양하지 마세요. 4[동]성의를 표시하다. ◇大家受累了, 得买些东西~一下/모두들 힘드셨는데 뭘 좀 사서 성의를 보여야죠. 5모양. 징조. 기색. ◇这几天气温突然下降, 有下雪的~/요 며칠 기온이 갑자기 떨어지는데 눈이 내릴 모양이다. 6재미. 흥미. ◇他这个人没~/그 사람은 재미가 없다. ◇电视节目很有~/텔레비전 프로그램이 재미있다.

*【意图—도】yìtú [명]의도. 기도. ◇他的~很明显/그의 의도는 분명하다.

☆【意外—외】yìwài 1[형]의외이다. 뜻밖이다. ◇收到这么多来信, 他觉得~/이렇게 많은 편지를 받은 것이 그는 의외라고 생각했다. 2[명]뜻밖의 사고. 의외의 재난. ◇你放心好了, 不会有什么~/안심해도 돼, 뭐 사고가 날 리는 없다.

【意味—미】yìwèi [명]1의미. 뜻. ◇话里含有讽刺~/말속에 풍자의 뜻이 들어 있다. 2정취. 맛. ◇他的作品乡土~很浓/그의 작품은 향토정취가 아주 짙다.

⁑【意味着—미착】yìwèi·zhe 의미하다. 뜻하다. ◇尽管如此, 但这并不~她不想和你好了/비록 그렇게 되었지만 그것이 그녀가 너와 틀어지려고 하는 것은 결코 아니다. [비교]意味:象征 "意味"는 "友谊"를 목적어로 취하지 않는다. ◇我赠送这本书(×意味)象征着我们两个人的友谊/내가 이 책을 증정하는 건 우리 두 사람의 우정을 상징한다.

【意想—상】yìxiǎng [동]예상하다. 상상하다.

*【意向—향】yìxiàng [명]목적. 의도. ◇~不明/목적이 분명하지 않다.

【意象—상】yìxiàng (同)〔意境 jìng〕

【意兴—흥】yìxìng [명]흥미.

★【意义—의】yìyì [명]1뜻. 의미. ◇~略有不同/의미가 조금 틀리다. 2〈轉〉가치. 의의. ◇假期里为青少年组织了不少有~的活动/여름방학 동안 청소년을 위해 가치있는 행사를 많이 마련했다. [비교]意义:目的:兴趣 ①얻고자 하는 결과에는 "意义"를 쓰지 않는다. ◇我去上海的(×意义)目的是看老师/내가 상해에 간 목적은 선생님을 찾아뵙는 것이다. ②사물에 대한 기호 또는 관심의 경우에는 "意义"를 쓰지 않는다. ◇我们没有(×意义)兴趣继续寻找那个商店/우리는 그 상점을 계속 찾는 것에 흥미를 잃었다.

【意译—역】yìyì [동]1(축자적인 번역이 아닌 문맥을 보고) 의역하다. 〈反〉〔直 zhí 译〕 2한 언어의 어구의 뜻을 다른 언어의 어구로 번역하다.

【意愿—원】yìyuàn [명]소원. 염원. ◇我们尊重他的~/우리는 그의 소원을 존중했다.

【意在言外—재언외】yì zài yán wài 〈成〉뜻이 말 밖에 있다. 말에 나타난 뜻 이외에 숨은 뜻이 있다.

【意旨—지】yìzhǐ [명](따라야 하는) 의도. 취지.

☆【意志—지】yìzhì [명]의지. ◇~坚强/의지가 굳세다. ◇~薄弱/의지가 박약하다.

【意中人—중인】yìzhōngrén [명]마음속으로 사모하는 이성.

【薏】 艹部 13画 | yì 율무 의

[명]〈植〉율무.

【薏米—미】yìmǐ [명]〈中醫〉율무쌀.

【薏苡—이】yìyǐ [명]〈植〉율무.

【臆(肊)】 月部 13画 | yì 가슴 억

1[명]가슴. 생각. 마음. ◇胸~/내심. 2[부]주관적으로.

【臆测—측】yìcè [명][동]억측(하다).

【臆断—단】yìduàn [명][동]억측(臆测)(하다).

【臆度—도】yìduó (同)〔臆测 cè〕

【臆见—견】yìjiàn [명]주관적인 견해.

【臆说—설】yìshuō [명]억측의 말.

【臆想—상】yìxiǎng [명][동]억측(하다).

【臆造—조】yìzào [동]억측하여 말을 지어내다.

【癔】 疒部 13画 | yì 의병 의

【癔病—병】yìbìng [명]〈醫〉히스테리. (同)〔歇斯底里 xiēsīdǐlǐ〕

【镱·鐿】 钅部 13画 | yì 이테르븀 의

图〈化〉이테르븀(Yb).

【肄】聿部 | yì
7画 | 익힐 이
⑧배우다. 공부하다.
【肄业－업】yìyè ⑧1재학하다. 학습하다. 2수료하다.

【鳦】鸟部 | yì
8画 | 거위소리 예
〈文〉(同)〔鷾 yì〕
【鳦鳦－예】yìyì 의꽥꽥. 왝왝.〔거위 우는 소리〕

*【翼】羽部 | yì
11画 | 날개 익
1⑨날개. 깃. 2⑨〈비행기·글라이더 따위의〉날개. 3⑧편. 쪽. ◇由左～进攻/좌측으로부터 진격하다. 4⑨〈天〉익. 28수(宿)의 하나. 5⑧〈文〉돕다. 보좌하다. ◇赞～/돕다. 6⑨〈文〉다음. 이듬. ◇～年/이듬해. (同)〔翌 yì〕7(Yì)⑨성(姓).
【翼侧－측】yìcè ⑨〈军〉대열의 측면. 양날개.
【翼翅－시】yìchì ⑨날개.
【翼翼－익】yìyì ⑩〈文〉1삼가는 모양. 엄숙하고 근신하는 모양. 2질서 정연한 모양. 3많은 모양. 성대한 모양. 4날아 오르는 모양.

【翳】羽部 | yì
11画 | 깃일산 예
⑧1〈文〉감추다. 가리다. ◇蔽～/가리다. 2눈이 흐려지다.

【殪】夕部 | yì
12画 | 쓰러질 에
〈文〉⑧1죽다. 2죽이다.

【懿】士部 | 心部 | yì
19画 | 18画 | 아름다울 의
⑨〈文〉〈품행이〉훌륭하다. ◇嘉言～行/〈成〉본받을 만한 말과 좋은 행실.
【懿旨－지】yìzhǐ ⑨옛날, 황태후나 황후의 명령.

【劓】刂部 | yì
14画 | 코벨 의
〈文〉⑨고대, 코를 베는 형벌.

---

yīn

★【阴·陰】阝部 | yīn
4画 | 음기 음

1⑨〈哲〉(역학에서의) 음(陰). (反)〔阳 yáng〕2⑨달. 3⑩흐리다. ◇天～了/날씨가 흐려졌다. (反)〔晴 qíng〕4(～儿)⑨그늘지다. 응달지다. ◇冬天～面的房间太冷/겨울에 해가 들지 않는 방은 아주 춥다. 5⑨산의 북쪽. 강의 남쪽. ◇华山之～/화산의 북쪽. ◇江～/양자강의 남쪽.〔장강(長江)의 남쪽에 위치한 현 이름〕(反)〔阳 yáng〕6⑨배후. 배면(背面). ◇碑～/비석의 뒷면. 7⑩음쑥한. 음폭한. (反)〔阳 yáng〕8⑩숨겨진. 밖으로 노출되지 않은. ◇阳奉～违/〈成〉겉으로는 받들고 속으로는 거스르다. 9⑩음험하다. ◇这个人很～, 跟他打交道要小心/그 사람은 음흉하니 그와 상대할 때 조심해야 한다. 10⑩저승의. 저 세상의. 11⑨〈物〉음전기를 띤. (同)〔负 fù〕, (反)〔阳 yáng〕12⑨생식기.〔특히 여자의 생식기를 가리킴〕13(Yīn)⑨성(姓).

*【阴暗－암】yīn'àn ⑩어둡다. 음침하다. 어둠침침하다. ◇地下室里～而潮湿/지하실은 음침하고 습하다. ◇～的脸色/어두운 표정. (同)〔阴沉 chén〕
【阴暗面－암면】yīn'ànmiàn ⑨암흑면. 어두운 면.
【阴部－부】yīnbù ⑨〈生理〉음부. 외음부.
【阴曹－조】yīncáo ⑨저승. (同)〔阴间 jiān〕
【阴沉－침】yīnchén ⑩어둑하다. 어둠침침하다. (표정이) 어둡다〔침울하다〕. ◇雨季到了, 这几天格外～/우기가 되어 요 며칠 유달리 어둠침침하다. ◇看到爸爸～的脸, 我和妹妹都不敢作声/아버지의 어두운 표정을 보자 나와 여동생은 감히 소리를 내지 못했다. 回교阴沉:阴暗 "光线", "雨"등은 "阴沉"으로 형용하지 않는다. ◇狱里光线(×阴沉)阴暗/감옥 안은 빛이 어둡다.
【阴沉沉－침침】yīnchénchén (～的)⑩어둠침침한 모양.
【阴错阳差－착양차】yīn cuò yáng chā〈成〉우연히 잘못이 생기다.
【阴丹士林－단사림】yīndānshìlín ⑨〈音〉〈染〉1인단트렌(indanthrene). 2인단트렌 염색천.
【阴道－도】yīndào ⑨〈生理〉질(膣).
【阴德－덕】yīndé ⑨음덕. 남에게 알려지지 아니한〔숨은〕덕행.
【阴毒－독】yīndú ⑩(성질이) 음험하고 악랄하다. 표독하다. (同)〔阴险 xiǎn〕, (反)〔善良 shànliáng〕
【阴风－풍】yīnfēng ⑨1찬 바람. 북풍. 삭풍. 2음산한 바람.
【阴干－간】yīngān ⑧그늘에서 말리다.
【阴功－공】yīngōng (同)〔阴德 dé〕

【阴沟—구】yīngōu 圐지하의 도랑. 암거(暗渠). (反)〔阳 yáng 沟〕

【阴魂—혼】yīnhún 圐유령. 죽은 이의 넋. 〔주로 비유로 쓰임〕

【阴极—극】yīnjí 圐〈物〉음극. (同)〔负 fù 极〕, (反)〔阳 yáng 极〕

【阴极射线—극사선】yīnjí shèxiàn 圐〈物〉음극선.

【阴间—간】yīnjiān 圐저승. 저세상. (同)〔阴世 shì〕, (反)〔阳 yáng 间〕

【阴茎—경】yīnjīng 圐〈生理〉(남자의) 음경.

【阴冷—랭】yīnlěng 휑1(날씨가) 흐리고 춥다. (反)〔晴和 qínghé〕 2(표정이) 어둡고 그늘지다.

【阴离子—리자】yīnlízǐ 圐〈化〉음이온. (同)〔负 fù 离子〕, (反)〔阳 yáng 离子〕

【阴历—력】yīnlì 圐음력. (同)〔农历 nónglì〕, (反)〔阳历 yánglì〕

【阴凉—량】yīnliáng 1휑(그늘이 져서) 서늘하다. ◇丝绸衣服最好是晾在~的地方, 不要在太阳下暴晒/비단옷은 서늘한 곳에서 말리는 것이 좋고 햇빛에 쪼여서는 안 된다. (反)〔炎热 yánrè〕 即교阴凉: 凉爽 사람에게 상쾌하게 느껴지면 "阴凉"을 쓰지 않는다. ◇校园里种满了树和花草, 傍晚散步很(×阴凉)凉爽/교정에 나무와 꽃이 가득 심어져 있어서 저녁무렵에 산책하면 시원하고 상쾌하다. 2(~儿) 圐그늘지고 서늘한 곳. ◇这一路连个~儿也找不到, 真是热死了/이 길은 서늘한 데를 한 곳도 찾을 수가 없어 정말 더워 죽겠다.

【阴霾—매】yīnmái 황사현상의 통칭.

【阴门—문】yīnmén 圐〈生理〉음문.

【阴面—면】yīnmiàn (~儿)圐(건축물 등의) 뒷면. 이면.

✱【阴谋—모】yīnmóu 圐圐음모(를 꾸미다). ◇~家/음모가. ◇~陷害好人/무고한 사람을 해치려 음모를 꾸미다.

【阴囊—낭】yīnnáng 圐〈生理〉음낭.

【阴虚—닉】yīnnì 圐〈中醫〉심한 음양(陰瘍). 중증(重症)인 음부 소양증. (同)〔阴蚀 shí〕

【阴平—평】yīnpíng 圐〈言〉현대 중국어 성조(聲調)의 제1성.

【阴森—삼】yīnsēn 휑음산하다. 어두침침하고 으스스하다.

【阴山背后—산배후】yīn shān bèi hòu 〈成〉외지고 궁벽한 곳.

【阴寿—수】yīnshòu 圐죽은 어른의 10년 주기의 생일(60, 70, 80…세)을 축하하는 일.

【阴司—사】yīnsī (同)〔阴间 jiān〕

【阴私—사】yīnsī 圐남에게 숨긴 나쁜 짓.

✱【阴天—천】yīntiān 圐흐린 날씨.

【阴文—문】yīnwén 圐음문. 인장(印章)이나 기물에 음각(陰刻)한 글자나 무늬. ◇刻 kè~/음문을 새기다. (同)〔白 bái 文〕, (反)〔阳 yáng 文〕

【阴险—험】yīnxiǎn 휑음험하다.

【阴性—성】yīnxìng 圐1〈醫〉음성. 2〈言〉(문법에서 명사의) 여성(女性).

【阴阳—양】yīnyáng 圐음과 양. ①중국 고대철학에서 우주 속에 물질과 인사를 꿰뚫고 있는 양 대립면. ②고대에서 해·달 등 운동법칙의 학문. ③점성술 등을 가리킴.

【阴阳怪气—양괴기】yīn yáng guàiqì 〈成〉성격이나 언행이 괴팍하다.

【阴阳历—양력】yīnyánglì 圐음양력.

【阴阳人—양인】yīnyángrén 圐1〈生理〉양성인(两性人). 2음양가. (同)〔阴阳보〕

【阴阳生—양생】yīnyángshēng 圐음양가.

【阴阳水—양수】yīnyángshuǐ 圐〈中醫〉음양수.

【阴翳—예】yīnyì (同)〔荫 yīn 翳〕

【阴影—영】yīnyǐng 圐음영. 그림자.

【阴雨—우】yīnyǔ 흐리고 비가 내림.

【阴郁—울】yīnyù 휑1(날씨가) 찌무룩하다. 무겁고 답답하다. (反)〔爽朗 shuǎnglǎng〕, 2(기분 따위가) 우울하다. 울적하다. (反)〔开朗 kāilǎng〕

【阴云—운】yīnyún 圐검은 구름.

【阴韵—운】yīnyùn 圐〈言〉고대 중국어 운모(韻母)의 하나로, 운미(韻尾)가 입성(入聲)도 아니고 양운(陽韻)도 아닌 것.

【阴宅—택】yīnzhái 圐음택. 묘지.

【阴鸷—지】yīnzhì 圐〈文〉음험하고 잔혹하다.

【阴陟—척】yīnzhì 圐음덕.

＊【因】 口部 yīn
3画 인할 **인**
1동〈文〉(전례에) 따르다. (옛 것을) 답습하다. ◇陈陈相~/옛 것을 그대로 답습하다. 2동〈文〉의거하다. 근거하다. ◇~地制宜/현지의 사정에 따라 그에 맞는 대책을 세우다. 3圐까닭. 원인. ◇必有他~/필시 다른 까닭이 있을 것이다. 4젭…때문에. …이므로. …한 까닭으로. ◇他~有其他事情未能出席/그는 다른 일때문에 출석하지 못했다.

【因材施教—재시교】yīn cái shī jiào 〈成〉학습자의 소질에 따라 방법을 달리하여 가르치다. 상대를 보고 설법하다.

☆【因此—차】yīncǐ 圙그러므로. 이 때문에. ◇这个人办事公道, ~大家都拥护他/그는 공정하게 일을 처리하기 때문에 모두 그를 지지했다. 即교因此:因为 "因此"는

Y

원인을 나타내는 단문에 쓰이지 않는다. ◇他期望天气更冷点(×因此)因为天气越冷, 炭的价钱越贵/그는 날씨가 더 추워지기를 바랐다. 왜냐하면 날씨가 추울수록 숯의 가격이 더 비싸지기 때문이다.

【因地制宜─지제의】yīn dì zhì yí〈成〉현지 사정에 따라 그에 맞는 대책을 세우다.

☆【因而─이】yīn'ér 접그러므로. 그 때문에. 따라서.〔결과를 나타냄〕◇鸽子象征和平, ～人们都很喜欢它/비둘기는 평화를 상징하기 때문에 사람들은 모두 비둘기를 좋아한다. 比교因而:因为 "因而"는 원인을 나타내는 단문에 쓰이지 않는다. ◇(×因而)因为车还没来, 我们暂时坐在椅子上等着/차가 아직 오지 않았기 때문에 우리는 잠시 의자에 앉아 기다렸다.

【因果─과】yīnguǒ 명1인과. 원인과 결과. 2〈佛〉인과.

【因祸得福─화득복】yīn huò dé fú〈成〉화로 인하여 복을 얻다.

【因陋就简─루취간】yīn lòu jiù jiǎn〈成〉원래의 변변치 못한 조건을 되도록 이용하다.

【因明─명】yīnmíng〈佛〉인명(범hetu-vidyā).〔고대 인도에서 일어난 일종의 추리점〕

【因人成事─인성사】yīn rén chéng shì〈成〉다른 사람의 능력에 기대어 일을 성취하다. (反)〔自力更生 zìlìgēngshēng〕

【因式─식】yīnshì 명〈數〉인수(因數). 정식(整式)의 인자(因子).

【因势利导─세리도】yīn shì lì dǎo〈成〉사물의 추이에 따라 이끌다.

☆【因数─수】yīnshù 명〈數〉인수.

【因素─소】yīnsù 명1(사물 본질의) 구성요소. 2(사물의 성패를 결정하는) 원인. 조건. 요소.

★【因为─위】yīn·wèi 접1…때문에. …으로 인하여.〔원인이나 이유를 나타냄〕◇～天冷, 奶奶今天没有出门/날씨가 춥기 때문에 할머니는 오늘 외출하지 않으셨다. 2때문이다. (…때문이다).〔원인이나 이유를 나중에 말할 경우〕◇他不到二十岁就～画画儿出了名/그는 20살도 안 돼서 그림을 그려서 유명해졌다.

【因袭─습】yīnxí 통(과거의 방법·제도·법령 따위를) 그대로 따르다. 답습하다.

【因循─순】yīnxún 통1그대로 따르다. (同)〔因袭 xí〕, (反)〔创新 chuàngxīn〕2꾸물거리다. 미적지근하다.

【因循守旧─순수구】yīn xún shǒu jiù〈成〉낡은 것을 답습하다. (同)〔因袭旧套 yīnxíjiùtào〕, (反)〔独辟蹊径 dúpì xījìng〕

【因噎废食─열폐식】yīn yē fèi shí〈成〉목

이 멘다고 아예 밥을 먹다말다. 잘못을 범할까와 꼭 해야 할 일을 아예 그만두다. 구더기 무서워 장 못 담그다.

【因由─유】yīnyóu〈口〉원인. 이유.

【因缘─연】yīnyuán 명1〈佛〉인연(因缘). 2연분(缘分).

【因子─자】yīnzǐ 1(同)〔因数 shù〕2(同)〔因式 shì〕

【茵】 卄部 yīn / 6画 깔개 인, 쑥 인
명깔개.

【姻(婣)】 女部 yīn / 6画 시집갈 인
명1결혼. 혼인. ◇联～/혼인을 맺다. 2인척.

【姻亲─친】yīnqīn 명사돈. 인척관계.

【姻亚─아】yīnyà (同)〔姻亲 qīn〕

【姻娅─아】yīnyà (同)〔姻亲 qīn〕

【姻缘─연】yīnyuán 명부부의 인연.

【烟】 火部 yīn / 6画 연기 연
⇒yān

【烟煴─온】yīnyūn (同)〔氤氲 yīnyūn〕

【氤】 气部 yīn / 6画 기운어릴 인

【氤氲─온】yīnyūn 형〈文〉(구름이나 안개가) 자욱이 낀 모양.

【铟·銦】 钅部 yīn / 6画 인듐 인
명〈化〉인듐(In).

**【音】 音部 yīn / 0画 소리 음
명1음. 소리. ◇噪～/소음. ◇声～/소리. 2소식. 3음절(音节). ◇单～词/단음절 단어. 4(어떤 음을) 읽다. ◇'区'字作姓时ー欧/'区'자가 성으로 쓰일 때에는 '欧 ōu'라고 읽는다.

【音标─표】yīnbiāo 명〈言〉음성 기호.

【音波─파】yīnbō 명〈物〉음파.

【音叉─차】yīnchā 명〈物〉음차. 소리굽쇠.

【音程─정】yīnchéng 명〈音〉음정.

【音调─조】yīndiào 명1음조. 억양. 인토네이션. 2음률.

【音符─부】yīnfú 명〈音〉음부.

【音高─고】yīngāo 명〈物〉음높이. 피치.

【音耗─모】yīnhào 명소식. 기별.

【音阶─계】yīnjiē 명〈音〉음계.

【音节─절】yīnjié 명〈言〉음절.

【音节文字─절문자】yīnjié wénzì 명〈言〉음절문자.

【音量─량】yīnliàng 명음량. 볼륨.

【音律─률】yīnlǜ 명〈音〉음률.

【音名─명】yīnmíng 명〈音〉음명. 음률의 명칭.

【音频─빈】yīnpín 명〈物〉가청 주파수.

【音品—품】yīnpǐn (同)〔音色 sè〕
【音强—강】yīnqiáng 명〈物〉음세. 음의 강약.
【音儿—아】yīnr 명〈方〉1말소리. 목소리. 2 말속에 담은 뜻.
【音容—용】yīnróng 명목소리와 모습.
【音色—색】yīnsè 명음색. 음질.
【音势—세】yīnshì (同)〔音强 qiáng〕
【音素—소】yīnsù 명〈言〉단음(單音). 어음(語音)의 최소 단위.
【音素文字—소문자】yīnsù wénzì 명〈言〉단음 문자.
【音位—위】yīnwèi 명〈言〉음소. (phoneme). 한 언어 속에서 의미를 구별하는 최소의 어음 단위.
【音问—문】yīnwèn 명소식.
【音息—식】yīnxī 명소식. 기별.
*【音响—향】yīnxiǎng 명1음향. 2오디오.
【音信—신】yīnxìn 명소식. 기별.
【音序—서】yīnxù 명발음순.
【音讯—신】yīnxùn 명〈文〉소식. (同)〔音信 xìn〕
【音义—의】yīnyì 명1글자의 발음과 의미. 2옛날, 문자의 음과 뜻에 관한 주석(注釋).〔서명(書名)에 많이 쓰임〕
【音译—역】yīnyì 명동음역(하다).
【音域—역】yīnyù 명〈音〉음역.
★【音乐—악】yīnyuè 명음악. ◇你喜欢什么~?/넌 어떤 음악을 좋아하니?
【音韵—운】yīnyùn 명〈言〉음운.
【音韵学—운학】yīnyùnxué 명〈言〉음운학.
【音障—장】yīnzhàng 명〈物〉음속 장벽.
【音值—치】yīnzhí 명〈言〉음가(音價).
【音质—질】yīnzhì 명〈物〉1(同)〔音色 sè〕 2음질.
【音缀—철】yīnzhuì (同)〔音节 jié〕
【音准—준】yīnzhǔn 명〈音〉음높이의 정확도.

【愔】忄部 yīn
9画 조용할 음
【愔愔—음】yīnyīn 명〈文〉말수가 적다. 조용하다.

【暗(瘖)】口部 yīn
9画 벙어리 음
〈文〉1형목이 쉬다. 2동침묵하다. 말을 않다.
【暗哑—아】yīnyǎ 〈文〉형목소리가 나오지 않다.

【殷】殳部 yīn
6画 은나라 은
1형〈文〉풍부하다. 2형〈文〉깊다. 두텁다. ◇期望甚~/기대가 매우 크다. 3형〈文〉친절하다. ◇招待甚~/대접이 아주 친절했다. 4(Yīn)명〈史〉은.〔기원전 14세기~11세기의 중국 고대의 왕조로, 원래는 상(商)이라 하였으나, 은(殷)지방으로 천도한 후 은(殷)이라 하였음〕 5(Yīn)

성(姓). ⇒yān
【殷富—부】yīnfù 1형유복(裕福)하다. 부유하다. 2명유복한 집.
【殷鉴—감】yīnjiàn 명선인(先人)의 실패의 교훈.
【殷切—절】yīnqiè 형간곡하다.
【殷勤—근】yīnqín 형친절하다. (反)〔冷淡 lěngdàn〕
【殷实—실】yīnshí 형부유하다. 유복하다.
【殷殷—은】yīnyīn 형1간절한 모양. 2〈文〉근심스럽다. 걱정스럽다. 슬프다.
【殷忧—우】yīnyōu 명깊은 근심.

【慇】心部 yīn
10画 은근할 은
【慇勤—근】yīnqín (同)〔殷 yīn 勤〕

yín

【吟(唫)】口部 yín
4画 읊을 음
1동읊다. 2동〈文〉신음하다. 탄식하다. 3명음. 중국 고전 시체(詩體)의 하나.
【吟哦—아】yín'é 동(시가를) 읊다. (同)〔吟咏 yǒng〕
【吟风弄月—풍농월】yín fēng nòng yuè 〈成〉바람과 달에 대한 시를 짓다. 시를 읊다. (同)〔吟风咏 yǒng 月〕
【吟咏—영】yínyǒng 동(시문을) 읊다.

☆【银·銀】钅部 yín
6画 은 은
명1은(Ag). 2화폐〔돈〕. 또는 화폐와 관계 있는 것. ◇~行/은행. 3은색. 은빛. ◇~灰色/은회색. 4(Yín)성(姓).
【银白—백】yínbái 명은백색.
【银杯—배】yínbēi 명은잔.
【银本位—본위】yínběnwèi 명〈經〉은본위.
【银币—폐】yínbì 명은화.
【银锭—정】yíndìng 명1(~儿)말굽은. 2얇은 주석 박지를 바른 종이로 만든 마제은.〔죽은 사람을 제사할 때 썼음〕 (同)〔银元宝 yínyuánbǎo〕
【银耳—이】yín'ěr 명〈植〉흰참나무 버섯. (同)〔白木耳 báimù'ěr〕
【银粉—분】yínfěn 명1알루미늄 가루. 2〈文〉은색의 분말.
【银根—근】yíngēn 명〈經〉금융시장에서의 돈의 유통상황. 자금흐름. ◇~紧/자금흐름이 경색되다.
【银汉—한】yínhàn 명〈天〉은하수. (同)〔银河 hé〕
★【银行—행】yínháng 명은행.
【银河—하】yínhé 명〈天〉은하. (同)〔天 tiān 河〕
【银河系—하계】yínhéxì 명〈天〉은하계.
【银红—홍】yínhóng 명〈色〉연분홍빛.

Y

【银灰-회】 yínhuī 囫〈色〉은빛을 띤 쥐색.
【银婚-혼】 yínhūn 囫은혼. 결혼 25주년.
【银匠-장】 yínjiàng 囫은세공사.
【银两-량】 yínliǎng 囫옛날, 화폐로 썼던 은. 돈.
【银楼-루】 yínlóu 囫옛날, 금은방.
**【银幕-막】 yínmù 囫은막. 스크린.
【银牌-패】 yínpái 囫은패. 은메달.
【银钱-전】 yínqián 囫돈. 금전.
【银杏-행】 yínxìng 囫〈植〉1은행나무. 2은행.
【银洋-양】 yínyáng (同)〔银圆 yuán〕
【银样蜡枪头-양랍창두】 yín yàng là qiāng tóu 〈成〉은처럼 번쩍거려도 실은 땜납으로 만든 창끝.
【银元-원】 yínyuán (同)〔银圆 yuán〕
【银圆-원】 yínyuán 囫일원(一圓)짜리 은화.
【银子-자】 yín·zi 囫은의 통칭.

【龈·齦】 齿部 yín 6画 깨물 간
囫잇몸. ⇒kěn '啃'

【淫(婬)】 氵部 yín 8画 방탕할 음
1囫과다하다. 지나치다. 2囫방종하다. ◇骄奢~逸/교만하고 사치스럽고 방종하다. 3囫간음. 4둉음란하다. 방탕하다.
【淫荡-탕】 yíndàng 囫음탕하다.
*【淫秽-예】 yínhuì 囫음란하다. 외설적이다. ◇~书刊/음란서적.
【淫乱-란】 yínluàn 囫음란하다.
【淫威-위】 yínwēi 囫남용된 권력.
【淫雨-우】 yínyǔ (同)〔淫雨 huì〕
【淫雨-우】 yínyǔ 囫장마. (同)〔苦 kǔ 雨〕, (反)〔喜 xǐ 雨〕
【淫欲-욕】 yínyù 囫색욕.

【霪】 雨部 yín 11画 장마 음
【霪雨-우】 yínyǔ 囫장마.

【寅】 宀部 yín 8画 셋째지지 인
囫인. 12지(支)의 세 번째.
【寅吃卯粮-흘묘량】 yín chī mǎo liáng 〈成〉수입을 예상하고 미리 당겨 쓰다. 지출이 수입보다 많다. (反)〔绰绰有余 chuò chuò yǒu yú〕
【寅时-시】 yínshí 囫인시. 새벽 3시부터 5시까지의 시간.

【夤】 夕部 yín 11画 조심할 인
〈文〉1囫삼가다. 경외하다. 2囫깊다.
【夤夜-야】 yínyè 〈文〉심야. 깊은 밤.
【夤缘-연】 yínyuán 囫〈文〉달라붙다. 빌붙다. 출세를 위하여 아부하다.

yǐn

【尹】 乙部 yǐn 3画 벼슬 윤
1囫옛날, 관직 이름. 지방 장관. ◇府~/부윤. 2(Yǐn)囫성(姓).

**【引】 弓部 yǐn 1画 당길 인
1둉끌다. 당기다. ◇~弓/활을 당기다. 2둉이끌다. 안내하다. ◇请你给我们~路好吗?/우리에게 길을 좀 안내해 주시겠습니까? 3둉물러나다. 퇴각하다. 4둉잡아늘이다. 5둉일으키다. 이끌어내다. ◇~火生炉子/불을 내 난로를 피우다. ◇半天才~出他这句话/한참만에 그의 그 말을 유도해냈다. 间교引:受到:便 ①사람의 평가를 받는 것에는 "引"을 쓰지 않는다. ◇他工作非常热情(×引)受到人们的称赞/그는 일을 무척 열심히 해서 사람들의 칭찬을 받는다. ②어떤 느낌이 생기게 하는 것에는 "引"을 쓰지 않는다. ◇她每次都(×引)使我觉得不一样/그녀는 매번 나를 다르게 느끼게 한다. 6둉야기하다. 자아내다. ◇ ~了好几次, 也没有把他~笑/그를 여러번 웃기게 했지만 못웃겼다. 7둉(증거로) 인용하다. ◇文章里曾~过鲁迅的一首诗/글 속에 노신의 시 한 수를 인용한 적이 있었다. 8둉(옛날, 영구를 끌 때 쓰던) 흰 상여줄. 9囫인. 길이의 단위인 '市引'의 준말. 〔'(市)丈'의 10배〕
【引爆-폭】 yǐnbào 둉(폭탄 등에) 점화하다.
【引柴-시】 yǐnchái 囫불쏘시개.
【引产-산】 yǐnchǎn 둉분만을 촉진시키다. (反)〔人工流产 réngōngliúchǎn〕
**【引导-도】 yǐndǎo 둉1안내하다. ◇主人~我们参观了他的新居/주인은 우리를 안내하여 그의 새 저택을 참관시켜 주었다. 间교引导:引导 "引导"는 명사 목적어로 쓰이지 않는다. ◇去香山时你作我们(×引导)向导/향산에 갈 때 네가 우리의 길 안내를 해라. 2선도하다. 이끌다. ◇这样~下去, 孩子会变好的/이렇게 이끌어 나간다면 아이는 좋게 변할 것이다.
【引得-득】 yǐndé 囫색인. (同)〔索 suǒ 引〕
【引动-동】 yǐndòng 둉(마음에) 닿다. 마음을 움직이게 하다.
【引逗-두】 yǐndòu 둉꾀다. 유혹하다.
【引渡-도】 yǐndù 둉1이끌어 (강을) 건너다. 2〈法〉(범죄자를) 인도하다.
【引而不发-이불발】 yǐn ér bù fā 〈成〉1활을 당기기만 하고 쏘지는 않는다. 2지도나 제어에 뛰어나다. 3준비를 다 갖추고 시기를 기다리다.

【引发一발】yǐnfā 통일으키다. (감정을) 유발하다. ◇金教授的话~了学生对哲学的兴趣/김교수의 말이 학생들의 철학에 대한 흥미를 유발했다.

【引港一항】yǐngǎng 통항구로 인도하다. (同)〔领 lǐng 港〕

【引吭高歌一항고가】yǐn háng gāo gē〈成〉소리높여 노래부르다.

【引航一항】yǐnháng 통인항하다. (同)〔引水 shuǐ〕

【引号一호】yǐnhào 명〈言〉인용부(호). 따옴표.

【引河一하】yǐnhé 1명방수로. 용수로. 2(yǐn//hé)통(강물을 끌기 위해) 용수로를 만들다.

【引火一화】yǐn//huǒ 통인화하다. 불을 붙다.

【引火烧身一화소신】yǐn huǒ shāo shēn〈成〉1제가 지른 불에 타 죽다. 제 무덤을 제가 파다. (同)〔惹 rě 火烧身〕2자기의 결점이나 잘못을 스스로 드러내어 남의 비판을 구하다.

【引见一견】yǐnjiàn남을 제3자에게 소개하다.

【引荐一천】yǐnjiàn 통추천하다.

【引酵一효】yǐnjiào (同)〔酵 jiào 子〕

＊＊【引进一진】yǐnjìn 통1(同)〔引荐 jiàn〕2끌어들이다. (외지에서) 도입하다. ◇~外资/외국 자본을 도입하다. ◇这套设备~得很及时/이 설비는 매우 적절한 때에 도입되었다.

【引经据典一경거전】yǐn jīng jù diǎn〈成〉고전에서 어구나 전고를 인용하다.

【引颈一경】yǐnjǐng 통목을 길게 빼다.

【引咎一구】yǐnjiù잘못을 자기탓으로 돌리다. 스스로 잘못을 인정하다.

【引狼入室一랑입실】yǐn láng rù shì〈成〉늑대를 끌어들여 집안에 들이다. 화를 자초하다.

【引力一력】yǐnlì 명1〈物〉'万有引力'(만유인력)의 준말. 인력. 2매력.

【引例一례】yǐn// lì 1통예를 들다. 2(yìn lì)명(논증으로 삼는) 예.

【引领一령】yǐnlǐng 통1안내하다. 2목을 길게 빼다. 간절히 바라다.

【引流一류】yǐnliú 통〈醫〉배농(排膿)하다. (외과 수술로) 고름을 빼내다.

【引路一로】yǐn//lù 통길을 안내하다.

☆【引起一기】yǐnqǐ 통(사건 등을) 일으키다. ◇中秋的圆月~了我的思乡之情/추석의 보름달은 나의 향수를 불러일으켰다. ◇事故是由于粗心大意而~的/사고는 부주의때문에 발생한 것이다. 비교引起:受到 '称赞'은 "引起"의 목적어로 쓰이지 않는다. ◇他工作非常热情(×引起)

受到人们的称赞/그는 일을 무척 열심히 해서 사람들의 칭찬을 받았다.

【引桥一교】yǐnqiáo 명〈建〉(다리와 길을 잇는 부분인) 진입교(進入橋).

【引擎一경】yǐnqíng 명〈音譯〉〈機〉엔진.

【引人入胜一입승】yǐn rén rù shèng〈成〉(풍경이나 글 따위가) 사람을 매혹하여 황홀하게 하다.

＊【引人注目一인주목】yǐn rén zhù mù〈成〉사람들의 주목〔이목〕을 끌다. ◇~的特点/사람들 주목을 끌만한 특징.

＊【引人一입】yǐnrù 통끌어 들이다.

【引申一신】yǐnshēn 통〈言〉원래의 의미에서 새로운 의미로 확대되다. ◇"兵"字的本义是武器, ~为"战士"/"兵"은 원래 무기라는 뜻이지만 "전사"라는 뜻으로 확대되었다.

【引述一술】yǐnshù 통〈文〉인용하여 말하다.

【引水一수】yǐnshuǐ 통1수로를 안내하다. (同)〔引航 háng〕2물을 끌어들이다.

【引退一퇴】yǐntuì 통관직에서 물러나다.

【引文一문】yǐnwén 명인용문.

【引线一선】yǐnxiàn 명1신관. 도화선. 2실마리. 매개물. 3중매인. 주선자도. 4〈方〉바늘. (同)〔缝衣针 féngyīzhēn〕

【引信一신】yǐnxìn 명〈軍〉신관. (同)〔信 xìn 管〕

【引言一언】yǐnyán 명머리말. 서문.

＊【引用一용】yǐnyòng 통1인용(하다). ◇他的文章中~了孔子的话/그의 글 중에 공자의 말을 인용했다. 2引用(하다).

＊【引诱一유】yǐnyòu 1통〈文〉(나쁜 일을 하도록) 유도하다. 꼬시다. ◇受坏人~走上邪路/나쁜 사람의 꼬임에 빠져 사악한 길로 들어섰다. 2명통유인(하다). 유혹(하다). ◇~少女离家出走/소녀를 유혹해 가출하게 했다.

【引玉之砖一옥지전】yǐn yù zhī zhuān〈喩〉〈謙〉옥을 끌어내기 위한 벽돌. 남의 고견을 끌어내기 위한 자신의 졸견. 잉어를 낚기 위한 새우.

【引证一증】yǐnzhèng 통사실·말 등을 증거로 삼다.

【引致一치】yǐnzhì (同)〔引起 qǐ〕

【引种一종】yǐnzhòng 통〈農〉(우량종을) 이식하다.

【引子一자】yǐn·zi 명1(중국 전통극에서) 첫 등장인물의 첫 대사〔첫 노래〕〔극의 줄거리를 제시하거나 배역(配役)을 설명함〕2〈音〉전주(前奏). 도입부. 3머리말. 서론. 4〈中醫〉보조약.

【吲】口部｜yǐn
4画｜인돌 인

【吲哚一타】yǐnduǒ 명〈化〉〈音譯〉인돌(indole).

C₃H₇N

【蚓】虫部 | yǐn
4画 | 지렁이 인
圐지렁이. (同)〔蚯 qiū 蚓〕

*【饮·飲】饣部 | yǐn
4画 | 마실 음
1동마시다. ◇一连了两杯白酒/술을 연거푸 두 잔을 마셨다. ◇痛~/실컷 마시다. 2동마실 것. 음료. ◇冷~/찬 음료. 3동차게 하여 복용하는 탕약. (同)〔饮子-zi〕4동〈中醫〉묽은 가래. 〔병명(病名)에 쓰이기도 함〕5동마음속에 품다. ◇~恨/한을 품다. ⇒yìn

【饮弹-탄】yǐndàn 동총알에 맞다.
【饮恨-한】yǐnhèn 동원한을 품다.
*【饮料-료】yǐnliào 圐음료.
【饮泣-읍】yǐnqì 동(빰을 타고 흘러내리는) 눈물을 삼키다.
*【饮食-식】yǐnshí 1圐음식. 2동음식을 먹고 마시다. ◇~起居/일상생활.
【饮食疗法-식요법】yǐnshí liáofǎ 圐식이요법.
*【饮水-수】yǐnshuǐ 圐식수.
【饮水思源-수사원】yǐn shuǐ sī yuán〈成〉물을 마실 때 그 근원을 생각하다. 자기가 누리는 행복의 근원을 잊지 않다. 은혜를 잊지 않다. 근본을 잊지 않다. (反)〔数典忘祖 shǔ diǎn wàng zǔ〕
【饮誉-예】yǐnyù 동호평을 받다. 칭찬을 받다.
【饮鸩止渴-짐지갈】yǐn zhèn zhǐ kě〈成〉독주를 마셔 갈증을 풀다. 나중을 생각치 않고 임시모면을 하다. 언 발에 오줌누기.
【饮子-자】yǐn·zi 圐〈中醫〉차게 마시기에 적합한 탕약.

【隐·隱】阝部 | yǐn
9画 | 숨을 은
1동숨기다. 감추다. (同)〔藏 cáng〕, (反)〔显 xiǎn〕2동잠복하다. 3圐비밀스러운 일. ◇难言之~/말할 수 없는 비밀스러운 일.
*【隐蔽-폐】yǐnbì 1동은폐하다. ◇伤病员都~在树林里/부상자는 모두 숲속에 숨어 있었다. (同)〔隐藏 cáng〕, (反)〔暴露 bàolù〕比교隐蔽:遮住 "眼睛"은 "隐蔽"의 목적어로 쓰이지 않는다. ◇滚滚的黄沙(×隐蔽)遮住了他眼睛/모래가 불어 닥쳐서 그의 눈앞을 가렸다. 2동겉으로 드러나 있지 않다.
【隐避-피】yǐnbì 동숨어 있다. ◇找到了一个~的地方/숨어있을 곳을 찾았다.
*【隐藏-장】yǐncáng 동숨기다. 감추다. ◇~在树林中/나무숲에 숨기다.
【隐恶扬善-악양선】yǐn è yáng shàn〈成〉남의 단점은 감추고 장점을 칭찬하다.

【隐伏-복】yǐnfú 동잠복하다.
【隐花植物-화식물】yǐnhuā- zhíwù 圐〈植〉민꽃 식물.
【隐患-환】yǐnhuàn 圐잠복해 있는 폐해 또는 재난.
【隐讳-휘】yǐnhuì 동숨기고 말하지 않다. ◇他从不~自己的缺点/그는 여지껏 자신의 단점을 숨기지 않았다.
【隐晦-회】yǐnhuì 圐(의미가) 분명치 않다. 난해하다. (反)〔明显 míngxiǎn〕
【隐疾-질】yǐnjí 圐남에게 말하기 부끄러운 병. 〔성병 따위를 가리킴〕
【隐居-거】yǐnjū 圐동은거(하다). (同)〔避世 bìshì〕, (反)〔出山 chūshān〕
【隐君子-군자】yǐnjūnzǐ 圐1숨어 사는 군자. 2아편 중독자. (同)〔瘾 yǐn 君子〕
【隐括-괄】yǐnkuò (同)〔檃栝 yǐnkuò〕
*【隐瞒-만】yǐnmán 동(진상을) 은폐하다. 숨기다. ◇这件事能~到什么时候?/이 일을 언제까지 숨길 수 있겠는가? (同)〔隐讳 huì〕, (反)〔表露 biǎolù〕
【隐秘-비】yǐnmì 1동비밀로 하다. 감추다. (同)〔秘密 mì〕, (反)〔公开 gōngkāi〕2圐비밀스러운 일.
【隐没-몰】yǐnmò 동(시야에서 서서히) 사라지다. (反)〔出现 chūxiàn〕
【隐匿-닉】yǐnnì 동〈文〉은닉하다. 몸을 숨기다. (反)〔显露 xiǎnlù〕
【隐僻-벽】yǐnpì 1동(장소 등이) 외지다. 2(글자나 문구 따위가) 생소하다.
【隐情-정】yǐnqíng 圐속사정. 비밀스런 일.
【隐然-연】yǐnrán 圐〈文〉분명하지 않다. 어렴풋하다.
【隐忍-인】yǐnrěn 동(마음 속에 간직하여) 참고 견디다.
【隐射-사】yǐnshè 동넌지시 비추다. 암시하다. (同)〔暗 àn 射〕
【隐身草-신초】yǐnshēncǎo (~儿)圐〈喩〉구실. 방편.
【隐士-사】yǐnshì 圐은사. 은(둔)자.
【隐私-사】yǐnsī 圐사적인 비밀. 개인의 비밀. 프라이버시.
【隐痛-통】yǐntòng 圐1남에게 말 못할 괴로움. 2은근한 아픔.
【隐退-퇴】yǐntuì 圐동은퇴(하다).
【隐现-현】yǐnxiàn 동보였다 안보였다 하다.
【隐形眼镜-형안경】yǐnxíng yǎnjìng 圐콘택트 렌즈.
【隐姓埋名-성매명】yǐn xìng mái míng〈成〉성과 이름을 감추다.
【隐血-혈】yǐnxuè 圐〈醫〉잠혈(潜血). 체내의 소량의 출혈(出血).
【隐逸-일】yǐnyì〈文〉1동세상을 피해 숨어 살다. 2圐은사. 은(둔)자.

Y

【隐隐―은】yǐnyǐn 웹은은하다. 어슴푸레하다. 흐릿하다. 희미하다. (同)〔隐约 yuē〕

【隐忧―우】yǐnyōu 웹마음속에 혼자 감춘 근심.

【隐语―어】yǐnyǔ 웹은어.

【隐喻―유】yǐnyù 웹〈言〉은유(법).

＊＊【隐约―약】yǐnyuē 웹분명하지 않다. 희미하다. 뚜렷하지 않다. ◇～可以听到远处传来的歌声/희미하게 멀리서 전해오는 노래 소리를 들을 수 있다. (同)〔隐隐〕, (反)〔清晰 qīngxī〕

【隐衷―충】yǐnzhōng 웹남에게 말못할 고충.

【隳(隳)】木部 yǐn 11画 도지개 은

【隳栝―괄】yǐnkuò〈文〉1웹도지개. 굽은 나무를 곧게 펴기 위한 교정목. 2웹(원래의 문장·저작을) 고쳐 쓰다. 개작하다. 첨삭하다. (同)〔隐括 yǐnkuò〕

【瘾・癮】疒部 yǐn 11画 두드러기 은

웹1(담배나 술로 인한) 중독(中毒). 인. ◇他喝酒的～真大/그는 주벽이 정말 심하다. 2광적인 취미나 기호. 벽(癖). ◇他看小说看上～了/그는 소설 읽기에 빠졌다.

【瘾头―두】yǐntóu 웹중독(中毒)의 정도. 즐기는 정도.

yìn

☆【印】卩部 yìn 3画 도장 인

1웹도장. 인장. ◇～在盒子里，你自己拿吧/도장은 곽에 있으니 네가 가져가라. 2(～儿)웹흔적. 자국. ◇指～/지문. ◇地上有不少马蹄～儿/바닥에는 말발굽 자국이 많이 남아 있다. 3웹인화하다. (사진을) 인화하다. 흔적을[표시를] 남기다. ◇这照片～得不清楚/이 사진은 흐릿하게 인화되었다. ◇深深～在脑子里/머리에 깊이 새겨지다. 4웹부합하다. 일치하다. ◇心心相～/마음과 마음이 서로 일치하다. 5(Yìn)웹성(姓).

【印把子―파자】yìnbà·zi 웹관인(官印)의 손잡이. 〈轉〉권력.

【印本―본】yìnběn 웹인쇄한 책. (反)〔抄 chāo 本〕

【印鼻―비】yìnbí 웹도장 꼭손[손잡이]. (同)〔印纽 niǔ〕

【印次―차】yìncì 웹〈印〉(매판의) 인쇄 횟수.

【印第安人―제안인】Yìndì'ānrén 웹〈音譯〉〈民〉인디언(Indian).

【印度教―도교】Yìndùjiào 웹〈宗〉힌두교.

【印发―발】yìnfā 웹웹인쇄·발행(하다).

【印痕―흔】yìnhén 웹흔적. 자국. (同)〔痕迹 jì〕

【印花―화】yìnhuā 1(～儿)웹〈紡〉날염(捺染). 2(～儿)(yìn//huā)웹날염하다. 3웹수입인지.

【印花税―화세】yìnhuāshuì 웹인지세.

【印记―기】yìnjì 1웹옛날, 관청에서 관리가 사용한 도장. 2(同)〔印迹 jì〕

【印迹―적】yìnjì 웹(찍힌) 자국. 자취.

【印鉴―감】yìnjiàn 웹인감.

【印泥―니】yìnní 웹인주(印朱).

【印纽―뉴】yìnniǔ 웹도장 손잡이(에 있는 장식). 〔거북이·사자·호랑이 등을 조각하는 경우가 많음〕

【印谱―보】yìnpǔ 웹인보.

＊＊【印染―염】yìnrǎn 웹웹날염(捺染)(하다).

【印色―색】yìn·se (同)〔印泥 ní〕

【印绶―수】yìnshòu 웹인수(印綬). 인끈. 〈轉〉관직(官職).

☆【印刷―쇄】yìnshuā 웹웹인쇄(하다).

【印刷品―쇄품】yìnshuāpǐn 웹인쇄물.

【印刷体―쇄체】yìnshuātǐ 웹인쇄체. (同)〔手写体 shǒuxiětǐ〕

【印台―대】yìntái 웹스탬프 대. 패드(pad).

【印堂―당】yìntáng 웹양미간. 〔관상용어〕

【印相纸―상지】yìnxiàngzhǐ 웹〈撮〉인화지.

☆【印象―상】yìnxiàng 웹인상. ◇我对他～很好/나는 그에 대한 인상이 매우 좋다.

【印信―신】yìnxìn 웹인신. 〔관청에서 사용하는 인장의 총칭〕

【印行―행】yìnxíng 웹웹간행(하다).

【印油―유】yìnyóu 웹스탬프용 잉크.

【印张―장】yìnzhāng 웹〈印〉1책 1권에 만드는 데 드는 종이의 양을 계산하는 단위. 2인쇄 용지량의 계산 단위.

【印章―장】yìnzhāng 웹인장. 도장.

【印证―증】yìnzhèng 1웹검증하다. 실증(實證)하다. 2웹물증.

【印子―자】yìn·zi 웹1흔적. 자국. 2(同)〔印子钱 qián〕

【印子钱―자전】yìn·ziqián 웹일수돈. 월수돈.

【茚】艹部 yìn 5画 인덴 인

웹〈音譯〉〈化〉인덴(indene).

【饮・飲】饣部 yìn 4画 마실 음

웹가축에게 물을 마시게 하다. ◇马～过了/말에게 물을 먹였다. ⇒yǐn

【饮场―장】yìnchǎng 웹경극에서 배우가 무대에서 차나 물을 마셔 목을 축이다.

【胤】丿部 yìn 8画 자손 윤

〈文〉웹자손. 후사. 후대.

【荫·蔭】 艹部 6画 | yìn 그늘 음

1圈〈口〉음습하다. 차고 눅눅하다. ◇南屋太~, 这边坐吧/남쪽방은 너무 축축하니 여기에 앉으시오. 2圈〈文〉비호하다. 3圈 옛날, 조상의 공에 의해 후손이 진학이나 관직임용에 특권을 누리던 일.

【荫庇-비】 yìnbì 图 (조상의 덕이) 자손을 감싸주다.

【荫凉-량】 yìnliáng 圈음량하다. 그늘지고 서늘하다.

【窨】 穴部 9画 | yìn 움 음

圈지하실. ⇒xūn

【窨井-정】 yìnjǐng 图〈建〉맨홀.

应 1186	英 1187	瑛 1187	莺 1187	嫈 1187
缨 1187	樱 1187	鹦 1187	鹦 1187	膺 1187
鹰 1188	哟 1188	吋 1188	哩 1188	唰 1188
噅 1189	迎 1188	茔 1188	莹 1188	萤 1188
营 1189	萦 1189	潆 1189	盈 1189	楹 1189
蝇 1189	赢 1189	赢 1190	瀛 1190	颖 1190
影 1190	瘿 1190	应 1191	映 1192	硬 1192

yīng

☆【应·應】 广部 4画 | yīng 응당 응

1圈대답하다. ◇听见他在里屋~了一声/그가 집 안쪽에서 대답하는 소리를 들었다. 2圈승낙하다. 허락하다. ◇访问农村的事, 我还~了学生/농촌을 견습하는 일은 내가 학생들에게 승낙했다. 3조동당연히〔마땅히〕…해야 한다. ◇遇到这样的情况~冷静/이런 상황에 부딪치면 냉정해야 한다. 回교应:要 "应"은 가정을 나타내지 않고, 부사 "就"와 결합하여 쓰지 않는다. ◇(×应)要提高汉语水平就得认真学/중국어수준을 높이려면 열심히 배워야 한다. 4조동당연히 …이어야 할 것이다. ◇信已发出三天了, 今天~收到了/편지를 보낸 지 3일이 지났으니 오늘이면 받아볼 것이다. 5(Yīng)圈성(姓). ⇒yìng

☆【应当-당】 yīngdāng 조동마땅히 …해야 한다. ◇~尽量减少不必要的牺牲/가능한 한 불필요한 희생을 줄여야 한다. ◇他动身已经三天了, ~到家了/그가 출발한 지 3일이 지났으니 집에 도착했어야 마땅하다. (同)〔该 gāi〕

【应分-분】 yīngfèn 圈본분으로서 당연히 해야 할.

★【应该-개】 yīnggāi 조동1당연히 …해야 한다. (…하는 것이) 마땅하다. 응당 …

해야 한다. ◇事情就~这样/일은 마땅히 이렇게 되어야 한다. ◇不用谢, 这是我们~做的/필요, 이것은 우리가 당연히 해야 할 일입니다. 2…일 것이다. ◇你~知道/당신은 알 것이다. ◇他的学习成绩一直很好, 大学~能考上/그는 학업성적이 그동안 좋아 대학에 합격할 수 있을 것이다. 回교①该:要 양자 모두 당위성을 나타내지만 "应该"는 객관적인 사실상의 필요에 쓰이지 않는다. ◇那里有的地方连一个医院也没有, 人们要(×应该)走好多里路才能看病/그곳에서는, 어떤 데는 병원도 없어 사람들은 몇 리를 걸어야만 진찰받을 수 있다. ②应该:必须 꼭 해야 하는 강제성을 담은 경우에는 "应该"를 쓰지 않는다. ◇不管有多大的困难, 我们都必须(×应该)按时完成任务/어려움이 제아무리 많더라도 우리는 제시간에 임무를 반드시 완수해야 한다. ③应该:该 "该"는 추측을 나타내는 "可能, 要, 会"와 비슷하여 가정문의 주절에 쓰이지만 "应该"는 쓸 수 없음. ◇这次考试我不及格, 家里人又该(×应该)批评我了/이번 시험에 합격하지 않으면 집안식구들이 또 나를 꾸짖을 것이다. 주의a)동작이 곧 발생할 것임을 나타낼 때는 "应该"를 쓰지 않고 "要"를 쓴다. ◇过几天, 同学们要(×应该)去参观了/며칠 지나면 급우들은 견학하러 갈 것이다. b)유의어인 "该"는 "会, 又, 也"와 함께 쓰이지만 "应该"는 단지 "也"하고만 쓰인다. ◇你也该(×应该)出去闯闯了/너도 나가서 세상경험을 할 때가 되었다. ◇别把新衣服弄脏, 要不然妈妈又该(×应该)说你了/새 옷을 더럽히지 마라, 그렇지 않으면 어머니가 또 너를 나무랄 것이다. ◇这么粗枝大叶, 该(×应该)会给工作造成多大的损失!/이렇게 세심하지 않고, 업무에 얼마나 큰 손실을 초래하겠니? c)"该"는 "有+수량사" 구조나 "有+多+형용사+!" 구조 앞에 쓰이지만 "应该"는 쓸 수 없음. ◇两年没见, 这孩子该(×应该)有一米高了吧?/그 애를 2년 못봤는데 150cm는 되었겠죠? ◇我要是有这样的学习条件该(×应该)有多好啊!/내가 만일 이런 학습여건이 있으면 얼마나 좋을까!

【应届-계】 yīngjiè 图그해의. 〔졸업생에게만 사용함〕 ◇~毕业生/이번 졸업생.

【应名儿-명아】 yīng//míng 1圈이름뿐이다. 이름만 내걸다. 2图(yīngmíngr)명목상. 명의.

【应声-성】 yīng//shēng (~儿)图〈口〉대답하다.

【应许-허】 yīngxǔ 图1승낙하다. (同)〔答

dā 应], (反)[拒绝 jùjué] **2**허락하다.
(同)[容 róng 许], (反)[拒绝 jùjué]
【应有尽有－유진유】yīng yǒu jìn yǒu 〈成〉
있어야 할 것은 다 있다. 없는 것이 없
다. (反)[一无所有 yīwúsuǒyǒu]
【应允－윤】yīngyǔn (同)[应许 xǔ]

【英】 艹部 | yīng
5画 | 꽃 영
1〈文〉꽃. 꽃잎. **2**재능이나 지혜가 뛰
어난 인물. **3**(Yīng)몡〈地〉영국(英國).
4(Yīng)몡〈姓〉성(姓).
**☆*【英镑－방】yīngbàng 몡양파운드. 〔영국
의 화폐 단위〕
【英才－재】yīngcái 몡영재. 뛰어난 인재.
(反)[蠢 chǔn 才]
【英尺－척】yīngchǐ 양〈度〉피트.
【英寸－촌】yīngcùn 양〈度〉인치.
【英豪－호】yīngháo 몡영웅과 호걸. (同)
[豪杰 jié], (反)[庸才 yōngcái]
【英魂－혼】yīnghún (同)[英灵 líng]
【英杰－걸】yīngjié 몡영웅과 호걸. (同)
[英豪 háo]
*【英俊－준】yīngjùn 혱**1**재능이 뛰어나다.
◇~有为/재능이 출중하고 능력이 있다.
(反)[猥琐 wěisuǒ] **2**(모습이) 멋있다.
【英里－리】yīnglǐ 양〈度〉마일.
【英两－량】yīngliǎng 양〈度〉온스.
【英烈－렬】yīngliè 〈文〉혱**1**용감하고 강직
하다. **2**몡열사.
【英灵－령】yīnglíng 몡〈敬〉영령. 죽은 사
람의 영혼에 대한 경칭.
【英名－명】yīngmíng 몡뛰어난 명성.
**☆*【英明－명】yīngmíng 혱현명하다. (反)
[昏昧 hūnmèi]
【英模－모】yīngmó 몡모범 노동자.
【英亩－묘】yīngmǔ 양〈度〉에이커.
【英年－년】yīngnián 몡한창 때. 젊은 시절.
【英气－기】yīngqì 몡뛰어난 재기.
【英石－석】yīngshí 몡광동성(廣東省) 영
덕현(英德縣)에서 나는 돌. 〔정원의 장
식용으로 쓰임〕
【英文－문】Yīngwén 몡영문. 영어.
【英武－무】yīngwǔ 혱〈文〉늠름하다. 씩씩
하다.
☆【英雄－웅】yīngxióng **1몡(재주·무술이 뛰
어나거나 존경스러운) 영웅. ◇~好汉/
영웅호걸. (同)[好汉 hǎohàn], (反)[懦
夫 nuòfū] **2**혱영웅적이다.
【英雄无用武之地－웅무용무지지】yīng xió-
ng wú yòng wǔ zhī dì 〈成〉영웅이 재
능을 발휘할 기회를 얻지 못하다.
【英寻－심】yīngxún 양〈度〉패덤(fathom).
〔주로 수심을 재는 데 쓰이는 단위. 1패
덤은 약 1.83m〕

**☆【英勇－용】yīngyǒng 혱뛰어나고 용감하
다. ◇~的战士/용감한 전사. (同)[勇敢
gǎn], (反)[怯懦 qiènuò]
★【英语－어】Yīngyǔ 몡영어. (同)[英文 wén]
【英姿－자】yīngzī 몡뛰어나고 늠름한 자태.

【瑛】 王部 | yīng
8画 | 옥빛 영
몡〈文〉**1**아름다운 옥. **2**옥의 광채(光彩).

【莺・鶯】 艹部 | 鸟部 | yīng
7画 | 5画 | 꾀꼬리 앵
몡〈鳥〉꾀꼬리.
【莺歌燕舞－가연무】yīng gē yàn wǔ 〈成〉
꾀꼬리가 노래하고 제비가 춤을 추다. **1**
봄의 경치가 아름다운 모양. **2**사회가 살
기 좋다. (反)[水深火热 shuǐshēnhuǒrè]

【婴・嬰】 女部 | yīng
8画 | 갓난아기 영
1몡갓난아이. **2**몡〈文〉닿다. 손대다.
**☆*【婴儿－아】yīng'ér 몡영아. 젖먹이. 갓난아이.
【婴孩－해】yīnghái (同)[婴儿 ér]

【缨・纓】 纟部 | yīng
갓끈 영
몡**1**띠. 끈. (同)[带子 dài·zi] **2**(~儿)
장식용의 술. **3**(~儿)술모양의 것. ◇芥
jié 菜~/갓잎.
【缨帽－모】yīngmào 몡청대(清代) 관리가
쓰던 꼭대기에 빨간 술이 달린 모자.
【缨子－자】yīng·zi 몡**1**장식용의 술. **2**
술 모양의 것.

【樱・櫻】 木部 | yīng
11画 | 앵두나무 앵
몡〈植〉**1**앵두. 앵두나무. **2**벚나무. 벚꽃.
*【樱花－화】yīnghuā 몡〈植〉**1**벚나무. **2**
벚꽃.
【樱桃－도】yīng·táo 몡**1**〈植〉앵두나무.
2앵두.

【鹦・鸚】 鸟部 | yīng
11画 | 앵무나무새 앵
【鹦鹉－무】yīngwǔ 몡〈鳥〉앵무새.
【鹦鹉学舌－무학설】yīngwǔ xuéshé 〈成〉
〈貶〉앵무새가 사람 말을 흉내내다. 남의
말을 앵무새처럼 되뇌다.

【罂・罌】 缶部 | yīng
8画 | 항아리 앵
몡〈文〉배가 크고 아가리가 좁은 병.
【罂粟－속】yīngsù 몡〈植〉양귀비.

【膺】 广部 | 月部 | yīng
14画 | 13画 | 가슴 응
몡〈文〉가슴. ◇义愤填~/불의를 보고 분
노가 가슴에 차다. **2**몡〈文〉받다. 맡다.
◇~此重任/중임을 맡다. **3**몡〈文〉치다.
토벌하다.
【膺惩－징】yīngchéng 몡〈文〉응징하다. 토
벌하다.

【鹰选一선】yīngxuǎn 통〈文〉당선하다. 뽑히다. (同)〔当 dāng 选〕

＊【鹰·鷹】广部｜鸟部｜yīng
15画｜13画｜매 응
명〈鸟〉매.

【鹰鼻鹞眼一비요안】yīng bí yào yǎn 〈成〉교활하고 흉악한 인상.

【鹰犬一견】yīngquǎn 명(수렵용) 매와 개. 〈喩〉앞잡이. 주구(走狗).

【鹰隼一준】yīngsǔn 명〈文〉매와 새매. 〈喩〉사나운 사람. 용맹한 사람.

【鹰洋一양】yīngyáng 명옛날, 멕시코 은화.

【鹰爪毛儿一조모아】yīngzhǎomáor 명털이 짧은 양가죽. 〔털 모양이 매 발톱 비슷한 데서 유래함〕

【呎】口部｜yīng
4画｜피트 척
(又讀 chǐ)양 '英尺'(피트, feet)의 구칭(舊稱).

【吋】口部｜yīng
3画｜인치 촌
(又讀 cùn)양 '英寸'(인치, inch)의 구칭(舊稱).

【哩】口部｜yīng
7画｜어조사 리
(又讀 lǐ)양 '英里'(마일, mile)의 구칭(舊稱). ⇒lī·li

【唡·啢】口部｜yīng
7画｜온스 량
(又讀 liǎng)양 '盎 àng 斯'(온스, ounce)의 구칭(舊稱).

【嗽】口部｜yīng
10画｜에이커 묘
(又讀 mǔ)양 '英苗'(에이커, acre)의 구칭(舊稱). (同)〔嗽 mǔ〕

yíng

＊＊【迎】辶部｜yíng
4画｜맞이할 영
1통맞이하다. ◇还没准备好, 一时还~不了亲/아직 준비가 되지 않아 당장 신부를 맞이할 수 없다. (同)〔接 jiē〕, (反)〔送 sòng〕 2개…를 향하여. …쪽으로. ◇他~着风雪向前走去/그는 눈보라를 맞으며 앞으로 걸어갔다. (同)〔朝 cháo〕, (反)〔背 bèi〕

【迎春一춘】yíngchūn 1통봄을 맞이하다. 2명〈植〉〈俗〉개나리.

【迎春花一춘화】yíngchūnhuā 명〈植〉개나리.

【迎风一풍】yíng//fēng 통1바람을 안다. (同)〔临 lín 风〕, (反)〔背 bèi 风〕 2바람을 받다. (同)〔随 suí 风〕 ⇒yíngfēng

【迎合一합】yínghé 통영합하다. 남의 마음에 들도록 비위를 맞추다. (同)〔投合 tóuhé〕, (反)〔冒犯 màofàn〕

【迎候一후】yínghòu 통〈文〉마중나가다. 출영하다.

【迎击一격】yíngjī 통〈軍〉요격(하다).

☆【迎接一접】yíngjiē 통마중하다. 출영(出迎)하다. ◇到机场~一个朋友/공항에 가서 친구 하나를 마중하다. (同)〔迎候 yínghòu〕, (反)〔送别 sòngbié〕

＊【迎面一면】yíng//miàn (~儿)통얼굴을 마주 대하다. 〔동사로 안 쓰이고 주로 부사로 쓰임〕 ◇一出门~碰上了李老师/문을 나서자마자 이선생님을 정면에서 부딪쳤다.

【迎亲一친】yíng//qīn (옛날, 결혼날에) 신랑 집에서 꽃가마와 악대를 대동하고 신부를 맞이하러 가는 것.

【迎娶一취】yíngqǔ 통아내를 맞다.

【迎刃而解一인이해】yíng rèn ér jiě 〈成〉중요한 문제가 해결되면 그와 관련된 나머지 문제도 해결된다. (反)〔谈何容易 tánhéróngyì〕

【迎上去一상거】yíng·shàng·qù 1앞을 향하여 가다. 2(물건이나 사람의)정면을 향해 나아가다.

【迎头一두】yíng//tóu (~儿)1통얼굴을 마주하다. 2(yíngtóu)명정면. 맞은 편.

【迎头赶上一두간상】yíngtóu gǎnshàng 〈成〉있는 힘을 다해 선두를 따라 잡다. (反)〔望尘莫及 wàngchénmòjí〕

【迎新一신】yíngxīn 통1새로운 사람을 맞이하다. 새내기를 환영하다. 2새해를 맞이하다.

【迎迓一아】yíngyà (同)〔迎接 jiē〕

【迎战一전】yíngzhàn 통요격하다.

【荧·熒】艹部｜火部｜yíng
6画｜5画｜희미할 형
〈文〉1형빛이 희미한 모양. 2통눈이 어른어른하다.

【荧光一광】yíngguāng 명〈物〉형광.

【荧光灯一광등】yíngguāngdēng 명형광등. (同)〔日 rì 光灯〕

【荧光屏一광병】yíngguāngpíng 명〈物〉형광판.

【荧惑一혹】yínghuò 1통〈文〉현혹시키다. 2명〈天〉형혹성.

【荧荧一형】yíngyíng 명(별빛이나 등불이) 희미하게 반짝거리는 모양.

【莹·瑩】艹部｜王部｜yíng
7画｜6画｜옥돌 영
〈文〉1명옥(玉)처럼 빛나는 돌. 깨끗한 돌. 2형맑고 빛나다.

【萤·螢】艹部｜虫部｜yíng
8画｜5画｜개똥벌레 형

图〈虫〉개똥벌레.

*【营·營】 ++部 | 口部 | yíng
8画 | 8画 | 꾀할 영
1图꾀하다. ◇~生/생계를 꾸리다. 도모
하다. 2图경영하다. 관리하다. ◇国~/국
영(하다). 3图군영. 병영. ◇军~/병영.
4图대대(大隊). 5(Yíng)图성(姓).

【营地-지】yíngdì 图〈军〉주둔지. 숙영지.
【营房-방】yíngfáng 图〈军〉병영.
【营火-화】yínghuǒ 图(나무를 쌓아 태우
는) 장작불. 캠프 파이어.
【营火会-화회】yínghuǒhuì 图(청소년들
이 모여서 하는) 캠프 파이어.
【营建-건】yíngjiàn (同)〔营造 zào〕
【营救-구】yíngjiù 图〈文〉방법을 강구하
여 구조하다.
【营垒-루】yínglěi 图1군영과 그 주위의
보루. 2진영.
【营利-리】yínglì 图이윤을 추구하다.
【营盘-반】yíngpán 图군영의 구칭.
【营生-생】yíngshēng 图생계를 꾸리다.
생활을 영위하다.
【营生-생】yíng·sheng (~儿)图〈方〉직업.
일자리.
【营私-사】yíngsī (~儿)图사리(私利)를
도모하다.
☆【营养-양】yíngyǎng 图1유기체가 외부에
서 필요한 물질을 흡수하여 생명을 유지
하는 기능. 2영양. ◇海参的~非常丰富/
해삼은 영양이 아주 풍부하다. 比교营
养:伙食 음식 그 자체는 "营养"이라고
말하지 않는다. ◇食堂的(×营养)伙食很
差, 职工很有意见/식당의 음식이 형편없
어 직원들은 의견이 많다. 3자양제. 자양
품. ◇妹妹身体弱, 应该吃点~/여동생이
몸이 약해 자양제를 좀 먹어야 한다.
【营养素-양소】yíngyǎngsù 图(식품에 있
는 단백질, 지방, 비타민 등) 영양소.
【营养元素-양원소】yíngyǎng yuánsù 图
농작물의 성장에 불가결한 원소.
☆【营业-업】yíngyè 图图영업(하다). ◇商
店上午九时开始~/상점은 오전 9시에 영
업을 시작한다.
【营业税-업세】yíngyèshuì 图영업세.
【营业员-업원】yíngyèyuán 图점원. 종업
원. [상점에서 일하는 사람의 총칭]
【营运-운】yíngyùn 1图(차·배 따위의)
영업과 운행. 2图영업하다. 운행하다. 3
图〈早期白話〉경영.
【营造-조】yíngzào 图1건축물을 짓다. 건축
업을 하다. 2계획적으로 조림(造林)하다.
【营寨-채】yíngzhài 图성채. 보루.
【营长-장】yíngzhǎng 图〈军〉대대장.
【营帐-장】yíngzhàng 图(군대나 지질 조

사대가 사용하는) 텐트. 천막.

【萦·縈】 ++部 | 糸部 | yíng
8画 | 5画 | 얽힐 영
图〈文〉둘러싸다. 휘감다.
【萦怀-회】yínghuái 图근심하다. 염려하다.
【萦回-회】yínghuí 图휘감기다. 붙어다니다.
【萦绕-요】yíngrào (同)〔萦回 huí〕
【萦纡-우】yíngyū (同)〔萦回 huí〕

【潆·瀅】 氵部 | yíng
11画 | 돌아흐를 형
【潆洄-회】yínghuí 图물이 소용돌이치다.
【潆绕-요】yíngrào 图물결이 맴돌다.

【盈】 皿部 | yíng
4画 | 찰 영
1图그득 차다. 충만하다. ◇丰~/풍족하
다. (同)〔满 mǎn〕, (反)〔空 kōng〕 2图
남다. 이익이 나다. (同)〔赢 yíng〕, (反)
〔亏 kuī〕
【盈亏-휴】yíngkuī 图1달의 차고 기움. 2
손익(損益).
*【盈利-리】yínglì (同)〔赢 yíng 利〕, (反)
〔亏本 kuīběn〕
【盈千累万-천루만】yíng qiān lěi wàn 〈成〉
지극히 많다. 무수하다.
【盈盈-영】yíngyíng 图〈文〉1물이 맑다. 2
여자의 자태가 아름답다. 3정서나 기분이
충분히 나타나 있다. ◇喜气~/희색만면
하다. 4동작이 가볍다. 사뿐사뿐하다.
【盈余-여】yíngyú 1图흑자로 되다. 이익
이 남다. (同)〔赢余 yíngyú〕, (反)〔透
支 tòuzhī〕 2图흑자. 잉여. 나머지. (同)
〔赢余 yíngyú〕, (反)〔赤字 chìzì〕

【楹】 木部 | yíng
9画 | 기둥 영
1图〈建〉옛날 본채의 정면에 있는 기둥.
2图집 한 채를 '楹'이라고 함.
【楹联-련】yínglián 图(기둥 위의) 대련
(對聯).

【蝇·蠅】 虫部 | yíng
8画 | 파리 승
图〈虫〉파리.
【蝇甩儿-솔아】yíngshuǎir 图〈方〉불자(拂
子).
【蝇头-두】yíngtóu 图작은 것의 비유. ◇
~微利/아주 적은 이윤.
【蝇营狗苟-영구구】yíng yíng gǒu gǒu
〈成〉파리처럼 이리저리 날고, 개처럼 구
차하게 살다. 염치 불구하고 이익이나 출
세를 위해 권세가에게 알랑거리다. (同)
〔狗苟蝇营〕
*【蝇子-자】yíng·zi 图〈口〉파리. (同)〔苍
蝇 cāng·ying〕

【赢】 ㅗ部 | 女部 | yíng
14画 | 13画 | 가득할 영

(Yíng)몡성(姓).

★【赢·贏】⼀部 贝部 yíng
15画 13画 승리 영
1동이기다. ◇韩国队还~着七分呢/한국팀이 7점이나 이기고 있다. (同)〔胜 shèng〕, (反)〔输 shū〕 비교赢:得 순위를 차지했을 때는 "赢"을 쓰지 않는다. ◇她(×赢)得了第一名/그녀는 일등을 차지했다. 2동이익(을 보다). 이득(을 얻다). (同)〔盈 yíng〕, (反)〔亏 kuī〕
*【赢得—득】yíngdé 동획득하다. (신임 등을) 받다. ◇~大多数的支持/대다수의 지지를 받았다.
【赢家—가】yíng·jiā 몡도박에서 딴〔이긴〕사람.
【赢利—리】yínglì 1몡(기업체의) 이익. 2동이익을 얻다. ‖(同)〔盈 yíng 利〕
【赢余—여】yíngyú (同)〔盈 yíng 余〕

【瀛】⺡部 yíng
16画 바다 영
몡1〈文〉대해(大海). 2(Yíng)성(姓).
【瀛海—해】yínghǎi 몡〈文〉대해(大海).
【瀛寰—환】yínghuán 몡전 세계.

yǐng

【颖·穎】頁部 禾部 yǐng
7画 8画 이삭 영
〈文〉1몡(보리)이삭의 끝. 2몡가늘고 긴 물건의 뾰족한 끝. ◇短~羊毫(笔)/짧고 뾰족한 양털붓. 3몡총명하다. ◇聪~/총명하다.
【颖果—과】yǐngguǒ 몡〈植〉영과. 〔벼나 보리의 열매〕
【颖慧—혜】yǐnghuì 몡총명하다. 지혜롭다. 〔대부분 소년에 대해서 쓰임〕(同)〔颖悟 yǐngwù〕, (反)〔愚笨 yúbèn〕
【颖悟—오】yǐngwù 몡〈文〉영리하다. 〔대부분 소년에 대해서 쓰임〕
【颖异—이】yǐngyì 몡〈文〉1남달리 총명하다. 2기발하고 기이하다.

【影】彡部 yǐng
12画 그림자 영
1(~儿)몡그림자. ◇树~/나무 그림자. 2(~儿)몡(거울이나 수면에 비치는) 그림자. ◇倒~/(물에) 거꾸로 비친 그림자. 3(~儿)몡희미한 형상이나 인상. ◇人~儿/사람의 그림자. 4몡사진. ◇合~/단체 사진. 5몡초상. 6몡〈略〉'电影'(영화)의 준말. 7몡~(略)〈演〉'皮影戏'(그림자극)의 준말. 8동〈方〉숨다. 숨기다. 9몡모사하다.
【影壁—벽】yǐngbì 몡1대문 또는 중문 안에 둘러가리는 벽. 2밖에서 대문안이 들여다 보이지 않도록 대문을 가린 벽. (同)〔照 zhào 壁〕 3여러가지 형상을 조각한 담벽.
【影碟—접】yǐngdié 몡동영상 CD.
【影格儿—격아】yǐnggér 몡(아이들이 붓글씨를 배울 때, 밑에 받쳐 놓고 덧쓰게 한) 붓글씨본.
【影集—집】yǐngjí 몡사진첩. (同)〔照相簿 zhàoxiàngbù〕
【影迷—미】yǐngmí 몡영화광. 영화팬.
【影片儿—편아】yǐngpiānr (同)〔影片 piàn〕
＊＊【影片—편】yǐngpiàn 몡1영화필름. 2(상영하는) 영화.
【影评—평】yǐngpíng 몡영화 평론.
【影射—사】yǐngshè 동빗대어 말하다.
【影视—시】yǐngshì 몡영화와 텔레비전. ◇~圈/(영화와 텔레비전을 포함한) 연예계.
【影戏—희】yǐngxì 몡1그림자극. (同)〔皮 pí 影戏〕
★【影响—향】yǐngxiǎng 1동영향을 주다. ◇吸烟~健康/흡연은 건강에 영향을 끼친다. ◇~工程进度/공사진도에 영향을 준다. 2몡영향. ◇在老师的~下, 我爱上了文学/선생님의 영향을 받아 난 문학을 사랑하게 되었다. 비교影响:印象 ①객관적인 사물이 사람 머리속에 남긴 경우에는 "影响"을 쓰지 않는다. ◇我对南京的(×影响)印象一点也没有/난 남경에 대한 기억이 조금도 없다. ②"影响"은 "留"의 목적어로 쓰이지 않는다. ◇那件事在我心里留下了很深的(×影响)印象/그 일은 내 마음속에 깊은 인상을 남겼다. 3몡〈文〉뜬소문.
【影像—상】yǐngxiàng 몡1초상. 화상. 2형상. 모습. 3물체가 광학(光學)시설, 전자(電子)시설 등을 통과해 나타나는 형상.
【影星—성】yǐngxīng 몡유명한 영화 배우. (同)〔明星 1〕
【影印—인】yǐngyìn 몡동〔印〕1영인(하다). 2복사(하다).
【影影绰绰—영작작】yǐngyǐngchuòchuò (~的)몡희미한 모양. 어슴푸레한 모양.
【影院—원】yǐngyuàn 몡영화관. (同)〔电 diàn 影院〕
【影展—전】yǐngzhǎn 몡1〈略〉사진 전시회. 〔'摄影展览'의 준말〕 2영화 콩쿠르. 영화 축전.
☆【影子—자】yǐng·zi 몡1그림자. 2(거울이나 수면에 비치는) 모습. 3희미하게 보이는 형상.
【影子内阁—자내각】yǐng·zi nèigé 몡〈政〉그림자 내각 섀도 캐비닛.

【瘿·癭】疒部 yǐng
11画 혹 영

명1〈中醫〉목덜미에 생기는 혹. 갑상선종. **2**(나무의) 벌레혹.

yìng

＊＊【应·應】广部 4画 응당 응 yìng

통1대답하다. 응낙하다. ◇答～/대답하다. **2**응하다. 받아들이다. ◇～邀/초대 또는 초청에 응하다. **3**순응하다. 적응하다. ◇～景/상황에 어울리게 하다. **4**대응하다. 응하다. 대처하다. ◇～急/급박한 상황에 대응하다. ◇从容～敌/침착하게 적과 대처하다. ⇒yīng

【应变—변】yìngbiàn **1**돌발사태에 대처하다. **2**명〈物〉(응력)변형. 스트레인(strain).

【应承—승】yìngchéng 통승낙하다. 허락하다.

＊＊【应酬—수】yìng·chou **1**통(손님을) 접대(하다). 대접(하다). ◇他很会～客人/그는 손님대접을 잘 한다. **2**명(사적인) 연회.

【应从—종】yìngcóng 통승낙하고 따르다.

【应答—답】yìngdá 명통응답(하다). 회답(하다).

【应敌—적】yìngdí 통대적하다. 응전하다.

【应典—전】yìng//diǎn 통〈方〉말한 것을 실행하다. (同)〔应点 diǎn〕

【应对—대】yìngduì 통응대하다. ◇善于～/응대에 능하다.

＊＊【应付—부】yìng·fù 통**1**대응하다. 대처하다. ◇门卫很有经验地～着那个坏蛋/수위는 노련하게 그 나쁜 놈을 대응하고 있다. [비교]应付:运用 "汉语", "汽车"는 "应付"의 목적어로 쓰이지 않는다. ◇学了三个月汉语，就能(×应付)运用自如/중국어를 3개월 배우면 자유자재로 사용할 수 있다. **2**대강하다. 얼버무리다. 어물쩍하다. ◇留下一个人在这里～着就行了/한사람만 여기 남아서 대강하면 된다. **3**적당하게 때우다. 아쉬운 대로 하다. ◇这辆旧车还能～一二年/이 낡은 차는 아직도 그럭저럭 1－2년은 더 버틸 수 있다.

【应和—화】yìnghè 통(소리·말·행동 따위가) 호응하다.

【应急—급】yìng//jí 통급박한 상황에 대응하다. ◇你先借我点儿钱应应急/네가 우선 돈을 좀 빌려줘서 급한 곳에 쓰자.

【应接不暇—접불가】yìngjiē bù xiá 〈成〉(사람을) 접대하기〔일을 처리하기〕에 눈코 뜰새 없다.

【应景—경】yìng//jǐng (～儿)통억지로 상황에 어울리다.

【应景—경】yìngjǐng (～儿)형철에 맞다.

【应举—거】yìng//jǔ 통〈文〉과거에 응시하다.

【应考—고】yìngkǎo 통응시하다.

【应力—력】yìnglì 명〈物〉응력. 변형력. 스트레스(stress).

【应卯—묘】yìng//mǎo 통인원 점호에 대답하다.

【应门—문】yìng//mén 통〈文〉문을 지키다.

【应募—모】yìngmù 통〈文〉응모하다. 모집에 응하다.

【应诺—낙】yìngnuò 통승낙하다. 요구를 들어주다.

【应聘—빙】yìng//pìn 통초빙에 응하다.

【应声—성】yìngshēng 통대답하다.

【应声虫—성충】yìngshēngchóng 명줏대없이 뇌화부동하는 사람.

【应时—시】yìngshí **1**형시기 적절하다. ◇～小菜/제철 요리. (反)〔背时 bèishí〕 **2**명〈方〉제때. 제시간. **3**부즉시. 당장. 곧.

【应市—시】yìngshì 통시장에 공급하다. ◇那些水产品节前～/그 수산물들은 명절 전에 시장에 공급된다.

【应试—시】yìngshì 통시험에 응하다. (同)〔应考 kǎo〕

【应许—허】yìngxǔ 통**1**(…하기를) 승낙하다. ◇他～借钱给我/그는 내게 돈을 빌려주는 것을 승낙했다. **2**허락하다.

＊＊【应验—험】yìngyàn 통영험이 있다. (예언이나 예감이) 맞아 떨어지다.

【应邀—요】yìngyāo 통초대 또는 초청에 응하다. ◇～出席大会的有在京的外国友人/초대에 응해 대회에 참석한 사람에는 북경에 있는 외국 친구들이 있었다.

☆【应用—용】yìngyòng **1**형활용하다. 응용하다. ◇把理论～于实践/이론을 실전에 활용하다. [비교]应用:使用:利用:采用 ①사람·사물의 일반적인 쓰임에는 "应用"을 잘 쓰지 않는다. ◇钱要(×应用)使用在刀口上/돈은 꼭 필요한 곳에 써야 한다. ②자신의 목적을 위해 사람을 이용하는 데는 "应用"을 쓰지 않는다. ◇他(×应用)利用别人当上了处长/그는 남을 이용해서 처장자리에 올랐다. ③적합해서 사용되는 경우에는 "应用"을 쓰지 않는다. ◇他们决定在这次试验(×应用)采用新的方案/그들은 이번 실험에 새로운 방안을 채택하기로 결정했다. **2**명응용. 활용. ◇新技术的～是很重要的/새 기술의 활용은 매우 중요하다.

【应用科学—용과학】yìngyòng kēxué 명응용과학.

【应用文—용문】yìngyòngwén 명실용문.

【应运—운】yìng//yùn 통**1**천명을 따르다. **2**시운(時運)에 따르다.

【应运而生—운이생】yìng yùn ér shēng 〈成〉시대의 요구에 의해서 나타나다.

【应战一전】yìng// zhàn 图1응전하다. 2도전을 받다. (反)〔挑 tiāo 战〕

【应招一초】yìngzhāo 图응모하다. 응시하다.

【应诊一진】yìngzhěn 图(의사가 요구에 응하여) 진찰하다.

【应征一징】yìngzhēng 图1징집에 응하다. 2응모하다. ◇~稿子/응모하는 원고.

*【映】日部 | yìng
5画 | 비칠 영

图비치다. 비추다. ◇太阳把湖水~得红红的/태양은 호수를 붉게 물들였다. ◇人影~在湖面上/사람의 그림자가 호수에 비치었다. 〔比较〕映:照 빛이 비추어 화면 또는 스크린에 나타나는 것은 "映"을 써야 한다. ◇屏幕上就(×照)映出了电影的名字/스크린에 영화제목이 나타났다.

【映衬一츤】yìngchèn 图1비치다. 두드러지게〔돋보이게〕하다. 2명수사의 방법으로 상반된 사물을 열거하여 선명한 대비(對比)효과를 노린 것.

【映带一대】yìngdài 图〈文〉경치가 서로 어울리다.

【映山红一산홍】yìngshānhóng 图〈植〉영산홍.

【映射一사】yìngshè 图(햇빛이) 비치다.

【映现一현】yìngxiàn 图빛을 받고 모습이 나타나다.

【映照一조】yìngzhào 图조영하다. 비치다.

☆【硬】石部 | yìng
7画 | 단단할 경

1형단단하다. ◇白面饼子这么~, 牙劲差了还真不行/호떡이 이렇게 딱딱하니 이가 약하면 정말 먹을 수 없다. (反)〔软 ruǎn〕2형(의지가) 굳다. (태도가) 완강하다. ◇这个人一汉子, 从不向困难低头/이 강직한 사나이는 한 번도 어려움 앞에서 머리를 숙인 적이 없다. 〔比较〕硬:僵 为难 ①사이가 좋지 않은 경우에는 "硬"을 쓰지 않는다. ◇我们住在一个地方, 可是我们的关系非常(×硬)僵/우리는 같은 곳에 살지만 우리 사이는 무척 어색하다. ②상황이 난처하다는 경우에는 "硬"을 쓰지 않는다. ◇这件事使我感到(×硬)为难/이 일로 내가 난처해졌다. 3형억지로. 간신히. ◇写不出的时候不要~写/쓸 수 없을 때는 억지로 써서는 안 된다. 4형재주가 뛰어나다. 실력이 있다. 질이 좋다. ◇这都是~手, 两天的活一天就完成了/이들은 모두 뛰어난 솜씨들이어서 이틀 일을 하루에 다 해치웠다.

【硬邦邦一방방】yìngbāngbāng (~的)형매우 단단한〔딱딱한〕모양. (同)〔硬撅撅 yìngjuējuē〕, (反)〔软绵绵 ruǎnmiánmiān〕

【硬棒一봉】yìng·bang 형〈方〉단단하다.

【硬币一폐】yìngbì 图경화(硬货). 금속 화폐. (同)〔金 jīn 属货币〕

【硬磁盘一자반】yìngcípán 图〈電子〉하드디스켓.

【硬度一도】yìngdù 1图〈物〉경도. 굳기. 2물속에 들어있는 칼슘 등의 소금 함량.

【硬腭一악】yìng'è 图〈生理〉경구개(硬口盖).

【硬弓一궁】yìnggōng 图강궁(强弓).

【硬骨头一골두】yìnggǔ·tou 图기골이 있는 사람. (反)〔软 ruǎn 骨头〕

【硬汉一한】yìnghàn 图강골. 강인한 사람.

【硬化一화】yìnghuà 图1굳어지다. (反)〔软 ruǎn 化〕2(사고가) 경직되다. (同)〔僵 jiāng 化〕

*【硬件一건】yìngjiàn 图1〈電子〉하드웨어(hardware). 2기계시설. 자재.

【硬结一결】yìngjié 图1(경화종으로) 굳어지다. 2명〈醫〉경화종(硬化腫).

【硬撅撅一궐궐】yìngjuējuē (~的)형1〈方〉(貶)빳빳하다. 2(태도가) 딱딱하다.

【硬拷贝一고패】yìngkǎobèi 图〈音義〉하드코피(hard copy).

【硬朗一랑】yìng·lang 형〈口〉1(노인이) 정정하다. 건강하다. (反)〔衰弱 shuāiruò〕2(말 따위가) 힘있다. 힘있다.

【硬煤一매】yìngméi 图〈方〉무연탄.

【硬面一면】yìngmiàn (~儿)图1된 밀가루 반죽. 2발효된 밀가루 반죽에 마른 밀가루를 섞어 반죽한 것.

【硬木一목】yìngmù 图단단한 목재. 하드우드(hard wood).

【硬碰硬一병경】yìng pèng yìng 〈喩〉강경한 태도에 똑같은 태도로 맞서다.

【硬片一편】yìngpiàn 图(사진의) 건판(乾板).

【硬气一기】yìng·qi 형1(方〉기개가 있다. 의지가 강하다. 2떳떳하다. 〔돈을 쓰거나 밥을 먹는 데 쓰임〕

【硬任务一임무】yìng rèn·wu 图(융통성의 여지가 없는) 절대적인 임무.

【硬是一시】yìng·shì 图1참으로. 실로. 2군이. 억지로.

【硬实一실】yìng·shi 형〈方〉건강하다. 정정하다. 튼튼하다. (反)〔松软 sōngruǎn〕

【硬手一수】yìngshǒu (~儿)图명인. 명수.

【硬水一수】yìngshuǐ 图〈化〉경수. 센물. (反)〔软 ruǎn 水〕

【硬挺一정】yìngtǐng 图억지로 견디다. 완강하게 버티다.

【硬通货一통화】yìngtōnghuò 图(국제 통용하는) 경화.

【硬卧一와】yìngwò 图〈略〉(열차 따위의) 일반 침대.

【硬席一석】yìngxí 图(기차 따위의) 보통

석과 보통침대. (反)〔软 ruǎn 席〕

【硬性—성】yìngxìng [형]변경이 불가하다. 강제적이다. ◇～规定/강제적인 규정.

【硬仗—장】yìngzhàng [명]격전. 정면으로 치고 받는 전투. 힘든〔성가신〕 임무.

【硬着头皮—착두피】yìng·zhe tóupí 싫지만 눈질끔 감고.

【硬挣—쟁】yìng·zheng [형]**1**〈方〉견고하다. 질기다. 튼튼하다. **2**강하다.

【硬座—좌】yìngzuò [명]일반〔보통〕석. (同)〔硬席〕

【硬座车—좌차】yìngzuòchē [명]일반석 객차.

硬座车

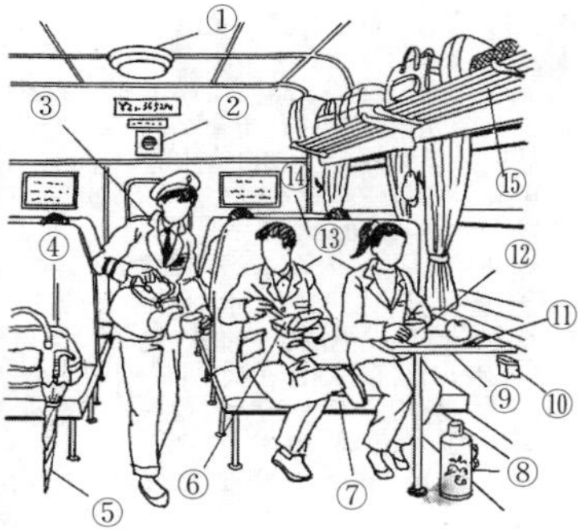

①灯 dēng
②喇叭 lǎba
③列车员 lièchēyuán
④旅行袋 lǚxíngdài
⑤雨伞 yǔsǎn
⑥盒饭 héfàn
⑦座椅 zuòyǐ
⑧暖水瓶 nuǎnshuǐpíng
⑨茶几 chájī
⑩烟灰盒 yānhuīhé
⑪水果刀 shuǐguǒdāo
⑫茶杯 chábēi
⑬旅客 lǚkè
⑭靠背 kàobèi
⑮行李架 xínglijià

yō

【唷】口部 8画 | yō 소리지를 **육**

(同)〔哼 hēng 唷〕

⁑【哟·喲】口部 6画 | yō 어조사 **약**

[감]앗. 아니. 야.〔감탄 또는 놀라움. 의외라는 어감을 나타냄〕 ◇～, 这么早就回来啦/아니, 이렇게 빨리 돌아왔어. ◇～, 他可真行/야, 그는 정말 대단하다. ◇～, 你把那个杯子打了/야, 네가 그 컵을 깼어. ⇒yo

·yo

【哟·喲】口部 6画 | ·yo 어조사 **약**

[조]문장 끝에 쓰여서 감탄이나 권유 책망의 어감을 나타냄. ◇这节目太精彩了, 大家快来看～/이 프로그램은 너무 재미 있어, 모두 빨리 와서 보세요. ◇你瞎说些什么～!/너 지금 뭐라고 지껄이는 거야. ⇒yō

yōng

【佣·傭】亻部 5画 | yōng 품팔이할 **용**

1[동]고용하다. ◇雇～/고용하다. **2**[명]고용인.

【佣工—공】yōnggōng [명]고용 노동자. (反)〔主人 zhǔrén〕

【拥·擁】扌部 5画 | yōng 안을 **옹**

[동]**1**껴안다. 포옹하다. **2**에워싸다. ◇前呼后～/(고관행차 때 수행원들이) 앞에서 소리쳐 길을 열면서 뒤를 에워싸다. **3**(사람들이) 밀치락달치락하다. 밀어 닥치다. ◇大家都～到前边去了/모두가 앞쪽으로 밀려들었다. **4**옹호하다. 지지하다. 떠받들다. ◇～护/지지하다. **5**보유하다. ◇～兵百万/백만병력을 보유하다.

☆【拥抱—포】yōngbào [동]포옹하다.

【拥戴—대】yōngdài [동]받들어 모시다. 추대하다.

☆【拥护—호】yōnghù [명][동]옹호(하다). 지지(하다). (反)〔反对 fǎnduì〕

⁑【拥挤—제】yōngjǐ **1**[동]붐비다. 북적이다. 밀치락달치락하다. ◇上车时人们从来没～过/승차할 때 사람들은 밀치락달치락 한 적이 없다. **2**[형]혼잡하다. ◇上下班时间, 公共汽车特别～/출퇴근 시간엔 버스가 특히 혼잡하다. [비교]拥挤:挤 "拥挤"는 "满"을 결과보어로 쓰지 않는다. ◇车里(×拥挤)挤满了人/차 안은 사람들로 꽉 찼다.

【拥军优属—군우속】yōng jūn yōu shǔ〈成〉군대를 옹호하고, 혁명군인 가족을 우대하다.

【拥塞—색】yōngsè [동]길이 막히다.

*【拥有—유】yōngyǒu [동](토지·인구·재산 따위를) 보유〔소유〕하다. 가지다. ◇～核武器/핵 무기를 보유하고 있다. ◇～丰富的人力资源/풍족한 인력자원을 보유하고 있다. [비교]拥有:有 ①수량이 적은 구체적인 사물에는 "拥有"를 쓰지 않는다.

◇这位农民现在(×拥有)有一台拖拉机/이 농민은 지금 트랙터 한 대를 가지고 있다. ②"拥有"는 "热情", "意义"를 목적어로 쓰지 않는다. ◇这次会议(×拥有)具有重要的意义/이번 회의는 중요한 의미를 가지고 있다.

【拥政爱民－정애민】yōng zhèng ài mín〈成〉군대는 정부를 지지하고, 인민을 사랑한다.

【痈·癰】⌐部|yōng
5画|악창 옹
图〈醫〉옹. 악성 종기. 등창.
【痈疽－저】yōngjū 图〈醫〉1독창. 2옹저. 큰 종기.

【邕】巛部|邑部|yōng
7画|3画|화락할 옹
图1〈地〉옹강(邕江). 광서성(廣西省)에 있는 강 이름. 2〈地〉광서성 남녕(南寧)의 다른 이름.

【庸】广部|yōng
8画|쓸 용
1图평범하다. 보통이다. ◇～言～行/평범한 말과 행동. 2휑하찮다. 변변치 못하다. 범용하다. ◇～医/돌팔이 의사. 3图〈文〉필요하다. 〔주로 부정문에 쓰임〕◇无～细述/자세히 서술할 필요가 없다. 4颐〈文〉어찌. 어떻게. 〔반문(反問)을 나타내는 의문사로 쓰임〕◇～有济乎?/어떻게 도울 수 있겠는가?

【庸才－재】yōngcái 图〈文〉보잘 것 없는 재주 또는 사람. 저능아. (反)〔英才 yīngcái〕
【庸碌－록】yōnglù 휑평범하고 포부가 없다.
【庸人自扰－인자요】yōng rén zì rǎo〈成〉쓸데없이 안달하다. 긁어 부스럼을 내다.
*【庸俗－속】yōngsú 휑범속하다. 저속하다. (同)〔低级 dījí〕, (反)〔脱 tuō 俗〕
【庸医－의】yōngyī 图돌팔이 의사. (反)〔良 liáng 医〕
【庸中佼佼－중교교】yōng zhōng jiǎojiāo〈成〉평범한 사람들 가운데서 출중한 사람.

【雍】亠部|隹部|yōng
11画|5画|화목할 옹
1휑〈文〉온화하다. 화목하다. (同)〔和谐 héxié〕2(Yōng)图성(姓).
【雍容－용】yōngróng 휑대범하고 점잖다. 태연하다. (同)〔大方 dàfang〕, (反)〔扭捏 niǔnie〕

【壅】土部|yōng
13画|막을 옹
图1막히다. ◇～塞/막히다. 2(식물의 뿌리 부분에) 북을 돋우거나 비료를 주다. ◇～土/흙을 북주다.
【壅塞－색】yōngsè 图막히다. 통하지 않다.

(同)〔堵 dǔ 塞〕, (反)〔通畅 tōngchàng〕

【壅土－토】yōng// tǔ 1图흙을 북주다. 2(yōngtǔ)图경작할 때 작물의 그루터기나 흙덩이가 끼어 쇠갈퀴가 움직이지 않게 되는 현상.

【臃】月部|yōng
13画|부스럼 옹
〈文〉1图종기. 부스럼. 2图붓다.
【臃肿－종】yōngzhǒng 1휑매우 뚱뚱하다. 비대하여 굼뜨다. (同)〔痴肥 chīféi〕, (反)〔苗条 miáotiáo〕2휑〈喩〉(조직이나 기구가) 방대하다.

yǒng

【永】丶部|水部|yǒng
4画|1画|길 영
1图길다. 오래다. 2图영원히. 언제까지나. ◇～放光芒/영원히 빛을 발하다. ◇他虽然离开了我们，但他的精神是～存的/그는 비록 우리를 떠났지만 그의 정신은 영원할 것이다. 国교永：一直 "永"은 시간이 유구하고 끝이 없음을 말한다. '지속', '늘'을 나타낼 때는 "永"을 쓰지 않는다. ◇我们好久没见面了，但一见面，就好像(×永)一直很亲近/우리는 오랫동안 만나지 못했지만 일단 만나자 계속 친하게 지내온 것 같았다.

【永别－별】yǒngbié 图영별(하다). 〈轉〉사별(死別)(하다). (同)〔永诀 jué〕, (反)〔暂 zàn 别〕
*【永垂不朽－수불후】yǒng chuí bù xiǔ〈成〉(이름·공훈·정신 따위가) 길이 전하다. ◇～的杰作/영원한 걸작. (反)〔遗臭万年 yí chòu wàn nián〕
【永存－존】yǒngcún 图길이 남다.
【永恒－항】yǒnghéng 휑영원히 변하지 않다.
*【永久－구】yǒngjiǔ 휑오래되다. 영원하다. ◇～会员/평생회원. ◇～中立/영구중립. (同)〔永远 yuǎn〕, (反)〔暂时 zànshí〕
【永诀－결】yǒngjué 图〈文〉영결. 영원한 이별.
【永眠－면】yǒngmián 图〈婉〉영면하다. 죽다.
【永生－생】yǒngshēng 1图영생(하다). 영원히 살다. 2图일생. 평생.
【永生永世－생영세】yǒng shēng yǒngshì〈成〉영원하다.
【永世－세】yǒngshì 图영원. 한평생.
【永逝－서】yǒngshì 图1영원히 사라지다. 2图영면하다. 사망하다.
★【永远－원】yǒngyuǎn 图항상. 언제나. 언제까지나. 영원히. ◇我不想～住在这儿/난 언제까지나 여기서 살 생각은 없다. 国교永远：一直 永久：从来 ①일정한 시

간내 동작이 끊이지 않은 경우에는 "永远"을 쓰지 않는다. ◇从那时起, 我们俩(×永远)一直在一起/그때부터 우리 두 사람은 계속 같이 있었다. ②"永远"은 술어로 쓰이지 않는다. ◇我知道这种幸福不是(×永远)永久的/난 이런 행복이 영원하지 않다는 걸 알고 있다. ③"永远"은 동사 "没有"를 수식할 수 있으나 부사 "没有"를 수식하지 않는다. ◇他(×永远)从来没有打骂过自己的孩子/그는 여태껏 자신의 자식을 때리고 꾸짖어 본 적이 없다.

【泳】 氵部 | yǒng
5画 | 헤엄칠 **영**
동헤엄치다. ◇仰～/배영. ◇蛙～/평영.
【泳程－정】 yǒngchéng 명헤엄친 거리.
【泳道－도】 yǒngdào 명〈體〉(수영 경기장의) 경기코스.
【泳衣－의】 yǒngyī 명수영복.

【咏(詠)】 口部 | yǒng
5画 | 읊을 **영**
동1일정한 음율을 따라 천천히 낭독〔송〕하다. ◇歌～/노래하다. 2시를 읊다. ◇～雪/눈을 시로 읊다.
【咏怀－회】 yǒnghuái 동마음 속의 생각을 시로 읊다.
【咏叹－탄】 yǒngtàn 동가락을 붙여 읊조리다.
【咏叹调－탄조】 yǒngtàndiào 명〈音〉아리아. 영창(詠唱).

【俑】 亻部 | yǒng
7画 | 허수아비 **용**
명옛날에 부장품으로 쓴 흙인형.

＊＊【涌】 氵部 | yǒng
7画 | 물넘칠 **용**
동1(액체가) 솟아나다. 구름이 피어 오르다. ◇石油喷～而出/석유가 솟아났다. 2(물이나 구름 속에서) 나오다. 모습이 나타나다. ◇海上～出一轮红日/바다에서 붉은 태양이 솟아올랐다. 3(물이 솟아나오는 것 같이) 한꺼번에 나오다. ◇大家都向外～/모든 사람이 밖으로 몰렸다. 4명몸시 큰 파도. ◇一个大～滚过来/큰 파도가 밀려온다.
【涌流－류】 yǒngliú 동솟아나 흐르다.
＊【涌现－현】 yǒngxiàn 동(사람이나 사물이 대량으로) 한꺼번에 나타나다.

【愚(慂)】 心部 | yǒng
7画 | 권할 **용**
(同)〔怂 sǒng 愚〕

【蛹】 虫部 | yǒng
7画 | 누에번데기 **용**
명〈虫〉번데기.

【踊・踴】 足部 | yǒng
7画 | 뛸 **용**

동뛰다. 뛰어오르다.
【踊跃－약】 yǒngyuè 1동펄쩍 뛰어오르다. 껑충 껑충 뛰다. 2형앞다투다. 분발하다. ◇今晚的晚会大家肯定会～参加的/오늘밤 저녁마당에 모두가 분명히 앞다퉈 참가할 것이다.

【勇】 力部 | yǒng
7画 | 날랠 **용**
1형용감(하다). 용기(가 있다). ◇奋～/용기를 내다. (同)〔武 wǔ〕, (反)〔懦 nuò〕 2〈史〉의용병(義勇兵). 3(Yǒng) 명성(姓).
☆【勇敢－감】 yǒnggǎn 형용감하다. ◇这是个～的孩子/이 아이는 용감하다. (同)〔英 yīng 勇〕, (反)〔怯懦 qiènuò〕 비교勇敢:刚强 "性格"에는 "勇敢"으로 형용하지 않는다. ◇母亲的性格很(×勇敢)刚强/어머니의 성격은 매우 강인하다.
【勇悍－한】 yǒnghàn 형용감하고 강하다. 용맹스럽다.
【勇决－결】 yǒngjué〈文〉1형용감하고 결단력이 있다. 2동용감하게 결단을 내리다.
【勇猛－맹】 yǒngměng 형용맹스럽다.
☆【勇气－기】 yǒngqì 명용기. ◇见他满脸的不高兴, 我没有～再问下去/그의 온통 화가난 얼굴을 보자, 나는 계속 물어볼 용기가 나지 않았다.
☆【勇士－사】 yǒngshì 명용사. (反)〔懦夫 nuòfū〕
【勇往直前－왕직전】 yǒng wǎng zhí qián〈成〉용감하게 앞으로 나아가다. (同)〔一往直前 yī wǎng zhí qián〕, (反)〔畏缩不前 wèi suō bù qián〕
【勇武－무】 yǒngwǔ 형용맹스럽고 위세가 있다.
☆【勇于－어】 yǒngyú 과감하게. 용감하게. 〔뒤에 주로 동사가 옴〕 ◇～承认错误/과감하게 잘못을 인정하다.

【涌】 氵部 | yǒng
9画 | 물넘칠 **용**
1(同)〔涌 yǒng〕 2(Yǒng)명성(姓).

yòng

★【用】 冂部 | 用部 | yòng
3画 | 0画 | 쓸 **용**
1동쓰다. 사용하다. ◇你会不会～计算机?/계산기 쓸 줄 아세요? ◇你应该把心～在学习上/넌 마음을 학업에 써야 한다. 비교用:以 목적달성을 위해 사물을 매개체로 하는 경우에는 "用"을 쓰지 않는다. ◇那个提案(×用)以压倒多数的票获得通过/그 제안은 압도적인 표로 통과되었다. 2명비용. ◇家～/가정의 생활 비용. 3[명]쓸모. 용도. ◇有~/쓸모있다. ◇没~/쓸모없다. 4[조동](…하는 것이) 필요하다.〔부정(否定)이나 반어(反語)에 많이 쓰임〕◇明天八点出发, 不~早起/내일 8시에 출발하니 일찍 일어날 필요없다. 5[동]〈敬〉(음식 등을) 들다. ◇~了茶请到客厅坐/차를 다 드셨으면 응접실로 가 앉으세요. ①"用"은 존대말로 명령문에 쓰이지만 자신에게는 안 쓴다. ◇我去年在法国(×用)吃过中国菜/난 작년에 프랑스에서 중국요리를 먹어봤다. ②동물에게는 "用"을 쓰지 않는다. ◇你看看牛有没有(×用)吃草/소가 풀을 먹는지 좀 살펴봐라. 6[접]〈文〉그러므로. 때문에. 그래서.〔주로 서신(書信)에 많이 쓰임〕◇~特函达/그러므로 특별히 서면(書面)으로 알려드립니다.

【用兵—병】yòng// bīng [동]군대를 움직여 작전하다.

【用不了—불료】yòng·bu liǎo 1쓸 수 없다. ◇外国孩子~筷子/외국 어린이는 젓가락을 사용할 수 없다. 2(…까지) 걸리지 않다. 다 필요치 않다. ◇做这点儿练习, ~半个小时/이 정도 연습문제를 푸는 데 30분도 걸리지 않는다.

☆【用不着—불착】yòng·bu zháo 소용되지 않다. …까지는 필요치 않다. ◇天不冷, ~穿大衣/날씨가 춥지 않으므로 외투를 입을 필요없다. (反)〔用得 de 着〕

【用材林—재림】yòngcáilín [명]용재림.

【用场—장】yòngchǎng [명]용도. 사용처. ◇这笔钱有~/이 돈은 쓸 데가 있다.

☆【用处—처】yòng·chu [명]용도(用途). 쓰는 곳. 쓸모. ◇留着说不定还有~/남겨두면 또 쓸모가 있을지 모른다.

【用得着—득착】yòng·de zháo 필요하다. 쓸모 있다. ◇妹妹还~这三角尺/여동생은 아직도 삼각자가 필요하다. (反)〔用不·bu着〕

【用度—도】yòngdù [명]비용. 경비.

*【用法—법】yòngfǎ [명]용법. 사용 방법. ◇商品~可看说明书/상품의 용법은 설명서를 보면 된다.

【用饭—반】yòng// fàn [동]진지를 드시다. ◇您请~/진지를 드십시오.

【用费—비】yòngfèi [명]비용. (同)〔费用〕

【用工—공】yòng// gōng [동]노동력을 모집·사용하다.

【用工夫—공부】yòng gōng·fu 시간과 수고를 들이다. ~하는 데에 공들이다. ◇他对下围棋很~/그는 바둑 두는 데에 공을 많이 들인다.

☆【用功—공】yòng// gōng [동]1열심히 공부하다. ◇他还在图书馆里~呢/그는 아직도 도서관에서 열심히 공부중이다. 2(yònggōng) 힘쓰다. 노력하다. ◇他是个很~的学生/그는 공부를 열심히 하는 학생이다. [비교]用功:出色 "用功"은 공부 외에 기타방면에는 쓰지 않고 보어로도 쓰지 않는다. ◇她劳动得很(×用功)出色/그녀는 일하는 것은 뛰어나다.

*【用户—호】yònghù [명](수도·전기·전화·컴퓨터 통신 따위 설비의) 사용자. 가입자.

【用劲—경】yòng// jìn [동]힘을 쓰다.

*【用具—구】yòngjù [명]도구. ◇炊事~취사 도구.

☆【用力—력】yòng// lì [동]힘을 들이다. ◇~把门推开/힘껏 문을 밀어 열다.

【用料—료】yòngliào 1[명]사용 재료. 2(yòng// liào)[동]재료를 사용하다.

【用命—명】yòngmìng [동]〈文〉명령에 따르다.

⁑【用品—품】yòngpǐn [명]용품. ◇生活~/생활 용품.

*【用人—인】yòng// rén [동]1사람을 쓰다. 인원을 임용하다. ◇善于~/사람을 잘 쓴다. 2사람을 필요로 하다. 일손이 필요하다.

【用人—인】yòng·ren [명]하인. 심부름꾼. ◇女~/여자 하인.

【用舍行藏—사행장】yòng shě xíng cáng 〈成〉관직에 나아가서는 자기의 도를 행하고 물러나서는 조용히 은거하다.〔유가의 처세법〕

【用事—사】yòngshì [동]1〈文〉권력을 장악하다. 2(감정적으로) 일을 처리하다. 3〈文〉전고(典故)를 인용하다.

⁑【用途—도】yòngtú [명]용도.

【用武—무】yòngwǔ [동]무력을 쓰다.

【用项—항】yòng·xiàng [명]비용. 필요한 경비.

⁑【用心—심】yòng// xīn 1[동]심혈을 기울이다. 주의력을 집중하다. ◇~听讲/열심히 강의〔강연〕을 듣다. 2(yòngxīn)[명]속셈. 의도. 심보. ◇~险恶/심보가 흉악하다.

【用刑—형】yòng// xíng [동]형구(刑具)를 쓰다. 고문하다.

【用以—이】yòngyǐ [접]1…을 사용하여. …에 의하여. 2그러므로. 이 때문에.

*【用意—의】yòngyì [명]뜻. 생각. 의도. ◇你这是什么~?/네가 이렇게 하는 것은 무슨 의도냐?

【用印—인】yòng// yìn [동](문서에) 도장을 찍다.〔다소 딱딱한 어투의 말임〕

【用语—어】yòngyǔ [명]1언어구사. 말의 사용. ◇~不当/언어 구사가 적절치 않다. 2(전문)용어.

【佣】 亻部 5画 yòng 구전 **용**

[명]구전. 수수료. (同)〔雇 gù〕

【佣金—금】yòngjīn [명]수수료. 코미션. 구전.

【佣钱-전】 yòng·qian (同)〔佣金 jīn〕

优 1197	忧 1197	悠 1198	呦 1198	幽 1198
尤 1199	犹 1199	疣 1199	莸 1199	鱿 1199
由 1200	邮 1200	油 1202	铀 1202	
蚰 1202	莜 1202	游 1202	蝣 1203	蝤 1203
友 1203	有 1204	铕 1209	酉 1209	莠 1209
黝 1209	又 1209	幼 1210	蚴 1210	右 1210
佑 1211	囿 1211	诱 1211	柚 1211	釉 1211
鼬 1211				

yōu

*【优·優】 亻部 yōu
4画 넉넉할 우
1❷뛰어나다. 우수하다. ◇～美/아름답다. (反)〔劣 liè〕 2〈文〉❸충분하다. 넉넉하다. 3❸우대하다. 4❷(옛날의) 연기자. 배우. 5(Yōu)❷성(姓).

【优待-대】 yōudài ❷❸우대(하다). (同)〔厚 hòu 待〕, (反)〔苛 kē 待〕

【优等-등】 yōuděng ❷❸우수(하다). (同)〔上 shàng 等〕, (反)〔劣 liè 等〕

☆【优点-점】 yōudiǎn ❷장점. 뛰어난 점. ◇每个人都有自己的～/사람은 제각기 자신의 장점을 가지고 있다. (同)〔长处 chángchù〕, (反)〔缺 quē 点〕

【优抚-무】 yōufǔ ❸우대하고 위문하다〔돌보다〕.

【优厚-후】 yōuhòu ❸(대우 등이) 좋다. 후하다.

*【优惠-혜】 yōuhuì ❷〈經〉특혜. ◇～条件/특혜조건.

【优惠待遇-혜대우】 yōuhuì dàiyù ❷〈經〉최혜국 대우.

☆【优良-량】 yōuliáng ❸(품종·질·성적이) 우수하다. 훌륭하다. ◇成绩～/성적이 우수하다. (同)〔优秀 xiù〕, (反)〔低劣 dīliè〕

【优伶-령】 yōulíng ❷연극 배우의 구칭.

☆【优美-미】 yōuměi ❸(모양·모습이) 뛰어나다. 아름답다. ◇这种台灯造型～, 很受顾客欢迎/이런 스탠드는 모양이 뛰어나서 고객에게 매우 인기가 좋다. [비교]优美:优秀:美 ①"品质"는 "优美"로 형용하지 않는다. ◇我们要学习他的(×优美)优秀的品质/우리는 그의 뛰어난 성품을 본받아야 한다. ②추상적인 아름다움에는 "优秀"를 쓰고, 볼 수 있고 구체적인 아름다움은 대개 "优美"를 쓴다. ◇我们家乡也有(×优秀)优美的风景/우리 고향에도 아름다운 경치가 있다. ③산을 나타낼 때는 "优美"를 쓰지 않는다. ◇中部地区的群山又高又(×优美)美/중부지역의 산들은 높고도 아름답다.

【优缺点-결점】 yōuquēdiǎn ❷장단점.

【优柔-연】 yōuróu ❸1〈文〉편안하다. 태연하다. 2〈文〉온화하다. 부드럽다. 3결단력이 없다. 우유 부단하다.

【优柔寡断-연과단】 yōu róu guǎ duàn 〈成〉우유 부단하다. (同)〔犹豫不决 yóu yù bù juē〕, (反)〔当机立断 dāng jī lì duàn〕

【优生学-생학】 yōushēngxué ❷〈生〉우생학.

**【优胜-승】 yōushèng ❷❸우승(하다). ◇他在这次比赛中获得～奖/그는 이번 경기에서 우승(상)을 차지했다.

**【优势-세】 yōushì ❷우세. 우위. ◇这个中锋占了身高的～/이 센터포워드는 키에서 우위를 차지했다. (同)〔上风 shàngfēng〕, (反)〔劣 liè 势〕

【优渥-악】 yōuwò ❸〈文〉후하다. (同)〔厚 hòu〕

*【优先-선】 yōuxiān ❸우선하다.〈轉〉우선적으로. ◇～录取/우선적으로 채용하다.

【优先权-선권】 yōuxiānquán ❷〈法〉우선권.

☆【优秀-수】 yōuxiù ❸(품행·학문·성적 따위가) 우수하다. 뛰어나다. ◇～人才/우수한 인재. ◇～生/우등생.

【优选法-선법】 yōuxuǎnfǎ ❷〈數〉최적화(最适化).

【优雅-아】 yōuyǎ ❸우아하다. 고상하다. (同)〔典雅 diǎn yǎ〕, (反)〔粗俗 cūsú〕

*【优异-이】 yōuyì ❸빼어나다. 특히 우수하다. ◇他考试成绩～/그는 시험 성적이 특히 우수하다. (同)〔高超 gāochāo〕, (反)〔低劣 dīliè〕

【优游-유】 yōuyóu ❸〈文〉1유유 자적하다. 느긋하다. 2유유히 즐기다.

【优育-육】 yōuyù ❸좋은 조건에서 아기를 기르다.

【优裕-유】 yōuyù ❸풍족하다. 부유하다.

【优遇-우】 yōuyù ❷❸우대(하다). ◇这家公司对他特别～/이 회사는 그를 특별히 우대해 준다.

**【优越-월】 yōuyuè ❸우월하다. 뛰어나다. ◇她总觉得自己比别人～/그녀는 늘 자신이 남보다 뛰어나다고 느낀다.

【优越感-월감】 yōuyuègǎn ❷우월감.

【优越性-월성】 yōuyuèxìng ❷우월성. 뛰어난 점.

*【优质-질】 yōuzhì ❷뛰어난 품질. ◇提供～服务/양질의 서비스를 제공한다. (同)〔地道 dìdao〕, (反)〔劣 liè 质〕

【优质钢-질강】 yōuzhìgāng ❷(공작기계 제작에 쓰이는) 고급 철강제.

【忧·憂】 忄部 yōu
4画 근심 우
1❸걱정하다. 근심하다. 우려하다. ◇～闷/걱정스럽고 답답해지다. (同)〔愁 chóu〕,

Y

(反)〔喜 xǐ〕 **2**형걱정근심. 우환. **3**명부모의 상(喪). ◇丁~/부모상을 당하다.

【忧愁-수】yōu·chóu 형(어려움에 부딪쳐서) 걱정스럽고 고민하다. (同)〔忧郁 yù〕, (反)〔快乐 kuàilè〕

【忧烦-번】yōufán 형〈文〉울분에 차 있다.

【忧愤-분】yōufèn 형〈文〉울분에 차 있다.

【忧患-환】yōuhuàn 명우환. 걱정과 고생.

【忧惧-구】yōujù 통걱정하고 두려워하다.

*【忧虑-려】yōu·lǜ 명통우려(하다). 걱정(하다). ◇为孩子的前途~/아이의 미래 때문에 걱정하다.

【忧闷-민】yōumèn 통걱정거리로 고민하다.

【忧戚-척】yōuqī 통〈文〉슬프고 애절하다.

【忧伤-상】yōushāng **1**형근심으로 괴로워하다. 근심하고 슬퍼하다. **2**형근심스럽다. 괴롭다. 슬프다.

【忧心-심】yōuxīn **1**통염려하다. **2**명〈文〉걱정하는 마음.

【忧悒-읍】yōuyì 통〈文〉근심으로 불안해하다.

*【忧郁-울】yōuyù 명우울. 걱정. ◇他~过度轻了五公斤/그는 우울이 심해서 5키로나 빠졌다. **2**형우울하다. 울적하다. 마음이 무겁다. ◇她~地在河边徘徊着/그녀는 우울하게 강변을 배회하고 있다. 비교忧郁:担心 "忧郁"는 동사로 쓰이지 않으니 목적어를 취하지 않는다. ◇她(×忧郁)担心这门婚事成不了/그녀는 이 혼사가 이루어지지 않을까 걱정이다.

【悠】 心部 yōu
7画 멀 유

1형(거리가) 멀다. (시간이) 오래 되다. ◇~久/유구하다. **2**형한적하다. **3**통〈口〉(공중에서 밧줄을 잡고) 획 건너가다. ◇他抓住绳子~了过去/그는 밧줄을 잡고 획 건너갔다.

【悠长-장】yōucháng 형(시간이) 유구하다. 오래다. (同)〔绵 mián 长〕, (反)〔短暂 duǎnzàn〕

【悠荡-탕】yōudàng 통공중에 매달려 오가다.

【悠忽-홀】yōuhū 형〈文〉**1**유유자적하다. **2**나태하다. 산만하다.

☆【悠久-구】yōujiǔ 형유구하다. ◇~的文化/유구한 문화

【悠谬-류】yōumiù 형〈文〉황당 무계하다.

【悠然-연】yōurán 형유유하다.

【悠闲-한】yōuxián 형유유자적하다. 한가하고 느긋하다.

【悠扬-양】yōuyáng 형〈文〉은은하다. ◇~的歌声/감미로운 노래소리.

【悠悠-유】yōuyōu 형**1**유구하다. 요원하다. (反)〔忽忽 hūhū〕 **2**〈文〉많은 모양. **3**유유하다. **4**〈文〉황당하다.

【悠远-원】yōuyuǎn 형〈文〉**1**(시간적으로) 매우 오래다. **2**거리가 멀다.

【悠着-착】yōu·zhe 통〈方〉삼가다. 천천히 하다.

【呦】 口部 yōu
5画 사슴우는 소리 유

② 앗~ 어~〔놀람을 나타냄〕 ◇~! 怎么你也来了?/어! 어떻게 너도 왔느냐?

【幽】 山部 玄部 yōu
6画 6画 그윽할 유

1형깊고 멀다. 심원하다. 어둡다. **2**통숨다. 피하다. **3**형조용하다. (마음이) 평온하다〔안정되다〕. **4**통(죄인을)가두다. ◇~禁/감금하다. **5**명저승. **6**(Yōu)명〈地〉유주. 현재의 하북성(河北省)의 북부와 요녕성(遼寧省)의 남부에 있던 주(州)이름. **7**(Yōu)명성(姓).

【幽暗-암】yōu'àn 형어두컴컴하다. (反)〔明朗 mínglǎng〕

【幽闭-폐】yōubì 통**1**유폐하다. 연금하다. **2**칩거하다.

【幽愤-분】yōufèn 명마음속 깊이 품은 분노〔울분〕.

【幽浮-부】yōufú 명U.F.O.(미확인 비행물체). (同)〔飞碟 fēidié〕, 〔不明飞行物 bùmíng fēixíngwù〕

【幽会-회】yōuhuì **1**형(남녀가) 밀회하다. **2**명(남녀의) 밀회.

【幽魂-혼】yōuhún 명유혼. 망령. 영혼.

【幽禁-금】yōujìn 명통유폐(하다). 연금(하다).

*【幽静-정】yōujìng 형그윽하고 조용하다. ◇这里环境很~/여기 환경이 몹시 고요하다. (反)〔热闹 rènao〕

【幽灵-령】yōulíng 명유령.

【幽美-미】yōuměi 형조용하고 아름답다.

【幽门-문】yōumén 명〈生理〉유문.

【幽眇-묘】yōumiǎo 형〈文〉정밀하다. 세밀하다.

【幽明-명】yōumíng 명〈文〉저승과 이승. 유명.

【幽冥-명】yōumíng **1**(同)〔幽暗 àn〕 **2**〈佛〉명토(冥土).

*【幽默-묵】yōumò 명유머. 해학. ◇他很~/그는 매우 유머스럽다.

【幽期-기】yōuqī 명밀회. (同)〔幽会 huì〕

【幽情-정】yōuqíng 명마음속 깊이 간직한 감정.

【幽囚-수】yōuqiú 통감금하다.

【幽趣-취】yōuqù 명고상한 취미.

【幽深-심】yōushēn 형깊숙하고 고요하다.

【幽思-사】yōusī **1**통조용히 생각에 잠기

다. 2®깊은 생각.

【幽邃—수】yōusuì (同)〔幽深 shēn〕

【幽婉—완】yōuwǎn ®합의가 깊고 곡절이 많다.

【幽微—미】yōuwēi ®1(소리·냄새 따위가) 희미하다. 2깊이 있고 정밀하다.

【幽閑—한】yōuxián ®1(同)〔幽嫻 xián〕 2(同)〔悠 yōu 閑〕

【幽嫻—한】yōuxián ®(여자가) 조용하고 정숙하다.

【幽香—향】yōuxiāng ®담담한 향기.

【幽夐—형】yōuxiòng ®〈文〉심원하다.

【幽雅—아】yōuyǎ ®그윽하고 아름답다.

【幽咽—인】yōuyè ®〈文〉1흐느껴 우는 소리. 2물이 졸졸 흐르는 소리.

【幽忧—우】yōuyōu ®〈文〉근심하고 슬퍼하다. (同)〔忧伤 shāng〕

【幽幽—유】yōuyōu ®1(소리나 빛이) 희미하다. (同)〔冥冥 míngmíng〕, (反)〔皎皎 jiǎojiǎo〕 2〈文〉심원하다. 아득하다.

【幽怨—원】yōuyuàn ®〈文〉〔주로 여인들이 애정때문에〕 마음 속에 품은 원한.

yóu

【尤(尢)】尢部 1画 yóu 더욱 우

1®특이하다. 뛰어나다. 우수하다. ◇无耻之～/아주 염치가 없다. 2®특히. 더욱. ◇～妙/더욱 묘하다. 3®과실(過失). 허물. ◇效 xiào～/나쁜 일을 본받다. 4®원망하다. ◇怨天～人/하늘을 원망하고 남을 탓하다. 5(Yóu)®성(姓).

★【尤其—기】yóuqí ®특히. 그 중에서도. ◇我喜欢音乐，～喜欢古典音乐/나는 음악을 좋아한다. 특히 고전음악을 좋아한다. ◇这几门课都是主课，语文、数学～重要/이 몇 과목은 모두 전공과목으로 언어, 수학이 특히 더 중요하다. ᴮᴵᴳ尤其:主要 강조하는 뜻이 없는 경우에는 "尤其"를 쓰지 않는다. ◇我刚来的时候，(×尤其)主要忙于整理我的房间/내가 막 왔을 때는 주로 내 방을 정리하는 것으로 바빴다.

【尤物—물】yóuwù ®〈文〉특이한 물건. 뛰어난 미인.

【尤异—이】yóuyì ®〈文〉뛰어나다. 특출하다.

【犹·猶】犭部 4画 yóu 같을 유

1®〈文〉마치 …인 것 같다. ◇虽死～生/죽었지만 살아있는 것 같다. 2®〈文〉아직. 여전히. ◇记忆～新/기억이 아직 새롭다. 3〈文〉조차. …까지도. ◇困兽~斗/궁지에 처한 짐승조차도 발악한다.

【犹大—대】yóudà ®1〈人〉(가룟)유다다. 2

(yóudà)〈轉〉배반자. 배신자.

【犹然—연】yóurán ®여전히. 예전 그대로. ◇那时的事妈妈～记得很清楚/그 당시의 일을 어머니는 여전히 분명하게 기억한다.

*【犹如—여】yóurú ®…와〔과〕 같다. ◇灯烛辉煌，～白昼/등촉이 휘황찬란하여 대낮과 같다.

【犹太教—태교】Yóutàijiào ®〈宗〉유태교.

【犹太人—태인】Yóutàirén ®〈民〉유태인.

【犹疑—의】yóu·yi ®머뭇거리다. 망설이다. (同)〔犹豫 yù〕

**【犹豫—예】yóuyù ®주저하다. 망설이다. 머뭇거리다. ◇他～了一下才回答/그는 잠시 머뭇거린 후에야 대답했다. (同)〔犹疑 yì〕, (反)〔果断 guǒduàn〕 ᴮᴵᴳ犹豫:怀疑 "犹豫"는 목적어를 취하지 않는다. ◇他(×犹豫)怀疑将会发生什么不幸的事/그는 곧 어떤 불행한 일이 발생할 것이 아닌가 생각했다.

【犹之乎—지호】yóuzhīhū 〈文〉…와〔과〕 같다. (同)〔如同 rútóng〕

【犹自—자】yóuzì ®아직. 여전히.

【疣(肬)】疒部 4画 yóu 혹 우

®〈醫〉사마귀.

【莸·蕕】艹部 7画 yóu 썩은풀 유

®1〈植〉충꽃풀. 2악취가 나는 풀. 나쁜 사람.

【鱿·魷】鱼部 4画 yóu 오징어 우

【鱿鱼—어】yóuyú ®오징어의 통칭.

☆【由】丨部 田部 4画 0画 yóu 말미암을 유

1®원인. 이유. ◇事～/사유. 까닭. ◇理～/이유. 2…때문이다. …에 말미암다. …에 기인되다. ◇他～感冒而引起了肺炎/그는 감기로 인해서 폐렴에 걸렸다. 3®경유하다. 거치다. ◇请～此人内/이곳에서 안으로 들어가세요. 4®따르다. …대로 하다. ◇不能～着性子蛮干/성질대로 일을 행해서는 안 된다. ◇花色很多，～你挑选/모양이 많으니, 네 맘대로 골라라. ᴮᴵᴳ由:让 "由"에는 명령의 의미는 없다. ◇老师(×由)让我去找那个同学/선생님은 내게 그 학생을 찾아가라고 했다. 5®…이(가). …에 의해서. 〔행위의 주체를 나타냄〕 ◇会议～老师主持/회의는 선생님이 진행하셨다. ᴮᴵᴳ由:在 "由"는 행위진행의 조건을 나타내지 않는다. ◇我的文章是(×由)在老师指导下写成的/나의 글은 선생님의 지도하에 완성한 것이다. 6®…으로. …으로부터. …

에서. 〔근거나 구성 요소를 나타냄〕◇ ～此可知他不会来了/이것을 통해 그가 오지 않을 것임을 알 수 있다. ◇委员会～二十人组成/위원회는 20명으로 구성되었다. 비교由:由于 "由"는 원인을 나타낼 때 "引起"나 "造成" 등과 호응하는 것 외에는 쓰이지 않는다. ◇有的人要求离婚是(×由)由于喜新厌旧/어떤 사람이 이혼을 요구하는 것은 새 사람을 좋아하고 원래 부인(남편)에 염증을 느끼기 때문이다. 7개〕…으로부터. …에서. 〔기점을 나타냄〕◇这列火车～天津出发/이 기차는 천진에서 출발한다. 비교由:通过 사람 또는 사물을 통해 목적에 도달하는 것은 "由"라고 하지 않는다. ◇小伙子(×由)通过哥哥认识了这位姑娘/청년은 형을 통해 이 아가씨를 알게 되었다. 8(Yóu)몡성(姓).

【由不得－불득】yóu·bu·de 1몡생각대로 되지 않다. ◇出国的事～你/출국 건은 네 생각대로 되지 않다. 2저도 모르게 … 하다.

＊【由此可见－차가견】yóu cǐ kějiàn (주로 문장 첫머리에 쓰여) 이로써 알 수 있다.

【由打－타】yóudǎ 1개〕…에서부터 …이래. ◇～家乡来的客人/고향에서 온 손님. 2동지나다. 거치다.

【由点到面－점도면】yóu diǎn dào miàn 〈成〉점에서 면으로 (넓히다). 한 점으로부터 전반에 이르다.

【由来－래】yóulái 1뵈원래부터. 처음부터. 지금까지. 2몡유래. 내력.

【由头－두】yóu·tou (～儿)몡구실. 핑계.

☆【由于－어】yóuyú 1개〕…때문에. …로 말미암아. 〔보통 문두에 와서 뒷절의 원인을 표시함〕◇他～自己的过失而感到难过/그는 자신의 과실때문에 괴로워한다. 비교由于:通过 1동작이 진행되는 조건에는 "由于"를 쓰지 않는다. ◇我们(×由于)在老师的陪同下, 游览了颐和园/우리는 선생님과 함께 이화원을 관광했다. ②사람 또는 사물을 매개로 목적에 도달하는 경우에는 "由于"를 쓰지 않는다. ◇你们应该(×由于)通过实践找真理/여러분은 실천을 통해 진리를 찾아야 한다. 2접〕…때문에. …에 인하여. ◇～厂里开会, 所以今天回来晚了/공장에서 회의를 했기 때문에 오늘 늦게 돌아왔다. 비교由于:为了:因此 ①목적을 나타낼 때는 "由于"를 쓰지 않는다. ◇(×由于)为了学习, 他花了很多心血/학업을 위해 그는 많은 심혈을 기울였다. ②"由于"는 결과를 나타내는 단문에는 쓰이지 않는다. ◇她的脾气很不好, (×由于)因此(所以, 因而)没有

人敢去惹她/그녀의 성질이 고약해서 아무도 그녀를 건드리려 하지 않는다.

【由衷－충】yóuzhōng 동충심에서 우러나오다. 진심에서 나오다. ◇对他的帮助我表示～的感谢/나는 그의 도움에 진심으로 감사드린다. 비교由衷:热情 "由衷"는 "鼓励", "期望", "帮助" 등의 동사를 수식하지 않는다. ◇哥哥(×由衷)热情地鼓励我/오빠는 나를 따뜻하게 격려해 준다.

【邮・郵】阝部 yóu
5画 우편 우
1동우편으로 부치다〔보내다〕. ◇上月给家里～去二十元/지난 달에 집에다 20원을 부쳤다. 2몡우편의. 3몡우표. ◇～展/우표전시회. ◇集～/우표수집.

＊【邮包－포】yóubāo 몡소포. ◇用～寄/소포로 부치다.

【邮差－차】yóuchāi 몡우편 집배원의 이전 명칭. (同)[邮递 dì 员]

【邮船－선】yóuchuán 몡정기 여객선. 〔우편이 주로 배를 통해 운송되기 때문에 이름 붙여줌〕

【邮戳－탁】yóuchuō (～儿)몡소인.

【邮袋－대】yóudài 몡우편낭.

【邮递－체】yóudì 몡동우송(하다).

【邮递员－체원】yóudìyuán 몡우편 집배원.

＊【邮电－전】yóudiàn 몡체신.

【邮电局－전국】yóudiànjú 몡우편 전신국. 〔우편과 전신의 두 업무를 취급하는 곳〕

【邮费－비】yóufèi 몡〈口〉우편 요금. (同)〔邮资 zī〕

＊【邮购－구】yóugòu 몡동통신 구매(하다). 통신 판매(하다).

【邮花－화】yóuhuā 몡〈方〉우표.

【邮汇－휘】yóuhuì 1몡우편환 송금. 2동우편환으로 송금하다.

＊【邮寄－기】yóujì 몡동우송(하다).

【邮件－건】yóujiàn 몡우편물.

★【邮局－국】yóujú 몡〈略〉우체국.

★【邮票－표】yóupiào 몡우표.

【邮亭－정】yóutíng 몡간이 우편 취급소.

【邮筒－통】yóutǒng 몡우체통.

【邮箱－상】yóuxiāng 몡1우편함. 2(호텔이나 우체국 안에 설치되어 있는 상자형의 작은) 우체통.

【邮展－전】yóuzhǎn 몡우표수집 전람회.

【邮政－정】yóuzhèng 몡우편 행정.

【邮政局－정국】yóuzhèngjú (同)〔邮局〕.

【邮资－자】yóuzī 몡〈文〉우편 요금.

☆【油】氵部 yóu
5画 기름 유
1몡(동・식물성) 기름. ◇不要吃太多动物～/동물성 기름을 너무 많이 먹지 마라. ◇汽车该加～了/자동차에 기름을 넣어야 한다. **2**명액체 상태의 조미료. ◇醬~/간장. **3**동(기름·페인트 따위를) 칠하다[바르다]. ◇新做的家具正在~着呢/새로 만든 가구를 지금 칠하고 있는 중이다. **4**동기름이 묻다. 칠이 묻다. ◇你的上衣~了/너의 윗옷이 기름에 더러워졌다. **5**형교활하다. 빤질빤질하다. ◇他很~, 这事你还瞒得了他!/그가 얼마나 교활한데 네가 그를 속일 수 있을 것 같으냐!

【油泵－붕】yóubèng 명〈機〉오일펌프.

【油饼－병】yóubǐng 명**1**(기름을 짜내고 난) 깻묵. **2**(~儿)기름에 튀긴 빵.

【油菠－박】yóubō 명급유선.

【油布－포】yóubù 명동유(桐油)를 칠한 방수포.

【油彩－채】yóucǎi 명도란(독dohran). 기름 성분이 함유되어 있는 무대화장용 안료.

*【油菜－채】yóucài **1**〈植〉유채. 평지. **2**(同)〔小白菜儿 xiǎobáicài〕

【油槽船－조선】yóucáochuán 명유조선.

【油层－층】yóucéng 명〈地質〉(석유의) 유층.

【油茶－차】yóuchá **1**명동백나무의 한 가지. 〔열매의 씨에서 기름을 짜냄〕 **2**명'油茶面儿'를 끓는 물에 넣어 죽처럼 만든 식품.

【油茶面儿－차면아】yóuchámiànr 명밀가루를 볶아서 쇠기름이나 버터·참기름을 넣고 참깨와 호도를 넣어 만든 식품의 한 가지. 〔끓는 물에 넣어 먹음〕

【油船－선】yóuchuán 명유조선.

【油灯－등】yóudēng 명유등. 식물유를 이용하여 켜는 등.

【油坊－방】yóufáng 명(식물성 기름을 파는) 기름집.

【油橄榄－감람】yóugǎnlǎn 명〈植〉올리브(olive).

【油垢－구】yóugòu 명기름때.

【油光－광】yóuguāng 형반들반들하다. 흠치르르하다.

【油葫芦－호로】yóu·hulǔ 명〈虫〉쇠귀뚜라미.

【油花－화】yóuhuā (~儿)명국·탕 등의 위에 뜨는 기름방울.

【油滑－활】yóu·huá 형빤질빤질하다. 교활하다. (反)〔正经 zhèngjīng〕

【油画－화】yóuhuà 명〈美〉유화.

*【油灰－회】yóuhuī 명〈化〉**1**떡밥. 빈틈을 메우는 데 씀. 퍼티(putty). **2**폐유 찌꺼기. 슬러지(sludge).

【油井－정】yóujǐng 명유정. 석유정.

【油锯－거】yóujù 명〈機〉기계톱.

【油矿－광】yóukuàng 명**1**석유층. **2**석유채굴장.

【油亮－량】yóuliàng 형반질반질하다.

*【油料－료】yóuliào 명식물유(植物油)의 원료.

【油料作物－료작물】yóuliào zuòwù 명유료 작물. 〔깨·콩·해바라기 따위〕

【油篓－루】yóulǒu 명대나무 바구니에 종이를 바르고 '桐 tóng 油(동유)'를 칠한 용기. 〔기름이나 술을 담는 데 쓰임〕

【油绿－록】yóulǜ 명〈色〉윤기나는 진한 초록.

【油轮－륜】yóulún 명유조선.

【油麦－맥】yóumài (同)〔莜 yóu 麦〕

【油毛毡－모전】yóumáozhān 명〈建〉루핑(roofing). 피륙에 아스팔트 가공을 하여 만든 방수지.

【油门－문】yóumén (~儿)명〈機〉드로틀(throttle). 통로의 면적을 변화시켜 흐르는 유체의 유량(流量)을 조절하는 판.

【油苗－묘】yóumiáo 명석유 노출면. 〔매장된 석유의 일부가 지표에 드러난 면〕

【油墨－묵】yóumò 명인쇄용 잉크.

【油泥－니】yóuní 명기름때.

【油腻－니】yóunì **1**형느끼하다. 기름기가 많다. ◇我不喜欢吃~的菜/난 느끼한 반찬은 싫다. (反)〔清淡 qīngdàn〕 **2**명기름진 식품.

【油皮－피】yóupí (~儿)명**1**〈方〉피부의 표피. **2**두부를 만들 때, 액체 상태의 콩을 굳히기 전에 표면에 뜨는 단백질막을 걷어내어 말린 것. (同)〔豆腐皮 dòu·fupí〕

*【油漆－칠】yóuqī **1**명(유성)페인트. **2**동〈方〉페인트를 칠하다. ◇把大门~一下/대문을 좀 칠하다.

【油气－기】yóuqì (同)〔油田伴生气 yóutián bànshēngqì〕

【油气田－기전】yóuqìtián 명석유와 천연가스를 동시에 생산하는 유전.

【油腔滑调－강활조】yóu qiāng huá diào〈成〉입에서 나오는 대로 경박하게 지껄이는 모양.

【油然－연】yóurán 형**1**생각이나 감정이 저절로 나오는 모양. **2**(구름 따위가) 뭉게뭉게 이는 모양.

【油石－석】yóushí 명기름 숫돌. 〔기름을 사용하여 연마함〕

【油饰－식】yóushì 동페인트를 칠해서 단장하다.

【油水－수】yóu·shui 명**1**(음식물의) 기름기. 지방분. **2**〈喩〉부당한 이익. 부수입. ◇他捞了不少~/그는 적잖은 부수입을 올렸어.

【油酥－수】yóusū 명밀가루 반죽 때 식용유를 넣어 튀긴 후 바삭바삭하게 한 후 발효시킨 패스트리(pastry) 비슷한 빵.

**【油田－전】yóutián 명유전.

【油田伴生气－전반생기】yóutián bànshēngqì 명천연 오일 가스(oil gas).

【油条－조】yóutiáo 명**1**밀가루를 개어 막대

기 모양으로 만들어 기름으로 튀긴 것.
〔주로 아침식사 때 먹음〕**2**〈喩〉(빤질이)
교활한 사람.

【油头粉面－두분면】yóu tóu fěn miàn〈成〉
기름 바른 머리와 분을 바른 얼굴.〈喩〉
(주로 남자의) 치장이 지나쳐 경망스럽
게〔경박하게〕보인다.

【油头滑脑－두활뇌】yóu tóu huá nǎo〈成〉
경박하고 빤질거리다.

【油汪汪－왕왕】yóuwāngwāng (～的)형**1**
기름기가 많다. 기름투성이다. **2**반들반들
하다. 반지르르하다. (同)〔油光 guāng〕

【油污－오】yóuwū 명기름 얼룩.

【油箱－상】yóuxiāng 명(비행기·자동차의)
연료 탱크.

【油香－향】yóu·xiang 명회교도의 식품의 한
가지. 〔밀가루를 개어 기름으로 튀긴 것〕

【油鞋－혜】yóuxié 명옛날. '桐油'(동유)를
칠한 비오는 날에 신는 신발.

【油性－성】yóuxìng 명유성.

【油压－압】yóuyā 명유압.

【油烟－연】yóuyān 명유연. 〔먹을 만드는
원료〕(同)〔油烟子·zi〕

【油印－인】yóuyìn 명통등사(하다).

【油炸鬼－작귀】yóuzháguǐ 명튀긴 음식으
로 길고 둥그런 모양. (同)〔油鬼〕

【油毡－전】yóuzhān 명〈建〉루핑(roofing).
섬유품에 아스팔트로 가공하여 만든 방
수지.

【油脂－지】yóuzhī 명유지.

【油脂麻花－지마화】yóu·zhi máhuā (～的)
〈俗〉온통 기름으로 얼룩진 모양.

【油纸－지】yóuzhǐ 명유지. 기름종이.

【油渍－지】yóuzì 명기름 얼룩.

【油子－자】yóu·zi 명**1**진. **2**〈方〉빤질빤질
한 사람. 능구렁이.

【油棕－종】yóuzōng 명〈植〉기름야자.

【油嘴－취】yóuzuǐ **1**통입이 까다. 〔말만
앞세워 입을 놀리다〕**2**명입이 깐 사람.
교활하게 말만 앞세우는 사람. **3**명스프
레이 노즐(rozzle).

【油嘴滑舌－취활설】yóu zuǐ huá shé〈成〉
입만 살아 있다. 입심 좋게 지껄이다.

【柚】木部│yóu
　　　5画│유자 유
⇒yòu

【柚木－목】yóumù 명〈植〉티크.

【铀·鈾】钅部│yóu
　　　　　5画│우라늄 유
명〈化〉우라늄.

【蚰】虫部│yóu
　　　5画│지차리 유

【蚰蜒－연】yóu·yán 명**1**〈動〉그리마. **2**
〈動〉〈方〉활유·토와·괄태충. (同)〔蜒蚰〕

【莜】艹部│yóu
　　　7画│부추 조

【莜麦－맥】yóumài 명〈植〉메밀.

【游】²,³,⁴**(遊)** 氵部│yóu
　　　　　　　　9画│놀 유

1통헤엄치다. ◇这条河太宽, 我～不过去/
이 강은 너무 넓어 내가 헤엄쳐 건널 수
없다. **2**통이리 저리 다니다. 놀다. ◇星
期天他们去～了一趟颐和园/일요일 그들
은 이화원에서 한 차례 노닐었다. **3**통
〈文〉왕래하다. **4**통이동하다. 자유롭게
움직이다. ◇～牧/유목하다. **5**명강(江)
의 한 부분. ◇上～/상류(上流). **6**(Yóu)
명성(姓).

【游伴－반】yóubàn 명여행의 길동무.

【游标－표】yóubiāo 명〈工〉유표. 커소르
(cursor).

【游标卡尺－표가척】yóubiāo kǎchǐ 명〈機〉
슬라이드 캘러퍼스(silde calipers).

【游程－정】yóuchéng 명**1**수영의 거리. **2**
여행의 노정(路程). **3**여행의 일정.

【游船－선】yóuchuán 명유람선.

【游荡－탕】yóudàng **1**통빈둥거리다. **2**통
할일 없이 돌아다니다. **3**통(물위를) 떠
돌다. 〔둥둥 뜨다〕

【游方－방】yóufāng 통행각(行脚)하다. 여
기저기 돌아다니다.

【游舫－방】yóufǎng (同)〔游船 chuán〕

【游逛－광】yóuguàng 통돌아다니며 구경
하다.

【游湖－호】yóu∥hú 통호수를 유람하다.

*【游击－격】yóujī **1**통유격(전을 하다).
게릴라(전을 하다). ◇他们同敌人打了三
年～/그들은 적군과 3년간 유격전을 벌
였다. **2**명〈體〉(야구의) 유격수. (同)〔游
击手〕

【游击队－격대】yóujīduì 명〈軍〉유격대.

【游击战－격전】yóujīzhàn 명〈軍〉유격전.

【游记－기】yóujì 명여행기.

【游街－가】yóu∥jiē **1**통죄인을 길거리에
조리돌리다. **2**통영웅적 인물이 거리를
행진하다. (同)〔游街 jiē〕가두 시위.

*【游客－객】yóukè 명관광객. 유람객. (同)
〔游人 rén〕

☆【游览－람】yóulǎn 명통관광(하다). ◇～
图/여행안내. ◇～车/관광차. ◇我们来北
京后, ～了很多名胜古迹/우리는 북경에
온 후 많은 명승고지를 관광했다. 回回游
览:参观 견학차로 보는 경우에는 "游览"
을 쓰지 않는다. ◇这次(×游览)参观博
物馆增长了很多知识/이번 박물관 구경으
로 많은 지식을 쌓았다.

【游廊－랑】yóuláng 명(여러 동의 건물을
연결한) 긴 복도.

【游乐―락】yóulè 통행락하다. 놀며 즐기다. ◇~场/놀이공원.

【游离―리】yóulí 1명동〈化〉유리(하다). 2통〈喩〉괴리되다. 동떨어지다.

【游历―력】yóulì 통먼 곳으로 여행가다.

【游民―민】yóumín 명빈둥빈둥 노는 사람.

【游民无产者―민무산자】yóumín wúchǎnzhě（同)[流氓 liúmáng 无产者]

【游牧―목】yóumù 명동유목(하다).

【游憩―게】yóuqì 명동〈文〉놀이와 휴식(을 취하다).

【游禽―금】yóuqín 명〈鳥〉(기러기·원앙 등) 물새.

*【游人―인】yóurén 명유람객. 관광객.

【游刃有余―인유여】yóu rèn yǒu yú〈成〉일처리가 자유자재다. 능수능란하다. 식은 죽 먹기. (同)[应付裕如 yìngfùyùrú], (反)[力不胜任 lìbùshèngrèn]

【游山玩水―산완수】yóu shān wán shuǐ〈成〉자연에 노닐다. 산수간에 즐기다.

【游手好闲―수호한】yóu shǒu hào xián〈成〉일하지 않고 놀고 먹다. (反)[吃苦耐劳 chīkǔnàiláo]

【游水―수】yóu// shuǐ 1통수영하다. 헤엄치다. 2(yóushuǐ)명수영. (同)[游泳]

【游说―세】yóushuì 통유세하다.

【游丝―사】yóusī 명1시계·정밀 게이지 등에 쓰이는 작은 용수철. 2공중에 내리걸린 거미줄.

【游艇―정】yóutǐng（同)[游船 chuán]

【游玩―완】yóuwán 동1놀이를 하다. (同)[游戏 xì] 2돌아다니며 놀다. (同)[游逛 guàng]

∗∗【游戏―희】yóuxì 1명놀이. 레크리에이션. 2통놀이를 하다. 장난치다. ◇孩子们在公园里~/아이들이 공원에서 놀고 있다. (同)[玩耍 wánshuǎ]

【游侠―협】yóuxiá 명(고대의) 협객.

【游仙诗―선시】yóuxiānshī 명유선시. 선경(仙境)을 묘사하여 개인의 이상을 기탁한 시가(詩歌).

【游乡―향】yóu// xiāng 동1(죄인 따위를) 조리돌리다. 2시골을 돌며 장사하다.

∗∗【游行―행】yóuxíng 1동정처없이 떠돌아다니다. 2동시위하다. 데모하다. 시가행진하다. ◇节日~/명절 행진. 2동示威~了三个多小时/시위 군중이 3시간 넘게 시위행진을 벌였다. 3명시위(행진). 데모. ◇示威~/시위 행진.

【游兴―흥】yóuxìng 명유흥. 놀이의 흥취. 행락기분.

【游学―학】yóuxué 명동유학(하다).

【游移―이】yóuyí 1동좌우로 흔들리다[이동하다]. 2명우물쭈물하다. 망설이다.

【游弋―익】yóuyì 동1(군함이) 순항하다. 2수중에서 노닐다.

【游艺―예】yóuyì 명연예. 오락.

【游艺会―예회】yóuyìhuì 명공연 한마당. 학예회.

★【游泳―영】yóuyǒng 1동수영하다. 2명수영. ◇他特别爱~, 有时一天游几回/그는 수영을 유난히 좋아하는데 때로는 하루에 몇 번씩이나 수영한다.

☆【游泳池―영지】yóuyǒngchí 명수영장. ◇在~游不过瘾, 星期天咱们俩去昆明湖吧/수영장에서는 마음껏 수영하지 못하니 우리 일요일에 곤명호로 수영하러 가자.

【游泳裤―영고】yóuyǒngkù 명수영 팬티.

【游勇―용】yóuyǒng 명뿔뿔이 흩어진 병사. (同)[散 sǎn 兵游勇]

【游园―원】yóuyuán 동(공원에서) 구경하다. 감상하다.

【游园会―원회】yóuyuánhuì 명원유회(園游會). 공원에서 개최되는 놀이마당.

【游资―자】yóuzī 명〈經〉(생산에 재투자하지 않는) 유휴 자본.

【游子―자】yóuzǐ 명〈文〉나그네. 방랑자. ⇒yóu·zi

【游子―자】yóu·zi（同)[圈子 yóu·zi]⇒yóuzǐ

【蝣】虫部│yóu
9画│하루살이 유
（同)[蜉 fú 游]

【蚰】虫部│yóu
9画│큰게 유
⇒qiú

【蚰蜒―모】yóumóu 명꽃게.

yǒu

【友】又部│yǒu
2画│벗 우
1명벗. 친구. ◇好~/좋은 친구. (反)[敌 dí 人] 2명친한 사람. 3형친하다. 사이가 좋다. 우호적이다.

∗∗【友爱―애】yǒu'ài 명동우애(하다). (同)[和睦 hémù], (反)[仇恨 chóuhèn]

【友邦―방】yǒubāng 명우방. (反)[敌国 díguó]

★【友好―호】yǒuhǎo 1명형절친한 친구. ◇他的生前~都来参加葬礼了/그의 생전의 절친한 친구들이 모두 장례식에 참석했다. (同)[好友 hǎoyǒu], (反)[仇敌 chóudí] 2명우호. [대부분 민족관계 또는 국가 관계를 가리킴] ◇~关系/우호 관계. ◇这种做法极不~/이런 방법은 매우 적대적이다. (同)[和睦 hémù], (反)[仇恨 chóuhèn]

【友军－군】yǒujūn 图우군.

＊【友情－정】yǒuqíng 图우정. 우의. ◇深厚的～/두터운 우정.

＊【友人－인】yǒurén 图벗. 친구. (同)〔朋péng友〕, (反)〔敌dí人〕

【友善－선】yǒushàn 圈〈文〉(친구간에) 사이가 좋다. (反)〔敌对 díduì〕

【友协－협】yǒuxié 图친선 협회.

★【友谊－의】yǒuyì 图우정. ◇建立～/우정을 쌓다. ◇～是不能用金钱来换取的/우정은 돈으로 바꿀 수 없다. 回교友谊:友好 "友谊"는 술어로 쓰이지 않는다. ◇他跟别人在一起的时候很(×友谊)友好/그가 다른사람과 있을 때는 매우 우호적이다.

【友谊赛－의새】yǒuyìsài 图친선 경기.

【友谊商店－의상점】yǒuyì shāngdiàn 图외국인 전용 상점.

★【有】月部 | yǒu
2画 | 있을 유

1图가지고 있다. 소유하다. ◇我～充分的时间搞科研/나는 과학연구를 할 수 있는 충분한 시간이 있다. ◇他没～我要的东西/그는 내가 원하는 것을 갖고 있지 않다. (反)〔没 méi〕 **2**图있다. 〔존재를 표시함〕 ◇屋里～人吗?/집안에 누구 계십니까? ◇还～许多工作要做/아직 할 일이 많이 있다. **3**图…만큼 되다. …만하다. 〔짐작이나 비교를 나타냄〕 ◇他～十岁了吧?/그가 열살쯤 되었겠지? ◇李小姐～她那么高/이양은 키가 그녀만큼 크다. **4**图생기다. 나타나다. 〔발생·출현을 나타냄〕 ◇北京～了很大变化/북경에 큰 변화가 나타났다. **5**图(많이) 있다. 많다. ◇～了年纪/나이가 많다. ◇～经验/경험이 풍부하다. **6**图불특정한 사람·날짜·사물 등을 나타내며, 용법은 "某"와 비슷함. ◇～一天, 他去美国了/어느 날 그는 미국으로 갔다. ◇～一段时间他很沉闷/한 동안 그는 시무룩했었다. **7**图사람·때·장소의 앞에 쓰여 부분적인 것을 나타냄. ◇～人性子急, ～人性子慢/어떤 사람은 성질이 급하고, 어떤 사람은 성질이 느긋하다. **8**图일부 동사의 앞에 쓰여 존경·겸양을 나타냄. ◇～请/부르십니다. ◇～劳/수고하셨습니다. **9**接头〈文〉어떤 조대(朝代) 이름 앞에 쓰는 접두사. ◇～夏/하나라. ◇～周/주 나라.

【有把握－파악】yǒu bǎwò 자신 있다. 확신이 있다. ◇她做白内障手术是很～的/그녀는 백내장 수술에 매우 자신이 있다. (反)〔没 méi 把握〕

【有板有眼－판유안】yǒu bǎn yǒu yǎn 〈成〉말이 논리 정연하다. 빈틈없다. (同)〔一板一眼 yī bǎn yī yǎn〕, (反)〔荒腔走板 huāng qiāng zǒu bǎn〕

【有备无患－비무환】yǒu bèi wú huàn 〈成〉유비 무환이다. 사전 준비가 있으면 우환이 없다.

【有本事－본사】yǒu běnshì 능력〔재능〕이 있다면. ◇～, 咱们来比赛!/능력이 있다면 우리 시합하자!

【有鼻子有眼儿－비자유안아】yǒu bí·zi yǒu yǎnr 이목구비가 다 있다. 〈喩〉꾸민 이야기가 진짜 같다. 그럴듯하다.

【有成－성】yǒuchéng 图성공하다. 완성하다. (反)〔无 wú 成〕

【有出息－출식】yǒu chū·xi 장래성이 있다. 싹수가 있다. ◇这孩子肯吃苦, 肯定～/이 아이가 고생도 마다하지 않으니 틀림없이 장래성이 있을 것이다.

＊【有待－대】yǒudài 图기대해야 하다. ◇这个问题～进一步研究/이 문제는 좀 더 두고 연구를 기다려야 한다.

【有得－득】yǒudé 图얻은 바가 있다. 터득한 바가 있다.

★【有的－적】yǒu·de 冏어떤 것. 어떤 사람. 〔대개 반복적으로 사용됨〕 ◇这些衣服, ～好看, ～不太好看/이 옷들 중에 어떤 것은 예쁘고 어떤 것은 예쁘지 않다. 回교有的:又 두 가지 상황이 한 데 겹쳐 있는 경우에는 "有的"를 쓰지 않는다. ◇我俩的关系, (×有的)又是朋友, (×有的)又是情人/우리 두 사람의 관계는 친구인 동시에 애인이다.

☆【有的是－적시】yǒu·de shì 얼마든지 있다. 많이 있다. ◇小姐, 这种衣服还有吗?-你放心, ～!/아가씨 이런 옷이 또 있습니까?-걱정마세요, 얼마든지 있어요!

【有的说－적설】yǒu de shuō 〈口〉**1**말할 나위가 있겠느냐. ◇무랄 게 있겠느냐. 〔반문의 어기로 "没 méi 的说①②"를 나타냄〕 ◇把自行车借我骑会儿, 行吗?-这还～吗?/자전거를 잠시 빌려주세요, 괜찮겠습니까?-여부가 있겠습니까? ◇你的手艺, 那还～吗?/너의 솜씨가 나무랄 게 있겠느냐. **2**할 말이 있다. ◇我们是正当防卫, 就是动了刀我也～/우리는 정당방위다. 칼을 휘둘렀어도 나도 할말이 있다. (反)〔没 méi 得说〕

【有底－저】yǒu//dǐ 图(일을 잘 알고 있어) 자신이 있다.

【有点－점】yǒudiǎn (～儿)**1**조금 있다. 〔수량이 많지 않거나 정도가 대단치 않음을 나타냄〕 ◇水壶里还～水/물 주전자에 아직 물이 조금 있다. **2**團조금. 약간. 〔대개 여의치 않은 일에 쓰이며 "稍微"와 연용함〕 ◇～不好意思/좀 미안하다 〔쑥스럽다〕. ◇对考试的成绩, 他稍微～不

满意/그는 시험성적에 다소 만족하지 않는다. **주의**"有(一)点儿"은 비교문에서 형용사술어를 수식할 수 없다. ◇北京的春天比埃及的冬天(×有点儿)更冷/북경의 봄은 이집트의 겨울보다 더 춥다.

【有点那个-점나각】yǒu diǎn nàge〈口〉좀 거시기하다. 좀 그렇다.〔사람이나 사물에 만족스럽지 못하나 상대에게 자극을 덜 주려고 할 때 쓰임〕◇他的作风~了/그의 태도가 좀 거시기하다. (同)〔太那个了 tài nàge le〕

【有方-방】yǒufāng〈형〉제법이다. 적절하다. ◇张老师教育学生~/장선생님은 학생들을 제대로 교육시킨다. (反)〔无 wú 方〕

☆【有关-관】yǒuguān〈동〉1관계가 있다. ◇这件事与他~/이 일은 그와 관계가 있다. (同)〔相干 xiānggān〕, (反)〔无关 wúguān〕2관련되다. 관계되다. ◇阅读~文件/관련 문서를 읽다. ◇~规定/관련 규정. (同)〔涉及 shèjí〕

【有光纸-광지】yǒuwāngzhǐ〈명〉유광지.

【有过之而无不及-과지이무불급】yǒu guò zhī ér wú bù jí〈成〉더하면 더했지 못하지는 않다. 그 이상이지 이하하는 아니다.〔부정적으로 쓰임〕

*【有害-해】yǒu//hài〈동〉해롭다. ◇吸烟~于健康/흡연은 건강에 해롭다. (反)〔有利 yǒulì〕

【有何贵干-하귀간】yǒu hé guì gàn 무슨 용무가〔불일이〕있으신가요? ◇年轻人, ~?/젊은이 무슨 용무라도 있어요?

【有恒-항】yǒuhéng〈동〉끈기 있다. (反)〔无 wú 恒〕

【有话好说-화호설】yǒu huà hǎoshuō (무슨 일이 있어도) 말로 하세요. ◇~, 不能动手/말로 하면 되지, 무력을 써서는 안 되죠.

【有会子-회자】yǒu huì·zi〈명〉〈口〉꽤 긴 시간.

**【有机-기】yǒujī〈형〉1〈化〉유기의. ◇~化学/유기 화학. 2유기적인.

【有机玻璃-기파리】yǒujī bō·lí〈명〉유기 유리.

【有机染料-기염료】yǒujī rǎnliào〈명〉〈化〉유기 안료.

【有机酸-기산】yǒujīsān〈명〉〈化〉유기산.

【有机体-기체】yǒujītǐ〈명〉유기체.

【有机物-기물】yǒujīzhìwù〈명〉〈化〉유기물. (同)〔有机化合 huàhé 物〕

【有机质-기질】yǒujīzhì〈명〉〈化〉유기질.

【有几个-기개】yǒu jǐ ge〈口〉몇이나 되느냐? 얼마나 되겠냐?〔반문의 용법으로 흔히 '没 méi几个'를 나타냄〕◇男子汉, ~不抽烟的?/사나이가 담배 안 피우는 사람이 몇이나 되?→〔没 méi 几个〕**주의**'个'

는 다른 양사로 교체 가능.

【有价证券-가증권】yǒujià zhèngquàn〈명〉〈經〉유가 증권.

【有讲究-강구】yǒu jiǎngjiu 중시하다. 중요하다. 신경쓰다.〔어떤 일을 할 때 주의해야 할 곳이 있다. 대체로 풍습 작업 등의 주의사항을 말함〕◇送礼时可以送什么, 不可以送什么, 就很~/선물을 할 때 어떤 것을 보낼 수 있고 어떤 것을 보낼 수 없는지 몹시 중요하다.

【有劲-경】yǒu//jìn (~儿)〈동〉1힘이 세다. (同)〔带 dài 劲〕, (反)〔没 méi 劲〕2흥미 있다. 재미 있다. ◇你觉着你活着~吗?/네가 느끼기엔 네가 사는 것이 재미있느니? (同)〔带 dài 劲〕, (反)〔没劲〕

【有旧-구】yǒujiù〈동〉〈文〉오랜 친분이 있다.

【有救-구】yǒu//jiù〈동〉치료될〔구제될〕가망이 있다.

【有看法-간법】yǒu kànfǎ 이견이 있다. 불만이 있다. ◇就连群众, 也会对我们有~/군중이라 할지라도 우리에게 불만이 있을 것이다.

【有空-공】yǒu kòng (~儿)틈〔짬, 겨를〕이 있다.

【有口皆碑-구개비】yǒu kǒu jiē bēi〈成〉칭송이 자자하다. (同)〔口碑载道 kǒu bēi zài dào〕, (反)〔怨声载道 yuàn shēng zài dào〕

【有口难分-구난분】yǒu kǒu nán fēn〈成〉변명할 길이 없다.

*【有口无心-구무심】yǒu kǒu wú xīn〈成〉말은 많지만 악의는 없다. ◇他是~, 你别见怪/그는 말은 많지만 악의는 없으니 개의치 마십시오.

【有赖-뢰】yǒulài〈동〉(…에) 달려 있다.

【有劳-로】yǒuláo〈동〉1…에 수고를 끼치다. 2〈套〉수고스럽겠습니다만.

【有了-료】yǒu le 1(갑자기 영감이나 좋은 발상이 날 때) 있다. 생각났다. ◇水? 嗯, ~, 我知道哪儿可以取水/물? 음, 있다. 어디가면 물을 구할 수 있을지 알았어. 2임신하다. 아기가 생기다.〔여자아이 임신했음을 완곡하게 표현함〕◇我跟她, 已经~/나와 그 사람은 이미 아이가 생겼어요.

【有理-리】yǒu//lǐ〈동〉일리가 있다. 도리〔이치〕에 맞다. (同)〔在 zài 理〕, (反)〔无 wú 理〕2(yǒulǐ)〈형〉〈數〉유리의.

【有理式-리식】yǒulǐshì〈명〉〈數〉유리식.

☆【有理数-리수】yǒulǐshù〈명〉〈數〉유리수.

☆【有力-력】yǒulì〈형〉강력하다. 강력하다. ◇他是本村一个强~的人物/그는 우리 마을에서 강력한 힘을 가진 인물이다. (反)〔无 wú 力〕

Y

☆【有利－리】 yǒulì 慟유리〔유익〕하다.

【有利可图－리가도】 yǒu lì kě tú 〈成〉돈벌이가 될 수 있다.

✻✻【有两下子－량하자】 yǒu liǎng xià·zi 〈口〉꽤 수완이 있다. 보통 실력이 아니다. ◇想不到你还真～/네가 이렇게 재간이 좋은 줄 생각지도 못했어. (同)〔有两手 shǒu〕

【有零－령】 yǒulíng 慟영이 있다. ◇三十～/삼십이다.

【有门儿－문아】 yǒu//ménr 慟〈口〉가망이 있다. 장래성이 있다.

★【有名－명】 yǒu//míng 慟유명하다. ◇～的跳水运动员/유명한 다이빙 선수. (同)〔著 zhù 名〕, (反)〔无 wú 名〕

【有名无实－명무실】 yǒu míng wú shí 〈成〉유명 무실하다. ◇那个委员会有～/이 위원회는 유명무실하다. (同)〔名不副实 míngbùfùshí〕, (反)〔名实相符 míngshíxiāngfú〕

【有目共睹－목공도】 yǒu mù gòng dǔ 〈成〉모든 사람이 똑똑히 알고 있다.

【有目共赏－목공상】 yǒu mù gòng shǎng 〈成〉보는 사람마다 칭찬하다.

【有奶便是娘－내편시낭】 yǒu nǎi biàn shì niáng 〈諺〉이익을 주는 사람이면 누구에게나 들러붙다. 〔지조가 없고 비열한 근성의 사람에게 씀〕

【有能耐－능내】 yǒu néngnài (同)〔有本事 yǒuběnshì〕

【有你的－니적】 yǒu nǐ de 〈口〉역시 너로구나. (넌) 대단하다. 1(상대방의 견해, 행동이) 훌륭하다고 생각하다. ◇真～, 你这家传的本领, 终于用上啦!/정말 대단하다, 네 집에 전수해 온 기술을 결국 써먹었어! 2상대방을 빈정대다. ◇真～!我才一天不在家, 你就把屋里弄成这样/역시 넌 대단해! 내가 하루 집에 없었다고 집을 이렇게 만들다니.

【有年－년】 yǒunián 〈文〉慟여러 해가 지나다. (同)〔熟 shú 年〕, (反)〔无 wú 年〕

【有盼儿－반아】 yǒu//pànr 慟〈方〉희망이 있다.

【有期徒刑－기도형】 yǒuqī túxíng 慟〈法〉유기 징역.

【有气无力－기무력】 yǒu qì wú lì 〈成〉맥이 없다. 원기가 없다. ◇～〔没精打采 mò jīng dǎ cǎi〕, (反)〔生龙活虎 shēng lóng huó hǔ〕

【有钱－전】 yǒu qián 돈이 (많이) 있다. ◇他很～/그는 돈이 아주 많다. (同)〔富 fù 有〕, (反)〔贫穷 pínqióng〕

【有钱能使鬼推磨－전능사귀퇴마】 yǒuqián néng shǐ guǐ tuīmò 〈諺〉돈만 있으면 귀신도 부릴 수 있다.

【有顷－경】 yǒuqǐng 慟〈文〉시간이 약간 지나다.

【有请－청】 yǒuqǐng 〈套〉모시라고 하셨습니다. 주로 주인이 손님을 만나려 할 때 하인이 손님에게 하는 말.

【有求必应－구필응】 yǒu qiú bì yìng 〈成〉요구대로 다 들어주다.

☆【有趣－취】 yǒuqù (～儿)慟재미있다. 흥미가 있다. ◇他觉得真～/그는 정말 재미있어 했다. (同)〔有味 yǒuwèi〕, (反)〔乏味 fáwèi〕

【有人－인】 yǒurén 慟누군가. 어떤 사람.

【有人家儿－인가아】 yǒu rénjiār 〈喩〉(여자가) 이미 약혼자가 있다.

【有日子－일자】 yǒu ri·zi 1오랫동안. 2날짜가 정해지다. 날짜를 정하다.

【有如－여】 yǒurú 마치 …와 같다. …와 비슷하다.

【有色金属－색금속】 yǒusè jīnshǔ 慟〈化〉비철금속.

【有色人种－색인종】 yǒusè rénzhǒng 慟유색 인종.

【有身子－신자】 yǒu//shēn·zi 慟임신하다.

【有什么－심마】 yǒu shénme 〈口〉뭐 별거냐. 〔반문의 어기로 '没什么'를 나타냄〕◇你是大学生, 那又～?/네가 대학생이라고, 그게 또 뭐 별거냐? ⇒〔没什么〕

【有什么大不了(的)－십마대불료(적)】 yǒu shénme dàbuliǎo(de) 〈口〉뭐가 그리 대단한가?〔반문의 어기로 '没什么大不了的)'를 나타냄〕◇你怎么还在意这个, ～?/아직도 이걸 신경쓰세요. 뭐가 그리 대단하다구요? (同)〔什么大不了的〕→〔没什么大不了(的)〕

【有什么关系－십마관계】 yǒu shénme guānxi (同)〔没 méi 关系〕

【有什么(好)说的－십마(호)설적】 yǒu shénme(hǎo) shuō de 〈口〉무슨 할 말이 있어요?〔반문의 어기로 '没什么(好)说的'를 강조함. 어기가 더욱 강경함〕◇我走我的, 你走你的～?/나는 나대로 가고 당신은 당신대로 가는데 무슨 할말이 있어요?

【有什么话说－십마화설】 yǒu shénme huà shuō 〈口〉1무슨 할 말이 더 있느냐? 〔반문의 어기로 상대에게 따지는 투로 쓰임〕◇喂, 你还～?/이봐, 아직 무슨 할 말이 더 있어? 2무슨 할 말이 더 있겠어요?〔반문의 어기로 논쟁할 가치가 없다고 불만을 표함〕◇你是大爷, 有权, 有势, 我还有～?/당신은 어르신네로 권력도 있고 세력이 있는데 내가 또 무슨 할 말이 있겠소?

【有什么了不得－십마료불득】 yǒu shénme liǎobu·dé (同)〔有什么了不起 qǐ〕

【有什么了不起－시마료불기】yǒu shénme
liǎo buqǐ 〈口〉뭐 별거냐? 뭐 대수냐?
뭐 대단하냐?〔반문의 용법으로 '没什么,
了不起①②'를 강조하다〕◇你不干, ～!
我找别人来干!/네가 하지 않으면 대수
냐! 내가 다른 사람을 불러 하면 된다.
◇比就比, 你们～/비교하려면 해 봐, 너
희가 뭐 별거냐!

【有什么…头－시마…두】yǒu shéme …tou
〈口〉뭐 …할 만한 게 있느냐?〔반문의
어기로 '没什么'…를 강조하다〕◇今天
的晚餐有什么吃头!/오늘 저녁식사는 뭐
먹을 만한 게 있어요!

【有什么相干－시마상간】yǒu shénme xiā-
nggān 〈口〉무슨 상관인가? ◇她的事跟
我～?/그녀의 일이 나와 무슨 상관이야?
(同)〔没关系 méiguānxi〕

【有什么要紧－시마요긴】yǒu shénme yàojǐn
뭐가 그리 중요하냐? 뭐가 대수냐? ◇受
一点罪～呢?/고생을 좀 하는게 뭐가 그
리 대수냐! →〔不 bù 要紧〕

【有什么意思－시마의사】yǒu shénme yìsi
〈口〉1무슨 소용있나. 무슨 가치가 있나.
◇还是死了吧, 活着～!/역시 죽는 게 낫
겠어. 살아서 무슨 소용있겠어요! 2뭐가
특별나냐. 뭐가 재미있나.〔반문의 어기
로 사람의 흥미를 끌지 못함을 강조〕◇
你请我们吃面, 这一!/네가 우리에게 국
수를 대접하는 게 뭐 그리 특별나냐!

【有神论－신론】yǒushénlùn 图〈哲〉유신론.

【有生力量－생력량】yǒushēng lì·liàng 1
(군대의) 병력과 마필. 2군대.

【有生以来－생이래】yǒushēng yǐlái 태어
나서 여태까지.

【有生之年－생지년】yǒu shēng zhī nián
살아있는 동안.

【有声片儿－성편아】yǒushēngpiānr (同)
〔有声片〕

【有声片－성편】yǒushēngpiàn 图〈摄〉〈口〉
사운드 필름.

*【有声有色－성유색】yǒushēng yǒusè 〈成〉
(연기·이야기가) 생생하다. 실감나다. ◇
他～地描述了自己所看到的情况/그는 실
감나게 자신이 본 상황을 묘사했다. (同)
〔绘声绘色 huì shēng huì sè〕, (反)〔平
铺直叙 píng pū zhí xù〕

☆【有时－시】yǒushí 경우에 따라서(는). 어떤
때(에는). ◇他～也画几幅画/그는 때로는
그림을 몇 폭 그린다. (同)〔有时候 hou〕

【有始无终－시무종】yǒu shǐ wú zhōng〈成〉
시작은 있으나 끝이 흐지부지되다. (同)〔有头无尾
yǒu tóu wú wěi〕, (反)〔有始有终 yǒu
shǐ yǒu zhōng〕

【有始有终－시유종】yǒu shǐ yǒu zhōng
〈成〉시종일관하다. 유종의미를 거두다.
(同)〔有头有尾 yǒu tóu yǒu wěi〕, (反)
〔有始无终 yǒu shǐ wú zhōng〕

【有事－사】yǒu shì 1일이 일어나다. 사고
가 나다. 변고가 생기다. 2일이 있다. 용
무가 있다.

【有恃无恐－시무공】yǒu shì wú kǒng 〈成〉
〈貶〉믿는 데가 있어 두려움을 모르다.
믿는 구석이 있다.

【有数－수】yǒushù 图수가 얼마 되지 않
다. 몇 안되다. ◇大学的一流教授这剩～
的几位了/대학의 일류 교수는 몇 명밖에
남지 않았다. →yǒu/shù(r)

【有数－수】yǒu// shù (～儿)图1성산(成算)
이 있다. 자신있다. ◇工作如何安排, 由谁
负责, 他都～/일을 어떻게 처리하고 누가
책임질지 그는 다 자신있다. 2〈喩〉알다.
◇你放心, 怎么做我心里～/마음 놓으세
요. 어떻게 해야하는지 저도 알고 있어요.

【有丝分裂－사분열】yǒusīfēnliè 图〈生〉유
사 분열.

【有司－사】yǒusī 图〈文〉관리. 벼슬아치.

【有所－소】yǒusuǒ 다소[어느 정도, 좀]…
하다.〔뒤에 동사나 형용사가 옴〕◇物价
～降低/물가가 다소 하락했다. ◇我对这
决议, ～保留/난 이 결의에 대해 다소 보
류하겠다. 비교有所:有 "有所"는 명사
또는 명사구조 앞에 쓰이지 않는다. ◇他
俩(×有所)有特殊化的思想/그들 두 사람
은 특권의식의 사고를 가지고 있다.

【有条不紊－조불문】yǒu tiáo bù wěn 〈成〉
조리[질서]정연하다. (同)〔有条有理 yǒ-
u tiáo yǒu lǐ〕, (反)〔手忙脚乱 shǒu má-
ng jiǎo luàn〕

【有头无尾－두무미】yǒu tóu wú wěi (同)
〔有始无终〕

【有头有脸－두유검】yǒu tóu yǒu liǎn (儿)
〈成〉명성과 권위가 있다. 안면이 알려져
잘 통하다.

【有头有尾－두유미】yǒu tóu yǒu wěi (同)
〔有始有终〕

【有完没完－완몰완】yǒu wán méi wán 끝
이 있냐, 없냐.〔반문어기로 자신의 언행
을 가로막는 것에 불만을 나타냄〕◇白
吃白喝多少回啦, 还～/공짜로 먹고 마신
것이 몇 번이냐 끝이 있을거냐?

【有望－망】yǒuwàng 图가능성이 있다. 희
망적이다. (反)〔无望 wúwàng〕

【有为－위】yǒuwéi 图장래성이 있다. 유능
하다.

【有我哪－아나】yǒu wǒ na 〈口〉내가 있
다. 내가 책임지겠다.〔어려움을 만나면
자신이 모든 것을 책임질테니 상대방에

Y

게 두려워말라는 말〕◇别怕, 有我哩, 他要进来, 我来对付/두려워하지 말아요. 내가 있으니까. 그가 만일 들어오면 내가 상대하겠소. 주의'哪'는 다른 어기사'哩', '呢' 등으로 교체가능.

【有…无…—…무…】yǒu…wú… 1…만 있고 …은 없다. ◇有名无实/유명무실하다. 2…했거나 …하지는 않는다. …할수록 …해진다. ◇有增无减/늘면 늘었지 줄지는 않는다. 3…이 있으면 …이 없다. ◇有备无患/사전에 준비가 있으면 걱정이 없다. 4있는 것 같기도 하고 없는 것 같기도 하다. ◇有意无意/아무 생각없이. 자기도 모르게.

【有喜】yǒu//xǐ 통〈口〉임신하다.

【有戏】yǒuxì 〈方〉희망이 있다.

【有隙可乘—극가승】yǒu xì kě chéng〈成〉탈[이용함] 틈이 있다.

∗∗【有限—한】yǒuxiàn 형1한계가 있다. ◇对情况了解～/상황에 대한 이해에 한계가 있다. (反)〔无 wú 限〕2수량이 많지 않다. 정도가 높지 않다. ◇我的文化水平～/나의 학력은 높지 않다.

【有限公司—한공사】yǒuxiàn gōngsī 명〈經〉유한회사.

【有线电报—선전보】yǒuxiàn diànbào 명유선 전보.

【有线电话—선전화】yǒuxiàn diànhuà 명유선 전화.

【有线广播—선광파】yǒuxiàn guǎngbō 명유선 방송.

☆【有效—효】yǒuxiào 형효능이 있다. 효과가 있다. ◇现在人们还找不到根治癌症的～方法/현대인은 아직도 암을 완치하는 효과적인 방법을 찾지 못했다. (反)〔无 wú 效〕비교有效:有力 논증을 부각시키는 경우에는 "有效"를 쓰지 않는다. ◇这一严重事故(×有效)有力地说明交通安全教育的重要性/이 대형사고는 교통 안전 교육의 중요성을 강력하게 시사해 준다.

【有效期—효기】yǒuxiàoqī 명유효기간.

★【有些—사】yǒuxiē 1일부(분). 어떤. ◇参加考试的学生, ～成绩不太好/시험 본 학생들 중 일부는 성적이 그다지 좋지 않다. 2조금 있다.〔수량이 많지 않은 것을 나타냄〕3부조금. 약간. ◇输了球, 他心里一难过/(구기)경기에서 졌기 때문에 그는 마음이 좀 괴롭다.

【有心—심】yǒuxīn 1통…할 마음[생각]이 있다. (同)〔有意 yì〕, (反)〔无 wú 心〕2부의도적으로. 일부러.

【有心人—심인】yǒuxīnrén 명뜻을 품은 사람. 포부있는 사람. ◇世上无难事, 只怕～/뜻 있는 사람은 세상에 어려울 것이

없다.

【有形—형】yǒuxíng 형유형의. (反)〔无 wú 形〕

【有形损耗—형손모】yǒuxíng sǔnhào 명〈經〉유형적 손해.

【有性生殖—성생식】yǒuxìng shēngzhí 명〈生〉유성 생식.

【有性杂交—성잡교】yǒuxìng zájiāo 명〈生〉유성 잡교.

【有幸—행】yǒuxìng 부〈文〉다행히도.

【有血有肉—혈유육】yǒu xuè yǒu ròu〈成〉(문학 작품 등의 묘사가) 박진감이 있다.

【有言在先—언재선】yǒu yán zài xiān〈成〉미리 말해두다.

【有眼不识泰山—안불식태산】yǒu yǎn bù shí Tài Shān〈成〉눈이 있어도 태산을 알아보지 못하다. 큰 사람을 알아보지 못하다.

【有眼无珠—안무주】yǒu yǎn wú zhū〈成〉판별력이 없다.

【有一搭没一搭—일탑몰일탑】yǒu yīdā méi yīdā 1억지로 화제를 찾아서 말을 걸다. 억지로 이말 저말을 하다. 2(있어도 그만 없어도 그만) 대수롭지 않다.

【有一得一—일득일】yǒu yī dé yī〈成〉더하지도 덜하지도 않고. 있는 그대로.

☆【有一点—일점】yǒuyīdiǎn (～儿)(同)〔有点〕

【有一天—일천】yǒu yī tiān 명어느 날. 언젠가. ◇我要的就是～能够站在讲台上讲课/내가 원하는 건 언젠가 강당에 서서 강의하는 것이다.

∗∗【有益—익】yǒuyì 형유익하다. 도움이 되다. ◇会谈对双方都～/회담은 양측에 다 유익하다. ◇做一个～于人民的人/나라에 도움이 되는 사람이 되자. (同)〔有利 lì〕, (反)〔无 wú 益〕

∗∗【有意—의】yǒuyì 1부일부러. 고의로. ◇这书是他～留给我们看的/이 책은 그가 일부러 우리에게 보라고 남긴 것이다. (同)〔故 gù 意〕2통…하고 싶다. ◇星期日, 他～去公园散散心/일요일 그는 공원에 바람을 쐬러 갈 생각이다. 3(남녀간에) 사랑하는 마음이 있다. ◇我对他～, 可一直没有机会表白/나는 그에게 마음이 있었지만 줄곧 표명할 기회가 없었다.

【有意识—의식】yǒu yì·shi 의식적이다. 계획적이다. (反)〔无意识 wúyìshí〕

★【有意思—의사】yǒu yì·si 1의미 심장하다. 의미가 있다. 2재미 있다. ◇这本小说很～, 你可以看看/이 소설은 재미있어. 볼만해. 3마음에 들다. ◇她对你～, 你没看出来?/그녀가 네가 마음에 들어하는 걸

넌 알아채지 못했니? **4**우습다. 웃긴다. 〔비꼬는 형식으로 상대방 또는 타인의 하는 행동이 싫거나 반감을 느낄 때 씀〕 완곡하게 풍자와 불만을 표현하는 말〕 ◇真～, 世上竟有这样的人/정말 우습군, 세상에 이런 사람이 다 있다니.

【有意无意-의무의】 yǒuyì wúyì 무심코. 아무 생각 없이.

☆【有用-용】 yǒu// yòng 통쓸모가 있다. 유용하다. ◇这本书对学英语的人很～/이 책은 영어를 배우는 사람에게 꽤 쓸모가 있다.

【有…有…一…유…유…】 yǒu…yǒu… **1**반대어나 상대어를 병렬시켜 그 양쪽을 모두 구비하고 있음을 나타냄. ◇有利有弊/이로운 점도 있고 해로운 점도 있다. **2**뜻이 같거나 비슷한 말 앞에 붙어서 강조의 뜻을 나타냄. ◇有条有理/조리가 있다.

【有余-여】 yǒuyú 통**1**남음이 있다. 여유가 있다. **2**…남짓하다.

【有缘-연】 yǒu// yuán 통인연이 있다. (反)〔无缘 wúyuán〕

【有则改之, 无则加勉 一즉개지, 무즉가면】 yǒu zé gǎi zhī, wú zé jiā miǎn 〈成〉(결점이) 있으면 고치고, 없으면 더욱 자신을 격려하다.

【有朝一日-조일일】 yǒu zhāo yī rì 〈成〉언젠가는. 어느 날엔가는.

【有着-착】 yǒu·zhe 통있다. 가지고 있다.

【有…这么…的吗一…저마…적마】 yǒu…zhème…dema 〈口〉…처럼 …하는 사람이 있느냐? 〔상대가 일하는 방식이 상식에서 벗어나 책망하고 꾸짖을 때 씀〕 ◇有你这么骑车的吗/당신처럼 자전거를 타는 사람이 어디 있어요? 커브를 돌아도 손짓을 안하다니. (同)〔哪有这么…的〕

【有枝添叶儿一지첨엽아】 yǒu zhī tiān yèr (同)〔添枝加 jiā 叶〕

【有志者事竟成一지자사경성】 yǒu zhì zhě shì jìng chéng 〈諺〉뜻 있는 사람의 일은 언젠가는 이루어진다.

【有志之士一지지사】 yǒu zhì zhī shì 〈成〉유지인사(有志人士). 뜻있는 선비.

【有种一종】 yǒuzhǒng 형〈喩〉용기가 있다. 담력이 있다. ◇你们中间有种的就站出来/너희들 중에서 담력이 있거든 나와봐.

【有助于一조어】 yǒuzhùyú …에 도움이 되다. …에 유용하다.

【铕·銪】 釒部 6画 yǒu 유로퓸 유
몡〈化〉유로퓸(Eu).

【酉】 酉部 0画 yǒu 지지 유
몡**1**유. 12지(十二支)의 열 번째. **2**유시.

〔오후 5시부터 7시까지의 시각〕. (同)〔酉时 shí〕

【莠】 艹部 7画 yǒu 추할 유
몡**1**〈植〉강아지풀. (同)〔狗 gǒu 尾草〕 **2**〈文〉〈喩〉좋은 사람[것]과 나쁜 사람[것]이 뒤섞여 있다.

【黝】 黑部 5画 yǒu 검푸를 유
형검푸르다.

【黝黯-암】 yǒu'àn 형어두컴컴하다.

【黝黑-흑】 yǒuhēi 형까무잡잡하다. 새까맣다.

yòu

★【又】 又部 0画 yòu 또 우
문**1**또. 다시. 〔과거에 했던 행위를 반복함을 나타냄〕 a)과거에 했던 동작이나 상황의 반복을 나타냄. ◇去年他来过中国, 今年~来了/작년에 그는 중국에 온 적이 있었는데 올해 또 왔다. b)V+了+又+V의 형식으로 바로 전에 했던 동작을 다시 진행을 나타냄. ◇老师讲了一遍~讲一遍, 他还是不懂/선생님은 설명하고 또 설명했지만 그는 여전히 이해하지 못했다. c)예상된 반복을 나타냄. 문말에 '了'가 옴. ◇明天~是星期三了/내일 또 수요일이다. d)一+양사+又+一+양사의 형식으로 과거의 여러 번 반복됨을 나타냄. ◇一天~一天, 不知等了多少天/하루 또 하루, 얼마나 오래 기다렸는지 모르겠다. 비교①又:再 미래의 동작의 반복을 나타내는 경우에는 "再"를 쓴다. ◇欢迎你有机会(×又)再到中国来/기회가 되면 당신이 중국에 다시 오는 걸 환영합니다. ②又:还 "又"는 이미 실현된 동작·행위에 쓰인다. 미래에 동작·행위의 반복에는 "还"를 써야 한다. ◇骑自行车很方便, 下次我还(×又)骑自行车来/자전거가 편리해 나는 다음 번에도 자전거를 타고 올 것이다. ③还:再 a)양자 모두 미래의 동작행위의 반복을 나타내지만 "还"는 화자의 주관인 것에 쓰이며, "再"는 객관인 것에 쓰임. ◇我希望明年还(×再)来中国学习/나는 내년에도 중국으로 공부하러 오고 싶다. ◇他不在没关系, 明天我再(×还)来/그가 없어도 괜찮다. 나는 내일 다시 올 것이다. b)"再"는 동량사나 시간보어와 같이 쓰이지만 "还"는 그렇지 못함. ◇我没听清楚, 请你再(×还)说一遍/분명히 못들었으니 다시 한 번 말해주세요. c)"再"는 동사중첩 앞에 쓰이지만 "还"는 쓸 수 없음. ◇我再(×还)

想想, 待会儿告诉你/내가 다시 생각 좀 해보고 조금 있다가 알려줄게. d)"还"는 조동사 앞에 위치해야 하며, "再"는 조동사 뒤에 위치해야 함. ◇我还(×再)想去一趟北京/나는 북경에 또 갔다오고 싶다. ◇明年我要再(×还)去一趟北京/나는 내년에 북경에 다시 갔다 와야 한다. e)만일 이미 실현된 동작이나 행위의 진행을 나타낼 때는 "还"를 쓰고 "再"를 쓰지 못한다. ◇都十二点了, 他还(×再)在学习/벌써 12시가 되었는데 그는 아직도 공부하고 있다. **2**또한. 동시에. 〔몇몇 동작이나 상태, 상황이 동시에 존재함을 나타냄〕 a)"又"가 뒷절에 쓰인다. ◇北京是中国的首都, ～是政治, 文化的中心/북경은 중국의 수도인 동시에 정치·문화중심을 갖는다. b)又+술어+又+술어의 구조를 갖는다. ◇～快～安全/빠르고 안전하다. c)형+而+又+형의 구조로 정도가 높음을 나타낸다. ◇这个世界上没有纯而～纯的东西/이 세상에는 100% 순수한 것은 없다. **3**이어서 일어나는 동작을 나타낸다. ◇他刚从粮店买了米, ～去菜店买菜/그는 막 골목상점에서 쌀을 사고 또 야채를 사러 야채가게에 갔다. **4**역전을 나타낸다. 〔'又' 앞에 '可', '可是', '但是', '却', '而' 등이 온다〕 ◇心里有很多话要说, 可是～说不出来/마음속에 말하고 싶은 말은 많지만 말이 안 나온다. **5**부정의 어조를 강화시킨다. ◇路～不远, 坐什么车!/길이 멀지도 않은데 무엇하러 차를 타! **6**…과〔와〕. 〔우수리수를 표시함〕 ◇一年～一个月/1년 하고 1개월. ◇五～二分之一/5와 2분의 1
【又及—급】yòují 圈추신(追伸).
【又来了—래료】yòu lái le 〈口〉또 시작이군. **1**상대방의 말에 동의하지 않음. ◇这不是你一个人回不回家的问题—你～/너 혼자서 집에 가고 안 가고 그런 문제가 아니냐—또 시작이군. **2**상대방의 말에 크게 반감을 느끼거나 혐오스럽게 생각함. ◇我小时候…—你～!/내가 어릴 적에는 …—또 시작이군.
【又是一回事—시일회사】yòu shì yī huí shì 〈口〉별개의 문제〔일〕. 〔이 일과 앞에 거론된 일과는 성질, 상황이 틀리다〕 ◇你能不能当演员～/네가 연기자가 될 수 있는지는 별개의 문제다. (同)〔两 liǎng 回事〕

Y

＊【幼】幺部 2画 어릴 유
1圈(나이가) 어리다. 〈轉〉(생각이나 행동이) 유치하다. ◇他年～无知, 请不要见怪/그는 나이가 어려서 철이 없어서 그

러니, 너무 얕잡게 생각하지 마십시오. **2**圈어린 아이. ◇尊老爱～/노인을 존경하고 어린아이를 아끼다.
【幼虫—충】yòuchóng 圈유충.
【幼儿—아】yòu'ér 圈유아.
【幼儿教育—아교육】yòu'ér jiàoyù 圈유아교육.
✻✻【幼儿园—아원】yòu'éryuán 圈유아원. 유치원.
【幼林—림】yòulín 圈조림(造林)한 지 얼마 되지 않은 숲.
【幼苗—묘】yòumiáo 圈새싹.
【幼年—년】yòunián 圈유년. 어린 시절. (同)〔童 tóng 年〕, (反)〔老迈 lǎomài〕
【幼体—체】yòutǐ 圈모체에서 막 분리된 생명체.
【幼小—소】yòuxiǎo 圈어리다. (同)〔幼稚 zhì〕, (反)〔老迈 lǎomài〕
✻✻【幼稚—치】yòuzhì 圈**1**나이가 어리다. ◇孩子～的心灵上留下了很深的伤痕/아이의 어린 가슴에 깊은 상처를 남겼다. **2**유치하다. 미숙하다. ◇你怎么会提出这么个～的问题/네가 어떻게 이런 유치한 문제를 제기할 수 있느냐. (反)〔老练 lǎoliàn〕
【幼稚病—치병】yòuzhìbìng 圈단순한 사고. 〔문제를 볼 때나 처리할 때 심층 분석을 하지 않는 사고〕
【幼稚园—치원】yòuzhìyuán 圈'幼儿园'의 구칭.
【幼株—주】yòuzhū〈植〉묘목.
【幼子—자】yòuzǐ 圈**1**어린 아이. **2**막내 아들.

【蚴】虫部 5画 땅벌 유
圈〈動〉촌충이나 흡혈충의 유충.

★【右】口部 2画 오른편 우
1圈오른쪽. ◇～前方有一座亭子/전방에 정자 하나가 있다. (反)〔左 zuǒ〕 **2**圈(옛날, 남쪽을 향하였을 때를 기준으로)서쪽. ◇山～/태행산(太行山) 서쪽 지방. 후에 산서(山西)를 가리키게 되었음. (反)〔左 zuǒ〕 **3**圈(지위가) 높다. 〔옛 사람들은 오른쪽을 왼쪽보다 귀하게 여겼음〕 ◇无出其～/그보다 나은 것이 없다. **4**圈〈文〉숭상하다. ◇～文/글을 숭상하다. **5**圈(정치·의식·학술상의) 우익이다. 보수적이다. 반동적이다. ◇他的思想太～了/그의 의식이 너무 우익이다. (反)〔左 zuǒ〕 **6**(同)〔佑 yòu〕
☆【右边—변】yòu·biān (～儿) 圈오른쪽.
【右面—면】yòu·miàn 圈오른쪽. 우측. (同)〔右边 biān〕, (反)〔左 zuǒ 面〕
【右派—파】yòupài 圈우익. 보수파. (反)〔左 zuǒ 派〕

【右傾-경】yòuqīng 〓우익의 보수적인. ◇~思想/보수적 사고.

【右傾机会主义-경기회주의】yòuqīng jīhuì zhǔyì 〓우익기회주의.

【右手-수】yòushǒu 〓오른손. (同)〔右首 shǒu〕

【右首-수】yòushǒu 〓오른쪽. 〔흔히 좌석에 대하여 씀〕(同)〔右手 shǒu〕

【右翼-익】yòuyì 〓1〈軍〉우익에 있는 부대. 2〈轉〉(학술·의식·정치 따위의) 우익. ‖ (反)〔左 zuǒ 翼〕

【佑(祐)】亻部 yòu 5画 도울 우
〓신불의 가호가 있다.

【囿】口部 yòu 6画 후원 유
〈文〉1〓(짐승을 기르는) 우리. 2〓사로잡히다. 구속되다. ◇~于成见/선입관에 사로잡히다.

*【诱·誘】讠部 yòu 7画 달랠 유
〓1이끌다. 유도해 주다. ◇循循善~/차근차근 유도해 주다. 2꾀다. 유인하다. ◇引~/꾀다. 유인하다.

【诱捕-포】yòubǔ 〓유인하여 체포하다.

【诱导-도】yòudǎo 1〓〓유도(하다). 2〓〈物〉유도. 감응. 3〓〈生〉유도.

【诱饵-이】yòu'ěr 〓〈文〉(꾀어 내는) 미끼.

【诱发-발】yòufā 〓〈文〉1유도 계발하다. 2(질병을) 유발하다.

【诱供-공】yòugòng 〓유도 심문하여 자백케 하다.

【诱拐-괴】yòuguǎi 〓〓유괴(하다).

*【诱惑-혹】yòuhuò 〓〓1유혹하다. ◇用黄色书刊~青少年/선정적인 서적으로 청소년을 유혹하다. 2매혹시키다.

【诱奸-간】yòujiān 〓(이성을) 유인하여 범하다.

【诱骗-편】yòupiàn 〓〓(꾀어서) 사기(치다).

【诱人-인】yòurén 1〓사람을 꾀다〔호리다〕. 2〓매력적이다. ◇她身上散发出~的香水味儿/그 여자 몸에서 사람을 매혹시키는 향수 냄새가 풍긴다.

【诱杀-살】yòushā 〓유인하여 살해하다.

【诱降-강】yòuxiáng 〓항복권고를 하다.

【诱胁-협】yòuxié 〓〈文〉유혹 협박하다.

【诱掖-액】yòuyè 〓〈文〉이끌어서 바로 잡아 주다. 잘되게 지도하다.

【诱因-인】yòuyīn 〓유인. 〔대개 병을 유발하는 원인을 가리킴〕

【诱致-치】yòuzhì 〓〈文〉(나쁜 결과를) 빚어내다. 초래하다.

【柚】木部 yòu 5画 유자 유

〓〈植〉유자(나무). ⇒yóu

【釉】5画 물건 빛날 유

【釉质-질】yòuzhì 〓〈生理〉(치아의) 에나멜질.

【釉子-자】yòu·zi 〓유약(釉藥).

【鼬】鼠部 yòu 5画 족제비 유

〓〈動〉족제비와 동물의 총칭.

迂 1211	吁 1211	纡 1212	於 1212	淤 1212
与 1212	欤 1212	于 1212	盂 1212	竽 1212
予 1212	余 1212	馀 1213	谀 1213	腴 1213
鱼 1213	渔 1214	俞 1214	渝 1214	逾 1214
逾 1215	揄 1215	瑜 1215	榆 1215	隅 1215
喁 1215	愚 1215	娱 1215	虞 1215	舆 1215
与 1215	屿 1216	予 1216	伛 1216	宇 1216
羽 1216	雨 1216	禹 1217	语 1217	瘐 1217
龉 1217	与 1217	驭 1218	玉 1218	芋 1218
吁 1218	浴 1218	欲 1218	裕 1219	郁 1219
育 1219	谕 1219	喻 1219	愈 1219	狱 1219
昱 1220	煜 1220	域 1220	预 1220	豫 1220
尉 1221	熨 1221	寓 1221	遇 1221	御 1221
鬻 1221	鹬 1221	誉 1221		

yū

【迂】辶部 yū 3画 굽을 우
〓1굽다. 구부러지다. 에돌다. ◇~回过去/우회해서 가다. 2(언행·견해가) 케케묵다. 진부하다. ◇这人~得很/이 사람은 정말 고리타분하다.

【迂夫子-부자】yūfūzǐ 〓세상 물정에 어두운 선비.

【迂腐-부】yūfǔ 〓〈文〉(언동이) 시대에 뒤지다. 진부하다.

【迂缓-완】yūhuǎn 〓〈文〉(행동이) 느리다. 더디다. 굼뜨다.

【迂回-회】yūhuí 〓1우회하다. 에돌다. 비교迂回:绕道 직통 노선으로 가지 않고 다른 노선으로 가는 경우에는 "迂回"를 쓰지 않는다. ◇以前，从首鸟尔〔汉城〕到北京要(×迂回)绕道香港才行/예전에 서울에서 북경까지 가려면 홍콩으로 우회해서 가야만 했다. 2〈軍〉우회하다. 적의 측면이나 후면을 포위하다.

【迂阔-활】yūkuò 〓〈文〉(언행이) 현실과 동떨어지다. 세상 물정에 어둡다.

【迂曲-곡】yūqū 〓〈文〉꾸불꾸불하다.

【迂拙-졸】yūzhuō 〓어리석고 막히다.

【吁】口部 yū 3画 탄식할 우
〓워워. 〔짐승을 부리는 소리〕⇒yù

【纡·紆】纟部 3画 | yū 얽힐 우

[형]1구부러지다. ◇萦～/감돌다. 맴돌다. 2〈文〉매다.

【纡回―회】yūhuí (同)〔迂 yū 回〕

【纡徐―서】yūxú 〈文〉완만한 모양.

【於】方部 4画 | Yū 어조사 어

[명]성(姓). ⇒yú '于'

【淤(瘀)】氵部 8画 | yū 진흙 어

1[동]모래나 감탕이 가라앉아 쌓이다. 2흙탕으로 침적된. ◇～地/흙탕. 3[명]흙탕. 감탕. 시내나 도랑에 충적된 진흙. ◇河～/강밑바닥에 쌓인 진흙. 4[동]피가 맺히다. 5〈方〉[동]액체가 끓어 넘치다. ◇米汤～了/죽이 끓어 넘쳤다.

【淤灌―관】yūguàn [동]〈農〉(큰물이 진 뒤) 흙탕물을 논밭에 대다. 〔토지를 비옥하게 하기 위함〕

【淤积―적】yūjī [동]〈文〉진흙이 가라앉아 쌓이다. 토사가 침적하다.

【淤泥―니】yūní [명](강·댐 등에서) 쌓인 진흙.

【淤塞―색】yūsè [동](수로나 수채 따위가) 진흙으로 막히다.

【淤血―혈】yūxuè 〈中醫〉1[명]어혈. 2(yū∥xuè)[동]어혈이 지다.

【淤滞―체】yūzhì [동]〈文〉진흙·모래가 쌓여 수로의 흐름이 막히다.

yú

【与·與】一部 2画 | yú 더불 여

'欤yú'와 통용. ⇒yǔ, yù

【欤·歟】欠部 3画 | yú 어조사 여

[조]〈文〉1문미(文尾)에 쓰여 의문·반문(反问)·감탄을 나타내는 어기 조사(语气助词). 〔용법은 "吗" 또는 "呢"에 해당함〕 ◇呜呼, 是谁之咎～?/오호라, 누구의 허물이란 말인가? 2감탄사. 〔"啊"와 같음〕

☆【于(1~2於)】一部 2画 | 二部 1画 | yú 어조사 어

1[개]a)…에. …에서. 〔장소나 시간을 나타냄〕 ◇她生～1949年/그녀는 1949년에 태어났다. ◇黄河发源～青海/황하는 청해에서 발원된다. (同)〔在 zài〕 b)…에. …에게. 〔방향이나 대상을 나타냄〕 ◇求救～人/다른 사람에게 구원을 청하다. (同)〔向 xiàng〕 c)…에. …에게. 〔동작의 방향을 나타냄〕 ◇投身～祖国的建设事业/조국의 건설사업에 헌신하다. ◇嫁祸～人/죄를 남에게 전가시키다. (同)〔给 gěi〕 d)…에. …에게. 〔동작의 대상을 나타냄〕 ◇要做一个有益～人民的人/사람들에게 도움이 되는 사람이 되어야 한다. (同)〔对 duì〕 e)…부터. …에서. 〔원인·이유·근거를 표시함〕 ◇青出～蓝/청출어람. (同)〔自 zì〕 f)…보다 (더). 〔비교를 나타냄〕 ◇今天下午种树, 每个人不能少～三棵/오늘 오후 나무를 심는데 모든 사람은 세 그루보다 적으면 안된다. g)…에게 (…되다). 〔동사 뒤에 붙어 피동을 나타냄〕 ◇韩国队以一比三负～墨西哥队/한국팀이 멕시코팀에게 3:1로 졌다. 2[개]a)…에. 〔동사 뒤에 쓰임〕 ◇合～/…에 맞다. b)…(하)에 〔형용사 뒤에 쓰임〕 ◇易～了解/이해하기 쉽다. 3(Yú)[명]성(姓). ⇒yū

【于今―금】yújīn 1지금까지. 현재까지. 2오늘 날. 지금.

【于思―사】yúsāi [형]〈文〉수염이 텁수룩하다.

☆【于是―시】yúshì [접]그래서. 그리하여. 이렇게 하여. ◇大家一鼓励, 我～恢复了信心/모두들의 격려에 나는 자신감을 되찾았다. [비교]于是:而且 문접속사로서 앞절보다 한층 심화되는 상황을 나타낼 때는 "于是"를 쓰지 않는다. ◇他有一天来到海边, (×于是)而且游了泳/그가 어느 날 해변에 왔었고 수영도 했다.

【盂】皿部 3画 | yú 밥그릇 우

[명](～儿)아가리가 넓고 운두가 낮은 그릇. ◇水～/물그릇.

【盂兰盆会―란분회】yúlánpénhuì [명]〈佛〉우란분(범 yllambana).

【竽】竹部 3画 | yú 큰 생황 우

[명]〈文〉생황(笙簧) 비슷한 옛날의 악기.

【予】乙部 3画 | yú 나 여

[대]〈文〉나. ⇒yǔ

【予取予求―취여구】yú qǔ yú qiú 〈成〉나에게서 취하고 나에게서 구하다. 멋대로 가져가다.

⁑【余·餘】人部 5画 | yú 남을 여

1[대]나. 2[동]남기다. 남다. ◇饭菜～得不多/반찬이 많이 남지 않았다. 3…여〔남짓〕. ◇这小伙子看上去二十有～/이 청년은 보기에 20살 남짓 돼 보인다. 4정식〔정규〕 이외의 (것). ◇业～/아마추어. 5…한 나머지〔뒤〕. ◇工作之～/일을 하고 남는 시간. 6(Yú)[명]성(姓).

【余波―파】yúbō [명]여파.

【余存－존】yúcún 명잔액. 잔고.
【余党－당】yúdǎng 명잔당.
【余地－지】yúdì 명여지.
【余毒－독】yúdú 명(의식·영향 등의) 여독.
【余额－액】yú'é 명1결욕. 2(장부상의) 잔액. 잔고.
【余风－풍】yúfēng 명유풍(遺風).
【余割－할】yúgē 명〈數〉코시컨트(cocecant).
【余晖－휘】yúhuī 명석양(夕陽). (同)〔夕晖 xī〕, (反)〔朝 cháo 晖〕
【余悸－계】yújì 명사후에도 남아있는 공포.
【余烬－신】yújìn 명1타다 남은 재. 중도까지 타다가 만 것. 2〈喻〉전쟁 후의 잿더미.
【余力－력】yúlì 명여력. 남은 힘.
【余利－리】yúlì 명이윤. 잉여금. 순익.
【余沥－력】yúlì 명〈文〉마시다 남은 술. (나눠서 받은) 이익의 일부.
【余粮－량】yúliáng 명여유 식량.
【余孽－얼】yúniè 명잔당. 잔여 세력.
【余切－절】yúqiē 명〈數〉코탄젠트(cotangent).
【余缺－결】yúquē 명여유[잉여]와 결핍. 과부족. ◇调剂~/과부족을 조절하다.
【余生－생】yúshēng 명1여생. 만년. 2(대재난에서) 요행히 살아 남은 목숨.
【余剩－잉】yúshèng 명잉여.
【余数－수】yúshù 명〈數〉(뺄셈이나 나눗셈의) 나머지.
【余外－외】yúwài 명〈方〉그외. 그 나머지.
【余威－위】yúwēi 명남아 있는 위력. 여세.
【余味－미】yúwèi 명뒷맛. 여운. ◇她那美妙的歌声, 令人~无穷/그녀의 아름다운 노래 소리가 여운이 계속 감돈다.
【余暇－가】yúxiá 명여가. (同)〔空 kōng 暇〕, (反)〔忙时 mángshí〕
【余下－하】yúxià 동남기다. 남다.
【余弦－현】yúxián 명〈數〉코사인(cosine).
【余兴－흥】yúxìng 명1여흥. 아직 다하지 않은 흥취. 2여흥. 연회나 회의 끝에 흥을 더하기 위하여 하는 공연.
【余音－음】yúyīn 명여음.
【余音绕梁－음요량】yú yīn rào liáng 〈成〉노랫소리의 아름다운 여운이 귓전에서 맴돌다.
【余勇可贾－용가고】yú yǒng kě gǔ 〈成〉아직도 혈기 왕성하다. 아직도 여력이 있다.
【余裕－유】yúyù 명형충분 (하다). 여유(가 있다).
【余韵－운】yúyùn 명여운.
【余震－진】yúzhèn 명〈地質〉여진.

【徐·餘】 亻部 yú
7画 남을 여
1⇒〔余 2〕2(Yú) 명성(姓).

【谀·諛】 讠部 yú
8画 아첨할 유
동〈文〉아첨하다. 아부하다. ◇阿 ē ~/아첨하다.
【谀辞－사】yúcí 명아첨하는 말. 알랑거리는 말.

【腴】 月部 yú
8画 기름질 유
형1(사람이)살지다. ◇丰~/포동포동하다. 2비옥하다. ◇膏~/(땅이) 기름지다.

★【鱼·魚】 鱼部 yú
0画 생선 어
명1물고기. 2(Yú)성(姓).
【鱼白－백】yúbái 명1어백. 물고기의 이리. 2청백색. 물고기의 배 색깔. (同)〔鱼鳔 biāo〕
【鱼鳔－표】yúbiāo 명(물고기의) 부레. 〔아교를 만드는 데 쓰임〕
【鱼翅－시】yúchì 명상어 지느러미.
【鱼唇－순】yúchún 명상어의 입주변의 부드러운 부분. 〔요리의 재료〕
【鱼刺－자】yúcì 명생선 가시. 물고기의 잔뼈.
【鱼肚－두】yúdǔ 명1(물고기의) 부레. 2부레풀. 아이징글라스.
【鱼肚白－두백】yúdùbái (同)〔鱼白 bái〕
【鱼饵－이】yú'ěr 명미끼. 낚싯밥.
【鱼粉－분】yúfěn 명어분. 피시 밀. (fish meel) 〔사료로 쓰임〕
【鱼肝油－간유】yúgānyóu 명〈藥〉간유.
【鱼鼓－고】yúgǔ 1(同)〔渔 yú 鼓〕 2명〈佛〉목어.
【鱼鼓道情－고도정】yúgǔ dàoqíng (同)〔道情〕
【鱼贯－관】yúguàn 동(한 줄로 줄지어 헤엄치는 물고기처럼) 쭉 이어지다. 줄줄이 늘어서다. ◇~人场/줄지어 입장한다.
【鱼花－화】yúhuā (同)〔鱼苗 miáo〕
【鱼胶－교】yújiāo 명1부레풀. 어교. 2〈方〉(물고기의) 부레.
【鱼具－구】yújù 명고기잡이 도구.
【鱼雷－뢰】yúléi 명〈軍〉어뢰.
【鱼雷快艇－뢰쾌정】yúléikuàitǐng 명〈軍〉고속 어뢰정.
【鱼鳞－린】yúlín 명물고기의 비늘.
【鱼鳞坑－린갱】yúlínkēng 명나무를 심기 위하여 고기 비늘 모양으로 산비탈에 촘촘히 판 구덩이.
【鱼龙混杂－룡혼잡】yú lóng hùn zá 〈成〉악한 사람과 착한 사람이 함께 뒤섞여 있다. 옥석혼효.
【鱼米之乡－미지향】yú mǐ zhī xiāng 〈成〉살기 좋은 땅. (反)〔穷山恶水 qióng shān è shuǐ〕

【鱼苗－묘】yúmiáo 圏치어(稚魚).

【鱼目混珠－목혼주】yú mù hùn zhū〈成〉가짜로 속이다.

【鱼片－편】yúpiàn（～儿）圏1생선을 썬 조각. 2생선회.

【鱼漂－표】yúpiāo（～儿）圏낚시찌.

【鱼肉－육】yúròu 1圏물고기의 살. 어육. 2통마구 짓밟다. ◇～百姓/백성들을 마구 짓밟다.

【鱼水－수】yúshuǐ 圏물과 물고기.〈喩〉물과 물고기처럼 불가분한 관계.

【鱼水情－수정】yúshuǐqíng 圏（물고기와 물처럼）뗄래야 뗄 수 없는 정.

【鱼死网破－사망파】yú sǐ wǎng pò〈成〉〈喩〉싸우던 양측이 함께 멸망하다.

【鱼松－송】yúsōng 圏생선을 가공하여 솜처럼 만든 식품.

【鱼摊－탄】yútān 圏생선 노점.

【鱼塘－당】yútáng 圏1잡은 물고기를 넣어 두는 작은 못. 2양어장.

【鱼网－망】yúwǎng 圏어망.

【鱼鲜－선】yúxiān 圏（물고기·새우·조개 따위의）수산물.

【鱼汛－신】yúxùn 圏어기(魚期). (同)〔渔 yú 汛〕

【鱼雁－안】yúyàn 圏〈文〉편지. 서신.

【鱼秧子－앙자】yúyāng·zi 圏치어(稚魚).

【鱼鹰－응】yúyīng〈鳥〉1물수리의 통칭. (同)〔鹗 è〕2가마우지의 통칭.

【鱼游釜中－유부중】yú yóu fǔ zhōng〈成〉물고기가 가마솥 안에 헤엄치다. 위험이 눈앞에 닥치다.

【鱼子－자】yúzǐ 圏물고기 알.

【渔·漁】氵部│yú
8画│고기잡을 어
통1물고기를 잡다. 2부당하게 이익을 취하다. 잇속을 채우다.

【渔霸－패】yúbà 圏악질 선주.

【渔产－산】yúchǎn 圏1수산물. 2어업생산.

【渔场－장】yúchǎng 圏어장.

【渔船－선】yúchuán 圏어선.

【渔夫－부】yúfū 圏〈文〉뱃사람. 어부.

【渔港－항】yúgǎng 圏어항. (항구)

【渔歌－가】yúgē 圏뱃사람의 노래.

【渔鼓－고】yúgǔ 圏타악기의 하나. 한쪽에 얇은 가죽을 씌운 죽통. 민간 악기로 손으로 침. ‘道情’의 주요 반주 악기. (同)〔道情 dàoqíng〕

【渔鼓道情－고도정】yúgǔ dàoqíng (同)〔道情〕

【渔火－화】yúhuǒ 圏고기잡이배에 켜는 등불이나 횃불.

【渔具－구】yújù 圏어구. (同)〔鱼 yú 具〕

【渔捞－로】yúlāo 통어로(하다).

【渔利－리】yúlì 1圏부당한 이익을 꾀하다. 2圏부당한 수단으로 얻은 이익. 어부지리.

【渔猎－렵】yúliè〈文〉1圏고기잡이와 사냥. 어업과 수렵. 2통약탈하다. 3통탐내다. ◇～女色/여자를 염탐하다.

【渔轮－륜】yúlún 圏어선.

＊＊【渔民－민】yúmín 圏어민.

【渔人之利－인지리】yú rén zhī lì〈成〉양편이 싸우고 있는 틈을 타서 제삼자가 이득을 보다. 어부지리.

【渔网－망】yúwǎng (同)〔鱼 yú 网〕

【渔翁－옹】yúwēng 圏늙은 어부.

【渔汛－신】yúxùn (同)〔鱼 yú 汛〕

＊【渔业－업】yúyè 圏어업.

【俞】人部│yú
7画│대답할 유
1圏〈文〉예. 2허락을 나타냄. 3(Yú)圏성 (姓). ⇒shù, ‘腧’yú

【俞允－윤】yúyǔn 圏〈文〉허락(하다). 윤허(하다). (同)〔允许 xǔ〕

【渝】氵部│yú
9画│변할 유
1圏（감정이나 태도가）변하다. ◇始终不～/시종 일관하다. 2(Yú)圏〈地〉四川省의 중경(重慶)의 다른 이름.

【愉】忄部│yú
9画│기쁠 유
圏유쾌하다. 즐겁다. (同)〔悦 yuè〕, (反)〔忧 yōu〕

★【愉快－쾌】yúkuài 圏기분이 좋다. 기쁘다. 즐겁다. 유쾌하다. ◇暑假她过得十分～/여름방학 때 그녀는 무척 즐겁게 지냈다. (同)〔快乐 lè〕, (反)〔忧愁 yōuchóu〕 |비교| 愉快：高兴：好：乐意 ①“愉快”뒤에 “得很” 등 소수의 보어를 제외하고는 보어를 갖지 않는다. ◇他（×愉快）高兴得手舞足蹈起来了/그는 기뻐서 손발이 춤을 출 정도였다. ②“愉快”는 문어투에 주로 쓰이고 “高兴”은 구어체에 주로 쓰인다. “愉快”는 자신 또는 제3자가 즐거운 감정을 마음속에 담는 데 초점이 있지만 “高兴”은 표출하는 데에 초점이 있다. ◇你来玩，我们全家都很（×愉快）高兴/네가 놀러오니 우리 식구가 모두 반가워했다. ③기꺼이 무엇을 하다는 표현에는 “愉快”를 쓰지 않는다. ◇他就是（×愉快）高兴看电影，而对听音乐会不感兴趣/그는 영화구경을 기꺼이 가지만 음악회에 가는 것에는 흥미가 없다. ④“心情”은 “高兴”으로 형용하지 않는다. ◇我的心情十分（×高兴）愉快/나의 마음은 몹시 기쁘다. ⑤기꺼이 원하는 경우에는 “愉快”를 쓰지 않는다. ◇我们一般很（×愉快）乐意上历史课/우리는 대개 역사시간을 아주

싫어한다.

【愉悦―열】yúyuè 1휑기뻐하다. 2휑유열. 기쁨.

【逾(踰)】 辶部 9画 갈 유 yú

1휑넘다. 뛰어넘다. ◇这位老人已年七十/이 노인은 이미 일흔을 넘으셨다. 2흮더욱. 더. 한층 더욱. ◇~甚/더 심해지다.

【逾常―상】yúcháng 图〈文〉보통을 넘다.
【逾分―분】yúfèn 图분수에 넘치다.
【逾期―기】yú//qī 图정한 기한[기일]을 넘기다. (反)〔按 àn 期〕
【逾越―월】yúyuè 图뛰어넘다. 초과하다.

【揄】 扌部 9画 이끌 유 yú

〈文〉图1끌다. 잡아 당기다. 2제기하다.
【揄扬―양】yúyáng 图〈文〉칭찬하다.

【瑜】 王部 9画 옥 유 yú

图〈文〉1아름다운 옥(玉). 2옥의 광채〔빛〕. 〈喩〉뛰어난 점. 장점. ◇瑕~互见/단점도 있고 장점도 있다. (同)〔长 cháng〕, (反)〔瑕 xiá〕
【瑜伽―가】yújiā 图요가(Yoga).

【榆】 木部 9画 느릅나무 유 yú

图〈植〉느릅나무.
【榆荚―협】yújiá 图〈植〉느릅나무 열매.
【榆钱―전】yú·qián 图〈植〉〈口〉느릅나무의 열매. 〔둥글고 작아 동전 비슷하게 생겼음〕
＊【榆树―수】yúshù 图〈植〉느릅나무.

【隅】 阝部 9画 모 우 yú

图1구석. 모퉁이. ◇墙~/담 모퉁이. 2변두리. 근처. 가. ◇海~/바닷가.

【喁】 口部 9画 입 우 yú

图〈文〉서로 어울려 조화하는 소리.
【喁喁―옹】yúyú 图〈文〉1소리에 따라 맞추다. 2속삭이다.

【愚】 心部 9画 어둘 우 yú

1휑어리석다. 미련하다. ◇~人/바보. (同)〔笨 bèn〕 2图우롱하다. 바보 취급하다. ◇为人所~/사람들에게 우롱당하다. 3떼〈謙〉저. 제. 〔자기의 겸칭〕
【愚笨―분】yúbèn 휑어리석다. 우둔하다.
【愚不可及―불가급】yú bù kě jí〈成〉어리석기 짝이 없다.
【愚痴―치】yúchī 휑우둔하고 미련하다. (同)〔愚蠢 chǔn〕, (反)〔聪明 cōngmíng〕
＊＊【愚蠢―준】yúchǔn 휑어리석다. 우둔하다. ◇头脑~/머리가 나쁘다. ◇~得厉害/아

주 미련하다.
【愚公移山―공이산】yú gōng yí shān〈成〉어떠한 곤란도 굳센 의지로 계속 밀고 나가면 극복할 수 있다.
【愚陋―루】yúlòu 휑〈文〉어리석다. 아는 게 보잘 것 없다.
【愚鲁―로】yúlǔ 휑어리석다.
＊【愚昧―매】yúmèi 휑우매하다. ◇~落后/우매하고 낙후하다. (同)〔愚蒙 méng〕, (反)〔开化 kāihuà〕
【愚氓―맹】yúméng 图어리석은 사람.
【愚蒙―몽】yúméng (同)〔愚昧 mèi〕
【愚民政策―민정책】yúmín zhèngcè 图〈政〉우민 정책.
【愚弄―롱】yúnòng 图우롱하다. 얕보다.
【愚懦―나】yúnuò 휑미련하고 겁이 많다.
【愚顽―완】yúwán 휑어리석고 고집세다.
【愚妄―망】yúwàng 휑우매하고 건방지다.
【愚拙―졸】yúzhuō 휑멍청하다. (同)〔愚笨 bèn〕

【娱(娛)】 女部 7画 기쁠 오 yú

1휑즐겁게 하다. 즐기다. 2图오락. 즐거움. ◇欢~/즐거워하다.
＊＊【娱乐―락】yúlè 图오락. 즐거움. ◇~场所/오락장소.

【虞(虞)】 虍部 7画 염려할 우 yú

1图예상하다. 2图걱정(하다). 근심(하다). 3图속이다. 4(Yú)〈史〉우. 〔순(舜)임금이 세웠다는 전설상의 왕조(王朝)〕5〈史〉우. 〔주대(周代)의 제후국으로 오늘날의 산서성(山西省) 평륙현(平陸縣) 동북에 위치했음〕6(Yú)图성(姓).

【舆·輿】 八部 车部 12画 10画 수레바탕 여 yú

1图〈文〉수레. ◇~马/거마. 2图〈文〉수레 위의 짐〔사람〕싣는 곳. 3图〈文〉가마. 4图땅. 영역. ◇~地/땅. 5휑뭇 사람의. 많은 사람의.
＊【舆论―론】yúlùn 图여론.
【舆情―정】yúqíng 图민정(民情). 민심.
【舆图―도】yútú 图〈文〉지도.

yǔ

☆【与·與】 一部 2画 더불 여 yǔ

1图주다. ◇送~/보내다. ◇拾到的钱物已交~失主/주운 돈과 물건은 이미 주인에게 돌려주었다. (同)〔给 gěi〕, (反)〔收 shōu〕2图사귀다. 어울리다. ◇相~/교제하다. 3图돕다. 칭찬하다. 4图〈文〉기다리다. ◇岁不我~/세월은 나를 기다려주지

않는다. **5**〈連〉…과(와). …와 더불어. ◇他打算暑假回国～家人团聚/그는 여름방학 때 귀국해 가족과 함께 보낼 생각이다. ◇～疾病斗争/질병과 싸우다. (同)〔跟 gēn〕 **6**〈連〉…과〔과〕. 〔명사나 대명사 등을 병렬하는 말〕◇战争～和平/전쟁과 평화. ⇒工业 ～农业/공업과 농업. ⇒yú, yù

【与…分不开一…분불개】yǔ…fēn bù kāi …와는 뗄 수 없다. ◇他不仅能作曲, 还会写歌词, 这与他音乐方面的爱好分不开/그는 작곡을 할 수 있을 뿐 아니라 작사도 한다. 이것은 그의 음악적인 애호와 떼어 말할 수 없다.

【与共一공】yǔgòng 같이 있다. 같이 하다.

【与虎谋皮一호모피】yǔ hǔ móu pí 〈成〉범에게 그 가죽을 달라고 의논하다. 위험한 상대에게 되지도 않을 것으로 요구하다.

**＊【与其一기】yǔqí 〈連〉…하느니(차라리). 〔흔히 '与其…不如〔毋宁〕…'의 형태로 쓰임〕◇～你去, 不如我去/네가 가기보다는 내가 가는 것이 낫다.

【与人为善一인위선】yǔ rén wéi shàn 나날이 번창하다. 날로 증가하다.

【与日俱增一일구증】yǔ rì jù zēng 〈成〉나날이 번창하다. 날로 증가하다.

【与世长辞一세장사】yǔ shì cháng cí 〈成〉세상을 떠나다. 서거하다.

【屿·嶼】山部 yǔ　3画 섬 서
(舊讀xù)〈名〉작은 섬. ◇岛～/크고 작은 섬들.

＊【予】乙部 yǔ　3画 나 여
〈動〉주다. …하여 주다. ◇免～处分/처벌을 면제하다. (同)〔给 gěi〕, (反)〔受 shòu〕

【予人口实一인구실】yǔ rén kǒushí 남에게 약점을 잡히다. 남에게 빌미를 제공하다.

＊【予以一이】yǔyǐ 〈動〉〈文〉…을 주다. …되다. ◇～支持/지지를 보낸다. ◇～警告/경고를 주다. (同)〔给 jǐ 予〕, (反)〔接受 jiēshòu〕 |比較| 予以:给 "予以"는 쌍목적어를 갖지 않는다. ◇(×予以)给别人方便, 也就是(×予以)给自己方便/남에게 편리함을 주는 것이 바로 자신에게 편리함을 주는 것이다.

【伛·傴】亻部 yǔ　4画 구부릴 구
〈名〉곱사등이.

【伛偻一루】yǔlǚ 〈文〉〈動〉몸을 굽히다. 허리를 구부리다.

【宇】宀部 yǔ　3画 집 우
〈名〉**1**처마. 집. ◇屋～/집. ◇庙 miào～/절. **2**(무한한) 공간. ◇环～/온 누리. 온 세상. 전세계. **3**(사람의) 얼굴 모양. 용모.

◇眉～/눈썹 주위. **4**(Yǔ)성(姓).

【宇航一항】yǔháng 〈名〉우주 비행의 준말.

【宇文一문】Yǔwén 〈名〉복성(复姓)의 하나.

**＊【宇宙一주】yǔzhòu 〈名〉우주.

【宇宙尘一주진】yǔzhòuchén 〈名〉〈天〉우주진.

【宇宙飞船一주비선】yǔzhòu fēichuán 〈名〉〈宇航〉우주선.

【宇宙观一주관】yǔzhòuguān 〈哲〉세계관. 가치관.

【宇宙航行一주항행】yǔzhòu hángxíng 〈名〉우주 비행.

【宇宙火箭一주화전】yǔzhòu huǒjiàn 〈名〉〈航〉우주 로케트.

【宇宙空间一주공간】yǔzhòu kōngjiān 〈名〉우주공간.

【宇宙射线一주사선】yǔzhòu shèxiàn 〈名〉〈物〉우주 방사선(宇宙放射線).

【宇宙速度一주속도】yǔzhòu sùdù 〈名〉〈物〉우주 속도.

【羽】羽部 yǔ　0画 깃 우
〈名〉**1**깃털. (同)〔羽毛 máo〕 **2**조류(鳥類)나 곤충의 날개. **3**〈量〉마리. 〔조류를 셀 때 쓰임〕◇一～信鸽/소식을 전하는 비둘기 한 마리. **4**〈名〉〈音〉우. 고대(古代)의 5음(音)의 하나.

【羽缎一단】yǔduàn 〈名〉〈紡〉우단. 알파카.

【羽冠一관】yǔguān 〈名〉〈鳥〉우관. 도가머리.

【羽化一화】yǔhuà **1**〈動〉우화(하다). **2**〈動〉〈轉〉신선이 되다. **3**〈婉〉(도교에서) 도사가 죽다.

＊【羽毛一모】yǔmáo 〈名〉**1**깃털. **2**새의 깃과 짐승의 털. (喻)사람의 명예.

☆【羽毛球一모구】yǔmáoqiú 〈名〉**1**〈體〉배드민턴. ◇他～打得特别好/그는 배드민턴을 특히 잘 친다. **2**(배드민턴의) 셔틀콕.

【羽毛未丰一모미풍】yǔ máo wèifēng 〈成〉새끼새가 깃털이 충분히 자라지 않다. 경험이 적고 미숙하다. (反)〔羽翼丰满 yǔ yì fēng mǎn〕

【羽绒服一융복】yǔróngfú 〈名〉다운 자케트 (down jacket).

【羽纱一사】yǔshā 〈名〉〈紡〉면(棉)과 모(毛) 등을 혼합하여 짠 얇은 직물.

【羽扇一산】yǔshàn 〈名〉깃털로 만든 부채.

【羽翼一익】yǔyì 〈名〉날개. 보좌하는 사람. 또는 그 힘.

★【雨】雨部 yǔ　0画 비 우
〈名〉비. ◇天气预报说明天会下～/기상예보에서 내일 비가 올거라고 한다. (反)〔晴 qíng〕

【雨布一포】yǔbù 〈名〉방수포.

【雨带一대】yǔdài 〈名〉강우지역.

Y

【雨点−점】yǔdiǎn 📇빗방울.

【雨后春笋−후춘순】yǔ hòu chūnsǔn 〈成〉우후 죽순.

【雨季−계】yǔjì 📇우기(雨期). (反)〔旱 hàn 季〕

【雨具−구】yǔjù 📇우비(雨備). 우장(雨裝).

【雨量−량】yǔliàng 📇〈天〉강우량.

【雨林−림】yǔlín 📇(열대・아열대의) 우림.

【雨淋−림】yǔlín 통비에 젖다.

【雨露−로】yǔlù 📇비와 이슬. 〈喻〉은혜.

【雨前−전】yǔqián 📇절강성(浙江省) 항주(杭州)산의 녹차(綠茶)의 이름.

【雨情−정】yǔqíng 📇(특정 지역의) 강우 상황.

【雨伞−산】yǔsǎn 📇우산.

*【雨水−수】yǔshuǐ 📇1(〜儿)빗물. 2우수. 24절기의 하나.

【雨水管−수관】yǔshuǐguǎn (同)〔落 luò 水管〕

【雨丝−사】yǔsī 📇가랑비.

【雨鞋−혜】yǔxié 📇비신.

【雨靴−화】yǔxuē 📇(비올 때 신는) 장화.

☆【雨衣−의】yǔyī 📇비옷. 레인 코트.

【雨意−의】yǔyì 📇비가 올 조짐〔징조〕.

【禹】丿部／内部｜Yǔ
8画／4画｜하우씨 우
📇1(人)우. 〔고대 부락연맹의 수령으로 전설에 홍수를 다스렸다 함〕2성(姓).

【语・語】讠部｜yǔ
7画｜말씀 어
1📇말. 언어. ◇英〜/영어. 2통말하다. 이야기하다. ◇低〜/나직하게 말하다. 3📇속담. 성어. 4📇말을 대신하는 의사전달 수단. ◇手〜/수화. 손짓.

【语病−병】yǔbìng 📇(매끄럽지 않거나 중의 등으로 인한) 어폐(語弊).

【语词−사】yǔcí 📇〈言〉어구.

☆【语调−조】yǔdiào 📇억양. 인토네이션.

★【语法−법】yǔfǎ 📇〈言〉1문법. 2문법학.

【语感−감】yǔgǎn 📇어감.

【语汇−휘】yǔhuì 📇어휘.

【语句−구】yǔjù 📇어구.

【语库−고】yǔkù 📇언어자료 보관소.

【语料−료】yǔliào 📇언어자료.

【语录−록】yǔlù 📇어록.

☆【语气−기】yǔqì 📇1말투. 어투. ◇他说话的〜很和缓，但态度很坚决/그가 말하는 투는 부드럽지만 태도는 단호했다. 🔲비교 语气:口齿 "语气"는 발음에 쓰이지 않는다. ◇她说话(×语气)口齿很清楚/그녀는 말할 때 발음이 아주 뚜렷하다. 2〈言〉어기(語氣). 〔진술・의문・명령・감탄 등의 구별을 나타내는 문법의 범주〕

【语气词−기사】yǔqìcí 📇〈言〉조사.

〔'呢'・'啊'・'吗' 따위〕(同)〔语助 zhù 词〕

【语塞−색】yǔsè 통말을 더듬다. 말이 막히다.

【语体文−체문】yǔtǐwén 📇구어문(口語文). (同)〔白 bái 语文〕

**【语文−문】yǔwén 📇1언어와 문자. 2(略)언어와 문학.

【语无伦次−무륜차】yǔ wú lúncì 〈成〉이야기에 조리가 없다. (同)〔颠三倒四 diān sān dǎo sì〕, (反)〔头头是道 tóu tóu shì dào〕

【语系−계】yǔxì 📇〈言〉어계. 어족(語族).

【语序−서】yǔxù 📇〈言〉어순. (同)〔词 cí 序〕

【语焉不详−언불상】yǔ yān bù xiáng 〈成〉말이 지나치게 간단하여 의미를 충분히 나타내지 못하다.

★【语言】yǔyán 📇〈言〉언어. ◇他会讲印第安人的〜/그는 인디언 언어를 구사할 수 있다. 🔲비교 语言:言语 "语言"은 추상적인 사유(思惟)인식체계이고, "言语"은 행위로서 언어의 활용을 말한다. ◇比利时有两种正式的(×言语)语言/벨기에에는 2가지 공식언어가 있다.

【语言学−언학】yǔyánxué 📇언어학.

【语义学−의학】yǔyìxué 📇〈言〉의미론.

【语意−의】yǔyì 📇〈言〉어의. 함의.

☆【语音−음】yǔyīn 📇〈言〉말소리. 언어의 음성.

【语音学−음학】yǔyīnxué 📇〈言〉음성학.

【语源学−원학】yǔyuánxué 📇〈言〉어원학.

【语种−종】yǔzhǒng 📇언어의 종류.

【语重心长−중심장】yǔ zhòng xīn cháng 〈成〉말이 간곡하고 생각이 깊다.

【语助词−조사】yǔzhùcí 📇〈言〉어기 조사.

【语族−족】yǔzú 📇〈言〉어족. (同)〔语系 xì〕

【瘐】疒部｜yǔ
8画｜근심할 유
통〈文〉옥사하다.

【瘐毙−폐】yǔbì (同)〔瘐死 sǐ〕

【瘐死−사】yǔsǐ 통죄인이 옥중에서 추위와 기갈로 죽다. 죄인이 옥중에서 병사(病死)하다.

【窳】穴部｜yǔ
10画｜어지러울 유
📇〈文〉나쁘다.

【窳败−패】yǔbài 통〈文〉타락하다. 부패하다.

【窳惰−타】yǔduò 📇〈文〉나태하다. (同)〔懒 lǎn 惰〕

【窳劣−렬】yǔliè 📇〈文〉거칠고 나쁘다. 조악하다.

yù

【与・與】一部｜yù
2画｜더불 여
통참여하다. 참가하다. ◇参〜/참여하다. ⇒yú, yǔ

【与会－회】yùhuì [동]회의에 참가하다. (同)〔出席 chūxí〕, (反)〔缺席 quēxí〕
【与闻－문】yùwén [동]관여해서 속사정을 알다. (同)〔预 yù 闻〕

【驭·馭】马部 2画 yù 말부릴 어
[동]1거마(車馬)를 부리다. 몰다. 2통제하다. 다스리다.
【驭手－수】yùshǒu [명]짐승을 사역(使役)하는 병사. 마부. (同)〔御 yù 手〕

*【玉】玉部 0画 yù 옥 옥
1[명]〈礦〉옥. 2[형]〈喩〉깨끗하다. 아름답다. ◇～颜/아름다운 얼굴. 3〈敬〉상대방의 신체나 행동을 높여 일컫는 경어(敬語). 4(Yù)[명]성(姓).
【玉版宣－판선】yùbǎnxuān [명]〈紙〉옥판 선지. 두터운 고급 화선지.
【玉版纸－판지】yùbǎnzhǐ [명]〈紙〉옥판지. 필기용·장부용 종이의 일종.
【玉帛－백】yùbó [명]〈文〉옥기와 비단. 〔옛날 나라 사이에서 예물로 사용되었음〕
【玉成－성】yùchéng [동]〈敬〉도와 이루게 하다. (同)〔成全 quán〕, (反)〔破坏 pòhuài〕
【玉带－대】yùdài [명]옥대. 벼슬아치가 관복에 두르던 옥 장식이 있는 허리띠.
【玉雕－조】yùdiāo [명]옥 조각품.
【玉茭－교】yùjiāo [명]〈方〉옥수수. (同)〔玉茭子·zi〕
【玉洁冰清－결빙청】yù jié bīng qīng 〈成〉옥처럼 깨끗하고 얼음처럼 맑다. 고상하고 순수하다.
【玉兰－란】yùlán [명]〈植〉옥란. 백목련.
【玉麦－맥】yùmài 〈方〉(同)〔玉米 mǐ〕
☆【玉米－미】yùmǐ [명]〈植〉옥수수.
【玉米面－미면】yùmǐmiàn [명]옥수수 가루.
【玉佩－패】yùpèi [명]옥패. 〔옛날, 옷에 차고 다니던 옥으로 된 장식품〕
【玉器－기】yùqì [명]옥기. 옥으로 만든 기물.
【玉搔头－소두】yùsāotóu (同)〔玉簪 zān〕
【玉色－색】yù·shai [명]〈色〉옥색.
【玉石－석】yù·shí [명]옥.
【玉石俱焚－석구분】yù shí jù fén 〈成〉옥과 돌이 함께 타다. 좋은것과 나쁜 것이 같이 파괴되다.
【玉碎－쇄】yùsuì [동]지조를 버리지 않고 대의를 위하여 깨끗이 생명을 버리다. (反)〔瓦全 wǎquán〕
【玉兔－토】yùtù [명]〈文〉'月亮'(달)의 다른 이름.
【玉玺－새】yùxǐ [명]옥새.
【玉音－음】yùyīn [명]〈文〉〈敬〉옥음. 상대편의 서신·언사에 대한 경칭. 〔서신에 많이 씀〕
【玉宇－우】yùyǔ [명]1천제(天帝)가 산다는 궁전. 2우주. 천하.
【玉簪－잠】yùzān [명]옥잠. 옥비녀.
【玉照－조】yùzhào [명]〈敬〉존영(尊影).

【芋】艹部 3画 yù 토란 우
[명]1〈植〉토란. 2(토란 따위의) 구근 식물(球根植物)의 뿌리 줄기. 3감자나 고구마의 통칭.
【芋艿－내】yùnǎi (同)〔芋 1, 2〕
【芋头－두】yù·tou [명]〈植〉1(同)〔芋 1, 2〕 2〈方〉고구마. (同)〔甘薯 gānshǔ〕

【吁·籲】口部 3画 yù 부를 유
[동]부르다. 외치다. ⇒yū
【吁请－청】yùqǐng [동]청원하다. 호소하다.
【吁求－구】yùqiú [동]호소하여 간청하다.

【浴】氵部 7画 yù 씻을 욕
[동]〈文〉목욕하다. 미역 감다. 몸을 씻다. ◇海水～/해수욕.
【浴场－장】yùchǎng [명](옥외의) 수영장.
【浴池－지】yùchí [명]1목욕통. 목간통. 2대중 목욕탕.
【浴缸－항】yùgāng [명]〈方〉욕조.
【浴巾－건】yùjīn [명]타월.
【浴盆－분】yùpén [명]〈方〉목욕통.
⁑【浴室－실】yùshì [명]욕실.
【浴血－혈】yùxuè [동]〈文〉피를 뒤집어 쓰다. 〔전투의 격렬함을 형용함〕
【浴血奋战－혈분전】yù xuè fèn zhàn 〈成〉피투성이가 되어 싸우다.
【浴衣－의】yùyī [명]욕의.

*【欲(慾)】谷部 4画 欠部 7画 yù 탐낼 욕
1[명]욕망. 욕구. ◇情～/성욕. ◇～火/욕망의 불꽃. 2[동]바라다. 하고 싶어하다. ◇他百感交集, ～言又止/그는 만감이 교차하여 말하려 하다 또 멎었다. ◇～进门/문으로 들어오려 하다. 3[조동]…해야 한다. ◇恐怖分子～在圣诞节, 制造一起爆炸事件/테러리스트가 성탄절 때 폭파사건을 일으키려 한다. 4[조동]곧 …하려고 하다. ◇这座大楼, 年久失修已摇摇～坠/이 건물은 오래되도록 보수하지 않아 금방이라도 무너질 듯하다.
【欲罢不能－파불능】yù bà bù néng 〈成〉그만두려 해도 그만둘 수 없다. 멈추려 해도 멈출 수 없다.
【欲盖弥彰－개미창】yù gài mí zhāng 〈成〉진상을 감추려 하다가 도리어 더 드러나다. (反)〔涂脂抹粉 tú zhī mǒ fěn〕
【欲壑难填－학난전】yù hè nán tián 〈成〉욕망이란 골짜기는 메우기가 어렵다. (反)〔知足不辱 zhī zú bù rǔ〕

【欲火一화】yùhuǒ 图욕정의 불길.

【欲加之罪, 何患无辞一가지죄, 하환무사】yù jiā zhī zuì, hé huàn wú cí〈成〉죄를 씌우려고 한다면 어찌 구실이 없음을 걱정하랴. 죄를 뒤집어 씌우려면 그 구실은 얼마든지 만들 수 있다. 코에 걸면 코걸이.

【欲念一념】yùniàn 图〈文〉욕망. (同)〔欲望 wàng〕

【欲擒故纵一금고종】yù qín gù zòng〈成〉적을 붙잡으려고 일부러 풀어 놓는다. 잘 통제하기 위해 고의로 풀어 놓다.

【欲速则不达一속즉불달】yù sù zé bù dá〈成〉일을 너무 서두르면 도리어 이루지 못한다. 급히 먹는 밥이 체한다.

*【欲望一망】yùwàng 图욕망. ◇求知的～/학구열.

【裕】 衤部 yù
7画 | 너그러울 유
1图넉넉하다. 여유롭다. ◇富～/부유하다. 2图〈文〉풍족하게 하다. 여유있게 하다. ◇富国～民/나라를 부유하게 하고, 국민을 잘 살게 하다. 3(Yù)图성(姓).

【裕固族一고족】Yùgùzú 图중국 감숙(甘肃)성 소수 민족의 하나.

【裕如一여】yùrú 图1풍족하다. 넉넉하다. 2느긋하고 여유롭다.

【郁·鬱】 阝部 yù
6画 | 답답할 울
图1향기가 진하다. 2우거지다. 무성하다. ◇葱～/무성하다. 3기분이 답답하다. 우울하다. 울적하다. ◇忧～/우울하다.

【郁愤一분】yùfèn 图울분.

【郁积一적】yùjī 图울분이 쌓이다.(反)〔发泄 fāxiè〕

【郁结一결】yùjié 图〈文〉(기분이) 답답해지다. (가슴에) 맺히다.

【郁金香一금향】yùjīnxiāng 图〈植〉튤립.

【郁闷一민】yùmèn 图마음이 답답하고 괴롭다. 2우울하다. ‖(同)〔憋闷 biē·men〕, (反)〔舒畅 shūchàng〕

【郁热一열】yùrè 图(날씨가) 무덥다. ◇天气～/날씨가 무덥다.

【郁血一혈】yùxuè 图〈醫〉울혈.

【郁悒一읍】yùyì 图〈文〉걱정. 고민.

【郁郁一울】yùyù 图〈文〉1향기가 짙다. 2(초목이) 무성하다. 울창하다.

【郁郁葱葱一욱총총】yù yù cōng cōng〈成〉매우 울창하다. (초목이) 무성하다. (同)〔郁郁苍 cāng 苍〕

【育】 月部 yù
4画 | 기를 육
1图(자식을) 낳다. 2양육하다. 키우다. 3图图교육(하다). ◇德～/덕육. ⇒ yō

【育才一재】yùcái 图인재를 기르다.

【育雏一추】yùchú 图어린 새끼를 기르다.

【育肥一비】yùféi 图〈農〉비육(肥育)하다.

【育林一림】yùlín 图산림을 육성하다.

【育龄一령】yùlíng 图가임 연령.

【育苗一묘】yù〈農〉miáo 图〈農〉모종을 기르다.

【育人一인】yùrén 图〈文〉사람을 키우다. 인재를 양성하다.

【育秧一앙】yùyāng 1图모종〔치어〕 기르기. 2(yù∥ yāng)图모종을 하다. 치어를 기르다.

【育婴堂一영당】yùyīngtáng 图옛날, 고아원.

【育种一종】yù∥ zhǒng〈農〉1图육종하다. 2(yùzhǒng)图육종.

【谕·諭】 讠部 yù
9画 | 비유 유
图(주로 윗사람이 아랫사람에게) 가르쳐 깨닫게 하다. 타이르다.

【谕旨一지】yùzhǐ 图유지.

【喻】 口部 yù
9画 | 효유할 유
1图설명하다. 알리다. ◇～之以理/사리를 밝혀 설명하다. 2图잘 알다. 깨닫다. ◇不言而～/말하지 않아도 알다. 3图비유하다. ◇比～/비유하다. 4(Yù)图성(姓).

【喻世一세】yùshì 图도리(이치)를 알도록 세상사람에게 알리다.

【喻义一의】yùyì 图비유의 의미.

*【愈】 心部 yù
9画 | 나을 유
1图(병이) 낫다. ◇当我们去医院看望他时, 他已病～出院了/우리가 병원으로 그를 병문안 갔을 때 그는 이미 병이 나아 퇴원했다. (同)〔好 hǎo〕, (反)〔病 bìng〕 2图(…보다) 낫다. ◇彼～于此/그것은 이것보다 낫다. 3图더욱. 더욱 더. 〔중첩하여 '越～越…'(…하면 할수록 …하다)의 뜻을 지님〕 ◇小雨过后, 天气变得～凉爽了/비가 내린 후 날씨가 더욱 시원해졌다.

【愈合一합】yùhé 图〈醫〉(상처가) 치유(되다).

【愈加一가】yùjiā 图〈文〉더욱 더. ◇她特我～好了/그녀는 나에게 더욱 잘 대해준다.

【愈益一익】yùyì 图〈文〉더욱 더.

**【愈…愈…一…유…유…】yù…yù… …할수록 …하다. ◇真理一辩一明/진실은 밝히면 밝힐수록 명확해진다. ◇雪一下一大/눈이 갈수록 더 많이 내린다. (同)〔越 yuè…越…〕

【狱·獄】 犭部 yù
6画 | 우리 옥
图1감옥. ◇牢～/감옥. ◇～中生活/옥중 생활. ◇越～/탈옥하다. 2범죄사건. 소송 사건. ◇冤～/억울한 소송 사건.

Y

【狱吏—리】yùlì 몡옥리.
【狱卒—졸】yùzú 몡옥졸.

【昱】 日部 yù
5画 빛날 욱
1몡〈文〉햇빛. 2몡〈文〉밝게 비치다.

【煜】 火部 yù
9画 빛날 욱
통〈文〉빛나는 모양.

【域】 土部 yù
8画 지경 역
몡1경계 내의 땅. ◇区~/구역. 2어떤 범위. 영역. ◇境~/경계.

【域外—외】yùwài 몡국외.

【预·預】 頁部 yù
4画 미리 예
1튀미리. 사전에. ◇天气~报/일기예보. 2통참가하다. 참여하다. (同)〔与 yù〕

**【预报—보】yùbào 몡통예보(하다). ◇广播员~有台风/아나운서는 태풍이 있다고 예보했다. ◇天气~说, 明天有小雨/일기예보에서 내일 약간 비가 온다고 한다. 비교预报:告诉 "预报"는 쌍둥적어를 취하지 않는다. ◇他(×预报)告诉我往前走会有村子/그는 앞으로 가면 마을을 만날 것이라고 알려줬다.

☆【预备—비】yùbèi 통1준비〔대비〕하다. ◇~功课/수업준비를 하다. ◇周末你~到哪儿去玩儿?/주말에 너 어디로 놀러갈 예정이니?

【预备役—비역】yùbèiyì 몡〈军〉예비역.
【预卜—복】yùbǔ 몡예측(하다). 점(치다).

*【预测—측】yùcè 몡통예측(하다). ◇我~, 市场疲软/내가 예측하건데, 시장 전망이 밝지 않다.

【预产期—산기】yùchǎnqī 몡〈医〉출산 예정일.

*【预订—정】yùdìng 몡통예약 주문(하다). ◇~酒席/술자리를 예약하다. ◇~机票/비행기표를 예약하다.

*【预定—정】yùdìng 몡통예정(하다). ◇会议将按~的计划进行/회의는 예정된 계획대로 진행될 것이다.

【预断—단】yùduàn 1몡예단. 2통미리 단정하다. 예단하다.

*【预防—방】yùfáng 몡통예방(하다). ◇传染病/전염병을 예방하다. ◇一定要做好~工作/예방 업무를 꼭 잘해야 한다.

【预付—부】yùfù 몡통선불(하다).
【预感—감】yùgǎn 몡통예감(하다).

**【预告—고】yùgào 몡통예고(하다). ◇这场大雪~了来年农业的丰收/이번 큰 폭설은 내년 농사의 풍작을 예고했다.

【预购—구】yùgòu 몡통예약 구입(하다). 예매(하다). ◇~返程火车票/돌아올 기

차표를 예매하다.

【预后—후】yùhòu 몡〈医〉예후.

*【预计—계】yùjì 통미리 어림하다. 예상하다. ◇~十天之内就可以完工/10일내에 완공할 수 있다고 예상한다.

*【预见—견】yùjiàn 몡통예견(하다). ◇预言家~过/예언가가 예견했었다.

【预科—과】yùkē 몡〈教〉예과.

*【预料—료】yùliào 몡통예상(하다). 예측(하다). ◇我当初没有~到这件事的发生/나는 처음부터 이 일이 발생할 것을 예측하지 못했다.

【预谋—모】yùmóu 몡통사전 모의(하다).
【预期—기】yùqī 통예기하다.

*【预赛—새】yùsài 몡〈体〉(경기의) 예선경기.

【预审—심】yùshěn 몡통〈法〉예심(하다).
【预示—시】yùshì 몡통예시(하다).
【预售—수】yùshòu 몡통예매(하다).

*【预算—산】yùsuàn 몡통예산(하다). ◇经费/경비를 예산하다. ◇~收入/수입을 예산하다.

【预闻—문】yùwén (同)〔与 yù 闻〕
★【预习—습】yùxí 몡통예습(하다).

**【预先—선】yùxiān 튀미리. 사전에. ◇我~订好了一张飞机票/난 미리 비행기표 한 장을 예약해 두었다.

【预想—상】yùxiǎng 몡통예상(하다).
【预行—행】yùxíng 몡통여행(하다).
【预选—선】yùxuǎn 몡통예선(하다).

*【预言—언】yùyán 몡통예언(하다). ◇~准确/정확하게 예언했다.

【预演—연】yùyǎn 몡통예행 연습(하다). 리허설(하다).

*【预约—약】yùyuē 몡통예약(하다). ◇~挂号/(진찰 따위의) 접수를 예약하다.

【预展—전】yùzhǎn 몡통(개막 전에) 미리 특별 공개하다.

【预兆—조】yùzhào 몡통전조·조짐(을 보이다). ◇瑞雪~来年丰收/서설은 내년 풍작의 전조다.

【预支—지】yùzhī 1(同)〔预付 fù〕 2통가불하다.

【预知—지】yùzhī 통미리 알다. 예지하다. ◇云能够帮助我们~天气变化/구름은 우리가 날씨변화를 예지하도록 도와준다.

**【预祝—축】yùzhù 몡통예축(하다).

【豫】 刀部 豕部 yù
13画 8画 먼저 예
1〈文〉통즐겁다. 기뻐하다. 2형〈文〉편안하다. 안일하다. 3튀미리. 사전에. (同)〔预 yù〕 4(Yù)몡〈地〉하남성(河南省)의 다른 이름.

【豫剧—극】yùjù 몡〈演〉예극. 하남성(河南省)의 지방극.

Y

【尉】 寸部 8画 | yù | 벼슬 **위**
⇒wèi

【尉迟－지】Yùchí 圈복성(復姓).
【尉犁－리】Yùlí 圈⟨地⟩위리.〔신강성(新疆省)에 있는 현명(縣名)〕

【熨】 火部 11画 | yù | 다리미 **위**
⇒yùn

【熨帖－첩】yùtiē 圈1(말이나 글의 사용이) 적절하다. 알맞다. 2마음이 평온하다. 3⟨方⟩불편하다. ◇他身上不~, 要回家躺一会儿/그는 몸이 불편해, 집에 가서 좀 누워있어야 한다. 4⟨方⟩(일이) 잘 매듭지어지다. ◇这事不办~, 我不能走/이 일이 잘 처리되지 않아 나는 갈 수 없다.

＊【寓(庽)】 宀部 9画 | yù | 붙일 **우**
1圈거주하다. (임시로) 살다. 2圈사는 곳. 거처. ◇公~/아파트. 3圈빗대어 나타내다. 의탁하다. 함축하다.
【寓邸－저】yùdǐ 圈고위관리의 저택.
【寓公－공】yùgōng 圈1옛날, 타향에 우거(寓居)하던 고관. 2망명객.
【寓居－거】yùjū 圈거주하다.
【寓目－목】yùmù 圈⟨文⟩훑어보다.
【寓所－소】yùsuǒ 圈(임시의) 거처.
＊＊【寓言－언】yùyán 圈우언. 우화.
【寓意－의】yùyì 圈圈다른 사물에 어떤 뜻을 기탁하다.
【寓于－어】yùyú 圈…에 포함되다.

☆【遇】 辶部 9画 | yù | 만날 **우**
1圈만나다. 우연히 만나다. ◇我在路上没~着他/나는 길에서 그를 못 만났다. [비교]遇:见 사람을 만나는 목적이 있는 경우에는 "遇"를 쓰지 않는다. ◇他今天要去(×遇)见总经理/그는 오늘 사장을 만나야 된다. 2圈대접하다. 대우하다. ◇待~/대우하다. 3圈기회. ◇机~/기회. 4(Yù) 圈성(姓).
【遇刺－자】yùcì 圈암살당하다.
★【遇到－도】yù// dào 圈(우연히) 만나다. 마주치다. ◇没想到在大街上~了他/길거리에서 그를 만나게 될 줄은 몰랐다.
【遇害－해】yù// hài 圈살해당하다.
【遇合－합】yùhé 圈1(우연히) 만나다. 2만나서 서로 의기 투합하다.
☆【遇见－견】yù// ·jiàn 圈(우연히) 만나다. 조우하다. ◇我一到那里, 就~下大雪/그곳에 도착하자마자 폭설을 만났다. ◇~一位朋友/친구 한 명을 만났다. (同)〔相xiāng 遇〕, (反)〔错过 cuòguò〕.
【遇救－구】yù// jiù 圈구조되다. 위기를 벗어나다. (同)〔得 dé 救〕, (反)〔遇难 nàn〕

【遇难－난】yù// nàn 圈1재난을 만나다. 조난(遭難) 당하다. (同)〔被 bèi 难〕, (反)〔遇救 jiù〕 2재난을 당해 죽다. 살해되다.
【遇事生风－사생풍】yù shì shēng fēng ⟨成⟩즐겨 문제를 일으키다. 시비를 일으키기 좋아하다.
【遇险－험】yù// xiǎn 圈(사람이나 선박 따위가) 위험에 부닥치다. 조난하다. (反)〔脱险 tuōxiǎn〕

【御·⁴禦】 彳部 9画 | yù | 그칠 **어**
1圈(차나 말을) 어거하다. 몰다. ◇~者/마부. 2圈통치하다. 다스리다. ◇~下/아랫사람을 다스리다. 3圈황제와 관련된 것에 대한 경칭. ◇~赐/황제의 하사품. 4圈막다. 저지하다. ◇防~/방어하다.
【御笔－필】yùbǐ 圈황제의 친필.
【御寒－한】yùhán 1圈방한. 2圈추위를 막다. 방한하다.
【御驾－가】yùjià 圈황제가 타는 수레.
【御手－수】yùshǒu (同)〔驭 yù 手〕
【御侮－모】yùwǔ 圈외부의 침략이나 수모를 막다.
【御用－용】yùyòng 1圈황제가 쓰는 것. 2圈⟨諷⟩어용의. ◇~文人/어용문인.

【鬻】 鬲部 12画 | yù | 죽 **죽**
圈⟨文⟩팔다. ◇~画/그림을 팔다. (同)〔卖 mài〕, (反)〔买 mǎi〕

【鹬·鷸】 鸟部 12画 | yù | 새 **휼**
圈⟨鸟⟩도요새.
【鹬蚌相争－방상쟁】yù bàng xiāng zhēng ⟨成⟩도요새와 조개가 싸우다가 둘 다 어부에게 붙잡히다. 어부지리.

【誉·譽】 言部 6画 | yù | 기릴 **예**
1圈명예. 영예. ◇荣~/영예. 2圈圈칭찬(하다). 찬탄(하다). ◇毁~/비방과 칭찬.

yuān

【鸳·鴛】 鸟部 5画 | yuān | 원앙새 **원**
圈⟨鸟⟩원앙새.
【鸳侣－려】yuānlǚ 圈⟨喻⟩부부.

【鴛鴦―앙】 yuān·yāng 〈鳥〉원앙새. 〈喩〉금실 좋은 부부.

【筼】 竹部│yuān│8画│광주리 **원**
【筼箕―기】 yuānjī 〈方〉대광주리.

【鳶·鳶】 弋部│鳥部│yuān│5画│3画│연 **연**
〈鳥〉소리개. 솔개.
【鳶飛魚跃―비어약】 yuān fēi yú yuè〈成〉동물이 자연 그대로 즐겁게 살아가는 모양.

＊【冤(寃)】 冖部│yuān│8画│원통할 **원**
1〈名〉〈動〉억울(하다). ◇含～負屈/억울함을 참다. 2〈名〉원한. (同)〔仇恨 chóuhèn〕, (反)〔恩惠 ēnhuì〕 3〈動〉속다. 손해보다. 골탕먹다. ◇花～钱/헛돈을 쓰다. 4〈方〉속이다. ◇你别～人/너 사람을 속이지 마라.
【冤案―안】 yuān'ān 〈名〉잘못 판결된 사건.
【冤仇―구】 yuānchóu 〈名〉원한. 원수.
【冤大头―대두】 yuāndàtóu 〈名〉봉. 얼간이. ◇你这个～花了钱还不见有人说你好/이 얼간아, 돈을 쓰고도 남들이 널 칭찬하는 것 못 봤어.
【冤魂―혼】 yuānhún 〈名〉원혼.
【冤家―가】 yuān·jia 〈名〉1원수. (同)〔仇人 chóurén〕, (反)〔恩人 ēnrén〕2원수같은 인간. 〔반어법의 말로서, 옛날 희곡이나 민가(民歌)에서 주로 연인·애인으로 사용됨〕
【冤家路窄―가로착】 yuān jiā lù zhǎi 〈成〉원수는 외나무다리에서 만난다.
【冤孽―얼】 yuānniè 〈名〉〈佛〉전생의 원한과 죄업.
【冤情―정】 yuānqíng 〈名〉억울함을 당한 사정 전말.
【冤屈―굴】 yuānqū 1(同)〔冤枉 1, 2〕2〈名〉억울함을 당함.〔누명〕
【冤头―두】 yuāntóu 〈名〉원수. 적.
＊＊【冤枉―왕】 yuān·wang 1〈形〉(무고한 죄를 뒤집어 써서) 억울하다. 원통하다. ◇我是～的/나는 억울하다. (同)〔冤屈 qū〕, (反)〔伸 shēn 冤〕2〈動〉누명을 씌우다. 억울하게 하다. ◇要不是有人出来作证, 差点～了他/만일 어떤 사람이 나와 증언하지 않았다면 그에게 억울하게 혐의를 씌울 뻔했다. 3〈形〉가치가 없다. 헛되이 억울하다. 아깝다. ◇白来了一趟, 真～/헛걸음을 했으니 정말 억울하다.
【冤枉路―왕로】 yuān·wanglù 〈名〉헛걸음. 괜한 걸음.
【冤枉钱―왕전】 yuān·wangqián 〈名〉헛돈. 허비. ◇花～/헛돈을 쓰다.
【冤狱―옥】 yuānyù 〈名〉억울한 죄의 재판사건. ◇平反～/억울하게 입은 죄를 재심리하여 진상을 밝히다.

【渊·淵】 氵部│yuān│8画│못 **연**
1〈名〉(물이 깊은) 못. ◇深～/깊은 못. 2〈형〉깊다. ◇～博/해박하다. 3(Yuān)〈名〉성(姓).
【渊博―박】 yuānbó 〈形〉(학식이) 해박하다.
【渊海―해】 yuānhǎi 〈形〉심연과 대해(大海) 〈喩〉(학식이) 바다처럼 깊고도 넓다.
【渊深―심】 yuānshēn 〈形〉(학문·지략 등이) 매우 깊다.
【渊薮―수】 yuānsǒu 〈名〉〈喩〉사람이나 사물이 많이 모이는 곳.
【渊源―원】 yuānyuán 〈名〉사물의 근원.

yuán

★【元】 儿部│yuán│2画│으뜸 **원**
1〈名〉〈형〉처음(의). 첫째(의). ◇纪～/기원. 2〈名〉〈형〉으뜸(의). 맨 위의. ◇状～/(과거 따위의) 장원. 3〈형〉주요한. 근본적인. 기초적인. 4〈형〉요소. ◇一～论/일원론. 5〈형〉구성단위. 성분. ◇单～/단원. 6〈양〉원. 〔중국에서의 화폐 단위〕7(Yuán)〈名〉〈史〉원(元)나라. 8(Yuán)〈名〉성(姓).
【元宝―보】 yuánbǎo 〈名〉화폐의 통칭.
【元宝枫―보풍】 yuánbǎofēng 〈名〉〈植〉고리버들.
＊【元旦―단】 Yuándàn 〈名〉(양력) 설날.〔음력 설날은 ‘春节’이라고 함〕(反)〔除夕 chúxī〕
【元恶―악】 yuán'è 〈名〉〈文〉원흉. (同)〔首恶 shǒu è〕
＊【元件―건】 yuánjiàn 〈名〉(정밀 기계의) 부품.
【元老―로】 yuánlǎo 〈名〉원로.
【元麦―맥】 yuánmài 〈名〉(同)〔青稞 qīngkē〕
【元煤―매】 yuánméi 〈名〉(同)〔原 yuán 煤〕
【元年―년】 yuánnián 〈名〉원년. (反)〔末 mò 年〕
【元配―배】 yuánpèi 〈名〉본처.
【元气―기】 yuánqì 〈名〉원기. 활력.
【元曲―곡】 yuánqǔ 〈名〉원(元)나라의 잡곡.
【元戎―융】 yuánróng 〈名〉〈文〉〈軍〉주전 장수. (同)〔主将 zhǔjiāng〕
＊【元首―수】 yuánshǒu 〈名〉1원수. 2천자(天子). 군주.
【元帅―수】 yuánshuài 〈名〉1원수. 2총사령관.
＊＊【元素―소】 yuánsù 〈名〉1화원소소. 2요소.
＊＊【元宵―소】 yuánxiāo 〈名〉1정월 대보름날 밤. 2정월 대보름날 먹는 물에 끓여먹는 찹쌀떡. (同)〔汤圆 tāngyuán〕
【元宵节―소절】 Yuánxiāojié 〈名〉정월 대보름날.

【元凶－흉】yuánxiōng [명]원흉. (同)〔主犯 zhǔfàn〕, (反)〔帮 bāng 凶〕
【元勋－훈】yuánxūn [명]큰 공훈이 있는 사람.
【元音－음】yuányīn [명]〈言〉모음. (同)〔母 mǔ 音〕, (反)〔辅 fǔ 音〕
【元鱼－어】yuányú (同)〔鼋 yuán 鱼〕
【元元本本－원본본】yuányuánběnběn 처음부터 끝까지. 사실대로. (同)〔原原本本 yuán yuán běn běn〕, (反)〔掐头去尾 qiā tóu qù wěi〕
【元月－월】yuányuè [명]정월.

*【园·園】口部 4画 | yuán 동산 **원**

1(～儿)[명](채소·수목·화초 따위를 가꾸는) 밭. ◇花～儿/꽃밭. 화원. **2**(관광·오락 따위를 위한) 공공 놀이터. ◇公～/공원.
【园地－지】yuándì [명]**1**화원·과수원·식물원 따위의 총칭. ◇农业～/농원. **2**〈喻〉(활동의) 무대. 범위. 세계. ◇扩大文学创作的～/문학 창작의 세계를 넓히다.
【园丁－정】yuándīng [명]**1**정원사. **2**〈喻〉초등학교 교사.
⁑【园林－림】yuánlín [명]조경 풍치림. ◇～艺术/조경예술.
【园圃－포】yuánpǔ [명](화훼, 야채 등) 농장.
【园田－전】yuántián [명]채소를 가꾸는 밭.
【园艺－예】yuányì [명]원예.
【园囿－유】yuányòu [명]〈文〉관광을 위한 화원이나 동물원.
【园子－자】yuán·zi **1**[명]동산. 정원 따위의 총칭. **2**(同)〔戏 xì 园子〕

【芫】艹部 4画 | yuán 풀 **원**

⇒yán
【芫花－화】yuánhuā [명]〈植〉팥꽃나무.

【鼋·黿】黾部 4画 | yuán 큰자라 **원**

[명]〈動〉자라.
【鼋鱼－어】yuányú [명]〈口〉〈動〉큰 자라.

☆【员·員】口部 4画 | yuán 관원 **원**

1[명]어떤 분야에 종사하고 있는 사람. ◇职～/직원. 회사원. ◇打字～/타자수. 오퍼레이터. **2**[명]어떤 집단의 일원. ◇社～/사원. **3**[양]명. 〔사람·무장(武將)을 세는 데 쓰임〕 ◇她父亲是一～大将/그녀의 아버지는 대장이다. ⇒yún, Yùn
【员额－액】yuán'é [명]정원.
【员工－공】yuángōng [명]종업원. 직원과 노동자.
【员司－사】yuánsī [명]옛날, 관청의 중하급 공무원.
【员外－외】yuánwài [명]**1**고대의 관직. 〔전칭(全稱)은 '员外郎'(원외랑)이라고 하며 '郎官'(랑관)의 정원 외에 두었음〕 **2**〈早白〉〈敬〉지주나 지방의 유력자.

★【圆·圓】口部 7画 | yuán 둥글 **원**

1[형]둥글다. ◇～桌/원탁. **2**[명]〈數〉원. **3**[형]공과 같은 모양. ◇滚～/매우 둥글다. **4**[형]원만하다. 주도하다. **5**[동]용의 주도하게 하다. **6**[명][양]중국의 본위 화폐 단위. **7**[명]모양이 둥근 화폐. ◇银～/은화. **8**(Yuán)[명]성(姓).
【圆白菜－백채】yuánbáicài [명]〈植〉양배추.
【圆场－장】yuán//chǎng [동](대치국면·난국을) 원만히 수습하다. 중재하다.
【圆成－성】yuánchéng [동](남을) 도와서 일을 이루게 해주다. (同)〔成全〕
【圆雕－조】yuándiāo [명]〈美〉(돌·금속·나무 따위의) 입체 조각.
【圆顶帽－정모】yuándǐngmào [명]인민모. (同)〔解放 jiěfàng 帽〕, 〔中山 zhōngshān 帽〕

圆顶帽

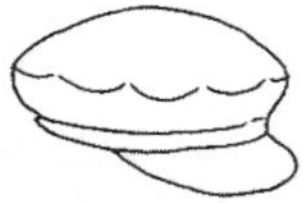

【圆房－방】yuán//fáng [동]옛날, 민며느리가 그의 남편과 정식으로 부부생활을 시작하다.
【圆坟－분】yuán//fén [명]매장 후 사흘째에 하는 성묘.
【圆鼓鼓－고고】yuángǔgǔ (～的)[형]터질 듯이 통통한 모양.
【圆规－규】yuánguī [명]콤파스.
【圆滚滚－곤곤】yuángǔngǔn (～的)[형]포동포동하게 살찐 모양.
【圆号－호】yuánhào [명]〈音〉호른(horn).
【圆滑－활】yuánhuá [형]각 방면에 팔방미인이지만 책임지지 않는다. 〔부정적으로 쓰임〕
【圆谎－황】yuán//huǎng [동]거짓말의 빈틈을 맞게 꾸며내다.
【圆浑－혼】yuánhún [형]**1**(음성이) 부드럽고 자연스럽다. **2**(시문이) 의미심장하고 자연스럽다.
【圆寂－적】yuánjì [명]〈佛〉원적.
【圆笼－롱】yuánlóng [명](음식점에서 배달용으로 쓰는) 둥근 바구니.
【圆颅方趾－로방지】yuán lú fāng zhǐ 〈成〉둥근 얼굴에 네모난 발. 인류.
⁑【圆满－만】yuánmǎn [형]원만하다. 훌륭하다. ◇处理得～/원만하게 처리되었다.

【圆梦－몽】yuánmèng 통해몽(하다).

【圆盘耙－반파】yuánpánbà 통〈農〉원반형 써레.

【圆圈－권】yuánquān (~儿)동그라미.

【圆全－전】yuán·quán 통〈方〉원만하다. 주도 면밀하다.

【圆润－윤】yuánrùn 통1원만하고 풍부하다. 2(서화 기법이) 원숙하고 힘있다.

【圆实－실】yuán·shi 통둥글고 토실토실하다.

【圆熟－숙】yuánshú 통1(기교 등이) 원숙하다. 노련하다. 2(일처리가) 능숙하다. 눈썰미 있게 하다. ◇他处事相当~/그는 일을 아주 눈썰미 있게 처리한다.

【圆台－대】yuántái 통〈略〉〈數〉원추대. 원빨대. (同)〔圆锥 zhuī 台〕

【圆通－통】yuántōng 통(사람됨이) 원만하다. (일처리가) 융통성이 있다.

【圆舞曲－무곡】yuánwǔqǔ 통〈音〉왈츠.

【圆心－심】yuánxīn 통〈數〉원심.

【圆形－형】yuánxíng 통원형.

【圆圆－원】yuányuán 통1(同)〔龙眼 lóngyǎn〕 2통매우 둥글다.

【圆凿方枘－착방예】yuán záo fāng ruì (同)〔方枘圆凿〕

【圆周－주】yuánzhōu 통〈數〉원주.

【圆周角－주각】yuánzhōujiǎo 통〈數〉원주각.

【圆周率－주율】yuánzhōulǜ 통〈數〉원주율.

☆【圆珠笔－주필】yuánzhūbǐ 통볼펜. (同)〔原子笔 yuánzǐbǐ〕

【圆柱－주】yuánzhù 통〈數〉원주. 원기둥.

【圆锥－추】yuánzhuī 통〈數〉원추. 원뿔.

【圆桌－탁】yuánzhuō 통원탁.

【圆桌会议－탁회의】yuánzhuō huìyì 통원탁회의.

【圆桌面－탁면】yuánzhuōmiàn (~儿)통원탁판.

【圆子－자】yuán·zi 1(同)〔元宵 yuánxiāo〕 2(同)〔丸 wán 子〕

【垣】 土部 6画 담 **원**
통〈文〉1울타리. 담. ◇城~/성벽. 2성벽으로 둘러싸인 도시. ◇省~/성도(省都). 3(Yuán)성(姓).

【援】 扌部 9画 구원할 **원**
통1손으로 끌어당기다. 손에 들다. ◇~笔疾书/붓을 집어 들고 거침없이 쓴다. 2인용하다. ◇~例/전례에 따르다. 3돕다. 원조하다. ◇支~/지원(하다).

【援兵－병】yuánbīng 통원군.

【援救－구】yuánjiù 통구원하다. 구조하다. ◇~灾民/이재민을 구조하다. (同)〔救援〕, (反)〔陷害 xiànhài〕

【援军－군】yuánjūn 통원군. ◇派遣~/원군을 파견한다.

【援例－례】yuán//lì 통1예로서 인용하다. 2전례에 따르다.

【援手－수】yuánshǒu 통〈文〉구조하다. 구원의 손길을 뻗다.

【援外－외】yuánwài 통대외 원조(하다).

【援引－인】yuányǐn 통〈方〉1인용하다. 2발탁·임용하다.

【援用－용】yuányòng 통원용하다. 인용하다. ◇~成例/관례를 인용하다.

＊＊【援助－조】yuánzhù 통지원(하다). ◇那家公司用十万块钱~了灾区人民/그 회사는 10만원을 내 재해지역 사람들을 지원했다.

＊【原】 厂部 8画 근본 **원**
1통최초의. 시초의. ◇~始/원시. 2통통원래(의). 본래(의). ◇报刊、杂志看完后, 请放回~处/신문잡지를 보신 후 제자리에 놓아주세요. ◇~有计划/기존의 계획. 3통가공되어 있지 않다. ◇~油/원유. 4통양해하다. 용서하다. ◇他工作很忙, 情有可~/그는 일이 바쁘니 사정이 용서할 만하다. 5통평원. 벌판. 들판. ◇高~/고원. ~野/평야. 6(Yuán)통성(姓).

【原版－판】yuánbǎn 통1(印)(서적의) 원판. 2〈音〉원반. 〔복사되지 않은 오리지날 음반〕‖(反)〔盗 dào 版〕

【原本－본】yuánběn 1통원본. 저본. 2통초판본. 3통(번역용) 원서. 원전. 텍스트. 4통원래. 본래. ◇他~住在山东/그는 원래 산동에 살았다.

＊【原材料－재료】yuáncáiliào 통원료와 재료. 원자재.

【原初－초】yuánchū 통최초에. 처음. (同)〔起初, 原先〕

【原定－정】yuándìng 통원래 정하다. ◇~计划有了变动/원래의 계획이 변동이 생겼다.

【原动机－동기】yuándòngjī 통〈機〉원동기.

【原动力－동력】yuándònglì 통원동력.

【原封－봉】yuánfēng (~儿)통개봉하지 않은 것. 원래의 모양 그대로의 것. ◇~退回/원래 있는 그대로 돌려주다.

【原封不动－봉부동】yuán fēng bù dòng 개봉하거나 손대지 않은 상태이다. 원래 모양대로이다. (反)〔面目全非 miàn mù quán fēi〕

【原稿－고】yuángǎo 통원고. 초고.

＊【原告－고】yuángào 통〈法〉원고. (同)〔原告人〕, (反)〔被告 bèigào〕

【原鸽－합】yuángē 통〈鳥〉양비둘기. (同)〔野 yě 鸽〕

【原故-고】yuángù (同)〔缘 yuán 故〕
【原籍-적】yuánjí 몡원적. (同)〔土 tǔ 籍〕,
(反)〔客 kè 籍〕
【原价-가】yuánjià〈經〉원가.
【原件-건】yuánjiàn 몡원본.
★【原来-래】yuánlái 1몡튀원래. 본디. ◇
～的计划/원래의 계획. ◇我～抽烟, 现在
不抽烟了/난 원래 담배를 피웠지만, 지금
은 피우지 않는다. 2몡알고 보니. 〔몰랐
던 사실을 새로 알게 됐을 때 하는 말〕
◇你～是这样的朋友!/알고 보니 넌 이런
친구였구나!
*【原理-리】yuánlǐ 몡원리. ◇数学的基本～
/수학의 기본원리.
【原粮-량】yuánliáng 몡1벼. 2겉곡(식).
★【原谅-량】yuánliàng 통양해하다. 용서하
다. ◇我来晚了, 请～/내가 늦게 왔습니
다. 용서해 주세요. (反)〔责备 zébèi〕
☆【原料-료】yuánliào 몡원료.
【原煤-매】yuánméi 몡〈礦〉원탄. 〔선광하
지 않은 석탄〕
【原棉-면】yuánmián 몡〈紡〉원면.
【原名-명】yuánmíng 몡본명.
【原木-목】yuánmù 몡〈林〉원목.
【原配-배】yuánpèi 몡조강지처. (同)〔元
yuán 配〕
【原人-인】yuánrén (同)〔猿 yuán 人〕
【原色-색】yuánsè 몡〈色〉원색. (同)〔基
jī 色〕
【原审-심】yuánshěn 몡〈法〉원심.
【原生动物-생동물】yuánshēng- dòngwù
몡〈動〉원생동물. 대개는 단세포동물.
【原生矿物-생광물】yuánshēng- kuàngwù
몡〈礦〉원생광물. 초생 광물.
【原生质-생질】yuánshēngzhì (同)〔原形
xíng 质〕
【原声带-성대】yuánshēngdài 몡(악단·
배우가 녹음실에서 만든) 원본 테이프.
*【原始-시】yuánshǐ 1몡몡원시(의). 최초
(의). ◇～资料/일차 자료. 2몡몡원시(의).
◇～森林/원시림. (反)〔开化 kāihuà〕
【原始公社-시공사】yuánshǐ gōngshè 몡
〈經〉원시 공동체.
【原始积累-시적뤼】yuánshǐ jīlěi 몡〈經〉
원시(적) 축적. 본원적 축적.
【原始群-시군】yuánshǐqún 몡〈史〉원시적
집단.
【原始社会-시사회】yuánshǐ shèhuì 몡
〈史〉원시 사회.
【原诉-소】yuánsù 몡〈法〉원고(原告)의
소송.
【原索动物-삭동물】yuánsuǒ dòngwù 몡
〈動〉원삭 동물.
【原汤-탕】yuántāng 몡중국 요리에서 재

료를 찌거나 삶은 뒤에 남은 진국.
【原田-전】yuántián 몡〈方〉고원에 있는 밭.
【原委-위】yuánwěi 몡(사건의) 경위. 본
말. 자초지종.
【原文-문】yuánwén 몡(번역하거나 인용
한 글의) 원문.
【原物-물】yuánwù 몡1(～儿)원래의 것.
2〈法〉원물(元物).
*【原先-선】yuánxiān 몡튀처음. 애초. 본래.
◇他们同意按照～的计划做/그들은 본래
의 계획대로 하는 것에 대해 동의했다.
【原线圈-선권】yuánxiànquān 몡〈物〉일
차 코일. 제일 코일.
【原形-형】yuánxíng 몡원형. 프로토타이
프(prototype).
【原形毕露-형필로】yuán xíng bì lù 〈成〉
정체가 여지없이 드러나다. 진상이 폭로
되다. (反)〔涂脂抹粉 tú zhī mǒ fěn〕
【原型-형】yuánxíng 몡1원형. 기본 모양.
2(문학 작품의) 모델이 되는 실생활 속
의 사람.
【原盐-염】yuányán 몡〈化〉본염(本鹽).
【原样-양】yuányàng (～儿)몡원래의 모
양이나 양식.
【原野-야】yuányě 몡평야. 벌판.
【原意-의】yuányì 몡본심. 원뜻. 본래의
의도.
☆【原因-인】yuányīn 몡원인. ◇成功的～/
성공의 원인. (反)〔结果 jiéguǒ〕비교原
因:缘故 구체적인 원인 앞 또는 뒤에는
"缘故"를 써야 한다. ◇我身体不好, 这是
我平时不注意锻炼的(×原因)缘故/내 몸
이 좋지 않은 것은 내가 평소에 운동을
하지 않는 까닭이다.
【原由-유】yuányóu (同)〔缘 yuán 由〕
*【原油-유】yuányóu 몡〈礦〉원유.
【原有-유】yuányǒu 몡기존의. ◇这些人
包括～职工, 都是下岗的/기존의 종업원을
포함한 이 사람들은 모두 실직자들이다.
【原宥-유】yuányòu 통〈文〉양해하다. 용
서하다.
【原原本本-원본본】yuányuánběnběn 처
음부터 끝까지. 자초지종. (同)〔元元本本
yuán yuán běn běn〕, (反)〔掐头去尾 qiā
tóu qù wěi〕
☆【原则-칙】yuánzé 몡원칙. ◇我们～上同
意这个计划/우리는 원칙적으로 이 계획
에 동의한다. 비교原则:根本 "全然"(전
혀, 도무지)의 뜻을 나타낼 때는 "原则"
를 쓰지 않는다. ◇这是(×原则)根本不
同的社会制度/이것은 근본적으로 다른
사회제도이다.
【原址-지】yuánzhǐ 몡전 주소.
【原纸-지】yuánzhǐ 몡〈紙〉(등사용) 원지.

【原主－주】(～儿)yuánzhǔ 圀원래의 주인. 전 소유주.

【原著－저】yuánzhù 圀원저. 원작.

【原裝－장】yuánzhuāng 圀1이미(원래) 조립된 것. 2이미(원래) 포장된 것.

【原状－상】yuánzhuàng 圀원상. 원래의 상태.

✱✱【原子－자】yuánzǐ 圀〈物〉원자.

✱✱【原子彈－자탄】yuánzǐdàn 圀〈軍〉원자 폭탄. 원자탄.

【原子反应堆－자반응퇴】yuánzǐ fǎnyìngduī 圀〈原〉원자로.

【原子核－자핵】yuánzǐhé 圀〈物〉원자핵.

【原子价－자가】yuánzǐjià 圀〈物〉원자가.

【原子量－자량】yuánzǐliàng 圀〈物〉원자량.

✱【原子能－자능】yuánzǐnéng 圀〈原〉원자력. (同)〔核 hé 能〕

【原子团－자단】yuánzǐtuán 圀〈化〉원자단.

【原子武器－자무기】yuánzǐ wǔqì (同)〔核 hé 子武器〕

【原子序数－자서수】yuánzǐ xùshù 圀〈物〉원자 번호.

【原子钟－자종】yuánzǐzhōng 圀원자 시계.

【原作－작】yuánzuò 圀(번역·각색·개정본의 근거가 되는) 원작.

✱【源】氵部 yuán 10画 근원 원
圀1수원. 물 근원. ◇河～/강의 근원. 2(사물의) 근원. 출처. 원천. ◇資～/자원. (同)〔根 gēn〕3(Yuán)圀성(姓).

【源流－류】yuánliú 圀원류.〈喩〉(사물의) 기원과 발전.

✱【源泉－천】yuánquán 圀원천. ◇～找到了/원천을 찾아냈다.

【源头－두】yuántóu 圀수원. 발원지. 원천.

【源源－원】yuányuán 圀연이어 계속되는 모양.

【源源本本－원본본】yuányuán běnběn (同)〔原 yuán 原本本〕

【源远流长－원류장】yuán yuǎn liú cháng〈成〉근원은 멀고 흐름은 길다. 역사나 전통이 오래다.

【羱】羊部 yuán 10画 들양 완
【羱羊－양】yuányáng 圀〈動〉야생 산양.

【猿(猨)】犭部 yuán 10画 원숭이 원
圀〈動〉원숭이. 유인원(類人猿).

【猿猴－후】yuánhóu 圀〈動〉유인원과 원숭이.

✱✱【猿人－인】yuánrén 圀〈考古〉원인.

【辕·轅】车部 yuán 10画 끌채 원
圀1(～子)(수레의) 끌채. 2(軍營)의 문. ◇行～/관리의 여행도중 임시 사무실.

【辕马－마】yuánmǎ 圀끌채를 매어 끌게 하는 말. 끌채 매운 말.

【辕门－문】yuánmén 圀1군영의 문. 2관청의 바깥문.

【辕子－자】yuán·zi 圀끌채. 수레채.

【缘·緣】纟部 yuán 9画 인연 연
1圀까닭. 이유. ◇无～无故/아무런 이유도 없다. 2동(방법·이유 따위에) 의하다. 기인하다. ◇～何到此?/무슨 이유로 여기에 왔느냐? 3圀인연. 연고. ◇人～/인연. 4동따르다. 5圀가.

【缘簿－박】yuánbù 圀사원(寺院)에 시주를 권유하기 위한 희사 장부.

【缘分－분】yuánfèn 圀인연. 연분.

✱【缘故－고】yuángù 圀까닭. 원인. 이유. ◇他这样生气, 不知什么～/그가 이렇게 화를 내는 것이 무슨 까닭에서인지 모르겠다. (同)〔原 yuán 故〕

【缘何－하】yuánhé〈文〉왜. 어째서.

【缘木求鱼－목구어】yuán mù qiú yú〈成〉나무에 올라 물고기를 구하다. 우물에 가서 숭늉달라 한다.

【缘起－기】yuánqǐ 圀1(일이 일어난) 원인. 2발기의 취지문.

【缘由－유】yuányóu 圀연유. 원인. 이유.

【圜】口部 yuán 13画 돌릴 환
(同)〔圆 yuán〕⇒huán

yuǎn

★【远·遠】辶部 yuǎn 4画 멀 원
1톙(거리상) 멀다. ◇别走～了/멀리 가지 마세요. ◇到山顶上挺～的/산 정상에 가는 것이 꽤 멀다. (反)〔近 jìn〕2톙(시간상) 멀다. 오래다. ◇眼光要放～一些, 不能只顾眼前的利益/안목을 좀 멀리 내다봐야 눈앞에 이익만 챙기면 안 된다. 3톙(사이가) 멀다. 소원하다. ◇～亲/먼 친척. (反)〔近 jìn〕4톙(차이가) 크다. 심하다. ◇这家饭店～比别家好/이 호텔은 다른 호텔보다 훨씬 좋다. 비교远远: 完全 "远远"이 부정부사 "不"와 같이 사용할 때는 "相同"을 수식하지 않는다. ◇双方所持的立场(×远远)完全不相同/양측이 고수하는 입장은 완전히 다르다. 5동멀리하다. ◇敬而～之/존경하되 가까이 하지는 않는다. 6(Yuǎn)圀성(姓).

【远程－정】yuǎnchéng 톙장거리의. 먼 거리의. (同)〔长途 chángtú〕, (反)〔短途 duǎntú〕

【远处－처】yuǎnchù 圀먼 곳. 먼 데. ◇我

看见一个人从～走来/난 한 사람이 멀리서 걸어오는 것이 보인다. (同)〔远方 fāng〕, (反)〔近 jìn 处〕

*【远大—대】yuǎndà 웹원대하다. ◇前途～/미래가 원대하다. (反)〔短浅 duǎnqiǎn〕

【远道—도】yuǎndào 웹먼 길.

【远地点—지점】Yuǎndìdiǎn 웹〈天〉원지점.

*【远东—동】yuǎndōng 웹〈地〉극동.

*【远方—방】yuǎnfāng 웹먼 곳.

【远房—방】yuǎnfáng 웹웹먼 친척(의). 먼 일가(의).

【远隔重洋—격중양】yuǎn gé chóng yáng 〈成〉바다를 사이에 두고 멀리 떨어지다.

【远古—고】yuǎngǔ 웹상고. 먼 옛날.

【远航—항】yuǎnháng 웹원양 항해.

【远见—견】yuǎnjiàn 웹멀리 내다보는 식견. 선견. 예지. (反)〔短 duǎn 见〕

【远见卓识—견탁식】yuǎn jiàn zhuō shí 〈成〉선견지명. (反)〔浅见寡闻 qiǎn jiàn guǎ wén〕

【远交近攻—교근공】yuǎn jiāo jìn gōng 〈成〉먼 나라와 친교를 맺고 가까운 나라를 공격하는 정책.

【远郊—교】yuǎnjiāo 웹먼 교외. 〔도심에서 좀 멀리 떨어진 교외〕(反)〔近郊〕

【远近—근】yuǎnjìn 웹1거리. 〔거리의 원근〕 2(～儿)(관계의) 친소(亲疏). 3먼 곳과 가까운 곳.

*【远景—경】yuǎnjǐng 웹1먼 경치. 2청사진. 장래의 설계도. ◇～规划/장기 계획. (反)〔近景 jìnjǐng〕

【远景规划—경규획】yuǎnjǐng guī·huà 웹장기 계획.

【远客—객】yuǎnkè 웹멀리서 온 손님.

【远虑—려】yuǎnlǜ 웹앞날을 멀리 헤아리는 마음.

【远略—략】yuǎnlüè 〈文〉웹원대한 계략.

【远门—문】yuǎnmén 1통집을 떠나 멀리 가다. (同)〔出远门〕 2웹먼 친척. 먼 일가. (反)〔远房〕

【远谋—모】yuǎnmóu 웹원대한 계획〔계략〕.

【远亲—친】yuǎnqīn 웹먼 친척. (反)〔近亲〕

【远日点—일점】yuǎnrìdiǎn 웹〈天〉원일점.

【远射—사】yuǎnshè 웹통〈體〉롱 숏(long shoot)(하다).

【远视—시】yuǎnshì 1웹〈醫〉원시. 2웹안목이 넓다.

【远水不解近渴—불해근갈】yuǎnshuǐ bù jiě jìn kě 〈谚〉먼 곳의 물로는 당장의 갈증을 풀지 못한다. 1멀리 있는 것은 도움이 되지 않는다. 2먼 데 단 냉이보다 가까운 데 쓴 냉이. (同)〔远水解不了 liǎo 近渴〕

【远水救不了近火—수구불료근화】yuǎn shuǐ jiù bù liǎo jìn huǒ 〈成〉먼 데 물은 가까운 불을 끄지 못한다. 먼 데 있는 것은 절박할 때 도움이 안 된다. (同)〔远水不救近火〕

【远扬—양】yuǎnyáng 통멀리 전해지다. ◇声威～/명성이 멀리 전해지다.

【远洋—양】yuǎnyáng 웹원양.

【远因—인】yuǎnyīn 웹간접적인 원인. (反)〔近 jìn 因〕

【远征—정】yuǎnzhēng 통원정하다.

【远志—지】yuǎnzhì 웹1〈文〉원대한 뜻. 큰 포부. 2〈植〉원지. 영신초(靈神草).

【远走高飞—주고비】yuǎn zǒu gāo fēi 〈成〉궁지에서 벗어나기 위해 멀리 도망치다. 줄행랑치다.

【远足—족】yuǎnzú 웹소풍. 피크닉.

【远祖—조】yuǎnzǔ 웹원조. 먼 조상.

yuàn

【苑】卄部 | yuàn
5画 | 나랏동산 **원**
웹1〈文〉동물을 기르거나 진귀한 식물을 키우던 곳. 〔보통 고대(古代)의 제왕(帝王)의 화원(花園)을 말함〕◇鹿～/사슴 사육장. 2〈文〉(학술·문예의) 중심지. ◇艺 yì～/예원. 3(Yuàn)성(姓).

＊＊【怨】心部 | yuàn
5画 | 원망할 **원**
1웹원한. ◇面有～色/얼굴에 원망의 빛이 가득하다. (反)〔德 dé〕 2원망하다. 책망하다.

【怨不得—불득】yuàn·bu·de 1탓할 수 없다. 원망해서는 안 된다. 2…인 것은 당연하다. 무리가 아니다.

【怨毒—독】yuàndú 〈文〉1웹원한. 2통몹시 증오하다. ∥(同)〔仇恨 chóuhèn〕

【怨怼—대】yuànduì 웹〈文〉원한. (同)〔怨恨 hèn〕

【怨愤—분】yuànfèn 통〈文〉원망하며 분노하다.

【怨府—부】yuànfǔ 웹〈文〉모든 사람의 원망의 대상.

【怨恨—한】yuànhèn 1통원망하다. 미워하다. ◇他只～自己不争气/그는 단지 자신이 변변치 못함을 원망할 따름이다. 2웹원한. 증오.

【怨偶—우】yuàn'ǒu 웹〈文〉화목하지 못한 부부. (反)〔佳偶 jiā·ǒu〕

【怨气—기】yuànqì 웹분노.

【怨声载道—성재도】yuàn shēng zài dào 〈成〉원성이 도처에 자자하다. (反)〔口碑载道 kǒu bēi zài dào〕

【怨天尤人—천우인】yuàn tiān yóu rén

〈成〉하늘을 원망하고 남을 탓하다. 잘못된 것을 다른 데서 찾고 자신에게 찾지 않는다.

【怨望―망】yuànwàng〈文〉(同)〔怨恨 hèn〕

【怨言―언】yuànyán 图원망의 말. 불평. ◇条件这么艰苦, 可大家没有一句～/힘들고 어려운 여건에서도 모두들 불평 한마디 없다.

【怨艾―애】yuànyì 图〈文〉원망하다.

☆【院】阝部 yuàn
7画 학교 원
图1(～儿)(담이나 울짱으로 둘러싼) 뜰. ◇～里种了几棵枣树/뜰에 대추나무 몇 그루를 심었다. 2정부 기관이나 공공 장소. ◇法～/법원. ◇电影～/영화관. 3단과대학. 대학의 학부. ◇文学～/인문대학. 4병원. ◇住～/입원하다. ◇出～/퇴원하다. 5(Yuàn)성(姓).

【院本―본】yuànběn 图원본. 1금원(金元)시대 行院에서 행한 중국 전통극의 각본. 2명청(明清)시대의 '杂剧'과 '传奇'.

【院画―화】yuànhuà 图송대(宋代) 선화(宣和) 연간에 조정의 화원(畫院)에서 그린 그림.

【院落―락】yuànluò (同)〔院子 ·zi〕

【院士―사】yuànshì 图과학원·아카데미(academy) 등의 회원.

【院校―교】yuànxiào 图〈略〉단과 대학과 대학교.

☆【院长―장】yuànzhǎng 图1병원 원장. 2단과 대학 학장.

☆【院子―자】yuàn·zi 图뜰. 안뜰. ◇我们家有个～, 种了许多花/우리집에 정원이 하나 있는데 꽃을 많이 심었다.

＊＊【愿·²~⁴願】厂部 心部 yuàn
12画 10画 원할 원
1图〈文〉성실하고 신중하다. ◇谨～/근실하다. 2图소원. 염원. 바람. ◇平生之～/평생의 소원. ◇这回分到了房子, 总算如～以偿了/이번에 집을 분배받은 것은 드디어 소원대로 이루어진 셈이다. 3图바라다. 원하다. ◇她很～去青岛旅游/그녀는 청도에 여행가고 싶다. 4图〈신불(神佛)에게 하는) 기원. 소원. ◇我许的～至今还没兑现/내가 빈 소원은 아직까지 실현되지 않았다.

☆【愿望―망】yuànwàng 图소망. 소원. ◇她出国进修的～终于实现了/그녀의 해외 유학의 소망이 드디어 이루어졌다. 匣교愿望:希望 ①가능성을 나타낼 때는 "愿望"을 쓰지 않는다. ◇实验虽然遇到种种困难, 但还有成功的(×愿望)希望/실험은 비록 많은 어려움에 부딪혔지만 성공할 가능성은 아직 있다. ②"愿望"은 동사로 쓰이지 않아 목적어를 취하지 않는다. ◇同学们都(×愿望)希望考上工科大学/학우들은 모두 공과대학에 합격하기를 바란다.

【愿心―심】yuànxīn 图신불(神佛)에게 발원(發願)할 때 바치는 돈이나 예물. 2희망. 바람. 원하다. 원하는 것.

★【愿意―의】yuàn·yì 1图…하고 싶어하다. …기꺼이 하다. ◇大家都～帮下岗工人/모두들 실직노동자를 기꺼이 돕는다. (同)〔情愿 qíngyuàn〕, (反)〔不愿 bùyuàn〕 2图희망하다. 바라다. 원하다. ◇他～女朋友留在自己身边/그는 애인이 자기 곁에 있어 주기를 바랐다. 匣교愿意:同意 ①"愿意"는 명사 목적어를 갖지 않는다. ◇他不(×愿意)同意我的看法/그는 내 견해를 동의하지 않았다. ②기꺼이 원해서 어떤 일을 하는 게 아니라면 "愿意"를 쓰지 않고 형용사 "勉强"의 수식도 받지 않는다. ◇他勉强(×愿意)同意了/그는 마지못해 동의했다.

yuē

＊【曰】曰部 yuē
0画 말할 왈
图〈文〉1말하다. 가로되. ◇其谁～不然?/그 누가 그렇지 않다고〔아니라고〕 하는가? 2…라고 부르다. ◇名之～农民学校/이름을 농민 학교라고 부른다.

☆【约·約】纟部 yuē
3画 맺을 약
1图약속하다. 기약(하다). ◇我们～了见面的时间和地点/우리는 만날 시간과 장소를 약속했다. 2图초대하다. ◇～她来了/그녀를 초청해왔다. ◇星期天～了几个朋友, 在家喝了几杯/일요일에 친구를 몇 명 불러서 집에서 술 몇잔 마셨다. 3图약속. 약조. ◇我跟他定了～, 必须半年内交货/나는 반드시 반 년내 물건을 주기로 그와 약속을 했다. 4图구속하다. 제약하다. ◇制～/제약(하다). 5图줄이다. 간단히 하다. ◇节 jié一/절약(하다). 6图간단하다. ◇由博这~/복잡한 것을 간단하게 하다. 7图대략. 약. 대체로. ◇教室里～有五十人/교실에 약 50명이 있다. 8图〈数〉약분하다. ◇5/10可以～成1/2/ 5/10는 1/2로 약분할 수 있다. ⇒ yāo

【约定―정】yuēdìng 图图약정(하다). 상의하여 확정하다.

【约定俗成―정속성】yuē dìng sú chéng〈成〉관습이 오래 행해져 사회적으로 인정되다.

【约法―법】yuēfǎ〈法〉图잠정 헌법.

【约法三章―법삼장】yuē fǎ sān zhāng〈成〉

간단한 규정을 정하고 그 준수를 약정함.

【约分一분】yuē∥fēn 〈數〉1᠍᠍᠍᠍동약분하다. 2(yuēfēn)명약분.

☆【约会一회】yuē·huì 1동만날 약속을 하다. ◇他和李小姐～明天九点钟见面/그는 이 양과 내일 9시에 만나기로 약속했다. [比교]约会:约好 사전에 언약이 있는 경우에는 "约会"를 쓰지 않는다. ◇我跟他(×约会)约好，我以后发给他/난 나중에 그에게 시집가겠다고 그와 약속했다. 2(～儿)만날 약속. ◇下午我要去赴个～/오후에 나는 약속을 지키러 가야 한다.

【约集一집】yuējí 동불러 모으다.

【约计一계】yuējì 명동어림계산(을 하다).

【约据一거】yuējù 명약정서. 계약서.

【约略一략】yuēlüè 부1대략. 대개. (反)〔精确 jīngquè〕2마치 …인 듯하다.

【约莫一막】yuē·mo 부대략. 아마도.

【约期一기】yuēqī 1동기일을 정하다. 2명약속한 날짜. 3명계약 기한.

【约请一청】yuēqǐng 명동초대(하다). 초청(하다). (同)〔邀 yāo 请〕

＊【约束一속】yuēshù 1동단속〔구속〕하다. 제약〔제한〕하다. ◇用纪律～自己/기율로 자신을 제약하다. (同)〔拘束 jūshù〕, (反)〔放任 fàngrèn〕2명구속. 제약. 제한. ◇每个人的行动都要受法律的～/모든 사람의 행위는 모두 법적 구속을 받게 된다.

【约数一수】yuēshù 명1(～儿)대략의 숫자. 2〈數〉약수.

【约同一동】yuētóng 동초대하여 함께 하다.

【约言一언】yuēyán 명동언약(하다).

yuě

【哕·噦】 口部 yuě
　　　　　 6画 방울소리 홰

1의 웩. 〔게워내는 소리〕◇～的一声吐 tù 了/웩하고 토했다. 2동구토하다.

yuè

★【月】 月部 yuè
　　　 0画 달 월

1명달. (反)〔日 rì〕2명월. 1년의 12분의 1. ◇上一/지난 달. ◇这孩子才两个～/이 아이는 겨우 두 달 됐다. 3형매월〔매달〕의. ◇我的～收入为800元/나의 월 수입은 800원이다. 4명달처럼 둥근 것.

【月白一백】yuèbái 명〈色〉옅은 황색을 띤 흰빛.

【月半一반】yuèbàn 명(음력) 보름.

【月报一보】yuèbào 명1월보. (간행물의) 월간. 2명예보고.

【月饼一병】yuè·bing 명월병. 〔중국에서 중추절에 먹는 과자의 이름〕

【月城一성】yuèchéng 명〈文〉성문 밖으로 반달모양으로 돌출한 부성(副城). 옹성(甕城). (同)〔瓮 wèng 城〕

【月初一초】yuèchū 명월초.

【月底一저】yuèdǐ 명월말.

【月度一도】yuèdù 명(계산 단위로써의) 1개월. 〔계산 단위로써의 한 달〕

＊【月份一분】yuèfèn (～儿)명(1개)월분.

【月份牌一분패】yuèfènpái (～儿)명〈口〉월분패. 〔옛날, 한 장으로 된 달력, 현재는 일반 달력으로 일컬어짐〕

【月工一공】yuègōng 명달로 정한 고용인.

【月宫一궁】yuègōng 명1월궁. 달 속의 궁전. 2달의 다른 이름.

＊＊【月光一광】yuèguāng 명달빛.

【月桂树一계수】yuèguìshù 명〈植〉월계수.

【月黑天一흑천】yuèhēitiān 명달없는 어두운 밤. 〔음력 월초 또는 월말의 밤〕

【月华一화】yuèhuá 명1〈文〉달빛. 2〈天〉달무리.

【月季一계】yuèjì 명〈植〉월계화.

【月经一경】yuèjīng 명〈生理〉1월경. 달거리. 2월경기간에 나오는 피.

【月刊一간】yuèkān 명(신문·잡지 따위의) 월간.

【月老一로】yuèlǎo (同)〔月下老人 yuè xià lǎo rén〕

【月历一력】yuèlì 명한장에 1달짜리 달력.

【月利一리】yuèlì 명월리.

【月例一례】yuèlì 명월례.

★【月亮一량】yuè·liang 명달. (同)〔太阴 tàiyīn〕, (反)〔太阳 tàiyáng〕

【月亮门儿一량문아】yuè·liangménr 명정원의 담에 둥근 달 모양으로 뚫은 문.

【月令一령】yuèlìng 명(기후나 사물의) 달에 따른 변화.

【月轮一륜】yuèlún 명둥근 달.

【月杪一초】yuèmiǎo 명〈文〉월말. (同)〔月底 dǐ〕

【月末一말】yuèmò 명월말. (同)〔月底 dǐ〕

【月票一표】yuèpiào 명월정(月定) 정기권(定期券).

【月钱一전】yuè·qian 명(가족이나 점원에게 주는) 한 달 용돈.

【月琴一금】yuèqín 명〈音〉월금.

★【月球一구】yuèqiú 명〈天〉달. 〔학술 용어〕

【月色一색】yuèsè 달빛. (同)〔月光 guāng〕

【月石一석】yuèshí 명1〈礦〉월장석. 2〈中藥〉'硼砂'(붕사)의 다른 이름.

【月食一식】yuèshí 명〈天〉월식.

【月台－대】yuètái 몡1옛날, 달구경을 위해 쌓은 대(臺). 2(궁전의) 정전(正殿) 앞쪽에 돌출해 난간이 있는 대(臺). 3(역의) 플랫폼(platform). ◇二号~/2번 플랫폼. (同)[站台 zhàntái]

【月台票－대표】yuètáipiào 몡(플랫폼의) 입장권.

【月头儿－두아】yuètóur 몡1만 한 달. 〔매월 지불하는 돈에 관하여 쓸 때가 많음〕 2월초. (同)〔月初 chū〕

【月尾－미】yuèwěi 몡월말. (同)[月末 mò]

【月息－식】yuèxī (同)[月利 lì]

【月下老人－하노인】yuèxià lǎorén〈成〉혼인을 주관한다는 신선. 중매인. 중매장이.

【月相－상】yuèxiàng 몡〈天〉월상. 달의 위상.

【月薪－신】yuèxīn 몡월급.

【月牙－아】yuèyá (～儿)몡〈口〉초승달. (同)〔月芽 yá〕

【月夜－야】yuèyè 몡달밤.

【月晕－훈】yuèyùn 몡달무리. (同)[风圈 fēngquān]

【月氏－씨】Yuèzhī 몡〈史〉(대)월지. 〔중국 고대에 서역(西域)에 있던 나라 이름〕

【月中－중】yuèzhōng 몡중순.

【月终－종】yuèzhōng 몡월말. (同)[月底 dǐ]

【月子－자】yuè·zi 몡1해산후 한 달. 산후 조리기간. 산욕기(産褥期). 2분만하는 시기.

【月子病－자병】yuè·zibìng 〈醫〉'产褥热'(산욕열)의 통칭.

【乐·樂】 丿部 | yuè
         4画 | 풍류 악

몡1음악. ◇音~/음악. ◇奏~/음악을 연주하다. ◇西~/서양 음악. 2(Yuè)성(姓). ⇒lè

【乐池－지】yuèchí 몡〈音〉관현악단 박스.

*【乐队－대】yuèduì 몡〈音〉악단. 밴드.

【乐府－부】yuèfǔ 몡1악부. 〔한시(漢詩)의 한 형식〕 2악부에서 수집한 민가나 이를 모방한 문인의 작품. 악부가요.

【乐歌－가】yuègē 몡〈音〉1음악과 노래. 2(반주가 있는) 가곡.

【乐户－호】yuèhù 몡1〈史〉악호. (여자 죄수 중에서 징용한) 관청 소속의 음악을 연주하던 관기. (同)[乐籍 jí] 2기원(妓院). 기생집.

【乐理－리】yuèlǐ 몡음악 이론.

【乐律－률】yuèlǜ 몡음률. (同)[音 yīn 律]

【乐谱－보】yuèpǔ 몡악보.

**【乐器－기】yuèqì 몡악기.

*【乐曲－곡】yuèqǔ 몡악곡. 음악 작품. ◇~名/곡목.

【乐团－단】yuètuán 몡〈音〉악단.

【乐舞－무】yuèwǔ 몡〈舞〉음악 반주가 있는 춤.

【乐音－음】yuèyīn 몡〈物〉가락소리. 악음. (反)[噪 zào 音]

【乐章－장】yuèzhāng 몡〈音〉악장.

【岳(嶽)】 山部 | yuè
         5画 | 뫼 악

몡1높은 산. 2아내의 부모나 삼촌의 칭호. ◇叔~/처숙부. 3(Yuè)성(姓).

【岳父－부】yuèfù 몡장인. (同)[岳丈 zhàng]

【岳家－가】yuèjiā 몡처가.

【岳母－모】yuèmǔ 몡장모.

【岳丈－장】yuèzhàng (同)[岳父 fù]

【悦】 忄部 | yuè
        7画 | 기뻐할 열

1동기뻐하다. ◇喜~/희열. 2동즐겁게 하다. ◇~耳/듣기 좋다. 3(Yuè)몡성(姓).

【悦耳－이】yuè'ěr 혱듣기에 좋다. (同)[好听 hǎotīng], (反)[刺耳 cì'ěr]

【悦服－복】yuèfú 동마음속으로 탄복하다.

【悦目－목】yuèmù 혱보기에 아름답다. (同)[好看 hǎokàn], (反)[刺目 cìmù]

*【阅·閱】 门部 | yuè
          7画 | 읽을 열

1동읽다. 열람하다. ◇~览/열람하다. 읽다. 2동사열하다. ◇~兵/군대를 사열하다. 3동겪다. 지나다. ◇~历/스스로 체험하다.

【阅兵－병】yuè// bīng 동〈軍〉군대를 사열하다.

☆【阅读－독】yuèdú 동읽다. ◇这些文献我~了好几遍了/나는 이 문헌들을 꽤 여러 번이나 읽었다.

【阅卷－권】yuè// juàn 동〈文〉시험 답안을 평가하다.

【阅览－람】yuèlǎn 동보다. 읽다.

☆【阅览室－람실】yuèlǎnshì 몡열람실.

【阅历－력】yuèlì 1동스스로 체험하다. 겪다. 2몡경험. 경력.

【阅世－세】yuèshì 동〈文〉세상을 경험하다.

【钺(戉)】 钅部 | yuè
         5画 | 도끼 월

몡월. 청동이나 쇠로 만든 큰 도끼 모양의 고대 무기.

**【越】 走部 | yuè
        5画 | 넘을 월

1동넘다. 넘어가다. ◇我从来没有~过这么高的大山/나는 이렇게 높은 산을 한번도 넘어본 적이 없다. 比교越过:摆脱 "危机"는 "越过"의 목적어로 쓰이지 않는다. ◇那个国家能够(×越过)摆脱这次经济危机吗?/저 국가는 이번 경제위기를 벗어날 수 있겠어요? 2동도를 넘다. 순서를 밟지 않다. ◇由于学习成绩优异, 她~了一级/성적이 좋기 때문에 그녀는 한

학년을 월반했다. 3[동](음성·감정이) 높아지다. 드높아지다. ◇声音清～/소리가 맑고 높게 울리다. 4[동]빼앗다. 약탈하다. ◇杀人～货/살인을 하고 물건을 빼앗다. 5[부]점점. 더욱 더. …하면 할수록 …하다. ◇雨～下～大，看来一时半会儿停不了/비가 점점 더 크게 내려서 잠깐 사이에 그치지 않겠다. 6(Yuè)[명]〈史〉월나라.〔주대(周代)의 나라 이름으로, 절강성(浙江省) 동부(東部)에 있었음〕 7(Yuè)[명]〈地〉절강성 동부. 8(Yuè)[명]성(姓).

*【越冬－동】yuèdōng [동](동식물이) 월동하다. 겨울을 나다.

【越冬作物－동작물】yuèdōng zuòwù [명]월동 작물.

【越发－발】yuèfā 1[부]더욱. 한층. ◇两年不见，这姑娘～长得漂亮了/2년을 못 만났더니 이 아가씨는 더욱 예뻐졌다. 2…할수록 …하다.〔앞 문장의 '越' 또는 '越是'와 호응하여 쓰임〕 ◇心里越是兴奋，就～说不出话来/흥분할수록 말이 더 안 나온다.

【越轨－궤】yuè// guǐ [동]1상궤(常軌)를 벗어나다. 2탈선하다.

*【越过－과】yuè// guò [동]넘다. 넘어가다. 건너가다. ◇～山峰/산봉우리를 넘어가다.

【越级－급】yuè// jí [동](통상적인 순서를 밟지 않고) 등급을 건너뛰다.

【越界－계】yuè// jiè [동]한계〔경계〕를 넘다.

【越境－경】yuè// jìng [동](불법으로) 국경을 넘다.

【越剧－극】yuèjù [명]〈演〉월극.〔절강성(浙江省)의 주요 지방극의 하나〕

☆【越来越…－래월…】yuèláiyuè… [부]점점. 더욱더. ◇天气～热了/날씨가 점점 더 더워진다. ◇～爱你/점점 더 당신을 사랑한다. [비교]越来越:很 "越来越"는 "每天"과 함께 사용하지 않는다. ◇每天来这里玩的人(×越来越)很多/매일 여기와서 노는 사람이 많다. [주의]a)'越来越'와 술어 사이에는 '很，比较，非常' 등 정도부사를 쓸 수 없다. ◇世界人口～多(×世界人口～很多)/세계인구가 점점 많아진다. b)'越来越'는 정도보어구조의 술어 앞에 올 수 없다. ◇他跑得～快了(×他～跑得快了)/그는 점점 빨리 된다. c)'越来越'는 부사이므로 주어 앞에 위치하지 않는다. ◇去中国的人～多了(×～去中国的人多了)/점점 중국에 가는 사람이 많아진다.

【越礼－례】yuèlǐ [동]예의에서 벗어나다.

【越权－권】yuè// quán [동]월권하다.

【越位－위】yuèwèi 1[동]월권하다. 2[명]〈體〉(축구 등에서 말하는) 오프사이드(offside).

【越野－야】yuèyě [동](도로가 없는) 들이나 산을 넘어가다.

【越野赛跑－야새포】yuèyě sàipǎo [명]〈體〉크로스 컨트리.

【越狱－옥】yuè// yù [동]탈옥하다.

☆【越…越…－…월…】yuè…yuè… …하면 할수록 …하다. ◇～多～好/많을수록 좋다. ◇脑子～用～灵/머리는 쓰면 쓸수록 좋아진다. (同)〔愈 yù …愈〕,〔越 5〕

【越俎代庖－조대포】yuè zǔ dài páo〈成〉월권 행위를 하다. 주제넘게 나서다.

*【跃·躍】 足部 4画 | yuè 뛸 약

[동]뛰다. 펄쩍 뛰다. ◇～居世界首位/세계 1위로 도약했다.

⁑【跃进－진】yuèjìn [동]1뛰어나가다. ◇他向前～，抓住了逃犯/그는 앞으로 뛰어나가 도주범을 붙잡았다. 2〈喩〉약진하다. 매진하다. 비약적으로 발전하다. ◇他的成绩～到全班第二名/그의 성적은 반전체 2등까지 뛰어올랐다.

【跃迁－천】yuèqiān [명]〈物〉천이(遷移).

【跃然－연】yuèrán [형]살아 움직이는 듯한 모양.

【跃跃欲试－약욕식】yuèyuè yù shì〈成〉해 보고 싶어 안달하다.

【粤(粵)】 丿部 11画 | 米部 6画 | yuè 어조사 월

[명]〈地〉1광동성(廣東省)과 광서성(廣西省). 2광동성의 다른 이름.

【粤菜－채】yuècài [명]광동 요리.

【粤剧－극】yuèjù [명]〈演〉월극. 광동 지방의 전통극.

yūn

【晕·暈】 日部 6画 | yūn 무리 훈

1[형](머리가) 어지럽다〔어찔어찔하다〕. ◇头～/머리가 어지럽다. 2[동]기절하다. 까무러치다. ◇～倒/기절하여 쓰러지다. 졸도하다. ⇒ yùn

【晕厥－궐】yūnjué [동]의식을 잃다. 졸도하다. (同)〔昏 hūn 厥〕, (反)〔苏醒 sūxǐng〕

【晕头转向－두전향】yūn tóu zhuàn xiàng〈成〉머리가 어지러워 방향을 잃다.

yún

★【云·³～⁵雲】 厶部 2画 | 二部 2画 | yún 구름 운

1[동]말하다. ◇不知所～/말한 것을 모르다. 2[조]〈文〉어조를 고르게 하는 어조사. ◇岁～暮矣!/이 한 해도 저물었구나! 3

Y

【云】구름. 4(Yún)⟨略⟩⟨地⟩운남성(雲南省). 5(Yún)圀성(姓).

【云鬢－빈】yúnbìn 圀⟨文⟩운빈. 여성의 숱이 많아 탐스러운 머리.

＊【云彩－채】yún·cɑi 圀⟨口⟩구름. ◇藍藍的天上没有一丝～/파란 하늘에 구름 한 점 없다.

【云层－층】yúncéng 圀구름층.

【云豆－두】yúndòu (同)〔芸 yún 豆〕

【云端－단】yúnduān 圀구름 속.

【云朵－타】yúnduǒ 圀구름 송이. 구름 덩이. 구름장.

【云贵－귀】Yún- Guì ⟨略⟩운남성(雲南省)과 귀주성(貴州省)의 합칭.

【云海－해】yúnhǎi 圀구름바다.

【云汉－한】yúnhàn 圀⟨文⟩1은하수. 2하늘.

【云集－집】yúnjí 통운집하다. (反)〔云散 sàn〕

【云锦－금】yúnjǐn 圀⟨紡⟩색채가 화려하고 구름모양의 무늬가 있는 중국의 고급 비단.

【云谲波诡－휼파궤】yún jué bō guǐ ⟨成⟩(구름과 파도처럼) 일이 변화 무쌍하다.

【云母－모】yúnmǔ 圀⟨礦⟩운모.

【云泥之别－니지별】yún ní zhī bié ⟨成⟩하늘과 땅 차이. 천양지차. (同)〔天壤之别 tiān rǎng zhī bié〕, (反)〔不相上下 bù xiāng shàng xià〕

【云片糕－편고】yúnpiàngāo 圀쌀가루에 우유와 설탕 등을 넣어 만든 장방형의 얄팍한 떡.

＊【云气－기】yúnqì 圀엷게 흐르는 구름.

【云雀－작】yúnquè 圀⟨鳥⟩종달새. 종다리.

【云散－산】yúnsàn 통구름처럼 흩어지다. (함께 있던 사람들이) 뿔뿔이 흩어지다. (同)〔星 xīng 散〕, (反)〔云集 jí〕

【云山雾罩－산무조】yún shān wù zhào ⟨成⟩1구름긴 산에 안개가 덮이다. 2말따위가 산만하여 무슨 뜻인지 종잡을 수 없다.

【云梯－제】yúntī 圀성채를 공격하거나 불을 끌 때 쓰는 높은 사다리.

【云头－두】yúntóu 圀⟨方⟩(뭉게) 구름.

【云头儿－두아】yúntóur 圀구름 무늬.

【云图－도】yúntú 圀⟨天⟩구름 사진.

【云雾－무】yúnwù 圀구름과 안개. ⟨喩⟩은 폐물이나 장애물.

【云霞－하】yúnxiá 圀1채운(彩雲). 아름답게 물들인 구름. 2구름과 놀.

【云消雾散－소무산】yún xiāo wù sàn ⟨成⟩구름처럼 사라지고 안개같이 흩어지다. (同)〔烟消云散〕

【云霄－소】yúnxiāo 圀높은 하늘.

【云崖－애】yúnyá 圀구름 속에 우뚝 솟은 절벽.

【云烟－연】yúnyān 圀구름과 연기. ⟨喩⟩(어떤 것이) 금방 사라진다.

【云翳－예】yúnyì 圀먹구름.

【云游－유】yúnyóu 통(승려가) 행각하다. 구름처럼 떠돌다.

【云雨－우】yúnyǔ 圀⟨喩⟩남녀간의 정교(情交).

【云云－운】yúnyún ⟨文⟩조운은 이러이러하다. 〔말이나 문구를 인용하여 마무리를 짓거나 생략함을 나타냄〕

【云蒸霞蔚－증하위】yún zhēng xiá wèi ⟨成⟩경치가 화려하고 아름답다. (同)〔云兴 x-īng 霞蔚〕

【芸・蕓】 ⧾⧾部 | yún
4画 | 평지 운

圀1⟨植⟩운향. 2⟨植⟩유채. 평지.

【芸豆－두】yúndòu 圀강남콩의 통칭. (同)〔云 yún 豆〕

【芸台－대】yúntái (同)〔油 yóu 菜〕

【芸香－향】yúnxiāng 圀⟨植⟩운향.

【芸芸－운】yúnyún 형⟨文⟩많은〔성한〕모양.

【芸芸众生－운중생】yúnyún zhòng shēng ⟨成⟩불교에서 말하는 살아있는 모든 것. 중생(衆生). (反)〔凤毛麟角 fèng máo lín jiǎo〕

【纭・紜】 纟部 | yún
4画 | 어지러울 운

【纭纭－운】yúnyún 형⟨喩⟩(언론이나 사건 등이) 잡다하고 난잡하다. 분분하다.

【耘】 耒部 | yún
4画 | 김맬 운

통김매다. 제초(除草)하다. ◇春耕夏～/봄에 논밭을 갈고 여름에 김매다.

【耘锄－서】yúnchú 圀⟨農⟩호미. 팽이.

＊【匀】 勹部 | yún
2画 | 고를 균

1형균등하다. 고르다. 2통균등하게 하다. 같게 하다. 3통일부를 빼서 융통하게 하다. 변통해 주다.

【匀衬－츤】yúnchèn (同)〔匀称 chèn〕

【匀称－칭】yún·chèn 형균형이 잡혀 있다. 고르다.

【匀兑－태】yúnduì 통고르게 하다. 평균화하다.

【匀和－화】yún·huo (又讀 yún·he) (～儿) 1통⟨口⟩고루 섞다. 균등히 혼합하다. 2형고르다. 균형이 잡히다.

【匀净－정】yún·jing 형(굵기・농도 따위의 정도가) 고르다. 균등하다.

【匀脸－검】yún// liǎn 통얼굴에 분을 바른 뒤 손으로 문질러 고르게 하다.

【匀溜－류】yún·liu (～儿)형⟨口⟩(농도・굵기 등이) 고르다. 균형잡혀 있다.

【匀实－실】yún·shi 형고르다. 균등하다.

【匀速运动－속운동】yúnsù yùndòng 몡
〈物〉등속(等速)운동.

【匀整－정】yúnzhěng 혱고르고 정연하다.

yǔn

【允】 ム部 儿部 yǔn
　　　2画 2画 믿을 윤

1동허가하다. 허락하다. ◇油库内不～抽烟/석유 창고에서 담배 피는 것을 허락하지 않다. 2혱공평하다. 적당하다. ◇公～/공평하다.

【允当－당】yǔndàng 혱적당하다. 타당하다.

【允诺－낙】yǔnnuò 동승낙(하다). 허락(하다). (同)〔答允 dāyǔn〕, (反)〔推托 tuītuō〕

☆【允许－허】yǔnxǔ 혱동허락(하다). 용납(하다). ◇不～任何外来干涉/어떤 외부 간섭도 용납하지 않다. ◇得到～/허가를 받다. (同)〔许可 xǔkě〕, (反)〔禁止 jìnzhǐ〕

【允准－준】yǔnzhǔn (同)〔允许 xǔ〕

【陨·隕】 阝部 yǔn
　　　　　7画 떨어질 운

동떨어지다. 추락하다.

【陨落－락】yǔnluò 동(운석이나 공중의 비행 물체가) 공중에서 떨어지다.

【陨灭－멸】yǔnmiè 동〈文〉1공중에서 떨어져 괴멸(壞滅)하다. 2죽다. 목숨을 잃다. (同)〔殒 yǔn 灭〕

【陨石－석】yǔnshí 몡〈天〉운석. (同)〔石陨星 xīng〕

【陨铁－철】yǔntiě 몡〈天〉운철.

【陨星－성】yǔnxīng 몡〈天〉운성. 유성.

【殒·殞】 歹部 yǔn
　　　　　7画 죽을 운

동1죽다. (同)〔逝 shì〕, (反)〔活 huó〕 2떨어지다. (同)〔陨〕

【殒灭－멸】yǔnmiè (同)〔陨 yǔn 灭〕

【殒命－명】yǔnmìng 동〈文〉죽다.

yùn

【孕】 子部 yùn
　　　2画 아이 잉

1동임신하다. ◇～育/양육하다. 임신. ◇有～/임신하다. 2몡태아. 임신.

【孕畜－축】yùnchù 몡새끼를 가진 가축.

【孕妇－부】yùnfù 몡임신부(妊身婦).

【孕期－기】yùnqī 몡〈醫〉임신 기간.

【孕穗－수】yùnsuì 동이삭을 배다.

【孕吐－토】yùntù 동〈醫〉입덧.

＊【孕育－육】yùnyù 동1낳아 기르다. 양육하다. 2〈喩〉품고 있다. 내포하다. ◇局势中

～着危险/정세에 위험이 내포되어 있다.

☆【运·運】 辶部 yùn
　　　　　4画 운수 운

1동(사물이) 움직이다. 운동하다. ◇～行/운행하다. 2동(물건을) 나르다. 운반하다. ◇这批货～到哪儿去?/이 물건은 어디로 운송해야 합니까? 3동운용하다. 움직이다. 4몡운. 운세. ◇恶～/악운. ◇他真交了好～了, 找到了这么如意的工作/그는 정말 운이 좋게도 마음에 드는 일을 찾았다. 5(Yùn)몡성(姓).

【运笔－필】yùnbǐ 몡운필(하다).

【运筹－주】yùnchóu 동계략을 꾸미다. 획책하다.

【运筹帷幄－주유악】yùnchóu wéiwò 〈成〉후방에서 책략을 세우다.

【运筹学－주학】yùnchóuxué 몡1〈經〉오퍼레이션 리서치(operations research). 오아르(O.R.). 2〈工〉인공 두뇌학. 사이버네틱스(cybernetics).

【运单－단】yùndān 몡〈經〉송장(送狀). 운송장.

【运道－도】yùn·dao 몡〈方〉운.

★【运动－동】yùndòng 몡운동. 1〈物〉(물체의) 운동. ◇某物体沿直线做加速～/어떤 물체가 직선을 따라 가속운동을 하고 있다. (反)〔静止 jìngzhǐ〕2〈哲〉운동. ◇～是物质存在的方式/운동은 물질의 존재 방식이다. 3〈體〉운동. 스포츠. ◇足球～越来越受到重视/축구운동은 점점 더 중시를 받고 있다. 4〈生理〉운동. ◇～觉/운동 감각. 5(정치·문화·생산 등의) 운동. 캠페인. 봉기. ◇竞选～/선거 운동. ◇农民～/농민 봉기. ◇文艺～/문예 운동. 田교运动:任务 "运动"은 동사 "完成"의 목적어로 쓰이지 않는다. ◇我们努力完成了种树(×运动)任务/우리는 나무 심기 임무를 열심히 끝냈다.

【运动－동】yùn·dong 동(어떤 목적을 위해) 로비를 벌이다. 손을 쓰다.

【运动场－동장】yùndòngchǎng 몡운동장.

【运动服－동복】yùndòngfú 몡운동복.

☆【运动会－동회】yùndònghuì 몡〈體〉운동회. ◇全国～/전국체전.

【运动健将－동건장】yùndòng jiànjiàng 몡〈體〉기준에 도달한 뛰어난 운동 선수에게 국가가 주는 칭호. 스포츠 영웅.

【运动量－동량】yùndòngliàng 몡〈物〉〈體〉운동량.

【运动神经－동신경】yùndòng shénjīng 몡〈生理〉운동 신경.

【运动学－동학】yùndòngxué 몡〈物〉운동학.

☆【运动员－동원】yùndòngyuán 몡〈體〉운동선수.

Y

【运动战－动战】yùndòngzhàn 图〈軍〉운동전.

【运费－비】yùnfèi 图운임. 운송비.

【运河－하】yùnhé 图운하.

【运脚－각】yùnjiǎo 图〈方〉운임.

【运斤成风－근성풍】yùn jīn chéng fēng〈成〉기술·기능이 최고 수준에 이르다. 능수능란하다.

【运力－력】yùnlì 图운송능력〔의 힘〕.

**【运气－기】yùn//qì 힘을 (몸의 한 부분으로) 모으다. ◇他一～, 把石块搬了起来/그는 힘을 한 번 모아 돌을 옮겼다. ⇒yùn·qi

【运气－기】yùn·qi 1图운명. 운세. 운수. ◇唉, ～老是不好/아이고, 운수가 늘 좋지 않군. 2图운이 좋다. 행운이다. (同)〔幸运 xìngyùn〕, (反)〔晦气 huì·qì〕

【运球－구】yùnqiú 图动〈體〉(구기 특히 농구에서) 드리블(하다).

☆【运输－수】yùnshū 图动운송(하다). 수송(하다). ◇～能力/운송 능력.

【运思－사】yùnsī 动구상하다. 사색하다.

*【运送－송】yùnsòng 动(사람·물자 등을) 운송하다. 수송하다. ◇～物资/물자를 운송하다.

*【运算－산】yùnsuàn 图动〈數〉운산(하다). 연산(하다).

【运算器－산기】yùnsuànqì 图〈電子〉(전자 계산기의) 연산장치.

【运销－소】yùnxiāo 图动운송 판매(하다).

*【运行－행】yùnxíng 动(주로 별·열차·선박 따위가) 운행하다. ◇列车～时, 请勿打开车门/열차가 운행중일 때는 열차 문을 열지 마십시오.

【运营－영】yùnyíng 图1(차량·선박 따위의) 운행과 영업. 2(회사·기업의) 경영.

☆【运用－용】yùnyòng 图动운용(하다). 활용(하다). ◇～你自己的判断力/네 자신의 판단력을 활용해라. ◇写文章, 要把词语～好/글을 쓰려면 어구를 잘 운용해야 한다. [비교]运用:动员 사람을 동원하여 어떤 활동에 참가시킬 때는 "运用"을 쓰지 않는다. ◇在建设中要把妇女力量(×运用)动员起来/건설하는 데 부녀자들을 동원시켜야 한다.

【运载－재】yùnzài 1动실어 나르다. 탑재 운반하다. 2图적재와 운송.

【运载火箭－재화전】yùnzài huǒjiàn 图캐리어 로케트.

**【运转－전】yùnzhuǎn 动1(정해진 궤도 위에서) 운행하다. ◇人造卫星围绕地球～/인공위성은 지구의 주위를 돈다. 2(기계가) 돌아가다. 움직이다. 3(조직·기관 따위가) 업무를 시작하다.

【运作－작】yùnzuò 动(조직·기관 따위가) 업무를 시작하다. 운영하다. ◇保证海关机构的正常～/세관의 정상적인 운영을 확보하다.

【酝·醞】酉部 yùn 4画 술빚을 온
〈文〉1动술을 빚다. 양조하다. 2图술.

*【酝酿－양】yùnniàng 动1술을 빚다. 술을 담그다. 〈喩〉준비작업하다. 다듬다. ◇他为恋人～着一首诗/그는 연인을 위해서 시 한 수를 다듬고 있다.

【韵(韻)】音部 yùn 4画 운 운
图1〈言〉운. 운모. ◇押 yā～/압운하다. 2듣기 좋은 소리. 3정취. 운치. 4(Yùn) 성(姓).

【韵白－백】yùnbái 图〈演〉경극(京劇)에서 전통적인 운을 밟은 대사.

【韵腹－복】yùnfù 图〈言〉'韵母'에서의 주요 모음.

【韵脚－각】yùnjiǎo 图〈言〉운각. 운문에서 압운하는 글자.

【韵律－율】yùnlǜ 图운율. 시가에서 평측(平仄)과 압운의 운용에 관한 규칙.

【韵母－모】yùnmǔ 图〈言〉운모. →〔声 shēng 母〕

【韵目－목】yùnmù 图〈言〉운목(韻目). 〔그 운을 대표하는 글자〕

【韵事－사】yùnshì 图〈文〉풍아(風雅)한 일.

【韵书－서】yùnshū 图성조에 따라 크게 나누어, 같은 운의 글자를 모아 배열한 자서(字書).

【韵头－두】yùntóu 图〈言〉운두. 개음(介音).

【韵尾－미】yùnwěi 图〈言〉운미. →〔韵母 mǔ〕

【韵味－미】yùnwèi 图1정취. 우아한 맛. 2정취. 운치.

【韵文－문】yùnwén 图운문. (反)〔散 sǎn 文〕

【韵语－어】yùnyǔ 图운문. 운을 밟은 시·사·시가 따위.

【韵致－치】yùnzhì 图〈文〉운치. 풍치.

**【晕·暈】日部 yùn 6画 무리 훈
1动현기증이 나다. 멀미가 나다. ◇眼～/눈앞이 아찔하다. 2图달·해무리. 3图빛·색채 주위의 모호한 부분. ⇒yūn

【晕场－장】yùn//chǎng 动(수험생이나 배우가 고사장이나 무대에서) 긴장하거나 어지럽다.

【晕车－차】yùn//chē 动차멀미하다.

【晕池－지】yùn//chí 动목욕탕 안에서 현기증이 나다.

【晕船－선】yùn//chuán 动배멀미하다.

【晕高儿－고아】yùn//gāor 1动〈方〉높은 데 올라 어찔해지다. 2图고공 공포증.

【晕机─기】 yùnjī 웅비행기 멀미하다.

【晕针─침】 yùnzhēn 몡〈中醫〉침시술을 받고 있는 환자가 구토나 현기증을 느끼다.

【愠】 忄部 | yùn
9画 | 성낼 온
웅〈文〉화내다. 원망하다. (同)〔怒 nù〕, (反)〔喜 xǐ〕

【愠色─색】 yùnsè 몡화난 얼굴. 성난 기색.

【蕴·蕴】 艹部 | yùn
12画 | 쌓일 온
〈文〉1웅쌓다. 포함하다. 매장하다. 2몡심오하다.

＊【蕴藏─장】 yùncáng 웅〈文〉묻히다. 깊이 간직하다. ◇大沙漠下面~着丰富的石油资源/대사막 밑에 풍부한 석유자원이 묻혀 있다. (同)〔储 chǔ 藏〕, (反)〔开采 kāicǎi〕

【蕴涵─함】 yùnhán 1웅〈文〉포함하다. 함유하다. 2몡〈論〉함의.

【蕴含─함】 yùnhán (同)〔蕴涵 hán〕

【蕴藉─자】 yùnjiè 휑〈文〉(언어·문자·표정에) 함축이 있다. (反)〔奔放 bēnfàng〕

【蕴蓄─축】 yùnxù 웅온축하다. (학문·기예 등을) 축적하여 겉으로 드러나지 않다.

【熨】 火部 | yùn
11画 | 다리미질할 울
웅다리미질하다. ◇大嫂给我~好了裤子/큰 형수가 내 바지를 다림질해 주었다. ⇒yù

【熨斗─두】 yùndǒu 몡다리미. 인두.

Z

zā

【扎(紮)】 扌部 1画 | zā 빨 **찰**

1[동]묶다. 매다. 동이다. ◇腰里～了一条皮带/허리에 혁대를 맸다. **2**〈方〉[양]묶음. 다발. 단. 속. ◇一～干草/한 다발의 마른 풀. ⇒zhā, zhá

【匝(帀)】 匚部 3画 | zā 두루 **잡**

〈文〉**1**[양]바퀴. ◇绕树三～/나무를 세 바퀴 돌다. **2**[동]둘레를 돌다. **3**[형]널리 퍼져 있어 꽉 차다. ◇～地/곳곳에 있다.

【匝地－지】zādì [동]〈文〉곳곳에 있다.

【匝月－월】zāyuè [명]〈文〉만 1개월.

【咂】 口部 5画 | zā 빨 **잡**

[동]**1**빨다. 빨아 마시다. ◇～了一口酒/술을 한 모금 마셨다. **2**(쯧쯧) 혀를 차다. (同)〔咂嘴 zuǐ〕 **3**맛보다. 음미하다.

【咂摸－모】zā·mo [동]〈方〉(맛이나 의미를) 음미하다.

【咂嘴－취】zā∥zuǐ (～儿)[동](칭찬·부러움·놀라움·안타까움의 표시로) 혀를 차다.

zá

☆**【杂·雜】** 木部 2画 | zá 섞일 **잡**

1[형]잡다하다. 복잡하다. ◇复～/복잡하다. ◇这儿人～，你要小心点儿/이곳에는 사람들이 복잡하니 좀 조심해야 한다. (反)〔纯 chún〕 **2**공식적인 것 이외의 것. ◇～费/잡비. **3**[동]섞이다. 섞다. ◇夹～/뒤섞(이)다. ◇这片苹果树中～有几棵梨树/이 사과나무들 사이에 배나무 몇 그루가 섞여 있다.

【杂拌儿－반아】zábànr [명]**1**설탕에 잰 과일이나 갖가지 건과(乾果) 따위를 한 접시에 곁들인 것. 〔설 음식으로 씀〕 **2**〈喻〉이것저것 긁어 모아서 된 것.

【杂处－처】záchǔ [동](온갖 사람들이) 뒤섞여 살다. 잡거하다.

【杂凑－주】zácòu [동](이것저것, 온갖 사람을) 억지로 긁어 모으다.

【杂费－비】záfèi [명]**1**잡비. **2**(학교의) 잡부금.

【杂感－감】zágǎn [명]**1**(외부의 여러가지 일로 인한) 잡다한 생각. **2**여러가지 감상을 적은 글.

【杂烩－회】záhuì [명]**1**잡탕. 각종 요리를 뒤섞어 볶은 음식. **2**〈喻〉여러 가지를 그러 모은 잡동사니.

【杂活－화】záhuó [명]허드렛일. 잡역.

【杂货－화】záhuò [명]잡화.

【杂和菜－화채】zá·huocài [명]남은 음식을 모아 만든 음식.

【杂和面儿－화면아】zá·huomiànr [명]콩가루와 옥수수 가루를 섞은 것.

【杂记－기】zájì [명]**1**잡기. 경치·감상 따위를 적은 글로 문체의 하나. **2**이것저것 적은 일기.

☆【杂技－기】zájì [명]곡예.

杂技

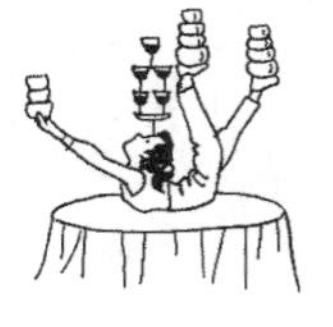

滚杯 gǔnbēi

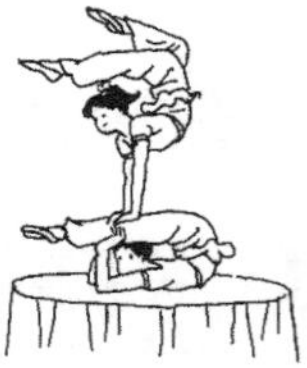

柔术 róushù

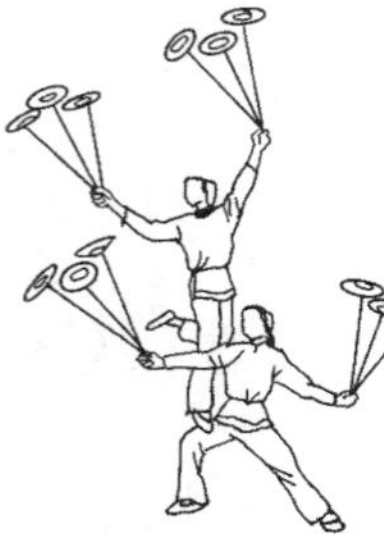

转碟 zhuàndié

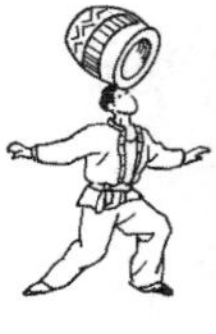

耍坛子 shuǎ tánzi

【杂家－가】zájiā [명]**1**잡가. 춘추 전국 시대에 여러 학파의 학설을 종합 절충한 학파. **2**다방면의 지식을 조금 가진 사람.

*【杂交－교】zájiāo [명][동]〈生〉교배(하다). 교잡(하다).

【杂居－거】zájū [동](둘 이상의 민족이 일정 지역 안에서) 섞여 살다.

Z

【杂剧―극】zájù 图〈演〉송대부터 시작되어 원대에 성행하는 중국 전통극의 하나.

【杂粮―량】záliáng 图(쌀·밀 이외의) 잡곡. 〔옥수수·수수·콩 등〕 (同)〔粗 cū 粮〕, (反)〔细 xì 粮〕

*【杂乱―란】záluàn 图난잡하다. 어지럽다. ◇院子里~地堆着木料、砖瓦/뜰 안에 목재와 벽돌·기와가 어지러이 쌓여있다. (同)〔混 hùn 乱〕, (反)〔整齐 zhěngqí〕

【杂乱无章―란무장】zá luàn wú zhāng 〈成〉난잡하여 두서가 없다. (同)〔紊 wěn 乱无序 xù〕, (反)〔有条有理 yǒu tiáo yǒu lǐ〕

【杂念―념】zániàn 图잡념.

【杂牌―패】zápái (~儿)图1무명의 상표. (反)〔正 zhèng 牌〕2비정규. ◇~军/비정규군. (反)〔嫡系 díxì〕

【杂品―품】zápǐn 图여러 가지 일용 잡화.

【杂七杂八―칠잡팔】zá qī zá bā 〈成〉잡다하다.

【杂糅―유】záróu 图서로 다른 것들이 뒤섞이다.

【杂食―식】záshí 图잡식. ◇~动物/잡식 동물.

【杂史―사】záshǐ 图잡사. 정사(正史) 이외의 각종 사서(史書). 또는 개인의 쓴 역사.

【杂事―사】záshì (~儿)图잡일. 자질구레한 일.

【杂耍―솨】záshuǎ (~儿)图곡예나 잡기.

【杂税―세】záshuì 图잡세.

【杂说―설】záshuō 图1여러가지 설. ◇~不一/여러 가지 설이 일치하지 않다. 2〈文〉정통 학설의 각종 학설.

【杂碎―쇄】zá·suì 图삶아서 잘게 썬 소나 양의 내장요리.

【杂沓―답】zátà 图어지럽다. 소란스럽다.

【杂遝―답】zátà (同)〔杂沓 tà〕

**【杂文―문】záwén 图잡문. 에세이. 〔현대 산문의 하나〕

【杂务―무】záwù 图잡무.

【杂项―항】záxiàng 图(주요 항목 외의) 기타 항목.

【杂音―음】záyīn 图잡음.

【杂院儿―원아】záyuànr 图안 뜰을 둘러싸고 여러 가구가 모여 사는 주거 형태.

**【杂志―지】zázhì 图1잡지. ◇订一份 ~/잡지 1부를 주문한다. 2잡기(雜記). 〔주로 서명(書名)에 쓰임〕

**【杂质―질】zázhì 图불순물. ◇矿石中含有~/광석에는 불순물이 함유되어 있다.

【杂种―종】zázhǒng 图1〈生〉잡종. 2잡 것. 〔사람을 욕하는 말〕

【咱(喒，偺)】 口部 zá / 6画 나 찰 / ⇒zán

【咱家―가】zájiā 冊〈白〉나. (同)〔我 wǒ〕

**【砸】 石部 zá / 5画 내리칠 잡

图1(무거운 것으로) 눌러 으스러뜨리다. 내리치다. 빻다. 찧다. ◇搬石头不小心、~了脚了/돌을 운반하다가 부주의하여 다리를 찧었다. 2때려 부수다. 깨뜨리다. ◇碗~了/사발이 깨졌다. 3〈方〉실패하다. 망치다. ◇事儿办~了/일은 망쳤다.

【砸饭碗―반완】zá fàn wǎn 실직하다. ◇近来有不少人砸了饭碗/최근 적지않은 사람이 실직했다.

【砸锅―과】zá // guō 图〈方〉일을 그르치다 〔망치다〕.

【砸锅卖铁―과매철】zá guō mài tiě 〈成〉자기가 가지고 있는 것을 다 내놓다.

zǎ

*【咋】 口部 zǎ / 5画 잠깐 사

冊〈方〉어째서. 어떻게. ◇你~不去?/너는 어째서 가지 않느냐? (同)〔怎〕〔怎么 zěnme〕⇒zé, zhā

【咋样―양】zǎyàng 冊〈方〉어떠한가. (同)〔怎么样〕

zāi

☆【灾(災)】 宀部 火部 zāi / 4画 3画 재앙 재

图1재해. 재난. (同)〔祸 huò〕, (反)〔福 fú〕2개인이 당하는 불행(한 일). ◇招~惹 rě 祸/스스로 화를 자초하다.

☆【灾害―해】zāihài 图재해. ◇遇到~/재해를 만나다. ◇预防~/재해예방. ◇遭受~的人/이재민.

【灾患―환】zāihuàn 图재해.재난. (同)〔灾害 hài〕

*【灾荒―황】zāihuāng 图(수해·한발에 의한) 재해. ◇闹~/흉작(흉년)이 들다.

【灾祸―화】zāihuò 图재앙. 재해. 인재. (同)〔灾难 nàn〕, (反)〔幸事 xìngshì〕

【灾民―민】zāimín 图이재민.

*【灾难―난】zāinàn 图재난. ◇防止~/재난을 방지하다. ◇~深重/재난이 매우 심각하다.

【灾情―정】zāiqíng 图재해 상황.

【灾殃―앙】zāiyāng 图재앙.

【灾异―이】zāiyì 图자연 재해와 특이한 자연 현상. 〔지진·홍수·일식 따위〕

【甾】 巛部 田部 zāi / 5画 3画 재앙 재

Z

囲〈化〉스테로이드(steroid).

【哉】 戈部 口部 zāi
5画 6画 비로소 **재**

조〈文〉1감탄을 나타냄. ◇嗚呼 wūhū 哀～!/아아! 슬프도다! 2의문사와 함께 쓰여 반문을 나타냄. ◇何足道～?/어찌 말할 만하겠는가?

**【栽】 戈部 木部 zāi
6画 6画 심을 **재**

1圄심다. 재배하다. ◇～树/나무를 심다. (同)〔种 zhòng〕, (反)〔伐 fá〕 2圄꽂아 넣다. 끼워 넣다. ◇～刷子/솔을 꽂아 넣다. 3圄누명을 씌웠다. ◇～上了罪名/죄를 뒤집어 씌웠다. 4圄모. 모종. ◇桃～/복숭아 묘목. 5圄넘어지다. 쓰러지다 곤두박이다. ◇～了一跤 jiāo/넘어지다. 6〈方〉실패하다. 좌절되다.

【栽跟头一근두】zāi gēn·tou 1넘어지다. 고꾸라지다. (同)〔跌倒 diēdǎo〕2〈喩〉실패하다. 망신당하다. ◇他在当总经理时栽了跟头/그가 사장을 할 때 좌천당했다.

*【栽培一배】zāipéi 圄1심어 가꾸다. 재배하다. ◇～果树/과수를 재배하다. ◇先进的～技术/앞선 재배기술. 2인재를 기르다. 양성하다. ◇～他为干部/그를 간부로 키웠다. 3圄(학교나 직장 등에서의) 보살핌. 이끌어 줌. 발탁. ◇我们今天的成就离不开老师对我们的～/오늘날 우리의 성과는 선생님이 우리에 대한 보살핌 덕분이다. (同)〔培养 yǎng〕, (反)〔摧残 cuīcán〕

【栽绒一융】zāiróng 圄직물의 한 가지. 〔겉면에 털실이 돋게 짠 융단의 한 종류〕

【栽赃一장】zāi// zāng 圄장물을 남의 집에 가져다 놓고 그에게 죄를 뒤집어 씌우다.

【栽植一식】zāizhí 圄묘목을 심다.

【栽种一종】zāizhòng 圄(화초나 나무를) 재배하다.

【栽子一자】zāi·zi 圄모종. 모.

zǎi

*【宰】 宀部 zǎi
7画 재상 **재**

1圄주관하다. ◇主～/주재하다. 2圄고대의 관직 이름. ◇县～/현령. 3圄가축을 도살하다. ◇屠～/도살하다. 4圄폭리를 취하다.

【宰割一할】zǎigē 圄침탈하다. 착취하다.

【宰人一인】zǎirén 圄사람에게 폭리를 취하다. 바가지를 씌우다.

【宰杀一살】zǎishā 圄(동물·가축을) 도살하다.

【宰牲节一생절】Zǎishēng Jié 圄이슬람교의 중요 절기의 하나. 〔이슬람력 12월 10

일 소·양·낙타 등을 잡아 신에게 바침〕

【宰相一상】zǎixiàng 圄재상.

【载·載】 戈部 车部 zǎi
6画 6画 실을 **재**

1圄해. 년(年). ◇千～难逢/〈成〉천재 일우. 2圄기재하다. ◇登～/게재하다. ⇒zài

【崽(仔)】 山部 zǎi
9画 질 **자**

圄〈方〉1아들. 2남자 청년. 3(～儿)(동물의) 새끼. ◇猪 zhū～/돼지 새끼.

【崽子一자】zǎi·zi 圄1아이. 2새끼. 〔욕말〕

zài

★【再】 一部 zài
5画 두번 **재**

閔1다시. 또. 〔미래 행위·동작의 반복을 나타냄〕◇我叫他别～来, 可他又来了/내가 그에게 다시 오지 말라고 했는데 그는 또 왔다. 〔比교〕①再：又：还 과거의 반복된 동작에는 "再"를 쓰지 않는다. ◇他们兄弟俩(×再)又争执起来了/그들 두 형제는 또 다투기 시작했다. ②"再"와 "还"은 모두 미래의 동작은 나타내지만, "还"는 화자의 주관적 바램이나 가능성을 나타내는 데에 "再"와 다르다. ◇我们以后(×再)还会有机会见面的/우린 다음에 다시 만날 기회가 있을 것이다. 2…하고 나서. …하거들랑. 〔한 동작이 끝난 후 다른 동작이 이어짐을 나타냄〕◇吃完饭～去散步/밥 다먹고 나서 산책하러 가자. 3더욱 정도가 심화됨을 나타냄. ◇天气～冷下去, 大白菜就冻坏了/날씨가 더 추워지면 배추가 얼어버릴 것이다. 4게다가. 그 밖에. 〔따로 추가·보충됨을 나타냄〕◇我建议这次春游去香山或者是八达岭, ～不然就去黑龙潭/나는 이번 봄나들이에 향산이나 팔달령에 가던지 그렇지 않으면 흑룡담에 가자고 건의했다. 5만일 어떤 행위가 계속되면 어떻게 될 것임을 나타냄. ◇还有十分钟, ～不走就赶不上车了/아직 10분 남았는데 가지 않으면 차를 탈 수 없게 된다. 6다시 계속되거나 다시 나타남을 표시함. ◇青春不～/청춘은 다시 오지 않는다.

【再版一판】zàibǎn 圄재판 (하다).

【再不一불】zài·bu 젭〈口〉그렇지 않으면.

【再次一차】zàicì 圄재차. 두 번째. (同)〔第dì 二次〕, 〔又 yòu 一次〕

【再度一도】zàidù 圄두 번째. 재차. (同)〔次度〕

【再会一회】zàihuì (同)〔再见 jiàn〕

【再婚一혼】zàihūn 圄圄재혼 (하다).

【再嫁一가】zàijià 圄圄재가 (하다). (同)〔再

婚 hūn〕

★【再见－견】zàijiàn 〈套〉또 만나자. 안녕히
계십시오〔가십시오.〕

【再醮－초】zàijiào 명동(옛날, 과부가) 재
혼(하다). (同)〔再嫁 jià〕, (反)〔守寡 sh-
ǒuguǎ〕

【再接再厉－접재려】zài jiē zài lì〈成〉한층
더 분발하다. (反)〔得过且过 déguòqiěguò〕

＊＊【再三－삼】zàisān 〈早〉〈文〉재삼. 거듭 몇번
이고. ◇考虑～/재삼 고려하다. ◇～挽留
/거듭 만류하다.

【再审－심】zàishěn 명동〈法〉재심(하다).

【再生－생】zàishēng 동1소생하다. 다시 살
아나다. 2〈生〉(유기체가 부분적으로) 재
생하다. 3(폐물 따위를) 재생하다. ◇～
橡胶/재생고무.

＊【再生产－생산】zàishēngchǎn 명동〈經〉재
생산(하다).

【再生父母－생부모】zàishēng fùmǔ〈喩〉생
명의 은인. (同)〔重 chóng 生父母〕

【再世－세】zàishì 1내세. 2다시 세상에 나
타나다.

【再衰三竭－삼쇠삼갈】zài shuāi sǎn jié〈成〉
기세가 여지없이 꺾이다. (反)〔方兴未艾
fāng xīng wèi ài〕

＊＊【再说－설】zàishuō 1나중에 하기로 하다.
◇这事先搁一搁, 过两天～/이 일은 좀 미
루었다가 며칠 후에 하기로 합시다. 2동
게다가. 또한. ◇现在去找他太晚了, ～我
路也不熟/지금 그를 찾아가면 너무 늦어
요. 게다가 나는 길도 몰라요.

【再现－현】zàixiàn 동〈文〉재현하다. 다시
나타나다.

【再造－조】zàizào 동〈文〉다시 이 세상에
태어나다.〔주로 큰 은혜에 감사함을 표시
할 때 씀〕◇恩同～/생명의 은인과 같다.

【再则－즉】zàizé 접〈文〉게다가. 또한.

【再者－자】zàizhě (同)〔再则〕

★【在】土部 zài
　　　3画 있을 재

1동존재하다. 생존하다. ◇他父亲还～, 母亲
早就不～了/그의 아버지는 아직 생존해
계시지만 어머니는 벌써 돌아가셨다. 2동
…에 있다.〔사람·사물의 위치를 나타
냄〕◇他～家, 不～公司/그는 집에 있지
여기에는 없다. ◇昨天晚上他～我这儿/
어제 저녁 그는 나한테 있었다.〔'在'뒤
에 사람·사물·대명사가 올 때는 자체가
장소가 아니므로 '这儿', '那儿', '里', '上'
등을 붙여 처소화시켜야 한다〕◇～职/재직하다. 4동(어떤
단체에) 참여하다〔속하다〕. ◇～基督教/
기독교에 속해 있다. 5동…에 달려 있다.
◇学习进步快慢, 全～自己努力不努力/학

습진척이 빠른지 여부는 모두 자신의 노
력 여하에 달려 있다. 6'所'와 연용(連
用)되어 강조를 나타내며, 뒤에 대개 '不'
가 이어짐. ◇～所不辞/결코 사양하지
않다. 7개…에(서). …에 있어서.〔행위
나 동작이 이루어지는 시간·장소·범위·
상황을 나타냄〕a)시간을 나타내는 경우.
◇～到达上海以前我无法给你写信/나는
상해에 도착하기 전에 네게 편지할 수 없
다. b)장소를 나타내는 경우. ◇威士忌放
～桌子上/위스키를 탁자 위에 놓았다. c)
범위를 나타내는 경우. ◇他～体育方面
有专长/그는 스포츠 쪽에 특기가 있다. 8
동지금[막] …하고 있다.〔동작의 진행
을 나타냄〕◇她～看书/그녀는 책을 보
고 있다. ◇孩子～哭, 你快去抱抱/애가
울고 있으니, 너 어서 가서 안아줘라.

【在案－안】zài'àn 〈牍〉문건에 기록되어
있다. ◇记录～/기록되어 있다.

【在编－편】zàibiān 동편제 안에 있다.

【在场－장】zàichǎng 동그 자리에 있다.
현장에 있다.

【在行－행】zàiháng 형(어떤 일에) 능하다.
익숙하다. 전문가이다. 정통하다. (同)
〔内 nèi 行〕, (反)〔外 wài 行〕

＊【在乎－호】zài·hu 동1…에 있다. ◇东西不
～好看, 而一实用/물건은 보기 좋은 것보
다는 실용적인 데 달려 있다. 2마음에 두
다. 개의하다. 문제삼다.〔주로 부정 형
식에 많이 쓰임〕◇满不～/조금도 개의
치 않다. ◇只要能学会, 不～少睡点觉/마
스터할 수만 있으면 잠을 덜 좀 자는 것
은 별것 아니다.

【在即－즉】zàijí 동(어떤 상황이) 다가오
다. 임박하다.

【在家－가】zàijiā 동1집에 있다. 2〈佛〉재
가하다. 출가하지 않다.

【在教－교】zàijiào 동1종교를 신앙하다. 2
이슬람교를 믿다.

【在劫难逃－겁난도】zài jié nán táo〈成〉
팔자에 있는 재난은 피할 수 없다.

【在理－리】zàilǐ 형이치에 맞다. (同)〔有
yǒu 理〕, (反)〔无 wú 理〕

【在内－내】zàinèi 동(안에) 포함하다. '连',
'也', '包括' 등과 함께 쓰인다. ◇在本班
公共汽车上, 包括小孩～才六人/막차버스
에는 어린애까지 포함해 겨우 6명이었다.

【在谱－보】zàipǔ 동상식이나 공인된 기준
에 부합하다.

【在世－세】zàishì 동살아 있다. 생존하다.
(反)〔去 qù 世〕

【在逃－도】zàitáo 동(범인이) 도주중이다.

【在天之灵－천지령】zài tiān zhī líng 하늘
에 계시는 영혼.〔죽은 사람의 영혼을 공

경하여 일컫는 말〕

【在望—망】zàiwàng 图1시야에 들어오다. 보이다. 2(희망적인 일이) 다가오다.

【在位—위】zàiwèi 图(군주가) 재위하다.

【在握—악】zàiwò 图(손에) 쥐고 있다. 자신있다.

【在下—하】zàixià〈早日〉저. 소생.

【在先—선】zàixiān 1图이전. 종전. 2图미리 …하다. 먼저 …해 두다.

【在心—심】zài//xīn 图마음에 두다.

【在押—압】zàiyā〈法〉(범인을) 감금 중이다. 구류중이다.

【在野—야】zàiyě 图图재야(에 있다). (反)〔在朝 cháo〕

【在业—업】zàiyè 图취업하다.

*【在意—의】zài//yì 图마음에 두다. 유념하다.〔주로 부정 형식에 많이 쓰임〕◇他只顾看信, 别人对他说的话, 他都没 —/그는 편지보는 데만 정신팔려 다른 사람이 자기에게 하는 말을 개의치 않았다. (同)〔留 liú 意〕, (反)〔淡然 dànrán〕

**【在于—어】zàiyú 图1…에 있다. ◇那篇文章之所以好, ~构思巧妙, 内容丰富/그 글이 훌륭한 것은 구상이 참신하고, 내용이 풍부한 데 있다. 2…에 달려 있다. ◇这件事行不行~你怎么说/이 일이 되느냐는 네가 어떻게 말하느냐에 달려있다. (同)〔在乎 hū〕

【在在—재】zàizài〈文〉도처에. 어디든지. (同)〔处 chù 处〕

【在职—직】zàizhí 图재직하다. (反)〔退 tuì 职〕

**【在座—좌】zàizuò 图(모임·연회 등의) 자리에 있다. ◇~的还有几位归国华侨/참석자는 귀국화교가 몇 분 더 있다. ◇有客人~, 她没好意思说/손님이 있는 자리에서는 그녀는 말하는 내키지 않아 한다.

**【载·載】 戈部 zài 6画 车部 6画 실을 재
图1싣다. 적재하다. ◇~客/손님을 태운다. 2(길에) 가득 차다. ◇风雪~途/눈보라가 길에 휘몰아치다. 3또. …하면서. 4(Zǎi)图성(姓). ⇒zǎi

【载波—파】zàibō 图〈物〉반송파.

【载歌载舞—가재무】zài gē zài wǔ〈成〉노래하며 춤추다:마음껏 즐기다.

【载荷—하】zàihè (同)〔负 fù 荷〕

【载体—체】zàitǐ 图〈物〉캐리어(carrier).

【载运—운】zàiyùn 图실어 나르다. 적재 운송하다.

**【载重—중】zàizhòng 图적재중량. ◇这辆卡车~多少?/이 트럭의 적재량은 얼마인가?

【傤·儎】 亻部 zài 13画 짐 재
1图(배·차 따위에 실은) 짐. ◇卸~/짐

을 부리다. 2图〈方〉배의 적재 화물을 배의 수로 세는 단위.〔한 척의 적재 화물을 '一傤'라고 함〕

zān

【簪】 竹部 zān 12画 비녀 잠
1(~儿, ~子)图비녀. ◇玉~/옥비녀. 2图머리에 꽂다. ◇~花/꽃을 머리에 꽂다.

【簪子—자】zān·zi 图비녀.

zán

★【咱(喒,偺)】 口部 zán 6画 나 찰
㈜1〈方〉나.〔화자측을 가리킨다〕◇对于音乐, ~可是外行 háng/음악에 나아말로 문외한이다. ◇别的班行, ~班也行/다른 반도 되고, 저의 반도 된다. 2우리들.〔화자와 청자 모두를 가리킨다. 북경구어체의 말임〕◇我没拿到电影票, 你也没拿到电影票, 那~的票在谁那儿呢?/나는 영화표를 안 받았고, 너도 영화표를 안 받았는데 우리 표는 누구한테 있을까? ⇒zǎ

★【咱们—문】zán·men ㈜1우리(들).〔화자와 청자 양측을 다 포함하며 북경구어체의 말임〕◇谁给~说话?/누가 우리를 위해 말하니? 2너. 너희들. ◇~不哭/(애에게) 울지 마라. 비교咱们:我们 북경구어체에서는 "我们"은 화자만 나타내며 듣는 사람은 포함하지 않는다. ◇我遇到了老师, (×咱们)我们一起去吃饭了/난 선생님을 만나서 우리는 같이 식사를 했다.

zǎn

【拶(桚)】 扌部 zǎn 6画 마주칠 찰
图(꽉 눌러) 죄다.

【拶指—지】zǎnzhǐ 图옛 형벌(刑罰)의 한 가지. "拶子"를 죄인의 손가락 사이에 끼워서 조이는 고문법.

【拶子—자】zǎn·zi 图형구(刑具)의 하나. 손가락 사이에 끼워서 조이는 고문 도구.

【昝】 日部 zǎn 5画 성 잠
图성(姓).

【噆】 口部 zǎn 12画 물 참
图〈文〉1(입에) 머금다. 2물다. 쏘다.

*【攒(儹)】 扌部 zǎn 16画 모일 찬

[동]모으다. 축적하다. ◇积～/조금씩 모아서 쌓다. 저축하다.

【趱·趲】走部 16画 | zǎn 좇을 **찬**
[동]1〈早白〉서둘러가다. 급히 가다. ◇紧～了一程/한참을 서둘러 갔다. 2급히 …하다. 재촉하다. ◇～马向前/말을 앞으로 급히 몰다.

zàn

*【暂·暫】日部 8画 | zàn 잠깐 **잠**
1[형](시간이) 짧다. (同)〔短 duǎn〕, (反)〔久 jiǔ〕 2[부]잠시. 잠깐. ◇～住/잠시 머물다.
【暂缓－완】zànhuǎn [동]잠시 유예하다〔늦추다〕. 일시 연기하다.
*【暂且－저】zànqiě [부]잠깐. 잠시. ◇这是后话, ～不提/이건 뒷 이야기로 잠시 거론하지 않겠다.
☆【暂时－시】zànshí [명]〈文〉잠깐. 잠시. 일시. ◇困难是～的, 慢慢会好起来的/어려움은 일시적인 것이니 서서히 좋아질 것이다. (同)〔临 lín 时〕, (反)〔永久 yǒngjiǔ〕 [비교]暂时:临时 일이 닥칠 때에는 "暂时"를 쓰지 않는다. ◇爷爷过世了, 我(×暂时)临时决定回国/할아버지가 돌아가셔서 난 임시로 귀국하기로 결정했다.
【暂停－정】zàntíng 1[동]임시 중지하다. 2[명]〈體〉(시합 중 작전 협의 등을 위해 요구되는) 타임.
【暂星－성】zànxīng [명]〈天〉신성. (同)〔新星〕
【暂行－행】zànxíng [동]잠정 시행하다.

【錾·鏨】金部 8画 | zàn 돌새길 **참**
1[동](끌로 금속·돌 따위에) 새기다〔조각하다〕. ◇～花/꽃무늬에 조각하다. 2[명](조각용의) 작은 끌.
【錾刀－도】zàndāo [명](금은(金銀) 조각용의) 조각도.
【錾子－자】zàn·zi [명](금석(金石) 조각용의) 작은 끌 또는 정.

【赞(賛,讚)】贝部 12画 | zàn 도울 **찬**
[동]1돕다. 찬조하다. ◇～助/지지하다. 2칭찬하다. 찬양하다. ◇～许/칭찬하다. (同)〔褒 bāo〕, (反)〔贬 biǎn〕
☆【赞成－성】zànchéng 1[명][동]찬성(하다). ◇他最不～你们这样搞/그는 너희가 그렇게 하는 것을 가장 반대한다. ◇我的意见他从来没有～过/내 의견을 그는 여지껏 찬성한 적이 없다. (同)〔赞同 tóng〕, (反)〔反对 fǎnduì〕 [비교]赞成:称赞 "赞成"은 목적어로 쓰이지 않는다. ◇这个服务员很热情, 受到了人们的(×赞成)称赞/이 종업원은 무척 친절해 사람들의 칭찬을 받았다. 2[동]〈文〉성공하도록 도와주다. 도와서 성공시키다.
【赞歌－가】zàngē [명]찬가.
【赞礼－례】zànlǐ 1[동]관혼상제 때 의식의 차례를 읽으면서 진행을 맡아 보다. 2[명](옛날 예식의) 사회자.
⁑【赞美－미】zànměi [동]찬미하다. 칭송하다. ◇助人为乐的精神受到人们的～/남을 돕는 것을 즐거움으로 여기는 정신은 사람들의 칭찬을 받았다. (反)〔批评 pīpíng〕
【赞美诗－미시】zànměishī [명]찬송가.
【赞佩－패】zànpèi [동]〈文〉칭찬하며 탄복하다. 찬탄하다.
*【赞赏－상】zànshǎng [동]높이 사다. 칭찬하다. ◇展览馆中最受参观者～的是那巧夺天工的工艺美术品/전시관에서 관람객의 극찬을 받은 것은 기교가 훌륭한 그 수공예술품이다.
【赞颂－송】zànsòng [동]찬양하다.
*【赞叹－탄】zàntàn [동]찬탄하다. ◇演员高超的演技, 令人～/배우의 뛰어난 연기에 사람들은 찬탄해 마지 않았다.
*【赞同－동】zàntóng [동]찬성하다. 동의하다. ◇我完全～他的意见/나는 그의 의견에 대찬성이다.
【赞许－허】zànxǔ [동]칭찬하다.
⁑【赞扬－양】zànyáng [명][동]찬양(하다). ◇孩子们爱护公共财物的事迹受到了人们的～/공공기물을 아끼는 아이들의 행동은 사람들의 칭찬을 받았다. (同)〔赞颂 sòng〕, (反)〔批评 pīpíng〕
【赞语－어】zànyǔ [명]찬사. 칭찬하는 말.
【赞誉－예】zànyù [동]〈文〉칭찬하다. 찬양하다.
*【赞助－조】zànzhù [동]찬조하다. 후원하다. ◇这笔奖金全部用来～农村教育事业/이 상금은 전부 농촌교육사업찬조에 쓰인다. ◇～单位/후원 기업체.

zāng

【赃·贜】贝部 6画 | zāng 장물잡힐 **장**
[명]장물(贜物). ◇贼～/장물. (同)〔秽 huì〕, (反)〔洁 jié〕
【赃官－관】zāngguān [명]탐관 오리. (同)〔贪 tān 官〕, (反)〔清 qīng 官〕
【赃款－관】zāngkuǎn [명]훔친 돈. 뇌물로 받은 돈.
【赃物－물】zāngwù [명]장물. 도둑 물건. 뇌물.
【赃证－증】zāngzhèng [명]증거로서의 장물.

★【脏·髒】月部 6画 | zāng 꼬장꼬장할 **장**
[형]더럽다. ◇～衣服/때묻은 옷. ⇒zàng

【脏病―병】zāngbìng 몡성병의 속칭.
【脏话―화】zānghuà 몡상스러운 말.
【脏土―토】zāngtǔ 몡먼지·쓰레기 따위.
【脏字儿―자아】zāngzìr 몡저속한 말.

【牂】 爿部 zāng 6画 성할 장

몡〈動〉암양.
【牂牂―장】zāngzāng 혱〈文〉(초목이) 무성한 모양.

zǎng

【驵·駔】 马部 zǎng 5画 말 장

몡〈文〉준마.
【驵侩―쾌】zǎngkuài 몡〈文〉말이나 소의 거간꾼. 〈轉〉거간꾼. 브로커.

zàng

【脏·臟】 月部 zàng 6画 오장 장

몡〈生理〉내장. ◇心~/심장. ⇒zāng
【脏腑―부】zàngfǔ 몡오장 육부.

【奘】 大部 zàng 7画 클 장

혱1〈文〉장대하다. 크다.〔주로 인명에 쓰임〕2〈方〉말이 거칠고 태도가 딱딱하다. ⇒zhuǎng

*【葬】 艹部 zàng 9画 묻을 장

동장사지내다. 묻다. ◇埋~/매장하다.
*【葬礼―례】zànglǐ 몡장례. ◇举行~/장례를 치르다.
【葬埋―매】zàngmái 동매장하다. 파묻다.
【葬身―신】zàngshēn 동시체를 매장하다.
【葬送―송】zàngsòng 동매장하다. 사람을 파멸시키다.

【藏】 艹部 zàng 14画 광 장

몡1창고. ◇宝~/보물 창고. 2불교나 도교 경전의 총칭. ◇道~/도교 경전. (Zàng)몡3'西藏'(티베트). 4〈民〉티베트족. ⇒cáng
【藏蓝―람】zànglán 몡약간 붉은 색을 띤 남색.
【藏历―력】Zànglì 몡티베트족이 쓰는 달력.
【藏青―청】zàngqīng 몡짙은 남색.
【藏戏―희】zàngxì 몡티베트족의 전통극.
【藏香―향】zàngxiāng 몡티베트에서 나는 불전(佛殿)에 쓰이는 선향(線香).
【藏族―족】Zàngzú 몡티베트족.

zāo

**【遭】 辶部 zāo 11画 만날 조

1동(불행이나 안 좋은 일을) 만나다. 당하다. ◇惨~杀害/비참하게 살해되다. (~儿)2양번. 차. 회. ◇一~生, 两~熟/첫 번째는 서먹서먹하다가 두 번째부터는 친숙해지다. 3양바퀴. 둘레. ◇用绳子绕了好几~/밧줄로 여러번 둘러감았다.
☆【遭到―도】zāodào 동(불리하거나 좋지않은 일을) 만나다. 당하다. ◇~压迫/압박을 받다. ◇~埋 mán 怨/원망듣다. ◇~监禁/감금되다.
【遭逢―봉】zāoféng 동조우하다. (우연히) 만나다.
【遭际―제】zāojì 1몡경우. 2동우연히 만나다.
【遭劫―겁】zāo// jié 동재난을 당하다.
【遭难―난】zāo// nàn 동조난하다.
☆【遭受―수】zāoshòu 동(불행이나 손해를) 당하다. 입다. 받다. ◇~非人的待遇/비인간적인 대우를 받다. ◇~洪水/홍수를 만나다. ◇~挫折 cuòzhé/좌절당하다. 비교遭受:受到 "遭受"는 긍정적인 뜻의 목적어는 취하지 않는다. ◇考试成绩不错, 大家都(×遭受)受到了表扬/시험성적이 잘 나와서 모두 다 표창을 받았다.
*【遭殃―앙】zāo// yāng 동재난을 만나다.
**【遭遇―우】zāoyù 1동(적이나 불행한 일을) 맞닥치다. 부딪치다. ◇双方在路上~了/쌍방이 길에서 부딪쳤다. 2몡(부정적인) 운명. 경우.〔주로 불행한 것을 가리킴〕◇不幸的~/불행한 경우. ◇他后来的~我就不知道了/그의 그 다음 운명은 나는 모른다.
【遭罪―죄】zāo// zuì 동애쓰다. 고생하다. (同)〔受shòu 罪〕, (反)〔纳福 nàfú〕

**【糟】 米部 zāo 11画 재강 조

1몡(술의) 지게미. 2몡술이나 지게미에 절인 음식물. ◇~肉/지게미에 절인 고기. 3몡썩다. 상하다. ◇房梁全~了/대들보가 전부 썩었다. 4몡그르치다. 망치다. ◇他身体很~, 老生病/그는 몸이 약해 늘 병에 걸린다. ◇事情搞~了/일을 그르쳤다.
【糟改―개】zāogǎi 동〈方〉헐뜯다. 빈정거리다. 야유하다.
☆【糟糕―고】zāogāo 〈轉〉큰일났다. 아뿔싸. 야단 났군. ◇更~的是, 他把介绍信丢了/더 큰 일 난 것은 그가 소개장을 잃어버린 거야. ◇真~, 把钥匙 yàoshi 锁在屋里, 进不去了/야단났어! 열쇠를 방안에 두고 문을 잠가서 들어갈 수 없잖아.
【糟害―해】zāo·hài 동〈方〉망치다.
【糟践―천】zāo·jian 동〈方〉짓밟다. 모욕

하다. 낭비하다.

【糟糠—강】zāokāng 〔명〕지게미와 쌀겨. 〈喩〉옛날에 가난한 사람들이 먹었던 거친 음식.

【糟粕—박】zāopò 〔명〕술지게미. 〈喩〉쓸모없는 것. (同)〔渣滓 zhā·zǐ〕, (反)〔精华 jīnghuá〕

＊【糟蹋—답】zāo·ta 〔동〕1낭비하다. 못쓰게 하다. 망치다. ◇小心剪裁，别把料子～了/옷감을 버리도록 조심해서 재단해라. 2모욕하다. 짓밟다. (同)〔蹂躏 róulìn〕

【糟踏—답】zāo·ta (同)〔糟蹋 tà〕

【糟心—심】zāoxīn 〔동〕속상하다. 짜증나다.

záo

＊＊【凿·鑿】业部｜záo 7画｜끌 착
1〔명〕끌. 정. ◇扁～/평날 끌. 2〔동〕(끌 또는 정으로) 구멍을 파다. 뚫다. ◇～了一个窟窿 kūlong/구멍 하나를 뚫었다.

【凿空—공】záokōng 〔동〕〈文〉억지로 쓰다. 견강 부회하다.

【凿子—자】záo·zi 〔명〕끌. 정.

zǎo

★【早】日部｜zǎo 2画｜이를 조
1〔명〕아침. ◇从～到晚/아침부터 저녁까지. ◇从～忙到晚/아침부터 저녁까지 바쁘다. ◇一大～就骑着车进城去了/꼭두새벽부터 자전거를 타고 시내에 들어갔다. (同)〔晨 chén〕, (反)〔晚 wǎn〕 2〔부〕일찍이. 벌써. 일찌감치. 〔자주 '已', '就', '了'와 같이 쓰인다〕◇信～已收到了/편지를 벌써 받았다. 3〔형〕시간적으로 앞선. ◇～期/이른 시기. 4〔형〕(때가) 이르다. 빠르다. ◇时间还～呢，咱们再逛逛公园吧/시간이 아직 이르니 우리 공원을 더 거닙시다. ◇他来得比我～/그는 나보다 빨리 왔다. ◇火车～到了十分钟/기차가 10분 일찍 왔다. 5〔套〕안녕하십니까?〔아침 인사말〕◇老师～!/선생님, 안녕하십니까?

【早半天儿—반천아】zǎobàntiānr 〔명〕오전.

【早操—조】zǎocāo 〔명〕아침 체조.

【早茶—차】zǎochá 〔명〕아침 차(茶).

【早产—산】zǎochǎn 〔명〕〈医〉조산(하다).

【早场—장】zǎochǎng 〔명〕(영화 따위의) 오전 상영.

★【早晨—신】zǎo·chen 〔명〕이른 아침. 새벽. ◇～的空气新鲜，出来锻炼的人很多/새벽의 공기가 맑아 나와서 운동하는 사람이 많다. (同)〔早上 shang〕, (反)〔晚上 wǎnshang〕

【早春—춘】zǎochūn 〔명〕이른 봄. 초봄. (同)〔初 chū 春〕

【早稻—도】zǎodào 〔명〕〈農〉올벼. (反)〔晚 wǎn 稻〕

＊【早点—점】zǎodiǎn 〔명〕아침 식사.

★【早饭—반】zǎofàn 〔명〕아침밥.

【早婚—혼】zǎohūn 〔명〕〔동〕조혼(하다). (反)〔晚 wǎn 婚〕

【早年间—년간】zǎoniánjiān 〔명〕1여러해 전. 오래 전. 2젊은 시절. 젊었을 때.

＊＊【早期—기】zǎoqī 〔명〕조기. 초기. ◇清代～/청나라 초기. ◇癌症如果发现于～，还是可以治好的/암을 초기에 발견하면 그래도 다 치료할 수 있다. (同)〔前 qián 期〕, (反)〔晚 wǎn 期〕 [비교]早期:很早 예정 시간보다 빠른 경우에는 '早期'를 쓰지 않는다. ◇离开车还有二十分钟，我们～就在车库等车了/차 출발 시간까지 아직 20분이 남았는데 우리는 일찍부터 차고에서 차를 기다렸다.

【早期白话—기백화】zǎoqī báihuà 〔명〕조기 백화. 〔당송시대부터 5·4운동 전까지의 구어의 문어적 형식〕

【早日—일】zǎorì 〔명〕1조속한 시일〔시간〕. ◇祝你～恢复健康!/당신의 건강이 빨리 회복되기를 빕니다. 2옛날. 이전. ◇他人老了，也失去了～的那种威严了/그는 늙어서 옛날의 그 위엄도 사라졌다.

【早上—상】zǎo·shang 〔명〕아침. ◇～好!/안녕하십니까?〔아침 인사〕(同)〔您 nín 早〕

【早市—시】zǎoshì 〔명〕1아침 시장. 2아침의 영업.

【早熟—숙】zǎoshú 1〔명〕〔형〕조숙(하다). 2〔명〕〈農〉조생(조생).

【早衰—쇠】zǎoshuāi 〔동〕일찍 쇠약해지다.

【早霜—상】zǎoshuāng 〔명〕늦은 가을 내리는 서리.

【早退—퇴】zǎotuì 〔동〕조퇴하다.

＊＊【早晚—만】zǎowǎn 1〔명〕아침과 저녁. ◇我～都要读一会儿外语/나는 아침 저녁마다 외국어를 조금씩 공부한다. 2〔부〕조만간. 언젠가.〔예상한 상황이 반드시 나타날 것임을 나타냄. 흔히 '会, 要, 得(děi)'와 같이 씀〕◇这事瞒不了人，～大家都会知道的/그 일은 남들을 속일 수 없으므로 언젠가 모두가 알게 된다. 3〔명〕무렵. 쯤. ◇多～/언제. 4〔명〕〈方〉다음에.〔미래의 어느 시점을 가리킴〕

【早先—선】zǎoxiān 〔명〕이전. 옛날.

＊＊【早已—이】zǎoyǐ 1〔부〕이미. 벌써. ◇他～打定主意了/그는 이미 마음을 정했다. 2〔명〕〈方〉이전. 옛날. ◇现在大家用钢笔写字，～都用毛笔/지금은 다들 펜으로 글을 쓰지만 이전에는 모두 붓을 사용했다.

Z

【早早儿－조아】zǎozǎor (무)일찌감치. 일찍
부터. 빨리. 일찍.

【早造－조】zǎozào 명(작물의) 조생종.

*【枣·棗】一部 木部 zǎo
7画 4画 대추 조
명(~儿)〈植〉대추(나무).

【枣儿红－아홍】zǎorhóng 명〈色〉대추색.

【枣泥－니】zǎoní 명대추 소.

【枣子－자】zǎo·zi 명〈方〉대추.

【蚤】虫部 zǎo
3画 벼룩 조
명〈虫〉벼룩.

【澡】氵部 zǎo
13画 셋을 조
동(몸을)씻다. ◇洗~/목욕하다.

【澡盆－분】zǎopén 명목욕통. 욕조.

【澡堂－당】zǎotáng 명(영업 목적의) 대
중 목욕탕.

【澡塘－당】zǎotáng 1명욕조. 2(同)〔澡堂〕

【藻】艹部 zǎo
16画 글 조
명1〈植〉말. ◇海~/바닷말. 해조. 2〈植〉
수초(水草)의 총칭. 3(문장의) 아름다운
문사(文辭). ◇辞~/화려한 문사.

【藻井－정】zǎojǐng 명〈建〉무늬로 장식한
천정.

【藻类植物－류식물】zǎolèi zhíwù 명〈植〉
조류 식물.

【藻饰－식】zǎoshì 동〈文〉문장을 수식하다.

zào

*【灶·竈】火部 zào
3画 부뚜막 조
명1부뚜막. ◇煤气~放在厨房的窗户下边
了/가스풍로를 주방창문 아래에 놓았다.
2〈轉〉부엌. 식당. ◇学生~有二十
几个厨师/학생주방(식당)에 20여명의 주
방장이 있다. 3→〔灶神〕

【灶火－화】zào·huo 명1부뚜막. 2〈方〉부엌.

【灶神－신】Zàoshén 명조신. 조왕신(灶王神).

【灶膛－당】zàotáng 명주방안에 불을 지피
는 곳.

【灶头－두】zào·tou 명〈方〉부뚜막.

【灶屋－옥】zàowū 〈方〉명주방.

【皂(皀)】白部 zào
2画 검은빛 조
명1검은 색. ◇~鞋/검은 신. (同)〔黑 hē
i〕, (反)〔白 bái〕2하인. ◇~隶/옛날 하
급관노(官奴). 3비누. ◇香~/세수 비누.

【皂白－백】zàobái 명흑백. 시비(是非).

【皂化－화】zàohuà 명〈化〉비누화.

☆【造】辶部 zào
7画 지을 조

명1만들다. 짓다. 제작하다. ◇建~房屋/
집을 짓다. 2동날조하다. 꾸며내다. ◇那
女人给别人~了不少谣/그 여자는 다른
사람에게 유언비어를 많이 퍼뜨렸다. 3
명소송의 당사자. 원고나 피고의 어느 한
측. ◇两~/소송의 양측. 4〈方〉농작물의
수확 또는 수확의 횟수. ◇早~/조기 수
확. 5동찾아가다. (…에) 도달하다. ◇~
访/방문하다. 6동성취하다. 7동배양하다. 양성
하다. ◇可~之才/양성할 만한 인재.

【造成－성】zàochéng 동1조성하다. ◇要
~遵守交通规则的良好风尚/교통규칙을
지키는 좋은 기풍을 만들어야 한다. 비교
造成:造就 사람을 양성하는 것에는 "造
就"를 써야 한다. ◇我国在现代化的过程
中(×造成)造就了一大批优秀人才/우리
나라는 현대화의 과정에서 많은 우수한
인재를 양성했다. 2야기시키다. 초래하
다. ◇那场地震给人们~很大灾难/그 지
진은 사람들에게 막대한 재난을 가져다
주었다.

【造次－차】zàocì 명〈文〉1급작스럽다. 황
급하다. 2경솔하다. 덤벙대다. ◇不可~/
덤벙대서는 아니 된다.

*【造反－반】zào// fǎn 동반란을 일으키다.
반항적 행동을 하다.

【造访－방】zàofǎng 동〈文〉방문하다.

【造福－복】zàofú 동행복을 가져오다. (反)
〔祸害 huòhài〕

【造化－화】zàohuà 명1〈文〉조화. 대자연.
2창조. 교화.

【造化－화】zào·hua 명행운. 복운.

*【造价－가】zàojià 명(건축물·철도·도로 따
위의) 건설비. (자동차·선박·기계 따위
의) 제조비용. ◇降低~/제작비를 낮추다.

【造就－취】zàojiù 동1육성하다. 교육하다.
2명성과. 성과. 〔주로 젊은이에 대하여
쓰임〕

☆【造句－구】zào// jù 동단문을 짓다.

【造林－림】zào// lín 동조림하다.

【造孽－얼】zào// niè 1〈佛〉죄받을 짓을
하다.(同)〔作 zuò 孽〕, (反)〔积德 jídé〕2
〈方〉불쌍하다.

【造物－물】zàowù 명조물. 만물을 창조하
는 신력(神力).

【造物主－물주】zàowùzhǔ 명(기독교에서
말한) 조물주.

【造像－상】zàoxiàng 명조각한 형상.

*【造型－형】zàoxíng 명조형. 모양. ◇~艺
术/조형예술. ◇这些玩具~简单，生动有
趣/이 장난감은 모양이 단순하면서 생동
감있고 재미있다.

【造谣－요】zào// yáo 동유언 비어를 퍼뜨

리다. (反)[辟 bì 謠]
【造诣―예】 zàoyì 명조예.
【造影―영】 zàoyǐng 명〈醫〉방사선 사진.
【造纸―지】 zào// zhǐ 통종이를 만들다.
【造作―작】 zàozuò 통제조하다. 제작하다.
【造作―작】 zào·zuo 통부자연스럽게 어색하게 꾸며내다.

【噪(譟)】 口部 zào 13画 뭇새울 조

통1(벌레나 새가) 울다. ◇蝉～/매미가 울다. 2큰 소리로 떠들다. ◇야단 법석을 떨다. 3(명성이) 자자하다. ◇名声大～/명성이 자자하다.
【噪声―성】 zàoshēng 명소음. 잡음.
＊【噪音―음】 zàoyīn 명1조음. 불협화음. 2소음. 잡음. ◇这些飞机～很大/이 비행기들은 소음이 크다.

【燥】 火部 zào 13画 말릴 조

형마르다. 건조하다. ◇山高地～/산은 높고 땅은 건조하다. (同)[干 gān], (反)[潮 cháo]
【燥热―열】 zàorè 형바싹 마르고 덥다.

【躁】 足部 zào 13画 조급할 조

형성급하다. 조급하다. ◇烦～/초조해 하다.
【躁动―동】 zàodòng 통1조급하게 움직이다. 2쉬지않고 뛰다.

zé

☆【则・則】 貝部 zé 2画 곧 즉

1명규범. 모범. ◇以身作～/〈成〉몸소 모범을 보이다. 2명규칙. 규정. ◇守～/수칙. ◇总～/총칙. 3통〈文〉본받다. 4양조항. 문제. 편. 토막. ◇考题一～/시험 문제 하나. ◇新闻一～/한 토막 뉴스. 5〈文〉…하자 …하다. [두 일이 시간적으로 이어져 진행됨을 나타냄] ◇每逢花开, ～香气扑鼻/꽃이 필 때마다 향기가 코를 찌른다. 6…하면 …하다. [인과 관계나 조건을 나타냄] ◇严冬之日, 风吹～冷, 日出～暖/몹시 추운 날에 바람이 불면 춥고, 해가 나면 따뜻하다. 7대비를 나타냄. ◇那一家赚的多, 我店收入～少/그 가게가 많이 벌면 우리 가게는 적게 번다. 8…는 …(한)데. [같은 단어 사이에 놓여 양보를 표시함] ◇晚饭吃～吃了, 但没吃好/저녁밥을 먹기는 먹었지만 제대로 못 먹었다. 9접미〉째. ◇一～钱也没/첫째는 돈이 없어서고 두 번째는 설사 돈이 있어서도 살 시간이 없다.

【则声―성】 zéshēng 통소리를 내다.

【泽・澤】 氵部 zé 5画 늪 택

1명못. 늪. 호수. ◇沼～/소택. 늪과 못. 2형습하다. 축축하다. ◇润～/윤습하다. 3형광택. 윤. ◇光～/광택. 4명은혜. 혜택. ◇恩～/은혜. 혜택.
【泽国―국】 zéguó 명〈文〉1호수나 늪이 많은 지방. 2수해나 물에 잠긴 지역.

【择・擇】 扌部 zé 5画 가릴 택

통선택하다. 고르다. ◇选～/선택하다. ⇒ zhái
【择吉―길】 zéjí 통길일을 택하다.
【择交―교】 zéjiāo 통친구를 골라 사귀다.
【择偶―우】 zé'ǒu 통배우자를 선택하다.
【择期―기】 zéqī 통〈文〉기일을 택하다. 날을 잡다.
【择优―우】 zéyōu 통우수한 사람을 선택하다.

【咋】 口部 zé 5画 잠깐 사

통〈文〉(깨)물다. ⇒zǎ, zhā
【咋舌―설】 zéshé (又讀 zhàshé)통(놀라거나 무서워서) 말이 나오지 않다.

【责・責】 貝部 zé 4画 꾸짖을 책

1명책임. ◇负～/책임지다. 2명(그렇게 할 것을) 요구하다. ◇～人从宽, 严己/남에게는 관대하고, 자기에게는 엄하게 요구하다. 3통질문하다. 따지다. ◇～问/문책하다. 4통나무라다. 꾸짖다. ◇斥～/책망하여 나무라다.
＊【责备―비】 zébèi 통책망하다. 책망하다. 꾸짖다. ◇～几句就算了/몇 마디 꾸짖었으면 됐다. (同)[责怪 guài], (反)[原谅 yuánliàng]
【责编―편】 zébiān 명편집 담당.
【责成―성】 zéchéng 통책임을 지게 하다. 일임하다.
【责罚―벌】 zéfá 통처벌하다. (同)[处 chǔ 罚], (反)[奖励 jiǎnglì]
＊【责怪―괴】 zéguài 통원망하다. 나무라다. ◇是我没说清楚, 不能～他/내가 분명히 말하지 않은 것이니 그를 탓해서는 안 된다.
【责令―령】 zélìng 통책임지고 …하도록 명령하다.
【责骂―매】 zémà 통호되게 나무라다.
【责难―난】 zénàn 통따져 책망하다.
☆【责任―임】 zérèn 명책임. ◇尽～/책임을 다하다. ◇追究～/책임 추궁하다. ◇你不应该把～推到别人身上/너는 책임을 남에게 전가해서는 안 된다.
【责任编辑―임편집】 zérèn biānjí 명〈출판

사 따위의) 편집 담당자.

【责任感—임감】zérèngǎn 图책임감. (同)〔责任心〕

【责任事故—임사고】zérèn shìgù 图업무상 과실로 인한 사고.

【责问—문】zéwèn 图문책하다. ◇厉声~/성난 목소리로 문책하다.

【责无旁贷—무방대】zé wú páng dài 〈成〉남에게 책임을 전가할 수 없다. (同)〔当仁不让 dāng rén bù ràng〕

【责有攸归—유유귀】zé yǒu yōu guī 〈成〉각자가 짊어져야 할 책임이 있다.

【啧·嘖】口部 zé 8画 말다툼 책
图혀를 차다.

【啧有烦言—유번언】zé yǒu fán yán 〈成〉여러 사람이 입을 모아 비난하다.

【啧啧—책】zézé 图1많은 사람이 칭찬〔평판〕하는 소리. 2쩍쩍. 찍찍.〔새 울음 소리〕

zè

【仄】厂部 zè 2画 기울 측
1图좁다. ◇逼~/배좁다. 2图(마음이) 불안하다. ◇歉~/미안하다. 송구스럽다. 3图〈言〉측성. (同)〔仄声〕

【仄声—성】zèshēng 图〈言〉4성의 上, 去, 入의 三声. (反)〔平 píng 声〕

【昃】日部 zè 4画 해기울어질 측
〈文〉해가 서쪽으로 기울다.

zéi

【贼·賊】贝部 zéi 6画 도둑 적
1图도둑. 2图〈国家·민족에 해를 끼치는〉적. 반역자. ◇卖国~/매국노. 3图나쁜. 사악한. ◇~眉鼠眼/도둑놈의 흉상. 4图교활하다. ◇老鼠真~/쥐는 정말 교활하다. 5동〈文〉손해를 입히다. 살해하다. ◇戕~/손해를 입히다. 6图〈方〉매우. 아주. 몹시.〔주로 사람을 불만스럽게 하거나 비정상적으로 만드는 상황에 쓰임〕◇~冷/몹시 춥다.

【贼风—풍】zéifēng 图문바람.

【贼喊捉贼—함적착적】zéi hǎn zhuō zéi 〈成〉도둑이 도둑 잡으라고 고함치다:죄명을 피하려고 이목을 다른 데로 돌리다.

【贼寇—구】zéikòu 图1반역자. 2강도.

【贼眉鼠眼—미서안】zéi méi shǔ yǎn 〈成〉도둑상판. (同)〔贼头贼脑 zéi tóu zéi nǎo〕, (反)〔堂而皇之 táng ér huáng zhī〕

【贼人—인】zéirén 图도둑. 악인.

【贼头贼脑—두적뇌】zéi tóu zéi nǎo 〈成〉두리번거리며 행동이 수상하다. (同)〔鬼鬼祟祟 guǐ guǐ suìsuì〕, (反)〔堂而皇之 táng ér huáng zhī〕

【贼心—심】zéixīn 图1사악한 생각. 2도둑놈 심보.

【贼星—성】zéixīng 图유성(流星)의 속칭.

【贼眼—안】zéiyǎn 图도둑같은 눈초리.

【贼赃—장】zéizāng 图장물.

【贼子—자】zéizǐ 图〈文〉나쁜 무리. 악인. ◇乱臣~/난신 적자.

【贼走关门—주관문】zéi zǒu guān mén 〈成〉소 잃고 외양간 고치다. (同)〔贼去关门〕

【鲗·鰂】鱼部 zéi 9画 오징어 즉
图〈魚介〉오징어. (同)〔乌 wū 贼〕

zěn

【怎】心部 zěn 5画 어찌 즘
㈐〈方〉왜. 어째서. 어떻게. ◇你~不早说呀?/너는 어째서 진작 말하지 않았느냐? ◇这样的好收成, 我们~能不高兴呢?/이렇게 수확을 잘했는데 우리가 왜 신나지 않겠어?

【怎地—지】zěn·di (同)〔怎的〕

【怎的—적】zěn·di 〈方〉왜. 어째서.

【怎见得—견득】zěn jiàndé 어떻게 그러겠느냐? 어떻게 …하겠느냐?〔반문의 어기로 남의 견해나 말에 대해 의문·반대를 나타냄〕◇他~养成了刷牙的好习惯?/그가 어떻게 이빨을 닦는 좋은 습관을 길렀겠는가? (同)〔何以见得 hé yǐ jiàn dé〕

★【怎么—마】zěn·me ㈐1어떻게.〔동작의 방식이나 방법을 물음〕◇请问, 去天安门广场~走/말씀 좀 여쭙겠습니다. 천안문광장에 가려면 어떻게 갑니까? 2왜. 어째서.〔원인을 물음〕◇他~还不回来?/그는 왜 아직 돌아오지 않지? 조의'怎么'가 원인을 물을 때는 술어 앞에 대명사, 조동사, 부사, 부정부사가 오거나 문말에 '了'를 쓸 경우이다. ◇~这么贵呢?/왜 이렇게 비쌀까? ◇我~能不来呢?/내가 어찌 오지 않을 수 있습니까? ◇你~八点半才来?/너 왜 8시 반에야 왔니? ◇你~不去吃饭, 病了?/너 왜 밥먹으러 가지 않니, 아프니? ◇你~去中国了?/너는 왜 중국에 가게 되었어? 3무슨. 어떻게.〔양사의 앞에 쓰여 성질이나 상황을 물음〕◇这是~回事?/이것 어떻게 된 일이야? 4동사나 형용사 앞에 쓰여 虚指를 나타냄. ◇你想~睡就~睡/네가 자고 싶은 대

로 자라. **5**아무리 …해도.〔동사나 형용사 앞에 쓰여 任指를 가리킨다. 뒤에 '也', '都'와 호응한다〕 ◇明天无论天气～不好, 我都要准时到火车站/내일 날씨가 아무리 나빠도 나는 정각에 기차역에 도착해야 한다. **6**그다지. 별로.〔'不' 뒤에 쓰여 일정한 정도를 나타냄〕 ◇我今天不～舒服, 想早点儿休息/나는 오늘 편치 않아 좀 일찍 쉬고 싶다. [비교]怎么:这么 ①"怎么"는 명사 앞에 쓰지 않는다. ◇刚来上海时, 我(×怎么)什么地方都不认识/금방 상해에 왔을 때 난 아무 곳도 몰랐다. ② "怎么"는 긍정문에 쓰여 정도를 나타내지 않는다. ◇我看她(×怎么)这么悲伤, 我也难过/그녀가 그렇게 슬퍼하는 모습을 보자 나도 슬펐다.

【怎么…怎么…—마…즘마…】 zěn·me…zěn·me 〈口〉아무리 …하더라도. ◇这张床太硬, 怎么躺怎么不舒服/이 침대는 너무 딱딱해서 아무리 잘 누워도 불편하다.

【怎么得了—마득료】 zěn·me déliǎo 어찌 큰일이 아니겠느냐? ◇万一你爸知道了那～/만일 네 아빠가 안다면 어찌 큰일이 아니겠느냐? →〔不 bù 得了〕

【怎么敢当—마감당】 zěn·me gǎndāng 어찌 감당하겠습니까? ◇我们全部敬你一杯! — '那～?'/우리 모두 한 잔 올리겠습니다. — 제가 어찌 감당하겠습니까? →〔不 bù 敢当〕

【怎么搞的—마고적】 zěn·me gǎo de 〈口〉 어떻게 된 거야.〔원망을 품거나 불만을 나타냄〕 ◇你～, 上课老睡觉/자네 어떻게 된 거야, 수업할 때 늘 잠만 자고.

【怎么个…法儿—마개…법아】 zěn·me ge … fǎr 〈口〉어떻게 한 것이냐? ◇我买鱼了, 你说怎么个做法儿?/내가 생선을 샀어. 말해봐. 어떻게 요리해야 하는지.

【怎么回事—마회사】 zěn·me huí shì 〈口〉 어떤 것인가? 어떻게 된 것인가?〔일의 원인·성질·특징·경위·내막을 물음〕 ◇谁能知道感情是～呢?/누가 감정이 어떤 것인지 알겠는가?

【怎么能这样—마능저양】 zěn·me nén zhèyàng 이래도 되는 겁니까? 〈口〉〔반어문에 쓰여 반문의 강조를 나타냄〕 ◇这是我们两个人的事, 你～?/이것은 우리 두 사람의 일인데 당신이 이래도 되는 겁니까?

【怎么说—마설】 zěn·me shuō 〈口〉(同)〔不管 bùguǎn 怎么说〕

【怎么说呢—마설니】 zěn·me shuō ne 〈口〉 어떻게 말해야 하나? ◇唉, ～? 就是你那张嘴巴太那个了/참네, 어떻게 말해야 하지? 바로 네 그 입이 좀 거시기하다. (同)〔让 ràng 我怎么说呢〕

★【怎么样—마양】 zěn·meyàng [대]**1**(同)〔怎样〕 **2**('不～'의 형태로 쓰여) 별로〔그리〕 …않다. ◇他画得并不～/그는 그림을 그다지 잘 그리는 것은 아니다.

*【怎(么)着—(마)착】 zěn(·me)·zhe [대]**1**(어떤 동작이나 형편에 대한 물음으로) 어찌 하겠소? 어떻게 할 생각이오? ◇我们都报名参加了, 你打算～? 우리는 모두 참가하려고 등록했는데 당신은 어찌 하겠소? **2**(어떤 동작이나 형편을 가리켜) 어떻게 하다. ◇一个人不能想～就～/사람은 자기가 하고 싶은 대로 다 할 수는 없다.

【怎奈—내】 zěnnài [부]어찌하랴.

★【怎样—양】 zěnyàng [대]**1**어떠하냐. 어떻게.〔성질·상황·방식 따위를 물음〕 **2**어떠하다.〔성질·상황·방식 따위를 가리킴〕 ◇我真不知道～回答/나는 정말 어떻게 대답해야 할지 모르겠다. ◇这个黑点不管～洗都洗不掉/이 검은 점은 아무리 빨아도 지지 않는다. [비교]怎样:什么 "怎样"은 문제를 설명하지 않는다. ◇这样下去的话, 不知要发生(×怎样)什么问题/이렇게 계속되면 무슨 문제가 발생할지 모른다.

zēng

【曾】 八部 10画 | 日部 8画 | zēng 일찍 **증**

[명]**1**증.〔자기와 두 세대를 사이에 둔 항렬〕 ◇～祖/증조부. **2**(Zēng)성(姓). ⇒céng

【曾孙—손】 zēngsūn [명]증손(자).

【曾孙女—손녀】 zēngsūnnǚ [명]증손녀.

【曾祖—조】 zēngzǔ [명]증조부.

【曾祖母—조모】 zēngzǔmǔ [명]증조모.

【憎】 忄部 12画 | zēng 미워할 **증**

[동]미워하다. 증오하다. ◇～恶/증오하다. (同)〔恨 hèn〕, (反)〔爱 ài〕

【憎称—칭】 zēngchēng [명]증오감을 나타내는 호칭.

【憎恨—한】 zēnghèn [동]증오하다. 미워하다.

【憎恶—오】 zēngwù [동]증오하다. (反)〔爱慕 àimù〕

*【增】 土部 12画 | zēng 더할 **증**

[동]늘다. 증가하다. 많아지다. ◇～高/높아지다. ◇有～无减/증가하기만 하고 감소하지 않다. ◇第三季度, 产量又～了不少/제3분기에 생산량이 또 많이 증가되었다. ◇奖学金从一百二十元～到二百元/장학금이 120원에서 200원까지 올랐다.

(同)〔加 jiā〕, (反)〔减 jiǎn〕比圖增:增加 "增"을 일반적으로 2음절 명사 목적어를 취하지 않는다. ◇他们的帮助更(×增)增加了我的信心/그들의 도움이 나의 자신감을 한층 더해주었다.

【增补－보】zēngbǔ 图图(내용을) 증보(하다). (인원을) 보충(하다).

＊【增产－산】zēng// chǎn 图증산하다. ◇～节约/증산과 절약. ◇～措施/생산량을 늘리는 조치. (反)〔减 jiǎn 产〕

【增订－정】zēngdìng 图수정증보(하다).

【增多－다】zēngduō 图증가하다.

【增高－고】zēnggāo 图높아지다. 높게 하다. (反)〔下降 xiàjiàng〕

【增光－광】zēng/guāng 图빛나게 하다. (同)〔光耀 huī〕, (反)〔玷辱 diànrǔ〕

【增辉－휘】zēnghuī 图빛을 더하다. (同)〔增光 guāng〕

★【增加－가】zēngjiā 图증가하다. 더하다. 늘리다. ◇～工资/월급이 오르다. ◇产量比去年～一倍/생산량이 작년보다 2배나 증가했다. (反)〔降低 jiàngdī〕比圖增加:加剧:增进:扩大 ①"增加"는 정도가 심화되는 것을 나타내지 않는다. ◇那时候她的肚子痛(×增加)加剧了/그때 그녀의 복통이 더욱 심해졌다. ②명사 "友谊"는 "增加"의 목적어로 쓰이지 않는다. ◇这次会议(×增加)增进了两国人民之间的友谊/이번 회의는 양국민 간의 우정을 증진시켰다. ③"合作"는 "增加"의 목적어로 쓰이지 않는다. ◇他到韩国访问是为了(×增加)扩大两国之间的合作/그가 한국을 방문한 것은 양국간의 협력을 확대하기 위해서다.

＊【增进－진】zēngjìn 图증진하다. 증진시키다. ◇～友谊/우정을 증진시키다. ◇练气功曾～过我的健康, 可惜没能坚持下来/기공을 해서 건강이 좋아졌었는데 애석하게도 꾸준히 못했다. 比圖增进:增强 "力量"은 "增进"의 목적어로 쓰이지 않는다. ◇经济发展了就可以(×增进)增强抵御外来侵略的力量/경제가 발전했으니 외부의 침략을 막을 수 있는 힘이 강화될 수 있다.

【增刊－간】zēngkān 图증간.

＊【增强－강】zēngqiáng 图증강하다. 강화하다. ◇～体质/체질을 증강시키다. ◇夜间风力将～到六级/야간에 바람이 6노트까지 될 것이다. (反)〔减弱 jiǎnruò〕

【增删－산】zēngshān 图첨삭. 수정.

＊【增设－설】zēngshè 图증설하다. ◇～新课程/새 교육과정을 증설하다.

【增生－생】zēngshēng 图图증식(하다).

＊【增添－첨】zēngtiān 图증가시키다. 늘리

다. 보태다. ◇～设备/설비를 늘리다.

【增益－익】zēngyì 1图더하다. 늘리다. 2图〈電〉이득. 게인(gain).

＊【增援－원】zēngyuán 图图증원(하다). 〔주로 군사 용어로 쓰임〕◇～部队/증원 부대.

☆【增长－장】zēngzhǎng 图증가하다. 신장하다. ◇～知识/지식을 늘리다. ◇最近十年来, 我厂的总产值成倍地～着/최근 10년동안 우리 공장의 총 생산액이 배로 늘어나고 있다. 比圖增长:增加:增强 ①"次数"는 "增长"의 주어로 쓰이지 않는다. ◇迟到的次数不断地(×增长)增加/늦는 회수가 계속 증가하고 있다. ②증진·보강의 뜻을 나타낼 때는 "增长"을 쓰지 않는다. ◇练太极拳(×增长)增强了我的体质/태극권을 연마한 것이 내 체질을 보강시켰다.

【增值－치】zēngzhí 1图图〈經〉평가 절상(하다). 2图(재산 등이) 증식하다.

【增殖－식】zēngzhí 1图번식하다. 2(同)〔增生〕

zèng

【锃·鋥】钅部 | zèng
7画 | 칼날세울 정
图〈方〉(기물 따위가 닦여서) 반짝반짝하다. ◇～光/번쩍번쩍 광이 나다.

【锃光瓦亮】zèng guāng wǎ liàng 图번쩍번쩍 광이 나다.

【锃亮－량】zèngliàng 图반짝반짝하다.

【缯·繒】纟部 | zèng
12画 | 비단 증
图〈方〉단단히 묶다. ◇竹竿儿裂了, 把它～起来/장대가 터졌는데, 단단히 동여 매시오.

【甑】瓦部 | zèng
12画 | 시루 증
图1시루. 2증류기.

【甑子－자】zèng·zi 图시루.

【赠·贈】贝部 | zèng
12画 | 줄 증
图선사하다. 증정하다. ◇～言/헤어질 때 충고나 격려의 말을 남기다. (同)〔送 sòng〕, (反)〔讨 tǎo〕

【赠答－답】zèngdá 图주고받다.

【赠礼－례】zènglǐ 图선물.

【赠品－품】zèngpǐn 图선물.

＊【赠送－송】zèngsòng 图증정하다. 선사하다. ◇～生日礼物/생일선물을 선사하다. (同)〔馈 kuì 赠〕, (反)〔索要 suǒyào〕

【赠言－언】zèngyán 图헤어질 때 격려의 말을 남기다.

【赠阅－열】zèngyuè 图(저자가) 책을 증

정하다.

zhā

☆【扎】扌部 ｜ zhā
1画 ｜ 뺄 **찰**
1(통)(침이나 가시 등으로) 찌르다. ◇~
针/침을 놓다. 2(통)〈方〉잠기다. 빡빡한
곳에 비집고 들어갔다. ◇扑通一声, 他就
~进水里去了/풍덩하고 그는 바로 물 속
으로 잠겨 들어갔다. 3(통)주둔하다. ◇~
营/야영하다. ⇒zā,zhá
【扎堆-퇴】zhāduī (~儿)(통)(사람이) 한
곳에 모이다.
【扎耳朵-이타】zhā ěr·duo (형)귀에 거슬리
다.
【扎根-근】zhā// gēn (통)1(식물이) 뿌리를
뻗다. 2〈喩〉(사람이나 사물 속에 깊이
들어가) 뿌리를 내리다.
【扎花-화】zhā//huā (~儿)(통)〈方〉수(繡)
를 놓다. 자수하다.
【扎猛子-맹자】zhā měng·zi 〈方〉다이빙
하다.
【扎煞-살】zhā·shā (통)펴다. 벌리다. (同)
〔挓 zhā 挲〕
＊＊【扎实-실】zhā·shi (형)1튼튼하다. ◇把行
李捆~了/짐을 단단하게 묶었다. 2(학
문·일 따위의 기초가) 탄탄하다. 확실하
다. ◇干活儿~/일하는 것이 착실하다.
◇没有听到确实的消息, 心里总不~/확실
한 소식을 듣지 않아 아무래도 마음이 놓
이지 않는다. (同)〔塌实 tāshi〕
【扎手-수】zhā//shǒu (통)1(가시 따위가)
손을 찌르다. 2일이 까다롭고 어렵다.
(同)〔棘 jí 手〕, (反)〔容易 róngyì〕
【扎眼-안】zhāyǎn (형)1눈부시다. (同)〔刺
cì 眼〕, (反)〔顺 shùn 眼〕2〈貶〉남의 주
의를 끌다. 눈에 거슬리다.
【扎营-영】zhā//yíng (통)야영하다. 주둔하다.
【扎针-침】zhā//zhēn (통)침을 놓다.

【咋】口部 ｜ zhā
5画 ｜ 잠깐 **사**
→〔咋呼〕⇒zǎ, zé
【咋呼-호】zhā·hu 〈方〉1고함치다. 소
리 지르다. 2과시하다. 뽐내다.

【查(査)】木部 ｜ zhā
5画 ｜ 사실 **사**
(명)성(姓). ⇒chá

＊＊【渣】氵部 ｜ zhā
9画 ｜ 찌끼 **사**
(~儿)(명)1찌꺼기. 침전물. ◇豆腐~/두
부의 비지. ◇一斤肥肉炼完了, 只剩下一
点儿油~儿/기름진 고기 한 근을 다 달
구니 기름 찌꺼기가 조금 밖에 안 남았

다. 2부스러기. 가루 ◇面包~儿/빵 부스
러기.
【渣滓-재】zhāzǐ (명)1찌꺼기. 2〈喩〉사회에
해를 끼치는 쓰레기같은 인간.
【渣子-자】zhā·zi (명)찌꺼기. 부스러기. (同)
〔垃圾 lājī〕, (反)〔精华 jīnghuá〕

【揸(摣)】扌部 ｜ zhā
9画 ｜ 검어쥘 **사**
(통)〈方〉1(손가락 끝으로) 집다. 잡다. 2손
가락을 길게 펴다. ◇~开五指/다섯손가
락을 길게 펴다.

【喳】口部 ｜ zhā
9画 ｜ 새소리 **사**
1(의)〈文〉예. 〔옛날, 하인이 주인에 대하여
대답하는 말〕2(의)짹짹. 깍깍. 〔새가 우는
소리〕◇喜鹊~地叫/까치가 깍깍 울다.
⇒chā

zhá

【扎】扌部 ｜ zhá
1画 ｜ 뺄 **찰**
⇒zā, zhā
【扎挣-쟁】zhá·zheng (통)〈方〉억지로 견디
다. (육체의 고통을 무릅쓰고) 버티다.
◇病人~着坐了起来/환자는 무리하게 일
어나 앉았다.

【札】木部 ｜ zhá
1画 ｜ 편지 **찰**
(명)1목간(木簡). 2편지. ◇书~/편지.
【札记-기】zhájì (명)찰기. 차기(箚記).

【轧·軋】车部 ｜ zhá
1画 ｜ 수레삐걱거릴 **알**
(통)〈工〉압연(壓延)하다. ◇~钢/강철을 압
연하다.⇒gá, yà
【轧钢-강】zhá// gāng (통)강철을 압연하다.
【轧辊-곤】zhágǔn (명)〈機〉압연 롤러.
【轧机-기】zhájī (명)〈機〉압연기.

＊【闸·閘】门部 ｜ zhá
5画 ｜ 물문 **갑**
1(명)수문(水門). ◇开~放水/수문을 열어
물을 내보내다. 2(물을) 막다. ◇水流
得太猛, ～不住/물살이 너무 강해서 막을
수 없다. 3(명)제동기. 브레이크. 4(명)〈口〉
개폐기. 스위치.
【闸盒-합】zháhé (~儿)(명)〈電〉안전 개폐기.
【闸口-구】zhákǒu (명)1수문구(水門口). 2
(Zhá Kǒu)〈地〉갑구. 항주(杭州)시 교외
의 전당강(錢塘江)가에 있는 지명.
【闸门-문】zhámén (명)갑문. 수문.

＊＊【炸(煠)】火部 ｜ zhá
5画 ｜ 기름에 지질 **작**
(통)1기름에 튀기다. 2〈方〉데치다. ◇把菠
菜~一下/시금치를 살짝 데치다.

Z

【炸糕－고】zhágāo 圐뭐긴 찹쌀떡.

【炸油条－유조】zháyóutiáo →〔油条〕

【铡·鍘】 钅部 ｜ zhá
6画 ｜ 작두 찰
1圐작두. **2**圄(풀이나 여물 따위를) 작두질하다. ◇～草/풀을 작두질하다.

【铡刀－도】zhádāo 圐작두.

zhǎ

【砟】 石部 ｜ zhǎ
5画 ｜ 자갈 자
(～儿)圐(돌·석탄 따위의)단단하고 작은 덩어리. ◇炉灰～儿/화로의 석탄 잿덩이.
【砟子－자】zhǎ·zi 圐돌이나 석탄의 작은 덩어리.

【拃】 扌部 ｜ zhǎ
5画 ｜ 뼘잴 자, 짤 착
1圄뼘으로 재다. ◇用手～了～桌面/탁상을 뼘으로 재다. **2**圐뼘. 장뼘. ◇这块布有三～宽/이 천은 세 뼘 폭이다.

【鲝·鮺】 鱼部 ｜ zhǎ
5画 ｜ 젓갈 자
圐**1**소금에 절인 생선. **2**쌀가루·밀가루에 야채를 섞어 넣고 소금과 기타 재료를 넣어 버무린 보관 식품.
【鲝肉－육】zhǎròu →〔米 mǐ 粉肉〕

【眨】 目部 ｜ zhǎ
4画 ｜ 눈깜박일 자
圄(눈을) 깜박거리다. ◇眼睛也不～一～/눈도 한 번 깜박거리지 않다.
【眨巴－파】zhǎ·ba 圄〈方〉(눈을) 깜박거리다. 깜빡이다.
【眨眼－안】zhǎ//yǎn 圐눈 깜짝할 사이.

zhà

【乍】 丿部 ｜ zhà
4画 ｜ 잠간 사
1凨갓. 방금. 처음에. ◇天～晴/날이 막 개었다. ◇分别多年, ～一见都不认识了/헤어진 지 여러 해 되어 막 만나니 몰라보겠다. **2**凨갑자기. 돌연히. ◇～冷～热/갑자기 추웠다 더웠다 하다. **3**圄펴다. 펼치다. ◇～翅 chì/날개를 펼치다. **4**(Zhà)圐성(姓).
【乍猛的－맹적】zhàměng·de 凨〈方〉갑자기. 돌연히.

【诈·詐】 讠部 ｜ zhà
5画 ｜ 거짓 사
圄**1**속이다. 협잡하다. ◇欺～/사기하다. **2**가장하다. 위장하다. 체하다. ◇～降/항복하는 체하다. **3**마음을 떠보다. ◇他是拿话～我, 我一听就知道/그가 말로 나를

떠본다는 걸 나는 듣자마자 알았다.

【诈唬－호】zhà·hu 圄공갈치다.

*【诈骗－편】zhàpiàn 圄사취하다. ◇～钱财/돈을 사취하다.

【诈尸－시】zhà//shī 圄**1**시체가 벌떡 일어나다. **2**〈方〉〈罵〉갑자기 미치다. 갑자기 떠들다.

【诈降－항】zhàxiáng 圄거짓 항복하다.

【诈语－어】zhà·yǔ 圐거짓말.

【炸】 火部 ｜ zhà
5画 ｜ 기름에 지질 작
圄**1**터지다. 파열하다. 폭발하다. ◇爆～/폭발하다. **2**폭파하다. 폭격하다. ◇～碉堡 diāobǎo/토치카를 폭파하다. **3**〈口〉(분노가) 폭발하다. ◇他一听就气～了/그는 듣자마자 화가 폭발했다. **4**〈方〉놀라서 뿔뿔이 흩어지다. ◇～窝/보금자리에서 산산이 흩어지다.

*【炸弹－탄】zhàdàn 圐〈軍〉폭탄.

【炸雷－뢰】zhàléi 圐우뢰[천둥].

【炸群－군】zhà//qún 圐무리가 뿔뿔이 흩어지다.

【炸窝－와】zhà//wō 圄(벌이나 새가 놀라) 보금자리에서 산산이 흩어지다.

*【炸药－약】zhàyào 圐폭약.

【蚱】 虫部 ｜ zhà
5画 ｜ 벼메뚜기 책
【蚱蝉－선】zhàchán 圐〈虫〉말매미.
【蚱蜢－맹】zhàměng 圐〈虫〉메뚜기의 일종.

*【榨(搾)】 木部 ｜ zhà
10画 ｜ 기름틀 자
1圄(기름·즙 따위를) 짜다. ◇～油/기름을 짜다. **2**圐압착기.
【榨菜－채】zhàcài 圐**1**〈植〉2년생 초본(草本)식물로, "芥菜"의 변종(變種). →〔芥 jiè 菜〕 **2**"榨菜"의 뿌리와 줄기에 고춧가루와 향료를 함께 넣어 담근 사천성(四川省)에서 생산하는 장아찌.
【榨取－취】zhàqǔ 圄**1**눌러 짜내다. **2**〈喩〉착취하다. 가혹하게 빼앗다.

【蛇】 虫部 ｜ zhà
6画 ｜ 해파리 차
圐〈方〉〈動〉해파리. (同)〔海蜇 hǎizhé〕

【奓】 大部 ｜ zhà
6画 ｜ 벌릴 차
圄〈方〉펼치다. 벌리다. ◇～着头发/머리가 부스스하다. ⇒shē
【奓着胆子－착담자】zhà·zhe dǎn·zi 〈方〉간신히 용기를 내다.

【栅(柵)】 木部 ｜ zhà
5画 ｜ 목책 책
圐책. 울타리. ◇铁～/철책.
【栅栏－란】zhà·lan (～儿)圐울타리.
【栅子－자】zhà·zi 圐〈方〉대나무나 갈대

따위로 만든 울타리. 〔가금(家禽)을 가두는 데 많이 쓰임〕

zhāi

【侧·側】 亻部 6画 | zhāi 곁 측
(동)기울다. 기울어지다. 비뚤어지다. ⇒cè
【侧棱―릉】 zhāi·leng 〈方〉(한쪽으로) 기울다.
【侧歪―왜】 zhāi·wai (동)〈方〉기울다.

【斋·齋】 文部 6画 | zhāi 집 재
1(동)재계(齋戒)하다. 2(명)정진 요리(精進料理). 소(素)밥. 소식(素食). ◇吃~/정진 요리를 먹다. 3(동)(승려·도사 따위에게) 음식을 시주하다. 4(명)방(房). 〔서재·기숙사·상점 따위의 이름에 많이 쓰임〕◇书~/서재.
【斋饭―반】 zhāifàn (명)승려가 탁발하여 받은 밥.
【斋果―과】 zhāiguǒ (명)〈方〉제물(祭物).
【斋醮―초】 zhāijiào (명)〈宗〉도교(道教)에서 단(壇)을 설치하고 신불에게 기도하는 의식.
【斋戒―계】 zhāijiè (명)(동)재계(하다).
【斋月―월】 zhāiyuè (명)〈宗〉라마단(ramadan). 이슬람력 9월에 단식 등을 하며 재계(齋戒)함.

☆【摘】 扌部 11画 | zhāi 딸 적
(동)1따다. 꺾다. 뜯다. 벗기다. ◇~梨을 따다. ◇~一朵花/꽃 한송이를 꺾다. ◇女主人正为客人们~着葡萄/여주인이 손님을 위해서 마침 포도를 따고 있다. 2뽑아내다. 발췌하다. ◇~要/요점만을 적다. ◇晚上我们一起~~学生的病句, 好吗?/저녁에 우리 함께 학생의 잘못 쓴 문장을 뽑을래? 3(급히 필요하여 일시적으로) 빌리다. 꾸다. ◇东~西借/여기 저기서 돈을 꾸다.
【摘编―편】 zhāibiān 1(동)발췌 편집하다. 2(명)다이제스트(자료).
【摘除―제】 zhāichú (동)제거하다.
【摘记―기】 zhāijì 1(동)요점만을 기록하다. 2(同)〔摘录 lù〕
【摘借―차】 zhāijiè (동)급하게 돈을 꾸다.
【摘录―록】 zhāilù (동)(글의 일부분을) 따서 적다.
*【摘要―요】 zhāiyào 1(동)요점만을 뽑아 적다. ◇~发表/요점을 따서 발표하다. 2(명)발췌한 요점.적요.
【摘引―인】 zhāiyǐn (동)발췌 인용하다.
【摘由―유】 zhāi//yóu (동)(보기에 편하도

록) 문서의 주요 사항만 발췌 요약하다.

zhái

【宅】 宀部 3画 | zhái 집 택
(명)댁. 집. 주택. 거처. ◇家~/가택.
【宅第―제】 zháidì (명)〈文〉저택.
【宅基―기】 zháijī (명)택지. 부지.
【宅门―문】 zháimén (명)1저택의 대문. 2(~儿)저택에 사는 사람.
【宅院―원】 zháiyuàn (명)마당이 있는 저택.
【宅子―자】 zhái·zi (명)주택.

【择·擇】 扌部 5画 | zhái 가릴 택
(동)뜻은 '择'(고르다, 가리다)와 같다. ⇒zé
【择不开―불개】 zhái·bu kāi 1풀 수 없다. 2(시간 등을) 낼 수가 없다.
【择菜―채】 zháicài (동)채소를 다듬다.
【择席―석】 zháixí (동)잠자리를 가리다.

【翟】 羽部 8画 | zhái 꿩 적
(명)성(姓).

zhǎi

☆【窄】 穴部 5画 | zhǎi 좁을 착
(형)1(폭이) 좁다. ◇~狭/비좁다. (同)〔狭 xiá〕, (反)〔宽 kuān〕2소심하다. 속좁다. ◇心眼儿~/도량이 좁다. 3(생활에) 경제적 여유가 없다. 옹색하다.

【䇄】 缶部 5画 | zhǎi 흠집 지
(~儿)(명)〈方〉(기물·옷·과일 따위의) 흠집. 상한 곳. ◇碗上有点~儿/사발에 흠이 좀 있다.

zhài

**【债·債】 亻部 8画 | zhài 빚질 채
(명)빚. 부채. ◇还~/빚을 갚다.
【债户―호】 zhàihù (명)채무자. (反)〔债主 zhǔ〕
【债利―리】 zhàilì (명)빚을 놓아 받는 이자.
【债权―권】 zhàiquán (명)〈法〉채권. (反)〔债务 wù〕
【债券―권】 zhàiquàn (명)채권.
【债台高筑―대고축】 zhài tái gāo zhù 〈成〉빚이 산더미처럼 쌓이다.
*【债务―무】 zhàiwù (명)채무. ◇偿还~/채무 상환. ◇~人/채무자.
【债主―주】 zhàizhǔ (명)채권자. (反)〔债户 hù〕

【祭】 示部 ｜ zhài
6画 ｜ 제사 **제**

(명)성(姓). ⇒jì

【砦】 石部 ｜ zhài
5画 ｜ 울타리 **채**

(명)1'寨'와 통용. 2(Zhài)성(姓).

＊【寨】 宀部 ｜ zhài
11画 ｜ 진 **채**

(명)1방책(防栅). ◇山~/산채. 2옛날 군영. ◇营~/군영. 병영. 3산적들의 거처. 산채(山寨). 4울타리를 둘러친 마을.
【寨子─자】zhài·zi (명)1사방을 둘러친 울타리. 2울타리를[방책을] 둘러친 산촌.

【攃】 扌部 ｜ zhài
14画 ｜ 꿰매달 **채**

(동)〈方〉(옷에 단추 따위를) 꿰매어 달다. ◇~花边/레이스를 달다.

zhān

【占】 卜部 ｜ zhān
3画 ｜ 점 **점**

1(동)점치다. ◇~卦/점치다. 2(Zhān)(명)성(姓). ⇒zhàn
【占卜─복】zhānbǔ (동)점치다.
【占卦─괘】zhān// guà (동)(괘를 풀이하여) 점치다.
【占课─과】zhān// kè (동)(동전을 던져) 점치다. (同)〔起qǐ课〕
【占梦─몽】zhān// mèng (동)해몽하다.
【占星─성】zhān// xīng (동)별점을 치다.

＊＊【沾(1,2霑)】 氵部 ｜ zhān
5画 ｜ 적실 **점**

1(동)젖다. 적시다. ◇泪流~襟/눈물이 옷깃을 적시다. 2(동)묻다. ◇伤口不能~水/상처에 물이 묻어서는 안 된다. 3(동)닿다. 접촉하다. ◇脚不~地/(걸음걸이가 날듯하여) 발이 땅에 닿지 않는 듯하다. 4(동)(은혜나 덕을) 입다. ◇没有~过他一分钱的好处/그에게 돈 한 푼도 덕본 적이 없다. 5(형)〈方〉좋다. 괜찮다.
【沾边─변】zhān//biān(~儿)(동)1약간 손을 대다. 관계하다. 2사실에 가깝다. 일정한 수준에 근접하다.
＊【沾光─광】zhān// guāng (동)덕을 보다. ◇我们工厂每周放电影, 附近小孩儿都~/우리 공장에서는 매주 영화를 상영하는데 부근 어린애도 덕을 본다.
【沾亲─친】zhānqīn (동)친척 관계가 있다.
【沾染─염】zhānrǎn (동)1감염되다. 오염되다. ◇小心伤口~了细菌/상처에 세균이 감염되는 것을 조심해라. 비교沾染:传染 질병에 걸리게 된 것에는 "沾染"을 쓰지 않는다. ◇闹流感的时候, 很多同学都(×

沾染)传染上了/감기가 유행할 때 많은 학교 학우들이 걸렸다. 2물들다. ◇他一点也没~上坏习气/그는 조금도 나쁜 버릇에 물들지 않았다. (反)〔戒除 jièchú〕
【沾手─수】zhān// shǒu (동)1손에 닿다. 2〈喩〉관계하다. 참여하다.
【沾沾自喜─첨자희】zhān zhān zì xǐ 〈成〉우쭐거리며 뽐내다.

【毡(氈)】 毛部 ｜ zhān
5画 ｜ 담자리 **전**

(명)모전(毛氈). 담요. 양탄자.
【毡房─방】zhānfáng (명)파오. 〔몽고 사람의 천막 가옥〕
【毡条─조】zhāntiáo (명)〈方〉(침대 등에 까는) 모전. 양탄자 모양의 깔개.
【毡子─자】zhān·zi (명)모전(毛氈).

☆【粘】 米部 ｜ zhān
5画 ｜ 마음붙일 **점**

(동)1들러 붙다. ◇两块糖~在一起了/사탕 두 개가 한 데 달라붙었다. 2(풀로) 붙이다. ◇~信封/편지봉투를 붙이다. ◇壁纸掉下来了, 你去~/벽지가 떨어졌어, 네가 가서 좀 붙여라. 비교粘:钉 물건을 못으로 고정하는 경우에는 "粘"을 쓰지 않는다. ◇找几个图钉儿把画儿(×粘)钉在墙上/압정을 몇 개 찾아서 그림을 벽에 박아라.
【粘连─련】zhānlián (동)1〈醫〉유착하다. 2관계. 연류.
【粘贴─첩】zhāntiē (동)(풀 따위로) 붙이다. 바르다.

【栴】 木部 ｜ zhān
6画 ｜ 향나무 **전**

【栴檀─단】zhāntán (명)단향목.

【詹】 刀部 ｜ zhān
11画 ｜ 이를 **첨**

(명)성(姓).

【谵·譫】 讠部 ｜ zhān
13画 ｜ 중얼거릴 **섬**

(동)〈文〉1말을 많이 하다. 2헛소리하다. ◇~语/헛소리.
【谵妄─망】zhānwàng (명)〈醫〉섬망. 〔의식 장애의 하나〕
【谵语─어】zhānyǔ (명)〈中醫〉헛소리(하다). 잠꼬대(하다).

【瞻】 目部 ｜ zhān
13画 ｜ 볼 **첨**

1(동)우러러보다. 쳐다보다. ◇观~/바라보다. (反)〔顾 gù〕2(Zhān)(명)성(姓).
【瞻顾─고】zhāngù (동)1〈文〉이리저리 살피다. 〈喩〉앞뒤를 재다. 우유부단하다. 2〈喩〉보살피다.
【瞻礼─례】zhānlǐ (명)〈宗〉1예배일. 2천주교의 축일(祝日). 3(천주교에서의) 요일.

〔천주교에서는 일요일을 '主日'로 하고, 나머지 6일을 차례로 '瞻礼二'에서 '瞻礼七'까지로 부름〕

【瞻念—념】zhānniàn 图(앞일 따위를) 전망하다.

【瞻前顾后—전고후】zhān qián gù hòu 〈成〉1앞뒤를 살피다. 사전에 매우 신중히 생각하다. 2우유부단하다. (同)〔迟疑不决 chí yí bù jué〕, (反)〔毅然决然 yì rán jué rán〕

【瞻望—망】zhānwàng 图〈文〉멀리 바라보다. 〈喩〉장래를 내다보다.

【瞻仰—앙】zhānyǎng 图우러러보다. ◇～遗容/생전의 사진을 우러러보다.

zhǎn

＊【斩·斬】车部 | zhǎn
4画 | 베일 참
图1베다. 자르다. 끊다. ◇～草除根/화근을 철저히 없애 버리다. 2〈方〉남의 약점을 잡아 바가지를 씌우거나 재물을 뜯다.

＊【斩草除根—초제근】zhǎn cǎo chú gēn 〈成〉화근을 뿌리뽑다. (同)〔赶尽杀绝 gǎn jìn shā jué〕, (反)〔斩草留根 zhǎn cǎo liú gēn〕

＊【斩钉截铁—정절철】zhǎn dīng jié tiě 〈成〉결단성이 있게 일을 처리하다. ◇先生的那次演说句句～/선생님의 저번 연설은 구구절절 단호하였습니다. (反)〔犹豫不决 yóu yù bù jué〕

【斩假石—가석】zhǎnjiǎshí (同)〔剁 duò 斧石〕

【斩首—수】zhǎnshǒu 图참수(하다).

＊＊【崭·嶄】山部 | zhǎn
8画 | 산높을 참
图1〈文〉높고 험하다. 2〈方〉훌륭하다. 좋다. ◇滋味真～!/맛이 참 좋군!

【崭露头角—로두각】zhǎn lù tóu jiǎo 〈成〉뛰어나게 두각을 나타내다. (反)〔不露圭角 bù lù guī jiǎo〕

【崭然—연】zhǎnrán 图〈文〉우뚝하다. 높이 솟아 있다.

【崭新—신】zhǎnxīn 图참신하다. 아주 새롭다. ◇～的时代/참신한 시대. ◇～的大楼/색다른 빌딩. (同)〔全 quán 新〕, (反)〔陈旧 chénjiù〕

＊【盏·盞】皿部 | zhǎn
5画 | 잔 잔
1图잔. ◇酒～/술잔. 2개. 〔등 따위를 세는 단위〕◇一～电灯/전등 하나.

【展】尸部 | zhǎn
7画 | 펼 전
1图펼치다. ◇舒～/펴다. (同)〔伸 shēn〕, (反)〔卷 juàn〕2图발휘하다. 나타내다.

◇大～宏图/원대한 계획을 십분 발휘하다. 3图연기하다. 늦추다. ◇～限/기한을 연장하다. 4图전시(하다).◇画～/미술 전시회. 5(Zhǎn)图성(姓).

【展播—파】zhǎnbō 图전시를 목적으로 방송하다.

【展翅—시】zhǎnchì 图날개를 펼치다.

☆【展出—출】zhǎnchū 图전시하다. 진열하다. ◇电子产品/전자제품을 전시하다. ◇新型电子计算机在这里～了一个多月/신형컴퓨터는 여기에서 1개월남짓 전시되었다.

【展缓—완】zhǎnhuǎn 图연기하다. 미루다.

☆【展开—개】zhǎn//kāi 图1펼치다. 넓히다. ◇帮我把地图～一下儿/지도를 펴주세요. 2벌이다. 전개하다. ◇～热烈的讨论/열띤 토론을 벌이다.

【展宽—관】zhǎnkuān 图(폭을) 넓히다.

★【展览—람】zhǎnlǎn 1图图전시(하다). ◇～馆/전시관. ◇地方小, 东西多, ～不下/장소가 작고, 물건이 많아 전시해 놓을 수 없다. 2图전시회. ◇摄影～/사진 전시회.

☆【展览会—람회】zhǎnlǎnhuì 图전시회. ◇～二十号结束了/전시회는 20일에 끝났다. 比较展览会:博览会 많은 나라가 참가하는 대규모 제품 전시회는 대개 "博览会"를 쓴다. ◇他们为这个国际性(×展览会)博览会做出了很大的努力/그들은 이 국제적 박람회를 위해 큰 노력을 기울였다.

【展露—로】zhǎnlù 图드러내다.

【展品—품】zhǎnpǐn 图전시품.

【展期—기】zhǎnqī 1图(기한을) 늦추다. 연기하다. 2图전시 기간.

＊【展示—시】zhǎnshì 图(분명하게) 드러내 보이다. 나타내다. ◇～图纸/설계도를 펼쳐보이다.

＊【展望—망】zhǎnwàng 1图멀리 바라보다. 전망하다. ◇登上山顶向四周～/산정상에 올라 사방을 바라보다. ◇～世界局势/세계 정세를 전망하다. 2图예측. 전망. ◇21世纪～/21세기의 전망. (同)〔前瞻 qiánzhān〕, (反)〔回顾 huígù〕

【展限—한】zhǎnxiàn 图기한을 늦추다.◇借款期限已到不再～/융자 기한이 다 되었는데 더 이상 연기되지 않는다.

＊【展现—현】zhǎnxiàn 图(눈앞에) 펼쳐지다. ◇走进大门, ～在眼前的是一个宽广的庭院/대문을 걸어 들어가자 넓다란 정원이 눈 앞에 펼쳐졌다.

＊【展销—소】zhǎnxiāo 图전시품을 즉석에서 판매하다.

【展性—성】zhǎnxìng 图〈物〉(금속 따위의) 전성.

【展转-전】zhǎnzhuǎn →〔辗 zhǎn 转〕

【搌】 扌部 | zhǎn
10画 | 씻을 **전**
(통)홈쳐내다. 살짝 닦아내다. ◇~布/행주. ◇用纸~一~/종이로 잉크를 빨아내다.

【搌布-포】zhǎn·bù (명)행주. 걸레.

【辗·輾】 车部 | zhǎn
10画 | 모로눌 **전**
→〔碾 niǎn〕

【辗转-전】zhǎnzhuǎn (통)1(몸을) 뒤척이다. 2여러 사람의 손이나 장소를 거치다. (同)〈展 zhǎn 转〉

【辗转反侧-전반측】zhǎn zhuǎn fǎn cè 〈成〉몸을 뒤척이며 잠을 이루지 못하다.

【黵】 黑部 | zhǎn
13画 | 검은칠할 **담**
(통)〈方〉더럽히다. 얼룩지다. ◇墨水把卷子~了/잉크로 답안을 더럽혔다.

zhàn

★【占(佔)】 卜部 | zhàn
3画 | 엿볼 **점**
(통)1차지하다. 점령〔점거〕하다. ◇霸~/강점하다. ◇被敌人~了/적에게 점령당하다. 2(어떤 지위나 어떤 상황에)처하다. 차지하다. ◇~优势/우세를 차지하다. ⇒zhān

*【占据-거】zhànjù (통)(지역·장소 따위를)강제로 점거하다. ◇~地盘/힘으로 근거지를 차지하다.

**【占领-령】zhànlǐng (통)무력으로 점령하다. 점유하다. ◇~别国领土/다른 나라의 영토를 무력으로 점령하다. ◇~市场/시장을 점유하다.

【占便宜-편의】zhàn pián·yi 1(정당치 못한 방법으로) 이익을 보다. 재미를 보다. 2〈喩〉유리한 조건을 가지다.

【占上风-상풍】zhàn shàngfēng 유리한 입장에 서다.

【占先-선】zhàn// xiān (통)선수를 쓰다.

【占线-선】zhàn// xiàn (통)(전화가) 통화중이다. ◇一连拨了几次, 他家的电话都~/그의 집에 계속 몇 번 전화했는데 통화중이다.

【占用-용】zhànyòng (통)차지하고 사용하다. ◇不能随便~耕地/경지를 마음대로 차지해서 사용해서는 안 된다.

**【占有-유】zhànyǒu (통)1점유하다. ◇~财产/재산을 점유하다. ◇~地位/지위를 차지하다. ◇农业在国民经济中~重要地位/농업은 국민 경제에서 중요한 위치를 차지하고 있다. 3소유하다. 보유하다. ◇~

了大量第一手材料, 写起来就容易多了/1차 자료를 대량 갖고 있어서 글 쓰기에 훨씬 쉬워졌다.

*【战·戰】 戈部 | zhàn
5画 | 싸움 **전**
1(명)전쟁. 전투. ◇宣~/선전 포고하다. ◇停~/정전(하다). 2(통)싸우다. 전쟁하다. ◇百~百胜/백전 백승하다. 3(통)떨다. ◇冷得直打~/추워서 계속 떨다. 4(Zhàn)(명)성(姓).

【战败-패】zhànbài (통)1싸움에서 지다. ◇这次甲队~了/이번에는 갑팀이 패했다. (反)〔战胜 shèng〕 2패배시키다. 싸워 이기다. ◇我班足球队~了三班/우리반 축구팀이 3반을 패배시켰다.(同)〔战胜 shèng〕, (反)〔失 shī 败〕

【战报-보】zhànbào (명)전황 보도.

【战备-비】zhànbèi (명)전쟁 준비.

【战表-표】zhànbiǎo (명)도전장. 선전 포고문.

**【战场-장】zhànchǎng (명)싸움터. ◇开赴~/전쟁터로 출동하다.

【战刀-도】zhàndāo (명)군도(軍刀). 대검.

【战地-지】zhàndì (명)전쟁터.

【战抖-두】zhàndǒu (통)(무섭거나 추워서) 부들부들 떨다.

☆【战斗-투】zhàndòu (명)1전투(하다). ◇这位战士~得很勇敢/이 병사는 용감하게 전투한다. 2투쟁(하다).

【战斗机-투기】zhàndòujī (명)〈军〉전투기. 〔'歼击机'의 구칭〕

【战斗力-투력】zhàndòulì (명)전(투)력.

【战犯-범】zhànfàn (명)전범.

【战俘-부】zhànfú (명)전쟁 포로.

【战歌-가】zhàngē (명)군가.

【战功-공】zhàngōng (명)전공.

【战鼓-고】zhàngǔ (명)전고. 옛날, 병사의 사기를 고무하기 위해 치던 큰 북.

【战果-과】zhànguǒ (명)전과. 싸워서 얻은 성과.

【战壕-호】zhànháo (명)〈军〉참호.

【战火-화】zhànhuǒ (명)전화 전쟁.

【战祸-화】zhànhuò (명)전쟁 피해.

【战机-기】zhànjī (명)전투에 유리한 시기.

【战绩-적】zhànjì (명)전적. 전과(戰果).

【战舰-함】zhànjiàn (명)〈军〉전투함.

【战局-국】zhànjú (명)전국.

【战具-구】zhànjù (명)무기.

【战利品-리품】zhànlìpǐn (명)전리품.

【战例-례】zhànlì (명)전쟁〔전투〕의 선례.

【战栗-률】zhànlì (통)전율하다. 부들부들 떨다. (同)〔战抖 dǒu〕〔颤栗 zhànlì〕

【战列舰-렬함】zhànlièjiàn (명)〈军〉전투함.

【战乱-란】zhànluàn (명)전란.

**【战略-략】zhànlüè (명)1〈军〉전략. ◇~不对

头/전략이 맞지 않다. **2**책략. ◇这场足球赛不知教练采取什么~战术/이 축구시합은 코치가 어떤 전략전술을 쓸지 모른다.

【战略物资－략물자】zhànlüè wùzī 〈명〉〈軍〉 전략 물자.

【战马－마】zhànmǎ 〈명〉군마(軍馬).

【战勤－근】zhànqín 전시 근무.

【战区－구】zhànqū 〈명〉〈軍〉작전 구역.

☆【战胜－승】zhànshèng 〈동〉싸워 이기다. 승리를 거두다. ◇~顽敌/완강한 적을 이기다. (同)〔得 dé 胜〕, (反)〔战败 bài〕

☆【战士－사】zhànshì 〈명〉**1**병사. 군사. **2**투사. 전사.

【战事－사】zhànshì 〈명〉전쟁 관련 활동.

＊【战术－술】zhànshù 〈명〉〈軍〉전술.

【战天斗地－천투지】zhàn tiān dòu dì 〈成〉 대자연과 맞서 싸우다.

＊【战线－선】zhànxiàn 〈명〉전선.

＊【战役－역】zhànyì 〈명〉〈軍〉전역. 전략적으로 치룬 전쟁.

【战鹰－응】zhànyīng 〈명〉전투기.

＊【战友－우】zhànyǒu 〈명〉전우.

【战云－운】zhànyún 〈명〉전운. 전쟁의 징조.

【战战兢兢－전전긍긍】zhàn zhàn jīng jīng 〈成〉**1**전전 긍긍하다. **2**조심성 있는 모양.

☆【战争－쟁】zhànzhēng 〈명〉전쟁. ◇发动~/전쟁을 일으키다. ◇结束~/전쟁을 끝내다. (反)〔和平 hépíng〕주의“战争”은 명사로 앞에 상황어가 올 수 없다. ◇当时我们要和一股敌人(×战争)作战/당시 우리는 한 무리의 적군과 싸워야만 한다.

★【站】 立部 | zhàn
5画 | 참 **站**

1〈동〉서다. 일어서다. ◇大家可以坐着发言, 不必~起来/모두들 앉아서 발언해도 되니 일어설 필요없다. ◇~得腰酸腿疼/허리가 씨큰하고 다리가 아플 정도로 서있었다. ◇有人~着/누군가 서있다. (同)〔立 lì〕, (反)〔坐 zuò〕 비교站:停 자동차가 가다가 서는 경우 외에 주로 "停"을 쓴다. ◇由于前边发生了交通事故, 很多汽车只好(×站)停在马路上/앞에 교통사고가 발생했기 때문에 많은 자동차가 도로에 서 있는 수 밖에 없다. **2**〈동〉(차 따위가) 서다. 정지하다. ◇听到有人喊, 他猛然~住了/누군가의 고함소리를 듣고 그는 갑자기 멈췄다. (同)〔停 tíng〕 **3**〈명〉정류소. 정거장. 역. ◇火车~/역. ◇汽车到~了, 请下车/버스가 정거장에 도착했으니 내리세요. **4**〈명〉(어떤 업무를 위해 설치된) 소. 사무소. ◇气象~/기상 관측소. ◇检疫~/검역소.

【站队－대】zhàn//duì 〈동〉열을 짓다. 정렬하다.

＊【站岗－강】zhàn//gǎng 〈동〉보초 서다. ◇警卫员站了一夜岗/초병이 밤새 경비를 섰다.

【站柜台－궤대】zhàn guìtái 점원이 판매대 앞에 서서 손님을 맞이하다.

【站立－립】zhànlì 〈동〉서다. 일어서다.

【站票－표】zhànpiào 〈명〉(극장이나 탈 것 따위의) 입석 입장권.

【站起来－기래】zhàn·qǐ·lái 일어서다.

【站台－대】zhàntái 〈명〉플랫폼. (同)〔月 yuè 台〕

【站住－주】zhàn// ·zhù 〈동〉**1**(사람·차량 등이) 멈추다. 멈춰서다. ◇听到有人喊他, 他连忙~了/그는 누군가 자기를 부르자 얼른 멈춰섰다. **2**제대로 서다. **3**(한 곳에) 계속 살다. **4**(이유가) 서다. 이치에 맞다. **5**〈方〉(색깔·칠 따위가) 붙어서 떨어지지 않다.

【站住脚－주각】zhàn// ·zhù jiǎo **1**(발이 흔들리지 않도록) 단단히 서다. 멈추다. 멈춰 서다. ◇她跑得太快, 一下子站不住脚/그녀는 너무 빨리 뛰어서 갑자기 멈춰설 수가 없었다. **2**한 곳에 머무르다. 체재하다. **3**정착하다. 안정된 지위를 얻다. **4**(이유가) 성립하다.

【栈·棧】 木部 | zhàn
5画 | 사다리 **잔**

〈명〉**1**가축 우리. ◇马~/마굿간. **2**(절벽과 절벽 사이에 걸쳐 놓은) 잔도(栈道). (同)〔栈道 dào〕 **3**창고. ◇货~/화물 창고.

【栈道－도】zhàndào 〈명〉잔도. (同)〔栈阁 gé〕

【栈房－방】zhànfáng 〈명〉**1**창고. **2**〈方〉여관.

【栈桥－교】zhànqiáo 〈명〉(역·광산·공장·부두 따위의) 잔교.

【绽·綻】 纟部 | zhàn
8画 | 터질 **탄**

〈동〉터지다. 해지다. 꿰지다. 떨어지다. ◇破~/옷의 실밥이 터지다〔풀리다〕.

【湛】 氵部 | zhàn
9画 | 맑을 **잠**

1깊다. ◇精~/깊이 통달하다. **2**〈형〉맑다. ◇清~/맑고 깨끗하다. **3**(Zhàn)〈명〉성(姓).

【湛蓝－람】zhànlán 〈형〉짙푸르다.

【湛清－청】zhànqīng 〈형〉아주 맑다.

【颤·顫】 页部 | zhàn
13画 | 사지떨릴 **전**

〈동〉(놀라움·추위 따위로) 와들와들 떨다.

【颤栗－률】zhànlì 〈동〉몸서리치다. 전율하다. (同)〔战 zhàn 栗〕

【蘸】 ++部 | zhàn
19画 | 담글 **잠**

동(액체·가루·풀 따위에) 찍다. 묻히다. ◇~水钢笔/잉크를 묻혀 쓰는 펜.

【蘸火—화】zhàn// huǒ →〔淬 cuì 火〕

zhāng

★【张·張】 弓部 | zhāng
4画 | 베풀 장

1동펴다. 펼치다. ◇~开翅膀/날개를 펴다. ◇这女孩儿还不到一岁就会~嘴叫妈妈了/이 여자애는 1살도 안 됐는데 엄마를 부를 줄 안다. (反)〔弛 chí〕. **비교**张:放 "嗓子"는 "张"과 결합하지 않는다. ◇他(×张)放开嗓子唱起来了/그는 목을 놓아 노래를 부르기 시작했다. **2동**늘어놓아 꾸미다. ◇大~筵席/연회를 크게 베풀다. **3동**확대하다. 과장하다. ◇扩~/확장하다. ◇伸~/넓히다. (反)〔缩 suō〕 **4동**보다. 바라보다. ◇你在这儿东~西望干什么?/너 여기서 두리번거리며 뭐하니? (同)〔看 kàn〕 **5동**개업하다. ◇开~/개업하다. **6양**종이·모피·책상·의자·침대 따위의 넓은 표면을 가진 것을 세는 단위. ◇一~地图/지도 한 장. ◇一~扑克牌/포커패 한 장. ◇一~床/침대 하나. **7양**활·입·얼굴 따위를 세는 단위. ◇一~弓/활 하나. ◇一~嘴/입 하나. **8양**악기·농기구를 세는 단위. ◇一~古琴/칠현금 한 대. **9명**장성(张星). 28수(宿)의 하나. **10**(Zhāng)**명**성(姓).

【张榜—방】zhāng// bǎng **동**게시하다. 공시하다.

【张本—본】zhāngběn **명1**사전에 취하는 조치. 계획. **2**복선. 암시.

【张大—대】zhāngdà **동**확대하다. 과장하다.

【张挂—괘】zhāngguà **동**(그림·장막 따위를) 내걸다. 치다.

【张冠李戴—관이대】Zhāng guān Lǐ dài 〈成〉장씨의 갓을 이씨가 쓰다. 대상을 착각하다. 사실을 잘못 알다.

【张皇—황】zhānghuáng 〈文〉**형**당황하다. (同)〔惊慌 jīnghuāng〕, (反)〔镇静 zhènjìng〕

【张开—개】zhāng// kāi **동**(입을) 열다. 벌리다. (날개를) 펼치다.

【张口—구】zhāng// kǒu **동**입을 열다. (反)〔闭 bì 口〕

【张口结舌—구결설】zhāng kǒu jié shé 〈成〉(이치가 궁색해지거나 놀라서) 말문이 막히다. (同)〔笨口拙舌 bèn kǒu zhuō shé〕, (反)〔侃侃而谈 kǎn kǎn ér tán〕

【张狂—광】zhāngkuáng **형**기고만장하다. 경박하다.

【张力—력】zhānglì **명**〈物〉장력.

【张罗—라】zhāng·luo **동1**처리하다. **2**(돈을) 마련하다. 변통하다. **3**(손님을) 접대하다. 시중들다. **비교**张罗:招待:照看 ①"张罗"는 인칭 대명사를 목적어로 갖지 않는다. ◇他家里的人都热情(×张罗)招待我/그의 집안 식구들은 모두 친절하게 날 대접했다. ②"张罗"는 사람 또는 동물을 목적어로 취하지 않는다. ◇我出国以后, 请你把我的鱼(×张罗)照看一下/내가 출국한 후에 제 물고기를 돌봐주세요.

【张目—목】zhāngmù **동1**눈을 크게 뜨다. **2**남의 앞잡이가 되어 그를 방조하다.

【张三李四—삼이사】Zhāng sān Lǐ sì 〈成〉흔히 어디에나 있는 평범한 사람(들).

【张贴—첩】zhāngtiē **동**(광고 등을) 붙이다. ◇~告示/게시를 붙이다.

∗∗【张望—망】zhāngwàng **동1**(좁은 틈이나 구멍으로) 엿보다. ◇他曾偷偷地往外面~过/그는 몰래 밖을 엿본 적이 있다. ◇探头~/머리를 내밀고 엿보다. **2**사방을 둘러보다. ◇四顾~/사방을 둘러보다.

【张牙舞爪—아무조】zhāng yá wǔ zhǎo 〈成〉난폭하고 창궐한 모양.

【张扬—양】zhāngyáng **동**말을 퍼뜨리다. 나발을 불다.

【张嘴—취】zhāng// zuǐ **동1**입을 열다. 말을 하다. **2**〈轉〉간절히 부탁하다. 돈을 꾸어 달라고 부탁하다.

☆【章】 音部 | 立部 | zhāng
2画 | 6画 | 문채 장

1양(가곡·시문·글 따위의) 단락. 장. ◇我只喜欢这部交响乐的第一~/나는 이 교향곡의 제1악장만 좋아한다. **2양**〈法〉조목. 조항. ◇约法三~/〈成〉간단 명료한 법을 제정하여 준수케 하다. **3명**조리. 질서. ◇杂乱无~/〈成〉혼란하여 질서가 없다. **4명**정관. 규정. ◇规~/규칙. **5명**상소문. (同)〔奏章〕 **6명**도장. ◇印~/인장. ◇盖~/날인하다. **7명**휘장. ◇臂~/완장. **8**(Zhāng)**명**성(姓).

【章草—초】zhāngcǎo **명**장초. 〔한(漢)대에 쓰였던 초서의 일종〕

∗【章程—정】zhāngchéng **명**정관. 규약. ◇会员~/회원규정.

【章程—정】zhāngcheng **명**〈方〉방법. 방도.

【章法—법】zhāngfǎ **명1**글의 구성. **2**〈喩〉(일을 처리하는) 순서나 절차.

【章回体—회체】zhānghuítǐ **명**장회체.

【章节—절】zhāngjié **명**장과 절.

【章句—구】zhāngjù **명1**고서의 '章节'(장절)과 '句读'(구두). **2**장구의 구분과 해석. ◇~之学/장구지학.

【章则—칙】zhāngzé **명**규약. 규칙.

【章子—자】zhāng·zi **명**〈方〉도장.

【彰】 彡部 11画 | zhāng | 드러낼 **창**

1〖형〗뚜렷하다. 현저하다. ◇昭～/분명하다. ◇欲盖弥~/〈成〉감추수록 더 드러나다. **2**〖동〗표창하다. ◇～善瘅恶/권선징악. **3**(Zhāng)〖명〗성(姓).

【彰明较著－명교저】 zhāng míng jiào zhù 〈成〉매우 현저하다. 아주 두드러지다.

【彰善瘅恶－선단악】 zhāng shàn dàn è 〈成〉권선징악.

【獐(麞)】 犭部 11画 | zhāng | 노루 **장**

〖명〗〈動〉노루.

【獐头鼠目－두서목】 zhāng tóu shǔ mù 〈成〉용모가 추악하고 성격이 교활한 사람. 〔주로 악인을 가리킴〕(同)〔猥琐不堪 wěi suǒ bù kān〕, (反)〔堂堂正正 táng táng zhèng zhèng〕

【獐子－자】 zhāng·zi 〖명〗〈動〉노루.

【樟】 木部 11画 | zhāng | 예장나무 **장**

〖명〗〈植〉장목. 녹나무.

【樟脑－뇌】 zhāngnǎo 〖명〗〈化〉장뇌.

【樟脑丸－뇌환】 zhāngnǎowán 〖명〗〈方〉나프탈렌.

【蟑】 虫部 11画 | zhāng | 바퀴 **장**

【蟑螂－랑】 zhāng·láng 〖명〗바퀴벌레.

zhǎng

★【长·長】 长部 一部 0画 3画 | zhǎng | **장**

1〖형〗(다른 사람보다) 나이가 많다. ◇他比我~两岁/그는 나보다 두 살 위이다. (同)〔大 dà〕, (反)〔小 xiǎo〕 **2**〖형〗맏이의. 첫째의. ◇～兄/맏형. **3**〖형〗(친족 관계에서) 항렬이 높다. 손위의. ◇～师/스승. 〔또는 어른에 대한 존칭〕 **4**〖명〗(정부 기관이나 단체 등의) 책임자. ◇部～/부장. **5**〖동〗나다. 생기다. ◇～锈/녹슬다. (同)〔生 shēng〕, (反)〔脱 tuō〕 **6**〖동〗성장하다. 자라다. ◇生在北京, ～在上海/북경에서 태어나 상해서 자라다. **7**〖동〗증가하다. 증진하다. ◇吃一堑 qiàn, ～一智/〈諺〉한번 실패하면 교훈을 한번 얻게 된다. ⇒cháng

【长辈－배】 zhǎngbèi 〖명〗어른. 손윗사람. 연장자. (同)〔老 lǎo 辈〕, (反)〔小 xiǎo 辈〕

【长膘－표】 zhǎng//biāo 〖동〗(동물이) 살찌다. (同)〔上 shàng 膘〕

【长大－대】 zhǎngdà 〖동〗다 자라다. 장성하다. ◇～了就懂事了/크면 철이 든다. ◇你～以后想干什么?/너 이다음에 크면 뭐

할 거니?

【长房－방】 zhǎngfáng 〖명〗종가(宗家).

【长官－관】 zhǎngguān 〖명〗〈文〉나리. 〔백성들이 행정기관이나 군대의 관리를 부르는 부정적 호칭〕

【长机－기】 zhǎngjī 〖명〗〈軍〉비행편대의 대장기.(同)〔主 zhǔ 机〕

【长进－진】 zhǎngjìn 〖동〗(학문·품행이) 발전하다. 향상되다. (同)〔进步 bù〕, (反)〔落后 luòhòu〕

【长老－로】 zhǎnglǎo 〖명〗**1**〈文〉연장자. 고령자. **2**〈佛〉덕이 높은 나이 많은 중. **3**〈宗〉'长老会' 및 개신교의 장로.

【长脸－검】 zhǎngliǎn 〖동〗체면이 서다.

【长门－문】 zhǎngmén (同)〔长房 fáng〕

【长亲－친】 zhǎngqīn 〖명〗항렬이 높은 친척.

【长上－상】 zhǎngshàng 〖명〗**1**윗사람. (同)〔长辈 bèi〕

【长势－세】 zhǎngshì 〖명〗(식물의) 성장 상태.

【长孙－손】 zhǎngsūn 〖명〗**1**장손. 맏손자. **2**(Zhǎngsūn)복성(復姓).

【长尾巴－미파】 zhǎng wěi·ba 어린애가 생일 쇠다. 〔속칭〕

【长相(儿)－상(아)】 zhǎngxiàng(r) 〖명〗용모. 생김새.

【长者－자】 zhǎngzhě 〖명〗**1**윗사람. 연장자. (反)〔小孩 xiǎohái〕 **2**덕망있는 어른.

【长子－자】 zhǎngzǐ 〖명〗맏아들. 장남.

☆【涨·漲】 氵部 7画 | zhǎng | 물불을 **창**

〖동〗**1**(물이) 붇다. (수위가) 올라가다. ◇河水又～了/강물이 또 불었다. (同)〔升 shēng〕, (反)〔落 luò〕 **2**(값이) 오르다. ◇行市看～/시세가 오를 낌새를 보이다. ◇物价上～/물가가 오르다. ⇒zhàng

【涨潮－조】 zhǎng//cháo 〖동〗만조가 되다. (反)〔落 luò 潮〕

【涨风－풍】 zhǎngfēng 〖명〗(물가의) 오름세.

【涨幅－폭】 zhǎngfú 〖명〗(물가의) 상승폭.

＊【涨价－가】 zhǎng//jià 〖동〗값이 오르다. (同)〔加 jiā 价〕, (反)〔降 jiàng 价〕

【掌】 小部 手部 9画 8画 | zhǎng | 손바닥 **장**

1〖명〗손바닥. ◇鼓～鼓得拍手都红了/손바닥이 빨개지도록 박수를 쳤다. ◇易如反~/손바닥을 뒤집듯이 쉽다:식은 죽 먹기다. **2**〖동〗손바닥으로 때리다〔치다〕. ◇～嘴/따귀를 때리다. **3**〖동〗주관하다. 관장하다. ◇她也想～权/그녀도 권력을 잡고 싶어한다. **4**〖명〗동물의 발바닥. ◇熊～的营养价值很高/곰발바닥의 영양가가 높다. **5**〖명〗말발굽. ◇马～该换了/말발굽을 갈아 때가 되었다. **6**〖명〗(～儿)구두의 밑창. 신창. ◇后～儿/구두의 뒤창. **7**〖동〗〈方〉구두의 밑

Z

창을 수리하다. **8**동〈方〉(기름·소금 따위를)치다. ◇～点酱油/간장을 좀 치다. **9**개〈方〉…을〔를〕. (同)〔把 bǎ〕. **10**(Zhǎng)명성(姓).
【掌厨一주】zhǎng// chú 동요리를 맡아하다.
【掌灯一등】zhǎng// dēng 동**1**손에 등을 들다. **2**등불을 켜다.
【掌舵一타】zhǎng// duò 동**1**배의 키를 잡다. **2**〈喩〉방향을 잡다.
【掌骨一골】zhǎnggǔ 명〈生理〉손뼈.
【掌故一고】zhǎnggù 명전고(典故). 연혁.
*【掌管一관】zhǎngguǎn 동관장하다. 맡아보다. 주관하다. ◇各项事务都有专人～/각 사무마다 전문가가 주관한다.
【掌柜一궤】zhǎngguì 명**1**옛날, 상점의 주인. **2**남편.
【掌权一권】zhǎng// quán 동권력을 쥐다. 집권하다.
【掌上明珠一상명주】zhǎng shàng míng zhū〈成〉애지중지하는 딸이나 매우 아끼는 물건〔사람〕.
【掌勺儿一작아】zhǎng// sháor 동(음식점에서) 요리를 맡아하다. ◇～的/주방장.
★【掌握一악】zhǎngwò 동**1**파악하다. 숙달하다. 정통하다. ◇～技术/기술에 정통하다. **2**장악하다. 관리하다. ◇～会议/회의를 주관하다. ◇～政权/정권을 장악하다.
【掌心一심】zhǎngxīn 명장심. 손바닥의 한가운데.
【掌印一인】zhǎng// yìn 동도장을 맡아쥐다. 〈轉〉일을 주관하다. 권력을 손에 쥐다.
【掌灶一조】zhǎng// zào 동요리사로 일하다.
【掌子一자】zhǎng·zi 명〈礦〉막장. (同)〔掌子面〕〔礃 zhǎng 子面〕
【掌嘴一취】zhǎng// zuǐ 동뺨을 치다.

zhàng

☆【丈】一部　zhàng
　　2画　어른 **장**
1명〈度〉길이의 단위. '一尺'의 10배. **2**동토지를 측량하다. 명〈敬〉**3**옛날, 남자 노인에 대한 존칭. ◇老～/영감님. **4**(친족의) 남편. 姑～/고모부. 姐～/자형.
☆【丈夫一부】zhàngfū 명성년 남자. 사나이. (同)〔男子 nánzi〕
【丈夫一부】zhàng·fu 명남편.
【丈量一량】zhàngliáng 동측량하다.
【丈母一모】zhàng·mu 명장모. (同)〔岳 yuè 母〕
【丈人一인】zhàngrén 명옛날, 노인에 대한 경칭.

【丈人一인】zhàng·ren 명장인. (同)〔岳 yuè 父〕

【仗】亻部　zhàng
　　3画　의지할 **장**
1명병기의 총칭. ◇明火执～/〈成〉공개적으로 나쁜 짓을 하다. **2**동무기를 손에 들다. ◇～剑/칼을 잡다. **3**동의지하다. 믿다. 등에 업다. ◇狗～人势/〈成〉권세를 믿고 나쁜 짓을 하다. 比喩仗着:依靠 "仗着"는 목적어로 쓰이지 않고 긍정적인 일에 쓰이지 않는다. ◇农民没有了土地, 就失掉了生活的(×仗着)依靠/농민은 토지가 없어졌기 때문에 생활의 근거를 잃어버렸다. **4**명전쟁. 전투. 싸움. ◇这一～打得很漂亮/이번 접전〔시합〕은 매우 훌륭했다.
【仗胆一담】zhàng// dǎn (～儿)동마음을 굳게 먹다.
【仗势一세】zhàng// shì 동세력을 믿다.
【仗恃一시】zhàngshì 동의지하다. 〔부정적으로 쓰임〕
【仗义一의】zhàngyì 동**1**〈文〉정의를 좇아 행동하다. **2**의리가 있다. (同)〔讲义气 jiǎngyìqi〕
【仗义疏财一의소재】zhàng yì shū cái 〈成〉자신의 재물로 어려운 사람을 돕다.
【仗义执言一의집언】zhàng yì zhí yán 〈成〉정의를 위하여 공평한 말을 하다. (反)〔噤若寒蝉 jìn ruò hán chán〕

【杖】木部　zhàng
　　3画　몽둥이 **장**
명**1**지팡이. ◇扶～而行/지팡이를 짚고 가다. **2**막대기. 몽둥이. ◇拿刀动～/무력을 쓰다.
【杖子一자】zhàng·zi 명주로 지명에 사용함.

**【帐(帳)】巾部　zhàng
　　5画　장막 **장**
명**1**막. 장막. 휘장. ◇蚊～/모기장. **2**→〔账〕
【帐幕一막】zhàngmù 명천막. 텐트.
【帐篷一봉】zhàng·peng 명천막. 텐트.
【帐子一자】zhàng·zi 명휘장. 모기장.

【账(賬)】贝部　zhàng
　　4画　장부 **장**
명**1**출납 상황. ◇记～/장부에 기재하다. 외상 거래를 하다. **2**장부. ◇一本～/장부 한 권. **3**빚. 부채. ◇欠～/빚을 지다.
【账本一본】zhàngběn 명장부(책).
【账簿一부】zhàngbù 명장부(책).
【账册一책】zhàngcè (同)〔账簿 bù〕
【账单一단】zhàngdān 명계산서. 명세서.
【账房一방】zhàngfáng (～儿)명**1**옛날, 기업이나 지주 집안에서 돈의 출납이나 화물의 출입을 관장하던 곳. **2**회계원. 경리.
【账号一호】zhànghào 명(은행의) 계좌번

호. 구좌번호.

【账户—호】zhànghù 閿계정과목.

【账面—면】zhàngmiàn （~儿）閿회계. 장부의 계산.

【账目—목】zhàngmù 閿**1**장부의 항목. 계정 과목. 계정 계좌. **2**장부의 계산. 회계.

【胀·脹】|月部|zhàng
|4画|창증날 **창**

閿**1**팽창하다. 부풀다. ◇热→冷缩/뜨거워지면 팽창하고 차기면 수축한다. (反)〔缩 suō〕**2**배가 더부룩하게 불러오다. (피부가) 부어 팽팽해지다. ◇坐一天飞机, 脚都~了/하루 동안 비행기를 타서 발이 모두 땡땡하게 부었다.

【涨·漲】|氵部|zhàng
|7画|물불을 **창**

閿**1**분다. 팽창하다. ◇木耳泡~了/목이버섯이 물에 불었다. **2**(얼굴이) 상기다. ◇脸→得通红/얼굴이 벌겋게 상기되었다. **3**초과하다. 〔도량형이나 화폐에 쓰임〕◇计划只花一百元, 结果花～了/100원만 쓸 계획이었는데, 결국 넘게 썼다. ◇把布一量, ～出了半尺/천을 재어보니 반자나 더 나왔다. ⇒zhǎng

【障】|阝部|zhàng
|11画|막힐 **장**

1閿가로막다. 차단하다. ◇～碍/방해하다. **2**閿칸막이. 장애물. ◇屏～/병풍.

【障碍—애】zhàng'ài **1**閿장애. 방해. ◇还有不少～需要清除/제거해야 할 장애물이 아직 많이 있다. **2**閿방해하다. 가로막다. ◇保守思想～了改革的进行/보수적인 사고는 개혁의 진행을 가로막고 있다.

【障蔽—폐】zhàngbì 閿덮다. 가리다.

【障眼法—안법】zhàngyǎnfǎ 閿남의 눈을 속이는 법. (同)〔遮 zhē 眼法〕

【障子—자】zhàng·zi 閿울타리.

【幛】|巾部|zhàng
|11画|포백 **장**

（~子）閿축하 또는 애도의 글을 써 붙인 포백[기]. ◇贺～/축하의 글을 붙인 포백.

【幛子】zhàng·zi 閿축하 또는 애도의 글을 써 붙인 포백[기].

【瘴】|疒部|zhàng
|11画|장기 **장**

【瘴疠—려】zhànglì 閿〈中醫〉장려. 〔주로 남방의 습지대에서 발생하는 독기〕

【瘴气—기】zhàngqì 閿열대나 아열대의 삼림 속의 고온 다습한 공기.

zhāo

【招】|扌部|zhāo
|5画|구할 **초**

閿**1**손으로 흔들다. ◇～手/손짓하다. **2**모집하다. 불러모으다. 〔광고로 사람을 모으다〕◇～领/잃어버린 물건을 찾아가게 하다. **3**(좋지 않은 사물을) 끌어들이다. 오게 하다. ◇～苍蝇/파리가 오게 한다. **4**(말이나 행동으로 남을) 건드리다. 집적거리다. ◇他这阵心烦, 别～他/그는 지금 마음이 번거로우니 건드리지 마라. →〔惹 rě〕**5**(사람이나 사물에게 애증(愛憎)의 반응을) 불러 일으키다. 초래하다. 자아내다. 야기시키다. ◇这孩子真～人喜欢/이 애는 정말 사랑스럽다. →〔惹 rě〕**6**〈方〉전염하다. ◇这病～人, 要注意预防/이 병은 전염되니, 예방에 주의해야 한다. **7**자백하다. ◇～供/자백하다. **8**(~儿)閿(바둑·장기의) 수. ◇高～儿/고수. (同)〔着 zhāo〕**9**(~儿)閿계책. 수. ◇要耍 shuǎ 花～/교묘한 솜씨를 부리다. (同)〔着 zhāo〕**10**(Zhāo)閿성(姓).

【招安—안】zhāo'ān 閿귀순시키다.

【招标—표】zhāo//biāo 閿입찰 공고를 하다.

【招兵—병】zhāo//bīng 閿병사를 모집하다.

【招兵买马—병매마마】zhāo bīng mǎi mǎ 〈成〉군사력을 증강시키다. 조직을 확대하거나 인원을 확충하다.

☆【招待—대】zhāodài 閿(음식 등으로) 대접하다. 접대하다. ◇你买来这么多好吃的, 准备～谁?/이렇게 맛있는 것을 많이 사왔는데 누굴 대접하려 합니까?

☆【招待会—대회】zhāodàihuì 閿연회. 환영회. 리셉션. ◇记者～/기자 회견.

【招待所—대소】zhāodàisuǒ 閿(관공서·공장 등의) 숙박 시설〔접대소〕.

【招风—풍】zhāo//fēng 閿남의 주목을 끌어 문제가 일어나다.

【招抚—무】zhāofǔ (同)〔招安 ān〕

【招供—공】zhāo//gòng 閿(범인이) 자백하다.

【招股—고】zhāo//gǔ 閿주식을 모집하다.

☆【招呼—호】zhāo·hu 閿**1**부르다. 손짓하여 부르다. ◇在门口～他一声/현관에서 그를 한번 부르다. **2**인사하다. 아는 체하다. ◇热情地打～/다정히 인사하다. **3**분부하다. 알리다. ◇～他赶快来开会/그에게 회의에 빨리 오라고 알리다. **4**돌보다. 보살피다. ◇你在这儿～着点儿病人/너 여기에서 환자를 좀 보살피고 있어라. **5**〈方〉조심하다. 주의하다. ◇路上有冰, ～滑倒了/길이 얼었으니, 미끄러지지 않도록 조

Z

심해라.

【招魂-혼】 zhāo// hún 통죽은 사람의 혼을 불러오다. 멸망한 것을 부활시키다.

【招集-집】 zhāojí 통소집하다. 집합시키다.

【招架-가】 zhāojià 통저항하다. 막아내다.

【招考-고】 zhāokǎo 통수험생을 모집하다. ◇~新生/신입생을 모집하다.

【招徠-래】 zhāolái 통〈文〉(고객을) 끌어들이다.

【招攬-람】 zhāolǎn 통(각종 방법을 써서 손님을) 불러 들이다. 끌다.

【招领-령】 zhāolǐng 1통(공고하여) 분실물을 찾아가게 하다. 2명분실물을 찾아가라는 공고. ◇失物~/분실물 공고.

【招募-모】 zhāomù 통(사람을) 모집하다.

【招女婿-녀서】 zhāo nǚ·xu (데릴)사위를 얻다.

【招牌-패】 zhāo·pai 명(상점의) 간판.

【招盘-반】 zhāopán 통상점 전체를 인수인계 양도하여 경영을 계속하게 하다.

*【招聘-빙】 zhāopìn 통(공모의 방식으로) 초빙하다. ◇~技术人员/기술자를 초빙하다.

【招亲-친】 zhāo// qīn 통1데릴사위를 삼다. 2데릴사위가 되다.

【招惹-야】 zhāo·rě 통1(문제를) 일으키다. 야기하다. 2〈方〉건드리다. 집적거리다. 놀리다. 〔주로 부정문에 쓰임〕

*【招生-생】 zhāo// shēng 통(학교가) 신입생을 모집하다.

【招事-사】 zhāo// shì 통말썽을 일으키다.

*【招收-수】 zhāoshōu 통(학생이나 견습공 등을) 모집하다.

*【招手-수】 zhāo// shǒu 통손짓하다. 손짓하여 부르다. ◇他~要我进去/그는 나더러 들어가라고 손짓했다.

【招数-수】 zhāoshù →〔着 zhāo 数〕

【招贴-첩】 zhāotiē 명(벽 따위에 붙여진) 광고. 포스터. 벽보.

【招贴画-첩화】 zhāotiēhuà 명포스터.

【招降-항】 zhāo// xiáng 통투항을 권유하다.

【招降纳叛-항납반】 zhāo xiáng nà pàn 〈成〉투항자나 배신자를 긁어모으다. 나쁜 사람들을 모아 도당을 만들다.

【招笑儿-소아】 zhāo// xiàor 통〈方〉사람을 웃기다.

【招眼-안】 zhāo// yǎn 통이목을 끌다.

【招摇-요】 zhāoyáo 통과장하여 이목을 끌다.

【招摇过市-요과시】 zhāoyáo guò shì 〈成〉남의 눈을 끌려고 과시하다.

【招摇撞骗-요당편】 zhāo yáo zhuàng piàn 〈成〉남의 명의를 사칭하여 과시하며 사기를 치다.

【招引-인】 zhāoyǐn 통(몸짓·소리·색·냄새·맛 등으로) 유혹하다. 꾀다.

【招灾-재】 zhāo// zāi 통재난을 초래하다.

【招展-전】 zhāozhǎn 통펄럭이다. 나부끼다.

【招致-치】 zhāozhì 통〈文〉1(인재를) 불러 모으다. 모으다. 2(나쁜 결과를) 초래하다. ◇~巨大的损失/막대한 손실을 초래했다.

【招赘-췌】 zhāozhuì (同)〔招女婿〕

【招子-자】 zhāo·zi 명1(同)〔招贴 tiē〕 2간판 또는 상점의 이름을 쓴 깃발이나 기타 표식. 3방법. 수단.

【招租-조】 zhāozū 통〈文〉(집 따위를) 세놓다.

【昭】 日部 zhāo
5画 밝을 소
형1뚜렷하다. ◇~彰/분명하다. 2표명하다. 나타내보이다. ◇~雪/설욕하다.

【昭然-연】 zhāorán 형〈文〉매우 분명하다.

【昭然若揭-연약게】 zhāo rán ruò jiē 〈成〉(진상 따위가) 낱낱이 드러나다.

【昭示-시】 zhāoshì 통〈文〉명시하다. 공시하다.

【昭雪-설】 zhāoxuě 통〈文〉(억울한 일을) 깨끗이 씻다. (同)〔洗 xǐ 雪〕, (反)〔诬陷 wūxiàn〕

【昭彰-창】 zhāozhāng 형〈文〉분명하다. 뚜렷하다.

【昭著-저】 zhāozhù 형현저하다. 분명하다.

【着(著)】 羊部 zhāo
5画 부딪칠 저
1(~儿)명(바둑, 장기 따위의) 수. ◇高~儿/높은 수. 묘수. 2(~儿)명〈喩〉계책. 수단. ◇要 shuǎ 花~/묘수를 부리다. 3통〈方〉넣다. 치다. ◇汤里~点味精/국에 조미료를 좀 넣다. 4감〈方〉그렇지. 그래. 옳아. 좋아. 〔동의를 표시하는 말〕 ◇~, 咱们就这么办/좋아, 우리 그렇게 하자.→ zháo, ·zhe, zhuó

【着数-수】 zhāoshù 명1바둑·장기의 행마법. 2무술의 동작. 3〈喩〉수단. 방법. 계책. ‖(同)〔招 zhāo 数〕

【朝】 月部 zhāo
8画 아침 조
명1아침. ◇一~一夕/일조 일석. (同)〔早 zǎo〕, (反)〔夕 xī〕 2(하루)날. ◇今~/오늘. ⇒cháo

【朝不保夕-불보석】 zhāo bù bǎo xī 〈成〉아침에 저녁 일을 어떻게 될지 보장할 수 없다. 정세가 급박하다.

【朝发夕至-발석지】 zhāo fā xī zhì 〈成〉아침에 출발하여 저녁에 도착하다. 교통이 편리하거나 거리가 가까운 것의 형용.

【朝晖-휘】 zhāohuī 명아침 햇빛. (同)〔曙光 shǔguāng〕, (反)〔夕 xī 晖〕

【朝令夕改－령석개】zhāo lìng xī gǎi〈成〉조령 모개〈朝令暮改〉. 이랬다 저랬다 하다. 변덕이 심하다. (反)〔言出法随 yán chū fǎ suí〕

【朝露－로】zhāolù 圐〈文〉아침이슬.〈喩〉덧없는 것.

∗【朝气－기】zhāoqì 圐생기. 발랄한 원기. 진취적 기상.◇～蓬勃/생기가 넘쳐 흐르다. 생기 발랄하다. (同)〔生 shēng 气〕, (反)〔暮 mù 气〕

【朝乾夕惕－건석척】zhāo qián xī tì〈成〉하루 종일 부지런히 힘써 일하다. '乾'은 '勉力'의 뜻임.

【朝秦暮楚－진모초】zhāo Qín mù Chǔ〈成〉절조없이 간에 붙었다 쓸개에 붙었다 한다. (同)〔朝三暮四 zhāo sān mù sì〕, (反)〔始终如一 shǐ zhōng rú yī〕

【朝日－일】zhāorì 圐아침의 태양. (同)〔朝阳 yáng〕, (反)〔落 luò 日〕

∗【朝三暮四－삼모사】zhāo sān mù sì〈成〉조삼 모사. 총명한 자가 술책을 잘 쓰거나 우둔한 자가 사리분별을 못하다. 변덕이 심하다.

【朝夕－석】zhāoxī 圐1날마다. (同)〔天天 tiān〕2짧은 시간.

【朝霞－하】zhāoxiá 圐아침 놀.

【朝阳－양】zhāo yáng 圐떠오르는 해. 아침 해.

【嘲】口部 zhāo 12画 조롱 嘲
→〔嘲哳〕⇒cháo

【嘲哳－찰】zhāozhā 圐〈文〉작은 소리가 뒤얽혀 있는 모양.〔새의 울음 소리·말소리·악기 소리 따위〕(同)〔啁 zhāo 哳〕

zháo

☆【着(着)】羊部 zháo 5画 부딪칠 着
1圐접촉하다. 닿다.◇你手上的伤口还没好, 这几天不能～水/네 손의 상처가 아직 낫지 않았으니 요며칠 물에 대면 안 된다. 2圐받다. 맞다.◇～风/바람을 맞다.◇今年冬天老人家没～过凉/올 겨울 어르신네는 감기에 걸리지 않았다. 3圐(불이) 붙다. 커지다. (反)〔灭 miè〕◇炉子的火还～呢/난롯불이 아직 타고 있다. 4동사 뒤에 놓여 목적이 달성되었거나 결과가 있음을 표시함.◇睡～了/잠이 들었다.◇猜～了/알아 맞추었다.◇钱包找不～了/지갑을 찾을 수 없다. 5圐〈方〉잠들다.◇一上床就～了/침대에 오르자마자 잠이 들었다.→zhāo·zhe zhuó

【着慌－황】zháo// huāng 圐허둥대다. (同)〔慌张 zhāng〕, (反)〔镇静 zhènjìng〕

【着火－화】zháo// huǒ 圐불나다. (同)〔失 shī 火〕

【着火点－화점】zháohuǒdiǎn→〔燃 rán 点〕

★【着急－급】zháo// jí 圐초조해하다. 마음을 졸이다.◇时间还早, 着什么急?/시간이 아직 이른데 뭐가 조급해?◇这个消息先别告诉他, 让他～～/그가 좀 안달나게, 이 소식을 먼저 그에게 말하지 마. (同)〔焦 jiāo 急〕, (反)〔笃定 dǔdìng〕

∗∗【着凉－량】zháo// liáng 圐감기에 걸리다.◇我夜间着了一点儿凉/나는 밤에 감기를 좀 걸렸다.

【着忙－망】zháo// máng 圐급해 부산떨다. 허둥대다. (反)〔笃定 dǔdìng〕

【着迷－미】zháo// mí 圐…에 빠지다. …에 열중하다.

【着魔－마】zháo// mó 귀신에 홀리다.

【着三不着两－삼불착량】zháo sān bù zháo liǎng 치밀하지 못하고 경솔하다.

zhǎo

【爪】爪部 zhǎo 0画 손톱 爪
圐1(짐승의) 발톱.◇猫～/고양이 발톱. 2(날짐승의) 발.◇前～/앞발.◇鹰～/매 발톱.◇张牙舞～/위력으로 사람을 위협하다. ⇒zhuǎ

【爪牙－아】zhǎoyá 圐1(짐승의) 발톱과 이빨. 2(악인의) 앞잡이. 수하. 부하.

★【找】扌部 zhǎo 4画 채울 找
圐1찾다. 구하다.◇～人/사람을 찾다.◇～了半天还没～着 zháo/한참 찾았지만 아직 못 찾았다. 2거슬러 주다.◇～您5元/당신에게 5원을 거슬러 드립니다. 3모자란 부분을 메우다. (同)〔补/보충하다.

【找病－병】zhǎo// bìng 圐사서 고생하다. 생걱정을 하다.

【找补－보】zhǎo·bu 圐보충하다. 채워 넣다.

【找茬儿－차아】zhǎo// chár 圐트집을 잡다.

【找麻烦－마번】zhǎo má·fan 1어려움을 자초하다. 2귀찮게 하다. 폐를 끼치다.

【找平－평】zhǎopíng 圐(목수나 미장이가) 표면을 고르게 하다.

【找齐－제】zhǎoqí 圐1가지런하게 하다. 2메우다. 보충하다. 보완하다.

【找钱－전】zhǎo// qián 圐거슬러 주다.

【找事－사】zhǎo// shì 圐1구직하다. 2트집을 잡다. 말썽을 일으키다.

【找死－사】zhǎosǐ 圐스스로 죽음을 자초하다.

【找头－두】zhǎo·tou 圐거스름돈.

Z

【找寻－심】zhǎoxún 〈動〉찾다. (同)〔寻找〕

【找辙－철】zhǎo// zhé 〈動〉〈方〉좋은 방법을 찾아내다.

【沼】 氵部 ｜ zhǎo
　　　5画 ｜ 굽은못 소

　〈動〉소. 늪. ◇池～/늪.

【沼气－기】zhǎoqì 〈名〉〈化〉메탄 가스.

＊【沼泽－택】zhǎozé 〈名〉소택.

zhào

【诏・詔】 讠部 ｜ zhào
　　　　5画 ｜ 조서 조

　〈文〉1〈動〉가르쳐 지도하다. 2〈名〉천자의 명령. 조서. ◇下～/조서를 내리다.

【诏书－서】zhàoshū 〈名〉조서.

☆【照】 灬部 ｜ zhào
　　　9画 ｜ 비칠 조

1〈動〉비치다. 비추다. 비치하다. ◇阳光～在窗台上/햇빛이 창턱에 비치다. ◇柜底下已经～过了, 猫没有藏在那儿/궤짝 아래는 이미 비췄는데 고양이는 거기에 숨지 않았다. 比교 照:出 태양에 나타나는 것은 "照"를 쓰지 않는다. ◇上午天气不好, 下午太阳就(×照)出来了/오전에 날씨가 좋지 않았지만 오후에 해가 떴다. 2〈動〉(거울 따위에) 비추다. ◇她～着镜子打扮/그녀는 거울을 보며 치장을 하고 있다. 3〈動〉(사진·영화를) 찍다. 촬영하다. ◇他正～着相呢/그는 마침 사진을 찍는 중이다. 4〈名〉사진. ◇这是我俩的结婚～/이것은 우리 둘의 결혼사진이다. 5〈名〉면허장〔증〕. ◇～护/여권. 6〈動〉돌보다. 보살피다. ◇～料/돌보다. 7〈動〉알리다. 통보하다. ◇～会/각서를 보내다. 8〈動〉대조하다. ◇对～/대조하다. 9〈動〉알다. ◇对这件事, 大家都心~不宣/모두들 이 일에 대해서 알면서도 말하지 않는다. 10〈介〉…을 향하여〔목표로〕. ◇他屁股上打了几下/그의 엉덩이를 향해 몇 번 때렸다. 11〈介〉…대로. …에 따라. ◇～这个样子做/이 모양대로 만들다. ◇～多数人的意见办/다수의 의견대로 처리하다.

【照搬－반】zhàobān 〈動〉답습하다. 원용하다. (同)〔蹈袭 dǎoxí〕, (反)〔创造 chuàngzào〕

【照办－판】zhào// bàn 〈動〉지시대로 처리하다.

【照本宣科－본선과】zhào běn xuān kē 〈成〉융통성 없이 일을 처리하다.

【照壁－벽】zhàobì 〈名〉대문 밖에서 안쪽이 안 보이게 대문을 가린 벽. (同)〔照壁墙 qiáng〕

☆【照常－상】zhàocháng 〈動〉여느 때와 같다. 평소대로다. ◇～营业/평소대로 영업하다.

【照抄－초】zhàochāo 〈動〉1그대로 베끼다. 2(同)〔照搬 bān〕

【照发－발】zhàofā 〈動〉1(공문서·전보 따위를) 신청한〔지시〕 대로 발송하다. 2원래대로 지급하다.

【照拂－불】zhàofú 〈動〉〈文〉돌보다. 보살펴 주다.

★【照顾－고】zhào·gù 〈動〉1감안하다. 고려하다. ◇～各个部门/각 부문을 감안하다. 2보다. 지키다. ◇我上厕所去, 你来～行李/내가 화장실에 갈테니 네가 짐을 지켜라. 3돌보다. 배려하다. ◇～病人/환자를 돌보다. 4단골로 이용하다.

【照管－관】zhàoguǎn 〈動〉돌보다. 관리하다. ◇～设备/시설을 관리하다.

【照葫芦画瓢－호로화표】zhào hú·lu huà piáo 〈成〉있는 그대로 모방하다.

【照护－호】zhàohù 〈動〉(부상자·환자 따위를) 돌보다. 간호하다.

＊【照会－회】zhàohuì 〈名〉〈外交〉각서(를 제출하다). (신용 등을) 공문을 보내 알아보다.

＊【照旧－구】zhàojiù 〈動〉예전대로 하다. ◇～抽烟/예전 그대로 담배를 피우다. 〔'照旧'는 동목구조로 술어로 쓰이지만 대개는 문장에서 부사어로 많이 해석된다〕

【照看－간】zhàokàn 〈動〉돌보아 주다. 보살피다. ◇你的孩子我来～/아이는 제가 돌보겠습니다.

【照理－리】zhào// lǐ 〈動〉이치를 따져 보다.

【照理说－리설】zhào lǐ shuō (同)〔按 àn 理说〕

＊【照例－례】zhàolì 〈動〉관례에 따르다. 예전대로 하다. 종전대로 하다. ◇春天～放假三天/봄에는 관례대로 3일 쉰다. 比교照例:照旧 어떤 경우를 무릅쓰고 일할 때는 "照例"를 쓰지 않는다. ◇尽管他病了, 他(×照例)照旧来上课了/그가 비록 병에 걸렸지만 그는 예전과 마찬가지로 수업을 받으러 왔다.

＊【照料－료】zhàoliào 〈動〉돌봐 주다. ◇～病人/환자를 돌보다. ◇她把小女儿托给一位老大娘～/그녀는 막내딸을 어느 할머니에게 보살펴 달라고 부탁했다.

【照临－림】zhàolín 〈動〉〈文〉(해·달·별 따위의 빛이) 비추다. 비치다.

【照猫画虎－묘화호】zhào māo huà hǔ 〈成〉모양을 본뜨다.

【照面儿－면아】zhào// miànr 〈動〉1우연히 마주치다. 2얼굴을 내밀다. 나타나다. 〔주로 부정문에 쓰임〕

＊【照明－명】zhàomíng 〈動〉조명(하다).

【照明弹－명탄】zhàomíngdàn 〈名〉〈軍〉조명탄.

【照片儿－편아】zhàopiānr 명사진.

☆【照片－편】zhàopiàn 명사진.

【照墙－장】zhàoqiáng 명(同)〔照壁 bì〕

＊【照射－사】zhàoshè 동(밝게) 비치다. 쪼이다. ◇植物需要阳光～/식물은 햇빛이 쪼일 필요가 있다. ◇灯光～着他, 他睁不开眼睛/불빛이 그를 비치고 있어서 그는 눈을 뜰 수 없다. 비교照射:指引 "照射"는 추상적인 용법으로 쓰지 않는다. ◇在改革开放政策的(×照射)指引下我们工作顺利进行着/개혁개방 정책의 지도 하에서 우리의 사업은 순조롭게 진행되고 있다.

【照实－실】zhàoshí 동실제대로 …하다. 사실대로 …하다.

【照说－설】zhàoshuō 여느 때 같으면.

★【照相－상】zhào//xiàng 동사진을 찍다. ◇已经照好了五张相了/이미 사진 5장을 다 찍었다. 비교照相:照:照片 ①"照相"은 동목구조이기 때문에 뒤에 목적어를 취하지 않는다. ◇我给你寄去我刚(×照相)照的照片/내가 금방 찍은 내 사진을 네게 보여줄게. ②"照相"은 사진을 찍는 것을 말하고 사진은 "照片"이라고 한다. ◇我保存你的(×照相)照片作为纪念/난 기념으로 네 사진을 간직하겠다.

【照相版－상판】zhàoxiàngbǎn 명사진판.

＊＊【照相机－상기】zhàoxiàngjī 명사진기. 카메라.

【照相纸－상지】zhàoxiàngzhǐ 명인화지의 총칭.

＊＊【照样－양】zhàoyàng (～儿)동1예전대로 …하다. ◇他不来, 我们～走/그가 오지 않아도 우리는 예정대로 떠난다. 2(zhào//yàng(r))양식[견본]에 따르다. ◇照着样儿画/견본에 따라 그리다.

【照妖镜－요경】zhàoyāojìng 명마귀의 정체를 비추는 요술 거울. 〔현재는 주로 비유적으로 쓰임〕

＊＊【照耀－요】zhàoyào 동밝게 비추다. 쬐다. ◇阳光～着大地/햇빛이 대지를 눈부시게 비추고 있다.

＊【照应－응】zhào·yìng 동보조를 맞추다. ◇他们互相～/그들은 서로 보조를 맞춘다.

【照直－직】zhàozhí 명1똑바로. 정면으로. 2단도직입적으로.

【召】刀部 口部 zhào
3画 2画 부를 소
1동부르다. 소집하다. ◇～集/불러 모으다. 2(Zhào)명태족(傣族)의 성(姓).

【召唤－환】zhàohuàn 동부르다. 〔주로 추상적으로 쓰임〕 ◇新的使命在～着年青人/새로운 사명이 젊은이를 부르고 있다.

＊【召集－집】zhàojí 동불러 모으다. 소집하다. ◇～人/사람을 소집하다. ◇队长～全体队员开会/대장이 모든 대원을 소집하여 회의를 열다.

【召见－견】zhàojiàn 동1(윗사람이 아랫사람을) 불러서 회견하다. 2〈外交〉외무부가 자국(自國)에 주재하는 각국 외교사절을 소환하다.

☆【召开－개】zhàokāi 동(회의 따위를) 열다. 개최하다.

＊【兆】丿部 儿部 zhào
5画 4画 억 조
1명징조. 전조. ◇不祥之～/불길한 징조. 2동징조가 보이다. ◇瑞雪～丰年/서설은 풍년 들 징조다. 3명백만. 메가(mega). 4명조(兆). 5(Zhào)명성(姓).

【兆头－두】zhào·tou 명징후. 징조. 전조.

【赵·趙】走部 zhào
2画 조나라 조
명1〈史〉주대(周代)의 나라 이름. 2하북성(河北省) 남부. 3(Zhào)명성(姓).

【笊】竹部 zhào
4画 조리 조
→〔笊篱〕

【笊篱－리】zhào·li 명조리.

【棹(櫂,𣝔)】木部 zhào
8画 키 도
〈方〉1명(배의) 노. (同)〔桨〕 2명동(배를) 젓다. (同)〔划船 huá chuán〕

【罩】罒部 zhào
8画 가리 조
1동덮다. 씌우다. 가리우다. ◇拿玻璃罩把闹种～住/유리갓으로 자명종을 씌웠다. 2(～儿)명덮개. 씌우개. 커버. ◇口～儿/마스크. ◇乳～/브래지어. 3(～儿)명겉옷. 4명양계용 우리. ◇鸡～/닭의 머리. 5명가리. 〔위는 작고 아래는 큰 원통형의 고기 잡는 기구〕

【罩棚－붕】zhàopéng 명갈대나 대나무 따위로 문앞이나 마당에 지은 막.

【罩衫－삼】zhàoshān (同)〔罩衣 yī〕

【罩袖－수】zhàoxiù 명〈方〉토시.

【罩衣－의】zhàoyī 명솜옷 위에 걸치는 덧옷.

【罩子－자】zhào·zi 명덮개. 씌우개. 가리개. 커버.

【肇·肇】聿部 zhào
8画 비로소 조
1동시작하다. ◇～始/시작하다. 2동야기하다. 일으키다. ◇～祸/사고를 치다. 3(Zhào)명성(姓).

【肇端－단】zhàoduān 〈文〉명발단. 시작. (同)〔开 kāi 端〕

【肇祸－화】zhàohuò 동부르다.

【肇始－시】zhàoshǐ 동〈文〉시작하다.

【肇事－사】zhàoshì 동일을 저지르다. 사

Z

고를 치다.

zhē

【折】 扌部 | zhē
4画 | 꺾을 **절**
(통)〈口〉**1**(몸 따위를) 뒤집다. 나동그라지다. ◇~了几个跟头/몇 번 공중 회전했다. **2**(뜨거운 물 따위를 다른 그릇에) 옮기어 식히다. 여러 번 되부어 식히다. ◇拿两个碗把热水~一~就凉了/두 그릇으로 더운 물을 되부으면 곧 식는다. ⇒ shé, zhé

【折箩─라】zhēluó (명)연회 석상의 먹다 남은 요리.

* 【折腾─등】zhē·teng (통)**1**(잠자리에서) 뒤치락거리다. ◇湊合着睡一会儿，别来回~了/엎치락 뒤치락하지 말고 그런대로 잠 좀 잡시다. **2**되풀이하다. 반복하다. ◇他把收音机拆了又装，装了又拆，~了几十回/그는 라디오를 뜯었다가 조립하고, 조립했다가 뜯으며 몇십 번을 되풀이했다. **3**괴롭히다. 들볶다. ◇慢性病~人/만성병은 사람을 괴롭힌다. (同)〔折磨 zhé·mó〕

【蜇】 虫部 | zhē
7画 | 쏠 **철**
(통)**1**(벌·전갈 따위가) 쏘다. **2**쓰리다. 아리다. (약한) 통증을 느끼다. ◇切洋葱~眼睛/양파를 써니 눈이 쓰리다.

** 【遮】 辶部 | zhē
11画 | 가릴 **차**
(통)**1**가리다. 보이지 않게 막다. ◇山高~不住太阳/산이 높다하더라도 해를 가리지는 못하다. (同)〔盖 gài〕, (反)〔露 lòu〕 **2**(왕래를) 막다. 차단하다. ◇横~竖拦/가로세로 막아서다. **3**숨기다. 감추다. 속이다. ◇~人耳目/남의 눈을 속이다.

【遮蔽─폐】zhēbì (통)(시선 따위를) 가리다. (同)〔遮挡 dǎng〕, (反)〔显露 xiǎnlù〕

【遮藏─장】zhēcáng (통)(덮어) 가리다. 감추다. 숨기다. 은폐하다. (同)〔遮蔽 zhēbì〕

【遮丑─축】zhē// chǒu (통)잘못을 가리다.

【遮挡─당】zhēdǎng **1**(통)가로 막다. 저지하다. (同)〔遮拦 lán〕 **2**(명)차폐물. 방해물.

【遮盖─개】zhēgài (통)**1**덮다. 가리다. **2**(결점 따위를) 숨기다. 감추다. (同)〔遮掩 yǎn〕, (反)〔暴露 bàolù〕

【遮拦─란】zhēlán (통)막다. 저지하다. (同)〔遮挡 dǎng〕

【遮羞─수】zhē// xiū (통)**1**신체상의 치부를 감추다. **2**교묘한 말로 불미스러운 일을 가리다. 수치를 감추다.

【遮羞布─수포】zhēxiūbù (명)**1**허리에 둘러 하반신을 가리는 천. **2**수치스러운 일이나 결점을 감추는 것.

【遮掩─연】zhēyǎn (통)**1**덮어 가리다. (同)〔遮蔽 bì〕 **2**(잘못·결점 따위를) 숨기다. (同)〔掩饰 yǎnshì〕

【遮眼法─안법】zhēyǎnfǎ →〔障 zhàng眼法〕

【遮阳─양】zhēyáng (명)차양. 햇빛을 가리는 것.

zhé

☆【折(⁹⁻¹⁰摺)】 扌部 | zhé
4画 | 꺾을 **절**
1(통)꺾다. 부러뜨리다. ◇~了一根柳条/버드나무 가지를 꺾었다. **2**(통)손해보다. 밑지다. ◇损失~将/장병을 잃다. **3**(동)굽히다. 굴하다. ◇百~不挠/〈成〉거듭되는 좌절에도 꺾이지 아니하다. **4**(동)반전(反轉)되돌아오다. 방향을 바꾸다. ◇走到半路，又~回来/길을 반쯤 가다가 다시 되돌아왔다. **5**(동)감복하다. 탄복하다. ◇心~/탄복하다. **6**(동)환산하다. **7**(동)깎다. 할인하다. ◇打九~/10% 깎다. **8**(양)절. 막. 〔원대(元代) 잡극(雜劇)의 한 막을 '折'라고 했음〕 **9**(동)접다. 개다. ◇~叠/접다. **10**(명)(~儿)(수첩·통장 따위의) 접게 된 책. ◇存~儿/예금 통장. ⇒shé, zhē

【折半─반】zhébàn (통)절반으로 깎다. (同)〔对折 duìzhé〕

【折变─변】zhébiàn (동)〈方〉(재산 따위를) 팔아서 돈으로 바꾸다.

【折尺─척】zhéchǐ (명)접자.

【折冲─충】zhéchōng (동)〈文〉적을 제압하여 승리를 거두다.

【折冲樽俎─충준조】zhé chōng zūn zǔ 〈成〉외교담판으로 상대를 제압하다.

【折叠─첩】zhédié (동)접다. 개다.

【折兑─태】zhéduì (동)(금·은을 그 함유량·중량에 따라) 환산하여 태환하다.

【折服─복】zhéfú (동)**1**납득시키다. 굴복시키다. (同)〔说服 shuōfú〕 **2**믿고 따르다. (同)〔信服 xìnfú〕

【折福─복】zhé// fú (동)(과분한 향락이나 부당한 재물을 가져) 복이 없어지다.

【折干─간】zhé// gān (~儿)(동)예물 대신 돈을 보내다〔주다〕.

【折光─광】zhéguāng (명)〈物〉빛의 굴절.

** 【折合─합】zhéhé (동)**1**맞먹다. 해당하다. ◇当时每月工资～一百公斤大米/당시 매월 월급은 100근 쌀에 해당했다. **2**환산하다. ◇把韩币～为人民币/한국 화폐를 인민폐로 환산하다.

【折回─회】zhéhuí (동)도중에서 되돌아가다

〔오다.〕
【折价-가】zhé∥jià 금전으로 환산하다.
【折旧-구】zhéjiù 图〈經〉(고정 자산의) 감가 상각을 하다.
【折扣-구】zhé·kòu 图통할인(하다). 에누리(하다).
**【折磨-마】zhé·mó 图(육체적·정신적으로) 괴롭히다. 학대하다. ◇受∼/고통을 받다. ◇这病真∼人/이 병은 정말 못 견디겠다.
【折辱-욕】zhérǔ 图〈文〉굴욕을 주다. 욕보이다.
【折扇-선】zhéshàn (∼儿)图접은 부채.
【折射-사】zhéshè 图통〈物〉굴절(하다).
【折实-실】zhéshí 1실질적인 가격으로 할인하다. 2실물 가격으로 환산하다.
【折寿-수】zhé∥shòu 图(미신에서) 과분하게 누려 수명이 짧아지다.
【折受-수】zhé·shou 图〈方〉(과분한 대우를 하거나 해서) 송구스럽다.
【折算-산】zhésuàn 图환산하다. (同)〔折合 hé〕
【折头-두】zhé·tou 图〈方〉할인액. 에누리.
【折线-선】zhéxiàn 图〈數〉꺾은선.
【折腰-요】zhéyāo 图〈文〉허리를 굽히다. 머리숙여 남을 섬기다.
【折纸-지】zhézhǐ 图종이를 접다.
【折中-중】zhézhōng 图절충(하다). 타협(하다).
【折衷-충】zhézhōng (同)〔折中〕
【折衷主义-충주의】zhézhōng zhǔyì 图절충주의.
【折皱-추】zhézhòu 图주름.
【折子-자】zhé·zi 图접본. 접어 개는 식으로 만든 책.

【哲(喆)】 口部 zhé
7画 밝을 철
1图현명하다. 지혜롭다. ◇∼人/철인. 2图지혜로운 사람. ◇先∼/선철.
【哲理-리】zhélǐ 图철리.
【哲人-인】zhérén 图〈文〉철인.
☆【哲学-학】zhéxué 图철학. ◇∼并不是那么神秘的/철학은 결코 그렇게 신비한 것은 아니다.

【蛰·蟄】 虫部 zhé
6画 엎딜 칩
图(동물이) 겨울잠을 자다. ◇惊∼/경칩.
【蛰伏-복】zhéfú 图1(동물이) 동면하다. 2침거하다.
【蛰居-거】zhéjū 图〈文〉침거하다.

【谪·謫(讁)】 讠部 zhé
11画 귀양갈 적
图〈文〉1귀양살이를 가다. ◇∼降/외직으로 좌천되다. ◇∼居/귀양살이를 하다. (同)〔贬 biǎn〕, (反)〔升 shēng〕 2신선

이 벌을 받아 인간 세계로 내려오다. ◇有人把李白称为∼仙人/어떤 이는 이백을 신선이라 부른다. 3꾸짖다. 비난하다. 규탄하다. 지적하여 비판하다. ◇众人交∼/뭇사람이 다 꾸짖다.
【谪居-거】zhéjū 图귀양살이를 하다.

【辙·轍】 车部 zhé
12画 바퀴자국 철
(∼儿)图1수레바퀴 자국. ◇重 chóng 蹈覆∼/전철(前轍)을 밟다. 2노선. 진로. ◇上下∼/상하행선. 3잡곡(雜曲)·가사 따위의 압운한 운(韻). ◇合∼/운에 맞다. 4〈方〉방법. 생각. 〔주로 '有'나 '没(有)' 뒤에 쓰임〕 ◇现在是一点∼都没有了/지금은 아무 방법도 없다.
【辙口-구】zhékǒu 图잡곡(雜曲)·가사 따위의 압운한 운(韻).

zhě

**【者·者】 耂部 zhě
4画 놈 자
㈜1자. 것. 〔동사나 형용사 혹은 동사구나 형용사구 뒤에 쓰여 그 동작을 하는 사람이나 그 속성을 가진 사람이나 사물, 물건을 나타냄〕 ◇强∼/강자. ◇作∼/작자. 2자. 〔'工作'나 '主义' 뒤에 쓰여 그 일을 하거나 따르는 사람을 나타냄〕 ◇现实主义∼/현실주의자. 3〈文〉가지. 〔수사(數詞), 방위사 뒤에 쓰여 앞서 제시한 사물을 가리킴〕 ◇二∼/양자. ◇前∼/전자. 4〈文〉…라는 것은. 〔낱말이나 구, 절 따위 뒤에 쓰여 휴지를 나타냄〕 ◇风∼, 空气流动而成/바람이란 공기의 흐름으로 생긴다. 5문말에 쓰여 바람이나 명령의 어기(語氣)를 나타냄. 〔주로 조기백화(早期白話)에 쓰임〕 ◇路上小心在意∼!/도중에 조심하시오!

【赭(赭)】 赤部 zhě
8画 붉은흙 자
图홍갈색.
【赭石-석】zhěshí 图〈礦〉황토. 오커(ocher).

【褶(襵)】 衤部 zhě
11画 주름질 접
(∼儿)图주름. 구김살. ◇百∼裙/주름 치마.
【褶皱-추】zhězhòu 图1〈地質〉습곡. 2(피부의) 주름살.
【褶子-자】zhě·zi 图1(옷 따위의) 주름.

zhè

★【这·這】 讠部 zhè
4画 이 저

代1이. 이것. ◇就买~支吧/이것으로 사겠습니다. a)명사 앞에 직접 와서 관형어가 된다. ◇~话说得很有道理/그 말은 일리가 있다. b)단독으로 쓰여 주어나 목적어가 된다. ◇~是我的孩子/이 애는 내 자식이오. ◇我对~不感兴趣/나는 이것에 흥미가 없다. 2이때. 지금. 〔상황어로 쓰임〕 ◇他~就来/그는 이제 올 것이다.

☆【这边—변】zhè·biān 代여기. 이쪽.

【这不(是)—불(시)】zhè bù(shì) 〈口〉(同)〔不是吗 ma〕

【这程子—정자】zhèchéng·zi 〈方〉요즘. 근래.

★【这个—개】zhè·ge 1이. 이것. ◇~孩子真懂事/이 아이는 정말 철이 들었다. 2이 물건. 이(그)일. ◇他为了~忙了好几天/그는 그 일로 여러 날 바빴다. 3(동사·형용사의 앞에 쓰여) 과장을 나타냄. ◇大家~乐啊!/모두들 대단히 즐거워하는군!

【这还差不多—환차불다】zhè hái chà bu duō 〈口〉그쯤은 해야지. 이 정도는 돼야지. ◇他们早处来等您呢 — ~/그들이 벌써 와서 당신을 기다리고 있어요. — 그쯤은 해야죠.

【这还用说—환용설】zhè hái yòng shuō 더 말할 것〔나위〕도 없다. ◇他不来, 我们也是白跑一趟 — 就是嘛, ~/그가 오지 않으면 우리도 공연히 헛걸음한 거야. — 맞아, 말할 것도 없지.

**【这会儿—회아】zhèhuìr 이때. 지금. ◇~的天气不错, 可以去爬山了/지금 날씨가 좋아 등산하기도 되겠다.

★【这里—리】zhè·lǐ 代이곳. 여기. ◇~我不是第一次参观了/이곳을 나는 처음 견학한 것이 아니다. (同)〔此地 cǐdì〕, (反)〔那里 nàlǐ〕 回回这里:这儿 시간을 나타내는 지시대명사는 '这儿'를 쓰지 않는다. ◇打(×这里)这儿起, 我俩成了好朋友/이때부터 우리 두 사람은 좋은 친구가 됐다.

★【这么—마】zhè·me 代1이렇게. 이처럼. 〔정도를 나타냄〕 ◇你的脚~大, 到哪儿去买鞋?/네 발이 이처럼 큰데 어디서 신을 사겠니? 2이런 식으로. 이렇게. 〔방식을 나타냄〕 ◇你写的这个字是繁体字, 简化字应该~写/네가 쓴 이 글자는 번체자야. 간체자는 이렇게 써야지. 回回这么:这个 '这么'는 명사를 직접 수식하지 않는다. ◇你(×这么)这个年轻人为什么坐在这里呢?/너같은 젊은 사람이 왜 여기 앉아 있는 거냐?

【这么点儿—마점아】zhè·mediǎnr 요만큼. 요만한 것. 얼마 안되는 것.

【这么说—마설】zhème shuō 〈口〉그렇다

면. 그러고 보면. ◇我读过几篇英文论文 — ~, 你的英文还好/난 영문 논문 몇 편을 읽어보았다. — 그렇다면 너의 영어도 꽤 괜찮군. (同)〔这么说来 lái〕

【这么说来—마설래】zhè·me shuō lái 〈口〉(同)〔这么说〕

【这么些—마사】zhè·mexiē 이만한. 그만한. 이만큼. ◇~人坐得开吗?/이만한 사람들이 앉을 수 있겠는가? ◇就~了, 你要都拿去/이만큼이나 필요하면 다 가져가라.

【这么样—마양】zhè·me yàng →〔这样〕

*【这么着—마착】zhè·me·zhe 이와 같이 (하다). 이렇게 (하다). 이리하여. 이렇다면. ◇~好/이렇게 하는 것이 좋다.

【这儿—아】zhèr 〈口〉1여기〔이곳〕. ◇~坐/여기에 앉아라. ◇从~一直走, 就是北京饭店/여기에서 곧장 가면 바로 북경호텔이다. (同)〔这里〕 2이때. 지금(쯤) 〔'打/由/从'+'~'+'起/开始'의 구조로만 쓰인다〕 ◇打~起, 他就很用功/이때부터 그는 열심히 공부했다.

【这山望着那山高—산망착나산고】zhè shān wàng·zhe nà shān gāo 〈諺〉남의 떡이 더 커 보인다.

【这时—시】zhèshí (同)〔这时候 hou〕

【这时候—시후】zhèshí·hòu 이때. 그때. 回回这时候:那时候 '这时候'는 과거의 진행중인 사건 즉 그 당시의 현재시제를 가리킨다. ◇有一天, 公主去赏花, (×那时候)这时候, 突然前面来了个人/어느날 공주가 꽃구경을 가는데 그 때 어떤 사람이 갑자기 나타났다.

【这是从何说起—시종하설기】zhè shì cóng hé shuōqǐ 〈口〉이게 도대체 어떻게 된 영문인가? ◇我简直被他问得目瞪口呆!~!/나는 그에게 추궁을 받아 그야말로 어안이 벙벙했다! 이게 어떻게 된 영문인지!

【这是什么话—시십마화】zhè shì shénme huà 〈口〉이게(그게) 무슨 말이냐. ◇你小子还躲着我们呢 — 你~, 我忙啊!/네놈이 우리를 피하고 있어. — 그게 무슨 말이요. 바빠서 그렇잖아!

【这是怎么回事呀—시즘마회사야】zhè shì zěme huí shìr ya 〈口〉이게 어떻게 된 일이냐. ◇买张火车票也这么难, 这是怎么回事呀/기차표 한 장 사려고 해도 이렇게 힘드니 이게 어떻게 된 일이냐!

★【这些(个)—사(개)】zhè·xiē(·ge) 代이런 것들. 이들. 이러한. ◇只剩下~了/이것들만 남았다.

【这些日子—사일자】zhè·xiē rì·zi 요즘. 근래.

★【这样—양】zhèyàng (~儿)이와 같다. 이렇게. 이래서. 1상태나 상황을 나타냄. ◇~就可以, 不要再改动了/이

렇게 하면 돼. 다시 고칠 필요없다. **2**정도나 방식을 나타냄. ◇~拿笔不正确/이런 식으로 잡은 붓이 바르지 않다. **3**이렇게 하면. 이러면. 〔순접을 나타냄〕◇多听, 多说, ~就能较快地提高口语水平/많이 듣고 많이 말하면 그렇게 하면 구어수준은 빨리 향상시킬 수 있다.

【这样吧─양파】zhèyàng ba〈口〉이렇게 하자. 〔난감할 때 절충안을 제시함을 뜻함〕◇我没有什么礼物送给大家, ~！我唱一首歌为你们送行/난 여러분에게 드릴 선물이 없어요. 이렇게 하죠! 제가 노래를 불러 여러분을 전송하죠.

＊＊【这样一来─양일래】zhè yàng yī lái 그렇게 되어. 이렇게 되어.

【浙(淛)】氵部 │ Zhè
7画 │ 쌀씻을 **절**

절강성(浙江省)의 준말.

【蔗】艹部 │ zhè
11画 │ 사탕풀 **자**

(명)〈植〉사탕수수. ◇~糖/자당.

【蔗农─농】zhènóng (명)사탕수수를 재배하는 농민.

【蔗糖─당】zhètáng (명)**1**〈化〉자당. 사카로즈. **2**사탕수수로 만든 설탕.

【蔗渣─사】zhèzhā (명)사탕수수 즙을 짜고 남은 찌끼. 〔종이·술 등의 원료로 쓰임〕

·zhe

★【着(著)】羊部 │ ·zhe
5画 │ 부딪칠 **착**

(조)**1**…하고 있다. …하고 있는 중이다. 〔동작의 진행중임을 나타냄〕◇孩子们唱~歌, 跳~舞, 热烈欢迎我们/애들이 노래하며 춤추며 우리를 따뜻하게 환영하고 있다. ◇雨不停地下~/비가 계속 내리고 있다. |주의|동사가 정도보어문에 쓰일 때는 '着'를 쓰지 않음. ◇他高兴得直笑(×着)/그는 신나서 계속 웃고 있다. **2**…하여 있다. …인 채 있다. 〔동사 뒤에 쓰여 상태의 지속을 나타내며 대개 존현문에 쓰임〕◇他在床上躺~/그는 침대에 누워 있다. ◇墙上贴─张地图/벽에 지도 한 장이 붙어 있다. |주의|a)부정형은 「没+V+着」임. ◇窗户没开着/창문이 열려있지 않다. b)'死, 到, 来, 去, 毕业, 出发' 등과 같이 지속성이 없는 동사 뒤에는 '着'를 쓰지 않음. ◇那个病人死(×着)了/저 환자는 죽어 있다. c)동사 뒤에 시간보어가 오면 '着'를 쓰지 않음. ◇要等(×着)好长时间/꽤 오래 기다려야 한다. ◇已经下(×着)了几天雨了/벌써 며칠 째 비가 내리고 있다. **3**…해라. 〔동사나 정도를 나타내는 형

용사 뒤에 쓰여 명령이나 당부의 어조를 강조함〕◇你等~, 我马上就回来/기다려, 곧 돌아올게. ◇快~点儿, 要晚了/좀 서둘러, 늦겠어. **4**일부 동사 '顺, 沿, 朝, 照, 为' 등 뒤에 쓰여 전치사로 됨. ◇顺~河边走/강가를 따라 걷다. **5**…해 있다. 〔형용사 뒤에 쓰여 상태의 지속을 나타냄〕◇衣服还湿~呢, 怎么能穿/옷이 아직도 젖어 있는데 어떻게 입어요? **6**…하면서 (…하다). …한 채로. 〔연동문의「V+着+(O)+V」구조에 쓰여 동작의 방식을 나타냄〕◇看~报吃饭/신문을 보면서 밥을 먹고 있다. ◇唱~走路/노래하면서 길을 걷고 있다. **7**(…때문에), (…하려고) …하고 있다. 〔연동문 구조에 쓰여 앞 동사와 방식이나 상태를 나타내고 뒷 동사는 원인이나 목적을 나타냄〕◇孩子们闹~要去看电影/애들이 영화보러 가려고 떠를 쓰고 있다. ◇大家忙~准备考试/모두들 시험준비 때문에 바쁘다. **8**…하다가. …하다보니. 〔동사 앞에「V着V着」의 구조로 쓰여 앞의 동작이 지속되다가 뒷 동작이 이어짐을 나타냄〕◇他想~想~笑了起来/그는 생각하다가 자기도 모르게 웃음이 나버렸다. ⇒zhāo, zháo, zhuó

【着哩─리】·zhe·li ⇒【着呢】
【着呢─니】·zhe·ne 정도가 깊음을 나타냄. ◇这种瓜好吃~/이런 오이는 매우 맛있다구. ◇离起飞还早~/이륙 때까지 아직 일러요.

zhèi

【这·這】辶部 │ zhèi
7画 │ 이것 **저**

'这'(zhè)의 구어음으로 뒤에 양사나 수량사가 있을 때 흔히 'zhèi'로 발음함.

zhēn

【贞·貞】卜部 │ 贝部 │ zhēn
4画 │ 2画 │ 곧을 **정**

1(형)마음이 곧바르다. 지조가 굳다. ◇坚~/〈成〉지조. 곧은 지조. **2**(형)(여자의) 정절. ◇~女/정부. (反)〔荡 dàng〕**3**(형)(동)점 (치다).

【贞操─조】zhēncāo (명)정조. 정절.
【贞节─절】zhēnjié (명)**1**굳고 바른 절개. **2**(유

Z

교에서 말하는 여자가 지켜야 할) 정절.
【贞洁—결】zhēnjié 圈정결하다.
【贞烈—렬】zhēnliè 圈정렬하다. 정조를 끝까지 지키다.

【侦·偵】 亻部 6画 | zhēn 엿볼 정
圐몰래 살피다. 몰래 조사하다. ◇～探/정탐하다.
【侦办—판】zhēnbàn 圐(사건을) 조사하여 처리하다.
【侦查—사】zhēnchá 圐〈法〉(사건을) 탐문 수사하다. 조사하다.
✱✱【侦察—찰】zhēnchá 圐〈軍〉정찰하다. ◇～飞行/정찰비행.
【侦获—획】zhēnhuò 圐수사하여 체포하다. (同)〔侦破 pò〕
【侦缉—즙】zhēnjī 圐조사하여 체포하다.
【侦破—파】zhēnpò 圐수사하여 적발하다.
✱✱【侦探—탐】zhēntàn 圐정찰하다.
【侦探小说—탐소설】zhēntàn xiǎoshuō 圐탐정 소설.

【帧·幀】 巾部 6画 | zhēn 화분 정
圏폭.〔그림이나 족자를 셀 때 쓰임〕

【祯·禎】 礻部 6画 | zhēn 상서 정
圐〈文〉길상.

【桢·楨】 木部 6画 | zhēn 쥐똥나무 정
圐담을 쌓을 때 담의 두 끝에 세우는 기둥.
【桢干—간】zhēngàn 圐〈文〉〈喩〉유능한 인재.

☆【针·針(鍼)】 钅部 2画 | zhēn 바늘 침
1(～儿)圐바늘. 봉침. ◇绣花～/자수 바늘. 2圐바늘 모양의 물건. ◇指南～/지남침. 자침. 3圐주사. ◇打～/주사를 놓다. ◇防疫～/예방 주사. 4圐〈中醫〉침술.
【针鼻儿—비아】zhēnbír 圐바늘귀.
【针砭—펌】zhēnbiān 圐침과 돌침. 〈喩〉잘못을 지적herda여 바로잡다.
【针刺麻醉—자마취】zhēncì mázuì 圐〈中醫〉침술 마취.
☆【针对—대】zhēnduì 圐겨누다. 맞추다. ◇你说的这些话到底～什么?/너의 그 말은 도대체 무엇에 대해 말한 것이니?
【针锋相对—봉상대】zhēn fēng xiāng duì 〈成〉첨예하게 대립하다.
【针箍—고】zhēngū (～儿)圐〈方〉골무.
【针管—관】zhēnguǎn 圐주사기.
【针剂—제】zhēnjì 圐〈藥〉주사약.
【针尖对麦芒—첨대맥망】zhēn jiān duì mài máng 〈成〉다툴 때 심하게 대립하다.
【针脚—각】zhēn·jiao 圐1바느질 자리. 2

(바느질의) 땀.
✱✱【针灸—구】zhēnjiǔ 1圐〈中醫〉침구. 침질과 뜸질. ◇有些留学生到中国专学～/일부 유학생들이 중국에 와서 침술을 전공한다. 2圐침구로 치료하다. ◇你这种慢性病只～几次不行, 还得继续一下去/너의 이 만성병은 몇차례 침구치료로는 안 되고 더 계속 침구치료를 해야 한다.
【针头—두】zhēntóu 圐〈醫〉주사 바늘.
【针头线脑—두선뇌】zhēntóu xiànnǎo (～儿)〈口〉바늘·실 따위의 재봉 용구. 〈喩〉자질구레한 일상용품.
【针线—선】zhēn·xian 圐바느질과 자수의 총칭.
【针眼—안】zhēnyǎn 圐1(同)〔针鼻儿〕 2(～儿)침맞은 자리. 바늘로 찌른 구멍.
【针眼—안】zhēn·yan 圐〈醫〉다래끼.
【针叶树—엽수】zhēnyèshù 圐〈植〉침엽수. (同)〔阔 kuò 叶树〕
【针织品—직품】zhēnzhīpǐn 圐메리야스 제품. 편직물.
【针黹—치】zhēnzhǐ 圐〈方〉바느질.

【珍(珎)】 王部 5画 | zhēn 보배 진
1圐귀중한 것. 보물. ◇奇～异宝/〈成〉진귀한 보배. ◇山～海味/〈成〉산해 진미. 2圐귀중하다. 진귀하다. ◇～品/진품. 3圐귀히 여기다. 소중히 하다. ◇～视/귀히 여기다.
【珍爱—애】zhēn'ài 圐아끼고 사랑하다. 애지중지하다. ◇孩子深受祖父的～/애는 할아버지의 사랑을 듬뿍 받았다. ◇他～这幅字, 不轻易示人/그는 이 족자의 글자를 애지중지하여 좀처럼 남에게 보이지 않는다. ◇姑娘～她男朋友送给他的金戒指/처녀는 자기 애인이 준 금반지를 소중하게 생각한다. 比교珍爱:吝惜 돈이 너무 아까운 것은 "珍爱"를 쓰지 않는다. ◇他是个喜欢玩儿而又(×珍爱)吝惜钱的人/그는 놀기를 좋아하지만 또 돈에 인색한 사람이다.
【珍宝—보】zhēnbǎo 圐진귀한 보물. (同)〔瑰 guī 宝〕, (反)〔废物 fèiwù〕
【珍本—본】zhēnběn 圐진본.
【珍藏—장】zhēncáng 圐소중히 보존하다.
✱✱【珍贵—귀】zhēnguì 圐진귀하다. 귀중하다. ◇～的礼物/귀중한 선물. ◇大熊猫是一种～的动物/팬더는 진귀한 동물이다. (同)〔宝 bǎo 贵〕, (反)〔无用 wúyòng〕 比교珍贵:珍惜 "珍贵"는 형용사를 목적어로 취하지 않는다. ◇青年要(×珍贵)珍惜自己的青春/청년들은 자신의 청춘을 소중히 여겨야 한다.
【珍品—품】zhēnpǐn 圐진품. (反)〔废 fèi 品〕
【珍奇—기】zhēnqí 圐희귀하다.

【珍禽―금】 zhēnqín 图희귀한 조류.

【珍摄―섭】 zhēnshè 图〈文〉(서신 인사말) 몸 조심하십시오.

【珍视―시】 zhēnshì 图〈文〉소중히 여기다. (反)〔漠视 mò shì〕

【珍玩―완】 zhēnwán 图〈文〉희귀한 애완물.

【珍闻―문】 zhēnwén 图진기한 견문.

✳✳【珍惜―석】 zhēnxī 图소중히 하다. ◇～时间/시간을 아끼다. (同)〔珍爱 ài〕, (反)〔糟蹋 zāotà〕

【珍稀―희】 zhēnxī 图희귀하다.

【珍羞―수】 zhēnxiū (同)〔珍馐 xiū〕

【珍馐―수】 zhēnxiū 图〈文〉진귀한 음식. 가장 맛 좋은 음식. (同)〔珍羞〕

【珍重―중】 zhēn·zhòng 图1(중요하거나 희귀한 물건을) 소중히 하다. 2자애(自爱)하다.

✳✳【珍珠―주】 zhēnzhū 图진주.

【珍珠贝―주패】 zhēnzhūbèi 图진주조개.

【珍珠米―주미】 zhēnzhūmǐ 图〈方〉옥수수.

【胗】月部 | zhēn
　　　5画 | 역질 진
(～儿)图〈鸟〉조류(鸟類)의 위(胃). ◇鸡～儿/닭의 위.

★【真(眞)】十部 | zhēn
　　　　　8画 | 참 진
1图진실하다. 진짜이다. ◇心实意/진심. ◇瓶子里插的花像～的一样/꽃병에 꽂은 꽃은 정말 진짜 같다. (同)(反)〔假 jiǎ〕 2图정말(로). 참으로. ◇文章写得～好/글을 참 잘 썼다. 比较真：亲：很 ①혈연 관계의 경우에는 "真"이라고 하지 않는다. ◇我终于和(×真)亲妈妈见面了/난 드디어 친 엄마와 만나게 되었다. ②객관적 서술에는 "真"을 쓰지 않는다. ◇这是一位(×真)很好的人/이 분은 좋은 사람이다. 3图뚜렷하다. 명료하다. 똑똑하다. ◇你大声点儿, 我听不～/똑똑하게 들을 수 없으니 좀 크게 하세요. 4图진. 진서. 〔해서(楷書)의 다른 이름〕◇～书/진서. 해서. 5图실물. ◇写～/실물의 모양을 있는 그대로 그려내다. 6图〈文〉본성. 7(Zhēn) 图성(姓).

*【真诚―성】 zhēnchéng 图진실하다. ◇～的心意/진실한 마음. (同)〔诚恳 kěn〕, (反)〔虚伪 xūwěi〕

【真的―적】 zhēn·de 1정말로. 2진짜.

【真谛―체】 zhēndì 图참 뜻. 진수.

【真格的―격적】 zhēngé·de 정말.

【真个―개】 zhēngè 图〈方〉정말로. 확실히.

【真果―과】 zhēnguǒ 图〈植〉진과.

【真迹―적】 zhēnjì 图진적.

【真金不怕火炼―금불파화련】 zhēnjīn bù pà huǒ liàn 〈諺〉굳센 사람이나 정직한 사람은 시련을 두려워하지 않는다.

【真菌―균】 zhēnjūn 图〈植〉진균.

【真空―공】 zhēnkōng 图〈物〉진공.

【真空泵―공붕】 zhēnkōngbèng 图〈物〉진공 펌프.

☆【真理―리】 zhēnlǐ 图진리. (反)〔歪 wāi 理〕

【真皮―피】 zhēnpí 图〈生理〉진피.

【真凭实据―빙실거】 zhēn píng shí jù 〈成〉확실한 증거. 확증.

【真切―절】 zhēnqiè 图1분명하다. 똑똑하다. 2진실하다. 진지하다.

【真情―정】 zhēnqíng 图1실정. 실태. (同)〔真相 xiàng〕, (反)〔假相 jiǎxiàng〕2진심. 진정.

【真确―각】 zhēnquè 图1확실하다. 정확하다. 진실하다. 2(同)〔真切 qiè〕

【真人―인】 zhēnrén 图1진인. 〔도교에서 수행해 득도한 사람으로 '太乙真人'처럼 주로 호칭에 쓰임〕2실재의 인물.

☆【真实―실】 zhēnshí 图진실하다. ◇～的感情/진실한 감정. ◇这部电视剧本写得很～/이 TV극본은 사실적으로 썼다. (同)〔实在 zài〕, (反)〔虚假 xūjiǎ〕

✳【真是―시】 zhēn·shi 图정말. 참. 〔불만의 감정을 나타냄〕◇刚洗完澡, 又弄了一身泥, ～/막 목욕을 다했는데 또 온몸이 흙 투성이가 되었으니 참. (同)〔真的的〕

【真书―서】 zhēnshū 图해서.

【真率―솔】 zhēnshuài 图진솔하다. 솔직하다. (同)〔纯 chún 真〕, (反)〔做作 zuòzuò〕

【真丝―사】 zhēnsī 图순견(純絹).

*【真相―상】 zhēnxiàng 图진상. (同)〔真象 xiàng〕, (反)〔假相 jiǎxiàng〕

【真相大白―상대백】 zhēn xiàng dà bái 〈成〉진상이 환히 드러나다.

*【真心―심】 zhēnxīn 图진심. (同)〔真情 qíng〕, (反)〔假 jiǎ 心〕

【真行―행】 zhēn xíng 〈口〉1대단하다. 보통이 아니다. ◇你～! 我也跟你学了一招!/넌 대단해! 나도 네게 한 수 배웠어. 2반어로 쓰임. 상식과 관례에서 벗어난 행동 또는 상황에 조소와 불만을 보냄. ◇你～! 学了两年英语连26个字母都背不出来?/너 정말 대단하다! 2년 동안 영어를 배웠는데 26개 알파벳조차 못 외워?

【真性―성】 zhēnxìng 1图진성의. 2图본성.

【真影―영】 zhēnyǐng 图(제사 지낼 때 거는) 조상의 화상.

【真章儿―장아】 zhēnzhāngr 图〈方〉실제 행동. 실력.

★【真正―정】 zhēnzhèng 1图진정한. 참된. 진짜의. ◇这是贵州～的茅台酒/이것은 귀주의 진짜 모태주이다. 2图확실히. 정말

로. ◇她的歌唱的～好/그녀는 노래를 정말 잘 부른다.

【真知一지】 zhēnzhī 圓참된 지식.

【真知灼见一지작견】 zhēn zhī zhuó jiàn 〈成〉정확하고 확실한 의견. (反)〔浅见寡闻 qiǎn jiàn guǎ wén〕

【真挚一지】 zhēnzhì 圏진지하다. 진실하다. (同)〔诚 chéng 挚〕, (反)〔虚假 xū jiǎ〕

【真珠一주】 zhēnzhū 圓진주. (同)〔珍珠〕

【真主一주】 Zhēnzhǔ 圓〈宗〉(이슬람교의) 알라(Allah).

【砧(碪)】 石部 zhēn 5画 방치 침
圓1모루. 2다듬잇돌. 3도마.

【砧板一판】 zhēnbǎn 圓도마.

【砧骨一골】 zhēngǔ 圓〈生理〉침골.

【砧木一목】 zhēnmù 圓〈植〉접본(接本). 대목(臺木).

【砧子一자】 zhēn·zi 圓모루.

【箴】 竹部 zhēn 9画 경계할 잠
〈文〉1圓圖경계(하다). 훈계(하다). ◇～言/잠언. 2圓잠. 〔한문의 한 체(體)로 훈계나 충고를 주로 하는 글. 대개는 운문(韻文)임〕

【箴言一언】 zhēnyán 圓잠언.

【榛】 木部 zhēn 10画 덧거칠 진
圓〈植〉개암(나무).

【榛莽一망】 zhēnmǎng 圓〈文〉더부룩하게 난 초목.

【榛狉一비】 zhēnpī 圓〈文〉숲이 우거져 짐승이 출몰하다.

【榛榛一진】 zhēnzhēn 圏(초목이) 무성하다.

【榛子一자】 zhēn·zi 圓〈植〉1개암나무. 2개암.

【斟】 斗部 zhēn 9画 짐작할 짐
圖1(술이나 차 등을) 따르다. 붓다. ◇自～自饮/술을 손수 따라서 마시다.

【斟酌一작】 zhēnzhuó 圖1(글·원고·내용 등을) 다듬다. 정리하다. ◇那篇文章得~一下/그 글은 좀 다듬어야 한다. 2(득실·시비·방법·계획 등을) 검토하다. 감안하다. ◇他出差的事, 你～着办吧/그가 출장 가는 일은 네가 검토해서 처리해라.

【甄】 瓦部 zhēn 9画 질그릇 진
1圖〈文〉식별하다. 감정하다. ◇～选/선발하다. 2(Zhēn)圓성(姓).

【甄别一별】 zhēnbié 圖〈文〉(우열·진위·능력 따위를) 선별하다.

zhěn

【诊·診】 讠部 zhěn 5画 볼 진
圖진찰하다. ◇～断/진단하다.

【诊察一찰】 zhěnchá 圓圖진찰(하다).

*【诊断一단】 zhěnduàn 圓圖진단(하다). ◇～书/진단서.

【诊疗一료】 zhěnliáo 圓圖진료(하다).

【诊脉一맥】 zhěn//mài 圖진맥하다.

【诊视一시】 zhěnshì 圓圖진찰(하다).

【诊室一실】 zhěnshì 圓진찰실.

【诊所一소】 zhěnsuǒ 圓진료소.

【诊治一치】 zhěnzhì (同)〔诊疗 liáo〕

【疹】 疒部 zhěn 5画 역질 진
圓〈醫〉발진.

【疹子一자】 zhěn·zi 圓〈醫〉홍역의 통칭.

【枕】 木部 zhěn 4画 벼개 침
1圓베개. 2圖(베개 삼아) 베다. ◇他～着 zhe 胳膊睡着 zháo 了/그는 팔을 베고 잠들었다.

【枕戈待旦一과대단】 zhěn gē dài dàn 〈成〉경계하여 전투 태세를 갖추다.

【枕骨一골】 zhěngǔ 圓〈生理〉침골.

【枕藉一자】 zhěnjiè 圖〈文〉뒤엉켜 쓰러지다. 포개어 넘어지다.

【枕巾一건】 zhěnjīn 圓베갯 수건.

【枕木一목】 zhěnmù 圓(철도의) 침목.

【枕套一투】 zhěntào 圓베갯잇. (同)〔枕头套〕

**【枕头一두】 zhěn·tou 圓베개.

【枕头箱一두상】 zhěn·touxiāng 圓패물이나 계약서를 넣어 늘 침실 머리맡에 놓아두는 작은 상자.

【枕席一석】 zhěnxí 圓1침석. 2베개 위에 펴는 자리.

【枕心一심】 zhěnxīn 圓베갯속.

【缜·縝】 纟部 zhěn 10画 맺을 진
圏(생각 따위가) 치밀하다. 세밀하다.

【缜密一밀】 zhěnmì 圏〈文〉치밀하다.

zhèn

☆【阵·陣】 阝部 zhèn 4画 진 진
1圓(군대의) 진. ◇摆了个一字长蛇～/일자 장사진을 쳤다. 2圓진지. 싸움터. ◇临～磨枪/일이 임박해서야 준비하다. 3圓(~儿)잠시 동안. ◇这~儿/요즈음. ◇我病了一～子, 现在好了/나도 한동안 앓았는데 지금 좋아졌다. 4圓번. 바탕. 차례. 〔얼마동안 지속된 일이나 현상에 쓰임〕 ◇一～雨/한바탕 비. ◇一～的掌声/한 차례의 박수 소리.

⁑【阵地—지】zhèndì 몡〈軍〉1진지. ◇战士们用鲜血坚守住了~/병사들이 피를 흘려 진지를 굳게 지켰다. 2(추상적인) 마당. 장. ◇报纸电台是重要的宣传~/신문방송국은 중요한 홍보매체이다. ◇文艺~/(신문의) 문화예술마당.

【阵风—풍】zhènfēng 몡돌풍.

【阵脚—각】zhènjiǎo 몡최전방. 최전선.

*【阵容—용】zhènróng 몡진용. ◇~强大/진용이 대단하다.

【阵势—세】zhènshì 몡1전투 배치. 진지의 상황. 2상황. 정세.

【阵痛—통】zhèntòng 몡〈醫〉진통.

【阵亡—망】zhènwáng 몡동전사(하다).

*【阵线—선】zhènxiàn 몡전선.

*【阵营—영】zhènyíng 몡진영.

【阵雨—우】zhènyǔ 몡소나기. 지나가는 비.

【阵子—자】zhèn·zi 〈方〉(同)[阵]

【鸩·鴆】鸟部 zhèn
4画 짐새 짐

1몡짐새.〔전설상의 독조(毒鳥). 그 깃으로 담근 술을 마시면 즉시 죽게 됨〕2몡짐새의 깃으로 담근 독주. ◇饮~止渴/〈成〉후환을 생각치 않고 눈앞의 어려움만을 임시적으로 해결하다. 3동〈文〉독주로 사람을 독살하다.

【鸩毒—독】zhèndú 〈文〉몡독주(毒酒).

*【振】扌部 zhèn
7画 진동할 진

동1흔들다. 휘두르다. ◇~翅/날개치다. 2활기띠다. 분발하다. 진작(振作)하다. ◇一蹶 jié 不~/한번 좌절로 다시 일어나지 못하다. 3진동하다. ◇~幅/진폭.

【振拔—발】zhènbá 동〈文〉떨쳐나다. 벗어나다.

【振臂—비】zhènbì 동팔을 휘두르다.

【振荡—탕】zhèndàng 1(同)[振动] 2몡〈電〉전류의 주기적(周期的)인 변화.

*【振动—동】zhèndòng 몡동〈物〉진동(하다). 흔들다. ◇刚才房子~了一下, 是不是地震了?/방금 집이 한번 흔들렸는데 지진난 것 아니냐? 비교振动:震动 중대한 소식으로 마음이 크게 흔들 때는 "振动"을 쓰지 않는다. ◇弟弟的突然身亡, 使他受到了很大的(×振动)震动/남동생의 갑작스런 죽음으로 그는 큰 충격을 받았다.

*【振奋—분】zhènfèn 1분발하다. 진작하다. ◇人人~, 个个当先/모두들 분발하여 앞장서다. (同)[昂扬 ángyáng], (反)[颓废 tuífèi] 2동분발시키다. 진작시키다. ◇~人心/민심을 흥분시키다.

【振幅—폭】zhènfú 몡〈物〉진폭.

【振聋发聩—롱발외】zhèn lóng fā kuì 〈成〉귀머거리라도 들을 수 있을 정도로 크게 말하다. 말이나 글로 각성시키다. (同)[发聋振聩]

【振刷—쇄】zhènshuā 동〈文〉진작하다. 고무하다.

*【振兴—흥】zhènxīng 동크게 발전시키다. 떨쳐 일으키다. 흥성케 하다.

【振振有词—진유사】zhèn zhèn yǒu cí 〈成〉자신 만만하게 말하다. (同)[理直气壮 lǐ zhí qì zhuàng], (反)[理屈词穷 lǐ qū cí qióng]

【振作—작】zhènzuò 동진작하다. 분발하다.

【赈·賑】贝部 zhèn
7画 풍부할 진

동구휼하다. (금전이나 의복, 식량을 베풀어) 구제하다. ◇开仓~饥/창고를 열어서 기근을 구제하다.

【赈济—제】zhènjì 동〈식량·금품·의류 따위로〉구제하다.

【赈灾—재】zhènzāi 동이재민을 구제하다.

⁑【震】雨部 zhèn
7画 진동할 진

1동진동하다. 울리다. ◇地~/지진. ◇什么声音这么~耳?/무슨 소리가 이처럼 귀를 진동시키는가? 2동놀라다. 지나치게 흥분하다. ◇~惊/깜짝 놀라다. 3몡진.〔팔괘(八卦)의 하나로 우뢰를 대표하며, 卦形은 '☳'임〕→[八卦]

【震波—파】zhènbō 몡〈地質〉지진파.

【震颤—전】zhènchàn 동떨다. 부들부들 떨다. ◇浑身~/온몸이 떨리다.

*【震荡—탕】zhèndàng 1동뒤흔들다. 진동하다. ◇回声~/메아리가 진동하다. 2동요. 진동. ◇社会~/사회동요. ◇唐山大地震的时候北京都感到~/당산 대지진 때 북경도 진동을 느꼈다.

*【震动—동】zhèndòng 1동진동하다. 흔들리다. ◇我家住在铁道边, 每当过火车时, 房屋便~/우리 집은 철도변에 사는데 기차가 지나갈 때마다 집이 흔들린다. 2동(중대한 일·소식 등이 사람의 마음을) 뒤흔들다. 충격을 주다. ◇这个消息~过全市/그 소식은 도시를 뒤흔들어 놓았다. 비교震动:气 사람이 분개하는 것에는 "震动"을 쓰지 않는다. ◇老大爷听了这句话, (×震动)气得昏了过去/할아버지는 이 말을 듣고 너무 화가 나서 기절했다.

【震耳欲聋—이욕롱】zhèn ěr yù lóng 〈成〉귀청이 찢어지는 듯하다.

【震古烁今—고삭금】zhèn gǔ shuò jīn 〈成〉고금에 유례가 없음의 비유.

【震撼—감】zhènhàn 동진동하다. 뒤흔들다.

【震级—급】zhènjí 몡〈略〉〈地質〉'地震震级'(매그니튜드, magnitude)의 준말.

Z

*【震惊—경】zhènjīng [동]1깜짝 놀라게 하다. ◇～世界/세상을 깜짝 놀라게 하다. 2깜짝 놀라다. ◇大为～/크게 놀라다.
【震怒—노】zhènnù [동]진노하다. 크게 화내다.
【震慑—섭】zhènshè [동]두려워 떨게 하다.
【震悚—송】zhènsǒng [동]〈文〉두려워 떨다. 몹시 놀라다.
【震源—원】zhènyuán [명]〈地質〉진원.
【震中—중】zhènzhōng [명]〈地質〉진앙(震央).

【朕】月部 6画 zhèn 나 **짐**
[명]1짐. 천자(天子)의 자칭〔고대에는 1인칭 대명사였으나, 진(秦) 이후로 황제의 자칭으로 쓰임〕 2〈文〉조짐. 전조. 징조. ◇～兆/징조.
【朕兆—조】zhènzhào [명]〈文〉조짐. 징조.

⁑【镇·鎭】钅部 10画 zhèn 누를 **진**
1[동]누르다. 억제하다. ◇他一说话, 就把大家给～住了/그는 한 마디로 모두를 제압시켰다. ◇～痛/통증을 가라앉히다. 2[동]진정시키다. 안정시키다. ◇～定/침착하다. 3[동]수비하다. 지키다. ◇～守/군대를 주재시켜 요지를 지키다. 4[명]군사상 요충지. ◇军事重～/군사상 중요한 지역. 5[명]읍소재지. 중국의 지방 행정 구획의 하나. 6[동](얼음이나 찬물에) 채우다. ◇冰～汽水/얼음에 채운 사이다. ◇把西瓜放在冷水里～一～/수박을 찬물에 넣어 좀 차게 해라. 8(Zhèn)[명]성(姓).
【镇尺—척】zhènchǐ (同)〔镇纸〕
*【镇定—정】zhèndìng 1[형](긴박한 상황이 닥쳐도) 침착하다. 차분하다. ◇神色～/표정이 침착하다. 2[동]진정시키다. 마음을 가라앉히다. ◇竭力～自己/애써 자신을 진정시키다.
【镇反—반】zhènfǎn [동]반혁명을 진압하다.
⁑【镇静—정】zhènjìng 1[형]침착하다. 태연하다. ◇故作～/침착한 체하다. ◇他遇事不慌不忙, 非常～/그는 어떤 일에 봉착해도 당황해 하지 않고 아주 침착하다. (同)〔镇定 dìng〕, (反)〔慌张 zhāng〕 2[동]진정하다. 마음을 가라앉히다. ◇尽力～自己/최대한 자신을 진정시키다. (反)〔兴奋 xīngfèn〕
【镇静剂—정제】zhènjìngjì [명]〈藥〉진정제.
【镇守—수】zhènshǒu [동]군대를 주둔시켜 요지를 지키다.
【镇星—성】zhènxīng [명]〈天〉'土星'(토성)의 다른 이름.
⁑【镇压—압】zhènyā [동]1(무력·위세 등으로) 진압하다. 탄압하다. ◇他们疯狂地～学生运动/그들은 미친 듯이 학생운동을 탄압했다. ◇罢工的工人受到了～/파업하는 노동자가 탄압을 받았다. [비교]镇压: 欺压 권세가가 횡포를 부리며 백성을 괴롭히는 경우에는 "镇压"를 쓰지 않는다. ◇那个地主随便(×镇压)欺压村民/그 지주는 멋대로 마을사람을 못살게 굴었다. 2처단하다. 3〈農〉다져 주다. 밟아 주다.
【镇纸—지】zhènzhǐ [명]서진(書鎭). 문진(文鎭).
【镇子—자】zhèn·zi [명]〈方〉소도시.

丁 1272	正 1272	怔 1272	征 1272	症 1273
争 1273	挣 1274	峥 1274	狰 1274	睁 1274
铮 1274	筝 1274	蒸 1274	整 1274	拯 1275
正 1275	证 1278	怔 1278	政 1278	症 1279
诤 1279	挣 1279	郑 1279		

zhēng

【丁】一部 1画 zhēng 고무래 **정**
→〔丁丁〕⇒dīng
【丁丁—정】zhēngzhēng [의]〈文〉쩡쩡. 딱딱. 뚱땅.〔벌목하거나 바둑을 두거나 거문고 따위를 타는 소리〕⇒dīngdīng

【正】止部 1画 zhēng 바를 **정**
[명]정월. 음력 1월. ◇新～/(음력)정월. ⇒zhèng
【正旦—단】zhēngdàn [명]〈文〉원단(元旦). 정월 초하루. →zhèngdàn
*【正月—월】zhēngyuè [명]정월.

【怔】忄部 5画 zhēng 두려할 **정**
⇒zhèng
【怔忡—충】zhēngchōng [형]무서워하다. 두려워하다.
【怔营—영】zhēngyíng [형]〈文〉두려워 흠칫흠칫하는 모양.
【怔忪—송】zhēngzhōng [형]〈文〉놀래 당황하는 모양.

⁑【征·徵】彳部 5画 zhēng 칠 **정**
1[동](군대가) 장거리 행군을 하다. ◇二万五千里长～/2만 5천리 장정. 2[동]정벌하다. 토벌하다. ◇出～/출정하다. 3[동]징집하다. 소집하다. ◇～兵/징병하다. ◇应～入伍/징집에 응하여 입대하다. 4[동]징수하다. ◇～收/징수하다. 5[동]구하다. 모집하다. ◇～稿/원고를 모집하다. 6[명][동]증명(하다). 검증(하다). ◇有实物可～/증거 삼을 수 있는 실물이 있다. 7[명]조짐. 징조. 현상. ◇～兆/조짐. ⇒'徵'

Z

【征兵—병】zhēng// bīng [동]징병하다.
【征尘—진】zhēngchén [명]먼 여행길의 도중에 뒤집어 쓴 먼지.
【征程—정】zhēngchéng [명]정도(征途).
【征调—조】zhēngdiào [동](정부가) 인원이나 물자로 징집 또는 징발하다.
【征发—발】zhēngfā [동](정부가 민간의 인력이나 물자를) 징발하다.
【征伐—벌】zhēngfá [동]토벌하다.
【征帆—범】zhēngfān [명]〈文〉멀리 가는 배.
⁑【征服—복】zhēngfú [동]정복하다. 사로잡다. ◇用武力～不了他们/무력으로 그들을 정복할 수 없다. ◇姑娘心地善良, 容貌美丽, 终于把那个小伙子的心～过来了/처녀는 마음씨가 착하고 용모가 아름다워 마침내 그 청년의 마음을 사로잡았다.
【征稿—고】zhēng// gǎo [동]원고를 모집하다.
【征购—구】zhēnggòu [동](정부가 법에 따라 민간으로부터) 농산물을 수매하거나 토지를 매입하다.
【征候—후】zhēnghòu [명]징후. 징조. 조짐.
【征集—집】zhēngjí [동]1(공고나 구두(口頭)의 방식으로) 모집하다. 거두어 모으다. 2〈軍〉징집하다.
【征募—모】zhēngmù [동](병사 등을) 징집하다.
【征聘—빙】zhēngpìn [동]초빙하다.
☆【征求—구】zhēngqiú [동]널리 구하다. ◇这件事还得 děi～别人的意见/이 일은 역시 다른 사람의 의견을 구해야 한다.
【征实—실】zhēngshí [동]토지세를 농작물로 징수하다.
*【征收—수】zhēngshōu [동](정부가 법에 의해 세금을) 징수하다. ◇～赋税/세금을 징수하다. ◇～进口税/수입세를 징수하다.
【征讨—토】zhēngtǎo [명][동]정벌(하다). (同)〔讨伐 fá〕
【征途—도】zhēngtú [명]출정의 길.
【征文—문】zhēng// wén [동]글을 모집하다.
【征象—상】zhēngxiàng [명]징후.
【征询—순】zhēngxún [동](의견을) 구하다.
【征引—인】zhēngyǐn [동]인용하다.
【征用—용】zhēngyòng [동]징발하여 쓰다.
【征战—전】zhēngzhàn [동]출정하여 싸우다.
【征召—소】zhēngzhào [동]1(병사를) 징집하다. 소집하다. 2〈文〉관직을 주다.
【征兆—조】zhēngzhào [명]징조. 조짐. 전조.

【症·癥】 疒部 5画 | zhēng 적병 **징**

⇒zhèng
【症结—결】zhēngjié [명]1〈中醫〉적취(積聚). 적기(積氣). 2〈喩〉(일의) 문제점. 애로. 난점.

☆【争(爭)】 刀部 4画 | zhēng 다툴 **쟁**

1[동](무엇을 얻거나 해내려고) 다투다. 경쟁하다. ◇～冠军/우승을 다투다. ◇讨论会开得很热烈, 大家～着发言/토론회가 열띤 분위기에서 진행되었는데 모두들 다퉈 발언하고 있다. **2**[동]논쟁하다. 다투다. ◇你们两个不必再～了, 我们讨论下一个问题/너희 둘은 더이상 논쟁할 필요없다. 우리 다음 문제를 토론하자. **3**[형]〈方〉차이나다. 모자라다. ◇总数还～多少/총수는 아직 얼마나 차이가 나는가? **4**[대]어찌. 〔주로 시(詩)·사(詞)·곡(曲)에 주로 쓰임〕 ◇～知/어찌 알겠는가?
【争辩—변】zhēngbiàn [동]논쟁하다. 변론하다.
*【争吵—초】zhēngchǎo [동]말다툼하다. ◇这俩人在讨论问题的时候总是没完没了地～/그 두 사람은 문제점을 토론할 때 늘 끝도 없이 말다툼한다. (同)〔吵架 jià〕, (反)〔和解 héjiě〕
【争持—지】zhēngchí [동]고집부리다.
【争宠—총】zhēngchǒng [동]총애를 받으려고 다투다.
【争斗—투】zhēngdòu [동]1주먹질하다. 2투쟁하다.
*【争端—단】zhēngduān [명]쟁점. ◇国际～/국제적 쟁점.
⁑【争夺—탈】zhēngduó [동]쟁탈하다. 다투다. 싸워 빼앗다. ◇～市场/시장을 쟁탈하다. ◇～势力范围/세력범위를 다투다. ◇～冠军的比赛进行得十分激烈/우승을 다투는 시합이 아주 치열하게 벌이고 있다. (同)〔争抢 qiǎng〕, (反)〔退让 tuìràng〕
【争分夺秒—분탈초】zhēng fēn duó miǎo〈成〉분초를 다투다. (同)〔分秒必争 fēn miǎo bì zhēng〕, (反)〔虚度光阴 xū dù guāng yīn〕
【争风吃醋—풍흘초】zhēng fēng chī cù〈成〉한 이성을 놓고 서로 질투하며 다투다.
【争光—광】zhēng// guāng [동]빛나게 하다. ◇为祖国～/조국을 빛나게 한다.
【争衡—형】zhēnghéng [동]우열을 가리다. 승부를 겨루다. 승패를 다투다.
【争竞—경】zhēng·jing [동]〈方〉따지다. 논쟁하다.
【争脸—검】zhēng// liǎn [동]면목을 세우다. ◇把书念好, 给家长～/공부를 열심히 해서 가장의 체면을 세워줘라. (同)〔争面子〕
☆【争论—론】zhēnglùn [명][동]논쟁(하다). 논의(하다). ◇～不休/논쟁이 끊임없다. ◇大家还在～着明天去不去旅游/모두들 내일 여행갈건지 아직 논쟁하고 있다.

【争鸣—명】zhēngmíng 图〈文〉〈喻〉학술상의 논쟁을 하다. ◇百家~/〈成〉백가 쟁명. 모든 사람이 다투어 의견을 내놓다.

＊【争气—기】zhēng∥qì 图(지지 않으려고) 열심히 하다. 진취성이 있다. ◇他是个~的孩子/그는 진취적인 아이이다. ◇孩子真~, 每次考试都名列前茅/애가 정말 열심히 잘 하네. 매번 시험 때마다 석차가 상위권이다.

☆【争取—취】zhēngqǔ 图1쟁취하다. 획득하다. ◇~时间/시간을 벌다. ◇~主动/주도권을 잡다. 2…을 이루기 위해 노력하다. ◇居留证延期的事, 我~过多次, 现在看来问题不大/나는 거류증을 연장하는 일로 여러번 노력해봤는데 지금은 별문제 없는 것 같다.

【争权夺利—권탈리】zhēng quán duó lì 〈成〉권력과 이익을 다투다. (반)〔互惠互让 hù huì hù ràng〕

【争胜—승】zhēng∥shèng 图(시합에서) 우승을 다투다.

【争先—선】zhēng∥xiān 图앞을 다투다.

＊【争先恐后—선공후】zhēng xiān kǒng hòu 〈成〉서로 앞을 다투다. ◇我最怕上公共汽车, 每次都不是我自己走上去, 而是被那~的人群拥上车的/나는 버스 타는 게 가장 겁난다. 왜냐하면, 버스탈 때마다 내가 걸어올라가는 것이 아니라 늘을 세라 앞을 다투는 사람들에게 떠밀려 탑승하기 때문이다.

＊【争议—의】zhēngyì 图图쟁의(하다). 논쟁(하다). (同)〔争论 lùn〕

【争执—집】zhēngzhí 图논쟁 중 서로 자기 의견을 고집하며 양보하지 않다.

【争嘴—취】zhēng∥zuǐ 图〈方〉1남의 몫을 차지하려고 서로 다투다. 2말다툼하다.

【挣】扌部 | zhēng
6画 | 찌를 쟁
⇒zhèng

＊【挣扎—찰】zhēngzhá 图발버둥치다. 몸부림치다. ◇垂死~/최후의 발악을 하다. ◇他一着从病床上爬了起来/그는 애를 쓰며 침상에서 일어났다. 비교挣扎:强打 "挣扎"는 목적어를 갖지 않는다. ◇他病得不轻, 可(×挣扎)强打着精神来上课了/그는 병이 가볍진 않지만 억지로 정신을 가다듬고 수업하러 왔다.

【峥】山部 | zhēng
6画 | 산높을 쟁
【峥嵘—영】zhēngróng 图1(산이) 높고 험준하다. (同)〔嵯峻 chánjùn〕, (반)〔平坦 píngtǎn〕2〈喻〉비범하다. 뛰어나다.

【狰】犭部 | zhēng
6画 | 짐승이름 쟁

【狰狞—녕】zhēngníng 图(모습이) 흉악하다.

☆【睁】目部 | zhēng
6画 | 노리고볼 정
图눈을 뜨다. ◇风沙打得眼睛~不开/모래바람이 불어서 눈을 뜰 수 없다.

【睁眼—안】zhēng∥yǎn 图눈을 뜨다.

【睁眼瞎子—안할자】zhēngyǎn xiā·zi 图1눈뜬 장님. 2문맹.

【铮・錚】钅部 | zhēng
6画 | 징 쟁
【铮鏦—총】zhēngcōng 의〈文〉쟁그랑.〔쇠붙이가 부딪치는 소리〕
【铮铮—쟁】zhēngzhēng 〈文〉1의쟁쟁.〔금속이 부딪쳐 내는 소리〕2图〈喻〉뛰어난 사람.

【筝】竹部 | zhēng
6画 | 쟁풍류 쟁
1→〔古 gǔ 筝〕2→〔风 fēng 筝〕

＊【蒸】艹部 | zhēng
10画 | 찔 증
1图증발하다. ◇~腾/(증기나 열기가) 오르다. 2图찌다. (증기로) 데우다. ◇馒头/찐빵을 찌다. ◇把剩饭~再吃/식은 밥을 찌고나서 먹어라.

＊＊【蒸发—발】zhēngfā 图图〈物〉증발(하다). (同), (反)〔凝结 níngjié〕

【蒸馏—류】zhēngliú 图图〈物〉증류(하다).
【蒸馏水—류수】zhēngliúshuǐ 图증류수.
【蒸笼—롱】zhēnglóng 图시루. 찜통.
【蒸气—기】zhēngqì 图〈物〉증기. ◇水~/수증기.

＊【蒸汽—기】zhēngqì 图수증기.

【蒸汽锤—거추】zhēngqìchuí 图〈工〉증기 망치. 스팀 해머(steam hammer).
【蒸汽机—기기】zhēngqìjī 图증기 기관. 스팀 엔진.
【蒸食—식】zhēng·shi 图(만두처럼) 쪄내는 식품의 총칭.
【蒸腾—등】zhēngténg 图(증기나 열기가) 오르다.

【蒸蒸日上—증일상】zhēng zhēng rì shàng 〈成〉일취월장. 나날이 발전하다. (同)〔欣欣向荣 xīn xīn xiàng róng〕, (반)〔气息奄奄 qì xī yān yān〕

zhěng

＊＊【整】攵部 | 止部 | zhěng
12画 | 12画 | 강제할 정
1图완전하다. 온전하다. ◇~天/온종일. (反)〔零 líng〕2图미꼭. 딱. 정각. ◇六点~/6시 정각. ◇不多不少, 三十元~/많지도 적지도 않고 딱 30원이다. 3图가지

런하다. 단정하다. 정연하다. ◇他衣冠不～地走了出来/그는 옷차림을 단정치 못한 채로 걸어나왔다. (同)〔齐 qí〕, (反)〔乱 luàn〕 4[동]정리하다. 정돈하다. ◇明天来客人，今天得～屋子/내일 손님이 오니 오늘 방을 정리해야 한다. 5[동]수리하다. 수선하다. ◇这完全可以～旧如新/이것은 새것처럼 완전하게 수리할 수 있다. 6[동]혼내주다. 괴롭히다. ◇对这样的人就该好好～/그런 자는 따끔하게 혼을 내줘야 한다. 7[동]〈方〉하다. 만들다. 〔보통 대체동사로 쓰임〕 ◇绳子～断了/새끼줄이 끊어졌다.

【整备－비】zhěngbèi [명][동]정비(하다).

【整编－편】zhěngbiān [동](군대 등의 조직을) 재편성하다.

【整补－보】zhěngbǔ [동](군대를) 정비 보충하다.

【整饬－칙】zhěngchì 1[동]정돈하다. 정연하게 하다. 2[형]질서 정연하다. 단정하다.

【整除－제】zhěngchú [동]〈數〉정제하다.

【整地－지】zhěng// dì 〈農〉[동]정지하다.

【整队－대】zhěng// duì [동]대열을 정돈하다. 정렬하다.

⁑【整顿－돈】zhěngdùn [명][동]정돈(하다). 재정비(하다). 정리하다. ◇～秩序/질서를 잡다. ◇我们用行政手段把市场～了一下/우리는 행정지도를 통해 시장을 정비하였다. [비교]整顿:整理 동작대상이 구체명사의 경우에는 "整顿"을 쓰지 않는다. ◇今天我(×整顿)整理了书架上的书/오늘난 책꽂이의 책을 정리했다.

⁑【整风－풍】zhěng// fēng [동]기풍을 바로잡다. ◇等整完风，咱们再商量下一步计划/우리 기풍을 바로 잡은 후 다음 계획을 상의합시다.

【整改－개】zhěnggǎi [동]정돈 개선하다.

☆【整个儿－개아】zhěnggèr [형][부]전부. 모든. 온. ◇～上午/오전 내내. ◇你什么时候来都可以,～寒假我全在家/너 아무때나 와도 돼. 나는 겨울방학 동안 내내 집에 있을거야.

*【整洁－결】zhěngjié [형]단정하고 깨끗하다. 말끔하다. ◇房间收拾得很～/방을 말끔히 치웠다. (反)〔邋遢 lāta〕

☆【整理－리】zhěnglǐ [명][동]정리(하다). 정돈(하다). ◇爱人在睡觉前把行装又～了一下/아내는 잠자기 전에 짐을 다시 한번 정리했다.

【整料－료】zhěngliào [명](규격에 맞는) 완전한 재료.

【整流－류】zhěngliú [명]〈電〉정류.

【整流器－류기】zhěngliúqì [명]〈電〉정류기.

★【整齐－제】zhěngqí 1[형]질서 정연하다. 단정하다. ◇服装～/복장이 단정하다. (反)〔零乱 língluàn〕 2[동]정연하게 하다. ◇～步调/보조를 정연하게 하다. 3[형]가지런하다. 쪽고르다. ◇小姑娘的牙齿长得很～/여자애의 치아가 고르게 생겼다.

【整儿－아】zhěngr [명]〈方〉(우수리가 없는) 수. 액수.

【整容－용】zhěng// róng [동]정형(整形)하다. 용모를 가다듬다. (反)〔毁 huǐ 容〕

【整式－식】zhěngshì [명]〈數〉정식.

*【整数－수】zhěngshù [명]〈數〉정수. (反)〔零 líng 数〕

【整肃－숙】zhěngsù 〈文〉1[형]엄숙하다. 2[동]정리하다.

【整套－투】zhěngtào [명][형]완전하게 갖추어진 (것). 세트로 된 것. ◇～设备/(원료에서 완제품 생산까지) 프랜트 설비.

⁑【整体－체】zhěngtǐ [명](집단이나 사물의) 전체. 총체. ◇从～上看形势/총체적으로 정세를 보다. (同)〔总 zǒng 体〕, (反)〔局部 júbù〕

*【整天－천】zhěngtiān [명]온 종일.

【整形－형】zhěng// xíng [동]정형하다. 모양을 바르게 고치다.

【整修－수】zhěngxiū [동]보수하다. 수선하다. 〔주로 토목·건축공사에 쓰임〕

【整训－훈】zhěngxùn [동]정비하고 훈련하다.

*【整整－정】zhěngzhěng [형]꼭. 꼬박. ◇～忙活了一天/꼬박 하루종일 바쁘게 일했다. ◇到北京已经～三年了/북경에 온 지 벌써 꼭 3년이 되었다.

【整枝－지】zhěng// zhī 〈農〉[동]정지하다.

【整治－치】zhěngzhì [동]1손질하다. 수리하다. 정돈하다. 2혼내주다. 따끔한 맛을 보이다. 단속하다. 3(일)하다.

【整装待发－장대발】zhěng zhuāng dài fā 〈成〉행장을 꾸리고 출발을 기다리다.

【拯】 扌部 6画 zhěng 건질 **증**

[동]구하다. 구원하다. (同)〔救 jiù〕, (反)〔害 hài〕

【拯救－구】zhěngjiù [동]구하다. 구원하다. (同)〔援 yuán 救〕, (反)〔陷害 xiànhài〕

zhèng

★【正】 止部 1画 zhèng 바를 **정**

1[형]바르다. 곧다. ◇～南/정남. ◇～前方/똑바로 앞쪽. ◇请大家坐～，开始拍照了/사진을 찍으니 모두들 바로 앉으세요. ◇把帽子戴～，不要歪 wāi 了/모자를 똑바로 써야지, 비뚤게 쓰지 마시오. (反)〔歪 wāi〕 2[형](위치가) 한가운데다. ◇

~房/정방. 본채. (反)〔偏 piān〕**3**휑(시 각이) 정사이다. **4**휑휑앞면(의). 정면(의). ◇这种纸~反两面都是光滑的/이 종이는 앞뒤가 다 반질반질하다. (同)〔前 qián〕, (反)〔后 hòu〕**5**휑정직하다. 바르다. **6**휑정당하다. 옳다. ◇~路/정도. (同)〔对 duì〕, (反)〔错 cuò〕**7**휑(빛깔이나 맛이) 순수하다. 순정하다. ◇~红/순홍색. **8**휑(서체 따위가) 법도에 맞다. 단정하다. **9**휑정. 기본의. 정식의. 주요한. ◇~本/원본. 정본. (反)〔副 fù〕**10**휑〈數〉도형의 각 변과 각이 모두 같은. ◇~方形/정방형. **11**휑〈數〉플러스(의). 정(의). 정수(의). ◇~数/정수. (反)〔负 fù〕**12**휑〈電〉양(陽)의. ◇~电/양전기. (反)〔负 fù〕**13**동(위치를) 바르게 하다. ◇把帽子~一~/모자를 좀 바르게 쓰시오. **14**동단정하게 하다. 바로잡다. ◇~人心/남을 바로 잡기 앞서 자기를 바로잡다. **15**동(잘못을) 바로잡다. 교정하다. ◇老师给我们~音/선생님이 우리에게 발음을 바로 잡아주셨다. **16**휑마침. 바로. ◇你来得~好, 我~要找你/내가 너를 찾으려고 했는데 너 마침 잘 왔어. **17**휑마침. 한창. 〔동작의 진행이나 상태의 지속을 나타냄〕◇我们~开着会/우리는 한창 회의중이다. **18**(Zhèng)휑성(姓). ⇒zhēng

【正本-본】zhèngběn 휑**1**(도서의) 정본. 원본. (反)〔副本 fùběn〕**2**문서〔문건〕의 정본〔원본〕.

【正本清源-본청원】zhèng běn qīng yuán 〈成〉근본적으로 개혁하다. (反)〔习非成是 xí fēi chéng shì〕

*【正比-비】zhèngbǐ 휑〈數〉정비.

【正比例-비례】zhèngbǐlì 휑〈數〉정비례.

【正步-보】zhèngbù 휑〈軍〉바른 걸음.

【正餐-찬】zhèngcān 휑('午餐', '晚餐'처럼 정상적인) 식사. 〔'小吃', '早点', '夜宵' 등과 구별됨〕

【正茬-치】zhèngchá 휑〈農〉(윤작에서) 주요 작물.

☆【正常-상】zhèngcháng 휑정상(적)이다. ◇近几天, 她的精神好像有点儿不~/요즈음 그녀의 정신은 좀 비정상인 것 같다. (反)〔反常 fǎncháng〕 비교正常:一般 보통의 뜻으로는 "正常"을 쓰지 않는다. ◇我的汉语水平在班上(×正常)一般/나의 중국어 수준은 반에서 보통이다.

【正大-대】zhèngdà 휑(언행이) 공정하고 사심이 없다.

【正旦-단】zhèngdàn 휑〈演〉중국전통극의 여배우.

**【正当-당】zhèngdāng 동마침. 한창. 바로 그 때. ◇~舞台上得正热烈的时候, 突然断电了/무도회가 한창 하고 있는데 갑자기 전기가 나갔다.

【正当年-당년】zhèngdāngnián 휑한창 나이.

【正当时-당시】zhèngdāngshí 휑꼭 알맞은 때. 적시(適時).

【正当中-당중】zhèngdāngzhōng 휑한가운데. 정 중앙. (同)〔正中〕

【正当-당】zhèngdàng 휑**1**정당하다. **2**단정하다.

【正道-도】zhèngdào 휑**1**바른 길. (同)〔正路 lù〕, (反)〔邪 xié 道〕**2**정당한 이치.

【正点-점】zhèngdiǎn 휑정각. 정시. 〔차량·선박·비행기의 운행에 쓰임〕(同)〔准 zhǔn点〕, (反)〔晚 wǎn点〕

【正电-전】zhèngdiàn 휑〈物〉양전기.

【正殿-전】zhèngdiàn 휑정전. (反)〔配 pèi 殿〕

【正多边形-다변형】zhèngduōbiānxíng 휑〈數〉정다변형.

【正法-법】zhèng//fǎ 동사형을 집행하다.

【正犯-범】zhèngfàn 휑〈法〉주범(主犯).

【正方-방】zhèngfāng 휑**1**네모. **2**(논쟁중) 찬성하는 쪽.

【正方体-방체】zhèngfāngtǐ 휑입방체. (同)〔立方体〕

【正方形-방형】zhèngfāngxíng 휑정방형. 정사각형.

【正房-방】zhèngfáng 휑**1**구식 건축에서 남향의 원채. (同)〔上 shàng 房〕, (反)〔下 xià 房〕**2**정실. 본처. (同)〔原配 yuánpèi〕, (反)〔偏房 piānfáng〕

【正告-고】zhènggào 동엄숙하게 통지하다. 엄숙히 경고하다.

【正割-할】zhènggē 휑〈數〉정할. 시컨트(secant). 세크(sec).

【正宫-궁】zhènggōng 휑황후.

【正骨-골】zhènggǔ 휑〈中醫〉정골(整骨). 접골(接骨).

*【正规-규】zhèngguī 휑정규의.

【正规军-규군】zhèngguījūn 휑정규군.

【正轨-궤】zhèngguǐ 휑정상적인 궤도.

【正果-과】zhèngguǒ 휑〈佛〉정과.

☆【正好-호】zhènghǎo **1**휑(시간·위치·부피·수량·정도 따위가) 알맞다. 딱 좋다. ◇我们正缺 quē 人, 你来得~/우리는 마침 사람이 부족했는데, 너 마침 잘 왔다. ◇你的汉语程度~上B班/너의 중국어 수준은 B반이 딱 알맞다. (同)〔恰 qià 好〕**2**휑마침. 때마침. ◇我刚要去找他, ~他就来了/내가 막 그를 찾으러 갈려고 했는데 마침 그가 왔다.

【正极-극】zhèngjí (同)〔阳 yáng 极〕

【正教-교】zhèngjiào 휑〈宗〉정교(회). (同)

〔东正教〕

【正襟危坐－금의좌】zhèng jīn wēi zuò〈成〉옷깃을 바로 하고 단정히 앉아있는. 엄숙하게 정좌한 모양의 형용.

【正经－경】zhèngjīng 図옛날. '十三经'(13경)을 일컫던 말.

＊【正经－경】zhèng·jing 1刻단정하다. 올바르다. ◇～人/단정한 사람. ◇那小子流里流气, 一点儿也不～/그 녀석은 건달끼가 있어 조금도 단정치 못하다. 2刻정당한. 바른. ◇～事儿/진지한 일. ◇那么多个的事不做, 偏搞一些歪门斜道儿/하고많은 올바른 일은 하지 않고 기어코 나쁜 것만 일삼다. 3刻제대로 된. 일정한 규격에 맞는. ◇～货/규격 상품. ◇那台洗衣机是正经经的名牌产品, 质量可靠/그 세탁기는 제대로 된 명품으로 질이 믿을 만하다. 4루〈方〉정말로. 확실히. ◇这黄瓜长得～不错呢!/이 오이는 정말 잘 자랐군!

【正经八百－경팔백】zhèngjīng-bābǎi〈方〉엄숙하고 진지한. (同)〔一本正经 yī běn zhèng jīng〕,(反)〔油腔滑调 yóu qiāng huá diào〕

【正剧－극】zhèngjù 図〈演〉정극.

【正楷－해】zhèngkǎi 図해서(楷書).

【正理－리】zhènglǐ 刻올바른 도리. (同)〔正道 dào〕,(反)〔歪 wāi 理〕

【正梁－량】zhèngliáng 図〈建〉대들보. (同)〔脊 jǐ 檩〕

【正路－로】zhènglù 図정도(正道). 바른 길.

【正论－론】zhènglùn 図정론.

【正门－문】zhèngmén 図정문. (同)〔大 dà门〕,(反)〔后 hòu 门〕

＊＊【正面－면】zhèngmiàn 図1정면. ◇大楼的～是停车场/빌딩의 정면은 주차장이다. (反)〔侧 cè 面〕2넓적한 물건의) 앞면. 표면. ◇这种纸～是红色的/이 종이는 표면이 빨간색이다. (反)〔反 fǎn 面〕3刻긍정적인. 올바른. 좋은. ◇～教育/긍정적인 교육. (反)〔反 fǎn 面〕4図(일이나 사정 따위의) 표면. ◇不但要看问题的～, 还要看问题的反面/문제의 표면을 보아야 할 뿐만 아니라 그 이면(里面)도 보아야 한다. 5루직접. ◇有问题～提出来, 别绕弯子/문제가 있으면 직접 제기하지 빙빙 돌려 말하지 말라.

【正派－파】zhèngpài 図(품행이나 태도가) 올바르다. 단정하다. 떳떳하다. (同)〔方 fāng 正〕,(反)〔油滑 yóuhuá〕

【正片儿－편아】zhèngpiānr (同)〔正片〕

【正片－편】zhèngpiàn 図〈撮〉1양화용 필름. 2(영화의) 복사. 프린트(print). (同)〔拷贝〕3(영화 상영시의) 본편.

【正品－품】zhèngpǐn 図규격품. 합격품. (反)〔次 cì 品〕

＊【正气－기】zhèngqì 図1정기. 바른 기운. ◇～上升, 邪气下降/정기가 솟아 오르고 사기가 떨어져 내리다. (同)〔浩 hào 气〕, (反)〔邪 xié 气〕2강하고 곧은 기개. ◇～凛 lǐn 然/곧은 기개가 늠름하다. 3〈中醫〉인체의 내성능력.

【正桥－교】zhèngqiáo 図〈建〉(다리의 주요 부분을 이루고 있는) 본교(本橋).

＊【正巧－교】zhèngqiǎo 루마침. 때마침. 공교롭게도. ◇你来得～, 我们正谈起你呢/너 마침 잘 왔어. 우리가 네 얘기하던 참이었어. (同)〔正好〕,〔刚巧 gāngqiǎo〕

【正切－절】zhèngqiē 図〈數〉탄젠트(tangent).

【正取－취】zhèngqǔ 통정식 채용하다.

★【正确－각】zhèngquè 刻정확하다. 틀림없다. ◇答案～/답안이 옳다. ◇～意见要听, 错误的意见也要听/바른 의견은 들어야 하고 잘못된 의견도 들어야 한다. ◇～的温度/정확한 온도. ◇这道题答得～/이 문제를 정확하게 답했다. (反)〔错误 cuò wù〕 비교正确:端正:完全 ①"正确"는 목적어를 취하지 않는다. ◇你必须(×正确)端正态度/당신은 반드시 태도를 바로 잡아야 한다. ②"正确"는 동사구를 수식하지 않는다. ◇他说话太快, 我不能(×正确)完全听懂/그는 말이 너무 빨라 난 완전히 알아들을 수 없었다.

【正人君子－인군자】zhèng rén jūn zǐ〈成〉품행이 단정한 사람. (反)〔无耻之徒 wú chǐ zhī tú〕

【正色－색】zhèngsè 1図〈文〉정색. 〔적(赤)·황(黄)·백(白)·청(青)을 가리킴〕2図정색(하다). 엄한 표정(을 짓다). ◇～拒绝/정색을 하고 거절하다.

【正身－신】zhèngshēn 図본인. (反)〔替 tì 身〕

【正史－사】zhèngshǐ 図정사. (反)〔野 yě 史〕

☆【正式－식】zhèngshì 刻정식의. 공식의. ◇～比赛/공식 시합. ◇博览会明天～开幕/박람회가 내일 정식으로 개막된다. ◇对中国进行～访问/중국을 정식으로 방문하다. 비교正式:真正 "正式"은 확실하다는 뜻은 없다. ◇我和你相处了一年, 才(×正式)真正了解了你/내가 너와 일년을 함께 지낸 후 이제야 이제서야 너를 진정으로 알겠다.

【正事－사】zhèngshì 図직무[책임]상 해야 할 일. 공적인 일. (反)〔琐 suǒ 事〕

【正视－시】zhèngshì 통직시하다. (反)〔无 wú 视〕

【正室－실】zhèngshì 図정실. 본처.

【正书－서】zhèngshū 図해서(楷書).

Z

【正数一수】zhèngshù ⑬〈數〉정수. 양수(陽數). (反)〔负 fù 数〕

【正题一제】zhèngtí ⑬본제. 주제. (反)〔副 fù 题〕

【正体一체】zhèngtǐ ⑬1한자의 정자체(正字體). 2해서체(楷書體). 3'拼音文字'(표음문자)의 활자체.

【正厅一청】zhèngtīng ⑬1가운데 있는 홀. 2(극장의) 정면 관람석.

【正统一통】zhèngtǒng ⑬정통. (同)〔正宗 zōng〕

【正文一문】zhèngwén ⑬본문.

【正午一오】zhèngwǔ ⑬정오. (同)〔中午〕

【正误一오】zhèngwù ⑬정오. 옳은 것과 틀린 것.

【正弦一현】zhèngxián ⑬〈數〉사인(sin).

【正凶一흉】zhèngxiōng ⑬(살인 사건의) 주범(主犯). (反)〔帮 bāng 凶〕

【正眼一안】zhèngyǎn ⑤똑바로 쳐다보다. (反)〔白 bái 眼〕

【正业一업】zhèngyè ⑬정당한 직업.

**【正义一의】zhèngyì 1⑬정의. ◇主持~/정의를 지키다. (反)〔反动 fǎndòng〕 2⑬정의로운. ◇~的事业一定会得到人们支持的/정의로운 사업은 틀림없이 사람들의 지지를 받을 것이다. 3⑬〈文〉정확한 〔올바른〕해석.

【正音一음】zhèng// yīn ⑤발음을 교정하다.

【正音一음】zhèngyīn ⑬표준음.

★【正在一재】zhèngzài ⑨마침 (…하고 있는 중이다). 〔동작의 진행이나 지속을 나타냄〕 ◇秘书~打长途电话/비서가 장거리 전화를 하는 중이다. ◇病人~休息, 现在不能探视/환자가 휴식중이라서 지금 면회할 수 없다.

【正直一직】zhèngzhí ⑬(마음씨가) 바르고 곧다. 정직하다.

【正职一직】zhèngzhí 1⑬정직. 〔'副'가 붙은 직책보다 한 급 위인 직책〕 2⑬주요 직업. (反)〔副 fù 职〕

【正中一중】zhèngzhōng ⑬한가운데. 중앙. (反)〔旁边 pángbiān〕

【正中下怀一중하회】zhèng zhòng xià huái 〈成〉마침내 내 생각대로 되다.

【正字一자】zhèng// zì ⑤자형(字形)을 바로잡다.

【正字一자】zhèngzì ⑬1해서(楷书)의 별칭. 2정자. 표준적인 자형(字形).

【正字法一자법】zhèngzìfǎ ⑬정자법. 정서법(正書法).

【正宗一종】zhèngzōng ⑬1〈佛〉정종. 2정통(파).

【正座一좌】zhèngzuò (~儿)⑬극장에서 무대정면에 있는 좌석.

*【证·證】讠部 zhèng 5画 증거 증
1⑤증명하다. 입증하다. ◇对~/대조하다. ◇查~/조사하여 증명하다. 2⑬증거. 증서. 증명서. ◇工作~/신분증. ◇通行~/통행증.

【证词一사】zhèngcí ⑬증언.

【证婚人一혼인】zhènghūnrén ⑬혼례의 입회인. 주례.

*【证件一건】zhèngjiàn ⑬(신분·경력 등의) 증명서. 증빙 서류. 〔학생증·신분증 등〕

*【证据一거】zhèngjù ⑬증거. 근거. ◇寻找~/증거를 찾다. ◇没有~, 随意诬陷人, 是一种犯罪行为/증거도 없이 멋대로 남을 모함하는 것은 범죄행위이다. ◇~确凿/증거가 확실하다.

☆【证明一명】zhèngmíng 1⑬⑤증명(하다). ◇我~过他是无罪的/나는 그가 무죄임을 증명했었다. 2⑬증명서. ◇开~/증명서를 발급하다. ◇伪造~/증명서를 위조하다. ◇~是假的/증명서가 가짜다.

【证券一권】zhèngquàn ⑬〈經〉유가 증권.

【证人一인】zhèng·ren ⑬증인.

【证实一실】zhèngshí ⑤실증(하다). ◇实验结果~了我们的假设是正确的/실험결과 우리의 가설이 정확한 것임을 실증하였다.

*【证书一서】zhèngshū ⑬증서. 증명서. ◇结婚~/결혼 증명서. ◇毕业~/졸업장.

【证物一물】zhèngwù ⑬〈法〉증거물.

【证言一언】zhèngyán ⑬⑤〈法〉증언 (하다).

【证验一험】zhèngyàn ⑤1검증하다. 검사하여 증명하다. 2⑬(실제로 나타난) 효과.

【证章一장】zhèngzhāng ⑬뱃지. 휘장(徽章).

【怔】忄部 zhèng 5画 두려워할 정
⑤〈方〉얼이 빠지다. ◇我一看诊断书, 顿时一住了, 不敢对他明说/나는 진단서를 보자 갑자기 얼이 빠져 그에게 사실대로 말하지 못했다. ⇒zhēng

【怔怔一정】zhèngzhèng ⑬〈方〉얼이 빠진 모양. 멍청한 모양.

【政】攵部 zhèng 5画 정사 정
⑬1정치. ◇~党/정당. 2행정. ◇财~/재정. 3가정·단체의 사무. ◇校~/학교 사무. 4(Zhèng)성(姓).

*【政变一변】zhèngbiàn ⑬정변. 쿠데타. ◇发动~/쿠데타를 일으키다. ◇粉碎~阴谋/쿠데타 음모를 분쇄하다. ◇不流血的~/무혈 쿠데타.

【政柄一병】zhèngbǐng ⑬〈文〉정권.

☆【政策一책】zhèngcè ⑬정책. ◇按~办事/정책대로 일을 처리하다.

Z

∗**【政党－당】** zhèngdǎng 명정당.

【政敌－적】 zhèngdí 명정적.

【政法－법】 zhèngfǎ 명정치와 법률.

★**【政府－부】** zhèngfǔ 명정부. ◇～官员/정부관리. ◇～部门/정부처. ◇～机构/정부산하기구. ◇～首脑/정부수뇌.

【政纲－강】 zhènggāng 명〈政〉정치 강령.

【政工－공】 zhènggōng 명〈略〉'政治工作'(정치공작)의 준말.

【政绩－적】 zhèngjì 명(관리가 재직기간의) 업적.

【政见－견】 zhèngjiàn 명정견.

【政界－계】 zhèngjiè 명정계.

【政局－국】 zhèngjú 명정국.

【政客－객】 zhèngkè 명정객.

【政令－령】 zhènglìng 명정부가 공표한 법령.

【政论－론】 zhènglùn 명정론.

【政派－파】 zhèngpài 명정파.

∗∗**【政权－권】** zhèngquán 명정권.

【政审－심】 zhèngshěn 명(중국에서 간부·당원에 대한) 정치성향 등의 심사.

【政事－사】 zhèngshì 명정무(政務).

【政体－체】 zhèngtǐ 명정체. 국가 조직 형태.

【政通人和－통인화】 zhèng tōng rén hé 〈成〉정치가 잘 되어 국민이 평안하게 살다.

【政委－위】 zhèngwěi 명〈略〉중국 군대의 '政治委员'(정치위원)의 준말.

【政务－무】 zhèngwù 명정무. 정치 또는 행정업무.

【政务院－무원】 zhèngwùyuàn 명정무원.

∗**【政协－협】** zhèngxié 명〈略〉'中国政治协商会议'(중국 정치 협상 회의)의 준말.

★**【政治－치】** zhèngzhì 명정치. ◇你是搞～的, 我是搞学问的/너는 정치하는 사람이고, 나는 학문하는 사람이다.

【政治避难－치벽난】 zhèngzhì bìnàn 명정치적 망명.

【政治犯－치범】 zhèngzhìfàn 명정치범.

【政治家－치가】 zhèngzhìjiā 명정치가.

【政治教导员－치교도원】 zhèngzhì jiàodǎoyuán 명중국인민 해방군 대대장급의 정치 담당관. '教导员'이라고 함.

【政治经济学－치경제학】 zhèngzhì- jīngjìxué 명정치 경제학.

【政治面目－치면목】 zhèngzhì miànmù 명**1**개인의 정치적 입장이나 정치 활동 및 정치와 관련된 사회적 관계. **2**(이력서 따위의) 소속 정당(란).

【政治权利－치권리】 zhèngzhì quánlì 명정치적 권리.

【政治委员－치위원】 zhèngzhì wěiyuán 명(중국 군대의 연대(团)부터 있는 연대장급).

【政治协理员－치협리원】 zhèngzhì xiélǐyu-

án 명중국군의 연대 이상에 있는 정치 요원. 보통 '协理员'이라고 함.

【政治协商会议－치협상회의】 zhèngzhì xié-shāng huìyì 명정치 협상 회의.

【政治指导员－치지도원】 zhèngzhì zhǐdǎoyuán 명중국 중국군의 중대장급 정치 요원. 보통 '指导员'이라고 함.

∗**【症】** | 疒扩部 | zhèng
| 5画 | 병증세 **증**

명질병(의 증상). ◇病～/병의 증세. ◇不治之～/불치의 병. ◇对～下药/병에 맞게 처방을 내리다. 병에 맞게 약을 쓰다. ⇒zhēng

【症候－후】 zhèng·hòu 명**1**질병. **2**증상.

∗**【症状－상】** zhèngzhuàng 명(병의) 증상. 증세.

【诤·諍】 | 讠部 | zhèng
| 6画 | 간할 **쟁**

동〈文〉(솔직하게) 충고[권고]하다. (反) 〔谄 chǎn〕

【诤谏－간】 zhèngjiàn 동〈文〉간언하다. 충고하다. (同)〔谏诤〕, (反)〔谄媚 chǎnmèi〕

【诤言－언】 zhèngyán 명〈文〉간언. 직언.

【诤友－우】 zhèngyǒu 명〈文〉잘못을 지적해주는 친구. (反)〔损 sǔn友〕

∗∗**【挣】** | 扌部 | zhèng
| 6画 | 찌를 **쟁**

1동필사적으로 애쓰다. ◇他又用力～了好几下, 才把绳子～断/그는 또 여러번 힘을 써서 겨우 밧줄을 끊었다. **2**동일하여 벌다. ◇我年龄大了, ～不了 liǎo 多少钱/나는 나이가 많아서 돈을 얼마 벌 수 없다. ◇孩子们利用假期也～过几次钱/애들은 방학기간 중에 몇번 돈을 번 적이 있다. ⇒zhēng

【挣揣－췌】 zhèngchuài 동〈文〉기를 쓰다. 발버둥치다. (同)〔挣扎 zhá〕

【挣命(儿)－명(아)】 zhèngmìng(r) 동필사적으로 발버둥치다.

【挣钱－전】 zhèng//qián 동(애써서) 돈을 벌다. ◇他拼命工作, 想把钱挣回来/그는 열심히 일해서 돈을 벌어오려고 했다.

【郑·鄭】 | 阝部 | zhèng
| 6画 | 정나라 **정**

(Zhèng)명**1**〈史〉정나라. 〔주대(周代)의 제후국의 하나〕 **2**성(姓).

∗**【郑重－중】** zhèngzhòng 형정중하다. ◇话说得很～/매우 정중하게 말하다.

Z

zhī

⁑【之】丶部 2画 | zhī 갈 **지**, 이를 **지**

1[동]〈文〉가다. 이르다. ◇由京~沪/북경에서 상해로 가다. 〈文〉**2**[대]그. 이. 이것. 그것.〔사람이나 사물을 대신하며 목적어에 한함〕 ◇求~不得/(그것을) 구하려 해도 구할 수 없다. **3**문장에서 뜻 없이 문법적인 결합 관계만 나타냄. ◇久而久~/그럭저럭 시간이 오래되면. **4**이. 저. ◇~子于钓/저 사람 낚시하네. **5**[조]고대 중국어에서 계속 전해내려오는 구조조사로 '的'와 비슷하다. 단, 대부분 '之'는 '的'로 대체할 수 없다. '之' 뒤에는 일반적으로 1음절 어휘가 온다. ◇千里~外/천리 밖. ◇有用~才/쓸모있는 인재. a) '…之一'의 형식으로 쓰여 '그 중의 하나'를 가리킴. ◇八达岭是北京名胜古迹中最有看头儿的地方~一/팔달령은 북경의 명승고적 중 가장 볼만한 곳 중의 하나이다. [주의]앞에 '一+양사'가 있으면 '之一'를 쓰지 않는다. ◇黄山是中国的一座名山(×之一)/황산은 중국의 명산이다. b) '之所以'의 형식으로 쓰여 '…한 원인(까닭)'을 가리킴. ◇我~所以要回国, 是因为这个月的十五号是我二十岁生日/내가 귀국하려는 이유는 이달 15일이 나의 20살 생일이기 때문이다. c)'…分之…'의 격식으로 쓰여 분수법에 쓰인다. ◇三分~一/3분의 1.

☆【之后－후】zhīhòu [명]~후. ~뒤. ~한 다음. **1**시간명사 뒤에 쓰여 부사어가 된다. ◇'五四'运动~, 白话文取代了文言文/5·4 운동 후 문언문이 백화문으로 대치되었다. **2**명사나 동사· 절 뒤에 쓰여 부사어가 된다. ◇晚饭~, 先去散步吧/저녁식사 후 산책 나가자. **3**장소나 순서를 나타낸다. ◇他跑在全班同学~, 最后到达终点/그는 반 친구들 중 끝으로 뛰더니 꼴지로 결승점에 도착했다. **4**단독으로 문 사이에 쓰여 앞서 제시한 일에 이어진 일을 나타낸다. ◇初中一毕业他就当了一名煤矿工人. ~, 他又参加了中国人民解放军/그는 중학교를 졸업하자마자 광부노릇을 하였다. 그 후 중국인민해방군에 입대하였다.

【之乎者也－호자야】zhī hū zhě yě 〈成〉**1**문언문의 어조사. **2**문어도 백화도 아닌 말이나 글.

★【之间－간】zhījiān [명]~의 사이. **1**두 지점 사이의 장소·시간·범위·수량을 나타냄. ◇苏州在南京和上海~/소주는 남경과 상해 사이에 있다. ◇这个班师生~的关系很好/이 반은 사제지간의 관계가 좋다. [비교]之间:期间 어떤 시간대를 나타내는 경우에는 '之间'을 쓰지 않는다. ◇我回老家(×之间)期间, 下了三场大雪/내가 고향집에 돌아갈 때 세 차례 큰 눈이 왔다. **2**시간이 짧음을 나타낸다. ◇转眼~/눈 깜짝할 사이. ◇突然~/돌연지간.

⁑【之类－류】zhīlèi …의 부류. 등. ◇由于弦的振动而发音的乐器叫弦乐器, 如琵琶、二胡、提琴~/현의 진동으로 소리가 나는 악기를 현악기라고 한다. 예컨대 비파, 호금, 바이올린 등이 있다.

⁑【之内－내】zhīnèi …의 안. ◇这项工作下月~一定完成/이 일은 다음 달 안으로 꼭 완수한다. (反)〔之外 wài〕

☆【之前－전】zhīqián …의 앞. …의 전.〔주로 시간을 가리키며, 장소에는 적게 쓰임〕 ◇回国~一定给我来个电话/귀국 전에 내게 꼭 전화 한번 해. (反)〔之后 zhī-hòu〕

☆【之上－상】zhīshàng …의 위. ◇一人之下, 万人~/지위가 높다.

【之所以－소이】zhīsuǒyǐ …의 이유. …한 까닭. ◇他~能在一年之内获得六项发明奖, 除了天资条件, 主要是因为他勤于钻研/그가 1년내에 6가지 발명상을 받을 수 있는 것은 자질 외에도 주로 자신이 열심히 연구했기 때문이다.

⁑【之外－외】zhīwài [명]…의 외에. …의 밖. **1**2음절 명사 뒤에 쓰여 장소·범위를 나타낸다. ◇学校~/학교 밖. **2**수량사뒤에 쓰여 거리·시간을 나타낸다. ◇千里~/천리 밖. **3**'除(了)'와 호응하여 쓰인다. ◇除了汉语~, 你还会哪种语言?/중국어 이외에 어떤 언어를 할 줄 아니?

☆【之下－하】zhīxià [명]…의 아래. …의 하에.〔단독으로 쓸 수 없으며 2음절 명사 뒤에 쓰인다〕 ◇教授~是副教授, 副教授~是讲师, 最后是助教/교수 아래는 부교수이고, 부교수 아래는 전임강사이고, 마지막은 조교수이다.

☆【之一－일】zhīyī …중의 하나. ◇优点~/장점의 하나. ◇北海是北京著名的公园~/북해는 북경에서 유명한 공원의 하나이다.

☆【之中－중】zhīzhōng …의 중. …의 안에. **1**명사 뒤에 쓰여 시간, 장소, 범위, 상황, 상태 등을 가리킨다. ◇公园～有许多名胜/공원 안에 명승지가 많다. **2**동사 뒤에 쓰여 과정이나 지속상태를 가리킨다. ◇交谈～, 我听出了一些问题/이야기중에 몇 가지 문제를 발견하였다.

【芝】艹部 zhī 3画 **지**
(명)〈植〉**1**영지(靈芝). 지초(芝草). (同)〔灵 líng 芝〕**2**구리때. →〔白 bái 芷〕

【芝兰－란】zhīlán (명)지초와 난초. 〔모두 향기가 있는 풀임〕(喩)고상한 덕행이나 돈독한 우정 및 좋은 환경의 비유.

*【芝麻－마】zhī·ma (명)참깨.

【芝麻官－마관】zhī·maguān (명)말단 관리.

【芝麻酱－마장】zhī·majiàng (명)깨장. 깨양념장. (同)〔麻酱〕

【芝麻油－마유】zhī·mayóu (명)참기름. (同)〔麻油〕〔香 xiāng 油〕

★【支】支部 zhī 0画 지탱할 **지**
(동)**1**(막대기 따위로) 받치다. 버티다. ◇～帐篷/텐트를 치다. ◇上课的时候不能两手～着头/수업시간에 양손으로 턱을 받치고 있어서는 안 된다. **2**뻗다. 세우다. ◇孙爷爷讲故事的时候, 孩子们都～着耳朵听/손씨 할아버지가 얘기를 할 때는 애들이 모두 귀를 쫑긋 세우고 듣는다. **3**지탱하다. 버티다. 견디다. 참다. ◇体力不～/체력이 버텨내지 못하다. ◇肚子疼得～不住了/배가 아파 이제 참을 수 없다. **4**하게 하다. …시키다. ◇把人～走/남을 가게 하다. **5**(금전을) 받다. 내다. ◇先后从学校～了五千元/잇따라 학교로부터 5천원을 받았다. **6**(평)갈려서 나간 것. 갈래. ◇～流/지류. ◇～店/지점. (同)〔分 fēn〕, (反)〔主 zhǔ〕**7**(평) a)부대. 대오. 〔대오나 부대를 세는 단위〕◇一～军队/한 부대. b)곡(曲). 〔노래나 악곡을 세는 단위〕◇一～歌/노래 한 곡. c)촉. 〔촉광을 나타내는 단위〕◇一百～光的灯泡/100촉짜리 전구. d)번수(番手). 〔실의 굵기를 나타내는 단위〕◇六十～纱/60번수 면사. e)자루. 〔가늘고 긴 물건을 세는 단위〕◇一～钢笔/만년필 한 자루. ◇一～蜡烛/양초 하나. ◇一～枪/총 한 자루. (비교)支:只 신발의 양사는 '支'을 쓰지 않는다. ◇今天我丢了一(×支)只鞋/난 오늘 신발 한 짝을 잃어버렸다. **8**(평)지지(地支). →〔干支〕**9**(Zhī)성(姓).

【支边－변】zhī// biān (동)변경을 지원하다.

*【支部－부】zhībù (명)(일부 정당의 하부조직 또는 중국 공산당의 말단 조직) 지부. (反)〔总 zǒng 部〕

*【支撑－탱】zhī·chēng (동)**1**떠받치다. ◇坑道里用柱子～着/갱도 안을 기둥으로 받쳤다. **2**간신히 버티다. ◇病人～着坐了起来/환자가 가까스로 일어나 앉았다. ◇一家的生活由他一人～/온 집안 살림을 그가 혼자 간신히 지탱해 나간다.

☆【支持－지】zhīchí (동)**1**참고 견디다. 버티다. ◇累得～不住了/지쳐 이젠 버틸 수 없다. (비교)支持:扶住 "支持"은 "扶(부축하다)"의 뜻은 없다. ◇如果他不(×支持)扶住老太太的话, 她肯定会摔倒/만일 그가 노부인을 부축하지 않으면 분명히 넘어질 것이다. **2**지지하다. 후원하다. ◇我们始终～着她/우리는 언제나 그녀를 후원하고 있다.

*【支出－출】zhīchū **1**(평)지출. ◇尽量控制非生产性的～/비생산적인 지출을 최대한 줄이다. (同)〔开 kāi 支〕, (反)〔收入 shōurù〕**2**(동)지출하다. ◇作为主办单位, 他们一个百分之七十的费用/그들은 주최측으로서 70%의 비용을 지출하였다.

【支绌－출】zhīchù (동)〈文〉(배분하는 돈이나 물자 등이) 부족하다.

【支点－점】zhīdiǎn (명)〈物〉**1**지점. 지렛목. **2**(사물의) 핵심.

【支队－대】zhīduì (명)〈軍〉**1**연대. **2**작전시 임시로 조직하는 부대.

*【支付－부】zhīfù (동)지불하다. ◇他们比我们多～了一些/그들은 우리보다 좀 많이 냈다.

【支架－가】zhījià **1**(명)지지대. 받침대. **2**(동)받치다. 버티다. **3**(동)막아내다. 저항하다.

【支解－해】zhījiě **1**(명)사지를 자르는 고대의 형벌. **2**(동)(조직 등을) 해체하다.

【支离－리】zhīlí (동)**1**흩어져 있다. **2**(말이나 글이) 무질서하다. 조리가 없다. (同)〔残缺 cánquē〕, (反)〔完整 wánzhěng〕

【支离破碎－리파쇄】zhī lí pò suì (成)산산조각나다. 사분 오열되다. (同)〔残缺不全 cán quē bù quán〕, (反)〔完好无缺 wán hǎo wú quē〕

【支流－류】zhīliú (명)**1**지류. (同)〔支派 pài〕, (反)〔主 zhǔ 流〕**2**(喩)부차적인 일.

【支炉儿－로아】zhīlúr (명)바닥에 작은 구멍이 있는 떡을 굽는 판.

【支脉－맥】zhīmài (명)지맥.

【支派－파】zhīpài (명)분파. (同)〔分支〕

【支派－파】zhī·pài (동)파견하다. (심부름을) 시키다. (同)〔支使 shǐ〕

*【支配－배】zhīpèi (명)(동)**1**배치(하다). 분배(하다). ◇要合理地～那些遗产/그 유산들을 합리적으로 분배해야 한다. ◇时间

应该好好～/시간을 잘 배정해야 한다. 比교 支配:分配 보낸다는 경우에는 "支配"를 쓰지 않는다. ◇教育委员会(×支配)分配我到上海学习专业/교육위원회는 날 상해로 보내 전문 기술을 배우게 했다. **2**지배(하다). ◇大脑～着人的思想行动/뇌는 사람의 사고와 행동을 지배한다.

*【支票－표】zhīpiào 명수표.

【支气管－기관】zhīqìguǎn 명〈生理〉기관지.

【支渠－거】zhīqú 명간선 수로로부터 갈라져 나온 수로. (反)〔干 gān 渠〕

【支取－취】zhīqǔ 동(돈을) 찾다. ◇～存款/예금을 찾다. (反)〔储蓄 chǔxù〕

【支使－사】zhī·shǐ 동명령하다. (일을) 시키다.

【支书－서】zhīshū 명공산당의 지부장.

【支吾－오】zhī·wú 동말끝을 흐리다. 얼버무리다. 이리저리 둘러대다.

【支线－선】zhīxiàn 명지선. (反)〔干 gān 线〕

【支应－응】zhī·yìng 동**1**대응하다. 대처하다. **2**공급하다. **3**당번을 하다.

【支援－원】zhīyuán 동명지원(하다). ◇我们学院～了这个中学/우리 단과대학에서 그 중고등학교에 영어교사 한 명을 지원했다. 比교支援:支持 정신적 도의적으로 지지를 보내는 경우 "支持"를 써야 한다. ◇两国政府都(×支援)支持韩中文化交流/양국 정부 모두 한중 문화 교류를 지지한다.

【支着儿－착아】zhīzhāor 명(바둑이나 장기에서) 훈수하다.

*【支柱－주】zhīzhù 명**1**지주. 버팀대. **2**〈喩〉기둥. 동량. ◇国家的～/나라의 기둥.

【支子－자】zhī·zi 명**1**받침. **2**석쇠.

【支嘴儿－취아】zhī//zuǐr 동〈方〉(옆에서) 조언하며 거들다.

【吱】口部 zhī 4画 소리 **지**

의끼익. 삐꺽. ◇车～的一声停住了/차가 끼익하며 멈춰었다.

【枝】木部 zhī 4画 가지 **지

1(～儿)명나뭇가지. ◇树～/나뭇가지. ◇人们正在用柳～儿编着筐/사람들이 버드나뭇가지로 광주리를 엮고 있다. (反)〔根 gēn〕 **2**명가지. **3**명가늘고 긴 물건을 세는 말. ◇一～蜡烛/양초 하나. ◇一～枪/총 한자루. ◇三～钢笔/만년필 세 자루.

【枝杈－차】zhīchà 명가장귀.

【枝节－절】zhījié 명**1**〈喩〉지엽적인 일. (反)〔根本 gēnběn〕 **2**번거로운 문제.

【枝解－해】zhījiě →〔支 zhī 解〕

【枝蔓－만】zhīmàn **1**명가지와 마디. **2**형

〈喩〉번잡하다.

【枝条－조】zhītiáo 명나뭇가지.

【枝梧－오】zhīwú (同)〔支吾〕

【枝丫－아】zhīyā (同)〔枝权〕

【枝桠－아】zhīyā (同)〔枝权〕

【枝叶－엽】zhīyè 명**1**나뭇가지와 잎. **2**〈喩〉지엽적인 일.

【枝子－자】zhī·zi 명나뭇가지.

【肢】月部 zhī 사지 **지

명사지(四肢). ◇上～和下～/상지와 하지.

【肢解－해】zhījiě (同)〔支 zhī 解〕

【肢势－세】zhīshì 명〈牧〉가축의 사지가 서 있는 자세.〔가축의 사역 능력을 평가하는 주요 기준이 됨〕

【肢体－체】zhītǐ 명〈生〉사지(四肢). 신체.〔'四肢'와 '躯干'을 가리키기도 함〕

★**【只・隻】口部 zhī 2画 외짝 **척**

1형단독의. 단 하나의. 극히 적은. ◇～字不提/일언반구도 하지 않다. **2**양a)쪽. 짝.〔쌍을 이루는 일부 물건의 하나에 쓰임〕 ◇两～耳朵/양(쪽) 귀. b)마리.〔주로 동물을 세는 단위〕 ◇一～鸡/닭 한 마리. c)개(個). ◇一～箱子/상자 한 개. d)척.〔배를 세는 단위〕 ◇一～小船/작은 배 한 척. ⇒zhǐ

【只身－신】zhīshēn 명단신. 홀몸. (同)〔孤 gū 身〕, (反)〔成群 chéngqún〕

【只言片语－언편어】zhī yán piàn yǔ 〈成〉일언 반구. (同)〔片言只语〕, (反)〔长篇大论 cháng piān dà lùn〕

☆**【织・織】糸部 zhī 5画 짤 **직**

동**1**(직물을) 짜다. 엮다. ◇纺～/방직하다. ◇毛～物/모직물. **2**뜨개질하다. 짜다. 뜨다. ◇鱼网/어망을 뜨다.

【织补－보】zhībǔ 동(헤진 데를) 깁다.

【织锦－금】zhījǐn 명〈纺〉**1**채색 무늬를 넣어 짠 비단. **2**도안·그림·자수를 짜낸 견직물.

【织女－녀】zhīnǚ 명**1**베짜는 여인. **2**〈天〉직녀성.

【织女星－녀성】zhīnǚxīng 명〈天〉직녀성.

【织品－품】zhīpǐn 명직물. 섬유제품.

【织物－물】zhīwù 명〈纺〉의류. 기성복.

【织造－조】zhīzào 명〈纺〉직조(하다).

【栀(梔)】木部 zhī 5画 치자 **치

→〔栀子〕

【栀子－자】zhī·zi 명〈植〉치자나무.

*【汁】氵部 zhī 2画 즙낼 **즙**

(～儿)명즙. 즙액. ◇果～/과일 즙. ◇橘

子～/오렌지 주스. ◇墨～儿/먹물.

【汁水一수】zhī·shui 图〈方〉즙(액).

【汗液一액】zhīyè 图즙.

＊＊【知】 矢部 zhī
3画 알 지

1图알다. 깨닫다. ◇～无不言/아는 것을 모두 말하다. **2**图알리다. 알게 하다. ◇通～/통지하다. **3**图지식. ◇求～/지식을 구하다. **4**图지기(知己). ◇～友/참된 벗. **5**图〈文〉주관하다. 관장하다. ◇～县/지현.

【知宾一빈】zhībīn (同)〔知客〕

【知单一단】zhīdān 图옛날의 초대장.

★【知道一도】zhī·dào 图알다. ◇你不说话, 我怎么能～你的意思?/네가 말하지 않는데 내가 어떻게 네 생각을 알 수 있겠니? 団교知道:认识 한자의 음·뜻을 알고 있는 경우에는 '知道'를 쓰지 않는다. ◇这个字(×知道)认识/이 한자는 내가 안다.

【知底一저】zhī//dǐ 图내막〔내용〕을 잘 알다.

【知法犯法一법범법】zhī fǎ fàn fǎ 〈成〉법이나 규칙을 알면서도 고의로 위반하다. (反)〔奉公守法 fènggōngshǒufǎ〕

【知府一부】zhīfǔ 图부지사(府知事). 명청(明淸)시대 부(府)의 장관.

【知根知底一근지저】zhīgēn zhīdǐ 图상세한 내막〔내용〕을 다 알다. 근본을 알다.

【知会一회】zhī·hui 图통지하다.

【知己一기】zhījǐ **1**图막역하다. 절친하다. (同)〔知心 xīn〕 **2**图지기. 절친한 친구. 막역한 친구. (同)〔知交 jiāo〕, (反)〔陌路 mòlù〕

【知己知彼一기지피】zhī jǐ zhī bǐ 〈成〉지피지기. (同)〔知彼知己〕

【知交一교】zhījiāo 图지기. 절친한 친구.

【知近一근】zhījìn 图절친하다. 막역하다.

＊【知觉一각】zhījué 图**1**〈心〉지각. **2**감각. 의식. (同)〔感 gǎn 觉〕

【知客一객】zhīkè 图**1**〈佛〉절에서 접대를 맡은 스님. **2**(옛날, 혼례·상례 등에서) 손님의 접대역. (同)〔知宾 bīn〕

【知了一료】zhīliǎo 图〈方〉매미. 〔우는 소리가 '知了'처럼 들려서 붙은 이름〕

【知名一명】zhīmíng 图지명하다. 유명하다. 저명하다. 〔주로 사람에게 쓰임〕 (同)〔著 zhù 名〕, (反)〔无 wú 名〕

【知命一명】zhīmìng **1**图천명을 알다. **2**图50살.

【知命之年一명지년】zhī mìng zhī nián 〈成〉지천명(知天命)의 나이인 50세.

【知青一청】zhīqīng 图〈略〉(중고등 교육을 받은) 지식 청년. 〔'知识青年'의 준말〕

【知情一정】zhī//qíng 图(사건의) 내막을 알

다. 〔주로 범죄 사건과 관련해 많이 쓰임〕

【知情达理一정달리】zhī qíng dá lǐ 〈成〉사리에 밝다.

【知趣一취】zhīqù 图처신할 줄 알다. 눈치껏 처신하다. 눈치가 있다.

【知人之明一인지명】zhī rén zhī míng 〈成〉사람을 알아보는 안목.

★【知识一식】zhī·shi 图지식. ◇科学～/과학지식. ◇他有渊博的专业～/그는 해박한 전문지식을 갖고 있다.

＊＊【知识分子一식분자】zhī·shi fènzǐ 图인텔리. 지식인.

【知识青年一식청년】zhī·shi qīngnián 图지식청년.

【知书达理一서달리】zhī shū dá lǐ 〈成〉학식도 있고 사리도 밝다. (同)〔知书识礼 shílǐ〕

【知疼着热一통착열】zhī téng zháo rè 〈成〉서로 아끼고 사랑하다. 관심을 갖고 보살펴주다. 〔주로 부부간에 쓰임〕

【知悉一실】zhīxī 图잘 알다. 〔편지에 주로 쓰임〕

【知县一현】zhīxiàn 图지현.

【知晓一효】zhīxiǎo 图알다. 이해하다.

【知心一심】zhīxīn 图절친하다. ◇～朋友/마음을 터놓은 절친한 친구.

【知音一음】zhīyīn 图자신의 특기를 알아주는 사람.

【知友一우】zhīyǒu 图서로 알아주는 친구.

【知遇一우】zhīyù 图남이 인정을 받아 중용되다.

【知照一조】zhīzhào 图통지하다.

【知州一주】zhīzhōu 图송(宋)대 중앙관직명.

【知足一족】zhīzú 图〈文〉만족할 줄 안다. (反)〔不满 bùmǎn〕

【蜘】 虫部 zhī
8画 거미 지

＊【蜘蛛一주】zhīzhū 图〈虫〉거미.

【脂】 月部 zhī
6画 기름 지

图**1**지방. 유지. **2**연지. ◇～粉/연지와 분.

＊【脂肪一방】zhīfáng 图〈生化〉지방.

【脂肪酸一방산】zhīfángsuān 图〈生化〉지방산.

【脂粉一분】zhīfěn 图지분. 연지와 분. 〈喩〉여인.

【脂膏一고】zhīgāo 图**1**〈生化〉지방. **2**〈喩〉백성이 피와 땀을 흘려 얻은 성과.

【脂麻一마】zhī·ma (同)〔芝 zhī 麻〕

【脂油一유】zhīyóu 图〈方〉돼지 기름.

【稙(稙)】 禾部 zhī
8画 올벼 직

图(작물을) 일찍 심다. 올파종하다. ◇～庄稼 zhuāng·jia/올파종한 곡식.

Z

zhí

【执·執】 扌部 | zhí
3画 | 잡을 **집**

1동 잡다. 쥐다. 들다. ◇～笔/집필하다. ◇老师手～着教鞭, 为同学们讲解一道数学难题/선생님은 지휘봉을 잡고서 급우들에게 어려운 수학문제 하나를 설명하고 있다. **2**동 (권력 따위를) 잡다. 장악하다. 맡다. ◇～政/집권하다. ◇这位老教授～教五十年了/그 교수는 50년째 교편을 잡고 있다. **3**동 고집하다. 견지하다. ◇大家推举他当厂长, 他却一意不肯/모두들 그를 공장장으로 추천했는데 그는 고집스레 승낙하지 않는다. **4**동 행하다. 집행하다. ◇～法/법을 집행하다. **5**동〈文〉붙잡다. 체포하다. ◇战败被～/전쟁에 패하여 붙잡히다. **6**명 증서. ◇回～/수취〔배달〕증명서. **7**명〈文〉뜻을 같이 하는 벗. ◇～友/뜻을 같이하는 벗. **8**(Zhí)명 성(姓).

【执笔-필】 zhíbǐ 동 집필하다.
【执导-도】 zhídǎo 동 감독을 맡다.
＊【执法-법】 zhífǎ 동 법을 집행하다.
【执绋-불】 zhífú 동 장사지내다.
【执教-교】 zhíjiào 동 교편을 잡다.
【执迷不悟-미불오】 zhí mí bù wù 〈成〉과오에 집착하여 잘못을 깨닫지 못하다. (同)〔至死不悟 zhì sǐ bù wù〕, (反)〔迷途知返 mí tú zhī fǎn〕
【执泥-니】 zhíní 동 고집하다. 얽매이다. (同)〔固 gù 执〕
【执牛耳-우이】 zhí niú'ěr 〈喩〉맹주의 지위에 오르다. 주도하다.
【执拗-요】 zhíniù 형 (남의 의견을 듣지 않고) 고집스럽다. (同)〔固 gù 执〕, (反)〔随和 suíhé〕
＊【执勤-근】 zhí//qín 동 근무를 하다. 당직을 맡다.
【执事-사】 zhí·shi 명〈俗〉(장례나 혼례식 때 쓰는) 의장(儀仗).
☆【执行-행】 zhíxíng 동 집행하다. 실행하다. ◇～命令/명령을 집행하다. ◇必须坚决～国家的政策/국가의 정책을 반드시 확고히 실행해야 한다. (同)〔实施 shíshī〕 비교执行:开展 "批评"은 "执行"의 목적어로 쓰이지 않는다. ◇大家对这个问题(×执行)开展了批评/모두가 이 문제에 비판을 가했다.
【执行主席-행주석】 zhíxíng zhǔxí 명 의장단 중에서 선출되어 돌아가며 회의를 주재하는 의장.
【执意-의】 zhíyì 동 고집을 부리다.
【执友-우】 zhíyǒu 명〈文〉뜻을 같이 하는 벗. (反)〔面 miàn 友〕
【执掌-장】 zhízhǎng 동 (권력을) 잡다. (同)〔掌管 guǎn〕
＊【执照-조】 zhí·zhào 명 허가증. 면허증. ◇施工～/시공 허가증. ◇驾驶～/운전면허증.
＊【执政-정】 zhízhèng 동 집권하다. 정권을 장악하다. ◇～党/여당. 집권당.
【执著-저】 zhízhuó 동 집착하다. 〔원래는 불교 용어〕(同)〔执着 zhuó〕

【直(直)】 十部 | zhí
6画 | 곧을 **직**

1형 곧다. ◇这条马路很～/이 길은 곧다. (反)〔曲 qū〕비교直:快 사람의 성격이 직선적인 경우에는 "快"를 쓰지 않는다. ◇他是个(×快)直性子, 心里怎么想就怎么说/그는 직선적인 성격이라 마음속에 생각한 대로 말한다. **2**형 (지면과) 수직이다. ◇前面的山～上～下的, 不容易攀登/앞에 있는 산은 위아래가 수직이라서 등반하기 쉽지 않다. (反)〔横 héng〕 **3**형 세로의. 종(縱)의. (反)〔横〕 ◇～行 háng 的文字/세로로 쓴 글자. **4**형 곧게 펴다. (同)〔挺 tǐng〕, (反)〔弯 wān〕 **5**형 공정하다. 이치에 맞다. 합리적이다. ◇理～气壮/〈成〉이유가 이치에 맞고 당당하다〔떳떳하다〕. **6**형 솔직하다. 시원시원하다. ◇心～口快/성격이 솔직하여 말도 시원시원하다. **7**형 한자의 필획인 'ㅣ'(뚫을 곤)을 가리킴. (同)〔竖 shù〕, (反)〔横 héng〕 **8**부 곧장. 곧바로. ◇列车～达北京/열차가 북경으로 직행하다. ◇游艺会～到中午才结束/학예회가 정오가 되어서야 끝났다. **9**부 줄곧. 계속. ◇干了一会儿活, 累得我～喘/잠시 일을 했는데 지쳐서 계속 헐떡거린다. (同)〔一个劲 jìn 儿〕 **10**부 꼭. 그야말로. **11**(Zhí)명 성(姓).

【直拨-발】 zhíbō 동 직접 걸다. ◇～电话/직통전화.
＊【直播-파】 zhíbō 명〈農〉직파(하다).
【直肠-장】 zhícháng 명〈生理〉직장.
【直肠子-장자】 zhícháng·zi 명 솔직한〔소탈한〕사람.
＊【直达-달】 zhídá 동 직행하다. ◇～车/행 차. ◇从北京坐火车～广州/북경에서 기차를 타고 광주로 직행하다.
【直达快车-달쾌차】 zhídá kuàichē 명 직통〔직행〕급행열차.
【直待-대】 zhídài 동 (어느 시간·단계 등에까지) 줄곧 기다리다. ◇～天黑才回家/날이 어두워질때까지 기다렸다가 집에 돌아가다.
☆【直到-도】 zhídào 동 쭉 …에까지 이르다. 〔주로 시간을 가리킴〕◇从大学～小学/대학교에서 초등학교에 이르기까지. ◇

～现在他还没来/그는 지금까지도 아직
오지 않았다.

【直瞪瞪(的)—징징(적)】zhídēngdēng(·de)
얼이 빠진 듯이 뚫어지게 바라보다.

【直裰—철】zhíduō 圆중이나 도사가 입는
긴 옷. 도포.

【直根—근】zhígēn 圆〈植〉곧은 뿌리.

【直贡呢—공니】zhígòngní 圆〈紡〉두터운
모직천.

【直观—관】zhíguān 圆〈動〉직관 관찰(하다).

【直角—각】zhíjiǎo 圆〈數〉직각.

☆【直接—접】zhíjiē 圆〈動〉직접(의). 직접적 (인).
◇还是你俩～谈谈吧/아무래도 당신들 둘
이 직접 이야기하시오. (反)〔间 jiàn 接〕

【直接经验—접경험】zhíjiē jīngyàn 圆직접
경험. 체험. (反)〔间 jiàn 接经验〕

【直接税—접세】zhíjiēshuì 圆직접세.

【直接推理—접추리】zhíjiē tuīlǐ 圆〈論〉직
접 추리.

【直接选举—접선거】zhíjiē xuǎnjǔ 圆〈法〉
직접 선거.

【直截—절】zhíjié 圆시원시원하다. 단도 직
입적이다. (同)〔直捷 jié〕, (反)〔婉转 w-
ǎnzhuǎn〕

【直截了当—절료당】zhíjié-liǎodàng 〈成〉
(언행이) 단순 명쾌하다. (同)〔开门见山
kāi mén jiàn shān〕, (反)〔拐弯抹角 guǎi
wān mò jiǎo〕

＊【直径—경】zhíjìng 圆〈數〉직경.

【直撅撅—궐궐】zhíjuējuē (～的)圆〈方〉빳
빳하다.

【直觉—각】zhíjué 圆〈哲〉직관.

【直扣儿—구아】zhíkòur 圆중국식 단추.

直扣儿

①直扣儿襻 zhíkòurpàn
②直扣儿坨 zhíkòurtuó

【直快—쾌】zhíkuài 圆〈略〉직통 급행열차.
〔'直达快车'의 준말〕

【直来直去—래직거】zhílái zhíqú 1곧장 갔
다가 곧장 돌아오다. 2〈喩〉생각하는 대
로 행동하다. 솔직하다. ◇他是个～的人/
그는 솔직한 사람이다.

【直立—립】zhílì 圆똑바로 서다. (同)〔矗

chù 立〕, (反)〔横躺 héngtǎng〕

【直立茎—립경】zhílìjīng 圆〈植〉곧은 줄기.

【直溜—류】zhí·liu (～的)圆똑바르다.

【直溜溜(的)—류류(적)】zhíliūliū(·de) 圆
길게 쭉 곧은 모양.

【直流电—류전】zhíliú diàn 圆〈電〉직류.

【直眉瞪眼—미정안】zhí méi dèng yǎn 〈成〉
1화가 나서 눈썹을 치켜뜨고 눈을 부라리
는 모습. (同)〔横眉竖目 héng méi shù
mù〕, (反)〔喜眉笑眼 xǐ méi xiào yǎn〕
2눈을 멍하니 뜨다.

【直面—면】zhímiàn 圆직면하다. 직시하다.

【直升机—승기】zhíshēngjī 圆헬리콥터.

【直书—서】zhíshū 圆사실에 입각하여 글
을 쓰다.

【直抒己见—서기견】zhí shū jǐ jiàn 〈成〉자
기의 의견을 서슴없이 말하다.

【直属—속】zhíshǔ 1圆직속하다. 2圆직속의.

【直率—솔】zhíshuài 圆솔직하다.

【直爽—상】zhíshuǎng 圆(성격이) 명랑하
다. 솔직하다. ◇你有什么意见, 应该～地
跟他说出来/네가 무슨 의견이 있으면 솔
직하게 그에게 털어놓아야 한다. ◇直
爽:凉爽 "直爽"은 자연현상의 묘사에 스
이지 않는다. ◇雨后天气很(×直爽)凉爽
/비가 온 후 날씨가 상쾌하다.

【直挺挺—정정】zhítǐngtǐng (～儿)圆군어
서 빳빳한 모양.

【直筒子—통자】zhítǒng·zi 圆〈俗〉솔직한
사람.

【直系亲属—계친속】zhíxì qīnshǔ 圆〈法〉
직계 친속. (反)〔旁 páng 系亲属〕

【直辖—할】zhíxiá 圆〈動〉직할(하다).

＊【直辖市—할시】zhíxiáshì 圆직할시.

＊【直线—선】zhíxiàn 1圆〈數〉직선. 2圆직선
으로.

【直心眼儿—심안아】zhíxīnyǎnr 1圆솔직
한 성질. 2圆솔직하다. 성질이 곧다.

【直性—성】zhíxìng (～儿)圆(성격이) 솔
직하다.

【直性子—성자】zhíxìng·zi 1(同)〔直性〕 2
圆솔직한 사람.

【直言—언】zhíyán 圆직언하다. 숨기지 않
고 솔직히 말하다. ◇～不讳/꺼리낌없이
다 말하다. (反)〔婉 wǎn 言〕

【直译—역】zhíyì 圆〈動〉직역(하다). (反)〔意
yì 译〕

＊【直至—지】zhízhì (同)〔直到〕

＊＊【值(値)】 亻部 │ zhí
8画 │ 당할 **치**

1圆가치. 수치(數値). 가격. ◇币～/화폐
가치. ◇总产～/총생산액. 2圆(물건이)
…한 가치(값)에 상당하다. ◇刚才我们
看的那种鞋根本不～三十元/방금 우리가

본 그 신은 전혀 30원 가치가 못 된다. **3** 〔〈數〉치. 값. **4**〈動〉…할 의의(意義) 또는 가치가 있다. …할 만하다. 〔주로 부정문에 쓰임〕◇那点小事不一一提/고만한 사소한 일은 말할 가치가 없다. [比較]直: 直得 "直"는 동사 목적어를 갖지 않는다. ◇一只鸡就三十元，不(×値)値得买/닭 한 마리에 30원이라니 살 가치가 없다. **5** 〈어떤〉때를 맞이하다. …에 즈음하여. 〔주로 서면에 쓰임〕◇正一国庆，老友重逢，真是分外高兴/마침 건국기일을 맞아 옛 친구들과 다시 만나고 보니 기쁘기 그지없다. **6**〈動〉당번이 돌아오다. ◇～班/당번이 되다.

＊【值班 ─ 반】zhí// bān 〈動〉당번이 되다. 당직이다. ◇他们两个人在值班室～呢/그들 두 사람은 당직실에서 당직을 서고 있다.

【值当 ─ 당】zhídàng 〈動〉〈方〉…할 만한 가치가 있다.

☆【值得 ─ 득】zhí// ·de 〈動〉**1**수지맞다. ◇花二百多元钱买这么好的衣服，很～/2백여 원을 들여 이렇게 좋은 옷을 샀으니 수지맞다. (反)[不屑 bùxiè] **2**…할 가치(의미)가 있다. ◇这次旅行，我觉得非常～/나는 이번 여행이 매우 가치있다고 생각한다. ◇跟他吵架不～/그와 말다툼하는 게 가치가 없다. [比較]值得:价值:必须 ①"值得"는 명사목적어를 취하지 않는다. ◇他为孩子留下了(×值得)价值十万多元的财产/그는 자식을 위해 십만원 상당의 재산을 남겼다. ②꼭 이렇게 해야 하는 경우에는 "值得"를 쓰지 않는다. ◇这种犯罪行为(×值得)必须严惩/이런 범죄행위는 반드시 엄하게 처벌해야 한다.

【值钱 ─ 전】zhíqián 〈動〉값어치가 있다.

【值勤 ─ 근】zhí// qín 〈動〉(부대·치안·교통을 책임지는 요원이) 당직하다.

【值日 ─ 일】zhírì **1**당번날. **2**당직하다.

【值星 ─ 성】zhíxīng 〈動〉〈軍〉주번을 맡다.

【值夜 ─ 야】zhí// yè 〈動〉숙직하다.

【值遇 ─ 우】zhíyù 〈動〉〈文〉우연히 만나다.

＊【植(植)】 木部
8画 심을 식

1〈動〉심다. 재배하다. ◇种～/재배하다. **2**〈動〉만들다. ◇～党营私/도당을 만들어 사리를 꾀하다. **3**〈動〉식물. ◇～被/식피. **4**(Zhí)〈名〉성(姓).

【植保 ─ 보】zhíbǎo 〈名〉〈略〉'植物保护'(식물보호)의 준말.

【植被 ─ 피】zhíbèi 〈名〉〈植〉식생(植生).

【植苗 ─ 묘】zhí// miáo 〈動〉〈林〉묘목을 심다.

【植皮 ─ 피】zhí// pí 〈醫〉피부를 이식하다.

☆【植物 ─ 물】zhíwù 〈名〉식물.

【植物群落 ─ 물군락】zhíwù qúnluò 〈名〉〈植〉

식물 군락.

【植物人 ─ 물인간】zhíwùrén 〈名〉식물인간.

【植物纤维 ─ 물섬유】zhíwù xiānwéi 〈植〉〈名〉식물성 섬유.

【植物性神经 ─ 물성신경】zhíwùxìng shénjīng 〈名〉〈生理〉자율 신경.

【植物学 ─ 물학】zhíwùxué 〈名〉〈植〉식물학.

【植物油 ─ 물유】zhíwùyóu 〈名〉〈植〉식물유.

【植物园 ─ 물원】zhíwùyuán 〈名〉식물원.

【植株 ─ 주】zhízhū 〈名〉〈農〉(뿌리·줄기·잎을 포함한) 다 자란 식물체.

【殖(殖)】 歹部
8画 날 식

〈動〉번식하다. 성장하다. 증식하다. ◇生～/생식하다. ⇒·shi

【殖民 ─ 민】zhímín 〈名〉식민. ◇～地/식민지.

＊【殖民主义 ─ 민주의】zhímín zhǔyì 〈名〉식민주의.

【侄(姪)】 亻部
6画 벼슬 질

〈名〉(～儿)조카.

【侄妇 ─ 부】zhífù 〈名〉〈文〉질부. 조카 며느리.

【侄女 ─ 녀】zhínǚ (～儿)〈名〉**1**질녀. 조카딸. **2**친구의 딸.

【侄女婿 ─ 녀서】zhínǚ·xu 〈名〉조카 사위.

【侄孙 ─ 손】zhísūn 〈名〉종손.

【侄孙女 ─ 손녀】zhísūn·nǚ (～儿)〈名〉종손녀.

【侄媳妇 ─ 식부】zhíxí·fu (～儿)〈名〉조카 며느리.

＊【侄子 ─ 자】zhí·zi 〈名〉**1**조카. **2**친구의 아들.

【职·職】 耳部
5画 구실 직

1〈名〉직무. 책임. ◇尽～/직무를 다하다. **2**〈名〉직위. ◇调～/전임하다. 전근하다. **3**〈名〉〈贐〉소직(小職). 소관(小官). 〔옛날의 공문 용어(公文用語)로, 아랫 사람이 상사(上司)에 대한 자칭(自稱)〕◇～等奉命/소직은 명령을 받든다. **4**〈動〉관장하다. **5**〈接〉〈文〉…때문에. ◇～此而已/단지 이 때문이다.

【职别 ─ 별】zhíbié 〈名〉직무 구분.

＊【职称 ─ 칭】zhíchēng 〈名〉직명(職名). 직책. ◇技术～/기술직책.

【职分 ─ 분】zhífèn 〈名〉**1**직분. **2**관직.

☆【职工 ─ 공】zhígōng 〈名〉**1**직원과 노동자. **2**옛날, 노동자.

＊【职能 ─ 능】zhínéng 〈名〉직능. 기능. 역할. ◇货币的～/화폐의 기능.

＊【职权 ─ 권】zhíquán 〈名〉직권. ◇行使～/직권을 행사하다.

【职守 ─ 수】zhíshǒu 〈名〉직무. 직분.

【职位 ─ 위】zhí·wèi 〈名〉직위.

＊【职务 ─ 무】zhíwù 〈名〉직책. ◇他这几年一直担任总务长这个～/그는 요 몇년 동안 사

무장이라는 직책을 맡아왔다. [비교]职务: 职责 본분내에 해야 하는 일은 "职务"를 쓰지 않는다. ◇为人民服务, 这是我们的(×职务)职责/국민을 위해 봉사하는 것은 우리의 본분이다.

【职衔－함】zhíxián 몡직함.

☆【职业－업】zhíyè 몡직업. ◇你想找个什么样的～?/너는 어떤 직업을 구하고 싶니? [비교]职业:任务 "职业"를 "执行"의 목적어로 쓰지 않는다. ◇他不认真执行自己的(×职业)任务/그는 자신의 업무를 열심히 하지 않는다.

【职业病－업병】zhíyèbìng 몡직업병.

＊＊【职员－원】zhíyuán 몡직원. 사무원.

【职责－책】zhízé 몡직책.

【职掌－장】zhízhǎng 통관장하다. (직무를) 담당하다.

【跖】足部 zhí 5画 도적 척
몡1발바닥. 2발바닥과 잇닿은 발등. 3〈文〉통밟다. (同)〔蹠 zhí〕

【摭】扌部 zhí 주울 척
통〈文〉줍다.

【摭拾－습】zhíshí 통〈文〉관례나 관용어구를 그대로 따라 쓰다.

【踯·躑】足部 zhí 15画 머뭇거릴 척
【踯躅－촉】zhízhú 통〈文〉배회하다. 머뭇거리다.

zhǐ

☆【止】止部 zhǐ 0画 그칠 지
1통정지하다. 멈추다. ◇游人～步/관광객 출입금지 ◇流血不～/흐르는 피가 멎지 않다. 2통저지하다. 정지시키다. 억제하다. ◇禁～/금지하다. ◇云南白药～血～得快/운남백약은 지혈 속도가 빠르다. 3통(…까지) 끝나다. 〔'到' · '至'와 같이 쓰임〕◇展览从10月1日起至10月14日～/전람회는 10월 1일부터 10월 14일까지이다. 4뷔단지. 다만. ◇你只说过不～一遍了, 我们都听烦了/너는 벌써 한 번만 말한 게 아니라, 우리는 이제 듣기도 지겹다. (同)〔只 zhǐ〕

【止步－보】zhǐ//bù 통통행을 금하다. ◇游人～/유람객 출입금지.

【止境－경】zhǐjìng 몡끝. 한도.

【止息－식】zhǐxī 통그치다. 멈추다.

【址(阯)】土部 zhǐ 4画 터 지
몡(건축물의) 위치. 지점. 소재지. ◇地～/주소. 소재지. ◇住～/주소. ◇校～/학교 소재지.

【趾】足部 zhǐ 4画 발 지
몡1발가락. ◇鹅鸭之类～间有蹼/거위나 오리류의 발가락 사이에는 물갈퀴가 있다. 2발.

【趾高气扬－고기양】zhǐ gāo qì yáng 〈成〉의기 양양하다. (同)〔高视阔步 gāo shì kuò bù〕, (反)〔低三下四 dī sān xià sì〕

【趾骨－골】zhǐgǔ 몡〈生理〉지골. 발가락 뼈.

【趾甲－갑】zhǐjiǎ 몡〈生理〉발톱.

★【只(祇)】口部 zhǐ 2画 다만 지
1뷔단지. 다만. 오직. ◇～知其一, 不知其二/하나만 알고 둘은 모른다. ◇～见树木, 不见森林/〈諺〉나무만 보고 숲을 못 보다. 2오직〔단지〕…밖에 없다. 오직 …하여야만. ◇会说汉语的～王老师一个/중국어를 할 줄 아는 사람은 왕선생님 한 명밖에 없다. ⇒zhī '祇' qí

【只不过－불과】zhǐbùguò 단지 …에 지나지 않다. 〔문말에서 흔히 '罢了', '而已', '就是了' 등이 호응한다〕◇～拼错几个字罢了, 有什么可大惊小怪的?/음을 잘못 단 게 몇 글자 뿐인데 호들갑 떨게 뭐가 있니?

＊＊【只得－득】zhǐdé 튀부득이. 할 수 없이. ◇去广州的飞机票没有了, 我～坐火车/광주 가는 비행기표가 없어서 나는 할 수 없이 기차를 탔다. (同)〔不得不〕

＊【只顾－고】zhǐgù 오로지 …에만 열중하다. 그저…만 하려 들다. ◇～聊天, 车到站了都不知道/잡담에 정신팔려 차가 정거장에 도착한 줄도 모른다. [비교]只顾:只要 조건을 충족시키는 단문에는 "只顾"를 쓰지 않는다. ◇不管有多大困难, 我们(×只顾)只要刻苦学习, 就能把中文学好/아무리 큰 어려움이 있어도 우리가 열심히 공부하면 중국어를 잘 배울 수 있다.

＊【只管－관】zhǐguǎn 1뷔얼마든지. 마음대로. 거리낌없이. ◇想吃什么～说, 尽量满足你的胃口/되도록 네 구미에 맞도록 할테니 먹고 싶은 것 있으면 얼마든지 말해. [비교]只管:尽管 양보절에는 "只管"을 쓰지 않는다. ◇(×只管)尽管自己的家也很穷, 可是他还设法帮助比他穷的人/비록 그의 집도 매우 가난하지만 그래도 그는 그보다 가난한 사람을 돕는다. 2통오로지 …만 돌보다. ◇～拉车, 不管看路/차 끄는 데만 정신팔려 도로를 살피지 않는다.

★【只好－호】zhǐhǎo 다만 …하는 수 밖에 없다. ◇我等了半天他还没回来, ～留个条子就走了/나는 한참 기다려도 그가 돌아

오지 않아 메모를 남기고 갈 수 밖에 없었다. 田교只好:只是 어떤 범위내에 한정된 경우에는 "只好"를 쓰지 않는다. ◇我没有什么特别的目的, (×只好)只是想谈几个问题/난 무슨 특별한 목적은 없고, 단지 몇 가지 문제를 이야기하고 싶을 뿐이다. (同)〔不得 dé 不〕〔只得〕

☆【只是一시】zhǐshì 1튀다만. …일 뿐이다. ◇我今天进城, ~想去商店买点吃的/내가 오늘 시내에 가는데 상점에 가서 먹을 것 좀 사려 할 뿐이다. (同)〔不过是〕〔仅仅是〕 2접그러나. 그런데. ◇他讲得眉飞色舞, ~我听不懂/그는 신나게 말하고 있지만 나는 알아들을 수 없다.

【只消一소】zhǐxiāo (同)〔只要 yào〕

【只许州官放火, 不许百姓点灯】zhǐ xǔ zhōuguān fàng huǒ, bù xǔ bǎixìng diǎn dēng〈成〉관리는 방화도 할 수 있지만, 백성은 등불을 켜는 것조차 허락되지 않는다. 권력자가 제멋대로 전횡을 부리지만, 백성들에게는 정당한 권리도 안 주다.

☆【只要一요】zhǐyào 접다만 …하기만 하면. 만약 …하면. 〔필요한 조건을 나타내며 뒤에 '就' 또는 '便'을 수반하여 예상된 결과를 나타냄〕 ◇~肯干, 就能干出成绩来/하고자 한 성과를 올릴 수 있다. ◇~认真学, 就可以学好/착실하게 배우면 마스터 할 수 있다. 田교只要:总是 '只要'가 이끄는 단문은 긍정적인 뜻이다. 부정적인 뜻이라면 부정식을 써야 한다. ◇他做事总不认真, (×只要)总是马虎从事/그는 여지껏 일할 때 열심히 하지 않고 늘 건성으로 일한다.

【只要功夫深, 铁杵磨成针】zhǐyào gōng·fu shēn, tiě chǔ mó chéng zhēn〈諺〉꾸준히 노력하면 절굿공이도 갈아서 바늘을 만들 수 있다. 노력하면 못할 일이 없다.

☆【只有一유】zhǐyǒu 1접…해야만이. 〔유일한 조건을 나타내며, 뒤에 주로 '才' 또는 '方'을 수반한다. 앞의 조건이 유일하지 않으면 쓸 수가 없다〕 ◇~同心协力, 才能把事情办好/한 마음으로 협력해야만 일을 제대로 처리할 수 있다. 2하는 수 없이. ◇飞机票不好买, ~坐火车了/비행기표를 사기 어려워 기차를 탈 수 밖에 없다. (同)〔只好〕〔不得不〕 田교只有:只要 只是 ①필요조건문에는 "只有"를 쓰지 않는다. ◇我(×只有)只要去跟妈妈说一声就行了/내가 엄마에게 한 마디만 전하면 된다. ②범위를 한정할 때는 "只有"를 쓰지 않는다. ◇他(×只有)只是看了看, 马上就走了/그는 보기만 하고 곧 가버렸다.

【咫】尸部 口部 zhǐ　6画 6画 적을 지

【咫尺一척】zhǐchǐ 명〈文〉지척. 아주 가까운 거리. (反)〔天涯 tiānyá〕

【咫尺天涯一척천애】zhǐ chǐ tiān yá〈成〉매우 가까이 있으면서도 서로 만날 수 없음의 비유.

【枳】木部 zhǐ　　　탱자 지
명〈植〉탱자나무. (同)〔枸橘 gōujú〕

【枳椇一구】zhǐjǔ 명〈植〉헛개나무.

【旨】匕部 日部 zhǐ　4画 2画 맛 지
명맛있다. ◇~酒/좋은 술. 2명뜻. 의도. 목적. 취지. ◇要~/요지. 3제왕의 명령. ◇圣~/성지.

【旨趣一취】zhǐqù 명취지. 목적.

【旨意一의】zhǐyì 명의의. 취지.

★【指】扌部 zhǐ　　　손가락 지
　　 6画 손가락 지
1명손가락. ◇首屈一~/〈成〉첫 손가락에 꼽히다. ◇中~/중지. 2양손가락 굵기. 〔손가락 하나의 굵기를 '一指'라 하여, 깊이·넓이 등을 계산할 때 쓰임〕 ◇下了三~雨/손가락 3개 굵기만큼 비가 내렸다. 3동(손가락이나 뾰족한 물체로 물건으로) 가리키다. ◇上地理课上, 教师~着地图讲课/지리수업때 선생은 지도를 가리키며 수업한다. 4동(머리털 따위가) 곤두서다. ◇发~/털이 곤두서다. 5동지적하다. 지도하다. ◇老师给我~出了文章中的毛病/선생님은 나에게 글 중의 틀린 부분을 지적해주었다. 田교指:指引 인도한다는 뜻을 강조하는 경우에는 "指引"을 써야 한다. ◇我们要走领袖(×指)指引的光明大道/우리는 지도자가 인도하는 밝은 길로 가야 한다. 6동의거하다. 의지하다. ◇你多年纪大了, 你弟弟还小, 全家就~着你了/네 아버지는 연세가 많고 동생은 아직 어려 온집안 식구가 너만 의지하고 있다.

**【指标一표】zhǐbiāo 명지표. 달성해야 할 수치. ◇数量~/수량 지표. ◇完成~/목표 완성.

【指拨一발】zhǐbō 동1지도하다. 가르치다. ◇请您多~/많이 지도해 주시기 바랍니다. 2지시하다.

【指不定一부정】zhǐ·budìng 동확실치 않다. 불분명하다. (同)〔说 shuō 不定〕

【指不胜屈一불승굴】zhǐ bù shèng qū〈成〉이루 다 셀 수 없을 만큼 많다. (同)〔数 shǔ 不过来〕

【指斥一척】zhǐchì 동질책하다. 지적하다. (同)〔斥责〕

☆【指导－도】zhǐdǎo 图지도하다. ◇音乐老师~过孩子们弹电子琴/음악선생님이 애들에게 전자오갠 치는 것을 지도했다. 비교指导:指出 "错误"는 "指导"의 목적어로 쓰이지 않는다. ◇老师(×指导)指出了他发音上的错误/선생님은 그의 발음상의 잘못을 지적했다.

【指导员－도원】zhǐdǎoyuán (중국군의 중대장급) 정치 지도원의 통칭.

＊＊【指点－점】zhǐdiǎn 图지적하다. 지도하다. 알려주다. ◇他给我~了一条妙计/그는 나에게 묘책을 알려주었다.

＊【指定－정】zhǐdìng 图지정하다. 확정하다. ◇他作为主席~了开会的地点/그는 의장으로서 개회장소를 확정하였다.

【指法－법】zhǐfǎ 图1〈音〉운지법(運指法). 2〈演〉손가락의 미묘한 동작.

【指骨－골】zhǐgǔ 图〈生理〉지골. 손가락 뼈.

【指画－화】zhǐhuà 1图손가락으로 가리키다. 손짓하다. 2图손가락과 손톱으로 그린 그림.

☆【指挥－휘】zhǐhuī 1图图지휘(하다). ◇领导亲临现场，~着灭火/간부가 직접 현장에 와서 불끄는 작업을 지휘하고 있다. 2图(악단의) 지휘자.

【指挥刀－휘도】zhǐhuīdāo 图〈軍〉지휘도.

【指挥员－휘원】zhǐhuīyuán 图1〈軍〉지휘관. 2(어떤 업무의) 책임자.

【指鸡骂狗－계매구】zhǐ jī mà gǒu (同)〔指桑骂槐〕

【指甲－갑】zhǐ·jia 图손톱. 〔구어에서는 주로 zhǐ·jiǎ로 발음함〕

【指甲盖儿－갑개아】zhǐ·jiǎgàir 图손톱.

【指甲心儿－갑심아】zhǐ·jiǎxīnr 图손톱끝과 손가락 끝의 사이.

【指教－교】zhǐjiào 〈套〉1图图지도하다. 가르치다. ◇请李教授多~我们/이 교수님께서 우리를 많이 지도해 주시기 바랍니다. 비교指教:指出 "指教"는 명사목적어를 취하지 않는다. ◇在写回信时，请您(×指教)指出我英语上的错误/답장을 쓸 때 제 영어의 잘못을 지적해 주세요. 2图가르침. 지도. ◇由于教练的耐心~，运动员的进步很快/코치의 끈기있는 지도로 선수들이 빨리 향상되었다.

【指靠－고】zhǐkào 图(생활을 남에게) 의지하다. 기대다.

【指控－공】zhǐkòng 图图비난(하여) 고발(하다).

＊【指令－령】zhǐlìng 1图图명령(하다). 2图〈文〉옛날, 상급기관에서 하급기관에 하달하던 공문서의 일종.

【指鹿为马－록위마】zhǐ lù wéi mǎ 〈成〉사슴을 말이라고 하다. 시비를 전도하다.

(同)〔混淆是非 hùn xiáo shì fēi〕, (反)〔明辨是非 míng biàn shì fēi〕

【指名－명】zhǐ//míng (~儿)图지명하다.

＊【指明－명】zhǐmíng 图밝히다. 명시하다. ◇公安干部们早给他们~了出路/공안간부들이 일찍이 그들에게 살길을 밝혔다.

【指南－남】zhǐnán 图1지침. 2지침서. 입문서.

【指南车－남차】zhǐnánchē 图(중국 고대의) 지남차.

＊【指南针－남침】zhǐnánzhēn 图1나침반. 2지침.

【指派－파】zhǐpài 图지명하여 파견하다.

【指认－인】zhǐrèn 图확인하다.

【指日可待－일가대】zhǐ rì kě dài 〈成〉(일이나 희망이) 머지 않아 이루어질 수 있다. (同)〔计日程功 jì rì chéng gōng〕, (反)〔遥遥无期 yáo yáo wúqī〕

【指桑骂槐－상마괴】zhǐ sāng mà huái → 〔指槐骂柳〕빗대어 빈정대거나 욕을 하다. →〔指鸡骂狗〕(同)〔直截了当 zhíjié liǎodàng〕

【指使－사】zhǐshǐ 图图〈貶〉사주(하다). 지시(하다). ◇他~着一伙流氓干坏事/그는 깡패들에게 나쁜 짓을 하도록 사주하고 있다. 비교指使:致使 어떤 원인으로 인해 부정적인 결과가 나타날 때는 "指使"를 쓰지 않는다. ◇路上塞车(×指使)致使我迟到了/도중에 차가 막혀서 나를 지각하게 했다.

☆【指示－시】zhǐshì 1图지시. ◇上级的~传达下去了吗/상사의 지시를 하달했는가? 2图图지시하다. ◇上级~了几次，我们单位才引起重视/상부에서 여러번 지시를 한 자 우리 회사는 그제서야 중요성을 깨달았다.

【指事－사】zhǐshì 图〈言〉한자(漢字)의 육서(六書)의 하나.

＊【指手画脚－수획각】zhǐ shǒu huà jiǎo 〈成〉1손짓 몸짓으로 말하다. ◇~地高谈阔论/제스처를 써가며 탁상공론을 늘어놓다. 2경솔하게 왈가왈부 비난하다.

【指数－수】zhǐshù 图1〈數〉지수. 2〈經〉지수.

【指头－두】zhǐ·tou 图1손가락. 2발가락. 〔구어에서는 주로 zhǐ·tou로 발음함〕 ◇她的手~很长，弹钢琴很合适/그녀는 손가락이 길어서 피아노치기에 알맞다.

【指头肚儿－두두아】zhǐ·tóudùr 图〈方〉손가락 첫 마디의 도톰한 부분.

＊【指望－망】zhǐ·wàng 1图기대하다. 희망하다. ◇她从没~过这孩子/그녀는 여지껏 아이에게 기대해 본 적이 없었다. 2(~儿)图가망. 희망. ◇她的病没~了/그녀의 병은 이제 가망이 없다.

【指纹－문】zhǐwén 图지문.

＊【指引－인】zhǐyǐn 图지도하다. 이끌다. ◇老猎人在前边～着道路/경험 많은 사냥꾼은 앞에서 길을 안내하고 있다.

【指印－인】zhǐyìn (～儿)图손도장. 지장.

【指责－책】zhǐzé 图图비난(하다). 책망(하다). ◇交通警把那个司机～了半天/교통경찰이 그 운전사를 한참동안 책망했다.

【指摘－적】zhǐzhāi 图图지적하여 질책해.

【指战员－전원】zhǐzhànyuán 图〈略〉〈军〉지휘관과 전투원의 총칭. 장병.

【指仗－장】zhǐzhàng 图의지하다.

＊【指针－침】zhǐzhēn 图1(계기(計器)나 시계 따위의) 바늘. 2지침. 안내.

【指正－정】zhǐzhèng 图(잘못을) 지적하여 바로 잡다. 질정하다. 〔자신의 작품이나 의견에 대해 남에게 비평을 청할 때 쓰임〕

【酯】酉部 zhǐ
6画 에스테르 지
图〈化〉에스테르.

【抵】扌部 zhǐ
4画 칠 지
图〈文〉(손으로) 치다. 두드리다.

【抵掌－장】zhǐzhǎng 图〈文〉손뼉을 치다. 박수치다.

＊【纸·紙(帋)】纟部 zhǐ
4画 종이 지
1图종이. ◇一张～/종이 한 장. 2图장. 매. 〔편지·문서의 장수를 세는 단위〕 ◇一～公文/공문 한 장.

【纸板－판】zhǐbǎn 图판지(板紙).

【纸币－폐】zhǐbì 图지폐.

【纸浆－장】zhǐjiāng 图〈紡〉펄프.

【纸老虎－로호】zhǐlǎohǔ 图종이 호랑이. 〈喩〉외견상 강하게 보이나 실제로는 허약한 것의 비유.

【纸马－마】zhǐmǎ (～儿)图(제사 때 태우는) 신상(神像)이 그려져 있는 종이. 〔원래 말 모양으로 만드는 데서 유래함〕

【纸媒儿－매아】zhǐméir (同)〔纸煤儿〕

【纸煤儿－매아】zhǐméir (同)〔火 huǒ 纸媒儿〕

【纸捻－념】zhǐniǎn (～儿)图지승. 지노. 종이 노끈.

【纸牌－패】zhǐpái 图화투·트럼프 등에 쓰이는 카드.

【纸钱－전】zhǐqián (～儿)图(제사 때 태우는) 종이돈. 지전.

【纸上谈兵－상담병】zhǐ shàng tán bīng 〈成〉탁상 공론. (同)〔徒托空言 tú tuō kōng yán〕, (反)〔身体力行 shēn tǐ lì xíng〕

【纸头－두】zhǐtóu 图〈方〉종이.

【纸型－형】zhǐxíng 图지형.

【纸烟－연】zhǐyān 图담배.

【纸鹞－요】zhǐyào (同)〔风 fēng 筝〕

【纸叶子－엽자】zhǐyè·zi 图〈方〉(화투·트럼프 따위의) 카드. (同)〔纸牌〕

【纸鸢－연】zhǐyuān (同)〔风 fēng 筝〕

＊【纸张－장】zhǐzhāng 图종이의 총칭.

【纸醉金迷－취금미】zhǐ zuì jīn mí 〈成〉방탕하고 사치스런 생활에 빠지다. (同)〔金迷纸醉〕

【黹】黹部 zhǐ
0画 바느질 치
图〈文〉바느질. 자수. ◇针～/바느질.

zhì

【至】至部 zhì
0画 이를 지
1图이르다. ◇自始终～终/처음부터 끝까지. ◇不知什么原因，他～今没给我写信/무슨 이유인지 모르겠지만 그는 지금까지 나에게 편지를 쓰지 않았다. 2图…의 정도에 이르다. ◇甚～/심지어. 3图가장. 제일. 아주. ◇～为感激/아주 감사하다.

【至宝－보】zhìbǎo 图매우 귀중한 보물.

【至诚－성】zhìchéng 图지성. (反)〔虚伪 xū wěi〕

【至诚－성】zhì·cheng 图성실하다. 진실하다.

【至此－차】zhìcǐ 图1이곳에 이르다. 2이때에 이르다. ◇～你的调动才算得到了同意/이 때에 이르러서야 너의 발령이 허락을 받았다. 3이 정도에 이르다.

＊【至多－다】zhìduō 图많아야. 고작해야. ◇这张画一两个星期就能画好/이 그림은 기껏해야 2주면 다 그릴 수 있다.

【至高无上－고무상】zhì gāo wú shàng 〈成〉더할 수 없이 높다.

【至好－호】zhìhào 图절친하다.

【至极－극】zhìjí 图극에 달하다. 그지없다.

【至交－교】zhìjiāo 图절친한 벗〔친구〕.

☆【至今－금】zhìjīn 图지금까지. 오늘까지. ◇我和几位大学同学～还保持着联系/나는 몇몇 대학 동창들과 지금까지도 연락을 유지하고 있다.

【至理名言－리명언】zhì lǐ míng yán 〈成〉지당한 명언.

【至亲－친】zhìqīn 图육친. (反)〔外人 wài·rén〕

【至上－상】zhìshàng 图(지위·권력 등이) 최고이다.

☆【至少－소】zhìshǎo 图최소한. 적어도. ◇今天的电脑知识讲座～有一半人没听懂/오늘의 컴퓨터 지식강좌는 적어도 절반정도가 못알아 들었다.

＊【至于－어】zhìyú 1图(어떤) 정도에 이르다. ◇我虽然记性不好，也不～忘记自己的

生日/내가 기억력이 나쁘기는 하지만 내 생일을 잊어버리기야 하겠는가? **2**㉮…에 대해 말하자면. 〔어떤 일을 따로 제시할 때 쓰임〕 ◇我们已尽了最大的努力，～结果怎么样，现在很难估计/우리는 이미 최대한 노력을 다했는데 결과가 어떨지는 현재로선 예측하기 어렵다.

【至尊－존】zhìzūn **1**㉾천자(天子). **2**㉻가장 존귀하다. ◇～无上/지존무상.

⁑【致·緻】 至部 4画 zhì 이를 **치**

㉸**1**주다. (상대방에게 예절·호의 등을) 나타내다. ◇他正～着词呢/그는 지금 치사를 하는 중이다. **2**(힘·의지를) 전념하다. (정력을) 다 쏟다. ◇专心～志/〈成〉전심전력으로 몰두하다. **3**초래하다. 가져오다. ◇～病/병을 초래하다. **4**…(으로) 되다. ◇由于粗心大意，～将地址写错/세심하지 못하여 주소를 잘못 썼다. **5**구현〔달성〕하다. ◇学以～用/배운 것을 실제로 활용하다. **6**㉾정취. 흥미. ◇兴～/흥취. 흥미. **7**㉻세밀하다. 정밀하다. ◇细～/치밀하다.

【致辞－사】zhì∥cí ㉸(공식석상에서) 연설〔인사말〕을 하다. ◇由大会主席～/대회의장이 인사말을 하겠습니다.

*【致词－사】zhì∥cí (同)〔致辞 cí〕

*【致富－부】zhìfù ㉸치부하다. 돈을 벌다.

*【致敬－경】zhì∥jìng ㉸경의를 표하다. ◇举手～/손을 들어 경의를 표한다.

【致力－력】zhìlì ㉸진력하다. 힘쓰다.

【致密－밀】zhìmì ㉻치밀(하다).

【致命－명】zhìmìng ㉸목숨이 관계되다. ◇～的弱点/치명적인 약점.

*【致使－사】zhìshǐ ㉸〈文〉…하여 …결과가 …되다. ◇连日暴雨，～水位猛涨/연일 폭우가 내려 수위가 갑자기 불어났다.

【致死－사】zhìsǐ ㉸치사하다. 죽음에 이르다.

【致意－의】zhìyì ㉸안부를 전하다. 인사하다.

【窒】 穴部 6画 zhì 막힐 **질**

㉸막히다. 메다.

【窒碍－애】zhì'ài 〈方〉㉾㉸장애(가 있다).

【窒息－식】zhìxī ㉸질식하다. 숨막히다.

【蛭】 虫部 6画 zhì 거머리 **질**

【识·識】 讠部 12画 zhì 알 **식**

〈文〉**1**㉸기억하다. ◇博闻强～/견문이 넓고 잘 기억하다. **2**㉾기호. 표지. ◇款～/관지. 낙관. ⇒shí

【帜·幟】 巾部 5画 zhì 표기 **치**

㉾**1**기. 깃발. ◇旗～/기치. **2**〈文〉표지. 표적.

【志(誌)】 士部 4画 心部 3画 zhì 뜻 **지**

1㉾뜻. 의지. 포부. ◇立～/뜻을 세우다. **2**㉸〈方〉(무게를) 달다. (길이를) 재다. ◇用秤～～/저울로 달아 보다. **3**㉸기억하다. ◇永～不忘/영원히 기억하여 잊지 않다. **4**㉾문자의 기록. ◇杂～/잡지. **5**㉾기호. 표지. ◇标～/표지. **6**(Zhì)㉾성(姓).

【志哀－애】zhì'āi ㉸애도의 뜻을 표하다.

【志大才疏－대재소】zhì dà cái shū 〈成〉포부는 크지만 능력이 없다.

【志气－기】zhì·qi ㉾진취심. 패기. ◇有～/진취심이 강하다. ◇～昂扬/패기가 넘치다.

【志趣－취】zhìqù ㉾지향. 흥미.

【志士－사】zhìshì ㉾지사. 단호한 의지와 절개가 있는 사람.

【志同道合－동도합】zhì tóng dào hé 〈成〉뜻이 맞다. 생각이 같다. (反)〔话不投机 huà bù tóu jī〕

【志向－향】zhì·xiàng ㉾의사. 뜻.

【志愿－원】zhìyuàn ㉾㉸지향(하다). 바라다. 자원(하다). ◇～军/자원군. ◇他的～是当个教师/그의 희망은 교사가 되는 것이다. (同)〔愿望 wàng〕

【痣】 疒部 7画 zhì 검은 사마귀 **지**

㉾〈生理〉피부의 반점.

【豸】 豸部 0画 zhì 풀 **치**

㉾〈文〉발이 없는 벌레〔곤충〕. ◇～虫/곤충(의 총칭).

⁑【制·製】 刂部 6画 zhì 금할 **제**

1㉸제조하다. 만들다. ◇缝～/봉제하다. ◇他～了一辈子酒，自己一滴酒都不沾/그는 한평생 술을 만들었지만 술을 한 모금도 입에 대지 않았다. **2**㉸제정하다. 규정하다. ◇因地～宜/그 지역에 맞도록 규정하다. **3**㉾㉸제한(하다). 제약(하다). 제어(하다). ◇控～/제어하다. ◇限～/제한하다. **4**㉾제도. ◇学分～/학점제.

【制版－판】zhì∥bǎn 〈印〉㉾제판.

☆【制裁－재】zhìcái ㉾㉸제재(하다). ◇他们将在经济上～该国/그들은 그 나라에 경제적 제재를 가할 것이다.

【制导－도】zhìdǎo ㉸〈軍〉(전자 장치 등을 통해 미사일 따위를) 유도하다.

☆【制订－정】zhìdìng ㉸창안 제정하다. 새로 만들다. ◇政府给投资者～出了优惠政策/정부는 투자가를 위해서 특혜정책을 제정해 놓았다.

☆【制定─정】zhìdìng 통(법규·규정·계획 등을) 제정하다. 세우다. ◇他们～了具体措施/그들은 구체적인 조치를 세웠다. 비교制定:实行 행동으로 실천하는 것에는 "制定"을 쓰지 않는다. ◇我听说汉语系(×制定)实行了学分制/난 중국어과에서 학점제를 실시했다고 들었다.

【制动器─동기】zhìdòngqì 명〈機〉제동기. 브레이크.

☆【制度─도】zhìdù 명제도. 규정. ◇教育～/교육제도.

【制伏─복】zhì//fú 통제압하다. 힘으로 누르다. (同)〔制服 fú〕

∗【制服─복】zhìfú 1명(군인이나 학생의)제복. 2(同)〔制伏〕

【制服呢─복니】zhìfúní 명〈紡〉발이 굵은 모직 천. 〔추동복을 만드는 데 쓰임〕

【制海权─해권】zhìhǎiquán 명〈軍〉제해권.

【制剂─제】zhìjì 명〈藥〉제제.

【制件─건】zhìjiàn (同)〔作 zuò 件〕

【制冷─랭】zhìlěng 통냉동하다. 냉방하다.

∗【制品─품】zhìpǐn 명제품. ◇化学～/화학제품. ◇用品～日益增多/화학제품이 나날이 많아진다.

【制钱─전】zhìqián 명엽전. 〔명청(明清)시대에 조정에서 주조해 유통된 동전〕

【制胜─승】zhìshèng 통승리하다.

【制图─도】zhì//tú 통제도하다.

∗【制约─약】zhìyuē 명통제약(하다). ◇受历史条件的～/역사적 조건의 제약을 받다.

☆【制造─조】zhìzào 통1제조하다. 만들다. ◇～武器/무기를 만들다. ◇我们厂已经～了一百万辆汽车/우리 공장은 이미 자동차 백만 대를 만들었다. 비교制造:制作 "制造"는 "制作"와 뜻이 비슷하지만 "制作"는 작은 수작업에 쓰인다. ◇这个工厂(×制造)制作人工艺品/이 공장은 공예품을 제작한다. 2(貶)(상황·분위기를) 조성하다. 만들다. 조장하다. ◇花费大量资金, 为竞选总统, ～了舆论/자금을 많이 들여 대통령 경선을 위해 여론을 조장하다.

∗【制止─지】zhìzhǐ 명통제지(하다). 저지(하다). ◇他们～住了一些人的不法行为/그들은 몇 사람의 불법행위를 제지시켰다. 비교制止:防止 예방하는 뜻에는 "制止"를 쓰지 않는다. ◇我们做好了一切准备, 为了(×制止)防止意外的事故/뜻밖에 사고를 방지하기 위해 우리는 모든 준비를 해 놓았다.

∗【制作─작】zhìzuò 통제작하다. 만들다. ◇他～过一个飞机模型/그는 비행기 모형을 만든 적이 있다. 비교制作:制造 인위적으로 어떤 분위기나 상황을 조성하는 경우에는 "制作"를 쓰지 않는다. ◇他经常

在朋友之间(×制作)制造矛盾/그는 늘 친구들 사이에 갈등을 일으킨다.

☆【治】氵部 zhì
5画 다스릴 치
1통다스리다. ◇～国/국가를 다스리다. ◇～水/치수. (同)〔理 lǐ〕 2통안정되다. 태평하다. ◇～世/치세. (反)〔乱 luàn〕 3명옛날, 지방 정부의 소재지. ◇县～/현청 소재지. 4통치료하다. 고치다. ◇这种药─咳嗽效果很好/이 약은 기침에 효과가 좋다. (同)〔医 yī〕 5통(해충을) 박멸하다. 방제(防除)하다. ◇今年的虫害来得早, 应该及时～/올해 병충해가 일찍 발생하여 신속하게 방제해야 한다. (同)〔灭 miè〕 6통처벌하다. 처단하다. ◇对犯人─罪应依据法律/범인은 법에 따라 죄를 처벌해야 한다. 7통(학문을) 닦다. 연구하다. 8(Zhì)명성(姓).

∗【治安─안】zhì'ān 명치안. ◇维持～/치안을 유지하다. (反)〔治标 biāo〕

【治本─본】zhì//běn 통근본적으로 해결하다. (反)〔治标〕

【治标─표】zhì//biāo 통겉으로 드러난 흠만 응급처리하다. (反)〔治本〕

【治病─병】zhì//bìng 통〈醫〉병을 고치다. ◇～救人是医生的职责/병을 고쳐 사람을 구하는 것은 의사의 직책이다.

【治病救人─병구인】zhì bìng jiù rén 〈成〉병을 치료하여 사람을 구하다. 사람의 잘못을 지적하여 시정하게 하다.

【治国安民─국안민】zhì guó ān mín 〈成〉나라를 잘 다스려 백성을 편안하게 하다.

【治理─리】zhìlǐ 통1다스리다. 관리하다. ◇～大城市的空气污染得花大力气/대도시의 공기오염을 다스리려면 많이 노력해야 한다. 2정비하다. 취급하다. ◇当地群众今年又把水渠～了一番/현지 사람들이 올해 또 용수로를 한 차례 정비했다.

∗【治疗─료】zhìliáo 명통치료(하다). ◇爸爸正在这家医院～胃病/아버지는 이 병원에서 위장병을 치료하고 있다.

【治丧─상】zhì//sāng 통장사(葬事)를 치르다.

【治水─수】zhì//shuǐ 통치수하다.

【治丝益棼─사익분】zhì sī yì fén 〈成〉실을 풀려다 오히려 엉키게 하다. 문제 해결 방법이 잘못되어 일이 더 복잡하게 되다.

【治外法权─외법권】zhìwài fǎquán 명〈法〉치외 법권.

【治学─학】zhì//xué 통〈文〉학문을 하다.

【治印─인】zhì//yìn 통〈文〉도장을 파다.

【治装─장】zhìzhuāng 통행장을 차리다. 짐을 챙기다.

【治罪─죄】zhì//zuì 통처벌하다.

【秩】 禾部 5画 zhì 차례 질
똉〈文〉1.순서. 질서. 2.관리의 녹봉. 관리의 급수. 3.〈文〉10년. ◇七～大庆/칠순 생신.

☆【秩序一서】 zhìxù 똉질서. ◇考场～良好/시험장 질서가 양호하다. 비교秩序:次序 시간적인 배열의 앞뒤에 "秩序"를 쓰지 않는다. ◇买票时要按(×秩序)次序买/표를 살때는 차례대로 사야 한다.

【炙】 火部 4画 zhì 고기구이 자
1.똥(불에) 굽다. 2.똥〈文〉구운 고기.

【炙热一열】 zhìrè 똉몹시 뜨겁다.

【炙手可热一수가열】 zhìshǒu kě rè〈成〉손을 델 만큼 뜨겁다. 권세가 대단하다.

**【质·質】 厂部 贝部 6画 4画 zhì 질박할 질
1.똉성질. 본질. ◇变～/변질. (反)〔量 liàng〕2.똉품질. ◇这种产品～次价高, 坑害顾客/이 제품은 품질이 좋지 않고 가격이 높아 고객에게 피해를 준다. 3.똉물질. ◇铁～的器具/철제 기구. 4.똉소박하다. 순박하다. 단순하다. 5.똉문다. 문책하다. 6.똥저당잡히다. ◇以书～钱/책을 저당잡히다. 7.똉저당물. ◇以此物为～/이 물건을 저당물로 하다.

*【质变一변】 zhìbiàn 똉〈哲〉질적 변화. (反)〔量 liàng 变〕

【质地一지】 zhìdì 똉1.(물건의) 품질. 재질. (反)〔表面 biǎomiàn〕 2.(사람의) 바탕. 자질.

【质点一점】 zhìdiǎn 똉〈物〉질점.

【质对一대】 zhìduì 똉〈法〉대질하다. (同)〔对质〕

☆【质量一량】 zhìliàng 똉1.〈物〉질량. 2.품질. ◇这布～好, 又好看, 又耐穿/이 천은 질이 좋은데다가 아름답고 오래간다.

【质料一료】 zhìliào 똉(상품이나 제품의) 재료.

*【质朴一박】 zhìpǔ 똉질박하다. 소박하다. ◇为人～忠厚/사람됨이 질박하고 성실하다. (同)〔朴实 shí〕, (反)〔虚伪 xūwěi〕

【质数一수】 zhìshù 똉〈数〉소수. (同)〔素数〕

【质问一문】 zhìwèn 똥힐문하다. 따지다.

【质询一순】 zhìxún 똥의문점에 대해 묻다.

【质疑一의】 zhìyí 똥의문점을 질의하다. (反)〔释 shì 疑〕

【质疑问难一의문난】 zhì yí wèn nàn〈成〉의심거나 어려운 문제들을 제기하여 토론하다. 질의문답.

【质因数一인수】 zhìyīnshù 똉〈数〉소인수 (素因数).

【质证一증】 zhìzhèng 똥대질하다.

【质子一자】 zhìzǐ 똉〈物〉양자. 프로톤(pro-ton).

【峙】 山部 6画 zhì 고개 치
똥〈文〉우뚝 솟다. ◇对～/대치하다.

【痔】 疒部 6画 zhì 치질 치
똉〈医〉치질. (同)〔痔疮〕

【痔疮一창】 zhìchuāng 똉〈医〉치질.

【栉·櫛】 木部 5画 zhì 빗 즐
〈文〉1.똉빗. 2.똥빗다. 빗질하다. ◇～发/머리를 빗다.

【栉比一비】 zhìbǐ 똉〈文〉즐비하다.

【栉比鳞次一비린차】 zhì bǐ lín cì〈成〉즐비하다. 촘촘하다. →〔鳞次栉比〕

【栉风沐雨一풍목우】 zhì fēng mù yǔ〈成〉바람으로 머리를 빗질하고 비로 머리를 씻다. 온갖 고생을 하며 돌아다니다. (同)〔风餐露宿 fēng cān lù sù〕, (反)〔养尊处优 yǎng zūn chǔ yōu〕

【挚·摯】 手部 6画 zhì 잡을 지
똉〈文〉진지하다. 성실하다. 진실하다. ◇真～/진지하다.

【挚爱一애】 zhì'ài 똉진실한 사랑.

【挚友一우】 zhìyǒu 똉진실한 벗. 참된 벗. (同)〔密 mì 友〕, (反)〔面 miàn 友〕

*【掷·擲】 扌部 8画 zhì 던질 척
똥던지다. ◇投～/투척하다. ◇弃～/팽개치다. (同)〔丢 diū〕, (反)〔拾 shí〕

【掷弹筒一탄통】 zhìdàntǒng 똉〈军〉척탄통.

【掷地有声一지유성】 zhì dì yǒu shēng 말씨가 씩씩하고 힘차다.

【掷还一환】 zhìhuán 똥〈套〉돌려 주다.

【滞·滯】 氵部 9画 zhì 막힐 체
똥정체하지 않다. 유통되지 않다. ◇～货/팔다가 남은 물건. 재고품. (同)〔冷 lěng〕, (反)〔畅 chàng〕

【滞洪一홍】 zhìhóng 똉호수나 저수지에 홍수를 저수하다.

【滞后一후】 zhìhòu 똥낙후되다. 뒤떨어지다.

【滞留一류】 zhìliú 똥체류하다.

【滞纳金一납금】 zhìnàjīn 똉체납금.

【滞销一소】 zhìxiāo 똥〈商〉상품이 팔리지 않다. ◇～品/비인기 상품. (同)〔冷门 lěngmén〕, (反)〔畅 chàng 销〕

【智】 日部 8画 zhì 지혜 지
1.똉지혜롭다. 슬기롭다. ◇～者千虑, 必有一失/원숭이도 나무에서 떨어질 때가 있다. (同)〔人有错手, 马有失蹄 tí〕 2.똉지혜. 견식. ◇足～多谋

/〈成〉지혜가 풍부하고 계책이 많다. **3**
(Zhì)图성(姓).

【智齿—齿】zhìchǐ 图사랑니. (同)〔智牙〕

【智多星—다성】zhìduōxīng 图지략이 뛰어
난 사람.

**【智慧—혜】zhìhuì 图图지혜(롭다). ◇吸
取群众的～/대중의 지혜를 받아들이다.

*【智力—력】zhìlì 图지력. 지능. ◇～开发/
지능개발. ◇～竞赛/퀴즈게임.

【智略—략】zhìlüè 图지략.

【智谋—모】zhìmóu 图지모. 지혜와 계략.

【智囊—낭】zhìnáng 图지혜와 계책이 많은
사람. 브레인. 모사.

*【智能—능】zhìnéng 图**1**지능. 지혜와 능력.
◇～双全/지혜와 능력을 다 갖추다. **2**사
람의 지능을 갖춘 것. ◇～机器人/인공
지능 로보트.

【智商—상】zhìshāng 图지능지수. I.Q.

【智术—술】zhìshù 图권모 술수.

【智育—육】zhìyù 图지능개발 교육.

*【置】皿部 zhì
8画 둘 치
1图놓다. 두다. ◇安～/안치하다. ◇～之
不理/방치하고 상관하지 않다. **2**图배치
하다. 설치하다. ◇设～/설치하다. **3**图사
놓다. 장만하다. 구입하다. 들여놓다. ◇
～了一些用具/도구 몇개를 구입했다.

【置办—판】zhìbàn 图구입하다. 장만하다.

【置备—비】zhìbèi 图(설비나 용구를) 구
입하다. 사서 갖추다.

【置辩—변】zhìbiàn 图변론하다. 변명하다.
〔주로 부정문에 쓰임〕◇这是个不客～的
事实/이는 변명의 여지가 없는 사실이다.

【置换—환】zhìhuàn 图맞바꾸다. 교환하다.

【置喙—훼】zhìhuì 图말참견하다.〔주로 부
정문에 쓰임〕

【置若罔闻—약망문】zhì ruò wǎng wén
〈成〉못 들은 체하고 상대하지 않다. (同)
〔充耳不闻 chōng ěr bù wén〕, (反)〔洗
耳恭听 xǐ ěr gōng tīng〕

【置身—신】zhìshēn 图〈文〉몸을 두다.〔'于'
앞에 쓰임〕◇～于群众之中/대중 속에서
생활하다.

【置身事外—신사외】zhì shēn shì wài 〈成〉
어떤 일에 조금도 관심을 갖지 않다.

【置信—신】zhìxìn 图〈文〉믿다.〔주로 부
정문에 쓰임〕◇难以～/믿기 어렵다.

【置疑—의】zhìyí 图의심을 품다.〔주로 부
정문에 쓰임〕

【置之不理—지불리】zhì zhī bù gù 〈成〉그
대로 내버려두다.

【置之度外—지도외】zhì zhī dù wài 〈成〉
(생사나 이해 따위를) 도외시하다. ◇一切
功名利禄, 都～/일체 공명과 이익 및 관록

을 모두 도외시하다. **주의**방치해두고 상
대하지 않을 때는 '置之不理'를 쓴다.

【雉】禾部 隹部 zhì
8画 5画 꿩 치
1图꿩. **2**图옛날 성벽의 크기를 재는 단
위.〔길이 3장(丈). 높이 1장(丈)을 '一
雉'라 함〕

【雉堞—첩】zhìdié 图〈軍〉성첩.

【稚】禾部 zhì
8画 어릴 치
图어리다. 유치하다. ◇幼～/유치하다.
(同)〔幼 yòu〕, (反)〔大 dà〕

【稚嫩—눈】zhìnèn 图**1**어리고 약하다. (反)
〔苍劲 cāngjìn〕**2**유치하다.

【稚气—기】zhì·qì 图애티. (同)〔孩 hái 子气〕

中1294	忠1298	盅1298	钟1298	衷1299
终1299	螽1299	肿1299	种1300	冢1300
踵1300	中1300	仲1300	种1301	众1301
重1301				

zhōng

★【中】丨部 zhōng
3画 가운데 중
1图한가운데. 중앙. ◇～央/중앙. ◇这群
佛像, 最大的一个居～/이 불상들 중 가
장 큰 하나가 한가운데 있다. (反)〔旁 p-
áng〕**2**图중국. ◇～文/중국어. **3**图중급.
중등. ◇～级/중급의. ◇～学/중고등학
교. ◇～型/중형. **4**图안. 속. ◇家～一切
都好, 请不要惦念/집안에 다들 무고하시
니 염려하지 마십시오. ◇水～/수중. 물
속. (同)〔内 nèi〕, (反)〔外 wài〕**5**图중
개인. 중매자. ◇作～/중개인 노릇을 하
다. **6**图치우치지 않다. ◇～庸/중용을 지
키다. **7**图마음에 들다. 적합하다. ◇～看
/보기좋다. **8**图〈方〉좋다. 괜찮다. ◇这主意
不～/이 아이디어는 좋지 않다. **9**…의
중에. …의 과정에.〔'在…中'의 구문으로
동작이 진행중임을 나타냄〕◇工厂在建
设～/공장은 건설중이다. ⇒zhòng

【中班—반】zhōngbān 图유치원의 중급반.
〔4～5세의 아동들로 구성〕

【中饱—포】zhōngbǎo 图(부당한 이득을)
중간에서 착복하다.

【中保—보】zhōngbǎo 图〈經〉중개인과 보
증인.

【中表—표】zhōngbiǎo 图(친척관계로서의)
내종·외종.

【中波—파】zhōngbō 图〈無〉중파.

【中不溜儿—불류아】zhōng·bùliūr 〈方〉图
보통이다. 중간 정도이다. ◇成绩～/성적
은 중간정도이다.

中餐餐具

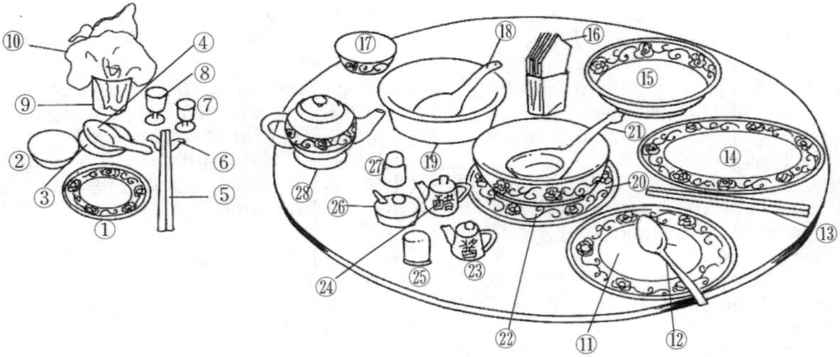

①餐碟 cāndié
②小汤碗 xiǎotāngwǎn
③味碟 wèidié
④羹匙 gēngchí
⑤筷子 kuàizi
⑥筷子架 kuàizijià
⑦白酒杯 báijiǔbēi
⑧红酒杯 hóngjiǔbēi
⑨水杯 shuǐbēi
⑩餐巾 cānjīn
⑪菜盘 càipán
⑫公用勺儿 gōngyòng sháor
⑬公用筷子 gōngyòng kuàizi
⑭鱼盘 yúpán
⑮深菜盘 shēncàipán
⑯餐巾纸 cānjīnzhǐ
⑰小饭碗 xiǎofànwǎn
⑱饭勺 fànsháo
⑲饭盆 fànpén
⑳汤碗 tāngwǎn
㉑汤勺 tāngsháo
㉒托盘 tuōpán
㉓酱油壶 jiàngyóuhú
㉔醋壶 cùhú
㉕牙签儿盒儿 yáqiānr hér
㉖芥末杯 jièmobēi
㉗盐盒儿 yánhér
㉘茶壶 cháhú

☆【中餐－찬】zhōngcān [명]중국 요리. (反)〔西 xī 餐〕

【中餐餐具－찬찬구】zhōngcān cānjù [명]중국요리식기.

【中策－책】zhōngcè [명](상책과 하책의) 중간 책략.

【中层－층】zhōngcéng [명](기구·조직·계층 따위의) 중간층.

【中产阶级－산계급】zhōngchǎn jiējí [명]〈略〉'中等资产阶级'(중산계급)의 준말. 중산층.

【中常－상】zhōngcháng [형]보통이다. 중간 정도이다.

【中辍－철】zhōngchuò [동]〈文〉중도에서 그만두다. ◇学业～/학업을 중단하다.

【中词－사】zhōngcí [명]〈論〉(삼단 논법의) 매명사(媒名辭).

【中道－도】zhōngdào [명]**1**도중. **2**〈文〉중용(中庸).

【中稻－도】zhōngdào [명]〈農〉중올벼.

*【中等－등】zhōngděng [형]**1**중등의. 중급의. ◇～货/중간 제품. **2**(신체의 크기가) 중간인. ◇～个儿/중키.

【中等教育－등교육】zhōngděng jiàoyù [동]〈教〉중등 교육.

【中东－동】Zhōngdōng [명]〈地〉중동. →〔近 Jìn 东〕

【中短波－단파】zhōngduǎnbō [명]〈無〉중단파.

⁑【中断－단】zhōngduàn [동]중단되다. 끊기다. ◇供应～/공급이 중단되다. ◇联系～/연락이 끊긴다. (反)〔接连 jiēlián〕

【中队－대】zhōngduì [명]중대.

【中耳－이】zhōng'ěr [명]〈生理〉중이.

【中饭－반】zhōngfàn [명]중식. 점심. (同)〔午 wǔ 饭〕

【中锋－봉】zhōngfēng [명]〈體〉(구기 경기의) 센터. 센터 포워드.

【中缝－봉】zhōngfèng [명]**1**신문의 중앙의 접는 부분의 여백. 〔어떤 신문은 이곳에 광고도 실음〕 **2**목판본에서 1매의 종이의 중앙부.

【中伏－복】zhōngfú [명]**1**중복. **2**중복(中伏)에서 말복(末伏) 전날까지의 기간. (同)〔二伏〕→〔三伏〕

【中耕－경】zhōnggēng [명][동]〈農〉사이갈이(하다).

【中共－공】Zhōnggòng [명]〈略〉'中国共产党'(중국 공산당)의 준말.

【中共中央－공중앙】Zhōnggòng Zhōngyāng 图'中国共产党中央委员会'(중국 공산당 중앙위원회)의 준말.

【中古－고】zhōnggǔ 图〈史〉1중고.〔고대와 근대 사이의 시대〕2봉건시대.

【中国－국】zhōngguó 图중국.

【中国话－국화】zhōngguóhuà 图중국어. 중국말. (同)〔汉语 Hànyǔ〕

【中国画－국화】zhōngguóhuà 图중국화. (同)〔国画〕, (反)〔西 xī 画〕

【中国人民解放军－국인민해방군】Zhōngguó Rénmín Jiěfàngjūn 图중국 인민 해방군.

【中国字－국자】zhōngguózì 图중국 문자. 한자.

【中果皮－과피】zhōngguǒpí 图〈植〉중과피.

【中和－화】zhōnghé 1图〈化〉〈物〉중화. 2통중화하다.

【中华－화】Zhōnghuá 图고대 때 황하유역을 가리킴. 지금은 중국을 가리킴.

【中华民族－화민족】Zhōnghuá Mínzú 图56개 소수민족을 포함한 중국 민족.

【中级－급】zhōngjí 图중급의. 중등의.

【中继线－계선】zhōngjìxiàn 图(전화나 유선 전신의) 중계선.

【中继站－계참】zhōngjìzhàn 图(무선 통신 따위의) 중계소.

★【中间－간】zhōngjiān 图1중간. 가운데. ◇水池~有一个喷泉/저수지 안에 분수가 하나 있다. 2중앙. 중심. ◇湖底像锅底, 越到~越深/호수 밑바닥이 가마솥 바닥처럼 되어 있어 중앙으로 들어갈 수록 더 깊다. (同)〔中心 xīn〕3(사물의 양끝이나 두 사물의) 중간. 사이. ◇飞机从北京飞到巴黎－要停一次/비행기로 북경에서 파리까지 가는데 한 번 서야 한다.

【中间派－간파】zhōngjiānpài 图중간파.

【中坚－견】zhōngjiān 图중견. 핵심. ◇~一分子/중진. 핵심인물.

【中间儿－간아】zhōngjiànr (同)〔中间 jiān〕

【中将－장】zhōngjiàng 图〈军〉중장.

【中焦－초】zhōngjiāo 图〈中醫〉중초.

【中介－개】zhōngjiè 图통중개(하다).

【中看－간】zhōngkàn 图보기 좋다.

【中馈－궤】zhōngkuì 图〈文〉1집안의 식사를 주관함. 2〈轉〉아내.

【中栏－란】zhōnglán 图〈體〉400m 허들 (hurdle)

*【中立－립】zhōnglì 图중립. ◇严守~/중립을 엄수하다.

【中立国－립국】zhōnglìguó 图중립국.

【中流－류】zhōngliú 图1(강의) 중류. (同)〔中游〕2흐름의 복판. 3중류. 중등(의).

【中流砥柱－류지주】zhōng liú Dǐ zhù〈成〉황하 가운데의 지주산(砥柱山). 어떤 역

경에도 굴하지 않는 기둥같은 사람이나 집단.

【中路－로】zhōnglù (~儿)图(품질이) 중간 정도의. ◇~货/중간 정도의 물건.

【中路梆子－로방자】zhōnglù bāng·zi (同)〔晋 jìn 剧〕

【中落－락】zhōngluò 통중도에 몰락하다. (同)〔败 bài 落〕, (反)〔复兴 fùxīng〕

【中拇指－무지】zhōng·muzhǐ 图중지. 가운뎃손가락. (同)〔中指〕

【中脑－뇌】zhōngnǎo 图〈生理〉중뇌.

*【中年－년】zhōngnián 图중년. ◇~男子/중년 남자.

【中农－농】zhōngnóng 图〈農〉중농. →〔上中农〕〔下中农〕

【中跑－포】zhōngpǎo 图〈體〉중거리 경주.

【中篇小说－편소설】zhōngpiān xiǎoshuō 图중편 소설.

【中频－빈】zhōngpín 图〈無〉중파(中波). 중간 주파수.

【中期－기】zhōngqī 图중기.

【中气－기】zhōngqì 图중기.〔24절기 중 양력으로 매달 중순에 드는 절기. 우수·춘분·곡우 등〕

*【中秋－추】Zhōngqiū 图한가위. 추석.

【中秋节－추절】Zhōngqiūjié (同)〔中秋〕

【中人－인】zhōngrén 图1중개자. 증인. 2〈文〉보통인.

【中山狼－산랑】zhōngshānláng 图은혜를 원수로 갚는 사람. 배은망덕한 놈.

【中山装－산장】zhōngshānzhuāng 图중산복. 인민복.(同)〔中山服 fú〕

中山装

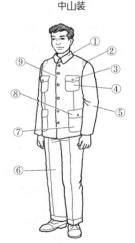

Z

①领子 lǐngzi　⑤袖子 xiùzi
②垫肩 diànjiān　⑥裤子 kùzi
③小袋盖儿 xiǎodàigàir　⑦大袋 dàdài
⑧大袋盖儿 dàdàigàir
④小袋 xiǎodài　⑨扣子 kòuzi

【中士－사】zhōngshì [명]〈軍〉중사.
【中世纪－세기】zhōngshìjì [명]〈史〉중세기.
【中式－식】zhōngshì [형]중국식의. 중국풍의. (反)〔西 xī 式〕
【中枢－추】zhōngshū [명]중추. 중심.
【中枢神经－추신경】zhōngshū shénjīng [명]〈生理〉중추신경.
【中堂－당】zhōngtáng [명]**1**(～儿)응접실의 정면 중앙에 거는 족자. **2**전당(殿堂)의 중앙.

中堂

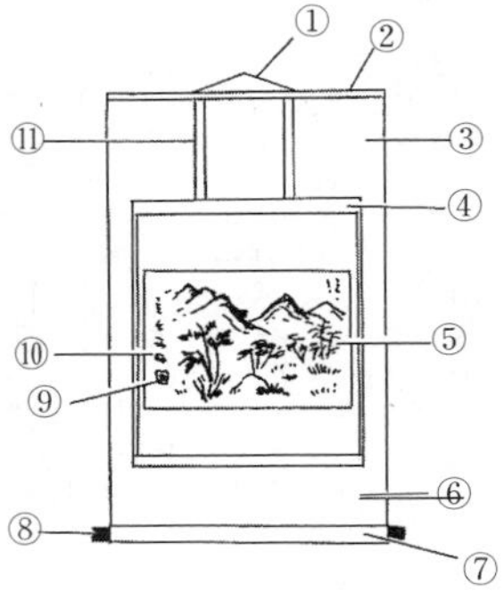

①绦带 tāodài　⑦地杆 dìgǎn
②天杆 tiāngǎn　⑧轴头 zhóutóu
③天头 tiāntóu　⑨盖章 gàizhāng
④锦牙 jǐnyá　⑩落款儿 luòkuǎnr
⑤画心 huàxīn　⑪绶带 shòudài
⑥地头 dìtóu

【中堂－당】zhōng·tang [명]〈史〉명청(明淸) 시대의 내각대학사(內閣大學士)의 별칭.
【中提琴－제금】zhōngtíqín [명]〈音〉비올라.
【中听－청】zhōngtīng [형]귀에 솔깃하다. (同)〔动 dòng 听〕, (反)〔难 nán 听〕
*【中途－도】zhōngtú [명]중도. 도중. ◇开会不要～退场/회의중에 중도에 퇴장하지 마시오. ◇这趟公共汽车～不停/이 버스는 도중에 서지 않는다.
【中外－외】zhōngwài [명]중국과 외국.
【中卫－위】zhōngwèi [명]〈體〉(축구·송구 등의) 센터 하프.
【中尉－위】zhōngwèi [명]〈軍〉중위.
★【中文－문】Zhōngwén [명]중국어. (反)〔外 wài 文〕
★【中午－오】zhōngwǔ [명]정오. 낮 12시 전후.
【中西－서】zhōngxī [명]중국과 서양.
【中西合璧－서합벽】zhōng xī hé bì〈成〉중국과 서양의 절충.
【中线－선】zhōngxiàn [명]**1**〈數〉중선. **2**〈體〉중앙선.
【中校－교】zhōngxiào [명]〈軍〉중령.
☆【中心－심】zhōngxīn [명]**1**(～儿)중심. 한가운데. ◇故宫在北京市～/고궁은 북경시 한가운데 있다. (同)〔中央 yāng〕, (反)〔边缘 biānyuán〕 [비교]中心:中部 "中心"은 "人"의 관형어로 쓰이지 않는다. ◇我是非洲(×中心)中部的人/난 아프리카 중부 사람이다. **2**중심. (사물의) 핵심. ◇抓住问题的～/문제의 핵심을 포착하다. **3**중심. 중요지역. ◇中国的政治文化～是北京/중국의 정치문화 중심은 북경이다. **4**센터. ◇研究～/연구센터. ◇科技信息～/과학기술 정보센터.
【中兴－흥】zhōngxīng [동](주로 국가가) 중흥하다. (反)〔没落 mòluò〕
*【中型－형】zhōngxíng [명]중형. ◇～汽车/중형자동차.
【中性－성】zhōngxìng [명]**1**〈化〉중성. **2**〈言〉중성.
【中休－휴】zhōngxiū [명]중간 휴식.
★【中学－학】zhōngxué [명]**1**중고등학교. ◇～九月一日开学, 大学晚点儿/중고등학교는 9월 1일에 개학하고 대학은 좀 늦다. ◇上～/중고등학교에 들어가다. ◇考～/중고등학교 입학시험을 보다. ◇初级～(＝初中)/중학교. ◇高级～(＝高中)/고등학교. **2**〔청말(淸末) 중국의 전통 학술을 일컫던 말〕(同)〔国 guó 学〕, (反)〔西 xī 学〕
【中学生－학생】zhōngxuéshēng [명]중고등학생.
⁑【中旬－순】zhōngxún [명]중순.
☆【中央－앙】zhōngyāng [명]**1**중앙. ◇湖的～有个亭子/호수의 한가운데에 정자가 하나 있다. **2**정부 정치단체의 최고 기관. ◇党～/중국 공산당 중앙위원회. (反)〔地方 dìfāng〕
☆【中药－약】zhōngyào [명]한방약. 한약. (同)〔国 guó 药〕, (反)〔西 xī 药〕
【中叶－엽】zhōngyè [명]중기. 중엽.
⁑【中医－의】zhōngyī [명]**1**중국전통의학. (同)〔国 guó 医〕, (反)〔西 xī 医〕 **2**중국전통의학으로 치료하는 의사.
【中庸－용】zhōngyōng **1**[명]중용. **2**[형]〈文〉평범하다.
【中用－용】zhōngyòng [동]유용하다. 쓸모

가 있다. 〔주로 부정문에 쓰임〕◇这么简单的事都办不好, 真不～/이 정도 쉬운 일도 제대로 못하니 정말 쓸모가 없군.

*【中游一유】 zhōngyóu 閏1(강의) 중류. ◇长江～水很急/양자강 중류의 물살이 빠르다. 2(선진도 후진도 아닌) 중간정도 상태. ◇他争好胜, 不甘居～/그는 승벽이 강해 중간 정도에 만족하지 않는다.

【中雨一우】 zhōngyǔ 閏〈天〉24시간 내 강우량이 10～25mm인 비.

【中元(节)一원(절)】 Zhōngyuán(jié) 閏중원. 백중날. 〔음력 7월 15일〕

*【中原一원】 Zhōngyuán 閏〈地〉(중국의 황하 중하류지역) 중원.

【中允一윤】 zhōngyǔn 閏〈文〉공정하다.

【中灶一조】 zhōngzào 閏(단체 식사에서) 중간 수준의 식사. 〔'大灶'와 '小灶'와 구별됨〕

【中止一지】 zhōngzhǐ 閏중단하다.

【中指一지】 zhōngzhǐ 閏중지. 가운뎃 손가락. (同)〔将 jiàng 指〕

【中州一주】 Zhōngzhōu 閏〈地〉중주. 하남성(河南省) 일대의 옛이름.

【中转一전】 zhōngzhuǎn 閏(차를) 도중에 갈아타다. 환승하다. ◇～旅客/환승여객.

【中装一장】 zhōngzhuāng 閏중국의 전통복장. (反)〔西 xī 装〕

【中子一자】 zhōngzǐ 閏〈物〉중성자.

【中子弹一자탄】 zhōngzǐdàn 閏〈军〉중성자탄.

【中子星一자성】 zhōngzǐxīng 閏〈天〉중성자성.

【忠】 心部 zhōng 4画 충성 **충**

1閏충성. (反)〔奸 jiān〕2종충성하다.

【忠臣一신】 zhōngchén 閏충신. (同)〔忠良 liáng〕, (反)〔奸 jiān 臣〕

*✻【忠诚一성】 zhōngchéng 閏충성스럽다. ◇对国家无限～/나라에 끝없이 충성하다. (反)〔背叛 bèipàn〕

【忠告一고】 zhōnggào 閏종충고(하다). (反)〔唆使 suōshǐ〕

【忠厚一후】 zhōnghòu 閏너그럽고 성실하다. (同)〔敦 dūn 厚〕, (反)〔刻薄 kèbó〕

【忠良一량】 zhōngliáng 1閏충성스럽고 정직하다. 2閏충직한 사람. (反)〔奸佞 jiānnìng〕

*✻【忠实一실】 zhōngshí 閏1성실하다. 믿음직스럽다. ◇～的信徒/충실한 신도. 2진실되다. ◇～的记录/진실한 기록.

【忠顺一순】 zhōngshùn 閏〈貶〉충실하고 순종적이다.

【忠心一심】 zhōngxīn 閏충성심.

【忠心耿耿一심경경】 zhōng xīn gěng gěng

〈成〉충성심에 불타다.

【忠言一언】 zhōngyán 閏충고. (同)〔忠告 gào〕, (反)〔坏话 huàihuà〕

【忠言逆耳一언역이】 zhōng yán nì ěr 〈成〉충언은 귀에 거슬린다. ◇良药苦口利于病, ～利于行/좋은 약은 입에 쓰지만 병에 이롭고, 충고는 귀에 거슬리지만 행동에 이롭다.

【忠勇一용】 zhōngyǒng 閏충성스럽고 용감하다.

*【忠于一어】 zhōngyú 〈文〉…에 충성하다. ◇～祖国/조국에 충성하다.

*【忠贞一정】 zhōngzhēn 閏충절이 있다. ◇～不屈/〈成〉충성을 다하여 변함이 없다.

【盅】 皿部 zhōng 4画 그릇빌 **충**

(～儿)閏(손잡이가 없는) 작은 잔. ◇酒～儿/술잔.

【盅子一자】 zhōng·zi 잔.

★【钟·鐘·鍾】 钅部 zhōng 4画 쇠북 **종**

閏1종. ◇教堂的～声响了/예배당의 종소리가 울렸다. 2시계. 〔손목·회중시계를 제외한 괘종·탁상 시계 등을 말함〕◇电子～/전자시계. ◇挂～/벽시계. 괘종시계. ◇闹～/자명종. ◇座～/탁상 시계. 3시간. 시. ◇一点～/1시. ◇一个～头/한 시간. ◇一秒～/1초. 4(감정 등을 한 곳에) 열중하다. ◇～情/사랑에 빠지다. ◇～爱/총애하다. 5(손잡이 없는 작은 (술)잔. (同)〔盅〕6(Zhōng)閏성(姓).

【钟爱一애】 zhōng'ài 종총애하다.

【钟摆一파】 zhōngbǎi 閏시계추.

*【钟表一표】 zhōngbiǎo 閏시계의 총칭.

*【钟点一점】 zhōngdiǎn (～儿)1閏시각. (규정된) 시간. ◇到～儿了, 快走吧/시간이 됐으니, 빨리 가자. 2양시간. ◇等了一个～, 他还没来/한 시간동안 기다렸지만, 그는 아직 오지 않았다. (同)〔小时 xiǎoshí〕, 〔钟头 tóu〕

【钟鼎文一정문】 zhōngdǐngwén →〔金文〕

【钟馗一규】 Zhōngkuí 閏〈人〉종규. 〔역신을 쫓아낸다는 신(神)〕

【钟离一리】 Zhōnglí 閏복성(复姓).

【钟灵毓秀一령육수】 zhōng líng yù xiù 〈成〉좋은 자연환경에서 뛰어난 인물이 나오다.

【钟楼一루】 zhōnglóu 閏1종루. 종당(鍾堂). 2시계탑.

【钟鸣鼎食一명정식】 zhōng míng dǐng shí 〈成〉부귀영화를 누리다. 호사스러운 생활을 하다. (反)〔粗茶淡饮 cū chá dàn yǐn〕

【钟情一정】 zhōngqíng 종(이성에게) 완전히 반하다. 사랑에 빠지다. ◇一见～/첫

눈에 반하다.

【钟乳石－유석】zhōngrǔshí 阅〈地質〉종유석. (同)〔石钟乳〕

★【钟头－두】zhōngtóu 阅〈口〉시간. ◇一个~后, 我去找你/1시간 후에 내가 너를 찾으러 갈게. (同)〔小 xiǎo 时〕

【衷】亠部｜衣部｜zhōng
8画｜4画｜속 **충**

阅**1**속 마음. 진심. ◇言不由~/말이 진심에서 우러나온 것이 아니다. **2**가운데. 중간. **3**(Zhōng)성(姓).

【衷肠－장】zhōngcháng 阅〈文〉진심. 속마음.

【衷情－정】zhōngqíng 阅진정. 속생각.

【衷曲－곡】zhōngqū (同)〔衷情〕

＊＊【衷心－심】zhōngxīn 阅진심. ◇我们~地希望你早日康复/우리는 네가 하루 빨리 회복하길 진심으로 바란다.

＊【终・終】纟部｜zhōng
5画｜마침 **종**

1阅통끝(나다). ◇告~/종말을 고하다. 죽다. ◇有始无~/시작은 있고 끝이 없다. (同)〔完 wán〕, (反)〔始 shǐ〕 **2**阅(사람의)죽음. ◇临~/임종(하다). (同)〔死 sǐ〕, (反)〔活 huó〕 **3**旱결국. 마침내. ◇~将胜利见效/결국 승리할 것이다. **4**阅처음부터 끝까지의. ◇~年/일년간. (同)〔毕 bì〕 **5**(Zhōng)성(姓).

【终场－장】zhōngchǎng **1**阅(연극・구기 따위가) 끝나다. (反)〔开 kāi 场〕 **2**阅옛날, 과거(科擧)의 종장.

＊【终点－점】zhōngdiǎn 阅**1**종점. ◇~站/종착역. (同)〔尽头 jìntóu〕, (反)〔起 qǐ 点〕 **2**〈體〉결승점.

＊【终端－단】zhōngduān 阅〈電〉(컴퓨터의) 단말. 터미널.

【终伏－복】zhōngfú 말복. (同)〔末 mò 伏〕

【终古－고】zhōnggǔ 阅旱〈文〉영원(히). (同)〔久远 jiǔyuǎn〕〔永远 yǒngyuǎn〕

【终归－귀】zhōngguī 旱결국. 마침내. (同)〔毕竟 bìjìng〕〔到底 dàodǐ〕

【终极－극】zhōngjí 阅최후. 마지막.

【终结－결】zhōngjié 阅통종결(하다). ◇这场官司何时~?/이번 소송은 언제 종결되는가?

＊【终究－구】zhōngjiū 旱결국. 마지막에는. ◇大部分失足青年~能改造成新人的/대부분 비행청소년은 언젠가 새사람이 될 수 있다. ◇一个人的力量~有限, 编词典还得靠集体的力量/한 사람의 힘은 결국 한계가 있어 사전편찬은 집단의 힘에 의지해야 한다. (同)〔总归 zǒngguī〕〔毕竟〕

【终久－구】zhōngjiǔ (同)〔终究 jiū〕

【终局－국】zhōngjú 阅결말. 마지막.

【终老－로】zhōnglǎo 통늙어 죽다. 생애를 마치다.

【终了－료】zhōngliǎo 阅통끝(나다). 완료(하다).

【终南捷径－남첩경】zhōng nán jié jìng 〈成〉관리가 되는 첩경. 목적을 달성하는 지름길.

＊【终年－년】zhōngnián 阅**1**일년간. 일년 내내. ◇~积雪的高山/일년 내내 눈이 쌓여 있는 높은 산. (同)〔全 quán 年〕〔一年到头 yī nián dào tóu〕 **2**향년. ◇~八十岁/향년 80세.

＊【终日－일】zhōngrì 阅종일. 온종일. 하루 종일. (同)〔整天 zhěngtiān〕〔从早到晚 cóng zǎo dào wǎn〕

＊＊【终身－신】zhōngshēn 阅평생. ◇自从妻子死后, 他立志~不再娶/아내가 죽은 후에 그는 평생 장가들지 않기로 마음 먹었다. ◇~大事/결혼. (同)〔一 yī 生〕〔一辈子〕 비교终身:一辈子 "终身"은 목적어로 쓰지 않는다. ◇他使我幸福了(×终身)一辈子/그는 나를 평생 행복하게 했다.

【终审－심】zhōngshěn 阅〈法〉종심. 최종심.

【终生－생】zhōngshēng 阅일생. 평생.

【终霜－상】zhōngshuāng 阅〈天〉마지막 서리.

【终天－천】zhōngtiān 阅**1**종일. 온종일. **2**〈文〉평생.

☆【终于－어】zhōngyú 旱마침내. 결국. 드디어. ◇在这次比赛中, 他克服重重困难, ~获得了冠军/그는 이번 시합에서 거듭되는 어려움을 극복하고 마침내 우승을 하였다. 비교终于:始终:到底 ①어떤 과정 중에서 처음부터 끝까지 변화가 없는 경우에는 "终于"를 쓰지 않는다. ◇他说了半天我(×终于)始终听不懂他的话/그가 한참을 얘기했지만 난 처음부터 끝까지 그의 말을 못 알아 들었다. ②"终于"는 의문문에 쓰이지 않는다. ◇那封信(×终于)到底收到了没有?/그 편지를 도대체 받아본 거예요?

＊【终止－지】zhōngzhǐ 그치다. 중지하다. ◇~活动/활동을 중지하다. ◇要求~这种不正常状态/비정상적인 그런 상태를 중지할 것을 요구하다. (同)〔终结 jié〕, (反)〔开始 kāishǐ〕

【螽】虫部｜zhōng
11画｜메뚜기 **종**

【螽斯－사】zhōngsī 阅〈虫〉여치. (同)〔蝈蝈儿〕

zhǒng

＊＊【肿・腫】禾部｜zhǒng
4画｜종기 **종**

（동）붓다. 부어 오르다. ◇头上~了一个大包/머리에 큰 혹이 났다.
*【肿瘤－류】zhǒngliú （명）〈醫〉종양. (同)〔瘤子〕
【肿胀－장】zhǒngzhàng （동）부어 오르다.

★【种·種】禾部 zhǒng
　　　　　4画 종류 종

1（명）〈生〉（생물 분류의 기초 단위인）종. ◇猫是哺乳动物猫科猫属的一~/고양이는 포유동물 고양이과 고양이속의 한 종류이다. **2**（명）인종. ◇黄~/황인종. ◇白~/백인종. ◇黑~/흑인종. ◇中国人属于黄~人/중국인은 황인종에 속한다. **3**（~儿, ~子）（명）씨앗. 종자. ◇棉花~/면화 종자. **4**（명）뱃. 배짱.〔'有'나'没有'와 함께 쓰임〕◇有~的出来!/배짱있는 놈 나와! ◇这家伙没~/이 녀석은 정말 뱃도 없다. **5**（양）종. 종류. 가지. ◇大熊猫是一~十分珍贵的动物/팬더는 아주 진귀한 동물이다. **6**(Zhǒng)（명）성(姓). ⇒Chóng, zhòng
【种畜－축】zhǒngchù （교）배용가축. 씨짐승.
**【种类－류】zhǒnglèi （명）종류. ◇蝴蝶的~很多/나비의 종류는 많다.
【种仁－인】zhǒngrén （명）〈植〉씨앗의 살.
【种姓－성】zhǒngxìng （명）카스트(caste). 인도의 신분제도.
*【种种－종】zhǒngzhǒng （명）여러 가지. 각종. ◇克服~困难/갖가지 어려움을 극복한다. ◇~意见/갖가지 의견. （비교）种种:好几种"种种"은 동사 뒤에서 목적어로 쓰지 않는다. ◇商店里衣服多得很, 我买了(×种种)好几种/상점에 옷이 무척 많아서 난 많은 종류의 옷을 샀다.
☆【种子－자】zhǒng·zi （명）**1**종자. 씨앗. **2**〈體〉（토너먼트 경기의）시드(seed).
*【种族－족】zhǒngzú （명）종족. 인종. (同)〔人种 rén zú〕
【种族歧视－족기시】zhǒngzú qíshì （명）인종차별.
【种族主义－족주의】zhǒngzú zhǔyì （명）인종주의.

【冢】一部 zhǒng
　　　8画 클 총

（명）（높고 큰）무덤. 묘. ◇古~/고총.

【踵】足部 zhǒng
　　　足部 발뒷꿈치 종

〈文〉**1**（명）발뒤꿈치. ◇举~/발뒤꿈치를 들다. **2**（동）몸소 이르다. ◇~门道谢/직접 찾아와 감사를 표하다. **3**（동）뒤따르다. ◇~至/잇따르다.
【踵事增华－사증화】zhǒng shì zēng huá 〈成〉이전의 사업을 계승하여 더욱 발전시키다.
【踵武－무】zhǒngwǔ （동）〈文〉남의 뒤를 따라

서 걷다. 〈喩〉모방하다. 답습하다.

zhòng

**【中】丨部 zhòng
　　　3画 가운데 중

（동）**1**맞히다. 들어맞다. ◇三枪都打～了目标/세 발 모두 목표를 맞혔다. (反)〔偏 piān〕**2**받다. 당하다. ◇身上～一枪/몸에 (총을) 한 방 맞았다. ⇒zhōng
【中标－표】zhòng//biāo （동）（입찰해서）낙찰되다.
【中毒－독】zhòng//dú （동）중독되다. (反)〔解jiě 毒〕
【中风－풍】zhòng//fēng （동）중풍에 걸리다. (同)〔卒 cù 中〕
【中风－풍】zhòngfēng （명）중풍.
【中奖－장】zhòng//jiǎng （동）（복권에）당첨되다.
【中肯－긍】zhòngkěn （동）（말이）정곡을 찌르다. ◇张老师的话很～/장선생님의 말씀이 정곡을 찔렀다. (反)〔偏颇 piānpō〕
【中签－첨】zhòng//qiān （동）추첨에 당첨되다.
【中伤－상】zhòngshāng （동）중상하다. 헐뜯다. ◇造遥～/사실을 날조하여 중상하다. (同)〔诋毁 dǐhuǐ〕, (反)〔美言 měiyán〕
【中式－식】zhòng//shì （동）옛날에, 과거에 급제하다. →zhōngshì (反)〔下第 xiàdì〕
【中暑－서】zhòng//shǔ **1**（동）더위 먹다. **2**(zhòngshǔ)（명）〈中醫〉더위먹는 증상.
【中选－선】zhòng//xuǎn （동）뽑히다. 선발되다. (同)〔入 rù 选〕, (反)〔落 luò 选〕
【中意－의】zhòng//yì （명）마음에 들다. ◇妈妈对这个媳妇很～/어머니는 이 며느리에 대해 매우 마음에 들었다. (同)〔合 hé 意〕〔满 mǎn 意〕 (비교)中意:看中 "中意"는 뒤에 목적어를 취하지 않는다. ◇我(×中意)看中了那件衣服/난 그 옷이 마음에 들었다.

【仲】亻部 zhòng
　　　4画 버금 중

1（명）중간에 서다. ◇～裁/중재하다. **2**（명）한 절기의 두 번째 달. ◇～秋/가을의 두 번째 달.→〔孟〕〔季〕**3**（명）형제들 중의 둘째. ◇伯～叔季/（형제들 중의）첫째, 둘째, 셋째, 넷째. **4**(Zhòng)（명）성(姓).
【仲裁－재】zhòngcái （동）중재하다.
【仲春－춘】zhòngchūn （명）중춘(음력 2월).
【仲冬－동】zhòngdōng （명）중동(음력 11월).
【仲家－가】Zhòngjiā （명）〈民〉（중국의 소수민족의 하나인）'布依族'(포이족)의 구칭 (舊稱).
【仲秋－추】zhòngqiū （명）중추(음력 8월).
【仲夏－하】zhòngxià （명）중하(음력 5월).

☆【种(種)】 禾部 | zhòng
4画 | 종류 종
(동)(씨를) 뿌리다. (모를) 심다. ◇～树/나무를 심다. ◇～棉花/면화를 심다. (同)〔栽 zāi〕, (反)〔收 shōu〕⇒Chóng, zhǒng

＊【种地－지】 zhòng//dì (동)논밭을 갈다. ◇他在家～过地/그는 집에서 농사 지었었다. ◇他是～的/그는 농사꾼이다.

【种痘－두】 zhòng//dòu (동)종두하다. 우두를 접종하다. (同)〔种牛痘〕〔种花〕

【种瓜得瓜, 种豆得豆－과득과, 종두득두】 zhòng guā dé guā, zhòng dòu dé dòu 〈諺〉콩 심은 데 콩 나고, 팥 심은 데 팥 난다.

【种花－화】 zhòng//huā (동)1(～儿)꽃을 심다. 2(～儿)〈方〉종두를 접종하다. (同)〔种痘〕3〈方〉면화를 심다.

【种田－전】 zhòng//tián (同)〔种地 dì〕

＊＊【种植－식】 zhòngzhí (동)심다. 재배하다. ◇山上～了许多果树/산에 과수를 많이 심었다.

＊【众·衆】 人部 | zhòng
4画 | 뭇 중
1(형)많다. ◇寡不敌～/중과 부적. (同)〔多 duō〕, (反)〔寡 guǎ〕2(명)많은 사람. ◇～听/청중. ◇～观/관중. ◇～群/군중.

＊【众多－다】 zhòngduō (형)(수가) 매우 많다. ◇人口～/인구가 많다.

【众口难调－구난조】 zhòng kǒu nán tiáo 〈成〉여러 사람의 구미를 다 맞추기는 어렵다. 모든 사람을 만족시키기가 어렵다.

【众口铄金－구삭금】 zhòng kǒu shuò jīn 〈成〉많은 사람의 입은 쇠도 녹인다. 여론의 힘은 무섭다. 지금은 말이 많으면 사실을 혼동시킬 수 있다는 의미로 쓰인다.

【众口一词－구일사】 zhòng kǒu yī cí 〈成〉이구 동성으로 말하다.

【众目睽睽－목규규】 zhòng mù kuí kuí 〈成〉모두들 주시하다.

【众目昭彰－목조창】 zhòng mù zhāo zhāng 〈成〉많은 사람들이 똑똑히 보고 있다.

【众怒－노】 zhòngnù (명)군중〈中〉의 분노.

【众叛亲离－판친리】 zhòng pàn qīn lí 〈成〉뭇사람이 반대하고 친근한 사람들이 떠나버리다. 버림받아 고립되다. ◇郑经理尝到了～的痛苦滋味儿/정사장은 뭇사람에게 버림받는 슬픔을 맛 보았다. (反)〔众望所归 zhòng wàng suǒ guī〕

【众擎易举－경이거】 zhòng qíng yì jǔ 〈成〉모든 사람이 힘을 합하면 쉽게 일을 이룰 수 있다. 백짓장도 맞들면 낫다. (反)〔独木难支 dú mù nán zhī〕

＊【众人－인】 zhòngrén (명)많은 사람. 군중. ◇狮子一吼, 吓坏了～/사자가 한번 울부짖자 많은 사람이 몹시 놀랐다. 비교众

人:大家 "众人"은 "我们"과 같이 쓰이지 않는다. ◇我跟(×众人)大家商量好了, 星期天去划船/일요일에 배 타러 가기로 나는 여러 사람과 상의했다.

【众人拾柴火焰高－인습시화염고】 zhòngrén shí chái huǒyàn gāo 〈諺〉사람이 많으면 힘도 크다.

【众生－생】 zhòngshēng (명)〈佛〉중생.

【众矢之的－시지적】 zhòng shǐ zhī dì 〈成〉모두가 공격하는 대상.

【众说－설】 zhòngshuō (명)여러 사람의 의견.

＊【众所周知－소주지】 zhòng suǒ zhōu zhī 〈成〉모든 사람이 다 알고 있다. 주지의 사실이다. ◇～, 他是个残病人, 不能走动/아시다시피, 그는 장애자로서 걸어다닐 수 없다.

【众望－망】 zhòngwàng (명)뭇 사람의 희망〔신망〕. 여망.

＊【众议院－의원】 zhòngyìyuàn (명)중의원.

【众志成城－지성성】 zhòng zhì chéng chéng 〈成〉사람들이 단합하면 대단한 세력을 이룰 수 있다. (反)〔独木难支 dú mù nán zhī〕

★【重】 丿部 | 里部 | 무거울 중
8画 | 2画
1(형)무게. 중량. ◇那个举～运动员能举多～?/저 역도선수는 얼마나 들 수 있니? 2(형)무겁다. ◇这是箱子很～/이 상자는 매우 무겁다. 3(형)(정도가) 심하다. 깊다. ◇他的病很～/그의 병이 심각하다. (反)〔轻 qīng〕4(형)중요하다. 중대하다. ◇朋友之间应该以友情为～/친구사이에는 우정을 중요시해야 한다. 5(동)중시하다. ◇～男轻女的思想要不得/남존여비의 사고는 가져서는 아니된다. (反)〔轻 qīng〕6(형)신중하다. ◇慎～/신중하다. ⇒chóng

【重办－판】 zhòngbàn (동)중형벌에 처하다.

【重臂－비】 zhòngbì (명)〈物〉지렛대의 팔거리. 〔阻力臂의 구칭〕

【重兵－병】 zhòngbīng (명)강력한 군대.

【重彩－채】 zhòngcǎi (명)짙은 색깔.

【重创－창】 zhòngchuāng (동)중상을 입히다. 심한 손상을 입히다.

☆【重大－대】 zhòngdà (형)중대하다. ◇～问题/중대한 문제. ◇意义～/의의가 크다. ◇～事件/중대 사건.

【重担－담】 zhòngdàn (명)무거운 짐. 중책.

【重地－지】 zhòngdì (명)중요한 곳. 요충지.

☆【重点－점】 zhòngdiǎn (명)1〈物〉중점. 지렛대의 중점. 2중점. 중요한 점. 역점. ◇～工作/역점 사업. ◇通过分析, 比较, 确定了工作～/분석과 비교를 통해서 업무중점을 확정했다.

【重读－독】 zhòngdú (명)〈言〉강세〔액센트〕를 주어 읽다.

Z

【重犯－范】zhòngfàn 图〈法〉중죄범. 중죄인.

【重负－负】zhòngfù 图무거운 부담.

*【重工业－工业】zhònggōngyè 图중공업. (反)〔轻qīng工业〕

【重话－话】zhònghuà 图심한 말.

【重活－活】zhònghuó (～儿)图중노동. 힘든 일. (同)〔笨bèn活〕, (反)〔轻qīng活〕

【重机枪－机关枪】zhòngjīguānqiāng 图〈军〉중기관총.

【重价－价】zhòngjià 图비싼 값. (同)〔高gāo价〕, (反)〔贱jiàn价〕

【重奖－奖】zhòngjiǎng 1图거액의 상금이나 희귀한 상품. 2图거액의 상품을 주다.

【重金－金】zhòngjīn 图거금. 큰돈.

【重金属－金属】zhòngjīnshǔ 图〈化〉중금속.

【重力－力】zhònglì 图〈物〉중력.

【重利－利】zhònglì 1图높은 이자. 2图막대한 이윤. 3图〈文〉금전을 중시하다.

☆【重量－量】zhòngliàng 图〈物〉중량. 무게. ◇他打破了～级的举重纪录/그는 역도의 헤비급 기록을 깼다. 比較重量:重 부사가 명사 "重量"을 수식하지 않는다. ◇我们的东西都是很(×重量)重的/우리의 물건은 모두 꽤 무겁다.

【重炮－炮】zhòngpào 图〈军〉중포.

【重氢－氢】zhòngqīng 图〈化〉중수소.

【重任－任】zhòngrèn 图중임. 중책.

【重伤－伤】zhòngshāng 图중상.

【重身子－身子】zhòngshēn·zi 图1임신. 2임신한 여성.

☆【重视－视】zhòngshì 图 图중시(하다). ◇这几个学生很～口语学习，因此他们进步很快/그 몇몇 학생은 구어공부를 매우 중시하여 구어실력이 빨리 향상됐다. (同)〔看kàn重〕, (反)〔轻qīng视〕

【重听－听】zhòngtīng 图귀가 먹다. (同)〔耳背 ěrbèi〕, (反)〔耳聪 ěrcōng〕

【重头戏－头戏】zhòngtóuxì 图〈演〉노래나 대사가 많아 연기하기 힘든 연극.

【重托－托】zhòngtuō 图중대한 부탁.

【重武器－武器】zhòngwǔqì 图〈军〉중무기. (反)〔轻qīng武器〕

【重孝－孝】zhòngxiào 图부모가 작고하여 입은 상복.

*【重心－心】zhòngxīn 图1〈物〉중심. 무게 중심. 2〈數〉중심. 무게 중심. 3(일 따위의) 중심. 핵심. 중요한 부분. ◇工作～/일의 중심. ◇问题的～/문제의 핵심.

*【重型－型】zhòngxíng 图(기계·무기 등의) 대형. 중량급. ◇～汽车/중형 자동차. (反)〔轻qīng型〕

★【重要－要】zhòngyào 图중요하다. ◇～问题/중요한 문제. ◇你学习成绩的好坏，对你能否找到一个好工作很～/네 성적의 좋고 나쁨은 네가 좋은 직장을 갈 수 있느냐만큼 중요하다. (同)〔根本 gēnběn〕, (反)〔次 cì 要〕 比較重要:严重 정도가 심한 것에는 "重要"를 쓰지 않는다. ◇我觉得有些发烧，不过不太(×重要)严重/난 열이 좀 나는 것 같지만 그렇게 심각하지는 않아요.

【重音－音】zhòngyīn 图강세. 악센트(accent).

【重用－用】zhòngyòng 图중요한 자리에 임용하다. (反)〔埋没 máimò〕

【重元素－元素】zhòngyuánsù 图〈化〉중원소.

【重责－责】zhòngzé 1图중책. 중임. 2图호되게 꾸짖다.

【重镇－镇】zhòngzhèn 图요충. 군사상 주요한 도시.

【重资－资】zhòngzī 图많은 자금.

zhōu

*【舟】 丹部 | zhōu 0画 | 배 主
图〈文〉배. ◇一叶扁～/일엽편주.

【舟车－车】zhōuchē 图1배와 차. 2여행.

【舟楫－楫】zhōují 图〈文〉배.

*【州】 丶部 | zhōu 5画 | 고을 主
图1주. 〔옛 행정 구역 명칭. 현재 '苏州' '杭州' 등과 같이 아직 지명으로 남아 있음〕 2자치주.

【洲】 氵部 | zhōu 6画 | 섬 主
图1주(洲). 대륙. ◇亚～/아시아주. ◇非～/아프리카주. 2강 한가운데 드러난 땅. ◇三角～/삼각주.

【洲际导弹－际导弹】zhōujì dǎodàn 图〈军〉대륙간 탄도미사일 (I.C.B.M.).

【㤭】 口部 | zhōu 9画 | 닭부르는 소리 主
叹구구. 〔닭을 부르는 소리〕

【诌·謅】 讠部 | zhōu 5画 | 농담할 초
图(말을) 꾸며대다. 헛소리하다. ◇胡～/되는 대로 지껄이다.

★【周(週)】 冂部 | zhōu 6画 | 두루 主
1图둘레. 주위. ◇圆～/원주. 2图한 바퀴 돌다. ◇～而复始/한 바퀴 돌고 다시 시작하다. 3图전반적이다. 보편적이다. ◇众所～知/모두가 다 알다시피. ◇一身发热/온몸에 열이 나다. 4图주도 면밀하다. 치밀하다. 철저하다. ◇考虑不～/생각이 치밀하지 못하다. 5图주. 주일. ◇上～/지난 주. ◇下～/다음 주. ◇～末晚会/주말 저

녁 파티. 6[양]바퀴. ◇地球绕太阳一~是一年/지구가 태양 주위를 한 바퀴 도는 것이 1년이다. 7[명]〈略〉〈物〉'周波(주파)'의 준말. 8[동]구제하다. ◇~济/도와주다. 9(Zhōu)[명]주. (B.C. 11세기~B.C. 256년) 10북주(北周, 556~581). 11후주(后周, 951~960). 12(Zhōu)[명]성(姓).

【周报－보】zhōubào [명]주보. 주간 신문.

【周边－변】zhōubiān [명]주변. 주위.

【周波－파】zhōubō [명]〈物〉주파.

☆【周到－도】zhōu·dào [형]주도면밀하다. 빈틈없다. ◇服务~/서비스가 빈틈없다.

【周而复始－이복시】zhōu ér fù shǐ 〈成〉한 바퀴 돌고 다시 돌다. 계속 순환하다.

【周济－제】zhōujì [동](물질적으로) 구제하다. 돕다.

【周角－각】zhōujiǎo [명]〈數〉주각.

【周刊－간】zhōukān [명](신문·잡지 따위의) 주간.

*【周密－밀】zhōumì [형]치밀하다. 빈틈없다. ◇计划~/계획이 치밀하다. (同)〔绵 mián 密〕, (反)〔疏漏 shūlòu〕

⁑【周末－말】zhōumò [명]주말. ◇我们在北戴河度过了一个愉快的~/우리는 북대하에서 즐거운 주말을 보냈다.

⁑【周年－년】zhōunián [명]주년. ◇国庆五十~快到了/건국기념 50주년이 곧 다가온다. [비교]周年:周岁 나이가 만 한 살이 되는 경우에는 "周年"을 쓰지 않는다. ◇今天我就满二十(×周年)周岁了/오늘 난 만 20세가 되었다.

*【周期－기】zhōuqī [명]주기.

【周全－전】zhōuquán 1[형]빈틈없다. 완전하다. 2[동](일이 되도록) 주선하다. 돕다. 성사시키다. ◇~了这件好事/이 좋은 일을 성사시켰다. (同)〔周到 dào〕, (反)〔疏漏 shūlòu〕

【周身－신】zhōushēn [명]온몸. 전신.

【周岁－세】zhōusuì [명]한 돌. 만 1년.

★【周围－위】zhōuwéi [명]주위. 사방. ◇我家~的环境很美, 有山有水/우리집 주위에 산도 있고 강도 있어 환경이 아름답다.

【周围神经－위신경】zhōuwéi shénjīng [명]〈生理〉말초신경.

【周详－상】zhōuxiáng [형]치밀하고 상세하다. 세밀하다.

【周恤－휼】zhōuxù [동]〈文〉구휼하다.

【周旋－선】zhōuxuán [동]1주위를 돌다. 순회하다. (同)〔盘 pán 旋〕 2접대하다. 교제하다. 3적과 싸우며 진퇴기회를 엿보다.

【周延－연】zhōuyán [명]〈論〉주연.

【周游－유】zhōuyóu [동]여러 곳을 돌아 다니다.

【周缘－연】zhōuyuán [명]가장자리. 테두리.

【周遭－조】zhōuzāo [명]둘레. 근처. 사방.

【周章－장】zhōuzhāng [동]1당황하다. 쩔쩔매다. 2고심하다.

*【周折－절】zhōuzhé [명]우여곡절. 고심. (反)〔顺利 shùnlì〕 ◇大费~/크게 애를 먹는다.

【周正－정】zhōu·zhèng [형]〈方〉단정하다. 반듯하다. (同)〔端 duān 正〕, (反)〔猥琐 wěisuǒ〕

【周至－지】zhōuzhì [형]꼼꼼하다.

*【周转－전】zhōuzhuǎn 1[명](자금의) 회전. 2[동](자금·물건 따위가) 돌다. 회전되다.

⁑【粥】弓部 9画 | 米部 6画 zhōu 죽 **죽**

[명]죽.

【粥少僧多－소승다】zhōu shǎo sēng duō 〈成〉물건은 적고 사람은 많아 배분하기 부족하다. (同)〔僧多粥少〕

zhóu

【妯】女部 5画 | zhóu 동서 **축**

【妯娌－리】zhóu·lǐ [명]동서. 〔형의 아내와 동생의 아내끼리 서로 부르는 호칭〕

【轴·軸】车部 5画 | zhóu 굴대 **축**

1[명]〈機〉축. 굴대. 차축. ◇自行车~坏了/자전거축이 망가졌다. 2[명]축. 〔평면이나 입체를 대칭으로 가르는 직선〕 3(~儿)[명]실패. 얼레. (족자의) 축. ◇线~的一端裂开了/실패의 한 쪽 끝이 뜯어졌다. 4[양]축. 토리. 〔두루마리·족자 또는 축에 감은 실 따위를 세는 양사〕 ◇桌上放着一~泼墨山水画/책상에 발묵산수화 한 축이 놓여있다.→zhòu

【轴承－승】zhóuchéng [명]〈機〉베어링(bearing).

【轴瓦－와】zhóuwǎ [명]〈機〉부싱(bushing).

【轴线－선】zhóuxiàn [명]〈機〉축(軸, axis). 축선.

【轴子－자】zhóu·zi [명]1(족자의) 권축(卷軸).

zhǒu

【肘】月部 3画 | zhǒu 팔꿈치 **주**

[명](~儿)팔꿈치.

【肘窝－와】zhǒuwō [명]팔오금.

【肘腋－액】zhǒuyè [명]〈文〉1팔꿈치와 겨드랑이. 2〈轉〉지극히 가까운 곳.

【肘腋之患－액지환】zhǒuyè zhī huàn [명]주위나 가까운 곳에서 일어난 재앙.

【肘子－자】zhǒu·zi [명]1팔꿈치. 2돼지의 허벅지 고기.

【帚(箒)】 彐部 5画 | 巾部 5画 | zhǒu 비 **추**
　图(청소용) 비. 빗자루. ◇炊chuī~/설겆이 솔.

zhòu

【纣·紂】 纟部 3画 | zhòu 말뒷거리 **주**
　图1〈文〉(말의) 밀치끈. 밀치끈. (同)〔后鞧 qiū〕2(Zhòu)〈人〉주왕(紂王).
【纣棍-곤】 zhòugùn 图(～儿)밀치.

【轴·軸】 车部 5画 | zhòu 굴대 **축**
　→〔大 dà 轴子〕〔压 yā 轴子〕

【绉·縐】 纟部 5画 | zhòu 구길 **추**
　图〈紡〉크레이프(crape).
【绉布-포】 zhòubù 图〈紡〉면 그레이프. 목지지미.
【绉纱-사】 zhòushā 图〈紡〉견(絹)크레이프(crape).

⁑⁑【皱·皺】 皮部 5画 | zhòu 주름질 **추**
　1图주름살. 주름. 〈轉〉구김살. ◇上了年纪脸上就会起～/나이가 들면 얼굴에 주름살이 생긴다. (同)〔蹙 cù〕, (反)〔展 zhǎn〕2图찡그리다. 찌푸리다. 구기다. ◇注意别把地图弄～了/지도를 구겨뜨리지 않도록 주의 하시오. ◇衣裳～了/옷에 구김살이 졌다. ◇这种料子爱～/이 옷감은 잘 구겨진다.
【皱巴巴-파파】 zhòubābā (～的)图주름이 많다. 쭈글쭈글하다.
【皱襞-벽】 zhòubì 图〈文〉주름.
【皱眉-미】 zhòu//méi 图눈살을 찌푸리다. (同)〔蹙 cù 眉〕, (反)〔舒 shū 眉〕
⁑⁑【皱纹-문】 zhòuwén (～儿)图주름살. 구김살.

【咒(呪)】 几部 6画 | zhòu 저주할 **주**
　1图주문(呪文). ◇念～/주문을 외다. ◇符～/주문. 주술. 2图저주하다.
【咒骂-매】 zhòumà 图저주하다. 욕을 퍼붓다.

【昼·晝】 一部 8画 | zhòu 낮 **주**
　图낮. 대낮. ◇～夜/주야. (同)〔日 rì〕, (反)〔夜 yè〕
＊【昼夜-야】 zhòuyè 图주야. 밤낮. ◇机器轰鸣,～不停/기계가 요란스럽게 울리며 주야로 쉬지 않는다.

【骤·驟】 马部 14画 | zhòu 별안간 **취**
　1图(말이) 빨리 달리다. 질주하다. ◇驰

～/질주하다. 2图급속하다. ◇暴风～雨/폭풍우. 3图돌연히. 갑자기. ◇脸色～变/낯빛이 갑자기 달라지다.
【骤然-연】 zhòurán 图돌연히. 갑자기. (同)〔突 tū 然〕, (反)〔逐渐 zhújiàn〕

zhū

【朱·硃】 丿部 5画 | 木部 2画 | zhū 붉을 **주**
　图1주홍빛. 2〈礦〉주사(朱砂). 3(Zhū)图성(姓).
【朱笔-필】 zhūbǐ 图(공문에 지시, 또는 학생의 과제물에 가하는) 붉은 색 붓글씨.
【朱红-홍】 zhūhóng 图〈色〉주홍.
【朱槿-근】 zhūjǐn 图〈植〉불상화(佛桑花). (同)〔扶桑 fúsāng〕
【朱门-문】 zhūmén 图붉은 칠을 한 대문. (喻)부잣집. (反)〔寒 hán 门〕
【朱墨-묵】 zhūmò 图붉은 색과 검은 색.
【朱批-비】 zhūpī 图붉은 글씨로 써넣은 비평.
【朱漆-칠】 zhūqī 图붉은 칠.
【朱雀-작】 zhūquè 图1〈鸟〉붉은 양지니. (同)〔红麻料儿 hóngmáliàor〕2〈天〉이십팔수(二十八宿) 중의 남방(南方) 7수(七宿). 3주작. 〔남방의 신〕
【朱砂-사】 zhūshā 图〈礦〉주사. 진사. (同)〔辰 chén 砂〕〔丹 dān 砂〕
【朱文-문】 zhūwén 图인장(印章)의 양각문(陽刻文). (同)〔阳 yáng 文〕, (反)〔白 bái 文〕

【诛·誅】 讠部 6画 | zhū 벨 **주**
　图〈文〉1(죄인을) 죽이다. ◇罪不容～/어도 그 죄악을 다 씻을 수 없다. 죽여도 시원치 않다. 2꾸짖다. 책망하다. 징벌하다. ◇口～笔伐/〈成〉말과 글로써 준열하게 단죄하다.
【诛戮-륙】 zhūlù 图〈文〉죽이다.
【诛求-구】 zhūqiú 图〈文〉(세금 등을) 짜내다.
【诛心之论-심지론】 zhū xīn zhī lùn 〈成〉남의 속마음을 폭로하는 깊이 있는 비판.

【茱】 艹部 6画 | zhū 수유 **수**

【茱萸—유】zhūyú 圏〈植〉산수유나무. (同)〔食茱萸〕

【珠】 王部 | zhū
6画 | 구슬 주

1圏진주. ◇夜明～/야명주. **2**(～儿)圏구슬 알. 방울. (구슬같이) 둥근 것. ◇眼～儿/눈망울.

【珠宝—보】zhūbǎo 圏진주·보석류의 장식물.

【珠翠—취】zhūcuì 圏진주와 비취.

【珠光宝气—광보기】zhū guāng bǎo qì 〈成〉진주나 보석으로 아름답게 꾸미다.

【珠玑—기】zhūjī 圏〈文〉주옥. 아름다운 글이나 어구.

【珠联璧合—련벽합】zhū lián bì hé 〈成〉출중한 인물〔훌륭한 물건〕이 한데 모이다.

【珠算—산】zhūsuàn 圏주산.

【珠圆玉润—원옥윤】zhū yuán yù rùn 〈成〉구슬같이 둥글고 옥같이 매끈하다. 노래 소리가 옥구슬 구르듯 아름답다. 글이 매끄럽고 원숙하다.

*【珠子—자】zhū·zi 圏**1**진주. **2**구슬 모양의 것. ◇汗～/땀방울.

☆【株】 木部 | zhū
6画 | 뿌리 주

1圏그루. ◇守～待兔/요행을 바라다. **2**圏(곡식의) 포기. ◇幼～/어린 포기. **3**퉿그루. ◇故宫御花园里有十几～生长了几百年的松树/고궁의 어화원에 몇백년 자란 소나무가 열 몇 그루가 있다.

【株距—거】zhūjù 圏그루 사이. 포기 간격.

【株连—련】zhūlián 통(한 사람의 죄에 여러 사람이) 연루되다.

【株守—수】zhūshǒu (同)〔守株待兔〕

【铢·銖】 钅部 | zhū
6画 | 저울눈 수

퉿〈度〉고대 중량단위의 하나. 〔1'两'의 24분의 1〕

【铢积寸累—적촌루】zhū jī cùn lěi 〈成〉조금씩 축적하다.

【铢两悉称—량실칭】zhū liǎng xī chèn 〈成〉쌍방 무게가 꼭 같다. 우열을 가리기 어렵다.

【蛛】 虫部 | zhū
6画 | 거미 주

퉿〈虫〉거미.

【蛛丝马迹—사마적】zhū sī mǎ jì 圏단서. 실마리.

【蛛网—망】zhūwǎng 圏거미줄.

【蛛蛛—주】zhū·zhu 圏거미. (同)〔蜘蛛〕

【诸·諸】 讠部 | zhū
8画 | 모을 제

1제(諸). 많은. 모든. 여러. ◇祝你～事如意/만사형통하시길 빕니다. **2**〈文〉'之于' 또는 '之乎'의 합음(合音).

【诸多—다】zhūduō 퉿〈文〉수많은. 여러 가지의. (同)〔许 xǔ 多〕〔好些个 hǎoxiēge〕

【诸葛—갈】Zhūgě 圏복성(復姓).

【诸葛亮—갈량】Zhūgě Liàng 圏**1**〈人〉제갈량. **2**지모가 뛰어난 사람.

【诸侯—후】zhūhóu 圏제후.

【诸如—여】zhūrú 圙예컨대 … 따위. 이를 테면 … 같은 것들. 〔일례에 그치지않음을 나타냄〕

*【诸如此类—여차류】zhū rú cǐ lèi 〈成〉이와 비슷한 여러가지 (것들). ◇～,不胜枚举/이와 같은 것들은 이루 다 열거할 수 없다.

【诸位—위】zhūwèi 圏〈敬〉여러분. ◇～有何意见, 请尽量发表/여러분에게 무슨 의견이 있으시면 마음껏 말씀하십시오.

★【猪(豬)】 犭部 | zhū
8画 | 돼지 저

퉿〈動〉돼지.

【猪倌—관】zhūguān (～儿)圏돼지 사육자.

【猪獾—환】zhūhuān 圏〈動〉산오소리. (同)〔沙 shā 獾〕

【猪猡—라】zhūluó 圏〈方〉돼지.

【猪排—배】zhūpái 圏돼지갈비.

【猪肉—육】zhūròu 圏돼지고기.

【猪鬃—종】zhūzōng 圏돼지털.

zhú

【竹】 竹部 | zhú
0画 | 대 죽

퉿**1**〈植〉대나무. 대. ◇～林/죽림. **2**(Zhú)성(姓).

【竹编—편】zhúbiān 圏(바구니 등의) 대나무로 만든 공예품.

【竹帛—백】zhúbó 圏죽간과 포백. 서적.

【竹布—포】zhúbù 圏〈紡〉무명의 일종.

【竹竿—간】zhúgān (～儿)圏대나무 장대.

【竹黄—황】zhúhuáng 圏대나무 조각 공예품의 일종.

【竹简—간】zhújiǎn 圏죽간.

【竹节虫—절충】zhújiéchóng 圏**1**〈虫〉죽절충. 대벌레. (同)〔蟾 xiū〕**2**절지동물.

【竹刻—각】zhúkè 圏대나무 조각.

【竹马—마】zhúmǎ (～儿)圏**1**죽마. **2**민간 가무에 쓰이는 말 모양의 도구.

【竹排—배】zhúpái 圏대나무 뗏목.

【竹器—기】zhúqì 圏대로 만든 그릇.

【竹笋—순】zhúsǔn 圏죽순. (同)〔笋〕

【竹筒(儿)—통(아)】zhútǒng(r) 圏죽통. 대통. ◇～倒豆子/마음 속에 있는 말을 모두 털어놓다.

【竹叶青—엽청】zhúyèqīng **1**圏〈動〉살무사. **2**죽엽청. 〔대나무 잎을 담가 만들어 옅은 녹색을 띤 중국의 명주〕

Z

【竹纸－지】zhúzhǐ [명]대나무 섬유로 만든 종이.
☆【竹子－자】zhú·zi [명]〈植〉대(나무).

【竺】竹部 2画 | zhú 땅 **축**
(Zhú)[명]성(姓).

【舳】舟部 5画 | zhú 고물 **축**
【舳舻－로】zhúlú [명]〈文〉배의 고물과 이물.

【逐】辶部 7画 | zhú 쫓을 **축**
1[동]쫓다. 쫓아가다. 따르다. ◇追～/쫓아가다. (同)〔追zhuī〕 **2**[동]쫓아내다. 몰아내다. ◇～出门外/문밖으로 쫓아내다. (同)〔赶 gǎn〕, (反)〔留 liú〕 **3**[부]차례로. 하나하나. ◇～条说明/조목조목 설명하다.
☆【逐步－보】zhúbù [부]차근차근. 점차로. ◇～深入研究/점차 연구에 몰두한다. (同)〔一步一步地〕 [비교]逐步:渐渐 "逐步"는 형용사를 수식하지 않는다. ◇天(×逐步)渐渐黑了/날이 점점 어두워졌다. ◇我们的目标是～地实现四个现代化/우리의 목표는 점진적으로 4대 현대화를 이루는 것이다.
【逐个－개】zhúgè [부]하나하나. 차례차례.
☆【逐渐－점】zhújiàn [부]점차. 차츰. 점점. ◇三月以后，北京的气候～暖和了/3월 이후 북경의 기후는 점차 따뜻해졌다. (同)〔逐步 bù〕, (反)〔突然 tūrán〕
【逐客令－객령】zhúkèlìng [부]축객령. 손님을 내쫓는 명령.
【逐鹿－록】zhúlù [동]〈文〉〈喻〉정권을 잡으려고 서로 다투다.
*【逐年－년】zhúnián [부]해마다. 매년. (同)〔一年一年地〕 ◇产量～增长/생산량이 해마다 증가하다.
【逐日－일】zhúrì [부]나날이. 하루하루. 날마다.
【逐字逐句－자축구】zhú zì zhú jù 한 글자 한 문구씩.

【烛·燭】火部 6画 | zhú 촛불 **촉**
1[명]양초. 초. ◇火～/양초. **2**[동]〈文〉비치다. 비추다. 간파하다. ◇洞～其奸/〈成〉간계를 간파하다. **3**[양]〈物〉촉광. 촉.
【烛花－화】zhúhuā [명]등화(燈花).
【烛泪－루】zhúlèi [명]촉루.
【烛台－대】zhútái [명]촛대.
【烛照－조】zhúzhào [동]〈文〉(등불 따위로) 비추다.

【蠋】虫部 13画 | zhú 뽕나무 **촉**
[명]〈虫〉(나비·나방 따위의) 유충.

【躅(蠾)】足部 13画 | zhú 자취 **촉**
→〔踯躅 zhízhú〕

zhǔ

*【主】王部 1画 | 丶部 4画 | zhǔ 임금 **주**
1[명]주인. ◇宾～/손님과 주인. ◇东道～/(손님을 대접할 때의) 주인. (反)〔宾 bīn〕〔客 kè〕 **2**[명](물건·권력의) 주인. 임자. 소유주. ◇物～/물건의 주인. ◇汽车在雨地里放了三天了，车～也没来找/자동차가 비 속에 3일째 방치했는데 차주인이 찾으러 오지도 않았다. **3**[명](하인에 대비되는) 주인. 상전. (反)〔奴 nú〕〔仆 pú〕 ◇～仆/주인과 종. ◇奴隶～/노예주. **4**(～儿)[명]당사자. 관계자. ◇失～/분실자. **5**[명](기독교의) 여호와. 하나님. (이슬람교의) 알라. **6**[형]가장 주요한. 가장 기본적인. ◇～要/주요하다. (反)〔次 cì〕 **7**[동]주관하다. 책임지다. ◇～办/주최하다. **8**[동]주장하다. ◇～战/전쟁을 주장하다. **9**[동](길흉화복·자연변화 등을) 예시하다. ◇左眼跳～财，右眼跳～灾/왼쪽 눈까풀이 떨리면 재물을 얻고, 오른쪽 눈까풀이 떨리면 재난이 온다. **10**[명]주견. 자신. 줏대. ◇回国以后是继续上大学，还是找工作，心里没有～儿/귀국 후 계속 대학에 다닐 것인지 아니면 직장을 구할 것인지 자신이 안 선다. **11**[형]자신의. 주관적인. ◇～观/주관적이다. **12**[명]위패(位牌). ◇木～/위패. 신주. **13**(Zhǔ)[명]성(姓).
*【主办－판】zhǔbàn [동]주최하다. ◇～世界杯足球赛/월드컵 축구 시합을 주최한다. ◇展览会由我们单位～/전시회는 우리 회사에서 주최한다.
【主笔－필】zhǔbǐ [명]주필.
【主币－폐】zhǔbì [명]〈經〉본위 화폐. →〔辅 fǔ 币〕
*【主编－편】zhǔbiān **1**[동]편집장이 되어 편집하다. ◇他～一本语言杂志/그는 언어학 잡지의 편집을 주관한다. **2**[명]주편. 편집 책임자.
⁑【主持－지】zhǔchí [동]**1**주관하다. 주재하다. ◇～人/주재자. (TV·라디오) 사회자. 진행자. ◇明天的会由谁～?/내일 회의는 누가 주관하느냐? **2**주장하다. 옹호〔수호〕하다. ◇～正义/정의를 수호하다. ◇多亏副裁判～了公道，不然就乱了/부심이 공정하게 했으니 망정이지 그렇지 않았으면 소란스러웠을 뻔했다. [비교]主持:主持人:负责 ①책임지고 관리하는 경우에는 "主持"를 쓰지 않는다. ◇他(×主持)主管涉外工作/그는 대외 업무를 담당한다. ②"家务"는 "主持"의 대상이 되지만 "饭

Z

菜(밥·요리)"는 "主持"와 같이 쓰이지 않는다. ◇饭菜由爸爸(×主持)负责/밥과 반찬은 아빠가 책임지세요.

【主词一사】zhǔcí 명〔論〕주사(主辭). 주요어. (同)〔主辞 cí〕

【主次一차】zhǔcì 명(일의) 경중. 본말.

【主从一종】zhǔcóng 명주종. 주체와 종속. ◇~关系/주종 관계.

【主刀一도】zhǔdāo 명〈醫〉(수술할 때의) 집도의.

*【主导一도】zhǔdǎo 1동주도하다. ◇~作用/주도적 역할. 2명주도적인 것.

☆【主动一동】zhǔdòng 1명능동적이다. 자발적이다. 적극적이다. ◇他经常～帮助我/그는 항상 자발적으로 나서서 나를 돕는다. ◇工作中争取～, 才能打开局面/업무 중 능동적으로 대처해야 국면을 타개할 수 있다. (反)〔被 bèi 动〕 비교主动:自动 "主动"은 사람회에 사물에는 쓰이지 않는다. ◇到了时间, 电源就会(×主动)自动断开/시간이 되면 전원이 자동적으로 차단된다. 2명주동. 주도권. ◇～权/주도권. ◇处于～地位/주도적인 위치에 서 있다.

【主动脉一맥】zhǔdòngmài 명〈生理〉대동맥. (同)〔大动脉〕

【主动脉弓一동맥궁】zhǔdòngmàigōng 명〈生理〉대동맥궁. (同)〔动脉弓〕

【主队一대】zhǔduì 명〈體〉홈 팀.

【主伐一벌】zhǔfá 명〈林〉주벌. 다 자란 나무를 벰.

【主犯一범】zhǔfàn 명〈法〉주범. 주모자. (同)〔主凶 xiōng〕, (反)〔从 cóng 犯〕

【主峰一봉】zhǔfēng 명주봉. 최고봉.

【主父一부】Zhǔfù 명복성(復姓).

【主妇一부】zhǔfù 명주부.

【主干一간】zhǔgàn 명1〈植〉주간. 줄기. (反)〔枝节 zhījié〕2핵심.

【主根一근】zhǔgēn 명〈植〉주근.

【主攻一공】zhǔgōng 명〈軍〉주공(격).

【主顾一고】zhǔ·gù 명고객. ◇老～/단골 손님.

☆【主观一관】zhǔguān 명형주관적(이다). ◇只有使～和客观尽量一致, 才能作好工作/주관과 객관을 최대한 일치시켜야만 일을 잘 할 수 있다. ◇他办事太～/그는 일을 너무 주관적으로 처리한다. (反)〔客 kè 观〕

【主观能动性一관능동성】zhǔguān néngdòngxìng 명주체적 능동성. 자발적 적극성.

【主观唯心主义一관유심주의】zhǔguān wéixīn zhǔyì 명주관적 관념론〔유심론〕.

【主观主义一관주의】zhǔguān zhǔyì 명주관주의.

*【主管一관】zhǔguǎn 1동주관하다. 관할하다. ◇～部门/주관 부서. ◇从1984年他就

一直～行政工作/그는 1984년부터 행정업무를 맡고 있다.

【主婚一혼】zhǔhūn 동(결혼식) 주례를 서다.

【主机一기】zhǔjī 1명〈軍〉편대장기(編隊長機). (同)〔长 zhǎng 机〕2〈機〉주엔진.

【主祭一제】zhǔjì 동제사를 주관하다.

【主见一견】zhǔjiàn 명주견. 확고한 생각.

【主讲一강】zhǔjiǎng 동강연이나 강의를 담당하다.

【主将一장】zhǔjiàng 명1주요한 장수. 2선봉장.

【主教一교】zhǔjiào 명〈宗〉주교.

【主角一각】zhǔjué (～儿)명1〈演〉주역.〔배우〕(反)〔配 pèi 角〕2중심 인물. 주요 인물.

【主考一고】zhǔkǎo 1동시험을 주관하다. 2명선임 시험관.

【主课一과】zhǔkè 명주요 학습 과목. 전공과목. (反)〔副 fù 课〕

【主力一력】zhǔlì 명주력. ◇～部队/주력 부대.

【主力舰一력함】zhǔlìjiàn (同)〔战 zhàn 列舰〕

【主力军一력군】zhǔlìjūn 명〈軍〉주력 부대.

【主粮一량】zhǔliáng 명(어떤 지역에서 생산 또는 소비되는) 주요 식량.

*【主流一류】zhǔliú 명1주류. (同)〔干 gàn 流〕, (反)〔支 zhī 流〕2〈喩〉주류. 주된 경향. ◇我们必须分清～和支流, 区别本质和现象/우리는 주류와 지류를 분명히 가르고, 본질과 현상을 구별해야 한다.

【主麻一마】zhǔmá 명〈音〉〈宗〉주마(아Djumah).〔이슬람교에서 매주 금요일 행해지는 예배〕

【主谋一모】zhǔmóu 1동주모하다. 2명주모자.

【主脑一뇌】zhǔnǎo 명1사물의 핵심 부분. 2책임자. 보스.

*∗【主权一권】zhǔquán 명주권.

【主儿一아】zhǔr 명1주인. 2〈方〉사람. ◇这～真不讲理/그 사람은 정말 막무가내다. ◇他是说到做到的～/그는 한다면 하는 사람이다. 3시집. ◇她快三十了, 也该找～了/그녀는 곧 30세가 되가니 시집갈 남자를 찾아야겠다.

☆【主人一인】zhǔ·rén 명1주인. 손님을 접대하는 사람. (反)〔客 kè 人〕2옛날, (하인 쪽에서 본)주인어른. 3소유주. 임자.

【主人公一인공】zhǔréngōng 명(문학 작품·연극 따위의) 주인공.

*【主人翁一인옹】zhǔrénwēng 명1주인. 2 (同)〔主人公〕

☆【主任一임】zhǔrèn 명주임. ◇办公室～/사무실 주임.

*【主食一식】zhǔshí 명주식. (反)〔副 fù 食〕

【主使一사】zhǔshǐ 동사주하다. 교사하다.

【主事一사】zhǔ//shì (～儿)동일을 책임지다.

【主视图―시도】zhǔshìtú 圐정면도.

*【主题―제】zhǔtí 圐주제.

【主题歌―제가】zhǔtígē 圐주제가.

*【主体―체】zhǔtǐ 圐주체. (사물의) 중요한 부분.

【主文―문】zhǔwén 圐〈法〉판결의 결론 부분.

☆【主席―석】zhǔxí 圐1(회의 따위의) 사회자. 2(국가·기관) 등의 주석. 위원장.

【主席团―석단】zhǔxítuán 圐의장단.

【主线―선】zhǔxiàn 圐대강의 줄거리.

【主心骨―심골】zhǔxīngǔ (~儿)圐1주견. 줏대. 2믿을 만한 사물이나 사람. 기둥.

【主星―성】zhǔxīng 圐〈天〉주성.

【主刑―형】zhǔxíng 圐〈法〉주형.

【主旋律―선률】zhǔxuánlǜ 圐1〈音〉주선율. 2기조(基調).

【主演―연】zhǔyǎn 圐통주연(하다).

★【主要―요】zhǔyào 圐주요하다. ◇~原因/주된 원인. ◇~人物/주요 인물. ◇他所取得的成绩，～靠他自己的努力/그가 올린 성적은 주로 자신의 노력에 의한 것이다. (同)〔首 shǒu 要〕, (反)〔次 cì 要〕 回回主要:重要 사물의 역할, 지위, 의미, 영향의 정도에는 "主要"를 쓰지 않는다. ◇我觉得学习方法很(×主要)重要/난 학습 방법이 매우 중요하다고 생각한다.

*【主义―의】zhǔyì 圐주의. ◇资本~/자본주의.

★【主意―의】zhǔ·yi 圐1생각. 주견. 주견. ◇大家七嘴八舌地一说，他倒拿不定~了/모두들 제각기 떠들며 말하여 그는 마음을 결정하지 못했다. 2방법. 생각. 의견. 아이디어. ◇小王给他出了好些~/미스터왕이 그에게 몇 가지 의견을 내놓았다.

【主语―어】zhǔyǔ 圐〈言〉주어.

【主宰―재】zhǔzǎi 圐1통주재하다. 지배하다. 2통주재자. 지배자.

☆【主张―장】zhǔzhāng 1圐주장. ◇这个～有一定道理/이 주장은 일리가 있다. 2圐통주장하다. ◇我～寒假到海南岛去/나는 겨울 방학에 해남도에 가자고 주장했다. 回回主张:认为 자신의 견해를 확정하여 판단을 내리는 것은 "主张"을 쓰지 않는다. ◇我们(×主张)认为他的刑期太长了/우리는 그의 형무기간이 너무 길다고 생각한다.

【主旨―지】zhǔzhǐ 圐취지. 요지.

【主轴―축】zhǔzhóu 圐주축. 스핀들(spindle).

【主子―자】zhǔ·zi 圐〈貶〉주인. 우두머리.

【拄】 扌部 zhǔ　5画　버틸 주

　통(지팡이로) 짚다. ◇~着拐棍儿走/지팡이를 짚고 가다.

【麈】 鹿部 zhǔ　5画　사슴 주

　圐〈動〉고서(古書)에서 사슴류의 동물을

가리킴.

☆**【煮】** 灬部 zhǔ　8画　삶을 자

　통삶다. 익히다. 끓이다. ◇饭还没~好/밥이 아직 다 되지 않았다.

【煮豆燃萁―두연기】zhǔ dòu rán qí〈成〉골육 상잔.

【煮鹤焚琴―학분금】zhǔ hè fén qín〈成〉학을 삶아먹고 거문고를 땔감으로 때다. 풍류를 모르는 살풍경한 짓을 하다.

【属・屬】 尸部 zhǔ　9画　부치 속

　통〈文〉1잇다. 연결하다. 접하다. ◇前后相~/앞뒤가 서로 이어지다. 2(주의·생각을) 집중하다. →shǔ

【属望―망】zhǔwàng 통〈文〉희망을 걸다. 바라다. 기대하다.

【属意―의】zhǔyì (同)〔属望〕

【属垣有耳―원유이】zhǔ yuán yǒu ěr〈成〉낮말을 새가 듣고 밤말을 쥐가 듣는다.

【嘱・囑】 口部 zhǔ　12画　부탁할 촉

　통분부하다. 당부하다. ◇遗 yí~/유언(하다).

**【嘱附―부】zhǔ·fù 통당부하다. ◇再三~/신신 당부하다. ◇外出前家长一遍一遍~着孩子/가장은 외출하기 전에 애에게 신신 당부하고 있다.

*【嘱托―탁】zhǔtuō 통부탁하다. ◇妈妈出国之前，~舅舅照应家务/어머니는 출국하기 전에 삼촌에게 집안일을 잘 보라고 부탁하였다. (同)〔托付 fù〕

【瞩・矚】 目部 zhǔ　12画　볼 촉

　통주시하다. 주목하다. ◇高瞻远~/〈成〉높이 바라보고 멀리 내다보다. 식견이 높다.

【瞩目―목】zhǔmù 통〈文〉눈여겨 보다. 주시하다.

【瞩望―망】zhǔwàng 통〈文〉1→〔属 zhǔ 望〕 2주시하다.

zhù

【伫（佇）】 亻部 zhù　4画　오래설 저

　통〈文〉오랫동안 서 있다. 멈추어 서다. ◇~听风雨声/오랫동안 서서 비바람 소리를 듣다.

【伫候―후】zhùhòu 통〈文〉서서 기다리다. 기대하다.

【伫立―립】zhùlì 통〈文〉서 있다.

【苎（苧）】 艹部 zhù　4画　모시 저

【苎麻―마】zhùmá 圐〈植〉모시풀.

【贮·貯】 贝部 4画 zhù 쌓을 **저**

〔동〕모아 두다. 저장하다. 저축하다. ◇缸里~满了水/항아리에 물을 가득 채워 두었다.

【贮备-비】 zhùbèi 〔동〕축적하다. (同)〔储备〕

【贮藏-장】 zhùcáng 〔동〕저장하다. (同)〔储 chǔ 藏〕

【贮存-존】 zhùcún 〔동〕저장해 두다. (同)〔储 chǔ 存〕

★【住】 亻部 5画 zhù 머무를 **주**

〔동〕**1**살다. 거주하다. 묵다. 숙박하다. ◇我们也该~在宽敞的房子了/우리도 넓직한 집에 살 때가 되었다. ◇北京饭店~不起, 还是找个便宜一些的住处吧/북경호텔에는 묵을 능력이 없으니 좀 싼 곳을 찾읍시다. [비교]住:留 남아있는 경우에는 "住"를 쓰지 않는다. ◇我一直(×住)留在房间里看小说/난 계속 방에 남아 소설을 읽었다. **2**멎다. 그치다. ◇这场大风从昨天晚上一直刮到现在没~过/이 폭풍은 엊저녁부터 지금까지 계속 불며 멎지 않았다. **3**멎게 하다. 그치게 하다. ◇你说的不少了, ~嘴吧!/넌 말이 많아, 입 좀 다물어라! **4**보어로 쓰여 정지시키거나 어떤 결과를 나타낸다. ◇站~/멈춰서다. ◇抓~/붙잡다. ◇抱~/꼭 껴안다. ◇记~/기억하다. ◇路太滑, 车一下子停不~/길이 너무 미끄러워 차가 순간 멈출 수 없다.

【住持-지】 zhùchí 〔명〕주지(住持)(로 있다).

【住处-처】 zhù·chù (同)〔住址 zhǐ〕

【住地-지】 zhùdì 〔명〕살고 있는 곳.

【住读-독】 zhùdú 〔동〕(학교) 기숙사에 들어가서 공부하다. (反)〔走 zǒu 读〕

*【住房-방】 zhùfáng 〔명〕주택.

【住户-호】 zhùhù 〔명〕거주자. 가구.

【住家-가】 zhùjiā **1**〔동〕살다. 거주하다. **2**(~儿)〔명〕주택.

【住居-거】 zhùjū 〔동〕거주하다. 살다.

【住口-구】 zhù//kǒu 〔동〕입을 다물다. (同)〔住嘴 zuǐ〕, (反)〔开 kāi 口〕

【住手-수】 zhù//shǒu 〔동〕손을 멈추다. 일을 그치다. (同)〔歇 xiē 手〕, (反)〔动 dòng 手〕

【住宿-숙】 zhùsù 〔동〕묵다. 숙박하다.

*【住所-소】 zhùsuǒ 〔명〕주소.

☆【住院-원】 zhù//yuàn 〔동〕입원하다. ◇她~住了半年多了/그는 반년 남짓 입원하고 있다.

＊【住宅-택】 zhùzhái 〔명〕(비교적 규모가 큰) 주택.

【住址-지】 zhùzhǐ 〔명〕주소.

【注(註)】 氵部 5画 zhù 물댈 **주**

1〔동〕쏟다. 주입하다. 붓다. ◇大雨如~/큰 비가 억수로 쏟아지다. **2**〔동〕(정신이나 힘 따위를) 집중하다. ◇~目/주목하다. ◇~视/주시하다. **3**〔양〕(돈의) 꾸러미. 뭉치. (돈 거래의 횟수를 세는) 차례. 번. ◇十来~交易/십여 건의 교역. **4**〔명〕(도박에) 거는 돈. 놓을 돈. ◇孤一~掷/(成)노름꾼이 남은 밑천을 다 걸고 최후의 승부를 하다. 위급할 때 온 힘을 다해 한 차례 모험을 하다. **5**〔동〕주석(注釋)(하다). 주해(註解)(하다). **6**〔동〕기재〔기록〕하다. 등록〔등재〕하다. ◇~册/등기하다. ◇~销/취소하다.

*【注册-책】 zhùcè 〔명〕등기(하다). 등록(하다). ◇商标/등록 상표.

【注定-정】 zhùdìng 〔동〕운명으로 정해져 있다.

【注脚-각】 zhùjiǎo 〔명〕주해. 주석. (同)〔注解 jiě〕

*【注解-해】 zhùjiě **1**〔동〕주해 하다. 주석하다. ◇~古籍/고서에 주해하다. **2**〔명〕주해. 주석. ◇凡是书内难懂的字句, 都有~/무릇 책 속의 어려운 자구에는 모두 주해가 달려 있다.

＊【注目-목】 zhùmù 〔동〕주목하다. 주시하다. ◇引人~/사람의 주목을 끌다. ◇她又漂亮, 又有风度, 在很久以前便为许多男人所~了/그녀는 아름답고, 품위가 있어 오래 전부터 뭇 남성들에게 주목 받아왔다. [비교]注目:关注 "注目"는 목적어를 취하지 않는다. ◇母亲低头(×注目)注视着孩子/어머니는 고개를 숙여 아이를 응시했다.

＊【注射-사】 zhùshè 〔명〕〔동〕〈醫〉주사(하다). ◇根据大夫的嘱咐, 护士给患儿~了青霉素/간호사는 의사의 지시대로 환자에게 페니실린을 놓아 주었다.

【注射剂-사제】 zhùshèjì 〔명〕주사약. (同)〔针 zhēn 剂〕

【注射器-사기】 zhùshèqì 〔명〕주사기.

＊【注视-시】 zhùshì 〔동〕주시(하다). ◇他目不转睛地~着窗外/그는 뚫어지게 창 밖을 주시하고 있다.

*【注释-석】 zhùshì 〔동〕〔명〕주석(을 달다). ◇每课书后都有语法~/매 과 뒤에 문법주석이 모두 있다.

【注疏-소】 zhùshū 〔명〕주해와 해석.

【注塑-소】 zhùsù 〔명〕〔동〕사출 성형(射出成形)(하다).

【注文-문】 zhùwén 〔명〕주해〔주석〕한 글.

【注销-소】 zhùxiāo 〔동〕(등기사항을) 취소하다. 무효로 하다.

★【注意-의】 zhù//yì **1**〔동〕유념하다. 조심하다. 신경쓰다. ◇~安全/안전에 유념하다. ◇那几位老人很~锻炼身体/그 몇몇 노인은 운동에 신경쓰고 있다. (同)〔留 liú 意〕, (反)〔忽略 hūlüè〕 [비교]注意:在意 어떤

일을 마음속에 두지 않는 경우에는 "注意"를 쓰지 않는다. ◇刚才的话你别(×注意)在意，我是说着玩儿的/조금 전에 말은 내가 농담이니 개의하지 마세요.

【注音-음】zhù//yīn 통(문자나 부호 따위로) 발음을 표시하다. 발음 기호를 달다.

【注音字母-음자모】zhùyīn zìmǔ 명〈言〉주음 자모.

★【注重-중】zhùzhòng 통중시하다. ◇这些家长比学生更~分数/그 가장들은 학생보다 점수를 더 중시한다.

**【驻·駐】 马部 | zhù | 5画 | 말머무를 주
통1멈추다. 정지하다. ◇~足/잠시 멈추다. 2머무르다. 주둔하다. 주재하다. ◇~京办事处/북경 주재 사무소. ◇许多~华使馆都在北京的朝阳区/여러 북경주재대사관은 모두 북경의 조양구에 있다. 비교驻:住:개인이 어떤 곳에 거주하는 경우에 "驻"를 쓰지 않는다. ◇我(×驻)住在八楼/난 8층에 산다.

【驻跸-필】zhùbì 통〈文〉임금의 행차 때 잠시 멈추다.

【驻地-지】zhùdì 명1주둔지. 2(지방행정기관의) 소재지.

【驻防-방】zhùfáng 통주둔하여 경비하다.

【驻军-군】zhù//jūn 1통군대를 주둔시키다. 2(zhùjūn)명주둔군.

【驻守-수】zhùshǒu 통주둔하여 지키다.

【驻屯-둔】zhùtún 통(군대가) 주둔하다.

*【驻扎-찰】zhùzhā 통군대가 주둔하다.

【炷】 火部 | zhù | 5画 | 심지 주
1명〈文〉등심(燈心). 심지. 2통〈文〉(향을) 태우다. 피우다. 3양개. 〔타고 있는 향을 세는 단위〕◇一~香/타고 있는 향 하나.

【柱】 木部 | zhù | 5画 | 기둥 주
명1기둥. ◇梁~/대들보와 기둥. ◇支~/지주. 2기둥처럼 생긴 물건. ◇水~/물기둥.

【柱石-석】zhùshí 명1주춧돌. 2〈喩〉나라의 중책을 맡은 사람.

【柱头-두】zhùtóu 명1〈建〉기둥 머리. 2〈方〉기둥. 3〈植〉주두. 암술머리.

**【柱子-자】zhù·zi 명기둥.

【疰】 疒部 | zhù | 5画 | 병전염할 주
【疰夏-하】zhùxià 명〈中醫〉주하증. 하위증(夏痿症). 더위먹음.

【蛀】 虫部 | zhù | 5画 | 좀나무 주
명〈虫〉좀. ◇毛料裤子让虫~了/모직 바지가 좀 먹었다.

【蛀齿-치】zhùchǐ 명충치. (同)〔龋齿 qǔ chǐ〕

【蛀虫-충】zhùchóng 명1〈虫〉(나무)좀. 2(조직 내부를 파괴하는) 악질 분자.

【蛀蚀-식】zhùshí 통좀먹다.

**【助】 力部 | zhù | 5画 | 도울 조
통돕다. 협조하다. ◇互~/서로 돕다. ◇在生活上，他曾~过我一臂之力/그는 생활면에서 일찍이 나를 도와준 적이 있다.

【助产士-산사】zhùchǎnshì 명조산원. 산파.

【助词-사】zhùcí 명〈言〉조사.

【助动词-동사】zhùdòngcí 명〈言〉조동사.

【助攻-공】zhùgōng 명통〈軍〉지원공격(하다). (同)〔主 zhǔ 攻〕

【助教-교】zhùjiào 명〈大학의〉조교.

【助桀为虐-걸위학】zhù Jié wéi nüè〈成〉악인을 도와 나쁜 짓을 하다. (同)〔助纣 Zhòu为虐〕

*【助理-리】zhùlǐ 명통보조(하다). ◇~人员/보조원. 조수.

【助跑-포】zhùpǎo 명통〈體〉도움닫기(하다).

【助燃-연】zhùrán 통〈化〉불을 잘 붙게 하다. 연소를 돕다.

**【助手-수】zhùshǒu 명조수. ◇得力~/유능한 조수. 손발이 맞는 조수.

【助听器-청기】zhùtīngqì 명보청기.

【助威-위】zhù//wēi 통응원하다. 기세를 돋구다.

【助兴-흥】zhù//xìng 통흥취를 돋우다. 흥을 돋우다.

【助学金-학금】zhùxuéjīn 명장학금.

【助战-전】zhù//zhàn 통1싸움을 돕다. 2(同)〔助威 wēi〕

*【助长-장】zhùzhǎng 통(주로 나쁜 경향이나 현상을) 조장하다. ◇姑息迁就，势必~不良风气的蔓延/지나치게 관용을 베풀어 양보하면 좋지 못한 풍토가 반드시 만연될 것이다.

【助纣为虐-주위학】zhù Zhòu wéi nüè (同)〔助桀为虐〕, (反)〔疾恶如仇 jí è rú chóu〕

【杼】 木部 | zhù | 4画 | 북 저
명〈紡〉1(베틀의) 바디. 2〈喩〉(베틀의) 북.

【杼轴-축】zhùzhóu 명1〈文〉(베틀의) 바디집. 2〈喩〉문장의 짜임새.

★【祝】 礻部 | zhù | 5画 | 빌 축
1통빌다. 축원하다. ◇~你们在新的一年里取得更大的进步/너희들이 새해에는 많이 발전하기 바란다. 2통〈文〉끊다. 깎다. ◇~发为僧/삭발하고 중이 되다. 3(Zhù)명성(姓).

【祝词-사】zhùcí 명1(고대에 제사지낼 때 하는) 축문(祝文). 2축사.

【祝祷-도】zhùdǎo 통축복을 빌다. (同)

〔祷祝〕, (反)〔诅咒 zǔzhòu〕

*【祝福—복】zhùfú **1**勖축복(하다). ◇～你一路平安/가시는 길 평안하시기를 빕니다. **2**勖섣달 그믐날에 천지(天地)에 제사지내며 복을 빌던 옛 풍습.

【祝告—고】zhùgào 勖빌다. 기도하다.

☆【祝贺—하】zhùhè 勖(글·말·축전 등으로) 축하(하다). ◇各地纷纷来电,～大会的成功/각지에서 연달아 대회의 성공의 축전을 보낸다. [비교]祝贺:庆祝 경축 등 행사를 통해 기념하는 경우에는 "祝贺"를 쓰지 않는다. ◇新年快到了, 大家要好好(×祝贺)庆祝一番/새해가 곧 다가오니 모두들 제대로 한번 축하를 할 것이다.

【祝捷—첩】zhùjié 勖승리를 축하하다.

【祝酒—주】zhù//jiǔ 勖축배를 들다.

【祝寿—수】zhù//shòu 勖어른의 생신을 축하하다.

【祝颂—송】zhùsòng 勖축하하다. 축복하다.

＊＊【祝愿—원】zhùyuàn 勖축원(하다). ◇～大家身体健康,万事如意/모두들 건강하고 만사형통하길 축원합니다.

*【著】| 艹部
| 8画 나타날 **저**
1勖현저하다. 두드러지다. ◇卓～/아주 뛰어나다. **2**勖드러나다. 나타내다. ◇颇～成效/효과를 뚜렷이 나타내다. **3**勖저술하다. 저술. 저작. ◇名～/명저. **4**译～/역저. ⇒zhuó '着'

【著称—칭】zhùchēng 勖유명하다.

【著录—록】zhùlù 勖(勖)기재(하다). 기록(하다).

☆【著名—명】zhùmíng 勖저명하다. 유명하다. ◇这位音乐指挥家在国际上很～/그 음악지휘자는 국제적으로 유명하다. (同)〔有yǒu 名〕, (反)〔无wú 名〕

【著述—술】zhùshù 勖勖저술(하다).

【著者—자】zhùzhě 勖저자.

【著作—작】zhùzuò 勖저작하다. ◇从事～多年/여러해 저술에 종사하다.

【著作权—작권】zhùzuòquán 勖〈法〉저작권.

＊＊【铸·鑄】| 钅部
| 7画 부을 **주**
勖주조하다. 지어 붓다. ◇这口钟是铜～的/이 종은 좋은 구리로 주조한 것이다.

【铸币—폐】zhùbì 勖금속화폐.

【铸错—착】zhùcuò 勖〈文〉중대한 과실을 범하다.

【铸工—공】zhùgōng 勖주물 작업.

【铸件—건】zhùjiàn 勖주조물.

【铸模—모】zhùmú 勖주형.

【铸铁—철】zhùtiě 勖선철. 무쇠. (同)〔生shēng 铁〕, (反)〔熟shú 铁〕

＊【铸造—조】zhùzào 勖주조(하다). ◇～机器零件/기계 부품을 주조하다.

【铸字—자】zhù//zì 勖주자하다.

*【筑·築】| 竹部
| 6画 쌓을 **축**
1勖건축하다. ◇构～/구축하다. ◇～堤/제방을 쌓다. **2**勖〈音〉축. 〔옛날, 거문고 비슷한 현악기〕 **3**(Zhù)勖〈地〉중국 귀양(貴陽)의 다른 이름.

【筑室道谋—실도모】zhù shì dào móu 〈成〉자기 집을 짓는 데 길가는 사람과 상의하다. 주관이 갈팡질팡하다.

zhuā

☆【抓】| 扌部
| 4画 긁을 **조**
勖**1**(물건·요점·마음 따위를) 잡다. 손에 쥐다. ◇老鹰一住小鸡不放/소리개가 병아리를 잡고 놓지 않다. **2**(손톱·기구 따위로) 긁다. 할퀴다. ◇他手上被猫～破一块皮/고양이가 그의 손을 할퀴어 살갗이 터졌다. **3**체포하다. 붙잡다. ◇你跟我们一起去～～螃蟹吧/너 우리랑 같이 게 잡으러 가자. (同)〔捕bǔ〕, (反)〔放fàng〕 **4**(어떤 사업을) 강력하게 추진하다. 역점을 두다. ◇现在是该～社会秩序的整顿了/지금은 사회질서의 정비를 강력히 추진할 때이다. **5**다투어 하다. 열심히 하다. ◇三～两～就把工作～完了/이렇게 저렇게 손을 대다보니 일을 모두 끝냈다. **6**(남의 인기·주의를) 끌다. 사로잡다. ◇这个演员一出场就～住了观众/그 배우는 나오자마자 대중을 사로잡았다.

【抓辫子—변자】zhuā biàn·zi (남의) 약점을 잡다.

【抓膘—표】zhuā//biāo 勖(가축을 충분히 먹여) 살찌우다. 살올리다.

【抓兵—병】zhuā//bīng 勖군인을 징발하다.

【抓茬儿—치아】zhuā//chár 勖〈方〉(일부러 남의) 사소한 잘못을 꼬집다. 흠〔트집, 구실〕을 잡다. (同)〔找茬儿〕

【抓耳挠腮—이뇨시】zhuā ěr náo sāi 〈成〉**1**몹시 기뻐하다. **2**당황하다. 난처하다.

【抓哏—근】zhuā//gén 勖전통 연극에서 즉흥적 대사로 관중·청중을 웃기다.

【抓工夫—공부】zhuā gōng·fu 틈〔시간〕을 내다. (同)〔挤jǐ 时间〕〔抽空 chōu/kòng〕

【抓获—획】zhuāhuò 勖붙잡다. (同)〔逮住dàizhù〕〔捕获 bǔhuò〕

【抓髻—계】zhuā·ji (同)〔髻 zhuā 髻〕

☆【抓紧—긴】zhuā//jǐn 勖**1**단단히 붙들다.

(시간을) 다잡다. 다그치다. ◇~时机/시기를 꽉 잡다. ◇~学习/공부에 박차를 가하다. ◇~时间/시간을 최대한 활용하다. 2동(손으로) 꽉 잡다. ◇小孙女吓得抓住奶奶的衣襟, 抓得很紧/막내손녀는 놀라 할머니의 옷자락을 꽉 잡았다. (同)〔加 jiā 紧〕, (反)〔放松 fàngsōng〕

【抓阄儿-구아】 zhuā//jiūr 통제비(를) 뽑다.

【抓举-거】 zhuājǔ 명(體)(역도의) 인상.

【抓空儿-공아】 zhuā kòngr〈俗〉틈을 내다. 시간을 내다.

【抓挠-뇨】 zhuā·nao 〈方〉1동긁다. 2동마구 만지작 거리다. 3동다투다. 4동경황없이 준비하다. 5(~儿)명쓸만한 것. 믿을 수 있는 것〔사람〕. 6(~儿)명방도. 방법. 대책. 7동(돈을) 벌다.

【抓破脸-파검】 zhuā pò liǎn 통(감정이 폭발하여) 정면 충돌하다.

【抓瞎-할】 zhuā/xiā 통(사전에 준비가 없어) 몹시 당황하다. 허둥대다.

【抓药-약】 zhuā/yào 동1약을 사다. 2(한 약방에서) 약을 짓다.

【抓周-주】 zhuā//zhōu (~儿)명돌잡이.

【抓住-주】 zhuā·zhu 동단단히 붙잡다. 움켜 쥐다. ◇这只猫真笨, 连只小老鼠也抓不住/이 고양이는 정말 멍청해 생쥐 한 마리도 못 잡는다.

【抓总-총】 zhuāzǒng 통총체를 파악하다.

【挝·撾】扌部 zhuā 6画 칠 과
동1두드리다. 치다. 때리다. ◇~鼓/북을 치다. 2쥐다. 붙잡다.

【髽】髟部 zhuā 7画 여상제쪽질 좌
【髽髻-계】 zhuā·ji 명양쪽 귀 위로 틀어올린 소녀의 머리모양. 〔이전에는 미혼 여성의 머리 스타일이었음〕 (同)〔抓髻〕

【髽鬏-추】 zhuā·jiu (同)〔髽髻〕

zhuǎ

【爪】爪部 zhuǎ 0画 손톱 조
명(짐승의) 발(톱). ⇒zhǎo

【爪尖儿-첨아】 zhuǎjiānr 명족발.

【爪儿-아】 zhuǎr 명1작은 짐승의 발. 2(기물의) 다리.

*【爪子-자】 zhuǎ·zi 명〈口〉짐승의 발. ◇猫~/고양이 발. ◇鸡~/닭발.

zhuāi

*【拽】扌部 zhuāi 6画 끌 예

1〈方〉힘껏 던지다. 내던지다. ◇拿砖头(zhuān·tou)~狗/벽돌을 집어 개를 향해 던지다. 2통〈方〉(병 따위로 인해) 팔놀림이 자유롭지 못하다. ⇒yè '曳', zhuài

zhuǎi

【转·轉】车部 zhuǎi 4画 구를 전
→〔转文〕 ⇒zhuǎn, zhuàn

【转文-문】 zhuǎi//wén '转文 zhuǎn//wén'의 우독(又讀).

【跩】足部 zhuǎi 6画 뒤똥걸음 예
동〈方〉뒤뚱뒤뚱 걷다. 아장아장 걷다. ◇鸭子一~一~地走着/오리가 뒤뚱뒤뚱 걸어가고 있다.

zhuài

【拽(捙)】扌部 zhuài 6画 끌 예
동잡아당기다〔끌다〕. 세차게 끌다. ◇一把~住不放/덥석 끌어당고 놓지 않다. ⇒yè '曳', zhuāi

zhuān

**【专·專(耑)】扌部 zhuān 6画 오로지 전
1형전문적이다. ◇这孩子没有别的爱好, ~喜欢下围棋/이 애는 별다른 취미가 없는데 장기는 특별히 좋아한다. 2형독차지하다. 전횡하다. 독점하다. ◇~制/전제 정치를 하다. 3(Zhuān)명성(姓). ⇒耑' duān

【专案-안】 zhuān'àn 명특별 안(사)건. ◇~诅/사건 전담팀.

【专差-차】 zhuānchāi 1통특수 임무를 주며 파견하다. 2명특사.

*【专长-장】 zhuāncháng 1명전문 지식. 특기. ◇发挥各人的~/각자의 특기를 발휘한다.

【专场-장】 zhuānchǎng 명특별 공연. 〔흥행〕초대 공연.

【专车-차】 zhuānchē명특별(열)차. 전용차.

【专诚-성】 zhuānchéng 부일부러. 특별히. (同)〔专门 mén〕, (反)〔顺便 shùnbiàn〕

*【专程-정】 zhuānchéng 부일부러 …로 가다. ◇~前去迎接客人/일부러 손님을 맞으러 가다. (反)〔便中 biànzhōng〕

【专电-전】 zhuāndiàn 명(특파원이 외지에서 보내는) 특별 송고.

【专断-단】 zhuānduàn 통독단하다.

【专访-방】 zhuānfǎng 1통특집으로 취재하

다. 2명특집.

【专攻-공】 zhuāngōng 통전공하다.

【专号-호】 zhuānhào 명특집호.

【专横-횡】 zhuānhèng 형전횡하다. 제멋대로이다.

【专机-기】 zhuānjī 명1특별기. 2전용기.

【专集-집】 zhuānjí 명특집.

☆【专家-가】 zhuānjiā 명전문가.

【专刊-간】 zhuānkān 명〈신문·잡지·학술지 따위의〉특집(호). (同)〔集刊〕

∗【专科-과】 zhuānkē 명1전문 과목. 전문 분야. 2전문기술.

【专科学校-과학교】 zhuānkē xuéxiào 명직업 전문 학교.

【专款-관】 zhuānkuǎn 명지정된 항목에만 쓰는 돈. 특별 지출금.

【专栏-란】 zhuānlán 명〈신문·잡지의〉특별란. 컬럼.

∗【专利-리】 zhuānlì 명〈전매〉특허. ◇~权/특허권.

【专列-렬】 zhuānliè 명〈略〉'专用列车'(전용 열차)의 준말.

【专卖-매】 zhuānmài 통전매하다. 독점 판매하다.

【专美-미】 zhuānměi 통〈文〉명예를 독차지하다.

☆【专门-문】 zhuānmén 1명일부러. 특별히. ◇张老师是~来看望你的/장선생님은 일부러 너를 보러 온 것이다. 2부전문적으로. 오로지. 특별히. 일부러. ◇这里~教外国人学汉语/이곳에서는 전문적으로 외국인에게 중국어를 가르친다.

【专名-명】 zhuānmíng 명고유 명칭.

【专名号-명호】 zhuānmínghào 명중국식 문장 부호의 하나. 〔고유 명사 아래에 밑줄을 그어 다른 어휘와 구별하는 방법〕

【专权-권】 zhuān//quán 통권력을 독점하다.

∗【专人-인】 zhuānrén 명1전담자. 2특파원.

【专任-임】 zhuānrèn 통전임하다.

【专擅-천】 zhuānshàn 통〈文〉(상부 지시나 명령을 기다리지 않고) 제멋대로 행동하다.

【专使-사】 zhuānshǐ 명특명 전권 대사나 공사.

【专书-서】 zhuānshū (同)〔专著〕

【专署-서】 zhuānshǔ 명〈略〉'专员公署'의 준말.

∗【专题-제】 zhuāntí 명특집(제목).

【专文-문】 zhuānwén 명특별한 문제에 관한 논문〔문서〕.

【专席-석】 zhuānxí 명특별석.

【专线-선】 zhuānxiàn 명〈철도·전화 따위의〉전용선.

☆【专心-심】 zhuān/xīn 통전념하다. ◇学习必须~/공부는 반드시 전념해야 한다.

(同)〔专注 zhù〕, (反)〔分 fēn 心〕

【专心致志-심치지】 zhuān xīn zhì zhì 〈成〉전심 전력하여 몰두하다. (同)〔专心一志〕, (反)〔心不在焉 xīn bù zài yān〕

【专修-수】 zhuānxiū 통〈단기로〉특별히 연수하다.

☆【专业-업】 zhuānyè 명1〈대학의〉전공학과. 2전문업종.

∗【专业户-업호】 zhuānyèhù 명〈農〉특정 업종 경영 농가.

【专业课-업과】 zhuānyèkè 명전공 과목.

【专一-일】 zhuānyī 형한결같다.

∗【专用-용】 zhuānyòng 명통전용-(하다). ◇~电话/전용 전화.

【专员-원】 zhuānyuán 명1성(省)이 인민위원회로 파견한 '专区'의 책임자. 2전문 요원. 전문 인원.

【专员公署-원공서】 zhuānyuán gōngshǔ 명성(省), 자치구(自治區)에서 파견한 행정기구. (同)〔专署〕

【专责-책】 zhuānzé 명통전담(책임을 지다).

∗【专政-정】 zhuānzhèng 명독재 정치.

【专职-직】 zhuānzhí 명전임. 전담.

∗【专制-제】 zhuānzhì 1명통전체 정치(를 하다). ◇君主~/군주 전제 정치. (同)〔独裁 dúcái〕, (反)〔民主 mínzhǔ〕 2통독단적으로 행동하다. 전횡하다. (同)〔专断 duàn〕, (反)〔民主 mínzhǔ〕

【专注-주】 zhuānzhù 통집중하다. 전념하다.

【专著-저】 zhuānzhù 명전문서적.

∗∗【砖·磚】 石部│zhuān 4画│벽돌 전 명1벽돌. 2벽돌 모양의 물건. ◇冰~/(종이갑 속에 넣은 사각) 아이스크림.

【砖茶-차】 zhuānchá 명전차(磚茶). 〔차 가루를 쪄서 벽돌 모양으로 굳힌 것〕 (同)〔茶砖〕

【砖坯-배】 zhuānpī 명(아직 굽지 않은) 날 벽돌.

【砖头-두】 zhuāntóu 명벽돌 조각. (同)〔碎 suì 砖〕

【砖头-두】 zhuān·tou 〈方〉벽돌.

【砖窑-요】 zhuānyáo 명벽돌(을 굽는) 가마.

【颛·顓】 頁部│zhuān 9画│어리석을 전 명〈文〉우매하다. →'专'

【颛孙-손】 Zhuānsūn 명복성(複姓).

【颛顼-욱】 Zhuānxū 명〈人〉전설상의 고대의 제왕.

【颛臾-유】 Zhuānyú 명전유. 춘추시대의 나라 이름.

zhuǎn

☆【转·轉】车部 zhuǎn 4画 구를 **전**

1〈동〉(방향·위치·형세 등이) 바뀌다. 전환하다. (몸 따위를) 돌리다. ◇今天天气阴～晴/오늘 날씨는 흐렸다가 개인다. ◇说着说着又～了话题/말하다 말고 또 화제를 바꿨다. **2**〈동〉(중간에서) 전달하다. (우편물·전갈·상품 등을) 송달하다. ◇我给调走的那位老师～过六七封信/나는 전근 간 그 선생님에게 6·7통의 편지를 전했었다. ⇒zhuǎi, zhuàn

☆【转变－변】zhuǎnbiàn 〈동〉(점점) 바뀌다. 전환하다. ◇风向～了/풍향이 바뀌었다. ◇你这种轻视妇女的观点也该～/여자를 무시하는 너의 그 관점도 이제는 바뀔 때가 되었다.

*【转播－파】zhuǎnbō 〈명〉중계 방송(하다). ◇这场比赛的实况由央台也～了/이 시합의 실황중계를 중앙방송국도 방송했다.

【转产－산】zhuǎn//chǎn 〈동〉생산품을 바꾸다.

【转车－차】zhuǎn//chē 〈동〉(도중에서 차를) 갈아타다. 환승하다. ◇他住在市郊, 回家要转两次车/그는 교외에 살아서 집에 갈 때 차를 두 번 갈아 타야 한다. (同)〔换 huàn 车〕〔倒 dǎo 车〕

*【转达－달】zhuǎndá 〈동〉전달하다. 전하다. ◇你放心走吧, 我一定把你的话～给他/내가 네 말을 그에게 꼭 전할테니 안심하고 가거라.

【转道－도】zhuǎn//dào 〈동〉(…을) 경유하다. ◇从广州～上海进京/광주에서 상해를 경유하여 북경에 간다.

【转调－조】zhuǎndiào 〈명〉〈音〉전조(轉調). 조바꿈(하다). (同)〔变 biàn 调〕

*【转动－동】zhuǎndòng 〈동〉(몸을) 움직이다. ◇她又在～一下脖子和腰/그녀는 또 목과 허리를 돌려 움직이고 있다.

【转发－발】zhuǎnfā 〈동〉**1**전송하다. **2**(게재한 내용을) 다시 게재하다. **3**(전자신호를) 중계하다.

☆【转告－고】zhuǎngào 〈동〉전하여 알리다. ◇他让我～你, 他明天不能来了/그는 내일 오지 못한다고 네가 알려 주라고 했다.

【转关系－관계】zhuǎn guān·xi 당원이나 단원이 소속을 옮기다.

【转轨－궤】zhuǎn//guǐ 〈동〉**1**궤도를 바꾸다. **2**기존의 체제를 바꾸다.

【转行－행】zhuǎn//háng 〈동〉**1**업종을 바꾸다. **2**(글을 쓰거나 타자칠 때) 행을 바꾸다.

*【转化－화】zhuǎnhuà 〈명〉〈哲〉전화(하다).

【转圈－환】zhuǎnhuán 〈동〉**1**만회하다. **2**중간에서 조정〔중재〕하다.

*【转换－환】zhuǎnhuàn 〈동〉전환하다. 바꾸다. ◇在市场经济的潮流中, 众多企业都向股份制～了/시장경제의 흐름속에서 많은 기업들은 모두 주식제로 전환하고 있다. ◇～方向/방향을 바꾸다. ◇～话题/화제를 바꾸다.

【转机－기】zhuǎnjī 〈명〉전기. 호전될 가능성.

【转嫁－가】zhuǎnjià 〈동〉**1**(여자가) 재가하다. (同)〔改 gǎi 嫁〕**2**(책임 따위를) 전가하다. 떠넘기다.

*【转交－교】zhuǎnjiāo 〈동〉(남이 부탁한 물건을) 전달하다. 전해 주다. ◇我在他生日的时候把这份生日礼物～给了他/나는 그의 생일 때 이 생일 선물을 그에게 전해 주었다.

【转角－각】zhuǎn jiǎo (～儿)〈명〉길모퉁이.

【转借－차】zhuǎnjiè 〈동〉**1**빌린 것을 다시 빌다. **2**(증명서 등을) 남에게 빌려주다.

【转科－과】zhuǎn//kē 〈동〉**1**(환자가 병원에서 자신을 치료하는) 과(科)를 바꾸다. **2**(학생이) 전과하다.

【转口－구】zhuǎnkǒu 〈동〉다른 항구나 나라를 경유해서 재 수출(수입)하다.

【转口贸易－구무역】zhuǎnkǒu màoyì 〈명〉〈經〉중계 무역.

【转脸－검】zhuǎn//liǎn (～儿)〈부〉잠깐 사이.

【转捩点－렬점】zhuǎnlièdiǎn →〔转折点〕

【转卖－매】zhuǎnmài 〈동〉되팔다. 전매하다.

【转年－년】zhuǎn//nián 〈동〉다음 해가 되다.

【转年－년】zhuǎnnián 〈명〉〈方〉**1**그 이듬해. **2**내년.

【转念－념】zhuǎn//niàn 〈동〉마음이 바뀌다.

*【转让－양】zhuǎn//ràng 〈동〉(물건이나 권리를) 넘겨주다. 양도하다. ◇他们把管理权～给了民航/그들은 관리권을 민간항공사에 넘겨 주었다. ◇技术～/기술 이전.

【转身－신】zhuǎn//shēn 〈동〉몸을 돌리다. 돌아서다.

【转身－신】zhuǎnshēn (～儿)〈부〉순간. 잠깐 사이.

【转生－생】zhuǎnshēng (同)〔转世〕

【转世－세】zhuǎnshì 〈명〉〈佛〉환생하다.

【转手－수】zhuǎn//shǒu 〈동〉물건을 한 쪽에서 받아 다른 쪽에 전하다.

【转述－술】zhuǎnshù 〈동〉(남의 말을) 전하다.

【转瞬－순】zhuǎnshùn 잠깐 사이. 어느덧. (同)〔转眼 yǎn〕◇～间, 来这儿已有十几天了/여기에 온 지 잠깐 사이에 십여 일이 되었다.

【转送－송】zhuǎnsòng 〈동〉**1**남의 손을 빌어 물건을 보내다. **2**(선물 받은 것을) 다시 남에게 선물하다. (同)〔转赠 zèng〕

【转托－탁】zhuǎntuō 〈동〉자신에게 온 일을 다시 다른 사람에게 부탁하다.

*【转弯－만】zhuǎn//wān (～儿)〈동〉**1**모퉁이를

돌다. ◇这儿离学校很近，一～儿就到了/이곳에서 학교까지는 매우 가까워서, 모퉁이만 돌면 바로 닿는다. **2**생각을 고치다. (제대로) 이해하다. ◇他感到太突然了，一时转不过弯儿来/그는 너무 갑작스러워 순간 이해하지 못했다.

【转弯抹角—만말각】zhuǎn wān mò jiǎo (～儿)〈成〉**1**꼬불꼬불한 길을 따라서 가다. **2**길이 꼬불꼬불하다. **3**둘러대며 말하다. ◇你～的，老实说吧/둘러대지 말고 있는 대로 말해봐. (同)〔拐弯抹角 guǎi wān mò jiǎo〕, (反)〔直截了当 zhíjié liǎodàng〕

【转弯子—만자】zhuǎn wān·zi 빙 돌려서 말하다.

【转危为安—위위안】zhuǎn wēi wéi ān〈成〉(정세나 병세 따위가) 위험에서 벗어나 안전하게 되다. 호전되다. 전화위복하다.

【转文—문】zhuǎn//wén(又讀 zhuǎi//wén) [동]말마다 어려운 문자를 써서 유식함을 나타내다.

*【转向—향】zhuǎnxiàng [동]**1**방향을 바꾸다. ◇上午是东风，下午～了，成了南风/오전에는 동풍이었는데, 오후에는 방향이 바뀌어 남풍이 되었다. **2**전향하다. 정치적 입장을 바꾸다.

【转学—학】zhuǎn//xué [동]전학하다.

【转眼—안】zhuǎnyǎn [부]눈 깜짝할 사이. 순식간. ◇～间，来北京已经一年了/북경에 온 지 어느덧 벌써 1년이 되었다. (同)〔转瞬 shùn〕, (反)〔长久 chángjiǔ〕

【转业—업】zhuǎn//yè [동]업종을 바꾸다.

⁑【转移—이】zhuǎnyí [동]**1**옮기다. 돌리다. ◇他们正在～粮食/그들은 식량을 옮기는 중이다. ◇～视线/시선을 돌리다. **2**변화하다. 변천하다.

【转译—역】zhuǎnyì [동]중역(重譯)하다. 번역본으로 재번역하다.

【转院—원】zhuǎn//yuàn [동](입원 환자가) 병원을 바꾸다.

【转运—운】zhuǎn//yùn [동]운이 트이다.

【转运—운】zhuǎnyùn [동]중계 운송하다.

【转载—재】zhuǎnzǎi [동]전재하다.

【转载—재】zhuǎnzài [동](짐을) 옮겨 싣다.

【转赠—증】zhuǎnzèng (同)〔转送〕

【转战—전】zhuǎnzhàn [동]전쟁터를 옮겨 가면서 싸우다.

*【转折—절】zhuǎnzhé [동](사물의 발전 방향이) 바뀌다. 전환하다. ◇世界历史上的急剧～/세계역사상의 급격한 전환.

【转折点—절점】zhuǎnzhédiǎn [명]전환점. ◇巴黎时期的生活是他一生的～/파리에서 생활하던 시절은 그의 일생에 전환점이었다.

【转正—정】zhuǎn//zhèng [동]정식 직원(구성원)이 되다.

【转注—주】zhuǎnzhù [명]〈言〉전주. 〔'六书'의 하나〕

zhuàn

*【传·傳】亻部 4画 | zhuàn 전할 **전**

[명]전. **1**경전 본문의 해석이나 주해. 《春秋公羊传》등을 가리킴. **2**전기(傳記). ◇列～/열전. ◇别～/별전. **3**역사 소설. 역사 이야기. ⇒chuán

*【传记—기】zhuànjì [명]전기.

【传略—략】zhuànlüè [명]소전(小傳).

☆【转·轉】车部 4画 | zhuàn 구를 **전**

1[동]돌다. 회전하다. ◇汽车轮子还在～着/자동차 바퀴가 아직도 돌고 있다. **2**[동](무엇을 중심으로) 맴돌다. 선회하다. ◇他练的是什么功夫，怎么老在一个地方～着圈子/그가 연마하는 것은 어떤 무술이길래 왜 항상 한 곳에서 원을 그리며 맴돌고 있느냐. **3**[양]〈方〉바퀴. 회전. ◇绕一～/한 바퀴 돌다. ⇒zhuǎi, zhuǎn

⁑【转动—동】zhuàndòng [동](어떤 점〔축〕을 중심으로) 돌다. 회전하다. 돌리다. ◇这个风车比别的先～起来了/이 풍차는 다른 것보다 먼저 돌기 시작했다.

【转筋—근】zhuàn//jīn 〈中醫〉[동]경련하다. 쥐가 나다.

【转炉—로】zhuànlú [명]〈工〉전로. 회전로.

【转门—문】zhuànmén [명]〈建〉회전문.

【转磨—마】zhuàn//mò [동]〈方〉**1**연자매를 맴돌다. **2**〈轉〉(당황하여 어쩔 줄 몰라하며) 제자리를 맴돌다.

【转盘—반】zhuànpán [명]**1**〈機〉(전축의) 턴테이블(turn table). **2**〈交〉전차대(轉車臺). **3**〈體〉자이언트 스트라이드(giant stride). 회전 그네. **4**(곡예의) 버나. **5**(석유·유정 굴착용 회전 천공기의) 회전 테이블. **6**〈交〉로터리(rotary). **7**룰레트(roulette). (同)〔凭天 píngtiān 转〕 **8**'唱片(儿)' (음반)의 구칭.

【转圈儿—권아】zhuàn quānr 둘레를〔주위를〕 돌다.

【转日莲—일련】zhuànrìlián [명]〈方〉〈植〉해바라기. (同)〔向 xiàng 日葵〕

【转速—속】zhuànsù [명]회전 속도.

【转台—대】zhuàntái [명]**1**회전 무대. **2**회전 식탁.

【转弯子—만자】zhuàn//wānzi [동]빙빙 돌려서 말하다.

【转向—향】zhuàn//xiàng [동]방향을 잃다.

【转椅—의】zhuànyǐ [명]회전 의자.

【转悠—유】zhuàn·you [동]〈口〉**1**돌다. 구르

다. **2**어정거리다. 어슬렁거리다.

【转轴—축】zhuànzhóu 몡**1**회전축. **2**생각.
아이디어. 발상.

【转子—자】zhuànzǐ 몡〈機〉**1**(유도 전동기
의) 회전자. **2**(증기 터빈의) 로터(rotor).
회전부.

【沌】 氵部 Zhuàn
4画 기운덩어리 **돈**
몡湖北에 있는 강명.

【撰】 扌部 zhuàn
12画 갖출 **찬**
통글을 짓다. 저술하다. ◇~稿/원고를
쓰다.

【撰述—술】zhuànshù **1**통저술하다. **2**몡저
술·저작.

【撰写—사】zhuànxiě 통(글을) 쓰다. 짓다.

【撰著—저】zhuànzhù 통저작하다. 저술하다.

＊＊【赚・賺】 贝部 zhuàn
10画 되팔기 **잠**
1통(장사를 하여 돈을) 벌다. ◇这几年做
生意~了不少钱/요 몇년 장사해서 돈을
많이 벌었다. (反)〔赔 péi〕比较:赚:盈余
순수한 이윤이 남은 경우에는 "赚"을 쓰
지 않는다. ◇这个月我们店(×赚)盈余二
万元/이번 달 우리 가게는 2만원 순수
이윤을 남겼다. **2**(~儿)몡〈方〉이윤. **3**통
〈方〉(돈을) 벌다. ⇒zuàn

【赚头—두】zhuàn·tou 몡이윤.

【篆】 竹部 zhuàn
9画 전자 **전**
1몡전. 전자(篆字). 〔한자 서체의 하나
임〕◇大~/대전. ◇小~/소전. ◇~书/
전서. **2**통전자(篆字)로 쓰다. ◇~额/비
석에 전자로 제자(题字)하다. **3**몡도장.

【篆刻—각】zhuànkè 통도장을 새기다.

【篆书—서】zhuànshū 몡전서.

【篆字—자】zhuànzì (同)〔篆书〕

zhuāng

【妆・妝(粧)】 丬部 zhuāng
3画 단장할 **장**
1통화장하다. 치장하다. **2**몡분장. 치장.
장신구. ◇卸 xiè~/장신구를 풀다. 분장
〔화장〕을 지우다. **3**몡(신부의) 혼수. ◇
送~/혼수를 보내다.

【妆奁—렴】zhuānglián 몡**1**화장 상자. 화장
함. **2**(여자의) 혼수용품.

【妆饰—식】zhuāngshì **1**통화장하다. 치장하
다. **2**몡화장한 모습.

【妆新—신】zhuāngxīn 몡〈方〉신혼용의 의
상이나 침구.

＊【庄・莊】 广部 zhuāng
3画 씩씩할 **장**

몡**1**(~儿)마을. 촌락. 부락. ◇~户/농가.
(同)〔村 cūn〕**2**장원. 영지. 봉토. ◇~田/
장전. ◇皇~/황제의 정원. **3**가게. 상점.
◇布~/포목점. ◇饭~/음식점. (同)〔店
diàn〕**4**(노름에서) 선. ◇是谁的~?/누가
선이냐? **5**몡정중하다. ◇端~/단정하고 정
중하다. (反)〔谐 xié〕**6**(Zhuāng)성(姓).

【庄户—호】zhuānghù 몡농가.

【庄稼—가】zhuāng·jia 몡(마작에서) 선.

☆【庄稼—가】zhuāng·jia 몡농작물.

【庄稼地—가지】zhuāng·jiadì 몡농지. 농토.

【庄稼汉—가한】zhuāng·jiahàn 몡농군. 농부.

【庄稼活儿—가활아】zhuāng·jiahuór 몡농
사일.

【庄稼人—가인】zhuāng·jiarén 몡농민.

【庄田—전】zhuāngtián 몡**1**옛날, 군주·귀족
의 영지. **2**옛날, 지주가 소작인에게 경작
시킨 농경지.

☆【庄严—엄】zhuāngyán 몡(태도나 분위기
가) 장엄하다. ◇~地宣誓/엄숙하게 선서
하다. (反)〔诙谐 huīxié〕比较:庄严:严肃
"庄严"은 "说"와 함께 쓰지 않는다. ◇父
母(×庄严)严肃地对我说:"你这样下去是
很危险的"/부모님은 엄숙하게 내게 말했
다. "네가 계속 이렇게 나가면 위험하다."

【庄园—원】zhuāngyuán 몡장원.

＊【庄重—중】zhuāngzhòng 몡(언행이) 정중
하다. ◇在严肃的场合你要放~点儿/엄숙
한 자리에서 너는 좀 정중해야 한다.
(同)〔持 chí 重〕, (反)〔轻浮 qīngfú〕

【庄子—자】zhuāng·zi 몡**1**마을. 촌락. **2**전답
과 장원.

＊＊【桩・椿】 木部 zhuāng
6画 말뚝 **장**
1(~儿, ~子)몡말뚝. ◇木~/나무 말뚝.
2양건(件). 가지〔사건이나 일을 세는 데
쓰임〕◇一~心事/한 가지 걱정 거리.

【桩子—자】zhuāng·zi 몡말뚝.

★【装・裝】 衣部 zhuāng
6画 꾸밀 **장**
1통치장하다. 화장하다. 분장하다. ◇她
四十多岁的时候在电影里~过十八岁的少
女/그녀는 40여 세 때 영화에서 18세의
소녀를 분장한 적이 있다. **2**몡복장. 옷차
림. ◇新~/새 옷. (同)〔衣 yī〕**3**몡분장
용구(用具)와 무대 의상. **4**통가장하다.
…인 양하다〔체하다〕. ◇老人躺在床上~
着睡觉/노인은 침대에 누워서 잠자는 척
한다. **5**통(물품을) 담다. (화물을) 싣다.
채워 넣다. ◇工人们正在大卡车上~着砖
呢/노동자들이 대형화물차에 벽돌을 싣
고 있다. (反)〔卸 xiè〕比较: 装:充"装"의
목적어는 구체적인 사물만이 가능하다.
◇排球场上(×装)充满了喊声/배구 경기

장은 함성으로 가득 찼다. **6**동설치하다. 조립하다. ◇~电灯/전등을 달다. ◇他小心地在窗框上~着玻璃/그는 조심스럽게 창틀에 유리를 달고 있다. (同)〔安 ān〕, (反)〔拆 chāi〕

【装扮―반】 zhuāngbàn 동**1**치장하다. 옷치레하다. 장식하다. (同)〔打 dǎ 扮〕 **2**분장하다. 변장하다. **3**가장하다. …인 체하다. (同)〔假 jiǎ 装〕

＊＊【装备―비】 zhuāngbèi 명◇〈軍〉무장(하다). 설비(하다). ◇现代化~/현대화 장비. ◇这些武器可以~一个营/이 무기들로 1개 대대를 무장할 수 있다.

【装裱―표】 zhuāngbiǎo 동(그림·글씨를) 표구하다.

【装点―점】 zhuāngdiǎn 동(집 따위를) 꾸미다. 장식하다.

【装订―정】 zhuāngdìng 명동장정(하다).

【装疯卖傻―풍매사】 zhuāng fēng mài shǎ 〈成〉미치거나 바보인 척하다.

【装裹―과】 zhuāng·guo **1**동수의를 입히다. **2**명수의.

【装潢―황】 zhuānghuáng **1**동글이나 그림을 표구하다. 장식하다. **2**명장정. 장식. **3**상품의 포장.

【装甲―갑】 zhuāngjiǎ 명장갑.

【装甲兵―갑병】 zhuāngjiǎbīng 명장갑부대.

【装甲车―갑차】 zhuāngjiǎchē 명장갑차. (同)〔铁 tiě 甲车〕

【装假―가】 zhuāng//jiǎ 동…인 체하다. 가장하다. 시치미떼다.

【装殓―렴】 zhuāng//liàn 동입관하다.

【装门面―문면】 zhuāng mén·miàn 겉치레하다. 겉치장하다.

【装模作样―모작양】 zhuāng mú zuò yàng 〈成〉잘난 체하다. 허세를 부리다.

＊【装配―배】 zhuāngpèi 동(기계 부품을) 조립하다. ◇发电机已经~好了/발전기가 이미 다 조립되었다. ◇~工/조립공. (同)〔装置 zhì〕, (反)〔拆卸 chāixiè〕

【装配线―배선】 zhuāngpèixiàn 명조립 라인.

【装腔作势―강작세】 zhuāng qiāng zuò shì 〈成〉과장된 행동으로 시선을 끌다. 거드름피우며 사기치거나 협박하다. (反)〔自然而然 zì rán ér rán〕

【装神弄鬼―신농귀】 zhuāngshén nòng guǐ 〈成〉귀신처럼 꾸며 사람을 현혹하다. 농간을 부리다. 사람의 눈을 현혹하다.

＊【装饰―식】 zhuāngshì **1**동치장하다. 장식하다. ◇她向来朴素, 不爱~/그녀는 원래부터 소박하여 치장을 잘 하지 않는다. 비교装饰:装扮 배우 등이 분장하는 경우에는 "装饰"를 쓰지 않는다. ◇他(×装饰)装扮成老头/그는 노인으로 분장했다.

2명장식(품). ◇姑娘头上的~很漂亮/처녀 머리의 장식품이 아름답다.

【装束―속】 zhuāngshù **1**명옷차림. 몸차림. **2**동〈文〉여장을 꾸미다.

【装蒜―산】 zhuāng//suàn 동시치미떼다. 모르는 체하다.

【装相―상】 zhuāngxiàng (~儿)동체하다. 대단한 체하다.

＊【装卸―사】 zhuāngxiè 동**1**싣고 부리다. 하역하다. ◇~货物/화물을 싣고 부리다. **2**조립하고 분해하다. ◇他会~自行车/그는 자전거를 조립하고 분해할 줄 안다.

【装修―수】 zhuāngxiū 동(집 따위의) 내장 공사를 하다.

【装样子―양자】 zhuāng yàng·zi 젠 체하다.

【装运―운】 zhuāngyùn 동실어 나르다.

【装载―재】 zhuāngzài 동(짐을) 싣다. 적재하다.

【装帧―정】 zhuāngzhēn 명동장정(하다).

＊＊【装置―치】 zhuāngzhì **1**동설치하다. 장치하다. 조립하다. ◇降温设备已经~好了/냉방설비를 이미 다 설치했다. **2**명장치. 설비. ◇自动化~/자동화 설비.

【装作―작】 zhuāngzuò …인 체하다.

zhuǎng

【奘】 大部 zhuǎng
7画 클 장
형〈方〉굵다. 실하다. ◇这棵树很~/이 나무는 (둘레가) 매우 굵다. (同)〔粗 cū〕, (反)〔细 xì〕 ⇒zàng

zhuàng

＊＊【壮·壯】 丬部 zhuàng
3画 장할 장
1형튼튼하다. 건장하다. 강하다. ◇码头上的装卸工身体都很~/부두의 하역부는 신체가 다들 건장하다. (反)〔弱 ruò〕 **2**형웅장하다. 떳떳하다. 버젓하다. ◇理直气~/〈成〉이유가 있어 떳떳하다. 버젓하다. **3**동힘을 내다. 용기를 돋구다. ◇为了~声势, 二百多名拉拉队员来到了体育场/기세를 돋구기 위해서 2백여 명의 응원팀은 운동장으로 왔다. (同)〔雄 xióng〕 **4**양〈中醫〉(뜸의) 장. **5**(Zhuàng)명장족(壮族). 〔옛날에는 '僮 Zhuàng'이라 했음〕

＊【壮大―대】 zhuàngdà **1**동강해지다. ◇力量日益~/역량이 날이 갈수록 강해지다. (反)〔削弱 xiāoruò〕 **2**동강화하다. **3**형튼튼하다. 실하다. ◇手脚~/손발이 실하다.

【壮胆―담】 zhuàng//dǎn 동용기를 북돋다. 담을 크게 하다. (反)〔丧 sàng 胆〕

Z

【壮丁－정】zhuàngdīng 图장정. 〔징병 적령기의 남자를 가리킬 때가 많음〕

【壮工－공】zhuànggōng 图단순 육체 노동자. 미숙련 노동자.

*【壮观－관】zhuàngguān 图圈장관(이다). ◇这大自然的～, 是我从来没有见过的/이 대자연의 장관은 내가 여지껏 못 본 것이다.

【壮健－건】zhuàngjiàn 圈건장하다.

【壮锦－금】zhuàngjǐn 图장족(壮族)의 여성들이 손으로 짜는 견직물.

【壮举－거】zhuàngjǔ 图대단한 행위.

【壮阔－활】zhuàngkuò 圈1웅장하고 넓다. 광활하다. 2웅대하다. (규모가) 엄청나다.

*【壮丽－려】zhuànglì 圈웅장하고 아름답다. ◇山河～/산하가 웅장하고 아름답다.

*【壮烈－렬】zhuàngliè 圈장렬하다. ◇～牺牲/장렬한 희생.

【壮年－년】zhuàngnián 图장년.

【壮实－실】zhuàng·shi 圈(몸이) 튼튼하다. 헌걸차다. (同)〔强 qiáng 壮〕, (反)〔衰弱 shuāiruò〕

【壮士－사】zhuàngshì 图장사. 호방하고 용감한 사람.

【壮心－심】zhuàngxīn (同)〔壮志〕

*【壮志－지】zhuàngzhì 图웅지. 대망. ◇雄心～/웅지. 원대한 포부. (同)〔壮心〕

【壮志凌云－지릉운】zhuàng zhì líng yún 〈成〉하늘을 찌를 듯한 큰 포부. (反)〔不求上进 bù qiú shàng jìn〕

【壮族－족】Zhuàngzú 图〈民〉장족.〔중국 소수 민족의 하나〕(同)〔僮 Zhuàng〕

【状·狀】 爿部 | 평상 **狀**
4画 | zhuàng
1图상태. 모양. 형태. ◇奇形怪～/기괴한 형상. 2图상황. 형세. ◇病～/병세. 3图진술하다. 형언하다. ◇不可名～/형언할 수 없다. 4图고소장. ◇告～/고소하다. 5图포장(褒奖)·위임(委任) 등의 증서(證書). ◇委任～/위임장. ◇奖～/상장.

☆【状况－황】zhuàngkuàng 图상황. 처지. ◇最近一段时间, 他的身体～不太好/최근 얼마동안 그의 건강 상태는 그리 좋지 않다.

☆【状态－태】zhuàngtài 图상황.◇病人处于昏迷～/환자는 혼수상태에 빠졌다. 비교状态:态度 "状态"는 "表示"의 목적어로 쓰지 않는다. ◇他的这种口气表示了, 他非常对我不满意的(×状态)态度/그의 이런 말투는 그가 나에 대한 불만스런 태도를 나타내는 것이다.

【状语－어】zhuàngyǔ 图〈言〉부사어. 〔동사와 형용사를 수식하여, 상태·정도·시간·장소 따위를 나타내는 문장 성분〕

【状元－원】zhuàng·yuan 图1장원. 2(어떤 분야의) 제일인자.

【状纸－지】zhuàngzhǐ 图옛날, (법원 소정의) 소장 용지.

【状子－자】zhuàng·zi 图소장(訴状).

【僮】 亻部 | Zhuàng
12画
图〈民〉중국 소수 민족인 '壮 Zhuàng 族'(장족)의 '壮'자(字)의 원래 글자.

☆【撞】 扌部 | zhuàng
12画 | 칠 **撞**
图1부딪치다. 충돌하다. ◇两辆汽车相～/두 차가 부딪쳤다. 2뜻하지 않게 만나다. 우연히 만나다. ◇两人在胡同口～上了/두 사람은 골목 어귀에서 뜻하지 않게 만났다. 3부딪쳐 보다. ◇碰～见 보다. 3부딪쳐 보다. ◇～运气/운에 맡기다. 운세를 시험해 보다. 4돌진하다. 뛰어들다.

【撞车－거】zhuàng//chē 图1차가 서로 충돌하다. 2(喩)(두 사람이) 서로 대립되다.

【撞击－격】zhuàngjī 图부딪치다.

【撞见－견】zhuàngjiàn 图우연히 마주치다. (同)〔碰 pèng 见〕

【撞骗－편】zhuàngpiàn 图여기저기 사기를 치고 다니다.

【撞墙－장】zhuàng//qiáng 난관에 부딪치다. (同)〔碰壁〕

【撞锁－쇄】zhuàng//suǒ 헛걸음치다. 부재중에 찾아가다.

【撞针－침】zhuàngzhēn 图(총의) 격침.

**【幢】 巾部 | zhuàng
12画 | 기 **幢**
窗〈方〉(건물이나 집의) 동(棟). 채. ◇第二～楼/두 번째 건물.

【戆·戇】 心部 | zhuàng
21画 | 고지식할 **戇**
圈〈文〉우직하다. 고지식하다. ⇒gàng

【戆直－직】zhuàngzhí 圈우직하다. 강직하다.

zhuī

【椎】 木部 | zhuī
8画 | 철장대 **椎**
图〈生理〉척추(골). 등골(뼈). ◇脊～/척추. 척추.

【椎骨－골】zhuīgǔ 图〈生理〉척추(골). 등골(뼈). (同)〔脊椎骨〕

【椎间盘－간반】zhuījiānpán 图〈生理〉추간 연골. 추간(間)판. 디스크(disk).

【锥·錐】 钅部 | zhuī
8画 | 송곳 **錐**
1图송곳. 2图송곳처럼 끝이 뾰족한 것. ◇冰～/고드름. 3图(송곳 따위로) 뚫다.

【锥处囊中－처낭중】zhuī chǔ náng zhōng 〈成〉재능있는 사람은 두각이 드러나게 마련이다.

【锥度－度】zhuīdù 图〈物〉1테이퍼(taper) 형식. 2테이퍼. (원뿔 따위의) 횡단면 축소율.
【锥子－자】zhuī·zi 图송곳.

☆【追】辶部 | zhuī
6画 | 쫓을 추
图1쫓아가다. ◇你～也许能～上他/쫓아가면 그를 따라잡을 수 있을지 모르겠다. (同)〔赶 gǎn〕, (反)〔逃 táo〕 2캐다. 추궁하다. ◇公安局～过他最近都去哪儿了/공안국에서 그가 최근 어디 어디 갔는지 캐물었었다. 3추구하다. ◇他～过一个女大学生, 没成功/그는 어느 여대생을 쫓아다녔지만 성공하지 못했다. 4추억하다. 5추후에 보충하다.
【追奔逐北－분축북】zhuī bēn zhú běi〈成〉패주하는 적을 추격하다. (同)〔追亡逐北〕
【追逼－핍】zhuībī 图1끝까지 몰아 붙이다. 바짝 쫓아가다. 2세차게 추궁하다.
【追捕－포】zhuībǔ 图추적[추격]하여 붙잡다.
【追不上－불상】zhuī·bu shàng 따라잡을 수 없다.
*【追查－사】zhuīchá 图추적 조사하다. ◇～事故原因/사고 원인을 추적 조사한다.
*【追悼－도】zhuīdào 图추도하다. ◇～烈士/열사를 추도하다.
【追悼会－도회】zhuīdàohuì 图추도회.
【追肥－비】zhuīféi 图〈農〉뒷거름.
*【追赶－간】zhuīgǎn 图1쫓아가다. 따라잡다. ◇～敌人/적을 뒤쫓다. ◇～野兔/산토끼를 쫓아가다. (同)〔追逐 zhú〕, (反)〔逃走 táozǒu〕
【追根－근】zhuī//gēn 图꼬치꼬치 캐묻다.
【追根究底－근구저】zhuī gēn jiū dǐ〈成〉진상을 끝까지 밝히다. (同)〔追根问底 zhuī gēn wèn dǐ〕, (反)〔浮光掠影 fú guāng lüè yǐng〕
【追怀－회】zhuīhuái 图회상하다. 추억하다.
【追悔－회】zhuīhuǐ 图후회하다.
【追击－격】zhuījī 图추격(하다).
【追记－기】zhuījì 图图1(죽은 후) 추기(하다). 추서(追叙)(하다). 2图사후에 기록하다. 3图추억하다.
【追加－가】zhuījiā 图추가하다.
【追缴－교】zhuījiǎo 图추징하다.
*【追究－구】zhuījiū 图규명하다. 추궁하다. ◇～责任/책임을 추궁하다. ◇～原由/원인을 규명하다.
**【追求－구】zhuīqiú 图1추구하다. 탐구하다. ◇他曾一味地～名誉、地位/그는 전에 명예와 지위만을 추구했다. 2사랑을 추구하다. 구애하다. ◇这小伙子聪明, 能干长得又英俊, ～不少姑娘曾~追他/그 젊은이는 총명하고 능력있고 잘생겨서 많은 아가씨들이 그에게 구애했다.

【追认－인】zhuīrèn 图추인하다. 사후에 인정하다. 소급하여 인정하다.
【追述－술】zhuīshù 图(지나간 일을) 술회하다. 회고하다.
【追思－사】zhuīsī 图추억하다.
【追诉－소】zhuīsù 图기소하다. 소추하다.
【追溯－소】zhuīsù 图거슬러 올라가다.
【追随－수】zhuīsuí 图뒤쫓아 따르다.
【追尾－미】zhuīwěi 图뒤를 밟다. 미행하다.
*【追问－문】zhuīwèn 图캐묻다. 추궁하다. ◇他既然不知道, 就不必再～了/그가 모르는 이상 더 캐물을 필요없다.
【追想－상】zhuīxiǎng 图추억하다.
【追叙－서】zhuīxù 图1(同)〔追述 shù〕 2图결과를 먼저 제시하고 나중에 과정을 쓰는 문장 서술법. 방법.
【追寻－심】zhuīxún 图추적하다. 캐다.
【追忆－억】zhuīyì 图추억(하다). (同)〔追怀 huái〕, (反)〔展望 zhǎnwàng〕
【追赃－장】zhuī//zāng 图장물을 되찾다.
【追赠－증】zhuīzèng 图사후에 벼슬을 추서하다.
【追逐－축】zhuīzhú 图1추구하다. (同)〔追求 qiú〕 2쫓다.
【追踪－종】zhuīzōng 图추적하다.

zhuì

【坠・墜】土部 | zhuì
4画 | 떨어질 추
1图떨어지다. ◇～马/말에서 떨어지다. (反)〔升 shēng〕 2图(무거운 것이) 매달리다. 드리우다. ◇石榴把树枝～得弯弯的/석류가 나뭇가지를 휠 정도로 매달려 있다. 3(～儿)图매달린 물건. 드리운 것. ◇耳～儿/귀걸이.
【坠地－지】zhuìdì 图〈文〉(신생아가) 태어나다. (同)〔出生 chūshēng〕, (反)〔死亡 sǐwáng〕
【坠毁－훼】zhuìhuǐ 图(비행기 따위가) 추락하여 파괴되다.
【坠落－락】zhuìluò 图떨어지다.
【坠琴－금】zhuìqín (同)〔坠子〕
【坠子－자】zhuì·zi 图〈方〉1귀걸이. 2'河南坠子'에 사용하는 악기.

【缀・綴】纟部 | zhuì
8画 | 잇댈 철
图1꿰매다. 얽어매다. ◇你的袖子破了, 我给你～上两针/너의 옷소매가 찢어졌구나, 내가 좀 꿰매어 주마. 2(글을) 엮다〔짓다〕. ◇～字成文/글자를 엮어 글을 짓다. 3꾸미다. ◇点～/장식하다.
【缀合－합】zhuìhé 图한데 꿰매다.
【缀文－문】zhuìwén 图글을 짓다. 작문하다.

Z

【惴】忄部 | zhuì
9画 | 마를 췌
〔형〕〈文〉걱정하고 두려워하는 모양.
【惴栗―률】zhuìlì 〔동〕〈文〉무서워 벌벌 떨다.

【缒・縋】纟部 | zhuì
9画 | 매달릴 추
〔동〕(사람이나 물건을) 줄에 매달아 내려보내다. 밧줄을 타고 내려가다. ◇从阳台上把篮子～下来/발코니에서 바구니를 줄로 매달아 내리다.

【赘・贅】贝部 | zhuì
10画 | 붙일 췌
1〔형〕쓸데없다. 불필요하다. ◇累 léi～/거추장스럽다. 2〔동〕데릴사위가 되다. 3〔동〕〈方〉괴롭히다. ◇孩子多了真～人/아이들이 많으면 정말 사람을 성가시게 한다.
【赘瘤―류】zhuìliú 〔명〕쓸데없는〔여분의〕물건. 군더더기. (同)〔赘疣 yóu〕
【赘述―술】zhuìshù 〔동〕쓸데없는 것을 서술하다. 군말을 한다.
【赘婿―서】zhuìxù 〔명〕데릴사위.
【赘言―언】zhuìyán 1〔명〕군더더기. 2〔동〕불필요한 말〔군말〕을 하다.
【赘疣―우】zhuìyóu 〔명〕1혹. 사마귀. 2군더더기. 무용지물.

zhūn

【屯】一部 | zhūn
3画 | 모일 둔
【屯邅―전】zhūnzhān (同)〔迍 zhūn 邅〕

【迍】辶部 | zhūn
4画 | 머뭇거릴 둔
【迍邅―전】zhūnzhān 〔동〕〈文〉1일이 잘 진척되지 않다. 2영락하다. (同)〔屯 zhūn 邅〕

【窀】穴部 | zhūn
4画 | 묻을 둔
【窀穸―석】zhūnxī 〔동〕〈文〉묘혈(墓穴). 묘

【谆・諄】讠部 | zhūn
8画 | 도울 순
【谆谆―순】zhūnzhūn 〔형〕간곡하게 타이르는 모양.

zhǔn

☆【准(準)】冫部 | zhǔn
8画 | 법 준
1〔동〕허락하다. 허가하다. ◇办公时间不～打私人电话/근무시간에 개인 전화를 걸어서는 안 된다. (同)〔许 xǔ〕 2〔명〕표준. 기준. 규격. ◇水～/수준. 3〔동〕의거하다. 본보기로 삼다. 준하다. ◇～此办理/이대로 처리하다. 4〔형〕정확하다. ◇钟走得不～/시계가 맞지 않다. ◇3号动员的球踢得很

～/3번 선수가 공을 정확히 찼다. 5〔부〕꼭. 반드시. 틀림없이. ◇明晚的招待会, 他～来/내일 저녁 연회에 그는 꼭 올 것이다. (同)〔定 dìng〕 6〔접두〕준. 〔어떤 명사 앞에 붙어서 그 명사에 비길 만한 뜻을 나타내는 말〕 ◇～平原/준평원.
【准保―보】zhǔnbǎo 〔부〕틀림없이. 확실히.
★【准备―비】zhǔnbèi 1〔동〕준비하다. ◇今天的客人较多, 请多～些点心/오늘 손님이 많은 편이니 간식을 좀 더 준비해라. 2〔조동〕…하려고 하다. …할 작정〔계획〕이다. ◇昨天我本来～去看你, 因为临时有事没去成/어제 나는 본래 너를 만나러 가려고 했었는데 그때 일이 생겨서 못갔다.
【准点―점】zhǔndiǎn 〔명〕정각. (同)〔正 zhèng 点〕, (反)〔晚 wǎn 点〕
【准定―정】zhǔndìng 〔부〕틀림없이. 꼭.
【准稿子―고자】zhǔngǎo·zi 〔명〕확고한 생각.
【准话―화】zhǔnhuà 〔명〕확실한 이야기〔말〕.
【准将―장】zhǔnjiàng 〔명〕〈軍〉준장.
【准谱儿―보아】zhǔnpǔr (同)〔准儿〕
☆【准确―확】zhǔnquè 〔형〕정확하다. ◇你说普通话, 发音真～/너의 표준말 발음은 정말 정확하다. (反)〔错误 cuòwù〕
【准儿―아】zhǔnr 〔명〕확실한 생각〔방법〕. 정해진 법칙. 〔대부분 '有'나 '没有'의 뒤에 쓰임〕 ◇他今天来不来, 没～/그가 오늘 올지 확실치 않다.
【准绳―승】zhǔnshéng 〔명〕기준. 원칙.
☆【准时―시】zhǔnshí 〔형〕정해진 시간. 정각. ◇火车～到达/기차는 정각에 도착한다.
【准头―두】zhǔn·tou 〔명〕(사격·말 따위의) 정확성.
【准尉―위】zhǔnwèi 〔명〕〈軍〉준위.
【准信―신】zhǔnxìn (～儿)〔명〕정확한 소식.
【准星―성】zhǔnxīng 〔명〕(총의) 가늠쇠.
*【准许―허】zhǔnxǔ 〔명〕〔동〕허가(하다). (同)〔允 yǔn 许〕, (反)〔不 bù 准〕
【准予―여】zhǔnyǔ 〔동〕허가하다. 〔공문서 용어〕
*【准则―칙】zhǔnzé 〔명〕준칙.

zhuō

【拙】扌部 | zhuō
5画 | 옹졸할 졸
〔형〕1어리석다. 졸렬하다. ◇弄巧成～/〈成〉지나치게 꾀를 부리다가 도리어 일을 망치다. (同)〔笨 bèn〕, (反)〔巧 qiǎo〕 2〔謙〕자기의 글 또는 견해. ◇～作/졸작. (同)〔鄙 bǐ〕, (反)〔尊 zūn〕
【拙笨―분】zhuōbèn 〔형〕우둔하다. 어리석다.
【拙笔―필】zhuōbǐ 〔명〕〔謙〕졸필.
【拙见―견】zhuōjiàn 〔명〕짧은 생각. (同)〔管

guǎn 见], (反)〔高 gāo 见〕
【拙劣―렬】zhuōliè 働졸렬하다. (反)〔高明 gāomíng〕
【拙涩―삽】zhuōsè 働졸렬하고 거칠다.

【桌】 木部 6画 zhuō 탁상 **탁**
(~儿)働테이블. 탁자. ◇餐~/식탁. ◇书~/책상. 2働상. 요리상의 수를 세는 데 쓰임. ◇一~菜/요리 한 상.
【桌布―포】zhuōbù 働탁자보.
【桌灯―등】zhuōdēng 働탁상용 스탠드. (同)〔台 tái 灯〕
【桌面―면】zhuōmiàn 働탁상.
【桌面儿上―면아상】zhuōmiànr·shang 〈喩〉공개 석상. 공식적으로. ◇有什么话最好摆到~来说/무슨 얘기가 있으면 공개 석상에서 얘기하자.
【桌椅板凳―의판등】zhuōyǐ bǎndèng 働일반 가구의 총칭.
★【桌子―자】zhuō·zi 働책상. ◇一张~/탁자하나.

☆【捉】 扌部 7画 zhuō 잡을 **착**
働1(손에) 잡다. 쥐다. ◇~笔/붓을 들다. (同)〔握 wò〕2사로잡다. 포획하다. ◇~贼/도둑을 잡다. ◇我确实没见这只猫~过老鼠/나는 이 고양이가 쥐를 잡는 것을 정말 못봤다. (同)〔捕 bǔ〕, (反)〔放 fàng〕
【捉刀―도】zhuōdāo 〈文〉(글을) 대필하다.
【捉奸―간】zhuō//jiān 働간통 현장을 덮치다.
【捉襟见肘―금견주】zhuō jīn jiàn zhǒu 〈成〉의복이 남루하다. 〈喩〉(재정 상태가 나빠) 변통이 어렵다. 어려움을 대처하기 힘들다. (反)〔应付裕如 yìngfù yùrú〕
【捉迷藏―미장】zhuō mícáng 1숨바꼭질하다. 2〈喩〉(말이나 행동이 숨바꼭질하듯) 짐작하기 어렵다.
【捉摸―모】zhuōmō 働짐작하다. 파악하다. 〔주로 부정문에 쓰임〕
【捉拿―나】zhuōná 働(범인을) 붙잡다. ◇~凶手/흉악범을 붙잡다. (同)〔逮捕 dǎibǔ〕, (反)〔释放 shìfàng〕
【捉弄―롱】zhuōnòng 働농락하다. 놀리다.

【涿】 氵部 8画 Zhuō 땅이름 **탁**
働〈地〉탁현(涿縣).

【镯・鐯】 钅部 11画 zhuō 괭이 **저**
〈方〉働(괭이 따위로) 파내다. ◇~玉米/옥수수의 그루터기를 파내다.
【镯钩―구】zhuō·gou 〈方〉働괭이.

zhuó

【灼】 火部 3画 zhuó 사를 **작**
1働태우다. ◇~伤/화상을 입다. 2働밝다.
【灼见―견】zhuójiàn 働투철한 견해.
【灼热―열】zhuórè 働몹시 뜨겁다. 이글거리다.
【灼灼―작】zhuózhuó 働〈文〉빛나는 모양.

【酌】 火部 3画 zhuó 따를 **작**
1働술을 따르다. ◇对~/대작하다. 2働주연. ◇便~/조촐한 연회. 3働참작하다. 고려하다. ◇~予答复/고려해서 (적절하게) 회답하다.
【酌量―량】zhuó·liáng 働참작하다. 헤아리다. 가늠하다.
∗【酌情―정】zhuóqíng 働상황을 참작하다. ◇~处理/사정을 참작하여 처리하다.

【卓】 卜部 6画 zhuó 높을 **탁**
1働높이 솟아 있다. 2働뛰어나다. 탁월하다. 3(Zhuó)働성(姓).
【卓尔不群―이불군】zhuó ěr bù qún 〈成〉특출하여 여느 사람과 다르다.
【卓见―견】zhuójiàn 働탁견. 고견. (同)〔高见 gāo见〕, (反)〔浅 qiǎn 见〕
【卓绝―절】zhuójué 働지극하다.
【卓然―연】zhuórán 働탁월하다. 뛰어나다.
【卓识―식】zhuóshí 働탁견.
【卓异―이】zhuóyì 働다른 사람보다 뛰어나게 우수하다.
【卓有成效―유성효】zhuó yǒu chéng xiào 〈成〉성과가 특출하다. (反)〔劳而无功 láo ér wú gōng〕
∗【卓越―월】zhuóyuè 働탁월하다. ◇艺术家~的表演，赢得了观众一阵又一阵的掌声/예술가의 공연이 뛰어나 관중들의 수차례 박수 세례를 받았다.
【卓著―저】zhuózhù 働탁월하다.

【茁】 艹部 5画 zhuó 싹틀 **촬**
1働(식물이) 싹트는 모양. 2働(동·식물이) 무럭무럭 자란다. ◇~壮/건장하다.
【茁实―실】zhuó·shi 〈方〉튼튼하다. 실하고 단단하다.
【茁长―장】zhuózhǎng 働(식물·동물이) 무럭무럭 자라다.
【茁壮―장】zhuózhuàng 働(동식물·사람이) 튼튼하다. 늠름하다.

【浊・濁】 氵部 6画 zhuó 흐릴 **탁**
働1흐리다. 혼탁하다. 더럽다. ◇~水/흐린 물. (同)〔浑 hún〕, (反)〔清 qīng〕2(음향·목소리 따위가) 탁하다. 굵고 거칠다. ◇~声~气/말투가 몹시 거칠다.

(同)〔粗 cū〕, (反)〔细 xì〕 3(세상이) 어지럽다. 혼란하다. ◇～世／乱세. (同)〔乱 luàn〕

【浊世一세】zhuóshì 图1(佛)속세. (同)〔尘 chén 世〕2난세. (同)〔乱 luàn 世〕

【浊音一음】zhuóyīn 图(語)탁음. 유성음. (反)〔清 qīng 音〕

【斫】石部 斤部 zhuó
4画 5画 찍을 작
图칼·도끼 따위로 찍다. 찍다.

【斲】斤部 zhuó
10画 깎을 착
图〈文〉깎다. 패다. 찍다.

【斲轮老手一륜노수】zhuó lún lǎo shǒu〈成〉경험이 많은 노련한 기술자.

【斲丧一상】zhuósàng 图〈文〉(주색 등에 빠져 몸을) 상하다.

【啄】口部 zhuó
8画 쪼을 탁
图부리로 쪼다. 쪼아 먹다. ◇鸡～米／닭이 쌀을 쪼아 먹다.

【啄木鸟一목조】zhuómùniǎo 图딱다구리. (同)〔䴕 liè 鸟〕〔鴷 liè〕

【琢】王部 zhuó
8画 쫄 탁
图옥을 다듬다. 옥을 갈다. ◇玉不～, 不成器／(谚)옥도 갈지 않으면, 그릇이 되지 않는다. 아무리 재능있는 사람이라도 그것을 닦지 않으면 훌륭한 인물이 되지 못한다.

【琢磨一마】zhuómó 图1(옥이나 돌을) 갈다〔다듬다〕. 2(글을) 다듬다.

【浞】氵部 zhuó
7画 담글 착
图젖다. 적시다. ◇让雨～了／비에 젖었다.

【着(著)】羊部 zhuó
5画 입을 착
1图(옷을) 입다. ◇吃～不尽／의식이 풍족하다. 2图접촉하다. 붙다. 잇닿다. ◇飞机安全地～了陆, 大家才松了一口气／비행기가 안전하게 착륙하자 모두들 한숨을 돌렸다. 3图더하다. 덧붙이다. ◇这幅画儿～色太浓／이 그림은 색칠이 너무 진하다. 4图소재. 행방. 간 곳. ◇寻找无～／찾아도 행방을 알 수 없다. 5图파견하다. 사람을 보내다. ◇～人前来领取／사람을 보내 받아 가십시오. 6(牍)해라. 하시오. 〔공문서에 쓰여 명령의 말투를 나타냄〕◇～即施行／즉시 시행하시오. ⇒zhāo, zháo, zhe

【着笔一필】zhuó//bǐ 图붓을 들다.

【着力一력】zhuó//lì 图힘을 쓰다. 애쓰다.

【着陆一륙】zhuó//lù 图착륙하다. (同)〔降落 jiàngluò〕, (反)〔起飞 qǐfēi〕

【着落一락】zhuóluò 1图행방. 소재. 2图나

올 곳. 생길 곳. 의지할 곳. 3图책임지고 하다.

【着墨一묵】zhuó//mò 图묘사하다.

【着色一색】zhuó//sè 图색칠하다.

【着实一실】zhuóshí 图1참으로. 진심으로. 2톡톡히. 단단히. ◇～说了他一顿／그를 단단히 야단쳤다.

【着手一수】zhuó//shǒu 图착수하다. 손을 대다. ◇下半年～解决职工住房的问题／하반기에 직공들의 주택문제의 해결에 착수한다. 比较着手: 落实 “着手”는 명사목적어를 취하지 않는다. ◇解决人才外流问题的最好办法是积极地(×着手)落实知识分子政策／인재 유출 문제를 해결하는 가장 좋은 방법은 적극적으로 지식인 정책을 구현시키는 것이다.

【着手成春一수성춘】zhuó shǒu chéng chūn〈成〉손만 대면 환자가 살아난다. 의술이 뛰어나다. (同)〔妙 miào 手成春〕, (反)〔庸医杀人 yōng yī shā rén〕

【着想一상】zhuóxiǎng 图…을 위하여 생각하다. ◇他是为你／才劝你少喝酒的／그는 당신을 생각해서 술을 조금 마시라고 만류한 것이다.

【着眼一안】zhuó//yǎn 图(어떤 방면에서) 착안하다.

【着意一의】zhuó//yì 图1신경을 쓰다. 정성을 들이다. 2개의하다. ◇他不会～你说的话／그는 네 말에 개의치 않을 것이다.

【着重一중】zhuó//zhòng 图중요시하다. 역점을 두다. ◇应该～人品, 外貌倒是其次／인품을 중시해야 하며 외모는 그 다음이다.

【着重号一중호】zhuózhòng hào 图방점.

【濯】氵部 zhuó
14画 씻을 탁
图〈文〉씻다. ◇～足／발을 씻다.

【濯濯一탁】zhuózhuó 图〈文〉(산이) 벌거벗은 모양.

【擢】扌部 zhuó
14画 뽑을 탁
图〈文〉1뽑다. ◇～发难数／죄악이 이루 헤아릴 수 없을 정도로 많다. 2발탁하다. 선발하다.

【擢发难数一발난수】zhuó fà nán shǔ〈成〉지은 죄가 많아 이루 다 셀 수 없다.

【擢升一승】zhuóshēng 图〈文〉승진되다. 진급하다. (同)〔提 dī 升〕, (反)〔降职 jiàngzhí〕

【擢用一용】zhuóyòng 图〈文〉발탁하여 채용하다. (同)〔起 qǐ 用〕, (反)〔埋没 máimò〕

【镯·鐲(鋜)】钅部 zhuó
13画 징 탁
图팔찌.

【镯子一子】zhuó·zi 〈名〉팔찌. ◇金～/금팔찌.

孜 1323　吱 1323　兹 1323　滋 1323　嗞 1323
孳 1323　咨 1323　姿 1323　资 1323　龇 1324
髭 1324　鲻 1324　子 1324　仔 1325　姊 1325
籽 1325　紫 1325　梓 1325　滓 1325　字 1325
秄 1326　自 1326　恣 1329　渍 1329　眦 1329

---

zī

【孜】子部 | 4画 | 부지런할 **자**

【孜孜一자】zīzī 〈형〉부지런하다. 근면하다. (同)〔孳 zī 孳〕

【孜孜不倦一자불권】zī zī bù juàn〈成〉부지런하고 꾸준하다. (同)〔孜孜矻 kū 矻〕, (反)〔无所事事 wú suǒ shì shì〕

【吱】口部 | 4画 | 삐걱소리날 **지**

〈의〉찍찍. 짹짹. 〔쥐 또는 참새 따위의 울음 소리〕◇老鼠～～地叫/쥐가 찍찍하며 울다.

【吱声一성】zī//shēng 〈동〉〈方〉소리내다.

【兹(茲)】八部 | 7画 | 이 **자**

〈文〉1〈대〉이것. ◇～事体大/이것은 중대한 일이다. 2〈부〉지금. 이에. ◇～订于九月一日上午九时在本校举行开学典礼/이에 9월 1일 상오 9시 본교에서 개학식을 거행하기로 하였습니다. 3〈명〉년(年). ◇今～/금년. ◇来～/내년.

【滋】氵部 | 9画 | 자랄 **자**

1〈동〉생기다. 자라나다. ◇～蔓/무성히 자라다. 2〈동〉증가하다. 늘어나다. ◇～益/많아지다. 3〈方〉분사(噴射)하다. 내뿜다. ◇电线～火/전선이 불꽃을 튀기다.

【滋补一보】zībǔ 〈동〉자양분을 공급하다.

【滋蔓一만】zīmàn 〈동〉〈文〉무성히 자라다.

【滋润一윤】zī·rùn 1〈형〉젖어 촉촉하다. (同)〔润泽 zé〕, (反)〔枯槁 kūgǎo〕2〈동〉촉촉하게 하다. 축이다. (同)〔润泽 zé〕3〈형〉〈方〉편안하다.

【滋生一생】zīshēng 〈동〉1번식하다. 2(문제를) 일으키다. 야기시키다.

【滋事一사】zī//shì 〈동〉말썽을 일으키다.

＊【滋味一미】zī·wèi (～儿)〈명〉1맛. ◇菜的～不错/요리맛이 좋다. 2기분. 감정. ◇挨饿的～不好受/굶주림은 견딜 수 없다.

【滋芽一아】zī//yá (～儿)〈동〉〈方〉발아하다.

【滋养一양】zīyǎng 1〈동〉자양하다. 영양을 공급하다. 2〈명〉자양. 영양.

＊【滋长一장】zīzhǎng 〈동〉(주로 추상적인 의미로) 자라다. 늘다. ◇有了成绩, 要防止～骄傲自满的情绪/성과가 있을수록, 교만해지고 자만에 빠지지 않도록 해야 한다.

【嗞(吣)】口部 | 9画 | 탄식할 **자**

【孳(孶)】子部 | 9画 | 우거질 **자**

〈동〉번식하다. 무성해지다. ◇～生/생장 번식하다.

【孳乳一유】zīrǔ 〈동〉〈文〉1(포유 동물이) 번식하다. 2파생하다.

【孳生一생】zīshēng 〈동〉번식하다. (同)〔滋生 zī〕

【孳孳一자】zīzī (同)〔孜 zī 孜〕

【咨】口部 | 6画 | 물을 **자**

〈동〉상의하다. 의논하다. ◇～询/자문하다.

【咨文一문】zīwén 〈명〉1옛날 동급의 기관끼리 오갔던 공문. 2원수 또는 대통령의 교서(教書).

＊【咨询一순】zīxún 〈동〉자문하다. ◇～机关/자문 기관.

【姿】女部 | 6画 | 맵시 **자**

〈명〉1용모. 모습. 생김새. ◇～容/용모. 2자세. 자태. ◇～态/자태.

【姿容一용】zīróng 〈명〉용모.

【姿色一색】zīsè 〈명〉(부녀자의) 아름다운 용모.

＊【姿势一세】zīshì 〈명〉자세. 모양. ◇～端正/자세가 단정하다.

＊【姿态一태】zītài 〈명〉1자태. 모습. ◇时装表演会上模特儿的～潇洒大方/패션쇼에서 모델들의 자태가 자연스럽고 우아하다. 2태도. 자세. ◇做出让步的～/양보하는 자세를 보이다.

【资·資】见部 | 6画 | 재물 **자**

1〈명〉자금. 비용. ◇合～购买/합자 구매. (同)〔钱 qián〕2〈동〉(재물로) 돕다. 3〈동〉제공하다. ◇以～参考/참고로 제공하다. (反)〔供 gōng〕4〈명〉자질. 소질. ◇天～/타고난 자질. 5〈명〉자격. 경력. 6〈又〉〈명〉성(姓).

＊【资本一본】zīběn 〈명〉1자본. ◇这家企业的～有数十万元/이 기업은 수십만 원의 자본을 가지고 있다. 2자금. ◇政治～/정치 자금.

＊【资本家一본가】zīběnjiā 〈명〉자본가.

＊【资本主义一본주의】zīběn zhǔyì 〈명〉자본주의.

【资材一재】zīcái 〈명〉물자와 기재(器材).

【资财一재】zīcái 〈명〉자금과 물자.

【资产一산】zīchǎn 〈명〉자산.

【资产负债表一산부채표】zīchǎn fùzhài biǎo 〈명〉〈經〉대차 대조표.

⁑【资产阶级-산계급】zīchǎn jiējí [명]자본(가)계급. 부르주아지.
【资方-방】zīfāng [명]자본가측. 사용자측. (反)〔劳 láo 方〕
⁑【资格-격】zī·gé [명]자격. ◇他们被取消了参赛的～/그들은 출전자격이 취소되었다. [비교]资格:身份 사람의 사회적·법적 지위에는 "资格"를 쓰지 않는다. ◇我的(×资格)身份是学生/나의 신분은 학생이다. **2**경력. 관록. ◇在我们单位, 他算是老～了/그는 우리 회사에서 베테랑이라 할 수 있다.
⁑【资金-금】zījīn [명]〈經〉자금.
【资力-력】zīlì [명]**1**재력(財力). **2**타고난 자질과 능력.
【资历-력】zīlì [명]자격과 경력.
☆【资料-료】zīliào [명]**1**(생산의) 수단. (생활의) 필수품. ◇生活～/생활 필수품. **2**자료. ◇参考～/참고 자료.
☆【资源-원】zīyuán [명]자원. ◇地下～/지하자원.
【资质-질】zīzhì [명]소질. 자질.
*【資助-조】zīzhù [동]물질적으로 돕다.

【龇·齜(呲)】齿部 6画 | zī 아내놓을 **자**
[동]〈口〉(이를) 드러내다. ◇～着牙/이를 드러내다. ⇒'呲' cī
【龇牙咧嘴-아렬취】zī yá liě zuǐ 〈成〉**1**험악하다. (反)〔慈眉善目 cí méi shàn mù〕 **2**이를 악물다.

【髭】髟部 6画 | zī 콧수염 **자**
[명]콧수염. 코밑수염.

【鲻·鯔】鱼部 8画 | zī 숭어 **치**
[명]〈魚介〉숭어.

zǐ

⁑【子】子部 0画 | zǐ 아들 **자**
1[명]아들. 고대에는 자녀 모두를 가리켰음. ◇父～/부자. ◇母～/모자. **2**[명]사람에 대한 통칭. ◇男～/남자. ◇女～/여자. **3**[명]고대에 학문이 있는 남자를 가리킴. 남자에 대한 존칭. ◇孟～/맹자. ◇韩非～/한비자. **4**[대]〈文〉너. 당신. 그대. ◇以～之矛, 攻～之盾/너의 창으로 너의 방패를 찔러 보아라. **5**[명]고대의 서적 분류의 한 갈래. 경·사·자·집(經史子集) 중의 하나. ◇～部/자부. **6**(～儿)[명]식물의 씨. 종자. 열매. ◇瓜～儿/오이·참외 따위의 씨. ◇～是瘪的, 不知能不能发芽/씨가 찌그러져서 싹이 틀지 모르겠다. **7**(～儿)[명](동물의) 알. ◇鱼～/물고기의 알. ◇这条鱼, ～不多/이 물고기는 알이 많지 않다. **8**[형]어리다. 작다. ◇～猪/새끼 돼지. **9**(～儿)[명]알. 〔총알·주판알 따위의 작고 단단한 덩어리 또는 낟알 모양의 물건〕 ◇棋～儿/바둑돌. ◇枪～儿/총탄. (同)〔粒 lì〕 **10**(～儿)[명]동전. ◇大～儿/옛날, 20문(文)의 동전. ◇小～儿/옛날, 10문(文)의 동전. **11**[양]묶음. 사리. 타래. 다발. 〔손가락으로 잡을 수 있는 한 묶음의 가늘고 긴 물건을 헤아리는 데 쓰임〕 ◇一～儿线/실 한 타래. **12**[형]소속된. ◇～公司/지사. 자회사. **13**(Zǐ)[명]성(姓). (·zi) [접미]**14**명사 뒤에 붙음. ◇帽～/모자. ◇桌～/탁자. **15**일부의 동사·형용사 뒤에 붙여 명사화함. ◇胖～/뚱보. ◇矮～/키가 작은 사람. ◇垫～/(방석 따위의) 깔개. **16**개별 양사(量詞) 뒤에 붙임. ◇一下～认不出来/갑자기 알아보지 못했다.
【子部-부】zǐbù [명]자부. 병부(丙部). 〔고대의 도서 분류〕
【子城-성】zǐchéng [명]본성(本城)에 부속하는 작은 성.
【子畜-축】zǐchù [명]어린 가축.
【子代-대】zǐdài [명]자식 대(代). 다음 대(代). (同)〔亲 qīn 代〕
⁑【子弹-탄】zǐdàn [명]탄환.
【子堤-제】zǐdī (同)〔子埝 niàn〕
⁑【子弟-제】zǐdì [명]**1**자제. **2**젊은 후배.
【子弟兵-제병】zǐdìbīng [명]어릴 때부터 기른 병사. 〔지금은 국민의 군대를 가리킴〕
【子房-방】zǐfáng [명]〈植〉자방. 씨방. 자실.
【子宫-궁】zǐgōng [명]〈生理〉자궁.
【子宫颈-궁경】zǐgōngjǐng [명]〈生理〉자궁 경관.
【子规-규】zǐguī (同)〔杜 dù 鹃〕
【子鸡-계】zǐjī [명]병아리.
【子金-금】zǐjīn [명]이자.
【子口-구】zǐ·kou [명](병·깡통·상자 따위의) 아가리 부분.
【子粒-립】zǐlì [명]곡식의 낟알.
【子棉-면】zǐmián (同)〔籽 zǐ 棉〕
【子母弹-모탄】zǐmǔdàn →〔榴 liú 霰弹〕
【子母扣儿-모구아】zǐmǔkòur (同)〔揿钮〕
【子母钟-모종】zǐmǔzhōng [명]한 개의 시계에 다른 시계를 이어 함께 작동하게 한 시계.
【子目-목】zǐmù [명]세목. (同)〔细 xì 目〕, (反)〔总 zǒng 目〕
【子囊-낭】zǐnáng [명]〈植〉자낭.
【子埝-념】zǐniàn [명](홍수로 물이 제방(堤防)에 넘칠 때) 제방 위에 임시로 축조하는 작은 제방. (同)〔子堤 dī〕
【子女-녀】zǐnǚ [명]자녀. 아들과 딸. 자식.

【子时一시】zǐshí (同)〔子夜〕

【子书一서】zǐshū 图제자 백가의 글.

【子嗣一사】zǐsì 图〈文〉사자(嗣子).

＊【子孙一손】zǐsūn 图자손. ◇这家的老太太真享福了, ～们非常孝顺/자손들이 아주 효성스러워서 그 집 할머니는 정말 행복하게 사신다.

【子午线一오선】zǐwǔxiàn 图〈地〉〈天〉자오선.

【子息一식】zǐxī 图1자식. 자녀. 2〈文〉이자.

【子弦一현】zǐxián 图현악기의 가는 줄.

【子虚一허】zǐxū 图〈文〉진실이 아님. 허구. (同)〔虚幻 huàn〕, (反)〔真实 zhēnshí〕

【子婿一서】zǐxù 图(同)〔女 nǚ 婿〕

【子叶一엽】zǐyè 图〈植〉떡잎.

【子夜一야】zǐyè 图한밤중. 자시(子時). 〔밤 11시부터 새벽 1시까지의 사이〕(同)〔子时 shí〕〔半 bàn 夜〕

【子音一음】zǐyīn 图〈言〉자음. (同)〔辅 fǔ 音〕, (反)〔母 mǔ 音〕

【仔】亻部 | zǐ
3画 | 새끼 **자**
图(가축 따위가) 어리다. 작다. ◇～猪/새끼 돼지. ◇～鸡/병아리. →zǎi '崽', zī

【仔畜一축】zǐchù 图(짐승의 갓난) 새끼.

【仔密一밀】zǐmì 图(직물의 결이) 곱다.

☆【仔细一세】zǐxì 图1꼼꼼하다. 세심하다. ◇上课要一听讲/수업을 할 때는 강의를 진지하게 들어야 한다. 〔比较仔细:详细〕치밀하고 완비되는 경우에는 "仔细"를 쓰지 않는다. ◇北京大学有(×仔细)详细的资料/북경대학에 자세한 자료가 있다. 2图정신차리다. 조심하다. ◇前面路不好走, 你们一一点儿/앞에 길이 걷기 좋지 않으니 너희들 조심해라. (反)〔粗心 cūxīn〕3图(方)검소하다. ◇日子过得～/살림이 검소하다.

【姊】女部 | zǐ
4画 | 맏이 **자**
图누나. 언니. ◇～妹/자매.

【姊妹一매】zǐmèi 图자매.

＊【籽】米部 | zǐ
3画 | 씨앗 **자**
(～儿)图(식물의) 씨. 씨앗. 종자. ◇棉～儿/면화씨.

【籽棉一면】zǐmián 图(同)〔子 zǐ 棉〕

☆【紫】糸部 | zǐ
6画 | 자줏빛 **자**
1图자색〔자줏빛〕(의). ◇玫 méi 瑰～/장미빛. 2(Zǐ)图성(姓).

【紫菜一채】zǐcài 图〈植〉김.

【紫貂一초】zǐdiāo 图〈動〉검은담비. (同)〔黑 hēi 貂〕

【紫毫一호】zǐháo 图질은 갈색의 토끼털로 만든 붓.

【紫红一홍】zǐhóng 图〈色〉적동색.

【紫花一화】zǐ·huā 图담자색(淡赭色). 열은 자색.

【紫荆一형】zǐjīng 图〈植〉박태기나무.

【紫罗兰一라란】zǐluólán 图1〈植〉스토크. 2스토크의 꽃.

【紫檀一단】zǐtán 图〈植〉자단.

【紫藤一등】zǐténg 图〈植〉자등.

【紫铜一동】zǐtóng 图〈礦〉적동.

【紫外线一외선】zǐwàixiàn 图〈物〉자외선.

【紫菀一원】zǐwǎn 图〈植〉개미취.

【梓】木部 | zǐ
7画 | 가래나무 **재**
1图〈植〉개오동나무. 2图판각하다.

【梓里一리】zǐlǐ 图〈文〉고향. (同)〔桑 sāng 梓〕

【滓】氵部 | zǐ
10画 | 앙금 **재**
图1가라앉은 찌끼. ◇渣～/찌꺼기. 2더러움. 얼룩.

zì

★【字】宀部 | zì
3画 | 글자 **자**
1图글자. 문자. ◇汉～/한자. 2(～儿)图글자의 발음. ◇咬～儿清楚/발음이 깨끗하고 뚜렷하다. 3图자체(字體). ◇篆～/전서(체). 4图서예(作品). ◇～画/서화. 5图어휘. 낱말. 6(～儿)图증서. 증명서. ◇立～为凭/증서를 작성하여 근거로 삼다. 7图자(字). ◇诸葛亮～孔明/제갈양의 자는 공명이다. 8图옛날, 여자들이 결혼을 승낙하다. ◇待一闺中/〈成〉규방에서 약혼을 기다리다. 과년하도록 처녀로 있다.

＊＊【字典一전】zìdiǎn 图자전. 옥편.

【字调一조】zìdiào 图〈言〉성조.

【字号一호】zì·hao 图1상호. 2상점.

【字画一화】zìhuà 图서화.

【字汇一휘】zìhuì 图자전.

【字迹一적】zìjì 图필적.

【字句一구】zìjù 图문자와 어구.

【字据一거】zìjù 图증(명)서. 증거 문건.

【字里行间一리행간】zì lǐ háng jiān 〈成〉행간.

【字码儿一마아】zìmǎr 图숫자.

【字谜一미】zìmí 图글자 수수께끼.

【字面一면】zìmiàn (～儿)图문자의 표면상에 나타난 뜻.

【字模一모】zìmú 图〈印〉자형(字型). (同)〔铜 tóng 模〕

＊＊【字母一모】zìmǔ 图〈言〉음표문자.

＊＊【字幕一막】zìmù 图(영화 따위의) 자막.

【字书一서】zìshū 图《说文解字》처럼 한자를 분석하여 형체, 독음, 의미를 해석한 책.

【字体―체】zìtǐ 똉1같은 글자의 여러 가지 자체. 2(붓글씨의) 서파(書派).

【字条―조】zìtiáo (~儿)똉쪽지.

【字帖―첩】zìtiè 똉글씨본.

【字帖儿―첩아】zìtiěr 똉쪽지. 메모.

【字形―형】zìxíng 똉자형. 글자의 모양.

【字眼―안】zìyǎn (~儿)똉글자. 어휘. 말.

【字样―양】zìyàng 똉1글씨의 본보기. 2자구(字句). 문구.

【字义―의】zìyì 똉글자의 뜻.

【字音―음】zìyīn 똉독음.

【字斟句酌―짐구작】zì zhēn jù zhuó 〈成〉문구를 다듬다.

【字纸―지】zìzhǐ 똉못 쓰게 된 글씨가 쓰여 있는 종이.

【牸】 牛部 6画 zì
똉(가축의) 암컷. ◇~牛/암소.

☆【自】 自部 0画 스스로 자
1똉자기. 자신. ◇~言~语/중얼거리다. ◇~给~足/자급 자족. 2(甼)자연히. 저절로. 물론. ◇领导这样安排, ~有道理/지도자가 그렇게 배정한 데는 물론 일리가 있다. 3(꽤)…에서(부터). ◇留学生来~世界各国/유학생은 세계각국에서 왔다. (同)〔从 cóng〕

【自爱―애】zì'ài 똉자중하다.

【自傲―오】zì'ào 똉자신의 능력 등으로 오만〔거만〕하다.

【自拔―발】zìbá 똉(고통이나 죄업에서) 스스로 빠져나오다. (反)〔沉溺 chénnì〕

【自白―백】zìbái 똉(告白)(하다).

【自暴自弃―포자기】zì bào zì qì 〈成〉자포자기하다. (反)〔自强不息 zì qiáng bù xī〕

【自卑―비】zìbēi 똉스스로 못났다고 생각하다. (反)〔自大 dà〕

【自便―편】zìbiàn 똉편한 대로 하다.

【自裁―재】zìcái 똉(동)〈文〉자살(하다).

【自残―잔】zìcán 똉스스로 몸을 손상시키다. 동족상잔하다.

【自惭形秽―참형예】zì cán xíng huì 〈成〉남에게 미치지 못함을 스스로 부끄러워하다. (反)〔顾盼自雄 gù pàn zì xióng〕

【自称―칭】zìchēng 똉1스스로 일컫다. 2자기 선전을 하다.

【自成一家―성일가】zì chéng yī jiā 〈成〉(남을 모방하지 않고) 스스로 한 파를 이루다.

【自乘―승】zìchéng 똉똉〈數〉제곱(하다).

【自持―지】zìchí 똉자제하다. 스스로 억제하다.

【自出机杼―출기저】zì chū jī zhù 〈成〉(문학·예술에서) 독창성을 발휘하다.

【自吹自擂―취자뢰】zì chuī- zì léi 〈成〉자화자찬하다.

☆【自从―종】zìcóng (꽤)…에서. …부터. ◇~来到北京, 我对中国的了解和认识更深了/북경에 오고나서부터 나는 중국에 대한 이해와 인식이 더욱 깊어졌다.

【自打―타】zìdǎ (꽤)〈方〉…부터. …에서.

【自大―대】zìdà 똉거만하다. (同)〔自负 fù〕, (反)〔自卑 bēi〕

【自得―득】zìdé 똉스스로 만족하다. (同)〔踌躇 chóuchú〕, (反)〔失意 shīyì〕

☆【自动―동】zìdòng 똉1자발적인. ◇大家纷纷~帮助有困难的同学/모두들 잇달아 어려운 급우를 자발적으로 도와주었다. 2인위적인 힘을 더하지 않은. 자연적인. ◇怎么, 这辆汽车~走了?/뭐, 그 차가 그냥 갔다고? 3(기계에 의한) 자동적인. ◇这道门可以~开关/이 문은 자동으로 열리고 닫힌다.

【自动步枪―동보창】zìdòng bùqiāng 똉자동소총.

【自动化―동화】zìdònghuà 똉자동화.

【自动控制―동공제】zìdòng kòngzhì 똉자동제어. (同)〔自控〕

【自动铅笔―동연필】zìdòng qiānbǐ 똉샤프펜슬.

∗【自发―발】zìfā 똉자생적인. ◇~性/자생적인. ◇~势力/자생적인 세력.

【自肥―비】zìféi 똉자기의 잇속만 채우다. 사리 사욕을 채우다.

☆【自费―비】zìfèi 똉자비. ◇~留学/자비 유학. ◇~生/자비생. (反)〔公 gōng 费〕

【自焚―분】zìfén 똉스스로 분사(焚死)하다.

【自分―분】zìfèn 똉〈文〉스스로를 파악하다.

【自封―봉】zìfēng 똉1(貶)자처하다. 2자신을 억제하다. 자제하다.

【自奉―봉】zìfèng 똉〈文〉생활하다.

【自负―부】zìfù 똉1자기가 책임지다. 2잘난 체하다.

∗【自负盈亏―부영휴】zì fù yíng kuī 〈成〉손익을 기업 스스로가 책임지다.

【自高自大―고자대】zì gāo zì dà 〈成〉잘난 체하다. 안하무인이다. (同)〔自命不凡 zì mìng bù fán〕, (反)〔自轻自贱 zì qīng zì jiàn〕

【自告奋勇―고분용】zì gào fèn yǒng 〈成〉(어려운 일에) 자진해서 나서다.

【自个儿―개아】zìgěr (方)〈方〉자기. 자신.

【自耕农―경농】zìgēngnóng 똉자작농.

【自供―공】zìgòng 똉자백하다.

【自供状―공장】zìgòngzhuàng 똉자백서.

∗【自古―고】zìgǔ (甼)자고로. 예로부터. ◇这个群岛~就是中国的领土/이 군도는 예로부터 중국의 영토였다.

【自顾不暇―고불가】zì gù bù xiá 〈成〉자신

의 일만으로도 힘에 벅차다. 남을 돌볼
틈이 없다.

＊【自豪－호】 zìháo **動**긍지를 느끼다. 자부심
을 느끼다. ◇我为我们的足球队感到～/
나는 우리 축구팀이 자랑스럽다. (同)
〔骄傲 jiāoào〕, (反)〔自卑 bēi〕

★【自己－기】 zìjǐ **1代**자기. 자신. ◇～的事～
做, 不要依赖他人/자신의 일은 자신이 해
야지 타인을 의존해서는 안 된다. (同)
〔自家 jiā〕, (反)〔别人 biérén〕 **比较**自己:
我 문장 앞에서 나온 사람을 중복하여
나타나지 않은 경우에는 "自己"를 쓰지
않는다. ◇课堂上教师又表扬了(×自己)
我/수업시간에 선생님은 또 나를 칭찬하
셨다. **2**(zì·jǐ)**名**친한 사이. ◇都是～人,
大家不要客气/모두 한 식구이니 모두들
체면차리지 마시오.

【自己人－기인】 zìjǐrén **名**매우 친한 사이.
한 식구. 자기 편.

【自给－급】 zìjǐ **動**자급(하다).

【自家－가】 zìjiā **名**〈方〉자기. 자신.

【自尽－진】 zìjìn **動**자살하다.

【自经－경】 zìjīng **動**〈文〉목매어 죽다.

【自咎－구】 zìjiù **動**자책하다.

【自救－구】 zìjiù **動**자구하다.

【自居－거】 zìjū **動**자처하다. 자임하다. 젠
체하다.

【自决－결】 zìjué **動**자기 스스로 결정하다.

【自绝－절】 zìjué **動**스스로 끊다.

☆【自觉－각】 zìjué **1動**스스로 느끼다. ◇有些
病初期症状不明显, 病人往往不能～/일부
병은 초기증상이 뚜렷하지 않아 환자는
흔히 자각하지 못한다. **2**자율적이다.
자각하다. ◇希望大家都要～遵守秩序/모
두들 질서를 지키길 바란다. (反)〔盲目
mángmù〕

【自觉自愿－각자원】 zìjué zìyuàn 자각하여
자발적으로 하다. (反)〔迫不得已 pò bù
dé yǐ〕

【自控－공】 zìkòng (同)〔自动 dòng 控制〕

【自夸－과】 zìkuā **動**자신을 과시하다. 자만
하다.

【自郐以下－회이하】 zì Kuài yǐ xià 〈成〉그
이하는 말할 가치도 없다.

【自来－래】 zìlái **副**원래. 본래.

【自来火－래화】 zìláihuǒ **名**〈方〉**1**성냥. (同)
〔火柴 chái〕 **2**라이터. (同)〔打火机 dǎ
huǒjī〕

＊【自来水－래수】 zìláishuǐ **名1**상수도. **2**수돗물.

【自来水笔－래수필】 zìláishuǐbǐ **名**만년필.
(同)〔钢笔 gāng 笔〕

【自理－리】 zìlǐ **動**스스로 부담하다.

＊【自力更生－력갱생】 zì lì gēng shēng 〈成〉
자신의 힘으로 일어서다. 자력 갱생하다.

【自立－립】 zìlì **動**자립(하다). 자활(하
다). (同)〔独 dú 立〕, (反)〔依赖 yīlài〕

【自量－량】 zìliàng **動**자신을 알다.

【自流－류】 zìliú **動1**저절로 흐르다. **2**되는
대로 놔두다. 그대로 맡기다.

【自流井－류정】 zìliújǐng **名**저절로 솟는 우물.

【自留地－류지】 zìliúdì **名**개인 보유의 땅.

【自律－율】 zìlǜ **動**〈文〉자율. 자신을 단속함.

【自卖自夸－매자과】 zì mài zì kuā 〈成〉자기
물건이 좋다고 자랑하며 팔다. 자화자찬
하다.

【自满－만】 zìmǎn **名動**자만(하다). 자기 만
족(하다). ◇骄傲～/교만하다. ◇他虚心
好学, 从不～/그는 겸허하게 배우기를 좋
아해 여지껏 자만하지 않았다. (反)〔谦
虚 qiānxū〕

【自鸣得意－명득의】 zì míng déyì 〈成〉저 잘
났다고 하다.

【自鸣钟－명종】 zìmíngzhōng **名**자명종.

【自命－명】 zìmìng **動**자처하다. 〔부정적으
로 쓰임〕

【自命不凡－명불범】 zì mìng bù fán 〈成〉자
신이 비범한 인간이라고 자처하다. (同)
〔自高自大 zì gāo zì dà〕, (反)〔自轻自贱
zì qīng zì jiàn〕

【自馁－뇌】 zìněi **動**(자신이 없어) 용기를
잃다. 기가 죽다. 풀이 죽다. (同)〔气 qì
馁〕, (反)〔自信 xìn〕

【自欺欺人－기기인】 zì qī qī rén 〈成〉스스
로를 기만하고 남도 속이다.

【自戕－장】 zìqiāng **名動**〈文〉자살(하다).
(同)〔自杀 shā〕

【自强－강】 zìqiáng **動**스스로 노력하여 향
상하다. 자기를 진취적으로 나가게 하다.

【自强不息－강불식】 zì qiáng bù xī 〈成〉진
취성으로 끊임없이 노력하다. (同)〔发愤
图强 fā fèn tú qiáng〕, (反)〔自暴自弃 zì
bào zì qì〕

【自然－연】 zìrán **1名**자연(계). 천연. ◇大
～/대자연. ◇～资源/천연 자원. ◇人类
可以利用和改造～/인류는 자연을 이용하
고 개조할 수 있다. (同)〔天 tiān 然〕,
(反)〔人工 réngōng〕 **2副**저절로. 자연히.
◇你先别问, 到时候～明白/우선 묻지 말
아라, 때가 되면 저절로 알게 된다. **3副**
물론. 당연히. ◇认真学习, 成绩～会好/열
심히 공부하면 성적은 당연히 좋아질 것
이다. (同)〔必 bì 然〕, (反)〔未必 wèibì〕

【自然－연】 zì·ran **形**(어색하지 않고) 자연
스럽다. 꾸밈이 없다. ◇在众人面前, 他
很不～/그는 많은 사람들 앞에서는 자연
스럽지 못하다. **比较**自然:流利 "自然"은
"话"를 수식하지 않는다. ◇他能说一口
(×自然)流利的北京话/그는 북경어를 유

창하게 할 수 있다.

【自然村—연촌】zìráncūn 圓자연 부락.

【自然而然—연이연】zìrán érrán 자연히. 저절로. (反)〔装腔作势 zhuāng qiāng zuò shì〕

【自然规律—연규율】zìrán guīlǜ 圓자연 법칙.

【自然界—연계】zìránjiè 圓자연계.

【自然经济—연경제】zìrán jīngjì 圓자연 경제.

【自然科学—연과학】zìrán kēxué 圓자연 과학.

【自然力—연력】zìránlì 圓자연력.

【自然人—연인】zìránrén 圓〈法〉자연인.

【自然数—연수】zìránshù 圓〈數〉자연수.

【自然选择—연선택】zìrán xuǎnzé 圓자연 도태.

【自然灾害—연재해】zìrán zāihài 圓자연 재해.

【自然主义—연주의】zìrán zhǔyì 圓자연주의.

【自燃—연】zìrán 圓〈化〉자연 발화.

【自如—여】zìrú 圓〈文〉마음대로. 자유 자재다.

【自若—약】zìruò 圓태연 자약하다.

＊【自杀—살】zìshā 圓圓(하다).

✳✳【自身—신】zìshēn 圓자신. 본인. ◇泥菩萨过江，～难保/진흙 보살이 강을 건너니 제 몸도 보전하기 어렵다. 제 코도 석자다.

【自食其果—식기과】zì shí qí guǒ 〈成〉자업 자득. (同)〔自作自受 zì zuò zì shòu〕

【自食其力—식기력】zì shí qí lì 〈成〉자기 힘으로 생활하다.

【自食其言—식기언】zì shí qí yán 〈成〉식언하다. (同)〔言而无信 yán ér wú xìn〕, (反)〔言而有信 yán ér yǒu xìn〕

✳✳【自始至终—시지종】zì shǐ zhì zhōng 〈成〉처음부터 끝까지. 시종 일관.

【自视—시】zìshì 圓자신을 …하다고 여기다.

【自恃—시】zìshì 〈文〉圓1자기 능력을 과신하다. 2의지하다.

【自是—시】zìshì 1圓당연히. 2圓젠 체하다. 자기가 옳다고 여기다.

【自首—수】zìshǒu 圓圓〈法〉자수(하다).

【自赎—속】zìshú 圓스스로 속죄하다.

【自述—술】zìshù 1圓스스로 말하다. 2圓자서전.

＊【自私—사】zìsī 圓이기적이다. ◇～自利/이기적이다. (反)〔无 wú 私〕

【自诉—소】zìsù 圓圓〈法〉자소(하다).

【自外—외】zìwài 圓의도적으로 어떤 범위의 밖에 있거나 반대의 입장에 서다.

【自为阶级—위계급】zìwèi jiējí 圓자각적인 계급.

＊【自卫—위】zìwèi 圓자위하다. 스스로를 지키다.

【自慰—위】zìwèi 圓스스로를 위로하다.

【自刎—문】zìwěn 圓스스로 목을 베어 죽다.

【自问—문】zìwèn 圓1스스로 묻다. 2스스로를 판단하다.

☆【自我—아】zìwǒ 圓1자기 자신. 〔주로 2음절 동사 앞에 쓰여, 자신을 대상으로, 자신이 한 동작을 나타냄〕◇～表白/자아 표명. ◇～安慰/자아 위안. 囲교自我:自己 동작이 자신에게 일어나고 자신을 대상으로 하는 것이 아닌 경우에는 "自我"를 쓰지 않는다. ◇我喜欢(×自我)自己学习/난 혼자 공부하는 것을 좋아한다. 2〈哲〉자아. ◇～意识/자아 의식.

【自我介绍—아개소】zìwǒ jiè·shao 圓圓자기 소개(하다). ◇初次见面，请大家～一下儿/초면인데 모두들 자기소개를 하세요.

【自我批评—아비평】zìwǒ pīpíng 圓圓자기 비판(하다).

【自我作古—아작고】zì wǒ zuò gǔ 〈成〉(격식에 구애받지 않고) 스스로 새로운 방법을 만들어 내다.

【自习—습】zìxí 圓圓자습(하다).

【自相—상】zìxiāng 圓자기들 끼리 서로. 자기 편끼리 서로.

【自新—신】zìxīn 圓〈成〉갱생하다. 잘못을 깨닫고 새사람이 되다. (反)〔失足 shīzú〕

✳【自信—신】zìxìn 圓圓자신(하다). 圓스스로 믿다. ◇～心/자부심. 자신감. ◇你别这样～了/너 그렇게 자신만만하지 마라. (反)〔自 zì 馁〕

【自行—행】zìxíng 圓스스로. 자체로. 직접. ◇～解决/스스로 해결하다.

★【自行车—행차】zìxíngchē 圓자전거.

【自行火炮—행화포】zìxíng huǒpào 圓〈軍〉자주포.

【自行其是—행기시】zì xíng qí shì 〈成〉자신이 옳다고 믿는 대로 행하다.

【自修—수】zìxiū 圓1자습하다. 2독학하다.

【自序—서】zìxù 圓1(글·책 따위의) 서문. 2자서전. (同)〔自叙 xù〕

【自选—선】zìxuǎn 圓圓〈體〉선택의. 자유로운.

☆【自学—학】zìxué 圓圓독학(하다).

＊【自言自语—언자어】zì yán zì yǔ 〈成〉혼잣말을 하다. 중얼거리다.

【自以为是—이위시】zì yǐ wéi shì 〈成〉스스로 옳다고 생각하다. 독선적이다. (同)〔骄傲自满 jiāo ào zì mǎn〕, (反)〔虚怀若谷 xū huái ruò gǔ〕

【自缢—의】zìyì 圓〈文〉목매어 죽다.

【自用—용】zìyòng 圓1〈文〉독선적이다. 2개인이 사용한다. ◇～汽车/자가용.

☆【自由—유】zìyóu 1圓자유. ◇～平等/자유 평등. 2圓자유롭다. ◇参观工厂，同学们可以～参加/급우들은 공장견학을 자유로이 참가할 수 있다.

【自由港—유항】zìyóugǎng 圓〈經〉자유 무역항.

【自由竞争—유경쟁】zìyóu jìngzhēng 圓〈經〉

자유 경쟁.

*【自由市场―유시장】 zìyóu shìchǎng 图자유 시장.

【自由体操―유체조】 zìyóu tǐcāo 图〈體〉(체조의) 마루운동.

【自由泳―유영】 zìyóuyǒng 图〈體〉(수영의) 자유영.

【自由职业―유직업】 zìyóu zhíyè 图자유 직업. 〔의사, 변호사, 신문기자, 작가, 예술가 등의 직업〕

【自圆其说―원기설】 zì yuán qí shuō〈成〉자기의 학설을 그럴듯하게 꾸며대다. (反)〔自相矛盾 zì xiāng máo dùn〕

【自怨自艾―원자애】 zì yuàn zì yì〈成〉뉘우치며 후회하다.

*【自愿―원】 zìyuàn 图자발적으로 하다. ◇参加不参加这个活动, 大家~/이 행사에 참가하든 않든 모두들 자발적으로 하다. (同)〔志 zhì 愿〕, (反)〔强迫 qiǎngpǎi〕 (比교)自愿:志愿 개인의 바람을 강조하는 경우에는 "自愿"를 쓰지 않는다. ◇当一名中文翻译, 这是我的(×自愿)志愿/중국어 번역가가 되는 것이 나의 희망이다.

【自在―재】 zìzài 图자유롭다. (同)〔自由 yóu〕, (反)〔忙乱 mángluàn〕

【自在―재】 zì·zài 图편안하다. 안락하다.

【自在阶级―재계급】 zìzài jiējí 图자재 계급. 〔계급적 자각이 없고 자기의 정당(政党)을 분명히 의식하지 않는 무산 계급〕 (同)〔自为阶级〕

【自知之明―지지명】 zì zhī zhī míng〈成〉자신을 올바르게 평가하는 총명.

【自制―제】 zìzhì 图1자기 스스로 만들다. 2자제하다.

*【自治―치】 zìzhì 图图자치(하다).

【自治机关―치기관】 zìzhì jīguān 图자치 기관.

【自治领―치령】 zìzhìlǐng 图자치령.

*【自治区―치구】 zìzhìqū 图(중국 省에 해당되는) 자치구.

【自治县―치현】 zìzhìxiàn 图자치현.

【自治州―치주】 zìzhìzhōu 图자치주.

【自重―중】 zìzhòng 1图자중하다. 2자신의 신분, 지위를 높이다.

*【自主―주】 zìzhǔ 图스스로 결정(하다). ◇婚姻~/결혼을 자신의 뜻대로 하다.

【自助餐―조찬】 zìzhùcān 图셀프서비스식의 식사. 뷔페.

【自传―전】 zìzhuàn 图자서전.

【自转―전】 zìzhuàn 图图〈天〉자전(하다).

【自尊心―존심】 zìzūnxīn 图자존심.

【自作聪明―작총명】 zì zuò cōng míng〈成〉스스로 총명하다고 여기다.

【自作自受―작자애】 zì zuò zì shòu〈成〉자

기가 하고 그 결과를 당하다. 자업자득.

【恣】 心部 zì
　　 6画 방자할 자
1图제멋대로 굴다. 방종하다. ◇~意/의적이다. 2图편안하다. 쾌적하다. ◇~得很/매우 편안하다.

【恣情―정】 zìqíng 图1마음껏 하다. 2제멋대로 굴다. 방자하다.

【恣肆―사】 zìsì 图〈文〉1방자하게 행동하다. 방종하다. 2(문필이) 호방하여 구애됨이 없다.

【恣睢―수】 zìsuī 图〈文〉방종한〔방자한〕 모양. 제멋대로 행동하는 모양.

【恣意―의】 zìyì 图제멋대로의.

【恣意妄为―의망위】 zì yì wàng wéi〈成〉제멋대로 방자하게 행동하다. (同)〔胡作非为 hú zuò fēi wéi〕, (反)〔谨小慎微 jǐn xiǎo shèn wēi〕

【渍·漬】 氵部 zì
　　　　 8画 담글 지
1图(물에) 잠기다. 담그다. ◇白衬衫被汗水~黄了/흰샤쓰가 땀으로 누래졌다. 2图지면에 괸 물. ◇内~/안에 괸 물. 3图(기름때 따위가) 끼다. 착 들러붙다. ◇他每天擦机器, 不让一一点泥/그는 날마다 기계를 닦아서, 때가 조금도 끼지 않도록 한다. 4图〈方〉때. ◇油~/기름때.

【眦(眥)】 目部 zì
　　　　 6画 눈초리 제
图안각(眼角).

zōng

【宗】 宀部 zōng
　　 5画 갈래 종
1图조상. 선조. ◇列祖列~/역대의 조상. 2图가족. 일족(一族). 일문(一門). ◇同~/일족. 3图파벌. 갈래. 유파. ◇禅~/선종. 4图취지. 주지(主旨). 요지. 근본. ◇开~明义/〈成〉말을 하거나 글을 쓸 때, 서두에 취지를 명백히 밝히다. 5图(학술이나 문예에서) 본받다〔일파(一派)를 계승하다〕. ◇他的唱工~的是梅派/그가 계승한 가창의 유파는 매난방(梅兰芳)파이다. 6图모범이 되어 존경받는 인물. ◇文~/모범으로서 존경받는 문인. 7图(대량의 일·상품·문건 따위의) 종류나 수량을 세는 양사. ◇一款顶/한 액수의 자금. 8(Zōng)图성(姓).

【宗祠―사】 zōngcí 图일족이 조상을 함께 모시는 사당.

【宗法―법】 zōngfǎ 1图종법. 2图본받다.

【宗匠―장】 zōngjiàng 图거장. 대가.

*【宗教―교】 zōngjiào 图종교.

【宗庙—묘】zōngmiào 圐종묘.

**【宗派—파】zōngpài 圐1(정치·학술·종교 등의) 종파. ◇那个地区的~活动搞得很厉害/그 지역의 파벌 활동은 심하다. 2종교의 분파.

【宗派主义—파주의】zōngpài zhǔyì 圐종파주의. 분파주의. 섹트주의.

【宗师—사】zōngshī 圐대가.

【宗室—실】zōngshì 圐왕족.

【宗祧—조】zōngtiāo 圐1일족(一族)의 세계(世係).

【宗仰—앙】zōngyǎng 動〈文〉존중하다. 숭상하다.

*【宗旨—지】zōngzhǐ 圐취지. 주지(主旨).

【宗主国—주국】zōngzhǔguó 圐종주국.

【宗主权—주권】zōngzhǔquán 圐종주권.

【宗族—족】zōngzú 圐종족.

【综·綜】 纟部 | zōng
8画 | 모을 종

動합치다. 종합하다. ◇错~/교착하다. 이리저리 뒤얽히다.

【综观—관】zōngguān 動종합하여 보다. ◇~全局/전체의 국면을 종합하여 보다.

☆【综合—합】zōnghé 圐動종합(하다). ◇~大学/종합대학. (反)〔分析 fēnxī〕

【综合利用—합이용】zōnghé lìyòng 圐動(자원의) 종합적 이용(하다).

【综合语—합어】zōnghéyǔ 圐〈言〉굴절어. (同)〔屈折语 qūzhéyǔ〕

【综计—계】zōngjì 圐動총계(總計)하다.

【综括—괄】zōngkuò (同)〔总 zǒng 括〕

【综述—술】zōngshù 圐動종합하여 서술하다.

【棕(椶)】 木部 | zōng
8画 | 종려나무 종

圐1〈植〉종려(棕櫚). 2종려 털.

【棕绷—붕】zōngbēng 圐종려승으로 만든 침대.

【棕榈—려】zōnglǘ 圐〈植〉종려(나무).

【棕毛—모】zōngmáo 圐종려털.

*【棕色—색】zōngsè 圐〈色〉갈색.

【棕熊—웅】zōngxióng 圐〈動〉갈색곰.

【腙】 月部 | zōng
8画 | 하이드라존 종

圐〈化〉하이드라존(hydrazone).

【踪(蹤)】 足部 | zōng
8画 | 자취 종

圐발자취. 흔적. 종적. ◇失~/실종하다.

*【踪迹—적】zōngjì 圐종적. 발자취. ◇各个角落都找遍了，仍然不见~/구석구석 다 찾아 보았지만 흔적도 보이지 않는다.

【踪影—영】zōngyǐng 圐남은 자취. 〔부정문에 많이 쓰임〕

【鬃】 髟部 | zōng
8画 | 갈기 종

圐(말의) 갈기. (돼지의) 억센 털. ◇猪~/돼지 강모.

zǒng

**## 【总·總】 八部 | 心部 | zǒng
7画 | 5画 | 합할 총

1動총괄하다. 종합하다. 모으다. 합치다. ◇汇~/(자료 따위를) 한데 모으다. ◇把两笔帐~到一块儿/두 가지 계산을 한데 묶다. (同)〔汇 huì〕, (反)〔分 fēn〕2圐전부의. 전면적인. 전체의. ◇~攻击/총공격. ◇~动员/총동원. ◇~罢工/총파업. 3圐총괄적인. 주요한. 지도적인. ◇~纲/대강. ◇~则/총칙. (同)〔本 běn〕, (反)〔分 fēn〕4圕늘. 줄곧. 언제나. 내내. ◇我看见他一天到晚~是抽烟/나는 그가 온종일 내내 담배 피우는 것을 보았다. 5圕필경. 아무튼. 아무래도. 결국. 어쨌든. ◇西北风一刮，~得冷几天/서북풍이 한 번 불면 며칠은 추울 것이다. 6圕반드시. 예외없이. ◇只要努力，~能学会/노력하면 반드시 마스터할 수 있다. 比교总:一定 부정문에서 긍정적인 어기를 나타낼 때는 일반적으로 "总"을 쓰지 않는다. ◇他知道爸爸(×总)一定不会让他结婚/그는 아버지가 확실히 결혼을 허락하지 않을 것이라는 걸 알고 있다. 7圕아마. 대체로. 대개. ◇她这么晚了还没回来，~不会发生什么问题吧/그녀가 이렇게 늦도록 아직 돌아오지 않는데 아마 무슨 문제는 없을 것이다.

【总裁—재】zǒngcái 圐(정당, 기업 등의) 총재.

【总产值—산치】zǒngchǎnzhí 圐〈經〉총생산액.

【总称—칭】zǒngchēng 圐총칭.

*【总的来说—적래설】zǒng·de lái shuō 종합하면.

**【总得—득】zǒngděi 助動어쨌든〔아무튼〕…해야 한다. ◇不管明天天气怎么样，你们~去一趟才好/내일 날씨는 어떻든 간에 너희들은 한 번 갔다 오는 게 좋겠다. 比교总得:一定 "总得"는 부정문에 쓰지 않는다. ◇这件事请老师(×总得)一定不要告诉别人/이 일은 선생님께서 꼭 남에게 말하지 말아주세요.

【总动员—동원】zǒngdòngyuán 圐動총동원(하다).

*【总督—독】zǒngdū 圐총독.

*【总额—액】zǒng'é 圐총액. ◇存款~/예금 총액. ◇工资~/임금의 총액.

**【总而言之—이언지】zǒng ér yán zhī 〈成〉요컨대. ◇~，这电影我一点也不喜欢/요컨대 이 영화를 나는 전혀 좋아하지 않는

다. (同)〔总之〕

【总纲—纲】zǒnggāng 图대강. (反)〔细则 x-ìzé〕

【总攻—攻】zǒnggōng 图〈军〉총공격.

∗∗【总共—共】zǒnggòng 副총. 도합. ◇一天～花了二百五十元/하루에 총 250원을 썼다. ◇他家～三口人/그의 집은 모두 3식구다. (同)〔一共〕

【总管—管】zǒngguǎn 图1총책. 2총무. 매니저. 3(과거 부잣집의) 지배인.

【总归—归】zǒngguī 副결국. 아무래도.

【总合—合】zǒnghé 图모두 합치다. 하나로 합하다.

∗【总和—和】zǒnghé 图총액. 총수. 집합. ◇三个月产量的～/3개월간 생산량의 총수.

【总后方—后方】zǒnghòufāng 图〈军〉전쟁시 최고 사령부가 소재하는 후방.

【总汇—汇】zǒnghuì 1图(물길이) 모이다. 2图한데 모인 것. 집합.

【总机—机】zǒngjī 图대표전화. 교환대.

【总集—集】zǒngjí 图총집.

∗【总计—计】zǒngjì 图图총계(하다). 합계(하다). ◇观众～有十万人/관중은 총 10만 명이 된다.

【总角—角】zǒngjiǎo 图〈文〉총각. 〈轉〉미성년자.

☆【总结—结】zǒngjié 图图총결산(하다). 총괄(하다).

【总括—括】zǒngkuò 图图종합(하다). 개괄(하다).

【总揽—揽】zǒnglǎn 图한 손에 장악하다.

☆【总理—理】zǒnglǐ 1图총리. 2图图전체를 관리하다. 총책임.

【总领事—事】zǒnglǐngshì 图총영사.

【总路线—线】zǒnglùxiàn 图기본노선.

【总目—目】zǒngmù 图총목(록). (同)〔细 xì 目〕

【总评—评】zǒngpíng 图전반적인 평가.

★【总是—是】zǒngshì 副늘. 줄곧. 언제나. ◇这儿的天气～这样热吗?/여기의 날씨는 언제나 이렇게 덥니?

∗【总数—数】zǒngshù 图전체 숫자.

∗【总司令—令】zǒngsīlìng 图〈军〉총사령관.

∗∗【总算—算】zǒngsuàn 副1겨우. 간신히. ◇我～能说一些简单的汉语了/나는 가까스로 몇 마디 간단한 중국어를 할 수 있게 되었다. 比画总算:会 "总算"은 미래의 단정에는 쓰이지 않는다. ◇这个问题(×总算)一定会解决的/이 문제는 꼭 해결될 것이다. 2그저…한 편이다. ◇语法考试得了八十分, ～可以了/문법시험을 80점 받았으니 대체로 괜찮은 편이다. (同)〔够得上 gòudeshàng〕〔过得去 guòdeqù〕

【总体—体】zǒngtǐ 图총체적. 전체. (同)〔整整 zhěng 体〕, (反)〔局部 júbù〕

☆【总统—统】zǒngtǒng 图대통령.

∗【总务—务】zǒngwù 图총무. ◇～科/총무과.

【总星系—星系】zǒngxīngxì 图〈天〉은하계와 그것을 둘러싼 성운 전체.

【总有一天—有一天】zǒng yǒu yī tiān 언젠가. ◇～, 你们会对我另眼看待!/언젠가는 당신들이 날 괄목상대하게 될거요! →〔有一天〕

【总则—则】zǒngzé 图총칙. (反)〔细 xì 则〕

【总长—长】zǒngzhǎng 图1(북양 군벌 시기의) 정부 각 부의 장관. 2(略)참모 총장.

∗【总之—之】zǒngzhī 接(略)요컨대. 결국. 어쨌든. ◇有人爱吃咸的, 有人爱吃甜的, 有人吃辣的, ～各有各的口味/짠 것을 좋아하는 사람도 있고, 단 것을 좋아하는 사람도 있고, 매운 것을 좋아하는 사람이 있는데 요컨대, 각기 입맛이 틀리다.

zòng

【纵·縱】 纟部 | zòng
4画 | 세로 종

1图세로의. 종의. (反)〔横 héng〕 a)지리상의 남북(南北)의 방향을 가리킴. ◇大运河北起北京, 南至杭州, ～贯河北·山东·江苏·浙江四省/대운하는 북쪽의 북경에서 시작하여 남쪽으로 항주에 이르며, 하북·산동·강소·절강의 네 성을 세로로 꿰고 있다. (反)〔横 héng〕 b)앞에서 뒤까지를 가리킴. ◇～深/최전방 부대부터 후방 부대까지의 세로의 선. c)물체의 긴 변(邊)과 평행하는 것을 가리킴. ◇～剖面/종단면. (同)〔竖 shù〕, (反)〔横 héng〕 2图군대 편제의 하나. 3图석방하다. 놓아주다. 풀어주다. ◇～虎归山/적을 놓아주어 화근을 남기다. (同)〔放 fàng〕, (反)〔收 shōu〕 4图방임하다. 내버려두다. ◇～放/방종하다. (不)能～着孩子/애를 멋대로하게 해서는 안 된다. 5图몸을 훌쩍 (앞으로 또는 위로) 날리다. 훌쩍 솟구치다. ◇花猫向前一～, 就把老鼠扑住了/얼룩 고양이가 앞으로 몸을 훌쩍 날려 쥐를 잡았다. (同)〔跳 tiào〕 6图〈文〉설사[설령] …일지라도. ◇～有千山万水, 也挡不住英勇的勘探队员/설사 수많은 산과 강이 있다 할지라도, 용감한 탐사대원의 앞길을 막을 수는 없다. 7图〈方〉주름져 있다. 쭈글쭈글하다. ◇衣服压～了/옷이 눌려 주름이 졌다.

【纵步—步】zòngbù 图1성큼 성큼 걷다. (同)〔大 dà 步〕, (反)〔蹀躞 diéxiè〕 2(몸을) 훌쩍 날리다.

【纵队—队】zòngduì 图종적인 대열. (反)

〔横 héng 队〕

【纵隔-격】 zònggé 図〈生理〉종격.

＊【纵横-횡】 zònghéng 1図종횡. 가로와 세로. ◇铁路~, 像蜘蛛网一样/철로가 종횡으로 놓여 마치 거미줄 같다. 2囮〈글·그림 따위가〉자유 자재롭다. ◇笔意~/필치가 자유 분방하다. 3図종횡무진 하다.

【纵横捭阖-횡패합】 zòng héng bǎi hé〈成〉합종·연횡을 획책하다.

【纵虎归山-호귀산】 zòng hǔ guī shān〈成〉적을 놓아 주어 후환을 남기다. (同)〔放 fàng 虎归山〕, (反)〔斩草除根 zhǎn cǎo chú gēn〕

【纵火-화】 zònghuǒ 囮방화하다.(同)〔放 fàng 火〕, (反)〔灭 miè 火〕

【纵酒-주】 zòngjiǔ 囮무절제하게 술을 마시다.

【纵览-람】 zònglǎn 囮마음껏 보다.

【纵令-령】 zònglìng 1젭설령 …하더라도〔일지라도〕. 2囮내버려 두다.

【纵目-목】 zòngmù 囮마음껏 바라보다.

【纵情-정】 zòngqíng 囮실컷하고 싶은 만큼하다. 한껏〔마음껏〕하다.

【纵然-연】 zòngrán 젭설사〔설령〕 …하더라도〔일지라도〕. ◇~你明天不去也没关系/설사 네가 내일 안 가도 괜찮다.

【纵容-용】 zòngróng 囮방임하다. 제멋대로 하게 하다. (同)〔放 fàng 纵〕, (反)〔管束 guǎnshù〕

【纵身-신】 zòngshēn 囮몸을 훌쩍 솟구치다〔날리다〕. ◇~上马/훌쩍 뛰어 말에 오르다.

【纵深-심】 zòngshēn 図〈軍〉최전방 부대부터 후방 부대까지의 세로의 선.

【纵使-사】 zòngshǐ 젭설사 …일지라도. (同)〔即 jí 使〕

【纵谈-담】 zòngtán 囮거리낌없이 말하다.

【纵欲-욕】 zòngyù 囮성욕대로 행동하다.

【粽(糉)】 米部 | zòng
　　　　　8画 | 각서 종

【粽子-자】 zòng·zi 図단오절에 대나무잎이나 갈잎에 찹쌀을 싸서 쪄먹는 음식.

zōu

【邹·鄒】 阝部 | Zōu
　　　　　5画 | 나라이름 추

図1〈地〉추·주대(周代)의 나라 이름. 2성(姓).

【驺·騶】 马部 | zōu
　　　　　5画 | 마부 추

図1고대의 마부의 일을 맡은 소관. 2(Zōu)성(姓).

zǒu

★【走】 走部 | zǒu
　　　　0画 | 달릴 주

1囮걷다. 걸어가다. ◇~路/길을 걷다. ◇孩子会~了/애가 이제 걷게 되었다. ◇不远, 咱们~着去吧/멀지 않으니, 우리 걸어서 가자. 2囮뛰다. ◇逃~/달아나다. 3囮움직이다. 이동하다. (시계 따위가) 가다. ◇表还~着呢/시계가 아직도 가고 있다. 4囮떠나다. (떠나)가다. ◇别追了, 他~了半天了/쫓을 필요없어, 그는 간지 한참 됐다. 比較走:过去 ①계절의 변화는 일반적으로 “走”를 쓰지 않는다. ◇夏天过去, 冬天也(×走)过去了, 而他仍旧没有音讯/여름이 지나고 겨울도 지났지만 그는 여전히 소식이 없다. ②어떤 조직을 이탈하는 경우에는 “走”를 쓰지 않는다. ◇那次登山结束后, 她(×走)离开了我们的登山小组/이번 등산이 끝나자 그녀는 우리 등산팀을 떠났다. 5囮죽다. ◇还这么年轻就~了/아직 그렇게 젊은데 죽었다. 6囮〈친지 사이에〉왕래하다. 오가다. ◇~了~亲戚, 看了看朋友, 这个节日过得很愉快/이번 명절에는 친척집을 좀 다니고 친구를 만나며 즐겁게 보냈다. 7囮통과하다. 경유하다. ◇咱们~这个门出去吧/우리 이 문으로 나갑시다. 8囮새다. 누출하다. 누설되다. ◇千万注意, 别~了风声/소문이 새어나가지 않도록 제발 주의하시오. 9囮원래 모양을 잃다. 원래 모양이나 맛이 변하다. (맛 따위가) 가다. ◇字写~样儿了/글자모양을 틀리게 썼다.

【走板-판】 zǒu//bǎn 囮1가락이 맞지 않다. 2(~儿)이야기가 주제를 이탈하다.

【走笔-필】 zǒubǐ〈文〉빨리 쓰다.

【走笔疾书-필질서】 zǒu bǐ jí shū〈成〉글씨를 빨리 쓰다.

【走避-피】 zǒubì 囮도피하다.

【走边-변】 zǒu//biān 図〈演〉경극(京劇)에서, 야간에 사람 눈을 피해 길을 가는 동작(을 하다).

【走镖-표】 zǒubiāo 囮옛날 호위꾼이 화물을 호송하다.

☆【走道-도】 zǒudào 図보도. 인도. ◇大楼的~窄/건물의 보도는 좁다.

【走道儿-도아】 zǒu//dàor 囮〈口〉(길을) 걷다. 길을 가다.

【走电-전】 zǒu//diàn〈方〉囮누전되다.

【走调儿-조아】 zǒu//diàor 囮곡조가 맞지 않다.

【走动-동】 zǒudòng 囮1걸어서 움직이다. 2

(친지간에) 오가다. 서로 왕래하다.

【走读―독】zǒudú (통)통학하다. (反)〔住 zhù 读〕

＊【走访―방】zǒufǎng (통)탐방하다. ◇记者~劳动模范/기자가 모범근로자를 탐방하다.

【走风―풍】zǒu//fēng (통)정보가 새어 나가다.

【走钢丝―강사】zǒu gāngsī 1(서커스에서) 줄타기하다. 2모험을 하다.

＊【走狗―구】zǒugǒu (명)1사냥개. 2앞잡이. 주구.

【走过场―과장】zǒu guòchǎng 적당히 일을 얼버무리다.

＊【走红―홍】zǒu//hóng (통)1좋은 운을 만나다. 2인기가 오르다. (同)〔吃得开 chīdekāi〕

＊【走后门儿―후문아】zǒu hòuménr (부당한 수법으로) 뒷거래를 하다.

【走火―화】zǒu//huǒ (통)1(총포 따위가) 부주의로 폭발하다. 2(누전으로 전선에) 불이 나다〔붙다〕. 3(말이) 도가 지나치다. 4불이 나다. 〔失 shī 火〕

【走江湖―강호】zǒu jiāng·hú (곡예사·떠돌이 의사·점쟁이가 생계를 위해) 세상을 떠돌아 다니다.

＊【走廊―랑】zǒuláng (명)1낭하. 〔건물과 건물 사이의 복도〕 2회랑 지대.

＊【走漏―루】zǒulòu (통)1(비밀이) 새다. (비밀을) 누설하다. ◇~风声/소문이 새다. 2(略)밀수를 하여 탈세하다. 〔走私漏税〕의 준말〕 3(물건의 일부를) 도난당하다.

【走路―로】zǒu//lù (통)1길을 가다. ◇走了两天的路, 累坏了/이틀 길을 걸어서 몹시 피곤하다. 2떠나다.

【走马―마】zǒumǎ (통)말을 달리다.

【走马灯―마등】zǒu mǎ dēng (명)주마등.

【走马换将―마환장】zǒu mǎ huàn jiàng 〈成〉인원을 교체하다.

【走马看花―마간화】zǒu mǎ kàn huā 〈成〉대강 겉모양만 훑어보다. 주마 간산. 〔走马观 guān 花〕, (反)〔下 xià 马看花〕

【走马上任―마상임】zǒu mǎ shàng rèn 〈成〉취임하다.

【走南闯北―남틈북】zǒu nán chuǎng běi 〈成〉각지를 돌아다니다.

【走内线―내선】zǒu nèixiàn 상대의 연고자를 연줄로 삼아 부탁하다.

【走禽―금】zǒuqín (명)〈鳥〉닭·타조처럼 날지 못하는 새.

【走人―인】zǒu//rén (통)(사람이) 가다. 떠나다.

【走色―색】zǒu//shǎi (통)색이 바래다. 퇴색하다.

【走扇―선】zǒushàn (통)문이 꼭 맞지 않다.

【走墒―상】zǒu//shāng (同)〔跑 pǎo 墒〕

【走神(儿)―신(아)】zǒu//shén(r) (통)(정신이) 산만하다. 주의력이 분산되다. (同)〔分心 fēnxīn〕, (反)〔入神 rùshén〕

【走绳―승】zǒu//shéng (통)줄타기하다. (同)〔走索 suǒ〕

【走失―실】zǒushī (통)1실종되다. 길을 잃다. 2(원래의 모양이나 뜻을) 잃다.

【走时―시】zǒushí 1(명)시간. 2(통)〈方〉운이 좋다. (同)〔走运 yùn〕

【走势―세】zǒushì (통)동향. 추세.

【走兽―수】zǒushòu (통)짐승. 야수.

【走水―수】zǒu//shuǐ (통)1물이 새다. 2물이 흐르다. 3불이 나다.

【走水―수】zǒu·shui (명)〈方〉(휘장이나 커튼의 늘어드린) 장식띠.

＊【走私―사】zǒu//sī (통)밀수하다.

【走索―색】zǒu//suǒ (통)줄타기를 하다.

【走题―제】zǒu//tí (통)(말이나 글이) 주제에서 벗어나다.

【走投无路―투무로】zǒu tóu wú lù 〈成〉막다른 골목에 이르다. 궁지에 빠지다. (同)〔穷途末路 qióng tú mò lù〕, (反)〔柳暗花明 liǔ àn huā míng〕

【走味(儿)―미(아)】zǒu//wèi(r) (통)(식품 등이) 원래의 맛이 상하다. ◇这个菜~了/이 반찬이 맛이 상했다.

＊【走向―향】zǒuxiàng 1(명)〈地〉방위. 방향. ◇这座山脉是东南~/이 산맥은 동남방향이다. 2(통)…을 향해 가다. ◇国家从此~繁荣富强/국가는 이때부터 번영부강을 향해 나아갔다.

【走眼―안】zǒu//yǎn (통)잘못 보다.

【走样―양】zǒu//yàng (통)(모양이) 망가지다. 엉뚱하게 변하다. ◇你的话一传就走了样了/네 말이 밖으로 전해지더니 엉뚱하게 변했다. (反)〔逼真 bīzhēn〕

【走运―운】zǒu//yùn (통)운수가 좋다. (同)〔幸 xìng 运〕, (反)〔背 bèi 运〕

【走着瞧―착초】zǒuzhe qiáo 1두고보다. ◇命运的好坏不能看一时, 可得~/운명의 좋고 나쁨은 한 순간을 봐서는 안 된다. 두고볼 필요가 있다. 2(어디) 두고보자. ◇有你哭的时候, ~!/네가 눈물 나올 날이 있을 것이다. 두고보자. 比교走着瞧:等着瞧 전자는 불만으로 상대방의 실패의 꼴을 보겠다는 말이고, 후자는 상대방에게 복수하겠다는 뜻으로 위협적인 표현이다.

【走卒―졸】zǒuzú (명)심부름꾼. 졸개.

【走嘴―취】zǒu//zuǐ (통)비밀을 누설하다.

zòu

＊【奏】 一部 大部 zòu
　　　 8画 6画 아뢸 주

1(통)연주하다. ◇独~/독주(하다). ◇合~/협주(하다). 2(통)일어나다. (효과 따위가) 나타나다. ◇~效/효과가 나타나다.

◇大～奇功/큰 공을 세우다. **3**동명신하가 임금에게 상주하다. ◇启～/상주하다.

【奏捷－첩】zòujié 동승리하다. 이기다.

【奏凯－개】zòukǎi 동개가를 올리다. 우승하다. (同)〔奏捷 jié〕, (反)〔覆灭 fùmiè〕

【奏鸣曲－명곡】zòumíngqǔ 명〈音〉소나타 (sonata).

【奏疏－소】zòushū (同)〔奏章 zhāng〕

【奏效－효】zòu//xiào 동효력이 나타나다.

【奏乐－악】zòu//yuè 동음악을 연주하다.

【奏章－장】zòuzhāng 명상주문.

【奏折－절】zòuzhé 명상주서.

＊【揍】 扌部 | zòu
9画 | 때릴 **주**

동**1**(남을) 때리다. ◇～他/매를 맞다. ◇～他一顿/그를 한 바탕 때리다. 〔비교揍: 敲 "揍"의 대상은 사람만 가능하고 물건은 안 된다. ◇他咚咚地(×揍)敲桌子, 真烦人/그가 쿵쿵하고 책상을 치는 것이 정말 짜증난다. **2**〈方〉깨뜨리다. ◇小心别把玻璃～了/유리를 깨지 않도록 조심해라.

zū

＊＊【租】 禾部 | zū
5画 | 빌 **조**, 세 **조**

1동임차하다. 세내다. ◇～了一辆汽车/자동차 한 대를 세내다. **2**동빌려주다. 임대하다. 세놓다. ◇这个书店开展～书业务/이 서점은 돈 받고 책을 빌려주는 업무를 벌리고 있다. **3**명세(贳). 임대료. **4**명지조(地租). ◇～税/조세.

【租户－호】zūhù 명(가옥이나 물건의) 빌어 쓰는 사람.

【租价－가】zūjià 명임대료.

【租界－계】zūjiè 명제국주의 열강이 반식민지국가의 도시에서 강제로 만든 구역. 조계.

【租借－차】zūjiè 동차용하다.

【租借地－차지】zūjièdì 명조차지.

＊【租金－금】zūjīn 명임차료.

【租赁－임】zūlìn 동**1**(토지나 가옥을) 임대하다. **2**임차하다. 세내다.

【租钱－전】zū·qian (同)〔租金 jīn〕

【租用－용】zūyòng 동세내어 쓰다.

【租约－약】zūyuē 명임대차 계약.

【租子－자】zū·zi 명소작료.

zú

＊＊【足】 足部 | zú
0画 | 발 **족**

1명발. 다리. ◇画蛇添～/〈成〉화사 첨족. 일을 잘 하려다가 오히려 일을 망치다.

(同)〔脚 jiǎo〕, (反)〔头 tóu〕 **2**명기물(器物)의 발. ◇鼎－而立/정립(鼎立)하다. **3**명〈文〉제자. ◇高～/수제자. **4**형충분하다. 넉넉하다. 족하다. ◇这次旅行时间不～, 没去几个地方/이번 여행은 시간이 부족하여 몇 군데를 못 갔다. **5**부충분히. 족히. 넉넉히. ◇从这儿到公路一有二十公里/여기서 도로까지 족히 20km쯤 된다. **6**…할 만하다. …할 만한 가치가 있다. 〔주로 부정문에 쓰임〕◇材料未经核实, 不～为凭/자료를 아직 확인되지 않아서 증거로 삼기에 부족하다.

【足赤－적】zúchì 명순금.

【足够－구】zúgòu 형**1**충분하다. ◇五十块钱～买两只烤鸭/50원이면 오리구이 두 마리는 충분히 살 수 있다. (反)〔欠缺 qiānquē〕 **2**흡족하다. ◇我听了老师的这句话就～了/난 선생님의 이 말씀을 들었으니 흡족하다.

【足迹－적】zújì 명발자취.

【足见－견】zújiàn 동(…에 의해) 충분히 알 수 있다.

【足金－금】zújīn 명순금.

★【足球－구】zúqiú 명축구.

【足色－색】zúsè 형(금·은 따위의) 함유율이 100%다.

【足岁－세】zúsuì 명(나이에서의) 만. (同)〔周 zhōu 岁〕, (反)〔虚 xū 岁〕

【足下－하】zúxià 명귀하.

＊【足以－이】zúyǐ …하기에 족하다. ◇他游得很快,～通过测试/그는 수영속도가 빨라 시험에 통과할 수 있다. (同)〔够得上 gòu de shàng〕〔完全可以 wán quán kě yǐ〕

【足银－은】zúyín 명순은.

【足月－월】zúyuè 동산 달이 되다.

【足智多谋－지다모】zú zhì duō móu 〈成〉지혜가 풍부하고 계략이 많다.

【卒】 亠部 十部 | zú
6画 6画 | 군사 **졸**

명**1**병사. 사병. ◇士～/병사. **2**하인. 심부름꾼. ◇隶～/하인. **3**동끝내다. 마치다. ◇～业/졸업하다. **4**형/득의하다. ◇～底于成/마침내 성공하다. **5**동죽다. 사망하다. ◇生～年月/생사 연월. (同)〔死 sǐ〕

【卒岁－세】zúsuì 동〈文〉1년을 보내다.

【卒业－업】zúyè 동졸업하다. (同)〔毕 bì 业〕

＊【族】 方部 | zú
7画 | 겨레 **족**

명**1**가족. 일족. ◇宗～/종족. 일족. **2**민족. 종족. ◇汉～/한족. **3**족형. 〔옛날, 혹형의 하나로 범죄자의 삼족(三族)을 멸했던 형벌〕**4**족. 〔같은 속성을 가진 사물을 넓게 분류한 것〕◇水～/수족. 〔물 속에 사는 동물의 족속〕

【族谱-보】zúpǔ 몡족보.

【族权-권】zúquán 몡족장이나 가부장의 권력.

【族人-인】zúrén 몡족인.

【族长-장】zúzhǎng 몡족장.

zǔ

【诅·詛】讠部 5画 저주할 **조**
동〈文〉1저주하다. 2맹세하다.

【诅咒-주】zǔzhòu 동저주하다. (反)〔祷告 dǎogào〕

【阻】阝部 5画 막을 **조**
동막다. 저지하다. 만류하다. ◇拦~/저지하다. ◇劝~/그만두도록 만류하다. (反)〔通 tōng〕

**【阻碍-애】zǔài 몡동방해(하다). 지장(이되다). ◇交通/교통을 방해하다. ◇克服~, 坚持改革/장애를 극복하고 개혁을 지속시키다. ◇他经常把自行车堵在门口/그는 늘 자전거로 문 입구를 가로막아 우리가 다니기에 방해된다. 비교阻碍:打断 ①"阻碍"는 주로 사람 또는 사물의 발전·개혁 등을 목적어로 취하지만 길 등은 취하지 않는다. ◇想办法(×阻碍)阻挡敌人的退路/방법을 찾아 적군의 퇴로를 막아라. ②"阻碍"는 "话"를 목적어로 취하지 않는다. ◇我没有(×阻碍)打断他的话/난 그의 말을 가로막지 않았다.

*【阻挡-당】zǔdǎng 동저지하다. 가로막다. ◇他一定要去, 谁也不要~了/그가 꼭 가려고 한다면 가로 막지 말아라.

【阻遏-알】zǔè (同)〔阻止 zhǐ〕

【阻隔-격】zǔgé 동〈중간에서〉가로 막다.

【阻梗-경】zǔgěng 동〈文〉막히다. (同)〔阻塞 sè〕

【阻击-격】zǔjī 동〈軍〉(적의 진격·퇴각 따위를) 저지하다.

【阻截-절】zǔjié 동〈도중에서〉가로막다.

【阻绝-절】zǔjué 동막혀서 끊어지다. 두절되다. ◇交通/교통이 두절되다.

【阻抗-항】zǔkàng 몡〈電〉저항. 임피던스.

*【阻拦-란】zǔlán 몡동저지(하다). 제지(하다). ◇他要去, 谁也~不住/그가 가려고 하는데 아무도 막을 수 없다.

**【阻力-력】zǔlì 몡1〈物〉저항력. ◇物体运动遇到~, 速度减慢/운동물체가 저항을 받으면 속도가 감소한다. 2방해. 장애. 저지. ◇冲破各种~, 克服一切困难/온갖 장애를 뚫고 모든 어려움을 극복하다. (反)〔动 dòng 力〕

【阻难-난】zǔnàn 동가로막아 방해하다.

*【阻挠-뇨】zǔnáo 동몰래〉저지(하다). 방해(하다). ◇~双方和谈/양측의 평화회담을 방해하다.

【阻尼-니】zǔní 몡〈物〉(진동의) 감쇠.

【阻塞-새】zǔsè 동1가로막(히)다. 두절되다. ◇交通/교통이 막히다. (同)〔堵 dǔ 塞〕, (反)〔疏通 shūtōng〕2막히게 하다.

**【阻止-지】zǔzhǐ 동저지하다. 막다. ◇别~他, 让他去吧/그를 가로막지 말고 가게 해라. 비교阻止:影响 다른 사람의 사고나 행동에 작용이 일어나면 "阻止"를 쓰지 않는다. ◇你一来, (×阻止)影响了我们的谈话兴趣/네가 오자, 우리의 대화 의욕에 영향을 주었다.

☆【组·組】纟部 5画 짤 **조**
1동조직하다. 구성하다. ◇十个人~成一个分队/10명이 1개 분대를 구성하다. 2몡그룹. 팀. 반. 조. ◇小~/조(組). 팀. ◇下午分~座谈/오후에 조를 나누어 좌담한다. 3양조. 벌. 세트. ◇两~电池/두 조의 전지. 4하나의 주제에 대해 일련의 작품들이 모여 하나의 장편 작품을 이룬다. ◇~诗/연작시.

【组办-판】zǔbàn 동조직하여 마련하다.

【组锉-좌】zǔcuò (同)〔什 shí 锦 jǐn 锉〕

【组分-분】zǔfēn 몡구성 분자. 성분.

【组稿-고】zǔ//gǎo 동편집자가 작가에게 원고를 의뢰하다.

【组歌-가】zǔgē 몡같은 주제에 대해 연작의 형태로 이루어진 일련의 노래.

【组阁-각】zǔ//gé 동내각을 구성하다.

*【组合-합】zǔhé 동1구성하다. 한데 맞추다. 한데 묶다. ◇这本集子是由诗, 散文和短篇小说三部分~而成的/이 문집은 시·산문 그리고 단편소설의 세 부분을 한데 묶은 것이다. 2몡조합. ◇劳动~/노동 조합. 〔"工会"的 구칭〕3몡〈數〉조합.

【组建-건】zǔjiàn 동조직하다. 편성하다.

【组曲-곡】zǔqǔ 몡〈音〉모음곡. 조곡.

★【组织-직】zǔzhī 몡동조직(하다). 구성(하다). 결성(하다). ◇他的论文~得不错/그의 논문을 잘 구성했다. ◇这是~的决定, 应该服从/이것은 조직의 결정이니 복종해야 한다. 비교组织:张罗 "组织"는 "饭菜"를 목적어로 취하지 않는다. ◇我没想到爸爸会(×组织)张罗一桌这样丰盛的饭菜/난 아빠가 이렇게 풍성한 식사를 준비할 수 있는지 뜻밖이었다.

【组织生活-직생활】zǔzhī shēnghuó 몡(단체 등의) 조직 생활. 단체 생활.

【组织液-직액】zǔzhīyè 몡〈生理〉조직액.

【组装-장】zǔzhuāng 동조립하다. 짜맞추다.

Z

【姐】人部 7画 zǔ 도마 **조**

名1옛날, 제사때 제물을 담는 기구. 제기. **2**(옛날에 쓰던) 도마. **3**(Zǔ)성(姓).

【姐上肉－상육】zǔ shàng ròu 〈成〉압박 받고 짓밟히는 사람이나 나라.

【祖】衤部 5画 zǔ 선조 **조**

1名할아버지와 같은 항렬의 친족. ◇伯~/큰할아버지. **2名**조상. 선조. ◇曾~/증조. **3名**창시자. 개조(開祖). ◇鼻~/비조. **4**名성(姓).

【祖辈－배】zǔbèi 名조상. 선조.
【祖本－본】zǔběn 名초판본.
【祖产－산】zǔchǎn 名조상 대대로 물려받은 부동산.
【祖传－전】zǔchuán 동조상으로부터 전해 내려오다.
【祖坟－분】zǔfén 名조상의 무덤.
＊＊【祖父－부】zǔfù 名조부. 할아버지.
★【祖国－국】zǔguó 名조국. (同)〔原籍 yuán-jí〕, (反)〔客籍 kèjí〕
【祖籍－적】zǔjí 名본적. 원적.
【祖居－거】zǔjū 동조상 대대로 살다.
【祖率－율】zǔlǜ 名〈數〉남북조(南北朝) 시대에 조충(祖衝)이 산출한 원주율.
＊＊【祖母－모】zǔmǔ 名조모. 할머니.
【祖上－상】zǔshàng 名조상. 선조.
【祖师－사】zǔshī 名(학파·종파 따위의) 창시자. 개조(開祖).
【祖述－술】zǔshù 동〈文〉선인의 학설이나 행위를 숭상하고 본받다.
＊＊【祖先－선】zǔxiān 名선조. 조상. (同)〔祖宗 zong〕, (反)〔后裔 hòuyì〕
【祖业－업】zǔyè 名**1**조상의 공적. **2**조상으로부터 물려받은 재산.
【祖茔－영】zǔyíng 名〈文〉선영. 조상의 무덤.
【祖宗－종】zǔ·zong 名선조. 조상.
【祖祖辈辈－조배배】zǔzǔbèibèi 名조상 대대.

zuān

☆【钻·鑽】钅部 5画 zuān 뚫을 **찬**

동**1**뚫다. ◇再往深处~~, 可能出油/깊은 곳으로 더 뚫으면 석유가 나올지도 모른다. ◇~个眼儿/구멍 하나를 뚫다. **2**(뚫고) 들어가다〔지나가다〕. ◇火车正~着隧道呢/기차가 터널을 지나가고 있다. **3**깊이 연구하다. 파고들다. ◇考试前我~了一个月的英语/시험 전에 나는 영어를 1개월 팠다. **4**권세에 빌붙어 이익을 꾀하다. →zuàn

【钻空子－공자】zuān kòng·zi 기회를〔빈틈을〕 노리다. 약점을 이용하다.

【钻门子－문자】zuān mén·zi 〈口〉권력자에게 빌붙다.

【钻谋－모】zuānmóu (同)〔钻营 yíng〕

【钻牛角尖－우각첨】zuān niújiǎojiān 〈喻〉(연구의 가치가 없거나 해결할 수 없는 문제에) 쓸데없이 끝까지 파고들다. (同)〔钻牛角〕〔钻牛犄 jī 角〕

【钻探－탐】zuāntàn 동시추하다. 보링하다.

【钻探机－탐기】zuāntànjī 名〈機〉착정기. 보링 머신. (同)〔钻 zuàn 机〕

【钻心－심】zuānxīn 동마음이 견디기 힘들다.

☆【钻研－연】zuānyán 동깊이 연구하다. ◇这个问题还需要~/이 문제는 아직 연구가 필요하다.

【钻营－영】zuān·yíng 동권세에 빌붙어 이익을 꾀하다〔취하다〕.

★【蹿·躥】足部 16画 zuān 치솟을 **찬**

동치솟아 오르다. 뚫고 나가다.

zuǎn

【纂(鬢)】竹部 糸部 14画 14画 zuǎn 모을 **찬**

1동〈文〉편찬하다. 편집하다. ◇编~/편집하다. **2**(～儿)名〈方〉부녀자들의 뒤로 틀어올린 머리.

zuàn

【钻·鑽】钅部 5画 zuàn 뚫을 **찬**

1名금강석. 다이아몬드. **2**→〔钻 zuān〕 ⇒zuān

【钻床－상】zuànchuáng 名〈機〉보르반. 드릴링 머신.

【钻机－기】zuànjī (同)〔钻 zuān 探 tàn 机〕

【钻戒－계】zuànjiè 名다이아몬드 반지.

＊【钻石－석】zuànshí 名**1**다이아몬드. 금강석. **2**석(石). 〔시계·정밀 기계 속의 베어링용 보석〕

【钻塔－탑】zuàntǎ 名〈礦〉보링탑(boring 塔).

【钻头－두】zuàn·tóu 名〈機〉드릴의 비트(bit).

【赚·賺】贝部 10画 zuàn 속일 **잠**

동〈方〉(남을) 속이다. ◇你～我白跑了一趟/네가 나를 속여 허탕쳤다. ⇒zhuàn

【攥】扌部 20画 zuàn 잡을 **찬**

동쥐다. 잡다. ◇~紧拳头/주먹을 꽉 쥐다.

zuǐ

【咀】口部 5画 | zuǐ 씹을 **저**

'嘴 zuǐ'의 속자(俗字). ⇒jǔ

【觜】角部 6画 | zuǐ 별이름 **자**

→〔嘴 zuǐ〕

★【嘴】口部 13画 | zuǐ 부리 **취**

[명]**1**입. 부리. ◇张～/입을 벌리다.◇闭～/입을 다물다. **2**(～儿)기물의 주둥이〔아가리〕. ◇瓶～儿/병 주둥이. ◇茶壶～儿/찻주전자의 주둥이. **3**말을 하다. ◇别多～/잔말 마.

*【嘴巴－파】zuǐ·ba [명]**1**볼. 뺨. ◇挨了一个～/뺨을 한 대 맞았다. **2**입. ◇张开～/입을 벌리다.

【嘴笨－분】zuǐ bèn [형]말솜씨가〔말주변이〕없다.

⁑【嘴唇－순】zuǐchún [명]입술. ◇上～/윗입술.

【嘴刁－조】zuǐ diāo [형]**1**입이 짧다. **2**교활하게 말하다.

【嘴乖－괴】zuǐ guāi [형](어린애가) 말을 깜찍하게 하다.

【嘴尖－첨】zuǐ jiān **1**[형]말이 각박하다. **2**미각이 민감해 맛을 잘 알다. **3**(同)〔嘴刁 diāo〕

【嘴角－각】zuǐjiǎo [명]입언저리.

【嘴紧－긴】zuǐjǐn [형]입이 무겁다. (同)〔嘴严 yán〕, (反)〔嘴松 sōng〕

【嘴快－쾌】zuǐ kuài [형]입이 가볍다.

【嘴脸－검】zuǐliǎn [명]〈貶〉얼굴. 낯짝.

【嘴皮子－피자】zuǐpí·zi [명]입술. 입심. ◇耍～/입만 살아있다.

【嘴软－연】zuǐ ruǎn [형]말을 당당하게 못하다. (反)〔嘴硬 yìng〕

【嘴松－송】zuǐ sōng [동]해선 안 될 말을 하다.

【嘴碎－쇄】zuǐ suì [형]수다스럽다.

【嘴损－손】zuǐ sǔn [형]〈方〉각박하게 말하다.

【嘴甜－첨】zuǐ tián [형]애교 있게 말하다. (反)〔嘴臭 chòu〕

【嘴头－두】zuǐtóu (～儿)[명]〈方〉(말할 때의) 입.

【嘴稳－온】zuǐ wěn [형]입이 무겁다.

【嘴严－엄】zuǐ yán [형]신중하게 말하다. 입이 무겁다. (同)〔嘴紧 jǐn〕

【嘴硬－경】zuǐ yìng [형](이유가 없는데도) 뻣뻣하게 말하다. (反)〔嘴软 ruǎn〕

【嘴直－직】zuǐ zhí [형]바른 말을 하다.

【嘴子－자】zuǐ·zi [명]〈方〉(기물의) 주둥이. 아가리. 부리.

zuì

☆【醉】酉部 8画 | zuì 취할 **취**

1[동]취하다. ◇喝～了/술에 취했다. ◇那人～了, 别去理他/그 사람은 취했으니 상대하지 마시오. (反)〔醒 xǐng〕 **2**[동]빠지다. 탐닉하다. ◇～人的秋色, 使人流连忘返/황홀한 가을경치가 돌아가는 것을 잊게 하다. **3**[동][명]술에 담그다. ◇～螃 páng 蟹/술에 담근 게.

【醉鬼－귀】zuìguǐ [명]술꾼. 주당.

【醉汉－한】zuìhàn [명]취한. 취객.

【醉话－화】zuìhuà [명]술취해 하는 말.

【醉人－인】zuìrén **1**취하게 하다. **2**도취시키다.

【醉生梦死－생몽사】zuì shēng mèng sǐ 〈成〉취생 몽사. 흐리멍덩하게 살다.

【醉态－태】zuìtài [명]술이 취한 사람의 태도.

【醉翁之意不在酒－옹지의불재주】zuì wēng zhī yì bù zài jiǔ 〈諺〉본심은 딴 데 있다.

【醉乡－향】zuìxiāng [명]얼근하게 취한 기분.

【醉心－심】zuìxīn [동]심취하다. 몰두하다.

【醉醺醺－훈훈】zuìxūnxūn (～的)[형]술이 몹시 취한 모양. 곤드레만드레.

【醉眼－안】zuìyǎn [명]술에 취하여 몽롱한 눈.

【醉意－의】zuìyì [명]취기.

★【最】曰部 8画 | zuì 가장 **최**

1[부]가장. 최고. ◇他的考试成绩～好/그의 시험성적이 가장 좋다. ◇世界之～/세계 최고. [비교]最:主要:更 ①대부분의 동사는 "最"의 수식을 받지 않는다. ◇人参是韩国(×最)主要出口的东西/인삼은 한국의 주요 수출품이다. ②비교문에서는 "最"를 쓰지 않는다. ◇今年的课本比去年的(×最)更难/올해의 교재는 작년에 비해 더 어렵다. **2**[명]최고. 으뜸. ◇世界之～/세계최고.

【最…不过了－불과료】zuì…bù guò le ～보다(만큼) 더～한 것도 없다.〔정도가 대단히 높음을 나타내며 "没有比更…"의 의미를 갖는다〕◇他的宿舍最清静不过了, 你去他那休息吧/그의 숙소만큼 조용한 곳도 없으니 그에게 가서 휴식을 취해라. (同)〔再…不过了 zài…bù guò le〕

★【最初－초】zuìchū [명]최초. 처음. 맨 먼저. 맨 처음. ◇人类的祖先～居住在有河流的地域/인류의 조상은 최초에 하류지역에서 살았다. (同)〔起 qǐ 初〕, (反)〔最后 hòu〕

☆【最好－호】zuìhǎo [부]…하는 것이 낫다. …하는 것이 가장 좋다. ◇现在屋里太热,～先去散会儿步/지금 방안이 너무 더우니 우선 산책가는 것이 좋겠다.

★【最后－후】zuìhòu [명]최후. 맨 마지막. ◇～一分钟, 韩国队踢进了一个球/마지막 1분에 한국팀이 한 골을 넣었다. (同)〔最终 zhōng〕

【最后通牒－후통첩】zuìhòu tōngdié 똉최후통첩.

【最惠国待遇－혜국대우】zuìhuìguó dàiyù 똉〈經〉최혜국대우.

★【最近－근】zuìjìn 똉최근. 요즈음. 일간. 〔미래에 관해서도 쓰임〕◇～我到上海去了一趟/최근에 나는 상해에 다녀 왔다. (同)〔新 xīn 近〕, (反)〔老早 lǎozǎo〕

【最为－위】zuìwéi 뫵가장. 제일. ◇～重要/가장 중요하다.

【最终－종】zuìzhōng 똉휑맨 마지막(의). 최종(의). 최후(의). ◇经过多次较量，～他们还是失败了/여러번 겨뤄보았지만 그들은 마지막에 역시 실패했다. 비교最终:最后 "最终"은 시간적으로 또는 순서적으로 다른 것 뒤에 있다는 것을 나타내지 않는다. ◇(×最终)最后的胜利一定属于我们/최후의 승리는 분명히 우리의 것이다.

＊＊【罪】罒部 zuì 허물 죄 8画

1똉죄. 범죄. ◇有～/죄이다. ◇判～/죄를 판결하다. (反)〔功 gōng〕비교罪:罪恶 "毒害"는 "罪"를 목적어로 쓰지 않는다. ◇从这部影片可以看出科举制度毒害人们的(×罪)罪恶/이 영화를 통해 과거제도가 사람들을 해친 죄악을 엿볼 수 있다. 2똉과실. 잘못. ◇归～于人/남에게 잘못을 뒤집어 씌우다. 3똉괴로움. 고통. ◇听他这种课简直是活受～/그의 그런 강의를 듣는 것은 정말 고통이다. 4똉죄를 남에게 덮어 씌우다. ◇～己/자책하다.

【罪案－안】zuì'àn 똉범죄 사건.

【罪不容诛－불용주】zuì bù róng zhū 〈成〉죄가 무거워 사형에 처해도 모자랄 지경이다.

【罪大恶极－대악극】zuì dà è jí 〈成〉극악무도한 죄를 짓다.

＊＊【罪恶－악】zuì'è 똉죄악. 죄. 해악. ◇～滔天/죄가 하늘만큼 크다. 비교罪恶:行为 일반적인 결점 또는 실수에는 "罪恶"를 쓰지 않는다. ◇他打破窗户玻璃的(×罪恶)行为引起大家的不满/그가 유리를 깬 행동은 모두의 불만을 불러 일으켰다.

＊【罪犯－범】zuìfàn 똉죄인. 죄인.

【罪过－과】zuì·guo 1똉잘못. 과실. (反)〔功劳 gōngláo〕2〈謙〉황송합니다.

【罪魁－괴】zuìkuí 똉원흉. 수괴. (同)〔首恶 shǒu'è〕, (反)〔从犯 cóngfàn〕

【罪戾－려】zuìlì 똉〈文〉죄과. 죄악.

＊【罪名－명】zuì·míng 똉죄명.

【罪孽－얼】zuìniè 똉죄업.

【罪愆－건】zuìqiān (同)〔罪过 guo〕

【罪人－인】zuìrén 똉죄인.

＊＊【罪行－행】zuìxíng 똉범죄 행위.

【罪尤－우】zuìyóu 똉〈文〉죄과. 과실. 잘못.

【罪有应得－유응득】zuì yǒu yīng dé 〈成〉벌을 받아 마땅하다. (同)〔罪责难逃 zuì zé nán táo〕, (反)〔逍遥法外 xiāo yáo fǎ wài〕

【罪责－책】zuìzé 똉죄과.

【罪证－증】zuìzhèng 똉범죄의 증거.

＊【罪状－상】zuìzhuàng 똉죄상. ◇罗列～/죄상을 늘어놓다.

【檇(櫹)】木部 zuì 10画 과실이름 취

【檇李－리】zuìlǐ 똉〈植〉자두(나무).

zūn

＊【尊】寸部 zūn 9画 높을 존

1휑(지위나 서열이) 높다. ◇～卑/존비. 2똉존경하다. ◇～师爱徒/스승을 존경하고 제자를 사랑하다. (同)〔敬 jìng〕, (反)〔侮 wǔ〕3똉〈敬〉귀～, 존…. 〔옛날, 상대방 및 관계되는 사물 앞에 쓰여짐〕◇～姓大名/성함. (同)〔贵 guì〕, (反)〔敝 bì〕4똉불상을 세는 단위. ◇一～佛像/불상 1개. 5똉술잔. 술그릇. (同)〔樽 zūn〕

【尊称－칭】zūnchēng 1똉존칭하다. 2똉존칭.

【尊崇－숭】zūnchóng 똉우러러 존경하다.

【尊贵－귀】zūnguì 휑귀하다. (同)〔高 gāo 贵〕, (反)〔卑贱 bēijiàn〕

☆【尊敬－경】zūnjìng 똉똉존경(하다). ◇我～我的老师们/나는 나의 선생님들을 존경한다. 비교尊敬:尊重 "尊敬"은 사람 아닌 의견 등을 목적어로 취하지 않는다. ◇我(×尊敬)尊重他的意见/난 그의 의견을 존중한다.

【尊亲－친】zūnqīn 똉(친척의) 웃어른. 손윗 사람.

＊【尊严－엄】zūnyán 1휑존엄하다. ◇审判长坐在正中，显得十分～/재판장이 한가운데 앉아 아주 위엄스럽게 보인다. 2똉존엄. 존엄성. ◇他在讲台上态度谦和，又不失～/그의 강의 태도는 겸허하고 온화하며 또한 위엄을 잃지 않는다.

【尊长－장】zūnzhǎng 똉웃어른. 손윗 사람.

＊【尊重－중】zūnzhòng 1똉존중하다. ◇他德高望重，大家都很～他/그는 덕망이 높아 모두들 그를 존중한다. 비교尊重:尊敬 "尊重"은 비한정적인 목적어로 쓰이지 않는다. ◇(×尊重)尊敬的女士们，先生们/존경하는 신사 숙녀 여러분. 2휑엄숙하고 무게가 있다. 점잖다. ◇放～些/좀 점잖게 굴어라. (同)〔规矩 guījù〕, (反)〔癫狂 diānkuáng〕〔轻慢 qīngmàn〕

【遵】辶部 zūn 12画 좇을 준

動(지시나 규칙을) 따르다. 지키다. ◇～照/따르다. (同)〔依 yī〕, (反)〔违 wéi〕.
【遵从―종】zūncóng 動따르다. 복종하다. (同)〔服 fú 从〕, (反)〔违作 wéiwǔ〕
【遵命―명】zūnmìng 動〈敬〉명령에 따르다. (同)〔从 cóng 命〕, (反)〔抗 kàng 命〕
☆【遵守―수】zūnshǒu 動준수하다. 지키다. ◇他一直～着自己的诺言/그는 줄곧 자기의 언약을 지키고 있다. 비교遵守:服从 필요에 따르다는 뜻에는 "遵守"를 쓰지 않는다. ◇职员们都(×遵守)服从工作的需要/직원들은 모두 작업의 수요에 따랐다.
【遵行―행】zūnxíng 動좇아서 행하다. 그대로 따르다.
＊【遵循―순】zūnxún 動따르다. ◇无所～, 碍难执行/따르지 않아서 집행하기 어렵다. (同)〔遵照 zhào〕, (反)〔触犯 chùfàn〕
＊【遵照―조】zūnzhào 動〔牍〕따르다. ……대로 하다. ◇～政策办事/정책대로 일을 처리하다.

【樽(罇)】木部 | zūn
          12画 | 술그릇 준
動술잔.
【樽俎―조】zūnzǔ 動술잔과 안주 그릇. 〈轉〉연회. 주연.

【鳟·鱒】鱼部 | zūn
          12画 | 송어 준
動〈魚介〉송어.

【撙】扌部 | zūn
     12画 | 모일 준
動절약하다. ◇～下一些钱/돈을 조금씩 저축하다.
【撙节―절】zūnjié 動절약하다.

zuō

【作】亻部 | zuō
     5画 | 일할 작
動작업장. 세공장. ◇小器～/가구〔목기〕제작소〔수리소〕. ⇒zuò
【作坊―방】zuō·fɑng 動수공업 공장.

【嘬】口部 | zuō
     12画 | 물 최
動〈口〉(입술을 오므려서) 빨다. ◇小孩儿～奶/어린애가 젖을 빨다.
【嘬瘪子―별자】zuō biě·zi 動난처하다. 곤란해지다.

zuó

【昨】日部 | zuó
     5画 | 어제 작
動1어제. ◇～夜没睡好/어제 저녁 잠을 못 잤다. 비교昨:去 "昨"가 관형어로 쓸

때 "夜", "晚"만 수식할 수 있다. ◇(×昨)去年我去过哈尔滨/작년에 난 하얼빈에 갔었다. 2과거. 옛날. 이전. ◇觉今是而～非/지금이 옳고 옛날이 틀렸음을 깨달았다. (反)〔今 jīn〕
【昨儿―아】zuór 〈方〉動어제.
【昨日―일】zuórì (同)〔昨天〕
【昨天―천】zuótiān 動어제. ◇～星期四/어제는 목요일이었다.

【笮(筰)】竹部 | zuó
          5画 | 노 작
動대오리로 꼰 동아줄.

【捽】扌部 | zuó
     8画 | 잡을 졸
動〈方〉움켜쥐다. ◇小孩儿～住妈妈的衣服/어린애가 어머니 옷을 움켜 잡다.

【琢】王部 | zuó
     8画 | 쫄 탁
＊【琢磨―마】zuó·mo 動깊이 생각하다. 숙고하다. ◇我一直～这句话到底是什么意思/나는 이 말이 도대체 무슨 뜻인지 계속 생각해왔다.

zuǒ

★【左】工部 | zuǒ
      2画 | 왼 좌
1動왼쪽. ◇到前面的十字路口向～转, 就是你要找的地方/앞의 네거리에서 왼쪽으로 돌면 바로 당신이 찾으려고 하는 곳이다. (反)〔右 yòu〕 2動동쪽. ◇山～/태행산(太行山)동쪽 지방. 산동성. 3動편벽되다. 비정상적이다. ◇～脾气/뒤틀어진 심보. ◇别尽搞左门～道/되도록 나쁜짓을 하지 마라. 4動틀리다. ◇你想～了/네 생각이 틀렸다. ◇说～了/틀리게 말했다. (同)〔错 cuò〕 5動어긋나다. 맞지 않다. 6動좌익(左翼)이다. 급진〔혁명〕적이다. ◇～派/좌파. ◇他装得很～, 实际上很保守/그는 좌익인 체하지만 실제로 보수적이다. (反)〔右 yòu〕 7(Zuǒ)動성(姓).
【左膀右臂―방우비】zuǒ bǎng yòu bì 動유능한 조수.
☆【左边―변】zuǒ·biɑn (～儿)動왼쪽. 좌측.
【左不过―불과】zuǒ·bùguò 副1아무튼. 어쨌든. 2겨우 …에 지나지 않는다. ◇你怎么啦?―没什么, ～有点儿痛/너 왜그래? ―아무것도 아니야, 좀 아플 뿐이야. (同)〔只 zhǐ 不过〕
【左道旁门―도방문】zuǒ dào páng mén (同)〔旁门左道〕
【左顾右盼―고우반】zuǒ gù yòu pàn 〈成〉좌우를 두리번거리다. (同)〔东张西望 dōng zhāng xī wàng〕, (反)〔目不转睛 mù bù

Z

zhuǎn jīng]

【左近一근】zuǒjìn 명부근. 근처. (同)〔附 fù 近〕,(反)〔远处 yuǎnchù〕

【左轮一륜】zuǒlún 명회전식 권총.

【左面一면】zuǒmiàn 명좌측. (同)〔左边 biān〕,(反)〔右 yòu 面〕

【左派一파】zuǒpài 명좌파. 급진파. (反)〔右 yòu 派〕

【左撇子一별자】zuǒpiě·zi 명왼손잡이.

【左迁一천】zuǒqiān 동〈文〉좌천되다.

【左倾一경】zuǒqīng 명좌경.

【左倾机会主义一경기회주의】zuǒqīng jīhuì zhǔyì 명좌경 기회주의.

【左券一권】zuǒquàn 명1옛날, 둘로 나눈 것의 왼쪽의 것. 2〈轉〉증거. ◇操～/승산이 있다.

【左嗓子一상자】zuǒsǎng·zi 명〈音〉음치.

【左手一수】zuǒshǒu 명왼손.

【左首一도】zuǒshǒu 명〔자리의〕 왼쪽.

【左袒一단】zuǒtǎn 동〈文〉한편만 돕다. 편들다. 두둔하다.

【左性子一성자】zuǒ·xìng·zi 성질이 패팍하다.

【左翼一익】zuǒyì 명좌익. (反)〔右 yòu 翼〕

☆【左右一우】zuǒyòu 1명왼쪽과 오른쪽. ◇照片上, 我和妹妹站在父母的～/사진에 나와 누이동생이 부모님 좌우에 서있다. 2명측근. ◇吩咐～退下/측근을 물러나게 하였다. 3동좌우 지지하다. 좌지 우지하다. ◇～局势/정세를 좌우하다. ◇你没有权力～我/너는 나를 지배할 권리가 없다. 4명가량. 안팍. 내외. ◇排球队员的平均身高一米九～/배구팀 인원의 평균신장은 190cm가량이다. 5명〈方〉좌우간. 어차피. → 〔反正 fǎn·zhèng〕

【左…右…一우…우…】zuǒ…yòu… 빈번히. 〔같은 행위가 반복됨을 강조함〕 ◇～思～想/여러번 생각하다.

【左右逢源一우봉원】zuǒ yòu féng yuán 〈成〉(어떻게 하든) 일이 모두 순조롭다.

【左右开弓一우개궁】zuǒ yòu kāi gōng 〈成〉두 손으로 번갈아 …하다. 여러가지 일을 동시에 하다.

【左右手一우수】zuǒyòushǒu 명가장 유능한 조수.

【左右袒一우단】zuǒyòutǎn 동한쪽편을 들다.

【左证一증】zuǒzhèng 명증거.

【左支右绌一지우출】zuǒ zhī yòu chù 힘이 부족하여 미처 다 대처하지 못하다. 문제가 생기다. (反)〔应付自如 yìng fù zì rú〕

【佐】 亻部 5画 도울 좌

1동보좌하다. 돕다. 2명보좌관. 조수.

【佐餐一찬】zuǒcān 동반찬이 되다.

【佐理一리】zuǒlǐ 동〈文〉도와서 처리하다.

【佐证一증】zuǒzhèng →〔左 zuǒ 证〕

【撮】 扌部 12画 집을 촬, 모을 촬

(～儿)양움큼. 줌.〔모발 따위의 양을 세는 데 쓰임〕◇一～胡子/수염 한 움큼.

【撮子一자】zuǒ·zi 명줌. 움큼.

zuò

★【作】 亻部 5画 지을 작

1동일어나다. ◇日出而～/해뜨면 일어나다. ◇风雨大～/폭풍우가 일어나다. 2동글을 쓰다. 창작하다. ◇他正为这两首歌词～着曲子呢/그는 그 두 가사에 작곡을 하고 있다. 3명작품. ◇这幅画儿成了稀世杰～/이 그림은 희대의 걸작이 되었다. 4동…을 하다. …을 맡다. ◇他在礼堂～着报告呢/그는 강당에서 강연을 하는 중이다. (同)〔做 zuò〕5동(어떤 모양을) 나타내다〔짓다〕. (…한) 태도를 취하다. ◇装模～样/짐짓…인 체하다. 일부러 티를 내다. 허장 성세하다. 6동…으로 여기다〔삼다〕. …로 하다. ◇剩下的这些戏～废了/남은 이 연극은 폐기 되었다. 7동나다. 발작하다. ◇～呕/구토하다. (同)〔奋 fèn〕비교作:做:取得 ①"作"는 대개 구체 명사를 취하지 않는다. ◇妈妈为他(×作)做了一件衣服/엄마는 그를 위해 옷한 벌을 만들어 주셨다. ②"作"는 획득의 뜻은 없다. ◇这四个人都(×作)取得了很大进步/이 네 사람은 모두 크게 향상되었다. ⇒zuō

*【作案一안】zuò//àn 동범죄 행위를 하다.

【作罢一파】zuòbà 동그만두다. 중지하다.

【作保一보】zuò//bǎo 동보증을 서다.

【作弊一폐】zuò//bì 동부정행위를 하다. (시험볼 때) 컨닝하다.

【作壁上观一벽상관】zuò bì shàng guān 〈成〉수수 방관하고 도움을 주려고 하지 않다. (同)〔坐观成败 zuò guān chéng bài〕,(反)〔见危授命 jiàn wēi shòu mìng〕

【作别一별】zuòbié 동〈文〉헤어지다. 작별하다. (同)〔分 fēn 别〕〔分手 shǒu〕

【作成一성】zuòchéng 동〈方〉성사시키다. ◇他～了小李托的事/그는 이양이 부탁한 일을 성사시켰다. (同)〔成全 quán〕,(反)〔作客 kè〕

【作答一답】zuòdá 동대답하다.

【作对一대】zuò//duì 동1맞서다. 대립하다. 2배우자가 되다.

【作恶一악】zuò//è 나쁜 짓을 하다. (反)〔行善 xíngshàn〕

【作伐一벌】zuòfá 동〈文〉중매를 서다.

【作法－법】zuò//fǎ 옛날, 도사가 법술을 쓰다.

*【作法－법】zuòfǎ 명1글을 짓는 법. ◇文章～/문장 작법. 2만드는 방법.

【作法自毙－법자폐】zuò fǎ zì bì〈成〉제가 만든 법에 자기가 걸려 죽다. 자승자박.

*【作废－폐】zuò//fèi 통(유효기간이 지나) 폐기하다. 무효로 하다. ◇一年之内机票作不了废/1년 이내 비행기 표는 무효가 안 된다. (反)〔有效 yǒuxiào〕 비교作废: 报废 설비·기물 등을 계속 사용하지 못할 때는 "作废"를 쓰지 않는다. ◇机车坏了，只好(×作废)报废了/오토바이도 고장나고 할 수 없이 폐기되었다.

＊【作风－풍】zuòfēng 명1(사고·일·생활 따위의) 기풍. 품행. ◇这个人的～很正派/그 사람은 품행이 바르다. 비교作风: 风气 사회에 유행하는 풍토에는 "作风"을 쓰지 않는다. ◇那地方的社会(×作风)风气很不好/그곳의 사회 풍토가 매우 좋지 않다. 2(예술가의) 작품. ◇他的文章～朴实无华/그의 글은 소박하고 꾸밈이 없다.

【作梗－경】zuògěng 통방해하다. 훼방놓다. (同)〔刁难 diāonán〕, (反)〔作成 chéng〕

【作古－고】zuò//gǔ 통〈文〉〈婉〉작고하다.

【作怪－괴】zuòguài 통말썽을 일으키다.

☆【作家－가】zuòjiā 명작가.

【作假－가】zuò//jiǎ 통1가짜를 만들다. 2속임수를 쓰다. 3일부러 체면 차리다.

【作价－가】zuò//jià 통값을 정하다.

【作奸犯科－간법과】zuò jiān fàn kē〈成〉나쁜 짓을 하여 법을 어기다. (同)〔违法乱纪 wéi fǎ luàn jì〕, (反)〔遵纪守法 zūn jì shǒu fǎ〕

【作茧自缚－견자박】zuò jiǎn zì fù〈成〉자승자박. (同)〔作法自毙 bì〕

【作件－건】zuòjiàn 명가공중의 부품〔부속품〕. (同)〔工作件〕〔制 zhì 件〕

【作践－천】zuò·jian(又讀 zuó·jian) 통〈口〉망치다. 못쓰게 만들다. 낭비하다. (同)〔糟蹋 zāo·ta〕

【作客－객】zuò//kè 통1〈文〉객지에 머물다. 2손님이 되다. 초청을 받다. ◇他去老亲家～/그는 손님으로 (초청을 받아) 이씨집에 간다. (同)〔做 zuò 客〕, (反)〔作东 dōng〕

【作乐－락】zuòlè 즐기다. 낙으로 삼다.

【作脸－검】zuò//liǎn 통〈方〉…을 위해 빛내다. 체면을 세우다. …위해 분발하다.

【作料－료】zuò·liao(료·liào) 명양념.

【作乱－란】zuòluàn 통난을 일으키다.

【作美－미】zuòměi 통(날씨 따위가) 일이 잘 되도록 도와주다. 〔주로 부정문에 쓰임〕

【作难－난】zuò//nán 통난감해 하다. 당혹하다. (同)〔为 wéi 难〕

【作孽－얼】zuò//niè 통죄지은 짓을 하다. (同)〔造 zào 孽〕, (反)〔积德 jīdé〕

【作弄－롱】zuònòng (zuōnòng) 통우롱하다. 농락하다.

【作呕－구】zuò'ǒu 통구역질 하다. 메스껍다. (同)〔恶心 èxīn〕

【作陪－배】zuòpéi 통자리를 함께 하다. (손님을) 모시다. (同)〔当陪客 dàng péikè〕

☆【作品－품】zuòpǐn 명작품.

【作色－색】zuòsè 통얼굴에 노한 기색을 보이다. (同)〔变 biàn 色〕

【作势－세】zuòshì 통자세를 취하다. ◇装腔～/허장성세하다.

【作数－수】zuò//shù 통약속을 지키다.

【作死－사】zuòsǐ 통죽자고 환장하다.

【作速－속】zuòsù 부속히. 빨리. 서둘러.

【作祟－수】zuòsuì 통앙얼일다.

【作态－태】zuòtài 통짐짓 태도를〔표정을 하다〕짓다.

【作痛－통】zuòtòng 통아프다.

【作威作福－위작복】zuò wēi zuò fú〈成〉(권세가가) 횡포를 부리다.

☆【作为－위】zuòwéi 1명소행. 행위. 2통성과를 내다. ◇有所～/성과가 있다. 3명할 수 있는 일. ◇大有～/크게 이바지할 수 있다. 4…의 신분〔자격〕으로서. ◇～老师，要对学生负责/선생님으로서 학생을 책임져야 한다. ◇我～一名学生，一定要好好学习/나는 학생으로서 반드시 열심히 공부해야 한다.

【作伪－위】zuòwěi 통가짜를 만들다. 위조하다.

☆【作文－문】zuò//wén 1통작문하다. 글을 짓다. 2(~儿)명작문.

＊＊【作物－물】zuòwù 명농작물.

【作息－식】zuòxī 명일과 휴식.

【作兴－흥】zuò·xīng 1통〈方〉(도리상·관례상) 마땅히 …해야 한다. …해도 된다. 〔부정문으로 많이 쓰임〕◇开口骂人不～/욕질해서는 안 된다. 2부〈方〉혹시. 아마도. ◇看这天气，～要下雨/날씨를 보니 아마 비가 내릴 것 같다. 3통유행하다.

★【作业－업】zuòyè 1명(학생들의) 숙제. 과제. ◇课外～/숙제. 2명(군사·생산 등의) 작업. 활동. ◇～计划/작업 계획. 3통(군사·생산의) 작업을 하다. ◇队伍开到野地上去/부대가 야외로 출동하여 군사활동을 행하다.

【作揖－읍】zuò//yī 통읍하다. 〔상반신을 약간 굽히고 두손을 한데 모아 높이 쳐들고 위 아래로 흔드는 인사법〕

【作艺－예】zuòyì 통(옛날, 연극·곡예 따위를) 공연하다.

Z

【作俑-용】zuòyǒng 동〈文〉1순장(殉葬)용의 인형을 만들다. 2〈喩〉나쁜 선례를 만들다. (同)〔始作俑者〕

☆【作用-용】zuòyòng 1동영향을 미치다. ◇这两个物体在相互～着/이 두 물체는 서로 영향을 미치고 있다. 2명효과. 작용. 기능. 역할. ◇光合～/광합작용. ◇这种药用后很起作用/이 약은 복용 후에 효과가 있다. 3명저의(底意). 의도(意圖). ◇在会上他说的那些话是有～的/그가 회의석상에서 한 그 말은 저의가 있는 것이다.

【作乐-악】zuòyuè 동1연주하다. 2악률을 정하다.

＊＊【作战-전】zuò/zhàn 동작전하다.

☆【作者-자】zuòzhě 명작자. 필자.

【作准-준】zuòzhǔn 동1(同)〔作数 shù〕 2허가하다. 승인하다.

【柞】木部 zuò
　　5画 떡갈나무 **작**
명〈植〉떡갈나무. 상수리나무.

【柞蚕-잠】zuòcán 명〈虫〉작잠. 멧누에.

【柞丝绸-사조】zuòsīchóu 명멧누에 명주로 짠 비단.

【酢】酉部 zuò
　　5画 잔돌릴 **작**
동〈文〉손님이 주인에게 술을 따르다. ◇酬～/주인과 손님이 서로 술잔을 권하다.

★【坐】土部 zuò
　　4画 앉을 **좌**
1동앉다. ◇请进屋来～/방으로 들어와 앉으시죠. ◇请一好, 演出马上就开始了/착석해 주세요. 공연이 곧 시작됩니다. ◇咱们～下来谈/우리 앉아서 이야기 합시다. (反)〔立 lì〕 2동(탈것에) 타다. ◇～了一天汽车有点累/하루종일 버스를 타서 좀 피곤하다. ◇花点钱, 去～～飞机/돈을 좀 들여서 비행기를 탑시다. (同)〔乘 chéng〕비교坐:骑 "自行车"는 "坐"의 목적어로 쓰이지 않는다. ◇我想(×坐)骑自行车去很多地方/나 자전거를 타고 많은 곳에 가고 싶다. 3동위치하다. (집 따위가) 어떤 방향을 뒤로 하다〔등지다〕. ◇这座大楼是～北朝南的/이 빌딩은 북쪽을 등지고〔북에 자리잡고〕 남쪽을 향하고 있다. (同)〔背 bèi〕 4동(솥·주전자를 불 위에) 올려 놓다〔얹다〕. 앉히다. ◇火上～着水壶呢, 别忘了/불에 물주전자를 올려놓았으니 잊지 마라. 5(～儿)명자리. 좌석. (同)〔座 zuò〕 6동(총기류가 그 반작용으로) 뒤로 밀리다. (건축물이 기초의 부실로) 내려앉다. 쏠리다. ◇这房子向后～了/이 집은 뒤쪽으로 내려앉았다. 7동(식물이) 열매를 맺다. ◇～果/열매를 맺다. 8동처벌을 받다. 처벌하다. ◇反～/반좌

(하다). 9동병들다. 병이 되다. 10〈文〉…때문에〔까닭으로, 이유로〕. …로 인하여. ◇～此解职/이것 때문에 해직되다. 11〈早〉〈文〉까닭 없이. 저절로. 공연히. ◇孤鸾自振, 惊砂～飞/외로운 쑥은 홀로 바들거리고, 놀란 모래는 저절로 흩날리네.

☆【坐班-반】zuò//bān 동매일 정해진 시간에 출·퇴근하다. 사무실을 지키다.

【坐标-표】zuòbiāo 명〈數〉좌표.

【坐不住-불주】zuò bu zhù 〈口〉오래 앉아 있을 수 없다. ◇听着他的话, 我～了/그의 말을 듣고 있자니 더 앉아 있을 수 없었다. (反)〔坐得 de 住〕

【坐吃山空-흘산공】zuò chī shān kōng 〈成〉아무리 재산이 많아도 놀고 먹으면 금방 없어진다.

【坐次-차】zuòcì 명자리의 순서. 석차.

【坐待-대】zuòdài (同)〔坐等〕

【坐得住-득주】zuò de zhù 〈口〉오래 앉아 있을 수 있다. ◇他比别人更～, 更能管束自己/그는 다른 사람보다 더 오래 앉아 있을 수 있고, 더 자신을 단속할 줄 안다. (反)〔坐不 bu 住〕

【坐等-등】zuòděng 동앉아서 기다리다.

【坐地-지】zuòdì 1동바닥에 자리를 깔고 앉다. 2부그자리에서. 즉석에서.

【坐地分赃-지분장】zuò dì fēn zāng 〈成〉도적의 두목이 앉아 장물을 떼먹다.

【坐垫-점】zuòdiàn 명의자에 까는 방석.

【坐蔸-두】zuòdōu 동〈農〉논벼의 위축병.

【坐而论道-이론도】zuò ér lùn dào 〈成〉앉아 공론에 빠지다. (同)〔徒托空言 tú tuō kōng yán〕, (反)〔身体力行 shēn tǐ lì xíng〕

【坐骨-골】zuògǔ 명〈生理〉좌골.

【坐骨神经-골신경】zuògǔ shénjīng 명좌골신경.

【坐观成败-관성패】zuò guān chéng bài 〈成〉타인의 성패를 수수 방관하다. (同)〔作壁上观 zuò bì shàng guān〕, (反)〔拔刀相助 bá dāo xiāng zhù〕

【坐化-화】zuòhuà 동(중이) 앉은 채로 죽다.

【坐江山-강산】zuò jiāngshān 〈喩〉정권을 장악하다.

【坐井观天-정관천】zuò jǐng guān tiān 우물 안의 개구리. (同)〔管中窥豹 guǎn zhōng kuī bào〕, (反)〔见多识广 jiàn duō shí guǎng〕

【坐具-구】zuòjù 명의자·걸상 등의 총칭.

【坐科-과】zuò//kē 동〈演〉(옛날, '科 kē 班' 중국 전통극 배우 양성소에서) 배우 훈련을 받다.

【坐困-곤】zuòkùn 동오직 지키기만 할 뿐 살 길이 없다.

【坐蜡-랍】zuò//là 동곤경에 빠지다. 난처

하게 되다.

【坐牢―뢰】zuò//láo 통감옥살이 하다.

【坐冷板凳―랭판등】zuò lěngbǎndèng 〈成〉한직으로 내쫓기다.

【坐力―력】zuòlì 몡〈物〉(포탄 발아 때의) 반동력.

【坐落―락】zuòluò 통건물이 …에 위치하다. ◇邮局~在医院旁边/우체국은 병원옆에 위치해 있다.

【坐骑―기】zuòqí 몡타는 말.

【坐鞦―추】zuòqiū (同)〔后 hòu 鞦〕

【坐蓐―욕】zuòrù (同)〔坐月子〕

【坐山观虎斗―산관호투】zuò shān guān hǔ dòu 〈成〉어부지리를 취하다.

【坐商―상】zuòshāng 몡영업장소에서 장사하는 상인.〔'行商'과 구별됨〕(反)〔行 xíng 商〕

【坐视―시】zuòshì 통좌시하다.

【坐胎―태】zuò//tāi 통임신하다.

【坐探―탐】zuòtàn 몡스파이.

【坐堂―당】zuò//táng 통1옛날, 관리가 법정에서 사건을 심리하다. 2한방의사가 진찰하다. 점원이 점포에서 영업을 하다. 3선사(禪師)가 좌선하다.

【坐天下―천하】zuò tiānxià 정권을 잡다.

【坐位―위】zuò·wèi 몡1(공공 장소의)좌석. 자리. 2(~儿)(의자·걸상 따위의)앉을 것.

【坐误―오】zuòwù 통앉아서 기회를 놓치다.

【坐席―석】zuòxí 1통연회에 참가하다. 2몡좌석. 자리.

【坐享其成―형기성】zuò xiǎng qí chéng 〈成〉가만히 앉아서 남이 고생해서 얻은 결과를 누리다. (同)〔不劳而获 bù láo ér huò〕, (反)〔自食其力 zì shí qí lì〕

【坐像―상】zuòxiàng 몡좌상.

【坐药―약】zuòyào 몡〈中醫〉좌약.

【坐夜―야】zuòyè (섣달 그믐날이나 초상 때에) 밤샘하다.

【坐以待毙―이대폐】zuò yǐ dài bì 〈成〉가만히 앉아서 죽음을 기다리다. (同)〔束手待毙 shù shǒu dài bì〕, (反)〔负隅顽抗 fù yú wán kàng〕

【坐月子―월자】zuò yuè·zi 〈口〉산후 1달 동안 몸조리를 하다.

【坐赃―장】zuò//zāng 통〈方〉(同)〔栽 zāi 赃〕

【坐镇―진】zuò//zhèn 통(관리가) 현지에 내려가 감독하다.

【坐支―지】zuòzhī 몡가지고 있는 현금에 의한 지불.

【坐庄―장】zuò//zhuāng 통1생산지에 주재하며 물건을 구매하다. 2(도박에서) 계속 선을 잡다. (同)〔庄家 jiā〕

★【座(坐)】 厂部 | zuò
　　　　　7画 | 자리 좌

1(~儿)몡자리. 좌석. ◇满~/자리가 가득 차다. 만원이 되다. ◇这架飞机有二百多个~儿/이 비행기는 200여 개의 자리가 있다. 2(~儿)몡받침대(대). 좌대. ◇茶碗~儿/차 그릇 받침. 3〈天〉별자리. 성좌. ◇大熊~/큰곰자리. 4양동. 채.〔산·건축물·교량·대포 따위를 세는 데 쓰임〕◇一~山/산 하나. ◇一~宫殿/궁전 하나. ◇一~楼房/건물 두 채.

【座舱―창】zuòcāng 몡비행기의 객실.

【座次―차】zuòcì 몡자리의 순서.

✱✱【座儿―아】zuòr 몡손님. 고객.

【座上客―상객】zuòshàngkè 몡윗자리에 앉은 손님. 초대객. (反)〔阶下囚 jiē xià qiú〕

☆【座谈―담】zuòtán 통좌담하다. ◇星期三下午有个~会/수요일 오후 좌담회가 있다. 비교座谈:商量 "座谈"은 많은 사람이 토론하는 데에 쓰이고, 한두 사람이 의견을 교환할 때는 쓰이지 않는다. ◇这件事要和爸爸(×座谈)商量一下/이 일은 아빠와 상의해봐야 한다.

【座谈会―담회】zuòtánhuì 몡좌담회.

☆【座位―위】zuò·wèi (同)〔坐 zuò 位〕

【座无虚席―무허석】zuò wú xū xí 〈成〉손님들로 꽉 들어차다.

✱【座右铭―우명】zuòyòumíng 몡좌우명.

【座钟―종】zuòzhōng 몡탁상 시계.

【座子―자】zuò·zi 1(同)〔座 2〕 2몡(자전거 따위의) 안장.

【做(作)】 亻部 | zuò
　　　　　9画 | 지을 주

1통제조하다. 만들다. ◇新~了一套西服/양복 한 벌을 새로 만들었다. 비교做:盖 집을 짓는 것은 "做"라고 하지 않는다. ◇国家给他(×做)盖了一间新房/국가에서 그에게 새로 집을 하나 지어 주다. 2통(글을) 짓다〔쓰다〕. ◇~诗/시를 짓다. 3통하다. 일하다. 종사하다. ◇我可~不了这么多的事/나는 이렇게 많은 일을 정말 할 수 없다. 4통(생일 따위의) 축하를 하다. ◇全家正在给爷爷~着八十岁大寿呢/온가족이 할아버지의 팔순생신을 축하하고 있다. 5통…가 되다. …노릇을 하다. ◇~家长的要好好教育孩子/가장으로서 자녀교육을 잘 해야 한다. 6통…로 쓰다〔삼다〕. …로 사용하다. ◇从那以后这间教室就~留学生书法室/그 후로 이 교실은 유학생 서예실로 썼다. 7통(관계를) 맺다. …관계가 되다. ◇~夫妻/부부가 되다. ◇~朋友/친구가 되다. 8통모습을 하다. …을 가장하다. ◇~鬼脸/귀신 얼굴을 하며 놀다.

【做爱―애】zuò'ài 통성교하다.

【做伴―반】zuò//bàn (~儿)몡곁에 함께

【做东一동】zuò//dōng 한턱내다. 주인 노릇을 하다. (同)〔作 zuò 东〕, (反)〔做客 kè〕

☆【做法一법】zuòfǎ 圐(만드는) 법. (하는) 방법. ◇你这种~不对/당신의 이러한 방법이 옳지 않다. 囲교做法:看法 객관적인 사물에 대한 견해는 "做法"를 쓰지 않는다. ◇对宿舍分配问题, 你还有什么(×做法)看法?/기숙사 분배문제에 대해 당신은 또 다른 견해가 있습니까?

【做饭一반】zuò//fàn 圐밥을 짓다.

*【做工一공】zuògōng 圐일하다. ◇她在纺纱厂~/그 여자는 방적 공장에서 일한다.

【做工一공】zuògōng (~儿)圐1〔演〕연기. 동작과 표정. (同)〔做功〕 2제작 기술. 품질.

【做功一공】zuògōng (同)〔做工(儿)〕

【做鬼一귀】zuò//guǐ 圐속임수를 쓰다. 수작을 부리다. (同)〔捣鬼〕

【做活儿一활아】zuò//huór 圐육체 노동을 하다.

☆【做客一객】zuò//kè 圐손님이 되다. ◇到亲戚家~/친척집에 손님으로 가다. ◇招请을 받아 친척집에 가다. (同)〔作 zuò 客〕, (反)〔做东 dōng〕

【做礼拜一예배】zuò lǐbài (기독교도가) 예배하다.

【做买卖一매매】zuò mǎi·mai 장사하다.

【做满月一만월】zuò mǎnyuè 갓난애가 한달되는 날을 축하하다.

【做媒一매】zuò//méi 圐중매하다.

☆【做梦一몽】zuò//mèng 圐1꿈을 꾸다. ◇昨晚我做了一个可怕的梦/엊저녁에 나는 무서운 꿈을 꾸었다. 2공상하다. ◇白日~/허황된 꿈을 꾸다. 공상하다.

【做派一파】zuò·pài (同)〔做功 gōng〕

【做亲一친】zuò//qīn 圐혼인〔사돈〕을 맺다.

【做圈套一권투】zuò quāntào 올가미를 씌우다.

【做人一인】zuòrén 1圐처세하다. ◇他很会~/그는 처세술에 능하다. 2圐(올바른) 사람이 되다. 인간이 되다.

【做人家一인가】zuò rénjiā 검소하다.

【做生活一생활】zuò shēnghuó 육체 노동을 하다.

【做生日一생일】zuò shēng·ri 생일을 축하하다.

【做生意一생의】zuò shēng·yi 장사를 하다. (同)〔做买卖 mǎimai〕

【做声一성】zuòshēng (~儿)圐소리를 내다. 말을 하다.

【做事一사】zuò//shì 圐1일을 하다. 일을 처리하다. 2근무하다.

【做手脚一수각】zuò shǒujiǎo 몰래 부정한 짓을 하다. 수작을 부리다.

【做寿一수】zuò//shòu 圐어른의 생신을 축하하다.

【做文章一문장】zuò wénzhāng 圐1글을 짓다. 2(상대의 말·일에 대해) 시비를 걸다. 왈가왈부하다.

【做戏一희】zuò//xì 圐1연극을 하다. 2…하는 시늉을 하며 그 자리를 얼버무리다.

【做学问一학문】zuò xué·wen 학문을 연구하다.

【做贼心虚一적심허】zuò zéi xīn xū 〈成〉도둑이 제 발 저린다.

【做针线一침선】zuò zhēn·xian 삯바느질을 하다.

【做主一주】zuò//zhǔ 圐(자신이) 책임지고 결정하다. (자신의) 주관대로 처리하다.

【做作一작】zuò·zuo 圐짐짓 …인 체하다. 어색하게 모양만 꾸미다. (反)〔自然 zìrán〕

부 록

把	bǎ	刀, 椅子, 伞, 梳子, 钥匙	盒	hé	香烟
班	bān	车, 飞机	壶	hú	茶, 水
瓣儿	bànr	蒜	户	hù	人家
帮	bāng	人, 流氓	伙	huǒ	人, 学生
包	bāo	东西, 香烟	剂	jì	药
杯	bēi	酒, 水	家	jiā	商店, 旅馆
本	běn	书, 词典	架	jià	飞机
笔	bǐ	钱, 交易	间	jiān	房子
部	bù	机器, 电影	件	jiàn	事, 衣服
册	cè	书	角	jiǎo	钱
层	céng	楼, 皮儿	节	jié	课, 火车
场	cháng	梦, 病, 雨	届	jiè	会, 毕业生
场	chǎng	电影, 球赛	斤	jīn	苹果
出	chū	戏	句	jù	话, 汉语
串	chuàn	钥匙, 葡萄	棵	kē	树, 牡丹
床	chuáng	被窝	颗	kē	星, 糖, 图章
次	cì	革命	课	kè	书
撮	cuō	匪徒, 芝麻	刻	kè	钟
袋	dài	米, 面	口	kǒu	人, 井
道	dào	题, 河	块	kuài	钱, 面包
滴	dī	水, 眼泪	捆	kǔn	柴火, 报纸
点	diǎn	水, 东西	类	lèi	人, 事情
顶	dǐng	帽子, 蚊帐	粒	lì	米, 子弹
栋	dòng	楼房	辆	liàng	车, 自行车
堵	dǔ	墙	列	liè	火车, 横队
度	dù	公演	摞	luò	作业本, 盘
段	duàn	路, 话	枚	méi	勋章
堆	duī	煤, 粮食	门	mén	技术, 大炮
队	duì	战士	米	mǐ	布
对	duì	花瓶, 夫妇	面	miàn	国旗, 镜子
吨	dūn	煤, 大米	名	míng	学生, 记者
顿	dùn	饭	亩	mǔ	地
朵	duǒ	花儿, 云	幕	mù	剧, 歌剧
番	fān	心思	排	pái	人, 树
分	fēn	钱	盘	pán	菜, 围棋
份	fèn	文件, 礼物	批	pī	货, 医疗队
封	fēng	信, 电报	匹	pǐ	马, 布, 绸子
幅	fú	画	篇	piān	文章, 纸
副	fù	眼镜	片	piàn	肉, 草地
个	gè	人, 朋友, 学校, 国家	瓶	píng	酒, 香水
根	gēn	棍子, 火柴	期	qī	杂志
公尺	gōngchǐ	布	起	qǐ	案子, 事故
公斤	gōngjīn	水	群	qún	人, 羊, 马
公里	gōnglǐ	路	扇	shàn	门, 屏儿
股	gǔ	线, 香味	身	shēn	制服
行	háng	字, 诗	声	shēng	(铃)响

首	shǒu	歌, 诗		箱	xiāng	书, 苹果
束	shù	玫瑰花, 信件		项	xiàng	任务, 公报
双	shuāng	眼睛, 手套, 鞋		些	xiē	人, 书, 事情
艘	sōu	油船		眼	yǎn	井, 泉
所	suǒ	学校, 医院		样	yàng	东西, 点心
台	tái	机器, 话剧		页	yè	书
摊	tān	血		则	zé	格言, 消息
堂	táng	家具		盏	zhǎn	电灯
条	tiáo	河, 鱼, 路, 裙子		张	zhāng	床, 票, 邮票, 画儿, 报
桶	tǒng	水		阵	zhèn	雨, 风, 话
头	tóu	牛, 骆驼, 马, 骡子		支	zhī	铅笔, 枪, 歌儿
团	tuán	纸, 茅草		只	zhī	猫, 鸡, 耳朵
丸	wán	药		枝	zhī	花, 蜡烛, 钢笔
碗	wǎn	饭		种	zhǒng	人, 事情, 意见
尾	wěi	鱼		桩	zhuāng	买卖
位	wèi	先生, 朋友, 客人		幢	zhuàng	房子
味	wèi	药, 丸		组	zǔ	螺丝
窝	wō	小鸡, 小猫		撮	zuǒ	毛, 胡子
席	xí	话, 酒		座	zuò	山, 桥, 楼

상용 동량사·동사 결합표

遍	biàn	说, 问, 看, 听		回	huí	看, 去, 来, 见
场	cháng	下(雨), 哭, 笑		趟	tàng	去, 来, 跑, 进(城)
次	cì	去, 来, 说, 写		下儿	xiàr	看, 说, 打, 休息
顿	dùn	吃, 打, 骂, 说		眼	yǎn	看
番	fān	思考, 解说, 研究		阵	zhèn	刮(风), 等, 下(雨)

법정 계량단위와 비법정계량 단위의 대조 및 환산표

	법정계량단위		상용비법정계량단위		환 산 관 계
	명 칭	기 호	명 칭	기 호	
길	千米(公里)	km		KM	1千米(公里)＝1KM＝2 市里＝0.6214英里
	米	m	公尺	M	1米＝1 公尺＝3 市尺＝3.2808 英尺＝1.0936码
	分米	dm	公寸		1分米＝1 公寸＝0.1 米＝3 市寸
	厘米	cm	公分		1厘米＝1 公分＝0.01 米＝3 市分＝0.3937 英寸
	毫米	mm	公厘	㎜, MM	1毫米＝1 公厘＝0.001 米＝3市厘
			公丝		1公丝＝0.1 毫米
이	微米	μm	公微	μ,mμ,μM	1微米＝1 公微＝10⁻⁶米
			丝米	dmm	1丝米＝0.1 毫米
			忽米	cmm	1忽米＝0.01 毫米
	纳米	nm	毫微米	mμm	1纳米＝1 毫微米＝10⁻⁹米

	법정계량단위		상용비법정계량단위		환 산 관 계
	명 칭	기 호	명 칭	기 호	
길 이	海里	n mile			1海里＝3.7040市里＝1.15英里
			市里		1市里＝150市丈＝0.5公里＝0.3107英里
			市引		1市引＝10市丈
			市丈		1市丈＝10市尺＝3.3333米＝3.6454码
			市尺		1市尺＝10市寸＝0.3333米＝1.0936英尺
			市寸		1市寸＝10市分＝3.3333厘米＝1.3123英寸
			市分		1市分＝10市厘
			市厘		1市厘＝10市毫
			英里	mi.	1英里＝1760码＝5280英尺＝1.6093公里＝3.2187市里
			码	yd.	1码＝3英尺＝0.9144米＝2.7432市尺
			英尺	ft.	1英尺＝12英寸＝0.3048米＝0.9144市尺
			英寸	in.	1英寸＝2.5400厘米＝0.7620市寸
	飞米	fm	费密	fermi	1飞米＝1费密＝10^{-15}米
			埃	Å	1埃＝10^{-10}米
면 적	平方千米 （平方公里）	km²			1平方千米（平方公里）＝1000000平方米 ＝100公顷＝4平方市里＝0.3861平方英里
			公顷	ha	1公顷＝10000平方米＝100公亩＝15市亩 ＝2.4711英亩
			公亩	a	1公亩＝100平方米＝0.15市亩＝0.0247英亩
	平方米	m²	平米		1平方米＝1平米＝9平方市尺 ＝10.7639平方英尺＝1.1960平方码
	平方分米	dm²			1平方分米＝0.01平方米
	平方厘米	cm²			1平方厘米＝0.0001平方米
			市顷		1市顷＝100市亩＝6.6667公顷
			市亩		1市亩＝10市分＝60平方市丈＝6.6667 公亩＝0.0667公顷＝0.1644英亩
			市分		1市分＝6平方市丈
			平方市里		1平方市里＝22500平方市丈＝0.2500 平方公里＝0.0965平方英里
			平方市丈		1平方市丈＝100平方市尺
			平方市尺		1平方市尺＝100平方市寸＝0.1111 平方米＝1.1960平方英尺
			平方英里		1平方英里＝640英亩＝2.5900平方公里 ＝10.3600平方市里
			英亩		1英亩＝4840平方码＝40.4686公亩 ＝6.0720市亩

법정계량단위		상용비법정계량단위		환 산 관 계
명 칭	기 호	명 칭	기 호	
면 **적**		平方码		1平方码=9平方英尺=0.8361平方米 =7.5249平方市尺
		平方英尺		1平方英尺=144平方英寸=0.0929平方米 =0.8361平方市尺
		平方英寸		1平方英寸=6.4516平方厘米=0.5806平方市寸
		靶恩	b	1靶恩=10⁻²⁸平方米
체 **적**	立方米	m³		1立方米=1000立方分米=27立方市尺 =35.3147立方英尺=1.3080立方码
	立方分米	dm³		1立方分米=0.001立方米
	立方厘米	cm³		1立方厘米=0.000001立方米
		立方市丈		1立方市丈=1000立方市尺
		立方市尺		1立方市尺=1000立方市寸=0.0370立方米 =1.3078立方英尺
		立方码		1立方码=27立方英尺=0.7646立方米 =20.6415平方市尺
		立方英尺		1立方英尺=1728立方英寸=0.0283立方米 =0.7645立方市尺
		立方英寸		1立方英寸=16.3871立方厘米 =0.4424立方市寸
용 **적**	升	L(l)	公升、立升	1升=1公升=1立升=1市升=1.7598品脱(英) =0.2200加仑(英)
	分升	dl		1分升=0.1升=1市合
	厘升	cl		1厘升=0.01升
	毫升	ml	西西	c.c. ,cc	1毫升=1西西=0.001升
		市石		1市石=10市斗=100升=2.7489蒲式耳(英)
		市斗		1市斗=1市升=10升
		市升		1市升=10市合=1升=1.7598品脱 (英)=0.2200加仑(英)
		市合		1市合=10市勺=1分升
		市勺		1市勺=10市撮=1厘升
		市撮		1市撮=1毫升
		＊蒲式耳		1蒲式耳=4配克=3.6369市斗(英)
		＊配克		1配克=2加仑=9.0922升
		＊＊加仑		1加仑(英)=4夸脱=4.5461升=4.5461市升
		夸脱	qt	1夸脱=2品脱=1.1365升=1.1365市升
		品脱	pt	1品脱=4及耳=5.6826分升=5.6826市合
		及耳	gi	1及耳=1.4207分升

	법정계량단위		상용비법정계량단위		환 산 관 계
	명 칭	기 호	명 칭	기 호	
용적			英液盎司	floz	1英液盎司＝2.841厘升
			英液打兰	fldr	1英液打兰＝3.552毫升
질 량	吨	t	公吨	T	1吨＝1公吨＝1000千克＝0.9842英吨＝1.1023美吨
			公担	q	1公担＝100千克＝2市担
	千克(公斤)	kg			1千克＝2市斤＝2.2046磅(常衡)
	克	g	公分	gm	1克＝1公分＝0.001千克＝2市分＝15.4324格令
	分克	dg			1分克＝0.0001千克＝2市厘
	厘克	cg			1厘克＝0.00001千克
	毫克	mg			1毫克＝0.000001千克
			公两		1公两＝100克
			公钱		1公钱＝10克
			市担		1市担＝100市斤＝0.5000公担
			市斤		1市斤＝10市两＝0.5000千克 ＝1.1023磅(常衡)
			市两		1市两＝10市钱＝50克＝1.7637盎司(常衡)
			市钱		1市钱＝10市分＝5克
			市分		1市分＝10市厘
			市厘		1市厘＝10市毫
			市毫		1市毫＝10市丝
			英吨 (长吨)	ton	1英吨(长吨)＝2240磅＝1016千克 ＝2032.0941市斤
			美吨 (短吨)	sh ton	1美吨(短吨)＝2000磅＝907.1849千克 ＝1814.3698市斤
			磅	lb	1磅＝16盎司＝0.4536千克＝0.9072市斤
			盎司	oz	1盎司＝16打兰＝28.3495克＝0.5670市两
			打兰	dr	1打兰＝27.34375格令＝1.7718克
			格令	gr	1格令＝1/7000磅＝0.0648克
시 간	年 天(日) 小时 分 秒	a d h min s		y,yr hr (´) S,sec,(″)	1y＝1yr＝1年 1hr＝1小时 1´＝1分 1″＝1S＝1sec＝1秒
주 파 수	赫兹 兆赫 千赫	Hz MHz kHz	周 兆周 千周	C MC KC,kc	1赫兹＝1周 1兆赫＝1兆周 1千赫＝1千周

	법정계량단위		상용비법정계량단위		환 산 관 계
	명 칭	기 호	명 칭	기 호	
온 도	개〔이르문〕 개〔이르문〕 섭씨도, 개〔이르문〕	K K ℃,K	개氏度 절대度 度 화氏度 열氏度	˚K ˚K deg ℉ ˚R	1개=1개氏度 1개=1절대度 1화氏度=0.555556개 1열氏度=1.25섭氏度
중 력	뉴〔턴〕	N	千克,公斤 달因	kg dyn	1달因=10^{-5}뉴
압 력 · 음 력	파〔스카〕	Pa	바 毫바 托 標准大气压 工程大气压 毫米水주	bar,b mbar Torr atm at mmHg	1바=10^5파 1毫바=10^2파 1托=133.329파 1標准大气压=101.325千파 1工程大气压=98.0665千파 1毫米水주=133.322파
	旦尼尔	denier	特克斯	tex	1旦尼尔=0.111112特克斯
에너지			尔格	erg	1尔格=10^{-7}焦
전력	伏安	VA	伏安 乏	VA var	1伏安=1瓦 1乏=1瓦
자기감응 강도	特〔스라〕	T	高斯	Gs	1高斯=10^{-4}特
자장강도	安培每米	A/m	奥斯特 楞次	Oe	1奥斯特=$\dfrac{1000}{4\pi}$安/米 1楞次=1安/米
物질의 양	摩〔尔〕	mol	克原子,克分子 克当量,克式量		
발광강도	坎〔德拉〕	cd	烛光,支光,支		
일조량	勒〔克斯〕	lx	辐透	ph	1辐透=10^4勒
밝기			熙提	sb	1熙提=10^4坎/米^2
방사성 활성도	貝可〔勒尔〕	Bq	居里	Ci	1居里=3.7×10^{10}貝可
흡수 사용량	戈〔瑞〕	Gy	拉德	rad	1拉德=10^{-2}戈
사용량 당량	希〔沃特〕	Sv	雷姆	rem	1雷姆=10^{-2}希
조사량	库仑每千克	C/kg	伦琴	R	1伦琴=2.58×10^{-4}库/千克

8

국제단위

양 의 명 칭	단 위 명 칭	단 위 기 호
길이	米	m
질량	千克(公斤)	kg
시간	秒	s
전류	安〔培〕	A
열역학온도	开〔尔文〕	K
물질의 양	摩〔尔〕	mol
발광강도	坎〔德拉〕	cd

국제단위제의 보조단위

양 의 명 칭	단 위 명 칭	단 위 기 호
평면각	弧度	rad
입체각	球面度	sr

국제단위제의 전문명칭단위

양의 명칭	단위 명칭	단위 기호	기타 표기 예
주파수	赫〔兹〕	Hz	s^{-1}
중력	牛〔顿〕	N	$kg \cdot m/s^2$
압력, 응력	帕〔斯卡〕	Pa	N/m^2
에너지, 수용력	焦〔耳〕	J	$N \cdot m$
공률, 전력	瓦〔特〕	W	J/s
전하량	库〔仑〕	C	$A \cdot s$
전압	伏〔特〕	V	W/A
전기용량	法〔拉〕	F	C/V
저항	欧〔姆〕	Ω	V/A
도전	西〔门子〕	S	A/V
자속	韦〔佰〕	Wb	$V \cdot s$
자기감응강도	特〔斯拉〕	T	Wb/m^2
인덕턴스	亨〔利〕	H	Wb/A
섭씨온도	摄氏度	℃	
광속	流〔明〕	lm	$cd \cdot sr$
일조량	勒〔克斯〕	lx	lm/m^2
방사성활성도	贝可〔勒尔〕	Bq	s^{-1}
흡수사용량	戈〔瑞〕	Gy	J/kg
사용량당량	希〔沃特〕	Sv	J/kg

비국제단위제 단위

양의 명칭	단위명칭	단위기호	환산관계와 설명
시　간	分 [小]时 天(日)	min h d	1min=60s 1h=60min=3600s 1d=24h=86400s
평 면 각	[角]秒 [角]分 度	(″) (′) (°)	1″=(π/648000)rad （π=원주율） 1′=60″=(π/10800)rad 1°=60′=(π/180)rad
회전속도	转每分	r/min	1r/min=(1/60)s^{-1}
길　　이	海里	n mile	1n mile=1852m （항행노정에만 쓰임）
속　　도	节	kn	1kn=1n mile/h 　=(1852/3600)m/s （항행에만 쓰임）
질　　량	吨 原子质量单位	t u	1t=10^{3}kg 1u≈1.6605655×10^{-27}kg
체　　적	升	L,(l)	1L=1dm^3=10^{-3}m^3
에 너 지	电子伏	eV	1eV≈1.6021892×10^{-19}J
등급격차	分贝	dB	
선 밀 도	特[克斯]	tex	1tex=1g/km

십진배수와 분수단위

인 수 표 기	명　　칭	기　　호
10^{18}	艾[可萨]	E
10^{15}	拍[它]	P
10^{12}	太[拉]	T
10^9	吉[咖]	G
10^6	兆	M
10^3	千	k
10^2	百	h
10^1	十	da
10^{-1}	分	d
10^{-2}	厘	c
10^{-3}	毫	m
10^{-6}	微	μ
10^{-9}	纳[诺]	n
10^{-12}	皮[可]	p
10^{-15}	飞[母托]	f
10^{-18}	阿[托]	a

한자편방명칭표

偏旁		명　칭	예
冫	이수 변	两点水儿 (liǎngdiǎnshuǐr)	次、冷、准
冖	민갓머리	秃宝盖儿 (tūbǎogàir)	写、军、冠
讠	말씀언 변	言字旁儿 (yánzìpángr)	计、论、识
厂	음호 변	偏厂儿 (piànchǎngr)	厅、历、厚
匚	터진입구 변	三匡栏儿 (sānkuānglánr); 三匡儿 (sānkuāngr)	区、匠、匣
刂	칼도 변	立刀旁儿 (lìdāopángr); 立刀儿 (lìdāor)	列、别、剑
冂	멀경 변	同字匡儿 (tóngzìkuāngr)	冈、网、周
亻	사람인 변	单人旁儿 (dānrénpángr); 单立人儿 (dānlìrénr)	仁、位、你
勹	쌀포 변	包字头儿 (bāozìtóur)	勺、勾、旬
厶	사사사 변	私字儿 (sīzìr)	允、去、矣
廴	점 없는 책받침	建之旁儿 (jiànzhīpángr)	廷、延、建
卩	병부질 변	单耳旁儿 (dān'ěrpángr); 单耳刀儿 (dān'ěrdāor)	卫、印、却
阝	우부방 좌부방	双耳旁儿 (shuāng'ěrpángr); 双耳刀儿 (shuāng'ěrdāor) 　左耳刀儿 (zuǒ'ěrdāor)(좌) 　右耳刀儿 (yòu'ěrdāor)(우)	防、阻、院 邦、那、郊
氵	삼수 변	三点水儿 (sāndiǎnshuǐr)	江、汪、活
爿(丬)	장수장 변	将字旁儿 (jiàngzìpángr)	壮、状、将
忄	심방 변	竖心旁儿 (shùxīnpángr); 竖心儿 (shùxīnr)	怀、快、性
宀	갓머리 변	宝盖儿 (bǎogàir)	字、定、宾
广	음호 밑	广字旁儿 (guǎngzìpángr)	庄、店、席
辶	책받침	走之儿 (zǒuzhīr)	过、还、送
土	흙토 변	提土旁儿 (títǔpángr); 剔土旁儿 (tītǔpángr)	地、场、城
艹	초두밑	草字头儿 (cǎozìtóur); 草头儿 (cǎotóur)	艾、花、英
廾	밑스물집	弄字底儿 (nòngzìdǐr)	开、弁、异
尢	절름발이 왕	尤字旁儿 (yóuzìpángr)	尤、龙、尬
扌	좌방 변	提手旁儿 (tíshǒupángr); 剔手旁儿 (tīshǒupángr)	扛、担、摘
囗	입구 변	方匡儿 (fāngkuāngr)	因、国、图

偏旁		명 칭	예
彳	두(중)인변	双人旁儿 (shuāngrénpángr); 双立人儿 (shuānglìrénr)	行、征、徒
彡	터럭 삼, 삐친석 삼	三撇儿 (sānpiěr)	形、参、须
夂	천천히 걸을 쇠 변	折文儿 (zhéwénr)	冬、处、夏
犭	개사슴록 변	反犬旁儿 (fǎnquǎnpángr); 犬犹儿 (quǎnyóur)	狂、独、狠
饣	밥식 변	食字旁儿 (shízìpángr)	饮、饲、饰
子	아들자 변	子字旁儿 (zǐzìpángr)	孔、孙、孩
纟	실사 변	绞丝旁儿 (jiǎosīpángr) 乱绞丝儿 (luànjiǎosīr)	红、约、纯
巛	개미허리	三拐儿 (sānguǎir)	甾、邕、巢
灬	연화 변	四点儿 (sìdiǎnr)	杰、点、热
火	불화 변	火字旁儿 (huǒzìpángr)	灯、灿、烛
礻	보일시 변	示字旁儿 (shìzìpángr); 示补儿 (shìbǔr)	礼、社、祖
王	임금왕 변	王字旁儿 (wángzìpángr); 斜玉旁儿 (xiéyùpángr)	玩、珍、班
木	나무목 변	木字旁儿 (mùzìpángr)	朴、杜、栋
牜	소우 변	牛字旁儿 (niúzìpángr); 剔牛儿 (tīniúr)	牡、物、牲
攵	등글월 문	反文旁儿 (fǎnwénpángr); 反文儿 (fǎnwénr)	收、政、教
疒	병질 안	病字旁儿 (bìngzìpángr); 病旁儿 (bìngpángr)	症、疼、痕
衤	옷 의	衣字旁儿 (yīzìpángr); 衣补儿 (yībǔr)	初、袖、被
夫	봄춘 변	春字头儿 (chūnzìtóur)	奉、奏、秦
罒	녁사 변	四字头儿 (sìzìtóur)	罗、罢、罪
皿	그릇 명	皿字底儿 (mǐnzìdǐr); 皿墩儿 (mǐndūnr)	盂、益、盔
钅	쇠금 변	金字旁儿 (jīnzìpángr)	钢、钦、铃
禾	벼화 변	禾木旁儿 (hémùpángr)	和、秋、种
癶	필발 밑	登字头儿 (dēngzìtóur)	癸、登、凳
龹	권자 변	卷字头儿 (juànzìtóur)	券、拳、春
米	쌀미 변	米字旁儿 (mǐzìpángr)	粉、料、粮
虍	범호밑	虎字头儿 (hǔzìtóur)	虏、虑、虚
⺮	대죽 변	竹字头儿 (zhúzìtóur)	笑、笔、笛
𧾷	발족 변	足字旁儿 (zúzìpángr)	跃、距、蹄

중국의 친족 칭호

1. 父系

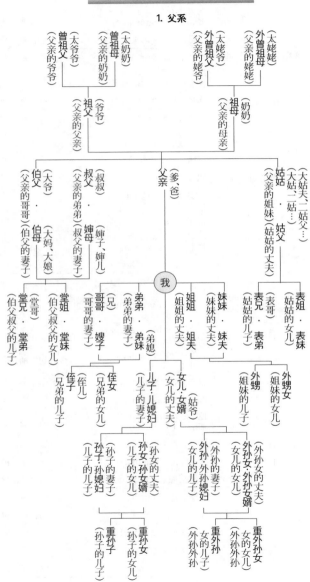

1. 부계

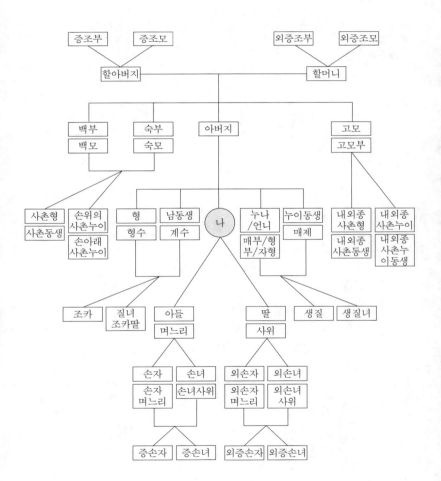

2. 母系

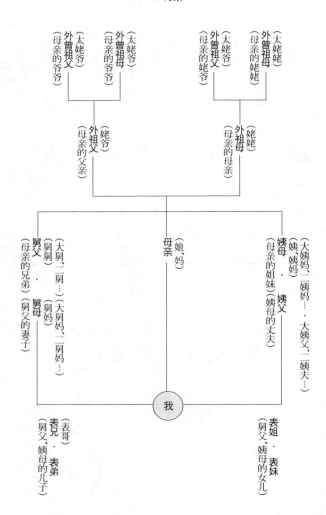

2. 모계

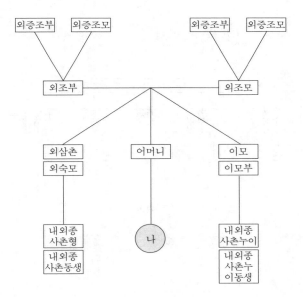

3. 夫妻系

（一）夫系

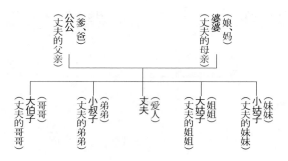

（二）妻系

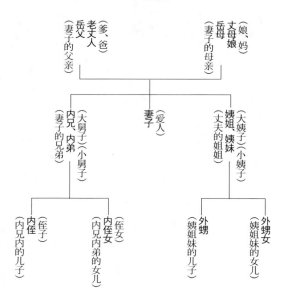

3. 부부계열

(1)시집, 시가

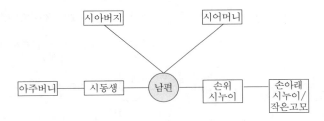

(2)처가계열

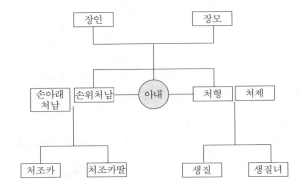

문장부호 용법표

명 칭		부 호	용 법 설 명	용 례
중국어	한국어			
句号	마침표	。	하나의 진술문이 완결된 후의 휴지를 나타냄.	我是韩国人。
问号	물음표	?	하나의 의문문이 완결된 후의 휴지를 나타냄.	这件衣服你是在哪儿买的?
逗号	쉼표	,	하나의 문장 가운데의 휴지를 나타냄.	对不起，广东话我听不懂，你会说普通话吗?
顿号	모점	、	문장에서 병렬관계인 단어 또는 구 사이의 멈춤을 나타냄.	他爸爸、妈妈都工作。
感叹号	느낌표	!	감정이 강렬한 문장이 완결된 후의 휴지를 나타냄.	哎呀! 真糟糕!
分号	세미콜론	;	복문 중 병렬된 절 사이의 멈춤을 나타냄.	语言，人们用来抒情达意;文字,人们用来记言记事。
冒号	콜론	:	제시어 뒤나 총괄어 뒤의 멈춤을 나타냄.	他说:"不行，我要去中国。"
引号	따옴표 작은 따옴표	" " ' '	문 중의 인용부분을 나타냄.	"明十三陵"是明朝十三个皇帝的陵墓。
括号	괄호	( )	문 중의 주석부분을 나타냄.	它还接受办理对外贸易关系人(买方、卖方、承运人、托运人)申请的公证鉴定工作。
省略号	줄임표	……	문 중의 생략부분을 나타냄.	要问路、要参观、要买东西……
破折号	말바꿈표	——	주석이나 어의전환과 부연설명이나 언어의 중단과 연장 등을 나타냄	日本电视连续剧 ——《阿信》还想蒙我?
书名号	책이름표	《 》 〈 〉	문 중의 책명이나 편명의 명칭을 나타냄.	那您就买这本《现代汉语词典》吧!
连接号	붙임표	—	시간·장소·숫자 등의 시작과 끝을 나타냄.	报名时间: 12月25日—30日下午 2:00—5:00
着重号	힘줌표	·	문 중의 강조해야 할 부분을 나타냄.	这一趟下来、可够累的。
间隔号	가운데점	·	책명과 편명, 월(月)과 날짜, 외국인명의 이름과 성 사이에 쓰임.	我叫约翰·哈里森，我是美国人。

중국역대기원표

五帝(皇帝、顓頊、帝嚳、堯、舜)				約前 26 世紀－約前 21 世紀	
夏				約前 21 世紀－約前 16 世紀	
商				約前 16 世紀－約前 11 世紀	
周	西周			約前 1 世紀－前 771	
	東周			前 770－前 256	
		春秋時代		前 770－前 476	
		戰國時代		前 475－前 221	
秦				前 221－前 206	
漢	西漢			前 206－公元 25	
	東漢			25－220	
三國	魏			220－265	
	蜀			221－263	
	吳			222－280	
西晉				265－317	
東晉、十六國	東晉			317－420	
	十六國			304－439	
南北朝	南朝	宋		420－479	
		齊		479－502	
		梁		502－557	
		陳		557－589	
	北朝	北魏		386－534	
		東魏 534－550		北齊 550－577	
		西魏 535－556		北周 557－581	
隋				581－618	
唐				618－907	
五代十國	後梁			907－923	
	後唐			923－936	
	後晉			936－946	
	後漢			947－950	
	後周			951－960	
	十國			902－979	
宋	北宋			960－1127	
	南宋			1127－1279	
遼				907－1125	
金				1115－1234	
元				1206－1368	
明				1368－1644	
清				1616－1911	
中華民國				1912－1949	
中華人民共和國				1949～	

중국행정구획표

행정구 명칭	약 칭	소 재 지	주요도시
北京市	京		
黑龙江省	黑	哈尔滨	哈尔滨　齐齐哈尔
吉林省	吉	长春	长春　吉林
辽宁省	辽	沈阳	沈阳　大连
内蒙古自治区	内蒙古	呼和浩特	呼和浩特　包头
河北省	冀	石家庄	石家庄　秦皇岛
天津市	津		
山西省	晋	太原	太原　大同
山东省	鲁	济南	济南　青岛
上海	沪		
江苏省	苏	南京	南京　连云港　苏州
安徽省	皖	合肥	合肥
浙江省	浙	杭州	杭州　宁波　温州
福建省	闽	福洲	福洲　厦门
江西省	赣	南昌	南昌　赣州
河南省	豫	郑州	郑州　洛阳　开封
湖北省	鄂	武汉	武汉
湖南省	湘	长沙	长沙
广东省	粤	广州	广州　深圳　珠海
广西壮族自治区	桂	南宁	南宁　桂林
四川省	川	成都	成都　重庆
贵州省	黔	贵阳	贵阳
云南省	滇	昆明	昆明
西藏自治区	藏	拉萨	拉萨
陕西省	陕	西安	西安　延安
甘肃省	甘	兰州	兰州
青海省	青	西宁	西宁
宁夏回族自治区	宁	银川	银川
新疆维吾尔自治区	新	乌鲁木齐	乌鲁木齐
台湾省	台	台北	台北　高雄
海南省		海口	海口　三亚
香港			
澳门			

중국소수민족과 주거지

민 족	주요 주거지	민 족	주요 주거지
满族	辽宁 黑龙江	傣族	云南
朝鲜族	吉林 黑龙江	傈僳族	云南 四川
赫哲族	黑龙江	佤族	云南
蒙古族	内蒙古 辽宁	拉祜族	云南
达斡尔族	内蒙古 黑龙江	纳西族	云南 四川
鄂温克族	内蒙古 黑龙江	景颇族	云南
鄂伦春族	内蒙古 黑龙江	布朗族	云南
回族	宁夏 甘肃	阿昌族	云南
东乡族	甘肃 新疆	普米族	云南
土族	青海 甘肃	怒族	云南
撒拉族	青海 甘肃	德昂族	云南
保安族	甘肃	独龙族	云南
裕固族	甘肃	基诺族	云南
维吾尔族	新疆	苗族	云南 贵州
哈萨克族	新疆 甘肃	布依族	贵州
柯尔克孜族	新疆	侗族	贵州 湖南
锡伯族	新疆 辽宁	水族	贵州 广西
塔吉克族	新疆	仡佬族	广西 贵州
乌孜别克族	新疆	壮族	广西 云南
俄罗斯族	新疆	瑶族	广西 湖南
塔塔尔族	新疆	仫佬族	广西
藏族	西藏 四川	毛难族	广西
门巴族	西藏	京族	广西
珞巴族	西藏	土家族	湖南 湖北
羌族	四川	黎族	海南
彝族	云南 四川	畲族	福建 浙江
白族	云南 湖南	高山族	台湾
哈尼族	云南	汉族	全国各地

중국 주요기념일 및 명절표

명 절 명 칭	일 시
元旦新年	公历一月一日
春节(전통)	农历正月初一
元宵节, 灯节, 上元节(전통)	农历正月十五日
国际劳动妇女节	公历三月八日
国际劳动节	公历五月一日
中国青年节	公历五月四日
国际儿童节	公历六月一日
端午节(전통)	农历五月初五
中国人民解放军建军节	公历八月一日
教师节	公历九月十日
中秋节(전통)	农历八月十五日
国庆节	公历十月一日
重阳节(전통)	农历九月初九

국가와 수도명

각종 매체와 서적에서 볼 수 있는 中文의 国家名과 首都名은 臺湾 및 홍콩 (香港) 지역에서 사용하는 표기법을 자주 볼 수 있는 바, 이에 兩岸의 표기법을 비교하여 臺湾式 표기법을 繁体字로 倂記하여 참고토록 하였다.

♠ : 대만 명칭이 중국 명칭과 같다는 표시

국명			수도		
한국(영문) 국명	중국 국명	대만 국명	한국(영문) 명칭	중국 명칭	대만 명칭
◈ 아프리카 非州 Fēizhōu					
가나 The Republic of Ghana	加纳 Jiānà	迦納共和國	아크라 Accra	阿克拉 Ākèlā	♠
가봉 La République Gabonaise	加蓬 Jiāpéng	加彭共和國	리브르빌 Libreville	利伯维尔 Lìbówéi'ěr	自由市
감비아 The Republic of Gambia	冈比亚 Gāngbǐyà	甘比亞共和國	반줄 Banjul	班珠尔 Bānzhū'ěr	班竹
기니 La République de Guinée	几内亚 Jǐnèiyà	幾內亞人民革命共和國	코나크리 Conakry	科纳克里 Kēnàkèlǐ	柯那克裏
기니비사우 République da Guiné Bissau	几内亚比绍 Jǐnèiyà Bǐshào	幾內亞比索共和國	비사우 Bissau	比绍 Bǐshào	比索
나이지리아 The Federal Republic of Nigeria	尼日利亚 Nírìlìyà	奈及利亞聯邦共和國	라고스 Lagos	拉各斯 Lāgésī	拉哥斯
남아프리카 공화국 South Africa	南非共和国 Nánfēigònghéguó	♠	프리토리아 Pretoria	比勒陀利亚 Bǐlètuólìyà	普利托裏亞
니제르 Niger	尼日尔 Nírì'ěr	♠	니아메이 Niamey	尼美亚 Níměiyà	尼阿美
라이베리아 The Republic of Liberia	利比里亚 Lìbǐlǐyà	賴比瑞亞共和國	몬로비아 Monrovia	蒙罗维 Ménluówéi	♠
레소토 The Kingdom of Lesotho	莱索托 Láisuǒtuō	賴索托王國	마세루 Maseru	马塞卢 Mǎsàilú	馬塞魯

르완다 La République Rwandaise	卢旺达 Lúwàngdá	盧安達共和國	키갈리 Kigali	基加利 Jījiālì	吉佳利
리비아 The Socialist People's Libyan Jamahiriya	利比亚 Lìbǐyà	利比亞阿拉伯人民社會主義群眾國	트리폴리 Tripoli	的黎波里 Dìlíbōlǐ	♠
마다가스카르 Madagascar	马达加斯加 Mǎdájiāsījiā	♠	안타나나리보 Antananarivo	按塔那那利佛 Àntǎnànàlìbó	安塔那那利佛
말라위 The Republic of Malawi	马拉维 Mǎlāwéi	馬拉威共和國	릴롱궤 Lilongwe	利隆圭 Lìlóngguī	裹郎威
말리 La République du Mali	马里 Mǎlǐ	馬利共和國	바마코 Bamako	巴马科 Bāmǎkē	♠
모리셔스 Mauritius	毛里求斯 Máolǐqiúsī	模裹西斯	포트루이스 Port Louis	路易港 Lùyìgǎng	路易士港
모리타니 La République Islamique de Mauritanie	毛里塔尼亚 Máolǐtǎníyà	茅利塔尼伊斯蘭共和國	누악쇼트 Nouakchott	努瓦克肖特 Nǔwǎkèxiàotè	諾克少
모잠비크 Republica Popular de Mocambique	莫桑比克 Mòsāngbǐkè	莫三比克人民共和國	마푸토 Maputo	马普讬 Mǎpǔtuō	馬布多
베냉 La Republic populaire du Benin	贝宁 Bèiníng	貝南人民共和國	포르토노보 Porto-Novo	波多诺伏 Bōduōnuòfú	新港
보츠와나 The Republic of Botswana	博茨瓦纳 Bócìwǎnà	波劄那共和國	가보로네 Gaborone	加博罗内 Jiābóluónèi	加博羅內
부룬디 La Republic du Bruundi	布隆迪 Bùlóngdí	蒲隆地共和國	부줌부라 Bujumbura	布琼布拉 Bùqióngbùlā	布松布拉
세이셸 The Republic of Seychelles	塞舌耳 Sāishé'ěr	塞席爾共和國	빅토리아 Victoria	维多利亚 Wéiduōlìyà	♠
소말리아 The Somali Democratic Republic	索马里 Suǒmǎlǐ	索馬利亞民主共和國	모가디슈 Mogadishu	摩加迪沙 Mójiādíshā	摩加迪休
수단 The Republic of Sudan	苏丹 Sūdān	蘇丹民主共和國	하르툼 Khartoum	喀土穆 Kātǔmù	卡土穆
스와질란드 The Kingdom of Swaziland	斯威士兰 Sīwēishìlán	史瓦濟蘭王國	음바바네 Mbabane	姆巴巴纳 Mǔbābānà	墨巴本

시에라리온 The Republic of Siera Leone	塞拉利昂 Sāilāli'áng	獅子山共和國	프리타운 Freetown	弗里敦 Fúlǐdūn	自由城
알제리 The Democratic People's Republic of Algeria	阿尔及利亚 Ā'ěrjílìyà	阿爾及利亞人民民主共和國	알제 Algiers	阿尔及尔 Ā'ěrjí'ěr	阿爾及爾
이집트 The Arab Republic of Egypt	埃及 Āijí	埃及阿拉伯共和國	카이로 Cairo	开罗 Kāiluó	開羅Kāiluó
콩고민주공화국 Democratic Republic of the Congo	刚果民主共和国 Gāngguómín zhǔgònghéguó	♠	킨샤사 Kinshasa	金沙萨 Jīnshāsā	金夏沙
잠비아 The Republic of Zambia	赞比亚 Zànbǐyà	尚比亞共和國	루사카 Lusaka	卢萨卡 Lúsākǎ	路沙卡
중앙아프리카 공화국 Central African Republic	中非共和国 Zhōngfēi gònghéguó	♠	방기 Bangui	班吉 bānjí	班基
지부티 La République de Djibouti	吉布提 Jíbùtí	吉布地共和國	지부티 Djibouti	吉布提 Jíbùtí	吉布地
짐바브웨 The republic of Zimbabwe	津巴布韦 Jīnbābùwéi	辛巴威共和國	하라레 Harare	哈拉雷 Hālāléi	♠
차드 La Republique du Tchad	乍得共和国 Zhàdégòng-héguó	查德共和國	엔자메나 N'djamena	恩贾梅纳 Ēngǔméinà	恩將納
카메룬 La Republique du Cameroun	喀麦隆 Kāmàilóng	喀麥隆聯合共和國	야운데 Yaounde	雅温得 Yǎwēndé	雅恩德
케냐 The Republic of Kenya	肯尼亚 Kěnníyà	肯亞共和國	나이로비 Nairobi	内罗毕 Nèiluóbì	奈洛比
코모로 La Republique Federale Islamique des Comores	科摩罗 Kēmóluó	葛摩伊斯蘭聯邦共和國	모로니 Moroni	莫罗尼 Mòluóní	莫洛尼
콩고 Congo	刚国 Gāngguó	♠	브라자빌 Brazzaville	布拉柴维尔 Bùlācháiwéi'ěr	布拉薩市
탄자니아 The United Republic of Tanzania	坦桑尼亚 Tǎnsāngníyà	坦尚尼亞聯合共和國	다르에르살람 DaresSalaarm	达累斯萨拉姆 Dálèisīsālāmǔ	杜篤馬

토고 Togo	多哥 Duōgē	♠	로메 Lome	洛美 Luòměi	洛梅
튀니지 The Republic of Tunisia	突尼斯 Tūnísī	突尼西亞共 和國	튀니스 Tunis	突尼斯 Tūnísī	♠

◆ 북아메리카 北美州 BěiMěizhōu

과테말라 Republica de Guatemale	危地马拉 Wēidìmǎlā	瓜地馬拉共 和國	과테말라시티 Guatemala City	危地马拉 Wēidìmǎlā	瓜地馬拉城
그레나다 Grenada	格林纳达 Gélínnàdá	格瑞那達	세인트조지스 St. George's	圣乔治 Shèngqiáozhì	♠
니카라과 Nicaragua	尼加拉瓜 Níjiālāguā	♠	마나과 Managua	马那瓜 Mǎnàguā	馬拿瓜
도미니카 공화국 Republica Dominicana	多米尼加共 和国 Duōmǐní- jiāgònghéguó	多明尼加共 和國	산토도밍고 Santo Dominggo	圣多明各 Shèngduōmí nggè	聖多明哥
도미니카 연방 The Commonwealth of Domonica	多米尼加联邦 Duōmǐní- jiāliánbāng	多米尼克聯 邦	로조 Roseau	罗佐 Luózuǒ	羅梭
바하마 Bahamas	巴哈马 Bāhāmǎ	♠	나소 Nassau	拿骚 Násāo	拿索
세인트루시아 St. Lucia	圣卢西亚 Shènglúxīyà	聖露西亞	카스트리즈 Castries	卡斯特里 Kǎsītèlǐ	爾斯翠
안티가 바부다 Antigua and Barbuda	安提瓜和巴 布达 Àntíguāhébā bùdá	安地卡及和 巴布達	세인트존스 St. John's	圣约翰 Shèngyuēhàn	♠
영령 터크스 앤드 카이코 스 제도 Turks and Caicos Islands	特立尼达和 多巴哥 Tèlìnídáhé- duōbāgē	千裏達共和 國	코크번타운 Cockburn Town	科伯恩称 Kēbó'en chēng	♠
온두라스 Republica de Honduras	洪都拉斯 Hóngdūlāsī	宏都拉斯共 和國	테구시갈파 Tegucigalpa	特古西加尔 巴 Tègǔxījiā'ěr bā	德古斯加巴
자메이카 Jamaica	牙买加 Yámǎijiā	♠	킹스턴 Kingston	金斯敦 Jīnsīdūn	京斯敦

코스타리카 Republica de Costa Rica	哥斯达黎加 Gēsīdálíjiā	哥斯大黎加共和國	산호세 San Jose	圣约瑟 Shèngyuēsè	聖何塞
파나마 Panama	巴拿马 Bānámǎ	♠	파나마시티 Panama City	巴拿马 Bānámǎ	巴拿馬市

◆ **남아메리카 南美州** NánMěizhōu

가이아나 The Cooperative Republic of Guyana	圭亚那 Guīyànà	蓋亞納合作共和國	조지타운 Georgetown	乔治敦 Qiáozhìdūn	佐治敦
베네수엘라 Venezuela	委内瑞拉 Wěinèiruìlā	♠	카라카스 Caracas	加拉加斯 Jiālājiāsī	卡拉卡斯
볼리비아 Bolivia	玻利维亚 Bōlìwéiyà	♠	라파스 Sucre	拉巴斯 Lābāsī	蘇克雷
수리남 The Republic of Suriname	苏里南 Sūlǐnán	蘇利南共和國	파라마리보 Paramaribo	帕拉马里博 Pàlāmǎlǐbó	巴拉馬利波
아르헨티나 Argentina	阿根廷 Āgēntíng	♠	부에노스아이레스 BuenosAires	布宜诺斯艾利斯 Bùyíluòsī'àilìsī	布宜諾斯賽利斯
에콰도르 Republica del Ecuador	厄瓜多尔 Èguāduō'ěr	厄瓜多共和國	키토 Quito	基多 Jīduō	♠
우루과이 La République Oriental del Uruguay	乌拉圭东岸 Wūlāguīdōngàn	烏拉圭共和國	몬테비데오 Montevideo	蒙得维的亚 Méngdéwéidìyà	蒙特維的亞
칠레 Chile	智利 Zhìlì	♠	산티아고 Santiago	圣地亚哥 Shèngdìyàgē	聖地牙哥
페루 Peru	秘鲁 Bìlǔ	♠	리마 Lima	利马 Lìmǎ	利瑪

◆ **아시아 亞州** Yàzhōu

대한민국 The Republic of Korea	大韩民国 Dàhánmínguó	大韓民國	서울 Seoul	汉城 Hànchéng	♠
라오스 People's Democrtic Republic of Laos	老挝 Lǎowō	寮國人民民主共和國	비엔티안 Vientiane	万象 Wànxiàng	永珍
몰디브	马尔代夫	馬爾地夫共	말레	马累	馬律

The Republic of Maldives	Mǎěrdàifū	和國	Male	Mǎlèi	
バ레인 The State of Bahrain	巴林 Bālín	巴林國	마나마 Manama	麦纳麦 Màinàmài	麥納瑪
부탄 Bhutan	不丹 Bùdān	♠	팀부 Thimphu	廷布 Tíngbù	辛布
북한 The Democratic People's Republic of Korea	北韩 Běihán	北朝鲜	평양 Pengyang	平壤 Píngrǎng	♠
브루나이 Negara Brunei Darussalam	文莱 Wénlái	汶萊	세리베가완 Seri Bengawan	斯里巴加湾 Sīlǐbājiāwān	斯裏巴卡旺
사우디아라비아 The Kingdom of Saudi Arabia	沙特阿拉伯 Shātèālābó	沙烏地阿拉 伯王國	리야드 Riyadh	利雅得 Lìyǎdé	利雅德
스리랑카 Sri Lanka	斯里兰卡 Sīlǐlánkǎ	♠	콜롬보 Colombo	科伦坡 Kēlúnpō	可倫坡
아랍 에미리트 공화국 United Arab Emirates	阿拉伯联合 酋长国 Ālābóliánhé- qiuzhǎngguó	阿拉伯聯合 大公國	아부다비 Abu Dhabi	阿布扎比 Ābùzhábǐ	阿布達比
예멘 The People's Democratic Republic of Yemen	也门 Yěmén	葉門人民民 主共和國	사나 San'a	萨那 Sānà	沙那
오만 The Sultanate of Oman	阿曼 Āmàn	阿曼王國	무스카트 Muscat	马斯喀特 Mǎsīkātè	♠
요르단 The Hashemite Kingdom of Jordan	约旦 Yuēdàn	約旦哈什米 王國	암만 Amman	安曼 Ānmàn	♠
이스라엘 The State of Israel	以色列 Yǐsèliè	以色列	예루살렘 Jerusalem	耶路撒冷 Yélùsālěng	♠
카타르 The State of Qatar	卡塔尔 Kǎtǎ'ěr	卡達	도하 Doha	多哈 Duōhā	杜哈
쿠웨이트 The State of Kuwait	科威特 Kēwēitè	科威特	쿠웨이트시티 Kuwait City	科威特 Kēwēitè	科威特市
키프로스	塞浦路斯	賽普勒斯共	니코시아	尼科西亚	尼古西亞

The Republic of Cyprus	Sàipǔlùsī	和國	Nicosia	Níkēxīyà	
태국 The Kingdom of Thailand	泰国 Tàiguó	泰國王	방콕 Bangkok	曼谷 Màngǔ	♠
파키스탄 Pakistan	巴基斯坦 Bājīsītǎn	♠	이슬라마바드 Islamabad	伊斯兰堡 Yīsīlánbǎo	伊斯蘭馬巴 德

◆ 유럽 欧州 Ōuzhōu

독일 Deutschland	德国 Déguó	♠	베를린 Berlin	柏林 Bólín	東柏林
루마니아 Rumania	罗马尼亚 Luómǎníyà	♠	부쿠레슈티 Bucharest	布加勒斯特 Bùjiālèsītè	布加勒斯
리히텐슈타인 The Principality Liechtenstein	列支敦士登 Lièzhīdūnshìd ēng	列支敦斯登 侯國	파두츠 Vaduz	瓦杜兹 Wǎdùzī	瓦都兹
모나코 La Principaute' de Monaco	摩纳哥 Mónàgē	摩納哥侯國	모나코 Monacoville	摩纳哥 Mónàgē	蒙地卡羅
산마리노 The Republic of San Marino	圣马力诺 Shèngmǎlì- nuò	聖馬利諾共 和	산마리노 San Marino	圣马力诺 Shèngmǎlì- nuò	聖馬利諾
스위스 Switzerland	瑞士 Ruìshì	♠	베른 Bern	伯尔尼 Bó'ěrní	伯恩
아이슬란드 Iceland	冰岛 Bīngdǎo	♠	레이캬비크 Reyikjavik	雷克雅未克 Léikèyǎwèikè	雷克雅維克
아일랜드 Ireland	爱尔兰 Ài'ěrlán	愛爾蘭共和 國	더블린 Dublin	都柏林 Dūbǎilín	♠
안도라 The Principality of Andorra	安道尔 Āndào'ěr	安道爾候國	안도라 라 벨랴 Andorra la Vella	安道尔 Āndào'ěr	♠
체코슬로바키아 The Czechoslovak Socialist Republic	捷克斯洛伐 克 Jiékèsīluòfákè	捷克社會主 義共和國	프라하 Praha	布拉格 Bùlāgé	♠

◆ 오세아니아 大洋州 Dyángzhōu

나우루 The Republic of Nauru	瑙鲁 Nǎolǔ	諾魯共和國	나우루 Nauru	瑙鲁 Nǎolǔ	♠

뉴질랜드 New Zealand	新西兰 Xīnxīlán	紐西蘭	웰링턴 Wellington	惠灵顿 Huìlíngdùn	威靈頓
바누아투 The Republic of Vanuatu	瓦努阿图 Wǎnǔ'ātú	萬那杜共和國	빌라 Vila	维拉港 Wéilāgǎng	♠
서사모아 The Independent State of western Samoa	西萨摩亚 Xīsāmóyà	西薩摩亞	아피아 Apia	阿皮亚 Āpíyà	亞庇
솔로몬 제도 Solomon Islands	所罗门 Suǒluómén	索羅門群島	호니아라 Honiara	霍尼亚拉 Huòníyàlā	荷尼阿拉
오스트레일리아 Australia	澳大利亚 Àodàlìyà	♠	캔버라 Canberra	堪培拉 Kānpéilā	坎培拉
통가 The Kingdom of Tonga	汤加 Tāngjiā	東加王國	누쿠알로파 Noku'alofa	努库阿洛法 Nǔkù'āluòfǎ	努瓜婁發
투발루 Tuvalu	图瓦卢 Túwǎlú	吐瓦魯	푸나푸티 Funafuti	富纳富提 Fùnàfùtí	♠
파푸아 뉴기니 The Independent State of Papua New Guinea	巴布亚新几内亚 Bābùyàxīnjǐnèiyà	巴布亞紐幾內亞	포트모르즈비 Port Moresby	莫尔斯比港 Mò'ěrsībǐgǎng	摩爾斯貝港

两岸 컴퓨터 인터넷 용语 比较表

컴퓨터 용어	중국	대만
accumulator	累加器	累器
address	地址	位址
alphanumeric	字母数字	文數
analog	模拟	及閘
AND gate	与门	及閘
application−oriented language	面向应用的语言	應用導向語言
application programming interface	应用编程接口, 应用编程界面	應用程式介面
assembler	汇编器, 汇编程序	組合程式
ATM (asynchronous transfer mode)	異步传输模式	非同步傳輸模式
background	后台	次優
bandwidth	带宽, 通讯频带	頻寬
BBS (bulletin board system)	公告牌系统, 电子公告系统, 电子公告栏, 电子布告系统	電子佈告欄
bit	位, 比特	位元, 數元
bit−slice	位片	位元切片, 位片劃分
bootstrap	引导程序, 引导指令, 辅助程序	啓動程式
broadband	宽带	寬頻
byte	字节	位元組, 數元組
CD−R (compact disc−recordable)	光盘刻录机	光碟燒錄機
CD−ROM	光盘, 唯读光盘, 祗读光盘	光碟, 唯讀光碟
CD−ROM drive	光盘驱动器	唯讀光碟機
character	字符	字元
Chinese Character Code for Information Interchange	汉字信息交换码	漢字資訊交換碼, 中文資訊交換碼
client	客户, 客户机, 客户端	用戶端
compatibility	兼容性	互換性

CSCW (computer supported cooperative work)	计算机支持的协同工作	電腦輔助群體合作
data	数据	資料
database	数据库	資料基
deadlock	死锁	停滯
demand paging	请求调页	需量播叫
digital library	数字化图书馆, 数字图书馆	數位圖書館, 電子圖書館
directory	目录	指南
disassembler	反汇编	分解器
diskette	软磁盘	軟磁片
domain name	域名	網域名稱
double click	双击	雙按
download	下载	轉錄
editor	编辑程序, 编辑器	編排程序
field	字段	欄
file	文件	檔
filler	填充符	無名項目
firmware	固件	韌體
flag	标记	旗號, 旗標
flip-flop	触发器	正反器
foreground	前台	前景
frame	帧	框
FTP (file transfer protocol)	文件传送协议, 文件传输协议	檔案傳輸協定
gate	门	閘
global	全局, 整体	通用, 總體
groupware	群件	群組軟體
GUI (graphical user interface)	图形用户接口	圖形模式使用者介面
hacker	黑客	駭客
handshaking	联络, 信号交换	連系交換
hardware	硬件	硬體
header	标题, 首部	標頭

hyperlink	超链接	超連結
hypertext	超文本	超文件
index	索引	指標
Internet	因特网, 互联网, 国际互联网络	網際網路
IP (Internet Protocol)	互联网协议, 国际协议	網際網路協定, 網際協定
Intranet	内联网, 内部网, 企业内部网络, 机关内部局域网	企業網路
ISP (Internet service provider)	互联网服务提供商, 因特网服务提供商	網際網路服務提供者
jump	转移, 跨接	跳越
link	连接, 链接	連結
millennium bug	千年虫	千禧蟲
MODEM (modulator−demodulator)	调制解调器	數據機, 魔電
mouse	鼠标器	滑鼠
multicast	组播, 多点广播, 多路广播	群播
nesting	嵌套	堆集, 巢化
netcaster	频道内容接收器	網景播報員
on−line	联机, 在线	線上, 在線
OPAC (online public access catalog)	联机公共检索目录	線上公用目錄
operand	操作数	運算元
operating system	操作系统	作業系統
overflow	溢出	超限
overhead	额外开销	冗余工作
parity error	奇偶错误	同位誤差
PDA (personal digital assistant)	个人数字助理	個人數位助理, 個人資訊機
plug−in	插件	外掛程式
port	端口, 口	埠
portal site	入门网站	門戶網站
procedure	过程	程序

process control	过程控制	程序控制
program	程序	程式
push technology	推送技术	推播技术，推撥技术
queue	队列，排队	停列
record	记录	資料錄
refresh	刷新	再生
register	寄存器	暫存器
reset	复位，重置	重定
row	行	列
scheduling	调度	定序
search engine	搜索器，搜索引擎	搜尋器，搜尋引擎
server	服务器，伺服器	伺服端
SGML (standard generalized markup language)	标准广义置标语言，标准广义标记语言	標準通用標示語言
shareware	共享软件	試用版軟體
software	软件	軟體
software package	软件包	軟體封裝
source	源	原始
spooling	假脱机	同時周邊線上作業
stack	栈，堆栈	疊寸
subroutine	子例程	次常式
Sun Microsystems	太阳微电子(公司)	昇陽
TCP (transmission control protocol)	传输控制协议	傳輸層協定
telnet	远程登录	遠端登入
throughput	吞吐量，通过量	生產量
truncation	截词，截断	串截
uniform resource locator	统一资源定位器	資源定位器
WWW (world wide web)	万维网，环球网，全球信息网	全球資訊網，萬維網路
XML (extensible markup language)	扩展置标语言，可扩展标示语言，扩展标注语言	延伸性標記語言
Y2K problem (Year 2000 problem)	2000年问题，千年虫问题	千禧年效應

两岸 世界 名人 译名 比较表

英文原名	大陆译名	台湾译名	说明
Adenauer.K	阿登纳	艾德諾	서독 초대 총리
Andropov.Y.V	安德罗波夫	安得洛波夫	소련 공산당 전 서기
Allende.G.S	阿连德	阿葉德	칠레 전 대통령
Amin.Idi	阿明	奥明	우간다 전 대통령
Assad.Hafiz al−	阿萨德	阿塞德	시리아 대통령
Aung San	昂山	翁山	미얀마 민족영웅
Ayub Khan.M	阿尤布·汗	艾育布	파키스탄 전 대통령
Bandara−naike.S.R.D	班达拉奈克	班達拉尼克	스리랑카 전 총리
Begin.M	贝京	比金	이스라엘 전 총리
Ben Bella.A	本·贝拉	貝拉	알제리 초대 대통령
Berlioz.L.H	柏辽兹	白遼士	프랑스 작곡가
Bloomfield.L	布龙菲尔德	布隆費德	미국 언어학자
Bokasa.J.B	博卡萨	葡卡薩	중앙아프리카 전 황제
Boumediene.H	布迈丁	包米迪尼	알제리 전 대통령
Bourguiba.H	布尔吉巴	包吉巴	튀니지 전 대통령
Brandt.W	勃朗特	布蘭德	서독 전 총리
Brezhnec.L.I	勃列日涅夫	布里兹涅夫	소련 공산당 전 총서기
Bulganin.N.A	布尔加宁	布加寧	소련 전 지도자
Bush.G.H	布什	布希	미국 전 대통령
Callaghan.J	卡拉汉	賈拉漢	영국 전 수상
Castro.R.F	卡斯特罗	卡斯楚	쿠바 총리

Ceausescu.N	齐奥塞斯库	希奥塞古	루마니아 대통령
Chaliapin.F.L	夏里亚宾	沙利亚賓	러시아 성악가
Chaucer.G	乔叟	喬塞	영국 시인
Chirac.J	希拉克	席拉克	프랑스 전 총리
Chouchounova	舒舒诺娃	蘇蘇諾娃	소련 체조선수
Dayan.M	达扬	戴揚	이스라엘 전 국방장관
Debussy.C.A	德彪西	德布西	프랑스 작곡가
D'Estang.V.G	德斯坦	戴斯亭	프랑스 전 대통령
Dobrynin.A.F	多勃雷宁	杜布萊寧	소련 전 주미대사
Domingo.P	多明戈	多明哥	이태리 성악가
Dostoyevsky.F	陀思妥耶夫斯基	杜思托也夫斯基	러시아 작가
Dubcek.A	杜布切克	杜布西克	체코 공산당 전 제일서기
Duckakis.M	杜卡金斯	杜凱吉斯	미국 대통령 후보
Edison.T.A	爱迪生	艾迪生	발명가
Einstein.A	爱因斯坦	艾因斯坦	과학자
Eisenhower.D.D	艾森豪威尔	艾森豪	미국 34대 대통령
Eisenstein.S.M	爱森斯坦	艾森斯坦	소련 감독
Enrile.J.P	恩里莱	安利爾	필리핀 전 국방장관
Faulkner.W	福克纳	仏克納	미국 작가
Faisal	费萨尔	費瑟	사우디아라비아 전 국왕
Fanfani.A	范范尼	范法尼	이태리 전 총리
Fermi.E	费密	費爾米	이태리 물리학자
Freud.S	弗洛伊德	仏洛依德	정신분석가

Friedman.M	弗里德曼	伝利曼	미국 경제학자
Frost.M	弗罗斯特	仏洛斯特	덴마크 배드민턴 선수
Gaddafi.O.M	卡扎菲	格達費	리비아 지도자
Gagarin.Y.A	加加林	賈加林	소련 우주인
Gorbachev.M	戈尔巴乔夫	戈巴契夫	소련 전 서기장
Gemayel	杰马耶勒	賈梅耶	레바논 전 대통령
Gomulka.W	哥穆尔卡	戈慕卡	폴란드 전 지도자
Grieg.E	格里格	格雷哥	노르웨이 작곡가
Hassan II.Mouslay	哈桑二世	海桑二世	모로코 국왕
Heath.H.R.G	希斯	奚斯	영국 전 수상
Jaruzelski.W	雅鲁泽尔斯基	賈鲁塞斯基	폴란드 전 장관회의 주석
Johnson.L.B	约翰逊	詹生	미국 36대 대통령
Johnson.Ben	约翰逊	強生	캐나다 단거리 선수
Kadar.J	卡达尔	卡達	헝가리 공산당 전 서기
karamanlis	卡拉曼利斯	卡拉曼理斯	그리스 전 총리
Kassim.A.K	卡塞姆	卡森姆	이라크 전 서기
Kennedy.J.F	肯尼迪	甘乃迪	미국 35대 대통령
Khomeini.A.R.M	霍梅尼	高梅尼	이란 종교지도자
kohl.H	科尔	柯爾	독일 총리
Kosygin.D.S	柯西金	柯錫金	소련 전 장관회의 주석
Larsen.K	拉尔森	拉深	덴마크 배드민턴선수
Lewes	刘易斯	劉易士	미국 육상선수
Ligachev.Y	利加乔夫	李加契夫	소련 공산당 전 지도자

Lon Nol	朗诺	龍諾	캄푸치아 전 수상
Lumumba.P.E	卢蒙巴	盧黙貝	자이레 전 총리
Macmillan.H	麦克米伦	麦米倫	영국 전 수상
Malenkov.G.M	马林科夫	馬林可夫	소련 전 장관회의 주석
Marcos.F	马科斯	馬可仕	필리핀 전 대통령
Marx.K	马克思	馬克斯	사회주의 학자
Meir.G	梅厄夫人	梅爾夫人	이스라엘 전 총리
McNamara.R.S	麦克纳马拉	麦納馬拉	미국 전 국방부 장관
Mintoff.D	明托夫	閔托夫	몰타 전 총리
Mitterand.F	密特朗	米德朗	프랑스 대통령
Mobutu.S.S	蒙博托	莫布杜	자이레 대통령
Moro.A	莫罗	莫洛	이태리 전 총리
Mondale.W.F	蒙代尔	孟岱爾	미국 전 부통령
Nagy.I	纳吉	納奇	헝가리 전 총리
Nasser.G.A	纳赛尔	納基	이집트 전 대통령
Nimeri.G.M	尼迈里	尼邁瑞	수단 전 대통령
Nkruman.K	恩克鲁玛	克努瑪	가나 초대 대통령
Nixon.R.M	尼克松	尼克森	미국 37대 대통령
Obote.A.M	奥博特	奥布特	우간다 전 대통령
Ortega.D	奥尔特加	奥蒂嘉	니카라과 대통령
Otto	奥托	奥図	동독 수영 선수
Pahlavi.M.R	巴列维	巴勒維	이란 전 국왕
Papandreou.A.G	帕潘德里欧	巴本德里欧	그리스 정치가

Paul.john	保罗	保禄	로마 교황
Pavarotti.L	帕瓦罗蒂	帕華洛帝	이태리 성악가
Peres.S	佩雷斯	裴瑞斯	이스라엘 전 총리
Phouma.S	富马	溥瑪	라오스 전 수상
Picasso.P	毕加索	畢卡索	프랑스 화가
Plekjanov.G	普列汉诺夫	樸列漢諾夫	러시아 혁명가
Podgorny.N.Y	波德戈尔内	包戈尼	소련 전 최고 주석
Polo.Marco	马可孛罗	馬可波羅	이태리 여행가
Pompidou.G	蓬皮杜	龐畢度	프랑스 전 대통령
Rafsanjani.A.AH	拉夫桑贾尼	拉夫桑雅尼	이란 대통령
Rahman.S.M	拉赫曼	拉曼	방글라데시 초대 대통령
Reagan.R	里根	雷根	미국 39대 대통령
Ritton.M	雷顿	雷騰	미국 체조선수
Rizal.J	黎萨尔	黎利	필리핀 애국자
Rogers.W.P	罗杰斯	羅吉斯	미국 전 국무장관
Sabry.A	萨布里	沙布瑞	이집트 전 총리
Sadat.A	萨达特	沙達特	이집트 전 총리
Sartre.J	萨特	沙特	프랑스 사상가
Senanayake.D	森纳那亚克	孫納雅克	스리랑카 전 총리
Shamir.Y	沙米尔	夏米爾	이스라엘 총리
Shastri.L.B	夏斯特里	夏斯屈	인도 전 총리
Shevardnaze.E	谢瓦尔德纳泽	謝瓦納茲	소련 전 외무장관
Shultz.G.P	舒尔茨	舒兹	미국 전 국무장관

Sihanouk.N	西哈努克	施漢諾	캄푸치아 국가 원수
Sillivas.D	希莉瓦斯	西莉華糸	루마니아 체조 선수
Solzhenitsin.A.I	索尔仁尼琴	索忍尼辛	소련 작가
Souphanouvong	苏发努冯	蘇法努旺	라오스 전 주석
Stalin.J	斯大林	史達林	소련 전 지도자
Stoph.W	斯多夫	史托夫	동독 전 장관회의 주석
Sukarno.A	苏加诺	蘇卡諾	인도네시아 전 대통령
Svoboda.L	斯沃博达	斯夫波達	체코 전 대통령
Thatcher.M	撒切尔	柴契爾	영국 전 수상
Tito.J.b	铁托	狄托	남슬라브 전 대통령
Toure.A.S	杜尔	陶利	기니 전 대통령
U Ne Win	奈温	尼温	미얀마 전 대통령
U Thant	吴丹	宇譚	UN 전 비서장
Una	吴努	宇努	미얀마 전 대통령
Vance.C.R	万斯	範錫	미국 전 국무장관
Van Gogh	凡高	梵谷	네덜란드 화가
Da Vinci.L	达芬奇	達文西	이태리 화가
Waldheim.K	瓦尔德海姆	達德翰	오스트레일리아 대통령
Walesa.L	瓦文萨	華勒沙	폴란드 대통령
Wennberg.B	温伯格	温栢格	미국 전 국방장관
Yeltsin.B	叶利钦	葉爾欽	러시아 공화국 대통령
Zaher.S.M	查希尔	薩希爾	아프가니스탄 전 국왕

영어 이름 표기

중국어는 표음문자가 아니기에 외래어의 고유명사 표기가 매우 힘들다. 특히 외국 인명의 경우 표기와 해독에 상당한 어려움이 따르므로 영어권을 중심으로 한 인명표기 2,400여종을 정리하였다. 같은 이름에도 여러 가지 표기법이 사용되는 경우를 종종 볼 수 있으나(주로 지역적 차이로 인한) 가장 보편적인 표기를 예시하였으며, 한글 발음의 경우 원음에 가깝게 하면서도 일반적 표기를 따랐다. 예를 들면 'Alexander'의 경우 원음을 따라 표기하자면 '엘릭잔더'가 되어야 가장 가까운 표기가 되지만 일반적인 '알렉산더'라는 표기를 따랐다. 이에 나열 순서는 한국어 발음을 따르지 않고 알파벳 순서에 의거함을 밝혀둔다.

[성] 성씨　　[남] 남성　　[여] 여성

A

Aaron 에론(아론) [남] 艾伦(Āilún)
Abbey 애비 [성] 阿比(Ābǐ) (艾比(Àibǐ))
Abbot(t) 애버트 [성] 阿博特(Ābótè) 艾博特(Àibótè)
Abby 애비 [여] 阿比(Ābǐ) (艾比(Àibǐ))
Abe 애이브 [남] 艾贝(Àibèi)
Abel 애이블 [성] [남] 艾贝尔(Àibèi'ěr)
Abercrombie(或 Abercromby) 애버크럼비 [성] 阿伯克龙比(Ābókèlóngbǐ) (艾伯克龙比(Àibókèlóngbǐ))
Abigail 애비게일 [여] 阿比盖尔(Ābǐgài'ěr) (艾比盖尔(Àibǐgài'ěr))
Abraham 에이브러햄 [남] 亚伯拉罕(Yàbólāhǎn)
Absalom 앱살럼 [남] 阿布索伦(Ābùsuǒlún)
Acheson 애취슨 [성] 艾奇逊(Àiqíxùn)
Ackerman(n) 애커맨 [성] 阿克曼(Ākèmàn)
Acton 액턴 [성] 阿克顿(Ākèdùn)
Ada 애이더 [여] 艾达(Àidá)
Adam 아담 [성] [남] 亚当(Yàdāng)
Adams 애덤스 [성] 亚当斯(Yàdāngsī)
Addis 애디스 [성] 阿迪斯(Ādísī) (艾迪斯(Àidísī))
Addison 애디슨 [성] 阿迪生(Ādíshēng) (艾迪生(Àidíshēng))
Ade 에이드 [성] 艾德(Àidé)
Adela 아델라 [성] [여] 阿德拉(Ādélā)
Adelaide 애덜레이드 [여] 阿德莱德(Ādéláidé)
Adele 어델 [여] 阿黛尔(Ādài'ěr)
Adeline 애덜린 [여] 阿德琳(Ādélín) (艾德琳(Àidélín))
Adler 애들러 [성] 阿德勒(Ādélè) (艾德勒(Àidélè))

Adolf(或 Adolph) 아돌프 ⊞ 阿道夫(Ādàofū)

Adolphus 아돌퍼스 ⊞ 阿道弗斯(Ādàofúsī)

Adrian 에이드리언 ⊛⊞ 艾德里安(Àidélǐān)

Adrienne 에이드리언 ⊚ 艾德里安娜(Àidélǐānnà)

Agate 에기트 ⊛ 艾格特(Àigétè)

Agatha 애거서 ⊚ 阿加莎(Ājiāsuō)

Agnes 아그네스 ⊚ 阿格尼丝(Āgénísī)

Aiken 에이킨 ⊛ 艾肯(Àikěn)

Aileen 에일린 ⊚ 艾琳(Àilín)

Aitken 에잇킨 ⊛ 艾特肯(Àitèkěn)

Alan 앨런 ⊞ 阿伦(Ālún)(艾伦(Àilún))

Albert 앨버트 ⊞ 阿伯特(Ābótè)(艾伯特(Àibótè);亚尔培特(Yà'ěrpéitè))

Alberta 앨버타 ⊞ 阿伯塔(Ābótǎ)(艾伯塔(Àibótǎ))

Albin 앨빈 ⊞ 阿尔宾(Ā'ěrbīn)

Alcott 올커트 ⊛ 奥尔科特(Ào'ěrkētè)

Alcuin 앨퀸 ⊞ 阿尔克温(Ā'ěrkèwēn)

Alden 올던 ⊞ 奥尔登(Ào'ěrdēng)

Aldington 올딩턴 ⊛ 奥尔丁顿(Ào'ěrdīngdùn)

Aldous 앨더스 ⊞ 奥尔德新(Ào'ěrdéxīn)

Aldridge 올드리지 ⊛ 奥尔德里奇(Ào'ěrdélǐqí)

Alec(k) 알렉 ⊞ 亚力克(Yàlìkè)

Alex 앨릭스 ⊞ 亚力克新(Yàlìkèxīn)

Alexander 알렉산더 ⊞ 亚力山大(Yàlìshāndà)

Alexandra 알렉산드라 ⊚ 亚力山德拉(Yàlìshāndélā)

Alexis 알렉시스 ⊞ 亚力克西斯(Yàlìkèxīsī)

Alfonso 알폰소 ⊞ 阿方索(Āfāngsuǒ)

Alfred 앨프레드 ⊞ 阿尔弗雷德(Ā'ěrfúléidé)(艾尔弗雷德(Ài'ěrfúléidé))

Alger 앨저 ⊛ 阿尔杰(Ā'ěrjié)

Algernon 앨져넌 ⊞ 阿尔杰农(Ā'ěrjiénóng)

Alice 앨리스 ⊚ 阿莉斯(Ālìsī)(艾丽斯(Àilìsī))

Alicia 앨리시어 ⊚ 阿莉西亚(Ālìxīyà)(艾丽西亚(Àilìxīyà))

Alick 앨릭 ⊞ 亚厤克(Yàlìkè)

Alison 앨리슨 ⊚ 阿莉森(Ālìsēn)(艾丽森(Àilìsēn))

Allan 앨런 ⊞ 阿伦(Ālún)(艾伦(Àilún))

Allen 앨런 ⊛⊞ 阿伦(Ālún)(艾伦(Àilún))

Allenby 앨런비 ⊛ 阿伦比(Ālúnbǐ)(艾伦比(Àilúnbǐ))

Ally 앨리 ⊚ 阿莉(Ālì)

Alma 앨머 ⊚ 阿尔玛(Ā'ěrmǎ)

Alphonso 알폰소 ⊞ 阿方索(Āfāngsuǒ)

Alsop(p) 올서프 ⒮ 奥尔索普(Ào'ěrsuǒpǔ) (艾尔索普(Ài'ěrsuǒpǔ))

Alta 앨터 ⒠ 阿尔塔(Ā'ěrtǎ)

Alton 앨턴 ⒮ ⒨ 奥尔顿(Ào'ěrdùn)

Alva 앨바 ⒨ ⒠ 阿尔瓦(Ā'ěrwǎ)

Alvin 앨빈 ⒨ 阿尔文(Ā'ěrwén)

Amabel 애머벨 ⒠ 阿玛贝尔(Āmǎbèi'ěr)

Amanda 아만다 ⒠ 阿曼达(Āmàndá)

Ambrose 앰브로우즈 ⒨ 安布罗斯(Ānbùluósī)

Amelia 어밀리아 ⒠ 阿米莉亚(Āmǐlìyà)

Amherst 애머스트 ⒮ 阿默斯特(Āmòsītè)

Amis 에이미스 ⒮ 艾米斯(Àimǐsī)

Amos 에이모스 ⒨ 艾莫斯(Àimòsī) (阿莫斯(Āmòsī))

Amy 에이미 ⒠ 艾米(Àimǐ)

Anastasia 아나스타샤 ⒠ 阿纳斯塔西娅(Ānàsītǎxīyà)

Anderson 앤더슨 ⒮ 安德森(Āndésēn)

Andre 앙드레 ⒨ 安德烈(Āndéliè)

Andrew 앤드루 ⒨ 安德鲁(Āndélǔ)

Andrews 앤드루즈 ⒮ 安德鲁斯(Āndélǔsī)

Andy 앤디 ⒨ 安迪(Āndí)

Aneurin 어나이어린 ⒨ 安奈林(Ānnàilín)

Angela 앤젤라 ⒠ 安吉拉(Ānjílā)

Angelina 앤젤리나 ⒠ 安吉利娜(Ānjílìnà)

Angell 에인절 ⒮ 安吉尔(Ānjí'ěr)

Angelo 앤젤로 ⒨ 安吉洛(Ānjíluò)

Angus 앵거스 ⒨ 安格斯(Āngésī)

Anita 어니타 ⒠ 安妮塔(Ānnītǎ)

Ann 앤 ⒠ 安(Ān)

Anna 안나 ⒠ 安娜(Ānnà)

Annabella 애나벨라 ⒠ 安娜贝拉(Ānnàbèilā)

Anne 앤 ⒠ 安妮(Ānnī)

Annetta 아니타 ⒠ 安妮塔(Ānnītǎ)

Annie 애니 ⒠ 安妮(Ānnī)

Anselm 앤셀름 ⒨ 按塞姆(Ànsāimǔ)

Ant(h)ony 앤터니 ⒨ 安东尼(Āndōngní)

Antoinette 앤트워네트 ⒠ 安托万内特(Āntuōwànnèitè)

Anton 앤턴 ⒨ 安东(Āndōng)

Antonia 안토니아 ⒠ 安东尼娅(Āndōngníyà)

Antonio 안토니오 ⒨ 安东尼奥(Āndōngní'ào)

Appleton 애플튼 ⒮ 阿普尔顿(Āpǔ'ěrdùn)

April 에이프릴 [여] 艾普丽尔(Àipǔlì'ěr) (阿普里尔(Āpǔlǐ'ěr))
Arabel(l)a 애러벨러 [여] 阿拉贝拉(Ālābèilā)
Aram 에이램 [성] 艾拉姆(Àilāmǔ) (阿拉姆(Ālāmǔ))
Arbuthnot 아버너트 [성] 阿巴思诺特(Ābāsīnuòtè)
Archer 아처 [성] 阿切尔(Āqiē'ěr)
Archibald 아치볼드 [남] 阿奇博尔德(Āqíbó'ěrdé)
Archie 아치 [남] 阿尔奇(Ā'ěrqí)
Ardell(e) 아델 [여] 阿黛尔(Ādài'ěr)
Arden 아든 [성] [남] 阿登(Ādēng)
Ardis 아디스 [여] 阿迪斯(Ādísī)
Arkwright 아크라이트 [성] 阿克赖特(Ākèlàitè)
Arlen 알렌 [성] [남] 阿伦(Ālún)
Arlene 알리인 [여] 阿琳(Ālín)
Arlo 아로우 [남] 阿尔洛(Ā'ěrluò)
Armand 아먼드 [남] 阿曼德(Āmàndé)
Armstrong 암스트롱 [성] 阿姆斯特朗(Āmǔsītèlǎng)
Arne 아안 [성] [남] 阿恩(Ā'ēn)
Arnold 아널드 [성] [남] 阿诺德(Ānuòdé)
Arthur 아서 [남] 阿瑟(Āsè) (亚瑟(Yàsè))
Arvid 아비드 [남] 阿维德(Āwéidé)
Aston 애스턴 [성] 阿斯顿(Āsīdùn)
Astor 애스터 [성] 阿斯特(Āsītè)
Astrid 애스트리드 [여] 阿斯特丽德(Āsītèlìdé)
Atherton 애더턴 [성] 阿瑟顿(Āsèdùn) (艾瑟顿(Àisèdùn))
Atkins 애킨즈 [성] 阿特金斯(Ātèjīnsī)
Attlee 애틀리 [성] 阿特利(Ātèlì) (艾特利(Àitèlì); 艾德礼(Àidélǐ))
Aubrey 오브리 [성] [남] 奥布里(Àobùlǐ)
Auchinleck 오킨렉 [성] 奥金莱克(Àojīnláikè)
Auden 오든 [성] 奥登(Àodēng)
Audrey 오드리 [여] 奥德丽(Àodélì)
August 어거스트 [남] 奥古斯特(Àogǔsītè)
Augustine 어거스틴 [성] 奥古斯丁(Àogǔsīdīng)
Augustus 오거스터스 [남] 奥古斯塔斯(Àogǔsītǎsī)
Austen 오스턴 [성] (奥斯丁(Àosīdīng))
Austin 오스틴 [성] [남] (奥斯丁(Àosīdīng))
Aveling 에이블리 [성] 艾夫林(Àifūlín)

B

Babbitt 배빗 [성] 巴比特(Bābǐtè) (白璧德(Báibìdé))

Babington 배빙턴 ⓐ 巴宾顿(Bābīndùn)

Bach(e) 바흐 ⓐ 贝奇(Bèiqí)

Bacon 베이컨 ⓐ 培根(Péigēn)

Bader 바더 ⓐ 巴德(Bādé)

Bailey 베일리 ⓐ ⓖ 贝利(Bèilì)

Bain 베인 ⓐ 贝恩(Bèi'ēn)

Baker 베이커 ⓐ 贝克(Bèikè)

Baldwin 볼드윈 ⓐ 鲍德温(Bàodéwēn)

Balfour 밸푸어 ⓐ 巴尔弗(Bā'ěrfú)(鲍尔弗(Bào'ěrfú);巴尔福(Bā'ěrfú))

Ball 보올 ⓐ 鲍尔(Bào'ěr)

Bancroft 밴크로프트 ⓐ 班克罗夫特(Bānkèluófūtè)

Banks 뱅크스 ⓐ 班克斯(Bānkèsī)

Barbara 바바라 ⓔ 巴巴拉(Bābālā)

Barber 바버 ⓐ 巴伯(Bābó)

Barclay 바클리 ⓐ ⓖ 巴克利(Bākèlì)

Barham 배럼 ⓐ 爸勒姆(Bàlèmǔ)

Barkley 바클리 ⓐ 巴克利(Bākèlì)

Barnard 바너드 ⓐ ⓖ 巴纳德(Bānàdé)

Barnes 반즈 ⓐ 巴恩斯(Bā'ēnsī)

Barnet(t) 바니트 ⓐ ⓖ 巴尼特(Bānítè)

Barney 바니 ⓖ 巴尼(Bāní)

Barrett 배러트 ⓐ ⓖ 巴雷特(Bāléitè)

Barrie 배리 ⓐ ⓖ 巴里(Bālǐ)(巴蕾(Bālěi))

Barry 배리 ⓖ 巴里(Bālǐ)

Barrymore 배리모어 ⓐ 巴里莫尔(Bālǐmò'ěr)

Bart 바트 ⓖ 巴特(Bātè)

Bartholomew 바르톨로뮤 ⓖ 巴塞洛缪(Bāsāiluòmóu)

Bartlett 바틀릿 ⓐ 巴特利特(Bātèlìtè)

Barton 바튼 ⓐ ⓖ 巴顿(Bādùn)

Baruch 바루크 ⓐ 巴鲁克(Bālǔkè)

Basham 배섬 ⓐ 巴沙姆(Bāshāmǔ)

Basil 배즐 ⓖ 巴兹尔(Bāzī'ěr)

Basker 바스커 ⓐ 巴斯克(Bāsīkè)

Bates 베이츠 ⓐ 贝茨(Bèicí)

Bauer 바우어 ⓐ 鲍尔(Bào'ěr)(拜耳(Bài'ěr);鲍威尔(Bàowēi'ěr))

Baxter 백스터 ⓐ 巴克斯特(Bākèsītè)

Bayard 베이아드 ⓐ 贝阿德(Bèi'ādé)

Beadle 비들 ⓐ 比德尔(Bǐdé'ěr)

Beard 비어드 ⓐ 比尔德(Bǐ'ěrdé)

Beardsley 비어드즐리 ⓐ 比尔兹利(Bǐ'ěrzīlì)

Beatrice 베아트리체 ⓔ 比阿特丽斯(Bǐ'ātèlìsī)

Beatrix 비어트릭스 ⓔ 比阿特丽克斯(Bǐ'ātèlìkèsī)

Beaufort 보우퍼트 ⓐ 博福特(Bófútè)(蒲福(Púfú))

Beaumont 보우먼트 ⓐ 博蒙特(Bóméngtè)

Beaverbrook 비버브럭 ⓐ 比弗布鲁克(Bǐfúbùlǔkè)

Becher 비처 ⓐ 比彻(Bǐchè)

Beck 백 ⓔ 贝克(Bèikè)

Becket(t) 베킷 ⓐ 贝克特(Bèikètè)

Becky 베키 ⓔ 贝基(Bèijī)

Bede 비드 ⓐ 比德(Bǐdé)

Bedford 베드퍼드 ⓐ 贝德福德(Bèidéfúdé)

Beebe(e) 비비 ⓐ 毕比(Bìbǐ)

Beecham 비첨 ⓐ 比彻姆(Bǐchèmǔ)

Beecher 비처 ⓐ 比彻(Bǐchè)

Beerbohm 비어보옴 ⓐ 比尔博姆(Bǐ'ěrbómǔ)

Behrman 베어먼 ⓐ 贝尔曼(Bèi'ěrmàn)

Belinda 벨린다 ⓔ 比琳达(Bǐlíndá)

Bell 벨 ⓐ 贝尔(Bèi'ěr)(贝耳(Bèi'ěr))

Bellamy 벨러미 ⓐ 贝拉米(Bèilāmǐ)

Bellman 벨먼 ⓐ 贝尔曼(Bèi'ěrmàn)

Belloc 베럭 ⓐ 贝洛克(Bèiluòkè)

Bellow(s) 벨로우(즈) ⓐ 贝洛(斯)(Bèiluò(sī))

Ben 벤 ⓑ 本(Běn)

Benchley 벤추리 ⓐ 本奇利(Běnqílì)

Benedict 베네딕트 ⓐⓑ 本尼迪克特(Běnnídíkètè)

Benét 베네이 ⓐ 贝内(Bèinèi)

Benge 벤지 ⓐ 本奇(Běnqí)

Benjamin 벤저민 ⓑ 本杰明(Běnjiémíng)

Bennett 베넛 ⓐⓑ 贝内特(Bèinèitè)(本捏特(Běnniētè))

Benny(或 Bennie) 베니 ⓑ 本尼(Běnní)

Benson 벤슨 ⓐ 本森(Běnsēn)

Bentham 벤담 ⓐ 本瑟姆(Běnsèmǔ)(边沁(Biānqìn))

Benton 벤턴 ⓐⓑ 本顿(Běndùn)

Berger 버저 ⓐ 伯杰(Bójié)

Berkeley 버클리 ⓐ 伯克利(Bókèlì)(贝克莱(Bèikèlái))

Bernadette 버나뎃 ⓔ 伯纳黛特(Bónàdàitè)

Bernadine 버나딘 ⓔ 伯纳迪恩(Bónàdí'ēn)

Bernal 버널 ⓐ 伯纳尔(Bónà'ěr)(贝尔纳(Bèi'ěrnà))

Bernard 버나드 ⓐ ⓑ 伯纳德(Bónàdé)

Bernice 버니스 ⓐ 伯尼斯(Bónísī)

Bernice 버니스 ⓓ 伯妮斯(Bónísī)

Bernie 버니 ⓑ 伯尼(Bóní)

Bernstein 번스타인 ⓐ 伯恩斯坦(Bó'ēnsītǎn)

Bert(或 Burt) 버트 ⓑ 伯特(Bótè)

Bertha 버사 ⓓ 伯莎(Bósuō)

Bertie 버티 ⓐ 伯蒂(Bódì)

Bertie 버티 ⓓ 伯蒂(Bódì)

Bertram 버트럼 ⓑ 伯特伦(Bótèlún)

Beryl 베릴 ⓓ 贝丽尔(Bèilì'ěr)

Bess 베스 ⓓ 贝斯(Bèisī)

Bessemer 베세머 ⓐ 贝西默(Bèixīmò)

Bessie 베시 ⓓ 贝西(Bèixī)

Beth 베스 ⓓ 贝思(Bèisī)

Bethune 비튼 ⓐ 比顿(Bǐdùn)（贝休恩(Bèixiū'ēn)；白求恩(Báiqiú'ēn)）

Bets(e)y 벳시 ⓓ 贝特西(Bèitèxī)

Betty 베티 ⓓ 贝蒂(Bèidì)

Beulah 불라 ⓓ 比尤拉(Bǐyóulā)

Bevan 베븐 ⓐ 贝文(Bèiwén)（比万(Bǐwàn)）

Beveridge 베버리지 ⓐ 贝弗里奇(Bèifúlǐqí)

Beverl(e)y 비벌리 ⓓ 贝弗莱(Bèifúlái)

Bevin 베빈 ⓐ 贝文(Bèiwén)

Biddle 비들 ⓐ 比德尔(Bǐdé'ěr)

Bill 빌 ⓑ 比尔(Bǐ'ěr)

Billie 빌리 ⓓ 比莉(Bǐlì)

Billy(或 Billie) 빌리 ⓑ 比利(Bǐlì)

Bird 버드 ⓐ 伯德(Bódé)

Birkbeck 버크벡 ⓐ 伯克贝克(Bókèbèikè)

Birrell 비럴 ⓐ 比勒尔(Bǐlè'ěr)

Bispham 비스펌 ⓐ 比斯法姆(Bǐsīfǎmǔ)

Black 블랙 ⓐ 布莱克(Bùláikè)

Blackett 블랙키트 ⓐ 布莱克特(Bùláikètè)

Blackmore 블랙모어 ⓐ 布莱克默(Bùláikèmò)

Blackwood 블랙우드 ⓐ 布莱克伍德(Bùláikèwǔdé)

Blaine 블레인 ⓐ ⓑ 布莱恩(Bùlái'ēn)

Blair 블레어 ⓐ ⓑ 布莱尔(Bùlái'ěr)

Blake 브레이크 ⓐ 布莱克(Bùláikè)

Blanche 블란치 ⓓ 布兰奇(Bùlánqí)

Bligh 블라이 ㉛ 布莱(Bùlái)

Bliss 블리스 ㉛ 布利斯(Bùlìsī)

Blom 브롬 ㉛ 布洛姆(Bùluòmǔ)

Bloomer 블루머 ㉛ 布卢默(Bùlúmò)

Bloomfield 블룸필드 ㉛ 布卢姆菲尔德(Bùlúmǔfēi'ěrdé)
          (布龙菲尔德(Bùlóngfēi'ěrdé))

Bloor 블로어 ㉛ 布卢尔(Bùlú'ěr)

Blume 블룸 ㉛ 布卢姆(Bùlúmǔ)

Boas 보우애즈 ㉛ 博厄斯(Bó'èsī)

Bob 밥 ㉾ 鲍勃(Bàobó)

Bobbie 바비 ㉞ 博比(Bóbǐ)

Bobby 바비 ㉾ 博比(Bóbǐ)

Bodley 보들리 ㉛ 博德利(Bódélì)

Boleyn 볼린 ㉛ 博林(Bólín)

Bolingbroke 보링브루크 ㉛ 博林布鲁克(Bólínbùlǔkè)

Bolivar 볼리바 ㉛ 博利瓦(Bólìwǎ)

Bolsover 볼서버 ㉛ 博尔索弗(Bó'ěrsuǒfú)

Boniface 보니페이스 ㉛ 博尼费斯(Bónífèisī)

Bonita 버니터 ㉞ 伯妮塔(Bónītǎ)

Bonner 버너 ㉛ 邦纳(Bāngnà)

Bonnie 바니 ㉞ 邦妮(Bāngnī)

Boon(e) 분 ㉛ 布恩(Bù'ēn)

Boris 보리스 ㉾ 鲍里斯(Bàolǐsī)

Borrow 보로우 ㉛ 博罗(Bóluó)

Bosanquet 보우즌키트 ㉛ 鲍赞克特(Bàozànkètè)

Boswell 보즈웰 ㉛ 博斯韦尔(Bósīwéi'ěr)(包斯威尔(Bāosīwēi'ěr))

Bottome 버토움 ㉛ 伯托姆(Bótuōmǔ)(博顿(Bódùn))

Bovey 부비 ㉛ 博维(Bówéi)

Bowater 보우워터 ㉛ 鲍沃特(Bàowòtè)

Bowen 보윈 ㉛ 鲍恩(Bào'ēn)

Bowles 보울즈 ㉛ 鲍尔斯(Bào'ěrsī)

Bowman 보우먼 ㉛ 鲍曼(Bàomàn)

Boyd 보이드 ㉛㉾ 博伊德(Bóyīdé)

Boyle 보일 ㉛ 博伊尔(Bóyī'ěr)(波义耳(Bōyì'ěr))

Bradbury 브래드베리 ㉛ 布拉德伯里(Bùlādébólǐ)(布雷德伯里(Bùléidébólǐ))

Bradford 브래드포드 ㉛㉾ 布拉德福(Bùlādéfú)(布雷德福(Bùléidéfú))

Bradley 브래들리 ㉛㉾ 布拉德利(Bùlādélì)(布雷德利(Bùléidélì))

Bragg 브래그 ㉛ 布拉格(Bùlāgé)

Brattain 브래튼 ⓢ 布拉顿(Bùlādùn) (布雷格(Bùléigé))

Braun 브라운 ⓢ 布朗(Bùlǎng)

Bray 브레이 ⓢ 布雷(Bùléi)

Brazier 브레이저 ⓢ 布雷热(Bùléirè)

Breasted 브레스티드 ⓢ 布雷斯特德(Bùléisītèdé)

Brenda 브렌더 ⓔ 布伦达(Bùlúndá)

Brennan 브레넌 ⓢ 布伦南(Bùlúnnán)

Brent 브렌트 ⓢ ⓖ 布伦特(Bùlúntè)

Brewer 브루어 ⓖ 布鲁尔(Bùlǔ'ěr)

Brewster 브루스터 ⓢ 布鲁斯特(Bùlǔsītè)

Brian 브라이언 ⓢ ⓖ 布赖恩(Bùlài'ēn)

Brice 브라이스 ⓢ ⓖ 布赖斯(Bùlàisī)

Bridges 브리지즈 ⓢ 布里奇斯(Bùlǐqísī)

Bridget 브리짓 ⓔ 布丽奇特(Bùlìqítè)

Bridgman 브리즈먼 ⓢ 布里奇曼(Bùlǐqímàn)

Briggs 브릭스 ⓢ 布里格斯(Bùlǐgésī)

Bright 브라이트 ⓢ 布赖特(Bùlàitè)

Brigitte 브리짓 ⓔ 布丽奇特(Bùlìqítè)

Broad 브로드 ⓢ 布罗德(Bùluódé)

Brome 브롬 ⓢ 布罗姆(Bùluómǔ)

Bromfield 브롬필드 ⓢ 布罗姆菲尔德(Bùluómǔfēi'ěrdé)

Brontë 브론티 ⓢ 布朗蒂(Bùlǎngdì) (勃朗特(Bólǎngtè))

Brook(e) 브룩 ⓢ 布鲁克(Bùlǔkè)

Brooks 브룩스 ⓢ ⓖ 布鲁克斯(Bùlǔkèsī)

Brown(e) 브라운 ⓢ 布朗(Bùlǎng)

Browning 브라우닝 ⓢ 布朗宁(Bùlǎngníng) (勃朗宁(Bólǎngníng))

Bruce 브루스 ⓢ ⓖ 布鲁斯(Bùlǔsī)

Bruno 브루노 ⓖ 布鲁诺(Bùlǔnuò)

Bryan 브라이언 ⓢ ⓖ 布赖恩(Bùlài'ēn)

Bryant 브라이언트 ⓢ 布赖恩特(Bùlài'ēntè)

Bryce 브라이스 ⓢ ⓖ 布赖斯(Bùlàisī)

Buck 벅 ⓢ 巴克(Bākè) (布克(Bùkè))

Buckle 버클 ⓢ 巴克尔(Bākè'ěr)

Buddy 버디 ⓖ 巴迪(Bādí)

Buford 뷰퍼드 ⓢ ⓖ 布福德(Bùfúdé)

Bulwer 불워 ⓢ 布尔沃(Bù'ěrwò)

Bunch(e) 번치 ⓢ 本奇(Běnqí)

Bunker 벙커 ⓢ 邦克(Bāngkè)

Bunyan 버니언 ⓢ 布尼安(Bùní'ān) (班扬(Bānyáng))

Burbage 버비지 ⓢ 伯比奇(Bóbǐqí)

Burbank 버뱅크 ⓢ 伯班克(Bóbānkè)

Burgess 버지즈 ⓢ 伯吉斯(Bójísī)

Burghley 버얼리 ⓢ 伯利(Bólì)

Burk(e) 버크 ⓢ 伯克(Bókè) (柏克(Bǎikè))

Burlingame 버링게임 ⓢ 伯林格姆(Bólíngémǔ)

Burne-Jones 버언 존스 ⓢ 伯恩(Bó'ēn) - 琼斯(Qióngsī)

Burnett 버닛 ⓢ 伯内特(Bónèitè)

Burney 버니 ⓢ 伯尼(Bóní)

Burns 번스 ⓢ 伯恩斯(Bó'ēnsī) (彭斯(Péngsī))

Burnside 번사이드 ⓢ 伯恩塞德(Bó'ēnsāidé)

Burr 버어 ⓢ 伯尔(Bó'ěr)

Burrough(s) 버로(즈) ⓢ 巴勒(Bālè)(斯(sī))

Burton 버튼 ⓢ ⓖ 伯顿(Bódùn)

Bury 버리 ⓢ 伯里(Bólǐ)

Bush 부시 ⓢ 布什(Bùshí)

Butler 버틀러 ⓢ 巴特勒(Bātèlè) (勃特勒(Bótèlè))

Byrd 버드 ⓢ 伯德(Bódé)

Byrne(s) 버언(즈) ⓢ 伯恩(Bó'ēn)(斯(sī))

Byron 바이런 ⓢ ⓖ 邦伦(Bānglún)

C

Cabell 캐블 ⓢ 卡贝尔(Kǎbèi'ěr)

Cable 케이블 ⓢ 凯布尔(Kǎibù'ěr)

Cade 케이드 ⓢ 凯德(Kǎidé)

Calder 콜더 ⓢ 考尔德(Kǎo'ěrdé)

Caldwell 콜드웰 ⓢ 考德威尔(Kǎodéwēi'ěr)

Calverley 캘버리 ⓢ 卡尔弗利(Kǎ'ěrfúlì)

Calvert 캘버트 ⓢ 卡尔弗特(Kǎ'ěrfútè)

Calvin 캘빈 ⓢ ⓖ 卡尔文(Kǎ'ěrwén) (加尔文(Jiā'ěrwén))

Camden 캠던 ⓢ 卡姆登(Kǎmǔdēng)

Cameron 캐머른 ⓢ ⓖ 卡梅伦(Kǎméilún)

Camil(l)a 카밀라 ⓕ 卡米拉(Kǎmǐlā)

Camp 캠프 ⓢ 坎普(Kǎnpǔ)

Campbell 캠벨 ⓢ 坎贝尔(Kǎnbèi'ěr)

Canning 캐닝 ⓢ 坎宁(Kǎnníng)

Cannon 캐넌 ⓢ 坎农(Kǎnnóng)

Carey 캐어리 ⓢ 凯里(Kǎilǐ)

Carl 칼 ⓖ 卡尔(Kǎ'ěr)

Carlos 카를로스 ⊕ 卡洛斯(Kǎluòsī)

Carlton 칼턴 ⊛ ⊕ 卡尔顿(Kǎ'ěrdùn)

Carlyle 칼라일 ⊛ ⊕ 卡莱尔(Kǎlái'ěr)

Carmen 카멘 ⊕ 卡门(Kǎmén)

Carnegie 카네기 ⊛ 卡内基(Kǎnèijī)

Carol 캐럴 ⊕ ⊕ 卡罗尔(Kǎluó'ěr)（卡洛尔(Kǎluò'ěr)）

Caroline 캐롤라인 ⊕ 卡罗琳(Kǎluólín)

Carpenter 카펜터 ⊛ 卡彭特(Kǎpéngtè)

Carrie 캐리 ⊛ 卡里(Kǎlǐ)

Carrie 캐리 ⊕ 卡丽(Kǎlì)（嘉利(Jiālì)）

Carrol(l) 캐럴 ⊛ ⊕ 卡罗尔(Kǎluó'ěr)（卡洛尔(Kǎluò'ěr)）

Carson 카슨 ⊛ ⊕ 卡森(Kǎsēn)

Carter 카터 ⊛ ⊕ 卡特(Kǎtè)

Cartwright 카트라이트 ⊛ 卡特赖特(Kǎtèlàitè)

Carver 카버 ⊛ 卡弗(Kǎfú)

Cary 케어리 ⊛ ⊕ 卡里(Kǎlǐ)

Casement 케이스먼트 ⊛ 凯斯门特(Kǎisīméntè)

Caslon 캐즈런 ⊛ 卡斯隆(Kǎsīlóng)

Cass 카스 ⊛ 卡斯(Kǎsī)

Cather 캐더 ⊛ 卡瑟(Kǎsè)

Catherine 캐서린 ⊕ 凯瑟琳(Kǎisèlín)

Cathleen 캐서린 ⊕ 凯思琳(Kǎisīlín)

Cathryn 캐서린 ⊕ 凯思琳(Kǎisīlín)

Cathy 캐시 ⊕ 凯茜(Kǎiqiàn)（卡西(Kǎxī)）

Cattell 캐텔 ⊛ 卡特尔(Kǎtè'ěr)

Cavell 캐블 ⊛ 卡维尔(Kǎwéi'ěr)

Cavendish 캐븐디쉬 ⊛ 卡文迪什(Kǎwéndíshí)（卡文迪许(Kǎwéndíxǔ)）

Caxton 캑스턴 ⊛ 卡克斯顿(Kǎkèsīdùn)

Cecil 세실 ⊛ ⊕ 塞西尔(Sāixī'ěr)

Cecile 세실 ⊕ 塞西尔(Sāixī'ěr)

Cecilia 세실리아 ⊕ 塞西莉亚(Sāixīlìyà)

Cecily 세실리 ⊕ 塞西莉(Sāixīlì)

Celia 실리아 ⊕ 西莉亚(Xīlìyà)

Chamberlain 체임벌린 ⊛ 张伯伦(Zhāngbólún)

Chambers 체임버즈 ⊛ 钱伯斯(Qiánbósī)

Chaplin 채플린 ⊛ 查普林(Chápǔlín)

Chapman 채프먼 ⊛ 查普曼(Chápǔmàn)

Charles 찰스 ⊛ ⊕ 查尔斯(Chá'ěrsī)（查理(Chálǐ)）

Charley(或 Charlie) 잘리 ⊕ 查利(Chálì)

Charlotte 샬럿 ⓕ 夏洛特(Xiàluòtè) (夏洛蒂(Xiàluòdì))

Chase 체이스 ⓜ 蔡斯(Càisī)

Chatham 채텀 ⓜ 查塔姆(Chátǎmǔ)

Chatterton 채터튼 ⓢ 查特顿(Chátèdùn)

Chaucer 초우서 ⓜ 乔塞(Qiáosāi) (乔叟(Qiáosǒu))

Cherry 체리 ⓕ 彻丽(Chèlì)

Chesnut(t) 체스닛 ⓢ 切斯纳特(Qiēsīnàtè)

Chester 체스터 ⓜⓕ 切斯特(Qiēsītè)

Chesterfield 체스터필드 ⓢ 切斯特菲尔德(Qiēsītèfēi'ěrdé)

Chesterton 체스터턴 ⓢ 切斯特顿(Qiēsītèdùn)

Chevalier 세배레이 ⓢ 薛瓦利埃(Xuēwǎlìāi)

Child(e) 차일드 ⓢ 蔡尔德(Cài'ěrdé)

Chitty 치티 ⓢ 奇蒂(Qídì)

Choate 초우트 ⓢ 乔特(Qiáotè)

Christabel 크리스터벨 ⓕ 克里斯塔贝尔(Kèlǐsītǎbèi'ěr)

Christian 크리스천 ⓜ 克里斯琴(Kèlǐsīqín)

Christiana 크리스티아나 ⓕ 克里斯蒂安娜(Kèlǐsīdì'ānnà)

Christie 크리스티 ⓢ 克里斯蒂(Kèlǐsīdì)

Christina 크리스티나 ⓕ 克里斯蒂哪(Kèlǐsīdìnǎ)

Christine 크리스틴 ⓕ 克里斯廷(Kèlǐsītíng)

Christopher 크리스토퍼 ⓜ 克里斯托弗(Kèlǐsītuōfú)

Church 처치 ⓢ 丘奇(Qiūqí)

Churchill 처칠 ⓢ 邱吉尔(Qiūjí'ěr)

Cicely 시실리 ⓕ 西塞莉(Xīsāilì)

Cissy 시시 ⓕ 锡西(Xīxī)

Claire 클레어 ⓕ 克莱尔(Kèlái'ěr)

Clapham 클래펌 ⓢ 克拉彭(Kèlāpéng)

Clara 클라라 ⓕ 克莱拉(Kèláilā) (克拉拉(Kèlālā))

Clare 클레어 ⓕ 克莱尔(Kèlái'ěr)

Clarence 클래런스 ⓜ 克拉伦斯(Kèlālúnsī)

Clarissa 클라리사 ⓕ 克拉丽莎(Kèlālìsuō)

Clark(e) 클락 ⓢⓜ 克拉克(Kèlākè)

Claud(e) 클로드 ⓜ 克劳德(Kèláodé)

Claudia 클로디아 ⓕ 克劳迪娅(Kèláodíyà)

Clay 클레이 ⓜ 克莱(Kèlái)

Clayton 클레이튼 ⓢⓜ 克莱顿(Kèláidùn)

Clemens 클레멘스 ⓢ 克莱门斯(Kèláiménsī)

Clement 클레멘트 ⓜ 克莱门特(Kèláiméntè)

Cleveland 클리블랜드 ⓢ 克利夫兰(Kèlìfūlán)

Clifford 클리퍼드 ⓐ ⓑ 克利福德(Kèlìfúdé)

Clinton 클린턴 ⓐ ⓑ 克林顿(Kèlíndùn)

Clive 클라이브 ⓐ ⓑ 克莱夫(Kèláifū)

Clow 클로우 ⓐ 克洛(Kèluò)

Clyde 클라이드 ⓐ ⓑ 克莱德(Kèláidé)

Cobden 코브던 ⓐ 科布登(Kēbùdēng)

Cobham 코범 ⓐ 科伯姆(Kēbómǔ)(科巴姆(Kēbāmǔ))

Cocke 코크 ⓐ 科克(Kēkè)

Cocker 코커 ⓐ 科克尔(Kēkè'ěr)

Cody 코디 科迪(Kēdí)

Coffey 코피 ⓐ 科菲(Kēfēi)

Coffin 코핀 ⓐ 科芬(Kēfēn)

Coggeshall 코그졸 ⓐ 科格索尔(Kēgésuǒ'ěr)(科吉歇尔(Kējíxiē'ěr))

Cohan 코핸 ⓐ 科汉(Kēhàn)

Cohen 코인 ⓐ 科恩(Kē'ēn)

Coke 코크 ⓐ 科克(Kēkè)

Colclough 코클리 ⓐ 科尔克拉夫(Kē'ěrkèlāfū)

Cole 콜 ⓐ 科尔(Kē'ěr)

Coleman 콜먼 ⓐ 科尔曼(Kē'ěrmàn)

Coleridge 콜리지 ⓐ 科尔里奇(Kē'ěrlǐqí)

Colin 콜린 ⓑ 科林(Kēlín)

Collier 콜리어 ⓐ 科利尔(Kēlì'ěr)

Collins 콜린즈 ⓐ 柯林斯(Kēlínsī)

Colman 코울먼 ⓐ 科尔曼(Kē'ěrmàn)

Colum 콜럼 ⓐ 科拉姆(Kēlāmǔ)

Columbus 콜럼버스 ⓐ 哥伦布(Gēlúnbù)

Colvin 콜빈 ⓐ 科尔文(Kē'ěrwén)

Commons 코먼즈 ⓐ 康门斯(Kāngménsī)

Compton 컴프턴 ⓐ 康普顿(Kāngpǔdùn)

Comstock 컴스톡 ⓐ 康斯托克(Kāngsītuōkè)

Conan 코난 ⓑ 科南(Kēnán)(柯南(Kēnán))

Conant 코난트 ⓐ 科南特(Kēnántè)

Condon 콘던 ⓐ 康登(Kāngdēng)

Congreve 콩그리브 ⓐ 康格里夫(Kānggélǐfū)

Connie 코니 ⓒ 康妮(Kāngnī)

Connor(s) 코너(즈) ⓐ 康纳(Kāngnà)(斯(sī))

Conrad 콘래드 ⓐ ⓑ 康拉德(Kānglādé)

Constable 콘스터블 ⓐ 康斯特布尔(Kāngsītèbù'ěr)

Constance 콘스턴스 ⓒ 康斯坦斯(Kāngsītǎnsī)

Constantine 콘스탄틴 [남] 康斯坦丁(Kāngsītǎndīng)
Cook(e) 쿡 [성] 库克(Kùkè)
Coolidge 쿨리지 [성] 库利奇(Kùlìqí) (柯立芝(Kēlìzhī))
Cooper 쿠퍼 [성] 库珀(Kùpò) (库柏(Kùbǎi))
Copland 코플랜드 [성] 科普兰(Kēpǔlán)
Copperfield 코퍼필드 [성] 科波菲尔(Kēbōfēi'ěr)
Cora 코라 [여] 科拉(Kēlā)
Cornelia 코넬리아 [여] 科妮莉亚(Kēnīlìyà)
Cornelius 코넬리우스 [남] 科尼利厄斯(Kēnílì'èsī)
Cornell 코넬 [성] 科内尔(Kēnèi'ěr)
Cornwallis 콘월리스 [성] 康沃利斯(Kāngwòlìsī) (康华里(Kānghuálǐ))
Corona 코로나 [여] 科伦娜(Kēlúnnà)
Costello 코스텔로 [성] 科斯特洛(Kēsītèluò)
Cotton 코튼 [성] 科顿(Kēdùn)
Coverdale 커버데일 [성] 科弗代尔(Kēfúdài'ěr)
Coward 카워드 [성] 考沃德(Kǎowòdé) (科沃德(Kēwòdé); 考尔德(Kǎo'ěrdé))
Cowley 카우리 [성] 考利(Kǎolì)
Cowper 쿠퍼 [성] 考珀(Kǎopò)
Coy 코이 [성][남] 科伊(Kēyī)
Crabb(e) 크랩 [성] 克雷布(Kèléibù)
Craig 크레익 [성][남] 克雷格(Kèléigé)
Craigavon 크레이거번 [성] 克雷加文(Kèléijiāwén)
Craigie 크래기 [성] 克雷吉(Kèléijí)
Craik 크레익 [성] 克雷克(Kèléikè)
Cram 크램 [성] 克拉姆(Kèlāmǔ)
Crane 크레인 [성] 克兰(Kèlán) (克莱恩(Kèlái'ēn))
Cremer 크리머 [성] 克里默(Kèlǐmò)
Crichton 크라이튼 [성] 克赖顿(Kèlàidùn)
Crick 크릭 [성] 克里克(Kèlǐkè)
Cripps 크립스 [성] 克里普斯(Kèlǐpǔsī)
Crockett 크로킷 [성] 克罗克特(Kèluókètè)
Croft 크로프트 [성] 克罗夫特(Kèluófūtè)
Crofts 크로프트스 [성] 克罗夫茨(Kèluófūcí)
Croker 크로우커 [성] 克罗克(Kèluókè)
Crompton 크럼프턴 [성] 克朗普顿(Kèlǎngpǔdùn)
Cromwell 크롬웰 [성] 克伦威尔(Kèlúnwēi'ěr)
Cronin 크로우닌 [성] 克罗宁(Kèluóníng)
Crookes 크룩스 [성] 克鲁克斯(Kèlǔkèsī)
Cross(e) 크로스 [성] 克罗斯(Kèluósī)

Crouse 크라우스 [성] 克劳斯(Kèláosī)
Cudworth 커드워드 [성] 卡德沃思(Kǎdéwòsī)
Culross 컬로스 [성] 卡尔罗斯(Kǎ'ěrluósī)
Cumberland 컴벌랜드 [성] 坎伯兰(Kǎnbólán)
Cumming(s) 커밍(즈) [성] 卡明(Kǎmíng)(斯(sī))
Cunningham 커닝엄 [성] 坎宁安(Kǎnníng'ān)
Curme 컴 [성] 柯姆(Kēmǔ)
Currer 커러 [성] 柯勒(Kēlè)
Curry 커리 [성] 柯里(Kēlǐ)
Curtis(s) 커티스 [성] 柯蒂斯(Kēdìsī)
Cushing 쿠싱 [성] 库欣(Kùxīn)
Custer 커스터 [성] 卡斯特(Kǎsītè)
Cuthbert 커드버트 [성] [남] 卡思伯特(Kǎsībótè)
Cynthia 신시아 [여] 辛西娅(Xīnxīyà)
Cyril 시릴 [남] 西里尔(Xīlǐ'ěr)
Cyrus 키루스 [남] 赛勒斯(Sàilèsī)

D

Daisy 데이지 [여] 戴西(Dàixī)
Dale 데일 [성] [남] [여] 戴尔(Dài'ěr)
Dallas 달라스 [성] [남] 达拉斯(Dálāsī)
Dalton 돌턴 [성] [남] 多尔顿(Duō'ěrdùn) (道尔顿(Dào'ěrdùn))
Daly 데일리 [성] 戴利(Dàilì)
Dampier 댐퍼 [성] 丹皮尔(Dānpí'ěr)
Dan 댄 [남] 丹(Dān)
Dana 다나 [성] [남] [여] 戴纳(Dàinà) (达纳(Dánà))
Dane 데인 [성] 戴恩(Dài'ēn)
Daniel(l) 다니엘 [성] [남] 丹尼尔(Dānní'ěr)
Daphne 대프니 [여] 达夫妮(Dáfūnī)
Darnley 단리 [성] 达恩利(Dá'ēnlì)
Darrow 대로우 [성] 达罗(Dáluó)
Dar(r)yl 대릴 [남] 达里尔(Dálǐ'ěr)
Darwin 다윈 [성] [남] 达尔文(Dá'ěrwén)
Davenport 대븐포트 [성] 达文波特(Dáwénbōtè)
David 데이비드 [성] [남] 戴维(Dàiwéi) (大卫(Dàwèi))
Davidson 데이비슨 [성] 戴维森(Dàiwéisēn)
Davis 데이비스 [성] [남] 戴维斯(Dàiwéisī)
Davisson 데이비슨 [성] 戴维森(Dàiwéisēn)
Davy 데이비 [남] 戴维(Dàiwéi)

Dawson 도슨 ⓢ 道森(Dàosēn)

Day 데이 ⓢ 戴(Dài)

Dean 딘 ⓢ ⓜ 迪安(Dí'ān)

Deane 딘 ⓢ ⓜ 迪恩(Dí'ēn)

Debora(h) 데보라 ⓕ 黛博拉(Dàibólā)

Debs 뎁즈 ⓢ 德布斯(Débùsī)

Decker 데커 ⓢ 德克尔(Dékè'ěr)

Defoe 디포 ⓢ 迪福(Dífú)（笛福(Dífú)）

De Forest 더 포레스트 ⓢ 德福雷斯特(Défúléisītè)

Dekker 데커 ⓢ 德克尔(Dékè'ěr)

Deland 딜런드 ⓢ 迪兰(Dílán)（德兰(Délán)）

Delia 델리아 ⓕ 迪莉娅(Dílìyà)

Dellinger 델린저 ⓢ 德林杰(Délínjié)

Denise 데니스 ⓕ 丹妮斯(Dānnīsī)

Den(n)is 데니스 ⓢ ⓜ 丹尼斯(Dānnísī)

Dent 덴트 ⓢ 登特(Dēngtè)

Denton 덴턴 ⓜ 丹顿(Dāndùn)

Depew 디퓨 ⓢ 迪普(Dípǔ)

De Quincey 더 퀸시 ⓢ 德昆西(Dékūnxī)

Derek 데릭 ⓜ 德里克(Délǐkè)

Desmond 데즈먼드 ⓜ 德斯蒙德(Désīméngdé)

Dewar 듀어 ⓢ 迪尤尔(Díyóu'ěr)（杜尔(Dù'ěr)；杜瓦(Dùwǎ)）

Dewey 듀이 ⓢ 杜威(Dùwēi)

Dexter 덱스터 ⓜ 德克斯特(Dékèsītè)

Dian(n)a 다이애나 ⓕ 黛安娜(Dài'ānnà)

Dick 딕 ⓢ ⓜ 迪克(Díkè)

Dickens 디킨스 ⓢ 迪肯斯(Díkěnsī)（狄更斯(Dígēngsī)）

Dinkenson 디킨슨 ⓢ 迪肯森(Díkěnsēn)

Dill 딜 ⓢ 迪尔(Dí'ěr)

Dillon 딜런 ⓢ 狄尤(Díyóu)

Dilys 딜리스 ⓕ 迪莉斯(Dílìsī)

Dina(h) 다이나 ⓕ 黛娜(Dàinà)

Dirac 디랙 ⓢ 迪拉克(Dílākè)

Dirk 더크 ⓜ 德克(Dékè)

Dirksen 더크슨 ⓢ 德克森(Dékèsēn)

Disney 디즈니 ⓢ 迪斯尼(Dísīní)

Disraeli 디즈레일리 ⓢ 迪斯雷利(Dísīléilì)（狄士累利(Díshìlèilì)）

Dives 다이비즈 ⓢ 戴夫斯(Dàifūsī)

Dixie 딕시 ⓕ 迪克西(Díkèxī)

Dixon 딕슨 ⓢ 狄克逊(Díkèxùn)

Dobson 도브슨 ⓢ 多布森(Duōbùsēn)

Dodd 도드 ⓢ 多德(Duōdé)

Dodge 다지 ⓢ 道奇(Dàoqí)

Dodgson 다지슨 ⓢ 道奇森(Dàoqísēn)

Doherty 도어티 ⓢ 多尔蒂(Duō'ěrdì) (陶赫蒂(Táohèdì))

Dole 도울 ⓢ 多尔(Duō'ěr)

Domett 도밋 ⓢ 多米特(Duōmǐtè)

Dominic(k) 도미니크 ⓜ 多米尼克(Duōmínikè)

Donald 도널드 ⓜ 唐纳德(Tángnàdé)

Donna 도너 ⓕ 唐娜(Tángnà)

Donne 던 ⓢ 多恩(Duō'ēn)

Donovan 도노반 ⓢ ⓜ 多诺万(Duōnuòwàn)

Dora 도라 ⓕ 多拉(Duōlā)

Doreen 도린 ⓕ 多琳(Duōlín)

Doris 도리스 ⓕ 多丽丝(Duōlìsī)

Dorothea 도로시아 ⓕ 多萝西娅(Duōluóxīyà)

Dorothy 도로시 ⓕ 多萝西(Duōluóxī)

Dorr 도오 ⓢ 多尔(Duō'ěr)

Dougherty 도어티 ⓢ 多尔蒂(Duō'ěrdì)

Doughty 다우티 ⓢ 道蒂(Dàodì)

Douglas(s) 더글러스 ⓢ ⓜ 道格拉斯(Dàogélāsī)

Dowson 다우슨 ⓢ 道森(Dàosēn)

Doyle 도일 ⓢ ⓜ 多伊尔(Duōyī'ěr) (道尔(Dào'ěr))

Drake 드레이크 ⓢ 德雷克(Déléikè)

Draper 드레이퍼 ⓢ 德雷珀(Déléipò)

Drayton 드레이튼 ⓢ 德雷顿(Déléidùn)

Dreiser 드라이서 ⓢ 德莱塞(Déláisāi)

Drinkwater 드링크워터 ⓢ 德林克沃特(Délínkèwòtè)

Drummond 드러몬드 ⓢ 德拉蒙德(Délāméngdé)

Druse 드루즈 ⓢ 德鲁斯(Délǔsī)

Dryden 드라이든 ⓢ 德赖登(Délàidēng) (屈莱顿(Qūláidùn))

Du Bois 듀보이즈 ⓢ 杜波依斯(Dùbōyīsī)

Dudley 더들리 ⓢ ⓜ 达德利(Dádélì)

Duff 더프 ⓢ 达夫(Dáfū)

Dufferin 더프린 ⓢ 达弗林(Dáfúlín)

Dulles 둘리스 ⓢ 杜勒斯(Dùlèsī)

Du Maurier 듀모리어 ⓢ 杜莫里埃(Dùmòlǐāi)

Dunbar 던바 ⓢ 邓巴(Dèngbā)

Duncan 덩컨 [성] [남] 邓肯(Dèngkěn)
Dundas 던대스 [성] 邓达斯(Dèngdásī)
Dunlop 던롭 [성] 邓洛普(Dèngluòpǔ) (邓禄普(Dènglùpǔ))
Dunmore 던모어 [성] 邓莫尔(Dèngmò'ěr)
Dunne 던 [성] 邓恩(Dèngēn)
Dunstan 던스턴 [성] 邓斯坦(Dèngsītǎn)
Du Pont(或 Dupont) 듀폰 [성] 杜邦(Dùbāng)
Durant(e) 듀랜트 [성] 杜兰特(Dùlántè)
Durrell 더렐 [성] 德雷尔(Déléi'ěr) (达雷尔(Dáléi'ěr))
Durward 더워드 [남] 德沃德(Déwòdé)
Dutt 더트 [성] 达特(Dátè) (杜德(Dùdé))
Dwight 드와이트 [성] 德怀特(Déhuáitè)
Dyce 다이스 [성] 戴斯(Dàisī)

E

Eads 이즈 [성] 伊兹(Yīzī)
Earhart 에어하트 [성] 埃尔哈特(Āi'ěrhātè)
Early 얼리 [성] 厄尔利(È'ěrlì)
Earp 어프 [성] 厄普(Èpǔ)
Eastman 이스트먼 [성] 伊斯门(Yīsīmén)
Eaton 이튼 [성] 伊顿(Yīdùn)
Ebenezer 에벤에저 [남] 埃比尼泽(Āibǐnízé)
Eddie 에디 [남] 埃迪(Āidí)
Eddington 에딩턴 [성] 埃丁顿(Āidīngdùn)
Eddy 에디 [성] 埃迪(Āidí)
Eden 이든 [성] [여] 伊登(Yīdēng) (艾登(Àidēng))
Edgar 에드거 [남] 埃德加(Āidéjiā)
Edgeworth 에드워드 [성] 埃奇沃思(Āiqíwòsī)
Edie 이디 [남] 伊迪(Yīdí)
Edison 에디슨 [성] 爱迪生(Àidíshēng)
Edith 에디스 [여] 伊迪丝(Yīdísī)
Edmund 에드먼드 [남] 埃德蒙(Āidéméng)
Edna 에드너 [여] 埃德娜(Āidénà)
Edward 에드워드 [남] 爱德华(Àidéhuá)
Edwards 에드워즈 [성] 爱德华兹(Àidéhuázī)
Edwin 에드윈 [남] 埃德温(Āidéwēn)
Edwina 에드위나 [여] 埃德温娜(Āidéwēnnà)
Effie 에피 [여] 埃菲(Āifēi)
Eileen 아이린 [여] 艾琳(Àilín)

Einstein 아인슈타인 [성] 爱因斯坦(Àiyīnsītǎn)
Eisenhower 아이젠하워 [성] 艾森豪威尔(Àisēnháowēi'ěr)
Elbert 엘버트 [남] 埃尔伯特(Āi'ěrbótè)
Eldon 엘든 [성] [남] 埃尔登(Āi'ěrdēng)
Eleanor 엘리노아 [여] 埃莉诺(Āilìnuò)
Elgar 엘가 [성] 埃尔加(Āi'ěrjiā)
Elinor 엘리너 [여] 埃莉诺(Āilìnuò)
Eliot 엘리엇 [성] 埃利奥特(Āilìàotè) (艾略特(Àilüètè))
Elise 엘리스 [여] 埃莉斯(Āilìsī)
Elizabeth 엘리자베스 [여] 伊丽莎白(Yīlìsuōbái)
Ella 엘라 [여] 埃拉(Āilā)
Ellen 엘렌 [여] 埃伦(Āilún)
Ellis 엘리스 [성] [남] 埃利斯(Āilìsī)
Ellison 엘리슨 [성] 埃利森(Āilìsēn)
Ellsworth 엘즈워드 [성] [남] 埃尔斯沃思(Āi'ěrsīwòsī)
Elmer 엘머 [남] 埃尔默(Āi'ěrmò)
Elphinstone 엘핀스턴 [성] 埃尔芬斯通(Āi'ěrfēnsītōng)
Elsie 엘시 [여] 埃尔西(Āi'ěrxī)
Elton 엘튼 [남] 埃尔顿(Āi'ěrdùn)
Elyot 엘리엇 [성] 埃利奥特(Āilìàotè)
Emerson 에머슨 [성] [남] 埃默森(Āimòsēn) (爱默生(Àimòshēng))
Emile 에밀 [남] 埃米尔(Āimǐ'ěr)
Emily(或 Emilie) 에밀리 [여] 埃米莉(Āimǐlì)
Emma 에마 [여] 埃玛(Āimǎ)
Em(m)anuel 에마뉴엘 [남] 伊曼纽尔(Yīmànniǔ'ěr)
Emmet(t) 에미트 [성] [남] 埃米特(Āimǐtè)
Emory 에머리 [남] 埃默里(Āimòlǐ)
Enders 엔더즈 [성] 恩德斯(Ēndésī)
Endicott 엔디코트 [성] 恩迪科特(Ēndíkētè)
Enid 이니드 [여] 伊妮德(Yīnīdé)
Enoch 에녹 [남] 伊诺克(Yīnuòkè)
Epstein 엡스타인 [성] 爱泼斯坦(Àipōsītǎn)
Eric(或 Erik) 에릭 [남] 埃里克(Āilǐkè)
Erlanger 어랭어 [성] 厄兰格(Èlángé)
Ernest 어니스트 [남] 欧内斯特(Ōunèisītè)
Ernestine 어니스틴 [여] 欧内斯廷(Ōunèisītíng)
Erskin(e) 어스킨 [성] 厄斯金(Èsījīn)
Ervin 어빈 [성] [남] 欧文(Ōuwén)
Ervine 어빈 [성] 欧文(Ōuwén)

Erwin 어윈 ⓢ ⓜ 欧文(Ōuwén)

Esmond(e) 에스몬드 ⓜ 埃斯蒙德(Āisīméngdé)

Estelle 에스텔 ⓕ 埃斯特尔(Āisītè'ěr)

Esther 에스터 ⓕ 埃丝特(Āisītè)

Ethel 에셀 ⓕ 埃塞尔(Āisāi'ěr)

Etherege 에더리지 ⓢ 埃思里奇(Āisīlǐqí)

Eugene 유진 ⓜ 尤金(Yóujīn)

Eugenia 유지니아 ⓕ 尤金妮亚(Yóujīnnīyà)

Eunice 유니스 ⓕ 尤妮斯(Yóunīsī)

Euphemia 유피미아 ⓕ 尤菲米娅(Yóufēimǐyà)

Eustace 유스터스 ⓜ 尤斯塔斯(Yóusītǎsī)

Eva 에바 ⓕ 伊娃(Yīwá)

Evangeline 에반젤린 ⓕ 伊万杰琳(Yīwànjiélín)

Evans 에반스 ⓢ 埃文斯(Āiwénsī)(伊文思(Yīwénsī);伊万斯(Yīwànsī))

Evarts 에버츠 ⓢ 埃瓦茨(Āiwǎcí)

Eve 이브 ⓕ 伊夫(Yīfū)(夏娃(Xiàwá))

Eveline(或 Evelyn) 에벌라인 ⓕ 伊夫琳(Yīfūlín)

Evelyn 에블린 ⓢ 伊夫林(Yīfūlín)

Everett 에버렛 ⓢⓜ 埃弗雷特(Āifúléitè)

Ewell 유얼 ⓢ 尤厄尔(Yóuèěr)

Ezekiel 이지키얼(에스겔) ⓢ 伊齐基尔(Yīqíjī'ěr)

F

Fairbank(s) 페어뱅크(스) ⓢ 费尔班克(Fèi'ěrbānkè)(斯(sī))

Faith 페이스 ⓕ 费思(Fèisī)

Falkner 포크너 ⓢ 福尔克纳(Fú'ěrkènà)

Fanny 패니 ⓕ 范妮(Fànnī)

Faraday 패러디 ⓢ 法拉第(Fǎlādì)

Farley 팔리 ⓢ 法利(Fǎlì)

Farrar 패러 ⓢ 法勒(Fǎlè)

Farrell 패럴 ⓢ 法雷尔(Fǎléi'ěr)

Faulkner 포크너 ⓢ 福克纳(Fúkènà)

Fawkes 포크스 ⓢ 福克斯(Fúkèsī)

Fay(e) 페이 ⓕ 费伊(Fèiyī)

Felix 펠릭스 ⓜ 菲利克斯(Fēilìkèsī)(费利克斯(Fèilìkèsī))

Felton 펠튼 ⓢ 费尔顿(Fèi'ěrdùn)

Fenwick 페니크 ⓢ 芬尼克(Fēnníkè)(芬威克(Fēnwēikè))

Ferdinand 퍼디낸드 ⓜ 弗迪南德(Fúdí'nándé)(费迪南德(Fèidí'nándé))

Fergus 퍼거스 ⓢ 弗格斯(Fúgésī)

Fergus(s)on 퍼거슨 [성] 弗格森(Fúgésēn) (福开森(Fúkāisēn))
Fettes 페티스 [성] 费蒂斯(Fèidìsī)
Field 필드 [성] 菲尔德(Fēi'ěrdé)
Fielding 필딩 [성] 菲尔丁(Fēi'ěrdīng)
Fillmore 필모 [성] 菲尔莫尔(Fēi'ěrmò'ěr)
Finn 핀 [성] 芬恩(Fēn'ēn)
Fish 피쉬 [성] 菲什(Fēishí)
Fisher 피셔 [성] 菲希尔(Fēixī'ěr) (费希尔(Fèixī'ěr) ; 费雷(Fèiléi))
Fitch 피치 [성] 菲奇(Fēiqí) (费区(Fèiqū))
Fitzgerald 피츠제럴드 [성] 费茨杰拉德(Fèicíjiélādé)
Fitzjohn 피천 [성] 菲茨姜(Fēicíjiāng)
Fitzroy 피츠로이 [성] 菲茨罗伊(Fēicíluóyī)
Flagg 플랙 [성] 弗拉格(Fúlāgé)
Flanagan 플래너건 [성] 弗拉纳根(Fúlānàgēn)
Flaxman 플랙스먼 [성] 弗拉克斯曼(Fúlākèsīmàn)
Fleetwood 플릿우드 [성] 弗利特伍德(Fúlìtèwǔdé)
Fletcher 플레처 [성] [남] 弗莱彻(Fúláichè)
Flint 플린트 [성] 弗林特(Fúlíntè)
Flora 플로라 [여] 弗洛拉(Fúluòlā)
Florence 플로렌스 [여] 弗洛伦斯(Fúluòlúnsī)
Florey 플로오리 [성] 弗洛里(Fúluòlǐ)
Flower 플라워 [성] 弗劳尔(Fúláo'ěr)
Flynn 플린 [성] 弗林(Fúlín)
Focke 포크 [성] 福克(Fúkè)
Foley 폴리 [성] 福利(Fúlì) (弗利(Fúlì))
Folger 폴저 [성] 福尔杰(Fú'ěrjié)
Forbes 폽즈 [성] 福布斯(Fúbùsī)
Ford 포드 [성] 福特(Fútè)
Forest 포레스트 [성] [남] 福雷斯特(Fúléisītè)
Forester 포레스터 [성] 福雷斯特(Fúléisītè)
Forster 포스터 [성] 福斯特(Fúsītè)
Fosdick 포즈딕 [성] 福斯迪克(Fúsīdíkè)
Foster 포스터 [성] [남] 福斯特(Fúsītè)
Fowler 파울러 [성] 福勒(Fúlè)
Fox 폭스 [성] 福克斯(Fúkèsī)
Frances 프랜시스 [여] 弗朗西丝(Fúlǎngxīsī)
Francis 프랜시스 [남] 弗朗西斯(Fúlǎngxīsī)
Francisco 프랜시스코 [남] 弗朗西斯科(Fúlǎngxīsīkē)
Franck 프랭크 [성] 弗兰克(Fúlánkè)

Frank 프랭크 [남] 弗兰克(Fúlánkè)
Franklin(或 Franklyn) 프랭클린 [성] [남] 富兰克林(Fùlánkèlín)
Franks 프랭크스 [성] 弗兰克斯(Fúlánkèsī)
Fraser(或 Frazer) 프레이저 [성] 弗雷泽(Fúléizé)
Fred 프레드 [남] 弗雷德(Fúléidé)
Freda 프리다 [여] 弗丽达(Fúlìdá) (弗雷达(Fúléidá))
Frederic(k) 프레더릭 (或 Fredric(k)) [남] 弗雷德里克(Fúléidélǐkè)
Frederic(k)a 프레더리카 [여] 弗雷德丽卡(Fúléidélìkǎ)
Freedheim 프리드하임 [성] 弗里德海姆(Fúlǐdéhǎimǔ)
Freeman 프리먼 [성] [남] 弗里曼(Fúlǐmàn)
Fremont 프리몬트 [성] 弗里蒙特(Fúlǐméngtè)
French 프렌치 [성] 弗伦奇(Fúlúnqí)
Frick(e) 프릭 [성] 弗里克(Fúlǐkè)
Frobisher 프로우비셔 [성] 弗罗比歇(Fúluóbǐxiē)
Frohman 프로우먼 [성] 弗罗曼(Fúluómàn)
Frost 프로스트 [성] 弗罗斯特(Fúluósītè)
Froude 프루드 [성] 弗鲁德(Fúlǔdé) (弗劳德(Fúláodé))
Fry(e) 프라이 [성] 弗赖伊(Fúlàiyī)
Fuller 풀러 [성] 富勒(Fùlè)
Fulton 풀턴 [성] 富尔顿(Fù'ěrdùn)
Funk 펑크 [성] 芬克(Fēnkè) (丰克(Fēngkè))
Furness 퍼니스 [성] 弗内斯(Fúnèisī)
Furnival(l) 퍼니블 [성] 弗尼瓦尔(Fúníwǎ'ěr)

G

Gabriel 가브리엘 [남] 加布里埃尔(Jiābùlǐ'āi'ěr) (加百列(Jiābǎiliè))
Gage 게이지 [성] 盖奇(Gàiqí)
Gaines 게인즈 [성] 盖恩斯(Gài'ēnsī)
Gainsborough 게인즈버러 [성] 盖恩斯巴勒(Gài'ēnsībālè) (康斯博罗(Kāngsībóluó))
Gaitskell 게이츠켈 [성] 盖茨克尔(Gàicíkè'ěr)
Galbraith 갤브레이스 [성] 加尔布雷思(Jiā'ěrbùléisī)
Galen 게일린 [남] 盖伦(Gàilún)
Galla(g)her 갤러허 [성] 加拉赫(Jiālāhè)
Gallatin 갤로틴 [성] 加勒廷(Jiālètíng)
Gallup 갤럽 [성] 盖洛普(Gàiluòpǔ)
Galsworthy 골즈워디 [성] 高尔斯沃西(Gāo'ěrsīwòxī)
(高尔斯华绥(Gāo'ěrsīhuásuí))
Galt 골트 [성] 高尔特(Gāo'ěrtè)
Galton 골턴 [성] 高尔顿(Gāo'ěrdùn) (哥尔登(Gē'ěrdēng))

Garcia 가르시아 ⓐ 加西亚(Jiāxīyà)

Garden 가든 ⓐ 加登(Jiādēng)

Gardiner 가드너 ⓐ 加德纳(Jiādénà)

Gardner 가드너 ⓐ 加德纳(Jiādénà)

Garland 가런드 ⓢⓜ 加兰(Jiālán)

Garner 가너 ⓐ 加纳(Jiānà)

Garret(t) 개럿 ⓜ 加勒特(Jiālètè)

Garrison 개리슨 ⓐ 加里森(Jiālǐsēn)

Garth 가스 ⓐⓜ 加思(Jiāsī)

Gary 게리 ⓐⓜ 加里(Jiālǐ)

Gaskell 개스컬 ⓐ 加斯克尔(Jiāsīkè'ěr) (盖斯凯尔(Gàisīkǎi'ěr))

Gasser 개서 ⓐ 加塞(Jiāsāi)

Gates 게이츠 ⓐ 盖茨(Gàicí)

Gay 게이 ⓔ 盖伊(Gàiyī)

Genevieve 제너비브 ⓔ 吉纳维夫(Jí'nàwéifū)

Geoffrey 제프리 ⓜ 杰弗里(Jiéfúlǐ)

George 조지 ⓐⓜ 乔治(Qiáozhì)

Georgia 조지아 ⓔ 乔治娅(Qiáozhìyà)

Georgina 조지나 ⓔ 乔治娜(Qiáozhìnà)

Gerald 제럴드 ⓜ 杰拉尔德(Jiélā'ěrdé)

Geraldine 제럴딘 ⓔ 杰拉尔丁(Jiélā'ěrdīng)

Gerard 제라드 ⓢⓜ 杰拉德(Jiélādé) (杰勒德(Jiélèdé))

Gerry 게리 ⓐⓜ 格里(Gélǐ)

Gershwin 거슈윈 ⓐ 格什温(Géshíwēn) (格什文(Géshíwén))

Gertrude 거트루드 ⓔ 格特鲁德(Gétèlǔdé)

Getty(s) 게티(즈) ⓐ 格蒂(Gédì)(斯(sī))

Giauque 지오크 ⓐ 吉奥克(Jíàokè)

Gibbon(s) 기번(즈) ⓐ 吉本(Jíběn)(斯(sī))

Gibbs 깁스 ⓐ 吉布斯(Jíbùsī)

Gibson 깁슨 ⓐ 吉布森(Jíbùsēn)

Gielgud 길구드 ⓐ 吉尔古德(Jí'ěrgǔdé)

Gilbert 길버트 ⓐⓜ 吉尔伯特(Jí'ěrbótè)

Giles 자일즈 ⓐⓜ 贾尔斯(Gǔ'ěrsī) (詹理斯(Zhānlǐsī))

Gilheney 길리니 ⓐ 吉利尼(Jílìní)

Gill 질 ⓔ 吉尔(Jí'ěr)

Gillett(e) 질레트 ⓐ 吉勒特(Jílètè)

Gillingham 기링엄 ⓐ 吉林厄姆(Jílínèmǔ)

Gilman 길먼 ⓐ 吉尔曼(Jí'ěrmàn)

Gilmer 길머 ⓐ 吉尔默(Jí'ěrmò)

Gilpin 길핀 ⓢ 吉尔平(Jí'ěrpíng)

Girard 지라드 ⓢ 吉拉德(Jílādé)

Gissing 기싱 ⓢ 吉辛(Jíxīn)

Gladstone 글래드스턴 ⓢ 格拉德斯通(Gélādésītōng)(格赖斯顿(Gélàisīdùn))

Gladys 글래디스 ⓕ 格拉迪斯(Gélādísī)

Glaser 글레이저 ⓢ 格拉泽(Gélāzé)

Glass 글라스 ⓢ 格拉斯(Gélāsī)

Glen(n) 글렌 ⓢ ⓜ 格伦(Gélún)

Gloag 글로우그 ⓢ 格洛格(Géluògé)

Glover 글로버 ⓢ 格洛弗(Géluòfú)

Glyn 글린 ⓢ 格林(Gélín)

Goddard 고다드 ⓢ 戈达德(Gēdádé)

Godman 갓맨 ⓢ 戈德曼(Gēdémàn)

Godolphin 가돌핀 ⓢ 戈多尔芬(Gēduō'ěrfēn)

Godwin 고드윈 ⓢ 戈德温(Gēdéwēn)(葛德文(Gédéwén))

Golden 골든 ⓢ 戈尔登(Gē'ěrdēng)

Golding 골딩 ⓢ 戈尔丁(Gē'ěrdīng)

Goldsmith 골드스미스 ⓢ 戈德史密斯(Gēdéshǐmìsī)(哥尔斯密(Gē'ěrsīmì))

Golightly 거라이틀리 ⓢ 戈莱特利(Gēláitèlì)

Goodrich 굿리치 ⓢ 古德里奇(Gǔdélǐqí)

Goodyear 굿이어 ⓢ 古德伊尔(Gǔdéyī'ěr)

Gordon 고든 ⓢ ⓜ 戈登(Gēdēng)

Gorton 고튼 ⓢ 戈顿(Gēdùn)

Goss(e) 거스 ⓢ 戈斯(Gēsī)

Gough 거프 ⓢ 高夫(Gāofū)

Gould(e) 굴드 ⓢ 古尔德(Gǔ'ěrdé)

Gower(s) 고워(즈) ⓢ 高尔(Gāo'ěr)(斯(sī))

Grace 그레이스 ⓢ ⓕ 格雷斯(Géléisī)

Gracie 그레이시 ⓕ 格雷西(Géléixī)

Graham(e) 그레이엄 ⓢ ⓜ 格雷厄姆(Géléi'èmǔ)

Grant 그랜트 ⓢ ⓜ 格兰特(Gélántè)

Grantham 그랜섬 ⓢ 格兰瑟姆(Gélánsèmǔ)

Grattan 그래튼 ⓢ 格拉顿(Gélādùn)

Graves 그레이브즈 ⓢ 格雷夫斯(Géléifūsī)

Gray 그레이 ⓢ ⓜ 格雷(Géléi)(葛雷(Géléi))

Grayson 그레이슨 ⓢ 格雷森(Géléisēn)

Greel(e)y 그릴리 ⓢ 格里利(Gélǐlì)

Green 그린 ⓢ 格林(Gélín)

Greenaway 그린어웨이 ⓢ 格里纳韦(Gélǐnàwéi)

Greenland 그린란드 [성] 格林兰(Gélínlán)
Greenough 그리노우 [성] 格里诺(Gélǐnuò)
Gregory 그레고리 [성] [남] 格雷戈里(Géléigēlǐ) (格列高里(Gélièɡāolǐ);
戈莱葛瑞(Gēláigéruì))
Grenfell 그렌펠 [성] 格伦费尔(Gélúnfèi'ěr)
Grenville 그렌빌 [성] 格伦维尔(Gélúnwéi'ěr)
Gresham 그레섬 [성] 格雷沙姆(Géléishāmǔ)
Grey 그레이 [성] 格雷(Géléi)
Griffin 그리핀 [성] 格里芬(Gélǐfēn)
Griffith(s) 그리피스 [성] 格里菲思(Gélǐfēisī)
Grosvenor 그로브너 [성] 格罗夫纳(Géluófūnà)
Grote 그로트 [성] 格罗特(Géluótè)
Grover 그로버 [남] 格罗弗(Géluófú)
Grove(s) 그로브(즈) [성] 格罗夫(Géluófū)(斯(sī))
Gruenther 그런서 [성] 格仑瑟(Gélúnsè)
Guest 게스트 [성] 格斯特(Gésītè)
Gunter 건터 [성] 冈特(Gāngtè)
Gunther 건서 [성] 冈瑟(Gāngsè) (根室(Gēnshì))
Guy 가이 [남] 盖伊(Gàiyī)
Gwendolyn 그웬더린 [여] 格温多琳(Géwēnduōlín)

H

Hadley 해들리 [성] 哈德利(Hādélì)
Hadow 해도우 [성] 哈多(Hāduō)
Haes 헤이즈 [성] 黑斯(Hēisī)
Haggard 해거드 [성] 哈格德(Hāgédé)
Hal 할 [남] 哈尔(Hā'ěr)
Haldane 홀데인 [성] 霍尔丹(Huò'ěrdān)
Hale(s) 헤일(즈) [성] 黑尔(Hēi'ěr)(斯(sī))
Halifax 해리팩스 [성] 哈利法克斯(Hālìfǎkèsī)
Hall 홀 [성] [남] 霍尔(Huò'ěr)
Hallam 핼럼 [성] 哈勒姆(Hālèmǔ)
Halleck 핼릭 [성] 哈勒克(Hālèkè)
Halley 핼리 [성] 哈利(Hālì)
Halste(a)d 홀스티드 [성] 霍尔斯特德(Huò'ěrsītèdé)
Haman 헤이먼 [성] 海曼(Hǎimàn) (哈曼(Hāmàn))
Hamilton 해밀턴 [성] [남] 汉密尔顿(Hànmì'ěrdùn)
Hamlin 햄린 [성] 哈姆林(Hāmǔlín)
Hammond 해몬드 [성] 哈蒙德(Hāméngdé)

Hampden 햄프던 ㉚ 汉普登(Hànpǔdēng)

Hampton 햄프턴 ㉚ 汉普顿(Hànpǔdùn)

Hancock 핸콕 ㉚ 汉考克(Hànkǎokè)

Hand 핸드 ㉚ 汉德(Hàndé)

Handel 헨델 ㉚ 汉德尔(Hàndé'ěr)

Hanna 해나 ㉛ 汉纳(Hànnà)

Hans 한스 ㉾ 汉斯(Hànsī)

Hansen 핸슨 ㉚ 汉森(Hànsēn)

Hansom 핸섬 ㉚ 汉萨姆(Hànsāmǔ)

Harcourt 하커트 ㉚ 哈考特(Hākǎotè)

Harden 하든 ㉚ 哈登(Hādēng)

Harding 하딩 ㉚ 哈丁(Hādīng) (哈定(Hādìng))

Hardy 하디 ㉚ 哈迪(Hādí) (哈代(Hādài))

Harley 할리 ㉚ ㉾ 哈利(Hālì)

Harlow 할로우 ㉾ 哈洛(Hāluò)

Harmsworth 함즈워스 ㉚ 哈姆斯沃思(Hāmǔsīwòsī)

Harold 해럴드 ㉾ 哈罗德(Hāluódé)

Harper 하퍼 ㉚ 哈珀(Hāpò)

Harriet(t) 해리엇 ㉙ 哈丽特(Hālìtè)

Harriman 해리먼 ㉚ 哈里曼(Hālǐmàn)

Har(r)ington 해링턴 ㉚ 哈林顿(Hālíndùn)

Harris 해리스 ㉚ 哈里斯(Hālǐsī)

Harris(s)on 해리슨 ㉚ 哈里森(Hālǐsēn) (哈里逊(Hālǐxùn))

Harrod 헤롯 ㉚ 哈罗德(Hāluódé)

Harry 해리 ㉾ 哈里(Hālǐ)

Hart(e) 하트 ㉚ 哈特(Hātè) (赫德(Hèdé))

Harvey 하비 ㉚ ㉾ 哈维(Hāwéi)

Hastings 헤이스팅스 ㉚ 黑斯廷斯(Hēisītíngsī) (哈斯丁(Hāsīdīng))

Hattie 해티 ㉙ 哈蒂(Hādì) (海蒂(Hǎidì))

Havelo(c)k 햅록 ㉚ ㉾ 哈夫洛克(Hāfūluòkè)

Hawk(e) 호크 ㉚ 霍克(Huòkè)

Hawkins 호킨스 ㉚ 霍金斯(Huòjīnsī)

Hawthorn(e) 호손 ㉚ 霍索恩(Huòsuǒ'ēn) (霍桑(Huòsāng))

Hay 헤이 ㉚ 海(Hǎi)

Hayes 헤이즈 ㉚ ㉾ 海斯(Hǎisī)

Haynes 헤인즈 ㉚ 海恩斯(Hǎi'ēnsī)

Hays 헤이즈 ㉚ 海斯(Hǎisī)

Haywood 헤이우드 ㉚ 海伍德(Hǎiwǔdé) (海鸟德(Hǎiniǎodé))

Hazard 해저드 ㉚ 海泽德(Hǎizédé)

Hazlitt 해이즐릿 ⓢ 黑兹利特(Hēizīlìtè)〔赫兹里特(Hèzīlǐtè)〕

Healy 힐리 ⓢ 希利(Xīlì)

Hearst 허스트 ⓢ 赫斯特(Hèsītè)

Heaviside 헤비사이드 ⓢ 海维赛德(Hǎiwéisàidé)

Heber 히버 ⓢ 希伯(Xībó)

Hector 헥터 ⓜ 赫克托(Hèkètuō)

Helen 헬렌 ⓕ 海伦(Hǎilún)

Helena 헬레나 ⓕ 海伦娜(Hǎilúnnà)

Heming 헤밍 ⓢ 赫明(Hèmíng)

Hemingway 헤밍웨이 ⓢ 海明威(Hǎimíngwēi)

Hench 헨치 ⓢ 享奇(Xiǎngqí)

Henderson 헨더슨 ⓢ 享德森(Xiǎngdésēn)

Henley 헨리 ⓢ 享利(Xiǎnglì)

Henrietta 헨리에타 ⓕ 享丽埃塔(Xiǎnglì'āitǎ)

Henry 헨리 ⓢ ⓜ 享利(Xiǎnglì)

Herbert 허버트 ⓢ ⓜ 赫伯特(Hèbótè)

Herman(n) 허먼 ⓜ 赫尔曼(Hè'ěrmàn)

Herrick 헤릭 ⓢ 赫里克(Hèlǐkè)

Herschel(l) 허셜 ⓢ ⓜ 赫谢尔(Hèxiè'ěr)

Hersey 허시 ⓢ 赫西(Hèxī)

Herter 허터 ⓢ 赫脱(Hètuō)

Hess 헤스 ⓢ 赫斯(Hèsī)

Hester 헤스터 ⓕ 赫丝特(Hèsītè)

Hewlett 휴렛 ⓢ 休利特(Xiūlìtè)

Heymans 하이만스 ⓢ 海曼斯(Hǎimànsī)

Heyward 헤이워드 ⓢ 海沃德(Hǎiwòdé)

Heywood 헤이우드 ⓢ 海伍德(Hǎiwǔdé)

Hickok 히콕 ⓢ 希科克(Xīkēkè)

Hicks 힉스 ⓢ 希克斯(Xīkèsī)

Higginson 히긴슨 ⓢ 希金森(Xījīnsēn)

Hilary 힐러리 ⓜ 希拉里(Xīlālǐ)

Hilda 힐더 ⓕ 希尔达(Xī'ěrdá)

Hildegard(e) 힐더가드 ⓕ 希尔德加德(Xī'ěrdéjiādé)

Hill 힐 ⓢ 希尔(Xī'ěr)

Hillman 힐먼 ⓢ 希尔曼(Xī'ěrmàn)

Hilton 힐튼 ⓢ 希尔顿(Xī'ěrdùn)

Hindley 힌들리 ⓢ 欣德利(Xīndélì)

Hiram 하이어럼 ⓜ 海勒姆(Hǎilèmǔ)

Hitchcock 히치콕 ⓢ 希契科克(Xīxièkēkè)

Hobart 호바트 ⓐⓖ 霍巴特(Huòbātè)

Hobbes 홉스 ⓐ 霍布斯(Huòbùsī)

Hobson 홉슨 ⓐ 霍布森(Huòbùsēn)

Hocking 호킹 ⓐ 霍金(Huòjīn)

Hodgson 호지슨 ⓐ 霍奇森(Huòqísēn)

Hofman(n) 호프만 ⓐ 霍夫曼(Huòfūmàn)

Hofstadter 호프스태터 ⓐ 霍夫施塔特(Huòfūshītǎtè)

Hogarth 호우가스 ⓐ 霍格思(Huògésī)

Hogben 호그번 ⓐ 霍格本(Huògéběn)

Hogg 호그 ⓐ 霍格(Huògé)

Hollis 홀리스 ⓐⓖ 霍利斯(Huòlìsī)

Holly 홀리 ⓔ 霍莉(Huòlì)

Holman 홀먼 ⓐ 霍尔曼(Huò'ěrmàn)

Holme(s) 홈(스) ⓐ 霍姆(Huòmǔ)(斯(sī))(霍尔姆(Huò'ěrmǔ)(斯(sī)))

Holt 홀트 ⓐ 霍尔特(Huò'ěrtè)

Holtham 호울섬 ⓐ 霍瑟姆(Huòsèmǔ)

Home 홈 ⓐ 霍姆(Huòmǔ)(休姆(Tǐmǔ))

Homer 호머 ⓐⓖ 霍默(Huòmò)(荷马(Hémǎ))

Hood 후드 ⓐ 胡德(Húdé)

Hooker 후커 ⓐ 胡克(Húkè)

Hooton 후턴 ⓐ 胡顿(Húdùn)

Hoover 후버 ⓐ 胡佛(Húfó)

Hope 호프 ⓐⓔ 霍普(Huòpǔ)(何伯(Hébó))

Hopkin(s) 홉킨(즈) ⓐ 霍普金(Huòpǔjīn)(斯(sī))

Hopkinson 홉킨슨 ⓐ 霍普金森(Huòpǔjīnsēn)

Horace 호러스 ⓖ 霍勒斯(Huòlèsī)(贺拉斯(Hèlāsī))

Horatio 호레이쇼 ⓖ 霍雷肖(Huòléixiào)

Hornby 혼비 ⓐ 霍恩比(Huò'ēnbǐ)

Horsley 호즐리 ⓐ 霍斯利(Huòsīlì)

Hosier 호저 ⓐ 霍西尔(Huòxī'ěr)

Houdini 후디니 ⓐ 霍迪尼(Huòdíní)

House 하우스 ⓐ 豪斯(Háosī)

Housman 하우스먼 ⓐ 豪斯曼(Háosīmàn)

Houston 하우스턴 ⓐ 豪斯顿(Háosīdùn)

Hovell 호블 ⓐ 霍维尔(Huòwéi'ěr)

Hovey 하비 ⓖ 哈维(Hāwéi)(霍维(Huòwéi))

Howard 하워드 ⓐⓖ 霍华德(Huòhuádé)

Howe 하우 ⓐ 豪(Háo)

Howell(s) 하우웰(즈) ⓐⓖ 豪厄尔(Háo'è'ěr)(斯(sī))

Hoyle 호일 ㉑ 霍伊尔(Huòyī'ěr)
Hoyt 호이트 ㉑ ㉾ 霍伊特(Huòyītè)
Hubbard 허버드 ㉑ 哈伯德(Hābódé)
Hubert 휴버트 ㉾ 休伯特(Xiūbótè)
Hudson 허드슨 ㉑ ㉾ 赫德森(Hèdésēn)
Huggins 허긴즈 ㉑ 哈金斯(Hājīnsī)
Hugh 휴 ㉾ 休(Xiū)
Hughes 휴즈 ㉑ 休斯(Xiūsī)(休士(Xiūshì))
Hugo 휴고 ㉾ 雨果(Yǔguǒ)
Hull 헐 ㉑ 赫尔(Hè'ěr)
Hume 흄 ㉑ 休姆(Xiūmǔ)(休谟(Xiūmó))
Humphr(e)y 험프리 ㉑ ㉾ 汉弗莱(Hànfúlái)
Hunt 헌트 ㉑ 亨特(Xiǎngtè)
Hunter 헌터 ㉑ 亨特(Xiǎngtè)
Huntington 헌팅턴 ㉑ 亨廷顿(Xiǎngtíngdùn)
Hurley 헐리 ㉑ 赫尔利(Hè'ěrlì)
Hurst 허스트 ㉑ 赫斯特(Hèsītè)
Hutt 헛 ㉑ 赫特(Hètè)
Huxley 헉슬리 ㉑ 赫克斯利(Hèkèsīlì)(赫胥黎(Hèxūlí))
Hyde 하이드 ㉑ 海德(Hǎidé)

I

Ian 이안 ㉾ 伊恩(Yī'ēn)
Ickes 이키스 ㉑ 伊克斯(Yīkèsī)
Ida 아이다 ㉓ 艾达(Àidá)
Imogen 이모젠 ㉓ 伊莫金(Yīmòjīn)
Ina 아이나 ㉓ 艾娜(Àinà)
Inez 이네즈 ㉓ 伊内兹(Yīnèizī)
Ingersoll 잉거솔 ㉑ 英格索尔(Yīnggésuǒ'ěr)
Ingram(s) 잉그람(즈) ㉑ 英格拉姆(Yīnggélāmǔ)(斯(sī))
Ingrid 잉그리드 ㉓ 英格丽德(Yīnggélìdé)
Inness 이니스 ㉑ 英尼斯(Yīngnísī)
Ira 아이라 ㉾ 艾拉(Àilā)
Iredell 아이어델 ㉑ 艾尔德尔(Ài'ěrdé'ěr)
Irene 아이린 ㉓ 艾琳(Àilín)
Ireton 아이어튼 ㉑ 艾尔顿(Ài'ěrdùn)
Iris 아이어리스 ㉓ 艾丽斯(Àilìsī)
Ironside 아이언사이드 ㉑ 艾恩赛德(Ài'ēnsàidé)
Irvin 어빈 ㉑ ㉾ 欧文(Ōuwén)

Irwin 어윈 (남)(여) 欧文(Ōuwén)

Isaac 아이작 (남) 艾萨克(Àisàkè)

Isabel 이사벨 (여) 伊莎贝尔(Yīsuōbèi'ěr)

Isabella 이사벨라 (여) 伊莎贝拉(Yīsuōbèilā)

Isaiah 이사야 (남) 艾赛亚(Àisàiyà)(以赛亚(Yǐsàiyà))

Isherwood 이셔우드 (남) 伊舍伍德(Yīshèwǔdé)

Ivan 아이반 (남) 伊凡(Yīfán)

Ives 아이브즈 (남) 艾夫斯(Àifūsī)

Izard 이저드 (남) 伊泽德(Yīzédé)(艾泽德(Àizédé))

J

Jack 잭 (남) 杰克(Jiékè)

Jackson 잭슨 (남)(남) 杰克逊(Jiékèxùn)

Jacob 제이콥 (남) 雅各布(Yǎgèbù)(雅各(Yǎgè))

Jacqueline 재클린 (여) 杰奎琳(Jiékuílín)

Jacques 제이크스, 자아크 (남) 雅克(Yǎkè)

James 제임스 (남)(남) 詹姆斯(Zhānmǔsī)(詹姆士(Zhānmǔshì))

Jameson 제임슨 (남) 詹姆森(Zhānmǔsēn)

Jan 잰 (남)(여) 简(Jiǎn)

Jane 제인 (여) 简(Jiǎn)(珍妮(Zhēnnī))

Janet 자네트 (여) 珍妮特(Zhēnnītè)

Jaques 제이크스 (남) 贾克斯(Gǔkèsī)

Jason 제이슨 (남) 贾森(Gǔsēn)

Jasper 재스퍼 (남) 贾斯珀(Gǔsīpò)

Jay 제이 (남)(남) 杰伊(Jiéyī)

Jean 진 (여) 吉恩(Jí'ēn)(琼(Qióng))

Jeanne 진 (여) 珍妮(Zhēnnī)

Jean(n)ette 지넷 (여) 珍妮特(Zhēnnītè)

Jeans 진즈 (남) 吉恩斯(Jí'ēnsī)

Jeb(b) 젭 (남) 杰布(Jiébù)

Jeffers 제퍼스 (남) 杰弗斯(Jiéfúsī)

Jefferson 제퍼슨 (남) 杰斐逊(Jiéfěixùn)(哲斐逊(Zhéfěixùn))

Jeffrey(s) 제프리(즈) (남)(남) 杰弗里(Jiéfúlǐ)(斯(sī))

Jekyll 지킬 (남) 吉基尔(Jíjī'ěr)

Jenkin(s) 젠킨(즈) (남) 詹金(Zhānjīn)(斯(sī))

Jenner(s) 제너(즈)(남) 詹纳(Zhānnà)(斯(sī))

Jennifer 제니퍼 (여) 詹妮弗(Zhānnīfú)

Jennings 제닝스 (남) 詹宁斯(Zhānníngsī)

Jenny 제니 ㉑ 詹妮(Zhānnī)

Jeremiah 제리마이어 ㉛ 杰里迈亚(Jiélǐmàiyà)

Jeremy 제레미 ㉛ 杰里米(Jiélǐmǐ)

Jerome 저롬 ㉚ ㉛ 杰罗姆(Jiéluómǔ)

Jerrold(或 Jerald) 제랄드 ㉛ 杰罗尔德(Jiéluó'ěrdé)

Jerry 제리 ㉑ 杰丽(Jiélì)

Jervis 저비스 ㉚ 杰维斯(Jiéwéisī)

Jesse 제시 ㉛ 杰西(Jiéxī)

Jessica 제시카 ㉑ 杰西卡(Jiéxīkǎ)

Jessie 제시 ㉑ 杰西(Jiéxī)

Jevons 제븐즈 ㉚ 杰文斯(Jiéwénsī)

Jewel(l) 주얼 ㉑ 朱厄尔(Zhū'è'ěr)

Jewett 주이트 ㉚ 朱厄特(Zhū'ètè)

Jim 짐 ㉛ 吉姆(Jímǔ)

Jimmy(或 Jimmie) 지미 ㉛ 吉米(Jímǐ)

Joan(n) 존 ㉑ 琼(Qióng)

Joanna 조안나 ㉑ 乔安娜(Qiáo'ānnà)

Job 잡 ㉛ 乔布(Qiáobù) (约伯(Yuēbó))

Joe 조 ㉛ 乔(Qiáo)

Joel 조엘 ㉛ 乔尔(Qiáo'ěr)

Johannes 조해네스 ㉛ 约翰尼斯(Yuēhànnísī)

John 존 ㉛ 约翰(Yuēhàn)

Johnny 조니 ㉛ 约翰尼(Yuēhànní)

Johns 존스 ㉚ 约翰斯(Yuēhànsī)

Johnson 존슨 ㉚ 约翰逊(Yuēhànxùn) (约翰生(Yuēhànshēng))

Johnston 존스튼 ㉚ 约翰斯顿(Yuēhànsīdùn)

Jon 존 ㉛ 乔恩(Qiáo'ēn)

Jonah 조나 ㉛ 乔纳(Qiáonà) (约拿(Yuēná))

Jonathan 조나단 ㉛ 乔纳森(Qiáonàsēn)

Jones 존스 ㉚ 琼斯(Qióngsī)

Jonson 존슨 ㉚ 琼森(Qióngsēn) (琼生(Qióngshēng))

Jordan 조단 ㉚ 乔丹(Qiáodān) (朱尔典(Zhū'ěrdiǎn))

Joseph(或 Josef) 조셉 ㉛ 约瑟夫(Yuēsèfū) (约瑟(Yuēsè))

Josephine 조지핀 ㉑ 约瑟芬(Yuēsèfēn)

Josh 조시 ㉛ 乔希(Qiáoxī)

Joshua 조수아 ㉛ 乔舒亚(Qiáoshūyà)

Joule 줄 ㉚ 朱尔(Zhū'ěr) (焦耳(Jiāo'ěr))

Jowett 죠이트 ㉚ 乔伊特(Qiáoyītè)

Joy 조이 ㉑ 乔伊(Qiáoyī)

Joyce 조이스 [성] [여] 乔伊斯(Qiáoyīsī) (乔埃斯(Qiáo'āisī))
Judd 주드 [성] 贾德(Gǔdé)
Jude 주드 [남] 裘德(Qiúdé)
Judith 주디스 [여] 朱迪思(Zhūdísī)
Judson 주드슨 [성] [남] 贾德森(Gǔdésēn)
Jules 줄즈 [남] 朱尔斯(Zhū'ěrsī)
Julia 줄리아 [여] 朱莉娅(Zhūlìyà)
Julian 줄리안 [남] 朱利安(Zhūlì'ān)
Juliana 줄리애나 [여] 朱莉安娜(Zhūlì'ānnà)
Julien 줄리엔 [남] 朱利恩(Zhūlì'ēn)
Juliet 줄리엣 [여] 朱丽叶(Zhūlìyè)
Julius 줄리어스 [남] 朱利叶斯(Zhūlìyèsī)
June 준 [여] 琼(Qióng)
Justin 저스틴 [남] 贾斯廷(Gǔsītíng)
Justus 저스터스 [남] 贾斯特斯(Gǔsītèsī)
Juta 주터 [성] 朱塔(Zhūtǎ)

K

Kane 케인 [성] 凯恩(Kǎi'ēn)
Karl 칼 [남] 卡尔(Kǎ'ěr)
Kate 케이트 [여] 凯特(Kǎitè)
Katharine(或 Katherine) 캐서린 [여] 凯瑟琳(Kǎisèlín)
Kathleen 캐슬린 [여] 凯恩琳(Kǎi'ēnlín)
Kathryn 캐스린 [여] 凯恩琳(Kǎi'ēnlín)
Kathy 캐시 [여] 凯茜(Kǎiqiàn) (卡西(Kǎxī))
Kaufman(n) 코프먼 [성] 考夫曼(Kǎofūmàn)
Kay(e) 케이 [여] 凯(Kǎi)
Kean(e) 키인 [성] 基恩(Jī'ēn)
Kearny 카니 [성] 克尼(Kèní) (卡尼(Kǎní))
Keats 키츠 [성] 基茨(Jīcí) (济慈(Jìcí))
Keble 키블 [성] 基布尔(Jībù'ěr)
Keith 키스 [성] [남] 基恩(Jī'ēn)
Kelland 켈런드 [성] 凯兰(Kǎilán)
Keller 켈러 [성] 凯勒(Kǎilè)
Kell(e)y 켈리 [성] [남] 凯利(Kǎilì)
Kellogg 켈로그 [성] 凯洛格(Kǎiluògé)
Kelvin 켈빈 [성] 凯尔文(Kǎi'ěrwén) (开耳芬(Kāi'ěrfēn))
Kemble 켐블 [성] [남] 肯布尔(Kěnbù'ěr)
Ken 켄 [남] 肯(Kěn)

Kendall 켄들 ⓢ ⓕ 肯德尔(Kěndé'ěr)

Kennan 케넌 ⓢ 凯南(Kǎinán)

Kennedy 케네디 ⓢ 肯尼迪(Kěnnídí)

Kennelly 케널리 ⓢ 肯内利(Kěnnèilì)

Kenneth 케네스 ⓕ 肯尼思(Kěnnísī)

Kenny 케니 ⓢ 肯尼(Kěnní)

Kent 켄트 ⓢ ⓕ 肯特(Kěntè)

Kenyon 케년 ⓢ 凯尼恩(Kǎiní'ēn)

Keppel 케플 ⓢ 凯佩尔(Kǎipèi'ěr)

Ker 커 ⓢ 克尔(Kè'ěr)

Kermit 커밋 ⓢ ⓕ 克米特(Kèmǐtè)

Kern 커언 ⓢ 克恩(Kè'ēn)

Kerr 카, 커 ⓢ 克尔(Kè'ěr)

Kerry 케리 ⓕ 克里(Kèlǐ)

Kettering 케터링 ⓢ 凯特林(Kǎitèlín)

Keyes 키즈 ⓢ 凯斯(Kǎisī)

Keynes 케인스 ⓢ 凯恩斯(Kǎi'ēnsī) (凯因斯(Kǎiyīnsī))

Kidd 키드 ⓢ 基德(Jīdé)

Kilmer 킬머 ⓢ 基尔默(Jǐ'ěrmò)

Kilpatrick 킬패트릭 ⓢ 基尔帕特里克(Jǐ'ěrpàtèlǐkè)

King 킹 ⓢ 金(Jīn)

Kinglake 킹레이크 ⓢ 金莱克(Jīnláikè)

Kingsley 킹슬리 ⓢ 金斯利(Jīnsīlì) (金斯莱(Jīnsīlái))

Kinkaid 킨케이드 ⓢ 金凯德(Jīnkǎidé)

Kinsey 킨지 ⓢ 金西(Jīnxī)

Kipling 키플링 ⓢ 基普林(Jīpǔlín) (吉卜林(Jíbǔlín))

Kirby 커비 ⓢ ⓕ 柯尔比(Kē'ěrbǐ)

Kirk 커크 ⓢ ⓕ 柯克(Kēkè)

Kissinger 키신저 ⓢ 基辛格(Jīxīngé)

Kittredge 키트리지 ⓢ 基特里奇(Jītèlǐqí)

Kitty 키티 ⓕ 基蒂(Jīdì)

Klaus 크라우스 ⓕ 克劳斯(Kèláosī)

Knox 녹스 ⓢ 诺克斯(Nuòkèsī)

Koestler 케슬러 ⓢ 凯斯特勒(Kǎisītèlè)

Kornberg 콘버그 ⓢ 科恩伯格(Kē'ēnbógé)

Krebs 크레브즈 ⓢ 克雷布斯(Kèléibùsī)

Kreisler 크라이슬러 ⓢ 克赖斯勒(Kèlàisīlè)

Kroll 크롤 ⓢ 克罗尔(Kèluó'ěr)

Krutch 크루치 ⓢ 克鲁奇(Kèlǔqí)

Kurt 쿠어트 Ⓜ 库尔特(Kù'ěrtè)
Kusch 쿠시 Ⓢ 库什(Kùshí)
Kyd 키드 Ⓢ 基德(Jīdé)

L

Ladefoged 래디포기드 Ⓢ 拉迪福吉德(Lādífújídé)
Laird 레어드 Ⓢ 莱尔德(Lái'ěrdé)
Lake 레이크 Ⓢ 莱克(Láikè)
Lamar 러마 Ⓢ Ⓜ 拉马尔(Lāmǎ'ěr)
Lamb 램 Ⓢ 兰姆(Lánmǔ)（拉姆(Lāmǔ)）
Lambert 램버트 Ⓢ 兰伯特(Lánbótè)
Lampson 램프슨 Ⓢ 兰普森(Lánpǔsēn)
Lance 랜스 Ⓜ 兰斯(Lánsī)
Lancelot 랜슬롯 Ⓜ 兰斯洛特(Lánsīluòtè)
Landon 랜던 Ⓢ 兰登(Lándēng)
Landor 랜도 Ⓢ 兰道(Lándào)
Landseer 랜시어 Ⓢ 兰西尔(Lánxī'ěr)
Lane 레인 Ⓢ Ⓜ 莱恩(Lái'ēn)
Lange 랭어 Ⓢ 兰格(Lángé)
Langland 랭런드 Ⓢ 兰格兰(Lán'gélán)
Langley 랭리 Ⓢ 兰利(Lánlì)
Langmuir 랭뮤어 Ⓢ 兰米尔(Lánmǐ'ěr)
Langton 랭턴 Ⓢ 兰顿(Lándùn)
Lanier 러니어 Ⓢ 兰尼尔(Lánní'ěr)
Lankester 랭키스터 Ⓢ 兰克斯特(Lánkèsītè)
Lanny 래니 Ⓜ 兰尼(Lánní)
Lansing 랜싱 Ⓢ 兰辛(Lánxīn)
Lardner 라드너 Ⓢ 兰德纳(Lándénà)
Larkin 라킨 Ⓜ 拉金(Lājīn)
Larry 래리 Ⓜ 拉里(Lālǐ)
Laski 래스키 Ⓢ 拉斯基(Lāsījī)
Lattimore 래티모어 Ⓢ 拉铁摩尔(Lātiěmó'ěr)
Laughton 로튼 Ⓢ 劳顿(Láodùn)
Laura 로라 Ⓕ 劳拉(Láolā)
Laurel 로렐 Ⓕ 劳雷尔(Láoléi'ěr)
Laurence 로렌스 Ⓢ Ⓜ 劳伦斯(Láolúnsī)
Laurie 로리 Ⓕ 劳丽(Láolì)
Law 로 Ⓢ 劳(Láo)
Lawes 로즈 Ⓢ 劳斯(Láosī)

Lawrence 로렌스 [성] [남] 劳伦斯(Láolúnsī)
Lawson 로슨 [성] 劳森(Láosēn)
Layard 레어드 [성] 莱亚德(Láiyàdé)
Leacock 리코크 [성] 利科克(Lìkēkè) (李科克(Lǐkēkè))
Leakey 리키 [성] 利基(Lìjī)
Lear 리어 [성] 利尔(Lì'ěr) (李尔(Lǐ'ěr))
Lee 리 [성] [남] [여] 李(Lǐ)
Lehmann 레이먼 [성] 莱曼(Láimàn)
Leigh 리 [성] [남] 利(Lì)
Leighton 레이튼 [성] [남] 莱顿(Láidùn)
Le(i)la 레일라 [여] 莱拉(Láilā)
Leith 리스 [성] 利思(Lìsī)
Leland 리랜드 [성] [남] 利兰(Lìlán)
Leman 레먼 [성] 莱曼(Láimàn)
Lena 리나 [여] 莉娜(Lìnà)
Leo 리오 [남] 利奥(Lì'ào)
Leon 리언 [남] 利昂(Lì'áng)
Léon 레이온 [성] 莱昂(Lái'áng)
Leona 리오나 [여] 莉昂娜(Lì'ángnà)
Leonard 레너드 [성] [남] 伦纳德(Lúnnàdé)
Leonora 리어노라 [여] 利奥诺拉(Lì'àonuòlā)
Lesley(或 Leslie) 레슬리 [여] 莱斯莉(Láisīlì)
Leslie 레슬리 [성] [남] 莱斯利(Láisīlì)
Lester 레스터 [성] [남] 莱斯特(Láisītè)
Leta 리타 [여] 莉塔(Lìtǎ)
Letitia 리티시아 [여] 利蒂希娅(Lìdìxīyà)
Lever 리버 [성] 利弗(Lìfú)
Levy 레비 [성] 利维(Lìwéi) (莱维(Láiwéi))
Lewes 루이스 [성] 刘易斯(Liúyìsī)
Lewis 루이스 [성] [남] 刘易斯(Liúyìsī)
Libby 리비 [성] 利比(Lìbǐ)
Libby 리비 [여] 莉比(Lìbǐ)
Liddel(L) 리델 [성] 利德尔(Lìdé'ěr)
Lilienthal 리리언솔 [성] 利连撒尔(Lìliánsā'ěr)
Lil(L)ian 릴리안 [여] 莉莲(Lìlián)
Lily 릴리 [여] 莉莉(Lìlì)
Lincoln 링컨 [성] [남] 林肯(Línkěn)
Linda(或 Lynda) 린다 [여] 琳达(Líndá)
Lindbergh 린드버그 [성] 林德伯格(Líndébógé) (林白(Línbái))

Lindsay 린지 [성] 林赛(Línsài)
Linklater 링크레이터 [성] 林克莱特(Línkèláitè)
Lionel 라이오넬 [남] 莱昂内尔(Lái'ángnèi'ěr)
Lip(p)man(n) 립먼 [성] 李普曼(Lǐpǔmàn)
Lipton 립톤 [성] 利普顿(Lìpǔdùn)
Lisa 리사 [여] 莉萨(Lìsā)
Little 리틀 [성] 利特尔(Lìtè'ěr)
Littleton 리틀턴 [성] 利特尔顿(Lìtè'ěrdùn)
Livingston 리빙스턴 [성] 利文斯顿(Lìwénsīdùn)
Livingstone 리빙스턴 [성] 利文斯通(Lìwénsītōng)
Lizzie 리지 [여] 莉齐(Lìqí)
Llewellyn 루엘린 [남] 卢艾林(Lúàilín)
L(l)oyd 로이드 [남] 劳埃德(Láoāidé)
Lock(e) 록 [성] 洛克(Luòkè)
Locker 로커 [성] 洛克(Luòkè)
Lockhart 로커트 [성] 洛克哈特(Luòkèhātè)
Lodge 로지 [성] 洛奇(Luòqí)
Loewe 로이 [성] 洛伊(Luòyī)
Logan 로건 [성] [남] 洛根(Luògēn)
Lois 로이스 [여] 洛伊丝(Luòyīsī)
London 런던 [성] 伦敦(Lúndūn)
Long 롱 [성] 朗(Lǎng)
Longfellow 롱펠로 [성] 朗费罗(Lǎngfèiluó)
Longman 롱맨 [성] 朗曼(Lǎngmàn)
Longstreet 롱스트리이트 [성] 朗斯特里特(Lǎngsītèlǐtè)
Lonsdale 론즈데일 [성] 朗斯代尔(Lǎngsīdài'ěr)
Lora 로라 [여] 洛拉(Luòlā)
Lorenzo 로렌조 [남] 洛伦佐(Luòlúnzuǒ)
Loretta 로레타 [여] 洛雷塔(Luòléitǎ)
Lorna 로나 [여] 洛娜(Luònà)
Lough 러프 [성] 洛夫(Luòfū) (洛(Luò))
Louie 루이 [남] 路易(Lùyì)
Louis 루이스 [남] 路易斯(Lùyìsī) (路易(Lùyì))
Louisa 루이자 [여] 路易莎(Lùyìsuō)
Louise 루이즈 [여] 路易丝(Lùyìsī)
Lovell 러벨 [성] 洛弗尔(Luòfú'ěr)
Lover 러버 [성] 洛弗(Luòfú)
Lowell 로웰 [성] [남] 洛厄尔(Luò'è'ěr)
Lowes 로즈 [성] 洛斯(Luòsī)

Lowndes 라운즈 ⑳ 朗兹(Lǎngzī)

Lucas 루카스 ⑳ 卢卡斯(Lúkǎsī)

Luce 루스 ⑳ 卢斯(Lúsī)

Lucia 루시아 ㉔ 露西娅(Lùxīyà)

Lucian 루션 ㉕ 卢西恩(Lúxī'ēn)

Lucretia 루크레시아 ㉔ 卢克丽霞(Lúkèlìxiá)

Lucy 루시 ㉘ ㉔ 露西(Lùxī)

Ludwig 러드윅 ㉕ 路德维格(Lùdéwéigé)（路德维希(Lùdéwéixī)）

Luke 루크 ㉕ 卢克(Lúkè)（路加(Lùjiā)）

Luther 루터 ㉘ ㉕ 卢瑟(Lúsè)（路德(Lùdé)）

Lydgate 리드게이트 ㉘ 丽德盖特(Lìdégàitè)

Lydia 리디아 ㉔ 莉迪亚(Lìdíyà)

Lyell 라이얼 ㉘ 莱尔(Lái'ěr)

Lyle 라일 ㉘ 莱尔(Lái'ěr)

Lyly 릴리 ㉙ 利利(Lìlì)（李利(Lǐlì)）

Lyman 라이먼 ㉙ ㉕ 莱曼(Láimàn)

Lympany 림파니 ㉙ 林帕尼(Línpàní)

Lynch 린치 ㉘ 林奇(Línqí)

Lynd 린드 ㉘ 林德(Líndé)

Lynn 린 ㉙ ㉕ ㉔ 林恩(Lín'ēn)

Lyon(s) 라이온(즈) ㉘ 莱昂(Láiáng)（斯(sī)）

Lytton 리턴 ㉘ 利顿(Lìdùn)（李顿(Lǐdùn)）

M

Maas 마즈 ㉘ 马斯(Mǎsī)

Mabel 메이벌 ㉔ 梅布尔(Méibù'ěr)

MacAdam 맥아담 ㉘ 麦克亚当(Màikèyàdāng)

MacArthur 맥아더 ㉘ 麦克阿瑟(Màikè'āsè)

Macaulay 맥컬리 ㉙ 麦考利(Màikǎolì)（麦考莱(Màikǎolái)）

MacCracken 맥크래컨 ㉘ 麦克拉肯(Màikèlākěn)

MacDonald 맥도날드 ㉘ 麦克唐纳(Màikètángnà)

MacDonnell 맥도넬 ㉘ 麦克唐奈(Màikètángnài)

MacDowell 맥도웰 ㉘ 麦克道尔(Màikèdào'ěr)（麦克道威尔(Màikèdàowēi'ěr)）

Mac(k) 맥 ㉕ 麦克(Màikè)

Mackay(e) 맥케이 ㉘ 麦凯(Màikǎi)

Mackintosh 매킨토시 ㉘ 麦金托什(Màijīntuōshí)

Maclaren 맥래런 ㉘ 麦克拉伦(Màikèlālún)

Maclean(e) 맥클레인 ㉘ 麦克莱恩(Màikèlái'ēn)

MacLeish 맥리쉬 ㉘ 麦克利什(Màikèlìshí)

MacLeod 맥클라우드 ⟨姓⟩ 麦克劳德(Màikèláodé)

MacMillan(或 Macmillan) 맥밀런 ⟨姓⟩ 麦克米伦(Màikèmǐlún)

MacPherson 맥퍼슨 ⟨姓⟩ 麦克弗森(Màikèfúsēn)

Macready 맥리디 ⟨姓⟩ 麦克里迪(Màikèlǐdí)

Madeleine 매들린 ⟨女⟩ 马德琳(Mǎdélín)

Madeline 매들린 ⟨女⟩ 马德琳(Mǎdélín)

Madge 매지 ⟨女⟩ 玛奇(Mǎqí)

Maggie 매기 ⟨女⟩ 玛吉(Mǎjí)

Mailer 메일러 ⟨姓⟩ 梅勒(Méilè)

Maillard 메일라드 ⟨姓⟩ 梅拉德(Méilādé)

Main(e) 메인 ⟨姓⟩ 梅恩(Méi'ēn)(梅因(Méiyīn))

Maitland 메이트런드 ⟨姓⟩ 梅特兰(Méitèlán)

Malan 맬란 ⟨姓⟩ 马伦(Mǎlún)

Malcolm 맬컴 ⟨姓⟩ ⟨男⟩ 马尔科姆(Mǎ'ěrkēmǔ)

Malone 맬로운 ⟨姓⟩ 马隆(Mǎlóng)

Malory 맬로리 ⟨姓⟩ 马罗礼(Mǎluólǐ)

Malthus 맬서스 ⟨姓⟩ 马尔萨斯(Mǎ'ěrsàsī)

Maltz 몰츠 ⟨姓⟩ 莫尔茨(Mò'ěrcí)(马尔茨(Mǎ'ěrcí);马尔兹(Mǎ'ěrzī))

Mamie 메이미 ⟨女⟩ 梅米(Méimǐ)(玛米(Mǎmǐ))

Mander 만더 ⟨姓⟩ 曼德(Màndé)

Manfred 맨프레드 ⟨男⟩ 曼弗雷德(Mànfúléidé)

Mann 맨 ⟨姓⟩ 曼(Màn)

Manning 매닝 ⟨姓⟩ 曼宁(Mànníng)

Mansfield 맨스필드 ⟨姓⟩ 曼斯菲尔德(Mànsīfēi'ěrdé)

Manson 맨슨 ⟨姓⟩ 曼森(Mànsēn)

Manuel 매뉴얼 ⟨男⟩ 曼纽尔(Mànniǔ'ěr)

Mara 마라 ⟨女⟩ 玛拉(Mǎlā)

March 마치 ⟨姓⟩ 马奇(Mǎqí)

Marcia 마셔 ⟨女⟩ 马西娅(Mǎxīyà)

Marcus 마커스 ⟨男⟩ 马库斯(Mǎkùsī)

Margaret 마거릿 ⟨女⟩ 玛格丽特(Mǎgélìtè)

Margery 마저리 ⟨女⟩ 玛杰里(Mǎjiélǐ)

Margie 마지 ⟨女⟩ 玛吉(Mǎjí)

Margot 마고(트) ⟨女⟩ 玛戈(Mǎgē)

Marguerite 마거리트 ⟨女⟩ 玛格丽特(Mǎgélìtè)

Maria 마리아 ⟨女⟩ 玛丽亚(Mǎlìyà)

Marian 메리언 ⟨女⟩ 玛丽安(Mǎlìān)

Mariana 마리아나 ⟨女⟩ 玛丽安娜(Mǎlì'ānnà)

Marie 마리 ⟨女⟩ 玛丽(Mǎlì)

Marina 마리나 ㉐ 玛丽娜(Mǎlìnà)
Marion 메리언 ㉛ ㉑ 马里恩(Mǎlǐ'ēn)
Marion 메리언 ㉐ 玛丽恩(Mǎlì'ēn)
Marjorie(或 Marjory) 마저리 ㉐ 玛齐里(Mǎqílǐ)
Mark(혹 Marc) 마크 ㉑ 马克(Mǎkè)
Markham 마컴 ㉛ 马卡姆(Mǎkǎmǔ)
Marlborough 말보로 ㉛ 莫尔巴勒(Mò'ěrbālè)(马尔巴勒(Mǎ'ěrbālè))
Marlene 말린 ㉐ 马琳(Mǎlín)
Marlin 말린 ㉑ 马林(Mǎlín)
Marlow(e) 말로 ㉛ 马洛(Mǎluò)
Marquis 마퀴스 ㉛ 马奎斯(Mǎkuísī)
Marshal(l) 마셜 ㉛ ㉑ 马歇尔(Mǎxiē'ěr)
Marston 마스턴 ㉛ 马斯顿(Mǎsīdùn)
Martha 마사 ㉐ 玛莎(Mǎsuō)(马撒(Mǎsā))
Martin 마틴 ㉛ ㉑ 马丁(Mǎdīng)
Martineau 마티노우 ㉛ 马蒂诺(Mǎdìnuò)
Marva 마바 ㉐ 玛瓦(Mǎwǎ)
Marvell 마벨 ㉛ 马维尔(Mǎwéi'ěr)
Marvin 마빈 ㉛ ㉑ 马文(Mǎwén)
Mary 메리 ㉐ 玛丽(Mǎlì)
Maryann 메리엔 ㉐ 玛丽安(Mǎlì'ān)
Masefield 메이스필드 ㉛ 梅斯菲尔德(Méisīfēi'ěrdé)
Mason 메이슨 ㉛ ㉑ 梅森(Méisēn)
Massine 매신 ㉛ 马辛(Mǎxīn)
Masson 매슨 ㉛ 马森(Mǎsēn)
Mather 마서 ㉛ 马瑟(Mǎsè)
Matthew 매슈 ㉑ 马修(Mǎxiū)(马太(Mǎtài))
Matthews 매슈즈 ㉛ 马修斯(Mǎxiūsī)
Maturin 매튜린 ㉛ 马图林(Mǎtúlín)
Maud(e) 모드 ㉐ 莫德(Mòdé)
Maugham 몸 ㉛ 莫姆(Mòmǔ)(毛姆(Máomǔ))
Maurice 모리스 ㉛ ㉑ 莫里斯(Mòlǐsī)
Mawson 모슨 ㉛ 莫森(Mòsēn)
Max 맥스 ㉑ 马克斯(Mǎkèsī)
Maxwell 맥스웰 ㉛ ㉑ 马克斯韦尔(Mǎkèsīwéi'ěr)
May 메이 ㉛ ㉐ 梅(Méi)
Mayer(s) 메이어(즈) ㉛ 梅耶(Méiyé)(斯(sī))(迈耶(Màiyé)(斯(sī)))
Maynard 메이나드 ㉑ 梅纳德(Méinàdé)
McCarthy 맥카시 ㉛ 麦卡锡(Màikǎxī)

McClellan 맥클레런 [성] 麦克莱伦(Màikèláilún)
McClure 맥클루어 [성] 麦克卢尔(Màikèlú'ěr)
McCormack 맥코막 [성] 麦考马克(Màikǎomǎkè) (麦科马克(Màikēmǎkè))
McCormick 맥코믹 [성] 麦考密克(Màikǎomìkè)
McConald 맥코날드 [성] 麦克唐纳(Màikètángnà)
McDowell 맥도웰 [성] 麦克道尔(Màikèdào'ěr)
McFee 맥피이 [성] 麦克菲(Màikèfēi)
McIntosh 매킨토시 [성] 麦金托什(Màijīntuōshí)
McIntyre 매킨타이어 [성] 麦金太尔(Màijīntài'ěr)
McKenna 맥케나 [성] 麦肯纳(Màikěnnà) (麦克纳(Màikènà))
McKinley 맥킨리 [성] 麦金利(Màijīnlì)
McMillan 맥밀런 [성] 麦克米伦(Màikèmǐlún)
McNamara 맥너마러 [성] 麦克纳马拉(Màikè'nàmǎlā)
Mead(e) 미드 [성] 米德(Mǐdé)
Melba 멜바 [여] 梅尔巴(Méiěrbā)
Melchers 멜처스 [성] 梅尔彻斯(Méi'ěrchèsī)
Melchior 멜키오 [성] 梅尔斯奥尔(Méi'ěrsī'ào'ěr)
Mellon 멜론 [성] 梅隆(Méilóng)
Melva 멜바 [여] 梅尔瓦(Méi'ěrwǎ)
Melville 멜빌 [성] [남] 梅尔维尔(Méi'ěrwéi'ěr) (麦尔维尔(Mài'ěrwéi'ěr))
Melvin(或 Melvyn) 멜빈 [성] [남] 梅尔文(Méi'ěrwén)
Mencken 멩킨 [성] 门肯(Ménkěn)
Mendelssohn 멘델스존 [성] 门德尔森(Méndé'ěrsēn) (门德尔松(Méndé'ěrsōng))
Menuhin 메뉴인 [성] 梅纽因(Méiniǔyīn)
Mercedes 머시디스 [여] 莫西迪斯(Mòxīdísī)
Meredith 메러디스 [성] [남] [여] 梅雷迪斯(Méiléidísī) (梅瑞狄斯(Méiruìdísī))
Merlin(或 Merlyn) 멀린 [남] 默林(Mòlín)
Merritt 메리트 [성] [남] 梅里特(Méilǐtè)
Merry 메리 [여] 梅丽(Méilì)
Merton 머튼 [성] 默顿(Mòdùn)
Mervin 머빈 [남] 默文(Mòwén)
Metcalfe 메트카프 [성] 梅特卡夫(Méitèkǎfū)
Meyer 마이어 [성] 迈耶(Màiyé) (迈尔(Mài'ěr))
Michael 마이클 [남] 迈克尔(Màikè'ěr)
Michel(le) 미셀 [여] 米歇尔(Mǐxiē'ěr)
Michelson 미첼슨 [성] 米切尔森(Mǐqiē'ěrsēn)
Michener 미치너 [성] 米切纳(Mǐqiēnà)
Mickey 미키 [남] 米基(Mǐjī)
Middleton 미들톤 [성] 米德尔顿(Mǐdé'ěrdùn)

Mike 마이크 ⑬ 迈克(Màikè)

Mildred 밀드리드 ㉔ 米尔德丽德(Mǐ'ěrdélìdé)

Miles(或 Myles) 마일스 ⑬ 迈尔斯(Mài'ěrsī)

Milford 밀포드 ㉓⑬ 米尔福德(Mǐ'ěrfúdé)

Mill 밀 ㉓ 米尔(Mǐ'ěr)（穆勒(Mùlè)）

Millais 밀라이 ㉓ 米莱(Mǐlái)

Millard 밀라드 ㉓⑬ 米勒德(Mǐlèdé)

Millay 밀레이 ㉓ 米莱(Mǐlái)

Miller 밀러 ㉓ 米勒(Mǐlè)

Millicent 밀리슨트 ㉔ 米莱森特(Mǐláisēntè)

Millie 밀리 ㉔ 米莉(Mǐlì)

Millikan 밀리컨 ㉓ 米利肯(Mǐlìkěn)

Milne 밀른 ㉓ 米尔恩(Mǐ'ěrēn)

Milner 밀너 ㉓ 米尔纳(Mǐ'ěrnà)

Milo 마일로 ⑬ 迈洛(Màiluò)（米洛(Mǐluò)）

Milton 밀턴 ㉓⑬ 米尔顿(Mǐ'ěrdùn)（弥尔顿(Mí'ěrdùn)）

Minnie 미니 ㉔ 明妮(Míngnī)

Minot 마이넛 ㉓ 迈诺特(Màinuòtè)

Mirabel 미라벨 ㉔ 米拉贝尔(Mǐlābèi'ěr)

Miranda 미란다 ㉔ 米兰达(Mǐlándá)

Miriam 미리엄 ㉔ 米丽亚姆(Mǐlìyàmǔ)

Mitchell 미첼 ㉓⑬ 米切尔(Mǐqiē'ěr)

Mitford 미트포드 ㉓ 米特福德(Mǐtèfúdé)

Molly(或 Mollie) 몰리 ㉔ 莫莉(Mòlì)

Mona 모나 ㉔ 莫娜(Mònà)

Mond 몬드 ⑬ 蒙德(Méngdé)

Monica 모니카 ㉔ 蒙妮卡(Méngnīkǎ)

Monro(e) 먼로 ㉓⑬ 门罗(Ménluó)

Monsarrat 몬서래트 ㉓ 蒙萨拉特(Méngsālātè)

Montagu(e) 몬터규 ㉓⑬ 蒙塔古(Méngtǎgǔ)

Monte(或 Monty) 몬티 ⑬ 蒙蒂(Méngdì)

Montfort 몬트포트 ㉓ 蒙特福特(Méngtèfútè)

Montgomery 몽고메리 ㉓ 蒙哥马利(Ménggēmǎlì)

Moody 무디 ㉓ 穆迪(Mùdí)

Mooney 무니 ㉓ 穆尼(Mùní)

Moore 무어 ㉓ 穆尔(Mù'ěr)（摩尔(Mó'ěr)）

More 모어 ㉓ 莫尔(Mò'ěr)

Morgan 모건 ㉓⑬ 摩根(Mógēn)（摩尔根(Mó'ěrgēn)）

Morgenthau 모건소오 ㉓ 摩根索(Mógēnsuǒ)

Morison 모리슨 ⓐ 莫里森(Mòlǐsēn)

Morley 몰리 ⓐ 莫利(Mòlì)

Morris 모리스 ⓐⓖ 莫里斯(Mòlǐsī)

Morrison 모리슨 ⓐ 莫里森(Mòlǐsēn)（马礼逊(Mǎlǐxùn)）

Morse 모스 ⓐ 莫尔斯(Mò'ěrsī)

Morton 모턴 ⓐⓖ 莫顿(Mòdùn)

Mosby 모즈비 ⓐ 莫斯比(Mòsībǐ)

Moses 모지즈 ⓐⓖ 摩西(Móxī)

Mosley 모즐리 ⓐ 莫斯利(Mòsīlì)

Motley 모틀리 ⓐ 莫特利(Mòtèlì)

Mott 모트 ⓐ 莫特(Mòtè)

Moulton 몰턴 ⓐ 莫尔顿(Mò'ěrdùn)

Mountbatten 마운트배턴 ⓐ 蒙巴顿(Méngbādùn)

Muir 뮤어 ⓐ 缪尔(Móu'ěr)（米尔(Mǐ'ěr)）

Muller 뮬러 ⓐ 马勒(Mǎlè)（米勒(Mǐlè)）

Mumford 멈포드 ⓐ 芒福德(Mángfúdé)

Muriel 뮤리엘 ⓒ 穆丽尔(Mùlì'ěr)

Murphy 머피 ⓐ 墨菲(Mòfēi)

Murray 머리 ⓐⓖ 墨里(Mòlǐ)

Myra 마이라 ⓒ 迈拉(Màilā)

Myron 마이어론 ⓖ 迈伦(Màilún)

Myrtle 머틀 ⓒ 墨特尔(Mòtè'ěr)

N

Nabarro 너바로우 ⓐ 纳巴罗(Nàbāluó)

Nahum 네이엄 ⓐ 内厄姆(Nèièmǔ)

Nancy 낸시 ⓒ 南希(Nánxī)

Naomi 나오미 ⓒ 内奥米(Nèiàomǐ)

Nash 내쉬 ⓐ 纳什(Nàshí)

Nasmyth 네이즈미스 ⓐ 内史密斯(Nèishǐmìsī)

Natalie 나탈리 ⓒ 纳塔莉(Nàtǎlì)

Nathan 네이선 ⓐⓖ 内森(Nèisēn)

Nathaniel 너새니얼 ⓖ 纳撒尼尔(Nàsāní'ěr)

Ned 네드 ⓖ 内德(Nèidé)

Nedra 네드라 ⓒ 内德拉(Nèidélā)

Needham 니덤 ⓐ 尼达姆(Nídámǔ)

Neil(或 Neal) 닐 ⓖ 尼尔(Ní'ěr)

Nelda 넬다 ⓒ 内尔达(Nèi'ěrdá)

Nell 넬 ⓒ 内尔(Nèi'ěr)

Nellie 넬리 [여] 内莉(Nèilì)
Nelson 넬슨 [성] [남] 纳尔逊(Nà'ěrxùn)
Nettie 네트 [여] 内蒂(Nèidì)
Neva 네이버 [여] 内瓦(Nèiwǎ)
Nevill(e) 네빌 [성] [남] 内维尔(Nèiwéi'ěr)
Nevin 네빈 [성] [남] 内文(Nèiwén)
Nevins 네빈즈 [성] 内文斯(Nèiwénsī)
Newbolt 뉴볼트 [성] 纽博尔特(Niǔbó'ěrtè)
Newell 뉴얼 [성] [남] 纽厄尔(Niǔ'è'ěr)
Newman(n) 뉴먼 [성] 纽曼(Niǔmàn)
Newton 뉴턴 [성] [남] 牛顿(Niúdùn)
Nicholas 니콜라스 [남] 尼古拉斯(Nígǔlāsī)
Nichol(s) 니콜(즈) [성] 尼科尔(Níkē'ěr)(斯(sī))
Nicholson 니콜슨 [성] 尼科尔森(Níkē'ěrsēn)
Nick 닉 [남] 尼克(Níkè)
Nicol(l) 니콜 [성] 尼科尔(Níkē'ěr)
Nicolson 니콜슨 [성] 尼科尔森(Níkē'ěrsēn)
Nigel 나이젤 [남] 奈杰尔(Nàijié'ěr)
Nightingale 나이팅게일 [성] 奈廷格尔(Nàitínggé'ěr) (南丁格尔(Nándīnggé'ěr))
Niles 나일즈 [성] [남] 奈尔斯(Nài'ěrsī)
Nimitz 니미츠 [성] 尼米兹(Nímǐzī)
Nina 니나 [여] 尼娜(Nínà)
Nixon 닉슨 [성] 尼克松(Níkèsōng)
Noah 노아 [남] 诺亚(Nuòyà)
Noble 노블 [성] 诺布尔(Nuòbù'ěr)
Noel 노엘 [성] [남] [여] 诺埃尔(Nuòāi'ěr)
Nola 놀라 [여] 诺拉(Nuòlā)
Nolan 놀란 [남] 诺兰(Nuòlán)
Nona 노나 [여] 诺娜(Nuònà)
Nora(h) 노라 [여] 诺拉(Nuòlā) (娜拉(Nàlā))
Norbert 노버트 [남] 诺伯特(Nuòbótè)
Norma 노마 [여] 诺玛(Nuòmǎ)
Norman 노먼 [남] 诺曼(Nuòmàn)
Norris 노리스 [성] [남] 诺里斯(Nuòlǐsī)
North 노스 [성] 诺思(Nuòsī)
Northcliffe 노스크리프 [성] 诺思克利夫(Nuòsīkèlìfū)
Norton 노턴 [성] [남] 诺顿(Nuòdùn)
Noyes 노이즈 [성] 诺伊斯(Nuòyīsī)
Nye 나이 [성] 奈(Nài)

O

Oates 오츠 [성] 奥茨(Àocí)
Obadiah 오버다이어 [남] 奥巴代亚(Àobādàiyà)
O'Brien 오브라이언 [성] 奥布赖恩(Àobùlài'ēn)
O'Casey 오케이시 [성] 奥凯西(Àokǎixī) (奥卡西(Àokǎxī))
Occam 오컴 [성] 奥克姆(Àokèmǔ)
O'Connell 오코넬 [성] 奥康内尔(Àokāngnèi'ěr)
O'Connor 오코너 [성] 奥康纳(Àokāngnà) (奥康诺(Àokāngnuò))
Odets 오데츠 [성] 奥德茨(Àodécí)
O'Flaherty 오프레어티 [성] 奥弗莱厄蒂(Àofúlái'èdì)
Ogden 오그던 [성] 奥格登(Àogédēng)
Oglethorpe 오글소오프 [성] 奥格尔索普(Àogé'ěrsuǒpǔ)
O'Hare 오헤어 [성] 奥黑尔(Àohēi'ěr)
O'Keef(f)e 오키프 [성] 奥基夫(Àojīfū)
O'Kelly 오켈리 [성] 奥凯利(Àokǎilì)
Oldcastle 올드캐슬 [성] 奥尔德卡斯尔(Ào'ěrdékǎsī'ěr)
Olga 올가 [여] 奥尔加(Ào'ěrjiā)
Olive 올리브 [여] 奥莉夫(Àolìfū)
Oliver 올리버 [성] [남] 奥利弗(Àolìfú)
Olivia 올리비아 [여] 奥莉维亚(Àolìwéiyà)
Ollie 올리 [남] 奥利(Àolì)
O'Neil(l) 오닐 [성] 奥尼尔(Àoní'ěr)
Onions 어니언즈 [성] 奥尼恩斯(Àoní'ēnsī)
Opal 오팔 [여] 奥普尔(Àopǔ'ěr)
Oppenheim 오픈하임 [성] 奥本海姆(Àoběnhǎimǔ)
Oppenheimer 오픈하이머 [성] 奥本海默(Àoběnhǎimò)
Ora 오라 [남] 奥拉(Àolā)
Orlando 올랜도 [남] 奥兰多(Àolánduō)
Ormsby 옴즈비 [성] 奥姆斯比(Àomǔsībǐ)
Or(r)in 오린 [성] [남] 奥林(Àolín)
Orville 오빌 [성] [남] 奥维尔(Àowéi'ěr)
Osbert 오즈버트 [남] 奥斯伯特(Àosībótè)
Osborn(e) 오스본 [성] 奥斯本(Àosīběn)
Oscar 오스카 [남] 奥斯卡(Àosīkǎ)
Oswald 오스월드 [남] 奥斯瓦德(Àosīwǎdé)
Otis 오티스 [성] [남] 奥蒂斯(Àodìsī)
Otto 오토우 [남] 奥托(Àotuō) (鄂图(Ètú))
Otway 오트웨이 [성] 奥特韦(Àotèwéi)
Ovid 오비드 [성] 奥维德(Àowéidé)

Owen 오웬 ⓢ ⓑ 欧文(Ōuwén)

P

Page 페이지 ⓢ 佩奇(Pèiqí)

Pain(e) 페인 ⓢ 佩因(Pèiyīn)(潘恩(Pān'ēn))

Paley 페일리 ⓢ 佩利(Pèilì)

Palgrave 펠그레이브 ⓑ ⓢ 帕尔格雷夫(Pà'ěrgéléifū)

Palmer 파머 ⓢ ⓑ 帕尔默(Pà'ěrmò)

Palmerston 파머스톤 ⓢ 帕默斯顿(Pàmòsīdùn)

Pamela 패멀라 ⓔ 帕梅拉(Pàméilā)

Pankhurst 팽크허스트 ⓢ 潘克赫斯特(Pānkèhèsītè)

Pare(s) 페어(즈) ⓢ 佩尔(Pèi'ěr)(斯(sī))

Paris 파리스 ⓢ 帕里斯(Pàlǐsī)

Park 파크 ⓢ 帕克(Pàkè)(派克(Pàikè))

Parker 파커 ⓢ ⓑ 帕克(Pàkè)(派克(Pàikè))

Parkman 파크먼 ⓢ 帕克曼(Pàkèmàn)

Parley 파알리 ⓢ 帕利(Pàlì)

Parnell 파넬 ⓢ 帕内尔(Pànèi'ěr)

Parr 파 ⓢ 帕尔(Pà'ěr)

Parrish 패리쉬 ⓢ 帕里什(Pàlǐshí)

Parry 패리 ⓢ 帕里(Pàlǐ)

Parson 파슨 ⓢ 帕森(Pàsēn)

Partridge 페트리지 ⓢ 帕特里奇(Pàtèlǐqí)

Passe 패스 ⓢ 帕斯(Pàsī)

Pat 패트 ⓑ 帕特(Pàtè)

Pater 페이터 ⓢ 佩特(Pèitè)

Patience 페이션스 ⓔ 佩兴斯(Pèixīngsī)

Patricia 패트리샤 ⓔ 帕特丽夏(Pàtèlìxià)

Patrick 패트릭 ⓑ 帕特里克(Pàtèlǐkè)

Pattison 패티슨 ⓢ 帕蒂森(Pàdìsēn)

Patty(或 Patti, Pattie) 패티 ⓔ 帕蒂(Pàdì)

Paul 폴 ⓢ ⓑ 保罗(Bǎoluó)

Paula 폴라 ⓔ 波拉(Bōlā)

Pauline 파울리인 ⓔ 波琳(Bōlín)

Pauling 파울링 ⓢ 波林(Bōlín)

Payne 페인 ⓢ 佩恩(Pèi'ēn)

Peabody 피보디 ⓢ 皮博迪(Píbódí)

Peacock 피코크 ⓢ 皮科克(Píkēkè)

Peal 필 ⓢ 皮尔(Pí'ěr)

Pearl 펄 [여] 珀尔(Pò'ěr)
Pearson 피어슨 [성] 皮尔逊(Pí'ěrxùn)
Peel(e) 피일 [성] 皮尔(Pí'ěr)
Peg 페그 [여] 佩格(Pèigé)
Peggy 페기 [여] 佩吉(Pèijí)
Pegram 피그럼 [성] 皮格勒姆(Pígélèmǔ) (佩格勒姆(Pèigélèmǔ))
Penelope 피넬러피 [여] 佩内洛普(Pèinèiluòpǔ)
Penn 펜 [성] 佩恩(Pèi'ēn)
Pennell 페넬 [성] 彭内尔(Péngnèi'ěr)
Penny 페니 [여] 彭妮(Péngnī)
Penrose 펜로우즈 [성] 彭罗斯(Péngluósī)
Pepys 페피스 [성] 佩皮斯(Pèipísī)
Percy 퍼어시 [성] [남] 珀西(Pòxī)
Perkin(s) 퍼어킨(즈) [성] 珀金(Pòjīn)(斯(sī))
Perry 페리 [성] [남] 佩里(Pèilǐ)
Pershing 퍼싱 [성] 珀欣(Pòxīn)
Pete 피트 [남] 皮特(Pítè)
Peter(s) 피터(즈) [성] [남] 彼得(Bǐdé)(斯(sī))
Petrie 페트리 [성] 皮特里(Pítèlǐ)
Petty 페티 [성] 佩蒂(Pèidì)
Phil 필 [남] 菲尔(Fēi'ěr)
Phil(l)ip 필립 [남] 菲利普(Fēilìpǔ) (菲力普(Fēilìpǔ))
Phil(l)ips 필립스 [성] 菲利普斯(Fēilìpǔsī) (菲力普斯(Fēilìpǔsī))
Phillpotts 필포츠 [성] 菲尔波茨(Fēi'ěrbōcí)
Phoebe 피비 [여] 菲比(Fēibǐ)
Phyllis 필리스 [여] 菲莉斯(Fēilìsī)
Pickering 피커링 [성] 皮克林(Píkèlín)
Picket(t) 피켓 [성] 皮克特(Píkètè)
Pierce 피어스 [성] 皮尔斯(Pí'ěrsī)
Pierre 피어 [남] 皮埃尔(Pí'āi'ěr)
Pigou 피구 [성] 皮古(Pígǔ)
Pike 파이크 [성] 波克(Bōkè)
Pinckney 핑크니 [성] 平克尼(Píngkèní)
Pinero 피네로 [성] 皮尼罗(Píníluó) (平内罗(Píngnèiluó))
Pinkerton 핀커튼 [성] 平克顿(Píngkèdùn)
Pitman 피트먼 [성] 皮特曼(Pítèmàn)
Pitt 피트 [성] 皮特(Pítè) (庇特(Bìtè))
Plimsoll 프림솔 [성] 普利姆索尔(Pǔlìmǔsuǒ'ěr)
Poe 포 [성] 波(Bō) (坡(Pō))

Polk 포크 ⓢ 波尔克(Bō'ěrkè)
Pol(1)itt 폴릿 ⓢ 波利特(Bōlìtè) (波立特(Bōlìtè))
Pollock 폴락 ⓢ 波洛克(Bōluòkè)
Polly 폴리 ⓕ 波莉(Bōlì)
Pons 폰즈 ⓢ 庞斯(Pángsī)
Pope 포프 ⓢ 波普(Bōpǔ) (蒲柏(Púbǎi))
Portal 포탈 ⓢ 波特尔(Bōtè'ěr)
Porter 포터 ⓢ ⓖ 波特(Bōtè)
Portia 포샤 ⓕ 波西娅(Bōxīyà)
Portland 포틀랜드 ⓢ 波特兰(Bōtèlán)
Post 포스트 ⓢ 波斯特(Bōsītè)
Pound 파운드 ⓢ 庞德(Pángdé)
Poupart 포파트 ⓢ 波帕特(Bōpàtè)
Powel(1) 포웰 ⓢ 鲍威尔(Bàowēi'ěr)
Pownall 파우날 ⓢ 波纳尔(Bōnà'ěr)
Powys 포이스 ⓢ 波伊斯(Bōyīsī)
Pratt 프래트 ⓢ 普拉特(Pǔlātè)
Prescott 프레스컷 ⓢ 普雷斯科特(Pǔléisīkētè)
Prestige 프레스티지 ⓢ 普雷斯蒂奇(Pǔléisīdìqí)
Preston 프레스턴 ⓖ 普雷斯顿(Pǔléisīdùn)
Prevost 프레비스트 ⓢ 普雷沃斯特(Pǔléiwòsītè)
Price 프라이스 ⓢ 普赖斯(Pǔlàisī)
Pride 프라이드 ⓢ 普赖德(Pǔlàidé)
Priestley 프리스틀리 ⓢ 普里斯特利(Pǔlǐsītèlì) (普利斯特莱(Pǔlìsītèlái))
Prior 프라이어 ⓢ 普赖尔(Pǔlài'ěr)
Priscilla 프리실라 ⓕ 普丽西拉(Pǔlìxīlā)
Pritt 프리트 ⓢ 普里特(Pǔlǐtè)
Proust 프루스트 ⓢ 普鲁斯特(Pǔlǔsītè)
Prudence 프루던스 ⓕ 普鲁登斯(Pǔlǔdēngsī)
Prynne 프린 ⓢ 普林(Pǔlín)
Pulitzer 퓰리처 ⓢ 普利策(Pǔlìcè) (帕利策(Pàlìcè))
Pullman 풀먼 ⓢ 普尔曼(Pǔ'ěrmàn)
Purcell 퍼셀 ⓢ 珀塞尔(Pòsāi'ěr)
Purchas 퍼처스 ⓢ 珀切斯(Pòqiēsī)
Pusey 퓨지 ⓢ 普西(Pǔxī)
Pye 파이 ⓢ 波伊(Bōyī)
Pyle 파일 ⓢ 波尔(Bō'ěr)
ym 핌 ⓢ 皮姆(Pímǔ)

Q

Quain 크웨인 ⓢ 奎因(Kuíyīn)

Quarles 퀄즈 ⓢ 夸尔斯(Kuā'ěrsī)

Quay 퀘이 ⓢ 奎伊(Kuíyī)

Queen 퀸 ⓢ 奎因(Kuíyīn)

Queensberry 퀸즈베리 ⓢ 昆斯伯里(Kūnsībólǐ)

Quentin 퀜틴 ⓑ 昆廷(Kūntíng)

Quick 퀵 ⓢ 奎克(Kuíkè)

Quiller 퀼러 ⓢ 奎勒(Kuílè)

Quiller-Couch 퀼러코우치 ⓢ 奎勒(Kuílè)-库奇(Kùqí)

Quilter 퀼터 ⓢ 奎尔特(Kuí'ěrtè)

Quinault 퀴널트 ⓢ 昆纳尔特(Kūnnà'ěrtè)

Quinc(e)y 퀸시 ⓢ 昆西(Kūnxī)

Quin(n) 퀸 ⓢ 奎因(Kuíyīn)

Quintard 퀸타드 ⓢ 昆塔特(Kūntǎtè)

Quirey 퀴리 ⓢ 奎厄里(Kuí'èlǐ)

Quitman 퀴트먼 ⓢ 奎特曼(Kuítèmàn)

R

Rachel 레이첼 ⓔ 雷切尔(Léiqiē'ěr)

Radcliffe 래드크리프 ⓢ 拉德克利夫(Lādékèlìfū)

Rae 레이 ⓢ ⓔ 雷(Léi)

Rafael(或 Raphael) 래페이얼 ⓑ 拉斐尔(Lāfěi'ěr)

Raglan 래글런 ⓢ 拉格伦(Lāgélún)

Rale(i)gh 로리 ⓢ ⓑ 罗利(Luólì)(雷利(Léilì))

Ralph 랠프 ⓑ 拉尔夫(Lā'ěrfū)

Raman 라먼 ⓢ 拉曼(Lāmàn)

Ramon 레이몬 ⓑ 雷蒙(Léiméng)

Ramona 라모나 ⓔ 雷蒙娜(Léiméngnà)

Ramsay 램지 ⓢ 拉姆齐(Lāmǔqí)

Ramsden 램즈던 ⓢ 拉姆斯登(Lāmǔsīdēng)

Rance 란스 ⓢ 兰斯(Lánsī)

Randal(l) 랜들 ⓑ 兰德尔(Lándé'ěr)

Randolph 랜돌프 ⓢⓑ 伦道夫(Lúndàofū)

Randy 랜디 ⓑ 兰迪(Lándí)

Ransom 랜섬 ⓢ 兰塞姆(Lánsāimǔ)

Raphael 라파엘 ⓢ 拉斐尔(Lāfěi'ěr)

Rawlinson 로린슨 ⓢ 罗林森(Luólínsēn)

Ray 레이 ⓢⓑ 雷(Léi)

Rayleigh 레일리 ⊗ 雷利(Léilì)（瑞利(Ruìlì)）

Raymond 레이몬드 ⊗ ⊕ 雷蒙德(Léiméngdé)

Read(e) 리드 ⊗ 里德(Lǐdé)

Reading 레딩 ⊗ 雷丁(Léidīng)（里丁(Lǐdīng)）

Reba 레바 ⊖ 丽巴(Lìbā)

Rebecca 레베카 ⊖ 丽贝卡(Lìbèikǎ)

Redmond 레드몬드 ⊗ 雷德蒙(Léidéméng)

Reed 리드 ⊗ 里德(Lǐdé)

Reese 리스 ⊗ 里斯(Lǐsī)

Regina 리자이나 ⊖ 丽贾纳(Lìgǔ'nà)

Reginald 레지널드 ⊕ 雷金纳德(Léijīnnàdé)

Reid 리드 ⊗ ⊕ 里德(Lǐdé) 李德(Lǐdé)

Remarque 리마크 ⊗ 雷马克(Léimǎkè)

Remington 레밍턴 ⊗ 雷明顿(Léimíngdùn)

Remsen 렘슨 ⊗ 雷姆森(Léimǔsēn)

Rena 리나 ⊖ 丽娜(Lìnà)

Rene 레네이 ⊕ 雷内(Léinèi)

Reuben 루벤 ⊕ 鲁本(Lǔběn)

Revere 리비어 ⊗ 里维尔(Lǐwéi'ěr)

Rex 렉스 ⊕ 雷克斯(Léikèsī)

Reynold 레이놀드 ⊕ 雷诺(Léinuò)

Reynolds 레이놀즈 ⊗ 雷诺兹(Léinuòzī)

Rhea 레아 ⊖ 丽亚(Lìyà)（雷亚(Léiyà)）

Rhoda 로다 ⊖ 罗达(Luódá)

Rhodes 로즈 ⊗ 罗兹(Luózī)

Rhondda 론다 ⊗ 朗达(Lǎngdá)

Rhys 리스 ⊗ 里斯(Lǐsī)

Ricardo 리카도 ⊗ 里卡多(Lǐkǎduō)（李嘉图(Lǐjiātú)）

Rice 라이스 ⊗ 赖斯(Làisī)

Richard 리처드 ⊗ ⊕ 理查德(Lǐchádé)（理查(Lǐchá)）

Richards 리처즈 ⊗ 理查兹(Lǐcházī)

Richardson 리처드슨 ⊗ 理查森(Lǐchásēn)（理查逊(Lǐcháxùn)）

Ridge 리지 ⊗ 里奇(Lǐqí)

Ridley 리들리 ⊗ 里德利(Lǐdélì)

Ridpath 리드파스 ⊗ 里德帕思(Lǐdépàsī)

Riley 라일리 ⊗ ⊕ 赖利(Làilì)

Rinehart 라인하트 ⊗ 赖因哈特(Làiyīnhātè)（莱因哈特(Láiyīnhātè)）

Ripley 리플리 ⊗ 里普利(Lǐpǔlì)

Ripman 립먼 ⊗ 里普曼(Lǐpǔmàn)

Rita 리타 ㉔ 丽塔(Lìtǎ)

Ritchie 리치 ㉛ 里奇(Lǐqí)

Rob 롭 ㉖ 罗布(Luóbù)

Robbins 로빈스 ㉛ 罗宾斯(Luóbīnsī)

Robert 로버트 ㉖ 罗伯特(Luóbótè)

Roberta 로버타 ㉔ 罗伯塔(Luóbótǎ)

Roberts 로버츠 ㉛ 罗伯茨(Luóbócí)

Robertson 로버트슨 ㉛ 罗伯逊(Luóbóxùn)

Robeson 로브슨 ㉛ 罗伯逊(Luóbóxùn)

Robin 로빈 ㉖㉔ 罗宾(Luóbīn)

Robins 로빈스 ㉛ 罗宾斯(Luóbīnsī)

Robinson 로빈슨 ㉛ 鲁宾逊(Lǔbīnxùn)(鲁滨逊(Lǔbīnxùn);鲁滨孙(Lǔbīnsūn))

Rochelle 로셸 ㉛㉔ 罗谢尔(Luóxiè'ěr)

Rockefeller 록펠러 ㉛ 洛克菲勒(Luòkèfēilè)

Rockingham 로킹엄 ㉛ 罗金厄姆(Luójīnèmǔ)

Roderic(k) 로더릭 ㉖ 罗德里克(Luódélǐkè)

Rodger 로저 ㉖ 罗杰(Luójié)

Rodgers 로저스 ㉛ 罗杰斯(Luójiésī)

Rodney 로드니 ㉛㉖ 罗德尼(Luódéní)

Roger 로저 ㉖ 罗杰(Luójié)

Rogers 로저스 ㉛㉖ 罗杰斯(Luójiésī)

Roget 로제 ㉛ 罗瑞(Luóruì)

Rolf(e) 롤프 ㉖ 罗尔夫(Luó'ěrfū)

Rol(l)and 롤런드 ㉖ 罗兰(Luólán)

Rollin 롤인 ㉖ 罗林(Luólín)

Romanes 로마니즈 ㉛ 罗马尼斯(Luómǎnísī)

Romney 롬니 ㉛ 罗姆尼(Luómǔní)

Rona(或 Rhona) 로나 ㉔ 罗娜(Luónà)

Ronald 로널드 ㉖ 罗纳德(Luónàdé)

Ronda 론다 ㉔ 朗达(Lǎngdá)

Ronnie 로니 ㉖ 罗尼(Luóní)

Ronnie 로니 ㉔ 罗妮(Luóní)

Roosevelt 루스벨트 ㉛ 罗斯福(Luósīfú)

Root 루트 ㉛ 鲁特(Lǔtè)

Rosa 로자 ㉔ 罗莎(Luósuō)

Rosalie 로잘리 ㉔ 罗莎莉(Luósuōlì)

Rosalind 로잘린드 ㉔ 罗莎琳德(Luósuōlíndé)

Roscoe 로스코우 ㉛㉖ 罗斯科(Luósīkē)

Rose 로즈 ㉛㉔ 罗斯(Luósī)

Rosebery 로즈버리 [성] 罗斯伯里(Luósībólǐ)
Rosemary 로즈메리 [여] 罗斯玛丽(Luósīmǎlì)
Rosetta 로제타 [여] 罗泽塔(Luózétǎ)
Ross 로스 [성] [남] 罗斯(Luósī)
Rossetti 로세티 [성] 罗塞蒂(Luósāidì)(罗赛蒂(Luósàidì))
Rothenstein 로선스타인 [성] 罗森斯坦(Luósēnsītǎn)
Rowe 로우 [성] 罗(Luó)
Rowena 로위나 [여] 罗伊娜(Luóyīnà)
Rowland 롤런드 [남] 罗兰(Luólán)
Rowley 롤리 [성] 罗利(Luólì)
Roy 로이 [남] 罗伊(Luóyī)
Royal(l) 로열 [성] [남] 罗亚尔(Luóyà'ěr)
Royce 로이스 [성] [남] 罗伊斯(Luóyīsī)
Ruben 루벤 [남] 鲁宾(Lǔbīn)
Ruby 루비 [여] 鲁比(Lǔbǐ)
Rudolph(或 Rudolf) 루돌프 [남] 鲁道夫(Lǔdàofū)
Rudy 루디 [남] 鲁迪(Lǔdí)
Rufus 루퍼스 [남] 鲁弗斯(Lǔfúsī)
Runyon 런연 [성] 鲁尼恩(Lǔní'ēn)
Rupert 루퍼트 [성] [남] 鲁珀特(Lǔpòtè)
Rush 러시 [성] 拉什(Lāshí)
Rusk 러스크 [성] 腊斯克(Làsīkè)
Ruskin 러스킨 [성] 拉斯金(Lāsījīn)(罗斯金(Luósījīn))
Russell 러셀 [성] 拉塞尔(Lāsāi'ěr)(罗素(Luósù))
Ruth 루스 [여] 鲁思(Lǔsī)(露丝(Lùsī))
Rutherford 러더퍼드 [성] 拉瑟福德(Lāsèfúdé)(卢瑟福(Lúsèfú))
Rutledge 러틀리지 [성] 拉特利奇(Lātèlìqí)
Ryder 라이더 [성] 赖德(Làidé)
Ryland 라일런드 [성] [남] 赖兰(Làilán)

S

Sabin 세이빈 [성] 萨宾(Sābīn)
Sabine 세바인 [성] 萨拜因(Sābàiyīn)
Sackville 세크빌 [성] 萨克维尔(Sākèwéi'ěr)
Sadie 세디 [여] 塞迪(Sāidí)
Sage 세이지 [성] 塞奇(Sāiqí)
Sainsbury 세인즈버리 [성] 塞恩斯伯里(Sāi'ēnsībólǐ)
Saintsbury 세인츠버리 [성] 森茨伯里(Sēncíbólǐ)
Sally(或 Sallie) 샐리 [여] 萨莉(Sālì)

Salusbury(或 Salisbury) 솔즈베리 [성] 索尔兹伯里(Suǒ'ěrzībólǐ)
Sam 샘 [남] 萨姆(Sāmǔ)
Sammy(或 Sammie) 새미 [남] 萨米(Sāmǐ)
Sampson 샘프슨 [성] 桑普森(Sāngpǔsēn)
Samson 샘슨 [남] 萨姆森(Sāmǔsēn) (参孙(Cānsūn))
Samuel 새무얼 [남] 塞缪尔(Sāimóu'ěr)
Sandberg 샌드버그 [성] 桑德伯格(Sāngdébógé)
Sandford 샌드포드 [남] 桑福德(Sāngfúdé)
Sandra 샌드라 [여] 桑德拉(Sāngdélā)
Sanger 생어 [성] 桑格(Sānggé)
Sapir 사피어 [성] 萨皮尔(Sāpí'ěr)
Sara(h) 사라 [여] 萨拉(Sālā)
Saralee 사라리 [여] 萨拉莉(Sālālì)
Sargent 사전트 [성] 萨金特(Sājīntè) (沙尔金(Shā'ěrjīn))
Saroyan 사로얀 [성] 萨罗扬(Sāluóyáng) (萨洛扬(Sāluòyáng))
Sassoon 사순 [성] 萨松(Sāsōng) (沙逊(Shāxùn))
Saul 솔 [남] 索尔(Suǒ'ěr)
Saundra 산드라 [여] 桑德拉(Sāngdélā)
Savage 새비지 [성] 萨维奇(Sāwéiqí)
Savels 새벌즈 [성] 萨弗尔斯(Sāfú'ěrsī)
Sawyer(s) 소즈 [성] 索耶(Suǒyé)(斯(sī))
Saxton 색스톤 [성] 萨克斯顿(Sākèsīdùn)
Sayers 세이어즈 [성] 塞耶斯(Sāiyésī)
Schnabel 쉬나벨 [성] 施纳贝尔(Shīnàbèi'ěr)
Schofield 스코필드 [성] 斯科菲尔德(Sīkēfēi'ěrdé)
Schuman(n) 슈만 [성] 舒曼(Shūmàn)
Schurz 슐츠 [성] 舒尔茨(Shū'ěrcí)
Schuyler 스카일러 [성] 斯凯勒(Sīkǎilè)
Schwabe 쉬와브 [성] 施瓦布(Shīwǎbù)
Schwann 쉬원 [성] 施沃恩(Shīwò'ēn)
Scott 스코트 [성] [남] 斯科特(Sīkētè) (司各特(Sīgètè); 司各脱(Sīgètuō))
Scripps 스크립스 [성] 斯克里普斯(Sīkèlǐpǔsī)
Seaborg 시보그 [성] 西博格(Xībógé)
Sean 숀 [남] 肖恩(Xiào'ēn)
Seashore 시쇼오 [성] 西肖尔(Xīxiào'ěr)
Sebastian 세바스찬 [남] 塞巴斯蒂安(Sāibāsīdì'ān)
Sedgwick 세지윅 [성] 塞奇威克(Sāiqíwēikè)
Seeger 시거 [성] 西格(Xīgé)
Selden 셀던 [성] 塞尔登(Sāi'ěrdēng)

Selma 셀마 ㉕ 塞尔玛(Sāi'ěrmǎ)

Senior 시니어 ㉘ 西尼尔(Xīní'ěr)

Service 서비스 ㉛ 塞维斯(Sāiwéisī)

Seth 세스 ㉖ 塞思(Sāisī)

Seward 시워드 ㉘ 西沃德(Xīwòdé)

Seymour 시모 ㉘ ㉖ 西摩(Xīmó)

Shackleton 셰클턴 ㉘ 沙克尔顿(Shākè'ěrdùn)

Shaftesbury 샤프츠버리 ㉘ 沙夫茨伯里(Shāfūcíbólǐ)

Shakespear(e) 셰익스피어 ㉘ 沙士比亚(Shāshìbǐyà)

Shapiro 셔피로 ㉛ 夏皮罗(Xiàpíluó)

Sharp 샤프 ㉘ 夏普(Xiàpǔ)

Shar(r)on 샤론 ㉕ 莎伦(Suōlún)

Shaw 쇼 ㉛ 肖(Xiào)

Sheila 실라 ㉕ 希拉(Xīlā)

Shelby 셸비 ㉘ ㉖ 谢尔比(Xiè'ěrbǐ)

Sheldon 셸던 ㉘ ㉖ 谢尔登(Xiè'ěrdēng)

Shelia 셸리아 ㉕ 希莉亚(Xīlìyà)

Shelley 셸리 ㉘ 谢利(Xièlì) (雪莱(Xuělái))

Shelley 셸리 ㉕ 谢莉(Xièlì)

Shenstone 셴스턴 ㉘ 申斯通(Shēnsītōng)

Shephard 셰퍼드 ㉘ 谢泼德(Xièpōdé)

Sheridan 셰리든 ㉘ ㉖ 谢里登(Xièlǐdēng) (谢立丹(Xièlìdān))

Sherman 셔먼 ㉘ ㉖ 谢尔曼(Xiè'ěrmàn)

Sherriff 셰리프 ㉘ 谢里夫(Xièlǐfū)

Sherrill 셰릴 ㉘ 谢里尔(Xièlǐ'ěr)

Sherrill 셰릴 ㉕ 谢丽尔(Xièlì'ěr)

Sherrington 셰링턴 ㉘ 谢灵顿(Xièlíngdùn)

Sherry(或 Sherrie) 셰리 ㉕ 谢丽(Xièlì)

Sherwin 셔윈 ㉘ ㉖ 舍温(Shèwēn)

Sherwood 셔우드 ㉘ ㉖ 舍伍德(Shèwǔdé)

Shirley 셜리 ㉘ 雪利(Xuělì)

Shirley 셜리 ㉕ 雪莉(Xuělì)

Shockley 쇼클리 ㉘ 肖克利(Xiàokèlì)

Short 쇼트 ㉘ 肖特(Xiàotè)

Shute 슈트 ㉘ 舒特(Shūtè)

Siddons 시든즈 ㉘ 西登斯(Xīdēngsī)

Sidney(或 Sydney) 시드니 ㉘ ㉖ 西德尼(Xīdéní) (锡德尼(Xīdéní))

Siegfried 지크프리트 ㉖ 西格弗里德(Xīgéfúlǐdé)

Sigmund 시그먼드 ㉖ 西格蒙德(Xīgéméngdé)

Sigrid 시그리드 [여] 西格丽德(Xīgélìdé)
Silas 사일러스 [남] 赛拉斯(Sàilāsī)
Silvia 실비아 [여] 西尔维娅(Xī'ěrwéiyà)
Simon 사이몬 [성] 西蒙(Xīméng)
Simon 사이몬 [남] 西蒙(Xīméng)
Simpson 심프슨 [성] 辛普森(Xīnpǔsēn)
Sinclair 싱클레어 [성] 辛克莱(Xīnkèlái)
Singer 싱어 [성] 辛格(Xīngé)
Sisley 시슬레 [성] 西斯利(Xīsīlì)
Sitwell 시트웰 [성] 西特韦尔(Xītèwéi'ěr)
Sivyer 시비어 [성] 西维尔(Xīwéi'ěr)
Skeat 스킷 [성] 斯基特(Sījītè)
Skelton 스켈튼 [성] 斯克尔顿(Sīkè'ěrdùn)
Slater 슬레이터 [성] 斯莱特(Sīláitè)
Sloan 슬론 [성] 斯隆(Sīlóng)
Slocum 슬로컴 [성] 斯洛克姆(Sīluòkèmǔ)
Smedley 스메들리 [성] 斯梅德利(Sīméidélì) (史沫特莱(Shǐmòtèlái))
Smith 스미스 [성] 史密斯(Shǐmìsī)
Smithson 스미슨 [성] 史密森(Shǐmìsēn)
Smollett 스몰리트 [성] 斯莫利特(Sīmòlìtè) (斯摩莱特(Sīmóláitè))
Smyth 스미스 [성] 史密斯(Shǐmìsī)
Snow 스노 [성] 斯诺(Sīnuò)
Snowden 스노든 [성] 斯诺登(Sīnuòdēng)
Soddy 소디 [성] 索迪(Suǒdí)
Soff 소프 [성] 索夫(Suǒfū)
Solomon 솔로몬 [남] 所罗门(Suǒluómén)
Somerville 소머빌 [성] 萨默维尔(Sāmòwéi'ěr)
Sondra 산드라 [여] 桑德拉(Sāngdélā)
Sonia(或 Sonya) 소냐 [여] 索尼娅(Suǒníyà)
Sophia 소피아 [여] 索菲娅(Suǒfēiyà)
Sophie 소피 [여] 索菲(Suǒfēi)
South 사우스 [성] 索斯(Suǒsī)
Southey 사우디 [성] 索塞(Suǒsāi) (骚塞(Sāosāi))
Southwell 사우스웰 [성] 索思韦尔(Suǒsīwéi'ěr)
Spalding 스폴딩 [성] 斯波尔丁(Sībō'ěrdīng)
Sparks 스팍스 [성] 斯帕克斯(Sīpàkèsī)
Spencer 스펜서 [성] [남] 斯潘塞(Sīpānsāi) (斯宾塞(Sībīnsāi))
Spender 스펜더 [성] 斯彭德(Sīpéngdé)
Spenser 스펜서 [성] 斯潘塞(Sīpānsāi) (斯宾塞(Sībīnsāi))

Spingarn 스핑언 [성] 斯平加恩(Sīpíngjiā'ēn)
Spinghall 스핑홀 [성] 斯普林霍尔(Sīpǔlínhuò'ěr)
Stan 스탠 [남] 斯坦(Sītǎn)
Standish 스탠디쉬 [성] 斯坦迪什(Sītǎndíshí)
Standley 스탠들리 [성] 斯坦德利(Sītǎndélì)
Stanford 스탠포드 [성] [남] 斯坦福(Sītǎnfú)
Stanley 스탠리 [성] [남] 斯坦利(Sītǎnlì)
Stanton 스탠튼 [성] [남] 斯坦顿(Sītǎndùn)
Stark(e) 스타크 [성] 斯塔克(Sītǎkè)
St. Clair 싱클레어 [성] 圣克莱尔(Shèngkèlái'ěr)
Steed 스티드 [성] 斯蒂德(Sīdìdé)
Steele 스틸 [성] 斯蒂尔(Sīdì'ěr)
Steffens 스텐펀즈 [성] 斯蒂芬斯(Sīdìfēnsī)
Stein 스타인 [성] 斯坦(Sītǎn) (斯坦因(Sītǎnyīn))
Steinbeck 스타인벡 [성] 斯坦贝克(Sītǎnbèikè)
Stella 스텔라 [여] 斯特拉(Sītèlā)
Stephen(或 Stephan) 스티븐 [남] 斯蒂芬(Sīdìfēn)
Stephens 스티븐즈 [성] 斯蒂芬斯(Sīdìfēnsī)
Stephenson 스티븐슨 [성] 斯蒂芬森(Sīdìfēnsēn)
Sterling 스털링 [성] [남] 斯特林(Sītèlín)
Sterne 스턴 [성] 斯特恩(Sītè'ēn)
Stettinius 스터티니어스 [성] 斯特蒂纽斯(Sītèdì'niǔsī) (斯退丁纽斯(Sītuìdīngniǔsī))
Steve 스티브 [남] 史蒂夫(Shǐdìfū)
Steven 스티븐 [남] 史蒂文(Shǐdìwén)
Stevens 스티븐스 [성] 史蒂文斯(Shǐdìwénsī)
Stevenson 스티븐슨 [성] 史蒂文森(Shǐdìwénsēn)
Stewart 스튜어트 [성] [남] 斯图尔特(Sītú'ěrtè)
Still(e) 스틸 [성] 斯蒂尔(Sīdì'ěr)
Stilwell 스틸웰 [성] 史迪威(Shǐdíwēi)
Stimson 스팀슨 [성] 斯廷森(Sītíngsēn) (史汀生(Shǐtīngshēng))
St. John 세인트 존 [성] 圣约翰(Shèngyuēhàn)
St. Leger 세인트 레저 [성] 圣莱杰(Shèngláijié)
St. Maur 세인트 무어 [성] 圣莫尔(Shèngmò'ěr)
Stoddard 스토더드 [성] 斯托达德(Sītuōdádé)
Stoke 스토크 [성] 斯托克(Sītuōkè)
Stone 스톤 [성] 斯通(Sītōng)
Stormonth 스토어먼스 [성] 斯托蒙思(Sītuōméngsī)
Story 스토리 [성] 斯托里(Sītuōlǐ)
Stoughton 스토튼 [성] 斯托顿(Sītuōdùn)

Stow(e) 스토우 ⓢ 斯托(Sītuō) (斯陀(Sītuó))

Strachey 스트레이치 ⓢ 斯特雷奇(Sītèléiqí)

Strafford 스트래포드 ⓢ 斯特拉福德(Sītèlāfúdé)

Straus(s) 슈트라우스 ⓢ 斯特劳斯(Sītèláosī) (施特劳斯(Shītèláosī))

Strong 스트롱 ⓢ 斯特朗(Sītèlǎng)

Strutt 스트러트 ⓢ 斯特拉特(Sītèlātè)

Stuart 스튜어트 ⓢ 斯图尔特(Sītú'ěrtè) (斯图亚特(Sītúyàtè))

Stubbs 스터브즈 ⓢ 斯塔布斯(Sītǎbùsī)

Sue 수 ⓕ 休(Xiū) (苏(Sū))

Suellen 슈엘린 ⓕ 苏埃伦(Sū'āilún)

Sullivan 설리번 ⓢ 萨利文(Sālìwén) (沙利文(Shālìwén))

Sully 셜리 ⓢ 萨利(Sālì)

Summer 서머 ⓜ 萨默(Sāmò)

Sumner 섬너 ⓢ 萨姆纳(Sāmǔnà)

Surrey 서리 ⓢ 萨里(Sālǐ)

Surtess 서티즈 ⓢ 瑟蒂斯(Sèdìsī)

Susan(或 Suzan) 수잔 ⓕ 苏珊(Sūshān)

Susanna(h) 수재나 ⓕ 苏珊娜(Sūshānnà)

Susie 수지 ⓕ 苏西(Sūxī)

Susann(e) 수잰 ⓕ 苏珊娜(Sūshānnà)

Swanson 스완슨 ⓢ 斯旺森(Sīwàngsēn)

Sweet 스위트 ⓢ 斯威特(Sīwēitè)

Swift 스위프트 ⓢ 斯威夫特(Sīwēifūtè)

Swinburn(e) 스윈번 ⓢ 斯温伯恩(Sīwēnbó'ēn) (史文朋(Shǐwénpéng))

Swinnerton 스위너튼 ⓢ 斯温纳顿(Sīwēnnàdùn)

Sybil 시빌 ⓕ 西比尔(Xībǐ'ěr)

Sykes 사익스 ⓢ 赛克斯(Sàikèsī)

Sylvester 실베스타 ⓜ 西尔威斯特(Xī'ěrwēisītè)

Sylvia 실비아 ⓕ 西尔维娅(Xī'ěrwéiyà)

Symington 사이밍턴 ⓢ 赛明顿(Sàimíngdùn)

Symonds 사이몬즈 ⓢ 西蒙兹(Xīméngzī)

Symons 사이몬스 ⓢ 西蒙斯(Xīméngsī)

Synge 싱 ⓢ 辛格(Xīngé) (沁孤(Qìngū))

T

Taft 태프트 ⓢ 塔夫脱(Tǎfūtuō)

Tamara 타마라 ⓕ 特玛拉(Tèmǎlā)

Tanya 타냐 ⓕ 塔尼娅(Tǎníyà)

Tarring 태링 ⓢ 塔林(Tǎlín)

Tate 테이트 ⓢ 塔特(Tǎtè)

Tatiana 타티아나 ⓕ 塔蒂阿娜(Tǎdì'ānà)

Tatum 테이텀 ⓢ 塔特姆(Tǎtèmǔ)

Taussig 타우싱 ⓢ 陶西格(Táoxīgé)

Taylor 테일러 ⓢ ⓜ 泰勒(Tàilè)

Teasdale 티즈데일 ⓢ 蒂斯代尔(Dìsīdài'ěr)

Ted 테드 ⓜ 特德(Tèdé)

Tedder 테더 ⓢ 特德(Tèdé)

Teddy 테디 ⓜ 特迪(Tèdí)

Teller 텔러 ⓢ 特勒(Tèlè)

Temple 템플 ⓢ 坦普尔(Tǎnpǔ'ěr)

Tennyson 테니슨 ⓢ 坦尼森(Tǎnnísēn)(丁尼生(Dīngníshēng))

Terence(或 Terrance, Terrence) 테렌스 ⓜ 特伦斯(Tèlúnsī)

Teresa 테레사 ⓕ 特丽萨(Tèlìsā)

Terrell 테럴 ⓢ ⓜ 特雷尔(Tèléi'ěr)

Terrill 테릴 ⓢ ⓜ 特里尔(Tèlǐ'ěr)

Terry 테리 ⓢ ⓜ 特里(Tèlǐ)

Terry 테리 ⓕ 特丽(Tèlì)

Thackeray 새커리 ⓢ 撒克里(Sākèlǐ)(萨克雷(Sākèléi))

Thad 새드 ⓜ 撒德(Sādé)

Thaddeus 새디어스 ⓜ 撒迪厄斯(Sādí'èsī)

Thelma 셀마 ⓕ 塞尔玛(Sāi'ěrmǎ)(西尔马(Xī'ěrmǎ))

Theobald 시어볼드 ⓜ 西奥博尔德(Xī'àobó'ěrdé)

Theodore 시어도우 ⓜ 西奥多(Xī'àoduō)

Theresa 테레사 ⓕ 特丽萨(Tèlìsā)

Theron 시론 ⓜ 西伦(Xīlún)

Thomas 토머스 ⓢ ⓜ 托马斯(Tuōmǎsī)

Thompson 톰프슨 ⓢ 汤普森(Tāngpǔsēn)

Thomson 톰슨 ⓢ 汤姆森(Tāngmǔsēn)

Thoreau 소로 ⓢ 索罗(Suǒluó)(梭洛(Suōluò))

Thorndike 손다이크 ⓢ 桑代克(Sāngdàikè)(桑戴克(Sāngdàikè))

Thornton 손턴 ⓢ 桑顿(Sāngdùn)

Thurber 서버 ⓢ 瑟伯(Sèbó)

Thurman 서먼 ⓢ ⓜ 瑟曼(Sèmàn)

Thurston 서스턴 ⓜ 瑟斯顿(Sèsīdùn)

Tibbett 티베트 ⓢ 蒂贝特(Dìbèitè)

Tilden 틸딘 ⓢ 蒂尔登(Dì'ěrdēng)

Tim 팀 ⓜ 蒂姆(Dìmǔ)

Timothy 티머시 ⓜ 蒂莫西(Dìmòxī)(提摩西(Tímóxī))

Tina 티나 ㉕ 蒂娜(Dìnà)

Titus 타이터스 ㉙ 泰特斯(Tàitèsī)

Tobias 터바이어스 ㉙ 托拜厄斯(Tuōbài'èsī)

Toby 토비 ㉙㉕ 托比(Tuōbǐ)

Todd 토드 ㉛㉙ 托德(Tuōdé)

Toland 톨런드 ㉛ 托兰(Tuōlán)

Tom 톰 ㉙ 汤姆(Tāngmǔ)

Tomlinson 톰린슨 ㉛ 汤姆林森(Tāngmǔlínsēn)

Tommy(或 Tommie) 토미 ㉙ 汤米(Tāngmǐ)

Tompkins 톰프킨즈 ㉛ 汤普金斯(Tāngpǔjīnsī)

Tone 톤 ㉛ 托恩(Tuō'ēn)

Toni 토니 ㉕ 托妮(Tuōnī)

Tony 토니 ㉙ 托尼(Tuōní)

Tours 투어즈 ㉛ 图尔斯(Tú'ěrsī)

Tout 타우트 ㉛ 陶特(Táotè)

Tovey 토비 ㉛ 托维(Tuōwéi)

Tower(s) 타워 ㉛ 托尔(Tuō'ěr)(斯(sī))

Town(e) 타운 ㉛ 汤(Tāng)

Townes 타운즈 ㉛ 汤斯(Tāngsī)

Toynbee 토인비 ㉛ 托因比(Tuōyīnbǐ) (汤因比(Tāngyīnbǐ))

Tracy 트레이시 ㉛㉙ 特蕾西(Tèlěixī)

Travis 트래비스 ㉛㉙ 特拉维斯(Tèlāwéisī)

Tree 트리 ㉛ 特里(Tèlǐ)

Trench 트렌치 ㉛ 特伦奇(Tèlúnqí)

Trent 트렌트 ㉛㉙ 特伦特(Tèlúntè)

Trollope 트롤러프 ㉛ 特罗洛普(Tèluóluòpǔ)

Troy 트로이 ㉛㉙ 特罗伊(Tèluóyī)

Truddy 트루디 ㉕ 特鲁迪(Tèlǔdí)

Truman 트루먼 ㉛㉙ 杜鲁门(Dùlǔmén)

Turner 터너 ㉛ 特纳(Tènà)

Tussaud 투소 ㉛ 图索(Túsuǒ)

Tuttle 터틀 ㉛ 塔特尔(Tǎtè'ěr)

Tweed 트위드 ㉛ 特威德(Tèwēidé)

Tweedsmuir 트위즈뮤어 ㉛ 特威兹穆尔(Tèwēizīmù'ěr)

Tyler 타일러 ㉛ 泰勒(Tàilè)

Tyndale 틴들 ㉛ 廷代尔(Tíngdài'ěr)

Tyndall 틴들 ㉛ 廷德尔(Tíngdé'ěr)

Tyrone 티론 ㉙ 蒂龙(Dìlóng)

Tyrwhitt 티리트 ㉛ 蒂里特(Dìlǐtè)

U

Ubbelohde 어벌로드 [성] 厄布洛德(Èbùluòdé)
Udall 유들 [성] 尤德尔(Yóudé'ěr)
Ulysses 율리시스 [남] 尤利塞斯(Yóulìsāisī) (尤利西斯(Yóulìxīsī))
Underwood 언더우드 [성] 安德伍德(Āndéwǔdé)
Upton 업턴 [성] 厄普顿(Èpǔdùn)
Urey 유어리 [성] 尤里(Yóulǐ)
Urquhart 어커트 [성] 厄克特(Èkètè)
Ursula 어슐라 [여] 厄休拉(Èxiūlā)

V

Val 밸 [남] 瓦尔(Wǎ'ěr)
Valentine 발렌타인 [성] 瓦伦丁(Wǎlúndīng)
Valentine 발렌타인 [남] 瓦伦丁(Wǎlúndīng)
Van 밴 [남] 范(Fàn)
Van Allen 반 알렌 [성] 范阿伦(Fànālún) (范艾伦(Fànàilún))
Vanbrugh 밴브러 [성] 范布勒(Fànbùlè)
Van Buren 밴 뷰런 [성] 范布伦(Fànbùlún)
Vance 밴스 [성][남] 范斯(Fànsī) (万斯(Wànsī))
Vancouver 밴쿠버 [성] 范库弗(Fànkùfú)
Vandegrift 밴더그리프트 [성] 范德格里夫特(Fàndégélǐfūtè)
Vandenberg 밴던버그 [성] 范登堡(Fàndēngbǎo)
Vanderbilt 밴더빌트 [성] 范德比尔特(Fàndébǐ'ěrtè)
Van Doren 밴 도런 [성] 范多伦(Fànduōlún)
Vandyke(或 Van Dyke) 반다이크 [성] 范戴克(Fàndàikè)
Vane 베인 [성] 文(Wén)
Van Fleet 밴 플리트 [성] 范弗利特(Fànfúlìtè)
Vansittart 밴시터트 [성] 范西塔特(Fànxītǎtè)
Vaudin 보딘 [성] 沃丁(Wòdīng)
Vaughan 본 [성][남] 沃恩(Wò'ēn)
Vaux 복스 [성] 沃克斯(Wòkèsī)
Veblen 베블런 [성] 维布伦(Wéibùlún)
Velma 벨마 [여] 维尔玛(Wéi'ěrmǎ)
Vera 베라 [여] 维拉(Wéilā)
Vern(e) 버언 [남] 弗恩(Fú'ēn) (维恩(Wéi'ēn))
Verner 버너 [성] 弗纳(Fúnà)
ernon 버넌 [성][남] 弗农(Fúnóng)
ica 베로니카 [여] 维朗妮卡(Wéilǎngnīkǎ)
cky, Vickie) 비키 [여] 维基(Wéijī)

Victor 빅터 ㊚ 维克托(Wéikètuō)
Victoria 빅토리아 ㊛ 维多利亚(Wéiduōlìyà)
Vida 비다 ㊛ 维达(Wéidá)
Villard 빌라드 ㊚ 维拉德(Wéilādé)
Vincent 빈센트 ㊚ 文森特(Wénsēntè)
Vinson 빈슨 ㊟ 文森(Wénsēn)
Viola 바이올라 ㊛ 维奥拉(Wéi'àolā)
Violet 바이올렛 ㊛ 维奥莱特(Wéi'àoláitè)
Virgil 버질 ㊚ 弗吉尔(Fújí'ěr)
Virginia 버지니아 ㊛ 弗吉尼亚(Fújíníyà)
Vivian 비비안 ㊚ ㊛ 维维安(Wéiwéi'ān)
Vogt 보그트 ㊟ 沃格特(Wògétè)

W

Wade 웨이드 ㊟ ㊚ 韦德(Wéidé)
Wagner 바그너 ㊟ 瓦格纳(Wǎgénà)
Wakefield 웨이크필드 ㊟ 韦克菲尔德(Wéikèfēi'ěrdé)
Waksman 왁스먼 ㊟ 瓦克斯曼(Wǎkèsīmàn)
Waldo 월도우 ㊟ ㊚ 沃尔多(Wò'ěrduō)
Waley 웨일리 ㊟ 韦利(Wéilì)
Walker 워커 ㊟ 沃克(Wòkè)
Walkley 워클리 ㊟ 沃克利(Wòkèlì)
Wallace 월리스 ㊟ ㊚ 华莱士(Huáláishì)
Waller 월러 ㊟ 沃勒(Wòlè)
Wallis 월리스 ㊟ ㊚ 沃利斯(Wòlìsī)
Walmsley 웜즐리 ㊟ 沃姆斯利(Wòmǔsīlì)
Walpole 월폴 ㊟ 沃波尔(Wòbō'ěr)(渥尔波(Wò'ěrbō))
Walsh 월쉬 ㊟ 沃尔什(Wò'ěrshí)
Walter 월터 ㊟ ㊚ 沃尔特(Wò'ěrtè)
Walton 월턴 ㊟ ㊚ 沃尔顿(Wò'ěrdùn)
Wanamaker 워너메이커 ㊟ 沃纳梅克(Wònàméikè)
Wanda 원더 ㊛ 旺达(Wàngdá)
Ward 워드 ㊟ ㊚ 沃德(Wòdé)(华德(Huádé))
Warner 워너 ㊟ ㊚ 沃纳(Wònà)
Warren 워렌 ㊟ ㊚ 沃伦(Wòlún)
Warton 워튼 ㊟ 沃顿(Wòdùn)
Warwick 워릭 ㊟ 沃里克(Wòlǐkè)
Washington 워싱턴 ㊟ 华盛顿(Huáshèngdùn)
Waterman 워터먼 ㊟ 沃特曼(Wòtèmàn)(华特门(Huátèmén))

Waters 워터즈 ㉓ 沃特斯(Wòtèsī)

Watson 왓슨 ㉓ 沃森(Wòsēn)（华生(Huáshēng)）

Watt 와트 ㉓ 瓦特(Wǎtè)

Watterson 워터슨 ㉓ 沃特森(Wòtèsēn)

Watts 워츠 ㉓ 瓦茨(Wǎcí)

Waugh 워 ㉓ 沃(Wò)

Wayne 웨인 ㉓ ㉟ 韦恩(Wéi'ēn)

Webb(e) 웹 ㉓ 韦布(Wéibù)

Weber 베버 ㉓ 威伯(Wēibó)（韦伯(Wéibó)）

Webster 웹스터 ㉓ 韦伯斯特(Wéibósītè)

Wedgwood 웨지우드 ㉓ 韦奇伍德(Wéiqíwǔdé)

Weekley 위클리 ㉓ 威克利(Wēikèlì)

Weeks 윅스 ㉓ 威克斯(Wēikèsī)

Weems 윔즈 ㉓ 威姆斯(Wēimǔsī)

Weir 위어 ㉓ 威尔(Wēi'ěr)（韦尔(Wéi'ěr)）

Welch 웰치 ㉓ 韦尔奇(Wéi'ěrqí)

Weldon 웰던 ㉓ ㉟ 韦尔登(Wéi'ěrdēng)

Weller 웰러 ㉓ 韦勒(Wéilè)

Welles 웰즈 ㉓ 韦尔斯(Wéi'ěrsī)

Wellesley 웰즐리 ㉓ 韦尔斯利(Wéi'ěrsīlì)

Wellington 웰링턴 ㉓ 韦林顿(Wéilíndùn)（威灵顿(Wēilíngdùn)）

Wells 웰즈 ㉓ 韦尔斯(Wéi'ěrsī)

Wemyss 윔즈 ㉓ 威姆斯(Wēimǔsī)

Wendell 웬들 ㉓ ㉟ 温德尔(Wēndé'ěr)

Wendy 웬디 ㉞ 温迪(Wēndí)

Werner 워너 ㉟ 沃纳(Wònà)

Wesley 웨슬리 ㉓ ㉟ 韦斯利(Wéisīlì)（卫斯理(Wèisīlǐ)）

West 웨스트 ㉓ 韦斯特(Wéisītè)

Westcott 웨스콧 ㉓ 韦斯科特(Wéisīkētè)

Wharton 워튼 ㉓ 沃顿(Wòdùn)

Wheatley 위틀리 ㉓ 惠特利(Huìtèlì)（惠特莱(Huìtèlái)）

Wheeler 윌러 ㉓ 惠勒(Huìlè)

Whipple 위플 ㉓ 惠普尔(Huìpǔ'ěr)

Whistler 휘슬러 ㉓ 惠斯勒(Huìsīlè)

White 화이트 ㉓ 怀特(Huáitè)

Whitefield 화이트필드 ㉓ 怀特菲尔德(Huáitèfēi'ěrdé)

～head 화이트헤드 ㉓ 怀特黑德(Huáitèhēidé)

～트먼 ㉓ 惠特曼(Huìtèmàn)

～ㅣ ㉓ 惠特尼(Huìtèní)

Whittaker 휘터커 ⊗ 惠特克(Huìtèkè)

Whittier 휘티어 ⊗ 惠蒂尔(Huìdì'ěr)(惠悌尔(Huìtì'ěr))

Whyte 화이트 ⊗ 怀特(Huáitè)

Wilber 윌버 ⊗ ⊕ 威尔伯(Wēi'ěrbó)

Wilberforce 윌버포스 ⊗ ⊕ 威尔伯福斯(Wēi'ěrbófúsī)

Wilbert 윌버트 ⊗ ⊕ 威尔伯特(Wēi'ěrbótè)

Wilbur 윌버 ⊗ ⊕ 威尔伯(Wēi'ěrbó)

Wilburn 윌번 ⊗ ⊕ 威尔伯恩(Wēi'ěrbóēn)

Wilcox 윌콕스 ⊗ 威尔科克斯(Wēi'ěrkēkèsī)

Wilda 윌다 ⊛ 威尔达(Wēi'ěrdá)

Wilde 와일드 ⊗ 坏尔德(Huài'ěrdé)(王尔德(Wáng'ěrdé))

Wilder 와일더 ⊗ 怀尔德(Huái'ěrdé)

Wiley(或 Wylie) 와일리 ⊗ ⊕ 怀利(Huáilì)(威利(Wēilì))

Wilford 윌포드 ⊗ ⊕ 威尔福德(Wēi'ěrfúdé)

Wilfred 윌프레드 ⊕ 威尔弗雷德(Wēi'ěrfúléidé)

Wilkes 윌크스 ⊗ 威尔克斯(Wēi'ěrkèsī)

Wilkinson 윌킨슨 ⊗ 威尔金森(Wēi'ěrjīnsēn)

Will 윌 ⊕ 威尔(Wēi'ěr)

Willa 윌라 ⊛ 威拉(Wēilā)

Willard 윌라드 ⊗ ⊕ 威拉德(Wēilādé)

Willcocks(或 Willcox) 윌콕스 ⊗ 威尔科克斯(Wēi'ěrkēkèsī)

William 윌리엄 ⊕ 威廉(Wēilián)

Williams 윌리엄스 ⊗ 威廉斯(Wēiliánsī)(威廉士(Wēiliánshì))

Williamson 윌리엄슨 ⊗ 威廉森(Wēiliánsēn)

Willie 윌리 ⊕ 威利(Wēilì)

Willie 윌리 ⊛ 威莉(Wēilì)

Willis 윌리스 ⊗ ⊕ 威利斯(Wēilìsī)

Willkie 윌키 ⊗ 威尔基(Wēi'ěrjī)

Wilma 윌마 ⊛ 威尔玛(Wēi'ěrmǎ)

Wilmer 윌머 ⊗ ⊕ 威尔默(Wēi'ěrmò)

Wilmot(t) 윌모트 ⊗ 威尔莫特(Wēi'ěrmòtè)

Wilson 윌슨 ⊗ ⊕ 威尔逊(Wēi'ěrxùn)

Wilton 윌튼 ⊗ ⊕ 威尔顿(Wēi'ěrdùn)

Windsor 윈저 ⊗ 温泽(Wēnzé)

Winfield 윈필드 ⊗ ⊕ 温菲尔德(Wēnfēi'ěrdé)

Winfred 윈프레드 ⊕ 温弗雷德(Wēnfúléidé)

Winifred 윈프레드 ⊛ 威妮弗雷德(Wēinīfúléidé)

Winston 윈스턴 ⊗ ⊕ 温斯顿(Wēnsīdùn)

Winton 윈턴 ⊗ ⊕ 温顿(Wēndùn)

Wise 와이즈 [성] 怀斯(Huáisī)
Wiseman 와이즈먼 [성] 怀斯曼(Huáisīmàn)
Wister 위스터 [성] 威斯特(Wēisītè)
Withers 위더즈 [성] 威瑟斯(Wēisèsī)
Wodehouse 우드하우스 [성] 沃德豪斯(Wòdéháosī)
Wolcot(t) 울코트 [성] 沃尔科特(Wò'ěrkētè)
Wolfe 울프 [성] 沃尔夫(Wò'ěrfū)
Wolfgang 볼프강 [남] 沃尔夫冈(Wò'ěrfūgāng)
Wollaston 울러스턴 [성] 沃拉斯顿(Wòlāsīdùn)
Wolseley 울즐리 [성] 沃尔斯利(Wò'ěrsīlì)
Wolsey 울지 [성] 沃尔西(Wò'ěrxī)
Wood 우드 [성] 伍德(Wǔdé)
Woodrow 우드로우 [성] [남] 伍德罗(Wǔdéluó)
Woodward 우드워드 [성] 伍德沃德(Wǔdéwòdé)
Woolf 울프 [성] 伍尔夫(Wǔ'ěrfū)
Woolley 울리 [성] 伍利(Wǔlì)
Woolworth 울워드 [성] 伍尔沃思(Wǔ'ěrwòsī)
Worcester 우스터 [성] 伍斯特(Wǔsītè) (武斯特(Wǔsītè))
Wordsworth 워드워스 [성] 我兹我思(Wǒzīwǒsī) (华兹华斯(Huázīhuásī))
Wren 렌 [성] 雷恩(Léi'ēn)
Wright 라이트 [성] 赖特(Làitè)
Wyar(t) 와이어트 [성] [남] 怀亚特(Huáiyàtè)
Wycherley 위철리 [성] 威彻利(Wēichèlì)
Wyclif(fe) 위클리프 [성] 威克利夫(Wēikèlìfū)
Wyld(e) 와일드 [성] 怀尔德(Huái'ěrdé)

Y

Yalding 옐딩 [성] 耶尔丁(Yé'ěrdīng)
Yale 예일 [성] [남] 耶尔(Yé'ěr) (耶鲁(Yélǔ))
Yeats 예이츠 [성] 耶茨(Yécí) (夏芝(Xiàzhī))
Yerkes 예키즈 [성] 耶基斯(Yéjīsī)
York(e) 요크 [성] 约克(Yuēkè)
Yost 요스트 [성] 约斯特(Yuēsītè)
Youmans 유먼즈 [성] 尤曼斯(Yóumànsī)
Young 영 [성] 扬(Yáng) (扬格(Yánggé))
Y..nghusband 영허즈번드 [성] 扬哈斯本(Yánghāsīběn)
White... 베트 [여] 伊维特(Yīwéitè)
Whitman ... [여] 伊冯(Yīféng)
Whitney 휘트...

Z

Zane 제인 ③ ⓑ 赞恩(Zàn'ēn)

Zangwill 쟁그윌 ③ 赞格威尔(Zàngéwēi'ěr)

Zelda 젤다 ⓔ 泽尔达(Zé'ěrdá)

Zenger 젱어 ③ 曾格(Zēnggé)

Ziegler 지글러 ⓑ 齐格勒(Qígélè)

Zimmerman 짐머맨 ③ 齐默尔曼(Qímò'ěrmàn)

Zimmern 짐먼 ③ 齐默恩(Qímò'ēn)

Zinsser 진저 ③ 津泽(Jīnzé)

Zoe 조 ⓔ 佐伊(Zuǒyī)

【参考文献】

《中韓辭典》 高大民族文化研究所編 （高大民族文化研究所 1989年）

《中韓大辭典》 康寔鎭編 （進明出版社 1993年）

《現代漢語詞典》(修訂本) 中國社会科學院語言研究所詞典編輯室編 （商務印書館 1996年）

《現代漢語規範字典》 李行健 （語文出版社 1998年）

《現代漢語正誤辭典》 楊慶蕙 （北京師範大學出版社 1995年）

《通過HSK詞彙精解》 HSK對策研究組著 （華夏出版社 1997年）

《現代漢語八百詞》 呂叔湘主編 （商務印書館 1994年）

《現代漢語實詞搭配詞典》 張壽康, 林杏光 主編 （商務印書館 1996年）

《現代漢語常用詞用法詞典》 李憶民 主編 （北京語言學院出版社 1995年）

《現代同義詞反義詞對照詞典》 鮑克怡 編著 （漢語大詞典出版社 1996年）

《現代漢語規範字典》 （社会科學文獻出版社 1994年）

《動詞用法詞典》 孟琮 外3人 編 （上海辭書出版社 1987年）

《現代漢語動詞大詞典》 中日合作MMT漢語生成組 編著 （北京語言學院出版社 1994年）

《造句詞典》 王興義 主編 （北方婦女兒童出版社 1988年）

《現代中韓大辭典》 洪萬植외 編 （도서출판 한얼 1988）

《現代漢語多功能詞典》 劉振鐸 主編 （東北朝鮮民族教育出版社 1996年）

《漢語常用動詞搭配詞典》 王硯農 焦麗顒 編著 （外語教學與研究出版社 1984年）

《簡明詞語辨析詞典》 陳遐齡 主編 （中國少年兒童出版社 1992年）

《現代漢語同義反義詞典》 吳海, 齊棟 主編 （學苑出版社 1996年）

《中學同義詞義詞典》 王大東 編著 （知識出版社 1989年）

《學生同義詞辨析詞典》 王書聲, 慕眞, 林長鳳 編 （福建人民出版社 1989年）

《漢語常用詞詞典》 漢語常用詞詞典編寫組編 （福建人民出版社 1988年）

《反義詞詞典》 韓敬体, 宋惠德 編 （四川人民出版社 1994年）

《同義反義詞典》 王問漁, 饒杰騰 主編 （金盾出版社 1996年）

《常用同義詞典》 吳海 主編 （北京師範學院出版社 1988年）

《簡明漢語搭配詞典》 張壽康, 林杏光 主編 （福建人民出版社 1990年）

《中日語圖解辭典》 輿水優외 3인 編 （大修館書店 1992年）

\
Verom
Vicki(或 vic.

8822 中韓辭典

초 판 발 행	·	1999년 12월 22일
증보판 2쇄	·	2005년 3월 10일
편　　　저	·	한국중국언어학회
발 행 인	·	윤우상
등 록 일	·	76. 2. 2. 제9-40호
펴 낸 곳	·	송산출판사
		120-094
		서울·서대문구 홍제4동 104-6
영 업 부	·	(02)735-6189
편집부/팩스	·	(02)737-2260
E-mail	·	master@songsanpub.co.kr
홈 페 이 지	·	www.songsanpub.co.kr
값	·	35,000원

♧잘못된 책은 바꾸어 드립니다.
ISBN 89-7780-065-X